INCLUS DANS VOTRE ACHAT
VOTRE OUVRAGE ACCESSIBLE EN LIGNE

sur **www.rfedition.com**

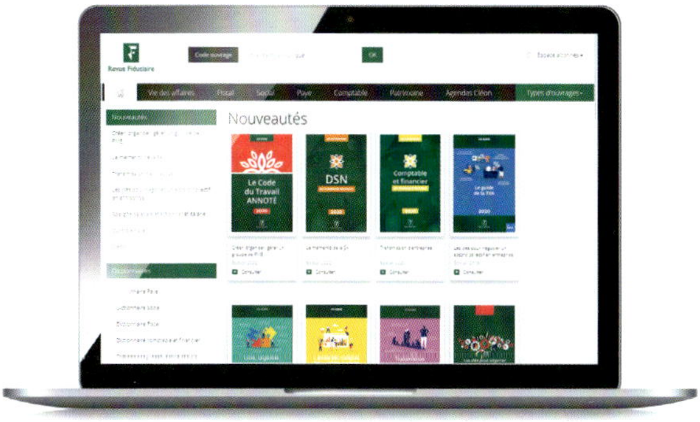

> **Accédez à la dernière version** à jour de la réglementation**

> **Consultez votre ouvrage** où que vo

> **Recherchez rapidement** par

> Retrouvez **l'ensemble d**

W0391774

① SCANNEZ ce QR Code

OU

① ENTREZ ... ODE UNIQUE sur le site

IDENTIFIANT UNIQUE

0072-9304-4F66-A80B-94D5

② REMPLISSEZ LE FORMULAIRE et recevez vos identifiants* par e-mail

* Vos identifiants sont uniques et personnels. Tout partage et reproduction sont strictement interdits et soumis au droit d'auteur. ** Jusqu'à la sortie d'une nouvelle édition.

Revue Fiduciaire

320195012

LES DICTIONNAIRES

Paye

DICTIONNAIRE PRATIQUE

— 29e édition —

Réalisé sous la direction d'Yves de La Villeguérin

Coordination éditoriale : Nicolas Raymond

Manon Bouvier, Emmanuelle Couprie, Marianne Deniau, Virginie Deheeger, Frédérique Roseau, Marie Sautier, Catherine Sebbah, Sandrine Vincent

Groupe Revue Fiduciaire
100, rue La Fayette - 75485 Paris Cedex 10
www.revue-fiduciaire.com

Attention

la photocopie tue le livre

Nous alertons nos lecteurs sur la menace que représente pour l'avenir de l'écrit, tout particulièrement dans les domaines du droit et de la gestion, le développement massif du « photocopillage ».

Le code de la propriété intellectuelle interdit en effet, expressément, la photocopie à usage collectif sans autorisation des ayants droit. Or, cette pratique s'est développée dans de nombreux cabinets, entreprises, administrations, organisations professionnelles et établissements d'enseignement, provoquant une baisse notable des achats de livres et de revues au point que la possibilité même de créer des œuvres nouvelles et de les faire éditer est aujourd'hui menacée.

Le code de la propriété intellectuelle n'autorisant, aux termes de l'article L. 122-5, 2° et 3° al., d'une part, que les « copies ou reproductions strictement réservées à l'usage privé du copiste et non destinées à une utilisation collective» et, d'autre part, que les analyses et courtes citations dans un but d'exemple et d'illustration, « toute représentation ou reproduction intégrale ou partielle faite sans le consentement de l'auteur ou de ses ayants droit ou ayants cause est illicite » (art. L. 122-4).

Cette représentation ou reproduction, par quelque procédé que ce soit, constituerait donc une contrefaçon sanctionnée par les articles L. 335-2 et suivants du code de la propriété intellectuelle.

© Groupe Revue Fiduciaire - 2025

100 rue La Fayette - 75485 Paris CEDEX 10

Dépôt légal mai 2025 - ISBN 978-2-7579-1018-4

PEFC 10-31-1291

Achevé d'imprimer sur les presses du Groupe Prenant, 157 boulevard Stalingrad - 94400 Vitry-sur-Seine - mai 2025

Avant-propos

e dictionnaire a été conçu pour fournir instantanément aux responsables de la paye et à leurs collaborateurs la solution aux questions que pose l'établissement de la paye.

e Dictionnaire Paye 2025 intègre les nouveautés introduites par les lois de finances et de financement e la sécurité sociale des 14 et 28 février 2025, malgré leur adoption tardive (réforme des allègements énéraux et de la réduction générale des cotisations patronales, modifications des aides à l'apprentissage, etc.).

intègre aussi les nombreuses nouveautés (lois, décrets, jurisprudences) notamment en matière d'avantages en nature véhicule, de frais de transport, de prime de partage de la valeur, de congés payés et 'arrêts de travail pour maladie ou accident, ainsi que les apports liés aux mises à jour du Bulletin officiel de la sécurité sociale.

n annexe, vous trouverez également un récapitulatif des chiffres et indices et des adresses Internet tiles.

e contenu du Dictionnaire Paye 2025 est mis à jour régulièrement en cours d'année sur Internet www.rfedition.com et pour les abonnés sur www.rfpaye.com).

L'ACHAT DE CET OUVRAGE COMPREND LA VERSION EN LIGNE QUI FERA L'OBJET DE MISES À JOUR.

Pour bénéficier de ce service complémentaire,
rendez-vous sur votre espace personnel sur www.rfpaye.com
si vous y êtes abonné
ou remplissez le formulaire sur **www.rfpaye.com**
avec le code unique imprimé en première page.

Sigles et abréviations

AAH .... Allocation aux adultes handicapés
ACRE .... Aide aux créateurs et repreneurs d'entreprise
ACOSS .... Agence centrale des organismes de sécurité sociale, désormais URSSAF Caisse nationale
ADV .... Avis de versement (pour France Travail)
AGEFIPH .... Association nationale de gestion du fonds pour l'insertion professionnelle des handicapés
AGIRC-ARRCO .... Retraite complémentaire AGIRC-ARRCO
AGS .... Association pour la gestion du régime d'assurance des créances des salariés (voir FNGS)
ANI .... Accord national interprofessionnel
APEC .... Association pour l'emploi des cadres
ARE .... Allocation de retour à l'emploi (allocation de chômage)
ASP .... Agence de services et de paiement
ASS .... Allocation spécifique de solidarité
BC II .... Bulletin des arrêts de la Cour de cassation, 2e chambre civile
BC V .... Bulletin des arrêts de la Cour de cassation, chambre sociale
B. crim. .... Bulletin des arrêts de la Cour de cassation, chambre criminelle
BER .... Bassin d'emploi à redynamiser
BIAF .... Bordereau individuel d'accès à la formation
BIT .... Bureau international du travail
BOSS .... Bulletin officiel de la Sécurité sociale
CAE .... Contrat d'accompagnement dans l'emploi
CAF .... Caisse d'allocations familiales
CASA .... Contribution additionnelle de solidarité pour l'autonomie
CASF .... Code de l'action sociale et des familles
CARSAT .... Caisse d'assurance retraite et de la santé au travail
cass. civ., 2e ch. .... Cour de cassation, 2e chambre civile
cass. crim. .... Cour de cassation, chambre criminelle
cass. soc. .... Cour de cassation, chambre sociale
CATS .... Cessation d'activité des travailleurs salariés (préretraite métiers pénibles)
CCI .... Chambre de commerce et d'industrie
c. civ. .... Code civil
CCN .... Convention collective nationale
c. constr. et hab. .... Code de la construction et de l'habitation
CDAPH .... Commission des droits et de l'autonomie des personnes handicapées
CDD .... Contrat à durée déterminée
c. défense .... Code de la défense
CDI .... Contrat à durée indéterminée
CE .... Selon le contexte, Conseil d'État, Communauté européenne, Comité d'entreprise
CESEDA .... Code de l'entrée et du séjour des étrangers et du droit d'asile
CESU .... Chèque emploi-service universel
CFA .... Centre de formation des apprentis
CFDT .... Confédération française démocratique du travail
CFE .... Selon le contexte, Caisse des français de l'étranger ou Centre de formalités des entreprises
CFE-CGC .... Confédération française de l'encadrement - Confédération générale des cadres
CFTC .... Confédération française des travailleurs chrétiens
c. gén. collect. terr. .... Code général des collectivités territoriales
CGI .... Code général des impôts
CPME .... Confédération des petites et moyennes entreprises
CGT .... Confédération générale du travail
CGT-FO .... Confédération générale du travail - Force ouvrière
CIE .... Contrat initiative-emploi
CNAF .... Caisse nationale d'allocations familiales
CNAMTS .... Caisse nationale d'assurance maladie des travailleurs salariés
CNAVTS .... Caisse nationale d'assurance vieillesse des travailleurs salariés
CNIL .... Commission nationale de l'informatique et des libertés
CPAM .... Caisse primaire d'assurance maladie
CEC .... Compte d'engagement citoyen
CPA .... Compte personnel d'activité
CPF .... Compte personnel de formation

C2P .... Compte professionnel de prévention
c. pén. .... Code pénal
CRAM .... Caisse régionale d'assurance maladie
CRDS .... Contribution pour le remboursement de la dette sociale
c. séc. int. .... Code de la sécurité intérieure
c. séc. soc .... Code de la sécurité sociale
c. serv. nat. .... Code du service national
CSA .... Contribution de solidarité pour l'autonomie
CSE .... Comité social et économique
CSG .... Contribution sociale généralisée
c. trav. .... Code du travail
CUI .... Contrat unique d'insertion
DADS .... Déclaration annuelle des données sociales
DADS-U .... Déclaration automatisée des données sociales unifiée
DARES .... Direction de l'animation de la recherche, des études et des statistiques
DREETS .... Directions régionales de l'économie, de l'emploi, du travail et des solidarités (ex DIRECCTE)
DMMO .... Déclaration mensuelle des mouvements de main-d'œuvre
DPAE .... Déclaration préalable à l'embauche
DSN .... Déclaration sociale nominative
EEE .... Espace économique européen
ETT .... Entreprise de travail temporaire
FNAL .... Fonds national d'aide au logement
INSEE .... Institut national de la statistique et des études économiques
JO .... Journal officiel
MEDEF .... Mouvement des entreprises de France
MSA .... Mutualité sociale agricole
NAF .... Nomenclature des activités françaises
NIR .... Numéro d'inscription au répertoire (ou « numéro de sécurité sociale »)
OPCO .... Opérateurs de compétences
OPPBTP .... Organisme professionnel de prévention du bâtiment et des travaux publics
PACTE (loi) .... Loi pour la croissance et la transformation des entreprises
PAS .... Prélèvement à la source
PEE .... Plan d'épargne d'entreprise
PEI .... Plan d'épargne interentreprises
PEPA .... Prime exceptionnelle de pouvoir d'achat
PERCO .... Plan d'épargne pour la retraite collectif
PERCOI .... Plan d'épargne pour la retraite collectif interentreprises
PERE .... Plan d'épargne retraite d'entreprise
PERE-CO .... Plan d'épargne retraite d'entreprise collectif
PERE-IN .... Plan d'épargne retraite individuel
PERE-OB .... Plan d'épargne retraite d'entreprise obligatoire
PERP .... Plan d'épargne retraite populaire
PPV .... Prime de partage de la valeur
Pro-A .... Reconversion ou promotion par alternance
QPV .... Quartiers prioritaires de la ville
RIB .... Relevé d'identité bancaire
RSA .... Revenu de solidarité active
SCOP .... Société coopérative de production
SICAV .... Société d'investissement à capital variable
SJR .... Salaire journalier de référence
SMIC .... Salaire minimum interprofessionnel de croissance
TJ .... Tribunal judiciaire
UE .... Union européenne
Unédic .... Union nationale pour l'emploi dans l'industrie et le commerce
URSSAF .... Union pour le recouvrement des cotisations de sécurité sociale et d'allocations familiales
VRP .... Voyageur, représentant, placier
ZFU .... Zones franches urbaines
ZFRR .... Zone france Ruralités revitalisation (ex ZRR)
ZRD .... Zones de restructuration de la défense
ZRR .... Zones de revitalisation rurale (voir ZFRR)

A

Abandon de poste

Une situation de fait, des réalités diverses

L'abandon de poste désigne le fait, pour un salarié, de quitter son poste de travail sans autorisation ou de ne plus se rendre au travail sans justifier de son absence.

Dans la pratique, il peut recouvrir des réalités très diverses :
- certains salariés peuvent avoir été empêchés de justifier d'une absence pour des raisons légitimes ;
- l'abandon de poste est parfois « organisé » d'un commun accord pour monter un « licenciement/transaction » en lieu et place d'une rupture conventionnelle ;
- il peut aussi arriver que l'abandon de poste soit instrumentalisé lorsqu'un salarié entend quitter son emploi en bénéficiant de l'indemnisation chômage.

Traitement disciplinaire

Principe - Traditionnellement, la jurisprudence considère qu'un salarié en abandon de poste peut faire l'objet d'une sanction disciplinaire, et en particulier un licenciement pour faute, si les circonstances le justifient.

▶ À noter… Jusqu'au 19 avril 2023 *(voir ci-dessous)* il était considéré que l'employeur ne pouvait en aucun cas y voir une démission (cass. soc. 10 juillet 2002, n° 00-45566, BC V n° 240 ; cass. soc. 17 juin 2015, n° 14-18372 D).

En pratique - L'employeur confronté à un abandon de poste met en demeure le salarié de reprendre son poste. En l'absence de réponse à ce courrier ou de justificatif satisfaisant, il peut ensuite engager une procédure disciplinaire, pouvant aller selon le contexte jusqu'au licenciement pour faute (cass. soc. 26 septembre 2018, 17-17563 D), voire faute grave (cass. soc. 3 décembre 2014, n° 13-24704 D ; cass. soc. 21 juin 2011, n° 09-42980 D).

Le salarié licencié a droit à l'assurance chômage, s'il remplit les conditions requises.

Présomption de démission pour abandon de poste

Dispositif entré en vigueur le 19 avril 2023 - Une présomption de démission pour abandon de poste est entrée en vigueur le 19 avril 2023. Ce mécanisme, s'il est actionné par l'employeur, a pour effet de priver le salarié présumé démissionnaire du fait de son abandon de poste, des allocations de chômage et de traiter la rupture du contrat de travail comme une démission (c. trav. art. L. 1237-1-1 et R. 1237-13 ; https://travail-emploi.gouv.fr/la-demission). Le Conseil d'État a validé ce dispositif (CE 18 décembre 2024, n° 473640).

▶ À noter… Mi-avril 2023, le ministère du Travail avait diffusé une série de questions/réponses qui précisaient les modalités pratiques de mise en œuvre du dispositif. Devant la contestation soulevée par la précision du ministère qui excluait l'option du licenciement disciplinaire en cas d'abandon de poste, ce questions/réponses a été supprimé. Nous reprenons néanmoins ici celles qui peuvent aider à la mise en œuvre du dispositif, même si elles n'avaient en elles-mêmes aucune valeur juridique opposable.

Salariés en CDI - La présomption d'abandon de poste ne joue que pour les salariés en contrat à durée indéterminée.

Procédure - L'employeur peut, sous certaines conditions, présumer qu'un salarié est démissionnaire lorsque celui-ci abandonne volontairement son poste et ne reprend pas le travail (c. trav. art. L. 1237-1-1).

Il doit pour cela mettre en demeure le salarié, par lettre recommandée ou remise en main propre contre décharge, de justifier de son absence et de reprendre son poste dans un délai qu'il fixe unilatéralement. Ce délai, déterminé par l'employeur, doit être au minimum de 15 jours. Il commence à courir à compter de la date de présentation de la mise en demeure (c. trav. art. R. 1237-13).

L'employeur doit impérativement mentionner dans la mise en demeure qu'à défaut de reprise du travail dans le délai imparti ou de motifs légitimes, le salarié sera considéré comme ayant démissionné de son poste. À défaut de comporter cette mention, la démission du salarié ne pourra pas être présumée (CE 18 décembre 2024, n° 473640).

Dans le document questions/réponses supprimé, le ministère du Travail recommandait aussi de préciser dans la mise en demeure que le salarié ayant présumé démissionné est redevable d'un préavis et d'y prévoir l'organisation de l'exécution de ce préavis.

Le salarié est présumé avoir démissionné à l'expiration de ce délai s'il n'a pas repris son poste ou justifié de son absence (c. trav. art. R. 1237-13).

▶ À noter... En l'absence de précision du code du travail, le délai minimum de 15 jours s'entend à notre sens en jours « calendaires » (donc week-end et jours fériés compris). C'est d'ailleurs ce que précisaient les questions/réponses du ministère du Travail, avant qu'elles soient supprimées.

Justifications par le salarié - Dans le cas où le salarié entend se prévaloir auprès de l'employeur d'un motif légitime de nature à faire obstacle à une présomption de démission, il doit indiquer ce motif dans la réponse à la mise en demeure (c. trav. art. R. 1237-13).

Parmi les exemples de motifs légitimes, il est précisé qu'il peut s'agir notamment de raisons médicales, de l'exercice du droit de retrait en cas de danger grave et imminent (c. trav. art. L. 4131-1), de l'exercice du droit de grève (c. trav. art. L. 2511-1), de son refus d'exécuter une instruction contraire à une réglementation, de la modification du contrat de travail à l'initiative de l'employeur. L'emploi du terme « notamment » permet de considérer que cette liste n'est pas exhaustive (ex. : harcèlement moral ou sexuel, agression physique ou verbale).

Date de la démission présumée - Dans les questions/réponses supprimées, le ministère du Travail avait précisé que la démission du salarié est constatée « à la date ultime de reprise du travail fixée par l'employeur » dès lors que le salarié ne répond pas à la mise en demeure et ne reprend pas le travail au plus tard à la date fixée par l'employeur, ou répond qu'il ne reprendra pas son travail dans l'entreprise.

Préavis - Dans les questions/réponses supprimées le ministère du Travail précisait que :
- le salarié présumé démissionnaire est, comme tout salarié ayant démissionné, redevable du préavis de *démission** qui s'imposerait à lui en vertu de la loi, d'une convention ou d'un accord collectif ou, à défaut, d'un usage pratiqué dans la localité et la profession (c. trav. art. L. 1237-1) ;
- le préavis commence à courir à compter du jour ultime fixé par l'employeur dans la mise en demeure pour la reprise du travail.

Néanmoins, le ministère estimait qu'en pratique, il est probable que le salarié refuse d'exécuter son préavis. Dans ce cas, il indiquait qu'il n'y a pas d'indemnité compensatrice à verser au salarié si l'employeur et lui conviennent que le préavis ne sera pas exécuté. Au contraire, si l'employeur dispense d'autorité le salarié de préavis, l'indemnité compensatrice de préavis est due.

Le ministère précisait que l'employeur peut exiger du salarié qu'il exécute son préavis et lui réclamer une indemnité compensatrice, si le salarié refuse.

Contentieux - Le salarié peut contester la rupture devant le conseil de prud'hommes, lequel se prononcera sur sa nature et ses conséquences dans un délai d'un mois à compter de sa saisine (c. trav. art. L. 1237-1-1).

En pratique, le salarié devra établir que son absence n'est pas un abandon de poste volontaire et qu'elle est justifiée. Si le salarié parvient à renverser la présomption de démission, le juge devrait en toute logique requalifier la rupture du contrat en licenciement, lequel, faute de motif, serait sans cause réelle et sérieuse.

☛ *Démission ; Licenciement ; Indemnités de rupture (régimes social et fiscal).*

Abattement d'assiette pour temps partiel

L'abattement d'assiette pour temps partiel est un mécanisme qui consiste à proratiser le plafond de la sécurité sociale des salariés à temps partiel. En pratique, on parle plus communément de proratisation du plafond pour temps partiel.

Principe du prorata de plafond

Proratisation du plafond - Les employeurs de salariés à *temps partiel** sont en droit de proratiser le *plafond de la sécurité sociale** pour calculer les cotisations salariales et patronales dues sur les rémunérations versées aux intéressés (c. séc. soc. art. L. 242-8 et R. 242-2, I, dern. al.).

Ce mécanisme est destiné à compenser la différence entre, d'une part, le montant des cotisations dues au titre de chacun de ces salariés, et d'autre part, le montant des cotisations qui seraient dues pour une durée de travail identique dans le cas où chacun d'eux travaillerait à temps complet.

En pratique, la proratisation du plafond n'a d'intérêt en termes de montant de cotisations que si la rémunération du salarié est supérieure au plafond proratisé.

Renonciation - Le salarié à temps partiel et l'employeur ont la possibilité de renoncer à cet ajustement du plafond pour cotiser, sans réduction de plafond, comme si le salarié était à temps plein (BOSS, Assiette générale, § 800, 01/01/2024).

Le BOSS ne le précise pas, mais comme l'indiquait l'ACOSS dans sa circulaire de 1986 (lettre-circ. ACOSS 86-57 du 16 décembre 1986, § 3.1), cette renonciation doit, à notre sens, concerner toutes les cotisations patronales et salariales.

Salariés concernés

Travail à temps partiel - Le dispositif ne peut concerner que des salariés qui répondent à la définition du travail à *temps partiel** (c. séc. soc. art. L. 242-8 renvoyant à c. trav. art. L. 3123-1).

Durée du travail - Entre autres conditions, le bénéfice de l'abattement d'assiette nécessite que le salarié ait une durée du travail inférieure à la durée légale du travail (35 h hebdomadaires) ou, si elle est inférieure à la durée légale, à la durée de travail fixée conventionnellement pour la branche ou l'entreprise ou à la durée du travail applicable dans l'établissement (c. trav. art. L. 3123-1).

Si le salarié accomplit un nombre d'*heures complémentaires** tel qu'il atteint le niveau de la durée du travail à temps plein (durée légale ou durée conventionnelle inférieure), l'employeur ne peut pas proratiser le plafond (c. séc. soc. art. L. 242-9, al. 2).

▶ À noter… La circonstance que le salarié soit le seul à temps partiel ou qu'il n'y ait aucun salarié à temps complet dans l'entreprise n'empêche pas l'employeur de proratiser le plafond. S'il n'y a aucun salarié à temps complet, la durée du travail à temps plein de référence est la durée légale du travail (cass. soc. 14 février 1991, n° 88-15148 D).

Forme du contrat de travail - Le contrat de travail à *temps partiel** doit être écrit (c. trav. art. L. 3123-6).

L'absence de contrat écrit ou des mentions imposées par le code du travail (ex. : durée contractuelle du travail) fait présumer que le salarié est à temps plein, sauf preuve contraire apportée par l'employeur (cass. soc. 12 mars 2002, n° 99-44316, BC V n° 90 ; cass. soc. 15 octobre 2002, n° 01-46240, BC V n° 311 ; cass. soc. 9 janvier 2013, n° 11-16433, BC V n° 5 ; cass. soc. 18 décembre 2019, n° 18-12643 D). Si cette preuve n'est pas apportée, la proratisation du plafond ne peut pas être appliquée (cass. soc. 5 juillet 1995, n° 93-17198 D).

En revanche, si l'employeur est en mesure de justifier de l'emploi du salarié à temps partiel malgré l'absence de contrat écrit, il est en droit de pratiquer l'abattement d'assiette (cass. soc. 19 septembre 1991, n° 89-14573 D).

Temps partiel thérapeutique - Le plafond applicable aux salariés placés en *temps partiel thérapeutique** peut être réduit, dans les mêmes conditions que pour les salariés à temps partiel (pour le détail, voir *Plafond de la sécurité sociale**) (BOSS, Assiette générale, § 835, 01/01/2024).

Salariés en forfait jours - Les salariés sous convention de forfait en jours sur l'année inférieure à 218 jours par an (ou au plafond inférieur fixé par l'accord collectif) ne sont pas, juridiquement, des salariés à temps partiel (circ. DRT 2000-7 du 6 décembre 2000, partie G, Q/R 20).

Cependant, depuis le 1er janvier 2021, l'administration considère que le plafond applicable à ces salariés peut être proratisé, mais avec leur accord (pour le détail, voir *Plafond de la sécurité sociale**).

▶ À noter… Avant 2021, il était impossible de proratiser le plafond des salariés sous forfait jours, même s'ils avaient un forfait très inférieur à 218 jours (lettre-circ. ACOSS 2004-136 du 8 octobre 2004 ; cass. civ., 2e ch., 1er décembre 2011, n° 10-19710 D).

Maintien des cotisations vieillesse - Pour un même contrat de travail, il est impossible d'appliquer à la fois l'abattement d'assiette pour temps partiel et le dispositif de *maintien des cotisations vieillesse en cas de temps partiel** (c. séc. soc. art. R. 241-0-2, V).

Salariés exclus

Assiettes ou cotisations forfaitaires - Les salariés dont l'assiette ou le montant des cotisations sont forfaitaires ne peuvent pas ouvrir droit à l'abattement d'assiette (c. séc. soc. art. L. 242-10, 1°).

Taux réduits ou taux spécifiques - Les salariés dont l'emploi donne lieu à des taux réduits ou à des taux spécifiques (ex. : artistes du spectacle, journalistes, mannequins) ne peuvent pas bénéficier de l'abattement d'assiette pour temps partiel (c. séc. soc. art. L. 242-10, 1°).

Travailleurs temporaires - Le prorata de plafond pour temps partiel ne s'applique pas aux salariés intérimaires des entreprises de travail temporaire (c. séc. soc. art. L. 242-10, dern. al.).

Salariés rémunérés au pourboire - Le droit à abattement d'assiette pour temps partiel n'est pas ouvert au salarié dont la rémunération est constituée totalement ou partiellement de pourboires (lettre-circ. ACOSS 86-57 du 16 décembre 1986).

Travailleurs à domicile - L'abattement d'assiette n'est pas applicable aux travailleurs à domicile, leur salaire n'étant pas lié à un nombre d'heures de travail (instr. ACOSS 3-81 du 1er octobre 1981 ; BOSS, Assiette générale, § 1130, 01/01/2024).

Salariés à employeurs multiples - En principe, les salariés qui travaillent régulièrement et simultanément pour le compte de plusieurs employeurs se voient déjà appliquer un prorata de plafond tenant compte des rémunérations versées par chacun d'eux (voir *Employeurs multiples**).

On ne peut donc pas leur appliquer l'abattement d'assiette pour temps partiel (c. séc. soc. art. L. 242-10, 2°), sauf si l'employeur a choisi d'appliquer ce dispositif en lieu et place du prorata de plafond « employeurs multiples » (voir *Employeurs multiples**).

Calcul du plafond réduit

Principe - Le plafond de référence est proratisé par le rapport entre (c. séc. soc. art. R. 242-2, I, al. 7 ; BOSS, Assiette générale, § 800, 01/01/2024) :
- d'une part, la durée de travail inscrite à leur contrat de travail au titre de la période où ils sont présents dans l'entreprise (majorée du nombre d'heures complémentaires effectuées dans le mois) ;
- et d'autre part, la durée sur la période correspondant à la durée légale du travail (ou, si elle est inférieure, à la durée conventionnelle du travail ou à la durée du travail applicable dans l'établissement).

Exemples

1) Un salarié mensualisé a un contrat à temps partiel de 32 h/semaine (soit 138,67 h/mois) dans une entreprise où la durée collective du travail est de 35 h hebdomadaires (soit 151,67 h/mois). Le plafond applicable à sa paye est de : plafond mensuel × 138,67 h/151,67 h. Si au cours d'un mois il fait 10 heures complémentaires majorées de 10 %, le plafond de cette paye est de : plafond mensuel × (138,67 h + 10 h)/151,67 h.

2) Un salarié mensualisé a un contrat à temps partiel de 28 h/semaine (soit 121,33 h/mois) dans une entreprise où la durée collective du travail est de 32 h hebdomadaires (soit 138,67 h/mois). Le plafond applicable à sa paye est de : plafond mensuel × 121,33 h/138,67 h. Si au cours d'un mois il fait 10 heures complémentaires majorées de 10 %, le plafond de cette paye est de : plafond mensuel × (121,33 h + 10 h)/138,67 h.

La proratisation du plafond ne peut pas conduire à augmenter la valeur mensuelle du plafond (c. séc. soc. art. R. 242-2, I, al. 7).

Abattement d'assiette : exemple de régularisation progressive sur 2025

De janvier à mai 2025, un salarié à temps partiel de 32 h hebdomadaires (138,67 h/mois) travaille dans une entreprise où la durée collective du travail est de 35 h hebdomadaires (soit 151,67 h/mois). Il est payé 3 100 €. Pour ces 5 mois, le plafond applicable à sa paye est de : 3 925 € × 138,67 h/151,67 h = 3 588,58 €. En avril, il a fait 4 h complémentaires majorées de 25 %, pour un salaire brut total de 3 211,80 €. Le plafond proratisé d'avril est de : 3 925 € × (138,67 h + 4)/151,67 h = 3 692,09 €.

Suite à une augmentation liée à un changement de poste, le salarié passe à 3 700 € à partir de juin 2025, pour la même durée du travail. Il reçoit en juin une prime de vacances de 2 500 €. La rémunération en équivalent temps plein est de 3 700 € × 151,67 h/138,67 h = 4 046,88 €, soit un montant supérieur au plafond. Il bénéficie d'un 13e mois sur la paye de décembre.

L'employeur applique les règles de prorata de plafond dès janvier 2025.

Mois	Salaires		Plafond proratisé		Tranches 1 et 2 AGIRC-ARRCO			
	Du mois	En cumul	Du mois	En cumul	T1 du mois	T1 en cumul	T2 du mois	T2 en cumul
Janvier	3 100	**3 100**	3 588,58	**3 588,58**	3 100	**3 100**	0	**0**
Février	3 100	**6 200**	3 588,58	**7 177,16**	3 100	**6 200**	0	**0**
Mars	3 100	**9 300**	3 588,58	**10 765,74**	3 100	**9 300**	0	**0**
Avril	3 211,80	**12 511,80**	3 692,09	**14 457,83**	3 211,80	**12 511,80**	0	**0**
Mai	3 100	**15 611,80**	3 588,58	**18 046,41**	3 100	**15 611,80**	0	**0**
Juin	6 200	**21 811,80**	3 588,58	**21 634,99**	6 073,19	**21 634,99**	176,81	**176,81**
Juillet	3 700	**25 511,80**	3 588,58	**25 223,57**	3 588,58	**25 223,57**	111,42	**288,23**
Août	3 700	**29 211,80**	3 588,58	**28 812,15**	3 588,58	**28 812,14**	111,42	**399,65**
Septembre	3 700	**32 911,80**	3 588,58	**32 400,73**	3 588,58	**32 400,72**	111,42	**511,07**
Octobre	3 700	**36 611,80**	3 588,58	**35 989,31**	3 588,58	**35 989,30**	111,42	**622,49**
Novembre	3 700	**40 311,80**	3 588,58	**39 577,89**	3 588,58	**39 577,88**	111,42	**733,91**
Décembre	7 400	**47 711,80**	3 588,58	**43 166,47**	3 588,58	**43 166,46**	3 811,42	**4 545,33**
Total	**47 711,80**		**43 166,47**		**43 166,46**		**4 545,33**	

ABATTEMENT D'ASSIETTE POUR TEMPS PARTIEL (EXEMPLE)

Dans une entreprise de plus de 50 salariés où l'horaire collectif de travail est de 35 heures, un salarié non-cadre à temps partiel est rémunéré 2 400 € pour 20 heures de travail hebdomadaire (soit 86,67 heures par mois).

Le salaire équivalent temps plein est de 2 400 € × (35 h/20 h) = 4 200 €, soit un montant supérieur au plafond de la sécurité sociale (3 925 € pour 2025).

L'employeur peut donc proratiser le plafond : 3 925 € × (86,67 h/151,67 h) = 2 242,89 €.

La réduction générale de cotisations patronales ne s'applique pas, compte tenu de la rémunération et de la durée du travail du salarié.

EXTRAIT DU BULLETIN DE PAYE DE JANVIER 2025

Désignation	Base	Taux	Montant	
Salaire de base	86,67	27,69	2 400,00	
Brut total			2 400,00	
Cotisations et contributions sociales	**Base (€)**	**Taux salarial**	**Part salarié (€)**	**Part employeur (€)**
Santé				
Sécurité sociale - Maladie Maternité Invalidité Décès	2 400,00	-	0,00	168,00 (1)
Complémentaire Santé	-	-	85,00	85,00
Accidents du travail - maladies professionnelles	2 400,00	-	-	48,00 (2)
Retraite				
Sécurité sociale plafonnée	2 242,89	6,90 %	154,76	191,77
Sécurité sociale déplafonnée	2 400,00	0,40 %	9,60	48,48
Complémentaire Tranche 1 (3)	2 242,89	4,15 %	93,08	139,51
Complémentaire Tranche 2 (3)	157,11	9,86 %	15,49	23,22
Famille	2 400,00	-	-	82,80 (4)
Assurance chômage				
Chômage	2 400,00	-	0,00	103,20 (5)
Autres contributions dues par l'employeur	-	-	-	115,90 (6)
CSG déductible de l'impôt sur le revenu	2 443,00	6,80 %	166,12	-
CSG/CRDS non déductible de l'impôt sur le revenu	2 443,00	2,90 %	70,85	-
Exonérations et allégements de cotisations		-	-	-
Total des cotisations et contributions	-	-	594,90	1 005,88
Net social				**1 805,10**
Net à payer avant impôt sur le revenu (7)				**1 805,10 (7)**
Impôt sur le revenu	**Base**	**Taux**	**Montant**	**Cumul annuel**
Montant net imposable			1 960,95	Valeur
Impôt sur le revenu prélevé à la source	1 960,95	5,00 %	98,05	Valeur
Montant net des heures compl/suppl exonérées				Valeur
Net à payer au salarié (en euros) (7)				**1 707,05 (7)**
Total versé par l'employeur				3 405,88

Notes de la rédaction, pour aider à la lecture des totaux (ces notes n'ont pas à apparaître sur le bulletin de paye) :
(1) Taux de 7 % compte tenu de la rémunération. (2) Par hypothèse taux de 2 %. (3) Y compris contribution d'équilibre général et contribution d'équilibre technique. (4) Taux de 3,45 % compte tenu de la rémunération. (5) Cotisation 4,05 % et AGS 0,25 %. (6) CSA (0,30 %), FNAL (0,50 %), versement mobilité (1,60 %), contribution au dialogue social (0,016 %), participation formation (1 %), participation à l'effort de construction (0,45 %), taxe d'apprentissage (0,68 %), forfait social. (7) À faire apparaître de manière à en faciliter la lisibilité.

Cumuls - L'abattement d'assiette peut, notamment, être appliqué en même temps que la *réduction générale de cotisations patronales**.

Cotisations concernées

Cotisations URSSAF - Le plafond réduit ne s'applique qu'aux cotisations URSSAF plafonnées, à savoir :
- la *cotisation d'assurance vieillesse** plafonnée (6,90 % à la charge du salarié et 8,55 % à la charge de l'employeur dans le cas général en 2025) ;
- la contribution plafonnée de 0,10 % au *FNAL** (employeurs de moins de 50 salariés).

Cotisations chômage - Cet abattement s'applique également aux cotisations patronales chômage en tranche A et en tranche B. La limite supérieure de la tranche B s'obtient en multipliant le plafond réduit par 4.

Cotisations de retraite complémentaire AGIRC-ARRCO - Le prorata de plafond s'applique aussi aux contributions ARRCO-AGIRC.

Dans tous les cas où le plafond de la tranche 1 a fait l'objet d'une proratisation, le plafond de la tranche 2 doit être déterminé en multipliant par 8 le plafond de la tranche 1 proratisé (circ. AGIRC-ARRCO 2019-1 DRJ du 9 janvier 2019).

Exemple
En 2025, le plafond mensuel est de 3 925 €. En cas de temps partiel de 20 h hebdomadaires, la tranche 1 va jusqu'à 3 925 € × 20 h/35 h = 2 242,86 €. Le plafond de la tranche 2 correspond à 8 fois le plafond proratisé, soit 2 242,86 € × 8 = 17 942,86 €.

Mise en œuvre et régularisation

Application à chaque échéance et régularisation progressive - Le prorata de plafond pour temps partiel doit être pratiqué à chaque échéance de cotisations (c. séc. soc. art. L. 242-9). À défaut, l'employeur n'est pas en droit de le pratiquer en fin d'année (cass. soc. 1er avril 1999, n° 97-17562 D).

▶ À noter... Les textes réglementaires antérieurs à 2018 exigeaient même une application à chaque échéance de paye (c. séc. soc. art. R. 242-7 abrogé). La règle a disparu en tant que telle, mais reste à notre sens de fait applicable.

L'employeur doit mettre en œuvre le dispositif en régularisant les cotisations d'une paye à l'autre, puisque la régularisation progressive est la règle (c. séc. soc. art. R. 243-10) (voir *Régularisation des cotisations**). Un exemple de calcul en régularisation progressive figure dans cette étude *(voir tableau)*.

Périodes de temps plein et de temps partiel sur la même année - En présence, au cours d'un même exercice, de périodes d'emploi à temps plein et de périodes d'emploi à temps partiel ouvrant droit à abattement d'assiette, l'assiette plafonnée est déterminée en totalisant les plafonds applicables au cours de chaque période (lettre-circ. ACOSS 87-16 du 26 janvier 1987, § II).

Exemple
De janvier à avril 2025, un salarié est à temps plein (3 900 € par mois pour 35 h/semaine). Il passe à temps partiel et travaille 120 h par mois de mai à décembre 2025 (3 200 € par mois pour cet horaire).
Le plafond annuel se calcule comme suit :
- de janvier à avril : 3 925 € × 4 = 15 700 € ;
- de mai à décembre : [(3 925 € × 120 h/151,67 h) × 8] = 24 843,41 € ;
- plafond annuel : 15 700 € + 24 843,41 € = 40 543,41 €.
Sur l'année, la rémunération totale du salarié est de (3 900 € × 4) + (3 200 € × 8) = 41 200 €. La tranche A est donc de 40 543,41 €, tandis que la partie de rémunération excédant le plafond est de 656,59 € (41 200 € - 40 543,41 €).

☞ *Employeurs multiples ; Maintien des cotisations vieillesse en cas de temps partiel ; Plafond de la sécurité sociale ; Temps partiel.*

Abattement supplémentaire pour frais professionnels

☞ *Frais professionnels (déduction forfaitaire spécifique).*

Abondement

☞ *Compte épargne-temps ; Compte personnel de formation ; Compte personnel de formation (utilisation) ; Compte professionnel de prévention (utilisation) ; Cotisations de retraite et de prévoyance (régime fiscal) ; Cotisations de retraite et de prévoyance (régime social) ; Plan d'épargne d'entreprise ; Plan d'épargne interentreprises ; Plan d'épargne pour la retraite collectif ; Plan d'épargne retraite d'entreprise collectif ; Plan d'épargne retraite d'entreprise obligatoire ; Transfert d'épargne salariale.*

Absence

Retenue sur salaire

Principe de proportionnalité - L'absence du salarié entraîne la suspension de son contrat de travail. L'employeur est, sauf cas particuliers (congés payés, etc.), déchargé de son obligation de verser le salaire pour cette période d'absence puisque le salarié n'accomplit plus son travail.

La retenue pratiquée sur le salaire doit toutefois être exactement proportionnelle à la durée de l'absence.

▶ À noter... L'employeur qui ne respecte pas la proportionnalité de la retenue liée à l'absence peut, le cas échéant, se voir reprocher la pratique de *sanctions pécuniaires** prohibées.

Méthode de référence - Seule la méthode de la durée réelle de travail sur le mois respecte exactement le principe de proportionnalité (cass. soc. 11 février 1982, n° 80-40359, BC V n° 90). C'est cette méthode qui doit être utilisée en cas d'absence non rémunérée ou indemnisée (ex. : grève, mise à pied disciplinaire, entrée ou sortie en cours de mois).

En principe, la méthode de retenue utilisée par l'employeur ne peut pas être moins favorable pour le salarié que celle préconisée par la jurisprudence.

Bulletin de paye - La retenue pour absence non rémunérée doit figurer sur le bulletin de salaire et faire l'objet d'une ligne à part. En revanche, en cas d'exercice du droit de grève par le salarié, et dans la mesure où il est interdit de faire mention de celle-ci sur le bulletin (c. trav. art. R. 3243-4), les retenues opérées doivent figurer sans préciser leur origine exacte (par exemple, on peut les qualifier en « absence non rémunérée »).

Méthode de la durée mensuelle réelle

Logique de calcul - La méthode de la durée mensuelle réelle consiste à faire le rapport entre la rémunération mensuelle et le nombre d'heures effectives qui auraient dû être travaillées pour le mois considéré, sans tenir compte du nombre d'heures mensualisées, et à multiplier par ce rapport le nombre d'heures d'absence (cass. soc. 11 février 1982, n° 80-40359, BC V n° 90).

Exemple

Un salarié mensualisé est payé 2500 € par mois pour 35 h de travail hebdomadaires, réparties sur 5 jours à raison de 8 h par jour du lundi au jeudi et de 3 h le vendredi. Les jours fériés légaux sont habituellement chômés dans l'entreprise et le salarié est supposé remplir les conditions requises pour bénéficier du maintien de salaire ces jours-là.

1) En juin 2025, le salarié est absent les mercredi 4 juin (8 h), jeudi 5 juin (8 h), vendredi 6 juin (3 h) et lundi 9 juin (8 h), soit un total de : (3 × 8) + 3 = 27 h. Le mois de juin 2025 comporte en réalité 148 h de travail réelles. La retenue sur salaire est donc de : (2500 € × 27 h)/148 h = 456,08 €.

2) En août 2025, le salarié est absent les jeudi 7 août (8 h) et vendredi 8 août (3 h), soit un total de 11 h. Le mois d'août 2025 comprenant 143 h réelles payées comme du travail (y inclus le jour férié chômé du 15 août), la retenue sur le salaire du mois d'août est de : (2500 € × 11 h)/143 h = 192,31 €.

3) Compte tenu de la durée réelle de travail sur chaque mois, chaque heure d'absence du mois de juin 2025 vaut 2500 €/148 h = 16,89 € et chaque heure d'absence du mois d'août 2025 équivaut à une retenue de 2500 €/143 h = 17,48 €.

Salariés en forfait jours en grève - Lorsqu'un salarié en forfait annuel en jours fait grève et que son absence est d'une durée non comptabilisable en journée ou demi-journée, la jurisprudence considère qu'il faut procéder à une retenue sur salaire identique à celle pratiquée pour toute autre absence d'une même durée, ce qui impose en pratique de revenir à un calcul horaire (voir tableau ci-dessous et voir *Grève interne**).

Méthode de la durée mensuelle moyenne

Logique de calcul - La méthode de la durée mensuelle moyenne repose sur le postulat d'une durée

Tableau des retenues selon la méthode horaire base 35 h (1)

Nombre de jours	Nombre d'heures	Retenue jour	Retenue heure
20	140 h	1/20	1/140
21	147 h	1/21	1/147
22	154 h	1/22	1/154
23	161 h	1/23	1/161

(1) Tableau valable pour une durée du travail hebdomadaire de 35 h répartie sur 5 jours, à raison de 7 h par jour.

du travail mensuelle moyenne constante. Ainsi, un salarié travaillant 35 heures hebdomadaires est supposé avoir une durée mensuelle moyenne de 151,67 heures : chaque heure d'absence entraînera la déduction de 1/151,67 du salaire mensuel brut.

C'est la méthode la plus proche de la notion de mensualisation. Elle permet également de décompter des absences inférieures à la journée et de prendre en compte la répartition des horaires sur chaque journée travaillée.

Limites - Cette méthode connaît toutefois ses limites. Par exemple :
- pour un mois qui compte plus de 151,67 heures réelles, une absence non rémunérée pour 151,67 heures ramènerait le brut à zéro alors que le salarié aurait quand même travaillé ;
- en outre, elle aboutit à surévaluer le taux horaire des retenues sur salaire lorsque le mois compte plus de 151,67 heures.

Méthode des jours ouvrés

Logique de calcul - La méthode des jours ouvrés repose sur une logique journalière, en se référant aux jours ouvrés.

Elle ne permet pas de calculer avec précision le montant de la retenue en cas d'absence inférieure à une journée.

En outre, elle ne prend pas en compte une répartition de la durée du travail inégale sur les différents jours de la semaine.

En nombre réel de jours ouvrés - La retenue se calcule en multipliant le salaire mensuel brut du salarié par le nombre de jours ouvrés d'absence, puis en divisant le tout par le nombre réel de jours ouvrés du mois considéré (en incluant les jours fériés chômés et payés comme des jours travaillés).

En nombre moyen de jours ouvrés - Cette méthode repose sur la fiction d'un horaire mensuel réparti chaque mois sur 22 jours ouvrés (ou 21,67) lorsque l'horaire hebdomadaire est réparti sur 5 jours. Chaque journée d'absence entraîne donc la réduction de 1/22 (ou de 1/21,67) du salaire mensuel brut.

▶ À noter… Le nombre de 22 jours ouvrés par mois (21,67 si on ne procède pas à l'arrondi) s'obtient en effectuant le calcul suivant : 5 jours par semaine × 52 semaines/12 mois.

Cette méthode est souvent celle retenue pour le décompte des congés payés pour les entreprises qui les calculent en jours ouvrés.

Lorsque l'horaire est réparti sur 6 jours, l'absence doit, dans ce cas, être décomptée au regard d'une moyenne de 26 jours ouvrés par mois.

Méthodes des jours ouvrables

Logique de calcul - La méthode des jours ouvrables repose également sur une base journalière, mais en prenant cette fois en compte les jours ouvrables. On tient compte, par exemple, du second jour de repos hebdomadaire (le plus souvent, le samedi non travaillé).

En nombre réel de jours ouvrables - La retenue se calcule en multipliant le salaire mensuel brut du salarié par le nombre de jours ouvrables d'absence, puis en divisant le tout par le nombre réel de jours ouvrables du mois considéré (en incluant les jours fériés chômés et payés comme des jours travaillés).

En moyenne mensuelle (1/26) - Cette méthode repose sur la fiction de mois constants de 26 jours ouvrables. Chaque journée d'absence entraîne la déduction de 1/26 du salaire. Ce système est celui retenu par le code du travail pour le calcul des droits à congés payés (décompte en jours ouvrables).

▶ À noter… Le nombre de 26 jours ouvrables par mois s'obtient en appliquant le calcul suivant : 6 jours par semaine × 52 semaines/12 mois.

Méthode des jours calendaires

Logique de calcul - La méthode des jours calendaires tient compte de la totalité des jours du mois, y inclus le jour de repos hebdomadaire (dimanche généralement).

En nombre réel de jours calendaires - La retenue se calcule en multipliant le salaire mensuel brut du salarié par le nombre de jours calendaires d'absence, puis en divisant le tout par le nombre réel de jours calendaires du mois considéré (en incluant les jours fériés chômés et payés comme des jours travaillés).

En moyenne mensuelle (1/30) - L'horaire mensuel est supposé réparti chaque mois sur 30 jours calendaires. Chaque jour d'absence entraîne la déduction de 1/30 du salaire.

Cas de maintien de salaire

Certaines absences entraînent pour l'employeur l'obligation de procéder à un maintien ou à un complément de salaire. Cette obligation peut être édictée par les textes légaux (code du travail, etc.),

Formules synthétiques de calcul des retenues (R)	
Méthode validée par la jurisprudence (durée mensuelle réelle en heures)	
R = (salaire mensuel × heures d'absence)/horaire réel de travail du mois	
Méthodes fondées sur des moyennes mensuelles	
Durée mensuelle moyenne en heures	R = (salaire mensuel × heures d'absence)/horaire mensuel moyen (a)
Nombre mensuel moyen de jours ouvrés	R = (salaire mensuel × jours ouvrés d'absence)/21,67 (b)
Nombre mensuel moyen de jours ouvrables	R = (salaire mensuel × jours ouvrables d'absence)/26
Nombre mensuel moyen de jours calendaires	R = (salaire mensuel × jours calendaires d'absence)/30
Autres méthodes réelles (décomptes par journée)	
Nombre réel de jours ouvrés du mois	R = (salaire mensuel × jours ouvrés d'absence)/nombre de jours ouvrés du mois
Nombre réel de jours ouvrables du mois	R = (salaire mensuel × jours ouvrables d'absence)/nombre de jours ouvrables du mois
Nombre réel de jours calendaires du mois	R = (salaire mensuel × jours calendaires d'absence)/nombre de jours calendaires du mois

R = Retenue.
(a) À 35 heures par semaine correspond une moyenne de 151,67 heures par mois.
(b) Montant non arrondi pour une durée du travail répartie sur 5 jours travaillés (5 × 52/12). Si l'horaire est réparti sur 6 jours ouvrables, un mois moyen comporte 26 jours ouvrés.

les conventions ou accords d'entreprise. Il s'agit essentiellement, d'une part, de certains congés ne donnant pas lieu à retenue sur salaire (congés pour événements familiaux sous certaines conditions, etc.) et, d'autre part, des absences liées à l'état de santé du salarié (maladie, maternité, accident du travail, etc.).

Principales autres incidences de l'absence

Primes - Le droit à certaines primes peut parfois être lié à une condition de présence, ou certaines primes peuvent se calculer en fonction du travail effectif du salarié.

Dans ce cas, le droit à la prime peut être perdu ou son montant proratisé en cas d'absence du salarié. Cependant, toutes les absences doivent avoir les mêmes conséquences sur la prime, hormis celles qui sont légalement assimilées à du *temps de travail effectif** (voir *Primes**). Ces absences « assimilées » doivent en effet être neutres et n'avoir aucune incidence.

Exemple

Si l'employeur supprime ou proratise une prime d'assiduité par exemple, il ne peut valablement le faire que si toutes les absences entraînent les mêmes conséquences (voir *Prime d'assiduité**).

Congés payés - Les absences non assimilées à du *temps de travail effectif** pour le calcul de la durée des *congés payés** doivent être ignorées pour déterminer les droits à congés acquis par le salarié, même si elles ont donné lieu à maintien de la rémunération (sauf convention contraire).

Ancienneté - La suspension du contrat de travail interrompt temporairement l'ancienneté du salarié dans l'entreprise, sauf cas particulier et absences assimilées à du temps de travail effectif pour les droits liés à l'*ancienneté**.

Plafond de sécurité sociale - Les journées d'absence non rémunérée donnent lieu à réduction du *plafond de la sécurité sociale** (c. séc. soc. art. R. 242-2, I).

Ainsi, si au cours du mois de février 2025 (total de 28 jours calendaires), un salarié voit son contrat de travail suspendu sans rémunération sur une période estimée de 10 jours calendaires (du 8 au 17 février inclus), le plafond de sécurité sociale appliqué en paye sera de 18/28e du plafond mensuel de sécurité sociale.

Les lecteurs trouveront les précisions de calcul dans nos développements relatifs au plafond (voir *Plafond de la sécurité sociale**).

Intéressement et participation - La *réserve spéciale de participation** ainsi que l'*intéressement** peuvent être répartis selon différents critères et notamment en fonction de la durée de présence du salarié au cours de l'exercice ou de sa rémunération.

L'absence non rémunérée peut ainsi avoir une incidence directe sur le montant de ce que l'employeur doit verser au salarié au titre de la participation ou de l'intéressement en réduisant le montant dû. À cet égard, il existe deux tempéraments.

Tout d'abord, il convient de comptabiliser comme durée de présence toutes les périodes de travail effectif, ainsi que les périodes légalement assimilées de plein droit à du travail effectif et rémunérées comme tel (*congés payés**, *heures de délégation** des représentants du personnel, etc.) (guide intermin. épargne salariale, juillet 2014, dossier 1, fiche 5, § I-A-2 et dossier 2, fiche 4, § III-A).

Par ailleurs, certaines absences sont assimilées à du temps de présence ou à des périodes travaillées pour la répartition des droits :
- celles liées à un *congé de maternité**, un *congé de paternité et d'accueil de l'enfant**, un *congé d'adoption** ou un *congé de deuil**, ainsi qu'à un arrêt de travail pour *accident du travail** ou *maladie professionnelle** (c. trav. art. L. 3314-5 et L. 3324-6) ;
- celles liées à des situations d'*activité partielle** (c. trav. art. R. 5122-11) ou d'*activité partielle de longue durée** ;
- celles liées à la mise en quarantaine de personnes en cas de menace sanitaire grave appelant des mesures d'urgence, notamment en cas de menace d'épidémie (c. trav. art. L. 3314-5 et L. 3324-6).

Dans ces hypothèses, l'absence est neutralisée : en cas de répartition proportionnelle à la durée de présence, l'absence est traitée comme du temps de présence ; en cas de répartition proportionnelle au salaire, il faut retenir la rémunération que le salarié aurait perçue s'il avait été présent (pour plus de détails sur chaque dispositif, voir *Intéressement** et *Réserve spéciale de participation**).

Titres-restaurant - Le salarié n'a droit à des titres-restaurant que pour les repas compris dans son horaire de travail journalier (voir *Titre-restaurant**). L'employeur n'a donc pas à lui en accorder si l'absence conduit à ce que certains repas ne soient plus compris dans l'horaire.

Exemple

Un salarié à temps plein (7 h/jour du lundi au vendredi) reçoit un titre-restaurant pour chaque repas de midi. S'il est absent du lundi après-midi au mercredi inclus, il perd le bénéfice de 3 titres-restaurant.

☛ *Activité partielle ; Ancienneté ; Congés payés ; Frais de transport domicile-lieu de travail ; Intéressement ; Plafond de la sécurité sociale ; Primes ; Réserve spéciale de participation ; Temps de travail effectif ; Titre-restaurant.*

Absences pour recherche d'emploi

☛ *Heures pour recherche d'emploi.*

Accident de mission

Un salarié est en mission lorsqu'il effectue un déplacement d'ordre professionnel pour le compte de l'employeur. En principe, l'accident survenu au cours d'une mission est considéré comme un *accident du travail**.

Régime de l'accident

Accident du travail, sauf preuve contraire - L'accident survenant durant une mission est présumé être un *accident du travail** (AT), à moins que l'employeur ou la caisse primaire d'assurance maladie (CPAM) n'apporte la preuve que le salarié a interrompu sa mission pour un motif « purement personnel » (cass. soc. 19 juillet 2001, n° 99-20603, BC V n° 285 ; cass. soc. 19 juillet 2001, n° 99-21536, BC V n° 285).

Conséquences sur les droits du salarié - Le salarié en mission bénéficie d'une protection renforcée puisque l'accident est présumé être un *accident du travail**.

Cette présomption concerne l'indemnisation par la sécurité sociale et par l'employeur ainsi que l'application du droit du travail (ex. : assimilation à du travail effectif pour les droits liés à l'ancienneté ou l'acquisition des congés payés, protection contre le licenciement).

Situations relevant de l'accident de mission

Protection couvrant les actes de la vie courante et le trajet - La qualification d'accident du travail joue pendant le temps de la mission que le salarié accomplit pour son employeur (trajet compris), peu importe que l'accident survienne à l'occasion d'un acte professionnel ou d'un acte de la vie courante (cass. civ., 2e ch., 12 mai 2003, n° 01-20968, BC II n° 142).

Exemple

Un salarié en mission en Chine qui s'est blessé à la main en dansant en discothèque à 3 h du matin a été considéré comme victime d'un accident du travail (cass. civ., 2e ch., 12 octobre 2017, n° 16-22481 FPB). L'employeur n'a pas pu prouver l'absence de lien entre la présence en discothèque et l'activité professionnelle du salarié (il aurait pu y accompagner des collaborateurs ou des clients, ou encore répondre à une invitation dans le cadre de sa mission).

La qualification d'accident de mission fait que l'accident qui a lieu durant le trajet aller ou retour de la mission est en général considéré comme un *accident du travail** et non comme un *accident de trajet**. Il en va de même pour l'accident qui surviendrait à l'hôtel dans lequel le salarié loge durant sa mission.

Exemples

1) Il y a accident de travail pour un salarié envoyé en mission et victime d'un accident mortel de la circula-

tion vers 2 h du matin, alors qu'il venait de quitter son domicile pour parcourir 600 kilomètres afin d'être dès 9 h sur le site où il devait exercer ses fonctions (cass. civ., 2e ch., 12 mai 2003, n° 01-20968, BC II n° 142).

2) Il en a été jugé de même pour un salarié en mission hors de sa résidence qui a eu un malaise pendant une nuit passée à Avignon avant la reprise du travail (cass. civ., 2e ch., 16 septembre 2003, n° 02-30009, BC II n° 267). La solution est identique pour un salarié envoyé en mission plusieurs jours à Paris pour la livraison et l'installation de mobilier auprès de plusieurs clients, retrouvé mort dans sa chambre d'hôtel après sa journée de travail (cass. soc. 19 juillet 2001, n° 99-20603, BC V n° 285). Il en est de même pour un salarié décédé d'une hémorragie cérébrale dans sa chambre d'hôtel, pendant un déplacement en Chine (cass. soc. 19 juillet 2001, n° 99-21536, BC V n° 285).

3) Il y a accident de travail lorsqu'un salarié en mission est victime d'un accident mortel de la circulation vers 2 h du matin alors qu'ayant quitté le siège de son entreprise en fin d'après-midi, il avait retrouvé un ami avec lequel il avait passé la soirée pour reprendre la route vers minuit en direction du site où il devait exercer ses fonctions (cass. civ., 2e ch., 1er juillet 2003, n° 01-13433, BC II n° 220).

4) De même, il y a accident du travail lorsqu'un salarié, qui s'est rendu pour le compte de son employeur dans un magasin, est décédé après un malaise survenu alors qu'il avait déposé son véhicule personnel dans un centre de contrôle technique, avant de regagner son bureau (cass. civ., 2e ch., 5 avril 2007, n° 06-12580 D).

Interruption pour motif personnel : levée de la protection - Lorsqu'un accident se produit à un moment où le salarié a interrompu sa mission pour un motif personnel, il s'agit d'un accident ordinaire (cass. civ., 2e ch., 20 septembre 2005, n° 04-30332, BC II n° 227).

Exemple

Un cadre commercial est victime d'un accident mortel de la circulation après 22 h, à un moment où il revenait d'une visite étrangère à son activité professionnelle, chez une parente, dans un département situé hors de son secteur géographique. Le salarié ayant interrompu sa mission pour un motif d'ordre personnel, il ne s'agit pas d'un accident du travail (cass. civ., 2e ch., 20 septembre 2005, n° 04-30332, BC II n° 227).

Accidents liés à des stages relevant du plan de formation

Accident sur le trajet - Lorsque le lieu de formation n'est pas le lieu habituel de travail, l'accident qui survient sur le trajet aller ou retour entre le domicile et le lieu de formation est considéré comme un accident de mission. C'est ce qui a été jugé pour un accident survenu dans une gare parisienne, à un salarié travaillant habituellement à Lyon, sur le chemin de retour d'une formation professionnelle suivie à Paris (cass. civ., 2e ch., 16 septembre 2003, n° 02-30396 D).

En principe, lorsque la formation se déroule sur le lieu de travail habituel, l'accident sur le trajet domicile-lieu de travail relève de la législation de l'*accident de trajet**.

Quant à l'accident survenu sur le trajet entre le lieu de travail et le lieu de stage, une ancienne réponse ministérielle le soumettait au régime de l'*accident du travail** (rép. Hardy n° 27299, JO 22 juin 1976, AN quest. p. 4525). Dans tous les cas, à notre sens, il relève de la catégorie de l'accident de mission.

Accident sur le lieu d'hébergement (autre que le domicile du salarié) - Lorsque le salarié est en déplacement, l'accident qui survient sur le lieu d'hébergement est un accident de mission (cass. soc. 19 juillet 2001, n° 99-21536, BC V n° 285). Cette jurisprudence peut s'appliquer à l'accident qui surviendrait à un salarié hébergé à l'hôtel pendant le suivi de sa formation.

L'accident de mission est donc généralement traité comme un *accident du travail**, puisqu'il s'agit aussi bien d'accidents survenant à l'occasion de la vie professionnelle que survenant à l'occasion d'un acte de la vie courante, sauf à prouver que le salarié a interrompu sa mission pour un motif « purement personnel » *(voir ci-avant)*.

Accident sur le lieu de formation - Voir *Accident du travail**.

☞ *Accident de trajet ; Accident du travail ; Accident du travail (indemnisation) ; Astreinte ; Congés payés (incidence des arrêts de travail) ; Déclaration des accidents du travail ; Indemnités journalières complémentaires ; Indemnités journalières de sécurité sociale d'accident du travail ; Indemnités journalières de sécurité sociale de maladie.*

Accident de trajet

Définition et délimitation du trajet

Définition de l'accident de trajet - L'accident de trajet est un accident dont est victime un travailleur sur deux types de trajet (c. séc. soc. art. L. 411-2).

Le premier est l'accident qui survient sur le trajet aller et retour entre la résidence principale du salarié, une résidence secondaire présentant un caractère de stabilité ou tout autre lieu où il se rend de façon habituelle pour des motifs d'ordre familial et son lieu de travail. Ce trajet peut ne pas être le plus direct lorsque le détour effectué est rendu nécessaire dans le cadre d'un covoiturage régulier (c. séc. soc. art. L. 411-2, 1°).

La seconde hypothèse sur le trajet aller et retour entre le lieu de travail et le restaurant, la cantine ou, d'une manière plus générale, le lieu où le salarié prend habituellement ses repas. Ce trajet ne doit pas avoir été interrompu ou détourné pour un motif dicté par l'intérêt personnel et étranger aux nécessités essentielles de la vie courante ou indépendant de l'emploi (c. séc. soc. art. L. 411-2, 2°).

Lieu de travail - Le lieu du travail s'entend de l'ensemble de l'établissement (accès, ateliers, dépendances).

Domicile et résidences assimilées - Pour le trajet domicile/lieu de travail, on se réfère en principe à la résidence principale. Mais il peut aussi s'agir d'une résidence secondaire présentant un caractère de stabilité, ou tout lieu fréquenté habituellement pour des motifs d'ordre familial *(voir « définition » plus haut)*.

Ce lieu constitue la limite du parcours obligatoire à laquelle sont rattachées les dépendances immédiates telles que l'escalier, le jardin ou le garage situé au sous-sol de la maison d'un salarié (cass. soc. 23 mai 1997, n° 95-20433 D). Les accidents qui se produisent dans les limites de l'habitation proprement dite ou dans ses dépendances ne constituent pas des accidents de trajet.

Exemple

il n'y a pas d'accident de trajet lorsque l'accident survient alors que le salarié n'est pas encore sur le trajet protégé reliant son domicile au lieu de travail. Il en a été jugé ainsi pour :

- un accident survenant dans l'escalier conduisant au jardin privé séparant la maison de la rue, alors que le salarié allait prendre sa voiture pour se rendre à son travail (cass. soc. 31 janvier 1991, n° 88-19934, BC V n° 54) ;
- un accident causé par une plaque de verglas sur laquelle le salarié a glissé en se rendant à son garage dans l'enceinte de sa résidence (cass. soc. 28 juin 1989, n° 86-18400, BC V n° 486) ;

un accident survenu dans la résidence du salarié, alors qu'il ne se trouvait pas encore sur le trajet protégé reliant son domicile à son lieu de travail (cass. soc. 18 décembre 1997, n° 96-12630, BC V n° 463).

En pratique, le trajet « protégé » commence une fois que le salarié a quitté son domicile ou ses dépendances et s'achève au retour, lorsqu'il en franchit les limites.

Exemples

1) Une salariée avait fait une chute, alors qu'elle était sortie de son domicile, pour déneiger et dégager de son véhicule garé sur une place extérieure située devant chez elle. Comme elle avait quitté sa résidence et ses dépendances lors de la survenance de l'accident, elle se trouvait bien sur le trajet pour se rendre à son travail. Il s'agissait bien d'un accident de trajet (cass. civ., 2e ch., 29 février 2024, n° 22-14592 FB).

2) A contrario, l'accident qui survient une fois le trajet protégé achevé n'est pas non plus un accident de trajet. Il en va ainsi pour un salarié qui, après avoir regagné son domicile en taxi en fin de journée, va dans son appartement afin d'y prendre de l'argent pour régler la course et qui, en redescendant, se blesse dans l'escalier. Comme le salarié avait rejoint son domicile et y avait pénétré, le trajet protégé était achevé (cass. civ., 2e ch., 9 décembre 2003, n° 02-30676, BC II n° 372).

Lieu des repas - Le lieu des repas comprend le restaurant, la cantine ainsi que, d'une façon générale, tout lieu où le salarié prend habituellement ses repas *(voir « définition » plus haut)*.

Notion de temps du trajet

Principe - L'accident doit survenir pendant le temps normal du trajet, compte tenu de l'horaire habituel de l'entreprise ou du salarié (ex. : en cas d'horaires variables).

▶ À noter… La présence d'horaires variables (voir *Horaires individualisés**) peut générer une incertitude pour la sécurité sociale que le salarié peut être amené dissiper. Il procédera par tous moyens de preuve, étant rappelé que les organismes de sécurité sociale sont censés se montrer attentifs aux difficultés d'ordre pratique pouvant se présenter (rép. Kalinsky n° 30195, JO 28 août 1976, AN quest. p. 5881).

Détours et interruptions - Les détours ou interruptions du trajet n'empêchent pas la qualification d'accident de trajet lorsqu'ils répondent aux « nécessités essentielles de la vie courante ou de l'emploi », et non au seul intérêt personnel (c. séc. soc. art. L. 411-2, 2°).

Ainsi, les détours en vue d'effectuer certaines courses de la vie courante, de conduire un enfant à la crèche, de raccompagner un autre salarié ou encore l'interruption du trajet motivée par l'assistance à une personne en danger sont protégés. Un accident de trajet a ainsi été reconnu pour un salarié ayant interrompu son trajet domicile-lieu de travail afin de faire le plein du véhicule de service qu'il conduisait à la station essence, comme il en avait l'habitude (cass. civ., 2e ch., 24 mai 2005, n° 04-30007 D).

Il en a été de même pour une interruption du trajet lieu de travail-lieu habituel de restauration afin de retirer de l'argent à un distributeur automatique de billets (cass. civ., 2e ch., 4 juillet 2007, n° 06-16759 D).

À l'inverse, les autres détours ne sont pas protégés.

Exemple
Un chef de chantier a été victime d'un accident de la route le 16 juin entre 23 h et 4 h 20, alors qu'il circulait au volant d'un véhicule pour le compte de son employeur. L'intéressé avait loué à une société de location de véhicules une voiture pour des besoins professionnels et en exécution de son contrat de travail. Il devait échanger ce véhicule contre un autre de taille supérieure, le 16 juin au soir ou le 17 juin au matin, afin d'amener des ouvriers sur un chantier, toute latitude lui étant laissée pour organiser l'échange. Pour les juges (cass. civ., 2e ch., 22 mars 2005, n° 02-30858 D), l'accident ne pouvait pas être pris en charge au titre d'un accident du travail ou d'un accident de trajet pour plusieurs raisons :
- le salarié avait toute latitude pour organiser l'échange de véhicules ;
- aucune obligation n'était imposée par l'employeur de procéder à l'échange le matin du 17 juin ;
l'heure tardive de l'accident révèle un détour qui n'était pas justifié par les nécessités essentielles de la vie courante.

Détours liés au covoiturage sur le trajet domicile/lieu de travail - Les détours faits par un salarié sur le parcours du domicile au lieu de travail (et inversement) dans le cadre d'un covoiturage « régulier » font partie du trajet protégé (c. séc. soc. art. L. 411-2, 1°).

C'est une dérogation au principe du trajet le plus direct, de façon à ce que les accidents qui surviennent à l'occasion de ces détours relevent de la catégorie des accidents de trajet.

Formation professionnelle - La jurisprudence peut permettre de distinguer plusieurs situations.

En principe, les juges considèrent que l'accident survenu sur le trajet pour se rendre du domicile au lieu de la formation professionnelle est un accident de trajet (cass. crim. 16 juin 1987, n° 86-94516, B. crim. n° 252 ; cass. soc. 5 octobre 1989, n° 86-16198, BC V n° 570). À notre sens, cette solution reste valable lorsque la formation est organisée sur le lieu habituel de travail, et que l'accident survient sur le trajet normal du domicile au lieu de travail, compte tenu des horaires habituels du salarié.

Lorsque le lieu de formation n'est pas le lieu habituel de travail, on peut à notre avis considérer que l'accident survenant sur le trajet aller ou retour entre le domicile et le lieu de formation est un *accident de mission**. Dans ce cas, l'accident est, en principe, qualifié d'accident du travail.

Quant à l'accident survenu sur le trajet entre le lieu de travail et le lieu de stage, une ancienne réponse ministérielle le soumet au régime de l'*accident du travail** (rép. Hardy n° 27299, JO 22 juin 1976, AN quest. p. 4525). Dans tous les cas et à notre sens, il relève a minima de la catégorie de l'*accident de mission**.

Formalités déclaratives

Les formalités déclaratives sont celles réalisées en cas d'*accident du travail** (voir *Déclaration des accidents du travail**).

Statut du salarié

Indemnités journalières de sécurité sociale - L'accident de trajet est indemnisé comme un *accident du travail**. Le salarié perçoit des *indemnités journalières de sécurité sociale d'accident du travail** et, le cas échéant, l'*indemnité temporaire d'inaptitude**.

Indemnisation par l'employeur - Au regard de l'indemnisation complémentaire à la charge de l'employeur, le salarié est traité par la loi comme s'il était en *maladie** non professionnelle (c. trav. art. L. 1226-1). Ainsi, le salarié relevant du code du travail pour son indemnisation se verra appliquer un délai de carence de 7 jours en l'absence d'usage plus favorable (c. trav. art. D. 1226-3).

Des dispositions conventionnelles peuvent se montrer plus avantageuses pour le salarié.

Protection contre le licenciement - L'accident de trajet a les mêmes incidences que la *maladie** non professionnelle. Les règles protectrices prévues en cas d'*accident du travail** ne s'appliquent pas.

Exemple
Un salarié arrêté pour accident de trajet peut faire l'objet d'un licenciement disciplinaire. Cet arrêt de travail ne suspend pas le délai de 1 mois dont l'employeur dispose pour notifier le licenciement (cass. soc. 27 février 2013, n° 11-27130, BC V n° 58).

Ancienneté - L'accident de trajet doit être traité comme un accident ou une maladie non professionnel. Les droits spécifiques liés à la qualification d'*accident du travail** ne s'appliquent pas, sauf disposition conventionnelle ou usage plus avantageux.

Congés payés - L'accident de trajet est assimilé à un accident du travail pour l'acquisition des congés payés [voir *Congés payés (incidence des arrêts de travail)**].

Inaptitude - En cas d'inaptitude physique consécutive à un accident de trajet, l'employeur est tenu de chercher à reclasser la victime, comme n'importe quel salarié inapte (voir *Inaptitude**).

En revanche, il n'a pas à appliquer les règles spécifiques à l'*inaptitude** consécutive à un *accident du travail** ou à une *maladie professionnelle** prévues par le code du travail (cass. soc. 11 janvier 1994, n° 90-40411 D). Ainsi, le salarié n'a pas droit aux indemnités de rupture spécifiquement prévues en cas d'*inaptitude** d'origine professionnelle (cass. soc. 16 septembre 2009, n° 08-41879, BC V n° 186).

Qualification et preuve de l'accident de trajet

C'est la caisse primaire d'assurance maladie (CPAM) qui décide s'il y a, ou non, accident de trajet (c. séc. soc. art. R. 441-10). En cas de litige, ce sont au final les juges qui reconnaissent, ou non, l'existence d'un accident de trajet.

L'accident de trajet est reconnu lorsque la victime ou ses ayants droit apportent la preuve que les critères de l'accident de trajet sont réunis ou lorsque l'enquête de la CPAM permet de disposer de présomptions suffisantes (c. séc. soc. art. L. 411-2).

Accident de mission ; Accident du travail ; Accident du travail (indemnisation) ; Astreinte ; Congés payés (incidence des arrêts de travail) ; Déclaration des accidents du travail ; Inaptitude ; Indemnités journalières complémentaires ; Indemnités journalières de sécurité sociale d'accident du travail ; Maladie.

Accident du travail

Définition

Fait accidentel lié au travail - Est considéré comme accident du travail (AT) tout événement ou série d'événements survenus à des dates certaines : par le

Accident de trajet et accident du travail : tableau comparatif

	Accident du travail (AT)	Accident de trajet
Incidence sur les cotisations	Les accidents du travail ont pour effet d'élever le montant de la cotisation AT en cas de tarification individuelle ou mixte.	Les accidents de trajet n'ont pas d'incidence sur le taux global des cotisations AT.
Protection de l'emploi	Pendant l'arrêt de travail, il est interdit de licencier la victime, sauf faute grave ou impossibilité de maintenir le contrat pour un motif étranger à l'accident (c. trav. art. L. 1226-9). L'existence d'une cause économique de licenciement ne constitue pas une telle impossibilité (cass. soc. 21 novembre 2000, n° 98-42509, BC V n° 381).	Le contrat est suspendu pendant l'arrêt de travail comme en cas de maladie non professionnelle. Il n'y a pas d'interdiction de licencier, mais le licenciement ne peut pas être justifié par le seul état de santé du salarié.
Indemnités journalières de sécurité sociale	• Indemnités journalières de sécurité sociale (IJSS) d'accident du travail, sans délai de carence. • Le cas échéant, indemnité temporaire d'inaptitude, sans délai de carence.	• Mêmes IJSS qu'en cas d'accident du travail, sans délai de carence. • Le cas échéant, même indemnité temporaire d'inaptitude qu'en cas d'accident du travail, sans délai de carence.
Autres indemnisations sécurité sociale	• Rente ou indemnité en capital en cas d'incapacité permanente totale ou partielle (1) • Rente aux ayants droit de la victime décédée • En cas de faute inexcusable de l'employeur, rente ou indemnité en capital majorée et droit à réparation intégrale du préjudice subi	• Rente ou indemnité en capital en cas d'incapacité permanente totale ou partielle (1) • Rente aux ayants droit de la victime décédée • Le salarié ne peut pas invoquer une faute inexcusable en cas d'accident de trajet (cass. civ., 2e ch., 8 juillet 2010, n° 09-16180, BC II n° 140)
Maintien de salaire prévu par le code du travail	L'indemnisation patronale complémentaire est versée sans délai de carence (c. trav. art. D. 1226-3).	Les indemnités complémentaires légales sont versées, comme en cas de maladie non professionnelle, en observant un délai de carence de 7 jours (c. trav. art. D. 1226-3) (2).
Inaptitude physique	Règles de l'inaptitude d'origine professionnelle	Règles de l'inaptitude d'origine non professionnelle

(1) Les règles sont identiques entre accident du travail et accident de trajet [voir *Accident du travail (indemnisation)**].
(2) Une convention collective, un accord collectif ou un usage peut se montrer plus avantageux.

fait ou à l'occasion du travail, et dont il est résulté une lésion, quelle que soit sa date d'apparition (c. séc. soc. art. L. 411-1 ; cass. soc. 2 avril 2003, n° 00-21768, BC V n° 132).

L'accident doit survenir au lieu et au temps du travail, c'est-à-dire lorsque le salarié est sous l'autorité et la surveillance de l'employeur, y compris lorsqu'il se trouve en mission (voir *Accident de mission**).

En principe, les accidents survenus lors d'une suspension du contrat de travail ne sont donc pas des accidents du travail (grève, congés payés, etc.).

Critère de soudaineté, lésions corporelles ou psychiques - Il s'agit généralement d'une lésion corporelle soudaine, due à une cause extérieure (coupure, brûlure, etc.) ou interne, provoquant un brusque malaise (infarctus, etc.).

La jurisprudence fait de la soudaineté de l'événement un élément essentiel, ce qui n'empêche pas de qualifier des lésions psychiques, d'accident du travail. Ainsi, a été reconnue comme un AT une dépression nerveuse diagnostiquée par le médecin traitant du salarié 2 jours après un entretien d'évaluation au cours duquel le salarié avait été avisé, par son supérieur hiérarchique, qu'il ne donnait pas satisfaction et qu'il était rétrogradé dans des fonctions d'agent de maîtrise suppléant (cass. civ., 2e ch., 1er juillet 2003, n° 02-30576, BC II n° 218).

De même, un syndrome dépressif diagnostiqué chez un salarié le lendemain d'une altercation avec son responsable hiérarchique peut être considéré comme un accident du travail. Le fait que le salarié soit à l'origine du différend ne suffit pas pour écarter la présomption d'accident du travail (cass. civ., 2e ch., 28 janvier 2021, n° 19-25722 FPI).

Les juges ont également admis l'existence d'un accident du travail pour les troubles psychologiques, nécessitant un traitement et un suivi psychologique, d'un directeur d'agence bancaire qui avait été menacé d'une arme par un client sur son lieu de travail (cass. civ., 2e ch., 15 juin 2004, n° 02-31194, BC II n° 298).

À l'inverse :

- les juges ont rejeté la demande de prise en charge comme accident du travail d'un état dépressif ayant entraîné un arrêt de travail causé selon le salarié par des faits de harcèlement, car l'intéressé ne rapportait pas la preuve de ce que l'arrêt de travail était dû à une brutale altération de ses facultés mentales en relation avec les événements invoqués (cass. civ., 2e ch., 24 mai 2005, n° 03-30480, BC II n° 132) ;

- l'absence de soudaineté a permis aux juges de considérer que l'affection d'une ouvrière travaillant en atelier réfrigéré, survenue à la suite d'une exposition prolongée au froid, ne constituait pas un accident du travail (cass. civ., 2e ch., 18 octobre 2005, n° 04-30352, BC II n° 253).

Vaccination professionnelle - Une sclérose en plaques contractée suite à une vaccination professionnelle contre l'hépatite B, imposée pour les besoins de l'activité professionnelle, a été considérée comme un accident du travail (cass. soc. 2 avril 2003, n° 00-21768, BC V n° 132). La même solution a été admise pour un salarié vacciné par son médecin traitant contre l'hépatite B suivant les préconisations du médecin du travail, alors que la vaccination n'était pas, à proprement parler, obligatoire (cass. civ., 2e ch., 25 mai 2004, n° 02-30981, BC II n° 237).

Présomption d'accident du travail - Tout accident survenu au temps et au lieu du travail est présumé être un accident du travail, sauf à établir que la lésion a une cause totalement étrangère au travail (cass. civ., 2e ch., 11 juillet 2019, n° 18-19160 FPBI).

Il s'agit d'une présomption simple susceptible d'être écartée. En cas de litige, c'est à l'employeur de prouver que l'accident à une cause étrangère au travail.

Exemple

Un malaise cardiaque survenu au temps et au lieu de travail est présumé être un accident du travail (cass. civ., 2e ch., 11 juillet 2019 précité).

En cas de décès d'un salarié victime d'un accident du travail, la CPAM peut demander en justice une autopsie. Si les ayants droit de la victime s'opposent à l'autopsie demandée par la caisse (ce qui est leur droit), il leur incombe d'apporter la preuve du lien de causalité entre l'accident et le décès (c. séc. soc. art. L. 442-4). Ils perdent donc le bénéfice de la présomption d'imputabilité attachée aux accidents survenus au lieu au temps de travail.

▶ À noter... La présomption d'imputabilité au travail des lésions apparues à la suite d'un accident du travail (ou d'une maladie professionnelle), dès lors qu'un arrêt de travail a été initialement prescrit ou que le certificat médical initial d'accident du travail est assorti d'un arrêt de travail, s'étend à toute la durée d'incapacité de travail précédant soit la guérison complète, soit la consolidation de l'état de la victime (cass. civ., 2e ch., 12 mai 2022, n° 20-20655 FB). Il appartient donc à l'employeur qui conteste cette présomption d'apporter la preuve contraire

Acte étranger à l'exécution du travail - Même en cas d'accident sur le lieu et pendant le temps de travail, le caractère d'accident du travail peut être écarté s'il est établi que l'accident est survenu à l'occasion d'un acte étranger à l'exécution du travail.

Exemple

C'est ce qui a été jugé pour un accident survenu dans l'enceinte de l'entreprise, alors que le salarié avait quitté l'atelier pour réparer son cyclomoteur, de sorte qu'il n'était plus sous la subordination de l'employeur (cass. civ., 2e ch., 3 avril 2003, n° 01-20974, BC II n° 100).

Cependant, l'appréciation se fait au cas par cas. Ainsi, l'accident survenu à un salarié travaillant à la réfection de la toiture d'une résidence secondaire et qui, chahutant au retour de la pause déjeuner, a été blessé par un collègue qui avait tiré une flèche avec un arc trouvé dans la grange de cette résidence a été qualifié d'accident du travail (cass. crim. 5 mars 2019, n° 17-86984 D).

Situations particulières

Salarié n'étant plus sous la subordination de l'employeur - Un accident qui se produit à un moment où le salarié n'est plus sous la subordination de l'employeur ne bénéficie pas de la présomption d'imputabilité au travail. Il constitue un accident du travail lorsque le salarié (ou ses ayants droit) établit qu'il est survenu par le fait du travail (cass. civ., 2e ch., 22 février 2007, n° 05-13771, BC II n° 54 ; cass. civ., 2e ch., 7 avril 2022, n° 20-22657 FD).

Accident pendant le temps du repas - Un accident qui survient pendant le temps du repas est présumé être un accident de travail s'il a lieu dans les locaux servant à la restauration situés à l'intérieur de l'entreprise – local mis à la disposition des salariés (cass. soc. 5 janvier 1995, n° 93-11500 D), restaurant interentreprises – ou s'il a lieu sur leurs voies d'accès (cass. soc. 27 avril 1988, n° 86-12425 D).

Ces principes s'appliquent y compris si le restaurant est géré par le comité social et économique (cass. soc. 20 novembre 1980, n° 79-12454, BC V n° 842).

Accident pendant une astreinte - L'accident qui survient pendant la période d'*astreinte** ne permet pas de faire jouer la présomption d'accident du travail. Il en a été jugé ainsi pour un accident cardiaque survenu au domicile du salarié (cass. soc. 2 avril 2003, n° 01-20765, BC V n° 133). Le salarié qui veut obtenir la prise en charge de l'arrêt de travail au titre de la législation professionnelle doit apporter la preuve de la réunion des critères de l'accident du travail.

En revanche, si les critères de la définition légale de l'*astreinte** ne sont pas réunis (ex. : astreinte sur le lieu de travail, salarié restant à la disposition permanente et immédiate de l'employeur), la présomption d'accident du travail est applicable, peu importe que l'accident survienne à l'occasion d'un acte de la vie courante ou de la vie professionnelle. C'est ce qui avait été jugé pour une astreinte organisée dans un logement imposé par l'employeur à proximité du lieu de travail, localisation qui ne correspondait pas à la définition de l'astreinte applicable au moment des faits (cass. civ., 2e ch., 2 novembre 2004, n° 02-31098, BC II n° 479). L'employeur et la CPAM conservent cependant la possibilité de démontrer que le salarié s'est temporairement soustrait aux obligations résultant de l'astreinte pour des motifs personnels.

Dans tous les cas, l'accident survenant au cours d'une intervention permet à la présomption d'accident du travail de jouer, puisqu'il s'agit alors pleinement d'une période de travail effectif.

Suicide - Un suicide (ou une tentative de suicide) qui survient au temps et au lieu du travail est présumé être un accident du travail, en application de la présomption d'imputabilité *(voir plus haut)*.

À l'inverse, s'il se produit à un moment où le salarié n'est plus sous la subordination de l'employeur, la présomption d'imputabilité au travail ne s'applique pas. Dans un tel cas, pour être reconnu comme un accident du travail, le salarié (ou ses ayants droit) doit établir que le suicide, ou la tentative de suicide, est survenu par le fait du travail, comme dans les exemples ci-dessous.

Exemples

1) Un salarié, depuis plusieurs semaines en arrêt maladie pour syndrome dépressif, avait tenté de se suicider : des faits sérieux, graves et concordants établissaient que l'accident était survenu par le fait du travail (cass. civ., 2e ch., 22 février 2007, n° 05-13771, BC II n° 54).
2) Un salarié s'est suicidé à son domicile le lendemain de l'annonce de la fermeture du site sur lequel il travaillait, et le lien avec cette annonce a été confirmé par les juges (proximité de temps, conditions de travail, pas de lien avec l'environnement personnel) (cass. civ., 2e ch., 7 avril 2022, n° 20-22657 D).
3) Une tentative de suicide, survenue sur le lieu de travail mais en dehors des horaires de travail, avait été causée par l'imminence du licenciement du salarié (cass. civ., 2e ch., 1er juin 2023, n° 21-17804 D).

Accident pendant une visite médicale - Un salarié victime d'un malaise dans les locaux des services de la médecine du travail, en attendant de passer un examen périodique inhérent à l'exécution de son contrat de travail, bénéficie de la présomption d'imputabilité au travail (cass. civ., 2e ch., 6 juillet 2017, n° 16-20119 FPB).

Accident devant une instance disciplinaire - Un salarié qui comparait devant une instance devant se prononcer sur une sanction disciplinaire se trouve sous la dépendance et l'autorité de son employeur. Un malaise qui survient devant une telle instance est présumé être un accident du travail, peu important que le salarié soit déjà en arrêt de travail (ex. : maladie) au moment des faits (cass. soc. 14 février 2024, n° 22-18798 D).

Accident et mise à pied - Une mise à pied suspend le contrat de travail. Dès lors, si un salarié se rend de son propre chef dans l'entreprise pendant une période de mise à pied et qu'il y est victime d'un accident, la présomption d'accident du travail ne joue pas (cass. civ., 2e ch., 21 septembre 2017, n° 16-17580 D).

Télétravail - L'accident qui survient sur le lieu et au temps du *télétravail** est présumé être un accident de travail (c. trav. art. L. 1222-9).

Le domicile ou le tiers lieu (ex. : espace de coworking) où le télétravail s'exerce est ainsi assimilé aux locaux de l'entreprise. La présomption concerne aussi bien le télétravail régulier qu'occasionnel.

Accident et stages de formation professionnelle continue - Les règles relatives à l'accident de travail s'appliquent au salarié en formation pour les accidents survenus pendant le stage, y compris pour les actions de développement des compétences se déroulant hors temps de travail (c. trav. art. L. 6321-11 ; c. séc. soc. art. L. 412-8, 2°, c).

Les accidents se déroulant sur le lieu de trajet entre le domicile et le lieu de formation sont des accidents de trajet, de travail ou de mission, selon les situations (voir *Accident de trajet** et *Accident de mission**).

Lorsque le salarié est hébergé hors de son domicile (ex. : hôtel), l'accident qui survient sur le lieu d'hébergement est un *accident de mission** (cass. soc. 19 juillet 2001, n° 99-21536, BC V n° 285).

Accident de trajet - L'*accident de trajet** a une définition distincte de l'accident du travail, avec lequel il ne doit pas être confondu.

Il n'a pas non plus les mêmes conséquences. Si le salarié bénéficie des mêmes indemnités journalières de la sécurité sociale, les autres conséquences pour l'entreprise et le salarié diffèrent (voir *Accident de trajet**).

Accidents de mission - Les accidents survenus durant une mission sont présumés être des accidents de travail, à moins que l'employeur ou la caisse n'apporte la preuve que le salarié a interrompu sa mission pour un motif « purement personnel » (voir *Accident de mission**).

Formalités

Déclaration de l'accident - Pour les accidents de travail, de trajet et de mission :

- le salarié est tenu d'informer son employeur ;
- l'employeur est tenu de déclarer l'accident à la CPAM de la victime par LRAR sur imprimé type ou par saisie en ligne sur Internet (www.net-entreprises.fr).

L'employeur peut faire des réserves motivées s'il a un doute sur le caractère professionnel de l'accident ou sur la matérialité même de l'accident (c. séc. soc. art. R. 441-16).

Pour le détail de la procédure de déclaration et de reconnaissance, voir *Accident du travail (déclaration)** et *Accident du travail (procédure de reconnaissance)**.

Déclaration de l'accident et formation professionnelle - Lorsque la formation se déroule dans un organisme de formation, ce dernier fait la déclaration d'accident du travail et prévient l'employeur (c. trav. art. R. 6342-3).

Attestation de salaire - Si l'accident donne lieu à un arrêt de travail, l'employeur doit transmettre une attestation de salaire à la sécurité sociale pour lui permettre de calculer les *indemnités journalières de sécurité sociale d'accident du travail** (c. séc. soc. art. R. 441-4).

Cette formalité est intégrée dans la *déclaration sociale nominative** (c. séc. soc. art. R. 133-14, IV, 1°). En principe, la CPAM y trouve donc les éléments nécessaires au calcul des IJSS.

Pour les entreprises qui ne seraient pas en DSN, il faut remplir le formulaire d'attestation de salaire accident et l'adresser à la CPAM de la victime (imprimé type ou par Internet).

Pour plus de détails, voir *Attestations de salaire**.

Feuille d'accident - L'employeur doit remettre au salarié une feuille d'accident à la victime (imprimé type) (c. séc. soc. art. L. 441-5, R. 441-11 et R. 441-12). Ce document lui permet de faire valoir ses droits (prise en charge de soins et de certains frais, etc.).

Ce document (cerfa n° 11383*02) peut être demandé auprès des organismes d'assurance maladie. L'employeur peut, a priori, le renseigner sur net-entreprises.fr à l'occasion de la déclaration en ligne de l'accident du travail.

▶ À noter... On peut consulter ce document en tant que spécimen sur Internet (www.ameli.fr ou www.service-public.fr).

Visites de reprise - Toute absence d'au moins 30 jours liée à un accident du travail doit donner lieu à une *visite médicale de reprise** (c. trav. art. R. 4624-31).

Indemnisation du salarié et autres conséquences sur la paye

Indemnisation de l'arrêt de travail - Le salarié peut bénéficier d'indemnités journalières versées par la sécurité sociale, complétées le cas échéant par des indemnités complémentaires à charge de l'employeur, et de certaines autres prestations de sécurité sociale [voir *Accident du travail (indemnisation)**].

Droits liés à l'ancienneté - L'absence pour accident du travail est assimilée à du temps de travail effectif, sans limitation de durée, pour tous les droits légaux et conventionnels liés à l'ancienneté (c. trav. art. L. 1226-7 ; cass. soc. 22 mars 2018, n° 16-20186 D). Cette assimilation joue notamment pour la détermination de la durée du préavis ou du montant de l'indemnité de licenciement.

Droits conventionnels - En ce qui concerne les droits conventionnels (prime de fin d'année, prime de vacances, etc.), l'employeur se reporte à la convention pour connaître le régime de l'absence pour accident du travail au regard de ces droits.

▶ À noter... En tout état de cause, l'état de santé du salarié ne doit générer aucune discrimination à son encontre (c. trav. art. L. 1132-1 ; voir Dictionnaire Social, « Discriminations »).

Participation aux résultats et intéressement - L'arrêt de travail lié à un accident du travail est assimilé à du temps de présence ou à une période travaillée pour la répartition des droits (c. trav. art. L. 3314-5 et L. 3324-6) (voir *Intéressement** et *Réserve spéciale de participation**).

Congés payés - Pour l'incidence d'un arrêt de travail pour accident du travail sur l'acquisition des congés payés, leur prise ou leur report, voir *Congés payés (incidence des arrêts de travail)**.

Protection du salarié contre la rupture du contrat

Conditions et étendue de la protection du salarié - L'employeur ne peut pas résilier le contrat d'un salarié victime d'un accident du travail pendant toute la durée de son arrêt, sauf faute grave de l'intéressé ou impossibilité de maintenir le contrat pour un motif étranger à l'accident (c. trav. art. L. 1226-9).

Sur ce point, relevons que :

- dans le cas d'une rupture pour faute grave, l'employeur peut seulement reprocher au salarié des manquements à l'obligation de loyauté (cass. soc. 20 février 2019, n° 17-18912 FSPB ; cass. soc. 27 novembre 2024, n° 23-13056 D) ;
- l'existence d'une cause économique de licenciement et l'application des critères relatifs à l'ordre des licenciements ne suffisent pas à caractériser l'impossibilité de maintenir le contrat (cass. soc. 21 novembre 2000, n° 98-42509, BC V n° 381).

La protection s'impose dès que l'employeur connaît l'origine professionnelle de l'accident (cass. soc. 10 juillet 2002, n° 00-40436, BC V n° 237). Peu importe qu'au jour du licenciement, la CPAM ait refusé la prise en charge de l'accident comme accident du travail (cass. soc. 29 juin 2011, n° 10-11699, BC V n° 169).

La protection concerne également l'arrêt de travail consécutif à une rechute d'un accident du travail (cass. soc. 13 mars 2019, n° 17-31805 D).

▶ Attention... Un salarié placé en arrêt pour accident du travail bénéficie du régime protecteur contre le licenciement tant que sa visite médicale obligatoire de reprise n'a pas eu lieu (cass. soc. 28 février 2006 n° 05-41555, BC V n° 87). Et ce même si immédiatement après cet arrêt, au moment du licenciement, il se trouve en arrêt maladie non professionnelle (cass. soc. 13 avril 2022, n° 21-13314 D).

Indemnisation du salarié licencié en dehors des cas autorisés - Le licenciement prononcé pendant la période de suspension du contrat de travail en dehors des cas autorisés (faute grave ou impossibilité de maintenir le contrat) est nul (c. trav. art. L. 1226-13).

Si le salarié ne demande pas sa réintégration, il a droit aux indemnités de rupture (préavis, congés payés, licenciement, etc.), auxquelles s'ajoute une indemnité réparant l'intégralité du préjudice résultant du caractère illicite du licenciement. Cette indemnité est celle prévue en cas de licenciement sans cause réelle et sérieuse, avec un minimum de 6 mois de salaire quelles que soient l'ancienneté du salarié et la taille de l'entreprise (c. trav. art. L. 1235-3-1 ; cass. soc. 13 novembre 2001, n° 99-43016, BC V n° 341 ; cass. soc. 2 juin 2004, n° 02-41045, BC V n° 153).

En revanche, le salarié n'a pas droit à l'*indemnité spéciale de licenciement**, cette dernière n'étant due qu'en cas de licenciement pour *inaptitude** (cass. soc. 30 novembre 2010, n° 09-66210, BC V n° 272) [voir *Inaptitude CDI (indemnisation du licenciement)**].

Inaptitude du salarié - Lorsqu'un salarié est déclaré inapte après un accident du travail, l'employeur doit sauf exceptions chercher à le reclasser et, en cas d'impossibilité, le licencier ou mettre fin à son CDD [voir *Inaptitude** ou *Inaptitude (CDD)**].

Changement d'employeur

Règle de principe - Lorsqu'un salarié change d'employeur après un accident du travail, le nouvel employeur n'est pas tenu par le régime de protection spécifique (c. trav. art. L. 1226-6).

Rechute d'un accident antérieur - Le salarié n'a pas droit au régime protecteur lié à l'accident du travail lorsqu'une rechute survient alors qu'il travaille pour un nouvel employeur (cass. soc. 27 octobre 1993, n° 89-44348, BC V n° 254).

En revanche, il en bénéficie s'il établit qu'il existe un lien de causalité entre la rechute et ses conditions de travail ou tout autre événement inhérent à ses fonctions au service du nouvel employeur (cass. soc. 16 février 1999, n° 97-42903, BC V n° 71 ; cass. soc. 28 mars 2007, n° 06-41375, BC V n° 60 ; cass. soc. 6 mai 2015, n° 13-24035 D).

Lorsque le salarié est déclaré inapte chez le nouvel employeur, il bénéficie de la protection des salariés déclarés inaptes suite à un AT ou une maladie professionnelle (cass. soc. 6 mai 2015, n° 13-24035 D) (pour plus de détails, voir *Inaptitude**).

Transfert du contrat de travail - Si le changement d'employeur intervient dans le cadre d'une modification de la situation juridique de l'employeur imposant le transfert du contrat de travail (c. trav. art. L. 1224-1), le nouvel employeur est tenu par les garanties offertes par la législation aux victimes d'un accident du travail (cass. soc. 20 janvier 1993, n° 91-41500, BC V n° 14).

Le salarié victime d'un accident du travail chez « l'ancien » employeur reste donc protégé par ces règles protectrices. En cas de déclaration d'inaptitude consécutive à un accident du travail intervenu chez le précédent employeur, il faut suivre les règles correspondantes (pour plus de détails, voir *Inaptitude**).

☞ *Accident de mission ; Accident de trajet ; Accident du travail (déclaration) ; Accident du travail (indemnisation) ; Accident du travail (procédure de reconnaissance) ; Attestations de salaire ; Congés payés (incidence des arrêts de travail) ; Feuille d'accident ; Inaptitude ; Inaptitude (CDD) ; Inaptitude CDI (indemnisation du licenciement) ; Indemnités journalières complémentaires ; Indemnités journalières de sécurité sociale d'accident du travail ; Télétravail.*

Accident du travail (déclaration)

Tout accident du travail doit être déclaré par le salarié à son employeur et par l'employeur à la caisse primaire d'assurance maladie (CPAM), qui en vérifie le caractère professionnel.

Déclaration obligatoire

Information de l'employeur par le salarié - Le salarié victime d'un *accident du travail**, d'un *accident de trajet** ou d'un *accident de mission** doit en aviser son employeur dans la journée ou, au plus tard, dans les 24 heures, sauf cas de force majeure, impossibilité absolue ou motifs légitimes. Il peut envoyer cette déclaration, par tout moyen donnant une date certaine à sa réception, quand elle n'est pas faite à l'employeur ou à son préposé sur le lieu de l'accident (c. séc. soc. art. L. 441-1 et R. 441-2).

Déclaration de l'accident par l'employeur - L'employeur ou l'un de ses préposés doit déclarer tout accident dont il a eu connaissance, dans les 48 heures, à la CPAM dont la victime relève. Les dimanches et *jours fériés** ne sont pas pris en compte dans les 48 h (c. séc. soc. art. L. 441-2 et R. 441-3).

L'employeur peut s'acquitter de son obligation en adressant sa déclaration par tout moyen donnant une date certaine à sa réception (c. séc. soc. art. R. 441-3).

En pratique, la déclaration peut être effectuée :
- en ligne via le « compte entreprise » que l'employeur peut ouvrir sur www.net-entreprises.fr, et qui constitue un point d'entrée unique pour toutes les démarches des entreprises avec l'Assurance maladie. Pour cela, l'employeur doit obligatoirement être habilité à la « DAT - déclaration d'accident du travail ou de trajet » (www.net-entreprises.fr) ;
- à l'aide d'un formulaire papier (cerfa n° 14463*03) fourni par les CPAM ou disponible sur le site Internet de l'assurance maladie (www.ameli.fr). Ce formulaire, qui doit être adressé à la CPAM par LRAR, permet de différencier « accident du travail » et « accident de trajet ».

▶ À noter... Sous peine d'une amende, l'employeur est aussi tenu d'informer l'inspection du travail lorsqu'un salarié est victime d'un accident du travail ayant entraîné son décès (c. trav. art. R. 4121-5).

Absence de déclaration par l'employeur - Dans le cas où l'employeur ne déclare pas l'accident du travail à la CPAM, la déclaration peut être effectuée par la victime ou ses représentants, qui disposent alors d'un délai de 2 ans suivant l'accident (c. séc. soc. art. L. 441-2). Dans ce cas, la caisse en transmet un double à l'employeur par tout moyen donnant une date certaine à sa réception (c. séc. soc. art. R. 441-6). Il en va de même en cas de déclaration de rechute (c. séc. soc. art. R. 441-16).

▶ À noter… Lorsque la déclaration est effectuée par la victime, l'utilisation du formulaire réglementaire *(voir ci-avant)* ne semble pas impérative. Les juges ont admis qu'un courrier de la victime demandant à la CPAM la prise en charge de son affection est une déclaration valable (cass. civ., 2e ch., 4 juillet 2007, n° 06-17453 D).

Registre des accidents du travail - L'inscription de l'accident sur un registre spécial peut remplacer la déclaration à la CPAM pour les accidents n'entraînant ni arrêt de travail, ni soins médicaux (voir *Registres obligatoires**) (c. séc. soc. art. L. 441-4 et D. 441-1).

Réserves de l'employeur

Délai - Si l'employeur a des doutes sur le caractère professionnel ou la matérialité de l'accident, il dispose d'un délai de 10 jours francs pour émettre des réserves motivées auprès de la CPAM, par tout moyen donnant une date certaine à leur réception (c. séc. soc. art. R. 441-6). Il est aussi possible d'ajouter des réserves aux déclarations d'accident du travail effectuées en ligne (www.net-entreprises.fr).

Le délai de 10 jours francs se décompte à partir de la date à laquelle l'employeur a effectué la déclaration de l'accident (c. séc. soc. art. R. 441-6). Lorsque la déclaration est effectuée via le formulaire réglementaire *(voir ci-avant)*, cette date correspond à celle de rédaction de la déclaration (mentionnée sur le formulaire) et non à la date d'envoi de la déclaration (circ. CNAM 2019-28 du 9 août 2019, § 1.1).

Lorsque c'est la victime ou l'un de ses représentants qui a adressé la déclaration à la CPAM, faute pour l'employeur d'avoir fait le nécessaire, ce dernier a 10 jours francs, à compter de la date à laquelle il a reçu le double de la déclaration adressé par la CPAM, pour émettre auprès de la caisse des réserves motivées. Pour ce faire, il peut procéder par tout moyen donnant une date certaine à leur réception (c. séc. soc. art. R. 441-6).

Sur la computation du délai de 10 jours francs, voir *Accident du travail (procédure de reconnaissance)**, « Computation des délais exprimés en jours francs ».

Nature des réserves - Les juges ont précisé qu'il faut entendre par réserves la contestation du caractère professionnel de l'accident par l'employeur. Ils estiment qu'elles « ne peuvent porter que sur les circonstances de temps et de lieu de celui-ci ou sur l'existence d'une cause totalement étrangère au travail » et que la CPAM n'a pas à tenir compte de la mention de « réserves conservatoires », nullement explicitées, portée par un employeur sur la déclaration d'accident du travail et annonçant qu'« un courrier suivra » (cass. civ., 2e ch., 10 octobre 2013, n° 12-25782, BC II n° 192).

Les réserves de l'employeur doivent être motivées (c. séc. soc. art. R. 441-6). En revanche, l'employeur n'a pas à apporter la preuve de leur bien-fondé (cass. civ., 2e ch., 23 janvier 2014, n° 12-35003, BC II n° 19 ; cass. civ., 2e ch., 25 novembre 2020, n° 19-20058 FPBI).

Exemple

Constituent des réserves motivées celles qui mettent expressément en doute le fait que l'accident ait pu se produire au temps et au lieu du travail en relevant l'absence de témoins ainsi que l'absence de déclaration de l'accident par le salarié à l'employeur le jour supposé de sa survenance (cass. civ., 2e ch., 23 janvier 2014, n° 12-35003, BC II n° 19).

Réponses de la CPAM - En présence de réserves motivées, avant de prendre sa décision sur le caractère professionnel ou non de l'accident, la CPAM doit procéder à des investigations [voir *Accident du travail (procédure de reconnaissance)**].

Autres formalités

Pour le salarié : certificat médical et arrêt de travail - Le salarié victime doit faire établir par un professionnel de santé un certificat médical initial (CMI), qui indique son état, les conséquences de l'accident ou ses suites éventuelles si les conséquences ne sont pas exactement connues (c. séc. soc. art. L. 441-6 ; circ. CNAM 14/2018 du 12 juillet 2018). Si le certificat est établi sur un formulaire papier, les volets 1 et 2 doivent être transmis dans les 24 heures à la CPAM par le praticien ou, à défaut, par le salarié. Le praticien peut aussi établir et transmettre directement le CMI à la CPAM par voie dématérialisée. Dans les deux cas, le volet 3 est conservé par le salarié (www.ameli.fr).

Le cas échéant, le médecin prescrit aussi au salarié un arrêt de travail. S'il établit l'arrêt de travail de façon dématérialisé lors de la consultation et le télétransmet à la CPAM, le salarié n'a alors aucune démarche à effectuer. S'il utilise un formulaire papier (cerfa 10170*07), le salarié doit transmettre, en principe sous 48 heures, les volets 1 et 2 à la CPAM et le volet 3 à son employeur (c. séc. soc. art. L. 321-2 et R. 321-2 ; www.ameli.fr).

▶ À noter… Depuis le 7 mai 2022, l'avis d'arrêt de travail pour accident du travail/maladie professionnelle (AT/MP), jusqu'alors annexé au certificat médical initial d'AT/MP, a fusionné avec l'avis d'arrêt de travail pour maladie « classique » pour ne constituer qu'un seul formulaire (cerfa 10170*07). Le certificat médical initial d'AT/MP ne comprend donc plus de prescription d'arrêt de travail et n'est plus adressé à l'employeur par le salarié (c. séc. soc. art. L. 441-6 ; loi 2020-1576 du 14 décembre 2020, art. 100, II, JO du 15 ; www.ameli.fr, actualité du 19 avril 2022 mise à jour le 30 juin 2022).

Pour l'employeur : feuille d'accident et attestation de salaire - Les formalités à la charge de l'employeur ne se limitent pas à la déclaration de l'accident. Il est également tenu de délivrer à la victime une feuille d'accident qui permet à la victime de ne pas avancer les frais de soins (voir *Feuille d'accident**).

Par ailleurs, dès réception de l'avis d'arrêt de travail *(voir ci-avant)*, l'employeur doit envoyer à la CPAM une attestation de salaire en vue du calcul des indemnités journalières de sécurité sociale (voir *Attestations de salaire**), sachant que, dans le cas général, cette attestation est remplacée par le flux de données transmis via la *déclaration sociale nominative**(c. séc. soc. art. R. 133-14, IV, 1°).

Sanctions pour défaut de déclaration ou fausse déclaration

Absence de déclaration ou retard - L'employeur qui ne déclare pas un accident du travail, qui effectue une déclaration tardivement ou encore qui ne délivre pas la feuille d'accident à la victime est passible d'une pénalité financière prononcée par la CPAM *(voir plus loin « Montant de la pénalité »)* (c. séc. soc. art. L. 114-17-1, II, 9° et R. 147-7). Il encourt également une amende pénale prévue pour les contraventions de 4e classe, voire de 5e classe en cas de récidive (voir *Amendes pénales**) (c. séc. soc. art. L. 471-1 et R. 471-3).

La caisse primaire d'assurance maladie peut aussi réclamer à l'employeur le remboursement de la totalité des dépenses que l'accident non déclaré ou tardivement déclaré lui a occasionnées (c. séc. soc. art. L. 471-1).

L'ensemble de ces sanctions est également applicable lorsque la victime d'un accident du travail se trouve en situation de *travail dissimulé**.

▶ À noter... L'employeur qui n'a pas déclaré un accident peut aussi être poursuivi par le salarié, qui peut demander des dommages-intérêts devant la juridiction civile dès lors que l'omission de déclaration l'a privé d'une chance de bénéficier des prestations de sécurité sociale prévues par la législation professionnelle (en l'espèce, l'action en reconnaissance du caractère professionnel de l'accident était prescrite) (cass. soc. 15 novembre 2001, n° 99-21638, BC V n° 349).

Fausse déclaration - La CPAM peut prononcer une pénalité financière si la déclaration d'accident du travail comporte de fausses déclarations sur le lieu ou les circonstances d'un accident du travail ou de trajet afin d'obtenir, de faire obtenir ou de majorer un droit aux prestations, ou bien dans le but de minorer le montant des cotisations accident du travail (c. séc. soc. art. L. 114-17-1, II, 9°, R. 147-6, 1°, c et R. 147-7, 5°).

Par ailleurs, l'employeur qui veut demander des dommages-intérêts à une ancienne salariée pour déclaration mensongère d'accident du travail doit s'adresser au conseil de prud'hommes, même si la déclaration mensongère a été faite après la rupture du contrat de travail. En effet, ce juge est seul compétent pour statuer sur les litiges individuels qui peuvent s'élever à l'occasion de tout contrat de travail entre employeur et salarié (c. trav. art. L. 1411-10 ; cass. soc. 30 janvier 2019, n° 17-23851 D).

Montant de la pénalité - Le montant de la pénalité prononcée par la CPAM est fixé en fonction de la gravité des faits reprochés (c. séc. soc. art. L. 114-17-1, III et IV, 1°) :

- soit proportionnellement aux sommes concernées dans la limite de 70 % de celles-ci (300 % en cas de fraude, 400 % en cas de fraude commise en bande organisée) ;
- soit, à défaut de sommes déterminées ou clairement déterminables, forfaitairement dans la limite de 4 fois le plafond mensuel de la sécurité sociale (8 fois ce plafond en cas de fraude, 16 fois ce plafond en cas de fraude commise en bande organisée).

▶ À noter... En cas de fraude visant à obtenir ou faire obtenir un avantage ou le bénéfice d'une prestation injustifiée, le montant de la pénalité ne peut être inférieur au montant mensuel du *plafond de la sécurité sociale** pour un employeur et au dixième de ce plafond mensuel pour un salarié (c. séc. soc. art. L. 114-7-1, IV, 2°, R. 147-5, VI et R. 147-11).

Le montant de la pénalité est doublé en cas de récidive dans les 3 ans (c. séc. soc. art. R. 147-5, III).

▶ À noter... Les juges peuvent moduler le montant de la sanction prononcée par la CPAM à l'encontre de l'employeur qui a déclaré tardivement un accident du travail (cass. civ., 2e ch., 8 avril 2010, n° 09-11232, BC II n° 75).

☞ *Accident de mission ; Accident de trajet ; Accident du travail ; Accident du travail (procédure de reconnaissance) ; Attestations de salaire ; Feuille d'accident ; Registres obligatoires.*

Accident du travail (indemnisation)

IJSS et autres prestations de sécurité sociale

Champ d'application - Les développements ci-après synthétisent les règles d'indemnisation par la sécurité sociale des salariés victimes d'un *accident du travail**. Elles s'appliquent aussi en cas de *maladie professionnelle** et, sauf mention contraire, d'*accident de trajet**.

Indemnités journalières de sécurité sociale - Le salarié a droit à des indemnités journalières versées par la sécurité sociale (IJSS) (pour le détail, voir *Indemnités journalières de sécurité sociale d'accident du travail**).

Les mêmes IJSS sont dues en cas d'*accident de trajet** ou de *maladie professionnelle**.

Prestations en nature - Qu'il y ait ou non interruption de travail, le salarié a droit à la prise en charge de divers frais tels que les frais médicaux, chirurgicaux, pharmaceutiques et accessoires, ainsi qu'à la prise en charge des frais de réadaptation fonctionnelle et de rééducation professionnelle (c. séc. soc. art. L. 431-1).

Le salarié ne supporte pas de ticket modérateur, n'a pas à faire l'avance des frais (système du tiers payant), et n'est pas soumis au forfait hospitalier pas plus qu'à la participation forfaitaire pour « actes lourds » (24 €). En revanche, il est redevable des franchises médicales, de la participation forfaitaire sur les consultations, examens et analyses de biologie médicale, ainsi que des éventuels dépassements d'honoraires pratiqués par les professionnels de santé.

Rente ou indemnité en capital (principes) - La victime atteinte d'une incapacité permanente a droit à une indemnité en capital lorsque le taux d'incapacité permanente est inférieur à 10 % (c. séc. soc. art. L. 431-1, 4° et R. 431-1 ; c. séc. soc. art. L. 434-1 et R. 434-1). Versée par l'Assurance maladie, cette indemnité en capital est fonction du taux d'incapacité de la victime et son montant est déterminé par un barème forfaitaire, revalorisé chaque année.

Lorsque le taux d'incapacité permanente est égal ou supérieur à 10 %, la victime bénéficie d'une rente viagère jusqu'à son décès (c. séc. soc. art. L. 434-2 et R. 434-1). La rente est calculée sur la base du salaire annuel de référence de la victime multiplié par le taux d'incapacité, réduit de moitié pour la partie de ce taux qui ne dépasse pas 50 % et augmenté de moitié pour la partie excédentaire (c. séc. soc. art. R. 434-2).

> ▶ À noter… L'aggravation, due entièrement à un accident du travail, d'un état pathologique antérieur n'occasionnant auparavant aucune incapacité doit être indemnisée en sa totalité au titre de l'accident du travail (cass. civ., 2e ch., 8 avril 2021, n° 20-10621 FP). En l'espèce, devant l'impossibilité de dissocier les séquelles d'une maladie professionnelle de celles de l'accident de travail survenu avant que la première n'ait été consolidée, la CPAM était donc en droit de reporter la totalité de l'indemnisation des séquelles de la maladie professionnelle sur celles de l'accident du travail pour fixer le taux d'incapacité permanente de la victime.

Sous conditions, le bénéficiaire d'une rente peut demander sa conversion partielle, en cas de décès, en rente viagère réversible pour moitié au plus au bénéfice de son conjoint, son concubin ou son partenaire pacsé (c. séc. soc. art. L. 434-3 et R. 434-5).

> ▶ À noter… Depuis le 1er janvier 2020, le bénéficiaire d'une rente ne peut plus demander sa conversion partielle en capital (c. séc. soc. art. L. 434-3).

En cas de décès, des rentes sont dues aux ayants droit de la victime (c. séc. soc. art. L. 431-1, 4°, L. 434-7 à L. 434-14).

> ▶ À noter… La loi de financement de la sécurité sociale (LFSS) pour 2025 révise les règles d'indemnisation des accidents du travail et des maladies professionnelles, afin d'intégrer dans l'indemnisation « sécurité sociale » la couverture du déficit fonctionnel permanent dont peuvent être atteintes les victimes, y compris en cas de faute inexcusable de l'employeur. La réforme, qui doit encore être précisée par voie réglementaire, entrera en vigueur à une date fixée par décret et au plus tard le 1er juin 2026 (loi 2025-199 du 28 février 2025, art. 90, JO du 28).

Prestation complémentaire pour recours à tierce personne - Lorsque le taux d'incapacité permanente est au moins égal à 80 % et oblige la victime à avoir recours à l'assistance d'une tierce personne pour effectuer les actes ordinaires de la vie, la victime a droit à la « prestation complémentaire pour recours à tierce personne » (c. séc. soc. art. L. 434-2, R. 434-3 et D. 434-2 ; circ. DSS/2C 2013-236 du 12 juin 2013).

Faute inexcusable - Le fait qu'un *accident du travail** soit lié à une faute inexcusable de l'employeur ou du salarié a des conséquences sur le montant de la réparation dont bénéficie la victime [voir *Faute inexcusable (accident du travail ou maladie professionnelle)**].

La faute inexcusable de l'employeur ne peut pas être invoquée en cas d'*accident de trajet** (cass. civ., 2e ch., 8 juillet 2010, n° 09-16180, BC II n° 140).

Règles de prescription - Les droits de la victime ou de ses ayants droit aux prestations et indemnités prévues par le code de la sécurité sociale en cas d'accident du travail se prescrivent par 2 ans à compter (c. séc. soc. art. L. 431-2 ; circ. DSS 2010-260 du 12 juillet 2010, § 1-1-4-1) :
- du jour de l'accident (s'il n'y a pas eu versement d'IJSS) ou de la cessation du paiement des IJSS ;
- en cas de révision ou de rechute, de la date de la première constatation par le médecin traitant de la modification survenue dans l'état de la victime ou de la date de cessation du paiement des IJSS allouées en raison de la rechute ou de l'aggravation de la lésion ;
- du jour du décès de la victime par suite des conséquences de l'accident, en ce qui concerne la nouvelle fixation des réparations ouverte aux ayants droit de la victime.

Dans tous les cas, le point de départ de la prescription est celui qui est le plus favorable à la victime, en fonction de l'élément sur lequel porte la détermination du délai de prescription (circ. DSS 2010-260 du 12 juillet 2010, § 1-1-4-1).

Juridiction compétente en cas de litige - Les contestations des décisions des CPAM sur l'indemnisation d'un AT ou d'une maladie professionnelle doivent, tout d'abord, être soumises à la commission de recours amiable de la caisse (c. séc. soc. art. R. 142-1) ou, en cas de contentieux d'ordre médical, à sa commission médicale de recours amiable (c. séc. soc. art. R. 142-8) puis, en première instance, au tribunal judiciaire (c. org. jud. art. L. 211-16, 1°) (voir *Contentieux de la sécurité sociale**).

L'indemnisation des dommages subis par un salarié victime d'un accident du travail, qu'il soit ou non la conséquence d'un manquement de l'employeur à son obligation de sécurité, relève de la compétence du tribunal judiciaire. En revanche, la juridiction prud'homale est seule compétente pour statuer sur le bien-fondé de la rupture du contrat de travail et pour allouer, le cas échéant, une indemnisation au titre d'un licenciement sans cause réelle et sérieuse(cass. soc. 29 mai 2013, n° 11-20074, BC V n° 139 ; cass. soc. 3 mai 2018, n° 16-26850 et n° 17-10306, BC II n° 72 ; cass. soc. 15 novembre 2023, n° 22-18848 FB) (voir *Contentieux de la sécurité sociale**).

Indemnisation de la perte de salaire par l'employeur

Rémunération du jour de l'accident - La journée de travail au cours de laquelle l'*accident du travail** se produit est intégralement à la charge de l'employeur (c. séc. soc. art. L. 433-1). Le salarié n'est pas indemnisé par la sécurité sociale.

À notre sens, cette règle vaut également en cas d'*accident de trajet**, puisque ce dernier est considéré comme un accident du travail au regard de la législation de sécurité sociale (c. séc. soc. art. L. 411-2).

Indemnités complémentaires à charge de l'employeur - Le salarié a droit aux *indemnités journalières complémentaires** prévues par le code du travail, s'il remplit les conditions requises (c. trav. art. L. 1226-1 ; c. trav. art. D. 1226-1 à D. 1226-8). Il n'y a pas de délai de carence en cas d'*accident du travail** ou de *maladie professionnelle**. À l'inverse, un délai de carence de 7 jours s'applique en cas d'*accident de trajet** (c. trav. art. D. 1226-3).

Lorsque des dispositions conventionnelles prévoient un maintien de salaire plus favorable pour le salarié que le maintien de salaire légal, l'employeur doit les appliquer, en suivant les conditions et modalités prévues par l'accord collectif en cause.

Pour le détail, voir *Indemnités journalières complémentaires**.

Indemnité temporaire d'inaptitude

Le salarié dont l'inaptitude physique est consécutive à un *accident du travail** ou à une *maladie professionnelle** peut, dans certaines circonstances, prétendre à une indemnité journalière spécifique versée par la sécurité sociale (voir *Indemnité temporaire d'inaptitude**).

L'administration admet que cette indemnité soit aussi versée en cas d'inaptitude consécutive à un *accident de trajet** (lettre CNAM LR-DRP n° 32/2010 du 7 juillet 2010 ; lettre CNAM LR-DRP n° 21/2011 du 28 mars 2011 ; www.ameli.fr).

☞ *Accident de mission ; Accident de trajet ; Accident du travail ; Accident du travail (déclaration) ; Accident du travail (procédure de reconnaissance) ; Faute inexcusable (accident du travail ou maladie professionnelle) ; Indemnité temporaire d'inaptitude ; Indemnités journalières complémentaires ; Indemnités journalières de sécurité sociale d'accident du travail ; Maladie professionnelle.*

Accident du travail (procédure de reconnaissance)

La caisse primaire d'assurance maladie (CPAM) est compétente pour reconnaître le caractère professionnel d'un accident dont est victime un salarié.

La procédure de reconnaissance des accidents du travail a été réformée pour les accidents du travail déclarés à compter du 1er décembre 2019 (décret 2019-356 du 23 avril 2019, JO du 25). Les différentes étapes de l'instruction menée par la CPAM sont davantage encadrées, afin de favoriser les échanges entre la CPAM et la victime ou l'employeur. Ce sont les règles issues de cette réforme qui sont développées dans cette étude.

Instruction par la CPAM

Délai d'instruction initial de 30 jours - À compter de la date à laquelle elle dispose de la déclaration d'accident et du certificat médical initial (CMI) adressé par le salarié [voir *Accident du travail (déclaration)**], la CPAM a un délai de 30 jours francs pour (c. séc. soc. art. R. 441-7) :
- soit statuer sur le caractère professionnel de l'accident ;
- soit engager des investigations *(voir ci-après)*, lorsqu'elle l'estime nécessaire ou lorsqu'elle a reçu des réserves motivées émises par l'employeur [sur les réserves, voir *Accident du travail (déclaration)**].

▶ À noter... Le délai d'instruction ne court qu'à compter de la réception du dossier complet, c'est-à-dire de la déclaration d'accident du travail et du certificat médical initial, avec comme point de départ la date de réception par la CPAM de la seconde des deux pièces. En cas de non-réception de l'une des deux pièces, la caisse réclame une fois, à l'issue d'un délai d'un mois, la seconde des pièces manquante à la victime. Sans réponse au-delà des 30 jours, elle classe le dossier sans suite (circ. CNAM 14/2018 du 12 juillet 2018).

Investigations de la CPAM : délai d'instruction porté à 90 jours - La CPAM est tenue de procéder à des investigations si l'employeur a émis des réserves motivées dans le délai requis [voir *Accident du travail (déclaration)**] ou en cas de décès de la victime. Dans les autres cas, c'est une possibilité laissée à la discrétion de la CPAM, qui peut engager la phase d'investigations si elle l'estime nécessaire (c. séc. soc. art. R. 441-7).

▶ À noter... La décision de prise en charge d'un accident du travail par la CPAM est inopposable à l'employeur si ce dernier a émis des réserves motivées et que la caisse ne l'a pas contacté (cass. civ., 2e ch., 10 mars 2016, n° 15-16669, BC II n° 69) ou n'a procédé à aucune instruction préalable pour déterminer si l'origine de l'accident était bien professionnelle (cass. civ., 2e ch., 25 novembre 2020, n° 19-20058 FPBI).

Lorsque la CPAM engage des investigations, le délai dont elle dispose pour statuer sur le caractère professionnel de l'accident est prolongé. Il est porté à 90 jours francs à compter de la date à laquelle elle dispose de la déclaration d'accident et du certificat médical initial (c. séc. soc. art. R. 441-8, I).

Nature des investigations : questionnaire, le cas échéant enquête - Pour mener ses investigations, la CPAM envoie à l'employeur et à la victime un questionnaire portant sur les circonstances ou la cause de l'accident, par tout moyen conférant date certaine à sa réception (c. séc. soc. art. R. 441-8, I).

▶ À noter... La décision de prise en charge d'un accident du travail par la CPAM est inopposable à l'employeur lorsque celui-ci n'a pas reçu le questionnaire pourtant envoyé au salarié (cass. civ., 2e ch., 6 juillet 2017 n° 16-18774, BC II n° 162).

Ce questionnaire est envoyé dans les 30 jours francs suivant la date à laquelle la caisse dispose de la déclaration d'accident et du CMI. Il peut être rempli en ligne *(voir plus loin dans l'étude « Service en ligne pour échanger avec la CPAM »)*, et doit être retourné dans un délai de 20 jours francs à compter de sa date de réception.

▶ À noter... Le délai de 20 jours imparti à l'employeur et à la victime pour répondre au questionnaire que leur a adressé la CPAM est seulement indicatif de la célérité de la procédure à l'issue de laquelle la caisse doit statuer sur le caractère professionnel de l'accident. Il n'est assorti d'aucune sanction. Il en résulte que la CPAM n'est pas tenue d'informer l'employeur et la victime du délai dans lequel ils doivent lui retourner le questionnaire et que ce défaut d'information n'est pas sanctionné par l'inopposabilité de la décision de la caisse à l'employeur (cass. civ., 2e ch., 5 septembre 2024, n° 22-19502 FB).

Au besoin, la caisse peut en outre recourir à une enquête complémentaire. En cas de décès de la victime, une enquête est obligatoire sans envoi de questionnaire préalable (c. séc. soc. art. R. 441-8). La Caisse nationale d'assurance maladie a consacré une circulaire aux modalités de réalisation des enquêtes (circ. CNAM 2019-38 du 30 octobre 2019).

La caisse informe la victime (ou ses représentants) ainsi que l'employeur de la date d'expiration du délai de 90 jours lors de l'envoi du questionnaire ou, le cas échéant, lors de l'ouverture de l'enquête (c. séc. soc. art. R. 441-8).

Mise à disposition et consultation du dossier - À l'issue de ses investigations et au plus tard 70 jours francs à compter de la date à laquelle elle dispose de la déclaration d'accident et du certificat médical initial, la CPAM met le dossier qu'elle a constitué à la disposition de la victime ou de ses représentants, ainsi que de l'employeur (c. séc. soc. art. R. 441-8, II).

Ceux-ci ont 10 jours francs pour le consulter et faire connaître leurs observations, qui seront annexées au dossier. Une fois ce délai de 10 jours expiré, la victime (ou ses représentants) et l'employeur peuvent encore consulter le dossier, mais ne peuvent plus formuler d'observations.

La CPAM informe la victime (ou ses représentants) et l'employeur des dates d'ouverture et de clôture :
- de la période au cours de laquelle ils peuvent consulter le dossier ;
- et de celle au cours de laquelle ils peuvent formuler des observations.

Cette information est effectuée par tout moyen donnant une date certaine de réception, au plus tard 10 jours francs avant le début de la période de consultation.

Elle peut intervenir en même temps que l'information sur la fin du délai d'instruction, délivrée lors de l'envoi par la CPAM du questionnaire sur les circonstances ou les causes de l'accident *(voir ci-avant)*, et pas forcément à l'issue des investigations. La CPAM n'est donc pas obligée de procéder à deux envois distincts d'information (cass. civ., 2e ch., 29 février 2024, n° 22-16818 FB).

Service en ligne pour échanger avec la CPAM - Lorsque la CPAM décide de procéder à des investigations complémentaires *(voir plus haut)*, elle invite par courrier l'employeur et le salarié à créer un compte sur questionnaires-risquepro.ameli.fr, leur permettant de répondre en ligne au questionnaire (www.ameli.fr).

Ce service, non obligatoire, permet à l'employeur et au salarié de répondre à leur rythme au questionnaire, mais aussi de consulter et de télécharger le dossier, de faire leurs observations et de joindre tous les documents qu'ils souhaitent porter à la connaissance de la caisse.

Tout au long de la phase contradictoire, l'employeur et le salarié bénéficient aussi de rappels sur les échéances (dates de consultation du dossier par exemple) et sont informés le jour même de toute nouvelle observation faite sur le dossier.

Computation des délais exprimés en jours francs - Les délais de procédure sont exprimés en jours francs (délai d'instruction de 30 ou 90 jours, délai de consultation de 10 jours, etc.).

La Caisse nationale d'assurance maladie a précisé qu'un délai exprimé en jours francs se compte à partir du lendemain de l'acte ou de l'événement conditionnant le départ du délai. Lorsqu'une formalité est à accomplir dans un délai franc, celle-ci doit être accomplie au plus tard le jour suivant l'expiration du délai ainsi décompté (circ. CNAM 2019-28 du 9 août 2019, § V).

La CNAM a également précisé que si le dernier jour au cours duquel une formalité peut être accomplie expire un samedi, un dimanche ou un jour férié, il est reporté au premier jour ouvrable suivant (circ. CNAM 2019-28 du 9 août 2019, § V). Cependant, une jurisprudence, relative au délai de consultation du dossier dont disposait l'employeur dans la réglementation

De la déclaration d'accident du travail à la décision de la CPAM	
I) Déclaration avec ou sans réserves	
• Déclaration d'accident du travail (1). • Le cas échéant, réserves motivées de l'employeur dans les 10 jours francs de la déclaration [voir *Accident du travail (déclaration)**].	
II) Phase d'instruction et décision de la CPAM	
En l'absence d'investigations complémentaires	Décision de la CPAM dans les 30 jours francs à compter de la date à laquelle elle dispose de la déclaration d'accident du travail et du certificat médical initial (2).
En cas d'investigations complémentaires (3)	• Questionnaire envoyé dans les 30 jours francs à compter de la date à laquelle la CPAM dispose de la déclaration d'accident du travail et du certificat médical initial. Le cas échéant, enquête (4). • Retour à la CPAM du questionnaire dans les 20 jours francs de sa réception.
	• Mise à disposition du dossier au plus tard 70 jours francs à compter de la date à laquelle la CPAM dispose de la déclaration d'accident du travail et du certificat médical initial. • Consultation du dossier et observations possibles pendant 10 jours francs (au-delà, seule consultation possible).
	• Décision de la CPAM dans les 90 jours francs à compter de la date à laquelle elle dispose de la déclaration d'accident du travail et du certificat médical initial (2).

(1) Par tout moyen donnant date certaine à sa réception [voir *Accident du travail (déclaration)**].
(2) À défaut de décision expresse de la CPAM dans le délai requis, accident reconnu implicitement comme accident du travail.
(3) Phase d'investigations obligatoire en cas de réserves motivées de l'employeur ou de décès de la victime. Dans les autres cas, la CPAM engage des investigations si elle le juge nécessaire.
(4) En cas de décès de la victime, la CPAM procède obligatoirement à une enquête, sans envoi d'un questionnaire préalable.

antérieure au 1er décembre 2019, pourrait être lue comme excluant de manière générale l'application de l'article 642 du code de procédure civile, qui prévoit cette règle de report, aux délais de la procédure administrative diligentée par les caisses de sécurité sociale (cass. civ., 2e ch., 13 février 2020, n° 19-11253 FPBI).

Des précisions de l'administration sur l'incidence de cette jurisprudence seraient les bienvenues. La plus grande prudence est donc de mise sur cette règle de prorogation des délais expirant un samedi, un dimanche ou un jour férié.

Procédure spécifique en cas de rechute

Une procédure particulière est prévue en cas de rechute de la victime ou de nouvelle lésion consécutive à l'accident du travail.

Délai de 60 jours pour statuer - En cas de rechute ou de nouvelle lésion consécutive à un accident du travail, la CPAM dispose d'un délai de 60 jours francs à compter de la date à laquelle elle reçoit le certificat médical faisant mention de la rechute ou de la nouvelle lésion, pour statuer sur son imputabilité à l'accident (c. séc. soc. art. R. 441-16).

▶ À noter… Si l'accident n'est pas encore reconnu comme accident du travail lorsque la caisse reçoit ce certificat, le délai de 60 jours court à compter de la date de cette reconnaissance (c. séc. soc. art. R. 441-16).

La caisse adresse, par tout moyen donnant une date certaine à sa réception, le double du certificat médical constatant la rechute ou la nouvelle lésion à l'employeur à qui la décision est susceptible de faire grief (c. séc. soc. art. R. 441-16).

Possibilité de réserves de l'employeur - L'employeur a 10 jours francs à compter de la réception du certificat médical pour émettre des réserves motivées auprès de la CPAM. Il peut procéder par tout moyen donnant une date certaine à la réception de ses réserves (c. séc. soc. R. 441-16).

La caisse les transmet sans délai à son médecin-conseil.

Questionnaire médical - Si le médecin-conseil de la CPAM l'estime nécessaire, et obligatoirement en cas de réserves motivées de l'employeur, il adresse un questionnaire médical à la victime ou à ses représentants (accompagné le cas échéant des réserves de l'employeur) (c. séc. soc. R. 441-16).

Le questionnaire doit être retourné dans un délai de 20 francs à compter de sa date de réception.

Computation des délais exprimés en jours francs - Sur ce point, nos commentaires sont identiques à ceux formulés pour la procédure d'instruction d'une déclaration d'accident du travail *(voir plus haut)*.

Décision de la CPAM

Notification de la décision - La caisse notifie sa décision, qui doit être motivée, par tout moyen permettant de déterminer sa date de réception (ex. : LRAR) (c. séc. soc. art. R. 441-18) :
- à la victime (ou à ses représentants) si le caractère professionnel de l'accident ou de la rechute n'est pas reconnu ;
- à l'employeur en cas de reconnaissance du caractère professionnel de l'accident ou de la rechute.

Cette décision est aussi notifiée à la personne à laquelle la décision ne fait pas grief.

Elle doit mentionner les voies et délais de recours, sans quoi le délai de recours de 2 mois ne court pas *(voir ci-après)*.

▶ À noter… Le fait que l'entreprise ait centralisé sa gestion des accidents du travail n'empêche pas la CPAM d'adresser valablement sa décision de prise en charge à l'établissement d'attache du salarié (cass. civ., 2e ch., 4 avril 2019, n° 18-15886 FPBI). Cette notification de la décision de prise en charge fait courir le délai de contestation de l'employeur *(voir ci-après)*.

Dès lors qu'elle est notifiée à l'employeur, la décision de la CPAM refusant de prendre en charge l'accident au titre de la législation professionnelle revêt un caractère définitif à son égard (cass. civ., 2e ch., 20 décembre 2018, n° 17-21528 FSPB). Les dépenses afférentes à l'accident ne peuvent donc pas être inscrites sur le compte AT/MP de l'employeur (voir *Cotisations d'accidents du travail**) et ce, même si le salarié obtient par la suite en justice la reconnaissance du caractère professionnel de l'accident (cass. civ., 2e ch., 8 octobre 2020, n° 19-13730 FPBI).

Silence de la CPAM - L'absence de notification de la décision de la CPAM dans le délai imparti (30 ou 90 jours francs, 60 jours francs en cas de rechute) vaut reconnaissance du caractère professionnel de l'accident (c. séc. soc. art. R. 441-18).

▶ À noter… L'absence de notification de la décision de la caisse permet seulement à la partie à laquelle cette décision fait grief d'en contester le bien-fondé sans condition de délai. Par conséquent, le fait qu'une décision de prise en charge par la CPAM d'un accident au titre de la législation professionnelle n'ait pas été notifiée à l'employeur ne la rend pas inopposable à ce dernier (cass. civ., 2e ch., 24 janvier 2019, n° 17-28208 FPB).

Accident du travail : déclaration et contestation*

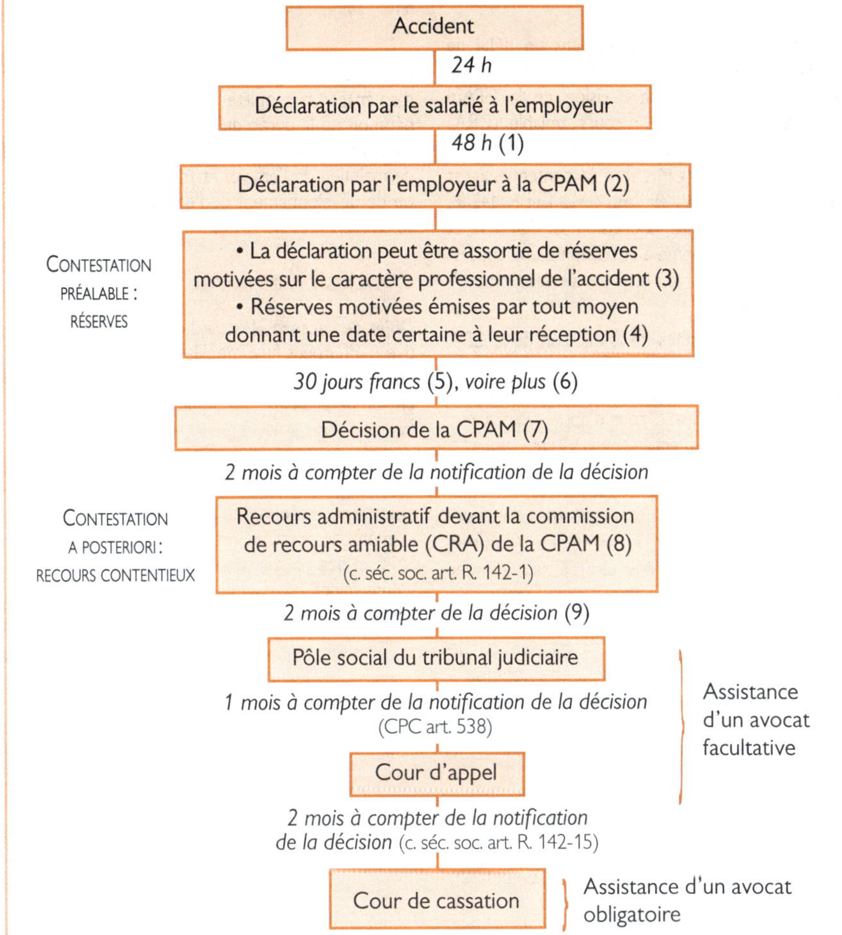

* Pour les accidents du travail déclarés à compter du 1.12.2019.

(1) Dans les 48 h de la connaissance de l'accident par l'employeur.

(2) Par tout moyen conférant date certaine à sa réception (c. séc. soc. art. R. 441-3). Déclaration également possible sur www.net-entreprise.fr ou directement via le compte entreprise que l'employeur peut ouvrir sur www.net-entreprises.fr.

(3) En présence de réserves motivées ou si elle l'estime nécessaire, la CPAM envoie un questionnaire à l'employeur et à la victime de l'accident ou peut procéder à une enquête auprès des intéressés. Une enquête est obligatoire en cas de décès (c. séc. soc. art. R. 441-8, I).

(4) L'employeur a 10 jours francs à compter de la date de déclaration d'AT à la CPAM pour émettre des réserves, par tout moyen conférant date certaine à leur réception (c. séc. soc. art. R. 441-6).

(5) Le délai de 30 jours francs pour instruire le dossier court dès que la CPAM dispose de la déclaration d'accident du travail et du certificat médical initial (c. séc. soc. art. R. 441-7).

(6) En cas d'investigations complémentaires, la CPAM dispose d'un délai d'instruction supplémentaire de 60 jours francs, soit au total 90 jours francs (c. séc. soc. art. R. 441-8).

(7) Quand elle a procédé à une enquête ou à l'envoi d'un questionnaire, la CPAM doit communiquer à la victime (ou ses ayants droit) et à l'employeur les éléments qu'elle a recueillis susceptibles de leur faire grief et les informer de la possibilité de consulter le dossier (c. séc. soc. art. R. 441-14). Victime et employeur peuvent consulter le dossier et formuler des observations qui seront annexées au dossier (c. séc. soc. art. R. 441-8, II). En cas de reconnaissance du caractère professionnel de l'accident, la CPAM notifie sa décision motivée à l'employeur par tout moyen conférant date certaine à sa réception. Elle lui notifie sa décision par lettre simple si elle ne reconnaît pas le caractère professionnel de l'accident (c. séc. soc. art. R. 441-18).

(8) Par courrier simple, le cachet de La Poste faisant foi (c. séc. soc. art. R. 142-1-A, I ; CRPA art. L. 112-1). Il est toutefois recommandé d'effectuer la saisine par LRAR.

(9) Ce délai court à compter de la notification de la décision ou, en l'absence de décision, à compter de l'expiration du délai de 2 mois dont disposait la CRA pour statuer. La saisine se fait par requête remise ou adressée au greffe par LRAR (c. séc. soc. art. R. 142-1-A et R. 142-10-1).

Contestation de la décision de la CPAM

Par l'employeur ou la victime dans un délai de 2 mois - L'employeur et la victime disposent de 2 mois pour contester la décision de la CPAM devant la commission de recours amiable (CRA) de la caisse ou devant sa commission médicale de recours amiable (CMRA) si le contentieux est d'ordre médical (c. séc. soc. art. R. 142-1 et R. 142-8). Une fois ce délai expiré, la décision est définitive et il ne peut plus agir, même à l'occasion d'une contestation par l'employeur du taux de la cotisation accidents du travail.

S'ils ne sont pas satisfaits de la décision de la CRA (ou la CMRA), l'employeur et la victime peuvent ensuite saisir la justice (pôle social du tribunal judiciaire puis, le cas échéant, cour d'appel, voire Cour de cassation) (voir *Contentieux de la sécurité sociale**).

Action de l'employeur en inopposabilité - Lorsque l'employeur estime que la procédure d'instruction menée par la CPAM est irrégulière (non-respect du principe du contradictoire), il peut intenter une action en justice aux fins d'inopposabilité de la décision de la caisse reconnaissant le caractère professionnel de l'accident (de la maladie ou de la rechute). Cette action n'a pas à être soumise à la CRA avant d'être soumise au tribunal judiciaire (cass. civ., 2e ch., 14 janvier 2010, n° 08-22038 D) et elle se prescrit par 5 ans (cass. civ., 2e ch., 18 février 2021, n° 19-25886 FSP et n° 19-25887 FSP).

Entreprise de travail temporaire - Lorsqu'il s'agit de *travailleurs temporaires**, seule l'entreprise de travail temporaire (ETT) peut, en tant qu'employeur, contester devant les tribunaux la prise en charge d'un accident (ou d'une maladie) au titre de la législation professionnelle ainsi que la décision fixant le taux d'incapacité permanente du salarié victime d'un accident du travail (ou d'une maladie professionnelle) à l'occasion d'une mission (cass. civ., 2e ch., 15 mars 2018, n° 16-19043, BC II n° 57 ; cass. civ., 2e ch., 15 mars 2018, n° 17-10640, BC II n° 56).

L'entreprise utilisatrice peut seulement agir en responsabilité contractuelle contre l'ETT devant les juridictions de droit commun ou contester l'imputation et la répartition de la charge financière de l'accident ou de la maladie devant les juridictions du *contentieux de la sécurité sociale** (cass. civ., 2e ch., 15 mars 2018, n° 17-10640, BC II n° 56).

☞ *Accident de mission ; Accident de trajet ; Accident du travail ; Accident du travail (déclaration).*

Accord de performance collective

Les accords de performance collective permettent d'aménager la mobilité dans l'entreprise, la rémunération ou la durée du travail, et ont remplacé les mécanismes antérieurs, dont notamment l'accord de maintien de l'emploi et l'accord de préservation ou de développement de l'emploi (pour ces derniers, voir Dictionnaire Paye 2018, 22e édition).

Conclusion et durée des accords

Objet de l'accord - L'accord de performance collective (APC) peut être mobilisé pour « répondre aux nécessités liées au fonctionnement de l'entreprise ou en vue de préserver ou de développer l'emploi » (c. trav. art. L. 2254-2, I).

Pour ce faire, l'accord peut (c. trav. art. L. 2254-2, I) :
- aménager la durée du travail, ses modalités d'organisation et de répartition ;
- aménager la rémunération, dans le respect du SMIC et des minima conventionnels ;
- déterminer les conditions de la mobilité professionnelle ou géographique interne à l'entreprise.

▶ À noter... Il n'y a pas de condition liée au contexte économique. Ce type d'accord peut donc être conclu aussi bien dans un cadre défensif (difficultés économiques) qu'offensif (croissance et développement de l'entreprise) (Questions-réponses « L'accord de performance collective », ministère du Travail, juillet 2020, Q/R n° 3).

Il peut être conclu au niveau de l'entreprise, d'un établissement ou d'un groupe (c. trav. art. L. 2254-2, I, L. 2232-11 et L. 2232-33). Il peut ne concerner qu'une catégorie de salariés (ex : cadres) ou qu'un établissement d'une entreprise pluri-établissements (Q/R précité n° 19).

Contenu de l'accord - Le contenu de l'accord est laissé à la libre appréciation des partenaires sociaux, compte tenu de l'objet de l'accord *(voir ci-dessus)*. La seule obligation est de prévoir un préambule définissant les objectifs poursuivis (c. trav. art. L. 2254-2, II).

L'accord peut en outre préciser :
- les modalités d'information des salariés sur son application et son suivi pendant toute sa durée, et le cas échéant, l'examen de la situation des salariés à son terme ;
- les conditions dans lesquelles les dirigeants salariés, les mandataires sociaux et les actionnaires fournissent des efforts proportionnés à ceux demandés aux salariés ;

- les modalités de conciliation de la vie professionnelle et de la vie personnelle et familiale des salariés ;
- les modalités d'accompagnement des salariés ainsi que l'abondement du *compte personnel de formation** au-delà du montant minimal prévu *(voir ci-après)*.

Modalités de conclusion et durée - L'accord collectif est conclu selon les règles de droit commun de la négociation collective [voir Dictionnaire Social, « Accord collectif d'entreprise (conclusion avec délégué syndical) » et « Accord collectif d'entreprise (conclusion sans délégué syndical) »].

L'accord peut, conformément au droit commun, être conclu pour une durée indéterminée ou une durée déterminée. À défaut de précision, il est conclu pour 5 ans (c. trav. art. L. 2222-4).

Information des salariés - L'employeur doit informer les salariés, par tout moyen conférant date certaine et précise, de l'existence et du contenu de l'accord, ainsi que du droit de chacun d'eux d'accepter ou de refuser l'application de l'accord (c. trav. art. L. 2254-2).

Incidences paye

Selon son contenu, l'accord peut avoir des impacts notamment en termes de :
- durée du travail ;
- répartition et organisation du travail ;
- rémunération.

S'il y a lieu, il convient de modifier les paramétrages de paye pour les salariés auxquels l'accord s'applique.

Incidences sur les contrats de travail

Application au contrat de travail - L'accord se substitue de plein droit aux clauses contraires et incompatibles du contrat de travail du salarié, y compris en matière de rémunération, de durée du travail et de mobilité professionnelle ou géographique interne à l'entreprise (c. trav. art. L. 2254-2, III).

Refus et licenciement du salarié - Le salarié peut toutefois refuser la modification de son contrat résultant de l'application de l'accord (c. trav. art. L. 2254-2, III).

Il dispose d'un mois pour adresser, par écrit, son refus à l'employeur. Ce délai court à compter de la date où l'employeur a communiqué dans l'entreprise sur l'existence et le contenu de l'accord (c. trav. art. L. 2254-2, IV).

Dans ce cas, l'employeur peut licencier le salarié. Il doit engager la procédure de licenciement dans un délai de 2 mois à compter de la notification du refus du salarié. Ce motif constitue en lui-même une cause réelle et sérieuse de licenciement, lequel est soumis à la procédure du licenciement pour motif personnel (c. trav. art. L. 2254-2, V). L'employeur est redevable des indemnités habituelles (*indemnité de licenciement**, *indemnité compensatrice de congés payés**, etc.).

Le salarié licencié bénéficie du régime d'assurance chômage (c. trav. art. L. 2254-2, VI).

▶ À noter... Plusieurs décisions de la Cour de cassation rendues à propos de l'ancien accord de mobilité interne pourraient, à notre sens, être reprises au sujet de l'APC :
- la protection contre le licenciement liée à la maternité doit s'appliquer (voir *Maternité**) : en cas de refus émanant d'une salariée enceinte, l'employeur doit justifier, pour la licencier, de l'impossibilité de maintenir son contrat de travail pour un motif étranger à la grossesse ; le refus de la salariée ne caractérise pas, par lui-même, une telle impossibilité (cass. soc. 4 mars 2020, n° 18-19189 FSPB) ;
- le caractère réel et sérieux du motif du licenciement consécutif au refus du salarié est contrôlé par le juge au regard de la conformité de l'accord aux dispositions légales le régissant et de sa justification par l'existence des nécessités du fonctionnement de l'entreprise (cass. soc. 2 décembre 2020, n° 19-11986 FSPBRI).

Abondement du CPF du salarié licencié - L'employeur doit abonder d'au moins 3 000 € le *compte personnel de formation** (CPF) du salarié licencié. L'APC peut fixer un montant supérieur (c. trav. art. L. 2254-2, VI et R. 6323-3-2, I).

L'employeur verse cette somme à la Caisse des dépôts et consignations, le CPF du salarié étant alimenté de cet abondement dès réception de la somme. L'employeur dispose de 15 jours à compter de la notification du licenciement pour adresser à la Caisse des dépôts les informations nécessaires à l'abondement (montant, nom du salarié bénéficiaire et données permettant son identification) (c. trav. art. R. 6323-3-2, II et III).

Cet abondement n'est pas pris en compte pour apprécier les plafonds d'alimentation du CPF (c. trav. art. L. 2254-2, VI).

Forfaits annuels en heures ou en jours - Dans l'hypothèse où l'APC met en place un dispositif de forfait annuel en heures ou en jours, il faut respecter toute la législation correspondante (contenu obligatoire de l'accord collectif, nécessité de l'accord du salarié sous forme de convention individuelle de forfait, etc.) (c. trav. art. L. 2254-2, II). De fait, l'APC ne permet pas d'imposer de convention de forfait à un salarié qui n'en dispose pas (Q/R précité n° 16).

Si l'APC se contente de modifier un dispositif de forfait en jours ou en heures sur l'année déjà en place, par exception, il n'est pas nécessaire de recueillir l'accord d'un salarié déjà en forfait annuel (Q/R précité n° 17). L'APC s'impose au contrat de travail, sauf au salarié à en refuser l'application, auquel cas il peut à notre sens être licencié pour ce motif *(voir ci-dessus)*.

Refus et licenciement du salarié - Le salarié peut toutefois refuser la modification de son contrat résultant de l'application de l'accord (c. trav. art. L. 2254-2, III).

Il dispose d'un mois pour adresser, par écrit, son refus à l'employeur. Ce délai court à compter de la date où l'employeur a communiqué dans l'entreprise sur l'existence et le contenu de l'accord (c. trav. art. L. 2254-2, IV).

Dans ce cas, l'employeur peut licencier le salarié. Il doit engager la procédure de licenciement dans un délai de 2 mois à compter de la notification du refus du salarié. Ce motif constitue en lui-même une cause réelle et sérieuse de licenciement, lequel est soumis à la procédure du licenciement pour motif personnel (c. trav. art. L. 2254-2, V). L'employeur est redevable des indemnités habituelles (*indemnité de licenciement**, *indemnité compensatrice de congés payés**, etc.).

Le salarié licencié bénéficie du régime d'assurance chômage (c. trav. art. L. 2254-2, VI).

▶ À noter... Plusieurs décisions de la Cour de cassation rendues à propos de l'ancien accord de mobilité interne pourraient, à notre sens, être reprises au sujet de l'APC :
- la protection contre le licenciement liée à la maternité doit s'appliquer (voir *Maternité**) : en cas de refus émanant d'une salariée enceinte, l'employeur doit justifier, pour la licencier, de l'impossibilité de maintenir son contrat de travail pour un motif étranger à la grossesse ; le refus de la salariée ne caractérise pas, par lui-même, une telle impossibilité (cass. soc. 4 mars 2020, n° 18-19189 FSPB) ;
- le caractère réel et sérieux du motif du licenciement consécutif au refus du salarié est contrôlé par le juge au regard de la conformité de l'accord aux dispositions légales le régissant et de sa justification par l'existence des nécessités du fonctionnement de l'entreprise (cass. soc. 2 décembre 2020, n° 19-11986 FSPBRI).

Refus du salarié en CDD - L'employeur ne peut pas rompre le contrat d'un salarié en contrat à durée déterminé (CDD) qui refuse l'application de l'APC modifiant son contrat de travail. Ce motif ne figure pas parmi les cas autorisés de rupture anticipée d'un CDD (Q/R précité n° 23).

Refus du salarié protégé au titre d'un mandat - Le licenciement d'un salarié protégé au titre d'un mandat, qui a refusé l'application de l'APC à son contrat, est soumis à l'autorisation de l'inspection du travail, selon les règles habituelles (Q/R précité n° 22) (voir *Licenciement des représentants du personnel**).

L'inspecteur du travail vérifie notamment (Guide DGT relatif aux décisions administratives en matière de rupture ou de transfert du contrat des salariés protégés, septembre 2019, fiche 11b) :
- les conditions de validité de l'accord : modalités de conclusion, contenu de l'accord (en particulier en cas de mise en place d'un dispositif d'aménagement du temps de travail) ;
- le respect de la procédure propre à l'APC (délai de réponse du salarié d'1 mois, délai pour licencier de 2 mois, etc.).

Acomptes

Droit à un acompte et montant

Définition - L'acompte consiste à verser à un salarié la rémunération d'une période de travail déjà effectuée avant son échéance normale (ex. : versement le 15 avril du salaire des 15 premiers jours de ce mois alors que l'échéance normale est la fin du mois).

L'acompte est à distinguer de l'*avance sur salaire**, qui porte sur un travail qui n'a pas encore été réalisé (ex. : versement du salaire de mai en avril).

Droit à un acompte - Un acompte mensuel est obligatoirement versé :
- aux salariés mensualisés qui le demandent (c. trav. art. L. 3242-1) ;
- aux *VRP*,* en fonction des commissions effectivement dues au titre du trimestre en cours (conv. collect. VRP, art. 5-2).

Pour les autres salariés, il faut se référer aux accords collectifs et aux usages d'entreprise. En l'absence de précision, l'employeur est libre de verser un acompte ou non.

Montant de l'acompte - Le montant de l'acompte n'excède pas la rémunération acquise à la date de la demande.

Pour les salariés mensualisés, la loi prévoit expressément que les intéressés ont, sur simple demande, droit à un acompte correspondant, pour une quinzaine, à la moitié de la rémunération mensuelle (c. trav. art. L. 3242-1, al. 3).

Salariés non mensualisés - Les travailleurs à domicile, les saisonniers, les intermittents et les travailleurs temporaires ne bénéficient pas du droit à un acompte prévu par le code du travail (c. trav. art. L. 3242-1, dernier al.). Il faut donc se référer aux accords collectifs et aux usages d'entreprise qui leur sont applicables. En l'absence de précision, l'employeur est libre d'accepter ou de refuser de verser un acompte entre deux payes.

▶ À noter... Ces salariés doivent être payés au moins deux fois par mois, à 16 jours au plus d'intervalle (c. trav. art. L. 3242-3). Mais juridiquement, il ne s'agit pas d'un acompte, mais du paiement d'un salaire avec remise d'un bulletin de paye.

Salariés rémunérés aux pièces - Les salariés aux pièces dont l'exécution du travail doit durer plus de 15 jours ont droit à un acompte et sont intégralement payés dans la quinzaine qui suit la livraison de l'ouvrage (c. trav. art. L. 3242-4).

Paiement et compensation

Modalités de versement - Les acomptes doivent être payés par chèque ou virement à un compte bancaire ou postal dont le salarié est le titulaire ou le cotitulaire dès lors que les éléments permanents du salaire dépassent 1 500 € par mois (c. trav. art. L. 3241-1 ; décret 85-1073 du 7 octobre 1985, art. 2, modifié par décret 2001-96 du 2 février 2001).

En dessous de 1 500 € par mois, le salaire est payé en espèces si le salarié le demande.

Compensation - Les acomptes se compensent avec le salaire dans leur totalité. L'employeur peut se rembourser intégralement lors de l'échéance normale de la paye (cass. soc. 1er décembre 2009, n° 08-41874 D). La retenue correspondante doit être expressément mentionnée sur le bulletin de paye après le calcul des charges sociales et du net imposable.

L'acompte qui ne serait pas retenu sur la prochaine échéance de paye devient une *avance sur salaire**. Des règles plus contraignantes pour l'entreprise s'appliquent alors.

Preuve du paiement d'un acompte - Conformément aux règles de preuve du *paiement du salaire**, la mention d'un acompte sur le *bulletin de paye** ne vaut pas en soi preuve de son versement. En cas de litige, l'employeur doit être en mesure de prouver qu'il a effectué le paiement (cass. soc. 19 mai 1999, n° 96-45415 D).

En pratique, lors du versement de l'acompte, il peut être utile de faire signer au salarié un reçu.

Modèle de reçu d'acompte

Objet : reçu d'acompte sur salaire

Date de la demande : ... / ... / ...

Nom du salarié : M. ....

Service : ....

Montant de l'acompte versé et à retenir sur la prochaine paye : .... €

Fait à : ...., le ... / ... / ...

Signature du salarié

Charges sociales

Les acomptes sur salaire ne donnent, en principe, pas lieu à cotisations de sécurité sociale au moment de leur versement. En pratique, c'est à l'occasion du paiement du reliquat de salaire que les cotisations dues sur l'ensemble de la rémunération sont calculées.

Exemple

L'employeur établit le bulletin de paye d'un salarié payé 2 000 € bruts le dernier jour du mois, après lui avoir versé au cours de ce même mois un acompte de 800 €. Les cotisations sociales sont calculées à l'échéance normale de paye sur la totalité du salaire brut, soit pour un taux global de cotisations salariales de 20,84025 % (taux au 1er janvier 2025), un salaire net de 1 583,20 €. L'employeur verse au salarié le solde du salaire après retenue de l'acompte, ce qui conduit à un net à payer avant prélèvement à la source de : 1 583,20 € – 800 € = 783,20 €.

☛ *Avance sur salaire ; Prêt aux salariés.*

ACOSS

Caisse nationale des URSSAF

Établissement public national à caractère administratif (c. séc. soc. art. L. 225-2) implanté géographiquement à Paris, l'ACOSS (Agence centrale des organismes de sécurité sociale) peut être définie comme la « Caisse » nationale des organismes locaux de recouvrement des cotisations du régime général de la sécurité sociale (*URSSAF**, CGSS dans les DOM).

Depuis janvier 2021, l'ACOSS se désigne d'ailleurs sous l'appellation « URSSAF Caisse nationale » afin d'améliorer la lisibilité de ses missions vis-à-vis du public, de ses partenaires et du réseau des URSSAF (communiqué de presse URSSAF du 23 février 2021).

► À noter… Malgré ce changement d'appellation, l'existence juridique de l'ACOSS n'est pas remise en cause. Elle continue à émettre sur les marchés financiers et à signer les contrats. De la même manière, le conseil d'administration de l'ACOSS continue à porter le même nom (communiqué de presse URSSAF du 23 février 2021).

L'ACOSS exerce de nombreuses missions précisées par le code de la sécurité sociale (c. séc. soc. art. L. 225-1 à L. 225-1-6), dont les principales sont exposées ci-après.

Mission financière

La première mission de l'ACOSS est d'assurer la gestion commune et centralisée des ressources et de la trésorerie du régime général de la sécurité sociale. Dans ce contexte, l'ACOSS assure la trésorerie de chacune des branches de prestations du régime général (ex. : branche maladie, branche famille ou branche vieillesse) (c. séc. soc. art. L. 225-1).

Mission de contrôle et de pilotage

L'ACOSS est chargée d'exercer un pouvoir de direction et de contrôle sur les URSSAF en matière de gestion de trésorerie (c. séc. soc. art. L. 225-1-1).

Elle assure également le pilotage et l'animation des organismes locaux de recouvrement des cotisations. Ce pilotage consiste à définir les orientations du recouvrement et du contrôle des cotisations ainsi que les démarches de prévention des difficultés des cotisants. Elle veille, dans ce cadre, à coordonner leur mise en œuvre par les organismes locaux afin d'éviter des prises de position contraires d'une URSSAF à l'autre.

Elle contribue également, à ce titre, à veiller à l'application homogène des lois et règlements relatifs aux cotisations par les organismes de recouvrement.

► À noter… L'ACOSS ne publie plus de circulaires expliquant au réseau des URSSAF comment interpréter et mettre en œuvre les dispositions d'une loi ou d'un décret, et qui constituaient auparavant l'un des instruments permettant de concrétiser la coordination de ses orientations en matière de recouvrement et de contrôle des cotisations [sur la valeur juridique des circulaires ACOSS, voir *Circulaires (force juridique)**]. Les cotisants peuvent se référer au *Bulletin officiel de la sécurité sociale (BOSS)**, service public commun à la direction de la sécurité sociale et au réseau des URSSAF régulièrement mis à jour, qui rassemble la réglementation et les commentaires de l'administration en matière de cotisations et contributions de sécurité sociale sur divers sujets (notamment allègements et exonérations de cotisations, protection sociale complémentaire, avantages en nature et frais professionnels, indemnités de rupture, règles relatives au bulletin de paye, effectif…).

Missions d'arbitrage et de rescrit

Mission d'arbitrage - Les employeurs multi-employeurs peuvent solliciter l'arbitrage de l'ACOSS lorsqu'ils sont confrontés, sur certains points de législation, à des interprétations contradictoires de différentes URSSAF concernant plusieurs de leurs établissements. Il en est de même pour les employeurs possédant un ou plusieurs établissements et qui se trouvent confrontés à des interprétations contradictoires entre, d'une part, une ou plusieurs URSSAF et, d'autre part, une ou plusieurs caisses de retraite complémentaire AGIRC-ARRCO (c. séc. soc. art. L. 243-6-1).

Pour plus de détails, voir *Arbitrage de l'ACOSS**.

Mission dans le cadre du rescrit social - L'ACOSS peut encore être amenée à intervenir dans le cadre de la procédure de rescrit social à laquelle les cotisants peuvent recourir pour sécuriser en amont leur situation juridique sur des problématiques relatives aux cotisations et contributions (assujettissement, exonérations, exemptions d'assiette, avantages en nature et frais professionnels, etc.) (c. séc. soc. art. L. 243-6-3).

Pour plus de détails, voir *Rescrit social**.

☞ *Arbitrage de l'ACOSS ; Circulaires (force juridique) ; Rescrit social ; URSSAF ; Bulletin officiel de la sécurité sociale (BOSS)*

ACRE

☞ *Création ou reprise d'entreprise (exonération de début d'activité).*

Acteur de complément

☞ *Artistes du spectacle.*

Activité partielle

Depuis le 1er juillet 2013, l'expression « activité partielle » est l'appellation officielle du chômage partiel.

Les règles ici présentées sont celles en vigueur en l'état des textes publiés au 15 janvier 2025. Concernant les questions/réponses du Ministère du Travail, il s'agit de celles publiées dans leur dernier état au 9 décembre 2024.

Définition et forme de l'activité partielle

Réduction d'horaire - Il y a activité partielle lorsque les salariés, tout en restant liés à leur employeur, subissent une perte de salaire due à une réduction de l'horaire de travail pratiqué dans l'établissement, ou dans une partie de l'établissement, en dessous de la *durée légale du travail** (ou, si elle est inférieure, de la durée de travail fixée par un horaire collectif ou contractuel) (c. trav. art. L. 5122-1).

Fermeture temporaire - L'activité partielle peut aussi s'appliquer en cas de fermeture temporaire d'un établissement ou d'une partie d'un établissement (c. trav. art. L. 5122-1).

Activité partielle par roulement - En cas de réduction collective de l'horaire de travail, les salariés peuvent être placés en position d'activité partielle individuellement et alternativement (activité partielle « par roulement ») (c. trav. art. L. 5122-1).

Activité partielle individualisée – L'activité partielle est conçue comme un dispositif collectif (entreprise, établissement ou partie d'établissement, service, etc.).

L'employeur ne peut donc pas « choisir » qui il va faire travailler, hors l'hypothèse d'activité partielle par roulement en cas de réduction de la durée du travail *(voir ci-avant)*.

Salariés éligibles

Principe : tous les salariés - Tous les salariés peuvent, en principe, bénéficier de l'activité partielle, y compris ceux à temps partiel (c. trav. art. R. 5122-8).

À la faveur de la crise sanitaire du covid-19, les pouvoirs publics ont étendu le champ de l'activité partielle à un certain nombre de catégories de salariés qui, antérieurement, ne pouvaient pas en bénéficier (salariés non soumis à la durée du travail, notamment). Ces extensions, d'abord mises en place à titre temporaire, ont été pérennisées et inscrites « dans le dur » du code du travail par la loi de finances pour 2022 et ses décrets d'application.

Forfaits annuels en heures ou en jours - Les salariés en convention de forfait en heures ou en jours sur l'année peuvent bénéficier de l'activité partielle (c. trav. art. L. 5122-3, II, 3°), y inclus depuis le 1er mars 2020, lorsque l'activité partielle se traduit par une réduction de l'horaire de travail (c. trav. art. R. 5122-8, 2° supprimé).

Cadres dirigeants - Il est possible de placer des cadres dirigeants en activité partielle, mais uniquement si cette période se traduit par une fermeture temporaire de leur établissement ou partie d'établissement (c. trav. art. L. 5122-3, III). A contrario, les intéressés ne peuvent pas être placés en activité partielle lorsque celle-ci se traduit par une réduction de l'horaire de travail.

Les modalités de calcul du nombre d'heures indemnisables, de l'indemnité d'activité partielle due au salarié et de l'allocation remboursée à l'employeur sont précisées par décret *(voir Tableau I ci-après)* (c. trav. art. D. 5122-15, II, 5°).

VRP et catégories particulières de salariés non soumis à la durée du travail - L'activité partielle couvre certaines catégories de salariés qui ne sont pas soumis aux dispositions légales ou conventionnelles relatives à la durée du travail (c. trav. art. L. 5122-3, II, 4°). Sont ici visés (c. trav. art. D. 5122-15, II, 1° à 4°) :

- les VRP ;
- les travailleurs à domicile (c. trav. art. L. 7412-1) ;
- les journalistes pigistes en collaboration régulière (c. trav. art. L. 7112-1) ;
- les artistes, techniciens et ouvriers du spectacle vivant, les mannequins et les professions de la production cinématographique, de l'audiovisuel ou du spectacle (c. trav. art. L. 7121-2, L. 7123-2 et L. 5424-20).

Les modalités de calcul du nombre d'heures indemnisables, de l'indemnité d'activité partielle due au salarié et de l'allocation remboursée à l'employeur sont précisées par décret *(voir Tableau I ci-après)* (c. trav. art. D. 5122-15, II, 1° à 4°).

Le nombre d'heures indemnisables au titre de l'activité partielle pour ces catégories ne peut pas excéder la durée légale du temps de travail au titre de la période considérée (c. trav. art. D. 5122-15, III).

Personnel navigant de l'aviation civile et des exploitants d'hélicoptères - L'activité partielle couvre également (c. trav. art. L. 5 122-3, II, 3° et D. 5 122-15, I, 2°) :

- le personnel navigant de l'aviation civile dont l'organisation de la durée du travail est fondée sur une alternance de jours d'activité et de jours d'inactivité en application du code de l'aviation civile ;
- le personnel navigant des exploitants d'hélicoptères dont l'organisation de la durée du travail est fondée sur des dispositions relatives à la durée du travail applicables au personnel navigant technique des exploitants d'hélicoptères en application de l'arrêté du 8 septembre 1997 modifié.

Les modalités de calcul du nombre d'heures indemnisables, de l'indemnité d'activité partielle due au salarié et de l'allocation remboursée à l'employeur sont précisées par décret *(voir Tableau I ci-après)* (c. trav. art. D. 5122-15, I, 2°).

Le nombre d'heures indemnisables au titre de l'activité partielle pour ces catégories ne peut pas excéder la durée légale du temps de travail au titre de la période considérée (c. trav. art. D. 5122-15 rétabli, III).

Salariés protégés (élus du CSE, délégués syndicaux, etc.) - En principe, la mise en activité partielle du personnel ne constitue pas une modification des contrats de travail et ne peut pas être refusée par un salarié (cass. soc. 18 juin 1996, n° 94-44654, BC V n° 252).

Par exception, la jurisprudence considère que la mise en activité partielle ne peut pas être imposée à un salarié protégé (élu du CSE, délégué syndical, etc.) (cass. soc. 18 juin 1996, n° 94-44653, BC V n° 248, rectifié par cass. soc. 16 juillet 1996, n° 96-43396 D ; cass. soc. 19 janvier 2011, n° 09-43194 D). À défaut d'obtenir l'accord du salarié, l'employeur s'expose, entre autres risques, de devoir verser le salaire indûment retenu.

Salariés travaillant à l'étranger - Pour bénéficier de l'activité partielle, un établissement doit en principe être soumis au code du travail, notamment à la législation sur la durée et le temps de travail, et entretenir avec les salariés pour lesquels il sollicite le bénéfice de l'activité partielle des relations contractuelles soumises aux dispositions du code du travail (circ. DGEFP 2013-12 du 12 juillet 2013, annexe révisée 2015, fiche 2, § 2.2).

Néanmoins, l'administration a été amenée à préciser sa doctrine dans le contexte de la crise sanitaire (rép. De Rugy n° 28770, JO 12 mai 2020, AN quest. p. 3380).

Les salariés possédant un contrat de travail de droit français travaillant sur des sites localisés dans des pays tiers ne sont pas éligibles à l'activité partielle, dans la mesure où il n'est pas possible à l'autorité administrative de vérifier la baisse d'activité pour des sites à l'étranger. Une exception est possible dans le seul cas où l'entreprise démontrerait qu'elle ne peut pas rapatrier ses salariés compte tenu des mesures sanitaires.

Pour les salariés expatriés qui sont sous contrat local avec une entreprise étrangère et qui sont rapatriés en France, les conditions d'éligibilité à l'activité partielle sont les suivantes :
- si le salarié est reclassé sur un poste au sein de la société en France et que les salariés au sein du même service sont placés en activité partielle, le salarié peut bénéficier de l'activité partielle au même titre que ses collègues ;
- si le salarié n'est pas reclassé immédiatement par la société en France, l'entreprise peut demander le placement en activité partielle jusqu'à son reclassement effectif sur un autre poste, ou jusqu'à ce qu'il puisse repartir à l'étranger ; il y a cependant une réserve : les clauses de reclassement doivent rester prioritaires sur le placement en activité partielle ; l'entreprise doit ainsi justifier du fait qu'elle n'était pas en mesure de répondre à son obligation de reclassement telle que résultant de ses obligations contractuelles ou conventionnelles.

Salariés d'entreprises étrangères sans établissement en France - Les entreprises « étrangères » ne comportant pas d'établissement en France peuvent placer en activité partielle les salariés pour lesquels elles sont soumises aux contributions et cotisations sociales d'origine légale ou conventionnelle et à l'obligation d'affiliation à l'assurance chômage au titre de la législation française (c. trav. art. L. 5122-1, VI).

La demande d'activité partielle est instruite par l'unité départementale du Bas-Rhin (6, rue Gustave Adolphe Hirn 67085 Strasbourg Cedex). L'entreprise doit joindre à sa demande tout document démontrant la nécessité de recours à l'activité partielle en lien avec la crise sanitaire du covid-19 (ex. : réduction d'activité), un document justifiant de l'adresse de l'entreprise à l'étranger, un RIB français et les informations requises à l'article R. 5122-2 du Code du travail (période prévisible de sous-activité, nombre de salariés concernés) (questions/réponses sur l'activité partielle, dans leur version au 9 décembre 2024).

En revanche, les salariés détachés en France par une entreprise étrangère ne sont pas éligibles à l'activité partielle. Ils demeurent en effet soumis à la législation de sécurité sociale de son État d'envoi, et restent donc affiliés à leur régime de sécurité sociale d'origine. Le cas échéant, ce sont les dispositifs de soutien prévus dans le pays d'établissement de l'employeur qui peuvent trouver à s'appliquer à cette situation.

Salariés de droit privé des employeurs publics - Depuis le 1er janvier 2023, les règles permettant aux employeurs publics de recourir à l'activité partielle pour leurs salariés de droit privé pour lesquels ils ont adhéré à l'assurance chômage ont été pérénisées, dès lors qu'ils exercent à titre principal une activité industrielle et commerciale dont le produit constitue la part majoritaire de leurs ressources (c. trav. art. L. 5122-1, V).

Cas de recours à l'activité partielle

Liste des motifs à l'origine de la sous-activité - L'activité partielle peut être mobilisée lorsque la réduction ou la suspension de l'activité de l'entreprise est due à (c. trav. art. R. 5122-1) :

- la conjoncture économique ;
- des difficultés d'approvisionnement en matières premières ou en énergie ;
- un sinistre ou des intempéries de caractère exceptionnel ;
- la transformation, la restructuration ou la modernisation de l'entreprise ;
- ou toute autre circonstance de caractère exceptionnel.

Notion d'intempéries de caractère exceptionnel - Les intempéries de caractère exceptionnel doivent être reconnues dans le cadre d'un arrêté de catastrophe naturelle qui en précise la nature, la période ainsi que les zones touchées. Le bénéfice de l'activité partielle est alors ouvert aux établissements situés sur les communes mentionnées dans l'arrêté.

Cependant, tous les épisodes climatiques (périodes de grand froid, épisodes neigeux très importants) ne donnent pas lieu à un arrêté de catastrophe naturelle tout en possédant un caractère exceptionnel. C'est dans ce cas à l'administration d'apprécier les difficultés rencontrées par les entreprises suite à ces intempéries pour décider si le recours à l'activité partielle, pour ce motif, est justifié (circ. DGEFP 2013-12 du 12 juillet 2013, fiche 2).

Activité partielle et grève dans l'établissement Le dispositif d'activité partielle ne peut pas être mobilisé lorsque la réduction ou la suspension de l'activité est provoquée par un différend collectif de travail intéressant l'établissement dans lequel les salariés sont employés (c. trav. art. R. 5122-8).

Toutefois, en cas de fermeture de l'entreprise ou d'un service décidée par l'employeur suite à une grève, le versement des allocations et des indemnités peut être autorisé par décision du ministre chargé de l'emploi, si la fermeture se prolonge plus de 3 jours.

Fermeture de l'entreprise pour congés payés - Lorsqu'une entreprise ferme pour les congés payés, certains salariés ne disposent pas de suffisamment de jours de congés pour couvrir toute la période de fermeture. Dans ce cas, l'activité partielle ne peut pas jouer.

Les salariés concernés ne reçoivent ni rémunération ni indemnisation pour les jours « manquants ».

Activité partielle et cyclone Chido à Mayotte - Un projet de loi d'urgence pour Mayotte a été présenté le 8 janvier 2025 en Conseil des ministres suite au passage du cyclone Chido.

Pour soutenir les entreprises et salariés du département dans ce cadre, le projet de loi d'urgence prévoit la base légale permettant de majorer, spécifiquement à Mayotte, les taux de l'indemnité d'activité partielle versée au salarié et de l'allocation remboursée à l'employeur (projet de loi, art. 22).

Au 15 janvier 2025, le texte était encore au stade de projet.

Consultation et information du CSE

Employeurs concernés - Le recours à l'activité partielle doit en principe être précédé de la consultation du comité social et économique (CSE) (c. trav. art. R. 5122-2).

Cette consultation n'est obligatoire que dans les entreprises de 50 salariés et plus (CSE de « plein exercice »).

Consultation préalable en principe - La consultation du CSE doit en principe être préalable à la demande d'autorisation de placement en activité partielle (il faut d'ailleurs joindre l'avis rendu par le CSE à la demande) (c. trav. art. R. 5122-2).

Situations permettant une consultation a posteriori - Par dérogation, l'employeur n'est pas tenu de consulter le CSE en amont dans deux cas de recours à l'activité partielle :

- sinistre ou intempéries de caractère exceptionnel ;
- circonstance de caractère exceptionnel.

Dans ces deux situations, le CSE peut être consulté a posteriori. L'employeur dispose de 2 mois à compter de la demande d'autorisation d'activité partielle pour adresser l'avis rendu par le CSE (c. trav. art. R. 5122-2).

Information du CSE à échéance de chaque autorisation - Dans les entreprises d'au moins 50 salariés, l'employeur est tenu d'informer le CSE, à l'échéance de chaque autorisation, des conditions dans lesquelles l'activité partielle a été mise en œuvre (c. trav. art. R. 5122-2).

Demande d'autorisation d'activité partielle

Principe : demande préalable au placement en activité partielle - L'employeur doit adresser au préfet du département où est implanté l'établissement concerné une demande préalable d'autorisation d'activité partielle (c. trav. art. R. 5122-2).

Lorsqu'une demande d'autorisation préalable d'activité partielle et, le cas échéant, une demande de renouvellement d'autorisation portent sur au moins 50 établissements implantés dans plusieurs départements, pour le même motif et la même période, l'employeur peut déposer une demande unique pour l'ensemble de ces établissements auprès d'un seul préfet de département (n'importe lequel parmi ceux où au moins établissement est implanté) (c. trav. art. R. 5122-2).

Situations permettant de déposer une demande a posteriori - L'employeur peut déroger à la règle de la demande préalable dans deux cas de recours à l'activité partielle (c. trav. art. R. 5122-3) :
- suspension d'activité liée à un sinistre ou à des intempéries de caractère exceptionnel (il doit s'agir d'une suspension d'activité, et non d'une simple réduction d'activité ; circ. DGEFP 2013-12 du 12 juillet 2013, fiche 8, § 8.1) ;
- circonstances de caractère exceptionnel.

L'employeur dispose dans ce cas de 30 jours à compter du placement des salariés en activité partielle pour adresser sa demande, par tout moyen conférant date certaine (c. trav. art. R. 5122-3).

Contenu et modalités de la demande - La demande de l'employeur doit préciser (c. trav. art. R. 5122-2) :
- les motifs justifiant le recours à l'activité partielle ;
- la période prévisible de sous-activité ;
- le nombre de salariés concernés.

Dans les entreprises de 50 salariés et plus, la demande doit être accompagnée de l'avis rendu par le CSE. Rappelons que l'avis du CSE peut être transmis par la suite dans certains cas de recours à l'activité partielle (sinistre ou intempéries de caractère exceptionnel, autre circonstance de caractère exceptionnel) *(voir plus haut)*.

Lorsque l'employeur dépose une demande d'autorisation alors qu'il a déjà placé ses salariés en activité partielle au cours des 36 mois précédents, ou en cas de demande de renouvellement, il doit mentionner dans sa demande les engagements qu'il se propose de souscrire *(voir plus loin dans cette étude)*.

La demande d'autorisation doit être adressée par voie dématérialisée (c. trav. art. R. 5122-2 ; arrêté du 24 juillet 2014, JO 1er août ; circ. DGEFP 2013-12 du 12 juillet 2013, fiche 8). En pratique, l'employeur remplit sa demande en ligne sur Internet (http://activitepartielle.emploi.gouv.fr). Cette demande donne lieu à délivrance d'un récépissé électronique de dépôt (c. trav. art. R. 5122-26).

Délai de réponse de l'administration - Le préfet dispose d'un pouvoir d'appréciation sur les éléments produits par l'employeur à l'appui de sa demande. Il peut également contrôler la régularité des conditions de placement en activité partielle des salariés (c. trav. art. R. 5122-4).

En principe, la décision d'autorisation ou de refus, signée par le préfet, est notifiée à l'employeur par voie dématérialisée dans un délai de 15 jours à compter de la date de réception de la demande d'autorisation (c. trav. art. R. 5122-4 ; arrêté du 24 juillet 2014, JO 1er août ; circ. DGEFP 2013-12 du 12 juillet 2013, fiche 8). L'employeur doit informer le CSE de la décision.

Toute décision de refus doit être motivée.

L'absence de réponse de l'administration dans le délai imparti vaut acceptation tacite de la demande.

Durée de l'autorisation (cas général) - La durée maximale d'autorisation d'activité partielle est de 3 mois, renouvelable dans la limite de 6 mois, consécutifs ou non, sur une période de référence de 12 mois consécutifs (c. trav. art. R. 5122-9).

Pour déterminer cette durée d'autorisation maximale, l'employeur doit se placer au dernier jour de la période d'autorisation demandée, et vérifier que, sur les 12 mois précédents cette date, l'entreprise n'a pas bénéficié de plus de 6 mois d'autorisation de placement en activité partielle (en tenant compte des périodes d'autorisation qui font l'objet de la demande de validation) (questions/réponses sur l'activité partielle, dans leur version au 9 décembre 2024).

Exemple
Une demande d'autorisation d'activité partielle est faite pour une période démarrant le 1er mars 2025, jusqu'au 31 mai 2025. Pour apprécier la période de référence de 12 mois consécutifs, l'employeur doit vérifier que du 1er juin 2024 au 31 mai 2025, il n'a pas bénéficié de plus de 6 mois d'autorisation d'activité partielle (il doit tenir compte des 3 mois faisant l'objet de la demande de validation).

Durée de l'autorisation (sinistre ou intempéries de caractère exceptionnel) - Par dérogation, le placement en activité partielle au titre d'un sinistre ou d'intempéries de caractère exceptionnel pourra être autorisé pour une durée maximale de 6 mois, renouvelable (c. trav. art. R. 5122-9).

Engagements de l'employeur

Situations nécessitant des engagements - L'employeur doit prendre des engagements lorsqu'il dépose (c. trav. art. R. 5122-9, II) :
- soit une demande de renouvellement ;
- soit une demande d'autorisation d'activité partielle, alors qu'il a déjà placé des salariés en activité partielle durant les 36 derniers mois.

▶ À noter... La période de 36 mois se calcule en se référant au dernier jour de la dernière période ayant donné lieu à une indemnisation au titre de l'activité partielle (circ. DGEFP 2013-12 du 12 juillet 2013, fiche 8).

Nature et mention des engagements - L'employeur mentionne dans sa demande d'autorisation d'activité partielle les engagements qu'il se propose de prendre. Ceux-ci peuvent « notamment » porter sur (c. trav. art. R. 5122-9, II) :
- le maintien dans l'emploi des salariés pendant une durée pouvant atteindre le double de la période d'autorisation d'activité partielle ;
- des actions spécifiques de formation pour les salariés en activité partielle ;
- des actions en matière de gestion prévisionnelle des emplois et des compétences (GPEC) ;
- des actions visant à rétablir la situation économique de l'entreprise.

Au-delà de ces 4 catégories, l'administration peut définir avec l'entreprise, le cas échéant, d'autres types d'engagement comme, par exemple, des investissements sur le site, la reprise du site, la cession d'une partie du capital à un potentiel repreneur (circ. DGEFP 2013-12 du 12 juillet 2013, fiche 3).

Fixation, notification et suivi des engagements - C'est l'autorité administrative qui détermine les engagements que l'employeur devra respecter. Elle les notifie dans sa décision d'autorisation (c. trav. art. R. 5122-9, III).

Les engagements sont déterminés en tenant compte de la situation de l'entreprise, de l'existence d'un éventuel accord collectif sur les conditions du recours à l'activité partielle ou, à défaut, des propositions figurant dans la demande d'autorisation ainsi que de la récurrence du recours à l'activité partielle dans l'établissement (c. trav. art. L. 5122-1 et R. 5122-9).

L'administration est chargée d'assurer le respect des engagements (c. trav. art. R. 5122-9, IV).

S'il apparaît que l'employeur ne les respecte pas sans motif légitime, elle demandera le remboursement des sommes versées à l'employeur au titre de l'allocation d'activité partielle. Cependant, le remboursement peut ne pas être exigé lorsqu'il est incompatible avec la situation économique de l'entreprise (c. trav. art. R. 5122-10).

Heures indemnisables

Principe - Seules sont indemnisables les heures perdues en dessous de la durée légale du travail ou, lorsqu'elle est inférieure, en dessous de la durée conventionnelle ou contractuelle du travail (c. trav. art. L. 5122-1 et R. 5122-19).

Pour l'application des dispositions relatives à l'indemnisation, la durée légale du travail et la durée contractuelle sont définies sur la période considérée en tenant compte du nombre de mois entiers, du nombre de semaines entières et du nombre de jours ouvrés (c. trav. art. R. 5122-19).

De ces règles générales, il résultait notamment qu'en principe, les *heures supplémentaires** et, dans les secteurs concernés, les heures d'équivalence (voir *Durée d'équivalence**), n'étaient pas indemnisables.

Mais des règles dérogatoires, d'abord prévues dans le cadre de la crise du covid-19, ont ensuite été pérennisées par la loi de finances pour 2022 *(voir plus loin)*.

Organisation de type « modulation » ou « cycle » - Selon l'administration, dans un mode d'aménagement du temps de travail du type « modulation », seules sont indemnisables les heures perdues en dessous de la durée légale du travail (35 h hebdomadaires) ou, lorsqu'elle est inférieure, en dessous de la durée collective du travail ou de la durée contractuelle sur la période considérée (circ. DGEFP 2013-12 du 12 juillet 2013, annexe révisée 2015, fiche 5, § 5.3, D).

▶ À noter... La période considérée est celle qui correspond à la demande d'indemnisation. Si l'employeur fait une demande mensuelle, la période correspond au mois travaillé. Si l'employeur fait une demande d'indemnisation annuelle, la période considérée est soit l'année, soit la somme des périodes d'autorisation au cours de l'année.

Pour calculer le nombre d'heure à indemniser, l'employeur peut choisir deux options et sélectionner celle qui est la plus avantageuse pour les salariés :
- un calcul « à la semaine », qui fait la différence, pour chaque semaine, entre les heures qui ont été travaillées et celles qui étaient prévues au planning (dans la limite de 35 h hebdomadaire) ;

- un calcul sur la base de la moyenne hebdomadaire, qui fait la différence, pour chaque semaine, entre la durée moyenne hebdomadaire travaillée sur le mois et les heures qui ont été travaillées et celles qui étaient prévues au planning (dans la limite de 151,67 h/mois et 35 h/hebdo).

On ne tient donc pas compte des heures perdues entre la durée légale du travail et la limite haute. Elles ne sont ni indemnisées au titre de l'activité partielle, ni payées par l'employeur.

Les mêmes logiques s'appliquent en cas de travail par cycle (circ. DGEFP 2013-12 du 12 juillet 2013, annexe révisée 2015, fiche 5, § 5.3, E).

Heures supplémentaires et complémentaires perdues : en principe, pas indemnisables - Les heures supplémentaires ne sont en principe pas indemnisables au titre de l'activité partielle, ainsi que le prévoit expressément le code du travail.

Les textes prévoient en effet que les heures « perdues » au-delà de la durée légale du travail ou, lorsqu'elle est inférieure, au-delà de la durée conventionnelle ou contractuelle du travail, sont chômées, mais ne donnent pas lieu au versement de l'allocation d'activité partielle. L'employeur n'a pas à rémunérer le salarié pour ces heures et, en tout état de cause, il ne reçoit aucune allocation d'activité partielle en remboursement à ce titre (c. trav. art. R. 5122-11).

Il en va notamment ainsi des heures supplémentaires ponctuelles, et des heures complémentaires des salariés à temps partiel.

En revanche, les heures supplémentaires structurelles, liées à la pratique de durées collectives du travail supérieures à 35 heures hebdomadaires ou de conventions de forfait supérieures à la durée légale, peuvent être indemnisées *(voir ci-dessous)*.

Heures supplémentaires structurelles : conditions d'indemnisation - Depuis le 1er janvier 2022, sont indemnisables les heures supplémentaires perdues comprises dans le volume de travail prévu par (c. trav. art. L. 5122-3, I, 1°) :

- des conventions individuelles de forfait écrites établies sur la semaine (ex. : forfait de 37 h ou 39 h par semaine), le mois (ex. : forfait de 169 h par mois) ou l'année (c. trav. art. L. 3121-56 et L. 3121-57) ;
- ou des durées collectives de travail prévues par des conventions ou accords collectifs de travail (ex. : de branche, d'entreprise) supérieures à la durée légale du travail.

Dans les autres situations, on retombe sur la règle de base selon laquelle les heures supplémentaires ne sont pas indemnisables (ex. : des heures supplémentaires structurelles liées à une durée collective du travail de 39 heures appliquée sur décision de l'employeur sans base conventionnelle ne sont pas éligibles).

Heures d'équivalence - Dans certains secteurs déterminés par décret ou accord de branche étendu, la durée du travail effectif est fixée en référence à une durée dite « d'équivalence » (ex. : 39 h, 41 h) (voir *Durée d'équivalence**) (c. trav. art. L. 3121-13 à L. 3123-15).

Pour les personnels concernés, c'est la durée d'équivalence qui sert de seuil de déclenchement pour les heures supplémentaires, et non la durée légale du travail. Les heures d'équivalence, à savoir celles comprises entre la durée légale du travail (35 h) et la durée d'équivalence applicable (ex. : 39 h), sont rémunérées conformément aux conventions ou accords collectifs ou, à défaut, aux usages applicables.

Ces heures d'équivalence « rémunérées » sont indemnisables au titre de l'activité partielle (c. trav. art. L. 5122-3, I, 1°).

Corrélativement, l'employeur est autorisé à recourir à l'activité partielle s'il réduit la durée d'équivalence, sans pour autant descendre sous la durée légale.

Exemples

1) Un salarié soumis à une durée d'équivalence de 39 h rémunérées voit sa durée du travail ramenée à 20 h en raison d'une période d'activité partielle. Les heures indemnisables sont au nombre de 39 – 20 = 19 h.

2) Une entreprise de transport routier a une durée d'équivalence de 43 h. Elle ramène la durée du travail à 38 h. Les heures indemnisables sont au nombre de 43 – 38 = 5 h.

Forfaits annuels en heures ou en jours sur l'année - Si la durée du travail d'un salarié est fixée par *convention de forfait** en heures ou en jours sur l'année, c'est la durée légale correspondant aux jours de fermeture de l'établissement ou aux jours de réduction de l'horaire de travail pratiquée dans l'établissement, qui doit être prise en compte (c. trav. art. R. 5122-19).

Pour les forfaits jours, le nombre d'heures indemnisables se calcule en tenant compte du nombre d'heures ou de jours ou de demi-journées (le cas échéant ouvrés) non travaillés par le salarié au titre de la période d'activité partielle, convertis en heures selon des modalités spécifiques (c. trav. art. D. 5122-15, I, 1°). Ces règles dérogatoires sont synthétisées sous forme de tableau dans cette étude *(voir Tableau I ci-après)*.

Cadres dirigeants, VRP et catégories particulières de salariés - Des modalités de calcul spécifiques du nombre d'heures indemnisables, de l'indemnité

d'activité partielle due au salarié et de l'allocation remboursée à l'employeur sont prévues par décret pour un certain nombre de catégories de salariés qui ne sont pas soumis aux règles habituelles de durée du travail (c. trav. art. D. 5122-15) :
- les cadres dirigeants ;
- les VRP ;
- les travailleurs à domiciles ;
- les journalistes pigistes en collaboration régulière ;
- le personnel navigant de l'aviation civile et des exploitants d'hélicoptères ;
- les artistes, techniciens et ouvriers du spectacle vivant, les mannequins et professions de la production cinématographique, audiovisuel ou spectacle.

Ces règles sont synthétisées dans le tableau ci-après *(voir Tableau I ci-après)*. Elles reposent en substance sur la détermination d'un salaire de référence à partir duquel les heures indemnisables et les indemnités seront calculées.

Contingent d'heures indemnisables

Volume annuel du contingent - L'allocation d'activité partielle est attribuée dans la limite d'un contingent d'heures indemnisables fixé par arrêté (c. trav. art. R. 5122-6).

Le contingent annuel de principe est de 1 000 heures par an et par salarié (arrêté du 26 août 2013, art. 1, JO 6 septembre, texte 20).

Dans tous les cas, si la situation particulière de l'entreprise le justifie, le plafond peut être dépassé sur décision conjointe du ministre de l'Emploi et du ministre du Budget (c. trav. art. R. 5122-6).

Transformation, restructuration ou modernisation de l'entreprise - Au sein de ce contingent, il existe un sous-contingent en cas d'activité partielle liée à la transformation, restructuration ou modernisation de l'entreprise (100 heures) (c. trav. art. R. 5122-7 ; arrêté du 26 août 2013, art. 2, JO 6 septembre, texte 20).

Cette limite peut être dépassée sur autorisation conjointe du préfet de département et du directeur départemental des finances publiques.

Indemnisation des salariés

Montant - Le taux de l'indemnité horaire d'activité partielle due par l'employeur au salarié est de 60 % de la rémunération horaire brute de référence, retenue dans la limite de 4,5 SMIC, soit au 1er janvier 2025 une indemnité maximale de 32,08 € dans le cas général (et de 24,25 € à Mayotte) (c. trav. art. R. 5122-18).

Plafonnement au net habituel - L'indemnité nette versée par l'employeur ne peut pas être supérieure à la rémunération nette horaire habituelle du salarié (c. trav. art. R. 5122-18).

Ces sommes (indemnité nette, rémunération nette) s'entendent après déduction des cotisations et contributions salariales obligatoires.

Indemnité minimale due au salarié - La règle de la *rémunération mensuelle minimale** (RMM) intervient pour les salariés à temps plein, lorsque le cumul de rémunération nette d'activité et des indemnités nettes d'activité partielle est inférieur à la RMM, à savoir en substance au SMIC net (c. trav. art. L. 3232-3 et L. 3232-5).

L'employeur doit alors verser au salarié une allocation complémentaire égale à la différence entre la RMM (SMIC net) et le cumul du salaire net et des allocations nettes (voir *Rémunération mensuelle minimale**). Elle est versée en même temps que le salaire et les indemnités d'activité partielle.

Depuis la crise du covid-19 de 2020, les salariés à temps partiel ont également droit à l'indemnité minimale égale au SMIC net, la règle ayant été en dernier lieu inscrite « dans le dur » du code du travail (c. trav. art. R. 5122-18).

À titre indicatif, ramenée à un montant horaire, la RMM est d'environ 9,40 € dans le cas général et 8,10 € à Mayotte au 1er janvier 2025.

▶ À noter… La règle de la RMM (e donc la garantie du SMIC net) ne s'applique pas aux cas particuliers des salariés avec une rémunération inférieure au SMIC (certains apprentis et contrats de professionnalisation, certains jeunes de moins de 18 ans) *(voir plus loin)*.

Apprentis et contrat de professionnalisation - Pour les salariés en contrat d'apprentissage ou de professionnalisation dont la rémunération est inférieure au SMIC (ex. : 53 % du SMIC), l'indemnité horaire d'activité partielle est d'un montant égal au pourcentage du SMIC qui leur est applicable au titre des dispositions du code du travail et, s'il y a lieu, des dispositions conventionnelles applicables à l'entreprise.

En pratique, l'indemnité versée aux intéressés est égale à la rémunération antérieure.

Indemnité majorée en cas de formation - L'indemnité horaire est portée à 100 % de la rémunération nette antérieure si le salarié suit, pendant les heures chômées, des actions de formations (c. trav. art. L. 6313-1) ou des formations permettant de progresser au cours de la vie professionnelle (c. trav. art. L. 6314-1) réalisées notamment dans le cadre du plan de développement des compétences (c. trav. art. L. 5122-2 et R. 5122-18).

Tableau I - Détermination des heures indemnisables pour certaines catégories de salariés (a)	
Salariés concernés	**Principes applicables**
Salariés en forfait en jours ou en heures sur l'année	**1)** Le **nombre d'heures indemnisables** est déterminé en tenant compte du nombre d'heures ou de jours ou de demi-journées le cas échéant ouvrés non travaillés par le salarié au titre de la période considérée convertis en heures selon les règles suivantes : - une demi-journée non travaillée correspond à 3 h 30 min non travaillées ; - un jour non travaillé correspond à 7 h non travaillées ; - une semaine non travaillée correspond à 35 h non travaillées. **2)** Du total issu de cette conversion, il faut déduire ensuite les jours de congés payés et de repos pris au cours de la période d'activité partielle, ainsi que les jours fériés non travaillés qui correspondent à des jours ouvrés. Pour ce faire, ceux-ci sont convertis en heures selon les mêmes modalités. **3)** Le nombre d'heures indemnisables ne peut pas être supérieur à l'application de la durée légale du travail sur la période considérée. **4) Exemples** : une entreprise ferme 3 semaines, soit, après conversion, l'équivalent de 105 h. S'il y a eu un jour férié chômé dans la période et que le salarié était en congé pendant deux jours, le nombre d'heures indemnisables est donc de 105 h – (3 × 7) = 84 h. Un salarié est placé en activité partielle à compter du mardi 11 mars 2025. La réduction d'activité est estimée à 50 %, il travaille tous les matins de la semaine, soit 5 demi-journées pour une semaine complète. Le nombre d'heures à indemniser pour le mois de mars sera donc de : - 4 (à partir du 11 mars) × 3,5 = 14 heures chômées pour la semaine du 10 au 14 mars ; - 5 × 3,5 = 17,5 heures chômées pour la semaine du 17 au 21 mars ; - 5 × 3,5 = 17,5 heures chômées pour la semaine du 24 au 28 mars ; - soit au total 49 heures chômées.
Cadres dirigeants	**1)** Le **nombre d'heures non travaillées indemnisables**, dans la limite de la durée légale du travail, est obtenu selon les modalités de conversion en heures des salariés en forfait jours dans la mesure où ils n'ont pas de référence horaire. On part donc du nombre de jours ou de demi-journées ouvrés non travaillés par le salarié au titre de la période considérée que l'on convertit en heures comme suit : - une demi-journée non travaillée correspond à 3 h 30 non travaillées ; - une journée non travaillée correspond à 7 heures non travaillées ; - une semaine non travaillée correspond à 35 heures non travaillées. Du total issu de cette conversion, il faut ensuite déduire les jours de congés payés et de repos pris au cours de la période d'activité partielle, ainsi que les jours fériés non travaillés qui correspondent à des jours ouvrés. Pour ce faire, ceux-ci sont convertis en heures selon les mêmes modalités. Dans tous les cas, le nombre d'heures indemnisables ne peut pas être supérieur à l'application de la durée légale du travail sur la période considérée. **2)** La **rémunération mensuelle de référence** servant au calcul de l'indemnité et de l'allocation d'activité partielle correspond à la moyenne des rémunérations brutes perçues au cours des 12 derniers mois civils, ou de la totalité des mois civils travaillés si le salarié a travaillé moins de 12 mois, précédant le premier jour de placement en activité partielle de l'entreprise ou de l'établissement. **3)** Le **montant horaire** servant au calcul de l'indemnité à verser au salarié (et de l'allocation remboursée à l'employeur) est déterminé en rapportant le 1/30e de la rémunération mensuelle de référence à 7 heures. Autrement dit, le taux horaire de référence est égal à 1/7 × (rémunération mensuelle de référence/30).
VRP ne relevant pas d'un aménagement du temps de travail applicable dans l'entreprise	**1)** Calculer la **rémunération mensuelle de référence** servant au calcul de l'indemnité et de l'allocation d'activité partielle (b), en excluant de son assiette certains éléments (c). **2)** Déterminer le **montant horaire** servant au calcul de l'indemnité et de l'allocation d'activité partielle en rapportant le montant de la rémunération mensuelle de référence *[voir 1) dessus]* à la durée légale du temps de travail. **3)** Mesurer la **perte de rémunération**, qui correspond à la différence entre la rémunération mensuelle de référence *[voir 1) ci-dessus]* et la rémunération mensuelle effectivement perçue au cours de la même période. **4)** Le **nombre d'heures non travaillées indemnisables** correspond, dans la limite de la durée légale du travail, à la perte de rémunération *[voir 3) ci-dessus]* rapportée au montant horaire *[voir 2) ci-dessus]*.

Tableau I - Détermination des heures indemnisables pour certaines catégories de salariés (a)

Salariés concernés	Principes applicables
Travailleurs à domicile	**1)** Déterminer la **rémunération mensuelle de référence** servant au calcul de l'indemnité et de l'allocation d'activité partielle (b), en excluant de son assiette certains éléments (d). **2)** Le **montant horaire** servant au calcul de l'indemnité et de l'allocation d'activité partielle correspond au taux horaire de référence du travailleur à domicile (voir c. trav. art. L. 7422-6, L. 7422-7 et L. 7422-8) ou, s'il est plus favorable, au taux appliqué par l'employeur. **3)** Mesurer la **perte de rémunération**, qui correspond à la différence entre la rémunération mensuelle de référence *[voir 1) ci-dessus]* et la rémunération mensuelle effectivement perçue au cours de la même période. **4)** Déterminer le **nombre d'heures non travaillées indemnisables**, qui s'élève, dans la limite de la durée légale du travail (ou, lorsqu'elle est inférieure, de la durée mentionnée au contrat de travail), à la perte de rémunération *[voir 3) ci-dessus]* rapportée au montant horaire *[voir 2) ci-dessus]*. **Attention :** le bénéfice de ces dispositions n'est pas cumulable avec l'aide versée par l'État au travailleur à domicile en cas de réduction d'activité (c. trav. art. R. 3232-8).
Journalistes pigistes en collaboration régulière et qui ont : - soit bénéficié au minimum de 3 bulletins mensuels de pige sur les 12 mois civils précédant la date du placement en activité partielle, dont 2 dans les 4 mois précédant cette même date ; - soit collaboré à la dernière parution, dans le cas d'une publication trimestrielle.	**1)** Déterminer la **rémunération mensuelle de référence** servant au calcul de l'indemnité et de l'allocation d'activité partielle (b), en excluant de son assiette certains éléments (c). **2)** Déterminer un **coefficient de référence** en rapportant le montant de la rémunération mensuelle de référence au salaire minimum mensuel de rédacteur du barème applicable dans l'entreprise concernée ou, à défaut, dans la forme de presse considérée au titre de la même période de référence ou encore, à défaut, par le SMIC. Ce coefficient de référence ne peut pas être supérieur à 1. **3)** Déterminer le **montant horaire** servant au calcul de l'indemnité et de l'allocation d'activité partielle en rapportant le montant de la rémunération mensuelle de référence *[voir 1) ci-dessus]* à la durée légale du temps de travail, à laquelle est appliqué, s'il y a lieu, le coefficient de référence *[voir 2) ci-dessus]*. **4)** Mesurer la **perte de rémunération**, qui correspond à la différence entre la rémunération mensuelle de référence *[voir 1) ci-dessus]* et la rémunération mensuelle effectivement perçue au cours de la même période. **5)** Le **nombre d'heures non travaillées indemnisables** correspond, dans la limite de la durée légale du travail après application, s'il y a lieu, du coefficient de référence, à la perte de rémunération *[voir 4) ci-dessus]* rapportée au montant horaire *[voir 3) ci-dessus]*.
Artistes, techniciens et ouvriers du spectacle vivant et enregistré (c. trav. art. L. 7121-2 et s.), **mannequins et professions de la production cinématographique, audiovisuel ou spectacle**	• Le **nombre d'heures non travaillées** retenu pour le calcul de l'indemnité et de l'allocation d'activité partielle correspond à 7 h par cachet contractuellement programmé, mais non réalisé en raison d'une annulation liée à l'épidémie de covid-19. • Le nombre d'heures donnant lieu à versement de l'indemnité et de l'allocation d'activité partielle ne peut excéder la durée légale du travail au titre de la période considérée.
Personnel navigant de l'aviation civile et des exploitants d'hélicoptères	• Règle concernant le personnel navigant des entreprises dont l'organisation de la durée du travail est fondée sous la forme d'alternance de jours d'activité et de jours d'inactivité. • Le **nombre d'heures indemnisables** est déterminé en tenant compte de la différence entre le nombre de jours d'inactivité constatés et le nombre de jours d'inactivité garantis au titre de la période considérée. Chaque jour d'inactivité au-delà du nombre de jours d'inactivité garantis correspond à 8,75 h chômées, dans la limite de la durée légale du temps de travail sur la période considérée.

(a) Décret 2021-1918 du 30 décembre 2021, JO du 31. (b) La rémunération mensuelle de référence correspond :
- à la moyenne des rémunérations brutes perçues au cours des 12 derniers mois civils précédant le premier jour de placement en activité partielle de l'entreprise ou de l'établissement ;
- ou, si le salarié a travaillé moins de 12 mois avant le premier jour de placement en activité partielle, à la moyenne de la totalité des mois civils travaillés.

(c) Exclure :
- les frais professionnels ;
- s'il y a lieu les éléments de rémunération qui, bien qu'ayant le caractère de salaire, ne sont pas affectés par la réduction ou l'absence d'activité et sont alloués pour l'année ;
- s'il y a lieu, la fraction de rémunération correspondant aux congés payés, lorsque l'indemnité de congés payés est incluse dans la rémunération.

(d) Exclure les éléments visés au c) ci-dessus + les frais d'atelier et les frais accessoires (c. trav. art. L. 7422-11) ainsi que les sommes représentant les « heures supplémentaires » des travailleurs à domicile (c. trav. art. L. 7422-9).

Versement par l'employeur et bulletin de paye - L'employeur verse les indemnités aux salariés concernés aux dates normales de paye (c. trav. art. R. 5122-14, al. 2).

L'employeur doit remettre un bulletin de paye avec une ligne spécifique activité partielle, indiquant le nombre d'heures indemnisées, le taux appliqué pour le calcul de l'indemnité horaire reçue par le salarié et les sommes versées au titre de la période considérée (c. trav. art. R. 3243-1 et R. 5122-17 ; BOSS, Bulletin de paye, Q/R 1, 01/10/2024).

Allocation remboursée à l'employeur

Demande d'indemnisation - Une fois muni d'une autorisation d'activité partielle (décision expresse ou décision tacite), l'employeur adresse à l'Agence de services et de paiement une demande d'indemnisation au titre de l'allocation d'activité partielle (c. trav. art. R. 5122-5).

Celle-ci est effectuée sous forme dématérialisée sur Internet (https://activitepartielle.emploi.gouv.fr) (c. trav. art. R. 5122-5 ; arrêté du 24 juillet 2014, JO 1er août ; circ. DGEFP 2013-12 du 12 juillet 2013, fiche 8).

La demande doit comporter :
- des informations relatives à l'identité de l'employeur ;
- la liste nominative des salariés concernés ainsi que leur numéro de sécurité sociale ;
- les états nominatifs précisant notamment le nombre d'heures chômées par salarié.

Pour les établissements appliquant un accord d'*aménagement du temps de travail sur une période supérieure à la semaine**, l'employeur doit y joindre, dans le cas où il ne souhaite pas un remboursement à la fin de la période, une demande de remboursement mensuel.

Après vérification, l'Agence de services et de paiement liquide l'allocation d'activité partielle, qui est versée mensuellement à l'employeur (c. trav. art. R. 5122-14).

Prescription des demandes d'indemnisation des employeurs - L'employeur a 6 mois pour solliciter le paiement de son allocation après le terme de la période couverte par l'autorisation d'activité partielle. Au-delà, la demande est prescrite (c. trav. art. L. 5122-1).

Les entreprises appliquant un dispositif d'aménagement de leur temps de travail sur une période supérieure à 6 mois disposent d'un délai de 6 mois supplémentaire.

Taux d'indemnisation de 36 % - Le taux horaire de l'allocation d'activité partielle remboursé aux entreprises est de 36 % de la rémunération horaire brute de référence retenue dans la limite de 4,5 SMIC, soit au 1er janvier 2025 une allocation maximale de 19,25 € dans le cas général (et de 14,55 € à Mayotte) (c. trav. art. D. 5122-13).

Hors cas particuliers (ex. : apprentis en pourcentage du SMIC), le taux horaire minimum au 1er janvier 2025 est de 8,46 € dans le cas général (7,29 € à Mayotte) (c. trav. art. D. 5122-13 et D. 5522-87).

Apprentis, contrats « pro », jeunes, pigistes et VRP avec une rémunération inférieure au SMIC - Les taux minima (« plancher ») d'allocation d'activité partielle ne sont pas applicables aux salariés en contrat d'apprentissage ou de professionnalisation rémunérés en pourcentage du SMIC, pour lesquels l'allocation remboursée à l'employeur ne peut pas être supérieure à l'indemnité versée au salarié (c. trav. art. D. 5122-13).

Pour les intéressés, l'allocation remboursée à l'employeur est égale au montant de l'indemnité qui leur est légalement due (*voir plus haut*).

Il en va de même, lorsque leur rémunération est inférieure au SMIC, pour les jeunes de moins de 18 ans n'ayant pas 6 mois de pratique professionnelle dans la branche, les journalistes pigistes en collaboration régulière et les VRP (c. trav. art. D. 5122-13).

Cas de paiement direct aux salariés - En cas de difficultés financières de l'employeur ou si l'entreprise est en procédure de sauvegarde, de redressement ou de liquidation judiciaires, le préfet, ou sur délégation le DREETS, peut demander à l'agence de services et de paiement de verser l'allocation d'activité partielle directement aux salariés. Cette procédure de paiement direct peut aussi être utilisée pour l'indemnisation des travailleurs à domicile ayant plusieurs employeurs (c. trav. art. R. 5122-16).

Assiette de calcul des indemnités et allocations

Même assiette, même plafonnement - L'indemnité d'activité partielle du salarié se calcule sur une assiette qui est aussi utilisée comme référence pour l'allocation remboursée à l'employeur.

L'alignement est total puisque dans les deux cas, la rémunération horaire de référence est limitée à 4,5 fois le *SMIC** horaire (soit 53,46 € dans le cas général et 40,41 € à Mayotte au 1er janvier 2025).

indemnisation de l'activité partielle au 1er janvier 2025	
Somme concernée	**Montant horaire**
Indemnité due au salarié	• Indemnité de 60 % de la rémunération de référence, plafonnée à 32,08 € (Mayotte : 24,25 €) • Montant minimum : sauf cas particuliers (1), rémunération mensuelle minimale (SMIC net), soit environ 9,40 € dans le cas général et 8,10 € à Mayotte, en tenant compte s'il y a lieu de la rémunération nette d'activité résiduelle.
Allocation remboursée à l'employeur	• Allocation de 36 % de la rémunération de référence, plafonnée à 19,25 € (Mayotte : 14,55 €) • Montant minimum : 8,46 € dans le cas général (7,29 € à Mayotte), sauf cas particuliers (1).

(1) Soit environ 9,40 € dans le cas général et 8,10 € à Mayotte sauf cas particuliers (1), en tenant compte s'il y a lieu de la rémunération nette d'activité résiduelle.

(2) Salariés rémunérés en pourcentage du SMIC, comme certains apprentis, contrats de professionnalisation ou jeunes de moins de 18 ans *(voir nos développements)*.

Assiette de calcul - L'assiette de calcul de l'indemnité d'activité partielle est déterminée par référence à la rémunération brute servant d'assiette au calcul de l'*indemnité de congés payés** calculée selon la règle du maintien du salaire (et non du 1/10e), ramenée à un montant horaire sur la base de la durée légale de travail ou, si elle est inférieure, de la durée collective du travail ou de celle mentionnée dans le contrat de travail (c. trav. art. R. 5122-18).

Pour les salariés ayant des éléments de rémunération variables ou versés selon une périodicité non mensuelle, le salaire de référence servant au calcul de l'indemnité et de l'allocation d'activité partielle tient compte de la moyenne de ces éléments perçus au cours des 12 mois civils, ou sur la totalité des mois travaillés si le salarié a travaillé moins de 12 mois civils, précédant le premier jour de placement en activité partielle de l'entreprise (c. trav. art. R. 5122-18).

En pratique, le calcul du taux horaire de référence doit se faire en trois temps :
- détermination du taux horaire de base ;
- si le salarié a des primes, il faut également calculer le taux horaire des primes calculées en fonction du temps de présence ;
- si le salarié a une rémunération variable, il faut aussi calculer le taux horaire correspondant aux éléments de rémunération variable.

Éléments à exclure - Il ne faut pas tenir compte dans l'assiette de calcul de l'indemnité d'activité partielle (questions/réponses sur l'activité partielle, fiche « Calcul du taux horaire brut de rémunération », dans sa version au 9 décembre 2024) :
- des sommes représentatives de frais professionnels ;
- des éléments de rémunération et primes qui ne sont pas calculés en fonction du temps de présence et ne sont donc pas affectés par la mise en activité partielle (ex. : prime de vacances annuelle non affectée par l'activité partielle, prime mensuelle d'ancienneté non affectée par la mise en activité partielle) ;
- des éléments d'épargne salariale (ex. : intéressement, participation) et de la prime exceptionnelle de pouvoir d'achat.

Au printemps 2020, il avait été précisé qu'il convenait également d'exclure la fraction de rémunération correspondant à l'indemnité de congés payés, lorsque cette indemnité est incluse dans la rémunération. On ne retrouve plus ce point dans les décrets en vigueur à l'heure où nous rédigeons ces lignes. Mais sous réserve de la position de l'administration et des juges en cas de litige, le même principe peut le cas échéant se déduire de la règle selon laquelle on ne tient pas compte des éléments de rémunération qui ne sont pas affectés par la mise en activité partielle.

Le tableau II ci-après récapitule les règles à mettre en œuvre.

Cas particuliers : cadres dirigeants, VRP, pigistes, etc. - L'administration a prévu des règles spécifiques de reconstitution d'une rémunération horaire de référence pour les salariés non soumis à la législation sur la durée du travail, mais exceptionnellement pris en charge par le dispositif d'activité partielle covid-19 : cadres dirigeants, VRP, pigistes, travailleurs à domiciles.

Ces règles sont mentionnées dans le tableau I figurant plus haut dans cette étude.

Forfait jours - L'administration a proposé une méthode de calcul du taux horaire de référence des salariés en forfait jours *(voir tableau IV ci-après)*.

Tableau II - Assiette de calcul de l'indemnité d'activité partielle (a)

I – Calcul du taux horaire de base

Principes de calcul

1) **Prendre en compte** la rémunération que le salarié aurait perçue dans le mois s'il n'avait pas été en activité partielle, incluant les majorations de ce salaire (travail de nuit, le dimanche, etc.), mais hors heures supplémentaires et majorations correspondantes.

2) **Diviser** cette rémunération par le nombre d'heures mensuelles correspondant à la durée légale sur la période considérée (ex. : 151,67 h sur le mois) ou, lorsqu'elle est inférieure, la durée collective du travail ou la durée stipulée au contrat.

3) Si des **heures d'équivalence** ou si des **heures supplémentaires structurelles** sont **indemnisables** :
- la rémunération de référence doit inclure le salaire afférent à ces heures d'équivalence, ou à ces heures supplémentaires (majorations comprises) ;
- cette rémunération est divisée par le nombre d'heures correspondant sur la période à la durée d'équivalence ou, en cas d'heures supplémentaires structurelles indemnisables, à la durée conventionnelle ou à la durée stipulée dans la convention individuelle de forfait en heures (ex. : 169 h par mois pour une durée du travail de 39 h hebdomadaires).

Résultat de cette division = taux horaire de base.

Exemples

1) Un salarié soumis à une **durée du travail de 35 h hebdomadaires** (151,67 h par mois) a une rémunération mensuelle de 2 600 €. Son taux horaire est de 2 600 €/151,67 = 17,14 €

2) Un salarié soumis à une **durée du travail de 39 h hebdomadaires** (169 h par mois) a une rémunération mensuelle de 2 600 € (dont 2 275,05 € pour 151,67 h et 324,95 € pour **17,33 heures supplémentaires** majorées de 25 %).
- si ces heures supplémentaires ne sont pas indemnisables (ex. : durée collective de 39 h hebdomadaires résultant d'une décision de l'employeur) : le taux horaire de base est de 2 275,05 €/151,67 = 15 € ;
- si ces heures supplémentaires structurelles sont indemnisables (ex. : convention individuelle de forfait, durée collective de 38 h hebdomadaires prévue par accord collectif d'entreprise) : le taux horaire de base est de 2 600 €/169 = 15,38 €.

3) Un salarié est soumis à une **durée d'équivalence** de 43 h hebdomadaires (186,33 h par mois) avec une rémunération mensuelle de 3 800 €. Son taux horaire est de 3 800 €/186,33 = 20,39 €.

II - Taux horaire des primes mensuelles qui dépendent du temps de présence

1) **Prendre en compte** les primes versées mensuellement calculées en fonction du temps de présence du salarié et qui, par conséquent, sont affectées par la réduction ou l'interruption d'activité liée à l'activité partielle (ex. : primes de pause payée).

Montant des primes à prendre en compte :
- celui que le salarié aurait perçu s'il avait travaillé ;
- lorsque ces primes connaissent une variation importante d'un mois sur l'autre, un montant mensuel moyen calculé selon les modalités indiquées dans la partie III de ce tableau peut être utilisé *(voir ci-après)*.

2) **Diviser** le montant de référence par le nombre d'heures mensuelles correspondant, selon le cas :
- à la durée légale sur la période considérée (151,67 h sur le mois) ;
- ou lorsqu'elle est inférieure, à la durée collective du travail ou à la durée stipulée au contrat ;
- ou lorsqu'elle est supérieure à la durée légale, à la durée collective du travail conventionnelle ou la durée stipulée au contrat *[voir note b) du tableau pour les situations visées]*.

Résultat de cette division = taux horaire des primes mensuelles calculées en fonction du temps de présence.

III - Taux horaire des éléments de rémunération variable

1) **Prendre en compte** les éléments de rémunération variable, entendus ici comme non mensuels :
- éléments de rémunération variable au sens propre (commissions, pourboires, etc.) ;
- le cas échéant, primes mensuelles qui connaissent une variation importante d'un mois sur l'autre *(voir partie II de ce tableau)* ;
- primes versées selon une périodicité non mensuelle, pourvu qu'elles soient calculées en fonction du temps de présence du salarié, et donc affectées par l'activité partielle (ex. : une prime annuelle d'ancienneté ou d'assiduité calculée selon le temps de travail effectif).

Tenir compte de la moyenne des éléments de rémunération variables ou versés selon une périodicité non mensuelle perçus au cours des 12 mois civils précédant le premier jour de placement en activité partielle de l'entreprise indépendamment de la mise en activité partielle du salarié. Si le salarié a travaillé moins de 12 mois, la moyenne est calculée sur la totalité des mois travaillés.

Ne pas tenir compte des éléments de rémunération qui ne sont pas affectés par l'activité partielle.

2) **Diviser** le montant mensuel de référence par le nombre d'heures mensuelles correspondant, selon le cas :
- à la durée légale sur la période considérée (151,67 h sur le mois) ;
- ou lorsqu'elle est inférieure, à la durée collective du travail ou à la durée stipulée au contrat ;
- ou lorsqu'elle est supérieure à la durée légale, à la durée collective du travail conventionnelle ou la durée stipulée au contrat *[voir note b) du tableau pour les situations visées]*.

Résultat de cette division = le taux horaire des éléments de rémunération variable.

a) Tableau réalisé à partir du Document questions/réponses activité partielle du ministère du Travail.
b) Salariés soumis à une durée d'équivalence ou salariés dont les heures supplémentaires structurelles sont indemnisables.

Tableau III - Exemples de calcul de l'indemnité d'activité partielle sur mars 2025

Ces exemples sont repris ou inspirés des questions/réponses de l'administration publiées en leur temps. À cet égard, on notera que l'administration calcule le nombre d'heures indemnisables en déduisant du nombre d'heures mensualisées les heures travaillées, logique forfaitaire que nous avons suivie pour les besoins de cette étude.

En pratique, les retenues sur salaire, et donc le nombre d'heures travaillées et non travaillées, sont souvent calculées en fonction du nombre d'heures réel du mois (ex. : pour une durée de travail de 35 h hebdos réparties à raison de 7 h par jour du lundi au vendredi, le mois de mars 2025 compte en réalité 147 h).

1) Salarié à temps plein 35 h hebdo sans complément de rémunération

Un salarié est placé en activité partielle au cours du mois de mars 2025 pour fermeture totale. Il travaille 35 h par semaine (7 h par jour du lundi au vendredi) pour un salaire de base de 2 700 €, sans prime ou rémunération variable.

- Nombre d'heures indemnisables : 77 h (par hypothèse).
- Taux horaire de base : 2 700 €/151,67 = 17,80 €.
- Montant de l'indemnité versée au salarié : 17,80 € × 77 h × 60 % = 822,36 €.

2) Salarié à temps partiel avec prime mensuelle calculée en fonction de la durée du travail

Un salarié à temps partiel est placé en activité partielle au cours du mois de mars 2025 pour fermeture totale. Il travaille habituellement 33 h par semaine (soit 143 h par mois) pour un salaire de base de 2 700 €. Il bénéficie aussi d'une prime mensuelle de 300 €, calculée en fonction du temps de travail (elle est donc réduite en période d'activité partielle).

- Nombre d'heures indemnisables : 70 h (par hypothèse).
- Taux horaire de base : 2 700 €/143 = 18,88 €.
- Taux horaire des primes mensuelles calculées en fonction du temps de travail effectif : 300 €/143 = 2,10 €.
- Taux horaire global de référence : 18,88 € + 2,10 € = 20,98 €.
- Montant de l'indemnité due au salarié : 20,98 € × 70 h × 60 % = 881,16 €.

3) Salarié à temps plein avec prime, bonus annuel et heures supplémentaires ponctuelles

Un salarié à temps plein est placé en activité partielle en mars 2025 pour fermeture totale. Il travaille habituellement 35 h par semaine pour un salaire de base de 2 700 € et 300 € de prime mensuelle (calculée en fonction du temps de travail).

En février 2025, il a perçu un salaire de 3 356 € en raison de 16 heures supplémentaires majorées à 25 % (2 700 € de salaire de base + 300 € de prime mensuelle + 356 € d'heures supplémentaires). Il perçoit habituellement un bonus en juin de chaque année de 1 000 € et une prime d'ancienneté de 1 000 € au mois de décembre (calculée en fonction du temps de travail sur l'année).

- Nombre d'heures indemnisables : 77 h (par hypothèse).
- Taux horaire de base : 2 700 €/151,67 = 17,80 €.
- Taux horaire des primes mensuelles calculées en fonction du temps de travail effectif : 300 €/151,67 = 1,98 €.
- Taux horaire correspondant aux éléments variables : [(1 000 € + 1 000 €)/12]/151,67 = 1,10 €.
- Taux horaire global de référence : 17,80 € + 1,98 € + 1,10 € = 20,88 €.
- Montant de l'indemnité due au salarié : 20,88 € × 77 h × 60 % = 964,66 €.

4) Salarié avec une durée de 39 h hebdomadaires indemnisables (a)

Un salarié est placé en activité partielle au cours du mois de mars 2025 pour fermeture totale (cas général). Ses heures supplémentaires structurelles sont indemnisables (convention de forfait de 39 h/semaine ou durée collective de travail de 39 h hebdo fixée par un accord collectif).

Le salarié a une rémunération forfaitaire de 3 467 €, auquel s'ajoutent 300 € de prime mensuelle (calculée en fonction du temps de travail). Le mois qui précède la mise en activité partielle, il a été rémunéré pour des heures supplémentaires au-delà de son forfait mensuel (elles sont ignorées, car non indemnisables au titre de l'activité partielle). Il perçoit habituellement un bonus en mai de chaque année de 1 000 € et une prime d'ancienneté de 1 000 € au mois de décembre (calculée en fonction du temps de travail sur l'année).

- Nombre d'heures indemnisables : par hypothèse, deux semaines de 39 h, soit 78 h.
- Taux horaire de base : 3 467 €/169 = 20,51 €.
- Taux horaire des primes mensuelles calculées en fonction du temps de travail effectif : 300 €/169 = 1,78 €.
- Taux horaire correspondant aux éléments variables : [(1 000 € + 1 000 €)/12]/169 = 0,99 €.
- Taux horaire global de référence : 20,51 € + 1,78 € + 0,99 € = 23,28 €.
- Montant de l'indemnité horaire due au salarié : 23,28 € × 78 h × 60 % = 1 089,50 €.

Tableau III - Exemples de calcul de l'indemnité d'activité partielle sur mars 2025
5) Salarié avec des heures supplémentaires structurelles non indemnisables
Un salarié à temps plein est en activité partielle un mois complet en mars 2025. Il travaille habituellement 39 h par semaine, pour un salaire de base de 3 466,66 € (3 033,33 € pour 151,67 h et 433,33 € pour 17,33 heures supp' majorées de 25 %). Les heures supplémentaires structurelles ne sont pas indemnisables (elles ne résultent ni d'une convention individuelle de forfait, ni d'une durée collective de 39 h fixée en application d'un accord collectif). • Nombre d'heures indemnisables : 151,67 h. • Taux horaire de base : 3 033,33 €/151,67 = 20 €. • Montant de l'indemnité due au salarié : 20 € × 151,67 h × 60 % = 1 820,04 €.
(a) S'il s'agissait d'un salarié relevant d'un secteur où s'applique une durée d'équivalence de 39 h, rémunérée 3 467 € pour 169 h par mois et avec les mêmes primes, le calcul serait identique. Rappelons que dans ces secteurs, les heures dites « d'équivalence » ne sont pas des heures supplémentaires.

Tableau IV - Calcul du taux horaire de référence d'un salarié en forfait jours (*)
Le taux horaire de référence au titre de l'activité partielle est calculé à partir du salaire journalier de base *(voir partie I du tableau)*. Si le salarié a des primes mensuelles, il faut également calculer le taux horaire des primes calculées en fonction du temps de présence *(voir partie II du tableau)*. Si le salarié une rémunération variable, il faut également calculer le taux horaire correspondant aux éléments de rémunération variable *(voir partie III du tableau)*. Le taux horaire de référence est égal à la somme de ces 3 composantes.
I - Taux horaire de base
Le taux horaire est déterminé en divisant la valeur d'une journée entière de travail par 7. • Si l'accord collectif encadrant le forfait jours prévoit les conditions de prise en compte des absences pour la rémunération des salariés, il convient de s'y référer. En cas de disposition en ce sens, il y a lieu de se référer à la valeur d'une journée d'absence. Le taux horaire de base s'obtient alors en divisant la rémunération journalière par 7 heures. • En l'absence de disposition conventionnelle permettant la valorisation d'une journée de travail, la valeur d'une journée entière de travail correspond au montant du salaire mensuel auquel le salarié peut prétendre pour un mois de travail complet divisé par 22 (nombre de jours ouvrés mensuels moyen) pour un forfait de 218 jours annuels. En cas de forfait inférieur à 218 jours par an, le dénominateur correspond au nombre moyen mensuel de jours convenu par le contrat de travail. À défaut d'indication, il convient de corriger le nombre moyen mensuel de jours ouvrés (à savoir 22) du rapport entre le nombre de jours prévu par le forfait divisé par 218. Le résultat est arrondi au nombre entier le plus proche. • **<u>Exemple 1 :</u>** un salarié a une rémunération mensuelle de référence de 3 500 € pour un forfait de 218 jours annuels. L'accord collectif instituant le forfait annuel en jours ne prévoit pas la valorisation d'une journée : - valeur d'une journée : 3 500 €/22 jrs = 159,09 € ; - taux horaire : 159,09 €/7 h = 22,73 €. • **<u>Exemple 2 :</u>** un salarié a une rémunération mensuelle de référence de 3 500 € pour un forfait de 131 jours annuels. L'accord collectif instituant le forfait annuel en jours ne prévoit pas la valorisation d'une journée : - coefficient de réduction : 131 jrs/218 jrs = 0,60 ; - nombre moyen de jours ouvrés par mois : 22 jrs × 0,60 = 13 (après arrondi au plus proche) ; - valeur d'une journée : 3 500 €/13 jrs = 269,23 € ; - taux horaire : 269,23 €/7 h = 38,46 €.
II - Taux horaire des primes mensuelles
1) Prendre en compte les primes versées mensuellement calculées en fonction du temps de présence du salarié et qui, par conséquent, sont affectées par la réduction ou l'interruption d'activité liée à l'activité partielle. Montant des primes à prendre en compte : - celui que le salarié aurait perçu s'il avait travaillé ; - lorsque ces primes connaissent une variation importante d'un mois sur l'autre, un montant mensuel moyen calculé selon les modalités indiquées dans la partie III de ce tableau peut être utilisé *(voir ci-après)*. 2) Le taux horaire des primes mensuelles est égal au montant mensuel de référence, divisé par le nombre mensuel moyen de jours ouvrés *(voir partie I de ce tableau)*, ce résultat étant ensuite divisé par 7. • **<u>Exemple 1 :</u>** un salarié en forfait annuel de 218 jours a 300 € de prime mensuelle par mois : - valeur pour une journée : 300 €/22 jrs = 13,64 € ; - taux horaire : 13,64 €/7 h = 1,95 €.

Tableau IV - Calcul du taux horaire de référence d'un salarié en forfait jours (*)

II - Taux horaire des primes mensuelles (suite)

• **Exemple 2 :** un salarié en forfait annuel de 131 jours a 400 € de prime mensuelle par mois :
- coefficient de réduction : 131 jrs/218 jrs = 0,60 ;
- nombre moyen de jours ouvrés par mois : 22 jrs × 0,60 = 13 (après arrondi au plus proche) ;
- valeur d'une journée : 400 €/13 jrs = 30,77 € ;
- taux horaire : 30,77 €/7 h = 4,40 €.

III - Taux horaire des éléments variables

1) Prendre en compte les éléments de rémunération variable, entendus ici comme non mensuels :
- éléments de rémunération variable au sens propre (commissions, pourboires, etc.) ;
- le cas échéant, primes mensuelles qui connaissent une variation importante d'un mois sur l'autre *(voir partie II de ce tableau)* ;
- primes versées selon une périodicité non mensuelle, pourvu qu'elles soient calculées en fonction du temps de présence du salarié, et donc affectées par l'activité partielle (ex. : une prime annuelle d'ancienneté calculée selon le temps de travail effectif).

Le montant mensuel moyen de référence est égal à la moyenne des éléments de rémunération variables ou versés selon une périodicité non mensuelle perçus au cours des 12 mois civils précédant le premier jour de placement en activité partielle de l'entreprise indépendamment de la mise en activité partielle du salarié. Si le salarié a travaillé moins de 12 mois, la moyenne est calculée sur la totalité des mois travaillés.

Ne pas tenir compte des éléments de rémunération qui, bien qu'ayant le caractère de salaire, ne sont pas affectés par la réduction ou l'absence d'activité.

2) Le taux horaire est égal au montant mensuel de référence, divisé par le nombre mensuel moyen de jours ouvrés *(voir partie I de ce tableau)*, ce résultat étant ensuite divisé par 7.

• **Exemple 1 :** un salarié en forfait annuel de 218 jours a perçu 6 000 € de variable sur les 12 mois précédant la mise en activité partielle :
- montant mensuel de référence : 6 000 €/12 mois = 500 € ;
- valeur pour une journée : 500 €/22 jrs = 22,73 € ;
- taux horaire : 22,73 €/7 h = 3,25 €.

• **Exemple 2 :** un salarié en forfait annuel de 131 jours a perçu 5 000 € de variable sur les 12 mois précédant la mise en activité partielle :
- montant mensuel de référence : 5 000 €/12 mois = 416,67 € ;
- coefficient de réduction : 131 jrs/218 jrs = 0,60 ;
- nombre moyen de jours ouvrés par mois : 22 jrs × 0,60 = 13 (après arrondi au plus proche) ;
- valeur d'une journée : 416,67 €/13 jrs = 32,05 € ;
- taux horaire : 32,05 €/7 h = 4,58 €.

(*) Document questions/réponses activité partielle min. Travail.

Rescrit social

L'employeur peut saisir l'administration, dans le cadre d'un *rescrit social** relatif aux mesures en faveur de l'emploi, sur toute question relative à l'activité partielle. Le préfet doit se prononcer sur cette demande de manière explicite (c. trav. art. L. 5112-1-1, R. 5112-23 et D. 5112-24).

Régime fiscal des indemnités d'activité partielle

Les indemnités versées aux salariés sont imposables.

Régime social des indemnités légales d'activité partielle

CSG/CRDS - Les indemnités légales d'activité partielle sont soumises à la CSG/CRDS au titre des revenus de remplacements aux taux respectifs de 6,2 % et 0,5 %, après abattement d'assiette de 1,75 %, quel que soit le revenu fiscal de référence du bénéficiaire. S'il y a lieu, l'employeur doit appliquer le mécanisme d'écrêtement *(voir ci-après)* prévu par le code de la sécurité sociale (c. séc. soc. art. L. 136-1-2, II, 4°, al. 2).

Cotisations maladie spécifiques - Pour les bénéficiaires du régime local d'Alsace-Moselle, les indemnités sont soumises à la cotisation supplémentaire maladie de 1,30 % à leur charge.

Par ailleurs, il existe :
- pour les personnes fiscalement domiciliées hors de France non redevables de la CSG/CRDS et relevant à titre obligatoire d'un régime français d'assurance maladie, une cotisation maladie de 2,80 % ;
- pour les salariés relevant du régime de Mayotte (qui ne sont pas redevables de la CSG/CRDS), une cotisation maladie spécifique de 4,12 % en 2025 (taux progressivement relevé chaque année

CSG/CRDS et cotisations sur indemnités d'activité partielle en 2025			
Contribution/Cotisation	**Assiette**	**Taux**	**CTP URSSAF**
Cas général CSG-CRDS	98,25 %	6,20 % + 0,5 %	060
Cotisation maladie Alsace-Moselle	Totalité	1,3 %	079
Cotisation maladie pour les non-résidents fiscaux en France	Totalité	2,8 %	454
Contribution assurance maladie Mayotte	Totalité	4,12 %	471

pour atteindre 8 % en 2036) (décret 2012-1168 du 17 octobre 2012, art. 19 ; décret 2011-2085 du 30 décembre 2011, art. 4 modifié).

S'il y a lieu, l'employeur doit appliquer à ces contributions le mécanisme d'écrêtement *(voir ci-après)* prévu par le code de la sécurité sociale.

Règle d'écrêtement - La règle dite « d'écrêtement » pose pour principe que le prélèvement de la CSG/CRDS ne peut avoir pour effet de ramener le montant net cumulé des indemnités d'activité partielle et de la rémunération d'activité en dessous du SMIC brut (c. séc. soc. art. L. 136-1-2, II, 4° al. 2).

Si nécessaire, ce mécanisme peut conduire à ne pas prélever la CSG/CRDS, ou à ne prélever ces contributions que partiellement (d'où l'expression « écrêtement »).

Pour une entreprise qui cesse complètement son activité durant le mois, le précompte des contributions sociales ne peut avoir pour effet de porter l'allocation nette d'activité partielle en deçà du SMIC brut :

- les salariés percevant une indemnité mensuelle inférieure ou égale au SMIC brut [(11,88 € × 52 × 35)/12 au 1er janvier 2025, hors Mayotte] sont exonérés de CSG/CRDS ;
- pour les indemnités mensuelles d'un montant supérieur, le prélèvement de la CSG/CRDS est le cas échéant réduit afin de ne pas descendre sous le SMIC brut.

▶ À noter… Le SMIC brut pris en compte pour l'application de l'écrêtement ne doit faire l'objet d'aucune proratisation liée à la durée de travail ou à la présence du salarié sur le mois.

En cas d'activité partielle sous forme de réduction de la durée du travail, selon les mêmes logiques, le précompte de la CSG/CRDS sur les indemnités d'activité partielle ne peut avoir pour effet de porter le montant cumulé de la rémunération nette d'activité et de l'allocation perçue en deçà du SMIC brut. Bien entendu, l'écrêtement ne concerne pas les CSG/CRDS sur revenus d'activité prélevées sur le salaire correspondant aux heures travaillées.

La règle d'écrêtement concerne aussi la cotisation maladie « Mayotte », la cotisation maladie Alsace-Moselle de 1,30 % et celle des salariés non-résidents fiscaux en France.

Le précompte doit se faire dans l'ordre suivant : CSG déductible prioritairement (BOFiP-RSA-BASE-30-30-§ 190-24/07/2017), puis CSG non déductible, et enfin CRDS. En conséquence, l'écrêtement est mis en œuvre dans l'ordre inverse : la première cotisation écrêtée est la CRDS, puis la CSG non-déductible, et enfin la CSG déductible. Selon l'ACOSS, lorsque la cotisation Alsace-Moselle est applicable, c'est la première à écrêter, s'il y a lieu.

Régime social des indemnités complémentaires d'activité partielle

Pour les périodes d'emploi courant depuis le 1er janvier 2023, les indemnités complémentaires versées par les employeurs en complément des indemnités légales d'activité partielle (ex. : taux de 80 % au lieu de 60 %) sont assujetties et déclarées comme des revenus d'activité (BOSS, communiqué du 28 novembre 2022).

Elles sont donc soumises à la CSG et à la CRDS, respectivement au taux de 9,2 % et de 0,5 % (après abattement d'assiette de 1,75 %), ainsi qu'aux cotisations sociales dès le premier euro.

Calcul du plafond de la sécurité sociale

Le plafond de la sécurité sociale passé en paye est réduit au titre des périodes d'activité partielle indemnisées (c. séc. soc. art. R. 242-2, I).

Pour le détail des modalités, voir *Plafond de la sécurité sociale**.

Articulation des jours fériés avec l'activité partielle

Jours fériés chômés - Il peut arriver que des *jours fériés** chômés coïncident avec une période d'activité partielle.

Les salariés ne peuvent pas être placés en position d'activité partielle durant des jours fériés habituellement chômés. En conséquence, les heures correspondantes ne peuvent pas être indemnisées au titre de l'activité partielle (circ. DGEFP 2013-12 du 12 juillet 2013, note technique révisée 20115, fiche 5, § 5.4 ; questions/réponses sur l'activité partielle, dans leur version au 9 décembre 2024).

L'employeur doit assurer le paiement des *jours fériés** chômés en versant leur salaire habituel aux salariés sous réserve d'avoir au moins 3 mois d'ancienneté au sein de l'entreprise pour les jours fériés chômés ordinaires (hors 1er Mai) (c. trav. art. L. 3133-3 ; cass. soc. 6 novembre 2024, n° 22-21966 FSB), et sans condition particulière pour le 1er Mai chômé (c. trav. art. L. 3133-5 et D. 3133-1).

Rappelons que pour les jours fériés chômés ordinaires, les conventions collectives ou les usages sont parfois moins exigeants sur l'ancienneté.

Jours fériés travaillés - En cas d'activité partielle pendant un jour férié habituellement travaillé dans l'établissement, les heures perdues sont indemnisées au titre de l'activité partielle compte tenu de l'horaire réduit. Les éventuelles heures travaillées restent à la charge de l'employeur (circ. DGEFP 2013-12 du 12 juillet 2013, annexe révisée 2015, fiche 5, § 5.4 ; questions/réponses sur l'activité partielle, dans leur version au 9 décembre 2024 ; cass. soc. 6 novembre 2024, n° 22-21966 FSB).

En ce qui concerne la situation en Alsace-Moselle, le *vendredi saint** étant férié, il ne peut être indemnisé que s'il est habituellement travaillé. S'il est habituellement chômé, il n'y aura pas de prise en charge au titre de l'activité partielle. S'agissant de l'outre-mer, outre les jours fériés prévus à l'article L. 3133-1 du Code du travail, les journées de commémoration de l'abolition de l'esclavage sont fériées (c. trav. art. L. 3122 2).

Journée de solidarité - La *journée de solidarité** est une journée supplémentaire de travail, non rémunérée dans la limite de 7 h pour les salariés mensualisés (à proratiser en cas de temps partiel). Il n'est donc pas possible de recourir à l'activité partielle pendant la journée de solidarité (circ. DGEFP 2013-12 du 12 juillet 2013, fiche 5, § 5.4).

Articulation des arrêts de travail avec l'activité partielle

Principes - Sauf accord collectif contraire, le salarié ne doit pas bénéficier d'un avantage lui permettant de recevoir une rémunération supérieure à celle qu'il aurait effectivement perçue s'il avait été valide et donc en mesure de travailler (cass. soc. 2 juillet 1987, n° 83-43626 D ; cass. soc. 6 juillet 2022, n° 21-18100 FPB).

Lorsque le salarié a droit à une indemnisation complémentaire de l'employeur versée en plus des IJSS, il en résulte que celle-ci doit si nécessaire être ajustée pour maintenir la rémunération à un niveau équivalent au montant de l'indemnisation due au titre de l'activité partielle.

Dans tous les cas, un salarié en arrêt de travail pour maladie ne peut pas bénéficier concomitamment des indemnités journalières et des indemnités qui pourraient lui être versées au titre de l'activité partielle. Ainsi, un salarié en arrêt maladie, alors que son établissement est placé en activité partielle, ne peut bénéficier que de la seule indemnisation due au titre de son arrêt maladie (circ. DGEFP 2013-12 du 12 juillet 2013, annexe 2).

Précisions pratiques - Compte tenu de ces éléments, au printemps 2020, lors de la première vague de l'épidémie de covid-19, l'administration avait apporté des précisions dans une annexe de ses questions/réponses sur l'activité partielle. Cette annexe n'est plus en ligne au 15 janvier 2025, mais la logique présentée était la suivante.

❶ Lorsque le salarié est déjà en arrêt de travail pour maladie et que les salariés de l'entreprise sont placés en activité partielle par la suite, le salarié reste en arrêt maladie indemnisé jusqu'à la fin de l'arrêt prescrit. Le complément employeur, versé en plus des IJSS, est ajusté si nécessaire pour maintenir la rémunération à un niveau équivalent au montant de l'indemnisation due au titre de l'activité partielle, car le complément employeur ne peut conduire à verser au salarié un montant plus élevé que celui qu'il toucherait s'il n'était pas en arrêt de travail. À la fin de l'arrêt de travail, le salarié bascule vers l'activité partielle.

❷ Lorsqu'un salarié placé en activité partielle tombe malade, le bénéfice du dispositif d'activité partielle s'interrompt jusqu'à la fin de l'arrêt de travail prescrit. Pendant l'arrêt de travail, le salarié est indemnisé à ce titre (IJSS, éventuel complément employeur). Si nécessaire, il faut pour ajuster le complément employeur afin de maintenir la rémunération à un niveau équivalent au montant de l'indemnisation due au titre de l'activité partielle, afin d'éviter de verser au salarié un montant plus élevé que celui qu'il percevrait s'il n'était pas en arrêt de travail, mais en activité partielle.

Incidences « paye » diverses de l'activité partielle

Suspension du contrat de travail - Le contrat de travail des salariés placés en activité partielle est considéré comme suspendu pendant les périodes où ils ne sont pas en activité (c. trav. art. L. 5122-1, II, al. 2).

Congés payés - Les périodes d'activité partielle sont intégralement prises en compte pour l'acquisition des droits à *congés payés** (c. trav. art. R. 5122-11).

Épargne salariale - La réglementation neutralise les effets de l'activité partielle sur la répartition de l'intéressement et de la participation aux résultats (c. trav. art. R. 5122-11).

Lorsque cette répartition est proportionnelle au salaire, les salaires à prendre en compte sont ceux qu'aurait perçus le salarié s'il n'avait pas été placé en activité partielle.

Si la répartition est proportionnelle à la durée de présence du salarié, les périodes d'activité partielle sont prises en compte.

Assiette de calcul des primes - Pour les juges, les indemnités d'activité partielle sont des substituts de salaire.

Elles doivent donc être nécessairement incluses dans l'assiette de calcul du 13e mois de la prime d'assiduité (cass. soc. 4 juillet 2007, n° 06-42322 ; cass. soc. 26 novembre 1996, n° 94-40266, BC V n° 403).

Il en va de même pour une prime d'ancienneté calculée sur les appointements réels du salarié (cass. soc. 16 janvier 1992, n° 88-43631, BC V n° 13).

Heures supplémentaires - Les heures indemnisées au titre de l'activité partielle ne sont pas prises en compte pour le calcul du nombre d'heures donnant lieu à attribution des majorations pour heures supplémentaires.

Indemnités de rupture - La mise en activité partielle ne modifie pas le contrat de travail. La rémunération servant de base au calcul de l'indemnité de licenciement doit être déterminée à partir de celle qu'aurait perçue le salarié s'il n'avait pas été en activité partielle (cass. soc. 9 mars 1999, n° 96-44439, BC V n° 110). Cette solution, rendue à propos d'une indemnité de licenciement, peut être transposée aux autres hypothèses de rupture (mise à la retraite, etc.).

Dans la mesure où l'activité partielle suspend le contrat de travail, les journées de travail perdues de ce fait ne sont pas prises en compte pour le calcul de l'ancienneté (circ. DGEFP 2013-12 du 12 juillet 2013, annexe 2).

Indemnité de fin de CDD (dite indemnité « de précarité ») - À notre connaissance, l'administration n'a pas pris position dans un document officiel quant à l'incidence de l'activité partielle sur le calcul de l'*indemnité de fin de contrat** due au terme d'un CDD.

Plusieurs solutions semblaient envisageables, sous réserve de l'appréciation des tribunaux en cas de litige :

- dans la mesure où le chômage partiel « suspend le contrat de travail » (c. trav. art. L. 5122-2, II, al. 2), considérer que l'indemnité de fin de contrat ne doit se calculer que sur la base de la rémunération effectivement perçue (comme pour un arrêt pour maladie non-professionnelle) ;
- raisonner comme pour les indemnités de rupture *(voir ci-avant)*, en retenant comme base de calcul la rémunération qu'aurait perçue le salarié s'il n'avait pas été en activité partielle.

▶ À noter... Dans la pratique, il semble que certaines entreprises ont aussi adopté une position intermédiaire, qui n'a pas de base juridique, consistant à tenir compte des indemnités d'activité partielle sans reconstituer pour autant la rémunération que le salarié aurait eue s'il n'avait pas été en activité partielle.

En réponse à nos questions, la Direction générale du Travail, nous a indiqués à l'automne 2020 que, de son point de vue, il fallait procéder par assimilation à la jurisprudence de la Cour de cassation relative au calcul de l'indemnité de licenciement (cass. soc. 27 février 1991, n° 88-42705, BC V n° 102 ; cass. soc. 24 novembre 1993, n° 89-43679 D), en calculant l'indemnité de fin de CDD sur la base des éléments de rémunération reconstituée, incluant donc les salaires qui auraient dû être versés sur la période d'activité partielle. En revanche, toujours selon la DGT, il convient de ne pas prendre en compte dans l'assiette de calcul de l'indemnité de fin de contrat les indemnités versées au salarié au titre de l'activité partielle.

Rappelons que les précisions de la DGT, adressées à la rédaction en réponse à nos interrogations, n'ont pas en elles-mêmes de valeur juridique. Les employeurs concernés par ce type de situation pourront juger utile de se rapprocher de leur conseil habituel sur ce point.

Indemnité de préavis - En cas d'inexécution totale ou partielle du préavis résultant soit de la fermeture temporaire ou définitive de l'établissement, soit de la réduction de l'horaire de travail habituellement pratiqué dans l'établissement en deçà de la durée légale, il convient de se référer à la durée habituelle de travail du salarié (durée légale, durée conventionnelle ou durée contractuelle) (c. trav. art. L. 1234-6).

La jurisprudence applique cette règle en cas d'activité partielle (cass. soc. 26 novembre 1997, n° 95-40993 D).

Travail pour un autre employeur - Un salarié en activité partielle peut travailler pour un autre employeur ou pour son propre compte, si son contrat de travail ne comporte pas de clause

Activité partielle (exemple)

Un salarié non-cadre, employé en CDI dans une entreprise de 350 salariés, est habituellement rémunéré à hauteur de 2 730,06 € bruts par mois pour 151,67 heures, soit un taux horaire de 18 €.

Au cours du mois de janvier 2025, le salarié est en activité partielle d'un lundi au mardi de la semaine suivante inclus (9 jours calendaires, 49 heures). L'employeur lui verse l'indemnité d'activité partielle à hauteur de 10,80 € par heure (60 % de son taux horaire brut).

L'entreprise applique les règles de réduction du plafond de la sécurité sociale*, *qui est donc égal, sur la paye de janvier, à : 3 925 € × (31 jrs – 9 jrs)/31 jrs = 2 785,48 €. Compte tenu du brut du salarié, il n'y a pas de tranche 2.*

EXTRAIT DU BULLETIN DE PAYE DE JANVIER 2025

Désignation	Base	Taux	Montant	
Salaire de base	151,67	18,00	2 730,06	
Absence activité partielle	49,00	18,00	- 882,00	
Indemnité d'activité partielle	49,00	10,80	+ 529,20	
Brut total			2 377,26	
Brut total soumis à cotisations (*)			1 848,06	
Cotisations et contributions sociales	**Base (€)**	**Taux salarial**	**Part salarié (€)**	**Part employeur (€)**
Santé				
Sécurité sociale - Maladie Maternité Invalidité Décès	1 848,06	-	0,00	129,36 (1)
Complémentaire Santé	-	-	85,00	85,00
Accidents du travail - maladies professionnelles	1 848,06	-	-	36,96 (2)
Retraite				
Sécurité sociale plafonnée	1 848,06	6,90 %	127,52	158,01
Sécurité sociale déplafonnée	1 848,06	0,40 %	7,39	37,33
Complémentaire Tranche 1 (3)	1 848,06	4,01 %	74,11	111,07
Famille	1 848,06	-	-	63,76 (4)
Assurance chômage				
Chômage	1 848,06	-	0,00	79,47 (5)
Autres contributions dues par l'employeur	-	-	-	90,81 (6)
CSG déductible de l'impôt sur le revenu	1 900,72	6,80 %	129,25	-
CSG déductible de l'impôt sur le revenu (activité partielle)	519,94	3,80 %	19,76	-
CSG/CRDS non déductible de l'impôt sur le revenu	1 900,72	2,90 %	55,12	-
CSG/CRDS non déductible de l'impôt sur le revenu (activité partielle)	519,94	2,90 %	15,08	-
Exonérations et allégements de cotisations	-	-	-	- 55,78
Total des cotisations et contributions	-	-	513,22	735,99
Net social				**1 864,04**
Net à payer avant impôt sur le revenu (7)				**1 864,04 (7)**
Impôt sur le revenu	**Base**	**Taux**	**Montant**	**Cumul annuel**
Montant net imposable			2 019,24 (8)	2 019,24
Impôt sur le revenu prélevé à la source	2 019,24 (8)	5,00 %	100,96	100,96
Montant net des heures compl/suppl exonérées				0,00
Net à payer au salarié (en euros) (7)				**1 763,08 (8)**
Total versé par l'employeur				2 584,05 (9)

Notes de la rédaction, pour aider à la lecture des totaux (ces notes n'ont pas à apparaître sur le bulletin de paye) :

(*) Le brut total soumis à cotisations ne comporte pas les indemnités d'activité partielle exonérées de cotisations de sécurité sociale (529,20 €).

(1) Taux de 7 % compte tenu de la rémunération. (2) Par hypothèse taux de 2 %. (3) Y compris contribution d'équilibre général. (4) Taux de 3,45 % compte tenu de la rémunération. (5) Chômage 4,05 % et AGS 0,25 %. (6) CSA (0,30 %), FNAL (0,50 %), versement mobilité (1,60 %), contribution au dialogue social (0,016 %), contribution formation (1 %), participation à l'effort de construction (0,45 %), taxe d'apprentissage (0,68 %), forfait social. (7) À faire apparaître de manière à en faciliter la lisibilité. (8) Y inclus indemnités d'activité partielle. (9) Non comprises les indemnités d'activité partielle.

d'exclusivité licite et sous réserve des principes de loyauté et de non-concurrence. Ceci implique qu'il ne doit pas travailler pour le compte d'un autre employeur concurrent ou pour son propre compte de manière concurrente à son employeur (circ. DGEFP 2013-12 du 12 juillet 2013, fiche 5).

Dans tous les cas, il convient de respecter les règles relatives à la durée maximale du travail (voir *Durée du travail**), en tenant compte des deux emplois. Aucun salarié et aucun employeur ne peuvent enfreindre ces dispositions.

Selon l'administration, le salarié doit informer son employeur de sa décision d'exercer une activité professionnelle chez un autre employeur pendant la suspension de son contrat de travail en précisant le nom de l'employeur et la durée prévisionnelle de travail. Il percevra de manière concomitante l'indemnité due au titre de l'activité partielle et la rémunération afférente à son autre emploi. À l'issue de la période d'activité partielle, si le salarié ne peut pas cumuler les deux emplois, il lui appartiendra soit de rester chez son employeur principal (il doit alors rompre le contrat de travail qui le lie à l'autre employeur), soit démissionner de son emploi initial.

Lutte contre la fraude

Remboursement des trop-perçus - L'administration peut demander à l'employeur de rembourser à l'Agence de service et de paiement (ASP), dans un délai ne pouvant être inférieur à 30 jours, les sommes versées au titre de l'allocation d'activité partielle (c. trav. art. R. 5122-10) :
- en cas de trop-perçu, notamment lorsque les conditions mises à leur octroi n'ont pas été respectées ;
- ou en cas de non-respect par l'entreprise, sans motif légitime, des engagements pris soit lors d'une demande de renouvellement d'activité partielle, soit d'une demande d'autorisation d'activité partielle alors qu'il a déjà placé des salariés en activité partielle durant les 36 derniers mois *(voir ci-avant)*.

Fraude - En cas de fraude avérée (travail ou télétravail pendant des heures de chômage partiel, salarié fictif, etc.), les entreprises encourent des sanctions administratives et pénales.

Sur le plan pénal, le fait de bénéficier ou de tenter de bénéficier frauduleusement, ou le fait de faire obtenir frauduleusement ou de tenter de faire obtenir frauduleusement l'allocation d'activité partielle, est passible de 2 ans d'emprisonnement et de 30 000 € d'amende (c. trav. art. L. 5124-1 ; c. pén. art. 441-6).

Sur le plan des sanctions administratives, l'employeur qui recourt frauduleusement à l'activité partielle encourt les sanctions prévues en cas de travail illégal (c. trav. art. L. 8211-1). Dans ce cadre, plusieurs sanctions administratives peuvent être prononcées (c. trav. art. L. 8272-1 et D. 8272-1) :
- exclusion pour durée maximale de 5 ans, de l'accès à certaines aides publiques en matière d'emploi et de formation professionnelle, dont l'aide demandée au titre de l'activité partielle ;
- remboursement des aides accordées dans les 12 mois précédant l'établissement du procès-verbal constatant la fraude.

☛ *Activité partielle de longue durée ; Contribution sociale généralisée (CSG sur revenus de remplacement) ; Contribution pour le remboursement de la dette sociale (CRDS) ; Plafond de la sécurité sociale ; Régimes de retraite supplémentaire et de prévoyance complémentaire (suspension du contrat de travail) ; Rémunération mensuelle minimale.*

Activité partielle de longue durée

L'« activité partielle de longue durée » (APLD) est une modalité spécifique d'activité partielle, plus intéressante pour les salariés et les employeurs, en termes d'indemnisation et de durée, que le dispositif d'*activité partielle** de droit commun. En contrepartie, l'APLD comporte davantage d'engagements pour l'entreprise, notamment en termes de maintien de l'emploi.

Un dispositif en fin de parcours et un nouveau en projet

L'APLD « classique » issu de la crise du covid 19 - La crise sanitaire liée au covid-19 de 2020 a conduit les pouvoirs publics à créer un mécanisme d'« activité réduite pour le maintien en emploi » (ARME), couramment désigné sous le terme d'« activité partielle de longue durée » (APLD) (loi 2020-734 du 17 juin 2020, art. 53, JO du 18).

L'entrée dans ce dispositif est fermée depuis le 1er janvier 2023, mais les employeurs couverts par des accords ou documents unilatéraux d'APLD transmis pour validation ou homologation avant cette date peuvent encore les appliquer, potentiellement jusqu'à la fin 2026 dans le cas le plus extrême.

APLD Rebond : nouveau dispositif en projet - Dans le contexte de ralentissement d'activité et de fragilisation de l'emploi apparu en 2024, le gouvernement a décidé de rouvrir un accès à l'APLD, en mettant en place un dispositif dit d'« activité partielle de longue durée Rebond » (APLD Rebond), dans le cadre de la loi de finances pour 2025 (voir *Activité partielle de longue durée Rebond**).

@Les règles concernant ce dispositif d'activité partielle de longue durée sont détaillées dans la version Internet de ce Dictionnaire, notamment sur www.rfpaye.com et www.rfedition.com.

☞ *Activité partielle ; Activité partielle de longue durée Rebond ; Plafond de la sécurité sociale ; Régimes de retraite supplémentaire et de prévoyance complémentaire (suspension du contrat de travail).*

Activité partielle (plafond)

☞ *Plafond de la sécurité sociale.*

Activité partielle (protection sociale complémentaire)

☞ *Régimes de retraite supplémentaire et de prévoyance complémentaire (suspension du contrat de travail).*

Activité partielle de longue durée Rebond

La loi de finances pour 2025 a mis en place les bases d'un nouveau dispositif d'activité partielle de longue durée, l' « activité partielle de longue durée Rebond » (ou APLD Rebond) (loi 2025-127 du 14 février 2025, art. 193, JO du 15). Un décret, non encore paru 16 février 2025, est nécessaire pour que le dispositif soit pleinement opérationnel.

Comme l'*activité partielle de longue durée** « classique » (dont l'accès est fermé depuis 2023), l'APLD Rebond est conçue comme une modalité spécifique d'activité partielle, plus intéressante pour les salariés et les employeurs que l'*activité partielle** de droit commun en termes d'indemnisation et de durée, mais avec en contrepartie davantage d'engagements pour l'entreprise.

Fenêtre d'accès au dispositif

Le nouveau dispositif, dont l'entrée en vigueur nécessite un décret d'application, s'appliquera aux accords collectifs (ou documents d'application d'un accord de branche étendu) transmis à l'administration pour validation (ou homologation) à compter du 1er mars 2025 et jusqu'à une date déterminée par décret, au plus tard le 28 février 2026 (loi 2025-127 du 14 février 2025, art. 193, VIII).

Des avenants de révision des accords collectifs (ou des documents d'adaptation des documents unilatéraux d'application d'un accord de branche étendu) pourront être transmis à l'autorité administrative après le 28 février 2026 pour validation (ou homologation). Cette règle permettra aux employeurs engagés dans le dispositif de l'adapter en cours d'application, en fonction de l'évolution de la situation économique de l'entreprise.

Mise en place

Entreprises concernées - L'APLD Rebond est destiné à assurer le maintien dans l'emploi des salariés dans les entreprises confrontées à une réduction d'activité durable qui n'est pas de nature à compromettre leur pérennité (loi 2025-127 du 14 février 2025, art. 193, I).

▶ À noter… L'APLD Rebond n'est pas cumulable avec l'activité partielle de droit commun, ni avec l'APLD « classique ».

Accord d'APLD Rebond - L'employeur peut recourir à l'APLD Rebond sous réserve d'être couvert (loi 2025-127 du 14 février 2025, art. 193, I) :

- soit par un accord collectif d'APLD Rebond conclu au niveau de l'établissement, de l'entreprise ou du groupe ;
- soit par un accord collectif de branche d'APLD Rebond étendu, ce qui permet de mettre en place l'APLD Rebond par document unilatéral élaboré après consultation du comité social et économique (CSE), lorsqu'il existe.

L'accord collectif doit définir sa durée d'application, les activités et les salariés concernés par l'APLD Rebond, les réductions de l'horaire de travail pouvant donner lieu à indemnisation à ce titre et les engagements spécifiquement souscrits par l'employeur en contrepartie, notamment pour le maintien de l'emploi et la formation professionnelle (loi 2025-127 du 14 février 2025, art. 193, I).

Document unilatéral d'application d'un accord de branche étendu - L'entreprise qui souhaite bénéficier du régime d'APLD Rebond en application d'un accord de branche étendu doit, après consultation du CSE, lorsqu'il existe, élaborer un document conforme aux stipulations de l'accord de branche et définissant les engagements spécifiques pris en matière de maintien dans l'emploi et de formation professionnelle.

Transmission pour validation - L'accord collectif d'établissement, d'entreprise ou de groupe, ou le document élaboré par l'entreprise doit être transmis à l'autorité administrative pour validation (s'il s'agit d'un accord) ou homologation (pour un document unilatéral d'application d'accord de branche étendu) (loi 2025-127 du 14 février 2025, art. 193, III).

L'autorité administrative valide l'accord collectif ou homologue le document de l'employeur une fois assurée du respect de diverses conditions (ex. : régularité de la procédure de négociation, engagements spécifiques en matière d'emploi et de formation professionnelle).

Cette procédure de validation/homologation est à renouveler en cas de conclusion d'un avenant de révision (ou d'adaptation du document d'application de l'accord de branche étendu).

▶ À noter... Pour sa part, l'accord de branche serait soumis à la procédure légale d'extension (c. trav. art. L. 2261-15).

Réponse de l'administration - L'autorité administrative notifie à l'employeur la décision de validation d'un accord collectif dans un délai de 15 jours à compter de sa réception, et la décision d'homologation d'un document unilatéral dans un délai de 21 jours à compter de sa réception du document élaboré par l'employeur (loi 2025-127 du 14 février 2025, art. 193, VI).

La décision prise par l'autorité administrative est motivée.

Le silence de l'autorité administrative au terme du délai de 15 ou 21 jours vaut décision d'acceptation de validation ou d'homologation.

Si l'administration rend une décision, elle la notifie dans les mêmes délais de 15 ou 21 jours, au CSE lorsqu'il existe et, si elle porte sur un accord collectif, aux organisations syndicales représentatives signataires lorsqu'elles existent.

Si l'homologation ou la validation est accordée de manière tacite, l'employeur doit transmettre une copie de la demande de validation ou d'homologation, accompagnée de son accusé de réception par l'administration, au CSE lorsqu'il existe et, si elle porte sur un accord collectif, aux organisations syndicales représentatives signataires.

Information des salariés - L'employeur doit porter à la connaissance des salariés la décision de validation ou d'homologation (ou, en cas d'acceptation tacite, la copie de la demande et son accusé de réception), ainsi que les voies et délais de recours.

Pour ce faire, il peut procéder par voie d'affichage sur leurs lieux de travail ou par tout autre moyen permettant de donner une date certaine à cette information.

Durée de l'autorisation - La durée de l'autorisation d'APLD liée à une décision de validation ou d'homologation, ainsi que ses modalités de renouvellement seront précisées par décret.

Indemnisation des salariés et de l'employeur

Les niveaux d'indemnisation des salariés et des employeurs seront définis par décret.

Sous cette réserve, elles pourraient être les mêmes que pour l'APLD « classique » (voir *Activité partielle de longue durée**).

Réduction d'activité autorisée

Le niveau maximal de la réduction d'activité que pourrait mettre en place l'entreprise dans le cadre de l'APLD Rebond sera précisé par décret. Mais comme pour l'ancienne APLD, elle devrait être de 40 % maximum (communiqué de presse min. Travail du 27 janvier 2025).

Engagements de l'employeur

Les engagements pris par l'employeur sont applicables sur l'ensemble de la durée d'application de l'accord ou du document unilatéral d'application d'un accord de branche étendu (LF art. 193, I).

L'autorité administrative s'assure du respect de ces engagements. Elle peut demander le remboursement des allocations d'activité partielle rebond perçues par l'employeur en cas de non-respect de ses engagements.

☛ *Activité partielle ; Activité partielle de longue durée ; Plafond de la sécurité sociale ; Régimes de retraite supplémentaire et de prévoyance complémentaire (suspension du contrat de travail).*

Administrateurs de mutuelles

Plusieurs dispositions du code de la mutualité visent à faciliter le cumul des fonctions d'administrateur de mutuelle avec un statut de salarié.

Absences rémunérées

Autorisations d'absence - Les salariés membres d'un conseil d'administration d'une mutuelle, d'une union ou d'une fédération, bénéficient d'autorisations d'absence pour se rendre et participer aux séances de ce conseil ou de ses commissions. Ils doivent informer leur employeur de la séance dès qu'ils en ont connaissance (c. mutualité art. L. 114-24, al. 1).

Assimilation à du travail effectif - Le temps passé hors de l'entreprise pendant les heures de travail par les administrateurs salariés, pour l'exercice de leurs fonctions mutualistes, est assimilé à une durée de travail effectif pour la détermination de la durée des *congés payés**. Il en est de même pour le droit aux prestations d'assurances sociales et aux prestations familiales ainsi qu'au regard de tous les droits liés à l'*ancienneté** (c. mutualité art. L. 114-24, al. 2).

Rémunération des absences - Ces absences n'entraînent aucune diminution de leur rémunération et des avantages correspondants (c. mutualité art. L. 114-24, al. 3). L'employeur doit donc maintenir la rémunération.

Remboursement dont peuvent bénéficier les employeurs - Les organismes mutualistes ne peuvent pas verser de rémunération aux membres du conseil d'administration d'une mutuelle, les fonctions étant gratuites (c. mutualité art. L. 114-26, al. 1).

En revanche, ils remboursent aux employeurs les salaires maintenus pour permettre aux administrateurs salariés d'exercer leurs fonctions pendant le temps de travail ainsi que les avantages et les charges sociales correspondantes (c. mutualité art. L. 114-26, al. 3).

Temps d'exercice des fonctions supérieur à l'horaire habituel - À partir des articles L. 114-24 et L. 114-26 du code de la mutualité, il semble possible de considérer que le temps passé hors de l'entreprise pendant les heures de travail par le membre d'un conseil d'administration d'un organisme mutualiste s'impute sur le temps de travail habituel du salarié, de sorte que le temps d'exercice des fonctions supérieur à l'horaire habituel de travail du salarié n'est pas assimilé par la loi à du temps de travail effectif, par analogie avec ce que la jurisprudence a décidé pour les *administrateurs des organismes de sécurité sociale** (cass. soc. 31 janvier 2024, n° 22-10176 FSB).

Ce temps d'exercice des fonctions supérieur à l'horaire habituel ne peut donc pas être pris en compte comme du temps de travail effectif pour l'application de la législation sur la durée du travail et le paiement, par exemple, des heures supplémentaires.

Congé de formation

Les administrateurs d'une mutuelle bénéficient d'un congé non rémunéré pour suivre certaines formations (voir *Congé mutualiste de formation**).

Droit de suspension du contrat de travail

Tout salarié élu président du conseil d'administration ou auquel des attributions permanentes sont confiées au sein d'une mutuelle, union ou fédération, et qui, pour l'exercice de telles fonctions, doit cesser toute activité professionnelle, peut suspendre son contrat de travail dans les mêmes conditions que les salariés membres de l'Assemblée nationale ou du Sénat (c. mutualité art. L. 114-24, al. 4 ; c. trav. art. L. 3142-83 à L. 3142-86) [voir *Élu (mandat local, député, sénateur)**].

Protection en cas de licenciement

En cas de licenciement, l'administrateur salarié, ou qui a cessé son mandat depuis moins de 6 mois, bénéficie de la même protection que les délégués syndicaux (c. mutualité art. L. 114-24, al. 5 ; c. trav. art. L. 2411-3 et L. 2421-9), ce qui implique notamment que l'employeur ne peut pas licencier ces salariés sans autorisation de l'inspecteur du travail (voir *Licenciement des représentants du personnel**).

Les candidats aux mandats d'administrateur sont également protégés pendant une durée de 3 mois à compter de la date d'envoi de la liste des candidatures par la mutuelle, l'union ou la fédération à ses membres.

☞ *Administrateurs des organismes de sécurité sociale ; Congé mutualiste de formation.*

Administrateurs des organismes de sécurité sociale

Les salariés membres d'un conseil ou d'un conseil d'administration d'un organisme de sécurité sociale (ex. : CAF, CPAM, CARSAT) bénéficient d'autorisations d'absence pour exercer leurs fonctions, d'aménagements d'horaires en cas de travail posté ainsi que d'une procédure protectrice en cas de rupture du contrat de travail.

Autorisations d'absence, horaires et formation

Autorisations d'absence - Les employeurs sont tenus de laisser aux salariés membres d'un conseil ou d'un conseil d'administration d'un organisme de sécurité sociale le temps nécessaire pour se rendre et participer aux séances plénières de ce conseil ou des commissions qui en dépendent (c. séc. soc. art. L. 231-9, al. 1).

Prise en compte de l'absence - Le temps passé hors de l'entreprise pendant les heures de travail par les membres d'un conseil ou par les administrateurs salariés pour l'exercice de leurs fonctions est assimilé à une durée de travail effectif pour la détermination de la durée des *congés payés**, du droit aux prestations d'assurances sociales et aux prestations familiales ainsi qu'au regard de tous les droits liés à l'*ancienneté** (c. séc. soc. art. L. 231-9, al. 2).

Maintien de la rémunération - Les absences justifiées par l'exercice des fonctions n'entraînent aucune diminution de leurs rémunérations et des avantages correspondants (c. séc. soc. art. L. 231-9, al. 3). L'employeur doit donc maintenir leur rémunération.

Leurs absences ne doivent entraîner aucune restriction de leurs droits à des jours de réduction du temps de travail (cass. soc. 31 janvier 2006, n° 04-43569, BC V n° 48).

▶ À noter… Les organismes de sécurité sociale ne peuvent, en aucun cas, allouer un traitement aux membres du conseil ou aux administrateurs. En revanche, ils leur remboursent leurs frais de déplacement (c. séc. soc. art. L. 231-12).

Remboursement aux employeurs - Les organismes de sécurité sociale remboursent aux employeurs des membres du conseil ou administrateurs salariés les salaires maintenus ainsi que les avantages et les charges sociales correspondantes (c. séc. soc. art. L. 231-12, al. 2).

Temps d'exercice des fonctions supérieur à l'horaire habituel - Des articles L. 231-9 et L. 231-12 du code de la sécurité sociale, il résulte, selon la jurisprudence, que le temps passé hors de l'entreprise pendant les heures de travail par le membre d'un conseil d'administration d'un organisme de sécurité sociale s'impute sur le temps de travail habituel du salarié, de sorte que le temps d'exercice des fonctions supérieur à l'horaire habituel de travail du salarié n'est pas assimilé par la loi à du temps de travail effectif (cass. soc. 31 janvier 2024, n° 22-10176 FSB).

Ce temps d'exercice des fonctions supérieur à l'horaire habituel ne peut donc pas être pris en compte comme du temps de travail effectif pour l'application de la législation sur la durée du travail et le paiement, par exemple, des heures supplémentaires.

Aménagement d'horaires pour certains types de poste - Les membres d'un conseil ou les administrateurs salariés, travaillant en service continu ou discontinu posté, ont droit à un aménagement d'horaires de leur travail de façon à leur garantir un temps de repos minimal (c. séc. soc. art. L. 231-9, al. 4).

Formation - Les employeurs sont tenus d'accorder aux salariés de leur entreprise, membres d'un conseil ou d'un conseil d'administration d'un organisme de sécurité sociale, sur leur demande, des autorisations d'absence pour leur permettre d'assister aux sessions de formation organisées pour l'exercice de leurs fonctions (c. séc. soc. art. L. 231-10, al. 1).

À notre sens, en l'absence de précision contraire, ces absences ne sont pas rémunérées par l'employeur.

Protection en cas de licenciement

L'exercice du mandat de membre du conseil ou d'administrateur ne peut pas être une cause de rupture du contrat de travail par l'employeur, à peine de dommages et intérêts au profit du salarié (c. séc. soc. art. L. 231-11).

En cas de licenciement, le salarié exerçant un tel mandat ou ayant cessé de l'exercer depuis moins de 6 mois bénéficie de la même protection que les délégués syndicaux, ce qui implique notamment que l'employeur ne peut pas le licencier sans autorisation de l'inspecteur du travail (c. séc. soc. art. L. 231-11, al. 2 ; c. trav. art. L. 2411-18) (voir *Licenciement des représentants du personnel**).

Les candidats aux fonctions de membre du conseil ou d'administrateur sont protégés pendant 3 mois à compter de la publication des candidatures (c. séc. soc. art. L. 231-11, al. 2).

☞ *Administrateurs de mutuelles.*

Adoption

☞ *Congé d'adoption ; Congé en vue de l'adoption ; Congé de naissance ; Maternité (rattrapage salarial).*

Affichage

Principales obligations en rapport avec la paye - La réglementation fait obligation aux employeurs de procéder à un certain nombre d'affichages.

Notre tableau récapitule les principales obligations se rapportant au domaine de la paye *(voir ci-après)* sachant qu'il est parfois possible de procéder par une communication de l'information par tout moyen, l'affichage restant une de ces modalités (décrets 2016-1417 et 2016-1418 du 20 octobre 2016, JO du 22).

Rappelons à toutes fins utiles qu'il existe d'autres obligations d'affichage pour l'employeur (élections professionnelles, etc. ; voir Dictionnaire Social « Affichage et informations »).

Modèle pour une petite entreprise - Nous vous proposons également un modèle de document qui récapitule les obligations minimales pour une petite entreprise en matière d'affichage ou de communication par d'autres moyens *(voir ci-après)*.

Principaux affichages ou communications liés à la paye

Objet et entreprises concernées	Nature et contenu de l'information	Modalités de l'affichage ou de la communication
Aménagement du temps de travail sur une période supérieure à une semaine (c. trav. art. L. 3121-44, L. 3121-45 et D. 3171-5)	À défaut de précision conventionnelle, affichage indiquant : - le nombre de semaines que comporte la période de référence ; - pour chaque semaine, l'horaire de travail et la répartition de la durée du travail.	Affichage au niveau de l'entreprise, des ateliers, des services ou des équipes concernés. Lorsque les salariés sont employés à l'extérieur, affichage dans l'établissement auquel ils sont attachés.
Amiante (loi 98-1194 du 23 décembre 1998 modifiée, art. 41, V bis)	Décision d'inscription ou de modification d'inscription d'un établissement ou d'un port sur la liste ouvrant l'accès au bénéfice de la préretraite amiante.	Affichage sur le lieu de travail concerné.
Caisse de congés payés Employeurs assujettis (c. trav. art. L. 3141-32)	Raison sociale et adresse de la caisse d'affiliation de l'employeur.	• BTP, artistes : communication par tout moyen aux salariés (c. trav. art. D. 3141-28 et D. 7121-45). • Transports : affichage à des endroits apparents dans les locaux de l'entreprise où la paye du personnel s'effectue (c. transports art. D. 1325-9).
Chômage intempéries (c. trav. art. D. 5424-21) Entreprises du BTP	Date de reprise du travail pour les salariés mis en chômage.	Avis affiché au siège, au bureau de l'entreprise ou à l'entrée du chantier.
Conventions et accords collectifs liant l'entreprise (c. trav. art. L. 2262-5, R. 2262-1, R. 2262-2, R. 2262-4, R. 2262-5) Toutes les entreprises	Les conditions d'information des salariés et des représentants du personnel sont définies par un accord professionnel ou une convention de branche. À défaut, diverses obligations s'imposent à l'employeur, dont celles qui suivent. Avis comportant l'intitulé des conventions et des accords collectifs applicables dans l'établissement. La mention générique « Accords nationaux interprofessionnels » peut être substituée à l'intitulé des accords de cette catégorie. L'avis précise l'endroit où les textes sont tenus à la disposition du personnel ainsi que les modalités lui permettant de les consulter, pendant son temps de présence. Les modifications ou compléments à apporter sur l'avis ou le document qui en tient lieu doivent l'être dans un délai de 1 mois au plus tard à compter de leur date d'effet.	Communication par tout moyen au personnel (c. trav. art. R. 2262-3). Par ailleurs, dans les entreprises dotées d'un intranet, l'employeur doit mettre à la disposition des salariés un exemplaire à jour des textes conventionnels (c. trav. art. R. 2262-1) (1).
	Procès-verbal faisant état du résultat du vote des salariés à propos d'un accord collectif soumis à référendum faute d'audience électorale suffisante des syndicats signataires.	Publicité, par tout moyen, dans l'entreprise (c. trav. art. D. 2232-2).

Principaux affichages ou communications liés à la paye		
Objet et entreprises concernées	**Nature et contenu de l'information**	**Modalités de l'affichage ou de la communication**
Départ en congés payés (c. trav. art. D. 3141-5 et D. 3141-6) Toutes les entreprises	Période de prise des congés : la période ordinaire des vacances est portée à la connaissance du personnel au moins 2 mois avant l'ouverture de cette période.	Le code du travail ne précise pas de modalité spécifique d'information des salariés.
	Ordre des départs en congés : information du salarié 1 mois avant son congé.	Communication par tout moyen à chaque salarié concerné.
Discrimination Toutes les entreprises	Texte des articles 225-1 à 225-4 du code pénal (c. trav. art. L. 1142-6).	Information par tout moyen dans les lieux de travail ainsi que dans les locaux ou à la porte des locaux où se fait l'embauche.
	Numéro du service d'accueil téléphonique concourant à la prévention et à la lutte contre les discriminations (loi 2001-1066 du 16 novembre 2001, art. 9) : 3928 (https://www.antidiscriminations.fr/).	Affichage sur le lieu de travail.
Égalité de rémunération entre les femmes et les hommes (c. trav. art. R. 3221-2)	Texte des articles L. 3221-1 à L. 3221-7, R. 3221-1 et R. 3221-2 du code du travail.	Communication par tout moyen aux personnes ayant accès aux lieux de travail, ainsi qu'aux candidats à l'embauche.
Égalité professionnelle entre les femmes et les hommes (mesure des écarts de rémunération) (c. trav. art. L. 1142-8, D. 1142-3, D. 1142-4 et D. 1142-6) Entreprises de 50 salariés et plus	Publication chaque année du résultat obtenu pour chaque indicateur en même temps que la note globale (index), le 1er mars	• Sur le site internet de l'entreprise • À défaut de site, résultat porté à la connaissance des salariés par tout moyen
	Publication, le cas échéant, des mesures correctrices et des objectifs de progression de chacun des indicateurs au plus tard le 1er mars de chaque année	• Mesures de corrections : site internet, s'il en existe un, sur la page où est publié l'index. Et porté à la connaissance des salariés par tout moyen. • Objectifs de progression : site internet, s'il en existe un, sur la page où est publié l'index. À défaut, porté à la connaissance des salariés par tout moyen
Horaire collectif de travail (c. trav. art. L. 3171-1, D. 3171-2 et D. 3171-3) Toutes les entreprises	Heures auxquelles chaque période de travail commence et finit, heures et durée des repos. L'horaire est daté et signé par le chef d'établissement ou, sous sa responsabilité, par la personne à laquelle il aura délégué ses pouvoirs. Toute modification de l'horaire donne lieu, avant sa mise en service, à une rectification affichée dans les mêmes conditions.	Affichage en caractères lisibles et de façon apparente dans chacun des lieux de travail auxquels l'horaire s'applique ou, en cas de personnel occupé au-dehors, dans l'établissement auquel le personnel intéressé est attaché.
Inspection du travail, médecine du travail et services de secours d'urgence (c. trav. art. D. 4711-1) Toutes les entreprises	Adresse et numéro d'appel de l'inspection du travail ainsi que le nom de l'inspecteur compétent. Adresse et numéro d'appel du médecin du travail ou du service de santé au travail compétent pour l'établissement et des services de secours d'urgence.	Locaux normalement accessibles aux salariés.
Intéressement (c. trav. art. L. 3313-1 et D. 3313-8) Entreprises ayant mis en place un accord d'intéressement	Indépendamment des modalités d'information du personnel prévues par l'accord (ex. : affichage de l'accord), un accord d'intéressement doit faire l'objet d'une note d'information, reprenant le texte même de l'accord et remise à tous les salariés de l'entreprise, y compris les nouveaux embauchés.	Modalités d'affichage non déterminées.

Principaux affichages ou communications liés à la paye		
Objet et entreprises concernées	**Nature et contenu de l'information**	**Modalités de l'affichage ou de la communication**
Participation aux résultats (c. trav. art. D. 3323-12) Entreprises d'au moins 50 salariés ou ayant mis volontairement en place la participation	Information du personnel de l'existence et du contenu de l'accord de participation.	Information par tout moyen prévu par l'accord et, à défaut, par voie d'affichage.
Plan d'épargne d'entreprise (PEE) (c. trav. art. L. 3332-7) Entreprises ayant mis en place un PEE	Le règlement du plan d'épargne d'entreprise détermine les conditions dans lesquelles le personnel est informé de son existence et de son contenu (placements, modalités d'abondement, etc.).	L'information est fournie par tous moyens : affichage, information individuelle sur support papier ou par voie informatique. L'entreprise doit veiller à ce que les salariés exerçant leur activité en dehors de l'entreprise accèdent à cette information.
Plan d'épargne interentreprises (PEI) et plan d'épargne pour la retraite d'entreprise (c. trav. art. L. 3333-1 et L. 3334-1 ; c. mon. et fin. L. 224-13) Entreprises dans lesquelles les salariés ont accès à un PEI, un PERCO ou un plan d'épargne retraite d'entreprise collectif	Modalités d'information prévues par ces plans. À défaut, appliquer la règle du plan d'épargne d'entreprise.	Affichage possible dans les conditions prévues par le règlement de ces plans.
Règlement intérieur (c. trav. art. L. 1311-2 et R. 1321-1) Toutes les entreprises concernées	Texte du règlement intérieur (document écrit).	Porté, par tout moyen, à la connaissance des personnes ayant accès aux lieux de travail ou aux locaux où se fait l'embauche.
Repos hebdomadaire (c. trav. art. R. 3172-1 et R. 3172-9) Toutes les entreprises concernées	• Jours et heures du repos collectif lorsque le repos est donné à la totalité ou à une partie du personnel un autre jour que le dimanche. • Information de l'administration en cas de suspension du repos hebdomadaire (ex. : travaux urgents, industries de matières périssables) (c. trav. art. L. 3132-4, L. 3132-5 et L. 3132-7, R. 3172- 6 à R. 3172-9).	• Communication par tout moyen aux salariés et communication préalable à l'inspecteur du travail de cette information et des modalités de la communication aux salariés. • Communication par tout moyen, aux salariés, de la copie de l'information transmise à l'inspecteur du travail. (2).
Repos dominical en Alsace-Moselle (dérogation administrative temporaire à la durée minimale prévue dans certaines entreprises : BTP, etc.) (c. trav. art. L. 3134-8 et R. 3134-2)	Dérogation accordée lorsque l'emploi de salariés les dimanches ou jours fériés est nécessaire de façon imprévisible pour éviter un dommage disproportionné.	Communication par tout moyen aux salariés.
Repos quotidien (c. trav. art. D. 3131-3) Entreprises où des salariés ne sont pas occupés selon un horaire collectif	Pour assurer le respect du repos quotidien de 11 heures consécutives, l'employeur peut fixer pour l'établissement, un atelier, un service ou une équipe une période quotidienne correspondant au moins à la durée de ce repos.	Affichage dans l'entreprise des heures auxquelles la période commence et finit.

Principaux affichages ou communications liés à la paye		
Objet et entreprises concernées	**Nature et contenu de l'information**	**Modalités de l'affichage ou de la communication**
Travail par relais, par roulement ou par équipes successives (c. trav. art. D. 3171-7) Entreprises concernées	Composition nominative de chaque équipe, y compris les intérimaires.	Tableau affiché dans les mêmes conditions que l'horaire (3).
Travailleurs à domicile (c. trav. art. R. 7422-12) Toutes les entreprises concernées	Les temps d'exécution des travaux à domicile, les prix de façon ou les salaires applicables à ces travaux et les frais d'atelier et frais accessoires.	Sauf exception, affichage en permanence par tout donneur d'ouvrage dans les locaux d'attente ainsi que dans ceux où s'effectuent la remise au travailleur des matières premières ou objets et la réception des articles après exécution.

(1) Sauf autres modalités d'information des salariés sur le droit conventionnel applicable dans l'entreprise ou l'établissement définies par convention de branche ou accord professionnel (c. trav. art. L. 2262-5). (2) Suspension en cas de travaux urgents (c. trav. art. R. 3172-6), surcroît extraordinaire de travail dans les industries traitant des matières périssables (c. trav. art. L. 3132-5 et R. 3172-7), dans les activités saisonnières dans certaines hypothèses (c. trav. art. L. 3132-7 et R. 3172-8). (3) Plutôt qu'un tableau affiché, l'employeur peut tenir un registre constamment à jour et le mettre à disposition de l'inspection du travail et du comité social et économique.

Affichage (récapitulatif des obligations minimales dans une petite entreprise) (1)				
Inspecteur du travail		**Horaire collectif de travail**		
Nom : ... Adresse : ... Téléphone : ...		**Services**	**Début**	**Fin**
		...	...	...
Accords collectifs (5)		**Repos**		
Intitulés de la convention et des accords collectifs applicables : ... ... Lieu de consultation : ... dans les conditions suivantes : ...		**Services**	**Heures**	**Durée**
		...	...	...
Service de santé au travail Adresse : .... Téléphone :				

Affichage (récapitulatif des obligations minimales dans une petite entreprise) (1)					
Services de secours d'urgence (2)		**Dates des congés payés (5)**			
Pompiers Adresse : ... Téléphone : ... **SAMU** Adresse : ... Téléphone : ...		**Salarié** ...	**Date** ...	**Salarié** ...	**Date** ...

Hygiène et sécurité		**Égalité professionnelle femmes-hommes, non-discrimination**
Modalités d'accès au document unique d'évaluation des risques (3) : ...		Texte des articles L. 3221-1 à L. 3221-7, R. 3221-1, R. 3221-2 et R. 3222-3 du code du travail (4) (5). Texte des articles 225-1 à 225-4 du code pénal (5). Niveau global de résultat de l'entreprise obtenu par l'entreprise au regard des indicateurs de mesure des écarts de rémunération entre les femmes et les hommes (6).

Service d'accueil téléphonique de prévention et de lutte contre les discriminations - Tél. : 3928.

Harcèlement
• Harcèlement sexuel : texte de l'article 222-33 du code pénal + information sur les actions contentieuses civiles et pénales ouvertes en matière de harcèlement sexuel + coordonnées des autorités et services compétents (liste fixée par décret ; c. trav. art. D. 1151-1). (5)
• Harcèlement moral : texte de l'article 222-33-2 du code pénal. (5)
(1) Certaines communications, dont le règlement intérieur, peuvent se faire par tout moyen, l'affichage étant l'un d'eux (voir tableau reproduit dans cette étude). (2) Liste non exhaustive, à adapter selon les risques présents dans l'entreprise (centre antipoison, etc.). (3) Avis à afficher à une place convenable et aisément accessible dans les lieux de travail. Dans les entreprises dotées d'un règlement intérieur, affichage au même emplacement que celui réservé au règlement intérieur. (4) Seulement s'il y a du personnel féminin dans l'établissement. (5) Affichage ou information par tout moyen (c. trav. art. L. 1152-1 et L. 1153-5). (6) Entreprise d'au moins 50 salariés au 1er mars de chaque année. En principe, diffusion sur le site Internet de l'entreprise. Faute de site, l'employeur peut porter l'information à la connaissance des salariés par tout autre moyen (dont l'affichage).

☛ *Aménagement du temps de travail sur une période supérieure à la semaine ; Congés payés ; Égalité des rémunérations femmes-hommes (réduction des écarts) ; Horaire de travail ; Intéressement ; Participation aux résultats ; Plan d'épargne d'entreprise ; Plan d'épargne interentreprises ; Plan d'épargne pour la retraite collectif ; Plan d'épargne retraite d'entreprise collectif ; Plan d'épargne retraite d'entreprise obligatoire ; Repos hebdomadaire ; Repos quotidien.*

AGEFIPH

L'AGEFIPH est l'association nationale pour la gestion du fonds d'insertion professionnelle des handicapés. Elle peut verser des aides en cas de recrutement de salariés handicapés ou pour financer l'aménagement de situations de travail (voir www.agefiph.fr).

En pratique, c'est l'URSSAF qui :
- reçoit la déclaration d'emploi des travailleurs handicapés celle-ci étant issue de la déclaration sociale nominative qui lui est adressée (c. trav. art. L. 5212-5) [voir *Handicapés (déclaration d'emploi)**], l'AGEFIPH y accédant dans un « second » temps ;
- perçoit l'éventuelle contribution due par l'employeur qui n'a pas rempli son obligation d'emploi des travailleurs handicapés [OETH, voir *Handicapés (contribution AGEFIPH)**] ;
- est le destinataire de la procédure de rescrit adressée par l'employeur afin de valider l'application à sa situation de la législation relative à l'OETH (c. séc. soc. art. L. 243-6-3 et R. 243-43-2) [voir *Handicapés (déclaration d'emploi)**].

☛ *Handicapés ; Handicapés (contribution AGEFIPH) ; Handicapés (déclaration d'emploi) ; Handicapés (obligation d'emploi).*

Agence de services et de paiement

L'Agence de services et de paiement (ASP) est un établissement public à caractère administratif placé sous la tutelle de l'État (c. rural art. L. 313-1).

Domaines d'intervention

Gestion des aides publiques - L'ASP a pour objet d'assurer la gestion administrative et financière d'aides publiques et peut, notamment :
- instruire les demandes d'aides ;
- vérifier leur éligibilité ;
- contrôler le respect des engagements pris par les bénéficiaires ;
- exécuter les paiements, le recouvrement et l'apurement des indus.

Ses missions couvrent de nombreux domaines (notamment agriculture, pêche, aménagement du territoire, développement local et rural, protection de l'environnement et promotion du développement durable).

▶ À noter... Elle mène des missions pour le compte de plus de 130 donneurs d'ordre dont l'Union européenne (paiement des aides agricoles) plusieurs ministères et les régions.

Gestion des aides aux employeurs - Côté employeur, l'ASP intervient dans les domaines de l'emploi, la formation professionnelle, l'insertion, l'intégration, la solidarité et l'action sociale, en contribuant à la mise en œuvre de politiques publiques.

DSN - Les données issues des traitements de la DSN sont transmises à l'ASP, dans la limite des informations qui sont strictement nécessaires à l'accomplissement de ses missions (décret 2013-266 du 28 mars 2013 modifié, art. 4, III, 12°).

Versement d'aides ou d'allocations à l'employeur

Aides à l'emploi – L'ASP assure le paiement de :
- l'aide unique aux employeurs d'apprentis (AUDEA) destinée aux entreprises de moins de 250 salariés, pour l'embauche d'apprentis visant un diplôme ou un titre à finalité professionnelle équivalant au plus au baccalauréat (c. trav. art. L. 6243-1 et D. 6243-4) ;
- l'aide exceptionnelle à l'embauche d'apprentis accordée plus largement aux entreprises pour les contrats qui ont été conclus du 1er janvier au 31 décembre 2024 puis du 24 février au 31 décembre 2025 [voir *Apprentissage (contrat)**] ;
- l'aide exceptionnelle à l'embauche des contrats de professionnalisation qui a été créée pour les contrats conclus du 1er janvier au 30 avril 2024 [voir *Contrat de professionnalisation (aides et exonérations)**] ;
- l'aide à l'insertion professionnelle versée au titre du contrat unique d'insertion (CUI) (c. trav. art. R. 5134-40 et R. 5134-65) (voir *Contrat unique d'insertion**). Rappelons que depuis le 1er janvier 2018, l'accès au contrat d'accompagnement dans l'emploi (volet « secteur non marchand » du CUI) et aux emplois d'avenir est fermé. Quant au contrat initiative-emploi (volet « secteur marchand » du CUI), il n'est prescrit que dans un cadre restreint ;
- l'aide au poste pour les entreprises d'insertion, les associations intermédiaires, les ateliers et chantiers d'insertion ainsi que les entreprises de travail temporaire d'insertion ;
- l'aide à l'accompagnement des travailleurs intérimaires handicapés pour les EATT (entreprises adaptées de travail temporaire) (c. trav. R. 5213-86-5).

Activité partielle et activité partielle de longue durée - Après avoir obtenu l'autorisation de placer des salariés en *activité partielle**, l'employeur adresse à l'ASP une demande d'indemnisation au titre de l'allocation d'activité partielle (c. trav. art. R. 5122-5 ; arrêté du 24 juillet 2014, JO 1er août). Le montant remboursé à l'employeur est versé mensuellement (voir *Activité partielle**).

Les demandes d'indemnisation versées dans le cadre du mécanisme d'activité partielle de longue durée sont aussi à adresser à l'ASP (voir *Activité partielle de longue durée**).

Salaires du défenseur syndical - L'ASP rembourse à l'employeur les salaires maintenus pendant les absences du défenseur syndical, sur justificatif (c. trav. art. D. 1453-2-10 à D. 1453-2-15) (voir *Défenseur syndical**).

Téléservice - L'ASP a mis en place un téléservice dénommé « SYLAé » (système de libre accès des employeurs), initialement à destination des employeurs embauchant des salariés en *contrat unique d'insertion** (arrêté du 26 novembre 2012, JO 13 décembre) et en particulier dans le cadre des emplois d'avenir.

Pour bénéficier de ce service, les employeurs doivent s'inscrire sur le portail dédié à SYLAé (https://sylae.asp-public.fr).

SYLAé permet de gérer, contrôler, suivre, calculer et payer les aides. Les employeurs y accèdent au moyen d'un compte de connexion (identifiant et mot de passe) qui est délivré par l'ASP.

Dans le cadre de SYLAé, l'employeur s'acquitte de son obligation de communiquer les justificatifs attestant de l'effectivité de l'activité du salarié au moyen d'une déclaration sur l'honneur effectuée mensuellement par voie électronique. L'employeur tient à la disposition de l'ASP les justificatifs correspondants.

▶ À noter... Dans le cadre de l'aide unique à l'apprentissage, le suivi d'activité de l'apprenti s'effectue à travers les données transmises dans la DSN. Toutefois, le suivi du traitement des dossiers dans ce cadre (de l'enregistrement jusqu'au paiement de l'aide) peut également s'effectuer par SYLAé. Il est prévu qu'à terme, la DSN remplace le déclaratif auprès de l'ASP, notamment, pour la demande de remboursement de l'indemnité d'activité partielle.

Périodes de mise en situation en milieu professionnel

Une *période de mise en situation en milieu professionnel** (PMSMP) permet à une personne (salarié, privé ou non d'emploi, demande d'emploi) de se confronter à des situations réelles de travail pour découvrir un métier ou un secteur d'activité, confirmer un projet professionnel, acquérir de nouvelles compétences ou initier une démarche de recrutement (c. trav. art. L. 5135-1 à L. 5135-8 ; c. trav. art. D. 5135-1 à D. 5135-8).

Chaque PMSMP fait l'objet d'une convention entre l'organisme prescripteur, le bénéficiaire, l'organisme d'accueil (entreprise, etc.) conforme à un modèle fixé par arrêté et est transmise à l'ASP à des fins statistiques (arrêté du 13 novembre 2014, JO du 15 ; Cerfa 13912*04).

Service civique

Le *service civique** permet à des volontaires de réaliser certaines missions d'intérêt général auprès d'une personne morale agréée par l'Agence de service civique (c. serv. nat. art. L. 120-1). Les engagés ou volontaires de service civique ne sont pas titulaires d'un contrat de travail. Ils n'ont donc pas la qualité de salarié mais ils bénéficient d'une indemnité, dont le montant varie selon le statut de l'intéressé (engagé ou volontaire).

Cette indemnité est versée au bénéficiaire par l'ASP, dans le cadre d'un engagement de service civique (pour un volontariat de service civique, elle est versée par l'organisme d'accueil agréé) (c. serv. nat. art. L. 120-18).

☞ *Activité partielle ; Activité partielle de longue durée ; Apprentissage (contrat) ; Contrat à durée déterminée d'insertion ; Contrat unique d'insertion ; Période de mise en situation en milieu professionnel.*

AGIRC-ARRCO

Régime unifié de retraite complémentaire

Depuis le 1er janvier 2019, les anciens régimes de retraites complémentaires ARRCO (couvrant cadre et non-cadres) et AGIRC (couvrant les seuls cadres et « assimilés ») ont été remplacés par un seul régime de retraite complémentaire, unifié : le régime AGIRC-ARRCO.

Les paramètres de fonctionnement du régime unifié ont été définis dans un accord national interprofessionnel (ANI) (ANI AGIRC-ARRCO du 17 novembre 2017, étendu par arrêté du 27 juillet 2018, JO 14 août, texte 8).

Dans ce nouveau régime, il n'y a plus de distinction entre cadres et non cadres pour la retraite complémentaire. Désormais, tous les salariés sont en principe affiliés au régime AGIRC-ARRCO.

Par comparaison, jusqu'à la fin 2018, tous les salariés étaient affiliés à l'ARRCO, mais seules certaines catégories d'entre eux relevaient de l'AGIRC (circ. AGIRC-ARRCO 2019-1 DRJ du 9 janvier 2019, fiche 1, § 1-1).

Adhésion des entreprises

Adhésion des entreprises nouvelles - C'est à l'embauche du premier salarié que l'adhésion d'une entreprise nouvelle est formalisée (envoi d'un certificat d'adhésion) (circ. AGIRC-ARRCO 2019-1 DRJ du 9 janvier 2019, fiche 2, § 1-1 ; circ. AGIRC-ARRCO 2017-6 DRJ du 6 octobre 2017).

Règles d'adhésion - Toutes les entreprises qui entrent dans le champ d'application de l'ANI du 17 novembre 2017 doivent, quelle que soit la nature de leur activité, affilier leur personnel à une institution de retraite complémentaire AGIRC-ARRCO (sauf exceptions). Les institutions AGIRC-ARRCO (ou caisses de retraite complémentaire) sont membres de différents groupes de protection sociale.

Pour chaque entreprise, la détermination du groupe de protection sociale compétent se fait à partir des règles élaborées par le régime AGIRC-ARRCO, qui sont ici résumées.

Certaines entreprises doivent adhérer à un groupe de protection sociale déterminé en raison de leur secteur d'activité : c'est ce que l'on appelle le domaine professionnel. L'appartenance au domaine professionnel est avérée dès lors que la convention collective appliquée par l'entreprise figure dans le répertoire professionnel élaboré par l'AGIRC-ARRCO (circ. AGIRC-ARRCO 2019-1 DRJ du 9 janvier 2019, fiche 2, § I.2).

Si la convention collective de l'entreprise ne figure pas dans le répertoire professionnel AGIRC-ARRCO, c'est la situation géographique de l'entreprise qui détermine le groupe de protection sociale compétent : c'est le domaine interprofessionnel. Les entreprises relevant du domaine interprofessionnel doivent se référer au répertoire géographique élaboré par l'AGIRC-ARRCO, qui désigne l'institution compétente pour recueillir leur adhésion en fonction du département (ou de l'arrondissement pour Paris) où se situe leur siège social (circ. AGIRC-ARRCO 2019-1 DRJ du 9 janvier 2019, fiche 2, § I.1).

Pour les salariés qui exercent leur activité sur certains territoires (départements d'outre-mer, Monaco...), l'entreprise ou ses établissements doivent adhérer aux institutions compétentes à titre local. La compétence territoriale prime alors sur le domaine professionnel.

▶ À noter... Depuis l'abandon du projet de transfert aux URSSAF du recouvrement des cotisations AGIRC-ARRCO, les entreprises en procédure de *versement en un lieu unique** pour les cotisations URSSAF n'ont plus, depuis le 1er janvier 2024, à adhérer à une seule institution de retraite complémentaire. Les adhésions réalisées avant cette date en application des règles dérogatoires antérieures ne sont toutefois pas remises en cause (circ. AGIRC-ARRCO 2024-10 DRJ du 23 juillet 2024).

Cotisations

Les caisses AGIRC-ARRCO assurent l'encaissement :

- des contributions patronales et salariales qui financent le régime (cotisations de retraite complémentaire, contribution d'équilibre général, contribution d'équilibre technique ; voir *Cotisations de retraite AGIRC-ARRCO**) ;
- par délégation, des cotisations *APEC** dues sur la rémunération des cadres.

☞ *APEC ; Cotisations de retraite AGIRC-ARRCO ; Maintien des cotisations de retraite complémentaire pendant certains congés ; Maintien des cotisations vieillesse en cas de temps partiel ; Retraite complémentaire (VRP).*

AGS

Garantie des salaires - L'association pour la gestion du régime d'assurance des créances des salariés (AGS) garantit le paiement des créances résultant du contrat de travail en cas de procédure de sauvegarde ou bien de redressement ou de liquidation judiciaires de l'entreprise (c. trav. art. L. 3253-6 à L. 3253-18). Sur la liste des créances couvertes par l'AGS (voir *Garantie des créances salariales**).

La garantie de l'AGS prend la forme d'avances aux salariés qui sont ensuite remboursées par récupération sur le patrimoine de l'employeur. Ces avances sont toutefois soumises à des conditions et plafonnées selon une grille fixée par le code du travail (voir *Garantie des créances salariales**).

L'AGS est organisée autour d'une direction générale et de 15 centres de gestion et d'étude AGS, dont les coordonnées sont sur le site Internet de l'AGS (www.ags-garantie-salaires.org).

▶ À noter... L'AGS ne couvre que les cas de liquidation liés aux difficultés économiques des entreprises. La liquidation de la société résultant d'une décision judiciaire ayant ordonné sa dissolution pour mésentente entre associés n'entre donc pas dans son champ (cass. soc. 16 mai 2018, n° 16-25898, BC V n° 83).

Cotisation - L'AGS est financée par une contribution de l'employeur qui, sauf exceptions, est recouvrée par les *URSSAF** (voir *Cotisations d'assurance chômage et d'AGS**).

☞ *Cotisations d'assurance chômage et d'AGS ; Garantie des créances salariales.*

Aide à domicile

Déduction forfaitaire patronale pour les particuliers employeurs

Rappel - Les cotisations dues au titre des rémunérations versées par les particuliers à leurs employés de maison sont calculées sur la base de la rémunération réelle (c. séc. soc. art. L. 133-7). L'ancien système d'assiette forfaitaire a été abrogé.

Déduction forfaitaire de cotisations patronales - Chaque heure de travail effectuée par un employé de maison ouvre droit à une déduction forfaitaire patronale (c. séc. soc. art. L. 241-10, I bis).

Cette déduction n'est cumulable ni avec une autre exonération de cotisations sociales, ni avec l'application de taux ou d'assiettes spécifiques ou de montants forfaitaires de cotisations.

Montant de la déduction - En France métropolitaine, le particulier employeur bénéficie d'une déduction forfaitaire de cotisations patronales de sécurité sociale de 2 € par heure de travail (c. séc. soc. art. L. 241-10, I bis, 1°).

Dans les départements d'outre-mer, à Saint-Barthélemy, à Saint-Martin et à Saint-Pierre-et-Miquelon, la déduction forfaitaire est, par dérogation, de 3,70 € par heure, imputables sur les cotisations et contributions sociales d'origine légale et conventionnelle (c. séc. soc. art. L. 241-10, I bis, 3°).

Exonération « aide à domicile » pour les particuliers employeurs

Bénéficiaires : publics « fragiles » - La rémunération d'une aide à domicile est exonérée de cotisations patronales de sécurité sociale (hors cotisation AT/MP) lorsque celle-ci est employée effectivement à leur service personnel, à leur domicile ou chez des membres de leur famille, par (c. séc. soc. art. L. 241-10, I) :

- 1) des personnes ayant atteint l'âge de 70 ans (s'il s'agit d'un couple, il suffit qu'une des personnes remplisse cette condition) (c. séc. soc. art. D. 241-5) ;
- 2) des personnes ayant à charge un enfant ouvrant droit au complément de l'allocation d'éducation de l'enfant handicapé ou à la prestation de compensation du handicap ;
- 3) des personnes titulaires soit de l'allocation compensatrice pour tierce personne (CASF art. L. 245-3, 1°), soit d'une majoration pour tierce personne servie au titre de l'assurance invalidité, de la législation des accidents du travail, d'un régime spécial de sécurité sociale ou de l'article L. 18 du code des pensions militaires d'invalidité et des victimes de la guerre, soit de la prestation complémentaire pour recours à une tierce personne servie au titre de la législation des accidents du travail ;
- 4) des personnes ayant dépassé l'âge de départ en retraite au titre de l'inaptitude au travail (62 ans) et se trouvant dans l'obligation de recourir à l'assistance d'une tierce personne pour accomplir les actes ordinaires de la vie (c. séc. soc. art. D. 241-5 et D. 241-5-1) ;
- 5) des personnes remplissant la condition de perte d'autonomie requise pour le bénéfice de l'allocation personnalisée d'autonomie.

Activités éligibles à l'exonération - Les bénéficiaires de l'exonération « aide à domicile » ont droit à cette exonération pour toutes les activités de *services à la personne** (BOSS, Exonérations aide à domicile, § 140, 01/01/2025 ; c. trav. art. D. 7231-1).

Exonération - L'exonération porte sur les cotisations patronales d'assurance maladie, d'assurance vieillesse et d'allocations familiales dues sur les rémunérations versées. Il s'agit d'une exonération totale, sous réserve d'une exception : pour les personnes dont le seul critère d'accès à l'exonération est l'âge de 70 ans (catégorie 1 ci-dessus mentionnée), l'exonération est accordée dans la limite, par foyer et pour l'ensemble des rémunérations versées, d'une rémunération mensuelle égale à 65 fois le SMIC horaire en vigueur au premier jour du mois (c. séc. soc. art. L. 241-10, I et D. 241-5).

Les autres cotisations et contributions restent dues.

▶ À noter... Le bénéfice de cette exonération ne peut se cumuler pour une même aide à domicile avec le complément de libre choix du mode de garde de la prestation d'accueil du jeune enfant versée au titre de la garde à domicile.

Procédure - L'exonération est accordée par l'URSSAF, sur demande des intéressés, dans des conditions fixées par arrêté. Le directeur de l'URSSAF doit notifier sa décision dans les 30 jours suivant la réception ou le dépôt de la demande (arrêté du 27 mars 1987, JO du 31, modifié par arrêté du 27 avril 1987, JO 10 mai, puis par arrêté du 9 juin 1999, JO du 11).

▶ À noter... Dans le cadre du chèque emploi-service universel, la demande est effectuée via le Centre national du CESU.

Pour les personnes dont le critère d'accès à l'exonération est l'âge de 70 ans (catégorie 1 ci-dessus mentionnée), l'exonération est automatique, sans qu'il y ait de demande à formuler (c. séc. soc. art. L. 241-10, I).

Exonération pour les employeurs d'accueillants familiaux

Les particuliers et les personnes morales qui ont passé un contrat conforme aux exigences légales (CASF art. L. 442-1 et L. 444-3) relatif à l'accueil par des particuliers, à leur domicile et à titre onéreux, de personnes visées aux 1, 3, 4 et 5 ci-dessus sont exonérés des cotisations patronales d'assurance maladie, d'assurance vieillesse et d'allocations familiales sur la rémunération qu'ils versent à ces accueillants familiaux (c. séc. soc. art. L. 241-10, II).

L'exonération est accordée par l'URSSAF, sur la demande des intéressés, dans les mêmes conditions que l'exonération « aide à domicile » *(voir ci-dessus)*.

Exonération pour les prestataires de services à la personne

Sous conditions, les personnes morales et entreprises individuelles prestataires de *services à la personne** peuvent bénéficier de l'exonération « aide à domicile » au titre des prestations effectuées auprès de certains publics vulnérables par les employeurs éligibles (c. séc. soc. art. L. 241-10, III).

Pour plus de détails sur cette exonération, voir *Services à la personne**.

Aide au financement des services aux personnes et de garde d'enfants ; Chèque emploi-service universel ; Services à la personne.

Aide au financement des services aux personnes et de garde d'enfants

Sous certaines conditions, le comité social et économique (CSE) ou l'employeur peut octroyer une aide financière aux salariés en vue de faciliter l'accès à certains services en exonération d'impôt sur le revenu et de cotisations sociales (c. trav. art. L. 7233-4 à L. 7233-9 ; c. trav. art. D. 7233-6 à D. 7233-11).

Objet de l'aide

L'aide attribuée par le CSE ou l'employeur doit avoir certaines finalités (c. trav. art. L. 7233-4).

Accès à des services au sein de l'entreprise - Il peut tout d'abord s'agir d'une aide destinée à faciliter l'accès à des services à la personne au sein de l'entreprise au bénéfice des salariés (c. trav. art. L. 7233-4, al. 1 et D. 7233-6).

Aides au financement de services à la personne ou de garde d'enfants - L'aide peut aussi être attribuée en vue de financer (c. trav. art. L. 7233-4, 1° et 2°) :
- des activités entrant dans le champ des *services à la personne** (au rang desquels figure la garde d'enfants au domicile) ;
- ou certaines activités de garde d'enfants hors du domicile.

Les activités de garde d'enfants hors du domicile entrant dans le champ de l'aide sont celles assurées par (c. trav. art. L. 7233-4, 2°) :
- des établissements publics ou privés d'accueil d'enfants de moins de 6 ans (crèches, haltes-garderies, jardins d'enfants) (c. santé pub. art. L. 2324-1, al. 1) ;
- des assistants maternels agréés ;
- des personnes organisant un accueil des enfants scolarisés en école maternelle ou élémentaire limité aux heures qui précèdent ou suivent la classe (garderies périscolaires) ;
- ou des centres aérés ou des centres de loisirs accueillant des enfants de moins de 6 ans (c. santé pub. art. L. 2324-1, al. 3).

Sur les aides à la garde d'enfant, voir aussi *Crèche et garde d'enfants**.

Aide à la gestion du chèque emploi-service universel - L'aide peut aussi être attribuée en vue de financer des prestations directement liées à la gestion et au fonctionnement du *chèque emploi-service universel** (CESU) (c. trav. art. L. 7233-4, 3°).

Cette possibilité recouvre à notre sens les aides destinées à prendre en charge certaines dépenses de gestion et de fonctionnement du *chèque emploi-service universel** liées à des services proposés par les émetteurs de CESU, comme par exemple des services en ligne pour la gestion des comptes CESU dématérialisés (c. trav. art. D. 1271-33).

Forme, gestion et bénéficiaires de l'aide

Forme de l'aide - Cette aide peut être attribuée sous deux formes :
- soit une aide financière directement versée aux bénéficiaires ;
- soit un préfinancement du *chèque emploi-service universel**.

Gestion de l'aide - L'aide financière peut être gérée par le CSE, par l'entreprise ou, conjointement, par le CSE et l'entreprise (c. trav. art. L. 7233-8).

L'employeur doit :
- procéder à une consultation préalable du CSE sur la gestion de l'aide, en cas de gestion conjointe par le CSE et l'entreprise ;
- mettre en œuvre une procédure d'évaluation associant le CSE, en cas de gestion par le CSE ou de gestion conjointe.

Bénéficiaires de l'aide - L'aide doit être versée en faveur des salariés (c. trav. art. L. 7233-4).

Il peut également s'agir du chef d'entreprise ou, si l'entreprise est une personne morale, de son président, son directeur général, son ou ses directeurs généraux délégués, ses gérants ou les membres de son directoire, à condition que l'aide puisse également bénéficier, selon les mêmes règles d'attribution, à l'ensemble des salariés de l'entreprise (c. trav. art. L. 7233-5).

▶ À noter... Le texte vise les aides versées en faveur des salariés aussi les aides versées à d'anciens salariés retraités de l'entreprise ne peuvent pas bénéficier de ces exonérations. Elles sont donc soumises à cotisations et contributions sociales (cass. civ., 2e ch., 17 mars 2022, n° 20-16278 D).

Montant de l'aide et exonérations

L'aide suit un régime unique, quelle que soit la forme sous laquelle elle est attribuée (aide financière directe, préfinancement du *chèque emploi-service universel**).

Montant maximal - Au 1er janvier 2025, le montant maximal de l'aide est de 2 540 € (au lieu de 2 421 € en 2024) par an et par bénéficiaire (arrêté du 26 décembre 2024, JO du 1er février 2025, texte 21 ; BOSS, Avantages en nature, § 1160, 01/01/2025). Ce montant est révisé annuellement par arrêté, en fonction de l'évolution de l'indice des prix à la consommation des ménages (c. trav. art. D. 7233-8).

En tout état de cause, l'aide ne peut pas dépasser le coût du service supporté par le bénéficiaire (c. trav. art. D. 7233-8).

Régime social - L'aide n'a pas le caractère de rémunération dans la limite de son montant maximal (c. trav. art. L. 7233-4).

Elle est donc exonérée de cotisations de sécurité sociale et des charges ayant la même assiette, de CSG et de CRDS à hauteur du montant maximal par an et par bénéficiaire (c. séc. soc. art. L. 136-1-1, III, 4°, c et L. 242-1, I). S'il y a lieu, l'exonération est limitée au montant du coût effectivement supporté par le bénéficiaire de l'aide (lettre circ. ACOSS 2007-28 du 5 février 2007, § 3.2).

L'éventuelle fraction excédentaire est assujettie à cotisations, à CSG et à CRDS (cass. civ., 2e ch., 29 mai 2019, n° 18-11436 FPBI).

Impôt sur le revenu - L'aide est exonérée d'impôt sur le revenu dans la même limite (c. trav. art. L. 7233-7 ; CGI art. 81, 37°).

Le montant de l'aide doit être mentionné dans la DSN (c. trav. art. D. 7233-11).

Obligations du CSE et de l'employeur - Le CSE ou l'employeur qui verse l'aide doit, aux fins de contrôle, établir un état récapitulatif individuel des aides versées (c. trav. art. D. 7233-9).

Lorsque c'est le CSE qui verse l'aide financière, il doit transmettre à son entreprise, dans les 10 premiers jours du mois de janvier de l'année suivant celle de l'attribution de l'aide, l'identité des bénéficiaires et le montant qui leur a été versé au cours de l'année civile précédente (c. trav. art. D. 7233-10).

Avant le 1er février suivant l'année de l'attribution de l'aide, l'employeur doit remettre à chaque bénéficiaire une attestation indiquant le montant total de l'aide versée au cours de l'année écoulée par l'entreprise ou le CSE et précisant son caractère non imposable (c. trav. art. D. 7233-11).

☞ *Chèque emploi-service universel ; Crèche et garde d'enfants.*

Aide au recrutement d'un apprenti

☞ *Apprentissage (contrat).*

Aide aux créateurs et repreneurs d'entreprise

☞ *Création ou reprise d'entreprise (exonération de début d'activité).*

Allaitement

☞ *Congé d'allaitement.*

Allégements de cotisations

☞ *Contrats aidés (tableau récapitulatif) ; Cotisation d'allocations familiales ; Cotisation d'assurance maladie-maternité-invalidité ; Cotisations d'assurance chômage (bonus-malus) ; Création ou reprise d'entreprise (exonération de début d'activité) ; Exonérations de cotisations ; Heures supplémentaires (déduction forfaitaire de cotisations patronales) ; Heures supplémentaires et complémentaires (réduction de cotisations salariales) ; Réduction générale de cotisations patronales.*

Allocations complémentaires aux indemnités journalières de sécurité sociale

Indemnités journalières complémentaires ; Indemnités journalières complémentaires de prévoyance.

Alsace-Moselle

Les salariés occupés dans les départements du Haut-Rhin, du Bas-Rhin et de la Moselle bénéficient, sous conditions, de dispositions particulières concernant la paye.

Maintien de salaire

Salariés autres que des commis commerciaux - Le salarié dont le contrat de travail est suspendu pour une cause personnelle indépendante de sa volonté et « pour une durée relativement sans importance » a droit au maintien de son salaire, sous déduction des indemnités journalières de sécurité sociale (c. trav. art. L. 1226-23, ancien art. 616 du code civil local). Il s'agit donc d'une obligation légale de maintien de salaire dès le premier jour d'arrêt de travail et sans condition d'ancienneté.

▶ À noter... À notre sens, l'article L. 1226-23 du code du travail peut aussi s'appliquer aux commis commerciaux lorsque le texte qui leur est spécifique *(voir ci-après)* est moins favorable.

Le maintien du salaire par l'employeur s'impose pour « une durée relativement sans importance ».

Certains considèrent, de manière générale, que cette durée s'entend comme une période de 6 semaines, par analogie avec les dispositions prévues pour les commis commerciaux *(voir ci-après)*.

Mais en réalité, il n'y a pas de règle absolue. En effet, la jurisprudence considère que, faute de précision de la loi, la notion de « durée relativement sans importance » doit s'apprécier au cas par cas, en fonction des circonstances de l'espèce (cass. soc. 25 novembre 1992, n° 90-41118, BC V n° 574 ; cass. soc. 29 janvier 1992, n° 90-40033, BC V n° 49).

Exemple

La durée « relativement sans importance » est souverainement appréciée par les juges du fond. Ils ont par exemple admis une durée de 10 jours pour un salarié contraint de rester au chevet de son concubin malade (cass. soc. 15 mars 2017, n° 15-16676, BC V n° 48), une durée de 27 jours pour un arrêt maladie du salarié (cass. soc. 11 octobre 1994, n° 91-40323 D) ou encore une absence de quelques jours en cas d'enfant malade (cass. soc. 19 juin 2002, n° 00-41736, BC V n° 206).

Dans certaines affaires, la Cour de cassation a pris en compte l'ancienneté et l'absentéisme (cass. soc. 29 juin 1994, n° 91-45707 D) ou la situation de l'entreprise compte tenu des dispositions conventionnelles de maintien de salaire, le droit local étant plus favorable pour les absences de courte durée du salarié que les dispositions conventionnelles (cass. soc. 11 octobre 1994, n° 91-40323 D).

Par ailleurs, la durée de l'absence doit être appréciée à chaque arrêt de travail (cass. soc. 19 juin 1996, n° 95-40213 D).

Commis commerciaux - Le commis commercial qui, par suite d'un accident dont il n'est pas fautif, est dans l'impossibilité d'exécuter son contrat de travail a droit à son salaire pour une durée maximale de 6 semaines (c. trav. art. L. 1226-24, ancien art. 63 du code de commerce local). Il s'agit donc d'une obligation légale de maintien de salaire dès le premier jour d'arrêt de travail, sans condition d'ancienneté, mais sous déduction des indemnités journalières éventuellement versées par la sécurité sociale.

Les salariés concernés par cette disposition spécifique sont les commis commerciaux, lesquels se définissent comme des salariés employés par un commerçant et occupant des fonctions commerciales au service de la clientèle (c. trav. art. L. 1226-24). Compte tenu de cette définition et des exemples de jurisprudence *(voir ci-après)*, on peut résumer la notion de commis commercial aux trois conditions cumulatives suivantes. Le salarié doit :

- être employé dans une entreprise commerciale par son activité (vente de produits, biens ou services) ou par sa forme (ex. : SARL) ;
- exercer une fonction commerciale en relation avec la clientèle, ce qui exclut les personnels exerçant des fonctions techniques ou manuelles ;
- et avoir un degré d'autonomie et de responsabilité limité dans l'exercice de ses fonctions.

Exemple

La jurisprudence n'a pas reconnu la qualité de commis commercial aux salariés suivants :

- salariés affectés à des tâches essentiellement manuelles, comme, par exemple, une activité de conditionnement de produits chimiques et d'entretien de bungalows de chantier (cass. soc. 19 juillet 1994, n° 90-45789 D) ;

- salariés affectés à des postes de responsabilités, accomplissant des tâches excédant la seule fourniture de services commerciaux et pour l'exécution desquelles ils disposent d'indépendance (cass. soc. 22 avril 1997, n° 94-43562 D) ;
- salariés exerçant des fonctions à prédominance technique et administrative ne fournissant pas des services commerciaux (cass. soc. 7 avril 1998, n° 96-40167 D) ;
- salariés employés en qualité de chefs d'agence et titulaires d'une délégation de pouvoirs de l'employeur, exerçant des fonctions de cadre supérieur et jouissant d'une grande indépendance dans l'organisation de leur travail (cass. soc. 16 juin 1999, n° 97-41524 D) ;
- salariés relevant du statut particulier des VRP (cass. soc. 26 septembre 2002, n° 00-41239, BC V n° 280) ;
directeurs commerciaux ayant un statut de cadre (cass. soc. 15 décembre 2004, n° 02-45168 D).

Maladie d'un enfant - Bien qu'appliquée essentiellement à des cas d'absence pour maladie du salarié, la jurisprudence a admis que le maintien de salaire prévu par le régime d'Alsace-Moselle (c. trav. art. L. 1226-24 pour les commis commerciaux ; c. trav. art. L. 1226-23 pour les autres salariés) couvre également les absences de courte durée nécessitées par la garde d'un enfant malade, aussi bien pour les commis commerciaux (cass. soc. 16 février 2011, n° 09-42677 D ; cass. soc. 16 février 2011, n° 09-70318 D) que pour les autres salariés (cass. soc. 19 juin 2002, n° 00-41736, BC V n° 206 ; cass. soc. 4 décembre 2024, n° 23-11485 FSB, 1er moyen).

Une réponse ministérielle a eu l'occasion de rappeler que, compte tenu de cette jurisprudence, les employeurs sont tenus de payer l'absence liée à la garde d'un enfant malade dès lors que le droit local d'Alsace-Moselle trouve à s'appliquer (rép. Jung n° 21775, JO 29 octobre 2013, AN quest. p. 11443).

À notre sens, le salarié confronté à cette situation n'est pas pour autant dispensé de fournir à l'employeur un certificat médical, qui, en pratique, justifie de la nécessité de l'absence.

Maladie du concubin ou du conjoint - Lorsqu'un salarié est contraint de rester au chevet de son concubin malade, en justifiant d'un certificat médical attestant de la nécessité de sa présence, le contrat de travail est considéré comme suspendu pour une cause personnelle indépendante (cass. soc. 15 mars 2017, n° 15-16676, BC V n° 48).

Cette jurisprudence a été rendue à propos d'un salarié autre qu'un commis commercial (c. trav. art. L. 1226-23), qui a donc droit au maintien de son salaire pendant une durée « relativement sans importance ». La solution, rendue ici pour un concubin, vaut a fortiori pour un conjoint ou partenaire pacsé.

▶ À noter… Même s'il n'y a pas de jurisprudence de la Cour de cassation sur ce point, certains considèrent que les absences liées au décès d'un proche constituent aussi des circonstances indépendantes de la volonté du salarié garantissant le maintien de salaire applicable en Alsace-Moselle.

Contre-visite médicale - Les dispositions particulières applicables en Alsace-Moselle ne prévoient pas de *contre-visite médicale**. En conséquence, l'employeur ne peut pas cesser de verser les indemnités complémentaires liées au maintien de salaire prévu par le droit local au motif que la contre-visite médicale organisée n'a pas pu avoir lieu (cass. soc. 4 juin 1998, n° 95-43816, BC V n° 298).

Congés payés - La période de maintien de salaire du droit local n'est pas assimilée à du *temps de travail effectif** pour l'acquisition des *congés payés**. L'employeur ne peut donc être condamné au paiement d'un rappel de salaire au titre des congés payés pour la période d'absence concernée (cass. soc. 4 décembre 2024, n° 23-11485 FSB, 2e moyen). Cette jurisprudence, rendue pour l'article L. 1226-23 (disposition du droit local pour les salariés autres que les commis commerciaux) vaut à notre sens aussi pour celle qui s'applique aux commis commerciaux (L. 1226-24).

Bien entendu, elle ne remet pas en cause les règles assimilant les arrêts de travail liés à un accident ou à une maladie à du travail effectif pour l'acquisition des congés payés, dont le salarié doit bénéficier si l'application du droit local est liée à un tel arrêt de travail [voir *Congés payés (incidence des arrêts de travail)**].

Exemple

Un arrêt maladie du salarié donnant lieu au maintien de salaire du droit local est pris en compte pour l'acquisition des congés payés en application des règles générales du code du travail [voir *Congés payés (incidence des arrêts de travail)**]. En revanche, si l'absence du salarié donnant lieu au maintien de salaire du droit local est la maladie d'un enfant, elle n'est pas prise en compte pour les droits à congés payés (sauf usage ou accord collectif plus favorable).

Clause de non-concurrence des commis commerciaux

L'employeur doit s'engager, par écrit, à verser aux commis commerciaux une indemnité spéciale s'il entend leur interdire de lui faire concurrence après leur départ. Cette indemnité mensuelle, égale à la moitié du dernier salaire perçu par le commis, est due pendant toute la durée de l'interdiction qui ne peut être supérieure à 2 ans.

En l'absence de contrepartie financière, la *clause de non-concurrence** est nulle. Il s'agit d'une disposition d'ordre public (c. com. local art. 74).

La contrepartie financière est due, y compris en cas de licenciement pour faute grave (cass. soc. 4 juin 2008, n° 04-40609, BC V n° 123 ; cass. soc. 16 décembre 2008, n° 05-40876, BC V n° 251).

▶ À noter... Pour la notion de commis commercial, les lecteurs sont invités à se reporter à nos développements relatifs au maintien du salaire *(voir plus haut)*.

Jours fériés et repos dominical

Jours fériés - Dans les départements du Haut-Rhin, du Bas-Rhin et de la Moselle, le second jour de Noël (26 décembre) et, dans les communes ayant un temple protestant ou une église mixte, le Vendredi saint sont également considérés comme des *jours fériés** (c. trav. art. L. 3134-1 et L. 3134-13).

Par ailleurs, les jours fériés sont, en principe, obligatoirement chômés (c. trav. art. L. 3134-13). Il existe cependant diverses dérogations (c. trav. art. L. 3134-4, L. 3134-14 et R. 3134-4).

▶ À noter... Il y a donc deux différences avec les autres départements métropolitains : une liste de jours fériés plus longue et le principe du chômage des jours fériés (alors que, légalement, seul le 1er mai est obligatoirement chômé en dehors de l'Alsace-Moselle).

Lorsque des jours fériés autres que le 1er mai sont travaillés, ils ne sont pas payés double, sauf usage ou disposition conventionnelle contraire. La règle de doublement du salaire prévu pour le 1er mai travaillé (c. trav. art. L. 3133-4 ; voir *Jours fériés**) vaut uniquement pour ce jour-là, y compris en Alsace-Moselle (cass. avis 17 septembre 2012, n° 01200008).

Journée de solidarité - Le cas échéant, il est possible de prévoir le travail d'un jour férié au titre de la *journée de solidarité**, à l'exception des 25 et 26 décembre, du Vendredi saint (c. trav. art. L. 3134-16) et, comme dans le reste de la France, du 1er mai (c. trav. art. L. 3133-11).

Repos dominical - Dans le secteur de l'industrie, il est interdit d'employer des salariés le dimanche, sauf dérogations. Dans le secteur du commerce, la loi autorise en principe une ouverture dominicale pour une durée maximale de 5 heures, mais l'existence de statuts locaux aboutit à une interdiction quasi générale d'ouverture. Des dérogations sont toutefois prévues (c. trav. art. L. 3134-2 à L. 3134-12 ; c. professionnel local art. 41, 41 b, 105 a à 105 i, 142 et 146).

Préavis en cas de rupture d'un CDI

En cas de licenciement, les commis commerciaux ont droit à un *préavis** de 6 semaines. Il en est de même pour les salariés dont la rémunération est fixe et qui sont chargés de manière permanente de la direction ou de la surveillance d'une activité ou d'une partie de celle-ci, ou pour ceux à qui sont confiés des services techniques nécessitant une certaine qualification (c. trav. art. L. 1234-16).

Les autres salariés ont droit à un préavis d'un jour, d'une semaine, de 15 jours ou de 6 semaines en fonction de la périodicité de leur rémunération (c. trav. art. L. 1234-15).

Ces durées s'appliquent sous réserve des dispositions légales, conventionnelles ou d'usages prévoyant une durée de préavis plus longue (c. trav. art. L. 1234-17-1).

Elles jouent également en cas de rupture d'un CDI à l'initiative du salarié (ex. : démission) (c. trav. art. L. 1234-17-1).

Pendant le préavis, l'employeur accorde au salarié qui le demande un délai raisonnable pour rechercher un nouvel emploi (c. trav. art. L. 1234-17).

Cotisations : spécificités

Régime local de sécurité sociale d'assurance maladie - L'affiliation au régime local d'Alsace-Moselle concerne diverses catégories de salariés, dont notamment (c. séc. soc. art. L. 325-1) :
- les salariés exerçant une activité dans l'un des trois départements d'Alsace-Moselle, indépendamment du lieu d'implantation du siège de leur entreprise ;
- les salariés liés à un établissement implanté en Alsace-Moselle et exerçant une activité itinérante dans d'autres départements ;
- les salariés du Port autonome de Strasbourg.

Une cotisation salariale d'assurance maladie est due sur les rémunérations versées aux salariés affiliés au régime local d'Alsace-Moselle (c. séc. soc. art. L. 242-13).

Son taux a été maintenu à 1,30 % au 1er janvier 2025 (taux applicable depuis le 1er avril 2022) (décision du 19 décembre 2024 du conseil d'administration du régime local d'Alsace-Moselle).

▶ À noter... Une cotisation salariale d'assurance maladie de 1,30 % est également prélevée sur certains revenus de remplacement (ex. : les allocations d'*activité partielle**). Sous certaines conditions, une exonération peut s'appliquer.

Cotisation « accidents du travail » - Pour la cotisation « accidents du travail », des règles de tarification spécifiques s'appliquent (voir *Tarification de la cotisation d'accidents du travail**) (c. séc. soc. art. L. 242-7-1).

Taxe d'apprentissage - Le taux de la *taxe d'apprentissage** est de 0,44 % pour les établissements situés en Alsace-Moselle, quel que soit le lieu du siège du principal établissement de l'entreprise (c. trav. art. L. 6241-1-1, II).

Les employeurs de 250 salariés et plus n'ayant pas un quota minimum d'alternants à l'effectif sont redevables de la *contribution supplémentaire à la taxe d'apprentissage** à un taux spécifique, égal à 52 % des taux normalement applicables sur le reste du territoire national (c. trav. art. L. 6242-1, VI).

Complémentaire santé

Les employeurs doivent faire bénéficier leurs salariés d'une couverture santé collective et obligatoire conforme à un socle minimal fixé réglementairement. Une adaptation du dispositif est prévue pour les salariés relevant du régime local d'Alsace-Moselle [voir *Prévoyance « frais de santé » (socle minimal)**].

Contribution supplémentaire à la taxe d'apprentissage ; Cotisation d'assurance maladie-maternité-invalidité ; Journée de solidarité ; Maladie ; Prévoyance « frais de santé » (socle minimal) ; Tarification de la cotisation d'accidents du travail ; Taxe d'apprentissage.

Aménagement du temps de travail (différents cas)

Aménagement du temps de travail sur tout ou partie de l'année - L'aménagement du temps de travail s'organise dans un cadre légal unique : l'*aménagement du temps de travail sur une période supérieure à la semaine** (c. trav. art. L. 3121-41).

Les anciennes dispositions légales relatives au *cycle de travail**, à la *modulation de la durée du travail**, à la *réduction du temps de travail (réduction sous forme de repos)** et au *temps partiel** modulé ont été abrogées le 21 août 2008. Toutefois, les accords collectifs conclus en application de ces textes avant cette date restent en vigueur (loi 2008-789 du 20 août 2008, art. 20-V, JO du 21).

Autres cadres juridiques - Il existe d'autres dispositifs permettant d'adopter une organisation particulière ou d'aménager les horaires pour tout ou partie des salariés : *astreinte**, *convention de forfait**, *équipes de suppléance**, *heures de récupération**, *durée d'équivalence**, *horaires individualisés**, *temps partiel**, *travail en équipes successives**, *travail intermittent**, *travail de nuit**, etc.

Aménagement du temps de travail sur une période supérieure à la semaine ; Astreinte ; Compte épargne-temps ; Contrepartie obligatoire en repos ; Convention de forfait ; Convention de forfait (forfait annuel en jours) ; Cycle de travail ; Dimanche ; Durée du travail ; Durée d'équivalence ; Heures complémentaires ; Heures supplémentaires ; Jour de RTT (gestion en paye) ; Modulation de la durée du travail ; Récupération des heures perdues ; Réduction du temps de travail (réduction sous forme de repos) ; Repos compensateur de remplacement ; Repos hebdomadaire ; Temps partiel ; Temps partiel sur tout ou partie de l'année ; Temps partiel (avenant de complément d'heures) ; Travail en équipes successives ; Travail intermittent ; Travail de nuit ; Travail en soirée.

Aménagement du temps de travail sur une période supérieure à la semaine

Cadre juridique

Cadre légal unique - Les employeurs peuvent aménager le temps de travail sur une période de référence supérieure à la semaine (c. trav. art. L 3121-41 à L 3121-52). Ils peuvent ainsi retenir une organisation adaptée à leur entreprise : organisation du travail par cycles, organisation basée sur des jours de réduction du temps de travail (RTT), modulation du temps de travail, etc.

Il est possible d'aménager le temps de travail (c. trav. art. L. 3121-44 et L. 3121-45) :

- par accord collectif, sur une période d'un an au plus (ou si un accord de branche le permet, sur une période supérieure à l'année et d'au plus 3 ans) ;
- sans accord collectif, sur une période pouvant aller jusqu'à 4 semaines pour les entreprises de 50 salariés et plus ou sur une période pouvant aller jusqu'à 9 semaines, pour les employeurs de moins de 50 salariés.

Accords antérieurs au 21 août 2008 - Les anciennes dispositions légales relatives au *cycle de travail**, à la *modulation de la durée du travail**, à la *réduction du temps de travail (réduction sous forme de repos)** et au temps partiel modulé ont été abrogées le 21 août 2008. Les accords collectifs conclus en application de ces textes avant cette date, s'il en existe, restent en vigueur (loi 2008-789 du 20 août 2008, art. 20, V).

Aménagement du temps de travail par accord collectif

Niveau de l'accord collectif - Il est possible d'aménager le temps de travail sur une période supérieure à la semaine par accord collectif d'entreprise ou d'établissement ou, à défaut, en application d'une convention ou d'un accord de branche (c. trav. art. L. 3121-44).

Période de référence maximale - La période de référence fixée par l'accord doit être au maximum d'un an (c. trav. art. L. 3121-44).

Si un accord de branche l'autorise, il est possible d'aménager le temps de travail sur une période supérieure à l'année, mais d'au plus 3 ans.

▶ À noter… Pour le Comité européen des droits sociaux, la possibilité d'aménager le temps de travail sur une période supérieure à l'année, pouvant aller jusqu'à 3 ans, est contraire à la Charte sociale européenne (décision du Comité européen des droits sociaux du 18 octobre 2018, publiée le 15 mars 2019). Reste à savoir quelle sera l'incidence de cette décision qui n'a pas d'effet contraignant direct en France.

Contenu exigé de l'accord collectif - L'accord collectif doit prévoir (c. trav. art. L. 3121-44) :
- la période de référence ;
- les conditions et délais de prévenance des changements de durée ou d'horaire de travail, le délai de prévenance devant rester raisonnable (c. trav. art. L. 3121-42) ;
- les conditions de prise en compte des absences ainsi que des arrivées et départs en cours de période, pour la rémunération des salariés, ;
- lorsque l'accord s'applique aux salariés à temps partiel (voir *Temps partiel sur tout ou partie de l'année**), les modalités de communication et de modification de la répartition de la durée du travail et des horaires de travail des intéressés.

L'accord peut prévoir une limite annuelle inférieure à 1 607 h pour le décompte des heures supplémentaires (c. trav. art. L. 3121-44 ; cass. soc. 13 novembre 2014, n° 13-10721, BC V n° 263).

Lorsque la période de référence fixée par l'accord est supérieure à 1 an, l'accord prévoit une limite hebdomadaire haute, supérieure à 35 h, au-delà de laquelle les heures de travail effectuées au cours d'une même semaine constituent des heures supplémentaires payées avec le salaire du mois considéré (c. trav. art. L. 3121-44). Si la période de référence d'aménagement du temps de travail n'excède pas 1 an, cette clause n'est pas obligatoire.

À défaut de stipulation dans l'accord, le délai de prévenance pour changer la durée du travail ou les horaires de travail est de 7 jours (c. trav. art. L. 3121-47).

Accord des salariés - L'accord collectif d'aménagement du temps de travail s'impose aux salariés. La mise en place d'une répartition des horaires sur une période supérieure à la semaine et au plus égale à l'année par accord collectif ne constitue pas une modification du contrat de travail pour les salariés à temps plein (c. trav. art. L. 3121-43).

Cependant, l'accord des salariés est nécessaire si, en dehors de la stricte question de la répartition des horaires, l'aménagement du temps de travail a des répercussions sur d'autres éléments du contrat de travail (ex. : sur la rémunération contractuelle).

▶ À noter… La règle selon laquelle l'accord collectif s'impose aux salariés est en vigueur depuis le 24 mars 2012. N'ayant pas d'effet rétroactif, elle ne vaut pas pour les accords mis en œuvre avant cette date (cass. soc. 25 septembre 2013, n° 12-17776, BC V n° 217). Cette solution concerne aussi les anciens accords de *modulation de la durée du travail**.

Lorsque l'accord collectif d'aménagement du temps de travail prévoit qu'il s'applique aux salariés à temps partiel, l'employeur doit recueillir l'accord individuel des intéressés (c. trav. art. L. 3121-43) (voir *Temps partiel sur tout ou partie de l'année**).

Articulation avec un accord de performance collective - Il est possible d'aménager le temps de travail dans le cadre d'un accord de performance collective (c. trav. art. L. 2254-2, I). Cet accord s'impose au contrat de travail dans les conditions prévues par ce dispositif. En particulier, le salarié peut en refuser l'application, mais il peut alors être licencié (voir *Accord de performance collective**).

Lissage du salaire - L'accord collectif qui organise le temps de travail sur une période supérieure à la semaine peut prévoir une rémunération lissée indépendante de l'horaire réel effectué au cours de chaque mois. La rémunération est alors calculée en fonction de l'horaire mensuel moyen (c. trav. art. L. 3121-44).

En cas d'absence en période haute, ni l'accord collectif ni une décision unilatérale de l'employeur ne peuvent régulariser la rémunération du salarié en fin d'année en se référant à la durée hebdomadaire moyenne de la modulation comme mode de décompte des jours d'absence pour maladie pendant la période de haute activité. Cette solution, rendue à propos d'un arrêt maladie pour les anciens accords de *modulation de la durée du travail** (cass. soc. 9 janvier 2007, n° 05-43962, BC V n° 1), est à notre sens applicable dans le cadre de l'aménagement du temps de travail sur tout ou partie de l'année.

▶ À noter... Se référer à la durée moyenne du travail conduit à surévaluer l'impact d'un arrêt maladie en période haute sur le salaire, ce qui constitue, selon les juges, une discrimination indirecte en raison de l'état de santé du salarié.

Lorsque l'accord collectif instaurant l'aménagement du temps de travail prévoit le lissage de la rémunération, il peut y avoir une régularisation en la défaveur du salarié si, au final, il a travaillé moins que prévu. L'employeur récupère alors le trop versé à l'intéressé. Mais lorsque l'accord collectif prévoit que la régularisation est impossible en cas de déficit d'heures travaillées lié à une insuffisance de planification de la part de l'employeur, si ce dernier ne produit pas d'élément de planification, il ne peut pas procéder à une régularisation (cass. soc. 2 octobre 2024, n° 22-21422 FSB).

Heures supplémentaires au-delà de la limite hebdomadaire haute - L'accord collectif peut fixer une limite hebdomadaire haute, supérieure à 35 h, au-delà de laquelle les heures effectuées sont des *heures supplémentaires** qui doivent être payées avec le salaire du mois considéré (c. trav. art. L. 3121-44). Si la période de référence du dispositif d'aménagement du temps de travail est supérieure à l'année, cette clause est obligatoire.

Ces heures supplémentaires sont dues et payées « immédiatement », quel que soit le volume d'heures totalisé au final sur la période de référence.

Heures supplémentaires en fin de période de référence - Pour les autres heures supplémentaires, le bilan est fait en fin de période d'aménagement du temps de travail (c. trav. art. L. 3121-41).

Si la période de référence est annuelle, les *heures supplémentaires** sont celles effectuées au-delà de 1 607 h (ou de la limite annuelle inférieure fixée par l'accord), après déduction le cas échéant des heures supplémentaires effectuées au-delà de la limite haute hebdomadaire fixée par l'accord et déjà payées au mois le mois.

Lorsque la période de référence est inférieure ou supérieure à l'année, les *heures supplémentaires** sont celles effectuées au-delà de la moyenne de 35 h calculée sur la période de référence fixée par l'accord, après déduction le cas échéant des heures supplémentaires effectuées au-delà de la limite haute hebdomadaire fixée par l'accord et déjà payées au mois le mois.

Le seuil de déclenchement des heures supplémentaires (1 607 h sur l'année ou moyenne de 35 h sur la période de référence) ne peut pas être fixé à un niveau supérieur, même :
- pour des salariés qui n'ont pas un droit intégral à *congés payés** (cass. soc. 14 novembre 2013, n° 11-17644, BC V n° 270 ; cass. soc. 11 mai 2016, n° 14-29512, BC V n° 96) ;
- ou dans des secteurs d'activité où il existe un système d'*horaire d'équivalence** (cass. soc. 26 septembre 2012, n° 11-14083, BC V n° 251).

Si un accord prévoit un seuil supérieur à 1 607 h, cette seule circonstance n'affecte pas sa validité, mais les heures supplémentaires doivent être décomptées en fonction d'un seuil de 1 607 h (cass. soc. 17 décembre 2014, n° 13-13502, BC V n° 305).

Incidence des absences sur le décompte des heures supplémentaires - La question se pose de l'incidence des absences sur le seuil de décompte des heures supplémentaires (1 607 h pour une période de référence annuelle).

La jurisprudence a apporté des précisions dans le cadre d'affaires relatives à d'anciens accords de modulation de la durée du travail. À notre sens, ces solutions sont transposables à l'aménagement du temps de travail sur tout ou partie de l'année.

Sauf dispositions conventionnelles plus favorables, lorsque le salarié est absent pour maladie en période de haute activité, le seuil de déclenchement annuel des heures supplémentaires doit être réduit de la durée de cette absence, évaluée sur la base de la durée hebdomadaire moyenne de modulation applicable dans l'entreprise (cass. soc. 13 juillet 2010, n° 08-44550, BC V n° 177) Cette solution vaut aussi, à notre sens, en cas d'accident du travail ou de maladie professionnelle.

Exemple

Une entreprise pratique l'aménagement du temps de travail sur tout ou partie de l'année avec un seuil de déclenchement des heures supplémentaires fixé à 1 607 h, des périodes hautes à 37 h hebdomadaires et des périodes basses à 33 h. Sur l'année, la moyenne hebdomadaire s'établit à 35 h. Un salarié est absent pour maladie pendant 3 semaines en période haute, soit un « déficit » de 111 heures de travail (37 h × 3 semaines). Le seuil annuel de déclenchement des heures supplémentaires est abaissé de la durée de l'absence évaluée sur la base de la durée moyenne de modulation, soit 35 h × 3 semaines = 105 h. Il est, en conséquence, ramené à 1 502 h (1 607 h – 105 h). En fin d'année, toute heure travaillée au-delà de 1 502 heures sera donc payée comme heure supplémentaire, après déduction, le cas échéant, des heures supplémentaires effectuées en cours d'année au-delà de la limite haute hebdomadaire et déjà payées.

Pour les jours de congés payés et les absences qui ne sont pas assimilées à du temps de travail effectif en vertu de dispositions légales ou conventionnelles ou d'usages, l'employeur n'a pas à réduire le seuil annuel de déclenchement des heures supplémentaires (cass. soc. 9 février 2011, n° 09-42939, BC V n° 46). Ces absences peuvent donc absorber tout ou partie des heures supplémentaires décomptées en fin d'année.

Exemple

Une entreprise pratique l'aménagement du temps de travail sur tout ou partie de l'année avec un seuil de déclenchement des heures supplémentaires fixé à 1 607 h. En temps normal, les salariés sont amenés à travailler 1 617 h sur l'année, soit 10 h supplémentaires. Cependant, un salarié prend un jour de congé sans solde, qui équivaut à 7 h d'absence. En fin d'année, ce salarié aura travaillé 1 610 h alors que le seuil de déclenchement des heures supplémentaires reste de 1 607 h. Il totalisera donc 3 h supplémentaires.

Aménagement du temps de travail sans accord collectif

Période de référence - Les entreprises ont la possibilité d'aménager les horaires sans passer par un accord collectif sur une période de plusieurs semaines, dans la limite de 4 semaines. La limite est fixée à 9 semaines pour les employeurs de moins de 50 salariés (c. trav. art. L. 3121-45 et D. 3121-27).

▶ À noter... Par dérogation (à notre sens, sous-entendu à la limite des 4 ou 9 semaines), dans les entreprises qui fonctionnent en continu, les employeurs peuvent mettre en place une répartition de la durée du travail sur plusieurs semaines (c. trav. art. L. 3121-46).

L'accord des salariés n'est pas nécessaire sauf si, en dehors de la stricte question de la répartition des horaires, l'aménagement du temps de travail s'accompagne d'autres changements considérés comme des modifications du contrat de travail (ex. : sur la rémunération contractuelle ; cass. soc. 11 mai 2016, n° 15-10025, BC V n° 97).

Programme indicatif - L'employeur doit établir un programme indicatif de la variation de la durée du travail (c. trav. art. D. 3121-27). À notre sens, ce programme est calqué sur l'affichage auquel doit procéder l'employeur sur le lieu de travail *(voir plus loin)*.

Le programme indicatif doit être soumis préalablement pour avis au comité social et économique (c. trav. art. D. 3121-27). Il est transmis à l'inspecteur du travail (c. trav. art. D. 3171-4).

Le programme peut faire l'objet de modifications, sous réserve :
- de consulter au préalable le comité social et économique (c. trav. art. D. 3121-27) ;
- d'être transmis à l'inspecteur du travail (c. trav. art. D. 3171-4) ;
- d'afficher l'horaire modifié afin d'informer les salariés (c. trav. art. D. 3171-3).

Les salariés sont prévenus des changements de leurs horaires de travail dans un délai de 7 jours ouvrés au moins avant la date à laquelle ce changement intervient (c. trav. art. D. 3121-27).

Heures supplémentaires - Les *heures supplémentaires** sont déterminées à partir d'un double décompte (c. trav. art. D. 3121-25) :
- chaque semaine, toute heure accomplie au-delà de 39 h est considérée comme une heure supplémentaire ;
- en fin de période (4 ou 9 semaines au plus), les heures excédant la moyenne de 35 h hebdomadaires sur la période sont considérées comme des heures supplémentaires, après déduction, le cas échéant, des heures déjà décomptées au-delà de 39 h dans le cadre de la semaine.

Lissage de la rémunération - Le salaire mensuel doit être calculé sur la base de 35 h hebdomadaires, indépendamment de l'horaire réel (c. trav. art. D. 3121-28).

À notre sens, l'obligation de lisser le salaire mensuel s'applique aussi aux entreprises qui pratiqueraient un horaire hebdomadaire moyen supérieur à 35 heures, la rémunération étant alors calculée en tenant compte des *heures supplémentaires** lissées.

Prise en compte des absences - Les absences sont valorisées sur la base du temps qui aurait été travaillé si le salarié avait été présent, heures supplémentaires comprises (c. trav. art. D. 3121-25).

Les absences rémunérées ne peuvent pas être récupérées.

Arrivées et départs en cours de période - Lorsqu'un salarié est embauché ou quitte l'entreprise en cours de période, toute heure accomplie au-delà de la durée légale de 35 h constitue une heure supplémentaire. Par ailleurs, si, une semaine donnée, la durée hebdomadaire de travail est inférieure à 35 h, le salaire reste maintenu sur la base de 35 h (c. trav. art. D. 3121-25).

Dispositif de monétisation des jours de RTT

La loi de finances rectificative pour 2022 a créé un dispositif temporaire de rachat de jours de repos pour toutes les entreprises où un salarié acquiert des jours de RTT dans le cadre d'un dispositif d'aménagement du temps de travail sur une période supérieure à la semaine (pour le détail, voir *Monétisation des jours de RTT**).

Obligations d'affichage

Affichage - L'employeur doit procéder à l'*affichage** de l'horaire de travail (c. trav. art. D. 3171-2) et en transmettre préalablement un double à l'inspecteur du travail (c. trav. art. D. 3171-4). Il en va de même en cas de modification de l'horaire (c. trav. art. D. 3171-3)

Contenu de l'affichage - Sauf disposition conventionnelle contraire, lorsqu'un dispositif d'aménagement du temps de travail s'applique au sein de l'entreprise, de l'établissement, de l'atelier, du service ou de l'équipe, l'employeur affiche le nombre de semaines que comporte la période de référence et, pour chaque semaine de la période, l'horaire de travail et la répartition de la durée du travail (c. trav. art. D. 3171-5).

Modifications - L'affichage des changements de durée ou d'horaire doit être fait au moins 7 jours avant (ou en respectant le délai prévu par l'accord collectif de travail) (c. trav. art. D. 3171-5).

Annexes au bulletin de paye

Document mensuel - Lorsque les salariés d'un atelier, d'un service ou d'une équipe ne travaillent pas selon le même horaire collectif (ex. : travail par roulement) et si le système d'aménagement du temps de travail prévoit des journées ou des demi-journées de repos, l'employeur doit établir pour chaque salarié un document mensuel. Celui-ci indique notamment le nombre de journées ou de demi-journées de repos prises au cours du mois, le cumul des heures supplémentaires accomplies au début de l'année, etc. (c. trav. art. D. 3171-12).

Un double de ce document est annexé au bulletin de paye.

Document récapitulatif de fin de période - En cas d'aménagement du temps de travail sur une période supérieure à la semaine, il faut annexer au dernier bulletin de paye de la période de référence un document qui indique le total des heures de travail accomplies au cours de la période de référence écoulée (c. trav. art. D. 3171-13).

Le code du travail semble n'imposer ce document qu'en cas d'aménagement du temps de travail par accord collectif. Pour autant, il paraît prudent de le prévoir également lorsque l'entreprise aménage le temps de travail sur plusieurs semaines hors d'un accord collectif, dans le cadre du régime par défaut.

Primes compensant les sujétions liées à l'aménagement du temps de travail

Certains dispositifs d'aménagement du temps de travail prévoient une prime spécifique visant à en compenser les sujétions, parfois appelée « prime de modulation ».

Si le dispositif d'aménagement vient à être jugé inopposable à un salarié dans le cadre d'un litige, la « prime de modulation » versée à l'intéressé en application du dispositif lui reste acquise, dans la mesure où il a été soumis de manière effective à la modulation du temps de travail, et donc aux sujétions compensées par la prime (cass. soc. 7 février 2024, n° 22-18940 FSB). Cette jurisprudence, rendue à propos d'un ancien accord de *modulation de la durée du travail** (antérieur au 21 août 2008), est à notre avis transposable au cadre actuel de l'aménagement du temps de travail.

RÉFÉRENCES

circ. DGT 2008-20 du 13 novembre 2008.

☛ *Accord de performance collective ; Don de jours de repos ; Heures supplémentaires ; Horaire d'équivalence ; Jour de RTT (gestion en paye) ; Monétisation des jours de RTT ; Temps partiel sur tout ou partie de l'année.*

Amendes disciplinaires

☛ *Sanctions pécuniaires.*

Amendes pénales

De nombreuses obligations légales sont assorties d'amendes pénales : l'employeur qui méconnaît ces obligations encourt la condamnation à leur paiement.

Le code pénal fixe le montant maximal de l'amende pour chacune d'elles (c. pén. art. 131-13) :
- 38 € pour les contraventions de 1re classe ;
- 150 € pour celles de 2e classe ;

- 450 € pour celles de 3e classe ;
- 750 € pour celles de 4e classe ;
- 1 500 € pour celles de la 5e classe, montant qui peut être porté à 3 000 € en cas de récidive lorsque le règlement le prévoit (et hors les cas où la loi prévoit que la récidive de la contravention constitue un délit).

Cette échelle des amendes, comme pour les peines en matière de délits, ne prévoit pas de minimum. Elle laisse donc au juge toute latitude pour en fixer le montant, dans la limite du maximum de chaque classe, sans avoir à justifier de circonstances atténuantes.

Le taux maximal de l'amende pénale applicable aux personnes morales est égal à 5 fois celui prévu pour les personnes physiques citées ci-dessus (c. pén. art. 131-41).

Amplitude de la journée de travail

Durée du travail

Définition - L'amplitude de la journée de travail correspond au laps de temps qui s'écoule entre le début et la fin de la journée de travail, heures de repos comprises (cass. soc. 23 septembre 2009, n° 07-44226, BC V n° 202). Elle est distincte de la durée quotidienne, qui correspond à la durée de travail effectif.

Dans certaines professions, des décrets d'application ou des conventions et accords collectifs prévoient une amplitude maximale de la journée de travail.

Amplitude maximale - L'amplitude de la journée de travail se calcule par journée civile, de 0 h à 24 h (cass. soc. 18 décembre 2001, n° 99-43351, BC V n° 392).

Compte tenu des exigences de *repos quotidien** (minimum de 11 h), l'amplitude maximale de la journée de travail est de 13 h, interruptions et pauses incluses. Elle s'apprécie sur la journée civile.

Exemple

Si le travail débute à 6 h du matin, il doit cesser au plus tard à 19 h, même si, entre-temps, le salarié a bénéficié d'une interruption de 2 h.

Primes d'amplitude

Les primes d'amplitude destinées à rétribuer les temps morts parfois importants, qui peuvent être compris dans une journée de travail à forte amplitude, sont soumises à cotisations et contributions sociales.

☞ *Durée du travail ; Pauses ; Primes ; Repos quotidien ; Temps de travail effectif.*

Ancienneté

Droits liés à l'ancienneté

Certains droits, légaux ou conventionnels, sont accordés à un salarié s'il a une ancienneté suffisante. Il s'agit, par exemple :
- du droit à des *indemnités journalières complémentaires** (maintien du salaire par l'employeur) en cas de maladie ou d'accident ;
- de la rémunération des *jours fériés** chômés ;
- du droit à certains congés (ex. : *congé parental d'éducation**, *congé de proche aidant**, *CPF de transition professionnelle**, *congé sabbatique**) ;
- du droit à une *prime d'ancienneté** ;
- du droit à un *préavis** ;
- du droit à certaines indemnités de rupture (ex. : *indemnité de licenciement**, *indemnité de mise à la retraite**, *indemnité de départ volontaire en retraite**).

Incidence des absences

Principe : suspension de l'ancienneté - L'*absence** du salarié suspend généralement son ancienneté : l'employeur doit donc déduire de l'ancienneté totale les périodes de suspension du contrat de travail.

Il en va ainsi notamment pour apprécier l'ancienneté permettant de déterminer :
- la durée du préavis légal de licenciement (c. trav. art. L. 1234-8 ; cass. soc. 10 février 1999, n° 95-43561, BC V n° 64) ;
- le droit à l'indemnité légale de licenciement (c. trav. art. L. 1234-11 ; cass. soc. 16 septembre 2009, n° 08-41999 D).

Exemple

Un salarié a été embauché le 1er avril 2023 et reçoit sa lettre de licenciement datée du 1er juin 2025. Le salarié a donc a priori 26 mois d'ancienneté. Or il a été malade du 1er septembre 2023 au 1er décembre 2023. Ces 3 mois d'absence sont retranchés de son ancienneté, qui est donc de 23 mois, soit moins de 2 ans. Le salarié doit donc effectuer un préavis légal de 1 mois.

En revanche, si la convention collective n'exclut pas explicitement les périodes de suspension du contrat de travail du décompte de l'ancienneté, l'employeur ne peut pas déduire les périodes de suspension du contrat de travail pour maladie non professionnelle (cass. soc. 28 juin 2018, n° 16-28511 FSPB).

▶ À noter... Dans cette affaire, la convention collective prévoyait : « l'ancienneté s'entend d'un nombre d'années entières et consécutives dans le même établissement ». Les juges en ont conclu qu'il n'y avait pas lieu de déduire les périodes de suspension du contrat de travail pour maladie (non professionnelle).

Absences et congés assimilés à du travail effectif - La loi, la convention collective ou un usage d'entreprise assimilent parfois certaines absences à du *temps de travail effectif** pour les droits liés à l'ancienneté.

Par exemple, les repos compensateurs, les absences pour accident du travail ou maladie professionnelle et certains congés sont pris en compte pour le calcul de l'ancienneté.

Exemple

Peu importe qu'une convention collective prévoit ou non la prise en compte des périodes de suspension du contrat de travail liées à un accident du travail ou une maladie professionnelle pour calculer l'ancienneté : la durée de ces périodes doit être prise en compte pour la détermination de tous les avantages légaux et conventionnels liés à l'ancienneté dans l'entreprise (cass. soc. 22 mars 2018, n° 16-20186 D).

Pour plus d'exemples, voir le tableau récapitulatif de l'étude *Congés pour événements familiaux**.

Impact de l'activité partielle - En principe, le travail à temps partiel du salarié ne joue pas sur le décompte de son ancienneté puisque ses droits sont ceux d'un salarié à temps complet (c. trav. art. L. 3123-5). Par analogie, on peut donc penser que travailler « à temps partiel », dans le cadre d'une *activité partielle** sous forme de réduction d'horaires, ne pénalise pas le salarié sur le plan de son ancienneté.

Quant à l'activité partielle sous forme de fermeture temporaire, la période d'activité partielle ne devrait, à notre sens, pas être prise en compte dans le calcul de l'ancienneté du salarié, sauf usage ou accord plus favorable.

▶ À noter... L'administration a toutefois indiqué que pendant les périodes où le salarié est en activité partielle, le contrat de travail est suspendu : cette période de suspension n'est pas prise en compte pour l'ancienneté du salarié, sauf dispositions conventionnelles ou usage plus favorable dans l'entreprise (https://www.service-public.fr/particuliers/vosdroits/F592).

Épargne salariale - Les accords de participation ou d'intéressement ainsi que les règlements de plans d'épargne salariale et plans d'épargne retraite peuvent prévoir une condition d'ancienneté de 3 mois maximum.

Pour calculer l'ancienneté d'un salarié, il est impossible de déduire les périodes pendant lesquelles son contrat de travail a été suspendu, quels qu'en soient les motifs : arrêt de travail pour maladie ou accident, congé de maternité, de paternité ou d'adoption, absences autorisées, etc. (guide intermin. épargne salariale, juillet 2014). La notion d'ancienneté correspond ici à la durée totale d'appartenance juridique à l'entreprise.

Licenciement sans cause réelle et sérieuse - Pour les licenciements notifiés depuis le 24 septembre 2017 et jugés sans cause réelle et sérieuse, un barème permet de déterminer les dommages et intérêts alloués à ce titre. Ce barème prend en compte l'ancienneté du salarié (c. trav. art. L. 1235-3) [pour plus de détails, voir *Licenciement (dommages et intérêts)**].

Cette condition d'ancienneté s'apprécie sans aucune restriction liée aux périodes de suspension du contrat de travail, et donc sans qu'il soit, par exemple, possible de déduire une période de maladie non professionnelle (cass. soc. 7 décembre 2011, n° 10-14156, BC V n° 288).

Ajuster les compteurs paye - À chaque absence ayant une incidence sur l'ancienneté du salarié, l'employeur doit vérifier les compteurs paye, et les ajuster si nécessaire, pour assurer un décompte correct.

Salariés à temps partiel

L'ancienneté des salariés à temps partiel se calcule de la même façon que pour les autres salariés. Les périodes d'inactivité liées au temps partiel et à la répartition du temps de travail sont considérées comme des périodes de travail (c. trav. art. L. 3123-5).

Date d'appréciation

Point de départ - En principe, l'ancienneté se calcule à partir de l'entrée du salarié dans l'entreprise, période d'essai incluse.

Licenciement - En cas de licenciement, l'ancienneté du salarié s'apprécie au jour où l'employeur envoie la lettre notifiant le licenciement (cass. soc. 26 septembre 2006, n° 05-43841, BC V n° 288). Cette règle devrait s'appliquer à chaque fois qu'un licenciement

est prononcé, pour tous les droits liés à l'ancienneté, et notamment :
- le droit et la durée du *préavis** prévu par le code du travail en cas de licenciement ;
- le droit à l'indemnité légale de licenciement (cass. soc. 11 janvier 2007, n° 04-45250, BC V n° 3).

Cette jurisprudence n'a pas d'incidence sur :
- le montant de l'indemnité légale de licenciement : l'ancienneté s'apprécie à la date d'expiration normale du préavis, qu'il soit ou non exécuté (cass. soc. 27 février 1991, n° 88-45512 D ; cass. soc. 25 novembre 1997, n° 94-45010, BC V n° 398) ;
- le point de départ du préavis, qui est fixé à la date de présentation de la lettre de licenciement au salarié (c. trav. art. L. 1234-3).

Maladie - Pour savoir si le salarié a l'ancienneté suffisante pour lui permettre de prétendre au maintien de salaire prévu en cas d'absence (code du travail ou convention collective), il faut se placer à la date du premier jour de l'absence pour *maladie** (c. trav. art. D. 1226-8 ; cass. soc. 7 juillet 1993, n° 90-40906, BC V n° 198).

Notion d'ancienneté « de services continus » ou « ininterrompue » - Pour déterminer certains droits ou obligations (ex. : durée minimale légale du préavis de licenciement, droit à l'indemnité de licenciement), il est fait référence à la notion d'ancienneté de services continus chez un même employeur (c. trav. art. L. 1234-1 et L. 1234-9). Celle-ci est retenue également lorsque le salarié a travaillé de manière ininterrompue pour plusieurs sociétés dirigées par le même employeur (cass. soc. 26 mai 2004, n° 01-44814 D).

En revanche, l'ancienneté de services continus est exclue si les contrats précédents avec le même employeur se sont succédé sans continuité (cass. soc. 27 octobre 1993, n° 90-41281 D).

Reprise d'ancienneté

Clause de reprise d'ancienneté - Un contrat de travail peut contenir une clause de reprise d'ancienneté. L'ancienneté du salarié est alors calculée en tenant compte de tout ou partie de l'ancienneté acquise avant l'entrée du salarié dans l'entreprise, selon ce que cette clause prévoit.

Le cas échéant, la clause peut restreindre la reprise d'ancienneté à certains droits (ex. : pour le droit et le calcul de l'indemnité de licenciement, pour une prime d'ancienneté).

Mention du bulletin de paye - La date d'ancienneté mentionnée sur le bulletin de paye vaut reprise d'ancienneté, en l'absence de preuve contraire de l'employeur (cass. soc. 21 septembre 2011, n° 09-72054, BC V n° 191 ; cass. soc. 11 mai 2022, n° 20-21362 D ; cass. soc. 6 juillet 2022, n° 18-22106 D).

À l'inverse, des mentions contradictoires sur le bulletin de paye ne démontrent pas la preuve d'une volonté des parties de convenir d'une reprise d'ancienneté (cass. soc. 15 juin 2022, n° 20-22276 D).

CDD saisonniers - Pour déterminer l'ancienneté d'un salarié saisonnier, les durées des contrats de travail à caractère saisonnier successifs dans une même entreprise sont cumulées (c. trav. art. L. 1244-2 ; cass. soc. 30 septembre 2014, n° 13-21115, BC V n° 222).

Salarié en CDD embauché en CDI - Lorsque la relation contractuelle se poursuit à l'issue d'un *contrat à durée déterminée** (CDD), le salarié conserve l'ancienneté acquise au terme de ce contrat (c. trav. art. L. 1243-11 ; cass. soc. 6 janvier 2011 n° 09-66219 D). Cette reprise de l'ancienneté est possible seulement si le nouveau contrat fait suite, de façon continue, au CDD (circ. DRT 92-14 du 29 août 1992).

▶ À noter… Lorsque plusieurs CDD sont requalifiés en CDI, le salarié est réputé avoir occupé un emploi à durée indéterminée depuis le jour de sa première embauche en CDD (cass. soc. 6 novembre 2013, n° 12-15953, BC V n° 259).

Intérimaire embauché par l'entreprise utilisatrice après une mission - Lorsqu'une entreprise utilisatrice embauche un intérimaire après une mission, l'employeur reprend l'ancienneté de l'intéressé pour la durée des missions accomplies au cours des 3 derniers mois précédant l'embauche, sauf dispositions conventionnelles ou accord avec le salarié prévoyant une reprise sur une durée plus longue (c. trav. art. L. 1251-38).

Apprenti embauché en CDD, en CDI ou en intérim - Voir *Apprentis**.

Embauche d'un stagiaire - Voir *Stages en entreprise (recours et statut)**.

☛ *Absence ; Apprentis ; Congés pour événements familiaux ; Indemnité de départ volontaire en retraite ; Indemnité de licenciement ; Indemnité de mise à la retraite ; Indemnités journalières complémentaires ; Intéressement ; Participation aux résultats ; Plan d'épargne d'entreprise ; Plan d'épargne interentreprises ; Plan d'épargne pour la retraite collectif ; Plan d'épargne retraite d'entreprise collectif ; Plan d'épargne retraite d'entreprise obligatoire ; Préavis ; Prime d'ancienneté ; Temps de travail effectif ; Stages en entreprise (recours et statut).*

Annexes au bulletin de paye

Plusieurs documents peuvent ou doivent être annexés au bulletin de paye :
- la fiche annexe relative à la *contrepartie obligatoire en repos** ;
- le document annexe relatif au *repos compensateur de remplacement** ;
- le document mensuel récapitulatif en cas d'*astreinte** ;
- le double du document annexe relatif à la durée du travail pour les équipes qui ne sont pas occupées selon le même horaire collectif ;
- la fiche annexe relative aux crédits d'*heures de délégation** des représentants du personnel ;
- l'annexe récapitulant les heures de travail effectuées en cas d'*aménagement du temps de travail sur une période supérieure à la semaine** ;
- l'annexe récapitulant les heures de travail effectuées sur la période de référence en cas de réduction de la durée du travail par octroi de jours de RTT ou de modulation du temps de travail (pour les entreprises appliquant encore un tel dispositif) ;
- la fiche distincte propre à la *prime de partage de la valeur** ;
- les fiches distinctes concernant l'*intéressement** (fiche générale, fiche liée au versement d'une avance) ;
- les fiches distinctes concernant la *participation aux résultats** (fiche générale, fiche liée au versement d'une avance) ;
- les fiches distinctes liées au *plan de partage de la valorisation de l'entreprise** (fiche d'information sur l'accord, fiche liée au versement de la prime).

☛ *Aménagement du temps de travail sur une période supérieure à la semaine ; Bulletin de paye (mentions obligatoires) ; Heures de délégation ; Intéressement et participation (fiche annexe) ; Modulation de la durée du travail ; Plan de partage de la valorisation de l'entreprise ; Prime de partage de la valeur ; Réduction du temps de travail (réduction sous forme de repos) ; Repos compensateur (fiches annexes).*

APEC

L'Association pour l'emploi des cadres (APEC) est une association loi de 1901 financée par les cotisations des cadres et des entreprises.

Salariés concernés

Cadres art. 4 et art. 4 bis - Les statuts de l'APEC prévoient que les cotisations sont dues au titre des cadres « art. 4 » et des assimilés cadres « art. 4 bis » au sens de la convention AGIRC du 14 mars 1947 (voir *Cadres**).

En pratique, l'entrée en vigueur du régime unifié AGIRC-ARRCO le 1er janvier 2019 n'a rien changé sur ce point. Pour mémoire, les définitions des cadres « art. 4 » et « art. 4 bis » ont été reprises par l'accord national interprofessionnel du 17 novembre 2017 sur la prévoyance des cadres.

Exclusion des autres salariés - Les salariés n'ayant pas la qualité de cadre ou d'assimilé cadre au sens de l'ancienne convention AGIRC ne cotisent pas à l'APEC, même s'ils relèvent du régime unifié de retraite complémentaire AGIRC-ARRCO.

Cotisation APEC

Taux - La cotisation APEC est due au taux de 0,06 %, dont 0,036 % de part patronale et 0,024 % de part salariale.

Assiette - La cotisation APEC est calculée sur la même assiette que les contributions de retraite complémentaire, mais avec une différence notable : elle est due uniquement sur la fraction de rémunération allant de 0 à 4 fois le *plafond de la sécurité sociale** (circ. AGIRC 2010-5 du 29 juillet 2010).

Bulletin de paye et versement - La cotisation APEC figure sur une ligne à part du bulletin de paye.

Recouvrement - Même si la cotisation APEC n'est pas une cotisation de retraite complémentaire, elle est versée par l'employeur à la caisse de retraite AGIRC-ARRCO dont il dépend, aux mêmes échéances que les *cotisations de retraite AGIRC-ARRCO**.

☛ *Cadres ; Tranches des rémunérations.*

Apprentis

Le contrat d'apprentissage permet à l'employeur d'embaucher un jeune qui prépare un diplôme tout en travaillant dans l'entreprise [voir *Apprentissage (contrat)**].

Statut de l'apprenti

Durée du travail - L'apprenti, malgré les heures passées en CFA ou en section d'apprentissage, est un salarié à temps plein. Il bénéficie de la réglementation concernant la *durée du travail** dans l'entreprise et peut, selon son âge, effectuer ou non des *heures supplémentaires** avec les mêmes majorations de salaire que les autres salariés.

Sauf exceptions, l'apprenti de moins de 18 ans ne peut pas être employé à un travail effectif excédant 8 h par jour ou la durée légale hebdomadaire de 35 h (c. trav. art. L. 6222-25 renvoyant à L. 3162-1). Des dérogations sont toutefois possibles (voir *Jeunes**).

Aménagement du temps de travail - L'apprenti suit le rythme de travail de l'entreprise dans laquelle il effectue son apprentissage, sous réserve des modalités spécifiques liées à son statut et à son âge (voir *Jeunes**).

Dès lors, il est impossible d'appliquer un dispositif d'*aménagement du temps de travail sur une période supérieure à la semaine** qui entraînerait pour les apprentis de moins de 18 ans un dépassement régulier de la limite hebdomadaire des 35 h (rép. Schosteck n° 01363, JO 14 novembre 2002, Sén. quest. p. 2720 ; circ. DRT 2002-15 du 22 août 2012).

Congés payés - Les apprentis ont droit aux *congés payés**, y compris aux congés conventionnels.

Par ailleurs, les salariés de moins de 21 ans au 30 avril de l'année précédente qui ne disposent pas de 5 semaines de congés payés ont droit, s'ils le demandent, à un congé sans solde complémentaire, à concurrence de 30 jours ouvrables (c. trav. art. L. 3164-9) (voir *Jeunes**). Ces journées de congés supplémentaires ne sont pas rémunérées ni indemnisées.

Congés pour préparer les examens - Les apprentis bénéficient de droit d'un congé de 5 jours ouvrables en vue de préparer leurs épreuves, à prendre dans le mois qui précède l'examen. Le salaire de l'apprenti est maintenu pendant ce congé (c. trav. art. L. 6222-35).

L'apprenti a droit à ce congé même si le CFA n'organise pas d'enseignement spécifique à la préparation des examens. Mais si le CFA organise des cours à cet effet, l'apprenti doit les suivre.

Période d'essai, ancienneté et rémunération en cas d'embauche à l'issue du contrat d'apprentissage - Lorsque, à l'issue d'un contrat d'apprentissage conclu sous forme de CDD, un employeur embauche l'apprenti en contrat à durée indéterminée (CDI), en CDD de droit commun ou en contrat de travail temporaire, il ne peut pas y avoir de période d'essai (sauf dispositions conventionnelles contraires) (c. trav. art. L. 6222-16, al. 1).

Par ailleurs, la durée du contrat d'apprentissage est prise en compte pour le calcul de la rémunération et de l'ancienneté du salarié (c. trav. art. L. 6222-16, al. 2).

▶ À noter… Compte tenu de ces règles, le coefficient applicable au titre de la classification conventionnelle du salarié doit être déterminé en tenant compte de l'ancienneté acquise dans le cadre du contrat d'apprentissage ayant immédiatement précédé le CDI. L'employeur ne peut pas éluder cette règle au motif que le salarié, apprenti-éducateur, n'a pas encore le diplôme d'éducateur spécialisé qu'il prépare pendant son contrat d'apprentissage (cass. soc. 27 mars 2013, n° 11-23967, BC V n° 90).

Lorsque le contrat d'apprentissage a été conclu sous forme de CDI, il n'y a aucune difficulté, puisqu'une fois la période d'apprentissage achevée, c'est le même contrat qui se poursuit.

Exclusion de l'effectif - L'apprenti est exclu des calculs d'effectif, sauf pour la tarification des accidents du travail (c. trav. art. L. 1111-3 ; c. séc. soc. art. R. 130-1, III).

Rémunération de l'apprenti : règles générales

Barème réglementaire du salaire minimal - Sauf disposition conventionnelle ou contractuelle plus favorable, l'apprenti perçoit une rémunération fixée en pourcentage du *SMIC** ou, à partir de 21 ans, du salaire conventionnel *(voir tableau)*.

Ce pourcentage varie en fonction de son âge et de sa progression dans le (ou les) cycle(s) de formation faisant l'objet du contrat (c. trav. art. L. 6222-27 et D. 6222-26). Si le SMIC change en cours d'année, il convient de revaloriser le salaire des intéressés, s'il y a lieu.

Les jeunes apprentis de moins de 16 ans bénéficient d'une rémunération identique à celle prévue pour les apprentis âgés de 16 à 17 ans (c. trav. art. D. 6222-27).

Pour les contrats conclus depuis le 1er avril 2020, sauf dispositions contractuelles ou conventionnelles plus favorables, les différentes majorations dont peut bénéficier un apprenti (ex. : + 15 points en cas de nouveau contrat inférieur ou égal à 1 an pour préparer un diplôme ou un titre de même niveau que le précédent) ne peuvent pas conduire à un salaire minimum supérieur à 100 % du SMIC (c. trav. art. D. 6222-31).

Barème de rémunération des apprentis (en % du SMIC) (*)			
Âge de l'apprenti	**1re année**	**2e année**	**3e année**
16 et 17 ans	27 %	39 %	55 %
18 à 20 ans	43 %	51 %	67 %
21 à 25 ans	53 % (1)	61 % (1)	78 % (1)
26 ans et plus	100 % (1), quelle que soit l'année d'apprentissage		

(*) Contrats conclus depuis 2019. (1) Pourcentage du minimum conventionnel (et non du SMIC), si cela conduit à un montant plus élevé.

Date des augmentations liées à l'âge ou à la durée du contrat - L'augmentation de la rémunération minimale liée à l'âge de l'apprenti doit intervenir à compter du premier jour du mois suivant le jour anniversaire où le jeune atteint 18, 21 ou 26 ans (c. trav. art. D. 6222-31).

Par ailleurs, quelle que soit la tranche d'âge dont relève l'apprenti, les augmentations liées aux années du contrat doivent intervenir à l'issue de chaque année d'exécution du contrat (dès la date anniversaire du contrat, sans attendre le début du mois suivant si le contrat a débuté en cours de mois).

Exemple

Un apprenti, qui a 17 ans le 18 mai 2025, conclut un contrat d'apprentissage de 2 ans le 1er septembre 2025. Son employeur s'en tient à la rémunération minimale.

Lors de la première année du contrat, il percevra 27 % du SMIC du 1er septembre 2025 au 31 mai 2026, puis 43 % du SMIC du 1er juin au 31 août 2026 (il a eu 18 ans en mai 2026).

Lors de la deuxième année du contrat (du 1er septembre 2026 au 31 août 2027), il percevra 51 % du SMIC.

Temps de formation compris dans le temps de travail - Le temps consacré par l'apprenti à sa formation en CFA est compris dans l'horaire de travail, à l'exception de certains modules complémentaires librement choisis par l'apprenti et acceptés par le CFA (c. trav. art. L. 6222-24).

Il faut donc en tenir compte pour le calcul des *heures supplémentaires** (cass. soc. 11 juillet 2000, n° 98-41825 D).

Primes, accessoires de salaire et avantages divers - L'apprenti bénéficie de façon générale des conventions et des accords collectifs applicables aux salariés de l'entreprise, dès lors qu'ils sont compatibles avec la situation particulière du salarié en formation (c. trav. art. L. 6222-23).

L'employeur doit donc verser à l'apprenti les primes et autres accessoires de salaire prévus par ces conventions (ex. : prime de vacances). Il doit les calculer sur la base d'un temps plein, même si le temps de travail accompli dans l'entreprise équivaut à un mi-temps compte tenu de la formation en CFA (cass. soc. 6 avril 2004, n° 02-40912 D).

En revanche, les apprentis ne peuvent pas se prévaloir d'un avantage réservé à une certaine catégorie de salariés et pour lequel ils ne remplissent pas les conditions requises (cass. soc. 10 juillet 1986, n° 83-45701, BC V n° 376).

L'employeur doit verser les autres accessoires du salaire, notamment l'*intéressement** et la *participation aux résultats**. Les apprentis ont également accès aux plans d'épargne salariale, comme les autres salariés.

Enfin, les dispositions légales ou conventionnelles telles que le maintien de salaire en cas de maladie, les jours fériés ou autres congés familiaux doivent être appliquées aux apprentis.

Titres-restaurant et transport - L'apprenti bénéficie des titres-restaurant et de la prise en charge de ses frais de transport pour venir au travail dans les mêmes conditions que les autres salariés (voir *Titre-restaurant** et *Frais de transport domicile-lieu de travail**).

Avantages en nature - Les avantages en nature dont bénéficie éventuellement un apprenti ne peuvent être pris en compte, pour la détermination du salaire à verser, que pour 75 % du montant prévu pour l'assiette des cotisations et dans la limite des 3/4 du salaire (c. trav. art. D. 6222-33 ; BOFiP-RSA-BASE-20-20-§ 340-16/04/2024).

En revanche, pour le calcul des cotisations, il convient de réintégrer la totalité de la valeur de l'avantage en nature dans l'assiette des cotisations (BOSS, Avantages en nature, § 95, 01/01/2025).

Exemple

Un apprenti de 19 ans en 1re année a un salaire mensuel de 800 € sous déduction de l'avantage en nature nourriture (100 €) dont il bénéficie.

L'employeur peut déduire 75 % de l'avantage en nature du salaire de l'apprenti pour le calcul de la rémunération en espèces due au salarié. Le salaire brut en espèces de l'apprenti après déduction de l'avantage en nature s'élève à : 800 - (75 % × 100 €) = 725 €.

En revanche, l'assiette des cotisations de sécurité sociale est calculée en tenant compte de la totalité de la valeur de l'avantage en nature : 725 € + 100 € = 825 €.

Rémunération : situations particulières

Travailleur handicapé - La personne handicapée orientée vers l'apprentissage, ainsi que l'apprenti auquel la qualité de travailleur handicapé est reconnue au cours de son apprentissage, peut, si son état l'exige, voir allonger de 1 année au maximum la durée de son contrat (ou de la période d'apprentissage en cas de CDI) (c. trav. art. R. 6222-47 à R. 6222-49).

La rémunération due au titre de cette année supplémentaire correspond à celle de la dernière année du contrat, majorée de 15 points (c. trav. art. R. 6222-48).

Échec à l'examen - En cas d'échec à l'obtention du diplôme ou du titre professionnel visé, l'apprentissage peut être prolongé de 1 an, soit par la prorogation du contrat initial (ou de la période d'apprentissage en cas de CDI), soit par la conclusion d'un nouveau contrat d'apprentissage avec un nouvel employeur (c. trav. art. L. 6222-11).

Au cours de cette année supplémentaire, la rémunération minimale afférente à cette année supplémentaire est celle de l'année précédant la prolongation (c. trav. art. D. 6222-28).

Réduction ou allongement de la durée du contrat - La durée du contrat d'apprentissage peut être réduite ou augmentée par rapport à la durée « normale » du cycle de formation, pour tenir compte du niveau initial de compétences de l'apprenti ou des compétences acquises. La durée du contrat est alors fixée par une convention tripartite signée par le CFA, l'employeur et l'apprenti ou son représentant légal [voir *Apprentissage (contrat)**] (c. trav. art. L. 6222-7-1).

Par ailleurs, lorsqu'un apprenti demande, quand il n'a pas encore été engagé par un employeur, à débuter un cycle de formation en apprentissage dans la limite d'une durée de 3 mois et qu'il signe ensuite un contrat d'apprentissage, la durée du contrat est réduite de nombre de mois écoulés depuis le début de la formation (c. trav. art. L. 6222-12-1).

Pour les contrats conclus depuis le 1er avril 2020 :
- en cas de réduction de la durée du contrat d'apprentissage par rapport à la durée du cycle de formation, l'apprenti est considéré, en ce qui concerne sa rémunération, comme ayant accompli une durée d'apprentissage égale à ce cycle de formation (c. trav. art. D. 6222-28-1) ;
- en cas de durée allongée par rapport à celle du cycle de formation, le salaire minimum applicable pendant la prolongation est celui correspondant à la dernière année d'exécution du contrat précédant cette prolongation (c. trav. art. D. 6222-28-2).

Licences professionnelles - Pour les contrats conclus depuis le 1er avril 2020, la rémunération minimale applicable aux apprentis préparant une licence professionnelle (en 1 an) correspond à celle fixée pour une deuxième année d'exécution du contrat (c. trav. art. D. 6222-32).

Nouveau contrat ≤ 1 an pour préparer un diplôme ou un titre de même niveau que le précédent - Une majoration de 15 points doit être appliquée à la rémunération de l'apprenti si les trois conditions suivantes sont remplies (c. trav. art. D. 6222-30) :
- le contrat d'apprentissage est conclu pour une durée inférieure ou égale à un an ;
- il prépare à un diplôme ou un titre de même niveau que celui précédemment obtenu ;
- la nouvelle qualification recherchée est en rapport direct avec celle qui résulte du diplôme ou du titre précédemment obtenu.

Dans ce cas, les jeunes issus d'une voie de formation autre que celle de l'apprentissage sont considérés, en ce qui concerne leur rémunération minimale, comme ayant accompli la durée d'apprentissage pour l'obtention de leur diplôme ou titre.

Selon l'administration, la majoration de 15 points s'applique uniquement à la rémunération réglementaire (et pas conventionnelle) à laquelle peut prétendre l'apprenti au jour de la conclusion de ce nouveau contrat. Par ailleurs, si les règles conventionnelles applicables par le nouvel employeur de l'apprenti sont plus favorables, ce sont ces règles qui doivent être appliquées (questions/réponses min. Travail du 21 août 2019, Q/R n° 3).

Exemples

1) Un jeune qui fait un nouveau CAP en 1 an maximum (CAP B) en rapport direct avec un premier CAP (CAP A), dont la rémunération de la dernière année d'exécution était de 39 % du SMIC, percevra pendant sa nouvelle formation en CAP B, un salaire équivalent au dernier salaire perçu lors de son précédent contrat (39 % du SMIC) + 15 points, soit 54 % du SMIC.

2) Un jeune qui a achevé son précédent contrat en percevant 39 % du SMIC, conclut un nouveau contrat répondant aux 3 conditions cumulatives. Son nouvel employeur applique une convention collective prévoyant 50 % du SMIC pour une première année contractuelle. La rémunération appliquée sera la

rémunération réglementaire (39 + 15, soit 54 % du SMIC), car elle est plus favorable que la rémunération conventionnelle (50 % du SMIC).

Succession de contrats avec le même employeur - Lorsqu'un apprenti conclut un nouveau contrat d'apprentissage avec le même employeur, sa rémunération est au moins égale à celle qu'il percevait lors de la dernière année d'exécution du contrat précédent lorsque ce dernier a conduit à l'obtention du titre ou du diplôme ainsi préparé (c. trav. art. D. 6222-29).

Cette règle fait référence, suivant la situation, au maintien de la rémunération contractuelle, conventionnelle ou réglementaire, selon ce qui est le plus favorable à l'apprenti (questions/réponses min. Travail du 21 août 2019, Q/R n° 2).

Dans tous les cas, si le barème réglementaire en fonction de l'âge est plus favorable que la règle de maintien de la rémunération de la dernière année d'exécution du contrat précédent, on applique le barème réglementaire (c. trav. art. D. 6222-29).

Succession de contrats avec deux employeurs différents - Si un nouveau contrat d'apprentissage est conclu avec un employeur différent, la rémunération de l'apprenti est au moins égale à la rémunération minimale à laquelle il pouvait prétendre lors de la dernière année d'exécution du contrat précédent, lorsque ce dernier a conduit à l'obtention du titre ou du diplôme ainsi préparé (c. trav. art. D. 6222-29).

Cette règle fait référence au maintien de la rémunération conventionnelle, si la poursuite du contrat se fait dans une entreprise appliquant la même convention collective que l'employeur précédent. À défaut, elle fait strictement référence au maintien de la rémunération réglementaire (une rémunération conventionnelle supérieure au barème réglementaire n'est donc pas opposable à un nouvel employeur s'il ne relève pas de la même branche d'activité) (questions/réponses min. Travail du 21 août 2019, Q/R n° 2). Dans tous les cas, une rémunération contractuelle plus favorable n'est pas opposable à un nouvel employeur, même s'il relève de la même branche d'activité.

Par ailleurs, si le barème réglementaire en fonction de l'âge est plus favorable que la règle de maintien de la rémunération de la dernière année d'exécution du contrat précédent, on applique le barème réglementaire (c. trav. art. D. 6222-29).

Exemples

1) À l'issue d'un contrat d'apprentissage de 2 ans, un apprenti âgé de 22 ans conclut un second contrat d'apprentissage avec un nouvel employeur. Lors de la dernière année d'exécution de son premier contrat, le jeune percevait la rémunération minimale conventionnelle, supposée de 65 % du SMIC.
Si le second contrat d'apprentissage est conclu dans le même secteur professionnel, sa rémunération au début de ce second contrat doit respecter ce minimum conventionnel, soit 65 % du SMIC.
Si le secteur professionnel est différent, la rémunération conventionnelle n'est pas opposable au nouvel employeur. On doit uniquement se référer au minimum réglementaire (61 % du SMIC pour la 2e année du précédent contrat). Dans cette situation, l'apprenti bénéficiera d'une rémunération minimale de 61 % du SMIC au début de son nouveau contrat, puisque le barème en fonction de l'âge (53 % du SMIC pour la 1re année du nouveau contrat) est moins favorable.
2) À l'issue d'un contrat d'apprentissage de 3 ans, un apprenti âgé de 22 ans conclut un second contrat d'apprentissage avec un nouvel employeur. Lors de la dernière année d'exécution de son premier contrat, le jeune percevait la rémunération minimale conventionnelle, supposée de 85 % du SMIC.
Si le second contrat d'apprentissage est conclu dans le même secteur professionnel, sa rémunération au début de ce second contrat doit respecter ce minimum conventionnel, soit 85 % du SMIC.
Si le secteur professionnel est différent, la rémunération conventionnelle n'est pas opposable au nouvel employeur. On doit uniquement se référer au minimum réglementaire (78 % du SMIC pour la 3e année du précédent contrat). L'apprenti bénéficiera d'une rémunération minimale de 78 % du SMIC au début de son nouveau contrat, puisque le barème en fonction de l'âge (53 % du SMIC pour une 1re année du nouveau contrat) est moins favorable.

Sportif de haut niveau - La durée du contrat d'apprentissage peut également être portée à 4 ans pour les personnes inscrites en tant que sportif de haut niveau sur la liste visée à l'article L. 221-2 du code du sport, recensant les sportifs, entraîneurs, arbitres et juges sportifs de haut niveau. Dans ce cas, la rémunération au titre de la 4e année est identique à celle prévue pour la 3e année (c. trav. art. L. 6222-40, R. 6222-59 et R. 6222-60).

Assiette des cotisations

Les cotisations dues sur la rémunération des apprentis sont calculées sur la rémunération réelle des intéressés (BOSS, Exonération contrat d'apprentissage, § 120, 01/01/2025).

Comme pour l'ensemble des salariés, l'application d'une déduction forfaitaire spécifique pour frais professionnels [voir *Frais professionnels (déduction forfaitaire spécifique)**] est conditionnée, pour les apprentis concernés, au respect de l'assiette minimum des cotisations (voir *Assiette minimale des cotisations**) (BOSS, Exonération contrat d'apprentissage, § 120, 01/01/2025).

CSG et CRDS

Réforme de la LFSS 2025 - La loi de financement de la sécurité sociale (LFSS) pour 2025 a modifié les règles pour les contrats conclus à partir du 1er mars 2025 (loi 2025-199 du 28 février 2025, art. 22, I et VI, JO du 28).

Les contrats conclus avant cette date continuent à relever des règles antérieures.

Contrats conclus jusqu'au 28 février 2025 - Pour les contrats d'apprentissage conclus avant le 1er mars 2025, la rémunération des apprentis est exonérée de *CSG** et de *CRDS** en totalité (c. séc. soc. art. L. 136-1-1, III, 1° a dans sa version au 28.02.2025).

Cette exonération vise uniquement la rémunération. En conséquence, sont au contraire soumis à la CSG/CRDS, par exemple :
- l'*intéressement** et la *participation aux résultats** attribués à un apprenti (cass. soc. 26 avril 2001, n° 99-18773, BC V n° 135 ; lettre-circ. ACOSS 2014-32 du 18 août 2014) ;
- l'abondement de l'employeur à un *plan d'épargne salariale** ou d'épargne retraite versé au profit d'un apprenti (lettre-circ. ACOSS 2014-32 du 18 août 2014 ; lettre-circ. ACOSS 2015-47 du 20 octobre 2015, § III) ;
- selon nos informations, la *prime de partage de la valeur** d'un apprenti (sauf si la PPV est exonérée de CSG/CRDS au titre de son régime d'exonération renforcé).

Par simplification, il est en outre admis que la CSG et la CRDS ne sont pas dues sur les contributions patronales de prévoyance complémentaire et de retraite supplémentaire versées au profit des apprentis, même si ces dernières ne constituent pas juridiquement du salaire (lettre-circ. ACOSS 97-7 du 17 janvier 1997 ; lettre-circ. ACOSS 2014-32 du 18 août 2014 ; lettre-circ. ACOSS 2015-47 du 20 octobre 2015, § IV).

Contrats conclus à partir du 1er mars 2025 - Pour les contrats d'apprentissage conclus depuis le 1er mars 2025, la rémunération des apprentis est assujettie à *CSG** et à *CRDS** pour la part excédant 50 % du SMIC (c. séc. soc. art. L. 136-1-1, II, 7° ; loi 2025-199 du 28 février 2025, art. 22, I et VI).

La CSG/CRDS due sur la part de rémunération excédant 50 % du SMIC se calcule à notre sens après abattement d'assiette de 1,75 %.

Sous réserve d'éventuelles précisions de l'administration, si l'on transpose la solution autrefois retenue pour les cotisations salariales *(voir plus haut)*, la logique voudrait que la limite de 50 % se calcule comme suit :
- appréciation mensuelle sans régularisation annuelle sur la base de la durée légale du travail, soit 151,67 h par mois ;
- pas de proratisation de la limite en cas d'absence de l'apprenti ;
- proratisation en cas d'embauche ou de fin de contrat en cours de mois, par le rapport entre le nombre de jours calendaires de la période d'emploi et le nombre de jours calendaires du mois.

▶ À noter... L'administration précisera sans doute quelle est la somme à comparer au seuil de 50 % du SMIC : la rémunération proprement dite, ou la rémunération augmentée par exemple des contributions patronales de prévoyance complémentaire (y inclus frais de santé) ?

À la lettre, l'exonération de CSG/CRDS à hauteur de 50 % du SMIC concerne uniquement la rémunération de l'apprenti. En conséquence, comme pour les contrats conclus avant mars 2025 *(voir plus haut)* et sous réserve d'éventuelles précisions de l'administration, l'*intéressement**, la *participation aux résultats** ou l'abondement de l'employeur à un *plan d'épargne salariale** ou d'épargne retraite au profit d'un apprenti sont soumis à CSG/CRDS dans les conditions habituelles. Il en va de même de la *prime de partage de la valeur** (sauf si la PPV est exonérée de CSG/CRDS au titre de son régime d'exonération renforcé).

Cotisations salariales

Réforme de la LFSS 2025 - La loi de financement de la sécurité sociale (LFSS) pour 2025 a modifié les règles pour les contrats conclus à partir du 1er mars 2025 (loi 2025-199 du 28 février 2025, art. 23, JO du 28).

Les contrats conclus avant cette date continuent donc à relever des règles antérieures.

Exonération dans une certaine limite - La rémunération des apprentis est exonérée des cotisations salariales d'origine légale et conventionnelle dans la limite d'un plafond de rémunération fixé par décret (c. trav. art. L. 6243-2). Lorsque la rémunération est supérieure à cette limite, la fraction excédentaire est assujettie à l'ensemble des cotisations salariales.

En AGIRC-ARRCO, l'exonération de cotisations salariales porte sur (circ. AGIRC-ARRCO 2021-5 DRJ du 21 juillet 2021, fiche 2, § II.2) :
- le taux de cotisation retraite (taux obligatoire ou, depuis 2021, taux supérieur au taux obligatoire), y

compris si la part salariale est supérieure à 40 % de la cotisation globale ;
- la contribution d'équilibre général (CEG) et, le cas échéant, la contribution d'équilibre technique (CET).

En revanche, l'exonération ne porte pas (BOSS, Exonération contrat d'apprentissage, § 110, 01/01/2025) :
- sur la cotisation APEC (qui est donc due si l'apprenti est cadre) ;
- sur les contributions de protection sociale complémentaire (prévoyance, garanties frais de santé, etc.).

Contrats conclus jusqu'au 28 février 2025 - Pour les contrats d'apprentissage conclus avant le 1er mars 2025, l'exonération de cotisations salariales d'origine légale et conventionnelle porte sur la fraction de rémunération inférieure ou égale à 79 % du SMIC en vigueur au cours du mois considéré (c. trav. art. L. 6243-2 et D. 6243-5 au 28.02.2025 ; BOSS, Exonération contrat d'apprentissage, §§ 110 à 150, 01/01/2025).

Contrats conclus à partir de mars 2025 - Pour les contrats d'apprentissage conclus à partir du 1er mars 2025, l'exonération de cotisations salariales d'origine légale et conventionnelle porte sur la fraction de rémunération inférieure ou égale à 50 % du SMIC en vigueur au cours du mois considéré (c. trav. art. L. 6243-2 modifié ; loi 2025-199 du 28 février 2025, art. 23 ; décret à paraître).

Appréciation de la limite de 79 % ou 50 % du SMIC - La limite de 79 % du SMIC s'apprécie « mensuellement » et ne fait l'objet d'aucune régularisation annuelle (BOSS, Exonération contrat d'apprentissage, § 120, 01/01/2025 ; circ. AGIRC-ARRCO 2021-5 DRJ du 21 juillet 2021, fiche 2, § II.2). À notre sens, la logique voudrait qu'il en soit de même pour le nouveau seuil de 50 % du SMIC.

Aucune précision n'est apportée sur le volume horaire pris en compte pour calculer la limite de 79 % du SMIC, mais sous réserve de la position de l'administration, il serait logique de prendre pour base la durée légale du travail sur le mois (151,67 h).

En cas d'absence de l'apprenti et/ou en cas de temps partiel, il n'y a pas lieu de proratiser la limite de 79 % du SMIC. En revanche, le plafond d'exonération doit être proratisé en cas d'embauche ou de fin de contrat de l'apprenti en cours de mois, selon la formule suivante : SMIC mensuel × 79 % × (nombre de jours de la période d'emploi/nombre de jours calendaires du mois) (BOSS, Exonération contrat d'apprentissage, § 120, 01/01/2025 ; circ. AGIRC-ARRCO 2021-5 DRJ du 21 juillet 2021, fiche 2, § II.2).

Exemple
Un apprenti embauche en septembre 2024 est rémunéré 1 100 € par mois, dont 1 000 € de rémunération de base et 100 € de prime. Il n'effectue aucune heure supplémentaire et son contrat de travail s'achève le 15 mars. Si sa rémunération de base lors de ce mois est de 500 € et qu'il ne touche pas de prime, le plafond au-delà duquel l'exonération des cotisations salariales ne s'applique plus est égal à (SMIC mensuel × 79 %) × (15/31) (BOSS, Exonération contrat d'apprentissage, § 120, 01/01/2025).

Cotisations patronales et forfait social

Cotisations patronales - Depuis le 1er janvier 2019 (y compris pour les contrats conclus avant cette date), il n'y a plus d'exonération de cotisations patronales spécifique pour les contrats d'apprentissage du secteur privé.

À la place, les employeurs concernés peuvent appliquer la *réduction générale de cotisations patronales**.

En pratique, le bulletin de paye fait apparaître les cotisations patronales calculées sur la rémunération réelle, la réduction générale venant en déduction dans la ligne habituelle.

Forfait social - La circonstance que les salaires versés aux apprentis soient exonérés de CSG/CRDS ne permet pas d'exclure les apprentis du champ du *forfait social** (circ. DSS/5B 2012-319 du 18 août 2012, Q/R 14).

En conséquence, l'employeur est redevable du *forfait social** lorsqu'un apprenti bénéficie d'avantages entrant dans son champ d'application.

Il en va ainsi, par exemple :
- des sommes attribuées au titre de l'*intéressement**, de la *participation aux résultats**, d'un abondement de l'employeur à un *plan d'épargne salariale**, pour leurs fractions exonérées de cotisations de sécurité sociale mais assujetties à CSG (lettre-circ. ACOSS 2014-32 du 18 août 2014) ; toutefois, l'employeur peut bénéficier d'une exonération de *forfait social** sur ces avantages à raison de son effectif, comme pour les autres salariés ;
- dans les entreprises de 11 salariés et plus, pour les contributions patronales versées au profit des apprentis au titre d'un régime de prévoyance complémentaire répondant aux conditions d'exclusion de l'assiette des cotisations (régime collectif, obligatoire, etc.) (lettre-circ. ACOSS 2014-32 du 18 août 2014 ; lettre-circ. ACOSS 2015-47 du 20 octobre 2015, § IV) ;
- dans toutes les entreprises, pour les contributions patronales versées au profit des apprentis au titre

d'un régime de *retraite supplémentaire** (ou d'un *plan d'épargne retraite d'entreprise obligatoire**) répondant aux conditions d'exclusion d'assiette (caractère collectif, obligatoire, etc.).

Déductions forfaitaires spécifiques pour frais professionnels

Les exonérations de cotisations patronales et salariales dont bénéficient les contrats d'apprentissage *(voir plus haut)* sont cumulables avec l'application d'une déduction forfaitaire spécifique (DFS) pour frais professionnels, si l'apprenti y ouvre droit et que les conditions d'application de la DFS sont réunies [voir *Frais professionnels (déduction forfaitaire spécifique)**].

Le bénéfice de la DFS est toutefois conditionné, comme pour l'ensemble des salariés, au respect de l'*assiette minimale des cotisations** (BOSS, Exonération contrat d'apprentissage, § 90, 01/01/2025).

Réduction de cotisations salariales sur heures supplémentaires

Cumul avec les exonérations salariales - Les exonérations de cotisations salariales et de CSG/CRDS applicables à la rémunération des apprentis *(voir plus haut)* sont cumulables avec la réduction de cotisations salariales sur les heures supplémentaires ou complémentaires [voir *Heures supplémentaires et complémentaires (réduction de cotisations salariales)**] (BOSS, Exonération contrat d'apprentissage, § 140, 01/01/2025).

Modalités - Pour les apprentis, dont la part de rémunération inférieure ou égale la limite d'exonération (79 % du SMIC pour les contrats conclus jusqu'au 28 février 2025, puis 50 % du SMIC pour les contrats postérieurs) est déjà exonérée de l'ensemble des cotisations salariales, la réduction au titre des heures supplémentaires ou complémentaires ne s'applique que sur la part de la rémunération supérieure à ce plafond, à proportion de la part de la rémunération due au titre de ces heures supplémentaires dans le total de la rémunération (BOSS, Exonération contrat d'apprentissage, § 140, 01/01/2025).

Exemples

En mars 2025, un apprenti est rémunéré mensuellement à hauteur de 1 652,46 €, dont 114,11 € sont liés à la réalisation de 9 heures supplémentaires (majorées au taux légal de 25 %). La rémunération de ces heures supplémentaires représente 114,11 € /1 652,46 € = 6,91 % de la rémunération totale du mois.

1) En janvier 2025, elle excède de 229,04 € le plafond de 79 % du SMIC (1 423,42 € au 1er janvier 2025). La réduction de cotisations salariales au titre des heures supplémentaires ne s'appliquera donc que sur 6,91 % de la rémunération excédant 79 % du SMIC, soit 6,91 % × 229,04 € = 15,86 €.
2) Pour un contrat signé en mars 2025, elle excède de 751,56 € le plafond de 50 % du SMIC (900,90 € au 1er janvier 2025). La réduction de cotisations salariales au titre des heures supplémentaires ne s'appliquera donc que sur 6,91 % de la rémunération excédant 50 % du SMIC, soit 6,91 % × 751,56 € = 51,93 €.

Taxe et participations sur les salaires

Taxe sur les salaires - L'assiette de la taxe sur les salaires est basée sur les rémunérations évaluées comme pour le calcul de la *CSG** sur les revenus d'activité, sans application de l'abattement d'assiette de 1,75 % (CGI art. 231).

Pour les contrats conclus avant mars 2025, dans la mesure où les salaires des apprentis sont exonérés de *CSG** (c. séc. soc. art. L. 136-1-1, III, 1° a au 28.02.2025), ils sont aussi de fait exonérés de taxe sur les salaires (BOFiP-TPS-TS-20-10-§ 70-30/01/2019).

Pour les contrats conclus à compter de mars 2025, la fraction du salaire des apprentis assujettie à CSG/CRDS est de fait soumise à la taxe sur les salaires.

Taxe d'apprentissage - Lorsque l'employeur est redevable de la *taxe d'apprentissage**, l'assiette de la taxe est alignée sur celle des cotisations de sécurité sociale. La rémunération des apprentis est donc en principe soumise à la taxe, sauf pour les employeurs de moins de 11 salariés qui bénéficient d'une exonération expresse (c. trav. art. L. 6241-1-1).

Par ailleurs, les mutuelles régies par les livres Ier et III du code de la mutualité assujetties à la *taxe d'apprentissage** sont exonérées de taxe sur les rémunérations qu'elles versent à leurs apprentis quel que soit leur effectif, et ce depuis le 16 février 2025 sous réserve d'éventuelle précision d'entrée en vigueur de l'administration (c. trav. art. L. 6241-1-1 modifié ; loi 2025-127 du 14 février 2025, art. 125, XXII, 2°).

Dans tous les cas, les employeurs qui occupent un ou plusieurs apprentis peuvent bénéficier d'une exonération de taxe d'apprentissage sous condition d'avoir une masse salariale soumise à cotisations de sécurité sociale inférieure ou égale à 6 fois le SMIC. Depuis le 1er janvier 2022, cette exonération est mise en œuvre mensuellement (c. trav. art. L. 6241-1, IV et D. 6241-8) (pour le détail, voir *Taxe d'apprentissage*)*.

Formation professionnelle et participation à l'effort de construction - Les rémunérations versées aux apprentis sont exonérées de *contribution à la formation professionnelle** dans les entreprises de moins de 11 salariés (c. trav. art. L. 6331-1).

En revanche, les rémunérations des apprentis sont soumises à la *contribution à la formation professionnelle** des employeurs de 11 salariés et plus ainsi que, pour les employeurs assujettis, à la *participation à l'effort de construction**, dans la mesure où leurs assiettes sont alignées sur celle des cotisations de sécurité sociale et qu'aucune exonération n'est prévue (c. trav. art. L. 6331-3 ; c. constr. et hab. art. L. 313-1).

Impôt sur le revenu

Exonération - La rémunération versée aux apprentis est exonérée d'impôt sur le revenu dans la limite du SMIC calculé sur une base annuelle (CGI art. 81 bis) (1820 fois le *SMIC** horaire, soit 21621,60 € sur la base du SMIC au 1er janvier 2025).

Cette limite n'est pas proratisée en cas d'entrée en apprentissage ou de fin d'apprentissage en cours d'année (CE 22 décembre 2017, n° 413238 ; BOFiP-IR-PAS-20-10-10-§ 20-28/07/2020).

Lorsque le SMIC brut varie en cours d'année, le plafond d'exonération est égal à la somme des produits du montant du SMIC mensuel brut par le nombre de mois auquel ce montant correspond, arrondi à l'euro le plus proche (BOFiP-RSA-CHAMP-20-50-50-§ 400-02/09/2019).

Exemple

Si le SMIC est revalorisé exceptionnellement le 1er octobre, la limite d'exonération est égale à la somme de 9 fois le SMIC mensuel sur la base du SMIC au 1er janvier (au titre des mois de janvier à septembre inclus) et de 3 fois le SMIC mensuel sur la base du SMIC au 1er octobre (au titre des mois d'octobre à décembre).

Néanmoins, à titre de simplification, pour l'application du *prélèvement à la source** de l'impôt sur le revenu, la limite d'exonération applicable au titre d'une année civile « peut » être calculée sur la base du taux horaire du SMIC en vigueur au 1er janvier de l'année (BOFiP-IR-PAS-20-10-10-§ 20-28/07/2020).

Prélèvement à la source - Les rémunérations versées aux apprentis et les gratifications des stagiaires sont soumises au *prélèvement à la source** (PAS) de l'impôt sur le revenu uniquement pour la fraction du net fiscal qui dépasse la limite d'exonération (BOFiP-IR-PAS-20-10-10-§ 20-28/07/2020).

Chaque employeur cumule la rémunération nette fiscale au fil des payes, sans rechercher les revenus éventuellement versés pour la même année fiscale par d'autres employeurs. Il applique le PAS uniquement à la fraction du net fiscal excédant la limite d'exonération. Lorsqu'une personne est, au cours d'une même année, employée dans le cadre d'un contrat d'apprentissage et dans le cadre d'une convention de stage, la limite d'exonération s'applique à la fois pour le contrat et pour la convention.

En pratique, le plus souvent, il n'y aura de fait pas de PAS compte tenu du volume de la rémunération des apprentis. Mais ce n'est pas une règle générale, certains apprentis étant rémunérés bien au-delà du SMIC.

▶ À noter… Si un apprenti a plusieurs employeurs dans l'année, c'est l'administration qui s'occupera d'agréger les données déclarées par chaque entreprise, et qui déterminera au final la rémunération imposable qui sera portée dans la déclaration de revenus préremplie pour le calcul final de l'impôt.

Déclaration du net fiscal et de l'assiette du PAS en DSN - En norme DSN 2025, l'ensemble du net fiscal des apprentis figure en « Rémunération nette fiscale » (S21.G00.50.002).

La distinction entre ce qui n'est pas soumis au PAS (part inférieure à la limite d'exonération) et ce qui l'est (fraction excédentaire) se fait respectivement via (www.net-entreprises.fr, Base de connaissances DSN, fiche 1853 modifiée le 26/05/2023) :
- la rubrique « Montant de la part non imposable du revenu » (S21.G00.50.011), dans laquelle on doit reporter la fraction de rémunération nette fiscale inférieure au seuil d'exonération fiscale ;
- et la rubrique « Montant soumis au PAS » (S21.G00.50.013), dans laquelle l'employeur indique l'assiette du prélèvement à la source (PAS).

▶ À noter… L'exonération fiscale dont bénéficient les apprentis ne s'applique pas aux IJSS subrogées soumises au PAS qui leur sont versées. Leur montant n'est donc pas retenu pour apprécier le seuil d'exonération fiscale. Si l'apprenti est en taux neutre, ce dernier est recherché sur la base du montant soumis au PAS (incluant le montant d'IJ subrogées). Le montant des IJSS subrogées effectivement soumis au PAS doit être porté dans la rubrique « Montant soumis au PAS ». Il n'alimente pas la rubrique « Rémunération nette fiscale » (www.net-entreprises.fr, Base de connaissances DSN, fiche 1912 modifiée le 15/12/2020).

Apprenti payé à 43 % du SMIC (exemple 1)

Un jeune, âgé de 19 ans, est en première année d'apprentissage dans une entreprise de 100 salariés dans laquelle la durée collective du travail est de 35 heures hebdomadaires. Il est affilié au régime « Frais de santé » de l'entreprise.

Le jeune a été embauché au 1er septembre 2024, pour un salaire de 43 % du SMIC. La rémunération est exonérée des cotisations salariales légales et conventionnelles et de CSG/CRDS. L'employeur applique la réduction générale de cotisations patronales.

Cet exemple est calculé en fonction des chiffres connus au 15 janvier 2025.

EXTRAIT DU BULLETIN DE PAYE DE JANVIER 2025

Désignation	Base	Taux	Montant	
Salaire de base	151,67	5,1084	774,77	
Brut total			774,77	
Cotisations et contributions sociales	**Base (€)**	**Taux salarial**	**Part salarié (€)**	**Part employeur (€)**
Santé				
Sécurité sociale - Maladie Maternité Invalidité Décès	774,77	-	0,00	54,23 (1)
Complémentaire Santé	-	-	85,00	85,00
Accidents du travail - maladies professionnelles	774,77	-	-	15,50 (2)
Retraite				
Sécurité sociale plafonnée	774,77	Exonération	0,00	66,24
Sécurité sociale déplafonnée	774,77	Exonération	0,00	15,65
Complémentaire Tranche 1 (3)	774,77	Exonération	0,00	46,56
Famille	774,77	-	-	26,73 (4)
Assurance chômage				
Chômage	774,77	-	0,00	33,32 (5)
Autres contributions dues par l'employeur	-	-	-	42,02 (6)
CSG déductible de l'impôt sur le revenu	0,00	6,80 %	0,00	-
CSG/CRDS non déductible de l'impôt sur le revenu	0,00	2,90 %	0,00	-
Exonérations et allégements de cotisations	-	-	-	- 250,56
Total des cotisations et contributions	-	-	85,00	134,69
Net social				**689,77**
Net à payer avant impôt sur le revenu (7)				**689,77 (7)**
Impôt sur le revenu	**Base**	**Taux**	**Montant**	**Cumul annuel**
Montant net imposable	-	-	774,77 (8)	Valeur
Dont part inférieure au seuil d'exonération (8)	-	-	774,77 (8)	Valeur
Impôt sur le revenu prélevé à la source	0,00	0,00 %	0,00	Valeur
Montant net des heures compl/suppl exonérées	-	-	0,00	Valeur
Net à payer au salarié (en euros) (7)				**689,77**
Total versé par l'employeur				909,47

Notes de la rédaction, pour aider à la lecture des totaux (ces notes n'ont pas à apparaître sur le bulletin de paye) :
(1) Taux de 7 % compte tenu de la rémunération. (2) Par hypothèse taux de 2 %. (3) Y compris contribution d'équilibre général. (4) Taux de 3,45 % compte tenu de la rémunération. (5) Chômage 4,05 % et AGS 0,25 %. (6) CSA (0,30 %), FNAL (0,50 %), versement mobilité (1,60 %), contribution au dialogue social (0,016 %), contribution formation (1 %), participation à l'effort de construction (0,45 %), taxe d'apprentissage (0,68 %), forfait social. (7) À faire apparaître de manière à en faciliter la lisibilité. (8) Suggestion de présentation pour tenir compte des recommandations du GIP-MDS en matière de présentation du net fiscal.

APPRENTI PAYÉ À 1 850 € (EXEMPLE 2, JANVIER 2025)

Un salarié en apprentissage est rémunéré 1 850 € par mois dans une entreprise de 100 salariés dans laquelle la durée collective du travail est de 35 heures hebdomadaires. Il est affilié au régime « Frais de santé » de l'entreprise.

Les règles appliquées en matière d'exonérations de cotisations salariales et de CSG/CRDS sont celles en vigueur au 15 janvier 2025 (donc avant la réforme issue de la loi de financement de la sécurité sociale pour 2025).

La rémunération est donc exonérée de CSG/CRDS en totalité. Elle est exonérée des cotisations salariales légales et conventionnelles dans la limite de 79 % du SMIC (1 423,42 €) ; en conséquence, ces cotisations restent dues sur la fraction excédentaire (426,58 €).

L'employeur calcule les cotisations patronales sur le brut total et applique la réduction générale de cotisations patronales.

Le plafond d'exonération fiscale sur l'année n'a pas encore été dépassé en cumul.

Cet exemple est calculé en fonction des chiffres connus au 15 janvier 2025.

EXTRAIT DU BULLETIN DE PAYE DE JANVIER 2025

Désignation	**Base**	**Taux**	**Montant**	
Salaire de base	151,67	12,1975	1 850,00	
Brut total			1 850,00	
Cotisations et contributions sociales	**Base (€)**	**Taux salarial**	**Part salarié (€)**	**Part employeur (€)**
Santé				
Sécurité sociale - Maladie Maternité Invalidité Décès	1 850,00	-	0,00	129,50 (1)
Complémentaire Santé	-	-	85,00	85,00
Accidents du travail - maladies professionnelles	1 850,00	-	-	37,00 (2)
Retraite				
Sécurité sociale plafonnée	426,58	6,90 %	29,43	158,18 (3)
Sécurité sociale déplafonnée	426,58	0,40 %	1,71	37,37 (3)
Complémentaire Tranche 1 (4)	426,58	4,01 %	17,11	111,19 (3)
Famille	1 850,00	-	-	63,83 (5)
Assurance chômage				
Chômage	1 850,00	-	0,00	79,55 (6)
Autres contributions dues par l'employeur	-	-	-	90,90 (7)
CSG déductible de l'impôt sur le revenu	0,00	6,80 %	0,00	-
CSG/CRDS non déductible de l'impôt sur le revenu	0,00	2,90 %	0,00	-
Exonérations et allégements de cotisations	-	-	-	- 556,76
Total des cotisations et contributions	-	-	133,25	235,75
Net social				**1 716,75**
Net à payer avant impôt sur le revenu (8)				**1 716,75 (8)**
Impôt sur le revenu	**Base**	**Taux**	**Montant**	**Cumul annuel**
Montant net imposable	-	-	1 801,75 (9)	Valeur
Dont part inférieure au seuil d'exonération (9)	-	-	1 801,75 (9)	Valeur
Impôt sur le revenu prélevé à la source	0,00	0,00 %	0,00	Valeur
Montant net des heures compl/suppl exonérées	-	-	0,00	Valeur
Net à payer au salarié (en euros) (8)				**1 716,75**
Total versé par l'employeur				2 085,75

Notes de la rédaction, pour aider à la lecture des totaux (ces notes n'ont pas à apparaître sur le bulletin de paye) :
(1) Taux de 7 % compte tenu de la rémunération. (2) Par hypothèse taux de 2 %. (3) Calculé sur 1 850 €. (4) Y compris contribution d'équilibre général. (5) Taux de 3,45 % compte tenu de la rémunération. (6) Chômage 4,05 % et AGS 0,25 %. (7) CSA (0,30 %), FNAL (0,50 %), versement mobilité (1,60 %), contribution au dialogue social (0,016 %), contribution formation (1 %), participation à l'effort de construction (0,45 %), taxe d'apprentissage (0,68 %), forfait social. (8) À faire apparaître de manière à en faciliter la lisibilité. (9) Suggestion de présentation pour tenir compte des recommandations du GIP-MDS en matière de présentation du net fiscal.

Apprenti payé à 1 850 € (exemple 3, avril 2025)

Un salarié dont le contrat d'apprentissage a été conclu en mars 2025 est rémunéré 1 850 € par mois dans une entreprise de 100 salariés dans laquelle la durée collective du travail est de 35 heures hebdomadaires. Il est affilié au régime « Frais de santé » de l'entreprise.

Les règles appliquées en matière d'exonérations de cotisations salariales et de CSG/CRDS sont celles qui découlent de la loi de financement de la sécurité sociale pour 2025.

La rémunération est donc exonérée de CSG/CRDS et des cotisations salariales légales et conventionnelles dans la limite de 50 % du SMIC (900,90 €).

Pour la CSG/CRDS, dans l'attente des précisions de l'administration, nous avons par hypothèse intégré la contribution patronale Frais de santé à la somme à comparer à la limite de 50 % du SMIC.

L'employeur calcule les cotisations patronales sur le brut total et applique la réduction générale de cotisations patronales.

Le plafond d'exonération fiscale sur l'année n'a pas encore été dépassé en cumul.

Cet exemple est calculé en fonction des chiffres connus au 15 janvier 2025.

EXTRAIT DU BULLETIN DE PAYE D'AVRIL 2025

Désignation	Base	Taux	Montant	
Salaire de base	151,67	12,1975	1 850,00	
Brut total			1 850,00	
Cotisations et contributions sociales	**Base (€)**	**Taux salarial**	**Part salarié (€)**	**Part employeur (€)**
Santé				
Sécurité sociale - Maladie Maternité Invalidité Décès	1 850,00	-	0,00	129,50 (1)
Complémentaire Santé	-	-	85,00	85,00
Accidents du travail - maladies professionnelles	1 850,00	-	-	37,00 (2)
Retraite				
Sécurité sociale plafonnée	949,10	6,90 %	65,49	158,18 (3)
Sécurité sociale déplafonnée	949,10	0,40 %	3,80	37,37 (3)
Complémentaire Tranche 1 (4)	949,10	4,01 %	38,06	111,19 (3)
Famille	1 850,00	-	-	63,83 (5)
Assurance chômage				
Chômage	1 850,00	-	0,00	79,55 (6)
Autres contributions dues par l'employeur	-	-	-	90,90 (7)
CSG déductible de l'impôt sur le revenu	1 017,49	6,80 %	69,19	-
CSG/CRDS non déductible de l'impôt sur le revenu	1 017,49	2,90 %	29,51	-
Exonérations et allégements de cotisations	-	-	-	- 556,76
Total des cotisations et contributions	-	-	291,04	235,75
Net social				**1 558,96**
Net à payer avant impôt sur le revenu (8)				**1 558,96 (8)**
Impôt sur le revenu	**Base**	**Taux**	**Montant**	**Cumul annuel**
Montant net imposable	-	-	1 673,47 (9)	Valeur
Dont part inférieure au seuil d'exonération (9)	-	-	1 673,47 (9)	Valeur
Impôt sur le revenu prélevé à la source	0,00	0,00 %	0,00	Valeur
Montant net des heures compl/suppl exonérées	-	-	0,00	Valeur
Net à payer au salarié (en euros) (8)				**1 558,96**
Total versé par l'employeur				2 085,75

Notes de la rédaction, pour aider à la lecture des totaux (ces notes n'ont pas à apparaître sur le bulletin de paye) :
(1) Taux de 7 % compte tenu de la rémunération. (2) Par hypothèse taux de 2 %. (3) Calculé sur 1 850 €. (4) Y compris contribution d'équilibre général. (5) Taux de 3,45 % compte tenu de la rémunération. (6) Chômage 4,05 % et AGS 0,25 %. (7) CSA (0,30 %), FNAL (0,50 %), versement mobilité (1,60 %), contribution au dialogue social (0,016 %), contribution formation (1 %), participation à l'effort de construction (0,45 %), taxe d'apprentissage (0,68 %), forfait social. (8) À faire apparaître de manière à en faciliter la lisibilité. (9) Suggestion de présentation pour tenir compte des recommandations du GIP-MDS en matière de présentation du net fiscal.

Pour les apprentis réalisant des heures supplémentaires, depuis la version DSN P24V01, le montant indiqué dans la « Rémunération nette fiscale - S21.G00.50.002 » n'intègre plus les heures supplémentaires exonérées [voir *Heures supplémentaires et complémentaires (exonération d'impôt sur le revenu)**], qui doivent être déclarées dans un bloc dédié (www.net-entreprises.fr, Base de connaissances DSN, fiche 1853 modifiée le 26/05/2023).

Bulletin de paye - Le montant total de la rémunération nette fiscale (avant et après franchissement du seuil d'exonération) doit être affiché sur le bulletin de paye et l'attestation fiscale annuelle lorsqu'elle est produite (ou tout autre document mentionnant le cumul imposable annuel, dont notamment le bulletin de paye). À titre d'information, l'attestation fiscale peut mentionner le cumul des montants versés en deçà du seuil pour permettre à l'apprenti de modifier sa déclaration de revenus (www.net-entreprises.fr, Base de connaissances DSN, fiche 1853 modifiée le 26/05/2023).

Il revient aux apprentis de rectifier le montant prérempli sur leur déclaration de revenus en fonction de l'exonération.

Aides à l'emploi

L'embauche d'apprentis ouvre droit à une aide spécifique [voir *Apprentissage (contrat)**].

☞ *Apprentissage (contrat) ; Heures supplémentaires et complémentaires (réduction de cotisations salariales) ; Jeunes ; Prélèvement à la source ; Taxe d'apprentissage.*

Apprentissage (contrat)

Le contrat d'apprentissage associe une formation pratique effectuée en entreprise et des enseignements théoriques dispensés pendant le temps de travail dans un centre de formation d'apprentis (CFA) ou une section d'apprentissage.

L'employeur s'engage, outre le versement d'un salaire, à assurer à l'apprenti une formation professionnelle méthodique et complète. L'apprenti s'oblige, en retour, à travailler pour cet employeur pendant la durée du contrat ou de la période d'apprentissage.

Indépendamment des exonérations (voir *Apprentis**), l'employeur peut bénéficier d'aides à l'embauche *(voir à la fin de cette étude)*.

Condition d'âge

De 16 à 29 ans révolus (parfois dès 15 ans) - Le contrat d'apprentissage peut être conclu avec des personnes de 16 ans au moins jusqu'à 29 ans révolus au début de l'apprentissage (c. trav. art. L. 6222-1).

Les jeunes âgés de 15 ans peuvent être embauchés comme apprentis s'ils ont effectué leur scolarité jusqu'à la classe de 3e incluse (c. trav. art. L. 6222-1).

Jeunes n'ayant pas 15 ans à la rentrée - Les jeunes qui atteignent l'âge de 15 ans avant la fin de l'année civile et qui ont effectué leur scolarité jusqu'à la classe de 3e incluse, peuvent être inscrits, sous statut scolaire, dans un CFA pour débuter leur formation (c. trav. art. L. 6222-1 et R. 6222-1-1).

Dérogations à la limite d'âge maximale - Il est possible d'entrer en apprentissage au-delà de la limite d'âge maximale dans un certain nombre de situations.

❶ Il est ainsi possible de conclure un contrat d'apprentissage jusqu'à 35 ans révolus dans les cas suivants (c. trav. art. L. 6222-2, 1° et 2° ; c. trav. art. D. 6222-1, 1°, 3° et 4°) :
- apprenti entrant de nouveau en apprentissage pour obtenir un niveau de diplôme supérieur à celui obtenu à l'issue du contrat ou de la période d'apprentissage précédents ;
- rupture du précédent contrat d'apprentissage pour des causes indépendantes de la volonté de l'apprenti (cessation d'activité de l'employeur, faute de l'employeur ou manquements répétés à ses obligations, suspension du contrat par l'autorité administrative) ;
- rupture du précédent contrat d'apprentissage suite à une inaptitude physique et temporaire de l'apprenti.

▶ Attention… Dans les trois situations ci-dessus, le nouveau contrat doit être signé dans un délai maximum d'un an après l'expiration du précédent contrat (c. trav. art. D. 6222-1, 2°).

❷ Il n'y a pas aucune limite d'âge dans les situations suivantes (c. trav. art. L. 6222-2, 3°, 4° et 5°) :
- contrat d'apprentissage conclu par une personne ayant la qualité de travailleur handicapé ;
- contrat d'apprentissage souscrit par une personne ayant un projet de création ou de reprise d'entreprise dont la réalisation est subordonnée à l'obtention du diplôme ou du titre sanctionnant la formation poursuivie ;
- contrat d'apprentissage souscrit par une personne inscrite en tant que sportif de haut niveau (c. sport art. L. 221-2, al. 1).

❸ Enfin, l'âge de l'apprenti ne fait pas obstacle à la conclusion d'un nouveau contrat d'apprentissage lorsque, en cas d'échec à l'obtention du diplôme ou du titre professionnel visé, l'apprentissage est prolongé pour une durée d'un an au plus par conclusion d'un nouveau contrat avec un autre employeur (c. trav. art. L. 6222-11 et D. 6222-1-2).

Procédure de dépôt du contrat d'apprentissage

Déclaration en vue de la formation d'apprentis - L'employeur qui souhaite accueillir des apprentis doit, pour le premier contrat, effectuer une déclaration en vue de la formation d'apprentis (c. trav. art. L. 6223-1).

Les mentions de cette déclaration sont intégrées dans le modèle Cerfa du contrat d'apprentissage, ce Cerfa valant déclaration de l'employeur (Cerfa n° 10103*13).

L'employeur doit être en mesure de fournir à l'inspection du travail, à l'OPCO ou à la mission chargée du contrôle pédagogique un certain nombre de pièces à leur demande (c. trav. art. R. 6223-1).

Transmission du contrat à l'OPCO - L'employeur doit, au plus tard dans les 5 jours ouvrables qui suivent le début de l'exécution d'un contrat d'apprentissage, transmettre ce contrat à l'OPCO, accompagné (c. trav. art. L. 6224-1 et D. 6224-1) :
- de la convention de formation (c. trav. art. L. 6353-1) ;
- et, le cas échéant, de la convention tripartite de réduction ou d'allongement de la durée du contrat ou de la période d'apprentissage, dont le modèle est fixé par arrêté ministériel (c. trav. art. L. 6222-7-1 al. 3 ; arrêté du 14 septembre 2020, JO du 25, texte 9).

Lorsque la formation de l'apprenti est confiée à un centre de formation d'apprentis interne à l'entreprise (c. trav. art. D. 6241-30), l'employeur transmet à l'OPCO (c. trav. art. D. 6224-1) :
- le contrat (accompagné le cas échéant de la convention tripartite de réduction ou d'allongement de sa durée) ;
- et une annexe pédagogique et financière précisant divers points relatifs à la formation (intitulé, objectif et contenu de l'action de formation, moyens prévus, durée et période de réalisation, modalités de déroulement, de suivi et de sanction de l'action, prix).

▶ À noter… Ces documents peuvent être transmis par voie dématérialisée.

Vérifications opérées par l'OPCO - À réception du contrat, l'OPCO se prononce sur la prise en charge financière. Il vérifie à cet effet que le contrat satisfait aux conditions requises : éligibilité de la formation à l'apprentissage, âge de l'apprenti, maître d'apprentissage, niveau de rémunération, etc. (c. trav. art. D. 6224-2).

Décision de l'OPCO - L'OPCO statue sur la prise en charge financière du contrat dans un délai de 20 jours à compter de la réception de l'ensemble des documents exigés (c. trav. art. L. 6332-14 et R. 6224-3).

S'il constate la méconnaissance d'une ou plusieurs de ces conditions, l'OPCO refuse la prise en charge financière par une décision motivée qu'il notifie aux parties ainsi qu'au CFA, éventuellement par voie dématérialisée. Il en va de même en cas de contrariété du contrat d'apprentissage à toute autre disposition légale, réglementaire ou conventionnelle (c. trav. art. D. 6224-2). Le refus de prise en charge du contrat d'apprentissage peut aussi être fondé sur les manquements de l'organisme de formation constatés par l'OPCO à l'occasion d'un contrôle de service fait ou d'un contrôle de la qualité des actions de formation, jusqu'à la cessation de ces manquements (c. trav. art. D. 6224-2).

Le silence de l'OPCO au-delà de 20 jours vaut refus implicite de prise en charge (c. trav. art. R. 6224-3).

▶ À noter… La loi de finances pour 2025 prévoit que pour les formations visant un diplôme ou un titre à finalité professionnelle au moins égal au niveau 6 du cadre national des certifications professionnelles (Bac + 3 et au-delà), l'employeur sera tenu de participer à la prise en charge des contrats d'apprentissage. La prise en charge par l'OPCO sera alors réduite d'autant. Les modalités de cette mesure devront être précisées par décret (c. trav. art. L. 6332-14 modifié ; loi 2025-127 du 14 février 2025, art. 192, JO du 15).

Dépôt du contrat par l'OPCO - L'OPCO dépose le contrat, par voie dématérialisée, auprès des services du ministre en charge de la formation professionnelle. Le cas échéant, il informe simultanément ces services de son refus de prise en charge financière, ainsi que des motifs de ce refus (c. trav. art. D. 6224-4).

Pour les contrats conclus depuis le 1er août 2024, l'OPCO ne procède plus au dépôt des contrats dont il refuse la prise en charge financière (c. trav. art. D. 6224-2).

Modification du contrat d'apprentissage - Toute modification d'un élément essentiel du contrat d'apprentissage fait l'objet d'un avenant transmis à l'OPCO pour dépôt dans les mêmes conditions (c. trav. art. D. 6224-5).

La modification peut entraîner la remise en cause de la prise en charge financière ou son acceptation si elle avait été refusée.

Principe de gratuité - Le dépôt du contrat d'apprentissage ne doit donner lieu à aucun frais (c. trav. art. D. 6224-7).

L'essentiel sur le contrat

CDD ou CDI à temps plein - Le contrat d'apprentissage est un contrat à temps plein.

Il peut être conclu pour une durée limitée ou pour une durée indéterminée, au choix de l'entreprise (c. trav. art. L. 6222-7).

Lorsqu'il est conclu pour une durée indéterminée, le contrat débute par une période d'apprentissage qui dure le temps du cycle de formation prévu (c. trav. art. L. 6222-7). Pendant cette période, l'ensemble de la réglementation particulière des apprentis s'applique : règles sur la rupture du contrat, durée du travail, salaire, congé d'examen des apprentis, etc. Une fois la période d'apprentissage achevée, le contrat doit être traité comme un CDI « classique » (rémunération « normale », ancienneté sans interruption, etc.). L'employeur ne peut pas fixer de nouvelle période d'essai.

Début du contrat - La date de début de la formation pratique chez l'employeur ainsi que la date de début de la période de formation en CFA ne peuvent pas être postérieures de plus de 3 mois au début d'exécution du contrat (c. trav. art. L. 6222-12).

L'ensemble de ces éléments (date du début de l'exécution du contrat d'apprentissage, période de formation pratique et période de formation en CFA) doivent être précisés par le contrat d'apprentissage.

Durée du contrat - La durée du contrat (ou de la période d'apprentissage en cas de CDI) varie entre 6 mois et 3 ans. Cette durée doit correspondre au cycle de formation préparant à la qualification qui fait l'objet du contrat (c. trav. art. L. 6222-7-1).

Il est toutefois possible de prévoir une durée inférieure, ou supérieure, à celle du cycle de formation compte tenu :
- du niveau initial de compétences de l'apprenti ;
- ou des compétences acquises par l'apprenti le cas échéant lors d'une mobilité à l'étranger, d'une activité militaire dans la réserve opérationnelle, d'un service civique, d'un volontariat militaire ou d'un engagement comme sapeur-pompier volontaire (c. trav. art. L. 6222-7-1).

Dans ce cas, la durée du contrat ou de la période d'apprentissage doit être fixée par une convention tripartite signée par le centre de formation, l'employeur et l'apprenti ou son représentant légal, annexée au contrat d'apprentissage après évaluation par le CFA du niveau initial de compétence de l'apprenti ou de ses compétences acquises.

▶ À noter... Le modèle de cette convention est fixé par arrêté ministériel (c. trav. art. R. 6222-7 ; arrêté du 14 septembre 2020, JO du 25, texte 9).

Cet aménagement ne permet pas de déroger aux durées minimale et maximale de contrat (6 mois et 3 ans) (c. trav. art. R. 6222-6).

La possibilité d'allonger la durée du contrat par une convention tripartite est également ouverte lorsque le contrat se trouve suspendu pour une raison indépendante de la volonté de l'apprenti. La durée du contrat est alors prolongée jusqu'à l'expiration du cycle de formation suivant (c. trav. art. R. 6222-10).

De plus, l'apprentissage peut être prolongé :
- en cas d'échec à l'obtention du diplôme ou du titre professionnel visé, pour une durée d'un an au plus, soit par prolongation du contrat initial, soit par la conclusion d'un nouveau contrat avec un autre employeur (c. trav. art. L. 6222-11) : dans ce cas, la conclusion d'une convention tripartite n'est pas exigée (c. trav. art. R. 6222-9) ;
- et porté jusqu'à 4 ans, pour les contrats conclus en faveur des personnes handicapées, sans que la convention ne soit nécessaire (c. trav. art. L. 6222-37, 2° et R. 6222-46).

Notons également que l'apprenti peut rompre le contrat avant le terme prévu s'il a obtenu le diplôme ou le titre préparé, sous réserve d'en avoir informé l'employeur (c. trav. art. L. 6222-19).

Par ailleurs, lorsqu'un apprenti demande, quand il n'a pas encore été engagé par un employeur, à débuter un cycle de formation en apprentissage (celui-ci étant limité à une durée de 3 mois) et qu'il signe ensuite un contrat d'apprentissage, la durée du contrat est réduite du nombre de mois écoulés depuis le début de la formation (c. trav. art. L. 6222-12-1).

On notera enfin que lorsqu'un nouveau contrat d'apprentissage est signé après la rupture anticipée d'un premier contrat, il peut être dérogé à la durée minimale du contrat d'apprentissage et à la durée minimale de formation en CFA (c. trav. art. R. 6222-23-1). La signature de la convention de réduction de durée est alors inutile.

Signature et conclusion du contrat - Le contrat d'apprentissage est un contrat écrit préalable à l'embauche qui comporte des clauses et des mentions obligatoires. Il est signé par l'employeur et l'apprenti (c. trav. art. L. 6222-4). Si l'apprenti est mineur, la signature de son représentant légal est également requise (c. trav. art. R. 6222-2).

Le formulaire Cerfa de contrat d'apprentissage (Cerfa n° 10103*13), accompagné d'une notice explicative, est disponible sur le site service-public.fr (https://entreprendre.service-public.fr/vosdroits/R1319).

La notice du Cerfa dresse la liste des informations que l'employeur doit, en complément de celles figurant déjà sur le Cerfa, adresser à l'apprenti dans les 7 jours et dans les 30 jours de l'embauche.

Visite d'embauche - L'apprenti bénéficie d'une visite d'information et de prévention auprès des services de santé au travail (SST) (c. trav. art. L. 4624-1).

▶ À noter... Conformément aux règles générales, si l'apprenti est destiné à occuper un poste à risques faisant l'objet d'un suivi individuel renforcé, il doit bénéficier d'un examen d'aptitude à l'embauche avant l'affectation sur le poste (c. trav. art. R. 4624-2, R. 4624-3 et R. 4624-24).

Cette visite est en principe réalisée par le médecin du travail, le médecin praticien correspondant et, sous l'autorité du médecin du travail, par un professionnel de l'équipe pluridisciplinaire de santé au travail (collaborateur médecin, interne en médecine du travail ou infirmer) (c. trav. art. L. 4624-1).

Embauche dans la même entreprise après un apprentissage en CDD - Lorsque, à l'issue d'un contrat d'apprentissage, une entreprise embauche l'apprenti sous contrat à durée indéterminée (CDI), sous contrat à durée déterminée (CDD) ou sous contrat de travail temporaire, il ne peut pas y avoir de période d'essai (sauf dispositions conventionnelles contraires). La durée du contrat d'apprentissage est alors prise en compte pour le calcul de la rémunération et de l'ancienneté du salarié (c. trav. art. L. 6222-16 ; cass. soc. 27 mars 2013, n° 11-23967, BC V n° 90).

Les grilles de salaire minimal doivent donc être appliquées en faisant remonter l'ancienneté du salarié au début de son contrat d'apprentissage.

Pour aller plus loin - Les lecteurs qui souhaiteront en savoir plus sur le contrat d'apprentissage peuvent se reporter au Dictionnaire Social du Groupe Revue Fiduciaire [voir Dictionnaire Social, « Apprentissage (contrat) »].

Formation et encadrement

Formation intégrée dans le contrat - La formation fait partie intégrante du contrat d'apprentissage (c. trav. art. L. 6222-24). Les heures de formation correspondant à des modules complémentaires au cycle de formation, librement choisis par l'apprenti et acceptés par le CFA, peuvent venir en plus de l'horaire habituel (c. trav. art. L. 6222-24).

Les enseignements dispensés pendant le temps de travail par un CFA ou une section d'apprentissage peuvent également être réalisés en tout ou partie à distance, moyennant un suivi et un accompagnement particuliers (c. trav. art. L. 6211-2 et L. 6231-1).

Sous réserve, le cas échéant, des règles fixées par l'organisme certificateur du diplôme ou titre à finalité professionnelle visé, la durée de formation en CFA ne peut être inférieure à 25 % de la durée totale du contrat (c. trav. art. L. 6211-2).

▶ À noter... Les lecteurs qui souhaiteront en savoir plus sur la formation peuvent se reporter au Dictionnaire Social du Groupe Revue Fiduciaire [voir Dictionnaire Social, « Apprentissage (formation) »].

Maître d'apprentissage - Chaque apprenti doit être encadré dans l'entreprise par un maître d'apprentissage, assurant la liaison avec le CFA ou la section d'apprentissage et assumant la fonction de tuteur (c. trav. art. L. 6223-5 à L. 6223-8).

Il doit s'agir d'un salarié de l'entreprise, volontaire, majeur et offrant toutes garanties de moralité. Le cas échéant, le chef d'entreprise ou son conjoint (s'il a le statut de conjoint collaborateur) peut remplir cette fonction (c. trav. art. L. 6223-8-1).

Les OPCO peuvent prendre en charge, dans certaines limites, les dépenses engagées par l'entreprise pour la formation des maîtres d'apprentissage (c. trav. art. L. 6332-14, D. 6332-90 à D. 6332-93).

Le nombre maximal d'apprentis (ou d'élèves se préparant à l'apprentissage) pouvant être accueillis simultanément dans une entreprise ou un établissement est fixé à 2 par maître d'apprentissage (c. trav. art. R. 6223-6), sous réserve de quelques dérogations (c. trav. art. R. 6223-6, R. 6223-7 et R. 6223-8).

Rémunération, cotisations et effectif

Rémunération minimale - L'apprenti est un salarié qui bénéficie d'un statut particulier. Sa rémunération minimale est calculée en pourcentage du SMIC (voir *Apprentis**).

En cas de nullité du contrat d'apprentissage, l'apprenti doit être considéré comme un jeune travailleur et percevoir une rémunération calculée sur le salaire minimum conventionnel (cass. soc. 1er avril 1992, n° 88-40438, BC V n° 220) ou le SMIC (s'il est plus élevé).

Cotisations et exonérations - La rémunération versée à l'apprenti ouvre droit à des exonérations de cotisations (voir *Apprentis**).

Effectif - Les *apprentis** sont exclus des calculs d'effectif en droit du travail et en droit de la sécurité sociale, sauf pour la tarification de la cotisation accidents du travail (c. trav. art. L. 1111-3 ; c. séc. soc. art. R. 130-1, III).

Cette exclusion s'applique soit pendant la durée du contrat (apprentissage en CDD), soit pendant la durée de l'apprentissage (contrat conclu en CDI).

Aide unique à l'apprentissage

Employeurs concernés - L'aide unique s'adresse aux entreprises de moins de 250 salariés (c. trav. art. L. 6243-1). Il s'agit d'un dispositif pérenne, qui n'est pas borné dans le temps, sauf modification législative ou par décret.

L'effectif de l'entreprise est calculé en appliquant les règles prévues en matière de sécurité sociale (voir *Effectif sécurité sociale**) (c. trav. art. L. 6243-1-1 ; c. séc. soc. art. L. 130-1, I et R. 130-1). Cependant, par dérogation aux règles sécurité sociale, le mécanisme de gel des effets seuils pendant 5 ans en cas de franchissement de seuil à la hausse ne s'applique pas à l'aide unique à l'apprentissage (c. trav. art. L. 6243-1-1).

Niveau du titre ou diplôme préparé - L'aide unique est attribué pour les contrats d'apprentissage visant un diplôme ou un titre à finalité professionnelle équivalant au plus au baccalauréat (niveau 4) (c. trav. art. L. 6243-1).

En Guadeloupe, Guyane, Martinique, à Mayotte, à La Réunion, à Saint-Barthélemy, à Saint-Martin et à Saint-Pierre-et-Miquelon, il peut s'agir de titres ou diplômes pouvant aller jusqu'au niveau 5 (soit Bac + 2) (c. trav. art. L. 6522-4).

Montant de l'aide - L'aide est attribuée au titre de la première année d'exécution du contrat d'apprentissage.

Pour les contrats conclus depuis le 24 février 2025, l'aide est d'un montant maximum de 5 000 € (de 6 000 € maximum pour les contrats conclus avec un apprenti reconnu travailleur handicapé) (c. trav. art. D. 6243-2 modifié ; décret 2025-174 du 22 février 2025, art. 1, JO du 23).

Pour les contrats conclus du 1er janvier 2023 au 23 février 2025, l'aide est d'un montant maximum de 6 000 € (c. trav. art. D. 6243-2 avant 24.02.2025).

▶ À noter... Pour les contrats conclus avant 2023 et qui seraient encore en cours, le montant maximum de l'aide était fixé comme suit :
- 4 125 € pour la 1re année en principe (mais pour les contrats conclus de mars 2021 à décembre 2022 inclus, 5 000 € pour un apprenti de moins de 18 ans et 8 000 € pour un apprenti majeur) ;
- 2 000 € pour la 2e année ;
- 1 200 € maximum pour la 3e année (voire la 4e année).

Versement de l'aide unique - L'aide est versée mensuellement dès le début du contrat d'apprentissage par l'Agence de service et de paiement (ASP) par anticipation de la rémunération à verser à l'apprenti, dans l'attente de la transmission par l'employeur des données de la *déclaration sociale nominative** (DSN) (c. trav. art. D. 6243-4).

Si les données ne sont pas transmises, le versement de l'aide est suspendu le mois suivant (c. trav. art. D. 6243-2, III).

L'aide n'est pas due lors des périodes de suspension du contrat d'apprentissage, pour chaque mois au titre duquel l'employeur ne verse pas de rémunération à l'apprenti (c. trav. art. D. 6243-2, IV).

En cas de rupture anticipée du contrat d'apprentissage, l'aide cesse d'être due au titre du mois suivant la date de fin de contrat et les sommes indûment perçues doivent être remboursées (c. trav. art. D. 6243-2, IV et V).

Formalités à suivre et gestion de l'aide - Pour les contrats conclus depuis le 24 février 2025, l'employeur doit transmettre le contrat à l'OPCO dans les 6 mois de sa conclusion (c. trav. art. D. 6243-2, I modifié ; décret 2025-174 du 22 février 2025, art. 2, VI, JO du 23).

▶ À noter... Cette obligation de transmission dans les 6 mois de la conclusion du contrat vaut aussi pour les contrats conclus du 1er janvier 2025 au 23 février 2025, lesquels relèvent encore de l'ancienne aide de 6 000 € (décret 2025-174 du 22 février 2025, art. 3, I).

Le contrat d'apprentissage doit ensuite être déposé par l'OPCO auprès du ministre chargé de la formation professionnelle (c. trav. art. D. 6243-3). En retour, le ministère transmet à l'ASP les informations nécessaires au versement de l'aide, ce qui vaut décision d'attribution. En charge de la gestion de l'aide, l'ASP est tenue de notifier aux employeurs la décision d'attribution de l'aide et de les informer de ses modalités de versement, de verser mensuellement l'aide et de recouvrer, le cas échéant, les sommes indûment perçues (c. trav. art. D. 6243-4).

▶ À noter... Pour les contrats conclus avant le 1er janvier 2025, seule la formalité de dépôt par l'OPCO auprès du ministre était prévue.

Cumul restreint - L'aide unique ne peut pas se cumuler avec l'aide exceptionnelle à l'embauche d'apprentis *(voir ci-dessous)* (c. trav. art. D. 6243-2).

Par ailleurs depuis le 24 février 2025, un employeur ayant déjà perçu une aide unique ou une aide exceptionnelle pour l'embauche d'un apprenti ne peut pas demander une nouvelle aide unique ou exceptionnelle s'il conclut un nouveau contrat avec ce même apprenti pour la même certification professionnelle (c. trav. art. D. 6243-2 modifié ; décret 2025-174 du 22 février 2025, art. 1 et 2, VI).

Aide exceptionnelle

Dispositif exceptionnel borné dans le temps - Une aide exceptionnelle à l'embauche d'apprentis est prévue, sous certaines conditions.

Dans un premier temps réservée aux contrats conclus en 2023, l'aide exceptionnelle a été prolongée pour les contrats conclus jusqu'au 31 décembre 2024 (décret 2023-1354 du 29 décembre 2023, art. 2 et 3, 1°, JO du 30 ; décret 2022-1714 du 29 décembre 2022, JO du 30).

Cette aide a été réactivée pour les contrats conclus à compter du 24 février 2025 et jusqu'au 31 décembre 2025, mais avec des montants plus faibles (décret 2025-174 du 22 février 2025, art. 2, JO du 23).

Il n'y a pas d'aide exceptionnelle pour ceux conclus du 1er janvier au 23 février 2025.

▶ À noter… Le premier dispositif d'aide exceptionnelle, qui avait été mis en place à la faveur de la crise du covid-19, s'est appliqué pour les contrats conclus du 1er juillet 2020 au 31 décembre 2022. Il n'est pas détaillé ici, mais les montants sont rappelés dans le tableau récapitulatif de cette étude *(voir plus loin)*.

Contrats éligibles - Dans les entreprises de 250 salariés et plus, le contrat doit viser la préparation d'un diplôme ou d'un titre à finalité professionnelle équivalant au plus au niveau 7 (bac + 5) du cadre national des certifications professionnelles.

Dans les entreprises de moins de 250 salariés, l'aide vise les contrats d'apprentissage préparant à un diplôme ou à un titre à finalité professionnelle équivalant :
- au moins au niveau 5 du cadre national des certifications professionnelles, soit au moins bac + 2 (dans les DOM, à notre sens au moins niveau 6, soit bac + 3) ;
- et au plus au niveau 7 (soit bac + 5).

▶ À noter… Pour les diplômes ou titres inférieurs à bac + 2 (dans les DOM, bac + 3), les employeurs de moins de 250 salariés doivent demander l'aide unique à l'apprentissage *(voir plus haut)*.

Appréciation de l'effectif pour le seuil de 250 salariés - Pour apprécier le seuil de 250 salariés, l'effectif est calculé en appliquant les modalités prévues par le code de la sécurité sociale (voir *Effectif sécurité sociale**) (c. séc. soc. art. L. 130-1, I et R. 130-1).

Mais par exception, comme pour l'aide unique *(voir plus haut)*, la règle d'atténuation des effets de seuil sur 5 ans en cas de franchissement du seuil à la hausse ne s'applique pas.

Montant de l'aide exceptionnelle - Pour les contrats conclus en 2023 et 2024, l'aide est de 6 000 € maximum, au titre de la première année d'exécution du contrat (décret 2022-1714 du 29 décembre 2022, art. 2, II).

Pour les contrats d'apprentissage conclus à partir du 24 février 2025 et jusqu'au 31 décembre 2025, l'aide exceptionnelle, toujours attribuée au titre de la première année du contrat, est fixée à (décret 2025-174 du 22 février 2025, art. 2, II) :
- 5 000 € maximum pour les entreprises de moins de 250 salariés ;
- 2 000 € pour les entreprises de 250 salariés et plus (avec la même condition de quota d'alternants exigée dans le cadre de l'aide exceptionnelle en vigueur jusqu'à la fin 2024) ;
- 6 000 € pour un apprenti travailleur handicapé, quelle que soit la taille de l'entreprise.

Condition de quota pour les employeurs de 250 salariés et plus - Pour bénéficier de l'aide exceptionnelle, les employeurs de 250 salariés et plus doivent respecter une condition de quota d'alternants à l'effectif. Cette condition, déjà applicable pour les contrats conclus en 2023 et 2024, a été maintenue pour les contrats conclus du 24 février 2025 au 31 décembre 2025 (décret 2025-174 du 22 février 2025, art. 2, VII).

Le seuil de 250 salariés est vérifié au regard d'un effectif calculé selon les modalités prévues par le code de la sécurité sociale (voir *Effectif sécurité sociale**) (c. séc. soc. art. L. 130-1, I et R. 130-1). Néanmoins, par dérogation, la règle d'atténuation des effets de seuil sur 5 ans en cas de franchissement du seuil à la hausse ne s'applique pas.

▶ À noter… La règle du quota concerne également les entreprises dont l'effectif de référence est d'au moins 250 salariés à la date de conclusion du contrat, puis passe ensuite sous les 250 salariés au 31 décembre de l'année suivant celle de conclusion du contrat d'apprentissage.

Les employeurs soumis à la règle du quota qui demandent l'aide doivent pouvoir ensuite justifier d'un quota minimal d'alternants à l'effectif sur l'année suivant celle de conclusion du contrat d'apprentissage.

Exemple
Pour un contrat d'apprentissage conclu en 2024, le quota se vérifie sur l'année 2025. Pour un contrat conclu entre le 24 février 2025 et le 31 décembre 2025, le quota se vérifie sur 2026.

Le quota suppose d'avoir à l'effectif, sur l'année considérée compte tenu de la date de conclusion du contrat *(voir ci-dessus)*, une proportion d'au moins 5 % :
- de salariés en contrat d'apprentissage ou en contrat de professionnalisation (les salariés embauchés en CDI à l'issue d'un contrat d'apprentissage ou de professionnalisation peuvent encore être pris en compte pendant l'année suivant la fin du contrat d'alternance) ;
- de volontaires accomplissant un volontariat international en entreprise (VIE) ou de salariés en convention industrielle de formation par la recherche (CIFRE).

Les employeurs ne remplissant pas la condition de 5 %, mais ayant au moins 3 % d'apprentis et de contrats de professionnalisation sont considérés comme respectant le quota si l'effectif de ces contrats a progressé d'au moins 10 % par rapport à l'année de conclusion du contrat d'apprentissage. Si l'entreprise relève d'un accord prévoyant une progression d'au moins 10 % du nombre de ces salariés, l'employeur devra pouvoir justifier de la progression requise par l'accord collectif.

Modalités d'obtention de l'aide - Pour les contrats conclus du 24 février 2025 au 31 décembre 2025, l'employeur doit transmettre le contrat à l'OPCO dans un délai de 6 mois après sa conclusion (décret 2025-174 du 22 février 2025, art. 2, VI).

▶ À noter… Pour l'aide de 6 000 € au titre des contrats conclus avant le 31 décembre 2024, le droit à l'aide sera définitivement perdu si l'employeur ne transmet pas le contrat à l'OPCO avant le 30 juin 2025 (décret 2025-174 du 22 février 2025, art. 3, II).

L'OPCO dépose le contrat auprès de l'administration. En retour, le ministère chargé de la formation professionnelle adresse par voie dématérialisée à l'ASP les informations nécessaires au paiement de l'aide pour chaque contrat éligible. Cette transmission vaut décision d'attribution, sauf pour les entreprises d'au moins 250 salariés, pour lesquelles le bénéfice des aides est subordonné à l'engagement de l'employeur de respecter la condition de quota d'alternants.

Pour bénéficier de l'aide, les employeurs de 250 salariés et plus soumis à la condition de quota d'alternants ont en effet une obligation supplémentaire. Ils doivent transmettre à l'ASP par voie dématérialisée, dans un délai de 8 mois à compter de la date de conclusion du contrat, un engagement attestant sur l'honneur qu'ils vont respecter la règle de quota sur l'année pertinente (ex. : sur 2026 pour les contrats conclus du 24 février 2025 au 31 décembre 2025) *(voir plus haut)* (décret 2025-174 du 22 février 2025, art. 2, VIII).

Sous peine de devoir restituer le montant perçu, les entreprises soumises à la condition de quota ayant bénéficié de l'aide doivent adresser à l'ASP une déclaration sur l'honneur attestant du respect de cet engagement, au plus tard le 31 mai de la seconde année suivant celle au cours de laquelle le contrat d'apprentissage a été conclu (décret 2025-174 du 22 février 2025, art. 2, IX).

Exemples
1) Un contrat d'apprentissage a été conclu le 1er septembre 2023. L'employeur a eu 8 mois pour transmettre à l'ASP un engagement attestant sur l'honneur qu'il allait respecter la règle de quota sur l'année 2025. Au plus tard le 31 mai 2025, il devra adresser une déclaration sur l'honneur attestant du respect de cet engagement.
2) Un contrat d'apprentissage a été conclu le 1er septembre 2024. L'employeur a 8 mois pour transmettre à l'ASP un engagement attestant sur l'honneur qu'il allait respecter la règle de quota sur l'année 2025. Au plus tard le 31 mai 2025, il devra adresser une déclaration sur l'honneur attestant du respect de cet engagement.
3) Un contrat d'apprentissage est conclu le 1er septembre 2025. L'employeur qui souhaite bénéficier de l'aide exceptionnelle dispose de 8 mois pour transmettre à l'ASP un engagement attestant sur l'honneur qu'il va respecter la règle de quota sur l'année 2026. Au plus tard le 31 mai 2027, il devra adresser une déclaration sur l'honneur attestant du respect de cet engagement.

Versement de l'aide exceptionnelle - L'aide est versée mensuellement par l'Agence de services et de paiement (ASP) dès le début de l'exécution du contrat d'apprentissage, par anticipation du paiement de la rémunération et dans l'attente de la transmission par l'employeur des données de la déclaration sociale nominative (DSN).

▶ À noter… Si ces données ne sont pas transmises, le versement de l'aide est suspendu le mois suivant.

En cas de suspension du contrat sans rémunération, l'aide est suspendue pour chaque mois considéré.

Aide à l'embauche d'apprentis : évolution du montant maximal depuis juillet 2020		
Entreprise < 250 salariés		**Entreprise ≥ 250 salariés**
Au plus Baccalauréat (1)	**Bac + 2 à Bac + 5 (2)**	**Au plus Bac + 5**
Contrats conclus à partir du 24 février 2025 (aide unique) : - 5 000 € au titre de la 1re année du contrat ; - 6 000 € au titre de la 1re année du contrat pour les contrats conclus avec un apprenti reconnu travailleur handicapé.	**Contrats conclus du 24 février 2025 au 31 décembre 2025** (aide exceptionnelle) : - entreprise < 250 salariés : 5 000 € au titre de la 1re année du contrat ; - entreprise ≥ 250 salariés : 2 000 € au titre de la 1re année du contrat ; - 6 000 € au titre de la 1re année du contrat pour les contrats conclus avec un apprenti reconnu travailleur handicapé.	
Contrats conclus du 1er janvier 2023 au 23 février 2025 (aide unique) : 6 000 € au titre de la 1re année du contrat.	**Contrats conclus du 1er janvier 2023 au 31 décembre 2024** (aide exceptionnelle) : 6 000 € au titre de la 1re année du contrat.	
Contrats conclus du 1er juillet 2020 au 31 décembre 2022 (3) : - 5 000 € (apprenti de moins de 18 ans) ou 8 000 € (apprenti majeur) au titre de la 1re année du contrat ; - 2 000 € au titre de la 2e année du contrat ; - 1 200 € au titre de la 3e année du contrat.	**Contrats conclus du 1er juillet 2020 au 31 décembre 2022** : 5 000 € (apprenti de moins de 18 ans) ou 8 000 € (apprenti majeur) au titre de la 1re année du contrat.	

(1) Bac + 2 dans les DOM.
(2) À notre sens, dans les DOM, Bac + 3 à Bac + 5.
(3) Pour les contrats conclus de mars 2021 à décembre 2022, via la procédure de l'aide unique à l'apprentissage. Pour les contrats conclus de juillet 2020 à février 2021, au titre de la procédure de l'aide exceptionnelle pour la 1re année du contrat et au titre de l'aide unique à l'apprentissage pour les 2e et 3e années du contrat.

En cas de rupture anticipée du contrat l'aide n'est plus due à compter du mois suivant la date de fin du contrat.

Les sommes indûment perçues devront être remboursées à l'ASP.

Cumul restreint - L'aide exceptionnelle ne peut pas se cumuler avec l'aide unique à l'embauche d'apprentis (décret 2025-174 du 22 février 2025, art. 2, IV) *(voir plus haut)*.

Par ailleurs, depuis le 24 février 2025, un employeur ayant déjà perçu une aide unique ou une aide exceptionnelle pour l'embauche d'un apprenti ne peut pas demander une nouvelle aide unique ou exceptionnelle s'il conclut un nouveau contrat avec ce même apprenti pour la même certification professionnelle (c. trav. art. D. 6243-2 modifié ; décret 2025-174 du 22 février 2025, art. 1 et 2, VI).

La rupture du contrat d'apprentissage en bref

Période d'essai - Le contrat d'apprentissage peut être rompu librement par l'employeur ou le salarié pendant les 45 premiers jours, consécutifs ou non, de formation pratique en entreprise effectuée par l'apprenti (c. trav. art. L. 6222-18). Seules les périodes de présence effective au sein de l'entreprise sont prises en compte.

Sauf stipulation contractuelle contraire, l'apprenti n'a droit à aucune indemnité en cas de rupture au cours de la période de 45 jours (c. trav. art. L. 6222-21).

▶ Attention… Lorsque, après la rupture d'un contrat d'apprentissage, un nouveau contrat d'apprentissage est conclu avec un nouvel employeur pour achever la formation, la durée de la *période d'essai** prévue dans ce contrat doit respecter les règles de droit commun prévues pour les CDD (c. trav. art. L. 6222-18). Ainsi, elle ne doit pas dépasser une durée calculée à raison de 1 jour par semaine, dans la limite d'un maximum de 2 semaines pour un contrat ne dépassant pas 6 mois et de 1 mois pour les contrats plus longs (c. trav. art. L. 1242-10, al. 1 ; cass. soc. 25 octobre 2017, n° 16-19608, BC V n° 189).

Après la période d'essai - Une fois la période d'essai achevée, la rupture anticipée du contrat d'apprentissage (ou de la période d'apprentissage en cas de CDI) n'est possible que dans certains cas (liste non exhaustive) :
- par l'apprenti, en cas d'obtention du diplôme ou du titre préparé, l'intéressé disposant d'un mois pour informer l'employeur de la rupture du contrat (c. trav. art. L. 6222-19 et R. 6222-23) ;
- accord amiable exprès et bilatéral entre l'employeur et l'apprenti (et, si celui-ci est mineur, son représentant légal) (c. trav. art. L. 6222-18) ;
- faute grave de l'apprenti ou d'inaptitude constatée par le médecin du travail ou force majeure (c. trav. art. L. 6222-18) ;

- exclusion définitive de l'apprenti du CFA (c. trav. art. L. 6222-18-1) ;
- décès d'un employeur maître d'apprentissage dans une entreprise unipersonnelle (c. trav. art. L. 6222-18) ;
- rupture à l'initiative de l'apprenti (une sorte de « démission », même si le terme est juridiquement impropre), sous certaines conditions de fond et de délai (c. trav. art. L. 6222-18 et D. 6222-21-1).

Précisons qu'en cas de rupture du contrat, le CFA doit permettre à l'apprenti de suivre sa formation théorique pendant 6 mois et contribuer à lui trouver un nouvel employeur (c. trav. art. L. 6222-18-2).

Lorsque le contrat d'apprentissage est rompu avant son terme, l'employeur notifie sans délai la rupture à l'OPCO, qui informe à son tour les services du ministre chargé de la formation professionnelle. L'employeur peut effectuer cette notification par voie dématérialisée (c. trav. art. D. 6224-6). La rupture du contrat d'apprentissage, impérativement écrite, doit être notifiée au directeur du CFA et à l'OPCO (c. trav. art. R. 6222-21).

Lorsque la rupture d'un contrat d'apprentissage est irrégulière, l'employeur est redevable des salaires que l'apprenti aurait perçus jusqu'au terme du contrat. Il est aussi redevable des congés payés afférents (cass. soc. 16 mars 2022, n° 19-20658 FPB).

Rupture du contrat pour risques d'atteinte à la santé ou à l'intégrité - En cas de risque sérieux d'atteinte à la santé ou à l'intégrité physique ou morale de l'apprenti, les agents de contrôle de l'inspection du travail peuvent proposer au DREETS de suspendre le contrat. Durant cette période, l'employeur doit maintenir la rémunération de l'apprenti (c. trav. art. L. 6225-4).

Dans les 15 jours du constat de l'agent de contrôle, le DREETS doit se prononcer sur la reprise de l'exécution du contrat d'apprentissage. Le refus d'autoriser la reprise du contrat entraîne sa rupture à la date de notification du refus aux parties. Dans ce cas, l'employeur verse à l'apprenti les sommes dont il aurait été redevable si le contrat s'était poursuivi jusqu'à son terme (ou jusqu'au terme de la période d'apprentissage en cas de CDI apprentissage) (c. trav. art. L. 6225-5).

Pour aller plus loin - Les lecteurs qui souhaiteront en savoir plus sur la rupture du contrat d'apprentissage et les procédures à suivre, tant pendant la période d'essai qu'au-delà, peuvent se reporter au Dictionnaire Social du Groupe Revue Fiduciaire [voir Dictionnaire Social, « Apprentissage (résiliation) »].

☛ *Apprentis ; Contribution supplémentaire à la taxe d'apprentissage ; Jeunes ; Taxe d'apprentissage.*

Arbitrage de l'ACOSS

La procédure d'arbitrage de l'*ACOSS** (également appelée URSSAF Caisse nationale) s'adresse :
- aux entreprises composées de plusieurs établissements ou appartenant à un groupe, lorsqu'elles sont confrontées à des interprétations contradictoires de plusieurs URSSAF ;
- dans certains cas particuliers, aux entreprises possédant un ou plusieurs établissements, lorsqu'elles sont confrontées à des interprétations contradictoires entre, d'une part, une ou plusieurs URSSAF et, d'autre part, une ou plusieurs caisses de retraite complémentaire AGIRC-ARRCO.

Conflits d'interprétation entre différentes URSSAF

Entreprises composées de plusieurs établissements - Les employeurs confrontés aux interprétations contradictoires de différentes URSSAF (ou CGSS dans les DOM) concernant plusieurs de leurs établissements se trouvant dans la même situation au regard de la législation sur les contributions et cotisations sociales peuvent solliciter l'intervention de l'ACOSS (c. séc. soc. art. L. 243-6-1, I).

La procédure d'arbitrage implique qu'une entreprise composée de plusieurs établissements relève de plusieurs organismes de recouvrement et se voit appliquer à un même moment des solutions divergentes alors que ses établissements sont placés dans une situation identique. À l'inverse, la procédure d'arbitrage ne concerne pas (lettre-circ. ACOSS 2007-106 du 25 juillet 2007) :
- les divergences d'interprétation résultant de situations de faits différentes ;
- une entreprise mono-établissement immatriculée auprès d'un seul organisme de recouvrement qui expose que le traitement de sa question par une URSSAF déterminée diffère de celui effectué par les organismes de recouvrement pour d'autres entreprises dans le même secteur d'activité ;
- une société qui invoque un traitement différencié de sa situation par deux URSSAF désignées successivement URSSAF de liaison dans le cadre du *versement en un lieu unique** des cotisations.

Entreprises appartenant à un groupe - Le cotisant appartenant à un groupe au sens de l'article L. 233-16 du code de commerce peut également recourir à l'arbitrage de l'ACOSS lorsqu'une autre entreprise ou personne morale du groupe, placée dans la même situation, a fait l'objet d'une interprétation contradictoire sur l'application d'un même dispositif juridique (c. séc. soc. art. L. 243-6-1, I ; lettre-circ. ACOSS 2009-084 du 3 novembre 2009).

Conflits d'interprétation entre URSSAF et caisses AGIRC-ARRCO

Il est aussi possible aux entreprises possédant un ou plusieurs établissements de recourir à l'arbitrage de l'ACOSS en cas d'interprétations contradictoires entre, d'une part, une ou plusieurs URSSAF et, d'autre part, une ou plusieurs caisses de retraite complémentaire AGIRC-ARRCO, concernant (c. séc. soc. art. L. 243-6-1, II) :
- l'*assiette de calcul des cotisations de sécurité sociale** (c. séc. soc. art. L. 242-1) ;
- le *plafond de la sécurité sociale** (c. séc. soc. art. L. 241-3) ;
- la *réduction générale de cotisations patronales** (c. séc. soc. art. L. 241-13) ;
- l'exonération de cotisations patronales « aide à domicile » (voir *Services à la personne**) (c. séc. soc. L. 241-10) ;
- le dispositif spécifique d'exonération de cotisations patronales applicable en Guadeloupe, en Guyane, à la Martinique et à la Réunion (c. séc. soc. art. L. 752-3-2) [voir *Outre-mer (exonération de cotisations)**] ;
- ou tout point de droit dont l'application est susceptible d'avoir une incidence sur le calcul du plafond ou les allégements de cotisations patronales AGIRC-ARRCO.

Procédure à suivre

Demande motivée - L'employeur doit solliciter l'intervention de l'ACOSS par écrit et de façon motivée. Il doit joindre à sa demande tous les documents relatifs aux interprétations contradictoires auxquelles il est confronté (c. séc. soc. art. R. 243-43-1, I ; lettre-circ. ACOSS 2007-106 du 25 juillet 2007).

Une fois la demande complète, l'ACOSS envoie au cotisant un accusé de réception lui indiquant la date à laquelle la position qu'elle a adoptée lui sera notifiée. L'articulation et les délais des différentes voies de recours ouvertes au cotisant doivent aussi lui être précisés (c. séc. soc. art. R. 243-43-1, II).

▶ À noter... La demande d'arbitrage de l'employeur est réputée complète si, dans un délai de 30 jours à compter de sa réception, l'ACOSS ne lui a pas fait connaître, par LRAR, la liste des pièces ou informations manquantes (c. séc. soc. art. R. 243-43-1, II).

La demande d'arbitrage de l'ACOSS doit précéder toute saisine sur le même sujet de la commission de recours amiable (CRA) des URSSAF (lettre-circ. ACOSS 2007-106 du 25 juillet 2007) *(voir aussi ci-après)*.

Décision de l'ACOSS - À compter de la date de réception de la demande complète, l'ACOSS a 40 jours pour communiquer sa position aux organismes de recouvrement en cause et au cotisant. Chaque organisme de recouvrement dispose ensuite d'un délai de 30 jours pour notifier sa décision au cotisant et en adresser une copie à l'ACOSS (c. séc. soc. art. R. 243-43-1, III).

Substitution de l'ACOSS à l'organisme de recouvrement - Si l'organisme de recouvrement ne se conforme pas à la position prise par l'ACOSS, celle-ci peut se substituer à lui pour prendre les mesures nécessaires (c. séc. soc. art. L. 243-6-1, I). Dans ce cas, dans un délai de 30 jours à compter de la réception de la décision prise par l'organisme de recouvrement, l'ACOSS lui notifie sa décision, ainsi qu'au cotisant (c. séc. soc. art. R. 243-43-1, III).

Articulation avec les autres recours

La demande d'arbitrage de l'ACOSS est effectuée sans préjudice des autres moyens de recours habituels (action judiciaire notamment) (c. séc. soc. art. L. 243-6-1, I).

Une demande d'arbitrage interrompt le délai de saisine de la CRA de l'URSSAF, fixé à 2 mois à compter de la notification de la décision contestée (voir *Contentieux de la sécurité sociale**). Ce délai court à nouveau à compter de la date de réception par le cotisant de la décision prise par l'organisme de recouvrement à la suite de la prise de position de l'ACOSS (c. séc. soc. art. R. 243-43-1, I).

L'ACOSS ne peut pas être saisie d'une demande d'arbitrage à partir du moment où le cotisant a porté sa réclamation devant la CRA de l'URSSAF *(voir aussi ci-dessus)*.

Si le cotisant décide de recourir à l'arbitrage de l'ACOSS et que, sans attendre la communication de sa position, il saisit la CRA, la demande d'intervention de l'ACOSS est caduque.

Exemple

Un employeur se voit notifier une décision de l'URSSAF le 30 avril. Il peut saisir la CRA de l'URSSAF dans les 2 mois de cette notification, soit jusqu'au 30 juin. Il peut aussi choisir de recourir à l'arbitrage de l'ACOSS. Dans ce dernier cas :
- le cotisant peut attendre la position de l'ACOSS : le délai de saisine de la CRA est interrompu et recommence à courir à compter de la notification de la position arbitrée par l'ACOSS ;

le cotisant peut aussi ne pas attendre la position de l'ACOSS et, durant l'instruction de sa demande d'intervention, saisir la CRA de l'URSSAF : la demande d'arbitrage de l'ACOSS devient alors caduque.

La demande d'arbitrage n'a pour effet ni de suspendre ni d'interrompre les délais de prescription (c. séc. soc. art. R. 243-43-1, I).

☞ *ACOSS ; Contentieux de la sécurité sociale ; Contrôle URSSAF ; Rescrit social.*

Archives (délais de conservation des documents)

Délais prévus par un texte

Délai minimal - Un texte institue parfois une obligation de conservation des documents de paye et de gestion du personnel (registre, déclarations, dossiers, etc.) en précisant une période minimale. Ce délai peut s'avérer insuffisant car il est incompatible avec d'autres obligations légales. Parfois, il n'y a ni délai légal ni délai réglementaire.

Dans notre tableau général, lorsqu'un délai est suivi de l'expression « non prévu par la loi », nous proposons un délai minimal. L'entreprise peut choisir d'aller au-delà notamment pour se prémunir contre d'éventuels contentieux.

Délai propre aux cotisations de sécurité sociale - Les documents ou pièces justificatives nécessaires à l'établissement de l'assiette ou au contrôle des cotisations et contributions de sécurité sociale doivent être conservés pendant au moins 6 ans. Ce délai s'apprécie à compter de la date à laquelle les documents ou pièces ont été établis ou reçus (c. séc. soc. art. L. 243-16).

Prise en compte des délais de prescription - Il peut être choisi d'aller au-delà du délai fixé par mesure de précaution particulièrement s'il y a des risques de litiges, de procédures engagées devant les tribunaux ou des recours administratifs. En pratique, il faut alors tenir compte des règles de prescription.

Les principes sont les suivants en matière civile (pour mémoire, les règles sont différentes au pénal).

La durée de prescription varie selon l'objet de l'action, elle est de :
- 3 ans pour les actions en paiement du salaire (c. trav. art. L. 3245-1) (voir *Prescription des salaires**) ;
- 2 ans pour celles portant sur l'exécution du contrat de travail (c. trav. art. L. 1471-1) ;
- 12 mois pour celles relatives à la rupture du contrat de travail (c. trav. art. L. 1471-1).

Par ailleurs, le code du travail prévoit un certain nombre d'exceptions pour lesquelles une durée différente s'applique (c. trav. art. L. 1471-1) telles que les actions en réparation d'un dommage corporel (10 ans ; c. civ. art. 2226), d'une discrimination (5 ans ; c. trav. art. L. 1134-5) ou d'un harcèlement (5 ans ; c. civ. art. 2224).

Rappelons que pour certaines actions, il est possible d'allonger la prescription jusqu'à 10 ans, par commun accord des parties (c. civ. art. 2254).

Prise en compte du RGPD - La règle relative à la durée de conservation des données personnelles est restée la même après le 25 mai 2018, date d'entrée en vigueur du règlement européen relatif à la protection des personnes physiques à l'égard du traitement des données à caractère personnel (RGPD) (règlt UE 2016/679 du 27 avril 2016, JOUE 4 mai 2016 modifié par loi 2018-493 du 20 juin 2018, JO du 21). L'entreprise doit s'assurer que ses archivages restent licites compte tenu de sa responsabilité accrue en matière de protection des données personnelles. En effet, les principes protecteurs de ces données doivent être respectés qu'il s'agisse d'un archivage obligatoire ou facultatif, informatique ou papier.

En pratique, il faut retenir que les données personnelles doivent être conservées « sous une forme permettant l'identification des personnes concernées pendant une durée qui n'excède pas la durée nécessaire aux finalités pour lesquelles elles sont collectées et traitées » (règlt UE 2016/679 du 27 avril 2016, art. 5 ; loi 78-17 du 6 janvier 1978, art. 4).

▶ À noter… Le cas échéant, la durée de conservation des données personnelles est à inscrire dans le registre des activités de traitement et dans l'analyse d'impact des données (AIPD) (voir Dictionnaire Social, « RGPD » ; www.cnil.fr).

Préconisations de la CNIL - Appliquant les principes généraux du RGPD, la CNIL considère que les archives contenant des données personnelles doivent notamment être sécurisées, par exemple en limitant leur accès à certaines personnes. Ainsi, lorsque des données sont archivées dans une optique contentieuse, seules les personnes ayant à gérer un tel contentieux y ont accès et pas tout le service RH (RGPD, art. 25 ; loi 78-17 du 6 janvier 1978, art. 34 ; « Limiter la conservation des données », www.cnil.fr).

La CNIL a adopté un référentiel « gestion du personnel » pour aider les employeurs à adopter une gestion du personnel, notamment paye, conforme au RGPD (délib. CNIL 2019-160 du

21 novembre 2019, JO du 15 avril 2020 modifié par délib. CNIL 2022-126 du 23 mai 2022, JO du 11 février 2023). Il importe peu que les traitements mis en œuvre soient antérieurs ou postérieurs au 25 mai 2018, date d'entrée en vigueur du RGPD.

▶ À noter… L'employeur peut s'écarter du référentiel. Il doit alors être en mesure de justifier ses choix compte tenu des spécificités de l'entreprise (référentiel gestion du personnel, § 2), par exemple en cas de contrôle de la CNIL (décret 2019-536 du 29 mai 2019, JO du 30).

Concernant l'archivage des données, pour la CNIL l'employeur fixe le temps d'archive en fonction de l'objectif ayant dicté leur collecte, avant la mise en œuvre du traitement concerné (référentiel, § 7).

De plus, le référentiel de la CNIL sur les traitements courants de gestion du personnel indique que les données nécessaires à la gestion du contrat de travail sont conservées pendant la durée de la relation de travail, sauf disposition légale ou réglementaire contraire. Elles sont conservées pendant la durée d'utilisation courante des données personnelles pour les besoins du traitement. On parle de « base active ».

Une fois passée la période d'utilisation courante, ces données sont conservées en archive dite « intermédiaire » lorsque des dispositions légales spécifiques existent (ex. : obligations sociales ou fiscales), ou lorsqu'elles ont un intérêt en cas de contentieux (conservation le temps des délais de prescription applicables) (référentiel précité, § 7 ; voir tableau).

Exemple

Le délai de prescription est de 2 ans pour une action en justice portant sur l'exécution du contrat de travail (c. trav. art. L. 1471-1). À notre sens, les données correspondantes peuvent donc être gardées pendant au moins 2 ans, le délai courant à compter du jour où le salarié a connu ou aurait dû connaître les faits qui lui permettent de saisir le juge.

Concernant l'archivage de certaines données pour faire face à éventuel contentieux, la CNIL admet leur conservation au-delà de la durée pendant laquelle l'employeur en a besoin pour la gestion du personnel mais dans la limite des délais de prescription applicables.

Archivage électronique

La CNIL pose des règles relatives à l'archivage électronique des documents dans l'entreprise (délib. CNIL 2005-213 du 11 octobre 2005).

Loi « Informatique et libertés » - Les entreprises ont l'obligation, au regard de la réglementation applicable, d'archiver nombre d'informations de tous degrés d'importance (déclarations sociales et fiscales, contrats, etc.) qui peuvent comporter des données à caractère personnel protégées par la loi Informatique et libertés (loi 78-17 du 6 janvier 1978, modifiée par la loi 2004-801 du 6 août 2004, JO du 7).

Durée de conservation - Pour la CNIL, les archives courantes et intermédiaires doivent répondre à des durées de conservation spécifiques, proportionnées à la finalité poursuivie, qui doivent être précisées dans le cadre des dossiers de formalités préalables adressés à la CNIL (ces durées de conservation doivent être respectées, sous peine de sanctions pénales). Par conséquent, elle recommande que le responsable de traitement établisse, dans le cadre de ses moyens d'archivage, des procédures aptes à gérer des durées de conservation distinctes selon les catégories de données qu'il collecte et qu'il soit en mesure d'effectuer, le cas échéant, toute purge ou destruction sélective de données.

Sur le référentiel de la CNIL voir ci-avant.

Durées d'archivage préconisées par le référentiel de la CNIL (1)

Traitement	Base active	Archive intermédiaire
Bulletin de salaire (c. trav. art. L. 3243-4 et D. 3243-8)	1 mois	• 5 ans (double des bulletins de paye) • 50 ans (version dématérialisée)
Éléments nécessaires au calcul de l'assiette des cotisations (c. séc. soc. art. L. 243-16)	1 mois	6 ans
Ordre de virement du paiement du salaire (c. com. art. L. 123-22)	Le temps nécessaire à l'émission du bulletin de paye	10 ans à compter de la clôture de l'exercice comptable
Saisie des données calculées (DSN) (c. séc. soc. art. L. 243-16)	Le temps nécessaire à l'accomplissement de la déclaration	6 ans

(1) Délib. CNIL 2019-160 du 21 novembre 2019, JO 15 avril 2020 modifié par délib. CNIL 2022-126 du 23 mai 2022, JO du 11 février 2023

Principales archives relatives à la paye : durée de conservation des documents			
Documents	**Contenu et utilisation**	**Destinataires**	**Délai de conservation (1) (2)**
Accord d'intéressement (c. trav. art. L. 3312-1 et L. 3312-2)	L'intéressement présente un caractère aléatoire et résulte d'une formule de calcul liée aux résultats ou aux performances de l'entreprise.	- salariés - comité social et économique (CSE), délégués syndicaux (DS) et représentants de la section syndicale (RSS) - agent de contrôle de l'inspection du travail - agents de la sécurité sociale	Durée d'application de l'accord et 10 ans après (non prévu par la loi)
Accord de participation (c. trav. art. L. 3322-1 et L. 3322-2)	Les entreprises qui emploient habituellement au moins 50 salariés sont tenues d'assurer à leurs salariés une participation aux résultats.	- salariés - CSE, DS et RSS - agent de contrôle de l'inspection du travail - agents de la sécurité sociale	Durée d'application de l'accord et 10 ans après (non prévu par la loi)
Accord collectif, accord portant sur les salaires ou sur la durée du travail	• Accords prévoyant des augmentations, des minima ou des primes. • Accords organisant le temps de travail ou comportant des clauses relatives à la durée du travail, aux congés, etc.	- salariés - CSE, DS et RSS - inspecteur du travail - agents de la sécurité sociale	Durée d'application de l'accord et 5 ans après (non prévu par la loi)
Avis médical d'aptitude ou d'inaptitude (c. trav. art. R. 4624-55 à R. 4324-57	Lorsque le médecin du travail établit un avis médical d'aptitude ou d'inaptitude en double exemplaire à l'issue d'un examen médical.	- un exemplaire est remis au salarié, l'autre à l'employeur - il est présenté sur demande à l'inspecteur du travail et au médecin inspecteur régional	Doit pouvoir être présenté à l'inspection du travail « à tout moment »
Déclarations de cotisations URSSAF	Déclarations effectuées dans le cadre de la *déclaration sociale nominative** (voir ci-après).	agents de la sécurité sociale	6 ans (non prévu par la loi)
Bulletin de paye (doubles) (c. trav. art. L. 3243-4 et D. 3243-8)	Il comporte plusieurs mentions légales. Un double des bulletins doit être conservé par l'entreprise.	salariés	5 ans selon la loi (durée minimum, à prolonger au-delà, à notre avis, pour couvrir la durée d'éventuels contentieux) (1)
Contrats de travail (conservation non obligatoire)	Convention entre les parties fixant les conditions d'exécution du travail.	- salariés - agent de contrôle de l'inspection du travail	5 ans à l'expiration du contrat (non prevu par la loi) (1) (3)
Cotisations chômage (c. trav. art. L. 5422-9)	Cotisations servant à financer les prestations de chômage.	- agent de contrôle de l'inspection du travail - agents de la sécurité sociale	6 ans (à notre avis, pour s'aligner sur les règles applicables pour les cotisations de sécurité sociale)
Cotisations de retraite complémentaire	Cotisations dues à une institution relevant d'un régime de retraite complémentaire. Déclarations effectuées dans le cadre de la *déclaration sociale nominative** (voir ci-après).	- salariés - caisses de retraite complémentaire	6 ans (à notre avis, pour s'aligner sur les règles applicables pour les cotisations de sécurité sociale)
Cotisations de sécurité sociale	Documents ou pièces justificatives nécessaires à l'établissement de l'assiette ou au contrôle des cotisations et contributions sociales	- agents de la sécurité sociale - agents de contrôle de l'inspection du travail	6 ans (c. trav. art. L. 243-16)
Déclaration des accidents du travail (copie)	Déclaration envoyée à la CPAM par l'employeur pour tout accident du travail, de trajet ou de mission.	- CPAM, CARSAT - salarié	5 ans (c. trav. art. D. 4711-3)

Principales archives relatives à la paye : durée de conservation des documents			
Déclaration préalable à l'embauche (c. trav. art. L. 1221-10 et L. 1221-17)	Accusé de réception.	- agent de contrôle de l'inspection du travail - agents de la sécurité sociale	Au moins jusqu'à l'accomplissement de la DSN (c. trav. art. R. 1221-8) (3)
Déclaration d'emploi des travailleurs handicapés (c. trav. art. D. 5212-8)	La déclaration relative à l'obligation d'emploi de l'année N doit être produite via la DSN du mois d'avril N + 1, à souscrire au plus tard pour le 5 ou le 15 mai N + 1. (4)	- CSE - inspection du travail - préfet	5 ans (non prévu par la loi)
Déclaration sociale nominative (DSN) (c. séc. soc. art. L. 133-5-3)	Déclaration mensuelle effectuée par voie électronique. Elle se substitue à plusieurs déclarations (voir *Déclaration sociale nominative**).	- CPAM, CARSAT, CNAV - URSSAF - tout organisme ou administration destinataire d'une des déclarations comprise dans la DSN	Au moins 5 ans (non prévu par la loi)
Document de comptabilisation des heures de travail(c. trav. art. L. 3171-3 et D. 3171-16)	Permettre de comptabiliser les heures de travail effectuées par chaque salarié, y compris en cas d'horaires individualisés.	- agent de contrôle de l'inspection du travail - agents de la sécurité sociale - CSE	- 1 an selon le code du travail, à notre avis 3 ans - 3 ans en cas d'aménagement du temps de travail sur une période supérieure à l'année dans la limite de 3 ans (c. trav. art. L. 3121-41 et L. 3121-44)
Document de comptabilisation des journées travaillées dans l'année pour les salariés en forfait annuel en jours (c. trav. art. L. 3171-3 et D. 3171-16)	Les documents existant dans l'entreprise permettant de comptabiliser le nombre de jours de travail effectués par les salariés au forfait en jours sur l'année sont tenus à la disposition de l'inspection du travail.	- agent de contrôle de l'inspection du travail	3 ans
Document récapitulatif des astreintes (c. trav. art. L. 3171-3 et D. 3171-16)	L'employeur remet un document récapitulant le nombre d'heures d'astreinte effectuées par le salarié au cours du mois écoulé ainsi que la compensation correspondante.	- salarié - agent de contrôle de l'inspection du travail - agents de la sécurité sociale	1 an (à notre avis 3 ans)
Fiche individuelle de répartition de l'intéressement ou de la participation (conservation non obligatoire)	Remise au salarié par l'employeur	- salarié	20 ans, compte tenu du délai de réclamation des fonds en déshérence (c. trav. art. D. 3313-11 ; c. mon. et fin. art. L 312-20, III)
Livres comptables	Livres comptables obligatoires, annexes ou facultatifs, livres extra-comptables.	- agents du service des impôts	10 ans
Notes de service sur la prise des congés et les ponts (conservation non obligatoire)	Notes précisant notamment les conditions de départ en congés et les modalités de récupération des ponts.	- salariés - CSE - inspecteur du travail	5 ans (non prévu par la loi) (3)
Reçu pour solde de tout compte (conservation non obligatoire)	Document signé par le salarié à l'occasion de son solde de tout compte.	- salarié	5 ans à l'expiration du contrat (non prévu par la loi)

Principales archives relatives à la paye : durée de conservation des documents			
Registre des accidents du travail (c. séc. soc. art. L. 441-4, D. 441-1 et D. 441-2)	Déclaration de l'employeur attestant du respect des conditions exigées et information de la CARSAT.	- inspecteur du travail - agents de sécurité sociale - victime de l'accident - CSE	5 ans pour chaque année civile à compter de la fin de l'exercice considéré
Registre de comptabilité en cas de travail à domicile (c. trav. art. R. 7413-1 et R. 7413-2)	Il permet de tenir la comptabilité distincte des matières premières et fournitures destinées au travailleur à domicile.	- agent de contrôle de l'inspection du travail	10 ans (non prévu par la loi)
Registre des pourboires dans les hôtels, cafés, restaurants (c. trav. art. R. 3244-2)	Il permet de justifier de la répartition des pourboires entre le personnel (5).	- agent de contrôle de l'inspection du travail	3 ans (non prévu par la loi)
Registre des repos hebdomadaires (c. trav. art. R. 3172-2)	Le registre spécial mentionne les noms des salariés soumis à un régime particulier de repos et indique ce régime.	- agent de contrôle de l'inspection du travail - salariés	3 ans (non prévu par la loi)
Registre unique du personnel (c. trav. art. L. 1221-15, R. 1221-26 et D. 1221-24)	Nom, prénoms, date de naissance, sexe, emploi, qualification, date d'entrée et de sortie de l'entreprise. Des indications complémentaires sont prévues pour certains salariés (ex. : intérimaire) et pour les stagiaires.	- agent de contrôle de l'inspection du travail - agents de sécurité sociale - CSE	5 ans à compter du départ du salarié de l'entreprise (à notre avis, tant qu'il peut être nécessaire pour remplir les obligations de l'employeur) (1)
Rupture conventionnelle (convention signée par l'employeur et le salarié) (c. trav. art. 1237-13)	Convention signée par l'employeur et le salarié indiquant notamment le montant de l'indemnité spécifique de rupture conventionnelle et la date de la rupture du contrat de travail.	- salarié (bien qu'il en ait un exemplaire) - agent de contrôle de l'inspection du travail - agents de sécurité sociale	5 ans à l'expiration du contrat ou de la fin du litige (non prévu par la loi)
Transaction (conservation non obligatoire, mais conseillée)	Prévient ou met un terme à une contestation à naître ou née de l'exécution ou de la rupture du contrat de travail.	- salarié - agents de sécurité sociale	5 ans après la signature de la transaction (non prévu par la loi)
Travail à domicile (carnet de travail) (c. trav. art L. 7421-1 et L. 7421-2)	Des indications sont inscrites sur le carnet lors de la remise des travaux au salarié et lors de la livraison du travail achevé. Il est établi en deux exemplaires.	- agent de contrôle de l'inspection du travail - un exemplaire est remis au salarié	5 ans

(1) À notre sens, tous ces délais s'entendent comme des minima. Les données personnelles doivent être conservées « sous une forme permettant l'identification des personnes concernées pendant une durée qui n'excède pas la durée nécessaire aux finalités pour lesquelles elles sont collectées et traitées » (règlt UE 2016/679 du 27 avril 2016, art. 5 ; loi 78-17 du 6 janvier 1978, art.4).

(2) Pour tenir compte de risques antérieurs au 17 juin 2013, date d'entrée en vigueur de la loi de 2013 portant réforme des prescriptions (loi 2013-504 du 14 juin 2013, art. 21, JO du 16), certains ont pu juger prudent de conserver certains documents au moins jusqu'à la fin juin 2023. Pour plus de détails sur les délais de prescription en matière de salaire et de cotisations, voir *Prescription des salaires** et *Prescription des cotisations**.

(3) Les actions portant sur l'exécution du contrat de travail se prescrivent par 2 ans à compter du jour où celui qui l'exerce a connu ou aurait dû connaître les faits lui permettant d'exercer son droit. L'action portant sur la rupture du contrat de travail se prescrit par 12 mois à compter de la notification de la rupture (c. trav. art. L. 1471-1).

(4) Déclaration effectuée dans le cadre de la *déclaration sociale nominative** depuis le 1.01.2021 (obligation d'emploi 2020) (c. trav. art. L. 5212-5).

(5) Les modalités de répartition sont définies par profession ou par catégorie professionnelle, sur le plan national par les conventions collectives ou, à défaut, par des décrets. Pour les hôtels, cafés et restaurants, deux décrets sont intervenus dans deux départements (décret du 4 juin 1936 pour l'ancien département de la Seine et décret du 11 décembre 1946 pour le département du Var).

Droit d'accès - Le responsable du traitement doit prévoir la possibilité d'une demande de droit d'accès à certaines données archivées. Il doit être en mesure d'y répondre favorablement.

Toutefois, dès lors que le traitement des archives définitives se limite à assurer la conservation à long terme de documents d'archives, et sauf demande spéciale motivée soumise, le cas échéant, à l'appréciation de la CNIL, le responsable du traitement n'est pas tenu de donner suite aux demandes concernant les informations archivées et n'a pas à le notifier préalablement à la CNIL. Dans ce cas, il doit être en mesure de justifier que les moyens d'archivage employés sont de nature à exclure manifestement tout risque d'atteinte à la vie privée des personnes concernées. La CNIL recommande notamment d'utiliser des procédés de respect de l'anonymat.

Numérisation des documents nécessaires à un contrôle URSSAF

Numérisation possible - Les employeurs des régimes général et agricole peuvent conserver sur support informatique les documents ou pièces établis ou reçus sur support papier qui sont nécessaires à l'établissement de l'assiette ou au contrôle des cotisations et contributions sociales (c. séc. soc. art. L. 243-16, al. 2 ; c. rural art. L. 724-7-2).

Le transfert des pièces justificatives et documents établis originairement sur support papier vers un support informatique, et leur archivage numérique, sont réalisés dans les conditions et garanties prévues pour la numérisation des documents en matière fiscale (arrêté du 23 mai 2019, JO du 29 ; LPF art. A. 102 B-II).

▶ À noter... Avant cela, les cotisants pouvaient produire comme justificatifs, des documents établis à l'origine papier ensuite numérisés et conservés sur support informatique, sous réserve de conditions de fiabilité posées par décret (décret 2016-1673 du 5 décembre 2016, JO du 6).

Procédure de numérisation - Les conditions de la numérisation doivent garantir la reproduction des documents à l'identique en termes d'image, de contenu et de couleurs. Les dispositifs de traitements sur l'image sont interdits et la compression de fichier ne doit pas générer de perte. Chaque document numérisé doit être conservé sous format PDF ou sous format PDF A/3 (ISO 19005-3) afin de garantir l'interopérabilité des systèmes et la pérennisation des données. Il doit en outre être assorti (LPF art. A. 102 B-III) :
- d'un cachet serveur fondé sur un certificat conforme, au moins, au référentiel général de sécurité (RGS) de niveau une étoile ;
- d'une empreinte numérique ;
- d'une signature électronique fondée sur un certificat conforme, au moins, au RGS de niveau une étoile ;
- ou de tout dispositif sécurisé équivalent fondé sur un certificat délivré par une autorité de certification figurant sur la liste de confiance française (Trust-service Status List-TSL).

Chaque fichier est horodaté afin de dater les différentes opérations réalisées (via une source d'horodatage interne).

Règles d'archivage - L'archivage numérique peut être effectué par l'employeur ou un tiers mandaté à cet effet.

Les opérations d'archivage numérique des documents papier doivent être définies selon une organisation documentée. Cette dernière doit faire l'objet de contrôles internes, permettant d'assurer la disponibilité, la lisibilité et l'intégrité des documents numérisés durant toute leur durée de conservation.

Sur les conséquences du non-respect des garanties, voir *Contrôle URSSAF**.

☞ *Contrôle URSSAF ; Prescription des cotisations ; Prescription des salaires.*

Arrêtés Parodi

Des arrêtés ministériels ont fixé entre 1945 et 1950 la structure et le montant des rémunérations des salariés du secteur privé. Ils prévoyaient notamment un salaire minimal et la répartition des salariés en catégories professionnelles affectées d'un coefficient déterminé permettant de fixer le salaire de base.

La loi du 11 février 1950 sur les conventions collectives a substitué à la fixation autoritaire des salaires leur libre négociation dans le cadre de la négociation collective ou du contrat individuel.

Incidence des classifications d'emploi

Les conventions collectives se sont souvent inspirées des classifications d'emploi des arrêtés Parodi. Par ailleurs, à défaut de convention collective ou d'accord de salaire liant l'employeur, ces classifications d'emploi demeurent applicables, notamment pour déterminer les salariés à inscrire sur les listes de l'encadrement pour les élections prud'homales.

Les conventions qui contiennent de telles grilles sont fondées sur une répartition des salariés en cinq catégories (ouvriers, employés, techniciens, agents de maîtrise, cadres).

À chacune de ces catégories correspond un salaire minimal qui détermine la hiérarchie des salaires dans l'entreprise.

Les catégories indiquées ci-dessus peuvent être divisées en sous-catégories.

Exemple
La catégorie des ouvriers peut comprendre des manœuvres ordinaires (MO), des manœuvres spécialisés (MS), des ouvriers spécialisés (OS), des ouvriers qualifiés (OQ) et des ouvriers hautement qualifiés (OHQ).

Les sous-catégories peuvent à leur tour être composées de plusieurs échelons.

Les ouvriers qualifiés peuvent comprendre trois échelons (OQ1, OQ2, OQ3).

Prime d'ancienneté

En l'absence de dispositions conventionnelles prévoyant un mode de calcul différent, la prime d'ancienneté prévue par les arrêtés Parodi est due. Cependant, elle doit être calculée sur la base du salaire minimal légal professionnel fixé par l'arrêté de salaire de l'époque et non sur celle du SMIC, ce qui conduit aujourd'hui à de très faibles montants.

☞ *Classement du salarié ; Classification des emplois ; Prime d'ancienneté ; Sous-classement du salarié ; Surclassement du salarié.*

Artistes du spectacle

Cotisations URSSAF

Particularités - Les artistes du spectacle sont affiliés au régime général de la sécurité sociale (c. séc. soc. art. L. 311-3, 15°).

En principe, les cotisations de sécurité sociale dues au titre de l'emploi de ces artistes sont calculées sur l'assiette réelle telle que définie par le code de la sécurité sociale (c. séc. soc. art. L. 242-1) (voir *Assiette des cotisations de sécurité sociale**).

Cependant, pour certains d'entre eux, des assiettes forfaitaires ou des cotisations forfaitaires sont prévues. D'autres cotisent sur la base de taux réduits. Enfin, un *guichet unique du spectacle occasionnel** est proposé aux employeurs occasionnels d'artistes du spectacle.

Artistes du spectacle : taux réduits au 1er janvier 2025

Cotisations et contributions	Part salariale	Part patronale
Ass. maladie	0 % (1)	9,10 % ou 4,90 % (2)
Ass. vieillesse plaf.	4,83 %	5,99 %
Ass. vieillesse déplaf.	0,28 %	1,41 %
Allocations familiales	-	3,68 % ou 2,42 % (3)
Accidents du travail	-	(4)
CSG	7,50 %*	-
CRDS	0,50 %*	-
Contr. sol. autonomie	-	0,30 %*
FNAL plafonné (moins de 50 salariés)	-	0,07 %
FNAL sur brut total (50 salariés et plus) (5)	-	0,35 %
Versement mobilité	-	70 % du taux normal
Contr. dialogue social	-	0,016 %*

* Taux normaux (abattement non applicable).
(1) Dans les départements du Haut-Rhin, du Bas-Rhin et de la Moselle, une cotisation supplémentaire s'applique (depuis le 1er avril 2022, taux de 1,30 %, soit un taux réduit de 0,91 % après abattement).
(2) Taux de 4,90 % pour les salariés dont la rémunération donne droit à la réduction de taux de *cotisation d'assurance maladie-maternité-invalidité**.
(3) Taux de 2,42 % pour les salariés dont la rémunération donne droit à la réduction de taux de *cotisation d'allocations familiales**.
(4) En 2025, le taux de la cotisation AT/MP 2024 reste applicable jusqu'à la publication de la loi de financement de la sécurité sociale pour 2025 et des arrêts de tarification AT/MP, soit un taux de 1,18 % après abattement. Pour les départements du Haut-Rhin, du Bas-Rhin et de la Moselle, taux de 2,45 % après abattement.
(5) Sauf maintien au régime des « moins de 50 salariés » en application du mécanisme de gel des effets de seuil (voir *FNAL**).

Taux réduits - Les *cotisations de sécurité sociale** (parts patronales et salariales), le *FNAL** et le *versement mobilité** dus pour l'emploi d'artistes du spectacle (c. trav. art. L. 7121-2 et s., c. trav. art. L. 7123-2 à L. 7123-4 et L. 7123-6) sont calculés sur la base d'un taux réduit fixé à 70 % des taux normaux (arrêté du 24 janvier 1975, art. 1 et 2, modifié en dernier lieu par arrêté du 12 décembre 2006).

En revanche, la *contribution solidarité autonomie** est calculée sans abattement, au taux habituel de 0,30 % (circ. DSS/5B 2004-622 du 22 décembre 2004, Q/R 13).

La *CSG** et la *CRDS** sont également calculées aux taux habituels, tout comme la *contribution au dialogue social**.

Les taux réduits ne sont applicables que si la personne exerce une activité artistique (ex. : participation à un spectacle ou à des répétitions en vue d'un spectacle). En revanche, ils ne peuvent pas être appliqués aux artistes pour leurs activités accessoires (ex. : dispense de cours, stages, etc.) ni aux techniciens.

▶ À noter… En principe, les taux réduits ne sont applicables qu'aux artistes qui travaillent régulièrement et simultanément pour le compte de plusieurs employeurs (cass. soc. 11 octobre 1990, n° 88-13174, BC V n° 469). L'administration admet cependant qu'ils puissent être appliqués en cas d'employeur unique (lettre-circ. ACOSS 2001-96 du 23 août 2001).

Plafond applicable en cas d'engagement de courte durée - En cas d'engagement continu inférieur à 5 jours par un même employeur, le plafond à retenir pour le calcul des cotisations plafonnées (vieillesse sécurité sociale, FNAL de 0,07 %) est égal, par jour d'engagement, à 12 fois le montant horaire du *plafond de la sécurité sociale** (soit 348 € en 2025). Les autres cotisations et contributions sont calculées sur l'ensemble de la rémunération (arrêté du 24 janvier 1975, art. 3, modifié en dernier lieu par arrêté du 12 décembre 2006 ; BOSS, Assiette générale, § 1140, 01/01/2024 ; lettre-circ. ACOSS 2007-46 du 1er mars 2007).

Assiette forfaitaire pour les acteurs de complément - Les acteurs de complément engagés à la journée pour des productions cinématographiques dont la rémunération brute journalière n'est pas supérieure à 6 % du montant mensuel du *plafond de la sécurité sociale** (soit 235,50 € en 2025) voient leurs cotisations calculées sur une assiette forfaitaire égale, par jour de tournage, à 9 fois le *SMIC** horaire en vigueur au 1er janvier de l'année civile en cours (soit 106,92 € en 2025) (arrêté du 9 janvier 1989, JO du 18). Les taux réduits sont applicables *(voir ci-dessus)*.

Lorsque la rémunération est égale ou supérieure à 1,5 fois le *plafond de la sécurité sociale** correspondant à la durée d'emploi du salarié, l'assiette forfaitaire retenue pour le calcul des cotisations ne peut pas être inférieure à 70 % de la rémunération (c. séc. soc. art. L. 242-4-4, al. 2). Le réseau des URSSAF a en son temps indiqué que cette mesure est entrée en vigueur le 1er septembre 2017 (voir *Assiettes et cotisations forfaitaires**), même si certains estiment qu'il manque un décret.

Exemple

Un acteur de complément est embauché pour une journée sur un mois de 30 jours. En 2025, le plafond applicable en paye est de 3 925 €/30 = 130,83 €. L'acteur est payé 200 € (soit plus que 1,5 plafond). L'assiette des cotisations ne peut pas être inférieure à 200 € × 70 % = 140 €.

D'un commun accord entre l'employeur et le salarié, les cotisations peuvent être calculées sur le montant des rémunérations réelles versées plutôt que sur la base de l'assiette forfaitaire.

Contributions chômage et retraite complémentaire

Assurance chômage - Les artistes de spectacle font l'objet de dispositions particulières regroupées dans l'annexe X au règlement d'assurance chômage, lui-même annexé à la convention d'assurance chômage du 15 novembre 2024 (sur cette convention et ses textes associés, voir *Cotisations d'assurance chômage et d'AGS**).

Les contributions d'assurance chômage des artistes intermittents du spectacle sont plus élevées que pour les autres salariés, puisqu'aux contributions de droit commun (0 % de part salariale ; 4,05 % de part patronale jusqu'au 30 avril 2025, 4 % à compter du 1er mai 2025), s'ajoute une contribution destinée à financer leur régime spécifique d'indemnisation chômage (2,40 % de part salariale et 5 % de part patronale) (conv. ass. chôm. du 15 novembre 2024, art. 4, § 1 et 11, § 3 ; règl. ass. chôm., annexe X, art. 50, § 1 ; arrêté du 19 décembre 2024, JO du 20, texte 3).

Au total, les contributions sont fixées comme suit ;
- part salariale : 2,40 % ;
- part patronale : 9,05 % pour les périodes d'emploi courant jusqu'au 30 avril 2025 et 9 % pour celles courant à partir du 1er mai 2025.

S'y ajoute, le cas échéant, une majoration de contribution patronale de 0,50 % pour les CDD d'usage d'une durée inférieure ou égale à 3 mois (règl. ass. chôm., annexe X, art. 50, § 2 ; arrêté du 19 décembre 2024, JO du 20, texte 3) (voir *Cotisations d'assurance chômage et d'AGS**).

Les cotisations chômage sont assises sur l'ensemble des rémunérations entrant dans l'assiette des cotisations de sécurité sociale, dans la limite de 4 fois le plafond annuel de la sécurité sociale.

Les bases forfaitaires éventuellement retenues pour le calcul des cotisations de sécurité sociale ne sont pas applicables aux cotisations chômage.

Les contributions d'assurance chômage et d'AGS dues au titre de l'emploi d'intermittents du spectacle doivent être payées à France Travail (c. trav. art. L. 5427-1, e).

Retraite complémentaire - Les cotisations de retraite complémentaire sont versées par les employeurs d'artistes du spectacle auprès du groupe AUDIENS (groupe de protection sociale des professionnels de l'audiovisuel, de la communication, de la presse et du spectacle) (voir *Intermittents du spectacle**).

Les cotisations de retraite complémentaire sont assises sur la rémunération réelle.

Déduction forfaitaire spécifique pour frais professionnels

Certains artistes font partie des salariés pour lesquels une déduction forfaitaire spécifique pour frais professionnels peut être appliquée [voir *Frais professionnels (déduction forfaitaire spécifique)**].

Guichet unique du spectacle occasionnel

Les organisateurs occasionnels de spectacle vivant doivent obligatoirement recourir au guichet unique du spectacle occasionnel (GUSO) pour déclarer et payer les cotisations des artistes, ouvriers et techniciens du spectacle qu'ils embauchent sous CDD (voir *Guichet unique du spectacle occasionnel**).

☞ *Frais professionnels (déduction forfaitaire spécifique) ; Guichet unique du spectacle occasionnel ; Intermittents du spectacle.*

Assesseurs des juridictions de sécurité sociale et d'aide sociale

Autorisation d'absence

L'employeur est tenu de laisser le temps nécessaire à l'accomplissement de leurs fonctions aux salariés membres assesseurs (c. org. jud. art. L. 218-7 et L. 312-6-2) :
- d'un tribunal judiciaire spécialement désigné pour statuer sur les *contentieux de la sécurité sociale** et certains contentieux d'aide sociale ;
- la cour d'appel d'Amiens, compétente pour les litiges relatifs à la tarification des accidents du travail et maladies professionnelles (AT/MP).

Légalement, ces absences ne sont pas rémunérées par l'employeur. Mais rien n'interdit à d'autres dispositions (ex. : convention collective) de prévoir un maintien de salaire.

Frais de déplacement

Les assesseurs peuvent se faire rembourser leurs frais de déplacement et de séjour dans les conditions prévues pour les déplacements temporaires des personnels civils de l'État. Ce remboursement est effectué par l'administration (et non par l'employeur) (c. org. jud. art. R. 218-12 ; décret 2006-781 du 3 juillet 2006 modifié).

Indemnité de perte de salaire ou de gain

Indemnité d'audience - L'assesseur perçoit, pour chaque audience à laquelle il participe, une indemnité journalière calculée selon des modalités prévues par l'article R. 140 du code de procédure pénale (c. org. jud. art. R. 218-11).

Indemnité de perte de salaire ou de gain - Une seconde indemnité compense la perte de salaire ou de gain (c. org. jud. art. R. 218-11).

Pour les assesseurs représentant les salariés, l'indemnité pour perte de salaire est égale à la perte effectivement subie, justifiée par une attestation de l'employeur que l'assesseur doit fournir au secrétariat de la juridiction.

L'indemnisation est calculée sur la base du brut, auquel s'ajoutent les charges patronales. En pratique, cette somme est versée au salarié, ou à l'employeur dans l'hypothèse où celui-ci a maintenu le salaire, bien que la loi ne l'y oblige pas.

Pour les assesseurs représentant les employeurs et travailleurs indépendants, l'indemnité pour perte de gain est fixée forfaitairement à 6 fois le montant brut du *SMIC** horaire par audience.

Protection en cas de rupture du contrat de travail

L'exercice des fonctions d'assesseur ne peut être une cause de sanction ou de rupture du contrat de travail (c. org. jud. art. L. 218-7).

En outre, les salariés assesseurs des juridictions de sécurité sociale et d'aide sociale sont des salariés protégés au même titre que les *conseillers prud'hommes**. Ainsi, l'employeur doit obtenir l'autorisation de l'inspection du travail avant de licencier un salarié assesseur ou qui a cessé ses fonctions d'assesseur depuis moins de 6 mois, sous réserve qu'il ait effectivement eu connaissance de ce mandat extérieur (voir *Licenciement des représentants du personnel**).

Assiette des cotisations de sécurité sociale

Définition

Assiette des cotisations de sécurité sociale - L'assiette des cotisations de sécurité sociale correspond aux sommes soumises aux *cotisations de sécurité sociale** (c. séc. soc. art. L. 242-1). Cette assiette est aussi utilisée pour le *FNAL**, pour le *versement mobilité** et pour la *contribution solidarité autonomie**.

Cette assiette est également, sauf exception, celle utilisée pour le calcul de la *contribution au dialogue social**, des *cotisations d'assurance chômage et d'AGS**, des *cotisations de retraite AGIRC-ARRCO**, de la *taxe d'apprentissage**, de la *participation à l'effort de construction** et de la *contribution à la formation professionnelle**.

En revanche, l'assiette de la *contribution sociale généralisée (CSG)** et de la *contribution pour le remboursement de la dette sociale (CRDS)** inclut certains éléments qui ne sont pas pris en compte dans l'assiette des cotisations de sécurité sociale. De même, le *forfait social** obéit à des règles particulières d'assiette.

▶ À noter... Depuis le 1er septembre 2018, l'assiette des cotisations de sécurité sociale est définie en miroir de celle de la CSG (c. séc. soc. art. L. 242-1, I renvoyant à L. 136-1-1), mais en en excluant certains éléments (c. séc. soc. art. L. 242-1, II). En pratique, cette réécriture n'a pas eu d'incidence sur le fond.

Notions à ne pas confondre - La notion d'assiette ne doit pas être confondue avec celle d'exonération. Ainsi, des sommes peuvent entrer dans l'assiette des cotisations de sécurité sociale, mais ouvrir droit, dans certains cas, à des exonérations totales ou partielles.

Exemple

Les rémunérations versées aux *apprentis** entrent bien dans l'assiette des cotisations, sont éligibles à la *réduction générale de cotisations patronales** et ouvrent droit à une exonération de cotisations salariales dans certaines limites.

L'assiette ne doit pas non plus être confondue avec les règles d'évaluation, qui peuvent différer. Par exemple, les éléments entrant dans l'assiette des cotisations de sécurité sociale et dans celle des cotisations de retraite complémentaire sont parfois évalués différemment.

Exemple

Les rémunérations des formateurs occasionnels entrent bien dans l'assiette des cotisations. Mais les cotisations de sécurité sociale peuvent être calculées sur une assiette forfaitaire, tandis que les contributions d'assurance chômage et d'AGS ainsi que les contributions de retraite complémentaire doivent être calculées sur la rémunération réelle [voir *Formateurs occasionnels (cotisations sociales)**].

Rémunération

L'assiette des cotisations de sécurité sociale se compose avant tout des rémunérations perçues par le salarié, c'est-à-dire de toutes les sommes versées aux salariés en contrepartie ou à l'occasion du travail (c. séc. soc. art. L. 242-1, renvoyant à L. 136-1-1).

Salaire - Tous les éléments du salaire sont soumis à cotisations, y compris les majorations légales ou conventionnelles telles que les *heures supplémentaires**, le travail du *dimanche** ou des *jours fériés**, le *travail de nuit**, le paiement des astreintes, etc.

Les *commissions** ou pourcentages sur les ventes, de même que les *pourboires**, sont des éléments de salaire soumis à cotisations.

Avantages en nature - Tous les *avantages en nature** sont soumis à cotisations, pour un montant évalué selon les règles propres à chaque catégorie d'avantages en nature.

Sommes versées au départ du salarié - Elles sont, en principe, soumises à cotisations. Mais certaines peuvent être exonérées de cotisations de sécurité sociale [voir *Indemnités de rupture (régimes social et fiscal)**].

Indemnités compensatrices de RTT - Ces sommes sont soumises à cotisations de sécurité sociale, sauf exception [voir *Réduction du temps de travail (compensations salariales)**].

Loyer « publicitaire » - Le « loyer mensuel » qu'une société octroie à un de ses salariés au titre d'un contrat de location en vue d'apposer, sur son véhicule personnel, de la publicité pour son entreprise constitue une rémunération versée en contrepartie d'une prestation complémentaire que le salarié a accepté de fournir (cass. civ., 2e ch., 5 novembre 2015, n° 14-23184, BC II n° 245).

Bourses versées à des doctorants - Les bourses versées à des étudiants en doctorat par un groupement d'intérêt économique auquel ces étudiants sont liés par un contrat de travail à temps partiel doivent être considérées comme une rémunération versée à l'occasion d'un travail et donc soumises à cotisations de sécurité sociale (cass. civ., 2e ch., 12 octobre 2017, n° 16-15663, BC II n° 194).

Primes

Sont soumises à cotisations toutes les *primes** constituant un complément de salaire : primes d'ancienneté, d'assiduité, de froid, d'amplitude, de danger, de soirée, etc.

Au contraire, peuvent être exonérées celles qui correspondent à des *frais professionnels** susceptibles d'être justifiés (primes de représentation, d'outillage, de blouse, de salissure, etc.).

Les primes liées à la *participation aux résultats** et à l'*intéressement** des salariés, ainsi que la *prime de partage de la valeur**, sont exonérées de cotisations sous certaines conditions.

Rémunération des congés

La rémunération versée par l'employeur (ou une caisse de congés payés) au salarié en congés constitue un salaire soumis à cotisations, quelle que soit la nature du congé (congés payés, congés pour événements familiaux, congé pour formation, congé rémunéré au titre du compte épargne-temps, etc.).

Indemnisation des arrêts de travail et indemnités journalières complémentaires

Les sommes versées par l'employeur en cas d'absence du salarié sont soumises à cotisations, à l'exception des indemnités journalières de sécurité sociale (IJSS) qui transitent par l'employeur en cas de *subrogation** (l'employeur doit toutefois tenir compte de la CRDS et de la CSG sur les revenus de remplacement quand il reverse les IJSS au salarié).

Si des indemnités journalières complémentaires sont versées au titre d'un régime de prévoyance, par un organisme assureur ou par l'employeur, elles ne sont soumises à cotisations que pour la part correspondant au financement du régime par l'employeur (voir *Indemnités journalières complémentaires de prévoyance**).

Sommes et avantages attribués aux salariés d'autres entreprises

Toute somme ou tout avantage alloué à un salarié par une personne qui n'est pas son employeur, en contrepartie d'une activité accomplie dans l'intérêt de cette personne, est une rémunération assujettie aux cotisations de sécurité sociale (c. séc. soc. art. L. 242-1-4). Toutefois, des dispositifs de franchise de cotisations et de contribution libératoire peuvent s'appliquer sous conditions.

Cette législation spécifique est détaillée par ailleurs (voir *Sommes et avantages attribués aux salariés d'autres employeurs**).

Cotisations salariales

Les cotisations salariales sont toujours exclues de l'assiette des cotisations.

En revanche, si l'employeur ou le *comité social et économique** (CSE) prend en charge des cotisations normalement à la charge du salarié, cet avantage constitue, en principe, un complément de rémunération soumis à cotisations. Il existe des exceptions qui permettent d'en traiter certaines comme des cotisations patronales [voir *Cotisations salariales (prise en charge par l'employeur ou le CSE)**].

Cotisations patronales

Principes - Les cotisations patronales ne constituent pas, en principe, un complément de salaire et restent exclues de l'assiette des cotisations de sécurité sociale.

S'agissant des cotisations de retraite et de prévoyance complémentaires, il faut distinguer 3 catégories de contributions patronales.

Cotisations finançant un régime de retraite complémentaire - Les cotisations patronales qui financent des régimes de retraite complémentaire légalement obligatoires sont intégralement exonérées de cotisations de sécurité sociale, de CSG et de CRDS (c. séc. soc. art. L. 242-1, I et L. 136-1-1, III, 2°, b).

Toutefois, cette exonération ne vaut que pour la part patronale telle qu'elle résulte de la répartition prévue par la loi, les règlements ou les accords nationaux interprofessionnels régissant ces régimes. Ainsi, toute prise en charge par l'employeur d'une cotisation salariale de retraite complémentaire ou toute répartition « employeur/salarié » s'écartant de la répartition par défaut s'analyse en complément de rémunération soumis à cotisations de sécurité sociale [voir *Cotisations de retraite et de prévoyance (régime social)**].

Cotisations finançant un régime de retraite supplémentaire ou de prévoyance complémentaire - Les cotisations patronales de retraite supplémentaire et de prévoyance complémentaire sont, sous certaines conditions, exonérées de cotisations de sécurité sociale dans la limite de plafonds spécifiques fixés par décret [c. séc. soc. art. L. 242-1, II, 4° ; voir *Cotisations de retraite et de prévoyance (régime social)**].

Contributions finançant certains régimes de retraite supplémentaire à prestations définies à droits certains - Les contributions patronales finançant des régimes de retraite supplémentaire à prestations définies à droits certains sont exclues intégralement de l'assiette des cotisations et de la

Assiette des cotisations de sécurité sociale, CSG et CRDS : tableau comparatif au 1er janvier 2025			
Nature des revenus	**Inclusion dans l'assiette des cotisations de sécurité sociale**	**Inclusion dans la base CSG et CRDS (revenus d'activité ou de remplacement)**	
		Assiette	**Abattement d'assiette de 1,75 % (1)**
Salaires et accessoires			
Salaire de base et ses majorations, pourboires, indemnités de congés payés et de préavis, autres indemnités soumises à cotisations de sécurité sociale	Oui (éventuellement après déduction forfaitaire spécifique pour frais professionnels)	Oui, au titre des revenus d'activité (sans déduction forfaitaire spécifique pour frais professionnels)	Oui (1)
Avantages en nature s'ajoutant à une rémunération en espèces	Oui	Oui, au titre des revenus d'activité	Oui (1)
Avantages en nature constituant la seule rémunération du salarié (pas de rémunération en espèces)	Oui (seules les cotisations patronales sont dues) (2)	Non (2)	-
Bons d'achat et cadeaux attribués : - par le CSE exerçant les attributions de l'ex-CE (entreprises de 50 salariés et plus) ; - par l'employeur, en l'absence de CSE exerçant les attributions de l'ex-CE (entreprises de moins de 50 salariés ou P-V de carence)	Non, dans certaines limites admises par l'ACOSS	Non, dans certaines limites admises par l'ACOSS	-
Chèques-lire, chèques-culture, chèques-disque attribués : - par le CSE exerçant les attributions de l'ex-CE (entreprises de 50 salariés et plus) ; - par l'employeur, en l'absence de CSE exerçant les attributions de l'ex-CE (entreprises de moins de 50 salariés ou P-V de carence)	Non	Non	-
Rémunérations correspondant aux ex-jetons de présence versés aux P-DG, aux directeurs généraux et administrateurs salariés titulaires d'un contrat de travail dans la société	Oui	Oui, au titre des revenus d'activité	Oui (1)
Pourboires non répartis par l'employeur et entraînant un calcul de cotisations sur des bases forfaitaires (hôtels, cafés, restaurants, bars)	Oui (calcul sur des bases forfaitaires ; exonération en 2023, 2024 et 2025 pour les salaires n'excédant pas 1,6 SMIC)	Oui, au titre des revenus d'activité (exonération en 2023, 2024 et 2025 pour les salaires n'excédant pas 1,6 SMIC)	Non
Rémunération versée à des salariés cotisant sur des bases forfaitaires	Oui (calcul sur des bases forfaitaires)	Oui, au titre des revenus d'activité	Non
Rémunération des heures complémentaires et supplémentaires	Oui (3)	Oui, au titre des revenus d'activité	Oui (1)
Participation patronale aux chèques-vacances (cas général)	Oui	Oui, au titre des revenus d'activité	Oui (1)
Participation patronale aux chèques-vacances (employeur de moins de 50 salariés sans CSE exerçant les attributions de l'ex-CE, et qui ne relève pas d'un organisme paritaire de gestion d'activités sociales)	Non, dans certaines limites et sous conditions	Oui, au titre des revenus d'activité	Non
Participation du CSE exerçant les attributions de l'ex-CE aux chèques-vacances attribués par le comité seul dans le cadre de ses activités sociales et culturelles	Non	Non	-
Autres avantages servis par le CSE exerçant les attributions de l'ex-CE	Oui, sous réserve des tolérances de l'ACOSS	Oui au titre des revenus d'activité, sous les mêmes réserves	Oui (1)

Assiette des cotisations de sécurité sociale, CSG et CRDS : tableau comparatif au 1er janvier 2025			
Nature des revenus	Inclusion dans l'assiette des cotisations de sécurité sociale	Inclusion dans la base CSG et CRDS (revenus d'activité ou de remplacement)	
		Assiette	Abattement d'assiette de 1,75 % (1)
Salaires et accessoires (suite)			
Participation de l'employeur aux titres-restaurant	Non, dans les limites autorisées	Non, dans les limites autorisées	-
Participation de l'employeur aux frais de transport « domicile - lieu de travail » (prise en charge obligatoire des frais de transport publics de personnes, prime transport et forfait mobilités durables)	Non, dans les limites autorisées	Non, dans les limites autorisées	-
Somme ou avantage attribué à un salarié par une entreprise qui n'est pas son employeur, dans l'intérêt de cette entreprise	Oui, pour la partie ne bénéficiant pas de la franchise de cotisations ou de la contribution libératoire forfaitaire (4)	Oui au titre des revenus d'activité, pour la partie ne bénéficiant pas de la franchise de cotisations ou de la contribution libératoire forfaitaire (4)	Oui, pour la partie assujettie à CSG/CRDS (1) (4)
Salaires des contrats particuliers et des stagiaires			
Rémunération des apprentis (secteur privé)	Oui, mais avec ; - application de la réduction générale de cotisations patronales ; - exonération des cotisations salariales sur la part de rémunération ≤ à 50 % du SMIC pour les contrats conclus à compter du 1er mars 2025 et ≤ à 79 % du SMIC pour les contrats conclus avant cette date)	• Contrats conclus à partir du 1.03.2025 : oui, sur la fraction de rémunération > 50 % du SMIC • Contrats conclus avant le 1.03.2025 : non	Oui pour les contrats conclus à partir du 1.03.2025, sur la fraction de rémunération assujettie à CSG (1)
Stagiaires de la formation professionnelle rémunérés par l'État	Non	Non	-
Stagiaires en entreprise : gratification inférieure ou égale à 15 % du plafond horaire de la sécurité sociale multiplié par le nombre d'heures mensuel de stage prévu dans la convention de stage	Non	Non	-
Stagiaires en entreprise : gratification supérieure à 15 % du plafond horaire multiplié par le nombre d'heures de stage mentionné dans la convention de stage	Oui pour la fraction excédentaire	Oui pour la fraction excédentaire, au titre des revenus d'activité	Oui pour la fraction assujettie à CSG (1)
Contrat de professionnalisation	Oui (mais application de la réduction générale de cotisations patronales)	Oui, au titre des revenus d'activité	Oui (1)
Contrat unique d'insertion (contrat d'accompagnement dans l'emploi ou contrat initiative-emploi)	Oui (mais application de la réduction générale de cotisations patronales)	Oui, au titre des revenus d'activité	Oui (1)
Employeurs spécifiques			
Jeune entreprise innovante, jeune entreprise universitaire ou jeune entreprise de croissance	Oui (mais exonération des cotisations patronales d'assurance maladie, d'assurance vieillesse et d'allocations familiales pour certains personnels)	Oui, au titre des revenus d'activité	Oui (1)

Assiette des cotisations de sécurité sociale, CSG et CRDS : tableau comparatif au 1er janvier 2025			
Nature des revenus	**Inclusion dans l'assiette des cotisations de sécurité sociale**	**Inclusion dans la base CSG et CRDS (revenus d'activité ou de remplacement)**	
		Assiette	**Abattement d'assiette de 1,75 % (1)**
Employeurs spécifiques (suite)			
Associations et entreprises privées de services à la personne	Oui (mais application d'une réduction dégressive de cotisations patronales spécifique) (5)	Oui, au titre des revenus d'activité	Oui (1)
Sommes versées lors de la modification ou de la rupture du contrat de travail			
Indemnité versée à l'occasion d'une diminution de salaire consécutive à une réduction du temps de travail	Oui (6)	Oui, au titre des revenus d'activité	Non
Indemnités versées à l'occasion de la modification du contrat de travail	Oui-Non (7)	Oui, au titre des revenus d'activité	Non
Indemnités de rupture du contrat de travail	Pour le détail, voir le mot *Indemnités de rupture (régimes social et fiscal)**		
Frais professionnels			
Frais professionnels justifiés ou allocations forfaitaires ne dépassant pas les limites d'exonération autorisées	Non (oui, si l'employeur applique une déduction forfaitaire spécifique pour frais professionnels)	Non	-
Déductions forfaitaires spécifiques pour frais professionnels dans certaines professions	Réintégration des frais professionnels si la déduction est pratiquée	Déduction non applicable à la base CSG/CRDS	-
Avantages liés à la participation, à l'intéressement, à l'actionnariat des salariés et au partage de la valeur			
Intéressement	Non, dans certaines limites	Oui, au titre des revenus d'activité	Non
Participation aux résultats	Non, dans certaines limites	Oui, au titre des revenus d'activité	Non
Abondement de l'entreprise aux plans d'épargne (PEE, PEI, PERCO et PERE-CO) et à certaines formes d'actionnariat	Non, dans certaines limites	Oui, au titre des revenus d'activité	Non
Frais de gestion du plan d'épargne d'entreprise pris en charge par l'employeur	Non	Non	-
Prime de partage de la valeur	Non, dans certaines limites	• Oui en principe, au titre des revenus d'activité • Non de 2024 à 2026 inclus dans certaines limites, si la prime est éligible à son régime renforcé d'exonération	Oui, pour les sommes assujetties à CSG/CRDS (1)
Prime versée au titre d'un plan de partage de la valorisation de l'entreprise	Non, dans certaines limites	Oui, au titre des revenus d'activité	À clarifier par l'administration
Contributions patronales de retraite et de prévoyance			
Contributions patronales finançant les régimes de retraite complémentaire légalement obligatoires (ex. : AGIRC-ARRCO)	Non (8)	Non (8)	-
Contributions patronales finançant des régimes de retraite supplémentaire et de prévoyance complémentaire collectifs et à adhésion obligatoire	Non, dans la limite de plafonds fixés par décret	Oui, au titre des revenus d'activité	Non

Assiette des cotisations de sécurité sociale, CSG et CRDS : tableau comparatif au 1er janvier 2025			
Nature des revenus	**Inclusion dans l'assiette des cotisations de sécurité sociale**	**Inclusion dans la base CSG et CRDS (revenus d'activité ou de remplacement)**	
		Assiette	**Abattement d'assiette de 1,75 % (1)**
Contributions patronales de retraite et de prévoyance (suite)			
Contributions patronales finançant des régimes de retraite supplémentaire et de prévoyance complémentaire à adhésion facultative ou des régimes individuels	Oui	Oui, au titre des revenus d'activité	Non
Contributions patronales finançant des régimes de retraite à prestations définies à droits certains	Non, si le régime relève du champ de la contribution spécifique (9)	Non, si le régime relève du champ de la contribution spécifique (9)	-
Revenus de remplacement et allocations diverses			
Allocations d'activité partielle et de chômage intempéries	Non	Oui, au titre des revenus de remplacement	Oui (1)
Indemnités journalières de sécurité sociale	Non	Oui, au titre des revenus de remplacement (prélevées par la CPAM)	Non
Indemnités journalières complémentaires « employeur » versées avant la cessation du contrat de travail	Oui (au prorata de la participation patronale en cas de régime de prévoyance complémentaire)	Oui, au titre des revenus d'activité (au prorata de la participation patronale en cas de régime de prévoyance complémentaire)	Oui (1)
Indemnités journalières complémentaires « employeur » versées au titre de périodes postérieures au contrat de travail	Non	Oui, au titre des revenus de remplacement	Non
Allocations de décès et d'invalidité versées par l'employeur aux ayants droit des salariés décédés ou atteints d'invalidité, y compris si elles sont versées après la rupture du contrat	Oui (10)	Oui (10)	Oui (1) (10)
Allocations d'orphelin versées directement par l'employeur	Oui	Oui, au titre des revenus d'activité	Oui (1)
Rentes viagères et capital versés en cas d'accident du travail ou de maladie professionnelle	Non	Non	-
Capital-décès versé par une administration, une mutuelle, un organisme assureur ou une institution de retraite et de prévoyance	Non, selon l'ACOSS	Non, selon l'ACOSS	-

(1) L'assiette à laquelle l'abattement peut s'appliquer est plafonnée [voir *Contribution sociale généralisée (CSG)**]. Une fois ce plafond épuisé, l'abattement cesse d'être applicable.

(2) Les cotisations salariales ne sont pas dues lorsqu'un salarié est exclusivement rémunéré en avantages en nature (c. séc. soc. art. R. 242-1, I, al. 8 ; BOSS, Avantages en nature, § 80, 1/01/2025). Il en va de même pour la CSG et la CRDS (lettre-circ. ACOSS 91-18 du 14 février 1991 ; instr. DSS/A1 du 29 mars 1991 ; circ. DSS/SDFGSS/5B 96-71 du 2 février 1996).

(3) Pour les heures supplémentaires, une déduction forfaitaire de cotisations patronales peut s'appliquer [voir *Heures supplémentaires (déduction forfaitaire de cotisations patronales)**]. En outre, une réduction de cotisations salariales s'applique sur la rémunération des heures supplémentaires, des heures complémentaires et, pour les salariés en forfait jours, des jours travaillés au-delà de 218 jours par an [voir *Heures supplémentaires et complémentaires (réduction de cotisations salariales)**].

(4) Pour le détail, voir *Sommes et avantages attribués aux salariés d'autres employeurs**.

(5) L'exonération s'applique pour les activités d'aide à domicile exercées auprès de publics fragiles (c. séc. soc. art. L. 241-10, III) (voir *Services à la personne**).

(6) Voir *Réduction du temps de travail (compensations salariales)**.

(7) Voir *Indemnité de modification du contrat de travail**.

(8) Uniquement à hauteur de la part patronale telle qu'elle résulte des dispositions légales, réglementaires ou des accords nationaux interprofessionnels régissant ces régimes.

(9) Les contributions patronales finançant un régime de retraite à prestations définies à droits certains ne sont pas assujetties à cotisations sociales, à CSG et à CRDS. En revanche, l'employeur est redevable d'une *contribution sur les régimes de retraite à prestations définies**.

(10) Selon l'*ACOSS**, les allocations versées après la rupture du contrat de travail sont exonérées de cotisations mais soumises à CSG et à CRDS sur les revenus de remplacement sans abattement d'assiette (instr. ACOSS du 20 août 1985). Pour les juges, elles sont soumises à cotisations de sécurité sociale comme les salaires car ces allocations constituent des avantages en argent procurés en contrepartie ou à l'occasion du travail, même si elles sont versées après la rupture dudit contrat (cass. ass. plén. 26 janvier 2001, n° 99-11758, BC ass. plén. n° 2 ; cass. ass. plén. 26 janvier 2001, n° 99-13397, BC ass. plén. n° 2).

base CSG/CRDS, sachant que l'employeur doit s'acquitter d'une contribution spécifique (c. séc. soc. art. L. 242-1, I et L. 136-1-1, III, 2°, e ; voir *Contribution sur les régimes de retraite à prestations définies**).

Frais professionnels

Les *frais professionnels** sont exonérés de cotisations sous certaines conditions.

Il faut en revanche les réintégrer dans l'assiette des cotisations de sécurité sociale si l'employeur applique une *déduction forfaitaire spécifique pour frais professionnels**.

Avantages divers

Sont en principe soumis à cotisations les avantages divers accordés par l'employeur ou par le comité social et économique (CSE) comme, par exemple, les bons d'achat (sauf s'ils représentent un secours), les rémunérations versées aux dirigeants relevant de plein droit du régime général de la sécurité sociale (ex-*jetons de présence**), les intérêts versés sur un compte courant, la mise à disposition gratuite d'une carte bleue, les primes liées à la situation familiale du salarié, la participation aux chèques-vacances, les primes « anniversaire » de l'entreprise, etc.

Il existe toutefois de nombreuses exonérations et tolérances [voir *Aide au financement des services aux personnes et de garde d'enfants**, *Avantage en nature**, *Avantages versés par le comité social et économique (CSE)**, *Bons d'achat et cadeaux**, *Chèques-vacances**, *Crèche et garde d'enfants**].

Absence de versement

L'employeur qui ne verse pas un élément de rémunération obligatoire n'est pas pour autant exonéré du paiement des cotisations sur cet élément (ex. : les cotisations dues sur l'indemnité de fin de contrat à durée déterminée sont exigibles, même si l'indemnité n'a pas été versée au salarié ; cass. soc. 1er février 1996, n° 94-14410, BC V n° 40). C'est une des conséquences de la règle de l'*assiette minimale des cotisations**.

Allocations décès ou invalidité

Sommes versées par l'employeur - Les sommes versées par l'employeur aux ayants droit d'un salarié décédé et aux salariés frappés d'invalidité sont considérées comme versées en raison de l'appartenance du salarié à l'entreprise et constituent un avantage en argent consenti à l'occasion du travail précédemment accompli, peu important qu'elles soient versées après la rupture du contrat. Elles sont donc assujetties à cotisations de sécurité sociale (cass. ass. plén. 26 janvier 2001, n° 99-11758, BC ass. plén. n° 2 ; cass. ass. plén. 26 janvier 2001, n° 99-13397, BC ass. plén. n° 2).

Sommes versées par une mutuelle, une société d'assurance, une institution de retraite ou de prévoyance - Selon l'administration, les capitaux décès versés par une société d'assurances, une mutuelle, une institution de retraite ou de prévoyance ne sont pas soumis à cotisations de sécurité sociale ni à CSG/CRDS (lettre min. du 4 novembre 1997, diffusée par lettre-circ. ACOSS 97-75 du 28 novembre 1997).

☞ *Apprentis ; Assiette minimale des cotisations ; Avantage en nature ; Avantages versés par le comité social et économique (CSE) ; Bons d'achat et cadeaux ; Cantine ; Chèque-culture ; Chèque-disque ; Chèque-lire ; Chèques-vacances ; Contribution sur les régimes de retraite à prestations définies ; Contribution pour le remboursement de la dette sociale (CRDS) ; Contribution sociale généralisée (CSG) ; Contribution sociale généralisée (CSG sur revenus de remplacement) ; Cotisations de retraite et de prévoyance (régime social) ; Cotisations salariales (prise en charge par l'employeur ou le CSE) ; Frais professionnels ; Indemnités journalières complémentaires ; Indemnités journalières complémentaires de prévoyance ; Indemnités de rupture (régimes social et fiscal) ; Intéressement ; Participation aux résultats ; Pourboires ; Prime de partage de la valeur ; Plan de partage de la valorisation de l'entreprise ; Régime de retraite à prestations définies ; Sommes et avantages attribués aux salariés d'autres employeurs ; Stages en entreprise (gratification).*

Assiette minimale des cotisations

Le montant des rémunérations à prendre en compte comme base de calcul des cotisations ne peut pas être inférieur à un montant qualifié « d'assiette minimale ». Entre autres effets, cette règle permet aux URSSAF de redresser les employeurs sur certaines sommes qui n'ont pas été versées.

Définition et montant de l'assiette minimale

Niveau « plancher » d'assiette des cotisations - L'assiette minimale correspond au montant « plancher » des rémunérations à prendre en compte comme base de calcul des cotisations de sécurité sociale (c. séc. soc. art. R. 242-1, I, al. 6).

Ainsi, l'*assiette des cotisations de sécurité sociale** doit être au moins égale au montant de l'assiette minimale, quand bien même l'employeur aurait versé au salarié une rémunération inférieure ou n'aurait pas versé les sommes dont il est redevable.

▶ Attention… L'assiette minimale ne doit pas être confondue avec le *SMIC**. La liste des éléments à retenir pour définir l'assiette minimale est plus large. Pour un salarié rémunéré au SMIC et bénéficiant d'avantages en nature, l'assiette minimale est supérieure au SMIC, l'évaluation de ces avantages ne se faisant pas de façon identique. De même, on tient compte des primes conventionnelles *(voir plus loin)*, alors que certaines d'entre elles ne sont pas prises en considération pour la vérification du SMIC (ex. : prime d'ancienneté, prime de sujétion).

Périodicité de la vérification - L'assiette minimale doit être respectée par l'employeur à chaque échéance de paye, sans possibilité d'appréciation sur l'année (cass. soc. 3 juillet 1985, n° 83-12770, BC V n° 397 ; cass. civ., 2e ch., 9 février 2017, n° 15-20858, BC II n° 32).

En conséquence, un surplus par rapport à l'assiette minimale un mois donné ne peut être affecté à une insuffisance d'assiette un autre mois.

Il en va ainsi même en cas d'application d'une *déduction forfaitaire spécifique pour frais professionnels** *(voir ci-après)*.

Montant - Le montant des rémunérations à prendre comme base de calcul des cotisations au titre de l'assiette minimale ne peut, en aucun cas, être inférieur au montant cumulé du *SMIC** et des indemnités, primes ou majorations s'y ajoutant en vertu d'une disposition législative ou réglementaire (c. séc. soc. art. R. 242-1, I, al. 6).

La liste des éléments à retenir pour définir l'assiette minimale des cotisations est ainsi plus large que celle des éléments retenus pour l'appréciation du SMIC. Entrent dans le calcul de l'assiette minimale (alors qu'elles ne sont pas prises en compte pour la vérification du SMIC) une prime d'ancienneté, une prime d'assiduité, une prime de sujétion (ex. : danger) ainsi que l'indemnité de fin de mission de travail temporaire.

▶ À noter… Le *SMIC** horaire représente le montant minimal à verser aux salariés par heure de travail (au 1er janvier 2025, son taux est de 11,88 € bruts). Pour certaines catégories de personnel (apprentis, certains jeunes de moins de 18 ans), le SMIC fait l'objet d'un abattement (voir *SMIC**). Pour l'application de l'assiette minimale, il est tenu compte de ces abattements. Pour les salariés rémunérés au SMIC et bénéficiant en plus d'avantages en nature, l'assiette minimale est supérieure au SMIC, puisqu'il faut tenir compte de ces avantages.

Sommes et primes dues en application de dispositions conventionnelles - Dès lors qu'une convention collective étendue prévoit un salaire minimal supérieur au SMIC, l'assiette des cotisations doit être au moins égale à ce minimum conventionnel (cass. soc. 13 février 1974, n° 73-11133, BC V n° 111 ; cass. soc. 21 juillet 1986, n° 84-15445, BC V n° 428). Concrètement, ce minimum conventionnel se substitue au SMIC pour l'appréciation de l'assiette minimale.

De même, les primes diverses dues en application de ces conventions collectives sont également prises en compte pour l'assiette minimale (cass. soc. 8 juin 1988, n° 85-18413 D ; cass. civ., 2e ch., 5 juin 2008, n° 07-14408, BC II n° 129).

▶ À noter… La jurisprudence ne s'est prononcée que sur des minima et des primes prévus par des conventions collectives étendues. Qu'en est-il de ceux issus d'une convention collective non étendue ? Constituent-ils la base de l'assiette minimale de cotisations ou non ? La question n'est pas tranchée.

Sommes prévues par les usages - Les sommes dues en vertu d'un usage ne peuvent pas servir de fondement à un redressement de cotisations en l'absence de versement effectif.

De même, un usage fixant les modalités d'application des dispositions d'une convention collective ne peut pas, en l'absence de versement effectif de la somme litigieuse, justifier un redressement (cass. soc. 8 juin 1988, n° 84-16994, BC V n° 345).

Sommes non versées, payées partiellement ou sous-évaluées - L'employeur qui n'a pas payé le salaire minimal ou un accessoire de salaire prévu par la loi ou une convention collective étendue ne peut pas se prévaloir du manquement à ses obligations pour acquitter les cotisations sur les seules rémunérations effectivement versées (cass. soc. 1er février 1996, n° 94-14410, BC V n° 40 ; cass. civ., 2e ch., 5 juin 2008, n° 07-14408, BC II n° 129).

Il doit donc payer les cotisations sur les sommes qui n'ont pas été versées, quand bien même le salarié a bénéficié d'une rémunération effective supérieure au SMIC (ou au minimum conventionnel plus élevé) augmenté de la gratification litigieuse. C'est ce qui a par exemple été jugé pour une indemnité de fin de CDD et un 13e mois prévu par une convention collective étendue que l'employeur n'avait pas payés (cass. soc. 1er février 1996, n° 94-14410, BC V n° 40 ; cass. soc. 8 juin 1988, n° 85-18056, BC V n° 344).

Exemple

Des employeurs ont été jugés redevables des cotisations dues au titre :

- d'une indemnité de fin de mission due mais non versée à un intérimaire (cass. soc. 1er février 1996, n° 94-14410, BC V n° 40) ;
- d'une indemnité de fin de contrat due mais non versée à un salarié en CDD (cass. soc. 17 janvier 2002, n° 00-14709, BC V n° 19) ;
- du salaire minimal prévu par une convention collective étendue que l'employeur n'a pas versé (cass. soc. 8 juin 1988, n° 85-17757 et n° 85-18056, BC V n° 344) ; d'un 13e mois prévu par une convention collective étendue qui n'a pas été payé (cass. soc. 8 juin 1988, n° 85-18056, BC V n° 344).

Lorsque l'employeur n'a versé qu'une fraction des éléments de rémunérations entrant dans l'assiette minimale, les URSSAF sont en droit de calculer les cotisations sur le montant exact et de demander le paiement du différentiel. Il en a notamment été jugé ainsi pour une indemnité de fin de mission et une indemnité compensatrice de congés payés dues à un intérimaire, mais que l'employeur avait sous-évaluées (cass. civ., 2e ch., 7 mai 2015, n° 14-16693 D).

Assiette minimale et déductions forfaitaires spécifiques pour frais professionnels

Application de l'assiette minimale - L'application d'une *déduction forfaitaire spécifique pour frais professionnels** (DFS) ne peut avoir pour effet de ramener la base des cotisations à un montant inférieur à l'assiette minimale (arrêté du 20 décembre 2002, art. 9 dern. al., JO du 27). Si nécessaire, l'employeur doit donc majorer la base des cotisations à concurrence de l'assiette minimale.

Selon l'administration, en cas d'application d'une DFS, les éléments de rémunération prévus par une disposition conventionnelle n'ont pas à être pris en compte pour déterminer l'assiette minimale des cotisations de sécurité sociale (BOSS, Frais professionnels, § 2220, 01/01/2025).

Exemple

En janvier 2025, un salarié rémunéré 1 850 € par mois dans une entreprise à 35 heures ouvre droit à une déduction forfaitaire spécifique pour frais professionnels de 10 %. Il n'y a pas de remboursement de frais professionnels. La déduction devrait conduire à une assiette des cotisations de sécurité sociale de 1 850 × 90 % = 1 665 €.

La règle de l'assiette minimale oblige l'employeur à calculer les cotisations de sécurité sociale et les charges ayant la même assiette sur la base du SMIC, soit 1 801,80 € par mois en janvier 2025.

Chaque échéance de paye - Le fait que l'abattement d'assiette liée à une DFS soit plafonné à 7 600 € par année civile ne change rien à la périodicité de la vérification de l'assiette minimale. La détermination de l'assiette minimale doit être appréciée non pas annuellement, mais à chaque paye du salarié (cass. civ., 2e ch., 9 février 2017, n° 15-20858, BC II n° 32).

Personnes exclues de l'assiette minimale

L'assiette minimale des cotisations n'est pas applicable :
- aux personnes pour lesquelles les cotisations sont calculées sur une assiette forfaitaire ou dont les cotisations sont fixées forfaitairement par arrêtés (c. séc. soc. art. R. 242-1, I, al. 7) ;
- aux personnes qui ne sont pas salariées, comme, par exemple, les élèves et étudiants effectuant des *stages en entreprise** ;
- aux personnes assujetties au régime général de la sécurité sociale sans avoir la qualité de salarié au regard du droit du travail, faute d'être liées à l'entreprise par un contrat de travail (cas de certains *dirigeants d'entreprise**) ;
- aux *VRP** multicartes (cass. soc. 20 octobre 1971, n° 70-12735, BC V n° 576).

☞ *Assiette des cotisations de sécurité sociale ; Assiettes et cotisations forfaitaires ; Avantage en nature ; Frais professionnels (déduction forfaitaire spécifique) ; Minimum conventionnel ; SMIC.*

Assiettes et cotisations forfaitaires

Dans certaines professions, les *cotisations de sécurité sociale** sont calculées sur des assiettes forfaitaires (c. séc. soc. art. L. 242-4-4).

Parfois, le montant des cotisations est lui-même forfaitaire.

Réforme à finaliser

Nouveau cadre légal - La loi de financement de la sécurité sociale (LFSS) pour 2015 a posé les bases d'une réforme des assiettes forfaitaires (loi 2014-1554 du 22 décembre 2014, art. 13, JO du 24). Elle a ainsi prévu qu'elles sont fixées par décrets et non plus par arrêtés.

Par ailleurs, elle a précisé que des assiettes forfaitaires peuvent être prévues pour deux catégories de salariés ou assimilés.

La première catégorie est constituée par certains salariés ou assimilés auxquels le *SMIC** ne s'applique pas ou qui sont affiliés au régime général de la sécurité sociale du fait de la loi. Pour ces personnes, les cotisations forfaitaires fixées par décret ne peuvent pas excéder celles qui s'appliquent au SMIC à temps plein (c. séc. soc. art. L. 242-4-4, al. 1).

La seconde catégorie vise certaines activités à caractère occasionnel ou saisonnier, pour lesquelles des assiettes forfaitaires peuvent être prévues. Toutefois, pour les salariés exerçant ces activités dont les rémunérations sont égales ou supérieures à 1,5 fois le *plafond de la sécurité sociale** correspondant à la durée du travail, la base de calcul des cotisations doit au moins correspondre à 70 % de la rémunération (c. séc. soc. art. L. 242-4-4, al. 2). Autrement dit, il est établi une règle générale consistant à retenir un abattement maximal de 30 % sur la rémunération toutes les fois où celle-ci dépasse 1,5 fois le plafond de la sécurité sociale.

État des textes - Les textes d'application de cette réforme devaient paraître au plus tard le 31 décembre 2015 (loi 2014-1554 du 22 décembre 2014, art. 13, III).

À l'heure où nous rédigeons ces lignes (15 janvier 2025), ils n'ont toujours pas été publiés.

Selon l'ACOSS, réforme partiellement en vigueur

Des assiettes forfaitaires supprimées, le mécanisme d'encadrement en vigueur - Le 17 octobre 2017, l'*ACOSS** a diffusé sur le site Internet du réseau des URSSAF une information aux termes de laquelle une partie de la réforme serait entrée en vigueur au 1er septembre 2017, malgré l'absence de décret (www.urssaf.fr, information du 17 octobre 2017).

Cette information, qui n'est plus en ligne à l'heure où nous rédigeons ces lignes (15 janvier 2025), ne fait référence à aucune circulaire des pouvoirs publics. Pour des raisons de sécurité juridique, une clarification officielle serait donc la bienvenue.

Selon cette information, depuis le 1er septembre 2017 :
- certaines assiettes forfaitaires sont supprimées : il faut donc cotiser sur la rémunération réelle (ex : personnes participant à une course landaise ; cadets de golf) ;
- d'autres sont maintenues en l'état en attendant la parution du décret, mais avec application du mécanisme d'encadrement prévu par la LFSS pour 2015 lorsque la rémunération est au moins égale à 1,5 fois le plafond de la sécurité sociale.

Selon l'ACOSS, ce mécanisme d'encadrement des assiettes forfaitaires est entré en vigueur dès le 1er janvier 2016. Dès lors que la rémunération est égale ou supérieure à 1,5 plafond de la sécurité sociale correspondant à la durée de travail du salarié, l'assiette forfaitaire retenue pour le calcul des cotisations ne peut pas être inférieure à 70 % de cette rémunération *(voir plus haut)*.

À l'heure où nous rédigeons ces lignes (15 janvier 2025), le site du réseau des URSSAF (www.urssaf.fr) indique bien, dans chaque fiche consacrée aux professions concernées (ex. : formateurs occasionnels, vendeurs colporteurs de presse), que le mécanisme d'encadrement des assiettes forfaitaires est applicable.

Pour la liste des assiettes forfaitaires maintenues, voir tableau dans cette étude.

Exclusions - Dans son information du 17 octobre 2017 publiée sur le site Internet du réseau des URSSAF, l'ACOSS précisait que les changements présentés ne concernent pas les assiettes forfaitaires applicables aux stagiaires de la formation professionnelle, aux détenus effectuant un travail pour le compte de l'administration et aux structures d'aide sociale.

Assiettes forfaitaires

Assiette des cotisations de sécurité sociale - Les assiettes forfaitaires varient avec l'indice qui sert de base à leur calcul (ex. : SMIC ou plafond de la sécurité sociale).

Pour certains salariés concernés par ces assiettes forfaitaires, il est toutefois possible de cotiser sur la rémunération réelle, dès lors qu'elle est supérieure et qu'il y a accord entre les parties. C'est le cas, notamment, pour :
- les salariés de l'hôtellerie si les *pourboires** leur sont versés directement (l'assiette ne peut toutefois être inférieure au salaire minimal applicable dans la profession) ;
- les *vendeurs à domicile** ;
- les *vendeurs colporteurs de presse** ;
- les formateurs occasionnels [voir *Formateurs occasionnels (cotisations sociales)**] ;
- les acteurs de complément (voir *Artistes du spectacle**) ;
- les étudiants réalisant ou participant à la réalisation, moyennant rémunération, d'études à caractère pédagogique au sein d'une association constituée exclusivement à cette fin (« junior entreprise ») (arrêté du 20 juin 1988, JO du 29).

En revanche, il n'est pas possible de cotiser sur le salaire réel pour les personnels d'encadrement employés dans un *centre de vacances et de loisirs pour mineurs**.

Taux des cotisations et contributions - Sauf disposition contraire, les cotisations de sécurité sociale calculées sur une assiette forfaitaire le sont au taux normal. Il en est de même pour la CSG/CRDS (c. séc. soc. art. L. 136-2, II).

Retraite complémentaire - L'utilisation d'assiettes forfaitaires pour le calcul des cotisations de sécurité sociale n'implique pas nécessairement qu'elles puissent être utilisées pour les contributions de retraite complémentaire.

Dans de nombreux cas, ces contributions doivent être calculées sur la base de la rémunération réelle (voir *Cotisations de retraite AGIRC-ARRCO**).

Base CSG/CRDS - En cas d'assiettes forfaitaires, il est impossible d'appliquer l'abattement de 1,75 % sur la base CSG/CRDS (c. séc. soc. art. L. 136-2, II).

Mais qu'en est-il lorsque l'assiette des cotisations est égale à 70 % de la rémunération brute en application du mécanisme d'encadrement des assiettes forfaitaires, que l'ACOSS considère comme en vigueur depuis le 1er septembre 2017 *(voir plus haut)* ? Peut-on appliquer l'abattement d'assiette de 1,75 % à la base CSG/CRDS ou doit-on, au contraire, considérer qu'il s'agit d'une forme d'assiette forfaitaire excluant l'application de l'abattement ?

Dans la mesure où le code de la sécurité sociale indique que l'abattement de 1,75 % s'applique sur « les revenus bruts » (c. séc. soc. art. L. 136-2, I, al. 1), il semblerait possible d'en déduire qu'il ne s'applique pas, puisque dans ce cas, la base de calcul n'est pas un montant brut, mais un brut abattu. Ce point pose question et reste à clarifier (aucune réponse officielle n'avait été apportée à cette question à l'heure où nous rédigions ces lignes).

Cotisations forfaitaires

Les cotisations forfaitaires de sécurité sociale sont, en général, fixées par un texte.

Sont notamment concernés :
- les *vendeurs à domicile** (lorsque leur rémunération n'excède pas un certain montant) ;
- certains artistes et musiciens du spectacle [voir *Intermittents du spectacle (employeurs occasionnels d')**].

Le montant des cotisations forfaitaires évolue :
- lorsque l'indice de référence dont elles dépendent change ;

Bases forfaitaires maintenues au 1er septembre 2017 (1)
Cette liste est issue d'une information diffusée par l'ACOSS le 17 octobre 2017 sur le site Internet du réseau des URSSAF (www.urssaf.fr). À l'heure où nous rédigeons ces lignes (15 janvier 2025), cette information n'est plus en ligne.
• Formateurs occasionnels
• Vendeurs à domicile
• Personnels des hôtels, cafés et restaurants rémunérés au pourboire
• Artistes du spectacle qui participent à des spectacles occasionnels
• Acteurs de complément engagés à la journée lors de productions cinématographiques et dont la rémunération brute journalière n'excède pas 6 % du plafond mensuel de la sécurité sociale
• Personnes exerçant une activité liée à l'enseignement ou à la pratique d'un sport au sein d'une association de jeunesse ou d'éducation populaire agréée, d'une fédération agréée ou d'un groupement affilié à celle-ci ou pour le compte d'un organisateur de manifestations sportives
• Vendeurs colporteurs de presse et porteurs de presse
• Personnes effectuant des tâches d'intérêt général
• Personnes recrutées, à titre temporaire et non bénévole, pour se consacrer exclusivement, dans les centres de vacances, les centres de loisirs pour mineurs et les maisons familiales de vacances, à l'encadrement des enfants durant les vacances scolaires, les congés professionnels ou les loisirs de ces enfants
• Personnes recrutées à titre temporaire et non bénévole pour exercer une activité d'encadrement dans un établissement ou une association à but non lucratif accueillant des adultes handicapés pendant leurs vacances
• Personnes exerçant une activité pour une durée maximale de 480 heures par an pour le compte d'une association de jeunesse ou d'éducation populaire agréée et pour les activités autres que l'activité sportive
• Élèves qui participent à la réalisation d'étude au sein d'une association d'étudiants à caractère pédagogique
(1) Ces assiettes forfaitaires sont maintenues mais avec application d'un mécanisme d'encadrement lorsque la rémunération dépasse 1,5 fois le plafond. Ainsi, pour un salarié dont la rémunération est égale ou supérieure à 1,5 fois le *plafond de la sécurité sociale** correspondant à la durée du travail, la base de calcul des cotisations doit au moins correspondre à 70 % de la rémunération.

- ou, si leur montant est directement fixé par un texte sans référence à un quelconque indice, lorsque ce texte est modifié.

☛ *Artistes du spectacle ; Centre de vacances et de loisirs pour mineurs ; Cotisations de retraite AGIRC-ARRCO ; Formateurs occasionnels (cotisations sociales) ; Intermittents du spectacle ; Intermittents du spectacle (employeurs occasionnels d') ; Pourboires ; Sportifs ; Vendeurs colporteurs de presse ; Vendeurs à domicile.*

Association

Salariés et dirigeants d'une association

Statut des salariés de l'association - En principe, les associations occupant du personnel se voient appliquer les mêmes règles que les autres catégories d'employeurs, pour déterminer leurs obligations tant en matière de droit du travail qu'en matière de droit de la sécurité sociale. Toutefois, des règles spécifiques peuvent s'appliquer à certaines associations pour le calcul des cotisations de sécurité sociale (exclusion de certaines exonérations, exonérations particulières dans d'autres cas, etc.).

▶ À noter... La convention collective applicable à une entreprise est déterminée par les juges du fond en fonction de l'activité principale exercée par l'employeur (c. trav. art. L. 2261-2). Quand une association a deux activités, la convention collective applicable peut être déterminée par la répartition du temps de travail (cass. soc. 15 mars 2017, n° 15-19958, BC V n° 52).

Statut des dirigeants de l'association - Les dirigeants des associations n'ayant, par eux-mêmes ou par personne interposée, aucun intérêt direct ou indirect dans les résultats de l'exploitation sont affiliés au régime général de la sécurité sociale (c. séc. soc. art. L. 311-3, 22°, renvoyant à CGI art. 261, 7, 1°, d, al. 2 ; lettre-circ. ACOSS 2002-46 du 8 février 2002).

Il est expressément prévu que le salaire versé aux dirigeants d'association ne remet pas en cause, à lui seul, le caractère désintéressé de la gestion de l'association si les conditions posées par le code général des impôts sont respectées (CGI art. 261, 7, 1°, d, al. 3 et s.).

Participations et taxes assises sur les salaires - En leur qualité d'employeur, les associations sont assujetties à la *contribution à la formation professionnelle** et, le cas échéant, à la *participation à l'effort de construction** comme les autres employeurs.

Elles peuvent être assujetties à la taxe sur les salaires ou, au contraire, échapper à la taxe d'apprentissage, compte tenu du champ d'application de ces deux taxes (voir *Taxe sur les salaires** et *Taxe d'apprentissage**).

Salariés intervenants dans des associations

Salariés responsables d'association - Les conventions ou les accords collectifs étendus, ou les conventions ou accords d'entreprise ou d'établissement, peuvent prévoir des dispositions applicables aux salariés d'une entreprise exerçant des responsabilités à titre bénévole au sein d'une association déclarée afin que les contraintes résultant de l'exercice de leurs fonctions soient prises en compte.

Ces stipulations spécifiques peuvent notamment porter sur le délai de prévenance, les actions de formation, la prise des jours de repos.

Congés et autorisations d'absence - Les salariés actifs dans les mouvements associatifs peuvent bénéficier de certains congés ou autorisations d'absence leur permettant de s'absenter de leur emploi salarié. Voir notamment *Associations familiales (représentants des)**, *Congé pour catastrophe naturelle**, *Congé de formation de cadres et d'animateurs pour la jeunesse**, *Congé de représentation (associations, mutuelles)**.

☛ *Chèque-emploi associatif ; Contrat unique d'insertion ; Embauche du 1er au 50e salarié ; Service emploi associations ; Taxe sur les salaires ; Zones franches urbaines (associations) ; Zones de revitalisation rurale.*

Associations familiales (représentants des)

☛ *Congé des représentants d'associations familiales.*

Assujettissement

L'assujettissement correspond aux conditions et circonstances déterminant l'appartenance d'une personne à un régime de protection sociale, sans possibilité de choix. Ces dispositions sont impératives et il n'est pas possible de les modifier.

Assujettissement au régime général de sécurité sociale des salariés

Principe d'assujettissement obligatoire - Le salarié ou la personne qui, contre rémunération, travaille, à quelque titre et en quelque lieu que ce soit, pour un ou plusieurs employeurs est obligatoirement assujetti au régime général de sécurité sociale des salariés (c. séc. soc. art. L. 311-2).

Pour être assujetti à ce régime, il faut donc qu'existent cumulativement un lien de subordination, le versement d'une rémunération (elle constitue, en principe, l'assiette des cotisations) et un contrat, peu important sa nature, sa forme et sa validité. La nationalité et le lieu d'accomplissement de l'activité professionnelle importent peu.

▶ À noter… L'employeur et le salarié ne peuvent pas déroger, même d'un commun accord, à ces règles, qui sont d'ordre public. Tout arrangement contraire est nul.

L'affiliation obligatoire à un régime de sécurité sociale au titre d'une activité professionnelle exercée en France n'est écartée que lorsque les règlements européens ou une convention internationale de coordination en matière de sécurité sociale le prévoient (ex : *détachement** temporaire d'un salarié) (BOSS, Assiette générale, § 20, 01/01/2024).

Cas d'assujettissement prévus par la loi - Sans avoir à vérifier la présence des critères classiques d'assujettissement, l'exercice de certaines activités conduit à un assujettissement automatique au régime général des salariés du fait de la loi.

La liste des personnes assujetties légalement à ce régime comprend notamment certains *dirigeants d'entreprise** ou d'*association**, les *travailleurs à domicile**, les *artistes du spectacle** et les mannequins, les arbitres et juges, etc. (c. séc. soc. art. L. 311-3 et s.).

La notion de salarié au sens de la sécurité sociale est ainsi plus large que celle retenue en droit du travail, qui est liée à l'existence d'un contrat de travail et d'un lien de subordination (voir *Salariat**). Certaines personnes peuvent être affiliées au régime de sécurité sociale des salariés alors qu'elles ne sont pas titulaires d'un contrat de travail.

Présomption d'absence de contrat de travail

Certaines personnes sont présumées ne pas être liées avec leur donneur d'ouvrage par un contrat de travail (ex. : personnes immatriculées au registre du commerce et des sociétés) (c. trav. art. L. 8221-6). Dès lors, elles ne sont pas assujetties au régime général des salariés de la sécurité sociale, sauf lorsque la loi en décide autrement (certains *dirigeants d'entreprise**, etc.) *(voir ci-dessus)*.

Si la présomption d'absence de contrat de travail est renversée, cela conduit à assujettir les personnes concernées au régime général des salariés de la sécurité sociale (c. séc. soc. art. L. 311-11).

Pour plus de détails sur la présomption d'absence de contrat de travail, voir *Salariat**.

Assujettissement à d'autres régimes de sécurité sociale

Le régime général des salariés n'est pas le seul régime de protection sociale de la sécurité sociale. Il en existe d'autres, destinés à des catégories particulières de population.

Ces autres régimes sont principalement les régimes spéciaux (ex. : régime SNCF, RATP) et le régime agricole. Chacun de ces régimes fixe ses propres critères d'assujettissement ainsi que ses propres règles, notamment en matière de cotisations ou de prestations sociales.

▶ À noter… Depuis le 1er janvier 2020, le régime social des indépendants (RSI) est totalement intégré au régime général de la sécurité sociale (c. séc. soc. art. L. 200-1), et n'existe donc plus en tant que tel. Toutefois, cette nouvelle organisation n'a modifié ni les modalités de calcul des cotisations des travailleurs indépendants, ni leurs droits à prestations.

Sanctions en cas de refus d'assujettissement

Toute personne qui, en méconnaissance de la législation en matière de sécurité sociale, refuse délibérément de s'affilier à un régime de sécurité sociale ou persiste à ne pas engager les démarches en vue de son affiliation obligatoire à un régime de sécurité sociale est passible d'une peine d'emprisonnement de 6 mois et/ou d'une amende de 15 000 € (c. séc. soc. art. L. 114-18, I).

Le fait d'inciter une personne à ne pas s'affilier à un organisme de sécurité sociale, à se soustraire à la déclaration et au paiement des cotisations et contributions sociales dues et, de manière plus générale, à « refuser de se conformer aux prescriptions de la législation de sécurité sociale » est puni par un emprisonnement de 2 ans et une amende de 30 000 € (c. séc. soc. art. L. 114-18, II). Le fait d'organiser ou de tenter d'organiser cette incitation par voies de fait, menaces ou manœuvres concertées est passible de 3 ans d'emprisonnement et de 250 000 € d'amende (c. séc. soc. art. L. 114-18, IV).

☞ *Association ; Dirigeants d'entreprise ; Location-gérance ; Salariat.*

Assurance chômage

En contrepartie d'une participation financière des employeurs et des salariés, le régime d'assurance chômage garantit, sous certaines conditions, un revenu de remplacement aux salariés involontairement privés d'emploi (ex. : licenciement, fin d'un CDD, rupture conventionnelle). Sous conditions, les demandeurs d'emploi peuvent ainsi percevoir l'allocation d'aide au retour à l'emploi (ARE) versée par *France Travail**.

Champ d'application

Chaque employeur est tenu d'assurer contre le risque de privation d'emploi les salariés dont l'engagement résulte d'un contrat de travail, y compris les travailleurs détachés à l'étranger et les travailleurs français expatriés (c. trav. art. L. 5422-13).

Les *dirigeants d'entreprise** qui ont la qualité de mandataire sont exclus du régime d'assurance chômage, sauf s'ils cumulent avec leur mandat un contrat de travail. Les chefs d'entreprise en nom personnel et les dirigeants sociaux exclus du régime qui cessent leur activité de manière involontaire peuvent bénéficier, sous certaines conditions, de l'allocation des travailleurs indépendants octroyée par *France Travail**. Ils peuvent aussi souscrire une assurance chômage facultative auprès notamment de l'Association pour la protection des patrons indépendants (APPI) ou de l'Association pour la garantie sociale des chefs et dirigeants d'entreprise (GSC).

Certaines catégories de travailleurs bénéficient du régime d'assurance chômage dans des conditions particulières adaptées à la nature de leur activité et à leur mode de rémunération, par exemple : *VRP**, *travailleurs à domicile**, travailleurs intermittents, travailleurs occupés hors de France.

Financement

Le financement du régime d'assurance chômage est assuré par une contribution assise sur les salaires comportant une part patronale et dans certains cas, une part salariale (c. trav. art. L. 5422-9).

Pour le cas général, la part salariale des cotisations d'assurance chômage a été totalement supprimée depuis le 1er octobre 2018 (voir *Cotisations d'assurance chômage et d'AGS**). Seuls certains salariés restent redevables d'une cotisation salariale, dont les *intermittents du spectacle**.

Dans 7 secteurs professionnels qui ont largement recours aux contrats de travail courts, la cotisation patronale d'assurance chômage fait l'objet, depuis le 1er septembre 2022, d'un dispositif de modulation, à la hausse ou à la baisse [voir *Cotisations d'assurance chômage (bonus-malus)**].

Règles d'indemnisation de l'assurance chômage

En principe fixées par convention - Les partenaires sociaux sont les gestionnaires de l'assurance chômage. Les règles d'indemnisation et de financement (prestations, contributions, etc.) sont régies en principe par une convention agréée par les pouvoirs publics. En l'absence d'accord ou d'agrément de celui-ci, les mesures d'application sont déterminées par décret en Conseil d'État (c. trav. art. L. 5422-20).

Une nouvelle convention d'assurance chômage, conclue le 15 novembre 2024, et ses textes d'application (règlement d'assurance chômage et ses annexes, accords d'application) ont été agréés par arrêté (arrêté du 19 décembre 2024, JO du 20, texte 3). Ils sont entrés en vigueur le 1er janvier 2025 pour les salariés involontairement privés d'emploi dont la fin de contrat de travail intervient à compter de cette date. Toutefois, pour des raisons opérationnelles de mise en œuvre, la majorité des nouvelles règles d'indemnisation ne s'appliqueront qu'aux fins de contrat de travail intervenant à compter du 1er avril 2025 (conv. ass. chôm. du 15 novembre 2024, art. 11).

Cette convention d'assurance chômage est conclue pour une durée de 4 ans, soit jusqu'au 31 décembre 2028.

▶ À noter… Une convention d'assurance chômage spécifique, également conclue le 15 novembre 2024 et agréée par les pouvoirs publics (arrêté du 19 décembre 2024, JO du 20, texte 3), est applicable à Mayotte.

Modulation de la durée d'indemnisation - Depuis le 1er février 2023, s'applique en métropole le système de « contracyclicité », qui permet de moduler la durée d'indemnisation du chômage en fonction de la conjoncture économique et de la situation du marché du travail (c. trav. art. L. 5422-2-2).

Ainsi, sauf exceptions, pour les fins de contrat de travail intervenant depuis le 1er février 2023, lorsque la situation de l'emploi est considérée comme « favorable » (taux de chômage global inférieur à 9 % ou qui n'a pas progressé de + 0,8 point sur un trimestre), un coefficient de réduction de 0,75 % est appliqué à la durée d'indemnisation, soit une baisse de 25 %. Un plancher minimal de 6 mois d'indemnisation est toutefois préservé (règlt. ass. chôm. art. 9). *A contrario*, lorsque la situation de l'emploi est considérée comme « défavorable », ce sont les règles de durée d'indemnisation en vigueur avant le 1er février 2023 qui s'appliquent par l'attribution d'un complément de fin de droits (en fonction de l'activité salariée et de l'âge du demandeur d'emploi) (règlt. ass. chôm. art. 9 bis).

RÉFÉRENCES

c. trav. art. L. 5422-1 à L. 5422-24

☞ *Cotisations d'assurance chômage et d'AGS ; Cotisations d'assurance chômage (bonus-malus) ; Dirigeants d'entreprise ; Salariat.*

Assurance décès

☞ *Cotisation d'assurance décès ; Prévoyance complémentaire.*

Assurance volontaire (expatriés)

Couverture sécurité sociale : principes généraux

Salariés concernés et assurances proposées - Les Français, ressortissants de l'Union européenne, de l'espace économique européen ou de la Suisse et exerçant une activité salariée à l'étranger, sans avoir le statut de détaché (voir *Détachement à l'étranger**), peuvent adhérer à l'assurance volontaire pour couvrir les risques « sécurité sociale » (c. séc. soc. art. L. 762-1) :
- maladie, maternité ;
- et/ou invalidité ;
- et/ou accidents du travail ;
- et/ou vieillesse.

Ils peuvent choisir d'adhérer à tout ou partie de ces risques ou à aucun d'entre eux.

Caisse de référence - La Caisse des Français de l'étranger (CFE) est régie par le code de la sécurité sociale. Elle a pour mission d'offrir une couverture sécurité sociale aux Français (salariés ou non) à l'étranger (CFE - 160, rue des Meuniers – CS 70238 Rubelles – 77052 Melun Cedex - Tél. : 33 (0)1 64 14 62 62).

Elle est l'interlocuteur unique en matière d'assurance volontaire des Français qui s'expatrient, y compris pour les personnes qui, ayant cessé leur activité salariée en France, ne reprennent pas d'activité à l'étranger.

▶ À noter... L'adhésion aux assurances volontaires de la CFE ne dispense pas de cotiser aux régimes obligatoires du pays d'expatriation, y compris s'il s'agit d'un autre État de l'Union européenne.

Adhésion individuelle – L'adhésion à la CFE peut s'effectuer directement par l'intéressé, s'il est salarié, retraité ou dans le cadre d'un « programme vacances/travail » (PVT) pour les jeunes de 18 à 30 ans. La personne concernée adhère pour elle-même seule (options « solo ») ou pour son conjoint et enfants (options « famille »). Elle est alors tenue de régler l'intégralité des cotisations. L'ensemble des assurances proposées sont présentées dans le volet « particuliers » sur le site www.cfe.fr.

Adhésion entreprise – Les entreprises peuvent également effectuer les démarches pour les salariés qu'elles emploient et qui sont amenés à travailler à l'étranger. Dans ce cas, elles ont la possibilité de prendre en charge tout ou partie des cotisations finançant les assurances choisies. L'employeur doit alors en informer expressément la CFE (c. séc. soc. art. L 762-2). L'ensemble des assurances proposées sont présentées dans le volet « entreprises » sur le site www.cfe.fr.

▶ À noter... La CFE n'est pas encore destinataire de la *déclaration sociale nominative** (DSN). Les déclarations à destination de cette caisse doivent donc s'effectuer en respectant les procédures « hors DSN ». Toutefois quand le salarié est expatrié au sens de la sécurité sociale, il convient de renseigner la rubrique 40.024 « Travailleur à l'étranger au sens du code de la Sécurité Sociale » avec la valeur « 02 – Expatrié ».

Assurance maladie-maternité : prestations en nature

Réforme – Le mode de calcul des assurances « santé » a été revu dans le cadre d'une réforme portée par la loi relative à la réforme de la caisse des français de l'étranger (loi 2018-1214 du 24 décembre 2018, JO du 26).

▶ À noter… L'invalidité n'est pas comprise dans cette assurance. En effet, les prestations liées à ce risque sont rattachées à l'option « indemnités journalières, capital décès, invalidité » (prestations en espèces ; *voir plus loin*).

Volet « entreprise » – Les cotisations finançant l'assurance volontaire maladie-maternité, varient selon :
- le nombre de salariés de l'entreprise adhérant à la CFE ;
- le niveau de rémunération et l'âge du salarié.

Ces cotisations permettent de financer les prestations en nature de l'assurance maladie (c. séc. soc. art. L. 762-6).

Le montant des cotisations est repris dans le tableau « Volet entreprises : Cotisations de l'assurance volontaire maladie-maternité-invalidité (prestations en nature) au 1er janvier 2025 ».

Volet « particuliers » – Tout salarié peut adhérer, isolément, pour lui seul ou sa famille à une assurance maladie, maternité (voir https://www.cfe.fr/assurance-sante). Plusieurs types de contrat sont proposés dans ce volet « Particuliers ».

Le montant de la cotisation est fonction de l'âge de l'assuré et de l'étendue de la couverture : pour lui-même seul, ou lui et sa famille. La cotisation est réglée directement par l'intéressé, faute de quoi, aucune prestation n'est versée (c. séc. soc. art. L. 762-3). Elle n'est donc pas mentionnée sur le bulletin de paye.

Sur les tarifs, les lecteurs se reporteront au site internet de la CFE (https://www.cfe.fr).

Assurance maladie-maternité : prestations en espèces

Option – Le salarié et son employeur, ou le salarié seul peuvent choisir d'adhérer à l'assurance « indemnités journalières/décès/invalidité » sur option. Cette garantie assure le versement de revenus de remplacement (prestations en espèces) en cas de maladie, maternité, invalidité et décès (c. séc. soc. art. L. 762-7).

Cotisations – Le montant trimestriel de la cotisation dépend du niveau de rémunération annuelle de l'intéressé. Quel que soit l'effectif de l'entreprise, il s'élève en 2025 à :
- rémunération inférieure à 31 400 € : 39 € par trimestre ;
- rémunération comprise entre 31 400 € et inférieure à 47 100 € : 51 € par trimestre ;
- rémunération égale ou supérieure à 47 100 € : 75 € par trimestre.

Volet entreprises : cotisations trimestrielles de l'assurance volontaire maladie-maternité (prestations en nature) au 1er janvier 2025

Rémunération annuelle du salarié expatrié (*)	Salariés de moins de 30 ans	Salariés entre 30 et moins de 35 ans	Salariés de 35 ans et plus
I) Entreprises ou groupe de moins de 100 salariés expatriés			
Rémunération inférieure à 31 400 € (1)	279 €	312 €	348 €
Rémunération égale ou supérieure à 31 400 € (1) et inférieure à 47 100 € (2)	369 €	417 €	462 €
Rémunération égale ou supérieure à 47 100 € (2)	555 €	624 €	693 €
II) Entreprises ou groupe de 100 salariés à 399 salariés expatriés			
Rémunération inférieure à 31 400 € (1)	240 €	270 €	300 €
Rémunération égale ou supérieure à 31 400 € (1) et inférieure à 47 100 € (2)	318 €	360 €	399 €
Rémunération égale ou supérieure à 47 100 €	477 €	537 €	597 €
III) Entreprises ou groupe de plus de 400 salariés expatriés			
Rémunération inférieure à 31 400 € (1)	228 €	258 €	285 €
Rémunération égale ou supérieure à 31 400 € (1) et inférieure à 47 100 € (2)	303 €	339 €	378 €
Rémunération égale ou supérieure à 47 100 € (2)	453 €	510 €	567 €

(*) Ensemble des rémunérations professionnelles, y compris les primes et indemnités versées aux assurés au cours de l'année civile précédant celle au titre de laquelle la cotisation est due (arrêté du 3 janvier 2019 modifié, art. 3, JO 3 février, texte 9 ; arrêté du 19 décembre 2024, JO 16 janvier 2025, texte 9).
(1) Soit 2/3 du montant annuel du plafond de la sécurité sociale. (2) Montant annuel du plafond de la sécurité sociale.

Assurance « accidents du travail et maladies professionnelles »

Taux commun – L'assurance accident du travail/maladies professionnelles est également souscrite auprès de la CFE. Le taux commun de la cotisation couvrant le risque « accidents du travail et maladies professionnelles » est fixé à 1,15 %.

Ce taux est néanmoins modulé selon le nombre de salariés de l'entreprise française ou du groupe adhérant à la fois aux assurances volontaires maladie-maternité-invalidité et aux assurances « accidents du travail - maladies professionnelles » (c. séc. soc. art. D. 763 à D. 763-6). Les taux modulés (avant ristourne éventuelle) sont de :

- moins de 100 salariés concernés : 1 % ;
- de 100 à 399 salariés concernés : 0,90 % ;
- 400 salariés et plus concernés : 0,80 %.

Ce taux ne subit aucune majoration en fonction de l'activité de l'entreprise ou du nombre d'accidents du travail ou de maladies professionnelles dans l'entreprise.

En revanche, une ristourne sur ce taux, tenant compte du nombre d'accidents reconnus sur une période de 3 années consécutives, peut être accordée aux entreprises ayant au moins 10 salariés adhérant à la CFE au titre de l'assurance « accidents du travail - maladies professionnelles » (c. séc. soc. art. D. 763-2 et D. 763-3).

Assiette des cotisations - La base de calcul de cotisation est choisie par le salarié ou son employeur, entre un minimum et un maximum fixés une fois par an par décret. Elle peut donc être différente du salaire réel (l'assiette choisie sert également de base de calcul aux prestations en espèces).

En 2025, l'assiette minimale annuelle est fixée à 20 971 € et l'assiette maximale à 167 768 €.

Le choix est valable pour l'année civile. À chaque début d'année, l'entreprise est interrogée pour fixer la base de cotisation de chaque adhérent.

Assurance vieillesse sécurité sociale

Adhésion - Les salariés expatriés peuvent choisir de bénéficier de l'assurance volontaire vieillesse du régime général de la sécurité sociale (c. séc. soc. art. L. 742-1). L'adhésion à ce risque permet aux salariés expatriés de continuer à acquérir les trimestres nécessaires au calcul de la pension de base de sécurité sociale.

Pour pouvoir adhérer à la CFE, le salarié doit :

- soit avoir relevé d'un régime français d'assurance maladie obligatoire pendant au moins 5 ans, à quelque titre que ce soit (c. séc. soc. art. R. 742-30), justifié par tout moyen (avis d'imposition, facture de téléphone, certificats de scolarité, etc.) ;
- soit avoir cotisé à l'assurance vieillesse obligatoire durant 6 mois avant son départ de France, justifié par une attestation de l'employeur indiquant les 6 derniers mois de salaire brut, ou la production des 6 derniers bulletins de paye (c. séc. soc. art. R. 742-1 et R. 742-3).

Le salaire pris en compte pour déterminer la base de cotisations est défini en fonction :

- dans le premier cas, de la rémunération brute mensuelle moyenne perçue à l'étranger (dans la limite du *plafond de la sécurité sociale**) ;
- dans le second cas, de la rémunération moyenne mensuelle brute perçue au cours des 6 derniers mois de l'activité en France (dans la limite du *plafond de la sécurité sociale**).

Taux et montant des cotisations – Le taux de la cotisation couvrant le risque « vieillesse » est égal à la somme des parts salariales et patronales de la *cotisation d'assurance vieillesse** du régime général (c. séc. soc. art. R. 742-6), soit 17,75 %.

Assiette des cotisations - La base de calcul de la cotisation est forfaitaire et dépend du niveau de salaire de l'intéressé ou de son âge. Elle peut être égale à 25 %, 50 %, 75 % ou 100 % du *plafond de la sécurité sociale** (c. séc. soc. art. R. 742-6 ; arrêté du 1er février 1963 modifié) *(voir tableau ci-après)*.

Retraite complémentaire

En plus de sa retraite de la sécurité sociale, le salarié peut choisir de cotiser pour sa ou ses retraites complémentaires soit auprès des caisses habituelles de l'entreprise, soit auprès des caisses spécialisées, à savoir les caisses de retraite complémentaires CRE et IRCAFEX du groupe Humanis international AGIRC-ARRCO (voir *Expatriation**).

CFE : montant trimestriel de la cotisation d'assurance vieillesse au 1er janvier 2025

	Salaire annuel brut supérieur ou égal à 47 100 €	Salaire annuel brut compris entre 23 550 € et 47 100 €	Salaire annuel brut inférieur à 23 550 €	Assurés de moins de 22 ans (quel que soit le salaire)
Base de calcul	47 100 €	35 325 €	23 550 €	11 775 €
Montant trimestriel des cotisations	2 103 €	1 578 €	1 053 €	525 €

Assurance chômage

Expatriation dans un pays de l'EEE – Les salariés expatriés dans l'un des pays de l'Union européenne, dans l'un trois États de l'AELE (Norvège, Islande et Liechtenstein) ou de la Suisse sont soumis aux règles communautaires (règlt CE 883/2004 du 29 avril 2004, art. 61 ; règlt CE 987/2009 du 16 septembre 2009).

L'affiliation à l'assurance chômage en France n'est pas requise pour ces salariés, car ils sont obligatoirement assurés auprès du régime de l'État où ils exercent leur activité. Les contributions sont versées localement.

Affiliation obligatoire pour les employeurs établis en France - Les employeurs compris dans le champ d'application territorial du régime d'assurance chômage sont tenus d'assurer les salariés expatriés, avec lesquels ils sont liés par un contrat de travail durant leur période d'expatriation, contre le risque de perte d'emploi (conv. ass. chôm. chôm. du 15 novembre 2024, art. 5 § 2).

Par conséquent, toute entreprise, française ou étrangère, établie en France doit affilier au régime expatrié français de l'Assurance chômage, tous les salariés expatriés, quelle que soit leur nationalité, liés par un contrat de travail et engagés en vue d'exercer une activité à l'étranger (hors EEE et Suisse).

L'affiliation doit intervenir dans les 8 jours suivant la date à laquelle les salariés ont été expatriés à l'étranger et prend effet au 1er jour d'expatriation.

▶ À noter… Un salarié expatrié hors d'un État membre de l'Union européenne doit être affilié à l'assurance chômage, même si un contrat de travail a été établi avec la filiale étrangère de la société mère établie en France (cass. soc. 1er avril 2003, n° 00-44231, BC V n° 127).

Affiliation facultative – Les entreprises établies dans un pays étranger peuvent s'affilier à titre facultatif pour leur personnel expatrié hors de France, dès lors que les règlements communautaires ne s'appliquent pas à ces employeurs. Il s'agit essentiellement des employeurs dont la nature juridique leur permettrait, en France, d'être assujettis au régime d'assurance chômage (conv. ass. chôm. du 15 novembre 2024 ; règlt. ass. chôm., annexe IX, chap. 1, § 1.1). Les employeurs établis dans un pays faisant partie de l'Espace Économique Européen (EEE) ou de la Suisse dès lors que les règlements communautaires ne s'appliquent pas sont également concernés.

La demande d'affiliation peut intervenir à tout moment et doit être accompagnée (conv. ass. chôm. du 15 novembre 2024 ; règlt. ass. chôm., annexe IX, chap. 1, § 1.1.2) :

- de l'accord de la majorité des salariés susceptibles d'être concernés par cette mesure ;
- de l'engagement de contribuer pour la totalité desdits salariés présents et futurs ;
- de l'engagement d'observer les dispositions de la convention d'assurance chômage et de ses textes annexés (règlement général annexé, annexes).

L'affiliation prend effet à compter du premier jour du trimestre civil au cours duquel les engagements ont été souscrits.

Contributions - Les taux de contributions dues sont identiques à ceux applicables pour les autres salariés.

Seule l'assiette de calcul peut être différente. Elle est constituée par (conv. ass. chôm. du 15 novembre 2024 ; règlt. ass. chôm., annexe VII, chap. 3) :

- soit l'ensemble des rémunérations brutes converties en euros (sur la base du taux de change lors de leur perception), retenu dans la limite de 4 fois le plafond de la sécurité sociale ;
- soit, après accord de la majorité des salariés concernés, sur les rémunérations brutes qui seraient perçues par le salarié pour des fonctions correspondantes exercées en France, retenues dans la limite de 4 fois le plafond de la sécurité sociale.

La dernière option ne peut s'exercer qu'au moment de l'affiliation et à titre définitif. Il convient de souligner que l'*AGS** est due.

Paiement des contributions - Les contributions doivent être déclarées et versées à France Travail Services (service CRSE - TSA 10107 - 92891 Nanterre Cedex 9, Tél. : 01 46 52 97 00, expatriation@france-travail.fr) et non à l'URSSAF.

Depuis la période d'emploi de janvier 2022, la déclaration et le versement s'effectuent via la DSN.

Adhésion individuelle – À défaut d'affiliation facultative par l'employeur, certains salariés expatriés ont la possibilité d'adhérer à titre individuel (conv. ass. chôm. du 15 novembre 2024 ; règlt. ass. chôm., annexe IX, chap. 2).

Le taux des contributions acquittées par les salariés concernés est de :

- 4,05 % jusqu'au 30 avril 2025 (décret 2019-797 du 26 juillet 2019 modifié ; règlt. ass. chôm., annexe IX, chap. 3, § 3.3 ; circ. Unédic 2019-11 du 14 octobre 2019) ;
- puis à notre sens de 4 % à partir de mai 2025 (conv. ass. chôm. du 15 novembre 2024 ; règlt. ass. chôm., annexe IX, chap. 2, § 2.3).

Affiliation imposée par une convention collective

L'adhésion à une ou plusieurs assurances volontaires peut être imposée par une convention collective.

C'est ainsi que la convention collective des bureaux d'études techniques a, par exemple, été interprétée comme imposant à l'employeur d'un salarié expatrié de l'affilier à l'assurance volontaire vieillesse (cass. civ., 2e ch., 19 septembre 2007, n° 05-41156 D).

On peut imaginer le même type d'obligation pour la retraite complémentaire ou d'autres risques.

☛ *Détachement à l'étranger ; Expatriation ; Salarié travaillant à l'étranger.*

Astreinte

Définition

Critères de l'astreinte - Une période d'astreinte se définit comme une période pendant laquelle le salarié, sans être sur son lieu de travail et sans être à la disposition permanente et immédiate de l'employeur, a l'obligation d'être en mesure d'intervenir pour effectuer un travail au service de l'entreprise (c. trav. art. L. 3121-9).

S'il est exigé que l'astreinte ne se déroule pas sur le lieu de travail, celle-ci peut s'accomplir hors du domicile ou de sa proximité, sous réserve que le salarié ne soit pas à la disposition permanente de son employeur et puisse vaquer librement à des occupations personnelles.

Exemple

Un document interne de gestion des appels d'urgence qui impose à des salariés de garder leur téléphone portable allumé afin que la société en charge des appels d'urgence puisse les joindre à tout moment pour qu'ils interviennent en cas de besoin crée une astreinte (cass. soc. 12 juillet 2018, n° 17-13029 D). Le juge qui a constaté que le salarié n'avait pas l'obligation de répondre aux appels de la société de surveillance du magasin, ne peut conclure à une astreinte que s'il caractérise en quoi le salarié était tenu de rester à disposition de l'employeur pour être en mesure d'intervenir pour accomplir un travail à son service (cass. soc. 4 décembre 2024, n° 23-11575 FD).

La nécessité d'intervenir très rapidement peut transformer l'astreinte en temps de travail effectif. En effet, la Cour de cassation pose pour principe que le temps d'astreinte doit être considéré comme un travail effectif lorsqu'il s'accompagne de fortes contraintes, qui affectent « objectivement et très significativement » la faculté du salarié de gérer librement son temps et de vaquer à des occupations personnelles, un délai d'intervention très court peut contribuer à caractériser de telles contraintes (cass. soc. 26 octobre 2022, n° 21-14178 FSBR ; cass. soc. 21 juin 2023, n° 20-21843 D).

▶ À noter… La législation antérieure à la loi du 8 août 2016 prévoyait que l'astreinte se déroule au domicile du salarié ou à proximité (loi 2015-1088 du 8 août 2016, art. 8, JO du 9). Si ce n'était pas le cas et qu'elle se déroulait par exemple dans des locaux aménagés et imposés par l'employeur, elle était requalifiée en temps de travail effectif (cass. soc. 2 avril 2003, n° 01-40032, BC V n° 131 ; cass. soc. 2 juin 2004, n° 02-42618, BC V n° 147). La jurisprudence a admis néanmoins des astreintes imposées dans le logement de fonction personnel du salarié situé au sein de l'établissement (cass. soc. 31 mai 2006, n° 04-41595, BC V n° 197) ou dans un logement de fonction mis à disposition du salarié à proximité de l'entreprise (cass. soc. 8 septembre 2016, n° 14-23714, BC V n° 157).

Salariés concernés - L'astreinte peut concerner tous les salariés, quel que soit leur niveau de responsabilité dans l'entreprise (cass. soc. 4 mai 1999, n° 96-45453, BC V n° 189). Les fonctions d'encadrement d'un salarié ne l'empêchent pas d'accomplir des astreintes, auquel cas elles doivent donner lieu à l'indemnisation prévue dans l'entreprise.

▶ À noter… L'astreinte s'effectue nécessairement à la demande de l'employeur (cass. soc. 17 mai 2018, n° 16-21182 D).

En revanche, les règles relatives aux astreintes ne s'appliquent pas aux *cadres dirigeants** (c. trav. art. L. 3111-2). Ceux-ci n'ont pas droit à l'indemnisation des astreintes, sauf dispositions contractuelles ou conventionnelles plus favorables (cass. soc. 28 octobre 2008, n° 07-42487, BC V n° 203). À notre sens, il en va de même pour la contrepartie qui prendrait la forme d'un repos.

Illustrations - La jurisprudence considère comme des astreintes :

- les périodes où le salarié doit, en dehors des heures d'ouverture de l'agence, pouvoir être joint à tout moment par téléphone pour répondre à un appel de l'employeur afin d'effectuer un travail urgent au service de l'entreprise (cass. soc. 12 juillet 2018, n° 17-13029 D) ;
- le nombre de jours déterminé par mois où le salarié doit pouvoir être joint afin de répondre à une éventuelle demande d'intervention immédiate au service de l'entreprise (cass. soc. 20 janvier 2021, n° 19-10956 FSPI) ;
- les périodes où une salariée réceptionniste occupe, lorsqu'elle assure son service de nuit, un studio mis à sa disposition par l'employeur, situé dans l'enceinte

de l'établissement (ce studio servant également aux autres réceptionnistes), la salariée est tenue d'y répondre au téléphone, sur le poste fixe sur lequel le standard de l'hôtel est transféré chaque soir (cass. soc. 17 février 2021, n° 19-23367 D).

Mise en place des astreintes

Par accord collectif - Les astreintes sont mises en place par convention ou accord d'entreprise ou d'établissement ou, à défaut, par convention ou accord de branche (c. trav. art. L. 3121-11). L'accord fixe :
- le mode d'organisation des astreintes ;
- la compensation (obligatoire) à laquelle elles donnent lieu, financière ou sous forme de repos ;
- les modalités d'information et les délais de prévenance des salariés concernés.

Les accords d'entreprise ou d'établissement priment sur l'accord de branche, même s'ils sont moins favorables pour les salariés.

▶ À noter... Lorsque les astreintes sont organisées par un accord collectif, leur révision nécessite de respecter les conditions prévues par cet accord. Par voie de conséquence, l'employeur ne peut pas décider seul de la modification de leur organisation (cass. soc. 1er mars 2017, n° 14-22269, BC V n° 31).

Par l'employeur - À défaut d'accord collectif, l'employeur peut mettre en place des astreintes unilatéralement. Il fixe les conditions dans lesquelles les astreintes sont organisées et les compensations financières ou en repos auxquelles elles donnent lieu, après avis *comité économique et social** et après information de l'inspecteur du travail (c. trav. art. L. 3121-12, 1°).

L'absence de représentants du personnel dans l'entreprise n'empêche pas la mise en place des astreintes (circ. MES/CAB 2000-3 du 3 mars 2000, fiche 4).

Dans tous les cas, un employeur ne peut pas prévoir l'accomplissement d'astreintes dans le contrat de travail sans respecter les modalités de mise en place prévues par le code du travail (accord collectif ou, à défaut, cadre défini par l'employeur après les consultations requises et information de l'inspecteur du travail). Le salarié qui refuse d'effectuer des astreintes mises en place irrégulièrement ne commet pas de faute (cass. soc. 23 mai 2017, n° 15-24507, BC V n° 93).

Délai de prévenance et information des salariés

Accord collectif - Les modalités d'informations et les délais de prévenance des salariés sont fixés par l'accord collectif mettant en place les astreintes *(voir plus haut)*.

Aucun délai minimum n'est prévu, mais il est exigé que les salariés concernés par des périodes d'astreinte soient informés de leur programmation individuelle dans un délai « raisonnable » (c. trav. art. L. 3121-9).

Absence d'accord collectif - À défaut d'accord collectif, la programmation individuelle des astreintes doit être portée à la connaissance des intéressés 15 jours à l'avance, sauf circonstances exceptionnelles et dans ce cas sous réserve qu'ils en soient avertis au moins 1 jour franc à l'avance (c. trav. art. L. 3121-12, 2°).

L'employeur communique la programmation individuelle par tout moyen donnant une date certaine à l'information (c. trav. art. R. 3121-3).

Document récapitulatif - En fin de mois, l'employeur remet à chaque salarié concerné un document récapitulant le nombre d'heures d'astreinte effectué au cours du mois écoulé et la compensation correspondante (c. trav. art. R. 3121-2). Il s'agit d'une règle impérative, y compris si les astreintes ont été mises en place par accord collectif.

Le double de ce document *(voir modèle)* doit être tenu à la disposition des agents de contrôle de l'inspection du travail pendant 1 an (c. trav. art. D. 3171-16). Il est conseillé de conserver ces documents au moins 3 ans (pour couvrir la période de *prescription des salaires**).

▶ Attention... Tout fichier RH (papier ou informatique) contenant des données personnelles de salariés doit respecter les principes protecteurs du règlement européen relatif à la protection des personnes physiques à l'égard du traitement des données à caractère personnel (RGPD) (voir Dictionnaire Social, « RGPD »).

Indemnisation

Astreintes - Les astreintes doivent faire l'objet de contreparties sous forme financière ou sous forme de repos (c. trav. art. L. 3121-9). Elles sont prévues soit par l'accord collectif ayant mis en place les astreintes, soit par l'employeur lui-même en cas de mise en place à son initiative (c. trav. art. L. 3121-11 et L. 3121-12).

Une éventuelle indemnisation peut être inférieure au SMIC, puisqu'une période d'astreinte ne constitue pas du temps de travail.

De plus, la mise à disposition gratuite d'un logement peut constituer un élément de cette contrepartie financière dès lors que la convention collective applicable ou le contrat de travail prévoit expressément cette modalité (cass. soc. 13 avril 2016, n° 14-23306 D).

Astreintes dont les conditions ne sont pas remplies - Les permanences sur le lieu de travail, ou dans des conditions telles que le salarié reste à la disposition permanente de son employeur et ne peut vaquer à ses occupations personnelles, constituent, en revanche, du temps de travail effectif à rémunérer comme tel, même si l'employeur les qualifie d'astreintes *(voir ci-avant)*. SMIC et minimaux conventionnels doivent alors être respectés.

Périodes d'intervention - Les périodes d'intervention lorsque le salarié est appelé pendant les astreintes constituent pleinement du temps de travail, à rémunérer comme tel (c. trav. art. L. 3121-9).

Le temps de déplacement vers le lieu de l'intervention fait partie intégrante de l'intervention et constitue donc du temps de travail effectif (cass. soc. 31 octobre 2007, n° 06-43834, BC V n° 183).

Accident du travail - La présomption d'accident du travail s'applique ou ne s'applique pas selon que l'accident survient durant une période d'intervention, une période d'astreinte au domicile du salarié ou à proximité, ou une période d'astreinte dans un logement imposé par l'employeur et se situant à proximité du lieu de travail (voir *Accident du travail**).

Repos quotidien et hebdomadaire

Astreintes sans intervention et repos hebdomadaire et quotidien - Les périodes d'astreinte ne constituent pas juridiquement du *temps de travail effectif**.

Elles sont prises en compte pour le calcul des durées minimales de *repos quotidien** et de *repos hebdomadaire**, à l'exception des durées d'intervention qui restent du temps de travail effectif (c. trav. art. L. 3121-10). Un salarié peut donc se trouver d'astreinte pendant ses heures de repos quotidien ou hebdomadaire (respectivement 11 h et 35 h consécutives, selon le code du travail). En l'absence d'intervention de sa part, il est considéré comme ayant valablement bénéficié de ses temps de repos obligatoires.

Toutefois, le ministère du Travail a attiré l'attention de ses services sur la fréquence du recours aux astreintes et sur les abus éventuels (circ. DRT 2003-6 du 14 avril 2003). Ainsi, la répétition des astreintes ne doit pas conduire à placer systématiquement un salarié en situation d'astreinte durant des périodes de repos quotidien et de repos hebdomadaire. De tels débordements peuvent amener l'inspection du travail à intervenir (circ. MES/CAB 2000-3 du 3 mars 2000).

Intervention pendant une astreinte - Lorsqu'une intervention a lieu pendant la période d'astreinte, le repos intégral doit être donné à compter de la fin de l'intervention, sauf si le salarié a déjà bénéficié entièrement, avant le début de son intervention, de la durée minimale de repos continue prévue par le code du travail (11 h consécutives pour le repos quotidien, 35 h consécutives pour le repos hebdomadaire) (circ. DRT 2003-6 du 14 avril 2003, fiche 8).

Intervention liée à des travaux « urgents » - Des particularités sont prévues lorsque l'intervention effectuée au cours de l'astreinte vise à répondre à des « travaux urgents dont l'exécution immédiate est nécessaire pour organiser des mesures de sauvetage, pour prévenir des accidents imminents ou réparer des accidents survenus au matériel, aux installations ou aux bâtiments de l'établissement » (circ. DRT 2003-6 du 14 avril 2003, fiche 8 ; c. trav. art. L. 3132-4 et D. 3131-1).

Astreintes : rémunération, accident

Situation	Rémunération	En cas d'accident : accident du travail ou pas ?
Astreinte hors période d'intervention	Ne constitue pas du travail effectif. Pas de rémunération à ce titre, mais compensation financière ou en repos (1)	Pas d'accident du travail (2)
Période d'intervention	Temps de travail effectif à rémunérer comme tel	Présomption d'accident du travail (2)
Astreinte sur le lieu de travail	Rémunérée comme temps de travail effectif, même si le salarié n'a pas d'activité productive (3)	Présomption d'accident du travail, peu important que l'accident se produise à l'occasion d'un acte de la vie courante ou de la vie professionnelle (4)

(1) Compensation prévue par accord d'entreprise ou d'établissement ou, à défaut, par convention ou accord de branche. À défaut, compensation fixée par l'employeur après consultation du CSE et après information de l'inspection du travail.
(2) Sauf preuve contraire.
(3) Car l'astreinte se déroule sur le lieu de travail.
(4) Sauf, pour l'employeur ou la caisse primaire d'assurance maladie, à démontrer que le salarié s'est soustrait temporairement aux obligations résultant de l'astreinte pour des motifs personnels.

Document mensuel récapitulatif des astreintes (modèle)					
Mois .... Année 2025	Nombre d'heures	Compensation financière		Compensation en repos	
Date		Taux	Montant	Taux	Durée
....../....../2025 Temps d'astreinte Temps d'intervention					
....../....../2025 Temps d'astreinte Temps d'intervention					
....../....../2025 Temps d'astreinte Temps d'intervention					
....../....../2025 Temps d'astreinte Temps d'intervention					
....../....../2025 Temps d'astreinte Temps d'intervention					
TOTAL des astreintes					
TOTAL du temps d'intervention					

Dans ce cas, le repos hebdomadaire peut être suspendu et il peut être dérogé au repos quotidien.

Lorsque l'intervention a lieu durant un jour de repos hebdomadaire, le salarié doit bénéficier d'un repos compensateur d'une durée égale au repos supprimé (c. trav. art. L. 3132-4).

La dérogation au repos quotidien est possible à condition que des périodes au moins équivalentes de repos soient accordées aux salariés concernés. Lorsque l'octroi de ce repos n'est pas possible, une contrepartie équivalente doit être prévue par accord collectif (c. trav. art. D. 3131-2).

Rappelons qu'en cas de suspension du repos hebdomadaire pour ces travaux urgents, l'employeur doit en aviser immédiatement l'inspecteur du travail et, sauf cas de force majeure, avant le commencement des travaux (c. trav. art. R. 3172-6).

☞ *Accident du travail ; Repos hebdomadaire ; Repos quotidien ; Temps de travail effectif.*

Attestation accident du travail

☞ *Attestations de salaire.*

Attestation d'assurance chômage

Lorsqu'un salarié quitte l'entreprise, l'employeur doit lui remettre une attestation destinée à *France Travail** pour lui permettre de bénéficier de ses droits à l'assurance chômage (c. trav. art. R. 1234-9).

L'essentiel sur le contenu de l'attestation

L'attestation doit être correctement complétée et comporter notamment (c. trav. art. R. 1234-10 ; circ. Unédic 2023-08 du 26 juillet 2023, fiche 1, § 6 et fiche 13, § 1.2.2) :

- le motif de la rupture (ex. : licenciement pour motif personnel, licenciement pour motif économique) ;
- la date du dernier jour travaillé et payé ;
- les salaires bruts soumis à cotisations des 12 mois précédents ainsi que les primes et gratifications qu'ils comprennent, avec leur périodicité ;
- le détail des sommes versées lors de la rupture du contrat.

En cas de *prise d'acte de la rupture du contrat de travail** par le salarié en raison du comportement fautif de l'employeur, ce dernier doit faire figurer sur l'attestation le motif exact de la rupture du contrat de travail, tel qu'il ressort de la prise d'acte du salarié (cass. soc. 27 septembre 2006, n° 05-40414, BC V n° 290).

En revanche, en cas de rupture pour motif personnel, l'attestation ne peut pas expliciter le ou les motifs qui sont à l'origine de la rupture du contrat de travail (cass. soc. 14 novembre 2001, n° 99-41457 D). Ainsi, une attestation mentionnant « licenciement pour abandon de clientèle sans raison valable » justifie l'obtention de dommages et intérêts par le salarié (cass. soc. 8 octobre 1992, n° 91-43638 D).

Remise de l'attestation au salarié

Délivrance obligatoire - Tout employeur doit, au terme du contrat de travail, délivrer aux salariés une attestation d'assurance chômage leur permettant d'exercer leurs droits à l'assurance chômage (c. trav. art. R. 1234-9 et R. 1234-10).

La remise de l'attestation est obligatoire, quels que soient la nature, la durée, le type de contrat et le motif de la rupture, y inclus en cas de *démission**, de *prise d'acte de la rupture du contrat de travail** par le salarié ou de fin de CDD. Par exemple, le fait que le salarié prenne acte de la rupture de son contrat de travail et que celle-ci soit requalifiée en démission n'y change rien : même si la rupture n'ouvre a priori pas droit aux allocations-chômage, l'employeur est tenu de remettre ce document (cass. soc. 15 mars 2017 n° 15-21232, BC V n° 50).

Toutefois, la rupture du contrat de travail d'un travailleur étranger embauché irrégulièrement ne donne pas lieu à la délivrance par l'employeur de l'attestation d'assurance chômage (cass. soc. 8 décembre 2009, n° 08-42100 D).

▶ À noter... En cas de dématérialisation de l'attestation (*voir plus loin*), l'employeur qui a procédé par saisie en ligne sur le site www.francetravail.fr édite l'exemplaire de l'attestation à délivrer au salarié. Si l'employeur a transmis un fichier à partir du logiciel de paye (ex. : par www.net-entreprises.fr), France Travail délivre en retour l'exemplaire à remettre au salarié.

Moment - L'attestation d'assurance chômage est remise à l'expiration du contrat de travail (terme du préavis). Elle ne doit pas être délivrée avant.

En effet, il a parfois été admis qu'une remise anticipée de ce document vienne à l'appui d'une condamnation pour licenciement sans cause réelle et sérieuse (cass. soc. 23 janvier 2007, n° 05-43428 D). Toutefois, ce n'est pas une règle absolue, puisque dans une affaire similaire, les juges ont retenu une position inverse, estimant que l'envoi de l'attestation d'assurance chômage avant la lettre de licenciement n'était qu'une erreur matérielle (cass. soc. 28 mars 2007, n° 05-44119 D).

Obligation quérable - L'obligation pesant sur l'employeur est « quérable » (cass. soc. 5 octobre 2004, n° 02-44487 D). Cela signifie que sauf abus, l'employeur peut simplement indiquer au salarié que le document est à sa disposition en l'invitant à venir le retirer. Cette indication peut, par exemple, figurer dans la lettre de licenciement. En revanche, l'employeur condamné sous astreinte à remettre l'attestation d'assurance chômage doit la faire parvenir au salarié (cass. soc. 10 mai 1995, n° 92-42569 D).

Entreprises de travail temporaire et associations intermédiaires - Des dérogations sont applicables aux entreprises de travail temporaire (ETT) pour leurs salariés sous contrat de travail temporaire ainsi qu'aux associations intermédiaires pour leurs salariés sous CDD mis à disposition.

Ces dernières peuvent ne remettre l'attestation que sur demande du salarié, à la condition que le contrat de travail mentionne le droit pour le salarié d'obtenir sans délai ce document dès le jour d'expiration du contrat (c. trav. art. R. 1234-11).

Par ailleurs, dans les entreprises de travail temporaire, les relevés mensuels des contrats de mission transmis à France Travail (c. trav. art. L. 1251-46) tiennent lieu d'attestation d'assurance chômage, pourvu que l'employeur produise les éléments d'information complémentaires y figurant (c. trav. art. R. 1234-12).

Envoi de l'attestation à France Travail (employeurs en DSN)

Obligation réglementaire - L'employeur est tenu de transmettre un exemplaire de l'attestation à France Travail (c. trav. art. R. 1234-9).

Transmission d'un signalement FCTU - Pour les employeurs en *déclaration sociale nominative** (DSN), soit la quasi-totalité depuis le 1er janvier 2017, la DSN inclut l'envoi de l'attestation d'assurance chômage à France Travail (c. séc. soc. art. R. 133-14, IV, 2°).

La substitution est immédiate s'il s'agit d'un salarié embauché après que l'employeur a opté pour la DSN ou basculé obligatoirement vers celle-ci. Pour les autres salariés, ce n'est qu'après 12 DSN mensuelles que l'employeur est dispensé d'envoyer séparément l'attestation à France Travail.

En DSN, cette attestation est obtenue suite à la transmission d'un signalement « fin de contrat de travail unique » (FCTU) dans les 5 jours suivant la survenance de la fin de contrat de travail.

▶ À noter... Certains employeurs ayant des populations ne relevant pas, pour la transmission de l'attestation employeur, du périmètre de la DSN (ex. : intermittents du spectacle, expatriés, dockers occasionnels titulaires de la carte G, personnels navigants de la marine marchande, marins-pêcheurs, etc.) doivent, uniquement pour ces populations, transmettre leurs attestations employeur par le formulaire dématérialisé, disponible dans « l'Espace employeur » sur le site www.francetravail.fr ou accessible via www.net-entreprises.fr en choisissant « l'attestation employeur par saisie » (www.net-entreprises.fr, information du 4 septembre 2020 modifiée le 22 janvier 2024).

Exemplaire destiné au salarié (AER) - Alerté sur le refus de certaines entreprises en DSN de remettre au salarié l'exemplaire de l'attestation qui lui revient, le GIP-MDS, en charge de la maîtrise d'ouvrage de la DSN, en a rappelé le caractère obligatoire, dans une information de juin 2015, toujours valable au 15 janvier 2025 (http://www.net-entreprises.fr/).

Les employeurs en DSN doivent remettre au salarié lors de son départ un exemplaire de « l'attestation d'employeur rematérialisée » (AER) (attestation au format PDF fournie par France Travail).

Si l'AER n'apparaît pas dans le tableau de bord de la DSN, cela signifie que la qualité des données antérieures n'est pas suffisante pour la produire et que l'employeur doit, en conséquence, utiliser la procédure « classique », hors DSN.

Envoi de l'attestation à France Travail en l'absence de DSN

Employeurs hors DSN - Les rares employeurs non encore passés à la DSN doivent tout de même respecter l'obligation de transmettre un exemplaire de l'attestation à France Travail (c. trav. art. R. 1234-9).

Dématérialisation obligatoire - Les employeurs d'au moins 11 salariés doivent impérativement adresser l'exemplaire de l'attestation destinée à France Travail sous forme électronique, sauf impossibilité pour une cause qui leur est étrangère (c. trav. art. R. 1234-9 ; circ. Unédic 2023-08 du 26 juillet 2023, fiche 1, § 6 et fiche 13, § 1-2-2).

▶ À noter… Depuis le 1er janvier 2020, le seuil de 11 salariés et plus s'apprécie au regard des règles de l'effectif « sécurité sociale » (modalités de calcul, mécanisme d'atténuation des effets de seuil en cas de franchissement à la hausse, etc.) (c. trav. art. R. 1234-5-1). Pour plus de détails, voir *Effectif sécurité sociale**).

Deux modalités de transmission sous forme dématérialisée sont admises (arrêté du 14 juin 2011, JO du 22) :

- dépôt d'un fichier provenant du logiciel de paye, soit par Internet via le protocole de transfert de fichier SFTP ou le site www.net-entreprise.fr, soit par un réseau privé virtuel (VPN) ;
- saisie en ligne directement sur le site Internet de France Travail (www.francetravail.fr).

En retour de la transmission de l'attestation par dépôt de fichier, France Travail délivre à l'employeur :
- un accusé de réception de chaque fichier ;
- un compte rendu de chaque attestation incluse dans le fichier déposé, précisant que celle-ci est conforme à la norme pour les déclarations dématérialisées de données sociales.

France Travail délivre à l'employeur l'attestation à remettre au salarié. Il est toutefois toujours possible de corriger une attestation par la transmission dématérialisée d'une nouvelle attestation.

Employeur de moins de 11 salariés - Les employeurs dont l'effectif est inférieur à 11 salariés peuvent faire un envoi électronique selon les modalités ci-dessus exposées ou envoyer à France Travail un exemplaire de l'attestation papier (circ. Unédic 2011-9 du 15 février 2011 ; circ. Unédic 2023-08 du 26 juillet 2023, fiche 13, § 1-2-2).

Cette attestation est adressée à la boîte postale suivante : Centre de traitement - BP 80069 - 77213 Avon Cedex qui permet de centraliser toutes les attestations des employeurs situés sur le territoire métropolitain ou dans les DOM, quel que soit l'organisme France Travail auprès duquel l'employeur est affilié (circ. Unédic 2006 10 du 18 mai 2006).

Employeurs exclus de la transmission dématérialisée - Les entreprises de travail temporaire ne sont pas visées par ces dispositions, concernant leur personnel intérimaire (circ. Unédic 2011-27 du 1er août 2011). En effet, pour ces personnels, les relevés mensuels des contrats de mission tiennent lieu d'attestation (c. trav. art. R. 1234-12).

▶ À noter… Les employeurs d'intermittents du spectacle doivent respecter des règles spécifiques. Sur ce point, voir *Intermittents du spectacle** et *Intermittents du spectacle (employeurs occasionnels d')**.

▶ Attention… Il n'existe pas de modèle officiel d'attestation employeur à télécharger en ligne, ni sur le site de l'assurance chômage, ni sur d'autres sites institutionnels. Les employeurs qui peuvent encore adresser à France Travail un exemplaire papier peuvent l'obtenir via leur espace employeur sur www.francetravail.fr, ou en contactant France Travail au 3995.

Sanctions

Indemnisation du salarié - Le défaut de remise ou la remise tardive de l'attestation d'assurance chômage ouvre droit à des dommages et intérêts au profit du salarié, à condition pour ce dernier de justifier d'un préjudice (ex. : si le salarié ne peut pas percevoir de droits à l'assurance chômage). À défaut de préjudice, les juges n'indemnisent pas le salarié (cass. soc. 16 juin 2016, n° 15-15982 D ; cass. soc. 22 mars 2017, n° 16-12930 D).

Le salarié a également droit à réparation du préjudice subi en cas de fausses indications pouvant entraîner une réduction de ses droits aux prestations chômage (cass. soc. 25 janvier 1984, n° 81-42069, BC V n° 32 ; cass. soc. 4 juin 2008, n° 06-45757, BC V n° 122).

Sanctions pénales - L'employeur peut aussi être condamné au paiement de l'amende prévue pour les contraventions de 5e classe en cas de refus de délivrance (amende pouvant aller jusqu'à 1 500 €) (c. trav. art. R. 1238-7).

☞ *Certificat de travail ; Déclaration sociale nominative ; Effectif sécurité sociale ; Reçu pour solde de tout compte.*

Attestation maladie

☞ *Attestations de salaire.*

Attestation maternité

☞ *Attestations de salaire.*

Attestations de salaire

En cas d'arrêt de travail ou à l'occasion de certains congés, l'employeur doit remplir une attestation de salaire permettant à la sécurité sociale de calculer le montant des indemnités journalières de sécurité sociale dues au salarié.

Ces attestations sont normalement désormais toutes intégrées à la *déclaration sociale nominative** (DSN), ce qui dispense les employeurs concernés d'accomplir ces formalités séparément. Elles restent utilisées de manière marginale pour les rares employeurs qui ne seraient pas encore entrés en DSN.

Les différentes attestations de salaire

Accident du travail et maladie professionnelle - En cas d'arrêt de travail suite à un *accident du travail**, un *accident de trajet** ou à une *maladie professionnelle**, l'employeur doit remplir une attestation de salaire à partir de laquelle la CPAM calcule les *indemnités journalières de sécurité sociale d'accident du travail** (c. séc. soc. art. R. 441-4 et R. 461-6).

L'attestation de salaire doit préciser pour la période de référence, outre le montant du salaire brut soumis à cotisations du mois précédant l'arrêt, le montant des cotisations salariales.

Maladie - En cas d'arrêt de travail pour *maladie** non professionnelle, l'employeur doit fournir une attestation de salaire. Elle permet à la CPAM de calculer les *indemnités journalières de sécurité sociale de maladie** (c. séc. soc. art. R. 323-10). L'attestation doit être établie dès réception de l'avis d'arrêt de travail.

L'employeur y reporte les montants de salaire brut (3 ou 12 derniers mois précédant l'arrêt de travail, selon la périodicité de la paye).

Maternité, paternité, adoption, femmes enceintes dispensées de travail - L'employeur doit compléter une attestation de salaire lorsque le *congé de maternité** débute (c. séc. soc. art. R. 331-5, renvoyant à c. séc. soc. art. R. 323-10).

Le même document est à compléter en cas de *congé d'adoption**, de *congé de paternité et d'accueil de l'enfant** ou, dans le cadre de la protection de la maternité, pour les femmes travaillant de nuit ou occupant des postes à risques dispensées de travail en raison d'une impossibilité de reclassement sur un poste de jour ou sans risques (voir *Maternité**).

Il s'agit de la même attestation que celle prévue pour les arrêts maladie.

L'employeur, à la différence de l'attestation maladie, y mentionne les salaires « nets » (et non « bruts ») versés durant la période de référence (3 ou 12 derniers mois précédant l'arrêt de travail, selon la périodicité de la paye ou la situation personnelle de la salariée) (voir *Indemnités journalières de sécurité sociale de maternité**).

▶ Attention… Une différence existe entre les employeurs en *déclaration sociale nominative**

(DSN) et ceux qui ne seraient pas encore entrés dans le dispositif. Les premiers doivent, conformément au cahier technique, déclarer le montant brut des salaires non plafonnés et non le montant net des rémunérations (voir https://net-entreprises.custhelp.com/ ; fiche n° 418, mise à jour le 21/02/2022). En effet, la notion de salaire net rétabli n'existe pas en DSN. À l'inverse, les employeurs qui ne sont pas en DSN et procèdent par envoi dématérialisé ou attestation de salaire papier, indiquent le montant net des salaires non plafonnés, c'est-à-dire le montant brut diminué du taux forfaitaire de 21 %.

Modalités

Employeurs en DSN - Ces attestations sont normalement désormais toutes intégrées à la *déclaration sociale nominative** (DSN) (c. séc. soc. art. R. 133-14, IV, 1°).

En pratique, la souscription de la DSN vaut délivrance de l'attestation. Toutefois, des particularités existent en fonction de l'arrêt de travail (ex. : antériorité nécessaire en DSN mensuelle de 3 mois pour la maladie, la maternité ou la paternité sauf pour les salariés en activité discontinue comme les VRP, pigistes, etc. ; antériorité de 12 mois pour les AT/MP).

Modalités hors DSN - Des formulaires « papiers » restent disponibles :
- le Cerfa 11137*03 pour l'attestation accident du travail / maladie professionnelle (arrêté du 22 octobre 2015, JO 20 novembre) ;
- le Cerfa 11135*04 pour l'attestation maladie / maternité / adoption / femme enceinte dispensée de travail (arrêté du 5 juin 2015, JO du 17) ;
- le Cerfa 11136*05 pour l'attestation en cas d'arrêt de travail de plus de 6 mois (arrêté du 26 septembre 2017, JO 21 octobre).

En cas de *maladie professionnelle**, l'employeur remet l'attestation au salarié, qui l'annexe à sa déclaration (c. séc. soc. art. R. 461-6).

▶ À noter... Ces formulaires Cerfa sont disponibles sur le site Internet de l'assurance maladie (www.ameli.fr, rubrique « Entreprises » puis « Formulaires ») et sur www.service-public.fr.

Ces attestations peuvent également être souscrites sous forme électronique, soit en les remplissant en ligne lorsque l'employeur est inscrit sur www.net-entreprises.fr, soit en les déposant sur www.net-entreprise.fr sous forme de fichier « attestation de salaire » généré par un logiciel de paye ou de gestion certifié.

En principe, pour les attestations maladie/maternité/adoption/femmes enceintes dispensées de travail, l'employeur doit procéder sous forme électronique (condition remplie d'office pour les employeurs en DSN). À défaut, il utilise le formulaire « papier », qu'il remet au salarié, à charge pour ce dernier de transmettre l'attestation à la CPAM (c. séc. soc. art. R. 323-10 et R. 331-5).

☛ *Accident de trajet ; Accident du travail ; Congé d'adoption ; Congé de paternité et d'accueil de l'enfant ; Déclaration sociale nominative ; Indemnités journalières de sécurité sociale d'accident du travail ; Indemnités journalières de sécurité sociale de maladie ; Indemnités journalières de sécurité sociale de maternité ; Indemnités journalières de sécurité sociale de paternité et d'accueil de l'enfant ; Maladie professionnelle ; Maternité ; Maternité (congé de).*

Attribution gratuite d'actions aux salariés

Sous conditions, les sociétés par actions peuvent attribuer des actions gratuites à leurs salariés ou dirigeants ou à ceux des sociétés qui leur sont liées, avec un régime social et fiscal de faveur.

Le régime ici exposé est celui applicable aux actions gratuites dont l'attribution est autorisée par une décision de l'assemblée générale extraordinaire (AGE) à compter du 8 août 2015 (loi 2015-990 du 6 août 2015, art. 135, JO du 7), compte tenu des autres réformes intervenues par la suite.

Entreprises et personnes éligibles

Sociétés par actions - Le mécanisme d'attribution d'actions gratuites aux salariés concerne toutes les sociétés par actions, cotées ou non : sociétés anonymes (SA), sociétés par actions simplifiées (SAS), sociétés en commandite par actions (SCA) (c. com. art. L. 225-197-1, L. 225-197-2, L. 225-197-3 et L. 22-10-60).

Compte tenu de son champ d'application, sont donc exclues du dispositif, notamment, les sociétés à responsabilité limitée (SARL), les sociétés en commandite simple (SCS) ou les sociétés en nom collectif (SNC).

Personnel salarié de la société attributrice - La distribution gratuite peut être effectuée en faveur de l'ensemble du personnel ou de certaines catégories seulement (c. com. art. L. 225-197-1, I), selon des critères fixés par le conseil d'administration ou le directoire de la société, le gérant de la SCA ou l'organe compétent dans les SAS.

Pour les catégories de personnel, il est possible de se référer à celles qui sont retenues pour l'application du droit du travail (ouvriers, employés, agents de maîtrise, ingénieurs et cadres). D'autres catégories s'inspirant des usages (constants, généraux et fixes) ou des accords collectifs en vigueur dans la profession ou l'entreprise peuvent être retenus, si elles sont déterminées à partir de critères objectifs, non restrictifs et clairement définis. Il appartient ensuite au conseil d'administration ou, le cas échéant, au directoire de déterminer l'identité des bénéficiaires des attributions d'actions au sein, selon les termes de l'autorisation délivrée par l'assemblée générale extraordinaire, du personnel ou des catégories désignées (BOFiP-RSA-ES-20-20-10-10-§ 30-13/06/2016).

Dirigeants et mandataires sociaux éligibles - Ce régime peut également bénéficier, dans les mêmes conditions, à certains dirigeants n'ayant pas la qualité de salarié (c. com. art. L. 225-197-1, II) :
- le président du conseil d'administration, le directeur général, les directeurs généraux délégués, les membres du directoire dans les sociétés par actions ;
- les gérants de SCA ;
- le président, personne physique, dans les SAS.

Les simples administrateurs ou membres du conseil de surveillance ne peuvent pas bénéficier d'actions gratuites. C'est uniquement s'ils sont titulaires d'un contrat de travail « valable » qu'ils peuvent se voir attribuer des actions au titre de leur activité salariée (BOFiP-RSA-ES-20-20-10-10-§ 90-13/06/2016).

Condition spécifique aux dirigeants de sociétés cotées - Dans une société dont les titres sont admis aux négociations sur un marché réglementé, des actions gratuites ne peuvent être attribuées aux dirigeants visés ci-avant que si des conditions définies par le code de commerce sont remplies (c. com. art. L. 22-10-60). Ces conditions, non détaillées ici, visent à lier ces attributions à un accès des salariés à l'un des dispositifs suivants :
- attribution gratuite d'actions aux salariés ;
- attributions de *stock-options (options sur actions)** ;
- accord d'*intéressement** ;
- accord de participation dérogatoire (c'est-à-dire avec une formule de calcul de *réserve spéciale de participation** plus favorable que celle prévue par la loi) ou, dans une entreprise de moins de 50 salariés, accord de participation mis en place à titre volontaire ;
- versements unilatéraux de l'employeur au PEE pour l'acquisition d'actions ou de certificats d'investissement émis par l'entreprise ou par une entreprise incluse dans le même périmètre de consolidation ou de combinaison des comptes.

Sociétés liées - Des actions gratuites peuvent être attribuées par une société aux membres du personnel salarié de sociétés qui lui sont liées (filiales, sociétés mères, sociétés sœurs) (c. com. art. L. 225-197-2 ; BOFiP-RSA-ES-20-20-10-10-§§ 40 à 70-13/06/2016).

Les dirigeants et mandataires sociaux éligibles au dispositif *(voir plus haut)* peuvent également se voir attribuer des actions d'une société liée, sous réserve que les actions de cette dernière soient « cotées » et dans le respect des conditions propres aux dirigeants de sociétés cotées *(voir ci-dessus)* (c. com. art. L. 225-197-1, II, al. 2).

Depuis le 1er décembre 2023, une société dont les titres ne sont pas cotés peut également attribuer des actions gratuites au président du conseil d'administration, au directeur général, aux directeurs généraux délégués, au président, aux membres du directoire ou au gérant d'une entité liée (c. com. art. L. 225-197-1, II, al. 3).

Limites d'attribution

Limite individuelle - On ne peut pas attribuer d'actions aux salariés et aux mandataires sociaux détenant chacun plus de 10 % du capital social. Une attribution gratuite d'actions ne peut pas non plus avoir pour effet que les salariés et les mandataires sociaux détiennent chacun plus de 10 % du capital social (c. com. art. L. 225-197-1, II ; BOFiP-RSA-ES-20-20-10-10-§ 110-13/06/2016).

Depuis le 1er décembre 2023, ce seuil est apprécié en ne prenant en compte que les titres détenus depuis moins de 7 ans (c. com. art. L. 225-197-1, II). En pratique, cette mesure permet en quelque sorte de recharger le plafond individuel de détention d'actions gratuites.

Limite globale au niveau de la société - Le nombre total des actions gratuites attribuées ne peut pas excéder 15 % (10 % avant le 1.12.2023) du capital social de la société attributrice. Dans les PME non cotées, les statuts peuvent prévoir un pourcentage pouvant aller jusqu'à 20 % (15 % avant le 1.12.2023) du capital social (c. com. art. L. 225-197-1, I, al. 2 et L. 22-10-59 ; BOFiP-RSA-ES-20-20-10-10-§ 130-13/06/2016).

Le plafond est majoré en cas d'attribution « démocratique », ce qui vise deux hypothèses (c. com. art. L. 225-197-1, I, al. 3) :
- lorsque l'attribution gratuite d'actions bénéficie à l'ensemble des membres du personnel salarié de la société attributrice, la limite est fixée à 40 % (30 % avant le 1.12.2023) du capital social pour les attributions liées à une décision de l'AGE intervenant à compter du 8 août 2015 ;

- depuis le 1er décembre 2023, si l'attribution bénéficie à au moins la moitié des salariés de la société attributrice, représentant au moins 1/4 du total des salaires bruts pris en compte dans l'assiette des cotisations de sécurité sociale, la limite est fixée à 30 %.

Si des dirigeants mandataires sociaux bénéficient également d'actions gratuites, il faut prendre en considération le nombre de mandataires sociaux de la société émettrice et les rémunérations brutes qui leur sont versées pour déterminer si les conditions d'application du plafond majoré (40 % ou 30 %) sont respectées (c. com. art. L. 225-197-1, II, al. 1).

En outre, l'écart entre le nombre d'actions distribuées à chaque salarié ne peut pas excéder un rapport de 1 à 5. Pour les attributions liées à une décision de l'AGE intervenant à compter du 8 août 2015, cette contrainte s'applique uniquement au-delà des pourcentages de 15 % ou de 20 % (de 10 % ou de 15 % avant le 1.12.2023) (c. com. art. L. 225-197-1, I, al. 3).

▶ À noter… La limite globale en pourcentage s'apprécie au moment de la décision d'attribution par le conseil d'administration ou le directoire, en tenant compte, le cas échéant, de toutes les attributions d'actions gratuites effectuées précédemment (BOFiP-RSA-ES-20-20-10-10-§ 130-13/06/2016). Depuis la loi PACTE, il ne faut plus prendre en compte les actions qui n'ont pas été définitivement attribuées au terme de la période d'acquisition dans le cadre d'une précédente attribution gratuite d'actions, ni des actions qui ne sont plus soumises à l'obligation de conservation (c. com. art. L. 225-197-1, I, al. 2).

Procédure : l'essentiel

Pour que les titres ainsi attribués puissent bénéficier de régimes social et fiscal de faveur, diverses règles de procédure et contraintes doivent être respectées (c. com. art. L. 225-197-1 et L. 225-197-2). Pour l'essentiel, elles se matérialisent par les règles suivantes.

Autorisation par l'assemblée générale extraordinaire - C'est l'assemblée générale extraordinaire (AGE) qui autorise le conseil d'administration ou le directoire à procéder à des attributions gratuites d'actions (dans une SAS, l'autorisation est donnée par le président, l'organe prévu par les statuts ou la collectivité des associés en cas d'augmentation de capital) (c. com. art. L. 225-197-1, I). L'AGE fixe :
- le délai maximal dans lequel cette autorisation peut être utilisée par le conseil d'administration ou le directoire, sachant que ce délai ne peut pas dépasser 38 mois ;
- le pourcentage maximal de capital social pouvant être attribué, sachant que le nombre total des actions attribuées gratuitement ne peut excéder une limite globale exprimée en pourcentage du capital social (depuis le 1er décembre 2023, 15 %, 20 %, 30 % ou 40 % selon le cas ; *voir plus haut*) ;
- les durées minimales des périodes d'acquisition et de conservation des actions.

Identité des bénéficiaires et critères d'attribution - Le conseil d'administration ou le directoire (ou le gérant de la SCA ou l'organe compétent de la SAS) détermine l'identité des bénéficiaires des attributions et, s'il y a lieu, les conditions et critères d'attribution (c. com. art. L. 225-197-1, I, al 9).

Périodes d'acquisition et de conservation

Définition de la période d'acquisition - La période d'acquisition court à compter de la date d'attribution par le conseil d'administration ou le directoire. Pendant cette période, le bénéficiaire, titulaire d'un simple droit de créance, n'est pas propriétaire des titres.

En pratique, cette période permet aux bénéficiaires de remplir les conditions et, le cas échéant, les critères d'attribution fixés par le conseil d'administration ou le directoire. Cela étant, même si ces conditions ou critères sont satisfaits avant le terme de la période d'acquisition, les bénéficiaires ne seront propriétaires des titres qu'à son échéance (BOFiP-RSA-ES-20-20-10-20-§§ 30 à 70-24/07/2017).

Définition de la période de conservation - Au terme de la période d'acquisition, le bénéficiaire est propriétaire des actions. Toutefois, il peut être tenu de les conserver pendant une période dont la durée minimale est déterminée par l'AGE (c. com. art. L. 225-197-1, I, al. 7 ; BOFiP-RSA-ES-20-20-10-20-§§ 80 à 110-24/07/2017).

C'est ce qu'on appelle la période de conservation.

Règles applicables aux attributions autorisées depuis le 8 août 2015 - La période d'acquisition est fixée par l'AGE. Elle ne peut pas être inférieure à 1 an (c. com. art. L. 225-197-1, I, al. 6).

Aucun délai de conservation minimum n'est prévu. Il est simplement exigé que la durée cumulée de la période d'acquisition et de la période de conservation des actions par le bénéficiaire ne soit pas inférieure à 2 ans (c. com. art. L. 225-197-1, I, al. 8).

Ainsi, lorsque la période d'acquisition est fixée à 2 ans, l'AGE n'est pas tenue de fixer une durée minimale de conservation des actions par le bénéficiaire, lequel peut dans ce cas en disposer sans délai.

Invalidité du bénéficiaire - L'AGE peut prévoir une attribution anticipée avant le terme de la période d'acquisition en cas d'invalidité du bénéficiaire de 2e ou 3e catégorie. Par ailleurs, le bénéficiaire des actions peut les céder librement pendant la période de conservation (c. com. art. L. 225-197-1, I, al. 6 et 7).

Décès du bénéficiaire - En cas de décès du bénéficiaire, ses héritiers peuvent demander l'attribution des actions dans un délai de 6 mois à compter du décès. Ces actions sont librement cessibles (c. com. art. L. 225-197-3).

Période de conservation : règle additionnelle propre aux dirigeants - Le conseil d'administration ou de surveillance de la société peut étendre la période de conservation pour les dirigeants, en leur interdisant de céder leurs actions avant la cessation de leurs fonctions ou en fixant une quantité d'actions qu'ils sont tenus de conserver jusqu'à cette date (c. com. art. L. 225-197-1, II).

Période d'incessibilité propre aux sociétés cotées - Pour les sociétés dont les titres sont admis aux négociations sur un marché réglementé, même au terme de la période de conservation, les actions ne peuvent pas être cédées pendant un certain délai (« fenêtre négative ») (c. com. art. L. 22-10-59, II).

Affectation à un PEE

Plafond - À l'issue de la période d'acquisition, les actions gratuites attribuées aux salariés peuvent être placées sur un *plan d'épargne d'entreprise**, dans la limite d'un montant égal à 7,50 % du montant annuel du *plafond de la sécurité sociale**, soit 3 532,50 € en 2025 (c. trav. art. L. 3332-14).

Ces actions gratuites ne sont disponibles qu'à l'expiration d'un délai minimal de 5 ans à compter de leur versement sur le PEE.

Conditions - Cette possibilité d'affectation suppose que l'attribution gratuite d'actions soit destinée à l'ensemble des salariés (c. trav. art. L. 3332-14).

La répartition des actions entre les salariés fait l'objet d'un accord d'entreprise ou, à défaut d'accord, d'une décision du conseil d'administration, du directoire ou du chef d'entreprise. La répartition peut être uniforme, proportionnelle à la durée de présence dans l'entreprise au cours de l'exercice ou proportionnelle aux salaires, ou retenir conjointement ces différents critères.

Régime social de faveur pour les plans

Plans d'attribution gratuite d'actions « qualifiés » - On utilise parfois l'expression de plans d'attribution gratuite d'actions « qualifiés » pour les attributions qui respectant les conditions du code de commerce *(voir plus haut)* et qui ouvrent droit, sur le plan social, au régime social de faveur ici décrit.

Si les attributions ne sont pas effectuées conformément aux conditions requises (on parle parfois de plans d'attribution gratuite d'action « non qualifiés »), l'employeur est tenu au paiement de la totalité des cotisations sociales, y compris pour leur part salariale. Mécaniquement, la CSG et la CRDS sont à notre sens également dues au titre des revenus d'activité (sans abattement d'assiette). Le fait générateur des cotisations sociales s'entend alors de l'attribution définitive de ces actions à leurs bénéficiaires au terme de la période d'acquisition, de sorte que l'avantage doit être évalué à la date de cette acquisition en fonction de l'économie réalisée par le bénéficiaire (cass. civ., 2e ch., 5 septembre 2024, n° 22-18293 FB).

Exclusion de l'assiette des cotisations - Le gain résultant de l'attribution gratuite d'actions est exclu de l'assiette des cotisations de sécurité sociale (c. séc. soc. art. L. 242-1, II, 6°).

L'exonération s'étend aux différentes charges et taxes dont l'assiette est alignée sur celle des cotisations de sécurité sociale (AGIRC-ARRCO, assurance chômage, contribution formation, etc.).

Notification à l'URSSAF - L'exclusion de l'assiette des cotisations suppose que l'employeur notifie à son organisme de recouvrement (URSSAF, etc.) l'identité des salariés ou mandataires sociaux auxquels des actions ont été attribuées au cours de l'année civile précédente ainsi que le nombre et la valeur des actions attribuées à chacun d'entre eux. À défaut, l'employeur est tenu au paiement de la totalité des cotisations sociales, y compris pour leur part salariale (c. séc. soc. art. L. 242-14).

En pratique, cette notification s'effectue par l'intermédiaire de rubriques spécifiques de la DSN.

▶ À noter… Cette notification est requise y compris lorsque l'attribution est effectuée par une société dont le siège est situé à l'étranger et qui est mère ou filiale de l'entreprise dans laquelle l'attributaire exerce son activité (c. séc. soc. art. L. 242-14).

CSG et CRDS - La CSG et la CRDS due au titre des attributions gratuites d'actions ne concernent pas la paye car elle est recouvrée comme les prélèvements sociaux au titre des revenus du patrimoine, par l'administration fiscale via l'avis d'impôt sur le revenu.

Taxe sur les salaires - Les gains résultant de l'attribution d'actions gratuites sont exclus de l'assiette de la taxe sur les salaires (CGI art. 231, 1).

Contribution patronale spécifique - Les attributions gratuites d'actions n'entrent pas dans le champ du *forfait social** (c. séc. soc. art. L. 137-15, 1°).

En revanche, une contribution patronale spécifique est due au titre des attributions d'actions gratuites consenties depuis le 16 octobre 2007 (voir *Contribution patronale sur les stock-options et les actions gratuites**).

Impôt sur le revenu

Gain d'acquisition - Sur le plan fiscal, l'avantage (ou « gain d'acquisition ») lié à l'attribution gratuite d'actions correspond à la valeur des actions au jour de leur attribution définitive au bénéficiaire (c'est-à-dire au terme de la période d'acquisition).

Cet avantage est imposé, au titre de l'année de cession des actions, selon des modalités variant selon la date d'attribution des actions, en fonction des réformes intervenues ces dernières années (périodes du 16.10.2007 au 27.09.2012, du 28.09.2012 au 7.08.2015, du 8.08.2015 au 30.12.2016, du 31.12.2016 au 31.12.2017, ou à compter du 1.01.2018). Pour le détail du régime fiscal, les lecteurs se reporteront au Dictionnaire Fiscal (CGI art. 80 quaterdecies, I ; voir Dictionnaire RF fiscal 2025, §§ 35020 et s.).

Le gain d'acquisition imposable dans les conditions propres au régime fiscal des attributions gratuites d'actions n'est pas soumis au *prélèvement à la source** de l'impôt sur le revenu (CGI art. 204 D, renvoyant à 80 quaterdecies, I).

A contrario, les gains issus d'actions gratuites qui n'ouvrent pas droit aux régimes spécifiques d'imposition qui leur sont propres et qui ne sont pas soumis à la *retenue à la source des non-résidents fiscaux** sont dans le champ du *prélèvement à la source** (BOFiP-IR-PAS-10-20-§ 20-15/05/2018).

Plus-value de cession - Cette plus-value est égale à la différence entre le prix de cession des actions attribuées gratuitement et leur valeur au terme de la période d'acquisition. Elle ne concerne pas la paye ni le prélèvement à la source en paye. En tant que de besoin, les lecteurs se reporteront au Dictionnaire Fiscal (voir Dictionnaire RF fiscal 2025, §§ 35020 et s.).

☞ *Contribution patronale sur les stock-options et les actions gratuites ; Stock-options (options sur actions).*

Augmentation de salaire

Malgré le principe de libre fixation du salaire, l'employeur doit respecter un certain nombre de règles en ce qui concerne les augmentations de salaire.

Augmentations générales

Augmentations obligatoires - La révision des salaires dans l'entreprise doit impérativement être effectuée en fonction :

- de l'augmentation du *SMIC**, pour les salariés concernés ;
- de l'augmentation des minima conventionnels suite à un avenant à la convention collective, pour les salariés concernés, ces augmentations ne s'appliquant pas, en principe, aux salariés dont la rémunération réelle est supérieure à ces minima (cass. soc. 8 mars 1979, n° 77-41218, BC V n° 222), sauf dispositions conventionnelles, contractuelles ou usages contraires (cass. soc. 24 juin 1970, n° 69-40373) ;
- de l'augmentation conventionnelle des salaires réels ;
- des *recommandations patronales** qui s'imposent (cass. soc. 29 juin 1999, n° 98-44348, BC V n° 308) ;
- d'une *clause d'indexation** des salaires valable (l'indexation sur le SMIC ou sur le coût de la vie est interdite par les textes) ;
- le cas échéant, d'un accord consécutif à la *négociation obligatoire sur les salaires**.

La révision des salaires peut aussi provenir d'une décision unilatérale de l'employeur.

Si l'employeur décide d'accorder une augmentation générale des salaires, celle-ci doit s'appliquer à tous les salariés. Par conséquent, si un salarié en est exclu en raison de son comportement, il s'agit d'une sanction pécuniaire prohibée (c. trav. art. L. 1331-2 ; cass. soc. 19 juillet 1995, n° 91-45401 D).

Précisons également que lorsque la rémunération du salarié est composée d'une rémunération fixe correspondant au minimum conventionnel, majorée d'un complément contractuel et d'une indemnité d'avantage en nature, ce salarié est fondé à réclamer le paiement d'un rappel de salaire correspondant aux augmentations du minimum conventionnel décidées par sa convention collective (cass. soc. 13 avril 2022, n° 20-15396 D).

Augmentations collectives - Concernant les augmentations collectives, si la convention ou la recommandation prévoit :

- une augmentation des seuls salaires minima, l'employeur n'est pas tenu de relever les salaires qui sont

égaux ou supérieurs aux nouveaux minima (cass. soc. 15 mai 2014, n° 12-24667 D) ;
- que le montant de l'augmentation des minima s'ajoutera en tout état de cause aux salaires réels, l'employeur doit augmenter du même montant les salaires réels ;
- une augmentation en pourcentage des salaires réels, l'employeur est tenu de procéder à une telle augmentation, quel que soit le niveau des salaires réels.

Ces règles s'appliquent aussi bien au salaire principal qu'aux accessoires séparés qui s'ajoutent au salaire (ex. : la prime d'ancienneté).

Précisons que ces augmentations et celles qui ont un caractère promotionnel personnel ne se confondent pas, sauf stipulation expresse.

▶ À noter... Si les promotions accordées à un salarié lui ont toutes été notifiées à des époques différentes de celles des augmentations collectives de salaires, sans que l'employeur les ait assorties de réserves en vue de leur imputation sur les majorations de salaires de caractère général à intervenir, la rémunération réelle de l'intéressé, telle qu'elle résulte des promotions individuelles antérieures, doit être augmentée chaque fois qu'une majoration à caractère général intervient, sans qu'il y ait lieu à réduction du fait de ces promotions (cass. soc. 3 février 1972, n° 71-40214, BC V n° 95).

Augmentations individuelles

Principes - Les augmentations individuelles interviennent dans le cadre de la promotion d'un salarié ou de la décision de l'employeur d'augmenter son salaire. L'employeur dispose d'un pouvoir d'individualisation des salaires qui s'exerce dans le respect de certains principes.

Il peut ainsi accorder une augmentation individuelle à un ou plusieurs salariés en fonction de leurs qualités professionnelles sans que cela constitue une sanction pécuniaire à l'égard des salariés qui ne sont pas augmentés (cass. soc. 29 mai 1990, n° 87-40512, BC V n° 243). En revanche, les augmentations individuelles de salaire ne peuvent pas être accordées de manière purement discrétionnaire et doivent correspondre à des critères objectifs et vérifiables, sans intention discriminatoire (cass. soc. 2 octobre 2001, n° 99-17577 D).

Par exemple, il a été admis qu'un représentant du personnel ne bénéficie pas d'augmentation individuelle pendant 7 ans, sous réserve que l'employeur puisse produire de sérieux éléments démontrant l'absence de discrimination (ex. : salarié parmi les mieux rémunérés de sa catégorie professionnelle, attestations de collaborateurs et de supérieurs hiérarchiques et entretiens d'évaluation faisant état d'un manque d'investissement, d'autonomie et de capacité de décision du salarié) (cass. soc. 13 juillet 2017, n° 15-22757 D). Sur la garantie d'évolution de la rémunération de certains représentants du personnel et syndicaux, voir *Garantie d'évolution de la rémunération des représentants du personnel et syndicaux**.

Dans tous les cas, l'employeur doit respecter les principes d'*égalité des rémunérations**, d'*égalité des rémunérations femmes-hommes** et le principe de proportionnalité entre les salariés à temps complet et à temps partiel.

▶ Attention... Une augmentation individuelle prévue par la convention collective revêt un caractère obligatoire lorsque les conditions en sont remplies (ex. : ancienneté, obtention d'un diplôme).

Rattrapage salarial au retour de congé de maternité ou d'adoption - Les salariés revenant d'un congé de maternité ou d'adoption ont droit à un rattrapage salarial si les conditions de mise en œuvre de ce dispositif sont remplies [voir *Maternité (rattrapage salarial)**].

Correction des écarts de rémunération - Le dispositif de réduction des écarts de rémunération entre les femmes et les hommes applicable dans les entreprises d'au moins 50 salariés peut amener l'employeur à accorder des augmentations individuelles afin de corriger des écarts de rémunération (voir *Égalité des rémunérations femmes-hommes (réduction des écarts)**).

Exclusion de l'enveloppe d'un accord de négociation sur les salaires - Lorsque la négociation obligatoire sur les salaires débouche sur une enveloppe d'augmentation, cela ne signifie pas que tous les salariés concernés bénéficient d'une augmentation individuelle, à moins que l'accord prévoie une mesure d'augmentation générale.

En cas de litige, si un salarié apporte la preuve d'éléments de faits susceptibles de caractériser une inégalité de rémunération, l'employeur doit être en mesure de justifier par des éléments objectifs l'exclusion de l'intéressé de l'enveloppe des augmentations individuelles prévue par un accord de négociation annuelle des salaires (cass. soc. 6 mai 2015, n° 13-25821 D).

Exemple

Une négociation annuelle obligatoire sur les salaires avait débouché, pour les augmentations individuelles, sur une enveloppe globale de 3 % du montant des salaires de base des cadres et délégués hospitaliers. Or, un salarié n'avait pas reçu d'augmentation, quand d'autres salariés appartenant comme lui au personnel des cadres en avaient bénéficié. Puisqu'il rapportait la preuve d'éléments de faits susceptibles de caractériser une inégalité de rémunération, l'employeur devait établir l'existence d'éléments objectifs justifiant la différence de rémunération (cass. soc. 6 mai 2015, n° 13-25821 D). Celui-ci ne pouvait pas se contenter d'alléguer qu'il avait attribué les augmentations individuelles prévues par l'accord en fonction des performances individuelles et qu'aucun salarié du service recherche et développement n'en avait bénéficié, compte tenu des performances décevantes de ce service.

Impacts des augmentations en paye

Le montant de l'augmentation s'ajoute au salaire et fait partie intégrante de la rémunération. Il est pris en compte automatiquement pour le calcul de tous les éléments liés au salaire (indemnité de congés payés, prime de fin d'année ou treizième mois, etc.).

☞ *Discrimination (interdiction de) ; Clause d'indexation ; Égalité des rémunérations ; Égalité des rémunérations femmes-hommes ; Égalité des rémunérations femmes-hommes (réduction des écarts) ; Indexation des salaires ; Négociation obligatoire sur les salaires ; Maternité (rattrapage salarial) ; Recommandations patronales ; SMIC.*

Avance sur salaire

Définition et formalités

Avance sur salaire - L'employeur qui verse au salarié une somme qui correspond à un travail non encore effectué par celui-ci, lui fait une avance sur salaire. Il lui consent ainsi une facilité.

L'avance doit être distinguée de l'acompte, qui consiste à verser la rémunération d'une période de travail déjà effectuée avant l'échéance normale de la paye. Les règles de compensation ne sont pas les mêmes (voir *Acomptes**).

Exemples

1) Le 25 avril, un employeur verse à un salarié une somme correspondant au salaire du mois de mai. Il s'agit d'une avance.

2) Le 15 avril, l'employeur verse 50 % du salaire d'avril. Il s'agit d'un acompte.

Faire signer un reçu - Légalement, l'employeur n'est pas tenu d'accepter la demande d'avance faite par un salarié.

S'il accorde une avance, que ce soit en espèces, par chèque ou par virement, il est conseillé de faire signer un reçu au salarié, précisant le montant de l'avance et la date du versement, ne serait-ce que pour prévenir toute difficulté d'interprétation.

Modèle de convention portant avance sur salaire

M. ... sollicite de la société ..., son employeur, une avance sur salaire qui lui est accordée. Elle est remboursable sans intérêt, par prélèvements successifs lors de chaque paye du dixième du salaire exigible, jusqu'à extinction de la dette.

M. ... pourra se libérer à son gré par remboursements anticipés. En cas de rupture du contrat de travail pour quelque cause que ce soit, les sommes restant dues deviendront immédiatement exigibles et seront prélevées sur le bulletin de paye dans les limites mentionnées ci-dessus ou payées dans leur intégralité directement par le salarié.

Fait à ..., le ..., en deux exemplaires.

Signatures du salarié et de l'employeur.

Charges sociales - Lorsqu'il verse une avance, l'employeur n'a pas à précompter les charges sociales assises sur les salaires. Celles-ci seront décomptées lors de l'établissement des payes, sur lesquelles les remboursements seront prélevés, et versées aux dates habituelles aux organismes de recouvrement.

Remboursement

Retenues limitées au 1/10 - L'employeur ne peut compenser le remboursement de l'avance avec le salaire que par des retenues successives, au plus égales au 1/10 du salaire net exigible, sous réserve d'éventuels versements volontaires du salarié (c. trav. art. L. 3251-3).

En pratique, l'employeur retient 1/10 du salaire net, tous éléments de salaire compris (indemnité de congés payés, indemnités compensatrices de congés payés ou de préavis, primes, etc.), jusqu'à épuisement du montant de l'avance. Des mensualités moindres peuvent être convenues avec le salarié.

Exemple

Un salarié dispose d'un salaire net de 1 800 €, hors frais professionnels. Il obtient une avance de 600 € le 8 avril. Lors de la paye, l'employeur peut retenir 180 €. Les retenues se poursuivront les mois suivants, en fonction du salaire net, jusqu'à remboursement total.

À l'inverse, le versement effectué par l'employeur en exécution d'une ordonnance infirmée lui confère un caractère indu. Ces sommes ne constituent pas des avances en espèces et la règle des retenues successives limitées au 1/10 du salaire ne s'applique pas. Dans ce cas, la *compensation** peut s'opérer dans la limite de la fraction saisissable du salaire (cass. soc. 19 octobre 2017, n° 16-11617, BC V n° 187).

Notons enfin que la retenue limitée au 1/10 ne doit être confondue ni avec la part saisissable ou cessible du salaire, ni avec le remboursement d'un acompte. En pratique, il est possible que plusieurs retenues soient opérées sur un même salaire : par exemple une au titre du remboursement d'une avance, une au titre d'une *saisie des rémunérations** et une autre au titre du remboursement d'*acomptes**.

Exceptions - L'employeur peut se rembourser intégralement d'une avance sur les sommes ayant la nature de dommages et intérêts (indemnité de clientèle des VRP, indemnité de licenciement, dommages et intérêts pour licenciement sans cause réelle et sérieuse, etc.) sans appliquer de limite du 1/10. Celle-ci ne concerne pas non plus les avances pour l'acquisition de matériels ou matériaux dont le salarié a la charge et l'usage (ex. : outils achetés par le salarié utilisés pour son travail mais aussi à titre personnel) (c. trav. art. L. 3251-2).

Bulletin de paye - La retenue opérée par l'employeur figure sur le bulletin de paye après le net imposable.

Avances intégrées à la rémunération - Dans certains cas, des « trop versés » d'avances ont pu être considérés comme une volonté de l'employeur d'intégrer les sommes à la rémunération.

Exemple

Un salarié disposait d'une rémunération variable payable par avances mensuelles. En fin d'année, son employeur devait procéder à un réajustement entre le montant des avances versées et les commissions auxquelles le salarié pouvait prétendre, ce qu'il n'avait pas fait pendant deux années consécutives. Suite au licenciement du salarié, l'employeur a réclamé le remboursement des avances qui excédaient le montant des commissions auxquelles le salarié pouvait effectivement prétendre. Le salarié considérait qu'une novation était intervenue et que l'avance mensuelle s'était transformée en acompte visant à compenser la baisse de sa rémunération à un moment où ses responsabilités avaient augmenté. Les juges ayant estimé que la volonté de transformer les sommes versées à titre d'avances sur commissions en complément de salaire fixe était établie, le salarié pouvait conserver l'intégralité des avances perçues (cass. soc. 24 septembre 2014, n° 12-29471 D).

Preuve du remboursement - Lorsqu'il est établi que le salarié a reçu à plusieurs reprises des sommes au titre d'avances sur salaire, c'est à lui de prouver qu'il a remboursé les sommes (cass. soc. 15 janvier 2015, n° 13-21355 D).

Régularisation annuelle du salaire en faveur de l'employeur

Les retenues par 1/10 s'imposent lorsque l'entreprise procède à une régularisation annuelle sur le salaire en raison d'un trop-perçu par le salarié. En effet, ce trop-perçu s'analyse comme une avance en espèces (cass. soc. 3 novembre 2011, n° 10-16660, BC V n° 252).

En pratique, ce type de situation peut se rencontrer dans les dispositifs d'annualisation du temps de travail s'accompagnant d'un lissage de la rémunération.

☞ *Acomptes ; Compensation ; Prêt aux salariés ; Saisie des rémunérations.*

Avantage en nature

Définition

L'avantage en nature consiste dans la fourniture ou la mise à disposition par l'employeur d'un bien ou service permettant au salarié de faire l'économie de frais qu'il aurait dû normalement supporter (BOSS, Avantages en nature, § 10, 01/01/2025).

Peu importe qu'il soit octroyé par l'intermédiaire d'un tiers dès lors que l'octroi est opéré en considération de l'appartenance à l'entreprise (BOSS, Avantages en nature, § 30, 01/01/2025).

Droit du travail

Élément de salaire - L'avantage en nature est un élément du salaire qui s'ajoute à la rémunération en espèces pour l'application du droit du travail (c. trav. art. L. 3221-3).

Prise en compte - L'avantage en nature est pris en compte :
- pour vérifier si le *SMIC** (c. trav. art. D. 3231-6) ainsi que le minimum conventionnel sont respectés ;
- dans la base de calcul de l'*indemnité de congés payés** (sauf si le salarié continue à bénéficier de l'avantage en nature pendant ses congés) ;
- pour le calcul éventuel des diverses primes liées au montant total de la rémunération.

La rémunération peut éventuellement être entièrement composée d'avantages en nature à condition, toutefois, que leur valeur atteigne le SMIC ou, le cas échéant, le minimum fixé par la convention collective (cass. soc. 27 mars 1990, n° 87-43813 D ; cass. soc. 19 mai 1993, n° 91-45157 D).

Évaluation - Les avantages en nature sont pris en compte pour leur valeur réelle ou pour celle prévue par les conventions ou accords collectifs de travail ou, si elle est inférieure, par le contrat de travail.

Pour le logement et la nourriture, une évaluation forfaitaire s'applique en l'absence d'évaluation fixée par convention ou accord collectif de travail (c. trav. art. D. 3231-10 et D. 3231-11) (voir *Avantage en nature logement** et *Avantage en nature nourriture**).

Lorsqu'il s'agit de vérifier le respect de la rémunération minimale des *apprentis** et des titulaires d'un *contrat de professionnalisation**, l'avantage en nature n'est pris en compte que pour 75 % de sa valeur, dans la limite des 3/4 du salaire (c. trav. art. D. 6222-33 et D. 6325-17).

Retrait en cas de suspension du contrat de travail ? - Les avantages en nature dont le salarié conserve l'usage dans sa vie personnelle ne peuvent pas lui être retirés durant une période de suspension du contrat de travail.

Il est donc impossible de retirer sa voiture de fonction à un salarié malade, sauf disposition contractuelle contraire (cass. soc. 24 mars 2010, n° 08-43996, BC V n° 71 ; cass. soc. 2 avril 2014, n° 13-10569 D). L'employeur doit ainsi maintenir au salarié absent pour maladie son véhicule de fonction tout en continuant à cotiser à ce titre.

De même, le logement attribué gratuitement à un salarié pour l'exercice de ses fonctions, qui est l'accessoire de son contrat de travail et dont il bénéficie dans sa vie personnelle, ne peut ni être retiré ni donner lieu au versement d'un loyer pendant une période de suspension du contrat de travail pour maladie (cass. soc. 26 janvier 2011, n° 09-43193, BC V n° 32 ; cass. soc. 14 décembre 2022 n° 21-15685 D). Notons qu'ici, les juges ne posent aucune restriction et ne semblent pas ouvrir la possibilité de stipuler une clause prévoyant le retrait de l'avantage en nature, comme cela a été admis pour un véhicule de fonction.

Pas de retrait pendant le préavis - Il est impossible de retirer les avantages en nature pendant le préavis. Ainsi, un salarié démissionnaire dispensé d'exécuter son préavis n'a pas à restituer l'avantage en nature résultant de la mise à disposition d'un véhicule de fonction pour un usage professionnel et personnel (cass. soc. 11 juillet 2012, n° 11-15649, BC V n° 219 ; cass. soc. 9 avril 2014, n° 12-24019 D).

Si l'employeur supprime l'avantage au salarié, il peut être condamné, en cas de litige, à lui verser une indemnité compensant la privation de cet avantage (cass. soc. 4 mars 1998, n° 95-42858, BC V n° 177 ; cass. soc. 25 octobre 2007, n° 06-43201 D).

Assiette et calcul des cotisations

Assujettissement - Les avantages en nature font partie des éléments de salaire soumis aux cotisations sociales et à la CSG/CRDS (c. séc. soc. art. L. 242-1, I renvoyant à L. 136-1-1 et R. 242-1).

Assiettes et cotisations forfaitaires - L'employeur n'a pas à ajouter la valeur d'un avantage en nature au salaire quand l'assiette ou le montant des cotisations est fixé forfaitairement (voir *Assiettes et cotisations forfaitaires**) (c. séc. soc. art. R. 242-1, I, al. 7).

Modes d'évaluation - Il existe deux modes d'évaluation des avantages en nature : au forfait ou au réel.

> ▶ À noter… Les montants des forfaits sont fixés par arrêté. Ils constituent des minima, qui peuvent être remplacés par des évaluations supérieures fixées soit par convention ou accord collectif, soit d'un commun accord entre les salariés et leurs employeurs (arrêté du 25 février 2025, art. 6, JO du 27, texte 24). Cela implique que l'employeur ne peut pas ensuite demander le remboursement de la différence de cotisations qui découle de cette évaluation supérieure (cass. civ., 2e ch., 6 juin 2024, n° 22-17842 D). Lorsque la convention collective prévoit une évaluation inférieure, l'avantage en nature est tout de même retenu pour le montant du forfait prévu par arrêté (BOSS, Avantages en nature, § 60, 01/01/2025).

L'*avantage en nature nourriture** est obligatoirement évalué de façon forfaitaire (arrêté du 25 février 2025, art. 1, JO du 27, texte 24 ; BOSS, Avantages en nature, § 100, 01/01/2025).

Certains autres avantages peuvent, sur option de l'employeur, être évalués selon un forfait ou selon leur valeur réelle. Il s'agit *de l'avantage en nature logement**, de l'*avantage en nature véhicule**, de l'avantage représenté par la part d'utilisation privée des outils issus des *technologies de l'information et de la communication** (TIC) mis à la disposition permanente du salarié pour son activité professionnelle (arrêté du 25 février 2025, art. 2, 3 et 5, JO du 27, texte 24 ; BOSS, Avantages en nature, §§ 240, 600 et 880, 01/001/2025).

Si l'employeur opte pour une évaluation au réel, celle-ci peut être inférieure à l'évaluation forfaitaire sous réserve de la production de justificatifs (BOSS, Avantages en nature, § 60,01/01/2025).

▶ À noter… Pour les *dirigeants d'entreprise**, l'avantage en nature logement est forcément évalué d'après la valeur réelle s'il n'est pas octroyé en contrepartie d'un contrat de travail (arrêté du 25 février 2025, art. 6, JO du 27, texte 24).

Dans tous les autres cas, les avantages en nature doivent être intégrés à la base de cotisations pour leur valeur réelle arrondie à la dizaine de centimes d'euros la plus proche (arrêté du 25 février 2025, art. 7, JO du 27, texte 24 ; BOSS, Avantages en nature, § 50).

Participation du salarié - Si l'avantage en nature est octroyé par l'employeur moyennant une participation financière du salarié, la valeur de l'avantage en est diminuée d'autant (BOSS, Avantages en nature, § 70, 01/01/2025).

Évaluation particulière de certains avantages - Lorsque les modalités d'évaluation d'un avantage en nature ne sont pas prévues par la réglementation, il revient aux employeurs de procéder à cette évaluation. Afin de faciliter et de sécuriser l'évaluation de manière homogène pour l'ensemble d'un secteur sur des questions spécifiques, il est possible pour les représentants des branches professionnelles ou les employeurs de vérifier auprès de l'*ACOSS** (pour les branches professionnelles) ou de l'URSSAF territorialement compétente (pour les employeurs) les modalités d'évaluation de l'avantage en nature dans le cadre d'une procédure de *rescrit social** (BOSS, Avantages en nature, § 1080, 01/01/2025).

L'évaluation prend en compte :
- la durée de mise à disposition du bien ou service (permanente ou non) ainsi que sa fréquence d'utilisation évaluée ou estimée, afin d'en évaluer forfaitairement la part privative d'utilisation ;
- et un tarif de référence pour ce bien ou service.

L'avantage en nature lié à l'utilisation privative de ce bien ou service est alors déterminé comme suit : part de l'utilisation privée × tarif de référence (BOSS, Avantages en nature, § 1090, 01/01/2025).

Salarié exclusivement rémunéré par avantage en nature - Lorsque la rémunération d'un salarié est exclusivement composée d'avantages en nature, les cotisations salariales de sécurité sociale ne sont pas dues (c. séc. soc. art. R. 242-1, I, al. 8 ; BOSS, Avantage en nature, § 80, 01/01/2025).

Par analogie, l'employeur n'a pas à précompter la CSG (instr. DSS/A1 du 29 mars 1991, question/réponse 10 ; circ. DSS/SDFGSS/5B 96-71 du 2 février 1996). De même, la CRDS n'est pas due, puisque cette contribution doit se voir appliquer les mêmes principes d'interprétation que la CSG (circ. DSS/SDFGSS/5B 96-71 du 2 février 1996).

Pour le calcul des cotisations et contributions patronales, les avantages en nature sont évalués selon les règles habituelles. En cas d'évaluation forfaitaire de l'*avantage en nature logement**, il convient de se référer à la première tranche du barème (BOSS, Avantage en nature, § 80, 01/01/2025).

Apprentis - Les avantages en nature dont bénéficient les *apprentis** peuvent être déduits du salaire dans la limite de 75 % de la déduction autorisée pour les autres travailleurs. Ces déductions ne peuvent excéder, chaque mois, un montant égal aux 3/4 du salaire (c. trav. art. D. 6222-33) *(voir plus haut)*.

Dans ce cas, la totalité de la valeur de l'avantage en nature doit être intégrée dans l'assiette des cotisations et contributions sociales (BOSS, Avantages en nature, § 95, 01/01/2025).

Exemple

Le contrat de travail d'un apprenti fixe la valeur de son salaire mensuel à 500 €. Il perçoit 100 € d'avantage en nature sous forme d'avantage nourriture. L'employeur décide de déduire 75 % de l'avantage en nature du salaire de l'apprenti. Le salaire brut de l'apprenti après déduction de 75 % de l'avantage en nature s'élève à : 500 - (75 % × 100 €) = 425 €. La totalité de la valeur de l'avantage en nature est intégrée à l'assiette des cotisations sociales, qui est donc égale à 600 € (500 € + 100 €).

Impôt sur le revenu

Évaluation pour le net fiscal - Les avantages en nature sont évalués pour la détermination du revenu imposable comme pour l'assiette des cotisations (CGI art. 82 ; BOFiP-RSA-BASE-20-20-§ 10-16/04/2024) : évaluation réelle ou forfaitaire, lorsque ce choix est possible.

▶ À noter… Pour les *dirigeants d'entreprise**, l'avantage en nature logement est forcément évalué d'après la valeur réelle s'il n'est pas octroyé en contrepartie d'un contrat de travail (arrêté du 25 février 2025, art. 6, JO du 27, texte 24).

Prélèvement à la source - Dans la stricte application des principes, les avantages en nature sont soumis au *prélèvement à la source** (PAS) de l'impôt sur le revenu pour leur montant net imposable. Toutefois, selon le GIP-MDS, en charge de la maîtrise d'ouvrage de la DSN, il convient de distinguer deux situations afin de déterminer les modalités déclaratives des avantages en nature.

Dans la majorité des cas, l'avantage en nature s'ajoute à une rémunération en espèces. Dans ce cas, il faut tenir compte de la valeur des avantages en nature dans l'assiette du PAS, qui est ensuite calculé dans les conditions habituelles.

Dans certains cas, il n'y a pas de versement en espèces qui s'ajoute à l'avantage en nature (ex. : salarié exclusivement rémunéré en avantages en nature). À titre de règle pratique, faute de versement financier permettant de précompter un PAS, il est admis qu'aucun prélèvement ne soit opéré sur les avantages en nature. Même si l'employeur dispose d'un taux personnalisé transmis par l'administration fiscale, il doit « forcer » les données de PAS avec un taux de type 13 (Barème mensuel métropole) et un taux de PAS à 0 % (www.net-entreprises.fr, Base de connaissance DSN, fiche 1940, actualisée le 24/03/2021).

En revanche, le montant imposable de l'avantage alimente bien la rémunération nette fiscale. L'administration en tiendra compte pour calculer l'impôt final dû par le contribuable.

Bulletin de paye

Mention obligatoire - La valeur des avantages en nature doit obligatoirement figurer sur le *bulletin de paye**, pour leur valeur brute (BOSS, Avantages en nature, § 20, 01/01/2025).

▶ Attention… Pour la Cour de cassation, l'absence de déclaration par l'employeur d'un avantage en nature sur les bulletins de paye du salarié peut constituer une infraction de *travail dissimulé**. Ayant constaté qu'un salarié était logé par son employeur dans un bâtiment de l'entreprise, la cour d'appel a pu valablement retenir, dans le cadre de son pouvoir d'appréciation, que l'intention de l'employeur de dissimuler cet avantage, non indiqué sur les bulletins de paye du salarié, était caractérisée (cass. soc. 4 décembre 2024, n° 23-14259 FSB).

Dans la mesure où l'avantage en nature est soumis à cotisations mais n'a pas à être versé en espèces, il est indiqué :
- en positif au niveau du salaire brut pour être soumis à cotisations ;
- en négatif, pour être déduit du salaire net à verser au salarié.

Net fiscal - Par ailleurs, le net fiscal doit être calculé en tenant compte de la valeur imposable de l'avantage en nature. Le cas échéant, il peut être nécessaire de rectifier le net imposable lorsque les évaluations ne sont pas les mêmes pour le net imposable et pour l'assiette des cotisations.

Exemples d'avantages en nature

Nous indiquons ici les avantages en nature rencontrés le plus fréquemment.

Véhicule et logement - La mise à disposition permanente d'un véhicule qui peut être utilisé par le salarié à des fins personnelles constitue un avantage en nature. Pour l'assiette des cotisations, il doit être évalué, au choix de l'employeur, selon les dépenses réelles ou selon un forfait annuel (voir *Avantage en nature véhicule**).

Des principes voisins s'appliquent à l'*avantage en nature logement**.

Technologies de l'information et de la communication (TIC) - Si l'employeur met à la disposition permanente d'un salarié des outils issus des *technologies de l'information et de la communication** (TIC) (ex. : téléphone, ordinateur, accès Internet) pour son activité professionnelle et que leur usage est en partie privé, il y a avantage en nature pour la part qui constitue l'utilisation privée de ces outils par le salarié. Cet avantage en nature peut être évalué soit au réel, soit selon un forfait.

Si l'employeur met à la disposition d'un salarié des outils TIC pour un usage purement privé, il y a, là aussi, avantage en nature. Cependant, l'évaluation ne peut se faire qu'au réel (il est impossible de recourir à une évaluation forfaitaire) (BOSS, Avantages en nature, § 950, 01/01/2025).

Nourriture - Dès lors que le salarié est nourri gratuitement ou pour un prix modique par l'employeur, il y a *avantage en nature nourriture**, qui est évalué forfaitairement.

Voyages - L'avantage correspondant à un *voyage** doit être réintégré dans l'assiette des cotisations pour sa valeur réelle, sauf s'il correspond à des *frais professionnels** exonérés dans le cadre des *frais de déplacement**.

Les voyages d'affaires peuvent aussi être exonérés au titre des *frais professionnels** (voir *Voyage**).

Produits ou services réalisés par l'entreprise - La remise gratuite de produits fabriqués par l'entreprise constitue en principe un avantage en nature [voir *Réductions tarifaires préférentielles**].

AVANTAGE EN NATURE (EXEMPLE)

Dans une entreprise de 270 salariés, dont l'horaire collectif hebdomadaire est de 35 heures, un salarié non-cadre est rémunéré 2500 € par mois (151,67 h), auxquels s'ajoutent des avantages en nature.

Il est nourri chaque jour (un repas) par son employeur, ce qui représente, pour un mois de 21 jours ouvrés, un avantage en nature de : 21 j × 5,45 € = 114,45 €. Il dispose également d'un véhicule de fonction dont l'utilisation privée annuelle représente, par hypothèse, 3 600 €, soit une moyenne de 300 € par mois.

La rémunération du salarié (avantages en nature compris) ne donne pas droit à la réduction générale de cotisations patronales.

EXTRAIT D'UN BULLETIN DE PAYE EN MARS 2025

Désignation	**Base**	**Taux**	**Montant**	
Salaire de base	151,67	16,48	2 500,00	
Avantage en nature nourriture	21	5,45	114,45	
Avantage en nature véhicule			300,00	
Brut total			2 914,45	
Cotisations et contributions sociales	**Base (€)**	**Taux salarial**	**Part salarié (€)**	**Part employeur (€)**
Santé				
Sécurité sociale - Maladie Maternité Invalidité Décès	2 914,45	-	0,00	204,01 (1)
Complémentaire Santé	-	-	85,00	85,00
Accidents du travail - maladies professionnelles	2 914,45	-	-	58,29 (2)
Retraite				
Sécurité sociale plafonnée	2 914,45	6,90 %	201,10	249,19
Sécurité sociale déplafonnée	2 914,45	0,40 %	11,66	58,87
Complémentaire Tranche 1 (3)	2 914,45	4,01 %	116,87	175,16
Famille	2 914,45	-	-	100,55 (4)
Assurance chômage				
Chômage	2 914,45	-	0,00	125,32 (5)
Autres contributions dues par l'employeur	-	-	-	139,29 (6)
CSG déductible de l'impôt sur le revenu	2 948,45	6,80 %	200,49	-
CSG/CRDS non déductible de l'impôt sur le revenu	2 948,45	2,90 %	85,50	-
Exonérations et allègements de cotisations	-	-	-	0,00
Total des cotisations et contributions	-	-	700,62	1 195,68
Déduction avantage en nature nourriture			- 114,45	
Déduction avantage en nature véhicule			- 300,00	
Net social				**2 213,83**
Net à payer avant impôt sur le revenu (7)				**1 799,38 (7)**
Impôt sur le revenu	**Base**	**Taux**	**Montant**	**Cumul annuel**
Montant net imposable			2 384,33	Valeur
Impôt sur le revenu prélevé à la source	2 384,33	9,00 %	214,59	Valeur
Montant net des heures compl/suppl exonérées				Valeur
Net à payer au salarié (en euros) (7)				**1 584,79 (7)**
Total versé par l'employeur				4 110,13

Notes de la rédaction, pour aider à la lecture des totaux (ces notes n'ont pas à apparaître sur le bulletin de paye) :
(1) Taux de 7 % compte tenu de la rémunération. (2) Par hypothèse taux de 2 %. (3) Y compris contribution d'équilibre général et contribution d'équilibre technique. (4) Taux de 3,45 % compte tenu de la rémunération. (5) Chômage 4,05 % et AGS 0,25 %. (6) CSA (0,30 %), FNAL (0,50 %), versement mobilité (1,60 %), contribution au dialogue social (0,016 %), contribution formation (1 %), participation à l'effort de construction (0,45 %), taxe d'apprentissage (0,68 %), forfait social (8 %). (7) À faire apparaître de manière à en faciliter la lisibilité.

En ce qui concerne les *réductions tarifaires préférentielles** et les prix préférentiels consentis aux salariés, une tolérance tend à exonérer toute remise ne dépassant pas 30 % du prix de vente habituel du produit, voir 50 % pour les invendus non alimentaires.

Bons d'achat et cadeaux - Les cadeaux doivent être considérés comme avantages en nature pour leur valeur réelle.

L'administration admet toutefois une exonération, sous certaines conditions, pour les *bons d'achat et cadeaux** attribués :
- par le *comité social et économique** (CSE) dans les entreprises d'au moins 50 salariés ;
- ou par l'employeur en l'absence de CSE assurant la gestion des activités sociales et culturelles (entreprises de moins de 50 salariés ou procès-verbal de carence).

Une tolérance ACOSS spécifique a été adoptée pour les bons octroyés sous forme de *chèque-lire**, *chèque-disque** et *chèque-culture**.

Place de parking - Une place de parking mise à disposition permanente au seul bénéfice du salarié constitue un avantage en nature (cass. soc. 22 juin 2011, n° 08-40455 D).

Compte de dépôt à vue rémunéré - L'ouverture d'un compte de dépôt à vue rémunéré est un avantage en nature pour les salariés bénéficiant des intérêts portés au crédit de ces comptes (cass. soc. 12 juillet 1995, n° 93-12775, BC V n° 243).

Prise en charge des contraventions routières - Voir *Infraction routière**.

Crèche et garde d'enfants - Voir *Aide au financement des services aux personnes et de garde d'enfants** et *Crèche et garde d'enfants**.

Sport - Voir *Sport en entreprise**.

☞ *Avantage en nature logement ; Avantage en nature nourriture ; Avantage en nature véhicule ; Avantages versés par le comité social et économique (CSE) ; Banques (avantages accordés par les) ; Bons d'achat et cadeaux ; Cantine ; Chèque-culture ; Chèque-disque ; Chèque-lire ; Crèche et garde d'enfants ; Dirigeants d'entreprise ; Frais de déplacement ; Frais de nourriture ; Frais professionnels ; Infraction routière ; Réductions tarifaires préférentielles ; Repas d'affaires ; Sommes et avantages attribués aux salariés d'autres employeurs ; Sport en entreprise ; Technologies de l'information et de la communication ; Vêtements professionnels ; Voyage.*

Avantage en nature logement

L'avantage en nature logement est constitué dès lors que l'employeur fournit, gratuitement ou pour un prix modique, un logement au salarié.

▶ À noter... La prise en charge par l'employeur du loyer dû par le salarié ne constitue pas un avantage en nature, mais un avantage en argent, pour lequel les règles afférentes à l'avantage en nature logement ne sont pas applicables *(voir plus loin)*.

Évaluation pour l'assiette des cotisations : un choix à faire

Option - L'employeur a le choix entre (arrêté du 25 février 2025, art. 2, I, JO du 27, texte 24 ; BOSS, Avantages en nature, § 240, 01/01/2025) :
- l'évaluation forfaitaire en fonction d'un barème, sauf pour l'avantage en nature logement octroyé en contrepartie du mandat social à certains dirigeants *(voir plus loin)* ;
- l'évaluation d'après la valeur locative cadastrale du logement et au réel pour les avantages accessoires (eau, électricité, gaz, chauffage et garage).

L'option vaut pour une année entière et peut être différente pour chaque salarié concerné. Elle est laissée à la seule diligence de l'employeur (BOSS, Avantages en nature, § 240, 01/01/2025).

L'employeur peut revenir sur son choix en fin d'exercice pour l'année entière écoulée et salarié par salarié. Il doit alors régulariser les cotisations précomptées au cours de l'année. Notons que la rétroactivité ne peut pas concerner les années antérieures.

En cas de redressement URSSAF - Dans une circulaire de 2003, il était précisé que l'employeur qui n'a pas cotisé sur l'avantage en nature logement subit un redressement effectué sur la base de l'évaluation forfaitaire ou, pour les personnes exclues de l'application du forfait, sur la base de la valeur réelle. Cette précision n'a pas été reprise par le BOSS, mais conserve selon nous toute sa portée (circ. DSS/SDFSS/5B 2003-7 du 7 janvier 2003, § II, 2.2.2 abrogée au 1er avril 2021).

Évaluation forfaitaire pour l'assiette des cotisations

Barème réglementaire - L'évaluation forfaitaire, qui intègre les avantages accessoires (eau, gaz, électricité, chauffage, garage), s'effectue pour le mois sur la base d'un barème établi en fonction de la rémunération brute mensuelle du salarié et du nombre de pièces principales du logement (arrêté du 25 février 2025, art. 2, III, JO du 27, texte 24 ; BOSS, Avantages en nature, § 270, 01/01/2025).

▶ À noter… Dans l'hypothèse où l'employeur applique une *déduction forfaitaire spécifique pour frais professionnels**, il faut se référer à la rémunération brute après application de la déduction.

L'évaluation forfaitaire repose sur la distinction suivante :
- pour les logements ne comportant qu'une pièce principale, il suffit de se reporter au barème correspondant ;
- pour ceux comportant plusieurs pièces principales, il convient de se reporter au barème des logements comportant plusieurs pièces principales et de multiplier la valeur fixée par le nombre de pièces principales.

▶ À noter… Par « pièces principales », il faut entendre celles qui sont destinées au séjour et au sommeil. Il faut ignorer les pièces de service (cuisines, salle d'eau, etc.). Il faut que ces pièces principales disposent d'un ouvrant et de surfaces transparentes donnant sur l'extérieur (BOSS, Avantages en nature, § 280, 01/01/2025).

Les forfaits en euros sont revalorisés au 1er janvier de chaque année, en fonction du taux prévisionnel d'évolution en moyenne annuelle des prix à la consommation de tous les ménages hors tabac, qui est prévu pour l'année civile considérée dans le rapport sur la situation et les perspectives économiques, sociales et financières de la nation annexé au projet de loi de finances. Les valeurs sont arrondies à la dizaine de centimes d'euro la plus proche (arrêté du 25 février 2025, art. 8, JO du 27, texte 24). En pratique, le barème revalorisé est diffusé par le site du réseau des URSSAF (www.urssaf.fr) et par le *Bulletin officiel de la sécurité sociale (BOSS)**.

Les évaluations du barème réglementaire correspondent à des valeurs mensuelles. En cas de mois incomplet, c'est le nombre de semaines qui est pris en compte, dans la limite de 4. L'évaluation par semaine est égale à 25 % du montant mensuel, arrondi à la dizaine de centimes d'euro la plus proche. Toute semaine incomplète doit être comptabilisée comme une semaine entière (arrêté du 25 février 2025, art. 2, III, JO du 27, texte 24 ; BOSS, Avantages en nature, § 290, 01/01/2025).

▶ À noter… Avant l'entrée en vigueur du *Bulletin officiel de la sécurité sociale (BOSS)**, l'administration avait précisé que lorsque la rémunération mensuelle brute d'un salarié varie au cours de l'année, l'employeur ne peut pas évaluer l'avantage en nature logement en fonction d'une rémunération mensuelle moyenne, avec régularisation en fin d'année. L'évaluation doit alors se faire sur la paye du mois en cours, en tenant compte de toutes les rémunérations (salaire, acomptes, primes, etc.) (circ. DSS 2005-389 du 19 août 2005, question n° 5, abrogée). Le BOSS n'a pas repris cette précision, mais elle nous semble toujours d'actualité.

Possibilité de prévoir des évaluations supérieures - Les montants des forfaits prévus pour les avantages en nature logement sont des évaluations minimales, à défaut de stipulations supérieures fixées par convention ou accord collectif, ou convenues d'un commun accord entre les salariés et leurs employeurs (arrêté du 25 février 2025, art. 6, JO du 27, texte 24 ; BOSS, Avantages en nature, § 60, 01/01/2025).

▶ À noter… Lorsque la convention collective prévoit une évaluation inférieure, celle-ci ne peut être retenue pour déterminer l'assiette des cotisations. Les forfaits prévus par l'arrêté de 2025 fixent en effet une règle générale d'ordre public (BOSS, Avantages en nature, § 60, 01/01/2025).

Salariés ayant plusieurs employeurs - Pour les salariés multi-employeurs, l'employeur qui octroie

Assiette des cotisations : évaluation forfaitaire mensuelle pour 2025

Rémunération mensuelle brute en espèces (1)	Logement comportant une pièce principale	Logement comportant plusieurs pièces principales
Moins de 1 962,50 €	78,70 €	42,10 € par pièce principale
De 1 962,50 € à 2 354,99 €	91,80 €	58,90 € par pièce principale
De 2 355 € à 2 747,49 €	104,80 €	78,70 € par pièce principale
De 2 747,50 € à 3 532,49 €	117,90 €	98,20 € par pièce principale
De 3 532,50 € à 4 317,49 €	144,50 €	124,50 € par pièce principale
De 4 317,50 € à 5 102,49 €	170,40 €	150,40 € par pièce principale
De 5 102,50 € à 5 887,49 €	196,80 €	183,30 € par pièce principale
À partir de 5 887,50 €	222,70 €	209,60 € par pièce principale

(1) Par exemple, un salarié rémunéré 2 150 € bruts en février 2025, qui bénéficie d'un 3 pièces, voit celui-ci évalué à 3 × 58,90 € = 176,70 € pour ce mois-là.

l'avantage en nature tient compte de la seule rémunération versée par son entreprise (BOSS, Avantages en nature, § 320, 01/01/2025).

Salariés affiliés à des caisses de congés payés - Lorsque des salariés affiliés à une caisse de congés payés ne perçoivent aucune rémunération en espèces de l'employeur pour un mois entier, et sont uniquement indemnisés par la caisse de congés payés, l'avantage en nature logement doit, pour ces périodes, être évalué en fonction du salaire mensuel brut de référence servant au calcul de l'indemnité de congés payés selon la règle du maintien de salaire (BOSS, Avantages en nature, § 310, 01/01/2025).

Suspension du contrat de travail sans maintien de salaire - Lorsque le salarié voit son contrat de travail suspendu sans maintien de salaire et donc sans rémunération soumise à cotisations pendant un mois considéré, il faut considérer qu'il est rémunéré exclusivement par des avantages en nature. L'avantage en nature logement doit alors être évalué en fonction de la première tranche du barème (BOSS, Avantages en nature, § 310, 01/01/2025).

Rappel judiciaire de salaire - Un ancien questions/réponses de 2005, abrogé par le BOSS, précisait que lorsqu'il y a *rappel de salaire** suite à une décision de justice, les éléments de rémunération correspondants doivent être rattachés à la période d'emploi respective, ce qui entraîne donc une augmentation de la rémunération brute mensuelle, avec une modification de l'avantage en nature logement. Le BOSS n'a pas repris cette précision. Une clarification de l'administration serait la bienvenue afin de savoir si les employeurs peuvent encore tenir compte de ce principe (circ. DSS/SDFSS/5B 2005-389 du 19 août 2005, question/réponse 2, abrogée au 1er avril 2021).

Évaluation réelle pour l'assiette des cotisations

Évaluation sur la base de la valeur locative cadastrale - Sur option de l'employeur, l'évaluation peut être basée sur la valeur locative cadastrale. Les avantages accessoires pris en charge par l'employeur (eau, gaz, électricité, chauffage, garage) doivent être ajoutés pour leur montant réel à l'évaluation de la valeur du logement (arrêté du 25 février 2025, art. 2, I et II, JO du 27, texte 24 ; BOSS, Avantages en nature, § 340, 01/01/2025).

▶ À noter... D'autres types de charges liées au logement (ex. : assurances) dont le paiement incombe normalement à l'occupant du logement constituent un avantage en espèces soumis à cotisations pour leur montant réel lorsqu'elles sont acquittées par l'employeur (BOSS, Avantages en nature, § 340, 01/01/2025).

L'évaluation ne doit tenir compte que des locaux effectivement utilisés par le salarié à des fins personnelles par opposition aux locaux réservés aux besoins professionnels dans le cadre du contrat de travail (BOSS, Avantages en nature, § 340, 01/01/2025). Lorsque l'usage du logement est partiellement professionnel, l'avantage du logement doit être évalué selon le rapport de la superficie dévolue à son usage privé à la superficie totale (BOSS, Avantages en nature, § 300, 01/01/2025).

▶ À noter... La valeur locative cadastrale est actualisée en application de l'article 1518 du code général des impôts et revalorisée annuellement en application de l'article 1518 bis du même code (arrêté du 25 février 2025, art. 2, II, JO du 27, texte 24).

Par exception, évaluation sur la base de la valeur locative réelle - Lorsque, par exception, la valeur locative cadastrale ne peut pas être évaluée par les services fiscaux, l'avantage en nature doit être calculé d'après la valeur locative réelle du logement (taux des loyers pratiqués dans la commune pour un logement de surface comparable) et d'après la valeur réelle des avantages accessoires pris en charge par l'employeur (arrêté du 25 février 2025, art. 2, II, JO du 27, texte 24 ; BOSS, Avantages en nature, § 340, 01/01/2025).

▶ À noter... Un ancien questions/réponses précisait que lorsque le loyer acquitté par l'employeur est d'un montant inférieur à celui résultant des taux de loyer pratiqués dans la commune, il convenait de retenir la valeur du loyer acquitté par l'employeur, sous réserve de la production des justificatifs (contrat de bail, quittance de loyer, etc.). Le BOSS n'a pas repris cette précision (circ. DSS/SDFSS/5B 2005-389 du 19 août 2005, question/réponse 64, abrogée au 1er avril 2021).

Si aucune valeur locative ne peut être évaluée - Lorsque ni la valeur locative cadastrale ni la valeur locative réelle du logement ne peuvent être évaluées, l'avantage en nature doit être estimé au forfait (BOSS, Avantages en nature, § 340, 01/01/2025).

Versement d'un loyer par le salarié

Lorsque le salarié verse en échange du logement fourni par l'employeur une redevance ou un loyer, ce montant est déduit de l'évaluation de l'avantage en nature (BOSS, Avantages en nature, § 360, 01/01/2025).

▶ À noter… Quelle que soit l'évaluation retenue (forfaitaire ou valeur locative), lorsque la valeur mensuelle de l'avantage en nature est inférieure à la première tranche du barème forfaitaire pour un logement comptant une pièce (soit 78,70 € par mois en 2025), l'avantage en nature logement peut être négligé (BOSS, Avantages en nature, § 360, 01/01/2025).

Lorsque la redevance ou le loyer est inférieur, selon l'option choisie, au forfait ou à la valeur locative, l'avantage est évalué par différence entre ces deux montants (BOSS, Avantages en nature, §§ 370 et 380, 01/01/2025).

Lorsque la redevance est égale ou supérieure au forfait ou à la valeur locative, il n'y a pas d'avantage en nature.

Si l'employeur opte pour la valeur locative, les avantages accessoires au logement (eau, gaz, électricité, garage, chauffage) sont, le cas échéant, calculés d'après leur valeur réelle établie à partir des factures.

Loyer du salarié payé par l'employeur

Le loyer du logement du salarié peut être pris en charge directement par l'employeur. Un avantage en nature ou un avantage en espèces est alors décompté selon le nom inscrit sur le bail.

Bail au nom de l'employeur - L'avantage doit être considéré comme un avantage en nature lorsque l'employeur, titulaire du bail locatif, loge gratuitement le salarié (BOSS, Avantages en nature, § 250, 01/01/2025).

Bail au nom du salarié - En revanche, lorsque l'employeur prend en charge une dépense incombant nominativement au salarié (bail au nom du salarié), l'avantage consenti à ce dernier constitue un avantage en espèces, peu important à cet égard que l'employeur paye directement le loyer auprès du bailleur ou en rembourse le montant au salarié (BOSS, Avantages en nature, § 250, 01/01/2025).

En pratique, cela signifie que l'évaluation forfaitaire ne peut pas être utilisée : c'est le montant de l'avantage en espèces qui doit être soumis à cotisations, à savoir le montant de la dépense prise en charge par l'employeur.

Cas particuliers

Conjoints travaillant dans la même entreprise - Lorsque le logement est occupé par les deux conjoints (ou partenaires pacsés ou concubins) travaillant dans la même entreprise, les cotisations versées à ce titre sont supportées (BOSS, Avantages en nature, § 390, 01/01/2025) :
- par le conjoint dont le contrat de travail prévoit l'avantage en nature ;
- par chacun d'eux, pour la moitié de l'évaluation de l'avantage obtenue en fonction de leur salaire, si les deux contrats prévoient l'avantage ou si aucun des deux ne le prévoit.

Salariés logés par nécessité absolue de service - Les salariés qui ne peuvent accomplir leur travail (sécurité, gardiennage, etc.) sans être logés dans les locaux où ils exercent leurs fonctions bénéficient d'un abattement pour sujétion de 30 % sur la valeur de l'avantage en nature dont ils bénéficient, à condition que ces sujétions (ex. : astreintes) soient mentionnées dans le contrat de travail (BOSS, Avantages en nature, § 470, 01/01/2025).

Cet abattement s'applique :
- sur l'évaluation forfaitaire, lorsque c'est cette solution qui est retenue pour évaluer l'avantage en nature ;
- sur la valeur locative cadastrale, lorsque l'avantage en nature est évalué au réel.

Dans ce dernier cas, l'abattement de 30 % ne s'applique pas sur la valeur des avantages accessoires (eau, gaz, électricité, chauffage, garage).

Fourniture gratuite d'un logement et usage en partie professionnel - Quel que soit le mode d'évaluation retenu, l'employeur doit exclure de l'avantage en nature la partie du logement à usage professionnel, à condition que le contrat de mise à disposition indique le nombre de pièces réservées à l'usage privé et le nombre de pièces réservées à l'usage professionnel (BOSS, Avantages en nature, §§ 300 et 350, 01/01/2025).

Si l'employeur a opté pour une évaluation selon la valeur réelle ou la valeur locative, la valeur de l'avantage en nature s'obtient en proratisant la valeur locative ou la valeur réelle par le rapport « superficie à usage privé/superficie totale ». Le même principe s'applique aux avantages accessoires.

Si l'employeur a opté pour le forfait, l'avantage en nature est évalué sur la base du barème, en tenant compte du nombre de pièces réservées à l'usage privé.

Partage de l'usage du logement entre plusieurs salariés - Lorsque le logement est occupé par deux ou plusieurs salariés, l'avantage en nature logement peut être évalué forfaitairement, en tenant compte de trois paramètres (BOSS, Avantages en nature, §§ 410 et 420, 01/01/2025) :

- la rémunération du salarié ;
- le nombre de pièces principales mises à sa disposition (à savoir les pièces destinées au sommeil et au séjour) ;
- et l'occupation seul ou avec un autre salarié de la pièce destinée au sommeil.

Si la pièce destinée au sommeil utilisée par le salarié est également occupée par un autre salarié, seule la moitié de l'avantage ainsi évalué doit être ajoutée à la rémunération.

Lorsque l'avantage en nature logement est évalué d'après la valeur locative, l'évaluation est égale au rapport entre, d'une part, la somme de la valeur locative du logement à laquelle s'ajoute la valeur réelle des charges afférentes au logement et, d'autre part, le nombre de salariés occupant le logement. Ce montant représente la valeur réelle que devrait verser chaque salarié en échange du logement fourni. En cas d'impossibilité d'établir la valeur locative ou le montant du loyer acquitté par l'employeur, le niveau des loyers pratiqué dans la commune pour un logement de surface comparable doit être pris en compte (BOSS, Avantages en nature, § 430, 01/01/2025).

Logements collectifs - Les logements à caractère collectif, tels que les logements en dortoir ou baraquement, ne constituent pas un avantage en nature (BOSS, Avantages en nature, § 420, 01/01/2025).

Logement d'un ministre du culte protestant - Pour l'évaluation forfaitaire du logement de fonction des ministres du culte protestant rémunérés par des associations cultuelles et affiliés au régime général de la sécurité sociale, il doit être considéré, dans toutes les hypothèses, que le nombre de pièces à usage privatif du logement est égal à 3, sans tenir compte des caractéristiques du logement effectivement mis à disposition (BOSS, Avantages en nature, § 490, 01/01/2025).

Évaluation pour le net imposable

Pour l'imposition des revenus, il est possible d'évaluer l'avantage en nature logement au forfait ou au réel pour la détermination du revenu imposable, selon les mêmes modalités que celles prévues pour ce qui concerne l'assiette des cotisations de sécurité sociale, quelle que soit la rémunération brute en espèces du salarié (CGI art. 82 ; BOFiP-RSA-BASE-20-20-§§ 120 à 200-16/04/2024).

Dirigeants

Assiette des cotisations - Lorsqu'il est octroyé en contrepartie du mandat social, l'avantage en nature logement doit, dans tous les cas, être évalué selon la valeur réelle pour (arrêté du 25 février 2025, art. 6, JO du 27, texte 24) :
- les gérants minoritaires et égalitaires de SARL ou de sociétés d'exercice libéral à responsabilité limitée (SELARL) (c. séc. soc. art. L. 311-3, 11°) ;
- les présidents-directeurs et directeurs généraux des SA et des sociétés d'exercice libéral à forme anonyme (SELAFA) (c. séc. soc. art. L. 311-3, 12°) ;
- les présidents et dirigeants des sociétés par actions simplifiées (SAS) et des sociétés d'exercice libéral par actions simplifiées (SELAS) (c. séc. soc. art. L. 311-3, 23°).

Lorsque l'employeur fournit un logement à un mandataire social au titre d'un contrat de travail, l'avantage en nature logement peut être évalué selon le barème forfaitaire, mais en tenant compte de la seule rémunération brute correspondant au contrat de travail et en ignorant les rémunérations du mandat social (BOSS, Avantages en nature, § 330, 01/01/2025).

Pour plus de détails sur l'évaluation de l'avantage en nature logement des dirigeants, voir *Dirigeants d'entreprise**.

Impôt sur le revenu - En matière fiscale, l'avantage en nature logement des dirigeants doit toujours être évalué au réel (pour plus de détails, voir *Dirigeants d'entreprise**).

Si le dirigeant est en mesure de justifier du cumul de son mandat social avec un contrat de travail, l'avantage en nature peut être évalué au forfait. Cependant, pour l'application du barème, il faut ici tenir compte de l'ensemble de la rémunération, servie tant au titre du contrat de travail que du mandat social, dès lors, en effet, que la concession du logement se rapporte indistinctement à l'ensemble des fonctions dirigeantes et salariées (BOFiP-RSA-BASE-20-20-§ 210-16/04/2024).

▶ À noter… Les dirigeants concernés par cette possibilité d'évaluation forfaitaire sont les gérants minoritaires ou égalitaires de SARL ou de sociétés d'exercice libéral à responsabilité limitée (SELARL), les présidents-directeurs et directeurs généraux de SA et de sociétés d'exercice libéral à forme anonyme (SELAFA) et les présidents et dirigeants de sociétés par actions simplifiées (SAS) et des sociétés d'exercice libéral par actions simplifiées (SELAS), sous réserve qu'il y ait cumul « valable » avec un contrat de travail.

Évaluation pour le respect du SMIC

À défaut d'évaluation prévue par convention ou accord collectif de travail, l'avantage en nature

SMIC et assiette des cotisations : évaluation de l'avantage en nature (exemple)	
Un employeur rémunère un salarié au SMIC, soit 1 801, 80 bruts par mois au 1er janvier 2025 pour un horaire hebdomadaire de 35 heures. Cette rémunération inclut un avantage en nature logement de 2 pièces principales. Aucune convention ou accord collectif de travail ne fixe de règle d'évaluation. Pour les besoins de l'exemple, les paramètres utilisés sont ceux en vigueur au 1er janvier 2025. Pour les cotisations, l'employeur choisit d'évaluer l'avantage en nature selon le barème forfaitaire.	
1) Rémunération minimale en espèces	La rémunération minimale en espèces due au salarié est de 1 801,80 – (0,02 € × 30) = 1 801,20 €.
2) Brut sécurité sociale	L'assiette des cotisations est constituée par la somme de la rémunération en espèces et de la valeur de l'avantage en nature fixée par le barème forfaitaire : 1 801,80 + (42,10 € × 2) = 1 886 €.

logement est pris en compte à hauteur de 0,02 € par jour (soit 0,02 × 30 = 0,60 € par mois) pour déterminer la rémunération minimale en espèces à verser au salarié et vérifier le respect du *SMIC** (c. trav. art. D. 3231-11).

Sort du logement en cas d'arrêt maladie

Le logement attribué gratuitement à un salarié pour l'exercice de ses fonctions, qui est l'accessoire de son contrat de travail et dont il bénéficie dans sa vie personnelle, ne peut ni être retiré ni donner lieu au versement d'un loyer pendant une période de suspension du contrat de travail pour maladie (cass. soc. 26 janvier 2011, n° 09-43193, BC V n° 32 ; cass. soc. 14 décembre 2022 n° 21-15685 D).

À notre sens, la seule redevance qui pourrait incomber au salarié est la participation financière qui aurait été prévue dès l'origine pour les périodes travaillées ou non travaillées.

☞ *Avantage en nature ; Dirigeants d'entreprise.*

Avantage en nature nourriture

Il y a avantage en nature nourriture soumis à cotisations dès lors que le salarié est nourri gratuitement ou pour un prix modique par l'employeur, hors la situation du déplacement professionnel.

Évaluation pour l'assiette des cotisations

Règle générale - Sauf en cas de déplacement professionnel, pour les salariés et assimilés auxquels l'employeur fournit la nourriture ainsi que, pour certaines catégories de dirigeants *(voir plus loin)*, l'avantage en nature nourriture est évalué forfaitairement à 10,90 € par journée, soit 5,45 € par repas en 2025 (hors *hôtels-cafés-restaurants**) (arrêté du 25 février 2025, art. 1er, JO du 27, texte 24).

Les montants des forfaits sont des évaluations minimales, à défaut de stipulations supérieures arrêtées par convention ou accord collectif, ou convenues d'un commun accord entre les salariés et leurs employeurs (arrêté du 25 février 2025, art. 6, JO du 27, texte 24).

Lorsque le salarié est nourri moyennant une participation financière, cette dernière doit être déduite de la valeur de l'avantage en nature soumis à cotisations (BOSS, Avantages en nature, § 70, 01/01/2025).

Exemple

Un salarié participe à hauteur de 2,30 € par repas. Les avantages en nature nourriture soumis à cotisations sont de : 5,45 € – 2,30 € = 3,15 €.

L'avantage constitué par la fourniture du repas par l'employeur se distingue du remboursement sous forme d'allocations forfaitaires des frais engagés par le salarié pour se nourrir lors d'un déplacement professionnel (BOSS, Avantages en nature, § 110, 01/01/2025). En effet, lorsqu'un salarié en déplacement professionnel est remboursé de ses frais de repas, il s'agit de frais professionnels et il n'y a pas d'avantage en nature à réintégrer dans la base des cotisations (voir *Frais de déplacement**).

Hôtels-cafés-restaurants - Pour les salariés des entreprises compris dans le champ d'application des conventions collectives nationales des *hôtels-cafés-restaurants**, de la restauration de collectivités, de la restauration rapide, des chaînes de cafétérias et assimilées et des casinos, les conditions particulières de travail, les accords collectifs ou les usages peuvent imposer à l'employeur de les nourrir gratuitement, en totalité ou en partie, dans l'établissement.

L'avantage en nature nourriture est évalué conformément aux dispositions du code du travail (arrêté du 25 février 2025, art. 1er, JO du 27, texte 24). Dans ce secteur professionnel, sauf valeurs supérieures fixées par les conventions ou accords collectifs, l'avantage en nature repas est donc égal à une fois le *minimum garanti** par repas (c. trav. art. D. 3231-10), soit 4,22 € au 1er janvier 2025 (décret 2024-951 du 23 octobre 2024, art. 2, JO du 24).

Cantine, restaurant d'entreprise ou interentreprises - Dans certaines entreprises, les salariés ont accès à une *cantine**.

La fourniture d'un repas dans ce type d'établissement moyennant une participation des salariés constitue un avantage en nature. La différence entre le forfait avantage en nature nourriture (5,45 € par repas en 2025, hors *hôtels-cafés-restaurants**) et le montant de la participation personnelle du salarié doit, en principe, être réintégrée dans l'assiette des cotisations (BOSS, Avantages en nature, § 160, 01/01/2025).

Toutefois, par tolérance, il n'y a pas d'avantage en nature à réintégrer si la participation du salarié est au moins égale à 50 % de la valeur du forfait avantage en nature nourriture, soit 2,73 € par repas en 2025 (BOSS, Avantages en nature, § 170, 01/01/2025), même pour les stagiaires en entreprise [voir *Stages en entreprise (gratification)** et *Cantine**].

Depuis le 1er avril 2022, cette tolérance s'applique aussi aux repas fournis par une cantine d'entreprise, à emporter ou livrés sur le lieu de télétravail du salarié. Ainsi, l'avantage comprenant la participation de l'employeur au coût du repas et aux éventuels frais de livraison peut être négligé si la participation du télétravailleur est au mois égal à 50 % du forfait (soit 2,73 € en 2025) (BOSS, Avantages en nature, § 180, 01/01/2025).

Repas résultant d'une obligation professionnelle ou pris par nécessité de service -La fourniture de repas résultant d'obligations professionnelles ou qui sont pris par nécessité de service prévue conventionnellement ou contractuellement n'est pas considérée comme un avantage en nature et n'est donc pas réintégrée dans l'assiette de cotisations (BOSS, Avantages en nature, § 190, 01/01/2025).

Par conséquent, sont exclus de l'assiette des cotisations les repas fournis aux personnels qui, par leur fonction, sont amenés par nécessité de service à prendre leur repas avec les personnes dont ils ont la charge éducative, sociale ou psychologique, dès lors que leur présence au moment des repas résulte d'une obligation professionnelle figurant soit dans le projet pédagogique ou éducatif de l'établissement, soit dans un document de nature contractuelle (contrat de travail, convention).

▶ À noter… Ces dispositions ne sont pas applicables au personnel de cantine et de service (BOSS, Avantages en nature, § 190, 01/01/2025).

Par ailleurs, les *repas d'affaires** qui remplissent les conditions pour être qualifiés de *frais professionnels** ne constituent pas des avantages en nature.

Dirigeants - Pour les périodes d'activité courant depuis le 1er janvier 2020, il est possible d'évaluer l'avantage nourriture au forfait pour les catégories suivantes de dirigeants (arrêté du 25 février 2025, art. 1er, JO du 27, texte 24) :

- les gérants minoritaires ou égalitaires de SARL et de sociétés d'exercice libéral à responsabilité limitée (SELARL) (c. séc. soc. art. L. 311-3, 11°) ;
- les présidents de conseil d'administration, directeurs généraux et directeurs généraux délégués de sociétés anonymes (SA) et de sociétés d'exercice libéral à forme anonyme (SELAFA) (c. séc. soc. art. L. 311-3, 12°) ;
- les directeurs généraux et directeurs généraux délégués d'institutions de prévoyance, d'unions d'institutions de prévoyance et des sociétés de groupe assurantiel de protection sociale (c. séc. soc. art. L. 311-3, 12°) ;
- les présidents et dirigeants de sociétés par actions simplifiées (SAS) et de sociétés d'exercice libéral par actions simplifiées (SELAS) (c. séc. soc. art. L. 311-3, 23°).

▶ À noter… Jusqu'au 31 décembre 2019, l'avantage en nature nourriture des dirigeants ne pouvait être évalué qu'en fonction des dépenses réelles. Seuls les mandataires sociaux titulaires d'un contrat de travail pouvaient prétendre, mais uniquement au titre de leur rémunération liée au contrat de travail, au bénéfice de l'évaluation forfaitaire (circ. DSS/SDFSS/5B 2003-7 du 7 janvier 2003, § II, 2.2.6, abrogée au 1er avril 2021).

Évaluation pour le net imposable

Salariés - Les règles fiscales sont alignées sur les règles sociales, y compris pour les hôtels-cafés-restaurants (BOFiP-RSA-BASE-20-20-§§ 50 à 90-16/04/2024).

Dirigeants - La législation fiscale prévoit que pour la détermination du revenu imposable, les avantages en nature sont évalués selon les règles établies pour le calcul des cotisations de sécurité sociale (CGI art. 82).

En conséquence, depuis le 1er janvier 2020, il est possible de recourir à l'évaluation forfaitaire pour les mêmes catégories de dirigeants pour lesquelles cela est possible au regard de l'assiette des cotisations sociales *(voir plus haut)*.

SMIC et assiette des cotisations : évaluation de l'avantage en nature (exemple)	
Un employeur rémunère un salarié au SMIC, soit 1 801,80 € bruts par mois pour un horaire hebdomadaire de 35 heures au 1er janvier 2025. Cette rémunération inclut un avantage en nature nourriture par jour. Aucune convention ou accord collectif de travail ne fixe de règle d'évaluation. Sur un mois donné, le salarié bénéficie de 22 repas. Pour les besoins de l'exemple, les paramètres utilisés sont ceux en vigueur au 1er janvier 2025.	
1) Rémunération minimale en espèces du mois	La rémunération minimale en espèces due au salarié est de 1 801,80 € – (4,22 € × 22) = 1 708,96 €.
2) Brut sécurité sociale du mois	L'assiette des cotisations est constituée par la somme de la rémunération en espèces et de la valeur des avantages en nature fixée pour l'assiette des cotisations : - cas général : 1 708,96 € + (5,45 € × 22) = 1 828,86 € ; - hôtels-cafés-restaurants : 1 708,96 € + (4,22 € × 22) = 1 801,80 €.

▶ À noter... Jusqu'au 31 décembre 2019, l'avantage en nature nourriture des dirigeants ne pouvait être évalué qu'en fonction des dépenses réelles, sauf si le dirigeant était en mesure de justifier de la régularité d'un cumul de son mandat social avec un contrat de travail (dans ce cas, l'avantage en nature pouvait être évalué au forfait).

Évaluation pour vérifier le respect du SMIC

Pour vérifier si le SMIC est respecté, et notamment si le salarié reçoit bien le SMIC en espèces auquel il a droit, l'avantage en nature est pris en compte selon les règles fixées par le code du travail (c. trav. art. D. 3231-9 et D. 3231-10). Ainsi, l'avantage en nature nourriture est pris en compte pour la valeur fixée par convention ou accord collectif de travail ou, à défaut, à une fois le *minimum garanti** par repas (soit 4,22 € au 1er janvier 2025) (voir *SMIC**).

Les règles diffèrent donc de celles retenues en matière d'assiette des cotisations.

Absences et congés payés

Maladie et absences non rémunérées - En cas d'arrêt de travail du salarié pour maladie, ou pour d'autres absences non rémunérées, les repas cessent d'être pris. Il ne faut donc pas réintégrer dans le salaire brut la valeur des avantages en nature nourriture correspondant au nombre de jours d'absence, ni diminuer du même montant les avantages en nature nourriture déduits du salaire net à verser au salarié.

Congés payés - Lors des congés payés, le salarié n'est, en principe, plus nourri et est donc privé des avantages en nature nourriture. Ceux-ci doivent, dès lors, être intégrés dans la base de calcul de l'*indemnité de congés payés** (c. trav. art. L. 3141-25).

À l'inverse, il n'y a pas lieu d'intégrer dans l'assiette de calcul les avantages en nature dont le salarié continue à bénéficier pendant ses congés.

☛ *Avantage en nature ; Cantine ; Dirigeants d'entreprise ; Frais de déplacement ; Frais de nourriture ; Frais professionnels ; Hôtels-cafés-restaurants ; Minimum garanti ; Prime de panier ; Repas d'affaires ; Titre-restaurant.*

Avantage en nature véhicule

Lorsqu'un employeur met à la disposition permanente d'un salarié un véhicule dont il est propriétaire ou locataire, l'utilisation privée qui en est faite représente un avantage en nature qui doit être soumis à cotisations (arrêté du 25 février 2025, art. 3, JO du 27, texte 24 ; BOSS, Avantages en nature, § 560, 01/01/2025).

En pratique, il y a mise à disposition à titre permanent d'un véhicule chaque fois que les circonstances de fait permettent au salarié d'utiliser à titre privé (et donc en dehors du temps de travail) un véhicule professionnel. Il en est ainsi lorsque le salarié n'est pas tenu de restituer le véhicule en dehors de ses périodes de travail, notamment en fin de semaine (samedi et dimanche) ou pendant ses périodes de congés (BOSS, Avantages en nature, § 570, 01/01/2025).

Principes d'évaluation pour l'assiette des cotisations

Valorisation réelle ou forfaitaire - Un arrêté du 25 février 2025 a réécrit les règles d'évaluation des avantages en nature. Il s'est substitué à l'ancien arrêté du 10 décembre 2002 (lequel avait été modifié à plusieurs reprises).

Comme antérieurement, deux méthodes de valorisation de l'avantage en nature véhicule existent : l'avantage en nature peut être évalué, sur option de l'employeur, sur la base des dépenses réellement engagées ou sur la base d'un forfait annuel (arrêté du 25 février 2025, art. 3, I, JO du 27, texte 24).

Les règles d'évaluation sur la base des dépenses réellement engagées ne sont pas modifiées et sont reprises à l'identique (arrêté du 25 février 2025, art. 3, II, JO du 27, texte 24).

En revanche, les modalités de l'évaluation forfaitaire sont réformées, avec une distinction selon la date à laquelle la mise à disposition du véhicule au salarié est intervenue (arrêté du 25 février 2025, art. 3, III, JO du 27, texte 24). Sous réserve de confirmation par le BOSS :
- pour un véhicule mis à disposition avant février 2025, l'avantage en nature est évalué selon les anciennes règles (intégrées à l'art. 3, III, A du nouvel arrêté) ;
- pour les mises à disposition intervenant à partir de février 2025, l'avantage en nature est évalué selon les nouvelles règles (intégrées à l'art. 3, III, B du nouvel arrêté) ;
- si un véhicule est mis à la disposition d'un salarié n° 1 de janvier à mars 2025, puis d'un salarié n° 2 à partir d'avril 2025, l'avantage en nature serait évalué selon les anciennes règles pour le salarié n° 1 et selon les nouvelles règles pour le salarié n° 2.

Option choisie par l'employeur par salarié - Le mode d'évaluation peut être différent en fonction de chaque salarié. Rien n'oblige l'employeur à utiliser le même pour tous les salariés (BOSS, Avantages en nature, § 600, 01/01/2025).

L'employeur choisit seul la méthode d'évaluation retenue. Il peut réviser en fin d'année l'option prise en fonction de son choix (forfait ou valeur réelle) pour l'année entière écoulée, salarié par salarié (BOSS, Avantages en nature, § 600, 01/01/2025).

L'employeur qui choisit de changer d'option en fin d'année régularise, le cas échéant, les cotisations précomptées au cours de l'année. L'option pour l'année doit être exercée ou révisée au plus tard lors de la dernière déclaration afférente à l'exercice ; en revanche, il est impossible d'en revendiquer rétroactivement le bénéfice pour les années antérieures (BOSS, Avantages en nature, § 600, 01/01/2025).

Véhicule loué ou acheté par l'entreprise - Les règles d'évaluation de l'avantage en nature véhicule varient selon que l'entreprise a acheté le véhicule mis à la disposition du salarié ou qu'elle le loue (avec ou sans option d'achat) (arrêté du 25 février 2025, art. 3, JO du 27, texte 24).

Flotte de vélos : tolérance - À l'heure où nous rédigeons ces lignes (15 janvier 2025), le site Internet du réseau des URSSAF indique que lorsque l'employeur met à la disposition permanente de ses salariés une flotte de vélos, avec ou sans assistance électrique, pour une utilisation privée dans le cadre des trajets domicile-lieu de travail, cette utilisation privée constitue en principe un avantage en nature. Toutefois, par mesure de tolérance et de simplification, la valeur des frais générés par cette mise à disposition (achat, frais d'installation, d'entretien) n'est pas retenue comme avantage en nature (www.urssaf.fr, rubrique « Avantages en nature », puis « Véhicule »).

Véhicule octroyé par l'intermédiaire d'un tiers - Peu importe que les avantages en nature soient octroyés par l'intermédiaire d'un tiers dès lors que cet octroi est opéré en considération de l'appartenance du salarié à l'entreprise (BOSS, Avantages en nature, § 30, 01/01/2025).

Toutefois, l'économie de frais de transport réalisée par des salariés bénéficiaires d'un véhicule mis à disposition de façon permanente par l'intermédiaire d'une association d'utilisateurs constitue un avantage à condition que l'entreprise assume

Évaluation au réel (1)

Véhicule acheté		Véhicule en location ou en location avec option d'achat
5 ans et moins	**Plus de 5 ans**	
• 20 % du coût d'achat (prix TTC réglé par l'entreprise) • L'assurance • Les frais d'entretien	• 10 % du coût d'achat (prix TTC réglé par l'entreprise) • L'assurance • Les frais d'entretien	• Coût global annuel de la location • L'entretien • L'assurance
• **Pour évaluer l'avantage en nature** : somme des trois valeurs listées ci-dessus × Nbre de km parcourus à titre privé/Total de km parcourus par le véhicule pour la même période. • **Si l'employeur prend aussi en charge le carburant** : ajouter à l'évaluation ci-dessus les frais réels de carburant utilisé pour un usage personnel.		

(1) Arrêté du 25 février 2025, JO du 27, texte 24 ; BOSS, Avantages en nature, §§ 711 et 740, 01/01/2025.

AN véhicule : règles d'évaluation forfaitaire selon la date de mise à disposition du véhicule

Ce tableau synthétise les règles générales d'évaluation forfaitaire de l'avantage en nature véhicule.

Pour des véhicules fonctionnant exclusivement au moyen de l'énergie électrique mis à disposition entre le 1er janvier 2020 et le 31 décembre 2027, il faut combiner les règles générales avec les règles de faveur, qui prévoient en particulier l'application d'un abattement *(voir nos développements)*.

Véhicule acheté		Véhicule en location ou en location avec option d'achat
5 ans et moins	**Plus de 5 ans**	
❶ Si l'employeur ne prend pas en charge le carburant		
Véhicule mis à disposition jusqu'au 31.01.2025 : 9 % du coût d'achat (prix TTC réglé par l'entreprise)	**Véhicule mis à disposition jusqu'au 31.01.2025 :** 6 % du coût d'achat (prix TTC réglé par l'entreprise)	**Véhicule mis à disposition jusqu'au 31.01.2025 :** • 30 % du coût global annuel pour la location (location, entretien, assurance) • Cette évaluation est plafonnée à un certain montant (1)
Véhicule mis à disposition à compter du 1.02.2025 : 15 % du coût d'achat (prix TTC réglé par l'entreprise)	**Véhicule mis à disposition à compter du 1.02.2025 :** 10 % du coût d'achat (prix TTC réglé par l'entreprise)	**Véhicule mis à disposition à compter du 1.02.2025 :** • 50 % du coût global annuel pour la location (location, entretien, assurance) • Cette évaluation sera-t-elle plafonnée ? (2)
❷ Si l'employeur prend en charge le carburant		
Véhicule mis à disposition jusqu'au 31.01.2025 : • 9 % du coût d'achat (prix TTC réglé par l'entreprise) + frais réels (sur factures) de carburant utilisé à des fins personnelles **ou** • 12 % du coût d'achat (prix TTC réglé par l'entreprise)	**Véhicule mis à disposition jusqu'au 31.01.2025 :** • 6 % du coût d'achat (prix TTC réglé par l'entreprise) + frais réels (sur factures) de carburant utilisé à des fins personnelles **ou** • 9 % du coût d'achat (prix TTC réglé par l'entreprise)	**Véhicule mis à disposition jusqu'au 31.01.2025 :** • 30 % du coût global annuel pour la location (location, entretien, assurance) + frais réels (sur factures) de carburant utilisé à des fins personnelles **ou** • 40 % du coût global annuel pour la location (location, entretien, assurance et coût global du carburant utilisé à des fins professionnelles et personnelles) • Dans les deux cas, cette évaluation est plafonnée à un certain montant (1)
Véhicule mis à disposition à compter du 1.02.2025 : • 15 % du coût d'achat (prix TTC réglé par l'entreprise) + frais réels (sur factures) de carburant utilisé à des fins personnelles **ou** • 20 % du coût d'achat (prix TTC réglé par l'entreprise)	**Véhicule mis à disposition à compter du 1.02.2025 :** • 10 % du coût d'achat (prix TTC réglé par l'entreprise) + frais réels (sur factures) de carburant utilisé à des fins personnelles **ou** • 15 % du coût d'achat (prix TTC réglé par l'entreprise)	**Véhicule mis à disposition à compter du 1.02.2025 :** • 50 % du coût global annuel pour la location (location, entretien, assurance) + frais réels (sur factures) de carburant utilisé à des fins personnelles **ou** • 67 % du coût global annuel pour la location (location, entretien, assurance et coût global du carburant utilisé à des fins professionnelles et personnelles) • Cette évaluation sera-t-elle plafonnée ? (2)

(1) L'évaluation obtenue est, en tout état de cause, plafonnée à celle qui résulte de la règle applicable en cas de véhicule acheté, le prix de référence du véhicule étant le prix d'achat TTC du véhicule par le loueur, rabais compris dans la limite de 30 % du prix conseillé par le constructeur pour la vente de véhicule au jour du début du contrat (BOSS, Avantages en nature, § 780, 01/01/2025).
(2) L'administration plafonnera-t-elle l'évaluation à celle qui résulterait de l'application de la règle applicable en cas de véhicule acheté, comme dans les anciennes règles [voir note (1) ci-dessus] ? Rien ne s'y oppose, à notre sens, mais le BOSS précisera sans doute ce point à l'occasion d'une mise à jour.

entièrement la charge du véhicule, c'est-à-dire les frais liés à l'utilisation du véhicule à titre professionnel et privé (cass. civ., 2e ch., 9 décembre 2021, n° 20-14050 D ; cass. civ., 2e ch., 22 septembre 2022, n° 21-10760 D ; cass. civ., 2e ch., 11 mai 2023, n° 21-24242 D). Il appartient à l'employeur qui prétend qu'il n'y a pas d'avantage en nature de démontrer qu'il prend exclusivement en charge le coût afférent aux kilomètres parcourus par ses salariés dans le cadre de leurs déplacements professionnels, sans aucune participation au coût de l'usage personnel du véhicule par ces derniers. Cette preuve ne peut toutefois pas résulter des seules facturations établies par le tiers, mais doit être corroborée par d'autres éléments (cass. civ., 2e ch., 9 janvier 2025 n° 22-15766 FSB ; cass. civ., 2e ch., 9 janvier 2025 n° 21-25916 FSB).

Véhicule acheté : évaluation réelle

Principe de calcul - L'évaluation réelle se fait sur la base des dépenses véritablement engagées par l'employeur. Elle résulte du total de plusieurs éléments détaillés ci-après (amortissement de la valeur d'achat du véhicule, assurances, frais d'entretien et taxes pris en charge, valeur du carburant) (arrêté du 25 février 2025, art. 3, II, JO du 27, texte 24 ; BOSS, Avantages en nature, § 630, 01/01/2025).

Ni le bonus écologique et sa majoration, ni le malus ne doivent être pris en compte pour la détermination du prix d'achat du véhicule servant au calcul de l'avantage en nature (BOSS, Avantages en nature, § 620, 01/01/2025).

Un pourcentage du prix d'achat - Le premier élément de la valeur de l'avantage en nature véhicule est un pourcentage du coût d'achat TTC du véhicule. Ce pourcentage est de (BOSS, Avantages en nature, § 640, 01/01/2025) :
- 20 % par an pour un véhicule de moins de 5 ans ;
- 10 % pour un véhicule de plus de 5 ans.

Pour un véhicule d'occasion, l'âge du véhicule s'apprécie par rapport à la date de première mise en circulation telle qu'elle figure sur la carte grise.

Si l'employeur obtient une remise sur l'achat du véhicule, c'est le prix d'achat après remise qui est retenu. De même, lorsqu'il achète un véhicule avec reprise de son ancien véhicule, le montant correspondant à cette reprise doit être pris en compte pour déterminer le prix d'achat.

▶ À noter... Lorsque le véhicule est acheté par l'entreprise à l'issue de la location ou de la location avec option d'achat (ou autre location assortie de promesse unilatérale de vente), la valeur à prendre en compte est la valeur d'achat du véhicule réglée par le loueur ou le crédit-bailleur. Le dépôt de garantie n'a pas à être intégré dans ce calcul (BOSS, Avantages en nature, § 621, 01/01/2025).

Coût d'entretien - Il faut ensuite ajouter au pourcentage du coût d'achat le coût d'entretien courant du véhicule (BOSS, Avantages en nature, § 690, 01/01/2025). Ce dernier comprend l'ensemble des frais courants assumés par l'employeur (vidange, révisions, changement de pneus, d'ampoules, lavages, etc.).

En revanche, les frais de remise en état du véhicule consécutifs à un sinistre, par exemple, ne doivent pas être pris en compte.

Assurance - Il faut intégrer les frais d'assurance réellement supportés par l'entreprise, quels que soient les risques pour lesquels elle s'est assurée. Les éventuelles franchises supportées par l'entreprise en cas de sinistre ne doivent pas être prises en compte (BOSS, Avantages en nature, § 680, 01/01/2025).

Si l'entreprise ne peut pas déterminer le coût de l'assurance pour chaque salarié (ex. : en cas de contrat d'assurance de flotte), elle peut retenir un coût moyen.

Prorata kilométrage privé - La valeur de l'avantage en nature s'obtient en proratisant le total de ces 3 éléments par le rapport entre le kilométrage privé parcouru annuellement (ou pendant la durée de mise à disposition en cours d'année) et le kilométrage total parcouru annuellement par le véhicule (BOSS, Avantages en nature, § 711, 01/01/2025).

Carburant personnel payé par l'employeur - Enfin, le cas échéant, il faut ajouter aux éléments précédents les frais réels de carburant payé par l'employeur et utilisé pour un usage personnel (quel que soit l'âge du véhicule) (BOSS, Avantages en nature, § 700, 01/01/2025).

Constructeurs, concessionnaires et agents de marques - Si un constructeur, concessionnaire ou agent de marques met ses véhicules à la disposition permanente de ses salariés, l'avantage véhicule est évalué en prenant en compte le rabais dont aurait bénéficié le salarié si l'entreprise lui avait vendu l'un de ses véhicules (BOSS, Avantages en nature, § 720, 01/01/2025).

Ainsi, l'avantage en nature est calculé en déduisant du prix public TTC, pratiqué par l'employeur pour le même produit à un consommateur non salarié de l'entreprise, le montant du rabais consenti à ses salariés quand elle vend ses véhicules, dans la limite de 30 % (BOSS, Avantages en nature, § 730, 01/01/2025).

Concrètement, l'évaluation se fait sur la base de 20 % (10 % si le véhicule a plus de 5 ans) du prix public TTC moins le rabais (30 % maximum), auquel on ajoute l'assurance et les frais d'entretien (TTC). Le tout est proratisé au nombre de kilomètres parcourus annuellement par le véhicule à titre privé par le nombre de kilomètres parcourus annuellement par le véhicule. Enfin, le cas échéant, on ajoute à ce montant les frais de carburant utilisé pour l'usage privé à la charge de l'employeur (BOSS, Avantages en nature, § 730, 01/01/2025).

Exemple

Les données sont les suivantes : prix public véhicule : 60 000 € ; rabais 15 % : 9 000 € ; assurance : 1 000 € par an ; frais d'entretien : 500 € par an ; kilomètres annuels parcourus par le véhicule : 30 000 km, dont 10 000 km à titre privé. L'avantage en nature est évalué comme suit :

- base annuelle : (60 000 – 9 000) × 20 % + 1 000 + 500 = 11 700 € ;

proratisation au regard de la part de kilométrage privé : 11 700 × 10 000/30 000 = 3 900 € par an, auxquels s'ajoutent, le cas échéant les frais de carburant à usage privé payé par l'employeur.

Véhicule acheté : évaluation forfaitaire

Réforme - L'arrêté du 25 février 2025 a modifié les règles d'évaluation forfaitaire de l'avantage en nature véhicule pour les cotisations et contributions dues au titre des périodes d'activité courant à compter du 1er février 2025 (arrêté du 25 février 2025, art. 3, III et 8, JO du 27, texte 24).

Les règles varient selon que la mise à disposition du véhicule au salarié est intervenue avant le 1er février 2025 ou à partir de cette date.

Employeur ne payant pas le carburant - Lorsque l'employeur se contente de mettre le véhicule à la disposition du salarié sans payer les frais de carburant pour l'usage privé, il est possible d'évaluer l'avantage en nature sur la base d'un forfait annuel comme suit (arrêté du 25 février 2025, art. 3, III, A et B, JO du 27, texte 24).

Pour un véhicule mis à disposition avant le 1er février 2025, le forfait annuel est de :

- 9 % du coût d'achat TTC pour un véhicule de moins de 5 ans ;
- 6 % du coût d'achat TTC pour un véhicule de plus de 5 ans.

Pour un véhicule mis à disposition à partir du 1er février 2025, le forfait annuel est de :

- 15 % du coût d'achat TTC pour un véhicule de moins de 5 ans ou de
- 10 % du coût d'achat TTC pour un véhicule de plus de 5 ans.

Employeur payant le carburant - Si l'employeur assume en plus le coût du carburant, deux solutions sont possibles (arrêté du 25 février 2025, art. 3, III, A et B, JO du 27, texte 24).

❶ Il est possible de procéder à un mixte « forfait + frais réels de carburant » en ajoutant au forfait ci-dessus (selon les cas, 9 %, 6 %, 15 % ou 10 % ; *voir ci-dessus*) le montant des frais réels de carburant utilisé à des fins personnelles (sur factures).

❷ L'autre solution est de retenir un forfait global « carburant privé compris ». Le forfait annuel est alors déterminé comme suit :

- pour un véhicule mis à disposition avant le 1er février 2025 : forfait de 12 % du coût d'achat TTC pour un véhicule de moins de 5 ans ou de 9 % du coût d'achat TTC pour un véhicule de plus de 5 ans ;
- pour un véhicule mis à disposition à partir du 1er février 2025 : forfait de 20 % du coût d'achat TTC pour un véhicule de moins de 5 ans ou de 15 % du coût d'achat TTC pour un véhicule de plus de 5 ans.

Prix d'achat - Le prix d'achat à prendre en compte est le coût d'achat TTC effectivement réglé par l'entreprise, qu'il s'agisse d'un véhicule acheté neuf ou d'occasion (BOSS, Avantages en nature, § 760, 01/01/2025).

Comme pour une évaluation au réel (*voir ci-avant*), si l'employeur obtient une remise sur l'achat du véhicule, c'est le prix d'achat après remise qui sera retenu. De même, lorsque l'employeur achète un véhicule avec reprise de son ancien véhicule, le montant correspondant à cette reprise doit être pris en compte pour déterminer le prix d'achat (BOSS, Avantages en nature, § 760, 01/01/2025).

Par ailleurs, lorsque le véhicule est acheté par l'entreprise à l'issue d'une location ou d'une location avec option d'achat (ou autre location assortie de promesse unilatérale de vente), la valeur d'achat à prendre en compte est la valeur d'achat du véhicule réglée par le loueur ou le crédit-bailleur. Le dépôt de garantie n'a pas à être intégré dans ce calcul (BOSS, Avantages en nature, § 772, 01/01/2025).

Véhicule d'occasion - Selon nous, même si le BOSS ne le précise pas pour l'évaluation de l'avantage au forfait, l'âge d'un véhicule acheté d'occasion est déterminé en fonction de sa date de première mise en circulation telle qu'elle figure sur la carte grise, comme c'est le cas pour l'évaluation sur la base des dépenses réelles (*voir plus haut*). Avant le BOSS, cette règle était expressément prévue dans une circulaire, abrogée depuis (circ. DSS/5B 2005-389 du 19 août 2005, Q/R 18, abrogée au 1er avril 2021).

Constructeurs, concessionnaires et agents de marques - Lorsqu'un constructeur, un concessionnaire ou un agent de marques met ses véhicules à la disposition permanente de ses salariés et qu'il opte pour l'évaluation forfaitaire, l'avantage en nature est déterminé en prenant en compte, le cas échéant, le rabais dont aurait bénéficié le salarié si l'entreprise lui avait vendu un de ses véhicules (BOSS, Avantages en nature, § 751, 01/01/2025).

Le montant de l'avantage en nature est alors calculé en déduisant du prix public TTC pratiqué par l'employeur, pour le même produit à un consommateur non salarié de l'entreprise, le montant du rabais consenti à ses salariés lorsqu'elle vend ses véhicules, dans la limite de 30 %.

Concrètement, l'évaluation est effectuée sur la base du forfait appliqué au prix consenti aux salariés de l'entreprise (prix public TTC diminué du rabais offert aux salariés dans la limite de 30 %).

Véhicule loué : évaluation réelle

Si le véhicule mis à la disposition du salarié est loué par l'employeur (avec ou sans option d'achat), l'évaluation de l'avantage en nature au réel s'effectue sur la base du coût global réel de la location, de l'entretien et de l'assurance (TTC) (arrêté du 25 février 2025, art. 3, II, JO du 27, texte 24 ; BOSS, Avantages en nature, § 740, 01/01/2025).

La valeur annuelle de l'avantage en nature correspondant à l'usage privé est égale au total de ces dépenses réelles, proratisé par le rapport entre le nombre de kilomètres parcourus à titre privé annuellement (ou pendant la durée de mise à disposition en cours d'année) et le kilométrage total sur la même période.

Le cas échéant, il convient d'ajouter les frais de carburant payé par l'employeur et utilisé à titre privé.

Ni le bonus écologique et sa majoration, ni le malus ne doivent être pris en compte pour la détermination du prix de location du véhicule servant au calcul de l'avantage en nature (BOSS, Avantages en nature, § 620, 01/01/2025).

Véhicule loué : évaluation forfaitaire

Réforme - L'arrêté du 25 février 2025 a modifié les règles d'évaluation forfaitaire pour les cotisations et contributions dues au titre des périodes d'activité courant à compter du 1er février 2025 (arrêté du 25 février 2025, art. 3, III et 8, JO du 27, texte 24).

Les règles varient selon que la mise à disposition du véhicule au salarié est intervenue avant le 1er février 2025 ou à partir de cette date.

Exemple d'évaluation pour un véhicule thermique ou hybride acheté

Un salarié dispose d'une voiture de fonction mise à sa disposition par son entreprise à partir de mars 2025. La voiture a moins de 5 ans et a été acquise pour 50 000 € TTC. Les dépenses annuelles d'entretien s'élèvent à 1 000 € et l'assurance à 1 000 € également.

Le carburant est pris en charge par l'employeur.

1) Évaluation forfaitaire

Dans la mesure où l'employeur prend en charge le carburant utilisé à des fins personnelles, l'évaluation peut se faire selon deux méthodes :
- 15 % du coût d'achat plus les frais réels de carburant utilisé à des fins personnelles (sur factures),
- ou 20 % du coût d'achat.

Si l'entreprise choisit la seconde solution, l'avantage en nature carburant compris est de : 50 000 € × 20 % = **10 000 € pour 1 an** (soit 8 333,33 € pour la période mars/décembre 2025).

2) Évaluation réelle

Dans ce cas, l'avantage en nature résulte de l'addition des éléments suivants :
- assurance : 1 000 € ;
- frais d'entretien : 1 000 € ;
- 20 % du coût d'achat : 50 000 × 20 % = 10 000 € ;
- soit un total annuel de 12 000 €.

Ce total doit être proratisé au nombre de kilomètres parcourus annuellement à titre privé par le nombre de kilomètres parcourus annuellement par le véhicule. Or, par hypothèse, le kilométrage annuel est de 40 000 dont 12 000 à titre privé.

La valeur de l'avantage en nature est donc égale à : 12 000 € × 12 000/40 000 = 3 600 € sur l'année. Il convient d'y ajouter les frais réels de carburant utilisé pour un usage personnel (1 400 € par hypothèse), pour une valeur globale de **5 000 €** sur l'année.

Employeur ne payant pas le carburant - Lorsque le salarié paye lui-même les frais de carburant pour son usage privé, le forfait annuel est évalué comme suit (arrêté du 25 février 2025, art. 3, III, A et B, JO du 27, texte 24) :

- pour un véhicule mis à disposition avant le 1er février 2025 : forfait de 30 % du coût global annuel comprenant la location, l'entretien et l'assurance du véhicule, toutes taxes comprises ;
- pour un véhicule mis à disposition à partir du 1er février 2025 : forfait de 50 % du coût global annuel comprenant la location, l'entretien et l'assurance du véhicule, toutes taxes comprises.

Employeur payant le carburant - Lorsque l'employeur paye le carburant correspondant à l'usage privé du véhicule, l'avantage peut être évalué de deux manières (arrêté du 25 février 2025, art. 3, III, A et B, JO du 27, texte 24).

❶ Il est possible de procéder à un mixte « forfait + frais réels de carburant » en ajoutant au forfait ci-dessus (selon les cas, 30 % ou 50 % ; *voir ci-dessus*) le montant des frais réels de carburant utilisé à des fins personnelles (sur factures).

❷ L'autre solution est de retenir un forfait global « carburant privé compris ». Le forfait annuel est alors déterminé comme suit :

- pour un véhicule mis à disposition avant le 1er février 2025 : forfait de 40 % du coût global annuel comprenant la location, l'entretien, l'assurance du véhicule et le carburant utilisé à des fins professionnelles et personnelles ;
- pour un véhicule mis à disposition à partir du 1er février 2025 : forfait de 67 % du coût global annuel comprenant la location, l'entretien, l'assurance du véhicule et le carburant utilisé à des fins professionnelles et personnelles.

Plafonnement de l'évaluation forfaitaire - Lorsque l'employeur procède à une évaluation forfaitaire, celle-ci ne peut avoir pour effet de porter le montant de l'avantage en nature à un niveau supérieur à celui qui aurait été calculé si l'employeur avait acheté le véhicule (BOSS, Avantages en nature, § 790, 01/01/2025).

Pour cette vérification, le prix de référence du véhicule à retenir est le prix d'achat TTC payé par le loueur, le cas échéant rabais compris, dans la limite de 30 % du prix conseillé, par le constructeur pour la vente du véhicule au jour du début du contrat.

L'administration a précisé qu'il appartient aux loueurs et crédits-bailleurs de communiquer aux entreprises locataires les éléments nécessaires à l'application du principe de plafonnement. En l'absence d'une telle information, le prix retenu est le prix du véhicule proposé par le constructeur au jour du début du contrat de location.

Véhicule exclusivement électrique

Règles de faveur de 2020 à fin 2027 - Des règles dérogatoires d'évaluation de l'avantage en nature véhicule ont été prévues pour les véhicules fonctionnant exclusivement au moyen de l'énergie électrique mis à disposition par l'employeur entre le 1er janvier 2020 et le 31 décembre 2027 (arrêté du 25 février 2025, art. 3, III, C et D, JO du 27, texte 24).

À la stricte lettre de l'arrêté du 25 février 2025, par le jeu des renvois, ces règles de faveur s'appliqueraient uniquement en cas de recours à l'évaluation forfaitaire de l'avantage en nature. Les précisions de l'administration seront les bienvenues pour confirmer cette lecture, ou au contraire préciser qu'elles s'appliquent également en cas d'évaluation au réel, comme antérieurement. Par comparaison, dans le cadre de l'arrêté du 10 décembre 2002 modifié (qui n'était certes pas rédigé de la même manière), le site internet URSSAF comportait des exemples pour les deux hypothèses (évaluation au réel ou au forfait).

Motorisation du véhicule - Ces règles de faveur valent uniquement pour les véhicules fonctionnant exclusivement au moyen de l'énergie électrique (arrêté du 25 février 2025, art. 3, III, C et D, JO du 27, texte 24).

Pour les mises à disposition intervenant à partir du 1er février 2025, elles ne peuvent jouer que pour les véhicules respectant une condition spécifique de score environnemental permettant le bénéfice d'un bonus écologique (c. énergie art. D. 251-1, I, 6°, c ; arrêté du 25 février 2025, art. 3, III, D, JO du 27, texte 24).

Non prise en compte des frais de recharge engagés par l'employeur - Pour évaluer l'avantage en nature, il n'y a pas à tenir compte des éventuels frais d'électricité engagés par l'employeur pour la recharge du véhicule.

Si le véhicule électrique est loué (avec ou sans option d'achat) et que l'employeur choisit l'évaluation forfaitaire, celle-ci se fait, comme pour tout véhicule, sur la base de 30 % ou 50 % du coût global annuel selon la date de mise à disposition du véhicule (*voir plus haut « Véhicule loué : évaluation forfaitaire »*). Mais ce coût global comprend uniquement la location, l'entretien et l'assurance du véhicule, puisque les frais d'électricité ne sont pas pris en compte dans l'évaluation de l'avantage en nature (BOSS, Avantages en nature, § 810, 01/01/2025).

Exemples d'évaluation 2025 au forfait pour un véhicule électrique	
Exemple 1 (véhicule acheté)	
• L'employeur met à la disposition du salarié un véhicule électrique qu'il a acheté et décide d'une évaluation au forfait. • Véhicule de moins de 5 ans acheté 25 000 €.	
Mise à disposition intervenue avant le 1.02.2025	**Mise à disposition le 1.02.2025 ou à une date ultérieure**
• Le forfait appliqué est de 9 % du prix d'achat : 9 % × 25 000 € = 2 250 €. • Abattement de 50 % : 2 250 € × 50 % = 1 125 € (inférieur au plafonnement de 2 000,30 €/an). • Valeur de l'avantage en nature : 2 250 € – 1 125 € = 1 125 € (année complète). • Les frais d'électricité ne sont pas pris en compte.	• Le forfait appliqué est de 15 % du prix d'achat : 15 % × 25 000 € = 3 750 € ; • Abattement de 70 % : 3 750 € × 70 % = 2 625 € (inférieur au plafonnement de 4 582 €/an) ; • Valeur de l'avantage en nature : 3 750 € – 2 625 € = 1 125 € (année complète). • Les frais d'électricité ne sont pas pris en compte.
Exemple 2 (véhicule loué)	
• L'employeur met à la disposition du salarié un véhicule électrique loué et décide d'une évaluation au forfait. • Coût global annuel du véhicule loué (location, entretien et assurance) : 15 000 €/an.	
Mise à disposition intervenue avant le 1.02.2025	**Mise à disposition le 1.02.2025 ou à une date ultérieure**
• Le forfait appliqué est de 30 % du coût global annuel : 30 % × 15 000 = 4 500 €. • Abattement de 50 % : 4 500 € × 50 % = 2 250 €, plafonné à 2 000,30 €/an. • Valeur de l'avantage en nature : 4 500 € – 2 000,30 € = 2 499,70 € (année complète). • Les frais d'électricité ne sont pas pris en compte.	• Le forfait appliqué est de 50 % du coût global annuel : 350 % × 15 000 = 7 500 €. • Abattement de 70 % : 7 500 € × 70 % = 5 250 €, plafonné à 4 582 €/an. • Valeur de l'avantage en nature : 7 500 € – 4 582 € = 2 918 € (année complète). • Les frais d'électricité ne sont pas pris en compte.

Abattement - Il est possible d'appliquer à l'évaluation de l'avantage en nature un abattement, selon les modalités suivantes selon la date à laquelle la mise à disposition est intervenue (arrêté du 25 février 2025, art. 3, III, C et D, JO du 27, texte 24) :

- pour un véhicule mis à disposition avant le 1er février 2025 : abattement de 50 %, dans la limite de 2 000,30 € par an en 2025 ;
- pour un véhicule mis à disposition à partir du 1er février 2025 : abattement de 70 %, dans la limite de 4 582 € par an en 2025.

Borne de recharge pour véhicule électrique

Règles du 1er janvier 2023 au 31 décembre 2027 - De 2023 à 2027 inclus, des règles spécifiques sont prévues pour évaluer l'avantage en nature liée à la mise à disposition du salarié, par l'employeur, d'une borne de recharge électrique de véhicules (arrêté du 25 février 2025, art. 4, JO du 27, texte 24).

Les règles varient selon que la borne est installée sur le lieu de travail ou en dehors du lieu de travail *(voir ci-après)* (BOSS, Avantages en nature, § 811, 01/01/2025).

Borne installée sur le lieu de travail - En cas de mise à disposition par l'employeur sur le lieu de travail d'une borne de recharge pour véhicules électriques, l'avantage en nature résultant de l'utilisation de cette borne par le salarié à des fins non professionnelles est évalué à hauteur d'un montant nul, y compris pour les frais d'électricité (arrêté du 25 février 2025, art. 4, JO du 27, texte 24).

Cette règle vaut que le véhicule soit mis à disposition du salarié par l'employeur ou qu'il s'agisse du véhicule personnel du salarié (BOSS, Avantages en nature, § 811, 01/01/2025).

Borne installée en dehors du lieu de travail - Il faut ici distinguer selon les types de dépenses.

❶ L'avantage en nature constitué par la prise en charge par l'employeur de tout ou partie des frais relatifs à l'achat et à l'installation d'une borne de recharge électrique en dehors du lieu de travail est évalué selon les modalités suivantes (arrêté du 25 février 2025, art. 4, JO du 27, texte 24 ; BOSS, Avantages en nature, § 811, 01/01/2025).

Lorsque la mise à disposition de la borne cesse à la fin du contrat de travail (autrement dit, si elle est restituée au départ du salarié), l'avantage lié à cette prise en charge de frais est négligé ;

Si la borne n'est pas restituée à la fin du contrat de travail, la prise en charge des frais est exclue de l'assiette des cotisations et contributions sociales dans la limite de 50 % des dépenses réelles que le salarié aurait dû engager pour l'achat et l'installation de la borne, dans la limite de 1 043,50 € en 2025 (si la borne a plus de 5 ans, ces limites sont portées respectivement à 75 % et 1 565,20 € en 2025).

❷ La prise en charge par l'employeur de tout ou partie des autres frais liés à l'utilisation de la borne de recharge électrique (hors frais d'électricité) est exclue de l'assiette des cotisations et contributions sociales dans la limite de 50 % du montant des dépenses réelles que le salarié aurait dû engager (arrêté du 25 février 2025, art. 4, JO du 27, texte 24). On entend par « autres frais » les frais d'entretien et de maintenance, ainsi que le surcoût de l'abonnement au fournisseur d'électricité nécessaire (BOSS, Avantages en nature, § 811, 01/01/2025).

❸ De la même façon, la prise en charge par l'employeur du coût de la location d'une borne ou d'un abonnement donnant accès à des bornes de recharge électrique en libre-service (installées par exemple à proximité du lieu de travail ou du lieu d'une mission temporaire) est exonérée de cotisations et contributions sociales dans la limite de 50 % du montant des dépenses réelles que le salarié aurait dû engager (arrêté du 25 février 2025, art. 4, JO du 27, texte 24 ; BOSS, Avantages en nature, § 811, 01/01/2025).

❹ En cas de prise en charge par l'employeur des frais d'électricité engagés par le salarié à des fins personnelles pour un véhicule dont il est propriétaire ou pour un véhicule hybride rechargeable mis à disposition par l'employeur, cette prise en charge

Exemples d'évaluation pour une borne de recharge pour véhicule électrique (1)

Les données	La solution
Exemple 1	
• Un employeur met à la disposition de l'un de ses salariés un véhicule électrique, destiné à un usage à la fois professionnel et personnel. • Il dépense 2 800 € pour l'installation d'une borne de recharge électrique au domicile du salarié, qui sera restituée à l'employeur à la fin du contrat de travail. • Il prend en charge 400 € par an au titre de dépenses de maintenance et d'entretien de la borne.	• L'ensemble des frais d'électricité engagés par le salarié peut être pris en charge par l'employeur sans intégration dans l'assiette des cotisations sociales, puisqu'il s'agit d'un véhicule fonctionnant exclusivement au moyen de l'énergie électrique mis à disposition par l'employeur pour un usage à la fois professionnel et privé. • Le montant de l'avantage en nature constitué par l'installation d'une borne de recharge électrique au domicile du salarié est intégralement exclu de l'assiette sociale puisque la borne est restituée à l'employeur à la fin du contrat de travail. • 50 % de la prise en charge par l'employeur des dépenses de maintenance et d'entretien de la borne doivent être réintégrés dans l'assiette des cotisations et contributions sociales, soit 200 € par an (400 € × 50 %).
Exemple 2	
Les données	**La solution**
• Un employeur dépense 2 800 € pour l'installation d'une borne de recharge neuve au domicile de l'un de ses salariés en janvier 2025. • Un an plus tard, le salarié démissionne et son employeur lui laisse la borne installée à son domicile.	Un avantage en nature de 1 756,50 € doit être intégré dans l'assiette des cotisations et contributions sociales : 2 800 € – (2 800 € × 50 % dans la limite de 1 043,50 € en 2025).
Exemple 3	
Les données	**La solution**
• Un employeur souscrit un contrat de location pour permettre à l'un de ses salariés d'utiliser une borne de recharge à son domicile. • Le premier mois, l'employeur prend en charge la totalité du coût de la location qui s'élève à 140 € (120 € de contribution initiale liée à l'installation de la borne, 20 € de frais courants liés à l'entretien de la borne). • Les mois suivants, le coût de la location s'élève à 20 €, auxquels s'ajoutent les frais d'alimentation électrique variables qui restent à la charge du salarié.	• Au titre du premier mois, un avantage en nature de 70 € (soir 140 € × 50 %) doit être intégré dans l'assiette des cotisations et contributions sociales. • Pour les mois suivants, un avantage en nature de 10 € (20 € × 50 %) doit être intégré dans l'assiette des cotisations sociales.

(1) Exemples inspirés du Bulletin officiel de la sécurité sociale (BOSS, Avantages en nature, § 811, 01/01/2025).

doit être réintégrée dans l'assiette de cotisations et de contributions sociales (BOSS, Avantages en nature, § 811, 01/01/2025).

Seule la prise en charge des frais d'électricité pour un véhicule mis à disposition par l'employeur et fonctionnant exclusivement à l'énergie électrique est donc exclue de l'assiette des cotisations *(voir plus haut « Véhicule électrique »).*

❺ S'il est impossible d'identifier, parmi les dépenses prises en charge par l'employeur, la fraction qui correspond aux frais d'électricité (par exemple lorsqu'un forfait de consommation électrique fixe est inclus dans le coût de la location ou de l'abonnement à la borne), l'ensemble de ces dépenses est pris en compte pour le calcul de l'avantage en nature (BOSS, Avantages en nature, § 811, 01/01/2025).

Évaluation forfaitaire et année incomplète

Que le véhicule soit acheté ou loué (avec ou sans option d'achat), lorsqu'il est mis à disposition du salarié en cours d'année, l'évaluation forfaitaire de l'avantage en nature doit être proratisée en fonction du nombre de mois de mise à disposition (BOSS, Avantages en nature, § 750, 01/01/2025).

En cas de mois incomplet, c'est le mois intégral qui est pris en compte, sous réserve de la tolérance admise en cas de restitution du véhicule par le salarié durant les congés payés *(voir ci-après).*

Répartition des kilométrages privé et professionnel

Pour l'administration, les carnets de bord, de visite ou de rendez-vous peuvent constituer des éléments de preuve suffisants du kilométrage parcouru à titre professionnel (BOSS, Avantages en nature, § 710, 01/01/2025).

En pratique, pour démontrer le kilométrage parcouru à titre privé, l'employeur peut soustraire le kilométrage effectué à titre professionnel du kilométrage total du véhicule.

Sortir le carburant de l'avantage en nature

Prouver que le salarié prend en charge le carburant « privé » - Apporter la preuve que c'est le salarié qui prend à sa charge le carburant privé peut permettre de sortir la valeur correspondante de l'avantage en nature.

C'est à l'employeur de prouver qu'il ne prend pas en charge le carburant correspondant à l'usage privé du véhicule (BOSS, Avantages en nature, § 700, 01/01/2025).

▶ À noter… Concernant le carburant privé, il a été jugé que le salarié qui a utilisé sa carte carburant professionnelle pour régler des dépenses personnelles, alors que la société interdisait l'utilisation de cette carte à des fins personnelles et en dehors des jours de travail, doit rembourser les sommes engagées à l'employeur. Et ce, même si l'employeur ne lui avait pas notifié les règles d'utilisation de cette carte carburant, ou trop tardivement pour qu'elles lui soient opposables (cass. soc. 8 novembre 2023, n° 22-10384 D).

Moyens de preuve admis - La preuve que c'est le salarié qui paye le carburant utilisé à titre privé peut être apportée par tous moyens (BOSS, Avantages en nature, § 700, 01/01/2025).

Par exemple, le fait d'imposer au salarié d'effectuer le plein avec une carte essence la veille au soir du repos hebdomadaire (ex. : le vendredi soir) et de le refaire à sa charge le lendemain matin du repos (ex. : le lundi matin) peut constituer un moyen de preuve suffisant pour l'administration.

En revanche, le blocage de la carte essence de l'entreprise, par exemple durant le week-end, ne suffit pas à prouver que le salarié paye son carburant, le plein d'essence ayant pu être effectué la veille du congé hebdomadaire.

L'administration permet aussi de se servir des factures de carburant payées par l'entreprise et du kilométrage parcouru (BOSS, Avantage en nature, § 710, 01/01/2025).

Ainsi, lorsque le nombre total de litres de carburant payé par l'entreprise correspond au nombre de kilomètres parcourus à titre professionnel compte tenu de la consommation moyenne du véhicule aux 100 km, cela suffit à prouver que le salarié prend en charge son carburant privé.

Si, au contraire, le nombre total de litres de carburant payé par l'entreprise est supérieur à la consommation correspondant au nombre de kilomètres parcourus à titre professionnel, le nombre de litres de carburant dépassant cette consommation professionnelle est considéré comme une consommation privée. Le montant de l'avantage en nature qui doit alors être réintégré dans l'assiette de cotisations est calculé en multipliant le nombre de litres utilisé à titre privé par le coût du litre de carburant facturé.

▶ À noter… Ces modalités de preuve sont applicables que l'évaluation de l'avantage en nature soit réalisée au réel ou sur une base forfaitaire (BOSS, Avantage en nature, § 750, 01/01/2025).

Restrictions d'utilisation du véhicule

Certaines restrictions d'utilisation peuvent permettre de diminuer l'impact de l'avantage en nature. L'administration a admis plusieurs tolérances.

Restitution du véhicule pendant les congés payés - L'hypothèse visée est celle où l'employeur met un véhicule à la disposition permanente du salarié, sauf pendant les congés payés, durant lesquels le véhicule est rendu à l'entreprise.

En cas d'évaluation forfaitaire, le principe veut que si la période de congés payés ne couvre pas un mois complet, le mois intégral soit pris en compte pour l'évaluation de l'avantage en nature *(voir plus haut)*. L'administration autorise toutefois à proratiser l'avantage en nature pour tenir compte du nombre de semaines durant lesquelles le salarié ne dispose pas du véhicule (BOSS, Avantages en nature, § 750, 01/01/2025).

Restitution du véhicule pendant le week-end et les congés - Il n'y a pas d'avantage en nature lorsque le salarié est tenu de restituer à l'employeur le véhicule lors de chaque repos hebdomadaire et durant les périodes de congés (BOSS, Avantages en nature, § 570, 01/01/2025).

Lorsque le salarié est tenu de restituer le véhicule durant les week-ends et les congés mais qu'il dispose néanmoins d'un véhicule de l'entreprise pour effectuer les trajets « domicile-lieu de travail », il n'y a pas d'avantage en nature s'il est démontré que l'utilisation du véhicule est nécessaire à l'activité professionnelle. Par ailleurs, l'employeur doit démontrer que le salarié ne peut pas utiliser les transports en commun, soit parce que le trajet « domicile-lieu de travail » n'est pas desservi ou est mal desservi, soit en raison de conditions ou d'horaires particuliers de travail (BOSS, Avantages en nature, § 580, 01/01/2025).

À notre sens, pour des raisons de preuve, il est prudent de mentionner l'obligation de restitution du véhicule dans un document écrit (courrier, note de service, clause du contrat, etc.).

Interdiction d'utilisation pendant le week-end et les congés payés - Dans cette situation, le salarié n'est pas obligé de restituer le véhicule pendant le week-end et les congés. Il conserve le véhicule, mais avec interdiction de l'utiliser pendant le repos hebdomadaire et durant les congés.

L'administration considère *a priori* que, dans ce cas, il n'y a pas d'avantage en nature. Cette interdiction doit être notifiée par écrit (règlement intérieur, circulaire professionnelle, courrier papier ou électronique de la direction, etc.) (BOSS, Avantages en nature, § 570, 01/01/2025).

▶ À noter… Lorsque l'interdiction d'utiliser le véhicule pendant le repos hebdomadaire est notifiée par écrit, l'employeur n'a pas non plus à comptabiliser un avantage en nature au regard de la carte de carburant de l'entreprise (BOSS, Avantages en nature, § 570, 01/01/2025).

Paiement d'une redevance par le salarié

Les employeurs peuvent mettre un véhicule à la disposition permanente d'un salarié, y compris pour une utilisation privée, tout en leur demandant de payer une « redevance ». Il faut alors comparer la valeur de l'avantage en nature et la contribution acquittée par le salarié (BOSS, Avantages en nature, § 815, 01/01/2025).

Que l'employeur ait opté pour une évaluation forfaitaire ou au réel, si le montant de la redevance est inférieur au montant de l'évaluation, l'avantage correspond à la différence entre ces deux montants.

Situations particulières

Employeur disposant d'une flotte de véhicules - Certains employeurs disposent d'une flotte de véhicules qu'ils ont achetés. Dans ce cas, si plusieurs véhicules sont mis à la disposition permanente d'un salarié, la valeur d'achat à retenir pour évaluer l'avantage en nature est la valeur moyenne des prix réglés par l'entreprise pour les véhicules mis à disposition. Il en est de même pour les contrats d'assurance (valeur moyenne des prix TTC des contrats d'assurance) (BOSS, Avantages en nature, §§ 650 et 660, 01/01/2025). Si l'entreprise ne peut déterminer le coût de l'assurance pour chaque salarié (ex. : en cas de contrat d'assurance de flotte), elle peut retenir un coût moyen (BOSS, Avantages en nature, § 680, 01/01/2025).

Si les véhicules sont loués, on peut à notre sens se référer, par analogie, à la valeur moyenne des prix TTC des contrats de location. Cette précision d'une ancienne circulaire de 2005, abrogée, n'a pas été expressément reprise par le BOSS. Néanmoins, par renvoi aux règles prévues en cas de véhicule acheté, il semble possible de considérer qu'elle reste applicable (BOSS, Avantages en nature, § 740, 01/01/2025).

Véhicule partagé par plusieurs salariés - Lorsque l'employeur met un véhicule à la disposition permanente de plusieurs salariés, il n'y a pas avantage en nature dès lors que l'employeur indique, sur un document, que ce véhicule est utilisé pour un usage uniquement professionnel. Il en est de même pour la carte de carburant appartenant à la société (BOSS, Avantages en nature, § 590, 01/01/2025).

Cela signifie, a contrario et comme le précisait une ancienne circulaire abrogée par le BOSS au 1er avril 2021, que si l'employeur prête un véhicule successivement à plusieurs salariés durant les périodes de congés, un avantage en nature doit être évalué en raison de l'utilisation privée. Il en va de même pour la carte de carburant (circ. DSS 2005-389 du 19 août 2005, Q/R 14, abrogée).

Sponsoring et partenariat - Lorsque l'employeur met à la disposition permanente d'un salarié un véhicule prêté dans le cadre d'un partenariat entre un constructeur automobile et l'entreprise ou dans le cadre d'un sponsoring, il doit évaluer un avantage en nature constitué par son utilisation à titre privé (BOSS, Avantages en nature, § 801, 01/01/2025).

L'évaluation est basée sur le prix de référence du véhicule, soit le prix TTC conseillé par le constructeur pour la vente du véhicule au jour du prêt du véhicule.

Évaluation fiscale

Salariés - Pour l'imposition des revenus, il est possible d'évaluer l'avantage en nature véhicule au forfait ou au réel pour la détermination du revenu imposable, selon les mêmes modalités que celles prévues pour l'assiette des cotisations de sécurité sociale, quelle que soit la rémunération brute en espèces du salarié (CGI art. 82 ; BOFiP-RSA-BASE-20-20-§§ 220 à 270-16/04/2024).

Dirigeants - En principe, l'évaluation de l'avantage en nature consistant en la mise à disposition d'un véhicule de l'entreprise à un dirigeant qui l'utilise à des fins à la fois privées et professionnelles doit être faite pour son montant réel. Toutefois, pour certains dirigeants, l'administration fiscale admet le recours à l'évaluation forfaitaire même en l'absence de cumul avec un contrat de travail (BOFiP-RSA-BASE-20-20-§ 280-16/04/2024).

Les dirigeants concernés sont les :
- gérants minoritaires ou égalitaires de SARL ou de sociétés d'exercice libéral à responsabilité limitée (SELARL) ;
- présidents-directeurs et directeurs généraux de SA et de sociétés d'exercice libéral à forme anonyme (SELAFA) ;
- présidents et dirigeants de sociétés par actions simplifiées (SAS) et de sociétés d'exercice libéral par actions simplifiées (SELAS).

Retrait ou restitution du véhicule en cas de suspension du contrat de travail ou de dispense de préavis

Suspension du contrat de travail - Un véhicule de fonction, dont le salarié conserve l'usage dans sa vie personnelle, ne peut pas être retiré à l'intéressé pendant une période de suspension du contrat de travail, sauf disposition contractuelle contraire. À titre d'exemple, il est impossible de retirer sa voiture de fonction à un salarié malade si cela n'est pas prévu dans le contrat (cass. soc. 24 mars 2010, n° 08-43996, BC V n° 71).

Il paraît plus prudent d'envisager une clause de restitution si l'employeur ne souhaite pas laisser, pendant les périodes de suspension du contrat de travail, le bénéfice d'une voiture de fonction dont l'utilisation serait alors seulement personnelle.

Rupture du contrat avec dispense de préavis - En cas de *dispense de préavis**, un salarié ne peut pas être tenu, même en application d'un engagement pris dans le contrat de travail, de restituer l'*avantage en nature** constitué par la mise à sa disposition d'un véhicule de fonction pour un usage professionnel et personnel (cass. soc. 11 juillet 2012, n° 11-15649, BC V n° 219 ; cass. soc. 9 avril 2014, n° 12-24019 D ; cass. soc. 24 mars 2021, no 19-18930 D). Il est donc inutile d'indiquer dans le contrat de travail que le salarié s'engage à restituer la voiture en cas de *dispense de préavis**.

Cette solution découle du principe selon lequel l'inexécution du préavis ne doit entraîner aucune diminution des salaires et avantages que le salarié aurait perçus s'il avait accompli son travail jusqu'à l'expiration du préavis (c. trav. art. L. 1234-5) (voir *Dispense de préavis**).

☞ *Avantage en nature ; Dirigeants d'entreprise ; Frais de transport domicile-lieu de travail ; Véhicule.*

Avantages versés par le comité social et économique (CSE)

Le *comité social et économique** (CSE) dans les entreprises de 50 salariés et plus peut, dans le cadre des activités sociales et culturelles, être amené à allouer des avantages en espèces ou en nature aux salariés. Ceux-ci peuvent être exonérés de cotisations sociales sur des bases juridiques opposables ou bien selon de simples tolérances.

▶ À noter… Les jurisprudences citées ci-dessous rendues à propos des comités d'entreprise (CE), désormais remplacés par les CSE, restent d'actualité car les dispositions sur le sort des avantages versés par le CSE sont restées identiques à celles du CE.

Bénéficiaires

Personnes bénéficiaires - Les activités sociales et culturelles (ASC) doivent bénéficier en priorité aux salariés, à leur famille, aux stagiaires et aux anciens salariés de l'entreprise (c. trav. art. L. 2312-78).

Les stagiaires doivent avoir accès aux activités sociales et culturelles dans les mêmes conditions que les salariés (c. éduc. art. L. 124-16).

Quels critères d'attribution ? - Selon le réseau des URSSAF, les ASC doivent bénéficier à l'ensemble du personnel sans discrimination entre eux dans leur attribution. Il ne peut pas, en particulier, y avoir de de distinction liée à des critères d'ordre professionnel, notamment au contrat de travail (CDI, CDD), à la catégorie professionnelle, au temps de travail (temps plein, temps partiel), à l'ancienneté ou à la présence effective (Guide URSSAF Comité social et économique 2025, p. 4).

Il s'ensuit que les avantages et prestations proposées par le CSE ne doivent pas, d'une manière générale, prendre en considération ni la personne, ni la catégorie professionnelle, ni l'affiliation syndicale du salarié. À cet égard, l'exclusion des salariés en arrêt longue maladie paraît constituer une discrimination liée à l'état de santé (rép. Gorges n° 84460, JO 13 décembre 2011, AN quest. p. 13125). De même, l'appartenance à une catégorie professionnelle (cadre/non-cadre) n'est pas non plus un critère d'attribution autorisé (cass. soc. 20 février 2008, n° 05-45601, BC V n° 39).

Par ailleurs, une différence de traitement entre les salariés au regard d'un même avantage doit être fondée sur des raisons objectives et pertinentes. Dans ces conditions, le critère de l'ancienneté ou de la présence effective dans l'entreprise violerait les principes d'interdiction des discriminations ou d'égalité de traitement (rép. Pellois n° 43931, JO 6 mai 2014, AN quest. p. 3688).

La Cour de cassation a confirmé que l'ouverture du droit de l'ensemble des salariés et des stagiaires au sein de l'entreprise à bénéficier des ASC ne peut pas être subordonnée à une condition d'ancienneté (cass. soc. 3 avril 2024, n° 22-16812 FSB).

▶ À noter… Le réseau des URSSAF, qui admettait jusqu'alors une condition d'ancienneté pouvant aller jusqu'à 6 mois, s'est aligné sur la position de la Cour de cassation. Il interdit désormais de réserver le bénéfice des prestations du CSE aux salariés selon un critère d'ancienneté. Par tolérance, les CSE ont jusqu'au 31 décembre 2025 pour modifier s'il y a lieu les critères de versement des ASC et se mettre en conformité (Guide URSSAF Comité social et économique, mise à jour du 01/08/2024). Cette tolérance mériterait toutefois d'être confirmée par le BOSS pour garantir son opposabilité.

Modulation du montant - Selon le réseau des URSSAF, une modulation du montant de l'avantage est possible, selon des critères sociaux objectifs et prédéterminés (quotient familial/revenu fiscal de référence), connus de tous au sein de l'entreprise et fixés par les accords et conventions collectives. Mais la modulation ne doit pas conduire à priver certains salariés du bénéfice de l'avantage (Guide URSSAF Comité social et économique 2025, p. 4).

Dans tous les cas, les critères de modulation ne doivent pas être discriminatoire *(voir ci-dessus)*.

Exonérations juridiquement opposables

Exonérations ayant une valeur légale ou réglementaire - Certaines exonérations s'appuient sur des dispositions légales ou réglementaires. En cas de redressement, il est alors possible de les opposer à l'URSSAF.

Il en va ainsi, par exemple, de l'exonération des aides attribuées aux salariés pour financer des services à la personne, dans une limite annuelle de 2 540 € depuis le 1er janvier 2025 (2 421 € en 2024) (c. trav. art. L. 7233-4 ; arrêté du 26 décembre 2024, texte 21, JO 1er février 2025 ; voir *Aide au financement des services aux personnes et de garde d'enfants**) ou de celle dont bénéficie l'employeur qui met en place et finance des chèques-vacances dans une entreprise de moins de 50 salariés (c. tourisme art. L. 411-9 ; voir *Chèques-vacances**).

De même, les avantages correspondant à des activités sociales et culturelles énumérées par le code du travail échappent aux cotisations *(voir ci-après)*.

Exonérations sécurisées par des circulaires opposables - Les circulaires ou instructions émanant du ministère chargé de la sécurité sociale sont opposables aux URSSAF sous certaines conditions (c. séc. soc. art. L. 243-6-2) [voir *Circulaires (force juridique)**].

Entre, par exemple, dans cette catégorie, le régime d'exonération applicable à la participation du CSE à une *cantine**, lorsque le salarié participe au prix du repas au moins à hauteur de 50 % de la valeur de l'*avantage en nature nourriture** (BOSS, Avantages en nature, § 170, 01/01/2025).

Cette opposabilité permet au CSE qui a suivi la position administrative de ne pas faire l'objet d'un redressement sur la base d'une interprétation différente, pour la période au cours de laquelle la circulaire ou l'instruction ministérielle en question s'applique.

Exonérations sécurisées par le Bulletin officiel de la sécurité sociale - Depuis le 1er avril 2021, les dispositions du *bulletin officiel de la sécurité sociale (BOSS)** sont opposables aux URSSAF.

Activités sociales et culturelles - Les avantages correspondant à des activités sociales et culturelles énumérées par le code du travail (c. trav. art. R. 2312-35) échappent aux cotisations (cass. soc. 9 juin 1992, n° 89-18539, BC V n° 373 ; cass. soc. 13 mai 1993, n° 91-14362, BC V n° 141).

En pratique, la difficulté est de faire entrer telle ou telle activité dans cette liste.

En son temps, l'administration a diffusé une instruction pour donner quelques lignes directrices (instr. min. 17 avril 1985). Selon cette dernière, sont par exemple exonérés les *secours**, les avantages destinés à favoriser les activités extra-professionnelles, sociales ou culturelles de détente, de sports ou de loisirs des salariés et de leur famille (ex. : aides aux vacances, réductions tarifaires sur les spectacles ou les activités sportives). Mais encore faut-il que la prestation versée par le comité ne présente pas, en fait, le caractère de complément de rémunération : prime de mariage ou de Noël en espèces, etc..

Cependant, la jurisprudence a précisé que cette instruction n'a pas de force obligatoire et ne saurait restreindre les droits des URSSAF. Elle se borne à énumérer, sous la réserve expresse de l'appréciation des tribunaux, les prestations servies par les CSE incluses ou non dans l'assiette des cotisations (cass. soc. 11 mai 1988, n° 86-10122, BC V n° 287).

En pratique, l'ACOSS a établi un guide qui récapitule les principales tolérances admises *(voir ci-après)*.

Exonérations résultant de simples tolérances

Un risque - De nombreuses exonérations se fondent sur de simples « tolérances », issues de circulaires dénuées de valeur opposables faute de remplir les conditions exigées (ex. : celles de l'ACOSS).

Dès lors que des exonérations résultent de ces seules circulaires, sans pouvoir être rattachées à une disposition légale ou réglementaire ou à une jurisprudence, il est difficile de s'en prévaloir en cas de litige. Ainsi, une tolérance résultant, par exemple, d'une simple lettre-circulaire de l'ACOSS ne lie ni l'URSSAF ni les tribunaux.

Il en va de même pour les tolérances figurant dans l'instruction ministérielle du 17 avril 1985, qui n'ont pas de force juridique obligatoire (cass. soc. 11 mai 1988, n° 86-10122, BC V n° 287).

Ces tolérances sont, dans la très grande majorité des cas, appliquées par les URSSAF. Toutefois, lorsque l'une d'entre elles décide de ne pas les appliquer et d'assujettir ces prestations aux cotisations, la Cour de cassation approuve le redressement opéré dans la mesure où la circulaire et la lettre ministérielle les prévoyant sont dépourvues de toute portée normative et ne peuvent restreindre les droits des organismes de recouvrement (cass. civ., 2e ch., 30 mars 2017, n° 15-25453, BC II n° 67).

L'employeur supporte le risque - Le risque de redressement est supporté par l'employeur et non par le comité, puisque c'est l'employeur qui est débiteur des cotisations dues sur les avantages accordés par le comité. C'est donc lui qui est redressé en cas d'application erronée d'une exonération.

En revanche, il peut ensuite se retourner contre le comité.

Principales tolérances admises - L'ACOSS a établi un guide indiquant les principales exonérations admises, désormais accessible sur son site internet (lettre-circ. ACOSS 86-17 du 14 février 1986 ; voir https://www.urssaf.fr, Guide pratique 2025 Comité social et économique, Principes applicables en matière de cotisations sur les prestations).

Elles sont récapitulées dans le tableau ci-après, avec les références aux circulaires concernées. Figurent dans cette catégorie un certain nombre de tolérances, assorties de conditions, comme, par exemple :
- celles prévues pour les prestations se rattachant aux activités sociales et culturelles ;
- les tolérances applicables en matière de *bons d'achat et cadeaux**, de *chèque-lire**, *chèque-disque** ou *chèque-culture** et prestations culturelles ;
- la participation au départ en vacances des salariés (réductions tarifaires, prise en charge de frais de colonie, centres aérés, etc.) ;
- la participation du comité aux *chèques-vacances** ;
- la prime versée à la remise de la *médaille du travail** n'excédant pas le salaire mensuel de base du salarié ;
- les réductions tarifaires sur les spectacles ;
- la participation du comité aux activités sportives ;
- la participation aux voyages touristiques.

Absence de CSE « 50 salariés et plus » - Selon l'ACOSS, ces mêmes tolérances sont applicables aux employeurs qui gèrent eux-mêmes les activités sociales et culturelles en l'absence de CSE compétent sur le sujet (entreprises de moins de 50 salariés ou procès-verbal de carence de candidatures aux élections du CSE).

Jurisprudence stricte

Assujettissement à cotisations - La jurisprudence est très stricte pour toutes les exonérations qui résultent de simples tolérances. Sous quelques réserves, la majeure partie des avantages attribués par le comité, en espèces ou en nature, constitue des rémunérations en raison de l'appartenance à l'entreprise et à l'occasion du travail accompli, et doit, en conséquence, être soumise à cotisations.

Exemple

Ont été, entre autres, considérés comme assujettis à cotisations :

- des bons d'achat versés par le comité en fin d'année (cass. civ., 2e ch., 11 juillet 2005, n° 04-30188 D) ou à l'occasion des fêtes des Mères et des Pères (cass. civ., 2e ch., 31 mai 2006, n° 04-30762 D) ;
- des indemnités forfaitaires versées à tous les salariés envoyant leur enfant en colonie de vacances ou en centre aéré (cass. soc. 11 mai 1988, n° 86-10122, BC V n° 287) ;
- des allocations de rentrée scolaire, des bourses d'études, des indemnités pour congé d'éducation ouvrière ou de formation syndicale (cass. soc. 5 mai 1995, n° 92-19024, BC V n° 144) ;
- des primes de mariage, de naissance, de scolarité et de départ au service national (cass. ass. plén. 28 janvier 1972, n° 70-13261, BC ass. plén. n° 1 ; cass. soc. 11 mai 1988, n° 86-17284, BC V n° 287 ; cass. soc. 1er avril 1993, n° 90-15009, BC V n° 108) ;
- des bourses d'études attribuées aux salariés dont les enfants poursuivaient des études en internat (cass. soc. 13 mai 1993, n° 91-14362, BC V n° 141) ;
- des bourses d'études ou d'éloignement attribuées aux salariés et anciens salariés au profit de leurs enfants (cass. soc. 20 janvier 1994, n° 91-14822 D) ;
- des allocations de rentrée scolaire (cass. soc. 7 décembre 1995, n° 93-15755 D) ;
- des allocations de garde d'enfant (cass. soc. 21 juin 1990, n° 88-12727 D) ;
- l'indemnisation complémentaire en cas de maladie (cass. soc. 11 mai 1988, n° 86-13959, BC V n° 287 ; cass. soc. 16 février 1994, n° 91-22145 D) ;
- des allocations d'aide aux vacances versées par le comité aux salariés ayant des enfants à charge et des bons d'achat distribués aux salariés ayant des enfants boursiers (cass. soc. 1er décembre 1994, n° 93-10899 D) ;
- le remboursement de frais de lunettes (cass. soc. 9 juin 1992, n° 89-15266 D) ;
- des indemnités pour perte de salaire en cas de congé syndical (cass. soc. 11 mai 1988, n° 85-18557, BC V n° 287) ;
- une participation du comité aux frais d'envoi des personnels en vacances, en fonction des ressources familiales, versée à tout le personnel après 3 mois de présence, même par une société mutualiste (cass. civ., 2e ch., 9 février 2006, n° 04-30549, BC II n° 47) ;
- une aide à l'autonomie versée aux salariés retraités de l'entreprise (cass. civ., 2e ch., 17 mars 2022, n° 20-16278 D) ;

des allocations versées systématiquement aux conjoints de salariés décédés (cass. civ., 2e ch., 16 septembre 2010, n° 09-10346 D).

Financement conjoint des activités sociales et culturelles - Dans le cas particulier où la participation du comité est, par tolérance, exonérée, la participation patronale reste assujettie. Ainsi, la participation de l'employeur aux frais de séjour dans une colonie gérée par l'entreprise complétant une participation du comité elle-même exonérée est soumise à cotisations (cass. soc. 9 juin 1992, n° 89-12097 D).

Secours - Les juges admettent que les *secours** sont exonérés de cotisations sociales, dès lors qu'ils sont attribués de manière exceptionnelle dans des situations dignes d'intérêt et pour un montant modulé en fonction des besoins à satisfaire (cass. soc. 11 mai 1988, n° 86-18667 D). Par ailleurs, l'exonération des sommes versées à titre de secours dépend uniquement de la situation individuelle du bénéficiaire. Cela signifie que le fait que ce soit l'employeur (et non le CSE) qui verse des prêts à titre de secours par exemple importe peu, dès lors que ces prêts répondent à une situation individuelle nécessitant leur attribution (cass. civ., 2e ch., 12 mars 2020, n° 19-13341 FPBI).

Exemple

Les allocations versées par le comité pour des enfants handicapés remplissent ces conditions dès lors que leur attribution est fonction de situations individuelles exceptionnelles particulièrement dignes d'intérêt (cass. soc. 17 avril 1996, n° 94-17315 D).

En revanche, ne présentent pas le caractère de secours :

- la participation aux frais d'envoi des enfants du personnel en vacances, attribuée par l'intermédiaire d'une société mutualiste, même si elle est versée en fonction des ressources familiales des salariés (cass. civ., 2e ch., 9 février 2006, n° 04-30549, BC II n° 47) ;
- des allocations d'études attribuées à des enfants du personnel obligés de quitter leur lieu de résidence

pour poursuivre leurs études (cass. soc. 10 février 1994, n° 91-18391 D) ;

des sommes versées par une association au bénéfice des enfants des salariés au titre de comptes bancaires (dit « compte dotal ») pouvant être débloqués à leur majorité (cass. civ., 2e ch., 16 juin 2016, n° 15-18079, BC II n° 158).

Dommages et intérêts - Les dommages et intérêts versés par le comité sont exclus de l'assiette des cotisations : tel est le cas des indemnités de départ versées aux salariés quittant l'entreprise dans le cadre d'une convention passée en application d'un plan de sauvegarde de l'emploi (cass. soc. 9 juin 1992, n° 89-13410 D).

Cependant, cette jurisprudence est antérieure à la réforme du régime social des indemnités de rupture. Il n'est pas certain qu'il en irait de même aujourd'hui.

Charges sociales et bulletin de paye

Paiement par l'employeur - C'est l'employeur, et non le comité, qui doit verser les cotisations dues sur les avantages alloués aux salariés. Pour autant, l'employeur n'a pas à en supporter définitivement la charge, dès lors que les avantages assujettis à cotisations ont été attribués en dehors de toute intervention de sa part, à l'initiative du comité (cass. soc. 11 mai 1988, n° 85-18557, BC V n° 287 ; cass. soc. 11 mai 1988, n° 86-18667, BC V n° 287).

Ainsi, les URSSAF s'adressent à l'employeur pour le recouvrement des cotisations liées aux avantages attribués par le comité.

De son côté, l'employeur peut agir contre le comité en remboursement des cotisations versées (cass. soc. 13 mai 1993, n° 91-14362, BC V n° 141).

Bulletin de paye - Les prestations du comité soumises à cotisations ainsi que les cotisations salariales et patronales afférentes doivent figurer sur le bulletin de paye.

La mention des cotisations acquittées peut apparaître sur le bulletin de paye du mois correspondant, non pas à la date à laquelle le comité attribue la prestation, mais à la date de versement des cotisations (circ. min. du 13 décembre 1988, JO du 24).

Documents que le comité doit transmettre à l'employeur - Le comité doit communiquer à l'employeur toutes les informations nécessaires à la déclaration et au calcul des cotisations assises sur les avantages qu'il distribue (cass. soc. 3 octobre 1984, n° 83-10569, BC V n° 343). Le cas échéant, le comité doit transmettre à l'employeur les justificatifs qui lui permettent de ne pas tenir compte de l'avantage dans l'assiette des cotisations.

Il est aussi tenu de mettre à la disposition de l'entreprise, lors d'un contrôle, les documents comptables nécessaires.

RÉFÉRENCES

c. séc. soc. art. L. 242-1.

☛ *Aide au financement des services aux personnes et de garde d'enfants ; Bons d'achat et cadeaux ; Bulletin officiel de la sécurité sociale (BOSS) ; Cantine ; Chèque emploi-service universel ; Chèque-culture ; Chèque-disque ; Chèque-lire ; Cotisations salariales (prise en charge par l'employeur ou le CSE) ; Secours.*

Régime social des principales prestations servies par le CSE : synthèse (1)

Nature des prestations	Cotisations : dues ou non ?	Conditions d'exonération éventuelles
Aide financière en faveur des services à la personne et des gardes d'enfants (c. trav. art. L. 7233-4)	Oui/Non	Voir *Aide au financement des services aux personnes et de garde d'enfants** et *Crèche et garde d'enfants**.
Allocations pour enfants à charge	Oui	-
Allocations complémentaires aux indemnités journalières de sécurité sociale	Oui	-
Anniversaire de l'entreprise (primes allouées à cette occasion)	Oui	-
Bons d'achat (instr. min. du 17 avril 1985 ; lettre-circ. ACOSS 96-94 du 3 décembre 1996)	Oui/Non	Une tolérance prévoit que les bons d'achat sont exonérés de cotisations si les conditions requises sont remplies (voir *Bons d'achat et cadeaux**).

Régime social des principales prestations servies par le CSE : synthèse (1)		
Nature des prestations	**Cotisations : dues ou non ?**	**Conditions d'exonération éventuelles**
Bonifications d'intérêts (intérêts remboursés aux salariés contractant un emprunt auprès d'un établissement de crédit)	Oui	-
Cadeaux en nature	Voir *Bons d'achat et cadeaux**.	
Cantine (BOSS, Avantages en nature, § 170, 01/01/2025)	Oui/Non	La participation du CSE au financement de la cantine, conjointe ou non à celle de l'employeur, s'analyse comme suit : - si la participation du salarié au prix du repas est supérieure ou égale à 50 % de l'*avantage en nature nourriture**, il n'y a pas de cotisations ; - si la participation du salarié au prix du repas est inférieure à 50 % de l'*avantage en nature nourriture**, les cotisations sont dues sur la valeur forfaitaire de l'avantage en nature déduction faite de la participation salariale.
Carte de réductions tarifaires	Oui/Non	Elles doivent se rattacher exclusivement à des prestations destinées à favoriser les activités sociales et culturelles des salariés et de leur famille.
Chèques culturels : chèques-lire, chèques-disques ou chèques-culture et prestations culturelles (lettre-circ. ACOSS 2002-59 du 26 février 2002 ; lettre-circ. ACOSS 2004-144 du 27 octobre 2004 ; lettre-circ. ACOSS 2006-124 du 27 octobre 2006)	Non	Ils doivent être échangeables exclusivement contre des biens ou prestations à caractère culturel pour être exonérés de cotisations (voir *Chèque-culture**, *Chèque-disque** et *Chèque-lire**).
Chèques-événements	Sont considérés comme des bons d'achat. Voir *Bons d'achat et cadeaux**.	
Chèques-vacances (lettre-circ. ACOSS 84-59 du 31 octobre 1984 ; instr. min. du 17 avril 1985)	Oui/Non	Dans les entreprises de 50 salariés et plus, deux situations doivent être distinguées (voir *Chèques-vacances**) : - si l'aide aux vacances est attribuée par le CSE, sous forme de participation aux chèques-vacances acquis par l'employeur, la participation du comité est alors considérée comme un complément de rémunération soumis à cotisations ; - si l'aide aux vacances est attribuée sous forme de chèques-vacances acquis par le CSE, en fonction de critères qu'il détermine librement et sans intervention de l'employeur, ces aides sont exonérées de cotisations. Dans les autres entreprises, voir *Chèques-vacances**.
Colonies de vacances, classes vertes, classes de neige : participation du CSE favorisant le départ des enfants en colonie de vacances (lettre-circ. ACOSS 86-17 du 14 février 1986)	Non	Sous réserve d'attestations d'inscriptions fournies par le salarié au CSE.
Congés de formation économique, sociale, environnementale et syndicale (lettre-circ. ACOSS 86-17 du 14 février 1986)	Oui/Non	Les indemnités accordées à l'occasion d'un *congé de formation économique, sociale, environnementale et syndicale** s'analysent de la façon suivante : - si elles sont destinées à couvrir les frais supportés par les salariés à cette occasion et sous réserve de la fourniture de justificatifs, ces indemnités sont exonérées de cotisations ; - si elles sont accordées pour compenser les pertes de salaires, les cotisations sont dues (a priori, de telles allocations n'ont plus lieu d'être puisque depuis le 1er janvier 2018, l'employeur a l'obligation de maintenir la rémunération du salarié en congé de formation économique, sociale, environnementale et syndicale).
Cours de langue	Oui	-

Régime social des principales prestations servies par le CSE : synthèse (1)		
Nature des prestations	**Cotisations : dues ou non ?**	**Conditions d'exonération éventuelles**
Crèche, nourrice, garde d'enfant	Voir *Aide au financement des services aux personnes et de garde d'enfants** et *Crèche et garde d'enfants**.	
Décès (somme allouée à l'occasion du décès d'un membre de la famille du salarié) (lettre-circ. ACOSS 86-17 du 14 février 1986)	Non	Cette prestation est assimilée à un secours exceptionnel et donc exonérée de cotisations si son montant est inférieur à 5 % du montant mensuel du *plafond de la sécurité sociale** (selon le guide disponible sur www.urssaf.fr). Au-delà la preuve du secours doit être apportée. Pour la Cour de cassation, la somme est assujettie à cotisations si elle est versée systématiquement à chaque salarié dont le conjoint est décédé (cass. civ., 2e ch., 16 septembre 2010, n° 09-10346 D).
Emplois familiaux	Voir *Aide au financement des services aux personnes et de garde d'enfants**.	
Études (primes et bourses d'études)	Oui	-
Fête patronale (primes allouées à cette occasion) (lettre-circ. ACOSS 86-17 du 14 février 1986)	Oui	
Garde d'enfant	Voir *Aide au financement des services aux personnes et de garde d'enfants**.	
Grèves (allocations versées à cette occasion)	Oui/Non	Le maintien de tout ou partie du salaire en cas de grève est soumis à cotisations mais rien n'interdit au CSE de porter *secours** aux familles de grévistes, dans la mesure où ce secours ne compense pas systématiquement la perte de salaire liée à la grève. La participation à la grève ne doit pas constituer une condition d'accès au versement du secours (cass. soc. 8 juin 1977, n° 75-13681, BC V n° 380).
Jouets (offerts aux enfants des salariés)	Sont assimilés à des cadeaux ou bons d'achat. Voir *Bons d'achat et cadeaux**.	
Logement (primes allouées par le CSE)	Oui	-
Maladie	Oui	-
Mariage (primes allouées à l'occasion du mariage)	Oui	En revanche, des bons d'achat et cadeaux peuvent être exonérés (voir *Bons d'achat et cadeaux**).
Maternité (allocations de maternité allouées par le CSE)	Oui	-
Médaille du travail (lettre-circ. ACOSS 86-17 du 14 février 1986, 89-5 du 4 janvier 1989 et 2000-103 du 22 novembre 2000 ; lettre min. du 12 décembre 1988)	Oui/Non	Les primes versées à l'occasion de l'attribution de la *médaille du travail** officielle visée par le code du travail, par le CSE seul ou parallèlement à une prime de l'employeur, s'analysent comme suit : - si la prime globale (celle du comité et/ou celle de l'employeur) est inférieure ou égale au salaire mensuel de base de l'intéressé, elle est exonérée de cotisations ; - si la prime globale est supérieure au salaire mensuel de base de l'intéressé, la fraction excédentaire est soumise à cotisations. Les primes versées à l'occasion de l'attribution d'une médaille de l'entreprise sont soumises à cotisations.
Mères (primes allouées à l'occasion de la fête des Mères)	Oui	En revanche, des bons d'achat et cadeaux peuvent être exonérés (voir *Bons d'achat et cadeaux**).
Naissance (primes versées à cette occasion)	Oui	
Noël (primes versées à cette occasion)	Oui	
Pères (primes allouées à l'occasion de la fête des Pères)	Oui	
Perte de salaire	Oui	-

Régime social des principales prestations servies par le CSE : synthèse (1)		
Nature des prestations	**Cotisations : dues ou non ?**	**Conditions d'exonération éventuelles**
Préretraite (primes allouées lors du départ en préretraite)	Oui	-
Prévoyance complémentaire et retraite supplémentaire (lettre-circ. ACOSS 2014-2 du 4 février 2014, question/réponse 19)	Oui/Non	• Régimes à caractère collectif et obligatoire : la participation du CSE peut, sous certaines conditions, être exonérée de cotisations en tant que contribution patronale [voir *Cotisations de retraite et de prévoyance (régime social)**]. • Régimes à caractère individuel ou à adhésion facultative : la participation du CSE est assimilée à un complément de rémunération et est soumise à cotisations et à CSG-CRDS.
Rentrée scolaire : primes versées à cette occasion	Oui	En revanche, des bons d'achat et cadeaux peuvent être exonérés (voir *Bons d'achat et cadeaux**).
Retraite (départ en)	Oui/Non	Les primes versées par le CSE sont soumises à cotisations et contributions sociales. Pour les bons d'achat et les cadeaux, voir *Bons d'achat et cadeaux**.
Secours	Non	L'exonération est valable pour les secours versés aux salariés, aux préretraités et aux retraités. Voir *Secours**.
Scolarité (primes de)	Oui	-
Séjour linguistique des enfants à l'étranger	Non, si court séjour	Les cours ne doivent pas constituer une part prépondérante du séjour. Le financement de stage de perfectionnement en langue ou les bourses d'études ou d'éloignement (ex. : année scolaire à l'étranger) est soumis à cotisations.
Soutien scolaire	Voir *Aide au financement des services aux personnes et de garde d'enfants**.	
Spectacles (réductions tarifaires accordées par le CSE) (lettre-circ. ACOSS 86-17 du 14 février 1986)	Non	Quelle que soit leur forme (réductions directement supportées par le CSE ou remboursement total ou partiel des sommes payées par le salarié), les réductions tarifaires sont exonérées (sous réserve de présentation d'un justificatif pour les remboursements partiels ou totaux).
Sports : réductions tarifaires accordées par le CSE (lettre-circ. ACOSS 86-17 du 14 février 1986)	Non	Même régime que les spectacles
Titres-restaurants (lettre-circ. ACOSS 86-17 du 17 avril 1986)	Oui/Non	Si la participation globale (celle du CSE, cumulée avec celle de l'employeur) est comprise entre 50 % et 60 % de la valeur nominale du *titre-restaurant**, elle est exonérée de cotisations dans une certaine limite (7,26 € au 1.01.2025). Si ces conditions et limites ne sont pas respectées, la participation du comité est soumise à cotisations.
Vacances (lettre-circ. ACOSS 86-17 du 14 février 1986)	Oui/Non	Les participations favorisant le départ en vacances de la famille ou des enfants seuls, même si elles ne sont pas modulées en fonction des ressources familiales, sont exonérées de cotisations, sous réserve de justification des dépenses de vacances. En revanche les primes allouées indistinctement à tous les salariés, avec ou sans justificatifs, sont soumises à cotisations.
Voyages (réductions tarifaires accordées à l'occasion d'un voyage touristique) (lettre-circ. ACOSS 86-17 du 14 février 1986)	Non	Quelle que soit leur forme (réductions directement supportées par le CSE ou remboursement direct au salarié), les réductions tarifaires sont exonérées.

(1) Synthèse établie par nos soins reprenant les différentes catégories de prestations indiquées sur le site urssaf.fr et dans les lettres circulaires ACOSS citées.

B

Banques
(avantages accordés par les)

Les banques peuvent fournir à leurs salariés des avantages en nature consistant notamment en :
- la rémunération de comptes de dépôts à vue ;
- des prêts à taux préférentiel ;
- la délivrance gratuite ou à tarif préférentiel de cartes bancaires ;
- la mise à disposition gratuite ou à tarif préférentiel de coffres.

Tolérance de l'administration

Une circulaire de 2003, abrogée par le *Bulletin officiel de la sécurité sociale (BOSS)**, rattachait les avantages accordés par les banques aux tolérances admises pour les réductions tarifaires consenties par l'entreprise à son personnel sur les biens et services vendus par l'entreprise (voir *Réductions tarifaires préférentielles**) (circ. DSS/SDFSS/5B 2003-7 du 7 janvier 2003, § II, 2.4, abrogée au 1er avril 2021).

Le BOSS n'a pas repris expressément cette possibilité. Toutefois, à notre sens, les tolérances admises pour les réductions tarifaires préférentielles demeurent logiquement applicables aux avantages spécifiques alloués au personnel des banques.

Ainsi, tant que le rabais n'excède pas 30 % du prix de vente public normal TTC pratiqué par l'entreprise pour un consommateur non salarié de l'entreprise, il n'y a pas d'avantage en nature.

Lorsque la fourniture est gratuite ou si le rabais dépasse 30 %, la totalité de l'avantage en nature doit être soumise à cotisations.

Anciennes précisions de l'ACOSS

Circulaires antérieures au BOSS : avertissement - Deux anciennes circulaires de l'*ACOSS** avaient apporté des précisions sur le régime social de faveur applicable à deux types d'avantages accordés par les banques à leurs salariés : la rémunération des comptes de dépôt à vue et l'octroi de prêts préférentiels.

Ces tolérances n'ont toutefois pas été expressément reprises par le BOSS, et il n'a pas été précisé si elles étaient maintenues ou abrogées. Nous les rappelons ci-après.

Intérêts sur comptes de dépôts à vue - Selon une lettre-circulaire de 2008, si le taux de rémunération des comptes de dépôts à vue n'excède pas celui des livrets A de la Caisse d'épargne, l'avantage est exonéré de cotisations, de CSG et de CRDS, sous certaines réserves (lettre-circ. ACOSS 2008-1 du 2 janvier 2008) :
- le nombre de comptes de dépôts à vue dont la rémunération peut bénéficier du traitement social de faveur est limité à un par salarié ;
- les sommes pouvant donner lieu au versement d'intérêts assortis du traitement social favorable sont plafonnées à 10 000 €.

Le non-respect de ces dispositions entraîne l'assujettissement, dès le premier euro, des intérêts en cause aux cotisations, à la CSG sur les revenus d'activité et à la CRDS.

La rémunération des comptes de dépôt à vue autre que celui ouvrant droit au traitement social favorable est assujettie dès le premier euro aux cotisations, à la CSG sur les revenus d'activité et à la CRDS, quel que soit le taux des intérêts servis.

Prêts préférentiels - Selon l'ACOSS, dans l'hypothèse où il s'agit d'avantages sur des prêts habituellement consentis à la clientèle, il faut que le taux effectif accordé au salarié soit supérieur ou égal à 70 % du taux habituellement offert à la clientèle (autrement dit, pas plus de 30 % de rabais) pour que l'avantage correspondant soit exonéré de cotisations, de CSG et de CRDS (lettre-circ. ACOSS 99-21 du 27 janvier 1999).

L'employeur peut aussi consentir à ses salariés un prêt qu'il ne propose pas habituellement à la clientèle. Dans ce cas, l'avantage est exonéré de cotisations, de CSG et de CRDS si le taux accordé au salarié est supérieur ou égal à 70 % du taux effectif moyen pratiqué pour la même catégorie de prêts par les banques (taux du dernier avis trimestriel publié au Journal officiel lors de la signature du prêt ; voir aussi « www.banque-france.fr »).

Sous réserve de l'appréciation des URSSAF, ces tolérances semblent compatibles avec la position de référence de l'administration sur les réductions tarifaires préférentielles *(voir ci-avant « Tolérance de l'administration »)*.

▶ À noter... Lorsqu'un établissement bancaire accorde à ses salariés des prêts à taux préférentiels, les cotisations dues sur l'avantage en nature qui en résulte sont exigibles à la date de remboursement de chaque échéance des prêts.

Et l'avantage doit être évalué par comparaison entre les taux préférentiels consentis aux salariés et les taux accordés aux clients à la date de souscription des prêts (cass. civ., 2e ch., 22 juin 2023, n° 21-15803 FSB, 3e moyen du pourvoi n° 2115803).

Autres avantages - Les banques peuvent aussi accorder des avantages à leurs salariés sur les cartes bancaires, les droits de garde, la mise à disposition de coffres, etc.

Dans ce cas, c'est la règle générale qu'il convient d'appliquer (pas de cotisations si la réduction tarifaire dont bénéficie le salarié est inférieure ou égale à 30 % du prix de vente public).

☞ *Avantage en nature ; Réductions tarifaires préférentielles.*

Barèmes kilométriques

Barèmes auto et deux-roues

Barèmes de référence pour les remboursements de frais professionnels - Lorsqu'un salarié est contraint d'utiliser son véhicule personnel à des fins professionnelles, l'indemnité forfaitaire kilométrique versée par l'employeur est réputée utilisée conformément à son objet – et donc exonérée de cotisations sociales au titre des *frais professionnels** – dans les limites fixées par les barèmes kilométriques publiés annuellement par l'administration fiscale (arrêté du 20 décembre 2002, art. 4 ; BOSS, Frais professionnels, § 380, 01/01/2025) (voir *Frais de déplacement** et *Frais de transport domicile-lieu de travail**).

Il existe un barème automobile et un barème deux-roues (CGI, annexe IV, art. 6 B, I).

Les barèmes de chaque année sont, en général, diffusés au cours des premiers mois de l'année qui suit.

Cependant, à l'heure où nous rédigions ces lignes (15 janvier 2025), les barèmes 2024 à utiliser en 2025 n'avaient pas encore été diffusés.

À titre indicatif, nous reproduisons ci-après les barèmes 2023, utilisés pour 2024. Pour rappel, ces barèmes 2023 n'avaient pas été revalorisés et sont donc identiques à ceux de 2022, lesquels avaient été publiés au Journal officiel début avril 2023 (arrêté du 27 mars 2023, JO 7 avril, texte 4). Par conséquent :
- du point de vue fiscal, ces barèmes concernent l'imposition des revenus 2022 et 2023 ;
- en paye, s'agissant du régime social d'exonération au titre des frais professionnels, ils concernent les remboursements effectués par l'employeur en 2023 et 2024.

Majoration de 20 % pour les véhicules électriques - Pour les véhicules électriques, le montant des frais de déplacement calculés en application des barèmes kilométrique est majoré de 20 % (CGI, annexe IV, art. 6 B, II).

À notre sens et sous réserve de précisions de l'administration, cette majoration ne vise que les seuls véhicules disposant d'une motorisation exclusivement électrique (et non ceux combinant l'énergie électrique et un autre mode de carburation).

Exemple

Pour un salarié qui parcourt 4000 km par an avec sa voiture dont la puissance fiscale est de moins de 3 CV, le montant des frais de déplacement remboursé par l'employeur s'élève, en 2024, à :
- 4000 × 0,529 = 2116 €, si sa voiture est à moteur thermique ;
(4000 × 0,529) × 120 % = 2539,20 €, si sa voiture est à motorisation exclusivement électrique.

Indemnité kilométrique vélo

Trajet domicile-lieu de travail- L'employeur peut prendre en charge tout ou partie des frais engagés par les salariés se déplaçant à vélo ou à vélo à assistance électrique entre leur résidence habituelle et leur lieu de travail.

Jusqu'au 11 mai 2020, cette prise en charge se faisait sous la forme d'une indemnité kilométrique vélo qui, à cette date, a été intégrée dans le forfait mobilités durables. Toutefois, les employeurs qui, au 11 mai 2020, versaient cette indemnité dans les conditions prévues par la réglementation antérieure, peuvent

Barème kilométrique auto 2023 et 2022 en euros (1) (2)

Puissance administrative	Jusqu'à 5000 km	De 5001 à 20000 km	Plus de 20000 km
3 CV ou moins	d × 0,529	(d × 0,316) + 1065	d × 0,370
4 CV	d × 0,606	(d × 0,340) + 1330	d × 0,407
5 CV	d × 0,636	(d × 0,357) + 1395	d × 0,427
6 CV	d × 0,665	(d × 0,374) + 1457	d × 0,447
7 CV et plus	d × 0,697	(d × 0,394) + 1515	d × 0,470

d = la distance parcourue en km. (1) Le barème 2024 sera publié en 2025 (sauf s'il n'est pas revalorisé). (2) Pour les véhicules électriques, le montant des frais de déplacement calculés en application de ces barèmes est majoré de 20 %.

Barème kilométrique deux-roues 2023 et 2022 en euros (1) (2)			
Cyclomoteurs			
Puissance administrative	**Jusqu'à 3 000 km**	**De 3 001 km à 6 000 km**	**Plus de 6 000 km**
< 50 cm^3	d × 0,315	(d × 0,079) + 711	d × 0,198
Motos (deux roues de cylindrée supérieure à 50 cm^3)			
Puissance administrative	**Jusqu'à 3 000 km**	**De 3 001 km à 6 000 km**	**Plus de 6 000 km**
1 ou 2 CV	d × 0,395	(d × 0,099) + 891	d × 0,248
3, 4, 5 CV	d × 0,468	(d × 0,082) + 1 158	d × 0,275
6 CV ou plus	d × 0,606	(d × 0,079) + 1583	d × 0,343
d = la distance parcourue en km. (1) Le barème 2024 sera publié en 2025 (sauf s'il n'est pas revalorisé). (2) Pour les véhicules électriques, le montant des frais de déplacement calculés en application de ces barèmes est majoré de 20 %.			

continuer à la verser. Ils sont alors regardés comme versant le forfait mobilités durables (décret 2020-541 du 9 mai 2020, art. 2).

Pour plus de détail, voir *Frais de transport domicile-lieu de travail**.

Déplacements professionnels - Le *Bulletin officiel de la sécurité sociale (BOSS)** admet qu'une indemnité kilométrique vélo puisse être allouée au salarié qui utilise son vélo personnel pour des déplacements professionnels (hors trajet domicile lieu de travail). Cette indemnité est exclue de l'assiette des cotisations sociales dans la limite de 0,25 € par kilomètre (BOSS, Frais professionnels, § 490, 01/01/2025).

☞ *Frais de déplacement ; Frais de transport domicile-lieu de travail.*

Base de cotisation

☞ *Assiette des cotisations de sécurité sociale ; Assiette minimale des cotisations ; Assiettes et cotisations forfaitaires ; Contribution au dialogue social ; Contribution pour le remboursement de la dette sociale (CRDS) ; Contribution sociale généralisée (CSG) ; Contribution solidarité autonomie ; Cotisations d'assurance chômage et d'AGS ; Cotisations de retraite AGIRC-ARRCO ; Cotisations de retraite et de prévoyance (régime social) ; Forfait social ; Plafond des cotisations ; Plafond de la sécurité sociale ; Tranches des rémunérations.*

Bassin d'emploi à redynamiser

Les employeurs disposant d'un établissement implanté, créé ou étendu dans un bassin d'emploi à redynamiser (BER) peuvent bénéficier d'une exonération de charges sociales, sous certaines conditions (loi 2006-1771 du 30 décembre 2006, art. 130, VII et VIII).

Employeurs éligibles

Territoires concernés - Les BER sont reconnus par voie réglementaire parmi des territoires qui répondent à certaines caractéristiques (loi 95-115 du 4 février 2015 modifiée, art. 42, 3 bis).

Il existe deux BER : un en Région Grand Est (zone d'emploi de la Vallée de la Meuse) et le second en Occitanie (zone d'emploi de Lavelanet) (décret 2007-228 du 20 février 2007, modifié par décret 2018-550 du 29 juin 2018, JO du 30).

Date d'implantation - Il est possible de bénéficier d'une exonération de cotisations sur les rémunérations versées aux salariés employés par un établissement d'une entreprise qui s'implante dans un BER entre le 1er janvier 2007 et le 31 décembre 2027 (loi 2025-127 du 14 février 2025, art. 99, II, JO du 15 ; loi 2006-1771 du 30 décembre 2006, art. 130, VII modifié).

▶ Attention… Les établissements déjà présents dans le BER au 1er janvier 2007 ne bénéficient pas de l'exonération. En cas d'extension d'établissement ouvrant droit à l'exonération de cotisation foncière des entreprises, un établissement présent dans le BER au 1er janvier 2007 peut, sous certaines conditions, bénéficier de l'exonération au titre des salariés recrutés dans le cadre de l'extension d'établissement *(voir ci-après)*.

Activité de l'entreprise - L'exonération s'applique, quel que soit leur effectif, aux entreprises exerçant une activité industrielle, commerciale, artisanale ou libérale, à l'exception des activités de crédit-bail mobilier et de location d'immeubles à usage d'habitation (BOSS, Exonérations zonées, § 810, 01/01/2025).

Les associations exerçant des activités du secteur marchand et assujetties dans les conditions de droit commun à la TVA, à l'impôt sur les sociétés ainsi qu'à la contribution économique territoriale (CFE et CVAE), qu'elles en soient ou non redevables, peuvent également prétendre au dispositif (BOSS, Exonérations zonées, § 810, 01/01/2025).

Réalité économique - Pour bénéficier de l'exonération, l'établissement doit présenter une réalité économique caractérisée par une implantation ou une création réelle dans un BER (ex : local comportant des moyens permettant de réaliser la partie administrative de l'activité) et par la présence, en son sein, des éléments d'exploitation ou de stocks nécessaires à la réalisation d'une activité économique effective (ex : locaux pour recevoir la clientèle, entreposer des marchandises).

L'activité économique effective des entreprises ayant une activité non sédentaire est présumée dès lors que l'établissement emploie un salarié sédentaire en équivalent temps plein effectuant la totalité de son temps de travail dans ledit local. Une simple adresse de domiciliation en zone ne suffit pas à satisfaire la condition d'implantation en zone (BOSS, Exonérations zonées, § 850, 01/01/2025).

Être à jour des cotisations URSSAF - Le droit à l'exonération est subordonné à la condition que l'employeur soit à jour de ses obligations à l'égard de l'URSSAF ou qu'il ait souscrit un engagement d'apurement progressif de ses dettes attesté par un accord écrit de l'URSSAF (loi 2006-1771 du 30 décembre 2006, art. 130, VII modifié, al. 10 ; décret 2007-648 du 30 avril 2007, art. 6 et 7 ; BOSS, Exonérations zonées, § 970, 01/01/2025).

▶ À noter… Ces obligations s'apprécient au niveau de chaque établissement situé dans un BER lorsqu'une entreprise en comporte plusieurs, indépendamment les uns des autres (BOSS, Exonérations zonées, § 970, 01/01/2025).

Cette condition se vérifie au regard des cotisations de sécurité sociale et contributions à la charge de l'employeur et du salarié, du FNAL et du versement mobilité (décret 2007-648 du 30 avril 2007, art. 6 ; BOSS, Exonérations zonées, § 980, 01/01/2025) :

- échues à la date de l'implantation ou de la création de l'entreprise, tous établissements confondus, dans le BER ou à la date d'effet de l'extension de l'établissement ;
- dues à chaque exigibilité, uniquement pour le ou les établissements implantés dans la zone.

Ne sont pas prises en compte les dettes de cotisations patronales, de FNAL et de versement mobilité exigibles au cours des trois mois civils précédant la date à laquelle la condition doit être remplie (décret 2007-648 du 30 avril 2007, art. 6 ; BOSS, Exonérations zonées, § 980, 01/01/2025).

En cas de non-respect de la condition d'être à jour des cotisations, ou d'avoir souscrit un plan d'apurement, l'exonération n'est pas applicable aux gains et rémunérations dus à compter du premier jour du mois suivant la date à laquelle la condition n'est pas remplie.

Lorsque l'établissement est à nouveau à jour du paiement de ses cotisations et contributions sociales, l'exonération est à nouveau applicable à compter du premier jour du mois suivant celui au cours duquel les cotisations, contributions, majorations et pénalités ont été réglées (BOSS, Exonérations zonées, § 990, 01/01/2025).

En cas de paiement des dettes à une date ne correspondant pas à une date d'exigibilité, le droit à exonération reprendra de la même manière à compter du premier jour du mois suivant (BOSS, Exonérations zonées, § 990, 01/01/2025).

Salariés concernés

Activité réelle, régulière et indispensable dans le BER - L'exonération peut être appliquée aux rémunérations des salariés dont l'activité réelle, régulière et indispensable à l'exécution du contrat de travail s'exerce en tout ou partie dans un BER (loi 2006-1771 du 30 décembre 2006, art. 130, VII modifié, al. 2).

Exercice de l'activité du salarié - L'activité du salarié doit s'exercer selon l'une des modalités suivantes (décret 2007-648 du 30 avril 2007, art. 1 ; BOSS, Exonérations zonées, § 880, 01/01/2025) :

- exclusivement dans l'établissement implanté dans le BER ;
- en partie dans l'établissement soit parce que l'exécution de son contrat de travail rend indispensable l'utilisation régulière des éléments d'exploitation ou des stocks présents dans l'établissement, soit, à défaut, lorsque son activité dans cet établissement est réelle, régulière et indispensable à l'exécution du contrat de travail ;
- en dehors de cet établissement, lorsque son activité dans le BER est réelle, régulière et indispensable à l'exécution de son contrat de travail.

La preuve de l'utilisation régulière des éléments d'exploitation ou de stocks et de la régularité de l'activité incombe à l'employeur. Cette condition est réputée remplie dès lors que le salarié est présent, chaque mois, dans l'établissement ou dans un BER et que cette présence est indispensable à l'exécution de son contrat de travail (décret 2007-648 du 30 avril 2007, art. 2 ; BOSS, Exonérations zonées, § 880, 01/01/2025).

Nature et étendue de l'exonération de cotisations

Fraction de rémunération exonérée - Il s'agit d'une exonération de cotisations patronales d'assurance maladie, d'assurance vieillesse, d'allocations familiales, de FNAL et de versement mobilité sur la fraction de rémunération limitée à 140 % du *SMIC** rapporté au nombre d'heures rémunérées (loi 2006-1771 du 30 décembre 2006, art. 130, VII, al. 1).

Le SMIC à prendre en compte est celui en vigueur à la date de versement de la rémunération (décret 2007-648 du 30 avril 2007, art. 2).

Exemple

Un salarié est rémunéré à hauteur de 3 000 € bruts pour 151,67 heures par mois. En janvier 2025, la fraction de rémunération exonérée est égale à : 151,67 × 11,88 € × 140 % = 2 522,58 €. En conséquence :
- la fraction de rémunération égale 2 522,58 € est exonérée de cotisations patronales d'assurances sociales (maladie, vieillesse), d'allocations familiales, de FNAL et de versement mobilité ; en revanche, l'ensemble des autres charges patronales (cotisation AT, contribution solidarité autonomie, AGIRC-ARRCO, chômage, etc.) ainsi que l'intégralité des cotisations et contributions salariales restent dues ;
le reste du salaire, soit 477,42 € (3 000 € – 2 522,58 €), est assujetti aux cotisations et contributions dans les conditions habituelles.

Méthode de calcul du Bulletin officiel de la sécurité sociale (BOSS) - Il est aussi possible de calculer l'exonération selon la méthode prévue par l'administration, en fonction du niveau de la rémunération (BOSS, Exonérations zonées, §§ 1020 et 1030, 01/01/2025) :
- rémunération inférieure ou égale à 1,4 SMIC rapporté au nombre d'heures rémunérées : exonération = T × rémunération ;
- rémunération supérieure à 1,4 SMIC rapporté au nombre d'heures rémunérées : exonération = T × 1,4 SMIC × nombre d'heures rémunérées ;
- avec un paramètre T égal à la somme des taux des cotisations patronales d'assurance maladie (7 %), d'assurance vieillesse (2,02 % + 8,55 %), d'allocations familiales (3,45 %), de FNAL (0,10 % ou 0,50 %) et de versement mobilité (taux variable).

Dans cette option, les cotisations sont calculées « normalement », l'exonération se traduisant par une déduction portée sur la ligne « Exonérations, écrêtement et allégements de cotisations », comme la réduction générale.

Salariés non rémunérés selon un nombre d'heures - Lorsque la rémunération n'est pas établie selon un nombre d'heures (ex. : VRP, travailleurs à domicile), le nombre d'heures pris en compte est égal à la durée collective du travail applicable dans l'établissement ou la partie d'établissement où travaille le salarié calculée sur le mois (décret 2007-648 du 30 avril 2007, art. 2 ; BOSS, Exonérations zonées, § 1040, 01/01/2025).

Période d'emploi ne couvrant qu'une partie du mois civil - Lorsque la période d'emploi rémunérée couvre une partie du mois civil, le nombre d'heures à prendre en compte est égal au produit du nombre de jours calendaires compris pendant la période par un trentième du nombre d'heures correspondant à la durée collective du travail applicable dans l'établissement (décret 2007-648 du 30 avril 2007, art. 2 ; BOSS, Exonérations zonées, § 1040, 01/01/2025).

Suspension du contrat de travail - En cas de suspension du contrat de travail (arrêt maladie, etc.), le nombre d'heures pris en compte au titre de ces périodes est égal au produit de la durée de travail que le salarié aurait effectuée s'il avait continué à travailler par le pourcentage de la rémunération soumis à cotisations et demeuré à la charge de l'employeur (décret 2007-648 du 30 avril 2007, art. 2 ; BOSS, Exonérations zonées, § 1040, 01/01/2025).

Durée de l'exonération

Durée de 5 ans - Pour les implantations ou créations d'établissement intervenant en BER depuis le 1er janvier 2014, la durée d'exonération est de 5 ans (loi 2006-1771 du 30 décembre 2006, art. 130, VII modifié, al. 6 ; BOSS, Exonérations zonées, § 1050, 01/01/2025).

Ces 5 ans se décomptent, selon les cas, à partir :
- de la date d'implantation ou de création de l'établissement en BER, pour les salariés déjà employés à cette date ;
- de la date d'effet du contrat de travail, pour les salariés embauchés dans les conditions requises pendant les 5 années suivant la date de l'implantation ou de la création en BER.

▶ À noter… Pour les implantations ou créations d'établissement en BER antérieures au 1er janvier 2014, la durée d'exonération était de 7 ans (loi 2006-1771 du 30 décembre 2006, art. 130, VII modifié, al. 7).

Fin de l'exonération - L'exonération cesse d'être applicable à compter du premier jour du mois suivant (décret 2007-648 du 30 avril 2007, art. 1, 5, 6 et 7) :
- la date de dépassement de la limite du montant total des aides de même catégorie pouvant être accordées aux entreprises, en vertu de règlements européens (aides dites de minimis) ;
- celui au cours duquel le salarié a cessé d'être employé dans un établissement situé dans un BER en cas de poursuite du contrat de travail dans un établissement situé hors du BER ;
- la date à laquelle la condition d'être à jour de ses cotisations n'est pas remplie et jusqu'à la date du premier jour du mois suivant celui au cours duquel cette condition est à nouveau remplie.

Cumul

Le bénéfice de l'exonération ne peut être cumulé, pour l'emploi d'un même salarié, avec celui d'une aide de l'État à l'emploi ou une autre exonération totale ou partielle de cotisations patronales de sécurité sociale, à l'exception de la déduction forfaitaire de cotisations patronales au titre des heures supplémentaires [voir *Heures supplémentaires (déduction forfaitaire de cotisations patronales)**] (loi 2006-1771 du 30 décembre 2006, art. 130, VII, al. 3).

Il ne peut pas non plus se cumuler avec l'application de taux spécifiques, d'assiettes ou de montants forfaitaires de cotisations.

Toutefois, les taux réduits de cotisations applicables aux journalistes professionnels, pigistes et assimilés, aux VRP, et membres des professions médicales à employeurs multiples ne sont pas considérés comme des taux spécifiques et ne sont ainsi pas concernés par la règle de non cumul (BOSS, Exonérations zonées, § 960, 01/01/2025).

Formalités déclaratives

L'employeur doit également adresser à l'URSSAF un document conforme à un modèle établi par l'administration, comportant les éléments nécessaires à la vérification du respect des conditions et limites prévues par les règlements européens pour les aides dites de minimis *(voir plus loin)* (décret 2007-648 du 30 avril 2007, art. 8, II).

La déclaration doit être envoyée au plus tard le 30 avril de l'année suivant la dernière année civile de la période sur laquelle elle porte (décret 2021-39 du 19 janvier 2021, art. 2, JO du 20).

Transfert ou extension d'activité

Transfert d'entreprise - En cas de modification de la situation juridique de l'employeur (succession, vente, fusion, transformation du fonds, mise en société de l'entreprise) (c. trav. art. L. 1224-1), le nouvel employeur reprend le ou les droits à l'exonération dont a ou aurait pu bénéficier le précédent employeur, dans les conditions et pour la durée d'application de l'exonération restant à courir (décret 2007-648 du 30 avril 2007, art. 1, IV, JO du 2 mai ; BOSS, Exonérations zonées, § 1060, 01/01/2025).

Transfert d'emploi - Si un emploi existant antérieurement est transféré dans l'entreprise située dans le BER, ce transfert n'ouvre pas droit à exonération si l'employeur a déjà bénéficié pour cet emploi, au titre d'une ou de plusieurs des 5 années précédentes (loi 2006-1771 du 30 décembre 2006, art. 130, VII, al. 5 ; décret 2007-648 du 30 avril 2007, art. 4, JO 2 mai) :

- de l'exonération applicable pour l'embauche de 1 à 50 salariés dans les zones de revitalisation rurale (voir *Embauche du 1er au 50e salarié**) ;
- du versement de la prime d'aménagement du territoire.

La période de 5 années est décomptée de date à date, à partir de la date du versement de la prime d'aménagement du territoire ou du premier jour du mois au titre duquel est appliquée l'exonération pour l'embauche dans la limite de 50 salariés dans les zones de revitalisation rurale (BOSS, Exonérations zonées, § 940, 01/01/2025).

Extension d'établissement - L'employeur peut bénéficier de l'exonération sur les rémunérations des salariés recrutés à l'occasion d'une extension d'établissement ouvrant droit à l'exonération de cotisation foncière des entreprises (CFE et, le cas échéant, de CVAE) (BOSS, Exonérations zonées, § 910, 01/01/2025).

Les salariés doivent être embauchés, sous CDI ou CDD d'au moins 12 mois, dans les 12 mois suivant la date d'effet de l'extension de l'établissement. Par ailleurs, l'employeur ne doit pas avoir procédé à un licenciement pour motif économique dans les 12 mois précédant la même date d'effet (décret 2007-648 du 30 avril 2007, art. 3, JO 2 mai).

La date d'effet de l'extension s'entend de la date à laquelle l'employeur dispose des installations nécessaires à l'exercice de son activité professionnelle et réalise des opérations liées à son activité professionnelle (BOSS, Exonérations zonées, § 920, 01/01/2025).

L'exonération obtenue dans le cadre d'une extension d'établissement cesse d'être applicable dès lors que l'effectif de l'établissement devient inférieur à celui du dernier jour du mois précédant la date de l'extension. Les salariés sont décomptés selon les modalités prévues par le code du travail (décret 2007-648 du 30 avril 2007, art. 3, JO 2 mai ; c. trav. art. L. 1111-2, L. 1111-3 et L. 1251-54) (voir *Effectif**).

Incidences de la réglementation européenne

Le bénéfice de l'exonération est subordonné au respect des conditions et limites prévues par le règlement européen sur les aides de minimis (plafond de 300 000 € sur 36 mois glissants) (règlement UE 2023/2831 du 13 décembre 2023, JOUE du 15, applicable depuis le 1er janvier 2024 et jusqu'au 31 décembre 2030 ; loi 2006-1771 du 30 décembre 2006, art. 130, VII ; BOSS, Exonérations zonées, § 1000, 01/01/2025).

BASSIN D'EMPLOI À REDYNAMISER (EXEMPLE)

Un salarié ouvrant droit à l'exonération attachée aux bassins d'emploi à redynamiser est rémunéré 3 000 € bruts pour 151,67 heures par mois.

L'exonération est ici calculée non pas sur chaque ligne concernée, mais selon la méthode prévue par le BOSS, sous forme d'une réduction globale déduite à la ligne « Exonérations et allègements de cotisations ».

La rémunération étant supérieure à 1,4 SMIC rapporté au nombre d'heures rémunérées, l'exonération est égale à T × 1,4 × 11,88 × 151,67 (voir nos développements).

En l'espèce, T = cotisations patronales d'assurance maladie (7 %) + d'assurance vieillesse (2,02 % + 8,55 %) + d'allocations familiales (3,45 %) + de FNAL (0,50 % par hypothèse) + versement mobilité (1,60 % par hypothèse) = 23,12 %.

L'exonération est donc de 23,12 % × 1,4 × 11,88 × 151,67 = 583,22 €

EXTRAIT DU BULLETIN DE PAYE DE JANVIER 2025

Désignation	**Base**	**Taux**	**Montant**	
Salaire de base	151,67	19,78	3 000,00	
Brut total			3 000,00	
Cotisations et contributions sociales	**Base (€)**	**Taux salarial**	**Part salarié (€)**	**Part employeur (€)**
Santé				
Sécurité sociale - Maladie Maternité Invalidité Décès	3 000,00	-	-	210,00 (1) (2)
Complémentaire Santé	-	-	85,00	85,00
Accidents du travail - maladies professionnelles	3 000,00	-	-	60,00 (3)
Retraite				
Sécurité sociale plafonnée	3 000,00	6,90 %	207,00	256,50 (1)
Sécurité sociale déplafonnée	3 000,00	0,40 %	12,00	60,60 (1)
Complémentaire Tranche 1 (4)	3 000,00	4,01 %	120,30	180,30
Famille	3 000,00	-	-	103,50 (1) (5)
Assurance chômage				
Chômage	3 000,00	-	-	129,00 (6)
Autres contributions dues par l'employeur	-	-	-	143,18 (7)
CSG déductible de l'impôt sur le revenu	3 032,50	6,80 %	206,21	-
CSG/CRDS non déductible de l'impôt sur le revenu	3 032,50	2,90 %	87,94	-
Exonérations et allègements de cotisations	-	-	-	- 583,22 (1)
Total des cotisations et contributions	-		718,45	644,86
Net social				**2 281,55**
Net à payer avant impôt sur le revenu				**2 281,55**
Impôt sur le revenu	**Base**	**Taux**	**Montant**	**Cumul annuel**
Montant net imposable			2 454,49	Valeur
Impôt sur le revenu prélevé à la source	2 454,49	7 %	171,81	Valeur
Montant net des heures compl/suppl exonérées			0,00	0,00
Net à payer au salarié (en euros) (8)				**2 109,73 (8)**
Total versé par l'employeur				3 644,86

Notes de la rédaction, pour aider à la lecture des totaux (ces notes n'ont pas à apparaître sur le bulletin de paye) :
(1) Dans cette présentation, les cotisations patronales concernées par l'exonération sont calculées « normalement », le montant global de l'exonération étant déduit à la ligne « Exonérations et allègements de cotisations ». (2) Taux de 7 % compte tenu de la rémunération (voir *Cotisation d'assurance maladie-maternité-invalidité**) . (3) Par hypothèse taux de 2 %. (4) Y compris contribution d'équilibre général. (5) Taux de 3,45 % compte tenu de la rémunération (voir *Cotisation d'allocations familiales**) . (6) Chômage 4,05 % et AGS 0,25 % au 1er janvier 2025. Attention, à partir du 1er mai 2025, le taux de la cotisation chômage sera de 4 %. (7) CSA (0,30 %), FNAL (0,50 %), versement mobilité (1,60 %), contribution au dialogue social (0,016 %), contribution formation (1 %), participation à l'effort de construction (0,45 %), Taxe d'apprentissage (0,68 %), forfait social. (8) À faire apparaître de manière à en faciliter la lisibilité.

En cas de dépassement du montant des aides de minimis, l'exonération cesse d'être applicable aux gains et rémunérations dus à compter du premier jour du mois suivant la date de dépassement (BOSS, Exonérations zonées, § 1000, 01/01/2025).

En cas de création ou d'implantation dans les zones à finalité régionale, les entreprises doivent respecter les dispositions de l'article 13 du règlement CE 800/2008 de la Commission du 6 août 2008 déclarant certaines aides compatibles avec le marché commun (BOSS, Exonérations zonées, § 1000, 01/01/2025).

☞ *Négociation obligatoire sur les salaires ; Nombre d'heures rémunérées.*

Bénévoles

Sont bénévoles les personnes qui accordent leurs services, en général à une association, sans aucune rémunération.

Statut en droit du travail

Pas de rémunération et pas de contrat de travail - Le bénévolat se caractérise par l'absence de rémunération et l'absence de lien de subordination. Le bénévole n'est pas un salarié.

Un « travail » bénévole s'entend d'une activité non rémunérée, sous quelque forme que ce soit (salaire, prime, honoraires, indemnités, avantage en nature, etc.).

Si un bénévolat est requalifié en activité salariée, l'association sera tenue d'affilier le collaborateur au régime général et de respecter l'ensemble des règles du droit du travail et de la sécurité sociale, et, en particulier, le paiement des cotisations sur la rémunération ou les avantages en nature alloués dans la limite de la prescription (les 3 dernières années et l'année en cours).

Remboursement des frais - Le bénévole peut bénéficier du remboursement des frais engagés pour sa mission en exonération de charges, à condition, toutefois, d'apporter tous les justificatifs nécessaires.

En pratique, il est parfois difficile de distinguer le bénévole défrayé de ses frais et le salarié occasionnel rémunéré, le cas échéant en avantages en nature. Si une activité « bénévole » est en réalité rémunérée, le travail accompli est requalifié en contrat de travail (cass. soc. 29 janvier 2002, n° 99-42697, BC V n° 38).

▶ À noter… 1) La personne rémunérée au-delà de ses frais réellement exposés et qui suit les directives de la société qui l'emploie n'est pas un bénévole mais un salarié, peu important que le contrat signé entre l'association et l'intéressé se dénomme contrat de bénévolat (cass. soc. 29 janvier 2002, n° 99-42697, BC V n° 38).

2) Un collaborateur encadrant un stage en montagne était logé et nourri pendant toute la durée de ce stage. La Cour a décidé que le logement et la nourriture correspondaient à des avantages en nature susceptibles d'être requalifiés en rémunération, l'activité n'était donc pas bénévole (cass. soc. 17 avril 1985, n° 83-15445, BC V n° 238).

Chèque-repas du bénévole - Sous certaines conditions, l'association peut remettre à son personnel un *chèque-repas du bénévole**.

Protection sociale des personnes exclusivement bénévoles

En principe, pas de protection sociale - La personne exclusivement bénévole n'a droit, en cette qualité, à aucune protection sociale.

Couverture santé - Ses frais de soins de santé lui sont remboursés au titre de la protection universelle maladie (PUMA) dès lors qu'elle réside en France de façon stable et régulière de manière ininterrompue depuis plus de 3 mois (c. séc. soc. art. L. 111-1, L. 160-1 et D. 160-2).

Si ses ressources perçues au cours des 12 mois précédant la demande sont inférieures à un plafond (ex. : 10 166 € pour une personne seule au 1er avril 2024 au lieu de 9 719 € pour une personne seule au 1er avril 2023) ou si la personne perçoit le revenu de solidarité active (RSA), elle peut, sans contrepartie contributive, bénéficier de la Complémentaire santé solidaire (C2S). Les personnes dont les ressources se situent entre le plafond de la C2S et ce même plafond majoré de 35 % doivent verser une participation financière pour en bénéficier (c. séc. soc. art. L. 861-1 et D. 861-1).

Les plafonds de rémunération sont majorés en fonction de la composition du foyer (voir Dictionnaire Social, « Complémentaire santé solidaire »).

Accident - En cas d'accident, le bénévole ne bénéficie pas de la législation sur les accidents du travail, sauf exceptions *(voir plus loin)*. L'accident qui survient au cours d'une activité apparemment bénévole peut être qualifié d'accident du travail si cette activité s'effectue dans un lien de subordination et ce, même si elle n'est pas rémunérée (cass. soc. 2 décembre 1993, n° 91-15222 D).

▶ À noter… La jurisprudence considère qu'une association doit indemniser le bénévole de son préjudice en vertu d'une « convention tacite d'assistance » (cass. civ., 1re ch., 10 octobre 1995, n° 93-19142 D).

Retraite - S'agissant de l'assurance vieillesse, les activités de bénévole n'ouvrent aucun droit particulier. Les bénévoles peuvent, s'ils remplissent les conditions nécessaires, bénéficier de l'assurance volontaire vieillesse (c. séc. soc. art. L. 742-1 et R. 742-1).

Couverture accidents du travail dans certains cas

Organismes à objet social - Les personnes qui participent bénévolement au fonctionnement d'organismes à objet social créés en vertu de ou pour l'application d'un texte législatif ou réglementaire bénéficient de la législation sur les accidents du travail (sauf pour les indemnités journalières) si elles n'y ont pas droit à un autre titre (c. séc. soc. art. L. 412-8, 6°, D. 412-78 et D. 412-79).

▶ À noter… Sont notamment concernés les membres bénévoles administrant une association intermédiaire agréée, les membres des conseils d'administration et les bénévoles dûment mandatés d'associations agréées et contribuant à la réinsertion sociale et professionnelle des personnes se trouvant placées sous main de justice, les administrateurs des institutions sociales et médico-sociales, les membres des conseils d'administration, de la commission ou du comité des associations médicales interentreprises de médecine du travail, etc. (c. séc. soc. art. D. 412-79).

L'organisme doit déclarer le bénévole à la CPAM et verser une cotisation accidents du travail fixée forfaitairement par arrêté et payable au 1er avril de chaque année au titre de l'exercice précédent (arrêté du 24 décembre 1992, JO du 30 modifié par arrêté du 2 novembre 1995, JO du 11). Elle s'élève en 2025 à (sous réserve de confirmation des arrondis) :
- 21 € pour le risque 91.3 EC (taux de 0,05 %) ;
- 84 € pour le risque 91.3 ED (taux de 0,20 %).

▶ À noter… Ces cotisations se calculent sur la base du double du salaire minimum retenu pour calculer les rentes d'incapacité permanente liées à des accidents du travail, en vigueur au 1er janvier de l'année (20 971,34 € au 1er avril 2024, la base de calcul pour les membres bénévoles est donc égale à 41 942,68 €) (c. séc. soc. art. D. 412-81 ; circ. CNAM 11-2024 du 22 mars 2024, annexe 2).

Salariés en congé de représentation, de participation aux instances d'emploi ou à un jury d'examen - S'ils ne bénéficient pas de la protection contre les accidents du travail à un autre titre, sont également couverts par la législation des accidents du travail (pour les accidents survenus par le fait ou à l'occasion de leur mission) :
- les salariés en congé de représentation [voir *Congé de représentation (associations, mutuelles)**] (c. séc. soc. art. L. 412-8, 12° et D. 412-95) ;
- les salariés bénéficiant des autorisations d'absences prévues en cas de participation à des instances d'emploi ou de formation professionnelle ou à un jury d'examen (voir *Jury d'examen et instances de formation**) (c. séc. soc. art. L. 412-8, 7° et D. 412-82 ; c. trav. art. L. 3142-42 à L. 3142-47).

L'association, la mutuelle ou l'instance est redevable de la même cotisation forfaitaire que les organismes à objet social *(voir ci-avant)*.

Chômeurs exerçant une tâche d'intérêt général - Les associations qui ont reçu agrément pour la reconnaissance de tâches d'intérêt général sont tenues d'assurer les chômeurs qui apportent leur concours à titre bénévole moyennant le versement d'une cotisation de 3,80 % assise sur une base forfaitaire (arrêté du 29 janvier 1985, JO 1er février).

Assurance volontaire des organismes d'intérêt général - Les organismes d'intérêt général ont la faculté de souscrire auprès des CPAM une assurance volontaire accidents du travail et maladies professionnelles (c. séc. soc. art. L. 743-2 et R. 743-4 à R. 743-10). Cette assurance ouvre droit aux prestations prévues par la législation sur les accidents du travail, à l'exception des indemnités journalières et de l'indemnité en capital versée en cas d'incapacité permanente de moins de 10 % (c. séc. soc. art. R. 743-5).

▶ À noter… Les organismes d'intérêt général s'entendent au sens de la définition fiscale (CGI art. 200 ; organismes d'intérêt général ayant un caractère philanthropique, éducatif, social, humanitaire, sportif, etc.).

La cotisation forfaitaire trimestrielle est fixée en 2025 à (sous réserve de confirmation des arrondis) :
- risque 91.3 EE - travaux administratifs (0,40 %) : 21 € ;
- risque 91.3 EF - travaux autres qu'administratifs (0,70 %) : 36 € ;
- risque 91.3 EG - participation à des réunions, à l'exclusion de toute autre activité (0,10 %) : 5 €.

▶ À noter… Ces cotisations trimestrielles se calculent sur la base du salaire minimum retenu pour évaluer les rentes d'incapacité permanente liées à des accidents du travail en vigueur au 1er janvier de l'année, ramené à la valeur d'un trimestre (20971,34 € divisé par 4, soit une base de calcul de 5242,84 €).

La cotisation est versée trimestriellement à l'URSSAF du siège des œuvres ou organismes d'intérêt général.

☞ *Association ; Chèque-repas du bénévole.*

Bilan de compétences

☞ *Compte personnel de formation (utilisation).*

Billet de congé annuel SNCF

Réduction de 25 % ou 50 % - Les salariés en congés payés, les travailleurs à domicile, les stagiaires de la formation professionnelle, les préretraités et les demandeurs d'emploi indemnisés, ainsi que leur famille proche [personne avec laquelle le demandeur vit en couple (marié, PACS ou concubin), enfants de moins de 21 ans non mariés à la charge de leurs parents, père et/ou mère du célibataire à la condition que ces personnes habitent chez le demandeur], peuvent bénéficier, une fois par an pour un voyage annuel aller-retour sur les lignes de la SNCF, d'un billet avec une réduction de 25 %.

Cette réduction est portée à 50 % lorsque le bénéficiaire règle au moins la moitié du montant du billet au moyen de *chèques-vacances** et voyage en dehors des périodes de fort trafic.

La réduction est applicable sur certains trains (https://www.service-public.fr/particuliers/vosdroits/F2328 ; https://www.sncf-voyageurs.com/medias-publics/2024-01/formulaire-conge-annuel.pdf).

Conditions - Le minimum de parcours est un voyage aller-retour (ou circulaire), d'au moins 200 km en tout. Le trajet retour doit être effectué dans les 2 mois suivant la date de départ du trajet aller.

Obligation de l'employeur - L'employeur est tenu de remplir une attestation fournie par la SNCF, où figurent notamment les dates de congés, la signature et le timbre de l'entreprise.

☞ *Chèques-vacances ; Congés payés.*

Bons d'achat et cadeaux

Tolérances

Existence de tolérances admises par l'ACOSS - Lors de certains événements, notamment à l'occasion de Noël, le *comité social et économique** (CSE) dans les entreprises d'au moins 50 salariés, ainsi que les employeurs, peuvent remettre aux salariés des cadeaux, des bons d'achat ou des chèques-cadeaux.

Pour la jurisprudence, ces avantages sont attribués aux salariés en raison de leur qualité de salarié et à l'occasion du travail accompli, en conséquence, faute d'avoir le caractère de secours, ils doivent être soumis à cotisations (cass. soc. 27 janvier 1977, n° 75-14797, BC V n° 72).

Toutefois le ministère chargé de la sécurité sociale et l'ACOSS ont depuis longtemps admis plusieurs tolérances, détaillées ci-dessous, permettant de les exonérer de cotisations (lettre-circ. ACOSS 2011-24 du 21 mars 2011 ; instr. min. du 17 avril 1985 ; https://www.urssaf.fr).

▶ À noter... Une URSSAF peut décider de ne pas appliquer ces tolérances et d'assujettir les prestations aux cotisations. La Cour de cassation approuve le redressement opéré dans la mesure où la circulaire et la lettre ministérielle les prévoyant sont dépourvues de toute portée normative et ne peuvent restreindre les droits des organismes de recouvrement (cass. soc. 11 mai 1988, n° 86-10122, BC V n° 287 ; cass. civ., 2e ch., 30 mars 2017, n° 15-25453 FPB). En effet, seules les circulaires et les instructions émanant du ministère chargé de la sécurité sociale et régulièrement publiées sont opposables aux organismes de recouvrement ce qui n'est pas le cas de ces textes [voir *Circulaires (force juridique)**].

Bénéficiaires des tolérances - Les tolérances admises par le ministère et l'ACOSS s'appliquent aux bons d'achat et cadeaux servis par le CSE dans les entreprises d'au moins 50 salariés.

En l'absence de CSE gérant les activités sociales et culturelles (entreprises de moins de 50 salariés ou P-V de carence), ces tolérances peuvent s'appliquer aux bons d'achat et cadeaux attribués par l'employeur.

Délégation expresse à l'employeur - Le CSE peut accorder une délégation expresse à l'employeur pour la gestion des bons d'achats et cadeaux. Celui-ci ne peut agir que dans la limite des attributions qui lui ont été déléguées (c. trav. art. R. 2312-36).

Dès lors, l'employeur qui se voit confier la gestion des bons d'achat et cadeaux sans délégation expresse du CSE s'expose à un redressement de charges sociales, quand bien même le comité est informé de la distribution des bons cadeaux par l'employeur (cass. civ., 2e ch., 12 février 2015, n° 13-27267 D).

Bénéficiaires des bons d'achat et cadeaux - Comme les autres activités sociales et culturelles du CSE, les bons d'achat et cadeaux doivent pouvoir bénéficier à l'ensemble du personnel salarié.

Les stagiaires doivent en bénéficier dans les mêmes conditions que les salariés (c. éduc. art. L. 124-16).

Si des conditions d'attribution, ou des critères de modulation, sont prévus, ils ne doivent pas être discriminatoires [pour le détail, voir *Avantages versés par le comité social et économique (CSE)**].

Valeur des bons ne dépassant pas 5 % du plafond mensuel par an

Si la valeur cumulée des bons d'achat et cadeaux sur une année et par salarié n'excède pas 5 % du plafond mensuel de la sécurité sociale (196,25 €, arrondi par l'URSSAF à 196 €, en 2025), ces bons d'achat et cadeaux sont exonérés de cotisations, quels que soient les événements auxquels ils se rattachent (https://www.urssaf.fr).

Valeur des bons dépassant 5 % du plafond mensuel par an

Conditions d'exonération - Au-delà de cette limite de 5 % du montant mensuel du *plafond de la sécurité sociale** par an et par salarié, les bons d'achat et cadeaux sont en principe soumis à cotisations.

Cependant, ils sont exonérés de cotisations s'ils sont :
- distribués en relation avec un événement précis *(voir plus loin)* ;
- d'un montant non disproportionné par rapport à l'événement, c'est-à-dire d'une valeur conforme aux usages (5 % du plafond mensuel par événement et par année civile, soit 196 € en 2025) ;
- et d'une utilisation déterminée, en relation avec l'événement *(voir plus loin)*.

▶ À noter... Ces restrictions ne s'appliquent pas au *chèque-lire**, au *chèque-disque** et au *chèque-culture**, lesquels bénéficient d'un régime plus favorable.

Événements recevables - Les événements permettant l'attribution de bons d'achat et de cadeaux en nature sont :
- le mariage, le Pacs ;
- les naissances et adoptions ;
- la retraite ;
- les fêtes des Pères et Mères ;
- la Sainte-Catherine pour les femmes célibataires qui fêtent leur 25e anniversaire ;

Exemples sur des bons d'achat attribués en 2025

1) Un salarié se voit remettre deux bons d'achat concernant la rentrée scolaire (70 €) et Noël (100 €).

La valeur des deux bons d'achat est inférieure à la limite maximale d'exonération (196 €) : les cotisations ne sont pas dues.

2) Un salarié reçoit pour son enfant des bons d'achat pour la rentrée scolaire (90 €) et Noël (110 €), soit 200 €.

Leur valeur cumulée étant supérieure à la limite de présomption de non-assujettissement (196 €), il faut passer en revue les différents critères énoncés ci-contre pour tous les bons.

Les conditions étant remplies, les cotisations ne sont pas dues.

Nature des bons	Noël du salarié	Rentrée scolaire
Événement particulier admis	oui	oui
Utilisation déterminée	oui*	oui*
Valeur non excessive (pas plus de 196 € par événement)	oui	oui

* *Si rayon précis d'un magasin (sauf alimentation courante) ou magasin spécialisé.*

3) Un salarié ayant deux enfants reçoit deux bons d'achat pour la rentrée (2 × 60 €), pour Noël (2 × 100 €) et un pour la Saint-Valentin d'une valeur de 80 € (que tous les salariés perçoivent).

La valeur cumulée de ces bons étant supérieure à la limite de 196 €, il faut vérifier si les conditions d'exonération sont réunies.

Pour les bons concernant la rentrée scolaire et Noël, les critères sont respectés : pas de cotisations à acquitter.

Pour le bon concernant la Saint-Valentin, il ne s'agit pas d'un événement admis. Les cotisations sont dues.

Nature des bons	Rentrée scolaire	Saint-Valentin	Noël du salarié
Événement particulier admis	oui	non	oui
Utilisation déterminée	oui*	oui*	oui*
Valeur non excessive	oui	oui	oui

* *Si rayon précis d'un magasin (sauf alimentation courante) ou magasin spécialisé.*

- la Saint-Nicolas pour les hommes célibataires qui fêtent leur 30e anniversaire ;
- le Noël des salariés et des enfants (jusqu'à 16 ans révolus dans l'année civile) ;
- la rentrée scolaire ou la poursuite d'études supérieures des enfants âgés de moins de 26 ans dans l'année civile d'attribution (peu importe la nature de l'établissement, sous réserve de la justification du suivi de scolarité).

Le site Internet du réseau des URSSAF précise, en son état au 15 janvier 2025, que l'attribution de bons d'achats et de cadeaux en nature aux enfants et aux écoliers dans l'Est et le Nord de la France à l'occasion de la Saint-Nicolas (à l'instar des fêtes de Noël), ou de toute autre pratique résultant d'usages locaux (ex. : Sainte-Barbe), ne peut pas être exonérée de cotisations et contributions sociales au risque d'introduire une discrimination entre les salariés selon les « coutumes locales » en vigueur dans leur région.

Remise en vue d'une utilisation déterminée - Le bon d'achat doit être attribué pour une utilisation déterminée, en relation avec l'événement à l'occasion duquel il est attribué (lettre-circ. ACOSS 2011-24 du 21 mars 2011).

Ainsi, le bon d'achat doit mentionner soit la nature du bien, soit un ou plusieurs rayons d'un grand magasin, soit le nom d'un ou de plusieurs magasins. Il ne peut être échangeable contre des produits alimentaires ou du carburant. En revanche, l'ACOSS admet l'exonération pour les bons d'achat affectés à l'utilisation de produits alimentaires non courants, dits « de luxe », dont le caractère festif est avéré.

Certains événements ne permettent pas de prédéterminer la nature du bien dont le salarié souhaite bénéficier (mariage, naissance, départ à la retraite, fêtes des Pères et Mères, Sainte-Catherine, Saint-Nicolas, Noël des salariés). Pour ces événements, la mention d'un ou de plusieurs rayons permet d'englober l'ensemble des rayons d'un magasin (sauf alimentation non festive et carburant).

Pour les événements concernant les enfants (rentrée scolaire et Noël des enfants), le bon d'achat doit permettre l'achat de biens destinés aux enfants et en relation avec cet événement :
- pour la rentrée scolaire, le bon d'achat doit permettre l'achat dans des enseignes ou rayons commercialisant notamment des produits en lien avec la rentrée scolaire (papeterie, livres, cartables, vêtements enfants, micro-informatique, etc.) ;
- pour le Noël des enfants, le bon d'achat devra permettre l'accès à des biens en rapport avec Noël (jouets, livres, disques, vêtements, équipements de loisirs ou sportifs, etc.).

Montant - Le seuil de valeur conforme aux usages (196 € en 2025) s'entend par événement et par année civile, étant précisé que :
- lorsque les deux conjoints travaillent dans la même entreprise, ce seuil est fixé pour chacun d'eux ;
- à Noël, ce seuil s'entend par enfant et par salarié ;
- pour une rentrée scolaire, le seuil est de 5 % par enfant.

Dans l'hypothèse d'un salarié percevant, pour le même événement, un bon d'achat et un cadeau en nature, il faut cumuler les deux montants afin d'apprécier le seuil de valeur conforme aux usages.

☛ *Avantages versés par le comité social et économique (CSE) ; Chèque-culture ; Chèque-disque ; Chèque-lire ; Circulaires (force juridique).*

Bonus-malus

☛ *Cotisations d'assurance chômage (bonus-malus).*

Bulletin officiel de la sécurité sociale (BOSS)

Objet

Créé le 1er avril 2021, le Bulletin officiel de la sécurité sociale (BOSS) peut être consulté depuis le site internet https://boss.gouv.fr. Il a pour objectif de (c. séc. soc. art. L. 243-6-2, III ; arrêté du 30 mars 2021, JO du 31, texte 1 ; arrêté du 31 mars 2021, JO 1er avril, texte 51) :
- rassembler l'ensemble des instructions et circulaires relatives à la législation applicable en matière de cotisations et de contributions de sécurité sociale et d'autres contributions recouvrées par les organismes chargés du recouvrement (ex. : URSSAF, caisses de MSA) ou affectées aux caisses de retraite complémentaires AGIRC-ARRCO et Ircantec ;
- rendre celles-ci opposable aux organismes de recouvrement *(voir plus loin)*, comme peuvent l'être les circulaires ministérielles régulièrement publiées [voir *Circulaires (force juridique)**].

Les directives, instructions, circulaires, notes de service et commentaires de l'administration en la matière ne sont plus publiés au Bulletin officiel « Santé » (BO Santé), papier ou électronique. Les textes déjà publiés au BO Santé restent néanmoins en vigueur, jusqu'à la publication au BOSS des commentaires de l'administration ayant le même objet. Il revient au BOSS de préciser les circulaires qui sont abrogées lors des mises à jour (arrêté du 31 mars 2021, JO 1er avril, texte 51).

Contenu

À l'heure où nous rédigeons ces lignes, le BOSS comprend les cinq rubriques (ou fiches) suivantes :
- règles d'assujettissement (composée de trois sous-rubriques : « Assiette générale », « Effectif » et « Contributions à la formation professionnelle et à l'apprentissage ») ;
- exonérations (composée des huit sous-rubriques : « Allégements généraux de cotisations patronales », « Exonérations zonées », « Exonération aide à domicile », « Exonérations heures supplémentaires et complémentaires », « Exonération contrat d'apprentissage », « Régime social applicable aux rémunérations des stagiaires », « Jeunes entreprises innovantes, jeunes entreprises universitaires et jeunes entreprises de croissance » et « Indemnités de rupture ») ;
- autres éléments de rémunération (composée de quatre sous-rubriques : « Avantages en nature », « Remboursements de frais professionnels », « Protection sociale complémentaire » et « Épargne salariale ») ;
- bulletin de paie (composée de deux sous-rubriques : « Règles générales relatives au bulletin de paie » et « Montant net social ») ;
- mesures exceptionnelles (ex : « Réduction des cotisations et contributions patronales pour l'emploi d'un salarié engagé en tant que sapeur-pompier volontaire »).

Le contenu du BOSS est régulièrement mis à jour, notamment pour tenir compte des évolutions législatives et réglementaires. Il est possible d'avoir accès aux versions successives d'un document ayant fait l'objet de modifications.

Opposabilité

La doctrine administrative en matière de cotisations et de contributions sociales diffusée par le BOSS est opposable à aux organismes de recouvrement (ex. : URSSAF, caisses de MSA). Les cotisants peuvent ainsi invoquer le contenu du BOSS comme moyen de défense à l'occasion d'un contrôle URSSAF ou d'un contentieux s'y rapportant.

Les fiches ou rubriques qui sont ajoutées au BOSS entrent en vigueur et deviennent opposables aux organismes de recouvrement après une phase de consultation, à une date annoncée à l'avance par l'administration sur le site du BOSS dans sa rubrique « Actualités ».

▶ À noter... L'opposabilité aux URSSAF des circulaires et instructions interprétatives du ministre chargé de la sécurité sociale ne peut jouer que pour faire échec à un redressement, et pas pour une demande de remboursement de cotisations indues (cass. civ. 2e ch., 16 mars 2023, n° 21-19066 D). Logiquement, cette solution dégagée par la Cour de cassation vaut aussi pour le BOSS.

Bulletin de paye

Remise obligatoire

Obligation - Lors du paiement de la rémunération, l'employeur doit remettre au salarié un bulletin de salaire comportant diverses mentions obligatoires [voir *Bulletin de paye (mentions obligatoires)**] (c. trav. art. L. 3243-2).

Si le salarié ne bénéficie d'aucune rémunération pendant la période d'emploi, il semble possible de ne pas délivrer de bulletin de paye. Il a par exemple été précisé qu'en cas de *congé parental d'éducation** total, c'est-à-dire avec suspension du contrat de travail, l'employeur qui ne verse aucune rémunération n'est pas obligé de délivrer un bulletin de paye (rép. Masson n° 16350, JO 5 mai 2005, Sén. quest. p. 1302 ; rép. Zimmermann n° 59364, JO 7 juin 2005, AN quest. p. 5997). Cette dispense de délivrance d'un bulletin de paye vaut uniquement, à notre sens, lorsqu'aucune cotisation salariale n'est due. Or, il n'est pas rare qu'une cotisation « prévoyance » ou « frais de santé » persiste.

Dissimulation d'emploi - L'employeur qui se soustrait intentionnellement à son obligation de délivrer un bulletin de paye se rend coupable de dissimulation d'emploi salarié (c. trav. art. L. 8221-5) (voir *Travail dissimulé**).

Remise tardive - En cas de remise tardive des bulletins de paye, le salarié doit prouver un préjudice s'il veut obtenir des dommages-intérêts (cass. soc. 13 avril 2016, n° 14-28293, BC V n° 72).

CDD d'usage ou saisonniers de moins d'un mois - Pour les CDD d'usage ou les CDD saisonniers d'une durée inférieure à un mois, un seul bulletin de paye peut être remis au salarié (c. trav. art. L. 1242-2, 3°).

Si l'on s'en tient à l'exposé des motifs de l'amendement à l'origine de cette disposition, cette mesure ciblait surtout les CDD saisonniers d'une durée inférieure à 1 mois, mais à cheval sur 2 mois distincts.

Il autorise expressément les employeurs concernés à ne remettre qu'un seul bulletin de paye pour l'ensemble du contrat (et non un pour chaque mois).

▶ À noter… À notre sens, cette mesure ne modifie pas les obligations de l'employeur en matière de périodicité de la paye. Ainsi, les *travailleurs saisonniers**, exclus de la *mensualisation**, doivent être payés au moins 2 fois par mois, à 16 jours au plus d'intervalle (c. trav. art. L. 3242-3). Les salariés soumis à la mensualisation doivent être payés une fois par mois (c. trav. art. L. 3242-1).

Mentions obligatoires et présentation

Règles à respecter - Le bulletin de paye doit comporter un certain nombre de mentions obligatoires, qui sont détaillées dans une autre étude [voir *Bulletin de paye (durée du travail)**, *Bulletin de paye (mentions obligatoires)**, *Convention collective**].

Normes de présentation - Les employeurs doivent respecter, pour les mentions relatives aux cotisations, au coût du travail et au prélèvement à la source de l'impôt sur le revenu, un ordonnancement et des libellés définis par la réglementation (c. trav. art. R. 3243-2) [pour le détail, voir *Bulletin de paye (mentions obligatoires)**]. La présentation des rubriques concernées n'est donc pas libre.

Pour les autres rubriques (ex. : identification du salarié et de l'employeur), il n'y a pas de forme imposée, sous réserve de bien indiquer les mentions obligatoires sur le bulletin de salaire.

Bulletin de contrôle des services paye - L'employeur doit impérativement remettre au salarié un bulletin de paye conforme aux nouvelles règles de présentation.

En pratique, les services paye disposent souvent en plus d'une version détaillée « traditionnelle », à des fins de contrôle [voir *Bulletin de paye (mentions obligatoires)**].

Modalités de remise

Règle générale - Le bulletin de salaire est normalement remis en main propre mais peut aussi être envoyé par La Poste (cass. soc. 7 juin 1995, n° 91-44919, BC V n° 184).

À défaut de l'avoir remis au salarié, l'employeur doit le lui faire parvenir par tout moyen (cass. soc. 19 mai 1998, n° 97-41814, BC V n° 266).

En cas de litige, il appartient à l'employeur d'établir qu'il a exécuté son obligation (cass. soc. 5 octobre 1999, n° 97-40694 D).

Bulletin électronique - Le bulletin de paye peut être délivré au salarié sous une forme électronique, dans des conditions de nature à garantir l'intégrité des données, sauf si le salarié refuse cette dématérialisation (c. trav. art. L. 3243-2) (voir *Bulletin de paye électronique**).

Conservation d'un double

L'employeur doit conserver un double des bulletins de paye (ou les bulletins de paye remis aux salariés sous forme électronique) pendant au moins 5 ans (délai légal minimal) (c. trav. art. L. 3243-4).

En pratique, certains employeurs choisissent de les conserver sans limitation de durée [voir *Archives (délais de conservation des documents)**].

Valeur probante

Droits des salariés - Les indications d'un bulletin de paye peuvent permettre au salarié de faire valoir que des droits lui ont été reconnus.

Exemple

Suite au rachat d'une entreprise, un salarié était passé au service d'une société à une autre, avec une interruption d'un an entre les deux contrats. Dans la mesure où les bulletins de paye tenaient compte de l'ancienneté totale, les juges ont estimé que cette indication valait présomption de reprise d'*ancienneté**, en l'absence de preuve contraire de l'employeur (cass. soc. 21 septembre 2011, n° 09-72054, BC V n° 191).

La mention de la convention collective a aussi une incidence sur les droits dont le salarié peut réclamer le bénéfice (voir *Convention collective**).

Dans tous les cas, le bulletin de paye constitue un document pouvant établir la preuve de faits ayant des conséquences juridiques. Un employeur qui commet un faux intentionnel, en indiquant par exemple que le salarié est en congés alors qu'il est malade, peut être condamné au pénal pour faux et usage de faux (cass. crim. 7 septembre 2005, n° 04-87080, B. crim. n° 220).

Sommes versées et paiement du salaire - L'acceptation de son bulletin par le salarié sans réserve ni protestation ne vaut pas en soi renonciation au paiement de tout ou partie du salaire, de ses accessoires ou des indemnités qui lui sont dues (c. trav. art. L. 3243-3).

En d'autres termes, la délivrance du bulletin de paye ne fait pas présumer le versement des sommes qui y sont mentionnées. Si nécessaire, il appartient à l'employeur de prouver le paiement du salaire (cass. soc. 2 février 1999, n° 96-44798, BC V n° 48 ;

cass. soc. 22 septembre 2010, n° 09-42289 D ; cass. soc. 27 novembre 2014, n° 13-16772 D).

Plus généralement en cas de litige, la seule délivrance des bulletins de paye ne suffit pas à prouver le paiement du salaire (voir *Paiement du salaire**).

Paiement des cotisations - Le bulletin de paye ne fait pas présumer que l'employeur s'est acquitté de son obligation de paiement des cotisations et contributions sociales assises sur la rémunération du salarié. En cas de litige, il lui appartient de rapporter la preuve du paiement de celles-ci, notamment par la production de pièces comptables (cass. civ., 2e ch., 8 octobre 2020, n° 19-16898 FPBI).

Titres simplifiés

Plusieurs dispositifs dispensent l'employeur d'établir lui-même un bulletin de paye (ex. : *chèque-emploi associatif**, *guichet unique du spectacle occasionnel**, *titre emploi-service entreprise**, etc.).

☛ *Annexes au bulletin de paye ; Bulletin de paye (durée du travail) ; Bulletin de paye (mentions obligatoires) ; Bulletin de paye (net social) ; Bulletin de paye électronique ; Chèque-emploi associatif ; Chèque emploi-service universel ; Convention collective ; Paiement du salaire ; Service emploi associations ; Titre emploi-service entreprise.*

Bulletin de paye (durée du travail)

Mentions obligatoires relatives à la durée du travail

Mentions des heures travaillées - Les heures de travail auxquelles le salaire se rapporte doivent être décomposées en distinguant les heures payées au taux normal et celles donnant lieu à des majorations de salaire, que ce soit pour heures supplémentaires ou toute autre cause (c. trav. art. R. 3243-1, 5°).

Heures contractuelles - Les heures contractuelles sont celles auxquelles le salaire se rapporte.

Exemple

Pour un salarié à temps plein mensualisé, dans une entreprise à 35 heures, il convient d'indiquer 151,67 h en regard du salaire de base (35 × 52/12).

Heures majorées - Les *heures supplémentaires** effectuées au-delà de 35 heures ou de la *durée d'équivalence** font en principe l'objet d'une majoration de salaire. Elles doivent apparaître distinctement sur le bulletin de paye, avec le taux de rémunération appliqué.

Si la majoration de salaire est octroyée sous forme de *repos compensateur de remplacement**, les heures supplémentaires sont payées au taux normal. Elles doivent figurer sur le bulletin de salaire, mais il n'est alors pas obligatoire de les distinguer des autres heures de travail.

▶ À noter... Les heures supplémentaires intégralement compensées par un *repos compensateur de remplacement** n'ont pas à être nécessairement portées sur le bulletin de paye. L'employeur doit cependant établir l'annexe exigée par la réglementation [voir *Repos compensateur (fiches annexes)**].

La deuxième catégorie d'heures majorées est constituée par les *heures complémentaires** effectuées par les salariés à temps partiel au-delà de leur horaire contractuel. Ces heures étant majorées, elles doivent apparaître distinctement sur le bulletin de paye avec le taux de rémunération appliqué.

▶ À noter... Il est impossible de substituer un repos de remplacement au paiement de tout ou partie des *heures complémentaires**.

Enfin, les heures majorées pour toute autre cause (ex. : travail du dimanche ou de nuit dont le paiement serait majoré) doivent également apparaître distinctement, avec le taux appliqué.

Travail dissimulé par dissimulation d'emploi salarié - Le bulletin de paye doit faire apparaître le nombre exact d'heures travaillées.

La mention intentionnelle d'un nombre d'heures travaillées inférieur aux heures réellement accomplies caractérise le délit de travail dissimulé par dissimulation d'emploi salarié (c. trav. art. L. 8221-5) (voir *Travail dissimulé**).

Salariés en convention de forfait

La *convention de forfait** permet de payer de façon globale le salaire de base augmenté de la rémunération des *heures supplémentaires** comprises dans le forfait, majorations de salaire incluses et, le cas échéant, en tenant compte de certaines primes ou indemnités. Le contrat de travail doit prévoir le détail des sommes entrant dans le forfait et le nombre d'heures de travail s'y rapportant.

Pour les salariés dont la rémunération est déterminée sur la base d'un forfait hebdomadaire ou mensuel en heures, d'un forfait annuel en heures ou en jours, le bulletin de paye doit indiquer « la nature et le volume du forfait » (c. trav. art. R. 3243-1, 5°, a).

En l'absence de précision du code du travail, plusieurs options s'offrent à l'employeur quant à la présentation matérielle de cette disposition sur le bulletin de paye, et notamment :
- le libellé de la ligne concernant le salaire contractuel pourrait être « Salaire mensuel - forfait annuel 218 jours » (cas d'une convention de forfait annuel en jours) ou « Salaire mensuel - forfait hebdomadaire 40 heures » (forfait en heures) ;
- dans les zones de renseignements administratifs et contractuels du bulletin de paye, un emplacement supplémentaire pourrait être réservé à cette obligation.

▶ À noter... Les heures supplémentaires effectuées en plus au-delà du volume convenu dans la convention de forfait, doivent figurer sur le bulletin de paye en tant qu'heures majorées. Il en va de même pour les jours travaillés en plus, en accord avec l'employeur, par les salariés en forfait annuel en jours (voir *Rachat de jours de repos**).

Salariés non soumis à un horaire de travail

La rémunération de certains salariés n'est pas calculée sur la base d'une durée de travail. Il s'agit par exemple des *cadres dirigeants**, des VRP, des salariés payés à la tâche (travailleurs à domicile) ou au rendement, des pigistes.

Pour ces salariés, le bulletin de paye doit comporter « l'indication de la nature de la base de calcul du salaire » (c. trav. art. R. 3243-1, 5°, b).

L'employeur doit procéder soit par un libellé spécifique en regard du montant du salaire, soit par une indication détaillée dans la zone de renseignements administratifs et contractuels.

Les éléments retenus peuvent être les suivants :
- les commissions pour les VRP ;
- la page, le dessin ou le document sonore, éventuellement, pour les pigistes ;
- la quantité produite ou l'économie de temps réalisée pour les ouvriers payés à la tâche ou au rendement.

Aménagement du temps de travail

Incidence du lissage des salaires - Lorsque dans l'entreprise, le temps de travail est organisé sur une période supérieure à une semaine (c. trav. art. L. 3121-41) (voir *Aménagement du temps de travail sur une période supérieure à la semaine**), la durée de travail du salarié doit figurer sur son bulletin de paye.

Dans cette hypothèse, le nombre d'heures de travail peut varier d'un mois sur l'autre :
- si l'accord collectif prévoit un lissage des rémunérations, c'est la durée mensuelle théorique du travail sur la base de laquelle est calculée la rémunération lissée qui doit être mentionnée sur le bulletin de paye en regard du salaire de base ;
- si l'accord ne prévoit pas de lissage, le nombre d'heures de travail réellement effectuées doit figurer avec ses variations.

Accords de RTT - En cas de réduction du temps de travail (RTT) sous forme de jours de repos, la rémunération est lissée par rapport à l'horaire moyen de référence (ex. : 35 h). L'horaire moyen mensuel correspondant figure sur le bulletin de paye.

L'employeur doit établir une annexe au bulletin de paye [voir *Jour de RTT (gestion en paye)**].

▶ À noter... Si l'on s'en tient au code du travail, il n'est pas obligatoire de faire apparaître les jours de RTT sur le bulletin de paye. En pratique, il est courant de mentionner sur une ligne la déduction de salaire correspondant au jour de RTT et une ligne pour son indemnisation.

Durée collective du travail supérieure à 35 heures

Mensualisation des heures supplémentaires pour le calcul du salaire - Les entreprises fonctionnant sur une durée collective du travail supérieure à la durée légale du travail peuvent lisser le nombre d'heures supplémentaires pour le calcul de la rémunération du salarié, au lieu de procéder à un décompte hebdomadaire (c. trav. art. L. 3121-31). Ceci permet d'avoir à horaires constants une rémunération identique de mois en mois.

Exemples

1) Dans une entreprise ayant un horaire collectif de 39 heures, le nombre d'heures supplémentaires mensuel correspondant à un horaire régulier de 39 heures est de : 4 h × 52/12 = 17,33 h.

2) Dans une entreprise ayant un horaire collectif de 37 heures, le nombre d'heures supplémentaires mensuel correspondant à un horaire régulier de 39 heures est de : 2 h × 52/12 = 8,67 h.

Pour rappel, avoir une durée collective de travail supérieure à 35 h doit se faire dans le respect des règles relatives à la *durée maximale du travail** et du *contingent annuel d'heures supplémentaires**. Le contingent applicable dans l'entreprise doit ainsi permettre de couvrir les heures supplémentaires comprises dans l'horaire collectif.

Présentation du bulletin de paye - Le salaire calculé sur la base de l'horaire mensualisé doit tenir compte des majorations pour heures supplémentaires.

Exemple

Si les 4 premières heures supplémentaires sont majorées de 25 %, le salaire mensualisé se calcule comme suit :
- salaire hebdomadaire 39 heures : (taux horaire × 35 h) + (125 % × taux horaire × 4 h) ;
salaire mensualisé 169 heures : salaire hebdomadaire 39 heures (y inclus la majoration de salaire de 25 % pour les 36e, 37e, 38e et 39e heures) × 52/12.

L'employeur doit distinguer les heures selon les taux de majoration. Il lui est donc possible de prévoir 2 lignes : une ligne consacrée à la rémunération des heures payées au taux normal (151,67 h) et une ligne pour les heures majorées.

Ainsi, pour l'établissement du bulletin de paye d'un salarié mensualisé sur une base de 169 heures, une semaine de 39 heures inclut 35 heures payées au taux normal et 4 heures majorées. L'horaire de 169 heures couvre donc :
- 35 h × 52/12 = 151,67 h payées au taux normal ;
- 4 h × 52/12 = 17,33 h majorées.

Ce qui reste obligatoire - La mensualisation des *heures supplémentaires** ne dispense pas l'employeur :
- de faire la distinction sur le bulletin de paye entre les heures majorées et les heures payées au taux normal ;
- de procéder à un décompte réel des heures supplémentaires concernant le nombre d'*heures supplémentaires** à imputer sur le *contingent annuel d'heures supplémentaires** et le calcul de la *contrepartie obligatoire en repos** (en effet, la mensualisation ne concerne que le calcul de la rémunération).

Heures effectuées au-delà de l'horaire collectif - Les heures supplémentaires effectuées au-delà de l'horaire collectif doivent être décomptées à part selon les règles habituelles et payées en plus.

☞ *Bulletin de paye ; Bulletin de paye (mentions obligatoires) ; Bulletin de paye (net social) ; Bulletin de paye électronique ; Convention de forfait ; Convention de forfait (forfait annuel en jours) ; Heures supplémentaires ; Jour de RTT (gestion en paye) ; Lissage du salaire ; Travail dissimulé.*

Bulletin de paye électronique

Mise en place

Décision de l'employeur - L'employeur qui le souhaite peut remettre le bulletin de paye sous forme électronique, sauf opposition individuelle du salarié (c. trav. art. L. 3243-2).

La possibilité de délivrer le bulletin de paye sous forme électronique est donc une prérogative de l'employeur, qui est libre d'y recourir ou non, et si oui, à la date qui lui convient. Chaque salarié peut s'y opposer à titre personnel.

Obligation d'information - L'employeur doit informer chaque salarié de son droit de s'y opposer, au moins un mois avant la première dématérialisation, par tout moyen donnant une date certaine à cette information. Pour les embauches ultérieures, l'information est donnée aux intéressés à ce moment (c. trav. art. D. 3243-7).

Droit de refus des salariés - Le salarié peut manifester son opposition à la dématérialisation à tout moment, y compris après la première remise d'un bulletin de paye dématérialisé (c. trav. art. D. 3243-7).

Pour ce faire, le salarié peut procéder par tout moyen donnant une date certaine à son opposition.

L'employeur doit tenir compte de ce refus dans les meilleurs délais et au plus tard 3 mois après sa notification. En pratique, il doit délivrer des bulletins « papier » à l'intéressé.

Mise à disposition du bulletin de paye au salarié

Service de mise à disposition - La remise du bulletin de paye électronique doit avoir lieu dans des conditions garantissant l'intégrité et la confidentialité des données, ainsi que leur conservation pendant une durée de 50 ans ou jusqu'à ce que le salarié atteigne l'âge de 75 ans (c. trav. art. D. 3243-8).

Le service de mise à disposition est géré soit par l'employeur, soit par un prestataire extérieur à l'entreprise. Il doit permettre aux salariés de récupérer à tout moment leurs bulletins dans un format électronique courant, sans manipulation complexe ou répétitive.

En cas de fermeture du service - En cas de fermeture du service de mise à disposition des bulletins de paye dématérialisés, les salariés doivent en être informés au moins 3 mois avant, afin qu'ils puissent récupérer les bulletins de paye stockés (c. trav. art. D. 3243-8).

Cette règle joue quelle que soit la personne qui gère ce service (un prestataire extérieur ou l'employeur lui-même).

Sanction

L'employeur qui ne respecterait pas les règles relatives à la mise en place et à la mise à disposition du bulletin de paye électronique encourt une amende (c. trav. art. R. 3246-2 ; c. pén. art. 131-13 et 131-41).

Consultation via le compte personnel d'activité

Les titulaires d'un *compte personnel d'activité** (CPA) doivent pouvoir consulter leurs bulletins de paye dématérialisés sur le site Internet du CPA, dans leur espace personnel (c. trav. art. L. 3243-2 et R. 3243-9). L'employeur (ou le prestataire agissant pour son compte) doit garantir cette accessibilité.

▶ À noter… L'accessibilité des bulletins de paye dématérialisés via le CPA ne se confond pas avec le service de mise à disposition des bulletins. En pratique, les bulletins de paye dématérialisés ne sont pas stockés sur le CPA, ils y sont simplement affichés lorsque le titulaire du compte en fait la demande.

☛ *Bulletin de paye ; Bulletin de paye (mentions obligatoires).*

Bulletin de paye (mentions obligatoires)

Cadre général et textes applicables

Mentions obligatoires - Le code du travail dresse la liste des mentions obligatoires du bulletin de paye (c. trav. art. R. 3243-1 à R. 3243-5).

Modèle réglementaire pour certaines rubriques - Pour certaines rubriques, il faut également respecter des normes de présentation définies par arrêté (c. trav. art. R. 3243-2).

Ces normes (mentions et modèles) ont été définies par un arrêté du 25 février 2016, qui a été régulièrement modifié au fil du temps et en dernier lieu fin juin 2024 (arrêté du 25 février 2016, JO du 26, texte 5, modifié ; arrêté du 9 mai 2018, JO du 12, texte 34 ; arrêté du 23 décembre 2021, JO du 31, texte 64, rectifié par arrêté au JO du 22 janvier 2022, texte 9 ; arrêté du 31 janvier 2023, JO du 7 février, texte 18 ; arrêté du 25 juin 2024, JO du 29, texte 5).

Dans cette étude, pour des raisons de lisibilité et sauf nécessité particulière, nous désignerons cet arrêté sous la forme « arrêté du 25 février 2016 modifié ».

▶ À noter… Fin 2023, la doctrine de calcul du Net social a évolué à effet du 1er janvier 2024 [voir *Bulletin de paye (net social)**]. La logique voudrait que les pouvoirs publics révisent à terme le modèle officiel de bulletin de paye dit « rénové », dont l'utilisation est censée devenir obligatoire à partir de 2026.

Modèles réglementaires

Normes à respecter pour certaines rubriques - Les employeurs doivent respecter un ordonnancement, des regroupements et des libellés définis par arrêté pour les mentions relatives aux cotisations, aux allégements, au bloc fiscal du bulletin de paye (prélèvement à la source, net imposable, heures défiscalisées) et au coût total supporté par l'employeur (c. trav. art. R. 3243-2 ; arrêté du 25 février 2016 modifié).

L'ordre des rubriques, fixé réglementairement, doit être respecté. Il facilite, pour un même salarié, la comparaison des bulletins de paye provenant de différents employeurs (BOSS, Règles générales relatives au bulletin de paye, Q/R 8, 01/10/2024).

La modification des libellés n'est possible que lorsqu'elle est nécessaire pour un gain de place et exclusivement sous la forme d'un raccourcissement ou d'une troncature (BOSS, Règles générales relatives au bulletin de paye, Q/R 8, 01/10/2024).

▶ À noter… Le fait de méconnaître les dispositions relatives à la présentation du bulletin de paye est puni de l'amende prévue pour les contraventions de la 3e classe (voir *Amendes pénales**) (c. trav. art. R. 3246-2).

Modèle adapté transitoire, modèle rénové - Depuis le 1er juillet 2023, le bulletin de paye doit comporter la mention du Montant net social (arrêté du 25 février 2016, modifié par arrêté du 31 janvier 2023, JO du 7 février, texte 18) [voir *Bulletin de paye (net social)**].

Jusqu'au 1er janvier 2026, les employeurs peuvent utiliser un modèle « adapté », dérivé de l'ancien modèle (simple ajout du « Net social » après les rubriques indiquant les cotisations sociales) (arrêté du 31 janvier 2023, art. 2, JO du 7 février, texte 18 ; arrêté du 25 juin 2024, art. 2, JO du 29, texte 5).

Au plus tard à partir du 2 janvier 2026, les employeurs devront appliquer un modèle « rénové » de bulletin de paye, qui comporte un réaménagement des rubriques consacrées à la protection sociale complémentaire et à la création d'une rubrique dédiée aux remboursements et déductions diverses (arrêté du 25 février 2016, art. 1 modifié par arrêté du 31 janvier 2023, art. 1, JO du 7 février, texte 18).

▶ À noter… La possibilité d'utiliser le modèle « adapté », initialement prévu jusqu'au 1er janvier 2025, a été prolongée d'un an, jusqu'au 1er janvier 2026 (arrêté du 25 juin 2024, JO du 29, texte 5). D'ici là, d'autres textes peuvent le cas échéant intervenir.

Liberté pour les autres rubriques - Pour les autres rubriques (identification du salarié et de l'employeur, congés payés, etc.), il n'y a pas de forme imposée, sous réserve de bien indiquer les mentions obligatoires sur le bulletin de salaire.

Bulletin de contrôle des services paye - L'employeur doit remettre au salarié un bulletin de paye conforme aux normes réglementaires de présentation. Seule la remise de ce document libère l'employeur de son obligation vis-à-vis du salarié.

De leur côté, les services paye ont souvent en plus une version détaillée « traditionnelle », à des fins de contrôle des bases de cotisations *(voir exemples dans cette étude)*.

Mentions relatives à l'employeur et au salarié

Identification de l'employeur - Le bulletin de paye indique le nom et l'adresse de l'employeur ainsi que, le cas échéant, la désignation de l'établissement dont dépend le salarié (c. trav. art. R. 3243-1, 1°).

Code NAF - Le code NAF caractérisant l'activité de l'établissement d'emploi doit figurer sur le bulletin de paye (c. trav. art. R. 3243-1, 2°).

SIRET - Le numéro d'inscription de l'employeur au répertoire national des entreprises et des établissements (numéro SIRET) doit être indiqué (c. trav. art. R. 3243-1, 2°).

URSSAF : mention non obligatoire - La référence de l'organisme de recouvrement des cotisations de sécurité sociale (URSSAF, CGSS ou CMSA) et le numéro sous lequel ces cotisations sont versées ne sont plus des mentions obligatoires.

Convention collective - La convention collective de branche applicable au salarié figure sur son bulletin de paye (c. trav. art. R. 3243-1, 3°) (pour le détail, voir *Convention collective**).

S'il n'en existe pas, l'employeur est tenu de faire apparaître la référence aux articles du code du travail sur les durées des congés payés et du préavis : « Durée des congés payés : code du travail, art. L. 3141-3 et s. » ; « Durée du préavis : code du travail, art. L. 1234-1 à L. 1234-8 et L. 1237-1 ».

Nom et emploi du salarié - Le nom, le prénom et l'emploi du salarié sont indiqués sur le bulletin (c. trav. art. R. 3243-1, 4°).

L'employeur fait figurer l'appellation courante sous laquelle sont reconnues les fonctions du salarié, à savoir le métier dont la définition figure dans la classification de la convention collective ou l'appellation spécifique à l'entreprise.

Cette mention permet de contrôler la conformité de la rémunération versée au salarié à sa classification professionnelle (cass. soc. 21 janvier 1988, n° 86-43569, BC V n° 67).

Classification conventionnelle - La position du salarié dans la classification conventionnelle doit figurer sur le bulletin de paye. Elle est notamment définie par le niveau ou le coefficient hiérarchique qui lui est attribué (c. trav. art. R. 3243-1, 4°).

Cette indication permet au salarié de se situer dans la hiérarchie et de contrôler l'application des salaires minimaux correspondants. Les mentions de l'emploi et de classification sont cumulatives et non alternatives (cass. crim. 23 novembre 1993, n° 92-84959, B. crim. n° 253).

En l'absence de dispositif conventionnel applicable, il n'y a pas lieu d'indiquer une position.

Durée du travail

Le bulletin de paye doit indiquer la période et le nombre d'heures auxquels la rémunération se rapporte (c. trav. art. R. 3243-1, 5°) [pour le détail, voir *Bulletin de paye (durée du travail)**].

Pour des raisons de preuve, il est préférable de mentionner la date à laquelle le salarié a accompli la journée de solidarité ou, en cas de fractionnement, les dates auxquelles le salarié a travaillé les heures correspondant à cette journée.

Mentions relatives aux congés payés

Dates des congés - Lorsqu'une période de congés payés est comprise dans la période de paye, le bulletin indique les dates des jours de congés (c. trav. art. R. 3243-1, 12°). En pratique :

- si le congé est pris sur un même mois, l'employeur indique la date du premier jour de congé et celle du dernier jour de congé ;
- si le congé est pris à cheval sur deux mois, l'employeur indique pour le 1er mois la date du premier jour de congé et le dernier jour du mois et, pour le 2e mois, la date du premier jour du mois et celle du dernier jour de congé.

Lorsque les dates de congés sont connues tardivement, la mention peut être portée sur le bulletin de paye du mois suivant (lettre min. du 30 mars 1989, BOMT 89/15).

Indemnité de congés payés - L'*indemnité de congés payés** doit être mentionnée sur le bulletin de paye (c. trav. art. R. 3243-1, 12°).

Si la méthode du 1/10e est appliquée, l'indemnité de congés payés doit être mentionnée distinctement.

Lorsque l'indemnité est calculée selon la règle du maintien du salaire, il n'est pas obligatoire de ventiler la rémunération entre la part des sommes correspondant à la rémunération du travail et la part correspondant aux congés sur le bulletin de paye. La mention des dates de congés payés suffit (lettre min. du 30 mars 1989, BOMT 89/15 ; circ. n° 13 du 30 août 1978, BOMT 78/48). Cela étant, l'employeur doit pouvoir justifier du montant de l'indemnité.

Dans les professions où les congés payés sont réglés par des caisses de congés payés, l'administration admet que l'employeur ne fasse apparaître que les dates de congés.

Indemnité compensatrice de congés payés - L'*indemnité compensatrice de congés payés**, versée au départ du salarié au titre de son solde de droits à congés non utilisés, doit figurer distinctement sur le bulletin de paye.

Mentions relatives à la rémunération brute

Salaire et accessoires de salaire soumis à cotisations - Le salaire brut fait partie des éléments à indiquer sur le bulletin de paye.

La mention des primes et accessoires de salaire soumis à cotisations est obligatoire (c. trav. art. R. 3243-1, 6°).

Ces éléments doivent être indiqués séparément sous l'appellation prévue par le texte légal ou conventionnel ou l'usage qui institue leur versement. Doivent par exemple être détaillés :
- chaque *avantage en nature** ;
- les *pourboires** (s'ils sont perçus directement par les salariés sans que l'employeur ait connaissance des sommes encaissées, le bulletin ne comporte que l'assiette forfaitaire retenue pour le calcul des cotisations de sécurité sociale) ;
- les compléments différentiels de salaire versés en application d'un accord de réduction du temps de travail ;
- le montant de l'*indemnité de fin de contrat** à durée déterminée ou de l'*indemnité de fin de mission** de travail temporaire ;
- les indemnités de rupture.

En cas de maintien total ou partiel de salaire sous déduction des IJSS, celles-ci doivent venir en déduction du salaire à maintenir pour déterminer le complément de salaire assuré par l'employeur.

Si une convention collective prévoit une majoration du salaire minimum conventionnel (ex. : pour diplôme), cette majoration n'a pas à figurer distinctement sur le bulletin de paye, faute de disposition conventionnelle expresse en ce sens, dès lors qu'elle ne constitue pas un accessoire de salaire mais un simple élément de détermination du minimum conventionnel (cass. soc. 22 juin 2011, n° 09-67264, BC V n° 162 ; voir *Minimum conventionnel**).

Montant de la rémunération totale brute - La rémunération totale brute doit figurer sur le bulletin de paye (c. trav. art. R. 3243-1, 7°).

En pratique, il s'agit du montant correspondant à l'ensemble du salaire de base et de ses majorations, d'origine légale ou conventionnelle, ainsi que de ses accessoires.

Elle est parfois différente de l'assiette des cotisations de sécurité sociale (ex. : application d'une *déduction forfaitaire spécifique pour frais professionnels** ou d'*assiettes et cotisations forfaitaires**, versement d'une indemnité de rupture en tout ou partie exonérée).

C'est pourquoi les bulletins mentionnent parfois un brut total, et de façon distincte un brut soumis à cotisations.

Activité partielle - En cas de recours à l'*activité partielle**, le bulletin de paye doit mentionner le nombre d'heures indemnisées, le taux de l'indemnité d'activité partielle et les sommes versées au titre de la période considérée (c. trav. art. R. 3243-1, 16°).

Mentions des cotisations et contributions sociales

Règles de présentation obligatoires - Les mentions relatives aux cotisations et contributions sociales doivent être libellées, ordonnancées et regroupées conformément aux normes prévues par arrêté (c. trav. art. R. 3243-2 ; arrêté du 25 février 2016 modifié).

Les lecteurs peuvent se reporter aux modèles de cette étude pour les règles à respecter.

Mentions requises pour les cotisations - Le bulletin de paye doit indiquer (c. trav. art. R. 3243-1, 8°, a) :
- le montant et l'assiette des cotisations et contributions d'origine légale et conventionnelle, à la charge de l'employeur et du salarié, avant déduction des exonérations et exemptions correspondant à une série de dispositifs listés par arrêté *(voir plus loin)* ;
- les taux des cotisations et contributions d'origine légale et conventionnelle à la charge du salarié.

Les taux des cotisations et contributions patronales ne doivent donc pas apparaître.

Dans le cas général, il n'y a pas de cotisations salariales d'assurance maladie et d'assurance chômage. La ligne « sécurité sociale - maladie maternité invalidité décès » mentionne donc en principe uniquement l'assiette et le montant de la cotisation patronale.

Néanmoins, pour les salariés relevant du régime local d'Alsace-Moselle, le taux et le montant de la cotisation salariale d'assurance maladie complémentaire doivent toujours apparaître (arrêté du 25 février 2016 modifié, art. 1). Idem, à notre sens, pour les salariés fiscalement domiciliés à l'étranger qui, échappant de ce fait à la CSG/CRDS, sont soumis à une cotisation salariale maladie spécifique (voir *Cotisation d'assurance maladie-maternité-invalidité**).

Par ailleurs, dans la mesure où il n'y a plus de cotisation salariale d'assurance chômage sauf pour les cas particuliers de certains salariés (ex. : *intermittents du spectacle**), la ligne « assurance chômage » du bulletin de paye comprend dans le cas général uniquement l'assiette et le montant de la part patronale des *cotisations d'assurance chômage et d'AGS**. Lorsqu'il y a une cotisation salariale, son taux et son montant doivent apparaître.

Présentation des cotisations et contributions sociales - Les lignes de cotisations et contributions sociales sont libellées, regroupées et ordonnées conformément au modèle fixé par arrêté. La CSG et la CRDS sont regroupées, avec d'une part la CSG/CRDS non déductibles de l'impôt sur le revenu, et d'autre part la fraction de CSG déductible (c. trav. art. R. 3243-2).

Il n'est pas possible d'afficher moins de détails. Néanmoins, pour des salariés non concernés par certaines cotisations, il est possible de n'afficher que les lignes donnant lieu au calcul et à la déclaration de cotisations auprès des organismes de recouvrement (BOSS, Règles générales relatives au bulletin de paye, Q/R 9, 01/10/2024). Les lignes inutilisées peuvent donc ne pas apparaître.

Exemple

La ligne APEC peut ne pas être affichée pour un salarié non-cadre. Idem pour la Tranche 2 AGIRC-ARRCO lorsqu'elle n'existe pas.

Il n'est pas possible d'indiquer plus de détails pour la rubrique « Cotisations et contributions sociales obligatoires ». Cette dernière étant commune à tous les salariés, son uniformisation permet d'assurer la lisibilité entre les bulletins des différents employeurs dans une norme prévue par les textes (BOSS, Règles générales relatives au bulletin de paye, Q/R 18, 01/10/2024).

▶ À noter… Pour les lignes qui agrègent plusieurs cotisations et contributions sociales, comme l'AGIRC-ARRCO (cotisation créatrice de droits, CET, CEG) et dont il ne serait pas possible de distinguer le détail des assiettes et des taux applicables, seul le montant global à la charge du salarié d'une part et de l'employeur d'autre part doit être indiqué, et ce dans chacune des tranches pour les cotisations affectées à l'AGIRC-ARRCO.

En revanche, il est possible de fournir le détail de certaines rubriques (ex. : cotisations statutaires, autres contributions patronales dues, complémentaire Frais de santé obligatoire) au verso du bulletin ou dans un document annexe (BOSS, Règles générales relatives au bulletin de paye, Q/R 10, 01/10/2024).

Les rubriques « Cotisations et contributions sociales facultatives » et « Remboursements et déductions diverses » du bulletin rénové peuvent, quant à elles, être davantage détaillées, notamment en cas d'application de différentes tranches ou de différents taux pour la couverture de ces risques (BOSS, Règles générales relatives au bulletin de paye, Q/R 10, 01/10/2024).

Contributions de protection sociale complémentaire - Dans le modèle traditionnel « adapté » que les employeurs peuvent utiliser jusqu'au 1er janvier 2026, les lignes de cotisations sont ordonnées par risque couvert. Les contributions de protection sociale complémentaire sont donc rangées sous la rubrique « Santé » pour celles relatives à la prévoyance (frais de santé, décès, invalidité, etc.), et sous la rubrique « Retraite » pour ce qui concerne la retraite supplémentaire.

Dans le modèle « rénové » de bulletin de paye (obligatoire à partir du 2 janvier 2026, auquel il est possible de basculer par anticipation), on retrouve le même principe d'ordonnancement par risque couvert, avec une réorganisation de la présentation des contributions de protection sociale complémentaire :

- en haut de bulletin (bloc « Cotisations sociales obligatoires »), sous la rubrique « Santé », il y a seulement les cotisations finançant des garanties complémentaires frais de santé à caractère collectif et obligatoire (au motif que c'est la seule garantie complémentaire directement imposée par la loi ; c. séc. soc. art. L. 911-7), sous l'intitulé « Complémentaire garanties frais de santé obligatoire » ;
- les contributions finançant toutes les autres garanties de protection sociale complémentaire figurent plus loin, dans un bloc intitulé « Cotisations et contributions sociales facultatives ».

Le terme « facultatives » est entendu ici au sens de non imposées par la loi (et pas au sens de l'adhésion

au régime de l'entreprise) (BOSS, Règles générales relatives au bulletin de paye, Q/R 18, 01/10/2024). En effet, c'est ici que doivent figurer toutes les contributions finançant :
- des régimes collectifs à adhésion obligatoire de retraite supplémentaire, de prévoyance (sauf Frais de santé) ou couvrant d'autres risques ;
- les garanties de protection sociale complémentaire sans caractère collectif ou à adhésion facultative (y inclus, à notre sens, les cotisations finançant des garanties Frais de santé à adhésion facultative).

Précisions relatives à la présentation des cotisations - Des échanges entre la Direction de la sécurité sociale et la rédaction de RF Paye ont conduit, en leur temps, à un certain nombre de précisions :
- les cotisations d'assurance vieillesse sécurité sociale doivent être traitées en deux lignes (une pour la part plafonnée, une autre pour la part déplafonnée), même si le salarié a une rémunération brute inférieure au plafond de la sécurité sociale ;
- la cotisation *AGS** est agrégée à la ligne « Assurance chômage » ;
- les contributions versées aux caisses de congés payés doivent figurer dans la catégorie « Cotisations statutaires ou prévues par la convention collective » ;
- la *taxe sur les salaires** peut être incluse dans la rubrique « Autres contributions dues par l'employeur » ou dans une rubrique à part ;
- les employeurs qui font apparaître les subventions au comité social et économique sur le bulletin de paye (ce qui n'est pas obligatoire) peuvent les agréger dans la ligne « Autres contributions patronales » ou les traiter à part ;
- en cas de CSG sur un revenu de remplacement (ex. : *activité partielle**), il est possible de dédoubler les lignes de CSG/CRDS, pour isoler les contributions dues au titre des revenus de remplacement de celles dues au titre des revenus d'activité due sur la rémunération proprement dite.

Contributions AGIRC-ARRCO - Les *cotisations de retraite AGIRC-ARRCO** sont traitées en deux lignes (tranche 1 et tranche 2), chacune des lignes intégrant la contribution d'équilibre général (CEG) et, s'il y a lieu, la contribution d'équilibre technique (CET) (BOSS, Règles générales relatives au bulletin de paye, Q/R 14, 01/10/2024).

En cas de régularisation de la CET sur une période de paye ne permettant plus de distinguer au sein d'une même ligne le détail des assiettes et des taux applicables, seul le montant global à la charge du salarié et de l'employeur doit être indiqué.

▶ À noter… Les employeurs appliquant des conditions d'adhésions particulières en AGIRC-ARRCO (taux ou répartitions employeur/salarié spécifiques sur une partie de l'assiette AGIRC-ARRCO) peuvent, de fait, être contraints de traiter les contributions AGIRC-ARRCO en plus de deux lignes.

APEC - La ligne consacrée à la cotisation *APEC** concerne uniquement les cadres qui en relèvent.

Rubrique « Autres contributions dues par l'employeur » - Cette rubrique agrège les contributions légales dues uniquement par l'employeur (notamment *FNAL**, *versement mobilité**, *contribution solidarité autonomie**, *forfait social**, *taxe d'apprentissage**, *contribution au dialogue social**, *contribution à la formation professionnelle**, *participation à l'effort de construction**) (arrêté du 25 février 2016 modifié, art. 3).

Seul le montant total dû par l'employeur est indiqué, sans mention de taux ni d'assiette.

Contributions conventionnelles ou statutaires - Dès lors qu'elles ne financent pas un régime de protection sociale complémentaire, les contributions conventionnelles ou statutaires sont totalisées dans la rubrique « Cotisations statutaires ou prévues par la convention collective » (BOSS, Règles générales relatives au bulletin de paye, Q/R 12, 01/10/2024).

En revanche, rappelons que les contributions légales à la charge exclusive de l'employeur sont à retracer dans la rubrique « Autres contributions dues par l'employeur » *(voir ci-dessus)*.

Contributions propres à certains secteurs ou salariés - Il n'est pas possible d'afficher des lignes supplémentaires pour certaines contributions propres à un secteur d'activité et/ou à certains salariés (ex. : BTP). Ces contributions particulières doivent être regroupées dans les rubriques « autres » prévues à cet effet et dont le détail peut, le cas échéant, être indiqué au verso du bulletin de paye ou sur un document annexe (BOSS, Règles générales relatives au bulletin de paye, Q/R 11, 01/10/2024).

Mentions des exonérations de cotisations patronales

Exonérations à retracer - Le bulletin de paye doit indiquer le montant total d'un certain nombre d'exonérations et exemptions listées par arrêté (c. trav. art. R. 3243-1, 13°).

Depuis le 1er juillet 2023, la liste officielle comprend les allégements suivants (arrêté du 25 février 2016 modifié, art. 4) :

- la *réduction générale de cotisations patronales** (c. séc. soc. art. L. 241-13) ;
- l'avantage correspondant à la réduction de taux de la *cotisation d'allocations familiales** (c. séc. soc. art. L. 241-6-1) ;
- l'avantage correspondant à la réduction de taux patronal de la *cotisation d'assurance maladie-maternité-invalidité** (c. séc. soc. art. L. 241-2-1) ;
- la déduction forfaitaire de cotisations patronales sur heures supplémentaires pour les entreprises de moins de 20 salariés et de 20 à moins de 250 salariés [c. séc. soc. art. L. 241-18 et L. 241-18-1 ; voir *Heures supplémentaires (déduction forfaitaire de cotisations patronales)**], y inclus dans son volet « Rachat de jours de RTT » dans le cadre de la loi de finances rectificative du 16 août 2022 (loi 2016-1157 du 16 août 2022, art. 5 ; voir *Monétisation des jours de RTT acquis de 2022 à 2025**) ;
- l'exonération sur 50 embauches maximum en zones France ruralités revitalisation (ZFRR), y inclus dans sa forme applicable aux organismes d'intérêt général ayant leur siège social en ZFRR (c. séc. soc. art. L. 241-19 et L. 241-20) (voir *Embauche du 1er au 50e salarié**) ;
- l'ancienne exonération dont bénéficient certains organismes d'intérêt général ayant leur siège social en zones France ruralités revitalisation (ZFRR) pour des contrats antérieurs au 1er novembre 2007 (loi 2005-157 du 23 février 2005, art. 15 et 16) (voir *Zones de revitalisation rurale**) ;
- l'exonération applicable en Guadeloupe, en Guyane, à la Martinique et à La Réunion (c. séc. soc. art. L. 752-3-2) [voir *Outre-mer (exonération de cotisations en Guadeloupe, Guyane, Martinique et à La Réunion)**] ;
- l'exonération applicable à Saint-Barthélemy et à Saint-Martin (c. sec. soc. art. L. 752-3-3) [voir *Outre-mer (exonération de cotisations à Saint-Barthélemy et Saint-Martin)**] ;
- l'exonération applicable à Saint-Pierre-et-Miquelon (c. séc. soc. art. L. 752-3-1) [voir *Outre-mer (exonération de cotisations à Saint-Pierre-et-Miquelon)**] ;
- les exonérations applicables en *zones franches urbaines** (loi 96-987 du 14 novembre 1996, art. 12, 12-1 et 13), en *zones de restructuration de la défense** (loi 2008-1443 du 30 décembre 2008, art. 34, VI) et en *bassin d'emploi à redynamiser** (loi 2006-1771 du 30 décembre 2006, art. 130, VII).
- l'exonération « aide à la création ou à la reprise d'entreprise » (c. séc. soc. art. L. 131-6-4) [voir *Création ou reprise d'entreprise (exonération de début d'activité)**] ;
- l'exonération « *jeunes entreprises innovantes** », y inclus dans ses volets « *jeunes entreprises de croissance** » et « *jeunes entreprises universitaires** » (loi 2003-1311 du 30 décembre 2003, art. 131) ;
- l'exonération « aides à domicile » dont peuvent bénéficier les structures de services à la personne, sur les rémunérations de leurs aides à domiciles intervenant auprès de publics « fragiles » (c. séc. soc. art. L. 241-10, III) (voir *Services à la personne**) ;
- l'exonération « contrat d'accompagnement dans l'emploi » (c. trav. art. L. 5134-31) (voir *Contrat unique d'insertion**) ;
- l'exonération « structures de réinsertion » (c. séc. soc. art. L. 241-12) ;
- l'exonération « contrat d'apprentissage » spécifique au secteur public (c. trav. art. L. 6227-8-1).

Présentation des exonérations depuis juillet 2023 - L'arrêté du 31 janvier 2023 sur le bulletin de paye a modifié les modalités d'affichage des exonérations (arrêté du 31 janvier 2023, JO du 7 février, texte 18).

Seule subsiste la ligne « Exonérations et allégements de cotisations » figurant avant le total des cotisations et contributions patronales.

▶ À noter... La ligne de bas de bulletin « allègement de cotisations employeur » (qui correspond au montant total des allégements employeur) n'est plus obligatoire, dans la mesure où son contenu n'est plus défini par l'arrêté. Elle peut donc être supprimée, même si elle apparaît encore dans le modèle adapté que les employeurs peuvent utiliser à titre transitoire jusqu'au 1er janvier 2026. Dans le modèle rénové obligatoire à partir du 2 janvier 2026, elle n'est même plus mentionnée.

Selon l'administration, l'affichage des exonérations et allégements peut prendre deux formes (BOSS, Règles générales relatives au bulletin de paye, Q/R 20, 01/10/2021).

La première modalité consiste :
- d'une part, à afficher tout ou partie des montants de cotisations et contributions sur chaque ligne sur la base des taux nominaux « normaux » ;
- d'autre part, à porter en déduction à la ligne « Exonérations et allègements de cotisations » les montants de déductions qui n'ont pas été appliquées à chaque ligne concernée.

La seconde modalité consiste à afficher, à chaque ligne concernée, les montants de cotisations et contributions dues après imputation des réductions, exonérations ou écrêtements. Dans ce cas, la ligne « Exonérations et allègements de cotisations » ne mentionne pas le montant des déductions déjà appliquées aux lignes des cotisations concernées.

Exemples

1) De par son calcul, la *réduction générale de cotisations patronales** est mentionnée en déduction à la ligne « Exonérations et allègements de cotisations ».

2) Lorsque l'employeur bénéficie du taux réduit de *cotisation d'allocations familiales** (3,45 % au lieu de 5,25 % dans le cas général, lorsque le niveau de rémunération du salarié le permet) et/ou du taux réduit de *cotisation d'assurance maladie-maternité-invalidité** (7 % au lieu de 13 % dans le cas général, ici aussi sous condition de niveau de rémunération), c'est le plus souvent le montant de cotisation correspondant au taux réduit qui est mentionné à la ligne correspondante. Dans ce cas, il n'y a donc aucune déduction à porter à ce titre à la ligne « Exonérations et allègements de cotisations ».

Mentions relatives aux exonérations de cotisations salariales

Exonérations à retracer - D'une manière ou d'une autre, les exonérations de cotisations salariales ont toujours dû trouver une traduction sur le bulletin de paye, puisqu'elles participent de la détermination du net imposable et du net à payer au salarié.

Depuis le 1er juillet 2023, la réglementation précise expressément que le bulletin de paye doit retracer les exonérations salariales suivantes, dans la mesure où elles n'ont pas été appliquées aux lignes de cotisations concernées (arrêté du 31 janvier 2023, art. 1, 3° ; arrêté du 25 février 2016, art. 4 modifié) :
- l'exonération « aide à la création ou à la reprise d'une entreprise » (ACRE) (c. séc. soc. art. L. 131-6-4) [voir *Création ou reprise d'entreprise (exonération de début d'activité)**] ;
- la réduction de cotisations salariales sur heures supplémentaires et complémentaires [c. séc. soc. art. L. 241-18 et L. 241-18-1 ; voir *Heures supplémentaires et complémentaires (réduction de cotisations salariales)**], y inclus dans son volet « Rachat de jours de RTT » dans le cadre de la loi de finances rectificative du 16 août 2022 (loi 2016-1157 du 16 août 2022, art. 5 ; voir *Monétisation des jours de RTT**) ;
- l'exonération de cotisations salariales attachée au contrat d'apprentissage (voir *Apprentis**) ;
- l'écrêtement de CSG/CRDS sur certains revenus de remplacement (ex. : *activité partielle**) (c. séc. soc. art. L. 136-1-2, II, 4°) [voir *Contribution sociale généralisée (CSG sur revenus de remplacement)**].
- l'écrêtement de la cotisation maladie due sur certains revenus de remplacement (c. séc. soc. art. L. 131-2, 6°) (voir *Cotisation d'assurance maladie-maternité-invalidité**).

Présentation sur le bulletin de paye - L'arrêté sur le bulletin de paye a amené l'administration à préciser les modalités d'affichage des exonérations (arrêté du 31 janvier 2023, art. 1, 3°, JO du 7 février ; arrêté du 25 février 2016, art. 4 modifié).

Selon l'administration, l'affichage des exonérations et allégements peut prendre deux formes (BOSS, Règles générales relatives au bulletin de paye, Q/R 20, 01/10/2024).

La première modalité consiste :
- d'une part, à afficher tout ou partie des montants de cotisations et contributions sur chaque ligne sur la base des taux nominaux « normaux » ;
- d'autre part, à porter en déduction à la ligne « Exonérations et allègements de cotisations » les montants de déductions qui n'ont pas été appliquées à chaque ligne concernée.

La seconde modalité consiste à afficher, à chaque ligne concernée, les montants de cotisations et contributions dues après imputation des réductions, exonérations ou écrêtements. Dans ce cas, la ligne « Exonérations et allègements de cotisations » ne mentionne pas le montant des déductions déjà appliquées aux lignes des cotisations concernées.

Ligne « Total versé par l'employeur »

Les règles de présentation du bulletin de paye prévoient une rubrique « Total versé par l'employeur », qui doit être présentée conformément au modèle fixé par arrêté (arrêté du 25 février 2016 modifié).

Ce montant correspond à la somme de la rémunération brute du salarié et des cotisations et contributions patronales retracées sur le bulletin de paye, déduction faite des exonérations et exemptions de cotisations dont l'employeur bénéficie (c. trav. art. R. 3243-1, 14°, renvoyant au 7°, au a du 8° et au 13°).

À la stricte lettre du code du travail, cette rubrique n'inclurait donc pas les versements divers s'ajoutant à la rémunération brute, notamment au titre de la prise en charge des frais de transport public ou des frais de transports personnels, qui font par ailleurs partie des mentions obligatoires (c. trav. art. R. 3243-1, 8°, b). Dans cette optique, il faut exclure, par exemple, la prise en charge obligatoire des frais de transport domicile-lieu de travail (50 % des abonnements à des transports publics, tarif 2e classe) ou encore des remboursements de frais professionnels exonérés.

▶ À noter… Certains peuvent trouver cette lecture curieuse, ne serait-ce qu'au regard du nom de la rubrique (« Total versé par l'employeur »). On peut aisément comprendre qu'en cas de subrogation, des IJSS ne figurent pas dans ce montant total (in fine, elles ne sont pas supportées par l'employeur, qui sert simplement d'intermédiaire entre le salarié et la sécurité sociale). Mais même exonérés de cotisations, des remboursements de frais ou des indemnités de rupture sont tout de même versés et supportés par l'employeur. À l'heure où nous rédigions ces lignes, l'administration n'avait toujours pas donné de précisions. Il est vrai que cette rubrique ne présente pas le même enjeu pour le salarié et qu'elle n'est pas retracée en DSN.

Montant net social

Depuis le 1er juillet 2023, le bulletin de paye doit obligatoirement indiquer le « Montant net social » (c. trav. art. R. 3243-1, 9° bis). Cette nouvelle mention vise à identifier le revenu de référence à prendre en compte par les assurés sociaux au titre de leurs revenus salariaux pour la détermination de leur droit ou le calcul du montant de certaines prestations.

La ligne correspondante doit apparaître à l'emplacement prévu par les modèles de bulletin de paye (arrêté du 25 juin 2024, art. 2, JO du 29, texte 5 ; arrêté du 31 janvier 2023, art. 1, 1° et art. 2 modifié ; arrêté du 25 février 2016, art. 1 modifié).

Aucun cumul du Net social ne doit être affiché sur le bulletin de paye (BOSS, Montant net social, Q/R 38, 1/07/2024).

Pour plus de détails sur le calcul du Montant net social, voir *Bulletin de paye (net social)**.

Déductions et ajouts divers

Déductions diverses - Le bulletin de paye doit mentionner la nature et le montant de toutes les retenues réalisées sur la rémunération brute (c. trav. art. R. 3243-1, 8°, b).

Le détail des sommes déduites doit figurer distinctement. Il peut s'agir, par exemple :
- de retenues pour le compte de l'entreprise (*acomptes**, *avance sur salaire**, participation du salarié au *titre-restaurant**, récupération d'un trop-perçu à la suite d'une *erreur de paye**, prêt, etc.) ;
- de retenues pour le compte de tiers (*saisie des rémunérations**, avis à tiers détenteur, pension alimentaire, *cession des rémunérations**).

▶ À noter… L'employeur ne peut pas prélever sur le bulletin le montant de la cotisation syndicale, pour la payer en lieu et place du salarié (c. trav. art. L. 2141-6).

Sommes non soumises aux cotisations - Le bulletin de paye doit mentionner la nature et le montant de tous les versements qui s'ajoutent à la rémunération brute (c. trav. art. R. 3243-1, 8°, b).

Sont ici essentiellement visées des sommes non assujetties à cotisations, versées en même temps que le salaire, comme :
- les remboursements de *frais professionnels** ;
- les IJSS nettes en cas de subrogation.

Participation aux frais de transport - Le bulletin de paye doit indiquer le montant de la participation patronale aux frais de transports publics (ex. : 50 % de l'abonnement 2e classe) ou aux frais de transports personnels (ex. : prime transport, forfait mobilité durable) (voir *Frais de transport domicile-lieu de travail**) (c. trav. art. R. 3243-1, 8°, b).

Bloc « Remboursements et déductions diverses » - Le modèle « rénové » de bulletin de paye, obligatoire à partir du 2 janvier 2026, comporte un bloc « Remboursements et déductions diverses » (arrêté du 31 janvier 2023, art. 1, 1°, JO du 7 février ; arrêté du 25 février 2016, art. 1 modifié).

On pourra notamment y mentionner les frais de transport, les retenues effectuées pour les titres-restaurant, les chèques vacances ainsi que le mentionne le modèle officiel.

Mais ce bloc pourra aussi comprendre les frais professionnels, les reprises d'avantages en nature ou, pourquoi pas, les IJSS nettes versées en subrogation.

En revanche, à notre sens, les indemnités de rupture même exonérées devraient figurer de préférence en haut de bulletin, dans la mesure où elles font partie de la base brute de calcul du Montant net social [voir *Bulletin de paye (net social)**].

Bloc fiscal et prélèvement à la source

Net imposable - Depuis 2022, le bulletin de paye doit indiquer le « Montant net imposable » via une ligne dédiée, tant pour la paye concernée qu'en cumul annuel (arrêté du 23 décembre 2021, art. 1, 1°, a et d ; arrêté du 25 février 2016, art. 1 modifié).

La ligne « Montant net imposable » s'entend dans son acception traditionnelle (salaire brut diminué des *cotisations déductibles du revenu imposable**), non comprise la fraction de rémunération exonérée d'impôt des heures supplémentaires et complémentaires. Sans changement, il doit inclure si nécessaire la part imposable des contributions patronales de protection sociale complémentaire (ex. : part patronale « frais de santé »).

▶ À noter… Avant 2022, la mention du net imposable sur le bulletin de paye n'était juridiquement pas obligatoire, même s'il était généralement indiqué.

Heures supplémentaires et complémentaires défiscalisées - Depuis 2022, le bloc fiscal du bulletin de paye doit comporter une ligne « Montant net des heures compl/supp exonérées » (arrêté du 23 décembre 2021, JO du 31, texte 64, rectifié par arrêté au JO du 22 janvier 2022, texte 9).

Il convient d'y indiquer, pour la paye concernée et en cumul annuel, le montant de rémunération nette imposable qui se trouve exonérée d'impôt au titre du mécanisme de défiscalisation des heures supplémentaires, des heures complémentaires et des jours travaillés par les salariés en forfait jours au-delà de 218 jours par an [voir *Heures supplémentaires et complémentaires (exonération d'impôt sur le revenu)**].

Cette rubrique est plafonnée à 7 500 € sur l'année depuis le 1er janvier 2022 (5 000 € antérieurement) (CGI art. 81 quater). Cette limite annuelle d'exonération d'impôt s'entend en net imposable.

▶ À noter… Cette mention vise, en quelque sorte, à retracer sur le bulletin de paye « l'économie » de net imposable lié au dispositif de défiscalisation.

Dans le cas général, il s'agit du montant brut de la rémunération des heures ou jours défiscalisés, réduit de la part de CSG en théorie déductible, soit « Montant brut – (Montant brut × 0,9825 × 0,068) ».

Dans le cas particulier des *apprentis**, il faut distinguer selon la date de conclusion du contrat :
- pour les contrats d'apprentissage conclus avant mars 2025 : le montant net à déclarer correspond au montant brut de la rémunération des heures défiscalisées (du fait de l'exonération de CSG dont bénéficient les apprentis sur leur salaire) ;
- pour les contrats d'apprentissage conclus depuis le 1er mars 2025 : à notre sens et sous réserve de précisions de l'administration, il conviendrait de retenir le montant brut de la rémunération des heures défiscalisées pour sa partie exonérée de CSG, et pour l'éventuelle partie de rémunération défiscalisée soumise à CSG, un montant correspondant à « Montant brut – (Montant brut × 0,9825 × 0,068) ».

Prélèvement à la source de l'impôt sur le revenu - Le bulletin de paye doit mentionner l'assiette, le taux et le montant retenu au titre du *prélèvement à la source** (PAS) de l'impôt sur le revenu (c. trav. art. R. 3243-1, 9°).

Un arrêté a fixé un ordonnancement et des libellés obligatoires pour les mentions relatives au PAS *(voir modèles plus loin)*. Le montant des retenues effectuées au titre du PAS doit être mentionné pour la paye concernée et en cumul annuel (arrêté du 25 février 2016 modifié).

▶ À noter… La mention de la nature du taux (personnalisé/non personnalisé) n'est plus prévue depuis le 1er janvier 2022, mais elle peut continuer à figurer (BOSS, Règles générales relatives au bulletin de paye, Q/R 16, 01/10/2024).

Précision sur l'affichage des cumuls fiscaux - Selon l'administration, la mention des cumuls fiscaux (net imposable, net heures supplémentaires exonérées, et prélèvement à la source) est obligatoire, mais leur emplacement est libre. Il est donc possible de les afficher ailleurs que dans le cadre fixé par l'arrêté (BOSS, Règles générales relatives au bulletin de paye, Q/R 13, 01/10/2024).

Notes du bulletin de paye « adapté » au 15.01.2025 -
Rémunération inférieure ou égale au plafond (voir ci-contre)

Cette trame est utilisable à titre transitoire jusqu'au 1er janvier 2026, sachant que l'employeur peut décider de basculer par anticipation au modèle de bulletin de paye « rénové » (voir plus loin).

L'exemple ci-dessous illustre les mentions relatives aux cotisations et contributions (libellés et regroupements), aux allégements de cotisations, au total versé par l'employeur, au Montant net social, au bloc fiscal et au salaire net, telles que prévues par le modèle fixé par arrêté. La présentation des autres mentions est libre (identification du salarié, etc.).

Le salarié ayant par hypothèse une rémunération inférieure ou égale au plafond, la ligne de retraite complémentaire inclut uniquement la contribution d'équilibre générale (et pas la contribution d'équilibre technique).

La ligne APEC est portée seulement si le salarié est cadre au sens de l'accord national interprofessionnel du 17 novembre 2017.

Notes de la rédaction pour un cas général, afin d'aider à la lecture (ces notes n'ont pas à apparaître sur le bulletin de paye) :
(1) Pour les salariés fiscalement domiciliés à l'étranger, pas de CSG/CRDS mais cotisation salariale d'assurance maladie de 5,50 %. (2) + 1,50 % pour les salariés relevant du régime local d'*Alsace-Moselle**. (3) Pour un taux de 7 % (voir *Cotisation d'assurance maladie-maternité-invalidité**). (4) Mentions de la ligne à adapter selon taux ou montant forfaitaire applicable dans l'entreprise. (5) Si le salarie est cadre, minimum légal de 1,5 % sur la tranche 1 au titre de l'assurance décès. (6) Variable selon les entreprises. (7) Pour un taux de 8,55 %. (8) Pour un taux de 2,02 %. (9) Pour un taux de 6,01 % incluant la contribution d'équilibre général. (10) Pour un taux de 14,57 % incluant la contribution d'équilibre général. (11) Pour un taux de 3,45 % (voir *Cotisation d'allocations familiales**). (12) Il existe une cotisation pour certains salariés (ex. : intermittents du spectacle). (13) Taux de 4,30 % jusqu'au 30.04.2025 puis de 4,25 % au 1.05.2025. Dont AGS (0,25 %). (14) Uniquement si le salarié est cadre. (15) Pour un taux de 0,036 %. (16) Sur leurs bases respectives, CSA (0,30 %), FNAL, versement mobilité (si assujetti), contribution au dialogue social (0,016 %), taxe d'apprentissage (0,68 %), formation (0,55 % ou 1 % pour le cas général), participation à l'effort de construction (si assujetti, 0,45 % pour le cas général), forfait social. (17) Voir nos développements. (18) Montant net imposable exonéré d'impôt de la rémunération des heures supplémentaires et complémentaires. (19) À faire apparaître de manière à en faciliter la lisibilité. (21) Somme de la rémunération brute et des cotisations et contributions patronales après déduction des allégements de cotisations.

BULLETIN DE PAYE « ADAPTÉ » AU 15.01.2025 - RÉMUNÉRATION INFÉRIEURE OU ÉGALE AU PLAFOND

Nom du salarié : **Prénom du salarié :** **Emploi :** **Coefficient :** **Période de travail :**		Employeur : Adresse : Code APE : N° SIRET :		Établissement : Convention collective : [ou Congés payés : Art. L. 3141-3 et s. du code du travail ; Préavis : Art. L. 1237-1 et L. 1234-1 et s. du code du travail]
Désignation	**Base**	**Taux**	**Montant**	
Salaire de base			xxx €	
Brut total			xxx €	
Brut soumis à cotisations			xxx €	
Cotisations et contributions sociales	**Base (€)**	**Taux salarial**	**Part salarié (€)**	**Part employeur (€)**
Santé				
Sécurité sociale - Maladie Maternité Invalidité Décès	Valeur	0 % (1) (2)	-	xxx € (3)
Complémentaire santé (4)	Valeur	Valeur	xxx €	xxx €
Complémentaire Incapacité Invalidité Décès (5)	Valeur	Valeur	xxx €	xxx €
Accidents du travail - maladies professionnelles	Valeur	-	-	xxx € (6)
Retraite				
Sécurité sociale plafonnée	De 0 à 3 925 €	6,90 %	xxx €	xxx € (7)
Sécurité sociale déplafonnée	Valeur	0,40 %	xxx €	xxx € (8)
Complémentaire Tranche 1	De 0 à 3 925 €	4,01 % (9)	xxx €	xxx € (10)
Supplémentaire	Valeur	Valeur	xxx €	xxx €
Famille	Valeur	-	-	xxx € (11)
Assurance chômage	De 0 à 15 700 €	0 % (12)	-	xxx € (13)
APEC (14)	De 0 à 15 700 €	0,024 %	xxx €	xxx € (15)
Autres contributions dues par l'employeur	-	-	-	xxx € (16)
Cotisations statutaires ou prévues par la convention collective				
CSG déductible de l'impôt sur le revenu	Base CSG/CRDS	6,80 % (1)	xxx €	-
CSG/CRDS non déductible de l'impôt sur le revenu	Base CSG/CRDS	2,90 % (1)	xxx €	-
Exonérations et allégements de cotisations	-	-	xxx € (17)	xxx € (17)
Total des cotisations et contributions	-	-	xxx €	xxx €
Net social				**xxx €**
Net à payer avant impôt sur le revenu				**xxx €**
Impôt sur le revenu	**Base**	**Taux**	**Montant**	**Cumul annuel**
Montant net imposable			xxx €	xxx €
Impôt sur le revenu prélevé à la source	xxx €	xx,xx %	xxx €	xxx €
Montant net des heures compl/suppl exonérées (18)			xxx €	xxx €
Net à payer au salarié (en euros) (19)				**xxx € (19)**
Total versé par l'employeur				xxx € (20)
Dans votre intérêt, et pour vous aider à faire valoir vos droits, conservez ce bulletin de paye sans limitation de durée - Pour plus d'informations, voir la rubrique dédiée au bulletin de paye sur www.service-public.fr				

Lignes fiscales dont les montants sont nuls - Selon l'administration, l'affichage des lignes consacrées au PAS et au montant net des heures complémentaires/supplémentaires exonérées de la rubrique fiscale est obligatoire même si leurs montants sont nuls (BOSS, Règles générales relatives au bulletin de paye, Q/R 15, 01/10/2024).

Il en va de même pour le Net imposable.

Net à payer

Net à payer avant impôt sur le revenu - Le bulletin de paye doit mentionner la somme qui aurait été versée au salarié en l'absence de *prélèvement à la source** (PAS) de l'impôt sur le revenu (à distinguer de la somme effectivement versée après PAS) (c. trav. art. R. 3243-1, 9°).

Cette rubrique doit apparaître sous le libellé « Net à payer avant impôt sur le revenu ».

Net à payer au salarié - Le bulletin de paye doit indiquer le montant de la somme effectivement reçue par le salarié (c. trav. art. R. 3243-1, 10°). Il s'agit du « net à payer », compte tenu de l'ensemble des déductions opérées sur la rémunération brute (y inclus au titre du *prélèvement à la source**) et de l'addition des sommes versées non soumises à cotisations.

Cette rubrique doit apparaître sous le libellé « Net à payer au salarié ». Depuis le 1er janvier 2022, elle doit être affichée d'une manière qui en facilite la lisibilité (arrêté du 25 février 2016 modifié, art. 1).

Date de paiement et mentions informatives

Date de paiement - La date de paiement de la somme effectivement versée au salarié fait partie des mentions obligatoires (c. trav. art. R. 3243-1, 11°). Elle permet de contrôler la régularité du paiement.

Incitation à conserver le bulletin - Le bulletin de paye doit comporter en caractères apparents une mention incitant le salarié à le conserver sans limitation de durée (c. trav. art. R. 3243-5).

Cette obligation tend à faciliter au salarié sa reconstitution de carrière. Par exemple, elle peut être libellée ainsi : « Dans votre intérêt, et pour faire valoir vos droits, conservez ce bulletin de paye sans limitation de durée. »

Renvoi à www.service-public.fr - Le bulletin de salaire doit comporter une mention relative à la rubrique dédiée au bulletin de paye sur le portail www.service-public.fr (c. trav. art. R. 3243-1, 15°).

À notre sens, on peut par exemple utiliser la mention « Pour plus d'informations, voir la rubrique dédiée au bulletin de paye sur www.service-public.fr ».

Notes du bulletin de paye « adapté » au 15.01.2025 - Rémunération supérieure au plafond (voir ci-contre)

Cette trame est utilisable à titre transitoire jusqu'au 1er janvier 2026, sachant que l'employeur peut décider de basculer par anticipation au modèle de bulletin de paye « rénové » (voir plus loin).

L'exemple ci-dessous illustre les mentions relatives aux cotisations et contributions (libellés et regroupements), aux allégements de cotisations, au total versé par l'employeur, au Montant net social, au bloc fiscal et au salaire net, telles que prévues par le modèle fixé par arrêté. La présentation des autres mentions est libre (identification du salarié, etc.).

Le salarié ayant par hypothèse une rémunération supérieure au plafond, les lignes de retraite complémentaire incluent la contribution générale et la contribution d'équilibre technique.

La ligne APEC est portée seulement si le salarié est cadre au sens de l'accord national interprofessionnel du 17 novembre 2017.

Notes de la rédaction pour un cas général, afin d'aider à la lecture (ces notes n'ont pas à apparaître sur le bulletin de paye) :
(1) Pour les salariés fiscalement domiciliés à l'étranger, pas de CSG/CRDS mais cotisation salariale d'assurance maladie de 5,50 %. (2) + 1,50 % pour les salariés relevant du régime local d'*Alsace-Moselle**. (3) Pour un taux de 7 % ou 13 % selon la rémunération (voir *Cotisation d'assurance maladie-maternité-invalidité**). (4) Mentions de la ligne à adapter selon taux ou montant forfaitaire applicable dans l'entreprise. (5) Pour les cadres, minimum légal de 1,5 % sur la tranche 1 au titre de l'assurance décès. (6) Variable selon les entreprises. (7) Pour un taux de 8,55 %. (8) Pour un taux de 2,02 %. (9) Dont contribution d'équilibre général et contribution d'équilibre technique. (10) Pour un taux de 6,22 % incluant la contribution d'équilibre général et la contribution d'équilibre technique. (11) Pour un taux de 14,78 % incluant la contribution d'équilibre général et la contribution d'équilibre technique. (12) Pour un taux de 3,45 % ou 5,25 % selon la rémunération (voir *Cotisation d'allocations familiales**). (13) Il existe une cotisation pour certains salariés (ex. : intermittents du spectacle). (14) Taux de 4,30 % jusqu'au 30.04.2025 puis de 4,25 % au 1.05.2025. Dont AGS (0,25 %). (15) Uniquement si le salarié est cadre. (16) Pour un taux de 0,036 %. (17) Sur leurs bases respectives, CSA (0,30 %), FNAL, versement mobilité (si assujetti), contribution au dialogue social (0,016 %), taxe d'apprentissage (0,68 %), formation (0,55 % ou 1 % pour le cas général), participation à l'effort de construction (si assujetti, 0,45 % pour le cas général), forfait social. (18) Voir nos développements. (19) Montant net imposable exonéré d'impôt de la rémunération des heures supplémentaires et complémentaires. (20) À faire apparaître de manière à en faciliter la lisibilité. (21) Somme de la rémunération brute et des cotisations et contributions patronales après déduction des allégements de cotisations.

BULLETIN DE PAYE « ADAPTÉ » AU 15.01.2025 - RÉMUNÉRATION SUPÉRIEURE AU PLAFOND

Nom du salarié : **Prénom du salarié :** **Emploi :** **Coefficient :** **Période de travail :**	Employeur : Adresse : Code APE : N° SIRET :	Établissement : Convention collective : [ou Congés payés : Art. L. 3141-3 et s. du code du travail ; Préavis : Art. L. 1237-1 et L. 1234-1 et s. du code du travail]

Désignation	**Base**	**Taux**	**Montant**
Salaire de base			xxx €
Brut total			xxx €
Brut soumis à cotisations			

Cotisations et contributions sociales	**Base (€)**	**Taux salarial**	**Part salarié (€)**	**Part employeur (€)**
Santé				
Sécurité sociale - Maladie Maternité Invalidité Décès	Valeur	0 % (1) (2)	-	xxx € (3)
Complémentaire santé (4)	Valeur	Valeur	xxx €	xxx €
Complémentaire Incapacité Invalidité Décès (5)	Valeur	Valeur	xxx €	xxx €
Accidents du travail - maladies professionnelles	Valeur	-	-	xxx € (6)
Retraite				
Sécurité sociale plafonnée	De 0 à 3925 €	6,90 %	xxx €	xxx € (7)
Sécurité sociale déplafonnée	Valeur	0,40 %	xxx €	xxx € (8)
Complémentaire Tranche 1	De 0 à 3925 €	4,15 % (9)	xxx €	xxx € (10)
Complémentaire Tranche 2	De 3925 € à 31400 €	9,86 % (9)	xxx €	xxx € (11)
Supplémentaire	Valeur	Valeur	xxx €	xxx €
Famille	Valeur	-	-	xxx € (12)
Assurance chômage	De 0 à 15700 €	0 % (13)	-	xxx € (14)
APEC (15)	De 0 à 15700 €	0,024 %	xxx €	xxx € (16)
Autres contributions dues par l'employeur	-	-	-	xxx € (17)
Cotisations statutaires ou prévues par la convention collective				
CSG déductible de l'impôt sur le revenu	Base CSG/CRDS	6,80 % (1)	xxx €	-
CSG/CRDS non déductible de l'impôt sur le revenu	Base CSG/CRDS	2,90 % (1)	xxx €	-
Exonérations et allègements de cotisations	-	-	xxx € (18)	xxx € (18)
Total des cotisations et contributions	-	-	xxx €	xxx €
Net social				**xxx €**
Net à payer avant impôt sur le revenu				**xxx €**

Impôt sur le revenu	**Base**	**Taux**	**Montant**	**Cumul annuel**
Montant net imposable			xxx €	xxx €
Impôt sur le revenu prélevé à la source	xxx €	xx,xx %	xxx €	xxx €
Montant net des heures compl/suppl exonérées (19)			xxx €	xxx €
Net à payer au salarié (en euros) (20)				**xxx € (20)**
Total versé par l'employeur				xxx € (21)

Dans votre intérêt, et pour vous aider à faire valoir vos droits, conservez ce bulletin de paye sans limitation de durée - Pour plus d'informations, voir la rubrique dédiée au bulletin de paye sur www.service-public.fr

Mention facultative du portail Internet des droits sociaux - L'administration recommande de faire mention du portail Internet https://mesdroitssociaux.gouv.fr, sur lequel les assurés pourront à terme consulter le montant total de leurs revenus nets sociaux pris en compte pour le droit ou le calcul de certaines prestations (BOSS, Règles générales relatives au bulletin de paye, Q/R 3, 01/10/2024).

Cela étant, en l'état des textes à l'heure où nous rédigeons ces lignes, cette mention n'est pas obligatoire, ainsi que l'indique l'administration elle-même.

Mentions interdites sur le bulletin de paye

Pas de mention de l'exercice du droit de grève - Le bulletin de paye ne doit comporter aucune mention liée à l'exercice du droit de grève (c. trav. art. R. 3243-4).

La grève ne doit pas être identifiable. Les retenues sur salaire liées aux heures de grève doivent être opérées sans préciser leur origine exacte (par exemple, on peut les qualifier « d'absences non rémunérées »).

Pas de mention d'activité de représentation des salariés - Le bulletin de paye ne doit comporter aucune mention de l'activité de représentation des salariés (c. trav. art. R. 3243-4).

Pour les représentants du personnel ou syndicaux, cela implique que l'expression « heures de délégation » ne doit pas apparaître sur le bulletin de paye :

- la nature et le montant de la rémunération de ces heures doivent être détaillés en annexe du bulletin voir *Heures de délégation (fiche annexe)** ;
- la rémunération de ces heures figurera sur le bulletin avec les autres heures du mois, voire sous une rubrique « Autres heures » qui ne permet pas de les identifier.

Il ne faut pas non plus faire apparaître sur le bulletin les autres formes de représentation des salariés (mandat de conseiller prud'homal, représentants des salariés au conseil d'administration des organismes de sécurité sociale, etc.) (lettre min. 30 mars 1989, BOMT 89/15, réputé abrogé).

☞ *Activité partielle ; Annexes au bulletin de paye ; Bulletin de paye ; Bulletin de paye (durée du travail) ; Bulletin de paye (net social) ; Compensation ; Convention collective ; Cotisations déductibles du revenu imposable ; Cotisations sociales ; Prélèvement à la source ; Retenue à la source des non-résidents fiscaux ; Salaire net ; Travail dissimulé.*

Notes du bulletin de paye « rénové » au 15.01.2025 - Rémunération inférieure ou égale au plafond (voir ci-contre)

Les employeurs doivent basculer à cette trame « rénovée » de bulletin de paye au plus tard le 2 janvier 2026. Il est possible d'appliquer ce modèle par anticipation.

Le salarié ayant par hypothèse une rémunération inférieure ou égale au plafond, la ligne de retraite complémentaire inclut uniquement la contribution d'équilibre générale (et pas la contribution d'équilibre technique).

La ligne APEC est portée seulement si le salarié est cadre au sens de l'accord national interprofessionnel du 17 novembre 2017.

Notes de la rédaction pour un cas général, afin d'aider à la lecture (ces notes n'ont pas à apparaître sur le bulletin de paye) :
(1) À faire apparaître de manière à en faciliter la lisibilité. (2) Base brute à partir de laquelle est calculé le Net social [voir *Bulletin de paye (net social)**]. (3) Pour les salariés fiscalement domiciliés à l'étranger, pas de CSG/CRDS mais cotisation salariale d'assurance maladie de 5,50 %. (4) + 1,50 % pour les salariés relevant du régime local d'*Alsace-Moselle**. (5) Pour un taux de 7 % (voir *Cotisation d'assurance maladie-maternité-invalidité**). (6) Complémentaire Frais de santé collective et obligatoire. (7) Variable selon les entreprises. (8) Pour un taux de 8,55 %. (9) Pour un taux de 2,02 %. (10) Pour un taux de 6,01 % incluant la contribution d'équilibre général. (11) Pour un taux de 14,57 % incluant la contribution d'équilibre général. (12) Pour un taux de 3,45 % (voir *Cotisation d'allocations familiales**). (13) Il existe une cotisation pour certains salariés (ex. : intermittents du spectacle). (14) Taux de 4,30 % jusqu'au 30.04.2025 puis de 4,25 % au 1.05.2025. Dont AGS (0,25 %). (15) Uniquement si le salarié est cadre. (16) Pour un taux de 0,036 %. (17) Sur leurs bases respectives, CSA (0,30 %), FNAL, versement mobilité (si assujetti), contribution au dialogue social (0,016 %), taxe d'apprentissage (0,68 %), formation (0,55 % ou 1 % pour le cas général), participation à l'effort de construction (si assujetti, 0,45 % pour le cas général), forfait social. (18) Lorsque la CSG est intégralement non déductible [voir *Contribution sociale généralisée (CSG)**]. (19) Voir nos développements. (20) Si le salarié est cadre, au moins la prévoyance décès obligatoire de 1,50 %. (21) Montant net imposable exonéré d'impôt de la rémunération des heures supplémentaires et complémentaires. (22) Somme de la rémunération brute et des cotisations et contributions patronales après déduction des allégements de cotisations.

BULLETIN DE PAYE « RÉNOVÉ » AU 15.01.2025 - RÉMUNÉRATION INFÉRIEURE OU ÉGALE AU PLAFOND

Nom du salarié : **Prénom du salarié :** **Emploi :** **Coefficient :** **Période de travail :**		Employeur : Adresse : Code APE : N° SIRET :		Établissement : Convention collective : [ou Congés payés : Art. L. 3141-3 et s. du code du travail ; Préavis : Art. L. 1237-1 et L. 1234-1 et s. du code du travail]
Désignation	**Base**	**Taux**	**Montant**	
Salaire de base			xxx €	
Montant brut (1) (2)			xxx € (1) (2)	
Brut soumis à cotisations			xxx €	
Cotisations et contributions sociales obligatoires	**Base (€)**	**Taux salarial**	**Part salarié (€)**	**Part employeur (€)**
Santé				
Sécurité sociale - Maladie Maternité Invalidité Décès	Valeur	0 % (3) (4)	-	xxx € (5)
Complémentaire garanties frais de santé obligatoire (6)	Valeur	Valeur	xxx €	xxx €
Accidents du travail - maladies professionnelles	Valeur	-	-	xxx € (7)
Retraite				
Sécurité sociale Vieillesse plafonnée	De 0 à 3 925 €	6,90 %	xxx €	xxx € (8)
Sécurité sociale Vieillesse déplafonnée	Valeur	0,40 %	xxx €	xxx € (9)
Complémentaire, CEG et CET T1	De 0 à 3 925 €	4,01 % (10)	xxx €	xxx € (11)
Famille	Valeur	-	-	xxx € (12)
Assurance chômage	De 0 à 15 700 €	0 % (13)	-	xxx € (14)
APEC (15)	De 0 à 15 700 €	0,024 %	xxx €	xxx € (16)
Autres charges dues par l'employeur	-	-	-	xxx € (17)
Cotisations statutaires ou prévues par la convention collective				
CSG déductible de l'impôt sur le revenu	Base CSG/CRDS	6,80 % (3)	xxx €	-
CSG/CRDS non déductible de l'impôt sur le revenu	Base CSG/CRDS	2,90 % (3)	xxx €	-
CSG/CRDS sur revenus non imposables (18)	Base concernée	9,70 % (3)	xxx €	-
Total des cotisations et contributions sociales obligatoires			**xxx €**	**xxx €**
Exonérations et allégements de cotisations			**xxx € (19)**	**xxx € (19)**
Cotisations et contributions sociales facultatives	**Base (€)**	**Taux salarial**	**Part salarié (€)**	**Part employeur (€)**
Prévoyance, Incapacité, Invalidité, Décès, Autres	Valeur	Valeur	xxx €	xxx € (20)
Retraite supplémentaire	Valeur	Valeur	xxx €	xxx €
Montant net social			**xxx €**	
Remboursements et déductions diverses	**Base**	**Taux**	**Salarié**	**Employeur**
Frais de transports	Valeur	Valeur	Valeur	Valeur
Titres-restaurant	Valeur	Valeur	Valeur	Valeur
Chèques-vacances	Valeur	Valeur	Valeur	Valeur
Autres	Valeur	Valeur	Valeur	Valeur
Montant net à payer avant impôt sur le revenu			**xxx €**	
Impôt sur le revenu	**Base**	**Taux**	**Salarié**	**Cumul annuel**
Montant net imposable			xxx €	xxx €
Montant net des heures compl/suppl exonérées (21)			xxx €	xxx €
Impôt sur le revenu prélevé à la source	xxx €	xx,xx %	xxx €	xxx €
Montant net à payer (en euros) (1)				**xxx € (1)**
Total versé par l'employeur				xxx € (22)

Dans votre intérêt, et pour vous aider à faire valoir vos droits, conservez ce bulletin de paye sans limitation de durée - Pour plus d'informations, voir la rubrique dédiée au bulletin de paye sur www.service-public.fr

Notes du bulletin de paye « rénové » au 15.01.2025 - Rémunération supérieure au plafond (voir ci-contre)
Les employeurs doivent basculer à cette trame « rénovée » de bulletin de paye au plus tard le 2 janvier 2026. Il est possible d'appliquer ce modèle par anticipation. *Le salarié ayant par hypothèse une rémunération supérieure au plafond, les lignes de retraite complémentaire incluent la contribution générale et la contribution d'équilibre technique.* *La ligne APEC est portée seulement si le salarié est cadre au sens de l'accord national interprofessionnel du 17 novembre 2017.*
Notes de la rédaction pour un cas général, afin d'aider à la lecture (ces notes n'ont pas à apparaître sur le bulletin de paye) : (1) À faire apparaître de manière à en faciliter la lisibilité. (2) Base brute à partir de laquelle est calculé le Net social [voir *Bulletin de paye (net social)**]. (3) Pour les salariés fiscalement domiciliés à l'étranger, pas de CSG/CRDS mais cotisation salariale d'assurance maladie de 5,50 %. (4) + 1,50 % pour les salariés relevant du régime local d'*Alsace-Moselle**. (5) Pour un taux de 7 % ou 13 % selon la rémunération (voir *Cotisation d'assurance maladie-maternité-invalidité**). (6) Complémentaire Frais de santé collective et obligatoire. (7) Variable selon les entreprises. (8) Pour un taux de 8,55 %. (9) Pour un taux de 2,02 %. (10) Dont contribution d'équilibre général et contribution d'équilibre technique. (11) Pour un taux de 6,22 % incluant la contribution d'équilibre général et la contribution d'équilibre technique. (12) Pour un taux de 14,78 % incluant la contribution d'équilibre général et la contribution d'équilibre technique. (13) Pour un taux de 3,45 % ou 5,25 % selon la rémunération (voir *Cotisation d'allocations familiales**). (14) Il existe une cotisation pour certains salariés (ex. : intermittents du spectacle). (15) Taux de 4,30 % jusqu'au 30.04.2025 puis de 4,25 % au 1.05.2025. Dont AGS (0,25 %). (16) Uniquement si le salarié est cadre. (17) Pour un taux de 0,036 %. (18) Sur leurs bases respectives, CSA (0,30 %), FNAL, versement mobilité (si assujetti), contribution au dialogue social (0,016 %), taxe d'apprentissage (0,68 %), formation (0,55 % ou 1 % pour le cas général), participation à l'effort de construction (si assujetti, 0,45 % pour le cas général), forfait social. (19) Voir nos développements. (20) Si le salarié est cadre, au moins la prévoyance décès obligatoire de 1,50 %. (21) Montant net imposable exonéré d'impôt de la rémunération des heures supplémentaires et complémentaires. (22) Somme de la rémunération brute et des cotisations et contributions patronales après déduction des allégements de cotisations.

BULLETIN DE PAYE « RÉNOVÉ » AU 15.01.2025 - RÉMUNÉRATION SUPÉRIEURE AU PLAFOND

Nom du salarié :
Prénom du salarié :
Emploi :
Coefficient :
Période de travail :

Employeur :
Adresse :
Code APE :
N° SIRET :

Établissement :
Convention collective : [ou Congés payés : Art. L. 3141-3 et s. du code du travail ; Préavis : Art. L. 1237-1 et L. 1234-1 et s. du code du travail]

Désignation	**Base**	**Taux**	**Montant**	
Salaire de base			xxx €	
Montant brut (1) (2)			xxx € (1) (2)	
Brut soumis à cotisations			xxx €	
Cotisations et contributions sociales obligatoires	**Base (€)**	**Taux salarial**	**Part salarié (€)**	**Part employeur (€)**
Santé				
Sécurité sociale - Maladie Maternité Invalidité Décès	Valeur	0 % (3) (4)	-	xxx € (5)
Complémentaire garanties frais de santé obligatoire (6)	Valeur	Valeur	xxx €	xxx €
Accidents du travail - maladies professionnelles	Valeur	-	-	xxx € (7)
Retraite				
Sécurité sociale Vieillesse plafonnée	De 0 à 3 925 €	6,90 %	xxx €	xxx € (8)
Sécurité sociale Vieillesse déplafonnée	Valeur	0,40 %	xxx €	xxx € (9)
Complémentaire, CEG et CET T1	De 0 à 3 925 €	4,15 % (10)	xxx €	xxx € (11)
Complémentaire, CEG et CET T2	De 3 925 € à 31 400 €	9,86 % (10)	xxx €	xxx € (12)
Famille	Valeur	-	-	xxx € (13)
Assurance chômage	De 0 à 15 700 €	0 % (14)	-	xxx € (15)
APEC (16)	De 0 à 15 700 €	0,024 %	xxx €	xxx € (17)
Autres charges dues par l'employeur	-	-	-	xxx € (18)
Cotisations statutaires ou prévues par la convention collective				
CSG déductible de l'impôt sur le revenu	Base CSG/CRDS	6,80 % (3)	xxx €	-
CSG/CRDS non déductible de l'impôt sur le revenu	Base CSG/CRDS	2,90 % (3)	xxx €	-
Total des cotisations et contributions sociales obligatoires			**xxx €**	**xxx €**
Exonérations et allègements de cotisations			**xxx € (19)**	**xxx € (19)**
Cotisations et contributions sociales facultatives	**Base (€)**	**Taux salarial**	**Part salarié (€)**	**Part employeur (€)**
Prévoyance, Incapacité, Invalidité, Décès, Autres (19)	Valeur	Valeur	xxx €	xxx € (20)
Retraite supplémentaire	Valeur	Valeur	xxx €	xxx €
Montant net social			**xxx €**	
Remboursements et déductions diverses	**Base**	**Taux**	**Salarié**	**Employeur**
Frais de transports	Valeur	Valeur	Valeur	Valeur
Titres-restaurant	Valeur	Valeur	Valeur	Valeur
Chèques-vacances	Valeur	Valeur	Valeur	Valeur
Autres	Valeur	Valeur	Valeur	Valeur
Montant net à payer avant impôt sur le revenu			**xxx €**	
Impôt sur le revenu	**Base**	**Taux**	**Salarié**	**Cumul annuel**
Montant net imposable			xxx €	xxx €
Montant net des heures compl/suppl exonérées (21)			xxx €	xxx €
Impôt sur le revenu prélevé à la source	xxx €	xx,xx %	xxx €	xxx €
Montant net à payer (en euros) (1)				**xxx € (1)**
Total versé par l'employeur				xxx € (22)

Dans votre intérêt, et pour vous aider à faire valoir vos droits, conservez ce bulletin de paye sans limitation de durée - Pour plus d'informations, voir la rubrique dédiée au bulletin de paye sur www.service-public.fr

Notes du bulletin de paye « de contrôle » au 15.01.2025 - (voir ci-contre)
Voici un extrait de ce que pourrait être un bulletin de contrôle, si le service paye en établit un parallèlement au bulletin de salaire officiellement remis au salarié. *La ligne APEC n'apparaît que si le salarié est cadre (« art. 4 ») ou assimilé (« art. 4 bis »).* *La contribution AGIRC-ARRCO d'équilibre technique n'est due que si la rémunération annuelle du salarié est supérieure au plafond de la sécurité sociale.* *Rappelons que seule la remise à l'intéressé d'un bulletin de salaire conforme aux règles de présentation obligatoires exonère l'employeur de son obligation de délivrance d'un bulletin de paye.*
(*) Pas de cotisation chômage, sauf pour certains salariés (ex. : *intermittents du spectacle**). (1) Pour les salariés fiscalement domiciliés à l'étranger, pas de CSG/CRDS mais cotisation salariale d'assurance maladie spécifique. (2) + 1,50 % pour les salariés relevant du régime local d'*Alsace-Moselle**. (3) Taux de 7 % ou 13 % selon la rémunération (voir *Cotisation d'assurance maladie-maternité-invalidité**). (4) Taux de 3,45 % ou 5,25 % selon la rémunération (voir *Cotisation d'allocations familiales**). (5) Hors modulation, taux de 4,05 % jusqu'au 30.04.2025 puis de 4 % au 1.05.2025. (6) Taux de droit commun pour une répartition « employeur/salarié » de « 60/40 ». (7) Pour les cadres, assurance décès obligatoire de 1,5 % sur tranche 1. (8) Sous réserve des dispositifs de lissage (voir *Effectif sécurité sociale**). (9) Employeurs de 11 salariés et plus dans certaines communes. (10) Dû essentiellement sur certaines sommes exclues de l'assiette de cotisations de sécurité sociale mais assujetties à CSG. (11) Employeurs de 11 salariés et plus. Forfait social au taux de 8 % sur les contributions patronales de prévoyance complémentaire exclues de l'assiette de cotisations de sécurité sociale mais assujetties à CSG. (12) Pour le cas général. (13) Employeurs de 20 salariés et plus. (14) Taux de 0,68 % (0,44 % Alsace-Moselle) + contribution supplémentaire pour certains employeurs de 250 salariés et plus. (15) Brut (hors déduction supplémentaire pour frais professionnels) diminué d'un abattement de 1,75 % + montant des cotisations patronales de retraite supplémentaire et de prévoyance complémentaire sans abattement d'assiette.

NOTES DE L'EXTRAIT DE BULLETIN « DE CONTRÔLE » (AU 15.01.2025)

Désignation	Base	Taux	Montant	Nom du salarié :
Salaire de base				Prénom du salarié :
Brut total				Emploi :
Brut soumis à cotisations				Coefficient : Période de travail :

Désignation	Base	Charges salariales		Charges patronales	
		Taux	Montant	Taux	Montant
Ass. maladie	Valeur	0 % (1) (2)	-	7 % ou 13 % (3)	xxx €
Ass. vieillesse déplafonnée	Valeur	0,40 %	xxx €	2,02 %	xxx €
Ass. vieillesse plafonnée	De 0 à 3 925 €	6,90 %	xxx €	8,55 %	xxx €
Allocations familiales	Valeur	-	-	3,45 % ou 5,25 % (4)	xxx €
Accidents du travail	Valeur	-	-	Variable	xxx €
Contribution solidarité autonomie	Valeur	-	-	0,30 %	xxx €
Ass. chômage Tr. A + B	De 0 à 15 700 €	0 % (*)	-	(5)	xxx €
AGS	De 0 à 15 700 €	-	-	0,25 %	xxx €
APEC (si cadre)	De 0 à 15 700 €	0,024 %	xxx €	0,036 %	xxx €
Retraite complémentaire AGIRC-ARRCO Tr. 1	De 0 à 3 925 €	3,15 % (6)	xxx €	4,72 % (6)	xxx €
Contribution d'équilibre général AGIRC-ARRCO Tr. 1	De 0 à 3 925 €	0,86 % (6)	xxx €	1,29 % (6)	xxx €
Contribution d'équilibre technique AGIRC-ARRCO Tr. 1	De 0 à 3 925 €	0,14 % (6)	xxx €	0,21 % (6)	xxx €
Retraite complémentaire AGIRC-ARRCO Tr. 2	De 3 925 € à 31 400 €	8,64 % (6)	xxx €	12,95 % (6)	xxx €
Contribution d'équilibre général AGIRC-ARRCO Tr. 2	De 3 925 € à 31 400 €	1,08 % (6)	xxx €	1,62 % (6)	xxx €
Contribution d'équilibre technique AGIRC-ARRCO Tr. 2	De 3 925 € à 31 400 €	0,14 % (6)	xxx €	0,21 % (6)	xxx €
Prévoyance compl./retraite supplémentaire	Valeur	Selon contrat	xxx €	Selon contrat (7)	xxx €
FNAL (moins de 50 salariés)	De 0 à 3 925 €	-	-	0,10 %	xxx €
FNAL (50 salariés et plus)	Valeur	-	-	0,50 % (8)	xxx €
Versement mobilité (9)	Valeur	-	-	Variable	xxx €
Forfait social (cas général)	(10)	-	-	20,00 %	xxx €
Forfait social sur prévoyance	(11)	-	-	8,00 %	xxx €
Dialogue social	Valeur	-	-	0,016 %	xxx €
Contribution formation	Valeur	-	-	0,55 % ou 1 % (12)	xxx €
Participation construction	Valeur	-	-	0,45 % (13)	xxx €
Taxe d'apprentissage	Valeur	-	-	(14)	xxx €
CSG déductible	Base CSG/CRDS (15)	6,80 %	xxx €	-	-
CSG/CRDS non déductible	Base CSG/CRDS (15)	2,90 %	xxx €	-	-
TOTAUX COTISATIONS	Cotis. sal.		xxx €	Cotis. patr.	xxx €
	Cotis. sal. déductibles		xxx €		
Net imposable			xxx €		
Net à payer avant PAS			xxx €	**Net social :** xxx €	
Prélèvement à la source	Assiette PAS	xx %	xxx €		
Net à payer après PAS			xxx €		

Bulletin de paye (net social)

Le « Montant net social » est une donnée qui doit être affichée sur le bulletin de paye depuis le 1er juillet 2023. Sa déclaration en DSN est devenue obligatoire en 2024.

Contexte

Nouvelle mention obligatoire - Le Montant net social est une nouvelle donnée de la paye qui a été créée par un arrêté du 31 janvier 2023, et dont l'affichage sur les bulletins de paye est obligatoire depuis le 1er juillet 2023 (arrêté du 31 janvier 2023, JO 7 février, texte 18 ; arrêté du 25 janvier 2016 modifié).

Cet arrêté a été accompagné d'une série de questions/réponses (Q/R), qui ont ensuite été intégrées au sein d'une fiche dédiée du *Bulletin officiel de la sécurité sociale (BOSS)**.

Enfin, un décret a sécurisé la doctrine administrative (décret 2023-1378 du 28 décembre 2023, JO du 30) :
- d'une part, en mettant en phase la définition des revenus professionnels à prendre en compte pour le versement du RSA et de la prime d'activité avec la définition du Montant net social (CASF art. R. 262-11 et R. 262-12 ; c. séc. soc. art. R. 844-1 et R. 844-5) ;
- d'autre part, en ajoutant formellement le Montant net social à la liste des mentions obligatoires du bulletin de paye au sein du code du travail (c. trav. art. R. 3243-1, 9 bis).

▶ À noter… Ce n'est pas l'expression « Montant net social » qui est utilisée, mais l'obligation d'affichage correspondante, à savoir celles des revenus professionnels pris en compte au titre des revenus salariés pour le calcul de la prime d'activité et du RSA (via un renvoi à c. séc. soc. art. R. 844-1, II).

Valeur de référence pour certaines prestations - L'affichage du Montant net social (dit aussi Net social) sur les bulletins de paye vise à identifier le revenu de référence à prendre en compte par les assurés sociaux au titre de leurs revenus salariaux pour la détermination de leur droit ou le calcul du montant de certaines prestations (ex. : RSA, prime d'activité).

Cette mention a pour vocation de simplifier les démarches des assurés auprès des organismes sociaux et d'éviter les erreurs déclaratives des bénéficiaires.

Ce montant de référence est utilisé pour le RSA et la prime d'activité, deux prestations versées par les Caisses d'allocations familiales (CAF) et de mutualité sociale agricole (CMSA). L'objectif des pouvoirs publics est, qu'à terme, le « Net social » puisse concerner d'autres prestations.

Depuis janvier 2024, ce montant est directement communiqué aux CAF pour chaque revenu versé par les employeurs et les organismes sociaux par le vecteur DSN.

▶ À noter… Les allocataires peuvent se rendre sur le portail Internet des droits sociaux (https://www.mesdroitssociaux.fr) pour consulter le montant total de leurs revenus nets sociaux tels que déclarés par l'employeur.

Champ de l'obligation d'afficher le Net social

Territoires concernés - Le Net social est applicable uniquement sur le territoire métropolitain et dans les territoires d'outre-mer où le code du travail est applicable (Guadeloupe, Guyane, Martinique, Mayotte, La Réunion, Saint-Barthélemy, Saint-Martin et Saint-Pierre-et-Miquelon) (BOSS, Montant net social, Q/R 9, 01/10/2024).

En revanche, le Net social ne doit pas être calculé et affiché en Polynésie française, à Wallis-et-Futuna, dans les Terres australes et antarctiques françaises et en Nouvelle-Calédonie. De même, le Net social ne doit pas être calculé et affiché pour les salariés employés dans les principautés de Monaco et d'Andorre.

Salariés y inclus expatriés - La mention du Montant net social est requise pour tous les salariés, quel que soit le montant de leur rémunération.

Les salariés expatriés sont également concernés (BOSS, Montant net social, Q/R 4, 01/10/2024).

Stagiaires - Les gratifications des stagiaires entrent dans la base de calcul du Net social, y compris pour leur fraction en franchise de cotisations *(voir plus loin)*.

L'administration souligne néanmoins que lorsque la gratification est inférieure au seuil de franchise de cotisations, la remise d'un bulletin de paye n'est pas obligatoire et l'organisme d'accueil peut se contenter de délivrer l'attestation mentionnant la durée du stage et le montant de la gratification prévue par le code de l'éducation (c. éduc. art. D. 124-9). Dans ce cas, l'affichage du montant Net social sur ce document n'est pas obligatoire, mais « recommandé » (BOSS, Montant Net social, Q/R 11, 01/10/2024).

Préretraite d'entreprise - Selon l'administration, il faut distinguer deux situations (BOSS, Montant net social, Q/R 8, 01/10/2024).

S'il s'agit d'une préretraite sans rupture du contrat de travail, l'employeur doit délivrer au salarié un bulletin de paye conforme au modèle fixé par l'arrêté du 31 janvier 2023 en y indiquant le Montant net social.

S'il s'agit d'une préretraite avec rupture du contrat de travail, l'édition d'un bulletin de paye est juridiquement facultative (la personne n'est plus un salarié). L'entreprise doit, selon le BOSS, remettre un document synthétisant l'ensemble des sommes (allocations de préretraite) et cotisations versées pour ces anciens salariés. L'affichage du Net social sur ce document n'est pas obligatoire, mais recommandé. Si l'entreprise délivre un bulletin de paye, il comporte à notre sens, le Net social.

Artistes-auteurs - L'arrêté du 31 janvier 2023 ne concerne pas les rémunérations des artistes-auteurs. Celles-ci ne doivent pas donner lieu à édition d'un bulletin de paye pas plus qu'à l'affichage du Net social (BOSS, Montant net social, Q/R 7, 01/10/2024).

L'administration précise toutefois que lorsque la rémunération de l'artiste-auteur fait l'objet d'un précompte des cotisations par le diffuseur ou l'organisme de gestion collective, celui-ci délivre un certificat de précompte (c. séc. soc. art. R. 382-27). L'affichage du Net social sur ce document n'est pas obligatoire mais recommandé.

Collaborateurs occasionnels du service public - Pour mémoire, les collaborateurs occasionnels du service public (COSP) sont des personnes qui contribuent à l'exécution d'une mission de service public à caractère administratif pour le compte d'une personne publique ou privée, lorsque cette activité revêt un caractère occasionnel (c. séc. soc. art. L. 311-3, 21°) (ex. : médecin expert).

Ils relèvent du régime général des salariés.

Toutefois, s'ils sont travailleurs indépendants au titre de leur activité principale, ils peuvent demander le rattachement des sommes tirées de leur collaboration occasionnelle à leurs revenus non-salariés.

Selon le BOSS, pour les COSP qui n'ont pas exercé leur droit d'option au rattachement des sommes tirées de la mission de service public à leurs revenus liés à une activité non salariée (c. séc. soc. art. D. 311-4), deux cas sont à distinguer (BOSS, Montant Net social, Q/R 6, 01/10/2024) :
- si l'exercice de cette mission est effectué dans le prolongement d'une activité salariée principale et en cas d'accord de l'organisme pour le compte duquel est effectuée la mission de service public, le calcul, l'affichage des indemnités sur le bulletin de paye et la déclaration du Net social incombent à l'employeur habituel du COSP ;
- si l'exercice de cette mission est effectué pour le compte d'une entité tierce, le calcul, l'affichage des indemnités sur le bulletin de paye et la déclaration du Net social incombent à ce tiers.

L'administration précise que lorsque la mission de service public n'est pas de nature à créer un lien de subordination, l'édition d'un bulletin de paye est facultative. Toutefois l'organisme pour le compte duquel est effectuée la mission de service public doit fournir une attestation de rémunération qui mentionne le revenu brut, le détail des cotisations précomptées et le montant de la rémunération nette versée. L'affichage du Net social sur ce document n'est pas obligatoire mais recommandé.

Employeurs publics - Les obligations liées au bulletin de paye l'article R. 3243-1 du code du travail et l'arrêté ne s'appliquent pas directement aux employeurs publics. Toutefois, les employeurs publics doivent également adapter leurs bulletins de paye pour afficher le montant net social de leurs agents, susceptibles de percevoir des prestations sociales, et ce quel que soit leur statut : fonctionnaires, stagiaires, apprentis, agents contractuels de droit public, agents contractuels de droit privé (BOSS, Montant Net social, Q/R 5, 01/10/2024).

Principe et étapes de calcul du Net social

Principe de calcul - Le Montant net social du bulletin de paye est constitué par l'ensemble des ressources du salarié quel que soit leur traitement social. Il n'est donc pas défini ni à partir du salaire net fiscal, ni à partir du salaire brut soumis à cotisations (BOSS, Montant Net social, § II, A, 01/10/2024).

Dans les grandes lignes, il est composé (arrêté du 25 janvier 2016 modifié, art. 1, II modifié) :
- de l'ensemble des sommes correspondant aux rémunérations et éventuels revenus de remplacement versés par l'employeur au salarié (salaires, primes, rémunération des heures supplémentaires, avantages en nature, indemnités de rupture, etc.) ;
- duquel il faut déduire des cotisations et contributions sociales salariales.

Étapes de calcul - Il est possible de procéder au calcul du Net social en procédant comme suit (principes applicables depuis le 1er janvier 2024) :
- additionner les montants bruts de l'ensemble des éléments de rémunération et revenus de remplace-

ments versés par l'employeur entrant dans la base de calcul du net social (salaires, primes, rémunération des heures supplémentaires, avantages en nature, indemnités de rupture, etc.) ;
- déduire la part salariale de l'ensemble des cotisations et contributions sociales sociales d'origine légale ou conventionnelle rendue obligatoires par la loi (après prise en compte des éventuelles exonérations applicables), ainsi que les cotisations salariales finançant des garanties de protection sociale complémentaire (frais de santé, prévoyance, retraite supplémentaire) à caractère collectif ;
- en cas d'IJSS versées en subrogation, ajouter leur montant net de CSG/CRDS (BOSS, Montant Net social, Q/R 13 bis, 01/10/2024).

▶ À noter… Pour mémoire, jusqu'au 31 décembre 2023, l'employeur devait ignorer les IJSS versées en subrogation. En outre, en matière de protection sociale complémentaire, il fallait distinguer :
- les garanties Frais de santé à caractère collectif et obligatoire : les contributions salariales étaient déductibles, les contributions patronales étaient exclues du Net social ;
- les autres garanties de protection sociale complémentaire : les contributions salariales n'étaient pas déductibles, les contributions patronales devaient être ajoutées pour arriver au Net social, peu important que le régime ait ou non un caractère collectif et obligatoire.

Éléments compris dans le Net social

Montant brut - Le Net social comprend la totalité des montants correspondant aux « sommes, ainsi qu'aux avantages et accessoires en nature ou en argent qui y sont associés, dus en contrepartie ou à l'occasion d'un travail, d'une activité ou de l'exercice d'un mandat ou d'une fonction élective, ainsi que les sommes destinées à compenser la perte de revenu d'activité », versées sous quelque forme ou dénomination que ce soit (arrêté du 25 janvier 2016 modifié, art. 1, II).

▶ À noter… Cette définition ne correspond ni au brut sécurité sociale, ni à la base CSG/CRDS sur revenus d'activité ou de remplacement. Même elle se rapproche de cette dernière, la base brute à partir de laquelle le Net social est calculé est plus large.

Les sommes sont prises en compte pour leurs montants bruts, sans tenir compte des éventuelles exonérations sociales ou fiscales, déductions, abattements, franchises ou assiettes forfaitaires applicables.

Éléments à prendre en compte - Les montants versés par l'employeur et assujettis à cotisations sont pris en compte, mais aussi :
- certains montants exonérés totalement, partiellement ou en franchise de cotisations (ex. : gratifications des stagiaires, indemnités de rupture) ;
- les revenus de remplacement versés par l'employeur (y compris les IJSS en cas de subrogation).

Le tableau I « Principaux éléments inclus dans le Montant net social » ci-après récapitule, sans en dresser la liste exhaustive, les éléments principaux éléments pris en compte dans le calcul du Montant net social.

Éléments exclus du Net social - Les éléments à ignorer pour calculer le Net social correspondent soit à des éléments qui ne constituent pas des revenus, soit à des éléments que l'administration exclut par exception.

Le tableau II « Principaux éléments exclus du Montant net social » ci-après récapitule les éléments que l'administration ne prend pas en compte pour le calcul du Net social (BOSS, Montant Net social, § II, A, 1, 01/10/2024).

Incidence des déductions forfaitaires spécifiques pour frais professionnels - Sous conditions, les employeurs sont autorisés, pour une liste précise de professions, à appliquer à l'assiette des cotisations de sécurité sociale une déduction forfaitaire spécifique pour frais professionnels (DFS) allant de 5 % à 40 % selon les professions, dans la limite de 7 600 € par salarié et par année civile [voir *Frais professionnels (déduction forfaitaire spécifique)**].

En cas d'application d'une DFS (BOSS, Montant Net social, Q/R 25 et 26, 01/10/2024) :
- le salaire brut à retenir dans la base de calcul du Net social s'entend du montant avant application de l'abattement lié à DFS ;
- les sommes représentatives de frais professionnels n'ont pas à être prises en compte, dès lors qu'elles sont soumises à cotisations uniquement du fait de la réintégration liée à l'application de la DFS.

Exemple
Un employeur applique une DFS de 20 % à un salarié rémunéré 3 000 € par mois, auquel il rembourse en outre 300 € de frais professionnels. La base brute soumise à cotisations est de 2 640 € (3 300 × 80 %). Le montant brut pris en compte pour le Net social est de 3 000 €.

Arrêt maladie avec maintien de salaire et retenue au titre de la « garantie du net » - Lorsque l'employeur maintient le salaire net d'un salarié en arrêt maladie, il est amené à effectuer une déduction sur le salaire brut résiduel du salarié, parfois appelée « Garantie du net » (ou « ajustement au net »), pour éviter que salaire et IJSS confondus, le salarié ne gagne plus en arrêt maladie que s'il travaillait (voir *Maintien du salaire net**).

Il faut tenir compte de cet ajustement au niveau de la détermination du brut à partir duquel le Net social est calculé (BOSS, Montant Net social, Q/R 36, 01/10/2024).

Exemple

Durant l'arrêt maladie avec maintien du salaire net d'un salarié habituellement payé 2 800 € bruts par mois, l'employeur verse une rémunération brute de 2017,53 € après déduction des IJSS. Pour maintenir le salaire net du salarié, le logiciel applique en outre une déduction au titre de la « garantie du net » fixée par hypothèse à 139,77 €. La base brute de cotisations est donc ramenée à 1877,76 €. La rémunération retenue au point de départ du calcul du Net social est de 1877,76 €.

Titres-restaurant, cantine - Lorsque la participation patronale aux titres-restaurant ou à un restaurant d'entreprise est exonérée, elle n'est pas intégrée dans le Net social (BOSS, Montant Net social, Q/R 22, 01/10/2024). A contrario, l'éventuelle fraction de participation patronale au financement des titres-restaurant qui est assujettie à cotisations est à inclure dans le Net social.

La participation salariale au financement n'est pas déduite du Montant net social.

Prime de partage de la valeur - La *prime de partage de la valeur** est à inclure dans le Net social lorsqu'elle est directement versée au salarié (BOSS, Montant Net social, § II, A, 1, 01/10/2024).

A contrario, elle est exclue du Net social lorsqu'elle affectée sur un plan d'épargne sur demande du salarié présentée dans le délai réglementaire de 15 jours (possibilité ouverte depuis le 1er juillet 2024). En toute logique, lorsqu'elles sont dues, la CSG/CRDS prélevées sur ces sommes ne sont à notre sens pas déductibles pour le calcul du net social.

Précisions sur les IJ prévoyance - Les indemnités complémentaires aux IJSS versées dans le cadre d'un contrat de prévoyance doivent être intégrées dans le Montant net social, indépendamment de leur assujettissement fiscal ou social ou des exonérations, déductions, abattements ou franchises applicables. Dès lors, même les IJ prévoyance exonérées de cotisations sociales doivent être intégrées dans le montant net social (BOSS, Montant Net social, Q/R 14, 01/10/2024).

Lorsque les IJ prévoyance sont versées au salarié directement par l'organisme de protection sociale complémentaire, l'employeur n'a pas à les intégrer dans le Net social du bulletin de paye. Le Net social correspondant à ces IJ sera déclaré et indiqué par cet organisme, sur le relevé de prestations qu'il délivre (BOSS, Montant Net social, Q/R 40, 01/10/2024). En effet, seuls les revenus de remplacement ou assimilés versés directement par l'employeur sont affichés dans le Net social par l'employeur.

Précisions sur les indemnités de rupture - Il convient de prendre en compte dans le Net social les indemnités de rupture du contrat de travail de toute nature, même exonérées, y inclus les indemnités de rupture conventionnelle (BOSS, Montant Net social, § II, A, 1 et Q/R 19, 01/10/2024).

S'agissant des indemnités liées aux contentieux prud'homaux, l'administration a précisé (BOSS, Montant Net social, Q/R 20 et 21, 01/10/2024) :

- les indemnités de conciliation prud'homale sont considérées comme des indemnités de rupture et doivent donc être incluses dans le Net social ;
- a contrario, les intérêts moratoires versés à la suite d'une décision de justice, les dommages et intérêts (quel que soit le préjudice réparé) ainsi que l'ensemble des sommes visées à l'article 700 du code de procédure civile ne sont pas des indemnités de rupture et ne doivent donc pas être pris en compte.

Précisions sur l'intéressement et la participation - Lorsqu'ils ne sont pas placés sur un plan d'épargne mais directement versés au salarié, l'intéressement, et la participation (en cas de demande de versement immédiat), sont des éléments à prendre en compte dans le Net social (BOSS, Montant Net social, Q/R 17, 01/10/2024).

Toutefois, l'intéressement et la participation ne figurent pas sur le bulletin de paye mais sur une fiche annexe de celui-ci. Il ne faut pas en tenir compte dans le Montant net social affiché sur le bulletin de salaire. Le « Net social » correspondant doit être porté sur le document annexe qui accompagne le versement au salarié de ces sommes. Ce n'est pas précisé, mais à notre sens, en toute logique, la CSG et la CRDS s'y rapportant seraient prises en compte en déduction à ce niveau, et non sur le « Net social » porté sur le bulletin de paye.

▶ À noter… Le Montant net social relatif à la participation ou à l'intéressement qui n'est pas versé par l'employeur mais par un organisme externe à l'entreprise sera notifié et déclaré directement par cet organisme (BOSS, Montant Net social, § II, A, 1, 01/10/2024).

L'intéressement et la participation placés sur des plans d'épargne salariale (PEE, PERE-CO, etc.) ne sont pas pris en compte dans le Net social. Corrélativement, à notre sens, la CSG/CRDS prélevées sur ces sommes ne sont pas déductibles pour le calcul du net social (BOSS, Montant Net social, § II, A, 1, 01/07/2024). Ces règles valent aussi pour la participation et l'intéressement de salariés ayant quitté l'entreprise qui sont placés auprès de teneurs de comptes (BOSS, Montant Net social, Q/R 18, 01/10/2024).

Précisions sur le compte épargne-temps - Les sommes correspondant à la monétisation du compte-épargne temps (CET) sont prises en compte dans le Net social (BOSS, Montant Net social, Q/R 15, 01/10/2024).

En revanche, les sommes issues d'un CET placées sur un plan d'épargne retraite (PERCO « ancienne mouture », PERE-CO ou PERE-OB) n'ont pas à être prises en compte, puisqu'aucune somme n'est effectivement versée au salarié.

Dans les entreprises où il n'y a pas de CET, il en va de même pour les sommes correspondant à un maximum de 10 jours de repos non pris par an que le salarié décide de verser sur un plan d'épargne retraite (PERCO « ancienne mouture », PERE-CO ou PERE-OB) (BOSS, Montant Net social, Q/R 16, 01/10/2024).

Tableau I : principaux éléments à prendre en compte dans le Montant net social
• Les **revenus d'activité** (salaire de base, gratifications, etc.)
• Les rémunérations des **apprentis** et **contrats d'accompagnement dans l'emploi**
• La rémunération des **heures supplémentaires** et des **heures complémentaires**
• La rémunération des **jours de RTT monétisés** en application de la loi du 16 août 2022
• La rémunération des **jours travaillés en plus par les salariés en forfait jours** en contrepartie de la renonciation à des jours de repos
• Les gratifications des **stagiaires**, pour leur montant intégral (y compris, donc, la fraction en franchise de cotisations)
• Les **primes** de toutes natures (y compris celles versées en cas d'impatriation ou d'expatriation)
• La **prime de partage de la valeur** (uniquement pour les sommes directement versées par l'employeur au salarié)
• La totalité des **avantages en nature ou en espèces assujettis**, évalués sur une base réelle ou forfaitaire
• La participation des employeurs aux **chèques-vacances** et au financement des **services à la personne** (y compris la part exonérée de cotisations)
• Les **revenus de remplacement** versés directement par l'employeur (1), y compris les IJSS nettes de CSG/CRDS en cas de subrogation
• En cas d'arrêt de travail avec maintien de salaire, les **indemnités complémentaires aux IJSS**
• En cas d'**activité partielle**, les indemnités légales et les éventuelles indemnités complémentaires versées par l'employeur
• La rémunération issue d'un **compte épargne-temps** (2)
• Les **indemnités de congés payés** versées par l'employeur qui figurent sur le bulletin de paye (en revanche, le Net social correspondant à des indemnités versées par des caisses de congés payés est notifié et déclaré par les caisses)
• Les **indemnités de rupture** du contrat de travail de toutes natures (départ en retraite, licenciement, rupture conventionnelle, etc.), peu important leur régime social ou fiscal
• Les **indemnités de conciliation prud'homales**
• Les indemnités de **dédit-formation**
• L'**aide à la reprise ou à la création d'entreprise** (ARCE) (3)
• La **participation** et l'**intéressement**, uniquement lorsque les sommes sont **directement versées par l'employeur au salarié** (4) *(voir nos développements pour la question de la mention sur le bulletin de paye ou sur la fiche annexe)*
• Les **jetons de présence**
• Les sommes qui, bien que qualifiées de **frais professionnels**, sont assujetties à cotisations faute de répondre aux conditions d'exclusion d'assiette
(1) Ex. : indemnités légales d'activité partielle, allocations de chômage intempéries, indemnités versées dans le cadre d'un congé de reclassement, avantages de préretraite. (2) En revanche, les sommes issues d'un CET placées sur un plan d'épargne retraite (PERCO « ancienne mouture », PERE-CO ou PERE-OB) n'ont pas à être prises en compte, puisqu'aucune somme n'est effectivement versée au salarié. (3) Aide financière destinée aux créateurs ou repreneurs d'entreprise en France qui choisissent de recevoir une somme (versée en deux fois) au lieu du maintien partiel de l'allocation d'aide au retour à l'emploi. (4) Le Montant net social relatif à la participation ou l'intéressement qui ne sont pas versés par l'employeur mais par un organisme externe à l'entreprise est notifié et déclaré directement par cet organisme.

Tableau II : principaux éléments exclus du Montant net social	
Frais professionnels	Remboursements de frais professionnels (allocations forfaitaires ou frais réels selon le cas), pour leur montant répondant aux conditions d'exonération et échappant de ce fait aux cotisations (ex. : nourriture, grand déplacement, télétravail) (1)
Transport domicile-lieu de travail, titres-restaurant	• Pour leur fraction exonérée, les participations des employeurs aux frais de transport domicile-lieu de travail de leurs salariés (ex. : abonnements aux transports publics, prime transport, forfait mobilité durable) • Il en va de même pour la part patronale des titres-restaurant
Activités sociales	Avantages en nature exonérés de cotisations et d'impôt sur le revenu car liées aux activités sociales (ex. : activités sociales et culturelles des CSE)
Protection sociale complémentaire	• Contributions patronales finançant des garanties de protection sociale complémentaire (frais de santé, prévoyance, retraite supplémentaire) à caractère collectif • Versement santé (ou « chèque santé ») de l'employeur, dont peuvent bénéficier certains salariés en lieu et place de la complémentaire Santé collective et obligatoire de l'entreprise (c. séc. soc. art. L. 911-7-1)
Épargne salariale et partage de la valeur	• La prime de partage de la valeur affectée à un plan d'épargne sur demande du salarié présentée dans le délai de 15 jours (possibilité offerte depuis le 1.07.2024) • L'intéressement et la participation placés sur des plans d'épargne • Les abondements des employeurs aux plans d'épargne salariale • Les sommes issues d'un compte épargne-temps (CET) placés sur un plan d'épargne retraite (PERCO « ancienne mouture », PERE-CO ou PERE-OB), puisqu'aucune somme n'est effectivement versée au salarié • Dans les entreprises où il n'y a pas de CET, les sommes correspondant à un maximum de 10 jours de repos non pris par an que le salarié décide de verser sur un plan d'épargne retraite (PERCO « ancienne mouture », PERE-CO ou PERE-OB)
Indemnités liées à des contentieux judiciaires	• Intérêts moratoires versés à la suite d'une décision de justice • Ensemble des sommes visées à l'article 700 du code de procédure civile • Dommages et intérêts (quel que soit le préjudice réparé)

(1) A contrario, les sommes versées à titre de remboursement de frais, mais assujetties à cotisations faute de respecter les conditions requises sont à prendre en compte comme des revenus d'activité.

Participation de l'employeur au financement des frais de garde d'enfants - Les participations de l'employeur aux frais de crèche, comme le chèque emploi-service universel (CESU), doivent être intégrées dans le Montant net social (BOSS, Montant Net social, Q/R 23, 01/10/2024).

Il s'agit d'une déclinaison du principe selon lequel la participation des employeurs au financement des services à la personne (y compris la part exemptée de cotisations) est à inclure dans la base brute de calcul du Net social *(voir tableau I)*(BOSS, Montant Net social, § II, A, 1, 01/10/2024).

Gratifications liées aux médailles d'honneur du travail - À partir de 20 ans d'ancienneté, les salariés peuvent obtenir la médaille d'honneur du travail. Même s'il n'y a aucune obligation légale, l'employeur ou le comité social et économique (CSE) peut à cette occasion verser au salarié une gratification. Par tolérance, cette gratification est exonérée de cotisations à hauteur du salaire mensuel de base du salarié (voir *Médaille du travail**).

Selon l'administration, cette gratification exonérée ne doit pas être intégrée dans le Net social. Si la prime est en tout ou partie soumise à cotisations (gratification supérieure au salaire mensuel, médaille du travail d'usage ou conventionnelle), la somme assujettie est à intégrer dans la base de calcul du Net social (BOSS, Montant Net social, Q/R 24, 01/10/2024).

Déductions à opérer sur la base de calcul du net social

Cotisations à déduire - Le Montant net social s'obtient en déduisant de la base brute de départ (BOSS, Montant Net social, § II, A, Q/R 28, 01/10/2024) :
- la part salariale de l'ensemble des cotisations et contributions sociales d'origine légale ou conventionnelle rendues obligatoires par la loi (sécurité sociale, retraite complémentaire AGIRC-ARRCO, assurance chômage, CSG/CRDS, en particulier) ;
- les cotisations salariales finançant des garanties collectives de protection sociale complémentaire (frais de santé, prévoyance, retraite supplémentaire).

▶ À noter… Seul le caractère collectif des garanties de protection sociale complémentaire compte, peu important qu'elles soient à caractère obligatoire ou facultatif. Des contributions salariales finançant un régime collectif à adhésion facultative sont donc déductibles lorsqu'il s'agit de déterminer le Montant net social.

Dans l'hypothèse où un salarié bénéficie d'une exonération de cotisations salariales (ex. : apprenti, réduction de cotisations sur heures supplémentaires), les cotisations déductibles sont portées en déduction après prise en compte de cette exonération. Autrement dit, on ne déduit que les cotisations restant dues après imputation des exonérations salariales (BOSS, Montant Net social, Q/R 27, 01/10/2024).

Exemple
S'il y a 726 € de cotisations déductibles pour le calcul du Net social, mais que le salarié a droit à 22 € de réduction de cotisations salariales pour heures supplémentaires, les cotisations déductibles sont de 726 € - 22 € = 704 €.

Cotisations salariales maladie spécifiques - Sont déductibles, car prévues par la loi (BOSS, Montant Net social, § II, A, 2, 01/10/2024) :
- la cotisation salariale d'assurance maladie spécifique au régime local d'Alsace-Moselle ;
- la cotisation salariale d'assurance maladie spécifique à Mayotte ;
- la cotisation salariale d'assurance maladie spécifique aux salariés non-résidents fiscaux (et de ce fait non assujettis à la CSG/CRDS) (BOSS, Montant Net social, Q/R 33, 01/10/2024) ;
- les cotisations « salariales » maladie dues sur les revenus de remplacement.

Temps partiel cotisant sur une base temps plein - Lorsqu'un salarié à temps partiel cotise sur un équivalent temps plein en retraite (« surcotisation »), il faut déduire la totalité des cotisations et contributions salariales déductibles de par leur nature, y inclus celles portant sur la fraction d'assiette reconstituée (BOSS, Montant Net social, Q/R 32, 01/10/2024).

Taux de cotisations de retraite complémentaire supérieurs au taux légaux ou conventionnels - Dans certaines entreprises, les cotisations de retraite complémentaire sont calculées à des taux supérieurs au taux de droit commun. Cette situation peut notamment se rencontrer dans le cadre du régime AGIRC-ARRCO.

Dans cette hypothèse, la totalité des cotisations salariales de retraite complémentaire est déduite, y compris la part excédant le taux de droit commun (BOSS, Montant Net social, Q/R 31, 01/10/2024).

Prise en charge par le CSE d'une partie de la cotisation salariale obligatoire à des garanties Frais de santé - Dans le cas où le CSE prend en charge une partie de la cotisation salariale obligatoire due pour le financement des garanties de frais de santé, cette participation ne doit pas être prise en compte dans le Net social (BOSS, Montant Net social, Q/R 30, 01/10/2024).

Cotisations CFE et retraite complémentaire des expatriés - Selon l'administration, les cotisations à la Caisse des Français de l'étranger (CFE) ne sont pas rendues obligatoires par la loi, ce qui a deux conséquences (BOSS, Montant Net social, Q/R 34, Q/R 30, 01/10/2024) :
- d'une part, les cotisations CFE à la charge du salarié ne sont pas déductibles pour le calcul du Net social ;
- d'autre part, dans l'hypothèse où elles sont prises en charge par l'employeur, cette prise en charge est à ajouter au montant brut lors du calcul du Net social.

Le même raisonnement s'applique aux cotisations de retraite complémentaire des expatriés, dans la mesure où elles ne sont pas non plus légalement obligatoires.

▶ À noter… À notre sens, les cotisations d'assurance chômage dues par l'employeur compris dans le champ d'application territorial du régime d'assurance chômage qui est tenu d'assurer contre le risque de perte d'emploi ses salariés expatriés, liés par un contrat de travail durant leur période d'expatriation, sont à déduire du montant net social (voir *Assurance volontaire**).

Saisies sur rémunération : à ignorer - Les saisies ou cessions sur rémunération, y compris les saisies administratives à tiers détenteur ou procédures de paiement direct de pension alimentaire ne sont pas prises en compte dans le Net social. Elles ne sont jamais déduites (BOSS, Montant Net social, § II, A, 2 ; 01/10/2024).

Ainsi, deux salariés ayant des revenus identiques et soumis aux mêmes cotisations auront un Montant net social identique, y compris si l'un des deux fait l'objet d'une saisie.

Retenues pour la part salariale aux titres-restaurant : à ignorer - Les retenues passées en paye au titre de la part salariale des titres-restaurant ne sont pas déduites pour calculer le Net social (BOSS, Montant Net social, Q/R 22, 01/10/2024).

Rattachement, rappels de salaire et correction des erreurs

Rattachement à la période de versement - Le Montant net social est rattaché à la période de versement (et pas d'emploi) (BOSS, Montant Net social, Q/R 41, 01/10/2024).

En cas de modification, la correction d'un élément de paye (heures supplémentaires, prime etc.) entraînant un versement ou un rappel doit être prise en compte dans le Montant net social du mois lors duquel ce rappel ou ce versement est effectué.

Toutefois en cas de correction due à la seule erreur de calcul du montant net social (ex. erreur de paramétrage), la régularisation doit être rattachée au mois de versement auquel l'erreur s'est produite (www.net-entreprises.fr, Base de connaissance DSN, fiche 2625, modifiée le 13/03/2024 ; *voir ci-après*).

Rappels de salaire et régularisations de cotisations - Les rappels de salaire et régularisations de cotisations, y compris lorsqu'ils portent sur une période d'emploi antérieure à la période de paye, doivent être pris en compte dans le Montant net social du mois lors duquel ce rappel ou cette régularisation est effectué (règle du rattachement à la période de versement ; *voir ci-avant*) (BOSS, Montant Net social, Q/R 35, 01/10/2024).

Si seul le calcul du Montant net social affiché et déclaré est erroné, alors que le montant effectivement versé au salarié était correct, l'employeur doit corriger l'information déclarée et fournie initialement au salarié. Dans ce cas, selon l'administration, il est probable que d'autres informations du bulletin et de la déclaration étaient également erronées. Il convient donc :

- de produire un nouveau bulletin de paye pour la période concernée ;
- ou de procéder à ces régularisations sur le bulletin d'une période suivante, et de corriger la déclaration, en rattachant la correction à la période d'emploi concernée.

Exemple

Suite à une erreur de paramétrage, la part patronale de la cotisation frais de santé (« mutuelle ») n'a pas été déduite pour calculer le Net social de la paye de janvier 2025. Une régularisation est effectuée sur la paye de mars 2025. Cette régularisation du Montant net social doit être rattachée à la période de janvier 2025.

Si, par contre, l'erreur porte sur le montant des éléments de rémunération effectivement versés au salarié et que le Montant net social déclaré et affiché sur le bulletin de paye correspondait à ce montant erroné versé, il n'y a pas lieu de corriger le Montant net social du mois auquel se rattache l'erreur. Dans ce cas précis, la correction est réalisée et rattachée à la période d'emploi antérieure concernée (sans modifier le Net social de cette période). En revanche, le montant net social de la période lors de laquelle ces erreurs sont corrigées (versement supplémentaire ou récupération de sommes auprès du salarié) tiendra compte de ces corrections.

Exemple

Suite à une erreur de transmission, le paiement des heures supplémentaires effectuées par un salarié en janvier 2025 n'a pas pu être porté sur la paye correspondante. Une régularisation est donc effectuée sur la paye de février 2025. Le montant des heures supplémentaires sera bien rattaché à la période d'emploi (donc à la période de réalisation des heures supplémentaires en janvier 2025). En revanche, la régularisation du Montant net social qui en découle mécaniquement doit être rattachée à la date de versement (donc avec la paye de février 2025).

Si un rappel conduit à un Montant net social négatif, il doit être indiqué comme tel sur le bulletin de paye.

Correction du Montant net social en cas d'erreur - Lorsque le Net social est corrigé suite à une erreur, l'administration met en œuvre les mêmes raisonnements que pour les rappels de salaire.

Une correction entraînant un versement ou un rappel doit être prise en compte dans le Montant net social du mois lors duquel ce rappel ou ce versement est effectué (règle du rattachement à la période de versement ; *voir ci-avant*) (BOSS, Montant Net social, Q/R 41, 01/10/2024).

À partir de là, l'administration envisage deux hypothèses, comme pour les rappels de salaire (*voir ci-avant*).

Si la paye est erronée (ex. : assiettes et taux de cotisations erronées), mais que le calcul du Net social déclaré et affiché sur le bulletin de paye était cohérent avec les rémunérations versées, il n'y a pas lieu de corriger le Montant net social du mois auquel se rattachent ces erreurs. Dans ce cas, la correction de ces erreurs est réalisée et rattachée à la période d'emploi antérieure concernée, mais sans modification du Net social de cette période.

▶ À noter... En revanche, le Net social correspondant à la période lors de laquelle ces erreurs sont corrigées, et qui conduisent à un versement supplémentaire ou à la récupération de sommes auprès du salarié, tiendra compte de ces corrections. Il faudra par ailleurs corriger directement le bulletin de paye erroné, ou régulariser la situation sur le bulletin de paye de la période courante.

Si seul le Net social est erroné alors que l'ensemble des éléments de la paye, notamment les assiettes et taux de cotisations, sont corrects, et que le montant effectivement versé au salarié était donc bien celui devant être versé, l'information déclarée et fournie au salarié au titre de son Montant net social pour ce même mois doit être corrigée. Il convient donc de produire un nouveau bulletin de paye pour la période concernée, ou de procéder à une régularisation sur le bulletin de paye de la période courante et de corriger la déclaration, en précisant quel était le Net social effectivement versé au titre de cette période.

Mention sur le bulletin de paye

Obligation à partir de juillet 2023 - L'affichage du Montant net social sur une ligne dédiée du bulletin de paye est obligatoire depuis juillet 2023 (arrêté du 31 janvier 2023, art. 3 ; arrêté du 25 janvier 2016 modifié).

Pour les employeurs en décalage de paye, l'administration a admis qu'en cas d'impossibilité de respecter cette échéance, les employeurs pouvaient afficher le Montant net social à partir des bulletins de paye des salaires de juillet 2023 versés en août 2023 (BOSS, Montant Net social, Q/R 3, 01/07/2024).

Modèle « adapté » utilisable jusqu'au 1er janvier 2026 - À titre transitoire, de juillet 2023 au 1er janvier 2026, il est possible d'utiliser un modèle adapté, dérivé du modèle antérieur, via le simple ajout du Montant net social après les rubriques indiquant les cotisations sociales (arrêté du 25 juin 2024, JO du 29, texte 5 ; arrêté du 31 janvier 2023, art. 2 modifié).

Pour plus de détails, voir *Bulletin de paye (mentions obligatoires)**.

Modèle « rénové » à utiliser au plus tard à partir du 2 janvier 2026 - Au plus tard à compter du 2 janvier 2026, les employeurs seront tenus de délivrer aux salariés des bulletins de paye conformes à un modèle rénové [pour plus de détails, voir *Bulletin de paye (mentions obligatoires)**] (arrêté du 31 janvier 2023, art. 1 ; arrêté du 25 janvier 2016, art. 1 modifié).

▶ À noter... Il est possible de basculer à ce nouveau modèle sans attendre 2026, par anticipation.

Toutefois, en raison de l'évolution de la doctrine administrative en ce qui concerne l'impact des contributions de protection sociale complémentaire sur le calcul du Montant net social, la logique voudrait que le modèle « rénové » du bulletin de paye évolue lui aussi.

Pour mémoire, le modèle « rénové » issu de l'arrêté du 31 janvier 2023 ventile les contributions de protection sociale complémentaire comme suit :
- en haut de bulletin, sous la rubrique « Santé » des cotisations sociales obligatoires, figurent les cotisations finançant des garanties complémentaires Frais de santé à caractère collectif et obligatoire ;
- plus loin, sous une rubrique intitulée « Cotisations et contributions sociales facultatives », figurent les contributions finançant les autres garanties de protection sociale complémentaire (prévoyance lourde, retraite supplémentaire etc.), peu important qu'elles soient à caractère collectif et obligatoire, à adhésion facultative ou encore sans caractère collectif (BOSS, Bulletin de paie, Q/R 18, 01/07/2023).

Pas d'affichage en cumul - Aucun cumul du Net social ne doit être affiché sur le bulletin de paye (BOSS, Montant Net social, Q/R 38, 01/10/2024).

Sur le principe, un bulletin de paye doit donc a priori comporter uniquement le Net social qui s'y rapporte, sans valeur cumulée depuis le début de l'année ou sur une période autre.

Toutefois, en cas d'erreur de calcul du Montant net social un mois précédent (ex. : erreur de

Net social avec IJSS et PPV (voir ci-contre)

En 2025, un salarié d'une entreprise de mois de 50 salariés est en arrêt de travail maladie (20 jours d'absence). L'employeur assure un maintien de salaire net sous déduction des IJSS.

Le salarié perçoit une prime de partage de la valeur (PPV) de 1 000 € avec exonération renforcée (ni cotisations, ni CSG/CRDS, ni impôt sur le revenu), et cotise à un régime collectif de prévoyance décès d'entreprise sur une base de 1,50 % tant pour la part salariale que pour la part patronale. Le salarié perçoit 50 € de frais de transport domicile-lieu de travail.

Pour le calcul du Montant net social, l'employeur doit tenir compte de la PPV à hauteur de 1 000 € (même si elle est exonérée) et des IJSS nettes de CSG/CRDS versées en subrogation.

La base de calcul du Net social est donc de : 1 725,45 € (rémunération brute) + 1 000 € (PPV) = 2 725,45 €.

Les cotisations déductibles permettant de parvenir au Net social sont de : 85 € + 25,88 € + 119,06 € + 6,90 € + 69,19 € + 122,82 € + 52,38 € = 481,23 €.

Pour finir, il faut ajouter les IJSS nettes de CSG/CRDS versées en subrogation (677,90 €).

Au total, le Net social est de 2 725,45 € - 481,23 € + 677,90 € = 2 922,13 €.

La réduction générale de cotisations patronales est calculée en tenant compte de la prime de partage de la valeur, en application de la loi de financement de la sécurité sociale (LFSS) pour 2025. Cela conduit à un montant cumulé nul, et donc à la reprise des réductions appliquées en janvier et février.

NET SOCIAL AVEC IJSS ET PPV (EXEMPLE 1 - BULLETIN DE PAYE ADAPTÉ)

EXTRAIT DU BULLETIN DE PAYE DE MARS 2025

Désignation	**Base**	**Taux**	**Montant**	
Salaire de base	151,67	17,14	2 600,00	
Absence maladie	20	86,67	– 1 733,33	
Paiement maladie	20	86,67	+ 1 733,33	
IJSS brutes	17	42,74	– 726,58	
Garantie du net			– 147,97	
Prime de partage de la valeur			1 000,00	
Brut total (1)			2 725,45 (1)	
Brut total soumis à cotisations			1 725,45	
Cotisations et contributions sociales	**Base (€)**	**Taux salarial**	**Part salarié (€)**	**Part employeur (€)**
Santé				
Sécurité sociale - Maladie Maternité Invalidité Décès	1 725,45	-	-	120,78 (2)
Complémentaire Santé	-	-	85,00 (3)	85,00
Prévoyance décès	1 725,45	1,50 %	25,88 (3)	25,88
Accidents du travail - maladies professionnelles	1 725,45	-	-	34,51
Retraite				
Sécurité sociale plafonnée	1 725,45	6,90 %	119,06 (3)	147,53
Sécurité sociale déplafonnée	1 725,45	0,40 %	6,90 (3)	34,85
Complémentaire Tranche 1	1 725,45	4,01 %	69,19 (3)	103,70
Famille	1 725,45	-	-	59,53 (2)
Assurance chômage	1 725,45	-	-	72,47
Autres contributions dues par l'employeur	-	-	-	74,19
CSG déductible de l'impôt sur le revenu	1 806,14	6,80 %	122,82 (3)	-
CSG/CRDS non déductible de l'impôt sur le revenu	1 806,14	2,90 %	52,38 (3)	-
Exonérations et allègm. de cotis	-	-	-	+ 301,24 (4)
Total des cotisations et contributions	-	-	**481,23**	**1 079,86**
IJSS nettes (subrogation)			+ 677,90 (5)	
Frais de transport			+ 50,00	
Net social				**2 922,13**
Net à payer avant impôt sur le revenu				**2 972,13**
Impôt sur le revenu	**Base**	**Taux**	**Montant**	**Cumul annuel**
Montant net imposable			1 381,60 (6)	Valeur
Impôt sur le revenu prélevé à la source	2 080,57 (7)	2,00 %	41,61	Valeur
Montant net des heures compl/suppl exonérées			0,00	Valeur
Net à payer au salarié (en euros)				**2 930,51**
Total versé par l'employeur				3 805,31

(1) Brut à partir duquel le Net social est calculé (il comprend ici la prime de partage de la valeur exonérée). (2) Les taux réduits (7 % pour la cotisation maladie, 3,45 % pour la cotisation d'allocations familiales) sont directement appliqués aux lignes concernées, comme le permet l'administration. (3) Cotisations et contributions salariales déduites pour le calcul du Net social. (4) Les IJSS nettes de CSG/CRDS versées en subrogation sont prises en compte dans le Net social. (5) Reprise des montants de réduction générale appliqués en janvier et février, compte tenu de l'incidence de la prime de partage de la valeur. (6) Les IJSS ne sont pas portées dans le net imposable car déclarées directement par l'assurance maladie à l'administration fiscale. (7) Salaire net imposable + montant imposable des IJSS.

paramétrage), une seconde ligne semble pouvoir être mentionnée. En effet, et par exception, le montant du net social corrigé doit être rattaché à la période de versement à laquelle il se rapporte *(voir plus haut)*.

Distinguer le brut « sécurité sociale » de la base brute du Net social - Dans la pratique, l'administration distingue en haut de bulletin deux bruts (brut « sécu », et en plus lisible le « Montant brut » de référence pour le calcul du Net social) depuis juillet 2023, dans les deux modèles de bulletin de paye (« adapté » et « rénové »).

Net social négatif - Lorsque les calculs conduisent à un Montant net social négatif, il convient d'indiquer sur le bulletin de paye ce montant négatif, même si le net à payer au salarié est affiché à zéro (BOSS, Montant Net social, Q/R 37, 01/10/2024).

En cas de trop versé au salarié, et à condition que l'employeur en demande le remboursement au salarié, le Net social doit être indiqué avec une valeur négative.

Exemple

Un salarié absent sur un mois ne reçoit aucune rémunération. La cotisation salariale à la complémentaire santé est toujours prélevée. Le Net à payer est égal à 0, mais le Net social est négatif puisque la cotisation doit être déduite (BOSS, Montant Net social, Q/R 37, 01/10/2024).

Déclaration en DSN

Depuis 2024, le Montant net social est déclaré dans un nouveau bloc spécifique (bloc 58 « Élément de revenu calculé en net » avec le code « 03 - Montant net social ») (voir cahier technique DSN version 2025.1.3 du 04/11/2024, p. 238).

Il doit être systématiquement renseigné pour tous les salariés.

Désaccord du salarié avec le Net social calculé

L'administration envisage deux hypothèses en cas de désaccord du salarié avec le Net social affiché sur son bulletin de paye (BOSS, Montant Net social, Q/R 44, 01/10/2024).

Si le désaccord porte sur le calcul de la paye elle-même et a une conséquence sur le montant net à payer, il doit être traité comme tout désaccord portant sur la paye des salariés au sein de l'entreprise. Il en va de même si le salarié fait valoir que les règles pour calculer le Net social n'ont pas été respectées.

Si le désaccord porte sur la nature des sommes prises en compte pour le calcul du Net social, sans incidence avec les sommes payées et sans erreur de calcul, les employeurs sont invités à informer les salariés au moyen des supports d'information mis à disposition par le ministère pour expliquer son calcul. Au passage, l'administration précise que les employeurs ne sont pas responsables des règles retenues pour calculer le Net social.

▶ À noter... Le ministère des Solidarités a mis à disposition sur son site Internet un kit de communication destiné aux employeurs pour les aider à informer leurs salariés sur le Net social (PowerPoint, modèle de courrier, brochures) mis à jour le 14 août 2024 (cliquez sur https://solidarites.gouv.fr/le-montant-net-social).

Par ailleurs, en cas de désaccord du salarié sur le Net social affiché sur son bulletin de paye ou transmis en DSN, celui-ci peut exercer depuis 2024 son droit à la rectification en effectuant un signalement sur le portail www.mesdroitssociaux.gouv.fr. Néanmoins, toute anomalie doit directement être signalée auprès de l'employeur.

☞ *Bulletin de paye (mentions obligatoires).*

Net social avec IJSS et PPV (voir ci-contre)

En 2025, un salarié d'une entreprise de mois de 50 salariés est en arrêt de travail maladie (20 jours d'absence). L'employeur assure un maintien de salaire net sous déduction des IJSS.

Les données sont identiques à celles de l'exemple 1 précédent, mais cette fois, l'employeur utilise un bulletin de paye rénové conforme au modèle prévu par l'arrêté du 31 janvier 2023.

L'emplacement de la ligne IJSS subrogées est proposé par nos soins, en l'absence d'indication de l'arrêté.

La réduction générale de cotisations patronales est calculée en tenant compte de la prime de partage de la valeur, en application de la loi de financement de la sécurité sociale (LFSS) pour 2025. Cela conduit à un montant cumulé nul, et donc à la reprise des réductions appliquées en janvier et février.

NET SOCIAL AVEC IJSS ET PPV (EXEMPLE 2 - BULLETIN DE PAYE RÉNOVÉ)

EXTRAIT DU BULLETIN DE PAYE DE MARS 2025

Désignation	**Base**	**Taux**	**Montant**	
Salaire de base	151,67	17,14	2 600,00	
Absence maladie	20	86,67	– 1 733,33	
Paiement maladie	20	86,67	+ 1 733,33	
IJSS brutes	17	42,74	– 726,58	
Garantie du net			– 147,97	
Prime de partage de la valeur			1 000,00	
Brut soumis à cotisations			**1 725,45**	
Montant brut (1) (2)			**2 725,45 (1) (2)**	
Cotisations et contributions sociales obligatoires	**Base**	**Taux salarial**	**Part salarié**	**Part employeur**
Santé				
Sécurité sociale - Maladie Maternité Invalidité Décès	1 725,45	-	-	120,78 (3)
Complémentaire garanties frais de santé obligatoire	-	-	85,00	85,00
Accidents du travail - maladies professionnelles	1 725,45	-	-	34,51
Retraite				
Sécurité Sociale Vieillesse plafonnée	1 725,45	6,90 %	119,06	147,53
Sécurité Sociale Vieillesse déplafonnée	1 725,45	0,40 %	6,90	34,85
Retraite complémentaire, CEG et CET T1	1 725,45	4,01 %	69,19	103,70
Famille	1 725,45			59,53 (3)
Assurance chômage	1 725,45	-	-	74,19
Autres charges dues par l'employeur				72,64
CSG déductible de l'impôt sur le revenu	1 806,14	6,80 %	122,82	
CSG/CRDS non déductible de l'impôt sur le revenu	1 806,14	2,90 %	52,38	
Total des cotisations et contributions sociales obligatoires			**455,35 (4)**	**732,73**
Exonérations et allègm. de cotis.			**-**	**+ 321,24 (5)**
Cotisations et contributions sociales facultatives	**Base**	**Taux**	**Part salarié**	**Part employeur**
Prévoyance décès	1 725,45	1,50 %	25,88 (4)	25,88
IJSS nettes (subrogation)			+ 677,90 (6)	
Montant net social			**2 922,13**	
Remboursements et déductions diverses	**Base**	**Taux**	**Salarié**	**Employeur**
Frais de transports	100,00			+ 50,00 (7)
Montant net à payer avant impôt sur le revenu			**2 972,13**	
Impôt sur le revenu	**Base**	**Taux**	**Montant**	**Cumul annuel**
Montant net imposable			1 381,60 (8)	Valeur
Montant net des heures compl/suppl exonérées			0,00	Valeur
Impôt sur le revenu prélevé à la source	2 080,57 (9)	2 %	41,61	Valeur
Montant net à payer (en euros) (2)			**2 930,51** (2)	
Total versé par l'employeur				**3 805,31**

(1) Brut à partir duquel le Net social est calculé (il comprend ici la prime de partage de la valeur exonérée). (2) À faire apparaître de manière à en faciliter la lisibilité. (3) Les taux réduits (7 % pour la cotisation maladie, 3,45 % pour la cotisation d'allocations familiales) sont directement appliqués aux lignes concernées, comme le permet l'administration. (4) Cotisations et contributions salariales déduites pour le calcul du Net social. (5) Reprise des montants de réduction générale appliqués en janvier et février, compte tenu de l'incidence de la prime de partage de la valeur. (6) Emplacement de cette ligne proposée par nos soins (non prévu par l'arrêté du 31.01.2023). Depuis le 1.01.2024, les IJSS nettes de CSG/CRDS versées en subrogation sont prises en compte dans le Net social. (7) Les remboursements de frais exonérés ne sont pas pris en compte pour le calcul du Net social. (8) Les IJSS ne sont pas portées dans le net imposable car déclarées directement par l'assurance maladie à l'administration fiscale. (9) Salaire net imposable + montant imposable des IJSS.

Net social avec heures supp' et PPV (exemple 3 - bulletin de paye adapté)

En 2025, un salarié d'une entreprise de plus de 50 salariés réalise deux heures supplémentaires bénéficiant du régime social et fiscal de faveur. Son employeur lui verse en outre une prime de partage de la valeur (PPV) de 500 € exonérée de cotisations, mais soumises à CSG/CRDS et imposable.

Il y a un régime prévoyance décès d'entreprise (0,9 % de part salariale, 1,50 % de part patronale). Le salarié perçoit 42,05 € de frais de transport domicile-lieu de travail. Une retenue est opérée pour la part salariale des titres-restaurant.

La base de calcul du Net social est donc de : 2 800 € (salaire brut) + 46,15 € (heures supp') + 500 € (PPV) = 3 346,15 €.

Les cotisations déductibles permettant de parvenir au Net social sont de : 25,62 € + 60 € + 196,38 € + 11,38 € + 114,13 € + 228,05 € + 97,76 € + 4,40 € - 5,22 € = 732,00 €.

Au total, le Net social est de 3 346,15 € - 732,00 € = 2 614,15 €.

La réduction générale de cotisations patronales est calculée en tenant compte de la prime de partage de la valeur, en application de la loi de financement de la sécurité sociale (LFSS) pour 2025. Cela conduit à un montant cumulé nul, et donc à la reprise des réductions appliquées en janvier et février.

EXTRAIT DU BULLETIN DE PAYE DE MARS 2025

Désignation	Base	Taux	Montant	
Salaire de base	151,67	18,46	2 800,00	
Heures supplémentaires 125 %	2,00	23,08	46,15	
Prime de partage de la valeur			500,00	
Brut total (1)			3 346,15 (1)	
Brut total soumis à cotisations			2 846,15	
Cotisations et contributions sociales	**Base (€)**	**Taux salarial**	**Part salarié (€)**	**Part employeur (€)**
Santé				
Sécurité sociale - Maladie Maternité Invalidité Décès	2 846,15	-	-	199,23 (2)
Complémentaire Santé	-	-	60,00 (3)	60,00
Prévoyance décès	2 846,15	0,90 %	25,62 (3)	42,69
Accidents du travail - maladies professionnelles	2 846,15	-	-	56,92
Retraite				
Sécurité sociale plafonnée	2 846,15	6,90 %	196,38 (3)	243,35
Sécurité sociale déplafonnée	2 846,15	0,40 %	11,38 (3)	57,49
Complémentaire Tranche 1	2 846,15	4,01 %	114,13 (3)	171,05
Famille	2 846,15	-	-	98,19 (2)
Assurance chômage	2 846,15	-	-	122,38
Autres contributions dues par l'employeur	-	-	-	137,60
CSG déductible de l'impôt sur le revenu	3 353,69	6,80 %	228,05 (3)	-
CSG/CRDS non déductible de l'impôt sur le revenu	3 353,69	2,90 %	97,26 (3)	-
CSG/CRDS sur revenus non imposables	45,34	9,70 %	4,40 (3)	-
Exonérations et allègm. de cotis	-	-	- 5,22 (4)	+ 87,30 (5)
Total des cotisations et contributions	-	-	**732,00**	**1 276,22**
Frais de transports			+ 42,05 (6)	
Titres-restaurant			- 68,26 (6)	
Net social				**2 614,15**
Net à payer avant impôt sur le revenu				**2 587,94**
Impôt sur le revenu	**Base**	**Taux**	**Montant**	**Cumul annuel**
Montant net imposable			2 729,65	Valeur
Impôt sur le revenu prélevé à la source	2 729,65	5,00 %	136,48	Valeur
Montant net des heures compl/suppl exonérées			43,07	Valeur
Net à payer au salarié (en euros)				**2 451,46**
Total versé par l'employeur				4 622,37

(1) Brut à partir duquel le Net social est calculé (il comprend ici la prime de partage de la valeur exonérée de cotisations de sécurité sociale et les heures supp'). (2) Les taux réduits (7 % pour la cotisation maladie, 3,45 % pour la cotisation d'allocations familiales) sont directement appliqués aux lignes concernées, comme le permet l'administration. (3) Cotisations et contributions salariales déduites pour le calcul du Net social. (4) Réduction de cotisations salariales sur heures supp', réintégrée pour le Net social. (5) Déduction forfaitaire patronale sur heures supp' (ici, 20 à moins de 250 salariés par hypothèse) + reprise des montants de réduction générale appliqués en janvier et février, compte tenu de la prime de partage de la valeur. (6) Les remboursements de frais exonérés et les retenues titres-restaurant ne sont pas pris en compte pour le calcul du Net social.

NET SOCIAL AVEC HEURES SUPP' ET PPV (EXEMPLE 4 - BULLETIN DE PAYE RÉNOVÉ)

En 2025, un salarié d'une entreprise de plus de 50 salariés réalise deux heures supplémentaires bénéficiant du régime social et fiscal de faveur. Son employeur lui verse en outre une prime de partage de la valeur (PPV) de 500 € exonérée de cotisations, mais soumises à CSG/CRDS et imposable

Les données sont identiques à celles de l'exemple 3 précédent, mais cette fois, l'employeur utilise un bulletin de paye rénové conforme au modèle prévu par l'arrêté du 31 janvier 2023.

La réduction générale de cotisations patronales est calculée en tenant compte de la prime de partage de la valeur, en application de la loi de financement de la sécurité sociale (LFSS) pour 2025. Cela conduit à un montant cumulé nul, et donc à la reprise des réductions appliquées en janvier et février.

EXTRAIT DU BULLETIN DE PAYE DE MARS 2025

Désignation	**Base**	**Taux**	**Montant**	
Salaire de base	151,67	18,46	2 800,00	
Heures supplémentaires 125 %	2,00	23,08	46,15	
Prime de partage de la valeur			500,00	
Brut soumis à cotisations			**2 846,15**	
Montant brut (1) (2)			**3 346,15 (1) (2)**	
Cotisations et contributions sociales obligatoires	**Base**	**Taux salarial**	**Part salarié**	**Part employeur**
Santé				
Sécurité sociale - Maladie Maternité Invalidité Décès	2 846,15	-	-	199,23 (3)
Complémentaire garanties frais de santé obligatoire	-	-	60,00	60,00
Accidents du travail - maladies professionnelles	2 846,15	-	-	56,92
Retraite				
Sécurité Sociale Vieillesse plafonnée	2 846,15	6,90 %	196,38	243,35
Sécurité Sociale Vieillesse déplafonnée	2 846,15	0,40 %	11,38	57,49
Retraite complémentaire, CEG et CET T1	2 846,15	4,01 %	114,13	171,05
Famille	2 846,15			98,19 (3)
Assurance chômage	2 846,15	-	-	122,38
Autres charges dues par l'employeur				137,60
CSG déductible de l'impôt sur le revenu	3 353,69	6,80 %	228,05	-
CSG/CRDS non déductible de l'impôt sur le revenu	3 353,69	2,90 %	97,26	-
CSG/CRDS sur revenus non imposables	45,35	9,70 %	4,40	-
Total des cotisations et contributions sociales obligatoires			**711,61 (4)**	**1 146,21**
Exonérations et allègm. de cotis.			**- 5,22 (5)**	**+ 87,30 (6)**
Cotisations et contributions sociales facultatives	**Base**	**Taux**	**Part salarié**	**Part employeur**
Prévoyance décès	2 846,15	0,90 %	25,62 (4)	42,69
Montant net social			**2 614,15**	
Remboursements et déductions diverses	**Base**	**Taux**	**Salarié**	**Employeur**
Frais de transports	100,00	50 %		50,00 (7)
Titres-restaurant	18,00	3,79	- 68,26 (7)	102,38
Montant net à payer avant impôt sur le revenu			**2 587,94**	
Impôt sur le revenu	**Base**	**Taux**	**Montant**	**Cumul annuel**
Montant net imposable			2 729,65	Valeur
Montant net des heures compl/suppl exonérées			43,07	Valeur
Impôt sur le revenu prélevé à la source	2 729,65	5,00 %	136,48	Valeur
Montant net à payer (en euros) (2)			**2 451,46** (2)	
Total versé par l'employeur				**4 622,37**

(1) Brut à partir duquel le Net social est calculé (il comprend ici la prime de partage de la valeur exonérée de cotisations de sécurité sociale et les heures supp'). (2) À faire apparaître de manière à en faciliter la lisibilité. (3) Les taux réduits (7 % pour la cotisation maladie, 3,45 % pour la cotisation d'allocations familiales) sont directement appliqués aux lignes concernées, comme le permet l'administration. (4) Cotisations et contributions salariales déduites pour le calcul du Net social. (5) Réduction de cotisations salariales sur heures supp', réintégrée pour le Net social. (6) Déduction forfaitaire patronale sur heures supp' (ici, 20 à moins de 250 salariés par hypothèse) + reprise des montants de réduction générale appliqués en janvier et février, compte tenu de la prime de partage de la valeur. (7) Les remboursements de frais exonérés et les retenues titres-restaurant ne sont pas pris en compte pour le calcul du Net social.

C

Cadres

Définitions multiples

Le statut de cadre entraîne des conséquences légales et conventionnelles diverses. Parmi celles concernant la paye, on peut citer :
- le possible recours à une *convention de forfait** ;
- l'affiliation à l'APEC, avec les cotisations qui en découlent ;
- une couverture de prévoyance complémentaire obligatoire en matière d'assurance décès *(voir plus loin)* ;
- souvent, l'application de dispositions conventionnelles particulières pour tout ce qui est relatif à la rupture du contrat de travail (durée du préavis, indemnités de rupture, etc.).

Sur le plan légal, la notion de cadre est définie en matière d'élections prud'homales et de durée du travail. Par ailleurs, les conventions collectives et la jurisprudence posent leurs propres critères.

▶ À noter... Un accord national interprofessionnel (ANI) portant diverses orientations pour les cadres du 28 février 2020 a été signé par tous les partenaires sociaux. Il remplace l'ANI du 13 avril 1983 et il souligne la profonde évolution du personnel d'encadrement.

Cadres et durée du travail

Cadres dirigeants - Les cadres dirigeants sont ceux ayant un niveau élevé de responsabilité, d'autonomie et de rémunération (c. trav. art. L. 3111-2). Ils ne sont pas soumis à la réglementation relative à la durée du travail (voir *Cadres dirigeants**).

Cadres pouvant conclure une convention de forfait annuel - Seuls peuvent signer une *convention de forfait** en heures sur l'année (c. trav. art. L. 3121-56) :
- les cadres qui ne sont pas conduits par la nature de leurs fonctions à suivre l'horaire collectif applicable au sein de l'atelier, du service ou de l'équipe auquel ils sont intégrés ;
- les cadres (et les non-cadres) qui disposent d'une réelle autonomie dans l'organisation de leur emploi du temps.

La *convention de forfait** en jours sur l'année concerne (c. trav. art. L. 3121-58) :
- les cadres qui disposent d'une autonomie dans l'organisation de leur emploi du temps et qui ne sont pas conduits par la nature de leurs fonctions à suivre l'horaire collectif applicable au sein de l'atelier, du service ou de l'équipe auquel ils sont intégrés ;
- les cadres (et les non-cadres) dont la durée du temps de travail ne peut pas être prédéterminée et qui disposent d'une réelle autonomie dans l'organisation de leur emploi du temps pour l'exercice des responsabilités qui leur sont confiées.

▶ À noter... La possibilité de signer des clauses de forfait en heures ou en jours sur l'année doit être prévue et encadrée par un accord collectif [voir *Convention de forfait** et *Convention de forfait (forfait annuel en jours)**].

Cadres pouvant conclure une convention de forfait sur la semaine ou le mois - Tout cadre peut signer une convention de forfait hebdomadaire ou mensuelle. En revanche, la qualité de cadre ne vaut pas automatiquement convention de forfait d'heures supplémentaires. Il faut obligatoirement qu'une convention de forfait soit valablement signée (voir *Convention de forfait**).

La convention collective

Définitions posées par les conventions collectives - La convention collective peut prévoir une définition de la qualité de cadre en tenant compte, par exemple, de l'exercice d'un encadrement sur d'autres salariés, du niveau de responsabilité, de l'autonomie, du diplôme.

La correspondance entre les critères définis et les fonctions exercées entraîne alors la reconnaissance de la qualité de cadre.

À l'intérieur de cette notion, la convention collective peut fixer différentes catégories de cadre telles que : cadres débutants, cadres confirmés, cadres supérieurs et cadres de direction.

Définition posée par l'ANI du 28 février 2020 - L'ANI du 28 février 2020 donne la main aux branches professionnelles pour définir ce qu'est un cadre selon leurs critères sectoriels mais il trace les grandes lignes du portrait d'un cadre. Pour l'ANI, le cadre est ou non en situation de responsabilité et d'animation d'une équipe et il présente :
- une aptitude à des fonctions à caractère intellectuel prédominant, comportant l'application à un haut degré des facultés de jugement résultant de connaissances, savoirs et savoir-faire théoriques, techniques

ou professionnels constatés (soit par un diplôme ou une certification d'enseignement supérieur, soit à travers une expérience reconnue, acquise au fil du parcours professionnel et/ou par la formation professionnelle) ;
- des fonctions conditionnant ou induisant la réflexion et/ou l'action d'autres salariés et, par là même, influant significativement dans les domaines économiques, sociaux, sociétaux et/ou environnementaux ;
- une marge suffisante d'initiative et/ou d'autonomie dont l'amplitude dépend des responsabilités et/ou de la délégation de pouvoir qui lui sont confiées ;
- une responsabilité effective contribuant à la marche et au développement de l'entreprise (soit d'animation, de coordination ou d'encadrement d'un groupe plus ou moins important de salariés ; soit d'études, de recherches, de conception ou d'autres activités).

Accord des parties - Les parties peuvent décider d'un commun accord la reconnaissance de la qualité de cadre, même si certains critères de la convention collective ne sont pas remplis.

Appréciation par les juges - Lorsque les juges sont amenés à prendre des décisions sur la notion de cadre, ils se prononcent par rapport à la définition conventionnelle, au regard des fonctions réellement exercées, en prenant par exemple en compte :
- la responsabilité personnelle ;
- la part de commandement ;
- le niveau des connaissances professionnelles ;
- le titre conféré et le coefficient hiérarchique ;
- le niveau de salaire et les avantages particuliers accordés.

Exemple

Les juges ont estimé que ce sont les fonctions réellement exercées par le salarié qui permettent d'apprécier s'il peut bénéficier d'un tel statut. De fait, un salarié ne peut pas prétendre à la classification de cadre s'il (cass. soc. 6 mai 2009, n° 07-41262 D) :
- est investi d'une responsabilité limitée nécessitant une prise d'initiative sous la responsabilité d'un chef de service ;
- ne gère pas de mission globale ;
- n'a pas de personnel sous ses ordres ;
est placé sous la subordination d'un cadre sans disposer d'un pouvoir décisionnaire.

Le commandement n'est pas une condition nécessaire à la reconnaissance de la qualité de cadre (cass. soc. 25 octobre 1995, n° 91-45502 D). Ainsi, la seule circonstance qu'un salarié n'ait pas de subordonnés sous ses ordres ne l'exclut pas de la qualité de cadre (cass. soc. 17 décembre 2008, n° 07-41183 D). Il convient de rechercher si, au regard de ses diplômes de ses attributions, il ne bénéficie pas du statut de cadre (cass. soc. 6 avril 1999, n° 97-40710 D).

Par ailleurs, peu importe le montant du salaire d'un cadre, sa qualification devant correspondre aux fonctions qu'il exerce réellement (cass. soc. 28 avril 1994, n° 89-45516 D).

Enfin, l'affiliation à une caisse de retraite des cadres ne suffit pas à établir la volonté d'un employeur de reconnaître à un salarié la qualité de cadre (cass. soc. 17 mars 1998, n° 95-41910 D).

Définitions des cadres art. 4, des assimilés cadres de l'art. 4 bis et des salariés de l'art. 36

Des notions toujours utiles - Les définitions issues du régime de retraite des cadres applicable avant le régime unifié AGIRC-ARRCO restent utilisées, notamment pour les cotisations APEC et pour la prévoyance décès obligatoire des cadres *(voir plus loin)*.

▶ À noter... Depuis le 1er janvier 2019, le régime de retraite complémentaire unifié *AGIRC-ARRCO** ne fait plus de distinction de principe entre les cadres et les salariés non-cadres [ANI du 17 novembre 2017 instituant le régime de retraite AGIRC-ARRCO, art. 155 ; voir *Cotisations de retraite AGIRC-ARRCO**].

Il est donc nécessaire de rappeler ces définitions.

Rappel des 3 définitions - Par cadres « article 4 », on désigne les ingénieurs et cadres reconnus comme tels, les *VRP** exclusifs ayant la qualification et les prérogatives d'ingénieurs et de cadres, les dirigeants non titulaires d'un contrat de travail affiliés au régime général de la sécurité sociale, les médecins lorsqu'ils sont reconnus comme salariés par la sécurité sociale ainsi que les conseillères du travail et les surintendantes d'usine diplômées (ANI du 17 novembre 2017 sur la prévoyance des cadres, art. 2.1 : convention AGIRC du 14 mars 1947, art. 4)

Par cadres « article 4 bis », on désigne la catégorie des « assimilés cadres » (ANI du 17 novembre 2017 sur la prévoyance des cadres, art. 2.2 : convention AGIRC du 14 mars 1947, art. 4 bis). Il s'agit des employés, techniciens et agents de maîtrise classés :
- soit par référence aux arrêtés de mise en ordre des salariés intervenus avant le 11 février 1950 (voir *Arrêtés Parodi**) à un coefficient hiérarchique au moins égal à 300 ;
- soit dans une position hiérarchique équivalente dans les classifications d'emploi de conventions collectives nationales ou régionales.

▶ À noter… Toutes les personnes ressortant de ces deux catégories (art. 4 et art. 4 bis) sont dans le champ de l'*assurance décès** obligatoire des cadres et de l'*APEC**, aujourd'hui comme hier.

La catégorie dite des « article 36 » était prévue par l'ancienne convention AGIRC. Elle désignait des salariés non-cadres ne répondant pas aux définitions des articles 4 et 4 bis, mais classés à un coefficient hiérarchique au moins égal à 200 au regard des *arrêtés Parodi** ou dans une position hiérarchique équivalente par les conventions collectives nationales ou régionales, que les entreprises avaient la possibilité, sous certaines conditions, d'affilier au régime AGIRC de retraite des cadres (convention AGIRC du 14 mars 1947, annexe I, art. 36).

Cette définition des salariés « art. 36 » n'a pas été reprise dans l'ANI du 17 novembre 2017. En pratique :
- ils cotisent au régime unifié AGIRC-ARRCO dans les mêmes conditions que les autres salariés, sachant que s'ils relevaient de conditions d'adhésion particulières (taux ou répartition « part patronale/part salariale » dérogatoires), celles-ci ont en principe été conservées ;
- les intéressés continuent de ne relever ni de l'assurance décès obligatoire des cadres, ni de l'APEC.

Assurance décès et APEC - L'ANI du 17 novembre 2017 sur la prévoyance des cadres, entré en vigueur le 1er janvier 2019, maintient le régime d'assurance décès obligatoire avec une cotisation patronale de 1,50 % sur tranche 1 au profit des cadres et assimilés cadres, tels que définis respectivement par les articles 4 et 4 bis de l'ancienne convention AGIRC du 14 mars 1947. En effet, cet ANI reprend la liste des bénéficiaires des anciens articles 4 et 4 bis (ANI du 17 novembre 2017 sur la prévoyance des cadres, art. 1, 2.1 et 2.2).

▶ À noter… Dans la mesure où on ne retrouve pas trace des VRP annexes IV dans la liste des bénéficiaires de l'assurance décès obligatoire, une clarification serait la bienvenue.

La cotisation *APEC** vise toujours les cadres et assimilés cadres au sens des articles 4 et 4 bis de l'ancienne convention AGIRC.

L'ANI du 28 février 2020 a confirmé que l'ANI du 17 novembre 2017 relatif à la prévoyance des cadres demeure en vigueur, sans apporter de changement.

Prévoyance complémentaire et retraite supplémentaire - Sur la possibilité de se référer aux anciennes définitions AGIRC pour définir des catégories objectives de salariés, voir *Régimes de retraite supplémentaire et de prévoyance complémentaire (caractère collectif)**.

☞ *AGIRC-ARRCO ; APEC ; Cadres dirigeants ; Convention de forfait ; Convention de forfait (forfait annuel en jours) ; Cotisation d'assurance décès ; Cotisations de retraite AGIRC-ARRCO.*

Cadres dirigeants

Définition

Critères cumulatifs - Les cadres dirigeants sont des cadres qui répondent aux trois conditions cumulatives suivantes (c. trav. art. L. 3111-2 ; circ. MES/CAB 2000-3 du 3 mars 2000, fiche 11) :
- ils assument des responsabilités dont l'importance implique une « grande indépendance » dans l'organisation de leur emploi du temps ;
- ils détiennent le pouvoir de prendre des décisions de façon largement « autonome » ;
- ils bénéficient d'une rémunération se situant dans les niveaux les plus élevés des systèmes de rémunération en vigueur dans l'entreprise.

Ces critères impliquent que seuls les cadres participant à la direction de l'entreprise peuvent se voir reconnaître la qualité de cadre dirigeant (cass. soc. 31 janvier 2012, n° 10-24412, BC V n° 45 ; cass. soc. 26 novembre 2013, n° 12-21758, BC V n° 283 ; cass. soc. 2 juillet 2014, n° 12-19759, BC V 174 ; cass. soc. 20 décembre 2017, n° 16-19853 D ; cass. soc. 27 septembre 2018, n° 17-12575 D ; cass. soc. 13 avril 2022, n° 20-13817 D). Cependant, ce critère de participation à la direction de l'entreprise n'est ni autonome, ni distinct : il s'agit plutôt de la conséquence des trois critères précités prévus par le code du travail (cass. soc. 22 juin 2016, n° 14-29246, BC V n° 137 ; cass. soc. 1er décembre 2016, n° 15-24695 D).

Ces trois conditions sont cumulatives. Le fait de remplir l'une ou deux d'entre elles ne suffit pas pour être considéré comme cadre dirigeant (cass. soc. 28 septembre 2010, n° 09-40053 D ; cass. soc. 1er mars 2023, n° 21-19988 D).

En revanche, la qualité de cadre dirigeant ne nécessite pas que le salarié se situe au niveau hiérarchique le plus élevé de la classification conventionnelle (cass. soc. 30 novembre 2011, n° 09-67798, BC V n° 281).

En cas de contentieux, les juges vérifient les conditions réelles d'emploi du salarié. Ils ne tiennent pas compte du fait que l'accord collectif applicable retienne la qualité de cadre dirigeant, pour la fonction occupée par le salarié (cass. soc. 13 janvier 2009, n° 06-46208, BC V n° 12). Relever d'un coefficient conventionnel correspondant à un poste de cadre dirigeant ne suffit pas non plus (cass. soc. 4 février 2015, n° 13-22892 D).

Clause du contrat de travail - La qualité de cadre dirigeant ne nécessite pas d'accord particulier entre le salarié et son employeur (cass. soc. 30 novembre 2011, n° 09-67798, BC V n° 281 ; cass. soc. 28 septembre 2022, n° 21-12059 D).

Cependant, lorsque la convention collective applicable précise que pour les cadres dirigeants le contrat de travail, ou un avenant à celui-ci, doit indiquer les modalités d'exercice de leurs responsabilités impliquant une indépendance et une autonomie particulières justifiant un forfait sans référence horaire, un cadre sans document contractuel écrit en ce sens reste soumis à la législation sur la *durée du travail**. Il est en droit d'obtenir le paiement d'*heures supplémentaires** (cass. soc. 6 avril 2011, n° 07-42935, BC V n° 90).

Par ailleurs, lorsque le contrat de travail prévoit pour un salarié l'obligation d'effectuer les heures supplémentaires demandées et que son horaire de travail est celui de l'entreprise, ce salarié ne peut pas avoir la qualité de cadre dirigeant (cass. soc. 27 mars 2013, n° 11-19734, BC V n° 95). L'employeur ne peut pas non plus soutenir qu'un salarié est cadre dirigeant si son contrat de travail prévoit qu'il est en forfait jours (cass. soc. 7 septembre 2017, n° 15-24725, BC V n° 132).

Clauses conventionnelles sur l'indemnité de licenciement - Une disposition d'une convention collective peut prévoir une indemnité de licenciement plus élevée pour les cadres dirigeants, s'agissant d'une catégorie plus exposée au licenciement que les autres. Une telle différence de traitement entre les salariés repose sur un motif objectif et pertinent (cass. soc. 24 septembre 2014, n° 13-15074, BC V n° 204).

Durée du travail

Exclusion de la réglementation - Les cadres dirigeants ne sont pas concernés par les dispositions relatives à la réglementation de la durée du travail (c. trav. art. L. 3111-2). Ils ne sont donc soumis à aucun horaire de travail.

Le statut de cadre dirigeant exclut :
- le paiement d'heures supplémentaires (cass. soc. 3 juillet 2008, n° 07-40213 D ; cass. soc. 28 septembre 2010, n° 08-44063 D), sauf stipulations contractuelles ou conventionnelles plus favorables (cass. soc. 28 septembre 2010, n° 09-40686 D) ;
- le bénéfice de primes inhérentes à des périodes d'*astreinte** (cass. soc. 28 octobre 2008, n° 07-42487, BC V n° 203) ;
- l'indemnisation prévue pour le travail du dimanche et des jours fériés si la convention collective applicable ne contient aucune disposition expresse en ce sens (cass. soc. 27 juin 2012, n° 10-28649, BC V n° 200).

Lorsque la convention collective (ici la CCN des cabinets d'experts-comptables et de commissaires aux comptes du 9 décembre 1974) ne subordonne pas l'exclusion du bénéfice de la réglementation du travail des cadres dirigeants à l'existence d'une clause écrite du contrat de travail, le salarié qui n'a pas signé de clause de ce type mais répond à toutes les conditions légales exigées ne peut pas prétendre au paiement d'heures supplémentaires pour la période où il avait le statut de cadre dirigeant (cass. soc. 30 mai 2018, n° 16-25557 FSPB).

▶ À noter… Pour l'application aux cadres dirigeants des dispositifs d'activité partielle en cas de suspension temporaire totale de l'activité, voir *Activité partielle** et *Activité partielle de longue durée**.

Recours à une convention de forfait - Lorsqu'un salarié a signé une convention de forfait annuel en jours, il ne peut pas être considéré comme cadre dirigeant (cass. soc. 7 septembre 2017, n° 15-24725, BC V n° 132). Par conséquent, si une telle clause figure au contrat d'un salarié et qu'elle n'est pas remise en cause lors de sa promotion comme cadre dirigeant (cass. soc. 12 janvier 2022, n° 19-25080 D) :
- le salarié ne peut pas être considéré comme cadre dirigeant ;
- et l'employeur ne peut pas soutenir qu'il est cadre dirigeant pour ne pas lui payer des heures supplémentaires lié à la nullité de la convention de forfait jours.

Dans la même logique, la conclusion d'une convention de forfait annuelle en heures ne permet pas à l'employeur de soutenir qu'un salarié relève de la catégorie des cadres dirigeants et d'éviter un rappel d'heures supplémentaires. Le fait que cette convention ait été ultérieurement déclarée illicite ou privée d'effet ne change rien (cass. soc. 11 mai 2023, n° 21-25522 FB).

Protection sociale complémentaire

En matière de régimes de protection sociale complémentaire, le principe d'égalité de traitement s'applique seulement entre les salariés relevant d'une même catégorie professionnelle (cass. soc. 13 mars 2013, n° 11-20491, BC V n° 70 ; cass. soc. 9 juillet 2014, n° 13-12121, BC V n° 184). Sur ce point, les cadres dirigeants sont considérés comme relevant d'une catégorie distincte.

Un salarié qui n'appartient pas à cette catégorie ne peut donc pas bénéficier du régime de retraite supplémentaire prévu pour les intéressés (cass. soc. 4 octobre 2023, n° 22-12387 FB).

Bulletin de paye

L'employeur établit le *bulletin de paye** sans faire référence à un horaire de travail ou à un taux horaire.

☞ *Cadres ; Convention de forfait ; Convention de forfait (forfait annuel en jours).*

Caisse de congés payés

Les caisses de congés payés sont des organismes de compensation qui, pour les professions au titre desquelles les employeurs sont tenus de s'y affilier, se substituent à l'employeur pour le paiement des indemnités de congés payés.

En pratique, l'affiliation à une caisse de congés payés est obligatoire pour (c. trav. art. L. 3141-32) :
- les professions du bâtiment et des travaux publics (BTP) (c. trav. art. D. 3141-12 à D. 3141-37) ;
- le personnel intermittent des entreprises du spectacle (c. trav. art. D. 7121-38 à D. 7121-49) ;
- les entreprises de manutention des ports pour les dockers (c. transports art. L. 5343-22-1, D. 5343-34 à R. 5343-31) ;
- le personnel intermittent des entreprises de transport routier (c. transports art. D. 1325-1 à D. 1325-9).

Activité prise en compte

Activité réelle de l'entreprise - L'obligation d'affiliation dépend de l'activité de l'entreprise (cass. soc. 8 décembre 2004, n° 03-16160, BC V n° 329).

Il faut prendre en compte l'activité réellement exercée par l'entreprise, quel que soit l'objet social (cass. soc. 17 janvier 1990, n° 88-15852 D ; cass. soc. 15 juin 1999, n° 97-16713 D) ou la convention collective appliquée (cass. soc. 5 octobre 1994, n° 93-40493 D).

Lorsque l'objet social de l'entreprise fait état de prestations de nature à entraîner l'affiliation à une caisse de congés payés, c'est à l'entreprise de démontrer que son activité réelle n'entre pas dans le champ de cette obligation (cass. soc. 15 novembre 2006, n° 05-19124, BC V n° 347).

Prise en compte de l'activité accessoire - L'exercice, même à titre accessoire, d'une activité entrant dans le champ d'une caisse de congés payés entraîne l'obligation pour l'employeur de s'y affilier pour l'activité concernée (cass. soc. 27 mars 1996, n° 94-11343 D). Il importe peu que l'activité accessoire ne constitue pas une activité distincte (cass. soc. 29 mai 1990, n° 88-15649, BC V n° 251).

Lorsque les salariés sont affectés indistinctement à une activité principale non soumise à assujettissement et à une activité accessoire, les cotisations à la caisse de congés payés sont assises sur la quote-part des salaires versés à l'occasion de l'exercice de cette activité accessoire. Cette quote-part doit être calculée à proportion des chiffres d'affaires respectifs des deux branches d'activité (cass. soc. 20 novembre 2001, n° 99-17713, BC V n° 353).

▶ Attention... Si l'entreprise recourt à des sous-traitants, cela ne retire pas à l'adhésion son caractère obligatoire (cass. soc. 1er juin 1995, n° 92-18371, BC V n° 177).

Cas des entreprises du BTP - Dans les entreprises exerçant une ou plusieurs activités entrant dans le champ d'application des conventions collectives nationales étendues du bâtiment et des travaux publics, c'est la caisse de congés payés qui gère les congés des salariés.

Lorsque l'entreprise applique, au titre de son activité principale, une convention collective autre que celle du BTP, elle n'est plus obligée de passer par une caisse de congés payés du BTP pour assurer le service des congés de ses salariés. Elle peut s'en charger elle-même si un accord est conclu entre la caisse de surcompensation et les organisations d'employeurs représentatives de la branche professionnelle concernée (c. trav. art. D. 3141-12).

▶ À noter... Pour interpréter cette disposition, l'activité principale s'entend comme celle dans laquelle l'entreprise emploie le plus grand nombre de salariés.

Entreprises étrangères - Lorsqu'une entreprise relève d'un des secteurs visés et que son activité est exercée sur le territoire français, elle a l'obligation de s'affilier à une caisse de congés payés, même s'il s'agit d'une entreprise étrangère (c. trav. art. D. 3141-14). C'est ce que les juges ont précisé à propos d'une société ayant son siège en Grande-Bretagne et son principal établissement en France (cass. soc. 22 février 2006, n° 03-18771, BC V n° 85).

Salariés détachés en France - Les employeurs détachant temporairement des salariés sur le territoire national sont soumis aux dispositions légales conventionnelles applicables aux salariés employés par les entreprises de la même branche d'activité établies en France, en matière de législation du travail, pour ce qui concerne les conditions d'assujettissement aux caisses de congés payés (c. trav. art. L. 1262-2, I, 7°).

L'entreprise doit donc respecter les règles de cette affiliation, notamment en réglant les cotisations dues à la caisse compétente.

Néanmoins, les entreprises établies dans un autre État de l'Union européenne (UE) ou dans des États partie à l'accord sur l'Espace économique européen (EEE) peuvent s'exonérer de ces obligations si elles justifient que leurs salariés bénéficient de leurs droits à congés payés pour la période de détachement dans des conditions au moins équivalentes à celles prévues par la législation française (c. trav. art. D. 3141-26). Si elles sont affiliées à une institution équivalente aux caisses de congés payés dans le pays où elles sont établies, elles justifient qu'elles sont à jour de leurs obligations à l'égard de ces institutions à la date du commencement de la prestation, et qu'elles ont continué à cotiser à l'institution compétente durant le détachement temporaire pour bénéficier de l'exonération (c. trav. art. D. 3141-27).

▶ À noter… Pour s'exonérer de l'obligation d'affiliation à la caisse de congés payés des salariés qu'il détache en France, l'employeur établi dans un autre État de l'UE ou de EEE doit justifier que les droits à congés payés accordés aux salariés détachés sont du même niveau que ceux prévus par le droit français, mais aussi qu'ils peuvent être effectivement exercés dans des conditions au moins équivalentes à celles résultant du mécanisme d'adhésion à la caisse de congés payés (cass. soc. 19 juin 2024, n° 21-20288 FSB).

Obligations des employeurs

Les employeurs doivent s'affilier à la caisse des congés payés créée pour leur activité dans leur région, informer les salariés de la raison sociale et l'adresse de la caisse à laquelle ils sont affiliés (voir *Affichage**) et verser à la caisse les cotisations dont ils sont redevables.

De plus, ils doivent fournir aux salariés les attestations de travail leur permettant de toucher leurs indemnités auprès de la caisse compétente.

▶ À noter… L'entreprise dont l'activité nécessite l'affiliation à une caisse de congés payés doit s'affilier dès le 1er avril de la première année de référence du droit à congés (cass. soc. 1er décembre 2005, n° 04-11378, BC V n° 353).

Rôle des caisses de congés payés

Recouvrement des cotisations dues aux caisses de congés payés - Les employeurs versent à leur caisse d'affiliation les cotisations dont le montant est fixé par la caisse en pourcentage des salaires (c. trav. art. D. 3141-29 et D. 7121-44 ; c. transports art. D. 1325-5, L. 5343-22-1 et D. 5343-36).

Depuis le 30 juin 2024, les caisses de congés payés du BTP, des intermittents du spectacle et du transport routier peuvent décider, dans leur règlement intérieur, de prévoir d'intégrer dans l'assiette des cotisations aux caisses de congés payés le montant des salaires que les salariés auraient perçus s'ils avaient travaillé pendant leurs arrêts de travail pour maladie ou accident, à caractère professionnel (AT/MP) ou non professionnel (c. trav. art. D. 3141-29 et D. 7121-44 ; c. transports art. D. 1325-5).

▶ À noter… Dans le BTP, la caisse assure également le recouvrement des cotisations *chômage-intempéries** et rembourse partiellement aux employeurs les indemnités versées au titre de ce dispositif.

Indemnisation des congés payés - Les caisses versent aux salariés bénéficiaires les indemnités de congés payés auxquelles ceux-ci ont droit.

Les caisses de congés payés du BTP paient les *cotisations d'assurance chômage et d'AGS** aux échéances de droit commun pour les indemnités de congés payés (lettre-circ. ACOSS 2012-90 du 18 septembre 2012).

Cotisations de sécurité sociale dues sur les indemnités versées par les caisses de congés

FNAL et versement mobilité - Les employeurs payent le FNAL et le versement mobilité dus sur les indemnités de congés payés versées par les caisses.

Chaque employeur s'en acquitte auprès de son organisme de recouvrement habituel, sous la forme d'une majoration de 11,50 % du *FNAL** et du *versement mobilité** dont il est redevable sur les rémunérations versées à ses salariés (c. séc. soc. art. L. 243-1-3 et D. 243-0-2).

Cette règle vaut aussi pour les intermittents du spectacle.

Cotisations de sécurité sociale, CSA, CSG et CRDS - Les caisses de congés payés s'acquittent des cotisations de sécurité sociale, de la contribution solidarité autonomie et de la CSG/CRDS dues sur les indemnités de congés payés auprès des organismes de recouvrement avant la fin du mois au cours duquel elles encaissent les cotisations des employeurs (c. séc. soc. art. L. 243-1-3, 2°).

Le versement est déterminé en appliquant un taux spécifique à une base constituée par le montant des cotisations encaissées par les caisses de congés payés. Le taux est fixé comme suit depuis le 1er janvier 2019 (c. séc. soc. art. D. 243-0-3) :
- BTP : 5,09 % en métropole et 3,55 % dans les départements d'outre-mer ;
- autres secteurs : 3,66 %.

Ce versement fait l'objet d'un ajustement correspondant à la différence entre les cotisations et contributions salariales et patronales calculées sur les indemnités de congés effectivement versées au cours de chaque période annuelle de prise de congés et les versements effectués par la caisse au cours de l'exercice d'acquisition des congés payés correspondants. Cet ajustement est payé lors de l'exigibilité des cotisations de sécurité sociale qui suit la fin de la période de prise des congés payés. Pour les congés relatifs à ce même exercice pris au cours d'une période ultérieure, l'ajustement correspondant est versé lors de l'ajustement relatif à cette période ultérieure (c. séc. soc. art. D. 243-0-4).

Rationalisation du recouvrement des cotisations - La loi de financement de la sécurité sociale pour 2023 a prévu de simplifier le recouvrement des cotisations dues par les organismes qui versent, à un titre autre qu'employeur, des sommes imposables ou soumises à cotisations ou contributions sociales, à partir du 1er janvier 2024,

Pour les caisses de congés payés, les modalités déclaratives des revenus qu'elles versent en lieu et place de l'employeur doivent être rationalisées selon des règles spécifiques à déterminer par décret. Ce texte devrait prévoir les modalités des échanges d'informations entre les caisses de congés payés et les employeurs permettant la transmission, par une déclaration unique, de l'ensemble des données dont la déclaration est obligatoire (loi 2022-1616 du 23 décembre 2022, art. 6, I, B, 4° et VI, JO du 24 ; c. séc. soc. art. L. 133-5-3, III).

Droits à congés des salariés

En principe, la substitution d'une caisse de congés payés à l'employeur ne modifie pas les droits à congés payés des salariés concernés. L'employeur doit donc prendre les mesures propres à assurer au salarié la possibilité d'exercer effectivement son droit à congés (cass. soc. 22 septembre 2021, n° 19-17046 FPBR). Sous réserve de règles d'équivalence particulières à chaque profession, les salariés des professions à travail discontinu ont les mêmes avantages que ceux relevant du régime général des congés.

En revanche, la période d'acquisition des droits à *congés payés** est différente : elle court du 1er avril au 31 mars (et non du 1er juin au 31 mai), sans possibilité d'aménagement par accord collectif (c. trav. art. R. 3141-4).

Précisions sur les exonérations

Réduction générale de cotisations patronales - Les employeurs doivent tenir compte d'un paramétrage spécifique lorsqu'ils calculent la réduction générale de cotisations patronales sur la rémunération due au titre de salariés dont les indemnités de congés payés sont versées par des caisses de congés payés. Le coefficient utilisé dans le calcul de la réduction est multiplié par 100/90 (voir *Réduction générale de cotisations patronales**) (c. séc. soc. art. D. 241-10, IV).

Exonérations et cotisations aux caisses de congés payés - Une mesure d'exonération de cotisations patronales de sécurité sociale ne porte pas sur les cotisations dont les employeurs sont redevables auprès des caisses de congés payés, comme cela a déjà été jugé pour l'exonération applicable en zones franches urbaines (cass. soc. 22 février 2006, n° 03-20087, BC V n° 84).

Plafond d'exonération de contributions patronales de retraite supplémentaire - Les contributions patronales finançant des garanties de retraite supplémentaire à caractère collectif et obligatoire sont exonérées de cotisations de sécurité sociale sous diverses conditions et dans la limite la plus élevée entre (c. séc. soc. art. D. 212-1 ; voir *Régimes de retraite supplémentaire et de prévoyance complémentaire**) :
- 5 % du montant annuel du plafond de la sécurité sociale ;
- et 5 % de la rémunération brute soumise à cotisations de sécurité sociale, retenue dans la limite de 5 fois le montant annuel du plafond de la sécurité sociale.

À cet égard, les indemnités de congés payés versés par une caisse de congés payés à laquelle l'employeur a obligatoirement adhéré, ne doivent pas être incluses dans l'assiette de rémunération servant au calcul de cette limite d'exonération dans la mesure où il s'agit de sommes versées aux salariés par un tiers à l'entreprise (cass. civ., 2e ch., 28 septembre 2023, n° 21-24048 FB).

☞ *Chômage-intempéries ; Congés payés ; Indemnité de congés payés ; Réduction générale de cotisations patronales.*

Candidats aux élections locales et nationales

Autorisations d'absence - L'employeur laisse au salarié, candidat à l'Assemblée nationale ou au Sénat, le temps nécessaire pour participer à la campagne électorale dans la limite de 20 jours ouvrables (c. trav. art. L. 3142-79).

Le même droit est accordé, sur sa demande, dans la limite de 10 jours ouvrables, au salarié candidat :
- au Parlement européen ;
- au conseil municipal ;
- au conseil départemental, au conseil régional ;
- à l'Assemblée de Corse ;
- au conseil de la métropole de Lyon.

Procédure et prise du congé - Le salarié bénéficie à sa convenance de ces journées de congé, à condition que chaque absence soit au moins d'une demi-journée entière. Il avertit son employeur 24 heures au moins avant le début de chaque absence (c. trav. art. L. 3142-80).

Garanties pour le salarié candidat - Si le salarié le demande, la durée des absences est imputée sur les congés payés, dans la limite de ses droits acquis à la date du premier tour de scrutin. Les absences qui ne sont pas imputées sur les congés payés ne sont pas rémunérées. Le salarié peut toutefois demander à les récupérer, en accord avec l'employeur (c. trav. art. L. 3142-81).

La durée de ces absences est assimilée à une période de travail effectif pour l'acquisition des droits à congés payés et pour les droits liés à l'ancienneté résultant des dispositions légales et conventionnelles (c. trav. art. L. 3142-82).

☞ *Élu (mandat local, député, sénateur).*

Cantine

La cantine est un local dans lequel des repas sont préparés ou apportés et servis aux salariés qui en paient généralement tout ou partie. On parle aussi de restaurant d'entreprise ou interentreprises.

Pas d'obligation légale

L'employeur n'est pas tenu légalement de mettre en place une cantine.

Le *comité social et économique** (CSE) dans les entreprises de 50 salariés et plus peut décider de créer une cantine dans le cadre de ses activités sociales (c. trav. art. R. 2312-35).

Cotisations

Avantage soumis à cotisations ? - Lorsqu'un salarié est nourri en cantine, en restaurant d'entreprise ou interentreprises, il est fréquent que sa participation personnelle au prix du repas soit relativement modique en raison des subventions versées par l'employeur et/ou le CSE. Faut-il considérer que le salarié bénéficie d'un avantage soumis à cotisations ?

Principe : avantage en nature - Pour les salariés nourris en cantine ou en restaurant d'entreprise ou interentreprises, géré ou subventionné par l'entreprise ou le CSE, la fourniture de repas à la cantine de l'établissement moyennant une participation des salariés constitue, en principe, un *avantage en nature** (BOSS, Avantages en nature, § 160, 01/01/2025).

Cet avantage doit être réintégré dans l'assiette des cotisations pour un montant évalué à la différence entre la valeur de l'*avantage en nature nourriture** (5,45 € par repas en 2025, hors hôtels-cafés-restaurants) et le montant de la participation personnelle du salarié.

▶ À noter… Cette solution est en phase avec une ancienne jurisprudence de la Cour de cassation, selon laquelle la différence entre l'évaluation de la valeur de l'avantage et le montant de la participation personnelle du salarié doit être réintégrée dans l'assiette des cotisations (cass. soc. 4 janvier 1978, n° 76-11958, BC V n° 9).

Tolérance - L'avantage en nature peut être négligé lorsque la participation du salarié est au moins égale à 50 % de l'avantage en nature repas (soit 50 % × 5,45 € = 2,73 € en 2025) (BOSS, Avantages en nature, § 170, 01/01/2025).

Exemple

En avril 2025, un salarié paye son repas à la cantine 3 € (soit plus d'un demi-avantage en nature repas). Aucune cotisation sociale n'est due.

En revanche, s'il verse 2,40 € (soit moins d'un demi-avantage en nature repas), il faut réintégrer dans l'assiette des cotisations 5,45 € - 2,40 € = 3,05 € par repas.

Le bénéfice de cette tolérance suppose que l'employeur puisse établir l'existence d'une cantine ou d'un restaurant d'entreprise impliquant l'organisation d'une telle structure à l'intention des salariés (cass. civ. 2e ch., 10 mai 2012, n° 11-16074 D). À cet égard, la cantine ou le restaurant d'entreprise sont définis comme des établissements qui bénéficient du taux réduit de la taxe sur la valeur ajoutée aux recettes provenant de la fourniture des repas (BOSS, Avantages en nature, § 180, 01/01/2025 ; CGI ann. III, art. 85 bis).

Pour apprécier cette limite de 50 %, il faut tenir compte d'un repas « type » (avec consommation d'eau du robinet gratuite). Les suppléments acquittés par le salarié pour des boissons (ex. : vin, soda) en plus du repas n'entrent pas dans le montant de sa participation (cass. civ., 2e ch., 12 mars 2015, n° 14-10744, BC II n° 53).

Salarié en télétravail - Cette tolérance s'applique aussi aux repas fournis par une cantine d'entreprise, à emporter ou livrés sur le lieu de télétravail du salarié. Ainsi, l'avantage comprenant la participation de l'employeur au coût du repas et aux éventuels frais de livraison peut être négligé dès lors que la participation du télétravailleur est au mois égal à 50 % du forfait nourriture (BOSS, Avantages en nature, § 180, 01/01/2025).

Stagiaire - Les stagiaires ont accès au restaurant d'entreprise dans les mêmes conditions que les salariés de l'organisme d'accueil (c. éduc. art. L. 124-13). Lorsqu'un stagiaire bénéficie du restaurant d'entreprise, l'avantage en nature est négligé si la participation du stagiaire est d'au moins 50 % de l'avantage. Si elle est en dessous de ce montant, l'avantage en nature viendra s'ajouter à la gratification du stagiaire et sera pris en compte dans l'appréciation de la franchise de cotisations prévue pour les stages d'entreprise (BOSS, Exonération stagiaires, § 80, 01/01/2025 ; BOSS, Avantages en nature, § 170, 01/01/2025) [voir *Stages en entreprise (gratification)**].

Montant Net social

Lorsque la participation patronale à un restaurant d'entreprise est exonérée, elle n'a pas à être intégrée dans le Net social (BOSS, Montant Net social, Q/R 22, 01/10/2024).

Accident de trajet ou de travail

L'accident survenu à un salarié entre le lieu de travail et la cantine est un *accident du travail** ou un *accident de trajet**, selon que l'employeur exerce ou non en ce lieu ses pouvoirs d'organisation, de contrôle et de surveillance.

☞ *Accident de trajet ; Accident du travail ; Avantage en nature nourriture ; Avantages versés par le comité social et économique (CSE) ; Bulletin de paye (net social) ; Titre-restaurant.*

Carnet de salaire

Document obligatoire

Lorsqu'il remet à un travailleur à domicile des travaux à exécuter, le donneur d'ouvrage établit, en deux exemplaires au moins, un bulletin ou carnet, dont un exemplaire est remis à l'intéressé (c. trav. art. L. 7421-1, L. 7421-2 et R. 7421-1). La remise du carnet ou bulletin est obligatoire.

Ces documents tiennent lieu de bulletin de paye et le donneur d'ouvrage doit les conserver au moins 5 ans (c. trav. art. L. 7421-2). Ils sont présentés à toute demande de l'agent de contrôle de l'inspection du travail.

▶ Attention... Tout fichier RH (papier ou informatique) contenant des données personnelles de salariés doit respecter les principes protecteurs du règlement européen relatif à la protection des personnes physiques à l'égard du traitement des données à caractère personnel (RGPD) (voir Dictionnaire Social, « RGPD »).

Lorsque l'employeur ne remet pas les carnets de travail à un travailleur à domicile qu'il a embauché à temps partiel, le contrat de travail peut être requalifié en contrat à temps complet si l'employeur ne prouve pas que ce contrat est bien à temps partiel (cass. soc. 3 novembre 2010, n° 09-40255, BC V n° 253).

Mentions lors de la remise de l'ouvrage

Il faut indiquer (c. trav. art. R. 7421-1) :

- le nom et l'adresse de l'établissement ou les nom, prénoms et adresse du donneur d'ouvrage ;
- la référence de l'organisme ou des organismes auxquels le donneur d'ouvrage verse les cotisations de sécurité sociale et le numéro d'immatriculation sous lequel ces cotisations sont versées ;
- le numéro d'inscription au registre du commerce ou au registre des métiers ou au registre national des entreprises ;
- la nature et la quantité du travail, la date à laquelle il est donné, les temps d'exécution, les prix de travail à façon ou les salaires applicables ;
- la nature et la valeur des fournitures imposées au travailleur ainsi que les frais d'atelier et accessoires ;
- le cas échéant, la date à laquelle le travail doit être livré.

Mentions lors de la livraison de l'ouvrage

Lorsque le travail est livré, le carnet (ou bulletin) doit mentionner (c. trav. art. R. 7421-2) :
- a) la date de la livraison ;
- b) le montant des prix de travail à façon acquis par le travailleur ;
- c) le montant des frais d'atelier qui s'y ajoutent ;
- d) le montant de l'allocation de congés payés ;
- e) le montant des retenues que la loi fait obligation aux employeurs d'opérer ;
- f) le cas échéant, le montant des divers frais accessoires laissés à la charge de l'intéressé par le donneur d'ouvrage, dans les limites prévues aux articles L. 3251-1 et L. 3251-2 du code du travail ;
- g) la somme nette payée ou à payer au travailleur, compte tenu des éléments énumérés aux alinéas b), c) et d) ci-dessus, et après déduction des frais et retenues visés aux alinéas d) et e) ci-dessus.

Les inscriptions relatives à chaque travail sont portées sous un numéro d'ordre qui doit figurer sur tous les exemplaires du carnet ou du bulletin (c. trav. art. R. 7421-3).

☞ *Travailleurs à domicile.*

CARSAT

Les caisses d'assurance retraite et de la santé au travail (CARSAT) ont remplacé les anciennes caisses régionales d'assurance maladie (CRAM). À l'échelle régionale, elles gèrent les retraites ainsi que les accidents du travail et maladies professionnelles (AT/MP), notamment en aidant les entreprises à les évaluer. Elles participent aussi à la tarification de l'assurance AT/MP (c. séc. soc. art. L. 215-1 à L. 215-7).

L'Île-de-France constitue un cas particulier puisque la CRAM Île-de-France et la Caisse nationale d'assurance vieillesse (CNAV) y subsistent.

CASA

☞ *Contribution additionnelle de solidarité pour l'autonomie.*

CATS

☞ *Préretraite métiers pénibles.*

CDD

☞ *Contrat à durée déterminée ; Contrat à durée déterminée d'insertion ; Contrat à durée déterminée à objet défini ; Contrat à durée déterminée (salarié agricole âgé) ; Contrat à durée déterminée (senior) ; Inaptitude (CDD) ; Indemnité de fin de contrat.*

CDD à objet défini

☞ *Contrat à durée déterminée à objet défini.*

CDD d'insertion

☞ *Contrat à durée déterminée d'insertion.*

CDD senior

☞ *Contrat à durée déterminée (senior).*

CDI de chantier ou d'opération

Le contrat

Employeurs concernés - Le contrat de travail à durée indéterminée (CDI) de chantier ou d'opération est ouvert à tous les secteurs d'activité (c. trav. art. L. 1223-8, al. 2).

▶ À noter… Avant le 1er janvier 2017, il était réservé au BTP mais la jurisprudence admettait, sous conditions, le recours à ce contrat dans d'autres secteurs (cass. soc. 5 décembre 1989, n° 87-40747, BC V n° 696).

Nature du contrat - Bien que le contrat de chantier ou d'opération soit un CDI (c. trav. art. L. 1223-8), il n'est pas voué à durer indéfiniment. La fin du chantier ou de l'opération réalisée en justifie la rupture.

S'il n'est pas rompu au terme du chantier ou de l'opération, le contrat de travail se poursuit.

Encadrement conventionnel

Nécessité d'une convention ou d'un accord de branche étendu - En principe, une convention ou un accord de branche étendu prédéfinit les conditions dans lesquelles il est possible de recourir à ce type de contrat (c. trav. art. L. 1223-8).

La convention ou l'accord fixe (c. trav. art. L. 1223-9) :
- la taille des entreprises concernées ;
- les activités concernées ;
- les mesures d'information du salarié sur la nature de son contrat ;
- les contreparties en termes de rémunération et d'*indemnité de licenciement** accordées aux salariés ;
- les garanties en termes de formation pour les salariés concernés ;
- les modalités adaptées de rupture du contrat dans l'hypothèse où le chantier ou l'opération pour lequel ce contrat a été conclu ne peut pas se réaliser ou se termine de manière anticipée.

La convention ou l'accord peut prévoir une priorité de réembauche en CDI en faveur des salariés licenciés à l'issue d'un contrat de chantier ou d'opération. Il doit fixer le délai pendant lequel la priorité s'applique et ses modalités (c. trav. art. L. 1236-9).

Absence d'accord de branche étendu - À défaut de convention ou d'accord de branche étendu, ce contrat peut être conclu dans les secteurs où son usage est habituel et conforme à l'exercice régulier de la profession qui y recourt au 1er janvier 2017 (c. trav. art. L. 1223-8).

Cette précision vise notamment à permettre au secteur du BTP de continuer à recourir au CDI de chantier sans accord collectif.

Information du salarié sur la nature de son contrat - Il ne doit y avoir aucune ambiguïté pour le salarié sur la nature de son contrat.

Dans le nouveau régime, l'accord de branche étendu doit prévoir les mesures d'information du salarié sur ce point *(voir plus haut)*.

Quant aux secteurs dans lesquels il est encore possible de recourir à ce type de contrat sans accord de branche étendu *(voir ci-dessus)*, la jurisprudence antérieure à la réforme reste à notre sens valable. Celle-ci précisait que la validité d'un licenciement prononcé en raison de la fin d'un chantier était subordonnée à l'indication, dans le contrat de travail ou dans la lettre d'embauche, que le contrat était conclu pour un ou plusieurs chantiers déterminés et à l'achèvement des tâches pour lesquelles le salarié a été embauché (cass. soc. 2 juin 2004, n° 01-46891, BC V n° 149 ; cass. soc. 25 mai 2011, n° 10-10852 D).

Rupture du contrat

Licenciement - La fin du chantier ou de l'opération réalisée justifie la rupture du contrat. Le licenciement a une cause réelle et sérieuse (c. trav. art. L. 1236-8).

L'employeur doit suivre les règles de procédure relatives à l'entretien préalable et à la notification du licenciement. Il doit aussi respecter la priorité de réembauche en CDI de droit commun si elle est prévue par la convention ou l'accord étendu sur le CDI de chantier ou d'opération (c. trav. art. L. 1236-9).

▶ À noter... Lorsqu'un salarié est en arrêt de travail suite à un *accident du travail** ou une *maladie professionnelle**, l'arrivée du terme du chantier justifie son licenciement. Pour les juges, il s'agit d'une impossibilité de maintenir le contrat de travail indépendante de la maladie ou de l'accident (cass. soc. 8 avril 2009, n° 07-42942, BC V n° 103).

Même si la durée estimée du chantier figurant dans le contrat a été dépassée, l'achèvement d'un chantier constitue une cause de licenciement valable si l'on s'en tient à la jurisprudence antérieure à l'ordonnance de septembre 2017 (cass. soc. 15 novembre 2006, n° 04-48672, BC V n° 342). En revanche, peu importe que la phase finale des travaux soit postérieure à la rupture du contrat si cette phase n'entrait pas dans les missions du salarié (cass. soc. 9 février 2011, n° 09-66263 D).

Indemnités de rupture - Le salarié a droit à l'*indemnité de licenciement**, en tenant compte des contreparties prévues par l'accord collectif *(voir plus haut)*, et aux autres indemnités liées au terme du contrat (*indemnité compensatrice de congés payés**, etc.).

Chantier ou opération ne pouvant se réaliser ou prenant fin de façon anticipée - Lorsque le chantier ou l'opération ne peut pas se réaliser ou se termine de manière anticipée, il faut se reporter aux règles fixées par la convention ou l'accord de branche étendu *(voir plus haut)*.

☛ *Indemnité de licenciement.*

Centre de vacances et de loisirs pour mineurs

Assiette forfaitaire de cotisations

Structures concernées - La réglementation prévoit un système d'assiette forfaitaire pour calculer les cotisations de certains personnels employés dans les centres de vacances, les centres de loisirs pour mineurs et les maisons familiales de vacances (arrêté du 11 octobre 1976 modifié).

Le dispositif s'applique également dans les centres de loisirs sans hébergement habilités. En revanche, les associations sportives, de jeunesse et d'éducation populaire n'entrent pas dans son champ et relèvent de la réglementation qui leur est propre (circ. DSS/AAF/A1 90-20 du 8 novembre 1990).

▶ À noter… La dénomination officielle exacte des centres de vacances et de loisirs pour mineurs est désormais « centre d'accueil collectif de mineurs ».

Personnel concerné - Les assiettes forfaitaires visent uniquement les personnes recrutées, à titre temporaire et non bénévole, pour se consacrer à titre exclusif dans les centres de vacances ou centres de loisirs pour mineurs à l'encadrement des enfants durant leurs vacances scolaires, leurs congés professionnels ou leurs loisirs (arrêté du 11 octobre 1976 modifié ; lettre-circ. ACOSS 2009-28 du 16 février 2009).

Les bases forfaitaires sont également applicables aux animateurs et directeurs bénéficiaires d'un contrat d'engagement éducatif (lettre-circ. ACOSS 2007-33 du 8 février 2007).

Condition liée aux vacances, congés et loisirs - La possibilité de calculer les cotisations sur la base des assiettes forfaitaires ne vaut que si le recrutement est effectué pour des périodes de vacances scolaires, de congés professionnels ou de loisirs des enfants. Elle ne joue pas si le recrutement, bien qu'à durée déterminée ou saisonnier, couvre des périodes de scolarité, hors des congés et loisirs des enfants concernés (cass. soc. 18 novembre 1999, n° 98-13414 D).

En revanche, le seul fait que des animateurs encadrent les enfants avant et après l'horaire scolaire les jours de scolarité, en plus des mercredis et fins de semaine, ne permet pas de les exclure du champ de l'assiette forfaitaire (cass. civ., 2e ch., 14 décembre 2004, n° 03-30420 D).

Formalités - Les assiettes forfaitaires s'appliquent si certaines formalités administratives sont accomplies :

- pour les centres de vacances : déclaration d'ouverture de l'établissement ou déclaration de séjour délivrée par le préfet ;
- pour les centres de loisirs sans hébergement : demande d'habilitation auprès du directeur départemental de la jeunesse et des sports du lieu du siège social (par délégation du préfet) 2 mois avant le début de l'accueil et renouvelée chaque année ;
- pour les maisons familiales de vacances : agrément pour la structure d'hébergement.

Assiettes forfaitaires et calcul des cotisations - Les assiettes forfaitaires peuvent être utilisées pour calculer les cotisations de sécurité sociale, la CSG et la CRDS (l'abattement d'assiette n'est alors pas applicable). À notre sens, les bases forfaitaires s'appliquent aussi à la contribution solidarité autonomie, au FNAL, au versement mobilité, ou encore à la contribution au dialogue social.

En revanche, les assiettes forfaitaires ne s'appliquent pas aux autres contributions (assurance chômage, AGS, retraite complémentaire AGIRC-ARRCO, etc.), lesquelles sont calculées sur la base brute sécurité sociale réelle.

Assiettes forfaitaires : réforme en cours - La loi de financement de la sécurité sociale pour 2015 a réformé l'encadrement législatif des assiettes forfaitaires. L'entrée en vigueur de cette réforme était initialement prévue pour le 1er janvier 2016, mais les décrets d'application ne sont toujours pas parus à l'heure où nous rédigeons ces lignes (voir *Assiettes et cotisations forfaitaires**).

Assiettes forfaitaires : montant - Le montant de l'assiette forfaitaire est déterminé, par catégorie de personnel, en fonction du SMIC en vigueur au 1er janvier de l'année (arrêté du 11 avril 1976, modifié par arrêté du 25 mai 1977). Les assiettes forfaitaires ne sont applicables que si l'activité est temporaire et consacrée exclusivement à l'encadrement d'enfants (ou d'adultes handicapés).

Les périodes hebdomadaires et mensuelles sont déterminées de date à date. La base forfaitaire journalière est applicable, quel que soit le nombre quotidien d'heures travaillées.

Centres d'accueils collectifs de mineurs : bases forfaitaires 2025

Animateur au pair			Animateur rémunéré, assistant sanitaire			Directeur adjoint ou économe		Directeur	
Jour	Semaine	Mois	Jour	Semaine	Mois	Semaine	Mois	Semaine	Mois
1 Sm h	5 Sm h	20 Sm h	1,5 Sm h	7,5 Sm h	30 Sm h	17,5 Sm h	70 Sm h	25 Sm h	100 Sm h
12 €	59 €	238 €	18 €	89 €	356 €	208 €	832 €	297 €	1 188 €

Sm h = *SMIC** horaire au 1er janvier de l'année.

Les assiettes forfaitaires ne peuvent pas être fractionnées. Ainsi, pour les directeurs, directeurs adjoints et personnels d'économat, un forfait hebdomadaire intégral doit être retenu même si la semaine est incomplète, puisque l'arrêté ne prévoit pas de forfait journalier. De même, on ne peut pas considérer pour un animateur, par exemple, que 5 après-midi travaillés équivalent à 3 forfaits journaliers (cass. soc. 7 décembre 1988, n° 86-11849, BC V n° 639).

Pour les directeurs et économes travaillant dans des centres de loisirs sans hébergement qui fonctionnent le mercredi exclusivement, l'ACOSS admet de ne pas retenir la base hebdomadaire et de leur appliquer le forfait journalier prévu pour les animateurs (rép. technique ACOSS 82-1994). Mais il s'agit d'une simple tolérance, dénuée de valeur juridique opposable.

Animateur percevant exclusivement des avantages en nature - Les cotisations d'un animateur percevant exclusivement des avantages en nature (nourriture, logement, etc.) sont calculées sur l'assiette forfaitaire applicable aux animateurs au pair (circ. DSS/AAF/A1 90-20 du 8 novembre 1990). Cependant, seules les cotisations et contributions patronales sont dues, dans la mesure où les intéressés n'ont pas de rémunération en espèces. Il convient de souligner que ni la CSG ni la CRDS ne sont dues.

La part patronale des contributions qui sont hors champ du système d'assiette forfaitaire (assurance chômage, AGS, retraite complémentaire), il convient, à notre sens, de la calculer sur la base de la valeur des avantages en nature dont les intéressés bénéficient.

Encadrement des assiettes forfaitaires - La loi de financement de la sécurité sociale (LFSS) pour 2015 a réformé l'encadrement législatif des assiettes forfaitaires *(voir ci-avant)*. Selon le réseau des URSSAF, les employeurs doivent tenir compte depuis le 1er septembre 2017 de la règle d'encadrement des assiettes forfaitaires issues de la LFSS 2015 (bien que les décrets d'application soient toujours manquants, voir *Assiettes et cotisations forfaitaires**).

Ainsi, lorsque la rémunération du salarié est égale ou supérieure à 1,5 fois le *plafond de la sécurité sociale** calculé en fonction de la durée de travail, l'assiette forfaitaire retenue pour le calcul des cotisations ne peut pas être inférieure à 70 % de cette rémunération (c. séc. soc. art. L. 242-4-4, al. 2).

Exemple

Si la rémunération d'un salarié mensualisé est égale à 6 000 € en 2025 (soit plus de 1,5 fois le plafond mensuel), l'assiette des cotisations ne peut être inférieure à 6 000 € × 70 % = 4 200 €. Il semble toutefois peu probable de rencontrer cette situation dans ce secteur d'activité.

Aides aux vacances du CSE ou de l'employeur

Selon l'ACOSS, aucune cotisation n'est due sur les participations du comité social et économique « de pleine attribution » (CSE d'une entreprise d'au moins 50 salariés) destinées à favoriser le départ des enfants en colonie de vacances, sous réserve d'attestations d'inscription (lettre-circ. ACOSS 86-17 du 14 février 1986). La même tolérance s'applique aux prestations allouées par l'employeur en l'absence de CSE gérant les activités sociales et culturelles (moins de 50 salariés ou P-V de carence).

Selon la jurisprudence, seuls sont exclus les avantages présentant le caractère de secours exceptionnel.

☞ *Avantages versés par le comité social et économique (CSE).*

Certificat de travail

Délivrance obligatoire

Pour toute rupture du contrat de travail - Un certificat de travail doit obligatoirement être délivré au salarié lors de l'expiration de son contrat de travail (c. trav. art. L. 1234-19). Cette obligation s'impose :

- quelle que soit la cause de la cessation du contrat de travail (licenciement, démission, etc.), y compris lorsqu'un salarié prend acte de la rupture de son contrat de travail (cass. soc. 4 juin 2008, n° 06-45757, BC V n° 122) ;
- quelle que soit la nature du contrat de travail (contrat à durée indéterminée, contrat à durée déterminée, etc.).

En cas de décès du salarié, l'obligation de délivrance du certificat de travail subsiste au profit de ses héritiers (cass. crim. 5 décembre 1989, n° 85-95503, B. crim. n° 462).

Jamais en cas de suspension du contrat de travail - L'obligation de délivrer un certificat est réservée à la rupture du contrat de travail et n'a pas lieu d'être en cas de suspension du contrat de travail. Il ne faut donc pas en délivrer un à un salarié prenant un congé sabbatique : cela accrédite l'hypothèse d'une rupture du contrat de travail sans motif, faute de lettre de licenciement (cass. soc. 7 avril 2009, n° 07-45709 D).

Il en va de même de l'initiative prise par un employeur d'adresser un certificat de travail à une salariée qui ne s'est pas présentée dans l'entreprise à l'issue d'un arrêt maladie (cass. soc. 23 janvier 2001, n° 98-44922 D). En outre, à défaut d'énonciation d'un motif, un tel « licenciement » est sans cause réelle et sérieuse (cass. soc. 14 juin 2000, n° 98-41510 D).

Forme - Aucune forme n'est exigée quant à la présentation du certificat de travail. Il peut donc être imprimé, dactylographié ou manuscrit. Il est toutefois recommandé de l'établir sur papier à en-tête de l'entreprise. Il doit être signé par l'employeur ou l'un de ses représentants légaux.

Mentions

Mentions obligatoires - Le certificat de travail doit préciser (c. trav. art. D. 1234-6) :
- la date d'entrée du salarié dans l'entreprise (celle où le salarié a effectivement pris ses fonctions, *période d'essai** incluse) ;
- la date de sortie (celle à laquelle le *préavis**, effectué ou non, prend fin) ;
- la nature de l'emploi, ou des emplois successivement occupés, c'est-à-dire la qualification exacte des fonctions remplies par le salarié, ainsi que les périodes pendant lesquelles ces emplois ont été tenus, la mention du seul classement hiérarchique étant insuffisante (cass. soc. 24 janvier 2007, n° 05-41981 D).

Concernant la date d'entrée du salarié, dans l'hypothèse où le contrat de travail a été transféré en application de l'article L. 1224-1 du code du travail suite à une modification de la situation juridique de l'employeur, le certificat de travail délivré par le nouvel employeur doit mentionner la totalité de l'ancienneté et la date d'entrée au service de l'employeur initial (cass. soc. 2 février 2006, n° 04-40902 D ; cass. soc. 24 juin 2009, n° 08-41177 D).

Mention relative au dispositif légal de portabilité de la prévoyance - L'employeur doit signaler le maintien des garanties de prévoyance dans le certificat de travail (couvertures « frais de santé » et garanties « décès, incapacité de travail et invalidité ») (c. séc. soc. art. L. 911-8) [voir *Portabilité de la prévoyance complémentaire (dispositif légal)**].

Compte personnel de formation - Aucune mention n'est imposée au titre du *compte personnel de formation** (CPF). Chaque titulaire d'un CPF peut consulter ses droits via un service dématérialisé (https://www.moncompteformation.gouv.fr).

Mentions facultatives - Si l'employeur et le salarié sont d'accord, d'autres mentions peuvent figurer sur le certificat de travail, telles que des mentions élogieuses ou la formule « libre de tout engagement ».

Cette dernière formule a une portée relative : lorsqu'une *clause de non-concurrence** a été prévue au contrat, elle ne libère ni le salarié de son obligation de respecter la clause, ni l'ancien employeur de respecter ses obligations en matière de contrepartie pécuniaire (cass. soc. 4 mars 1992, n° 88-41014, BC V n° 152 ; cass. soc. 13 décembre 1995, n° 92-41490 D).

De la même façon, la renonciation de l'employeur au bénéfice de la clause de dédit-formation ne résulte pas de la seule mention « libre de tout engagement » qui figure sur le certificat de travail (cass. soc. 4 juillet 2001, n° 99-43520 D).

Enfin, précisons que le salarié peut refuser que le certificat contienne d'autres indications que les mentions obligatoires (cass. soc. 3 février 1999, n° 96-44960 D). Il ne peut pas, à l'inverse, imposer à l'employeur d'indiquer des mentions facultatives.

Mentions prohibées - Toutes les mentions susceptibles de porter préjudice au salarié ou précisant les motifs de résiliation du contrat sont interdites.

La responsabilité de l'employeur peut en effet être engagée en cas de mention extralégale. Ainsi, la mention de l'existence d'une clause de non-concurrence liant le salarié, a pu causer un préjudice à celui-ci (cass. soc. 4 mars 1992, n° 88-41014, BC V n° 152). Il en va de même des mentions discriminatoires (cass. crim. 14 octobre 1986, n° 85-96369, B. crim. n° 287).

Délivrance au salarié

Obligation de l'employeur - Le certificat de travail est quérable et non portable. La seule obligation de l'employeur est donc de tenir le certificat à la disposition du salarié (cass. soc. 5 octobre 2004, n° 02-44487 D).

En cas de *dispense de préavis**, il est possible de délivrer au salarié une attestation précisant la date de la fin légale du préavis fictif et mentionnant la liberté laissée au salarié d'occuper entre-temps un nouvel emploi. Le certificat de travail lui est délivré à la fin du préavis.

Simplifications - Certains dispositifs simplifient les formalités relatives à la délivrance du certificat de travail (voir *Chèque-emploi associatif**, *Titre emploi-service entreprise** et *Guichet unique du spectacle occasionnel**). En y recourant, l'employeur est réputé satisfaire à son obligation (c. trav. art. L. 1273-5 et L. 7122-24).

Sanctions

Amende pénale - Délivrer le certificat de travail est obligatoire. En cas d'inobservation de cette formalité, l'employeur est passible de l'amende pénale prévue pour les contraventions de 4e classe (c. trav. art. R. 1238-3) (voir *Amendes pénales**).

Sanctions civiles - Le défaut de délivrance ou la délivrance tardive du certificat de travail peut ouvrir droit à des dommages-intérêts pour le salarié, mais à condition qu'il puisse justifier d'un préjudice (cass. soc. 13 avril 2016, n° 14-28293, BC V n° 72 ; cass. soc. 22 mars 2017, n° 16-12930 D).

Par ailleurs, la remise d'un certificat de travail défectueux peut donner lieu à des dommages et intérêts au profit du salarié si celui-ci justifie d'un préjudice.

☞ *Attestation d'assurance chômage ; Compte personnel de formation ; Portabilité de la prévoyance complémentaire (dispositif légal) ; Reçu pour solde de tout compte.*

Cession des rémunérations

La cession de rémunération s'entend de l'engagement du salarié de céder la fraction de sa rémunération saisissable à son créancier.

Procédure

La cession se fait par une simple déclaration du cédant au greffe du tribunal judiciaire (c. trav. art. R. 3252-45).

▶ Attention… D'ici le 1er juillet 2025 au plus tard, la procédure de cession des rémunérations va être modifiée, tout comme celle de la saisie des rémunérations (voir nos développements dans l'étude *Saisie des rémunérations**).

Dès la notification de la cession à l'employeur par le greffe, celui-ci doit prélever la somme correspondante sur le bulletin de paye et verser la part de la rémunération saisissable directement au cessionnaire (c. trav. art. R. 3252-46 et R. 3252-47).

Rémunération cessible

Les règles relatives à la nature de la rémunération et à la quotité saisissable sont les mêmes qu'en matière de *saisie des rémunérations** (c. trav. art. L. 3252-1 à L. 3252-4 et art. R. 3252-2 à R. 3252-5). Le salarié ne peut donc pas céder plus que la fraction saisissable de son salaire.

Intervention d'une saisie

Si une saisie des rémunérations intervient en cours d'exécution de la cession, le cessionnaire vient en concurrence avec le tiers saisissant. L'employeur doit donc procéder comme en matière de pluralité de saisies des rémunérations.

Si la saisie prend fin avant la cession, le cessionnaire retrouve les droits qu'il tenait de l'acte de cession (c. trav. art. R. 3252-48 et R. 3252-49).

Bulletin de paye

Les mentions du montant de la retenue et de sa nature sont obligatoires sur le bulletin de paye (c. trav. art. R. 3243-1, 8°, b).

☞ *Saisie des rémunérations.*

Changement de poste (différentiel de salaire)

Conditions d'attribution - Les salariés se voient parfois confier, pour une durée déterminée, des tâches ou un poste qui ne relèvent pas de leur emploi ou de leur classification tel qu'ils sont définis dans leur contrat de travail.

Des dispositions conventionnelles ou réglementaires peuvent prévoir l'attribution d'un différentiel de salaire équivalant à l'écart existant entre leur rémunération contractuelle et celle correspondant au poste qu'ils occupent temporairement. Cet élément de rémunération porte des noms différents selon les entreprises (ex. : complément de salaire, indemnité différentielle, prime de poste).

Assiette des cotisations - Ces sommes sont attribuées en contrepartie du travail réalisé par le salarié. Elles sont soumises aux charges sociales (c. séc. soc. art. L. 242-1, I, renvoyant à L. 136-1-1).

☞ *Remplacement provisoire.*

Charges sociales

L'expression « charges sociales » n'existe pas dans la législation. Bien qu'elle ne corresponde à aucune définition juridique, elle est communément utilisée pour désigner l'ensemble des cotisations, contributions et taxes parafiscales assises sur les salaires ou autres sommes (revenus de remplacement, épargne salariale, etc.).

Sont essentiellement visés :
- les *cotisations de sécurité sociale** (*cotisation d'assurance maladie-maternité-invalidité**, *cotisation d'assurance vieillesse**, *cotisation d'allocations familiales** et *cotisation d'accidents du travail**) ;
- les *cotisations d'assurance chômage et d'AGS** ;
- les *cotisations de retraite AGIRC-ARRCO** (y inclus la contribution d'équilibre général et la contribution d'équilibre technique) ;
- la cotisation *APEC** ;
- la *contribution sociale généralisée (CSG)** ;
- la *contribution pour le remboursement de la dette sociale (CRDS)** ;
- la *contribution solidarité autonomie** (CSA, due sur les salaires) ;
- la *contribution additionnelle de solidarité pour l'autonomie** (CASA, due sur certains revenus de remplacement) ;
- le *FNAL** ;
- le *forfait social** ;
- la *contribution sur les indemnités de rupture conventionnelle individuelle** ;
- la *contribution sur les indemnités de mise à la retraite** ;
- le *versement mobilité** ;
- la *contribution au dialogue social** ;
- les contributions de *prévoyance complémentaire** (y inclus la *cotisation d'assurance décès** obligatoire des cadres) ;
- les contributions de *retraite supplémentaire** ;
- les cotisations de retraite et de prévoyance [*Cotisations de retraite et de prévoyance (régime fiscal)** ; *Cotisations de retraite et de prévoyance (régime social)** ; *Cotisations de retraite et de prévoyance (réintégration des excédents)**] ;
- la *taxe sur les salaires** ;
- la *contribution à la formation professionnelle** (y inclus le 1 % CPF-CDD) ;
- la *participation à l'effort de construction** ;
- la *taxe d'apprentissage** et la *contribution supplémentaire à la taxe d'apprentissage** ;
- la *contribution sur les préretraites d'entreprise** ;
- la *contribution sur les régimes de retraite à prestations définies** ;
- la *contribution sur les indemnités de mise à la retraite** ;
- les contributions spécifiques liées à l'*attribution gratuite d'actions aux salariés** ou à l'attribution de *stock-options (options sur actions)** (voir *Contribution patronale sur les stock-options et les actions gratuites**).

Par ailleurs, dans certains cas, l'employeur peut devoir s'acquitter de pénalités spécifiques :
- la *pénalité 1 % prévention pénibilité** en l'absence d'accord de plan d'action de prévention des expositions aux risques professionnels ;
- la *pénalité 1 % égalité femmes-hommes** en l'absence d'accord de plan d'action en faveur de l'égalité professionnelle entre les sexes ;
- ou encore les pénalités en lien avec l'*index de l'égalité** entre les femmes et les hommes.

☞ *Cotisations salariales (prise en charge par l'employeur ou le CSE).*

Chèque-culture

Exonération sous condition

Tolérance - Les chèques-culture ont pour objet exclusif de faciliter l'accès de leurs bénéficiaires à des activités ou prestations de nature culturelle. Si cette condition est remplie, ils sont exonérés de cotisations et de contributions sociales, sans que ne soient applicables les limitations et critères spécifiques aux *bons d'achat et cadeaux** (lettre-circ. ACOSS 2004-144 du 27 octobre 2004).

Bénéficiaires - Cette tolérance s'applique aux chèques-culture attribués par le *comité social et économique** (CSE) dans le cadre de ses activités sociales et culturelles (CSE des entreprises de 50 salariés et plus). La même tolérance vaut pour les chèques-culture attribués par l'employeur en l'absence de CSE (procès-verbal de carence aux élections ou entreprise de moins de 11 salariés) ou si le CSE ne gère pas les ASC (entreprises de moins de 50 salariés) (www.urssaf.fr).

▶ À noter… Dans ces différentes circonstances, les chèques-culture ne s'analysent pas comme des bons d'achat mais comme une modalité de prise en charge par le comité d'une activité culturelle.

Biens ou prestations de nature culturelle

Ce qui est admis - Les chèques-culture peuvent bénéficier d'une exonération de cotisations dès lors que ceux-ci sont exclusivement échangeables contre des biens ou prestations à caractère culturel et le financement de biens ou prestations de nature culturelle attribués par le CSE sont totalement exonérés de cotisations et contributions sociales, dès lors qu'ils ont pour objet exclusif de faciliter l'accès de leurs bénéficiaires à des activités ou prestations de nature culturelle (lettre-circ. ACOSS 2006-124 du 14 décembre 2006 ; www.urssaf.fr).

Compte tenu des formes variées que peut revêtir l'accès à la culture, sont considérés comme des biens ou prestations à caractère culturel dans ce cadre les biens ou prestations suivants :
- places de spectacles : théâtres, théâtres de marionnettes, représentations lyriques ou chorégraphiques, concerts symphoniques, orchestres divers, music-halls, cirques ;
- places de cinéma ;
- billets d'accès aux musées, monuments historiques ;
- livres et bandes dessinées ;
- supports musicaux ou vidéo : CD audio, DVD, vidéo, CD multimédia.

La participation financière du CSE ou de l'employeur (dans certains cas bien précis) destinée à financer l'accès à des produits culturels via Internet (téléchargement de musiques en ligne, abonnement musical en ligne, téléchargement de vidéo) n'est pas soumise aux cotisations et contributions sociales (www.urssaf.fr, information en ligne au 03 mars 2025).

Ce qui est exclu - En revanche ne sont pas concernés par la tolérance (www.urssaf.fr, information en ligne au 15 janvier 2025) :
- le chèque-culture échangeable contre des équipements qui permettent la lecture des supports musicaux ou audiovisuels (ex. : lecteur DVD) ;
- la prise en charge du coût de l'abonnement Internet, télévision et téléphone des salariés ou de l'acquisition d'un de ces matériels (ex. : ordinateur, portable).

Utilisation

Principe d'utilisation conforme - L'utilisation du chèque-culture doit être conforme à son objet. Cette condition est remplie lorsque le chèque-culture est exclusivement échangeable contre des biens ou prestations à caractère culturel. L'utilisation conforme à son objet s'apprécie au regard des enseignes commerciales acceptant le chèque-culture comme moyen de paiement (lettre-circ. ACOSS 2006-124 du 14 décembre 2006).

En pratique, il faut être vigilant sur l'enseigne auprès de laquelle le chèque-culture sera échangeable : selon les cas, il faudra prévoir des restrictions d'utilisation pour que l'exonération s'applique.

Enseignes commerciales exclusivement « culturelles » - Dès lors que les enseignes dans lesquelles le chèque-culture peut être utilisé commercialisent exclusivement des biens ou prestations à caractère culturel, l'utilisation du chèque-culture est conforme à son objet.

Enseignes non spécialisées sur des biens ou prestations culturels - Lorsque le chèque-culture peut être utilisé auprès d'enseignes non spécialisées dans la commercialisation de biens ou prestations culturels, l'utilisation du chèque-culture est conforme à son objet dès lors que celui-ci comporte, de manière apparente, une restriction d'utilisation aux seuls biens ou prestations culturels.

Sont visées par cette restriction d'utilisation toutes les enseignes non spécialisées sur la culture telles que celles du secteur de la grande distribution, ainsi que les commerces de librairie qui commercialisent également d'autres biens, notamment des jeux et jouets, papeterie, encadrements ou travaux photos.

Risques liés aux enseignes - Si le chèque-culture peut être utilisé auprès d'une ou de plusieurs enseignes ne commercialisant aucun produit à caractère culturel, la contribution du CSE à l'acquisition du chèque-culture n'est pas exonérée de cotisations.

Il en va de même lorsque le chèque-culture est utilisable auprès d'enseignes non spécialisées sur les produits ou prestations culturels et qu'il ne comporte pas de restriction d'utilisation aux seuls biens ou prestations culturels.

☞ *Avantages versés par le comité social et économique (CSE) ; Bons d'achat et cadeaux.*

Chèque-disque

L'URSSAF considère que les chèques-disques attribués par le *comité social et économique** (CSE) dans le cadre de ses activités sociales et culturelles (entreprises de 50 salariés et plus), font partie de la catégorie des chèques-culture (www.urssaf.fr, information en ligne au 15 janvier 2025). Ils sont donc exonérés de cotisations, de CSG et de CRDS de ce seul fait, sans qu'il soit nécessaire de respecter les critères d'exonération des *bons d'achat et cadeaux** (lettre-circ. ACOSS 2004-144 du 27 octobre 2004).

▶ À noter... Les chèques-disques sont destinés à favoriser l'accès à la musique et à la cinématographie. Ils s'échangent contre des supports tels que CD audio, CD-Rom et DVD.

En l'absence de CSE en charge des activités sociales et culturelles (entreprises de moins de 50 salariés ou procès-verbal de carence), la même tolérance s'applique aux chèques-disques attribués par l'employeur.

☛ *Avantages versés par le comité social et économique (CSE) ; Bons d'achat et cadeaux ; Chèque-culture.*

Chèque-emploi associatif

Le chèque-emploi associatif (CEA) est un titre simplifié qui peut être utilisé par les associations, sauf pour l'emploi de salariés relevant du *guichet unique du spectacle occasionnel** (c. séc. soc. art. L. 133-5-6).

Principes du dispositif

Associations concernées - Le CEA s'adresse aux associations à but non lucratif, aux fondations dotées de la personnalité morale sans condition d'effectif (c. séc. soc. art. L. 133-5-6, 2°).

Les associations relevant du régime obligatoire de protection sociale des salariés agricoles ne peuvent pas l'utiliser. Ces employeurs doivent passer par le titre emploi-service agricole.

Accord du salarié non obligatoire - L'association n'a pas à obtenir l'accord du salarié pour pouvoir utiliser le CEA (c. trav. art. L. 1272-3 abrogé au 1er juillet 2015).

URSSAF compétente - L'URSSAF Nord-Pas-de-Calais a été désignée pour assurer l'adhésion des associations au dispositif, la réception des déclarations sociales, le calcul des cotisations, contributions sociales et de la retenue à la source de l'impôt sur le revenu, ainsi que l'émission du bulletin de paye et du décompte des cotisations, contributions sociales et retenue à la source (arrêté du 9 septembre 2019, JO du 15). Elle est chargée, pour le compte des employeurs, d'établir les formalités et déclarations auxquelles la *déclaration sociale nominative** (DSN) se substitue (c. séc. soc. art. L. 133-5-9).

Le recouvrement des cotisations, contributions sociales et de la retenue à la source est, quant à lui, de la compétence de l'URSSAF (ou de la CGSS dans les DOM) dont relève territorialement l'association. Il en est de même pour le contrôle des cotisations et contributions sociales (arrêté précité, art. 2 et 5).

Demande d'adhésion - L'association qui remplit les conditions peut adhérer au CEA sur Internet (www.cea.urssaf.fr) ou auprès de banques et de certaines institutions qui ont passé une convention avec l'État. Cette demande comporte des mentions relatives à l'identification de l'association (raison, dénomination sociale, adresse du siège social, numéro SIRET) et une autorisation de prélèvement automatique sur un compte bancaire ou postal (c. séc. soc. art. D. 133-13).

Dématérialisation de principe - Tout employeur utilisant le CEA est tenu de procéder par voie dématérialisée à son adhésion, à l'identification du ou des salariés, à la déclaration des rémunérations dues ainsi qu'au paiement des cotisations et contributions sociales dues au titre de l'emploi du salarié (c. séc. soc. art. L. 133-5-8, D. 133-13 et D. 133-13-5).

Le non-respect de l'obligation de procéder par voie dématérialisée entraîne l'application de la sanction prévue pour défaut de production de la *déclaration sociale nominative**, c'est-à-dire une pénalité égale, par salarié concerné, à 1,5 % du plafond mensuel de la sécurité sociale (soit 58,88 € en 2025) (c. séc. soc. art. L. 133-5-8 et R. 133-14, III).

Pour une partie ou l'ensemble des salariés - Depuis le 1er janvier 2024, les associations et les fondations qui adhèrent à ce dispositif n'ont plus l'obligation de l'utiliser pour l'ensemble de leurs salariés (c. séc. soc. art. L. 133-5-6).

▶ À noter... Selon les débats parlementaires, cela permet aux entreprises et aux associations d'utiliser le CEA pour l'embauche de salariés occasionnels, sur des emplois de courte durée ou en remplacement de salariés absents, même s'ils n'y ont pas recours pour leurs autres salariés permanents.

Fonctions du chèque

Cotisations - Le CEA permet aux employeurs de déclarer et payer les cotisations et contributions sociales d'origine légale ou conventionnelle prévues par la loi (URSSAF, chômage, retraite complémentaire, etc.), ainsi que, le cas échéant et dans des conditions fixées par convention, d'autres cotisations et contributions sociales (c. séc. soc. art. L. 133-5-7).

Formalités liées à l'embauche et à l'emploi - En outre, l'association est considérée comme ayant satisfait à l'ensemble des formalités liées à l'embauche et à l'emploi de ses salariés (immatriculation de l'association en tant qu'employeur, déclaration du salarié, etc.), y compris celles relatives à l'établissement par écrit du contrat à durée déterminée ou du contrat à temps partiel, à la déclaration préalable à l'embauche, aux déclarations au titre de la médecine du travail ou du régime d'assurance chômage, ou encore à l'inscription des salariés sur un registre unique du personnel (c. trav. art. L. 1272-4 ; c. séc. soc. art. L. 133-5-7).

Toutefois, cette règle n'est pas valable en cas de recours à un contrat de travail intermittent. Dans une telle hypothèse, l'utilisation du CEA ne dispense pas l'employeur d'établir un contrat écrit, ainsi qu'exigé par le code du travail (cass. soc. 20 mai 2015, n° 14-13127, BC V n° 102).

▶ À noter... Interrogés par notre rédaction, les services URSSAF dédiés au CEA ont indiqué, dans un courriel du 28 janvier 2021, que l'employeur n'est pas dispensé de certaines formalités administratives et doit notamment fournir une attestation employeur pour France Travail, ainsi qu'un certificat de travail et le solde de tout compte en cas de rupture ou de fin de contrat de travail.

Moyens de paiement du salaire - Le salaire doit être payé selon les moyens de paiement autorisés par les règles de droit commun (virement ou chèque au-delà d'un certain montant ; voir *Paiement du salaire**). En effet, le CEA ne peut pas être utilisé comme moyen de paiement de la rémunération.

Congés payés - Les salariés relèvent en la matière du droit commun : principe de prise des *congés payés** selon les règles habituelles, *indemnité de congés payés** calculée selon la règle du 1/10 ou du maintien du salaire, paiement au moment de la prise des congés, etc.

Bulletin de paye - Sur la base des informations reçues (déclaration d'identification du salarié, déclaration comportant les données relatives au salarié et à la période d'activité – ancien « volet social » -, déclaration d'arrêt de travail), l'URSSAF Nord-Pas-de-Calais établit le bulletin de paye accompagné pour l'employeur d'un relevé global des sommes dont il est redevable *(voir ci dessous)*.

Prélèvement à la source de l'impôt sur le revenu - Le chèque emploi-associatif permet de déclarer et reverser le montant du *prélèvement à la source** de l'impôt sur le revenu (c. séc. soc. art. L. 133-5-7). L'employeur s'acquitte des sommes dues à ce titre avec les cotisations.

L'organisme gestionnaire du CEA s'occupe, pour le compte de l'employeur, des déclarations et du reversement à effectuer auprès de l'administration fiscale (c. séc. soc. art. L. 133-5-10 et L. 133-5-11 ; CGI art. 87-0 A, 87 A et 1671, 3).

Utilisation du CEA

Formalités d'embauche : volet « identification du salarié » - L'employeur doit renseigner les éléments d'identification du salarié, qui comportent les mentions suivantes (c. trav. art. D. 1272-1 et D. 1272-5) :
- les mentions relatives au salarié (nom, prénom, nationalité, numéro de sécurité sociale, date et lieu de naissance, domicile) ;
- les mentions relatives à l'employeur (dénomination sociale, code APE ou NAF, adresse du siège social, numéro SIRET, numéro sous lequel sont versées les cotisations de sécurité sociale, service de santé au travail dont l'employeur dépend s'il relève du régime général) ;
- les date et heure d'embauche ;
- le régime d'affiliation du salarié (régime général ou régime agricole) ;
- la date de fin d'emploi s'il s'agit d'un CDD, la durée de la période d'essai, la durée du travail, la nature et la catégorie d'emploi, la convention collective applicable ;
- le taux de cotisation « accidents du travail » et le taux de prévoyance.

Ce volet vaut déclaration préalable à l'embauche et contrat de travail.

L'association doit retourner à l'URSSAF Nord-Pas-de-Calais ce volet complété préalablement à la transmission de la première déclaration mentionnée ci-après (c. séc. soc. art. D. 133-13-1). Par ailleurs, elle doit en remettre une copie au salarié (c. trav. art. D. 1272-1).

Déclarations des périodes d'activité - L'employeur doit souscrire une déclaration comportant les données relatives au salarié et à la période d'activité (ancien « volet social »), qui permet notamment l'établissement de la paye et des déclarations de cotisations.

Elle doit comporter diverses mentions relatives au salarié et à la période d'activité déclarée, listées par le code de la sécurité sociale (c. séc. soc. art. D. 133-13-2, D. 133-13-4 et D. 133-13-5).

L'association doit retourner cette déclaration à l'URSSAF Nord-Pas-de-Calais au plus tard le 5e jour suivant la période d'activité (c. séc. soc. art. D. 133-13-6).

▶ À noter... En cas de défaut, d'omission ou d'inexactitude des déclarations de rémunérations et, le cas échéant, de modification de la déclaration dans le mois suivant, l'employeur est redevable de la pénalité prévue pour défaut de production de la DSN (voir *Déclaration sociale nominative**) (c. séc. soc. art. R. 133-15, I).

Bulletin de paye, décompte et paiement des cotisations - Une fois la déclaration comportant les données relatives au salarié et à la période d'activité reçue *(voir ci-avant)*, l'URSSAF Nord-Pas-de-Calais procède au calcul des contributions et cotisations sociales d'origine légale et conventionnelle et établit le bulletin de paye, au maximum 4 jours après la réception de la déclaration (c. séc. soc. art. D. 133-13-2 et D. 133-13-3).

Les employeurs ayant recours au CEA et leurs salariés reçoivent, chacun pour ce qui les concerne, par voie dématérialisée, un décompte des cotisations et contributions et le bulletin de paye (celui-ci est transmis au salarié et à l'employeur). La délivrance du bulletin de paye au salarié par l'organisme gestionnaire du CEA se substitue à sa remise par l'employeur (c. séc. soc. art. L. 133-5-8 et D. 133-13-3).

L'employeur reçoit les décomptes de cotisations et contributions par voie dématérialisée (c. séc. soc. art. L. 133-5-8). Ils sont directement accessibles sur le site Internet du CEA (www.cea.urssaf.fr, espace « employeur »).

Les employeurs doivent s'acquitter de l'intégralité des cotisations et contributions sociales et du reversement de la retenue à la source au cours du 2e mois qui suit celui de la période d'activité déclarée du salarié. Ce paiement est effectué sans délai lorsque la déclaration a été adressée postérieurement à la fin du premier du mois suivant la période d'activité (c. séc. soc. art. D. 133-13-6).

▶ À noter… Les employeurs de moins de 11 salariés qui utilisent le CEA ne peuvent pas opter pour le versement trimestriel des cotisations (c. séc. soc. art. R. 243-6-1).

☛ *Service emploi associations.*

Chèque emploi-service universel

Le chèque emploi-service universel (CESU) est un dispositif qui peut être utilisé par les personnes physiques (c. trav. art. L. 1271-1 à L. 1271-17). Il peut prendre deux formes :
- le CESU déclaratif (dit CESU « titre emploi »), qui permet de déclarer l'emploi d'un salarié ;
- le CESU préfinancé (« titre spécial de paiement »).

Les deux types de CESU peuvent également être utilisés en Guadeloupe, en Guyane, en Martinique, à La Réunion, à Saint-Barthélemy, à Saint-Martin et à Saint-Pierre-et-Miquelon, et à Mayotte (c. trav. art. L. 1522-1).

Le CESU est destiné aux particuliers employeurs. Cependant, les services paye en entreprise peuvent être intéressés par ce dispositif lorsque l'employeur, ou le comité social et économique (CSE) dans le cadre de ses activités sociales dans les entreprises de 50 salariés et plus, participe au financement du CESU.

▶ À noter… Un numéro de téléphone et un site internet ont été mis en place pour répondre aux questions sur le CESU (n° 0 806 802 378 ; service gratuit + prix d'un appel ; www.cesu.urssaf.fr).

Le CESU « titre emploi » en bref

Employeurs et activités concernées - Le CESU « titre emploi » peut être utilisé par les particuliers employeurs pour rémunérer un salarié (c. séc. soc. art. L. 133-5-6, 3°).

Le CESU n'est pas limité au seul emploi de salariés relevant du champ des *services à la personne**. Il peut en effet aussi s'agir de particuliers faisant appel pour leur usage personnel à d'autres particuliers pour effectuer de manière ponctuelle un service de conseil ou de formation en contrepartie d'une rémunération. Pour entrer dans ce cadre, les activités d'enseignement, de formation et d'accompagnement notamment en matière sportive et culturelle doivent l'être pour des prestations dont la durée n'excède pas 3 h hebdomadaires auprès du même particulier (c. séc. soc. art. L. 133-5-6, 8° et D. 133-13-19).

Pour utiliser le dispositif, le particulier employeur doit y adhérer. L'adhésion inclut une autorisation de prélèvement automatique sur un compte bancaire, en vue du paiement des cotisations et contributions sociales.

▶ À noter… Le CESU peut être géré par un ou plusieurs organismes désignés par arrêté (c. séc. soc. art. L. 133-5-10). C'est l'URSSAF de Rhône-Alpes qui a été désignée pour l'adhésion au dispositif, le calcul et le recouvrement des cotisations et des contributions sociales dues ainsi que pour l'émission du bulletin de paye, du décompte de cotisations et contributions sociales et de l'attestation fiscale (arrêté du 9 septembre 2019, JO du 15, texte 13).

Pas d'accord du salarié - L'accord du salarié pour l'utilisation du CESU n'est pas requis (c. trav. art. L. 1271-2 abrogé par la loi 2017-1836 du 30 décembre 2017, art. 14, JO du 31).

Déclaration d'activité - La déclaration d'activité du salarié souscrite par l'employeur doit comporter diverses mentions relatives au salarié et à la période d'activité. Certaines sont communes à tous les titres simplifiés (c. séc. soc. art. D. 133-13-2 et D. 133-13-4), d'autres sont spécifiques au CESU (c. séc. soc. art. D. 133-13-12).

Cette déclaration doit être transmise par le particulier employeur, au plus tard le 5e jour du mois suivant la période d'activité. À défaut, une sanction peut être encourue (c. séc. soc. art. D. 133-13-9 et R. 243-16).

Objet du CESU - Le CESU permet aux particuliers employeurs (c. séc. soc. art. L. 133-5-7) :
- de déclarer et payer les cotisations et contributions sociales d'origine légale ou conventionnelle prévues par la loi, ainsi que, le cas échéant et dans des conditions fixées par convention, d'autres cotisations et contributions sociales et les cotisations collectées pour le compte de l'association paritaire mentionnée au second alinéa de l'article L. 133-7 du code de la sécurité sociale ;
- de satisfaire aux formalités obligatoires liées à l'embauche et à l'emploi de leurs salariés ;
- et de déclarer et reverser les montants donnant lieu à la retenue à la source (CGI, art. 204 A) *(voir ci-après)*.

L'organisme gestionnaire du CESU met à la disposition de l'employeur et du salarié un bulletin de paye (c. séc. soc. art. D. 133-13-3). Dans le cadre du recours à un accueillant familial, l'organisme établit un relevé mensuel des rémunérations et indemnités dues et le met à disposition du particulier employeur et de l'accueillant. Pour les particuliers faisant appel à un autre particulier pour un service ponctuel, l'organisme élabore un décompte des rémunérations versées et des contributions et cotisations sociales et fiscales dues.

L'ensemble de ces informations est délivré dans les 4 jours suivant la déclaration d'activité au maximum.

CESU et contrat de travail - Pour les emplois dont la durée de travail n'excède pas, depuis le 11 mars 2023, 3 heures par semaine au cours d'une période de référence de 4 semaines, l'employeur et le salarié qui utilisent le CESU sont réputés satisfaire aux obligations liées à l'établissement d'un CDD ou d'un contrat à temps partiel (nécessité d'un contrat écrit avec des mentions spécifiques) (c. trav. art. L. 1271-5).

▶ À noter… Avant le 11 mars 2023, cette règle concernait les emplois dont la durée de travail n'excédait pas 8 h par semaine ou 4 semaines consécutives dans l'année.

Les employeurs utilisant le CESU dans cette limite sont exemptés de l'obligation de remettre au salarié un ou plusieurs documents écrits contenant les informations principales relatives à la relation de travail (c. trav. art. L. 1271-5, al. 2, L. 1221-5-1 et R. 1221-34).

Pour les emplois dont la durée excède 3 h par semaine au cours d'une période de référence de 4 semaines, un contrat de travail doit être établi par écrit et les employeurs doivent respecter l'obligation d'information du salarié sur les éléments essentiels de la relation de travail.

Dématérialisation de principe - En principe, tout employeur utilisant le CESU « titre emploi » est tenu de procéder par voie dématérialisée à son adhésion, à l'identification du ou des salariés (ou du stagiaire aide familial placé au pair, de l'accueillant familial ou du particulier qui a effectué un service), à la déclaration des rémunérations dues ainsi qu'au paiement des cotisations et contributions sociales dues au titre de l'emploi du salarié (c. séc. soc. art. L. 133-5-8).

Le non-respect de cette obligation entraîne l'application de la pénalité prévue en cas de défaut de production de la déclaration sociale nominative (DSN), c'est-à-dire une pénalité égale, par salarié concerné, à 1,50 % du plafond mensuel de la sécurité sociale, soit 58,88 € pour 2025 (c. séc. soc. art. R. 133-14, III).

Par dérogation, les particuliers employeurs qui ne sont pas tenus d'effectuer leur déclaration de revenus par voie dématérialisée faute d'accès à Internet (CGI, art. 170 et 1649 quater B quinquies) peuvent y procéder sur des supports papier (c. séc. soc. art. L. 133-5-8).

Bulletin de paye - Les employeurs ayant recours au CESU et leurs salariés reçoivent, chacun pour ce qui les concerne, par voie dématérialisée, un décompte des cotisations et contributions, une attestation fiscale et le bulletin de paye. La délivrance du bulletin de paye au salarié par l'organisme gestionnaire du CESU se substitue à sa remise par l'employeur (c. séc. soc. art. L. 133-5-8).

Précisons que les participations de l'employeur aux frais de crèche, comme le chèque emploi-service universel (CESU), doivent être intégrées dans le Montant net social (BOSS, Montant Net social, Q/R 23, 01/10/2024).

Paiement du salaire - C'est à l'employeur de payer sa rémunération nette au salarié par tout moyen conformément aux règles en vigueur (chèque, virement, etc. ; voir *Paiement du salaire**). Une délégation de paiement est également possible *(voir ci-après)*.

Les cotisations et contributions, ainsi que la retenue à la source, et l'ensemble des contributions et prélèvements de toute nature dus au titre des rémunérations faisant l'objet de la déclaration d'activité, sont acquittés au cours du 2e mois suivant la période d'activité par prélèvement automatique sur le compte désigné par le particulier employeur (c. séc. soc. art. D. 133-13-13).

Indemnité de congés payés - En principe, la rémunération portée sur le CESU inclut l'indemnité de congés payés (1/10 de la rémunération) (c. trav. art. L. 1271-4).

Au-delà d'un seuil fixé à 32 h par mois, l'indemnisation des congés payés sous cette forme ne peut se faire que par accord entre l'employeur et le salarié (c. trav. art. L. 1271-4 et D. 1271-5-1). À défaut, l'*indemnité de congés payés** est calculée et versée dans les conditions de droit commun.

Le régime retenu (inclusion dans la rémunération, ou paiement « à part » dans les conditions de droit commun) vaut pour l'ensemble de la période annuelle de prise de congés payés. Ainsi, en cas de modification du nombre d'heures au contrat, le changement éventuel de régime n'interviendra que pour la période conventionnelle suivante.

▶ À noter... Le seuil de 32 h est calculé en référence aux heures de travail inscrites au contrat de travail par mois pour chaque employeur.

Prélèvement à la source de l'impôt sur le revenu - Le CESU permet de déclarer et de reverser le montant du *prélèvement à la source** de l'impôt sur le revenu (c. séc. soc. art. L. 133-5-7). L'employeur s'acquitte des sommes dues à ce titre avec les cotisations.

L'organisme gestionnaire du CESU s'occupe, pour le compte de l'employeur, des déclarations et du reversement à effectuer auprès de l'administration fiscale (c. séc. soc. art. L. 133-5-10 et L. 133-5-11 ; CGI art. 87-0 A).

Délégation de paiement de la rémunération - Les particuliers employeurs peuvent, sous certaines conditions non détaillées ici, déléguer le versement de la rémunération à l'organisme gestionnaire du CESU, sous réserve de la transmission à ce dernier de l'accord préalable et écrit du salarié (c. séc. soc. art. L. 133-5-12 et D. 133-13-11).

L'organisme procède au prélèvement, sur un compte bancaire domicilié en France ou dans l'espace unique de paiement en euros et dont l'employeur est titulaire, des sommes dues par l'employeur après la transmission de la déclaration et reverse la rémunération nette au salarié.

Ce prélèvement a lieu de manière générale dans les 2 jours ouvrés suivant la réception de la déclaration du particulier. Pour les particuliers ayant recours à des services à la personne, le prélèvement intervient dans les 2 jours ouvrés suivant la réception de la déclaration s'agissant de la rémunération et au cours du deuxième mois suivant la période d'activité concernée en ce qui concerne les cotisations et contributions sociales et les retenues à la source.

L'organisme verse ensuite la rémunération sur le compte bancaire du salarié au plus tard le 4e jour ouvré suivant la réception de la déclaration du particulier. Il avertit le salarié de la date de la déclaration et de la date de versement de la rémunération.

Le CESU « titre spécial de paiement » en bref

Titres CESU préfinancés - Le CESU peut aussi prendre la forme de titres spéciaux de paiement nominatifs appelés titres « CESU préfinancé » (c. trav. art. D. 1271-6). Ils sont émis sur support papier ou dématérialisé (c. trav. art. D. 1271-7).

Ces titres CESU ont une valeur faciale prédéterminée, limitée à 99,99 € (arrêté du 19 décembre 2007, JO du 27). Ils sont émis par des entreprises habilitées à cet effet par l'Agence nationale des services à la personne (ANSP), sous la surveillance de la Banque de France.

Les titres sont vendus aux entreprises, aux CSE des entreprises de 50 salariés et plus, aux mutuelles, institutions de prévoyance et de retraite, etc.

Ces organismes les distribuent ensuite à leurs salariés et anciens salariés, adhérents, administrés, etc., gratuitement ou moyennant une participation financière.

Utilisation - Les titres CESU peuvent être utilisés pour payer (c. trav. art. L. 1271-1, B) :
- la rémunération et les cotisations et contributions sociales afférentes des salariés occupant des emplois entrant dans le champ des *services à la personne** ou des assistants maternels agréés en application de l'article L. 421-1 du code de l'action sociale et des familles ;
- des prestations de services fournies par les organismes agréés ou déclarés au titre des activités de *services à la personne** ;
- des prestations de services fournies par les organismes et établissements spécialisés habilités à émettre des CESU, dans des conditions et limites fixées par décret (c. trav. art. D. 1271-33) ;
- la garde d'enfants hors du domicile assurée par une assistante maternelle agréée, une structure d'accueil (crèche, halte-garderie, jardin d'enfants, centres de loisirs) ou une garderie périscolaire ;
- des prestations d'aide à domicile délivrées aux ascendants bénéficiaires de l'allocation personnalisée d'autonomie par des salariés ou des organismes de services à la personne ;
- des prestations de transport de voyageurs par taxi destinées spécifiquement aux personnes âgées ou à mobilité réduite ;

- des contreparties financières dans le cadre d'un contrat d'accueil familial (CASF art. L. 442-1).

CESU préfinancé avec l'aide de l'employeur ou du CSE

Bénéficiaires - L'employeur [ou le *comité social et économique** (CSE) des entreprises de 50 salariés et plus] peut préfinancer en tout ou partie le CESU « titre de paiement » au bénéfice de ses salariés, ayants droit, assurés, sociétaires ou adhérents (c. trav. art. L. 1271-12).

Les bénéficiaires peuvent également être les dirigeants de l'entreprise (chef d'entreprise ou, si l'entreprise est une personne morale, son président, son directeur général, son ou ses directeurs généraux délégués, ses gérants ou membres du directoire), à condition que les CESU préfinancés puissent bénéficier à l'ensemble des salariés selon les mêmes règles d'attribution.

▶ À noter… La personne qui assure le préfinancement du CESU peut en réserver l'utilisation à certaines catégories de *services à la personne**.

Modalités de gestion - Cette aide financière peut être gérée par l'entreprise ou par le CSE, ou conjointement (c. trav. art. L. 7233-8). Dans les deux derniers cas, elle fait l'objet d'une procédure d'évaluation associant le CSE. En cas de gestion conjointe, une consultation préalable du CSE est nécessaire.

L'aide financière de l'entreprise n'entre pas dans le cadre des activités sociales et culturelles du CSE et ne constitue pas, par conséquent, une dépense sociale (c. trav. art. L. 7233-6).

Montant et régime de l'aide - Le préfinancement du CESU est exonéré dans les mêmes conditions et dans la même limite que les autres aides financières octroyées par le CSE ou l'entreprise, toutes aides confondues (voir *Aide au financement des services aux personnes et de garde d'enfants**) (c. trav. art. L. 7233-4, L. 7233-5, L. 7233-7, D. 7233-6 et D. 7233-8).

Rappelons que :
- le montant maximal de l'aide s'élève à compter du 1er janvier 2025 à 2 540 € par année civile et par bénéficiaire ayant eu recours à un ou plusieurs services financés par l'aide, sans pouvoir excéder le montant déboursé par le bénéficiaire du service (c. trav. art. D. 7233-8 ; BOSS, Avantages en nature, § 1160, 01/01/2025) ;
- dans cette limite, cette aide n'a pas le caractère de rémunération et est exonérée de cotisations, de CSG/CRDS et d'impôt sur le revenu (c. trav. art. L. 7233-7 ; CGI art. 81, 37°).

DSN - Le montant de l'aide accordée par le CSE ou par l'entreprise est porté, pour chaque bénéficiaire dans la *déclaration sociale nominative** (c. trav. art. D. 7233-11), via le bloc « S21.G00.54 - Autre élément de revenu brut » (www.net-entreprises.fr, fiche DSN 813, mise à jour le 05/10/2020).

Obligations du CSE ou de l'entreprise - Les obligations applicables sont celles prévues pour les aides aux services à la personne (voir *Aide au financement des services aux personnes et de garde d'enfants**).

☞ *Aide au financement des services aux personnes et de garde d'enfants ; Avantages versés par le comité social et économique (CSE) ; Services à la personne.*

Chèque-lire

Les chèques-lire s'achètent et s'échangent en librairie.

L'URSSAF considère que les chèques-lire attribués par le *comité social et économique** (CSE) dans le cadre de ses activités sociales et culturelles (entreprises de 50 salariés et plus), font partie de la catégorie des chèques-culture (www.urssaf.fr, information en ligne au 15 janvier 2025). Ils sont exonérés de cotisations, de CSG et de CRDS de ce seul fait, sans qu'il soit nécessaire de respecter les critères d'exonération des *bons d'achat et cadeaux** (lettre-circ. ACOSS 2002-59 du 26 février 2002).

En l'absence de CSE en charge des activités sociales et culturelles (entreprises de moins de 50 salariés ou procès-verbal de carence), la même tolérance s'applique aux chèques-lire attribués par l'employeur.

☞ *Avantages versés par le comité social et économique (CSE) ; Chèque-culture.*

Chèque-repas du bénévole

Les associations peuvent attribuer à leurs bénévoles des titres spéciaux de paiement appelés « chèques-repas du bénévole ». Ce chèque-repas, émis, sur support papier ou sous forme dématérialisée, permet d'acquitter tout ou partie du prix d'un repas préparé par un restaurateur partenaire du réseau des titres-restaurants (que le repas soit pris sur place ou emporté) (loi 2006-586 du 23 mai 2006, art. 12).

Les personnes qui sont dans le cadre d'un contrat de service civique bénéficient d'un titre spécifique (voir *Service civique**).

Bénéficiaires

Réservé aux bénévoles - Seules les personnes intervenant à titre bénévole dans des associations régulièrement constituées peuvent bénéficier de chèques-repas du bénévole. L'activité du bénévole doit être régulière pour que des chèques-repas puissent lui être attribués. Une participation exceptionnelle n'y ouvre pas droit (loi 2006-586 du 23 mai 2006, art. 12).

L'activité bénévole est par nature désintéressée et implique donc l'absence de toute rémunération ou indemnisation, de même que l'absence de tout lien de subordination (lettre-circ. ACOSS 2006-121 du 5 décembre 2006).

Dirigeants associatifs - Les dirigeants associatifs au sens du code général des impôts (CGI art. 261, 7,1° d), c'est-à-dire ceux qui dirigent l'association et perçoivent une rémunération, ne peuvent pas bénéficier des chèques-repas du bénévole.

Mise en place - Le principe d'attribution de chèques-repas aux bénévoles doit avoir fait l'objet d'une délibération en assemblée générale. Les modalités d'attribution sont décidées par l'association et ratifiées par l'assemblée générale.

Conditions relatives aux chèques-repas

Valeur - Le montant de la valeur libératoire du chèque-repas est décidé par l'association et ratifié par l'assemblée générale. Il est égal, au maximum, à la limite d'exonération fixée pour les allocations forfaitaires de restauration sur le lieu de travail, à savoir 7,40 € par repas depuis le 1er janvier 2025 (loi 2006-586 du 23 mai 2006, art. 12).

Ce montant est entièrement financé par l'association.

Attribution - Le bénévole ne peut recevoir qu'un chèque-repas par repas compris dans le cadre de son activité journalière (lettre-circ. ACOSS 2006-121 du 5 décembre 2006).

Période d'utilisation - Les chèques-repas ne peuvent être présentés en paiement d'un repas à un restaurateur ou assimilé que pendant l'année civile et la période d'utilisation dont ils font mention. Les chèques non utilisés au cours de cette période et rendus par les bénéficiaires à leur organisme d'accueil au plus tard au cours de la quinzaine suivante sont échangés gratuitement contre un nombre égal de chèques valables pour la période ultérieure (décret 2006-1206 du 29 septembre 2006, art. 2 ; décret 2023-1135 du 5 décembre 2023, JO du 6).

Régimes social et fiscal

La contribution de l'association au financement du chèque-repas est exonérée de cotisations et contributions sociales. Elle n'est pas assujettie à l'impôt sur le revenu pour le bénéficiaire (loi 2006-586 du 23 mai 2006, art. 12).

L'association doit tenir à jour la liste des bénéficiaires des chèques-repas, en précisant les montants par bénéficiaire (lettre-circ. ACOSS 2006-121 du 5 décembre 2006).

☞ *Association ; Bénévoles.*

Chèque santé

☞ *Prévoyance « frais de santé » (versement santé).*

Chèques-vacances

Titres de paiement

Objet - Émis par l'Agence nationale des chèques-vacances (ANCV), les chèques-vacances sont des titres nominatifs permettant le paiement des prestations de services liées aux vacances (frais de transport, locations, loisirs, etc.). Ces titres peuvent être sous forme papier classique (« chèques-vacances classic ») ou encore sous forme dématérialisée (« chèques-vacances connect ») (c. tourisme art. L. 411-2 et L. 411-3 ; arrêté du 2 octobre 2019, JO du 6, texte 10).

Les chèques-vacances sont directement remis par le bénéficiaire aux collectivités publiques et aux prestataires agréés. Ils peuvent également être remis en paiement des dépenses effectuées sur le territoire des États membres de l'Union européenne aux prestataires qui ont signé des conventions avec l'ANCV.

En revanche, ils ne peuvent pas servir à acheter des biens de consommation (ex. : matériel de ski ou essence).

▶ À noter… Les chèques-vacances sont valables jusqu'au 31 décembre de la seconde année suivant l'année d'émission. Les titres non utilisés au terme de cette période peuvent être échangés dans les 3 mois suivant le terme de la période d'utilisation contre des chèques-vacances de même montant (c. tourisme art. L. 411-12).

Dispositif facultatif - Les chèques-vacances sont facultatifs. L'employeur est libre de les introduire dans l'entreprise et les salariés sont libres de les utiliser ou non.

Le *comité social et économique** (CSE) peut aussi en attribuer dans le cadre de ses activités sociales et culturelles [voir *Avantages versés par le comité social et économique (CSE)**].

Les employeurs et organismes qui souhaitent se procurer des chèques-vacances doivent s'adresser à l'Agence nationale des chèques-vacances (ANCV, 36, bd Henri-Bergson, 95201 Sarcelles Cedex ; www.ancv.com ; tél. : 0969 320 616 - service gratuit + prix appel ; mail : info@ancv.fr).

Conditions d'octroi

Bénéficiaires potentiels - Peuvent bénéficier des chèques-vacances les salariés, les salariés des particuliers employeurs, les chefs d'entreprise de moins de 50 salariés, leur conjoint, leur concubin ou leur partenaire lié à eux par un pacte civil de solidarité (Pacs) ainsi que les personnes à leur charge (c. tourisme art. L. 411-1).

Tous les bénéficiaires potentiels des chèques-vacances peuvent en acquérir. Il n'y a aucune condition de ressources mais les revenus du salarié restent néanmoins un des éléments dont dépend le montant maximal de la contribution de l'employeur *(voir plus loin)*.

▶ À noter… Le seuil d'effectif de moins de 50 salariés qui permet aux chefs d'entreprise de bénéficier des chèques-vacances s'apprécie au regard des règles d'*effectif sécurité sociale** (effectif annuel moyen, décompte des salariés, mécanisme d'atténuation des effets de seuil, etc.) (c. tourisme art. L. 411-1).

Cofinancement employeur/salarié - Les bénéficiaires financent en partie les chèques-vacances qu'ils acquièrent. L'autre partie est financée par une contribution de l'employeur et/ou du CSE.

Pour la participation du salarié, il est possible de procéder par prélèvements mensuels sur la paye, avec un accord exprès et écrit de l'intéressé.

Limites de la contribution de l'employeur - Le montant de la contribution de l'employeur à l'acquisition de chèques-vacances est encadré par deux limites, une appréciée par rapport à leur valeur libératoire, et une globale calculée tous salariés confondus.

La contribution ne peut pas dépasser un pourcentage de leur valeur libératoire (c. tourisme art. L. 411-11 et D. 411-6-1) :
- 80 % si la rémunération moyenne des bénéficiaires au cours des 3 derniers mois précédant l'attribution des chèques-vacances est inférieure au *plafond de la sécurité sociale** apprécié sur une base mensuelle ;
- 50 % si la rémunération moyenne des bénéficiaires au cours des 3 derniers mois précédant l'attribution des chèques-vacances est supérieure au plafond de la sécurité sociale apprécié sur une base mensuelle.

▶ À noter… Ces pourcentages sont majorés de 5 % par enfant à charge et de 10 % par enfant handicapé titulaire de la carte « mobilité inclusion », dans la limite de 15 % (c. tourisme art. D. 411-6-1).

En outre, la contribution annuelle globale de l'employeur ne doit pas être supérieure à 50 % du produit du nombre total de salariés (bénéficiaires ou non de chèques-vacances) par le *SMIC** mensuel brut. Pour ce plafonnement annuel, l'effectif et le SMIC sont appréciés au 1er janvier de l'année (c. tourisme art. L. 411-11).

Chèques-vacances acquis et attribués par le CSE seul - Le *comité social et économique** d'une entreprise de 50 salariés et plus peut, dans le cadre de ses activités sociales et culturelles, attribuer des aides aux vacances sous forme de chèques-vacances (c. tourisme art. L. 411-18).

Dans cette hypothèse, les chèques-vacances sont directement acquis par le CSE, sans participation financière de l'employeur.

Le CSE les attribue dans le cadre de ses activités sociales et culturelles, selon ses propres critères (tant qu'ils ne sont pas discriminatoires). En particulier, il n'est pas lié par les contraintes applicables aux chèques-vacances attribués par l'employeur (lettre-circ. ACOSS 2003-68 du 27 mars 2003).

De même, il peut librement fixer ses modalités de financement (ex. : plus de 80 % de la valeur du chèque).

Régime fiscal au regard de l'impôt sur le revenu

Contribution patronale - L'avantage résultant de la contribution de l'employeur aux chèques-vacances est exonéré d'impôt sur le revenu dans la limite du *SMIC** apprécié sur une base mensuelle (CGI art. 81, 19° bis). Pour ce calcul, le taux horaire du SMIC pris en compte est celui en vigueur au 1er décembre de l'année d'acquisition des chèques-vacances. La limite d'exonération s'applique par personne susceptible d'acquérir des chèques-vacances (BOFiP-RSA-CHAMP-20-50-30-§ 370-26/06/2020).

Exemple

Pour une durée du travail de 35 heures hebdomadaires et un taux horaire du SMIC à 11,88 € au 1er décembre 2024, la limite d'exonération s'établit pour l'imposition des revenus de l'année 2024 à : [(11,88 € × 35 × 52) /12] = 1 801,80 €, arrondis à 1 802 €.

Cette exonération suppose que la contribution patronale soit déterminée conformément aux règles prévues par le code du tourisme (c. tourisme art. L. 411-1 à L. 411-12).

Participation du CSE complétant la participation patronale - Lorsque la contribution du CSE complète celle de l'employeur, elle est exonérée d'impôt entre les mains du salarié bénéficiaire si les conditions exigées par la législation sont bien remplies (BOFiP-RSA-CHAMP-20-50-30-§§ 360 et 400-26/06/2020).

Le respect de la limite d'exonération s'apprécie en cumulant les participations financières du comité et de l'employeur.

Chèques-vacances acquis par le CSE seul - Lorsque le CSE acquiert et attribue seul les chèques-vacances, l'exonération d'impôt sur le revenu ne peut pas s'appliquer à sa contribution, puisqu'elle ne vaut que pour des chèques-vacances acquis avec une contribution de l'employeur (BOFiP-RSA-CHAMP-20-50-30-§ 430-26/06/2020).

La contribution du comité constitue alors un revenu imposable.

Régime social dans les entreprises de moins de 50 salariés sans CSE gérant des activités sociales et culturelles

Conditions liées à l'entreprise - La participation patronale au financement des chèques-vacances bénéficie d'un régime social de faveur dans les entreprises répondant aux trois conditions cumulatives suivantes (c. tourisme art. L. 411-9) :
- avoir un effectif inférieur à 50 salariés ;
- ne pas avoir de « comité d'entreprise », ce qui à notre sens vise les entreprises de moins de 50 salariés sans CSE ou avec un CSE sans compétence en matière d'activités sociales et culturelles ;
- et ne pas relever d'un organisme paritaire de gestion d'activités sociales.

La condition d'effectif de moins de 50 salariés et les règles de franchissement de seuil s'apprécient selon les règles de l'*effectif sécurité sociale** (effectif annuel moyen, décompte des salariés, mécanisme d'atténuation des effets de seuil, règles spécifiques aux entreprises nouvelles, etc.) (c. tourisme art. L. 411-9).

Conditions liées au financement patronal - Plusieurs conditions doivent être remplies pour bénéficier de l'exonération (c. tourisme art. L. 411-10) :
- le montant de la contribution de l'employeur et ses modalités d'attribution doivent faire l'objet d'un accord collectif (de branche, interentreprises ou d'entreprise) ou, en l'absence de représentation syndicale, d'une proposition du chef d'entreprise soumise à l'ensemble des salariés ;
- la participation de l'employeur doit être plus élevée pour les salariés dont les rémunérations sont les plus faibles (il faut donc prévoir un système de modulation) ;
- la participation de l'employeur ne doit pas se substituer à un élément faisant partie des revenus d'activité tels qu'ils sont pris en compte pour la détermination de l'assiette des cotisations ou prévu pour l'avenir par des stipulations contractuelles, individuelles ou collectives.

Cotisations exonérées - Si les conditions requises sont remplies, la contribution patronale aux chèques-vacances est exonérée des cotisations et contributions prévues par la législation du travail et de sécurité sociale (c. tourisme art. L. 411-9 ; c. séc. soc. art. L. 242-1, II, 5°), y compris la contribution solidarité autonomie (lettre-circ. ACOSS 2011-35 du 24 mars 2011).

Seules restent dues la CSG et la CRDS (sans abattement d'assiette) (c. tourisme art. L. 411-9 ; c. séc. soc. art. L. 136-1-1, I).

L'employeur n'est pas redevable du *forfait social**. Dans la mesure où la *contribution au dialogue social** est prévue par la législation du travail, l'employeur en est aussi exonéré, à notre sens.

Le montant de l'avantage ouvrant droit à exonération est limité, par salarié et par an, à 30 % du *SMIC** mensuel (c. tourisme art. L. 411-9), apprécié sur une base de 151,67 h (lettre-circ. ACOSS 2011-35 du 24 mars 2011).

Versement mobilité - L'*ACOSS** a précisé que le *versement mobilité** restait dû, dans la mesure où l'article L. 411-9 du code du tourisme prévoit une exonération des cotisations et contributions prévues « par la législation du travail et de la sécurité sociale (sauf CSG/CRDS) ».

Le versement mobilité étant issu du code général des collectivités territoriales (donc ni de la législation du travail, ni du code de la sécurité sociale), l'ACOSS en a déduit qu'il n'y avait pas d'exonération (lettre-circ. ACOSS 2011-35 du 24 mars 2011, § 3.1).

▶ À noter… La même question pourrait aussi se poser pour le FNAL, codifié depuis le 1er janvier 2020 au sein du code de la construction et de l'habitation (c. constr. et hab. art. L. 813-5) et non plus au sein du code de la sécurité sociale. Cependant, à l'heure où nous rédigions ces lignes (15 janvier 2025), le site internet du réseau des URSSAF ne remettait pas en cause l'exonération de FNAL, dans la limite précitée de 30 % du SMIC.

Taxes sur les salaires - À s'en tenir au code du tourisme, la participation de l'employeur au financement des chèques-vacances est exonérée de *taxe sur les salaires** dans les mêmes conditions et limites que celles applicables à l'exonération de cotisations (c. tourisme art. L. 411-6).

Chefs d'entreprise - Dans les entreprises de moins de 50 salariés, les chefs d'entreprise, leurs conjoints, concubins et partenaires pacsés, ainsi que les personnes à leur charge, peuvent bénéficier des chèques vacances *(voir plus haut)* (c. tourisme art. L. 411-1).

La participation de l'entreprise au financement de ces chèques-vacances ouvre également droit à l'exonération sous réserve du respect des conditions et limites du dispositif (c. tourisme art. L. 411-9).

Limitation des redressements - En cas de mauvaise application de l'exonération, le redressement ne porte que sur la fraction des cotisations et contributions indûment exonérées ou réduites, sauf mauvaise foi ou agissements répétés du cotisant (c. tourisme art. L. 411-9).

Régime social dans les autres entreprises

Chèques-vacances acquis et financés par l'employeur - La participation de l'employeur est assujettie à cotisations et à la taxe sur les salaires dans toutes les situations n'ouvrant pas droit à l'exonération (lettre-circ. ACOSS 2003-68 du 27 mars 2003) :
- entreprises de 50 salariés et plus ;

Exonération de cotisations de la contribution patronale au financement des chèques-vacances
I - Entreprises de moins de 50 salariés
1) Conditions cumulatives liées à l'entreprise - avoir un effectif inférieur à 50 salariés ; - ne pas être pourvue d'un CSE exerçant des attributions en matière d'activités sociales et culturelles (absence de CSE ou CSE sans attribution en matière d'activités sociales et culturelles) ; - ne pas relever d'un organisme paritaire de gestion. **2) Conditions liées à la contribution patronale** • La contribution de l'employeur doit : - faire l'objet d'un accord collectif (de branche, interentreprises ou d'entreprise) ou, en l'absence de représentation syndicale, d'une proposition du chef d'entreprise soumise à l'ensemble des salariés ; - être modulée selon les niveaux de rémunération, de façon à ce que la participation patronale soit plus élevée pour les salariés dont les rémunérations sont les plus faibles ; - ne pas se substituer à un élément de salaire passé ou à venir. • Elle doit aussi rester dans la limite : - d'un plafond individuel (50 ou 80 % de la valeur des titres selon la rémunération du bénéficiaire) ; - d'un plafond annuel global de 50 % du SMIC mensuel multiplié par le nombre de salariés de l'entreprise (SMIC en vigueur au 1er janvier de l'année en cours). **3) Montant maximal de la contribution patronale exonérée :** 30 % du SMIC brut mensuel par an et par salarié. **4) Nature des charges sociales exonérées :** ensemble des charges sociales, y inclus la contribution solidarité autonomie. **5) Charges sociales restant dues :** CSG/CRDS et versement mobilité.
II - Entreprises de 50 salariés et plus
La contribution au financement des chèques-vacances est intégralement soumise aux cotisations et contributions.
III - Participation du comité social et économique
1) Si celle-ci vient en complément de la participation de l'employeur : elle est soumise à cotisations comme n'importe quel élément de salaire. **2) Si celle-ci intervient dans le cadre de ses activités sociales et culturelles, sans intervention de l'employeur et selon ses propres critères :** il y a exonération de toutes les cotisations et contributions.

- entreprises de moins de 50 salariés dotées d'un CSE compétent en matière d'activités sociales et culturelles : dans ce cas, seul le comité peut bénéficier d'une exonération *(voir ci-après)* ;
- entreprises relevant d'un organisme paritaire de gestion des activités sociales.

Participation du CSE - Il faut, à cet égard, distinguer deux situations.

Si la participation du CSE vient en complément de la participation de l'employeur, elle est assujettie à cotisations sociales et à la *taxe sur les salaires** comme n'importe quel élément de salaire. En effet, seule la participation patronale peut bénéficier de l'exonération.

En revanche, si les chèques-vacances sont attribués par le CSE dans le cadre de ses activités sociales et culturelles, en fonction de critères qu'il détermine librement et sans intervention de l'employeur, le financement du comité est exonéré de l'ensemble des cotisations et contributions (instr. min. du 17 avril 1985 ; lettre-circ. ACOSS 84-59 du 31 octobre 1984). Par voie de conséquence, la taxe sur les salaires n'est pas due.

Déclaration en DSN et bulletin de paye

Les sommes versées par l'employeur pour l'acquisition des chèques-vacances doivent être déclarées spécifiquement dans la *déclaration sociale nominative**, via le bloc « S21.G00.54 - Autre élément de revenu brut ». Ce type de participation doit être renseigné à la rubrique S21.G00.54.001, au moyen du code : 91 - Montant de la participation de l'employeur aux chèques vacances (www.net-entreprises.fr, base de connaissance DSN, fiche 814 mise à jour le 5 octobre 2020).

La participation des employeurs aux chèques-vacances entre dans le montant net social à déclarer sur le bulletin de paye, y compris la part exonérée de cotisations (BOSS, Montant net social, § II, A, 1, 01/10/2024).

☞ *Avantages versés par le comité social et économique.*

Chômage-intempéries

Les travailleurs du bâtiment et des travaux publics (BTP) bénéficient d'un régime particulier d'indemnisation des arrêts de travail dus aux conditions atmosphériques (c. trav. art. L. 5424-6 à L. 5424-19 ; c. trav. art. D. 5424-7 à D. 5424-49).

Assurance contre un risque

Salariés concernés - Le chômage intempéries concernent les travailleurs exerçant certaines activités, listés par décret (voir c. trav. art. D. 5424-7).

Intempéries et inondations - Le recours au chômage-intempéries est justifié lorsque les conditions atmosphériques et les inondations rendent l'accomplissement du travail dangereux ou impossible eu égard soit à la santé ou la sécurité des salariés, soit à la nature ou à la technique du travail à accomplir (c. trav. art. L. 5424-8).

Depuis le 30 juin 2024, le code du travail précise que les conditions atmosphériques s'entendent de périodes de canicule, de neige, de gel, de verglas, de pluie et de vent fort, selon des conditions à définir par arrêté (c. trav. art. D. 5424-7-1). Les inondations restent, pour leur part, visées à l'article L. 5424-8 du code du travail.

▶ À noter... Dans certaines régions, les conditions climatiques entraînent un arrêt complet des chantiers qu'il n'est pas possible d'attribuer aux intempéries indemnisables. Ces périodes d'arrêts saisonniers sont déterminées par le *DREETS**, par région pour chaque catégorie d'entreprises. Elles ne peuvent pas être indemnisées au titre du chômage-intempéries (c. trav. art. L. 5424-7, D. 5424-8, D. 5424-9 et D. 5424-10).

Cotisation chômage-intempéries - Le chômage-intempéries est financé par les employeurs qui versent une cotisation à la *caisse de congés payés** dont ils relèvent. Ils sont partiellement remboursés des indemnités versées aux salariés à l'occasion du chômage-intempéries (c. trav. art. D. 5424-29 et D. 5424-32).

▶ À noter... Pour les carrières à ciel ouvert extrayant des matériaux destinés au BTP directement exploitées par les entreprises du BTP, qui ne sont pas tenues de s'affilier à une caisse de congés payés, l'employeur verse les cotisations de chômage-intempéries à la caisse de compensation compétente pour les entreprises du bâtiment et la localité du siège de l'entreprise (c. trav. art. D. 5424-33).

Pour la campagne allant du 1er avril 2024 au 31 mars 2025, les paramètres de calcul de la cotisation chômage-intempéries devraient être les suivants, sous réserve d'un arrêté ministériel non paru au 15 janvier 2025 (arrêté à paraître ; information du CIBTP du 25 janvier 2024) :
- taux de 0,68 % du montant des salaires à prendre en compte pour les entreprises du gros œuvre et des travaux publics ;

- taux de 0,13 % pour les autres entreprises (de second œuvre) ;

Le montant de l'abattement à défalquer du total des salaires servant de base au calcul de la cotisation due par les employeurs aux caisses de congés payés serait de 93 204 €.

Une même entreprise peut, selon ses activités, bénéficier des deux taux (gros œuvre et travaux publics, autres), sous réserve que le personnel soit occupé exclusivement à l'une ou l'autre de ces activités et que les comptabilités correspondantes soient distinctes. À défaut, les cotisations sont appelées au taux lié à l'activité principale. En tout état de cause, l'abattement reste unique pour l'entreprise et peut être calculé proportionnellement aux activités travaux publics, gros-œuvre et second œuvre considérées.

Rappelons enfin que pour déterminer la cotisation, il convient de calculer comme suit : (Masse salariale du 1er avril de l'année N au 31 mars de l'année N + 1 – 93 204 €) × 0,68 % ou 0,13 % (selon le cas).

Mécanisme d'indemnisation

Décision de l'employeur - C'est l'employeur (ou son représentant sur le chantier) qui décide d'arrêter le travail du fait des intempéries. Mais il doit au préalable consulter le *comité social et économique** (c. trav. art. L. 5424-9).

La date de reprise de travail est déterminée par l'employeur ou le représentant du maître d'œuvre sur le chantier. Il en informe les salariés en affichant un avis au siège ou au bureau de l'entreprise ou à l'entrée du chantier (c. trav. art. D. 5424-21).

▶ À noter… Pendant toute la période de l'inactivité du chantier, le salarié bénéficiant du régime chômage-intempéries reste à la disposition de l'entreprise (c. trav. art. D. 5424-18).

Salariés bénéficiaires - Sont concernés les salariés et les apprentis, quels que soient le montant et la nature de leur rémunération (c. trav. art. L. 5424-10).

Ils doivent avoir effectué au moins 200 h de travail dans les 2 mois précédant l'arrêt de travail, au sein d'une entreprise entrant dans le champ du chômage-intempéries (c. trav. art. L. 5424-11 et D. 5424-11).

Heures indemnisées - Sont indemnisées toutes les heures non travaillées à partir de la 2e heure perdue au cours d'une même semaine ou d'un même arrêt de travail, dans la limite de 9 h par jour et de 45 heures par semaine (c. trav. art. D. 5424-12 et D. 5424-13).

La première heure d'arrêt de travail n'est donc pas indemnisée (heure dite « de carence »).

Un maximum de 55 jours peuvent être indemnisés par année civile (c. trav. art. D. 5424-14).

Montant de l'indemnité - Le salarié perçoit, pour chaque heure indemnisée, 75 % du salaire horaire brut perçu à la veille de l'interruption de travail (c. trav. art. D. 5424-13).

Le salaire considéré tient compte du salaire de base et de ses accessoires (prime de rendement, etc.). En sont donc exclues les indemnités pour frais, les primes de risque et les majorations pour heures supplémentaires (c. trav. art. D. 5424-15).

Le salaire horaire servant de base de calcul des indemnités au salarié est, dans tous les cas, limité au montant horaire du *plafond de la sécurité sociale** majoré de 20 % (soit 29 € × 120 % = 34,80 € en 2025) (c. trav. art. D. 5424-16). Dès lors, l'indemnité horaire maximale est de 34,80 € × 75 % = 26,10 €

Exemple

Un salarié a eu 2 jours d'arrêt de travail pour chômage-intempéries de 7 h chacun, soit 14 h chômées. Le salarié est payé 18 € bruts de l'heure. La déduction opérée sur le salaire en raison de l'absence pour intempéries est de : 14 × 18 € = 252 €. L'indemnité chômage-intempéries est calculée pour 13 h (14 h chômées – 1 h de carence), soit : 13 h × 75 % × 18 € = 175,50 €.

L'employeur doit en outre respecter les obligations relatives à la *rémunération mensuelle minimale**, ce qui peut, le cas échéant, l'amener à verser à ce titre une allocation complémentaire.

▶ À noter… Les indemnités pour chômage-intempéries ne sont pas cumulables notamment avec un salaire, même perçu chez un autre employeur (instr. DGEFP 2009-7 du 25 mars 2009), les indemnités journalières d'accident du travail, de maladie et de congés payés (c. trav. art. L. 5424-13).

Fin de l'indemnisation - Le salarié perd le droit de percevoir les indemnités au titre du chômage-intempéries :
- s'il refuse d'exécuter les travaux qui lui sont demandés par son entreprise, lorsque ces travaux peuvent être accomplis pendant l'intempérie, notamment dans un atelier ou un bureau (c. trav. art. D. 5424-19) ;
- à partir de la date de réouverture du chantier s'il ne reprend pas le travail (c. trav. art. D. 5424-21).

Régimes fiscal et social, versement et bulletin de paye

Régime fiscal - Les allocations de chômage-intempéries sont imposables.

CSG et CRDS - Au plan social, ces allocations ne constituent pas un salaire et suivent le régime des allocations-chômage.

Elles ne sont donc en principe soumises qu'à la *CSG** sur les revenus de remplacement (taux de 6,20 %, dont 2,40 % non déductibles) et à la *CRDS** (0,50 %), après abattement d'assiette de 1,75 %.

Écrêtement de CSG/CRDS - S'il y a lieu, l'employeur doit appliquer à ces contributions le mécanisme d'écrêtement prévu par le code de la sécurité sociale.

Cette règle dite « d'écrêtement » pose pour principe que le prélèvement de la CSG/CRDS due au titre des revenus de remplacement ne peut avoir pour effet de ramener le montant net cumulé des allocations de chômage-intempéries et de la rémunération d'activité en dessous du SMIC brut (c. séc. soc. art. L. 136-1-2, II, 4° al. 2) [voir *Contribution sociale généralisée (CSG sur revenus de remplacement)**].

En pratique, ce mécanisme peut conduire à ne pas prélever la CSG/CRDS « revenus de remplacement », ou à ne prélever ces contributions que partiellement.

Exonération de CSG/CRDS ou taux réduit de CSG lié au revenu fiscal de référence - Les dispositifs d'exonération de CSG/CRDS ou de taux de CSG réduit à 3,80 % liés au revenu fiscal de référence du salarié, prévus pour certains revenus de remplacement [voir *Contribution sociale généralisée (CSG sur revenus de remplacement)**], sont applicables aux allocations de chômage-intempéries, selon le site Internet du réseau des URSSAF, en son état au 15 janvier 2025.

Une clarification expresse de la Direction de la sécurité sociale serait la bienvenue, dans la mesure où depuis le 1er janvier 2021, l'interprétation des nouvelles rédactions du 4° du II de l'art. L. 136-1-2 et de l'art. L. 136-8 du code de la sécurité sociale peut poser question.

▶ À noter... La lecture du réseau des URSSAF peut s'expliquer par le fait que les dispositions sur le chômage intempéries sont dans le même livre IV de la Ve partie du code du travail sur l'indemnisation des travailleurs privés d'emploi, comme les allocations-chômage, auxquelles ces dispositifs s'appliquent.

Cotisations maladie spécifiques dans certains cas - S'il y a lieu, l'employeur doit précompter des cotisations salariales d'assurance maladie propres à certaines situations spécifiques :
- cotisation des bénéficiaires du régime local d'Alsace-Moselle (taux de 1,30 %) ;
- cotisation de 2,80 % pour les personnes fiscalement domiciliées hors de France non redevables de la CSG/CRDS et relevant à titre obligatoire d'un régime français d'assurance maladie ;
- cotisation maladie des salariés relevant du régime de Mayotte (lesquels ne sont pas redevables de CSG/CRDS).

La règle d'écrêtement prévue pour la CSG/CRDS *(voir ci-dessus)* concerne aussi ces cotisations maladie spécifiques.

Versement des allocations par l'employeur - Les allocations sont versées par l'employeur dans les mêmes conditions que le salaire. Elles sont cessibles et saisissables (c. trav. art. L. 5424-13).

Elles doivent figurer sur le bulletin de paye sur une ligne distincte.

Plafond applicable - Le montant du plafond à passer en paye est réduit en cas de chômage-intempéries (voir *Plafond de la sécurité sociale**).

Départ du salarié - En cas de départ du salarié de l'entreprise, l'employeur doit lui fournir une attestation précisant le nombre d'heures indemnisées au titre du chômage-intempéries au cours de l'année civile (c. trav. art. D. 5424-31).

Remboursement à l'employeur

Déclaration - L'entreprise déclare l'arrêt de travail et demande le remboursement des indemnités versées aux salariés à la caisse des congés payés (c. trav. art. D. 5424-28). Elle utilise un bordereau comportant les éléments nécessaires au calcul des indemnités versées et à la détermination des montants des remboursements demandés par l'employeur (arrêté du 18 février 2003, modifié par arrêté du 27 juin 2003).

Remboursement - L'entreprise est ensuite remboursée par la *caisse de congés payés** des indemnités versées dans le cadre du chômage-intempéries (c. trav. art. D. 5424-25).

Pour calculer ce qu'elle doit rembourser à l'entreprise, la caisse affecte au montant de chaque indemnité versée un coefficient égal au rapport entre le montant des salaires servant de base à la cotisation versée par l'employeur et le montant de ces salaires avant déduction de l'abattement fixé annuellement (c. trav. art. D. 5424-25) *(voir plus haut)*.

L'employeur est remboursé comme suit (c. trav. art. D. 5424-26) :
- 10 % de ce montant pour les 6 premières heures indemnisées (heures de « franchise ») suivant la première heure de carence (c. trav. art. D. 5424-27) ;

L'indemnisation chômage-intempéries (récapitulatif)		
Par arrêt de travail	**Indemnisation brute versée par l'employeur**	**Remboursement par heure**
1re heure	0	0
2e heure à la 7e heure	75 % du salaire horaire brut (1)	10 % × indemnité horaire × [(MS – A) / MS]
Au-delà de la 7e heure (2)	75 % du salaire horaire brut (1)	85 % ou 90 % × indemnité horaire × [(MS – A) / MS]

MS = Masse salariale annuelle retenue pour le calcul de la cotisation chômage-intempéries, avant abattement. A = abattement autorisé par arrêté pour le calcul de la cotisation.
(1) Salaire horaire brut limité à 120 % du montant horaire du *plafond de la sécurité sociale** (soit en 2025 un salaire horaire de référence d'au plus 29 € × 120 % = 34,80 €, et donc une indemnité horaire maximale de 34,80 € × 75 % = 26,10 €).
(2) Dans la limite de 9 h par jour et 45 h par semaine, pendant au maximum 55 jours par année civile.

- pour les heures suivantes, 90 % ou 85 % de ce montant selon que la masse salariale cotisée est soit inférieure ou égale, soit supérieure à 3 fois le montant de l'abattement (c. trav. art. D. 5424-26).

Exemple
Un salarié a été en chômage-intempéries pour 14 h d'arrêt de travail. Il a bénéficié de 175,50 € pour 13 h (soit une indemnité horaire de 13,50 €). En supposant que le rapport entre la masse salariale annuelle cotisée et l'abattement soit égal à 0,7 et que la masse salariale annuelle cotisée soit supérieure à 3 fois le montant de l'abattement annuel, l'employeur est en droit d'obtenir un remboursement calculé comme suit : (6 h × 13,50 € × 0,7 × 10 %) + (7 h × 13,50 € × 0,7 × 85 %) = 61,90 €.

Si les salaires de l'entreprise sont inférieurs à l'abattement, le coefficient de remboursement est « NÉANT ». Il s'agit en effet d'entreprises qui ne versent pas de cotisation, car la masse des salaires est inférieure à l'abattement de la campagne (de ce fait, elles ne bénéficient d'aucun remboursement). Il n'en demeure pas moins qu'elles doivent indemniser leurs salariés en cas d'arrêt, dans les conditions légales.

Canicule : modulation possible à la baisse - Les arrêtés ministériels annuels sur le chômage intempéries peuvent moduler à la baisse les taux de remboursement des arrêts de travail résultant de périodes de canicule, après avis de la caisse nationale de surcompensation (c. trav. art. D. 5424-26 modifié ; décret 2024-630 du 28 juin 2024, JO du 29).

☞ *Caisse de congés payés ; Contribution pour le remboursement de la dette sociale (CRDS) ; Contribution sociale généralisée (CSG sur revenus de remplacement) ; Plafond de la sécurité sociale ; Rémunération mensuelle minimale.*

Chômage partiel

☞ *Activité partielle ; Activité partielle de longue durée ; Chômage-intempéries.*

Chômage partiel pour congés payés

Rappel - Le chômage partiel « congés payés » pouvait être mobilisé lorsque l'employeur fermait l'entreprise pour une période de congés payés [voir *Fermeture de l'entreprise (pendant les congés)**]. Il permettait d'indemniser les salariés n'ayant pas suffisamment de jours de congé pour couvrir la totalité de la période de fermeture en leur versant l'ancienne allocation spécifique de chômage partiel.

Dispositif abrogé - Le dispositif a été supprimé pour les demandes déposées depuis le 1er juillet 2013 (c. trav. art. R. 5122-10 modifié ; décret 2013-551 du 26 juin 2013). Depuis cette date, les salariés ne disposant pas de suffisamment de jours de congé pour couvrir la période de fermeture ne reçoivent ni rémunération, ni indemnité de chômage partiel pour les jours « manquants ». À notre sens, l'employeur peut décider d'accorder des congés payés par anticipation ou des jours de RTT pour limiter les pertes de salaire.

☞ *Activité partielle*

Circulaires (force juridique)

La loi du 10 août 2018 pour un État au service d'une société de confiance, complétée par un décret du 28 novembre 2018, a modifié, à compter du 1er janvier 2019, les règles de publication et d'opposabilité des circulaires et instructions (loi 2018-727 du 10 août 2018, art. 20, JO du 11 ; décret 2018-1047 du 28 novembre 2018, JO du 30). Puis la loi de financement de la sécurité sociale pour 2025 a élargi le champ de l'opposabilité des circulaires et instructions relatives aux cotisations et contributions sociales (loi 2025-199 du 28 février 2025, art. 18, VI, JO du 28).

Opposabilité des circulaires émanant de l'État

Principe - Sauf exceptions liées notamment au droit des tiers, toute personne (physique ou morale) peut, depuis le 1er janvier 2019, se prévaloir auprès de l'administration de l'interprétation d'une règle, même erronée, figurant dans les instructions et circulaires émanant des services de l'État, tant que cette interprétation n'a pas été modifiée (CRPA art. L. 312-3, al. 2).

Sont concernées les circulaires, instructions, notes et réponses ministérielles répondant aux conditions cumulatives suivantes (CRPA art. L. 312-2 et L. 312-3, al. 1) :
- émaner des administrations centrales et déconcentrées de l'État, comme la DSS, la DGEFP ou la *DREETS** ;
- comporter une interprétation du droit « positif » (à savoir en vigueur) ou une description des procédures administratives ;
- être publiées sur des sites Internet désignés par décret.

▶ À noter... Il a été demandé aux administrations centrales de l'État de remplacer les circulaires de commentaires ou d'interprétation de la norme, qualifiées d'« outils du passé », par la mise à disposition d'une documentation, régulièrement tenue à jour, sur les sites Internet des différents ministères (circ. du Premier ministre du 5 juin 2019), ce qui est de plus en plus souvent le cas. La question de l'opposabilité de cette documentation est toutefois posée.

Condition de publication - Pour être opposables, les circulaires émanant de l'État doivent être publiées sur des sites Internet dont la liste a été fixée par décret. Il s'agit, en particulier, des sites suivants (CRPA art. D. 312-11) :
- www.economie.gouv.fr ;
- www.education.gouv.fr ;
- www.enseignementsup-recherche.gouv.fr ;
- www.fonction-publique.gouv.fr ;
- www.solidarites-sante.gouv.fr ;
- www.sports.gouv.fr ;
- www.textes.justice.gouv.fr ;
- www.travail-emploi.gouv.fr.

Lorsque la page à laquelle renvoient les adresses mentionnées ci-dessus ne donne pas directement accès à la liste des instructions et circulaires, elle doit comporter un lien direct vers cette liste, identifiée par la mention « Documents opposables ».

Application subsidiaire - Ces règles d'opposabilité, inscrites dans le code des relations entre le public et l'administration (CRPA), ne s'appliquent qu'en l'absence de dispositions spéciales prévues par ailleurs (CRPA art. L. 100-1).

Or, pour les instructions et circulaires relatives aux cotisations et contributions sociales, il existe des règles spécifiques d'opposabilité prévues par le code de la sécurité sociale *(voir ci-après)*.

Opposabilité aux organismes de recouvrement des cotisations (URSSAF, AGIRC-ARRCO, etc.)

Circulaires visées - Le code de la sécurité sociale confère une valeur juridique aux circulaires et instructions ministérielles interprétatives en les rendant opposables (c. séc. soc. art. L. 243-6-2, I et II) :
- aux organismes chargés du recouvrement comme, par exemple, l'*ACOSS**, les *URSSAF**, les caisses générales de sécurité sociale (CGSS) dans les DOM ou les caisses de la Mutualité sociale agricole (MSA) ;
- dans certains cas, aux caisses de retraite complémentaire AGIRC-ARRCO et IRCANTEC.

▶ À noter... Le code rural contient une disposition spécifique qui prévoit aussi l'opposabilité des circulaires et instructions émanant du ministère de l'Agriculture aux caisses de MSA (c. rural art. L. 725-23).

Cette opposabilité permet, par exemple, d'invoquer ces documents comme moyen de défense à l'occasion d'un *contrôle URSSAF** ou d'un contentieux s'y rapportant.

▶ Attention... Les circulaires ACOSS, elles, ne sont pas opposables. Elles sont dénuées de valeur juridique.

Sujets concernés - L'opposabilité des circulaires et instructions ministérielles aux organismes chargés du recouvrement (ex. : URSSAF, CGSS) vaut pour la législation relative aux cotisations et aux contributions de sécurité sociale et aux cotisations et contributions recouvrées dans les mêmes conditions (c. séc. soc. art. L. 243-6-2, I).

L'opposabilité des circulaires et instructions ministérielles vaut aussi à l'égard des caisses de retraite complémentaire AGIRC-ARRCO et de l'IRCANTEC (caisse de retraite complémentaire des agents non titulaires de l'État et des collectivités publiques) pour la législation relative (c. séc. soc. art. L. 243-6-2, II) :
- à l'*assiette des cotisations de sécurité sociale** ;
- au *plafond de la sécurité sociale** ;
- à la *réduction générale des cotisations patronales** ;
- à la réduction dégressive de cotisations patronales dont bénéficient les structures d'aide à domicile (voir *Services à la personne**) ;

- aux exonérations spécifiques de cotisations patronales en outre-mer [voir *Outre-mer (exonération de cotisations)**] ;
- à tout point de droit dont l'application est susceptible d'avoir une incidence sur le calcul du plafond ou les allégements de *cotisations de retraite AGIRC-ARRCO** dues par les employeurs.

Condition de publication - La circulaire ou l'instruction doit être publiée conformément « au livre III du code des relations entre le public et l'administration » ou à son article L. 221-17 (c. séc. soc. art. L. 243-6-2, I).

Concrètement, depuis le 1er avril 2021, les circulaires et instructions ministérielles relatives à la législation applicable en matière de cotisations et contributions sociales sont publiées au Bulletin officiel de la sécurité sociale (BOSS, *voir ci-dessous*) (arrêté du 31 mars 2021, JO 1er avril, texte 51).

Avant cette date, elles devaient être publiées sur au moins l'un des supports suivants :
- le Bulletin officiel du ministère de la Santé, sous forme papier ou électronique (www.solidarités-sante.gouv.fr, onglet « Ministère », puis rubriques « Documentation et publications officielles », « Bulletins officiels et documents opposables » et « Bulletin officiel ») (CRPA art. R. 312-3-1) ;
- le site Internet de diffusion des circulaires relevant des services du Premier ministre (www.circulaires.gouv.fr) (CRPA art. R. 312-8) ;
- un site Internet désigné par décret, en l'occurrence www.solidarites-sante.gouv.fr, onglet « Ministère », puis rubriques « Documentation et publications officielles », « Bulletins officiels et documents opposables » et « Documents opposables » (CRPA art. R. 312-10 et D. 312-11).

Autres conditions d'opposabilité - Pour être opposable, la circulaire ou l'instruction doit être toujours applicable. Une loi ou un nouveau décret ne doit pas en avoir remis en cause son contenu.

La circulaire ou l'instruction doit par ailleurs être encore en vigueur. Elle ne doit donc pas avoir été abrogée ou remplacée par une nouvelle circulaire. Dans un tel cas, la garantie contre le redressement de cotisations et contributions sociales *(voir ci-après)* vaut uniquement pour la période de validité du texte, c'est-à-dire jusqu'à la date de publication de la nouvelle circulaire ou instruction (circ. DSS/5C 2006-72 du 21 février 2006).

Effets de l'opposabilité - Les organismes chargés du recouvrement (URSSAF, ACOSS, CGSS, caisses de la MSA, etc.) ainsi que les caisses de retraite complémentaire AGIRC-ARRCO et IRCANTEC ne peuvent demander à réaliser une rectification ou, lors d'un contrôle, procéder à aucun redressement de cotisations et contributions sociales pour la période pendant laquelle le cotisant a appliqué une circulaire ou une instruction interprétative alors en vigueur, peu important que cette interprétation diffère de celle admise par l'organisme de recouvrement (c. séc. soc. art. L. 243-6-2, I et II ; c. rural art. L. 725-23).

Il a été jugé que l'opposabilité des circulaires ou instructions du ministre chargé de la sécurité sociale qui sont publiées peut permettre de faire échec à un redressement de cotisations, elle ne peut pas, en revanche, être invoquée à l'appui d'une demande :
- d'annulation d'observations pour l'avenir émises à la suite d'un *contrôle URSSAF** (cass. civ., 2e ch., 24 mai 2017, n° 16-15724, BC II n° 106) ;
- de remboursement de cotisations versées indûment de façon spontanée (cass. civ., 2e ch., 14 février 2013, n° 12-13339, BC II n° 28) ou non (cass. civ., 2e ch., 16 mars 2023, n° 21-19066 D).

Bulletin officiel de la sécurité sociale en ligne opposable - Le Bulletin officiel de la sécurité sociale (BOSS), accessible sur https://boss.gouv.fr et opposable aux organismes de recouvrement depuis le 1er avril 2021, tend à regrouper l'ensemble des instructions et circulaires relatives à la législation applicable en matière de cotisations et de contributions sociales (c. séc. soc. art. L. 243-6-2, III ; arrêté du 30 mars 2021, JO du 31, texte 1 ; arrêté du 31 mars 2021, JO 1er avril, texte 51).

Son contenu est complété et actualisé régulièrement, l'objectif à terme étant de présenter l'ensemble de la doctrine administrative en matière de cotisations et contributions sociales [pour plus de détails, voir *Bulletin officiel de la sécurité sociale (BOSS)**].

Les directives, instructions, circulaires et notes de service de l'administration en la matière ne sont plus publiées au Bulletin officiel du ministère de la Santé, papier ou électronique. Celles qui y étaient déjà publiées avant le BOSS restent néanmoins en vigueur, jusqu'à la publication au BOSS des commentaires de l'administration ayant le même objet (arrêté du 31 mars 2021, JO 1er avril, texte 51).

Position des juges

La Cour de cassation, traditionnellement, ne reconnaît pas de valeur normative aux circulaires et instructions ministérielles et autres positions administratives. Ainsi, les cotisants qui se prévalent d'une circulaire devant les juges sont déboutés de leur demande si le texte va à l'encontre ou surajoute une norme ou une tolérance non prévue dans un texte ayant valeur législative ou réglementaire (cass. civ., 2e ch., 27 janvier 2004, n° 02-31149 D).

Cette position reste valable, sauf pour les circulaires qui remplissent les conditions requises d'opposabilité à l'administration, notamment aux organismes de recouvrement des cotisations de sécurité sociale *(voir ci-avant)*.

Publication des circulaires

Règles générales de publication - Les instructions et circulaires qui comportent une interprétation du droit positif ou une description des procédures administratives sont réputées abrogées si elles ne sont pas publiées sur un support déterminé (CRPA art. L. 312-2). Ce dernier varie selon l'administration dont elles émanent.

Par exemple, les instructions, circulaires, notes et réponses ministérielles émanant des administrations centrales de l'État sont publiées dans des bulletins officiels ayant une périodicité au moins trimestrielle (CRPA art. R. 312-3-1). Quant aux instructions et circulaires émanant des établissements publics (ex : l'*ACOSS**, *France Travail**), des autres personnes de droit public et des personnes de droit privé chargées de la gestion d'un service public, elles sont publiées soit dans un bulletin officiel au moins trimestriel, soit dans les 3 mois sur un registre tenu à la disposition du public (CRPA art. R. 312-6).

Dans tous les cas, la publication peut intervenir par voie électronique (CRPA art. R. 312-6).

Règles applicables aux circulaires ministérielles - Les circulaires et instructions adressées par les ministres aux services et établissements de l'État sont publiées sur un site Internet relevant du Premier ministre (CRPA art. R. 312-8). Concrètement, il s'agit d'un site dédié (www.circulaires.gouv.fr).

Un arrêté peut prévoir que les circulaires et instructions intervenant dans certains domaines marqués par un besoin régulier de mise à jour (comme en matière fiscale avec le BOFiP ou en matière de cotisations sociales avec le BOSS) sont publiées sur un site Internet dédié autre que www.circulaires.gouv.fr (CRPA art. R. 312-9).

Défaut de publication - Les instructions et circulaires qui n'ont pas été publiées sur l'un des supports prévus par la réglementation ne sont pas applicables et l'administration ne peut s'en prévaloir à l'égard des administrés (CRPA art. R. 312-7, al. 1).

En outre, à défaut de publication dans un délai de 4 mois à compter de leur signature, elles sont réputées abrogées (CRPA art. R. 312-7, al. 2).

▶ À noter… Les circulaires et instructions signées avant le 1er janvier 2019 sont réputées abrogées au 1er mai 2019 si elles n'ont pas, à cette dernière date, été publiées sur le support dédié (décret 2018-1047 du 28 novembre 2018, art. 7, JO du 30).

☞ *Arbitrage de l'ACOSS ; Bulletin officiel de la sécurité sociale (BOSS) ; Contrôle URSSAF ; Rescrit social.*

Classement du salarié

Notion - Dans le cadre du respect des dispositions conventionnelles, la classification d'un travailleur doit être appréciée en considération des fonctions effectivement remplies.

Le salarié qui n'a ni autonomie de gestion, ni initiative de direction, ni responsabilité ne peut pas obtenir la classification de cadre même si son contrat d'engagement ou ses bulletins de salaire portent la mention de directeur de magasin. Ceux-ci ne suffisent pas à établir un accord des parties sur la classification revendiquée (cass. soc. 13 octobre 1992, n° 89-43714, BC V n° 510).

La classification doit être celle qui correspond aux fonctions réellement exercées (cass. soc. 12 novembre 1997, n° 95-41339 D ; cass. soc. 25 novembre 2015, n° 14-14342 D). Pour se voir reconnaître une classification, le salarié doit remplir l'ensemble des conditions requises pour la fonction, y compris les conditions de diplômes ou de connaissances équivalentes acquises par une formation initiale ou professionnelle, si elles sont exigées par la convention collective (cass. soc. 30 mai 2018, n° 16-21583, BC V n° 93). De plus, les responsabilités qu'il exerce dans le cadre du poste doivent être complètes et permanentes (cass. soc. 12 février 1992, n° 89-41432 D).

Bulletin de paye - Le bulletin de paye doit comporter la position du salarié dans la classification qui lui est applicable.

Contentieux - L'employeur qui n'applique pas au salarié la classification conventionnelle qui lui est due prend un risque de contentieux.

Exemple

Une *prise d'acte de la rupture du contrat de travail** par un salarié produisait les effets d'un licenciement sans cause réelle et sérieuse en raison de la gravité des erreurs de gestion de la paye, l'employeur ayant (cass. soc. 2 avril 2014, n° 13-11187 D) :

- modifié unilatéralement la structure de la rémunération du salarié pour 2004 ;

- attribué à celui-ci un classement conventionnel inférieur à celui auquel il pouvait prétendre ;
puis reconnu au salarié un classement plus élevé le 1er janvier 2005, sans régulariser la situation antérieure, et en le rémunérant certains mois en dessous du minimum conventionnel prévu pour ce classement.

En cas de repositionnement du salarié à un coefficient hiérarchique supérieur, suite à une action judiciaire, l'employeur est tenu au paiement du salaire correspondant au salaire minimum conventionnel correspondant à ce coefficient (cass. soc. 4 septembre 2019, n° 18-11319 D).

Bulletin de paye (mentions obligatoires) ; Classification des emplois ; Coefficient hiérarchique ; Sous-classement du salarié ; Surclassement du salarié.

Classification des emplois

Principes de la classification

Classification conventionnelle - La classification des emplois est établie par les conventions collectives. Elle se trouve généralement définie dans les avenants relatifs aux diverses catégories de personnel (ouvriers, employés, techniciens, agents de maîtrise, cadres). Les dispositions sur les classifications prévues dans la convention de branche ou l'ANI prévalent sur les accords de niveau inférieur (d'entreprise, d'établissement) lesquels ne peuvent contenir que des garanties au moins équivalentes (c. trav. art. L. 2253-1).

Cette classification des emplois, parfois assortie de coefficients hiérarchiques, énumère par branche professionnelle les qualifications professionnelles des salariés.

À chaque qualification professionnelle correspond une définition ou une description des tâches pouvant être demandées au salarié.

La classification peut avoir des répercussions en matière de paye lorsqu'elle associe qualification et rémunération minimale à verser, ou avantages à attribuer au salarié.

▶ À noter... Le contrat de travail peut indiquer la classification dont le salarié relève. Celui-ci peut la contester devant les juges même s'il ne l'a pas mise en cause dans les formes et délais prévus par la convention collective (cass. soc. 19 mars 2014, n° 13-10021, BC V n° 82).

Rôle des commissions paritaires d'interprétation - En principe, les conventions collectives prévoient la mise en place d'une commission paritaire d'interprétation à laquelle l'employeur, les salariés, les syndicats et les élus du personnel peuvent s'adresser lorsqu'ils n'ont pas la même lecture d'une disposition conventionnelle. Cette commission rend un avis d'interprétation, dont la force obligatoire dépend de ce que la convention collective prévoit :
- s'il a la valeur d'un avenant, il s'impose aux parties et au juge (cass. soc. 15 mai 2001, n° 99-42109, BC V n° 109) ;
- s'il n'est rien de plus qu'un avis, le juge conserve son pouvoir d'interprétation (cass. ass. plén. 6 février 1976, n° 74-40223, B. ass. plén. n° 2 ; cass. soc. 11 octobre 1994, n° 90-41818, BC V n° 272 ; cass. soc. 2 décembre 2008, n° 07-44132, BC V n° 273).

Lorsqu'une commission estime que des salariés doivent être classés à des coefficients supérieurs, compte tenu des fonctions exercées, cet avis ne s'impose à l'employeur que s'il a la valeur d'un avenant. Si ce n'est pas le cas, c'est au juge d'interpréter la convention et de décider si les salariés relevaient ou non d'une classification supérieure (cass. soc. 9 juillet 2014, n° 13-17669, BC V n° 243).

Classement par assimilation

Il peut arriver que certains emplois ne soient pas définis dans la classification. Les conditions de salaire des intéressés sont alors déterminées par référence aux emplois visés par la classification et qui paraissent les plus voisins du poste tenu par les salariés considérés.

Exemple
Une psychotechnicienne peut être assimilée à un ingénieur-conseil (cass. soc. 14 janvier 1988, n° 85-43742, BC V n° 41).

Nouvelle classification

Application d'une nouvelle classification - Lorsque la qualification professionnelle relève des dispositions d'un accord collectif, la nouvelle classification résultant d'un avenant est applicable, même si elle entraîne pendant un certain temps un blocage de la rémunération (cass. soc. 16 novembre 1993, n° 90-43233, BC V n° 273).

▶ À noter... Dans une entreprise d'au moins 50 salariés, l'employeur doit consulter son *comité social et économique** sur la mise en place d'une nouvelle grille conventionnelle même si cette mesure lui est imposée par un accord collectif étendu (cass. soc. 21 novembre 2012, n° 11-10625, BC V n° 302).

Respect des clauses de garantie - Pour éviter des diminutions de rémunération, les partenaires sociaux peuvent prévoir des clauses de maintien des avantages acquis. Dans ce cas, les accords peuvent, par exemple, imposer le maintien du salaire antérieur.

Précisons que l'exclusion de toute réduction des positions acquises impose seulement le maintien du salaire antérieur tant que son montant reste supérieur à celui de la nouvelle classification du salarié (cass. soc. 16 février 1979, n° 77-40357, BC V n° 148). De ce fait, le salarié peut continuer à recevoir son salaire antérieur sans bénéficier des augmentations de salaire survenues depuis son changement pour l'emploi afférent à son nouveau coefficient.

Effets d'une révision sans clause de maintien des avantages acquis - En l'absence de clause de maintien des avantages acquis, l'avenant portant révision de tout ou partie de la convention ou de l'accord collectif se substitue de plein droit aux stipulations qu'il modifie (c. trav. art. L. 2261-8).

☞ *Arrêtés Parodi ; Bulletin de paye (mentions obligatoires) ; Classement du salarié ; Coefficient hiérarchique.*

Clause de non-concurrence

☞ *Indemnité de non-concurrence.*

Clause de non-concurrence (VRP)

Objet de la clause prévue par la convention collective

La clause de non-concurrence prévue par l'accord national interprofessionnel (ANI) des VRP du 3 octobre 1975 a pour objet d'interdire au VRP d'exercer une activité professionnelle qui s'avérerait préjudiciable à l'intérêt de son ancien employeur, après la rupture des relations contractuelles. La clause prévue au contrat de travail ne peut pas être plus contraignante que l'ANI, faute de quoi elle est nulle et le VRP n'a pas à la respecter (cass. soc. 12 octobre 2011, n° 09-43155, BC V n° 233).

L'interdiction ne peut pas dépasser 2 ans et la clause ne s'applique pas si le VRP est licencié au cours des 3 premiers mois du contrat ou s'il démissionne au cours des 45 premiers jours (ANI VRP du 3 octobre 1975, art. 17).

Contrepartie pécuniaire

Droit à une contrepartie - La contrepartie financière à la clause de non-concurrence, prévue par l'article 17 de l'ANI du 3 octobre 1975, s'applique de plein droit dès lors que le contrat de travail, qui comporte une clause de non-concurrence, se réfère à cet accord. Peu importe que la clause ne précise pas la contrepartie financière, elle n'est pas nulle pour autant (cass. soc. 10 mars 2004, n° 02-40108, BC V n° 83).

La clause de non-concurrence ne prévoyant pas de contrepartie financière et ne renvoyant pas à la convention collective des VRP, n'est pas non plus nulle dans la mesure où l'employeur est lié par la contrepartie prévue à l'article 17 de l'ANI du 3 octobre 1975 (c. trav. art. L. 2254-1 ; cass. soc. 6 octobre 2016, n° 15-17227 D).

Cette contrepartie pécuniaire est due quelles que soient les causes de la rupture, y compris si l'employeur met le VRP à la retraite (cass. soc. 21 juin 1995, n° 94-40059, BC V n° 207).

Taux de l'indemnité - Pendant la durée de l'interdiction, l'employeur verse au représentant une indemnité mensuelle égale à 2/3 de mois si la durée est supérieure à 1 an, et à un 1/3 de mois si la durée est inférieure ou égale à 1 an.

La contrepartie pécuniaire est réduite de moitié si la rupture de contrat de représentation est consécutive à une démission (ANI VRP du 3 octobre 1975, art. 17, al. 3).

Base de calcul - L'indemnité due au VRP est calculée sur la rémunération moyenne mensuelle des 12 derniers mois ou de la durée de l'emploi si celle-ci a été inférieure à 12 mois, après déduction des frais professionnels. Cette moyenne ne peut pas être inférieure à 173,33 fois le *SMIC** horaire au cas où le représentant, engagé à titre exclusif, aurait été licencié au cours de la première année d'activité (ANI VRP du 3 octobre 1975, art. 17).

La rémunération moyenne des 12 derniers mois s'entend des mois normalement travaillés, à l'exclusion des périodes d'arrêt de travail du VRP pour maladie. Si, pendant les 12 mois précédant la rupture de son contrat de travail, le salarié a été en arrêt maladie et n'a donc perçu que des indemnités journalières, l'employeur prend comme base de calcul le salaire des mois ayant précédé l'arrêt de travail (cass. soc. 11 mai 2005, n° 03-43181, BC V n° 160).

L'indemnité se calcule sur la base du salaire brut du VRP (cass. soc. 13 janvier 1998, n° 95-41467, BC V n° 8).

Renonciation

L'employeur peut renoncer à se prévaloir de la clause de non-concurrence, à condition de prévenir le VRP par LRAR dans les 15 jours suivant la notification de la rupture. Dans ce cas, aucune indemnité n'a à être versée.

▶ Attention... Il est possible que la clause de non-concurrence ne s'applique pas dans certains cas de rupture du contrat (redressement ou liquidation judiciaires, ou encore cessation des activités de l'entreprise) (avenant 4 du 12 janvier 1982, agréé par arrêté du 11 juillet 1983 et élargi par arrêté du 21 décembre 1983).

Violation de la clause de non-concurrence

La contrepartie pécuniaire mensuelle spéciale cesse d'être due si le VRP viole la clause de non-concurrence (ANI VRP du 3 octobre 1975, art. 17 ; cass. soc. 31 mars 1993, n° 88-43820, BC V n° 107).

Exemple
Après la rupture de son contrat de travail, le VRP vend sur le même secteur des produits similaires à ceux de son ex-employeur (cass. soc. 21 juin 2006, n° 04-48651 D).

Cotisations de sécurité sociale

L'indemnité de non-concurrence doit être incorporée dans l'assiette des cotisations et contributions sociales (voir *Indemnité de non-concurrence**).

Elle n'entre pas dans le champ d'application de la réduction de cotisations sur les bas salaires (voir *Réduction générale de cotisations patronales**) (cass. civ., 2e ch., 30 novembre 2017, n° 16-12403 FBP).

☞ *Indemnité de non-concurrence.*

Clause de paiement après encaissement

☞ *Commissions.*

Clause de révision du salaire

☞ *Clause d'indexation.*

Clause d'indexation

Clauses illicites

Toute clause indexant les salaires sur l'indice des prix, le *SMIC**, le niveau général des prix ou sur les prix de biens, produits ou services n'ayant pas de relation directe avec l'objet de la convention ou avec l'activité de l'une des parties est interdite ou nulle. Une telle clause est illicite, qu'elle figure dans le contrat de travail ou dans la convention collective (c. trav. art. L. 3231-3 ; c. mon. et fin. art. L. 112-2).

Exemple
La clause d'une convention collective prévoyant une indexation partielle des salaires sur l'indice des prix de l'INSEE est prohibée (cass. soc. 5 octobre 2017, n° 15-20390, BC V n° 175).

Les juges ont ainsi refusé d'octroyer des rappels de salaires sur la base d'une clause d'indexation automatique du salaire sur le taux de l'inflation (cass. soc. 13 décembre 2006, n° 05-44073, BC V n° 374).

Dispositions licites

Il a été admis :
- d'indexer les salaires sur les prix des biens ou produits fabriqués par l'entreprise (indice du coût de la construction pour la rémunération des salariés d'une entreprise de travaux publics) ;
- de prévoir des réunions selon des périodicités déterminées afin d'examiner l'évolution des salaires par rapport à la progression de l'indice INSEE ;
- d'indexer la partie du salaire versé dans un pays étranger avec le taux de change de sa monnaie (cass. soc. 25 octobre 1990, n° 87-40852, BC V n° 507) ;
- d'indexer le salaire sur le salaire minimum d'une catégorie professionnelle en relation avec l'activité du salarié (cass. soc. 16 octobre 1991, n° 87-43204 D).

☞ *Augmentation de salaire.*

Code APE

☞ *Code NAF.*

Code NAF

La nomenclature d'activités française (NAF) en vigueur à l'heure où nous rédigeons ces lignes, date du 1er janvier 2008 (décret 2007-1888 du 26 décembre 2007, JO du 30). L'INSEE attribue un numéro de code NAF à chaque entreprise en fonction de son activité principale.

Le code APE (activité principale exercée) caractérisant l'activité principale exercée par les unités économiques, attribué par l'INSEE, est déterminé à partir du niveau le plus détaillé de la NAF.

En l'absence d'autres éléments d'appréciation, le code NAF peut notamment constituer une présomption d'assujettissement à une *convention collective**.

Le numéro du code NAF doit obligatoirement figurer sur le bulletin de paye (c. trav. art. R. 3243-1, 2°).

☞ *Bulletin de paye (mentions obligatoires) ; Convention collective.*

Coefficient hiérarchique

Le coefficient hiérarchique est déterminé par la convention collective. Il fixe la place de chaque qualification professionnelle dans la classification des emplois établie par la convention (voir *Classification des emplois**). Certaines conventions collectives ont d'autres unités (indices, etc.).

▶ À noter... Le coefficient de base est souvent égal à 100.

Le coefficient sert à déterminer la rémunération minimale des salariés en fonction des taux minimaux de salaire définis par les accords collectifs de salaires. Les taux de salaire minimaux définis par voie conventionnelle ne pouvant être inférieurs au taux du SMIC, le salaire des intéressés doit être obligatoirement réajusté sur le SMIC à chaque fois que le calcul aboutit à un salaire inférieur.

Le coefficient hiérarchique est généralement indiqué dans le contrat de travail du salarié. Le salarié doit alors être payé à la hauteur de ce coefficient (cass. soc. 24 septembre 2014, n° 12-28459, BC V n° 203).

Si le juge attribue au salarié un coefficient hiérarchique supérieur à celui qui lui était appliqué, l'employeur doit lui payer un rappel de salaire correspondant au minimum conventionnel de rémunération afférent à ce coefficient (cass. soc. 4 septembre 2019, n° 18-11319 D). Mais si, pour la période en cause, la rémunération versée au salarié était supérieure au minimum conventionnel correspondant au coefficient attribué par le juge, l'employeur ne doit alors aucun rappel de salaire (cass. soc. 1er juillet 2009, n° 07-42691, BC V n° 169).

Le coefficient hiérarchique doit figurer sur le bulletin de paye de chaque salarié (c. trav. art. R. 3243-1, 4°).

☞ *Arrêtés Parodi ; Bulletin de paye (mentions obligatoires) ; Classement du salarié ; Classification des emplois.*

Comité social et économique

Le comité social et économique (CSE) a remplacé les délégués du personnel, le comité d'entreprise et le CHSCT depuis le 1er janvier 2020 (ord. 2017-1386 du 22 septembre 2017, JO du 23).

Mise en place du comité social et économique

Entreprises d'au moins 11 salariés - Les entreprises qui ont atteint au moins 11 salariés, pendant 12 mois consécutifs, doivent mettre en place un CSE (c. trav. art. L. 2311-1 et L. 2311-2).

▶ À noter... L'effectif est calculé suivant les règles fixées par le code du travail (c. trav. art. L. 1111-2, L. 1251-54 et L. 2311-2).

Mise en place d'un conseil d'entreprise - Il est possible de mettre en place un conseil d'entreprise, à la place du CSE, dans les entreprises avec ou sans délégué syndical. Le conseil d'entreprise se substitue alors au CSE, il en exerce l'ensemble des attributions et suit ses règles de fonctionnement tout en disposant de la capacité de négocier des accords collectifs d'entreprise (c. trav. art. L. 2321-1 ; pour plus de détails, voir Dictionnaire Social, « Conseil d'entreprise »).

Composition du CSE - Le CSE comprend l'employeur et une délégation du personnel composée de titulaires et de suppléants en nombre égal (c. trav. art. L. 2314-1 et R. 2314-1).

Rôle du comité social et économique

Les attributions du CSE varient selon la taille de l'entreprise (en dessous de 50 salariés ou au moins

50 salariés) (c. trav. art. L. 2312-1 ; pour plus de détails, voir Dictionnaire Social, « Comité social et économique »). Des dispositions plus favorables peuvent être définies par accord collectif ou par usage (c. trav. art. L. 2312-4 et L. 2315-2).

Aide au financement des services aux personnes et de garde d'enfants ; Avantages versés par le comité social et économique (CSE) ; Bons d'achat et cadeaux ; Centre de vacances et de loisirs pour mineurs ; Chèque-culture ; Chèque-disque ; Chèque emploi-service universel ; Chèque-lire ; Chèques-vacances ; Congé de formation des membres du CSE ; Conseil d'administration ou de surveillance (représentants du CSE) ; Crèche et garde d'enfants ; Heures de délégation ; Heures de délégation (rémunération).

Commission des droits et de l'autonomie des personnes handicapées

Les Commissions des droits et de l'autonomie des personnes handicapées (CDAPH) sont notamment chargées de (CASF art. L. 241-5 à L. 241-12 ; CASF art. R. 241-24 à R. 241-34) :
- la reconnaissance de la qualité de travailleur handicapé ;
- l'orientation des personnes handicapées entre les entreprises ordinaires et le travail en milieu protégé.

La personne handicapée pourra ainsi être orientée vers un milieu de travail ordinaire (entreprises adaptées et entreprises ordinaires). Son orientation peut aussi l'amener vers un établissement ou un service d'aide par le travail (secteur protégé).

Handicapés ; Handicapés (contribution AGEFIPH) ; Handicapés (déclaration d'emploi) ; Handicapés (obligation d'emploi).

Commissions

Les commissions (ou tantièmes, gueltes...) représentent un pourcentage des commandes ou du chiffre d'affaires du salarié. Elles constituent un mode de rémunération pour de nombreux salariés ayant des fonctions liées à la vente. Pour ceux-ci, la rémunération peut être composée uniquement de commissions ou d'une partie fixe et de commissions.

Seuls les principes généraux sont ici exposés. Pour les règles spécifiques aux VRP, les lecteurs se reporteront aux développements correspondants (voir *VRP**).

Calcul et régime

Mode de calcul - Le mode de calcul des commissions est fixé par les parties en tenant compte de différents éléments comme, par exemple :
- les commandes directes ou indirectes ;
- le chiffre d'affaires personnel du salarié ;
- le chiffre d'affaires global de la société ;
- le pourcentage variable selon le seuil du chiffre d'affaires ;
- la prise en compte de la commande ou de la réalisation de la vente.

En l'absence de clause contraire, les commissions se calculent sur le prix facturé aux clients, sans qu'il y ait lieu d'en déduire les taxes, et notamment la TVA (cass. soc. 20 mai 1998, n° 95-41169, BC V n° 274). Il appartient à l'employeur de fournir les justificatifs des ordres passés par le représentant et le chiffre d'affaires en résultant (cass. soc. 7 mars 2012, n° 09-71612 D ; cass. soc. 18 décembre 2001, n° 99-43538, BC V n° 389).

Exemple

En pratique, les commissions se différencient de la prime sur objectifs, laquelle est généralement calculée sur des indicateurs qualitatifs et est en principe plafonnée sur l'objectif atteint.

Justification du calcul - Un salarié doit pouvoir vérifier que le calcul de sa rémunération a été effectué conformément aux modalités prévues par le contrat de travail (ex. : rémunération sur la base de commissions calculées, selon une annexe au contrat, en pourcentage sur un chiffre d'affaires) (cass. soc. 18 juin 2008, n° 07-41910, BC V n° 134). En cas de litige, l'employeur doit justifier des éléments sur lesquels il se fonde pour calculer la rémunération variable (cass. soc. 24 septembre 2008, n° 07-41383, BC V n° 173 ; cass. soc. 9 avril 2014, n° 12-21821 D).

Droit à commission et clause de « bonne fin » - À défaut de convention ou d'usage contraire, la commission est due dès que la commande est prise et acceptée, sans qu'il y ait lieu de prendre en considération la livraison de la marchandise ou le paiement par le client (cass. soc. 25 mars 2009, n° 07-43587 D à propos d'un VRP).

En cas de clause de « bonne fin », le paiement de la commission est lié au règlement de la livraison par le client. Les commandes non menées à bonne fin n'ouvrent pas droit à commission, sauf faute de l'employeur. En outre, le salarié ne doit pas être privé des commissions qui lui sont dues sur d'autres contrats effectivement réalisés (cass. soc. 25 mars 2009, n° 07-43587 D).

Lorsqu'il est prévu que seules les commandes livrées ouvrent droit à commission, le VRP peut néanmoins réclamer le montant de sa commission si la commande n'a pas été livrée au client pour des raisons touchant aux relations entre l'employeur et son fournisseur (cass. soc. 19 décembre 2018, n° 13-26940 D).

Régimes social et fiscal - Les commissions constituent un élément de la rémunération et sont soumises à toutes les charges sociales et fiscales habituelles.

Elles entrent également dans le champ du prélèvement à la source (PAS) de l'impôt sur le revenu. Si le PAS est calculé par applications des grilles de taux non personnalisés [voir *Prélèvement à la source (taux)**], le taux applicable à la paye est déterminé en tenant compte de l'assiette globale du PAS, commissions comprises.

Saisie et prescription - Les commissions ont la nature d'un salaire. Elles sont donc cessibles et saisissables dans les mêmes conditions et se prescrivent par 3 ans.

Respect du salaire minimal

Dès lors qu'elles sont versées en contrepartie du travail fourni par le salarié, les commissions s'ajoutent au salaire de base pour vérifier que le SMIC ou le minimum conventionnel est respecté (cass. soc. 30 mars 1994, n° 92-40531 D ; cass. soc. 10 avril 2013, n° 12-15649 D).

Si, un mois donné, le total du fixe et des commissions est inférieur au salaire minimal, l'employeur a l'obligation de verser un complément de rémunération et ce, quel que soit le montant des commissions du mois précédent ou du mois suivant.

Prise en compte des commissions

D'un montant variable, les commissions peuvent poser des problèmes pratiques dans la détermination de certains éléments de rémunération. L'employeur doit, dans tous les cas, se référer au préalable aux dispositions de sa convention collective.

Indemnité de congés payés - Les commissions entrent dans la base de calcul de l'*indemnité de congés payés** si elles sont liées à l'activité personnelle du salarié et calculées sur une période de travail.

Il est, par ailleurs, possible de prévoir que le montant des commissions inclut l'indemnité de congés payés, à condition que la clause soit transparente et compréhensible. Cela suppose que la clause distingue clairement la part de rémunération qui correspond au travail, de celle qui correspond aux congés payés (cass. soc. 13 octobre 2021, n° 19-19407 FSB).

Pour les VRP payés à la commission, il faut qu'une majoration distincte du taux des commissions soit prévue (cass. soc. 30 mai 2000, n° 97-45946, BC V n° 212 ; cass. soc. 20 janvier 2021, n° 19-20072 D).

Maladie - Le salaire à maintenir est celui que le salarié aurait perçu s'il avait travaillé : en présence de commissions, il est possible de tenir compte soit de la rémunération du mois précédant l'arrêt, soit des 3 ou 12 derniers mois.

Heures de délégation - Le représentant du personnel ne doit subir aucune perte de rémunération du fait de l'exercice de son mandat. Lorsqu'il est payé en tout ou partie par des commissions, la somme qui lui est allouée pendant une période où, du fait de ses fonctions, il ne peut travailler doit être calculée d'après son salaire réel. Un accord collectif ne peut pas plafonner la rémunération prise en compte (cass. soc. 29 mai 2001, n° 98-45758, BC V n° 187).

La rémunération des heures de délégation doit être calculée en prenant en compte l'intégralité des commissions perçues par le représentant, peu important qu'elles aient été générées par des ordres directs ou des ordres indirects (cass. soc. 15 décembre 2016, n° 15-13367 D).

Lorsque le salarié est intégralement rémunéré sous forme de commissions (par hypothèse, dépassant le minimum garanti), le taux horaire applicable aux heures de délégation accomplies est égal à la totalité des commissions générées annuellement par l'activité du salarié, divisée par le nombre d'heures travaillées (cass. soc. 27 novembre 2013, n° 12-23589 D).

Lorsqu'un salarié à temps partiel est rémunéré par un fixe et des commissions, les heures de délégation prises en dehors du temps de travail doivent être rémunérées comme du temps de travail : le salarié a droit, à ce titre, non seulement à sa part de commissions mais également à la part fixe de son salaire calculée au prorata des heures de délégation accomplies (cass. soc. 21 janvier 2004, n° 01-43229, BC V n° 25).

Indemnité compensatrice de préavis - L'*indemnité compensatrice de préavis** doit correspondre à la rémunération qu'aurait perçue le salarié s'il avait travaillé au cours du préavis, commissions comprises (cass. soc. 29 janvier 2003, n° 00-44882, BC V n° 27).

Devant les difficultés posées par le fait que le montant des commissions soit variable, et que le salarié ne puisse pas en percevoir au titre de la période de préavis non exécuté, il semble possible d'utiliser la rémunération moyenne des 12 derniers mois. Cette solution a été retenue pour des VRP, en cas de rémunération composée d'une partie fixe et d'une partie variable (cass. soc. 10 mai 1994, n° 92-44776 D).

Indemnité de licenciement - Le salaire servant de base au calcul de l'*indemnité de licenciement** doit tenir compte des commissions.

Pour l'indemnité légale, le salaire de référence correspond à la moyenne de la rémunération brute soit des 3 derniers mois, soit des 12 derniers mois (ou des mois précédant le licenciement si le salarié a moins de 1 an d'ancienneté).

Prime d'ancienneté - Si la convention ou l'accord instituant la prime d'ancienneté ne prévoit pas l'exclusion des commissions de la base de calcul de la prime d'ancienneté, celles-ci doivent être prises en compte.

Activité partielle - Les commissions versées antérieurement à l'activité partielle sont prises en compte dans le calcul de l'allocation (voir *Activité partielle**).

Heures supplémentaires - Les commissions peuvent aussi être prises en compte, le cas échéant, dans la base de calcul des majorations pour *heures supplémentaires** (voir ce mot).

Versement

Périodicité - Les commissions, contrairement au salaire fixe, ne sont pas soumises à un versement mensuel. Si leur acquisition est étalée sur une période plus longue que le mois, elles peuvent être versées à l'échéance de cette période (trimestre, semestre...). À ce titre, le montant de la commission doit être associé à une période de rattachement dans la *déclaration sociale nominative** (bloc 52).

À titre d'exemple, les commissions du VRP doivent être payées au moins tous les trois mois (c. trav. art. L. 7313-7) (voir *VRP**).

Avances sur commissions - Lorsque des commissions sont prévues, le contrat de travail prévoit souvent le versement d'avances sur commissions.

Des réajustements doivent alors être effectués régulièrement, par exemple une fois par an. À défaut de réajustement, la jurisprudence peut, le cas échéant, considérer que les sommes versées à titre d'avances sont définitivement acquises au salarié.

Exemple

Le contrat de travail d'un animateur commercial prévoyait que les avances sur commissions devaient être régularisées en fin d'année. Dans la mesure où l'employeur n'a pas procédé, deux années de suite, aux réajustements de fin d'année entre le montant des acomptes et les commissions auxquelles le salarié pouvait prétendre, les juges ont considéré que la volonté des parties était de transformer les sommes versées à titre d'avances sur commission en complément de salaire fixe (cass. soc. 24 septembre 2014, n° 12-29471 D).

Le versement d'avances sur commissions peut être source de litiges. La Cour de cassation a déjà considéré que la retenue opérée par l'employeur pour récupérer des commissions indûment perçues s'analyse comme une *avance sur salaire** et, de ce fait, ne peut pas excéder le 1/10e du salaire exigible (cass. soc. 23 juin 2015, n° 14-11315 D).

☞ *VRP.*

Commissions de retour sur échantillonnage

☞ *VRP.*

Compensation

La compensation est l'extinction simultanée d'obligations réciproques entre deux personnes (c. civ. art. 1347). Elle consiste, pour l'employeur, à prélever la dette que le salarié a envers lui, sur les salaires ou autres éléments pécuniaires qu'il lui doit. Il peut, par exemple, s'agir d'un acompte ou d'une avance.

Le régime de la compensation varie selon les créances concernées.

Compensation avec les salaires et d'autres éléments pécuniaires

Seule la compensation avec le salaire est limitée.

En revanche, l'interdiction et la limitation de compensation ne jouent pas avec des sommes auxquelles les juges ne reconnaissent pas le caractère de salaire : indemnité de licenciement (cass. soc. 23 juin 1988, n° 85-44158, BC V n° 383), dommages-intérêts pour rupture abusive, indemnité de clientèle des VRP, etc.

Compensation pour fournitures diverses avec le salaire

Principe d'interdiction - La compensation entre le salaire et les dettes du salarié pour « fournitures diverses » de l'employeur est en principe interdite (c. trav. art. L. 3251-1). Le salarié est donc sûr de percevoir la plus grande partie de son salaire.

On notera que cette interdiction de compensation ne joue pas pour la participation du salarié au financement des titres-restaurant. En effet, le titre-restaurant constituant un avantage en nature payé par l'employeur qui entre dans la rémunération du salarié, il ne fait pas partie des fournitures diverses au sens de l'article L. 3251-1 du code du travail. En pratique, le salarié ne peut donc pas s'opposer aux retenues que l'employeur pratique sur le salaire à ce titre, ni exiger un autre mode de paiement de sa participation (cass. soc. 1er mars 2017, n° 15-18333, BC V n° 36).

Exceptions admises - À titre d'exception, le code du travail permet la compensation lorsqu'il s'agit (c. trav. art. L. 3251-2) :
- des outils et instruments nécessaires au travail ;
- des matières ou matériaux dont le salarié a la charge et l'usage ;
- des sommes avancées pour l'acquisition de ces mêmes objets.

Toute autre fourniture par l'employeur ne peut faire l'objet d'une compensation avec le salaire.

Les cas où la compensation est expressément autorisée doivent être interprétés de façon restrictive. C'est ainsi que, s'agissant des matériaux et matériels, la jurisprudence exige que le salarié en ait la charge et l'usage.

Exemple

Il n'y a pas de compensation possible avec des marchandises non livrées dont le salarié avait la charge mais pas l'usage (cass. soc. 24 mars 1993, n° 90-44491, BC V n° 96).

Compensation uniquement en cas de faute lourde - Les juges exigent une faute lourde du salarié pour engager la responsabilité pécuniaire de celui-ci, même en cas de droit à compensation pour fournitures diverses. C'est ce qui a été jugé dans une affaire où un employeur avait procédé à une retenue sur salaire pour un badge détérioré par le salarié : il ne pouvait pas y avoir compensation (cass. soc. 20 avril 2005, n° 03-40069, BC V n° 148).

Il en va de même de la non-restitution de la clé des locaux de l'entreprise par un salarié, en dépit de plusieurs demandes : en l'absence de faute lourde, l'employeur ne peut pas déduire de la prime d'intéressement le montant de la facture de remplacement de la serrure de ces locaux (cass. soc. 5 novembre 2014, n° 13-17204 D).

Pas plus que la fraction saisissable - Aucun texte législatif ou réglementaire n'indique dans quelles proportions la compensation peut être faite lorsqu'elle est autorisée. Dans ce silence, les tribunaux la limitent à la fraction saisissable calculée conformément au barème de *saisie des rémunérations** (cass. soc. 6 mars 1980, n° 78-40491, BC V n° 228 ; cass. soc. 21 mars 2000, n° 99-40003, BC V n° 118).

Mais cette limite ne concerne que les seuls salaires et sommes assimilées (indemnité de congés payés, indemnités compensatrices de congés payés et de préavis, etc.). L'interdiction et la limitation des compensations pour fournitures diverses ne s'appliquent pas aux sommes n'ayant pas le caractère de salaire *(voir ci-avant)*.

Secteurs particuliers - Dans certains secteurs (hôtels, cafés, restaurants et établissements similaires, cercles, casinos, entreprises de spectacle, entreprises de transport), il est interdit aux employeurs d'imposer des retenues ou de demander de l'argent aux salariés lors de leur embauche, de leur départ ou à l'occasion de l'exercice normal de leur travail (c. trav. art. L. 3251-4). Cette règle vaut, que la retenue soit opérée sous la dénomination de frais ou sous toute autre dénomination et pour quelque objet que ce soit.

À titre d'exemple, toute retenue sur les pourboires ou sur le salaire pour payer la casse de vaisselle est donc interdite. De même, dans les entreprises de transport, il est interdit de retenir sur la paye d'un chauffeur routier international les loyers impayés pour un logement que l'employeur a donné en location au salarié à titre d'accessoire au contrat de travail (cass. soc. 9 juillet 2003, n° 01-43103 D). L'employeur peut faire valoir ses prétentions par les voies de droit commun, mais non en procédant à des retenues.

Autres compensations avec le salaire

Application au cas par cas - Le code du travail ne traite expressément que des compensations pour fournitures diverses.

Le principe général semble être que toutes les créances de l'employeur à l'égard d'un salarié, autres que les « avances » (c. trav. art. L. 3251-3) et celles qui sont prohibées au titre des « fournitures diverses »

Exemples de créances pour fournitures	
La jurisprudence exige que le salarié ait la charge et l'usage des matériels et matériaux utilisés	
Compensation possible entre les salaires et... (*)	- les sommes dues par un salarié qui a perdu un instrument de travail (cass. soc. 12 février 1992, n° 89-42263 D) ; - le déficit du stock de marchandises remises en dépôt à un représentant et les commissions que l'employeur doit lui verser (cass. soc. 13 avril 1976, n° 74-40372, BC V n° 214).
Compensation impossible entre les salaires et...	- les marchandises non livrées, dont le salarié avait certes la charge mais pas l'usage (cass. soc. 24 mars 1993, n° 90-44491, BC V n° 96) ; - les notes d'électricité d'un logement qui ne constitue pas un accessoire du contrat de travail (cass. soc. 12 juin 1986, n° 83-45375, BC V n° 301).
(*) À la condition que le salarié ait commis une faute lourde (cass. soc. 20 avril 2005, n° 03-40069, BC V n° 148).	

(c. trav. art. L. 3251-1) peuvent donner lieu à compensation dans la limite de la fraction saisissable du salaire (cass. soc. 15 janvier 2014, n° 12-19739 D).

En pratique, les juges se prononcent au cas par cas au regard des conditions exigées par le code civil en matière de compensation.

Régularisation d'arrêt de travail - Dans l'hypothèse d'un salarié qui obtient la prise en charge d'un arrêt de travail au titre des accidents du travail, l'employeur peut dans ce cas récupérer la différence entre le complément de salaire versé initialement au titre de la maladie et celui plus réduit lui incombant au titre des accidents du travail, mais uniquement dans la limite de la quotité saisissable prévue en cas de *saisie des rémunérations** (cass. soc. 7 mars 2000, n° 97-44101 D).

Dans le même registre, la compensation est également possible entre le salaire et des sommes excédentaires que l'employeur a versées à un salarié malade par rapport aux obligations que lui impose la convention collective (cass. soc. 10 décembre 1975, n° 74-40050, BC V n° 598).

Dédit-formation - La compensation entre le salaire et la somme due au titre d'une clause de dédit-formation ne peut intervenir que dans la limite de la quotité saisissable prévue en cas de *saisie des rémunérations** (cass. soc. 21 mars 2000, n° 99-40003, BC V n° 118). Seul le coût de la formation peut faire l'objet d'une compensation, et non la rémunération perçue par le salarié pendant la formation (cass. soc. 23 octobre 2013, n° 11-16032, BC V n° 247).

Autres compensations admises - Les juges ont aussi estimé que la compensation est possible entre le salaire et :
- les cotisations salariales que l'employeur a oublié de précompter (cass. soc. 10 janvier 1974, n° 73-40116, BC V n° 34) ;
- la cotisation complémentaire maladie payée pour le compte du salarié pendant un arrêt de travail pour maladie (cass. civ., 2e ch., 12 juin 2024, n° 23-10775 D) ;
- la créance résultant d'un acompte versé au salarié sous la forme d'un crédit ouvert pour l'achat de marchandises au sein du magasin où il travaille (cass. soc. 15 janvier 2014, n° 12-19739 D).

Limite à la compensation - Lorsque la compensation est possible, elle ne peut s'effectuer que dans la limite de la quotité saisissable du barème de saisie des rémunérations, s'agissant des sommes ayant le caractère de salaire et en totalité avec les sommes représentatives de dommages et intérêts (indemnité de licenciement, etc.). Notons également que la créance ne doit pas non plus être définitivement prescrite (cass. soc. 23 octobre 2014, n° 13-17010 D).

Commissions indûment perçues - Les retenues sur salaire dans le but de récupérer des commissions indûment perçues peuvent être effectuées dans la limite du 1/10e du salaire net. Ces commissions s'analysent en effet comme une *avance sur salaire** (cass. soc. 23 juin 2015, n° 14-11315 D).

Ordonnance de référé infirmée - Le versement effectué par l'employeur en exécution d'une ordonnance de référé par la suite infirmée a un caractère indu. Dans ces conditions, ces sommes ne constituent pas des avances en espèces et la règle des retenues successives limitées au 1/10 du salaire ne s'applique pas. La compensation s'opère ainsi dans la limite de la fraction saisissable du salaire (cass. soc. 19 octobre 2017, n° 16-11617, BC V n° 187).

Compensation impossible

Perte de recettes liées à la négligence du salarié - La responsabilité pécuniaire du salarié ne peut pas être engagée sans faute lourde de sa part. Les juges interdisent donc la compensation entre le salaire et les recettes qu'un salarié n'avait pas remises à son employeur, motif qui avait justifié le licenciement pour faute grave de l'intéressé (cass. soc. 21 octobre 2008, n° 07-40809, BC V n° 197).

Infractions routières et accident avec un véhicule de l'entreprise - Lorsqu'un salarié se rend coupable d'une *infraction routière** en utilisant un véhicule immatriculé au nom de l'employeur, il est impossible de retenir sur sa rémunération le montant des *contraventions**, même si cela est prévu par le contrat de travail (cass. soc. 11 janvier 2006, n° 03-43587, BC V n° 7 ; cass. soc. 17 avril 2013, n° 11-27550 D).

Selon le même principe, en cas d'accident de la circulation avec un véhicule de l'entreprise, l'employeur ne peut pas faire supporter une partie des réparations au salarié, via une compensation sur son salaire. Peu importe que le salarié ait donné son accord (cass. soc. 11 mars 1998, n° 97-41920, BC V n° 135) ou l'ait même proposé spontanément (cass. soc. 30 septembre 2014, n° 13-20082 D).

Exemple

Les juges ont condamné un employeur à rembourser à un salarié une somme correspondant à trois franchises relatives à des accidents survenus sur le véhicule de fonction mis à sa disposition. L'employeur s'était fondé sur une clause du contrat de travail prévoyant le paiement d'une franchise de 250 € en cas d'accident responsable ou sans tiers identifié (cass. soc. 6 mai 2009, n° 07-44485, BC V n° 126).

Clause du contrat de travail prévoyant une responsabilité pécuniaire - La responsabilité pécuniaire d'un salarié à l'égard de son employeur ne peut résulter que de sa *faute lourde**.

En conséquence, même si une clause du contrat de travail prévoit la responsabilité du salarié dans certaines circonstances, il est impossible de mettre en œuvre cette clause en l'absence de *faute lourde** du salarié (cass. soc. 6 mai 2009, n° 07-44485, BC V n° 126).

Indemnité de préavis due par le salarié démissionnaire - Lorsqu'un salarié démissionne sans respecter son préavis, l'employeur n'a pas à lui payer ce préavis. Mais il peut, le cas échéant, prétendre en plus à une indemnité égale au préavis, sans pouvoir toutefois en retenir le montant par compensation avec le salaire (cass. soc. 28 avril 1994, n° 90-46044, BC V n° 155). La seule solution est ici de présenter une demande en justice *(voir ci-après)*.

Loyers dus à l'employeur - Lorsque l'employeur octroie un logement à un salarié en vertu d'un contrat de location, le loyer est dû en vertu d'un contrat de bail et n'est pas un accessoire au contrat de travail. La compensation entre les loyers et le salaire est prohibée, ce qui interdit à l'employeur/bailleur de retenir d'autorité sur le salaire le montant de loyers impayés (cass. soc. 7 décembre 1994, n° 91-43037 D ; cass. soc. 13 octobre 1998, n° 96-42373 D).

Ce principe est encore plus intangible pour les travailleurs étrangers, puisqu'il est assorti de lourdes sanctions pénales. En effet, il est interdit à tout employeur d'opérer, sur le salaire d'un étranger venu travailler en France, des retenues, sous quelque dénomination que ce soit, à l'occasion de son embauche (c. trav. art. L. 5222-2). Toute infraction à ce principe rend notamment l'employeur passible de 2 ans de prison et de 3 000 € d'amende (c. trav. art. L. 5224-4).

Les juges ont eu l'occasion d'appliquer ce principe pour le loyer d'un appartement que l'employeur mettait à la disposition d'un salarié de nationalité algérienne, peu important que l'employeur et le salarié aient convenu d'imputer le loyer sur le salaire (cass. soc. 17 juillet 2001, n° 98-43981, BC V n° 275). Pour faire valoir ses prétentions, l'employeur doit agir en justice.

Compensation judiciaire

L'employeur peut demander la compensation judiciaire pour les sommes dont la compensation directe est interdite, comme, par exemple, pour un préavis non effectué par le salarié (cass. soc. 10 juin 1976, n° 75-40027, BC V n° 361).

Régularisation sur le salaire en cas d'aménagement du temps de travail

Dans le cadre de dispositifs d'aménagement du temps de travail avec lissage de la rémunération, il peut arriver que l'employeur ait à récupérer un trop-perçu par le salarié constaté lors de la régularisation annuelle du salaire. Dans ce cas, les juges considèrent que le trop versé par l'employeur constitue une avance à récupérer comme telle (cass. soc. 3 novembre 2011, n° 10-16660, BC V n° 252). En conséquence, l'employeur doit procéder par des retenues successives au plus égales à 1/10e du salaire net exigible (voir *Avance sur salaire**).

Acomptes

Voir *Acomptes**.

Avances

Voir *Avance sur salaire**.

Prêts

Voir *Prêt aux salariés**.

☞ *Acomptes ; Avance sur salaire ; Contraventions ; Erreur de paye ; Faute lourde ; Prêt aux salariés ; Saisie des rémunérations.*

Complément d'heures (temps partiel)

☞ *Temps partiel (avenant de complément d'heures).*

Compte d'engagement citoyen

Le compte d'engagement citoyen (CEC) est un des éléments du *compte personnel d'activité** (CPA). Le CEC est destiné à valoriser l'engagement dans l'exercice de responsabilités associatives d'utilité publique, civiques ou citoyennes importantes, dans le cadre du bénévolat et du volontariat. Il n'est pas géré par l'entreprise.

Objet du CEC

Le CEC recense certaines activités bénévoles ou de volontariat et permet à son titulaire d'acquérir des droits sur son *compte personnel de formation** (CPF) ou de bénéficier de jours de congés destinés à l'exercice de ces activités (c. trav. art. L. 5151-7 et L. 5151-12).

Acquisition de droits sur le CPF

Recensement à l'initiative du titulaire du compte - Le titulaire du compte peut prendre l'initiative de recenser dans son CEC ses activités bénévoles ou de volontariat dans le cadre du traitement de données à caractère personnel dénommé « Système d'information du compte personnel de formation » (c. trav. art. L. 5151-8 renvoyant à L. 6323-8, II). Il décide seul des activités qu'il souhaite retracer.

▶ À noter… Concernant les activités de bénévolat associatif, deux téléservices « Le Compte Bénévole » et « Le Compte Asso » permettent à la personne de déclarer les heures qu'elle a accomplies en vue de l'inscription de droits dans le CPF et à l'association de les certifier (c. trav. art. R. 5151-16 à R. 5151-19). Pour les autres activités, les modalités de recensement sont à clarifier, mais la déclaration incomberait à l'organisme d'accueil.

Activités concernées - Le code du travail donne la liste des différentes activités de bénévolat ou de volontariat qui permettent d'inscrire des droits comptabilisés en euros sur le CPF.

Les activités de bénévolat associatif sont éligibles, sous plusieurs conditions cumulatives (c. trav. art. L. 5151-9, 6°) :

- il doit s'agir d'une association loi 1901, déclarée depuis au moins 1 an (3 ans avant le 17 avril 2024), et dont l'ensemble des activités figure sur la liste prévue des œuvres ou organismes d'intérêt général donnant droit à la réduction d'impôt pour les dons (CGI art. 200, 1, b) ;
- le bénévole siège dans l'organe d'administration ou de direction de l'association ou participe à l'encadrement d'autres bénévoles, dans certaines conditions, notamment de durée.

▶ À noter… Depuis le 17 avril 2024, les associations peuvent abonder le *compte personnel de formation** de leurs adhérents via le CEC (c. trav. art. L. 6323-4, II, 15°).

Par ailleurs, ouvrent également des droits (c. trav. art. L. 5151-9) :

- le service civique (c. serv. nat. art. L. 120-1) ;
- la réserve militaire opérationnelle (c. défense art. L. 4211-1) ;
- le volontariat de la réserve opérationnelle de la police nationale (c. séc. int. art. L. 411-7, 3° et 4°) ;
- la réserve civique et les réserves thématiques qu'elle comporte (réserve citoyenne de défense et de sécurité, réserves communales de sécurité civile, réserve citoyenne de la police nationale, réserve citoyenne de l'éducation nationale) (loi 2017-86 du 27 janvier 2017, art. 1, JO du 28) ;
- la réserve sanitaire (c. santé pub. art. L. 3132-1) ;
- l'activité de maître d'apprentissage (c. trav. art. L. 6223-5) ;
- l'aide apportée à une personne en situation de handicap ou à une personne âgée en perte d'autonomie (CASF art. L. 113-1), si un accord collectif de branche en prévoit les modalités d'acquisition et si les droits à formation font l'objet d'une prise en charge mutualisée par les employeurs de la branche ;
- le volontariat dans les corps de sapeurs-pompiers volontaires (c. séc. int. art. L. 723-3 à L. 726-20 ; loi 96-370 du 3 mai 1996).

Acquisition des droits et durées d'activité requises - Les droits acquis au titre du CEC alimentent les droits à formations inscrits sur le CPF (c. trav. art. L. 5151-10). Ces droits sont comptabilisés en euros (voir *Compte personnel de formation**).

Ainsi la durée nécessaire à l'acquisition de 240 € sur le CPF est définie pour chacune des activités concernées *(voir tableau dans cette étude)* (c. trav. art. D. 5151-14, I et II). Le montant des droits inscrits sur le CEC est plafonné à 720 € (c. trav. art. D. 5151-14, III).

Durée nécessaire à l'acquisition de 240 € sur le CPF (*)		
Activité concernée	**Durée nécessaire**	**Appréciation**
Service civique	6 mois continus	Sur l'année civile écoulée et la précédente
Réserve militaire opérationnelle	90 jours d'activités accomplies	Sur l'année civile écoulée
Réserve citoyenne de défense et de sécurité	Durée continue de 5 ans d'engagement	Appréciée au terme de cette durée
Réserve communale de sécurité civile	Durée d'engagement de 5 ans	Appréciée au vu du contrat d'engagement
Réserve sanitaire	Durée d'emploi de 30 jours	Sur l'année civile écoulée
Réserve citoyenne de l'éducation nationale	Durée d'engagement continue de 1 an ayant donné lieu à au moins 25 interventions	Sur l'année civile écoulée et la précédente
Réservistes de la réserve civile de la police nationale	Durée continue de 3 ans d'engagement ayant donné lieu à la réalisation de 75 vacations par an	Appréciée au terme d'une durée continue de 3 ans d'engagement ayant donné lieu à 75 vacations par an
Réserve citoyenne de la police nationale	Durée continue de 3 ans d'engagement ayant donné lieu à la réalisation de 350 h par an	Appréciée au terme d'une durée continue de 3 ans d'engagement ayant donné lieu à la réalisation de 350 h par an
Réserve citoyenne de réinsertion	Durée d'activité annuelle de 90 heures	Sur l'année civile écoulée
Réserve civique et ses réserves thématiques (1)	Durée d'activité annuelle d'au moins 200 h (2)	Sur l'année civile écoulée (2)
Maître d'apprentissage	Durée de 6 mois, quel que soit le nombre d'apprentis accompagnés	Sur l'année civile écoulée et la précédente
Bénévolat associatif	200 h réalisées dans une ou plusieurs associations, dont au moins 100 h dans une même association	Sur l'année civile écoulée
Sapeurs-pompiers volontaires	Signature d'un contrat d'engagement de 5 ans	Appréciée au vu de la signature du contrat d'engagement

(*) C. trav. art. D. 5151-14.
(1) Hors réserve citoyenne de défense et de sécurité, réserve communale de sécurité civile, réserve citoyenne de l'éducation nationale et de la réserve citoyenne de la police nationale.
(2) Durée de 200 h effectuées dans un ou plusieurs organismes d'accueil, dont au moins 100 h dans le même organisme (décret 2021-1842 du 27 décembre 2021, JO du 29). Cette durée est appréciée sur l'année civile écoulée.

▶ À noter… Les heures inscrites sur le CEC avant le 1er janvier 2019 ont été converties à hauteur de 12 € par heure (décret 2018-1349 du 23 décembre 2018, art. 1, JO du 30).

Utilisation des heures accumulées

Les droits acquis au titre de l'engagement citoyen peuvent être mobilisés seulement après ceux inscrits sur le CPF (c. trav. art. D. 5151-11). Il convient donc d'utiliser les droits acquis au titre du CPF en priorité.

Toutefois, seules les heures acquises au titre du CEC peuvent financer les actions de formation destinées à acquérir les compétences nécessaires à l'exercice des missions de bénévole, de volontaire de service civique (c. trav. art. L. 6323-6, II, 5°).

La prise en charge des formations par l'intéressé en utilisant le CEC se fait via le *compte personnel de formation** (c. trav. art. D. 5151-12 renvoyant à L. 6323-1 et s.).

Jours de congés

L'employeur peut accorder des jours de congés payés consacrés à l'exercice d'activités bénévoles ou de volontariat. Ces jours de congés peuvent être recensés sur le CEC (c. trav. art. L. 5151-12).

☞ *Compte personnel d'activité ; Compte personnel de formation.*

Compte épargne-temps

Cadre général

Objet du CET - Le compte épargne-temps (CET) peut être utilisé par ses bénéficiaires pour accumuler des droits à congés rémunérés à utiliser dans l'avenir, obtenir un complément de rémunération immédiate (ex. : monétarisation de jours de RTT), alimenter des plans d'épargne, ou encore financer un système de retraite supplémentaire.

Modalités de mise en place - Dans tous les cas, un accord collectif est indispensable (accord d'entreprise ou d'établissement ou de groupe, ou à défaut, convention ou accord de branche) (c. trav. art. L. 3151-1). Cet accord est essentiel, car c'est lui qui fixe les règles pratiques de gestion du CET.

Information des salariés - Les modalités d'information des salariés sont libres, le solde du CET n'ayant pas à figurer de façon obligatoire sur le bulletin de paye *(voir notre modèle ci-après pour un CET tenu en jours)*.

Alimentation du compte

Modalités fixées par l'accord collectif - C'est l'accord collectif instaurant le CET qui fixe les conditions et limites dans lesquelles le salarié et l'employeur peuvent alimenter le CET (c. trav. art. L. 3152-1).

Le code du travail ne dresse plus la liste des différents modes d'alimentation « en temps » ou « en argent », pour laisser plus de champ à la négociation. Cependant, l'administration a apporté des illustrations sur ce qui peut être prévu, tout en soulignant les règles d'ordre public à respecter (circ. DGT 2008-20 du 13 novembre 2008).

Alimentation en temps par le salarié - Les salariés peuvent stocker dans le compte autant de jours de congé ou de repos qu'ils le souhaitent, dans les conditions et proportions fixées par l'accord collectif. Il peut notamment s'agir (liste non exhaustive) :
- d'heures de repos acquises à l'occasion de l'accomplissement d'heures supplémentaires, soit au titre de la *contrepartie obligatoire en repos**, soit à celui de *repos compensateur de remplacement** ;
- de jours de repos et de congés acquis dans le cadre d'un dispositif d'*aménagement du temps de travail sur une période supérieure à la semaine** ;
- de jours de repos dont bénéficient les salariés sous convention de forfait en jours sur l'année, dans le respect du nombre maximal de jours travaillés fixé par l'accord collectif (ou, à défaut, de la limite légale de 235 jours) [voir *Convention de forfait (forfait annuel en jours)**] ;
- d'heures de travail effectuées par un salarié au-delà de la durée prévue par une *convention de forfait** d'heures supplémentaires (forfait hebdomadaire, mensuel ou annuel) ;
- de jours de *congés payés**, mais uniquement pour la fraction acquise au-delà de 24 jours ouvrables (ou 20 jours ouvrés), soit en pratique la 5e semaine et les éventuels jours de fractionnement supplémentaires ;
- de congés conventionnels.

En revanche, les repos prévus par la loi pour des raisons de protection de la santé et de la sécurité du salarié ne peuvent pas être stockés sur un CET (ex. : repos quotidien et hebdomadaire, contreparties en repos au travail de nuit).

▶ À noter… La décision d'alimenter le CET appartient aux salariés, dans le respect de l'accord collectif. L'employeur ne peut pas les obliger à affecter des jours de repos sur le CET ou les obliger à prendre tous leurs jours de repos sans pouvoir alimenter le CET alors que l'accord le leur permet (cass. soc. 8 juin 2011, n° 10-11979, BC V n° 151).

Alimentation en argent à l'initiative du salarié - L'accord collectif peut prévoir la possibilité pour le salarié d'affecter au CET (liste non exhaustive) :
- des majorations de salaire liées aux *heures supplémentaires** ou aux *heures complémentaires** ;
- des primes et indemnités conventionnelles ;
- des augmentations ou des compléments du salaire de base ;
- des primes d'*intéressement**, ou, une fois disponibles, tout ou partie des avoirs issus de la *participation aux résultats** ou d'un *plan d'épargne d'entreprise**.

Alimentation en temps à l'initiative de l'employeur - L'accord de CET peut aussi donner à l'employeur la possibilité d'alimenter le CET avec les heures effectuées au-delà de la durée collective du travail (s'il s'agit d'heures majorées, la valeur des heures portées au CET doit inclure la majoration) (c. trav. art. L. 3152-1).

Selon l'administration, cette modalité d'alimentation du CET peut être prévue, « notamment », lorsque les caractéristiques de variations de l'activité le justifient (circ. DGT 2008-20 du 13 novembre 2008).

Alimentation en argent à l'initiative de l'employeur - L'accord collectif peut mettre en place un mécanisme d'alimentation en argent par l'employeur, sous la forme d'un abondement.

Un « abondement » s'entend d'un versement complémentaire de l'employeur ne correspondant pas à des sommes qui seraient, en tout état de cause, dues au salarié (circ. DGT 2008-20 du 13 novembre 2008). Ainsi, un employeur ne peut pas affecter d'autorité au CET des augmentations de salaire ou compléments de salaire de base. Seul le salarié peut le faire, si l'accord de CET le permet.

Possibilités d'utilisation du CET

Fixation par l'accord collectif, sauf cas particulier - Les possibilités et conditions d'utilisation du CET sont déterminées par l'accord collectif ayant institué le CET (c. trav. art. L. 3152-2).

En pratique, les droits épargnés sur le compte peuvent être mobilisés (circ. DGT 2008-20 du 13 novembre 2008) :
- soit pour indemniser des temps non travaillés (congés, cessation d'activité, etc.) ;
- soit sous forme monétaire, via le versement d'un complément de rémunération immédiate ou en rémunération différée via l'alimentation d'un plan d'épargne salariale, le financement d'un régime de retraite supplémentaire collectif et obligatoire ou le rachat de cotisations vieillesse.

Deux exceptions permettent à un salarié, en accord avec son employeur, d'utiliser un CET pour des possibilités qui ne seraient pas prévues dans l'accord collectif : cessation progressive d'activité et complément de rémunération *(voir nos développements ci-après)*.

Utilisation à l'initiative du salarié, sauf exception - Le CET ne peut être utilisé qu'à l'initiative du salarié. Il a par exemple ainsi été jugé qu'un employeur ne peut pas prendre la décision d'utiliser les droits à repos compensateurs accumulés par le salarié sans son accord (cass. soc. 18 mars 2015, n° 13-19206, BC V n° 54).

La seule exception admise concerne l'utilisation des heures effectuées au-delà de la durée légale du travail et affectées par l'employeur sur le CET, lorsque l'accord le lui permet *(voir plus loin)*.

Utilisation pour indemniser des temps non travaillés

À l'initiative du salarié - L'accord collectif détermine les types de congés pour lesquels le CET peut être utilisé.

Selon les termes de l'accord, le salarié peut puiser dans les droits de son CET pour indemniser, en tout ou partie :
- un congé (ex. : congé parental d'éducation, congé pour création ou reprise d'entreprise, congé sabbatique, congé de solidarité internationale, congé sans solde) ;
- une période de formation en dehors du temps de travail ;
- un passage à temps partiel ;
- une cessation progressive ou totale d'activité.

En outre, quel que soit le contenu de l'accord, le salarié peut, avec l'accord de son employeur, utiliser les droits inscrits sur le CET pour cesser de manière progressive son activité (c. trav. art. L. 3151-3). Un salarié peut donc toujours faire une demande en ce sens, même si l'accord ne prévoit rien en la matière. En revanche, il est impossible d'utiliser un CET pour indemniser une cessation totale d'activité si l'accord ne le prévoit pas.

À l'initiative de l'employeur - Lorsque l'accord prévoit une affectation collective à l'initiative de l'employeur des heures de travail effectuées au-delà de la durée légale sur le CET *(voir plus haut)*, il doit préciser les conditions d'utilisation de ces droits.

Suivant les options retenues par l'accord collectif, le dispositif peut être utilisé comme un dispositif d'aménagement du temps de travail pour adapter les horaires de travail aux fluctuations d'activité.

L'utilisation de ces heures peut ainsi permettre à l'entreprise de faire face à des périodes de baisse d'activité en lui évitant de recourir éventuellement à l'*activité partielle**.

▶ À noter... En revanche, les jours affectés individuellement par le salarié sur son CET ne peuvent pas faire l'objet d'une utilisation collective.

Jours fériés compris dans une période de congé rémunérée grâce au CET - Lorsqu'un salarié prend un congé sans solde qu'il finance en mobilisant son CET, il ne peut prétendre qu'à une indemnisation au titre du CET. L'employeur n'est pas dans l'obligation de payer en plus les jours fériés compris dans cette période, durant laquelle le contrat de travail était suspendu ainsi que le prévoyait l'accord de CET (cass. soc. 23 novembre 2022, n° 21-17300 FSB).

Dans tous les cas, il est important de se reporter au texte de l'accord de CET, pour voir s'il contient des dispositions particulières en la matière.

Utilisation sous forme monétaire

Complément immédiat de rémunération - L'accord de CET peut prévoir des conditions de monétarisation, qu'il faut alors respecter.

En outre, quel que soit le contenu de l'accord, le salarié peut, sur sa demande et en accord avec l'employeur, utiliser les droits épargnés sur le CET pour compléter sa rémunération (c. trav. art. L. 3151-3). En pratique, cette règle permet au salarié de faire une demande de monétarisation, même si l'accord de CET ne le prévoit pas. Dans ce cas (circ. DGT 2008-20 du 13 novembre 2008) :

- les jours de repos qui sont monétarisés sont rémunérés au salarié sur la base de la valeur de la journée de repos calculée au moment de cette « liquidation partielle » du compte, en tenant compte des modalités particulières de valorisation éventuellement prévues par l'accord de CET ;
- à défaut, cette valeur est appréciée à la date du paiement.

Si l'accord de CET prévoit les conditions de monétarisation de celui-ci, la demande de rachat doit être effectuée dans le respect des règles prévues par l'accord de CET. Lorsque cet accord ne prévoit rien, aucun formalisme n'est imposé et le salarié peut faire sa demande par tout moyen.

Les modalités de monétarisation ne sont pas précisées par le code du travail. Elles sont le plus souvent fixées par l'accord de CET.

À cet égard, lorsque la rémunération annuelle est payée sur 13 mois et que l'accord précise que l'indemnisation des droits inscrits au CET a lieu « sur la base de la rémunération fixe brute (rémunération de base annuelle brute) et, le cas échéant, de la prime de spécialité », il y a lieu de tenir compte du 13e mois dans la détermination du taux horaire (cass. soc. 25 septembre 2013, n° 12-10037, BC V n° 213). Dans cette affaire, la cour d'appel a pu décider que le taux horaire correspondait à la rémunération annuelle brute (13e mois compris) divisée par 1 607 h.

▶ À noter… Le dispositif de *monétisation des jours de RTT** ne concerne pas les jours de repos affectés sur le CET (questions/réponses min. Travail « Rachat de jours de repos » du 27 octobre 2022, Q/R 2 et 10).

Limite à la monétarisation des congés payés - Les possibilités de monétarisation des congés payés affectés sur un CET sont limitées (c. trav. art. L. 3151-3). Seuls les droits à congés payés excédant le minimum légal de 5 semaines peuvent être utilisés sous forme de complément de rémunération dans le cadre d'une « liquidation » partielle du CET (circ. DGT 2008-20 du 13 novembre 2008).

Ainsi, les jours épargnés au titre de la 5e semaine peuvent être affectés sur le CET *(voir ci-avant)*, mais ils ne peuvent ni être utilisés sous forme de complément de rémunération (y compris en cas de liquidation monétaire partielle ou totale du CET), ni donner lieu à un versement dans un plan d'épargne salariale ou d'épargne retraite. Ils doivent être pris sous forme de congés, sauf en cas de rupture du contrat de travail entraînant une liquidation monétaire totale du CET (circ. DGT 2008-20 du 13 novembre 2008).

En revanche, il est possible de convertir en argent les jours de congés annuels accordés au-delà des 5 semaines obligatoires, comme par exemple les jours supplémentaires de congés pour fractionnement ou les congés supplémentaires prévus par un accord collectif.

Alimentation de l'épargne salariale - Les droits stockés dans un CET peuvent être utilisés pour alimenter un plan d'épargne salariale (*plan d'épargne d'entreprise*, plan d'épargne interentreprises**), un *plan d'épargne pour la retraite collectif** (PERCO) ou un *plan d'épargne retraite d'entreprise collectif** (PERE-CO).

Les sommes issues du CET et versées sur un *PERCO** ne sont pas prises en compte pour apprécier la limite de 25 % de la rémunération annuelle applicable aux versements d'un salarié sur des plans d'épargne, cette limite s'appréciant tous dispositifs confondus si le salarié participe à plusieurs PEE, PEI ou PERCO. Il en va de même des droits issus du CET utilisés pour alimenter un *PEE**, à condition qu'ils servent à l'acquisition de titres de l'entreprise, ou d'une entreprise qui lui est liée, ou de parts ou d'actions d'OPCVM (c. trav. art. L. 3332-10, al. 3).

▶ À noter… Les versements volontaires d'un participant à un *PERE-CO** ne sont pas limités à 25 % de sa rémunération annuelle. Par conséquent, à notre sens, la question de la prise en compte des sommes issues d'un CET pour alimenter un PERE-CO ne se pose pas.

Si un abondement de l'employeur au CET est utilisé pour alimenter un *PERCO** ou un *PERE-CO**, cet abondement est cumulé avec les abondements directs de l'entreprise au PERCO ou PERE-CO pour apprécier le respect des différents plafonds gouvernant le régime social de l'abondement à ces plans (ex. : limite générale d'abondement, plafond du triple de la contribution du bénéficiaire) (c. trav. art. L. 3152-4, 2°).

▶ À noter… Un ancien salarié d'une entreprise peut continuer d'effectuer des versements sur le PERCO ou le PERE-CO de cette entreprise dès lors qu'il n'en existe pas un chez son nouvel employeur (c. trav. art. L. 3334-7 ; c. mon. et fin. art. L. 224-17). Sous cette réserve, il peut donc utiliser le CET de sa nouvelle entreprise pour alimenter le PERCO ou PERE-CO qu'il détient chez son ancien employeur.

Financement de prestations de retraite supplémentaire collectives et obligatoires - Le salarié peut utiliser le CET pour financer des prestations de retraite supplémentaire à caractère collectif et obligatoire, dans le cadre d'un *plan d'épargne retraite d'entreprise obligatoire** (PERE-OB) ou d'un ancien régime de retraite supplémentaire « article 83 » (c. trav. art. L. 3334-8).

Rachat de cotisations vieillesse - Le salarié peut aussi utiliser son CET pour racheter des cotisations d'assurance vieillesse au titre de certaines périodes d'études supérieures ou d'années insuffisamment cotisées (c. séc. soc. art. L. 351-14-1).

Régimes des sommes versées lors de l'utilisation du CET : principes

Régime social - En principe, les sommes issues d'un CET sont à traiter comme un élément de salaire soit au moment du versement des indemnités compensatrices, lorsque le CET est utilisé pour financer un congé, soit au moment du versement du complément de rémunération, si le CET est utilisé à cet effet.

En pratique, ceci signifie que ces sommes sont assujetties à l'ensemble des cotisations (CSG et CRDS incluses) ainsi qu'aux taxes et participations assises sur les salaires (participations formation et construction, taxe d'apprentissage, taxe sur les salaires).

Cette règle s'applique, y compris dans le cas où les sommes sont issues du versement au CET de primes d'intéressement ou de sommes issues de la participation ou d'un plan d'épargne d'entreprise (c. trav. art. L. 3343-1).

CSG, CRDS et forfait social sur les sommes issues de l'épargne salariale - Les sommes provenant de l'intéressement, de la participation ou de l'abondement de l'employeur à un PEE sont soumises à *CSG** et à *CRDS** sur les revenus d'activité et au *forfait social** (sauf à bénéficier d'une exonération de forfait social), soit lors de la répartition entre les salariés (intéressement et participation), soit lors du versement de l'abondement sur le PEE.

Dès lors, il n'y a pas lieu de soumettre de nouveau à ces contributions les sommes correspondantes versées au salarié lorsqu'il mobilise le CET sous forme de compléments de rémunération ou, à l'occasion d'un congé, sous forme d'indemnités compensatrices (guide intermin. épargne salariale, juillet 2014, dossier 11, fiche 5, § I-A).

Régime fiscal - Les indemnités versées aux salariés lors de la mobilisation des droits issus du CET constituent un revenu imposable.

Par dérogation, les indemnités compensatrices ou financières correspondant à l'affectation au CET, après leur période d'indisponibilité, de sommes issues de l'épargne salariale sont exonérées d'impôt sur le revenu au moment de leur versement au salarié (c. trav. art. L. 3343-1).

En revanche, une prime d'intéressement affectée au CET est soumise à l'impôt sur le revenu l'année de son versement au salarié (guide intermin. épargne salariale, juillet 2014, dossier 11, fiche 5, § II-A).

Particularités liées à l'utilisation du CET pour alimenter un PERCO ou un PERE-CO

Affection de droits provenant d'un abondement de l'employeur au CET - Lorsque l'accord de CET permet d'utiliser tout ou partie des droits affectés pour effectuer des versements sur un ou plusieurs *PERE-CO** (ou anciens *PERCO**), ceux de ces droits qui correspondent à un abondement en temps ou en argent de l'employeur sont assimilés à un abondement direct de l'employeur au PERE-CO (ou PERCO) (c. trav. art. L. 3152-4, 2°).

Dès lors, les sommes correspondantes sont exonérées de cotisations de sécurité sociale, des charges ayant la même assiette et d'impôt sur le revenu dans la limite du plafond d'abondement du PERE-CO (ou PERCO), égal à 16 % du montant annuel du *plafond de la sécurité sociale** (CGI art. 81, 18°, a bis ; c. trav. art. L. 3332-11, L. 3332-27 et R. 3334-2 ; c. mon. et fin. art. D. 224-10).

En revanche, la *CSG** et la *CRDS** sont dues. L'assimilation à un abondement doit, à notre sens, conduire à considérer que l'employeur est redevable du *forfait social** sur la fraction exonérée de cotisations de sécurité sociale mais assujetti à CSG (sauf à bénéficier d'une exonération de forfait social sur les abondements au PERE-CO ou PERCO).

En outre, toujours à notre sens, l'assimilation à un abondement direct fait que les sommes affectées à un PERCO (ou un PERE-CO) ayant pour origine un abondement de l'employeur au CET viennent en déduction des limites d'exonération des contributions de retraite supplémentaire (régime « article 83 ») et des versements obligatoires de l'employeur à un *plan d'épargne retraite d'entreprise obligatoire** (PERE-OB) au plan socal [voir *Cotisations de retraite et de prévoyance (régime social)**] comme au plan fiscal [voir *Cotisations de retraite et de prévoyance (régime fiscal)**] (c. séc. soc. art. L. 242-1, II, 4° a ; CGI art. 83, 2°).

Affectation de droits ayant une autre origine - Si le salarié affecte au PERE-CO (ou à un ancien PERCO) des droits issus du CET qui ne proviennent pas d'un abondement de l'employeur, ces droits bénéficient d'un régime social et fiscal de faveur, dans la limite de 10 jours par an (c. trav. art. L. 3152-4, al. 4 à 6).

Ils sont exonérés d'impôt sur le revenu (CGI art. 81,18°, b bis).

Par ailleurs, ils sont exonérés de cotisations salariales et patronales d'assurance maladie, d'assurance vieillesse et d'allocations familiales (c. séc. soc. art. L. 242-4-3). La cotisation accidents du travail reste due (c. séc. soc. art. L. 241-5), ainsi que l'ensemble des autres charges (FNAL, versement mobilité, contribution solidarité autonomie, CSG/CRDS, contribution au dialogue social, assurance chômage, retraite complémentaire, participation formation, participation construction, taxe d'apprentissage, etc.).

L'employeur n'est pas redevable du forfait social, dans la mesure où ses conditions de mise en œuvre ne sont pas réunies.

Particularités liées à l'utilisation du CET pour financer des garanties de retraite supplémentaire

Affectation de droits provenant d'un abondement au CET - Lorsque l'accord collectif prévoit que tout ou partie des droits affectés sur le CET peut être utilisé pour financer des prestations de retraite supplémentaire à caractère collectif et obligatoire (régime « article 83 » ou *plan d'épargne retraite d'entreprise obligatoire** dit PERE-OB), ceux de ces droits qui correspondent à un abondement en temps ou en argent de l'employeur bénéficient du régime social et fiscal de faveur attaché aux contributions de retraite supplémentaire (c. trav. art. L. 3152-4, 1°).

Les sommes correspondantes sont donc :
- déductibles du revenu imposable dans les conditions et limites applicables aux contributions de retraite supplémentaire (CGI art. 81, 18°, a ter et 83, 2°) [voir *Cotisations de retraite et de prévoyance (régime fiscal)**] ;
- exonérées de cotisations sociales dans les conditions et limites applicables aux contributions patronales de retraite supplémentaire (c. séc. soc. art. L. 242-1, II, 4° a) [voir *Cotisations de retraite et de prévoyance (régime social)**].

Affectation de droits ayant une autre origine - Si le salarié finance un régime de retraite supplémentaire collectif et obligatoire avec des droits issus du CET qui ne proviennent pas d'un abondement de l'employeur, ces droits bénéficient d'un régime social et fiscal de faveur, dans la limite de 10 jours par an (c. trav. art. L. 3152-4, al. 4 à 6).

Ils sont exonérés d'impôt sur le revenu (CGI art. 81,18°, b bis).

En outre, ils sont exonérés des cotisations salariales et patronales d'assurance maladie, d'assurance vieillesse et d'allocations familiales (c. séc. soc. art. L. 242-4-3). La cotisation accidents du travail reste due (c. séc. soc. art. L. 241-5), ainsi que l'ensemble des autres charges (FNAL, versement mobilité, contribution solidarité autonomie, CSG/CRDS, contribution au dialogue social, assurance chômage, retraite complémentaire, participation formation, participation construction, taxe d'apprentissage, etc.).

En revanche, ces sommes ne sont pas assujetties au forfait social, dans la mesure où ces conditions de mise en œuvre ne sont pas réunies.

Modalités de gestion du CET

Les partenaires sociaux négocient librement les modalités de gestion du CET, dans le cadre de l'accord de CET (c. trav. art. L. 3152-2). C'est ce dernier qui définit les modalités de valorisation en temps et en argent des éléments affectés au CET ainsi que les modalités de revalorisation des sommes présentes sur le compte.

Le salarié peut décider de liquider ses droits à tout moment dans les conditions fixées par l'accord collectif.

Le traitement spécifique des sommes provenant de l'épargne salariale par rapport aux autres sources d'alimentation du CET (jours de congés, primes, etc.) nécessite de les isoler dans un compartiment spécifique pour la gestion du CET.

Garanties

Couverture par l'AGS - En cas de défaillance de l'entreprise, les droits acquis via un CET sont couverts par le mécanisme de *garantie des créances salariales** de l'*AGS** (c. trav. art. L. 3151-4), dans la limite des plafonds applicables.

Limite à l'accumulation des droits - Pour limiter les risques liés à une épargne excessive, il est prévu qu'un salarié ne puisse pas épargner de droits dans un CET au-delà de 6 fois le plafond mensuel retenu pour le calcul des contributions d'assurance chômage (soit en pratique 24 fois le montant mensuel du *plafond de la sécurité sociale**) (c. trav. art. D. 3154-2 renvoyant à D. 3154-1).

Toutefois, il est possible de prévoir un dispositif d'assurance ou de garantie financière couvrant les sommes épargnées au-delà de ce plafond par convention ou accord collectif (c. trav. art. L. 3152-3 et D. 3154-2). En l'absence de convention ou d'accord collectif, le dispositif de garantie financière est mis en place par l'employeur (c. trav. art. L. 3153-1 et D. 3154-2).

Tant qu'un dispositif de garantie n'a pas été mis en place, les droits acquis excédant la limite de 6 fois le plafond mensuel retenu pour le calcul des contributions d'assurance chômage sont liquidés et versés au salarié sous forme d'indemnité (c. trav. art. L. 3153-1 et D. 3154-1).

Fin de contrat, transferts des droits, décès

Options ouvertes - L'accord de CET détermine les conditions de transfert des droits d'un employeur à un autre (c. trav. art. L. 3152-2).

À défaut de dispositions conventionnelles, le salarié peut (c. trav. art. L. 3153-2) :
- soit percevoir, en cas de rupture du contrat de travail (démission, licenciement, départ à la retraite, etc.), une indemnité correspondant à la conversion monétaire de l'ensemble des droits acquis ;
- soit demander, en accord avec l'employeur, la consignation auprès d'un organisme tiers de l'ensemble des droits, convertis en unités monétaires, qu'il a acquis.

En cas de demande de consignation - Si le salarié demande, en accord avec son employeur, la consignation de l'ensemble des droits acquis sur son CET, convertis en unités monétaires, l'employeur doit transférer ces sommes à la caisse des dépôts et consignations (c. trav. art. D. 3154-5). Le transfert est accompagné de la demande écrite du salarié et d'une déclaration de consignation renseignée par l'employeur. De son côté, la caisse des dépôts remet un récépissé de la déclaration de consignation à l'employeur, qui en informe son salarié.

▶ À noter... Les sommes consignées sont rémunérées dans les conditions de l'article L. 518-23 du code monétaire et financier et soumises à la prescription de 30 ans (c. mon. et fin. art. L. 518-24 ; c. trav. art. D. 3154-5).

Le déblocage des droits consignés peut intervenir (c. trav. art. D. 3154-6) :
- à la demande du salarié bénéficiaire, par le transfert de tout ou partie des sommes consignées sur le CET, le *plan d'épargne d'entreprise**, le *plan d'épargne interentreprises**, le *plan d'épargne pour la retraite collectif** ou le *plan d'épargne retraite d'entreprise collectif** mis en place par son nouvel employeur (ce transfert doit s'effectuer dans les conditions prévues par l'accord collectif mettant en place le CET ou par les règlements des plans d'épargne salariale) ;
- à la demande du salarié bénéficiaire ou de ses ayants droit, par le paiement, à tout moment, de tout ou partie des sommes consignées.

Liquidation judiciaire et reprise par un nouvel employeur - Il peut arriver que des salariés soient

Compte épargne-temps tenu en jours : exemple de fiche de comptabilisation (1)

Report des droits acquis antérieurement :	Droits acquis en jours ouvrés en 2025											
Alimentation du compte	**J**	**F**	**M**	**A**	**M**	**J**	**J**	**A**	**S**	**O**	**N**	**D**
Report de congés payés												
Congés conventionnels												
Conversion des primes ou indemnités de : • fin d'année • vacances • autres												
Conversion des primes d'intéressement												
Conversion de la participation												
Conversion du PEE												
Repos dans le cadre de la réduction du temps de travail												
Affectation d'une partie des augmentations de salaire												
Affectation des repos compensateurs (2)												
Abondement de l'entreprise												
Autres												
Droits acquis au cours du mois												
Jours ouvrés utilisés au cours du mois												
RÉCAPITULATIF des droits acquis												

(1) À adapter selon les conditions et modalités d'utilisation du CET.
(2) Repos compensateur légal, repos compensateur de remplacement.

repris par un nouvel employeur dans le cadre d'un plan de cession consécutif à une liquidation judiciaire. Les droits acquis sur le CET de leur ancien employeur sont-ils perdus ?

Dans cette situation, si le plan de cession est muet sur le sort des jours épargnés sur un CET, il convient, à défaut de clauses conventionnelles, d'appliquer le régime de la rupture du contrat *(voir plus haut)*. Les salariés ont donc droit au versement d'une indemnité correspondant à la conversion monétaire de l'ensemble des droits acquis. Par ailleurs, cette somme est couverte par l'AGS (cass. soc. 7 avril 2010, n° 09-40015, BC V n° 85).

Décès du salarié - Les droits épargnés dans le CET sont dus aux ayants droit du salarié décédé au même titre que le versement des salaires arriérés ou encore les droits à repos compensateurs.

☞ *Cotisations de retraite et de prévoyance (régime fiscal) ; Cotisations de retraite et de prévoyance (régime social) ; Plan d'épargne d'entreprise ; Plan d'épargne interentreprises ; Plan d'épargne pour la retraite collectif ; Plan d'épargne retraite d'entreprise collectif ; Plan d'épargne retraite d'entreprise obligatoire.*

Compte personnel d'activité

Le compte personnel d'activité (CPA) permet à chaque personne entrant sur le marché du travail et tout au long de sa vie professionnelle, de disposer, indépendamment de son statut, de droits sociaux personnels utiles pour sécuriser son parcours professionnel (c. trav. art. L. 5151-1).

Ouverture du CPA

Un CPA est ouvert pour toute personne âgée d'au moins 16 ans se trouvant dans l'une des situations suivantes (c. trav. art. L. 5151-2) :

- personne occupant un emploi, y compris lorsqu'elle est titulaire d'un contrat de travail de droit français et qu'elle exerce son activité à l'étranger ;
- personne à la recherche d'un emploi ou accompagnée dans un projet d'orientation et d'insertion professionnelles ;
- personne accueillie dans un établissement et service d'aide par le travail (ESAT) (CASF art. L. 312-1) ;
- personne ayant fait valoir l'ensemble de ses droits à la retraite ;
- depuis le 1er décembre 2024, personne détenue exerçant une activité de travail ou une activité bénévole ou de volontariat (c. trav. art. L. 5151-2 et L. 5151-9).

Par dérogation, un CPA est ouvert dès l'âge de 15 ans pour le jeune qui signe un contrat d'apprentissage [voir *Apprentissage (contrat)**].

Les personnes âgées d'au moins 16 ans mais ne relevant pas d'une des situations précédemment indiquées peuvent ouvrir un CPA afin de bénéficier du *compte d'engagement citoyen** et d'accéder aux services en ligne associés *(voir ci-après)*.

Ce compte est indépendant de la situation de son titulaire. Même s'il change d'employeur, il conserve les droits acquis.

Contenu du CPA

Comptes intégrés - Le CPA comprend trois comptes personnels (c. trav. art. L. 5151-5) :

- le *compte personnel de formation** (CPF), utilisable pour suivre des formations ;
- le *compte professionnel de prévention** (C2P), qui permet d'accumuler des points en fonction de l'exposition à certains facteurs de pénibilité afin de partir en formation, de bénéficier d'un temps partiel sans perte de salaire ou encore de partir plus tôt à la retraite ;
- le *compte d'engagement citoyen** (CEC), qui à l'initiative de son titulaire recense certaines activités bénévoles ou de volontariat et permet d'acquérir des droits inscrits sur le CPF et, le cas échéant, des jours de congés pour exercer une activité citoyenne.

Le CPA organise la conversion des droits selon les modalités prévues par chacun des comptes le constituant.

À compter de la date à laquelle son titulaire a fait valoir l'ensemble de ses droits à la retraite, le CPF cesse d'être alimenté, sauf en cas d'activités bénévoles ou de volontariat (c. trav. art. L. 5151-2) (voir *Compte d'engagement citoyen**).

Consultation des bulletins de paye électroniques - Le titulaire du CPA peut aussi y consulter les bulletins de paye qui lui sont délivrés sous forme dématérialisée (voir *Bulletin de paye électronique**), lorsque l'employeur les aura transmis sous forme électronique à l'un des opérateurs reconnu par le CPA (c. trav. art. L. 5151-6, L. 3243-2 et R. 3243-9).

▶ À noter... Il s'agit d'une simple possibilité de consultation, à ne pas confondre avec la remise du bulletin de paye électronique au salarié.

Droits librement utilisables par le titulaire

Le titulaire du CPA décide de l'utilisation de ses droits (c. trav. art. L. 5151-1).

Les droits inscrits sur le CPA, y compris en cas de départ du titulaire à l'étranger, lui demeurent acquis jusqu'à leur utilisation ou à la fermeture du compte (c. trav. art. L. 5151-3).

Accès au CPA sur Internet

Chaque titulaire est informé des droits inscrits sur son CPA, il peut les consulter et les utiliser via un service en ligne gratuit géré par la Caisse des dépôts et consignations (http://www.moncompteformation.gouv.fr) (c. trav. art. L. 5151-6 et R. 5151-3).

Le CPA donne également accès à une offre de services associés en matière notamment d'information sur les droits sociaux, de sécurisation des parcours professionnels et de mobilité géographique et professionnelle (c. trav. art. L. 5151-6 et R. 5151-3). Il ouvre droit à un accompagnement global et personnalisé notamment dans le cadre du conseil en évolution professionnelle (c. trav. art. L. 5151-1 et L. 6111-6).

Fermeture du CPA

Le CPA est fermé à la date du décès de la personne titulaire du compte (c. trav. art. L. 5151-2).

☞ *Compte personnel de formation ; Compte d'engagement citoyen ; Bulletin de paye électronique*

Compte personnel de formation

Dès son entrée sur le marché du travail et quel que soit son statut, chaque personne dispose d'un compte personnel de formation (CPF). Ce compte, individuel, est transférable en cas de changement ou de perte d'emploi.

Principes de fonctionnement

Élément du compte personnel d'activité - Le CPF est intégré dans le *compte personnel d'activité** (CPA), dont il constitue l'un des éléments (c. trav. art. L. 5151-2). Le CPF est ouvert et fermé dans les mêmes conditions que le CPA (c. trav. art. L. 6323-1).

Bénéficiaires - Le compte personnel de formation concerne (c. trav. art. L. 6323-1 renvoyant au L. 5151-2) :
- toute personne d'au moins 16 ans en emploi ou à la recherche d'un emploi, ou accompagnée dans un projet d'orientation et d'insertion professionnelles ;
- par dérogation, dès 15 ans, les jeunes autorisés à signer un contrat d'apprentissage à cet âge (c. trav. art. L. 6222-1) ;
- les personnes handicapées accueillies dans un établissement et service d'accompagnement par le travail (ESAT), dès 16 ans.

Les *apprentis** et les salariés en *contrat de professionnalisation** peuvent bénéficier du CPF.

▶ À noter... Il existe des modalités spécifiques de mise en œuvre du CPF pour les personnes handicapées accueillies dans les établissements et services d'accompagnement par le travail (ESAT) (c. trav. art. L. 6323-33 à L. 6323-42).

Transfert et fermeture - Chaque personne dispose d'un CPF dès son entrée sur le marché du travail et jusqu'à son décès. Le bénéficiaire garde le même compte tout au long de sa vie professionnelle, quel que soit son parcours professionnel (périodes de chômage, changement d'employeur, etc.). Les droits attachés à ce compte sont intégralement transférables (c. trav. art. L. 6323-3).

Lorsque le bénéficiaire est admis à faire valoir l'ensemble de ses droits à la retraite, le CPF cesse d'être alimenté, sauf pour les activités recensées dans le *compte d'engagement citoyen** (c. trav. art. L. 5151-2).

Le compte personnel de formation est fermé en même temps que le CPA, au décès de la personne.

Gestion du CPF - La gestion du CPF est assurée par la Caisse des dépôts et consignations (CDC) via un service dématérialisé gratuit accessible sur Internet (https://www.moncompteformation.gouv.fr).

Chaque titulaire accède à un espace personnel lui permettant (c. trav. art. L. 6323-8) :
- de connaître à tout moment le montant de ses droits inscrits et des abondements complémentaires pouvant être sollicités, et d'avoir des informations sur les formations éligibles ;
- d'élaborer et d'actualiser un « passeport d'orientation, de formation et de compétences » ;
- de s'inscrire et payer une formation.

Les droits au CPF sont calculés à partir des données déclarées par les employeurs dans la *déclaration sociale nominative** (c. séc. soc. art. R. 133-14, IV, 10°).

▶ À noter... La CDC reçoit et mutualise l'ensemble des fonds « CPF » collectés, sauf pour la part *CPF de transition professionnelle** (c. trav. art. L. 6323-9 ; décret 2018-1336 du 28 décembre 2018, art. 4-I, JO du 30).

Fraude au CPF - Pour lutter contre les pratiques commerciales agressives de vente de formation par un démarchage constant, toute prospection commerciale des titulaires d'un CPF est interdite (ex. : par téléphone ou SMS), sous peine d'amende (c. trav. art. L. 6323-8-1).

Cette loi donne une base légale à l'échange d'informations entre les différents acteurs de la lutte contre la fraude au CPF (CDC, France compétences, OPCO, etc.) (c. trav. art. L. 6333-7-1).

Monétisation des droits acquis jusqu'au 31 décembre 2018

Conversion en euros - Les heures inscrites sur le CPF au 31 décembre 2018 (y compris celles correspondants au DIF) ont été converties en euros à raison de 15 € par heure (décret 2018-1153 du 14 décembre 2018, JO du 15).

Droits correspondant aux reliquats de DIF non utilisés - Les reliquats des droits acquis au titre du droit individuel à la formation (DIF) avant le 1er janvier 2015 sont intégrés dans le CPF de façon pérenne. Ils sont pris en compte pour le calcul du plafond de droits pouvant être cumulé sur le CPF (loi 2014-288 du 5 mars 2014, art. 1-V abrogé ; ord. 2019-861 du 21 août 2019, art. 8, I et II, JO du 22).

Le transfert des heures de DIF dans le CPF suppose que le salarié soit allé sur la plateforme du CPF pour inscrire le montant de ces droits, avant le 30 juin 2021 (loi 2020-1379 du 14 novembre 2020, art. 13, JO du 15 ; ord. 2019-861 du 21 août 2019, art. 8, II modifié, JO du 22).

Alimentation du CPF

Principe : 500 € par an, dans la limite d'un maximum de 5 000 € - Le CPF est crédité en euros à la fin de chaque année (c. trav. art. L. 6323-2 et L. 6323-11).

Un salarié ayant effectué une durée de travail supérieure ou égale à la moitié de la durée légale ou conventionnelle de travail sur l'ensemble de l'année est crédité de 500 € par année de travail, dans la limite d'un plafond total de 5 000 € (c. trav. art. R. 6323-1, I).

▶ À noter... Pour apprécier la notion d'année à temps plein, on prend en considération la durée de travail à temps plein fixée par un accord collectif d'entreprise ou de branche. En l'absence de durée conventionnelle de travail, on se réfère à un nombre d'heures de travail de 1 607 h (c. trav. art. R. 6323-1, II).

Salariés en forfaits jours - Pour les salariés en convention de forfait en jours sur l'année, le nombre de jours de travail de référence pour le calcul de l'alimentation du CPF est égal au nombre de jours compris dans le forfait fixé dans le respect de l'accord collectif instaurant le forfait annuel, dans la limite de 218 jours (c. trav. art. R. 6323-1, II).

Salariés à temps partiel - L'alimentation du CPF des salariés à temps partiel occupés au moins à mi-temps est identique à celle des salariés à temps plein. Leurs droits ne sont pas proratisés (c. trav. art. L. 6323-11).

Pour les salariés à temps partiel travaillant moins d'un mi-temps, les droits sont proratisés en fonction de la durée de travail effectuée (c. trav. art. R. 6323-1, II).

Exemple

Un salarié ayant une durée de travail annuelle de 600 h (soit moins de la moitié de 1 607 h) voit son CPF crédité de (600/1 607) × 500 € = 186,69 €.

Dans tous les cas, le plafond maximal d'acquisition des droits reste de 5 000 €, sans prorata même pour les salariés à temps partiel qui sont à moins d'un mi-temps.

Salariés sans référence à un horaire de travail - Pour les salariés dont la rémunération n'est pas établie en fonction d'un horaire de travail (ex. : pigistes, travailleurs à domicile, VRP), le calcul des droits crédités sur le CPF se fait sur la base de leur rémunération annuelle, rapportée à un montant de référence fixé à 2 080 fois le *SMIC** horaire (soit 2 080 × 11,88 € = 24 710,40 € au 1.01.2025) (c. trav. art. R. 6323-1, II).

Exemple

Pour un salarié percevant une rémunération annuelle brute de 20 000 €, le CPF est crédité de : 500 € × (20 000 €/24 710,40 €) = 404,69 €.

Droits majorés pour les salariés peu qualifiés - Les droits des salariés non qualifiés (niveau de diplôme inférieur au CAP-BEP) sont majorés pour être à un niveau au moins égal à 1,6 fois le CPF de droit commun (c. trav. art. L. 6323-11-1).

Un salarié effectuant au moins un mi-temps voit son CPF crédité de 800 € par année de travail, avec un plafond de 8 000 € (c. trav. art. R. 6323-3-1, I). La logique voudrait que le montant de 800 € par an soit proratisé en cas de travail à temps partiel inférieur à un mi-temps (c. trav. art. L. 6323-11).

▶ À noter... Pour bénéficier de cette majoration, le salarié doit déclarer remplir les conditions via le service dématérialisé de gestion du CPF

(c. trav. art. R. 6323-3-1, II). La majoration est effective à compter de l'année au cours de laquelle la déclaration a été effectuée. Lorsque le salarié ne remplit plus les conditions de niveau de diplôme exigées, il doit le déclarer de la même manière. Il cesse de bénéficier de la majoration à compter de l'année civile suivante (c. trav. art. R. 6323-3-1, III).

Travailleurs handicapés - Les salariés bénéficiaires de l'obligation d'emploi de travailleurs handicapés bénéficient d'une majoration annuelle de 300 € (c. trav. art. L. 6323-11 et D. 6323-3-3). Cette majoration s'ajoute au montant annuel alimentant le CPF dans la limite d'un plafond de 8 000 € (c. trav. art. R. 6323-3-1 ; ord. 2019-861 du 21 août 2019, art. 1, 49°, JO du 22).

Personnes handicapées accueillies en ESAT - Le CPF des personnes handicapées accueillies en établissement et service d'accompagnement par le travail (ESAT) est crédité de 800 € par année d'admission à temps plein ou à temps partiel, dans la limite d'un plafond total de 8 000 € (c. trav. art. L. 6323-34 et R. 6323-29).

Alimentation via le CEC - Les activités de bénévolat et de volontariat recensées dans le compte d'engagement citoyen permettent d'acquérir des droits qui sont inscrits sur le CPF, dans certaines limites (voir *Compte d'engagement citoyen**).

Abondement du CPF

Amélioration des conditions d'alimentation par accord collectif - Un accord collectif d'entreprise, de groupe ou, à défaut, un accord de branche, peut améliorer les conditions d'alimentation du CPF, avec dans ce cas l'obligation de les assortir d'un financement spécifique (c. trav. art. L. 6323-11, al. 4).

L'employeur calcule alors annuellement, pour chacun des salariés concernés, les droits venant abonder le CPF (c. trav. art. R. 6323-2), puis s'acquitte de cet abondement (information « Mon Compte Formation » du 28 août 2020) :

- en renseignant en ligne les informations nécessaires dans l'espace des Employeurs et des Financeurs (EDEF) (nom du salarié concerné, numéro de sécurité sociale, montant à attribuer) (https://www.financeurs.moncompteformation.gouv.fr/espace-public/) ;
- en payant les sommes dues par virement bancaire à la CDC.

▶ À noter... Une fois le paiement réceptionné, ces montants sont inscrits sur le compte formation de chaque salarié concerné qui en bénéficie pour financer une formation via www.moncompteformation.gouv.fr.

Abondements conventionnels pour des publics prioritaires - Un accord d'entreprise ou de groupe, un accord de branche ou un accord conclu par les organisations syndicales de salariés et d'employeurs gestionnaires d'un OPCO, portant notamment sur la définition des formations éligibles et les salariés prioritaires peut prévoir un abondement du CPF (c. trav. art. L. 6323-14).

Ces publics prioritaires seront en particulier les salariés les moins qualifiés, les salariés exposés à des facteurs de risques professionnels (ex. : manutentions manuelles de charges, travail en équipes successives alternantes ; c. trav. art. L. 4161-1), les salariés occupant des emplois menacés par les évolutions économiques ou technologiques, les salariés à temps partiel et les salariés absents pour certaines causes (congés de maternité, de paternité et d'accueil de l'enfant, d'adoption, de présence parentale ou de proche aidant, congé parental d'éducation, maladie professionnelle ou accident du travail).

Abondement dans le cadre d'un accord de gestion interne - Un accord d'entreprise ou de groupe peut définir les actions de formations éligibles au CPF pour lesquelles l'entreprise s'engage à abonder le CPF des salariés (c. trav. art. L. 6323-11, al. 5). Cet abondement dit de coconstruction concerne l'abondement complémentaire ci-après (c. trav. art. L. 6323-4, II, 2°).

L'entreprise peut prendre en charge l'ensemble des frais de formation et demander le remboursement des sommes engagées à la CDC, dans la limite des droits inscrits sur le CPF de chaque salarié concerné.

Abondement complémentaire - Le CPF peut faire l'objet d'abondements complémentaires lorsque le coût de la formation est supérieur au montant des droits inscrits sur le compte. Ce type d'abondement peut avoir des sources diverses : le titulaire du compte lui-même, l'employeur (abondement de coconstruction), un OPCO, l'État, une collectivité territoriale, etc. (c. trav. art. L. 6323-4, II).

Ces financeurs peuvent alimenter directement le compte du titulaire par des versements à la CDC, en dehors de toute formation (c. trav. art. L. 6323-4, III), via l'Espace des Employeurs et des Financeurs (EDEF) *(voir ci-avant)*.

▶ À noter... Les associations peuvent abonder elle-même le CPF de leurs adhérents, via le *compte d'engagement citoyen** associatif (c. trav. art. L. 6323-4, II, 15°).

Abondement en cas de licenciement pour refus d'un accord de performance collective - Le CPF du salarié licencié pour avoir refusé une modification de son contrat de travail résultant d'un accord de performance collective est abondé d'au moins 3 000 € (c. trav. art. L. 2252-4 et D. 6323-3-2 ; voir *Accord de performance collective**).

L'employeur verse à la CDC le montant correspondant à l'abondement via l'EDEF *(voir ci-avant)*.

Victime d'AT/MP atteinte d'une incapacité permanente - Les victimes d'AT-MP atteintes d'une incapacité permanente d'au moins 10 % bénéficient d'un droit à une formation qualifiante sous forme d'un abondement de leur CPF, au titre de leur reconversion professionnelle (c. trav. art. L. 6323-4 ; c. séc. soc. L. 432-12 et D. 432-15).

Cet abondement est de 7 500 € (c. séc. soc. R. 432-9-3).

Personnes handicapées - Les personnes handicapées accueillies dans un ESAT peuvent bénéficier d'abondements complémentaires lorsque le coût de la formation est supérieur aux droits inscrits sur le CPF. Ces abondements peuvent être financés par les entreprises dans le cadre d'une mise à disposition par l'ESAT (c. trav. art. L. 6323-37).

Abondement correctif lié à l'entretien professionnel - Dans les entreprises de 50 salariés et plus, un abondement de 3 000 € est inscrit sur le CPF du salarié si certains manquements sont constatés lors de l'*entretien professionnel** récapitulatif organisé tous les 6 ans (c. trav. art. L. 6323-13 et R. 6323-3).

Pour plus de détails, voir *Entretien professionnel**.

Abondement en faveur d'un lanceur d'alerte - En cas de litige entre l'employeur et un lanceur d'alerte, le conseil de prud'hommes (CPH) peut condamner l'employeur à abonder son CPF (c. trav. art. D. 6323-3-4, I ; loi 2022-401 du 21 mars 2022, art. 8, JO du 22).

▶ À noter... Sont également visés le « facilitateur » (toute personne physique qui aide un lanceur d'alerte à effectuer un signalement ou une divulgation) et toute personne physique en lien avec un lanceur d'alerte risquant de faire l'objet de mesures de représailles dans le cadre de ses activités professionnelles de la part de son employeur, de son client ou du destinataire de ses services.

Le CPH fixe le montant de l'abondement en prenant en compte du montant des droits inscrits sur le compte du salarié bénéficiaire et un plafond de 8 000 €. Il ne donc peut pas excéder la différence entre le plafond 8 000 € et le montant des droits inscrits (c. trav. art. D. 6323-3-4). L'employeur verse l'abondement à la CDC dans le délai fixé par le CPH. À défaut, il s'acquitte de ses obligations au plus tard le dernier jour du trimestre civil suivant la date du jugement.

Compte professionnel de prévention - Les points inscrits au *compte professionnel de prévention** convertis en euros constituent un abondement du CPF (c. trav. art. L. 4162-7, L. 4162-8 et R. 4163-21).

Incidence sur les règles d'acquisition - Les abondements ne sont pris en compte ni pour le rythme d'acquisition des heures sur le CPF (500 € par an, sauf cas particulier), ni pour l'appréciation du plafond (c. trav. art. L. 6323-15).

Utilisation du CPF par les salariés

Voir *Compte personnel de formation (utilisation)**.

Rémunération et statut du salarié

Voir *Compte personnel de formation (utilisation)**

Prise en charge des frais de formation

Voir *Compte personnel de formation (utilisation)**.

☞ *Compte personnel d'activité ; Compte d'engagement citoyen ; Compte personnel de formation (utilisation) ; CPF de transition professionnelle ; Entretien professionnel.*

Compte personnel de formation (utilisation)

Le *compte personnel de formation** (CPF) permet aux salariés d'acquérir des droits leur permettant d'accéder à des formations.

Utilisation par les salariés

Initiative du titulaire du compte - Le titulaire du CPF peut prendre l'initiative de mobiliser les droits qu'il a acquis pour suivre une formation, au cours d'un contrat de travail ou pendant une période de chômage (c. trav. art. L. 6323-2).

Le salarié n'a pas d'autorisation à solliciter auprès de son employeur, sauf si la formation se déroule en tout ou partie pendant le temps de travail. Ainsi, pour une formation en totalité hors temps de travail, il n'a aucune obligation légale d'informer son employeur.

▶ À noter… Le CPF ne peut être utilisé qu'avec l'accord exprès de son titulaire. Le refus de mobiliser le compte ne constitue pas une faute (c. trav. art. L. 6111-1 et L. 6323-2).

Contrat de sécurisation professionnelle - Dans le cadre d'une procédure de licenciement économique, le salarié qui accepte un *contrat de sécurisation professionnelle** peut, après son adhésion, mobiliser son CPF (c. trav. art. L. 1233-67).

Formations éligibles

Formations éligibles directement - Les formations suivantes sont éligibles au CPF directement et sans autre condition (c. trav. art. L. 6323-6, I) :

- les actions de formation sanctionnées par les diplômes et titres à finalité professionnelle enregistrés au répertoire national des certifications professionnelles (RNCP) ;
- les actions sanctionnées par les certifications et habilitations enregistrées dans le répertoire spécifique (RSCH, aujourd'hui dénommé « Inventaire »), comprenant notamment la certification relative au socle de connaissances et de compétences professionnelles ;
- les actions sanctionnées par les attestations de validation de blocs de compétences au sens du RNCP.

Autres formations éligibles - Sont éligibles au CPF, dans des conditions fixées par décret (c. trav. art. L. 6323-6, II) :

- les actions permettant de faire valider les acquis de l'expérience ;
- les bilans de compétences ;
- les actions de formation destinées à permettre aux bénévoles et aux volontaires en service civique d'acquérir les compétences nécessaires à l'exercice de leurs missions, étant précisé que seuls les droits acquis au titre du *compte d'engagement citoyen** peuvent financer ces actions ;
- la préparation des épreuves théoriques et pratiques de toutes les catégories de permis de conduire d'un véhicule terrestre à moteur.

▶ À noter… Depuis le 1er janvier 2024, le financement CPF concerne les épreuves théoriques et pratiques de toutes les catégories de permis de conduire d'un véhicule terrestre à moteur [dont voiturettes (B1), motos (A1, A2 et A), remorques attelées à des voitures (BE et B96)]. Mais pour le financement du permis de conduire des véhicules terrestres à moteur du groupe léger (motos et voitures), le CPF peut seulement financer le permis de conduire d'une personne ne disposant d'aucun permis de conduire, en cours de validité sur le territoire national, sauf s'il s'agit de financer l'obtention du permis BE (c. trav. art. D. 6323-8, I).

La loi de finances pour 2025 supprime de l'éligibilité au CPF les actions de formation d'accompagnement et de conseil dispensées aux créateurs ou repreneurs d'entreprises ci-dessus mentionnées (loi 2025-127 du 14 février 2025, JO du 15, art. 190 ; c. trav. art. L. 6323-6, II, 4° abrogé). Les formations certifiantes (c. trav. art. L. 6323-6, I) destinées aux créateurs ou repreneurs d'entreprises restent éligibles.

Mobilisation du CPF

Service dématérialisé - Le salarié peut accéder à son CPF via un service dématérialisé gratuit (https://moncompteformation.gouv.fr) accessible sur Internet et via une application numérique gratuite (« MonCompteFormation ») qui peut être téléchargée sur un téléphone portable.

Les salariés peuvent ainsi connaître le montant de leurs droits acquis, les dates des sessions des formations éligibles ainsi que les types d'abondement dont ils peuvent bénéficier (c. trav. art. L. 6323-8). Ils peuvent s'y inscrire à une formation et la payer, mais aussi accéder à des renseignements sur les actions de formations proposées (taux d'insertion dans l'emploi, salaire à l'embauche, commentaires des utilisateurs notamment).

Formation hors temps de travail - Le CPF peut être utilisé en dehors du temps de travail, sans l'accord de l'employeur.

Celui-ci n'a alors ni rémunération ni allocation de formation à verser.

Formation durant le temps de travail - Le salarié souhaitant suivre une formation du CPF sur son temps de travail demande une autorisation d'absence à l'employeur (c. trav. art. D. 6323-4) :

- au moins 60 jours avant le début de la formation si celle-ci dure moins de 6 mois ;
- au moins 120 jours avant le début de la formation si celle-ci dure au moins 6 mois.

L'employeur a 30 jours calendaires pour notifier sa réponse au salarié. L'absence de réponse dans ce délai vaut acceptation (c. trav. art. L. 6323-17 et D. 6323-4).

La formation suivie sur le temps de travail est considérée comme du temps de travail effectif et donne lieu au maintien de la rémunération du salarié (c. trav. art. L. 6323-18).

Protection sociale - Pendant la durée de la formation, durant ou hors temps de travail, le salarié bénéficie du régime de sécurité sociale relatif à la protection en matière d'accidents du travail et de maladies professionnelles (c. trav. art. L. 6323-19).

Abondement et majoration

Voir *Compte personnel de formation**.

Prise en charge des frais de formation

Prise en charge des frais - La Caisse des dépôts et des consignations prend en charge les frais pédagogiques et les frais liés à la validation des compétences et des connaissances afférents à la formation (c. trav. art. L. 6323 20 et D. 6323-5).

En l'absence de précision dans les textes, il semble que les frais annexes (frais de transport, de repas, et d'hébergement occasionnés par la formation) restent à la charge du salarié.

Sommes à la charge du salarié - Depuis le 2 mai 2024, celui qui mobilise son CPF participe au financement de sa formation via un « reste à charge » dont le montant est revalorisé chaque 1er janvier par arrêté (c. trav. art. L. 6323-4, L. 6323-7 et R. 6323). Son montant est fixé à 102,23 € pour l'année 2025 (arrêté du 26 décembre 2024, JO du 1er janvier 2025).

▶ À noter... Un OPCO ou l'employeur (lorsque le titulaire du CPF est un salarié) peut prendre en charge cette participation.

Toutefois il n'y a pas de reste à charge (c. trav. art. L. 6323-7 et R. 6323) :
- pour les demandeurs d'emploi et les salariés bénéficiant d'un abondement de leur employeur pour financer une formation dont le montant est supérieur au montant de leurs droits inscrits sur le CPF ou aux plafonds d'alimentation (c. trav. art. L. 6323-4, II, 2°) ;
- si le titulaire du CPF décide de mobiliser tout ou partie des points inscrits sur son compte professionnel de prévention (C2P) pour financer une formation en vue d'accéder à un emploi non exposé ou moins exposé aux facteurs de risques professionnels ;
- si le titulaire est un salarié, victime d'un accident du travail ou d'une maladie professionnelle atteint d'un taux d'incapacité permanente d'au moins 10 %, qui utilise l'abondement dont il bénéficie au titre de sa reconversion professionnelle.

Accords de gestion interne - L'employeur peut conclure un accord collectif de gestion interne du CPF, dans lequel il s'engage à financer l'abondement du CPF des salariés pour certaines formations (voir *Compte personnel de formation**).

☞ *Compte personnel d'activité ; Compte d'engagement citoyen ; Compte personnel de formation ; CPF de transition professionnelle ; Période de Pro-A.*

Compte professionnel de prévention

Le compte professionnel de prévention [C2P, ex-compte personnel de prévention de la pénibilité (C3P)] permet à un salarié exposé à certains facteurs de risques professionnels d'accumuler des points pour financer une formation en vue d'un emploi moins ou non exposé, pour financer un projet de reconversion professionnelle sur un métier non exposé, ou pour réduire sa durée de travail ou partir plus tôt à la retraite [voir *Compte professionnel de prévention (utilisation)**].

▶ À noter... Dans les développements qui suivent, nous avons conservé les précisions apportées sur le C3P par une instruction DGT du 20 juin 2016, transposables à notre sens au C2P.

Cadre du compte professionnel de prévention

Facteurs de risques concernés - Le C2P porte sur 6 facteurs de risques *(voir tableau dans cette étude)*.

▶ À noter... Les facteurs de risques ergonomiques (port de charges lourdes, postures pénibles, vibrations mécaniques) et le risque chimique (agents chimiques dangereux), qui relevaient de l'ancien C3P mais qui ont été exclus du C2P, sont traités via le dispositif de départ anticipé à la retraite pour incapacité permanente liée à la pénibilité (voir *Retraite anticipée**). En outre, les salariés exposés aux risques ergonomiques bénéficient d'une modalité particulière d'accès au *CPF de transition professionnelle** pour se reconvertir dans un métier non exposé (c. trav. art. L. 6323-17-1, L. 6323-17-2 et D. 6323-9-2).

Champ d'application - Le C2P est applicable à tous les employeurs de droit privé (entreprises, associations, etc.) ainsi qu'au personnel des personnes publiques employé dans des conditions de droit privé (c. trav. art. L. 4163-4).

Les apprentis et les salariés titulaires d'un contrat de professionnalisation entrent dans le champ du dispositif (instr. DGT/DSS/SAFSL 2016-178 du 20 juin 2016, introduction et fiche 1).

Salariés exclus du dispositif - Les salariés du particulier employeur et les travailleurs détachés en France ne sont pas éligibles au C2P.

Les salariés affiliés à un régime spécial de retraite comportant déjà un dispositif de reconnaissance et de compensation des effets de l'exposition à certains risques professionnels sont également exclus du dispositif (ex. : régimes applicables aux salariés de la SNCF, la RATP ou de l'Opéra national de Paris) (c. trav. art. L. 4163-4 ; décret 2014-1617 du 24 décembre 2014, art. 1, JO du 27).

Salariés bénéficiaires d'un compte - Les salariés se voient ouvrir un compte dès lors qu'ils accumulent des points, du fait de leur exposition à un ou plusieurs facteurs de risques au-delà des seuils réglementaires (c. trav. art. L. 4163-5).

Par exception, les salariés en contrat de travail de moins d'1 mois n'acquièrent pas de points sur le C2P. Le suivi des expositions ne concerne donc pas ces salariés (c. trav. art. R. 4163-8 et R. 4163-9).

Portabilité - Les bénéficiaires conservent les points acquis au gré de leurs changements d'employeur ou de leur période de chômage, jusqu'à la retraite.

Financement du dispositif

Suppression des cotisations patronales - Les cotisations générales (0,01 %) et additionnelle (0,2 % ou 0,4 %) qui finançaient l'ancien C3P ont été supprimées depuis le 1er janvier 2018 (ord. 2017-1389 du 22 septembre 2017, art. 5-II).

Financement par la branche AT-MP - Le financement du C2P est assuré par la branche accidents du travail et maladies professionnelles de la sécurité sociale (c. trav. art. L. 4163-21).

Appréciation des expositions

Seuils d'exposition de référence - À chaque facteur de risque est associé un seuil d'exposition (c. trav. art. D. 4163-2).

Chaque seuil d'exposition repose sur le croisement de deux critères : un seuil d'intensité (en décibels pour le bruit, en tranche d'horaire de nuit, etc.) et une notion temporelle, exprimée en durée ou fréquence *(voir tableau 1 dans cette étude)*. Les deux critères doivent être réunis pour que le seuil d'exposition soit considéré comme atteint ou dépassé.

▶ À noter… Des modalités particulières d'appréciation de l'exposition existent pour certains cas particuliers : salariés ayant occupé plusieurs postes sur une année, salariés présents moins d'un an, salariés absents, intérimaires (instr. DGT/DSS/SAFSL 2016-178 du 20 juin 2016, introduction et fiche 2).

Évaluation des expositions par l'employeur - L'employeur évalue l'exposition d'un salarié au regard des « conditions habituelles de travail » caractérisant le poste occupé, en moyenne annuelle (c. trav. art. D. 4163-3, al. 1). L'évaluation est faite après prise en compte des mesures de protection collective et individuelle (c. trav. art. D. 4163-5) et en cohérence avec le document unique d'évaluation des risques (pour plus de détails sur ce document, voir Dictionnaire Social, « Document unique d'évaluation des risques professionnels »).

Évaluation au regard de grilles ou de référentiels de branche - L'employeur peut apprécier les expositions au regard de référentiels types définis au niveau des branches professionnelles. En pratique, il peut donc déclarer tout salarié qui occupe un poste qualifié comme « exposé » par la branche.

En effet, un accord de branche étendu peut déterminer l'exposition des salariés à un ou plusieurs facteurs de risques au-delà des seuils à partir de situations types, en faisant notamment référence aux postes, métiers ou situations de travail et aux mesures de protection collective et individuelle appliquées (c. trav. art. L. 4163-2, I). En l'absence de grille fixée par accord de branche étendu, des référentiels professionnels de branche peuvent être homologués par arrêté (c. trav. art. L. 4163-2, II).

Selon l'administration, les grilles prévues par accord de branche étendu s'imposent à l'employeur, tandis que le référentiel de branche homologué est une aide qu'il est libre d'utiliser ou non (instr. DGT/DSS/SAFSL 2016-178 du 20 juin 2016, introduction et fiche 4).

▶ À noter… L'employeur qui a développé son propre système d'évaluation avant la conclusion de l'accord de branche peut continuer à l'appliquer s'il n'est pas en contradiction avec l'accord collectif (instr. DGT-DSS du 20 juin 2016, introduction).

L'employeur qui applique les stipulations d'un accord de branche étendu ou d'un référentiel de branche homologué pour déterminer l'exposition d'un salarié ne peut pas se voir appliquer la pénalité encourue en cas de déclaration inexacte (c. trav. art. L. 4163-2, IV).

Salariés présents une partie de l'année - Pour les salariés présents moins d'un an dans l'entreprise (mais avec un contrat d'au moins un mois), l'employeur évalue l'exposition au regard des conditions habituelles de travail sur l'année ou en utilisant

Tableau 1 - Facteurs de risques et seuils d'exposition pris en compte dans le C2P

Facteurs	Seuils d'exposition		
	Action ou situation	Intensité minimale	Durée minimale
Travail de nuit (c. trav. art. L. 3122-2 à L. 3122-5, L. 3122-15 et L. 3122-20) (1)	Une heure de travail entre minuit et 5 h du matin		100 nuits par an (4)
Travail en équipes successives alternantes	Travail en équipes successives alternantes impliquant au minimum une heure de travail entre minuit et 5 h du matin		30 nuits par an (4)
Travail répétitif caractérisé par la réalisation de travaux impliquant l'exécution de mouvements répétés, sollicitant tout ou partie du membre supérieur, à une fréquence élevée et sous cadence contrainte	Temps de cycle inférieur ou égal à 30 secondes : 15 actions techniques ou plus		900 h par an (2)
	Temps de cycle supérieur à 30 secondes, temps de cycle variable ou absence de temps de cycle : 30 actions techniques ou plus par minute		
Activités exercées en milieu hyperbare (c. trav. art. R. 4461-1)	Interventions ou travaux	1 200 hectopascals	60 interventions ou travaux par an
Températures extrêmes	Température inférieure ou égale à 5 degrés Celsius ou au moins égale à 30 degrés Celsius		900 h par an (2)
Bruit (c. trav. art. R. 4431-1) (3)	Niveau d'exposition au bruit rapporté à une période de référence de 8 h d'au moins 81 décibels (A)		600 h par an (2)
	Exposition à un niveau de pression acoustique de crête au moins égal à 135 décibels (C)		120 fois par an

(1) L'employeur ne prend pas en compte les nuits effectuées en équipes successives alternantes (c. trav. art. D. 4163-5).
(2) Le dépassement du seuil est apprécié en cumulant les durées pendant lesquelles se déroule chacune des actions ou pendant lesquelles chacune des situations est constatée (c. trav. art. D. 4163-5).
(3) Les différents paramètres de calcul de l'exposition au bruit (niveau de pression acoustique de crête, niveau d'exposition quotidienne, etc.) ainsi que les conditions de mesurage des niveaux de bruit ont été précisés par arrêté (arrêté du 11 décembre 2015, JO du 31, texte 154).
(4) Seuils applicables depuis le 1.09.2023 (décret 2023-760 du 10 août 2023, JO du 11). Sur les seuils applicables en 2023, voir tableau 2.

Tableau 2 - Travail de nuit et travail en équipes successives alternantes : seuils 2023 (1)

Nature du contrat	Dates du contrat	Travail de nuit : seuil annuel à retenir	Travail en équipes successives alternantes : seuil annuel à retenir
Contrat permanent	Du 1er janvier au 31 décembre 2023	113 nuits	43 nuits
Contrat infra-annuel	Compris entre le 1er janvier et le 31 août 2023	120 nuits	50 nuits
	Compris entre le 1er septembre et le 31 décembre 2023	100 nuits	30 nuits
	À cheval sur les deux périodes	113 nuits	43 nuits

(1) Les seuils d'exposition du travail de nuit et du travail en équipes successives alternantes ont été abaissés au 1.09.2023 (décret 2023-760 du 10 août 2023, JO du 11). Pour l'année 2023, ces seuils ont été proratisés, en tenant compte de la nature du contrat et des dates du contrat si celui-ci est infra-annuel.

l'accord ou le référentiel de branche (instr. DGT/DSS/SAFSL 2016-178 du 20 juin 2016, introduction).

L'administration distingue deux types de salariés :
- les salariés affectés à des postes « permanents » : pour ceux-ci, l'exposition s'apprécie en fonction des conditions habituelles de travail sur l'année, indépendamment d'éventuels creux ou pics d'exposition ;
- les salariés qui occupent des postes « non permanents » (ex. : saisonniers, salariés recrutés pour faire face à un besoin présentant un caractère exceptionnel au regard de l'activité de l'entreprise) : dans ce cas, l'employeur doit apprécier l'exposition en extrapolant les conditions de travail constatées au cours du contrat sur une période de 12 mois, en les rapportant aux seuils annuels.

Absences neutralisant l'exposition - Les périodes d'absence peuvent conduire à remettre en cause l'exposition au-delà des seuils (instr. DGT/DSS/SAFSL 2016-178 du 20 juin 2016, introduction). Il doit s'agir d'absences dont la durée cumulée est suffisamment longue (ex. : congé pour longue maladie, congé de formation, congé sabbatique, etc.).

Déclaration des expositions

Salariés concernés - L'employeur déclare les salariés exposés au-delà des seuils réglementaires. Pour les contrats d'une durée inférieure à 1 mois, il n'a pas de déclaration à faire *(voir ci-avant)*.

Déclaration via la DSN - La déclaration s'effectue au moyen de la *déclaration sociale nominative** (DSN) (c. trav. art. L. 4163-1 et R. 4163-8).

Pour les salariés dont le contrat de travail est en cours à la fin de l'année civile, la déclaration s'effectue au terme de l'année en question, au titre de la paye du mois de décembre (c. trav. art. R. 4163-8, I), donc au plus tard avec la DSN du 5 ou du 15 janvier.

Pour les salariés dont le contrat de travail d'une durée supérieure ou égale à 1 mois s'achève au cours de l'année civile, la déclaration s'effectue au plus tard à l'occasion de la DSN relative à la paye effectuée au titre de la fin du contrat de travail (c. trav. art. R. 4163-8, II).

Titres simplifiés - Pour les cotisants qui utilisent un des dispositifs simplifiés de déclaration et de recouvrement des cotisations sociales (*chèque-emploi associatif**, *titre emploi-service entreprise**, etc.), la déclaration s'effectue dans les mêmes conditions, auprès de l'organisme de recouvrement et de contrôle compétent (c. trav. art. R. 4163-8, III).

Droit de rectification - L'employeur peut rectifier sa déclaration :

- jusqu'au 5 ou au 15 avril de l'année qui suit celle au titre de laquelle la déclaration a été effectuée, selon l'échéance de transmission de la déclaration applicable à l'entreprise (c. trav. art. R. 4163-8, IV, 1°) ;
- par exception, lorsque la rectification est faite en faveur du salarié, pendant la même période que le délai de reprise des cotisations URSSAF (3 ans + l'année civile en cours) (c. trav. art. R. 4163-8, IV, 2° ; c. séc. soc. art. L. 244-3).

Fiche de suivi pour certains salariés

Salariés concernés - Certains salariés n'acquièrent pas de droits au titre du C2P, bien qu'exposés aux facteurs de risques au-delà des seuils réglementaires (c. trav. art. L. 4163-1, V, 2°). L'employeur n'a pas de déclaration d'exposition à faire pour ces personnes. En revanche, il faut établir pour chacun de ces salariés une « fiche individuelle de suivi » (c. trav. art. D. 4163-4).

La fiche de suivi concerne les salariés affiliés à un régime spécial de retraite exclu du compte *(voir liste au début de cette étude)* (c. trav. art. L. 4163-4 ; décret 2014-1617 du 24 décembre 2014, JO du 27), hormis les salariés soumis à un suivi des effets de l'exposition à certains facteurs de risques professionnels approuvé par arrêté (personnels affiliés au régime des industries électriques et gazières) (c. trav. art. D. 4163-4 ; instr. DGT/DSS/SAFSL 2016-178 du 20 juin 2016, fiche 2).

Les travailleurs détachés en France relèvent aussi de la fiche de suivi (instr. DGT/DSS/SAFSL 2016-178 du 20 juin 2016, fiche 2).

En revanche, la fiche de suivi ne concerne pas les salariés titulaires d'un contrat de travail de moins d'1 mois, ni les salariés des particuliers employeurs (instr. DGT/DSS/SAFSL 2016-178 du 20 juin 2016, fiche 2).

Obligations de l'employeur - La fiche indique les facteurs de risques auxquels le salarié est exposé au-delà des seuils réglementaires.

L'employeur la remet au travailleur au terme de chaque année civile, ainsi qu'en cas de rupture de la relation de travail, au plus tard le dernier jour du mois suivant la date de fin du contrat (c. trav. art. D. 4163-4).

L'entreprise doit conserver la fiche pendant 5 ans après l'année à laquelle elle se rapporte. L'employeur qui ne remplit pas la fiche de suivi ou qui ne l'actualise pas s'expose à l'amende prévue pour les contraventions de la 5e classe, appliquée autant de fois qu'il y a de salariés concernés (c. trav. art. R. 4741-1-1).

Alimentation du compte professionnel de prévention

Gestion des comptes et inscription des points - Les C2P sont gérés par la Caisse nationale d'assurance maladie (CNAM) et le réseau des Caisses d'assurance retraite et de la santé au travail (CARSAT). Les points sont enregistrés par la CNAM, en fonction des expositions déclarées par les employeurs (c. trav. art. L. 4163-14 et D. 4163-31).

Information du bénéficiaire - Chaque titulaire d'un C2P a accès à son compte via un service Internet (https://www.compteprofessionnelprevention.fr) qui lui permet de connaître les points acquis et consommés au cours de l'année précédente, le nombre total de points inscrits et leur utilisation possible (c. trav. art. L. 4163-15). Il peut éditer un relevé de points (c. trav. art. R. 4163-14).

Au plus tard le 30 juin suivant l'année d'acquisition des points, la CARSAT lui indique que l'information afférente à son compte est disponible sur le site

Tableau 3 - Barème d'acquisition des points		
	Mono-exposition	**Poly-exposition**
Contrat d'une durée supérieure ou égale à l'année civile	4 points par année d'exposition	8 points par année d'exposition en cas d'exposition à deux facteurs de risques, 12 points en cas d'exposition à trois facteurs de risques, etc.
Contrat d'au moins 1 mois, débutant ou prenant fin en cours d'année civile	1 point par période d'exposition de 3 mois	2 points par période d'exposition de 3 mois à deux facteurs de risques, 3 points par période d'exposition de 3 mois à trois facteurs de risques, etc.
Salariés nés avant le 1er juillet 1956	Les points sont doublés	

Internet, par courrier électronique ou, à défaut, par lettre simple (c. trav. art. D. 4163-31).

En outre, les CARSAT informent chaque année les salariés sur les points acquis au titre de l'année écoulée, dans un relevé précisant chaque contrat de travail ayant donné lieu à déclaration, les facteurs d'exposition concernés ainsi que les modalités de contestation (c. trav. art. L. 4163-15).

Barème d'acquisition - Le nombre de points acquis sur le C2P est proportionnel au nombre d'expositions et n'est pas plafonné (c. trav. art. R. 4163-9, I et II) *(voir tableau 3)*.

Les points sont doublés pour les salariés nés avant le 1er juillet 1956 (c. trav. art. R. 4163-10).

Les salariés sous contrats d'une durée inférieure à 1 mois n'acquièrent pas de point, quelle que soit l'exposition *(voir ci-avant)*.

Utilisation du compte professionnel de prévention

Voir *Compte professionnel de prévention (utilisation)**.

Contrôle des données déclarées par les employeurs

Droit de contrôle des CARSAT - Les agents des CARSAT sont habilités à contrôler (c. trav. art. L. 4163-16) :

- l'effectivité et l'ampleur de l'exposition des salariés aux facteurs de risques professionnels ;
- l'exhaustivité des données déclarées par l'employeur.

À ce titre, les employeurs doivent leur remettre tout document qu'ils demandent et leur permettre l'accès aux locaux de l'entreprise (c. trav. art. D. 4163-32, I).

Ces agents ont qualité pour dresser des procès-verbaux faisant foi jusqu'à preuve du contraire en cas d'infraction (c. trav. art. R. 4163-44).

Ils peuvent opérer un contrôle sur pièces ou, après envoi d'un avis de passage au moins 15 jours avant, un contrôle sur place dans les locaux de l'entreprise (c. trav. art. D. 4163-32, I).

Issue du contrôle - Si la CARSAT n'a aucune observation à formuler, elle en informe l'employeur et les salariés concernés (c. trav. art. D. 4163-32, II).

Si la CARSAT a constaté certaines anomalies, elle notifie à l'employeur les modifications qu'elle souhaite apporter aux éléments ayant conduit à la détermination du nombre de points. L'employeur a un délai d'un mois pour présenter ses observations.

Impact sur le compte - Une fois écoulé le délai d'un mois, la CARSAT lui notifie sa décision (c. trav. art. D. 4163-32, II). Ce courrier mentionne notamment les modifications apportées aux déclarations de l'employeur.

▶ À noter... En cas de déclaration inexacte, l'employeur peut faire l'objet d'une pénalité prononcée par le directeur de la caisse (c. trav. art. L. 4163-16, II). Elle est fixée par décret dans la limite de 50 % du plafond mensuel de la sécurité sociale (voir *Plafond de la sécurité sociale**). Elle est calquée sur celle qui sanctionne les inexactitudes en matière de DSN, autres que les inexactitudes dans les rémunérations déclarées. Elle s'élève à un tiers de 1 % du plafond mensuel de la sécurité sociale par salarié concerné (c. trav. art. R. 4163-33 ; c. séc. soc. art. R. 243-13, I, 2e al.).

La CARSAT notifie également sa décision au salarié, en précisant notamment le nombre de points inscrits sur son compte au titre des périodes concernées. La caisse corrige le nombre de points inscrits sur le compte si les points n'ont pas déjà été utilisés (c. trav. art. D. 4163-32, II).

Prescription - Le « redressement » de la CARSAT ne peut intervenir qu'au cours des 3 années civiles suivant l'année au titre de laquelle les points ont été (ou auraient dû être) inscrits au compte (c. trav. art. L. 4163-16, I).

Réclamations des salariés (en bref)

Prescription - L'action du salarié en vue de l'attribution de points ne peut intervenir qu'au cours des 2 années civiles suivant la fin de l'année au titre de laquelle des points ont été (ou auraient dû) être portés à son compte (c. trav. art. L. 4163-20).

Saisine préalable de l'employeur - En cas de différend lié à un désaccord entre un employeur et un salarié sur l'effectivité ou l'ampleur de son exposition, le salarié ne peut saisir la CARSAT d'une réclamation sur l'ouverture du C2P ou le nombre de points crédités qu'après avoir saisi son employeur de sa contestation. Le salarié peut se faire assister par une personne de son choix appartenant au personnel de l'entreprise (c. trav. art. L. 4163-18 ; instr. DGT/DSS/SAFSL 2016-178 du 20 juin 2016, fiche 5).

En pratique, le salarié peut effectuer une réclamation auprès de son employeur (c. trav. art. R. 4163-34, I) :
- lorsqu'il n'est pas d'accord sur le nombre de points qui lui a été communiqué par la caisse à partir des données déclarées par l'employeur ;
- ou lorsqu'il n'a reçu aucune information afférente à son compte de la part de la caisse au plus tard le 30 juin suivant l'année d'exposition et que cette situation résulte d'un différend avec son employeur sur l'exposition elle-même.

Sans détailler la procédure, précisons que l'employeur dispose de 2 mois pour répondre au salarié, le silence valant rejet (c. trav. art. R. 4163-34, II ; instr. DGT/DSS/SAFSL 2016-178 du 20 juin 2016, fiche 5).

En cas de décision explicite de rejet, celle-ci doit être notifiée au salarié par tout moyen permettant d'en attester la date de réception, en l'informant de son droit de saisir la CARSAT dans un délai de 2 mois (c. trav. art. R. 4163-34, II).

L'employeur qui décide de faire droit à la réclamation du salarié en informe celui-ci ainsi que la CARSAT. Il corrige les données dans la DSN (c. trav. art. R. 4163-35).

Saisine de la CARSAT par le salarié - Le salarié a 2 mois après la décision expresse ou implicite de rejet de l'employeur pour porter sa réclamation devant la CARSAT (c. trav. art. R. 4163-34, III ; instr. DGT/DSS/SAFSL 2016-178 du 20 juin 2016, fiche 5).

Sans détailler la procédure, précisons que la CARSAT a 6 mois pour se prononcer (9 mois lorsque la caisse estime nécessaire de procéder à un contrôle sur place de l'effectivité ou de l'ampleur de l'exposition) (c. trav. art. R. 4163-36).

Le silence de la CARSAT vaut décision de rejet implicite. La caisse peut aussi rendre une décision explicite favorable ou de rejet.

Notification - C'est le directeur de la caisse qui notifie cette décision au salarié et à l'employeur avec mention des voies et délais de recours [devant le tribunal judiciaire, à saisir dans les 2 mois] (c. trav. art. R. 4163-36 et R. 4163-41).

Communications au médecin du travail

Dans le cadre du suivi individuel de l'état de santé des salariés, le service de prévention et de santé au travail peut demander à l'employeur la communication des informations déclarées dans le C2P (c. trav. art. D. 4163-3). Il peut également demander la communication de la fiche de suivi établie pour les salariés exposés qui n'acquièrent pas de droits au titre du C2P *(voir ci-avant)* (c. trav. art. D. 4163-4).

☞ *Compte professionnel de prévention (utilisation) ; Pénalité 1 % prévention pénibilité.*

Compte professionnel de prévention (utilisation)

Le *compte professionnel de prévention** (C2P) permet aux salariés exposés à certains facteurs de risques professionnels durant leur carrière d'accumuler des points, qu'ils pourront utiliser de différentes manières afin de compenser cette exposition.

Demande d'utilisation du compte professionnel de prévention

Options et barème de référence - Le titulaire d'un C2P peut l'utiliser pour (c. trav. art. L. 4163-7) :
- bénéficier d'actions de formation en vue d'accéder à des emplois moins exposés ou non exposés ;
- compléter sa rémunération dans le cadre d'une réduction de sa durée de travail ;
- à partir de 55 ans, majorer sa durée d'assurance vieillesse et partir en retraite plus tôt ;
- financer un projet de reconversion professionnelle en vue d'accéder à un métier non exposé.

Barème de référence - Les points sont utilisés selon un barème réglementaire (c. trav. art. R. 4163-11) *(voir tableau)*. Le compte doit être utilisé par tranche de 10 points, sauf pour la formation et la reconversion professionnelle pour lesquelles il peut être consommé point par point (c. trav. art. R. 4163-12).

Compte professionnel de prévention : barème d'utilisation			
Utilisation	**Conditions d'âge**	**Nbre de points**	**Conversion**
Formation professionnelle (1)	-	1 point	500 € de prise en charge de tout ou partie des frais d'actions de formation en vue d'accéder à un emploi non exposé ou moins exposé
Réduction du temps de travail (1)	-	10 points	Complément de rémunération correspondant à la compensation pendant 4 mois d'une réduction du temps de travail égale à un mi-temps
Reconversion professionnelle (1)	-	1 point	500 € visant à financer un projet de reconversion professionnelle en vue d'accéder à un emploi non exposé
Retraite	Avoir au moins 55 ans (2)	10 points	Un trimestre de majoration de durée d'assurance vieillesse

(1) Pour ces trois utilisations, le salarié doit, à la date de sa demande, appartenir aux catégories de personnel entrant dans le champ d'application du compte (voir *Compte professionnel de prévention**) (c. trav. art. L. 4163-7, II, al. 2).
(2) Le compte ne peut être utilisé pour la retraite qu'à partir de 55 ans.

Réserve formation - Les 20 premiers points inscrits sur le compte peuvent uniquement être utilisés pour suivre des actions de formation (« réserve » formation) ou financer une reconversion (c. trav. art. R. 4163-13).

Pour les assurés nés en 1960, 1961 ou 1962, seuls les 10 premiers points inscrits sur le compte sont réservés. Pour les assurés nés avant 1960, il n'y a pas de réserve ; ils peuvent utiliser leurs points comme ils le souhaitent.

Demande d'utilisation - Le titulaire d'un C2P peut demander à utiliser des points une fois ceux-ci inscrits sur son compte (c. trav. art. R. 4163-15).

Lorsqu'une demande est effectuée, les points correspondants ne peuvent pas être sollicités pour une autre utilisation, jusqu'à la décision de la caisse (c. trav. art. R. 4163-17).

En principe, il effectue une demande en ligne, via son espace personnel sur le site Internet dédié (www.compteprofessionnelprevention.fr). Les demandes concernant une utilisation du C2P pour la réduction du temps de travail et la majoration de durée d'assurance retraite peuvent aussi être adressées à la CARSAT de sa résidence ou, en cas de résidence à l'étranger, de son dernier lieu de travail en France. Depuis le 1er septembre 2024, les demandes concernant une utilisation du C2P pour financer une formation peuvent être directement effectuées sur la plateforme du *compte personnel de formation** (www.moncompteformation.gouv.fr). Les demandes d'utilisation du C2P pour un projet de reconversion professionnelle s'effectuent obligatoirement sur le site du C2P (c. trav. art. R. 4163-15 ; décret 2023-759 du 10 août 2023, JO du 11).

▶ À noter… Des formulaires Cerfa homologués sont prévus pour les demandes d'utilisation de points et sont disponibles sur le site internet du C2P (arrêté du 30 décembre 2015, JO du 31, texte n° 140, modifié par arrêté du 2 février 2024, JO du 2 mars, texte n° 7).

L'acceptation par la caisse permet l'utilisation des points et le règlement des sommes prévues pour chaque modalité d'utilisation (c. trav. art. R. 4163-17). Si la caisse garde le silence pendant plus de 4 mois, cela équivaut à un rejet (c. trav. art. R. 4163-16).

Formation

Objet - Qu'il soit salarié ou demandeur d'emploi, le titulaire d'un C2P peut, à tout moment de sa carrière, utiliser ses droits pour bénéficier d'actions de formation en vue d'accéder à un emploi moins exposé ou non exposé (c. trav. art. L. 4163-7, I et II).

Un salarié ne peut utiliser son compte à cet effet que si, à la date de la demande, il entre dans le champ des bénéficiaires potentiels du dispositif, c'est-à-dire être salarié de droit privé ou agent d'un employeur public dans les conditions du droit privé (c. trav. art. L. 4163-7, II, al. 2) (voir *Compte professionnel de prévention**). Un salarié passé indépendant ou fonctionnaire ne peut donc pas utiliser ses droits durant cette période non-salariée.

Abondement du compte personnel de formation - Lorsque le titulaire décide d'utiliser son C2P pour se former, les points mobilisés sont convertis en euros pour abonder son *compte personnel de formation** (CPF) (c. trav. art. L. 4163-8).

Accompagnement par le CEP - Le salarié fait l'objet d'un accompagnement préalable par un opérateur du conseil en évolution professionnelle (CEP) qui l'aide à formaliser son projet de formation vers un emploi non ou moins exposé (c. trav. art. R. 4163-19).

Financement de la formation - La formation est financée par la Caisse des dépôts et consignations (CDC), qui gère le CPF, en utilisant le crédit mobilisé par le salarié.

Réduction du temps de travail

Objet - Un salarié peut, à tout moment de sa carrière, utiliser son C2P pour bénéficier d'une réduction de son temps de travail, sans perte de salaire pendant une certaine durée (c. trav. art. L. 4163-7, I). Le complément de rémunération est pris en charge par l'employeur puis remboursé par la CARSAT (c. trav. art. D. 4163-25 à D. 4163-29).

Le salarié doit, à la date de la demande, entrer dans le champ des bénéficiaires potentiels du dispositif *(voir ci-avant)* (c. trav. art. L. 4163-7, II, al. 2) (voir *Compte professionnel de prévention**).

Demande du salarié - Le salarié doit effectuer une demande de réduction du temps de travail auprès de son employeur, deux situations pouvant se présenter (c. trav. art. L. 4163-10 et D. 4163-25).

Si l'employeur est couvert par un accord d'entreprise ou d'établissement ou, à défaut, un accord de branche étendu sur la mise en place du temps partiel à la demande des salariés, le salarié effectue sa demande selon les modalités prévues par cet accord. L'employeur répond dans le délai fixé par l'accord (c. trav. art. L. 3123-17).

En l'absence d'accord collectif, le salarié doit faire une demande par LRAR au moins 6 mois à l'avance, en précisant la durée du travail souhaitée et la date envisagée pour la mise en œuvre du nouvel horaire. L'employeur dispose de 3 mois à compter de la réception de cette lettre pour répondre, par LRAR également (c. trav. art. L. 3123-26 et D. 3123-3).

Dans tous les cas, le salarié est tenu de (c. trav. art. D. 4163-25) :
- préciser sa demande (la durée du travail demandée doit se situer dans une fourchette allant de 20 % à 80 % de la durée du travail applicable dans l'établissement) ;
- y joindre le relevé de points de son C2P (édité sur le site https://www.compteprofessionnelprevention.fr).

Refus de l'employeur - L'employeur peut opposer un refus motivé au salarié si sa demande s'avère incompatible avec l'activité économique de l'entreprise (c. trav. art. L. 4163-10).

Le salarié peut saisir le conseil des prud'hommes pour trancher le différend consécutif à un refus (c. trav. art. L. 4163-11).

Accord de l'employeur - Une fois l'accord de l'employeur obtenu, le salarié formule sa demande de mobilisation du C2P (c. trav. art. D. 4163-27).

▶ À noter... Comme pour tout passage à *temps partiel**, un avenant au contrat de travail comportant les mentions requises doit être signé par l'employeur et le salarié.

Durée du complément de rémunération - Le calcul du nombre de jours pris en charge au titre du complément de rémunération suit une formule légale : nombre de points du compte utilisés / 10 × 60 / coefficient de réduction de la durée du travail (c. trav. art. D. 4163-26). Le résultat est arrondi au jour entier le plus proche.

Le coefficient de réduction de la durée du travail est fixé en fonction du rapport de la durée sollicitée à la durée antérieure de travail. Il est arrondi à deux décimales, au centième le plus proche.

Exemples

1) Pour un salarié à temps plein de 35 h souhaitant passer à 28 h, le coefficient est de 1 – (28 / 35) = 0,20. Si le salarié mobilise 10 points, le nombre de jours pris en charge est de (10 points/10) × (60/0,20) = 300 jours.
2) Pour un salarié à temps plein de 35 h souhaitant passer à 17,5 h, le coefficient est de 1 – (17,5/35) = 0,5. Si le salarié mobilise 10 points, le nombre de jours pris en charge au titre du complément de rémunération est de (10 points/10) × (60/0,5) = 120 jours.
3) Pour un salarié à temps partiel de 32 h souhaitant passer à 21 h, le coefficient est de 1 - (21/32) = 0,34. Si le salarié mobilise 10 points, le nombre de jours pris en charge au titre du complément de rémunération est de (10 points/10) × (60/0,34) = 176 jours.

Montant du complément de rémunération - Le complément de rémunération est déterminé en appliquant le coefficient de réduction de la durée du travail aux revenus d'activité qui seraient perçus par le salarié s'il ne bénéficiait pas de cette réduction du temps de travail (c. trav. art. D. 4163-29).

Pendant la période prise en charge, l'employeur verse la rémunération du travail ainsi que le complément financé au titre du C2P. Ce complément est assujetti aux cotisations et contributions sociales légales et conventionnelles, selon les modalités en vigueur à la date de son versement (c. trav. art. L. 4163-12).

Remboursement - Pour obtenir le remboursement du complément de rémunération et des cotisations et contributions sociales légales et conventionnelles correspondantes, l'employeur doit transmettre à la

CARSAT, par tout moyen, un mois avant l'entrée en vigueur de l'avenant de passage à temps partiel (c. trav. art. D. 4163-28 ; arrêté du 30 décembre 2015, JO du 31, texte n° 142, modifié par arrêté du 29 décembre 2017, JO du 31, texte n° 83) :

- une copie de l'avenant au contrat de travail établissant la réduction du temps de travail du salarié ;
- une copie de ses trois derniers bulletins de salaire ;
- le relevé d'identité bancaire de l'employeur.

La CNAM rembourse ensuite le complément de rémunération à l'employeur, mensuellement, à terme échu (arrêté du 30 décembre 2015, art. 2, JO du 31, texte n° 142, modifié par arrêté du 29 décembre 2017, JO du 31, texte n° 83).

Reconversion

Bénéficiaires - Le titulaire d'un C2P, qu'il soit salarié ou demandeur d'emploi peut, à tout moment de sa carrière, utiliser ses droits pour financer un projet de reconversion professionnelle en vue d'accéder à un emploi non exposé. Il doit, à la date de sa demande, relever des bénéficiaires du dispositif *(voir ci-avant)* (c. trav. art. L. 4163-7, I et II).

Projet et congé de reconversion - Dans le cadre du projet de reconversion, le C2P permet de financer les frais liés à des actions de formation, de bilan de compétences et de validation des acquis de l'expérience et si nécessaire, la rémunération du salarié pendant un congé de reconversion, afin de suivre des actions de formation en tout ou partie sur le temps de travail (c. trav. art. L. 4163-7, I)

La durée du congé de reconversion est assimilée à une période de travail effectif pour la détermination des droits liés à l'ancienneté. Le salarié conserve le bénéfice de tous les avantages qu'il a acquis avant le début du congé (c. trav. art. L. 4163-8-5).

Sous réserve de quelques adaptations, le projet et le congé de reconversion sont soumis aux règles du code du travail relatives au *CPF de transition professionnelle** : compétence de l'association « Transitions Pro » (ATpro) pour valider le projet et assurer la prise en charge administrative et financière, demande du congé à l'employeur, pièces à transmettre, types de dépenses prises en charge, modalités de rémunération, etc. (c. trav. art. L. 4163-8-3 et D. 4163-30-1 ; arrêté du 30 janvier 2024, JO du 3 février, texte n° 20).

Accompagnement par le CEP - Le salarié fait l'objet d'un accompagnement préalable par un opérateur du conseil en évolution professionnelle pour la formalisation de son projet (c. trav. art. R. 4163-19).

Financement - L'association « Transitions Pro » (ATpro) qui a validé le projet de reconversion du salarié mobilise prioritairement les droits inscrits sur le C2P du salarié. S'il reste un solde à payer, celui-ci peut être pris en charge par l'association ATpro ou par un financeur du CPF (ex. : opérateur de compétences, région, État, l'employeur, le salarié lui-même) (c. trav. art. D. 4163-30-3, II).

Départ anticipé à la retraite

Majoration de durée d'assurance vieillesse - À partir de 55 ans, les titulaires d'un C2P peuvent demander à utiliser leurs points pour financer une majoration de leur durée d'assurance vieillesse et un départ en retraite avant l'âge légal de droit commun (c. trav. art. L. 4163-7, I ; c. séc. soc. art. L. 351-6-1 ; circ. CNAV 2024-30 du 31 octobre 2024).

Incidence sur l'âge légal de départ en retraite - L'âge légal de départ en retraite normalement applicable à l'assuré est abaissé à due concurrence du nombre de trimestres obtenus grâce aux points du C2P, dans la limite de 8 trimestres (c. séc. soc. art. D. 161-2-1-10 ; circ. CNAV 2024-30 du 31 octobre 2024).

Articulation avec la retraite anticipée « carrières longues » - Les trimestres d'assurance vieillesse acquis au titre du C2P sont réputés avoir donné lieu à cotisations pour le droit éventuel à bénéficier d'une retraite anticipée « carrières longues » (c. séc. soc. art. L. 351-6-1, II ; circ. CNAV 2024-30 du 31 octobre 2024).

☞ *Compte personnel de formation ; Compte personnel de formation (utilisation) ; Compte professionnel de prévention ; CPF de transition professionnelle ; Pénalité 1 % prévention pénibilité ; Retraite anticipée ; Retraite (âge légal, âge du taux plein).*

Congé d'adoption

Bénéficiaires et durée du congé

Bénéficiaires - Tout salarié qui se voit confier un enfant en vue de son adoption peut bénéficier d'un congé d'adoption pris dans un délai et fractionné selon des modalités déterminées par décret (c. trav. art. L. 1225-37).

Les stagiaires bénéficient d'un congé d'une durée équivalente (c. éduc. art. L. 124-13) [voir *Stages en entreprise (recours et statut)**].

Congé d'adoption (*)		
	Composition initiale du foyer	**Durée du congé**
Adoption unique	Jusqu'à 1 enfant	16 semaines + (a)
	2 enfants et plus	18 semaines + (a)
Adoptions multiples	Peu importe	22 semaines + (a)

(*) Depuis le 1er juillet 2021.
(a) Si les deux parents salariés se partagent le congé, 25 jours supplémentaires sont accordés pour une adoption simple et 32 jours en cas d'adoptions multiples.

▶ À noter... Un congé est aussi accordé au salarié lors de l'arrivée d'un l'enfant placé en vue de son adoption (voir *Congé naissance**).

Durée de droit commun - La durée du congé d'adoption est de (c. trav. art. L. 1225-37) :
- 16 semaines pour les familles ayant au plus un enfant à charge, qui adoptent un enfant ;
- 18 semaines si l'adoption d'un enfant porte à 3 ou plus le nombre d'enfants à charge ;
- 22 semaines en cas d'adoptions multiples.

Durée quand les deux parents sont salariés - Lorsque les deux parents sont salariés et qu'ils se répartissent la durée globale du congé, celle-ci est augmentée (c. trav. art. L. 1225-40) :
- de 25 jours en cas d'adoption simple ;
- ou 32 jours en cas d'adoptions multiples.

Le congé ainsi réparti ne peut être d'une durée supérieure, pour chaque parent, à la durée de droit commun (16 ou 18 ou 22 semaines). Ces deux périodes peuvent être simultanées (circ. CNAM 13/2021 du 5 juillet 2021).

Prise du congé - Pour les parents auxquels est confié un enfant en vue de son adoption, le congé d'adoption (c. trav. art. D. 1225-11-1) :
- débute au plus tôt 7 jours avant l'arrivée de l'enfant au foyer ;
- et se termine au plus tard dans les 8 mois suivant cette date.

Le congé d'adoption peut être pris de manière fractionnée en deux périodes d'une durée minimale de 25 jours chacune (c. trav. art. L. 1225-37 ; c. séc. soc. art. L. 331-7).

Lorsque la période de congé est répartie entre les deux parents *(voir ci-avant)*, chaque parent peut fractionner sa part de congé en deux périodes, d'une durée minimale de 25 jours chacune (c. trav. art. D. 1225-11-1).

▶ À noter... Le salarié doit aviser son employeur du motif de son absence et de la date de sa reprise d'activité (c. trav. art. L. 1225-42).

Indemnisation, rémunération et avantages conventionnels

Sécurité sociale - S'il remplit les conditions nécessaires, le salarié perçoit de la sécurité sociale les indemnités journalières relatives à la maternité et à l'adoption (voir *Indemnités journalières de sécurité sociale de maternité**).

Lorsque les deux parents appartiennent chacun à un régime de sécurité sociale différent (salarié et non-salarié), la durée cumulée des indemnisations est égale à la plus élevée des deux durées d'indemnisation. Elle est majorée des 25 ou 32 jours *(voir plus haut)*, à répartir entre les deux parents (circ. CNAM 13/2021 du 5 juillet 2021).

▶ À noter... Des règles spécifiques sont prévues dans le cas particulier d'un enfant né de gestation ou de procréation pour autrui, sous réserve que les règles de l'indemnisation du congé d'adoption soient remplies (circ. CNAM 20/2024 du 11 juillet 2024).

Employeur - L'employeur n'a aucune obligation légale de verser un complément de salaire.

En revanche, le salarié en congé d'adoption doit bénéficier de tous les avantages conventionnels prévus pour le congé de maternité (c. trav. art. L. 1225-45). Ainsi, lorsqu'une convention collective prévoit une indemnisation complémentaire pour la maternité, elle s'applique au congé d'adoption, même sans disposition expresse de la convention.

Primes et avantages conventionnels - Il faut se reporter à la convention collective, l'accord d'entreprise ou les usages pour connaître l'incidence des absences et du congé d'adoption à l'égard des primes de fin d'année, primes de vacances, etc.

En tout état de cause, toutes les dispositions conventionnelles qui attribuent des avantages particuliers aux salariées en congé de maternité s'appliquent de plein droit aux salariés en congé d'adoption (c. trav. art. L. 1225-45).

Participation et intéressement - L'absence liée au congé d'adoption ne peut pas réduire les droits du salarié à l'*intéressement** et à la *participation aux résultats** (voir *Réserve spéciale de participation**).

Conséquences du congé

Ancienneté - La durée du congé d'adoption est considérée comme un temps de travail effectif pour tous les droits que le salarié tient de son ancienneté (c. trav. art. L. 1225-42).

Congés payés - Le congé d'adoption est assimilé à du travail effectif pour l'acquisition des *congés payés** (c. trav. art. L. 3141-5).

Par ailleurs, les salariés conservent les droits acquis avant le départ en congé d'adoption et qu'ils n'ont pas pu prendre. Ils les retrouvent à leur retour et peuvent prendre ces congés, quelle que soit la période de congés payés dans l'entreprise [c. trav. art. L. 3141-2 ; voir *Congés payés (incidence des arrêts de travail)**].

Protection contre le licenciement - Le salarié en congé d'adoption bénéficie de la même protection contre le licenciement que la salariée en congé de maternité (c. trav. art. L. 1225-38) (voir *Maternité**).

Démission pour élever un enfant - À l'issue du congé d'adoption, ou dans les 2 mois suivant l'arrivée de l'enfant au foyer, le salarié peut rompre son contrat en vue d'élever son enfant (c. trav. art. L. 1225-66 et R. 1225-18) (voir *Démission pour élever un enfant**).

Issue du congé : réintégration, entretien, rattrapage salarial - À l'issue du congé, le salarié retrouve son emploi précédent ou un emploi similaire assorti d'une rémunération au moins équivalente (c. trav. art. L. 1225-43), de la même façon qu'au terme d'un congé de maternité [voir *Maternité (congé de)**].

Le salarié doit bénéficier d'un entretien professionnel spécifique à l'issue de son congé d'adoption (c. trav. art. L. 1225-46-1) (voir *Entretien professionnel**). À sa demande, cet entretien peut intervenir avant sa reprise de poste (c. trav. art. L. 6315-1).

Par ailleurs, l'employeur doit lui octroyer la moyenne des augmentations de salaire attribuées à ses collègues pendant son absence (c. trav. art. L. 1225-44), dans les mêmes conditions et proportions qu'après un congé de maternité [voir *Maternité (rattrapage salarial)**].

Compte personnel de formation - Les périodes d'absence du salarié dues à un congé d'adoption sont intégralement prises en compte pour le calcul des droits acquis dans le *compte personnel de formation** (c. trav. art. L. 6323-12).

Cumul avec d'autres congés liés à l'adoption

Indépendamment du congé d'adoption proprement dit, le code du travail prévoit aussi :
- un congé rémunéré de 3 jours ouvrables minimum lors de l'arrivée d'un enfant placé en vue de l'adoption (équivalent du *congé de naissance** ; voir ce mot) (c. trav. art. L. 3142-1, L. 3142-2 et L. 3142-4) ;
- un congé spécifique au bénéfice des parents titulaires d'un agrément pour un déplacement à l'international en vue d'une adoption (voir *Congé en vue de l'adoption**) (c. trav. art. L. 1225-46).

☞ *Congé en vue de l'adoption ; Congé de naissance ; Congé parental d'éducation ; Congés payés (incidence des arrêts de travail) ; Démission pour élever un enfant ; Entretien professionnel ; Indemnités journalières de sécurité sociale de maternité ; Maternité ; Maternité (congé de) ; Maternité (rattrapage salarial).*

Congé d'allaitement

Modalités et durée du congé - Pendant 1 an à compter de la naissance, la mère a droit, pendant les heures de travail, à une heure par jour pour allaiter son enfant (c. trav. art. L. 1225-30). L'allaitement peut avoir lieu dans l'établissement où la salariée travaille (c. trav. art. L. 1225-31).

L'heure est répartie en 30 minutes le matin et 30 minutes l'après-midi (c. trav. art. R. 1225-5).

▶ À noter… La période d'une demi-heure est réduite à 20 minutes si l'employeur met à la disposition des salariées un local dédié à l'allaitement, à l'intérieur ou à proximité du lieu de travail (c. trav. art. R. 1225-6).

Un accord entre la salariée et son employeur détermine le moment où le travail est arrêté pour l'allaitement. À défaut d'accord, il est placé au milieu de chaque demi-journée de travail (c. trav. art. R. 1225-5).

Incidence pour la salariée - Sauf disposition conventionnelle ou usage plus favorable, cette pause n'est ni rémunérée, ni considérée comme un temps de travail effectif.

☞ *Maternité.*

Congé de conversion

Les entreprises qui envisagent des licenciements économiques peuvent conclure avec l'État une convention FNE par laquelle les salariés bénéficient d'un congé de conversion en vue de bénéficier d'actions destinées à favoriser leur reclassement, entraînant la suspension de leur contrat de travail (c. trav. art. L. 5123-2, 3°).

Ces conventions sont, en principe, réservées aux entreprises qui n'entrent pas dans le champ du *congé de reclassement** (moins de 1 000 salariés, en général) (circ. DGEFP/DRT/DSS 2002-1 du 5 mai 2002, § IV-A).

Régime du congé

Durée du congé - Le congé doit avoir une durée minimale de 4 mois, au cours desquels le salarié bénéficie d'actions de formation (c. trav. art. R. 5123-2).

Il peut excéder 10 mois, mais l'aide de l'État cesse à la fin du 10e mois (circ. CDE 57-85 du 19 septembre 1985 n° 3-2-1-4, JO 22 novembre).

Conséquences du congé - Le contrat de travail du salarié est seulement suspendu. Le salarié fait toujours partie des effectifs de l'entreprise et reste couvert par la sécurité sociale.

La période de congé de conversion ne donne pas droit à congés payés.

Allocation de conversion

Montant - Le salarié perçoit une allocation de conversion égale à 65 % de sa rémunération brute moyenne des 12 mois précédant l'entrée en congé et au minimum de 85 % du *SMIC** (c. trav. art. R. 5123-2).

Elle est versée par l'employeur à l'échéance normale de la paye et figure sur le bulletin de paye (circ. CDE 57-85 du 19 septembre 1985 n° 3-1-3-2, JO 22 novembre).

Lorsqu'au cours des 12 derniers mois, le salarié a exercé son emploi à temps partiel dans le cadre d'un congé parental d'éducation, d'un congé de proche aidant, d'un congé de présence parentale ou d'un congé de solidarité familiale, il est tenu compte pour le calcul de la rémunération brute moyenne, du salaire qui aurait été le sien s'il avait exercé son activité à temps plein sur l'ensemble de la période (c. trav. art. R. 5123-2).

▶ À noter… En toute logique pour un salarié habituellement à temps partiel qui réduirait encore sa durée du travail dans le cadre de l'un de ces congés, il conviendrait de prendre comme référence sa rémunération sur la base de la durée du travail qui aurait été la sienne s'il n'avait pas bénéficié d'un congé familial (ex. : pour un salarié habituellement à 80 % qui bénéficie d'un congé parental d'éducation, le calcul de l'allocation de conversion s'effectue sur la base de la rémunération à 80 %).

Régime fiscal - Les allocations de conversion sont imposables.

Cotisations de sécurité sociale - Les allocations sont exonérées de cotisations de sécurité sociale et des charges ayant la même assiette ainsi que de taxe sur les salaires (c. trav. art. L. 5123-5).

CSG et CRDS - Les allocations sont soumises à la CSG et à la CRDS sur les revenus de remplacement selon les mêmes règles que les allocations-chômage :
- CSG de 6,20 % (dont 2,40 % déductibles) et CRDS de 0,50 % ;
- abattement d'assiette de 1,75 % ;
- s'il y a lieu, mécanisme d'écrêtement, selon lequel le prélèvement de la CSG/CRDS ne peut pas avoir pour effet de ramener le montant net cumulé de cette rémunération et de la rémunération d'activité en dessous du SMIC brut.

Pour plus de détails sur ces points, voir *Contribution sociale généralisée (CSG sur revenus de remplacement)** et *Contribution pour le remboursement de la dette sociale (CRDS)**.

Traditionnellement, une exonération totale ou partielle de CSG et de CRDS sur les revenus de remplacement, ou une CSG à taux réduit (3,80 %), pouvait jouer en fonction du revenu fiscal de référence du foyer du salarié. Mais ces dispositifs s'appliquent-ils encore aux allocations de conversion depuis le 1er janvier 2021 ? Il semblerait que oui, mais une clarification de la Direction de la sécurité sociale serait la bienvenue, car l'interprétation des nouvelles rédactions du 4° du II de l'art. L. 136-1-2 et de l'art. L. 136-8 du code de la sécurité sociale issues de la loi de financement de la sécurité sociale pour 2021 peut poser question [voir *Contribution sociale généralisée (CSG sur revenus de remplacement)**].

Cotisations salariales maladie spécifiques - S'il y a lieu, l'employeur doit précompter des cotisations salariales d'assurance maladie propres à certaines situations spécifiques :
- cotisation des bénéficiaires du régime local d'Alsace-Moselle (taux de 1,30 % depuis le 1er avril 2022) ;
- cotisation de 2,80 % pour les personnes fiscalement domiciliées hors de France non redevables de la CSG/CRDS et relevant à titre obligatoire d'un régime français d'assurance maladie (c. séc. soc. art. D. 242-12) ;
- cotisation maladie (4,12 % au 1er janvier 2025) pour les assurés relevant du régime de Mayotten

lesquels ne sont pas redevables de CSG/CRDS (décret 2012-1168 du 17 octobre 2012, JO du 20 fixant les taux de cotisations jusqu'en 2036).

La règle d'écrêtement prévue pour la CSG/CRDS *(voir ci-dessus)* concerne aussi ces cotisations maladie spécifiques.

Nature - L'allocation de conversion est cessible et saisissable dans les mêmes conditions que le salaire (c. trav. art. L. 5123-4).

Aide de l'État

Pendant 10 mois au plus, l'État participe au financement de l'allocation au taux maximal de 50 % de son montant. Il peut aussi prendre en charge 50 % du coût de la formation.

Contribution pour le remboursement de la dette sociale (CRDS) ; Contribution sociale généralisée (CSG sur revenus de remplacement).

Congé de deuil

Décès d'un enfant ou d'une personne à charge de moins de 25 ans

En cas de décès d'un membre de sa famille, le salarié peut bénéficier d'un congé décès rémunéré (voir *Congés pour événements familiaux**).

Le salarié a également droit à un congé supplémentaire, appelé « congé de deuil », en cas de décès (c. trav. art. L. 3142-1-1 ; circ. CNAMTS 2020-31 du 15 décembre 2020) :

- d'un enfant de moins de 25 ans y compris lorsque l'enfant n'est pas né vivant mais a atteint le seuil de viabilité fixé par l'OMS (naissance après 22 semaines d'aménorrhée ou un poids du fœtus de 500 g) ;
- ou d'une personne de moins de 25 ans à sa charge effective et permanente.

Le congé est ouvert pour chaque enfant qui décède, y compris s'il s'agissait de jumeaux ou plus.

En cas de décès d'un enfant de moins de 25 ans (ou d'une personne de moins de 25 ans à la charge effective et permanente du salarié), le congé de décès et le congé de deuil sont cumulables.

Modalités du congé de deuil

Salariés éligibles - Le congé de deuil est ouvert à l'un ou l'autre des deux parents ou aux deux parents de l'enfant de moins de 25 ans (ou de la personne de moins de 25 ans à sa charge effective et permanente) décédé.

Il concerne également les personnes, quel que soit leur sexe, qui avaient la charge effective et permanente de la personne âgée de moins de 25 ans. Dans ce cas, cette personne à charge décédée peut être l'enfant du conjoint, ou du concubin, le petit enfant, le concubin ou le conjoint lui-même ou toute personne à charge effective et permanente de moins de 25 ans, sans lien de filiation.

Durée et prise du congé de deuil - Le congé de deuil est d'une durée de 8 jours et peut être pris dans l'année suivant le décès (c. trav. art. L. 3142-1-1). Il peut être fractionné en deux périodes maximum, chacune ayant une durée au moins égale à une journée (c. trav. art. D. 3142-1-1).

Les textes ne précisent pas expressément si le congé se décompte en jours ouvrables ou en jours calendaires. Par analogie avec les autres congés pour évènements familiaux, on pourrait considérer que le congé se décompte en jours ouvrables.

À noter… Cette position nous a été confirmée par le ministère du Travail. En revanche, la CNAMTS et la Direction de la Sécurité sociale considèrent qu'il s'agit de jours calendaires, sans doute en lien avec l'indemnisation IJSS *(voir plus loin)*. Aucune de ces réponses n'ayant de valeur juridique opposable, la rédaction a donc saisi les différentes administrations concernées afin d'obtenir une clarification quant à l'interprétation de référence à retenir.

Protection contre le licenciement - Sur la protection contre le licenciement pendant les 13 semaines suivant le décès de l'enfant (ou de la personne à charge) de moins de 25 ans, voir *Congés pour événements familiaux** (c. trav. art. L. 1225-4-2).

Modalités - Le salarié a droit au congé de deuil « sur justification ». En pratique il s'agira de fournir un acte de décès.

Il adresse une demande à l'employeur en précisant les dates auxquels il souhaite en bénéficier (circ. CNAMTS 2020-31 du 15 décembre 2020). Il informe l'employeur 24 heures au moins avant le début de chaque période d'absence (c. trav. art. L. 3142-1-1).

Le salarié multi-employeurs peut solliciter un congé de deuil auprès de chacun de ses employeurs, ou auprès d'un seul, à des périodes identiques ou différentes en respectant le délai d'un an à compter du décès (circ. CNAMTS 2020-31 du 15 décembre 2020).

Maintien de salaire et IJSS - L'employeur maintient le salaire compte tenu, le cas échéant, des indemnités versées par la sécurité sociale (c. trav. art. L. 3142-2).

En effet, le congé est pris en charge pour partie par la sécurité sociale, puisqu'il donne droit, selon les mêmes conditions de liquidation et de versement, à des IJSS calculées comme en matière de maternité (soit environ 79 % du salaire brut, dans la limite de 101,94 € bruts par jour en 2025) (voir *Indemnités journalières de sécurité sociale de maternité**). Un dispositif de subrogation de plein droit permet à l'employeur de percevoir les IJSS (c. séc. soc. art. L. 331-9 et D. 331-7).

La CNAMTS précise que cette indemnisation sécurité sociale est versée sans vérification des conditions d'ouverture de droit habituellement requises pour les IJSS maternité.

▶ À noter… Pour le premier arrêt maladie lié à ce décès (case spécifique à cocher sur l'arrêt de travail) et survenant pendant les 13 semaines suivant le décès d'un enfant (ou d'une personne à charge) de moins de 25 ans, le délai de carence de 3 jours normalement applicable au versement des IJSS maladie est supprimé (voir *Délai de carence**) (c. séc. soc. art. L. 323-1-1).

Acquisition et durée des congés payés - Le congé de deuil est assimilé à du temps de travail effectif pour l'acquisition des congés payés [voir *Congés payés (incidence des arrêts de travail)**].

En outre, la durée de ce congé ne peut pas être imputée sur celle du congé payé annuel (c. trav. art. L. 3142-2).

Participation et intéressement - Le congé de deuil est assimilé à une période de présence pour la répartition de l'*intéressement** et de la *participation aux résultats**, lorsqu'elle est effectuée proportionnellement à la durée de présence au cours de l'exercice (c. trav. art. L. 3314-5 et L. 3324-6).

Si la répartition est effectuée proportionnellement aux salaires, il faut tenir compte du salaire brut que le salarié aurait perçu s'il n'avait pas été absent, sans déduction des IJSS versées par la sécurité sociale au titre du congé (c. trav. art. D. 3324-11 pour la participation ; c. trav. art. R. 3314-3 pour l'intéressement).

Don de jours de repos

Sur le don de jours de repos au salarié dont l'enfant de moins de 25 ans ou la personne à charge de moins de 25 ans est décédé, voir *Don de jours de repos**.

☞ *Congés pour événements familiaux.*

Congé de formation de cadres et d'animateurs pour la jeunesse

Certains points du régime du congé de formation de cadres et d'animateurs pour la jeunesse sont ouverts à la négociation par accord collectif d'entreprise ou, à défaut, par convention ou accord de branche. Dans les domaines ouverts à la négociation, l'accord d'entreprise prime sur l'accord de branche.

Il existe une variante de ce congé au profit des responsables associatifs bénévoles, des titulaires de mandats mutualistes autres qu'administrateurs et des membres des conseils citoyens (voir *Congé d'engagement bénévole**).

Congé non rémunéré

Bénéficiaires - Les salariés de moins de 25 ans qui souhaitent participer aux activités des organisations de jeunesse et d'éducation populaire, des fédérations et des associations sportives agréées, destinées à favoriser la préparation et la formation ou le perfectionnement de cadres et d'animateurs, ont droit, sur leur demande, à un congé à cet effet (c. trav. art. L. 3142-54).

▶ À noter… À titre exceptionnel, un salarié de plus de 25 ans peut bénéficier de ce congé pour participer à un seul stage de formation supérieur d'animateurs. Quelques adaptations, non détaillées ici, sont alors applicables : non-application des limitations liées au quota d'absences au titre du congé, etc. (c. trav. art. R. 3142-40).

Durée du congé - La durée maximale du congé est fixée à 6 jours ouvrables par an (c. trav. art. L. 3142-59). Un accord collectif d'entreprise (ou à défaut, de branche) peut prévoir une autre durée, inférieure ou supérieure (c. trav. art. L. 3142-58).

Le congé peut être pris en une ou deux fois (c. trav. art. L. 3142-54).

Rémunération - Ce congé n'est pas rémunéré, sauf dispositions conventionnelles ou usages contraires.

Sa durée ne peut pas être imputée sur les congés payés (c. trav. art. L. 3142-55).

Prise en compte - La durée de ce congé est assimilée à une période de travail effectif pour la détermination de la durée des *congés payés**, ainsi que pour l'ensemble des autres droits résultant du contrat de travail (c. trav. art. L. 3142-55).

Articulation avec le congé de formation économique, sociale, environnementale et syndicale - Le congé peut se cumuler avec le *congé de formation économique, sociale, environnementale et syndicale** selon des modalités fixées par accord d'entreprise (ou à défaut de branche) (c. trav. art. L. 3142-58).

En l'absence de dispositions conventionnelles, le cumul est possible à concurrence de 12 jours ouvrables pour une même année (c. trav. art. L. 3142-59).

Procédure

Demande du salarié - À défaut d'accord collectif prévoyant d'autres dispositions, le salarié doit présenter sa demande par tout moyen donnant une date certaine à l'employeur au moins 30 jours à l'avance. Il précise la date et la durée de l'absence ainsi que l'organisme responsable du stage (c. trav. art. D. 3142-43).

Un accord d'entreprise (ou à défaut de branche) peut prévoir un autre délai, inférieur ou supérieur (c. trav. art. L. 3142-58).

Refus lié au quota d'absences - L'employeur peut refuser le congé si un quota d'absences au titre de ce congé est déjà atteint.

Un accord d'entreprise (ou à défaut de branche) fixe ce quota (c. trav. art. L. 3142-58).

En l'absence de disposition conventionnelle, il convient d'appliquer le quota réglementaire, qui s'apprécie sur l'année en cours (c. trav. art. R. 3142-44).

Congé de formation de cadres et d'animateurs pour la jeunesse : quota de bénéficiaires sur l'année en cours (c. trav. art. R. 3142-44)

Nombre de salariés dans l'établissement	Nombre maximum de bénéficiaires
Moins de 50	1
50 à 99	2
100 à 199	3
200 à 499	4
500 à 999	5
1 000 à 1999	6
À partir de 2 000	1 bénéficiaire de plus par tranche de 1 000 salariés

Refus lié au fonctionnement de l'entreprise - Un refus est possible si des nécessités particulières à l'entreprise ou à son exploitation le justifient, après consultation du *comité social et économique** (c. trav. art. L. 3142-56 et R. 3142-36).

Si le salarié formule une nouvelle demande après l'expiration d'un délai de 4 mois, un nouveau refus ne peut pas lui être opposé, sauf si le nombre de salariés ayant bénéficié d'un tel congé, durant l'année en cours, dépasse le quota réglementaire d'absences (c. trav. art. R. 3142-36, renvoyant à R. 3142-44).

Notification du refus - Tout refus doit être motivé et notifié au salarié concerné par tout moyen donnant date certaine dans les 8 jours à compter de la réception de sa demande (c. trav. art. D. 3142-37).

Contestation du refus - En cas de différend, le salarié peut directement contester le refus de l'employeur devant le conseil des prud'hommes statuant selon la procédure accélérée au fond et en dernier ressort (c. trav. art. L. 3142-57 et R. 3142-42).

Attestation de suivi - L'organisme chargé des stages ou sessions dispensées dans le cadre du congé délivre au salarié une attestation constatant la fréquentation effective de celui-ci. Celui-ci la remet à l'employeur au moment de la reprise du travail (c. trav. art. D. 3142-41).

☞ *Congé d'engagement bénévole.*

Congé de formation des conseillers prud'hommes

☞ *Conseillers prud'hommes.*

Congé de formation des membres du CSE

Formation économique dans les entreprises d'au moins 50 salariés

Bénéficiaires et durée du congé - Dans les entreprises d'au moins 50 salariés, les membres titulaires du CSE élus pour la première fois bénéficient d'un stage de formation économique d'une durée maximale de 5 jours, qui peut également porter sur les conséquences environnementales de l'activité des entreprises (c. trav. art. L. 2315-63).

Cette formation est renouvelée lorsque les élus ont exercé leur mandat pendant 4 ans, consécutifs ou non (c. trav. art. L. 2315-17).

▶ À noter... Ces 5 jours s'imputent sur la durée de 12 jours du *congé de formation économique, sociale, environnementale et syndicale**. L'élu qui souhaite allonger son congé de formation économique en prenant un congé de formation économique, sociale, environnementale et syndicale ne pourra prendre, au titre de ce dernier congé, que de 1 à 7 jours de congé (12-5 = 7 jours maximum).

Modalités - Ce congé suit les modalités du *congé de formation économique, sociale, environnementale et syndicale** (c. trav. art. L. 2315-63 renvoyant à L. 2145-11) : demande de congé à l'employeur au moins 30 jours à l'avance, possibilité pour l'employeur de le refuser notamment s'il estime, après avis conforme du CSE, que cette absence pourrait avoir des conséquences préjudiciables à la bonne marche de l'entreprise, droit de recours du salarié contre ce refus.

L'employeur peut également refuser le congé en cas de dépassement du quota de jours de congé de formation susceptibles d'être pris chaque année dans l'établissement (voir *Congé de formation économique, sociale, environnementale et syndicale**, la limite s'appréciant en tenant compte de ce congé, du congé de formation en santé, sécurité et conditions de travail et du congé de formation économique des membres du CSE) (c. trav. art. L. 2145-8 ; arrêté du 7 mars 1986, JO du 14).

▶ À noter... L'article L. 2145-8 du code du travail renvoie aux articles L. 2325-44 (congé de formation économique des membres du CE) et L. 4614-14 (congé de formation des représentants du personnel au CHSCT) abrogés. Selon nous, il s'agit d'une erreur rédactionnelle, qui ne met pas en cause l'application des quotas de jours de congé.

Rémunération du salarié - Le temps consacré à la formation est pris sur le temps de travail et est rémunéré comme tel (c. trav. art. L. 2315-16). Il n'est pas déduit des *heures de délégation**.

Financement de la formation - Le financement de la formation est pris en charge par le CSE (c. trav. art. L. 2315-63). À notre sens, ce financement est pris en charge sur la subvention de fonctionnement du CSE et inclut les frais d'inscription, de formation et, éventuellement, de déplacement.

▶ À noter... Le code de la sécurité sociale renvoie aux anciens articles L. 2325-44 et L. 4614-14 abrogés *(voir ci-avant)*. Cependant, à notre sens, l'élu en formation reste couvert par la législation sur les accidents du travail pour ceux survenus par le fait ou à l'occasion de cette formation (c. séc. soc. art. L. 412-8, 9°).

Formation en santé, sécurité et conditions de travail

Bénéficiaires - Quel que soit l'effectif de l'entreprise, les élus du CSE [titulaires et suppléants ; membres ou non de la commission santé, sécurité et conditions de travail (CSSCT), référent en matière de lutte contre le harcèlement sexuel] bénéficient de la formation nécessaire à l'exercice de leurs missions en matière de santé, sécurité et conditions de travail (c. trav. art. L. 2315-18).

Pour tous les élus du CSE, cette formation est d'au moins 5 jours lors du premier mandat. En cas de renouvellement, elle est d'au moins 3 jours pour chaque élu, quelle que soit la taille de l'entreprise, et d'au moins 5 jours pour les membres de la CSSCT dans les entreprises d'au moins 300 salariés (c. trav. art. L. 2315-18).

▶ À noter... Les membres de la CSSCT peuvent, le cas échéant, bénéficier d'une formation spécifique correspondant aux risques ou facteurs de risques particuliers, en rapport avec l'activité de l'entreprise. Ses conditions et modalités sont définies par accord d'entreprise majoritaire ou, en l'absence de délégué syndical, par accord entre l'employeur et le CSE à la majorité des membres titulaires ou, à défaut d'accord, par le règlement intérieur du CSE (c. trav. art. L. 2315-41, L. 2315-42 et L. 2315-44 ; Q/R du ministère du Travail janvier 2020, Q/R n° 83).

Modalités - La formation est dispensée dès la première élection du CSE selon un programme théorique et pratique préétabli qui tient compte des caractéristiques de la branche et de celles de l'entreprise et du rôle du représentant au CSE (c. trav. art. R. 2315-10). Elle est renouvelée lorsque les représentants ont exercé leur mandat pendant 4 ans, consécutifs ou non, et est alors plus spécialisée (c. trav. art. L. 2315-17 et R. 2315-11).

Les modalités de demande du congé et de réponse de l'employeur sont les suivantes : demande de congé à l'employeur au moins 30 jours à l'avance, prise en une seule fois sauf accord des parties pour une prise en deux fois, possibilité pour l'employeur de reporter le congé dans une limite de 6 mois si l'absence du salarié peut avoir des conséquences préjudiciables à la production et à la bonne marche de l'entreprise (c. trav. art. R. 2315-17 à R. 2315-19).

La demande est imputée, à sa date de présentation, par priorité sur le quota de jours de congé de formation pouvant être pris chaque année dans l'établissement (voir *Congé de formation économique, sociale, environnementale et syndicale**, la limite s'appréciant en tenant compte de ce congé, du congé de formation économique et du congé de formation en santé, sécurité et conditions de travail) (c. trav. art. R. 2315-17, L. 2145-8 ; arrêté du 7 mars 1986, JO du 14).

▶ À noter... L'article L. 2145-8 du code du travail renvoie aux articles L. 2325-44 (congé de formation économique des membres du CE) et L. 4614-14 (congé de formation des représentants du personnel au CHSCT) abrogés. Selon nous, il s'agit d'une erreur rédactionnelle, qui ne met pas en cause l'application des quotas de jours de congé.

Rémunération du salarié - Le temps consacré à la formation est pris sur le temps de travail et rémunéré comme tel (c. trav. art. L. 2315-16). Il n'est pas déduit des *heures de délégation**.

▶ À noter... Le code de la sécurité sociale renvoie aux anciens articles L. 2325-44 et L. 4614-14 abrogés *(voir ci-avant)*. Cependant, à notre sens, l'élu en formation reste couvert par la législation sur les accidents du travail pour ceux survenus par le fait ou à l'occasion de cette formation (c. séc. soc. art. L. 412-8, 9°).

Financement de la formation - Le coût de la formation ainsi que les frais de déplacement et de séjour associés sont pris en charge par l'employeur dans certaines limites (c. trav. art. L. 2315-18, R. 2315-20 et R. 2315-21). Ils ne peuvent pas être imputés sur la *contribution à la formation professionnelle** (c. trav. art. R. 2315-22), ni, à notre sens, pris en charge à ce titre.

▶ À noter... L'article R. 2315-22 prévoit la possibilité pour les entreprises de moins de 300 salariés d'imputer, dans une certaine limite, la rémunération des salariés formés sur la contribution formation mais ce mécanisme ne peut plus fonctionner depuis la participation formation 2015 (collecte 2016). La réforme du financement de la formation professionnelle a en effet supprimé le mécanisme d'imputabilité des dépenses de formation (loi 2014-288 du 5 mars 2014, JO du 6).

Dans les entreprises de moins de 50 salariés, la formation peut être financée par les opérateurs de compétences (OPCO) (c. trav. art. L. 2315-22-1). Les OPCO peuvent prendre en charge :
- les coûts pédagogiques (rémunération des organismes de formation) ;
- la rémunération et les charges sociales légales et conventionnelles des salariés, dans la limite du coût horaire du SMIC par heure de formation ;
- les frais annexes de transport, de restauration et d'hébergement afférents à la formation ;
- si la formation se déroule en tout ou partie hors temps de travail, les frais de garde d'enfants ou de parents à charge.

Le conseil d'administration de l'OPCO détermine les priorités et les critères de prise en charge des demandes présentées par l'employeur (c. trav. art. R. 6332-40).

☞ *Comité social et économique ; Congé de formation économique, sociale, environnementale et syndicale.*

Congé de formation économique, sociale, environnementale et syndicale

Définition

Objet - Tout salarié a droit, sur sa demande, à un congé pour participer à des stages ou sessions de formation économique, sociale et environnementale ou de formation syndicale organisés (c. trav. art. L. 2145-5) :
- soit par des centres rattachés à des organisations syndicales représentatives sur le plan national ou dont la vocation statutaire revêt un caractère national et interprofessionnel et qui ont recueilli plus de 3 % des suffrages exprimés lors des élections professionnelles ;
- soit par des instituts spécialisés.

La liste des organismes concernés est fixée par arrêté (pour les années 2024, 2025 et 2026 ; arrêté du 22 décembre 2023, JO du 29).

Durée du congé - Le congé est de 12 jours par an et par salarié. Il est de 18 jours par an pour les animateurs de stages et sessions et pour les salariés appelés à exercer des responsabilités syndicales (c. trav. art. L. 2145-1 et L. 2145-7 ; cass. soc. 12 juin 2024, n° 22-18302 FB). Il peut être pris en plusieurs fois si aucune des absences n'est inférieure à 0,5 jour.

Limite annuelle par établissement - Le nombre maximal de jours de congé pouvant être pris au cours d'une année civile par l'ensemble des salariés d'un établissement dépend de l'effectif *(voir tableau)*. Il est fixé par un arrêté (c. trav. art. L. 2145-8 ; arrêté du 7 mars 1986, JO du 14).

Cette limite s'applique globalement et concerne également le *congé de formation des membres du CSE** (formation économique et formation en santé et sécurité) (c. trav. art. L. 2315-18 et L. 2315-63).

Congés syndicaux : nombre de jours maximum par année civile					
Nombre de salariés dans l'établissement	**Nombre de jours au maximum**	**Nombre de salariés dans l'établissement**	**Nombre de jours au maximum**	**Nombre de salariés dans l'établissement**	**Nombre de jours au maximum**
1 à 24	12 (a)	750 à 799	312	3 000 à 3 099	612
25 à 49	24	800 à 849	324	3 100 à 3 199	624
50 à 74	36	850 à 899	336	3 200 à 3 299	636
75 à 99	48	900 à 949	348	3 300 à 3 399	648
100 à 124	60	950 à 999	360	3 400 à 3 499	660
125 à 149	72	1 000 à 1 099	372	3 500 à 3 599	672
150 à 174	84	1 100 à 1 199	384	3 600 à 3 699	684
175 à 199	96	1 200 à 1 299	396	3 700 à 3 799	696
200 à 224	108	1 300 à 1 399	408	3 800 à 3 899	708
225 à 249	120	1 400 à 1 499	420	3 900 à 3 999	720
250 à 274	132	1 500 à 1 599	432	4 000 à 4 099	732
275 à 299	144	1 600 à 1 699	444	4 100 à 4 199	744
300 à 324	156	1 700 à 1 799	456	4 200 à 4 299	756
325 à 349	168	1 800 à 1 899	468	4 300 à 4 399	768
350 à 374	180	1 900 à 1 999	480	4 400 à 4 499	780
375 à 399	192	2 000 à 2 099	492	4 500 à 4 599	792
400 à 424	204	2 100 à 2 199	504	4 600 à 4 699	804
425 à 449	216	2 200 à 2 299	516	4 700 à 4 799	816
450 à 474	228	2 300 à 2 399	528	4 800 à 4 899	828
475 à 499	240	2 400 à 2 499	540	4 900 à 4 999	840
500 à 549	252	2 500 à 2 599	552	5 000 à 5 199	852
550 à 599	264	2 600 à 2 699	564	Par 200 salariés (ou fraction de 200) en plus	+ 12 jours
600 à 649	276	2 700 à 2 799	576		
650 à 699	288	2 800 à 2 899	588		
700 à 749	300	2 900 à 2 999	600		

(a) Dans les établissements de 1 à 24 salariés, le nombre maximal de jours est porté à 18 pour les animateurs et pour les salariés appelés à exercer des responsabilités syndicales (circ. DRT 87-11 du 3 novembre 1987). Dans les établissements de plus de 49 salariés, ils ne peuvent pas prendre plus de 50 % de l'ensemble des jours de formation syndicale (arrêté du 7 mars 1986, JO du 14).

Procédure

Demande du salarié - Le salarié doit présenter sa demande au moins 30 jours à l'avance, en précisant la date et la durée de l'absence sollicitée ainsi que le nom de l'organisme responsable du stage ou de la session (c. trav. art. R. 2145-4).

Différer le congé - En fonction de la taille de l'entreprise et/ou en cas de demandes simultanées de congé, l'employeur peut différer le départ en congé (arrêté du 7 mars 1986, JO du 14) :
- dans les établissements de moins de 25 salariés, lorsque 1 salarié est absent au titre de ce congé ;
- dans les établissements de 25 à 99 salariés, lorsque 2 salariés sont simultanément absents au titre de ce congé ;
- dans les établissements de plus de 99 salariés, lorsque le pourcentage de salariés simultanément absents au titre de ce congé atteint 2 %.

Les demandes à satisfaire en priorité sont celles ayant déjà fait l'objet d'un report.

Refus du congé - L'employeur peut refuser la demande de congé s'il estime, après avis conforme du *comité social et économique** (CSE), que l'absence pourrait avoir des conséquences préjudiciables à la production et à la bonne marche de l'entreprise (c. trav. art. L. 2145-11). Si le refus porte en revanche sur un autre motif, tel que le nombre de jours de congé auquel le salarié peut prétendre, l'employeur n'a pas à recueillir l'avis conforme du CSE (cass. soc. 12 juin 2024, n° 22-18302 FB).

Ce refus doit être motivé et notifié au salarié dans un délai de 8 jours à compter de la réception de la demande (c. trav. art. R. 2145-5).

En cas de différend, le refus de l'employeur peut être directement contesté devant le bureau de jugement du conseil de prud'hommes qui statue en dernier ressort, selon la procédure accélérée au fond (c. trav. art. L. 2145-11 et R. 2145-5).

▶ À noter... L'employeur peut également refuser le départ en congé si le quota de jours de congé susceptibles d'être pris au cours de l'année civile par l'ensemble des salariés est dépassé *(voir ci-avant)*. Dans ce cas, il n'y a pas à consulter les représentants du personnel. L'employeur doit, par priorité, satisfaire les demandes de formation en santé et sécurité des élus du CSE (c. trav. art. R. 2315-17).

Attestation de présence - Lorsque le salarié reprend son travail, il remet à l'employeur l'attestation de présence délivrée par l'organisme responsable de la formation suivie (c. trav. art. R. 2145-6).

Rémunération du salarié en congé

L'employeur maintient la totalité de la rémunération du salarié pendant le congé et s'acquitte des cotisations et contributions correspondantes, indépendamment de toute demande d'un syndicat (c. trav. art. L. 2145-6).

Le code du travail est muet sur la prise en charge des frais de formation (frais pédagogiques, de déplacement et d'hébergement), mais ce point peut être réglé par accord collectif (c. trav. art. L. 2145-12, 3°).

Statut du salarié en formation

Assimilation à une période de travail - La durée du congé ne peut pas être imputée sur les congés payés. Elle est assimilée à une durée de travail effectif pour l'acquisition des congés payés, le droit aux prestations d'assurances sociales et prestations familiales, ainsi que pour l'ensemble des autres droits résultant du contrat de travail (c. trav. art. L. 2145-10).

Accident du travail - Le salarié en congé bénéficie de la législation relative aux accidents du travail pour les accidents survenus par le fait ou à l'occasion de la formation (c. séc. soc. art. L. 412-8, 9°).

☞ *Congé de formation des membres du CSE.*

Congé de maladie

☞ *Maladie.*

Congé de maternité

☞ *Indemnités journalières de sécurité sociale de maternité ; Maternité ; Maternité (congé de) ; Maternité (rattrapage salarial).*

Congé de mobilité

Objet du dispositif

Le congé de mobilité permet d'organiser, sur la base d'un accord collectif, des départs volontaires tout en favorisant le retour à un emploi stable des salariés concernés grâce à des mesures d'accompagnement, des actions de formation et des périodes de travail (c. trav. art. L. 1237-18). Il peut être mobilisé indépendamment de toute difficulté économique.

L'acceptation du congé emporte à son terme rupture d'un commun accord du contrat de travail. Le salarié perçoit une rémunération pendant le congé, puis l'allocation d'assurance chômage s'il n'a pas retrouvé de travail à son terme.

Bénéficiaires

Employeurs - Le congé de mobilité est ouvert à toutes les entreprises sans aucune condition d'effectif (c. trav. art. L. 1237-18).

Accord collectif support - Le recours au congé de mobilité est subordonné à la condition que l'employeur ait conclu :
- soit un accord collectif relatif à la gestion des emplois et des compétences (GEC) ;
- soit un accord de *rupture conventionnelle collective** (c. trav. art. L. 1237-18).

Contenu de l'accord collectif prévoyant le congé de mobilité - L'accord collectif détermine (c. trav. art. L. 1237-18-2) :
- la durée du congé de mobilité ;
- les conditions que doit remplir le salarié pour bénéficier du congé ;
- les modalités d'adhésion par le salarié à la proposition de l'employeur, comprenant les conditions d'expression de son consentement écrit, et les engagements des parties ;
- l'organisation des périodes de travail, les conditions dans lesquelles il est mis fin au congé, les modalités d'accompagnement des actions de formation envisagées ;

- le niveau de la rémunération qui est versée pendant la période du congé ;
- les conditions d'information des institutions représentatives du personnel ;
- les indemnités de rupture garanties au salarié, qui ne peuvent être inférieures aux indemnités légales dues en cas de licenciement pour motif économique.

Salariés - L'accord collectif mettant en place le congé de mobilité détermine les salariés potentiellement bénéficiaires. Il peut s'agir de tous les salariés ou seulement de certains emplois, certaines catégories professionnelles ou certaines entreprises du groupe (c. trav. art. L. 1237-18-2).

La limitation du champ du congé doit se faire dans le respect du principe de non-discrimination.

Régime du congé

Objet du congé - Le congé a pour objet de favoriser la recherche d'un nouvel emploi par des mesures d'accompagnement, des actions de formation et des périodes de travail sur un autre poste (c. trav. art. L. 1237-18).

Modalités du congé - L'employeur doit respecter les modalités du congé prévues par l'accord collectif qui encadre sa mise en œuvre (durée du congé, salariés éligibles, etc.) *(voir plus haut)*.

Périodes de travail effectuées dans le cadre du congé - Durant le congé, des périodes de travail sur un autre poste peuvent être accomplies au sein ou en dehors de l'entreprise. Elles prennent la forme soit d'un CDI, soit d'un CDD conclu au titre de la politique de l'emploi, dans la limite le cas échéant fixée par l'accord collectif. Dans ce dernier cas, le congé de mobilité est suspendu et reprend à l'issue du contrat pour la durée du congé restant à courir (c. trav. art. L. 1237-18-1).

Au terme d'un CDD, l'indemnité de précarité ne doit pas être versée, sauf dispositions conventionnelles plus favorables (c. trav. art. L. 1243-10).

Rémunération des périodes non travaillées du congé

Fixation par l'accord collectif - Pendant le congé, le salarié bénéficie de la rémunération prévue par l'accord collectif qui doit être au moins égale à l'allocation pour congé de conversion (c. trav. art. L. 1237-18-3). Elle doit donc être au moins égale à 65 % de la rémunération brute moyenne des 12 mois précédant l'entrée en congé avec un plancher de 85 % du SMIC (pour le détail, voir *congé de conversion**).

Régime social de faveur pendant 12 mois, voire 24 mois - Cette rémunération est soumise, dans la limite des 12 premiers mois du congé, pouvant être portés à 24 mois en cas de formation de reconversion professionnelle, au même régime social que l'allocation versée pendant un *congé de reclassement** (c. trav. art. L. 1237-18-3).

Elle est donc en principe uniquement assujettie à la *CSG** et à la *CRDS** au titre des revenus de remplacement (CSG à 6,20 % dont 2,40 % non déductibles et CRDS à 0,50 %, après abattement d'assiette de 1,75 %).

S'il y a lieu, l'employeur doit appliquer à ces contributions le mécanisme d'écrêtement prévu par le code de la sécurité sociale. Cette règle dite « d'écrêtement » pose pour principe que le prélèvement de la CSG/CRDS due au titre des revenus de remplacement ne peut pas avoir pour effet de ramener le montant net cumulé de cette rémunération et de la rémunération d'activité en dessous du SMIC brut (c. séc. soc. art. L. 136-1-2, II, 4° al. 2) [voir *Contribution sociale généralisée (CSG sur revenus de remplacement)**]. En pratique, ce mécanisme peut conduire à ne pas prélever la CSG/CRDS « revenus de remplacement », ou à ne prélever ces contributions que partiellement.

▶ À noter… Les dispositifs d'exonération de CSG/CRDS ou de CSG réduite à 3,80 % liés au revenu fiscal de référence du salarié ne sont plus applicables dans le cadre du congé de mobilité (depuis le 1er janvier 2021).

S'il y a lieu, l'employeur doit précompter des cotisations salariales d'assurance maladie propres à certaines situations spécifiques :
- cotisation des bénéficiaires du régime local d'Alsace-Moselle (taux de 1,30 % depuis le 1er avril 2022) ;
- cotisation de 2,80 % pour les personnes fiscalement domiciliées hors de France non redevables de la CSG/CRDS et relevant à titre obligatoire d'un régime français d'assurance maladie (c. séc. soc. art. D. 242-12) ;
- cotisation maladie (4,12 % au 1er janvier 2025) pour les assurés relevant du régime de Mayotte, lesquels ne sont pas redevables de CSG/CRDS (décret n° 2012-1168 du 17 octobre 2012, JO du 20 fixant les taux de cotisations jusqu'en 2036).

La règle d'écrêtement prévue pour la CSG/CRDS *(voir ci-dessus)* concerne aussi ces cotisations maladie spécifiques.

Rémunération des périodes travaillées du congé

Pendant les périodes travaillées du congé, le salarié perçoit la rémunération correspondant au travail accompli à laquelle s'ajoute un éventuel complément prévu par l'accord collectif.

Cette rémunération suit donc le régime social du salaire.

Rupture du contrat de travail

Rupture du contrat au terme du congé - L'acceptation par le salarié de la proposition de congé de mobilité emporte rupture du contrat de travail d'un commun accord des parties à l'issue du congé. Pour les salariés protégés, une autorisation de l'inspecteur du travail est néanmoins nécessaire (c. trav. art. L. 1237-18-4).

L'employeur doit tous les 6 mois à compter du dépôt de l'accord, envoyer au *DREETS** du siège social de l'entreprise un bilan sur les ruptures prononcées dans le cadre du congé de mobilité (c. trav. art. L. 1237-18-5, D. 1237-4 et D. 1237-5 ; arrêté du 8 octobre 2018, JO du 13, texte 30). Cette transmission est faite par le site Internet RUPCO ou, en cas de dysfonctionnement de ce site, par tout autre moyen permettant de conférer une date certaine (https://ruptures-collectives.emploi.gouv.fr ; arrêté du 21 octobre 2019, JO du 25, texte 13).

▶ À noter... Ces ruptures, exclusives du licenciement ou de la démission, ne peuvent être imposées par l'une ou l'autre des parties (c. trav. art. L. 1237-17).

Indemnité de rupture due au salarié - L'accord collectif détermine les indemnités de rupture garanties aux salariés. Elles ne peuvent pas être inférieures aux indemnités légales dues en cas de licenciement pour motif économique (c. trav. art. L. 1237-18-2, 7°).

Régime fiscal de l'indemnité de rupture

L'indemnité de rupture est exonérée d'impôt sur le revenu, sans limitation de montant (CGI art. 80 duodecies, 1, 1°).

Régime social de l'indemnité de rupture

Cotisations de sécurité sociale - L'indemnité de rupture est exonérée de cotisations dans la limite de 2 fois le montant annuel du *plafond de la sécurité sociale** (soit 94 200 € en 2025) (c. séc. soc. art. L. 242-1, II, 7°).

CSG/CRDS - L'indemnité de rupture « congé de mobilité » est assujettie à CSG/CRDS (c. séc. soc. art. L. 136-1-1, III, 5° a) :

- pour la fraction qui excède le montant prévu par la convention collective de branche, l'accord professionnel ou interprofessionnel (en l'absence de montant prévu à ce niveau, on se réfère au montant de l'indemnité légale ou conventionnelle de licenciement) ;
- et, en tout état de cause, pour la fraction qui est assujettie à cotisations de sécurité sociale.

La *contribution sociale généralisée (CSG)** est intégralement non déductible du revenu imposable lorsqu'elle porte sur une partie de l'indemnité exonérée à la fois d'impôt sur le revenu et de cotisations de sécurité sociale. En revanche, la CSG reste déductible pour 6,80 % lorsqu'elle porte sur des sommes assujetties à cotisations de sécurité sociale ou imposables (BOFiP-RSA-BASE-30-30-§§ 80 et 100-24/07/2017).

Indemnité très élevée - L'indemnité est assujettie aux cotisations de sécurité sociale et à la CSG/CRDS dès le premier euro lorsque son montant dépasse 10 fois le montant annuel du *plafond de la sécurité sociale** (soit 471 000 € en 2025) (c. séc. soc. art. L. 136-2, III, 5° a et. L. 242-1, II, 7°).

Forfait social - L'indemnité de rupture n'est pas soumise au *forfait social** (c. séc. soc. art. L. 137-15, 3°).

☛ *Congé de reclassement ; Rupture conventionnelle collective.*

Congé de naissance

Naissance ou d'adoption

Congé de naissance - Tout salarié bénéficie, sur justification, d'un congé rémunéré à l'occasion de chaque naissance d'un enfant pour le père (séparé ou non de la mère) ainsi que, le cas échéant, pour le conjoint, le concubin ou le partenaire pacsé de la mère (c. trav. art. L. 3142-1).

Congé d'arrivée d'un enfant adopté - Un congé rémunéré est aussi accordé au salarié lors de l'arrivée d'un enfant placé en vue de son adoption (qui peut se cumuler avec le *congé d'adoption**) (c. trav. art. L. 3142-1).

Modalités d'attribution des congés

Trois jours minimum - La durée du congé de naissance, et du congé lors de l'arrivée d'un l'enfant placé en vue de son adoption, est de 3 jours, sachant qu'une convention ou un accord collectif d'entreprise (à défaut, de branche) peut l'augmenter (c. trav. art. L. 3142-4 et L. 3142-5).

▶ À noter... Sous réserve de respecter le minimum de 3 jours, la durée prévue par accord d'entreprise prime sur celle fixée par accord de branche, même si elle est moins favorable pour le salarié.

Ces 3 jours de congé prévus par le code du travail s'entendent en jours ouvrables. Ils se décomptent sans tenir compte de l'horaire ou de sa répartition hebdomadaire (rép. Dhinnin n° 44412, JO 3 février 1997, AN quest. p. 589).

En principe, ils sont pris d'affilée compte tenu de l'interdiction d'employer le salarié pendant 7 jours suivant la naissance (voir *Congé de paternité et d'accueil de l'enfant**).

Période de prise - Le congé de naissance doit être pris, au choix du salarié, le jour de la naissance de l'enfant ou le premier jour ouvrable qui suit et être, sauf exception, immédiatement suivis des 4 jours obligatoires de *congé de paternité et d'accueil de l'enfant** (c. trav. art. L. 3142-4). Pendant ces 7 jours, l'employeur est soumis à une interdiction d'employer le salarié. Si la naissance de l'enfant intervient alors que le salarié a pris des congés payés ou un congé pour événements familiaux, cette interdiction - et donc le congé de naissance - commence à courir à l'issue de cette période de congés (c. trav. art. L. 1225-35-1).

Le congé pris lors de l'arrivée d'un l'enfant placé en vue de son adoption doit être pris au choix du salarié (c. trav. art. L. 3142-1, 3 bis et D. 3142-1-3) :
- soit pendant la période de 7 jours précédant l'arrivée de l'enfant au foyer ;
- soit le jour de l'arrivée de l'enfant au foyer ;
- soit le premier jour ouvrable qui suit l'arrivée de l'enfant au foyer.

Articulation avec les autres congés liés à la maternité ou l'adoption - Le congé de naissance ne se cumule pas avec les congés accordés pour le même enfant dans le cadre du congé de maternité. Il ne se cumule pas non plus avec le congé de substitution auquel le père peut prétendre en cas de décès de la mère au moment de la naissance de l'enfant (c. trav. art. L. 3142-1, 3°) [voir *Maternité (congé de)**].

Le congé de paternité s'ajoute au congé de naissance (voir *Congé de paternité et d'accueil de l'enfant**).

En cas d'adoption, et faute d'interdiction expresse, le congé de 3 jours pour l'arrivée d'un enfant adopté est cumulable avec le *congé d'adoption**.

Contentieux en cas de refus de congé - En cas de différend, le refus de l'employeur peut être directement contesté par le salarié devant le conseil de prud'hommes, statuant selon la procédure accélérée au fond en dernier ressort (c. trav. art. L. 3142-3 et R. 3142-1 ; cass. soc. 23 janvier 2019, n° 17-28330 FSPB).

Incidences des congés de naissance et d'arrivée d'un enfant adopté

Le congé de naissance et le congé d'arrivée d'un enfant adopté sont intégralement rémunérés par l'employeur (c. trav. art. L. 3142-2). En outre, ils sont assimilés à du travail effectif pour :
- la détermination de la durée des congés payés ;
- les droits à majoration pour heures supplémentaires (circ. DRT 2000-7 du 6 décembre 2000).

Ils ne peuvent pas être imputés sur la durée des congés payés annuels.

En revanche, sauf usages ou dispositions conventionnelles plus avantageuses, ces congés ne sont pas assimilés à du temps de travail effectif pour l'acquisition des jours de RTT, les droits à *contrepartie obligatoire en repos** ou le calcul du nombre d'heures à imputer sur le *contingent annuel d'heures supplémentaires** (circ. DRT 2000-6 du 7 décembre 2000).

☞ *Congé d'adoption ; Congé de paternité et d'accueil de l'enfant ; Congés pour événements familiaux ; Maternité ; Maternité (congé de) ; Temps de travail effectif.*

Congé d'engagement bénévole

Ce congé permet aux salariés d'exercer des responsabilités bénévoles. Il est conçu comme une adaptation du *congé de formation de cadres et d'animateurs pour la jeunesse**.

Droit au congé et statut du salarié

Bénéficiaires - Le congé est ouvert, sans condition d'âge (c. trav. art. L. 3142-54-1) :
- à tout salarié membre d'un conseil citoyen, pour siéger dans ses instances internes et participer aux instances de pilotage du contrat de ville ;

- à toute personne, non-administrateur, apportant à une mutuelle, union ou fédération, en dehors de tout contrat de travail, un concours personnel et bénévole, dans le cadre d'un mandat pour lequel elle a été statutairement désignée ou élue ;
- depuis le 17 avril 2024, à toute personne exerçant les missions de délégué du Défenseur des droits [voir *Discrimination (interdiction de)**] ;
- à tout salarié désigné pour siéger à titre bénévole dans l'organe d'administration ou de direction de certaines associations *(voir ci-dessous)* ou y exerçant bénévolement des fonctions de direction ou d'encadrement.

Sur ce dernier point, il doit s'agir d'associations « loi 1901 » déclarées depuis au moins 1 an (3 ans avant le 17 avril 2024) et qui ont un caractère « d'intérêt général », l'ensemble de leurs activités devant relever du b du 1 de l'article 200 du code général des impôts (associations d'intérêt général à caractère éducatif, social, humanitaire, etc. ; voir CGI art. 200, 1, b).

Durée du congé - La durée maximale du congé est de 6 jours ouvrables par an (c. trav. art. L. 3142-59). Une autre durée, inférieure ou supérieure, peut être prévue par accord collectif d'entreprise (ou à défaut, de branche) (c. trav. art. L. 3142-58).

Dans tous les cas, le congé peut être fractionné en demi-journées (c. trav. art. L. 3142-54-1).

Rémunération - Un accord collectif d'entreprise ou, à défaut, un accord de branche peut fixer les conditions de maintien de la rémunération du salarié pendant la durée de son congé (c. trav. art. L. 3142-58-1).

À défaut de dispositions conventionnelles, le congé n'est pas rémunéré.

Prise en compte - La durée de ce congé est assimilée à une période de travail effectif pour la détermination de la durée des *congés payés**, ainsi que pour l'ensemble des autres droits résultant du contrat de travail (c. trav. art. L. 3142-55).

La durée du congé ne peut pas être imputée sur les congés payés.

Articulation avec le congé de formation économique, sociale, environnementale et syndicale - Le congé peut se cumuler avec le *congé de formation économique, sociale, environnementale et syndicale** selon des modalités fixées par accord d'entreprise (ou à défaut de branche) (c. trav. art. L. 3142-58).

À défaut de dispositions conventionnelles, le congé ne peut se cumuler avec ce congé qu'à concurrence de 12 jours ouvrables pour une même année (c. trav. art. L. 3142-59).

Procédure

Demande du salarié - À défaut d'accord collectif prévoyant d'autres dispositions, le salarié doit présenter sa demande par tout moyen conférant date certaine à l'employeur au moins 30 jours à l'avance (c. trav. art. D. 3142-43).

Un autre délai, inférieur ou supérieur, peut être prévu par accord d'entreprise (ou à défaut de branche) (c. trav. art. L. 3142-58).

Le congé est de droit, sous réserve des possibilités de refus prévues par la loi.

Refus lié au quota d'absences - L'employeur peut refuser le congé si un quota d'absences au titre de ce congé est déjà atteint.

Ce quota est fixé par accord d'entreprise (ou à défaut de branche) (c. trav. art. L. 3142-58).

En l'absence de disposition conventionnelle, il convient d'appliquer le quota réglementaire, qui s'apprécie sur l'année en cours. La proportion va de 1 bénéficiaire pour un établissement de moins de 50 salariés à 6 bénéficiaires pour un établissement de 1 000 à 1 999 salariés, avec à partir de 2 000 salariés un bénéficiaire de plus par tranche supplémentaire de 1 000 salariés (c. trav. art. R. 3142-44).

Refus lié au fonctionnement de l'entreprise - Un refus est également possible si des nécessités particulières à l'entreprise ou à son exploitation le justifient, après consultation du *comité social et économique** (c. trav. art. L. 3142-56 et R. 3142-36).

Si le salarié formule une nouvelle demande après l'expiration d'un délai de 4 mois, un nouveau refus ne peut pas lui être opposé, sauf si le nombre de salariés ayant bénéficié d'un tel congé, durant l'année en cours, dépasse le quota réglementaire (c. trav. art. R. 3142-36, renvoyant à R. 3142-44).

Notification du refus - Tout refus doit être motivé et notifié au salarié concerné par tout moyen conférant date certaine dans les 8 jours à compter de la réception de sa demande (c. trav. art. D. 3142-37).

Contestation du refus - En cas de différend, le refus de l'employeur peut être directement contesté par le salarié devant le conseil des prud'hommes statuant selon la procédure accélérée au fond et en dernier ressort (c. trav. art. L. 3142-57 et R. 3142-42).

Attestation de suivi - Par analogie avec ce qui est prévu pour le *congé de formation de cadres et d'animateurs pour la jeunesse** (c. trav. art. D. 3142-41), le salarié devrait, à notre sens, présenter lors de la reprise du travail un justificatif de son absence émanant de l'organisme où il exerce ses responsabilités.

Congé d'enseignement et de recherche

Objet du congé

Le congé d'enseignement ou de recherche permet au salarié ayant l'ancienneté requise de bénéficier d'un congé à temps plein, ou d'une période de temps partiel, pour enseigner ou exercer une activité de recherche (c. trav. art. L. 3142-125 à L. 3142-130 et c. trav. art. D. 3142-77 à D. 3142-81).

La plupart des dispositions régissant ce congé (condition d'ancienneté requise, durée du congé, nombre de renouvellements, etc.) peuvent être fixées par un accord collectif auquel il faudra se reporter s'il y a lieu (c. trav. art. L. 3142-129).

À défaut d'accord, les dispositions supplétives exposées ci-après s'appliquent.

Modalités du congé

Salariés bénéficiaires - Le congé est ouvert dès lors que le salarié dispose d'une ancienneté d'un an en cas d'accord de l'employeur et de 24 mois, consécutifs ou non, dans l'entreprise en cas de désaccord de ce dernier (c. trav. art. L. 3142-130, 2°).

Le salarié doit informer l'employeur 3 mois avant, par tout moyen conférant date certaine, de sa volonté de bénéficier du congé ou de la période de travail à temps partiel. Il précise la durée du congé ou l'amplitude de la réduction souhaitée de son temps de travail (c. trav. art. L. 3142-130, 3° et D. 3142-77).

▶ À noter... S'agissant d'un congé d'ordre public, il s'impose à l'employeur dès lors que le salarié en remplit les conditions (c. trav. art. L. 3142-125).

Durée du congé - La durée maximale du congé est d'un an. Elle peut être prolongée à la demande du salarié et avec l'accord de son employeur et de l'entreprise ou l'organisme d'accueil (c. trav. art. L. 3142-130, 1°).

Le salarié adresse sa demande de prolongation à l'employeur, par tout moyen conférant date certaine, au moins (c. trav. art. D. 3142-78) :
- 3 mois avant le terme du congé ou de la période de travail à temps partiel lorsque la durée initiale était de 6 mois ou plus ;
- 2 mois si la durée initiale du congé ou de la période à temps partiel était de moins de 6 mois.

Fin du congé - Le salarié doit informer l'employeur de son intention de poursuivre ou de rompre son contrat de travail à l'issue du congé ou de la période à temps partiel en respectant les mêmes délais que la demande de prolongation *(voir ci-dessus)* (c. trav. art. D. 3142-79).

Droits du salarié

Rémunération - Le congé à temps plein n'est pas rémunéré par l'employeur initial sauf dispositions conventionnelles, contractuelles ou usages plus favorables. Le congé pris sous forme d'une période de travail à temps partiel est rémunéré pour le temps travaillé.

Ancienneté et congés payés - La durée du congé n'est pas considérée comme du travail effectif ni pour les congés payés, ni pour l'ancienneté.

En cas de période de travail à temps partiel, le salarié acquiert des congés payés et l'ensemble des droits liés à l'ancienneté dans les conditions habituelles.

Possibilités de report et de refus

Report du congé d'enseignement et de recherche - Le congé ou la période de temps partiel peuvent être reportés (c. trav. art. L. 3142-127, L. 3142-128 et L. 3142-130, 4° et c. trav. art. D. 3142-80 et D. 3142-81) :
- dans les entreprises de 300 salariés et plus, si le nombre de salariés simultanément absents atteint le niveau de 2 % de l'effectif total de l'entreprise ;
- dans les entreprises de moins de 300 salariés, quand le nombre d'heures de congé atteint 2 % du nombre total d'heures travaillées dans l'année.

Refus du congé de recherche - L'employeur peut refuser le congé de recherche (ou la période à temps partiel) s'il établit que l'exercice de ce droit par le salarié compromet directement la politique de recherche, d'innovation et de développement technologique de l'entreprise (c. trav. art. L. 3142-126).

Congé de participation à des opérations de secours

Bénéficiaires - Les associations agréées en matière de sécurité civile peuvent être engagées, à la demande de l'autorité de police compétente ou lors du déclenchement du plan Orsec, pour participer aux opérations de secours, aux actions de soutien et d'accompagnement des populations victimes d'accidents, de sinistres ou de catastrophes et à l'encadrement des bénévoles dans le cadre de ces actions (c. séc. int. art. L. 725-3).

Dans ce cadre, les salariés membres des associations concernées peuvent faire partie des personnes mobilisées. Ils bénéficient alors de certains droits (c. trav. art. L. 3142-103).

Absences autorisées - Lorsqu'un salarié membre d'une association agréée est sollicité pour une mission de secours d'urgence ou de soutien et d'accompagnement des populations victimes d'accidents, de sinistres ou de catastrophes, il lui appartient d'obtenir l'accord de son employeur. Sauf nécessité inhérente à la production ou à la marche de l'entreprise, l'employeur ne peut pas s'opposer à l'absence du salarié (c. séc. int. art. L. 725-7).

Statut du salarié et rémunération - Pendant la période de participation aux missions, le contrat de travail du salarié est suspendu. Les conditions de prise en compte de ces absences sont définies en accord avec l'employeur, sous réserve de dispositions plus favorables résultant du contrat de travail, de conventions ou d'accords collectifs de travail ou de conventions conclues entre l'employeur et le ministre chargé de la sécurité civile (c. séc. int. art. L. 725-8).

À défaut, l'employeur n'a aucune obligation particulière de rémunération ou d'assimilation de l'absence.

Protection - Aucun licenciement ou déclassement professionnel, aucune sanction disciplinaire ne peuvent être prononcés à l'encontre d'un salarié mobilisé (c. séc. int. art. L. 725-9).

☛ *Congé des réservistes (police nationale) ; Congé des réservistes (réserve militaire) ; Congé des réservistes (réserve sanitaire) ; Congé des réservistes (sécurité civile).*

Congé de paternité et d'accueil de l'enfant

Bénéficiaires et droits attachés au congé

Bénéficiaires - Un congé de paternité et d'accueil de l'enfant est accordé après la naissance d'un enfant et sans condition d'ancienneté (c. trav. art. L. 1225-35 ; circ. DSS/2A 2001-638 du 24 décembre 2001) :

- au père de l'enfant, quelle que soit sa situation de famille (marié, pacsé ou autre) ;
- et, le cas échéant, au conjoint ou concubin salarié de la mère ou à la personne salariée liée à elle par un Pacs, indépendamment de son lien de filiation avec l'enfant qui vient de naître.

Deux personnes peuvent donc bénéficier du congé : le père et la personne vivant maritalement avec la mère, lorsque cette personne n'est pas le père de l'enfant.

Sur la protection du père après la naissance, voir *Maternité**

Les parents adoptants n'ont pas droit à ce congé, mais ils bénéficient d'un *congé d'adoption**.

Les stagiaires bénéficient d'un congé d'une durée équivalente (c. éduc. art. L. 124-13) [voir *Stages en entreprise (recours et statut)**].

Durée - Le congé est de 25 jours calendaires en cas de naissance simple et de 32 jours calendaires en cas de naissances multiples, divisés en deux périodes (c. trav. art. L. 1225-35).

La première période comporte une part obligatoire de 4 jours de congé de paternité consécutifs. Elle doit faire immédiatement suite au *congé de naissance** (ce congé rémunéré est en général de 3 jours) qui doit débuter, au choix du salarié, soit le jour de la naissance de l'enfant, soit le premier jour ouvrable qui suit (c. trav. art. L. 1225-35, L. 3142-2 et L. 3142-4).

Il est interdit à l'employeur d'employer le salarié pendant ce congé de naissance de 3 jours et pendant le congé de paternité de 4 jours, qui lui fait suite immédiatement, soit une période d'interdiction totale de 7 jours et ce même si l'intéressé ne respecte pas le délai de prévenance *(voir plus loin)*. Si la naissance de l'enfant intervient alors que le salarié est en congés payés ou a pris un congé pour événement familial, l'interdiction d'emploi débute à l'issue de cette période de congés (c. trav. art. L. 1225-35-1). Cette disposition laisse à penser que le congé de naissance et la période de 4 jours de congé qui le suit peuvent être pris par le salarié au terme de ces éventuelles périodes de suspension.

À la demande du salarié, la période de 4 jours peut être prolongée, dans la limite de 30 jours consécutifs (non fractionnables et incluant les 4 jours), en cas d'hospitalisation de l'enfant immédiatement après la naissance dans une unité de soins spécialisée. L'interdiction d'emploi ne s'applique pas pendant cette prolongation (c. trav. art. L. 1225-35 et D. 1225-8-1 ; c. séc. soc. art. L. 331-8 ; arrêté du 24 juin 2019, texte 18, JO du 25 ; circ. CNAM 15/2021 du 1er juillet 2021).

▶ À noter... La période de 4 jours de congé obligatoire et l'interdiction d'emploi pendant ces jours ne s'appliquent pas aux salariés ne remplissant pas les conditions d'ouverture du droit aux IJSS de paternité (c. trav. art. L. 1225-35-1).

La deuxième période de congé de paternité (solde de 21 jours ou 28 jours en cas de naissances multiples) pourra être prise à la suite ou plus tard, le cas échéant en la fractionnant en deux périodes d'une durée minimale de 5 jours chacune (c. trav. art. D. 1225-8).

Prise en compte pour les droits du salarié - Le congé de paternité et d'accueil de l'enfant est assimilé à du temps de travail effectif pour l'acquisition des *congés payés** (c. trav. art. L. 3141-5) et pour les droits acquis au titre du *compte personnel de formation** (c. trav. art. L. 6323-12).

Depuis le 11 mars 2023, le congé de paternité est aussi assimilé à du travail effectif pour la détermination des droits liés à l'ancienneté. De plus, le salarié conserve le bénéfice de tous les avantages qu'il avait acquis avant le début du congé. Cela lui permet notamment de ne pas perdre les droits à congés payés acquis avant le début du congé de paternité, et de les reporter même si la période de prise des congés payés s'est achevée pendant le congé de paternité (c. trav. art. L. 1225-35-2).

Pour la répartition de l'intéressement et de la participation aux résultats, voir *Intéressement** et *Réserve spéciale de participation**.

Modalités de prise du congé

Délai de prise du congé - Le congé doit être pris dans les 6 mois suivant la naissance (c. trav. art. D. 1225-8). Toutefois la première partie du congé de paternité de 4 jours doit être prise immédiatement après le congé de naissance de 3 jours (c. trav. art. L. 3142-4).

Le congé peut être reporté au-delà des 6 mois dans deux cas :
- lorsque l'enfant est hospitalisé, le congé peut être pris dans les 6 mois qui suivent la fin de son hospitalisation ;
- en cas de décès de la mère, le congé peut être pris dans les 6 mois qui suivent l'expiration du congé spécifique accordé au père en cas de décès de la mère [voir *Maternité (congé de)**].

Demande - Le salarié informe son employeur de la date prévisionnelle de l'accouchement au moins 1 mois avant celle-ci. Puis il doit avertir son employeur au moins 1 mois avant le début de chaque période, des dates de prise et des durées de la ou des périodes de congés (en cas de fractionnement) (c. trav. art. L. 1225-35 et D. 1225-8) :

En cas de naissance de l'enfant avant la date prévisionnelle d'accouchement et lorsque le salarié souhaite débuter la ou les périodes de congé au cours du mois suivant la naissance, il en informe sans délai son employeur (c. trav. art. D. 1225-8).

Retour du congé - Au retour du congé, le salarié doit retrouver son précédent emploi, ou un emploi similaire, assorti d'une rémunération au moins équivalente (c. trav. art. L. 1225-36).

Indemnisation du congé

Par la sécurité sociale - La CPAM verse au salarié, qui remplit les conditions requises, des indemnités journalières pendant toute la durée de la suspension de son contrat de travail (c. séc. soc. art. L. 331-8 et D. 331-4) (voir *Indemnités journalières de sécurité sociale de paternité et d'accueil de l'enfant**).

Les IJSS sont assujetties à la *contribution sociale généralisée (CSG sur revenus de remplacement)** et à la *contribution pour le remboursement de la dette sociale (CRDS)** sur les revenus de remplacement, sans abattement d'assiette (aux taux respectifs de 6,20 % et 0,50 %). Le prélèvement est effectué directement par la caisse de sécurité sociale, qui verse un montant net de CSG et de CRDS.

Le cas échéant, il peut y avoir *subrogation**.

Complément de salaire facultatif - L'employeur n'a aucune obligation légale de verser un complément de salaire. Une convention collective, ou le cas échéant un usage d'entreprise, peut prévoir un maintien du salaire brut ou net pendant tout ou partie du congé, sous déduction des IJSS versées par la sécurité sociale.

☞ *Congé d'adoption ; Congé de naissance ; Congés pour événements familiaux ; Indemnités journalières de sécurité sociale de paternité et d'accueil de l'enfant ; Maternité ; Stages en entreprise (recours et statut) ; Subrogation ; Temps de travail effectif.*

Congé de présence parentale pour enfant malade

Tout salarié dont un enfant à charge est atteint d'une maladie, d'un handicap ou est victime d'un accident d'une particulière gravité rendant indispensable une présence soutenue et des soins contraignants peut bénéficier du congé de présence parentale (c. trav. art. L. 1225-62).

Ce congé est de droit et ne peut pas être refusé si le salarié remplit les conditions requises. Il se matérialise par un crédit de jours d'absence indemnisés par des allocations journalières de présence parentale (AJPP) versées par la CAF.

Autorisation d'absences

Congé à prendre sur une période de 3 ans - Le congé permet au salarié de s'absenter 310 jours ouvrés maximum pendant la durée prévisible de traitement de l'enfant et, sauf exception, pendant un maximum de 3 ans (c. trav. art. L. 1225-62, D. 1225-16 et D. 1225-17).

La durée du congé est fixée par le certificat médical nécessairement fourni par le salarié. Il peut être prolongé à la suite d'un réexamen par le médecin, sans pouvoir, sauf exception, excéder les limites précitées de 310 jours ouvrés ou de 3 ans (c. séc. soc. art. L. 544-2, L. 544-3, D. 544-1 et D. 544-2).

Avec l'accord de l'employeur, le congé peut être fractionné (par demi-journée, jour ou périodes de plusieurs jours) ou être transformé en période d'activité à temps partiel (c. trav. art. L. 1225-62).

Renouvellement exceptionnel avant l'expiration de la période de 3 ans - Le salarié ayant atteint le nombre maximal de 310 jours de congé avant l'expiration de la période de 3 ans peut, à titre exceptionnel et par dérogation, bénéficier d'un renouvellement de son congé au titre de la même maladie, du même handicap ou du même accident dont l'enfant a été victime avant le terme de la période de 3 ans (c. trav. art. L. 1225-62 et R. 1225-14).

Dans ce cas, ce congé peut atteindre jusqu'à 620 jours ouvrés maximum sur les 3 premières années.

Renouvellement au-delà de la période de 3 ans - Il est aussi possible de renouveler le congé au-delà de la période de 3 ans, en cas de rechute ou de récidive de la pathologie de l'enfant pour laquelle le premier congé et l'allocation journalière de présence parentale (AJPP) qui y est associée a été accordé et/ou lorsque la gravité de la pathologie de l'enfant au titre de laquelle le droit à l'AJPP avait été ouvert nécessite toujours une présence soutenue et des soins contraignants (c. trav. art. L. 1225-62). Ce nouveau congé est soumis au même régime que le premier (information de l'employeur au moins 15 jours avant, etc.).

Information de l'employeur sur la mise en œuvre du congé - Le salarié informe l'employeur au moins 15 jours avant le début du congé (ou du congé renouvelé) de sa volonté d'en bénéficier, par LRAR ou lettre remise en main propre contre décharge, en y joignant un certificat médical (c. trav. art. L. 1225-63, R. 1225-14 et D. 1225-17).

Le certificat médical, émanant du médecin qui suit l'enfant, précise la durée prévisible du traitement ainsi que la nécessité de la présence soutenue et des soins contraignants (c. trav. art. R. 1225-15).

Lorsque le médecin procède à un réexamen de la durée prévisible du traitement, le certificat médical émis lors de ce réexamen doit être envoyé à l'employeur (c. séc. soc. art. L. 544-2 et D. 544-2 ; c. trav. art. D. 1225-17).

▶ À noter… La durée prévisible du traitement de l'enfant fait l'objet d'un réexamen à l'échéance fixée par le médecin qui ne peut être inférieure à 6 mois ni supérieure à 1 an. De plus, lorsque la durée prévisible excède 1 an, elle fait l'objet d'un nouvel examen à cette échéance. Enfin, le réexamen peut aussi être sollicité auprès du médecin à tout moment à compter du mois précédant la fin de la durée prévue pour le traitement ou la fin de l'année suivant le début du traitement (si la durée prévue pour le traitement est supérieure à une année). Une proposition de loi non encore adoptée au 15 janvier 2025 pourrait apporter des modifications sur les délais de réexamen de l'enfant [pour suivre l'actualité sur ce sujet, voir notre revue RF Paye et son site Internet (www.rfpaye.com) ou MyDoc Paye (www.revue-fiduciaire.com/mydoc/paye)].

Information de l'employeur avant chaque absence - Avant chaque absence liée au bénéfice du congé, le salarié doit informer son employeur au minimum 48 h à l'avance, par tout moyen (c. trav. art. L. 1225-63).

Toutefois, le salarié peut prendre les jours de congé immédiatement, en cas de dégradation soudaine de l'état de santé de l'enfant ou en cas de situation de crise nécessitant sa présence sans délai.

Rémunération - Le contrat de travail du salarié est suspendu à chaque journée ou demi-journée pour laquelle le salarié s'absente au titre du congé de présence parentale. Sauf dispositions conventionnelles ou usages contraires, le salarié ne peut prétendre à aucune rémunération ou maintien de salaire par l'employeur. C'est une absence non rémunérée.

Prise en compte du congé - Les absences liées au congé ne sont notamment pas assimilées à du travail effectif pour les congés payés ou la RTT.

En revanche, les jours de congé sont pris en compte en totalité pour le calcul des avantages liés à l'ancienneté (c. trav. art. L. 1225-65), pour l'acquisition de droits dans le *compte personnel de formation** (CPF) et peuvent le cas échéant permettre un abondement conventionnel du compte (c. trav. art. L. 6323-12 et L. 6323-14)

En outre, le salarié conserve le bénéfice de tous les avantages qu'il avait acquis avant le début du congé (c. trav. art. L. 1225-65). Cette précision permet aux intéressés de ne pas perdre des droits à congés payés acquis avant leur congé, et de les reporter même si la période de prise des congés payés s'est achevée pendant le congé de présence parentale.

Enfin l'employeur ne peut rompre le contrat de travail d'un salarié en congé de présence parentale qu'en cas de faute grave ou d'impossibilité de maintenir le contrat de travail pour un motif étranger à l'état de santé de l'enfant de l'intéressé (c. trav. art. L. 1225-4-4).

Retour dans l'entreprise - À la fin de son congé, le salarié retrouve son précédent emploi ou un emploi similaire assorti d'une rémunération au moins équivalente (c. trav. art. L. 1225-64, al. 1).

En cas de décès de l'enfant ou de diminution importante des ressources du ménage, le salarié a un droit à réintégration anticipée. Il procède par LRAR ou lettre remise en main propre contre décharge motivée à l'employeur, au moins 1 mois avant la date souhaitée de retour (c. trav. art. L. 1225-52, L. 1225-64 et R. 1225-13). Il retrouve son précédent emploi ou un emploi similaire assorti d'une rémunération au moins équivalente.

Suivi - Durant le congé, l'employeur remet au salarié divers documents pour lui permettre d'être indemnisé par la caisse d'allocations familiales (CAF).

Indemnisation par la CAF : l'essentiel

Demande d'allocations - Le salarié doit s'adresser à sa CAF pour percevoir les allocations journalières de présence parentale (AJPP) (circ. DSS/B 2006-189 du 27 avril 2006). Pour ce faire, il doit joindre :
- une demande d'AJPP (formulaire Cerfa à se procurer auprès de la CAF ou sur http://www.caf.fr) ;
- une attestation de l'employeur précisant que le salarié bénéficie d'un congé de présence parentale ;
- un certificat médical détaillé concernant l'état de son enfant (non communiqué à l'employeur), sous pli fermé, qui sera transmis au service du contrôle médical.

Le droit à prestation est lié à l'avis favorable du service de contrôle médical dont relève l'enfant, toutefois dans l'attente, l'AJPP peut faire l'objet d'une avance (c. séc. soc. art. L. 544-3).

Durée d'indemnisation - Les AJPP sont versées pour une période égale à la durée prévisible du traitement de l'enfant indiquée dans le certificat médical (c. séc. soc. art. L. 544-2) à compter du 1er jour du mois civil au cours duquel le salarié dépose sa demande (c. séc. soc. art. R. 552-2, II, 4°).

Cette date fixe le début de la période de 3 ans pendant laquelle les allocations peuvent lui être versées (c. séc. soc. art. D. 544-1).

Les AJPP cessent d'être dues à partir du 1er jour du mois civil suivant celui au cours duquel les conditions ne sont plus remplies (c. séc. soc. art. R. 552-3, II, 3°).

La prolongation, suite au réexamen par le médecin, de la durée prévisible du traitement de l'enfant entraîne une prolongation du droit à prestation dans la limite de la durée maximale de 3 ans (c. séc. soc. art. D. 544-1 et D. 544-2).

Limites - Les AJPP sont versées dans la limite d'une période de 3 ans pour un même enfant et par maladie, accident ou handicap, durant laquelle le salarié ne peut pas percevoir plus de 310 allocations journalières. Toutefois, en cas de renouvellement exceptionnel du congé avant le terme de la période initiale de 3 ans (*voir ci-dessus*), le salarié peut continuer à percevoir l'AJPP (c. séc. soc. art. L. 544-3 et D. 544-1 ; c. trav. art. L. 1225-62).

Rechute - Le droit du salarié aux AJPP est réactivé en cas de rechute de la maladie de l'enfant ayant justifié le congé, si l'on est encore dans la période de 3 ans et que le nombre maximal de 310 jours allocations journalières n'avait pas été utilisé (c. séc. soc. art. D. 544-3).

Au-delà de la période de 3 ans, le droit aux AJPP peut être ouvert à nouveau en cas de rechute ou de récidive de la maladie de l'enfant ayant justifié le premier versement des AJPP ou de perpétuation de la gravité de son état (c. séc. soc. art. L. 544-3). Commence alors un autre décompte de 310 jours. Pour ce faire, le salarié doit effectuer une nouvelle demande.

▶ À noter... Il ne faut pas confondre la rechute et une nouvelle pathologie de l'enfant, laquelle permet l'ouverture d'un nouveau congé de présence parentale (c. séc. soc. art. D. 544-5).

Montant journalier - Le montant journalier des AJPP est fixé à 7 fois la valeur du SMIC horaire net en vigueur au 1er janvier de l'année civile au cours de laquelle l'allocation est due (c. séc. soc. art. D. 544-6). Au 1er janvier 2025, son montant s'élève à :
- 65,80 € nets (après CRDS) par journée ;
- 32,90 € nets (après CRDS) par demi-journée.

Il n'y a plus de distinction entre les personnes seules ou en couple.

Lorsque le congé de présence parentale est pris sous forme d'un temps partiel, le montant mensuel de l'AJPP est calculé sur la base du nombre de journées ou demi-journées non travaillées correspondantes au titre d'un mois civil (c. séc. soc. art. D. 544-6).

L'importance des dépenses occasionnées par la maladie, l'accident ou le handicap peut permettre au salarié, sous certaines conditions, d'obtenir un complément mensuel (c. séc. soc. art. D. 544-7).

Justificatifs - Chaque mois, le salarié doit adresser à la CAF :
- une attestation visée par l'employeur indiquant le nombre de jours (ou demi-journées) de congé de présence parentale pris au cours de la période concernée (c. séc. soc. art. D. 544-9, 1°) ;
- une déclaration sur l'honneur précisant le montant des dépenses directement liées à la maladie, l'accident ou le handicap (pour l'éventuel complément pour frais) (c. séc. soc. art. L. 544-7 et D. 544-10).

☞ *Congé de solidarité familiale ; Congé de proche aidant ; Congés pour événements familiaux.*

Congé de proche aidant

Le congé de proche aidant est sur certains points modulable par la négociation collective. La primauté est donnée à la négociation de branche qui doit aborder ce thème au moins tous les 4 ans (c. trav. art. L. 3142-26 et L. 2241-1). Les accords d'entreprise ne s'appliquent qu'à défaut de dispositions fixées au niveau de la branche.

À défaut de dispositions conventionnelles, les entreprises doivent appliquer les règles supplétives définies par le code du travail.

Bénéficiaires

Conditions liées à la personne aidée - Un salarié peut prendre un congé de proche aidant lorsqu'un de ses proches présente un handicap ou une perte d'autonomie. Il peut s'agir (c. trav. art. L. 3142-16) :
- du conjoint ou du concubin ou de la personne avec laquelle il a conclu un pacte civil de solidarité ;
- d'un ascendant ou d'un descendant ;
- de l'enfant dont le salarié assume la charge (c. séc. soc. art. L. 512-1) ;
- d'un collatéral jusqu'au 4e degré (frères, sœurs, tantes, oncles, cousins, cousines, neveux, nièces) ;
- de l'ascendant, du descendant ou du collatéral jusqu'au 4e degré du conjoint, du concubin ou de la personne avec laquelle il a conclu un Pacs ;
- de la personne âgée ou de la personne handicapée avec laquelle le salarié réside ou entretient des liens étroits et stables, à qui il vient en aide de manière régulière et fréquente à titre non professionnel pour accomplir tout ou partie des actes ou des activités de la vie quotidienne.

La personne aidée doit résider en France de façon stable et régulière (c. trav. art. L. 3142-17). En revanche, aucune condition d'ancienneté n'est exigée du salarié pour bénéficier du congé de proche aidant (c. trav. art. L. 3142-16).

▶ À noter... Les parents d'un enfant dépendant peuvent aussi bénéficier d'un *congé de présence parentale pour enfant malade**, s'ils en remplissent les conditions. Ce congé donne droit à des allocations journalières.

Régime du congé

Durée du congé - Le congé de proche aidant a une durée d'au plus 3 mois renouvelables (c. trav. art. L. 3142-19, L. 3142-26 et L. 3142-27). Une autre durée, inférieure ou supérieure, peut être prévue par accord de branche (ou à défaut accord d'entreprise).

Le congé est renouvelable dans la limite d'1 an maximum sur l'ensemble de la carrière, cette disposition est d'ordre public (c. trav. art. L. 3142-19).

Possibilité de temps partiel ou de fractionnement - Le salarié peut transformer le congé de proche aidant en période de travail à temps partiel avec l'accord de son employeur (c. trav. art. L. 3142-20). Il peut aussi fractionner le congé en journées ou en demi-journées, avec l'accord de l'employeur. Dans ce cas, il doit avertir celui-ci au moins 48 h avant le début de chaque période de prise du congé (c. trav. art. D. 3142-9). L'accès au télétravail est facilité (pour plus de détails, voir Dictionnaire Social, « Télétravail »).

En cas de dégradation soudaine de l'état de santé de la personne aidée, de situation de crise nécessitant une action urgente du proche aidant ou de cessation brutale de l'hébergement en établissement dont bénéficiait la personne aidée, le salarié peut bénéficier du fractionnement ou de la transformation en temps partiel immédiatement (c. trav. art. L. 3142-20 et D. 3142-7).

Rémunération - Il n'y a aucune obligation légale de rémunérer le congé, toutefois le proche aidant peut bénéficier de dons de jours de repos de la part de ses collègues (voir *Don de jours de repos**).

En cas de période de travail à temps partiel, le salarié est rémunéré proportionnellement à sa durée de travail effectif.

▶ À noter... L'activité de proche aidant peut depuis le 1er juillet 2024 permettre de débloquer les sommes versées sur un PEE et PEI *(voir Plan d'épargne d'entreprise* et Participation aux résultats*)* (c. trav. art. R. 3324-22).

Droits liés à l'ancienneté, CPF, avantages acquis, congés payés - La durée du congé est prise en compte intégralement pour la détermination des avantages liés à l'ancienneté et les droits au *compte personnel de formation**. Par ailleurs, le salarié conserve le bénéfice de tous les avantages qu'il avait acquis avant le début du congé (c. trav. art. L. 3142-21 et L. 6323-12).

En revanche, le congé n'est pas assimilé à du travail effectif pour l'acquisition des droits à *congés payés**. S'il est pris à temps partiel, le salarié acquiert des congés payés au titre des périodes travaillées. La durée du congé ne peut pas être imputée sur les congés payés annuels (c. trav. art. L. 3142-21).

Affiliation à l'assurance vieillesse - Le salarié bénéficiaire de l'ASPA est automatiquement affilié à l'assurance vieillesse des aidants (c. séc. soc. art. L. 381-2, D. 381-3, D. 381-4 ; loi 2023-270 du 14 avril 2023, art. 25, I, 5° ; décrets 2023-752 et 2023-754 du 10 août 2023, JO du 11). Le salarié en congé de proche aidant qui ne bénéficie pas de l'ASPA est aussi affilié à ce régime sous réserve de déposer une demande en ce sens accompagnée d'une attestation de l'employeur indiquant les dates de prise du congé.

Retraite complémentaire - Dans le cadre d'un accord conclu au sein de l'entreprise, il est possible de verser des cotisations de retraite complémentaire en cas de congé de proche aidant, ces cotisations sont alors calculées comme si le salarié avait poursuivi son activité dans des conditions normales (ANI AGIRC-ARRCO du 17 novembre 2017, art. 78).

Pas d'autre activité professionnelle - Le salarié en congé de proche aidant ne peut exercer aucune activité professionnelle (c. trav. art. L. 3142-18), sauf s'il est employé par la personne aidée, à condition que cette dernière :

- bénéficie de l'allocation personnalisée d'autonomie (APA) : elle peut alors employer un ou plusieurs membres de sa famille, à l'exception de son conjoint ou de son concubin ou de la personne avec laquelle elle a conclu un Pacs (CASF art. L. 232-7, al. 2) ;
- ou soit handicapée : elle peut alors employer un ou plusieurs membres de sa famille, y compris son conjoint, son concubin ou la personne avec qui elle a conclu un Pacs (CASF art. L. 245-12, al. 2).

Entretien professionnel - Le salarié doit bénéficier d'un *entretien professionnel** avant de partir en congé et au retour de son congé (c. trav. L. 3142-23).

Demande de congé

Demande de congé et délai à respecter - Le congé débute ou est renouvelé à l'initiative du salarié (c. trav. art. L. 3142-19).

Un accord collectif de branche (ou, à défaut, un accord d'entreprise) fixe les délais d'information de l'employeur par le salarié sur la prise du congé et son renouvellement. Il détermine aussi les délais de demande du salarié et de réponse de l'employeur à une demande de fractionnement ou de passage à temps partiel (c. trav. art. L. 3142-27).

À défaut d'accord collectif, le salarié informe son employeur par tout moyen donnant date certaine, en respectant un délai de prévenance d'au moins 1 mois, de la date de son départ en congé, de sa demande de suspension de son contrat de travail ou, le cas échéant, de sa demande de transformation du congé en période à temps partiel ou du fractionnement (c. trav. art. D. 3142-11). Cette règle s'applique aussi en cas de renouvellement non successif du congé. En revanche, en cas de renouvellement du congé ou de l'activité à temps partiel de façon successive, ce délai est de 15 jours avant le terme initial (c. trav. art. D. 3142-12).

▶ À noter... Le code du travail ne précise pas les délais de réponse de l'employeur en cas de demande de fractionnement ou de passage à temps partiel (c. trav. art. L. 3142-27).

Dans tous les cas, le congé débute ou est renouvelé sans délai en cas de dégradation soudaine de l'état de santé de la personne aidée, de cessation brutale de l'hébergement en établissement ou de situation de crise nécessitant une action urgente du proche aidant. Le salarié doit fournir un certificat médical d'un médecin ou un certificat de l'établissement de santé où la personne aidée était hébergée (c. trav. art. L. 3142-19 et D. 3142-7).

Documents à joindre à la demande de congé - Le salarié doit joindre à sa demande (c. trav. art. D. 3142-8 et D. 3142-11) :

- une déclaration sur l'honneur attestant de son lien familial avec la personne aidée ou de l'aide apportée

à une personne âgée ou handicapée avec laquelle il réside ou entretient des liens étroits et stables ;
- une déclaration sur l'honneur précisant qu'il n'a pas eu précédemment recours, au long de sa carrière, à un congé de proche aidant (ou de soutien familial qui a été remplacé par le congé de proche aidant) ou, le cas échéant, la durée pendant laquelle il a bénéficié de ce congé ;
- lorsque la personne aidée est un enfant handicapé à la charge du demandeur, au sens de l'article L. 512-1 du code de la sécurité sociale, ou un adulte handicapé, une copie de la décision prise en application de la législation de sécurité sociale ou d'aide sociale subordonnée à la justification d'un taux d'incapacité permanente au moins égal à 80 % ;
- lorsque la personne aidée souffre d'une perte d'autonomie, une copie de la décision d'attribution de l'APA.

Selon la prestation dont bénéficie le proche aidé, le salarié peut également être amené à fournir une copie de la décision d'attribution d'une des prestations suivantes, qui attestent de fait de la nécessité du recours à une tierce personne (c. trav. art. D. 3142-8, 5°) :
- majoration pour aide constante d'une tierce personne dont bénéficient certains titulaires de pensions d'invalidité ou de retraite (c. séc. soc. art. L. 355-1) ;
- prestation complémentaire pour recours à tierce personne, attribuée à certaines victimes d'accidents du travail ou de maladies professionnelles (c. séc. soc. art. L. 434-2, al. 3) ;
- majoration spéciale pour assistance d'une tierce personne (code des pensions civiles et militaires de retraites, art. L. 30 bis ; art. 34 du décret 2003-1306 du 26 décembre 2003 relatif au régime de retraite des fonctionnaires affiliés à la CNRACL) ;
- majoration attribuée aux invalides absolument incapables d'exercer une profession et ayant besoin de recourir à une tierce personne (c. séc. soc. art. D. 712-15, 3° ; art. 6,3°, V du décret 60-58 du 11 janvier 1960 relatif au régime de sécurité sociale des agents permanents des départements, des communes et de leurs établissements publics n'ayant pas le caractère industriel ou commercial) ;
- majoration mentionnée à l'article L. 133-1 du code des pensions militaires d'invalidité et des victimes de guerre.

Contentieux - En cas de différend, le refus de l'employeur peut être directement contesté par le salarié devant le conseil de prud'hommes, statuant selon la procédure accélérée au fond en dernier ressort (c. trav. art. L. 3142-25 et R. 3142-10 ; cass. soc. 23 janvier 2019, n° 17-28330 FSPB).

Terme du congé

Réintégration au retour du congé - À l'issue du congé, le salarié retrouve son emploi ou un emploi similaire assorti d'une rémunération au moins équivalente (c. trav. art. L. 3142-22).

Retour anticipé - Le salarié peut mettre fin de façon anticipée au congé, ou y renoncer, dans les cas suivants (c. trav. art. L. 3142-19) :
- décès de la personne aidée ;
- admission de la personne aidée dans un établissement ;
- diminution importante des ressources du salarié ;
- recours à un service d'aide à domicile pour assister la personne aidée ;
- congé de proche aidant pris par un autre membre de la famille.

Il doit en faire la demande de façon motivée dans un délai fixé par accord collectif de branche (à défaut, d'entreprise). En l'absence de disposition conventionnelle, il prévient son employeur au moins 1 mois avant la date à laquelle il entend revenir (2 semaines en cas de décès de la personne aidée) (c. trav. art. L. 3142-26, L. 3142-27 et D. 3142-13).

Allocation journalière de proche aidant

Allocation versée par la CAF - Une allocation journalière du proche aidant (AJPA) peut être versée par la caisse d'allocations familiales (CAF) (c. séc. soc. art. L. 168-8 à L. 168-16 ; c. séc. soc. art. D. 168-11 à D. 168-19). La demande d'allocation doit être effectuée sur un formulaire homologué.

L'AJPA ne peut être versée que si le salarié réside en France de façon stable et régulière (c. séc. soc. art. L. 168-8).

La formule de calcul de l'AJPA (c. séc. soc. art. D. 168-13) conduit à considérer que sont montant net est égal à 7 fois la valeur du SMIC horaire net en vigueur au 1er janvier de l'année civile au cours de laquelle l'allocation est due (c. séc. soc. art. D. 168-13). Au 1er janvier 2025, l'AJPA est donc de :
- 65,80 € nets de CSG/CRDS par journée ;
- 32,90 € nets de CSG/CRDS par demi-journée.

Il n'y a plus de distinction entre les personnes seules ou en couple.

Le nombre d'AJPA versée à un proche aidant ne peut dépasser (c. séc. soc. art. D. 168-12) :
- ni 22 allocations par mois civil ;
- ni 66 allocations journalières sur l'ensemble de la carrière du bénéficiaire (soit l'équivalent de 3 mois

sur la base de 22 jours travaillés par mois), sauf hypothèse de renouvellement du droit *(voir ci-après)*.

Lorsque le bénéficiaire d'un congé de proche aidant le transforme en période d'activité à temps partiel, le montant mensuel de l'AJPA versé est calculé sur la base du nombre de journées ou demi-journées non travaillées correspondantes au titre d'un mois civil (c. séc. soc. art. D. 168-14).

Renouvellement du droit - Depuis le 1er janvier 2025, pour les nouvelles demandes ainsi que pour les droits en cours, l'assuré amené à prendre plusieurs congés de proche aidant afin de s'occuper de différentes personnes peut renouveler son droit à l'ASPA (c. séc. soc. art. L. 168-9).

Concrètement, lorsque la durée maximale d'indemnisation (66 allocations journalières) est atteinte, le droit à l'ASPA peut être renouvelé si le proche aidant apporte son aide à une personne différente de celle pour laquelle il a précédemment bénéficié de l'allocation (c. séc. soc. D. 168-12).

Pour chaque nouveau proche aidé, le droit à l'AJPA sera de nouveau ouvert pour une nouvelle durée de 66 jours, une fois que le salarié aura formulé une nouvelle demande au moyen du formulaire homologué, dans les conditions habituelles (c. séc. soc. art. D. 168-11).

Au maximum, il pourra y avoir jusqu'à 264 jours d'AJPA sur l'ensemble de la carrière du bénéficiaire (c. séc. soc. D. 168-12), soit l'équivalent de 4 demandes d'AJPA pour 4 proches aidés différents.

☛ *Congé de présence parentale pour enfant malade ; Congé de solidarité familiale ; Congés pour événements familiaux ; Entretien professionnel.*

Congé de reclassement

Grandes caractéristiques du congé

Entreprises soumises - Les entreprises ou les établissements occupant au moins 1 000 salariés sont tenus de proposer un congé de reclassement à tout salarié dont le licenciement économique est envisagé (c. trav. art. L. 1233-71).

Il en va de même :
- des groupes (au sens du comité de groupe) dont l'ensemble des entreprises emploie au moins 1 000 salariés (c. trav. art. L. 2331-1) ;
- des entreprises et groupes d'entreprises de dimension communautaire (au sens du comité d'entreprise européen) employant au moins 1 000 salariés (c. trav. art. L. 2341-1 et L. 2341-2) ;
- des unités économiques et sociales (UES) d'au moins 1 000 salariés : toutefois, lorsque les licenciements économiques sont prononcés dans seulement une des entités, le congé de reclassement n'est obligatoire que si la décision de licencier a été prise au niveau global de l'UES (cass. soc. 26 janvier 2012, n° 10-23324 D).

En revanche, les entreprises en redressement ou liquidation judiciaires n'entrent pas dans le champ du congé de reclassement. Elles sont tenues de proposer le *contrat de sécurisation professionnelle** (c. trav. art. L. 1233-66 et L. 1233-75).

Objet du congé - Le congé de reclassement a pour objet de permettre au salarié de bénéficier d'actions de formation et des prestations d'une cellule d'accompagnement des démarches de recherche d'emploi. Ce congé débute, si nécessaire, par un bilan de compétences qui a vocation à permettre au salarié de définir un projet professionnel et, le cas échéant, de déterminer les actions de formation nécessaires à son reclassement et mises en œuvre pendant le congé.

L'employeur doit financer l'ensemble de ces actions (c. trav. art. L. 1233-71). Les sommes versées par l'employeur à un tiers pour financer ces actions n'entrent pas dans l'assiette de la CSG/CRDS (cass. civ., 2e ch., 11 janvier 2024, n° 20-23379 FB), ni à notre sens dans celle des cotisations sociales.

Durée du congé - La durée du congé est fixée par l'employeur, en principe entre 4 et 12 mois. Une durée inférieure à 4 mois peut être prévue avec l'accord exprès du salarié (c. trav. art. L. 1233-71 et R. 1233-31).

Si des actions de formation ou de validation des acquis de l'expérience sont prévues, la durée du congé ne peut pas être inférieure à la durée de ces actions, dans la limite de 12 mois.

Le congé peut aller jusqu'à 24 mois en cas de formation de reconversion professionnelle.

Articulation avec le préavis - Le congé de reclassement est effectué pendant le préavis que le salarié est dispensé d'exécuter. Lorsque la durée du congé de reclassement excède la durée du préavis, le terme de ce dernier est reporté à la fin du congé (c. trav. art. L. 1233-72).

En conséquence, le contrat de travail subsiste jusqu'à la date d'expiration du préavis (cass. soc. 23 octobre 2019, n° 18-15550 FPB).

Bénéfice de la participation et de l'intéressement - Le bénéficiaire du congé de reclassement restant salarié de l'entreprise jusqu'à la fin du congé, il demeure éligible à la *participation aux résultats** et à l'*intéressement** (cass. soc. 7 novembre 2018, n° 17-18936 FSPB ; cass. soc. 1er juin 2022, n° 20-16404 FSB). Néanmoins, le congé peut avoir un impact les droits de l'intéressé lorsque la répartition des sommes s'effectue en fonction de la durée de présence ou des salaires (voir *Intéressement** et *Réserve spéciale de participation**).

Procédure : l'essentiel

Consultation des représentants du personnel - L'employeur doit informer et consulter le *comité social et économique** (CSE) sur les conditions de mise en œuvre du congé de reclassement à l'occasion des réunions de consultation relatives au projet de licenciement (c. trav. art. R. 1233-17 et R. 1233-18).

Si un plan de sauvegarde de l'emploi (PSE) est établi, ces conditions figurent dans le PSE (c. trav. art. R. 1233-18).

Information des salariés - L'employeur informe tout salarié concerné par la procédure de licenciement sur les conditions de mise en œuvre du congé de reclassement. Selon les cas, cette information est effectuée soit lors de l'entretien préalable au licenciement (procédure concernant moins de 10 salariés ou en l'absence de représentants du personnel), soit à l'issue de la dernière réunion du CSE lorsque l'employeur n'est pas tenu de convoquer les salariés à un entretien préalable (c. trav. art. R. 1233-19).

Proposition au salarié - L'employeur propose le bénéfice du congé de reclassement dans la lettre de licenciement (c. trav. art. R. 1233-20).

Réponse du salarié - Le salarié dispose de 8 jours calendaires à compter de la notification de la lettre de licenciement pour répondre. L'absence de réponse dans ce délai vaut refus (c. trav. art. R. 1233-21).

Lorsqu'un salarié refuse le congé de reclassement, l'employeur n'a pas à lui proposer d'adhérer à un *contrat de sécurisation professionnelle**.

Début du congé - Si le salarié accepte le congé, celui-ci débute à l'expiration du délai de réponse de 8 jours (c. trav. art. R. 1233-22).

Terme du congé et indemnités de rupture - Le congé de reclassement prend fin en principe à la date initialement prévue.

À la fin du congé, l'employeur doit verser au salarié les indemnités de rupture, dont notamment une indemnité compensatrice de congés payés si le salarié n'a pas pris l'intégralité de ses congés, ainsi que l'indemnité de licenciement. Toutefois la période du congé de reclassement excédant la durée du préavis n'ouvre pas droit à congés payés et n'est pas prise en compte dans la détermination de l'ancienneté servant de base de calcul à l'indemnité de licenciement (circ. DGEFP/DRT/DSS 2002-1 du 5 mai 2002).

▶ À noter... L'absence de cause réelle et sérieuse de licenciement entraîne la nullité du congé. Le salarié licencié ne peut alors prétendre à une indemnité de préavis et à l'indemnité de congés payés s'y rapportant que sous déduction des sommes déjà reçues à ce titre pendant la durée du congé (cass. soc. 17 décembre 2013, n° 12-27202, BC V n° 304).

Définition des conditions du congé

Entretien avec la cellule de reclassement - Lorsque le salarié accepte le congé de reclassement, il bénéficie d'un entretien d'évaluation et d'orientation organisé par la cellule d'accompagnement, en vue de déterminer son projet de reclassement professionnel et ses modalités de mise en œuvre. À l'issue de cet entretien, la cellule d'accompagnement remet à l'employeur et au salarié un document précisant le contenu et la durée des actions nécessaires (c. trav. art. R. 1233-27).

Information du salarié par l'employeur - Au vu de ce document, l'employeur remet au salarié un document précisant divers points, et notamment le terme du congé de reclassement et la rémunération versée pendant la période du congé excédant le préavis (c. trav. art. R. 1233-28 et R. 1233-29).

Réponse du salarié - Le salarié dispose d'un délai de 8 jours calendaires, à compter de sa présentation, pour le signer. L'absence de signature vaut refus du congé. Dans ce cas, l'employeur notifie au salarié la fin du congé de reclassement par LRAR. Si le préavis est suspendu, la date de présentation de cette lettre fixe le terme de la suspension du préavis, qui reprend son cours (c. trav. art. R. 1233-30).

Rémunération pendant la période de congé correspondant au préavis

Le congé se déroule d'abord pendant le préavis que le salarié est dispensé d'exécuter (c. trav. art. L. 1233-72).

Durant cette période, l'employeur verse au salarié sa rémunération habituelle. Cette rémunération est soumise à cotisations dans les conditions habituelles.

▶ À noter… Le salarié en congé de reclassement a le droit au paiement de la prime exceptionnelle de pouvoir d'achat (désormais la *prime de partage de la valeur**) pour la période de début de congé correspondant au préavis (cass. soc. 19 avril 2023, n° 21-23092 FSB).

Rémunération pendant la période de congé excédant le préavis

Allocation mensuelle - Pendant la période du congé de reclassement excédant le préavis, le salarié bénéficie d'une allocation mensuelle à la charge de l'employeur. Son montant est au moins égal à 65 % de sa rémunération brute moyenne soumise à cotisations d'assurance chômage des 12 mois précédant la notification du licenciement, sans pouvoir être inférieur à 85 % du *SMIC** (c. trav. art. L. 1233-72 et R. 1233-32).

L'employeur remet chaque mois au salarié un bulletin précisant le montant et les modalités de calcul de cette rémunération (c. trav. art. R. 1233-32).

Lorsqu'au cours des 12 derniers mois, le salarié a exercé son emploi à temps partiel dans le cadre d'un *congé parental d'éducation**, d'un *congé de proche aidant**, d'un *congé de présence parentale pour enfant malade** ou d'un *congé de solidarité familiale**, il est tenu compte, pour le calcul de la rémunération brute moyenne, du salaire qui aurait été le sien s'il avait exercé son activité à temps plein sur l'ensemble de la période (c. trav. art. R. 1233-32 al. 2 et 3).

▶ À noter… Cette dernière disposition a repris et étendu à d'autres congés familiaux, la jurisprudence de la Cour de cassation selon laquelle un salarié à temps plein, mais bénéficiaire d'un congé parental à temps partiel avant un congé de reclassement, devait bénéficier d'une allocation de congé de reclassement calculée entièrement sur la base de sa rémunération à temps plein (cass. soc. 18 mars 2020, n° 16-27825 FSPB).

En toute logique pour un salarié habituellement à temps partiel qui réduirait encore sa durée du travail dans le cadre de l'un de ces congés, il conviendra de prendre comme référence sa rémunération sur la base de la durée du travail qui aurait été la sienne s'il n'avait pas bénéficié d'un congé familial (ex. : pour un salarié habituellement à 80 % qui bénéficie d'un congé parental d'éducation, le calcul de l'allocation de reclassement s'effectue sur la base de la rémunération à 80 %).

▶ À noter… Les sommes issues de la monétisation du *compte épargne-temps** (CET) sont exclues de la base de calcul de l'allocation. En revanche, la prime contractuelle versée en contrepartie de l'engagement du salarié à demeurer au service de l'entreprise pendant une période déterminée doit, en raison de sa nature salariale, être prise en compte dans la rémunération de référence (cass. soc. 22 juin 2016, n° 14-18675, BC V n° 132).

L'employeur ne peut pas cesser de verser au salarié l'allocation au motif qu'il ne respecte pas les obligations liées au congé de reclassement. Il doit d'abord respecter la procédure de rupture du congé de reclassement *(voir plus loin)* (cass. soc. 29 mars 2017, n° 16-10251 D).

Régime social - Cette allocation relève du régime des revenus de remplacement (c. trav. art. L. 1233-72).

Elle est exonérée de cotisations et contributions de sécurité sociale, mais assujettie à la *CSG** et à la *CRDS** au titre des revenus de remplacement (CSG à 6,20 % dont 2,40 % non déductibles et CRDS à 0,50 %, après abattement d'assiette de 1,75 %).

S'il y a lieu, l'employeur doit appliquer à ces contributions le mécanisme d'écrêtement prévu par le code de la sécurité sociale. Cette règle dite « d'écrêtement » pose pour principe que le prélèvement de la CSG/CRDS due au titre des revenus de remplacement ne peut pas avoir pour effet de ramener le montant net cumulé de cette rémunération et de la rémunération d'activité en dessous du SMIC brut (c. séc. soc. art. L. 136-1-2, II, 4° al. 2) [voir *Contribution sociale généralisée (CSG sur revenus de remplacement)**]. En pratique, ce mécanisme peut conduire à ne pas prélever la CSG/CRDS « revenus de remplacement », ou à ne prélever ces contributions que partiellement.

▶ À noter… Les dispositifs d'exonération de CSG/CRDS ou de CSG réduite à 3,80 % liés au revenu fiscal de référence du salarié ne sont plus applicables dans le cadre du congé de mobilité (depuis le 1er janvier 2021).

En outre, s'il y a lieu, l'employeur doit précompter des cotisations salariales d'assurance maladie propres à certaines situations spécifiques :
- cotisation des bénéficiaires du régime local d'Alsace-Moselle (taux de 1,30 % depuis le 1er avril 2022) ;
- cotisation de 2,80 % pour les personnes fiscalement domiciliées hors de France non redevables de la CSG/CRDS et relevant à titre obligatoire d'un régime français d'assurance maladie ;
- cotisation maladie (4,12 % au 1er janvier 2025) pour les assurés relevant du régime de Mayotte, lesquels ne sont pas redevables de CSG/CRDS (décret 2012-1168 du 17 octobre 2012, JO du 20 fixant les taux de cotisations jusqu'en 2036).

La règle d'écrêtement prévue pour la CSG/CRDS *(voir ci-dessus)* concerne aussi ces cotisations maladie spécifiques.

Possibilité de périodes de travail pendant le congé

Le congé de reclassement peut comporter des périodes de travail durant lesquelles il est suspendu (c. trav. art. L. 1233-72-1). Ces périodes peuvent être effectuées pour tout employeur (à l'exception des particuliers employeurs) dans le cadre de contrats à durée déterminée renouvelables une fois (c. trav. art. L. 1242-3) ou de contrats de travail temporaire (c. trav. art. L. 1251-7).

▶ À noter… Durant ces périodes de travail, le salarié est salarié de l'entreprise qui l'emploie.

Le congé de reclassement reprend à la fin de ces périodes de suspension, dans la limite de son terme initial. L'employeur peut prévoir un report du terme initial du congé de reclassement à due concurrence des périodes de travail effectuées (c. trav. art. L. 1233-72-1).

Rupture anticipée du congé

Salarié retrouvant un emploi en cours de congé - Si le salarié retrouve un emploi pendant son congé de reclassement, il en informe l'employeur par LRAR ou lettre remise contre récépissé. Il précise la date à laquelle prend effet son embauche. Cette lettre est adressée à l'employeur avant l'embauche (c. trav. art. R. 1233-36).

La date de présentation de cette lettre fixe la fin du congé de reclassement et, si le préavis est suspendu, le terme de sa suspension.

Non-respect de ses obligations par le salarié - Lorsque le salarié s'abstient sans motif légitime, de suivre les actions prévues ou de se présenter aux entretiens auxquels il a été convoqué par la cellule d'accompagnement, l'employeur lui notifie par LRAR ou lettre remise contre récépissé une mise en demeure de se conformer à ses obligations dans un délai précisé dans le courrier, sous peine de rupture du congé de reclassement (c. trav. art. R. 1233-34).

Si, à l'issue du délai qui lui est laissé, le salarié n'a pas donné suite à la mise en demeure, l'employeur lui notifie la fin du congé de reclassement par LRAR. Dans l'hypothèse où le préavis est suspendu, la date de présentation de cette lettre fixe le terme de la suspension du préavis.

RÉFÉRENCES

circ. DGEFP/DRT 2005-47 du 30 décembre 2005 ; circ. DGEFP/DRT 2003-7 du 15 avril 2003.

☞ *Contrat de sécurisation professionnelle ; Contribution pour le remboursement de la dette sociale (CRDS) ; Contribution sociale généralisée (CSG sur revenus de remplacement).*

Congé de représentation (associations, mutuelles)

Ce congé relève de dispositions d'ordre public, de dispositions négociables et de dispositions supplétives (s'appliquant en l'absence de dispositions conventionnelles) (c. trav. art. L. 3142-60 à L. 3142-66 et R. 3142-45 à R. 3142-53).

Les dispositions qui peuvent être négociées sont fixées par une convention ou un accord collectif d'entreprise ou, à défaut, une convention ou un accord de branche. Le cas échéant, l'accord d'entreprise prime sur l'accord de branche.

Conditions et durée

Bénéficiaires - Le congé de représentation concerne les salariés membres d'une association loi de 1901 ou d'une mutuelle (au sens du code de la mutualité), désignés afin de représenter celle-ci pour siéger au sein de certaines instances. Il doit s'agir d'une instance, consultative ou non, instituée par une disposition légale auprès d'une autorité de l'État à l'échelon national, régional ou départemental (c. trav. art. L. 3142-60). Les instances permettant de bénéficier de ce congé sont déterminées par arrêtés ministériels (c. trav. art. R. 3142-51).

▶ À noter… Ce congé ne peut pas bénéficier aux représentants d'organisations non gouvernementales qui siègent dans des organisations internationales (rép. Armand n° 30943, JO 19 mars 2001, AN quest. p. 1677).

Durée et fractionnement du congé - L'employeur doit accorder au bénéficiaire le temps nécessaire pour participer aux réunions de l'instance (c. trav. art. L. 3142-60). La durée maximale du congé est fixée à 9 jours ouvrables par an (c. trav. art. L. 3142-66). Une autre durée, inférieure ou supérieure, peut être négociée par accord collectif d'entreprise (ou à défaut, de branche) (c. trav. art. L. 3142-65).

Le salarié peut fractionner le congé en demi-journées (c. trav. art. L. 3142-62).

Demande - Un accord collectif d'entreprise (ou à défaut, de branche) peut fixer le délai dans lequel le salarié doit formuler sa demande de congé (c. trav. art. L. 3142-65).

En l'absence de dispositions conventionnelles, le salarié doit informer l'employeur, par tout moyen donnant date certaine, au moins 15 jours à l'avance (8 jours en cas de représentation de parents d'élèves), en indiquant la date, la durée de l'absence envisagée ainsi que l'instance au sein de laquelle il est appelé à siéger (c. trav. art. L. 3142-66 et R. 3142-52 ; c. éduc. art. R. 236-3).

Motifs de refus autorisés - L'autorisation d'absence peut être refusée par l'employeur :
- s'il estime, après avis du *comité social et économique** que l'absence aurait des conséquences préjudiciables à la bonne marche de l'entreprise (c. trav. art. L. 3142-63) ;
- ou si un certain quota d'absence au titre de ce congé est déjà atteint dans l'établissement sur l'année en cours.

Sur ce point, il peut s'agir d'un quota fixé soit par un accord d'entreprise (ou à défaut, de branche) (c. trav. art. L. 3142-65), soit de façon réglementaire (c. trav. art. R. 3142-53).

L'employeur doit notifier un éventuel refus de façon motivée, dans les 4 jours de la réception de la demande, par tout moyen donnant date certaine (c. trav. art. L. 3142-63, al. 2 et R. 3142-45).

▶ À noter... Le salarié dont la demande n'est pas satisfaite est prioritaire pour le bénéfice ultérieur du congé (c. trav. art. R. 3142-47).

Contestation du refus de l'employeur - Le salarié peut directement contester le refus du congé devant le bureau de jugement du conseil de prud'hommes, statuant selon la procédure accélérée au fond en dernier ressort (c. trav. art. L. 3142-63 et R. 3142-46).

Justificatif - Lorsqu'il reprend le travail, le salarié remet à son employeur une attestation de présence effective qui lui a été délivrée par l'organisme en cause (c. trav. art. R. 3142-48).

Incidences

Rémunération - L'employeur n'a pas l'obligation de rémunérer le salarié. S'il ne maintient pas le salaire ou s'il le maintient partiellement, il remet au salarié une attestation indiquant le montant des heures non rémunérées (c. trav. art. R. 3142-49).

Dès lors que le salarié subit une diminution de rémunération, il reçoit de l'État ou de la collectivité territoriale une indemnité compensant, en totalité ou partiellement, le cas échéant sous forme forfaitaire, la perte de salaire. Le montant de cette indemnité est égal à la vacation perçue par les conseillers prud'hommes (c. trav. art. L. 3142-61 et R. 3142-50).

L'employeur peut décider de maintenir la rémunération, en totalité ou en partie, au-delà de l'indemnité compensatrice. Ces sommes peuvent faire l'objet d'une déduction fiscale de l'impôt sur les bénéfices des entreprises dans les conditions prévues par le code général des impôts (c. trav. art. L. 3142-61 ; CGI art. 238 bis).

Prise en compte - La durée du congé est assimilée à une période de travail effectif pour la détermination de la durée des congés payés ainsi que pour l'ensemble des autres droits résultant, pour l'intéressé, de son contrat de travail. Elle ne peut pas être imputée sur la durée du congé payé annuel (c. trav. art. L. 3142-62).

Accidents du travail - Au cours de leur mission, les salariés bénéficient de la protection relative aux accidents du travail (c. séc. soc. art. L. 412-8, 12°).

☛ *Congé des représentants des parents d'élèves.*

Congé de solidarité familiale

Le régime de ce congé relève de dispositions d'ordre public, de dispositions négociables et de dispositions supplétives (s'appliquant en l'absence de dispositions conventionnelles). Les dispositions négociables sont fixées par un accord collectif d'entreprise ou, à défaut, une convention ou un accord de branche. Le cas échéant, l'accord d'entreprise prime donc sur l'accord de branche.

Objet, durée et demande de congé

Bénéficiaires - Le congé de solidarité familiale permet au salarié de s'occuper d'un ascendant, d'un descendant, d'un frère, d'une sœur ou d'une personne partageant son domicile qui soit souffre d'une pathologie mettant en jeu le pronostic vital, soit est en phase avancée ou terminale d'une affection grave et incurable (c. trav. art. L. 3142-6).

Ce congé peut également bénéficier à un salarié désigné « personne de confiance » par un malade (personne désignée pour être consultée au cas où le malade se trouve hors d'état d'exprimer sa volonté) (c. santé pub. art. L. 1111-6).

Durée maximale et nombre de renouvellements - La durée maximale du congé est de 3 mois, renouvelable une fois (c. trav. art. L. 3142-15).

Un accord collectif d'entreprise (ou à défaut, de branche) peut fixer d'autres dispositions sur la durée maximale du congé et le nombre de renouvellements (c. trav. art. L. 3142-14).

Demande de congé - Au moins 15 jours avant le début du congé, le salarié doit informer l'employeur de sa volonté de bénéficier du congé, de sa date de départ et, le cas échéant, de sa demande de fractionnement ou de transformation en temps partiel, par tout moyen donnant date certaine (c. trav. art. D. 3142-5). Un accord collectif d'entreprise (à défaut, de branche) peut modifier ce délai à la hausse ou à la baisse (c. trav. art. L. 3142-14).

Le salarié joint à sa demande un certificat médical attestant que la personne souffre effectivement d'une pathologie engageant le pronostic vital ou qu'elle est en phase avancée ou terminale d'une affection grave et incurable (c. trav. art. D. 3142-5).

▶ À noter... En cas d'urgence absolue constatée par écrit par le médecin qui établit le certificat médical, le congé débute sans délai à la date de la réception de la demande par l'employeur (c. trav. art. L. 3142-7).

Durée du congé fixée par le salarié - La durée du congé est fixée par le salarié lors de sa demande, dans les limites prévues par la loi ou par accord collectif *(voir plus haut)* (c. trav. art. L. 3142-7).

Le salarié précise la date prévisible de son retour, sans préjudice de la fin du congé en cas de décès de la personne assistée, de son droit à retour anticipée et de ses droits à congés pour événements personnels ou familiaux (c. trav. art. D. 3142-3).

Demande de renouvellement - La demande de renouvellement du congé est faite par tout moyen donnant date certaine au moins 15 jours avant le terme initialement prévu (c. trav. art. D. 3142-6), ou dans les conditions de délai fixé par accord collectif d'entreprise (à défaut, de branche) (c. trav. art. L. 3142-14).

Modalités du congé et droits du salarié

Congé total - Le congé total permet au salarié de s'absenter de l'entreprise.

Période de temps partiel - Le congé peut aussi être transformé, avec l'accord de l'employeur, en période d'activité à temps partiel (c. trav. art. L. 3142-8).

Dans ce cas, la demande doit être faite par le salarié 15 jours avant le début de la transformation en temps partiel, par tout moyen lui donnant date certaine (c. trav. art. L. 3142-15 et D. 3142-5), ou en suivant les conditions fixées par accord d'entreprise (à défaut, de branche) (c. trav. art. L. 3142-14).

▶ À noter... Le salarié ne peut exercer aucune autre activité professionnelle pendant le congé ou la période à temps partiel (c. trav. art. L. 3142-9).

Fractionnement du congé - Le congé peut être fractionné avec l'accord de l'employeur, la durée minimale de chaque période de congé étant alors d'une journée (c. trav. art. L. 3142-8 et D. 3142-2).

La demande de fractionnement doit être faite par le salarié 15 jours avant (c. trav. art. L. 3142-15 et D. 3142-5) ou en suivant les conditions fixées par accord d'entreprise (ou à défaut, de branche) (c. trav. art. L. 3142-14).

Rémunération - Le congé total ne donne pas lieu à maintien de salaire de la part de l'employeur, sauf disposition conventionnelle plus avantageuse.

Le congé pris sous forme de période de temps partiel est rémunéré à concurrence du temps de travail conservé par le salarié.

Entretien professionnel - Avant et après son congé, le salarié bénéficie d'un *entretien professionnel** (c. trav. art. L. 3142-11).

Autres droits du salarié - La durée du congé est prise en compte pour la détermination des avantages liés à l'ancienneté. En outre, la durée du congé ne peut pas être imputée sur le congé payé annuel (c. trav. art. L. 3142-12).

La durée du congé n'est pas prise en compte pour l'acquisition des droits à congés payés. En revanche, si le salarié a pris le congé sous forme d'une période de travail à temps partiel, il acquiert des droits à congés dans les conditions habituelles.

Par ailleurs, le salarié conserve le bénéfice de tous les avantages qu'il avait acquis avant le début du congé (c. trav. art. L. 3142-10 et L. 3142-12).

▶ À noter... Ce congé ne prive le salarié ni des congés pour événements personnels, ni des *congés pour événements familiaux** dont il bénéficie par ailleurs (ex. : jours d'absence en cas de décès).

Fin du congé - Le congé s'achève soit à l'expiration de la durée prévue (renouvellement inclus), soit dans les 3 jours qui suivent le décès de la personne assistée (c. trav. art. L. 3142-7).

Le salarié peut aussi décider de revenir de façon anticipée, avant la date indiquée à son employeur dans sa demande de congé (c. trav. art. L. 3142-7).

Il doit alors en informer l'employeur au moins 3 jours avant la date de retour initialement prévue (c. trav. art. D. 3142-3), sauf accord d'entreprise (ou à défaut de branche) fixant un autre délai (c. trav. art. L. 3142-14).

Réintégration - À l'issue du congé ou de la période de temps partiel, le salarié doit retrouver son emploi ou un emploi similaire assorti d'une rémunération au moins équivalente (c. trav. art. L. 3142-10).

Contentieux - En cas de différend sur l'octroi du congé, le salarié peut contester le refus de l'employeur directement devant le conseil de prud'hommes, lequel statue selon la procédure accélérée au fond en dernier ressort (c. trav. art. L. 3142-13 et R. 3142-4).

Allocation d'accompagnement d'une personne en fin de vie

Droit à l'allocation - Les salariés en congé de solidarité familiale (congé total ou période de travail à temps partiel) pour accompagner à domicile une personne en phase avancée ou terminale d'une affection grave peuvent bénéficier d'une allocation journalière d'accompagnement d'une personne en fin de vie (AJAP) (c. séc. soc. art. L. 168-1).

Formalités - Le salarié doit déposer une demande d'allocation conformément à un modèle fixé par arrêté, en produisant notamment une attestation de l'employeur précisant que le demandeur bénéficie d'un congé de solidarité familiale ou qu'il l'a transformé en période d'activité à temps partiel (Cerfa 14555*01 ; c. séc. soc. art. D. 168-1 et D. 168-3).

La demande doit être déposée auprès de l'organisme dont il relève en cas de maladie (CPAM pour les salariés du régime général) (c. séc. soc. art. D. 168-4).

Durée du versement - L'allocation est versée pendant une durée maximale de 21 jours, ouvrables ou non, y compris si, à un moment donné, l'accompagné doit être hospitalisé (c. séc. soc. art. L. 168-4). Le nombre maximal d'allocations est de 42 si le salarié a réduit son activité professionnelle (c. séc. soc. art. D. 168-8).

Le versement cesse en tout état de cause le lendemain du jour suivant le décès (c. séc. soc. art. L. 168-4).

Montant - Le montant brut de l'allocation journalière est de (valeurs du 1er avril 2024 au 31 mars 2025) :
- 63,34 € par jour lorsque le salarié suspend son activité professionnelle (c. séc. soc. art. D. 168-6) ;
- la moitié, soit 31,67 € par jour s'il réduit son activité professionnelle (temps partiel) (c. séc. soc. art. D. 168-8).

L'allocation d'accompagnement n'est pas soumise à cotisations sociales. Elle est en revanche assujettie à la CSG et à la CRDS, et est soumise à l'impôt sur le revenu. Elle n'ouvre pas de droits à retraite (circ. DSS/2A 2011-117 du 24 mars 2011).

☞ *Congé de présence parentale pour enfant malade ; Congé de proche aidant ; Congés pour événements familiaux.*

Congé de solidarité internationale

Certains points du régime de ce congé sont ouverts à la négociation par accord collectif d'entreprise ou, à défaut, par convention ou accord de branche. Le cas échéant, l'accord d'entreprise prime donc sur l'accord de branche.

Bénéficiaires, durée et procédure

Salariés concernés - Le salarié a droit à un congé de solidarité internationale, en vue de participer à une mission hors de France pour le compte d'une association à but humanitaire figurant sur une liste fixée par arrêté (c. trav. art. L. 3142-67 ; arrêté du 16 juillet 1996, JO du 30).

Durée du congé - La durée maximale du congé est de 6 mois ou, en cas d'urgence, de 6 semaines (c. trav. art. L. 3142-74).

Une autre durée, inférieure ou supérieure, peut être prévue par accord d'entreprise (ou à défaut de branche) (c. trav. art. L. 3142-73).

Ancienneté - Le salarié doit justifier d'une ancienneté dans l'entreprise d'au moins 12 mois, consécutifs ou non (c. trav. art. L. 3142-73 et L. 3142-74).

Un accord d'entreprise (ou à défaut de branche) peut adapter la condition d'ancienneté, à la hausse ou à la baisse.

Information de l'employeur - Le salarié adresse sa demande de congé à l'employeur par tout moyen donnant date certaine, au moins 30 jours avant le début du congé (48 h en cas d'urgence), de sa volonté de bénéficier du congé. Il précise la date envisagée pour son départ, la durée de l'absence envisagée, le nom de l'association pour le compte de laquelle la mission sera effectuée (c. trav. art. L. 3142-73 et D. 3142-56).

Un accord d'entreprise (à défaut de branche) peut prévoir autre délai, inférieur ou supérieur.

▶ À noter… Le texte ne précise pas que le salarié doit indiquer la date de départ envisagée mais cela tombe sous le sens ne serait-ce que pour permettre à l'employeur de vérifier que les délais de prévenance ont été respectés.

Refus de l'employeur - L'employeur peut refuser le congé s'il estime qu'il aura des conséquences préjudiciables à la bonne marche de l'entreprise. Ce refus intervient après avis du *comité social et économique** (c. trav. art. L. 3142-69).

Le refus motivé est notifié au salarié par tout moyen donnant date certaine dans les 15 jours de la réception de la demande. Le silence de l'employeur une fois ce délai écoulé vaut accord (c. trav. art. L. 3142-69 et D. 3142-54).

Le bénéfice du congé peut également être refusé lorsque le nombre de salariés, bénéficiant déjà de ce congé dans l'établissement à la date de départ prévue, atteint une proportion de l'effectif de (c. trav. art. L. 3142-73 et D. 3142-57) :
- établissements de moins de 50 salariés : 1 bénéficiaire ;
- établissements de 50 à 99 salariés : 2 bénéficiaires ;
- établissements de 100 à 199 salariés : 3 bénéficiaires ;
- établissements de 200 à 499 salariés : 4 bénéficiaires ;
- établissements de 500 à 999 salariés : 5 bénéficiaires ;
- établissements de 1000 à 1999 salariés : 6 bénéficiaires ;
- à partir de 2000 salariés : 1 bénéficiaire de plus par tranche supplémentaire de 1000 salariés.

▶ À noter… Un accord d'entreprise (à défaut de branche) peut adapter, à la hausse ou à la baisse, le nombre d'absences simultanées justifiant un refus (c. trav. art. L. 3142-73).

Refus du congé demandé en d'urgence - En cas de demande de congé en urgence, l'employeur doit notifier son refus au salarié par tout moyen donnant date certaine dans les 24 h de la réception de la demande. Il n'est pas tenu de motiver son refus et son silence ne vaut pas accord (c. trav. art. L. 3142-70 et D. 3142-54).

Contestation du refus de l'employeur - En cas de différend, le salarié peut directement contester ce refus devant le conseil de prud'hommes, lequel statue selon la procédure accélérée au fond en dernier ressort (c. trav. art. L. 3142-69 et R. 3142-55).

Statut du salarié

Congé non rémunéré - Pendant la durée du congé, le contrat de travail est suspendu et le salarié n'est pas rémunéré. Le congé ne peut pas être imputé sur les congés payés (c. trav. art. L. 3142-68).

Droits liés à l'ancienneté - La durée du congé est assimilée à une période de travail effectif pour la détermination des avantages légaux et conventionnels liés à l'ancienneté (c. trav. art. L. 3142-68).

Retour de congé - Le salarié remet à l'employeur, à l'issue du congé, une attestation constatant l'accomplissement de la mission qui lui a été délivrée par l'association concernée (c. trav. art. L. 3142-72).

À l'issue du congé, ou à l'occasion de son interruption pour un motif de force majeure, le salarié retrouve son précédent emploi ou un emploi similaire assorti d'une rémunération au moins équivalente (c. trav. art. L. 3142-71).

Droits conventionnels - Un accord collectif d'entreprise (à défaut, de branche) peut prévoir des mesures permettant le maintien d'un lien entre l'entreprise et le salarié pendant la durée du congé et, le cas échéant, les modalités d'accompagnement du salarié à son retour (c. trav. art. L. 3142-73).

Congé des représentants d'associations familiales

Autorisation d'absence - Les salariés désignés pour représenter les associations familiales auprès des pouvoirs publics ont le droit de s'absenter pour se rendre et participer aux réunions où ils doivent assurer cette représentation (CASF art. L. 211-13).

▶ À noter… Il était prévu une limite de 40 h par an mais celle-ci, prévue pour une période transitoire de 2 ans, n'a pas été pérennisée (arrêté du 30 octobre 1986, JO du 19 novembre). L'UNAF, interrogée par nos soins en février 2022, a indiqué que cette limite est toujours appliquée par leurs services, l'arrêté de 1986 n'ayant pas été abrogé.

L'employeur peut refuser cette autorisation d'absence s'il estime, après avis conforme (accord) du *comité* *économique et social**, que cette absence pourrait avoir des conséquences préjudiciables à la production et à la marche de l'entreprise. Tout refus doit être motivé. En cas de différend, l'inspecteur du travail peut être saisi par l'une des parties et pris pour arbitre.

Rémunération et droits divers - Le temps passé hors de l'entreprise pendant les heures de travail pour l'exercice de ces fonctions est assimilé à une durée de travail effectif pour la détermination (CASF art. L. 211-13) :
- de la durée des congés payés ;
- du droit aux prestations d'assurances sociales et aux prestations familiales ;
- de tous les droits que le salarié tient de son ancienneté dans l'entreprise.

La participation aux réunions de ces organismes n'entraîne aucune diminution de la rémunération.

Les dépenses supportées par l'employeur pour le maintien du salaire lui sont remboursées, selon les cas, par l'Union nationale des associations familiales (UNAF) ou par l'union départementale concernée.

Congé des représentants des parents d'élèves

Bénéficiaires et procédure

Autorisations d'absences - Les salariés représentants des parents d'élèves aux conseils départementaux ou régionaux, académiques et nationaux dont ils sont membres bénéficient d'autorisations d'absence pour y siéger (c. éduc. art. L. 236-1).

Pour les salariés ces autorisations d'absence sont régies par certaines des règles du *congé de représentation (associations, mutuelles)** (c. éduc. art. R. 236-1, 1° ; c. trav. art. L. 3142-60 à L. 3142-63 ; c. trav. art. R. 3142-45 à R. 3142-50 ; c. trav. art. R. 3142-52 et R. 3142-53 ; décret 2016-1552 du 18 novembre 2016, JO du 19).

Ces autorisations d'absence sont limitées à la participation aux instances susvisées. Un représentant des parents d'élève ne peut pas en bénéficier pour d'autres réunions (conseils de classe, etc.).

Durée - L'employeur doit accorder le temps nécessaire pour participer aux réunions de l'instance (c. trav. art. L. 3142-60). Le congé peut être fractionné en demi-journées (c. trav. art. L. 3142-62)

Le texte à l'origine du congé (décret 2016-1574 du 23 novembre 2016, JO du 25) ne précise pas la durée maximale du congé, ni directement, ni par renvoi (il ne vise pas les dispositions idoines du congé de représentation ; c. trav. art. L. 3142-66). Mais on pourrait considérer que sa durée maximale est de 9 jours ou 18 demi-journées de réunion par année scolaire, par analogie avec la limite d'indemnisation par l'État prévue pour les personnes qui n'ont la qualité ni de salarié, ni de fonctionnaire (c. éduc. art. R. 236-2).

Procédure - Le salarié adresse sa demande écrite de congé à son employeur au moins 8 jours francs avant le début du congé (c. éduc. art. R. 236-3).

L'employeur peut opposer un refus :
- s'il estime, après avis du *comité social et économique**, que l'absence aurait des conséquences préjudiciables à la bonne marche de l'entreprise (c. trav. art. L. 3142-63) ;
- ou si un certain quota d'absence au titre de ce congé et, à notre sens, du congé de représentation, est déjà atteint dans l'établissement sur l'année en cours (voir c. trav. art. R. 3142-53).

Ce refus doit être motivé et notifié au salarié dans les 4 jours à compter de la réception de la demande, par tout moyen conférant date certaine (c. trav. art. R. 3142-45).

Le salarié dont la demande n'est pas satisfaite est prioritaire pour le bénéfice ultérieur du congé (c. trav. art. R. 3142-47).

Contestation du refus de l'employeur - En cas de différend, un refus peut être directement contesté par le salarié devant le bureau de jugement du conseil de prud'hommes, statuant selon la procédure accélérée au fond en dernier ressort (c. trav. art. L. 3142-63 et R. 3142-46).

Justificatif - Lors de la reprise du travail, le salarié remet à son employeur une attestation de présence effective qui lui est en principe délivrée par l'instance concernée (c. trav. art. R. 3142-48).

Incidences des absences

Rémunération - L'employeur n'a pas l'obligation de rémunérer le salarié.

S'il ne maintient pas le salaire ou s'il le maintient partiellement, il remet au salarié une attestation indiquant le montant des heures non rémunérées (c. trav. art. R. 3142-49).

Le salarié qui subit une perte de rémunération reçoit une indemnité forfaitaire de l'État ou de la collectivité territoriale, qui compense en tout ou partie la perte de salaire (c. trav. art. L. 3142-61 et R. 3142-50). S'il le souhaite, l'employeur peut compléter cette indemnité et bénéficier, au titre des sommes versées, d'une déduction fiscale (c. trav. art. L. 3142-61 ; CGI art. 238 bis).

Traitement de l'absence - La durée de l'absence ne peut pas être imputée sur la durée du congé payé annuel. Elle est assimilée à une période de travail effectif pour la détermination des droits à congés payés ainsi que pour l'ensemble des autres droits résultant pour l'intéressé de son contrat de travail (c. trav. art. L. 3142-62).

Congé de représentation (associations, mutuelles).

Congé des réservistes (police nationale)

Absences autorisées

Salariés bénéficiaires - La réserve opérationnelle de la police nationale est destinée à des missions de renfort temporaire des forces de sécurité intérieure et des missions de solidarité, en France et à l'étranger, à l'exception des missions de maintien et de rétablissement de l'ordre public (c. séc. int. art. L. 411-7).

Elle peut être constituée de volontaires, sous réserve de remplir diverses conditions, qui souscrivent alors un contrat d'engagement à cet effet (c. séc. int. art. L. 411-9 et L. 411-11).

Les salariés qui sont réservistes dans la police nationale bénéficient d'autorisations d'absence sur leur temps de travail *(voir ci-après)*.

Absences autorisées - Le réserviste peut suivre une période d'emploi ou de formation, au titre de la réserve opérationnelle de la police nationale, pendant son temps de travail.

L'absence est de droit, dans la limite d'une durée de 10 jours ouvrés minimum par année civile (c. trav. art. L. 3142-89 ; c. séc. int. art. L. 411-13). Dans les entreprises de moins de 50 salariés uniquement, l'employeur peut décider de réduire cette durée d'absence à 5 jours ouvrés par année civile afin de conserver le bon fonctionnement de l'entreprise (c. trav. art. L. 3142-89).

Au-delà de 10 jours ouvrés par année civile, l'accord de l'employeur est nécessaire sauf s'il s'agit de suivre une formation concourant au développement des compétences au titre de l'article L. 6313-1 du code du travail (c. séc. int. art. L. 411-13).

Il est possible d'augmenter le nombre de jours d'autorisation d'absence annuelle dans le contrat de travail initial ou par un accord entre l'employeur et le salarié écrit, signé par les deux parties et annexé au contrat de travail ou par un accord collectif d'entreprise ou à défaut, une convention ou un accord de branche ou par une convention conclue entre le ministre de l'Intérieur et l'employeur (c. trav. art. L. 3142-89, L. 3142-94-2 et L. 3142-94-3).

Incidence de l'absence - Pendant l'absence du réserviste salarié, son contrat de travail est suspendu, en principe sans rémunération. Ces temps d'absence sont assimilés à du travail effectif pour les avantages légaux et conventionnels en matière d'ancienneté, d'avancement, de congés payés et de droits aux prestations sociales (c. séc. int. art. L. 411-13 et L. 411-14). Le salarié peut, le cas échéant, bénéficier de dons de jours de repos de ses collègues (c. trav. art. L. 3142-94-1) (voir *Don de jours de repos**).

Lorsque l'employeur maintient tout ou partie de la rémunération du réserviste pendant son absence pour formation suivie dans le cadre de la réserve opérationnelle, la rémunération et les prélèvements sociaux afférents à cette absence sont admis au titre de la participation des employeurs au financement de la formation professionnelle continue prévue à l'article L. 6131-1 du code du travail (c. séc. int. art. L. 411-13).

▶ À noter… L'administration verse au réserviste une indemnité journalière au titre des périodes d'emploi et de formation effectuées dans le cadre de la réserve (c. séc. int. art. L. 411-12, D. 411-17 à D. 411-21).

Protection

Le salarié réserviste de la police nationale ne peut faire l'objet d'aucun licenciement ou déclassement professionnel ni d'aucune sanction disciplinaire en raison des absences liées à ses activités de réserviste (c. séc. int. art. L. 411-13).

Congé de participation à des opérations de secours ; Congé des réservistes (réserve militaire) ; Congé des réservistes (réserve sanitaire) ; Congé des réservistes (sécurité civile) ; Congé des réservistes (sécurité nationale).

Congé des réservistes (réserve militaire)

Absences autorisées

Bénéficiaires et durée - Le salarié ayant souscrit un engagement pour servir dans la réserve opérationnelle militaire (ou dans la réserve opérationnelle de la police nationale) bénéficie de droit à une autorisation d'absence d'une durée minimale de 10 jours ouvrés par année civile pour ses activités dans la réserve opérationnelle (c. trav. art. L. 3142-89).

Cette durée peut être augmentée par le contrat de travail initial ou par un accord entre l'employeur et le salarié écrit, signé par les deux parties et annexé au contrat de travail ou par un accord collectif d'entreprise ou à défaut, une convention ou un accord de branche ou par une convention conclue entre le ministre de la Défense ou le ministre de l'Intérieur et l'employeur (c. trav. art. L. 3142-89, L. 3142-94-2 et L. 3142-94-3).

Pour les entreprises de moins de 50 salariés, l'employeur peut limiter cette durée à 5 jours ouvrés par année civile afin de conserver le bon fonctionnement de l'entreprise (c. trav. art. L. 3142-89).

Pour une absence supérieure à cette durée, le salarié réserviste doit obtenir l'accord de l'employeur. Il présente sa demande par écrit, en indiquant la date et la durée de l'absence envisagée (c. trav. art. L. 3142-90).

Délais de préavis - Le salarié réserviste doit prévenir son employeur de son absence, ou au-delà de sa durée d'autorisation d'absence annuelle lui adresser sa demande d'absence, en respectant un délai de préavis (c. trav. art. L. 3142-90, L. 3142-94-2 et L. 3142-94-3 ; c. défense art. L. 4221-4) :

- au maximum d'1 mois s'il est fixé conventionnellement (par le contrat de travail, une convention conclue entre le ministre de la Défense ou le ministre de l'Intérieur et l'employeur, un accord collectif d'entreprise ou, à défaut, une convention ou un accord de branche) ;
- d'1 mois à défaut de stipulations conventionnelles.

L'employeur qui refuse la demande d'autorisation d'absence pour les durées supérieures aux seuils précités doit motiver sa décision et la notifier dans les 15 jours de la réception de la demande au salarié et à l'autorité militaire (c. trav. art. D. 3142-62). Son silence au-delà du délai de préavis précité (1 mois ou moins selon les cas) vaut acceptation (c. trav. art. L. 3142-90).

Lorsque les circonstances l'exigent, le ministre chargé des armées peut, par arrêté, faire appel avec un préavis réduit à 15 jours, aux réservistes qui ont souscrit un contrat comportant la clause de réactivité signée avec l'accord de l'employeur. Ce délai de 15 jours peut encore être réduit avec l'accord de l'employeur (c. trav. art. L. 3142-90 ; c. défense art. L. 4221-4).

▶ À noter… Le salarié réserviste n'a pas à solliciter l'accord de l'employeur pour les absences liées au suivi d'une action de formation professionnelle durant les activités de la réserve opérationnelle. Il lui suffit de l'en informer dans le délai de préavis précité (c. défense art. L. 4221-5).

Traitement de l'absence - Le code du travail n'impose aucune obligation de rémunération par l'employeur. Le salarié peut, le cas échéant, bénéficier de dons de jours de repos de ses collègues (c. trav. art. L. 3142-94-1) (voir *Don de jours de repos**).

Les périodes d'absence sont considérées comme des périodes de travail effectif pour la détermination des avantages légaux et conventionnels en matière d'ancienneté (préavis, indemnité de licenciement, etc.), d'avancement, de congés payés et de droits aux prestations sociales (c. trav. art. L. 3142-91).

Lorsque l'employeur maintient tout ou partie de la rémunération du réserviste pendant son absence pour formation suivie dans le cadre de la réserve opérationnelle, la rémunération et les prélèvements sociaux afférents à cette absence sont admis au titre de la participation des employeurs au financement de la formation professionnelle continue prévue à l'article L. 6131-1 du code du travail (c. défense art. L. 4221-5).

Au retour dans l'entreprise, le salarié doit retrouver son précédent emploi (c. trav. art. L. 3142-92).

▶ À noter… Les réservistes, quand ils exercent une activité au titre de leur engagement dans la réserve opérationnelle ou au titre de la disponibilité, bénéficient de la solde et des accessoires qui s'y attachent dans les mêmes conditions que les militaires professionnels (c. défense art. L. 4251-1).

Protection du salarié

L'employeur ne peut ni rompre le contrat ni prononcer une sanction à l'encontre d'un salarié pour les absences résultant de l'engagement à servir dans la réserve, ou pour celles dues à l'obligation de disponibilité (c. trav. art. L. 3142-92). En outre, la rupture du contrat ne peut ni être notifiée ni prendre effet pendant l'accomplissement d'une période de réserve opérationnelle (c. trav. art. L. 3142-93).

☞ *Congé de participation à des opérations de secours ; Congé des réservistes (police nationale) ; Congé des réservistes (réserve sanitaire) ; Congé des réservistes (sécurité civile) ; Congé des réservistes (sécurité nationale).*

Congé des réservistes
(réserve sanitaire)

Bénéficiaires - La réserve sanitaire peut être mobilisée pour répondre aux situations de catastrophe, d'urgence ou de menace sanitaires graves sur le territoire national ou, en cas de situation sanitaire exceptionnelle, pour compléter les moyens habituels des centres et maisons de santé, des professionnels de santé conventionnés ainsi que des établissements d'hébergement pour personnes âgées dépendantes ou qui accueillent des personnes handicapées (c. santé pub. art. L. 3132-1).

La réserve sanitaire est constituée de personnes volontaires possédant certaines compétences (professionnels de santé) (c. santé pub. art. D. 3132-1). Les intéressés souscrivent un contrat d'engagement avec l'Agence nationale de santé publique (ANSP). Ce contrat n'est pas soumis à l'accord de l'employeur (c. santé pub. art. L. 3132-1 et D. 3132-2).

Les salariés volontaires bénéficient de droits particuliers (c. trav. art. L. 3142-104).

Mise à disposition des salariés par l'employeur - Lorsqu'ils accomplissent les périodes d'emploi ou de formation pour lesquelles ils ont été appelés, les réservistes salariés sont mis à la disposition de l'ANSP par leur employeur (c. santé pub. art. L. 3133-1).

L'ANSP conclut avec le réserviste et avec chacun de ses employeurs une convention écrite de mise à disposition. Cette convention tripartite vaut avenant au contrat de travail pour chaque période d'emploi ou de formation dans la réserve (c. santé pub. art. L. 3133-2 et D. 3133-2).

En principe, la durée des périodes d'emploi accomplies au titre de la réserve sanitaire ne peut pas dépasser 45 jours cumulés par année civile ou, exceptionnellement, 90 jours sur décision de l'ANSP ou 180 jours par arrêté du ministre chargé de la Santé. La durée des périodes de formation ne peut excéder 20 jours cumulés par année civile ou, exceptionnellement, 40 jours sur décision de l'ANSP (c. santé pub. art. D. 3132-4).

Autorisations d'absence - Le réserviste est tenu de demander l'accord de son employeur avant toute absence. Toutefois, ce dernier ne peut opposer un refus qu'en cas de nécessité inhérente à la poursuite de la production de biens et de services ou à la continuité du service public (c. santé pub. art. L. 3133-3).

À l'issue de chaque période d'emploi ou de formation, l'ANSP fournit au réserviste une « attestation de service fait » lui permettant de justifier son absence auprès de son employeur (c. santé pub. art. D. 3133-2).

Rémunération - L'employeur rémunère les périodes d'emploi et de formation accomplies dans la réserve sanitaire (c. santé pub. art. L. 3133-1).

L'ANSP indemnise chaque employeur pour ces absences ainsi que, le cas échéant, pour les absences en cas d'accident ou de maladie imputables au service dans la réserve sanitaire.

La convention signée entre l'ANSP et l'employeur précise ces modalités d'indemnisation. L'employeur sollicite son indemnisation sur la base de l'attestation qui lui est remise au terme de chaque période d'emploi ou de formation (c. santé pub. art. D. 3133-2).

Traitement des absences - Les périodes d'emploi et de formation dans la réserve sont considérées comme une période de travail effectif pour les avantages légaux et conventionnels en matière d'ancienneté, d'avancement, de congés payés et de droit aux prestations sociales (c. santé pub. art. L. 3133-4).

Protection - Aucun licenciement ou déclassement professionnel, aucune sanction disciplinaire ne peuvent être prononcés à l'encontre du réserviste en raison de ses absences (c. santé pub. art. L. 3133-3).

☞ *Congé de participation à des opérations de secours ; Congé des réservistes (police nationale) ; Congé des réservistes (réserve militaire) ; Congé des réservistes (sécurité civile) ; Congé des réservistes (sécurité nationale).*

Congé des réservistes
(sécurité civile)

Bénéficiaires - Les réserves communales de sécurité civile appuient les services concourant à la sécurité civile en cas d'événements excédant leurs moyens habituels ou dans des situations particulières (c. séc. int. art. L. 724-1). Elles peuvent être constituées de salariés volontaires qui souscrivent un contrat d'engagement à cet effet (c. séc. int. art. L. 724-4 et L. 724-5).

Les salariés volontaires bénéficient de droits particuliers (c. trav. art. L. 3142-102). Une convention conclue entre l'employeur du réserviste et l'autorité de gestion de la réserve peut préciser les modalités, les durées et les périodes de mobilisation les mieux à même de concilier les impératifs de la réserve avec la bonne marche de l'entreprise ou du service (c. séc. int. art. L. 724-6).

Absences autorisées - Pour accomplir son engagement à servir dans la réserve de sécurité civile pendant son temps de travail, le salarié doit obtenir l'accord de son employeur. Des dispositions plus favorables peuvent résulter du contrat de travail, de conventions ou d'accords collectifs de travail ou de conventions conclues entre l'employeur et l'autorité de gestion de la réserve (c. séc. int. art. L. 724-7).

L'employeur qui refuse l'absence doit motiver sa décision et la notifier à l'intéressé ainsi qu'à l'autorité de gestion de la réserve dans la semaine qui suit la réception de la demande.

Statut du salarié - Pendant la période d'activité dans la réserve de sécurité civile, qui ne peut excéder 15 jours ouvrables par année civile, le contrat de travail du salarié est suspendu (c. séc. int. art. L. 724-4 et L. 724-8).

Sauf disposition conventionnelle plus favorable, la période d'activité dans la réserve de sécurité civile n'est pas rémunérée.

Elle est cependant considérée comme une période de travail effectif pour les avantages légaux et conventionnels en matière d'ancienneté, de congés payés et de droit aux prestations sociales (c. séc. int. art. L. 724-9).

Protection - Aucun licenciement ou déclassement professionnel, aucune sanction disciplinaire ne peuvent être prononcés à l'encontre d'un salarié en raison des absences résultant de son engagement à servir dans la réserve de sécurité civile (c. séc. int. art. L. 724-10).

☛ *Congé de participation à des opérations de secours ; Congé des réservistes (police nationale) ; Congé des réservistes (réserve militaire) ; Congé des réservistes (réserve sanitaire) ; Congé des réservistes (sécurité nationale).*

Congé des réservistes (sécurité nationale)

Réserve de sécurité nationale - En cas de crise majeure (ex. : menace actuelle ou prévisible sur les activités essentielles à la vie de la Nation, sur la protection de la population, sur l'intégrité du territoire ou sur la permanence des institutions de la République), le conseil des ministres peut recourir à la « réserve de sécurité nationale ». Cette réserve permet de mobiliser rapidement l'ensemble des réservistes, tous corps confondus, selon des règles communes (c. défense art. L. 2171-1 à L. 2171-7 et R. 2171-1 à R. 2171-4).

Absence du salarié - L'employeur peut avoir dans son effectif des salariés appartenant à cette réserve.

Lorsqu'il est appelé, le réserviste doit rejoindre son affectation à la date indiquée sur la convocation (un délai minimal de préavis d'un jour franc à compter de la convocation doit être respecté) (c. défense art. L. 2171-6 et R. 2171-2). L'employeur n'a pas à autoriser son absence et ne peut lui infliger aucune sanction en raison de celle-ci (c. défense art. L. 2171-5).

La durée de mobilisation est fixée par décret, dans la limite de 30 jours consécutifs. Dans des circonstances exceptionnelles, un décret peut augmenter cette durée (c. défense art. L. 2171-2 et R. 2171-1). Le salarié reste soumis aux règles régissant son engagement dans la réserve (c. défense art. L. 2171-4).

Protection du salarié - Le salarié ne peut pas être licencié ou faire l'objet d'un déclassement professionnel ou d'une sanction disciplinaire du fait de ses absences en tant que réserviste de la sécurité nationale (c. défense art. L. 2171-5).

☛ *Congé de participation à des opérations de secours ; Congé des réservistes (police nationale) ; Congé des réservistes (réserve militaire) ; Congé des réservistes (réserve sanitaire) ; Congé des réservistes (sécurité civile).*

Congé de validation des acquis de l'expérience

La VAE en bref

Les salariés sont en droit de faire valider les acquis de leur expérience (VAE), notamment professionnelle, en vue de l'acquisition d'une certification professionnelle enregistrée dans le répertoire national des certifications professionnelles (RNCP) ou d'un bloc de compétences d'une certification enregistrée dans ce répertoire (c. trav. art. L. 6411-1 et L. 6313-5).

La VAE prend place soit dans le cadre du plan de développement des compétences de l'entreprise sur l'initiative de l'employeur et avec le consentement du salarié, soit dans le cadre d'une VAE à l'initiative du salarié (c. trav. art. L. 6421-1 et L. 6422-1).

Dans ce second cas, lorsque le salarié suit une procédure de VAE en tout ou partie sur son temps de travail et à son initiative, il bénéficie à sa demande d'un congé de VAE (c. trav. art. L. 6422-1).

▶ À noter… Pour en savoir plus sur la VAE en général (expérience requise, diplômes et titres visés, procédure, etc.), les lecteurs peuvent se reporter au Dictionnaire Social du Groupe Revue Fiduciaire (voir Dictionnaire Social, « Validation des acquis de l'expérience »). Un site internet public d'accompagnement est progressivement mis en place (« France VAE », https://vae.gouv.fr).

Conditions et durée du congé de VAE

Objet du congé - Le congé de VAE peut être demandé par le salarié en vue de participer à la session d'évaluation organisée par le ministère ou l'organisme certificateur et/ou de se préparer à cette validation (c. trav. art. R. 6422-1).

Bénéficiaires - Le congé de VAE est ouvert à tous les salariés sans condition d'ancienneté.

Le salarié ayant bénéficié d'un congé de VAE ne peut en bénéficier à nouveau dans la même entreprise qu'après un délai d'un an. Par exception, ce délai ne s'applique pas aux candidats ayant obtenu une ou plusieurs parties de certification et qui doivent passer une évaluation complémentaire (c. trav. art. R. 6422-6).

▶ À noter... Pour les salariés en CDD, le congé de VAE n'a plus nécessairement à se dérouler en dehors de la période d'exécution du contrat (c. trav. art. R. 6422-7-1 abrogé).

Durée du congé - Le congé correspond à une autorisation d'absence de 48 h au plus par session d'évaluation, ces heures pouvant être consécutives ou non (c. trav. art. L. 6422-1, L. 6422-2 et D. 6422-8).

Cette durée peut être augmentée par convention ou accord collectif pour les travailleurs (c. trav. art. L. 6422-2).

- n'ayant pas atteint un niveau 4 de qualification (niveau 4 = niveau Baccalauréat) ;
- ou dont l'emploi est menacé par les évolutions économiques ou technologiques.

Demande - Le salarié doit demander une autorisation d'absence à son employeur, au plus tard 30 jours avant le début des actions de VAE, par tout moyen conférant date certaine à sa réception (c. trav. art. L. 6422-1 et R. 6422-3).

Cette demande doit indiquer la certification professionnelle visée, les dates, la nature et la durée des actions permettant au salarié de faire valider les acquis de son expérience, la dénomination du ministère ou de l'organisme certificateur (c. trav. art. R. 6422-2).

Le salarié joint à sa demande tout document attestant de la recevabilité de sa candidature à une VAE. Le salarié bénéficiant d'une augmentation de la durée du congé du fait de son niveau de qualification doit joindre à sa demande tout document permettant d'attester de son niveau (c. trav. art. R. 6422-2).

Réponse de l'employeur - L'employeur doit répondre dans les 15 jours calendaires suivant la réception de la demande du salarié. L'absence de réponse au-delà de ces 15 jours vaut acceptation (c. trav. art. R. 6422-4).

L'autorisation d'absence ne peut pas être refusée dès lors que le salarié répond aux conditions requises (c. trav. art. L. 6422-1 et R. 6422-4).

En revanche, le congé peut être reporté par l'employeur pour raison de service. Ce report ne peut excéder un mois et doit être notifié par écrit au salarié en précisant les raisons de service le motivant (c. trav. art. R. 6422-4). Pour des questions de preuve, il est recommandé de remettre ce courrier en main propre contre décharge ou de l'envoyer en lettre recommandée avec AR.

Justificatif - Lors de la reprise du travail, le salarié remet à son employeur sur sa demande un justificatif attestant de sa participation aux actions de VAE (c. trav. art. R. 6422-5).

Rémunération et protection sociale

Congé de VAE - Pour le salarié bénéficiant d'un congé de VAE, les heures correspondantes constituent du temps de travail effectif et sont rémunérées par l'employeur, dans la limite de 48 h, continues ou discontinues, par validation (c. trav. art. L. 6422-3 et D. 6422-8).

Cette limite de 48 h peut être augmentée par convention ou accord collectif de travail pour les travailleurs :

- n'ayant pas atteint un niveau 4 de qualification (niveau 4 = niveau Baccalauréat) ;
- ou dont l'emploi est menacé par les évolutions économiques ou technologiques.

Le salarié continue à bénéficier de la protection sociale et de la protection contre les accidents de travail (c. trav. art. L. 6422-3).

Actions de VAE - Lorsque les actions de VAE elles-mêmes se déroulent pendant le temps de travail, les heures qui y sont consacrées constituent un temps de travail effectif et donnent lieu au maintien de la rémunération (c. trav. art. R. 6422-8-1).

Si ces actions se déroulent en dehors du temps de travail, les heures correspondantes ne sont pas rémunérées. Le salarié bénéficie néanmoins de la couverture sécurité sociale des accidents du travail et des maladies professionnelles.

Compte personnel de formation ; Entretien professionnel ; Formation professionnelle continue.

Congé en vue de l'adoption

Bénéficiaires

Les salariés titulaires d'un agrément d'adoption ont droit à un congé lorsque, en vue de l'adoption (c. trav. art. L. 1225-46) :
- ils se rendent à l'étranger, dans une collectivité régie par l'article 73 ou l'article 74 de la Constitution, ou en Nouvelle-Calédonie ;
- à partir d'un département métropolitain, d'une autre collectivité régie par l'article 73 de la Constitution, ou depuis Saint-Barthélemy, Saint-Martin ou Saint-Pierre-et-Miquelon.

▶ À noter... Les stagiaires bénéficient d'un congé d'une durée équivalente (c. éduc. art. L. 124-13) [voir *Stages en entreprise (recours et statut)**].

Formalité

Le salarié doit informer son employeur au moins 2 semaines avant le départ, de la date de ce départ et de la durée prévisible de l'absence (c. trav. art. L. 1225-46).

Durée du congé et statut du salarié

Ce congé est d'une durée maximale de 6 semaines par agrément (c. trav. art. L. 1225-46).

Il n'est ni rémunéré, ni assimilé à du travail effectif (que ce soit pour l'ancienneté, pour les congés payés, etc.).

À l'issue du congé, le salarié retrouve son précédent emploi ou un emploi similaire assorti d'une rémunération au moins équivalente. Si le salarié interrompt son congé avant la date prévue, il retrouve son poste initial.

Il doit bénéficier d'un entretien professionnel spécifique à l'issue de son congé (c. trav. art. L. 1225-46-1) (voir *Entretien professionnel**).

Congé d'adoption ; Congés pour événements familiaux.

Congé examen des étudiants

Bénéficiaires

Salariés étudiants - Un étudiant justifiant d'une inscription valide et en cours au sein d'un établissement préparant à l'obtention d'un diplôme d'enseignement supérieur a droit, pour la préparation directe d'un examen, à un congé supplémentaire (loi 2015-990 du 6 août 2015, art. 296, JO du 7).

Il s'agit d'un congé de droit que l'employeur ne peut pas refuser.

Afin de s'assurer que le salarié remplit bien les conditions du congé, l'employeur peut à notre sens demander au salarié de fournir des pièces justificatives (ex. : copie de l'attestation d'inscription dans l'établissement d'enseignement supérieur, du calendrier de la scolarité indiquant la période des examens ou « partiels »).

Articulation avec les autres congés - Ce congé s'ajoute :
- aux autres congés liés aux examens prévus par la législation (voir *Apprentis**) ;
- aux *congés payés** ;
- s'il y a lieu, au congé supplémentaire ouvert aux salariés de moins de 21 ans (voir *Jeunes**).

Régime du congé

Durée et prise du congé - Le congé est de 5 jours ouvrables par tranche de 60 jours ouvrables travaillés prévus par le contrat de travail.

Le salarié doit le prendre dans le mois qui précède les examens.

Rémunération et autres droits - Ce congé n'est pas rémunéré, sauf disposition conventionnelle, usage ou décision de l'employeur plus avantageuse.

Par ailleurs, en l'absence d'indication contraire, il n'est pas assimilé à du travail effectif pour les droits du salarié (congés payés, ancienneté, etc.).

Congé mutualiste de formation

Un administrateur d'une mutuelle, d'une union ou d'une fédération a droit, chaque année, à un congé de formation.

Régime du congé

Bénéficiaires et durée - Les *administrateurs de mutuelles**, au sens de l'article L. 114-16 du code de la mutualité, bénéficient d'un congé de formation d'une durée maximale de 9 jours ouvrables par an (c. trav. art. L. 3142-36 et L. 3142-41).

Un accord collectif d'entreprise (à défaut, de branche) peut fixer une autre durée de congé, supérieure ou inférieure (c. trav. art. L. 3142-40).

Demande - Le salarié doit présenter sa demande à l'employeur par tout moyen lui donnant une date certaine au moins 30 jours à l'avance, en précisant la date et la durée de l'absence envisagée, ainsi que l'organisme responsable du stage ou de la session (c. trav. art. L. 3142-41 et R. 3142-28).

Un accord collectif d'entreprise (à défaut, de branche) peut déterminer un autre délai, plus court ou plus long (c. trav. art. L. 3142-40).

Possibilité de refus ou de report - L'employeur peut différer le congé s'il établit que le nombre de salariés, par établissement, ayant bénéficié du congé durant l'année en cours atteint le quota réglementaire (c. trav. art. L. 3142-41 et R. 3142-29). Un accord collectif d'entreprise (à défaut, de branche) peut fixer un autre quota, supérieur ou inférieur (c. trav. art. L. 3142-40).

L'employeur peut aussi refuser le congé si cela est justifié par des nécessités particulières à son entreprise ou à l'exploitation de celle-ci, après consultation du *comité social et économique**. Si le salarié renouvelle sa demande après un délai de 4 mois, un nouveau report ne peut lui être opposé, sauf en cas de dépassement du quota (c. trav. art. L. 3142-38 et R. 3142-23).

Le salarié dont la demande de congé n'a pas été satisfaite pour l'une de ces deux raisons bénéficie d'une priorité pour l'octroi ultérieur de ce congé (c. trav. art. R. 3142-25).

L'employeur motive le refus ou le report du congé et le notifie, par tout moyen donnant une date certaine au salarié, dans les 8 jours à compter de la réception de sa demande (c. trav. art. R. 3142-24).

▶ À noter… En cas de contestation sur ces refus et reports, le conseil de prud'hommes peut être saisi. Il statue selon la procédure accélérée au fond et en dernier ressort (c. trav. art. L. 3142-39 et R. 3142-27).

Attestation au terme du congé - Le salarié remet à l'employeur l'attestation de suivi de la formation lors de la reprise du travail (c. trav. art. R. 3142-26).

Droit du salarié

Pas de rémunération - Le congé n'est ni rémunéré ni indemnisé, sauf disposition conventionnelle ou usage contraire.

Assimilation de l'absence - Le congé mutualiste de formation est assimilé à du travail effectif pour la détermination de la durée des *congés payés** et pour l'ensemble des droits résultant du contrat de travail (c. trav. art. L. 3142-37).

Sa durée ne peut pas être imputée sur celle des congés payés.

☛ *Administrateurs de mutuelles.*

Congé parental d'éducation

Conditions

Salariés bénéficiaires - Le droit à un congé parental d'éducation est ouvert au salarié ayant 1 an d'ancienneté dans l'entreprise (c. trav. art. L. 1225-47).

▶ À noter… Avant le 11 mars 2023, le salarié devait avoir 1 an d'ancienneté à la date de la naissance de son enfant, adopté ou confié en vue de son adoption, ou de l'arrivée au foyer d'un enfant qui n'a pas encore atteint l'âge de la fin de l'obligation scolaire (loi 2023-171 du 9 mars 2023, art. 18, JO du 10).

Demande de congé - Le salarié doit informer son employeur de la durée et des dates du congé, par LRAR ou lettre remise en main propre contre décharge (c. trav. art. L. 1225-50 et R. 1225-13) :
- 1 mois avant la fin du congé de maternité ou d'adoption si le congé parental suit directement ce congé ;
- 2 mois avant le début du congé dans les autres cas.

Le non-respect de la condition de délai ne rend pas la demande de congé irrecevable (cass. soc. 3 juin 1997, n° 95-42960, BC V n° 207 ; cass. soc. 1er juin 2004, n° 02-43151, BC V n° 145 ; cass. soc. 18 septembre 2024, n° 23-18021 D). Il ne justifie pas non plus une sanction disciplinaire (cass. soc. 25 janvier 2012, n° 10-16369 D).

Il en va de même si le salarié ne fait pas sa demande via une LRAR ou une lettre remise contre récépissé (cass. soc. 12 mars 2002, n° 99-43501, BC V n° 91).

Évolutions possibles - Une directive européenne a rendu applicable l'accord-cadre du 18 juin 2009 sur le congé parental (dir. 2010/18/UE du 8 mars 2010, art. 3, JOUE du 18 ; accord-cadre du 18 juin 2009). Les États membres de l'Union européenne avaient 2 ans pour la transposer en droit national (jusqu'au 8 mars 2012). Le droit français est conforme à la plupart des dispositions de l'accord et comporte même des dispositions plus favorables.

Forme et durée du congé

Congé total ou période de travail à temps partiel - Le salarié peut bénéficier d'un congé parental à temps plein ou réduire sa durée du travail (c. trav. art. L. 1225-47).

À l'occasion des renouvellements, le salarié peut transformer le congé parental en activité à temps partiel (ou inversement) (c. trav. art. L. 1225-51).

Volume du temps partiel - Si le salarié choisit de prendre son congé sous forme de période à temps réduit, la durée du travail doit être d'au moins 16 h par semaine (c. trav. art. L. 1225-47).

La définition du volume d'horaire appartient au salarié. En revanche, à défaut d'accord entre l'employeur et le salarié, la fixation de l'horaire de travail relève du pouvoir de direction de l'employeur (cass. soc. 4 juin 2002, n° 00-42262, BC V n° 189). En conséquence, sauf abus de droit de la part de l'employeur, le refus du salarié de se conformer à ces horaires peut constituer une cause réelle et sérieuse de licenciement (cass. soc. 23 septembre 2009, n° 08-41641 D).

▶ À noter… La Cour de cassation a validé le licenciement pour faute grave d'un salarié ayant refusé d'appliquer les nouveaux horaires fixés par l'employeur. Mais elle a précisé que le refus du salarié ne constitue pas une faute grave lorsque la proposition de l'employeur s'avère incompatible avec des obligations familiales impérieuses (cass. soc. 1er avril 2003, n° 00-41873, BC V n° 125).

Pendant la période de temps partiel ou à l'occasion des prolongations de celle-ci, le salarié peut modifier la durée du travail initialement choisie seulement avec l'accord de l'employeur ou si une disposition d'un accord collectif le permet (c. trav. art. L. 1225-51).

Durée initiale - Le congé ou la période de travail à temps partiel a une durée initiale maximale de 1 an (c. trav. art. L. 1225-48).

Renouvellement et durée maximale - Le congé, ou la période de travail à temps partiel, peut être renouvelé 2 fois. Il prend fin au plus tard aux 3 ans de l'enfant (en cas d'adoption d'un enfant de moins de 3 ans, à l'expiration d'un délai de 3 ans à compter de l'arrivée de l'enfant au foyer) (c. trav. art. L. 1225-48).

En cas de naissances multiples, le congé ou le temps partiel peut être prolongé jusqu'à l'entrée des enfants à l'école maternelle. S'il s'agit de naissances multiples d'au moins 3 enfants ou d'arrivées simultanées d'au moins 3 enfants adoptés ou confiés en vue de l'adoption, le congé peut être prolongé 5 fois, pour prendre fin au plus tard au 6e anniversaire des enfants (c. trav. art. L. 1225-48).

▶ Attention… Les salariés qui adoptent un enfant de plus de 3 ans mais de moins de 16 ans peuvent bénéficier d'un congé parental de 1 an maximum à compter de l'arrivée de cet enfant au foyer.

Ces durées maximales peuvent être prolongées de 1 an s'il s'agit d'un enfant victime d'une maladie, d'un accident ou d'un handicap graves (c. trav. art. L. 1225-49 et R. 1225-12).

Formalités de renouvellement - Le salarié qui souhaite prolonger ou modifier son congé parental ou sa période d'activité à temps partiel, en avertit l'employeur au moins un mois avant le terme initialement prévu par LRAR ou lettre remise en main propre contre décharge. Le cas échéant, il l'informe de son intention de transformer le congé parental en activité à temps partiel (ou inversement) (c. trav. art. L. 1225-51 et R. 1225-13).

Le délai d'un mois et la formalité de la LRAR ou de la lettre remise en main propre ne conditionnent pas le droit à prolongation. Mais le salarié doit pouvoir justifier d'une demande de prolongation ou d'une autre cause d'absence, faute de quoi son absence est injustifiée (cass. soc. 3 mai 2016, n° 14-29190, BC V n° 82).

Retour anticipé - En cas de décès de l'enfant ou de diminution importante des ressources du ménage (c. trav. art. L. 1225-52) :
- le salarié qui a pris le congé sous forme d'une cessation d'activité peut écourter ce congé et reprendre son activité initiale ou exercer son activité à temps partiel ;
- le salarié qui a opté pour une période de temps réduit a le droit de reprendre son activité initiale et peut, avec l'accord de l'employeur, en modifier la durée.

L'intéressé doit adresser une demande motivée à l'employeur, par LRAR, au moins 1 mois avant (c. trav. art. R. 1225-13). La formalité de la LRAR n'est pas une condition du droit du salarié (cass. soc. 26 mars 2002, n° 99-42396, BC V n° 104).

Réintégration à la fin du congé - À l'issue du congé parental ou de la période de travail à temps partiel, le salarié retrouve son précédent emploi ou un emploi similaire assorti d'une rémunération au moins équivalente (c. trav. art. L. 1225-55). Lorsque l'emploi initial n'est plus disponible, le salarié peut se voir proposer un emploi similaire (cass. soc. 27 octobre 1993, n° 90-40226, BC V n° 253).

Lorsque le salarié prolonge un congé parental initialement pris sous forme de congé total par une période de temps partiel, il doit retrouver son précédent emploi dans la mesure où celui-ci n'est pas incompatible avec un temps partiel (c. trav. art. L. 1225-51 ; cass.soc. 10 décembre 2014, n° 13-22135, BC V n° 285).

▶ À noter… L'emploi n'est pas considéré comme similaire s'il s'accompagne d'une modification du contrat de travail (cass. soc. 1er avril 1992, n° 90-42529, BC V n° 236).

L'obligation de rattrapage salarial après un congé de maternité ou d'adoption [voir *Maternité (rattrapage salarial)**] ne s'applique pas à la période de congé parental. Lorsque le congé parental a immédiatement suivi le congé de maternité, ce « rattrapage » prend effet au retour du congé parental, si nécessaire.

Entretien professionnel - Le salarié a droit à un *entretien professionnel** à son retour de congé ou de période de temps partiel (c. trav. art. L. 1225-57). L'employeur doit systématiquement proposer cet entretien (c. trav. L. 6315-1).

Durant cet entretien, l'employeur et le salarié organisent le retour à l'emploi du salarié, déterminent ses besoins de formation et examinent les conséquences éventuelles du congé sur sa rémunération et l'évolution de sa carrière.

▶ À noter… Le salarié peut demander à ce que l'entretien ait lieu avant la fin du congé (voir *Entretien professionnel**).

Droits du salarié pendant le congé

Conservation des droits acquis - Le salarié bénéficiant d'un congé parental total ou à temps partiel conserve le bénéfice de tous les avantages qu'il a acquis avant le début de son congé (c. trav. art. L. 1225-54). Il ne perd donc pas les droits à congés payés acquis avant leur congé, ceux-ci étant reportés même si la période de prise des congés payés s'est achevée pendant le congé parental [voir *Congés payés (incidence des arrêts de travail)**].

▶ À noter… Il en a d'ailleurs été jugé ainsi pour un salarié qui s'était trouvé dans l'impossibilité de prendre ses congés payés annuels au cours de l'année de référence en raison de l'exercice de son droit au congé parental, ses congés payés acquis à la date du début du congé parental devaient être reportés après sa date de reprise du travail (cass. soc. 13 septembre 2023, n° 22-14043 FPB).

Congé parental total - Le salarié ne travaillant pas dans l'entreprise, il n'est pas rémunéré.

La durée du congé parental n'ouvre pas de droit à congés payés, sauf usages ou accords collectifs plus favorables.

Elle est assimilée à du temps de travail effectif pour la détermination des droits liés à l'ancienneté à hauteur de 50 % (c. trav. art. L. 1225-54).

Période de travail à temps partiel - Le salarié est rémunéré normalement pour son travail à temps partiel. Il a droit à des congés payés et la durée du congé parental d'éducation à temps partiel est assimilée à une période de travail effectif pour la détermination des droits que le salarié tient de son ancienneté (c. trav. art. L. 1225-54).

L'*abattement d'assiette pour temps partiel** s'applique si la rémunération ramenée à temps plein dépasse le plafond de la sécurité sociale.

Allocations complémentaires - Certains accords collectifs prévoient le versement d'indemnités complémentaires au salarié en congé parental pour compenser en tout ou partie la perte de rémunération subie.

Ces indemnités sont assujetties à cotisations. Elles sont soumises à la CSG et à la CRDS sur les revenus d'activité, après abattement d'assiette de 1,75 % (c. séc. soc. art. L. 136-2 ; lettre-circ. ACOSS 96-18 du 14 février 1996).

Pas d'autre activité - Pendant le congé ou la période de travail à temps partiel, le salarié ne peut exercer aucune autre activité professionnelle, sauf celle d'assistante maternelle (c. trav. art. L. 1225-53).

Compte épargne-temps - Lorsque le salarié dispose d'un *compte épargne-temps** (CET), il peut l'utiliser pour compenser la perte de revenus liée au congé ou au passage à temps partiel, si l'accord de CET le prévoit.

Précision sur l'indemnité de licenciement - Si un salarié à temps complet est licencié pendant une période de congé parental à temps partiel, les règles du code du travail devraient conduire à calculer son *indemnité de licenciement** au prorata des périodes de temps plein et de temps partiel (c. trav. art. L. 3123-5).

Toutefois saisie d'une question préjudicielle sur cette question par la Cour de cassation (cass. soc. 11 juillet 2018, n° 16-27825 FPPB), la Cour de Justice de l'Union européenne (CUE) a estimé que ce système de prorata est en contradiction avec l'accord-cadre et la directive européenne sur le congé parental (CJUE 8 mai 2019, aff. C-486/1). Il faudrait donc calculer l'indemnité en neutralisant les périodes de temps partiel liées au congé parental (par exemple, en en retenant un salaire base « temps plein » au titre de ces périodes).

La Cour de cassation s'est alignée sur cette position (cass. soc. 18 mars 2020, n° 16-27825 FPB) (voir *Indemnité de licenciement**).

▶ À noter... À notre sens, il devrait en aller de même pour un salarié à temps partiel qui réduirait sa durée du travail dans le cadre d'un congé parental. Il ne faudrait pas tenir compte de la réduction d'activité liée au temps partiel pour calculer l'indemnité de licenciement.

Formation professionnelle

Compte personnel de formation - La période d'absence pour congé parental est assimilée à du travail effectif pour le calcul des droits ouverts au titre du *compte personnel de formation** (c. trav. art. L. 6323-12).

Pendant le congé - Le salarié en congé parental (ou en période de temps partiel) peut décider de suivre une action de formation du même type qu'un bilan de compétences, de sa propre initiative. Cette formation n'est pas rémunérée mais le salarié conserve la couverture du risque accidents du travail en tant que stagiaire de la formation professionnelle (c. trav. art. L. 1225-56).

Il bénéficie également de plein droit du bilan de compétences, dans les conditions d'ancienneté requises pour le droit au congé parental (c. trav. art. L. 1225-58).

Retour de congé - Le salarié revenant de congé parental ou d'une période de temps partiel a droit, notamment en cas de changement de techniques ou de méthodes de travail, à une action de formation professionnelle. Il est possible de bénéficier de ce droit avant le terme du congé parental, mais dans ce cas il est mis fin au congé ou à la période de temps partiel (c. trav. art. L. 1225-59). Cette formation doit être adaptée à l'emploi devant être repris à l'issue du congé parental (cass. soc. 11 mars 2009, n° 07-41821, BC V n° 72).

Indemnisation par la CAF : la PreParE

Indemnisation partagée entre les parents - Les deux parents sont incités à prendre chacun une durée minimale de congé parental (congé total ou sous forme de période de temps partiel). En effet, la « prestation partagée d'éducation de l'enfant » (PreParE) repose sur une logique au terme de laquelle une partie de la durée du versement de la prestation ne peut être attribuée qu'au second parent, sauf cas particuliers (ex. : parent assumant seul la charge de l'enfant) (c. séc. soc. art. L. 531-4).

Le droit à cette prestation suppose de remplir une condition d'au moins 8 trimestres de cotisations vieillesse au titre d'une activité professionnelle exercée durant les 2 dernières années pour un 1er enfant, durant les 4 dernières années pour 2 enfants à charge ou les 5 dernières années pour plus de 2 enfants à charge (c. séc. soc. art. L. 531-4, III et R. 531-2).

Durée en cas de naissance d'un enfant - La durée de versement de la PreParE dépend du rang de l'enfant. À partir du 2e enfant, cette durée comprend les périodes postérieures à l'accouchement donnant lieu notamment à indemnisation par les assurances maternité des régimes obligatoires de sécurité sociale ainsi que les périodes indemnisées au titre du congé d'adoption (c. séc. soc. art. L. 531-4, I, 3).

La durée de versement dépend du nombre d'enfants à charge (c. séc. soc. art. D. 531-13), des règles particulières étant prévues en cas de naissance de triplés ou plus (c. séc. soc. art. D. 531-14-1) *(voir le tableau reproduit dans cette étude)*.

Pour les couples de personnes salariées souhaitant bénéficier de la durée maximale de versement de la prestation, la nouvelle réglementation impose de fait au 2nd parent de prendre une durée minimale de congé parental (total ou sous forme de période de travail à temps partiel). Mais rien n'empêche les parents de faire un autre choix : si seul l'un des deux prend un congé parental, le couple perd nécessairement une partie de la durée de versement de la PreParE.

Durée en cas d'adoption - Pour les enfants adoptés ou confiés en vue d'une adoption, la prestation est versée pendant une durée de 12 mois à compter de l'arrivée de l'enfant au foyer des adoptants (c. séc. soc. art. L. 531-4, IV et D. 531-14).

Lorsque le foyer compte déjà au moins un enfant à charge, si l'enfant n'a pas encore 3 ans au terme de cette période de 12 mois, le droit à la PreParE peut être prolongé jusqu'à cet âge.

Durée maximale de versement de la PreParE en cas de naissance			
Situation familiale	**1er enfant**	**Foyer ayant déjà au moins 1 autre enfant à charge**	**Naissance de triplés ou plus**
Couple (1)	6 mois pour chaque parent, soit un maximum de 12 mois dans la limite du 1er anniversaire de l'enfant	Jusqu'au 3e anniversaire de l'enfant, soit 36 mois maximum (2) dont au plus 24 mois pour un parent	Jusqu'au 6e anniversaire des enfants, soit 72 mois maximum (2), dont au plus 48 mois pour un parent
Personne seule	Jusqu'au 1er anniversaire de l'enfant, soit 12 mois maximum	Jusqu'au 3e anniversaire de l'enfant, soit 36 mois maximum (2)	Jusqu'au 6e anniversaire des enfants, soit 72 mois maximum (2)

(1) Si les deux parents perçoivent la PreParE pour le même mois, le montant cumulé est plafonné à celui d'un taux plein (c. séc. soc. art. D. 531-4).
(2) À partir du 2e enfant, la durée du droit est réduite du nombre de mois de congé de maternité postnatal indemnisés au titre des IJSS de maternité.

Lorsque le ménage ou la personne seule adopte ou accueille en vue d'adoption simultanément au moins 3 enfants, la durée maximale de versement est de 3 ans à compter de l'arrivée des enfants.

Dans tous les cas, dès lors que l'adoption porte le nombre d'enfants à charge à 2 ou plus, la durée du droit est réduite du nombre de mois indemnisés au titre du congé adoption.

▶ À noter... La réglementation n'impose aucune obligation de partage en cas d'adoption. Il est possible pour un seul des parents de bénéficier de l'intégralité de la période de versement de la PreParE.

PreParE majorée - Les parents ayant au moins 3 enfants à charge peuvent bénéficier, sous conditions, d'une prestation majorée versée pendant une période plus courte (c. séc. soc. art. L. 531-4, VI et D. 531-16-1).

Le droit à la PreParE majorée suppose de cesser son activité, c'est-à-dire pour un salarié entrant en congé parental, de le prendre sous forme de congé total. Que l'enfant soit né ou adopté, la durée de versement de la PreParE majorée est fixée ainsi (c. séc. soc art. D. 531-16-1) :
- pour un couple : 12 mois dans la limite du 1er anniversaire de l'enfant, dont 8 mois maximum pour un seul parent ;
- pour une personne assumant seule la charge de l'enfant : jusqu'au 1er anniversaire de l'enfant.

La durée du droit est réduite du nombre de mois de congé de maternité ou de congé d'adoption indemnisés par la sécurité sociale.

▶ À noter... Le choix entre la PreParE « normale » et sa version majorée est définitif. Il est impossible de renoncer à la PreParE majorée pour bénéficier de la PreParE de droit commun à taux plein ou à taux partiel pour un même enfant.

Montant de la PreParE « de base » - Le montant de la PreParE à taux plein est égal à 96,62 % de la base mensuelle de calcul des prestations familiales (BMPF) (soit 448,42 € par mois du 1er avril 2024 au 31 mars 2025) (c. séc. soc. art. D. 531-4, I, 1°).

Celui de la PreParE à taux partiel est fixé comme suit (c. séc. soc. art. D. 531-4, II) :
- pour une activité au plus égale à 50 % de la durée légale du travail : 62,46 % de la BMPF (soit 289,89 € par mois du 1er avril 2024 au 31 mars 2025) ;
- pour une activité supérieure à 50 % et au plus égale 80 % de la durée légale du travail : 36,03 % de la BMPF (soit 167,22 € par mois du 1er avril 2024 au 31 mars 2025).

Si les deux membres d'un couple perçoivent la prestation à taux partiel, le montant cumulé des deux prestations ne peut excéder le taux plein de la prestation.

Les montants sont revalorisés au 1er avril.

▶ À noter... Pour la PreParE à taux partiel, la quotité de temps de travail s'apprécie au regard de la durée du travail considérée comme équivalente à la durée légale (voir *Horaire d'équivalence**).

Durée maximale de versement de la PreParE en cas d'adoption (1)	
1er enfant	12 mois à compter de l'arrivée de l'enfant au foyer
Foyer ayant déjà au moins 1 autre enfant à charge	• 12 mois à compter de l'arrivée de l'enfant au foyer (2) • Si l'enfant n'a pas encore 3 ans au terme de cette période de 12 mois, durée prolongée jusqu'au 3e anniversaire de l'enfant (2)
Adoption simultanée de 3 enfants ou plus	36 mois à compter de l'arrivée des enfants (2)

(1) Si les deux parents perçoivent la PreParE pour le même mois au titre d'une adoption, le montant cumulé est plafonné à celui d'un taux plein (c. séc. soc. art. D. 531-4).
(2) À partir du 2e enfant, la durée du droit est réduite du nombre de mois de congé d'adoption indemnisés par la sécurité sociale.

Montant de la PreParE majorée - Le montant de la PreParE majorée est de 157,93 % de la BMPF (soit 732,97 € par mois du 1er avril 2024 au 31 mars 2025) (c. séc. soc. art. D. 531-4, I, 2°). Ce montant est revalorisé au 1er avril.

☞ *Abattement d'assiette pour temps partiel ; Congé pour élever un enfant ; Congé de présence parentale pour enfant malade ; Contribution sociale généralisée (CSG) ; Entretien professionnel ; Maintien des cotisations vieillesse en cas de temps partiel ; Maternité (rattrapage salarial).*

Congé PMA

Autorisation d'absence

Une salariée bénéficiant d'une assistance médicale à la procréation (PMA) a droit à une autorisation d'absence pour les actes médicaux nécessaires (c. trav. art. L. 1225-16).

Le conjoint salarié de la femme bénéficiant d'une assistance médicale à la procréation, ou la personne salariée liée à elle par un PACS ou vivant maritalement avec elle, bénéficie également d'une autorisation d'absence pour se rendre à 3 de ces examens médicaux obligatoires ou de ces actes médicaux nécessaires pour chaque protocole du parcours d'assistance médicale.

Statut de l'absence

Maintien des droits - Les absences autorisées dans le cadre de la PMA (c. trav. art. L. 1225-16) :

- n'entraînent aucune diminution de la rémunération ;
- sont assimilées à une période de travail effectif pour la détermination de la durée des *congés payés** ainsi que pour les droits légaux ou conventionnels acquis par la salariée au titre de son ancienneté dans l'entreprise.

Protection identique à la maternité - La salariée bénéficiant d'une assistance médicale à la procréation bénéficie de la même protection qu'une salariée en état de grossesse qu'il s'agisse de l'embauche, d'une mutation, d'une rupture de période d'essai ou d'un licenciement (c. trav. art. L. 1225-3-1 ; c. santé pub. art. L. 2141-2) (voir *Maternité**).

☞ *Maternité.*

Congé pour acquisition de la nationalité

Congé non rémunéré - Tout salarié peut bénéficier, sur justification, d'un congé non rémunéré pour assister à sa cérémonie d'accueil dans la citoyenneté française (c. trav. art. L. 3142-75).

Bénéficiaires - Ce congé pour acquisition de la nationalité (anciennement « congé d'accueil dans la citoyenneté française ») est ouvert au salarié et à son conjoint (c. trav. art. L. 3142-75).

Durée - Sa durée est fixée par convention ou accord collectif d'entreprise (ou à défaut de branche) (c. trav. art. L. 3142-77). À défaut, elle est d'une demi-journée (c. trav. art. L. 3142-78).

Le congé ne peut pas être imputé sur la durée des congés payés annuels (c. trav. art. L. 3142-75).

Il n'est pas assimilé à du travail effectif pour l'ouverture des droits des salariés, faute de mention contraire.

Contentieux en cas de refus - Le refus de l'employeur peut être contesté devant le conseil de prud'hommes statuant la procédure accélérée au fond en dernier ressort (c. trav. art. L. 3142-76 et R. 3142-58).

Congé pour catastrophe naturelle

Certains points du régime de ce congé sont ouverts à la négociation par accord collectif d'entreprise ou, à défaut, par convention ou accord de branche. Dans les domaines ouverts à la négociation, l'accord d'entreprise prime sur l'accord de branche.

Caractéristiques du congé

Bénéficiaires - Les salariés résidant ou habituellement employés dans une zone touchée par une catastrophe naturelle peuvent bénéficier d'un congé, pris en une ou plusieurs fois, pour participer aux activités d'organismes apportant une aide aux victimes de catastrophes naturelles (services administratifs d'urgence, associations de secours, etc.) (c. trav. art. L. 3142-48).

Durée du congé - La durée maximale de ce congé est de 20 jours par an (c. trav. art. L. 3142-53). Un accord d'entreprise (ou à défaut, de branche) peut prévoir une durée, inférieure ou supérieure (c. trav. art. L. 3142-52).

Procédure et statut du salarié

Demande - Le salarié adresse sa demande à l'employeur par tout moyen, lui donnant une date certaine, au moins 48 h avant le début du congé (c. trav. art. L. 3142-53 et D. 3142-35). Un accord d'entreprise (ou à défaut, de branche) peut prévoir un autre délai, inférieur ou supérieur (c. trav. art. L. 3142-52).

En toute hypothèse, en cas d'urgence, le congé peut être pris en respectant un préavis de 24 h (c. trav. art. L. 3142-49).

Refus - L'employeur peut refuser le congé s'il estime que celui-ci aura des conséquences préjudiciables à la bonne marche de l'entreprise. Le refus doit être motivé et intervient après la consultation du *comité social et économique** (c. trav. art. L. 3142-51). Il est notifié par tout moyen lui donnant une date certaine (c. trav. art. R. 3142-33).

Suspension du contrat de travail non rémunérée - Le congé entraîne la suspension du contrat de travail. Sauf accord collectif contraire, ce congé n'est ni rémunéré, ni assimilé à du temps de travail effectif.

Il ne peut pas être imputé sur la durée du congé payé annuel (c. trav. art. L. 3142-50).

Contentieux - En cas de différend, le salarié peut contester le refus de l'employeur directement devant le bureau de jugement du conseil de prud'hommes, lequel statue par la procédure accélérée au fond et en dernier ressort (c. trav. art. L. 3142-51 et R. 3142-34).

Congé pour création d'entreprise

Le régime du congé pour création ou reprise d'entreprise peut être négocié sur certains points par accord collectif d'entreprise ou, à défaut, par convention ou accord de branche. Dans les domaines ouverts à la négociation, l'accord d'entreprise prime sur l'accord de branche.

Principes

Objet du congé - Le salarié qui envisage de créer ou de reprendre une entreprise, ou d'exercer des responsabilités de direction au sein d'une entreprise répondant aux critères des *jeunes entreprises innovantes**, peut prétendre à un congé. Il s'agit soit d'une période pendant laquelle le contrat de travail est suspendu, soit d'une période de travail à temps partiel (c. trav. art. L. 3142-105 et L. 3142-106).

Condition d'ancienneté - Le droit au congé ou à la période de travail à temps partiel est ouvert au salarié qui, à la date de prise d'effet de ce droit, justifie d'une ancienneté dans l'entreprise d'au moins 24 mois, consécutifs ou non (c. trav. art. L. 3142-119).

Un accord d'entreprise (ou à défaut, de branche) peut prévoir une autre condition d'ancienneté, à la hausse ou à la baisse (c. trav. art. L. 3142-117).

Dans tous les cas, l'ancienneté se calcule en tenant compte de celle acquise dans toute autre entreprise du même groupe, au sens du comité de groupe tel que prévu par l'article L. 2331-1 du code du travail (c. trav. art. L. 3142-105).

Durée du congé - La durée maximale du congé pour création d'entreprise ou de la période de travail à temps partiel est fixée à 1 an. Elle peut être prolongée d'1 an au plus (c. trav. art. L. 3142-119).

Un accord d'entreprise (ou à défaut, de branche) peut prévoir une autre durée (inférieure ou supérieure) et fixer le nombre de renouvellements autorisés (c. trav. art. L. 3142-117).

Formalités

Demande du salarié - Au moins 2 mois à l'avance, le salarié informe son employeur par tout moyen conférant date certaine (c. trav. art. D. 3142-73) :
- de la date de départ en congé qu'il a choisie, ou de la date de début de la période de travail à temps partiel et de l'amplitude de la réduction du temps de travail souhaitée ;
- de la durée envisagée de ce congé ou de cette période de temps partiel.

Il précise l'activité de l'entreprise qu'il prévoit de créer ou de reprendre ou de la jeune entreprise innovante dans laquelle il prévoit d'exercer des responsabilités de direction.

S'il s'agit d'une demande de renouvellement, le salarié en informe l'employeur au moins 2 mois avant le terme (c. trav. art. D. 3142-74).

Un accord collectif d'entreprise (ou à défaut, de branche) peut fixer d'autres délais de demande et d'autres conditions de renouvellement (c. trav. art. L. 3142-117).

Réponse de l'employeur - L'employeur informe le salarié par tout moyen conférant date certaine soit de son accord sur la date de départ choisie par l'intéressé, soit du report, soit du refus motivé lorsque cela est possible (c. trav. art. D. 3142-66, D. 3142-69 et D. 3142-72).

À défaut de réponse de l'employeur dans un délai de 30 jours à compter de la présentation de la demande du salarié, son accord est réputé acquis (c. trav. art. D. 3142-65 et D. 3142-72).

Avenant de temps partiel - Si le congé prend la forme d'une période à temps partiel, il convient de rédiger un avenant au contrat de travail qui fixe la durée de cette période (c. trav. art. L. 3142-111). Il en va de même en cas de prolongation.

Refus du congé ou du temps partiel

Motifs de refus dans les entreprises de moins de 300 salariés - Dans les entreprises de moins de 300 salariés, l'employeur peut refuser le départ en congé ou la période de travail à temps partiel (c. trav. art. L. 3142-113) :

- s'il estime, après avis du comité social et économique, que ce congé aura des conséquences préjudiciables à la bonne marche de l'entreprise ;
- ou si la demande de congé ou de période à temps partiel a lieu moins de 3 ans après la précédente.

Le refus doit être motivé et il est notifié au salarié par tout moyen conférant date certaine (c. trav. art. D. 3142-69).

Le salarié peut contester le refus, dans les 15 jours de sa notification, devant le bureau de jugement du conseil de prud'hommes qui statue selon la procédure accélérée au fond et en dernier ressort (c. trav. art. D. 3142-70 et R. 3142-71).

▶ Attention... Le congé ne peut pas être refusé en raison des conséquences préjudiciables pour l'entreprise si le salarié peut être remplacé en interne. Il en a été jugé ainsi dans une affaire où un autre salarié disposait d'un diplôme de comptabilité et de l'expérience nécessaire pour occuper ce poste et y était d'ailleurs affecté depuis 11 mois (cass. soc. 11 mars 2009, n° 07-44414 D).

Motifs de refus dans toutes les entreprises - À notre sens, l'employeur peut refuser le congé ou la période à temps partiel lorsque :

- le salarié n'a pas l'ancienneté requise ;
- la demande n'est pas formulée dans les délais ;
- la durée du congé ou de la période à temps partiel demandée ne correspond pas à la durée prévue par la loi ou l'accord collectif ;
- l'activité créée ou reprise est en concurrence directe avec la sienne ;
- ou le salarié n'a pas indiqué, dans sa demande, l'activité de l'entreprise qu'il envisage de créer ou de reprendre (cass. soc. 13 février 1991, n° 88-43837 D).

Les textes ne visent pas expressément ces hypothèses. Toutefois, elles sont le miroir des conditions nécessaires à l'ouverture du droit à congé (c. trav. L. 3142-105).

À notre avis, l'employeur peut donc demander au salarié de reformuler sa demande en respectant les règles et formalités prévues par l'éventuel accord collectif ou par le code du travail ou lorsqu'il en remplira toutes les conditions. L'employeur devra à notre avis motiver sa position et la faire connaître au salarié par tout moyen conférant date certaine.

Différer le congé ou le temps partiel

Report du congé ou de la période à temps partiel (toute entreprise) - L'employeur peut différer le départ en congé ou le début de la période de travail à temps partiel dans la limite de 6 mois à compter de la présentation de la demande du salarié (c. trav. art. L. 3142-107).

Il en informe le salarié par tout moyen conférant date certaine (c. trav. art. D. 3142-66). Sous réserve d'un éventuel abus, il n'y a pas de motif à donner.

Report de la date de départ en congé (toute entreprise) - L'employeur peut reporter le congé afin que (c. trav. art. L. 3142-114 et D. 3142-75) :

- le pourcentage des salariés simultanément absents de l'entreprise au titre de ce congé et au titre du *congé sabbatique** ne dépasse pas 2 % de l'effectif de l'entreprise (auquel cas le report est possible jusqu'à la date à laquelle cette condition de taux sera remplie) ;
- ou que le nombre de jours d'absence prévu au titre de ces congés ne dépasse pas 2 % du nombre total des jours de travail effectués dans les 12 mois précédant le départ en congé ; dans ce cas, pour permettre le départ en congé du salarié, cette période de 12 mois est prolongée dans la limite de 48 mois.

Ces plafonds peuvent être autrement définis par accord collectif d'entreprise (ou à défaut, de branche) (c. trav. art. L. 3142-117).

Report de la date de départ en temps partiel (entreprises d'au moins 300 salariés) - Dans les entreprises d'au moins 300 salariés, l'employeur peut également différer le début de la période de travail à temps partiel pour que le pourcentage de salariés de l'entreprise passant simultanément à temps partiel au titre de ce congé ne dépasse pas 2 % de l'effectif de cette entreprise. Dans ce cas, le report est possible jusqu'à la date à laquelle cette condition de taux sera remplie (c. trav. art. L. 3142-115 et D. 3142-76).

Ce plafond peut être modifié par accord collectif (c. trav. art. L. 3142-117).

Information du salarié - L'employeur informe le salarié de son accord ou du report de la date de départ choisie par ce dernier par tout moyen conférant date certaine. Rappelons que son silence pendant 30 jours à compter de la réception de la demande vaut accord (c. trav. art. D. 3142-65, D. 3142-66, D. 3142-68 et D. 3142-72).

Droits du salarié

Rémunération - Le congé à temps plein n'est pas rémunéré.

Si le congé est pris sous forme d'une période de travail à temps partiel, le salarié perçoit le salaire pour le temps travaillé.

Ancienneté et congés payés - La durée du congé n'est pas considérée comme du travail effectif ni pour les congés payés, ni pour l'ancienneté.

En cas de période de travail à temps partiel, le salarié acquiert des congés payés et l'ensemble des droits liés à l'ancienneté dans les conditions habituelles.

Financement du congé par un report de congés payés - Pour préparer un congé pour création d'entreprise, le salarié peut, pendant 6 ans, reporter les jours de congés payés acquis en plus des 24 jours ouvrables de congé principal (5e semaine et jours supplémentaires conventionnels) sauf accord collectif prévoyant d'autres modalités de report (c. trav. art. L. 3142-120).

Au moment de son départ, l'employeur verse au salarié l'indemnité compensatrice correspondant à ces journées. Cette disposition ne concerne pas les entreprises tenues d'adhérer à une caisse de congés payés (c. trav. art. L. 3142-121 et L. 3142-123).

Si le salarié renonce au congé pour création d'entreprise, les congés payés reportés sont ajoutés aux *congés payés** annuels, par fraction de 6 jours ouvrables chaque année qui suit jusqu'à épuisement du stock (c. trav. art. L. 3142-122).

En cas de rupture du contrat de travail, l'employeur doit verser au salarié une indemnité compensatrice pour les congés payés reportés (c. trav. art. L. 3142-123 et L. 3142-124). Cette disposition ne concerne pas les entreprises tenues d'adhérer à une caisse de congés payés.

Un accord collectif d'entreprise (ou à défaut, de branche) peut prévoir d'autres modalités de report des congés payés (c. trav. art. L. 3142-118).

Déblocage de la participation et du plan d'épargne - Les sommes acquises au titre de la *participation aux résultats** ou déposées sur un *plan d'épargne d'entreprise** peuvent être débloquées de façon anticipée sans perte du bénéfice des exonérations de cotisations et d'impôt en cas de création d'entreprise (c. trav. art. R. 3324-22, 7° et L. 3332-25, al. 1).

Compte épargne-temps - Les jours de congé et les sommes affectées au *compte épargne-temps** (CET) peuvent, le cas échéant, servir à l'indemnisation d'un congé pour création d'entreprise ou d'une période de travail à temps partiel si l'accord de CET le permet (c. trav. art. L. 3151-1).

Les indemnités journalières ainsi versées constituent du salaire soumis à cotisations.

Réintégration du salarié

Pas de retour anticipé - Le salarié bénéficiaire du congé ou de la période de travail à temps partiel n'a aucun droit à réintégration ou à retrouver un emploi à temps plein avant le terme prévu (c. trav. art. L. 3142-109 et L. 3142-112).

Dès lors, même si le projet du salarié échoue, l'employeur est en droit d'attendre le terme du congé ou de la période de travail à temps partiel.

Réintégration - À l'issue du congé, le salarié retrouve son précédent emploi ou un emploi similaire, assorti d'une rémunération au moins équivalente (c. trav. art. L. 3142-108). Si le congé était pris sous forme de période de travail à temps partiel convenue, le salarié doit retrouver une activité à temps plein assortie d'une rémunération au moins équivalente à celle qu'il avait antérieurement (c. trav. art. L. 3142-112).

Le salarié bénéficie si besoin d'une réadaptation professionnelle notamment liée à un changement de technique ou de méthodes de travail (c. trav. art. L. 3142-110).

Un accord collectif d'entreprise (ou à défaut, de branche) peut prévoir les modalités de cette réadaptation et les conditions permettant de maintenir un lien entre l'entreprise et le salarié pendant le congé (c. trav. art. L. 3142-117).

Information de l'employeur - Le salarié informe son employeur, par tout moyen conférant date certaine, au moins 3 mois avant la fin de son congé de son intention soit d'être réemployé, soit de rompre son contrat de travail dans les conditions prévues par celui-ci mais sans effectuer de préavis (c. trav. art. L. 3142-109 et D. 3142-67).

Un accord collectif d'entreprise (ou à défaut, de branche) peut prévoir les conditions de l'information de l'employeur (ex. : délai supérieur ou inférieur à 3 mois) (c. trav. L. 3142-117).

▶ À noter... En cas de rupture sans préavis, le salarié n'est redevable d'aucune indemnité à l'employeur (c. trav. art. L. 3142-109). L'employeur établit alors le solde de tout compte et donne au salarié les documents obligatoires.

Pas de condition à la réintégration - Dans tous les cas, l'employeur ne peut pas conditionner la réintégration à la justification par le salarié de l'utilisation du congé – par exemple, en justifiant de la création de l'entreprise et de l'activité exercée (cass. soc. 1er décembre 2005, n° 04-41394, BC V n° 351) – ou à l'abandon de son activité dans l'entreprise qu'il a créée (cass. soc. 21 novembre 1995, n° 92-42414 D).

Aucune condition ne peut être imposée au salarié comme préalable à sa réintégration après un congé pour création d'entreprise (cass. soc. 13 février 2013, n° 11-27261 D).

☞ *Compte épargne-temps ; Congés payés ; Création ou reprise d'entreprise (exonération de début d'activité) ; Jeunes entreprises innovantes.*

Congé pour don d'ovocytes

Autorisation d'absence - Une salariée qui pratique un don d'ovocytes bénéficie d'une autorisation d'absence pour se rendre aux examens et se soumettre aux interventions nécessaires à la stimulation ovarienne et au prélèvement ovocytaire (c. santé pub. art. L. 1244-5).

Rémunération et droits de la salariée - Cette absence n'entraîne aucune diminution de la rémunération. Elle est assimilée à une période de travail effectif pour la détermination de la durée des congés payés ainsi que pour les droits légaux ou conventionnels acquis par la salariée au titre de son ancienneté dans l'entreprise (c. trav. art. L. 1225-16).

☞ *Maternité.*

Congé pour élever un enfant

☞ *Congé parental d'éducation ; Démission pour élever un enfant.*

Congé pour enfant malade

Bénéficiaires et durée du congé - Chaque salarié a le droit de s'absenter 3 jours par an si l'enfant dont il a la charge, de moins de 16 ans, est victime d'une maladie ou d'un accident constaté par certificat médical (c. trav. art. L. 1225-61).

L'autorisation d'absence est de 5 jours par an si l'enfant a moins de 1 an ou si le salarié assume la charge d'au moins 3 enfants de moins de 16 ans.

Rémunération - Ces 3 ou 5 jours de congé ne donnent pas légalement lieu à rémunération. Ils font l'objet d'une retenue sur salaire dans les conditions habituelles.

Droits du salarié - Ces journées d'absence ne sont pas, sauf convention collective plus favorable, assimilées à du travail effectif. Elles sont traitées comme des absences pour tous les droits du salarié liés au temps de travail effectif (congés payés, primes, etc.).

Dispositions conventionnelles et usages - La convention collective applicable, un accord d'entreprise ou un usage d'entreprise peuvent prévoit des dispositions plus favorables pour les salariés (congé plus long, rémunération des jours d'absence, etc.).

Alsace-Moselle - Dans les départements du Haut-Rhin, du Bas-Rhin et de la Moselle, des dispositions du droit local peuvent trouver à s'appliquer (voir *Alsace-Moselle**).

Don de jours de repos - Il est possible pour un salarié de renoncer à tout ou partie de ses jours de repos non pris au profit d'un autre salarié de l'entreprise qui assume la charge d'un enfant de moins de 20 ans gravement malade (voir *Don de jours de repos**).

Alsace-Moselle ; Congé de présence parentale pour enfant malade ; Congé de solidarité familiale ; Congé de proche aidant ; Congés pour événements familiaux ; Don de jours de repos

Congé pour exercer des responsabilités de direction dans une jeune entreprise innovante

Congé pour création d'entreprise.

Congé pour l'arrivée d'un enfant adopté

Congé de naissance.

Congé pour maladie grave

Lorsqu'un salarié en activité est atteint de certaines maladies graves (c. séc. soc. art. L. 160-14, 3° et 4°), il bénéficie d'autorisations d'absence pour suivre les traitements que son état de santé nécessite (c. trav. art. L. 1226-5).

Sauf usages ou dispositions conventionnelles contraires, ces absences ne sont ni rémunérées, ni assimilées à du travail effectif (pour les congés payés, pour l'ancienneté, etc.).

Congés pour événements familiaux ; Maladie.

Congé sabbatique

Certains points du régime du congé sabbatique sont ouverts à la négociation par accord collectif d'entreprise ou, à défaut, par convention ou accord de branche. Dans les domaines ouverts à la négociation, l'accord d'entreprise prime sur l'accord de branche.

Prise du congé

Objet et durée du congé - Le congé sabbatique est une absence non rémunérée de 6 à 11 mois à laquelle les salariés ont droit pour se consacrer à des activités de leur choix (c. trav. art. L. 3142-28 et L. 3142-34). Un salarié peut travailler dans une autre entreprise ou créer la sienne, sauf concurrence déloyale et violation de son obligation de non-concurrence.

Un accord d'entreprise (à défaut, de branche) peut prévoir d'autres durées minimale et maximale de congé, inférieures ou supérieures, ainsi que le nombre de renouvellements (c. trav. art. L. 3142-32).

Conditions d'ouverture du droit - À la date de départ en congé, le salarié doit (c. trav. art. L. 3142-28, L. 3142-32 et L. 3142-34) :
- avoir au moins 6 années d'expérience professionnelle ;
- avoir une ancienneté dans l'entreprise et dans toute autre entreprise du groupe, d'au moins 36 mois consécutifs ou non (ou l'ancienneté requise prévue par accord d'entreprise ou, à défaut, de branche) ;
- et ne pas avoir bénéficié d'un congé sabbatique, d'un *congé pour création d'entreprise** ou d'un *CPF de transition professionnelle** d'au moins 6 mois pendant les 6 années précédentes (ou sur la période prévue par accord d'entreprise ou, à défaut, de branche).

Demande du salarié - Le salarié informe son employeur, par tout moyen donnant une date certaine à sa démarche, au moins 3 mois avant la date de départ choisie, en précisant la durée envisagée (c. trav. art. L. 3142-34 et D. 3142-19).

Un autre délai, inférieur ou supérieur, peut être prévu par accord d'entreprise (à défaut de branche) (c. trav. art. L. 3142-32).

Réponse de l'employeur - L'employeur informe le salarié de son accord sur la date de départ choisie, du report ou de son refus (c. trav. art. L. 3142-30). Sa décision doit être notifiée par tout moyen lui donnant une date certaine (c. trav. art. D. 3142-15 et D. 3142-18). L'accord de l'employeur est réputé acquis à défaut de réponse dans un délai de 30 jours à compter de la présentation de la demande même si le salarié l'a présentée tardivement (c. trav. art. L. 3142-30 ; cass. soc. 14 décembre 2017, n° 16-24027 D ; cass. soc. 2 octobre 2024, n° 23-20560 D).

Report de congés payés pour financer le congé sabbatique - Pour préparer un congé sabbatique, le salarié peut reporter pendant 6 années les jours de congés payés acquis en plus des 24 jours ouvrables de congé principal (5e semaine et jours supplémentaires conventionnels). Les règles sont identiques à celles prévues pour le *congé pour création d'entreprise** (c. trav. art. L. 3142-33, L. 3142-35, L. 3142-120 à L. 3142-124).

Cas de report et de refus du congé

Report de 6 ou 9 mois - L'employeur peut différer le départ en congé dans la limite de 9 mois (6 mois dans les entreprises de 300 salariés et plus) à compter de la demande, afin que (c. trav. art. L. 3142-29, D. 3142-14 et D. 3142-20) :

- le pourcentage des salariés simultanément absents de l'entreprise au titre du congé sabbatique ne dépasse pas 1,5 % de l'effectif de cette entreprise : report jusqu'à la date à laquelle cette condition de taux est remplie ;
- ou que le nombre de jours d'absence au titre du congé sabbatique ne dépasse pas 1,5 % du nombre de jours de travail effectués dans les 12 mois précédant le départ en congé : pour permettre le départ en congé d'un salarié, cette période de 12 mois est prolongée dans la limite de 48 mois.

Ces plafonds peuvent être modifiés à la hausse ou à la baisse par accord collectif d'entreprise (à défaut, de branche) (c. trav. art. L. 3142-32).

Report en raison du taux d'absence - L'employeur peut aussi différer le départ en congé de telle sorte que le pourcentage des salariés simultanément absents de l'entreprise au titre de ce congé, du *congé pour création d'entreprise** et du *congé pour exercer des responsabilités de direction dans une jeune entreprise innovante** (c. trav. art. L. 3142-29, D. 3142-21, L. 3142-114 et D. 3142-75) :

- ne dépasse pas 2 % de l'effectif de l'entreprise : dans ce cas, le report peut aller jusqu'à la date à laquelle la condition de taux est remplie ;
- ou que le nombre de jours d'absence prévu au titre de ces congés ne dépasse pas 2 % du nombre total des jours de travail effectués dans les 12 mois précédant le départ en congé : pour permettre le départ en congé d'un salarié, cette période de 12 mois est prolongée dans la limite de 48 mois.

Rappelons que ces plafonds peuvent être modifiés à la hausse ou à la baisse par accord collectif d'entreprise (ou à défaut, de branche) (c. trav. art. L. 3142-117).

Refus du congé - Dans les entreprises de moins de 300 salariés, l'employeur peut refuser un congé sabbatique s'il estime, après avis du *comité social et économique**, que ce congé aura des conséquences préjudiciables à la bonne marche de l'entreprise (c. trav. art. L. 3142-29 et L. 3142-113).

L'employeur précise le motif de son refus et le porte à la connaissance du salarié.

Contentieux - Ce refus peut être contesté par le salarié dans les 15 jours suivant la réception de la notification du refus, devant le bureau de jugement du conseil de prud'hommes qui statue selon la procédure accélérée au fond et en dernier ressort (c. trav. art. L. 3142-29, L. 3142-113 et R. 3142-17).

Le juge doit apprécier la réalité des conséquences préjudiciables alléguées et peut annuler le refus de l'employeur lorsqu'elles sont inexistantes (cass. soc. 20 novembre 2024, n° 23-18446 FD ; cass. soc. 2 février 1999, n° 96-41812, BC V n° 54).

Statut du salarié

Pendant le congé sabbatique - Le contrat de travail est suspendu (c. trav. art. L. 3142-28). Au cours de ce congé, le salarié peut avoir une activité salariée ou non s'il respecte ses obligations de loyauté et de non-concurrence à l'égard de son employeur (cass. soc. 27 novembre 1991, n° 88-43161, BC V n° 537).

Le salarié n'a aucun droit à réintégrer l'entreprise avant le terme du congé (c. trav. art. L. 3142-31).

▶ Attention… L'employeur doit prendre garde à ne pas donner au salarié prenant un congé sabbatique les documents auxquels celui-ci peut prétendre en fin de contrat (certificat de travail, attestation d'assurance chômage, reçu pour solde de tout compte). En effet, cela revient à rompre le contrat de travail par un licenciement sans cause réelle et sérieuse (cass. soc. 7 avril 2009, n° 07-45709 D).

À l'issue du congé sabbatique - À l'issue du congé sabbatique, le salarié est réintégré dans son emploi ou dans un emploi similaire assorti d'une rémunération au moins équivalente et bénéficie d'un *entretien professionnel** (c. trav. art. L. 3142-31). Si le salarié ne retrouve pas son emploi ou un emploi similaire, l'employeur manque à ses obligations (cass. soc. 4 février 2009, n° 07-43984 D).

▶ À noter… La Cour de cassation a admis « en creux » que l'employeur n'a pas à réserver le poste initial du salarié en prévision de son retour et qu'il peut donc le pourvoir définitivement. Si le poste n'est plus disponible, sa seule obligation est de proposer un emploi « similaire » avec une rémunération au moins équivalente (cass. soc. 3 juin 2015, n° 14-12245, BC V n° 112).

Démission - Le salarié peut démissionner pendant ou à l'issue du congé sabbatique mais sa volonté doit être claire et non équivoque (cass. soc. 9 décembre 2010, n° 09-41498 D).

Rémunération et cotisations

Rémunération - Le congé sabbatique n'est pas rémunéré, sauf disposition conventionnelle contraire. Toutefois, le salarié peut mobiliser pendant son congé les droits qu'il a capitalisés au titre du *compte épargne-temps** ou bénéficier du report de ses *congés payés** *(voir ci-dessus)*.

En revanche, il n'a aucun droit à déblocage de la participation ou du plan d'épargne d'entreprise.

Plafond de la sécurité sociale - Le congé sabbatique peut permettre de réduire le plafond entre deux payes n'ayant donné lieu à aucune rémunération soumise à cotisations (voir *Plafond de la sécurité sociale**).

☞ *Compte épargne-temps ; Congé pour création d'entreprise ; Congés payés ; Entretien professionnel.*

Congé sans solde

Cas général - Le congé sans solde est un congé non rémunéré que tout salarié peut demander et qui nécessite l'accord de l'employeur pour être pris. Tant que l'employeur n'a pas donné son accord le salarié peut renoncer à sa demande (cass. soc. 29 janvier 2020, n° 18-19313 D).

▶ Attention… Certaines conventions collectives prévoient un congé sans solde de droit, par exemple pour les nouveaux embauchés.

Congé sans solde pour les jeunes - Les jeunes travailleurs et apprentis de moins de 21 ans qui ont des droits à congés payés incomplets peuvent prétendre à un congé sans solde complémentaire afin d'atteindre un total de 30 jours ouvrables (5 semaines), congés payés et congé sans solde confondus (c. trav. art. L. 3164-9) (voir *Jeunes**).

Rémunération et autres droits - Sauf dispositions conventionnelles contraires, le congé sans solde n'est ni rémunéré ni assimilé à du temps de travail effectif. Il ne donne pas droit à congés payés et n'est pas pris en compte dans le calcul de l'ancienneté.

S'agissant d'une absence non rémunérée, le congé sans solde doit apparaître distinctement sur le bulletin de paye (libellé « Absence » ou autre libellé neutre).

▶ À noter… Le salarié peut mobiliser son *compte épargne-temps**, si celui-ci le permet. Il ne peut néanmoins pas dans ce cas obtenir une rémunération au titre des jours fériés inclus dans cette période de congé sans solde dans la mesure où son contrat de travail est alors suspendu (cass. soc. 23 novembre 2022, n° 21-17300 FSB).

Plafond et cotisations - Un congé sans solde peut entraîner une réduction du *plafond de la sécurité sociale**.

Prévoyance collective d'entreprise - Pour les salariés en congé sans solde (contrat de travail suspendu sans indemnisation complémentaire ni maintien de salaire), l'administration n'exige pas le maintien du salarié dans le régime de *prévoyance complémentaire**. Chaque régime est libre d'organiser le maintien ou non des salariés non indemnisés dans le régime et le maintien éventuel de la contribution de l'employeur (BOSS, Protection sociale complémentaire, § 1550, 01/01/2025) [voir *Régimes de retraite supplémentaire et de prévoyance complémentaire (caractère obligatoire)**].

☞ *Absence ; Compte épargne-temps.*

Congés payés

Le code du travail régit les congés payés mais certains points sont ouverts à la négociation collective, l'accord d'entreprise ou d'établissement primant, dans ces domaines, sur la convention ou l'accord de branche.

Ouverture du droit à congés

Tous les salariés ont droit à un congé annuel payé, que leur contrat de travail soit à durée indéterminée (CDI) ou à durée déterminée (CDD), à temps complet ou à temps partiel (c. trav. art. L. 3141-1). Il en est de même pour les cadres dirigeants (c. trav. art. L. 3111-2).

Le droit à congés des salariés en CDD est ouvert quelle que soit la durée de leur contrat. Les modalités de calcul sont identiques à celles des salariés en CDI.

Les salariés à temps partiel bénéficient des congés payés dans les mêmes conditions que les autres salariés [voir *Congés payés (salariés à temps partiel)**].

▶ À noter… Les règles de droit français en matière de congé sont applicables à une personne handicapée accueillie dans un ESAT (CASF art. R. 243-11 ; décret 2006-703 du 16 juin 2006, art. 9 ; cass. soc. 16 décembre 2015, n° 11-22376, BC V n° 263).

Acquisition des congés payés

2,5 jours ouvrables par mois de travail - Les salariés acquièrent 2,5 jours ouvrables de congés par mois de travail effectif accompli chez le même employeur sur la période de référence. La durée totale du congé légal est limitée à 30 jours ouvrables (c. trav. art. L. 3141-3).

▶ À noter… Un accord collectif d'entreprise ou d'établissement (à défaut une convention ou un accord de branche) peut majorer la durée du congé en raison de l'âge, de l'ancienneté ou du handicap (c. trav. art. L. 3141-10).

Lorsque le nombre de jours de congé acquis n'est pas un nombre entier, la durée du congé est portée au nombre immédiatement supérieur (c. trav. art. L. 3141-7). Par exemple, si un salarié a droit à 22,2 jours ouvrables de congé, ce nombre est arrondi à 23 jours.

S'ajoutent éventuellement à ce congé principal des jours supplémentaires en cas de *fractionnement des congés payés**.

Période de référence - En principe, l'acquisition des congés payés se fait sur une période de référence allant du 1er juin de l'année précédente au 31 mai de l'année en cours (c. trav. art. R. 3141-4). Un accord collectif d'entreprise ou d'établissement (à défaut une convention ou un accord de branche) peut fixer le début de la période de référence pour l'acquisition des congés (ex. : année civile) (c. trav. art. L. 3141-10).

Pour les professions tenues de s'affilier à une *caisse de congés payés**, la période d'acquisition des congés va du 1er avril de l'année précédente au 31 mars de l'année en cours (c. trav. art. R. 3141-4). Il est impossible d'y déroger par accord collectif (c. trav. art. L. 3141-10 renvoyant à L. 3142-32).

Durées équivalant à un mois de travail et incidence des absences - Sont considérées comme équivalant à 1 mois de travail les périodes de :
- 4 semaines ou 24 jours de travail si l'horaire est réparti sur 6 jours (c. trav. art. L. 3141-4) ;
- 20 jours si l'horaire est réparti sur 5 jours et 22 jours si l'horaire est réparti sur 5 jours et demi (rép. Foyer n° 2496, JO 24 mai 1969, AN quest. p. 1442).

Ce système d'équivalence fait qu'un salarié n'a pas besoin d'être présent toute l'année pour bénéficier des 5 semaines légales de congés payés.

Exemple

Il suffit, par exemple, qu'un salarié totalise globalement 48 semaines de travail effectif ou assimilé sur la période de référence pour bénéficier de droits à congés payés complets (30 jours ouvrables).

En d'autres termes, une absence de 4 semaines ou moins n'a pas d'incidence sur ses congés légaux (cass. ass. plén. 9 janvier 1987, n° 85-43471, B. ass. plén. n° 1).

Par ailleurs, la législation prévoit que l'absence du salarié au cours de la période de référence ne peut pas entraîner une réduction de ses droits à congé plus que proportionnelle à la durée de cette absence (c. trav. art. L. 3141-6).

La combinaison des règles d'acquisition (exprimées en mois ou périodes équivalentes) avec le principe d'une réduction des droits à congé pas plus que proportionnelle à la durée de l'absence n'est pas sans poser question.

Dans ce contexte, en l'absence de jurisprudence de référence en la matière et sous réserve du contrôle du juge en cas de litige :
- soit l'employeur calcule les droits en tenant compte des mois incomplets ou des périodes équivalentes incomplètes (proportionnalité intégrale) ;
- soit l'employeur calcule les droits en ne tenant compte que des mois complets ou des périodes équivalentes complètes (ex. : 20 jours ouvrés pour un horaire sur 5 jours), auquel cas il faut impérativement s'assurer, pour les salariés concernés, que la perte de droits à congés payés n'est pas plus que proportionnelle à la durée de cette absence (c. trav. art. L. 3141-6) et, si besoin, procéder aux ajustements nécessaires.

▶ À noter… À l'occasion des débats parlementaires sur la suppression de la condition d'ouverture du droit à congé (loi 2012-387 du 22 mars 2012, art. 50, JO du 23), le rapporteur Dominique Bord avait souligné que *« (…) l'ouverture de ce droit a lieu dès lors qu'un salarié a travaillé un jour chez le même employeur. Bien entendu, dans ce cas, le prorata ne sera pas énorme mais, encore une fois, il s'agit de se conformer à la volonté de la Cour de justice européenne. (…) Ainsi l'article L. 3141-3 détermine le nombre de jours de congés gagnés par mois travaillé chez un même employeur, mais il ne dispose pas qu'il faut avoir travaillé un mois pour bénéficier du droit aux congés. Il y aura une proratisation »*(débats Assemblée nationale, 1re séance du 12 octobre 2011).

Absences assimilées à du travail effectif - Certaines absences et certains congés doivent être considérés comme des périodes de travail pour l'acquisition des congés payés. Ces périodes ouvrent droit à 2,5 jours ouvrables de congés payés par mois (c. trav. art. L. 3141-3 et L. 3141-5), à l'exception des arrêts de travail pour maladie ou accident à caractère non professionnel qui donnent droit à 2 jours ouvrables de congés payés par mois depuis la loi d'adaptation au droit européen du 22 avril 2024 (c. trav. art. L. 3141-5, 7° et L. 3141-5-1 ; loi 2024-364 du 22 avril 2024, art. 37, JO du 24).

Notre tableau récapitule les périodes assimilées, ou non assimilées, à un temps de travail effectif pour le calcul des droits à congés payés.

Les absences et congés qui ne sont pas assimilés à du travail effectif pour l'acquisition des congés payés ne sont pas pris en compte pour calculer les droits à congés payés acquis par un salarié, sauf dispositions plus favorables de la convention collective.

Les réductions journalières d'horaire, qui peuvent intervenir par exemple en cas d'*activité partielle** ou de période de temps partiel dans le cadre d'un *congé parental d'éducation**, sont sans incidence sur la durée du congé payé.

Réintégration d'un salarié après un licenciement nul - Pour la Cour de Justice de l'Union européenne (CJUE), un salarié illégalement licencié et réintégré dans son emploi peut bénéficier de congés payés pour la période comprise entre la date de son licenciement et celle de sa réintégration (CJUE 25 juin 2020, aff. C-762/18 et C 37/19).

La Cour de cassation s'est alignée sur cette jurisprudence à propos d'un salarié licencié pour insuffisance professionnelle alors qu'il était en arrêt de travail à la suite d'un accident du travail. Ce salarié peut prétendre à ses droits à congés payés au titre de la période d'éviction comprise entre la date du licenciement nul et celle de la réintégration dans son emploi, sous réserve de ne pas avoir occupé un autre emploi durant la période d'éviction (cass. soc. 1er décembre 2021, n° 19-24766 FBBR).

Et le fait que le salarié soit parti à la retraite avant d'être réintégré ne change rien.

Exemples d'absences assimilées à un temps de travail effectif pour l'acquisition des congés payés depuis le 24 avril 2024 (1)
I - Congés de formation
Le congé de formation de cadres et d'animateurs pour la jeunesse (c. trav. art. L. 3142-55)
Le congé de formation économique, sociale, environnementale et syndicale (c. trav. art. L. 2145-10)
Le congé pour validation des acquis de l'expérience (VAE) (c. trav. art. L. 6422-3)
Le congé de formation des salariés administrateurs de mutuelle (c. trav. art. L. 3142-37)
Le congé de transition professionnelle (c. trav. art. L. 6323-17-4) (voir *CPF de transition professionnelle**)
Les stages de formation des conseillers prud'hommes salariés (c. trav. art. L. 1442-2), y compris le temps passé hors de l'entreprise pour l'exercice des fonctions (c. trav. art. L. 1442-6)
Les congés de formation des élus du *comité social et économique** (formation économique et formation santé, sécurité et conditions de travail) (c. trav. art. L. 2315-18 et L. 2315-63)
II - Congés légaux
Le congé d'adoption (c. trav. art. L. 3141-5)
Le congé pour don d'ovocytes (c. santé pub. art. L. 1244-5 ; c. trav. art. L. 1225-16)
Les congés pour événements familiaux (naissance, mariage, décès, arrivée d'un enfant adopté, etc.) (c. trav. art. L. 3142-2)
Le congé de deuil (c. trav. art. L. 3142-2)
Le congé de maternité (c. trav. art. L. 3141-5)
Le congé de paternité et d'accueil de l'enfant (c. trav. art. L. 3141-5)
Les congés des membres des commissions pour l'emploi et les jurys d'examen (c. trav. art. L. 3142-42)
Les congés de représentation des membres des associations et des mutuelles (c. trav. art. L. 3142-62)
III - Arrêts de travail pour maladie ou accident
Les arrêts de travail pour accident du travail ou maladie professionnelle (c. trav. art. L. 3141-5, 5°) (2)
Les arrêts de travail pour accident de trajet : acquisition de congés payés comme en cas d'AT/MP selon la jurisprudence (cass. soc. 3 juillet 2012, n° 08-44834, BC V n° 204)
• Les arrêts de travail pour accident ou maladie à caractère non professionnel (depuis le 24.04.2024) : acquisition de congés payés à raison de 2 jours ouvrables par mois d'arrêt de travail, dans la limite de 24 jours ouvrables à ce titre par période d'acquisition (c. trav. art. L. 3141-5-1) (3) • Cette règle s'applique aussi rétroactivement du 1er décembre 2009 au 23 avril 2024 moyennant une disposition dérogatoire : sous réserve des décisions de justice passées en force de chose jugée et des règles conventionnelles plus favorables qui étaient en vigueur à la date d'acquisition des droits à congés, l'acquisition rétroactive de congés payés au titre d'arrêts pour accident ou maladie à caractère non professionnel avant le 24.04.2024 ne peut pas conduire le salarié à bénéficier de plus de 24 jours ouvrables de congés payés par période d'acquisition, après prise en compte des jours déjà acquis sur cette période à quelque titre que ce soit (travail effectif, congé de maternité, AT/MP, etc.) (loi 2024-364 du 22 avril 2024, art. 37, II, JO du 23)

Exemples d'absences assimilées à un temps de travail effectif pour l'acquisition des congés payés depuis le 24 avril 2024 (1)
IV - Périodes de repos
Les périodes de congés payés de l'année précédente (c. trav. art. L. 3141-5)
La contrepartie obligatoire en repos liée aux heures supplémentaires (c. trav. art. L. 3141-5)
Les jours de repos accordés dans le cadre d'un accord d'aménagement du temps de travail (ex. : RTT) (c. trav. art. L. 3141-5)
V - Représentants du personnel
Les heures de délégation des représentants du personnel
Les heures accordées aux défenseurs syndicaux pour se former et exercer leurs missions devant les juridictions prud'homales (c. trav. art. L. 1453-6 et L. 1453-7)
Le temps passé hors de l'entreprise pendant les heures de travail par le conseiller du salarié pour l'exercice de sa mission (c. trav. art. L. 1232-9)
Le temps passé par les conseillers prud'hommes du collège salarié et des administrateurs salariés des organismes de sécurité sociale hors de l'entreprise pour l'exercice de leur fonction (c. trav. art. L. 1442-2 et L. 2145-10 ; c. séc. soc. art. L. 231-9)
VI - Armée, police, pompiers volontaires
Les absences liées aux missions opérationnelles et aux actions de formation des sapeurs-pompiers volontaires (c. séc. int. art. L. 723-14)
Le congé des réservistes de la police nationale (c. séc. int. art. L. 411-13)
Le congé des réservistes (réserve militaire) (c. trav. art. L. 3142-91)
Le congé des réservistes de la réserve sanitaire (c. santé pub. art. L. 3133-4)
Le congé des réservistes de la sécurité civile (c. séc. int. art. L. 724-9)
Les périodes de maintien ou de rappel au service national (c. trav. art. L. 3141-5)
Les périodes d'absence pour participer à l'appel de préparation à la défense (c. trav. art. L. 3142-97)
VII - Autres absences
• Les absences pour examens médicaux des femmes enceintes (c. trav. art. L. 1225-16). • Les absences de leur conjoint salarié ou de la personne liée à elle par un Pacs ou vivant maritalement avec elle pour se rendre à 3 de ces examens.
• Les absences d'une salariée bénéficiant d'une assistance médicale à la procréation (PMA) pour les actes médicaux nécessaires (c. trav. art. L. 1225-16). • Les absences, pour se rendre à 3 de ces examens médicaux, de son conjoint salarié, de la personne salariée liée à elle par un PACS ou vivant maritalement avec elle.
Les périodes d'activité partielle sous forme de réduction d'horaires et les périodes d'activité partielle « totale » (c. trav. art. R. 5122-11).
Le temps d'absence accordé aux maires, maires-adjoints, conseillers municipaux, membres du conseil de la communauté de communes, conseillers départementaux et conseillers régionaux (c. gén. collect. terr. art. L. 2123-7, L. 3123-5, L. 4135-5 et L. 5214-8).
Le congé spécial accordé aux salariés candidats au Parlement européen, à l'Assemblée nationale, au Sénat, aux conseils régionaux, départementaux et municipaux, à l'assemblée de Corse et au conseil de la métropole de Lyon pour participer à la campagne électorale (c. trav. art. L. 3142-79 et L. 3142-82)
Le temps passé en réunions par les salariés qui sont membres de certains organismes représentatifs d'immigrés (loi 85-772 du 25 juillet 1985, art. 37)

(1) Sur les autres congés, voir *Congés pour événements familiaux**, *Congés divers pour convenances personnelles** et *Temps de travail effectif**.
(2) Depuis le 24 avril 2024, le code du travail prévoit qu'un salarié acquiert des congés payés pendant toute la durée d'un arrêt de travail AT/MP, et pas seulement pendant la première année (c. trav. art. L. 3141-5, 5° modifié ; loi 2024-364 du 22 avril 2024, JO du 23). Pour les périodes allant du 1er décembre 2009 au 23 avril 2024, des salariés invoquent la même règle sur la base de la jurisprudence de la Cour de cassation (cass. soc. 13 septembre 2023, n° 22-17638 FPBR ; cass. soc. 2 octobre 2024, n° 23-14806 FPBR).
(3) Nouvelle disposition du code du travail, qui atténue les conséquences du revirement de jurisprudence de la Cour de cassation du 13 septembre 2023, selon lequel un arrêt pour maladie ou accident à caractère non professionnel ouvrait droit à l'acquisition de congés payés 2,5 semaines de CP par mois tant pour les 5 semaines de congés payés que pour les congés payés conventionnels (cass. soc. 13 septembre 2023, n° 22-17340 FPBR).

Exemples d'absences non assimilées légalement à un temps de travail effectif pour l'acquisition des congés payés (1)
Les périodes de grève
Le congé pour acquisition de la nationalité (c. trav. art. L. 3142-75)
Le congé de présence parentale (c. trav. art. L. 1225-62) (2)
Le congé de proche aidant (c. trav. art. L. 3142-21) (2)
Le congé de solidarité familiale (c. trav. art. L. 3142-12) (2)
Le congé pour création ou reprise d'entreprise pris sous forme de congé total (c. trav. art. L. 3142-105) (2)
Le congé pour exercer des responsabilités de direction au sein d'une jeune entreprise innovante pris sous forme de congé total (c. trav. art. L. 3142-106) (2)
Le congé parental d'éducation (c. trav. art. L. 1225-47) (2)
Le congé de participation à des opérations de secours (c. séc. int. art. L. 725-8)
Le congé sabbatique (c. trav. art. L. 3142-28)
Le congé de solidarité internationale (c. trav. art. L. 3142-68)
Les jours fériés chômés (3)
Les absences de pure convenance personnelle, même autorisées par l'employeur
(1) Sous réserve des accords collectifs et des usages plus favorables pour les salariés. (2) Pris en compte comme temps de travail si le congé est pris sous forme de période de travail à temps partiel. Dans ce cas, acquisition de droits à congés payés dans les conditions de droit commun. (3) Solution préconisée par l'administration (circ. DRT 2000-7 du 6 décembre 2000). En pratique, beaucoup d'entreprises assimilent le jour férié chômé à du travail effectif pour le calcul de la durée des congés, en vertu d'un usage ou d'un accord collectif.

C'est alors la date du départ à la retraite qui marque la fin de la période à prendre en compte (cass. soc. 21 septembre 2022, n° 21-13552 FSBR).

Incidence des arrêts de travail - Voir *Congés payés (incidence des arrêts de travail)**.

Congés supplémentaires des jeunes parents - Sous certaines conditions, les jeunes pères et mères de famille et les jeunes salariés ont droit à des congés supplémentaires qui s'ajoutent aux congés payés acquis à raison du travail effectif (voir *Congés supplémentaires pour enfant à charge ou enfant handicapé** et *Jeunes**).

Jours supplémentaires de fractionnement - Le fractionnement des congés payés donne droit, sous certaines conditions, à 1 ou 2 jours supplémentaires (voir *Fractionnement des congés payés**).

Période de prise des congés payés

Fixation par accord collectif ou par l'employeur - Un accord d'entreprise ou d'établissement ou, à défaut, une convention ou un accord de branche, fixe la période de prise des congés payés (c. trav. art. L. 3141-15). En l'absence de disposition conventionnelle, l'employeur la détermine après avis du *comité social et économique** (c. trav. art. L. 3141-16).

Cette période doit obligatoirement comprendre la période du 1er mai au 31 octobre de chaque année (période des « congés d'été ») (c. trav. art. L. 3141-13). Il est possible de l'étendre, le cas échéant à l'année entière (cass. soc. 3 mai 2000, n° 98-41845, BC V n° 164).

En conséquence, hors aménagement conventionnel ou décision contraire de l'employeur, la période de prise des congés payés va donc du 1er mai au 31 octobre pour les « congés d'été » (4 semaines) et du 1er mai au 30 avril pour la 5e semaine.

▶ À noter... L'absence de fixation de la période par l'employeur peut ouvrir droit à des dommages-intérêts pour le salarié qui a dû annuler le séjour de vacances prévu (cass. soc. 30 janvier 1996, n° 92-45168 D).

Information des salariés - La période de prise des congés doit être portée à la connaissance des salariés au moins 2 mois avant son ouverture (c. trav. art. D. 3141-5).

Exemple

Cette information doit avoir lieu avant le 1er mars si la période de prise des congés débute au 1er mai.

Salariés dont le temps de travail est calculé à l'année - Lorsque la durée du travail d'un salarié est décomptée à l'année, une convention ou un accord d'entreprise ou d'établissement (à défaut, une convention ou un accord de branche) peut prévoir que les congés ouverts au titre de l'année de référence puissent faire l'objet de reports (c. trav. art. L. 3141-22 ; circ. MES/CAB 2000-3 du 3 mars 2000, fiche 18).

Les reports de congés peuvent avoir lieu jusqu'au 31 décembre de l'année suivant celle pendant laquelle la période de prise de ces congés a débuté.

L'accord doit préciser :
- les modalités de rémunération des congés payés reportés ;
- les cas précis et exceptionnels de report ;
- les conditions, à la demande du salarié après accord de l'employeur, dans lesquelles ces reports peuvent être effectués ;
- les conséquences de ces reports sur le respect de certains seuils annuels de durée du travail (forfaits jours, etc.), ce report ne devant pas avoir pour effet de majorer ces seuils dans une proportion plus importante que celle correspondant à la durée reportée.

Cette possibilité de report ne permet pas de déroger aux règles générales de prise des congés payés (période du 1er mai au 31 octobre pour les congés d'été, sauf date plus éloignée prévue par usage ou accord collectif, règle des 12 jours ouvrables continus, etc.) (circ. DRT 2000-7 du 6 décembre 2000).

Fixation des dates de congés

Rôle de l'employeur - L'organisation des congés payés relève du pouvoir de direction de l'employeur. Lorsqu'aucun accord collectif ne fixe la date et l'ordre des départs sur la période allant du 1er mai au 31 octobre, c'est alors à l'employeur de s'en charger.

Aucun salarié ne peut donc librement fixer ses dates de départ en congé et ensuite s'absenter sans l'accord de l'employeur. Une telle absence, sans autorisation préalable, peut justifier une sanction disciplinaire pouvant aller jusqu'à un licenciement (cass. soc. 16 juin 2010, n° 09-40599 D).

En revanche, il semble difficile de licencier un salarié s'absentant sans autorisation alors que l'employeur n'a pas organisé la prise des congés payés (pas de fixation de la période de prise des congés, pas de fixation d'un ordre de départ, etc.) (cass. soc. 14 décembre 2016, n° 15-25293 D). Toutefois, le licenciement a été admis pour un salarié qui avait pris des congés sur tout le mois d'août sans prévenir son employeur bien que ce dernier soit resté passif dans l'organisation des congés (cass. soc. 13 décembre 2023, n° 22-17890 D).

Accès aux congés - Le salarié peut prendre ses congés dès l'embauche (c. trav. art. L. 3141-12).

Un salarié embauché en début de période d'acquisition des congés (ex. : en juillet de l'année N) n'a donc pas à attendre la fin de la période d'acquisition (31 mai de l'année N + 1 à défaut d'accord collectif) pour prendre des jours de congé.

▶ À noter… Ce droit s'exerce dans le respect des périodes de prise des congés payés et des règles gouvernant la fixation par l'employeur de l'ordre des départs en congé.

Ordre et date des départs - Un accord d'entreprise ou d'établissement (à défaut, une convention ou un accord de branche) peut fixer l'ordre des départs pendant la période de prise des congés (c. trav. art. L. 3141-15).

À défaut d'accord collectif, l'employeur définit l'ordre des départs, après avis du CSE, en tenant compte de (c. trav. art. L. 3141-16) :
- la situation familiale du salarié, notamment les possibilités de congé du conjoint ou du partenaire pacsé, présence au sein du foyer d'un enfant, d'un adulte handicapé ou d'une personne âgée en perte d'autonomie ;
- l'ancienneté ;
- l'activité chez un ou plusieurs autres employeurs.

En pratique, les salariés effectuent leur demande de congés aux dates qu'ils ont choisies. En cas de désaccord avec l'employeur, la décision appartient à ce dernier.

▶ À noter… Les conjoints et partenaires liés par un Pacs travaillant dans la même entreprise ont droit à un congé simultané (c. trav. art. L. 3141-14 ; cass. soc. 26 février 2013, n° 11-26934 D).

Règles encadrant la fixation des dates - La durée des congés pouvant être pris en une seule fois ne peut pas excéder 24 jours ouvrables, sauf pour les salariés justifiant de contraintes géographiques particulières ou de la présence au sein du foyer d'un enfant ou d'un adulte handicapé ou d'une personne âgée en perte d'autonomie (c. trav. art. L. 3141-17).

Par ailleurs, en cas de fractionnement du congé principal, le salarié doit prendre au moins 12 jours ouvrables en continu entre 2 jours de repos hebdomadaire (c. trav. art. L. 3141-19). Ces 12 jours doivent être pris durant la période du 1er mai au 31 octobre ou durant une autre période fixée par accord collectif d'entreprise ou d'établissement (ou à défaut, de branche) (c. trav. art. L. 3141-23).

▶ À noter… Lorsque le congé acquis ne dépasse pas 12 jours ouvrables, il doit être continu (c. trav. art. L. 3141-18).

Fractionnement - Le congé d'été de 4 semaines peut être fractionné par l'employeur avec l'accord du salarié (c. trav. art. L. 3141-19). Ni le salarié ni l'employeur ne peuvent donc imposer unilatéralement le fractionnement des 4 semaines.

L'accord du salarié n'est pas nécessaire :
- lorsque le congé a lieu pendant la période de fermeture de l'établissement (c. trav. art. L. 3141-19) ;
- lorsque le fractionnement ne concerne pas le congé principal : l'employeur peut donc décider seul de fractionner la 5e semaine de congé (cass. soc. 27 mai 2003, n° 01-40143 D).

Pour plus de détails sur le fractionnement, voir *Fractionnement des congés payés**.

Information des salariés - L'employeur communique par tout moyen, à chaque salarié un mois avant son départ, l'ordre des départs en congés payés (c. trav. art. D. 3141-6). L'affichage de cette information dans les locaux n'est pas nécessaire, mais possible (décret 2016-1418 du 20 octobre 2016, JO du 22).

Modification des dates par l'employeur - En principe, l'employeur doit respecter les dates qu'il a fixées ou acceptées. Mais les nécessités de l'activité de l'entreprise ou des aléas peuvent l'amener à modifier des dates qu'il a acceptées.

Un accord d'entreprise ou d'établissement (à défaut, une convention ou un accord de branche) détermine les délais que l'employeur doit respecter pour modifier l'ordre et les dates de départs (c. trav. art. L. 3141-15).

Faute d'accord, l'employeur ne peut pas modifier les dates dans le mois qui précède le départ en congés payés, sauf circonstances exceptionnelles (c. trav. art. L. 3141-16). Cette règle s'applique aux congés payés, 5e semaine comprise, et aux congés payés d'origine conventionnelle (cass. soc. 2 mars 2022, n° 20-22261 FSB). Dans cette affaire, la grève, qui selon l'employeur entrainait la paralysie du site, n'a pas été considérée comme une circonstance exceptionnelle permettant de déroger au délai de prévenance d'un mois et d'imposer aux salariés non grévistes de prendre des congés payés.

Décompte des congés payés

Premier jour de congé - On considère que le premier jour des congés payés du salarié est le premier jour de la période de congés que le salarié aurait dû travailler.

Exemple

Un salarié travaillant du lundi au vendredi part en congés le vendredi soir. Le lendemain samedi, jour ouvrable mais non travaillé, ne sera pas décompté, les congés commençant à courir à partir du lundi suivant (1er jour qui aurait dû être travaillé).

Décompte pour un salarié en cycle - Les jours non travaillés dans le cadre d'une organisation du travail par cycle (voir *Cycle de travail**) ne sont pas des RTT s'ajoutant aux congés payés. Par conséquent, lorsque la période de congés payés s'achève sur un jour non travaillé du cycle, celui-ci doit être compté comme un jour de congés payés (cass. soc. 29 janvier 2020, n° 18-13604 FSPB).

Jours ouvrables - Sauf dispositions contraires plus favorables applicables dans l'entreprise, le décompte des congés payés se fait sur les 6 jours ouvrables de la semaine (c. trav. art. L. 3141-3 ; cass. soc. 18 janvier 2006, n° 04-4147, BC V n° 19), c'est-à-dire sur les jours normalement travaillés et le second jour de repos hebdomadaire (ex. : samedi).

Exemple

Un salarié travaillant du lundi au vendredi, qui part en congés une semaine le vendredi soir après son travail, se verra décompter 6 jours ouvrables du lundi au samedi. En conséquence, en principe un salarié auquel il ne reste qu'un seul jour de congé ne peut pas prendre le vendredi. En effet, cela équivaudrait à lui déduire 2 jours ouvrables de congé (vendredi et samedi).

Jours ouvrés - Le mode de calcul et de décompte en jours ouvrés est possible, mais il ne doit pas être moins favorable au salarié (cass. soc. 30 octobre 1997, n° 95-41947 D).

Si les congés sont décomptés en jours ouvrés, seuls sont considérés comme des jours de congé les jours normalement travaillés dans l'entreprise.

Exemple

Dans le même exemple, l'employeur décompte au salarié 5 jours ouvrés de congés du lundi au vendredi. Le salarié auquel il ne reste qu'un jour de congé peut poser sa journée du vendredi.

Des spécificités peuvent exister pour les congés payés des salariés à temps partiel [voir *Congés payés (salariés à temps partiel)**].

Décompte et jours fériés

Jours fériés chômés - Les jours fériés chômés dans l'entreprise ne constituent ni des jours ouvrables, ni des jours ouvrés.

Lorsque le décompte des congés payés est effectué en jours ouvrables, les juges ont estimé que le congé payé doit être prolongé de 1 jour quand un jour férié coïncide avec un jour ouvrable, même si celui-ci est chômé dans l'entreprise (cass. ass. plén. 21 mars 1997, n° 92-44778, BC n° 4). La même règle s'applique si les congés payés sont décomptés en jours ouvrés.

En pratique, quel que soit le mode de décompte utilisé, les jours fériés chômés compris dans une période de congés ne sont pas décomptés.

Exemple

Soit un départ en congés la semaine du 11 août 2025, qui comprend le vendredi 15 août chômé. L'employeur décomptera, selon le cas, 5 jours ouvrables ou 4 jours ouvrés pour cette semaine.

Lorsque la convention collective prévoit que le jour férié est chômé et payé, ce jour n'est pas décompté comme un congé payé (cass. soc. 26 janvier 2011, n° 09-68309, BC V n° 39).

Jour férié travaillé - Si le jour férié est travaillé par tous les salariés de l'entreprise qui ne sont pas en congés, il s'agit d'un jour ouvrable ou ouvré qui doit être décompté comme jour de congé.

Lorsque le jour férié peut être travaillé par des salariés dans l'entreprise mais qu'il doit être récupéré en application de la règle conventionnelle, il est considéré comme chômé et payé. Il n'est donc pas décompté des congés payés (cass. soc. 26 janvier 2011, n° 09-68309, BC V n° 39).

Jour férié tombant le dimanche - Le jour férié chômé ou non qui tombe un dimanche n'a aucune incidence sur le décompte puisque le dimanche n'est pas décompté comme un jour de congé (attention, aux salariés travaillant le dimanche).

Jour férié tombant le second jour de repos hebdomadaire (ex. : samedi) - Lorsque l'entreprise décompte les congés payés en jours ouvrables :

- soit le jour férié tombant le second jour de repos hebdomadaire est habituellement chômé dans l'entreprise : dans ce cas, cette journée n'est pas décomptée comme jour de congés payés (le salarié « gagne » un jour) ;
- soit le jour férié n'est pas habituellement chômé dans l'entreprise mais au contraire travaillé : dans ce cas, le second jour de repos hebdomadaire est décompté comme jour de congés payés.

Le décompte en jours ouvrés est moins favorable que le décompte légal en jours ouvrables (permettant le « gain du jour férié ») lorsque le jour férié tombe le second jour de repos hebdomadaire habituellement chômé. Il faut alors accorder un jour de congé supplémentaire aux salariés en jours ouvrés (cass. soc. 7 janvier 1998, n° 85-42353 D).

Exemple

Un salarié prend une semaine de congé. Si le samedi est un jour férié habituellement chômé dans l'entreprise, le salarié se voit décompter seulement 5 jours ouvrables de congés payés, contre 6 si le samedi n'était pas un jour férié chômé (il économise une journée de congés payés). Un décompte en jours ouvrés conduirait aussi à 5 jours (du lundi au vendredi) : pour que le salarié ne perde pas le bénéfice du jour férié chômé, il faut lui accorder une journée supplémentaire de congé.

Cette règle vaut uniquement lorsque le calcul des droits à congés en jours ouvrés est la simple transposition du calcul en jours ouvrables prévu par le code du travail (30 jours ouvrables = 25 ouvrés). Si les droits à congés payés sont calculés en fonction d'un système plus avantageux que le régime légal, l'employeur n'a pas à accorder de jour supplémentaire (cass. soc. 27 octobre 2004, n° 02-44149, BC V n° 279). Par exemple, ce sera le cas pour un salarié qui dispose, en vertu de règles conventionnelles, de plus de 25 jours ouvrés de congés payés (cass. soc. 18 mai 1994, n° 91-40700 D).

Jour de pont - Un jour de pont compris dans une période de congés reste, sauf disposition conventionnelle plus favorable, un jour de congé qui doit être décompté.

Il en est de même, en cas de décompte en jours ouvrables, de l'éventuel second jour de repos hebdomadaire qui suit.

Exemple

L'employeur accorde le vendredi suivant le jeudi de l'Ascension en journée de pont.

Pour un décompte en jours ouvrables, le salarié qui a pris la semaine entière se voit décompter 5 jours ouvrables de congé (lundi, mardi, mercredi, vendredi et samedi).

Si le décompte se fait en jours ouvrés, il aura pris 4 jours ouvrés (lundi, mardi, mercredi et vendredi).

Salariés à temps partiel

Voir *Congés payés (salariés à temps partiel)**.

Report des congés

Principe : pas de droit au report - Un salarié ne bénéficie d'aucun droit au report sans autorisation expresse de la hiérarchie : faute d'autorisation, le salarié n'est pas fondé à demander une indemnité compensatrice pour des arriérés de congés (cass. soc. 9 janvier 2013, n° 11-21758 D). Il ne peut pas non plus refuser de prendre ses congés payés pendant 20 ans, malgré les avertissements de l'employeur, pour se constituer un capital et réclamer le paiement d'une indemnité de congés payés (cass. soc. 15 janvier 2020, n° 18-13341 D).

En pratique, la mention du report des congés payés acquis au titre de la période antérieure à la période de référence en cours sur le bulletin de paye peut servir à établir l'accord de l'employeur (cass. soc.

9 juillet 2015, n° 14-10051 D). S'il estime que le solde de congés payés figurant sur un bulletin de paye (en l'espèce 115 jours) relève d'une erreur, il lui appartient d'apporter la preuve (cass. soc. 9 décembre 2020, n° 19-12739 D). À noter que dans cette affaire, les écritures comptables laissaient apparaître l'existence de dettes de congés payés au titre de 2 exercices.

Arrêt de travail, congé de maternité ou d'adoption, congé parental - Voir *Congés payés (incidence des arrêts de travail)** pour les possibilités de report des congés liés à un arrêt de travail (maladie, accident de trajet, accident du travail, maladie professionnelle) ou à des congés (maternité, adoption, congé parental d'éducation, etc.).

Fermeture de l'entreprise

Voir *Fermeture de l'entreprise (pendant les congés)**.

Rôle de l'employeur dans la prise des congés

Assurer la prise des congés - L'employeur doit prendre les mesures propres à assurer au salarié la possibilité d'exercer effectivement son droit à congé (cass. soc. 13 juin 2012, n° 11-10929, BC V n° 187 ; cass. soc. 21 septembre 2017, n° 16-18898, BC V n° 159).

À notre sens, si nécessaire, l'employeur peut imposer au salarié de prendre ses congés dans le respect des règles applicables.

Le paiement d'une indemnité ne peut pas remplacer la prise effective des congés (cass. soc. 13 juin 2012, n° 11-10929, BC V n° 187), sauf en cas de rupture du contrat de travail (CJUE 26 juin 2001, aff. C-173/00, § 44 ; CJUE 16 mars 2006, aff. C-131/04, § 60).

Lorsque l'employeur a mis le salarié dans l'impossibilité de prendre ses congés, celui-ci est en droit d'en obtenir réparation (indemnité compensatrice de congés payés et/ou dommages et intérêts).

Charge de la preuve des diligences de l'employeur en cas de litige - En cas de litige, il appartient à l'employeur de justifier qu'il a accompli les diligences nécessaires pour permettre au salarié de bénéficier effectivement de ses congés payés (cass. soc. 13 juin 2012, n° 11-10929, BC V n° 187 ; cass. soc. 9 décembre 2020, n° 19-12739 D ; cass. soc. 6 juillet 2022, n° 21-12223 D). Cette règle de preuve concerne les congés payés d'origine légale et ceux d'origine conventionnelle, y compris ceux s'ajoutant aux 4 semaines garanties par le droit européen, sauf dispositions contraires (cass. soc. 21 septembre 2017, n° 16-18898, BC V n° 159).

L'employeur ne peut pas se limiter à dire que le salarié « n'a pas été empêché » de prendre ses congés (cass. soc. 21 octobre 2014, n° 13-15467 D).

► À noter… Selon la jurisprudence européenne, citée par la Cour de cassation (cass. soc. 22 septembre 2021, n° 19-17046 FPBR), l'employeur est notamment tenu, eu égard au caractère impératif du droit au congé annuel payé, de veiller concrètement et en toute transparence à ce que le travailleur soit effectivement en mesure de prendre ses congés annuels payés, en l'incitant, au besoin formellement, à le faire, tout en l'informant de manière précise et en temps utile (…) de ce que, s'il ne prend pas ces congés, ils seront perdus à la fin de la période de référence ou d'une période de report autorisée (CJUE 6 novembre 2018, aff. C-684/16, §§ 45 et 46).

Salariés affiliés à des caisses de congés payés - Les employeurs relevant d'une *caisse de congés payés** doivent également prendre les mesures propres à assurer aux salariés concernés la possibilité de bénéficier effectivement de leur droit à congé auprès de la caisse de congés payés.

En cas de contestation, l'employeur doit justifier qu'il a accompli les diligences qui lui incombent légalement. Ce n'est qu'à cette condition que s'opérera la substitution de l'employeur par la caisse pour le paiement de l'indemnité de congés payés. À défaut le salarié pourra contraindre l'employeur défaillant à exécuter son obligation (cass. soc. 22 septembre 2021, n° 19-17046 FPBR).

Ces employeurs doivent faire le nécessaire pour que les salariés concernés puissent prendre leurs congés payés, sous peine de s'exposer à devoir les indemniser, sans pouvoir « s'abriter » derrière la caisse de congés payés.

☞ *Activité partielle ; Congés payés (incidence des arrêts de travail) ; Congés payés (salariés à temps partiel) ; Don de jours de repos ; Fermeture de l'entreprise (pendant les congés) ; Fractionnement des congés payés ; Indemnité compensatrice de congés payés ; Indemnité de non-concurrence ; Indemnité de congés payés ; Jeunes ; Jour ouvrable/jour ouvré ; Jours fériés ; Temps de travail effectif.*

Congés payés (incidence des arrêts de travail)

Cette étude traite de l'incidence sur les *congés payés**, des congés de maternité et d'adoption, du congé parental d'éducation, du congé de paternité et d'accueil de l'enfant, des principaux congés des aidants et des arrêts de travail liés à une maladie ou un accident, à caractère professionnel ou non professionnel.

Ces congés et arrêts de travail peuvent avoir un impact tant sur l'acquisition des droits à *congés payés** que sur leur report, dans la mesure où ils en ont empêché la prise.

Incidence des congés de maternité, d'adoption et de paternité, du congé parental et des congés d'aidant

Acquisition des congés payés - Le *congé de maternité**, le *congé de paternité et d'accueil de l'enfant** et le *congé d'adoption** sont assimilés à du temps de travail effectif pour l'acquisition des congés payés (c. trav. art. L. 3141-5). Pendant ces congés, le salarié acquiert le même nombre de jours de congés payés que s'il travaillait, à savoir 2,5 jours ouvrables par mois ou période équivalente (voir *Congés payés**).

Pour le *congé parental d'éducation**, tout dépend de la forme du congé :
- le congé parental pris sous forme de congé total n'ouvre pas droit à congés payés, sauf dispositions conventionnelles ou contractuelles plus favorables ;
- le congé parental pris sous forme de période de travail à temps partiel ouvre droit à l'acquisition de congés payés dans les conditions habituelles (2,5 jours ouvrables par mois de travail ou période équivalente ; voir *Congés payés**).

▶ À noter... L'exclusion du congé parental total pour le calcul des droits à congés payés est conforme au droit européen (CJUE 4 octobre 2018, aff. C-12/17).

Les salariés n'acquièrent pas de droits à congés payés pendant un *congé de solidarité familiale**, un *congé de proche aidant** ou un *congé de présence parentale pour enfant malade**, sauf dispositions conventionnelles ou contractuelles plus favorables. En revanche, lorsqu'ils sont pris sous forme de période d'activité à temps partiel, ces congés ouvrent droit à l'acquisition de congés payés dans les conditions de droit commun (2,5 jours ouvrables par mois de travail ou période équivalente ; voir *Congés payés**).

Report des congés payés - Les salariés de retour d'un *congé de maternité** ou d'un *congé d'adoption** ont droit à leurs congés payés annuels, quelle que soit la période de prise des congés payés fixée dans l'entreprise (c. trav. art. L. 3141-2).

Depuis le 11 mars 2023, la même règle a été expressément posée pour les salariés en *congé de paternité et d'accueil de l'enfant** ou en *congé parental d'éducation** : ils conservent le bénéfice de tous les avantages qu'ils ont acquis avant le début de leur congé (c. trav. art. L. 1225-35-2 et L. 1225-54).

▶ À noter... S'agissant du congé parental d'éducation, la Cour de cassation jugeait déjà que, pour les périodes antérieures au 11 mars 2023, les congés payés acquis à la date du début du congé parental devaient être reportés (cass. soc. 13 septembre 2023, n° 22-14043 FPB). Elle s'était ainsi alignée sur la Cour de justice de l'Union européenne (CJUE 22 avril 2010, aff. C-486/08), abandonnant son ancienne jurisprudence (cass. soc. 28 janvier 2004, n° 01-46314, BC V n° 32).

Par ailleurs, le code du travail prévoit expressément que le salarié conserve le bénéfice de tous les avantages qu'il avait acquis avant le début du congé en cas de *congé de solidarité familiale** (c. trav. art. L. 3141-12), de *congé de proche aidant** (c. trav. art. L. 3142-21) et de *congé de présence parentale pour enfant malade** (c. trav. art. L. 1225-65). Le salarié conserve donc les congés payés acquis avant le début de son congé et bénéficie de leur report même si la période de prise des congés payés a expiré pendant son absence.

Acquisition des CP en cas d'arrêt de travail pour maladie ou accident depuis la loi du 22 avril 2024

Arrêt de travail pour maladie ou accident non professionnel - Depuis le 24 avril 2024, les arrêts de travail liés à un accident ou une maladie à caractère non professionnel sont assimilés par le code du travail à des périodes de travail effectif pour l'acquisition des congés payés (c. trav. art. L. 3141-5, 7° ; loi 2024-364 du 22 avril 2024, art. 37, JO du 23).

Néanmoins, la règle d'acquisition est spécifique : ces arrêts de travail ouvrent droit à 2 jours ouvrables de congés payés par mois (et pas 2,5), dans la limite d'une attribution à ce titre de 24 jours ouvrables (4 semaines) par période d'acquisition (c. trav. art. L. 3141-5-1), sous réserve de dispositions conventionnelles ou d'usages plus favorables aux salariés.

▶ À noter... L'acquisition de droits à congés payés pendant un arrêt pour maladie ou accident non professionnel n'est subordonnée ni à une condition de durée de travail préalable du salarié, ni à l'indemnisation de l'arrêt de travail par la sécurité sociale (IJSS) ou l'employeur (indemnités complémentaires). Un salarié placé en arrêt pour maladie non professionnelle dès son embauche, ou juste après, acquiert des congés payés pendant son arrêt de travail.

En cas d'arrêt de travail sur toute la période d'acquisition (1er juin-31 mai dans le cas général), le salarié acquiert au maximum 24 jours ouvrables, soit le socle de 4 semaines garanti par le droit européen. Il ne bénéficie pas de la 5e semaine.

Si un salarié se trouve en arrêt maladie sur une partie de la période d'acquisition des congés payés, il faut tenir compte des deux règles d'acquisitions :
- 2,5 jours ouvrables par mois de travail effectif ou de période assimilée pour l'acquisition des congés payés (AT/MP, congé de maternité, etc.) (c. trav. art. L. 3141-3 et L. 3141-5) ;
- 2 jours ouvrables par mois de travail pour maladie ou accident à caractère non professionnel (c. trav. art. L. 3141-5, 7° et L. 3141-5-1).

La combinaison de ces deux règles peut permettre au salarié d'acquérir plus de 24 jours ouvrables de congés payés.

À notre sens, il faut également tenir compte des règles d'équivalence à 1 mois prévues en matière d'acquisition des congés payés (4 semaines de travail ou assimilé = 1 mois, etc. ; voir *Congés payés**).

Exemple
Sur la période d'acquisition juin 2025-mai 2026, un salarié embauché en cours d'année travaille 32 semaines (équivalent de 8 mois) et est en arrêt maladie 16 semaines (équivalent de 4 mois). Au titre des périodes de travail, il acquiert 2,5 × 8 = 20 jours ouvrables de congés payés et au titre de l'arrêt maladie 2 × 4 = 8 jours ouvrables, soit un total de 28 jours ouvrables de congés payés.

En introduisant ces règles, la loi DDADUE a entendu atténuer l'impact d'une jurisprudence du 13 septembre 2023 attribuant au salarié en arrêt maladie 2,5 jours ouvrables de congés payés par mois, pour les 5 semaines légales de congés payés et les congés payés d'origine conventionnelle (cass. soc. 13 septembre 2023, n° 22-17340 FPBR ; notice jointe à l'arrêt).

Arrêt de travail pour accident du travail ou maladie professionnelle - Le salarié acquiert 2,5 jours ouvrables de congés payés par mois d'arrêt pour accident du travail ou maladie professionnelle (AT/MP) (c. trav. art. L. 3141-3 et L. 3141-5, 5°), soit 30 jours ouvrables (5 semaines) en cas d'arrêt de travail sur toute une période d'acquisition.

Depuis le 24 avril 2024, le salarié acquiert des congés payés pendant toute la durée d'un arrêt de travail AT/MP, et plus seulement pendant la première année (c. trav. art. L. 3141-5, 5° ; loi 2024-364 du 22 avril 2024, art. 37, JO du 23).

Cette disposition reprend une jurisprudence du 13 septembre 2023, selon laquelle la limite d'un an autrefois prévue était de toute façon inapplicable (cass. soc. 13 septembre 2023, n° 22-17638 FPBR).

Exemple
Un salarié en arrêt AT/MP sur deux périodes d'acquisition complètes acquiert 30 jours ouvrables de CP (5 semaines) par période d'acquisition, soit au total 60 jours ouvrables de congés payés (et pas 30 au titre de la 1re année).

Arrêt de travail pour accident de trajet - En 2012, la Cour de cassation de cassation a décidé d'assimiler les arrêts de travail liés à un *accident de trajet** à des arrêts pour accident du travail en matière d'acquisition des congés payés (cass. soc. 3 juillet 2012, n° 08-44834, BC V n° 204).

Cette jurisprudence conduit à considérer que le salarié acquiert des congés payés dans les mêmes conditions qu'en cas d'accident du travail (2,5 ouvrables de CP par mois ; *voir ci-avant*).

▶ À noter… À la suite de la loi DDADUE, la Cour de cassation fera-t-elle évoluer sa jurisprudence, en assimilant l'accident de trajet à un arrêt maladie non professionnelle en matière d'acquisition des congés payés ? L'avenir nous le dira.

Indemnité de congés payés - L'indemnité de congés payés d'un salarié est calculée de la façon la plus favorable au salarié entre le 1/10e de la rémunération totale brute de référence sur la période d'acquisition (en général, du 1er juin au 31 mai) et le maintien du salaire (pour le détail, voir *Indemnité de congés payés**) (c. trav. art. L. 3141-24).

Pour l'application de la règle du 1/10e, lorsque le salarié a été absent ou en congé sur la période d'acquisition, il convient d'intégrer dans la base de calcul les salaires fictifs correspondant à la rémunération qu'il aurait perçue s'il avait travaillé pour les absences et congés assimilés à du travail effectif pour l'acquisition des *congés payés** (ex. : congé de maternité, arrêt de travail AT/MP) (c. trav. art. L. 3141-24, I, 3°).

La rémunération fictive correspondant aux périodes d'arrêt de travail pour accident ou maladie non professionnelle est désormais prise en compte, mais seulement à hauteur de 80 % (c. trav. art. L. 3141-24, I, 4° ; loi 2024-364 du 22 avril 2024, art. 37).

Exemple
Sur la période d'acquisition de référence, un salarié rémunéré 3 000 € est malade pendant l'équivalent de 4 mois. Le reste du temps, il a travaillé. Il acquiert 28 jours ouvrables de CP. La base de calcul de l'in-

demnité pour l'application de la règle du 1/10e est de (8 × 3 000 €) + (4 × 3 000 € × 80 %) = 33 600 €, soit une indemnité de 3 360 €.

Pour un salarié qui a été en arrêt maladie d'origine non professionnelle au cours de la période d'acquisition, il est possible que selon la durée de l'arrêt de travail, la règle du maintien du salaire soit plus favorable.

Information du salarié sur ses droits après un arrêt pour maladie ou accident

Obligation - Depuis le 24 avril 2024, après un arrêt pour maladie ou accident, quelles que soient sa durée et son origine (professionnelle ou non professionnelle), l'employeur est tenu d'informer le salarié dans le mois suivant la reprise du travail (c. trav. art. L. 3141-19-3) :
- du nombre de jours de congés payés dont celui-ci dispose ;
- et de la date jusqu'à laquelle il peut les prendre.

▶ À noter… La date à laquelle le salarié reçoit ces informations fait souvent partir le délai de report des congés payés qu'un salarié n'a pas pu prendre du fait de son arrêt de travail pour maladie ou accident *(voir plus loin)*. Dans les situations concernées, si l'employeur ne procède pas à cette information, le délai ne peut pas commencer à courir.

Modalité - L'employeur doit procéder à cette information par tout moyen donnant une date certaine de réception par le salarié de l'information, notamment au moyen du bulletin de paye (c. trav. art. L. 3141-19-3).

Le passage par le bulletin de paye n'est qu'une option parmi d'autres (LRAR, lettre remise en main propre contre récépissé, etc.).

Report des CP non pris du fait d'un accident ou d'une maladie

Période de report de 15 mois pouvant être allongée par accord collectif - La loi DDADUE a créé une période de report de 15 mois pour les congés payés qu'un salarié n'est pas en mesure de prendre en raison d'un arrêt de travail AT/MP ou lié à une maladie ou un accident de droit commun (c. trav. art. L. 3141-19-1 et L. 3141-19-2).

Cette durée de report de 15 mois est un minimum légal. Elle peut être augmentée par un accord d'entreprise ou d'établissement ou, à défaut, par une convention ou un accord de branche (c. trav. art. L. 3141-21-1). Si nécessaire, dans les développements ci-après, cette durée plus longue se substitue à la durée de 15 mois.

Le point de départ de la période de report varie selon que l'on se trouve dans le cas général (c. trav. art. L. 3141-19-1) ou dans le cas particulier d'un salarié ayant été en arrêt de travail sur toute une période d'acquisition (c. trav. art. L. 3141-19-2).

Règle générale de report - Depuis le 24 avril 2024, le salarié dispose d'une période de report de 15 mois pour bénéficier des congés payés acquis qu'il ne peut pas prendre au cours de leur période « normale » de prise, en raison d'un arrêt de travail pour maladie ou accident, d'origine professionnelle ou non professionnelle (c. trav. art. L. 3141-19-1).

La période de report (15 mois, ou durée conventionnelle plus longue) démarre à la date à laquelle le salarié reçoit, après sa reprise du travail, les informations sur ses droits *(voir plus haut)* (c. trav. art. L. 3141-19-1).

À l'issue de la période de report, le salarié perd les congés payés non soldés.

De plus, sous réserve des décisions de justice passées en force de chose jugée et des règles conventionnelles plus favorables qui étaient en vigueur à la date d'acquisition des droits à congés, la loi prévoit une application rétroactive des règles de report et d'information du 1er décembre 2009 au 23 avril 2024 inclus (loi 2024-364 du 22 avril 2024, art. 37, II).

Le tableau I ci-après présente un exemple d'application des règles de report pour un arrêt de travail d'au moins un an au terme d'une période d'acquisition.

Arrêt de travail depuis au moins 1 an à la fin d'une période d'acquisition - Un régime particulier de report s'applique aux salariés qui se trouvent en arrêt de travail depuis au moins 1 an à la fin d'une période d'acquisition des congés payés (31 mai en général ; voir *Congés payés**).

Concrètement, une règle de report spécifique s'applique pour les congés payés acquis au cours d'une période d'acquisition intégralement couverte par un ou plusieurs arrêts de travail pour accident ou maladie.

Les congés payés acquis au titre de l'arrêt de travail sont reportés sur une période de 15 mois, qui débute à compter du terme de la période d'acquisition au titre de laquelle ces congés ont été acquis si, « à cette date », le contrat de travail est suspendu depuis au moins 1 an en raison de la maladie ou de l'accident (c. trav. art. L. 3141-19-2).

Tableau I - Exemple de report pour un arrêt de travail dans le cas général
Un salarié en arrêt maladie de juillet à septembre 2024 a repris le travail le 1er octobre 2024. L'employeur l'a informé le 10 octobre 2024 sur ses droits (droit à congés, dates jusqu'à laquelle les prendre). Dans l'entreprise, la période d'acquisition des congés va du 1er juin N - 1 au 31 mai N. La période de prise va du 1er mai N au 30 avril N + 1, avec une période de prise des « congés d'été » du 1er mai au 31 octobre N.
I) Sort du solde des CP acquis du 1er juin 2023 au 31 mai 2024
• Le report de CP sur 15 mois peut concerner les congés payés acquis du 1er juin 2023 au 31 mai 2024, non encore pris par le salarié au moment où a débuté son arrêt maladie, s'il se trouve dans une situation d'impossibilité de prendre ses congés avant la fin de la période de prise. • Le salarié n'étant pas en arrêt de travail depuis au moins 1 an à la fin d'une période d'acquisition, la situation relève des règles générales de report (c. trav. art. L. 3141-19-1). La période de report démarre à la date à laquelle le salarié reçoit, après sa reprise du travail, les informations sur ses droits. Ici, la période de report de 15 mois court donc du 10 octobre 2024 au 10 janvier 2026.
II) CP acquis au titre de la période du 1er juin au 30 septembre 2024
• Les CP acquis au mois de juin 2024 travaillé et pendant l'arrêt maladie de juillet à septembre 2024, ne relèvent pas des mécanismes de report. • La reprise du travail étant intervenue avant le début de la période de prise des congés acquis de juin à septembre 2024, le salarié n'est pas dans l'impossibilité de prendre ses congés au cours de la période de prise, laquelle s'ouvrira uniquement au 1er mai 2025 (c. trav. art. L. 3141-19-1). Il dispose de toute cette période pour « poser » ces jours de congé (1er mai 2025 - 30 avril 2026, dont 1er mai - 31 octobre 2025 pour les congés d'été).

La période de report de 15 mois peut donc démarrer sans attendre la reprise du travail et sans que le salarié ait été informé de ses droits.

Exemple

Pour une période d'acquisition du 1er juin de l'année N au 31 mai N + 1 (cas général), la période de report de 15 mois court à compter du 1er juin N + 1.

Si l'arrêt de travail se prolonge et que le salarié ne revient pas avant la fin de la période de report, les droits reportés sont perdus.

Lorsque salarié reprend le travail avant l'expiration de la période de report de 15 mois. Elle reprend son cours une fois que l'employeur a informé le salarié sur les jours de congé dont il dispose et la date jusqu'à laquelle il peut les prendre *(voir plus haut)* (c. trav. art. L. 3141-19-2).

Le tableau II ci-après présente un exemple d'application des règles de report pour un arrêt de travail d'au moins un an au terme d'une période d'acquisition.

Nouvel arrêt maladie durant la période de report - Il arrive que le salarié se trouve à nouveau en arrêt de travail (AT/MP ou maladie/accident non professionnel) durant la période de report dont il bénéficie pour les congés payés non pris du fait d'un arrêt de travail maladie/accident. Et ce nouvel arrêt peut empêcher le salarié de bénéficier de ses congés payés reportés.

La loi DDADUE n'indique pas ce qu'il advient de la période de report mais la Direction générale du travail (DGT) nous a indiqué que dans le silence du texte législatif, et sous réserve de l'interprétation souveraine des juges en cas de litige, le raisonnement à tenir serait le suivant.

Dans son avis sur le projet de loi rendu public en mars (CE 7/11 mars 2024, n° 408112), le Conseil d'État a rappelé que, pour les droits acquis antérieurement à une absence pour cause de maladie, la jurisprudence européenne considère qu'une législation nationale ne peut prévoir l'extinction automatique des droits à congé annuel acquis par le salarié, à l'issue de la période de référence ou de la période de report, si l'intéressé n'a pas été en mesure de les utiliser (CJCE 10 février 2009, aff. C-50/06 et C 520/06 ; CJUE 29 novembre 2017, C-214/16 ; CJUE 6 novembre 2018, C-619/16). L'expiration de la durée de la période de référence ou, si elle existe, de la période de report, ne peut pas conduire à l'extinction de tout ou partie des droits acquis par le salarié si, en raison de son absence pour maladie au moment où cette période expire, il n'est pas en mesure d'utiliser les droits dont il dispose (CJCE 10 septembre 2009, C-277/08) .

Selon la DGT, l'employeur doit donc adapter la situation à chaque cas pour laisser une durée suffisante au salarié qui ne peut pas exercer son droit sur la période de report à cause d'une période d'absence significative. Un accord d'entreprise ou d'établissement (à défaut, une convention ou un accord de branche) peut prévoir dans cette situation qu'une nouvelle période de report (re)démarre.

Précisons que cette réponse de la DGT n'a pas de valeur juridique opposable.

Salarié tombant malade pendant ses congés payés - Lorsqu'un salarié est placé en arrêt pour

Tableau II - Exemple de report pour un arrêt de travail d'au moins 1 an au terme d'une période d'acquisition
Un salarié est en arrêt maladie du 15 mars 2024 au 30 septembre 2025. Par hypothèse, dans l'entreprise, la période d'acquisition court du 1er juin N - 1 au 31 mai N, et la période de prise des congés payés du 1er mai N au 30 avril N + 1.
A) CP acquis au titre de la période d'arrêt de travail du 1er juin 2024 au 31 mai 2025
• Du 1er juin 2024 au 31 mai 2025, le salarié acquiert 24 jours ouvrables de congés payés au titre de l'arrêt de travail pour maladie non professionnelle (en cas d'AT/MP, ce serait 30 jours ouvrables). • Le salarié étant en arrêt de travail depuis au moins 1 an à la fin de la période d'acquisition « 1er juin 2024 - 31 mai 2025 », le report CP acquis sur cette période relève de la règle dérogatoire (c. trav. art. L. 3141-19-2), et non du cas général. • La période de report de 15 mois court en principe du 31 mai 2025 au 31 août 2026. Au bout de 4 mois, elle est suspendue puisque le salarié reprend le travail le 1er octobre 2025. Il reste 11 mois de report, qui recommenceront à courir uniquement à partir du moment où l'employeur aura informé le salarié de ses droits. • Si l'arrêt de travail se prolongeait au-delà du 1er octobre 2025 et que le salarié ne revenait qu'après le 31 août 2026, les CP acquis au titre de la période d'arrêt de travail du 1er juin 2024 au 31 mai 2025 seraient définitivement perdus.
B) CP acquis au titre de la période d'arrêt de travail du 15 mars 2024 au 31 mai 2024
• Les CP acquis au titre de la période d'arrêt de travail du 15 mars 2024 au 31 mai 2024 auraient dû être pris du 1er mai 2024 au 30 avril 2025, ce que l'arrêt de travail a rendu impossible. • Au 31 mai 2024, date de fin de la période d'acquisition de ces CP, le salarié n'étant pas arrêté depuis au moins 1 an, la règle générale de report s'appliquait (c. trav. art. L. 3141-19-1). • La période de 15 mois ne peut commencer à courir qu'une fois que le salarié a repris le travail, et que son employeur l'a informé de ses droits à congés et de la date limite pour les prendre. • Si l'arrêt de travail se prolongeait jusqu'au 31 août 2026 ou au-delà, le salarié perdrait les droits à CP acquis durant la période d'arrêt de travail courant du 1er juin 2024 au 31 mai 2025 *(voir A ci-dessus)*. Mais le salarié conserverait le bénéfice du report des CP acquis du 15 mars 2024 au 31 mai 2024 car la période de report ne peut commencer qu'à partir du moment où, après la reprise du travail, il est informé sur ses droits.
C) CP acquis au titre de la période d'arrêt de travail du 1er juin 2025 au 30 septembre 2025
• Les CP acquis pendant la partie d'arrêt de travail allant de juin à septembre 2025 ne relèvent pas des mécanismes de report. • La période de prise de ces CP (1er mai 2026 - 30 avril 2025, dont 1er mai - 31 octobre 2026 pour les congés d'été), n'est pas encore ouverte à la reprise du travail (1er octobre 2025). • Le salarié disposera de toute cette période pour « poser » ces jours de congé (1er mai 2025 - 30 avril 2026, dont 1er mai - 31 octobre 2025 pour les congés d'été). Sauf à ce que le salarié retombe malade et soit empêché de les prendre le moment venu, il n'y a donc pas à ce stade de report.

maladie non professionnelle alors qu'il est en congés payés, les congés l'emportent sur la maladie sauf convention ou usage plus avantageux.

Selon une jurisprudence de la Cour de cassation datant de 1996, dans cette situation le salarié ne peut pas exiger de prendre ultérieurement le congé dont il n'a pas bénéficié du fait de son arrêt de travail (cass. soc. 4 décembre 1996, n° 93-44907, BC V n° 420). Les jours de congés payés confondus avec la maladie ne sont pas reportés et le salarié perçoit l'indemnité de congés payés. De plus, s'il a accompli les formalités requises (envoi d'un arrêt de travail, etc.), il bénéficie également des indemnités journalières de sécurité sociale (IJSS), qui lui sont versées directement au salarié par la CPAM (cette indemnisation se fait sur la base des données accessibles vis la DSN ou de l'attestation de salaire délivrée par l'employeur, si nécessaire). En revanche, l'employeur n'a pas à assurer au salarié un maintien de salaire (indemnités journalières complémentaires) (cass. soc. 2 mars 1989, n° 86-42426, BC V n° 173).

Mais pour la Cour de justice de l'Union européenne, le salarié tombant malade alors qu'il se trouve en congés payés bénéficie du report des jours de congé coïncidant avec la période de maladie (CJUE 21 juin 2012, aff. C-78/11). Les congés payés sont interrompus le temps de l'arrêt maladie et reportés. Dans cette optique, les jours d'arrêt maladie sont indemnisés à ce titre (IJSS + le cas échéant maintien de salaire)

▶ À noter… Compte tenu du décalage entre ces deux décisions (Cour de cassation 1996 et CJUE 2012), la Cour de cassation pourrait faire évoluer sa jurisprudence si un litige lui en donne l'occasion.

Le législateur ne s'étant pas emparé de la question dans la loi DDADUE du 22 avril 2024, la DGT nous a apporté les précisions suivantes. Selon elle, « aucune disposition dans le code du travail n'interdit le report de congés payés lorsque les congés payés coïncident avec des arrêts maladie » et « la directive européenne de 2003 sur le temps de travail et les arrêts de la CJUE n'imposent pas à un État membre d'adopter une disposition légale » ouvrant droit au report des congés coïncidant avec un arrêt maladie. La DGT a ajouté que certains juges du fond, reprenant à leur compte la jurisprudence européenne, ont déjà jugé qu'un salarié ayant bénéficié d'un arrêt maladie durant ses congés peut prétendre au report des jours de congés correspondant aux jours d'arrêt maladie (CA Versailles 18 mai 2022, RG n° 19/03230). Dans ce cas, les nouvelles dispositions de la loi DDADUE ont vocation à s'appliquer et l'employeur devrait informer le salarié concerné qu'il bénéficie d'une période de report de 15 mois pour prendre ces congés non pris, dans le cadre de la nouvelle procédure d'information *(voir plus haut)*.

Reste à voir ce que la Cour de cassation déciderait en cas de litige.

Rétroactivité des nouvelles règles d'acquisition et report des CP en cas de maladie ou d'accident

Application rétroactive du 1er décembre 2009 au 23 avril 2024 - Sous réserve des décisions de justice passées en force de chose jugée et des règles conventionnelles plus favorables en vigueur à la date d'acquisition des droits à congés, la loi DDADUE prévoit une application rétroactive, du 1er décembre 2009 au 23 avril 2024 inclus (loi 2024-364 du 22 avril 2024, art. 37, II) :

- de la règle d'acquisition de droits à congés payés durant un arrêt pour accident ou maladie non professionnelle (2 jours ouvrables par mois ou période équivalente) ;
- des dispositions relatives à l'information du salarié sur ses droits ;
- des règles de report, dont les modalités et le point de départ varient selon la durée de l'arrêt de travail.

La rétroactivité des règles de report peut contribuer à limiter les risques, en évitant qu'un salarié accumule des droits à congés payés sans fin en cas d'arrêt de travail se prolongeant sur plus d'une période d'acquisition *(voir tableau III pour des exemples)*.

Limite à l'acquisition rétroactive de CP au titre d'arrêts maladie - Sur ces anciennes périodes, il est prévu à titre dérogatoire que l'acquisition rétroactive de congés payés au titre d'arrêts pour accident ou maladie à caractère non professionnel ne peut pas conduire le salarié à bénéficier de plus de 24 jours ouvrables de congés payés par période d'acquisition, après prise en compte des jours déjà acquis sur ladite période à quelque titre que ce soit (travail effectif, congé de maternité, AT/MP, etc.) (loi 2024-364 du 22 avril 2024, art. 37, II).

Exemples

1) De juin 2020 à mai 2021, un salarié embauché en cours d'année a été en arrêt maladie durant 16 semaines (soit l'équivalent de 4 mois) et a travaillé 32 semaines (soit l'équivalent de 8 mois). Il a déjà acquis 20 jours ouvrables de CP au titre de son travail effectif (2,5 jours de CP × 8 mois de travail). Il ne peut acquérir au mieux que 24 jours ouvrables, et ne pourra donc réclamer au mieux que 24 - 20 = 4 jours ouvrables de CP au titre de l'arrêt maladie (et non pas 8 jours de CP au titre des 4 mois d'arrêt).

Par comparaison, pour la même situation mais de juin 2025 à mai 2026, un salarié acquiert bien 28 jours ouvrables de CP (20 au titre des périodes travaillées, 8 au titre de l'arrêt maladie).

2) De juin 2020 à mai 2021, un salarié a travaillé 40 semaines (soit l'équivalent de 10 mois) et a été malade le reste de la période. Il a déjà acquis 25 jours ouvrables de CP au titre de son travail effectif (2,5 jours de CP × 10 mois de travail). Il ne pourra donc réclamer aucun droit supplémentaire au titre de ces anciens arrêts maladie.

Par comparaison, pour la même situation mais de juin 2025 à mai 2026, un salarié acquiert bien 30 jours ouvrables de CP (25 au titre des périodes travaillées et le reste au titre de l'arrêt maladie).

Le Conseil d'État a indiqué, dans un avis sur le projet de loi DDADUE, que ce plafonnement de l'acquisition rétroactive de jours de CP au titre d'arrêts maladie compte tenu des CP acquis à d'autres titres serait réservé aux périodes d'acquisition déjà expirées à l'entrée en vigueur de la loi (24 avril 2024) (CE avis du 7/11 mars 2024, § 33). Sur cette base, la période d'acquisition « 1er juin 2023 - 31 mai 2024 » ne relèverait pas de cette limite, mais des règles générales, de sorte qu'un salarié n'ayant été malade que sur une partie de la période pourrait acquérir plus de 24 jours ouvrables *(voir plus haut)*.

Accident du travail et maladie professionnelle - Pour les arrêts de travail AT/MP, la loi DDADUE ne prévoit pas de rétroactivité pour la suppression de la limite de 1 an pour l'acquisition de congés payés.

Cela étant, pour la période du 1er décembre 2009 au 23 avril 2024 inclus, les salariés ou anciens salariés peuvent invoquer la jurisprudence du 13 septembre 2023 (cass. soc. 13 septembre 2023, n° 22-17638 FPBR ; cass. soc. 2 octobre 2024, n° 23-14806 FPBR).

Exemple

Une salariée a pu réclamer des droits à congés payés acquis au titre de la fraction des arrêts de travail AT/MP excédant 1 an pour la période antérieure au 24 avril 2024 (en l'espèce un accident du travail du 31 décembre 2014 au 13 novembre 2016, encadré par un arrêt maladie du 10 novembre 2014 au 30 décembre 2014 et un arrêt maladie du 19 novembre 2016 au 17 novembre 2019), en s'appuyant sur le raisonnement de la Cour de cassation du 13 septembre 2023 (cass. soc. 2 octobre 2024, n° 23-14806 FPBR).

Délai de forclusion pour les salariés en poste - Pour les salariés en poste, l'action en justice visant à réclamer des congés payés au titre d'arrêts de travail est une action en exécution du contrat de travail.

La loi prévoit un délai de forclusion de 2 ans à partir de l'entrée en vigueur de la loi, soit jusqu'au 23 avril 2026 inclus, pour les actions en exécution du contrat de travail visant à réclamer des congés payés au titre d'arrêts de travail sur la période allant du 1er décembre 2009 au 23 avril 2024 émanant de salariés en poste dans l'entreprise (loi 2024-364 du 22 avril 2024, art. 37, II, al. 2, JO du 23).

Pour autant, même en agissant avant le 23 avril 2026, le salarié pourrait ne pas obtenir la totalité des droits liés aux situations passées auxquels il peut prétendre, compte tenu de la rétroactivité des règles de report *(voir tableau III pour des exemples)*.

Prescription pour les salariés dont le contrat est rompu - Pour les salariés qui ont quitté une entreprise auprès de laquelle ils pourraient réclamer des droits pour le passé, la loi DDADUE ne prévoit pas de disposition spécifique.

La situation relève du délai de prescription de droit commun : la *prescription des salaires** de 3 ans (c. trav. art. L. 3245-1).

S'appuyant sur l'avis du Conseil d'État (CE avis du 7/11 mars 2024, n° 408112), le gouvernement en a déduit que les anciens salariés - dont le contrat de travail a été rompu depuis plus de 3 ans au 24 avril 2024 - ne pourraient pas agir en justice pour obtenir le paiement d'indemnités compensatrices.

Pour certains, cette lecture peut néanmoins être questionnée. Comment la prescription pourrait-elle avoir commencé à courir alors que le salarié n'avait pas connaissance de ses droits ? Pour eux, les 3 ans se décompteraient à partir du moment où l'ancien salarié a connu (ou aurait dû connaître) les droits à congés payés attachés à ses arrêts maladie passés (13 septembre 2023, date des arrêts de la Cour de cassation précités ou 24 avril 2024, date d'entrée en vigueur de la loi DDADUE).

Dans tous les cas, le salarié pourrait ne pas obtenir la totalité des droits liés aux situations passées, compte tenu de la rétroactivité des règles de report *(voir tableau III pour des exemples)*.

Modalités de prise des congés payés reportés

Pas de renonciation - Le fait qu'un salarié signe un document dans lequel il reconnaît avoir soldé ses

Tableau III - Exemples d'application rétroactive des règles d'acquisition de CP en cas d'arrêt maladie/accident (1)
A) Salarié toujours à l'effectif, arrêt maladie de moins de 1 an entre le 1er décembre 2009 et le 24 avril 2024
• **Situation** : un salarié a été en arrêt de travail maladie non professionnelle de septembre 2010 à février 2011 inclus (6 mois). • Les jours de CP acquis au titre de cette période d'arrêt de travail peuvent être pris dans un délai de 15 mois courant à compter de l'information du salarié par l'employeur, cette information étant réalisée par hypothèse nécessairement après l'entrée en vigueur de la loi du 22 avril 2024. Une fois la période de report écoulée, ils seront perdus. • Si l'employeur n'informe pas le salarié sur ses droits, celui-ci a 2 ans à compter du 24 avril 2024 (soit jusqu'au 23 avril 2026) pour agir en justice, dans l'hypothèse où il ne parviendrait pas à faire valoir ses droits auprès de son employeur.
B) Salarié encore à l'effectif, arrêt maladie de plus de 1 an entre le 1er décembre 2009 et le 24 avril 2024
• **Situation** : un salarié malade toujours en poste a été en arrêt maladie du 1er janvier 2012 au 31 mai 2013 inclus (17 mois). Dans l'entreprise, la période d'acquisition des CP court du 1er juin N-1 au 31 mai N et la période de prise du 1er mai N au 30 avril N +1. Pour déterminer les modalités de report de CP, il faut distinguer les périodes d'arrêts de travail selon les périodes d'acquisition des congés auxquelles elles se rattachent. • **CP acquis du 1er janvier 2012 au 31 mai 2012** : le contrat étant suspendu depuis seulement 5 mois à la fin de la période d'acquisition (31 mai 2012), la règle générale de report s'applique (c. trav. art. L. 3141-19-1). Pour les congés payés acquis du 1er janvier 2012 au 31 mai 2012, le délai de report de 15 mois débute à la date à laquelle le salarié est informé sur ses droits à congés (information par hypothèse nécessairement réalisée après l'entrée en vigueur de la loi du 22 avril 2024). Une fois la période de report écoulée, ils seront perdus. Si l'employeur n'informe pas le salarié sur ses droits, celui-ci a 2 ans à partir du 24 avril 2024 pour agir en justice (soit jusqu'au 23 avril 2026 inclus), dans l'hypothèse où il ne parviendrait pas à faire valoir ses droits auprès de son employeur.

Tableau III - Exemples d'application rétroactive des règles d'acquisition de CP en cas d'arrêt maladie/accident (1)

B) Salarié encore à l'effectif, arrêt maladie de plus de 1 an entre le 1er décembre 2009 et le 24 avril 2024

• **CP acquis du 1er juin 2012 au 31 mai 2013** : la règle de report dérogatoire s'applique car au 31 mai 2013 (fin de la période d'acquisition), le contrat était suspendu depuis 17 mois (durée ≥ 1 an) du fait de l'arrêt maladie (c. trav. art. L. 3141-19-2). La période de report de 15 mois court à compter de la date à laquelle s'achève la période d'acquisition, soit du 31 mai 2013 au 31 août 2014.

Si le salarié a repris le travail le 1er juin 2013, la période de report est suspendue puisque le salarié n'a pas reçu les informations sur ses droits à congés (la nouvelle obligation n'existait pas à l'époque). Elle recommencera à courir à partir du moment où le salarié aura été informé de ses droits (ex. : en cas d'information au 1er juin 2024, report jusqu'au 31 août 2025).

En supposant que l'arrêt maladie se soit prolongé pour une reprise du travail le 1er avril 2014, le cours du délai de report de 15 mois a été suspendu, puisque le salarié n'a pas reçu les informations sur ses droits à congés (la nouvelle obligation n'existait pas à l'époque) (c. trav. art. L. 3141-19-2, al. 2). Comme 9 mois de report se sont écoulés de juin 2013 à mars 2014 inclus, il reste 6 mois de report, qui recommenceront à courir à partir du moment où le salarié aura été informé de ses droits (ex. : en cas d'information au 1er juin 2024, report jusqu'au 31 novembre 2024).

Dans les deux cas, pour les CP acquis du 1er juin 2012 au 31 mai 2013, deux situations sont possibles à compter du 24 avril 2024 :

- si l'employeur informe le salarié de ses droits, les mois restant de la période de report courent à partir du moment où le salarié a été informé ;
- si l'employeur n'informe pas le salarié sur ses droits, le salarié a 2 ans à partir du 24 avril 2024 pour agir en justice (soit jusqu'au 23 avril 2026 inclus), dans l'hypothèse où il n'arriverait pas à faire valoir ses droits auprès de son employeur.

Dernière hypothèse : en supposant que l'arrêt de travail se soit prolongé au-delà de la fin août 2014, le salarié a perdu les CP acquis du 1er juin 2012 au 31 mai 2013, puisque la période de report de 15 mois a expiré au 31 août 2014.

Une action en justice exercée dans les 2 ans après le 24 avril 2024 lui permettrait uniquement de « récupérer » les droits acquis de janvier 2012 à mai 2012 *(voir ci-avant)*.

C) Salarié dont le contrat a été rompu

• **Situation** : Un salarié, qui a été malade du 1er juin 2019 au 31 décembre 2021 (31 mois), a quitté l'entreprise le 28 février 2022 (soit avant la loi DDADUE). Dans l'entreprise, la période d'acquisition des CP va du 1er juin N - 1 au 31 mai N et la période de prise va du 1er mai N au 30 avril N + 1. Dans cette situation, selon les informations recueillies auprès de la DGT, le raisonnement est le suivant.

• **Congés acquis du 1er juin 2019 au 31 mai 2020** : ces congés sont perdus, par le jeu de la règle de report dérogatoire.

La règle de report dérogatoire s'applique car au 31 mai 2020 (fin de la période d'acquisition), le contrat était suspendu depuis 12 mois (durée ≥ 1 an) du fait de l'arrêt maladie (c. trav. art. L. 3141-19-2). La période de report de 15 mois a démarré à compter de la fin de la période d'acquisition (31 mai 2020), pour expirer le 31 août 2021, date à laquelle le salarié était toujours en arrêt de travail.

• **Congés acquis du 1er juin 2020 au 31 mai 2021** : ces congés ne sont pas perdus.

Certes, la règle de report dérogatoire s'applique car au 31 mai 2021 (fin de la période d'acquisition), le contrat était suspendu depuis 24 mois (durée ≥ 1 an) du fait de l'arrêt maladie (c. trav. art. L. 3141-19-2).

Mais la période de report de 15 mois, qui a démarré à compter de la fin de la période d'acquisition (31 mai 2021), a été suspendue au retour du salarié le 31 décembre 2021.

Par hypothèse, le salarié, qui a quitté l'entreprise le 28 février 2022, n'a pas pu être informé de ses droits (l'obligation n'existait pas), de sorte que le cours du délai de report n'a jamais redémarré. L'ancien salarié disposait donc encore des droits lorsqu'il a quitté l'entreprise le 28 février 2022.

• **Congés acquis du 1er juin 2021 au 31 décembre 2021** : ces congés ne sont pas perdus car le salarié devait les prendre entre le 1er mai 2022 et le 30 avril 2023, période à laquelle son contrat était déjà rompu.

• **Le salarié peut agir en justice** (attention à la limite de la prescription de 3 ans) ou se rapprocher de son ancien employeur pour les droits à congés acquis au cours de sa période de maladie comprise entre le 1er juin 2020 et le 31 décembre 2021, et qu'il n'a pas pris avant que son contrat de travail soit rompu.

Si l'on s'en tient à la position du gouvernement (que certains remettent en cause), l'action en réclamation des indemnités de congés payés correspondantes serait prescrite au 1er mars 2025 (prescription triennale courant à partir de la date de fin de contrat) (2).

(1) Conformément aux éclairages recueillis auprès de la Direction générale du Travail, étant précisé que les réponses aux questions de la rédaction n'ont pas de valeur juridique opposable.

(2) Certains spécialistes contestent la lecture du ministère du Travail sur l'application de la prescription triennale et estiment que le délai de prescription ne peut pas avoir commencé tant que le salarié n'a pas été en mesure de connaître ses droits pour les périodes passés. Ce qui pose alors la question de la date à laquelle se situer (24 avril 2024, date d'entrée en vigueur de la loi ? jurisprudence du 13 septembre 2023 ? autre ?).

congés payés ne lui ôte pas le droit au report de ceux-ci s'il a été dans l'impossibilité de les prendre du fait d'arrêts AT/MP ou pour maladie non professionnelle notamment (cass. soc. 28 mai 2014, n° 12-28082, BC V n° 129).

Face à un tel écrit, en cas de contentieux, les juges rechercheront si le salarié a été en mesure de prendre ses congés acquis.

Départ en congés - En principe, l'employeur doit communiquer par tout moyen, à chaque salarié un mois avant son départ, l'ordre des départs en congés payés (c. trav. art. D. 3141-6 ; voir *Congés payés**). Cette règle s'impose même lorsqu'il s'agit de prendre des congés payés reportés (cass. soc. 8 juillet 2020, n° 18-21681 FSPB).

Jours de fractionnement - Si les congés payés reportés sont pris en dehors de la période légale, le salarié a droit aux jours de fractionnement des congés payés (1 ou 2 jours), dès lors que les conditions posées par le code du travail sont remplies (rép. Le Fur n° 74829, JO 19 octobre 2010, AN quest. p. 11475).

Pour les règles d'attribution de ces jours supplémentaires, voir *Fractionnement des congés payés**.

☞ *Congés payés ; Fractionnement des congés payés ; Indemnités journalières complémentaires ; Indemnités journalières de sécurité sociale de maladie ; Subrogation*

Congés payés (salariés à temps partiel)

Acquisition des congés payés

L'ouverture des droits et l'acquisition des congés payés des salariés à temps partiel obéissent aux règles des salariés à temps complet (c. trav. art. L. 3123-5) : 2,5 jours ouvrables par mois de travail effectif ou équivalent en jours ouvrés, etc. (voir *Congés payés**).

Il est exclu de proratiser les droits à congés payés d'un salarié à temps partiel en proportion de son horaire de travail. Par exemple, on ne peut pas considérer qu'un salarié à 4/5 dispose de 80 % des droits à congés payés d'un salarié à temps complet (cass. soc. 10 mai 2001, n° 99-42566 D).

Cette solution est logique : en imaginant que l'horaire d'un salarié à 3/5 à temps partiel soit réparti sur les 5 jours d'ouverture de l'entreprise, un prorata conduirait à considérer que le salarié n'a que 15 jours ouvrés de congés payés, ce qui ne lui permettrait pas d'avoir 5 semaines de congés payés.

La jurisprudence semble cependant avoir ouvert une porte *(voir à la fin de cette étude)*.

Décompte des congés payés

Comme un salarié à temps complet - Puisque les congés payés acquis se calculent comme pour les salariés à temps complet, le décompte des congés pris doit se faire comme pour ceux-ci en jours ouvrables (cass. soc. 22 février 2000, n° 97-43515, BC V n° 74), ou en jours habituellement ouvrés de l'établissement, selon la règle appliquée dans l'entreprise.

Premier jour de congé - Le premier jour de congé est celui où le salarié aurait dû travailler compte tenu de la répartition de son horaire de travail.

Décompter les jours non travaillés en raison du temps partiel - L'employeur décompte :
- les jours que le salarié à temps partiel aurait dû travailler en application de son horaire contractuel :
- et les autres jours qui sont des jours ouvrables ou ouvrés dans l'entreprise, même si le salarié ne les travaille pas en raison de la répartition de ses horaires.

Exemple

Un salarié travaille les lundis, mardis et vendredis. S'il part en congés une semaine le mardi soir et que l'entreprise calcule les congés en jours ouvrables du lundi au samedi, il faut décompter : vendredi, samedi, lundi, mardi, mercredi et jeudi, soit 6 jours ouvrables. S'il ne revient que le lundi suivant, il aura pris : vendredi, samedi, lundi, mardi, mercredi, jeudi, vendredi et samedi, soit 8 jours ouvrables.

S'il travaille le lundi et ne revient que le lundi suivant, il prend le mardi, mercredi, jeudi, vendredi et samedi, soit 5 jours ouvrables.

En cas de décompte des congés payés en jours ouvrés dans l'entreprise, la jurisprudence penche pour un décompte s'effectuant sur les jours habituellement ouvrés dans l'entreprise, y compris pour les salariés à temps partiel, et non pas vers des jours ouvrés définis par rapport à la répartition de l'horaire du salarié à temps partiel sur la semaine (cass. soc. 9 mai 2006, n° 04-46011 D). Voir toutefois la possibilité ouverte par la jurisprudence, à la fin de cette étude.

Assurer l'égalité avec les salariés à temps complet

Pas d'avantage pour le salarié temps partiel - Si un salarié fractionne ses congés payés, en les plaçant de manière à « économiser » le jour non travaillé en raison de la répartition de son horaire, il peut avoir au final plus de congés payés que ses collègues à temps complet.

Exemple

Un salarié à temps partiel travaille les lundis, mardis, jeudis et vendredis. Si l'employeur accepte des congés payés le lundi et le mardi, il faut lui décompter 3 jours ouvrés de congés payés. Si les congés sont posés le jeudi et le vendredi, son employeur lui décompte 2 jours ouvrés de congés payés : l'intéressé économise le mercredi.

Cette difficulté n'existe pas pour les salariés à temps partiel dont l'horaire est réparti sur tous les jours habituellement ouvrés de l'établissement. Le décompte des congés payés s'effectue alors de manière naturelle comme pour les salariés à temps complet.

En pratique, il appartient à la direction de l'entreprise de fixer des règles de prise des congés payés qui aboutissent à ce que le principe d'égalité entre les salariés à temps complet et les salariés à temps partiel soit respecté. Les salariés à temps partiel ne bénéficient ainsi ni de plus ni de moins de congés payés que leurs collègues à temps complet.

Première solution - Une première solution consisterait à enlever des 30 jours ouvrables de congé (ou des 25 jours ouvrés) dont bénéficie le salarié l'équivalent sur 5 semaines de jours qui ne sont pas travaillés en raison de la répartition de son horaire (ex. : ôter 5 jours pour un salarié qui ne travaille pas le mercredi, 10 jours pour un salarié qui ne travaille pas le jeudi et le vendredi). On ne lui décompte alors que les jours de congé qui correspondent à ses jours habituellement travaillés, de sorte que le salarié n'est pas perdant.

À notre connaissance, la Cour de cassation ne s'est pas prononcée sur cette pratique. Cette solution est donc à manipuler avec précaution, certains pouvant soutenir qu'elle revient à une proratisation déguisée (et prohibée) des congés payés.

Seconde solution - Une seconde solution réside dans le pouvoir de direction de l'employeur : fixant l'ordre des départs en congés payés, il peut, par exemple, poser une règle selon laquelle les congés payés se prennent par semaine entière ou accepter des demandes de congés seulement si elles couvrent le nombre de jours de temps partiel requis.

Exemple

L'employeur veille à ce que 5 mercredis soient inclus dans les congés payés demandés pour un salarié qui ne travaille pas le mercredi (5 mercredis, car il y a 5 semaines de congés payés).

L'objectif d'assurer l'égalité de traitement entre les salariés à temps partiel et ceux à temps complet pourrait, le cas échéant, justifier la mise en œuvre d'une règle spécifique pour la prise des congés payés des salariés à temps partiel.

Pour éviter tout risque, reste la possibilité de fixer une règle unique pour tous les salariés.

Prévoir une règle spécifique en cas d'acquisition et de décompte en jours ouvrés

Fixation par accord collectif - Pour les salariés à temps partiel en principe, le décompte des congés payés en jours ouvrés se fait sur les jours habituellement ouvrés dans l'établissement, et non sur les seuls jours ouvrés qui auraient été travaillés par le salarié concerné s'il avait été présent *(voir plus haut)*.

Par dérogation, la Cour de cassation a admis qu'un accord collectif prévoie, sans discrimination par rapport aux salariés à temps complet, un autre mode d'acquisition et de décompte des droits à congés payés en jours ouvrés (cass. soc. 12 mai 2015, n° 14-10509, BC V n° 93).

Avantage et inconvénient - Cette jurisprudence ouvre la porte à des accords collectifs adaptant les règles d'acquisition et de décompte des salariés à temps partiel visant, par exemple, à lever les difficultés de décompte ou effets d'optimisation liés aux jours non travaillés au titre du temps partiel. On peut ainsi imaginer une sorte de « proratisation », pour les salariés à temps partiel dont la durée du travail ne serait pas répartie sur tous les jours ouvrés de la semaine dans l'établissement.

Cependant, une telle règle conventionnelle peut devenir difficile à gérer en cas de changement de répartition de l'horaire de travail en cours d'année (passage d'un temps plein à un temps partiel sur 3 ou 4 jours par semaine ou inversement, passage d'un temps partiel réparti sur 4 jours à un temps partiel sur 5 jours, etc.). Il faut alors reconvertir les droits à congés du salarié, sans le léser de façon à ce qu'il bénéficie bien de 5 semaines sur l'année.

Par ailleurs, le paramétrage du calcul de l'indemnité de congés payés doit également être sécurisé.

En tout état de cause, les problématiques doivent être anticipées dès la négociation de l'accord collectif.

☞ *Congés payés ; Congés payés (incidence des arrêts de travail) ; Indemnité de congés payés.*

Congés payés supplémentaires pour fractionnement

☛ *Fractionnement des congés payés.*

Congés pour événements familiaux

Congés pour événements familiaux

Événements visés - La loi attribue aux salariés un certain nombre de congés liés à des événements familiaux, sans condition d'ancienneté.

▶ À noter… Sur le congé de naissance et le congé pour l'arrivée d'un enfant adopté, voir *Congé de naissance**.

Durée - Sur justification, les salariés ont droit aux congés suivants (c. trav. art. L. 3142-1, L. 3142-4 et L. 3142-5) :

- mariage du salarié ou Pacs : 4 jours ouvrables ;
- naissance ou arrivée d'un enfant adopté : 3 jours ouvrables (voir *Congé de naissance**) ;
- décès du conjoint, du partenaire lié par un Pacs ou du concubin : 3 jours ouvrables ;
- décès du père, de la mère, d'un beau-parent, d'un frère ou d'une sœur : 3 jours ouvrables ;
- décès d'un enfant : 12 jours ouvrables ou 14 jours ouvrables lorsque l'enfant est âgé de moins de 25 ans et quel que soit son âge si l'enfant décédé était lui-même parent ou en cas de décès d'une personne âgée de moins de 25 ans à la charge effective et permanente du salarié ;
- mariage d'un enfant : 1 jour ouvrable ;
- annonce de la survenue d'un handicap, d'une pathologie chronique nécessitant un apprentissage thérapeutique ou d'un cancer chez un enfant : 5 jours ouvrables. Une proposition de loi, en cours d'examen au 15 janvier 2025, prévoit d'augmenter la durée de ce congé à 15 jours ouvrés (proposition de loi visant à améliorer la protection et l'accompagnement des parents d'enfants atteints d'un cancer, d'une maladie grave ou d'un handicap ; pour suivre l'actualité sur ce sujet, voir notre revue RF Paye et son site Internet (www.rfpaye.com) ou MyDoc Paye (www.revue-fiduciaire.com/mydoc/paye).

▶ À noter… Les pathologies chroniques ouvrant droit à ce dernier congé sont (c. trav. art. D. 3142-1-2) :
- les affections de longue durée listées (c. séc. soc. art. D. 160-4) et hors liste (c. séc. soc. art. R. 160-12) ouvrant droit à l'exonération du ticket modérateur ;
- les maladies rares répertoriées dans la nomenclature Orphanet (https://www.orpha.net/consor/cgi-bin/index.php) ;
- les allergies sévères donnant lieu à la prescription d'un traitement par voie injectable.

Ces durées sont des durées minimales. Sauf indication contraire, elles sont exprimées en jours ouvrables (c. trav. art. L. 3142-4 applicable au 1.07.2021 et rép. Dhinnin n° 44412, JO 3 février 1997, AN quest. p. 589).

Il est possible de négocier ces durées à la hausse par convention ou accord collectif d'entreprise ou, à défaut, par accord de branche. Un accord d'entreprise peut être moins favorable aux salariés qu'un accord de branche, sous réserve de respecter les durées minimales fixées par la loi (c. trav. art. L. 3142-4).

Les congés familiaux (congé de mariage, décès, etc.) ouverts aux couples de sexe différent sont ouverts aux couples de même sexe (c. civ. art. 6-1).

Incidence du congé - Ces jours d'absence n'entraînent pas de réduction de la rémunération. Par ailleurs, ils sont assimilés à des jours de travail effectif pour le calcul des droits à congés payés et pour les droits à majoration de salaire pour heures supplémentaires (c. trav. art. L. 3142-2 ; circ. DRT 2000-6 du 7 décembre 2000).

Protection en cas de décès d'un enfant de moins de 25 ans - Le salarié bénéficie d'une protection contre le licenciement pendant les 13 semaines suivant le décès de son enfant (ou de la personne à charge) de moins de 25 ans (c. trav. art. L. 1225-4-2).

Durant cette période, l'employeur ne peut pas rompre le contrat de travail, sauf faute grave du salarié ou impossibilité de maintenir le contrat pour un motif étranger au décès de l'enfant.

Prise du congé - Les jours de congé doivent être pris dans une période raisonnable autour de l'événement, mais pas nécessairement le jour même (cass. soc. 16 décembre 1998, n° 96-43323, BC V n° 569 ; cass. soc. 11 octobre 1994, n° 93-42310 D). Lorsque le salarié est déjà absent pour un autre motif (ex. : décès survenant pendant des congés payés ou un congé sabbatique), les jours pour événements familiaux ne s'ajoutent pas et ne donnent pas lieu à rémunération supplémentaire (cass. soc. 20 juin 1984, n° 81-40286, BC V n° 256 ; CJUE 4 juin 2020, aff. C-588-18).

Sur les spécificités du congé de naissance et d'arrivée d'un enfant adopté, voir *Congé de naissance**.

En cas de différend, le refus de l'employeur peut être directement contesté par le salarié devant le conseil de prud'hommes, statuant selon la procédure accélérée au fond (c. trav. art. L. 3142-3). Celui-ci a le pouvoir d'apprécier le délai dans lequel le congé peut être pris (cass. soc. 23 janvier 2019, n° 17-28330 FSPB).

Autres congés liés à la famille ou à la santé

La loi prévoit d'autres congés liés à des circonstances en lien avec la famille (maternité, adoption, état de santé, etc.). Les principaux sont indiqués dans notre tableau récapitulatif. Les lecteurs pourront trouver le régime détaillé de chaque congé à l'entrée correspondante de ce Dictionnaire.

☞ *Congé d'adoption ; Congé de deuil ; Congé pour don d'ovocytes ; Congé pour enfant malade ; Congé pour maladie grave ; Congé de naissance ; Congé de paternité et d'accueil de l'enfant ; Congé PMA ; Congé de présence parentale pour enfant malade ; Congé de solidarité familiale ; Congé de proche aidant ; Congé en vue de l'adoption ; Congés payés ; Jour ouvrable/jour ouvré ; Maladie ; Maternité (congé de).*

Tableau récapitulatif des principaux congés familiaux

Événement	Congé	Bénéficiaires	Durée du congé au 1.01.2025	Ancienneté exigée	Rémunération ou indemnisation	Assimilation au travail effectif : Durée des congés payés	Assimilation au travail effectif : Ancienneté
Adoption	congé en vue d'une adoption internationale et extra-métropolitaine pour se rendre sur certains territoires (c. trav. art. L. 1225-46)	tout salarié titulaire de l'agrément pour adopter	6 semaines maximum par agrément	aucune	NON	NON	NON
	congé principal d'adoption (c. trav. art. L. 1225-37)	un des parents	• adoption unique : - portant le nombre d'enfants à 1 ou 2 : 16 semaines ; - portant le nombre d'enfants à 3 ou plus : 18 semaines. • adoptions multiples : 22 semaines	aucune	OUI, par la sécurité sociale à certaines conditions + complément employeur comme en cas de maternité	OUI	OUI (1)
	congé supplémentaire d'adoption (c. trav. art. L. 1225-40)	parents se répartissant le congé d'adoption	si les deux parents sont salariés et se répartissent le congé d'adoption : rajout de 25 ou 32 jours selon les cas	aucune	OUI, par la sécurité sociale à certaines conditions + complément employeur comme en cas de maternité	OUI	OUI (1)
	congé pour l'arrivée d'un enfant adopté (c. trav. art. L. 3142-1 et L. 3142-4)	parents	3 jours	aucune	OUI, par l'employeur	OUI	(2)

Tableau récapitulatif des principaux congés familiaux							
Événement	**Congé**	**Bénéficiaires**	**Durée du congé au 1.01.2025**	**Ancienneté exigée**	**Rémunération ou indemnisation**	**Assimilation au travail effectif**	
						Durée des congés payés	**Ancienneté**
Procréation médicalement assistée	congé PMA (c. trav. art. L. 1225-16)	mère et partiellement conjoint	durée des examens médicaux	aucune	OUI	OUI	OUI
	congé pour don d'ovocytes (c. santé pub. art. L. 1244-5 ; c. trav. art. L. 1225-16)	salariée	durée des examens médicaux	aucune	OUI	OUI	OUI
Naissance	congé de maternité prénatal (3) (c. trav. art. L. 1225-17 à L. 1225-21)	mère	• 1er ou 2e enfant : 6 semaines • à partir du 3e enfant : 8 semaines • jumeaux : 12 semaines • triplés : 24 semaines • état pathologique : 2 semaines • grossesse pathologique liée au Distilbène : congé de maternité dès le 1er jour de l'arrêt de travail	aucune	OUI, par la sécurité sociale et, le cas échéant, maintien de salaire par l'employeur	OUI	OUI (1)
	congé de maternité postnatal (3) (c. trav. art. L. 1225-17 à L. 1225-21)	mère	• 1er ou 2e enfant : 10 semaines • à partir du 3e enfant : 18 semaines • naissances multiples : 22 semaines • état pathologique : 4 semaines	aucune	OUI, par la sécurité sociale et, le cas échéant, maintien de salaire par l'employeur	OUI	OUI (1)
	congé en cas de décès de la mère (c. trav. art. L. 1225-28)	père (4)	reliquat du congé postnatal de la mère	aucune	OUI, par la sécurité sociale et, le cas échéant, maintien de salaire par l'employeur	OUI	OUI (1)
	congé de naissance (c. trav. art. L. 3142-1)	salarié (5)	3 jours	aucune	OUI, par l'employeur	OUI	(2)
	congé de paternité et d'accueil de l'enfant (c. trav. art. L. 1225-35)	père et, le cas échéant, conjoint ou concubin de la mère ou personne pacsée avec la mère (6)	• 25 jours calendaires (32 jours en cas de naissances multiples) • Prolongation en cas d'hospitalisation du nouveau né (30 jours au plus)	aucune	OUI par la sécurité sociale et, le cas échéant, par l'employeur	OUI	NON (1)

Tableau récapitulatif des principaux congés familiaux

Événement	Congé	Bénéficiaires	Durée du congé au 1.01.2025	Ancienneté exigée	Rémunération ou indemnisation	Assimilation au travail effectif	
						Durée des congés payés	Ancienneté
Éducation de l'enfant	congé parental d'éducation (congé total ou période de travail à temps partiel) (c. trav. art. L. 1225-47 et L. 1225-48)	parents	• enfant de moins de 3 ans : 1 an au plus, renouvelable 2 fois jusqu'aux 3 ans de l'enfant • enfant adopté de moins de 3 ans : 1 an au plus, renouvelable 2 fois jusqu'au 3e anniversaire de son arrivée au foyer • ces durées peuvent être prolongées en cas de naissance ou adoption multiples • enfant adopté de plus de 3 ans et de moins de 16 ans : 1 an au plus, non renouvelable	1 an	• éventuellement par la sécurité sociale (7)	• NON si congé total • OUI si période de temps partiel	• OUI pour moitié si congé total (1) • OUI en totalité si période de temps partiel (1)
Décès	congé pour décès d'un enfant ou d'un parent (c. trav. art. L. 3142-1 et L. 3142-4)	salarié dont un enfant ou un parent décède	• décès d'un enfant : 12 jours ou 14 jours dans certains cas *(voir nos développements)* • décès du conjoint, du partenaire lié par un Pacs, du concubin, du père, de la mère, d'un frère, d'une sœur, d'un beau-père ou d'une belle-mère : 3 jours	aucune	OUI, par l'employeur	OUI	(2)
	congé de deuil d'un enfant ou d'une personne à charge (c. trav. art. L. 3142-1-1)	salarié dont un enfant (ou une personne à sa charge) de moins de 25 ans décède	8 jours fractionnables	aucune	OUI, par la sécurité sociale + complément employeur	OUI	(2)
Mariage, Pacs	congé pour mariage ou Pacs (c. trav. art. L. 3142-1, L. 3142-4 et L. 3142-5)	• salarié se mariant ou se « pacsant » • salarié dont un enfant se marie	• mariage ou Pacs du salarié : 4 jours • mariage d'un enfant : 1 jour	aucune	OUI, par l'employeur	OUI	(2)
Maladie grave du salarié	congé pour maladie grave (c. trav. art. L. 1226-5)	salarié atteint de certaines affections	autorisations d'absence pour suivre les traitements médicaux	aucune	NON	NON	NON

Tableau récapitulatif des principaux congés familiaux							
Événement	Congé	Bénéficiaires	Durée du congé au 1.01.2025	Ancienneté exigée	Rémunération ou indemnisation	Assimilation au travail effectif	
						Durée des congés payés	Ancienneté
Annonce d'un handicap ou de certaines maladies chez un enfant	congé lié à l'annonce du handicap ou d'une pathologie chronique nécessitant un apprentissage thérapeutique ou d'un cancer chez un enfant. (c. trav. art. L. 3142-1, L. 3142-4, L. 3142-5 et D. 3142-1-2)	parents	5 jours	aucune	OUI, par l'employeur	OUI	(2)
Maladie d'un enfant	congé pour enfant malade (c. trav. art. L. 1225-61)	parents	3 à 5 jours par an, selon l'âge de l'enfant ou le nombre d'enfants à charge	aucune	NON	NON	NON
Maladie grave d'un proche ou d'un parent dépendant	congé de présence parentale (c. trav. art. L. 1225-62)	parents (8)	• 310 jours ouvrés à utiliser sur 3 ans maximum (sauf exception) • possibilité de congé à temps partiel	aucune	• OUI, par la CAF (7)	NON	OUI [avant le 11/03/2019 : à 50 % (1)]
	congé de solidarité familiale (c. trav. art. L. 3142-6 à L. 3142-15)	(9)	• 3 mois, renouvelable une fois (10) • possibilité de congé à temps partiel	aucune	• OUI, par la sécurité sociale (7)	• NON • OUI si temps partiel	OUI
	congé de proche aidant (c. trav. art. L. 3142-16 à L. 3142-27)	(11)	• 3 mois, renouvelable (12), dans la limite de 1 an sur la carrière • possibilité de congé à temps partiel	aucune	• OUI, par la CAF (7)	• NON • OUI si temps partiel	OUI (1)

(1) Assimilation à du travail effectif à 100 % pour le *compte personnel de formation**. (2) Les textes sont silencieux sur la question de l'assimilation de ce congé à du travail effectif pour le calcul de l'ancienneté. Toutefois, il ne doit pas entraîner de réduction de la rémunération (c. trav. art. L. 3142-2). (3) Repos obligatoire de 8 semaines, dont 6 au moins après l'accouchement. La salariée peut, sous certaines conditions, réduire la période de congé prénatal d'une durée maximale de 3 semaines, le congé postnatal s'en trouvant augmenté d'autant. (4) Lorsque le père de l'enfant n'exerce pas son droit, le congé est accordé au conjoint salarié de la mère ou à la personne liée à elle par un Pacs ou vivant maritalement avec elle. (5) Le congé concerne le père de l'enfant (séparé ou non de la mère) et aussi, le cas échéant, le conjoint, concubin ou partenaire pacsé de la mère (c. trav. art. L. 3142-1 au 1.07.2021). (6) Personne vivant maritalement avec la mère (conjoint, partenaire ayant conclu un Pacs, concubin, etc.) indépendamment de son lien de filiation avec l'enfant. Le père et la personne vivant maritalement avec la mère peuvent bénéficier tous les deux du congé. (7) En cas de congé pris sous forme de période de travail à temps partiel, l'employeur verse la rémunération correspondant à la période travaillée. (8) Salarié dont un enfant à charge est victime d'une maladie, d'un accident grave ou d'un handicap rendant indispensables une présence soutenue et des soins contraignants. (9) Salarié dont un ascendant, un descendant, un frère, une sœur ou une personne partageant son domicile souffre d'une pathologie mettant en jeu le pronostic vital ou est en phase avancée ou terminale d'une affection grave et incurable. Congé également ouvert au salarié désigné comme « personne de confiance » par le malade pour être consultée au cas où lui-même ne serait plus en état de manifester sa volonté (c. santé pub. art. L. 1111-6). (10) Sauf convention ou accord collectif d'entreprise ou, à défaut, accord de branche, prévoyant des règles différentes pour la durée maximale du congé et le nombre de renouvellements possibles. (11) Salarié souhaitant s'occuper d'un parent dépendant ou d'une personne âgée ou handicapée. (12) Sauf convention ou accord de branche (ou à défaut d'entreprise) prévoyant des règles différentes, étant signalé que la limite de 1 an maximum sur la carrière du salarié est d'ordre public.

Congés supplémentaires pour enfant à charge ou enfant handicapé

Durée et salariés bénéficiaires

Salariés de moins de 21 ans - Les salariés âgés de moins de 21 ans au 30 avril de l'année précédente, ont droit à 2 jours de *congés payés** supplémentaires par enfant à charge. Si le droit à congés payés initial ne dépasse pas 6 jours ouvrables, ce congé supplémentaire est réduit à 1 jour (c. trav. art. L. 3141-8).

Le cas échéant, ce congé supplémentaire peut permettre de cumuler plus de 30 jours ouvrables de congés payés par an.

Salariés de 21 ans et plus - Tout salarié de 21 ans au moins au 30 avril de l'année précédente bénéficie également de 2 jours de *congés payés** supplémentaires par enfant à charge. Toutefois, ces jours supplémentaires ne peuvent pas permettre de dépasser 30 jours ouvrables de congés (congés payés et congé supplémentaire cumulés) (c. trav. art. L. 3141-8).

Si les congés payés de l'entreprise sont calculés en jours ouvrés, la vérification de cette règle est faite en les transposant en jours ouvrables (cass. soc. 15 mars 2023, n° 20-20995 D).

Apprentis - Les apprentis bénéficient des mêmes règles (c. trav. art. L. 6222-23).

Égalité des sexes - Il n'y a pas de distinction entre les femmes et les hommes (loi 2016-1088 du 8 août 2016, art. 8, JO du 9).

Si la convention collective prévoit un nombre de jours de congé supplémentaires plus élevé que celui prévu par le code du travail, le salarié ne peut pas cumuler le congé conventionnel et les congés supplémentaires (cass. soc. 21 octobre 1982, n° 80-41317, BC V n° 574).

▶ À noter... Même avant la loi du 8 août 2016 *(voir ci-avant)*, la Cour de cassation avait jugé que ce congé ne pouvait être refusé aux hommes, dans une affaire où la convention collective en cause était similaire aux dispositions légales en vigueur à l'époque (cass. soc. 4 mai 2011, n° 09-72206 D).

Notion d'enfant à charge

Est considéré comme à charge, quel que soit le lien de parenté, tout enfant qui vit au foyer et est âgé de moins de 15 ans au 30 avril de l'année en cours et, sans condition d'âge, tout enfant en situation de handicap vivant au foyer (c. trav. art. L. 3141-8).

☞ *Congés payés.*

Conseil d'administration ou de surveillance (représentants des salariés)

Des représentants des salariés peuvent être élus ou désignés dans les conseils d'administration ou de surveillance des sociétés anonymes.

Selon le contexte, il s'agira d'une élection organisée à titre volontaire par l'entreprise (non imposée par la loi, mais prévue dans les statuts) ou d'une obligation légale (représentants des salariés dans les grandes entreprises, représentants des salariés actionnaires).

L'essentiel sur la participation des salariés au conseil

Dispositif facultatif - Quelle que soit la taille de la société, les statuts des sociétés anonymes peuvent prévoir que le conseil d'administration (CA) ou de surveillance (CS) comprend des salariés élus soit par le personnel de la société, soit par le personnel de la société et celui de ses filiales directes ou indirectes dont le siège social est fixé sur le territoire français. Ces administrateurs élus siègent avec voix délibérative au conseil (c. com. art. L. 225-27, L. 22-10-6, L. 225-79).

Le nombre maximum d'administrateurs élus par les salariés est encadré par le code de commerce, dans des conditions non détaillées ici.

Ce dispositif est facultatif.

Représentants des salariés obligatoires dans les grandes entreprises - Les sociétés anonymes (SA) dotées d'un conseil d'administration ou d'un conseil de surveillance et les sociétés en commandite par actions répondant à certaines conditions sont tenues de désigner des administrateurs ou des membres du conseil de surveillance représentant les salariés (c. com. art. L. 225-27-1, L. 22-10-7, L. 225-79-2, L. 22-10-24 et L. 226-5-1).

Sont concernées les sociétés :
- ayant leur siège social en France et qui occupent, à la clôture de deux exercices consécutifs, au moins 1 000 salariés en France ;

- ayant leur siège social en France et à l'étranger et qui occupent, à la clôture de deux exercices consécutifs, au moins 5 000 salariés dans le monde.

Une société holding, dont l'activité principale est d'acquérir et de gérer des filiales et participations, peut décider de ne pas désigner des représentants des salariés si elle remplit 3 conditions cumulatives :
- détenir une ou plusieurs filiales soumises à cette obligation ;
- elle n'est pas elle-même soumise à l'obligation de mettre en place un comité social et économique (CSE) ;
- si ses actions sont cotées sur un marché réglementé, au moins 4/5° d'entre elles sont détenues, directement ou indirectement, par une personne physique ou morale agissant seule ou de concert.

Une société qui est la filiale directe ou indirecte d'une société elle-même soumise à l'obligation de désigner des représentants des salariés est aussi dispensée de cette obligation.

Le nombre minimum de représentants des salariés est de 1 ou de 2 selon la taille du conseil d'administration ou du conseil de surveillance (c. com. art. L. 225-27-1, II et L. 225-79-2, II). Les intéressés doivent être titulaires d'un contrat de travail et remplir diverses conditions (c. com. art. L. 225-28, L. 225-30 et L. 225-80).

Les représentants sont désignés dans les conditions prévues dans les statuts, selon l'une des quatre possibilités autorisées par la loi (élection par les salariés, désignation par tel ou tel comité, etc.) (c. com. art. L. 225-27-1, III et IV et L. 225-79-2, III et IV).

Représentants des salariés actionnaires obligatoires - Dans les sociétés cotées où le personnel de la société (ainsi que des sociétés qui lui sont liées) détient plus de 3 % du capital, l'assemblée générale des actionnaires doit élire un ou plusieurs administrateurs ou membres du conseil de surveillance. Ces administrateurs sont élus parmi les salariés actionnaires ou, le cas échéant, parmi les salariés membres du conseil de surveillance d'un FCPE détenant des actions de la société (c. com. art. L. 225-23, L. 22-10-5, L. 225-71 et L. 22-10-22).

L'obligation de nommer des salariés actionnaires au conseil d'administration ou au conseil de surveillance concerne aussi les sociétés non cotées répondant à certaines conditions. Sont visées celles dans lesquelles le personnel détient plus de 3 % du capital social et qui emploient, à la clôture de 2 exercices consécutifs, au moins 1 000 salariés en France ou au moins 5 000 salariés dans le monde (c. com. art. L. 225-23 et L. 225-71).

Incidences en paye

Crédit d'heures - Les représentants élus par les salariés ou désignés disposent du temps nécessaire pour exercer utilement leur mandat et préparer les réunions du conseil d'administration ou du conseil de surveillance, dans des conditions déterminées par décret (c. com. art. L. 225-30-1).

Fixé par le conseil d'administration ou de surveillance, ce crédit d'heures ne peut pas être inférieur à 15 h ni supérieur à la moitié de la durée légale de travail mensuel (soit 75,83 h) par réunion du conseil d'administration ou de surveillance. Ce temps, qui est considéré comme du temps de travail effectif, est rémunéré comme tel à l'échéance normale (c. com. art. R. 225-34-2 et R. 225-60-2).

Formation - Les représentants bénéficient à leur demande d'une formation adaptée à l'exercice de leur mandat, à la charge de la société. Ce temps de formation n'est pas imputable sur le crédit d'heures (c. com. art. L. 225-30-2, R. 225-34-4 et R. 225-60-2).

Déterminé par le conseil d'administration ou le conseil de surveillance, ce temps de formation ne peut pas être inférieur à 40 h par an, au cours du mandat, sauf dispositions conventionnelles plus favorables. Ce temps est pris sur le temps de travail effectif et rémunéré comme tel à l'échéance normale (c. com. art. R. 225-34-4 et R. 225-60-2).

La formation porte principalement sur le rôle et le fonctionnement du conseil d'administration ou de surveillance, les droits, obligations et responsabilités des administrateurs, ainsi que sur l'organisation et les activités de la société (c. com. art. R. 225-34-3 et R. 225-60-2).

Le conseil d'administration ou de surveillance, après avis des administrateurs concernés, détermine le ou les organismes de formation chargés de dispenser la formation. À la fin de la formation, l'organisme délivre une attestation d'assiduité que l'intéressé remet à son employeur (c. com. art. R. 225-34-5 et R. 225-60-2).

Son coût, y compris les frais de déplacement au titre de celle-ci, est à la charge de la société et n'est pas pris en compte dans le calcul des sommes consacrées à la formation professionnelle continue (c. com. art. R. 225-34-6).

Contrat de travail et rémunération - Le représentant ne perd pas le bénéfice de son contrat de travail du fait de son statut. La rémunération versée au titre du contrat de travail ne peut pas être diminuée du fait de l'exercice de son mandat (c. com. art. L. 225-31 et L. 225-80).

Il peut percevoir éventuellement des *jetons de présence**.

☞ *Conseil d'administration ou de surveillance (représentants du CSE).*

Conseil d'administration ou de surveillance
(représentants du CSE)

Dans toutes les sociétés dotées d'un conseil d'administration ou d'un conseil de surveillance, le *comité social et économique** mis en place dans une entreprise d'au moins 50 salariés délègue des représentants auprès du conseil (c. trav. art. L. 2312-72 à L. 2312-77).

En principe, il y a 2 représentants. Ce nombre est parfois porté à 4 ou, au contraire, ramené à 1 (c. trav. art. L. 2312-72 et L. 2312-75).

Le temps passé aux séances doit être payé par l'employeur.

☞ *Conseil d'administration ou de surveillance (représentants des salariés).*

Conseil d'entreprise

☞ *Comité social et économique ; Heures de délégation.*

Conseil de prud'hommes

Le conseil de prud'hommes est une juridiction pari taire composée de salariés et d'employeurs désignés, compétente pour les litiges d'ordre individuel opposant l'employeur aux salariés ou les salariés entre eux, nés à l'occasion du contrat de travail.

Pour plus de détail sur les règles de procédure devant le conseil de prud'hommes, nous vous invitons à consulter le Dictionnaire RF Social.

Compétence territoriale - Le conseil de prud' hommes compétent est celui du lieu où est situé l'établissement ou, si le salarié travaille hors de tout établissement, celui de son domicile. Le salarié peut toujours saisir le conseil de prud'hommes du lieu où le contrat a été conclu ou celui du lieu où l'employeur est établi (c. trav. art. R. 1412-1).

▶ À noter... Une société étrangère domiciliée sur le territoire français peut être jugée en France même si les contrats de travail sont exécutés à l'étranger, les salariés résidant à l'étranger (cass. soc. 28 janvier 2015, n° 13-22994, BC V n° 17).

Sections - Le conseil de prud'hommes est divisé en cinq sections (et une formation commune de référé), ayant chacune leur compétence (c. trav. art. L. 1423-1 et R. 1423-1) :
- industrie ;
- commerce et services commerciaux ;
- agriculture ;
- activités diverses ;
- encadrement.

Pour connaître la section compétente (hors encadrement), il faut se référer à un tableau de répartition fixé par arrêté ministériel (c. trav. art. L. 1423-1-1 et R. 1423-4). Ce tableau fixe en fonction de la convention collective ou de l'accord collectif de branche applicable au salarié la section compétente (arrêté du 20 décembre 2021, JO du 28, texte n° 35). En l'absence de convention ou d'accord collectif applicable, la section de rattachement est celle des activités diverses.

Relèvent de la section de l'encadrement, les ingénieurs et cadres, les agents de maîtrise ayant une délégation écrite de commandement, les salariés qui, ayant acquis une formation technique, administrative, juridique, commerciale ou financière, exercent un commandement par délégation de l'employeur, les VRP (c. trav. art. L. 1423-1-2).

Taux de compétence - Le conseil de prud'hommes statue en dernier ressort, sans possibilité d'appel (c. trav. art. R. 1462-1 et D. 1462-3) :
- lorsque la demande chiffrée n'excède pas 5 000 € ;
- lorsque la demande tend à la remise, même sous astreinte, de certificats de travail, de bulletins de paye ou de toute pièce que l'employeur est tenu de délivrer.

☞ *Conseillers prud'hommes.*

Conseiller du salarié (entretien préalable au licenciement)

Conseillers extérieurs (rappel)

Le salarié convoqué à un entretien préalable à un licenciement peut se faire assister par un salarié de son entreprise (un représentant du personnel ou tout autre salarié de l'entreprise). En l'absence de représentant du personnel dans l'entreprise, s'il le préfère, le salarié peut se faire assister par une personne extérieure à l'entreprise, qu'il choisit sur une liste arrêtée dans chaque département par le préfet (c. trav. art. L. 1232-4 et L. 1232-7).

Ces conseillers « extérieurs » bénéficient d'un statut spécifique.

Autorisations d'absence pour l'exercice des missions

Bénéficiaires - Les salariés occupés dans des établissements d'au moins 11 salariés ont le droit de s'absenter pour exercer la mission de conseiller du salarié, dans la limite de 15 h par mois (c. trav. art. L. 1232-8).

L'administration a précisé dans d'anciennes circulaires que l'autorisation d'absence est limitée au strict cadre de l'entretien préalable (incluant la durée de l'entretien et le temps de déplacement) et ne peut être utilisée pour des rencontres préparatoires, sauf si la rencontre intervient immédiatement avant la tenue de l'entretien (circ. DRT 91-16 du 5 septembre 1991, § 1.2.2 ; circ. DRT 92-15 du 4 août 1992, § 3).

Régime et rémunération des absences - Lorsque le conseiller a une activité salariée, le temps passé hors de l'entreprise pendant ses heures de travail pour l'exercice de sa mission est rémunéré par l'employeur et n'entraîne aucune diminution des rémunérations et avantages qui y sont liés. Par ailleurs, il est assimilé à une durée de travail effectif pour la détermination de la durée des *congés payés**, du droit aux prestations d'assurances sociales et aux prestations familiales, ainsi qu'au regard de tous les droits que le salarié tient du fait de son *ancienneté** dans l'entreprise (c. trav. art. L. 1232-9). Le versement de la rémunération est toutefois conditionné par la remise à l'employeur des attestations des salariés assistés (cass. soc. 23 juin 2021, n° 19-23847 FB ; cass. soc. 23 novembre 2022 n° 21-18814 D ; c. trav. art. D. 1232-9).

Le salarié qui exerce son activité professionnelle en dehors de tout établissement a droit à ce que les heures passées à l'exercice des fonctions de conseiller du salarié entre 8 heures et 18 heures soient considérées, en tout ou partie, comme des heures de travail et payées comme telles par l'employeur (c. trav. art. D. 1232-11).

Dans les établissements de moins de 11 salariés, l'employeur n'a pas l'obligation de laisser au salarié le temps nécessaire à l'exercice de cette mission. Cependant, s'il le lui accorde, ce temps est rémunéré (les rémunérations et charges sociales sont remboursées par l'État) et assimilé à un temps de travail effectif (circ. DRT 91-16 du 5 septembre 1991, § 1.2.2).

Prise en charge par l'État - Les salaires ainsi maintenus et les charges sociales correspondantes sont remboursés à l'employeur par l'État (c. trav. art. L. 1232-11).

L'État procède au remboursement mensuellement, au vu d'une demande établie par l'employeur et contresignée par le salarié (c. trav. art. D. 1232-9). Lorsqu'un conseiller a plusieurs employeurs, chaque employeur ayant maintenu des salaires doit produire une demande de remboursement.

▶ À noter... Le conseiller du salarié rémunéré uniquement à la commission est indemnisé directement par l'État (et non par l'employeur), dans des conditions particulières (c. trav. art. D. 1232-10).

Absence pour formation

Autorisations d'absence - Les conseillers du salarié bénéficient également d'autorisations d'absence pour les besoins de leur formation, dans la limite de 2 semaines par période de 3 ans suivant la publication de la liste des conseillers sur laquelle ils sont inscrits (c. trav. art. L. 1232-12).

Indemnisation du salarié - Ces absences sont soumises aux dispositions régissant le *congé de formation économique, sociale, environnementale et syndicale** (c. trav. art. L. 1232-12).

Cela signifie, à notre sens, que l'employeur est tenu de maintenir en totalité la rémunération du salarié durant son absence (c. trav. art. L. 2145-6).

Accident de trajet

Le salarié en arrêt de travail consécutif à un *accident de trajet** survenu à l'occasion de l'exercice de ses missions de conseiller peut bénéficier des indemnités journalières de sécurité sociale.

Son employeur doit le faire bénéficier du même maintien de salaire que tout salarié de l'entreprise, dans les mêmes conditions. L'administration lui rembourse le montant du complément de salaire ainsi versé, puisque l'accident est intervenu pendant la période où le conseiller du salarié est soustrait à la subordination juridique de son employeur (circ. DRT 2000-4 du 10 avril 2000).

Protection du conseiller du salarié

L'exercice de la mission de conseiller du salarié ne peut pas être une cause de rupture du contrat de travail (c. trav. art. L. 1232-14). En outre, le conseiller du salarié bénéficie d'une protection contre la rupture du contrat de travail identique à celle des délégués syndicaux, ce qui suppose d'obtenir l'autorisation de l'inspecteur du travail préalablement à tout licenciement. Cette autorisation est également requise pour le licenciement de l'ancien conseiller du salarié durant les 12 mois suivant la date de cessation de ses fonctions, s'il les a exercées pendant au moins 1 an (c. trav. art. L. 1232-14, L. 2411-3 et L. 2411-21 ; cass. soc. 27 janvier 2010, n° 08-44376, BC V n° 22).

Cependant, le conseiller du salarié peut se prévaloir de cette protection seulement s'il a informé l'employeur de la détention d'un tel mandat ou s'il prouve que ce dernier en avait connaissance au plus tard lors de l'entretien préalable au licenciement (cass. soc. 30 juin 2016, n° 15-12982, BC V n° 143 ; cass. soc. 29 mai 2024, n° 23-10753 D ; cass. soc. 27 novembre 2024, n° 22-21693 FS-B).

☛ *Congé de formation économique, sociale, environnementale et syndicale.*

Conseillers municipaux, départementaux et régionaux

☛ *Élu (mandat local, député, sénateur).*

Conseillers prud'hommes

Les conseillers prud'hommes sont désignés tous les 4 ans, par les organisations syndicales et patronales en fonction de leur audience (c. trav. art. L. 1441-4), et leur nomination est officialisée par arrêté (arrêté du 2 décembre 2022, JO du 9).

Exercice des fonctions

Autorisations d'absence - L'employeur doit laisser au salarié conseiller prud'homme le temps nécessaire pour se rendre aux activités prud'homales (c. trav. art. L. 1442-5 et R. 1423-55 ; CE 17 mars 2010, n° 319785), à savoir :
- les activités liées à la fonction prud'homale (prestation de serment, participation aux assemblées générales du conseil de prud'hommes, suivi de la formation initiale obligatoire, etc.) ;
- les activités juridictionnelles (étude préparatoire d'un dossier, participation à l'audience, etc.) ;
- les activités administratives du président et du vice-président du conseil de prud'hommes ;
- les activités administratives du président et du vice-président de section et de chambre.

Rémunération et incidences des absences des conseillers - Le temps passé par un salarié hors de l'entreprise pendant les heures de travail, pour l'exercice de ses fonctions de conseiller prud'homme, est assimilé à du temps de travail effectif pour tous les droits qu'il tient de son contrat de travail ainsi que des dispositions légales, réglementaires et conventionnelles (congés payés, ancienneté, etc.) (c. trav. art. L. 1442-6).

Ces absences n'entraînent aucune diminution de sa rémunération (c. trav. art. L. 1442-6).

L'employeur doit verser la rémunération à laquelle le salarié aurait eu droit s'il avait travaillé dans l'entreprise, y compris, par exemple, la demi-heure de pause rémunérée en cas de travail posté (cass. soc. 7 avril 1994, n° 92-42458, BC V n° 140), les majorations pour heures supplémentaires (cass. soc. 25 mai 2005, n° 03-43373, BC V n° 183) ou encore une prime conventionnelle d'habillage (cass. soc. 13 octobre 2004, n° 02-47725, BC V n° 59).

▶ À noter… Les salariés conseillers prud'hommes ont les mêmes droits en matière de rémunération et d'avantages qui y sont liés, qu'ils appartiennent au collège salarié ou au collège employeur (cass. soc. 12 octobre 2005, n° 03-47749, BC V n° 286).

Prise en charge par l'État - L'État rembourse mensuellement aux employeurs les salaires maintenus aux conseillers prud'hommes pour leur permettre d'exercer leurs fonctions pendant le temps de travail, ainsi que les avantages et les charges sociales correspondantes (c. trav. art. D. 1423-59).

La demande est adressée au greffe du conseil de prud'hommes au plus tard dans l'année civile suivant l'année de l'absence du salarié de l'entreprise, au moyen d'un formulaire Cerfa (n° 13705*01), et avec un état des absences contresigné par le salarié et une copie de son bulletin de paye (c. trav. art. L. 1442-6 et D. 1423-59).

Indemnisation des fonctions exercées en dehors du temps de travail - Le conseiller prud'homme salarié qui exerce ses activités en dehors de son temps de travail perçoit une allocation de l'État pour ses vacations, dont le taux horaire est fixé à 12 € (depuis le 1er janvier 2024) (c. trav. art. D. 1423-56).

Un plafond d'heures indemnisables est fixé selon les activités (c. trav. art. D. 1423-65 à D. 1423-69).

Forfait jours - Les salariés en convention de forfait en jours sur l'année bénéficient du maintien de l'intégralité de leur rémunération et des avantages correspondant au titre de l'exercice de leurs fonctions prud'homales (c. trav. art. D. 1423-63-1).

L'employeur est remboursé du montant de la rémunération qu'il aura dû maintenir à ce titre dans les conditions habituelles *(voir plus haut)*.

Salarié travaillant en dehors de tout établissement - Sur sa demande, le salarié qui exerce son activité professionnelle en dehors de tout établissement a droit à ce que les heures passées à l'exercice des activités prud'homales, entre 8 h et 18 h, soient considérées, en tout ou partie, comme des heures de travail et payées comme telles par l'employeur. Ce dernier est remboursé intégralement dans les conditions habituelles *(voir plus haut)* (c. trav. art. D. 1423-63).

Les salariés payés uniquement à la commission relèvent de la règle ad hoc *(voir ci-dessous)*.

Conseiller prud'homme payé uniquement à la commission - Par dérogation, le conseiller prud'homme rémunéré uniquement à la commission est indemnisé directement par l'État (c. trav. art. D. 1423-60).

Pour chaque heure passée entre 8 h et 18 h dans l'exercice de fonctions prud'homales, il perçoit une indemnité horaire égale à 1/1 607e des revenus professionnels déclarés à l'administration fiscale l'année précédente. Il doit produire une copie de son avis d'imposition (c. trav. art. D. 1423-60).

Salariés travaillant en continu ou en travail posté - Des règles spécifiques, non détaillées ici, sont prévues pour les salariés accomplissant un travail continu de jour nécessitant leur remplacement (c. trav. art. D. 1423-61) et pour certains salariés travaillant en service continu ou discontinu posté (c. trav. art. D. 1423-62).

Frais de déplacement - Les frais de déplacement des conseillers prud'hommes pour l'exercice de leurs activités sont pris en charge par l'État (c. trav. art. D. 1423-64 ; circ. du 31 juillet 2014, NOR JUSB1418984C).

Formation

Formation initiale - Les conseillers prud'hommes nouvellement désignés n'ayant jamais exercé de mandat prud'homal, ou n'ayant pas accompli cette obligation à laquelle ils étaient assujettis au cours d'un précédent mandat, doivent suivre une formation initiale, qui s'ajoute à la formation « continue » *(voir ci-dessous)* (c. trav. art. L. 1442-1 et D. 1442-10-1).

Pour les besoins de la formation initiale, les employeurs doivent accorder des autorisations d'absence dans la limite de 5 jours par mandat, ces absences pouvant être fractionnées (c. trav. art. L. 1442-2).

La formation doit être suivie dans les 15 mois à compter du premier jour du 2e mois suivant la nomination du conseiller prud'homme (c. trav. art. D. 1442-10-1). À l'issue de la formation, le conseiller prud'homme reçoit une attestation qu'il remet à l'employeur (c. trav. art. D. 1442-10-4).

L'inexécution de cette formation entraîne la cessation des fonctions de conseiller prud'homal, l'employeur en étant informé par courrier du directeur du greffe (c. trav. art. D. 1442-10-1).

Formation continue - Les salariés conseillers prud'hommes ont droit à des autorisations d'absence au titre de la formation continue, dans la limite de 6 semaines par mandat, pouvant être fractionnées (c. trav. art. L. 1442-2).

La durée totale d'absence pour leur participation à un ou plusieurs stages ne peut pas dépasser 2 semaines au cours d'une même année civile (c. trav. art. D. 1442-7).

Le conseiller prud'hommes peut suivre sa formation continue même s'il n'a pas encore débuté sa formation initiale.

Information sur le départ en formation - Le conseiller prud'homme informe l'employeur de son absence pour la formation initiale ou la formation continue par tout moyen donnant une date certaine à sa demande (c. trav. art. D. 1442-7 et D. 1442-10-3) :

- au moins 30 jours à l'avance, pour une absence d'au moins 3 jours de travail consécutifs ;
- au moins 15 jours à l'avance dans les autres cas.

Il précise la date, la durée et les horaires du stage et le nom de l'organisme responsable.

Rémunération - Les absences liées au suivi des formations doivent être rémunérées par l'employeur (c. trav. art. L. 1442-2).

La Cour de cassation précise que les temps de formation du salarié conseiller prud'hommes supérieurs à son horaire habituel de travail ne sont pas assimilés à du temps de travail effectif et ne donnent donc pas droit au paiement d'heures supplémentaires (cass. soc. 31 janvier 2024, n° 22-10176 FSB). La règle est ici différente de celle qui s'applique au temps d'exercice des fonctions de conseiller relevant de l'article L. 1442-6 du code du travail *(voir ci-dessus)*.

Les conseillers prud'hommes salariés rétribués uniquement à la commission sont rémunérés, lorsqu'ils suivent la formation initiale, par chacun de leurs employeurs sur la base d'une indemnité horaire de stage égale au 1/1607 des rémunérations versées l'année précédente et déclarées à l'administration fiscale (c. trav. art. D. 1442-10-5). Lors de la formation continue, ce montant est de 1/1900 (c. trav. art. D. 1442-10).

Les frais de déplacement et de séjour sont pris en charge par l'État (c. trav. art. D. 1442-10-6 et D. 1442-4).

▶ À noter... L'article D. 1442-10 prévoit la possibilité pour l'employeur d'imputer la rémunération du salarié conseiller prud'homme formé sur la participation formation mais ce mécanisme ne peut plus fonctionner depuis la participation formation 2015 (collecte 2016). Le mécanisme d'imputabilité des dépenses de formation a en effet été supprimé (loi 2014-288 du 5 mars 2014, JO du 6).

Régime des absences - Le temps passé en formation est assimilé à une durée de travail effectif pour la détermination de la durée des congés payés, du droit aux prestations d'assurances sociales et aux prestations familiales, ainsi que pour l'ensemble des autres droits résultant, pour le salarié, de son contrat (c. trav. art. L. 1442-2 renvoyant à L. 2145-10).

☞ *Conseil de prud'hommes.*

Contentieux de la sécurité sociale

Champ du contentieux de la sécurité sociale

Le contentieux de la sécurité sociale comprend les litiges auxquels donne lieu l'application des législations et réglementations de sécurité sociale (c. séc. soc. art. L. 142-1, 1°). Sont concernés les litiges relatifs :
- à l'assujettissement à un régime légal et obligatoire de sécurité sociale ;
- à l'assiette et au paiement des cotisations de sécurité sociale et des contributions sociales ;
- aux prestations servies par les régimes légaux de sécurité sociale (ex. : indemnités journalières de sécurité sociale ; prestations familiales ; pensions de retraite) ;
- à la qualification juridique des accidents du travail et maladies professionnelles (AT/MP), notamment pour les différencier des accidents de trajet ou des maladies et accidents non professionnels, et à la faute inexcusable de l'employeur ;
- à l'état du malade ou de la victime d'un AT/MP et à sa prise en charge thérapeutique (hors litiges relatifs à l'état ou au degré d'invalidité, à l'état d'inaptitude au travail et à l'état d'incapacité permanente de travail).

Relèvent aussi du contentieux de la sécurité sociale les litiges relatifs, notamment :
- au recouvrement des *cotisations d'assurance chômage et d'AGS** (sauf pour les salariés employés à Saint-Pierre-et-Miquelon) (c. séc. soc. art. L. 142-1, 3° ; c. trav. art. L. 5422-12, L. 5422-16 et L. 5124-20) ;
- au recouvrement de la contribution Agefiph [voir *Handicapés (contribution Agefiph)**] (c. séc. soc. art. L. 142-1, 3° ; c. trav. art. L. 5212-9) ;
- à l'état ou au degré d'invalidité, en cas d'accident ou de maladie non professionnels, et à l'état d'inaptitude au travail (c. séc. soc. art. L. 142-1, 4° et 6°) ;
- à l'état d'incapacité permanente de travail en cas d'AT/MP, notamment au taux de cette incapacité (c. séc. soc. art. L. 142-1, 5° et 6°) ;
- aux décisions des caisses d'assurance retraite et de la santé au travail (*CARSAT**) concernant, en matière d'AT/MP, la fixation du taux de cotisations, l'octroi de ristournes, l'imposition de cotisations supplémentaires et la détermination de la contribution qui alimente le fonds commun des accidents du travail (c. séc. soc. art. L. 142-1, 7°) ;
- à la répartition de la charge financière de l'accident du travail ou de la maladie professionnelle entre l'entreprise de travail temporaire et l'entreprise utilisatrice (c. séc. soc. art. R. 242-6-3) ;
- au *compte professionnel de prévention** (c. trav. art. L. 4163-17 et R. 4163-36).

Organisation du contentieux de la sécurité sociale

Cas général - Toutes les réclamations contre les décisions prises par les organismes de sécurité sociale, à l'exception notamment de celles relatives à la tarification AT/MP *(voir ci-après)*, doivent faire l'objet d'un recours préalable devant une commission de recours amiable constituée au sein de chaque organisme ou, pour certaines contestations de nature médicale (ex : état du malade ou de la victime d'un AT/MP, état d'invalidité, d'incapacité et d'inaptitude), devant une commission médicale de recours amiable (c. séc. soc. art. L. 142-4, R. 142-1 et R. 142-8).

Les litiges peuvent ensuite être portés, en première instance, devant le pôle social de l'un des tribunaux judiciaires spécialement désignés (c. séc. soc. art. L. 142-8, 1° ; c. org. jud. art. L. 211-16).

En appel, les recours sont formés auprès de la chambre sociale de l'une des cours d'appel spécialement désignées (c. org. jud. art. L. 311-15).

Enfin, un recours devant la Cour de cassation est possible.

Hors contestations relatives à la tarification AT/MP *(voir ci-après)*, l'organisation du contentieux de la sécurité sociale comporte donc quatre degrés :
- la commission de recours amiable (CRA) ou, pour les différends de nature médicale, la commission médicale de recours amiable (CMRA) ;
- le pôle social du tribunal judiciaire ;
- la chambre sociale de la cour d'appel ;
- la Cour de cassation.

Contentieux de la tarification AT/MP - Les contestations relatives aux décisions des CARSAT en matière de tarification AT/MP (fixation du taux de cotisation, octroi de ristournes, imposition de cotisations supplémentaires ou encore détermination de la contribution qui alimente le fonds commun des accidents du travail) relèvent de la compétence d'une cour d'appel spécialement désignée, la cour d'appel d'Amiens (c. org. jud. art. L. 311-16 et D. 311-12).

Elles ne font pas l'objet d'un recours préalable obligatoire devant la CRA (c. séc. soc. art. L. 142-4). Toutefois, le cotisant qui conteste une décision de la CARSAT peut toujours exercer auprès d'elle un recours gracieux avant de saisir la justice.

Le recours devant la cour d'appel d'Amiens doit être introduit dans le délai de 2 mois à compter de la notification de la décision contestée (c. séc. soc. art. R. 142-1-A, III).

▶ À noter... La décision de la CARSAT est réputée notifiée à la date de sa consultation par une personne habilitée et au plus tard dans un délai de 15 jours suivant sa mise à disposition (c. séc. soc. art. L. 242-5, al. 5). Peu importe la date à laquelle a été adressé à l'employeur l'avis de dépôt (qui l'informe qu'une décision est mise à sa disposition et qu'il a la possibilité d'en prendre connaissance), dès lors que la décision n'a pas été consultée plus de 15 jours à compter de sa mise à disposition (cass. civ., 2e ch., avis du 5 octobre 2023, n° 23-70009 B) (pour plus de détails, voir *Tarification de la cotisation d'accidents du travail**).

Le recours devant la cour d'appel d'Amiens est formé par voie d'assignation à une audience préalablement indiquée par le premier président de la cour. Une copie de la décision attaquée doit être jointe à l'assignation. À peine de caducité du recours, une copie de l'assignation doit être déposée au greffe de la cour d'appel avant la date fixée pour l'audience (c. séc. soc. art. R. 142-13-1).

La cour statue en premier et dernier ressort (seul un pourvoi en cassation est ensuite possible). Sa décision est notifiée aux parties par lettre recommandée avec demande d'avis de réception (c. séc. soc. art. R. 142-13-5).

Assistance d'un avocat - L'assistance d'un avocat n'est obligatoire que devant la Cour de cassation (c. séc. soc. art. R. 142-15). Devant la CRA ou la CMRA, le tribunal judiciaire et la cour d'appel, les parties peuvent donc comparaître personnellement, ou bien se faire représenter par un avocat ou une autre personne (conjoint, représentant d'une organisation syndicale...) (c. séc. soc. art. L. 142-9 et R. 142-11).

Frais de justice - La procédure est gratuite uniquement devant la CRA et la CMRA.

En première instance et en appel, les dépens (frais engendrés par la procédure) sont pris en charge par la partie perdante, à moins que le juge, par décision motivée, n'en mette la totalité ou une fraction à la charge d'une autre partie (c. séc. soc. art. R. 142-1-A, II ; c. proc. civ. art. 696).

▶ À noter... Pour les contestations d'ordre médical, les frais résultant des consultations et expertises ordonnées par les juridictions compétentes sont pris en charge par la Caisse nationale d'assurance maladie (c. séc. soc. art. L. 142-11).

Commission de recours amiable (CRA)

Missions - Avant tout recours devant le tribunal judiciaire, la commission de recours amiable (CRA)

est obligatoirement saisie des réclamations formées contre les décisions prises par les organismes de sécurité sociale en matière, notamment (c. séc. soc. art. L. 142-4 et R. 142-1) :
- d'application des législations et réglementations de sécurité sociale (ex : litiges concernant un refus d'affiliation, un refus de versement d'une prestation ou le calcul de cotisations) *(voir ci-avant)* ;
- de recouvrement des *cotisations d'assurance chômage et d'AGS** ;
- de recouvrement de la contribution Agefiph [voir *Handicapés (contribution Agefiph)**]

Certaines contestations ne sont toutefois pas soumises à la procédure gracieuse devant la CRA. Il en est ainsi, notamment :
- des contestations relatives à la tarification AT/MP (c. séc. soc. art. L. 142-4) ;
- des contestations relatives à la prise en charge du coût des AT/MP des intérimaires (c. séc. soc. art. R. 142-7, 1°) ;
- des contestations d'ordre médical soumises à la commission médicale de recours amiable (c. séc. soc. art. R. 142-7, 3°) *(voir plus loin dans l'étude)*.

▶ À noter... L'absence de recours devant la CRA contre une *mise en demeure de l'URSSAF** ne fait pas obstacle à l'opposition à *contrainte** (cass. civ., 2e ch., 22 septembre 2022, n° 21-11862 et n° 21-10105 FSB).

Délai de recours - La CRA doit être saisie dans le délai de 2 mois à compter de la notification de la décision contre laquelle les intéressés entendent former une réclamation (c. séc. soc. art. R. 142-1).

Ce délai n'est opposable que s'il a été mentionné, ainsi que les voies et délais de recours, dans la notification de la décision contestée ou, en cas de décision implicite, dans l'accusé de réception de la demande (c. séc. soc. art. R. 142-1-A, III).

▶ À noter... Les articles 668 et 669 du code de procédure civile, selon lesquels la date de réception d'une notification faite par lettre recommandée avec demande d'avis de réception est celle qui est apposée par La Poste lors de la remise de la lettre à son destinataire, ne sont pas applicables aux décisions des organismes de sécurité sociale prises avant la saisine de la CRA, ces décisions n'étant pas de nature contentieuse. Il revient donc à l'organisme de sécurité sociale d'établir par tous moyens la date à laquelle l'intéressé a été informé de la décision qu'il entend contester (cass. avis. 21 janvier 2002, n° 00200001 P, BICC 551 du 1er mars 2002, n° 1).

Modalités pratiques du recours - La réclamation peut être adressée à la CRA par simple courrier, le cachet de La Poste faisant foi (c. séc. soc. art. R. 142-1-A, I ; CRPA art. L. 112-1). Afin de pouvoir prouver, si nécessaire, que la CRA a bien été saisie dans le délai de 2 mois, il est conseillé d'adresser sa réclamation par lettre recommandée.

Lorsque la réclamation porte sur un redressement opéré à la suite d'un *contrôle URSSAF**, la CRA peut être saisie par tout moyen donnant date certaine à sa réception (c. séc. soc. art. R. 243-59-9).

La demande portée devant la CRA doit faire l'objet d'un accusé de réception comportant notamment la date de sa réception par la commission et la date à laquelle, à défaut d'une décision expresse, elle sera réputée acceptée ou rejetée, ainsi que, le cas échéant, les documents manquants. L'accusé de réception mentionne aussi les délais et voies de recours à l'encontre de la décision de la CRA (c. séc. soc. art. R. 142-1-A, I ; CRPA art. L. 112-3 et R. 112-5). À défaut, les délais de recours ne sont pas opposables à l'auteur de la demande (c. séc. soc. art. R. 142-1-A, III ; CRPA art. L. 112-6).

Décision de la CRA - Selon les cas, la commission de recours amiable statue elle-même sur la réclamation ou bien donne son avis au conseil d'administration de la caisse, qui notifie sa décision aux intéressés en la motivant (c. séc. soc. art. R. 142-4).

La décision est notifiée par tout moyen conférant date certaine à la notification (c. séc. soc. art. R. 142-1-A, I).

▶ À noter... Dans le cas d'un redressement suite à un *contrôle URSSAF** ou une *vérification des déclarations URSSAF**, la décision de la CRA doit détailler, par motif de redressement, les montants qui sont annulés et ceux dont le cotisant reste redevable au titre de la *mise en demeure** qu'il a reçue. Les délais et voies de recours doivent être indiqués (c. séc. soc. art. R. 142-4).

Si l'assuré ou l'employeur ne reçoit pas de réponse dans le délai de 2 mois suivant la réception de sa réclamation par l'organisme de sécurité sociale, ce silence équivaut à un rejet implicite de sa demande (c. séc. soc. art. R. 142-6).

Le délai de 2 mois court à compter de la réception de la réclamation par l'organisme de sécurité sociale. Toutefois, si des documents sont produits par le réclamant après le dépôt de la réclamation, le délai de 2 mois ne court qu'à dater de la réception de ces documents.

▶ À noter... Au 15 janvier 2025, l'article R. 142-6 du code de la sécurité sociale prévoyait toujours que, dans le cadre d'un *contrôle URSSAF**, si le comité des abus de droit est saisi d'une demande relative au même litige que celui qui a donné lieu à la réclamation devant la CRA, le délai de 2 mois ne court qu'à dater de la réception de l'avis du comité par l'organisme de recouvrement. Or ce comité a été supprimé au 1er janvier 2024 (loi 2023-1250 du 26 décembre 2023, art. 5, I, 9° à 12°, II et VI, JO du 27). En toute logique, le code de la sécurité sociale devrait être toiletté en conséquence.

À l'issue du délai de 2 mois, l'intéressé peut saisir le tribunal judiciaire pour contester la décision implicite de rejet de la CRA *(voir plus loin)*. Il peut également attendre la décision explicite de l'organisme.

Litige relevant à la fois de la CRA et de la CRMA - Lorsqu'un litige relève à la fois de la compétence de la CRA et de la CMRA *(voir ci-après)*, la commission de recours amiable doit surseoir à statuer jusqu'à ce que la commission médicale de recours amiable ait statué sur la contestation d'ordre médical (c. séc. soc. art. R. 142-9-1).

L'avis de la CMRA s'impose à la CRA.

La commission de recours amiable statue ensuite sur l'ensemble du recours.

L'absence de décision de la CRA dans le délai de 6 mois à compter de l'introduction du recours préalable vaut rejet de la demande.

Commission médicale de recours amiable (CMRA)

Missions - Composée d'un praticien-conseil et d'un médecin expert (c. séc. soc. art. R. 142-8-1), la commission médicale de recours amiable (CMRA) est obligatoirement saisie des réclamations formées contre les décisions prises par les organismes de sécurité sociale relatives (c. séc. soc. art. R. 142-8) :

- à l'état du malade ou de la victime d'AT/MP et à sa prise en charge thérapeutique (contestations d'ordre médical autres que celles énumérées ci-après) (c. séc. soc. art. L. 142-1, 1°) ;
- à l'état ou au degré d'invalidité, en cas d'accident ou de maladie non professionnels, et à l'état d'inaptitude au travail (c. séc. soc. art. L. 142-1, 4° et 6°) ;
- à l'état d'incapacité permanente de travail en cas d'AT/MP, notamment au taux de cette incapacité (c. séc. soc. art. L. 142-1, 5° et 6°).

Délai de recours auprès de la CMRA - La commission médicale de recours amiable doit être saisie dans le délai de 2 mois à compter de la notification de la décision contestée. Ce délai n'est opposable qu'à la condition d'avoir été mentionné dans cette notification (c. séc. soc. art. R. 142-1-A, III).

▶ À noter… La CMRA examine les recours préalables formés contre les décisions des organismes dont le siège est situé dans son ressort. Son ressort géographique est celui de l'échelon régional du contrôle médical du régime intéressé ou, à défaut d'échelons régionaux, de l'échelon national. Toutefois, l'organisme national compétent (ex : CNAM ou CNAV) peut prévoir qu'une commission couvre plusieurs échelons régionaux (c. séc. soc. art. R. 142-8 ; circ. CNAV 2019-29 du 27 novembre 2019 ; circ. CNAM 24/2020 du 11 août 2020).

Modalités pratiques du recours - La commission médicale de recours amiable peut être saisie par tout moyen donnant date certaine à sa réception au secrétariat de la commission (ex. : LRAR). Une copie de la décision contestée doit être jointe à la demande (c. séc. soc. art. R. 142-8).

La réclamation portée devant la CMRA doit faire l'objet d'un accusé de réception comportant notamment la date de réception de la demande et la date à laquelle, à défaut d'une décision expresse, celle-ci sera réputée acceptée ou rejetée, ainsi que, le cas échéant, les documents manquants. L'accusé de réception mentionne aussi les délais et voies de recours à l'encontre de la décision (c. séc. soc. art. R. 142-1-A, I ; CRPA art. L. 112-3 et R. 112-5). À défaut, les délais de recours ne sont pas opposables à l'auteur de la demande (c. séc. soc. art. R. 142-1-A, III ; CRPA art. L. 112-6).

Décision de la CMRA - La commission médicale de recours amiable statue sur dossier. Toutefois, lorsque le recours est exercé par un assuré, elle peut, d'office ou la demande de ce dernier, décider de procéder à son examen médical. En cas d'impossibilité de déplacement lié à l'éloignement géographique de l'intéressé ou si elle l'estime nécessaire, la CMRA peut désigner un médecin en vue de réaliser cet examen médical ou une expertise sur pièces (c. séc. soc. art. R. 142-8-2 à R. 142-8-4).

La CMRA établit un rapport comportant son analyse du dossier, ses constatations et ses conclusions motivées. Elle rend un avis, qui s'impose à l'organisme de sécurité sociale (c. séc. soc. art. R. 142-8-5).

Ce dernier est chargé de notifier sa décision au requérant, par tout moyen conférant date certaine à sa notification (c. séc. soc. art. R. 142-1-A, I et R. 142-8-5).

L'absence de décision de l'organisme dans le délai de 4 mois à compter de l'introduction du recours préalable devant la CMRA vaut rejet de la demande (c. séc. soc. art. R. 142-8-5). Passé ce délai, l'intéressé peut saisir le tribunal judiciaire *(voir ci-après)*.

Tribunal judiciaire spécialement désigné

Délai et modalités de saisine - Lorsque la caisse de sécurité sociale a rejeté la réclamation, que ce soit expressément ou implicitement, l'assuré peut saisir le pôle social du tribunal judiciaire (TJ) spécialement désigné (c. org. jud. art. L. 211-16, 1°).

Le TJ est saisi par requête remise ou adressée au greffe par lettre recommandée avec avis de réception (c. séc. soc. art. R. 142-10-1). Cette requête peut être effectuée en remplissant le formulaire Cerfa n° 15980*04.

▶ À noter... Le tribunal judiciaire territorialement compétent est celui dans le ressort duquel demeure le demandeur. Lorsque le demandeur demeure à l'étranger, le tribunal compétent est celui dans le ressort duquel se trouve le siège de l'organisme de sécurité sociale qui a pris la décision. Lorsque le demandeur est une entreprise multi-établissements qui applique, de façon facultative ou obligatoire, le dispositif du *versement en un lieu unique** (VLU) des cotisations, le tribunal judiciaire territorialement compétent est celui dans le ressort duquel se trouve le siège de l'organisme de recouvrement auprès duquel l'employeur verse ses cotisations et contributions sociales (c. séc. soc. art. R. 142-10).

Le délai de recours contentieux est de 2 mois (c. séc. soc. art. R. 142-1-A, II) :
- à compter de la notification de la décision contestée ;
- ou, en l'absence de réponse explicite, à compter de l'expiration du délai de 2 mois laissé à la CRA pour répondre (4 mois s'il s'agit de la CMRA, 6 mois en cas de contestation relevant à la fois de la CRA et de la CMRA).

Ces délais ne sont opposables qu'à la condition d'avoir été mentionnés, ainsi que les voies de recours, dans la notification de la décision contestée ou, en cas de décision implicite, dans l'accusé de réception de la demande soumise à la CRA (ou CMRA) (c. séc. soc. art. R. 142-1-A, III).

▶ À noter... En cas de décision implicite de rejet de la CRA (ou de la CMRA), la forclusion du recours contentieux devant le tribunal judiciaire ne peut être opposée au requérant que si un accusé de réception du recours préalable auprès de la CRA (ou CMRA) indiquant clairement les délais et voies de recours contentieux lui a été envoyé. L'absence d'accusé de réception, et donc le défaut d'information sur les délais et voies de recours, empêche le délai de recours devant le tribunal judiciaire de courir (cass. civ., 2e ch., 25 avril 2024, n° 22-15393 FB).

Le délai de recours débute à compter de la date à laquelle l'intéressé a eu connaissance de la décision de l'organisme. Le recours d'un assuré ne peut donc être déclaré hors délai au motif que la notification de la décision adressée par LRAR a été retournée à l'expéditeur avec la mention « non réclamée - retour à l'envoyeur » et que l'intéressé n'établit pas avoir été dans l'impossibilité de réceptionner ladite lettre (cass. soc. 6 juillet 2000, n° 98-22261, BC V n° 269).

La forclusion tirée de l'expiration du délai de recours ne peut être opposée au demandeur ayant contesté une décision implicite de rejet au seul motif qu'il n'a pas saisi le tribunal pour contester la décision explicite de rejet intervenue en cours d'instance (c. séc. soc. art. R. 142-10-1).

▶ À noter... L'absence de recours devant le tribunal compétent dans les 2 mois contre la décision de la CRA, saisie à la suite de la notification d'une *mise en demeure** de l'URSSAF, interdit la contestation ultérieure du bien-fondé du redressement par la voie de l'opposition à *contrainte** (cass. civ., 2e ch., 4 avril 2019, n° 18-12014 FPBI).

Décision du tribunal judiciaire - La décision du tribunal est notifiée à chacune des parties par le greffe (c. séc. soc. art. R. 142-10-7).

La décision du TJ est susceptible d'appel pour les litiges supérieurs à 5 000 € ou d'un montant indéterminé (c. org. jud. art. R. 211-3-25 ; c. proc. civ. art. 40).

Toutefois, quel que soit le montant du litige, le tribunal judiciaire statue toujours à charge d'appel en matière :
- de CSG et de CRDS (c. séc. soc. art. L. 136-5, IV ; ord. 96-50 du 24 janvier 1996, art. 14, III, JO du 25) ;
- de contribution sur les retraites à prestations définies ou « retraites chapeaux » (c. séc. soc. art. L. 137-4 et L. 137-11 ; cass. civ., 2e ch., 22 janvier 2015, n° 13-28279 à 13-28306, BC II n° 16) ;
- de contribution sur les préretraites d'entreprise (c. séc. soc. art. L. 137-4 et L. 137-10) ;
- de forfait social (c. séc. soc. art. L. 137-4 et L. 137-15) ;
- de contribution sur les indemnités de mise à la retraite (c. séc. soc. art. L. 137-4 et L. 137-12) ;
- de contribution patronale due en cas d'attribution gratuite d'actions aux salariés ou de stock-options (c. séc. soc. art. L. 137-4 et L. 137-13).

La décision du tribunal judiciaire est, en revanche, rendue en dernier ressort, et peut uniquement faire l'objet d'un pourvoi en cassation lorsque :
- le montant du litige est inférieur ou égal à 5 000 € (c. org. jud. art. R. 211-3-25) ;

- quelle que soit la valeur du litige, le recours concerne une demande gracieuse de remise de majorations de retard et pénalités URSSAF (c. séc. soc. art. R. 244-2).

▶ À noter… Le tribunal judiciaire peut ordonner l'exécution provisoire de toutes ses décisions (c. séc. soc. art. R. 142-10-6).

Cour d'appel spécialement désignée

Si l'assuré veut contester la décision du tribunal judiciaire, il doit la saisir la cour d'appel spécialement désignée compétente par LRAR adressée au greffe, dans le délai de 1 mois à compter de la notification de la décision (c. org. jud. art. L. 311-15 ; c. séc. soc. art. R. 142-1-A, II ; c. proc. civ. art. 538).

La procédure d'appel est sans représentation obligatoire (c. séc. soc. art. R. 142-11).

Lorsque la cour a rendu son arrêt, le greffier le notifie à l'assuré (c. séc. soc. art. R. 142-12).

Cour de cassation

Les décisions rendues en dernier ressort par le tribunal judiciaire et les arrêts des cours d'appel

Contentieux de la sécurité sociale au 1.01.2025

	Cas général (c. séc. soc. art. L. 142-1, 1° à 6°)	**Tarification AT/MP** (c. séc. soc. art. L. 142-1, 7°)
Nature des litiges	• Contestations auxquelles donne lieu l'application des législations et réglementations de la sécurité sociale (ex : assujettissement, assiette et paiement des cotisations, octroi de prestations de sécurité sociale, etc.), y compris les contestations d'ordre médical relatives à l'état du malade et à sa prise en charge thérapeutique (hors contestations relatives à l'état d'invalidité, d'incapacité ou d'inaptitude). • Contestations d'ordre médical relatives à l'état ou au degré d'invalidité en cas de maladie ou d'accident non professionnels, à l'état d'inaptitude et à l'état d'incapacité permanente en cas d'AT/MP. • Contestations relatives au recouvrement des cotisations d'assurance chômage et d'AGS. • Contestations relatives au recouvrement de la contribution Agefiph.	Contestations des décisions des CARSAT relatives : - à la fixation du taux AT/MP ; - à l'octroi de ristournes ; - aux cotisations supplémentaires ; - à la contribution alimentant le fonds commun des accidents du travail.
Auprès de qui s'exerce le recours ?	Recours préalable obligatoire devant : - la commission de recours amiable (CRA) de l'organisme de sécurité sociale (c. séc. soc. art. R. 142-1) ; - la commission médicale de recours amiable (CMRA) de l'organisme de sécurité sociale pour toutes contestations d'ordre médical (état du malade et sa prise en charge thérapeutique, état d'invalidité, d'incapacité ou d'inaptitude) (c. séc. soc. art. R. 142-8).	• Recours gracieux facultatif auprès de la CARSAT. • Cour d'appel d'Amiens, qui statue en premier et dernier ressort (c. org. jud. art. L. 311-6 et D. 311-12 ; c. séc. soc. art. R. 142-13-5).
Dans quel délai ?	2 mois à compter de la notification de la décision de l'organisme (c. séc. soc. art. R. 142-1).	Saisine de la cour d'appel d'Amiens dans le délai de 2 mois de la décision de la CARSAT (c. séc. soc. art. R. 142-1-A, III).
Voies de recours	• Recours devant le pôle social du tribunal judiciaire dans le délai de 2 mois à compter de la notification de la décision de la CRA ou de la CMRA ou, en l'absence de décision explicite, à compter de l'expiration du délai laissé à la CRA (2 mois) ou à la CMRA (4 mois) pour répondre (c. séc. soc. art. R. 142-1-A, III et R. 142-8-5) ; • Si l'affaire > 5 000 € ou d'un montant indéterminé, ou si, quel que soit le montant en jeu, concerne certains litiges (1), appel devant la chambre sociale de la cour d'appel dans le délai de 1 mois (c. séc. soc. art. 142-1-A, II ; c. proc. civ. art. 40 et 538 ; c. org. jud. art. R. 211-3-25). Puis pourvoi devant la Cour de cassation dans les 2 mois (c. séc. soc. art. R. 142-15). • Si l'affaire ≤ 5 000 € ou concerne une demande de remise gracieuse de majorations de retard et pénalités URSSAF, pourvoi devant la Cour de cassation dans les 2 mois (c. séc. soc. art. R. 142-15).	Pourvoi devant la Cour de cassation dans les 2 mois (c. séc. soc. art. R. 142-15).

(1) Par exemple, en matière de CSG/CRDS ou de forfait social *(voir ci-avant les développements de l'étude)*.

peuvent faire l'objet d'un recours devant la Cour de cassation, dans le délai de 2 mois à compter de leur notification. L'assistance d'un avocat est obligatoire (c. séc. soc. art. R. 142-15).

Contrainte ; Contrôle URSSAF ; Mise en demeure de l'URSSAF ; Tarification de la cotisation d'accidents du travail.

Contingent annuel d'heures supplémentaires

Le contingent d'heures supplémentaires est un seuil ayant une incidence sur certaines règles applicables aux *heures supplémentaires**.

Rôle du contingent

Recours aux heures supplémentaires - C'est un accord collectif d'entreprise ou d'établissement (à défaut, une convention ou un accord de branche) qui détermine les conditions d'accomplissement d'heures supplémentaires au-delà du contingent annuel (c. trav. art. L. 3121-33, I, 3°). Avant de faire accomplir des heures supplémentaires, l'employeur doit s'il n'a pas épuisé le contingent informer le *comité social et économique** (CSE) ou le consulter s'il est au-delà du contingent (voir *Heures supplémentaires**).

En l'absence d'accord collectif, l'employeur peut dépasser le contingent mais il doit consulter au moins une fois par an le CSE sur les modalités d'utilisation du contingent et de son éventuel dépassement (c. trav. art. L. 3121-40).

Contrepartie obligatoire en repos - Les heures supplémentaires effectuées au-delà du contingent annuel donnent lieu à une *contrepartie obligatoire en repos**.

Volume du contingent

Contingent conventionnel - Un accord collectif d'entreprise ou d'établissement (à défaut, une convention ou un accord de branche) fixe le volume du contingent annuel (c. trav. art. L. 3121-33, I, 2°).

▶ À noter… La primauté de l'accord d'entreprise était déjà prévue par la loi du 20 août 2008. Un accord d'entreprise pouvait déjà fixer un contingent annuel d'heures supplémentaires à un autre niveau que celui retenu par l'accord de branche applicable (cass. soc. 1er mars 2017, n° 16-10047, BC V n° 33 ; constit., décision 2008-568 DC du 7 août 2008, JO du 21).

Le contingent conventionnel se substitue au contingent réglementaire pour définir le seuil de déclenchement du droit à *contrepartie obligatoire en repos** (c. trav. art. L. 3121-39).

Contingent réglementaire - En l'absence de convention ou d'accord collectif fixant un autre volume (inférieur ou supérieur), le contingent est de 220 h par an et par salarié (c. trav. art. L. 3121-39 et D. 3121-24).

Salariés concernés - Le contingent annuel s'applique à l'ensemble des salariés soumis à la législation sur la durée du travail (ouvriers, employés, agents de maîtrise, cadres), y compris s'ils sont titulaires d'une *convention de forfait** d'heures supplémentaires hebdomadaire ou mensuelle.

En revanche, certains salariés ne sont pas soumis au contingent annuel :
- les salariés titulaires d'une convention de forfait annuel en heures (c. trav. art. D. 3121-24) ;
- les salariés titulaires d'une convention de forfait annuel en jours ;
- les salariés qui ne relèvent pas de la législation sur la durée du travail (*cadres dirigeants**, VRP, etc.).

Imputation sur le contingent

Principe - Toutes les heures supplémentaires effectuées au-delà de la durée légale du travail ou de la durée d'équivalence s'imputent sur le contingent annuel d'heures supplémentaires, sous réserve de quelques situations particulières.

Certaines absences, bien qu'assimilées à du temps de travail effectif pour les droits à majorations pour *heures supplémentaires**, ne sont pas prises en compte pour déterminer le nombre d'heures à imputer. Selon l'administration, il en va notamment ainsi (circ. DRT 2000-6 du 7 décembre 2000) :
- des *jours fériés** chômés ;
- des repos correspondant à la *contrepartie obligatoire en repos** ou au *repos compensateur de remplacement** attaché aux heures supplémentaires ;
- des jours de *congés pour événements familiaux** prévus par le code du travail (c. trav. art. L. 3142-4 et L. 3142-5).

Exception - Certaines heures supplémentaires ne s'imputent pas sur le contingent annuel. Il s'agit de celles (c. trav. art. L. 3121-30) :
- dont le paiement est intégralement remplacé par l'octroi de *repos compensateur de remplacement** ;

- ou qui sont motivées par des travaux urgents dont l'exécution immédiate est justifiée par des mesures de sauvetage, de prévention ou de réparation de certains accidents.

Journée de solidarité - Les heures correspondant à la journée de solidarité ne s'imputent pas sur le contingent d'heures supplémentaires dans la limite de 7 h (c. trav. art. L. 3133-9).

Heures supplémentaires choisies - Les heures supplémentaires qui s'effectuent en application d'accords collectifs sur les heures choisies antérieurs au 22 août 2008 ne s'imputent pas sur le contingent annuel d'heures supplémentaires (depuis le 22 août 2008, ce dispositif a été supprimé mais les anciens accords restent en vigueur) (loi 2008-789 du 20 août 2008, art. 20, JO du 21 ; circ. DGT 2008-20 du 13 novembre 2008).

☞ *Contrepartie obligatoire en repos ; Convention de forfait ; Durée du travail ; Heures supplémentaires ; Journée de solidarité ; Rachat de jours de repos ; Repos compensateur de remplacement ; Temps de travail effectif.*

Contrainte

Contrainte URSSAF

Une procédure parmi d'autres - L'*URSSAF** dispose de plusieurs moyens permettant d'obtenir le règlement des cotisations ou des majorations de retard que l'employeur ne verse pas.

Le responsable de la Mission nationale de contrôle et d'audit des organismes de sécurité sociale peut mettre en œuvre la procédure « sommaire » permettant au directeur départemental ou régional des finances publiques d'en assurer le recouvrement (c. séc. soc. art. R. 155-4).

L'URSSAF peut également recourir à l'opposition à tiers détenteur qui lui permet, si elle dispose d'un titre exécutoire (c. proc. civ. exéc. art. L. 111-3), d'enjoindre au tiers dans les mains duquel se trouvent les fonds qui lui sont dus (créancier, banquier, etc.) de les lui verser, en lieu et place du débiteur, à concurrence des cotisations, des contributions et des majorations et pénalités de retard ou des sommes indûment versées (c. séc. soc. art. L. 133-4-9 et R. 133-9-5 à R. 133-9-12).

Enfin, les directeurs des URSSAF peuvent délivrer des contraintes à l'encontre des employeurs qui n'ont pas réglé les cotisations et majorations à l'échéance fixée par les textes (c. séc. soc. art. L. 244-9). La contrainte intervient chronologiquement après l'envoi d'une *mise en demeure de l'URSSAF** restée sans effet.

▶ À noter… La contrainte délivrée par le directeur d'un organisme de sécurité sociale sur le fondement de l'article L. 244-9 du code de la sécurité sociale a pour objet exclusif le recouvrement des cotisations et contributions sociales et des majorations de retard. La contrainte qui vise le remboursement de sommes versées par erreur par l'URSSAF est donc irrégulière (cass. civ., 2e ch., 26 novembre 2020, n° 19-21731 FPBI).

Mise en œuvre de la contrainte - Après l'envoi d'une *mise en demeure de l'URSSAF** restée sans effet après un mois, le directeur de l'URSSAF peut délivrer une contrainte qui comportera tous les effets d'un jugement, une fois notifiée au débiteur par tout moyen permettant de rapporter la preuve de sa date de réception ou signifiée par acte de commissaire de justice (c. séc. soc. art. L. 244-9 et R. 133-3).

Dans le cas d'une signification par commissaire de justice, celui-ci doit procéder aux vérifications nécessaires pour s'assurer que le cotisant habite bien à l'adresse indiquée même si ce dernier ne justifie pas avoir informé l'URSSAF de son changement d'adresse (cass. civ., 2e ch., 4 mars 2021, n° 19-25291 FP, premier moyen).

▶ À noter… Rappelons que l'action en recouvrement des cotisations et majorations de retard se prescrit par 3 ans à compter de l'expiration du délai imparti par l'avertissement ou la mise en demeure adressé à l'employeur (5 ans en cas de travail illégal) (c. séc. soc. art. L. 244-8-1 et L. 244-11).

À peine de nullité, l'acte de commissaire de justice ou la notification doit mentionner la référence de la contrainte et son montant, le délai dans lequel l'employeur peut faire opposition, l'adresse du tribunal judiciaire compétent et les formes requises pour la saisine de ce dernier (c. séc. soc. art. R. 133-3).

▶ À noter… L'absence d'indication ou l'indication incomplète ou erronée dans l'acte de signification ou de notification d'une contrainte du délai dans lequel l'opposition à contrainte doit être formée, de l'adresse du tribunal compétent ou des formes requises pour sa saisine, a pour seul effet de ne pas faire courir le délai d'opposition de 15 jours (*voir ci-après*) (cass. civ., 2e ch., 4 avril 2018, n° 17-15416 D). Ce délai de 15 jours ne court pas non plus si ces mentions figurent sur la contrainte elle-même, mais pas sur l'acte de signification ou de notification de la contrainte (cass. civ., 2e ch., 21 juin 2018, n° 17-16441 FPB).

Pour être valable, la contrainte doit contenir toutes les informations nécessaires relatives à la nature, la cause et l'étendue de la dette de cotisations sociales, ce qui suppose d'indiquer, à peine de nullité, la nature et le montant des cotisations réclamées ainsi que la période à laquelle elles se rapportent. L'URSSAF ne peut pas se contenter de renvoyer le cotisant à la mise en demeure qui a précédé (cass. civ., 2e ch., 3 novembre 2016, n° 15-20433, BC II n° 242).

Il ne peut y avoir de différence entre le montant de la contrainte et le montant mentionné dans l'acte de signification, sauf si cet acte comporte un décompte permettant de justifier cette différence. Si tel n'est pas le cas, la signification de la contrainte est jugée irrégulière (cass. civ. 2e ch., 15 juin 2017, n° 16-10788, BC II n° 135).

Par ailleurs, le directeur d'un organisme de recouvrement peut utiliser une image numérisée de sa signature manuscrite pour signer une contrainte, à condition que son identité et sa qualité de signataire soient vérifiables. Cela ne remet pas en cause la régularité de la contrainte (cass. civ., 2e ch., 28 mai 2020, n° 19-11744 FPBI). Cette solution dégagée par la Cour de cassation à propos d'une contrainte délivrée par la CIPAV est transposable aux contraintes URSSAF.

Opposition à contrainte - Le débiteur peut former opposition à contrainte devant le tribunal judiciaire compétent dans les 15 jours de sa notification ou signification (c. séc. soc. art. R. 133-3).

Ce délai de 15 jours débute le lendemain de la notification ou signification de la contrainte et expire le dernier jour à 24 heures. Si ce dernier jour tombe un samedi, un dimanche ou un jour férié ou chômé, le délai est prorogé jusqu'au premier jour ouvrable suivant (c. proc. civ. art. 641 et 642 ; cass. civ., 2e ch., 12 mai 2022, n° 20-19134 D).

▶ À noter... Le cotisant qui n'a pas contesté la mise en demeure devant la commission de recours amiable (CRA) de l'URSSAF (voir *Contentieux de la sécurité sociale**) peut, à l'appui de l'opposition à la contrainte décernée sur le fondement de celle-ci, contester la régularité de la procédure et le bien-fondé du redressement objet de la contrainte (cass. civ., 2e ch., 22 septembre 2022, n° 21-11862 et n° 21-10105 FSB). En revanche, s'il a bien saisi la CRA, mais n'a pas contesté en temps utile la décision de cette dernière devant le tribunal judiciaire, il ne peut pas contester par la suite la régularité de la procédure et le bien-fondé des sommes réclamées via l'opposition à contrainte (cass. civ., 2e ch., 4 avril 2019, n° 18-12014 FPBI).

La procédure d'opposition à contrainte s'effectue par LRAR adressée au secrétariat du tribunal judiciaire du domicile du débiteur ou, si celui-ci est domicilié à l'étranger, au secrétariat du tribunal judiciaire compétent dans le ressort de l'organisme de recouvrement (c. séc. soc. art. R. 133-3).

▶ À noter... C'est la date d'expédition figurant sur le cachet du bureau d'émission de la LRAR qui permet de savoir si le recours du cotisant est intervenu dans le délai de 15 jours exigé *(voir plus haut)*, et non pas la date du cachet apposé sur le courrier par le greffe du tribunal (c. proc. civ. art. 668 ; cass. civ., 2e ch., 2 juin 2022, n° 20-21966 D ; cass. civ., 2e ch., 1er juin 2023, n° 21-12630 FB).

L'opposition doit être motivée et accompagnée d'une copie de la contrainte. C'est le tribunal judiciaire qui informe l'URSSAF de l'opposition dans un délai de 8 jours à compter de la réception de l'opposition (c. séc. soc. art. R. 133-3).

▶ À noter... Le recours du cotisant est irrecevable s'il n'a pas motivé son opposition à contrainte (cass. civ., 2° ch., 7 mai 2015, n° 14-16680, BC II n° 102). Il ne suffit donc pas d'affirmer que l'on conteste le montant réclamé pour être recevable.

À défaut d'opposition motivée du cotisant devant le tribunal judiciaire dans les 15 jours de sa notification ou signification, la contrainte comporte tous les effets d'un jugement et confère notamment le bénéfice de l'hypothèque judiciaire (c. séc. soc. art. L. 244-9). L'employeur ne peut notamment pas contester la décision de l'URSSAF en saisissant le tribunal judiciaire puisque l'absence d'opposition rend la contrainte définitive (cass. civ., 2e ch., 16 juin 2016, n° 15-12505, BC II n° 159).

Prescription de l'exécution des contraintes - Les URSSAF disposent d'un délai de 3 ans pour faire exécuter les contraintes qu'elles délivrent. Ce délai se décompte à partir de la date à laquelle la contrainte a été notifiée ou signifiée, ou un acte d'exécution signifié en application de cette contrainte (c. séc. soc. art. L. 244-9).

Si une contrainte est délivrée après un redressement lié à une infraction de travail illégal, la prescription est de 5 ans (c. séc. soc. art. L. 244-11).

Contrainte France Travail

Le directeur de *France Travail** conserve le pouvoir de délivrer une contrainte notamment pour les contributions dont le recouvrement est resté de la compétence de France Travail (ex. : cotisations chômage dues au titre des salariés expatriés ou des intermittents du spectacle) (c. trav. L. 5422-16, al. 1).

Cette contrainte est délivrée selon les modalités prévues par le code de la sécurité sociale *(voir plus haut)*.

☛ *Contentieux de la sécurité sociale ; Contrôle URSSAF ; Mise en demeure de l'URSSAF ; Prescription des cotisations.*

Contrat à durée déterminée

La gestion et la paye des salariés embauchés en contrat à durée déterminée obéissent à des règles particulières.

Le contrat en bref

Recours pour des motifs précis - Un employeur peut recourir au contrat à durée déterminée (CDD) dans des cas limitativement énumérés par la loi, pour une tâche précise et temporaire et jamais pour pourvoir à un emploi permanent de l'entreprise (c. trav. art. L. 1242-2 et L. 1242-3 ; circ. DRT 2002-8 du 2 mai 2002). Pour ce faire, il doit respecter de nombreuses règles, non détaillées ici : délai de carence, renouvellement, succession, cas dans lesquels il est possible de signer un CDD à terme imprécis, etc. (pour le détail, voir Dictionnaire Social, « Contrat de travail à durée déterminée »).

▶ À noter… Les accords de branche étendus peuvent déroger aux règles relatives à la durée des CDD, à leur renouvellement et au délai de carence entre deux contrats de manière plus favorables ou moins favorables que les dispositions légales applicables par défaut et qui sont présentées dans notre tableau. Ces règles concernent les contrats conclus après le 23 septembre 2017 (ord. 2017-1387 du 22 septembre 2017, art. 22 à 28 et art. 40-VIII).

Le tableau ci-après présente les principaux cas de recours, avec, en regard, la durée maximale du contrat.

Rappelons également qu'il existe d'autres CDD particuliers qui relèvent de règles spécifiques dont :
- le contrat d'apprentissage [voir *Apprentissage (contrat)**] ;
- le *contrat de professionnalisation** ;
- le *contrat à durée déterminée d'insertion** ;
- le *contrat à durée déterminée à objet défini** ;

L'essentiel sur la durée maximale des CDD de droit commun*

Cas de recours		Durée maximale	
		Contrat de date à date	**Contrat à terme imprécis (1)**
Remplacement (c. trav. art. L. 1242-2) (2)	Remplacement d'un salarié absent ou dont le contrat de travail est suspendu	18 mois (3) (4)	Fin de l'absence
	Remplacement d'un salarié passé provisoirement à temps partiel		
	Remplacement du chef d'entreprise, de son conjoint, etc.		
	Attente de l'entrée en service d'un salarié embauché en CDI	9 mois (3) (4)	9 mois
	Remplacement d'un salarié dont le départ définitif précède la suppression de son poste	24 mois	Impossible
Accroissement temporaire d'activité (c. trav. art. L. 1242-2) (5)	Augmentation temporaire de l'activité habituelle de l'entreprise	18 mois (3) (4)	Impossible
	Exécution d'une tâche occasionnelle précisément définie et non durable		
	Commande exceptionnelle à l'exportation	24 mois (3) (6)	Impossible
	Travaux urgents nécessités par des mesures de sécurité	9 mois (3) (4)	Impossible
Emplois à caractère saisonnier (c. trav. art. L. 1242-2)		-	Fin de la saison
Emplois pour lesquels il n'est pas d'usage de recourir au CDI dans certains secteurs (c. trav. art. L. 1242-2 et D. 1242-1)		18 mois (4)	Réalisation de l'objet du contrat
CDD senior (c. trav. art. D. 1242-2)		36 mois (7)	Impossible

L'essentiel sur la durée maximale des CDD de droit commun*

Cas de recours		Durée maximale	
		Contrat de date à date	**Contrat à terme imprécis (1)**
Contrats par lesquels l'employeur s'engage à assurer un complément de formation professionnelle (c. trav. art. L. 1242-3, 2° ; c. trav. art. D. 1242-3)	Candidats effectuant un stage en vue d'accéder à un établissement d'enseignement	24 mois (possibilité de conclure le CDD pour la durée du stage si elle est fixée par voie réglementaire)	Impossible
	Élèves ou anciens élèves d'un établissement d'enseignement effectuant un stage d'application	24 mois	Impossible
	Étrangers venant en France en vue d'acquérir un complément de formation professionnelle	24 mois, sous réserve du cas des étrangers soumis au régime de l'autorisation de travail (8)	Impossible
	Bénéficiaires d'une aide financière individuelle à la formation par la recherche	Période donnant lieu à l'aide financière	Impossible
	Salariés bénéficiant d'une convention de rééducation professionnelle (9)	18 mois	Impossible
Contrat avec un sportif ou un entraîneur professionnel (c. sport art. L. 222-2-3 à L. 222-2-9) (10)	Sportifs et entraîneurs professionnels	• Principe : 5 ans (11) • Cas particulier : 3 ans pour les sportifs ayant bénéficié d'une formation et dans l'obligation de conclure un CDD avec l'association ou la société dont relève le centre	Impossible

* En l'absence d'accord de branche étendu en matière de durée ou de renouvellement (ord. 2017-1387 du 22 septembre 2017, art. 22 à 28 et art. 40-VIII, JO du 23). Références variant selon les contrats (cas général : c. trav. L. 1242-8-1 et D. 1242-6 ; circ. DRT 92-14 du 29 août 1992 ; CDD avec un sportif ou un entraîneur professionnel : c. sport art. L. 222-2-4).
(1) Le contrat doit comporter une durée minimale s'il est à terme incertain.
(2) Du 13 avril 2023 au 13 avril 2025, il est possible de pourvoir plusieurs remplacements avec un seul CDD dans des secteurs d'activité définis par décret (loi 2022-1598 du 21 décembre 2022, art. 6 ; décret 2023-263 du 12 avril 2023, JO du 13 ; décret 2024-533 du 10 juin 2024, JO du 12 ; questions/réponses du ministère du Travail du 13 avril 2023 « CDD multi-remplacement : relance de l'expérimentation »).
(3) Renouvellements compris, les CDD à terme précis pouvant être renouvelés deux fois, pour une durée déterminée (c. trav. art. L. 1243-13-1).
(4) Durée maximale pouvant aller jusqu'à 24 mois si le contrat est exécuté à l'étranger.
(5) Motif subdivisé en 4 situations par l'administration (circ. DRT 90-18 du 30 octobre 1990).
(6) Durée minimale d'au moins 6 mois.
(7) Durée initiale de 18 mois maximum, renouvelable une fois dans la limite de 36 mois (c. trav. art. D. 1242-7).
(8) 24 mois si le salarié n'est pas soumis au régime de l'autorisation de travail. Dans le cas contraire, durée maximale limitée à la durée de l'autorisation provisoire de travail (en cas de renouvellement de l'autorisation, la durée maximale du contrat est prolongée d'autant).
(9) Travailleurs handicapés ou salariés déclarés inaptes ou en risque d'inaptitude (c. trav. art. L. 1226-1-4, L. 5213-3 et R. 5213-15).
(10) CDD conclus à compter du 28 novembre 2015 et anciens CDD d'usage du sport professionnel renouvelés depuis cette date (loi 2015-1541 du 27 novembre 2015, art. 24-V, JO du 28).
(11) Durée minimale équivalente à la durée d'une saison sportive, c'est-à-dire 12 mois (c. sport. art. L. 222-2-4). Un contrat conclu en cours de saison sportive peut avoir une durée inférieure à 12 mois à des conditions particulières : il doit courir au minimum jusqu'au terme de la saison sportive et être conclu pour assurer le remplacement d'un sportif ou d'un entraîneur professionnel soit absent ou dont le contrat de travail est suspendu, soit mis à disposition de la fédération sportive délégataire intéressée en qualité de membre d'une équipe de France.

- des contrats spécifiques aux seniors [voir *Contrat à durée déterminée (senior)** et *Contrat à durée déterminée (salarié agricole âgé)**] ;
- le *contrat unique d'insertion** ainsi que les emplois d'avenir, qui peuvent prendre la forme de CDD ;
- les contrats liés à la recherche créés par la loi de programmation de la recherche pour les années 2021 à 2030 (c. trav. art. L. 1242-3, 3° et 4°) (voir Dictionnaire Social, « Contrat à objet défini de recherche » et « Contrat doctoral de droit privé »).

Statut du salarié

Régime applicable au salarié - Le salarié en CDD bénéficie des règles légales et conventionnelles applicables aux autres salariés. Une convention ne peut pas exclure les CDD d'un droit accordé aux salariés de l'entreprise.

S'ils remplissent les conditions d'ancienneté nécessaires, les intéressés bénéficient notamment :

- des jours fériés chômés ;
- des congés pour événements familiaux ;
- du complément de rémunération en cas d'absence pour maladie, accident du travail, etc. ;
- de la protection de la sécurité sociale au titre des accidents du travail sans condition d'affiliation préalable ;
- des titres-restaurant ou du restaurant d'entreprise.

Période d'essai - Voir *Période d'essai**.

Ancienneté - Le salarié conserve l'ancienneté acquise durant le CDD lorsque le contrat se poursuit en contrat à durée indéterminé (CDI) à l'échéance du terme (c. trav. art. L. 1243-11).

Le salarié dont les CDD sont requalifiés en CDI est considéré avoir occupé un emploi à durée indéterminée depuis le jour de sa première embauche en CDD. Il peut prétendre à la reconstitution de sa carrière dans l'entreprise (cass. soc. 6 novembre 2013, n° 12-15953, BC V n° 259 ; cass. soc. 3 mai 2016, n° 15-12256, BC V n° 81). Cette reprise d'ancienneté vaut également lorsque les CDD requalifiés ne se sont pas enchaînés de façon ininterrompue.

Rupture anticipée du contrat

Cas de rupture anticipée autorisés - Le CDD peut être rompu de façon anticipée dans les cas suivants (c. trav. art. L. 1243-1 ; cass. soc. 5 juillet 2017, n° 16-17690, BC V n° 112) :
- force majeure ;
- faute grave du salarié ou de l'employeur ;
- commun accord des parties ;
- inaptitude physique constatée par le médecin du travail [voir *Inaptitude (CDD)**] ;
- rupture de la *période d'essai** (c. trav. art. L. 1242-10 et L. 1242-11).

Si l'employeur rompt le contrat de façon anticipée en dehors de ces cas particuliers, le salarié a notamment droit à des dommages-intérêts d'un montant minimal égal à la rémunération brute restant à courir jusqu'au terme du contrat (c. trav. art. L. 1243-4) (pour le détail, voir *Indemnité de rupture anticipée d'un CDD**).

Rupture par le salarié - Par dérogation, le salarié peut librement interrompre son CDD de façon anticipée en justifiant d'une embauche à durée indéterminée (c. trav. art. L. 1243-2). Il doit alors respecter un préavis de :
- 1 jour par semaine, compte tenu de la durée totale du CDD, renouvellement inclus, s'il s'agit d'un CDD à terme précis ;
- 1 jour par semaine, compte tenu de la durée effectuée, lorsque le CDD n'a pas de terme précis.

Dans les deux cas, la durée du préavis est plafonnée à un maximum de 2 semaines.

▶ À noter... Le salarié qui rompt le contrat avant son terme, en dehors des cas prévus par la loi, doit à l'employeur des dommages-intérêts évalués en fonction du préjudice subi (c. trav. art. L. 1243-3 ; cass. soc. 9 février 2011, n° 09-42485 D).

Rupture en raison d'un sinistre - En cas de rupture du CDD en raison d'un sinistre relevant de la *force majeure**, le salarié a droit à une indemnité compensatrice égale à la rémunération brute qu'il aurait obtenue si le CDD était allé à son terme (c. trav. art. L. 1243-4 ; circ. DRT 2002-8 du 2 mai 2002). Toutefois, selon l'administration l'*indemnité de fin de contrat** n'est pas due.

Rémunération

Contrat - La rémunération et tous ses accessoires doivent figurer dans le contrat de travail du salarié en CDD (c. trav. art. L. 1242-12).

Principes de rémunération - La rémunération du salarié en CDD ne peut pas être inférieure à celle que percevrait un salarié en CDI de qualification équivalente et occupant les mêmes fonctions, après la période d'essai (c. trav. art. L. 1242-15). La comparaison se fait sans tenir compte de l'*indemnité de fin de contrat** (cass. soc. 10 octobre 2012, n° 10-18672, BC V n° 257).

En cas de CDD pour remplacement, si la différence de salaire entre le titulaire du poste et le remplaçant provient du fait que ce dernier n'effectue pas toutes les tâches du titulaire, il faut le préciser dans le contrat, de façon à pouvoir justifier qu'il s'agit d'un remplacement partiel en cas de litige.

Le salarié a droit aux primes annuelles (13e mois, prime de vacances, etc.) au prorata de la durée de son contrat si, dans l'entreprise, leur paiement est prévu pour les salariés quittant l'entreprise avant la date normale de paiement de ces primes.

Transformation ou requalification d'un CDD en CDI - L'ancienneté d'un salarié dont le CDD se poursuit à l'échéance du terme pour devenir un CDI est conservée (c. trav. art. 1243-11). Il faut en tenir compte pour le niveau de rémunération.

De même, en cas de requalification de CDD en CDI, la carrière du salarié doit être reconstituée et sa rémunération régularisée en remontant au jour de sa première embauche (cass. soc. 6 novembre 2013, n° 12-15953, BC V n° 259).

Charges sociales

Plafond de sécurité sociale - En principe, les règles de plafond de sécurité sociale sont les mêmes que le salarié soit en CDI ou en CDD (ex. : prorata de plafond en cas d'embauche en cours de période de paye) (voir *Plafond de la sécurité sociale**).

Cotisations - Les cotisations applicables à la rémunération des salariés en CDD sont les mêmes que celles applicables aux salariés en CDI, sous réserve d'une exception.

Un système de bonus-malus s'applique depuis le 1er septembre 2022 aux employeurs de 11 salariés et plus de certains secteurs d'activité [voir *Cotisations d'assurance chômage (bonus-malus)**].

Formation professionnelle

CPF de transition - Le salarié en CDD peut prétendre au *CPF de transition professionnelle**, modalité du *compte personnel de formation** (CPF) créée dans le but de faciliter les changements de métier ou de profession dans le cadre d'un projet de transition professionnelle (c. trav. art. L. 6323-17-1).

Le salarié doit remplir certaines conditions d'ancienneté pour y prétendre (voir *CPF de transition professionnelle**).

Formation : accès privilégié - Une convention collective de branche étendue ou un accord d'entreprise ou d'établissement peut prévoir de limiter l'*indemnité de fin de contrat** des CDD à hauteur de 6 % pour améliorer leur formation professionnelle. Des contreparties doivent alors être offertes au salarié sous la forme, notamment, d'un accès privilégié à la formation professionnelle. Dans ce cadre, la convention ou l'accord peut prévoir les conditions dans lesquelles le salarié peut suivre, en dehors du temps de travail effectif, un bilan de compétences. Ce bilan de compétences est réalisé dans le cadre du plan de développement des compétences (c. trav. art. L. 1243-9).

Indemnité de fin de contrat

À l'issue du CDD, le salarié peut avoir droit à une indemnité de fin de contrat, parfois appelée « prime ou indemnité de précarité » dans le langage courant. Cette indemnité est soumise à cotisations et figure sur le bulletin de paye. Les règles relatives à cette indemnité sont détaillées dans l'étude *Indemnité de fin de contrat**.

Indemnité de congés payés

Le salarié en CDD bénéficie des congés payés dans les mêmes conditions que les salariés en CDI. Lorsque le contrat prend fin, il a droit à une indemnité compensatrice pour les congés non pris (voir *Indemnité compensatrice de congés payés**).

Indemnité de requalification d'un CDD en CDI

Principe et montant - Le salarié dont le CDD est requalifié en CDI en justice a droit à une indemnité de requalification d'un montant minimal de 1 mois de salaire (c. trav. art. L. 1245-2).

Elle est calculée :
- selon « la dernière moyenne de salaire mensuel » (cass. soc. 20 novembre 2013, n° 12-25459 D) ;
- sur la base du salaire à temps complet lorsque le contrat à temps partiel a été requalifié en temps complet (cass. soc. 8 février 2023, n° 21-16824 FSB) ;
- sans prendre en compte l'*indemnité de fin de contrat** (cass. soc. 18 décembre 2013, n° 12-15454, BC V n° 309).

L'indemnité de requalification ne peut pas être inférieure au dernier salaire mensuel perçu avant la saisine de la juridiction, y compris si à cette date le salarié est employé dans le cadre d'un autre contrat que le CDD litigieux (cass. soc. 17 juin 2005, n° 03-44900, BC V n° 204).

▶ À noter... Si le salarié ne demande pas la requalification de son CDD en CDI, il peut obtenir des dommages et intérêts d'un montant au moins égal aux rémunérations qu'il aurait perçues jusqu'au terme prévu par le contrat (cass. soc. 18 octobre 2007, n° 06-43848, BC V n° 162).

Succession de CDD - Lorsque le juge requalifie une succession de CDD conclus avec le même salarié en CDI, il accorde une seule indemnité de requalification et pas une indemnité par CDD concerné (cass. soc. 25 mai 2005, n° 03-43146, BC V n° 175 ; cass. soc. 25 mai 2005, n° 03-43214, BC V n° 176 ; cass. soc. 25 mai 2005, n° 03-44942, BC V n° 177).

CDD non écrit - En l'absence de CDD écrit le contrat est réputé conclu pour une durée indéterminée (c. trav. art. L. 1242-12). Toutefois le salarié garde la possibilité de prouver que l'employeur et lui avaient entendu conclure un CDD afin de pouvoir prétendre à l'indemnité de requalification en CDI (cass. soc. 12 décembre 2012, n° 11-14823, BC V n° 335).

Défaut de délai de carence entre contrats temporaires - Lorsqu'à l'expiration du contrat de travail temporaire (CTT) d'un salarié, l'entreprise utilisatrice conclut un CDD avec lui, sur le même poste, le non-respect du délai de carence ne permet pas à ce salarié d'obtenir la requalification de son contrat en CDI (cass. soc. 27 septembre 2023, n° 21-21154 FSB). En effet, le code du travail n'admet la requalification pour violation du délai de carence qu'en présence d'un CDD suivi d'un autre CDD ou d'un contrat de mission (c. trav. art. L. 1245-1, L. 1244-3 et L. 1244-3-1).

Transformation d'un CDD en CDI - Lorsque le CDD devient un CDI du seul fait de sa poursuite au-delà de son terme (c. trav. art. L. 1243-11), le salarié ne peut pas prétendre à une indemnité de requalification (il s'agit d'une transformation de contrat, et non d'une requalification en justice).

En revanche, une demande en requalification s'appuyant sur une irrégularité du contrat initial ou des contrats qui l'ont suivi permet d'obtenir l'indemnité de requalification (cass. soc. 22 mars 2006, n° 04-45411, BC V n° 118 ; cass. soc. 5 décembre 2007, n° 06-41313, BC V n° 206).

Lorsque, après un premier CDD devenu CDI du fait de la poursuite au-delà de son échéance, l'employeur propose un second CDD au salarié, le nouveau CDD est requalifié en CDI. L'employeur peut néanmoins être condamné à payer l'indemnité de requalification (cass. soc. 30 mars 2005, n° 03-42667, BC V n° 106).

Indemnité de fin de contrat - À l'issue du CDD, en l'absence de proposition de CDI, l'employeur doit verser l'*indemnité de fin de contrat** si le contrat est requalifié en CDI (cass. soc. 16 septembre 2009, n° 07-42872 D).

▶ À noter… La requalification d'un CDD en CDI par les juges ne permet pas à l'employeur de récupérer l'indemnité de fin de contrat déjà versée (cass. soc. 30 mars 2005, n° 03-42667, BC V n° 106 ; rép. Braillard n° 9599, JO 5 mars 2013, AN quest. p. 2621).

Indemnité compensatrice de préavis - Il faut prendre en compte la situation du salarié au jour de la rupture, le juge ne peut donc pas considérer d'office que le salarié était à temps complet (cass. soc. 2 juin 2021, n° 20-10141 FSP). Dans cette affaire, le CDD du salarié à temps partiel avait été rompu à son terme puis requalifié en CDI par les juges. L'employeur devait payer une indemnité compensatrice pour le préavis que le salarié n'avait pas pu effectuer, or les juges l'avaient calculée, à tort, sur la base d'un temps complet au prétexte que l'inexécution du préavis relevait de l'action fautive de l'employeur.

Autres conséquences de la requalification de CDD en CDI

Maintien des autres clauses du contrat - La requalification d'un CDD en CDI porte seulement sur le terme du contrat et laisse inchangées les autres stipulations contractuelles, qu'il s'agisse :

- de la durée du travail (le CDD à temps partiel est requalifié en CDI à temps partiel) (cass. soc. 7 septembre 2017, n° 16-16643, BC V n° 126) ;
- du nombre de jours travaillés (réduits à chaque nouveau CDD) (cass. soc. 2 juin 2021, n° 19-18080 FSP) ;
- de la rémunération (pas de rappel de salaire au titre du changement de rémunération opéré dans certains CDD) (cass. soc. 5 octobre 2017, n° 16-13581, BC V n° 172).

Reconstitution de carrière - Un salarié, dont plusieurs CDD sont requalifiés en CDI, est réputé avoir occupé un emploi à durée indéterminée depuis le jour de sa première embauche au sein de l'entreprise, même si les contrats ne se sont pas enchaînés de façon ininterrompue. Il est en droit d'obtenir la reconstitution de sa carrière et la régularisation de sa rémunération (cass. soc. 6 novembre 2013, n° 12-15953, BC V n° 259 ; cass. soc. 24 avril 2013, n° 12-12273 D).

Ceci implique notamment que l'ancienneté remonte au jour du premier engagement par contrat irrégulier (cass. soc. 3 mai 2016, n° 15-12256, BC V n° 81).

Périodes « intercontrats » - Le salarié peut prétendre à un rappel de salaire au titre des périodes non travaillées séparant chaque CDD si, pendant ces périodes, il s'est tenu à la disposition de l'employeur pour effectuer un travail (cass. soc. 24 avril 2013, n° 12-12274 D).

C'est au salarié d'apporter la preuve qu'il s'est tenu à la disposition de l'employeur pendant les périodes interstitielles, faute de quoi l'employeur ne sera pas condamné à payer les sommes correspondantes (cass. soc. 10 décembre 2014, n° 13-22422, BC V n° 284 ; cass. soc. 16 septembre 2015, n° 14-16277, BC V n° 156).

Le calcul de la rémunération due pour ces périodes intercontrats doit se baser sur la réalité de la situation de chaque période interstitielle en fonction de chacun des CDD l'ayant précédée (temps partiel ou temps complet) (cass. soc. 2 juin 2021, n° 19-16183 FSP).

▶ À noter… Le calcul des rappels de salaire n'est pas minoré des allocations chômage perçus par le salarié (cass. soc. 16 mars 2016, n° 15-11396, BC V n° 48 ; cass. soc. 9 juin 2017, n° 16-17634 D).

Indemnité forfaitaire pour travail dissimulé

En cas de rupture de la relation de travail, le salarié auquel un employeur a recouru dans un contexte de *travail dissimulé** a droit à une indemnité forfaitaire égale à 6 mois de salaire. L'application d'autres règles légales ou de stipulations conventionnelles peut conduire à une solution plus favorable (c. trav. art. L. 8223-1).

L'indemnité forfaitaire est due quel que soit le mode de rupture de la relation de travail, y compris à l'arrivée du terme d'un CDD (cass. soc. 7 novembre 2006, n° 05-40197, BC V n° 328).

☞ *Contrat à durée déterminée d'insertion ; Contrat à durée déterminée à objet défini ; Contrat à durée déterminée (salarié agricole âgé) ; Contrat à durée déterminée (senior) ; Cotisations d'assurance chômage (bonus-malus) ; Égalité des rémunérations ; Inaptitude (CDD) ; Indemnité compensatrice de congés payés ; Indemnité de fin de contrat ; Indemnité de rupture anticipée d'un CDD.*

Contrat à durée déterminée à objet défini

Le contrat à durée déterminée à objet défini, est réservé aux cadres et ingénieurs en vue de la réalisation d'une mission.

Contrat de travail

Objet du contrat et salariés concernés - Le contrat à durée déterminée à objet défini est un cas spécifique de recours au CDD (c. trav. art. L. 1242-2, 6°).

L'employeur peut seulement le proposer aux ingénieurs et aux cadres, au sens des conventions collectives, afin de réaliser un objet défini (ex. : une mission, un projet).

Autorisation par accord collectif - Un accord collectif de branche étendu (à défaut, un accord d'entreprise) doit prévoir la possibilité de recourir à ce CDD (c. trav. art. L. 1242-2, 6°).

Cet accord collectif doit indiquer :
- les nécessités économiques auxquelles ces contrats sont susceptibles d'apporter une réponse adaptée ;
- les garanties offertes aux salariés (reclassement, validation des acquis de l'expérience, priorité de réembauche, accès à la formation professionnelle continue, organisation de la suite de leur parcours professionnel au cours du délai de prévenance) ;
- les conditions dans lesquelles les salariés ont une priorité d'accès aux emplois en contrat à durée indéterminée (CDI) dans l'entreprise.

Durée du contrat - Ce CDD vise la réalisation d'un objet défini et n'a pas de terme précis. Le contrat doit être conclu pour une durée minimale de 18 mois et maximale de 36 mois, sans renouvellement possible (c. trav. art. L. 1242-8-2).

▶ À noter... La possibilité ouverte aux accords de branche étendus de déroger aux règles relatives à la durée des CDD, à leur renouvellement et au délai de carence entre deux contrats ne concerne pas les CDD à objet défini (c. trav. art. L. 1242-8).

Contrat écrit - Le CDD à objet défini comporte un certain nombre de clauses obligatoires (en plus de celles des CDD classiques), dont notamment la mention « contrat à durée déterminée à objet défini » et le descriptif du projet et de sa durée prévisible (c. trav. art. L. 1242-12-1).

Fin du contrat

Terme du CDD - Le CDD à objet défini prend normalement fin avec la réalisation complète de son objet, après un délai de prévenance d'au moins 2 mois (c. trav. art. L. 1243-5 ; cass. soc. 4 mars 2020, n° 19-10130 FSPB).

Rupture anticipée - Le contrat peut être rompu de façon anticipée (c. trav. art. L. 1243-1) :
- par l'employeur ou le salarié pour un motif réel et sérieux, 18 mois après sa conclusion puis au 24e mois ;
- comme les autres CDD, par exemple pour faute grave, inaptitude physique ou par une rupture d'un commun accord (voir *Contrat à durée déterminée**).

Indemnité de fin de contrat - Faute de texte spécifique, à notre sens le contrat relève des règles habituelles du CDD (c. trav. art. L. 1243-8, L. 1243-9 et L. 1243-10). Lorsque le CDD à objet défini ne se poursuit pas par un CDI, l'employeur verse une indemnité de fin de contrat dans les conditions de droit commun (taux, cas d'exclusion, etc.) (voir *Indemnité de fin de contrat**).

Dans tous les cas, l'employeur doit tenir compte des éventuelles dispositions plus favorables de l'accord collectif en application duquel le CDD a été conclu (ex. : taux de 10 % ne pouvant pas être réduit, limitation des cas d'exclusion).

Rupture pour cause réelle et sérieuse à la date anniversaire - Lorsque l'employeur rompt le CDD pour un motif réel et sérieux au bout du 18e ou du 24e mois, il doit verser au salarié une indemnité égale à 10 % de sa rémunération totale brute (c. trav. art. L. 1242-12-1). Ce taux ne peut pas être réduit à 6 %, comme cela est permis pour l'indemnité de fin de contrat.

Par ailleurs, faute d'exonération spécifique, cette indemnité est soumise aux régimes social et fiscal du salaire.

☛ *Contrat à durée déterminée ; Indemnité de fin de contrat.*

Contrat à durée déterminée d'insertion

Le contrat à durée déterminée (CDD) d'insertion est ouvert aux entreprises d'insertion, aux associations intermédiaires ainsi qu'aux ateliers et chantiers d'insertion, pour l'embauche de personnes sans emploi rencontrant des difficultés sociales et professionnelles particulières.

Caractéristiques du contrat

Durée du CDD - Le contrat doit être conclu pour une durée minimale de 4 mois. Une durée inférieure peut être prévue pour les personnes ayant fait l'objet d'une condamnation et bénéficiant d'un aménagement de peine (c. trav. art. L. 5132-5, L. 5132-11-1 et L. 5132-15-1).

Le contrat peut être renouvelé dans la limite d'une durée totale de 24 mois.

Durée dérogatoire - À titre dérogatoire, le contrat peut être renouvelé au-delà de la durée maximale prévue, afin de permettre d'achever une action de formation professionnelle en cours de réalisation à l'échéance du contrat. La durée de ce renouvellement ne peut pas excéder le terme de l'action concernée (c. trav. art. L. 5132-5, L. 5132-11-1 et L. 5132-15-1).

D'autres dérogations sont possibles, à titre exceptionnel :
- le contrat peut être prolongé au-delà de la durée maximale prévue pour des salariés âgés de 50 ans et plus ou des travailleurs handicapés rencontrant des difficultés particulières qui font obstacle à leur insertion durable dans l'emploi (c. trav. art. L. 5132-5, L. 5132-11-1 et L. 5132-15-1) ;
- pour les seuls ateliers et chantiers d'insertion, le contrat peut être prolongé au-delà de 24 mois lorsque le salarié rencontre des difficultés particulièrement importantes dont l'absence de prise en charge ferait obstacle à son insertion professionnelle : dans ce cas, les prolongations successives sont décidées à chaque fois pour 1 an au plus, dans la limite d'une durée totale de 60 mois (c. trav. art. L. 5132-15-1).

Cette prolongation est accordée selon les cas soit par l'organisme prescripteur, soit par la structure d'insertion en cas de recrutement direct (c. trav. art. L. 5132-5, L. 5132-11-1 et L. 5132-15-1).

Droit à suspension du contrat - Le contrat peut être suspendu, à la demande du salarié, pour accomplir une période d'essai dans le cadre d'une embauche en CDI ou en CDD d'au moins 6 mois. Si le salarié est définitivement embauché à l'issue de la période d'essai ou de la période d'évaluation, le contrat est rompu sans préavis.

À la demande du salarié et en accord avec son employeur, le contrat peut également être suspendu pour effectuer une évaluation en milieu de travail prescrite par France Travail ou une action concourant à son insertion professionnelle. Il peut notamment s'agir d'une période de mise en situation dans une autre structure (voir *Période de mise en situation en milieu professionnel**).

Rupture anticipée pour suivre une formation - Le salarié peut rompre son contrat avant son terme pour suivre une formation qualifiante (c. trav. art. L. 5132-5, L. 5132-11-1 et L. 5132-15-1).

Durée du travail

Principe : 20 h hebdomadaires minimum - La durée hebdomadaire de travail du salarié doit être d'au moins 20 h.

Elle peut varier sur tout ou partie de la période couverte par le contrat, sans dépasser la durée légale hebdomadaire (35 h).

Les périodes travaillées permettent de valider des trimestres de cotisations d'assurance vieillesse (c. séc. soc. art. L. 351-2).

Possibilité de durée dérogatoire - Des durées de travail dérogatoires inférieures à 20 h hebdomadaires sont possibles en cas de cumul avec un autre contrat de travail à temps partiel, afin d'atteindre une durée globale d'activité correspondant à un temps complet ou au moins égale à la durée minimale de 24 h hebdomadaires prévue par la législation sur le temps partiel (selon les structures d'insertion, c. trav. art. L. 5132-5, L. 5132-11-1, L. 5132-15-1).

Les conditions de cette dérogation sont fixées par décret (selon les structures d'insertion, c. trav. art. D. 5132-10-5-3 et D. 5132-10-5-4, D. 5132-26-12 et D. 5132-26-13, D. 5132-43-14 et D. 5132-43-15).

Dérogation spécifique aux ateliers et chantiers d'insertion - Dans les ateliers et chantiers d'insertion, il est possible de déroger à la durée hebdomadaire de 20 h, après examen par le Préfet de la situation du salarié, sur une période ne pouvant pas excéder 12 mois. La demande de dérogation soit émane de l'employeur avant l'embauche, soit intervient par la suite à la demande du salarié en accord avec son employeur (c. trav. art. D. 5132-43-5 et D. 5132-43-6).

▶ À noter... Sous condition, la période de durée du travail dérogatoire peut être prolongée.

Par ailleurs, le Préfet peut également accorder une dérogation pour une durée maximale de 12 mois, pour tous les salariés d'un atelier et chantier d'insertion présentant des difficultés communes particulièrement importantes (c. trav. art. D. 5132-43-8).

Paye

Rémunération - SMIC et minima conventionnels doivent être respectés.

Indemnité de fin de contrat - Ce contrat est conclu dans le cadre de la politique de l'emploi ou en vue d'assurer au salarié un complément de formation professionnelle (c. trav. art. L. 5132-5, L. 5132-11-1 et L. 5132-15-1, renvoyant à c. trav. art. L. 1243-3). Il n'y a donc pas d'*indemnité de fin de contrat** au terme du CDD (c. trav. art. L. 1243-10, 1°).

Exonérations - Ce contrat ne bénéficie d'aucune exonération spécifique, mais les employeurs peuvent bénéficier des allégements généraux dans les conditions habituelles.

Dans les ateliers et chantiers d'insertion, les textes prévoient toujours que les rémunérations versées aux salariés en CDD d'insertion ouvrant droit à l'aide au poste sont, pendant la durée d'attribution de cette aide, exonérées de *taxe sur les salaires**, de *taxe d'apprentissage** et de *participation à l'effort de construction**, dans la limite du SMIC (loi 2013-1203 du 23 décembre 2013, art. 20, IV, 2°, 3° et 4°).

☞ *Contrat à durée déterminée ; Période de mise en situation en milieu professionnel.*

Contrat à durée déterminée (salarié agricole âgé)

Les employeurs des professions agricoles sont autorisés à conclure des contrats à durée déterminée (CDD) dérogatoires pour les salariés âgés.

Salariés concernés

L'employeur peut recruter sous ce type de contrat des demandeurs d'emploi justifiant manquer d'au maximum 8 trimestres de cotisations d'assurance vieillesse, tous régimes confondus, pour bénéficier d'une retraite à taux plein (c. rural art. D. 718-4 ; c. trav. art. L. 1242-3, 1°).

En revanche, certaines personnes sont exclues (c. rural art. L. 722-20, 5°, 7° et 11°) :
- les personnels enseignants des établissements d'enseignement et de formation professionnelle agricoles privés (c. rural art. L. 813-8) ;
- les apprentis et stagiaires relevant du régime des assurances sociales agricoles occupés dans les exploitations, entreprises, organismes et groupements agricoles ;
- les administrateurs des groupements mutualistes agricoles lorsqu'ils perçoivent une indemnité de fonction et ne relèvent pas, à titre obligatoire, d'un régime de sécurité sociale.

Caractéristiques du contrat

Ce CDD porte sur un emploi agricole. Il est limité à une durée maximale de 2 ans et ne peut pas être renouvelé (c. rural art. D. 718-5).

Ce cas de recours au CDD s'inscrivant dans le cadre des dispositions destinées à favoriser le recrutement de certaines personnes sans emploi, l'*indemnité de fin de contrat** n'est pas due au terme du contrat (c. trav. art. L. 1242-3, 1° et L. 1243-10).

☞ *Contrat à durée déterminée.*

Contrat à durée déterminée (senior)

Statut

Définition - L'employeur peut proposer, sous certaines conditions, un CDD réservé aux plus de

57 ans. Ce CDD doit permettre au salarié d'acquérir par son activité des droits supplémentaires en vue de la liquidation de sa retraite à taux plein (c. trav. art. D. 1242-2 en application de c. trav. art. L. 1242-3, 1°).

À l'exception de certains points, ce contrat fonctionne comme un CDD ordinaire. Il n'ouvre droit à aucune aide financière et à aucune exonération spécifique de cotisations.

Employeurs concernés - Ce CDD concerne tous les employeurs (employeurs du secteur industriel et commercial, professions libérales, associations, syndicats professionnels, etc.).

En revanche, il n'est pas ouvert au secteur agricole [pour ce secteur, voir *Contrat à durée déterminée (salarié agricole âgé)**].

Salariés - Ce CDD s'adresse à toute personne âgée de plus de 57 ans, à condition (c. trav. art. D. 1242-2) :
- qu'elle soit inscrite comme demandeur d'emploi depuis plus de 3 mois ;
- ou qu'elle bénéficie d'un *contrat de sécurisation professionnelle** (ce contrat a remplacé la convention de reclassement personnalisé, mais le code du travail n'a pas été ajusté).

Ce CDD ne s'adresse pas aux personnes qui remplissent les conditions requises pour avoir droit à une pension de vieillesse sécurité sociale à taux plein (nombre de trimestres ou âge requis) [voir *Retraite (âge légal, âge du taux plein)**].

Modalités du contrat - Le contrat doit être écrit et comporter un certain nombre de mentions obligatoires. Il peut être à temps complet ou à temps partiel.

Le CDD doit avoir une durée initiale maximale de 18 mois. Il peut être renouvelé une fois, sachant que la durée totale, renouvellement compris, ne peut pas dépasser 36 mois (c. trav. art. D. 1242-7).

▶ À noter... Le salarié en CDD senior est pris en compte dans les effectifs selon les règles habituelles.

Indemnité de fin de contrat

Si l'on s'en tient au code du travail, ce contrat étant conclu au titre de la politique de l'emploi (c. trav. art. L. 1242-3, 1°), il ne donne pas droit à l'*indemnité de fin de contrat**.

Toutefois, les partenaires sociaux ont prévu une obligation de verser, au terme du CDD, une indemnité de même nature et d'un montant identique à l'indemnité de fin de contrat (avenant du 9 mars 2006 à l'accord national interprofessionnel du même jour relatif à l'emploi des seniors, étendu par arrêté du 12 juillet 2006, JO du 22). Cet avenant s'applique à toutes les branches d'activité représentées par le MEDEF, la CPME, l'U2P ainsi qu'aux professions libérales, puisqu'il a fait l'objet d'un arrêté d'élargissement à ce secteur (arrêté du 26 juillet 2006, JO 2 août).

☞ *Contrat à durée déterminée ; Contrat à durée déterminée (salarié agricole âgé).*

Contrat d'accompagnement dans l'emploi

☞ *Contrat unique d'insertion.*

Contrat d'apprentissage

☞ *Apprentis ; Apprentissage (contrat).*

Contrat de mission à l'exportation

Un contrat spécifique est prévu pour les missions à l'exportation, d'au moins 6 mois, effectuées en majeure partie hors de France.

Encadrement conventionnel

La mise en œuvre du contrat de mission à l'exportation nécessite un accord collectif de branche ou d'entreprise (c. trav. art. L. 1223-5). Celui-ci fixe notamment (c. trav. art. L. 1223-6) :
- les catégories de salariés concernés ;
- la nature des missions à l'exportation et leur durée minimale, qui ne pourra être inférieure à 6 mois ;
- les contreparties en termes de rémunération et d'indemnité de licenciement accordées aux salariés, sans que cette indemnité puisse être inférieure au montant de l'indemnité légale de licenciement attribuée *prorata temporis*, sans condition d'ancienneté et quel que soit l'effectif de l'entreprise ;
- les garanties en termes de formation pour les salariés concernés ;

- les mesures indispensables au reclassement des salariés ;
- la taille et les types d'entreprise concernés (s'il s'agit d'un accord collectif de branche).

Modalités de rupture

La rupture du contrat à l'initiative de l'employeur au terme de la mission relève de la procédure de licenciement individuel pour motif personnel (c. trav. art. L. 1223-5). Elle n'est pas soumise aux dispositions légales relatives au licenciement économique.

Protection sociale

Les salariés titulaires d'un contrat de travail conclu pour la réalisation d'une mission à l'exportation bénéficient des dispositions en matière de protection sociale de la branche ou de l'entreprise (c. trav. art. L. 1223-7).

Contrat de professionnalisation

Le contrat de professionnalisation est un contrat de formation en alternance. Pour les aides exceptionnelles à l'embauche en contrat de professionnalisation, voir l'étude *Contrat de professionnalisation (aides et exonérations)**.

Bénéficiaires

Jeunes, titulaires des minima sociaux, demandeurs d'emploi - Le contrat de professionnalisation concerne (c. trav. art. L. 6325-1) :
- les personnes âgées de 16 à 25 ans révolus en vue de compléter leur formation initiale ;
- les demandeurs d'emploi âgés de 26 ans et plus ;
- les bénéficiaires du revenu de solidarité active (RSA) ;
- les bénéficiaires de l'allocation de solidarité spécifique (ASS) ;
- les bénéficiaires de l'allocation pour les adultes handicapés (AAH) ;
- les personnes ayant bénéficié d'un *contrat unique d'insertion**.

Public prioritaire - Parmi les bénéficiaires du contrat de professionnalisation, certains peuvent bénéficier d'un accompagnement renforcé (c. trav. art. L. 6325-1-1) :
- les jeunes âgés de 16 à 25 ans qui n'ont pas validé un second cycle de l'enseignement secondaire et qui ne sont pas titulaires d'un diplôme de l'enseignement technologique ou professionnel ;
- les bénéficiaires de minima sociaux (RSA, ASS, AAH) ;
- les personnes ayant bénéficié d'un contrat unique d'insertion ;
- les jeunes de 16 à 25 ans et les demandeurs d'emploi de 26 ans et plus, dès lors qu'ils sont inscrits depuis plus d'un an sur la liste des demandeurs d'emploi.

Contrat conclu dans les SIAE - Le contrat de professionnalisation est ouvert aux personnes en parcours d'accompagnement dans les structures d'insertion par l'activité économique (entreprises d'insertion, associations intermédiaires, ateliers et chantiers d'insertion, entreprises de travail temporaire d'insertion) (c. trav. art. L. 5132-3).

Sur l'aide à l'embauche en contrat de professionnalisation au profit des SIAE, voir *Contrat de professionnalisation (aides et exonérations)**.

Contrat expérimental - À titre expérimental, le contrat de professionnalisation a pu être conclu en vue d'acquérir des compétences définies par l'employeur et l'opérateur de compétences en accord avec le salarié (loi 2018-771 du 5 septembre 2018, art. 28-III, 2° et 46, JO du 6 ; décret 2018-1263 du 26 décembre 2018, JO du 28). Cette expérimentation était également ouverte aux SIAE (c. trav. art. L. 5132-4). La conclusion de ces contrats expérimentaux a pu avoir lieu pour une durée maximale de 5 ans du 28 décembre 2018 au 28 décembre 2023 (dans un premier temps, cette durée avait été fixée à 3 ans) (loi 2018-771 du 5 septembre 2018 art. 28-VI modifié par loi 2020-1577 du 14 décembre 2020, art. 17, JO du 15 ; décret 2018-1263 du 26 décembre 2018, JO du 28).

@ Les entreprises de **portage salarial** ont été autorisées du 1er janvier 2021 au 31 décembre 2023 à conclure des contrats de professionnalisation de 6 à 24 mois. Les particularités régissant ces contrats sont détaillées dans la version en ligne de ce Dictionnaire (voir www.rfpaye.com ou www.rfedition.com).

Qualification visée

Le contrat de professionnalisation doit permettre au salarié d'acquérir une qualification inscrite dans le répertoire national des certifications professionnelles (RNCP), reconnue dans la classification d'une convention collective nationale de branche ou ouvrant droit à un certificat de qualification professionnelle de branche ou interbranche (c. trav. art. L. 6325-1, renvoyant à L. 6314-1).

La nature des qualifications visées est définie par convention ou accord collectif de branche ou, à défaut, par accord collectif signé entre les organisations syndicales patronales et salariales signataires d'un accord constitutif d'un organisme collecteur paritaire interprofessionnel des fonds de la formation professionnelle continue.

Contrat

CDD ou CDI - Le contrat de professionnalisation peut prendre la forme d'un contrat à durée déterminée ou indéterminée (c. trav. art. L. 6325-5 et L. 6325-7). Il doit être établi sur un formulaire Cerfa (http://www.travail.gouv.fr, rubrique Formation professionnelle).

Un document précisant les objectifs, le programme et les modalités d'organisation, d'évaluation et de sanction de la formation est annexé au contrat (c. trav. art. D. 6325-11).

Durée de l'action de professionnalisation - L'action de professionnalisation doit avoir une durée comprise entre 6 et 12 mois (c. trav. art. L. 6325-11) :
- en cas de recours au CDD, elle est l'objet du contrat et elle en dicte la durée ;
- en cas de CDI, elle se situe en début de contrat.

Le contrat peut comporter des périodes d'acquisition d'un savoir-faire dans l'entreprise qui emploie le salarié et aussi dans des entreprises d'accueil, à certaines conditions (c. trav. art. L. 6325-2). Une convention est alors conclue entre l'employeur, les entreprises d'accueil et le salarié (c. trav. art. D. 6325-31). Le temps de formation passé par le salarié dans les entreprises d'accueil ne doit pas excéder la moitié du temps de formation en entreprise prévu par le contrat de professionnalisation (c. trav. art. D. 6325-30).

Allongement de la durée de l'action de professionnalisation - La durée de l'action de professionnalisation peut être portée jusqu'à 36 mois pour les bénéficiaires faisant partie de la liste des publics prioritaires *(voir plus haut)* (c. trav. art. L. 6325-11).

La durée peut être portée jusqu'à 24 mois pour d'autres bénéficiaires ou certaines qualifications définis par certains accords collectifs (c. trav. art. L. 6325-12). En pratique, ces bénéficiaires et ces qualifications sont définis par une convention ou un accord collectif de branche (à défaut, par un accord collectif) conclu entre les organisations syndicales patronales et salariales signataires d'un accord constitutif d'un organisme collecteur paritaire interprofessionnel agréé. Pour les qualifications, il peut également s'agir d'un accord national interprofessionnel.

Volume de formation - La formation doit représenter de 15 à 25 % de la durée du CDD ou de la période de professionnalisation si le contrat est un CDI, sans jamais descendre en dessous de 150 h (c. trav. art. L. 6325-13).

▶ À noter… Il doit s'agir d'actions de positionnement, d'évaluation et d'accompagnement ainsi que d'enseignements généraux, professionnels et technologiques mis en œuvre par un organisme de formation ou, lorsqu'elle dispose d'un service de formation, par l'entreprise elle-même (c. trav. art. L. 6325-13).

Pour les bénéficiaires faisant partie de la liste des publics prioritaires *(voir plus haut)* ou certaines formations diplômantes, un accord de branche peut étendre la durée des actions de formation au-delà de 25 % (c. trav. art. L. 6325-14).

À défaut d'accord de branche, il peut s'agir d'un accord conclu entre les organisations syndicales patronales et salariales signataires d'un accord constitutif d'un organisme collecteur paritaire interprofessionnel des fonds de la formation professionnelle continue.

Poursuite de la formation en cas de rupture du contrat - Un salarié titulaire dont le contrat de professionnalisation, prévoyant une action de professionnalisation d'au moins 12 mois, est rompu avant son terme peut poursuivre sa formation, si un accord de branche ou un accord collectif conclu entre les organisations syndicales de salariés et d'employeurs signataires de l'accord constitutif d'un OPCO interprofessionnel le prévoit (c. trav. art. L. 6325-14-1).

L'accord de branche ou l'accord collectif définit les modalités de continuation et de financement des actions de formation dans une limite de 6 mois maximum après la rupture du contrat.

▶ À noter… La poursuite de la formation n'est possible que si le salarié n'est pas à l'origine de la rupture du contrat.

Renouvellement d'un contrat conclu sous forme de CDD - Un contrat de professionnalisation conclu sous la forme d'un CDD peut être renouvelé une fois lorsque le salarié n'a pas obtenu la qualification visée en raison d'un échec aux épreuves d'évaluation de la formation, d'une maternité, d'une maladie (professionnelle ou non professionnelle) ou d'un accident du travail ou de défaillance de l'organisme de formation (c. trav. art. L. 6325-7).

Le renouvellement est également possible si, après avoir obtenu la qualification visée, le salarié souhaite préparer une qualification supérieure ou complémentaire.

Contrat conclu conjointement par deux employeurs « saisonnier » - Pour l'exercice d'activités saisonnières, deux employeurs peuvent conclure conjointement un contrat de professionnalisation sous forme de CDD avec un jeune de 16 à 25 ans, en vue de l'acquisition d'une ou de deux qualifications (c. trav. art. L. 6325-4-1 ; c. éduc. art. D. 337-90).

Les deux employeurs et le salarié signent une convention tripartite qui est annexée au contrat de professionnalisation.

Formalités

Envoi du contrat à l'OPCO - L'employeur adresse le contrat et son document annexe à son opérateur de compétences (OPCO) au plus tard dans les 5 jours qui suivent le début du contrat (c. trav. art. D. 6325-1). Cette transmission s'effectue sous forme dématérialisée via le portail internet de l'alternance (http://www.alternance.emploi.gouv.fr).

L'OPCO émet un avis sur le contrat et se prononce quant à la prise en charge des dépenses de formation.

Décision de l'OPCO et dépôt du contrat de professionnalisation - L'OPCO dispose de 20 jours pour vérifier le contrat et se prononcer sur la prise en charge financière. Il notifie sa décision à l'employeur et dépose le contrat auprès de la *DREETS** (c. trav. art. D. 6325-2).

Si l'OPCO refuse la prise en charge financière en raison de la non-conformité du contrat aux dispositions légales et réglementaires, il notifie sa décision motivée à l'employeur et au salarié titulaire du contrat et dans ce cas, il ne procède plus à son dépôt auprès de l'administration (c. trav. art. D. 6325-2 ; décret 2024-631 du 28 juin 2024, JO du 29).

À défaut de décision dans le délai de 20 jours, la prise en charge est réputée acceptée et le contrat réputé déposé.

▶ À noter... Les décisions d'accords ou de refus de prise en charge de l'OPCO sont notifiées à l'employeur via le portail internet de l'alternance (c. trav. art. D. 6325-1). L'OPCO transmet ces décisions au DREETS de la même façon.

Convention avec l'organisme de formation - Les actions d'accompagnement, ainsi que les enseignements généraux, professionnels et technologiques mis en place dans le cadre du contrat par un organisme de formation ou un établissement d'enseignement, donnent lieu à la signature, entre l'entreprise et l'organisme de formation ou l'établissement d'enseignement, d'une convention. Celle-ci précise les objectifs, le programme et les modalités d'organisation, d'évaluation et de sanction de la formation (c. trav. art. D. 6325-12). Ces informations sont annexées au contrat.

Le contrat de professionnalisation bénéficie du principe de gratuité. Les organismes publics ou privés de formation ne peuvent pas conditionner l'inscription d'un salarié en contrat de professionnalisation au versement par ce dernier d'une contribution financière (c. trav. art. L. 6325-2-1).

Exemple
Ainsi, lorsque des étudiants signent un tel contrat en cours d'études, l'organisme de formation doit leur rembourser les frais d'inscription pour les années couvrant la période du contrat de professionnalisation (cass. soc. 13 avril 2023, n° 21-22242 FSB).

Interruption anticipée du contrat - En cas d'interruption anticipée du contrat (ou de l'action de professionnalisation en cas de CDI), l'employeur doit signaler cette rupture au DREETS, à l'OPCO et à l'URSSAF, dans les 30 jours. Les signalements au DREETS et à l'OPCO se font via le portail internet de l'alternance (c. trav. art. D. 6325-5).

Exclusion des effectifs

Les salariés en contrat de professionnalisation sont exclus des calculs d'effectifs en droit du travail et en droit de la sécurité sociale, sauf pour la tarification de la cotisation accidents du travail (c. trav. art. L. 1111-3 ; c. séc. soc. art. R. 130-1, III).

Cette exclusion s'applique pendant la durée du CDD ou, en cas de CDI, pendant la durée de l'action de professionnalisation (c. trav. art. L. 1111-3).

▶ À noter... En excluant ces salariés des effectifs, le code du travail est contraire à la directive européenne 2012/14/CE du 11 mars 2002 sur l'information et la consultation des travailleurs dans la Communauté européenne. Cependant, tant que la loi française ne sera pas modifiée, aucun salarié ou syndicat ne pourra reprocher à un employeur de les exclure de l'*effectif** (cass. soc. 9 juillet 2014, n° 11-21609, BC V n° 193). On remarquera que cette directive ne concerne pas la paye, étant en lien avec la représentation du personnel.

Rémunération

Jeunes de moins de 26 ans - À défaut de dispositions conventionnelles ou contractuelles plus favorables, les salariés âgés de moins de 26 ans en contrat de professionnalisation ont droit, pendant la durée de leur contrat (CDD) ou de leur action de professionnalisation (CDI), à un salaire minimum calculé en fonction de leur âge et de leur niveau de formation (c. trav. art. D. 6325-14 et D. 6325-15).

Pour les moins de 21 ans, la rémunération minimale est au moins égale à 55 % du *SMIC**. Ce pourcentage est porté à 65 % du SMIC si le jeune est titulaire d'une qualification au moins égale à celle d'un baccalauréat professionnel ou d'un titre ou diplôme à finalité professionnelle de même niveau.

À partir de 21 ans, la rémunération minimale doit correspondre à 70 % du SMIC. Ce pourcentage est porté à 80 % du SMIC si le jeune est titulaire d'une qualification au moins égale à celle d'un baccalauréat professionnel ou d'un titre ou diplôme à finalité professionnelle de même niveau.

▶ À noter... Les éventuelles revalorisations liées au passage à l'âge de 21 ans s'appliquent à compter du premier jour du mois suivant le jour où l'intéressé atteint l'âge indiqué (c. trav. art. D. 6325-16).

Salariés de 26 ans et plus - Pour les salariés de 26 ans et plus, la rémunération minimale est égale au SMIC ou à 85 % du salaire minimum prévu par la convention ou l'accord collectif de branche dont l'entreprise relève. L'employeur retient le plus favorable pour le salarié (c. trav. art. L. 6325-9 et D. 6325-18 ; lettre-circ. ACOSS 2004-172 du 27 décembre 2004 ; lettre-circ. ACOSS 2005-132 du 15 septembre 2005). Le passage à 26 ans n'a pas d'incidence automatique sur la rémunération mais cela n'exclut pas que l'employeur et le salarié conviennent d'une revalorisation salariale, au moment de la signature ou par avenant en cours de contrat (circ. DGEFP 2007-21 du 23 juillet 2007, § 1.11).

▶ À noter... Les juges ont estimé qu'il n'y a pas de rupture d'égalité de traitement, pour les salariés de 26 ans et plus, entre ceux relevant d'une convention collective et ayant une rémunération égale à 85 % du minimum conventionnelle supérieure au SMIC et ceux qui, ne relevant d'aucune convention collective ou accord de branche, bénéficient uniquement du SMIC (cass. soc. 5 mars 2014, n° 13-40075, BC V n° 70).

Salaire minimum en espèces et avantages en nature - Sauf si un taux moins élevé est prévu par une convention collective ou un contrat particulier, les avantages en nature dont bénéficie le titulaire d'un contrat de professionnalisation peuvent être déduits du salaire dans la limite de 75 % de la déduction autorisée pour les autres salariés.

Chaque mois, ces déductions ne peuvent pas excéder un montant égal aux 3/4 du salaire (c. trav. art. D. 6325-17).

Dépenses de formation

Prise en charge par les OPCO - Les actions de positionnement, d'évaluation, d'accompagnement et les enseignements généraux, professionnels et technologiques sont financés par les opérateurs de compétences (OPCO) (c. trav. art. L. 6332-14 et D. 6332-85).

▶ À noter... Les conditions de prise en charge financière et le contrôle par les OPCO des contrats de professionnalisation conclus à compter depuis le 1er août 2024 ont été durcis (décret 2024-631 du 28 juin 2024, art. 2, JO du 29).

Forfaits horaires - La prise en charge des OPCO est déterminée sur la base de forfaits fixés par convention ou accord collectif de branche, ou, à défaut, par un accord collectif conclu entre les organisations représentatives d'employeurs et de salariés signataires d'un accord constitutif d'un organisme paritaire interprofessionnel collecteur des fonds de la formation professionnelle continue (c. trav. art. L. 6332-14).

À défaut d'un tel accord, la prise en charge se fait sur la base de 9,15 € par heure de formation. Le montant est porté à 15 € par heure de formation pour les bénéficiaires faisant partie des publics prioritaires *(voir plus haut)* (c. trav. art. D. 6332-86).

Ces montants couvrent tout ou partie des frais pédagogiques, des rémunérations et charges sociales légales et conventionnelles des stagiaires ainsi que des frais de transport et d'hébergement (c. trav. art. D. 6332-85).

Contrat de professionnalisation : salaire minimum légal (1)

Âge	Au moins bac professionnel (2)	Autre salarié
Moins de 21 ans	65 % du SMIC	55 % du SMIC
De 21 ans à 25 ans	80 % du SMIC	70 % du SMIC
26 ans et plus	SMIC ou 85 % du minimum conventionnel (3)	

(1) c. trav. art. D 6325-15, D. 6325-17 et D. 6325-18
(2) Titulaire d'une qualification au moins égale à celle d'un baccalauréat professionnel ou d'un titre ou diplôme à finalité professionnelle de même niveau.
(3) Retenir le montant le plus élevé.

▶ À noter... France Travail peut prendre en charge, pour le compte de l'organisme gestionnaire du régime d'assurance chômage par l'intermédiaire des OPCO les dépenses afférentes aux contrats de professionnalisation des demandeurs d'emploi âgés de 26 ans et plus (c. trav. art. D. 6332-87).

Clause de dédit-formation - La clause d'un contrat de professionnalisation prévoyant pour le salarié l'obligation de rembourser les dépenses de formation à l'employeur en cas de rupture du contrat de travail est nulle (c. trav. art. L. 6325-15).

Tutorat

Désignation obligatoire -La désignation d'un tuteur est obligatoire pour chaque salarié en contrat de professionnalisation (c. trav. art. L. 6325-3-1 et D. 6325-6).

Lorsque le salarié est formé par plusieurs entreprises *(voir ci-avant)*, chaque entreprise désigne un tuteur et se trouve responsable du respect des dispositions relatives à la durée du travail ainsi qu'à la santé et la sécurité au travail à l'égard du salarié en formation (c. trav. art. D. 6325-30).

Tutorat interne - L'employeur choisit un tuteur parmi les salariés qualifiés de l'entreprise, volontaires et justifiant d'une expérience professionnelle d'au moins 2 ans dans une qualification en rapport avec l'objectif de professionnalisation visée. L'employeur peut assurer lui-même le tutorat s'il remplit les critères de qualification et d'expérience exigés, notamment en l'absence de salarié qualifié répondant aux conditions requises (c. trav. art. D. 6325-6).

Dépenses de formation du tuteur - Les OPCO peuvent prendre en charge les dépenses exposées pour chaque salarié (ou tout employeur de moins de 11 salariés) qui bénéficie d'une action de formation en qualité de tuteur (c. trav. art. L. 6332-14), dans la limite d'un plafond de 15 € par heure de formation et d'une durée maximale de 40 h (c. trav. art. D. 6332-92).

Ces dépenses comprennent les frais pédagogiques, les rémunérations, les cotisations et contributions sociales légales et conventionnelles, ainsi que les frais de transport et d'hébergement.

Dépenses liées à l'exercice du tutorat - Ces dépenses sont financées par les OPCO dans la limite d'un plafond de 230 € par mois et par bénéficiaire, pour une durée maximale de 6 mois (c. trav. art. L. 6332-14 et D. 6332-93).

Cette prise en charge couvre les rémunérations, cotisations et contributions légales et conventionnelles, ainsi que les frais de transport.

Le plafond mensuel est de 345 € lorsque le tuteur est âgé de 45 ans ou plus ou lorsqu'il accompagne un salarié faisant partie des publics prioritaires *(voir plus haut)* (c. trav. art. D. 6332-93).

▶ À noter... Les majorations liées à l'âge du tuteur ou au salarié encadré ne sont pas cumulables (instr. DGEFP du 3 mars 2010, § I-B).

Tutorat externe - Il est possible de recourir à un tuteur externe pour les personnes les plus éloignées de l'emploi :
- les bénéficiaires faisant partie des publics prioritaires *(voir plus haut)* ;
- les personnes qui ont été suivies par un référent avant la signature du contrat de professionnalisation ;
- les personnes qui n'ont exercé aucune activité professionnelle à plein-temps et en CDI au cours des 3 années précédant la signature du contrat de professionnalisation.

Les OPCO peuvent prendre en charge, dans les mêmes conditions que pour les tuteurs internes, une partie des dépenses de tutorat externe engagées pour ces personnes (c. trav. art. L. 6332-14).

Aides et exonérations

Les aides et exonérations liées au contrat de professionnalisation sont détaillées dans l'étude *Contrat de professionnalisation (aides et exonérations)**.

Mobilité européenne et internationale

Réalisation d'une partie du contrat hors de France - Le contrat de professionnalisation peut être exécuté à l'étranger (Union européenne ou hors Union européenne) (c. trav. art. L. 6325-25, I). Dans ce cas, la durée du contrat peut aller jusqu'à 24 mois.

La loi visant à faciliter la mobilité internationale des alternants prévoit que la durée de l'exécution du contrat à l'étranger ne peut ni excéder la moitié de la durée totale du contrat, ni dépasser 1 an (c. trav. art. L. 6325-25 ; loi 2023-1267 du 27 décembre 2023, JO du 28).

▶ À noter... La condition selon laquelle la durée d'exécution du contrat en France doit être au minimum de 6 mois a été supprimée par cette loi.

Mobilité depuis le 29 décembre 2023 : sort du contrat de travail - La loi du 27 décembre 2023 a créé un droit d'option quelle que soit la durée de la mobilité (c. trav. art. L. 6325-25-1 et L. 6325-25, II ; loi 2023-1267 du 27 décembre 2023, art. 1, JO du 28). Une conven-

tion conclue entre les parties au contrat de travail, l'organisme de formation en France et la ou les structures d'accueil à l'étranger doit prévoir les conditions de la mobilité et indiquer qu'elle est réalisée :
- soit dans le cadre d'une mise en veille du contrat, la structure d'accueil à l'étranger étant alors seule responsable des conditions d'exécution du travail de l'alternant, telles que le droit en vigueur dans le pays d'accueil les détermine ;
- soit dans le cadre d'une simple mise à disposition de l'alternant auprès de la structure d'accueil à l'étranger.

Par dérogation, lorsque la mobilité à l'étranger est effectuée en entreprise, les conditions de mise en œuvre de la mobilité peuvent être prévues par une convention conclue entre les parties au contrat de professionnalisation et l'organisme de formation en France, sans que l'entreprise d'accueil étrangère en soit signataire. Cette possibilité est subordonnée à la condition qu'il soit établi que le salarié bénéficie, conformément aux engagements pris par l'employeur de l'État d'accueil, de garanties à fixer par voie réglementaire, notamment en termes d'organisation de la mobilité et de conditions d'accueil, équivalentes à celles dont il aurait bénéficié en application d'une convention classique.

Un décret a fixé (décret 2024-1148 du 4 décembre 2024, JO du 5) :
- les garanties exigées pour conclure la convention de mobilité sans l'employeur à l'étranger ou organisme de formation d'accueil à l'étranger, c'est-à-dire entre les parties au contrat de professionnalisation et le CFA ou l'organisme de formation français (c. trav. art. R. 6325-33-1 et R. 6325-35) ;
- le contenu des conventions de mobilité qui doivent être signées entre le salarié en contrat de professionnalisation, l'employeur en France, le CFA ou l'organisme de formation en France et, sauf à bénéficier des dérogations précitées, la structure d'accueil à l'étranger (employeur ou organisme de formation) (c. trav. art. R. 6325-33 et R. 6325-34).

Mobilité jusqu'au 28 décembre 2023 : sort du contrat de travail - Pendant la période de mobilité à l'étranger supérieure à 4 semaines, le contrat de travail était « mis en veille » : l'entreprise ou l'organisme d'accueil étant seul responsable des conditions d'exécution du contrat de travail dans le respect des normes du pays d'accueil (ex. : rémunération, durée du travail, repos hebdomadaire, jours fériés) (c. trav. art. L. 6325-25, II au 28.12.2023).

Une convention pouvait être conclue entre le salarié (ou ses représentants légaux pour un mineur), l'employeur en France, l'employeur à l'étranger, l'organisme de formation en France et, le cas échéant, à l'étranger pour prévoir les conditions de cette mobilité (c. trav. art. L. 6325-25, II au 28.12.2023 et R. 6325-33).

Lorsque les périodes de mobilité à l'étranger n'excédaient pas 4 semaines, le contrat de travail continuait d'être exécuté, sans mise en veille. Une convention organisant la mise à disposition du salarié en contrat de professionnalisation pouvait être conclue entre le bénéficiaire, l'employeur en France, l'organisme de formation en France et l'organisme de formation à l'étranger ainsi que, le cas échéant, l'employeur à l'étranger (c. trav. art. L. 6325-25, III au 28.12.2023 et R. 6325-34).

Deux modèles de conventions étaient disponibles selon que la mobilité excédait ou non 4 semaines (arrêté du 22 janvier 2020, JO du 31, texte 34 ; arrêté du 22 janvier 2020, JO du 31, texte 35). On notera que les annexes de ces deux arrêtés détaillaient l'impact de chaque type de mobilité (jusqu'à 4 semaines, plus de 4 semaines) sur le contrat de travail (« mise en veille » du contrat en cas de mobilité de plus de 4 semaines).

Couverture sociale - L'alternant relève de la sécurité sociale de l'État d'accueil, sauf lorsqu'il ne bénéficie pas du statut de salarié ou assimilé dans cet État. Dans ce dernier cas, le code de la sécurité sociale régit sa couverture sociale sachant qu'en dehors de l'Union européenne, celle-ci est assurée par une adhésion à une assurance volontaire.

L'organisme de formation en France se substitue à l'employeur pendant la période de mobilité, s'agissant du versement des cotisations relatives aux accidents du travail (AT) et maladies professionnelles (MP), lorsque le bénéficiaire de contrat de professionnalisation ne bénéficie pas du statut de salarié ou assimilé dans l'État d'accueil (c. séc. soc. art. R. 412-4, III bis).

Durant cette période, le bénéficiaire de contrat de professionnalisation est couvert contre les AT/MP dans les conditions prévues pour les étudiants (c. séc. soc. art. D. 412-3).

Cas de la « mobilité internationale d'études » - La mobilité internationale d'étude permet à un salarié en contrat de professionnalisation de partir à l'étranger afin de se voir délivrer un enseignement théorique par un organisme de formation. La formation pratique peut se dérouler pour partie hors de France.

La loi du 27 décembre 2023 précitée a mis en place une procédure dérogatoire. Lorsque la mobilité se déroule dans un organisme de formation avec lequel l'organisme de formation français a conclu une convention de partenariat, la convention de mobilité peut être conclue entre l'alternant, l'employeur en France et l'organisme de formation français (loi 2023-1267, art. 2 ; c. trav. art. L. 6325-25, III).

Jusqu'au 28 décembre 2023, le salarié devait passer par une convention individuelle de mobilité tripartite, voire quadripartite s'il suivait une formation pratique en entreprise à l'étranger *(voir ci-avant)*.

Prise en charge par les OPCO des cotisations sociales des alternants en mobilité internationale - La loi du 27 décembre 2023 a inscrit les frais correspondant aux cotisations sociales liées à une mobilité hors du territoire national parmi les dépenses obligatoirement prises en charge par les OPCO (loi 2023-1267, art. 4 ; c. trav. art. L. 6332-14, I, 3° et II, 4°).

Jusqu'à cette loi, les OPCO étaient tenus de prendre en charge des frais annexes à la formation des salariés en de professionnalisation, notamment d'hébergement ou de restauration (c. trav. art. L. 6332-14, I, 3°). Ils « pouvaient » également prendre en charge tout ou partie de la perte de ressources, les coûts de toute nature y compris ceux correspondant aux cotisations sociales, le cas échéant, la rémunération et les frais annexes générés par la mobilité à l'étranger des apprentis et des salariés en contrat de professionnalisation (c. trav. art. L. 6332-14, II, 3°).

☛ *Contrat de professionnalisation (aides et exonérations) ; Contribution supplémentaire à la taxe d'apprentissage.*

Contrat de professionnalisation (aides et exonérations)

Le *contrat de professionnalisation** ouvre droit à des aides à l'emploi.

Exonération de cotisations patronales

Depuis le 1er janvier 2019, les employeurs bénéficient de la *réduction générale de cotisations patronales**, si les conditions en sont réunies, au titre de la rémunération versée aux salariés en *contrat de professionnalisation**.

Il n'y a plus d'exonération spécifique attachée à ce contrat.

Aide de France Travail pour l'embauche d'un demandeur d'emploi de 26 ans et plus

Conditions et démarches - L'employeur qui embauche un demandeur d'emploi âgé d'au moins 26 ans en contrat de professionnalisation (CDD ou CDI) peut obtenir une aide forfaitaire, sous certaines conditions (délib. Pôle Emploi 2011-18 du 24 mai 2011, BO Pôle Emploi 2011-50 du 1er juin 2011 ; instr. Pôle Emploi 2019-29 du 10 octobre 2019, mise à jour le 28 octobre 2020, BO Pôle Emploi 2020-90 du 18 novembre 2020).

Le droit à l'aide suppose :

- que l'employeur n'ait pas procédé à un licenciement économique sur le poste pourvu par le recrutement dans les 6 mois précédant l'embauche ;
- et que le salarié recruté n'ait pas fait partie de l'effectif au cours des 6 mois précédant le début du contrat.

L'employeur doit remplir un formulaire (disponible sur https://www.francetravail.fr), qui permet à la fois de solliciter cette aide et celle attachée à l'embauche d'un demandeur d'emploi de 45 ans et plus *(voir ci-après)*.

Le formulaire doit être adressé à *France Travail** dans les 3 mois du début d'exécution du contrat de professionnalisation.

Montant et versement de l'aide - Le paiement de l'aide implique que l'employeur soit à jour de ses obligations déclaratives et de paiement à l'égard des organismes de recouvrement des cotisations et des contributions de sécurité sociale ou d'assurance chômage ou qu'il ait souscrit, et respecte, un plan d'apurement des cotisations restant dues.

Le montant de l'aide est de 2 000 € pour les salariés à temps complet. Le montant de l'aide est calculé à due proportion du temps de travail effectif déclaré par l'employeur au moment de la déclaration d'actualisation (il y a donc un prorata en cas de temps partiel) (instr. Pôle Emploi 2019-29 du 10 octobre 2019).

France Travail verse l'aide en deux fois :

- un premier versement correspondant à 50 % de l'aide, à l'issue du 3e mois d'exécution du contrat ;
- le second versement correspondant aux 50 % restants, à l'issue du 10e mois d'exécution du contrat.

Cette aide peut se cumuler avec une exonération de cotisations de sécurité sociale et avec l'aide de l'État au recrutement de demandeurs d'emploi de 45 ans et plus *(voir ci-après)*.

Aide de l'État pour l'embauche d'un demandeur d'emploi de 45 ans et plus

Conditions - Tout employeur peut bénéficier d'une aide pour le recrutement d'un demandeur d'emploi de 45 ans et plus en contrat de professionnalisation (décret 2011-524 du 16 mai 2011, JO du 17). La gestion de cette aide de l'État est assurée par France Travail (instr. Pôle Emploi 2019-29 du 10 octobre 2019, mise à jour le 28 octobre 2020, BO Pôle Emploi 2020-90 du 18 novembre 2020).

L'âge du bénéficiaire du contrat de professionnalisation est apprécié à la date du début d'exécution de ce contrat.

Cette aide est cumulable avec les aides déjà existantes pour l'embauche de salariés âgés de 26 ans et plus en contrat de professionnalisation.

Le droit à l'aide suppose :
- que l'employeur n'ait pas procédé à un licenciement économique sur le poste pourvu par le recrutement dans les 6 mois précédant l'embauche ;
- et que le salarié recruté n'ait pas fait partie de l'effectif au cours des 6 mois précédant le début du contrat.

Demande d'aide - L'employeur doit adresser une demande à France Travail (formulaire disponible sur https://www.francetravail.fr), dans les 3 mois suivant le début de l'exécution du contrat de professionnalisation.

La demande comprend différents documents, dont une copie du contrat de professionnalisation.

Paiement de l'aide - Le paiement de l'aide implique que l'employeur soit à jour de ses obligations déclaratives et de paiement à l'égard des organismes de recouvrement des cotisations et des contributions de sécurité sociale ou d'assurance chômage ou qu'il ait souscrit et respecte un plan d'apurement des cotisations restant dues.

Le montant de l'aide est de 2 000 € pour les salariés à temps complet. Pour les salariés à temps partiel, elle est calculée à due proportion du temps de travail effectif du salarié (décret 2011-524 du 16 mai 2011, JO du 17).

France Travail verse l'aide en deux fois :
- un premier versement correspondant à 50 % de l'aide, à l'issue du 3e mois d'exécution du contrat ;
- le second versement correspondant aux 50 % restants, à l'issue du 10e mois d'exécution du contrat.

Pour obtenir le paiement de l'aide, l'employeur doit adresser à France Travail déclaration attestant que le contrat de professionnalisation est en cours d'exécution à cette échéance, dans les 3 mois suivant chacune des échéances. Si le contrat de travail est arrivé à son terme ou a été interrompu avant l'une des échéances, l'aide ne sera pas due pour la période considérée.

Aide exceptionnelle (version 2023/début 2024)

Aide pour les contrats signés du 1er janvier 2023 au 30 avril 2024 - Une aide exceptionnelle de 6 000 € a bénéficié, sous conditions, aux contrats de professionnalisation conclus avec des salariés de moins de 30 ans du 1er janvier 203 au 30 avril 2024 (décret 2022-1714 du 29 décembre 2022, art. 3 et 4, JO du 30 ; décret 2023-1354 du 29 décembre 2023, JO du 30 ; décret 2024-392 du 27 avril 2024, JO du 28).

Toutes les entreprises pouvaient y prétendre, mais à partir de 250 salariés (effectif « sécurité sociale ») l'aide était subordonnée à une condition de quotas d'alternants.

Nous rappelons ci-dessous les dispositions applicables pour les contrats qui en bénéficient encore. Le bénéfice de l'aide exceptionnelle de 6 000 € au titre des contrats de professionnalisation conclus du 1er janvier 2023 au 30 avril 2024 sera définitivement perdu pour les contrats non transmis par l'employeur à l'OPCO avant le 30 juin 2025 (décret 2025-174 du 22 février 2025, art. 3, II, JO du 23).

▶ À noter… Cette aide a pris la suite d'une première version de l'aide exceptionnelle qui s'est appliquée aux contrats de professionnalisation conclus du 1er juillet 2020 au 31 décembre 2022. Cette aide, non détaillée ici, fonctionnait sur le même principe, mais sont montant était de 5 000 € (salarié majeur) ou 8 000 € (salarié de moins de 18 ans).

Contrats de professionnalisation éligibles - L'aide visait les contrats de professionnalisation conclus avec des salariés âgés de moins de 30 ans (condition d'âge appréciée à la date de conclusion du contrat).

Trois types de contrats de professionnalisation étaient éligibles à l'aide :
- les contrats visant la préparation d'un diplôme ou d'un titre à finalité professionnelle équivalant au plus au niveau 7 du cadre national des certifications professionnelles (soit bac + 5) ;
- les contrats préparant à un certificat qualification professionnelle (c. trav. art. L. 6314-1, 3°) ;
- les contrats expérimentaux visant à favoriser l'accès à la certification et à l'insertion professionnelles dans les secteurs rencontrant des difficultés particulières

de recrutement (métiers dits « en tension ») en comportant des actions en vue de la validation des acquis de l'expérience (dénommé « VAE inversée ») (loi 2022-1598 du 21 décembre 2022, art. 11, JO du 22).

▶ À noter... En 2023, l'aide concernait aussi les contrats de professionnalisation expérimentaux prévus par la loi Avenir professionnel, qui pouvaient être conclus pour une durée ne pouvant excéder 5 ans, du 28 décembre 2018 au 28 décembre 2023 (loi 2018-771 du 5 septembre 2018, art. 28, VI modifié ; loi 2020-1577 du 14 décembre 2020, art. 17 ; décret 2018-1263 du 26 décembre 2018, art. 1).

Montant de l'aide - Pour les contrats conclus en 2023 et jusqu'au 30 avril 2024, l'aide était de 6 000 € maximum, au titre de la première année d'exécution du contrat (décret 2023-1354 du 29 décembre 2023, art. 2, 1° et 3, I, 1° ; décret 2022-1714 du 29 décembre 2022 modifié ; décret 2024-392 du 27 avril 2024, JO du 28).

Quota exigé des employeurs d'au moins 250 salariés - Pour bénéficier de l'aide exceptionnelle, les employeurs de 250 salariés et plus devaient respecter une condition de quota d'alternants à l'effectif.

Le seuil de 250 salariés est vérifié au regard d'un effectif calculé selon les modalités prévues par le code de la sécurité sociale (voir *Effectif sécurité sociale**) (c. séc. soc. art. L. 130-1, I et R. 130-1). Néanmoins, par dérogation, la règle d'atténuation des effets de seuil sur 5 ans ne s'applique pas en cas de franchissement du seuil à la hausse.

▶ À noter... La règle du quota concernait également les entreprises dont l'effectif de référence était supérieure ou égal à 250 salariés à la date de conclusion du contrat, puis passait sous les 250 salariés au titre de l'année 2025 (contrats conclus en 2024), de l'année 2024 (contrats conclus en 2023), de l'année 2023 (contrats conclus en 2022) ou de l'année 2022 (contrats conclus d'avril à décembre 2021).

Selon la date de conclusion du contrat, les employeurs soumis à la règle du quota qui ont demandé l'aide doivent pouvoir justifier d'un quota minimal d'alternants à l'effectif apprécié :
- sur l'année 2025 pour les contrats conclus du 1er janvier au 30 avril 2024 ;
- sur l'année 2024 pour les contrats conclus en 2023.

▶ À noter... Dans le cadre de l'aide attachée aux contrats de professionnalisation conclus du 1er juillet 2020 au 31 décembre 2022 (aide de 5 de 5 000 € ou 8 000 € selon l'âge du salarié), le quota s'appréciait sur l'année 2023 pour les contrats conclus en 2022, sur l'année 2022 pour ceux conclus du 1er avril au 31 décembre 2021, et sur l'année 2021 pour les contrats conclus du 1er juillet 2020 au 31 mars 2021.

Le quota suppose d'avoir à l'effectif, sur l'année considérée compte tenu de la date de conclusion du contrat (*voir ci-dessus*), une proportion d'au moins 5 % :
- de salariés en contrat d'apprentissage ou en contrat de professionnalisation (les salariés embauchés en CDI à l'issue d'un contrat d'apprentissage ou de professionnalisation peuvent encore être pris en compte pendant l'année suivant la fin du contrat d'alternance) ;
- de volontaires accomplissant un volontariat international en entreprise (VIE) ou de salariés en convention industrielle de formation par la recherche (CIFRE).

Les employeurs ne remplissant pas la condition de 5 %, mais ayant au moins 3 % d'apprentis et de contrats de professionnalisation sont considérés comme respectant le quota si l'effectif de ces contrats a progressé d'au moins 10 % par rapport à l'année précédente. Si l'entreprise relève d'un accord prévoyant une progression d'au moins 10 % du nombre de ces salariés, l'employeur devra pouvoir justifier de la progression requise par l'accord collectif.

Formalités d'obtention de l'aide - L'employeur transmettait le contrat de professionnalisation à l'opérateur de compétences (OPCO), qui le déposait auprès de l'administration. Le ministère chargé de la formation professionnelle transmettait par voie dématérialisée à l'ASP les informations nécessaires au versement de l'aide, ce qui valait décision d'attribution.

Pour bénéficier de l'aide, les employeurs de 250 salariés et plus soumis à la condition de quota d'alternants avaient une obligation supplémentaire. Ils devaient transmettre à l'ASP par voie dématérialisée, dans un délai de 8 mois à compter de la date de conclusion du contrat, un engagement attestant sur l'honneur qu'ils allaient respecter la règle de quota sur l'année pertinente (2025, 2024, 2023, 2022 ou 2021 selon le cas ; *voir plus haut*).

Sous peine de devoir restituer le montant perçu, les entreprises soumises à la condition de quota ayant bénéficié de l'aide doivent adresser à l'ASP une déclaration sur l'honneur attestant du respect de cet engagement :
- au plus tard le 31 mai 2026 pour les contrats conclus du 1er janvier au 30 avril 2024 (quota vérifié au regard de la proportion d'alternants sur l'année 2025) ;

- au plus tard le 31 mai 2025 pour les contrats conclus en 2023 (quota vérifié au regard de la proportion d'alternants sur l'année 2024).

▶ À noter... Dans le cadre de l'aide attachée aux contrats de professionnalisation conclus du 1er juillet 2020 au 31 décembre 2022 (aide de 5 de 5 000 € ou 8 000 € selon l'âge du salarié), la déclaration sur l'honneur devait être envoyée au plus tard le 31 mai 2024 pour les contrats conclus en 2022 (quota vérifié au regard de la proportion d'alternants sur l'année 2023), le 31 mai 2023 pour les contrats conclus du 1er avril au 31 décembre 2021 (quota vérifié au regard de la proportion d'alternants sur l'année 2022) ou le 31 mai 2022 pour les contrats conclus du 1er juillet 2020 au 31 mars 2021 (quota vérifié au regard de la proportion d'alternants sur l'année 2021).

Gestion et versement de l'aide par l'ASP - L'ASP assure la gestion des aides.

Elle verse l'aide mensuellement par anticipation du paiement de la rémunération et dans l'attente de la transmission par l'employeur des données de la DSN pour les contrats (décret 2023-1354 du 29 décembre 2023 ; décret 2022-1714 du 29 décembre 2022, art. 4, VI, modifié). Si ces données ne sont pas transmises, le versement de l'aide est suspendu le mois suivant.

L'aide n'est pas due :
- en cas de suspension du contrat sans rémunération, pour chaque mois considéré ;
- en cas de rupture anticipée du contrat, à compter du mois suivant la date de fin du contrat.

Les sommes indûment perçues seront remboursées à l'ASP.

Aide aux contrats de professionnalisation des structures d'insertion par l'activité économique

Dispositif expérimental - Depuis le 1er janvier 2021, les structures d'insertion par l'activité économique (SIAE ; entreprises d'insertion, entreprises de travail temporaire d'insertion, associations intermédiaires, ateliers et chantiers d'insertion) peuvent bénéficier d'une aide spécifique pour l'embauche en contrat de professionnalisation de personnes éligibles à un parcours d'insertion (décret 2020-1741 du 29 décembre 2020 modifié, art. 1).

Le bénéfice de l'aide est subordonné (décret 2020-1741 du 29 décembre 2020 modifié, art. 5 et 6) :
- au dépôt du contrat de professionnalisation par l'OPCO auprès de l'autorité administrative ;
- à la transmission par l'employeur à France Travail d'une demande dans les 3 mois suivant la conclusion du contrat (demande avec une copie du contrat de professionnalisation accompagnée, le cas échéant, de la décision de prise en charge financière de l'OPCO, ou, à défaut, de la preuve de dépôt du contrat auprès de cet organisme) ;
- à l'envoi par l'employeur à France Travail, dans les 3 mois suivant chacune des échéances (3e et 6e mois), d'une déclaration attestant que le contrat de professionnalisation est en cours d'exécution.

De plus, l'employeur doit être à jour de ses obligations déclaratives et de paiement en matière de contributions sociales et d'assurance chômage. Cette obligation est considérée comme remplie lorsqu'il a souscrit et respecte un plan d'apurement des cotisations restant dues.

Lorsque cette condition n'est pas remplie, le versement de l'aide est suspendu jusqu'à ce que l'employeur soit en conformité. Il dispose à cet effet d'un délai de 15 mois suivant la date du début de l'exécution du contrat. Au-delà, l'aide n'est plus due.

Montant de l'aide - Le montant de l'aide est fixé à 4 000 € par salarié en contrat de professionnalisation à temps complet (décret 2020-1741 du 29 décembre 2020 modifié, art. 3).

Il est proratisé en fonction de la durée effective du contrat de travail (s'il est interrompu en cours d'année civile), de la quotité de temps de travail du salarié (lorsqu'elle est inférieure à un temps complet) et des périodes d'absence du salarié qui n'ont pas donné lieu au maintien de la rémunération.

Un premier versement, correspondant à la moitié du montant de l'aide, est dû à l'issue du 3e mois d'exécution du contrat de professionnalisation. Le solde de l'aide est dû à l'issue du 6e mois d'exécution du contrat de professionnalisation.

▶ À noter... Lorsque le montant proratisé dû à l'employeur au titre de l'une des deux échéances de versement est inférieur à 100 €, France Travail, qui gère l'aide pour le compte de l'État, ne procède pas à son versement.

Versement de l'aide exclu - L'aide est exclue si l'employeur a procédé à un licenciement économique sur le poste pourvu par le contrat de professionnalisation dans les 6 mois précédant l'embauche (décret 2020-1741 du 29 décembre 2020 modifié, art. 2).

L'aide ne se cumule pas avec une autre aide financée par l'État ou de France Travail (dont l'aide emploi francs, les aides financières aux SIAE, l'aide exceptionnelle aux contrats de professionnalisation).

Contrat de professionnalisation

Un salarié de 26 ans a été embauché le 1er janvier 2025 en contrat de professionnalisation dans une entreprise de plus de 50 salariés, dont l'horaire collectif est de 35 heures. Non-cadre, il est rémunéré au SMIC, comme le prévoit la convention collective applicable dans l'entreprise.

L'employeur bénéficie de la réduction générale de cotisations patronales.

EXTRAIT DU BULLETIN DE PAYE DE JANVIER 2025

Désignation	**Base**	**Taux**	**Montant**	
Salaire de base	11,88	151,67	1 801,80	
Brut total			1 801,80	
Cotisations et contributions sociales	**Base (€)**	**Taux salarial**	**Part salarié (€)**	**Part employeur (€)**
Santé				
Sécurité sociale - Maladie Maternité Invalidité Décès	1 801,80	-	-	126,13 (1)
Complémentaire Santé	-	-	85,00	85,00
Accidents du travail - maladies professionnelles	1 801,80	-	-	36,04 (2)
Retraite				
Sécurité sociale plafonnée	1 801,80	6,90 %	124,32	154,05
Sécurité sociale déplafonnée	1 801,80	0,40 %	7,21	36,40
Complémentaire Tranche 1 (3)	1 801,80	4,01 %	72,25	108,29
Famille	1 801,80	-	-	62,16 (4)
Assurance chômage				
Chômage	1 801,80	-	-	77,48 (5)
Autres contributions dues par l'employeur	-	-	-	88,71 (6)
CSG déductible de l'impôt sur le revenu	1 855,27	6,80 %	126,16	-
CSG/CRDS non déductible de l'impôt sur le revenu	1 855,27	2,90 %	53,80	-
Exonérations et allégements de cotisations	-	-	-	- 582,70
Total des cotisations et contributions	-	-	468,74	191,55
Net social				**1 333,06**
Net à payer avant impôt sur le revenu (7)				**1 333,06 (7)**
Impôt sur le revenu	**Base**	**Taux**	**Montant**	**Cumul annuel**
Montant net imposable			1 471,86	1 471,86
Impôt sur le revenu prélevé à la source	1 471,86	1,50 %	22,08	22,08
Montant net des heures compl/suppl exonérées				0,00
Net à payer au salarié (en euros) (7)				**1 283,80 (7)**
Total versé par l'employeur				1 955,75

Notes de la rédaction, pour aider à la lecture des totaux (ces notes n'ont pas à apparaître sur le bulletin de paye) : (1) Taux de 7 % compte tenu du niveau de rémunération. (2) Par hypothèse taux de 2 %. (3) Y compris contribution d'équilibre général. (4) Taux de 3,45 % compte tenu du niveau de rémunération. (5) Chômage 4,05 % et AGS 0,25 %. (6) CSA (0,30 %), FNAL (0,50 %), versement mobilité (1,60 %), contribution au dialogue social (0,016 %), contribution formation (1 %), participation à l'effort de construction (0,45 %), forfait social, taxe d'apprentissage (0,68 %). (7) À faire apparaître de manière à en faciliter la lisibilité.

Contrôle par France Travail - L'employeur tient à la disposition de France Travail les documents permettant le contrôle de l'éligibilité de l'aide pendant 4 ans à compter de la notification du bénéfice de l'aide (décret 2020-1741 du 29 décembre 2020 modifié, art. 7).

Lorsque l'employeur ne produit pas les documents demandés par France Travail, le versement de l'aide est suspendu et au-delà de 3 mois, il doit rembourser l'aide.

En cas de déclarations inexactes, les sommes indûment perçues devront être remboursées

Aides de l'État spécifiques aux groupements d'employeurs

Aide pour l'accompagnement personnalisé à l'emploi - Les groupements d'employeurs qui organisent, dans le cadre du contrat de professionnalisation, des parcours d'insertion et de qualification au profit de jeunes de 16 à 25 ans sortis du système scolaire sans qualification ou rencontrant des difficultés particulières d'accès à l'emploi ou de demandeurs d'emploi de 45 ans et plus, peuvent bénéficier d'une aide de l'État pour l'accompagnement personnalisé vers l'emploi de ces publics (c. trav. art. D. 6325-23).

Cette aide est cumulable avec la réduction générale de cotisations (c. trav. art. D. 6325-26).

Convention préalable - Afin de bénéficier de cette aide, les groupements d'employeurs doivent conclure une convention avec le représentant de l'État dans le département. Celle-ci doit préciser (c. trav. art. D. 6325-24) :
- le nombre prévisionnel d'accompagnements dans l'année de jeunes de 16 à 25 ans et de demandeurs d'emploi âgés de 45 ans et plus, recrutés en contrat de professionnalisation ;
- les secteurs d'activité concernés, les qualifications préparées, les postes de travail sur lesquels les titulaires des contrats sont embauchés ;
- le contenu et les modalités de mise en œuvre de l'accompagnement personnalisé vers l'emploi, le nombre et la qualité des personnes chargées de l'accompagnement.

Les groupements d'employeurs bénéficiaires de l'aide sont tenus d'établir annuellement un bilan d'exécution de la convention (c. trav. art. D. 6325-25).

Montant de l'aide et versement - L'aide de l'État est attribuée chaque année, en fonction du nombre d'accompagnements prévu par le groupement d'employeurs (c. trav. art. D. 6325-26).

Cette aide est fixée à 814 € par accompagnement et en année pleine (arrêté du 17 août 2015, JO du 18).

L'aide de l'État est versée pour 75 % de son montant à la conclusion de la convention (c. trav. art. D. 6325-27).

Le paiement du solde de l'aide intervient après examen par la DREETS du bilan d'exécution de la convention. S'il en ressort que le nombre d'accompagnements réalisés est inférieur à celui prévu par la convention ou que le contenu et les modalités de mise en œuvre ne sont pas conformes à ce qui était initialement prévu par la convention, les sommes correspondantes sont déduites du solde de l'aide restant à verser et, le cas échéant, reversées au Trésor public pour la part excédant le montant du solde.

☛ *Contrat de professionnalisation ; Contribution supplémentaire à la taxe d'apprentissage ; Réduction générale de cotisations patronales.*

Contrat de sécurisation professionnelle

Le contrat de sécurisation professionnelle (CSP) est un dispositif d'accompagnement des licenciements économiques, que certains employeurs ont l'obligation de proposer aux salariés répondant aux conditions requises. Il est régi par le code du travail ainsi que par une convention conclue par les partenaires sociaux gestionnaires du régime d'assurance chômage.

Convention du 26 janvier 2015

Entrée en vigueur - La convention du 26 janvier 2015 relative au CSP s'applique aux salariés compris dans une procédure de licenciement économique engagée depuis le 1er février 2015 (c. trav. art. L. 1233-66 ; convention du 26 janvier 2015 relative au CSP, agréée par arrêté du 16 avril 2015, JO du 23).

▶ À noter... Le CSP est applicable à Mayotte depuis le 1er janvier 2018 sous réserve de quelques particularités non développées ici (convention du 17 juillet 2018 relative à la mise en œuvre du CSP à Mayotte, agréée par arrêté du 4 octobre 2018, JO du 10).

Date limite d'application - Le CSP a été prolongé en dernier lieu jusqu'au 31 décembre 2025 par deux avenants du 22 novembre 2024 (avenant n° 9 à la convention du 26 janvier 2015 agréé par arrêté du 23 décembre 2024, JO du 24, texte 3 dans le cas général ; avenant n° 6 à la convention du 17 juillet 2018, agréé par arrêté du 23 décembre 2024, JO du 24, texte 4 pour Mayotte).

▶ À noter... Les avenants n° 9 (cas général) n° 6 (Mayotte) précités reconduisent les deux conventions en l'état, mais les partenaires sociaux ont indiqué que des évolutions pourront être envisagées ultérieurement au vu des nouvelles règles d'assurance chômage (la convention d'assurance chômage était en cours d'agrément lors de cette déclaration). Précisons que la nouvelle convention d'assurance chômage du 15 novembre 2024 a depuis été agréée par arrêté (arrêté du 19 décembre 2024, JO du 20, texte 3).

Champ d'application

Employeurs concernés - L'obligation de proposer un CSP concerne les entreprises de moins de 1 000 salariés (c. trav. art. L. 1233-66).

Les entreprises ou les établissements occupant au moins 1 000 salariés sont tenus de proposer un autre dispositif aux salariés concernés : le *congé de reclassement** (c. trav. art. L. 1233-71). Toutefois, lorsqu'elles sont en redressement ou liquidation judiciaires, ces entreprises ne sont pas soumises au congé de reclassement et doivent proposer le CSP (c. trav. art. L. 1233-75).

▶ À noter... Les employeurs de moins de 1 000 salariés appartenant à un groupe dont l'effectif cumulé est de 1 000 salariés ou plus ou qui entrent dans le champ des dispositions légales sur le comité d'entreprise européen relèvent des règles applicables aux entreprises de 1 000 salariés et plus (c. trav. art. L. 1233-71).

Salariés concernés - L'employeur propose un CSP aux salariés qu'il envisage de licencier pour un motif économique et qui répondent aux conditions nécessaires pour en bénéficier (conv. du 26 janvier 2015 relative au CSP, art. 2 ; avenant n° 5 du 28 juin 2021, agréé par arrêté du 24 septembre 2021, JO du 26 ; circ. Unédic 2022-04 du 28 février 2022) :

- justifier d'une durée d'affiliation au moins égale à 88 jours travaillés ou 610 heures travaillées sur les 24 derniers mois (ou 36 derniers mois pour les salariés de 53 ans et plus) ;
- résider en France métropolitaine, dans les DOM, à Saint-Pierre-et-Miquelon, à Saint-Barthélemy ou Saint-Martin (ou Mayotte, étant précisé que dans ce cas le CSP est mis en œuvre selon des modalités particulières) ;
- être physiquement apte à exercer un emploi.

En outre, le salarié ne doit ni avoir atteint l'âge donnant automatiquement droit à une retraite à taux plein, ni avoir le nombre de trimestres requis pour une retraite à taux plein s'il a déjà atteint l'âge légal de départ en retraite [voir *Retraite (âge légal, âge du taux plein)**].

Incidence de l'ancienneté du salarié - Les salariés potentiellement bénéficiaires du CSP sont soumis à des régimes différents prenant en compte leur ancienneté dans l'entreprise, pour leur indemnité de préavis et le montant de l'allocation de sécurisation professionnelle (convention du 26 janvier 2015 relative au CSP, art. 15, § 2 modifiée par avenant n° 5 du 28 juin 2021 et art. 21).

Les salariés ayant au moins 1 an d'ancienneté qui adhèrent au CSP perçoivent une allocation de sécurisation professionnelle (ASP) égale à 75 % du salaire journalier moyen de référence (ils sont donc mieux indemnisés que s'ils percevaient l'allocation de chômage classique) (convention du 26 janvier 2015 relative au CSP, art. 15 modifiée par avenant n° 7 du 15 mars 2023). De son côté, l'employeur verse à France Travail l'indemnité de préavis, y compris les cotisations patronales et salariales afférentes, dans la limite de 3 mois de salaire. L'éventuelle fraction excédentaire de préavis est versée au salarié.

Pour les bénéficiaires du CSP ayant moins de 1 an d'ancienneté, l'ASP est égale à l'allocation d'assurance chômage de droit commun (ARE ou « allocation d'aide au retour à l'emploi »). L'employeur doit verser l'indemnité de préavis au salarié, et non à France Travail.

Dans tous les cas l'ASP est versée dès le début du CSP, aucun différé ni délai d'attente ne s'applique.

Appréciation de l'ancienneté du salarié - Lorsque la présentation de la lettre de notification du licenciement intervient avant la fin du délai de réflexion de 21 jours, la condition d'ancienneté s'apprécie à la date de présentation de cette lettre. Lorsque la lettre de licenciement n'a pas été notifiée, la condition s'apprécie au dernier jour du délai de réflexion qui correspond à la fin du contrat de travail (circ. Unédic 2022-04 du 28 février 2022, titre II, § 1.1).

Mesure expérimentale au profit de certains CDD - Le CSP peut, à titre expérimental, sur des bassins d'emploi donnés, être proposé à la fin de CDD d'au moins 6 mois. Les conditions de cette expérimentation sont fixées par le Comité technique de pilotage national (convention du 26 janvier 2015 relative au CSP, art. 3 et 29, § 3).

Charge de la preuve - En cas de litige, l'employeur doit démontrer qu'il a proposé le CSP, par analogie avec une jurisprudence relative à l'ancienne convention de reclassement personnalisé (cass. soc. 1er décembre 2010, n° 09-41950 D).

Modalités de proposition du CSP

Information des salariés - L'employeur doit informer chaque salarié ayant droit au CSP, individuellement et par écrit (convention du 26 janvier 2015 relative au CSP, art. 4, § 1). Cette information porte sur le contenu du contrat et la possibilité qu'il a d'en bénéficier.

Le document remis par l'employeur au salarié mentionne :

- sa date de remise, faisant courir le délai de réflexion ;
- le délai imparti au salarié pour donner sa réponse ;
- la date à partir de laquelle, en cas d'acceptation du CSP, le contrat de travail est rompu.

Le document comporte aussi un volet « bulletin d'acceptation » détachable, à compléter par le salarié s'il demande à bénéficier du CSP et à remettre à l'employeur.

La non-remise du formulaire relatif au CSP au salarié crée un préjudice pour celui-ci, qui doit être réparé selon un montant apprécié souverainement par le juge (cass. soc. 7 mars 2017, n° 15-23038, BC V n° 41).

Date de remise du document - Lorsque le licenciement pour motif économique est précédé d'un entretien préalable au licenciement, le document écrit d'information est remis contre récépissé au salarié au cours de cet entretien (convention du 26 janvier 2015 relative au CSP, art. 4, § 2 ; circ. Unédic 2022-04 du 28 février 2022, titre 1, § 2.1.2.1).

Lorsque le licenciement pour motif économique doit être soumis à la procédure d'information et de consultation du CSE (c. trav. art. L. 1233-8 et L. 1233-9), le document d'information écrit doit être remis aux salariés concernés, contre récépissé, à l'issue de la dernière réunion de consultation du CSE (circ. Unédic 2022-04 du 28 février 2022, titre 1, § 2.1.2.2).

Lorsque la procédure de licenciement donne lieu à un plan de sauvegarde de l'emploi (PSE), l'employeur effectue la proposition d'adhésion au CSP après la notification par le DREETS de sa décision de validation ou d'homologation du PSE (c. trav. art. L. 1233-66 ; circ. Unédic 2022-04 du 28 février 2022, titre 1, § 2.1.2.3).

Le document d'information relatif au CSP peut être remis par l'employeur aux salariées en congé de maternité, au plus tard, le lendemain de la fin de la période de protection liée à ce congé (c. trav. art. L. 1225-4, al. 2 ; circ. Unédic 2022-04 du 28 février 2022, titre 1, § 2.1.2.4).

Délai de réflexion et adhésion du salarié

Délai de réflexion de 21 jours - Le salarié dispose d'un délai de 21 jours pour accepter ou refuser le CSP (convention du 26 janvier 2015 relative au CSP, art. 4, § 1). Ce délai commence à courir à compter du lendemain de la remise du document proposant le CSP au salarié ou, le cas échéant, par le conseiller France Travail au salarié (circ. Unédic 2022-04 du 28 février 2022, titre I, § 2.2.1).

La date de remise au salarié du document d'information ainsi que la date de fin du délai de réflexion de 21 jours après la remise de ce document d'information sont indiquées par l'employeur ou, le cas échéant, par le conseiller France Travail, sur le bulletin d'acceptation du CSP (convention du 26 janvier 2015 relative au CSP, art. 4, § 1 et art. 7).

En cas d'expiration de ce délai un samedi, un dimanche, un jour férié ou chômé, le délai de réflexion est prorogé jusqu'au premier jour ouvrable suivant (c. proc. civ. art. 642).

Exemples

1) Le document d'information sur le CSP est remis le lundi 3 mars 2025. Le délai de réflexion expire le lundi 24 mars 2025 à minuit.

2) Le document d'information sur le CSP est remis le lundi 31 mars 2025. Le délai de réflexion expire le lundi 21 avril 2025 à minuit. Comme il s'agit d'un jour férié (lundi de pâques), l'expiration est prorogée au mardi 22 avril 2025 à minuit.

Pendant ce délai de réflexion, le salarié bénéficie d'un entretien d'information réalisé par France Travail, destiné à l'éclairer dans son choix (convention du 26 janvier 2015 relative au CSP, art. 4, § 1). Il doit alors être informé (convention du 26 janvier 2015 relative au CSP, art. 4, § 1 modifiée par avenant n° 7 du 15 mars 2023, art. 1) :

- sur le montant et la durée de l'allocation de sécurisation professionnelle (ASP) qu'il percevrait en cas d'adhésion au CSP ;
- sur les modalités d'indemnisation en ARE (allocation de chômage sans CSP) et le cas échéant, lors de la sortie de CSP (montant et durée prévisionnelle de l'ARE après imputation du CSP).

Si le délai est en cours à la date d'envoi des lettres de licenciement - Lorsque le délai de réflexion est encore en cours à la date à partir de laquelle les lettres de licenciement peuvent être envoyées (c. trav. art. L. 1233-15 et L. 1233-39), l'employeur adresse aux salariés concernés une LRAR leur rappelant la date d'expiration du délai de 21 jours. Cette lettre précise aussi que, en cas de refus du CSP, elle constituera la notification de leur licenciement (convention du 26 janvier 2015 relative au CSP, art. 4, § 2).

Salariés protégés - Pour les salariés dont le licenciement est soumis à autorisation (élus du personnel, représentants syndicaux, etc.), le délai de réflexion est prolongé jusqu'au lendemain de la date de notification à l'employeur de la décision de l'autorité administrative compétente pour autoriser ou non le licenciement (convention du 26 janvier 2015 relative au CSP, art. 4, § 1).

Salariée enceinte - La salariée en état de grossesse médicalement constaté à la date d'expiration du délai de 21 jours dont elle dispose pour accepter ou refuser la proposition de CSP bénéficie de la protection contre le licenciement. L'employeur doit donc justifier de l'impossibilité de maintenir le contrat de travail pour un motif étranger à la grossesse de la salariée. Cette impossibilité n'est pas caractérisée par l'adhésion de la salariée au CSP (cass. soc. 4 octobre 2023, n° 21-21059 FB).

En pratique, dans le cadre d'une proposition de CSP, l'employeur doit donc préciser, dans l'écrit énonçant le motif économique de la rupture remis ou adressé à la salariée, en quoi ce motif rend impossible le maintien de son contrat de travail.

Salarié en arrêt de travail pour AT/MP - Le salarié qui est en arrêt de travail pour accident du travail ou maladie professionnelle (AT/MP) à la date d'expiration du délai de réflexion bénéficie de la protection correspondante (impossibilité de licenciement, sauf faute grave ou impossibilité de maintenir le contrat pour un motif étranger à l'accident ou la maladie) (c. trav. art. L. 1226-9 et L. 1226-13).

La rupture du contrat consécutive à l'adhésion au CSP, qui constitue une modalité du licenciement économique, est donc nulle (cass. soc. 14 décembre 2016, n° 15-25981, BC V n° 249).

Adhésion du salarié - Pour formaliser son accord, le salarié qui souhaite bénéficier du CSP remet à l'employeur le bulletin d'acceptation complété et signé, accompagné d'une copie de sa pièce d'identité ou du titre en tenant lieu (convention du 26 janvier 2015 relative au CSP, art. 5, § 1 modifiée par avenant n° 5 du 28 juin 2021).

Date d'effet du CSP - En cas d'adhésion du salarié, le CSP prend effet à la date d'expiration du délai de réflexion (convention du 26 janvier 2015 relative au CSP, art. 5, § 1 modifiée par avenant n° 5 du 28 juin 2021).

Le salarié bénéficie, dès le jour suivant la rupture du contrat de travail, du statut de stagiaire de la formation professionnelle.

Silence du salarié - L'absence de réponse du salarié au terme du délai de réflexion vaut refus d'adhésion (convention du 26 janvier 2015 relative au CSP, art. 5, § 1 modifiée par avenant n° 5 du 28 juin 2021).

Transmission des documents d'adhésion à France Travail - Dès l'acceptation du CSP par le salarié, l'employeur transmet à France Travail dans le ressort duquel le salarié est domicilié, le bulletin d'acceptation complété par l'employeur et le salarié, accompagné de la copie de la pièce d'identité de ce dernier ou du titre en tenant lieu (convention du 26 janvier 2015 relative au CSP, art. 5, § 2).

Au plus tard à la rupture du contrat de travail, l'employeur complète son précédent envoi en adressant à ce France Travail l'ensemble des documents nécessaires à l'examen des droits du salarié et au paiement des sommes dues par l'employeur, notamment l'attestation d'employeur, la demande d'allocation de sécurisation professionnelle complétée et signée par le salarié, la copie de la carte d'assurance maladie (carte Vitale) (convention du 26 janvier 2015 relative au CSP, art. 5, § 2).

Indemnités de rupture et droits du bénéficiaire du CSP

Date de rupture du contrat - Si le salarié accepte le CSP, le contrat de travail est réputé rompu d'un commun accord des parties à la date d'expiration du délai de réflexion (c. trav. art. L. 1233-67 ; convention du 26 janvier 2015 relative au CSP, art. 5, § 1 modifiée par avenant n° 5 du 28 juin 2021). Cette date sert de référence pour le solde de tout compte et la régularisation des cotisations.

L'adhésion du salarié au CSP emporte la rupture du contrat de travail dont les effets sont reportés à l'expiration du délai de réflexion. L'employeur ne peut donc plus renoncer à la rupture dès lors que le salarié a adhéré au CSP, sans avoir obtenu l'accord du salarié (cass. soc. 15 février 2023, n° 21-17784 D).

Indemnités de rupture - L'employeur doit verser au salarié l'indemnité légale ou conventionnelle de licenciement et toute indemnité conventionnelle qui aurait été due en cas de licenciement économique au terme du préavis (c. trav. art. L. 1233-67 ; circ. Unédic 2022-04 du 28 février 2022, titre 1, § 2.3 ; BOSS, Indemnités de rupture, § 690, 01/01/2025).

Par ailleurs, l'adhésion à un CSP constituant une modalité du licenciement pour motif économique, son acceptation ne prive pas le salarié de l'éventuelle indemnité ou garantie de salaire prévue par le contrat de travail en cas de licenciement, en sus du paiement de l'indemnité légale ou conventionnelle de licenciement (cass. soc. 31 mai 2017, n° 16-11096 D).

Indemnité de préavis - La rupture du contrat de travail consécutive à l'adhésion au CSP ne comporte pas de préavis et n'ouvre pas droit à une indemnité compensatrice de préavis (c. trav. art. L. 1233-67).

S'il y a lieu, l'employeur doit verser, dès la rupture du contrat de travail, au salarié le différentiel entre la somme représentant le préavis contractuel ou conventionnel auquel l'intéressé aurait eu droit en cas de licenciement et le montant du préavis versé à France Travail au titre du financement du CSP *(voir ci-dessous)*.

Maintien des garanties de prévoyance - Le salarié qui adhère à un CSP est en droit de bénéficier de la portabilité des garanties de prévoyance complémentaire, par analogie avec la solution retenue pour l'ancienne convention de reclassement personnalisé (lettre-circ. ACOSS 2011-36 du 24 mars 2011, question/réponse 9) [voir *Portabilité de la prévoyance complémentaire (dispositif légal)**].

Formation - Le bénéficiaire du CSP accède de droit à toutes les formations éligibles au *compte personnel de formation** (CPF), dès que la formation retenue correspond à son projet professionnel (convention du 26 janvier 2015 relative au CSP, art. 11).

Contributions dues par l'employeur au titre du financement du CSP

Contribution au titre du préavis - Pour les salariés ayant au moins 1 an d'ancienneté, l'employeur contribue au financement du CSP en s'acquittant auprès de France Travail d'une somme correspondant à l'indemnité de préavis que le salarié aurait perçue s'il n'avait pas bénéficié du dispositif et qui ne peut être inférieure à l'indemnité légale (convention du 26 janvier 2015 relative au CSP, art. 21 ; circ. Unédic 2022-04 du 28 février 2022, titre 2, § 5.2.1).

La somme à verser à France Travail correspond à l'indemnité compensatrice de préavis, dans la limite de 3 mois de salaire, y inclus l'ensemble des charges salariales et patronales (c. trav. art. L. 1233-69). Elle est exigible au plus tard le 25 du deuxième mois civil suivant le début du CSP (convention du 26 janvier 2015 relative au CSP, art. 25, § 1).

Dans le cas où l'indemnité de préavis que le salarié aurait perçue s'il n'avait pas bénéficié du CSP est supérieure à 3 mois de salaire, l'employeur verse la fraction excédant ce montant à l'intéressé dès la rupture de son contrat de travail (convention du 26 janvier 2015 relative au CSP, art. 21).

Quant aux salariés n'ayant pas 1 an d'ancienneté au moment de leur adhésion et qui auraient bénéficié d'une indemnité de préavis s'ils n'avaient pas adhéré au CSP, l'employeur leur en verse le montant dès la rupture de leur contrat de travail. Il n'y a donc pas de contribution patronale spécifique à verser à France Travail (convention du 26 janvier 2015 relative au CSP, art. 21 ; circ. Unédic 2022-04 du 28 février 2022, titre 2, § 5.2.2).

Contribution sanction - En cas de non-respect de son obligation de proposer le CSP, l'employeur est redevable à France Travail d'une contribution spécifique correspondant à 2 mois de salaire brut, laquelle n'inclut pas les charges patronales (circ. Unédic 2022-04 du 28 février 2022, titre 2, § 6.2).

Ce montant est porté à 3 mois de salaire, y inclut les charges patronales et salariales, lorsque le salarié, auquel l'employeur n'a pas proposé de CSP, adhère par la suite au dispositif, mais sur proposition de France Travail (c. trav. art. L. 1233-66 ; convention du 26 janvier 2015 relative au CSP, art. 7 et 22 ; circ. Unédic 2022-04 du 28 février 2022, titre 2, § 6.2).

Cette contribution est exigible dans un délai de 15 jours suivant la date d'envoi de l'avis de versement par France Travail. Lorsque son montant est porté à 3 mois de salaires, le règlement de cette contribution spécifique est exigible au plus tard le 25 du deuxième mois civil suivant le début du CSP (décret 2013-639 du 17 juillet 2013, art. 2, I et II ; convention du 26 janvier 2015 relative au CSP, art. 25, § 1).

Statut du bénéficiaire et prestations

Statut de l'ancien salarié - Le CSP a pour objet un parcours de retour à l'emploi, éventuellement au moyen d'une reconversion ou d'une création ou reprise d'entreprise. Le parcours du bénéficiaire comprend (c. trav. art. L. 1233-65) :

- une phase de pré-bilan, d'évaluation des compétences et d'orientation professionnelle en vue de l'élaboration d'un projet professionnel ;
- des mesures d'accompagnement, de formation et de travail.

Pendant ce contrat, le salarié est considéré comme stagiaire de la formation professionnelle (c. trav. art. L. 1233-67).

Durée du CSP - Le CSP est conclu pour une durée de 12 mois, courant à partir du lendemain de la fin du contrat de travail (c. trav. art. L. 1233-68 ; convention du 26 janvier 2015 relative au CSP, art. 6 modifiée par avenant n° 5 du 28 juin 2021).

Cette durée peut être allongée de certaines périodes d'activités professionnelles dans la limite de 3 mois supplémentaires, des périodes d'arrêt maladie dans la limite de 4 mois et des périodes de congé de maternité dans la limite de la durée légale de ce congé.

De plus pour les licenciements engagés depuis le 1er juillet 2021, sa durée peut être prolongée, dans la limite de leur durée légale, pour (convention du 26 janvier 2015 relative au CSP, art. 6 modifiée par avenant n° 5 du 28 juin 2021) :
- un *congé de paternité et d'accueil de l'enfant** ;
- un *congé d'adoption** ;
- un *congé de proche aidant** ayant donné lieu à la suspension du CSP.

Enfin, pour les licenciements engagés depuis le 1er janvier 2025, la durée peut être prolongée en cas de *congé de présence parentale pour enfant malade**, dans la limite de la durée maximale de versement de l'allocation journalière de présence parentale (convention du 26 janvier 2015 relative au CSP, art. 6 modifiée par avenant n° 9 du 23 décembre 2024).

Allocation de sécurisation professionnelle - Pendant le CSP, France Travail verse au bénéficiaire une allocation de sécurisation professionnelle (ASP) (c. trav. art. L. 1233-68).

Cette allocation est égale à 75 % du salaire journalier de référence pour les salariés ayant au moins 1 an d'ancienneté dans l'entreprise au moment de leur licenciement (convention du 26 janvier 2015 relative au CSP, art. 15 modifiée par avenant n° 7 du 15 mars 2023).

Pour les bénéficiaires de l'ASP qui comptent moins de 1 an d'ancienneté, celle-ci est égale à l'allocation de retour à l'emploi. La durée de versement de l'allocation de ces salariés ne peut en aucun cas excéder celle à laquelle les intéressés auraient pu prétendre au titre de l'ARE (convention du 26 janvier 2015 relative au CSP, art. 15, § 1 et 2 modifiée par avenant n° 7 du 15 mars 2023).

Le coefficient de dégressivité prévue par le règlement d'assurance chômage ne peut s'appliquer à l'ASP, quelles qu'en soient les modalités de calcul (conv. du 26 janvier 2015 relative au CSP, art. 15 § 3 ; modifiée par avenant n° 7 du 15 mars 2023).

Le coefficient réducteur de 0,75 % de la durée d'indemnisation de l'assurance chômage, prévu dans le cadre du mécanisme de « contracyclicité » permettant depuis le 1er février 2023, de limiter la durée d'indemnisation chômage lorsque la situation du marché du travail est considérée comme favorable, ne s'applique pas aux personnes en CSP. Ainsi, la durée d'indemnisation des personnes en CSP ne peut être réduite (avenant n° 7 à la convention du 26 janvier 2015, agréé par arrêté du 9 juin 2023, JO du 11, texte 13).

Périodes de reprise d'activité - Dans le cadre du CSP, le bénéficiaire peut reprendre une activité professionnelle pour des périodes déterminées en CDD ou en contrat de travail temporaire au terme desquelles il reprend le cours de son CSP (c. trav. art. L. 1233-67 et L. 1233-68).

Le nombre de ces périodes n'est pas limité. Le bénéficiaire peut réaliser autant de périodes de travail rémunérées qu'il le souhaite, sous forme de CDD ou de contrat d'intérim d'une durée minimum de 3 jours, sans que leur durée totale cumulée ne puisse excéder 6 mois (convention du 26 janvier 2015 relative au CSP, art. 12, § 1). Ces périodes de travail doivent être préalablement validées par le conseiller France Travail référent du bénéficiaire. Pendant ces périodes, le bénéficiaire est salarié de l'entreprise où il travaille. Son CSP ainsi que le versement de l'allocation de sécurisation professionnelle sont suspendus.

En revanche, l'intéressé perd le bénéfice du CSP s'il reprend un emploi en CDI, ou en CDD ou en contrat de travail temporaire d'au moins 6 mois. Mais en cas de rupture de ce nouveau contrat de travail pendant la période d'essai, il peut reprendre son CSP pour la durée restant à courir (convention du 26 janvier 2015 relative au CSP, art. 12, § 2).

Cumul de l'ASP avec des revenus professionnels - Le salarié, qui exerce plusieurs emplois et qui se voit proposer un CSP au titre de la perte d'un de ses emplois, peut continuer à exercer pendant son CSP des activités professionnelles « conservées » si elles sont compatibles avec le projet de reclassement. Le bénéficiaire du CSP peut alors cumuler intégralement les rémunérations professionnelles issues de ces activités « conservées » avec son ASP (conv. CSP du 26 janvier 2015 modifiée, art. 12 § 4 modifiée par avenant n° 7 du 15 mars 2023, art. 3).

▶ À noter… L'activité est considérée comme « conservée » si elle a été effectivement exercée concomitamment à l'activité perdue et si la rémunération de cette activité a effectivement été cumulée sur la période de référence avec les revenus issus de l'activité perdue (règlt ass. chômage, art. 33).

Si l'activité poursuivie, bien que démarrée avant la fin de l'emploi ayant donné lieu à adhésion au CSP, ne répond pas à la définition d'activité « conservée », le bénéfice du CSP et le versement de l'ASP sont suspendus. Le cas échéant, l'intéressé a droit à l'indemnité différentielle de reclassement *(voir ci-dessous)*.

Indemnité différentielle de reclassement - Si avant le terme du CSP, le bénéficiaire reprend un emploi avec une rémunération inférieure à la rémunération de son emploi précédent, pour une même durée du travail, il perçoit une indemnité différentielle de reclassement, pendant 12 mois maximum. Le montant mensuel de l'indemnité différentielle de reclassement est égal à la différence entre 30 fois le salaire journalier de référence servant au calcul de l'allocation de sécurisation professionnelle et le salaire brut mensuel de l'emploi repris. Ce dernier s'entend hors rémunération due au titre des heures complémentaires et supplémentaires

L'indemnité est versée dans la limite d'un montant total plafonné à 50 % des droits résiduels à l'allocation spécifique de sécurisation (convention du 26 janvier 2015 relative au CSP, art. 13 ; circ. Unédic 2022-04 du 28 février 2022, titre II, § 4.5).

▶ À noter... Le cumul, pour le même emploi, de cette allocation avec l'allocation d'aide au retour à l'emploi (ARE) versée en cas d'activité réduite ou l'aide à la reprise ou à la création d'entreprise (ACRE) est formellement interdit (convention du 26 janvier 2015 relative au CSP, art. 13 modifiée par avenant n° 4 du 12 juin 2019 ; circ. Unédic 2019-12 du 1er novembre 2019).

Prime au reclassement - Dans le cas où, avant la fin du 10e mois de son CSP, le bénéficiaire retrouve un emploi durable sous la forme d'un CDI, ou d'un CDD ou d'un contrat de travail temporaire de 6 mois ou plus, une prime au reclassement équivalant à 50 % du reliquat de ses droits à l'allocation de sécurisation professionnelle lui sera « versée ». Le versement se fait en deux temps : un premier versement a lieu au lendemain de la date de reprise d'emploi, le second à l'issue du 3e mois suivant la reprise d'emploi (convention du 26 janvier 2015 relative au CSP, art. 14 ; circ. Unédic 2022-04 du 28 février 2022, titre II, § 4.6). Cette prime n'est pas cumulable avec l'indemnité différentielle de reclassement *(voir ci-avant)*.

La borne du 10e mois est décalée à due proportion du nombre de jours d'allongement de la durée du CSP *(voir ci-avant)*, intervenant avant la fin du 10e mois.

Fin du CSP et recherche d'emploi - Si, au terme du CSP, le bénéficiaire est toujours à la recherche d'un emploi, il peut bénéficier de l'allocation-chômage de droit commun (ARE), dès son inscription comme demandeur d'emploi, sans différé d'indemnisation, ni délai d'attente, soit au titre d'une reprise de droits, soit au titre du droit auquel il aurait pu prétendre s'il n'avait pas accepté le CSP.

La durée d'indemnisation au titre de ces droits est réduite du nombre de jours indemnisés au titre de l'allocation de sécurisation professionnelle (convention du 26 janvier 2015 relative au CSP, art. 27 modifiée par avenant n° 5 du 28 juin 2021, art. 15 ; circ. Unédic 2022-04 du 28 février 2022, titre III, § 1).

Le bénéficiaire doit être informé par courrier 30 jours au moins avant le terme prévisionnel du CSP, sur ses droits à indemnisation chômage (convention du 26 janvier 2015 relative au CSP, art. 27 modifiée par avenant n° 7 du 15 mars 2023, art. 8) :
- la durée du droit ARE restant au terme prévisionnel du CSP ;
- le montant journalier de l'allocation servie au terme du CSP, et, le cas échéant, la baisse pouvant en résulter ;
- le point de départ prévisionnel de l'indemnisation en ARE ;
- la possibilité d'une nouvelle ouverture de droits ou d'un rechargement, au titre des activités occupées postérieurement à la fin de contrat de travail ayant donné lieu à adhésion au CSP.

Dans le cas où aucune indemnisation chômage n'est possible à l'issue du CSP, l'intéressé doit également en être informé par courrier au moins 30 jours avant le terme prévisionnel du CSP.

Entretien final - Un entretien final de bilan doit être réalisé, au cours des 2 derniers mois du CSP, entre le conseiller référent et le bénéficiaire (convention du 26 janvier 2015 relative au CSP, art. 9 modifiée par avenant n° 4 du 12 juin 2019 ; circ. Unédic 2022-04 du 28 février 2022, titre II, § 4.8).

Énonciation du motif économique et de la priorité de réembauche

Obligation - L'employeur doit énoncer le motif économique et la priorité de réembauche au salarié par écrit, avant l'acceptation du CSP (cass. soc. 22 septembre 2015, n° 14-16218, BC V n° 171). En pratique, l'employeur peut faire figurer ces deux informations dans le même document.

En l'absence d'énonciation du motif économique, la rupture du contrat s'analyse en licenciement dépourvu de cause réelle et sérieuse (cass. soc. 27 mai 2009, n° 08-43137, BC V n° 139). Il en va ainsi lorsque l'employeur a indiqué le motif économique lors d'une procédure antérieure proposant au salarié une modification de son contrat de travail mais ne l'a pas repris dans le cadre du licenciement économique ensuite prononcé après le refus par le salarié de la modification (cass. soc. 27 mai 2020, n° 18-24531, FPB) ou lorsque le salarié a accepté le CSP le jour même de sa proposition, alors que l'employeur ne l'a pas encore informé du motif économique à l'origine de la procédure engagée (cass. soc. 9 juin 2021, n° 19-14904 D). Précisons que l'adhésion du salarié au dispositif du CSP s'apprécie à la date d'envoi du bulletin d'acceptation par le salarié, quand bien même l'adhésion complète serait intervenue postérieurement (cass. soc. 18 janvier 2023, n° 21-19349 FB).

▶ À noter… Cette information ne peut pas prendre la forme d'une lettre collective, adressée à l'ensemble du personnel avant même qu'ait été engagée la procédure de licenciement (cass. soc. 30 novembre 2017, n° 16-23496 D).

Il est par ailleurs possible pour l'employeur d'envoyer aux salariés un courrier électronique comportant le compte rendu de la réunion avec le représentant du personnel relatif au licenciement pour motif économique envisagé, énonçant les difficultés économiques invoquées ainsi que les postes supprimés. Ce mail a la valeur d'information individuelle des intéressés quant au motif économique du licenciement, tout comme le procès-verbal de réunion d'information des représentants du personnel (cass. soc. 13 juin 2018, n° 16-17865 FSPB).

Modalités d'information du salarié - Le motif économique et la priorité de réembauche peuvent être énoncés (cass. soc. 22 septembre 2015, n° 14-16218, BC V n° 171) :

- soit dans le document d'information sur le CSP remis au salarié ;
- soit dans la lettre que l'employeur est tenu d'adresser au salarié lorsque le délai de réflexion expire après le délai d'envoi de la lettre de licenciement imposé par la loi *(voir plus haut)* ;
- soit encore (« hypothèse balai »), s'il n'est pas possible d'envoyer cette lettre avant l'acceptation du CSP, dans tout autre document écrit remis ou adressé au salarié au plus tard au moment de son acceptation.

▶ À noter… Dans cette dernière hypothèse, une proposition de reclassement peut le cas échéant servir de support d'information sur le motif économique (cass. soc. 16 novembre 2016 n° 15-12293, BC V n° 219).

Attention, sauf fraude, le seul refus du salarié, auquel il est proposé d'accepter un CSP, de se faire remettre en mains propres le document de notification du motif économique de la rupture du contrat de travail ne permet pas de considérer que l'employeur a satisfait à son obligation de notifier ces motifs avant toute acceptation par le salarié du CSP (cass. soc. 31 mai 2017, n° 16-11096 D).

Contestation de la rupture

Délai de contestation - Le salarié a 12 mois, à partir de son adhésion au CSP, pour contester la procédure de licenciement préalable à l'acceptation du CSP, la rupture de son contrat de travail ou son motif et le respect des critères d'ordre du licenciement.

▶ À noter… La contestation de l'inobservation des critères d'ordre des licenciements a trait à la rupture du contrat de travail. Par conséquent, le salarié a 12 mois pour agir dans un tel cas de figure (cass. soc. 16 décembre 2020, n° 19-18322 FPB).

Ce délai n'est opposable au salarié que s'il en a été fait mention dans la proposition de CSP (c. trav. art. L. 1233-67). Il a été jugé que la remise par l'employeur au salarié, lors de la proposition du CSP, d'un document d'information édité par l'Unédic, mentionnant le délai de prescription de 12 mois applicable en cas d'acceptation du CSP, constitue une modalité d'information suffisante du salarié (cass. soc. 11 décembre 2019, n° 18-17707 FSPB).

Absence de motif économique - Si les juges concluent à l'absence de motif économique, le CSP est sans cause.

L'employeur doit alors verser au salarié la totalité des sommes correspondant au préavis (y inclus les congés payés s'y rapportant), après déduction des éventuelles sommes déjà versées à ce titre à l'intéressé (cass. soc. 5 mai 2010, n° 08-43652, BC V n° 104 ; cass. soc. 12 décembre 2012, n° 11-23421, BC V n° 333). En revanche, il ne peut pas déduire le financement versé à France Travail (cass. soc. 16 novembre 2016, n° 15-17268 D).

Le juge condamne aussi l'employeur à rembourser à France Travail les indemnités de chômage versées au salarié (dans la limite de 6 mois de salaire), sous déduction de la contribution versée au titre du financement du dispositif (cass. soc. 12 juin 2012, n° 10-14632, BC V n° 176 ; cass. soc. 5 décembre 2018, n° 17-28034 D ; cass. soc. 10 février 2021, n° 20-14259 D ; cass. soc.12 mai 2021, n° 19-21066 D). Pour mémoire, cette sanction ne concerne pas les salariés de moins de 2 ans d'ancienneté ni les entreprises employant habituellement moins de 11 salariés (c. trav. art. L. 1235-4 et L. 1235-5).

Irrégularité de procédure - Le fait d'adhérer au CSP n'empêche pas le salarié de demander des dommages et intérêts en raison du préjudice causé par une irrégularité de la procédure de convocation à l'entretien préalable (cass. soc. 16 mai 2013, n° 11-28494, BC V n° 126 ; cass. soc. 17 mars 2015, n° 13-26941, BC V n° 51).

S'il y a un entretien préalable au licenciement, la lettre de convocation doit comporter toutes les mentions obligatoires et notamment, quand cela est nécessaire, celles relatives au recours à un conseiller du salarié.

☞ *Congé de reclassement.*

Contrat de travail à temps partagé

☞ *Travail à temps partagé.*

Contrat de travail à temps partiel

☞ *Abattement d'assiette pour temps partiel ; Heures complémentaires ; Temps partiel ; Temps partiel (avenant de complément d'heures) ; Temps partiel thérapeutique ; Temps partiel sur tout ou partie de l'année.*

Contrat de travail intermittent

☞ *Travail intermittent.*

Contrat initiative-emploi

☞ *Contrat unique d'insertion.*

Contrat responsable

☞ *Prévoyance « frais de santé » (contrat responsable).*

Contrat saisonnier

☞ *Contrat à durée déterminée ; Travail intermittent ; Travailleurs saisonniers.*

Contrat unique d'insertion

Cadre unique de plusieurs dispositifs

Contrat unique d'insertion de droit commun - Le contrat unique d'insertion (ou « parcours emploi compétences ») sert de cadre à plusieurs dispositifs (c. trav. art. L. 5134-19-3) :
- pour les employeurs du secteur non marchand :
le contrat d'accompagnement dans l'emploi (CAE) ;
- pour les employeurs du secteur marchand :
le contrat initiative-emploi (CIE).

Employeurs bénéficiaires du CAE

Seules 5 catégories d'employeurs du secteur non marchand peuvent, sous certaines conditions, recourir au CAE *(voir notre tableau)* (c. trav. art. L. 5134-21 et L. 5134-21-2).

Par ailleurs, s'il apparaît que l'embauche a eu pour conséquence le licenciement d'un autre salarié, la décision d'attribution de l'aide est retirée, ce qui oblige l'employeur à rembourser l'intégralité des sommes perçues au titre de l'aide à l'insertion.

Dans le cadre du « parcours emploi compétences » (PEC, pour les contrats conclus depuis le 1er janvier 2018), la sélection des employeurs pouvant bénéficier du CAE a été resserrée autour de critères, notamment, de capacité d'accompagnement et de formation (circ. DGEFP/MIP/METH/MPP 2024-14 du 7 février 2024).

Employeurs bénéficiaires du CIE

Secteur marchand - Dans le secteur marchand, quatre catégories d'employeurs sont autorisées, sous certaines conditions, à recourir au CIE *(voir notre tableau)* (c. trav. art. L. 5134-66 et L. 5134-68).

S'il apparaît que l'embauche a eu pour conséquence le licenciement d'un autre salarié, l'État ou le président du conseil général peut retirer sa décision d'attribution de l'aide. Dans ce cas, l'employeur doit rembourser l'intégralité des sommes perçues au titre de l'aide à l'insertion professionnelle.

Accès restreint au CIE - L'administration n'autorise plus la conclusion de ce type de contrat sauf pour l'année 2024 dans certaines situations limitativement définies (circ. DGEFP/MIP/METH/MPP 2024-14 du 7 février 2024, fiche 6) :

Le contrat unique d'insertion		
	Contrat initiative-emploi (CIE)	**Contrat d'accompagnement dans l'emploi (CAE)**
Employeurs	• employeurs du secteur privé (1) • employeurs de pêche maritime ne relevant pas du champ de l'assurance chômage • certains groupements d'employeurs organisant des parcours d'insertion et de qualification • certains employeurs du secteur public (établissements publics industriels et commerciaux, certaines sociétés d'économie mixte, etc.) • **Depuis le 1.01.2018, accès restreint :** les pouvoirs publics ont décidé de ne plus autoriser les CIE depuis le 1.01.2018, sauf dans quelques cas (2)	• organismes de droit privé à but non lucratif (ex. : association) • personnes morales de droit privé chargées de la gestion d'un service public (ex. : régie de transport) • collectivités territoriales • autres personnes morales de droit public • sociétés coopératives d'intérêt collectif
Conditions spécifiques	• ne pas avoir procédé à un licenciement économique dans les 6 mois précédant la date d'embauche • l'embauche ne doit pas viser à remplacer un salarié licencié pour un motif autre que la faute grave ou lourde • être à jour du versement des cotisations et contributions sociales	• l'embauche ne doit pas viser à remplacer un salarié licencié pour un motif autre que la faute grave ou lourde • être à jour du versement des cotisations et contributions sociales
Publics visés	Personnes sans emploi rencontrant des difficultés sociales et professionnelles particulières d'accès à l'emploi	
Procédure d'attribution de l'aide	• Décision d'attribution prise par l'organisme prescripteur (France Travail, président du conseil départemental, etc., selon les cas) • Durée maximale de 24 mois (3) (renouvellements compris), portée à 60 mois dans certains cas	
Contrat et durée du travail	• CDD d'au moins 6 mois, renouvelable dans une limite globale de 24 mois (portée à 60 mois dans certains cas) ou CDI • Temps plein ou temps partiel (20 h hebdomadaires minimum) (3)	
Rémunération minimale	• SMIC ou minimum conventionnel • Pas d'indemnité de fin de contrat en fin de CDD	
Effectifs	• Exclusion pendant la durée de l'aide financière, sauf pour la tarification de la cotisation « accidents du travail » et la représentation du personnel	
Aide financière directe	• Aide modulable, d'un montant maximum de 47 % du SMIC par heure travaillée, dans la limite de la durée légale du travail	• Aide modulable, d'un montant maximum de 95 % du SMIC par heure travaillée, dans la limite de la durée légale du travail • Dans le cadre du « parcours emploi compétences » (CAE conclus depuis le 1.01.2018), l'administration recommande un taux de 30 % à 60 %
Exonération de charges	• Aucune exonération spécifique • Possibilité pour l'employeur de bénéficier des allégements de droit commun	• Possibilité pour l'employeur de bénéficier des allégements de droit commun • Exonération de taxe sur les salaires, de participation à l'effort de construction, de taxe d'apprentissage

(1) Les particuliers employeurs sont exclus du dispositif (c. trav. art. L. 5134-67).
(2) Contrats prescrits par les conseils départementaux dans le cadre des conventions annuelles d'objectifs et de moyens, contrats prescrits dans les DOM, contrats prescrits sur des territoires délimités ou à des fins expérimentales, contrats conclus dans le cadre du plan « un jeune, une solution » avec des jeunes de moins de 26 ans ou jusqu'à 30 ans pour les bénéficiaires en situation de handicap (CIE Jeunes) *(voir nos développements)*.
(3) Sur dérogation, une durée du travail inférieure à 20 h hebdomadaires peut être prévue.

- pour les jeunes âgés de 25 ans inclus (ou de 30 ans inclus lorsqu'ils sont en situation de handicap) ;
- pour les autres publics, soit dans les départements d'outre-mer (dans la limite de l'enveloppe budgétaire allouée au titre des parcours emplois compétences), soit pour les contrats prescrits par les conseils départementaux dans le cadre des conventions annuelles d'objectifs et de moyens (CAOM), soit sur des territoires délimités à des fins expérimentales dans les Hauts-de-France et dans les Pyrénées-Orientales.

Par ailleurs, en Occitanie, une expérimentation relative à des CIE seniors pourra être conduite, et sera imputée sur les enveloppes des parcours emplois compétences.

Les Hauts-de-France bénéficient en outre de CIE dits « ERBM » (engagement pour le renouveau du bassin minier).

Salariés bénéficiaires des dispositifs

Salariés - Les CAE et CIE s'adressent à des personnes sans emploi rencontrant des difficultés sociales et professionnelles particulières d'accès à l'emploi (c. trav. art. L. 5134-20 et L. 5134-65).

Depuis le 1er janvier 2018, les CAE sont recentrés sur les publics les plus éloignés du marché du travail, avec une attention particulière accordée à certains publics (travailleurs handicapés, résidents des quartiers prioritaires de la ville, jeunes) (circ. DGEFP/SDPAE/MIP/MPP 2018-11 du 11 janvier 2018).

Procédure d'obtention de l'aide

Organismes prescripteurs - Les aides attachées au contrat unique d'insertion supposent d'obtenir l'accord d'un organisme prescripteur, matérialisé par une décision d'attribution.

Les organismes prescripteurs sont (c. trav. art. L. 5134-19-1) :
- soit France Travail, les missions locales pour l'insertion professionnelle et sociale des jeunes ou le réseau Cap Emploi dont la mission est de favoriser l'embauche des personnes handicapées, pour le compte de l'État ;
- soit le président du conseil départemental lorsque le contrat concerne un bénéficiaire du RSA financé par le département.

Procédure de demande d'aide - En pratique, lorsqu'un employeur souhaite conclure un contrat aidé, l'organisme prescripteur tiers saisit une demande d'aide dans son système d'information.

La demande d'aide est imprimée (cerfa n° 14818*01) et signée par l'employeur et le salarié. Elle est accompagnée d'une notice d'information relative à leurs obligations respectives dans le cadre de l'exécution du contrat.

L'employeur renvoie ensuite sa demande au prescripteur, qui procède aux vérifications nécessaires puis prend sa décision.

S'il décide d'accorder l'aide, il en informe l'agence de services et de paiement (ASP) (c. trav. art. R. 5134-17-1), en lui adressant, par voie électronique, un document comportant sa signature électronique.

L'ASP vérifie les données qui lui ont été communiquées et valide, toujours par voie électronique, la décision.

Le prescripteur notifie ensuite, par courrier, l'attribution de l'aide à l'employeur ; l'employeur et le salarié peuvent signer le contrat de travail dès cette notification.

Durée de l'aide

Durée maximale de 24 mois - L'aide à l'insertion professionnelle attachée au contrat ne peut pas excéder le terme du contrat de travail. La période d'attribution de l'aide peut être prolongée dans la limite d'une durée totale de 24 mois, renouvellements compris (c. trav. art. L. 5134-23 et L. 5134-67-1).

Dérogations permettant d'aller jusqu'à 60 mois - Il est possible de déroger à la durée maximale pour trois catégories de bénéficiaires (c. trav. art. L. 5134-23-1 et L. 5134-67-1) :
- les salariés âgés de 50 ans et plus rencontrant des difficultés particulières qui font obstacle à leur insertion durable dans l'emploi ;
- les personnes bénéficiant de la qualité de travailleur handicapé ;
- ou pour permettre d'achever une action de formation professionnelle en cours de réalisation et prévue au titre de l'aide attribuée.

Dans ces différentes situations, l'aide peut être attribuée pour une période pouvant aller jusqu'à 60 mois (5 ans), sachant que chaque prolongation ne doit pas excéder 1 an. Lorsque la prolongation vise à achever une action de formation, elle ne peut pas dépasser la durée de la formation restant à courir (c. trav. art. R. 5134-32, R. 5134-33, R. 5134-57 et R. 5134-58).

Pour bénéficier d'une prolongation, l'employeur adresse préalablement une demande motivée à l'autorité signataire, accompagnée de plusieurs pièces (c. trav. art. R. 5134-31 et R. 5134-56). Des éléments complémentaires doivent être fournis s'il s'agit d'une prolongation au-delà de la durée maximale de 24 mois afin de permettre au salarié de terminer sa formation (c. trav. art. R. 5134-32 et R. 5134-57).

▶ À noter… Pour la dérogation ouverte au profit des salariés de 50 ans et plus, la condition d'âge s'apprécie, selon l'administration, à l'échéance de la durée maximale de l'aide initiale (au terme des 24 premiers mois) (circ. DGEFP 2009-42 du 5 novembre 2009, question 4-3).

Contrat de travail : CAE ou CIE

Condition préalable - Le contrat de travail peut être conclu après que l'organisme prescripteur a pris sa décision d'attribution de l'aide (c. trav. art. R. 5134-26 et R. 5134-51).

Contrat à durée déterminée ou indéterminée - Le contrat de travail (CAE ou CIE) prend la forme d'un CDD ou d'un CDI (c. trav. art. L. 5134-24 et L. 5134-69).

Un CAE ou un CIE conclu sous forme de CDD peut, par exception aux règles de droit commun du CDD, être contracté pour pourvoir un emploi lié à l'activité normale et permanente de l'entreprise (cass. soc. 26 janvier 2005, n° 02-46639, BC V n° 22 ; cass. soc. 7 juin 2023, n° 22-10702 FSB).

Chaque contrat doit comprendre des actions d'accompagnement professionnel (c. trav. art. L. 5134-20 et L. 5134-65).

Le CAE peut uniquement porter sur des emplois visant à satisfaire des besoins collectifs non satisfaits (c. trav. art. L. 5134-24).

Durées minimale et maximale d'un contrat sous forme de CDD - La durée minimale d'un CAE ou d'un CIE conclu sous forme d'un CDD est de 6 mois (3 mois pour les condamnés bénéficiant d'un aménagement de peine) (c. trav. art. L. 5134-25 et L. 5134-69-2).

Pour ce qui concerne la durée maximale, le contrat peut être prolongé dans la limite d'une durée totale de 24 mois (c. trav. art. L. 5134-25-1 et L. 5134-69-1).

Cette limite globale est portée à 5 ans pour (c. trav. art. L. 5134-25-1 et L. 5134-69-1) :
- les salariés âgés de 50 ans et plus rencontrant des difficultés particulières qui font obstacle à leur insertion durable dans l'emploi ;
- les personnes reconnues travailleurs handicapés.

Par ailleurs, à titre dérogatoire, un contrat peut être prolongé au-delà de la durée maximale prévue, en vue d'achever une action de formation professionnelle en cours de réalisation à l'échéance du contrat et définie dans la convention initiale. Dans tous les cas, la durée de cette prolongation ne peut pas excéder le terme de l'action concernée.

Pour les salariés âgés de 58 ans ou plus, le contrat de travail peut être prolongé au-delà de la durée maximale prévue jusqu'à la date à laquelle ils sont autorisés à faire valoir leurs droits à la retraite (c. trav. art. L. 5134-25-1 et L. 5134-69-1).

Durée du travail - Le contrat (CAE ou CIE) doit être conclu pour un horaire minimal de 20 heures hebdomadaires (c. trav. art. L. 5134-26 et L. 5134-70-1). Il peut donc s'agir d'un contrat à temps partiel ou à temps plein.

Il est possible de signer un contrat pour moins de 20 heures hebdomadaires si la décision d'attribution de l'aide le prévoit :
- pour un CAE, pour apporter une réponse adaptée aux difficultés particulièrement importantes du salarié ;
- pour un CIE, afin de répondre aux besoins d'un salarié âgé de 60 ans ou plus et éligible à un dispositif d'intéressement à la reprise d'activité des bénéficiaires des allocations du régime de solidarité.

Rupture anticipée d'un CDD - Si le contrat (CAE ou CIE) est conclu sous la forme d'un CDD, indépendamment des cas de rupture habituels d'un *contrat à durée déterminée**, le salarié peut mettre fin au contrat avant son terme (c. trav. art. L. 5134-28 et L. 5134-70) :
- en cas d'embauche sous CDI ou dans le cadre d'un CDD d'au moins 6 mois ;
- ou en vue de suivre une formation conduisant à une qualification reconnue.

Suspension du contrat à la demande du salarié - Le salarié est en droit de suspendre son contrat (c. trav. art. L. 5134-29 et L. 5134-71) :
- à sa demande, pour accomplir une période d'essai afférente à une embauche en CDI ou en CDD d'au moins 6 mois ;
- en accord avec son employeur, pour effectuer une évaluation en milieu de travail prescrite par France Travail ou une action concourant à son insertion professionnelle.

Si le salarié vient à être définitivement embauché à l'issue de la période d'essai ou de la période d'évaluation, le contrat (CAE ou CIE) est rompu sans préavis.

Rémunération minimale - Le salarié a au moins droit au *SMIC**, sous réserve des dispositions contractuelles ou conventionnelles plus avantageuses pour l'intéressé (c. trav. art. L. 5134-27).

Indemnité de fin de contrat - L'employeur n'est pas redevable de l'*indemnité de fin de contrat**, à l'issue d'un CAE ou d'un CIE conclu sous forme de CDD.

En effet, il s'agit d'un CDD conclu dans le cadre de la politique de l'emploi (c. trav. art. L. 1242-3, L. 1243-10, L. 5134-24 et L. 5134-69).

Périodes de mise en situation dans une autre structure - Voir *Période de mise en situation en milieu professionnel**.

Encadrement et formation

Désignation d'un tuteur - L'employeur désigne un tuteur (salarié volontaire) chargé d'accompagner le bénéficiaire du CAE ou du CIE. Ce tuteur doit justifier d'une expérience professionnelle d'au moins 2 ans et peut suivre jusqu'à trois bénéficiaires (c. trav. art. R. 5134-38 et R. 5134-61).

Accompagnement et formation - Le CAE doit prévoir des actions en matière d'orientation et d'accompagnement professionnel du salarié ainsi que les actions de formation professionnelle et de validation des acquis de l'expérience nécessaires à la réalisation du projet professionnel (c. trav. art. L. 5134-22).

Le CIE prévoit des actions d'accompagnement professionnel du salarié. Il peut comporter les actions de formation nécessaires à la réalisation du projet professionnel (c. trav. art. L. 5134-65).

Les engagements de l'employeur figurent dans la décision d'attribution de l'aide (c. trav. art. R. 5134-17).

Attestation d'expérience - L'employeur a l'obligation de délivrer au salarié une attestation d'expérience professionnelle sur simple demande, au plus tard 1 mois avant la fin du contrat (CAE ou CIE) (c. trav. art. L. 5134-28-1 et L. 5134-70-2).

Aide à l'insertion professionnelle

Aide financière - Le CAE et le CIE ouvrent droit à une aide à l'insertion professionnelle. Les taux précis de l'aide sont fixés par un arrêté du préfet de région mais peuvent être modulés selon certains critères (c. trav. art. L. 5134-30, L. 5134-72, R. 5134-42 et R. 5134-65) :

- la catégorie et le secteur d'activité de l'employeur ;
- les actions prévues en matière d'accompagnement professionnel et celles visant à favoriser l'insertion durable du salarié ;
- les difficultés d'accès à l'emploi antérieurement rencontrées par le salarié ;
- les conditions économiques locales.

Pour le CIE, l'aide ne peut pas dépasser 47 % du SMIC par heure travaillée, dans la limite de la durée légale hebdomadaire du travail y compris pour les CIE jeunes (c. trav. art. L. 5134-72-1).

Pour le CAE, l'aide ne peut pas dépasser 95 % du SMIC par heure travaillée, dans la limite de la durée légale hebdomadaire du travail (c. trav. art. L. 5134-30-1). Dans le cadre du « parcours emploi compétences » (contrats conclus à partir du 1er janvier 2018), le montant de l'aide peut être modulé entre 30 % et 60 % (70 % dans les DOM), dans la limite des enveloppes financières (circ. DGEFP/SDPAE/MIP/MPP 2018-11 du 11 janvier 2018 ; circ. DGEFP/MIP/METH/MPP/2024/14 du 7 février 2024, fiche 6).

L'aide est égale à 95 % du SMIC par heure travaillée pour les CAE de 7 heures hebdomadaires conclus avec des bénéficiaires du RSA socle (arrêté du 19 janvier 2012, JO du 24, texte 54).

Versement à l'employeur - L'aide est versée mensuellement par l'Agence de services et de paiement (ASP) ou, si le salarié employé sous CAE ou CIE est bénéficiaire du RSA, par le département ou un organisme qu'il aura mandaté (c. trav. art. R. 5134-40 et R. 5134-63).

L'employeur doit communiquer les justificatifs attestant de l'activité du salarié.

▶ À noter... La procédure de paiement et de contrôle de l'aide existe de façon dématérialisée *(voir ci-après)*.

Suspension du contrat de travail - L'employeur doit signaler toute suspension du contrat de travail dans un délai de 7 jours francs à (c. trav. art. R. 5134-28 et R. 5134-53) :

- l'organisme prescripteur (France Travail ou autre, selon les cas) ;
- le ou les organismes chargés du versement des aides (en pratique, l'agence de services et de paiement ou, pour un bénéficiaire du RSA, le département ou l'organisme mandaté à cet effet).

Pour ce faire, l'employeur établit une « fiche de signalement » conforme au modèle Cerfa 14008*01 dont les imprimés sont délivrés par l'Agence de services et de paiement (http://www.asp-public.fr).

Dès lors que le contrat est suspendu sans maintien de salaire, l'aide liée au contrat n'est pas due pour la période de suspension. En revanche, si le salaire est maintenu, que ce soit en totalité ou partiellement (ex. : arrêt maladie avec maintien de salaire sous déduction des IJSS), l'employeur continue à percevoir l'aide, mais au prorata de la rémunération effectivement versée (c. trav. art. R. 5134-44 et R. 5134-67).

Reversement des aides en cas de rupture anticipée du contrat de travail - L'employeur qui rompt le CAE ou le CIE par anticipation doit, en principe, reverser l'intégralité des aides financières perçues.

Cette sanction ne s'applique pas au CIE ou au CAE en CDI dans les cas de rupture suivants (c. trav. art. R. 5134-45, R. 5134-46, R. 5134-68 et R. 5134-69) :
- licenciement pour faute grave ;
- licenciement pour force majeure ;
- licenciement pour inaptitude médicalement constatée ;
- licenciement pour motif économique notifié dans le cadre d'une procédure de redressement ou de liquidation judiciaire ;
- rupture du contrat au cours de la période d'essai ;
- rupture conventionnelle individuelle.

Elle ne s'applique pas non plus en cas de rupture d'un CIE ou d'un CAE conclus sous forme de CDD (c. trav. art. R. 5134-47 et R. 5134-70) :
- résultant de la volonté claire et non équivoque des parties ;
- pour faute grave ;
- pour force majeure ;
- anticipée au cours de la période d'essai.

Non-respect par l'employeur de ses obligations - L'employeur qui ne respecte pas les engagements mis à sa charge dans la décision d'attribution de l'aide s'expose au remboursement des sommes perçues (c. trav. art. R. 5134-29 et R. 5134-54).

L'organisme prescripteur informe l'employeur de son intention de procéder à la récupération de l'aide. L'employeur dispose de 7 jours francs pour faire connaître ses observations. Le remboursement porte sur la totalité des aides perçues.

Cumul - L'aide de l'État attachée au CIE et au CAE ne peut pas être cumulée avec une autre aide de l'État à l'emploi (c. trav. art. L. 5134-33).

Gestion en ligne du contrat (plateforme SYLAE) - Une plateforme dénommée « SYLAE » (système de libre accès des employeurs) permet de dématérialiser la gestion du contrat unique d'insertion (c. trav. art. R. 5134-18 ; arrêté du 26 novembre 2012, JO 13 décembre, texte 33). Ce téléservice permet à l'ASP de gérer, contrôler et suivre les contrats uniques d'insertion, en vue de calculer et payer l'aide allouée à l'employeur.

Pour en bénéficier, les employeurs doivent s'inscrire sur le portail dédié à SYLAE (https://sylae.asp-public.fr). L'ASP précise sur son site Internet la procédure de connexion (http://www.asp-public.fr).

Dans le cadre de SYLAE, les employeurs déclarent un certain nombre d'informations (nom et prénoms des salariés, dates de début du contrat et de fin prévue et date de fin réelle, nombre d'absences, mois et motifs de suspension, salaire, motif de rupture, coordonnées bancaires pour le versement des aides) (arrêté du 26 novembre 2012, art. 1).

S'agissant des justificatifs de l'activité du salarié, l'employeur s'acquitte de cette obligation au moyen d'une déclaration sur l'honneur effectuée mensuellement par voie électronique. Ces documents doivent être tenus à la disposition de l'ASP en cas de besoin (arrêté du 26 novembre 2012, art. 3).

Aide à la formation attachée au CIE dans les DOM

En Guadeloupe, Martinique, Guyane, à Mayotte, La Réunion, Saint-Barthélemy, Saint-Martin et Saint-Pierre-et-Miquelon, lorsque le CIE comprend une formation dispensée pendant le temps de travail, l'État peut prendre en charge tout ou partie des frais engagés pour dispenser cette formation, selon des modalités fixées par décret (c. trav. art. L. 5522-2-2).

Cette aide est de 7,62 € par heure de formation dans la limite de 1000 h (c. trav. art. R. 5522-12 à D. 5522-16).

Exclusion des effectifs

Les salariés en CAE ou en CIE sont exclus des calculs d'effectifs en droit du travail et en droit de la sécurité sociale pendant la durée d'attribution de l'aide, sauf pour la tarification de la cotisation accidents du travail et pour le calcul des effectifs en matière de représentation du personnel (c. trav. art. L. 1111-3 et L. 2301-1 ; c. séc. soc. art. R. 130-1, III).

Cette exclusion s'applique soit pendant la durée du CDD, soit pendant la durée de l'action de professionnalisation pour le contrat conclu en CDI (c. trav. art. L. 1111-3).

Pas d'exonération spécifique pour le CIE

Aucune exonération spécifique n'est prévue pour le CIE. L'employeur peut cependant bénéficier des allégements de droit commun, comme par exemple la *réduction générale de cotisations patronales**.

Les exonérations applicables en *zones franches urbaines** ou en *zones France Ruralités revitalisation** (y inclus le volet *embauche du 1er au 50e salarié**) n'étant pas cumulables avec une autre aide à l'emploi, l'employeur doit opter soit pour l'une de ces exonérations particulières, soit pour l'aide liée au CIE (lettre-circ. ACOSS 2010-80 du 22 juillet 2010). Il en va de même, à notre sens, pour les exonérations applicables en *bassin d'emploi à redynamiser**

CONTRAT D'ACCOMPAGNEMENT DANS L'EMPLOI (CONTRAT UNIQUE D'INSERTION, EXEMPLE)

Un salarié a été embauché en contrat d'accompagnement dans l'emploi par une association de plus de 50 salariés, pour un horaire de 20 heures hebdomadaires (86,67 heures par mois). Le salarié est rémunéré 1 200 € par mois. L'employeur bénéficie de la réduction générale de cotisations patronales.*

Il bénéficie également d'une exonération de la taxe sur les salaires, de la taxe d'apprentissage et de participation construction. En revanche, la contribution à la formation professionnelle est due.

EXTRAIT DU BULLETIN DE PAYE DE JANVIER 2025

Désignation	Base	Taux	Montant	
Salaire de base	86,67	13,85	1 200,00	
Brut total			1 200,00	
Cotisations et contributions sociales	**Base (€)**	**Taux salarial**	**Part salarié (€)**	**Part employeur (€)**
Santé				
Sécurité sociale - Maladie Maternité Invalidité Décès	1 200,00	-	-	84,00 (1)
Complémentaire santé	-	-	85,00	85,00
Accidents du travail - maladies professionnelles	1 200,00	-	-	24,00 (2)
Retraite				
Sécurité sociale plafonnée	1 200,00	6,90 %	82,80	102,60
Sécurité sociale déplafonnée	1 200,00	0,40 %	4,80	24,24
Complémentaire Tranche 1 (3)	1 200,00	4,01 %	48,12	72,12
Famille	1 200,00	-	-	41,40 (4)
Assurance chômage				
Chômage	1 200,00	-	-	51,60 (5)
Autres contributions dues par l'employeur	-	-	-	47,79 (6)
CSG déductible de l'impôt sur le revenu	1 264,00	6,80 %	85,95	-
CSG/CRDS non déductible de l'impôt sur le revenu	1 264,00	2,90 %	36,66	-
Exonérations et allègements de cotisations	-	-	-	- 235,18 (7)
Total des cotisations et contributions	-	-	343,33	297,57
Net social				**856,67**
Net à payer avant impôt sur le revenu (8)				**856,67 (8)**
Impôt sur le revenu	**Base**	**Taux**	**Montant**	**Cumul annuel**
Montant net imposable			978,33	978,33
Impôt sur le revenu prélevé à la source	978,33	0,00 %	0,00	0,00
Montant net des heures compl/suppl exonérées			0,00	0,00
Net à payer au salarié (en euros) (8)				**856,67 (8)**
Total versé par l'employeur				1 497,57

Notes de la rédaction, pour aider à la lecture des totaux (ces notes n'ont pas à apparaître sur le bulletin de paye) :
(1) Taux de 7 % compte tenu de la rémunération. (2) Par hypothèse taux de 2 %. (3) Y compris contribution d'équilibre général. (4) Taux de 3,45 % compte tenu de la rémunération. (5) Y compris AGS (0,25 %). (6) CSA (0,30 %), FNAL (0,50 %), versement mobilité (1,60 %), contribution au dialogue social (0,016 %), contribution formation (1 %), forfait social. (7) Réduction générale des cotisations patronales. (8) À faire apparaître de manière à en faciliter la lisibilité.

ou dans les *zones de restructuration de la défense**, elles-mêmes non cumulables avec une aide de l'État à l'emploi.

Exonérations attachées au CAE

Réduction générale - L'employeur peut bénéficier des allégements de droit commun, comme par exemple la *réduction générale de cotisations patronales** (c. trav. art. L. 5134-31).

La réduction est calculée conformément aux modalités de droit commun.

Autres exonérations - La rémunération du salarié est exonérée de taxe d'apprentissage, de taxe sur les salaires et de participation à l'effort de construction (c. trav. art. L. 5134-31).

En revanche, la contribution à la formation professionnelle reste due.

☞ *Contrats aidés (tableau récapitulatif).*

Contrats aidés (tableau récapitulatif)

Contrats aidés et exonérations - Les contrats aidés sont des dispositifs prévoyant des aides directement attachées à l'embauche sous un certain type de contrat.

Ils se distinguent d'autres dispositifs, qui dépendent non de la nature du contrat, mais des niveaux de rémunération ou de zones géographiques.

Depuis le 1er janvier 2019, les exonérations de cotisations patronales de sécurité sociale spécifiques qui étaient traditionnellement attachées aux contrats d'apprentissage, à certains contrats de professionnalisation et aux contrats d'accompagnement dans l'emploi ont été supprimées. Elles ont été remplacées par la possibilité de bénéficier de la *réduction générale de cotisations patronales**.

Tableau récapitulatif - Le gestionnaire de la paye a besoin de maîtriser les particularités de chaque mesure, tant pour établir les bulletins de paye que pour répondre aux éventuelles sollicitations de la direction des ressources humaines.

Le tableau général ci-après récapitule de façon synthétique les points essentiels des dispositifs les plus importants.

Les principaux contrats aidés y sont regroupés selon leurs principales caractéristiques :
- rémunération minimale dérogatoire permettant, dans certains cas, de fixer un salaire en dessous du SMIC à taux plein ;
- exonérations de cotisations salariales ou patronales ;
- aides directes (étant précisé qu'ils ouvrent généralement droit à des aides annexes).

Pour plus de détails sur chaque contrat, il convient de se reporter aux différentes entrées concernées.

☞ *Apprentis ; Apprentissage (contrat) ; Contrat de professionnalisation ; Contrat de professionnalisation (aides et exonérations) ; Contrat unique d'insertion ; Emplois francs ; Exonérations de cotisations ; Réduction générale de cotisations patronales.*

Contraventions

☞ *Amendes pénales ; Infraction routière.*

Contrepartie obligatoire en repos

Le salarié qui accomplit des *heures supplémentaires** peut avoir droit à une contrepartie obligatoire en repos.

Acquisition de la contrepartie obligatoire en repos

Salariés - Tous les salariés y ont droit, à l'exception :
- des salariés ayant signé une *convention de forfait** en jours ou en heures sur l'année ;
- des *cadres dirigeants** ;
- des salariés qui ne relèvent pas de la législation sur la durée du travail (ex. : VRP)

Heures supplémentaires dans la limite du contingent - Les *heures supplémentaires** effectuées dans la limite du *contingent annuel d'heures supplémentaires** ne donnent droit à aucun repos, sauf si un accord collectif d'entreprise ou d'établissement (à défaut une convention ou un accord de branche) le prévoit (c. trav. art. L. 3121-33, II).

Heures supplémentaires au-delà du contingent - Les heures supplémentaires effectuées au-delà du

Contrats aidés (tableau récapitulatif)

Tableau récapitulatif des principa		
Mesures pour l'emploi	**Apprentissage**	**Contrat de professionnalisation**
Publics concernés	• Jeunes de 16 à 29 ans révolus (sauf dérogations) • Parfois dès 15 ans	• Jeunes de 16 à 25 ans révolus pour compléter leur formation initiale • Demandeurs d'emploi de 26 ans et plus • Bénéficiaires du RSA, de l'allocation aux adultes handicapés, de l'allocation de solidarité spécifique • Personnes ayant bénéficié d'un contrat unique d'insertio • Personnes en parcours d'accompagnement dans les SIA • Personnes en portage salarial (dispositif expérimental)
Conditions employeur	• Avoir effectué une déclaration en vue de la formation d'apprentis via le Cerfa du contrat d'apprentissage	• Transmission du contrat à l'OPCO qui le dépose à la DREETS • Convention avec l'organisme de formation
Nature du contrat et formalités	• Contrat d'apprentissage (CDD ou CDI) • Dépôt du contrat auprès de l'OPCO dans les 5 jours du début de l'exécution du contrat	• CDD de 6 à 12 mois (voire plus dans certains cas) • CDI avec une action de professionnalisation de 6 à 12 mois (voire plus dans certains cas)
Rémunération minimale	Rémunération minimale en pourcentage du SMIC (ou minimum conventionnel) selon l'âge, l'ancienneté et la progression dans le cycle de la formation	Rémunération minimale : - en pourcentage du SMIC pour les moins de 26 ans ; - SMIC ou, si plus élevé, 85 % du minimum convention pour les 26 ans et plus
• Cotisations et contributions patronales (URSSAF, chômage, AGIRC-ARRCO) (3)	Dues (*)	Dues
• Cotisations et contributions salariales (4)	Exo. dans la limite de 50 % du SMIC (79 % si contrat conclu avant le 01.03.2025)	Dues
• CSG et CRDS	Exo. sur les salaires dans la limite de 50 % du SMIC (exo. totale sur les salaires si contrat conclu avant le 01.03.2025)	Dues
Réduction générale de cotisations patronales	Oui, si conditions réunies (*)	Oui, si conditions réunies
Aides forfaitaires versées à l'employeur	• Aide à l'apprentissage pour les employeurs de moins de 250 salariés au titre des apprentis préparant un diplôme de niveau Bac ou inférieur à ce niveau • Aide exceptionnelle pour les contrats d'apprentissage qui ne donnent pas droit à l'aide unique conclus jusqu'au 31.12.2025 (sauf du 01.01.2025 au 23.02.2025)	• Aide de France Travail ou de l'État en cas d'embauche de certains demandeurs d'emploi et de certains publics • Aide exceptionnelle pour certains contrats conclus jusqu'au 31.04.2024
Formation	25 % de la durée du contrat minimum en CFA	• 15 à 25 % (plus dans certains cas) de la durée du CDI ou de la période de professionnalisation du CDI • Minimum 150 heures
Autres aides	• Créance alternants pour certains employeurs (voir *Contribution supplémentaire à la taxe d'apprentissage**) • Aide à la formation du maître d'apprentissage (OPCO) • Exo de contribution à la formation professionnelle et de taxe d'apprentissage dans les entreprises < 11 salariés	• Aide à la formation : 9,15 €/heure (15 €/heure pour certains publics prioritaires) • Aides à la formation du tuteur et à l'exercice du tutora (OPCO) • Créance alternants pour certains employeurs (voir *Contribution supplémentaire à la taxe d'apprentissage**)
Prise en compte dans l'effectif	Non (sauf calcul tarification AT) pendant le contrat (la période d'apprentissage en cas de CDI)	Non (sauf tarification AT) pendant tout le CDD ou l'action de professionnalisation en cas de CDI

(*) Dans le secteur privé. Pour les contrats d'apprentissage du secteur public, les anciennes exonérations restent applicables.
(1) Depuis le 1er janvier 2018, les pouvoirs publics n'autorisent plus de nouveau contrat initiative emploi (CUI-CIE), sauf exception (voir *Contrat unique d'insertion**).
(2) Dans le cadre du parcours emploi compétences (contrats conclus à partir du 1.01.2018), le montant de l'aide peut être modulé entre 30 % et 60 % (70 % dans les DOM) (circ. DGEFP/SDPAE/MIP/MPP 2018-11 du 11 janvier 2018, fiche 3, §§ 1.1 et 1.2 et circ. DGEFP/MIP/METH/MPP 2024-14 du 7 février 2024).

ɒntrats aidés au 15 janvier 2025	
Contrat initiative-emploi (contrat unique d'insertion)	**Contrat d'accompagnement dans l'emploi (contrat unique d'insertion)**
Personnes sans emploi rencontrant des difficultés sociales professionnelles particulières d'accès à l'emploi 'administration n'autorise plus la conclusion de ce type contrat depuis le 1.01.2018, sauf quelques exceptions nt les CIE jeunes (1) s contrats antérieurs se poursuivent jusqu'à leur échéance	• Personnes sans emploi rencontrant des difficultés sociales et professionnelles particulières d'accès à l'emploi • Depuis le 1.01.2018, les nouveaux contrats sont recentrés sur les publics les plus éloignés du marché du travail (2)
Employeur du secteur marchand Pas de licenciement économique sur les 6 derniers mois	• Employeurs du secteur non marchand
'embauche ne doit pas viser à remplacer un salarié licencié pour un motif autre qu'une faute grave ou lourde, entraîner le licenciement d'un autre salarié Être à jour du versement des cotisations Demande d'aide financière (durée maximale de 24 mois, portée à 60 mois pour certains bénéficiaires) CDD d'au moins 6 mois ou CDI Durée du travail : au moins 20 h hebdomadaires sauf dérogation	
Minimum conventionnel ou SMIC	
Dues	Dues
Dues	Dues
Dues	Dues
Oui, si conditions réunies	Oui, si conditions réunies
Aide à l'emploi fixée par le préfet de région dans la limite 47 % du taux brut du SMIC par heure travaillée	• Aide fixée par le préfet de région, dans la limite de 95 % du taux brut du SMIC par heure travaillée • Pour les contrats conclus depuis le 1.01.2018, aide fixée entre 30 % et 60 % du SMIC (2)
Actions d'accompagnement professionnel Possibilité d'actions de formation nécessaires a réalisation du projet professionnel	• Actions d'accompagnement professionnel • Actions de formation professionnelle et de validation des acquis de l'expérience nécessaires à la réalisation du projet professionnel
–	Exo. de taxe sur les salaires, de taxe d'apprentissage et de participation à la construction
on (sauf tarification AT et sauf pour la représentation personnel) pendant la durée d'attribution de l'aide (5)	Non (sauf pour la tarification AT et sauf pour la représentation du personnel) pendant la durée d'attribution de l'aide (5)

Maladie, assurance vieillesse, allocations familiales, accidents du travail, contribution solidarité autonomie, FNAL, versement mobilité, dialogue cial, assurance-chômage, AGS, AGIRC-ARRCO, forfait social si employeur assujetti.

Assurance vieillesse et AGIRC-ARRCO pour le cas général. Pour certains salariés, il existe encore une cotisation salariale d'assurance maladie une cotisation salariale d'assurance chômage.

Même si cela ne concerne pas la paye, signalons que ces contrats sont pris en compte dans les effectifs pour l'application des dispositions relatives x institutions représentatives du personnel (ex. : seuil de mise en place d'un comité social et économique).

*contingent annuel d'heures supplémentaires** réglementaire donnent droit à une contrepartie obligatoire en repos (c. trav. art. L. 3121-30).

Le contingent conventionnel se substitue au contingent réglementaire pour définir le seuil du déclenchement de ce droit à contrepartie en repos (c. trav. art. L. 3121-33 et L. 3121-39 ; voir *Contingent annuel d'heures supplémentaires**).

Conventions collectives anciennes - Depuis la réforme de 2003, les contingents conventionnels s'appliquent automatiquement en matière d'ouverture du droit à la contrepartie obligatoire en repos, même si la convention collective ne visait pas l'attribution de repos (loi 2003-47 du 17 janvier 2003, art. 2, B).

De ce fait, si l'entreprise n'a pas négocié d'accord collectif à son niveau, elle peut se voir contrainte d'appliquer en matière de repos obligatoire le seuil prévu par la convention dont elle dépend, même si celle-ci ne visait qu'à définir le volume d'heures supplémentaires qui pouvaient être effectuées après une simple information de l'inspection du travail.

Exemple

Une entreprise appliquait la convention collective des transports routiers et activités annexes du transport du 21 décembre 1950, qui définit un contingent conventionnel applicable à compter du 1er janvier 1983 s'élevant à 195 h pour le personnel roulant « voyageurs », « marchandises » et « déménagement » et 130 h pour les autres catégories de personnel à la seule fin de déterminer le seuil à partir duquel l'accomplissement d'heures complémentaires était soumis à autorisation de l'inspection du travail. Elle devait accorder la contrepartie obligatoire à partir 130 h supplémentaires, sur le fondement de cette convention collective même obsolète, faute d'avoir négocié son propre contingent (cass. soc. 15 janvier 2025, n° 23-10060 FSB).

Calcul de la contrepartie obligatoire. - À défaut de dispositions conventionnelles, le repos lorsqu'il est dû est de (c. trav. art. L. 3121-38) :

- 50 % pour les entreprises de 20 salariés ou moins ;
- 100 % pour les entreprises de plus de 20 salariés.

Un accord collectif d'entreprise ou d'établissement, à défaut une convention ou un accord de branche, peut prévoir un volume supérieur (c. trav. art. L. 3121-33, I, 3°).

L'effectif de 20 salariés est apprécié selon les règles prévues par le code de la sécurité sociale et non plus selon celles du code du travail (c. séc. soc. art. L. 130-1 et R. 130-1). Pour le détail (effectif annuel moyen de l'année civile précédente, salariés à décompter, règles particulières aux entreprises nouvelles, mécanisme d'atténuation des effets de seuil, etc.), il convient de se reporter à l'étude relative à l'*Effectif sécurité sociale**.

▶ Attention… Avant 2020, le seuil de 20 salariés s'appréciait à la date à laquelle on se situait pour le calcul des droits à repos, chaque salarié étant décompté selon les règles prévues par le code du travail (voir *Effectif**) (circ. DRT 2003-6 du 14 avril 2003, fiche 4).

Heures donnant droit à la contrepartie obligatoire en repos - Les heures supplémentaires donnant droit à repos sont celles réellement effectuées (voir *Temps de travail effectif**). Ce n'est pas le cas des heures rémunérées en heures supplémentaires du fait de la prise en compte, notamment :

- des *congés payés** ;
- des journées de *contrepartie obligatoire en repos** et de *repos compensateur de remplacement** ;
- des *jours fériés** chômés.

Des dispositions conventionnelles ou des usages peuvent être plus avantageux pour le salarié.

Les heures supplémentaires effectuées au titre des heures de délégation des représentants du personnel donnent lieu à contrepartie obligatoire en repos.

▶ À noter… Les heures supplémentaires intégralement valorisées sous forme d'un *repos compensateur de remplacement** ne s'imputent pas sur le contingent annuel d'heures supplémentaires.

Contrepartie obligatoire en repos

Entreprises concernées	Heures supplémentaires (HS)	Durée de la contrepartie obligatoire en repos
Toute entreprise	HS effectuées dans le cadre du contingent	Néant (1)
Plus de 20 salariés	HS effectuées au-delà du contingent	100 % des heures supplémentaires effectuées au-delà de la durée légale du travail (2)
De 1 à 20 salariés	HS effectuées au-delà du contingent	50 % des heures supplémentaires effectuées au-delà de la durée légale du travail (2)

(1) Sauf dispositions conventionnelles contraires. (2) Heures de travail effectif effectuées au-delà de 35 heures hebdomadaires ou, dans les secteurs concernés, de la durée d'équivalence applicable.

Cependant, si le salarié ne bénéficie pas effectivement de ce repos, ces heures supplémentaires s'imputent sur le contingent ce qui peut générer, au final, un dépassement du contingent et le calcul de droits à contrepartie obligatoire en repos au titre des heures supplémentaires dépassant le contingent (cass. soc. 13 mars 2024, n° 22-11708 FSB, 5e moyen).

Travaux urgents, heures choisies, journée de solidarité - Les heures supplémentaires effectuées en cas de *travaux urgents** ne s'imputent pas sur le contingent, mais ouvrent droit à la contrepartie en repos de droit commun.

Les heures de travail correspondant à la *journée de solidarité** ne donnent pas lieu à contrepartie en repos, dans la limite de 7 heures (c. trav. art. L. 3133-9).

Les heures supplémentaires effectuées en application d'accords collectifs antérieurs au 22 août 2008 sur les heures choisies n'ouvrent pas droit à la contrepartie obligatoire en repos (loi 2008-789 du 4 août 2008, art. 18-IV ; circ. DGT 2008-20 du 13 novembre 2008, fiche 10, § 4).

Prise du repos et information du salarié

Modalités de prise du repos - Les caractéristiques et les conditions de prise de la contrepartie obligatoire en repos sont, en principe, fixées par l'accord collectif qui détermine les modalités de l'accomplissement d'*heures supplémentaires** au-delà du *contingent annuel d'heures supplémentaires** (accord d'entreprise ou d'établissement, à défaut, convention ou accord de branche) (c. trav. art. L. 3121-33, I, 3°).

En l'absence d'accord collectif sur ce point, un décret fixe les conditions de prise de la contrepartie en repos exposées ci-après (c. trav. art. L. 3121-39).

Ouverture du droit - Le repos peut être effectivement pris dès lors que les droits à repos accumulés sont de 7 heures (c. trav. art. D. 3121-18).

Délai de prise du repos - Le repos peut être pris par journée ou par demi-journée, à la convenance du salarié (c. trav. art. D. 3121-19). La journée ou demi-journée au cours de laquelle le repos est pris correspond au nombre d'heures de travail que le salarié aurait effectuées pendant cette journée ou cette demi-journée (c. trav. art. D. 3121-18).

Le repos compensateur doit être pris dans un délai maximal de 2 mois suivant l'ouverture du droit, c'est-à-dire dès qu'il atteint 7 heures, sous réserve des hypothèses permettant de différer le repos *(voir ci-après)*.

Pas de perte de repos - L'absence de demande de prise du repos par le salarié ne peut pas entraîner la perte de son droit au repos. Dans ce cas, l'employeur est tenu de lui demander de prendre effectivement ses repos dans un délai maximal de 1 an (c. trav. art. D. 3121-17).

▶ Attention… Lorsque l'employeur se soustrait à la législation relative aux repos compensateurs, le salarié subit nécessairement un préjudice. L'employeur qui prouve avoir régulièrement informé ses salariés des droits à repos compensateurs acquis, mais se trouve dans l'impossibilité d'établir qu'il a demandé aux intéressés de prendre les reliquats des droits acquis au cours de l'année précédente dans le délai de 1 an à dater de leur ouverture peut être condamné à verser des dommages-intérêts au salarié (cass. soc. 9 mai 2007, n° 05-46041, BC V n° 69).

Information par l'employeur - En l'absence de précision conventionnelle contraire, l'employeur doit informer le salarié, au moyen d'un document annexé au bulletin de paye, du nombre d'heures acquises au titre de la contrepartie obligatoire en repos (c. trav. art. D. 3171-11) [voir *Repos compensateur (fiches annexes)**].

Dès que ce nombre atteint 7 heures, le droit à repos est ouvert : l'employeur doit le signaler au salarié, toujours au moyen de ce document annexe sur lequel il précise que ce repos doit être pris dans un délai de 2 mois.

Demande du salarié et réponse de l'employeur - Le salarié doit formuler sa demande de repos au moins une semaine à l'avance, tout en précisant la date et la durée du repos (c. trav. art. D. 3121-20).

Une fois cette demande reçue, l'employeur dispose d'un délai de 7 jours pour faire connaître sa réponse au salarié. Il peut reporter la prise du repos, mais une telle décision, qui ne peut intervenir qu'après consultation du *comité social et économique**, doit être motivée par des impératifs liés au fonctionnement de l'entreprise. L'employeur est alors tenu de proposer au salarié une nouvelle date pour la prise du repos, à l'intérieur du délai de 2 mois.

L'employeur peut aussi différer des demandes de repos lorsque celles-ci ne peuvent être simultanément satisfaites, toujours en raison d'impératifs liés au fonctionnement de l'entreprise. En ce cas, il doit procéder à un arbitrage entre les demandes qui seront satisfaites et celles qui seront reportées, en

fonction des critères suivants, par ordre de priorité (c. trav. art. D. 3121-21) :
- les demandes déjà différées ;
- la situation de famille ;
- l'ancienneté dans l'entreprise.

Toutefois, l'employeur ne peut pas différer les demandes pendant plus de 2 mois (c. trav. art. D. 3121-22).

Paiement du repos

Indemnisation des repos - L'indemnisation du temps de repos liée à la contrepartie obligatoire ne doit entraîner aucune diminution de rémunération par rapport à celle que le salarié aurait perçue s'il avait travaillé (circ. DRT 2000-7 du 6 décembre 2000).

La prise de ce repos est valorisée en fonction du nombre d'heures de travail que le salarié aurait effectué pendant la journée ou demi-journée de repos.

Les journées de contreparties obligatoires en repos sont assimilées à du temps de travail effectif pour le calcul des majorations pour heures supplémentaires ainsi que pour l'ensemble des droits du salarié (droit à jours de RTT, congés payés, etc.) mais pas pour la détermination du nombre d'heures supplémentaires à imputer sur le contingent ou l'acquisition des droits à contrepartie obligatoire en repos.

▶ À noter… Un salarié qui prend des *heures de délégation** sur des périodes de repos « posées » au titre de la contrepartie obligatoire ne peut pas obtenir en référé le paiement du repos dont il n'a pas pu de ce fait bénéficier, tant qu'il est toujours en poste. Le repos est simplement reporté (cass. soc. 23 mai 2017, n° 15-25250, BC V n° 92).

Indemnité compensatrice - La prise de la contrepartie obligatoire en repos peut être remplacée par une indemnité compensatrice dans deux hypothèses :
- décès ou départ du salarié de l'entreprise avant qu'il ait pu bénéficier de son droit (c. trav. art. D. 3121-23) ;
- lorsque les heures de repos acquises n'atteignent pas 7 heures et qu'il est peu probable que d'autres heures soient acquises.

Le calcul se fait alors en rapportant le nombre d'heures acquises à la durée normale de la journée de travail dans l'entreprise.

☛ *Contingent annuel d'heures supplémentaires ; Convention de forfait ; Heures supplémentaires ; Journée de solidarité ; Jours fériés ; Repos compensateur (fiches annexes) ; Temps de travail effectif.*

Contre-visite médicale

Principes de la contre-visite médicale patronale

Les obligations de maintien de salaire en cas d'arrêt de travail ont bien souvent pour contrepartie la possibilité pour les entreprises de commanditer une contre-visite médicale patronale.

L'indemnisation complémentaire prévue par le code du travail en cas d'arrêt de travail pour maladie ou accident, à caractère professionnel (AT/MP) ou non professionnel, est ainsi assortie du droit pour l'employeur d'organiser une contre-visite médicale pour vérifier le bien-fondé de l'arrêt de travail du salarié (c. trav. art. L. 1226-1).

La possibilité de contre-visite peut-être également prévue dans le cadre des dispositifs d'indemnisation complémentaire par des accords collectifs ou des conventions collectives. Il faut alors respecter les éventuelles règles particulières fixées par l'accord collectif.

▶ À noter… La contre-visite médicale patronale est distincte du contrôle médical que la sécurité sociale peut mettre en œuvre de son côté.

Contre-visite médicale du code du travail

Sauf exceptions, les salariés en arrêt de travail pour maladie ou accident (de droit commun ou AT/MP) ayant au moins 1 an d'ancienneté dans l'entreprise bénéficient, sous certaines conditions, d'indemnités complémentaires versées par l'employeur, en complément des IJSS (voir *Indemnités journalières complémentaires**) (c. trav. art. L. 1226-1, D. 1226-1 à D. 1226-8).

L'employeur a la possibilité d'organiser une contre-visite médicale (c. trav. art. L. 1226-1).

Un décret entré en vigueur le 7 juillet 2024 a fixé les règles d'organisation de cette visite en reprenant nombre de règles prévues par la jurisprudence, dont celles demandant aux salariés de transmettre certaines informations à leur employeur en cas de repos hors du domicile ou d'arrêt sortie libre (décret 2024-692 du 5 juillet 2024, JO du 6).

Ce sont les règles applicables depuis cette date qui sont ici exposées accompagnées de rappels sur la jurisprudence antérieure.

▶ À noter… Ce décret encadre les modalités de la contre-visite, mais ne traite pas de ses conséquences, pour lesquelles il semble que l'on puisse se référer à la jurisprudence antérieure, sous réserve d'éventuelles évolutions.

Information à transmettre par le salarié à l'employeur

Indépendamment de la transmission à l'employeur de l'avis d'arrêt de travail, le salarié a des obligations spécifiques dans deux situations.

Repos hors du domicile - Lorsque son lieu de repos est différent de son domicile, le salarié doit communiquer à l'employeur le lieu en question « dès le début de l'arrêt de travail » et à l'occasion de tout changement (c. trav. art. R. 1226-10).

Les juges imposaient déjà au salarié autorisé par sa caisse de sécurité sociale à séjourner hors de son domicile d'en informer son employeur immédiatement et de lui communiquer l'adresse correspondante (cass. soc. 19 mai 1999, n° 98-44376 D).

Arrêt de travail avec sortie libre - En cas d'arrêt de travail « sortie libre », le salarié doit communiquer à l'employeur, dès le début de l'arrêt de travail, les horaires auxquels une contre-visite médicale peut s'effectuer (c. trav. art. R. 1226-10).

La jurisprudence avait auparavant précisé qu'un salarié en arrêt de travail « sortie libre » doit informer l'employeur du lieu et des plages horaires de sa présence pour permettre une éventuelle contre-visite (cass. soc. 4 février 2009, n° 07-43430, BC V n° 32 ; BICC 704 du 15 juin 2009, n° 826 ; cass. soc. 16 mars 2016, n° 14-16588 D).

Ni le décret du 5 juillet 2024, ni la jurisprudence, n'ont pour l'heure apporté de précision quand aux horaires que le salarié doit accorder à son employeur pour organiser une contre-visite. Mais à notre sens, le salarié doit être de bonne foi.

▶ À noter… Pour mémoire, le médecin qui prescrit un arrêt de travail peut indiquer que les sorties ne sont pas autorisées, sont autorisées sauf de 9 h à 11 h et de 14 h à 16 h excepté en cas de soins ou d'examens médicaux, ou sont libres (c. séc. soc. art. R. 323-11-1). Les éléments médicaux justifiant les sorties libres figurent sur le volet de l'arrêt de travail destiné à la sécurité sociale (pas sur celui destiné à l'employeur).

Modalités de la contre-visite du code du travail

Choix et mission du médecin contrôleur - La contre-visite est effectuée par un médecin mandaté par l'employeur. Ce médecin se prononce sur le caractère justifié de l'arrêt de travail, y compris sur sa durée (c. trav. art. R. 1226-11).

Sauf dispositions conventionnelles contraires, l'employeur choisit librement le médecin contrôleur (cass. soc. 20 octobre 2015 n° 13-26889 D et n° 13-26890 D). Toutefois, il ne peut s'agir ni du médecin du travail, ni du médecin-conseil de la caisse de sécurité sociale.

Le salarié ne peut ni imposer un médecin de son choix, ni réclamer un médecin-expert (cass. soc. 2 juillet 1980, n° 79-40263, BC V n° 587), ni exiger la présence de son médecin traitant, sauf dispositions conventionnelles le prévoyant (cass. soc. 22 juillet 1986, n° 84-41588, BC V n° 463).

▶ À noter… Le médecin contrôleur agit en qualité de médecin et de mandataire de l'employeur. Il doit faire connaître cette double qualité au salarié contrôlé.

À quel moment de l'arrêt de travail ? - La contre-visite peut s'effectuer « à tout moment » de l'arrêt de travail et donc dès le commencement de l'arrêt de travail (c. trav. art. R. 1226-11 ; cass. soc. 13 juin 2012, n° 11-12152 D).

Choix du lieu de la contre-visite - La contre-visite peut se dérouler, au choix du médecin contrôleur (c. trav. art. R. 1226-11) :
- soit au domicile du salarié, ou au lieu que l'intéressé a indiqué à son employeur en cas de repos hors du domicile ;
- soit au cabinet du médecin (cas de figure créé par le décret du 5 juillet 2024).

Contre-visite au domicile ou sur le lieu de repos - Lorsque la contre-visite a lieu au domicile (ou sur le lieu de repos autre communiqué par le salarié à l'employeur), le médecin doit se présenter en dehors des *heures de sortie autorisée** par la réglementation de sécurité sociale (c. trav. art. R. 1226-11 ; c. séc. soc. art. R. 323-11-1). En principe, la visite peut donc se dérouler de 9 h à 11 h et de 14 h à 16 h.

En cas d'arrêt de travail « sortie libre », la visite peut se tenir aux heures communiquées par le salarié à l'employeur.

La visite peut-être inopinée, puisqu'aucun délai de prévenance n'est exigé (c. trav. art. R. 1226-11). Ni l'employeur ni le médecin contrôleur ne sont en effet tenus d'informer préalablement le salarié de la contre-visite, sauf disposition conventionnelle contraire. La jurisprudence antérieure allait dans le même sens (cass. soc. 20 janvier 1999, n° 96-45023 D ; cass. soc. 19 mai 1999, n° 98-44376 D).

Contre-visite au cabinet du médecin - En cas de contre-visite organisée au cabinet du médecin contrôleur, celui-ci doit convoquer le salarié par tout moyen donnant date certaine à la convocation (c. trav. art. R. 1226-11).

Le salarié doit, le cas échéant, informer le médecin des raisons pour lesquelles il est dans l'impossibilité de se déplacer.

Formalités à l'issue de la contre-visite

Information de l'employeur par le médecin contrôleur - À l'issue de son contrôle, le médecin informe l'employeur soit du caractère justifié ou injustifié de l'arrêt de travail, soit de l'impossibilité de procéder au contrôle pour un motif imputable au salarié tenant notamment à son refus de se présenter à la convocation ou son absence lors de la visite à domicile (c. trav. art. R. 1226-12).

▶ À noter… Cette obligation du médecin-contrôleur s'ajoute à celle d'informer le service médical de la caisse d'assurance maladie dans les 48 h si la contre-visite patronale conclut au caractère injustifié de l'arrêt, ou s'il a été impossible de procéder à l'examen du salarié *(voir plus loin)*.

Information du salarié par l'employeur - L'employeur transmet ensuite sans délai l'information reçue du médecin-contrôleur au salarié (c. trav. art. R. 1226-12).

S'il y a lieu, il en tire les conséquences en matière d'indemnisation complémentaire *(voir ci-après)*, avec une interruption des indemnités journalières complémentaires en cas d'arrêt de travail injustifié ou d'impossibilité de procéder à la contre-visite imputable au salarié (refus de la contre-visite ou absence du salarié, sans motif légitime).

Obligation du salarié de subir la contre-visite

Se soumettre à la contre-visite - Lorsque les conditions exigées sont remplies *(voir ci-avant)*, le salarié ne peut pas refuser de recevoir le médecin contrôleur ni d'être examiné. Il doit donc se soumettre à la contre-visite organisée par l'employeur.

Refus justifiés - Le refus du salarié de subir cette contre-visite médicale est toutefois légitime lorsque :
- le médecin contrôleur refuse de décliner son identité (cass. soc. 11 décembre 1986, n° 84-41672, BC V n° 599) ou de présenter sa carte professionnelle et le mandat reçu par l'employeur (cass. soc. 14 mars 1995, n° 91-43977 D) ;
- l'inaptitude du salarié a été reconnue par le médecin du travail (cass. soc. 10 février 1998, n° 95-41600, BC V n° 74) ;
- l'état de santé du salarié rend extrêmement douloureux le seul examen clinique permettant d'apprécier la gravité de son affection (cass. soc. 13 février 1996, n° 92-40713, BC V n° 51).

Preuve - C'est à l'employeur de prouver que l'impossibilité du contrôle est due au salarié (cass. soc. 30 juin 1988, n° 86-41898, BC V n° 409).

▶ À noter… L'employeur ne peut pas invoquer une impossibilité de contrôle pour cesser de verser les indemnités complémentaires en se fondant sur le seul fait que la maladie est survenue à l'étranger (Algérie), alors que le salarié a envoyé un certificat médical d'arrêt de travail (cass. soc. 5 juillet 1995, n° 92-40235, BC V n° 235).

Absence du salarié

Principe - Si le salarié est absent lors d'une contre-visite organisée dans les règles sans raison valable, l'employeur peut en tirer les conséquences (cass. soc. 9 juin 1993, n° 90-42701 D).

Le salarié a un motif valable lorsque son absence est justifiée par des examens médicaux (cass. soc. 23 avril 1997, n° 95-44604 D). L'absence est également justifiée si le médecin ne respecte pas les règles relatives au lieu et/ou aux horaires de la contre-visite.

En cas d'arrêt de travail avec sortie libre - Lorsque les sorties sont libres, la CPAM ne peut pas supprimer les IJSS en cas d'absence du salarié lors du contrôle (cass. civ., 2e ch., 9 mars 2006, n° 04-30460, BC II n° 75). Sur le principe, il en va de même pour l'employeur qui ne peut pas cesser le paiement des indemnités complémentaires si le salarié est absent lors du contrôle (cass. soc. 30 mai 2007, n° 06-42396 D).

Néanmoins, le salarié bénéficiant d'un arrêt de travail « sorties libres » doit informer son employeur du lieu et des plages horaires où une contre-visite peut être effectuée *(voir plus haut)*. Cette obligation, intégrée dans le code du travail depuis le 7 juillet 2024 (c. trav. art. R. 1226-10), était autrefois prévue par la jurisprudence (cass. soc. 4 février 2009, n° 07-43430, BC V n° 32 ; BICC 704 du 15 juin 2009, n° 826 ; cass. soc. 16 mars 2016, n° 14-16588 D).

Lorsque le salarié a bien transmis les informations requises à l'employeur :
- la contre-visite doit être organisée au créneau horaire indiqué par le salarié ;
- si le salarié est absent lors de ce créneau horaire, on retombe sur les principes habituels (possibilité pour l'employeur d'en tirer les conséquences, sauf

pour le salarié à justifier son absence par un motif valable ; *voir ci-avant*).

Si le salarié ne respecte pas son obligation d'information, le décret de 2024 n'apporte pas de précision. En 2009, la Cour de cassation avait néanmoins précisé deux points dans son bulletin d'information, à propos de son arrêt du 4 février (BICC 704 du 15 juin 2009, n° 826 ; cass. soc. 4 février 2009, n° 07-43430, BC V n° 32) :
- d'une part, cette jurisprudence « ne se prononce pas sur les conséquences qui peuvent être tirées du non-respect par le salarié de cette obligation d'information » ;
- d'autre part, « l'appréciation de la légitimité du refus, par l'employeur, de payer le complément de salaire du fait de l'absence du salarié lors de la contre-visite est subordonnée à la vérification que le salarié a, pour sa part, respecté l'obligation d'information qui lui incombe ».

Sous réserve du contrôle des tribunaux en cas de litige, ceci pourrait, le cas échéant, signifier que :
- si le salarié ne procède pas à cette information, l'employeur ne peut pas, de ce seul fait, supprimer le maintien de salaire ;
- si l'employeur diligente une contre-visite, il pourrait suspendre le versement des *indemnités journalières complémentaires** en cas d'absence du salarié, dès lors que ce dernier ne l'a pas informé des lieux et horaires où la contre-visite pouvait être effectuée.

▶ À noter… Pour ce qui concerne une contre-visite diligentée pendant un arrêt de travail « sorties libres », il n'y a pas de contrainte particulière, sous réserve d'un éventuel abus. Si le salarié a fourni une plage horaire, il convient de la respecter. Dans le cas contraire, à notre sens mieux vaut organiser une contre-visite pendant les tranches horaires de présence obligatoire de principe (entre 9 h et 11 h ou 14 h et 16 h).

Conséquences de la contre-visite pour l'employeur

Maintien des indemnités journalières complémentaires - Si le salarié a passé la contre-visite et que le médecin contrôleur confirme la prescription du médecin traitant, l'employeur continue de maintenir le salaire et attend la reprise de travail du salarié.

Il en est de même si celui-ci est absent pour une raison justifiée, tel un examen médical (cass. soc. 23 avril 1997, n° 95-44604 D).

Suspension du paiement des indemnités complémentaires - L'employeur peut cesser de verser les *indemnités journalières complémentaires** à sa charge si la contre-visite conclut à un arrêt de travail injustifié.

La cessation de paiement est possible si :
- le médecin considère que l'état de santé du salarié lui permet de reprendre le travail et que le salarié refuse (cass. soc. 14 juin 1995, n° 91-44831 D) ;
- le salarié refuse de recevoir le médecin (ou rend le contrôle impossible par son comportement) alors que le médecin a valablement justifié de sa qualité et du mandat de l'employeur ;
- le salarié est absent de chez lui en dehors des heures de sortie autorisée sans motif légitime tel que des soins médicaux à l'extérieur, un rendez-vous chez son médecin traitant, etc.

La suppression de ces indemnités ne peut prendre effet que pour la période postérieure au contrôle. La contre-visite ne remet pas en cause les indemnités versées jusque-là (cass. soc. 15 octobre 1987, n° 85-40555, BC V n° 572).

Nouvel arrêt de travail - Après une contre-visite ayant conclu à un avis de reprise, il peut arriver que le salarié consulte à nouveau son médecin traitant et que ce dernier prolonge l'arrêt de travail. Le salarié se trouve alors rétabli dans ses droits aux indemnités complémentaires de maladie. Pour contester ce droit, l'employeur doit faire procéder à une nouvelle contre-visite (cass. soc. 5 mars 1997, n° 94-44902, BC V n° 93 ; cass. soc. 28 janvier 1998, n° 95-45465, BC V n° 38).

Toutefois il convient de noter qu'il n'est pas tenu au versement si les IJSS restent suspendues malgré le nouvel arrêt de travail *(voir plus loin)*.

Irrégularité de la procédure conventionnelle - Lorsqu'une convention collective fixe des modalités particulières d'organisation de la contre-visite, celle-ci est irrégulière si ces modalités ne sont pas respectées. L'employeur ne peut alors pas cesser de verser les indemnités complémentaires de maladie (cass. soc. 14 janvier 1998, n° 95-44897, BC V n° 13).

Pas d'autre sanction - La suppression des indemnités complémentaires constitue la seule conséquence du contrôle.

L'employeur ne peut prononcer aucune sanction disciplinaire à l'encontre :
- d'un salarié absent lors du contrôle ou qui refuse celui-ci (cass. soc. 10 novembre 1998, n° 96-42969, BC V n° 486 ; cass. soc. 27 juin 2000, n° 98-40952, BC V n° 249) ;
- d'un salarié qui préfère s'en tenir à l'arrêt prescrit par son médecin traitant (cass. soc. 10 octobre 1995, n° 91-45242, BC V n° 264).

Conséquences d'une contre-visite patronale pour la sécurité sociale

Transmission du rapport de la contre-visite patronale à la sécurité sociale - Si la contre-visite patronale conclut à l'absence de justification de l'arrêt de travail, ou s'il a été impossible de procéder à l'examen du salarié, le médecin contrôleur mandaté par l'employeur transmet son avis au service du contrôle médical de la CPAM dans les 48 h (c. séc. soc. art. L. 315-1, II).

Dès réception du rapport, le service du contrôle médical peut :

- soit procéder à un nouvel examen de la situation de l'assuré, ce qui est obligatoire si le rapport fait état de l'impossibilité d'examiner le salarié ;
- soit demander à la caisse de suspendre le versement des indemnités journalières de sécurité sociale (IJSS).

Dans ce dernier cas, la caisse en informe le salarié assuré social. L'assuré peut alors demander à la caisse de saisir le service du contrôle médical dans un délai de 10 jours francs à compter de la notification de la décision de suspension des IJSS. Le service médical dispose alors de 4 jours francs pour se prononcer, à compter de la réception de la saisine de l'assuré (c. séc. soc. art. D. 315-4).

Lutte contre les arrêts de travail injustifiés successifs - Une personne ayant fait l'objet d'une décision de suspension des IJSS qui se voit prescrire un arrêt de travail dans les 10 jours francs qui suivent n'a plus automatiquement droit aux IJSS. La reprise de leur versement dépend d'un avis du service du contrôle médical, avis qui est rendu dans un délai de 4 jours francs à compter de la date de réception de l'arrêt de travail (c. séc. soc. art. L. 323-7 et D. 323-4).

Information de l'employeur en cas de suspension des IJSS - La sécurité sociale informe l'employeur en cas de suspension du versement des IJSS (c. séc. soc. art. L. 315-2).

L'employeur peut alors suspendre le versement des *indemnités journalières complémentaires** liées à une obligation de maintien de salaire, lorsque celle-ci est conditionnée par l'indemnisation de la sécurité sociale.

☞ *Accident de trajet ; Accident du travail ; Alsace-Moselle ; Heures de sortie autorisée ; Indemnités journalières complémentaires ; Maladie ; Maladie professionnelle ; Subrogation.*

Contribution additionnelle de solidarité pour l'autonomie

Depuis le 1er avril 2013, une contribution additionnelle de solidarité pour l'autonomie (CASA) est due sur certains revenus de remplacement (c. séc. soc. art. L. 137-41, I).

Elle ne doit pas être confondue avec une contribution au nom voisin due sur les salaires (voir *Contribution solidarité autonomie**). La contribution « additionnelle » est à la charge du bénéficiaire des revenus de remplacement, alors que la contribution due sur les salaires est à la charge de l'employeur.

▶ À noter... Malgré sa dénomination (« additionnelle »), la CASA ne s'additionne à aucune autre contribution. Il s'agit simplement de la version « retraites » de la contribution attachée aux salaires (lettre-circ. ACOSS 2013-19 du 28 mars 2013, § 2.1).

Avantages assujettis

Avantages de préretraite, de retraite et d'invalidité - Cette contribution à la charge du bénéficiaire vise les avantages de retraite et d'invalidité ainsi que les allocations de préretraite (c. séc. soc. art. L. 137-41, I).

La loi n'exclut pas du dispositif les avantages versés par les employeurs. Dès lors, en l'absence de tolérance contraire, les employeurs doivent assurer le précompte de cette contribution sur les avantages qu'ils versent, et notamment sur les éventuelles allocations de préretraite.

Personnes et revenus exonérés - Les pensions de retraite et d'invalidité échappent à la contribution additionnelle lorsque le revenu fiscal de référence de l'avant-dernière année (N - 2) ou celui de l'antépénultième année (N - 3) est inférieur au seuil à partir duquel la CSG sur les revenus de remplacement cesse d'être calculée au taux réduit de 3,80 % [voir B) du tableau II à *Contribution sociale généralisée (CSG sur revenus de remplacement)**] (c. séc. soc. art. L. 137-41, II, 1°).

Pour l'année 2025, il convient donc de prendre en compte le revenu fiscal de référence 2022 mentionné sur l'avis d'imposition sur le revenu reçu en 2023 ou le revenu fiscal de référence 2023 mentionné sur l'avis d'imposition sur le revenu reçu en 2024.

En pratique, un bénéficiaire d'avantages de retraite ou d'invalidité est exonéré de CASA lorsque, compte tenu de ses revenus fiscaux de référence, il est exonéré de CSG/CRDS ou bénéficie du taux réduit de CSG (3,80 %) sur ces revenus de remplacement.

▶ À noter... Pour les revenus de remplacement attribués au titre des périodes antérieures au 1er janvier 2019, seul le revenu fiscal de référence de l'avant-dernière année (N - 2) était pris en compte pour déterminer si la contribution additionnelle était due ou non.

Sont par ailleurs exonérées un certain nombre de pensions et d'allocations particulières (non détaillées ici, dans la mesure où elles ne concernent pas des avantages versés par des employeurs du secteur privé) (c. séc. soc. art. L. 137-41, II, 2°).

Taux et recouvrement

La contribution est calculée au taux de 0,30 %. Elle est à la charge du bénéficiaire (c. séc. soc. art. L. 137-41, I).

Elle est recouvrée et contrôlée selon les règles, garanties et sanctions applicables au recouvrement de la CSG due pour la même catégorie de revenus (c. séc. art. L. 137-41, II). À ce titre, pour les avantages de retraite et de préretraite, elle est précomptée par l'organisme débiteur de l'avantage (caisse de retraite, organisme assureur, entreprise, etc.) et recouvrée par les *URSSAF** selon les règles applicables au recouvrement des cotisations de sécurité sociale (lettre-circ. ACOSS 2013-19 du 28 mars 2013, § 2.1). Pour les avantages d'invalidité, elle est précomptée par l'organisme débiteur de l'avantage d'invalidité et versée à l'*ACOSS**.

La CASA n'est pas déductible du montant imposable pour le calcul de l'impôt sur le revenu.

☞ *Contribution solidarité autonomie ; Contribution sociale généralisée (CSG sur revenus de remplacement) ; Préretraite d'entreprise.*

Contribution AGEFIPH

☞ *Handicapés ; Handicapés (contribution AGEFIPH) ; Handicapés (déclaration d'emploi) ; Handicapés (obligation d'emploi).*

Contribution à la formation professionnelle

Les employeurs doivent concourir au développement de la formation professionnelle en versant une contribution de formation professionnelle et, s'il y a lieu, une contribution destinée au financement du compte personnel de formation (CPF) des salariés en CDD (dite « 1 % CPF-CDD »).

Les règles ici exposées sont celles applicables aux contributions dues au titre des périodes d'emploi accomplies à partir du 1er janvier 2022, les premières dont le recouvrement a été assuré par le réseau des URSSAF (CGSS ou CMSA).

Employeurs assujettis

Tout employeur en principe - Tout employeur doit concourir au financement de la formation professionnelle, en s'acquittant en particulier de la contribution légale à la formation et du 1 % CPF-CDD (c. trav. art. L. 6131-1), quels que soient son activité, son régime d'imposition et sa forme juridique.

Employeurs non assujettis - Par exception, certains employeurs ne sont pas assujettis aux contributions à la formation professionnelle (c. trav. art. L. 6131-1, II) :
- les employeurs sans établissement en France immatriculés auprès du service Firmes étrangères (ex-Centre national des firmes étrangères ; CNFE) ;
- l'État et ses établissements publics à caractère administratif (BOSS, Contributions à la formation et à l'apprentissage, § 30, 01/01/2025) ;
- les collectivités territoriales, ainsi que leurs établissements publics administratifs ;
- les établissements publics de santé, sociaux et médico-sociaux relevant de la fonction publique hospitalière, les groupements de coopération sanitaire (c. santé pub. art. L. 6133-1 et L. 6133-4) et les groupements de coopération sociale et médico-sociale (CASF art. L. 312-7) ;
- les chambres consulaires ainsi que les employeurs des représentants diplomatiques et consulaires (BOSS, Contributions à la formation et à l'apprentissage, § 30, 01/01/2025).

Organismes organisant une compétition sportive internationale - Les organismes chargés de l'organisation en France d'une compétition sportive internationale et, le cas échéant, leurs filiales (dont ils possèdent plus de 50 % du capital), ne sont pas redevables de la contribution à la formation professionnelle à raison des rémunérations versées à leurs salariés dont les fonctions exercées sont directement liées à l'organisation de la compétition concernée (CGI art. 1655 septies).

En revanche, le 1 % CPF-CDD reste dû au titre des salariés concernés, dans la mesure où cette contribution n'étant pas visée par l'exonération.

Cette exonération s'applique au titre des compétitions dont la décision d'attribution à la France est intervenue avant le 31 décembre 2017, ou intervient à compter du 1er janvier 2022 (CGI art. 1655 septies ; loi 2022-1726 du 30 décembre 2022, art. 29, IV, A et B).

Pour les compétitions attribuées à la France à partir de 2022, l'exonération s'applique aussi aux sous-filiales dont les organismes chargés de l'organisation des compétitions détiennent plus de 50 % du capital par l'intermédiaire d'une chaîne de participation (CGI art. 1655 septies modifié ; loi 2022-1726 du 30 décembre 2022, art. 29, I et IV, A).

▶ À noter… Pour ouvrir droit à l'exonération, la compétition doit répondre à un certain nombre de critères (niveau au moins équivalent à un championnat d'Europe, être organisée en France de façon exceptionnelle, avoir des retombées économiques exceptionnelles, etc.) (CGI art. 1655 septies, II). En pratique, la liste des compétitions concernées est fixée par décret (décret 2015-910 du 23 juillet 2015 ; décret 2020-796 du 27 juin 2020). On y trouvait en particulier les jeux Olympiques et Paralympiques 2024.

Cessation d'activité, cession - Une entreprise cessant son activité en cours d'année est redevable de la contribution à la formation professionnelle due au titre de l'année de cessation de l'activité (BOSS, Contributions à la formation et à l'apprentissage, § 30, 01/01/2025).

En cas de cession-cessation d'activité, l'employeur a 60 jours à compter de la date de cession-cessation pour déclarer annuellement son statut vis-à-vis de cette contribution (délai porté à 6 mois en cas de décès de l'employeur).

Contribution légale à la formation professionnelle

Taux de 0,55 % ou de 1 % selon l'effectif. - Le taux de la contribution légale à la formation professionnelle des employeurs est fixé comme suit :
- taux de 0,55 % pour les entreprises de moins de 11 salariés (c. trav. art. L. 6331-1) ;
- taux de 1 % pour les entreprises de 11 salariés et plus (c. trav. art. L. 6331-3).

Assiette des contributions : les principes - L'assiette des contributions légales de formation est alignée sur l'assiette des cotisations de sécurité sociale (c. trav. art. L. 6331-1 et L. 6331-3).

S'il y a lieu, il faut tenir compte des éventuelles déductions forfaitaires spécifiques pour frais professionnels (DFS) appliquées par l'employeur pour le calcul des cotisations de certains salariés (BOSS, Contributions à la formation et à l'apprentissage, § 100, 01/01/2025).

Les rémunérations des apprentis sont exonérées de contribution pour les employeurs relevant du régime des « moins de 11 salariés » (c. trav. art. L. 6331-1).

Pour les salariés des entreprises de BTP, de transport et de dockers dont les congés payés sont indemnisés par des caisses de congés payés, les salaires à déclarer pour les intéressés sont ceux effectivement payés par l'entreprise, majorés d'un taux forfaitaire de 11,50 % (c. séc. soc. art. L. 243-1-3 et D. 243-0-2).

Les ports autonomes maritimes et fluviaux mentionnés à l'article L. 5311-1 du code des transports, ainsi que le port autonome de Strasbourg, qui ne procèdent pas à des distinctions dans leurs déclarations sociales entre la part de leur masse salariale attachée à leurs missions administratives et celle engagée dans des activités industrielles et commerciales, peuvent appliquer un abattement forfaitaire de 50 % sur l'assiette de la contribution à la formation professionnelle calculée sur la masse salariale globale de l'établissement (loi 2021-1900 du 30 décembre 2021, art. 121, VIII).

Rémunérations des mandataires sociaux sans contrat de travail, gratification des stagiaires - Les textes applicables font référence, pour l'assiette de la contribution légale de formation, à l'assiette des cotisations de sécurité sociale (c. trav. art. L. 6331-1 et L. 6331-3). En conséquence, sont également soumises à la contribution légale de formation :
- la rémunération des dirigeants et mandataires sociaux sans contrat de travail relevant du régime général ;
- la fraction de gratification des stagiaires sous convention de stage excédant le seuil de franchise de cotisations.

Depuis le 1er novembre 2024, cette lecture est expressément confirmée par l'administration (BOSS, Contributions à la formation et à l'apprentissage, § 90, 01/01/2025).

▶ À noter… L'administration a prévisé que cet assujettissement est obligatoire à compter des périodes d'emploi de mai 2024 (BOSS, Contributions à la formation et à l'apprentissage, § 90,

01/01/2025). Selon nos informations, pour l'administration, il ne s'agit pas de prendre en compte une évolution du droit, qui n'a jamais exclu ces catégories de rémunération. Mais considérant que la règle est longtemps restée ambiguë, il est admis que si ces sommes n'ont pas été soumises à la contribution formation, seules des observations pour l'avenir seront faites sur les périodes d'activité antérieures à mai 2024.

Rémunérations des expatriés à l'étranger, salariés détachés en France et pluriactifs - Les rémunérations versées à des salariés expatriés non affiliés au régime français de sécurité sociale sont exclues de l'assiette des contributions légales de formation (BOSS, Contributions à la formation et à l'apprentissage, § 110, 01/01/2025).

Dans la même logique, n'entrent pas dans l'assiette des contributions légales de formation :
- les rémunérations versées à des salariés détachés depuis l'étranger en France mais demeurant intégralement soumis au régime de sécurité sociale de leur pays d'origine ;
- les rémunérations des salariés dits « pluriactifs » (travaillant à la fois en France et à l'étranger) qui, en application des règles internationales de coordination, relèvent uniquement du régime de sécurité sociale du pays étranger et ne sont donc pas affiliés au régime français de sécurité sociale.

Entreprises de travail temporaire - Le taux de la contribution légale à la formation professionnelle des entreprises de travail temporaire est identique à celui des autres employeurs (0,55 % ou 1 % selon l'effectif).

C'est cette contribution de droit commun qui doit être versée aux URSSAF.

Parallèlement, le code du travail prévoit une contribution minimale conventionnelle due par toutes les ETT (quel que soit leur effectif). Son taux (qui doit être au moins égal à 0,30 %), ses modalités d'utilisation et ses conditions de recouvrement sont fixées par accord de branche étendu (c. trav. art. L. 6331-69, al. 1 ; loi 2021-1900 du 30 décembre 2021, art. 121, I, 11°). À cet égard, un accord du 19 novembre 2021 a institué une contribution formation conventionnelle obligatoire de 0,30 %, due par toutes les ETT quel que soit leur effectif (accord du 19 novembre 2021 relatif à la création d'une contribution formation conventionnelle obligatoire, étendu par arrêté du 5 janvier 2022, JO du 14, texte 71). Cette contribution est collectée par l'OPCO ATKO selon un calendrier spécifique, sur délégation du Fonds professionnel pour l'emploi dans le travail temporaire (FPE-TT).

Le code du travail prévoit une règle supplétive applicable à défaut d'accord de branche étendu (c. trav. art. L. 6331-69, al. 2). Mais celle-ci n'est de fait pas applicable, compte tenu de la contribution conventionnelle de 0,30 % créée par l'accord du 19 novembre 2021.

▶ À noter… Rappelons que les employeurs du secteur doivent également tenir compte des contributions conventionnelles prévues par l'accord du 29 novembre 2019 en faveur du développement des compétences des salariés de la branche du travail temporaire (accord du 29 novembre 2019, art. 95 et 96, étendu par arrêté du 16 février 2021, JO 9 mars, texte 50). Seule la contribution légale (0,55 % ou 1 % selon l'effectif) est pour l'heure versée aux URSSAF.

Intermittents du spectacle - Pour les intermittents du spectacle vivant et enregistré, un système dérogatoire est prévu.

Quel que soit l'effectif de l'entreprise, l'employeur est redevable d'une participation unique, dont le régime est défini par un accord, une convention ou un accord professionnel national étendu, sans que le taux de la contribution puisse être inférieur à 2 % (c. trav. art. L. 6331-55).

Cette contribution est versée aux URSSAF dans la limite du taux minimal légal de 2 % (c. trav. art. R. 6331-73).

Les rémunérations des intermittents étant assujetties à cette contribution spécifique en lieu et place de la contribution de droit commun, elles n'entrent pas dans l'assiette de la contribution générale de 0,55 % ou 1 %.

▶ À noter… Un accord interbranche du 25 septembre 2014 sur la formation des intermittents du spectacle prévoit une contribution financière divisée en trois éléments : la contribution légale de 2 % des rémunérations versées à ces salariés, une contribution conventionnelle de 0,10 % et une contribution annuelle de 50 € forfaitaire par entreprise (accord interbranche du 25 septembre 2014, art. 3, étendu par arrêté du 16 mars 2015, art. 11, JO du 24).

Entreprises de portage salarial - Pour les entreprises de portage salarial, un accord de branche étendu peut prévoir, pour les salariés portés, l'adaptation du montant et de la répartition de leur contribution au financement de la formation professionnelle continue, avec un taux plancher de 1,60 % (ord. 2015-380 du 2 avril 2015, art. 8, JO du 3).

À cet égard, la convention de branche du 22 mars 2017 prévoit un taux de 1,60 % (convention collective des salariés en portage salarial du 22 mars 2017, art. 36, modifié par avenant n° 6 du 18 février 2020 et avenant n° 10 du 15 décembre 2020, respectivement étendus pararrêté du 28 avril 2017, JO du 30, texte 81, arrêté du 18 décembre 2020, JO du 24, texte 205 et arrêté du 2 juillet 2021, JO du 16, texte 117).

Au total, les entreprises du secteur sont toutes redevables de 1,60 %, réparti comme suit :
- entreprises de moins de 11 salariés : 0,55 % de contribution légale et 1,05 % de contribution conventionnelle ;
- entreprises de 11 salariés et plus : 1 % de contribution légale et 0,60 % de contribution conventionnelle.

Règles d'effectif

Seuil de bascule - Le taux de la contribution légale à la formation professionnelle varie selon l'effectif de l'entreprise, la législation distinguant les employeurs de « moins de 11 salariés » et ceux de « 11 salariés et plus » *(voir plus haut)*.

Règles sécurité sociale - Les seuils d'effectif prévus en matière de contribution formation relève des règles de calcul d'effectif du code de la sécurité sociale (pour le détail, voir *Effectif sécurité sociale**) (c. trav. art. L. 6331-1 A ; c. séc. soc. art. L. 130-1 et R. 130-1).

▶ À noter… Ces règles sont entrées en vigueur le 1er janvier 2020 (loi 2019-486 du 22 mai 2019, art. 11, XIV), donc, hors cas des entreprises nouvelles, pour la contribution formation 2020 sur la base de l'effectif annuel moyen « sécurité sociale » 2019.

Dans ce système, hors cas des entreprises nouvelles, l'effectif de l'entreprise pris en compte au titre de la contribution due au titre d'une année donnée correspond à l'effectif annuel moyen « sécurité sociale » de l'année civile précédente (c. séc. soc. art. L. 130-1 et R. 130-1). Autrement dit, hors cas des entreprises nouvelles, le taux de la contribution formation de l'année N dépend de l'effectif « sécurité sociale » calculé sur N - 1.

Pour les entreprises nouvelles (voir *Effectif sécurité sociale**) :
- l'effectif à prendre en compte pour l'année de création du premier emploi salarié titulaire d'un contrat de travail dans l'entreprise correspond à l'effectif présent le dernier jour du mois au cours duquel cette première embauche a été réalisée (c. séc. soc. art. L. 130-1, I) ;
- l'effectif de référence pour la seconde année (celle qui suit l'année de création du premier emploi) est l'effectif « sécurité sociale » annuel moyen calculée sur l'année précédente, à savoir celle de création de l'entreprise, mais en ne tenant pas compte des mois durant lesquels aucun salarié n'a été employé (c. séc. soc. art. R. 130-1, I).

Selon nos informations, en cas de modification de la situation juridique de l'employeur avec transferts de salariés en cours d'année, il faut appliquer les règles spécifiques prévues par le BOSS en la matière (voir *Effectif sécurité sociale**), dans la mesure où l'administration n'exclut pas leur mise en œuvre (BOSS, Effectif, § 1520, 01/01/2025).

Règles de franchissement de seuil à la hausse - Les règles de franchissement de seuil applicables sont celles de l'*effectif sécurité sociale** (c. trav. art. L. 6331-1 A).

▶ À noter… Cette règle est entrée en vigueur le 1er janvier 2020 (loi 2019-486 du 22 mai 2019, art. 11, XIV), donc pour la contribution formation 2020 sur la base de l'effectif annuel moyen « sécurité sociale » 2019.

Dans ce système, l'atteinte ou le franchissement à la hausse du seuil de 11 salariés n'est pris en compte que si ce seuil est atteint ou dépassé pendant 5 années civiles consécutives (c. séc. soc. art. L. 130-1, II).

Lorsqu'une entreprise repasse sous les 11 salariés sur l'effectif d'une année donnée, les compteurs sont remis à zéro. Si par la suite l'entreprise repasse au-dessus du seuil, elle bénéficiera d'un nouveau moratoire de 5 ans avant d'être soumise aux dispositions liées à ce seuil (c. séc. soc. art. L. 130-1, II).

Ainsi, un employeur qui atteint ou franchi le seuil de 11 salariés au titre de son effectif « sécurité sociale » calculé sur l'année N ne bascule au taux des « 11 salariés et plus » qu'à partir du 1er janvier de l'année N + 6, à condition de ne pas être redescendu sous les 11 salariés sur l'une des années intercalaires.

Exemple

Début 2022, un employeur a constaté qu'il a atteint ou dépassé les 11 salariés au titre de son effectif « sécurité sociale » calculé sur l'année 2021. Il ne sera soumis au régime des « 11 salariés et plus » qu'à partir du 1er janvier 2027, à condition de rester à 11 salariés et plus sur chacune des années intercalaires (effectifs calculés sur 2022, 2023, 2024, 2025 et 2026).

Pour assurer la transition entre le nouveau dispositif de gel des effets de seuil et l'ancien, la loi PACTE a prévu une règle transitoire, qui a ensuite été assouplie par loi de finances pour 2021 (loi 2019-486 du 22 mai 2019, art. 11, XII et XIII modifiés ; loi 2020-1721 du 29 décembre 2020, art. 159, V du 30). Cette règle transitoire visait les employeurs ayant atteint ou dépassé pour la première fois le seuil de 11 salariés au titre de la participation formation 2019 ou antérieurement. Aucun employeur ne peut encore se trouver dans ces règles transitoires à l'heure où nous rédigeons ces lignes.

Contribution 1 % CPF-CDD

Employeurs redevables - Quel que soit leur effectif, les employeurs assujettis à la contribution formation *(voir plus haut)* employant des salariés en contrat à durée déterminée (CDD) doivent financer le compte personnel de formation (CPF) des intéressés, via une contribution spécifique (c. trav. art. L. 6331-6).

Taux et assiette - Cette contribution est égale à 1 % des rémunérations brutes soumises à cotisations de sécurité sociale versées aux salariés employés en CDD (c. trav. art. L. 6331-6).

Il convient d'appliquer une majoration d'assiette de 11,50 % pour les salariés des entreprises du BTP, de transport et de dockers dont les congés payés sont indemnisés par des caisses de congés payés, comme pour la contribution légale à la formation *(voir plus haut)* (c. séc. soc. art. L. 243-1-3 et D. 243-0-2).

L'abattement « ports autonomes » peut s'appliquer, aux mêmes conditions que pour la contribution légale *(voir plus haut)*.

CDD exonérés - Sont exclus du champ de cette contribution :
- les CDD saisonniers (c. trav. art. L. 6331-6, dern. al.).
- les CDD des intermittents du spectacle (c. trav. art. L. 6331-55) ;
- les CDD des sportifs et entraîneurs professionnels (c. sport art. L. 222-4).
- les contrats d'accompagnement dans l'emploi, contrats d'apprentissage et contrats de professionnalisation (c. trav. art. D. 6331-72) ;
- le CDD conclu pour permettre à un salarié en CDD saisonnier, que l'employeur s'engage à reconduire pour la saison suivante en application d'un accord collectif, de participer à une action de formation prévue au plan de développement des compétences de l'entreprise (c. trav. art. D. 6331-72 et L. 6321-9).

▶ À noter… Les CDD conclus avec des jeunes au cours de leur cursus scolaire ou universitaire, ainsi que les CDD qui se poursuivent par des CDI, ne sont plus exonérés pour les périodes d'emploi accomplies depuis le 1er janvier 2022 (décret 2021-1917 du 30 décembre 2021, art. 1, 6°).

Contributions supplémentaires conventionnelles ou volontaires

La loi fixe une contribution légale minimale.

Elle laisse donc la place à des versements supplémentaires, versés soit en application d'un accord professionnel national (entreprises de travail temporaire, etc.), soit à titre volontaire par les employeurs.

Recouvrement des contributions formation

Contributions légales - Les employeurs doivent payer aux URSSAF (ou CGSS ou CMSA) la contribution légale à la formation professionnelle de 0,55 % ou 1 % et la contribution 1 % CPF-CDD pour les périodes d'emploi accomplies depuis le 1er janvier 2022 (c. trav. art. L. 6131-3).

Il en va de même pour la contribution formation des intermittents, dans la limite du taux minimal de 2 % (c. trav. art. L. 6331-55 et R. 6331-73).

Ces contributions sont déclarées mensuellement en DSN, sous des codes types de personnel (CTP) spécifiques.

Elles sont payées aux URSSAF selon les mêmes règles de recouvrement que les cotisations de sécurité sociale : même périodicité (mensuelle dans le cas général, trimestrielle pour les rares TPE ayant opté pour cette périodicité en URSSAF), mêmes échéances, mêmes sanctions, etc. (c. trav. art. L. 6131-3, L. 6331-1, L. 6331-3, L. 6331-6 et L. 6331-55).

Cotisation au CCCA-BTP - Dans le secteur du BTP, les employeurs relevant du régime des moins de 11 salariés continuent de verser la cotisation due au titre du CCCA-BTP (Comité de concertation et de coordination de l'apprentissage du bâtiment et des travaux public) à la caisse prévoyance du BTP (c. trav. art. L. 6331-40).

En revanche, les employeurs de 11 salariés et plus n'ont plus de versement à effectuer à la caisse BTP Prévoyance. La cotisation au CCCA-BTP restant déductible de la contribution formation de 1 % pour les intéressés, ils doivent simplement verser la contribution de 1 % aux URSSAF, à charge pour France compétences, qui recevra ces sommes, de reverser ensuite au CCCA-BTP la part qui lui revient (c. trav. art. L. 6331-41).

Contributions conventionnelles et volontaires - Les opérateurs de compétences (OPCO) sont habilités à collecter des contributions supplémentaires, versées soit en application d'un accord professionnel national, soit à titre volontaire par les employeurs (c. trav. art. L. 6332-1-2).

Sous certaines conditions (convention avec l'ACOSS, caractéristiques des contributions conventionnelles), les branches professionnelles pourront décider de confier aux URSSAF, au plus tôt à effet du 1er janvier 2026, le recouvrement des contributions conventionnelles supplémentaires prévues par un accord national professionnel (c. trav. art. L. 6131-3 et L. 6332-1-2). Il s'agira d'une possibilité ouverte aux partenaires sociaux des branches concernées, et non d'une obligation. Ils pourront donc en rester à une collecte par les OPCO.

En revanche, le recouvrement des contributions volontaires des entreprises ne pourra pas être transféré aux URSSAF. Les employeurs devront donc continuer à les verser aux OPCO, y compris après 2026.

☞ *Effectif sécurité sociale ; Taxe d'apprentissage.*

Contribution au dialogue social

Depuis 2015, il existe en France un fonds paritaire spécifiquement dédié au financement des organisations syndicales et des organisations professionnelles d'employeurs, pour leurs activités concourant au développement et à l'exercice de missions d'intérêt général (c. trav. art. L. 2135-9 et L. 2135-11).

Il est alimenté par diverses ressources et en particulier par une contribution patronale, aujourd'hui appelée « contribution au dialogue social » par l'URSSAF Caisse nationale (ou ACOSS) (c. trav. art. L. 2135-9 et L. 2135-11).

Contribution patronale

Employeurs assujettis - Cette contribution est due par (c. trav. art. L. 2135-15-1, renvoyant à L. 2111-1 ; lettre-circ. ACOSS 2015-49 du 20 octobre 2015, Q/R 1) :
- les employeurs de droit privé, au titre des salariés employés dans le cadre de contrats de travail ;
- les personnes publiques, au titre des personnels qu'elles emploient dans des conditions de droit privé (en pratique, ceux qui sont titulaires d'un contrat de travail au sens du code du travail).

La contribution s'applique indépendamment de la présence ou non d'un syndicat dans l'entreprise, sans condition d'effectif et peu important que l'employeur soit ou non adhérent d'une organisation patronale (lettre-circ. ACOSS 2015-49 du 20 octobre 2015, Q/R 2 et 3).

Les particuliers employeurs ainsi que les associations intermédiaires sont assujettis à la contribution (lettre-circ. ACOSS 2015-49 du 20 octobre 2015, Q/R 4 et 16).

▶ À noter… La loi de finances pour 2025 a réécrit les dispositions relatives à la contribution patronale au dialogue social, pour des raisons de mise en conformité de son affectation budgétaire avec les règles de la loi organique relative aux lois de finances. En pratique, rien n'a changé pour les entreprises, la base légale de la contribution est seulement codifiée dans un nouvel article (loi 2025-127 du 14 février 2025, art. 125, X, JO du 15 ; c. trav. art. L. 2135-10 et L. 2135-11 modifiés, L. 2135-15-1 nouveau).

Taux - Le taux de la contribution est fixé à 0,016 % (c. trav. art. D. 2135-34).

Assiette - La contribution est calculée sur la base des rémunérations versées aux salariés et comprises dans l'assiette des cotisations de sécurité sociale (c. trav. art. L. 2135-15-1, I).

Pour les salariés dont les cotisations sont calculées sur une assiette forfaitaire, la contribution est calculée sur cette assiette (lettre-circ. ACOSS 2015-49 du 20 octobre 2015, Q/R 11).

Dans l'hypothèse d'un salarié qui travaille pour plusieurs employeurs, chaque employeur en est débiteur sur la totalité de la rémunération versée entrant dans l'assiette des cotisations de sécurité sociale (lettre-circ. ACOSS 2015-49 du 20 octobre 2015).

Recouvrement - Cette contribution patronale est recouvrée et contrôlée par les organismes chargés du recouvrement des cotisations de sécurité sociale (URSSAF, CGSS, CMSA), selon les mêmes règles et sous les mêmes garanties et sanctions (c. trav. art. L. 2135-15-1, II).

Elle est déclarée aux URSSAF sous le code type de personnel (CTP) 027 (www.urssaf.fr).

Précisions particulières

Contrats aidés - La contribution est due au titre des contrats de travail « aidés » (ex. : contrat de professionnalisation) (lettre-circ. ACOSS 2015-49 du 20 octobre 2015, Q/R 10).

Apprentis - Il n'y a plus aucune exonération sur les rémunérations des apprentis. La contribution au dialogue social est donc due, y compris depuis 2019 au titre des contrats d'apprentissage conclus par des employeurs inscrits au répertoire des métiers ou employant moins de 11 salariés.

Stagiaires, personnes handicapées en ESAT - La contribution n'est pas due au titre des stagiaires, même si leur gratification dépasse le seuil de franchise de cotisations, puisque les intéressés ne sont pas titulaires d'un contrat de travail. Il en va de même des travailleurs *handicapés** accueillis dans un établissement et service d'aide par le travail (lettre-circ. ACOSS 2015-49 du 20 octobre 2015, Q/R 7 et 9).

Détachés et expatriés - La contribution s'applique à la rémunération versée à un salarié en situation de *détachement à l'étranger** au sens de la sécurité sociale. Ces derniers sont en effet titulaires d'un contrat de travail et maintenus au régime de sécurité sociale français auquel ils étaient affiliés (lettre-circ. ACOSS 2015-49 du 20 octobre 2015, Q/R 13).

À l'inverse, l'employeur n'en est pas redevable au titre des salariés en situation d'*expatriation**, dans la mesure où ils ne sont pas affiliés à un régime obligatoire français de sécurité sociale (selon les cas, ils sont affiliés au régime local et/ou au régime d'assurance volontaire français).

Dirigeants et mandataires sociaux - La contribution n'est pas due non plus sur les sommes versées à un *dirigeant d'entreprise** lorsqu'il est uniquement titulaire d'un mandat social. S'il cumule un contrat de travail avec son mandat social, la contribution doit être acquittée au titre de la seule rémunération de l'activité salariée (lettre-circ. ACOSS 2015-49 du 20 octobre 2015, Q/R 12).

☞ *Charges sociales.*

Contribution patronale sur les stock-options et les actions gratuites

L'employeur est redevable d'une contribution patronale spécifique au titre des options de souscription ou d'achat d'actions [voir *Stock-options (options sur actions)**] et en cas d'*attribution gratuite d'actions aux salariés** (c. séc. soc. art. L. 137-13).

Condition d'application

Contribution liée à l'affiliation obligatoire à l'assurance maladie - L'employeur est redevable de cette contribution lorsque le bénéficiaire (salarié ou mandataire social) des attributions de stock-options ou d'actions gratuites est affilié au régime obligatoire d'assurance maladie du régime général des salariés, du régime des salariés agricoles ou de certains régimes spéciaux (SNCF, RATP, CRPCEN, etc.).

Cas dans lesquels la contribution n'est pas due - Dès lors que le bénéficiaire n'est pas ressortissant d'un régime d'assurance maladie obligatoire à la date d'attribution des stock-options ou des actions gratuites, la contribution n'est pas due.

Ainsi, même si l'entreprise est établie en France, l'employeur ne doit pas verser la contribution sur les stock-options et les actions gratuites attribuées à des personnes relevant d'un régime étranger de sécurité sociale ou affiliées à la Caisse des Français de l'étranger.

En outre, si une société mère française attribue des stock-options ou des actions gratuites à des salariés de filiales étrangères, ces filiales ne sont pas redevables de la contribution, à moins que les salariés ne relèvent d'un régime d'assurance maladie français obligatoire.

Cas particulier : attribution par des sociétés étrangères à des bénéficiaires français - La contribution est également due par les sociétés dont le siège social est à l'étranger, au titre des stock-options ou des actions gratuites qu'elles attribuent à des bénéficiaires qui exercent leur activité en France, dans une société mère ou une filiale.

Dans cette situation, les règles relatives à l'assiette de la contribution doivent être adaptées *(voir tableau)*.

Règles de recouvrement - La contribution patronale doit être payée aux URSSAF. Elle relève des règles de recouvrement, de contrôle et de contentieux du régime général de la sécurité sociale (ou du régime agricole pour les salariés relevant de ce régime) (c. séc. soc. art. L. 137-3 et L. 137-4).

Contribution au titre des stock-options

Assiette - C'est à l'employeur de choisir l'assiette de la contribution due au titre des attributions de stock-options. Il peut se référer (c. séc. soc. art. L. 137-13, I) :
- soit à la juste valeur des options telle qu'elle est estimée pour l'établissement des comptes consolidés pour les sociétés appliquant les normes comptables IFRS *(voir tableau)* ;
- soit à 25 % de la valeur des actions sur lesquelles portent ces options *(voir tableau)*, à la date de décision d'attribution.

À cet égard, la date d'attribution est celle à laquelle le conseil d'administration ou le directoire désigne les bénéficiaires des options, le nombre des titres auxquels ils ont le droit de souscrire, d'adhérer ou qu'ils ont le droit d'acheter et le prix auquel ils peuvent effectuer cette souscription ou cet achat (circ. DSS/5B 2008-119 du 8 avril 2008).

Le choix de l'employeur n'est soumis à aucun formalisme particulier. Il est fait pour la durée de l'exercice et pour l'ensemble des stock-options consenties. Le choix opéré est irrévocable durant cette période.

▶ À noter… L'évaluation par référence aux normes IFRS est possible pour toutes les entreprises, y compris celles qui ne sont pas soumises au respect de ces normes comptables (circ. DSS/5B 2008-119 du 8 avril 2008).

Taux - Le taux de la contribution patronale est fixé à 30 % (c. séc. soc. art. L. 137-13, II).

Exigibilité - La contribution est exigible dans le mois suivant la date de la décision d'attribution des options (c. séc. soc. art. L. 137-13, II, 1°).

La date de la décision d'attribution est celle à laquelle le conseil d'administration ou le directoire désigne les bénéficiaires des options de souscription ou d'achat d'actions ou des actions gratuites.

En son temps, l'administration avait précisé que les employeurs bénéficient, à titre de tolérance, d'un délai supplémentaire de 1 mois au cours duquel les pénalités ne sont pas appliquées (circ. DSS/5B 2008-119 du 8 avril 2008). Mais cette tolérance n'est pas mentionnée sur le site Internet du réseau des URSSAF.

Remboursement possible si les conditions de levée des options ne sont pas satisfaites - Le fait générateur de la contribution patronale étant la décision d'attribution des stock-options, il peut arriver qu'un employeur paye une contribution pour un bénéficiaire qui, au final, ne remplira pas les conditions pour lever les options.

Les règles d'exigibilité de la contribution (dans le mois suivant la décision d'attribution des stock-options) ne font pas obstacle à sa restitution « lorsque les conditions auxquelles la levée de l'option d'achat des actions était subordonnée ne sont pas satisfaites ». Un employeur a ainsi pu se faire rembourser la contribution payée pour un salarié qui avait été licencié pour faute grave avant la date fixée pour la levée des options et radié du plan d'attribution de stock-options sans avoir bénéficié de leur attribution (cass. civ., 2e ch., 17 mars 2022, n° 20-19247 FB).

Contribution au titre d'attributions gratuites d'actions

Règles applicables aux attributions décidées à compter du 8 août 2015 - Le régime de la contribution due au titre des attributions gratuites d'actions a connu plusieurs modifications successives.

Les règles ici exposées sont celles applicables aux attributions autorisées par une décision de l'assemblée générale extraordinaire (AGE) à compter du 8 août 2015.

Assiette - L'assiette de la contribution correspond à la valeur, à leur date d'acquisition par le bénéficiaire, des actions attribuées *(voir tableau)* (c. séc. soc. art. L. 137-13, I).

▶ À noter… L'assiette est donc imposée. L'employeur ne dispose donc plus de l'option que lui offrait la législation pour les attributions autorisées par l'AGE jusqu'au 7 août 2015 inclus.

Taux - Depuis le 1er mars 2025, le taux de la contribution patronale due au titre des actions gratuites est fixé à 30 % (c. séc. soc. art. L. 137-13, II, 2° modifié ; loi 2025-199 du 28 février 2025, art. 19, JO du 28). Pour l'entrée en vigueur de cette mesure, la loi ne donne pas d'autre précision et n'évoque pas, comme elle a pu le faire par le passé pour d'autres réformes, la date de la décision de l'assemblée générale extraordinaire autorisant l'attribution gratuite d'actions. L'administration précisera peut-être ce point.

▶ À noter… Pour l'entrée en vigueur au 1er mars 2025 du taux de 30 %, la loi du 28 février 2025 ne donne pas d'autre précision. Elle ne se réfère pas, comme elle a pu le faire par le passé pour d'autres réformes, à la date de la décision de l'assemblée générale extraordinaire autorisant l'attribution gratuite d'actions. L'administration précisera peut-être ce point.

Antérieurement à mars 2025, le taux était de 20 % ou 30 % selon les périodes :

- 20 % pour les actions gratuites dont l'attribution a été autorisée par une décision de l'AGE à compter du 1er janvier 2018, et ce jusqu'au 28 février 2025 (loi 2017-1386 du 30 décembre 2017, art. 11) ;
- 30 % pour les actions gratuites dont l'attribution a été autorisée par l'AGE du 31 décembre 2016 au 31 décembre 2017 (loi 2016-1917 du 29 décembre 2016, art. 61, II, 3°) ;
- 20 % pour les actions gratuites dont l'attribution a été autorisée par l'AGE du 8 août 2015 au 30 décembre 2016 (loi 2015-990 du 6 août 2015, art. 135, II et VII).

Exigibilité - La contribution est exigible le mois suivant la date d'acquisition des actions par le bénéficiaire (et non plus suivant la date d'attribution par le conseil d'administration ou le directoire) (c. séc. soc. art. L. 137-13, II, 2°).

Cette règle s'applique au titre des actions gratuites dont l'attribution est autorisée par une décision de l'AGE à compter du 8 août 2015.

Exonération pour certaines PME et ETI - Une exonération de contribution est prévue pour les sociétés n'ayant procédé à aucune distribution de dividendes depuis leur création et qui répondent soit à la définition de PME européenne, soit à la définition des entreprises de taille intermédiaire (ETI) (c. séc. soc. art. L. 137-13, I).

▶ À noter… L'exonération en faveur des PME est applicable aux actions gratuites dont l'attribution est autorisée par une décision de l'AGE à compter du 8 août 2015 (loi 2015-990 du 6 août 2015, art. 135, VII). Celle prévue en faveur des ETI concerne les actions gratuites dont l'attribution est autorisée par une décision de l'AGE à compter du 1er janvier 2021 (loi 2020-1721 du 29 décembre 2020, art. 206).

Cette exonération s'applique dans la limite, pour chaque salarié, du montant annuel du *plafond de la sécurité sociale**. La limite s'apprécie en faisant masse des actions gratuites dont l'acquisition est intervenue pendant l'année en cours et les trois années précédentes (c. séc. soc. art. L. 137-13, I).

Une PME au sens de la définition européenne s'entend d'une entreprise dont l'effectif est inférieur à 250 personnes et dont le chiffre d'affaires n'excède pas 50 millions d'euros ou dont le total du bilan annuel n'excède pas 43 millions d'euros (annexe de la recommandation 2003/361/CE de la Commission européenne du 6 mai 2003). Les seuils s'apprécient selon des modalités différentes selon que les entreprises

Assiette de la contribution

Choix opéré	Précisions
Assiette déterminée par rapport à la valeur des actions : - **stock-options :** 25 % de la valeur des actions sur lesquelles portent les options, à la date de la décision d'attribution par le conseil d'administration ou le directoire ; - **attributions gratuites d'actions :** valeur des actions, à leur date d'acquisition par le bénéficiaire, des actions attribuées (1).	• **Détermination de la valeur des actions cotées.** La valeur à retenir est déterminée comme suit : - **actions gratuites (attributions autorisées par une décision de l'AGE à compter du 8 août 2015) :** à notre sens et sous réserve d'éventuelles précisions par circulaire, valeur du premier cours coté du jour où l'action est acquise par le bénéficiaire ; - **stock-options :** valeur du premier cours coté du jour où l'attribution (ou l'option) est consentie. Toutefois, dans les **cas exceptionnels** où ce cours ne serait pas représentatif de la valeur vénale réelle de l'action du fait d'événements particuliers (ex. : fusion annoncée), l'employeur peut se baser sur une valeur différente, à charge pour lui de produire impérativement les éléments d'appréciation objectifs et vérifiables justifiant son évaluation. • **En cas d'attribution par une société étrangère** à des bénéficiaires employés en France, ces règles sont adaptées comme suit : - lorsque le titre d'une société étrangère est coté à la fois sur la place étrangère et à la Bourse de Paris, il y a lieu de se référer à la cotation de la Bourse de Paris ; - si la cotation est exprimée dans une monnaie autre que l'euro, la conversion doit être opérée au taux de change du jour de référence.
	• **Détermination de la valeur des actions non cotées.** La valeur des actions est déterminée : - soit selon la méthode multicritère (en tenant compte des caractéristiques propres de l'entreprise, de sa situation nette comptable, de sa rentabilité et de ses perspectives d'activité) ; - soit selon celle de l'actif net réévalué (en divisant le montant de l'actif net réévalué, calculé d'après le bilan le plus récent, par le nombre de titres existants).
Assiette déterminée par référence aux normes IFRS (stock-options uniquement)	• **C'est à la norme IFRS**, qui définit les règles applicables aux transactions dont le paiement est fondé sur des actions, qu'il convient de se référer (2). Cette norme impose au minimum, s'agissant des options sur titres, de prendre en compte le prix d'exercice de l'option, sa durée de vie, le prix actuel des actions sous-jacentes, la volatilité attendue de son prix, le taux d'intérêt sans risque pour sa durée de vie. • **Pour la détermination de cette assiette**, il peut être tenu compte des conditions d'acquisition des droits évalués conformément au même règlement (3).

(1) Règle d'assiette applicable pour les attributions gratuites d'actions autorisées par une décision de l'AGE à compter du 8.08.2015 (l'employeur ne peut plus opter pour une assiette déterminée par rapport aux normes IFRS, comme cela était prévu pour les attributions autorisées avant cette date).
(2) Voir « Code IFRS », 18e édition (2024).
(3) IFRS 2, §§ 19 à 21.

concernées sont considérées comme autonomes, partenaires ou liées.

Les entreprises de taille intermédiaire (ETI) sont les entreprises qui n'appartiennent pas à la catégorie des PME et qui, d'une part, occupent entre 250 et 5 000 salariés, et d'autre part, ont un chiffre d'affaires inférieur à 1,5 milliard d'euros ou un total de bilan n'excédant pas 2 milliards d'euros (décret 2008-1354 du 18 décembre 2008, art. 3).

L'ensemble de ces conditions s'apprécie à la date de la décision d'attribution des actions gratuites. Le bénéfice de cette exonération est subordonné au respect du règlement européen sur les aides dites « de minimis » (règlt UE 2023/2831 du 13 décembre 2023 depuis le 1.01.2024 ; règlt UE 1407/2013 du 18 décembre 2013 antérieurement).

Attribution gratuite d'actions aux salariés ; Stock-options (options sur actions).

Contribution pour le remboursement de la dette sociale (CRDS)

La contribution pour le remboursement de la dette sociale (CRDS) a été créée pour financer la Caisse d'amortissement de la dette sociale (CADES).

La CRDS est notamment prélevée sur les revenus d'activité et de remplacement des personnes physiques fiscalement domiciliées en France et qui relèvent d'un régime obligatoire français d'assurance maladie (ord. 96-50 du 24 janvier 1996, art. 14, I).

Pour des précisions sur la notion de domicile fiscal, les lecteurs sont invités à se reporter à nos développements relatifs à la CSG [voir *Contribution sociale généralisée (CSG)**].

CRDS sur les revenus d'activité

Assiette - L'assiette de la CRDS est identique à celle de la CSG (ord. 96-50 du 24 janvier 1996, art. 14, I) [voir *Contribution sociale généralisée (CSG)**].

Abattement d'assiette - L'employeur doit appliquer un abattement d'assiette de 1,75 %, dans les mêmes conditions que pour la *CSG** sur les revenus d'activité.

L'assiette maximale sur laquelle l'abattement peut être appliqué est plafonnée à 4 fois le *plafond de la sécurité sociale**.

Pour plus de détails sur ces points, les lecteurs sont invités à se reporter aux développements relatifs à la CSG [voir *Contribution sociale généralisée (CSG)**].

Déduction forfaitaire spécifique pour frais professionnels - Dans tous les cas, il ne faut jamais appliquer une *déduction forfaitaire spécifique pour frais professionnels** à la base CRDS.

CRDS sur les revenus de remplacement

Taux et abattement d'assiette - Tous les revenus de remplacement soumis à la CSG sont également soumis à la CRDS. Le taux de la CRDS est identique à celui applicable aux revenus d'activité, à savoir 0,50 %.

Un abattement d'assiette peut s'appliquer ou non, selon la nature du revenu [voir *Contribution sociale généralisée (CSG sur revenus de remplacement)**]. Pour un tableau récapitulatif, voir *Contribution sociale généralisée (CSG)**.

Exonération de CRDS - Certains revenus de remplacement (allocations d'assurance chômage et allocations suivant le même régime, pensions d'invalidité et de retraite) sont exonérés de CRDS lorsqu'ils sont perçus par des personnes dont les revenus de l'avant-dernière année n'excèdent pas un certain montant.

En pratique, il faut ici se référer aux mêmes conditions de revenu fiscal de référence que celles qui gouvernent l'exonération de CSG sur lesdits revenus de remplacement [voir *Contribution sociale généralisée (CSG sur revenus de remplacement)**].

A contrario, lorsque ces revenus de remplacement sont soumis à la CSG sur revenus de remplacement au taux réduit (3,80 %) ou au taux normal, ils demeurent soumis à la CRDS.

> Attention... Il n'y a d'exonération de CRDS liée au revenu fiscal de référence sur les indemnités d'*activité partielle** depuis mars 2020, ni sur les allocations versées dans le cadre d'un *congé de mobilité** ou d'un *congé de reclassement** depuis le 1er janvier 2021.

Écrêtement de CRDS - Indépendamment de la possibilité d'exonération totale, le prélèvement de la CRDS « revenus de remplacement » ne peut pas avoir pour effet de ramener le montant de l'allocation éventuellement cumulée avec un revenu d'activité en deçà du SMIC brut (dispositif similaire à l'écrêtement de la CSG) [voir *Contribution sociale généralisée (CSG sur revenus de remplacement)**].

Ce mécanisme peut toujours jouer sur les indemnités d'*activité partielle** ainsi que les allocations versées dans le cadre d'un *congé de mobilité** ou d'un *congé de reclassement**.

IJSS et allocations de préretraite : pas d'exonération ni d'écrêtement - Les mécanismes d'exonération totale et l'écrêtement de CRDS ne s'appliquent pas aux indemnités journalières de sécurité sociale.

Ils ne concernent pas non plus les allocations versées à des personnes en préretraite ou en cessation anticipée d'activité (loi 2007-1786 du 19 décembre 2007, art. 16, I).

Mention sur le bulletin de paye

Taux et déductibilité de la CRDS - La CRDS se calcule au taux est 0,50 % (ord. 96-50 du 24 janvier 1996, art. 19).

La CRDS est une contribution salariale qui n'est pas déductible du revenu imposable, qu'elle soit calculée sur le salaire ou sur un revenu de remplacement (ex. : les IJSS).

Bulletin de paye - La CRDS est précomptée par l'employeur et doit figurer sur le bulletin de salaire.

Sur le bulletin de salaire, la CRDS sur les revenus d'activité est regroupée avec la CSG non déductible au taux global de 2,90 % (c. trav. art. R. 3243-2) [voir *Bulletin de paye (mentions obligatoires)**].

Lorsque des revenus de remplacement sont portés sur le bulletin de paye (ex. : allocations d'*activité partielle**), il est préférable de traiter à part la CSG/CRDS due sur ces revenus, compte tenu des possibilités d'exonération ou d'écrêtement le cas échéant applicables.

Versement

La CRDS est versée à l'URSSAF selon la même périodicité que les cotisations de sécurité sociale.

RÉFÉRENCES

circ. DSS 96-785 du 31 décembre 1996 ; lettre-circ. ACOSS 2004-132 du 6 octobre 2004 ; lettre-circ. ACOSS 2001-19 du 25 janvier 2001 ; lettre-circ. ACOSS 97-7 du 17 janvier 1997 ; lettre-circ. ACOSS 96-18 du 14 février 1996.

☞ *Assiette des cotisations de sécurité sociale ; Bulletin de paye (mentions obligatoires) ; Contribution sociale généralisée (CSG) ; Contribution sociale généralisée (CSG sur revenus de remplacement) ; Cotisations déductibles du revenu imposable ; Exigibilité des cotisations URSSAF ; Indemnités de rupture (régimes social et fiscal) ; Préretraite d'entreprise.*

Contribution sociale généralisée (CSG)

La contribution sociale généralisée (CSG) est une contribution qui sert à financer les régimes d'assurance maladie et d'allocations familiales, le fonds de solidarité vieillesse et la caisse nationale de solidarité pour l'autonomie (CNSA).

Les développements qui suivent sont consacrés à la CSG sur les revenus d'activité. Pour les revenus de remplacement, il convient de se reporter à l'étude correspondante [voir *Contribution sociale généralisée (CSG sur revenus de remplacement)**].

S'agissant des revenus d'activité, l'assiette de la *contribution pour le remboursement de la dette sociale (CRDS)** est alignée sur celle de la CSG (ord. 96-50 du 14 janvier 1996, art. 14, I).

▶ À noter… La CSG concerne également d'autres revenus, comme les revenus du patrimoine (revenus fonciers, rentes viagères, etc.) ou les revenus de placement (revenus mobiliers, plus-values immobilières, etc.). Mais ces CSG ne passent pas en paye. Elles ne sont pas abordées dans ce Dictionnaire Paye.

Assujettissement à la CSG

Critères d'assujettissement - La CSG est due par toute personne physique relevant d'un régime obligatoire d'assurance maladie français et fiscalement domiciliée en France pour l'établissement de l'impôt sur le revenu (c. séc. soc. art. L. 136-1).

▶ À noter… Compte tenu des spécificités du régime d'assurance maladie à Mayotte, la CSG n'est pas applicable aux revenus d'activité ou de remplacement perçus dans ce département par les assurés (lettre DSS/SD5B du 2 novembre 2015, diffusée par lettre-circ. 2016-2 du 15 janvier 2016).

Notion de domicile fiscal - Le domicile fiscal s'apprécie au regard des conventions fiscales internationales éventuellement applicables ou, à défaut, au regard des critères du code général des impôts (CGI art. 4 B). Pour ce faire, il convient de se placer au moment de la perception du revenu (BOSS, Assiette générale, § 150, 01/01/2024 ; lettre-circ. ACOSS 2001-91 du 2 août 2001).

Il appartient aux personnes qui ne sont pas fiscalement domiciliées en France et qui pourraient faire l'objet d'un précompte de CSG/CRDS de prouver leur non-domiciliation fiscale en France auprès des organismes de recouvrement ou des entreprises. Si besoin, ceux-ci doivent en demander la preuve aux intéressés dans les meilleurs délais.

▶ À noter... Le critère du domicile fiscal ne doit pas être confondu avec la notion de paiement de l'impôt sur le revenu. Des personnes fiscalement domiciliées à l'étranger peuvent très bien être redevables de l'impôt sur le revenu sur certaines sommes (ex. : en application d'une convention internationale, à raison de leurs revenus de source française) ; pour autant, elles ne sont pas assujetties à CSG/CRDS.

Lorsqu'une personne à charge d'un régime obligatoire d'assurance maladie français n'est pas fiscalement domiciliée en France, la cotisation salariale d'assurance maladie due sur les salaires se calcule à un taux majoré (voir *Cotisation d'assurance maladie-maternité-invalidité**).

CSG/CRDS sur revenus de source étrangère - Pour les personnes qui percevraient des revenus de source étrangère assujettis à CSG/CRDS, ces contributions sont recouvrées par l'administration fiscale selon les modalités prévues pour la CSG sur les revenus du patrimoine, à moins qu'elles aient déjà été précomptées par l'employeur (c. séc. soc. art. L. 136-5, II bis).

Sous cette réserve, la CSG et la CRDS dues sur ces revenus ne sont donc pas censées passer en paye (il appartient au bénéficiaire de porter les revenus concernés sur sa déclaration annuelle de revenus).

Enfin, il peut également arriver qu'une personne fiscalement domiciliée en France perçoive des revenus de source étrangère, qui soient exonérés de CSG et de CRDS en application d'une convention fiscale le prévoyant (CJCE 3 avril 2008, aff. C-103/06).

Assiette de la CSG sur les revenus d'activité

Principe général d'assujettissement - Les textes relatifs à la CSG sur les revenus d'activité posent un principe général d'assujettissement de toutes les sommes ainsi que les avantages et accessoires en nature ou en argent qui y sont associés, dus en contrepartie ou à l'occasion d'un travail, d'une activité ou de l'exercice d'un mandat, que leur attribution soit directe ou indirecte (c. séc. soc. art. L. 136-1-1, I).

Exemple

Les contributions patronales de retraite supplémentaire et de prévoyance complémentaire sont soumises à CSG. Cette règle se déduit non plus d'une mention expresse, mais du principe général d'assujettissement (sommes versées « directement ou indirectement » en contrepartie du travail ; *voir ci-dessus*), puisqu'aucune exonération n'est par ailleurs prévue. Il en va de même pour les sommes issues de l'épargne salariale (intéressement, participation, abondements aux plans d'épargne salariale).

Assujettissements expressément prévus - Le texte général est complété par une liste, non exhaustive (utilisation du terme « notamment »), qui précise expressément l'assujettissement à CSG de certains revenus particuliers (ex. : sommes versées au titre de la garantie de ressources des travailleurs handicapés travaillant en ESAT) (c. séc. soc. art. L. 136-1-1, II).

A contrario, des dispositions spécifiques dressent la liste des revenus exclus de la base CSG (c. séc. soc. art. L. 136-1-1, I, al. 2 et III).

Sommes et avantages soumis - Outre le salaire, ses accessoires et les avantages en nature, l'assiette de la CSG sur les revenus d'activité inclut notamment :
- les indemnités journalières complémentaires à celles de la sécurité sociale, versées en application d'une obligation légale ou conventionnelle de maintien total ou partiel de salaire (voir *Indemnités journalières complémentaires**) ;
- pour la partie correspondant au financement par l'employeur, les indemnités journalières complémentaires versées au titre d'un régime de prévoyance (voir *Indemnités journalières complémentaires de prévoyance**) ;

CSG et CRDS sur les revenus d'activité au 1er janvier 2025

	Assiette	CSG déductible (1)	CSG non déductible	CRDS
Sommes entrant dans le champ de l'abattement d'assiette	98,25 % de la base CSG/CRDS (2)	6,80 %	2,40 %	0,50 %
Sommes exclues du champ de l'abattement (3)	100 % des sommes versées	6,80 %	2,40 %	0,50 %

(1) La CSG est intégralement non déductible lorsqu'elle se rapporte à des sommes à la fois exonérées d'impôt sur le revenu et de cotisations de sécurité sociale.
(2) L'assiette à laquelle l'abattement peut être appliqué est plafonnée sur l'année. Une fois ce plafond épuisé, la CSG et la CRDS sont ensuite calculées sans abattement.
(3) Notamment assiettes forfaitaires, intéressement, participation aux résultats, abondements aux plans d'épargne, contributions patronales de prévoyance complémentaire et de retraite supplémentaire, indemnités de rupture, etc. (pour le détail, voir nos développements).

- les sommes attribuées au titre de l'*intéressement** ;
- les sommes attribuées au titre de la *participation aux résultats** ;
- l'abondement de l'employeur à un *plan d'épargne d'entreprise**, à un *plan d'épargne pour la retraite collectif** ou à un *compte épargne-temps** ;
- certaines primes de partage de la valeur (de 2024 à 2026, celles versées soit aux salariés des entreprises de moins de 50 salariés ayant une rémunération supérieure ou égale à 3 SMIC, soit à tous les salariés des entreprises de 50 salariés et plus ; voir *Prime de partage de la valeur**) ;
- les primes de partage de la valorisation de l'entreprise (voir *Plan de partage de la valorisation de l'entreprise**) ;
- les sommes versées à l'occasion de la modification du contrat de travail ;
- les contributions patronales de *retraite supplémentaire** ;
- les contributions patronales de *prévoyance complémentaire**, dont notamment la cotisation obligatoire d'assurance décès des cadres ou la part patronale aux garanties « Frais de santé » ;
- les allocations complémentaires versées par l'employeur à un salarié en *congé parental d'éducation** ;
- tout ou partie de certaines indemnités de rupture du contrat de travail ou de cessation des fonctions des dirigeants et mandataires sociaux [voir *Indemnités de rupture (régimes social et fiscal)**] ;
- la part de rémunération des *apprentis** dépassant 50 % SMIC, pour les contrats d'apprentissage conclus depuis le 1er mars 2025 (c. séc. soc. art. L. 136-1-1, III, 7° ; loi 2025-199 du 28 février 2025, art. 22, JO du 28).

Sommes exonérées - Parmi la liste des sommes qui sont exonérées de CSG et de CRDS (c. séc. soc. art. L. 136-1-1, III), on trouve notamment :
- la totalité de la rémunération des *apprentis** pour les contrats d'apprentissage conclus avant le 1er mars 2025 (c. séc. soc. art. L. 136-1-1, III, 1° a abrogé ; loi 2025-199 du 28 février 2025, art. 22, JO du 28) ;
- la rémunération des *apprentis** dans la limite de 50 % du SMIC pour les contrats d'apprentissage conclus à compter du 1er mars 2025 (loi 2025-199 du 28 février 2025, art. 22, JO du 28) ;
- les gratifications versées à l'occasion de *stages en entreprise**, pour la partie en franchise de cotisations (c. séc. soc. art. L. 136-1-1, III, 1° b) ;
- les personnes exclusivement rémunérées par des avantages en nature ;
- les contributions patronales qui financent les régimes de retraite supplémentaire entrant dans le champ de la *contribution sur les régimes de retraite à prestations définies** (c. séc. soc. art. L. 136-1-1, III, 2° e) ;
- les primes de partage de la valeur versées à certains salariés (de 2024 à 2026, ceux des entreprises de moins de 50 salariés ayant une rémunération inférieure à 3 SMIC ; voir *Prime de partage de la valeur**) ;
- l'indemnité de cessation d'activité versée aux salariés en *préretraite-amiante** (c. séc. soc. art. L. 136-1-2, II, 7°) ;
- tout ou partie de certaines indemnités de rupture du contrat de travail (c. séc. soc. art. L. 136-1-1, III, 5° a) [voir *Indemnités de rupture (régimes social et fiscal)**] ;
- tout ou partie des indemnités de cessation des fonctions des dirigeants et mandataires sociaux (c. séc. soc. art. L. 136-1-1, III, 5° b) [voir *Indemnités de rupture (régimes social et fiscal)**] ;
- la fraction de l'indemnité de congédiement des *journalistes** correspondant à 1 mois de salaire par année d'ancienneté, dans la limite de 15 mois de salaire pour les salariés ayant 15 ans d'ancienneté ou plus (cass. civ., 2e ch., 21 juin 2005, n° 03-30754, BC II n° 168 ; lettre-circ. ACOSS 2012-76 du 8 juin 2012).

Les remboursements de *frais professionnels** exonérés de cotisations dans les conditions et limites fixés par la réglementation de sécurité sociale ne constituent pas un revenu d'activité (c. séc. soc. art. L. 136-1-1, I, al. 2). Ils ne sont donc pas assujettis à CSG/CRDS (BOSS, Assiette générale, § 170, 01/01/2024).

Allocations décès ou invalidité - Les sommes versées par l'employeur aux ayants droit d'un salarié décédé et aux salariés frappés d'invalidité sont considérées comme versées en raison de l'appartenance du salarié à l'entreprise.

Elles constituent un avantage en argent consenti à l'occasion du travail précédemment accompli, peu important qu'elles soient versées après la rupture du contrat. Elles sont donc assujetties à cotisations de sécurité sociale (cass. ass. plén. 26 janvier 2001, n° 99-11758, BC ass. plén. n° 2 ; cass. ass. plén. 26 janvier 2001, n° 99-13397, BC ass. plén. n° 2) et, par voie de conséquence, à la CSG et à la CRDS au titre des revenus d'activité.

Par ailleurs, une règle expresse précise désormais que le capital décès versé par un organisme habilité et bénéficiant d'un financement patronal délivré dans le cadre d'un régime collectif et obligatoire de protection sociale complémentaire n'est pas assujetti à CSG ni, faute de règle contraire, à cotisations de sécurité sociale (c. séc. soc. art. L. 136-1-2, II, 9°). Pour mémoire, l'administration considérait déjà que les capitaux décès versés par une société d'assurances, une mutuelle, une institution de retraite ou de prévoyance n'étaient pas soumis à cotisations de sécurité sociale ni à CSG/CRDS (lettre min. du 4 novembre 1997, diffusée par lettre-circ. ACOSS 97-75 du

28 novembre 2015). Il n'était cependant pas fait référence au caractère collectif et obligatoire du régime.

Primes d'assurance visant à couvrir un maintien de salaire - Le code du travail (c. trav. art. L. 1226-1) et certaines conventions collectives ou accords collectifs imposent aux employeurs, sous conditions, de compléter l'indemnisation « sécurité sociale » des arrêts de travail par des indemnités complémentaires à leur charge. C'est ce qu'on appelle communément le « maintien de salaire »

Plutôt que de financer directement cette indemnisation complémentaire, certains employeurs se couvrent de l'obligation de maintien de salaire qui leur incombe en se « réassurant » auprès d'un organisme assureur.

Dans ce cas, la prime acquittée par l'employeur à l'organisme pour garantir le maintien de salaire qui lui incombe en application du code du travail ou d'un accord collectif ne constitue pas une contribution finançant un avantage de *prévoyance complémentaire**. Elle n'est pas, de ce fait, soumise à la CSG ni à la CRDS (cass. civ., 2e ch., 23 novembre 2006, n° 04-30208, BC II n° 331 ; lettre-circ. ACOSS 2007-30 du 8 février 2007 ; circ. DSS/5B 2007-77 du 23 février 2007).

▶ À noter… La logique de cette position, c'est que les primes acquittées par l'employeur dans le cadre d'une assurance souscrite pour garantir le risque d'avoir à financer le maintien de salaire n'a pas pour objet de conférer un avantage supplémentaire au salarié, de sorte qu'il ne s'agit plus, à proprement parler, de *prévoyance complémentaire**.

Cette solution ne s'applique que lorsque le maintien de salaire pour lequel l'employeur se réassure a une origine légale ou conventionnelle (circ. DSS/5B 2007-77 du 23 février 2007 ; lettre-circ. ACOSS 2007-30 du 8 février 2007).

Si le maintien de salaire pour lequel l'employeur se réassure est issu d'une décision unilatérale ou du contrat de travail, il relève de la *prévoyance complémentaire**, dès lors qu'elles excèdent le minimum fixé par la loi de mensualisation ou l'accord collectif ayant le même objet. Dans ce cas, le financement patronal constitue une contribution patronale de prévoyance complémentaire, de sorte qu'il est soumis à la CSG et à la CRDS.

▶ À noter… Cette lecture nous paraît cohérente avec la définition des prestations de prévoyance retenue par le BOSS en matière d'indemnités journalières (« les indemnités journalières qui interviennent à la suite de la prise en charge par l'employeur du maintien de salaire en application (…) du code du travail ou d'un accord collectif ayant le même objet » ; BOSS, Protection sociale complémentaire, § 290, 01/01/2025).

Assiettes forfaitaires - La CSG et la CRDS dues sur les rémunérations versées à des salariés pour lesquels les cotisations de sécurité sociale sont déterminées sur la base d'une assiette forfaitaire sont calculées sur cette même assiette, mais sans abattement (c. séc. soc. art. L. 136-2, II).

L'ACOSS considère, selon nos informations, que si des contributions patronales de prévoyance complémentaire ou de retraite supplémentaire sont versées, elles sont assujetties à CSG/CRDS, en sus de l'assiette forfaitaire. Il en va de même pour les primes d'intéressement, la participation aux résultats ou encore les abondements à un plan d'épargne salariale.

Tableau comparatif base sécurité sociale/base CSG - Un tableau comparatif des assiettes sécurité sociale et CSG figure par ailleurs dans ce dictionnaire (voir *Assiette des cotisations de sécurité sociale**).

Abattement d'assiette

Taux de l'abattement - L'assiette CSG/CRDS fait l'objet d'un abattement de 1,75 % pour frais professionnels, sauf si les contributions sont assises sur une assiette forfaitaire (c. séc. soc. art. L. 136-2).

Sommes bénéficiant de l'abattement - L'abattement d'assiette s'applique uniquement aux éléments de salaire et assimilés (c. séc. soc. art. L. 136-2, I, 1° ; BOSS, Assiette générale, § 250, 01/01/2024). Il s'agit principalement :

- des salaires (y compris les avantages en nature) et des primes et accessoires attachées aux salaires ;
- la *prime de partage de la valeur** (BOSS, Épargne salariale, § 60, 01/02/2025) ;
- des revenus des artistes-auteurs assimilés fiscalement à des salaires ;
- à notre sens, des indemnités versées en contrepartie d'une clause de non-concurrence ;
- à notre sens, des primes de partage de la valorisation de l'entreprise (voir *Plan de partage de la valorisation de l'entreprise**), faute de disposition excluant l'application de l'abattement à l'heure où nous rédigeons ces lignes.

▶ À noter… Bien que relevant de la CSG sur les revenus de remplacement, les allocations de chômage et les autres revenus de remplacement suivant le même régime (ex. : allocations d'*activité partielle**) entrent dans le champ de l'abattement d'assiette (c. séc. soc. art. L. 136-2, I, 3°).

Sommes versées à la rupture du contrat et bénéficiant de l'abattement - L'abattement est applicable à certaines sommes versées à l'occasion de la rupture du contrat de travail, mais qui ne sont pas à proprement parler des indemnités de rupture (circ. DSS/5B 2011-495 du 30 décembre 2011). Sont ici visés, pour l'essentiel :
- un rappel de salaire versé à l'occasion de la rupture du contrat ;
- l'*indemnité de fin de contrat** à durée déterminée ;
- l'*indemnité de fin de mission** versée aux travailleurs temporaires (intérimaires) à l'issue d'une mission ;
- les indemnités compensatrices de *congés payés**, de *RTT**, de *contrepartie obligatoire en repos**, de *repos compensateur de remplacement** versées au salarié pour les repos dont il n'a pas pu bénéficier avant son départ ;
- l'*indemnité compensatrice de préavis**.

Éléments exclus de l'abattement - L'abattement d'assiette n'est pas applicable à certaines sommes qui, bien que faisant partie de la base de la CSG et de la CRDS sur les revenus d'activité, ne constituent pas du salaire proprement dit (c. séc. soc. art. L. 136-2, I, 1° renvoyant à L. 242-1, II).

Pour ce qui concerne les employeurs du secteur privé, il s'agit pour l'essentiel (BOSS, Assiette générale, § 270, 01/01/2024) :
- des contributions patronales de *retraite supplémentaire** et de *prévoyance complémentaire** ;
- de l'*intéressement** (y compris l'intéressement de projet et un éventuel supplément d'intéressement) ;
- de la *participation aux résultats** (y compris un éventuel supplément de participation) ;
- de l'abondement de l'employeur à un *plan d'épargne d'entreprise**, un *plan d'épargne interentreprises** ou un *plan d'épargne pour la retraite collectif** ou au *plan d'épargne retraite d'entreprise collectif** ;
- des indemnités versées à l'occasion de la modification du contrat de travail ;
- des avantages liés à des *stock-options (options sur actions)** ou à une *attribution gratuite d'actions aux salariés**, lorsqu'ils sont soumis à CSG et à CRDS au titre des revenus d'activité ;
- de la contribution patronale aux *chèques-vacances** assujettie à CSG/CRDS mais exonérée de cotisations dans les entreprises de moins de 50 salariés sans CSE de plein exercice et ne relevant pas d'un organisme paritaire ;
- des indemnités versées à l'occasion de la cessation de leurs fonctions aux dirigeants et mandataires sociaux (voir *Dirigeants d'entreprise**).

En outre, sont également exclues du champ de l'abattement les indemnités de rupture du contrat de travail (*indemnité de licenciement**, *indemnité de mise à la retraite**, *indemnité transactionnelle**, *indemnité de rupture anticipée d'un CDD**, *indemnité de rupture conventionnelle individuelle**, *indemnité de rupture conventionnelle collective**, etc.).

Il en va de même pour celles de ces indemnités qui, par nature, ne donnent droit à aucune exonération de cotisations de sécurité sociale (ex. : *indemnité de départ volontaire** ou *indemnité de départ volontaire en retraite** versée en dehors d'un plan de sauvegarde de l'emploi, *indemnité de rupture conventionnelle individuelle** signée avec un salarié en droit de bénéficier d'une pension de vieillesse) (circ. DSS/5B 2011-495 du 30 décembre 2011).

▶ À noter... Rappelons que certains sommes, versées à l'occasion de la rupture du contrat mais qui ne constituent pas à proprement parler des indemnités de rupture, ouvrent droit à l'abattement *(voir plus haut)*.

Plafonnement de l'abattement d'assiette

Principe - L'assiette de l'abattement appliqué sur la base de la CSG et de la CRDS sur les revenus d'activité et les allocations chômage est plafonnée sur l'année à 4 fois le *plafond de la sécurité sociale** (c. séc. soc. art. L. 136-2, I, al. 2). Une fois ce plafond épuisé, la CSG et la CRDS sont calculées sur la fraction excédentaire sans abattement.

L'employeur doit tenir compte de tous les revenus concernés par l'abattement de 1,75 % (salaires, primes et accessoires de salaire, avantages en nature, etc.) (BOSS, Assiette générale, § 290, 01/01/2024).

Exemple

Un salarié quitte l'entreprise le 31 janvier 2025 suite à une démission. Sur sa dernière paye, son salaire brut soumis à cotisations s'élève à 16 000 €, la part patronale finançant le régime de prévoyance à 55 € et celle finançant la prévoyance « Frais de santé » à 85 €. Aucune autre somme n'est soumise à la CSG/CRDS.
L'assiette de la CSG/CRDS se calcule comme suit :
- au titre des sommes bénéficiant de l'abattement (salaire brut, limité à 4 plafonds de sécurité sociale) : 3 925 € × 4 × 98,25 % = 15 425,25 € ;
- au titre des sommes ne donnant pas droit à l'abattement : [salaire brut – (4 plafonds de sécurité sociale) + parts patronales de prévoyance] = [16 000 € – (4 × 3 925 €)] + 55 € + 85 € = 440 € ;
assiette totale de la CSG et de la CRDS : 440 € + 15 425,25 € = 15 865,25 €.

Plafond de sécurité sociale de référence - Pour l'application de cette règle, on retient le plafond de la sécurité sociale propre au salarié, en fonction de sa situation personnelle : entrée/sortie en cours d'année, travail à temps partiel, absences non rémunérées, salarié ayant plusieurs employeurs, etc. (voir *Plafond de la sécurité sociale**) (BOSS, Assiette générale, § 290, 01/01/2024).

Abattement d'assiette maximal - Le montant de l'abattement maximal est égal à 1,75 % de 4 fois le plafond de sécurité sociale de référence.

Exemples

1) Pour un salarié à temps plein présent toute l'année 2025 sans absence non rémunérée, l'assiette de l'abattement est plafonnée à 188 400 € (soit 3 925 € × 12 × 4), soit un abattement maximal de : 188 400 € × 1,75 % = 3 297 €.

2) Pour un contrat de travail à temps plein prenant fin au 31 janvier 2025, l'assiette de l'abattement est plafonnée à 15 700 € (soit 3 925 € × 4), soit un abattement maximal de : 15 700 € × 1,75 % = 274,75 €.

3) Pour une embauche le 27 septembre 2025, sans absence non rémunérée par la suite, l'assiette de l'abattement est plafonnée à : (4/30 × 3 925 € × 4) + (3 925 € × 4 × 3) = 49 193,33 €, soit un abattement maximal de : 49 193,33 € × 1,75 % = 860,88 €.

Salariés à temps partiel - Le seuil de 4 plafonds qui limite l'assiette de l'abattement CSG/CRDS se détermine en fonction du plafond réduit dès lors que l'employeur proratise le plafond pour un salarié à temps partiel, y compris en cas de *temps partiel thérapeutique** (voir *Abattement d'assiette pour temps partiel**).

Si l'employeur renonce, d'un commun accord avec le salarié, à la proratisation du plafond (c. séc. soc. art. L. 242-8), la paye est alors établie sans prorata pour temps partiel, comme pour un salarié à temps plein. Dans ce cas, on ne proratise pas non plus le plafond pour déterminer la limite de l'abattement d'assiette CSG/CRDS (lettre-circ. ACOSS 2012-32 du 19 mars 2012, Q/R 4).

Il en va de même lorsque l'employeur et le salarié ont convenu d'appliquer le dispositif de calcul des cotisations d'assurance vieillesse sur un salaire reconstitué à temps plein (c. séc. soc. art. L. 241-3-1), puisque dans cette hypothèse, il est impossible de mettre en œuvre le prorata de plafond pour temps partiel.

Salarié à employeurs multiples - Le seuil de 4 plafonds se détermine en fonction du plafond réduit dès lors que l'employeur proratise le plafond (voir *Employeurs multiples**).

Si l'employeur ne proratise pas le plafond pour la paye, on ne proratise pas non plus le plafond pour déterminer la limite de l'abattement d'assiette CSG/CRDS (lettre-circ. ACOSS 2012-32 du 19 mars 2012, Q/R 10).

Cumul contrat de travail et mandat social - Lorsqu'un salarié est également mandataire social, le respect du plafond de l'abattement d'assiette s'apprécie en faisant masse des sommes perçues au titre de chacune des fonctions.

L'abattement d'assiette CSG/CRDS est pratiqué sur une assiette maximale de 4 plafonds, en tenant compte des sommes versées au titre des deux fonctions (BOSS, Assiette générale, § 290, 01/01/2024).

L'employeur ne peut donc pas retenir 4 plafonds au titre du contrat de travail et 4 plafonds au titre du mandat social, soit un total de 8 plafonds.

Autres cas particuliers - Pour les artistes du spectacle rémunérés au cachet et les professions médicales à employeurs multiples, on tient compte du plafond effectivement appliqué à leur paye, y compris s'il est déterminé en fonction des règles particulières qui leur sont applicables (lettre-circ. ACOSS 2012-32 du 19 mars 2012, Q/R 13 et 14).

Régularisation progressive - Le seuil de 4 plafonds se régularise comme le plafond applicable aux cotisations de sécurité sociale (lettre-circ. ACOSS 2012-32 du 19 mars 2012, Q/R 8).

À notre sens, il convient donc d'effectuer la régularisation progressive pour le calcul de l'abattement de l'assiette de la CSG.

Déduction forfaitaire spécifique pour frais professionnels - La *déduction forfaitaire spécifique pour frais professionnels** applicable à certaines catégories de salariés pour l'assiette des cotisations de sécurité sociale n'est pas applicable à la base CSG/CRDS (c. séc. soc. art. L. 136-2, I, al. 4).

Pour calculer la base CSG/CRDS, l'employeur doit alors simplement appliquer l'abattement de 1,75 % aux sommes qui y sont éligibles, sans tenir compte des remboursements de frais.

Exemple

Pour un salaire de 2 287 € par mois et 305 € de remboursement de frais, avec une déduction forfaitaire de 30 %, l'employeur retiendra une assiette CSG/CRDS de 2 287 € × 98,25 % = 2 246,98 €.

Taux de la CSG sur les revenus d'activité

Taux de la CSG - Le taux global de la CSG sur les revenus d'activité est de 9,20 % pour les périodes courant depuis 1er janvier 2018 (c. séc. soc. art. L. 136-8, I, 1°).

CSG déductible et CSG non déductible - Le taux de 9,20 % de CSG se ventile entre 6,80 % déductibles du revenu imposable et 2,40 % non déductibles (CGI art. 154 quinquies).

Dans certains cas, CSG intégralement non déductible - Par exception, la CSG est intégralement non déductible lorsqu'elle porte sur des sommes à la fois exonérées d'impôt sur le revenu et de cotisations de sécurité sociale (BOFiP-RSA-BASE-30-30-§§ 80 à 100-24/07/2017).

Cette situation peut se présenter, par exemple, pour la *participation aux résultats** (lorsque le salarié n'en demande pas le versement immédiat), l'*intéressement** (lorsque le salarié l'affecte sur un plan d'épargne salariale) ou pour certaines indemnités de rupture.

Exemple

Une indemnité de licenciement (ex. : 5 000 €) supérieure au minimum légal ou conventionnel (ex. : 2 000 €) est exonérée d'impôt sur le revenu et de cotisations de sécurité sociale, mais assujettie à la CSG sur la fraction supérieure au minimum légal ou conventionnel. Dans ce cas, l'intégralité de la CSG (9,20 %) est non déductible.

Par simplification, il est admis que la CSG calculée sur les contributions patronales de prévoyance complémentaire et de retraite supplémentaire est toujours déductible à hauteur de 6,80 % (BOFiP-RSA-BASE-30-30-§ 120-24/07/2017).

Heures supplémentaires et complémentaires défiscalisées - La CSG due sur les rémunérations exonérées d'impôt sur le revenu des *heures supplémentaires**, des *heures complémentaires** des salariés à temps partiel et, pour les salariés en forfait jours, des jours travaillés au-delà de 218 jours par an dans les conditions prévues par le code du travail (voir *Rachat de jours de repos**) est intégralement non déductible du revenu imposable (BOSS, Exonérations heures supplémentaires et complémentaires, § 440, 01/01/2025).

Il en va de même pour la CSG due sur les rémunérations exonérées d'impôt au titre du dispositif de rachat exceptionnel de jours de repos (voir *Monétisation des jours de RTT**).

En conséquence, la CSG calculée sur ces rémunérations exonérées d'impôt est non déductible pour 9,20 points.

▶ À noter... Cette disposition permet au salarié d'avoir le même net imposable que si aucune heure supplémentaire ou complémentaire n'avait été effectuée. Il est ainsi privé de l'« effet d'aubaine » dont il aurait bénéficié, sous forme d'un net imposable inférieur, s'il y avait eu déductibilité partielle de la CSG.

La CSG redevient déductible pour 6,8 points une fois la limite d'exonération fiscale dépassée [voir *Heures supplémentaires et complémentaires (exonération d'impôt sur le revenu)**].

Bulletin de paye - La CSG est prélevée par l'employeur, qui doit la faire figurer sur le bulletin de paye.

La fraction de CSG déductible est traitée sur une ligne spécifique, à part de la CSG/CRDS non déductible [voir *Bulletin de paye (mentions obligatoires)**].

Versement aux URSSAF

La CSG est versée à l'URSSAF selon la même périodicité que les cotisations de sécurité sociale via la *déclaration sociale nominative** (c. séc. soc. art. L. 136-5, I).

Il n'y a pas lieu de distinguer CSG déductible et non déductible dans le déclaratif, même si sur le bulletin de paye la CSG déductible et la CSG/CRDS non déductibles sont obligatoirement présentées sur 2 lignes distinctes.

CSG sur les revenus de remplacement

Voir *Contribution sociale généralisée (CSG sur revenus de remplacement)**.

RÉFÉRENCES

circ. DSS 96-785 du 31 décembre 1996 ; instr. min. du 29 mars 1991 ; lettre min. du 13 février 1991 ; circ. min. du 30 janvier 1991 ; lettre-circ. ACOSS 2004-132 du 6 octobre 2004 ; lettre-circ. ACOSS 98-22 du 2 février 1998 ; lettre-circ. ACOSS 97-75 du 28 novembre 1997 ; lettre-circ. ACOSS 97-7 du 17 janvier 1997 ; lettre-circ. ACOSS 91-18 du 14 février 1991 ; lettre-circ. ARRCO 98-6 du 20 janvier 1998.

☞ *Assiette des cotisations de sécurité sociale ; Contribution pour le remboursement de la dette sociale (CRDS) ; Contribution sociale généralisée (CSG sur revenus de remplacement) ; Cotisations déductibles du revenu imposable ; Cotisations de retraite et de prévoyance (régime social) ; Indemnité de modification du contrat de travail ; Indemnités journalières complémentaires ; Indemnités de rupture (régimes social et fiscal) ; Intéressement ; Jetons de présence ; Participation aux résultats ; Plan d'épargne d'entreprise ; Plan d'épargne pour la retraite collectif ; Plan d'épargne retraite d'entreprise collectif ; Plan d'épargne retraite d'entreprise obligatoire ; Prime de partage de la valeur ; Réduction du temps de travail (compensations salariales) ; Régime de retraite à prestations définies ; Sommes et avantages attribués aux salariés d'autres employeurs ; Stages en entreprise (gratification).*

Contribution sociale généralisée (CSG sur revenus de remplacement)

Assujettissement

Critères - La contribution sociale généralisée (CSG) est due sur les revenus de remplacement par toute personne physique relevant d'un régime obligatoire d'assurance maladie français et fiscalement domiciliée en France pour l'établissement de l'impôt sur le revenu (c. séc. soc. art. L. 136-1). Pour la notion de domicile fiscal, les lecteurs sont invités à se reporter à nos développements relatifs à la CSG sur les revenus d'activité [voir *Contribution sociale généralisée (CSG)**].

▶ À noter... Compte tenu des spécificités du régime d'assurance maladie à Mayotte, la CSG n'est pas applicable aux revenus perçus dans ce département par les assurés (lettre DSS/SD5B du 2 novembre 2015, diffusée par lettre-circ. ACOSS 2016-2 du 15 janvier 2016).

Domicile fiscal hors de France - Lorsqu'une personne à charge d'un régime obligatoire d'assurance maladie français n'est pas fiscalement domiciliée en France, la cotisation maladie prélevée sur les revenus de remplacement se calcule à un taux majoré (voir *Cotisation d'assurance maladie-maternité-invalidité**).

CSG sur revenus de remplacement

Revenus concernés - Les revenus de remplacement sont soumis à CSG et CRDS (c. séc. soc. art. L. 136-1-2 ; ord. 96-50 du 14 janvier 1996, art. 14). Il s'agit notamment :
- des allocations de chômage et assimilées (ex. : allocations de sécurisation professionnelle) ;
- des indemnités légales d'*activité partielle** et d'*activité partielle de longue durée** ;
- des allocations de *chômage-intempéries** ;
- des allocations versées au titre de la *rémunération mensuelle minimale** ;
- des allocations versées au titre des périodes non travaillées d'un *congé de mobilité** ;
- des allocations versées dans le cadre d'un *congé de reclassement** au titre des périodes non travaillées postérieures au préavis ;
- des allocations versées en cas de *congé de conversion** ;
- des pensions de retraite (régime de base et retraites complémentaires) ;
- des allocations de *préretraite** ;
- des indemnités journalières de sécurité sociale (IJSS).

En revanche, les rentes et capitaux décès versés par la sécurité sociale aux victimes d'accident du travail et de maladie professionnelle (ou à leurs ayants droit) sont exonérées de CSG/CRDS (rép. Demerliat n° 10987, JO 10 mai 1995, Sénat quest. p. 1078).

Les capitaux décès et invalidité versés par l'employeur, des mutuelles, des sociétés d'assurances ou des institutions de retraite et de prévoyance sont, selon les cas, assujettis à la CSG/CRDS au titre des revenus d'activité ou exonérés de CSG/CRDS [voir *Contribution sociale généralisée (CSG)**].

Indemnités complémentaires d'activité partielle - Les indemnités complémentaires aux indemnités d'*activité partielle** et d'*activité partielle de longue durée** (APLD) sont assujetties et déclarées comme des revenus d'activité (assujettissement à cotisations sociales dès le premier euro, ainsi qu'à CSG/CRDS aux taux de 9,20 % et 0,50 % après abattement d'assiette de 1,75 %).

Abattement d'assiette - L'abattement d'assiette de 1,75 % est applicable aux allocations de chômage et avantages attachés à la cessation d'activité versées aux travailleurs involontairement privés d'emploi totalement, partiellement ou temporairement (allocations d'assurance chômage, indemnités légales d'*activité partielle** et de *chômage-intempéries**, indemnités versées au titre de la *rémunération mensuelle minimale**, allocations versées dans le cadre d'un *congé de conversion**, etc.) (c. séc. soc. art. L. 136-2, I, 3°).

L'assiette à laquelle l'abattement peut être appliqué est limitée à 4 fois le plafond de la sécurité sociale*. Cette règle est mise en œuvre comme pour la CSG sur les revenus d'activité [voir *Contribution sociale généralisée (CSG)**].

En revanche, l'abattement n'est pas applicable aux indemnités journalières de sécurité sociale, aux allocations de préretraite, aux pensions de retraite ou d'invalidité.

Taux de principe de la CSG sur revenus de remplacement

IJSS, allocations de chômage, indemnités d'activité partielle et revenus analogues - Le taux de la CSG sur les revenus de remplacement est de 6,20 % sur les IJSS, les allocations d'assurance chômage, les indemnités d'activité partielle, et revenus de remplacement assimilés (indemnités d'activité partielle de longue durée, allocations de chômage intempéries,

Tableau I - CSG à 6,60 % sur les pensions de retraite et d'invalidité versées en 2025 : seuils de revenu (1)			
Nombre de parts pour le calcul de l'impôt sur le revenu	**Métropole**	**Guadeloupe, Martinique, La Réunion**	**Guyane**
1 part	> 16 755 € et < 26 004 €	> 18 331 € et < 26 004 €	> 19 200 € et < 26 004 €
1,25 part	> 18 992 € et < 29 475 €	> 20 790 € et < 29 475 €	> 21 772 € et < 29 475 €
1,5 part	> 21 229 € et < 32 945 €	> 23 249 € et < 32 945 €	> 24 344 € et < 32 945 €
1,75 part	> 23 466 € et < 36 416 €	> 25 486 € et < 36 416 €	> 26 581 € et < 36 416 €
2 parts	> 25 703 € et < 39 886 €	> 27 723 € et < 39 886 €	> 28 818 € et < 39 886 €
Au-delà de 2 parts	• Augmenter la limite inférieure de + 4 474 € par demi-part supplémentaire (ou 2 237 € par quart de part supplémentaire) • Augmenter la limite supérieure de + 6 941 € par demi-part supplémentaire (ou 3 471 € par quart de part supplémentaire)		

(1) Revenu fiscal de référence mentionné sur l'avis d'imposition reçu en 2024 au titre des revenus 2023. Attention : un assuré n'est assujetti au taux de 6,60 % que si ses revenus excèdent le plancher du barème au titre de deux années consécutives (2022 et 2023, pour la CSG due en 2025) *(voir plus loin, « Atténuation du franchissement du plafond de revenus du taux de 3,80 % »).*

allocations versées pendant les périodes non travaillées d'un congé de mobilité ou de reclassement, etc.) (c. séc. soc. art. L. 136-8, II, 1°).

Cette CSG est ventilée entre 3,80 % déductibles du revenu imposable et 2,40 % non déductibles (CGI art. 154 quinquies).

Allocations de préretraite - Les allocations de préretraite ou de cessation anticipée d'activité sont soumises à la CSG au taux de 9,20 % (c. séc. soc. art. L. 136-8, I, 1°).

Elle se ventile en 6,80 % de CSG déductible du revenu imposable et 2,40 % non déductibles (CGI art. 154 quinquies).

Pensions de retraite ou d'invalidité - Le taux de principe de la CSG sur les pensions de retraite et d'invalidité est de 8,30 % (c. séc. soc. art. L. 136-8, II, 2°), ventilé en 5,90 % de CSG déductible et 2,40 % non déductibles (CGI art. 154 quinquies).

Un taux « médian » de 6,60 % a été mis en place pour les pensionnés dont le revenu fiscal de référence (RFR) de l'avant-dernière année est compris dans certaines limites (en 2025, RFR 2023 mentionné sur l'avis d'imposition reçu en 2024 ; *voir tableau I*) (c. séc. soc. art. L. 136-8, III bis). Le taux de 6,60 % se ventile alors en 4,20 % de CSG déductible et 2,40 % non déductibles (CGI art. 154 quinquies).

Exonération de CSG/CRDS ou taux réduit de CSG

Revenus concernés - Les pensions de retraite et d'invalidité ainsi que les allocations de chômage sont totalement exonérées de CSG/CRDS ou bénéficient d'un taux de CSG réduit (3,80 % au lieu du taux normalement applicable) sous condition de ressources (c. séc. soc. art. L. 136-1-2, II, 1° et 4° al. 1 ; L. 136-2, III et L. 136-8, III ; ord. 96-50 du 14 janvier 1996, art. 14).

Même si des clarifications seraient les bienvenues pour clarifier la situation applicable depuis le 1er janvier 2021, ces dispositions semblent toujours applicables aux allocations de *chômage-intempéries** et celles versées dans le cadre d'un *congé de conversion**.

En revanche, ces mécanismes d'exonération de CSG/CRDS ou de taux réduit de CSG ne sont pas applicables :
- aux indemnités journalières de sécurité sociale ;
- aux allocations de préretraite ou de cessation anticipée d'activité ;
- aux indemnités d'*activité partielle** et aux allocations versées au titre de la *rémunération mensuelle minimale** ;
- aux allocations versées dans le cadre d'un *congé de mobilité** ou d'un *congé de reclassement**.

Conditions de ressources liées au revenu fiscal de référence - Pour savoir si les revenus de remplacement éligibles sont exonérés de CSG/CRDS, ou bénéficient d'un taux de CSG réduit (3,80 % au lieu du taux normalement applicable), il convient de se reporter au revenu fiscal de l'avant-dernière année (c. séc. soc. art. L. 136-1-2, II, 1° et 4° al. 1, L. 136-2, III et L. 136-8, III).

En 2025, l'exonération totale de CSG/CRDS ou l'application du taux réduit de CSG de 3,80 % est donc liée au revenu fiscal de référence 2023 mentionné sur l'avis d'imposition reçu en 2024. Le tableau II ci-après récapitule les seuils de bascule pour 2025, à ajuster selon le nombre de parts fiscales.

Tableau II - Exonération ou taux réduit de CSG et CRDS sur revenus de remplacement en 2025 : seuils de revenu fiscal de référence (1)

Nombre de parts pour le calcul de l'IR	Métropole	Guadeloupe, Martinique, La Réunion	Guyane
A) Exonération totale de la CSG et de la CRDS			
1 part	Jusqu'à 12 817 €	Jusqu'à 15 164 €	Jusqu'à 15 856 €
1,25 part	Jusqu'à 14 528 €	Jusqu'à 17 046 €	Jusqu'à 17 824 €
1,5 part	Jusqu'à 16 239 €	Jusqu'à 18 928 €	Jusqu'à 19 791 €
1,75 part	Jusqu'à 17 950 €	Jusqu'à 20 639 €	Jusqu'à 21 502 €
2 parts	Jusqu'à 19 661 €	Jusqu'à 22 350 €	Jusqu'à 23 213 €
Par demi-part (ou quart de part) supplémentaire suivante	+ 3 422 € par demi-part supplémentaire (ou 1 711 € par quart de part supplémentaire)		
B) CSG à taux réduit (3,80 %) + CRDS			
1 part	> 12 817 € et < 16 755 €	> 15 164 € et < 18 331 €	> 15 856 € et < 19 200 €
1,25 part	> 14 528 € et < 18 992 €	> 17 046 € et < 20 790 €	> 17 824 € et < 21 772 €
1,5 part	> 16 239 € et < 21 229 €	> 18 928 € et < 23 249 €	> 19 791 € et < 24 344 €
1,75 part	> 17 950 € et < 23 466 €	> 20 639 € et < 25 486 €	> 21 502 € et < 26 581 €
2 parts	> 19 661 € et < 25 703 €	> 23 350 € et < 27 723 €	> 23 213 € et < 28 818 €
Par demi-part (ou quart de part) supplémentaire suivante	• Augmenter la limite inférieure de + 3 422 € par demi-part supplémentaire (ou 1 711 € par quart de part supplémentaire) • Augmenter la limite supérieure de + 4 474 € par demi-part supplémentaire (ou 2 237 € par quart de part supplémentaire)		
(1) Revenu fiscal de référence mentionné sur l'avis d'imposition reçu en 2024 au titre des revenus 2023.			

Pour les années suivantes, les seuils de revenus seront revalorisés chaque 1er janvier, en fonction de l'évolution en moyenne annuelle des prix à la consommation hors tabac pour l'avant-dernière année (avec arrondi à l'euro le plus proche, 0,50 € étant retenu pour 1 €) (c. séc. soc. art. L. 136-8, III).

▶ À noter… Lorsque la CSG est due au taux réduit de 3,80 %, elle est déductible du revenu imposable. Par ailleurs, la CRDS reste due.

Atténuation du franchissement du plafond de revenus du taux de 3,80 % - Les pensions de retraite ou d'invalidité ainsi que les allocations de chômage ne sont assujetties à la CSG à un taux supérieur à 3,80 % que si le revenu fiscal de référence du bénéficiaire dépasse au titre de deux années consécutives la limite supérieure de revenu prévue pour bénéficier du taux de 3,80 % (c. séc. soc. art. L. 136-8, III, 2°).

Il faut donc retenir non seulement le revenu fiscal de l'avant-dernière année (N – 2), mais aussi celui de l'antépénultième année (N – 3). Tant que le seuil n'est pas dépassé pendant deux années de suite, le taux réduit de 3,8 % continue à s'appliquer.

Exemple

Pour savoir le taux de CSG applicable en 2025 à un retraité ou un allocataire de l'assurance chômage, il faut prendre en compte les revenus fiscaux de référence 2022 et 2023 (respectivement mentionnés sur les avis d'imposition reçus en 2023 et 2024).

En métropole, pour un foyer de 2 parts fiscales, il faut que le revenu fiscal 2022 et celui de 2023 soient supérieurs ou égaux à 25 703 € pour que la CSG se calcule en 2025 au taux normal (6,60 % ou 8,30 % pour les pensions de retraite, 6,20 % pour les allocations de chômage).

Si le revenu fiscal de référence 2023 est de 25 000 € et celui de 2022 de 23 000 €, la limite supérieure de revenu n'a pas été dépassé deux années de suite. La CSG est calculée au taux de 3,80 % en 2025.

Écrêtement de CSG/CRDS

Revenus concernés - Le dispositif d'écrêtement exposé ci-dessous concerne les allocations de chômage et assimilées ainsi que les avantages attachés à la cessation d'activité versés aux travailleurs involontairement privés d'emploi totalement, partiellement ou temporairement (c. séc. soc. art. L. 136-1-2, II, 4° ; ord. 96-50 du 14 janvier 1996, art. 14, I).

S'agissant des revenus de remplacement transitant par l'employeur, sont notamment susceptibles d'être concernés :

- les indemnités d'*activité partielle** et les allocations versées au titre de la *rémunération mensuelle minimale** ;

- les allocations versées au titre des périodes non travaillées d'un *congé de mobilité** ou d'un *congé de reclassement** ;
- les allocations versées en cas de *congé de conversion** ;
- les allocations de *chômage-intempéries**.

Annulation ou limitation du précompte de CSG et CRDS - Le code de la sécurité sociale prévoit pour certains revenus de remplacement, une règle selon laquelle le prélèvement de la CSG et de la CRDS ne peut pas avoir pour effet de réduire le montant perçu au titre du revenu de remplacement, cumulé le cas échéant avec la rémunération nette d'activité conservée, sous le SMIC brut (c. séc. soc. art. L. 136-1-2, II, 4° ; ord. 96-50 du 14 janvier 1996, art. 14, I).

Ce seuil mensuel d'écrêtement correspond à 1/12 du produit du SMIC horaire brut (taux en vigueur à la date de paiement) multiplié par le nombre d'heures correspondant à 52 fois la durée légale hebdomadaire du travail (35 h), soit le *SMIC** horaire brut × 52/12.

Lorsque la CSG sur les revenus de remplacement (taux normal ou taux réduit de 3,80 %) et la CRDS sont dues, elles ne sont pas précomptées si le cumul du montant brut du revenu de remplacement et de la rémunération nette d'activité est inférieur ou égal au seuil d'écrêtement.

Si l'écrêtement total ne peut pas s'appliquer, le prélèvement de la CSG et de la CRDS dues au titre des revenus de remplacement est limité de façon à ne pas amener le montant net perçu en dessous du seuil d'écrêtement, compte tenu le cas échéant de la rémunération nette d'activité conservée. Les contributions sociales doivent alors être prélevées dans l'ordre suivant : CSG déductible, CSG non déductible puis CRDS (l'écrêtement s'applique donc dans l'ordre inverse).

Dans tous les cas, lorsqu'il s'applique, l'écrêtement porte sur la CSG/CRDS « revenus de remplacement », jamais sur la CSG/CRDS dues au titre des revenus d'activité sur le salaire versé au salarié.

Exemples

Au 1er janvier 2025, le seuil d'écrêtement est de 11,88 € × 35 × 52/12 = 1 801,81 €.

1) Un salarié habituellement à temps partiel est en activité partielle. Le total du salaire d'activité conservé (net de cotisations et de CSG/CRDS) et du montant brut des indemnités d'activité partielle est supposé de 900 €, donc inférieur au seuil d'écrêtement. La CSG/CRDS dues au titre des revenus de remplacement n'est pas prélevée sur les indemnités d'activité partielle.

2) Un salarié est en activité partielle. Le total du salaire d'activité conservé est, par hypothèse, de 1 200 € nets de cotisations, de CSG et de CRDS. Le montant brut des indemnités d'activité partielle est supposé de 800 €. Les CSG/CRDS dues au titre des revenus de remplacement (6,7 % × 800 € × 98,25 % = 52,66 €) doivent être intégralement prélevées, puisque le montant total net perçu par le salarié [1 200 € + (800 € - 52,66 €) = 1 947,34 €] reste supérieur au seuil d'écrêtement.

3) Un salarié est en activité partielle. La somme du salaire d'activité net conservé (par hypothèse, 1 410 € net de cotisations, de CSG et de CRDS) et du montant brut des indemnités d'activité partielle (par hypothèse 400 €) est de 1 810 €.

La CSG/CRDS dues au titre des revenus de remplacement représente 6,7 % × 400 € × 98,25 % = 26,33 € (dont 14,93 € de CSG déductible, 9,43 € de CSG non déductible et 1,97 € de CRDS). Le prélèvement intégral de la CSG/CRDS sur les indemnités d'activité conduirait le salarié à percevoir une somme de 1 410 € + (400 € - 26,33 €) = 1 783,67 €, soit un montant inférieur au seuil d'écrêtement (1 801,81 €).

En conséquence, seuls 8,19 € doivent être précomptés au titre de la CSG/CRDS sur les indemnités d'activité partielle, afin de respecter le seuil d'écrêtement [1 410 € + (400 € - 8,19 €) = 1 801,81 €]. Compte tenu de l'ordre de prélèvement à respecter :
- une somme de 8,19 € est retenue sur les indemnités d'activité partielle au titre de la CSG déductible (laquelle n'est donc pas prélevée en totalité) ;
la CRDS (1,97 €) et la CSG non déductible (9,43 €) théoriquement dues sur les indemnités d'activité partielle ne sont pas prélevées.

☞ *Activité partielle ; Activité partielle de longue durée ; Contribution pour le remboursement de la dette sociale (CRDS) ; Contribution sociale généralisée (CSG) ; Indemnités journalières de sécurité sociale d'accident du travail ; Indemnités journalières de sécurité sociale de maladie ; Indemnités journalières de sécurité sociale de maternité ; Préretraite-amiante ; Préretraite d'entreprise ; Préretraite métiers pénibles ; Rémunération mensuelle minimale.*

Contribution solidarité autonomie

La contribution solidarité autonomie (CSA) est une charge patronale destinée à financer la Caisse nationale de solidarité pour l'autonomie (c. séc. soc. art. L. 137-40).

Rémunérations concernées

Cas général - La CSA est due sur toutes les rémunérations versées à des personnes pour lesquelles l'employeur est redevable d'une cotisation patronale destinée au financement d'un régime français de base d'assurance maladie (régime général des salariés, régime agricole, mais aussi certains régimes spéciaux).

L'employeur reste redevable de la CSA en cas de détachement du salarié à l'étranger avec maintien à un régime français de sécurité sociale d'assurance maladie. La contribution cesse, en revanche, d'être due en cas d'expatriation et plus généralement à partir du moment où le salarié n'est plus soumis à la législation française de sécurité sociale (circ. DSS/5B 2004-622 du 22 décembre 2004).

▶ À noter… Les salariés étrangers détachés en France qui restent soumis à la législation de sécurité sociale de leur pays d'origine ne voient leur rémunération assujettie ni à la cotisation patronale d'assurance maladie, ni à la CSA. En outre, les rémunérations des salariés affiliés à un régime d'assurance maladie étranger ou à un régime de sécurité sociale français autonome (Nouvelle-Calédonie, Saint-Pierre-et-Miquelon, Mayotte, Polynésie) ne sont pas soumises à la CSA (circ. DSS/5B 2004-307 du 1er juillet 2004).

Sommes et avantages versés par une entreprise tierce - Les sommes et avantages versés par des entreprises tierces à un salarié d'une autre entreprise en contrepartie d'une activité exercée dans leur intérêt sont assujettis à la CSA (c. séc. soc. art. L. 242-1-4). Toutefois, en cas d'application du régime de la contribution libératoire ou de la franchise, la CSA n'est pas due.

Pour plus de détails sur le régime de ces sommes, voir *Sommes et avantages attribués aux salariés d'autres employeurs**.

Revenus de remplacement - Les revenus de remplacement n'entrent pas dans le champ de la CSA.

Toutefois, une contribution spécifique a été mise en place sur certains avantages depuis le 1er avril 2013. Même si son nom est proche de celui de la contribution solidarité autonomie due sur les salaires, son régime est différent (voir *Contribution additionnelle de solidarité pour l'autonomie**).

Régime de la contribution

Salariés concernés - La CSA s'applique aux rémunérations versées aux salariés (mensualisés ou non mensualisés). Peu importe la nature du contrat de travail (CDI, CDD, contrat de travail temporaire, etc.).

La CSA s'applique aussi aux sommes versées à d'autres personnes, dont notamment (circ. DSS/5B 2004-307 du 1er juillet 2004) :

- les stagiaires, sur la partie non exonérée de la gratification [voir *Stages en entreprise (gratification)**] ;
- les *dirigeants d'entreprise** affiliés au régime général, même en l'absence de contrat de travail.

Assiette de la contribution - La CSA est assise sur la rémunération brute soumise à cotisations de sécurité sociale (circ. DSS/5B 2004-307 du 1er juillet 2004).

Si les cotisations patronales d'assurance maladie sont calculées sur une assiette forfaitaire, la CSA doit avoir la même assiette.

Lorsque l'employeur ou le salarié a la faculté d'opter entre une base forfaitaire et la rémunération réelle, il n'est pas possible de retenir une option différente pour la contribution solidarité autonomie et pour la contribution patronale d'assurance maladie.

En cas de cotisations forfaitaires (ex. : *vendeurs à domicile**), la contribution est considérée comme intégrée dans la cotisation forfaitaire. L'employeur ne doit donc rien de plus.

Taux - La CSA est calculée au taux de 0,30 %. Elle est exclusivement à la charge de l'employeur.

La réduction de taux applicable aux *artistes du spectacle** et l'abattement de taux applicable aux *journalistes** professionnels et assimilés sont sans incidence sur le taux de la contribution, qui reste de 0,30 %.

Réductions et exonérations de cotisations - La contribution solidarité autonomie entre dans le champ de la *réduction générale de cotisations patronales** (c. séc. soc. art. L. 241-13)

Depuis le 1er janvier 2019, elle est également dans le champ de l'exonération spécifique à certains départements d'outre-mer (Guadeloupe, Guyane, Martinique, La Réunion) et de l'exonération applicable au titre des aides à domicile employés par les structures de services à la personne. Ces exonérations ont en effet été transformées en réductions dégressives, couvrant le même champ de contributions que la réduction générale [voir *Outre-mer (exonération de cotisations)** et *Services à la personne**].

Hors ces cas, le bénéfice d'une exonération de cotisations patronales au titre d'un salarié ne signifie pas qu'il y a exonération de CSA. L'employeur en reste donc redevable même s'il bénéficie, par exemple, de l'exonération attachée aux *jeunes entreprises innovantes**.

Une rémunération n'est en effet exonérée de CSA que si l'employeur est exonéré de toutes les cotisations et contributions sociales patronales d'origine légale ou conventionnelle (circ. DSS/5B 2004-307 du 1er juillet 2004).

Recouvrement - La contribution solidarité autonomie est recouvrée dans les mêmes conditions et sous les mêmes garanties que la cotisation patronale d'assurance maladie dont l'employeur est redevable.

Articulation de la journée de solidarité - Le versement de la contribution solidarité autonomie n'est pas subordonné au travail de la *journée de solidarité** par le salarié (circ. DSS/5B 2004-622 du 22 décembre 2004).

☞ *Bulletin de paye (mentions obligatoires) ; Contribution additionnelle de solidarité pour l'autonomie.*

Contribution supplémentaire à la taxe d'apprentissage

Employeurs concernés

Principes d'assujettissement - Les employeurs de 250 salariés et plus assujettis à la *taxe d'apprentissage** sont redevables, en plus de la taxe proprement dite, d'une contribution supplémentaire à l'apprentissage s'ils n'ont pas employé, au cours de l'année concernée, de salariés en contrat d'apprentissage ou de professionnalisation ou de doctorants en convention industrielle de formation par la recherche (CIFRE) à hauteur d'au moins 5 % d'alternants de leur effectif annuel moyen de référence (c. trav. art. L. 6242-1, I et II).

Les apprentis, les salariés en contrats de professionnalisation et les doctorants en CIFRE constituent ainsi ce que l'administration appelle les « contrats favorisant l'insertion professionnelle » (CFIP).

Lorsque la proportion de « contrats favorisant l'insertion professionnelle » est comprise entre 3 % et moins de 5 % de l'effectif annuel de référence, l'employeur n'est pas redevable de la contribution supplémentaire sous condition de progression du nombre de ces salariés d'au moins 10 % par rapport à l'année précédente.

▶ À noter... Les règles ici exposées sont celles applicables à la contribution due au titre des périodes d'emploi accomplies depuis le 1er janvier 2022.

Cessation d'activité - Les entreprises qui cessent leur activité en cours d'année ne sont pas redevables de la contribution supplémentaire à l'apprentissage au titre de l'année de cessation de l'activité (BOSS, Contributions à la formation et à l'apprentissage, § 380, 01/01/2025).

Appréciation du seuil d'assujettissement de 250 salariés

Effectif de référence - Depuis la contribution 2019, l'effectif de l'entreprise s'entend d'un effectif calculé tous établissements confondus selon les modalités prévues par le code de la sécurité sociale (voir *Effectif sécurité sociale**) (c. trav. art. L. 6242-1, V ; c. séc. soc. art. L. 130-1 et R. 130-1).

Toutefois, par dérogation aux règles d'*effectif sécurité sociale**, l'assujettissement de l'entreprise au titre d'une année N dépend de son effectif « sécurité sociale » calculé sur cette même année N (et non sur l'année précédente) (c. trav. art. L. 6242-1, V).

Pour les autres modalités de calcul (moyenne, effectifs mensuels, personnes prises en compte, etc.), les lecteurs se reporteront aux développements correspondants (voir *Effectif sécurité sociale**).

Entreprises nouvelles - Selon l'administration, pour les entreprises nouvelles, la règle d'*effectif sécurité sociale** pour l'année de création du premier emploi (effectif au dernier jour du mois de la première embauche ; c. séc. soc. art. L. 130-1, I, al. 3) ne s'applique pas à la contribution supplémentaire à l'apprentissage.

L'effectif déterminant l'assujettissement à la contribution au titre de l'année de création correspond à l'effectif moyen annuel de l'année civile de création, compte tenu des mois durant lesquels l'entreprise a eu au moins un salarié (BOSS, Effectif, § 1610, 01/01/2025).

Exemple

Une entreprise est créée au 1er juillet 2025 et embauche son premier salarié au 1er septembre 2025. Pour la contribution supplémentaire 2025 (à payer en 2026), on se réfère à la moyenne des effectifs mensuels de septembre à décembre 2025, et pas à l'effectif au 30 septembre 2025.

Transferts de salariés liés à la modification de la situation juridique de l'entreprise - Selon l'administration, les règles « sécurité sociale » prévues en cas de transferts de salariés en cours d'année liés à la modification de la situation juridique de l'employeur (voir *Effectif sécurité sociale**, § Modification de la situation juridique de l'employeur et transferts de salariés) ne s'appliquent pas à la contribution supplémentaire à l'apprentissage (BOSS, Effectif, § 1620, 01/01/2025).

Par dérogation à la règle d'*effectif sécurité sociale**, en cas de modification juridique de l'entreprise au sens de l'article L. 1224-1 du code du travail en cours d'année N, seul est retenu l'effectif moyen annuel de l'entreprise, calculé au moyen des données mensuelles de l'année N.

Exemple

Une entreprise A transfère la totalité de ses salariés à une entreprise B (préexistante et ayant des salariés) à effet au 15 juillet 2025. Pour la contribution 2025 (à payer en 2026) :

- dans l'entreprise A, l'assujettissement à la CSA est déterminé au regard de l'effectif annuel moyen « sécurité sociale » calculé du 1er janvier au 14 juillet 2025 ;
- dans l'entreprise B, l'assujettissement à la CSA est déterminé au regard de l'effectif annuel moyen « sécurité sociale » calculé du 1er janvier au 31 décembre 2025.

Si l'entreprise A ne transférait pas la totalité de ses salariés mais en conservait quelques-uns jusqu'à la fin 2025, l'assujettissement à la CSA 2025 serait déterminé au regard de l'effectif annuel moyen « sécurité sociale » calculé du 1er janvier au 31 décembre 2025.

Entreprises de travail temporaire - L'effectif d'assujettissement des entreprises de travail temporaire (ETT) s'apprécie en tenant compte de leurs salariés permanents, mais aussi de leurs salariés temporaires mis à disposition, selon les règles d'*effectif sécurité sociale** habituelles (c. séc. soc. art. R. 130-1, II).

Atténuation des effets de seuil - La contribution supplémentaire à l'apprentissage relève des règles de franchissement de seuil de l'*effectif sécurité sociale** (c. trav. art. L. 6242-1, V).

Lorsqu'un employeur atteint ou franchit le seuil de 250 salariés à la hausse, le franchissement n'est pris en compte que si ce seuil est atteint ou franchi pendant 5 années civiles consécutives (c. séc. soc. art. L. 130-1, II). Ce n'est qu'à partir de l'année suivante que l'entreprise entre dans le champ de la contribution supplémentaire et en devient redevable si elle n'a pas le quota requis d'alternants à l'effectif.

Si l'effectif repasse en deçà du seuil au cours de cette période, l'entreprise qui repasse par la suite au-dessus du seuil bénéficie d'un nouveau délai de 5 ans.

► À noter... Ces règles s'appliquent depuis la contribution 2019. Jusqu'à la contribution 2018, il n'y avait pas de mécanisme de limitation des effets de seuil.

Calcul de la proportion de « contrats favorisant l'insertion professionnelle »

Période de référence - Comme pour le seuil d'assujettissement de 250 salariés *(voir plus haut)*, le nombre de « contrats favorisant l'insertion professionnelle » dans l'entreprise est calculé sur l'année au titre de laquelle la contribution est due (BOSS, Effectif, § 1690, 01/01/2025).

S'il s'agit d'une entreprise nouvelle, le nombre de « contrats favorisant l'insertion professionnelle » est décompté compte tenu des mois durant lesquels l'entreprise a eu au moins un salarié, par analogie avec l'effectif d'assujettissement *(voir plus haut)*.

Salariés pris en compte - Pour apprécier sa proportion de « contrats favorisant l'insertion professionnelle », l'employeur décompte (c. trav. art. L. 6242-1, II) :

- les salariés en contrat d'apprentissage ou de professionnalisation ;
- pendant l'année suivant la date de fin d'un contrat de professionnalisation ou d'apprentissage, les salariés embauchés en CDI par l'entreprise à l'issue dudit contrat (« CDI post-alternant ») ;
- les personnes en convention industrielle de formation par la recherche (CIFRE).

Les salariés en contrat d'apprentissage ou de professionnalisation sont pris en compte, selon la forme de leur contrat (CDD ou CDI), soit jusqu'au terme du contrat (lorsque celui-ci est à durée déterminée), soit jusqu'à la fin de l'action de professionnalisation ou de l'apprentissage lorsque le contrat est à durée indéterminée (BOSS, Effectif, § 1720, 01/01/2025).

S'agissant des « CDI post-alternant », à savoir les salariés embauchés en CDI par l'entreprise à l'issue de leur contrat de professionnalisation ou d'apprentissage, l'administration a précisé plusieurs points (BOSS, Effectif, §§ 1740 et 1750, 01/01/2025) :

- pour être pris en compte, le CDI doit prendre effet dès le lendemain de la date de fin du contrat d'apprentissage ou de professionnalisation, ou au plus tard dans les 7 jours calendaires suivant la fin du contrat ;
- lorsque cette condition est remplie, le salarié est décompté comme « alternant » pour une période d'un an courant à compter du premier jour du CDI ;
- les alternants sous contrat d'apprentissage ou de professionnalisation à durée indéterminée dont le contrat se poursuit au terme de la période de professionnalisation ou d'apprentissage restent pris en compte comme alternant pendant un an courant à compter du premier jour suivant la fin de ladite période.

Exemples

1) Après son contrat d'apprentissage qui a pris fin le 30 septembre 2024, un salarié est embauché en CDI dans la même entreprise à compter du 5 octobre 2024. Il est pris en compte comme alternant du 5 octobre 2024 (date de prise d'effet du CDI) au 4 octobre 2025.

En revanche, s'il est embauché en CDI le 20 octobre 2024 (donc plus de 7 jours calendaires après le terme de son contrat d'apprentissage), le salarié n'est pas pris en compte comme alternant après le 30 septembre.

2) Un salarié en contrat d'apprentissage conclu sous forme de CDI reste dans l'entreprise après la fin de sa période d'apprentissage, qui par hypothèse s'est achevée le 30 septembre 2024. Il est pris en compte comme alternant du 1er octobre 2024 au 30 septembre 2025.

Enfin, la loi de finances pour 2024 a précisé que les salariés en contrat de professionnalisation ou d'apprentissage mis à disposition par un groupement d'employeurs pour l'insertion et la qualification sont pris en compte par l'entreprise utilisatrice pour le calcul « du seuil mentionné au I de l'article L. 6242-1 » (c. trav. art. L. 6242-1, V). Sous réserve de précisions de l'administration, cela signifie à notre sens que l'entreprise utilisatrice devrait pouvoir les décompter dans son effectif de « contrats favorisant l'insertion professionnelle ».

Modalités de décompte - Le code du travail précise de façon générale, que « l'effectif salarié est apprécié selon les modalités prévues au I de l'article L. 130-1 du code de la sécurité sociale » (c. trav. art. L. 6242-1, V).

Les « contrats favorisant l'insertion professionnelle » sont donc décomptés selon les règles prévues par le code de la sécurité sociale (voir *Effectif sécurité sociale**) (c. séc. soc. art. L. 130-1, I et R. 130-1, I et II notamment ; OSS, Effectif, § 1680, 01/01/2025).

Exemple

Une entreprise assujettie à la taxe d'apprentissage a un effectif annuel moyen de 260 salariés en 2025. Elle doit compter au moins 260 × 5 % = 13 salariés sous contrat favorisant l'insertion professionnelle. Sur l'année 2024, l'entreprise a employé :

- du 1er janvier au 15 décembre, 5 salariés en contrat de professionnalisation à temps plein : ils sont pris en compte pour (5 × 11) + (5 × 15/31) sur l'année ;
- du 1er février au 31 décembre, 5 apprentis : ils sont pris en compte pour (5 × 11) sur l'année ;
- du 1er janvier au 31 décembre, 3 apprentis et 2 jeunes titulaires d'une convention CIFRE à temps plein : ils sont pris en compte pour (3 × 12) + (2 × 12) sur l'année.

Le nombre moyen annuel de salariés titulaires d'un contrat d'insertion professionnelle est de : [(5 × 11) + (5 × 15/31) + (5 × 11) + (3 × 12) + (2 × 12)] /12 = 14,378 arrondis à 14,37. En conséquence, l'entreprise n'est pas redevable de la contribution supplémentaire au titre de la taxe 2024 (collecte 2025).

Entreprises de travail temporaire - Pour l'effectif d'assujettissement (seuil de 250 salariés), les entreprises de travail temporaire (ETT) tiennent compte de leurs salariés permanents, mais aussi de leurs salariés temporaires mis à disposition auprès d'entreprises utilisatrices (c. trav. art. L. 6242-1, V ; c. séc. soc. art. R. 130-1, II).

En revanche, les ETT calculent leur proportion de « contrats favorisant l'insertion professionnelle » sur leurs seuls salariés permanents, sans tenir compte des salariés temporaires mis à disposition des entreprises utilisatrices. Elles tiennent donc uniquement décompter de leurs alternants « permanents », dont la proportion s'apprécie par rapport à l'effectif annuel des salariés « permanents » de l'entreprise (c. trav. art. L. 6242-1, V).

Exemption sous condition de progression du nombre de « contrats favorisant l'insertion professionnelle »

Employeurs ayant de 3 % à moins de 5 % « contrats favorisant l'insertion professionnelle » - Cette règle permet aux employeurs relevant de la contribution supplémentaire d'y échapper même s'ils n'ont pas 5 % de « contrats favorisant l'insertion professionnelle » à l'effectif.

Les employeurs dont le nombre annuel moyen de « contrats favorisant l'insertion professionnelle » est supérieur ou égal à 3 % de l'effectif annuel moyen sont exonérés de la contribution supplémentaire s'ils justifient d'une hausse de l'effectif de ces salariés d'au moins 10 % par rapport à l'année précédente (c. trav. art. L. 6242-1, II).

Exemple

Une entreprise dont le seuil d'alternants est compris entre 3 et 5 % en 2024 et qui, en 2023, a employé 15,25 salariés en contrats d'apprentissage ou de professionnalisation, peut être exonérée de la contribution due sur les rémunérations 2024 si elle a employé en 2024 au moins 16,78 alternants (15,25 × 110 % = 16,775 arrondis à 16,78).

Taux de la contribution supplémentaire à l'apprentissage

Taux modulé - Si l'employeur est redevable de la contribution, celle-ci est due à un taux variant selon la proportion de salariés en contrat d'apprentissage ou de professionnalisation et de jeunes bénéficiant d'une CIFRE à l'effectif au titre de l'année considérée *(voir tableau ci-après)* (c. trav. art. L. 6242-1, IV).

Pour les établissements situés en Alsace-Moselle (départements du Bas-Rhin, du Haut-Rhin et de la Moselle), les taux sont égaux à 52 % des taux de droit commun *(voir tableau ci-après)* (c. trav. art. L. 6242-1, VI).

Franchissement du seuil de 2000 salariés - En dessous de 1 % de « contrats favorisant l'insertion professionnelle » à l'effectif, le taux de la contribution varie selon que l'entreprise a un effectif inférieur ou égal à 2000 salariés ou un effectif supérieur *(voir tableau ci-après)* (c. trav. art. L. 6242-1, IV, 1°I).

Depuis la contribution due au titre de 2022, l'employeur peut appliquer à ce seuil les règles de limitation des effets de seuil à la hausse (moratoire de 5 ans) du code de la sécurité sociale (c. trav. art. L. 6242-1, V). Ainsi, le franchissement du seuil de 2000 salariés à la hausse n'est pris en compte que si ce seuil est atteint ou franchi pendant 5 années civiles consécutives (c. séc. soc. art. L. 130-1, II).

Exemple

Si une entreprise atteint ou franchi le seuil de 2000 salariés en 2023, sa contribution reste calculée au taux des entreprises de taille inférieure jusqu'à la contribution due au titre de l'année 2027. Elle basculera au taux des entreprises de taille supérieure à partir de la contribution de l'année 2028, sauf si elle est repassée sous les 2000 salariés dans l'intervalle. Rappelons néanmoins que ce seuil d'effectif n'a d'impact sur le taux de la contribution que lorsque la proportion de « contrats favorisant l'insertion professionnelle » est inférieure à 1 %.

En revanche, aucun lissage n'est prévu pour les variations de proportion de « contrats favorisant l'insertion professionnelle » (CFIP). Ainsi, un employeur qui passerait d'une proportion de 2,3 % de CFIP en année N à 1,8 % sur l'année N + 1 serait redevable de la contribution supplémentaire au taux de 0,20 % dès l'année N + 1.

Assiette - L'assiette de la contribution est déterminée comme pour la taxe proprement dite (voir *Taxe d'apprentissage**) (c. trav. art. L. 6242-1, III).

Pour les entreprises de travail temporaire, la contribution n'est pas due sur les rémunérations versées aux salariés temporaires sous contrat de mission (c. trav. art. L. 6242-1, V). Elle est donc calculée sur les seules rémunérations des salariés permanents (BOSS, Contributions à la formation et à l'apprentissage, § 400, 01/01/2025).

Créance imputable

Bénéficiaires - Les employeurs de 250 salariés et plus entrant dans le champ de la contribution supplémentaire et dépassant le quota de 5 % bénéficient d'une réduction d'impôt imputable sur la fraction « solde » de *taxe d'apprentissage** (donc, hors Alsace-Moselle uniquement) (c. trav. art. L. 6241-2, II).

Calcul - La réduction est calculée en fonction du nombre de « contrats favorisant l'insertion professionnelle » compris entre 5 % et 7 % (c. trav. art. L. 6241-2, II).

Son montant est égal au pourcentage de dépassement, retenu dans la limite de 2 points, multiplié par l'effectif annuel de référence de l'entreprise, puis par un montant de 4 € (c. trav. art. L. 6241-4 ; arrêté du 3 janvier 2020, JO du 8, texte 11).

Exemples

1) Un employeur de 300 salariés ayant 6,5 % de « contrats favorisant l'insertion professionnelle » est 1,5 point au-dessus du quota de 5 %. Sa créance est de 1,5 × 300 × 4 € = 1 800 €.

2) Si la même entreprise compte 7,33 % de « contrats favorisant l'insertion professionnelle » (soit 2,33 % au-delà du seuil de 5 %), la créance imputable est plafonnée à 2 × 300 × 4 € = 2 400 €.

Imputation - La créance est imputable sur la fraction « solde » de la *taxe d'apprentissage** (0,09 point de taxe hors Alsace-Moselle). Un éventuel excédent non imputé n'est ni reporté ni restitué (c. trav. art. L. 6241-2, II).

La créance ne pouvant s'imputer que sur le « solde » de taxe d'apprentissage, elle n'est pas déductible de la taxe de 0,44 % applicable aux établissements situés en Alsace-Moselle, qui ne comporte pas de fraction « solde ».

▶ À noter... La déduction au titre de la créance alternants est déclarée en DSN, sous un code de cotisation et un CTP spécifiques

Taux de la contribution supplémentaire

Proportion d'alternants à l'effectif (1)		Taux cas général	Taux Alsace-Moselle
Moins de 1 %	Entreprises jusqu'à 2000 salariés	0,40 %	0,208 %
	Entreprises de plus de 2000 salariés	0,60 %	0,312 %
De 1 % à moins de 2 %		0,20 %	0,104 %
De 2 % à moins de 3 %		0,10 %	0,052 %
De 3 % à moins de 5 % (2)		0,05 %	0,026 %

(1) Apprentis, salariés en contrat de professionnalisation, doctorants en convention industrielle de formation par la recherche (CIFRE) et, pendant l'année suivant la fin d'un contrat de professionnalisation ou d'apprentissage, salariés embauchés en CDI à l'issue d'un tel contrat.
(2) Les employeurs ayant au moins 3 % de « contrats favorisant l'insertion professionnelle » peuvent, sous condition de progression du nombre de ces salariés, échapper à la contribution *(voir nos développements)*.

Recouvrement

Recouvrement URSSAF - Les employeurs doivent verser la contribution supplémentaire aux URSSAF (CGSS ou CMSA) pour les périodes d'emploi accomplies depuis le 1er janvier 2022 (c. trav. art. L. 6242-1, VIII).

Exigibilité et déclaration - La contribution supplémentaire est versée annuellement aux URSSAF, en même temps que les cotisations de la période d'activité du mois de mars de l'année suivante (c. trav. art. L. 6242-1, VIII).

En pratique, la contribution de l'année N est donc exigible et déclarée à l'occasion de la DSN de mars de l'année N + 1 à échéance du 5 ou 15 avril N + 1. Ainsi :
- la CSA due au titre de l'année 2024 est exigible et à déclarer pour le 7 ou 15 avril 2025 (DSN de mars 2025) ;
- la CSA due au titre de l'année 2025 sera exigible et déclarée pour le 7 ou 15 avril 2026 (DSN de mars 2026).

Cette contribution est recouvrée sous les mêmes sanctions et garanties que les cotisations de sécurité sociale (c. trav. art. L. 6242-1, VIII et L. 6131-3). Elle est déclarée en DSN, sous un CTP spécifique.

☞ *Effectif sécurité sociale ; Taxe d'apprentissage.*

Contribution sur les indemnités de mise à la retraite

Les indemnités versées dans le cadre d'une *mise à la retraite** d'un salarié par son employeur sont soumises à une contribution patronale spécifique.

Contribution de 30 % depuis le 1er septembre 2023

Régime issu de la réforme des retraites « Macron » - La loi portant réforme des retraites a réformé le régime de cette contribution pour les ruptures de contrat de travail intervenant à compter du 1er septembre 2023 (loi 2023-270 du 14 avril 2023, art. 4, JO du 15).

Selon l'administration, ce nouveau régime s'applique « aux indemnités versées au titre d'une rupture du contrat de travail dont le terme est postérieur au 31 août 2023 » (actualité BOSS du 16 août 2023). Cela signifie à notre sens que l'on doit tenir compte de la date de fin du contrat, à savoir la fin du préavis en cas de mise à la retraite. On ne se réfère donc pas à la date de notification de la mise à la retraite.

Indemnités assujetties et taux - Depuis le 1er septembre 2023, l'employeur est redevable d'une contribution patronale de 30 % sur les indemnités de *mise à la retraite** (c. séc. soc. art. L. 137-12).

Ce nouveau régime est issu de la loi de réforme des retraites « Macron », avec application aux indemnités versées à l'occasion des ruptures de contrat de travail intervenant à compter du 1er

▶ À noter... Selon l'administration, ce nouveau régime s'applique « aux indemnités versées au titre d'une rupture du contrat de travail dont le terme est postérieur au 31 août 2023 » (actualité BOSS du 16 août 2023). Cela signifie à notre sens que l'on doit tenir compte de la date de fin du contrat, à savoir la fin du préavis en cas de mise à la retraite. On ne se réfère donc pas à la date de notification de la mise à la retraite.

Toutes les indemnités de mise à la retraite sont concernées, à savoir non seulement les indemnités légale (c. trav. art. L. 1237-7) ou conventionnelle de mise à la retraite, mais aussi les éventuelles indemnités de mise à la retraite d'un montant supérieur qui résulteraient d'un accord particulier entre l'employeur et le salarié (contrat de travail ou transaction) (BOSS, Indemnités de rupture, § 1660, 01/01/2025).

Peu importe également l'âge de mise à la retraite du salarié.

Assiette - La contribution est due sur la fraction d'*indemnité de mise à la retraite** exonérée de cotisations de sécurité sociale (assujettie ou non à CSG/CRDS) (c. séc. soc. art. L. 137-12).

L'éventuelle fraction d'indemnité assujettie à cotisations de sécurité sociale et aux charges ayant la même assiette y échappe donc.

Déclaration et recouvrement - La contribution est recouvrée par les *URSSAF** selon les mêmes règles que les cotisations de sécurité sociale (c. séc. soc. art. L. 137-3).

En DSN, la contribution doit être déclarée (www.net-entreprises.fr, base de connaissances Net-entreprises, fiche 2648 actualisée au 19/03/2024) :
- en maille agrégée, dans un bloc « Cotisation agrégée – S21.G00.23 » de code « 719 » ;
- en maille individuelle, dans un bloc « Cotisation individuelle – S21.G00.81 » de code « 093 - Contribution sur indemnités de mise à la retraite » ; ce bloc doit être déclaré sous un bloc « Base assujettie – S21.G00.78 » de code « 03 - Assiette brute déplafonnée ».

Contribution de 50 % jusqu'au 31 août 2023

Indemnités assujetties et taux - Jusqu'à la fin août 2023, les indemnités de *mise à la retraite** étaient soumises à une contribution patronale spécifique de 50 % (c. séc. soc. art. L. 137-12 jusqu'au 31.08.2023).

Assiette - La contribution de 50 % était due sur le montant total de l'*indemnité de mise à la retraite**, y compris sur l'éventuelle fraction soumise à cotisations et/ou contributions sociales au titre du dépassement des limites d'exonération des indemnités de rupture (BOSS, Indemnités de rupture, § 1660, dans sa version en vigueur au 01/01/2023).

☞ *Indemnité de mise à la retraite ; Indemnités de rupture (régimes social et fiscal) ; Mise à la retraite.*

Contribution sur les indemnités de rupture conventionnelle individuelle

L'indemnité de rupture versée à un salarié dans le cadre d'une *rupture conventionnelle individuelle** peut être soumise à une contribution patronale spécifique.

Contribution spécifique de 30 % depuis le 1er septembre 2023

Indemnités assujetties et taux - Depuis le 1er septembre 2023, l'employeur est redevable d'une contribution patronale de 30 % sur les indemnités de *rupture conventionnelle individuelle** (c. séc. soc. art. L. 137-12).

Cette contribution a été créée par la loi de réforme des retraites « Macron », avec application aux indemnités versées à l'occasion des ruptures de contrat de travail intervenant à compter du 1er septembre 2023 (loi 2023-270 du 14 avril 2023, art. 4, JO du 15).

▶ À noter... Selon l'administration, ce nouveau régime s'applique « aux indemnités versées au titre d'une rupture du contrat de travail dont le terme est postérieur au 31 août 2023 » (actualité BOSS du 16 août 2023). Cela signifie à notre sens que l'on doit tenir compte de la date de fin du contrat, à savoir la date d'effet de la rupture conventionnelle fixée dans la convention de rupture (qui pour mémoire ne peut pas intervenir avant le lendemain du jour de l'homologation ; c. trav. art. L. 1237-13). A contrario, on ne se réfère pas à la date de signature ou d'homologation de la rupture conventionnelle.

Assiette - La contribution de 30 % est due sur la fraction d'*indemnité de rupture conventionnelle** exonérée de cotisations de sécurité sociale (assujettie ou non à CSG/CRDS).

L'éventuelle fraction d'indemnité assujettie à cotisations de sécurité sociale et aux charges ayant la même assiette y échappe donc.

Dans la pratique, cette contribution est due quel que soit l'âge du salarié, puisque le régime social de faveur applicable depuis le 1er septembre 2023 à l'*indemnité de rupture conventionnelle individuelle** concerne tous les salariés, qu'ils soient ou non en droit de bénéficier d'une pension de vieillesse d'un régime de retraite légalement obligatoire.

Forfait social de 20 % jusqu'au 31 août 2023

Jusqu'à la fin août 2023, l'*indemnité de rupture conventionnelle individuelle** était assujettie au *forfait social** au taux de 20 % sur sa fraction exonérée de cotisations de sécurité sociale (assujettie ou non à CSG/CRDS) (BOSS, Indemnités de rupture, § 1000 au 01/01/2023 ; c. séc. soc. art. L. 137-15, al. 1 et 9 en vigueur jusqu'au 31.08.2023).

Dans la pratique, le forfait social n'était pas dû pour une rupture conventionnelle concernant un salarié en droit de bénéficier d'une pension de vieillesse d'un régime de retraite légalement obligatoire, l'indemnité étant dans ce cas entièrement soumise à cotisations.

☞ *Indemnité de rupture conventionnelle individuelle ; Indemnités de rupture (régimes social et fiscal) ; Rupture conventionnelle individuelle.*

Contribution sur les préretraites d'entreprise

L'employeur est redevable d'une contribution patronale sur les allocations de préretraite ou de cessation anticipée d'activité versées à d'anciens salariés (c. séc. soc. art. L. 137-10 ; circ. DSS/5B 2008-66 du 25 février 2008).

En pratique, cette contribution vise à dissuader les employeurs de recourir aux préretraites d'entreprise (« préretraites maison »).

Préretraites visées

Préretraites avec rupture du contrat de travail - La contribution ne concerne que les allocations versées dans le cadre de préretraites s'accompagnant d'une rupture du contrat de travail.

▶ À noter... Cette précision s'explique par le fait que les allocations de préretraite rattachées à une simple suspension du contrat de travail sont intégralement soumises à cotisations, comme n'importe quel élément de salaire.

La contribution s'applique aux avantages de préretraite versés en vertu d'une convention, d'un accord collectif ou de toute autre stipulation contractuelle ou encore d'une décision unilatérale de l'employeur (c. séc. soc. art. L. 137-10).

Elle est due quelle que soit la forme de l'allocation, que celle-ci soit versée directement par l'employeur ou pour son compte, par l'intermédiaire d'un tiers.

Préretraites CATS exonérées - La contribution ne s'applique pas aux allocations versées dans le cadre du dispositif aidé de cessation anticipée d'activité de certains travailleurs salariés (CATS, communément appelé *préretraite métiers pénibles**).

Congé de fin d'activité des conducteurs routiers - La contribution n'est pas applicable sur les avantages versés au titre des congés de fin d'activité des conducteurs routiers institués par les accords du 28 mars 1997 relatif au congé de fin d'activité à partir de 55 ans et du 2 avril 1998 relatif au congé de fin d'activité des conducteurs des entreprises de transport interurbain de voyageurs (loi 2016-1827 du 23 décembre 2016, art. 8 modifié ; loi 2017-1836 du 30 décembre 2017, art. 12, JO du 31).

▶ À noter... En revanche, les sommes correspondant à la part des avantages versés au titre des congés de fin d'activité des conducteurs routiers correspondant à des départs effectués à compter du 1er janvier 2018 sont assujetties au *forfait social** (loi 2016-1827 du 23 décembre 2016, art. 8, II modifié). L'organisme payeur déclare et verse le forfait social pour le compte des employeurs.

Secteur des ports et manutention - Les avantages versés depuis le 1er janvier 2020 au titre du dispositif de cessation anticipée d'activité institué dans la branche des ports et de la manutention par les accords du 15 avril 2011 (relatif à la pénibilité) et du 16 avril 2011 (relatif à la cessation anticipée d'activité) échappent à la contribution patronale préretraite de 50 % (loi 2019-1446 du 24 décembre 2019, art. 17, JO du 27).

En revanche, les sommes correspondant à la part des avantages versés au titre de la cessation anticipée d'activité financée par des cotisations des employeurs sont assujetties au *forfait social**.

Taux et recouvrement

Taux de 50 % - Pour les allocations versées depuis le 11 octobre 2007, le taux de la contribution patronale due sur les allocations et avantages de préretraite ou de cessation anticipée d'activité est de 50 % (c. séc. soc. art. L. 137-10).

La contribution est due, même s'il s'agit d'allocations versées en vertu d'une convention, d'un accord collectif ou de toute autre stipulation contractuelle conclu avant le 27 mai 2003 ou d'une décision de l'employeur antérieure à cette date (loi 2007-1786 du 19 décembre 2007, art. 16 ; loi 2003-775 du 21 août 2003, art. 17, III abrogé).

Par ailleurs, lorsque l'employeur prend en charge les cotisations salariales d'un régime de prévoyance complémentaire et de retraite supplémentaire à la place d'anciens salariés partis en préretraite, cette prise en charge constitue un avantage en espèces. Ainsi, elle entre dans l'assiette de la contribution patronale sur les allocations de préretraite d'entreprise (cass. civ., 2e ch., 22 juin 2023, n° 21-15803 et 21-16070 FSB).

Recouvrement - La contribution est recouvrée par les URSSAF selon les mêmes modalités que les cotisations de sécurité sociale.

Elle doit être déclarée avec le code type de personnel (CTP) 717 (www.urssaf.fr).

☞ *Contribution sociale généralisée (CSG sur revenus de remplacement) ; Cotisation d'assurance maladie-maternité-invalidité ; Préretraite d'entreprise ; Préretraite métiers pénibles.*

Contribution sur les régimes de retraite à prestations définies

Régimes concernés

Régimes « à droits certains », régimes « à droits aléatoires » - Les régimes de retraite supplémentaire à prestations définies visent à garantir à leurs bénéficiaires un certain niveau de prestation (voir *Régime de retraite à prestations définies**). Ils se distinguent en cela des régimes à cotisations définies (les plus fréquents), qui garantissent un niveau de cotisations mais pas de prestation.

Dans le prolongement de la loi PACTE du printemps 2019, une ordonnance a mis en place un nouveau cadre juridique pour les régimes à prestations définies, celui des régimes « à droits certains » (ord. 2019-697 du 3 juillet 2019, JO du 4). Il s'applique aux contrats conclus depuis le 4 juillet 2019.

Il se substitue à celui des régimes dits « à droits aléatoires », sauf pour certains anciens contrats qui continuent à relever de leur régime propre.

Principe général du régime social - Ces deux types de régimes, « à droits certains » ou « à droits aléatoires », ont un point commun en termes de paye : s'ils répondent aux conditions requises, l'employeur est redevable d'une contribution patronale spécifique.

Dans ce cas, en contrepartie, les contributions patronales finançant les régimes de retraite concernés échappent aux cotisations de sécurité sociales, aux contributions et taxes ayant la même assiette, au forfait social, ainsi qu'à la CSG/CRDS, sans limitation de montant.

Contribution patronale au titre des régimes « à droits certains »

Cadre juridique - Les règles des régimes de retraite à prestations définies à droits certains s'appliquent aux contrats conclus depuis le 4 juillet 2019.

L'employeur peut mettre en place au profit de ses salariés des régimes à prestations définies qui ouvrent des droits payables au plus tôt à la date de liquidation de la pension de retraite de base ou à l'âge légal de départ en retraite et qui restent acquis au bénéficiaire s'il quitte l'entreprise (c. ass. art. L. 143-0 ; c. mutualité art. L. 222-2-1 ; c. séc. soc. art. L. 932-39-1).

Le régime peut prévoir une durée de présence minimale du bénéficiaire dans l'entreprise. Il peut aussi exiger une durée de cotisations. Mais la somme de ces deux durées ne doit pas excéder 3 ans.

En outre, le régime peut subordonner l'acquisition des droits à retraite à une condition d'âge minimal du bénéficiaire, qui ne peut pas être supérieur à 21 ans.

Enfin, l'organisme assureur est tenu à une obligation d'information du bénéficiaire, au moins tous les ans, notamment sur les conséquences de son départ de l'entreprise.

Si le salarié quitte l'entreprise avant d'avoir acquis ses droits à retraite (ex. : ancienneté non remplie), les cotisations sont remboursées. S'il quitte l'entreprise avant la liquidation de sa retraite, ses droits définitivement acquis sont revalorisés comme ceux des bénéficiaires qui sont encore dans l'entreprise ou selon le taux de revalorisation des prestations de pension servies.

▶ À noter… Les règles des régimes de retraite à prestations définies à droits certains s'appliquent aux contrats conclus depuis le 4 juillet 2019 *(voir plus haut)*.

Différence avec les anciens régimes à « droits aléatoires » - Ces régimes sont dits à « droits certains » dans la mesure le bénéficiaire ne perd par les droits acquis en cas de départ de l'entreprise, à l'inverse des anciens régimes dits à « droits aléatoires », qui conditionnaient l'ouverture des droits à l'achèvement par le bénéficiaire de sa carrière dans l'entreprise.

Si le bénéficiaire quittait l'entreprise avant, il perdait ses droits.

Contribution patronale de 29,7 % - Si le régime répond aux conditions requises *(voir ci-dessous)*, l'employeur est redevable d'une contribution au taux de 29,7 %, calculée sur les sommes qu'il verse au titre du financement du contrat de retraite à prestations définies « à droits certains » (c. séc. soc. art. L. 137-11-2).

En contrepartie, les contributions patronales finançant les régimes de retraite concernés échappent aux cotisations de sécurité sociale, aux contributions et taxes ayant la même assiette, à la CSG/CRDS et au forfait social (c. séc. soc. art. L. 136-1-1, III, 2° e ; BOSS, Assiette générale, § 210, 01/01/2024).

▶ À noter… Selon le site Internet du réseau des URSSAF (au 15 janvier 2025), la contribution de 29,7 % doit être payée plus tard à la première date d'exigibilité des cotisations dues sur les rémunérations des salariés, suivant la date de versement de la prime à l'organisme payeur de la rente.

Conditions de ce régime d'assujettissement - Pour bénéficier de ces règles d'assujettissement (contribution de 29,7 %, pas de CSG/CRDS ni d'autres cotisations), le régime de retraite à droits certains doit respecter l'ensemble des conditions suivantes (c. séc. soc. art. L. 137-11-2) :

- les prestations sont exprimées sous forme de rente (versées, sous déduction, le cas échéant, de celles perçues au titre des différents régimes des retraites obligatoires auxquels le bénéficiaire est affilié) ;
- les droits supplémentaires sont acquis tous les ans, sans possibilité d'acquisition rétroactive au titre d'une année antérieure à celle d'adhésion ou d'affiliation ;
- ces droits sont exprimés en pourcentage de la rémunération du bénéficiaire soumise à cotisations, au titre de l'année considérée (ce pourcentage ne peut pas dépasser 3 % par an ; en outre, le cumul des pourcentages appliqués pour un même bénéficiaire, tous employeurs confondus, est plafonné à 30 points) ;
- l'employeur notifie chaque année à un organisme désigné, par l'intermédiaire de la DSN, l'identité de ses salariés ou mandataires sociaux bénéficiaires, ainsi que le montant de leurs droits supplémentaires *(voir plus loin)* ;
- les droits acquis sont revalorisés annuellement par un coefficient (au plus égal à l'évolution du plafond de la sécurité sociale) ;

- tous les salariés de l'entreprise bénéficient d'au moins un des dispositifs d'assurance retraite collectifs suivants : *plan d'épargne pour la retraite collectif**, régime de retraite supplémentaire à adhésion obligatoire (« art. 83 »), ou plan d'épargne retraite d'entreprise (PERE) instauré par la loi PACTE (*plan d'épargne retraite d'entreprise collectif** ou *plan d'épargne retraite d'entreprise obligatoire**).

▶ À noter… Les régimes de retraite à prestations définies ne sont pas soumis à l'exigence de caractère collectif et obligatoire des régimes de retraite supplémentaire de droit commun. En l'absence de restriction prévue par la loi, les entreprises sont donc libres de définir les bénéficiaires du régime, soit en fixant des critères prédéfinis dans le règlement, soit dans le cadre de la relation individuelle de travail. Toutefois, lorsque la mise en place d'un régime à prestations définies à droits certains ne concerne pas l'ensemble des salariés de l'entreprise, tous les salariés doivent bénéficier d'au moins un des dispositifs d'épargne retraite précités (quitte à devoir le mettre en place) (c. séc. soc. art. L. 137-11-2, 6° ; instr. DSS/3C/5B 2020-237 du 23 décembre 2020, fiche 2, § 3).

Conditions supplémentaires pour certains dirigeants ou bénéficiaires ayant une rémunération élevée - En outre, l'acquisition des droits supplémentaires doit être subordonnée au respect de conditions liées aux performances professionnelles du bénéficiaire lorsqu'il s'agit (c. séc. soc. art. L. 137-11-2, I, 4°) :
- d'un mandataire social affilié au régime général (salariés) de la sécurité sociale (c. séc. soc. art. L. 311-3, 11°, 12° et 23°) ;
- ou d'un bénéficiaire percevant, au titre de l'année considérée, une rémunération supérieure à 8 fois le *plafond de la sécurité sociale** (soit 376 800 € en 2025).

L'appréciation de ces conditions liées aux performances professionnelles du bénéficiaire est de la seule compétence des employeurs. Elle peut être commune à plusieurs bénéficiaires et fonction des résultats de l'entreprise. Lors des contrôles, les organismes peuvent demander communication de tout élément prouvant que ces conditions sont remplies (instr. DSS/3C/5B 2020-237 du 23 décembre 2020, fiche 2, § 2).

Si ces conditions ne sont pas respectées, les contributions patronales versées pour le financement du régime sont assujetties aux cotisations sociales ainsi qu'à CSG et CRDS, sauf si le régime répond aux conditions d'exonération sous plafond (caractère collectif et obligatoire, etc. ; voir *Régime de retraite à prestations définies**).

Sécurisation de l'engagement en cas d'insolvabilité - Selon l'administration, l'employeur doit souscrire un contrat prévoyant un taux de garantie en cas d'insolvabilité au moins égal à 50 % des droits acquis par le bénéficiaire au moment de cette insolvabilité (instr. DSS/3C/5B 2020-237 du 23 décembre 2020, fiche 1, § 4).

L'appel par l'organisme assureur tous les ans d'un capital constitutif de rente aboutissant à garantir celle-ci à 100 %, voire à 80 % sous conditions, peut faire présumer que le contrat répond à cette obligation de sécurisation.

En dehors de ces hypothèses, il revient à l'employeur de justifier par tout moyen de son obligation de sécurisation.

▶ Attention… Si cette obligation de sécurisation n'est pas respectée, les versements de l'employeur sont assujettis à cotisations dès le premier euro (instr. DSS/3C/5B 2020-237 du 23 décembre 2020, fiche 1, § 4).

Déclaration - L'employeur doit déclarer annuellement via la DSN (c. séc. soc. art. L. 137-11-2, 3°), dans le bloc « Droit supplémentaire acquis au titre des régimes de retraite supplémentaire à prestations définies – S89.G00.67 », le montant de rente annuelle acquise par le bénéficiaire (www.net-entreprises.fr, base de connaissances.fr, fiche 2224, mise à jour le 27 septembre 2021).

Cette déclaration s'effectue au plus tard le 30 juin de l'année N + 1 (instr. DSS/3C/5B 2020-237 du 23 décembre 2020, fiche 3, § 1).

Précisions sur les salariés dont le contrat de travail est suspendu et les expatriés - L'administration a précisé qu'en cas de suspension du contrat de travail ne donnant pas lieu au versement d'une rémunération, le règlement du régime et le contrat d'assurance peuvent prévoir le maintien des droits par l'employeur. Pour le calcul des droits et l'appréciation de leur plafonnement, la rémunération est alors reconstituée sur la base des 12 derniers mois précédant la période de suspension du contrat (instr. DSS/3C/5B 2020-237 du 23 décembre 2020, fiche 2, § 1).

En cas d'expatriation, le règlement du régime et le contrat d'assurance peuvent également prévoir le maintien des droits par l'employeur, à condition que le total des « sommes finançant l'acquisition de droits à retraite dans le pays d'accueil » et de celles « versées au titre de droits à retraite à prestations définies soumis à la contribution » soit au plus égal à la somme des cotisations obligatoires d'origine légale et, le cas échéant, des primes finançant des droits à retraite supplémentaire, calculées sur la base d'un salaire reconstitué (instr. DSS/3C/5B 2020-237 du 23 décembre 2020, fiche 2, § 1). Ce salaire reconstitué est défini comme le salaire qui aurait été perçu en France pour des fonctions correspondantes, éventuellement augmenté de tout ou partie des primes et avantages en nature prévus dans le contrat d'expatriation. Dans ce cas, l'assiette retenue pour calculer les droits à retraite prestations définies correspond au salaire ainsi reconstitué.

Contribution patronale au titre des régimes « à droits aléatoires »

Dispositif fermé - Depuis le 4 juillet 2019, aucun nouveau régime de retraite à prestations définies à « droits aléatoires », c'est-à-dire conditionnant l'ouverture des droits du bénéficiaire à l'achèvement de sa carrière dans l'entreprise, ne peut être mis en place (c. séc. soc. art. L. 137-11, VI).

En outre, toujours depuis le 4 juillet 2019, il est impossible d'affilier de nouveaux adhérents à des régimes à « droits aléatoires » institués avant cette date.

Enfin, le cadre juridique précité des régimes à « droits certains » *(voir plus haut)* s'applique aux contrats de retraite professionnelle en cours au 4 juillet 2019 au titre des droits afférents aux périodes d'emploi accomplies à compter du 1er janvier 2020 (ord. 2019-697 du 3 juillet 2019, art. 6, JO du 4). Autrement dit, ces anciens régimes sont censés avoir été adaptés au nouveau cadre juridique.

Régimes continuant à relever de l'ancienne contribution - Le nouveau cadre juridique ne s'applique pas aux régimes conditionnant les droits du salarié à l'achèvement de sa carrière dans l'entreprise (dits à « droits aléatoires ») fermés à de nouvelles affiliations depuis au moins le 20 mai 2014 (c. ass. art. L. 143-0 ; c. mutualité art. L. 222-2-1 ; c. séc. soc. art. L. 932-39-1).

Pour ces régimes, l'employeur reste soumis aux règles antérieures à la réforme issue de l'ordonnance de l'été 2019.

▶ À noter… Les bénéficiaires de ces régimes peuvent donc continuer d'acquérir de nouveaux droits, y compris depuis le 5 juillet 2019, ces derniers étant soumis à l'aléa de la présence dans l'entreprise au moment de la liquidation. Une instruction du 27 juillet 2020 a précisé, notamment, les modalités de fermeture desdits régimes à droits aléatoires existants et de gel des droits aléatoires accumulés jusqu'au 31 décembre 2019 par leurs bénéficiaires (instr. DSS/3C/5B 2020-135 du 27 juillet 2020).

L'employeur reste ainsi redevable d'une contribution assise, selon l'option de l'employeur (choix irrévocable fait en son temps) (c. séc. soc. art. L. 137-11 ; circ. DSS/5B/5C 2004-105 du 8 mars 2004) :

- soit à l'entrée (« financement sur le financement patronal ») ;
- soit à la sortie (assujettissement sur les rentes).

Si la contribution est calculée à l'entrée, son taux est de 24 % ou 48 %, selon que le régime est géré en externe ou en interne.

Si elle est calculée à la sortie, elle est au taux de 32 % (retraites liquidées à partir du 1er janvier 2013) ou 16 % (rentes versées depuis le 1er janvier 2010, au titre de retraites liquidées avant le 1er janvier 2013) *(voir tableau)*.

Contribution patronale au titre des régimes à droit aléatoires fermés à de nouvelles affiliations depuis au moins le 20 mai 2014 (*)

Assiette de la contribution patronale		Taux	Personne en charge du paiement	Date de versement des contributions à l'URSSAF
Assujettissement sur le financement patronal (« à l'entrée »)	Régime à gestion externe	24 %	Employeur	Au plus tard à la 1re date d'exigibilité des cotisations dues sur les rémunérations des salariés, suivant la date de versement de la prime à l'organisme payeur de la rente.
	Régime à gestion interne	48 %	Employeur	Au plus tard à la 1re date d'exigibilité des cotisations dues sur les rémunérations des salariés, suivant la date de clôture de l'exercice social de l'entreprise.
Assujettissement sur les rentes (« à la sortie »)		32 % ou 16 % (1)	Organisme assureur débiteur de la rente (2)	Dans les 15 premiers jours du mois suivant celui au cours duquel est versé l'avantage à l'URSSAF dont relève l'organisme assureur.

(*) Source www.urssaf.fr.
(1) Taux de 16 % pour les rentes liquidées avant le 1er janvier 2013.
(2) L'organisme payeur déclare et verse la contribution pour le compte de l'employeur, le cas échéant, par prélèvement sur le ou les fonds collectifs prévus au contrat le liant à l'employeur (c. séc. soc. art. R. 137-4, I). Même si le paiement est effectué par l'organisme, la charge financière de cette contribution doit donc incomber au final à l'employeur.

En contrepartie, les contributions patronales finançant les régimes de retraite concernés échappent aux cotisations de sécurité sociale, aux contributions et taxes ayant la même assiette, à la CSG/CRDS et au forfait social (c. séc. soc. art. L. 136-1-1, III, 2° e et L. 242-1, I ; BOSS, Assiette générale, § 210, 01/01/2024).

Contribution à la charge du bénéficiaire des rentes

Rentes concernées - Une contribution spécifique à la charge du bénéficiaire est due sur les rentes versées depuis le 1er janvier 2011 (c. séc. soc. art. L. 137-11-1 ; lettre-circ. ACOSS 2011-39 du 29 mars 2011, point 2.3), y compris s'il s'agit de rentes liquidées avant cette date (lettre-circ. ACOSS 2013-52 du 10 juillet 2013).

Taux applicable - La contribution est calculée par tranches, en fonction du montant mensuel de la rente versée (0 %, taux de 7 % et taux de 14 % selon les tranches) (c. séc. soc. art. L. 137-11-1). Les tranches mensuelles varient selon la date de liquidation de la pension (avant ou après le 1er janvier 2011).

Même si le code de la sécurité sociale prévoit toujours un taux de 21 % pour la tranche de rémunération la plus élevée, le Conseil constitutionnel a, de manière incidente, déclaré ce taux contraire à la constitution, de sorte qu'il est inapplicable (c. constit., décision 2012-662 DC du 29 décembre 2012, JO du 30).

▶ À noter… Les tranches d'imposition sont révisées chaque année en fonction de l'évolution du plafond de la sécurité sociale.

Cette contribution est précomptée sur les rentes et versée aux URSSAF par les organismes débiteurs des rentes. Elle est recouvrée et contrôlée dans les mêmes conditions que la CSG due sur ces rentes.

☞ *Cotisations de retraite et de prévoyance (régime social) ; Régime de retraite à prestations définies.*

Contrôle URSSAF

Objet et formes du contrôle

Personnes contrôlées - Les *URSSAF** (CGSS dans les DOM et Caisse de sécurité sociale à Mayotte) peuvent contrôler les employeurs (personnes privées et publiques), les travailleurs indépendants et toute personne qui leur verse des cotisations et contributions (c. séc. soc. art. L. 243-7).

Le contrôle peut également être diligenté chez toute personne morale non inscrite à l'URSSAF en qualité d'employeur si les agents chargés du contrôle disposent d'éléments « motivés » leur faisant présumer qu'une structure, sans avoir la qualité d'employeur, verse des rémunérations à des salariés de l'employeur initialement contrôlé.

▶ À noter… Dans le secteur agricole, ce sont les caisses de Mutualité sociale agricole (MSA) qui sont chargées de contrôler les employeurs de main-d'œuvre agricole et les non-salariés agricoles, selon une procédure proche de celle applicable dans le régime général des salariés, sous réserve de certaines adaptations (c. rur. et pêche maritime art. L. 724-7, R. 724-6 à R. 724-10, D. 724-11 et D. 724-12).

Procédures existantes - Deux types de contrôle URSSAF coexistent :

- le « contrôle sur place » traditionnel, pour tous les employeurs ;
- un « contrôle sur pièces » dans les locaux de l'URSSAF, pour les petites entreprises.

Le résultat de ces opérations peut conduire l'URSSAF à effectuer un redressement, puis à engager une procédure de recouvrement des cotisations, le cas échéant assortie de pénalités et de majorations de retard.

▶ À noter… Jusqu'au 1er janvier 2024, il existait aussi une procédure de vérification des déclarations, qui ne constituait pas à proprement parler un contrôle URSSAF mais pouvait aussi déboucher sur un redressement. Elle a été remplacée par une procédure de fiabilisation des données déclarées en DSN (voir *Déclaration sociale nominative**).

Application des règles du code de la sécurité sociale - Les opérations de contrôle diligentées par les URSSAF obéissent uniquement aux dispositions spécifiques du code de la sécurité sociale (cass. civ., 2e ch., 16 février 2023, n° 21-13025 et n° 21-13026 D, 3e moyen). Par conséquent, dans le cadre d'une procédure de contrôle URSSAF, le cotisant contrôlé ne peut pas se prévaloir des dispositions du code des relations entre le public et l'administration pour obtenir que l'organisme de recouvrement lui communique des documents administratifs.

URSSAF compétente

Principe - C'est l'organisme auquel l'employeur verse ses cotisations sociales qui est compétent pour effectuer un contrôle. Il s'agit de l'URSSAF dans le ressort géographique de laquelle se situe l'entreprise ou l'établissement contrôlé (c. séc. soc. art. L. 213-1, R. 243-6 et D. 213-1).

▶ À noter... Lorsque l'employeur est membre du conseil d'administration de l'URSSAF, le contrôle doit être délégué à une autre URSSAF désignée par le directeur de l'*ACOSS** (également appelée URSSAF Caisse nationale) (c. séc. soc. art. R. 243-60). Toutefois, cette règle vise uniquement à assurer la protection de l'URSSAF, et pas celle du cotisant contrôlé. Par conséquent, l'employeur ne peut pas l'invoquer pour échapper à un redressement (cass. civ., 2e ch., 19 décembre 2019, n° 18-23071 FPBI).

Versement en un lieu unique - Pour les employeurs qui pratiquent le *versement en un lieu unique** des cotisations (sur option ou à titre obligatoire), c'est l'URSSAF désignée comme interlocuteur unique qui est compétente pour mener le contrôle pour l'ensemble des établissements (c. séc. soc. art. R. 243-6-3 et R. 243-8).

Elle n'a pas à justifier d'un titre attestant de compétence au début ou au cours des opérations de contrôle et de redressement (cass. civ., 2e ch., 19 janvier 2017, n° 16-10759, BC II n° 14).

L'URSSAF interlocuteur unique peut aussi contrôler les exercices antérieurs à sa désignation, dans les limites de la prescription applicable (cass. civ., 2e ch., 13 septembre 2007, n° 06-18997, BC II n° 121 ; cass. civ., 2e ch., 21 février 2008, n° 07-11963, BC II n° 47).

L'URSSAF qui initie un contrôle reste compétente en matière de recouvrement et de contentieux relatif à ce contrôle même si, par la suite, l'*ACOSS** désigne une nouvelle URSSAF interlocuteur unique pour l'entreprise concernée (cass. civ., 2e ch., 3 avril 2014, n° 13-16643, BC II n° 94).

Délégation de compétences - En matière de contrôle, une URSSAF peut déléguer à une autre URSSAF ses compétences en adhérant à une convention générale de réciprocité établie par le directeur de l'*ACOSS** (c. séc. soc. art. L. 213-1 et D. 213-1-1). L'adhésion est faite pour une durée minimale d'1 an (renouvellement tacite).

La délégation doit être donnée avant l'ouverture des opérations de contrôle, c'est-à-dire avant l'envoi de l'avis de contrôle à l'employeur. À défaut, le contrôle et l'éventuel redressement subséquent sont nuls (cass. civ., 2e ch., 12 juillet 2006, n° 04-30844, BC II n° 191 ; cass. civ., 2e ch., 4 mai 2016, n° 15-18188, BC II n° 1324).

Pour des missions de contrôle spécifiques, le directeur de l'ACOSS peut, à son initiative ou sur demande d'une URSSAF, demander à une URSSAF de mener les missions de contrôle en lieu et place de l'organisme normalement compétent. Cette demande est réalisée dans le cadre de la convention générale de réciprocité à laquelle les URSSAF ont adhéré (c. séc. soc. art. D. 213-1-2).

Période contrôlée

Trois ans en principe, cinq ans en cas de travail illégal - Lors d'un contrôle, l'URSSAF peut être amenée à opérer des redressements sur des sommes qui n'auraient pas été soumises à cotisations, dans la limite du délai de prescription.

Depuis le 1er janvier 2017, les cotisations et contributions sociales se prescrivent par 3 ans à compter de la fin de l'année civile au titre de laquelle elles sont dues (c. séc. soc. art. L. 244-3).

▶ À noter... Dans une réponse faite à la rédaction le 24 novembre 2020, l'ACOSS a précisé que si, juridiquement, les organismes du recouvrement sont fondés à contrôler les 3 dernières années civiles et l'année en cours, en pratique, ils ne contrôlent pas l'année en cours lors d'un contrôle comptable d'assiette car l'ensemble des déclarations sociales nécessaires pour apprécier certains dispositifs d'exonération annualisés, tels que la *réduction générale de cotisations patronales**, n'a pas été réceptionné. Ainsi, un contrôle réalisé en 2025 ne peut donc porter que sur les années 2024, 2023 et 2022.

En cas de travail illégal, les cotisations et contributions sociales se prescrivent par 5 ans à compter de la fin de l'année civile au titre de laquelle elles sont dues (c. séc. soc. art. L. 244-11).

Contrôle possible sur des faits antérieurs à la période vérifiée - Le délai de prescription ne fait pas obstacle à ce qu'un contrôle s'applique à des éléments de fait se rapportant à une période antérieure à la période vérifiée, si leur examen est nécessaire au contrôle des cotisations afférentes à celle-ci (cass. civ., 2e ch., 19 juin 2014, n° 13-20374, BC II n° 138).

Cotisations contrôlées

Sécurité sociale et autres charges - Le contrôle peut porter sur les *cotisations de sécurité sociale** et l'ensemble des charges dont le code de la sécurité sociale prévoit le recouvrement par les URSSAF ou les caisses générales de sécurité sociale (CGSS) en outre-mer (CSG/CRDS, FNAL, versement mobilité, contribution au dialogue social, etc.) (c. séc. soc. art. L. 213-1, I et L. 243-7).

Depuis le 1er janvier 2018, ce sont également les URSSAF et CGSS qui recouvrent et contrôlent les contributions sociales autrefois recouvrées par la CCVRP pour l'emploi des *VRP** multicartes (décret 2017-1682 du 12 décembre 2017, JO du 14).

Contributions chômage et AGS - Les URSSAF et CGSS sont habilitées à contrôler l'assiette, le taux et le calcul des *cotisations d'assurance chômage et d'AGS**, aussi bien pour celles qu'elles recouvrent directement que pour celles dont le recouvrement incombe à *France Travail** (pour les intermittents du spectacle, les expatriés et certains frontaliers) (c. trav. art. L. 5422-16 ; c. séc. soc. art. L. 243-7).

Le recouvrement des sommes dues suite au contrôle est assuré par les URSSAF.

▶ À noter… L'URSSAF recouvre et contrôle les contributions d'assurance chômage, mais peut également se prononcer sur l'application des règles d'assujettissement au régime d'assurance chômage. Néanmoins, elle est liée par la décision de France Travail de participation (ou d'exclusion) d'une personne audit régime. En l'occurrence, si une juridiction constate la décision de refus d'assujettissement de France Travail, ce constat s'impose à l'URSSAF (cass. civ., 2e ch., 12 juillet 2018, n° 17-16547 FPBR).

Contribution AGEFIPH - Depuis 2021, le réseau des URSSAF recouvre et contrôle la contribution AGEFIPH [voir *Handicapés (contribution AGEFIPH)**].

Contribution formation et taxe d'apprentissage - Le réseau des URSSAF recouvre et contrôle la *contribution à la formation professionnelle** et la *taxe d'apprentissage** depuis le 1er janvier 2022 (c. séc. soc. art. L. 213-1, 6° et 8°) (voir *Paiement des cotisations à l'URSSAF**).

Cotisations AGIRC-ARRCO - Plusieurs fois reporté, le projet de transfert aux URSSAF du recouvrement et du contrôle des *cotisations de retraite AGIRC-ARRCO** a été définitivement abandonné (loi 2023-1250 du 26 décembre 2023, art. 13, I, 3° et 4° et X, JO du 24 ; c. séc. soc. art. L. 213-1-1, 5°).

Conservation des documents nécessaires au contrôle

Durée de conservation. L'employeur doit conserver les documents ou pièces justificatives nécessaires à l'établissement de l'assiette ou au contrôle des cotisations et contributions sociales pendant au moins 6 ans à compter de la date à laquelle ces documents ou pièces ont été établis ou reçus (c. séc. soc. art. L. 243-16).

Certains autres documents, eux, doivent être conservés sans limitation de durée. C'est le cas, notamment, des contrats de travail, des statuts de l'entreprise ou encore des accords collectifs.

Transfert du papier vers l'informatique - Lorsque les documents ou pièces nécessaires à l'établissement de l'assiette ou au contrôle des cotisations et contributions sociales sont établis ou reçus sur support papier, l'employeur peut les conserver sur support informatique (c. séc. soc. art. L. 243-16, al. 2).

Conditions de la numérisation - Le transfert des pièces justificatives et documents établis originairement sur support papier vers un support informatique, et leur archivage numérique, doivent s'effectuer dans les conditions et garanties prévues à l'article A. 102 B-2 du livre des procédures fiscales pour la numérisation des documents en matière fiscale (arrêté du 23 mai 2019, JO du 29, texte 20).

La numérisation doit être réalisée dans des conditions garantissant la reproduction à l'identique des documents papier. Le résultat de cette numérisation doit ainsi être la copie conforme à l'original en image et en contenu, y compris, le cas échéant, s'agissant des couleurs, les dispositifs de traitements sur l'image étant interdits. En cas de recours à la compression de fichier, cette dernière doit s'opérer sans perte.

L'archivage numérique peut être effectué par l'employeur ou par un tiers mandaté à cet effet.

Non-respect des garanties de numérisation - Si la pièce justificative ou le document n'est pas numérisé selon les modalités prévues, l'employeur doit présenter l'original sous format papier. À défaut, cette situation est assimilée à une absence de documents ou de pièces justificatives nécessaires à l'établissement de l'assiette ou au contrôle des cotisations et contributions sociales, pouvant entraîner un redressement par *taxation forfaitaire** (arrêté du 23 mai 2019, JO du 29, texte 20).

Procédure de contrôle sur place

Échanges informels concomitants au contrôle : conséquences - L'URSSAF qui, dans le cadre de sa mission d'information, échange avec un cotisant sur une problématique donnée, ne peut pas procéder, en parallèle, à un contrôle portant sur le même point, sans avoir au préalable averti le cotisant que ces échanges pouvaient déboucher sur un tel contrôle. Le recueil d'informations parallèlement à la mise en œuvre d'une procédure de contrôle sur le même point, et en l'absence d'information préalable de l'employeur sur les conséquences de ces échanges, rend en effet le contrôle irrégulier (cass. civ., 2e ch., 12 mars 2020, n° 19-10502 D).

▶ À noter… La formulation utilisée par la Cour de cassation laisse à penser que, à partir du moment où l'URSSAF avertit le cotisant que des échanges informels sur une problématique peuvent déboucher sur un contrôle, elle serait en droit de procéder à un tel contrôle.

Avis de contrôle - Un contrôle URSSAF doit être précédé d'un avis de contrôle adressé au cotisant par tout moyen donnant date certaine à sa réception (c. séc. soc. art. R. 243-59, I et R. 243-59-9). Ainsi, par exemple, il n'est pas possible pour un agent de contrôle de se rendre à plusieurs reprises aux abords d'une entreprise, préalablement à tout envoi d'un avis de contrôle, pour vérifier l'existence d'une activité sur place (en l'espèce, la réelle implantation d'entreprises en ZFU) (cass. civ., 2e ch., 21 décembre 2017, n° 17-11535 D). La méconnaissance de l'obligation d'envoi d'un avis de contrôle entraîne la nullité du redressement sans que soit exigée la preuve d'un quelconque préjudice (cass. civ., 2e ch., 10 juillet 2008, n° 07-18152, BC II n° 188).

Par exception, l'avis de contrôle n'est pas obligatoire lorsque le contrôle vise à rechercher des infractions pour *travail dissimulé**. Mais si l'URSSAF entend poursuivre le contrôle sur d'autres points de la réglementation, elle doit alors envoyer un avis de contrôle (c. séc. soc. art. R. 243-59, I, al. 2).

L'avis de contrôle doit être envoyé au moins 30 jours avant la première visite de l'agent chargé du contrôle (c. séc. soc. art. R. 243-59, I) ou, en cas de contrôle sur pièces, avant la date de début des opérations de vérifications (Charte du cotisant contrôlé).

Mentions de l'avis de contrôle - L'avis doit mentionner que, pendant le contrôle, l'employeur a le droit de se faire assister du conseil de son choix (c. séc. soc. art. R. 243-59, II). L'absence de cette mention emporte la nullité des opérations de contrôle (cass. civ., 2e ch., 18 septembre 2014, n° 13-17084 D).

Par ailleurs, l'avis de contrôle doit faire état de l'existence de la Charte du cotisant contrôlé *(voir plus loin)*, préciser l'adresse électronique où ce document est consultable et indiquer qu'il est adressé au cotisant sur sa demande (c. séc. soc. art. R. 243-59, I). Ces mentions sont requises et la charte doit être remise au cotisant s'il le demande, même si le contrôle conduit ensuite à la constatation d'une infraction de travail dissimulé (cass. civ., 2e ch., 9 octobre 2014, n° 10-13699, BC II n° 203).

L'avis de contrôle doit aussi mentionner la date de la première visite de l'agent de contrôle, faute de quoi le contrôle est frappé de nullité (cass. civ., 2e ch., 25 avril 2013, n° 12-30049, BC II n° 84).

▶ À noter… L'URSSAF n'est pas obligée d'envoyer un nouvel avis de contrôle lorsque, en raison de l'absence du dirigeant à la date prévue pour la visite de l'agent chargé du contrôle, ce dernier se présente à nouveau 10 jours plus tard (cass. civ., 2e ch., 12 mai 2011, n° 10-18116 D).

L'URSSAF n'a pas à motiver l'avis de contrôle. En particulier, elle n'a pas à indiquer les informations précises quant à la nature des éléments contrôlés (cass. civ., 2e ch., 2 octobre 2008, n° 07-17936, BC II n° 104).

Destinataire de l'avis de contrôle - Lorsque la personne contrôlée est une personne physique, l'avis est adressé à son domicile ou à défaut à son adresse professionnelle, telles que ces informations ont été préalablement déclarées (c. séc. soc. art. R. 243-59, I).

Lorsque la personne contrôlée est une personne morale, l'avis de contrôle est adressé à l'attention de son représentant légal et envoyé à l'adresse du siège social de l'entreprise ou le cas échéant à celle de son établissement principal, telles que ces informations ont été préalablement déclarées.

Sauf précision contraire, l'avis vaut pour l'ensemble des établissements de la personne contrôlée.

▶ À noter… Dans les groupes, chaque société conserve sa personnalité morale propre. Dès lors, un avis de contrôle doit être adressé à chaque société visée. Le fait de recourir à un dispositif de *versement en un lieu unique** (VLU) des cotisations ne change rien (cass. civ., 2e ch., 2 avril 2015, n° 14-14528, BC II n° 84).

Charte du cotisant contrôlé - La Charte du cotisant contrôlé présente à la personne contrôlée la procédure de contrôle et les droits dont elle dispose pendant son déroulement et à son issue (c. séc. soc. art. R. 243-59, I). L'avis de contrôle *(voir plus haut)* doit faire mention de l'existence de ce document et préciser ses modalités d'obtention.

Les dispositions contenues dans la Charte du cotisant contrôlé sont opposables à l'URSSAF (c. séc. soc. art. R. 243-59, I).

Le modèle de charte est fixé par arrêté et disponible sur www.urssaf.fr. Il est régulièrement actualisé pour tenir compte des évolutions législatives et réglementaires. La dernière version de la charte est en vigueur depuis le 1er janvier 2024 (arrêté du 30 janvier 2024, JO 6 février, texte 3, modifié par arrêté du 22 juillet 2024, JO du 23, texte 1).

▶ À noter… La charte précise qu'elle est commune aux contrôles des cotisations et contributions opérés dans le régime général et dans le régime agricole. Elle est donc opposable aux caisses de MSA par les employeurs de main-d'œuvre agricole (particulier employeur, le cas échéant), qui sont redevables du paiement de cotisations et contributions de sécurité sociale et d'assurance chômage auprès de ces caisses.

La charte présente notamment :
- la durée du contrôle ;
- le formalisme des échanges entre l'employeur et l'URSSAF, y compris dans le cadre de l'utilisation des méthodes par échantillonnage et extrapolation [voir *Contrôle URSSAF (méthode par échantillonnage ou par extrapolation)**] ;
- les documents susceptibles d'être demandés par l'agent de contrôle et l'obligation pour ce dernier d'obtenir l'autorisation de la personne contrôlée pour exploiter hors de ses locaux les originaux des documents remis ;
- la procédure contradictoire, pendant laquelle le cotisant contrôlé et l'agent chargé du contrôle peuvent échanger sur la base de la lettre d'observations ;
- la motivation des décisions de l'organisme, la portée du contrôle et ses conséquences ;
- la procédure d'obstacle à contrôle ;
- les voies de recours ouvertes à l'employeur (*arbitrage de l'ACOSS**, saisine de la commission de recours amiable puis, le cas échéant, du tribunal judiciaire).

Date de début du contrôle - L'URSSAF doit débuter le contrôle à la date indiquée sur l'avis de contrôle, faute de quoi le contrôle peut être annulé en justice (cass. civ., 2e ch., 12 juillet 2012, n° 11-22895 D).

L'organisme de recouvrement peut reporter la date de début d'un contrôle à deux conditions : en informer l'employeur par tout moyen approprié (en l'espèce un mail confirmant un entretien téléphonique) et être en mesure, en cas de recours contentieux, d'apporter la preuve de la réception de cette information par le cotisant (cass. civ., 2e ch., 15 mars 2018, n° 17-13409, BC II n° 50). L'envoi d'un nouvel avis de contrôle n'est donc pas obligatoire.

Entretien de préparation des conclusions du contrôle - La Charte du cotisant contrôlé prévoit qu'à l'issue d'une première phase d'investigations et d'échanges, l'agent de contrôle URSSAF propose à l'employeur un entretien pour préparer les conclusions du contrôle. Ce dernier prendra fin à la réception de la lettre d'observations qui clôt les opérations de contrôle *(voir ci-après)*.

Entretien de fin de contrôle - Pour les contrôles engagés depuis le 1er mai 2023, l'agent chargé du contrôle propose à la personne contrôlée ou à son représentant légal, avant d'adresser la lettre d'observations *(voir ci-après)*, un entretien afin de lui présenter, le cas échéant, les constats susceptibles de faire l'objet d'une observation ou d'un redressement (c. séc. soc. art. R. 243-59, II). Cet entretien de fin de contrôle doit être proposé au cotisant par l'agent URSSAF sauf si le contrôle est réalisé pour rechercher des infractions aux interdictions de *travail dissimulé** (c. trav. art. L. 8221-1) ou lorsqu'est constatée une situation d'obstacle à contrôle (c. séc. soc. art. L. 243-12-1).

▶ À noter… Cet entretien de fin de contrôle était déjà prévu par la Charte du cotisant contrôlé *(voir plus haut)* pour les contrôles engagés avant le 1er mai 2023.

Lettre d'observations (cas général) - Au terme du contrôle, que celui-ci débouche ou non sur un constat de *travail dissimulé**, les agents URSSAF adressent à la personne contrôlée une lettre mentionnant, s'il y a lieu, les observations faites au cours de celui-ci et engageant la période contradictoire *(voir plus loin)* préalable à l'envoi de toute *mise en demeure** ou avertissement (c. séc. soc. art. L. 243-7-1 A).

Cette lettre d'observations est envoyée par tout moyen donnant date certaine à sa réception (une LRAR n'est donc pas obligatoire) (c. séc. soc. art. R. 243-59-9).

Datée et signée par les agents URSSAF, la lettre d'observations doit mentionner (c. séc. soc. art. R. 243-59, III) :
- l'objet du contrôle ;
- les documents consultés ;
- la période vérifiée ;
- le cas échéant, la date de fin de contrôle ;
- les observations faites au cours de celui-ci, qu'elles conduisent ou non à redressement ;
- la possibilité de se faire assister du conseil de son choix pour formuler la réponse à cette lettre.

▶ À noter… La mention de la possibilité de se faire assister du conseil de son choix est une formalité substantielle, dont l'absence entraîne la nullité de la totalité de la procédure de contrôle (cass. civ., 2e ch., 3 avril 2014, n° 13-11516, BC II n° 86).

Les observations doivent être motivées par chef de redressement (c. séc. soc. art. R. 243-59, III). À ce titre, elles comprennent :
- les considérations de droit et de fait qui constituent leur fondement ;
- le cas échéant, l'indication du montant des assiettes correspondant ;
- ainsi que, pour les cotisations et contributions sociales, l'indication du mode de calcul et du montant des redressements et des éventuelles

majorations et pénalités envisagées pour absence de mise en conformité (c. séc. soc. art. L. 243-7-6), travail dissimulé (c. séc. soc. art. L. 243-7-7) ou abus de droit (c. séc. soc. art. L. 243-7-2) [voir *Majorations et pénalités URSSAF (absence de mise en conformité, travail dissimulé, abus de droit)**].

La mention du mode de calcul des redressements envisagés est impérative (cass. civ., 2e ch., 18 septembre 2014, n° 13-21682, BC II n° 187). En revanche, il n'est pas nécessaire de joindre à la lettre la liste nominative des salariés concernés (cass. soc. 24 octobre 2002, n° 01-20035, BC V n° 318).

▶ À noter... La question s'est posée de savoir si les sommes soumises à redressement devaient être considérées comme un montant brut, ou bien un montant net devant faire l'objet d'une reconstitution en brut par l'URSSAF avant de calculer les cotisations et contributions dues. Après avoir admis pendant un temps la méthode de « rebrutalisation » des sommes redressées (cass. civ., 2e ch., 16 septembre 2010, n° 09-10346, D), la Cour de cassation l'a finalement écartée : pour chiffrer les redressements, et sauf dispositions particulières contraires, les cotisations de sécurité sociale et d'allocations familiales sont calculées sur le montant brut des sommes et avantages compris dans l'assiette des cotisations, avant précompte, s'il y a lieu, de la part des cotisations et contributions supportées par le salarié. Autrement dit, les sommes redressées par l'URSSAF ne doivent pas faire l'objet d'une reconstitution en brut aux fins de redressement (cass. civ., 2e ch., 24 septembre 2020, n° 19-13194 FPBI).

Les observations doivent être faites au regard des éléments déclarés à la date d'envoi de l'avis de contrôle (c. séc. soc. art. R. 243-59, III). Cela signifie que l'agent de contrôle ne pourra pas tenir compte, dans la lettre d'observations, des déclarations relatives à la période contrôlée que l'employeur aurait pu faire pendant le contrôle. Toutefois, dans sa réponse à la lettre d'observations de l'URSSAF *(voir plus loin)*, l'employeur contrôlé pourra justifier, le cas échéant, avoir corrigé, pendant le contrôle, les déclarations afférentes à la période contrôlée, et acquitté les sommes correspondantes pour qu'il en soit tenu compte, en conformité avec le *droit à l'erreur** mis à sa disposition (c. séc. soc. art. R. 243-59, III).

▶ Attention... La Charte du cotisant contrôlé *(voir plus haut)* précise que si le cotisant corrige les déclarations portant sur la période contrôlée après la réception de l'avis de contrôle, il doit en avertir l'agent URSSAF au regard de l'impact de ces modifications sur le redressement envisagé et, le cas échéant, sur le montant des majorations et des pénalités applicables.

La lettre d'observations mentionne également, en cas de réitération d'une pratique ayant déjà fait l'objet d'une observation ou d'un redressement lors d'un précédent contrôle, les éléments caractérisant le constat d'absence de mise en conformité. Depuis le 14 avril 2023, la réitération de l'erreur doit être postérieure, selon le cas, à la *mise en demeure de l'URSSAF** ou à la réception des observations pour l'avenir qui ont été adressées au cotisant à l'issue du précédent contrôle (c. séc. soc. art. R. 243-59, III).

▶ À noter... Pour les contrôles engagés à compter du 1er janvier 2020, le constat d'absence de mise en conformité n'a plus à être contresigné par le directeur de l'organisme chargé du recouvrement (décret 2019-1050 du 11 octobre 2019, art. 1er et 6, JO du 13).

Depuis le 14 avril 2023, la lettre d'observations doit aussi comporter certaines mentions spécifiques lorsque l'agent URSSAF utilise les documents et informations obtenus lors du contrôle d'une entreprise appartenant au même groupe que l'entreprise qu'il contrôle *(voir plus loin « Documents obtenus lors du contrôle d'une autre entreprise du même groupe »)*.

Aucun délai maximal n'est fixé pour l'envoi de la lettre d'observations. Ainsi, l'envoi d'une lettre d'observations 15 mois après le début du contrôle a pu être jugé justifié au regard de la complexité des opérations de calcul et de l'ampleur du redressement (cass. civ., 2e ch., 28 mai 2015, n° 14-17618, BC II n° 129). Pour les entreprises de moins de 20 salariés, il faut toutefois tenir compte de la durée maximale du contrôle qui leur est applicable *(voir plus loin)*.

▶ Attention... Si plusieurs agents URSSAF ont participé au contrôle, la lettre d'observations doit impérativement être signée par chacun d'eux (cass. civ., 2e ch., 6 novembre 2014, n° 13-23990, BC II n° 220). Cette règle doit toutefois être écartée dès lors qu'au moment de la signature du document, l'un des inspecteurs URSSAF n'a plus qualité ou n'est plus compétent pour intervenir (ex. : inspecteur ayant cessé ses fonctions au sein de l'organisme contrôleur) (cass. civ., 2e ch., 1er février 2024, n° 22-13420 FD).

Lettre d'observations (spécificités en cas de travail dissimulé) - Outre les mentions de droit commun *(voir ci-dessus)*, la lettre d'observations doit, lorsqu'une infraction de travail dissimulé a été constatée, mentionner le cas échéant (c. séc. soc. art. R. 243-59, III) :

- la référence au PV de travail dissimulé (c. séc. soc. art. R. 133-1) ou les différents éléments listés dans

ce document, lorsque l'infraction a été constatée à l'occasion d'un contrôle URSSAF ;
- la référence au PV de travail dissimulé (c. séc. soc. art. R. 133-1) ainsi que les faits constatés par les agents de contrôle autres que les agents URSSAF, lorsque le constat d'infraction de travail dissimulé a été établi par ces autres agents qui l'ont ensuite transmis aux organismes de recouvrement.

Toutefois, l'URSSAF n'est pas tenue de joindre à la lettre d'observations le procès-verbal constatant le délit de travail dissimulé à l'origine du redressement (cass. civ., 2e ch., 14 février 2019, n° 18-12150 FPB). Elle n'a, en principe, pas non plus l'obligation de le produire en justice *(voir plus loin dans l'étude, « Production du PV de travail dissimulé en justice »)*.

Il a par ailleurs été jugé que la lettre d'observations adressée à l'entreprise donneuse d'ordre en vue de mettre en œuvre sa solidarité financière pour travail dissimulé de son sous-traitant [voir *Donneur d'ordre (obligations de vigilance et d'injonction)**] doit préciser, année par année, le montant des sommes dues et ne pas faire état que d'une somme globale de cotisations et contributions sociales, sans ventilation par année (cass. civ., 2e ch., 13 février 2020, n° 19-11645 FPBI). Depuis les faits de l'espèce, la réglementation a évolué, en prévoyant que les observations de l'URSSAF doivent être motivées par chef de redressement *(voir plus haut)*. Mais, à notre avis, cela ne remet pas en cause la solution retenue par la Cour de cassation.

▶ À noter… Le montant des redressements indiqué dans la lettre d'observations peut être différent du montant évalué le cas échéant dans le document constatant le travail dissimulé (c. séc. soc. art. R. 133-1). S'il est inférieur, il est procédé sans délai à la mainlevée des éventuelles mesures conservatoires à hauteur de la différence entre ces deux montants. S'il est supérieur, l'organisme de recouvrement peut engager des mesures conservatoires complémentaires à hauteur de la différence entre ces deux montants (c. séc. soc. art. R. 243-59, III).

Période contradictoire - À compter de la réception de la lettre d'observations par la personne contrôlée, s'ouvre une période dite « contradictoire », pendant laquelle l'employeur peut échanger et dialoguer avec l'agent de contrôle URSSAF pour discuter ses constats et ses observations (c. séc. soc. art. L. 243-7-1 A et R. 243-59, III). Cette période est préalable à l'envoi de toute *mise en demeure de l'URSSAF**.

La période contradictoire prend fin (c. séc. soc. art. R. 243-59, III) :
- en l'absence de réponse de la personne contrôlée aux observations de l'URSSAF, au terme du délai de 30 jours (60 jours en cas de prolongation) qui lui est laissé pour répondre *(voir ci-après)* ;
- si la personne contrôlée a répondu aux observations de l'URSSAF, à la date d'envoi de la réponse de l'agent chargé du contrôle *(voir plus loin)*.

▶ À noter… Pour les contrôles engagés avant le 1er janvier 2020, la période contradictoire prenait fin à la date d'envoi de la *mise en demeure de l'URSSAF** (c. séc. soc. art. R. 243-59, IV, al. 4 abrogé au 1er janvier 2020).

Réponse de l'employeur à la lettre d'observations - Le cotisant contrôlé dispose en principe de 30 jours à compter de la réception de la lettre d'observations pour y répondre (c. séc. soc. art. R. 243-59, III).

Il peut demander à l'URSSAF, par tout moyen donnant date certaine à la réception de cette demande, de prolonger la période contradictoire pour organiser sa défense, sauf s'il se trouve dans l'une des situations de *travail illégal** suivantes : travail dissimulé, marchandage, prêt illicite de main-d'œuvre et emploi d'un étranger non autorisé à travailler (c. séc. soc. art. L. 243-7-1 A ; c. trav. art. L. 8211-1, 1° à 4°).

▶ À noter… Pour les lettres d'observations notifiées depuis le 1er janvier 2024, les cotisants contrôlés peuvent demander la prolongation de la période contradictoire même si une procédure d'abus de droit *(voir plus loin)* est mise en œuvre par le directeur de l'URSSAF (c. séc. soc. art. L. 243-7-1 A).

L'URSSAF doit avoir reçu la demande de prolongation avant l'expiration de la période initiale de 30 jours. Le délai de 30 jours dont dispose le cotisant peut ainsi être porté, à sa demande, à 60 jours. À défaut de réponse de l'organisme de recouvrement, la prolongation du délai est considérée comme étant acceptée (c. séc. soc. art. L. 243-7-1 A, R. 243-59, III et R. 243-59-9).

Le cotisant contrôlé peut indiquer dans sa réponse à la lettre d'observations de l'URSSAF toute précision ou tout complément qu'il juge nécessaire, notamment en proposant des ajouts à la liste des documents consultés. Le cas échéant, il doit justifier dans sa réponse avoir corrigé, pendant le contrôle, les déclarations afférentes à la période contrôlée, et acquitté les sommes correspondantes pour qu'il en soit tenu compte (c. séc. soc. art. R. 243-59, III).

La réponse du cotisant doit être envoyée par tout moyen permettant de donner date certaine de sa réception (c. séc. soc. art. R. 243-59-9).

▶ À noter… L'employeur ne peut pas contester en justice le rejet de ses observations par l'URSSAF, mais uniquement la mise en demeure qui lui est notifiée à l'issue de la période contradictoire *(voir plus haut)* (cass. civ., 2e ch., 14 février 2019, n° 17-27759 FPB).

Réponse de l'agent de contrôle à la réponse du cotisant - Si le cotisant répond dans le délai imparti (30 ou 60 jours), l'agent chargé du contrôle doit lui répondre en retour (c. séc. soc. art. R. 243-59, III).

Il doit apporter une réponse motivée à chaque observation qui a été exprimée de manière circonstanciée par la personne contrôlée. Cette réponse doit être adressée par tout moyen donnant date certaine à sa réception et détailler, par motif de redressement, les montants qui, le cas échéant, ne sont pas retenus et les redressements qui demeurent envisagés (c. séc. soc. art. R. 243-59, III et R. 243-59-9).

La réponse de l'agent de contrôle URSSAF ne constitue pas une nouvelle lettre d'observations. Elle n'a donc pas à contenir les mentions requises par la réglementation pour la lettre d'observations (cass. civ., 2e ch., 7 janvier 2021, n° 19-20230 FPI) et n'a pas à comporter les signatures de l'ensemble des agents ayant participé au contrôle (cass. civ., 2e ch., 18 février 2021, n° 20-12328 FP).

Rapport de contrôle - À l'issue de la période contradictoire *(voir plus haut)*, afin d'engager la mise en recouvrement des cotisations, majorations et pénalités faisant l'objet du redressement, l'agent chargé du contrôle transmet à l'URSSAF dont il relève un rapport de contrôle faisant état de ses observations, accompagné, s'il y a lieu, de la réponse de la personne contrôlée et de son propre courrier de réponse (c. séc. soc. art. R. 243-59, IV).

Le rapport de contrôle ne figure pas au nombre des pièces que l'URSSAF est obligée d'adresser à la personne contrôlée dès lors que la lettre d'observations permet à cette dernière, indépendamment de ses annexes, de connaître la nature, le mode de calcul et le montant des redressements opérés (cass. civ., 2e ch., 16 février 2012, n° 11-12166, BC II n° 33).

▶ À noter... Le fait que l'agent de contrôle établisse, clôture et transmette à l'URSSAF son rapport de contrôle avant d'avoir communiqué ses observations au cotisant contrôlé entraîne la nullité des mises en demeure postérieures (cass. soc. 12 mars 1992, n° 88-15420, BC V n° 184 ; cass. soc. 6 février 1997, n° 95-13685, BC V n° 56).

En revanche, étant destiné seulement à informer l'URSSAF chargée de la mise en recouvrement du redressement, le rapport de contrôle peut être établi avant que l'agent URSSAF n'ait répondu aux observations du cotisant contrôlé formulées dans le délai de 30 jours (ou 60 jours en cas de demande de prolongation) suivant la notification de la lettre d'observations, sans que cela entraîne la nullité de la procédure de contrôle dès lors que la mise en demeure, elle, est postérieure à cette réponse (cass. civ., 2e ch., 7 septembre 2023, n° 21-20524 FB, 1er moyen).

Notification d'un redressement - Si le contrôle débouche sur un redressement, l'URSSAF adresse à l'employeur une mise en demeure de payer les cotisations dues dans un délai d'un mois (voir *Mise en demeure de l'URSSAF**) (c. séc. soc. art. R. 244-1).

Le redressement peut être assorti des majorations et pénalités habituelles (voir *Majorations et pénalités URSSAF**). S'y ajoutent, le cas échéant, des majorations spécifiques en cas de travail dissimulé, d'abus de droit ou de constat d'absence de mise en conformité [voir *Majorations et pénalités URSSAF (absence de mise en conformité, travail dissimulé, abus de droit)**].

La mise en demeure est envoyée par tout moyen donnant date certaine à sa réception (et pas forcément par LRAR) (c. séc. soc. art. R. 243-59-9).

Le document mentionne au titre des différentes périodes annuelles contrôlées les montants notifiés par la lettre d'observations, corrigés le cas échéant à la suite des échanges entre l'employeur et l'agent chargé du contrôle. La référence et les dates de la lettre d'observations et, le cas échéant, du dernier courrier établi par l'agent en charge du contrôle lors de la période contradictoire doivent également figurer sur la mise en demeure. Les montants indiqués tiennent compte des sommes déjà réglées par la personne contrôlée (c. séc. soc. art. R. 244-1).

La mise en demeure ne peut être adressée par l'URSSAF qu'à l'issue de la période contradictoire *(voir plus haut)* (c. séc. soc. art. R. 243-59, IV). Par conséquent, si le cotisant n'a pas répondu à la lettre d'observations dans le délai qui lui est imparti, la mise en demeure adressée par l'organisme de recouvrement avant l'expiration de ce délai est nulle (cass. civ., 2e ch., 4 mai 2017, n° 16-15861, BC II n° 86). Toutefois, une seconde mise en demeure de l'URSSAF, adressée après une première qui ne respectait pas les exigences du code de la sécurité sociale, peut être jugée valide et régulariser la procédure entachée d'irrégularité (cass. civ., 2e ch., 6 juillet 2017, n° 16-19384, BC II n° 161).

Si la mise en demeure reste sans effet, le directeur de l'URSSAF peut délivrer une *contrainte**.

Notification d'observations pour l'avenir - Le cas échéant, l'URSSAF communique à la personne contrôlée une décision confirmant les observations « pour l'avenir » formulées dans la lettre d'observations *(voir plus haut)*, qui ne conduisent pas à redressement. Ces observations pour l'avenir appellent le cotisant à mettre en conformité, pour les périodes postérieures aux exercices contrôlés, des pratiques qui ne sont pas conformes à la législation, sous peine d'une majoration pour absence de mise en conformité [voir *Majorations et pénalités URSSAF (absence de mise en conformité, travail dissimulé, abus de droit)**] (c. séc. soc. art. R. 243-59, IV ; Charte du cotisant contrôlé).

Notification d'un solde créditeur - Si un solde créditeur en faveur de la personne contrôlée résulte de l'ensemble des points vérifiés, l'URSSAF le lui notifie et effectue le remboursement dans un délai maximum de 1 mois suivant sa notification (c. séc. soc. art. R. 243-59, IV).

▶ À noter... Pour les contrôles engagés avant le 1er mai 2023, le délai maximum de remboursement était fixé à 4 mois par le code de la sécurité sociale. Mais la Charte du cotisant contrôlé *(voir plus haut)* prévoyait déjà un délai de remboursement maximum de 1 mois pour les contrôles débutant à compter du 1er juillet 2022.

Droit à l'erreur - Sur les possibilités pour l'employeur d'invoquer un *droit à l'erreur**, voir ce mot.

Transaction avec l'URSSAF - La législation prévoit la possibilité, sous condition, de conclure une transaction avec l'organisme de recouvrement (voir *Transaction sociale URSSAF**).

Non-respect du contradictoire : conséquences - En cas de non-respect du principe du contradictoire par l'URSSAF, l'atteinte portée aux droits du cotisant contrôlé n'emporte pas nécessairement l'annulation de tous les chefs de redressement. Seuls ceux concernés par l'irrégularité doivent être annulés (cass. civ., 2e ch., 8 juillet 2021, n° 20-16846 FB).

▶ À noter... À notre sens, toutefois, le non-respect de certaines dispositions de l'article R. 243-59 du code de la sécurité sociale entraîne forcément la nullité de l'ensemble de la procédure de contrôle. C'est le cas, en particulier, de l'absence d'envoi au cotisant contrôlé d'un avis de contrôle préalable *(voir ci-avant)*.

Pouvoirs et modes d'investigations de l'agent de contrôle

Méthodes de vérification - Le contrôle URSSAF s'effectue, en principe, sur la base réelle, c'est-à-dire qu'il doit concerner tous les salariés et être réalisé à partir d'une analyse approfondie de l'ensemble des documents jugés nécessaires aux vérifications *(voir ci-dessous)*.

Afin de réduire la durée du contrôle et d'alléger les contraintes liées à la fourniture de très nombreuses pièces justificatives, l'agent chargé du contrôle URSSAF peut toutefois proposer au cotisant contrôlé d'utiliser la méthode de vérification par échantillonnage et extrapolation [voir *Contrôle URSSAF (méthode par échantillonnage ou par extrapolation)**].

L'agent de contrôle URSSAF peut aussi recourir à la taxation forfaitaire lorsque la comptabilité de la personne contrôlée ne permet pas d'établir le chiffre exact des cotisations dues ou lorsque les documents nécessaires à la réalisation du contrôle ne sont pas mis à sa disposition ou que leur présentation n'en permet pas l'exploitation (voir *Taxation forfaitaire**).

La méthode de vérification par échantillonnage et extrapolation et la taxation forfaitaire sont les deux seules méthodes d'évaluation dérogatoires au principe du redressement sur des bases réelles. L'URSSAF ne peut donc pas déroger à ce principe et conclure avec un employeur une convention prévoyant une autre méthode d'évaluation des cotisations et contributions dues suite au redressement, sous peine de nullité du contrôle et des actes subséquents (cass. civ., 2e ch., 9 janvier 2025, n° 22-13480 FB). En l'espèce, il s'agissait d'une convention dite « de chiffrage ».

Accès aux documents (principes généraux) - L'agent chargé du contrôle peut se faire remettre par le cotisant tous les documents et accéder à tous les supports d'information qu'il estime nécessaires au contrôle, notamment les bulletins de paye (c. séc. soc. art. L. 243-12 et R. 243-59, II).

▶ À noter... Il n'existe pas de liste exhaustive des documents pouvant être réclamés par l'agent de contrôle URSSAF. La Charte du cotisant contrôlé *(voir plus haut)* cite notamment, à titre d'exemples, tout document ou support permettant de reconstituer les éléments de paye intégrés dans la *déclaration sociale nominative**, les dossiers du personnel, les contrats de travail, les bilans, les grands livres comptables, les balances comptables, les fichiers des écritures comptables, les liasses fiscales, les avis d'imposition, les statuts de la société, les procès-verbaux d'assemblée générale, les transactions, les jugements de conseils de prud'hommes, les factures des sous-traitants et les honoraires, les justificatifs de frais professionnels (notes de restaurant, certificat d'immatriculation des véhicules, etc.).

L'agent chargé du contrôle peut également demander que les documents qu'il souhaite consulter lui soient présentés selon un classement nécessaire au contrôle, dont il aura informé au préalable la personne contrôlée (c. séc. soc. R. 243-59, II).

Ces demandes sont effectuées par tout moyen donnant date certaine à leur réception (c. séc. soc. art. R. 243-59-9).

Sauf autorisation de la personne contrôlée, seules des copies des documents remis peuvent être exploitées hors de ses locaux (c. séc. soc. art. R. 243-59, II).

Par ailleurs, sans préjudice de demandes complémentaires ou du recours à la méthode d'évaluation du redressement par échantillonnage et extrapolation [voir *Contrôle URSSAF (méthode par échantillonnage ou par extrapolation)**], et afin de limiter le nombre des documents et données collectées, l'agent de contrôle peut choisir de ne demander que des données et documents partiels.

Dans l'hypothèse où les documents demandés à l'employeur ne sont pas présentés durant le contrôle sur place, l'agent chargé du contrôle peut les demander ultérieurement, même après le délai de 30 jours suivant l'envoi de la lettre d'observations (cass. civ., 2e ch., 13 février 2014, n° 13-14132, BC II n° 47).

Si la personne contrôlée ne met pas à disposition les documents ou justificatifs nécessaires à la réalisation du contrôle ou si leur présentation n'en permet pas l'exploitation, l'URSSAF peut opérer un redressement par *taxation forfaitaire** (c. séc. soc. art. R. 243-59-4).

Personnes pouvant transmettre des documents à l'agent URSSAF - La personne contrôlée est tenue de mettre à la disposition de l'agent URSSAF tous les documents qu'il lui demande comme étant nécessaires à l'exercice du contrôle (c. séc. soc. art. L. 243-12 et R. 243-59, II). L'agent URSSAF doit donc forcément passer par le cotisant contrôlé pour obtenir les documents dont il a besoin.

Par conséquent, l'agent de contrôle n'est pas autorisé à solliciter des documents d'un salarié de l'employeur qui n'a pas reçu délégation à cet effet (cass. civ., 2e ch., 28 septembre 2023, n° 21-21633 FB, 1er moyen).

Il ne peut pas non plus demander à un tiers communication de documents sans les avoir réclamés au préalable au cotisant contrôlé (cass. civ., 2e ch., 20 mars 2008, n° 07-12797, BC II n° 76). Il a ainsi été jugé que l'agent de contrôle ne peut pas se procurer lui-même les documents directement, par exemple, auprès d'un organisme chargé de la sécurité sociale des auteurs (en l'espèce, l'ex-AGESSA) (cass. civ., 2e ch., 31 mars 2016, n° 15-14683 D), de l'expert-comptable de la société (cass. civ., 2e ch., 20 mars 2008, n° 07-12797, BC II n° 76 ; cass. civ., 2e ch., 9 mai 2018, n° 17-17352 D) ou encore auprès de l'ancien Syndicat des transports d'Île-de-France (STIF) (cass. civ., 2e ch., 7 avril 2022, n° 20-17655 FD). Cela vaut même si le contrôle a conduit à la constatation d'une infraction de *travail dissimulé** (cass. civ., 2e ch., 22 octobre 2020, n° 19-18335 FPBI).

Accès aux documents dématérialisés - Depuis le 14 avril 2023, lorsque les documents et données nécessaires au contrôle sont disponibles sous formes dématérialisées, les opérations de contrôle peuvent être réalisées par la mise en œuvre de traitements automatisés sur le matériel professionnel de l'agent URSSAF (c. séc. soc. art. R. 243-59-1).

S'il opte pour cette méthode, l'agent URSSAF doit en informer le cotisant qui doit alors mettre à sa disposition les copies numériques des documents, des données et des traitements nécessaires à l'exercice du contrôle sous forme de fichiers, dans des formats informatiques indiqués par l'agent (c. séc. soc. art. R. 243-59-1).

Le cotisant peut toutefois, dans les 15 jours qui suivent l'information par l'URSSAF, refuser par écrit que les opérations de contrôle soient réalisées sur le matériel de l'agent de contrôle. Dans cette hypothèse, ou en cas d'impossibilité technique avérée d'utiliser le matériel de l'agent URSSAF, la personne contrôlée doit :

- soit réaliser elle-même les traitements sur le matériel de l'entreprise et produire les résultats au format et dans les délais indiqués par l'agent chargé du contrôle ;
- soit autoriser l'agent à procéder lui-même, ou par l'intermédiaire d'un utilisateur qu'elle aura habilité, aux opérations de contrôle sur le matériel de l'entreprise.

▶ À noter... L'agent de contrôle et la personne contrôlée doivent effectuer les formalités qui leur incombent par tout moyen donnant date certaine à leur réception (c. séc. soc. art. R. 243-59-9).

Lorsque le contrôle vise à rechercher des infractions de *travail dissimulé**, l'agent URSSAF peut utiliser son propre matériel professionnel sans en informer au préalable le cotisant contrôlé, qui ne peut pas s'y opposer. Toutefois, si cela n'est pas possible, notamment pour des raisons techniques, l'agent procède alors lui-même, ou par l'intermédiaire d'un utilisateur habilité par la personne contrôlée, aux opérations de contrôle sur le matériel de l'entreprise (c. séc. soc. art. R. 243-59-1).

Dans tous les cas, les copies des fichiers transmis doivent être détruites au plus tard à la date :
- soit de l'envoi de la *mise en demeure de l'URSSAF** ;

- soit de la communication des observations ne conduisant pas à redressement (observations pour l'avenir) ou de la notification d'un solde créditeur.

Documents obtenus lors du contrôle d'une autre entreprise du même groupe - Depuis le 14 avril 2023, les agents URSSAF sont autorisés à utiliser les documents et informations obtenus lors du contrôle de toute personne appartenant au même groupe que l'entreprise qu'ils contrôlent (c. séc. soc. art. L. 243-7-4 et R. 243-59-10).

▶ À noter... La jurisprudence imposait auparavant que l'agent de contrôle recoure, dans ce cas, à la procédure du droit de communication *(voir ci-après)* (cass. civ., 2e ch., 7 janvier 2021, n° 19-19395 D).

L'agent de contrôle URSSAF est tenu d'informer la personne contrôlée de la teneur et de l'origine des documents ou informations ainsi obtenus et sur lesquels il se fonde (c. séc. soc. art. L. 243-7-4). Ainsi, il doit préciser dans la lettre d'observations *(voir plus haut)* (c. séc. soc. art. R. 243-59-10) :
- la nature de ces documents ou informations ;
- leur contenu ou les éléments d'information sur lesquels il s'appuie pour fonder son redressement ;
- la référence au contrôle et l'identité de la ou des personnes du même groupe d'où proviennent ces documents ou informations.

Sur demande de la personne contrôlée, l'agent URSSAF doit lui communiquer une copie de ces documents (c. séc. soc. art. L. 243-7-4). La lettre d'observations doit d'ailleurs mentionner cette possibilité offerte à la personne contrôlée (c. séc. soc. art. R. 243-59-10).

Si cette demande est faite dans le délai imparti au cotisant pour répondre à la lettre d'observations (30 ou 60 jours à compter de sa réception), la période contradictoire *(voir plus haut)* ne prend fin qu'à la date d'envoi de la copie des documents, sauf si cette date est antérieure à celle de la réponse de l'agent de contrôle URSSAF au cotisant *(voir plus haut)* (c. séc. soc. art. R. 243-59-10).

Droit de communication de l'URSSAF - Dans le cadre d'une procédure de contrôle, l'URSSAF peut user d'un droit de communication, qui lui permet d'obtenir des informations et des documents auprès d'un certain nombre de personnes, d'organismes, d'administrations ou d'entreprises sans que ne lui soit opposé le secret professionnel. Les documents et informations réclamés doivent être communiqués à titre gratuit dans les 30 jours qui suivent la réception de la demande. Cette communication peut, sur demande de l'agent de contrôle, se faire de façon dématérialisée (c. séc. soc. art. L. 114-19 et L. 114-20).

Concrètement, ce droit de communication offre aux agents de l'URSSAF la possibilité d'obtenir des informations directement auprès de personnes physiques (à l'exception des particuliers) ou morales qui entretiennent ou ont entretenu des relations professionnelles avec la personne contrôlée (ex : fournisseurs de biens ou de services, clients, établissements bancaires, administration fiscale, direction régionale de l'économie, de l'emploi, du travail et des solidarités, etc.) (circ. DSS 2011-323 du 21 juillet 2011, § 2).

L'agent de contrôle URSSAF ne peut exercer son droit de communication qu'après avoir sollicité préalablement le cotisant. Il ne peut donc le faire jouer que dans les cas suivants : refus exprès de l'intéressé de répondre à une demande d'informations complémentaires ; non-présentation des pièces justificatives demandées ; doute sur la validité ou l'authenticité des justificatifs demandés et présentés ; caractère contradictoire des pièces présentées avec les pièces ou les éléments du dossier. Par exception, la demande préalable n'est pas obligatoire si elle est de nature à compromettre les investigations engagées en vue de détecter une fraude (circ. DSS 2011-323 du 21 juillet 2011, § 4.1).

Lorsque l'URSSAF fait usage du droit de communication, elle doit informer le cotisant contrôlé de la teneur et de l'origine des informations et documents obtenus auprès des tiers sollicités et sur lesquels elle s'est fondée pour prendre sa décision de mise en recouvrement (c. séc. soc. art. L. 114-21). Cette obligation d'information doit être satisfaite avant la mise en recouvrement des cotisations en litige, sous peine d'entraîner la nullité de la procédure de contrôle (cass. civ. 2e ch., 21 juin 2018, n° 17-20227, BC II n° 137). Cette obligation est remplie dès lors que l'information apparaît dans la lettre d'observations envoyée au cotisant par l'URSSAF (cass. civ., 2e ch., 12 mars 2020, n° 19-11399 FPBI ; circ. DSS 2011-323 du 21 juillet 2011).

Pouvoir d'audition - L'agent chargé du contrôle peut interroger sur place tous les salariés ou personnes rémunérées par l'entreprise pour connaître leurs nom et adresse, le montant de leur rémunération, de leurs avantages en nature ainsi que la nature de leur activité (c. séc. soc. art. R. 243-59, II). Cela signifie que l'agent chargé du contrôle peut entendre les personnes rémunérées par l'entreprise, à quelque titre que ce soit, dans les lieux occupés par celle-ci ou sur les lieux du travail.

L'agent de contrôle peut également entendre le témoignage de personnes non salariées de la société contrôlée, mais responsables de la comptabilité et de la paye du groupement d'intérêt économique (GIE) auquel appartient cette société (cass. civ., 2e ch., 22 février 2005, n° 03-30442, BC II n° 41).

En revanche, il ne peut pas auditionner :
- l'épouse d'un salarié à son domicile (cass. civ., 2e ch., 11 octobre 2005, n° 04-30389 D) ;
- un salarié dans les locaux de l'URSSAF, même si le salarié est venu y dénoncer son employeur (cass. soc. 25 mars 1999, n° 97-14680, BC V n° 139) ;
- le salarié d'une société prestataire de l'entreprise contrôlée (cass. civ., 2e ch., 20 septembre 2018, n° 17-24359 FPB) ;
- un sous-traitant de l'entreprise contrôlée, celui-ci n'étant pas entendu sur les lieux de l'entreprise ou de son travail (cass. civ. 2e ch., 28 janvier 2021, n°19-26263 D).

L'agent chargé du contrôle ne peut pas non plus opérer un redressement sur la base d'informations recueillies par des questionnaires adressés au domicile de personnes rémunérées par le versement d'honoraires requalifiés en salaires (cass. civ., 2e ch., 10 mai 2005, n° 04-30046 D).

▶ À noter… Dans le cadre de la recherche du *travail illégal**, l'audition peut, en revanche, se dérouler en quelque lieu que ce soit (c. trav. art. L. 8271-6-1).

Dans le cadre d'un contrôle comptable d'assiette, l'agent de contrôle URSSAF n'a pas à recueillir préalablement le consentement des personnes auditionnées, ni à attendre que l'employeur soit présent lors de l'audition (cass. soc. 7 novembre 1997, n° 95-15148 D).

En revanche, lorsqu'un contrôle vise à rechercher des infractions de *travail illégal** (c. trav. art. L. 8271-1), le consentement de la personne auditionnée est requis quel que soit l'objectif de l'audition (obtenir des informations, des explications, etc.), sous peine de voir la procédure de contrôle annulée (c. trav. art. L. 8271-6-1 ; cass. civ., 2e ch., 19 septembre 2019, n° 18-19929 FPBI ; cass. civ. 1re ch., 4 novembre 2020, n° 19-20772 FSPB). Il doit être fait mention au procès-verbal d'audition du consentement de la personne entendue, la signature par celle-ci du P-V valant consentement à l'audition (c. séc. soc. art. R. 243-59, II).

▶ À noter… À l'inverse, l'exigence du consentement ne s'applique pas à une audition d'un témoin postérieure à l'envoi d'une lettre d'observations consécutive au procès-verbal de constatation d'infraction de travail illégal (cass. civ., 2e ch., 19 septembre 2019, n° 18-19847 FPBI). En d'autres termes, l'audition intervenue postérieurement au contrôle n'est pas concernée par les exigences posées par l'article L. 8271-6-1 du code du travail.

Par ailleurs, il a été jugé que l'exigence du consentement préalable à l'audition ne vise qu'à la protection des intérêts de la personne entendue. Dès lors, la société poursuivie du chef de travail dissimulé n'a pas qualité pour invoquer la violation de cette règle, même si les personnes auditionnées étaient ses salariés (cass. crim. 16 janvier 2024, n° 22-84243 FPB).

L'employeur ne peut pas obtenir de l'URSSAF le remboursement du temps passé par le salarié à répondre aux questions de l'agent de contrôle (rép. Richards n° 13308, JO 27 mars 1965, AN quest. p. 550).

Procédure de rectification de l'abus de droit - La procédure dite de « l'abus de droit » permet aux URSSAF d'écarter des actes comme ne leur étant pas opposables et de leur restituer leur véritable caractère, dès lors que ces actes (c. séc. soc. art. L. 243-7-2) :
- ont un caractère fictif ;
- ou, bien que constituant une application littérale des textes, ont pour unique motivation d'éluder ou d'atténuer les contributions et cotisations sociales d'origine légale ou conventionnelle auxquelles le cotisant est tenu au titre de la législation sociale ou qu'il aurait normalement supportées, eu égard à sa situation ou à ses activités réelles, s'il n'avait pas passé ces actes.

La décision de mettre en œuvre la procédure d'abus de droit est prise par le directeur de l'URSSAF, qui contresigne à cet effet la lettre d'observations adressée par l'URSSAF à l'issue du contrôle *(voir ci-avant)* (c. séc. soc. art. R. 243-60-3, I).

La procédure d'abus de droit n'est pas applicable à des actes pour lesquels le cotisant a sollicité l'*arbitrage de l'ACOSS** ou fait une demande de *rescrit social** auprès de l'URSSAF en fournissant aux organismes concernés tous éléments utiles pour apprécier la portée véritable de ces actes et que ces organismes n'ont pas répondu dans les délais requis (c. séc. soc. art. L. 243-7-2).

L'abus de droit entraîne l'application d'une pénalité [voir *Majorations et pénalités URSSAF (absence de mise en conformité, travail dissimulé, abus de droit)**].

Depuis le 1er janvier 2024, si le cotisant contrôlé veut contester les rectifications notifiées par l'URSSAF sur le fondement de l'abus de droit, il doit saisir la commission de recours amiable (CRA) de l'URSSAF, puis éventuellement engager un recours contentieux devant le tribunal judiciaire (voir *Contentieux de la sécurité sociale**).

▶ À noter… Avant le 1er janvier 2024, en cas de désaccord sur les rectifications notifiées sur le fondement de l'abus de droit, le cotisant contrôlé devait soumettre le litige au comité des abus de droit, qui a été supprimé (c. séc. soc. art. L. 243-7-2 dans sa version en vigueur avant le 1er janvier 2024).

Ce sont les URSSAF qui supportent la charge de la preuve en cas de réclamation (c. séc. soc. art. L. 243-7-2).

Pouvoir de requalification des faits soumis par le cotisant - Depuis le 1er janvier 2024, les agents de contrôle URSSAF ne sont pas tenus, dans le cadre de leurs missions, par la qualification donnée par la personne contrôlée aux faits qui leur sont soumis (c. séc. soc. art. L. 243-7). Ils peuvent donc requalifier des faits en cas de divergence d'interprétation avec le cotisant contrôlé sans pour autant se placer sur le terrain de l'abus de droit *(voir ci-dessus)*.

▶ À noter... Cette précision a pour objectif de contrecarrer la jurisprudence de la Cour de cassation qui avait jugé que, si une URSSAF écartait un acte juridique répondant à la définition de l'abus de droit, elle se plaçait nécessairement sur ce terrain, même si cela ne ressortait pas explicitement de la lettre d'observations adressée au cotisant contrôlé. Il en résultait qu'elle devait se conformer à la procédure d'abus de droit prévue par les textes, faute de quoi les opérations de contrôle et celles, subséquentes, de recouvrement étaient entachées de nullité (cass. civ., 2e ch., 16 février 2023, n° 21-17207, 21-18322 et 21-11600 FSB).

Procédure d'obstacle à contrôle - L'obstacle à contrôle se caractérise par des actions ou omissions ayant pour objet de faire obstacle ou de se soustraire aux opérations de contrôle exercées par les agents, quel que soit leur cadre d'action, et consistant notamment (c. séc. soc. art. L. 243-12-1) :

- à refuser l'accès à des lieux professionnels ;
- à refuser de communiquer une information formellement sollicitée, quel qu'en soit le support, y compris dématérialisé ;
- à ne pas répondre ou à apporter une réponse fausse, incomplète ou abusivement tardive à toute demande de pièce justificative, d'information, d'accès à une information, ou à ne pas répondre à une convocation, dès lors que la sollicitation, demande ou convocation est nécessaire à l'exercice du contrôle.

Dans un tel cas, l'employeur encourt une pénalité d'un montant maximal de 7 500 € par salarié, dans la limite de 750 000 €. Ce montant plafond est doublé en cas de nouveau manquement dans un délai de 5 ans à compter du jour où la pénalité concernant un précédent manquement est devenue définitive (c. séc. soc. art. L 243-12-1).

L'agent de contrôle URSSAF qui constate l'obstacle à contrôle doit en informer par écrit la personne contrôlée, lui notifier le délai dans lequel elle peut satisfaire à la demande et l'informer qu'à défaut le directeur de l'organisme de recouvrement peut engager une procédure de sanction. Lorsque la personne contrôlée n'a pas satisfait à la demande dans le délai fixé par l'agent, ce dernier dresse un « procès-verbal du constat d'obstacle à contrôle » et le transmet au directeur de l'URSSAF. Ce procès-verbal mentionne les faits reprochés et les actions mises en œuvre par l'agent chargé du contrôle pour obtenir la levée de l'obstacle constaté (c. séc. soc. art. R. 243-59-4-1).

Pour déterminer le montant de la pénalité, le directeur de l'URSSAF tient compte de certaines circonstances (ex. : respect des obligations déclaratives, versement des cotisations sur la période contrôlée, gravité du manquement constaté). Il notifie la pénalité envisagée à tout moment de la procédure de contrôle et au plus tard au moment de l'envoi de la mise en recouvrement de la pénalité. La personne contrôlée a 30 jours pour présenter ses observations écrites au directeur à compter de la réception de cette notification. Si elle le fait dans ce délai, le directeur de l'URSSAF est tenu de lui répondre. À l'issue du délai de 30 jours, et après avoir le cas échéant répondu aux observations de la personne contrôlée, le directeur de l'URSSAF notifie sa décision définitive. S'il prononce la pénalité, cette notification se fait par l'envoi d'une mise en demeure, avec indication des voies et délais de recours applicables (c. séc. soc. art. L. 243-12-1 et R. 243-59-4-1).

▶ À noter... L'URSSAF et la personne contrôlée doivent effectuer les formalités qui leur incombent par tout moyen donnant date certaine à leur réception (c. séc. soc. art. R. 243-59-9).

Procédure de contrôle sur pièces

Pour les petites entreprises - Un « contrôle sur pièces », au sein de l'URSSAF, peut être réalisé pour les employeurs occupant moins de 11 salariés (9 salariés au plus avant le 1er janvier 2017) (c. séc. soc. art. R. 243-59-3).

Cette procédure est réservée aux petites entreprises, mais ce n'est qu'une option pour l'URSSAF. Celle-ci peut procéder à un contrôle sur place « classique » si cela lui paraît préférable.

Modalités du contrôle - Le contrôle porte sur les obligations déclaratives et de paiement des employeurs, à partir des éléments dont dispose l'URSSAF et de ceux qu'elle demande pour l'occasion à l'employeur (c. séc. soc. art. R. 243-59-3). Autrement dit, il s'agit d'un véritable contrôle, mais réalisé sur pièces et dans les locaux de l'URSSAF.

Ce contrôle peut être mené par des inspecteurs du recouvrement ou par des contrôleurs assermentés.

Si l'employeur ne transmet pas les éléments demandés par l'URSSAF ou si l'examen des pièces nécessite d'autres investigations, un document lui est adressé pour l'informer que la procédure « peut » se poursuivre par un contrôle sur place (c. séc. soc. art. R. 243-59-3). Avant le 1er janvier 2020, le passage à un contrôle sur place était alors automatique.

L'URSSAF peut aussi, dans ce cas, déclencher la procédure d'obstacle à contrôle *(voir ci-dessus)* (c. séc. soc. art. R. 243-59-3).

Procédure - Le contrôle sur pièces obéit au même formalisme que le contrôle sur place et doit donc se dérouler dans le respect des garanties offertes au cotisant contrôlé par l'article R. 243-59 du code de la sécurité sociale (avis de contrôle préalable, délai de 30 jours minimum entre la réception de l'avis de contrôle et la date limite de mise à disposition des pièces et documents demandés, lettre d'observations, période contradictoire, etc.) *(voir plus haut)* (c. séc. soc. art. R. 243-59-3 renvoyant à R. 243-59).

▶ À noter… L'audition des salariés semble en pratique impossible dans le cadre de la procédure de contrôle sur pièces. La réglementation prévoit en effet que l'audition doit se faire sur place, dans les locaux de l'entreprise, alors que le contrôle sur pièces se déroule dans les locaux de l'URSSAF.

Résultat du contrôle - À l'issue du contrôle, l'agent URSSAF adresse à l'employeur contrôlé une lettre d'observations *(voir plus haut)*.

Si, au vu des éléments contrôlés, un redressement est nécessaire, l'URSSAF y procède après respect du délai de 30 jours (ou de 60 jours) dont dispose le cotisant pour répondre aux observations de l'agent chargé du contrôle, comme pour un contrôle sur place *(voir plus haut)*.

Garanties pour l'employeur

Opposabilité d'un précédent contrôle (décision implicite) - L'employeur peut faire valoir une décision implicite prise par l'URSSAF lors d'un précédent contrôle, valant en quelque sorte accord tacite sur les pratiques vérifiées.

▶ Attention… Une décision implicite ne peut être invoquée que si le contrôle a été opéré par la même URSSAF. La décision d'un organisme de recouvrement ne peut pas être invoquée contre un autre (cass. soc. 20 juillet 1995, n° 93-10088, BC V n° 256).

Un redressement ne peut donc pas porter sur des éléments qui, ayant fait l'objet d'un précédent contrôle dans la même entreprise ou le même établissement, n'ont pas donné lieu à observations, dès lors que l'URSSAF (c. séc. soc. art. R. 243-59-7 ; cass. civ., 2e ch., 22 janvier 2009, n° 07-19038, BC II n° 28) :
- a eu l'occasion, au vu de l'ensemble des documents consultés, de se prononcer en toute connaissance de cause sur ces éléments ;
- et que les circonstances de droit (réglementation) et de fait (pratiques du cotisant) au regard desquelles les éléments ont été examinés sont inchangées.

Exemple

Il a par exemple été jugé que l'employeur ne pouvait se prévaloir d'un accord tacite de l'URSSAF parce que :
- la seule consultation lors d'un précédent contrôle des pièces communément présentées lors des opérations de contrôle (livres comptables, bulletins de paye et contrats de travail) ne suffit pas à établir que l'URSSAF avait eu, à l'époque, les moyens de se prononcer en toute connaissance de cause sur les pratiques litigieuses relatives à l'abattement à temps partiel appliqué aux cadres en forfait jours (cass. civ., 2e ch., 22 septembre 2022, n° 21-11277 FB) ;
- ses pratiques en matière d'intéressement avaient changé depuis le précédent contrôle, les deux accords d'intéressement soumis à vérification ne retenant pas tout à fait la même formule (cass. civ., 2e ch., 20 décembre 2018, n° 17-26952 FPB) ;
- un nouvel accord d'entreprise sur les conditions bancaires consenties aux salariés d'une banque avait été signé, de sorte que les circonstances de droit, au regard desquelles avaient été examinés les éléments ayant fait l'objet du précédent contrôle, avaient changé (cass. civ., 2e ch., 23 janvier 2020, n° 18-25373 D) ;

le mode de calcul de la réduction générale de cotisations sociales avait été modifié, ce qui avait donné lieu à un changement dans les règles d'assiette applicables lors du précédent contrôle (cass. civ., 2e ch., 18 février 2021, n ° 19-24138 D).

Même si l'accord tacite est basé sur une appréciation erronée de la législation par l'URSSAF, il pourra être opposé à cette dernière par le cotisant lors d'un prochain contrôle (cass. civ., 2e ch., 8 juillet 2021, n° 20-16046 FB).

L'employeur ne peut pas se prévaloir de l'approbation tacite de ses pratiques par l'URSSAF lors d'un contrôle antérieur en cas de redressement consécutif à un constat de *travail dissimulé** (cass. civ. 2e ch., 4 avril 2019, n° 18-13786 FPBI).

De même, il ne peut pas se prévaloir d'une décision d'annulation de redressement par la commission de recours amiable (CRA) pour invoquer un accord tacite de l'URSSAF (cass. civ., 2e ch., 9 mai 2019, n° 18-15435 FPBI). Dans cette affaire, les frais professionnels litigieux avaient fait l'objet d'un redressement au terme d'un contrôle qui avait été annulé par la CRA. Lors d'un autre contrôle portant sur le même point, mais sur une période différente, l'employeur avait fait l'objet d'un redressement. Son argument faisant valoir que l'annulation du premier redressement par la CRA valait accord tacite de l'URSSAF était irrecevable.

C'est à l'entreprise d'apporter la preuve de la décision implicite (cass. civ., 2e ch., 19 avril 2005, n° 03-30718, BC II n° 100 ; cass. civ., 2e ch., 28 janvier 2010, n° 08-21783, BC II n° 23). Ce qui peut se révéler difficile (pour un exemple de refus de reconnaissance d'un accord tacite, voir cass. civ., 2e ch., 9 mai 2018, n° 17-16546 D ; pour un exemple de reconnaissance d'un accord tacite, voir cass. civ., 2e ch., 9 mai 2018, n° 17-16674 D).

Si l'URSSAF notifie une décision contraire à l'accord tacite lors d'un contrôle ultérieur, celle-ci fait alors obstacle à ce que cet accord tacite puisse perdurer pour l'avenir (cass. civ., 2e ch., 4 avril 2013, n° 12-15739, BC II n° 74), y compris si la décision contraire intervient dans le cadre d'une procédure de redressement qui a par la suite été annulée en justice (cass. civ., 2e ch., 27 juin 2024, n° 22-18178 FB).

Pas de contrôle sur des points déjà vérifiés - Il ne peut pas être procédé à un nouveau contrôle portant, pour une même période, sur les points de la législation applicable ayant déjà fait l'objet d'une vérification, sauf en cas de réponses incomplètes ou inexactes, de fraude, de *travail dissimulé** ou sur demande de l'autorité judiciaire (c. séc. soc. art. L. 243-12-4).

▶ À noter… Lorsque l'URSSAF rembourse des cotisations à un employeur, celui-ci n'est pas « garanti » contre un contrôle ultérieur. En effet, les juges ne peuvent pas faire produire à une demande de remboursement les effets d'un contrôle des bases de cotisations (cass. civ., 2e ch., 5 novembre 2015, n° 14-26007, BC II n° 467 ; cass. civ., 2e ch., 4 avril 2018, n° 17-15599 D).

Opposabilité des circulaires et du BOSS - Les circulaires et instructions ministérielles relatives à la législation sur les cotisations et contributions sociales sont opposables aux URSSAF (CGSS, caisses de MSA) dès lors qu'elles sont régulièrement publiées. Une entreprise qui a appliqué un texte selon l'interprétation retenue par l'administration dans l'une de ces instructions ou circulaires ne peut pas être redressée sur la période au cours de laquelle cette interprétation, même erronée, était en vigueur [pour plus de détails, voir *Circulaires (force juridique)**]. Il en est de même si elle s'est conformée à l'interprétation admise par le *Bulletin officiel de la sécurité sociale (BOSS)**, qui tend à regrouper l'ensemble de ces circulaires et instructions et est opposable aux organismes de recouvrement (c. séc. soc. art. L. 243-6-2 ; CRPA art. L. 312-3).

▶ À noter… L'opposabilité des circulaires ou instructions ne peut être invoquée que pour faire échec à un redressement. Un employeur ne peut donc pas s'en prévaloir à l'appui d'une demande d'annulation d'observations pour l'avenir (cass. civ., 2e ch., 24 mai 2017, n° 16-15724, BC II n° 16).

Lorsqu'une personne contrôlée se prévaut d'une circulaire ou d'une instruction, sa demande, effectuée par tout moyen donnant date certaine à sa réception, est recevable tant que les sommes mises en recouvrement au titre d'une situation couverte par cette circulaire ou instruction n'ont pas un caractère définitif. L'URSSAF doit informer la personne contrôlée dans un délai de 2 mois à compter de la réception de la demande, par motif de redressement, des montants qui sont, le cas échéant, annulés ainsi que des montants dont elle reste redevable. Cette information se fait par tout moyen donnant date certaine à sa réception (c. séc. soc. art. R. 243-59-8 et R. 243-59-9).

Rescrit social - Une procédure de rescrit social permet à un cotisant de demander à l'URSSAF de prendre position sur certaines questions. Ce dernier peut ensuite opposer à l'URSSAF l'interprétation qui lui a été donnée dans le contexte qui avait été soumis, à condition que ce contexte soit demeuré le même et que la loi n'ait pas évolué (c. séc. soc. art. L. 243-6-3) (pour plus de détails, voir *Rescrit social**).

▶ Attention… Dès réception de l'avis de contrôle, l'employeur perd la faculté d'interroger son URSSAF dans le cadre de la procédure de rescrit. Cette irrecevabilité s'applique également pendant toute la durée du recours contentieux formé à l'encontre de la décision de redressement, dès lors que le rescrit a le même objet (cass. civ., 2e ch., 28 mai 2014, n° 13-16915, BC II n° 121).

Droit au contrôle - Un employeur peut demander à faire l'objet d'un contrôle prévu par la réglementation, et donc, notamment, d'un contrôle URSSAF. Le résultat du contrôle peut ensuite être opposé à l'administration dont il émane (pour plus de détails, voir *Droit au contrôle**).

Arbitrage de l'ACOSS - Si l'employeur a été amené à recourir à l'arbitrage de l'ACOSS pour unifier les positions de différentes URSSAF ou les positions contradictoires entre URSSAF et caisses de retraite complémentaire AGIRC-ARRCO, il peut, le cas échéant, s'en prévaloir (c. séc. soc. art. L. 243-6-1) (pour plus de détails, voir *Arbitrage de l'ACOSS**).

Durée du contrôle limitée dans les entreprises de moins de 20 salariés

Durée de 3 mois maximum, renouvelable une fois - Dans les entreprises de moins de 20 salariés, les contrôles URSSAF (sur place ou sur pièces) engagés depuis le 1er janvier 2023 ne peuvent s'étendre sur une période supérieure à 3 mois, comprise entre le début effectif du contrôle et la date d'envoi de la lettre d'observations (c. séc. soc. art. L. 243-13, I et R. 243-59-6-A).

▶ À noter... La date d'engagement du contrôle s'entend de celle de l'envoi de l'avis de contrôle (cass. civ., 2e ch., 12 mai 2022, n° 20-21430 FB). Les contrôles URSSAF concernés sont donc ceux pour lesquels l'avis de contrôle a été envoyé à compter du 1er janvier 2023.

Le début effectif du contrôle correspond, selon les cas (c. séc. soc. art. R. 243-59-6-A) :
- à la date de la première visite de l'agent chargé du contrôle ;
- ou, en cas de contrôle sur pièces (moins de 11 salariés), à la date de début des opérations de contrôle mentionnée dans l'avis de contrôle.

Cette limitation de la durée des contrôles URSSAF ne s'applique pas aux filiales d'un groupe employant au moins 20 salariés *(voir plus loin)* (c. séc. soc. art. L. 243-13, II).

À la demande expresse de l'employeur contrôlé ou de l'organisme de recouvrement, la durée de 3 mois peut être prorogée une fois, pour porter la durée maximale du contrôle à 6 mois (c. séc. soc. art. L. 243-13, I). La demande de prorogation doit être formalisée par écrit et ce, qu'elle émane du cotisant contrôlé ou de l'URSSAF (lettre-circ. ACOSS 2015-19 du 13 avril 2015, § 6-1).

▶ À noter... Initialement prévue pour s'appliquer aux entreprises de moins de 10 salariés, la limitation de la durée du contrôle a été étendue, à titre expérimental, pendant 3 ans, aux contrôles engagés à compter du 12 août 2018 dans les entreprises de moins de 20 salariés (à l'exclusion des filiales d'un groupe employant au moins 20 salariés) (loi 2018-727 du 10 août 2018, art. 33, JO du 11). Cette expérimentation, qui devait donc concerner les contrôles engagés entre le 12 août 2018 et le 11 août 2021, s'est en pratique poursuivie au-delà. La loi de financement de la sécurité sociale pour 2023 l'a pérennisée à compter du 1er janvier 2023 (loi 2022-1616 du 23 décembre 2022, art. 6, I, G et VI, JO du 24).

Fin du contrôle par arrivée à terme du délai - Si, du fait du dépassement du délai, les opérations de contrôle doivent prendre fin, l'agent URSSAF doit informer la personne contrôlée des manquements qu'il a éventuellement constatés. Cette formalité doit être effectuée par tout moyen donnant date certaine à sa réception (c. séc. soc. art. R. 243-59-6, I et R. 243-59-9).

En outre, l'URSSAF ne peut pas procéder une nouvelle fois à un contrôle portant sur tout ou partie de la période antérieure à la date d'envoi de l'avis de contrôle ayant donné lieu à l'information de clôture du contrôle (c. séc. soc. art. R. 243-59-6, II).

Exceptions - La limitation de la durée du contrôle ne s'applique pas s'il est établi, au cours de cette période, que l'employeur se trouve dans l'une des situations suivantes (c. séc. soc. art. L. 243-13, I) :
- *travail dissimulé** (c. trav. art. L. 8221-3 et L. 8221-5) ;
- obstacle à contrôle (c. séc. soc. art. L. 243-12-1) ;
- abus de droit (c. séc. soc. art. L. 243-7-2) ;
- constat de comptabilité insuffisante ou de documentation soit inexploitable, soit, depuis le 1er janvier 2023, transmise plus de 15 jours après la réception de la demande faite par l'agent chargé du contrôle ;
- depuis le 1er janvier 2023, report, à la demande de la personne contrôlée, d'une visite de l'agent chargé du contrôle.

Exclusion des filiales de groupes d'au moins 20 salariés - La limitation de la durée du contrôle URSSAF n'est pas applicable lorsque la personne contrôlée appartient à un ensemble de personnes entre lesquelles il existe un lien de dépendance ou de contrôle, au sens des articles L. 233-1 et L. 233-3 du code de commerce, et que l'effectif de cet ensemble est égal ou supérieur à 20 (c. séc. soc. art. L. 243-13, II).

Autrement dit, elle ne peut pas concerner les entreprises qui sont en réalité les filiales d'un groupe employant un nombre de personnes au moins égal à 20.

Recours et contentieux

Saisine du médiateur de l'URSSAF - Le cotisant contrôlé peut contester l'issue du contrôle devant le médiateur de l'URSSAF, avant ou en parallèle de la saisine de la commission de recours amiable (CRA) de l'URSSAF *(voir ci-après)*. Le médiateur fait connaître sa recommandation à la CRA, qui reste seule compétente pour rendre sa décision (c. séc. soc. art. L. 217-7-1).

Le cotisant ne peut pas, en revanche, saisir le médiateur s'il a déjà engagé un recours contentieux devant le tribunal judiciaire.

L'engagement d'une médiation suspend les délais de recours contentieux devant une juridiction.

Pour plus de détails sur le recours à la médiation, voir *Médiation URSSAF**.

Saisine obligatoire de la CRA, puis recours en justice - Les litiges consécutifs à la notification d'un redressement ou d'observations pour l'avenir relèvent du *contentieux de la sécurité sociale** : saisine obligatoire de la commission de recours amiable (CRA) de l'URSSAF (c. séc. soc. art. L. 142-4 et R. 142-1) puis, le cas échéant, recours contentieux devant le tribunal judiciaire (c. séc. soc. art. L. 142-8 ; c. org. jud. art. L. 211-16) *(voir schéma ci-après)*. Toute demande contentieuse qui n'aura pas fait l'objet d'un recours préalable devant la CRA est déclarée irrecevable (cass. civ., 2e ch., 20 juin 2019, n° 17-18061 FPBI, 1er moyen).

▶ À noter… Invoquer devant la juridiction contentieuse l'irrégularité de la composition de la CRA, et donc de sa décision, pour contester un redressement URSSAF est inopérant. Le juge doit statuer au fond sur le litige (cass. civ., 2e ch., 21 juin 2018, n° 17-27756 FSPBRI).

Les litiges relatifs aux *cotisations d'assurance chômage et d'AGS** relèvent également du *contentieux de la sécurité sociale** (sous réserve de deux exceptions : contributions dues au titre des salariés agricoles et celles dues à Saint-Pierre-et-Miquelon) (c. trav. art. L. 5422-16).

Étendue du contrôle du juge judiciaire - Devant le juge judiciaire, le cotisant ne peut pas demander l'annulation d'un chef de redressement URSSAF qu'il n'a pas déjà contesté devant la commission de recours amiable. Et ce, même si les nouveaux moyens de défense qu'il fait valoir sont, dans l'absolu, susceptibles d'entraîner la nullité du redressement dans son intégralité (ex : absence d'avis de contrôle) (cass. civ., 2e ch., 12 mai 2022, n° 20-18078 FB ; cass. civ., 2e ch., 17 février 2022, n° 20-19547 FD).

L'étendue de la saisine de la CRA (et donc l'étendue du contrôle du juge) se détermine au regard du contenu de la lettre de réclamation qui lui est adressée, et non en considération de la décision ultérieure de cette commission. En outre, la CRA est valablement saisie de la contestation portant sur le bien-fondé d'un redressement même en l'absence de motivation de la réclamation sur certains chefs du redressement (cass. civ., 2e ch., 12 mars 2020, n° 19-13422 FPBI ; cass. civ., 2e ch., 1er juin 2023, n° 21-21329 FB). Autrement dit, lorsque la totalité du redressement a été contestée devant la CRA, le cotisant peut ensuite contester en justice tous les chefs de redressement, même si les moyens de défense avancés devant la CRA ne concernaient que l'un d'eux (cass. soc. 25 janvier 1989, n° 86-11940, BC V n° 65).

Par ailleurs, pour les chefs de redressement qui ont été soumis à l'examen de la CRA, le cotisant peut faire valoir devant le juge de nouveaux moyens de défense qui n'ont pas été présentés devant cette commission (cass.civ., 2e ch., 12 mai 2022, n° 20-18077 FB ; cass. civ., 2e ch., 17 février 2022, n° 20-19547 FD).

Société multi-établissements et autorité de la chose jugée - Lorsqu'un contrôle a lieu dans tous les établissements d'une même société mais aboutit à des lettres d'observations, des mises en demeure et des contraintes distinctes pour chaque établissement, les contestations par la société de chacun des redressements ainsi notifiés n'ont pas le même objet. Par conséquent, même si les opérations de contrôle qui se sont déroulées dans certains des établissements ont été validées par un jugement définitif ayant autorité de la chose jugée, la société cotisante peut toujours contester le bien-fondé des opérations de contrôle ayant eu lieu dans un autre établissement (cass. civ., 2e ch., 25 avril 2024, n° 21-16779 FB).

Production du PV de travail dissimulé en justice - Lorsque le redressement opéré à la suite d'un constat de travail dissimulé est contesté en justice par la personne contrôlée, l'URSSAF n'est pas tenue de produire le PV de *travail dissimulé** devant les juridictions contentieuses (cass. civ. 2e ch., 5 septembre 2024, n° 22-18226 FB). Cette décision, qui concernait une procédure de lutte contre le travail illégal avec transmission aux URSSAF d'un constat de travail dissimulé établi par d'autres agents de contrôle, trouve également à s'appliquer, à notre sens, lorsque le redressement pour travail dissimulé résulte d'un contrôle URSSAF de droit commun.

À l'inverse, lorsqu'un donneur d'ordre conteste en justice l'existence ou le contenu du PV de travail dissimulé établi à l'encontre de son sous-traitant, sur la base duquel sa solidarité financière est mise en œuvre [voir *Donneur d'ordre (obligations de vigilance et d'injonction)**], l'URSSAF doit produire ce PV de travail dissimulé devant les juridictions de sécurité sociale, sous peine d'annulation du redressement

Schéma récapitulatif du contrôle URSSAF (avec voies de recours du cotisant)

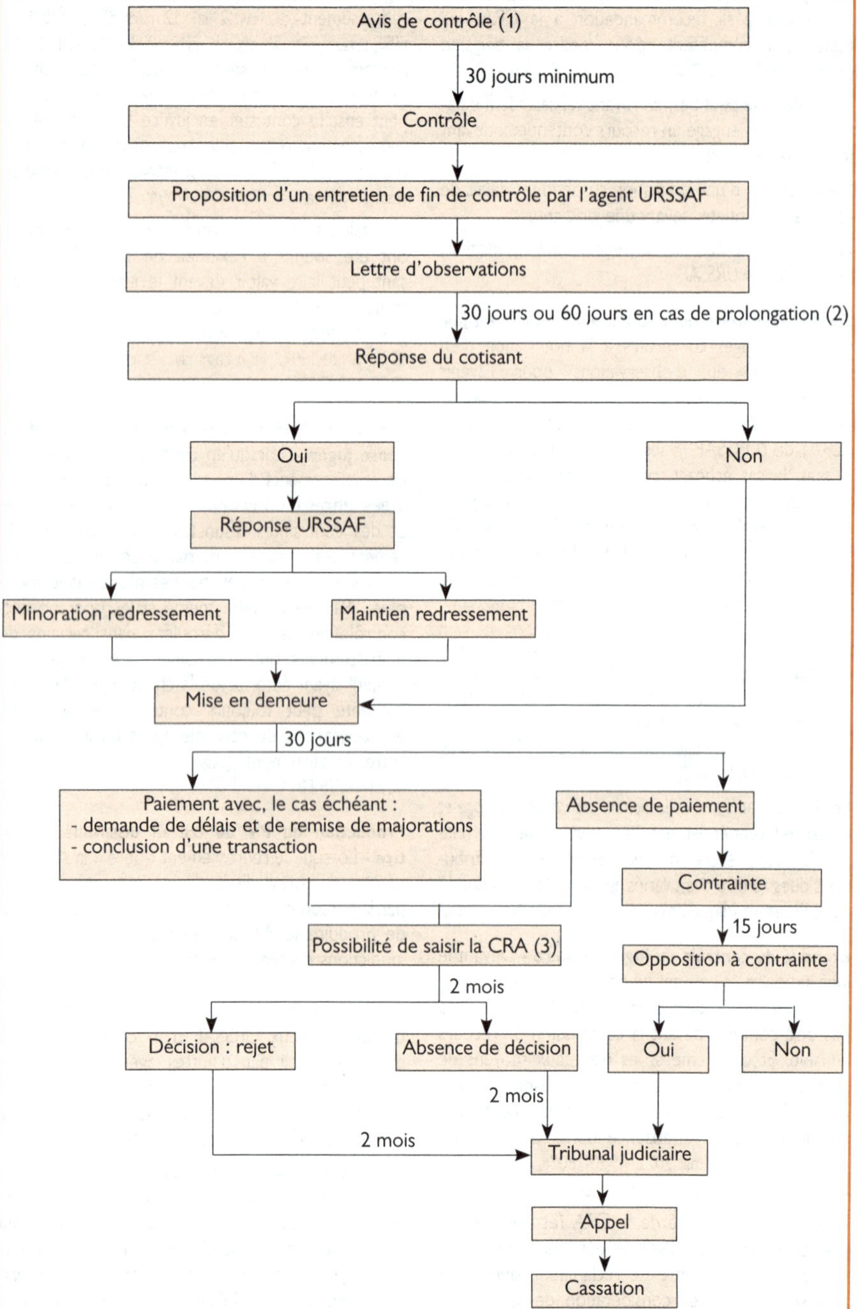

(1) Formalité non obligatoire si le contrôle vise à rechercher des infractions pour travail dissimulé.
(2) Le cotisant peut demander à l'URSSAF, avant l'expiration du délai initial de 30 jours, que cette période soit prolongée de 30 jours pour organiser sa défense.
(3) La commission de recours amiable (CRA) doit être saisie dans un délai de 2 mois à compter de la notification de la mise en demeure. Avant ou parallèlement à la saisine de la CRA, le cotisant peut saisir le médiateur de l'URSSAF.

(cass. civ., 2e ch., 8 avril 2021, n° 19-23728 FSPR ; cass. civ., 2e ch., 8 avril 2021, n° 20-11126 FSPR).

Arbitrage de l'ACOSS ; Bulletin officiel de la sécurité sociale (BOSS) ; Circulaires (force juridique) ; Contrainte ; Contrôle URSSAF (méthode par échantillonnage ou par extrapolation) ; Déclaration sociale nominative ; Droit à l'erreur ; Droit au contrôle ; Majorations et pénalités URSSAF ; Majorations et pénalités URSSAF (absence de mise en conformité, travail dissimulé, abus de droit) ; Médiation URSSAF ; Mise en demeure de l'URSSAF ; Prescription des cotisations ; Rescrit social ; Retraite supplémentaire et prévoyance complémentaire (redressement URSSAF réduit) ; Taxation forfaitaire ; Transaction sociale URSSAF.

Contrôle URSSAF (méthode par échantillonnage ou par extrapolation)

Dans le cadre d'un contrôle URSSAF sur place (voir *Contrôle URSSAF**), l'agent de contrôle peut proposer à l'employeur d'utiliser les méthodes de vérification par échantillonnage et par extrapolation (c. séc. soc. art. R. 243-59-2 ; arrêté du 11 avril 2007, JO du 13 ; lettre-circ. ACOSS 2007-107 du 27 juillet 2007). Cette procédure permet de réduire la durée du contrôle et d'alléger les contraintes liées à la fourniture de très nombreuses pièces justificatives.

L'échantillonnage consiste à extraire une population supposée représentative de la population totale et, sur cette base réduite, tirer des conclusions qui seront extrapolées à l'ensemble de la population source. La population sélectionnée peut servir d'échantillon pour tout le contrôle ou n'être supposée représentative que pour une ou plusieurs problématiques particulières.

▶ À noter… Les méthodes de vérification par échantillonnage et par extrapolation peuvent aussi être utilisées par les agents des caisses de Mutualité sociale agricole (MSA) pour le contrôle des employeurs de main-d'œuvre agricole (c. rur. et pêche maritime art. R. 724-9, 2° ; Charte du cotisant contrôlé).

Cas de recours

En toutes circonstances - Les méthodes de vérification par échantillonnage et extrapolation peuvent être utilisées en toutes circonstances, sauf opposition de l'employeur *(voir ci-après)*, et selon un protocole très encadré.

▶ À noter… La procédure prévue par la réglementation pour la mise en œuvre de la méthode d'échantillonnage et d'extrapolation (c. séc. soc. art. R. 243-59-2) est la même pour toutes les entreprises, quelle que soit leur taille. Si elle n'est pas respectée par l'agent chargé du contrôle, le redressement opéré doit être annulé (cass. civ., 2e ch., 9 février 2017, n° 16-10971 D).

Alternative à un examen exhaustif - Pour l'*ACOSS** (ou URSSAF Caisse nationale), ces méthodes constituent une alternative à l'examen exhaustif des chefs de redressement potentiels sur la totalité des salariés de l'entreprise contrôlée. Elles diffèrent des techniques de reconstitution forfaitaire d'assiette. En effet, elles ne visent pas à compenser l'absence d'éléments justificatifs fournis par l'entreprise, mais à déterminer le montant des redressements à partir de l'examen d'une partie seulement de la population contrôlée (lettre-circ. ACOSS 2007-107 du 27 juillet 2007).

Acceptation de l'employeur

Information préalable de l'employeur - L'agent de contrôle qui souhaite mettre en œuvre la méthode par échantillonnage et extrapolation doit en informer le cotisant contrôlé au moins 15 jours avant le début de la vérification, en lui indiquant l'adresse électronique (www.urssaf.fr ou www.msa.fr) à laquelle sont consultables (c. séc. soc. art. R. 243-59-2, al. 1 ; Charte du cotisant contrôlé) :

- le document lui indiquant les différentes phases de cette méthode de vérification ;
- les formules statistiques utilisées pour son application ;
- l'arrêté relatif au protocole de mise en œuvre de cette technique particulière de contrôle (arrêté du 11 avril 2007, JO du 13).

Droit d'opposition de l'employeur - L'employeur peut s'opposer par écrit à l'utilisation de cette méthode dans le délai de 15 jours et demander la vérification de l'ensemble des pièces (c. séc. soc. art. R. 243-59-2, al. 2 ; Charte du cotisant contrôlé).

▶ À noter… La vérification par échantillonnage et extrapolation est engagée dès que l'URSSAF sollicite des documents nécessaires à la constitution d'une base de sondage, quelle que soit l'utilisation qui est faite ensuite de cet échantillon par l'agent de contrôle. Si cette demande intervient avant l'expiration du délai de 15 jours laissé à l'employeur pour s'opposer à la méthode par échantillonnage et extrapolation, la procédure n'est pas respectée.

L'URSSAF ne peut alors pas prétendre qu'il s'agissait juste d'une étape « préliminaire » devant lui permettre ensuite de décider ou non de recourir à cette méthode (cass. civ., 2e ch., 14 mars 2019, n° 18-10409 FPBI).

Si l'employeur s'oppose à cette méthode, l'agent de contrôle lui demande de mettre à sa disposition l'ensemble des pièces nécessaires au contrôle en un lieu qu'il lui indique (ce lieu ne peut être extérieur aux locaux de la personne contrôlée qu'avec son autorisation). L'agent de contrôle fait également connaître les critères, conformes aux nécessités du contrôle, selon lesquels ces éléments doivent être présentés et classés (c. séc. soc. art. R. 243-59-2, al. 2 ; Charte du cotisant contrôlé).

L'employeur dispose de 15 jours, à compter de la notification de ces informations, pour faire valoir, le cas échéant, ses observations en réponse. Au terme de ce délai, l'agent de contrôle notifie à l'employeur le lieu et les critères définitivement retenus. La mise à disposition des éléments ainsi définis doit se faire dans un délai déterminé d'un commun accord entre l'employeur et l'agent de contrôle, mais qui ne peut pas dépasser 60 jours. Lorsque ces conditions ne sont pas remplies, l'opposition du cotisant à l'utilisation de cette méthode ne peut pas être prise en compte (c. séc. soc. art. R. 243-59-2, al. 3).

Absence d'accord de l'employeur : conséquences - Le redressement éventuel qui interviendrait à la suite d'un contrôle par échantillonnage et extrapolation doit être annulé si l'accord préalable de l'employeur n'est pas démontré (cass. civ., 2e ch., 4 décembre 2008, n° 08-10665, BC II n° 261).

En outre, l'absence d'accord de l'employeur entraîne l'annulation du redressement dans sa totalité, y compris la partie qui a, le cas échéant, été établie sur des bases réelles (cass. civ., 2e ch., 15 mars 2018, n° 17-11891, BC II n° 58).

Protocole de mise en œuvre

Quatre phases - La mise en œuvre de la méthode par échantillonnage et extrapolation suit un protocole composé de quatre phases : la constitution d'une base de sondage, le tirage d'un échantillon, la vérification exhaustive de l'échantillon et l'extrapolation à la population ayant servi de base à l'échantillon. L'employeur est associé à chacune des phases (arrêté du 11 avril 2007, JO du 13).

Phase 1 : constitution d'une base de sondage - À partir des informations détenues par l'entreprise et des déclarations produites, l'agent de contrôle définit la population soumise à investigation et détermine un ensemble d'individus statistique. Il exclut de cet ensemble les cas atypiques au regard du point de législation examiné. L'employeur est invité à lui signaler les cas atypiques.

La population ainsi déterminée constitue la base de sondage, c'est-à-dire une liste exhaustive et sans répétition des unités susceptibles d'être tirées.

▶ À noter… Cette base de sondage peut faire l'objet d'une stratification plus fine permettant la formation de sous-populations plus homogènes que la population initiale.

Phase 2 : tirage aléatoire de l'échantillon - L'échantillon est défini et mis en œuvre par l'agent de contrôle, en présence de l'employeur ou de son représentant, et son tirage est opéré aléatoirement par informatique. L'employeur est invité à commenter l'échantillon obtenu.

Le nombre d'individus statistiques constituant l'échantillon ne peut être inférieur à 50.

▶ À noter… Le seuil de 50 ne signifie pas que la méthode par échantillonnage et extrapolation est réservée aux entreprises d'au moins 50 salariés. En effet, la notion « d'individus statistiques » ne doit pas être confondue avec celle « d'individus personnes physiques ». En statistique, « l'individu » se définit en effet comme un élément de l'ensemble, généralement appelé « population », que l'on est amené à étudier. Ainsi, par exemple, dans une entreprise de moins de 50 salariés comptant des commerciaux bénéficiant d'un remboursement des frais professionnels au réel, un agent chargé du contrôle pourrait estimer pertinent, compte tenu du volume des pièces justificatives, de proposer à l'employeur d'examiner les frais professionnels des commerciaux par la méthode de l'échantillonnage (selon l'approche jugée la plus appropriée : examen exhaustif d'un échantillon de 50 pièces justificatives, examen des frais remboursés sur un échantillon de 50 journées…).

En cas de tirage opéré sur une base de sondage stratifiée, la représentation de chacune des strates dans l'échantillon constitué ne peut être inférieure à 15 individus pour correspondre à l'échantillon statistique.

La liste des individus statistiques constituant l'échantillon retenu est communiquée à l'employeur afin qu'il puisse produire l'ensemble des pièces justificatives nécessaires à l'examen du point de législation vérifié.

▶ Attention… Si l'employeur utilise plusieurs logiciels de paye, un échantillon doit être déterminé pour chacune des populations gérées par un logiciel différent.

Phase 3 : examen de l'échantillon au regard de la législation - À l'issue de l'examen exhaustif des pièces justificatives, l'agent de contrôle informe l'employeur des résultats des vérifications effectuées sur chaque individu composant l'échantillon et des régulations envisagées.

L'agent de contrôle invite l'employeur à faire part de ses remarques et rectifie, le cas échéant, les régularisations envisagées *(voir ci-après)*.

Si l'URSSAF omet d'informer l'employeur des résultats des vérifications effectuées et des régularisations envisagées en l'invitant à s'exprimer, le contrôle n'est pas valide (cass. civ., 2e ch., 19 juin 2014, n° 13-19150, BC II n° 149).

En outre, l'URSSAF doit communiquer les résultats des vérifications de la phase 3 avant l'envoi de la lettre d'observations *(voir plus loin)*. À défaut, le principe de la contradiction n'est pas respecté et l'URSSAF ne peut pas régulariser la situation en lui adressant ces résultats après l'envoi lettre d'observations. La procédure d'échantillonnage et d'extrapolation appliquée par l'URSSAF est alors irrégulière (cass. civ., 2e ch., 5 janvier 2023, n° 21-14706 P).

Phase 4 : extrapolation à la population ayant servi de base à l'échantillon - Les résultats obtenus sur l'échantillon sont extrapolés à l'ensemble des individus constituant la base de sondage à l'origine de l'échantillon.

Association de l'employeur - Lorsque la méthode de vérification par échantillonnage est mise en œuvre, l'agent de contrôle informe l'employeur des critères utilisés pour définir les populations examinées, le mode de tirage des échantillons, leur contenu et la méthode d'extrapolation envisagée pour chacun d'eux (c. séc. soc. art. R. 243-59-2, al. 4).

L'employeur peut présenter à l'agent de contrôle ses observations tout au long de la mise en œuvre des méthodes de vérification par échantillonnage. Ces échanges peuvent être simplement oraux. Si la personne contrôlée exprime son désaccord par écrit, l'agent URSSAF doit lui répondre par écrit de manière motivée (c. séc. soc. art. R. 243-59-2, al. 5).

À l'issue du contrôle

Lettre d'observations - À l'issue du contrôle, l'agent URSSAF adresse au cotisant contrôlé une lettre d'observations (c. séc. soc. art. R. 243-59, III) qui, au-delà des mentions prévues pour tout *contrôle URSSAF**, doit préciser les populations faisant l'objet des vérifications, les critères retenus pour procéder au tirage des échantillons, leur contenu, les cas atypiques qui en ont été exclus, les résultats obtenus pour chacun des échantillons, la méthode d'extrapolation appliquée et les résultats obtenus par application de cette méthode aux populations ayant servi de base au tirage de chacun des échantillons. La lettre d'observations mentionne aussi la faculté reconnue à la personne contrôlée de procéder elle-même au calcul des régularisations *(voir ci-après)* (c. séc. soc. art. R. 243-59-2, al. 6).

Faculté pour l'employeur de calculer lui-même les régularisations - Dans les 30 jours suivant la réception de la lettre d'observations, la personne contrôlée peut informer l'URSSAF de sa décision de procéder elle-même au calcul des sommes dont elle est redevable ou qu'elle a indûment versées pour la totalité des salariés concernés par chacune des anomalies constatées sur chacun des échantillons utilisés (c. séc. soc. art. R. 243-59-2, al. 7).

Dans le délai de 30 jours courant à compter de la réception par l'URSSAF de la décision de régularisation du cotisant contrôlé, ce dernier doit adresser à l'agent chargé du contrôle les résultats de ses calculs accompagnés des éléments permettant de s'assurer de leur réalité et de leur exactitude. L'agent URSSAF peut s'assurer de l'exactitude de ces calculs, notamment en procédant à l'examen d'un nouvel échantillon. La mise en recouvrement des cotisations, des majorations et pénalités faisant l'objet du redressement ne peut intervenir avant l'expiration de ce délai de 30 jours et avant la réponse motivée de l'agent chargé du contrôle aux éventuelles observations de la personne contrôlée. La motivation de cette réponse est appréciée par observation (c. séc. soc. art. R. 243-59-2, al. 9).

Absence de calcul spontané des régularisations par l'employeur - Si, au terme des 30 jours dont il dispose pour répondre à la lettre d'observations, le cotisant n'a pas fait connaître à l'URSSAF sa décision de procéder lui-même au calcul des sommes dont il est redevable *(voir ci-avant)*, la proposition d'extrapolation est mise en œuvre par l'agent chargé du contrôle (lettre-circ. ACOSS 2007-107 du 28 juillet 2007). La mise en recouvrement des cotisations, majorations et pénalités faisant l'objet du redressement ne peut intervenir avant l'expiration du délai de 30 jours et avant la réponse de l'agent de contrôle aux éventuelles observations de l'employeur (c. séc. soc. art. R. 243-59-2, al. 8).

Procès-verbal de contrôle - L'agent de contrôle transmet à l'URSSAF le procès-verbal de contrôle faisant état des observations, accompagné, le cas échéant, de l'ensemble des courriers et documents transmis par l'employeur et de la réponse qu'il y a apportée (c. séc. soc. art. R. 243-59-2, al. 10).

Modalités des formalités

Les formalités liées aux méthodes de vérification par échantillonnage ou par extrapolation (c. séc. soc. art. R. 243-59-2) peuvent être réalisées, par la personne contrôlée comme par l'URSSAF, par tout moyen donnant date certaine à leur réception (c. séc. soc. art. R. 243-59-9).

☞ *Contrôle URSSAF ; Taxation forfaitaire.*

Convention collective

Principes généraux

Champ d'application - Le champ d'application d'une convention collective est prévu par la convention elle-même, tant sur le plan géographique qu'au niveau des activités concernées étant rappelé que la convention collective applicable est celle dont relève l'activité principale exercée par l'employeur (c. trav. art. L. 2261-2).

Il faut cependant savoir que :
- une convention étendue par le biais d'un arrêté d'extension s'applique à toutes les entreprises comprises dans son champ d'application territorial et professionnel ;
- une convention peut aussi être élargie (arrêté d'élargissement) et s'appliquer au-delà de son champ d'application territorial ou professionnel à des secteurs démunis de convention ;
- une convention non étendue s'applique aux employeurs membres d'un des groupements patronaux signataires de la convention ;
- un employeur peut appliquer volontairement une convention dont il ne relève pas obligatoirement, ce qui constitue alors un usage.

Le code d'activité attribué par l'INSEE (code APE) constitue une présomption d'assujettissement à la convention collective en ce qui concerne le champ d'application professionnel.

La convention collective applicable concerne tous les salariés de l'entreprise, à l'exception de ceux expressément exclus par elle auxquels une autre convention est applicable (ex. : VRP, journalistes).

▶ À noter… Le législateur entend diminuer le nombre de branches professionnelles par le biais d'arrêtés (c. trav. art. L. 2261-32). L'objectif vise à clarifier le paysage conventionnel, en rattachant les conventions collectives de branches « mineures » (peu de salariés couverts, négociations notamment sur le salaire minimum conventionnel au point mort, champ d'application régional ou local, etc.) à des conventions collectives de branches plus grandes et plus actives.

Hiérarchie entre accords collectifs - Depuis le 24 septembre 2017, sauf mention contraire, l'accord d'entreprise ou d'établissement prévaut de façon générale sur l'accord de branche, à l'exception des domaines, limitativement énumérés, dans lesquels l'accord de branche conserve la primauté (voir *Primauté de l'accord d'entreprise sur l'accord de branche**).

Information des salariés sur le droit conventionnel applicable - Les conditions d'information des salariés sur le droit conventionnel sont définies par accord professionnel ou convention de branche (c. trav. art. L. 2262-5).

À défaut, diverses obligations s'imposent à l'employeur, dont notamment :
- tenir un exemplaire à jour de ces textes à la disposition des salariés sur le lieu de travail (c. trav. art. R. 2262-1) ;
- dans les entreprises dotées d'un intranet, mettre à disposition sur ce dernier, un exemplaire à jour de ces textes (c. trav. art. R. 2262-1) ;
- communiquer par tout moyen aux salariés un avis comportant la liste des conventions ou accords collectifs applicables dans l'entreprise ou l'établissement, indiquant où ces textes sont à disposition et les modalités de consultation pendant le temps de présence (les modifications ou compléments à apporter sur l'avis doivent l'être dans un délai d'un mois à compter de leur date d'effet) (c. trav. art. R. 2262-5) ;
- fournir les conventions et accords collectifs qui sont applicables au salarié dans l'entreprise ou l'établissement au plus tard 1 mois à compter de la date d'embauche (sous format papier par tout moyen conférant date certaine ou, sous conditions, sous format électronique) (c. trav. art. R. 1221-34, 13°, R. 1221-35 et R. 1221-39).

▶ À noter… Cette dernière obligation est issue de la loi d'adaptation au droit européen du printemps 2023 (loi 2023-171 du 9 mars 2023, art. 19, JO du 10 ; décret 2023-1004 du 30 octobre 2023, JO du 31). Lorsqu'une ou plusieurs informations prévues par le décret n'ont pas été communiquées à un salarié recruté avant le 1er novembre 2023 (pour ce qui nous intéresse ici, la fourniture des accords collectifs), l'intéressé peut en demander communication à tout moment auprès de son employeur (décret 2023-1004 du 30 octobre 2023, art. 7).

Mention des CDD - La mention de la convention collective applicable fait partie des clauses obligatoires des contrats à durée déterminée (c. trav. art. L. 1242-12).

Mention de la convention collective de branche sur le bulletin de paye

S'il existe une convention de branche - S'il y a lieu, le bulletin de paye précise l'intitulé de la convention collective de branche applicable au salarié (c. trav. art. R. 3243-1, 3° ; circ. 24 août 1988, JO 28 octobre).

Le contenu de cette information doit recouvrir les mentions relatives au champ d'application territorial, professionnel et, si besoin, catégoriel.

Cela signifie que doit apparaître sur le bulletin le dispositif conventionnel applicable dans une branche, que celui-ci soit composé d'une ou de plusieurs conventions. Comme l'indique notre tableau, diverses situations sont possibles.

Si la convention ne comporte pas de clauses sur les congés payés et le préavis – ce qui est obligatoire pour les conventions étendues (c. trav. art. L. 2261-22) – certains pourront juger souhaitable d'indiquer les articles du code du travail applicables en la matière *(voir ci-dessous)*.

Absence de convention collective de branche - À défaut de convention collective de branche applicable, le bulletin de paye mentionne la référence aux articles du code du travail relatifs à la durée des congés payés et à la durée du préavis en cas de cessation de la relation de travail (« Durée des congés payés : c. trav. art. L. 3141-3 à L. 3141-11 » et « Durée du préavis : c. trav. art. L. 1234-1 à L. 1234-6 et L. 1237-1 ») (c. trav. art. R. 3243-1, 3°).

S'il existe un accord d'entreprise applicable ou une convention collective appliquée volontairement par l'employeur, il est recommandé, mais pas obligatoire, de le mentionner (lettre DRT 30 mars 1989).

Incidence de la mention de la convention collective sur le bulletin de paye

Indice d'application volontaire - La convention collective indiquée sur le bulletin de paye ou dans le contrat de travail du salarié peut ne pas correspondre à l'activité de l'entreprise, mais révéler la volonté de l'employeur d'appliquer volontairement une autre convention, ce qui permet au salarié de s'en prévaloir (cass. soc. 10 décembre 2002, n° 00-44260, BC V n° 372 ; cass. soc. 15 novembre 2006, n° 05-42842 D ; cass. soc. 5 juillet 2023, n° 22-10424 FSB).

La seule mention d'un code APE ne suffit cependant pas à démontrer cette intention volontaire (cass. soc. 28 septembre 2004, n° 02-40471 D ; cass. soc. 7 juillet 2010, n° 09-40491 D ; cass. soc. 7 juillet 2010, n° 08-45128 D).

Dans tous les cas, l'application volontaire de la convention mentionnée sur le bulletin ne vaut pas engagement de l'employeur de respecter ses futurs avenants, ni les accords territoriaux si la clause contractuelle prévoyant l'application volontaire de la convention collective nationale ne les visait pas (cass. soc. 21 mars 2006, n° 03-47085 D ; cass. soc. 11 mai 2016, n° 15-10925 D ; cass. soc. 4 mars 2020, n° 18-11.585 FSPB).

▶ À noter... Lorsque la convention collective mentionnée sur les bulletins de paye est bien celle dont relève l'employeur, cette mention ne signifie pas que l'employeur doit appliquer un avenant relatif aux salaires dont le champ d'application exclut l'activité de l'entreprise (cass. soc. 26 septembre 2012, n° 11-17231 D).

Droits concernés par l'application volontaire - L'application volontaire d'une convention collective ne vaut que pour les relations individuelles de travail. Elle n'empêche pas le salarié de revendiquer l'application de la convention collective à laquelle l'employeur est assujetti dans ses dispositions qui lui sont plus favorables (cass. soc. 7 mai 2002, n° 99-44161, BC V n° 154).

Pour les relations collectives, seule la convention déterminée par l'activité principale de l'entreprise est applicable (cass. soc. 16 novembre 1999, n° 98-60356, BC V n° 441 ; cass. soc. 18 juillet 2000, n° 97-44897, BC V n° 295 ; cass. soc. 10 décembre 2002, n° 00-44260, BC V n° 372).

Possibilité pour l'employeur de démontrer une simple erreur - Dans les relations individuelles, la mention d'une convention collective sur le bulletin de paye vaut présomption simple de l'applicabilité de la convention collective à l'égard du salarié. L'employeur peut apporter la preuve contraire (cass. soc. 15 novembre 2007, n° 06-44008, BC V n° 191).

L'employeur peut ainsi apporter la preuve que la mention de la convention procède d'une erreur, écartant par là même toute volonté claire et non équivoque d'appliquer cette convention (cass. soc. 11 mars 2015, n° 13-27120 D). Il en va ainsi, par exemple, d'une convention jamais appliquée et dont la mention procède d'une erreur manifeste (cass. soc. 15 novembre 2007, n° 06-44008, BC V n° 191).

Cependant, il peut être difficile de prouver une erreur matérielle lorsqu'une convention a été mentionnée pendant plus de 2 ans (cass. soc. 9 janvier 2013, n° 11-22642 D).

▶ À noter... Ne pas mentionner la bonne convention collective sur les bulletins de paye entraîne un report du point de départ du délai de prescription pour ce qui concerne les éléments de salaire conventionnels. La prescription court à compter du jour où celui qui exerce une action en justice a connu ou aurait dû connaître les faits lui permettant de l'exercer (cass. soc. 25 septembre 2013, n° 11-27693, BC V n° 206) (voir *Prescription des salaires**). Signalons aussi que ne pas indiquer la convention collective sur le bulletin de salaire, ou indiquer la mauvaise convention, n'induit une condamnation à verser des dommages et intérêts que si le salarié démontre avoir subi un préjudice (cass. soc. 17 mai 2016, n° 14-21872 D).

☞ *Bulletin de paye ; Code NAF ; Primauté de l'accord d'entreprise sur l'accord de branche ; Usage.*

Quelle convention collective porter sur le bulletin de paye ?

Situation conventionnelle	Mention à inscrire sur le bulletin de paye
I) En l'absence de convention de branche applicable	
L'entreprise ne relève d'aucune convention de branche.	• Deux solutions sont possibles : - soit le bulletin de paye ne comporte aucune mention ; - soit il indique « pas de texte conventionnel applicable ». • Mention obligatoire des articles du code du travail relatifs à la durée des congés payés et du préavis.
L'entreprise ne relève d'aucune convention mais en applique unilatéralement une (1).	• Aucune mention n'est obligatoire. • Toutefois, la mention du texte appliqué de fait est opportune, notamment pour permettre au salarié de connaître sa position dans la classification ainsi retenue. Il ne s'agit cependant que d'une faculté laissée à l'entreprise, l'absence de mention ne pouvant, dans ce cas, donner lieu à contravention (lettre DRT du 30 mars 1989, BO TR 89-15).
L'entreprise ne relève d'aucune convention de branche mais d'un accord d'entreprise (1).	La mention de cet accord n'est pas juridiquement obligatoire, mais elle est souhaitable pour la même raison que ci-dessus.
II) Lorsqu'un ou plusieurs conventions de branche sont applicables	
La branche est couverte par un dispositif conventionnel structuré autour d'une seule convention collective nationale.	• La seule mention de l'intitulé du texte de base est suffisante. • Exemple : « Convention collective nationale du commerce et de la réparation de l'automobile, du cycle et motocycle et des activités connexes, ainsi que du contrôle technique automobile ».
Deux conventions distinctes de niveaux différents (national, régional, départemental, local) se superposent au niveau de la branche.	• On indiquera sur le bulletin les deux conventions concernées. • Exemple : « Convention nationale et convention régionale (ou départementale ou locale) ».
Le statut conventionnel résulte d'un ou de plusieurs accords professionnels.	Il est nécessaire d'inscrire une mention sur le bulletin de paye indiquant leur existence. Il n'est, bien évidemment, pas envisageable de faire figurer sur le bulletin de paye l'intitulé de chacun des accords. Le secteur des entreprises de travail temporaire illustre ce cas de figure. Il n'est pas possible d'exiger le signalement de tous les accords signés dans cette branche et, en conséquence, la mention générique « Accords nationaux des entreprises de travail temporaire-personnels permanents ou personnels intérimaires » est considérée comme conforme à l'obligation réglementaire.
Le dispositif conventionnel, complexe, associe une ou plusieurs conventions de niveaux différents et des accords professionnels.	• Il convient de mentionner seulement la ou les conventions collectives proprement dites qui constituent la base de ce dispositif conventionnel. • Exemple : le bâtiment et les travaux publics : pour les ouvriers, la mention de l'accord national « Ouvriers du bâtiment » s'impose, ainsi que celle de la convention régionale ou départementale éventuellement applicable ; pour les autres catégories, l'intitulé des différentes conventions (nationales ou infranationales) doit figurer.
III) Deux conventions collectives sont applicables dans l'entreprise	
Une convention collective est applicable en droit, l'autre en fait. Seules les clauses plus avantageuses de l'une et de l'autre sont applicables.	Il y a lieu de mentionner les deux textes et la classification conventionnelle qui est effectivement retenue (lettre min. du 30 mars 1989, BO TR 89-15).

(1) En l'absence de convention de branche applicable, mention des articles du code du travail relatifs à la durée des congés payés et du préavis (c. trav. art. R. 3243-1).

Convention de forfait

Par une convention de forfait, un employeur et un salarié peuvent décider d'une rémunération forfaitaire incluant le salaire habituel et des *heures supplémentaires**.

Si en principe, tous les salariés peuvent signer des conventions de forfait hebdomadaire ou mensuel, les conventions annuelles en heures ou en jours sont réservées à certains d'entre eux.

Principes généraux

Règles applicables - Le recours aux conventions de forfait est prévu par le code du travail et par certains accords collectifs ou certaines conventions collectives. Dans tous les cas, une clause s'impose dans le contrat de travail (c. trav. art. L. 3121-55). En effet, les « habitudes » ne suffisent pas à prouver l'existence d'une convention de forfait.

Un employeur ne peut pas appliquer une convention de forfait en vertu d'un usage d'entreprise (cass. soc. 16 décembre 2005, n° 03-45389 D).

Cadres et conventions de forfait - Les cadres peuvent avoir une convention de forfait. En revanche, la qualité de cadre ne suffit pas en elle-même à prouver qu'il existe une telle convention (cass. soc. 12 mars 2008, n° 05-41214 D ; cass. soc. 27 septembre 2006, n° 05-40660 D).

À l'exception des *cadres dirigeants**, les *cadres** ont droit au paiement des *heures supplémentaires** effectuées dès lors que celles-ci ne sont pas couvertes par une convention de forfait (cass. soc. 24 octobre 2018, n° 17-20691 D).

Forfait « tous horaires » sans valeur juridique - Des conventions de forfait « tous horaires » figurent parfois dans le contrat de travail de certains *cadres**. Ces clauses n'ont aucune valeur juridique car elles ne comportent pas un volume précis d'heures supplémentaires (cass. soc. 5 mai 2010, n° 08-43652, BC V n° 104 ; cass. soc. 3 mai 2011, n° 09-70813, BC V n° 103).

En pratique, il y a deux situations :
- soit le salarié répond aux critères de la catégorie des cadres dirigeants et ces cadres échappant à la législation sur le temps de travail, le recours à un forfait « tous horaires » est inutile ;
- soit le cadre ne relève pas de cette catégorie et la convention de forfait « tous horaires » n'a aucune valeur, l'intéressé ayant donc droit aux heures supplémentaires.

Si la convention collective applicable dans l'entreprise précise que pour les cadres dirigeants, le contrat de travail ou un avenant à celui-ci doit indiquer les modalités d'exercice de leurs responsabilités impliquant une indépendance et une autonomie particulières qui justifient un forfait sans référence horaire, un cadre sans document contractuel écrit en ce sens est en droit d'obtenir le paiement d'heures supplémentaires et l'indemnisation de la *contrepartie obligatoire en repos** (cass. soc. 6 avril 2011, n° 07-42935, BC V n° 90).

Forfait hebdomadaire ou mensuel

Salariés concernés - Les conventions de forfait d'*heures supplémentaires** hebdomadaires ou mensuels sont ouvertes aux cadres comme aux salariés non-cadres, même en l'absence d'accord collectif autorisant à y recourir (c. trav. art. L. 3121-56).

Cependant, les conventions collectives peuvent restreindre le champ d'application des forfaits

Possibilités de conventions de forfait

Type de salarié	Forfait hebdomadaire ou mensuel	Forfait annuel en heures	Forfait annuel en jours
Cadres dirigeants	Conventions de forfait inutiles : cadres non soumis à la durée du travail (1)		
Cadres	Oui	Oui, si la nature de leurs fonctions ne les conduit pas à suivre l'horaire collectif de l'atelier, du service ou de l'équipe auquel ils sont intégrés (2)	Oui, s'ils disposent d'une autonomie dans l'organisation de leur emploi du temps et que la nature de leurs fonctions ne les conduit pas à suivre l'horaire collectif de l'atelier, du service ou de l'équipe auquel ils sont intégrés (3)
Autres salariés (cadres ou non)	Oui	Oui, s'ils disposent d'une réelle autonomie dans l'organisation de leur emploi du temps (2)	Oui, si leur durée de travail ne peut pas être prédéterminée et s'ils disposent d'une réelle autonomie dans l'organisation de leur emploi du temps pour l'exercice des responsabilités qui leur sont confiées (3)

(1) C. trav. art. L. 3111-2. (2) C. trav. art. L. 3121-56. (3) C. trav. art. L. 3121-58.

hebdomadaires ou mensuels et les réserver à certains salariés, par exemple à ceux rémunérés au moins au niveau du plafond de la sécurité sociale (cass. soc. 4 novembre 2015, n° 14-25745, BC V n° 220).

Clause écrite - L'existence d'une convention de forfait ne se présume pas. Une clause individuelle écrite entre l'employeur et le salarié est indispensable. Il ne suffit pas que le contrat de travail renvoie à l'accord d'entreprise (c. trav. art. L. 3121-55 ; cass. soc. 31 janvier 2012, n° 10-17593, BC V n° 44 ; cass. soc. 8 mars 2012, n° 10-24305 D ; cass. soc. 9 avril 2015, n° 13-14619 D).

▶ À noter… L'absence d'écrit et l'absence de mention des heures travaillées sur le bulletin de paye peuvent constituer le délit de travail dissimulé par dissimulation d'emploi salarié (voir *Travail dissimulé**).

Une clause individuelle écrite signée de l'employeur et du salarié est indispensable, pour formaliser leur accord sur la convention de forfait. La mention sur le bulletin de paye d'une rémunération forfaitaire d'heures supplémentaires ne suffit pas (cass. soc. 10 février 2021, n° 19-14882 D).

Contenu - La convention de forfait doit préciser les éléments auxquels elle s'applique et le mode de calcul initialement retenu.

Le nombre d'heures supplémentaires comprises dans la convention de forfait doit être indiqué expressément et accepté par le salarié dans la clause (cass. soc. 15 janvier 2014, n° 12-19446 D).

Le salaire doit au moins être égal à la rémunération minimale applicable dans l'entreprise pour le nombre d'heures correspondant au forfait, augmentée des majorations pour heures supplémentaires (c. trav. art. L. 3121-57).

En tout état de cause, le montant forfaitaire ne peut pas être inférieur à la rémunération qui aurait été applicable en l'absence d'une telle convention (cass. soc. 25 mai 1994, n° 91-41355 D). Par ailleurs, le salarié doit bénéficier d'une rémunération au moins égale à celle qui résulterait de l'application des dispositions légales ou conventionnelles (cass. soc. 4 mai 1999, n° 96-45453, BC V n° 189), et notamment de celles relatives aux majorations pour *heures supplémentaires**.

Incidences - Les heures supplémentaires effectuées par un salarié titulaire d'une clause de forfait hebdomadaire ou mensuel s'imputent sur le *contingent annuel d'heures supplémentaires** (légal ou conventionnel). Elles ouvrent droit à la *contrepartie obligatoire en repos**, le cas échéant.

Les heures supplémentaires effectuées au-delà de celles prévues par la clause de forfait hebdomadaire ou mensuel doivent être payées en plus. Elles s'imputent sur le contingent annuel et ouvrent droit aux majorations légales ou conventionnelles ainsi que, le cas échéant, à la *contrepartie obligatoire en repos**.

Les règles relatives au *repos quotidien** et au *repos hebdomadaire** s'appliquent.

▶ Attention… Lorsqu'une convention de forfait en heures est déclarée inopposable au salarié, le décompte et le paiement des heures supplémentaires doivent s'effectuer selon le droit commun au regard de la durée légale de 35 h hebdomadaires (ou de la durée considérée comme équivalente pour les secteurs concernés). Si les heures prévues par le forfait ont bien été payées, le salarié ne peut obtenir que le paiement des majorations applicables aux heures supplémentaires effectuées (cass. soc. 2 mars 2022, n° 20-19832 FSB).

Forfait annuel en heures

Salariés concernés - Ce forfait est ouvert (c. trav. art. L. 3121-56) :

- aux cadres dont la nature des fonctions ne les conduit pas à suivre l'horaire collectif applicable dans le service, l'atelier ou l'équipe auquel ils sont intégrés ;
- aux salariés, cadres ou non, qui disposent d'une réelle autonomie dans l'organisation de leur emploi du temps.

Accord collectif - La convention de forfait en heures sur l'année suppose la conclusion préalable d'un accord collectif prévoyant la possibilité d'y recourir. Il peut s'agir d'un accord collectif d'entreprise ou d'établissement ou, à défaut, d'une convention ou d'un accord de branche (c. trav. art. L. 3121-63).

L'accord collectif doit déterminer (c. trav. art. L. 3121-64, I) :

- les catégories de salariés susceptibles de signer une convention individuelle de forfait, dans le respect des contraintes prévues par la loi *(voir ci-dessus)* ;
- la période de référence du forfait, qui peut être l'année civile ou toute autre période de 12 mois consécutifs (clause obligatoire uniquement pour les accords collectifs conclus depuis le 9 août 2016) ;
- le nombre d'heures compris dans le forfait (cette mention correspond au volume maximal des conventions individuelles qui peuvent être signées avec les salariés) ;
- les conditions de prise en compte, pour la rémunération des salariés, des absences ainsi que des arrivées et départs en cours de période (clause obligatoire uniquement pour les accords collectifs conclus depuis le 10 août 2016) ;

Clauses des accords collectifs de forfait en heures sur l'année (1)
Catégories de salariés susceptibles de conclure une convention individuelle de forfait
Période de référence du forfait (année civile ou toute autre période de 12 mois consécutifs) (2)
Nombre d'heures compris dans le forfait (c'est-à-dire le plafond d'heures autorisé)
Conditions de prise en compte, pour la rémunération des salariés, des absences ainsi que des arrivées et départs en cours de période (2)
Caractéristiques principales des conventions individuelles, qui doivent notamment fixer le nombre d'heures compris dans le forfait

(1) C. trav. art. L. 3121-64, I.
(2) Ces dispositions ne sont pas exigées pour les conventions ou accords de branche ou pour les accords d'entreprise ou d'établissement autorisant la conclusion de conventions de forfait annuel en heures conclus avant le 9 août 2016 (loi 2016-1088 du 8 août 2016, art. 12-II, JO du 9).

- les caractéristiques principales des conventions individuelles signées par les salariés.

Les accords collectifs antérieurs au 9 août 2016 qui ne comportent pas les clauses prévues par la loi du 8 août 2016 (période de référence du forfait ; incidence des absences, arrivées et départs en cours de période sur la rémunération) restent valables et peuvent servir de support à la conclusion de nouvelles conventions individuelles (loi 2016-1088 du 8 août 2016, art. 12-II, JO du 9). Les conventions individuelles de forfait conclues sur la base de ces anciens accords perdurent.

Un accord collectif prévoyant le recours aux conventions de forfaits annuels en heures conclu avant le 9 août 2016 qui est révisé afin de le mettre en conformité avec les nouvelles exigences du code du travail, s'impose aux salariés déjà sous convention de forfait. Les conventions individuelles signées auparavant se poursuivent dans le cadre de l'accord collectif révisé sans qu'il y ait à recueillir l'accord des salariés concernés (loi 2016-1088 du 8 août 2016, art. 12-I, JO du 9).

Clause individuelle - Le forfait annuel en heures nécessite un accord collectif prévoyant d'y recourir et une convention individuelle écrite entre le salarié et l'employeur (c. trav. art. L. 3121-55). Un contrat de travail se contentant de renvoyer à l'accord collectif ne suffit pas (cass. soc. 31 janvier 2012, n° 10-17593, BC V n° 44).

La convention individuelle conclue entre l'employeur et le salarié précise, notamment, le volume annuel convenu (ex. : 1800 h) (c. trav. art. L. 3121-64, I, 5°), dans le respect de la limite prévue par l'accord collectif. La convention de forfait doit préciser le nombre d'heures supplémentaires inclus dans la rémunération forfaitaire, faute de quoi la convention de forfait n'est pas caractérisée par la seule mention de la rémunération forfaitaire (cass. soc. 15 décembre 2021, n° 15-24990 FSB). Une telle clause doit être écartée.

Application du forfait - Une convention individuelle de forfait annuel en heures ne signifie pas que le salarié fixe librement ses horaires de travail (cass. soc. 2 juillet 2014, n° 13-11904, BC V 171). Le fait que le salarié ne soit pas tenu de suivre un horaire collectif du fait de son autonomie n'équivaut pas à une liberté totale. Ses horaires doivent être cohérents avec les contraintes liées à l'horaire collectif applicable, par exemple, au sein de son service.

Par ailleurs :
- la convention de forfait n'exonère pas l'employeur de son obligation de rémunérer les heures effectuées en plus de celles prévues par la convention, en tenant compte des majorations pour heures supplémentaires ;
- les limites journalière et hebdomadaire (sauf dérogations : 10 h par jour, 48 h sur une semaine isolée, 44 h en moyenne par semaine sur 12 semaines consécutives) sont applicables ;
- le *repos quotidien** et le *repos hebdomadaire** doivent être accordés dans les conditions habituelles.

En revanche, les salariés en convention de forfait en heures sur l'année ne sont pas soumis au *contingent annuel d'heures supplémentaires**.

Contrôle de la durée du travail - L'employeur reste tenu de suivre la durée du travail des salariés concernés (badgeuse, relevé d'heures établi par le salarié ou son supérieur, etc.).

L'accord collectif qui prévoit des maxima dérogatoires doit également organiser des modalités de contrôle et d'application de ces maxima conventionnels.

Salaire et taux horaire - Le salaire se détermine en fonction du nombre d'heures sur l'année et du nombre de semaines travaillées.

Forfait en jours sur l'année

Seuls certains salariés sont concernés par ce type de forfait qui obéit à des modalités spécifiques [voir *Convention de forfait (forfait annuel en jours)**].

Modification des forfaits

La convention de forfait présente un caractère contractuel et sa modification ne peut résulter que de l'accord des deux parties. Le salarié est donc en droit de refuser la modification de son contrat de travail et d'exiger l'application de celui-ci (cass. soc. 6 juillet 1999, n° 96-45787, BC V n° 323). En pratique, toute révision d'une convention de forfait doit prendre la forme d'un avenant au contrat de travail matérialisant l'accord du salarié.

Bulletin de paye

Mentions du bulletin - L'existence de la convention de forfait dispense l'employeur de faire apparaître sur le bulletin de paye le détail des sommes incluses dans le forfait.

L'indication de la durée du travail correspondant au forfait doit néanmoins être portée clairement sur le bulletin de paye (ex. : « forfait 1800 heures par an » ; « forfait 40 heures hebdo »).

Pour les forfaits en heures, les heures supplémentaires effectuées au-delà du forfait doivent figurer distinctement. Elles sont rémunérées en plus du forfait (cass. soc. 5 janvier 2000, n° 97-44606 D).

Valorisation des absences, grève - En cas de forfait en heures, si l'on s'en tient à un strict point de vue logique, une heure d'absence équivaut à une heure supplémentaire en moins. L'employeur pourrait donc réduire le salaire de la rémunération de l'heure en cause, majoration incluse.

Mais, en pratique, les absences sont généralement déduites sur la base du taux horaire forfaitaire (salaire/horaire de travail correspondant au forfait).

Documents annexes - Sous réserve qu'il y ait droit, le salarié doit recevoir, si nécessaire, tous les documents annexes relatifs à la contrepartie obligatoire en repos.

RÉFÉRENCES

loi 2008-111 du 8 février 2008, art. 2, JO du 9 ; circ. DGT 2008-20 du 13 novembre 2008 ; circ. DRT 2000-7 du 6 décembre 2000 ; circ. MES/CAB 2000-3 du 3 mars 2000, fiche 11 ; note min. trav. du 2 juin 1997.

☞ *Bulletin de paye (durée du travail) ; Contingent annuel d'heures supplémentaires ; Contrepartie obligatoire en repos ; Convention de forfait (forfait annuel en jours) ; Durée du travail ; Heures supplémentaires ; Journée de solidarité ; Repos compensateur (fiches annexes).*

Convention de forfait (forfait annuel en jours)

Certains salariés peuvent signer une convention de forfait annuel en jours, ce qui permet de s'écarter du décompte du temps de travail en heures.

Recours au forfait annuel en jours

Salariés concernés - Le forfait en jours sur l'année est ouvert (c. trav. art. L. 3121-58) :

- aux cadres qui disposent d'une autonomie dans l'organisation de leur emploi du temps et dont la nature des fonctions ne les conduit pas à suivre l'horaire collectif applicable dans le service, l'atelier ou l'équipe auquel ils sont intégrés ;
- aux salariés, cadres ou non, dont la durée du temps de travail ne peut pas être prédéterminée et qui disposent d'une réelle autonomie dans l'organisation de leur emploi du temps pour l'exercice des responsabilités qui leur sont confiées.

Aucun autre salarié ne peut valablement signer une convention de forfait annuel en jours. L'employeur doit s'en tenir aux catégories prévues par la loi et l'accord collectif qui permet le recours aux forfaits en jours. De plus, l'autonomie du salarié ne se déduit pas de la seule taille de l'entreprise (cass. soc. 25 janvier 2023, n° 21-16825 FSB).

Exemple

Si une convention collective limite la possibilité de signer un forfait annuel en jours aux salariés qui disposent d'une grande latitude dans l'organisation de leur travail et dans la gestion de leur temps et qui bénéficient d'une certaine position dans la classification professionnelle ou qui ont un certain niveau de rémunération, un salarié qui n'a pas la position requise dans la classification ne relève pas du régime du « forfait jours » (cass. soc. 3 novembre 2011, n° 10-14637, BC V n° 250).

Un salarié cadre dirigeant qui signe une convention de forfait en jours ne peut pas être considéré comme cadre dirigeant (voir *Cadres dirigeants**).

Pour autant, une convention de forfait annuel en jours ne donne pas au salarié le droit de fixer librement ses horaires de travail indépendamment de toute contrainte liée à l'organisation du travail décidée par l'employeur (cass. soc. 2 février 2022, n° 20-15744 D).

Nécessité d'un accord collectif - La convention de forfait en jours sur l'année suppose la conclusion préalable d'un accord collectif prévoyant la possibilité d'y recourir. Il peut s'agir d'un accord collectif d'entreprise ou d'établissement ou, à défaut, d'une convention ou d'un accord de branche (c. trav. art. L. 3121-63).

▶ À noter… Lorsqu'un salarié a été soumis à tort à un forfait annuel en jours, il peut prétendre au paiement d'heures supplémentaires et le versement d'un salaire supérieur au minimum conventionnel ne tient pas lieu de règlement des heures supplémentaires (cass. soc. 14 décembre 2022, n° 21-15209 FD).

Signature d'une clause individuelle - En plus de l'accord collectif, la conclusion d'une convention individuelle de forfait écrite entre l'employeur et le salarié est nécessaire afin de marquer l'accord du salarié (c. trav. art. L. 3121-55). Renvoyer dans le contrat de travail à l'accord d'entreprise ou remettre l'accord d'entreprise au salarié lors de la signature de son contrat est insuffisant (cass. soc. 31 janvier 2012, n° 10-17593, BC V n° 44 ; cass. soc. 19 juin 2019, n° 17-31523 D). Cette règle vaut pour les forfaits jours antérieurs à la loi du 20 août 2008 (cass. soc. 4 novembre 2015, n° 14-10419, BC V n° 223).

La convention individuelle conclue entre le salarié et l'employeur doit préciser le volume convenu (ex. : 213 jours par an).

▶ Attention… La clause du contrat de travail doit fixer le nombre de jours travaillés, sous peine de nullité. L'indication d'une fourchette (ex. : 215 à 218 jours travaillés) ne suffit pas (cass. soc. 12 mars 2014, n° 12-29141, BC V n° 76).

La clause ne peut pas mêler forfait en heures et en jours, au risque d'être nulle. Elle ne peut pas indiquer que le salarié est soumis à un « forfait annuel correspondant à 215 jours de travail (journée de solidarité incluse) et 182 heures mensuelles » (cass. soc. 18 mars 2020, n° 18-20098 D).

▶ À noter… Lorsque la clause de forfait n'est pas valable, le salarié a droit au paiement de ses heures supplémentaires avec une majoration portant sur le salaire de base réel, et non sur le salaire minimum conventionnel (cass. soc. 17 novembre 2021, n° 19-16756 FSB).

Volume maximal du forfait - La convention individuelle signée entre le salarié et l'employeur doit respecter la limite fixée par l'accord collectif, qui ne doit pas dépasser 218 jours par an (c. trav. art. L. 3121-64, I, 3°).

Pour le salarié récemment embauché qui n'a pas encore acquis la totalité des congés payés légaux, l'administration estime qu'à défaut de précision contraire de l'accord collectif, le plafond de l'année en cause est relevé du nombre de jours de congé légaux dont le salarié ne dispose pas : si compte tenu de sa date d'embauche le salarié dispose seulement de 20 jours ouvrés de congés payés (soit 4 semaines), le plafond maximal de la convention de forfait est majoré de 5 jours, à défaut de précisions contraires de l'accord collectif (circ. DRT 2000-7 du 6 décembre 2000, questions/réponses « durée du travail », Q/R 19). Pour des raisons de sécurité juridique et faute de précision dans les textes, il est préférable, à notre sens, de prévoir les règles applicables dans l'accord collectif.

▶ À noter… Lorsque des salariés en forfait-jours sur l'année bénéficient par ailleurs de jours de congés d'ancienneté, l'employeur doit déduire ces congés d'ancienneté du forfait de jours travaillés pour fixer le plafond propre à chaque salarié (cass. soc. 25 mai 2022, n° 20-13262 D).

Réclamation d'heures supplémentaires - L'action d'un salarié visant à faire déclarer sa convention de forfait en jours invalide se double généralement d'une action en rappel d'heures supplémentaires qui relève de prescription triennale applicable en matière salariale (cass. soc. 30 juin 2021 n° 18-23932 FSB).

Accord collectif et garanties supplétives

Clauses impératives - L'accord collectif doit déterminer (c. trav. art. L. 3121-64, I) :
- les catégories de salariés susceptibles de signer une convention individuelle de forfait ;
- le nombre de jours compris dans le forfait, dans la limite de 218 jours par an ;
- les caractéristiques principales des conventions individuelles qui peuvent être conclues avec les salariés ;
- la période de référence du forfait, qui peut être l'année civile ou toute autre période de 12 mois consécutive (clause obligatoire uniquement pour les accords conclus depuis le 10 août 2016) ;
- les conditions de prise en compte, pour la rémunération des salariés, des absences ainsi que des arrivées et départs en cours de période (clause obligatoire uniquement pour les accords conclus depuis le 10 août 2016).

Un accord de branche ne peut pas donner « carte blanche » à l'employeur pour la mise en place des forfaits jours (cass. soc. 28 mai 2014, n° 13-13947 D). Dans ce cas, les conventions individuelles de forfait sont nulles.

▶ Attention… Lorsqu'un salarié passe du service d'une entreprise à celui d'une de ses filiales, il peut rester tenu par la convention de forfait annuel en jours de son entreprise initiale seulement si une convention ou un accord collectif le prévoit valablement dans la filiale qui l'accueille, et à condition de respecter cet accord. À défaut, la convention de forfait devient nulle (cass. soc. 15 mai 2014, n° 12-14993 D).

Clauses sur le suivi de la charge de travail, règles à suivre en leur absence - Depuis le 10 août 2016, un accord collectif prévoyant le recours aux conventions de forfait annuel en jours doit également fixer (c. trav. art. L. 3121-64, II) :

- les modalités selon lesquelles l'employeur assure l'évaluation et le suivi régulier de la charge de travail du salarié ;
- les modalités selon lesquelles l'employeur et le salarié communiquent périodiquement sur la charge de travail du salarié, sur l'articulation entre son activité professionnelle et sa vie personnelle, sur sa rémunération ainsi que sur l'organisation du travail dans l'entreprise.

Si ces clauses sont absentes, l'employeur peut conclure des conventions individuelles avec des salariés à la triple condition (c. trav. art. L. 3121-65, I) :

- d'établir un document de contrôle faisant apparaître le nombre et la date des journées ou demi-journées travaillées (sous la responsabilité de l'employeur, ce document peut être renseigné par le salarié) ; il est possible que le salarié renseigne ce document sous la responsabilité de l'employeur, sous réserve que les tableaux de suivi soient le reflet des jours réellement travaillés par le salarié (cass. soc. 10 janvier 2024, n° 22-15782 FSBR) ;
- de s'assurer que la charge de travail du salarié est compatible avec le respect des temps de repos quotidiens et hebdomadaires ;
- d'organiser, une fois par an, un entretien avec le salarié pour évoquer sa charge de travail, l'organisation de son travail, l'articulation entre son activité professionnelle et sa vie personnelle, ainsi que sa rémunération.

L'employeur qui ne respecte pas une de ces trois obligations ne peut pas se prévaloir de ce régime supplétif. La convention individuelle de forfait en jours conclue, alors que l'accord collectif ouvrant le recours au forfait en jours ne répond pas aux exigences légales, est nulle (cass. soc. 10 janvier 2024, n° 22-15782 FSBR).

Lorsqu'une convention de forfait en jours est inopposable au salarié, celui-ci a le droit au paiement des heures supplémentaires qu'il a réalisées. Le fait qu'il perçoive un salaire supérieur au minimum conventionnel ne peut pas tenir lieu de règlement de ces heures supplémentaires, même partiellement (cass. soc. 6 novembre 2024, n° 23-13120 D).

Irrespect des garanties conventionnelles - Lorsqu'un accord collectif prévoyant le recours au forfait annuel en jours présente toutes les garanties requises mais que l'employeur ne les respecte pas, le forfait jours est sans effet (cass. soc. 9 février 2022, n° 20-18602 D).

Exemple
C'est le cas lorsque l'employeur est informé de la surcharge de travail du salarié mais n'y remédie pas en temps utile, tente seulement de la compenser et reporte l'entretien annuel de suivi de la charge de travail (cass. soc. 10 janvier 2024, n° 22-13200 FSB).

Droit à la déconnexion - Depuis le 10 août 2016, l'accord collectif prévoyant le recours aux conventions de forfait annuel en jours doit fixer les modalités selon lesquelles le salarié peut exercer son droit à la déconnexion (c. trav. art. L. 3121-64, II, 3°).

S'il n'en fait rien, l'employeur définit ces modalités et les communique par tout moyen aux salariés concernés (c. trav. art. L. 3121-65, II). Dans les entreprises d'au moins 50 salariés, ces modalités doivent être conformes à la charte sur la régulation de l'utilisation des outils numériques.

Maintien des accords collectifs incomplets antérieurs au 9 août 2016 - Un accord collectif organisant le recours au forfait jours qui ne comporte pas, au 9 août 2016, les nouvelles clauses (période de référence du forfait, incidence des absences, arrivées et départs en cours de période sur la rémunération) reste valable (loi 2016-1088 du 8 août 2016, art. 12-II, JO du 9). Les conventions individuelles de forfait conclues sur sa base perdurent et de nouvelles conventions individuelles peuvent aussi être conclues.

Les accords collectifs qui ne sont pas dotés, au 9 août 2016, des clauses organisant le suivi de la charge de travail ou le droit à la déconnexion ne doivent pas nécessairement être actualisés. Ils restent valables. En revanche, l'employeur doit respecter les règles applicables en l'absence de ces clauses (*voir ci-dessus*). Sous cette réserve, les conventions individuelles de forfait existantes restent fonctionnelles, et il est possible d'en conclure de nouvelles (loi 2016-1088 du 8 août 2016, art. 12-III, JO du 9).

Révision des accords collectifs antérieurs au 9 août 2016 - Un accord collectif sur les forfaits jours antérieur au 9 août 2016, révisé pour être mis en confor-

Clauses des accords collectifs de forfait en jours sur l'année		
I - Clauses impératives (c. trav. art. L. 3121-64, I)		
Catégories de salariés susceptibles de conclure une convention individuelle de forfait		
Période de référence du forfait (année civile ou toute autre période de 12 mois consécutifs) (1)		
Nombre de jours maximum compris dans le forfait, dans la limite de 218 jours		
Conditions de prise en compte, pour la rémunération des salariés, des absences ainsi que des arrivées et départs en cours de période (1)		
Caractéristiques principales des conventions individuelles qui doivent notamment fixer le nombre de jours compris dans le forfait		
II - Clauses dont l'absence peut être compensée par des règles supplétives		
	Clauses de l'accord (c. trav. art. L. 3121-64, II)	**Règles à respecter à défaut de clause dans l'accord** (c. trav. art. L. 3121-65)
Obligation de suivi de la charge de travail	• Modalités selon lesquelles l'employeur assure l'évaluation et le suivi régulier de la charge de travail du salarié • Modalités selon lesquelles l'employeur et le salarié communiquent périodiquement sur la charge de travail du salarié, l'articulation entre son activité professionnelle et sa vie personnelle, sa rémunération, ainsi que sur l'organisation du travail dans l'entreprise	• Établissement par l'employeur d'un document de contrôle (2) • L'employeur s'assure que la charge de travail du salarié est compatible avec le respect des temps de repos quotidiens et hebdomadaires • L'employeur organise une fois par an un entretien avec le salarié (3)
Droit à la déconnexion	Modalités selon lesquelles le salarié peut exercer son droit à la déconnexion	Modalités définies par l'employeur et communiquées par tout moyen aux salariés (4)
Rachat de jours de repos	Éventuellement, nombre maximal de jours travaillés en cas de renonciation du salarié à des jours de repos en accord avec l'employeur	À défaut de stipulations conventionnelles, nombre maximal de jours travaillés fixé à 235 jours par an.

(1) Ces dispositions ne sont pas exigées pour les conventions ou accords de branche ou accords d'entreprise ou d'établissement autorisant la conclusion de conventions de forfait annuel en jours conclus avant le 9 août 2016 (loi 2016-1088 du 8 août 2016, art. 12-II, JO du 9).
(2) Retrace le nombre et la date des journées ou demi-journées travaillées. Sous la responsabilité de l'employeur, il peut être renseigné par le salarié.
(3) Pour évoquer sa charge de travail, qui doit être raisonnable, l'organisation de son travail, l'articulation entre son activité professionnelle et sa vie personnelle ainsi que sa rémunération.
(4) Dans les entreprises d'au moins 50 salariés, ces modalités sont conformes à la charte sur le droit à la déconnexion (c. trav. art. L. 2242-17, 7°).

mité avec les nouvelles règles issues de la loi du 8 août 2016, s'impose aux salariés déjà sous convention de forfait. Les conventions individuelles existantes se poursuivent dans le cadre de l'accord collectif révisé sans qu'il y ait à recueillir l'accord des intéressés (loi 2016-1088 du 8 août 2016, art. 12-I, JO du 9).

Rachats de jours de repos

Le salarié qui le souhaite peut demander à renoncer à une partie de ses jours de repos en contrepartie d'une majoration de salaire, dans une certaine limite (c. trav. art. L. 3121-59). Si L'employeur accepte sa demande, la renonciation doit faire l'objet d'un écrit. Ces jours ouvrent droit à une rémunération majorée. Pour en savoir plus, voir *Rachat de jours de repos**.

▶ À noter… Le dispositif de rachat de journées ou demi-journées de repos acquises du 1er janvier 2022 au 31 décembre 2025 ne concerne pas les salariés en forfait annuel jours (loi 2022-1157 du 16 août 2022, art. 5, JO du 17 ; ministère du Travail, Rachat des jours de repos, questions/réponses du 27 octobre 2022 ; Q/R n° 20 ; voir *Monétisation des jours de RTT acquis de 2022 à 2025**).

Gestion de la durée du travail

Limites de durée du travail - En matière de *durée du travail**, les salariés en forfait jours sur l'année ne sont pas soumis aux limites de durées maximales quotidienne et hebdomadaire de travail (voir *Durée du travail**) (c. trav. art. L. 3121-62).

En revanche, les règles relatives aux durées minimales du *repos quotidien** (11 h consécutives) et du *repos hebdomadaire** (35 h consécutives) et aux *congés payés** doivent être respectées.

Depuis la loi du 8 août 2016, la législation impose expressément à l'employeur de s'assurer régulièrement que la charge du travail du salarié reste raisonnable et permet une bonne répartition dans le temps de son travail (c. trav. art. L. 3121-60). Cette obligation est relayée par les dispositions de l'accord collectif sur la charge de travail ou, à défaut, par les règles applicables en leur absence *(voir plus haut)*.

▶ À noter... Avant la loi du 8 août 2016, une abondante jurisprudence exigeait que les accords collectifs sur les forfaits annuels en jours contiennent des dispositions assurant la garantie du respect des durées maximales de travail ainsi que des durées de *repos quotidien** et de *repos hebdomadaire** (ex. : cass. soc. 29 juin 2011, n° 09-71107, BC V n° 181). En outre, l'accord devait comporter suffisamment de garanties pour permettre à l'amplitude et à la charge de travail de rester raisonnables et assurer une bonne répartition, dans le temps, du travail du salarié (ex. : cass. soc. 26 septembre 2012, n° 11-14540, BC V n° 250). La Cour de cassation continue à exercer son contrôle sur ces accords collectifs (cass. soc. 9 novembre 2016 n° 15-15064, BC V n° 214 ; cass. soc. 22 juin 2017, n° 16-11762, BC V n° 106 ; cass. soc. 5 octobre 2017, n° 16-23106, BC V n° 173 ; cass. soc. 6 novembre 2019, n° 18-19752 FPB ; cass. soc. 24 mars 2021, n° 19-12208 FSPI ; cass. soc. 13 octobre 2021, n° 19-20561 FSB ; cass. soc. 17 novembre 2021, n° 19-16756 FSB ; cass. soc. 5 juillet 2023, n° 21-23294 FSB).

En tout état de cause, quelle que soit la date de l'accord collectif régissant les conventions de forfait en jours, la preuve du contrôle de la charge de travail et de l'amplitude du temps de travail pèse sur l'employeur (cass. soc. 19 décembre 2018, n° 17-18725 FPB). D'ailleurs, le non-respect par l'employeur des clauses de l'accord collectif destinées à assurer la protection de la sécurité et de la santé des salariés soumis au régime du forfait en jours prive d'effet la convention de forfait. Dans ce cas, le salarié peut obtenir le cas échéant le paiement d'heures supplémentaire mais il ne peut pas se voir payer les jours non travaillés du fait de sa convention de forfait privée d'effet (cass. soc. 2 juillet 2014, n° 13-11940, BC V n° 172 ; cass. soc. 6 janvier 2021, n° 17-28234 FPB ; cass. soc. 15 décembre 2021, n° 19-18226 FSB).

Décompte de la durée du travail - La durée du travail des salariés en forfait annuel en jours doit être décomptée chaque année par récapitulation du nombre de journées ou demi-journées travaillées par chaque salarié (c. trav. art. D. 3171-10). Ce document est tenu à la disposition de l'inspecteur du travail pendant une durée minimale de 3 ans (c. trav. art. D. 3171-16).

Récupération des absences maladie - En cas d'arrêt maladie, les journées de travail perdues ne peuvent pas être récupérées, puisque les dispositions légales sur la récupération n'envisagent pas le cas de la maladie (c. trav. art. L. 3121-50).

Exemple

Dans une entreprise, les salariés avaient une convention de forfait de 215 jours par an, bénéficiant donc d'un certain nombre de jours de repos en plus de leurs congés payés. En cas de maladie, l'employeur supprimait pour le mois donné 1 jour de « réduction de temps de travail » auquel le salarié aurait pu prétendre s'il n'avait pas été absent. Cette récupération au titre de la maladie était impossible (cass. soc. 3 novembre 2011, n° 10-18762, BC V n° 251).

En revanche, si un accord collectif prévoit que, indépendamment des droits à congés payés, le salarié acquiert des jours de repos en fonction du temps de travail effectif, le nombre de jours acquis peut être réduit à la suite d'absences pour maladie, proportionnellement à la durée de ces absences (cass. soc. 16 décembre 2015, n° 14-23731, BC V n° 264).

Preuve du dépassement du forfait - Lorsque le salarié soutient avoir dépassé le forfait de jours prévu par son contrat et réclame le paiement des jours de travail excédentaires, la preuve du nombre de jours travaillés ne lui incombe pas particulièrement. Le juge prend sa décision au vu des pièces produites par l'employeur et par le salarié, après avoir éventuellement ordonné des mesures d'instruction (c. trav. art. L. 3171-4 ; cass. soc. 23 septembre 2009, n° 08-41377, BC V n° 19).

▶ À noter... Les règles de preuve sont identiques à celles prévues en cas de litige sur un nombre d'heures de travail (c. trav. art. L. 3171-4 ; cass. soc. 25 février 2004, n° 01-45441, BC V n° 62) (voir *Durée du travail**). Le salarié peut étayer sa demande initiale en produisant un document autodéclaratif du nombre de jours travaillés, même si la convention collective applicable prévoyait le contreseing d'un supérieur hiérarchique (cass. soc. 7 décembre 2010, n° 09-42626, BC V n° 281).

Le dépassement du volume prévu par une convention de forfait jours n'entraîne à lui seul ni la nullité de la convention ni l'obligation de régler des heures supplémentaires (cass. soc. 24 octobre 2018, n° 17-12535 D). En effet, lorsque le salarié soutient avoir dépassé le forfait de jours prévu par son contrat, il peut se placer sur le terrain du paiement des jours de travail excédentaires.

Statut du salarié

Modification du forfait - La convention de forfait présente un caractère contractuel et sa modification nécessite l'accord de l'employeur et du salarié (voir *Convention de forfait**).

Principales règles légales pour un salarié en forfait en jours sur l'année		
	Règles légales	**Exemples ou précisions**
Durée quotidienne et durée hebdomadaire de travail	Il n'y a pas de limite (1), sous réserve des exigences liées au repos quotidien et au caractère raisonnable de la charge de travail, qui doit permettre une bonne répartition de la charge de travail.	
Durée annuelle du travail	Applicable	Maximum de 218 jours, l'accord pouvant prévoir un seuil maximal inférieur (ex. : 215 jours). Ce seuil peut être dépassé, dans certaines limites, si le salarié demande le rachat de jours de repos.
Amplitude de la journée de travail	Fixée éventuellement par l'accord	L'accord peut prévoir une amplitude maximale de 13 h. Par exemple avec comme limite basse, 8 h du matin et, comme limite haute, 21 h.
Repos quotidien entre deux journées (11 h)	Applicable	Par exemple, si le salarié arrête de travailler à 21 h, il ne peut reprendre son travail que le lendemain à 8 h.
Repos hebdomadaire (35 h consécutives au minimum)	Applicable (1)	Par exemple, si le salarié termine son travail le samedi à 21 h, il ne doit le reprendre que le lundi à 8 h.
Durée légale du travail	Non applicable	La notion d'heure supplémentaire n'a pas lieu d'être pour un salarié employé dans le cadre d'une convention de forfait valide.
Majoration pour heures supplémentaires	Non applicable	La rémunération est forfaitaire. Elle inclut donc toutes les heures effectuées, peu importe le nombre.
Contingent	Non applicable	Le salarié peut dépasser le contingent de 220 h par an.
Contrepartie obligatoire en repos	Non applicable	Peu importe le nombre d'heures réalisées dans l'année, le salarié ne peut pas bénéficier de la contrepartie obligatoire en repos.
Temps partiel	Non applicable	Un salarié avec un forfait de 100 jours ne peut pas être considéré comme à temps partiel (circ. DRT 2000-7 du 6 décembre 2000).
Contrôle de la durée du travail	Applicable (organisé par l'accord collectif qui prévoit le recours à ce type de forfait)	Le salarié est libre d'organiser son emploi du temps. L'employeur doit comptabiliser les jours travaillés par le salarié. L'accord peut prévoir les modalités de prise des journées et demi-journées de repos (délai de prévenance, forme de la demande).
Grève	Applicable	Le salarié peut se mettre en grève.
Heures de délégation	Applicable (2)	Modalités particulières de décompte depuis le 10 août 2016 (voir *Heures de délégation**).
Congés payés	Applicable	Le salarié qui a travaillé durant la période de référence a acquis 5 semaines de congés payés.

(1) Légalement, la limite maximale de 10 h de travail effectif par jour et les limites de durée hebdomadaire (48 h sur une semaine isolée, 44 h en moyenne sur 12 semaines consécutives) ne sont pas applicables (c. trav. art. L. 3121-62). (2) Ces salariés peuvent être représentants du personnel et, à ce titre, disposer d'heures de délégation.

Pas de temps partiel - Pour l'administration, les salariés en convention de forfait en jours sur l'année ne bénéficient pas du statut de salarié à temps partiel, y compris pour des forfaits très inférieurs à 218 jours par an ou au plafond inférieur fixé par l'accord collectif (circ. DRT 2000-7 du 6 décembre 2000, question/réponse 20). Il en est de même pour les juges selon lesquels il importe peu que le contrat de travail spécifie que le salarié titulaire d'un forfait de 131 jours est à temps partiel (cass. soc. 27 mars 2019, n° 16-23800 FSPB).

De son côté, depuis le 1er avril 2021, le *Bulletin Officiel de sécurité sociale (BOSS)** admet que les salariés titulaires d'un forfait annuel jours d'une durée inférieure à 218 jours, voient leur plafond de la sécurité sociale proratisé en fonction de leur durée du travail ce qui était jusqu'alors exclu (BOSS, Assiette générale, § 830, 01/01/2024 ; voir *Plafond de la sécurité sociale**).

▶ À noter… Auparavant, il était impossible de proratiser le plafond applicable à leur paye au titre de l'*abattement d'assiette pour temps partiel** (lettre-circ. ACOSS 2004-136 du 8 octobre 2004 ; cass. civ., 2e ch., 1er décembre 2011, n° 10-19710 D)

Rémunération - Le salaire, fixé forfaitairement, doit être en rapport avec les sujétions que le travail implique. La référence à un taux horaire est impossible et inutile.

Si le salarié perçoit une rémunération manifestement sans rapport avec les sujétions qui lui sont imposées, il peut saisir le juge judiciaire afin que l'employeur lui verse une indemnité. Aucune clause contraire ne peut lui ôter ce droit. Cette indemnité est calculée en fonction du préjudice subi en tenant compte, notamment, du niveau de salaire pratiqué dans l'entreprise et correspondant à la qualification du salarié (c. trav. art. L. 3121-61).

▶ À noter… Il est possible de procéder à un prorata du minimum salarial conventionnellement garanti lorsque la convention annuelle de forfait du salarié prévoit un nombre de 207 jours, nombre inférieur au maximum de 218 prévu dans l'entreprise (cass. soc. 30 septembre 2020, n° 18-23583 FSPB).

Valorisation des absences, grève - Pour les conventions de forfait en jours, les absences ne peuvent être que déduites par journées (ou demi-journées ouvrées si l'accord le prévoit).

Lorsqu'un salarié en forfait annuel en jours fait grève, une règle spécifique doit être suivie (voir *Grève interne**).

Bulletin de paye - Le bulletin de paye doit indiquer la durée du travail correspondant au forfait de manière claire (ex. : « forfait annuel : 215 jours »).

▶ À noter… Un accord peut prévoir que les salariés signataires d'une convention de forfait annuelle en jours reçoivent un récapitulatif annuel détaillant le nombre de journées ou de demi-journées travaillées sur l'année.

Entretien annuel - Depuis le 10 août 2016, l'employeur doit suivre les modalités prévues par l'accord collectif pour communiquer avec le salarié sur sa charge de travail, l'organisation du travail dans l'entreprise, l'articulation entre l'activité professionnelle et la vie personnelle et familiale ainsi que la rémunération. À défaut de clause dans l'accord collectif sur le sujet, l'employeur reste tenu d'organiser l'entretien une fois par an *(voir plus haut)* (c. trav. art. L. 3121-64, II et L. 3121-65).

Accès la retraite progressive - Depuis le 1er janvier 2022, les salariés en forfait jours peuvent bénéficier de la retraite progressive (loi 2021-1754 du 23 décembre 2021, JO du 24 ; c. séc. soc. art. L. 351-15).

Avant cette date, ils ne bénéficiaient pas du dispositif de la retraite progressive ce qui supposait que les salariés concernés passent à temps partiel au sens du code du travail (c. séc. soc. art. L. 351-15 renvoyant à c. trav. art. L. 3123-1 ; cass. civ., 2e ch., 3 novembre 2016, n° 15-26276, BC II n° 244 ; circ. CNAV 2018-31 du 21 décembre 2018, § 1.3.4).

Le Conseil constitutionnel a jugé cette disposition inconstitutionnelle et abrogé cette réserve à compter du 1er janvier 2022 et la loi de financement de la sécurité sociale pour 2022 a rendu la retraite progressive accessible aux salariés en forfait jours (c. constit., décision 2020-885 QPC du 26 février 2021 ; loi 2021-1754 du 23 décembre 2021, JO du 24).

☞ *Cadres ; Cadres dirigeants ; Convention de forfait ; Durée du travail ; Grève interne ; Rachat de jours de repos ; Repos hebdomadaire ; Repos quotidien.*

Cotisation d'accidents du travail

Assiette et charge de la cotisation

Charge de l'employeur - La cotisation due au titre des accidents du travail (AT) et des maladies professionnelles est à la charge exclusive des employeurs, sous peine d'amende (c. séc. soc. art. L. 241-5). Elle finance les risques liés à l'activité professionnelle.

Assiette - La cotisation est assise sur la rémunération totale brute soumise à cotisations de sécurité sociale, sans aucun plafonnement (c. séc. soc. art. L. 241-5, al. 1).

Recouvrement - La cotisation est recouvrée par les *URSSAF** (c. séc. soc. art. L. 213-1), dans les conditions de droit commun.

Exonération

Principe : pas d'exonération - La cotisation « accidents du travail » ne peut faire l'objet d'aucune exonération totale, même lorsque celle-ci ne porte que sur une partie de la rémunération (c. séc. soc. art. L. 241-5 ; circ. DSS/5B 2008-27 du 30 janvier 2008).

Ce principe de non-exonération s'applique à tout employeur implanté sur le territoire français (entreprise, administration, association, particulier employeur, etc.) pour l'ensemble de ses salariés ou assimilés, quelles que soient leurs conditions de travail (contrat, rémunération, temps de travail, etc.).

Exemple

La cotisation AT reste due, par exemple, dans le cadre des exonérations attachées à la création d'entreprise [voir *Création ou reprise d'entreprise (exonération de début d'activité)**], aux *zones franches urbaines** et *zones France Ruralités Revitalisation**, aux bassins d'emploi à redynamiser (voir *Bassin d'emploi à redynamiser**), aux *jeunes entreprises innovantes**, etc.

Dérogations - Certains dispositifs d'exonération concernent la cotisation d'accidents du travail.

Les dispositifs d'exemption d'assiette (ex. : stagiaires en deçà du seuil de franchise) permettent à l'employeur de ne pas appliquer la cotisation AT à la fraction qui n'est pas assujettie à cotisations.

Par ailleurs, depuis 2015, la *réduction générale de cotisations patronales** porte sur une fraction de la cotisation AT. Il en va de même, depuis 2019, de l'exonération applicable à la rémunération des aides à domicile dont peuvent bénéficier, sous conditions, les structures privées d'aide à domicile (voir *Services à la personne**) et de l'exonération spécifique applicable en Guadeloupe, Martinique, Guyane et La Réunion [voir *Outre-mer (exonération de cotisations)**].

Détermination du taux : principes de tarification

Trois modes de tarification - Même si le taux de cotisation AT est calculé par établissement, le mode de tarification applicable à l'établissement est déterminé en fonction de l'effectif global de l'entreprise.

Il existe trois modes de tarification (c. séc. soc. art. D. 242-6-2) :
- la tarification collective s'applique jusqu'à un effectif de moins de 20 salariés ;
- la tarification mixte concerne les entreprises de 20 à 149 salariés ;
- la tarification individuelle couvre les entreprises de 150 salariés et plus.

En Alsace-Moselle (c. séc. soc. art. D. 242-30) :
- la tarification collective s'applique en dessous de 50 salariés, la tarification mixte concerne les entreprises de 50 à 149 salariés et la tarification individuelle celles de 150 salariés et plus ;
- pour le BTP, la tarification mixte couvre la tranche 50 à 299 salariés et la tarification individuelle s'applique à partir de 300 salariés.

Les règles de tarification proprement dites sont détaillées par ailleurs (voir *Tarification de la cotisation d'accidents du travail**).

Les effectifs se calculent selon les règles « sécurité sociale », moyennant quelques spécificités liées à la matière (année de référence, prise en compte de certains salariés habituellement exclus des effectifs) (voir *Effectif sécurité sociale**).

Demande de remboursement suite à une rectification de taux - Voir *Remboursement des cotisations indues**.

Ristournes et cotisations supplémentaires

Ristournes - La *CARSAT** (CRAMIF en Île-de-France) peut accorder une ristourne sur la cotisation d'AT aux entreprises à tarification collective ou mixte ayant fait un effort particulier en matière de prévention des accidents du travail [voir *Ristournes sur la cotisation accidents du travail**].

Cotisation supplémentaire pour risques exceptionnels - Après injonction précisant les mesures de prévention à prendre, les possibilités techniques de réalisation et le délai d'exécution, la CARSAT (CRAMIF en Île-de-France) peut imposer, après avis favorable du comité technique régional, une cotisation supplémentaire pour tenir compte des risques exceptionnels présentés par l'exploitation, révélés par une infraction aux règles d'hygiène et de sécurité constatée par l'inspecteur du travail ou résultant d'une inobservation des mesures de prévention prescrites par la caisse (c. séc. soc. art. L. 242-7 ; arrêté du 9 décembre 2010, art. 8 à 18, JO du 15, texte 15).

La décision d'imposer cette cotisation supplémentaire doit, sous peine de nullité, être notifiée par le directeur de la CARSAT ou une personne ayant reçu délégation de ce dernier (cass. civ., 2e ch., 26 janvier 2023, n° 21-13982 D).

La cotisation supplémentaire pour risques exceptionnels est au moins égale à 25 % de la cotisation normale calculée sur 3 mois, sans pouvoir être inférieure à 1 000 € (arrêté du 9 décembre 2010, art. 8, JO du 15, texte 15 ; circ. DSS/SD2C 2011-17 du 18 janvier 2011).

▶ À noter… Dans certaines hypothèses (par exemple, refus persistant de l'employeur de prendre les mesures prescrites, récidive), la cotisation supplémentaire est automatiquement portée à 50 %, voire 200 %, de la cotisation normale (arrêté du 9 décembre 2010, art. 8 et 9, JO du 15, texte 15).

La cotisation est due à partir de la date à laquelle les risques exceptionnels ont été constatés (c. séc. soc. art. L. 242-7 ; arrêté du 9 décembre 2010, art. 8, JO du 15, texte 15). Elle cesse d'être due à la date d'exécution des mesures prescrites (arrêté du 9 décembre 2010, art. 16, JO du 15, texte 15). Par ailleurs, les cotisations supplémentaires peuvent à tout moment être réduites, supprimées ou suspendues par la CARSAT (CRAMIF en Île-de-France), sous réserve du montant minimal (arrêté du 9 décembre 2010, art. 15, JO du 15, texte 15).

L'envoi d'une injonction préalable à l'application de la cotisation supplémentaire n'est pas exigé en cas de (c. séc. soc. art. L. 422-4) :

- méconnaissance des mesures de prévention prévues par des dispositions générales étendues (sauf si l'arrêté d'extension en dispose autrement) ;
- répétition dans un délai de 6 mois de certaines situations particulièrement graves de risque exceptionnel ayant donné lieu à une première injonction (arrêté du 9 décembre 2010, art. 10, JO du 15, texte 15) ;
- récidive dans un délai de 3 ans ou persistance, à l'expiration du délai imparti pour y remédier, de la situation qui a donné lieu à l'imposition de la cotisation supplémentaire.

Remboursement à la CPAM en cas de faute inexcusable - En cas d'accident du travail ou de maladie professionnelle liée à une faute inexcusable de l'employeur, ce dernier doit rembourser à la caisse primaire d'assurance maladie (CPAM), sous forme d'un capital représentatif, la majoration de rente ou d'indemnité en capital dont bénéficie le salarié victime [voir *Faute inexcusable (accident du travail ou maladie professionnelle)**].

☞ *Remboursement des cotisations indues ; Ristournes sur la cotisation accidents du travail ; Tarification de la cotisation d'accidents du travail.*

Cotisation d'allocations familiales

Règles de principe

Objet - La cotisation d'allocations familiales fait partie des *cotisations de sécurité sociale**.

Elle sert à financer les prestations familiales versées aux assurés sociaux et à leurs ayants droit. Centralisée par la caisse nationale d'allocations familiales (CNAF), elle s'ajoute à d'autres ressources telles que des taxes et impôts finançant ces mêmes prestations.

Assiette - Exclusivement à la charge de l'employeur, la cotisation d'allocations familiales est entièrement déplafonnée. Elle se calcule donc sur l'ensemble de la rémunération brute soumise à cotisations de sécurité sociale (c. séc. soc. art. L. 241-6, 1°).

Recouvrement - L'employeur verse la cotisation à l'organisme de recouvrement des cotisations de sécurité sociale (*URSSAF**, dans le cas général).

Taux de droit commun

Le taux de droit commun est de 5,25 % depuis le 1er janvier 2014 (c. séc. soc. art. D. 241-3-1).

Certains salariés bénéficient d'un taux abattu (4,20 % pour les *journalistes**, 3,68 % pour les *artistes du spectacle**, notamment).

Taux réduit pour certains salariés

Dispositif en voie de suppression à l'horizon 2026 - Sous conditions, les employeurs bénéficient d'une réduction du taux de la cotisation d'allocations familiales pour les salariés dont la rémunération n'excède pas un certain plafond (c. séc. soc. art. L. 241-6-1).

Lorsque les conditions requises sont remplies, le taux réduit (3,45 % dans le cas général, 2,76 % pour les *journalistes** et 2,42 % pour les *artistes du spectacle**) s'applique à l'ensemble de la rémunération du salarié concerné. A contrario, si un salarié est au-delà du plafond de rémunération, alors la cotisation est calculée au taux de droit commun sur l'ensemble de sa rémunération.

La loi de financement de la sécurité sociale (LFSS) pour 2025 a abaissé la limite de rémunération donnant droit au taux réduit sur l'année 2025, et programmé la suppression du dispositif au 1er janvier 2026 (loi 2025-199 du 28 février 2025, art. 18, III et IV, JO du 28 ; c. séc. soc. art. L. 241-6-1 modifié au 1.01.2025 puis abrogé au 1.01.2026).

Employeurs et salariés éligibles - Le champ d'application du dispositif est identique à celui de la *réduction générale de cotisations patronales** (c. séc. soc. art. L. 241-6-1 renvoyant à L. 241-13, II ; BOSS, Allègements généraux, § 1390, 01/12/2024). Les mêmes employeurs et les mêmes salariés sont donc éligibles (pour plus de détails, voir « Champ d'application » au mot *Réduction générale de cotisations patronales**).

De ce fait, les dirigeants affiliés de plein droit au régime général de la sécurité sociale sans contrat de travail ainsi que les stagiaires sont exclus du mécanisme (BOSS, Allègements généraux, § 1540, 01/12/2024).

▶ À noter… Les employeurs dont les salariés sont mis à disposition (c. trav. art. L. 8241-1 et L. 8241-2) peuvent bénéficier de la réduction de taux sur la cotisation d'allocations familiales pour les rémunérations qui leur sont versées. Cette règle vaut également pour les groupements d'employeurs mettant à disposition un salarié auprès d'un de leurs membres (c. trav. art. L. 1253-1). En revanche, l'entreprise bénéficiaire de la mise à disposition du salarié ne peut en bénéficier, y compris lorsque la rémunération est remboursée à l'employeur (BOSS, Allègements généraux, §§ 1520 et 1530, 01/12/2024).

Plafond d'éligibilité jusqu'au 31 décembre 2024 - Du 1er avril 2016 au 31 décembre 2024, le dispositif visait les salariés dont la rémunération était inférieure ou égale à 3,5 SMIC sur l'année (c. séc. soc. art. L. 241-6-1 en vigueur avant le 1.01.2025).

Pour les périodes d'emploi accomplies en 2024, ce plafond se calculait en fonction du taux du *SMIC** horaire en vigueur au 31 décembre 2023, soit 11,52 € (c. séc. soc. art. L. 241-6-1 et D. 241-3-2 ; loi 2023-1250 du 26 décembre 2023, art. 20, JO du 27 ; décret 2023-1329 du 29 décembre 2023, art. 1, JO du 30).

Pour un salarié à temps plein soumis à la durée légale du travail, sans incident de présence ni heure supplémentaire sur l'année, ce seuil représentait, en 2024, une rémunération annuelle de 73 382,40 € (soit 3,5 × 1820 h × 11,52 €).

▶ À noter… En 2024, par simplification et à titre de tolérances de paramétrage, il a aussi été possible, pour déterminer le plafond d'éligibilité, d'utiliser le SMIC en cours (plutôt que celui en vigueur au 31 décembre 2023), en appliquant un coefficient multiplicateur ajusté (actualités BOSS du 3 janvier 2024 et du 31 octobre 2024). Ainsi :
- pour les périodes d'emploi effectuées entre le 1er janvier et le 31 octobre 2024, le plafond d'éligibilité exprimé en référence au taux du SMIC en vigueur à cette date (soit 11,65 €) était de 3,4609 fois le SMIC (au lieu de 3,5 SMIC valeur au 31.12.2023) ;
- pour les périodes d'emploi effectuées entre le 1er novembre et le 31 décembre 2024, le plafond d'éligibilité exprimé en référence au taux du SMIC en vigueur à cette date (soit 11,88 €) était de 3,3939 fois le SMIC (au lieu de 3,5 SMIC valeur au 31.12.2023).

Plafond d'éligibilité ramené à 3,3 SMIC en 2025 - La loi de financement de la sécurité sociale (LFSS) pour 2025 a ramené le plafond d'éligibilité à 3,3 SMIC en 2025 (c. séc. soc. art. L. 241-6-1 ; loi 2025-199 du 28 février 2025, art. 18, III, 1° et IV, A, JO du 28 ; décret à paraître à l'heure où nous rédigions ces lignes).

Sous réserve d'un décret à paraître, le SMIC de référence devrait être celui en vigueur au 1er janvier 2025 (soit 11,88 €).

Compte tenu de l'adoption et de la publication tardive de la LFSS pour 2025, les employeurs ont commencé l'année 2025 en appliquant l'ancien seuil d'éligibilité de 3,5 SMIC en valeur au 31 décembre 2023 *(voir ci-dessus)*.

Il faut donc, à notre sens, régulariser l'année 2025 rétroactivement au 1er janvier, le calcul de cet allégement étant annualisé *(voir plus loin)*.

▶ À noter… L'administration admettra peut-être une tolérance pour les salariés sortis des effectifs avant la parution de la LFSS (JO du 28 février 2025). Si oui, l'administration le précisera sans doute via le Bulletin officiel de la sécurité sociale (BOSS), lors d'une mise à jour.

Plafond d'éligibilité pour les salariés relevant de réductions dégressives spécifiques - La LFSS pour 2025 a prévu une disposition spécifique pour les salariés relevant de réductions dégressives spécifiques de cotisations patronales, cumulables avec les dispositifs de réduction de taux sur les cotisations patronales d'allocations familiales et maladie, mais pas avec la réduction générale de cotisations patronales (loi 2025-199 du 28 février 2025, art. 18, IX, JO du 28).

À la stricte lettre de la loi, l'employeur devrait pouvoir encore appliquer l'ancienne limite de 3,5 SMIC valeur 31.12.2023 pour les salariés au titre desquels l'employeur bénéficie de ces réductions dégressives spécifiques.

Sous réserve de précisions de l'administration, on pense en particulier ici aux salariés pour lesquels l'employeur bénéficie d'une réduction de cotisations patronales au titre :
- de l'exonération LODéOM applicable en Guadeloupe, Guyane, La Martinique et La Réunion [voir *Outre-mer (exonération de cotisations en Guadeloupe, Guyane, Martinique et à La Réunion)**] ;
- de celle propre à Saint-Barthélemy et Saint-Martin [voir *Outre-mer (exonération de cotisations à Saint-Barthélemy et Saint-Martin)**] ;
- de l'exonération sur 50 embauches maximum dans les zones France ruralité revalorisation (voir *Embauche du 1er au 50e salarié**) ;
- de l'exonération attachée aux *zones de restructuration de la défense** ;
- ou encore à celle dont peuvent bénéficier certaines structures de *services à la personne** sur les rémunérations versées aux aides à domicile au titre de certaines prestations effectuées auprès de « personnes fragiles ».

La loi n'étant pas dénuée d'ambiguïté, les précisions du BOSS, encore attendues à l'heure où nous rédigions ces lignes, seront dans tous les cas bienvenus pour sécuriser l'interprétation de ce point de la loi, et le sort de cette mesure au-delà de 2025.

Taux de cotisation AF applicable - Lorsque l'employeur est en droit de bénéficier du dispositif, le taux de la cotisation est abaissé de 1,8 point, soit un taux de 3,45 % dans le cas général (c. séc. soc. art. L. 241-6-1, D. 241-3-1 et D. 241-3-2).

Pour les salariés qui, par dérogation, donnent droit à un abattement sur le taux de la cotisation d'allocations familiales, le taux de 3,45 % est également abattu, mais la réduction n'est applicable qu'à

hauteur d'un coefficient tenant compte de la différence entre le taux dérogatoire applicable et le taux de droit commun (BOSS, Allègements généraux, § 1680, 01/12/2024). Cela conduit à un taux de :
- 2,76 % pour les *journalistes** (la réduction de taux est égale à 1,8 × 4,20/5,25 = 1,44 point) ;
- 2,42 % pour les *artistes du spectacle** (la réduction de taux est égale à 1,8 × 3,68/5,25 = 1,26 point).

Calcul annualisé, mais application mensuelle - Le calcul du plafond d'éligibilité (3,3 SMIC en 2025) est annualisé. Il convient donc de raisonner dans le cadre de l'année civile et, en son sein, contrat par contrat. Les règles sont identiques à celles prévues pour la *réduction générale de cotisations patronales**.

En pratique, l'employeur applique le dispositif mensuellement, en tenant compte des montants mensuels de la rémunération et du SMIC (c. séc. soc. art. D. 241-3-2, II, al. 1).

Si l'employeur anticipe que la rémunération annuelle, compte tenu des rémunérations complémentaires versées ultérieurement (primes, 13e mois, etc.), excédera le plafond sur l'année, il peut appliquer le taux de 5,25 % pour la cotisation d'allocations familiales, au lieu du taux réduit de 3,45 % (BOSS, Allègements généraux, § 2120, 01/12/2024).

Régularisation - S'il y a lieu, une régularisation doit être opérée, dans la mesure où c'est bien le montant de la rémunération sur l'année qui détermine le taux applicable à son montant global (c. séc. soc. art. D. 241-3-2, II).

Il est possible de procéder soit en régularisation progressive d'une paye à l'autre en tenant compte du cumul des rémunérations, soit en régularisation annuelle (à l'occasion de la dernière paye de l'année, ou de la paye de départ du salarié s'il quitte l'entreprise en cours d'année) (c. séc. soc. art. D. 241-3-2, II renvoyant à D. 241-9).

L'employeur a le choix entre les deux méthodes, comme pour la *réduction générale de cotisations patronales** (BOSS, Allègements généraux, § 2130, 01/12/2024).

Calcul du plafond de rémunération - La limite de rémunération (3,3 SMIC en 2025, 3,5 SMIC en 2024) est appréciée sur l'année, en appliquant les mêmes règles de proratisation et d'ajustement du SMIC que celles utilisées pour la formule de calcul du coefficient de la *réduction générale de cotisations patronales** (c. séc. soc. art. L. 241-6-1 et D. 241-3-2, renvoyant à L. 241-13, III, al. 2 et D. 241-7, II à IV).

La valeur du SMIC servant à déterminer l'éligibilité au taux réduit de cotisation d'allocations familiales est calculée dans les mêmes conditions.

Dès lors, le SMIC est déterminé en tenant compte de l'ensemble des règles de correction et de proratisation retenues pour la *réduction générale de cotisations patronales** : heures complémentaires et supplémentaires, contrat à temps partiel, entrée/sortie en cours d'année, suspension du contrat de travail, salariés en forfait « jours », salariés non mensualisés, salariés non rémunérés en fonction d'une durée du travail, personnels roulants du transport routier de marchandises, etc. (BOSS, Allègements généraux, §§ 1700 à 2090, 01/12/2024).

Pour plus de détails sur le paramètre « SMIC », les lecteurs sont invités à se reporter aux développements correspondants [voir *Réduction générale de cotisations patronales (paramètre SMIC)**].

Rémunération à comparer - La rémunération annuelle brute à comparer au plafond de rémunération s'entend de la rémunération brute soumise à cotisations de sécurité sociale, tous éléments compris (salaires, indemnités de congés payés, primes, avantages en nature ou en argent, heures supplémentaires et complémentaires, y inclus majorations de salaire, etc.).

La *prime de partage de la valeur** n'est pas prise en compte, sauf pour son éventuelle fraction soumise à cotisations de sécurité sociale.

De même, les sommes versées à l'occasion de la rupture du contrat de travail ne sont prises en compte que pour la part qui est soumise à cotisations de sécurité sociale (BOSS, Allègements généraux, § 1600, 01/12/2024).

Les remboursements de *frais professionnels** exonérés de cotisations doivent être exclus de la rémunération brute. En revanche, si l'employeur applique une *déduction forfaitaire spécifique pour frais professionnels**, il faut, sauf exceptions, prendre en compte le brut abattu après réintégration des remboursements de frais professionnels (BOSS, Allègements généraux, §§ 1640 à 1660, 01/12/2024).

Pour les salariés dont les cotisations sont calculées sur une assiette forfaitaire, une circulaire de 2019 avait précisé que c'est la rémunération réelle du salarié qu'il convient de comparer au plafond d'éligibilité (instr. DSS/5B 2019-141 du 19 juin 2019 abrogée, Q/R 1.4). Selon nos informations, cette précision reste d'actualité même si, à l'heure où nous rédigeons ces lignes, elle n'avait pas été reprise dans le BOSS.

Cumul - Le dispositif de réduction du taux de la cotisation d'allocations familiales ne constitue pas à proprement parler une exonération. Par ailleurs, la loi n'a prévu aucune interdiction de cumul.

Dans le cas général, ce mécanisme est donc cumulable avec les dispositifs d'exonération totale ou partielle de cotisations et contributions patronales, mais aussi avec l'application de taux spécifiques, d'assiette ou de montants forfaitaires de cotisations (BOSS, Allègements généraux, § 1550, 01/12/2024).

Exemple

Un employeur peut ainsi cumuler pour les mêmes salariés le taux réduit de cotisations d'allocations familiales avec le bénéfice de l'exonération en faveur des *zones franches urbaines** ou avec la *réduction générale de cotisations patronales**.

De même, le taux réduit de cotisations d'allocations familiales peut se cumuler avec l'application de taux spécifiques (*journalistes**, *artistes du spectacle**), d'assiette ou de montants forfaitaires de cotisations (BOSS, Allègements généraux, § 1560, 01/12/2024).

Sur le calcul de la réduction applicable aux salariés des professions bénéficiant déjà d'un taux réduit dérogatoire de cotisation d'allocations *(voir plus haut « Taux applicables »)*.

☞ *Assiette des cotisations de sécurité sociale ; Bulletin de paye (mentions obligatoires) ; Réduction générale de cotisations patronales ; Réduction générale de cotisations patronales (paramètre SMIC).*

Taux de la cotisation d'allocations familiales : exemples sur 2025

Pour les besoins des exemples présentés ci-dessous, et sous réserve d'un décret encore à paraître à l'heure où nous rédigions ces lignes, le plafond d'éligibilité au taux réduit applicable en 2025 est pris en compte pour 3,3 SMIC et la valeur du SMIC pour son taux au 1er janvier 2025, soit 11,88 € par heure.
Par hypothèse, il s'agit du cas général (donc hors salariés ouvrant droit à une réduction dégressive spécifique de cotisations patronales type ZRD, exonération LODéOM, etc.).
Le SMIC annuel 35 h est égal à 1820 fois le SMIC horaire, pour une année complète (c. séc. soc. art. D. 241-7, II).
Pour un calcul mensuel, on retient pour chaque mois 1/12 de 1820 fois le SMIC horaire (c. séc. soc. art. D. 241-7, II).
Par simplification, l'administration admet que l'on puisse aussi retenir 151,67 fois le SMIC horaire (BOSS, Allègements généraux, § 1700, 01/01/2024).

(1) Salariés à temps plein (35 h), salaire brut annuel de 70 000 € (pas d'incident de présence) Quel taux sur l'année ?	• Seuil de 3,3 SMIC sur l'année : 3,3 × 1820 × 11,88 € = 71 351,28 € • Rémunération annuelle brute soumise à cotisations : 70 000 € • Taux de cotisation AF sur l'année : 3,45 %
(2) Salarié à temps plein (35 h), salaire brut mensuel de 5 000 €, avec un 13e mois (pas d'incident de présence) Quel taux sur l'année ?	• Seuil de 3,3 SMIC sur l'année : 3,3 × 1820 × 11,88 € = 71 351,28 € • Rémunération annuelle brute soumise à cotisations : 5 000 € × 13 = 65 000 € • Taux de cotisation AF sur l'année : 3,45 %
(3) Salarié à temps plein (35 h), salaire brut mensuel de 5 500 € + 13e mois, perçoit en outre une prime de 4 600 € (pas d'incident de présence) Quel taux sur l'année ?	• Seuil de 3,3 SMIC sur l'année : 3,3 × 1820 × 11,88 € = 71 351,28 € • Rémunération annuelle brute soumise à cotisations : (5 500 € × 13) + 4 600 € = 76 100 € • Taux de cotisation AF sur l'année : 5,25 %
(4) Salarié à temps plein (35 h), taux horaire de 32 € (salaire mensuel brut de 4 853,44 €), effectuant en janvier 8 h supplémentaires à 125 % (320 €) et 4 h supplémentaires à 150 % (192 €) (pas d'incident de présence) Quel taux sur la paye de janvier ? Quel taux sur l'année ?	• Seuil de 3,5 SMIC valeur 31.12.2023 sur la paye de janvier (en attendant l'adoption de la LFSS 2025) : 3,5 × [(1/12 × 1820) + 12] × 11,52 € = 6 599,04 € • Rémunération mensuelle brute soumise à cotisations : 4853,44 € + 320 € + 192 € = 5 365,44 € • Taux de cotisation AF sur la paye de janvier : 3,45 % • Seuil de 3,3 SMIC sur l'année (après LFSS 2025) si le salarié est présent toute l'année sans incident de présence ni autres heures supplémentaires : 3,3 × [(1820 + 12) × 11,88 €] = 71 821,73 €. Même avec un 13e mois, la rémunération du salarié serait inférieure à ce plafond (taux de cotisation AF sur l'année : 3,45 %).
	Particularité à retenir : le nombre d'heures retenu pour calculer le SMIC de janvier est augmenté du nombre d'heures supplémentaires ou complémentaires rémunérées au salarié, sans prise en compte des majorations de salaire, conformément aux règles de la réduction générale de cotisations patronales.

Taux de la cotisation d'allocations familiales : exemples sur 2025	
(5) Salarié à temps plein (35 h), taux horaire de 36,26 € (salaire mensuel brut de 5 500 €), effectuant en janvier 8 h supplémentaires à 125 % (362,63 €) et 4 h supplémentaires à 150 % (217,58 €) (pas d'incident de présence). Une prime de 5 000 € est versée en juin et un 13e mois en décembre. Quel taux sur la paye de janvier ? Quel taux sur l'année ?	• Seuil de 3,5 SMIC valeur 31.12.2023 sur la paye de janvier (en attendant l'adoption de la LFSS 2025) : 3,5 × [(1/12 × 1820) + 12] × 11,52 € = 6 599,04 € • Rémunération mensuelle brute soumise à cotisations en janvier : 5 500 € + 362,63 € + 217,58 € = 6 080,21 € • Taux de cotisation AF sur la paye de janvier : 3,45 % (régularisation à effectuer ensuite selon les valeurs annuelles) • Seuil de 3,3 SMIC sur l'année (après LFSS 2025) : 3,3 × (1820 + 12) × 11,88 € = 71 821,73 € • Rémunération annuelle brute soumise à cotisations : 6 080,21 € + (5 500 € × 12) + 5 000 € = 77 080,21 € • Taux de cotisation AF sur l'année : 5,25 %.
	Particularité à retenir : idem (4) ci-dessus
(6) Salarié en forfait-jours (210 jours/an), salaire brut mensuel de 5 500 € sur 12 mois (pas d'incident de présence) Quel taux sur l'année ?	• Seuil de 3,3 SMIC sur l'année : 3,3 × 1820 × 11,88 € × 210/218 = 68 732,88 € • Rémunération annuelle brute soumise à cotisations : 5 500 € × 12 = 66 000 € • Taux de cotisation AF sur l'année : 3,45 %.
	Particularité à retenir : pour un forfait de 210 jours/an, le SMIC est proratisé par le rapport 210/218, conformément aux règles de la réduction générale de cotisations patronales.
(7) Salarié à temps partiel de 30 h/semaine, salaire brut mensuel de 4 000 € +13e mois (pas d'incident de présence) Quel taux sur l'année ?	• Seuil de 3,3 SMIC sur l'année : 3,3 × 1820 × 11,88 € × 30/35 = 61 158,24 € • Rémunération annuelle brute soumise à cotisations : 4 000 € × 13 = 52 000 € • Taux de cotisation AF sur l'année : 3,45 %
	Particularité à retenir : pour un temps partiel de 30 h/semaine, le SMIC est proratisé par le rapport 30/35.
(8) Salarié à temps partiel de 28 h/semaine, salaire brut mensuel de 3 950 € + 13e mois (pas d'incident de présence) Quel taux sur l'année ?	• Seuil de 3,3 SMIC sur l'année : 3,3 × 1820 × 11,88 € × 28/35 = 57 081,02 € • Rémunération annuelle brute soumise à cotisations : 3 950 € × 13 = 51 350 € • Taux de cotisation AF sur l'année : 3,45 %.
	Particularité à retenir : pour un temps partiel de 28 h/semaine, le SMIC est proratisé par le rapport 28/35.
(9) Salarié à temps plein dans une entreprise où un accord d'entreprise fixe la durée collective du travail à 32 h/semaine, salaire brut mensuel de 5 000 € sur 13 mois (pas d'incident de présence) Quel taux sur l'année ?	• Seuil de 3,3 SMIC sur l'année : 3,3 × 1820 × 11,88 € × 32/35 = 65 235,46 € • Rémunération annuelle brute soumise à cotisations : 5 000 € × 13 = 65 000 € • Taux de cotisation AF sur l'année : 3,45 %.
	Particularité à retenir : pour un salarié à temps plein soumis à une durée collective de travail de 32 h hebdomadaires, le SMIC est proratisé par le rapport 32/35.
(10) Salarié à temps plein (35 h) rémunéré sur une base mensuelle de 6 000 € bruts sur 12 mois. Il passe à temps partiel : 28 h/semaine, pour un salaire de base de 4 800 € bruts à partir du 1er septembre dans le cadre d'un congé parental d'éducation (pas d'autre incident de présence) Quel taux sur l'année ?	• SMIC de janvier à août (après LFSS 2025) : 8/12 × 1820 × 11,88 € = 14 414,40 € • SMIC de septembre à décembre : 4/12 × 1820 × 11,88 € × 28/35 = 5 765,76 € • Seuil de 3,3 SMIC sur l'année : 3,3 × (14 414,40 € + 5 765,76 €) = 66 594,53 € • Rémunération annuelle brute soumise à cotisations : (6 000 € × 8) + (4 800 € × 4) = 67 200 € • Taux de cotisation AF sur l'année : 5,25 %
	Particularité à retenir : il a fallu tenir compte du changement de durée du travail du salarié, passé à temps partiel. Le SMIC des mois de septembre à décembre est donc proratisé.

Taux de la cotisation d'allocations familiales : exemples sur 2025	
(11) Salarié à temps plein (35 h), salaire brut mensuel de 5 400 € + 13^{e} mois. **Il est malade un mois complet en décembre, mais son employeur maintient son salaire brut à 100 % sans carence (les IJ sont passées en paye ultérieurement)** Quel taux sur l'année ?	• Seuil de 3,3 SMIC sur l'année : 3,3 × 1820 × 11,88 € = 71 351,28 € • Rémunération annuelle brute soumise à cotisations : 5 400 € × 13 = 70 200 € • Taux de cotisation AF sur l'année : 3,45 %
	Particularité à retenir : en cas d'absence du salarié (quelle qu'en soit la raison) avec maintien de la totalité de la rémunération brute, il convient de retenir le SMIC « habituel », éventuellement proratisé compte tenu de la durée du travail du salarié (temps partiel, etc.). Aucun prorata n'est effectué au regard de l'arrêt de travail.
(12) Salarié à temps plein (35 h), salaire mensuel brut de 5 000 €, sans 13e mois. **Il est malade une partie du mois de janvier, mois durant lequel sa rémunération mensuelle brute soumise à cotisations de sécurité sociale est de 4 247,68 €, compte tenu du salaire de la période travaillée et des indemnités complémentaires de maladie versées par l'employeur.** Quel taux sur la paye de janvier et sur l'année ?	**A) Cas général**
	• Seuil de 3,5 SMIC valeur 31.12.2023 sur la paye de janvier (en attendant l'adoption de la LFSS 2025) : 3,5 × 1/12 × 1820 × 11,52 € × 4 247,68 €/5 000 € = 5 195,08 € • Rémunération mensuelle brute soumise à cotisations en janvier : 4 247,68 € • Taux de cotisation AF sur la paye de janvier : 3,45 %
	• Seuil de 3,3 SMIC sur l'année (après LFSS 2025) : 3,3 × [(1/12 × 1820 × 11,88 € × 4 247,68 €/5 000 €) + (11/12 × 1820 × 11,88 €)] = 70 456,62 € • Rémunération annuelle brute soumise à cotisations : 4 247,68 € + (11 × 5 000 €) = 59 247,68 € • Taux de cotisation AF sur l'année : 3,45 %
	B) Si le salarié perçoit en janvier une prime de bilan de 2 000 € non affectée par l'absence
	• Seuil de 3,5 SMIC valeur 31.12.2023 sur la paye de janvier (en attendant l'adoption de la LFSS 2025) : 3,5 × 1/12 × 1820 × 11,52 € × 4 247,68 €/5 000 € = 5 195,08 € • Rémunération mensuelle brute soumise à cotisations en janvier : 4 247,68 € + 2 000 € = 6 247,68 € • Taux de cotisation AF sur la paye de janvier : 5,25 % (à régulariser sur les payes suivantes)
	• Seuil de 3,3 SMIC sur l'année (après LFSS 2025) : 3,3 × [(1/12 × 1820 × 11,88 € × 4 247,68 €/5 000 €) + (11/12 × 1820 × 11,88 €)] = 70 456,62 € • Rémunération annuelle brute soumise à cotisations : 4 247,68 € + 2 000 € + (11 × 5 000 €) = 61 247,68 € • Taux de cotisation AF sur l'année : 3,45 %
	Particularité à retenir : en cas d'absence du salarié sans maintien de salaire ou avec maintien partiel du salaire brut, la fraction mensuelle du SMIC est corrigée par le rapport entre la rémunération brute effectivement versée (non comprises les IJSS, si le salarié en bénéficie) et celle qui aurait été versée si le salarié avait été présent tout le mois. Toutefois, pour ce prorata de la valeur mensuelle, il convient d'ignorer les éléments de rémunération qui ne sont pas affectés par l'absence.

Cotisation d'assurance décès

Salariés du régime général de sécurité sociale

Tous les salariés qui relèvent de ce régime sont couverts pour le risque décès par la cotisation d'assurance maladie, maternité, invalidité et décès.

La cotisation d'assurance décès est incluse dans la *cotisation d'assurance maladie-maternité-invalidité** (c. séc. soc. art. D. 242-3).

Prévoyance complémentaire décès

Régime minimal obligatoire d'assurance décès des cadres - La convention AGIRC du 14 mars 1947, qui imposait aux employeurs d'assurer les *cadres** au titre du risque décès, a disparu au 1er janvier 2019 avec l'entrée en vigueur du nouveau régime unifié de retraite complémentaire *AGIRC-ARRCO**.

Toutefois, un accord national interprofessionnel (ANI) du 17 novembre 2017 sur la prévoyance des cadres maintient, depuis le 1er janvier 2019, le régime d'assurance décès obligatoire au profit des cadres et assimilés cadres qui existait avant cette date. Cet accord reprend en effet la liste des bénéficiaires des anciens articles 4 et 4 bis de la convention AGIRC de 1947 [voir *Cadres**] (ANI du 17 novembre 2017 sur la prévoyance des cadres, art. 1, 2.1 et 2.2).

En revanche, on ne retrouve pas trace de l'ancienne catégorie VRP annexes IV. Une clarification serait la bienvenue sur ce point.

▶ À noter... La négociation sur la notion d'encadrement, prévue par l'accord sur les retraites complémentaires du 30 octobre 2015, a débouché sur un ANI du 28 février 2020 portant diverses orientations pour les cadres. Celui-ci se contente d'énoncer, dans son introduction, que l'ANI du 17 novembre 2017 demeure en vigueur, ce qui a permis de sécuriser la cotisation patronale d'assurance décès de 1,5 % sur la tranche 1. Mais on est loin de l'objectif initial de modernisation du dispositif d'assurance décès des cadres.

Cotisation minimale d'assurance décès des cadres - Le régime d'assurance décès obligatoire des cadres est financé par une cotisation à la charge exclusive de l'employeur.

Celle-ci est calculée au taux de 1,50 % sur la tranche 1 de la rémunération, soit de 0 à 1 fois le *plafond de la sécurité sociale**.

Cette cotisation est « affectée par priorité à la couverture d'avantages en cas de décès » (ANI du 17 novembre 2017 sur la prévoyance des cadres, art. 1).

La Cour de cassation déduit de cette affectation « prioritaire » qu'en cas de cumul de participations patronales (ex. : frais de santé + décès), pour vérifier l'existence d'un taux patronal de 1,50 %, on peut également tenir compte de la cotisation patronale versée pour financer la garantie « frais de santé » (cass. civ., 2e ch., 30 mars 2022, n° 20-15022 FSPB, 2e moyen). Autrement dit, la cotisation de 1,50 % doit être prioritairement affectée au risque décès, mais pas forcément exclusivement.

▶ À noter... Un tel cumul de cotisations patronales implique pour l'employeur de veiller à ce que ses participations atteignent bien le seuil de 1,50 %, en particulier si un salarié a fait jouer une dispense d'affiliation au régime d'entreprise « frais de santé » [voir *Régimes de retraite supplémentaire et de prévoyance complémentaire (caractère obligatoire)**].

Non-respect de l'obligation d'assurance décès des cadres - En cas de non-respect de l'obligation d'assurance, si le salarié décède, l'employeur doit verser un capital égal à 3 fois le montant annuel du *plafond de la sécurité sociale** (soit 131 300 € en 2025).

Autres régimes de prévoyance décès - Une assurance décès peut être souscrite soit pour améliorer le régime obligatoire applicable aux cadres, soit pour couvrir des salariés pour lesquels il n'y a pas légalement de couverture obligatoire (salariés non-cadres, par exemple).

Les modalités de calcul et de versement des cotisations sont alors fixées par le contrat de prévoyance complémentaire.

Régimes social et fiscal des contributions - Les contributions finançant une garantie d'assurance décès à caractère collectif et obligatoire bénéficient de régimes social et fiscal de faveur. Si les conditions requises sont remplies :

- les contributions patronales sont exonérées de cotisations de sécurité sociale dans la limite du plafond réglementaire applicable à la prévoyance [voir *Cotisations de retraite et de prévoyance (régime social)**] ;
- les contributions salariales et patronales sont exonérées d'impôt sur le revenu dans la limite du plafond fiscal prévu en matière de prévoyance [voir *Cotisations de retraite et de prévoyance (régime fiscal)**].

Les contributions patronales de prévoyance complémentaire sont, en revanche, incluses en totalité dans la base de calcul de la *CSG** et de la *CRDS**.

Les employeurs de 11 salariés et plus sont redevables du *forfait social** au taux de 8 % sur les contributions patronales de prévoyance complémentaire (y inclus assurance décès) qui sont exclues de l'assiette des cotisations de sécurité sociale mais assujetties à CSG (c. séc. soc. art. L. 137-15 et L. 137-16).

☞ *Cadres ; Cotisation d'assurance maladie-maternité-invalidité ; Cotisations de retraite et de prévoyance (régime fiscal) ; Cotisations de retraite et de prévoyance (régime social) ; Forfait social ; Prévoyance complémentaire.*

Cotisation d'assurance maladie-maternité-invalidité

Cette cotisation sert à financer les prestations versées par le régime général de la sécurité sociale en cas d'incapacité de travail (remboursements de soins, indemnités journalières, etc.).

Cotisations maladie sur les salaires : taux et règles de principe

Pas de cotisation salariale, sauf deux exceptions - Il n'y a plus de cotisation salariale pour les périodes d'emploi effectuées depuis le 1er janvier 2018 (loi 2017-1836 du 30 décembre 2017, art. 8, JO du 31).

Toutefois, les rémunérations des salariés relevant du régime local d'assurance maladie d'*Alsace-Moselle** sont soumises à une cotisation salariale spécifique (c. séc. soc. art. L. 242-13). Son taux est de 1,30 % depuis le 1er avril 2022 (1,50 % du 1er janvier 2012 au 31 mars 2022).

En outre, par exception, les salariés dont le domicile fiscal est situé hors de France, qui n'acquittent ni la CSG ni la CRDS mais qui relèvent d'un régime obligatoire français d'assurance maladie, sont soumis à une cotisation d'assurance maladie de 5,50 % (c. séc. soc. art. L. 131-9 et D. 242-3). si le salarié relève du régime local d'Alsace-Moselle, la cotisation salariale spécifique est également due *(voir ci-avant)*.

▶ À noter... Pour la notion de domicile fiscal, les lecteurs sont invités à se reporter à nos développements relatifs à la CSG [voir *Contribution sociale généralisée (CSG)**].

Cotisation patronale - La cotisation patronale est fixée à 13 % depuis le 1er janvier 2018 (c. séc. soc. art. D. 242-3). Elle se calcule sur l'ensemble des éléments de rémunération entrant dans l'*assiette des cotisations de sécurité sociale**.

Pour les *artistes du spectacle**, la cotisation est égale à 9,10 % depuis le 1er janvier 2018, compte tenu d'un abattement de taux de 30 % (arrêté du 24 mars 1975, art. 1 modifié par arrêté du 12 décembre 2006, JO du 30).

Sous conditions, les employeurs bénéficient d'une réduction de 6 points sur le taux de la cotisation patronale des salariés dont la rémunération n'excède pas un certain plafond annuel *(voir ci-dessous)* (c. séc. soc. art. L. 241-2-1).

Dispositif de réduction de taux de la cotisation patronale maladie due sur les salaires

Mécanisme en voie de suppression à l'horizon 2026 - Sous conditions, les employeurs bénéficient d'une réduction de 6 points sur le taux de la cotisation patronale d'assurance maladie des salariés dont la rémunération n'excède pas un certain plafond annuel *(voir ci-dessous)* (c. séc. soc. art. L. 241-2-1).

Le taux réduit (7 % au lieu de 13 % dans le cas général ; 4,90 % au lieu de 9,10 % pour les *artistes du spectacle**) s'applique à l'ensemble de la rémunération du salarié concerné. A contrario, si un salarié est au-delà du plafond de rémunération, alors la cotisation est calculée au taux de droit commun sur l'ensemble de sa rémunération.

La loi de financement de la sécurité sociale pour 2025 a abaissé le plafond de rémunération ouvrant droit au taux réduit sur l'année 2025, et programmé la suppression du dispositif au 1er janvier 2026 (loi 2025-199 du 28 février 2025, art. 18, JO du 28 ; c. séc. soc. art. L. 241-2-1 modifié au 1.01.2025 puis abrogé au 1.01.2026).

Employeurs et salariés éligibles - Le champ d'application du dispositif est identique à celui de la *réduction générale de cotisations patronales** (c. séc. soc. art. L. 241-2-1 renvoyant à L. 241-13, II). Les mêmes employeurs et les mêmes salariés sont donc éligibles (pour plus de détails, voir « Champ d'application » au mot *Réduction générale de cotisations patronales**).

De ce fait, les dirigeants affiliés de plein droit au régime général de la sécurité sociale sans contrat de travail ainsi que les stagiaires sont exclus du mécanisme.

Plafond d'éligibilité au taux réduit jusqu'au 31 décembre 2024 - Avant 2025, le dispositif de taux réduit visait les salariés dont la rémunération était inférieure ou égale à 2,5 SMIC sur l'année (c. séc. soc. art. L. 241-2-1 en vigueur avant le 1.01.2025).

Pour les périodes d'emploi accomplies en 2024, ce seuil se calculait en fonction du taux du SMIC horaire en vigueur au 31 décembre 2023, soit 11,52 € (c. séc. soc. art. L. 241-2-1 et D. 241-1-2 ; loi 2023-1250 du 26 décembre 2023, art. 20, JO du 27 ; décret 2023-1329 du 29 décembre 2023, art. 1, JO du 30).

Pour un salarié à temps plein soumis à la durée légale du travail, sans incident de présence ni heure supplémentaire sur l'année, ce seuil représentait ainsi une rémunération annuelle de 52416 € (soit 2,5 ×1820 h × 11,52 €).

▶ À noter… En 2024, par simplification et à titre de tolérances de paramétrage, il a aussi été possible, pour déterminer le plafond d'éligibilité, d'utiliser le SMIC en cours (plutôt que celui en vigueur au 31 décembre 2023), en appliquant un coefficient multiplicateur ajusté (actualités BOSS du 3 janvier 2024 et du 31 octobre 2024). Ainsi :
- pour les périodes d'emploi effectuées entre le 1er janvier et le 31 octobre 2024, le plafond d'éligibilité exprimé en référence au taux du SMIC alors en vigueur (soit 11,65 €) était de 2,4721 fois le SMIC (au lieu de 2,5 SMIC valeur au 31.12.2023) ;
- pour les périodes d'emploi effectuées entre le 1er novembre et le 31 décembre 2024, le plafond d'éligibilité exprimé en référence au taux du SMIC alors en vigueur (soit 11,88 €) était de 2,4242 fois le SMIC (au lieu de 2,5 SMIC valeur au 31.12.2023).

Plafond d'éligibilité au taux réduit ramené à 2,25 SMIC en 2025 - La loi de financement de la sécurité sociale (LFSS) pour 2025 a ramené le plafond d'éligibilité à 2,25 SMIC en 2025 (c. séc. soc. art. L. 241-2-1 ; loi 2025-199 du 28 février 2025, art. 18, III, 1° et IV, A, JO du 28 ; décret à paraître à l'heure où nous rédigions ces lignes).

Sous réserve d'un décret à paraître, le SMIC de référence devrait être celui en vigueur au 1er janvier 2025 (soit 11,88 €).

Compte tenu de l'adoption et de la publication tardive de la LFSS 2025, les employeurs ont commencé l'année 2025 en appliquant l'ancien seuil d'éligibilité de 2,5 SMIC.

Il faut donc, à notre sens, régulariser l'année 2025 rétroactivement au 1er janvier, le calcul de cet allégement étant annualisé.

▶ À noter… L'administration admettra peut-être une tolérance pour les salariés sortis des effectifs avant la parution de la LFSS (JO du 28 février 2025). Si oui, l'administration le précisera sans doute via le Bulletin officiel de la sécurité sociale (BOSS), lors d'une mise à jour.

Plafond d'éligibilité pour les salariés relevant de réductions dégressives spécifiques - La LFSS pour 2025 a prévu une disposition spécifique pour les salariés relevant de réductions dégressives spécifiques de cotisations patronales, cumulables avec les dispositifs de réduction de taux sur les cotisations patronales d'allocations familiales et maladie, mais pas avec la réduction générale de cotisations patronales (loi 2025-199 du 28 février 2025, art. 18, IX, JO du 28).

À la stricte lettre de la loi, l'employeur devrait pouvoir encore appliquer l'ancienne limite de 2,5 SMIC valeur 31.12.2023 pour les salariés au titre desquels l'employeur bénéficie de ces réductions dégressives spécifiques.

Sous réserve de précisions de l'administration, on pense en particulier ici aux salariés pour lesquels l'employeur bénéficie d'une réduction de cotisations patronales au titre :
- de l'exonération LODéOM applicable en Guadeloupe, Guyane, La Martinique et La Réunion [voir *Outre-mer (exonération de cotisations en Guadeloupe, Guyane, Martinique et à La Réunion)**] ;
- de celle propre à Saint-Barthélemy et Saint-Martin [voir *Outre-mer (exonération de cotisations à Saint-Barthélemy et Saint-Martin)**] ;
- de l'exonération sur 50 embauches maximum dans les zones France ruralité revalorisation (voir *Embauche du 1er au 50e salarié**) ;
- de l'exonération attachée aux *zones de restructuration de la défense** ;
- ou encore à celle dont peuvent bénéficier certaines structures de *services à la personne** sur les rémunérations versées aux aides à domicile au titre de certaines prestations effectuées auprès de « personnes fragiles ».

La loi n'étant pas dénuée d'ambiguïté, les précisions du BOSS, encore attendues à l'heure où nous rédigions ces lignes, seront dans tous les cas bienvenues pour sécuriser l'interprétation de ce point de la loi, et le sort de cette mesure au-delà de 2025.

Taux de cotisation maladie applicable - Lorsque l'employeur est en droit de bénéficier du dispositif, le taux de la cotisation patronale d'assurance maladie est abaissé de 6 points, soit un taux de 7 % dans le cas général (c. séc. soc. art. L. 241-2-1).

Pour les salariés qui, par dérogation, donnent droit à un abattement sur le taux de la cotisation patronale d'assurance maladie, le taux de 7 % est également abattu, mais la réduction n'est applicable qu'à hauteur d'un coefficient tenant compte de la différence entre le taux dérogatoire applicable et le taux de droit commun (BOSS, Allègements généraux, § 1680,

01/12/2024). Cela conduit à un taux de 4,90 % au lieu de 9,10 % pour les *artistes du spectacle** (la réduction de taux est alors égale à 6 × 9,10/13 = 4,20 points).

Calcul du plafond de rémunération - Le plafond d'éligibilité se calcule selon la même logique que celui qui gouverne le dispositif de réduction de taux sur la cotisation patronale d'allocations familiales : calcul annualisé mais application mensuelle, régularisation progressive ou annuelle, règles de proratisation et d'ajustement du SMIC, rémunération à comparer, etc. (pour le détail, voir *Cotisation d'allocations familiales**).

Cotisation maladie sur revenus de remplacement

Précompte maladie - Une cotisation d'assurance maladie à la charge des assurés sociaux, dénommée « précompte maladie », est prélevée sur certains revenus de remplacement (c. séc. soc. art. L. 131-2).

Les employeurs doivent prélever ce précompte sur les revenus de remplacement qu'ils versent. Ne sont ici rappelés que les taux susceptibles de concerner des revenus de remplacement versés directement par les entreprises.

Allocations-chômage et assimilées - En principe, il n'y a pas de précompte maladie sur les allocations de chômage et toutes celles qui suivent le même régime (allocations d'*activité partielle** ou de *chômage-intempéries**, *contrat de sécurisation professionnelle**, notamment).

Toutefois, pour les personnes qui, du fait de leur domicile fiscal, ne sont pas assujetties à la CSG et à la CRDS tout en restant à la charge du régime général de sécurité sociale, un précompte maladie est dû au taux de 2,80 % (c. séc. soc. art. D. 242-12, 2°).

Le précompte maladie ne peut pas avoir pour effet d'amener le montant net des allocations en dessous du *SMIC**. S'agissant des revenus de remplacement versés par l'employeur, la cotisation est donc si besoin réduite, voire ramenée à zéro, de façon à ne pas descendre en dessous d'un montant mensuel inférieur au SMIC horaire brut en vigueur à la date de paiement multiplié par 35 × 52/12. Pour appliquer cette règle, il convient de cumuler les revenus de remplacement et la rémunération d'activité, s'il y en a une (c. séc. soc. art. L. 131-2, D. 242-13 et D. 242-14).

▶ À noter… En pratique, il s'agit d'un mécanisme d'écrêtement, similaire à celui qui existe en matière de CSG/CRDS sur les revenus de remplacement [voir *Contribution sociale généralisée (CSG sur revenus de remplacement)**].

Avantages de préretraite - Le taux du précompte maladie dû sur les avantages de préretraite ou de cessation anticipée d'activité est de (c. séc. soc. art. L. 131-2 et D. 242-12) :

- 1,70 % pour les avantages versés en application de dispositifs réglementaires ou conventionnels ;
- 1 % pour les avantages alloués au titre de dispositifs mis en place par décision unilatérale de l'employeur.

Pour les personnes relevant du régime général de sécurité sociale fiscalement domiciliées à l'étranger (et de ce fait non assujetties à CSG/CRDS), le taux du précompte maladie est de 4,90 % (soit 1,70 % + 3,20 %) (c. séc. soc. art. D. 242-12). Curieusement, le code ne prévoit pas de taux spécifique de 4,20 % (1 % + 3,20 %) pour les préretraites versées en application d'une décision unilatérale. Le réseau des URSSAF indique toutefois sur son site internet que le taux applicable dans ce cas est bien de 4,20 % (www.urssaf.fr).

Dans tous les cas, le prélèvement du précompte maladie ne peut pas avoir pour effet d'amener le montant mensuel net de l'avantage de préretraite en dessous de la valeur du *SMIC** brut horaire en vigueur à la date de paiement multiplié par 35 × 52/12 (SMIC brut mensuel sur la base de la durée légale du travail). Au besoin, le précompte de la cotisation maladie est réduit, voire ramené à zéro (c. séc. soc. art. L. 131-2, D. 242-13 et D. 242-14).

▶ À noter… Il s'agit d'un mécanisme d'écrêtement, similaire à celui qui existe en matière de CSG/CRDS sur les revenus de remplacement [voir *Contribution sociale généralisée (CSG sur revenus de remplacement)**].

Avantages de retraite complémentaire et supplémentaire - Pour les avantages de retraite qui pourraient être versés directement par l'employeur, le taux du précompte est de 1 % (c. séc. soc. art. D. 242-8).

Pour les personnes relevant du régime général de sécurité sociale qui, du fait de leur domicile fiscal, ne sont pas assujetties à la CSG et à la CRDS, ce taux est fixé à 4,20 % (c. séc. soc. art. D. 242-8).

Sous conditions, les avantages de retraite versés à certains bénéficiaires sont exonérés de cette cotisation (c. séc. soc. art. L. 131-2, D. 242-9 et D. 242-10). En outre, le précompte maladie ne peut pas avoir pour effet d'amener le montant net des allocations en dessous du *SMIC** (c. séc. soc. art. L. 131-2 et D. 242-14 renvoyant à c. séc. soc. art. D. 242-13). Au besoin, le précompte de la cotisation maladie est réduit, voire ramené à zéro (mécanisme dit « d'écrêtement »).

Alsace-Moselle - Les personnes relevant du régime local d'*Alsace-Moselle** sont redevables d'une contribution supplémentaire (c. séc. art. L. 242-13), dont le taux est fixé à 1,30 % depuis le 1er avril 2022. C'est à l'employeur de précompter et de verser cette cotisation sur les revenus de remplacement qu'il verse.

À notre sens, le prélèvement de la cotisation maladie ne peut avoir pour effet de réduire les avantages de préretraite à un montant net inférieur au SMIC brut (mécanisme dit « d'écrêtement », applicable dans les mêmes conditions que la cotisation maladie « classique » sur les revenus de remplacement concernés ; voir ci-avant).

Versement - Le précompte maladie est une cotisation de sécurité sociale payable à l'*URSSAF** selon la périodicité de paiement applicable à l'employeur.

☞ *Activité partielle ; Contribution sociale généralisée (CSG) ; Contribution sociale généralisée (CSG sur revenus de remplacement) ; Exigibilité des cotisations URSSAF ; Préretraite d'entreprise ; Réduction générale de cotisations patronales ; Réduction générale de cotisations patronales (paramètre SMIC).*

Taux de la cotisation d'assurance maladie : exemples sur 2025	
Pour les besoins des exemples présentés ci-dessous, et sous réserve d'un décret encore à paraître à l'heure où nous rédigions ces lignes, le plafond d'éligibilité au taux réduit applicable en 2025 est pris en compte pour 2,25 SMIC et la valeur du SMIC pour son taux au 1er janvier 2025, soit 11,88 € par heure. Par hypothèse, il s'agit du cas général (donc hors salariés ouvrant droit à une réduction dégressive spécifique de cotisations patronales type ZRD, exonération LODéOM, etc.). Le SMIC annuel 35 h est égal à 1820 fois le SMIC horaire, pour une année complète (c. séc. soc. art. D. 241-7, II). Pour un calcul mensuel, on retient pour chaque mois 1/12 de 1820 fois le SMIC horaire (c. séc. soc. art. D. 241-7, II). Par simplification, l'administration admet que l'on puisse aussi retenir 151,67 fois le SMIC horaire (BOSS, Allègements généraux, § 1700, 01/01/2024).	
(1) Salariés à temps plein (35 h), salaire brut annuel de 45 000 € (pas d'incident de présence) Quel taux sur l'année ?	• Seuil de 2,25 SMIC sur l'année : 2,25 × 1820 × 11,88 € = 48 648,60 € • Rémunération annuelle brute soumise à cotisations : 45 000 € • Taux de cotisation AF sur l'année : 3,45 %
(2) Salarié à temps plein (35 h), salaire brut mensuel de 3 500 €, avec un 13e mois (pas d'incident de présence) Quel taux sur l'année ?	• Seuil de 2,25 SMIC sur l'année : 2,25 × 1820 × 11,88 € = 48 648,60 € • Rémunération annuelle brute soumise à cotisations : 3 500 € × 13 = 45 500 € • Taux de cotisation AF sur l'année : 3,45 %
(3) Salarié à temps plein (35 h), salaire brut mensuel de 3 500 € + 13e mois, perçoit en outre une prime de 4 600 € (pas d'incident de présence) Quel taux sur l'année ?	• Seuil de 2,25 SMIC sur l'année : 2,25 × 1820 × 11,88 € = 48 648,60 € • Rémunération annuelle brute soumise à cotisations : (3 500 € × 13) + 4 600 € = 50 100 € • Taux de cotisation AF sur l'année : 5,25 %
(4) Salarié à temps plein (35 h), taux horaire de 22 € (salaire mensuel brut de 3 336,74 €), effectuant en janvier 8 h supplémentaires à 125 % (220 €) et 4 h supplémentaires à 150 % (132 €) (pas d'incident de présence) Quel taux sur la paye de janvier ? Quel taux sur l'année ?	• Seuil de 2,5 SMIC valeur 31.12.2023 sur la paye de janvier (en attendant l'adoption de la LFSS 2025) : 2,5 × [(1/12 × 1820) + 12] × 11,52 € = 4 713,60 € • Rémunération mensuelle brute de janvier soumise à cotisations : 3 336,74 € + 220 € + 132 € = 3 688,74 € • Taux de cotisation AF sur la paye de janvier : 3,45 % • Seuil de 2,25 SMIC sur l'année (après LFSS 2025) si le salarié est présent toute l'année sans incident de présence ni autres heures supplémentaires : 2,25 × [(1820 + 12) × 11,88 €] = 48 969,36 €. Même avec un 13e mois, la rémunération du salarié serait inférieure à ce plafond (taux de cotisation AF sur l'année : 3,45 %). **Particularité à retenir** : le nombre d'heures retenu pour calculer le SMIC est augmenté du nombre d'heures supplémentaires ou complémentaires rémunérées au salarié, sans prise en compte des majorations de salaire, conformément aux règles de la réduction générale de cotisations patronales.

Taux de la cotisation d'assurance maladie : exemples sur 2025	
(5) Salarié à temps plein (35 h), taux horaire de 24 € (salaire mensuel brut de 3 640,08 €), effectuant en janvier 8 h supplémentaires à 125 % (240 €) et 4 h supplémentaires à 150 % (144 €) (pas d'incident de présence). Une prime de 5 500 € est versée en juin et un 13e mois en décembre. Quel taux sur la paye de janvier ? Quel taux sur l'année ?	• Seuil de 2,5 SMIC sur la paye de janvier (en attendant l'adoption de la LFSS 2025) : 2,5 × [(1/12 × 1820) + 12] × 11,52 € = 4 713,60 € • Rémunération mensuelle brute soumise à cotisations en janvier : 3 640,08 € + 240 € + 144 € = 4 024,08 € • Taux de cotisation AF sur la paye de janvier : 3,45 % (régularisation à effectuer ensuite selon les valeurs annuelles) • Seuil de 2,25 SMIC sur l'année (après LFSS 2025) : 2,25 × (1820 + 12) × 11,88 € = 48 969,36 € • Rémunération annuelle brute soumise à cotisations : 4 024,08 € + (3 640,08 € × 12) + 5 500 € = 53 205,04 € • Taux de cotisation AF sur l'année : 5,25 %.
	Particularité à retenir : idem (4) ci-dessus
(6) Salarié en forfait-jours (210 jours/an), salaire brut mensuel de 5 500 € sur 12 mois (pas d'incident de présence) Quel taux sur l'année ?	• Seuil de 2,25 SMIC sur l'année : 2,25 × 1820 × 11,88 € × 210/218 = 48 863,33 € • Rémunération annuelle brute soumise à cotisations : 5 500 € × 12 = 66 000 € • Taux de cotisation AF sur l'année : 5,25 %.
	Particularité à retenir : pour un forfait de 210 jours/an, le SMIC est proratisé par le rapport 210/218, conformément aux règles de la réduction générale de cotisations patronales.
(7) Salarié à temps partiel de 30 h/semaine, salaire brut mensuel de 2 800 € +13e mois (pas d'incident de présence) Quel taux sur l'année ?	• Seuil de 2,25 SMIC sur l'année : 2,25 × 1820 × 11,88 € × 30/35 = 41 698,80 € • Rémunération annuelle brute soumise à cotisations : 2 800 € × 13 = 36 400 € • Taux de cotisation AF sur l'année : 3,45 %
	Particularité à retenir : pour un temps partiel de 30 h/semaine, le SMIC est proratisé par le rapport 30/35.
(8) Salarié à temps partiel de 28 h/semaine, salaire brut mensuel de 2 500 € + 13e mois (pas d'incident de présence) Quel taux sur l'année ?	• Seuil de 2,25 SMIC sur l'année : 2,25 × 1820 × 11,88 € × 28/35 = 38 918,88 € • Rémunération annuelle brute soumise à cotisations : 2 500 € × 13 = 32 500 € • Taux de cotisation AF sur l'année : 3,45 %.
	Particularité à retenir : pour un temps partiel de 28 h/semaine, le SMIC est proratisé par le rapport 28/35.
(9) Salarié à temps plein dans une entreprise où un accord d'entreprise fixe la durée collective du travail à 32 h/semaine, salaire brut mensuel de 4 000 € sur 13 mois (pas d'incident de présence) Quel taux sur l'année ?	• Seuil de 2,25 SMIC sur l'année : 2,25 × 1820 × 11,88 € × 32/35 = 44 478,72 € • Rémunération annuelle brute soumise à cotisations : 4 000 € × 13 = 52 000 € • Taux de cotisation AF sur l'année : 5,25 %.
	Particularité à retenir : pour un salarié à temps plein soumis à une durée collective de travail de 32 h hebdomadaires, le SMIC est proratisé par le rapport 32/35.
(10) Salarié à temps plein (35 h) rémunéré sur une base mensuelle de 3 000 € bruts sur 12 mois. Il passe à temps partiel : 28 h/semaine, pour un salaire de base de 2 400 € bruts à partir du 1er septembre dans le cadre d'un congé parental d'éducation (pas d'autre incident de présence) Quel taux sur l'année ?	• SMIC de janvier à août (après LFSS 2025) : 8/12 × 1820 × 11,88 € = 14 414,40 € • SMIC de septembre à décembre : 4/12 × 1820 × 11,88 € × 28/35 = 5 765,76 € • Seuil de 2,25 SMIC sur l'année : 2,25 × (14 414,40 € + 5 765,76 €) = 45 405,36 € • Rémunération annuelle brute soumise à cotisations : (3 000 € × 8) + (2 400 € × 4) = 33 600 € • Taux de cotisation AF sur l'année : 3,45 %
	Particularité à retenir : il a fallu tenir compte du changement de durée du travail du salarié, passé à temps partiel. Le SMIC des mois de septembre à décembre est donc proratisé.

Taux de la cotisation d'assurance maladie : exemples sur 2025	
(11) Salarié à temps plein (35 h), salaire brut mensuel de 3 700 € + 13e mois. **Il est malade un mois complet en décembre, mais son employeur maintient son salaire brut à 100 % sans carence (les IJ sont passées en paye ultérieurement)** Quel taux sur l'année ?	• Seuil de 2,25 SMIC sur l'année : 2,25 × 1820 × 11,88 € = 48 648,60 € • Rémunération annuelle brute soumise à cotisations : 3 700 € × 13 = 48 100 € • Taux de cotisation AF sur l'année : 3,45 %
	Particularité à retenir : en cas d'absence du salarié (quelle qu'en soit la raison) avec maintien de la totalité de la rémunération brute, il convient de retenir le SMIC « habituel », éventuellement proratisé compte tenu de la durée du travail du salarié (temps partiel, etc.). Aucun prorata n'est effectué au regard de l'arrêt de travail.
(12) Salarié à temps plein (35 h), salaire mensuel brut de 3 000 €, sans 13e mois. **Il est malade une partie du mois de janvier, mois durant lequel sa rémunération mensuelle brute soumise à cotisations de sécurité sociale est de 2 643,78 €, compte tenu du salaire de la période travaillée et des indemnités complémentaires de maladie versées par l'employeur.** Quel taux sur la paye de janvier et sur l'année ?	**A) Cas général**
	• Seuil de 2,5 SMIC sur la paye de janvier (en attendant l'adoption de la LFSS 2025) : 2,5 × 1/12 × 1820 × 11,52 € × 2 643,78 €/3 000 € = 3 849,34 € • Rémunération mensuelle brute soumise à cotisations en janvier : 2 643,78 € • Taux de cotisation AF sur la paye de janvier : 3,45 %
	• Seuil de 2,25 SMIC sur l'année (après LFSS 2025) : 2,25 × [(1/12 × 1820 × 11,88 € × 2 643,78 €/3 000 €) + (11/12 × 1820 × 11,88 €)] = 48 167,22 € • Rémunération annuelle brute soumise à cotisations : 2 643,78 € + (11 × 3 000 €) = 35 643,78 € • Taux de cotisation AF sur l'année : 3,45 %
	B) Si le salarié perçoit en janvier une prime de bilan de 2 000 € non affectée par l'absence
	• Seuil de 2,5 SMIC sur la paye de janvier (en attendant l'adoption de la LFSS 2025) : 2,5 × 1/12 × 1820 × 11,52 € × 2 643,78 €/3 000 € = 3 849,34 € • Rémunération mensuelle brute soumise à cotisations en janvier : 2 643,78 € + 2 000 € = 4 643,78 € • Taux de cotisation AF sur la paye de janvier : 5,25 % (à régulariser sur les payes suivantes)
	• Seuil de 2,25 SMIC sur l'année (après LFSS 2025) : 2,25 × [(1/12 × 1820 × 11,88 € × 2 643,78 €/3 000 €) + (11/12 × 1820 × 11,88 €)] = 48 167,22 € • Rémunération annuelle brute soumise à cotisations : 2 643,78 € + 2 000 € + (11 × 3 000 €) = 37 643,78 € • Taux de cotisation AF sur l'année : 3,45 %
	Particularité à retenir : en cas d'absence du salarié sans maintien de salaire ou avec maintien partiel du salaire brut, la fraction mensuelle du SMIC est corrigée par le rapport entre la rémunération brute effectivement versée (non comprises les IJSS, si le salarié en bénéficie) et celle qui aurait été versée si le salarié avait été présent tout le mois. Toutefois, pour ce prorata de la valeur mensuelle, il convient d'ignorer les éléments de rémunération qui ne sont pas affectés par l'absence.

Cotisation d'assurance vieillesse

La cotisation d'assurance vieillesse finance le régime de retraite de base des salariés (« retraite sécurité sociale »).

Assiette et taux

Cotisations sur brut total - Les taux de la cotisation d'assurance vieillesse due sur la totalité de la rémunération brute sont fixés comme suit (c. séc. soc. art. D. 242-4) :
- part salariale : 0,40 % depuis le 1er janvier 2017 ;
- part patronale : 2,02 % depuis le 1er janvier 2024 (au lieu de 1,90 % de janvier 2017 à décembre 2023).

Cotisations sur tranche A - Les taux applicables sur la rémunération brute soumise à cotisations retenue dans la limite du *plafond de la sécurité sociale** sont fixés comme suit depuis le 1er janvier 2016 (c. séc. soc. art. D. 242-4) :
- part salariale : 6,90 % ;
- part patronale : 8,55 %.

Abattements de taux - Pour certains salariés, un abattement de taux s'applique (voir *Journalistes**, *Artistes du spectacle** et *VRP** multicartes, en particulier). Le tableau reproduit dans cette étude récapitule les taux applicables.

Versement

Les cotisations d'assurance vieillesse sécurité sociale sont versées à l'*URSSAF** selon la périodicité et les modalités de paiement applicable à l'employeur.

☛ *Assiette des cotisations de sécurité sociale ; Cotisations de retraite AGIRC-ARRCO ; Cotisations de retraite et de prévoyance (régime fiscal) ; Cotisations de retraite et de prévoyance (régime social) ; Exigibilité des cotisations URSSAF.*

Cotisations d'assurance chômage (bonus-malus)

Un mécanisme de bonus-malus sur la cotisation patronale d'assurance chômage (voir *Cotisations d'assurance chômage* et *d'AGS**) s'applique depuis le 1er septembre 2022 dans certains secteurs d'activité particulièrement concernés par le recours aux contrats courts (décret 2019-797 du 26 juillet 2019, JO du 28 ; règlt ass. chôm, art. 50-2 à 51).

Un document questions-réponses (Q/R) du ministère du Travail précise son fonctionnement et un guide du déclarant du réseau des URSSAF aide les entreprises dans leurs démarches déclaratives (www.travail-emploi.gouv.fr et www.urssaf.fr).

Durée d'application et évolutions en cours

Jusqu'au 31 août 2025 - En l'état des textes au 15 janvier 2025, le bonus-malus s'applique jusqu'au 31 août 2025 (décret 2019-797 du 26 juillet 2019, art. 6 modifié ; décret 2024-853 du 30 juillet 2024, art. 1, 2° ; décret 2024-963 du 29 octobre 2024, JO du 30 ; conv. ass. chôm. du 15 novembre 2024, art. 4, § 2).

Il couvre trois cycles :
- un 3e cycle, qui s'est ouvert le 1er septembre 2024 et court jusqu'au 31 août 2025 ;
- deux cycles complets déjà écoulés, du 1er septembre 2022 au 31 août 2023 et du 1er septembre 2023 au 31 août 2024.

Jusqu'à cette date, le mécanisme est régi par les dispositions décret du 26 juillet 2019 sur le bonus-malus, que la nouvelle convention d'assurance chômage a maintenues en vigueur jusqu'au 31 août 2025 (conv. ass. chôm. du 15 novembre 2024, art. 4, § 2).

Ce sont ces règles qui sont exposées dans cette étude.

À partir de septembre 2025 - À compter du 1er septembre 2025, les dispositions de la conven-

Taux des cotisations vieillesse au 1er janvier 2025

	Dans la limite du plafond (tranche A)		Sur la rémunération totale	
	Salarié	Employeur	Salarié	Employeur
Cas général	6,90 %	8,55 %	0,40 %	2,02 %
Artiste du spectacle et mannequins, acteurs de complément	4,83 %	5,99 %	0,28 %	1,41 %
Journalistes	5,52 %	6,84 %	0,40 %	1,62 %
Professions médicales à temps partiel	4,83 %	5,99 %	0,40 %	2,02 %
VRP multicartes	6,90 %	6,90 %	0,40 %	2,02 %

tion d'assurance chômage du 15 novembre 2024 prendront le relais, en tenant compte des ajustements qui seront apportés dans un avenant technique à conclure au plus tard le 31 mars 2025 (conv. ass. chômage du 15 novembre 2024, art. 11, § 4).

Sous réserve du résultat de cette négociation, les adaptations envisagées porteraient sur :
- la prise en compte des seules fins de contrats de travail de moins d'1 mois ;
- l'exclusion du dispositif des fins de contrat indépendantes de la volonté de l'employeur (fin de CDD ou de contrat de mission d'intérim de remplacement, fin de contrat saisonnier, rupture conventionnelle, licenciement pour inaptitude non professionnelle, licenciement pour faute lourde) ;
- le périmètre de comparaison des taux de séparation au sein des secteurs d'activité, visant à établir la modulation du taux de contribution (les modalités de sélection des secteurs d'activité concernés seront préservées) ;
- la modification de la formule de calcul des taux de contribution modulés en cohérence avec le nouveau taux de la cotisation d'assurance chômage de droit commun (4 % au lieu de 4,05 % à partir de mai 2025).

Secteurs concernés et durée d'application

Sept secteurs d'activité - Le bonus-malus sur la cotisation patronale d'assurance chômage s'applique dans 7 secteurs d'activité, sélectionnés au regard de leur taux moyen de séparation supérieur à 150 % *(voir tableau ci-après)* pour une période de 3 ans (règlt ass. chôm. du 26 juillet 2019, art. 50-3, I et 50-3-1 ; arrêté du 28 juin 2021, art. 1).

▶ À noter... Les secteurs protégés durant la crise sanitaire liée au covid-19 (liste S1), qui avaient été exclus du bonus-malus pour le premier cycle de modulation, ont intégré le dispositif à compter du deuxième cycle.

Un niveau de bonus-malus par secteur - Un niveau maximum de bonus ou de malus est fixé pour chaque secteur d'activité concerné, c'est-à-dire un bonus « plancher » et un malus « plafond ».

Pour les 7 secteurs d'activité retenus, ces taux plancher et plafond sont identiques (arrêté du 28 juin 2021, annexe 7) :
- pour les entreprises en bonus, la cotisation d'assurance chômage peut être abaissée jusqu'à 3 % (soit un bonus maximal de 1,05 point par rapport au taux de droit commun de 4,05 % en vigueur jusque fin avril 2025) ;
- pour les entreprises en malus, la cotisation peut être relevée jusqu'à 5,05 % (soit un malus maximum d'1 point par rapport au taux de droit commun de 4,05 % en vigueur jusque fin avril 2025).

Un nouvel arrêté devra être pris pour le cycle de modulation qui s'ouvrira en septembre 2025, compte tenu du passage du taux de droit commun de 4,05 % à 4 % au 1er mai 2025. Pour le cycle de modulation en cours à cette date (celui qui s'est ouvert en septembre 2024), la nouvelle convention d'assurance chômage a prévu au 1er mai 2025 une baisse de 0,05 point des taux modulés en cours d'application *(voir plus loin)*.

Secteurs d'activité concernés par le bonus-malus de septembre 2022 à août 2025

Secteurs	Taux de séparation moyen > 150 % (1)	Cotisation chômage « plancher » (*)	Cotisation chômage « plafond » (*)
Fabrication de denrées alimentaires, de boissons et de produits à base de tabac	365 %	3 %	5,05 %
Production et distribution d'eau ; assainissement, gestion des déchets et dépollution	269 %	3 %	5,05 %
Autres activités spécialisées, scientifiques et techniques	237 %	3 %	5,05 %
Hébergement et restauration	213 %	3 %	5,05 %
Transports et entreposage	198 %	3 %	5,05 %
Fabrication de produits en caoutchouc et en plastique et d'autres produits minéraux non métalliques	183 %	3 %	5,05 %
Travail du bois, industries du papier et imprimerie	175 %	3 %	5,05 %

(*) Par rapport au taux de droit commun de 4,05 % en vigueur jusque fin avril 2025.
(1) Le taux de séparation moyen du secteur d'activité a été obtenu en divisant le nombre de séparations de l'ensemble des entreprises de 11 salariés et plus du secteur par le total des effectifs de ces entreprises, sur chacune des années comprises entre 2017 et 2019, puis en faisant la moyenne de ces quotients (règlt ass. chôm., art. 50-3 ; arrêté du 28 juin 2021, annexe 1).

Entreprises assujetties

Entreprises d'au moins 11 salariés - Sont soumises au bonus-malus les entreprises d'au moins 11 salariés relevant de l'un des secteurs d'activité assujettis (règlt ass. chôm. du 26 juillet 2019, art. 50-3, I).

En principe, l'effectif de l'entreprise, et donc le seuil de 11 salariés, est calculé sur la base de l'*effectif sécurité sociale** (règlt ass. chôm. du 26 juillet 2019, art. 50-3, I et 50-5, I) : prise en compte de l'effectif annuel moyen de l'année civile précédente (hors cas des entreprises nouvelles), règles de décompte des salariés, mécanisme de limitation des effets de seuil en cas de franchissement à la hausse, etc. (c. séc. soc. art. L. 130-1 et R. 130-1).

Cependant, par dérogation, l'effectif a été calculé sur la base de la moyenne des personnes employées au cours de chacun des mois compris, respectivement (règlt ass. chôm. du 26 juillet 2019, art. 50-3, II, III et IV et 50-7, II, III et IV) :

- entre le 1er juillet 2023 et le 30 juin 2024 (pour le troisième cycle septembre 2024/août 2025) ;
- entre le 1er juillet 2022 et le 30 juin 2023 (pour le deuxième cycle de modulation septembre 2023/août 2024) ;
- entre le 1er juillet 2021 et le 30 juin 2022 (pour le premier cycle septembre 2022/août 2023).

Pour prendre en compte le dispositif « sécurité sociale » de limitation sur 5 ans des franchissements de seuil à la hausse (entré en vigueur le 1er janvier 2020), le réseau des URSSAF a précisé que le bonus-malus ne s'appliquait sur le 1er cycle de modulation « septembre 2022 - août 2023 » qu'aux entreprises dont l'effectif moyen annuel était supérieur ou égal à 11 salariés en 2019, 2020, 2021 et du 1er juillet 2021 au 30 juin 2022 (Guide URSSAF du déclarant, pp. 10 et 11).

Pour le 2e cycle de modulation « septembre 2023 - août 2024 », la logique a dû être à notre sens analogue. Dans cette optique, auraient donc été assujetties au bonus-malus les entreprises ayant eu un effectif moyen annuel supérieur ou égal à 11 salariés en 2019, 2020, 2021, de juillet 2021 à fin juin 2022, puis de juillet 2022 à fin juin 2023.

Pour le 3e cycle de modulation, la logique serait aussi la même et le bonus-malus ne s'appliquerait qu'aux entreprises qui ont eu un effectif moyen annuel supérieur ou égal à 11 salariés en 2019, 2020, 2021, de juillet 2021 à fin juin 2022, de juillet 2022 à fin juin 2023 puis de juillet 2023 à fin juin 2024.

Rattachement de l'entreprise à un secteur d'activité - Le rattachement de l'entreprise à un secteur d'activité soumis au bonus-malus s'effectue au regard de son IDCC et de son code APE (règlt ass. chôm. du 26 juillet 2019, art. 50-3, I ; arrêté du 28 juin 2021, art. 4). Il s'agit d'une double condition cumulative. Si l'employeur a son code IDCC identifié, mais pas son code APE, il est exclu du champ d'application du bonus-malus.

Lorsqu'un employeur applique plusieurs conventions collectives, son code IDCC de référence correspond à celui associé au plus grand nombre de contrats de travail au sein de l'entreprise, en prenant en compte les contrats en cours d'exécution sur l'année 2020 et l'IDCC 2020 de chaque contrat et en pondérant le nombre de contrats par la durée des contrats (arrêté du 28 juin 2021, art. 2).

Lorsque l'employeur ne peut pas déterminer son IDCC, soit parce qu'il n'applique aucune convention collective, soit parce que la majorité des contrats de travail au sein de l'entreprise n'est associée à aucune convention collective, il est affecté dans l'un des secteurs si son code APE 2021 correspond à l'un des codes APE mentionnés en annexe de l'arrêté (arrêté du 28 juin 2021, art. 4).

Exclusion des structures d'IAE - Les employeurs relevant de l'insertion par l'activité économique (IAE) (ex. : entreprises d'insertion, associations intermédiaires) ne sont pas soumis au bonus-malus (arrêté du 28 juin 2021, art. 3).

Paramètres du bonus-malus

Modulation de la cotisation générale - Le mécanisme du bonus-malus consiste à moduler le taux de droit commun de la cotisation générale d'assurance chômage (voir *Cotisation d'assurance chômage et d'AGS**) à la hausse ou à la baisse, en fonction du « taux de séparation » de l'employeur (règlt ass. chôm. du 26 juillet 2019, art. 50-2).

Le taux de cotisation modulé peut être minoré (bonus maximum de 1,05 point de cotisation), ou majoré (malus maximum de 1 point de cotisation) (règlt ass. chôm. du 26 juillet 2019, art. 50-10) *(voir ci-avant)*.

Taux de séparation de l'entreprise - Pour le 3e cycle de modulation « septembre 2024 - août 2025 », le taux de séparation de l'entreprise a été calculé au regard du nombre de séparations intervenues sur la période comprise entre le 1er juillet 2023 et le 30 juin 2024 (règlt ass. chôm. du 26 juillet 2019, art. 50-7, IV).

Rappelons que pour les deux premiers cycles de modulation, le taux de séparation de l'entreprise a été calculé au regard du nombre de séparations intervenues :

- pour le 1er cycle de modulation « septembre 2022 - août 2023 » : sur la période comprise entre le 1er juillet 2021 et le 30 juin 2022, (règlt ass. chôm. du 26 juillet 2019, art. 50-7, II) ;
- pour le 2e cycle de modulation « septembre 2023 - août 2024 » : sur la période comprise entre le 1er juillet 2022 et le 30 juin 2023 (règlt ass. chôm. du 26 juillet 2019, art. 50-7, III).

Séparations imputées à l'entreprise - Sont imputables à l'entreprise les fins de contrat de travail (CDI, CDD) et les fins de contrat de mission d'intérim, suivies dans les 3 mois d'une inscription à *France Travail** de l'ancien salarié ou intérimaire ou intervenues alors qu'il y était déjà inscrit (règlt ass. chôm. du 26 juillet 2019, art. 50-5, I et 50-7, I). Les fins de contrat sont celles déclarées par l'employeur dans l'attestation d'assurance chômage ou dans la DSN.

À cet égard, l'employeur peut demander aux URSSAF la liste des fins de contrats qui lui sont imputées ou y accéder en ligne grâce à un « service de consultation des séparations » sur www.net-entreprises.fr (c. trav. art. L. 5422-12 et D. 5422-3).

En revanche, ne sont pas imputables à l'entreprise (règlt ass. chôm. du 26 juillet 2019, art. 50-6) :
- les démissions ;
- les fins de contrat d'apprentissage et de professionnalisation ;
- les fins de contrats uniques d'insertion (CUI) ;
- les fins de CDD conclu au titre des dispositions légales destinées à favoriser le recrutement de certaines catégories de personnes sans emploi (ex. : CDD d'insertion, CDD senior) ;
- les fins de mission d'intérim concernant des intérimaires employés par une entreprise de travail temporaire d'insertion, des intérimaires bénéficiaires de l'obligation d'emploi des travailleurs handicapés (OETH), des intérimaires employés par une entreprise adaptée de travail temporaire ou des intérimaires en CDI intérimaire.

Les intermittents du spectacle ne relèvent pas du bonus-malus et ne sont pas pris en compte dans le calcul du taux de séparation de l'entreprise, compte tenu de leur régime particulier en matière de cotisations chômage (c. trav. art. L. 5424-20).

Détermination du taux modulé de l'entreprise - Le niveau du bonus ou du malus dépend du rapport entre le taux de séparation de l'entreprise et le taux de séparation médian du secteur d'activité auquel elle est rattachée (= ratio de l'entreprise). Le taux de séparation médian du secteur d'activité est fixé chaque année par arrêté (règlt ass. chôm. du 26 juillet 2019, art. 50-9 ; arrêté du 17 novembre 2022, JO du 23 ; arrêté du 25 août 2023, JO du 31 ; arrêté du 22 août 2024, JO du 24).

Le taux de contribution modulé est obtenu selon la formule suivante : ratio de l'entreprise × 1,46 + 2,59 (règlt ass. chôm., art. 50-10).

Cette formule de calcul correspond à celle applicable pour une cotisation patronale de droit commun de 4,05 %. Elle doit être adaptée par un avenant technique censé intervenir avant le 31 mars 2025 *(voir plus haut)*, compte tenu de la baisse de 0,05 point du taux de droit commun qui interviendra au 1er mai 2025 (4 % au lieu de 4,05 % ; voir *Cotisation d'assurance chômage et d'AGS**).

Dans l'attente, la nouvelle convention d'assurance chômage a prévu de répercuter cette baisse de 0,05 point au 1er mai 2025 sur les taux modulés qui ont été notifiés aux entreprises pour le cycle de modulation qui s'est ouvert en septembre 2024 *(voir ci-après)*.

Qui procède aux calculs ? - En pratique, l'employeur n'a pas à calculer lui-même son taux de séparation. Celui-ci lui est notifié, avec le bonus ou malus afférent (règlt ass. chôm. du 26 juillet 2019, art. 50-15).

Pour chaque période de modulation, le taux de séparation et le taux de cotisation modulé sont notifiés aux employeurs par les URSSAF au plus tard le 15 septembre (arrêté du 21 juin 2022, JO du 26, texte 10).

Baisse des taux modulés au 1er mai 2025 - Du fait de la baisse de la contribution patronale de droit commun de 0,05 point au 1er mai 2025 (voir *Cotisation d'assurance chômage et d'AGS**), il est prévu que le taux minoré (entreprise en bonus) ou majoré (entreprise en malus) de contribution applicable de septembre 2024 à août 2025 inclus sera réduit de 0,05 point à compter du 1er mai 2025 (conv. ass. chômage du 15 novembre 2024, art. 11, § 4).

Les employeurs en bonus ou en malus bénéficieront donc également de la baisse de 0,05 point.

Exemples

1) Pour un employeur en malus avec un taux notifié de 4,60 % pour le cycle de modulation qui s'est ouvert en septembre 2024 et qui ira jusqu'à fin août 2025, le taux passera à 4,55 % au 1er mai 2025.
2) S'il s'agit d'un employeur en bonus avec un taux notifié de 3,95 % pour le cycle de modulation qui s'est ouvert en septembre 2024 et qui court jusqu'à fin août 2025, le taux passera à 3,90 % au 1er mai 2025.

Rémunérations soumises au bonus-malus - La cotisation d'assurance chômage minorée (bonus) ou majorée (malus) concerne tous les salariés (et pas seulement ceux en contrats courts), à l'exception des contrats exclus par principe du dispositif, pour lesquels la cotisation patronale se calcule au taux de droit commun de 4,05 % (contrats d'apprentissage, contrats de professionnalisation, contrats d'insertion, notamment ; *voir ci-avant*).

Les intermittents du spectacle, également exclus du dispositif, relèvent des taux qui leur sont propres (voir *Cotisations d'assurance chômage et d'AGS**).

Cotisations d'assurance chômage et d'AGS.

Cotisations d'assurance chômage et d'AGS

Les contributions sont réparties en deux catégories : assurance chômage, d'une part, et assurance garantie des salaires (AGS), d'autre part.

La contribution d'assurance chômage sert à financer les prestations de chômage versées par *France Travail** (ex-Pôle Emploi). Son taux est fixé par la convention d'assurance chômage conclue par les partenaires sociaux ou, à défaut de convention, par un règlement d'assurance chômage pris par décret.

La contribution AGS permet, quant à elle, de financer le système de *garantie des créances salariales** en cas de redressement ou de liquidation judiciaires.

Salariés concernés

Titulaires d'un contrat de travail - Tout employeur est tenu d'assurer les salariés qui lui sont liés par un contrat de travail contre le risque de privation d'emploi (c. trav. art. L. 5422-13).

Les cotisations sont dues quel que soit l'âge des salariés, y compris s'il s'agit de seniors ou de salariés en cumul emploi-retraite.

Dirigeants d'entreprise - Sont exclus du régime d'assurance chômage les dirigeants de société mandataires, même s'ils relèvent du régime général de la sécurité sociale. Ni les cotisations d'assurance chômage ni les cotisations AGS ne sont dues.

Les *dirigeants d'entreprise** titulaires à la fois d'un mandat social et d'un contrat de travail peuvent être affiliés au régime d'assurance chômage au titre de leur contrat de travail. Pour s'en assurer, il convient d'interroger *France Travail** dans le cadre de la procédure de rescrit spécifique sur l'assujettissement des mandataires sociaux à l'assurance chômage (c. trav. art. L. 5312-12-2, R. 5312-5-1 et R. 5312-5-2) (voir *Rescrit social**).

Convention et règlement d'assurance chômage

Principe - Les règles de financement et d'indemnisation de l'*assurance chômage** sont en principe régies par une convention conclue par les partenaires sociaux et agréée par les pouvoirs publics (c. trav. art. L. 5422-20).

Textes de référence - À la suite de l'échec des négociations menées sur le sujet à l'automne 2019, le gouvernement a directement élaboré un règlement d'assurance chômage qui a été annexé à un décret (décret 2019-797 du 26 juillet 2019 modifié, annexe A, JO du 28). La durée d'application de ce règlement, prévue à l'origine jusqu'au 1er novembre 2022, a ensuite été prolongée à plusieurs reprises, et en dernier lieu jusqu'au 31 décembre 2024 (décret 2024-963 du 29 octobre 2024, JO du 30).

La prolongation jusqu'au 31 décembre 2024 s'inscrivait sur fond de reprise des négociations sur l'assurance chômage entre partenaires sociaux.

Ces négociations ont abouti le 15 novembre 2024 à la conclusion d'une nouvelle convention d'assurance chômage. Cette convention, ainsi que celle spécifique à Mayotte et leurs textes associés (règlement d'assurance chômage et ses annexes, accords d'application) ont ensuite été agréés par arrêté (conv. ass. chôm. du 15 novembre 2024 ; arrêté du 19 décembre 2024, JO du 20, texte 3).

La nouvelle convention d'assurance chômage est entrée en vigueur le 1er janvier 2025, pour une durée de 4 ans, soit jusqu'au 31 décembre 2028, étant précisé qu'en matière de cotisations, la baisse de 0,05 point de la cotisation patronale de droit commun entrera en vigueur pour les périodes d'emploi accomplies à partir du 1er mai 2025 (conv. ass. chômage du 15 novembre 2024, art. 4, § 1 et art. 11, § 3).

Dans les développements qui suivent, la mention « règlt. ass. chôm. » sans précision de date particulière doit s'entendre comme renvoyant au règlement d'assurance du 26 juillet 2019 pour les périodes d'emploi courant jusqu'au 30 avril 2025, et à celui du 15 novembre 2024 pour celles courant à partir du 1er mai 2025.

▶ À noter… Côté indemnisation des demandeurs d'emploi, la majorité des nouvelles règles ne s'appliqueront qu'à compter du 1er avril 2025 au plus tard, pour des raisons opérationnelles de mise en œuvre (conv. ass. chôm. du 15 novembre 2024, art. 11).

Assiette des contributions

Brut sécurité sociale dans la limite de quatre plafonds - L'assiette des cotisations d'assurance chômage est alignée sur celle des cotisations de sécurité sociale, dans la limite de 4 fois le *plafond de la sécurité sociale** (*tranches des rémunérations** A + B) (règlt. ass. chôm., art. 49 ; c. trav. art. L. 3253-18, al. 1).

Les sommes excédant la limite de 4 plafonds ne sont pas soumises aux cotisations d'assurance chômage et d'AGS

Pas d'assiettes forfaitaires, sauf exceptions - Les assiettes forfaitaires utilisées pour calculer les cotisations de sécurité sociale de certaines catégories de salariés (voir *Assiettes et cotisations forfaitaires**) ne peuvent pas être utilisées pour calculer les cotisations chômage, sauf pour les dockers.

Sous réserve de cette exception, les contributions sont donc calculées sur les rémunérations réelles.

Déductions forfaitaires spécifiques pour frais professionnels - Lorsque l'employeur applique une *déduction forfaitaire spécifique pour frais professionnels** (DFS) à l'assiette des cotisations de sécurité sociale, il doit aussi l'appliquer aux cotisations d'assurance chômage.

Par exception, les cotisations chômage des *journalistes** sont calculées sur le brut non abattu même si l'employeur applique une DFS à l'assiette sécurité sociale (règlt. ass. chôm., annexe VII).

Taux des contributions d'assurance chômage

Cas général - En principe, les contributions d'assurance chômage comportent uniquement une part patronale pour les périodes courant depuis le 1er octobre 2018. Sauf exceptions, il n'y a plus de part salariale (c. trav. art. L. 5422-9).

Le taux de la contribution patronale de droit commun est fixé comme suit (conv. ass. chômage du 15 novembre 2024, art. 11, § 3) :

- périodes d'emploi jusqu'au 30 avril 2025 : taux de 4,05 % (en vigueur depuis le 1er octobre 2017) (décret 2019-797 du 26 juillet 2019 ; règl. ass. chôm, art. 50-1) ;
- périodes d'emploi à partir du 1er mai 2025 : taux de 4 % (conv. ass. chômage du 15 novembre 2024, art. 4, § 1 ; règl. ass. chôm, art. 50-1, § 1).

À Mayotte, ce taux est fixé à 2,80 % depuis le 1er janvier 2019 (règlt. ass. chôm. Mayotte, art. 37 et 38).

▶ À noter… Les salariés dont l'employeur est situé sur le territoire monégasque sont toujours redevables d'une contribution salariale d'assurance chômage au taux de 2,40 % (www.unedic.org).

Les salariés expatriés ayant adhéré individuellement à l'assurance chômage restent aussi redevables d'une contribution salariale (c. trav. art. L. 5422-9, 3°), dont le taux est de 4,05 % pour les périodes d'emploi courant du 1er novembre 2019 au 30 avril 2025 (règlt ass. chôm. 26 juillet 2019, ann. IX, chap. 3, art. 50) puis de 4 % pour celles courant à partir du 1er mai 2025 (règlt ass. chôm. 15 novembre 2024, ann. IX, chap. 2, art. 50).

Bonus-malus - Un mécanisme de bonus-malus s'applique depuis le 1er septembre 2022 sur les cotisations patronales d'assurance chômage dues par les employeurs de 11 salariés et plus appartenant à certains secteurs d'activité fixés par arrêté [voir *Cotisations d'assurance chômage (bonus-malus)**].

Intermittents du spectacle - Pour les personnes relevant de l'annexe VIII (ouvriers et techniciens de l'édition d'enregistrement sonore et de la production cinématographique et audiovisuelle) et de l'annexe X (artistes, ouvriers et techniciens des spectacles vivants) du règlement d'assurance chômage, les contributions suivent un régime particulier (règlt. ass. chôm., annexes VIII et X, art. 50 ; circ. Unédic 2019-11 du 14 octobre 2019).

Les contributions sont composées de deux taux :
- un taux destiné au financement de l'indemnisation résultant de l'application des règles de droit commun de l'assurance chômage (4,05 % jusqu'au 30 avril 2025, puis 4 % à partir du 1er mai 2025) ;
- et un taux destiné au financement de l'indemnisation spécifique à ces professions (2,40 % de part salariale et 5 % de part patronale).

Au total, les contributions sont fixées comme suit (règlt. ass. chôm., annexes VIII et X, art. 50 § 1) :
- part salariale de 2,40 % (taux en vigueur depuis le 1er octobre 2018) ;
- part patronale de 9,05 % pour les périodes d'emploi courant jusqu'au 30 avril 2025 (taux en vigueur depuis le 1er octobre 2017) et de 9 % pour celles courant à partir du 1er mai 2025.

Depuis le 1er janvier 2020, la part patronale est majorée de 0,50 % pour les CDD d'usage d'une durée inférieure ou égale à 3 mois (règlt. ass. chôm., annexes VIII et X, art. 50 § 2), soit au global une contribution patronale de 9,55 % jusqu'au 30 avril 2025 puis de 9,50 % à partir du 1er mai 2025.

Cette majoration de 0,50 % n'est pas due (règlt. ass. chôm., annexes VIII et X, art. 50 § 3) :

- lorsque le salarié est embauché par l'employeur en contrat à durée indéterminée à l'issue du contrat à durée déterminée ;
- pour les contrats de travail temporaires ;
- pour les CDD saisonniers, les CDD conclus pour surcroît d'activité et ceux conclus en remplacement d'un salarié ou d'un chef d'entreprise absent.

Dockers occasionnels - Depuis le 1er janvier 2020, la part de la cotisation d'assurance chômage due par les employeurs pour les CDD d'usage d'une durée inférieure ou égale à 3 mois conclus avec des dockers occasionnels est majorée de 0,50 % (règlt. ass. chôm., art. 50-1), soit au global une contribution patronale de 4,55 % jusqu'au 30 avril 2025 puis de 4,50 % à partir du 1er mai 2025.

Cette majoration n'est pas due :

- lorsque le salarié est embauché par l'employeur en contrat à durée indéterminée à l'issue du contrat à durée déterminée ;
- pour les contrats de travail temporaires ;
- pour les CDD saisonniers, les CDD conclus pour surcroît d'activité et ceux conclus en remplacement d'un salarié ou d'un chef d'entreprise absent.

Taux de la contribution AGS

La contribution patronale à l'AGS est fixée à 0,25 % depuis le 1er juillet 2024 (au lieu de 0,20 % de janvier à juin 2024 inclus et de 0,15 % de juillet 2017 à décembre 2023 inclus) (décisions du conseil d'administration de l'AGS des 18 juin et 2 décembre 2024).

La cotisation AGS est appelée sur la rémunération brute soumise à cotisations chômage (tranches A et B, soit de 0 à 4 fois le *plafond de la sécurité sociale**).

Recouvrement et contrôle par les URSSAF

Compétence des URSSAF - Sauf exceptions *(voir ci-après)*, les contributions d'assurance chômage et d'AGS sont recouvrées par les *URSSAF** (CGSS dans les DOM) (c. trav. art. L. 5427-1).

Depuis le 1er janvier 2018, le recouvrement des contributions d'assurance chômage et d'AGS dues pour l'emploi de VRP multicartes est assuré par l'URSSAF d'Île-de-France, et non plus par la CCVRP (c. séc. soc. art. L. 5427-1, c abrogé ; c. séc. soc. R. 243-45 abrogé).

Depuis le 1er avril 2020, les contributions d'assurance chômage dues au titre de l'emploi des salariés des ambassades et des consulats situés en France sont aussi recouvrées par les URSSAF, en lieu et place de Pôle Emploi (devenu France Travail) (circ. Unédic 2019-11 du 14 octobre 2019).

Contentieux - Les différends relatifs au recouvrement de ces contributions relèvent du *contentieux de la sécurité sociale** (c. trav. art. L. 5422-16).

Contributions d'assurance chômage et d'AGS au 1er janvier 2025

Nature des contributions		Cas général		Intermittents du spectacle, de l'audiovisuel et du cinéma		Dockers occasionnels	
		Part salariale	Part patronale	Part salariale	Part patronale	Part salariale	Part patronale
Assurance chômage jusqu'au 30.04.2025 (de 0 à 4 plafonds)	Cas général	-	4,05 % (1) (2)	2,40 %	9,05 %	-	4,05 %
	Avec majoration CDD d'usage d'une durée inférieure ou égale à 3 mois	-	4,05 % (1) (2)	2,40 %	9,55 % (3)	-	4,55 % (3)
Assurance chômage à compter du 01.05.2025 (de 0 à 4 plafonds)	Cas général	-	4 % (1) (2)	2,40 %	9 %	-	4,05 %
	Avec majoration CDD d'usage d'une durée inférieure ou égale à 3 mois	-	4 % (1) (2)	2,40 %	9,50 % (3)	-	4,50 % (3)
AGS (de 0 à 4 plafonds)		-	0,25 %	-	0,25 %	-	0,25 %

(1) Un système de bonus-malus s'applique depuis le 1er septembre 2022 aux employeurs de 11 salariés et plus de certains secteurs d'activité [voir *Cotisations d'assurance chômage (bonus-malus)**].
(2) Taux de 2,80 % à Mayotte.
(3) Compte tenu de la majoration de 0,50 %. Dans certains cas, l'employeur en est exonéré *(voir nos développements)*.

Règles applicables aux cotisations de sécurité sociale - La compétence de l'URSSAF implique que celle-ci assure le recouvrement et le contrôle des contributions d'assurance chômage et d'AGS selon les règles applicables aux cotisations de sécurité sociale (c. trav. art. L. 5422-16).

Les déclarations des cotisations doivent donc être effectuées via les mêmes supports, aux mêmes dates d'exigibilité (c. trav. art. R. 5422-7) et selon les mêmes modalités (voir notamment *Déclaration sociale nominative**, *Exigibilité des cotisations URSSAF**, *Prescription des cotisations** et *Contrôle URSSAF**).

Depuis le 1er janvier 2019, les cotisations dues au titre des VRP multicartes sont déclarées via la *déclaration sociale nominative** (base de connaissances Net-entreprises, fiche 1970, actualisée au 11 mai 2022).

Recouvrement des contributions par d'autres organismes

Exceptions au recouvrement par les URSSAF - Le recouvrement des cotisations chômage est assuré par d'autres organismes dans un certain nombre de cas particuliers (c. trav. art. L. 5427-1) :

- France Travail pour les salariés expatriés et certains frontaliers ;
- France Travail pour les *intermittents du spectacle**, de l'audiovisuel et du cinéma ;
- les caisses de mutualité sociale agricole (CMSA) pour les salariés des professions agricoles ;
- la Caisse de prévoyance sociale (CPS) pour les salariés de Saint-Pierre-et-Miquelon ;
- la Caisse de compensation des services sociaux de Monaco (CCSS), pour les contributions dues par les employeurs monégasques au titre des salariés employés sur le territoire de la principauté (circ. Unédic 2011-14 du 9 mars 2011).

Règles de recouvrement, de contrôle et de contentieux - Ces contributions d'assurance chômage et d'AGS sont recouvrées selon les règles et sous les garanties et sanctions applicables au recouvrement des cotisations de sécurité sociale, à l'exception de celles dues pour (c. trav. art. L. 5422-16) :

- les salariés agricoles, qui relèvent des règles du régime agricole ;
- les expatriés, pour lesquels France Travail assure le recouvrement (circ. Unédic 2011-14 du 9 mars 2011).

Ainsi, hormis ces deux dérogations, les règles d'exigibilité, de prescription du paiement des cotisations, du remboursement des cotisations indues, des majorations de retard et de l'action en recouvrement sont en principe celles applicables aux cotisations URSSAF (voir notamment *Exigibilité des cotisations URSSAF** et *Prescription des cotisations**) (c. trav. art. L. 5422-16). Il en va de même pour les règles de contrôle (voir *Contrôle URSSAF**) (c. trav. art. L. 5422-16 ; c. séc. soc. art. L. 243-7).

Depuis le 1er janvier 2022, les cotisations dues au titre des salariés expatriés et des *intermittents du spectacle**, de l'audiovisuel et du cinéma sont obligatoirement déclarées via la *déclaration sociale nominative** (www.net-entreprises.fr, Base de connaissance DSN, fiche 2417, actualisée le 2/05/2022 ; circ. Unédic 2022-7 du 19 mai 2022).

▶ À noter… Les employeurs relevant du champ d'application du *guichet unique du spectacle occasionnel** (GUSO) sont exclus du dispositif DSN.

Les différends relatifs au recouvrement des contributions d'assurance chômage et d'AGS relèvent du *contentieux de la sécurité sociale**, sauf à Saint-Pierre-et-Miquelon où ils relèvent de la compétence des juridictions de droit commun (c. trav. art. L. 5422-16).

Contraintes - Le directeur de France Travail conserve la capacité de délivrer une *contrainte**, pour les contributions d'assurance chômage et d'AGS dont le recouvrement est assuré par France Travail (expatriés, intermittents du spectacle). Cette contrainte est prise dans le respect des règles « sécurité sociale » (c. trav. art. L. 5422-16).

☛ *Assiette des cotisations de sécurité sociale ; Cotisations d'assurance chômage (bonus-malus) ; Dirigeants d'entreprise ; Exigibilité des cotisations URSSAF ; Intermittents du spectacle ; Majorations et pénalités URSSAF ; Paiement des cotisations à l'URSSAF ; Recouvrement des cotisations par l'URSSAF ; Versement en un lieu unique ; VRP.*

Cotisations déductibles du revenu imposable

Sécurité sociale, ARRCO, AGIRC et assurance chômage

Sont déductibles du revenu imposable les parts salariales (CGI art. 83, 1° et 2° bis) :

- des cotisations de sécurité sociale ;
- des contributions d'assurance chômage ;
- des contributions aux régimes de retraite complémentaire légalement obligatoires (ex. : AGIRC-ARRCO, y inclus pour ce régime les contributions d'équilibre) ;
- de la contribution APEC.

Ces cotisations et contributions sont déductibles sans limite des revenus professionnels (BOFiP-RSA-BASE-30-10-10-§ 10-12/09/2012).

Les parts patronales de ces contributions, ainsi que les cotisations patronales d'allocations familiales, d'accidents du travail et la contribution patronale AGS ne constituent pas non plus un revenu imposable.

Retraite supplémentaire et prévoyance complémentaire

Contributions déductibles dans certaines limites - Dès lors qu'elles financent un régime à caractère collectif et obligatoire, sont déductibles du revenu imposable (ou non imposables pour la part patronale), dans certaines limites :
- les contributions salariales et patronales finançant des prestations de retraite supplémentaire à caractère collectif et obligatoire (contrats de retraite « art. 83 », versements obligatoires de l'employeur et du salarié à un *plan d'épargne retraite d'entreprise obligatoire**) (CGI art. 83, 2°) ;
- en matière de prévoyance complémentaire, les contributions salariales (y inclus aux garanties « Frais de santé ») ainsi que les contributions patronales (hors garanties « Frais de santé ») (CGI art. 83, 1° quater).

Pour plus de détails, voir *Cotisations de retraite et de prévoyance (régime fiscal)**.

Part patronale aux garanties « Frais de santé » - Depuis 2013, les contributions patronales destinées à financer des garanties « Frais de santé » sont imposables dès le premier euro (CGI art. 83, 1° quater, al. 3).

CSG et CRDS

CRDS - La CRDS n'est pas déductible du revenu imposable.

CSG - La fraction déductible de la CSG varie selon la nature du revenu concerné *(voir tableau)* (CGI art. 154 quinquies).

En principe, la CSG est non déductible pour 2,40 % et déductible pour le solde.

Sur certains revenus de remplacement, la CSG est, sous condition de ressources, calculée au taux de 3,80 %. Elle est alors déductible en totalité.

CSG intégralement non déductible - Par exception, la CSG est intégralement non déductible lorsqu'elle porte sur des sommes à la fois exonérées d'impôt sur le revenu et de cotisations de sécurité sociale (BOFiP-RSA-BASE-30-30-§§ 80 à 100-24/07/2017).

Cette situation peut se présenter, par exemple, pour la *participation aux résultats** (lorsque le salarié n'en demande pas le versement immédiat), l'*intéressement** (lorsque salarié l'affecte sur un plan d'épargne salariale), l'abondement à un *PEE**, un *PERCO** ou un *PERE-CO** ou pour certaines indemnités de rupture.

Déductibilité de la CSG au 1er janvier 2025

Nature du revenu		Taux de CSG	Fraction de CSG déductible
Revenus d'activité (salaires, etc.)		9,20 %	6,80 %
Allocations de préretraite		9,20 %	6,80 %
Indemnités d'activité partielle, allocations versées pendant un congé de mobilité ou de reclassement (1)		6,20 %	3,80 %
Allocations-chômage et assimilées (1)	Taux normal	6,20 %	3,80 %
	Taux réduit (3)	3,80 %	3,80 %
Pensions de retraite ou d'invalidité (2)	Taux normal	8,30 %	5,90 %
	Taux médian (4)	6,60 %	4,20 %
	Taux réduit (3)	3,80 %	3,80 %
IJSS		6,20 %	3,80 % (5)

(1) Le prélèvement de la CSG et de la CRDS ne peut pas avoir pour effet de ramener le montant net de la rémunération d'activité et des allocations à un seuil inférieur au SMIC brut. Le cas échéant, les contributions ne sont pas prélevées ou sont écrêtées (c. séc. soc. art. L. 136-1-2, II, 4°) [voir *Contribution sociale généralisée (CSG sur revenus de remplacement)**].
(2) Le prélèvement de la CSG et de la CRDS ne peut pas avoir pour effet de ramener le montant net des pensions en dessous du SMIC brut. Le cas échéant, les contributions ne sont pas prélevées ou sont écrêtées (c. séc. soc. art. L. 136-1-2, II, 4°) [voir *Contribution sociale généralisée (CSG sur revenus de remplacement)**].
(3) Possibilité d'exonération totale de CSG/CRDS, ou de CSG à 3,80 %, sous condition de revenu fiscal de référence [voir *Contribution sociale généralisée (CSG sur revenus de remplacement)**].
(4) Sous condition de revenu fiscal de référence [voir *Contribution sociale généralisée (CSG sur revenus de remplacement)**].
(5) Pour les IJSS accident du travail ou maladie professionnelle, la CSG est intégralement non déductible lorsqu'elle se rapporte à la fraction exonérée d'impôt sur le revenu de ces indemnités (50 % du montant des IJSS). Elle reste en revanche à hauteur de 3,80 % sur la fraction imposable de ces IJSS (BOFiP-RSA-BASE-30-30-§ 90-24/07/2017).

Exemple

Une indemnité de licenciement supérieure au minimum légal ou conventionnel est supposée exonérée d'impôt sur le revenu et de cotisations de sécurité sociale en totalité, mais assujettie à la CSG sur la fraction supérieure au minimum légal ou conventionnel. Dans ce cas, les 9,20 % de CSG sont non déductibles.

Par dérogation, la CSG calculée sur les contributions patronales de prévoyance complémentaire et de retraite supplémentaire est toujours déductible à hauteur de 6,80 % (BOFiP-RSA-BASE-30-30-§ 120-24/07/2017). À notre sens, il devrait en aller de même, par analogie, pour les versements obligatoires de l'employeur à un *plan d'épargne retraite d'entreprise obligatoire** (PERE-OB).

Enfin, la CSG calculée sur la fraction des IJSS accident du travail ou maladie professionnelle exonérée d'impôt sur le revenu (50 % de leur montant) est intégralement non déductible.

Heures supplémentaires et complémentaires, rachats de jours de repos défiscalisés - La CSG calculée sur la rémunération exonérée d'impôt des *heures supplémentaires**, des *heures complémentaires** des salariés à temps partiel et, pour les salariés en forfait jours, des jours travaillés au-delà de 218 jours par an dans les conditions prévues par le code du travail (voir *Rachat de jours de repos**), est intégralement non déductible du revenu imposable (BOSS, Exonérations heures supplémentaires et complémentaires, § 440, 01/01/2024).

▶ À noter… Pour plus de détails sur les heures exonérées d'impôt, voir *Heures supplémentaires et complémentaires (exonération d'impôt sur le revenu)**.

Il en va de même pour la CSG due sur les rémunérations exonérées d'impôt au titre du dispositif exceptionnel de rachat des jours de repos acquis de 2022 à 2025 (voir *Monétisation des jours de RTT**).

☞ APEC ; Contribution pour le remboursement de la dette sociale (CRDS) ; Contribution sociale généralisée (CSG) ; Contribution sociale généralisée (CSG sur revenus de remplacement) ; Cotisations de retraite et de prévoyance (régime fiscal) ; Heures supplémentaires et complémentaires (exonération d'impôt sur le revenu) ; Indemnités de rupture (régimes social et fiscal) ; Salaire net.

Cotisations de retraite AGIRC-ARRCO

Depuis le 1er janvier 2019, un régime AGIRC-ARRCO unifié de retraite complémentaire s'est substitué aux anciens régimes ARRCO et AGIRC. Les paramètres de fonctionnement du régime unifié ont été définis dans un accord national interprofessionnel (ANI) (ANI du 17 novembre 2017 instituant le régime AGIRC-ARRCO de retraite complémentaire, étendu par arrêté du 24 avril 2018, JO du 28, texte 30).

Il n'y a plus de distinction entre les salariés cadres et les salariés non-cadres pour la retraite complémentaire. Les anciennes distinctions restent cependant opérantes, notamment au regard des cotisations APEC et de la prévoyance décès obligatoire des cadres (voir *APEC**, *Cotisation d'assurance décès** et *Cadres**).

Le recouvrement des cotisations AGIRC-ARRCO est assuré par les caisses de retraite complémentaire concernées.

Assiette des cotisations

Référence au brut sécurité sociale - Les cotisations sont calculées sur la base des éléments de rémunérations brutes perçues par les salariés, par référence à l'*assiette des cotisations de sécurité sociale** (ANI AGIRC-ARRCO du 17 novembre 2017, art. 30).

Les assiettes forfaitaires utilisées pour le calcul des cotisations sécurité sociale ne sont pas applicables pour le calcul des cotisations AGIRC-ARRCO des salariés suivants, pour lesquels il convient donc de se référer au brut réel :
- artistes du spectacle et mannequins travaillant pour des employeurs occasionnels ;
- personnels des centres de vacances ou de loisirs ;
- formateurs occasionnels ;
- vendeurs par réunions à domicile à temps choisi ;
- vendeurs-colporteurs et porteurs de presse ;
- personnels exerçant une activité pour le compte d'une personne morale à objet sportif, d'une association de jeunesse ou d'éducation populaire.

Par dérogation, dans certaines situations (ex. : salariés travaillant à l'étranger ; voir Annexe A de l'ANI du 17 novembre 2017), les cotisations sont calculées sur une assiette forfaitaire, fictive ou particulière (circ. AGIRC-ARRCO 2019-1 DRJ du 9 janvier 2019, Fiche 3, § I-1-1-2).

Déduction forfaitaire spécifique pour frais professionnels - Sous conditions, l'employeur peut appliquer une déduction forfaitaire spécifique (DFS) pour frais professionnels à l'assiette des cotisations de sécurité sociale de certains salariés [voir *Frais professionnels (déduction forfaitaire spécifique)**].

La solution retenue pour la sécurité sociale (application ou non-application de la DFS) s'applique

« normalement » au régime AGIRC-ARRCO (circ. AGIRC-ARRCO 2019-1 DRJ du 9 janvier 2019, Fiche 3, § II-2). Autrement dit, l'option retenue en sécurité sociale doit aussi être appliquée à l'assiette AGIRC-ARRCO.

▶ À noter... De longue date, les cotisations AGIRC-ARRCO des journalistes restent en pratique calculées sur le brut non abattu en cas d'application de la DFS à l'assiette sécurité sociale.

Tranches de cotisations - Pour le calcul des cotisations, le régime prévoit deux tranches de rémunération (ANI AGIRC-ARRCO du 17 novembre 2017, art. 32 ; circ. AGIRC-ARRCO 2018-10 DRJ du 26 décembre 2018) :
- tranche 1 : de 0 à 1 fois le *plafond de la sécurité sociale** (soit de 0 à 3 925 € par mois en 2025) ;
- tranche 2 : de 1 à 8 fois le *plafond de la sécurité sociale** (soit de 3 925 € à 31 400 € par mois en 2025).

La part des rémunérations excédant 8 fois le *plafond de la sécurité sociale** n'est pas soumise à cotisations de retraite complémentaire.

Maintien des assiettes dérogatoires supérieures au 2 janvier 1993 - Par dérogation, les entreprises ou secteurs appliquant, au 31 décembre 2018, des assiettes supérieures aux tranches obligatoires en application d'une obligation antérieure au 2 janvier 1993 (ex. : adhésion, accord collectif, convention collective, reprise d'entreprise) continuent à les appliquer (ANI AGIRC-ARRCO du 17 novembre 2017, art. 32, § 2 ; circ. AGIRC-ARRCO 2019-1 DRJ du 9 janvier 2019, Fiche 3, § II-2).

Les entreprises concernées par des assiettes dérogatoires peuvent revenir aux assiettes de principe tranche 1/tranche 2 de trois manières (ANI AGIRC-ARRCO du 17 novembre 2017, art. 32, § 1) :

- en versant au régime AGIRC-ARRCO une contribution de maintien de droits calculée de façon actuarielle (en pratique, elle est dissuasive) ;

- en leur appliquant un taux de cotisation dit d'équivalence, déterminé de façon actuarielle ;

- ou en application d'une décision de démission soit par accord collectif, soit par accord entre l'employeur et les 2/3 des votants au sein de l'entreprise (attention : cette solution implique la suppression des droits à retraite calculés sur la fraction d'assiette non maintenue et le versement à l'AGIRC-ARRCO d'une indemnité de démission).

Pour ces points, il convient de se rapprocher des caisses AGIRC-ARRCO.

▶ À noter... Le maintien d'assiettes différentes ne se justifie que lorsque les assiettes en question ne sont pas comprises dans l'assiette obligatoire AGIRC-ARRCO. Aussi, les entreprises qui avaient des assiettes supplémentaires inférieures à 8 plafonds de la sécurité sociale, sur lesquelles le taux de cotisation était inférieur ou égal aux taux de cotisations du régime unifié AGIRC-ARRCO ne peuvent pas les maintenir (circ. AGIRC-ARRCO 2019-1 du 9 janvier 2019, Fiche 5, § II-1)

Depuis le 18 décembre 2024, les entreprises ou secteurs professionnels qui appliquent des assiettes ou taux dérogatoires et qui souhaiteraient revenir à ceux de droit commun doivent opter par accord collectif pour l'une des trois solutions précédemment citées (ANI AGIRC-ARRCO du 17 novembre 2017, art. 32, § 2 et art. 35, § 2 modifiés ; circ. AGIRC-ARRCO 2025-1 du 22 janvier 2025).

Cotisations de retraite AGIRC-ARRCO

Principes : taux de calcul des points, taux d'appel et taux effectif - Le taux effectif des cotisations dues par l'employeur et le salarié correspondent au « taux de calcul des points », multiplié par un pourcentage d'appel (dit « taux d'appel »).

Seuls les montants de cotisations versés au titre du taux de calcul des points permettent d'acquérir des points de retraite. La part des cotisations correspondant au taux d'appel n'est pas génératrice de droits (elle sert à équilibrer le régime AGIRC-ARRCO).

▶ À noter... Le « taux de calcul des points » correspond à ce que l'on appelait le « taux contractuel » dans le cadre des anciens régimes AGIRC et ARRCO.

Taux de calcul des points - Le taux de calcul des points est en principe fixé comme suit (ANI AGIRC-ARRCO du 17 novembre 2017, art. 35, § 1) :
- sur la tranche 1 : taux de 6,20 % ;
- sur la tranche 2 : taux de 17 %.

Les employeurs qui appliquaient au 31 décembre 2018 des taux contractuels de cotisation supérieurs à ceux du régime unifié en application d'obligations (adhésion, accord collectif, convention collective, etc.) antérieures au 2 janvier 1993 peuvent continuer à les appliquer (ANI AGIRC-ARRCO du 17 novembre 2017, art. 35, § 2 ; circ. AGIRC-ARRCO 2019-1 DRJ du 9 janvier 2019, fiche 5).

Taux effectif des cotisations - Le taux effectif global (parts salariale et patronale confondues) est égal au taux de calcul des points multiplié par un taux d'appel, fixé à 127 % dans le régime unifié (ANI AGIRC-ARRCO du 17 novembre 2017, art. 36). Au besoin, les taux sont arrondis au centième.

En conséquence, pour les taux contractuels de principe, les taux effectifs sont égaux à :
- tranche 1 : taux de 6,20 % × 127 % = 7,87 % ;
- tranche 2 : taux de 17 % × 127 % = 21,59 %.

Si nécessaire, le taux d'appel de 127 % est appliqué aux taux de calcul des points dérogatoires appliqués par les entreprises en vertu d'obligations antérieures au 2 janvier 1993 *(voir ci-dessus sous « Taux de calcul des points »)*.

Répartition employeur/salarié de principe : 60/40 - Les contributions sont réparties à raison de 60 % à charge de l'employeur et 40 % à charge du salarié, y inclus sur la 2e tranche de rémunération (ANI AGIRC-ARRCO du 17 novembre 2017, art. 38).

▶ À noter... Pour les cadres, la règle du régime unifié est donc moins favorable au salarié que la répartition de l'ancienne tranche B AGIRC, laquelle était d'environ « 62 % employeur/38 % salarié ».

Si nécessaire, les parts patronales et salariales issues de la répartition « 60/40 » doivent être arrondies au centième (ex. : 4,722 % = 4,72 % ; 3,148 % = 3,15 %). Les fractions de 0,005 sont arrondies à 0,01 à charge de l'employeur, autrement dit en faveur du salarié. Par exemple, une part patronale théorique de 4,475 % est arrondie à 4,48 %, alors qu'une part salariale théorique de 3,475 % est arrondie à 3,47 %.

Dans le cas général, pour les taux de droit commun, les cotisations sont réparties comme suit :
- tranche 1 : part salariale de 3,15 % et part patronale de 4,72 % ;
- tranche 2 : part salariale de 8,64 % et part patronale de 12,95 %.

L'employeur peut appliquer une répartition plus favorable pour les salariés que la règle des « 60 %/40 % » (ex. : répartition « 70 % employeur/30 % salarié ») (ANI AGIRC-ARRCO du 17 novembre 2017, art. 38). Mais cela n'a d'intérêt que s'il peut justifier d'une dérogation admise *(voir ci-après)*, en cas de contrôle URSSAF. À défaut, le surplus de cotisation patronale est à réintégrer dans l'assiette des cotisations de sécurité sociale.

Répartitions employeur/salarié dérogatoires admises - Par dérogation, les entreprises peuvent appliquer une autre répartition que celle des « 60/40 », à condition de se trouver dans l'une des trois situations qui suit (il faut pouvoir en justifier, en cas de contrôle URSSAF) (ANI AGIRC-ARRCO du 17 novembre 2017, art. 39) :
- entreprise relevant d'une convention ou d'un accord collectif de branche antérieur au 25 avril 1996 prévoyant une répartition différente ;
- entreprise conservant une répartition autre, qu'elle appliquait déjà au 31 décembre 1998 ;
- entreprise ayant conservé un taux dérogatoire suite à une fusion (entreprise issue de la transformation de plusieurs entreprises appliquant une répartition différente, et ayant, par dérogation et en accord avec son personnel, conservé la répartition appliquée dans l'entreprise, partie à l'opération, dont l'effectif de cotisants est le plus important).

La répartition peut alors être plus favorable au salarié (part patronale supérieure à 60 %) ou défavorable au salarié (part patronale inférieure à 60 %).

Lorsque la répartition est plus favorable au salarié **et** qu'elle résulte de l'une des trois situations visées ci-dessus, la part patronale excédant 60 % ne donne pas lieu à réintégration dans l'assiette de calcul des cotisations de sécurité sociale.

En dehors de ces trois situations, les entreprises ont toujours la possibilité d'appliquer une répartition plus favorable au salarié. Toutefois, dans cette hypothèse, la part prise en charge par l'entreprise excédant 60 % des cotisations sera réintégrée dans l'assiette pour le calcul des seules cotisations de sécurité sociale (donc, semble-t-il, pas dans les bases AGIRC-ARRCO) (circ. AGIRC-ARRCO 2019-1 DRJ du 9 janvier 2019, Fiche 4, § II-2 et Fiche 5).

Focus ancien régime AGIRC - Dans l'ancien régime AGIRC, la répartition la plus commune, plus favorable au salarié, était de « 62 %/38 % » (après arrondi par simplification ; en réalité « 62,044 % employeur/37,956 % salarié »). En outre, en tranche C, la répartition, librement fixée par accord d'entreprise, pouvait être fixée selon une autre clef (ex. : « 50 % employeur/50 % salarié »).

Dans le nouveau régime, les répartitions qui étaient comprises, dans les anciennes Tr. B et Tr. C AGIRC, entre « 62,04 %/37,96 % » et « 62 %/38 % », ont été toutes converties en « 60 %/40 % » dans le régime unifié.

Pour la tranche C de l'ancien régime AGIRC, la répartition, qui était libre, est désormais de « 60 %/40 % » si elle était fixée à « 60/40 » ou « 62/38 ». Lorsque la répartition était différente (ex. : accord fixant une répartition « 50 % employeur / 50 % salarié »), elle est maintenue dans le régime unifié AGIRC-ARRCO pour la part de la rémunération comprise entre 4 et 8 plafonds (circ. AGIRC-ARRCO 2019-1 DRJ du 9 janvier 2019, Fiche 4).

Plus de détails sur les règles de conversion - L'AGIRC-ARRCO a détaillé les règles de conversion des conditions existantes au 1er janvier 2019 et les cas particuliers dans sa circulaire de janvier 2019 (taux de cotisations et/ou assiettes différentes des conditions de droit commun, répartition des cotisations différente du droit commun) (circ. AGIRC-ARRCO 2019-1 DRJ du 9 janvier 2019, Fiche 5).

En tant que de besoin, il est possible de s'y référer, la circulaire étant disponible sur le site Internet de l'AGIRC-ARRCO (https://www.agirc-arrco.fr/).

Fusion de branches professionnelles - En cas de fusion de branches professionnelles comportant des taux de cotisations différents et donnant lieu à l'application d'une seule et même convention collective, les taux et assiettes de cotisations doivent être unifiés.

Dans ce cas, il appartient aux partenaires sociaux de fixer les règles devant être appliquées par les entreprises de branches fusionnées. L'unification doit ainsi s'effectuer par l'adoption d'un taux moyen de branche correspondant au taux qui permet d'obtenir un volume de cotisations identique à la somme des cotisations versées antérieurement sur la base des anciens taux. Le résultat du taux est arrondi au centième. Si le chiffre des millièmes est égal à 5, il est arrondi au centième supérieur.

Par dérogation à cette règle d'unification des taux, l'accord d'harmonisation prévoyant la fusion des branches peut prévoir la constitution, pour une période transitoire, d'un « groupe fermé » composé des entreprises relevant d'une branche, afin que celles-ci continuent de cotiser sur la base du taux de cotisations antérieur à la fusion. Dans ce cas, seules les entreprises nouvelles cotisent sur la base du taux moyen de branche. La période transitoire, d'une durée maximale de 5 ans, correspond au délai entre la date de rapprochement des branches et l'entrée en vigueur de la nouvelle convention de branche fusionnée. À l'issue de cette période transitoire, les entreprises constituant les « groupes fermés » cotisent au taux moyen de branche (circ. AGIRC-ARRCO 2019-18 DRJ du 23 décembre 2019).

Les employeurs ont aussi la possibilité de revenir au taux du régime unifié, sous conditions (versement d'une contribution de maintien des droits ou application d'une décision de démission) ou de revenir à un taux dit d'équivalence, calculé de façon actuarielle. Pour ces points, il convient de se rapprocher des caisses AGIRC-ARRCO.

Contributions d'équilibre

Objet - Le régime prévoit deux contributions d'équilibre (ANI AGIRC-ARRCO du 17 novembre 2017, art. 37 ; circ. AGIRC-ARRCO 2018-10 DRJ du 26 décembre 2018).

Comme leur nom l'indique, elles sont destinées à équilibrer le régime. Elles ne donnent pas lieu à l'attribution de points de retraite.

Contributions d'équilibre général - La contribution d'équilibre général s'applique à tous les salariés. Elle se calcule aux taux de :
- 2,15 % sur la tranche 1 ;
- 2,70 % sur la tranche 2.

Contribution d'équilibre technique - Pour les salariés dont la rémunération est supérieure au *plafond de la sécurité sociale**, une contribution d'équilibre technique est due au taux de 0,35 %, sur les tranches 1 et 2.

Cette contribution s'ajoute à la contribution d'équilibre général pour les salariés concernés.

Le niveau de la rémunération du salarié par rapport au plafond s'appréciant sur l'année, il peut y avoir

Contributions du régime unifié AGIRC-ARRCO au 1er janvier 2025

Cotisations	Tranches	Taux de calcul des points	Taux effectif	Répartition (1)	
				Part salariale (1)	Part patronale (1)
Retraite complémentaire	Tranche 1 (de 0 à 1 PSS)	6,20 %	7,87 %	3,15 %	4,72 %
	Tranche 2 (de 1 à 8 PSS)	17 %	21,59 %	8,64 %	12,95 %
Contribution d'équilibre général (tous salariés)	Tranche 1 (de 0 à 1 PSS)	-	2,15 %	0,86 %	1,29 %
	Tranche 2 (de 1 à 8 PSS)	-	2,70 %	1,08 %	1,62 %
Contribution d'équilibre technique (salariés rémunérés au-delà du plafond)	Tranches 1 + 2 (de 0 à 8 PSS)	-	0,35 %	0,14 %	0,21 %

PSS = *Plafond de la sécurité sociale** (3925 € par mois en 2025).
(1) Pour une répartition « employeur/salarié » de 60 %/40 % (circ. AGIRC-ARRCO 2018-10 DRJ du 26 décembre 2018).

des régularisations en positif ou négatif en cas de rémunération variable.

Répartition employeur/salarié - Les contributions d'équilibre sont réparties conformément aux règles de droit commun, à savoir 60 % à la charge de l'employeur et 40 % à celle du salarié (circ. AGIRC-ARRCO 2019-1 DRJ du 9 janvier 2019, Fiche 5, § II-3).

Maintien des cotisations en cas de temps partiel ou pendant certains congés

Salariés à temps partiel - Les salariés à temps partiel peuvent, dans certains cas, continuer à cotiser sur leur salaire à temps plein (voir *Maintien des cotisations vieillesse en cas de temps partiel**).

Maintien des cotisations pendant certains congés - Une possibilité analogue est prévue dans le cadre de certains congés pris sous forme de congé total (voir *Maintien des cotisations de retraite complémentaire pendant certains congés**).

Règles de rattachement, de prorata de plafond et de régularisation

Rattachement à la période d'emploi pour le calcul des cotisations - Pour les périodes d'emploi dont la rémunération est versée depuis le 1er janvier 2018, les cotisations de sécurité sociale se calculent selon les taux et plafonds applicables au cours de la période de travail au titre de laquelle les rémunérations sont dues (c. séc. soc. art. R. 242-1) (voir *Plafond de la sécurité sociale**). Ce n'est donc pas la date de paiement du salaire qui compte.

L'AGIRC et l'ARRCO appliquent les mêmes règles pour les contributions de retraite complémentaire, compte tenu du principe d'alignement d'assiette sur celle des cotisations de sécurité sociale prévu par la réglementation AGIRC-ARRCO (circ. AGIRC-ARRCO 2017-9 DRJ du 27 octobre 2017).

Règles particulières - Concernant les règles de rattachement, une distinction doit être opérée selon qu'il s'agit de (circ. AGIRC-ARRCO 2020-01 DRJ du 10 janvier 2020) :
- de sommes versées en même temps que le salaire du mois, avec une distinction entre, d'une part, les sommes versées à une date et selon une périodicité différente des salaires, type « primes » (rattachement à la période de travail à laquelle est rattachée la paye versée en même temps que la somme) et, d'autre part, les éléments de rémunération qui auraient dû être versés à une autre date et dont le versement suppose la réédition du bulletin de paye (rattachement à la période au titre de laquelle ces rémunérations sont dues) ;
- de sommes versées en application d'une décision de justice : pour tous les rappels de salaires postérieurs ou non à la rupture du contrat de travail, les taux et plafonds applicables sont ceux en vigueur lors des périodes de travail donnant lieu à ces rappels ;
- de sommes versées à l'occasion ou après la rupture du contrat de travail ;
- d'indemnités de non-concurrence (traitement comme des salaires et rattachement à leur date de versement avec application des paramètres en vigueur à cette même date).

Proratisation et réduction du plafond - L'AGIRC-ARRCO applique les mêmes règles de prorata et de réduction de plafond que celles applicables pour les cotisations de sécurité sociale (périodicité de paye irrégulière, temps partiel, salarié à employeurs multiples, absences non rémunérées, entrée/sortie, etc.) (voir *Plafond de la sécurité sociale**) (circ. AGIRC-ARRCO 2019-1 DRJ du 9 janvier 2019, Fiche 3, § II-1-2 ; circ. AGIRC-ARRCO 2017-9 DRJ du 27 octobre 2017).

Régularisation progressive - Les cotisations sont calculées en régularisation progressive dans le cadre de l'année civile, comme en matière de sécurité sociale (voir *Régularisation des cotisations**) (ANI AGIRC-ARRCO du 17 novembre 2017, art. 44, § 2 ; circ. AGIRC-ARRCO 2019-1 DRJ du 9 janvier 2019, Fiche 3, § II-1-3).

Déclaration et recouvrement des cotisations

Déclaration en DSN, sauf cas particuliers - Pour le calcul des cotisations, l'entreprise est tenue d'établir chaque mois à destination de son institution d'adhésion, une déclaration sociale nominative (DSN) comportant les rémunérations permettant de définir l'assiette des cotisations (ANI AGIRC-ARRCO du 17 novembre 2017, art. 44, § 1).

En l'absence d'établissement de la DSN par l'entreprise, les cotisations sont estimées sur la base de la dernière assiette déclarée ayant fait l'objet d'un calcul de cotisations. L'assiette des cotisations est régularisée après production de la déclaration des rémunérations.

Pour les cas particuliers qui ne peuvent pas utiliser la DSN (établissements non soumis à la DSN, employant des salariés en dehors du périmètre de la DSN ou non soumis à l'obligation de déclarer via la DSN ou ne relevant pas d'une inscription au répertoire SIRENE, organismes tiers verseurs hors périmètre d'obligation DSN), l'AGIRC-ARRCO a mis en place un service baptisé « DéclaR'zen ». Par ce site web, les entreprises peuvent déposer une DADS-U comportant les données AGIRC-ARRCO, soit saisir leurs données en renseignant un formulaire en ligne. À l'heure où nous rédigeons (15 janvier 2025), les entreprises ont jusqu'au 31 janvier 2025 pour effectuer cette déclaration annuelle de l'exercice 2023 (https://www.agirc-arrco.fr, rubrique Entreprises, onglet Mes services, choix DeclaR'zen).

▶ À noter... Un délai d'un mois est accordé (à partir de la date de validation de la première déclaration de salaires 2024) pour modifier la déclaration et réaliser une déclaration « annule et remplace ». Si l'établissement ferme en 2025, l'employeur peut réaliser sa déclaration de salaires 2025 via le dépôt d'une N4DS ou via l'alimentation d'un formulaire de saisie en ligne dans les 30 jours qui suivent la cessation d'activité.

Responsabilité et périodicité du paiement des cotisations - L'entreprise est, sauf exceptions, responsable du paiement de la totalité des cotisations (parts salariale et patronale) (ANI AGIRC-ARRCO du 17 novembre 2017, art. 44, § 2 ; circ. AGIRC-ARRCO 2019-1 DRJ du 9 janvier 2019, Fiche 7).

Les cotisations dues par les entreprises de plus de 9 salariés font l'objet de versements mensuels.

Les cotisations dues par les entreprises de moins de 10 salariés font l'objet de versements trimestriels. Ces entreprises ont toutefois la possibilité d'opter pour le paiement mensuel à effet du 1er janvier de l'exercice suivant.

Les versements de cotisations donnent lieu à une régularisation progressive *(voir ci-avant)*.

Par exception, les versements peuvent être annuels pour les seules entreprises n'employant que du personnel saisonnier, des apprentis ou des enseignants contractuels de l'enseignement agricole privé, n'ayant aucun salarié permanent et dont le montant annuel des cotisations n'excède pas 1 500 €.

Exigibilité et date limite de paiement des cotisations - Les cotisations calculées sur les salaires payés sont exigibles aux échéances suivantes (ANI AGIRC-ARRCO du 17 novembre 2017, art. 44, § 3 modifié par avenant n° 6 du 15 octobre 2019 ; circ. AGIRC-ARRCO 2019-15 DRJ du 8 novembre 2019) :

- pour les employeurs en périodicité mensuelle, dès le premier jour du mois civil suivant la période d'emploi ;
- pour les employeurs en périodicité trimestrielle, dès le premier jour du trimestre civil suivant la période d'emploi ;
- pour les employeurs autorisés à payer les cotisations une fois par an, dès le premier jour de l'année suivante.

Les entreprises disposent d'un mois, à compter de la date d'exigibilité, pour verser leurs cotisations. Le versement doit être effectif au plus tard le 25 du mois.

Exemple

Pour les salaires du mois de janvier, un employeur « mensuel » doit procéder au versement effectif des cotisations AGIRC-ARRCO le 25 février au plus tard. Un employeur « trimestriel » doit verser les cotisations afférentes au premier trimestre pour le 25 avril.

Paiement des cotisations - Le paiement des cotisations peut intervenir via la DSN, par prélèvement SEPA, de manière sécurisée en renseignant le bloc « versement organisme de protection sociale » de la DSN.

Il est également possible de régler ces cotisations via le service Cotizen, notamment lorsque le recours à la DSN est compliqué en termes d'organisation pour l'entreprise entre le(s) déclarant(s) et le(s) payeur(s) (par exemple, si l'expert-comptable déclare la DSN et que le dirigeant d'entreprise garde la responsabilité du paiement). Il est possible également d'utiliser ce service pour effectuer un paiement libre (montant au choix) en indiquant les éléments le caractérisant, par exemple pour anticiper une régularisation de cotisations, ou encore en cas d'incident sur un paiement, pour renouveler son paiement.

Le service Cotizen est directement accessible sur www.net-entreprises.fr ou sur www.cotizen.fr.

▶ À noter... Seules les cotisations autres que celles réglées dans la DSN sont concernées par Cotizen. Cela signifie que dès lors que le paiement est dans une DSN, strictement conforme aux cotisations déclarées, il n'est pas nécessaire de recourir à ce service.

Majorations de retard - Les cotisations qui n'ont pas été acquittées à la date limite de paiement sont affectées de majorations de retard dont le taux est fixé par la commission paritaire. Ces majorations sont égales à autant de fois le taux ainsi fixé qu'il s'est écoulé de mois ou de fraction de mois à compter de la date d'exigibilité (ANI AGIRC-ARRCO du 17 novembre 2017, art. 45).

Pour plus de détails, voir *Majorations et pénalités AGIRC-ARRCO**.

Pilotage du régime

Le régime unifié de retraite complémentaire obéit à une contrainte d'équilibre financier global, impliquant un pilotage pluriannuel « fondé sur des objectifs explicites et des indicateurs pertinents » en vue d'assurer la pérennité de la retraite complémentaire (ANI AGIRC-ARRCO du 17 novembre 2017, préambule).

Ce dispositif repose ainsi sur un « niveau de décision stratégique », conduit tous les 4 ans par les partenaires sociaux (ANI AGIRC-ARRCO du 17 novembre 2017, art. 25).

Le cas échéant, les partenaires sociaux peuvent jouer sur divers paramètres dont notamment, pour ce qui concerne la paye, le taux de calcul des points, le taux d'appel des cotisations ou le taux des contributions d'équilibre.

Le dispositif de pilotage repose aussi sur un « niveau de décision tactique », arrêté chaque année par le conseil d'administration du régime unifié qui ajuste, en tant que de besoin, les paramètres précités.

☞ *Maintien des cotisations de retraite complémentaire pendant certains congés ; Maintien des cotisations vieillesse en cas de temps partiel ; Majorations et pénalités AGIRC-ARRCO ; Prescription des cotisations.*

Cotisations de retraite et de prévoyance (régime fiscal)

Régimes de sécurité sociale et de retraite complémentaire

Les cotisations de sécurité sociale et celles versées aux régimes de retraite complémentaire légalement obligatoires sont déductibles du montant brut des sommes payées et des avantages en argent ou en nature accordés, sans limitation de montant (CGI art. 83, 1°).

Côté retraite complémentaire, cette règle concerne notamment les contributions versées aux régimes AGIRC-ARRCO, IRCANTEC et CRPNAC (BOFiP-RSA-BASE-30-10-10-§ 10-12/09/2012).

Ces cotisations et contributions sont déductibles sans limite des revenus professionnels (BOFiP-RSA-BASE-30-10-10-§ 10-12/09/2012).

D'un point de vue technique, les cotisations salariales sont donc déductibles sans limitation de montant, tandis que les cotisations patronales ne constituent pas un revenu imposable.

Retraite supplémentaire et prévoyance complémentaire : conditions d'exonération

Réforme 2020 de l'épargne retraite - Pour les entreprises, la réforme de l'épargne retraite issue de la loi PACTE et des textes qui ont suivi s'est traduite par la création de nouveaux plans d'épargne retraite d'entreprise (PERE), que les entreprises peuvent mettre en place depuis le 1er octobre 2019 :

- le *plan d'épargne retraite d'entreprise collectif** (PERE-CO), qui a pris la suite de l'ancien *plan d'épargne pour la retraite collectif** (PERCO) ;
- le *plan d'épargne retraite d'entreprise obligatoire** (PERE-OB), qui s'apparente davantage aux contrats de retraite supplémentaire dits « art. 83 », auxquels il a succédé.

Pour les besoins de cette étude, on rappellera que les versements obligatoires du salarié ou de l'employeur à un *PERE-OB** suivent le même régime fiscal que les cotisations à un contrat de retraite supplémentaire « art. 83 » ici décrit.

Régime fiscal de déductibilité des cotisations de retraite et de prévoyance applicable en 2025

Type d'opérations	Limite d'exonération	Cotisations à comparer à la limite d'exonération
Prévoyance complémentaire à caractère collectif et obligatoire	• 5 % du plafond annuel de la sécurité sociale (**2 355 €** en 2025) + 2 % de la rémunération annuelle brute. • Le total des cotisations exonérées ne peut pas dépasser 2 % de 8 fois le montant annuel du *plafond de la sécurité sociale** (soit **7 536 €** en 2025).	• Les contributions patronales finançant un régime de prévoyance « Frais de santé » sont imposables dès le premier euro • Doit être comparée à la limite d'exonération la somme : - des contributions salariales de prévoyance (y inclus aux garanties « Frais de santé ») ; - des contributions patronales de prévoyance (hors garanties « Frais de santé »).

Régime fiscal de déductibilité des cotisations de retraite et de prévoyance applicable en 2025

Type d'opérations	Limite d'exonération	Cotisations à comparer à la limite d'exonération
Retraite supplémentaire à caractère collectif et obligatoire (y compris PERE-OB)	• 8 % de la rémunération annuelle brute retenue à concurrence de 8 fois le montant annuel du *plafond de la sécurité sociale**, soit une limite maximale absolue de **30 144 €** en 2025. • Limite diminuée (1) : - de l'abondement de l'employeur à un plan d'épargne retraite d'entreprise collectif (PERE-CO) ou un ancien plan d'épargne pour la retraite collectif (PERCO) ; - des sommes issues d'un compte épargne-temps (CET) et correspondant à un abondement de l'employeur utilisées pour financer un PERE-CO ou un ancien PERCO (2).	Cotisations salariales et patronales de retraite supplémentaire (régimes dits « art. 83 ») + versements obligatoires du salarié et de l'employeur à un plan d'épargne retraite d'entreprise obligatoire (PERE-OB) + sommes issues d'un CET et correspondant à un abondement de l'employeur utilisées pour financer un régime de retraite supplémentaire collectif et obligatoire ou un PERE-OB (3).
Retraite de la sécurité sociale	Contributions non imposables.	
Retraite complémentaire légalement obligatoire (AGIRC-ARRCO, etc.)	Contributions non imposables.	
Régime de retraite supplémentaire ou de prévoyance complémentaire individuel ou à adhésion facultative	Pas d'exonération. Les contributions salariales ne sont pas déductibles et les contributions patronales sont imposables.	

(1) La limite ne peut pas descendre en dessous de zéro.
(2) Dans les entreprises où il n'y a pas de CET, il en va de même des sommes exonérées d'impôt représentatives d'au plus 10 jours de repos que les salariés peuvent affecter, dans certaines limites, sur un PERE-CO ou un PERCO.
(3) Dans les entreprises où il n'y a pas de CET, il en va de même, dans certaines limites, des jours de repos que les salariés peuvent affecter à un régime de retraite supplémentaire.

Un *PERE-CO** ne peut pas être alimenté par des cotisations obligatoires, sauf si l'employeur a mis en place un plan d'épargne regroupé dans les conditions requises. Dans ce dernier cas, les cotisations obligatoires de l'employeur ou du salarié suivent le régime « retraite supplémentaire ».

Les dispositifs antérieurs à la réforme (PERCO « ancienne mouture », contrats de retraite supplémentaire « article 83 ») ne peuvent plus être mis en place depuis 1er octobre 2020 (ord. 2019-766 du 24 juillet 2019, art. 8, II et III et 9, II ; décret 2019-807 du 30 juillet 2019, art. 9, III). Ceux mis en place avant cette date peuvent continuer à fonctionner et à accueillir de nouveaux bénéficiaires.

▶ À noter… À l'heure où nous rédigions ces lignes l'administration fiscale n'avait pas encore mis à jour sa documentation BOFiP de la réforme de l'épargne retraite. Nos commentaires sur les incidences de la réforme pour la limite d'exonération « retraite supplémentaire », notamment sur le régime fiscal des sommes issues d'un CET ne correspondant pas à un abondement de l'employeur ou correspondant à un maximum de 10 jours de repos, sont donc donnés sous réserve d'éventuelles précisions.

Conditions à remplir - Les contributions finançant des prestations de retraite supplémentaire ou de prévoyance complémentaire bénéficient d'un régime fiscal de faveur si le régime répond à des conditions bien précises (CGI art. 83, 1° quater et 2°) (pour plus de détails, voir *Régimes de retraite supplémentaire et de prévoyance complémentaire**).

Rappelons qu'il doit notamment s'agir (BOFiP-RSA-BASE-30-10-20-21/06/2017) :
- d'un régime à caractère collectif et obligatoire pour tous les salariés ou, l'ensemble des salariés d'une ou plusieurs catégories objectives données ;
- d'un régime mis en place dans le cadre d'un accord collectif, d'une ratification par les salariés ou d'une décision unilatérale du chef d'entreprise ;
- s'agissant de la prévoyance « Frais de santé », d'un régime « responsable » [voir *Prévoyance « frais de santé » (contrat responsable)**].

Deux plafonds séparés d'exonération - Les cotisations et primes versées aux régimes complémentaires de prévoyance et aux régimes de retraite supplémentaire ne sont pas imposables dans la limite de plafonds spécifiques.

Conditions non remplies : pas de régime de faveur - Si les conditions requises, et notamment les caractères collectif et obligatoire, ne sont pas respectées, le régime d'exonération fiscale n'est pas applicable. Les cotisations salariales ne sont pas déductibles et les cotisations patronales représentent un complément de salaire imposable.

Il en va notamment ainsi pour les régimes à adhésion facultative, même s'il s'agit de régimes collectifs, ainsi que tous les régimes individuels.

Régime fiscal de la retraite supplémentaire collective et obligatoire

Limite d'exonération - Les cotisations salariales et patronales finançant des prestations de retraite supplémentaire collectif à adhésion obligatoire sont exonérées d'impôt dans une limite égale à 8 % de la rémunération annuelle brute retenue dans la limite de 8 fois le montant annuel du *plafond de la sécurité sociale**. Il en va de même des versements obligatoires du salarié ou de l'employeur au nouveau *plan d'épargne retraite d'entreprise obligatoire** (PERE-OB) (CGI art. 83, 2°).

La limite d'exonération dépend donc directement de la rémunération du salarié, sachant toutefois que son montant maximal est de 30 144 € en 2025 (8 % × 8 × 47100 €).

Pour apprécier le respect de cette limite, il faut prendre en compte les cotisations salariales et patronales finançant les régimes de retraite supplémentaire en cause et les cotisations obligatoires de l'employeur et du salarié au *PERE-OB**.

Rémunération annuelle brute de référence pour le calcul du seuil d'exonération - La rémunération annuelle brute s'entend de celle déclarée par l'employeur pour être soumise à l'impôt sur le revenu au nom de l'intéressé avant déduction de la part salariale des cotisations sociales et de la part déductible de la CSG. Elle comprend donc notamment les contributions patronales versées aux régimes de prévoyance complémentaire « Frais de santé », qui sont imposables (BOFiP-RSA-BASE-30-10-20-§ 125-21/06/2017).

Exemple

Un salarié a une rémunération annuelle brute de 100000 €. L'employeur a versé un montant de 1500 € de contributions patronales au titre d'un régime de prévoyance « Frais de santé » collectif et obligatoire. La limite d'exonération « retraite supplémentaire » au titre de 2025 est de 8 % × (100000 € + 1500 €) = 8120 €.

Abondement au PERE-CO ou à un ancien PERCO - Le cas échéant, la limite doit être diminuée de l'*abondement** versé par l'entreprise dans le cadre d'un *plan d'épargne retraite d'entreprise collectif** (PERE-CO) ou d'un ancien *plan d'épargne pour la retraite collectif** (PERCO), pour sa fraction exonérée d'impôt sur le revenu (CGI art. 83, 2°, al. 4).

Rappelons que l'*abondement** de l'employeur au PERE-CO (ou à un ancien PERCO) est par ailleurs exonéré d'impôt sur le revenu dans certaines limites (CGI art. 81, 18°) (voir *Plan d'épargne retraite d'entreprise collectif** et *Plan d'épargne pour la retraite collectif**).

Dès lors, si ce montant d'abondement exonéré dépasse la limite d'exonération des contributions de retraite supplémentaire, la possibilité d'exonération « retraite supplémentaire » est utilisée en totalité, sans que la fraction excédentaire de l'abondement constitue, pour autant, un revenu imposable (BOFiP-RSA-BASE-30-10-20-§ 130-21/06/2017).

Exemples

Un cadre est affilié à un régime obligatoire de garanties de retraite supplémentaire. Sa rémunération annuelle brute de référence en 2025 est de 70000 €. Les cotisations de retraite supplémentaire sont de 5 % de la rémunération brute, dont 1,8 % de part salariale et 3,2 % de part patronale (3000 € de cotisations).

1) Les cotisations patronales et salariales représentent un total de 3500 € tandis que sa limite d'exonération est de 70000 × 8 % = 5600 €. Il n'y a donc pas de réintégration fiscale à opérer.

2) Si le cadre bénéficie d'un abondement à un *PERE-CO** (ou un ancien *PERCO**) pour un montant de 3500 €, la limite est ramenée à 2100 € (5600 – 3500). Il convient donc de réintégrer dans le net imposable un total de : 1400 € (3500 – 2100).

3) Si le cadre bénéficie d'un abondement pour un montant de 6000 €, la limite possible de déduction est utilisée en totalité. Il convient donc de réintégrer dans le net imposable un total de 3500 €, sachant que l'abondement au *PERE-CO** (ou) un ancien *PERCO**) reste exonéré d'impôt.

CET utilisé pour financer des prestations de retraite - Les sommes issues d'un *compte épargne-temps** (CET), correspondant à un abondement en temps ou en argent de l'employeur, versées à un régime de retraite supplémentaire collectif et obligatoire ou à un *plan d'épargne retraite d'entreprise* *obligatoire** (PERE-OB) sont traitées comme des contributions patronales finançant des prestations de retraite supplémentaire (c. trav. art. L. 3152-4, 1°).

Elles sont donc exonérées dans les mêmes limites (BOFiP-RSA-CHAMP-20-30-40-§ 130-28/07/2020 ; CGI art. 81, 18°, a ter), ce qui implique de les prendre en compte pour la comparaison avec la limite fiscale d'exonération.

Les sommes issues du CET affectées à un PERE-OB (ou à un ancien régime de retraite supplémentaire collectif et obligatoire) et ne correspondant pas à un abondement de l'employeur sont exonérées d'impôt sur le revenu dans la limite de 10 jours par an (CGI art. 81, 18°, b bis). La somme exonérée d'impôt vient en déduction de la limite d'exonération « retraite supplémentaire », comme un abondement à un *PERE-CO** (ou à un *PERCO**) (CGI art. 83, 2°, al. 4 ; BOFiP-RSA-BASE-30-10-20-§ 130-21/06/2017).

CET utilisé pour alimenter un PERE-CO ou un PERCO - Un salarié peut aussi utiliser un *compte épargne-temps** (CET) pour financer un *plan d'épargne retraite d'entreprise collectif** (PERE-CO), ou un ancien *plan d'épargne pour la retraite collectif** (PERCO).

Les sommes issues du CET et correspondant à un abondement en temps ou en argent de l'employeur sont assimilées à un abondement de l'employeur au PERCO et doivent être traitées comme tel (c. trav. art. L. 3152-4, 2°).

D'une part, elles sont exonérées d'impôt sur le revenu dans la limite d'abondement à un PERE-CO (ou un PERCO) (CGI art. 81, 18° a bis).

D'autre part, à notre sens :
- elles viennent en déduction de la limite d'exonération des contributions finançant des opérations retraite supplémentaire (CGI art. 83, 2°) ;
- si ces sommes conduisent à dépasser la limite de déductibilité, la possibilité d'exonération au titre des cotisations « retraite supplémentaire » est utilisée en totalité, sans que pour autant la fraction excédentaire de ces sommes constitue un revenu imposable.

Les sommes issues du CET affectées au PERE-CO (ou au PERCO) ne correspondant pas à un abondement de l'employeur sont exonérées d'impôt sur le revenu dans la limite de 10 jours par an (CGI art. 81, 18°, b et b bis). La somme exonérée d'impôt vient en déduction de la limite d'exonération « retraite supplémentaire », comme un abondement au PERCO ou au PERE-CO (CGI art. 83, 2°, al. 4 ; BOFiP-RSA-BASE-30-10-20-§ 130-21/06/2017).

Jours de repos affectés sur un PERE-CO (ou PERCO) ou à la retraite supplémentaire - Dans les entreprises où il n'y a pas de *compte épargne-temps**, les salariés peuvent verser les sommes correspondant à un maximum de 10 jours de repos non pris par an (c. trav. art. L. 3334-8 ; c. mon. et fin. art. L. 224-2, L. 224-20, L. 225-25 et D. 224-9) :
- sur un *plan d'épargne retraite d'entreprise collectif** (PERE-CO), ou un ancien *plan d'épargne pour la retraite collectif** (PERCO) ;
- ou encore pour financer des prestations de retraite supplémentaire à caractère collectif et obligatoire [*plan d'épargne retraite d'entreprise obligatoire** (PERE-OB), ou ancien contrat « art. 83 »].

▶ À noter… Si les jours de repos en question correspondent à des congés payés, seule la fraction excédant 24 jours ouvrables peut alors être utilisée.

Sous réserve de confirmation quant à l'incidence de la réforme de l'épargne retraite (l'article L. 3334-8 n'a pas été modifié par l'ordonnance du 24 juillet 2019 et des ambiguïtés demeurent), les logiques applicables semblent être les suivantes :
- ces sommes sont exonérées d'impôt sur le revenu dans la limite de 10 jours par an (CGI art. 81, 18°, b et b bis) ;
- si elles sont affectées au financement de prestations de retraite supplémentaire à caractère collectif et obligatoire (*PERE-OB** ou ancien contrat « art. 83 »), elles sont assimilées à des contributions de retraite supplémentaire et déductibles dans la même limite (c. trav. art. L. 3334-8 ; CGI art. 83, 2°) et il conviendrait d'en tenir compte pour la comparaison avec la limite d'exonération ;
- lorsqu'elles sont affectées sur un PERE-CO (ou un PERCO), elles viendraient en déduction de la limite d'exonération « retraite supplémentaire », comme un abondement au PERCO (c. trav. art. L. 3334-8 ; CGI art. 83, 2°) ; si ces sommes conduisaient à dépasser la limite, la possibilité d'exonération « retraite supplémentaire » serait utilisée en totalité, sans que la fraction excédentaire de ces sommes constitue, pour autant, un revenu imposable (BOFiP-RSA-BASE-30-10-20-§ 130-21/06/2017).

Régime fiscal de la prévoyance complémentaire collective et obligatoire

Part patronale au financement de garanties « Frais de santé » - Les contributions à la charge de l'employeur versées au titre de régimes de prévoyance complémentaire portant sur des garanties « Frais de santé » sont imposables dès le premier euro, y inclus s'il s'agit de régimes collectifs à adhésion obligatoire (CGI art. 83, 1° quater).

Prévoyance complémentaire : régime fiscal des contributions finançant un régime collectif et obligatoire		
Nature du régime	**Contributions salariales**	**Contributions patronales et participation du CSE**
Régime de prévoyance « Frais de santé » collectif et à adhésion obligatoire	Déductibles du revenu imposable dans une certaine limite (1)	Imposables
Autre régime de prévoyance collectif à adhésion obligatoire	Déductibles du revenu imposable dans une certaine limite (1)	Non imposables dans une certaine limite (1)

(1) Les contributions salariales et patronales cumulées (y inclus la participation du CSE) sont déductibles à hauteur d'un plafond égal à la somme de 5 % du montant annuel du *plafond de la sécurité sociale** et de 2 % de la rémunération annuelle brute, dans la limite de 2 % de 8 fois le plafond annuel de la sécurité sociale.

La part patronale aux garanties « Frais de santé », systématiquement imposable, doit de préférence être intégrée tout au long de l'année dans le net imposable du bulletin de paye, si cette rubrique est portée sur chaque bulletin de salaire.

Seuil d'exonération pour les autres contributions - Dès lors qu'elles financent un régime collectif à adhésion obligatoire, les contributions salariales et patronales de prévoyance complémentaire (hors part patronale aux garanties « frais de santé ») sont exonérées d'impôt sur le revenu dans les limites suivantes (CGI art. 83, 1° quater) :

- 5 % du montant annuel du *plafond de la sécurité sociale** (soit 2 355 € en 2025) + 2 % de la rémunération annuelle brute du salarié ;
- sachant que le total des cotisations exonérées ne peut pas dépasser 2 % de 8 fois le montant annuel du *plafond de la sécurité sociale** (soit 7 536 € en 2025).

Pour apprécier le respect de cette limite, il faut prendre en compte les contributions suivantes, versées au titre de régimes de prévoyance collectifs et obligatoires :

- les contributions salariales (y inclus aux régimes « Frais de santé ») ;
- les contributions patronales (hors garanties « Frais de santé »), y inclus une éventuelle participation du CSE.

Rémunération annuelle brute de référence pour le calcul du seuil d'exonération - La rémunération annuelle brute s'entend de celle déclarée par l'employeur pour être soumise à l'impôt sur le revenu au nom de l'intéressé avant déduction de la part salariale des cotisations sociales et de la part déductible de la CSG. Elle comprend donc notamment les contributions patronales versées aux régimes de prévoyance complémentaire « Frais de santé » qui sont imposables (BOFiP-RSA-BASE-30-10-20-§§ 125 et 270-21/06/2017).

Exemple

Un salarié a une rémunération annuelle brute de 100 000 €. L'employeur a versé un montant de 1 500 € de contributions patronales au titre d'un régime de prévoyance « frais de santé » collectif et obligatoire. La limite d'exonération au titre de la prévoyance complémentaire pour 2025 est de (5 % × 47 100 €) + [2 % × (100 000 € + 1 500 €)] = 4 385 €.

Portabilité des garanties de prévoyance complémentaire - Le code de la sécurité sociale prévoit un mécanisme de portabilité qui permet à un salarié dont le contrat de travail est rompu de bénéficier, sous certaines conditions, d'un maintien des couvertures collectives et obligatoires « Frais de santé » et de prévoyance pendant une durée pouvant aller jusqu'à 12 mois. En pratique, le coût de ce dispositif est intégré dans les contributions dues au titre des salariés en activité [voir *Portabilité de la prévoyance complémentaire (dispositif légal)**]. Les contributions finançant le maintien des garanties restent déductibles dans les conditions et dans la limite de droit commun (BOFiP-RSA-BASE-30-10-20-§ 220-21/06/2017).

Les éventuelles cotisations versées aux régimes de prévoyance qui correspondent au maintien de la couverture pendant une durée supérieure à 12 mois ne peuvent pas être admises en déduction. La part patronale doit être réintégrée dans la rémunération imposable et la part salariale n'est pas déductible des revenus soumis à l'impôt sur le revenu (BOFiP-RSA-BASE-30-10-20-§ 220-21/06/2017).

Participation du CSE

Garanties « Frais de santé » - Dans les structures où le *comité social et économique** (CSE) exerce les fonctions autrefois dévolues au comité d'entreprise (entreprises de 50 salariés et plus), la participation du CSE à des garanties de prévoyance « Frais de santé » est assimilée à une contribution patronale.

De ce fait, elle constitue un revenu imposable en totalité (BOFiP-RSA-BASE-30-10-20-§ 200-21/06/2017).

Autres garanties - La participation du CSE à des garanties de prévoyance portant sur des risques autres que des régimes « Frais de santé » (ex. : décès, invalidité) est assimilée à une contribution patronale et exonérée d'impôt sur le revenu sous les conditions et dans la limite applicables aux contributions finançant ces régimes (BOFiP-RSA-BASE-30-10-20-§ 200-21/06/2017). En pratique, ceci suppose donc qu'il s'agisse d'un régime mis en place par l'employeur selon l'une des procédures autorisées, à caractère collectif et obligatoire, etc.

La participation financière du CSE est alors ajoutée aux contributions patronales, la somme globale étant comparée à la limite d'exonération applicable en matière de prévoyance.

L'administration n'a apporté aucune précision s'agissant d'une éventuelle participation du CSE au financement de garanties de retraite supplémentaire.

Sort des excédents

Réintégration dans le net imposable - Les éventuels excédents de cotisations de retraite supplémentaire ou de prévoyance complémentaire constituent un revenu imposable à inclure dans le net imposable du salarié.

Ventilation des excédents - La part salariale de l'excédent est considérée comme non déductible de la rémunération imposable tandis que la part patronale de l'excédent constitue un complément de salaire (BOFiP-RSA-BASE-30-10-20-§ 300-21/06/2017).

La ventilation d'un excédent de contributions de retraite supplémentaire s'effectue au prorata des cotisations de retraite supplémentaire supportées respectivement par l'employeur et le salarié.

La ventilation d'un excédent de contributions de prévoyance complémentaire s'effectue au prorata des contributions supportées respectivement par l'employeur et le salarié, hors part patronale aux garanties « Frais de santé ».

Exemples - Des exemples de calcul figurent dans nos tableaux. Un bulletin de paye, élaboré au titre de la prévoyance, figure par ailleurs dans ce dictionnaire [voir *Cotisations de retraite et de prévoyance (réintégration des excédents)**].

Obligations déclaratives de l'employeur

À l'égard de l'administration - L'employeur doit déclarer à l'administration fiscale (CGI art. 87 ; CGI, ann. III, art. 39, 2°, d) :

- le montant total des cotisations salariales et patronales finançant des prestations de retraite d'entreprise (contrats « art. 83 » ou *PERE-OB**) exonérées d'impôt sur le revenu (cotisations salariales déductibles et cotisations patronales non rapportées à la rémunération imposable) ;

- le montant de l'abondement de l'employeur à un *PERE-CO** (ou *PERCO**), exonéré d'impôt sur le revenu.

Pour les employeurs du secteur privé, cette déclaration est dans le cas général intégrée à la *déclaration sociale nominative** (DSN) (CGI art. 87 A ; c. séc. soc. art. R. 133-14, IV, 9°).

À l'égard des salariés - Au plus tard le 31 janvier, les employeurs doivent indiquer à chaque salarié le montant des cotisations salariales et patronales de retraite supplémentaire déductibles et non imposables (dont les cotisations obligatoires à un *PERE-OB**) ainsi que le montant exonéré d'impôt des abondements au *PERE-CO** (ou *PERCO**), versés au cours de l'année civile précédente (CGI, ann. III, art. 39-0 A).

C'est le montant de « l'épargne retraite professionnelle déductible ».

☞ *Cotisations de retraite et de prévoyance (régime social) ; Cotisations de retraite et de prévoyance (réintégration des excédents) ; Plan d'épargne retraite d'entreprise collectif ; Plan d'épargne retraite d'entreprise obligatoire ; Portabilité de la prévoyance complémentaire ; Prévoyance complémentaire ; Prévoyance « Frais de santé » (contrat responsable) ; Régimes de retraite supplémentaire et de prévoyance complémentaire ; Régimes de retraite supplémentaire et de prévoyance complémentaire (caractère collectif) ; Régimes de retraite supplémentaire et de prévoyance complémentaire (caractère obligatoire) ; Retraite supplémentaire.*

Prévoyance : calcul détaillé de réintégration fiscale sur 2025					
Un cadre dirigeant est affilié au régime de prévoyance complémentaire de l'entreprise, collectif et à adhésion obligatoire. Sa rémunération est de 97 500 € sur l'année 2025, toutes primes comprises. La part patronale « Frais de santé », imposable dès le 1er euro, est exclue des calculs de réintégration de fin d'année. Voici les calculs à opérer fin décembre 2025, en supposant que la réglementation ne change pas d'ici là. Pour l'exemple de bulletin de paye, voir *Cotisations de retraite et de prévoyance (réintégration des excédents)**.					
Cotisations de prévoyance complémentaire	**Assiette**	**Part salariale**		**Part patronale**	
		Taux	**Montant**	**Taux**	**Montant**
Prévoyance « Frais de santé »	-	-	1 200 €	-	1 200 €
Autres garanties de prévoyance :					
- tranche A	47 100 €	1,80 %	847,80 €	6,00 %	2 826 €
- tranche B	50 400 €	3,00 %	1 512 €	4,50 %	2 268 €
Total (hors part patronale « Frais de santé »)			**3 559,80 €**		**5 094 €**
Total parts patronale et salariale (hors part patronale « Frais de santé »)					**8 653,80 €**

1) Seuil d'exonération des contributions de prévoyance complémentaire

Le seuil d'exonération est de 5 % du plafond annuel de la sécurité sociale + 2 % de la rémunération annuelle brute (part patronale « Frais de santé » incluse), soit : (47 100 € × 5 %) + [(97 500 € + 1 200 €) × 2 %] = **4 329 €**.
La limite du plafond maximal d'exonération est bien respectée (2 % de 8 plafonds annuels, soit 7 536 €).

2) Calculs de réintégration

- Cotisations de prévoyance complémentaire (hors part patronale « Frais de santé ») : 3 559,80 € + 5 094 € = 8 653,80 €.
- Excédent à réintégrer dans le net imposable : 8 653,80 € – 4 329 € = **4 324,80 €**.

Pour mémoire, cet excédent se ventile au prorata des cotisations de prévoyance complémentaire respectivement supportées entre l'employeur et le salarié, en excluant la part patronale « Frais de santé » :
- cotisations salariales non déductibles : **4 324,80 €** × (3 559,80 €/8 653,80 €) = **1 779,04 €** ;
- cotisations patronales imposables : **4 324,80 €** × (5 094 €/8 653,80 €) = **2 545,76 €**.

Régime fiscal : exemples « prévoyance » et « retraite » sur 2025

I - Prévoyance complémentaire collective et obligatoire

Cinq salariés d'une entreprise bénéficient de garanties de prévoyance complémentaire collectives et obligatoires. La rémunération annuelle brute de référence utilisée pour calculer la limite d'exonération comprend le salaire et la contribution patronale aux garanties « frais de santé ». Le rapport « cotisations salariales de prévoyance (garantie frais de santé comprise)/cotisations patronales (hors garantie frais de santé) », utilisé pour ventiler l'excédent, est supposé de « 40 %/60 % ».

Salariés	A	B	C	D	E
Rémunération annuelle brute de référence (R) (1)	29 172 €	60 000 €	100 000 €	146 400 €	300 000 €
Cotisations patronales et salariales de prévoyance (hors part patronale aux garanties « frais de santé »)	1 313 €	2 700 €	4 500 €	6 588 €	13 500 €
5 % P + 2 % R	2 355 € + 583 € = 2 938 €	2 355 € + 1 200 € = 3 555 €	2 355 € + 2 000 € = 4 355 €	2 355 € + 2 928 € = 5 283 €	2 355 € + 6 000 € = 8 355 €
2 % de 8 P	7 536 €	7 536 €	7 536 €	7 536 €	7 536 €
Limite d'exonération retenue	2 938 €	3 555 €	4 355 €	5 283 €	7 536 €
Sommes à réintégrer dont :	Néant	Néant	4 500 € – 4 355 € = 145 €	6 588 € – 5 283 € = 1 305 €	13 500 € – 7 536 € = 5 964 €
• cotis. salariales non déductibles	—	—	58 €	522 €	2 385,60 €
• cotis. patronales imposables	—	—	87 €	783 €	3 578,40 €

P = plafond annuel de sécurité sociale. (1) Y inclus les contributions patronales aux garanties « frais de santé » imposables.

Régime fiscal : exemples « prévoyance » et « retraite » sur 2025		
II - Retraite supplémentaire collective et obligatoire		
Un salarié d'une entreprise est affilié à un régime de retraite supplémentaire collective et obligatoire. La rémunération annuelle brute de référence utilisée pour calculer la limite d'exonération est supposée de 60 000 €, part patronale aux garanties de prévoyance « frais de santé » comprise. Les cotisations de retraite supplémentaire sont de 5 % de la rémunération brute, dont 1,8 % de part salariale (soit 1 080 €) et 3,2 % de part patronale (soit 1 920 €). Dans le second cas, l'entreprise a versé pendant l'année 3 500 € d'abondement à un PERCO.		
	Sans PERE-CO ni PERCO	**Avec PERE-CO ou PERCO**
Rémunération annuelle brute de référence (R) (1)	60 000 €	60 000 €
Cotisations patronales et salariales de retraite supplémentaire	3 000 €	3 000 €
Limites d'exonération = R × 8 %	4 800 €	4 800 € – 3 500 € = 1 300 €
Sommes à réintégrer dont :	néant	1 700 € (2)
• cotis. salariales non déductibles	–	612 € (3)
• cotis. patronales imposables		1 088 € (4)
(1) Y inclus les contributions patronales aux garanties « frais de santé » imposables. (2) 1 700 € = 3 000 € – 1 300 €. (3) 1 700 € × (1 080 €/3 000 €) = 612 €. (4) 1 700 € × (1 920 €/3 000 €) = 1 088 €.		

Cotisations de retraite et de prévoyance (régime social)

Assurance vieillesse sécurité sociale

Les cotisations patronales au régime d'assurance vieillesse de la sécurité sociale sont exonérées de CSG/CRDS et de cotisations sans aucune limite (c. séc. soc. art. L. 136-1-1, III, 2° a et L. 242-1, I ; BOSS, Assiette générale, § 210, 01/01/2024).

Régimes de retraite complémentaire légalement obligatoires

Principe d'exonération - Les cotisations patronales aux régimes de retraite complémentaire légalement obligatoires sont exonérées de CSG/CRDS et de cotisations sans aucune limite (c. séc. soc. art. L. 136-1-1, III, 2° b et L. 242-1, I ; BOSS, Assiette générale, §§ 210 et 340, 01/01/2024).

Cette règle concerne notamment les contributions patronales versées au titre du régime de retraite géré par l'*AGIRC-ARRCO**.

Limite - L'exonération ne vaut que pour la part patronale telle qu'elle est prévue par les dispositions légales et réglementaires ou par les accords nationaux interprofessionnels régissant ces régimes (circ. DSS/5B 2009-31 du 30 janvier 2009 abrogée, mais le principe posé reste valable).

Dans le cadre du régime unifié AGIRC-ARRCO, la clef de répartition de principe est 60 % du taux à la charge de l'employeur et 40 % à la charge du salarié. L'employeur peut appliquer une répartition plus favorable pour les salariés (ANI AGIRC-ARRCO du 17 novembre 2017, art. 38).

Si une répartition plus favorable au salarié est appliquée par l'entreprise (ex. : 70 % employeur/30 % salarié), la différence entre la part patronale résultant de la répartition de principe et celle résultant de la répartition dérogatoire doit être intégrée dans l'assiette des cotisations de sécurité sociale, sauf à pouvoir justifier des dérogations admises par le régime unifié (circ. AGIRC-ARRCO 2019-1 DRJ du 9 janvier 2019, Fiche 3, § I-2-4).

En effet, une part patronale supérieure reste exonérée de cotisations si elle s'appuie sur une des dérogations expressément autorisées par le régime : répartition prévue par une convention collective antérieure au 25 avril 1996, répartition déjà appliquée au 31 décembre 1998, etc. ; anciennes répartitions tranche C AGIRC autres que « 62 % employeur/38 % salarié » conservées dans le régime unifié (voir *Cotisations de retraite AGIRC-ARRCO**) (circ. AGIRC-ARRCO 2019-1 DRJ du 9 janvier 2019, Fiche 3, § I-2-4-2).

Exemple

Un employeur prend en charge les cotisations de retraite AGIRC-ARRCO à hauteur de 70 %, soit en tranche 1 une part patronale de 7,87 % × 70 % = 5,51 %. Pour un salarié rémunéré 2 000 € brut par mois, le montant des cotisations patronales s'élève à : 2 000 € × 5,51 % = 110,20 €. Sur la base de la répartition de principe (60 % de part patronale), la cotisation patronale devrait s'élever à : 2 000 € × 4,72 % = 94,40 €. Dès lors, la différence entre la cotisation patronale issue de la répartition de principe et le montant réellement pris en charge par l'employeur (soit 110,20 € – 94,40 € = 15,80 €) doit être réintégrée dans l'assiette des cotisations de sécurité sociale, sauf si l'employeur peut justifier d'une des dérogations admises.

Lorsque des contributions patronales de retraite complémentaire AGIRC-ARRCO sont réintégrées dans l'assiette des cotisations de sécurité sociale, elles restent néanmoins exclues des assiettes AGIRC-ARRCO (ANI AGIRC-ARRCO du 17 novembre 2017, art. 30, § 3). Il n'y a donc aucune réintégration à opérer dans les bases des cotisations de retraite complémentaire.

Maintien des cotisations en cas de temps partiel - En cas de *maintien des cotisations vieillesse en cas de temps partiel**, la prise en charge par l'employeur du supplément de part salariale des cotisations AGIRC-ARRCO dues sur la fraction de rémunération reconstituée pour correspondre à un temps plein ne constitue pas une rémunération : elle est exonérée de cotisations, de CSG et de CRDS (BOSS, Assiette générale, § 210, 01/01/2024).

Opérations de retraite supplémentaire et prévoyance complémentaire

Réforme 2020 de l'épargne retraite - Pour les entreprises, la réforme de l'épargne retraite issue de la loi PACTE et des textes qui ont suivi s'est traduite par la création de nouveaux plans d'épargne retraite d'entreprise (PERE), que les entreprises peuvent mettre en place depuis le 1er octobre 2019 :

Régime social des cotisations patronales de retraite et de prévoyance applicable au 1er janvier 2025 (1)

Type d'opérations	Cotisations de sécurité sociale et charges ayant la même assiette	Autres contributions
Prévoyance complémentaire à caractère collectif et obligatoire	• Limite d'exonération de cotisations égale à : 6 % du plafond de la sécurité sociale + 1,5 % de la rémunération. • Le total des contributions exonérées ne peut dépasser 12 % du plafond de la sécurité sociale.	• CSG et CRDS sur les contributions patronales de prévoyance complémentaire (sans abattement d'assiette). • Employeurs de 11 salariés et plus : forfait social de 8 % sur les contributions patronales de prévoyance complémentaire exonérées de cotisations mais assujetties à CSG (2).
Retraite supplémentaire à caractère collectif et obligatoire (y inclus PERE-OB)	• Limite d'exonération de cotisations égale à la plus élevée des deux valeurs suivantes : - soit 5 % du plafond de la sécurité sociale ; - soit 5 % de la rémunération retenue jusqu'à 5 plafonds de sécurité sociale.	• CSG et CRDS sur les contributions patronales de retraite supplémentaire et les versements obligatoires de l'employeur à un PERE-OB (sans abattement d'assiette). • Forfait social sur la fraction des contributions patronales de retraite supplémentaire et des versements obligatoires de l'employeur à un PERE-OB exonérée de cotisations mais assujettie à CSG (2) : - principe : taux de 20 % ; - possibilité d'un taux de 16 % sur les versements à un PERE-OB répondant à certaines conditions.
Retraite de la sécurité sociale	• Totalement exonérées de cotisations, de CSG et de CRDS.	
Retraite complémentaire légalement obligatoire (ARRCO, AGIRC, etc.)	• Totalement exonérées de cotisations, de CSG et de CRDS, pour la part patronale telle qu'elle résulte des dispositions légales et réglementaires ou des accords nationaux interprofessionnels régissant ces régimes.	
Régime de retraite supplémentaire ou de prévoyance complémentaire individuel et/ou à adhésion facultative	• Pas d'exonération. Contributions patronales assujetties en totalité à cotisations de sécurité sociale ainsi qu'à CSG et CRDS (sans abattement d'assiette).	

(1) Hors régimes relevant de la *contribution patronale sur les régimes de retraite à prestations définies** (c. séc. soc. art. L. 137-11 et L. 137-11-2).
(2) Les contributions patronales qui dépassent la limite d'exonération et sont, de ce fait, assujetties à cotisations de sécurité sociale, ne sont pas soumises au forfait social.

- le *plan d'épargne retraite d'entreprise collectif** (PERE-CO), qui a succédé à l'ancien *plan d'épargne pour la retraite collectif** (PERCO) ;
- le *plan d'épargne retraite d'entreprise obligatoire** (PERE-OB), qui s'apparente davantage aux contrats de retraite supplémentaire dits « art. 83 », auxquels il a d'ailleurs succédé.

Pour les besoins de cette étude, on rappellera que les versements obligatoires de l'employeur à un *PERE-OB** suivent le même régime social que les cotisations à un contrat de retraite supplémentaire « art. 83 » ici décrit.

Un *PERE-CO** ne peut pas être alimenté par des cotisations obligatoires, sauf si l'employeur a mis en place un plan d'épargne regroupé dans les conditions requises. Dans ce dernier cas, les cotisations obligatoires de l'employeur ou du salarié suivent le régime « retraite supplémentaire ».

Les dispositifs antérieurs à la réforme (PERCO « ancienne mouture », contrats de retraite supplémentaire « article 83 ») ne peuvent plus être mis en place depuis le 1er octobre 2020 (ord. 2019-766 du 24 juillet 2019, art. 8, II et III et art. 9, II ; décret 2019-807 du 30 juillet 2019, art. 9, III). Ceux mis en place avant cette date peuvent continuer à fonctionner et à accueillir de nouveaux bénéficiaires.

Conditions d'exonération communes - Ces conditions communes sont détaillées par ailleurs (voir *Régimes de retraite supplémentaire et de prévoyance complémentaire**). L'essentiel est ici rappelé.

Les cotisations patronales aux régimes de *retraite supplémentaire** ou au *plan d'épargne retraite d'entreprise obligatoire** (PERE-OB), ainsi que les cotisations patronales de *prévoyance complémentaire** versées au bénéfice des salariés, des anciens salariés et de leurs ayants droit sont exonérées de cotisations dans la limite de plafonds prévus par la législation, dès lors que ces prestations revêtent un caractère obligatoire et collectif et qu'ils ont été mis en place dans le cadre d'une des procédures de l'article L. 911-1 du code de la sécurité sociale (accord collectif, ratification d'un projet d'accord proposé par le chef d'entreprise, décision unilatérale du chef d'entreprise) (c. séc. soc. art. L. 242-1, II, 4°).

Les prestations doivent être versées aux bénéficiaires, directement par l'intermédiaire de l'employeur ou par un organisme délégataire de gestion, par un organisme habilité (institutions de prévoyance complémentaire, de retraite supplémentaire, entreprises relevant du code des assurances, mutuelles, organisme gestionnaire de *PERE-OB**).

Par ailleurs, les exonérations ne sont pas applicables si les contributions patronales se substituent à d'autres éléments de la rémunération du salarié, à moins qu'un délai de 12 mois ne se soit écoulé entre le dernier versement de l'élément de rémunération en tout ou partie supprimé et le premier versement des contributions patronales (c. séc. soc. art. L. 242-1, II, 4°). Ce principe s'applique aux régimes de retraite supplémentaire ou de prévoyance complémentaire mis en place depuis le 1er janvier 2005.

Conditions spécifiques aux opérations de retraite supplémentaire - Les opérations de retraite supplémentaire collective à adhésion obligatoire visées par l'exonération sont précisément définies (pour le détail, voir *Retraite supplémentaire**).

Conditions spécifiques aux régimes de prévoyance - Les régimes de prévoyance doivent également remplir des conditions spécifiques pour ouvrir droit au régime d'exonération sociale (pour le détail, voir *Prévoyance complémentaire**).

En particulier, les cotisations patronales finançant des garanties « Frais de santé » sont exonérées de cotisations dans la limite du plafond prévu par le code de la sécurité sociale que si ces garanties sont conformes au cahier des charges des contrats « responsables » (c. séc. soc. art. L. 242-1, II, 4° ; c. séc. soc. art. L. 871-1) [voir *Prévoyance « frais de santé » (contrat responsable)**].

Par patronale à la prévoyance « Frais de santé » - L'assujettissement à l'impôt sur le revenu de la part patronale au financement des garanties « Frais de santé » [voir *Cotisations de retraite et de prévoyance (régime fiscal)**] n'a pas d'incidence en matière sociale.

Ainsi, les contributions patronales finançant des régimes de prévoyance « Frais de santé » collectifs et obligatoires sont donc exonérées de cotisations de sécurité sociale dans la limite applicable à la prévoyance complémentaire, comme antérieurement.

Pas de faveur pour les régimes facultatifs ou individuels - Les exonérations sociales sont réservées aux régimes de retraite supplémentaire ou de prévoyance complémentaire collectifs et à adhésion obligatoire.

Si l'une de ces caractéristiques n'est pas respectée (régimes individuels, régimes à adhésion facultative, même s'il s'agit de régimes collectifs), le régime social de faveur ne s'applique pas : les cotisations patronales sont alors assimilées à un complément de salaire et assujetties à cotisations, à CSG et à CRDS (sans abattement d'assiette).

Plafond à utiliser pour calculer les limites d'exonération

Pour le calcul de la limite d'exonération annuelle, la référence exprimée en pourcentage du *plafond de la sécurité sociale** est un montant forfaitaire, commun à tous les salariés, calculé sur la base du montant annuel du plafond. Ce montant n'est donc pas proratisé (BOSS, Assiette générale, § 1170, 01/01/2024).

Concrètement, le plafond de la sécurité sociale n'est pas réduit pour tenir compte des périodes d'absence non rémunérées, ou encore des prorata de plafond « *employeurs multiples** » ou pour temps partiel. Il fait l'objet d'une régularisation progressive dans les mêmes conditions que pour le plafond applicable pour les cotisations sociales (BOSS, Assiette générale, §§ 1180 et 1190, 01/01/2024).

Exemple

Que ce soit pour un salarié à temps plein présent toute l'année, entré ou sorti en cours d'année, à temps partiel (ex. : mi-temps), etc., la limite d'exonération annuelle pour 2025 se calcule en prenant en compte le plafond annuel de 47 100 €. La seule variable est donc la rémunération du salarié *(voir plus loin pour les formules de calcul des limites d'exonération)*.

Cette doctrine administrative est applicable de manière obligatoire depuis le 1er janvier 2022. Elle est opposable aux URSSAF depuis le 1er avril 2021 pour les employeurs qui ont choisi de l'appliquer pour les déclarations sociales faites au titre de l'année 2021 (BOSS, Assiette générale, § 1190, 01/10/2024). Elle est, en effet plus favorable pour les employeurs que la doctrine antérieure, lorsque l'administration considérait qu'il fallait tenir compte du plafond propre au salarié en cause, ce qui pouvait conduire à des montants variables selon la situation de chacun (prorata temps partiel, embauche en cours d'année, etc.) (circ. DSS/5B 2009-32 du 30 janvier 2009, fiche 1, § I abrogée).

Limite d'exonération pour la prévoyance complémentaire

Calcul du seuil d'exonération - Les contributions des employeurs finançant des régimes de prévoyance complémentaire collectifs et obligatoires sont exclues de l'assiette des cotisations de sécurité sociale propres à chaque assuré, pour une fraction n'excédant pas un montant égal à la somme (c. séc. soc. art. D. 242-1) :
- de 6 % du montant annuel du *plafond de la sécurité sociale** (soit 2 826 € pour l'année 2025) ;
- et de 1,5 % de la rémunération brute soumise à cotisations de sécurité sociale (en excluant les éventuelles contributions patronales de retraite supplémentaire ou de prévoyance complémentaire soumises à cotisations, comme celles finançant par exemple un régime facultatif).

Ce total ne peut pas excéder 12 % du montant annuel du *plafond de la sécurité sociale** (soit 5 652 € pour l'année 2025). Si nécessaire, la limite d'exonération est ramenée à ce montant.

▶ À noter... En matière de retraite supplémentaire *(voir plus loin dans l'étude)*, la Cour de cassation a jugé que, pour le paramètre « rémunération brute soumise à cotisations », il ne faut prendre en compte que les rémunérations versées par l'employeur, et pas celles versées par des tiers (en l'espèce, des indemnités versées par une caisse de congés payés) (cass. civ., 2e ch., 28 septembre 2023, n° 21-24048 FB). À notre sens, cette solution pourrait aussi s'appliquer au calcul de la limite d'exonération des contributions des employeurs finançant des régimes de prévoyance complémentaire collectifs et obligatoires.

Pour le calcul de la limite d'exonération en cas de période de suspension du contrat de travail, voir *Régimes de retraite supplémentaire et de prévoyance complémentaire (suspension du contrat de travail)**.

Contributions à comparer à la limite - Pour la comparaison, il faut prendre en compte les contributions patronales finançant les régimes de *prévoyance complémentaire** collectifs à adhésion obligatoire répondant aux conditions d'exonération, y inclus le régime de prévoyance complémentaire d'assurance-décès obligatoire des cadres.

En revanche, il convient d'ignorer les primes versées par les entreprises à des organismes assureurs, en vue d'assumer l'obligation de maintien de salaire qui leur incombe en vertu du code du travail ou d'un accord collectif. Ces primes ne doivent pas être prises en compte dans la comparaison, dans la mesure où elles sont considérées comme ne constituant pas une contribution au financement d'un régime de prévoyance complémentaire. Elles échappent également à la *CSG**, à la *CRDS** et, pour les employeurs concernés, au *forfait social** de 8 % (voir *Prévoyance complémentaire**).

Limite d'exonération pour la retraite supplémentaire

Calcul du seuil d'exonération - Les contributions des employeurs versées au financement de pres-

Prévoyance : calcul de réintégration sociale sur 2025				
Un cadre est affilié au régime de prévoyance complémentaire de l'entreprise, collectif et à adhésion obligatoire. Sa rémunération est de 97 500 € sur l'année 2025, toutes primes comprises. Voici les calculs à opérer fin décembre 2025, en supposant que la législation ne change pas d'ici là. Pour l'exemple de bulletin de paye, voir *Cotisations de retraite et de prévoyance (réintégration des excédents)**.				
Cotisations de prévoyance complémentaire		**Assiette**	**Part patronale**	
			Taux	**Montant**
Prévoyance « Frais de santé »		-	-	1 200,00 €
Autres garanties de prévoyance	- tranche A	47 100 €	6,00 %	2 826,00 €
	- tranche B	50 400 €	4,50 %	2 268,00 €
Total				**6 294,00 €**

1) Seuil « prévoyance » :
La limite d'exonération des contributions patronales de prévoyance complémentaire est de 6 % du plafond de la sécurité sociale majoré de 1,5 % de la rémunération, soit : (6 % × 47 100 €) + (1,5 % × 97 500 €) = 4 288,50 €.
La limite du plafond maximal d'exonération est bien respectée (12 % du plafond de la sécurité sociale, soit 12 % × 47 100 € = 5 652 €).

2) Réintégration dans l'assiette des cotisations de sécurité sociale :
L'excédent de contributions patronales de prévoyance complémentaire à réintégrer dans l'assiette des cotisations de sécurité sociale est de : 6 294 € – 4 288,50 € = **2 005,50 €**.

tations de retraite supplémentaire à adhésion obligatoire – ancien contrat de retraite « art. 83 » ou cotisations obligatoires à un *plan d'épargne retraite d'entreprise obligatoire** (PERE-OB) – sont exclues de l'assiette des cotisations de sécurité sociale propres à chaque assuré, pour une fraction n'excédant pas la plus élevée des deux valeurs suivantes (c. séc. soc. art. D. 242-1) :
- 5 % du montant du montant annuel du *plafond de la sécurité sociale** (soit 2 355 € pour l'année 2025) ;
- ou 5 % de la rémunération brute soumise à cotisations de sécurité sociale, retenue dans la limite de 5 fois le montant annuel du *plafond de la sécurité sociale** (soit en 2025 une limite maximale de 5 % × 47 100 € × 5 = 11 775 € pour un salarié dont le brut sécu est supérieur ou égal à 5 fois le plafond annuel).

Dans la rémunération brute soumise à cotisations, il ne faut prendre en compte que les rémunérations versées par l'employeur, et pas celles versées par un tiers à l'employeur (en l'espèce, des indemnités versées par une caisse de congés payés) (cass. civ., 2e ch., 28 septembre 2023, n° 21-24048 FB).

Il ne faut pas non plus tenir compte des éventuelles contributions patronales à des régimes de retraite complémentaire ou de prévoyance qui seraient elles-mêmes soumises à cotisations de sécurité sociale (ex. : contributions patronales à un régime de retraite supplémentaire ou de prévoyance complémentaire facultatif).

▶ À noter… Pour le calcul de la limite d'exonération en cas de période de suspension du contrat de travail, voir *Régimes de retraite supplémentaire et de prévoyance complémentaire (suspension du contrat de travail)**.

Contributions à comparer à la limite - Pour la comparaison, il faut prendre en compte les contributions patronales finançant les régimes de *retraite supplémentaire** collectifs à adhésion obligatoire répondant aux conditions d'exonération ainsi que les versements obligatoires de l'employeur à un *plan d'épargne retraite d'entreprise obligatoire**.

En revanche, il faut ignorer les contributions patronales aux régimes de retraite complémentaire imposés par la loi (AGIRC-ARRCO notamment) et celles qui financent des régimes entrant dans le champ de la *contribution sur les régimes de retraite à prestations définies**.

Incidence d'un PERE-CO ou d'un ancien PERCO - S'il y a lieu, la fraction exonérée de cotisations d'un abondement de l'employeur à un *plan d'épargne retraite d'entreprise collectif** (PERE-CO) ou à un ancien *plan d'épargne collectif pour la retraite** (PERCO) vient en déduction de la limite d'exonération applicable (c. séc. soc. art. L. 242-1, II, 4°, a).

Même si l'abondement excède la limite d'exonération, il ne doit pas être réintégré dans l'assiette des cotisations de sécurité sociale, à tout le moins tant qu'il n'excède pas la limite maximale de l'abondement à un PERE-CO (ou PERCO).

Exemple

Pour un salaire donné, la limite d'exonération des contributions patronales de retraite supplémentaire est supposée être de 1 600 €. Si l'employeur verse un abondement de 500 € sur le PERE-CO (ou PERCO) de ce salarié, la limite d'exonération est alors égale à : 1 600 – 500 = 1 100 €. Si l'employeur verse un abondement de 2 000 € sur le PERE-CO (ou PERCO) de ce salarié, la limite d'exonération devient nulle et les contributions de retraite supplémentaire sont intégralement soumises aux cotisations de sécurité sociale (l'abondement au PERE-CO/PERCO reste exonéré de cotisations).

Incidence d'un compte épargne-temps - Le bénéficiaire d'un *compte épargne-temps** peut l'utiliser pour financer un *PERE-CO** ou un *PERCO** : dans ce cas, les sommes issues du CET qui correspondent à un abondement en temps ou en argent de l'employeur sont assimilées à un abondement de l'employeur au PERE-CO ou au PERCO (c. trav. art. L. 3152-4). Il convient donc de leur appliquer les mêmes règles, de sorte que ces sommes viennent en déduction de la limite d'exonération *(voir ci-dessus)*.

Les sommes issues d'un CET correspondant à un abondement en temps ou en argent de l'employeur et versées à *PERE-OB** (ou un régime de retraite supplémentaire collectif et obligatoire « art. 83 ») sont assimilées à des contributions patronales de retraite supplémentaire ou à des versements obligatoires de l'employeur au *PERE-OB**. Elles sont donc prises en compte dans la comparaison avec la limite d'exonération.

Exemples de calcul pour 2025

Les limites d'exonération (salarié à temps plein présent toute l'année)

Limite d'exonération retraite	Limite d'exonération prévoyance
Limite la plus élevée entre : - 5 % du plafond : 2 355 € ; - et 5 % de la rémunération dans la limite de 5 plafonds, à savoir 2 355 € pour le salarié A et 11 775 € pour le salarié B.	• 6 % du plafond (soit 2 826 €) + 1,5 % de la rémunération, soit au total : 3 532,50 € pour le salarié A et 7 065 € pour le salarié B ; • dans la limite de 12 % du plafond, soit 5 652 € pour le salarié B.

Salarié A : non-cadre rémunéré au niveau du plafond de sécurité sociale

Salarié non-cadre. Rémunération égale en 2025 au plafond de la sécurité sociale, soit 47 100 €. Dans cet exemple, les contributions patronales finançant des régimes de retraite supplémentaire et de prévoyance complémentaire facultatifs sont soumises à cotisations de sécurité sociale.

Contrats (PP = participation patronale)	Contributions employeur	Montant soumis à cotisations de sécurité sociale
Retraite supplémentaire régime collectif/obligatoire (PP 2 %)	942 €	0 € (contributions < 2 355 €)
Retraite supplémentaire régime facultatif (PP 2 %)	942 €	942 €
Prévoyance régime collectif/obligatoire (PP 3 %)	1 413 €	0 € (contributions < 3 532,50 €)
Prévoyance régime facultatif (PP 2 %)	942 €	942 €
TOTAL	**4 239 €**	**1 884 €**

Salarié B : cadre supérieur rémunéré au niveau de 6 fois le plafond

Salarié cadre. Rémunération égale en 2025 à 6 plafonds de sécurité sociale, soit 282 600 €.

Contrats (PP = participation patronale)	Contributions employeur	Montant soumis à cotisations de sécurité sociale
Retraite supplémentaire régime collectif/obligatoire (PP 2 %)	5 652 €	0 € (contributions < 11 775 €)
Retraite supplémentaire régime facultatif (PP 2 %)	5 652 €	5 652 €
Prévoyance régime collectif/obligatoire (PP 3 %)	8 478 €	2 826 € (contributions > 5 652 €)
Prévoyance régime facultatif (PP 2 %)	5 652 €	5 652 €
TOTAL	**25 434 €**	**14 130 €**

Exemple

Pour un salarié, la limite d'exonération est supposée être de 1715 €. Les contributions patronales de retraite supplémentaire représentent 1100 €. Par ailleurs, le salarié finance également ce système, avec une somme de 800 € issue d'un CET et correspondant à un abondement de l'employeur. Le total des contributions patronales ou assimilées (1100 € + 800 € = 1900 €) dépasse de 185 € la limite d'exonération. Ces 185 € doivent donc être réintégrés dans l'assiette des cotisations de sécurité sociale.

Participation du CSE

Les raisonnements qui suivent, initialement dégagées pour le comité d'entreprise (CE), s'appliquent aux participations du *comité social et économique** (CSE), dans les structures où le CSE exerce les fonctions autrefois dévolues au CE (entreprises de 50 salariés et plus).

Financement d'un régime mis en place par l'employeur - Une participation du CSE au financement d'un régime de protection sociale complémentaire, bénéficiant à l'ensemble des salariés de l'entreprise (ou à l'ensemble des salariés d'une catégorie objective) est assimilée à une contribution de l'employeur. Elle est éligible à l'exemption d'assiette dans les conditions de droit commun (BOSS, Protection sociale complémentaire, § 1410, 01/01/2025 ; lettre-circ. ACOSS 2014-2 du 4 février 2014, Q/R 19). Ainsi, le bénéfice de l'exonération est subordonné aux conditions habituelles : il doit s'agir d'un régime mis en place par l'employeur selon l'une des modalités autorisées par la loi, le régime doit avoir un caractère collectif et obligatoire, etc. [voir *Régimes de retraite supplémentaire et de prévoyance complémentaire**].

Pour apprécier l'éventuel dépassement de la limite d'exonération, il convient de cumuler la participation du CSE avec les contributions patronales.

La participation du CSE doit être uniforme (en montant et en taux) pour l'ensemble des salariés (ou, le cas échéant, l'ensemble des salariés appartenant au régime en cause). Elle peut toutefois être modulée en fonction de la situation familiale, si le régime en cause soumet la cotisation à la charge du salarié à une telle modulation.

S'agissant des comités d'établissement, la circonstance que la participation prise en charge par le comité d'établissement varie d'un comité à l'autre n'est pas de nature à remettre en cause le bénéfice de l'exemption d'assiette.

Régimes mis en place par le CSE - Les conditions d'exemption impliquent qu'un régime de protection sociale complémentaire mis en place directement par le CSE au profit de salariés de l'entreprise ne peut pas être « exonéré », car au moins deux critères ne sont pas remplis (absence de caractère obligatoire, mise en place en dehors des procédures autorisées, en particulier).

Intervention du CSE au titre des secours - L'ACOSS admet qu'en dehors de l'exemption d'assiette admise au titre d'un financement collectif, le CSE est susceptible, le cas échéant, d'intervenir en exonération de cotisations sociales dans le cadre de ses prestations de « secours » (prise en charge ponctuelle et exceptionnelle au profit des salariés en difficultés financières) (lettre-circ. ACOSS 2014-2 du 4 février 2014, Q/R 19).

Rappelons toutefois que cette notion est d'interprétation stricte (voir *Secours**).

Sort des excédents : modalités de la réintégration

Moment de la comparaison - En principe, ces excédents doivent être calculés pour chaque paye, en régularisation progressive.

Si la rémunération perçue au fur et à mesure de l'année n'entraîne pas le dépassement de ces seuils, ce sera donc lors de la dernière paye de l'année que l'employeur procédera à une ultime comparaison avec la limite d'exclusion d'assiette et, s'il y a lieu, à une réintégration dans l'assiette des cotisations.

Excédents, cotisations de sécurité sociale et charges ayant la même assiette - Lorsqu'un des seuils est dépassé, l'excédent est soumis à cotisations de sécurité sociale (maladie, vieillesse, allocations familiales, accidents du travail) et aux autres charges ayant la même assiette (FNAL, versement mobilité, contribution solidarité autonomie, assurance chômage, taxe d'apprentissage, contribution à la formation professionnelle, participation construction, contribution au dialogue social).

Il convient toutefois de tenir compte des règles de plafonnement applicables à certaines cotisations (FNAL plafonné, cotisations vieillesse dans la limite du plafond, contributions d'assurance chômage et d'AGS), ce qui peut conduire, pour celles-ci, à limiter la réintégration, voire à ne rien réintégrer si les assiettes maximales ont déjà été atteintes du fait de l'importance de la rémunération du salarié.

Il faut également prendre soin d'éviter tout double assujettissement de cotisations patronales qui auraient été soumises à cotisations en tant que complément de salaire, parce que le régime financé ne remplit pas, par exemple, les conditions d'exonération.

Sort de l'excédent au regard de l'assiette AGIRC-ARRCO - Les excédents de cotisations patronales de retraite supplémentaire et de prévoyance complémentaire réintégrés dans l'assiette des cotisations de sécurité sociale doivent également l'être dans la base des contributions AGIRC-ARRCO, dans la limite des règles de plafonnement de ces cotisations (circ. AGIRC-ARRCO 2005-15 du 6 octobre 2005).

Il convient toutefois de tenir compte des règles de plafonnement applicables, ce qui peut conduire à limiter la réintégration, voire à ne rien réintégrer si les limites d'assiette maximale sont déjà atteintes du fait de l'importance de la rémunération du salarié.

Sort de l'excédent au regard de la CSG/CRDS - Aucun excédent ne doit être réintégré dans la base CSG/CRDS puisque les cotisations patronales de retraite supplémentaire et de prévoyance complémentaire sont déjà assujetties à ces contributions en temps normal.

Sort de l'excédent au regard du forfait social - L'excédent ne doit jamais être réintégré dans la base du *forfait social**. Par définition, les contributions patronales de retraite supplémentaire et de prévoyance complémentaire assujetties à cotisations de sécurité sociale n'y sont pas soumises (c. séc. soc. art. L. 137-15, 1°).

En revanche, la réintégration d'excédents de contributions de retraite supplémentaire et, pour les employeurs de 11 salariés et plus, de prévoyance complémentaire finançant des régimes « exonérés » peut conduire, le cas échéant, à une régularisation de l'assiette du forfait social en faveur de l'employeur. Ce sera le cas dans l'hypothèse où des contributions exclues de l'assiette des cotisations de sécurité sociale sur les premières payes de l'année (et donc assujetties au forfait social) venaient à être réintégrées (il n'y a pas de forfait social sur les contributions assujetties à cotisations de sécurité sociale).

Régimes de retraite à prestations définies

Régimes relevant de la contribution spécifique - L'employeur est redevable d'une contribution spécifique sur les régimes de retraite à prestations définies qui répondent à certaines conditions (voir *Contribution sur les régimes de retraite à prestations définies**).

En contrepartie, les contributions patronales finançant ces régimes sont totalement exonérées de CSG/CRDS et de cotisations (c. séc. soc. art. L. 136-1-1, III, 2° e et L. 242-1, I). En conséquence, elles doivent être ignorées de tous les calculs de réintégration.

Autres régimes à prestations définies - Voir *Régime de retraite à prestations définies**.

CSG/CRDS, forfait social, taxe sur les salaires

CSG et CRDS - Le mécanisme d'exonération sous plafond prévu pour les cotisations de sécurité sociale ne s'applique pas à la base CSG et CRDS.

Les contributions patronales de retraite supplémentaire, les versements obligatoires de l'employeur à un *PERE-OB**, ainsi que les contributions patronales de prévoyance complémentaire sont assujetties à la *CSG** et à la *CRDS** au titre des revenus d'activité dès le 1er euro (c. séc. soc. art. L. 136-1-1, I).

L'abattement d'assiette de 1,75 % ne s'applique pas sur ces contributions (c. séc. soc. art. L. 136-2, I, 1° renvoyant à L. 242-1, II).

Forfait social - Quel que soit l'effectif de l'entreprise, les contributions patronales finançant des régimes de retraite supplémentaire collectifs et à adhésion obligatoire, exonérées de cotisations de sécurité sociale dans les limites réglementaires, sont soumises au *forfait social** (taux de 20 %) (c. séc. soc. art. L. 137-15). Il en va de même des versements obligatoires de l'employeur à un *PERE-OB**, étant précisé que dans ce cas, l'employeur peut le cas échéant bénéficier d'un taux réduit (16 % au lieu de 20 %).

Les employeurs de 11 salariés et plus sont redevables du forfait social sur la part des contributions patronales de prévoyance complémentaire exclue de l'assiette des cotisations de sécurité sociale mais assujettie à CSG. Le taux applicable est de 8 % (voir *Forfait social**) (c. séc. soc. art. L. 137-15).

Taxe sur les salaires - La base d'imposition à la *taxe sur les salaires** est alignée sur celle de la CSG sur les revenus d'activité, sans application toutefois de l'abattement de 1,75 % (CGI art. 231).

Pour les employeurs concernés, les cotisations patronales de retraite supplémentaire et de prévoyance complémentaire, les versements obligatoires de l'employeur à un *PERE-OB**, sont donc assujetties à la taxe tout au long de l'année.

En conséquence, les excédents de cotisations patronales de retraite supplémentaire et de prévoyance complémentaire réintégrés dans l'assiette des cotisations de sécurité sociale ne doivent donc pas être réintégrés dans la base de la *taxe sur les salaires**.

RÉFÉRENCES

BOSS, Protection sociale complémentaire, §§ 80 à 180, 01/01/2025 ; lettre-circ. ACOSS 2006-126 du 20 décembre 2006 ; lettre-circ. ACOSS 2005-89 du 9 juin 2005.

☞ *Contribution sur les régimes de retraite à prestations définies ; Cotisations de retraite AGIRC-ARRCO ; Cotisations de retraite et de prévoyance (régime fiscal) ; Cotisations de retraite et de prévoyance (réintégration des excédents) ; Forfait social ; Plan d'épargne retraite d'entreprise obligatoire ; Prévoyance complémentaire ; Prévoyance « frais de santé » (contrat responsable) ; Prévoyance « frais de santé » (versement santé) ; Régime de retraite à prestations définies ; Régimes de retraite supplémentaire et de prévoyance complémentaire ; Régimes de retraite supplémentaire et de prévoyance complémentaire (caractère collectif) ; Régimes de retraite supplémentaire et de prévoyance complémentaire (caractère obligatoire) ; Régimes de retraite supplémentaire et de prévoyance complémentaire (suspension du contrat de travail) ; Retraite supplémentaire.*

Cotisations de retraite et de prévoyance (réintégration des excédents)

Excédents fiscal et social

Les législations sociale et fiscale peuvent conduire à deux types d'excédent.

Il peut y avoir un excédent « social » de contributions patronales de retraite supplémentaire (anciens contrats « art. 83 » ou versements obligatoires de l'employeur à un *PERE-OB**) et/ou de contributions patronales de prévoyance complémentaire [voir *Cotisations de retraite et de prévoyance (régime social)**]. Cet excédent doit être réintégré dans l'assiette des cotisations de sécurité sociale et des charges ayant la même assiette.

On peut aussi avoir un excédent « fiscal » de contributions salariales et patronales de retraite supplémentaire (contrats « art. 83 » ou versements obligatoires de l'employeur à un *PERE-OB**) et/ou de prévoyance complémentaire [voir *Cotisations de retraite et de prévoyance (régime fiscal)**]. Cet excédent doit être réintégré dans le revenu imposable après avoir été ventilé entre une part salariale représentant des cotisations non déductibles et une part patronale représentant un complément de rémunération.

Traitement de l'excédent social

Réintégrations à opérer - L'excédent social doit être traité comme un complément de rémunération soumis aux cotisations de sécurité sociale et aux charges ayant la même assiette (FNAL, versement mobilité, contribution solidarité autonomie, assurance chômage et AGS, taxe d'apprentissage, contribution formation, participation à l'effort de construction, contribution patronale au financement des organisations syndicales).

À l'occasion de cette opération, il faut veiller à ne pas soumettre une deuxième fois à cotisations des contributions patronales qui l'auraient déjà été tout au long de l'année (ex. : contributions patronales finançant un régime de prévoyance complémentaire ou de retraite supplémentaire facultatif).

Cotisations plafonnées - Ce principe de réintégration doit se combiner avec la règle de plafonnement des cotisations (FNAL plafonné, assurance vieillesse dans la limite du plafond, cotisations chômage notamment).

Cela peut conduire, à limiter la réintégration, voire à ne rien réintégrer, dans l'assiette de ces cotisations si les assiettes maximales ont déjà été atteintes du fait du montant de la rémunération du salarié.

Assiettes AGIRC-ARRCO - Les excédents de cotisations patronales de retraite supplémentaire et de prévoyance complémentaire réintégrés dans l'assiette des cotisations de sécurité sociale doivent également l'être dans la base des contributions AGIRC-ARRCO, dans la limite des règles de plafonnement de ces cotisations (circ. AGIRC-ARRCO 2005-15 du 6 octobre 2005).

Base CSG/CRDS - Il n'y a pas de réintégration dans la base CSG/CRDS, puisque les contributions patronales de prévoyance complémentaire et de retraite supplémentaire y sont déjà soumises en temps normal [voir *Cotisations de retraite et de prévoyance (régime social)**].

Forfait social - La réintégration d'excédents de contributions de retraite supplémentaire et, pour les employeurs de 11 salariés et plus, de prévoyance complémentaire finançant des régimes « exonérés » peut conduire à une régularisation de l'assiette du *forfait social** en faveur de l'employeur. Ce sera le cas dans l'hypothèse où des contributions exclues de l'assiette des cotisations de sécurité sociale sur les premières payes de l'année (et donc assujetties au forfait social) viennent à être réintégrées (il n'y a pas de forfait social sur les contributions assujetties à cotisations de sécurité sociale).

Les sommes réintégrées dans l'assiette des cotisations de sécurité sociale sont déduites de l'assiette du *forfait social**. La déduction doit être opérée pour le taux du *forfait social** au taux correspondant à la

COTISATIONS DE RETRAITE ET DE PRÉVOYANCE (RÉINTÉGRATION DES EXCÉDENTS)

Les excédents proviennent du dépassement des seuils prévoyance sur le plan social [voir Cotisations de retraite et de prévoyance (régime social)] et sur le plan fiscal [voir Cotisations de retraite et de prévoyance (régime fiscal)*]. L'employeur procède à la régularisation des cotisations compte tenu du 13e mois.*

*-> **Excédent social.** Sur l'année, l'assiette des cotisations de sécurité sociale et des charges ayant la même assiette est majorée des 2 005,50 € d'excédent de cotisations patronales de prévoyance complémentaire. De janvier à novembre, l'employeur est supposé avoir réintégré 1 632,18 € d'excédent. Sur la paye de décembre, il reste 2 005,50 € – 1 632,18 € = 373,32 €.*

Par hypothèse, le régime de prévoyance prévoit que cet excédent n'est pas réintégré dans les assiettes prévoyance.

*-> **Excédent fiscal.** Sur l'année, la rémunération imposable est augmentée de 4 324,80 €. De janvier à novembre, l'employeur est supposé avoir réintégré 3 586,33 € d'excédent. Sur la paye de décembre, il reste à réintégrer 4 324,80 € – 3 586,33 € = 738,47 € dans le salaire imposable.*

Le net imposable du mois est égal à : 15 000 € – 3 189,45 € (cotis. salariales déductibles) + 100 € (part patronale frais de santé) + 738,47 € = 12 649,02 €.

EXTRAIT DU BULLETIN DE PAYE DE DÉCEMBRE 2025

Désignation	Base	Taux	Montant	
Salaire (218 jours/an)			7 500,00 €	
Treizième mois			7 500,00 €	
Brut total			15 000,00 €	
Excédent social de cotisations patronales de prévoyance	373,32 €			
Brut total soumis à cotisations			15 373,32 €	
Cotisations et contributions sociales	**Base (€)**	**Taux salarial**	**Part salarié (€)**	**Part employeur (€)**
Santé				
Sécurité sociale - Maladie Maternité Invalidité Décès	15 373,32	-	-	1 998,53 (1)
Complémentaire Incapacité Invalidité Décès Tranche A	3 925,00	1,80 %	70,65	235,50
Complémentaire Incapacité Invalidité Décès Tranche B	11 075,00	3,00 %	332,25	498,38
Complémentaire santé	-	-	100,00	100,00
Accidents du travail - maladies professionnelles	15 373,32	-	-	307,47 (2)
Retraite				
Sécurité sociale plafonnée	3 925,00	6,90 %	270,83	335,59
Sécurité sociale déplafonnée	15 373,32	0,40 %	61,49	310,54
Complémentaire Tranche 1 (3)	3 925,00	4,15 %	162,89	244,14
Complémentaire Tranche 2 (3)	11 448,32	9,86 %	1 128,80	1 692,06
Famille	15 373,32	-	-	807,10 (4)
Assurance chômage				
Chômage	15 373,32	-	-	653,37 (5)
APEC	15 373,32	0,024 %	3,69	5,53
Autres contributions dues par l'employeur				725,71 (6)
CSG déductible de l'impôt sur le revenu	15 571,38	6,80 %	1 058,85	-
CSG/CRDS non déductible de l'impôt sur le revenu	15 571,38	2,90 %	451,57	-
Exonérations et allègm. de cotis	-	-	-	-
Total des cotisations et contributions			3 641,02	7 913,91
Net social				**11 810,55**
Net à payer avant impôt sur le revenu (7)				**11 358,98 (7)**
Impôt sur le revenu	**Base**	**Taux**	**Montant**	**Cumul annuel**
Montant net imposable			12 649,02 (8)	Valeur
Impôt sur le revenu prélevé à la source	12 649,02	20,00 %	2 529,80	Valeur
Net à payer au salarié (en euros) (7)				**8 829,17 (7)**
Total versé par l'employeur				22 913,91

Notes de la rédaction, pour aider à la lecture des totaux (ces notes n'ont pas à apparaître sur le bulletin de paye) :
(1) Taux de 13 %. (2) Par hypothèse taux de 2 %. (3) Y compris contributions d'équilibre général et technique. (4) Taux de 5,25 %. (5) Y compris AGS (0,25 %). (6) CSA (0,30 %), FNAL (0,50 %), versement mobilité (1,60 %), contribution au dialogue social (0,016 %), contribution formation (1 %), taxe d'apprentissage (0,68 %), forfait social. (7) À faire apparaître de manière à en faciliter la lisibilité. (8) Dont 741,41 € de cotisations salariales et patronales de prévoyance imposables. (9) Total salaire brut (15 000 €) + cotisations patronales.

période où ont lieu ces écritures (circ. DSS/5B 2012-319 du 18 août 2012, Q/R 15).

Taxe sur les salaires - Il n'y a pas de réintégration dans la base d'imposition à la *taxe sur les salaires**.

Les contributions patronales de prévoyance complémentaire et de retraite supplémentaire y sont déjà soumises en temps normal du fait de l'alignement de l'assiette de la taxe sur celle de la CSG sur les revenus d'activité [voir *Taxe sur les salaires**].

Bases prévoyance et retraite supplémentaire - Tout dépend de l'assiette des contributions retenue par le régime en cause. Selon les cas, l'excédent devra être ou non réintégré. Certains peuvent considérer qu'il n'y a pas lieu de réintégrer l'excédent social dans la base des contributions d'où provient l'excédent.

Traitement de l'excédent fiscal

Réintégration - L'excédent fiscal est ventilé en une part salariale, représentative de cotisations salariales non déductibles, et une part patronale, censée représenter un complément de rémunération [voir *Cotisations de retraite et de prévoyance (régime fiscal)**]. Ces deux éléments conduisent à augmenter le net imposable du salarié.

Part patronale aux garanties « Frais de santé » - La part patronale aux garanties « frais de santé » est systématiquement imposable pour les revenus perçus depuis 2013.

Elle est généralement intégrée tout au long de l'année dans le net imposable de chaque bulletin de paye, si cette rubrique est portée sur chaque bulletin de salaire. Elle ne fait donc pas l'objet, en principe, d'une réintégration en fin d'année [voir *Cotisations de retraite et de prévoyance (régime fiscal)**].

Bulletin de paye

Les calculs de réintégration se font en principe en régularisation progressive, à tout le moins pour le volet social (BOSS, Assiette générale, § 1190, 01/01/2024).

En tout état de cause, la situation doit être régularisée en fin d'année (ou au départ du salarié), notamment si les seuils d'exonération des cotisations de retraite et de prévoyance ne sont pas nécessairement dépassés chaque mois.

☛ *Assiette des cotisations de sécurité sociale ; Contribution sur les régimes de retraite à prestations définies ; Contribution pour le remboursement de la dette sociale (CRDS) ; Contribution sociale généralisée (CSG) ; Cotisations de retraite et de prévoyance (régime fiscal) ; Cotisations de retraite et de prévoyance (régime social) ; Forfait social.*

Cotisations de sécurité sociale

Les cotisations de sécurité sociale au sens strict correspondent aux cotisations :
- d'assurance maladie-maternité-invalidité ;
- d'assurance vieillesse ;
- d'allocations familiales ;
- d'accidents du travail.

Bien que versés aux URSSAF, la *contribution solidarité autonomie**, la *contribution sociale généralisée (CSG)**, la *contribution pour le remboursement de la dette sociale (CRDS)**, le *forfait social**, le *FNAL**, le *versement mobilité**, les *cotisations d'assurance chômage et d'AGS**, la *contribution au dialogue social**, la *taxe d'apprentissage** et la *contribution à la formation professionnelle** ne sont pas des cotisations de sécurité sociale.

☛ *Assiette des cotisations de sécurité sociale ; Cotisation d'accidents du travail ; Cotisation d'allocations familiales ; Cotisation d'assurance maladie-maternité-invalidité ; Cotisation d'assurance vieillesse.*

Cotisations de sécurité sociale (journalistes)

☛ *Journalistes.*

Cotisations de sécurité sociale (VRP)

☛ *VRP.*

Cotisations salariales (prise en charge par l'employeur ou le CSE)

Principe

La prise en charge par l'employeur ou par le *comité social et économique** (CSE) de cotisations normalement à la charge du salarié constitue en principe un complément de rémunération soumis à cotisations. Il existe certaines exceptions légales et certaines tolérances.

Retraite et prévoyance complémentaire : prise en charge par l'employeur

Retraite complémentaire - Seule la part patronale des contributions de retraite complémentaire telle qu'elle est prévue par les dispositions légales et réglementaires ou par les accords nationaux interprofessionnels régissant ces régimes est exonérée de cotisations de sécurité sociale [voir *Cotisations de retraite et de prévoyance (régime social)**].

En conséquence, toute prise en charge par l'employeur d'une cotisation de retraite complémentaire AGIRC-ARRCO qui incombe en principe au salarié constitue un complément de rémunération soumis à cotisations. Par dérogation, elle reste exclue des bases AGIRC-ARRCO (circ. ARRCO-AGIRC 2006-1 du 8 février 2006 ; ANI AGIRC-ARRCO du 17 novembre 2017, art. 30, § 3).

Il existe toutefois deux exceptions (voir *Maintien des cotisations vieillesse en cas de temps partiel** et *Maintien des cotisations de retraite complémentaire pendant certains congés**).

Prévoyance complémentaire et retraite supplémentaire - La prise en charge par l'employeur de cotisations salariales de prévoyance complémentaire est assimilée à une contribution patronale (cass. soc. 31 octobre 2000, n° 98-18307, BC V n° 358). Sous réserve des précisions de l'administration ou du contrôle des juges en cas de litige, la logique commanderait qu'il en soit de même pour la prise en charge de cotisations salariales de retraite supplémentaire (et, à notre sens, de versements obligatoires du salarié à un *PERE-OB**).

Dans cette hypothèse, ces contributions sont, à notre sens, exonérées de cotisations et d'impôt sur le revenu dans les mêmes conditions et limites que les contributions patronales finançant ces régimes. Encore faut-il que le régime réponde aux conditions d'exonération (mise en place par l'employeur dans le cadre des procédures autorisées par le code de la sécurité sociale, couverture collective et obligatoire, etc.).

Sur le plan des cotisations, lorsqu'elles sont assimilées à des contributions patronales, les sommes en cause sont :
- exonérées de cotisations de sécurité sociale dans les conditions et limites prévues pour les contributions patronales [voir *Cotisations de retraite et de prévoyance (régime social)**] ;
- soumises à *CSG** et à *CRDS** ;
- soumises au *forfait social** pour leur fraction exonérée de cotisations de sécurité sociale mais assujetties à CSG (pour la prévoyance, uniquement dans les entreprises de 11 salariés et plus).

Participation du CSE au financement de la protection sociale complémentaire

Rôle du CSE - Par analogie avec les solutions autrefois admises pour le comité d'entreprise (lettre-circ. ACOSS 2014-2 du 4 février 2014, Q/R 19), le *comité social et économique** (CSE) ne peut en aucun cas prendre en charge tout ou partie de la cotisation patronale due au titre d'un régime collectif de protection sociale complémentaire.

En revanche, une participation du CSE au financement de la cotisation salariale est possible dans le cadre de sa compétence en matière d'activités sociales et culturelles (CSE des entreprises de 50 salariés et plus).

Régime social - Sur le plan social, une participation du CSE bénéficiant à l'ensemble des salariés de l'entreprise (ou à l'ensemble des salariés d'une catégorie objective) est assimilée, sous condition, à une contribution de l'employeur et en suit alors le régime (exonération de cotisations dans certaines limites, assujettissement à CSG/CRDS et, au besoin, au forfait social). Pour plus de détails, voir *Cotisations de retraite et de prévoyance (régime social)**.

Par ailleurs, les participations individuelles du CSE peuvent, le cas échéant, être exonérées en totalité au titre des *secours**.

Régime fiscal - Sur le plan fiscal, la participation du CSE à des garanties de prévoyance portant sur des risques autres que des régimes « Frais de santé » (ex. : décès, invalidité) est assimilée à une contribution patronale et exonérée d'impôt sur le revenu sous les mêmes conditions et dans la même limite (BOFiP-RSA-BASE-30-10-20-§ 200-21/06/2017) [voir *Cotisations de retraite et de prévoyance (régime fiscal)**].

Pour la retraite supplémentaire, l'administration fiscale n'a pas apporté de précision analogue.

Conformité au socle minimal « Frais de santé » - Les garanties collectives et obligatoires de prévoyance « Frais de santé » doivent être conformes aux critères du socle minimal « Frais de santé ». Entre autres conditions, ceci suppose notamment que la participation patronale au financement de ces garanties représente au moins 50 % [voir *Prévoyance « frais de santé » (socle minimal)**].

Si le CSE participe au financement d'un régime collectif et obligatoire institué par l'employeur, l'employeur doit assurer à lui seul le financement d'au moins 50 % de l'ensemble de la couverture collective à adhésion obligatoire. La participation du CSE ne peut venir qu'en déduction de la part salariale (questions/réponses DSS du 29 décembre 2015, Q/R 6).

☛ *Assiette des cotisations de sécurité sociale ; Cotisations de retraite et de prévoyance (régime fiscal) ; Cotisations de retraite et de prévoyance (régime social) ; Maintien des cotisations de retraite complémentaire pendant certains congés ; Maintien des cotisations vieillesse en cas de temps partiel.*

Cotisations sociales

Dans le langage courant, l'expression « cotisations sociales » recouvre toutes les cotisations et contributions ayant un caractère social (ex. : cotisations de sécurité sociale, contributions de retraite complémentaire, etc.). D'un strict point de vue juridique, on devrait pourtant distinguer :
- les cotisations, qui financent des prestations (ex. : cotisations de sécurité sociale) ;
- et les contributions, qui contribuent au financement de la protection sociale, mais n'ouvrent pas de droits (ex. : CSG, CRDS, forfait social).

D'autres charges, également assises sur les salaires, ont un caractère fiscal ou parafiscal (ex. : taxe sur les salaires, participation à l'effort de construction).

En pratique, il faut bien veiller aux assiettes de chacune des cotisations, contributions et taxes, car elles ne sont pas systématiquement alignées. En outre, une mesure d'exonération de telle ou telle cotisation n'emporte pas en soi exonération des autres contributions ou taxes. Par exemple, un dispositif d'exonération de cotisations patronales d'assurance maladie, d'assurance vieillesse et d'allocations familiales ne signifie pas que l'employeur est exonéré des contributions patronales d'assurance chômage ou de retraite complémentaire.

Pour le reste, ces distinctions n'ont pas d'incidence majeure au quotidien concernant le calcul de la paye. En revanche, les cotisations, contributions et taxes doivent être présentées et regroupées sur le bulletin de paye remis aux salariés selon des règles bien précises [voir *Bulletin de paye (mentions obligatoires)**].

☛ *Bulletin de paye (mentions obligatoires) ; Charges sociales ; Cotisations déductibles du revenu imposable.*

CPF de transition professionnelle

Le CPF de transition professionnelle permet aux salariés de changer de métier ou de profession, dans le cadre d'un projet de transition professionnelle.

Modalités du dispositif

Projet professionnel - Le CPF de transition professionnelle constitue une modalité du *compte personnel de formation** (CPF) créée dans le but de faciliter les changements de métier ou de profession dans le cadre d'un projet de transition professionnelle (c. trav. art. L. 6323-17-1). Seules les formations éligibles au CPF peuvent être demandées.

Le projet du salarié peut faire l'objet d'un accompagnement par l'un des opérateurs du conseil en évolution professionnelle (CEP) qui informe, oriente et aide le salarié à formaliser son projet. Ce conseil propose un plan de financement (c. trav. art. L. 6323-17-2). Il doit faire l'objet d'un positionnement préalable réalisé gratuitement par le prestataire de formation, qui propose un parcours de formation individualisé et adapté, ainsi qu'un devis (c. trav. art. L. 6323-17-1 et R. 6323-12).

Le projet est présenté soit à la commission paritaire interprofessionnelle régionale (CPIR) du lieu de résidence du salarié, soit à celle dont relève l'entreprise qui l'emploie lorsqu'elle a accordé un congé de transition professionnelle *(voir ci-après)* (c. trav. R. 6323-11). La CPIR apprécie la pertinence du projet et du positionnement préalable. Elle instruit la demande de prise en charge financière et décide ou non d'autoriser et de financer le projet (c. trav. art. R. 6323-11 et s. ; arrêté du 28 décembre 2018, JO du 30).

▶ À noter… La liste des pièces composant ce dossier est fixée par arrêté (arrêté du 17 mars 2021, JO du 1er avril).

Le salarié doit informer dans les meilleurs délais, et par tout moyen, la CPIR de la survenance de tout événement pouvant avoir des conséquences sur la validité des informations et pièces transmises initialement, le suivi de l'action de formation ou du stage en entreprise ou la prise en charge accordée.

▶ À noter… Au total, 18 CPIR, baptisées « Associations Transition Pro » (ATpro), ont été agréées par arrêtés (arrêtés du 16 décembre 2019, JO du 26, textes 36 à 52).

Formation - La durée du projet de transition professionnelle correspond à la durée de l'action de formation éventuellement adaptée en fonction des acquis du salarié (c. trav. art. L. 6323-17-1 et L. 6323-17-3).

Le salarié contribue au financement de sa formation, via la mobilisation de ses droits inscrits sur son CPF (c. trav. art. L. 6323-17-1).

▶ À noter... La CPIR mobilise prioritairement les droits inscrits sur le CPF du salarié. Le salarié peut bénéficier de compléments de financement versés à la CPIR par les personnes ou organismes autorisés à abonder le CPF (employeur, OPCO, région, etc.). La CPIR complète le reste à financer (c. trav. art. R. 6323-14-4).

Condition d'ancienneté - Le salarié doit justifier d'une des deux conditions d'ancienneté suivantes (c. trav. art. L. 6323-17-2 et D. 6323-9) :
- option 1 : ancienneté d'au moins 24 mois, consécutifs ou non, en qualité de salarié, dont 12 mois dans l'entreprise, quelle qu'ait été la nature des contrats de travail successifs ;
- option 2 : ancienneté d'au moins 24, consécutifs ou non, en qualité de salarié, quelle qu'ait été la nature des contrats successifs, au cours des 5 dernières années, dont 4 mois, consécutifs ou non, en CDD au cours des 12 derniers mois.

Dans l'option 2, certains contrats sont exclus du calcul des 4 mois de CDD : le contrat d'accompagnement dans l'emploi, le contrat d'apprentissage, le contrat de professionnalisation, le contrat conclu avec un jeune au cours de son cursus scolaire ou universitaire, le CDD se poursuivant par un CDI.

▶ À noter... L'option 2 vise à faciliter l'accès au dispositif des salariés en CDD, même si elle ne leur est pas dédiée.

Aucune condition d'ancienneté n'est exigée pour (c. trav. art. L. 6323-17-2 et D. 6323-9) :
- les travailleurs handicapés ;
- les salariés ayant changé d'emploi à la suite d'un licenciement pour motif économique ou pour inaptitude et qui n'ont pas suivi d'action de formation entre leur licenciement et leur réemploi.
- les salariés qui dans les 24 mois précédant leur demande ont été absents soit pour maladie professionnelle, soit pour accident du travail, maladie ou accident non-professionnel d'une durée d'au moins 6 mois, consécutifs ou non.

Les intérimaires et salariés intermittents du spectacle accèdent au CPF de transition dans conditions spécifiques d'ouverture et de prise en charge fixées par décret *(voir ci-dessous)* (c. trav. art. L. 6323-17-1).

Salariés en CDD : précisions - Les salariés peuvent adresser une demande de prise en charge d'un projet de transition professionnelle à la CPIR compétente au cours de l'exécution de leur contrat de travail. L'accord préalable de l'employeur est requis lorsque le salarié souhaite suivre l'action de formation correspondante pour tout ou partie pendant son temps de travail (c. trav. art. R. 6323-11-1).

La CPIR peut décider de prendre en charge le projet même quand l'action de formation associée débute après le terme du contrat de travail, à la condition toutefois qu'elle commence au plus tard 6 mois après celui-ci (c. trav. art. R. 6323-14-2).

Congé de formation spécifique

Le CPF de transition professionnelle est adossé à un congé spécifique, dont bénéficie le salarié si la formation est effectuée en tout ou partie durant le temps de travail.

Demande de congé - Le salarié peut prétendre à un congé spécifique, s'il suit tout ou partie de l'action de formation sur son temps de travail (c. trav. art. L. 6323-17-1).

Il adresse une demande de congé écrite à l'employeur (c. trav. art. R. 6323-10) :
- 120 jours à l'avance, si la formation envisagée entraîne une interruption continue de travail d'au moins 6 mois ;
- 60 jours à l'avance, si cette interruption dure moins de 6 mois ou lorsque la formation est réalisée à temps partiel.

La demande indique la date du début de la formation, sa désignation, sa durée, le nom de l'organisme qui en est responsable, l'intitulé et la date de l'examen concerné (c. trav. art. R. 6323-10).

L'employeur doit répondre par écrit dans les 30 jours suivant la réception de la demande. Son silence vaut accord.

Refus ou report - Un refus est possible lorsque la demande de congé est faite hors délai, ou ne comporte pas les informations obligatoires ou si le salarié ne remplit pas les conditions d'ancienneté exigées (c. trav. art. R. 6323-10).

L'employeur peut différer le congé de 9 mois au plus, s'il estime que cette absence pourrait avoir des conséquences préjudiciables à la production et à la marche de l'entreprise, après avis du *comité social et économique** (c. trav. art. R. 6323-10-1).

Le congé peut aussi être reporté compte tenu du nombre de salariés pouvant être simultanément absents à ce titre (c. trav. art. R. 6323-10-1) :
- dans les établissements de moins de 100 salariés, lorsque ce congé aboutirait à l'absence simultanée

d'au moins 2 salariés au titre du congé de transition professionnelle ;
- dans les établissements d'au moins 100 salariés, lorsque plus de 2 % de l'effectif risquent d'être simultanément absents au titre d'un congé de transition professionnelle.

L'employeur doit motiver sa décision de refus ou de report.

▶ À noter... Lorsque toutes les demandes ne peuvent pas être satisfaites en même temps, les reports se font selon un ordre de priorité décroissante : demande déjà différée, etc. (c. trav. art. R. 6323-10-2).

Carence entre 2 congés - Le salarié qui a bénéficié d'un congé de transition professionnelle ne peut pas prétendre, dans la même entreprise, à un nouveau congé de transition professionnelle avant un délai de carence. Ce délai, exprimé en mois, est égal à 10 fois la durée du projet de transition professionnelle précédemment effectué (en mois).

Ce délai est de 6 mois minimum et 6 ans maximum (c. trav. art. R. 6323-10-3).

Exemple

Lorsque le salarié a bénéficié d'un CPF de transition de 9 mois, le délai de carence est de 90 mois ramené à 6 ans.

Remise de justificatifs - Le salarié remet à l'employeur des justificatifs, établis par l'organisme de formation, prouvant son assiduité à l'action de formation à la fin de chaque mois et à son retour dans l'entreprise (c. trav. art. R. 6323-10-4). Ces justificatifs permettront à l'employeur de se faire rembourser par la CPIR la rémunération maintenue au salarié *(voir ci-après)*.

Régime du congé - La durée de ce congé ne peut pas être imputée sur les congés payés. De plus, elle est assimilée à une période de travail pour la détermination des droits à congés payés et pour les droits que le salarié tient de son ancienneté dans l'entreprise (c. trav. art. L. 6323-17-4).

Rémunération

Salaire maintenu au salarié en congé - Lorsque le projet de transition professionnelle est réalisé sur le temps de travail, le salarié perçoit durant son congé et en cas d'acceptation du projet de transition professionnelle par la CPIR, une rémunération sous réserve qu'il se montre assidu (c. trav. art. L. 6323-17-5 et D. 6323-18-1).

Il peut prétendre à un pourcentage de son salaire moyen établi en fonction de ses salaires au cours d'une période de référence. Cette rémunération est calculée sur la base des salaires perçus (c. trav. art. D. 6323-18-3) :
- au cours des 12 mois précédant la formation pour le salarié qui justifie de la condition « option 1 » précitée (ancienneté d'au moins 24 mois consécutifs ou non, dont 12 mois dans l'entreprise) ;
- au cours des 4 derniers mois en CDD pour le salarié qui relève de la seconde condition d'ancienneté (voir « option 2 » plus haut), sans tenir compte de la rémunération des contrats exclus du calcul de l'ancienneté *(voir ci-avant)*.

Le pourcentage du salaire varie selon que le salaire moyen de référence pris en compte est supérieur ou non à 2 SMIC *(voir tableau)* (c. trav. art. D. 6323-18-4).

Versement par l'employeur, remboursement par la CPIR - C'est l'employeur qui verse la rémunération du salarié et paye les cotisations sociales chaque mois. Il peut ensuite se faire rembourser de la prise en charge par la CPIR (c. trav. art. D. 6323-18-1).

Entreprises de moins de 50 salariés : possibilités d'avances sur remboursements - Les entreprises de moins de 50 salariés peuvent demander à la CPIR des avances de trésorerie sur les remboursements

Rémunération du salarié en congé de transition professionnelle

Salaire de référence (SR)	Durée de la formation	
	≤ 1 an ou 1 200 h (1)	> 1 an ou 1 200 h (1)
Inférieur ou égal à 2 SMIC	100 % du salaire moyen de référence	
Supérieur à 2 SMIC	- 90 % du salaire moyen de référence - montant minimum : 2 SMIC	- 1re année ou 1200 h : 90 % du salaire moyen de référence - années suivantes ou à partir de 1201 h : 60 % du salaire moyen de référence - montant minimum : 2 SMIC

(1) Durée du congé de transition professionnelle, selon le cas, n'excédant pas ou excédant un an ou 1 200 heures pour une formation discontinue ou à temps partiel.

de rémunération à venir (c. trav. art. L. 6323-17-5 et D. 6323-18-1, III).

▶ À noter… Ce seuil de 50 salariés est apprécié selon les règles d'effectif sécurité sociale (c. trav. art. L. 6323-17-5 ; c. séc. soc. art. L. 130-1 et R. 130-1). Pour le détail, il convient de se reporter à l'étude *Effectif sécurité sociale**. Par exception, le mécanisme de limitation des effets de seuil sur 5 ans en cas de franchissement à la hausse ne s'applique pas ici.

La CPIR et l'employeur se mettent d'accord sur le taux et les conditions de versement de ces avances. En l'absence d'accord avant le début du projet de transition professionnelle, des modalités réglementaires s'appliquent *(voir ci-après)*.

Le montant total des avances est limité à 90 % du total des rémunérations mensuelles et des cotisations sociales légales et conventionnelles dues pendant le projet de transition professionnelle. La première avance est versée au plus tard 30 jours après la réception de la facture émise par l'employeur. Le solde est payé à la fin du projet de transition professionnelle, une fois que la CPIR a reçu les justificatifs.

▶ À noter… Lorsque le salarié abandonne son projet de transition professionnelle, le paiement est réalisé au prorata temporis. Il en est de même s'il s'absente pour une durée supérieure à un mois.

L'employeur doit informer la CPIR de tout événement pouvant avoir des conséquences sur le suivi par le salarié de l'action de formation ou le montant de la rémunération et des cotisations. Il adresse alors les justificatifs avant le versement de l'avance suivante ou du solde (c. trav. art. D. 6323-18-1, III). Si l'employeur omet de transmettre les justificatifs à la CPIR, le versement des avances est suspendu.

L'employeur qui a perçu des avances trop importantes, doit les rembourser à la CPIR au plus tard 30 jours après que celle-ci a constaté le trop-perçu.

Entreprises de moins de 50 salariés : dispositif réglementaire des avances sur remboursements - En l'absence d'accord entre l'employeur et la CPIR sur le versement des avances, il faut appliquer les modalités suivantes (arrêté du 26 février 2020, art. 1, JO du 29) :
- le montant de l'avance mensuelle est égal à 90 % du montant total de la rémunération mensuelle et des cotisations sociales légales et conventionnelles assises sur la rémunération due par l'employeur au titre du projet de transition professionnelle ;
- les avances mentionnées sont versées mensuellement à l'employeur, au plus tard le 20 de chaque mois.

L'employeur adresse les justificatifs suivants à la CPIR au plus tard le 10 du mois suivant le versement de chaque avance (arrêté, art. 2 ; c. trav. art. D. 6323-18-1) :
- la copie du bulletin de paye ;
- le ou les justificatifs prouvant l'assiduité du bénéficiaire à l'action de formation ou au stage en entreprise ;
- le cas échéant, les justificatifs relatifs aux cotisations sociales légales et conventionnelles à sa charge assises sur les rémunérations dans l'entreprise concernée.

L'envoi des justificatifs doit être fait par un moyen qui donne une date certaine à leur réception.

Si l'employeur n'envoie pas les documents, la CPIR suspend le versement des avances pour le projet de transition professionnelle concerné. L'employeur peut demander la reprise du versement des avances, une fois qu'il a transmis les justificatifs transmis à CPIR dans le délai de 10 jours précité (arrêté, art. 2).

Salariés en CDD réalisant leur projet après le terme du contrat - Les salariés en CDD, qui réalisent leur projet de transition professionnelle après le terme de leur contrat, sont rémunérés par la CPIR (c. trav. art. R. 6323-14-1 et D. 6323-18-2). L'action doit débuter dans les 6 mois après la fin du CDD.

Frais de formation

La CPIR prend en charge (c. trav. art. L. 6323-20 et R. 6323-14-3) :
- les frais pédagogiques et les frais de validation des compétences et des connaissances liés à la réalisation de l'action de formation ;
- les frais annexes (frais de transport, de repas et d'hébergement) occasionnés par la formation ;
- la rémunération du salarié *(voir ci-avant)* et les cotisations de sécurité sociale correspondantes ;
- les charges légales et conventionnelles assises sur cette rémunération.

La prise en charge est maintenue en cas de rupture du contrat de travail par l'employeur ou par le salarié dans la mesure où celui-ci conclut un nouveau contrat de travail succédant au précédent dans un délai d'un mois à compter de la date de fin de préavis et de l'accord donné par le nouvel employeur à la demande de congé associé (c. trav. art. R. 6323-14-3).

▶ À noter… En cas de rupture de son contrat de travail, le salarié doit envoyer à la CPIR le justificatif matérialisant la décision de rompre le contrat de travail.

CPF de transition des intérimaires

Ancienneté - Pour bénéficier d'un CPF de transition professionnelle, le salarié intérimaire doit justifier de (c. trav. art. L. 6323-17-1 et R. 6323-9-1, II) :
- 1 600 h d'intérim travaillées, toutes missions confondues, sur une période de référence de 18 mois ;
- dont 600 h dans l'entreprise de travail temporaire (ETT) (ou le groupe d'ETT), dans laquelle il dépose sa demande de congé de transition professionnelle.

Pour les salariés en CDI intérimaire, les périodes d'intermission sont prises en compte pour le calcul de l'ancienneté.

▶ À noter... L'ancienneté s'apprécie à la date du départ en formation (c. trav. art. R. 6323-9-1, III).

Modalités de départ - Le salarié intérimaire dépose sa demande de congé de transition professionnelle auprès de l'ETT dans les délais ordinaires (120 ou 60 jours à l'avance selon les cas) (c. trav. art. R. 6323-10, I).

L'ETT peut reporter le congé lorsque la demande de congé et le début de l'action de formation interviennent au cours d'une même mission, avec toutefois certaines exceptions (formation > 1 200 h ; formation visant une qualification dans un secteur d'activité différent).

Après accord de l'ETT sur son congé, le salarié intérimaire demande la prise en charge de son projet de transition à la CPIR compétente, au plus tard 4 mois après son dernier jour de mission. Son entrée en formation doit commencer au plus tard 6 mois après cette date (c. trav. art. R. 6323-11-2).

L'ETT établit un contrat de mission ou une lettre de mission (CDI intérimaire) avec le salarié intérimaire. Celui-ci reste donc salarié de l'ETT durant son congé (la formation est assimilée à une mission).

Rémunération - L'ETT verse la rémunération et les cotisations sociales légales et conventionnelles (c. trav. art. R. 6323-18-2-1, II et III). La CPIR rembourse ensuite l'ETT dans le délai d'un mois sur présentation des justificatifs.

Les ETT de moins de 50 salariés peuvent demander à la CPIR des avances de trésorerie sur les remboursements à percevoir (c. trav. art. R. 6323-18-2-1, IV). Le taux et les conditions de versement sont définis conjointement par la CPIR et l'ETT. En l'absence d'accord avant le début du projet de transition professionnelle, les modalités sont prévues par un arrêté (*voir ci-dessus* ; arrêté du 26 février 2020, art. 1, JO du 29).

▶ À noter... Ce seuil de 50 salariés est apprécié en appliquant les règles de calcul de l'effectif prévues par le code de la sécurité sociale sans gel des effets de seuil (c. séc. soc. art. L. 130-1 et R. 130-1). Pour le détail, il convient de se reporter à l'étude *Effectif sécurité sociale**.

Le montant total des avances ne peut excéder 90 % du montant total des rémunérations mensuelles et des cotisations sociales légales et conventionnelles dues pendant le projet de transition professionnelle.

CPF de transition des intermittents du spectacle

Ancienneté - Les intermittents du spectacle doivent remplir des conditions d'ancienneté spécifiques (c. trav. art. L. 6323-17-1 et R. 6323-9-1, I) :
- une condition d'ancienneté commune à tous de 220 jours de travail ou cachets répartis sur les 2 à 5 dernières années ;
- une condition d'ancienneté qui varie selon que l'intermittent est un technicien du spectacle enregistré, un technicien du spectacle vivant ou un artiste.

Modalités de départ - Le salarié intermittent adresse une demande de prise en charge de son projet de transition professionnelle à la CPIR au plus tard 4 mois après son dernier jour de travail et doit entrer en formation au plus tard 6 mois après ce terme (c. trav. art. R. 6323-11-2).

Durant son projet de transition, c'est la CPIR qui le rémunère (c. trav. art. R. 6323-18-2-1, I).

☞ *Compte personnel de formation*

CRDS

☞ *Contribution pour le remboursement de la dette sociale (CRDS).*

Création ou reprise d'entreprise (exonération de début d'activité)

Les créateurs ou repreneurs d'entreprise peuvent bénéficier d'une exonération de cotisations en début d'activité (c. séc. soc. art. L. 131-6-4).

En pratique, l'exonération est dénommée « aide à la création ou à la reprise d'une entreprise » (ACRE).

Compte tenu de l'objet de ce dictionnaire (consacré à la paye), les développements qui suivent concernent uniquement l'exonération de cotisations dans ses modalités applicables au créateur ou repreneur relevant du régime général de la sécurité sociale en tant que salarié (et non pour des bénéficiaires relevant de la sécurité sociale pour les indépendants).

Bénéficiaires de l'exonération de cotisations

Créateurs ou repreneurs d'entreprise - L'exonération de cotisations sociales s'adresse à toutes les personnes qui créent ou reprennent une activité professionnelle ou entreprennent l'exercice d'une autre profession non salariée, soit à titre indépendant, soit sous la forme d'une société (le créateur ou le repreneur doit alors en exercer effectivement le contrôle) (c. séc. soc. art. L. 131-6-4, I).

Les associations, les groupements d'intérêt économique (GIE) ou les groupements d'employeurs sont exclus, puisque l'entreprise créée ou reprise doit avoir soit une forme individuelle (artisan, commerçant, profession libérale), soit la forme d'une société.

Si l'entreprise est une société, condition de contrôle - Lorsque l'entreprise prend la forme d'une société, le créateur ou le repreneur doit en exercer effectivement le contrôle (c. séc. soc. art. L. 131-6-4, I).

Le contrôle se définit comme suit (c. séc. soc. art. D. 131-6-4 ; c. trav. art. R. 5141-2, 1° à 3°) :

- le créateur ou repreneur détient, personnellement ou avec son conjoint, son partenaire Pacsé ou son concubin, ses ascendants et descendants, plus de 50 % du capital de la société, sans que sa part personnelle puisse être inférieure à 35 % de celui-ci ;
- le créateur ou repreneur a la qualité de dirigeant de la société et détient, personnellement ou avec son conjoint, son partenaire Pacsé, ses ascendants et descendants, au moins 1/3 du capital, sans que sa part personnelle puisse être inférieure à 25 % et sous réserve qu'un autre actionnaire ou porteur de parts ne détienne pas directement ou indirectement plus de 50 % du capital ;
- les demandeurs détiennent ensemble plus de 50 % du capital, à condition qu'un ou plusieurs d'entre eux aient la qualité de dirigeant et que chaque demandeur détienne une part de capital égale à au moins 10 % de la part détenue par le principal actionnaire ou porteur de parts.

Exclusions - La modification des conditions d'exercice de l'activité professionnelle, la reprise d'activité intervenue dans l'année au cours de laquelle est survenue une cessation d'activité ou dans l'année suivante, ainsi que le changement du lieu d'exercice de l'activité concernée, ne sont pas considérés comme un début d'activité (c. séc. soc. art. D. 131-6-1, IV renvoyant à R. 131-3).

Délai de carence de 3 ans - En cas de créations ou reprises successives, une personne ne peut pas bénéficier de l'exonération pendant une période de 3 ans à compter de la date à laquelle elle a cessé d'en bénéficier au titre d'une activité antérieure (c. séc. soc. art. L. 131-6-4, IV).

Régimes concernés - Les personnes éligibles à l'exonération relèvent soit du régime de la sécurité sociale en tant que travailleurs indépendants ou en tant que salariés, soit du régime de protection sociale des salariés des professions agricoles (gérant minoritaire de SARL, président de société par actions simplifiées, etc.).

Compte tenu de l'objet de ce dictionnaire (consacré à la paye), les développements qui suivent ne portent que sur l'exonération applicable au créateur ou repreneur relevant du régime général de la sécurité sociale en tant que salarié.

Exonération dans le cadre du régime général de sécurité sociale

Nature de l'exonération - Pour les personnes affiliées au régime général de la sécurité sociale en tant que salariés, l'exonération porte sur les cotisations d'assurance maladie, d'assurance vieillesse et d'allocations familiales (parts salariales et patronales) (c. séc. soc. art. L. 131-6-4, I).

Les autres contributions restent dues dans les conditions habituelles (accidents du travail, CSG, CRDS, FNAL, versement mobilité, contribution solidarité autonomie, retraite complémentaire, chômage, etc.).

Rémunérations éligibles - L'exonération concerne uniquement les rémunérations pour lesquelles l'assiette des cotisations est inférieure au *plafond de la sécurité sociale** (c. séc. soc. art. L. 131-6-4, II).

Assiette des cotisations inférieure ou égale à 75 % du plafond - L'exonération de cotisations d'assurance maladie, d'assurance vieillesse et d'allocations familiales est totale si l'assiette des cotisations annuelle est inférieure ou égale à 75 % du *plafond de la sécurité sociale**, soit 35 325 € par an sur la base du plafond 2025 (c. séc. soc. art. L. 131-6-4, II et D. 131-6-1, II).

Exemple
Le gérant minoritaire d'une SARL a une rémunération soumise à cotisations de 32 500 € sur l'année 2025 (soit environ 69 % du plafond). Les cotisations salariales et patronales d'assurance maladie, d'assurance vieillesse et d'allocations familiales représentent un taux de 36,12 % (cotisation AF calculée au taux de 5,25 % et cotisation maladie au taux de 13 %, en l'absence de contrat de travail), soit un montant de 11 739 €.
L'exonération, qui est totale, est égale à ce montant. Compte tenu des parts salariales et patronales que représentent les cotisations exonérées, le montant de l'exonération se ventile entre :
- une part salariale de 2 372,50 € (soit 7,30 % × 32 500) ;
et une part patronale de 9 366,50 € (soit 28,82 % × 32 500).

Assiette des cotisations comprise entre 75 % et 100 % du plafond - Au-delà du seuil de 75 %, l'exonération est dégressive pour s'annuler au niveau d'une assiette égale au *plafond de la sécurité sociale**, soit 47 100 € par an sur la base du plafond 2025 (c. séc. soc. art. L. 131-6-4, II).

Le montant de l'exonération est calculé selon la formule suivante (c. séc. soc. art. D. 131-6-1, II) : exonération = (E/0,25 PASS) × (PASS – R).

Les paramètres de la formule de calcul correspondent aux données suivantes :
- E correspond au montant total des cotisations salariales et patronales concernées (vieillesse, maladie, allocations familiales) pour une rémunération égale à 75 % du *plafond de la sécurité sociale** (35 325 € en 2025 sur l'année) ;
- R correspond à la rémunération soumise à cotisations de la personne bénéficiaire de l'exonération ;
- PASS correspond au montant annuel du *plafond de la sécurité sociale** en vigueur au 1er janvier de l'année au titre de laquelle les cotisations sont dues (c. séc. soc. art. D. 131-6-1, III).

En cas de période d'affiliation inférieure à une année, la valeur du PASS est réduite au prorata de la durée d'affiliation (c. séc. soc. art. D. 131-6-1, III).

Exemple
Le gérant minoritaire d'une SARL a une rémunération soumise à cotisations de 36 000 € sur l'année 2025.
Les cotisations salariales et patronales d'assurance maladie, d'assurance vieillesse et d'allocations familiales représentent un taux de 36,12 % (cotisation AF calculée au taux de 5,25 % et cotisation maladie au taux de 13 %, en l'absence de contrat de travail), soit un montant de 12 759,39 € pour une assiette égale à 75 % du plafond (35 325 € en 2025).
L'exonération sur l'année est égale à [12 759,39/(0,25 × 47 100)] × (47 100– 36 000) = 12 027,96 €.

Lorsque le bénéficiaire relève du régime général en tant que salarié, se pose la question de la ventilation de l'exonération entre la part salariale et la part patronale des cotisations, ne serait-ce qu'aux fins de déterminer le net imposable de l'intéressé. Sous réserve de la position de l'administration, on peut par exemple imaginer de procéder à deux calculs séparés, l'un pour la part salariale de la réduction et l'autre pour la part patronale.

Exemple
Le gérant minoritaire d'une SARL a une rémunération de 36 000 € sur l'année 2025.
Les cotisations d'assurance maladie, d'assurance vieillesse et d'allocations familiales représentent, pour une assiette de 75 % du plafond (35 325 € en 2025), un taux de 36,12 % soit un montant de 12 759,39 €, comprenant une part salariale de 7,30 % (2 578,73 €) et une part patronale de 28,82 % (10 180,67 €, avec une cotisation AF de 5,25 % et une cotisation maladie de 13 %, en l'absence de contrat de travail).
L'exonération sur l'année, qui est de 12 027,96 € *(voir exemple ci-avant)*, peut se ventiler comme suit :
- part salariale : [2 578,73/(0,25 × 47 100)] × (47 100 – 36 000) = 2 430,90 € ;
- part patronale : [10 180,67/(0,25 × 47 100)] × (47 100 – 36 000) = 9 597,06 €.

Application en paye - En pratique, le montant de l'exonération est calculé à chaque paye par l'employeur en appliquant le plafond mensuel de la sécurité sociale et en régularisation progressive si nécessaire.

Durée de l'exonération - L'exonération s'applique pendant une durée de 12 mois. Cette période se décompte à partir du début d'activité de l'entreprise lorsque l'assuré relève d'un régime de sécurité sociale de salariés (c. séc. soc. art. D. 131-6-1).

Non-cumul - L'exonération attachée à l'ACRE ne peut se cumuler avec aucun autre dispositif de réduction ou d'abattement applicable à ces cotisations (c. séc. soc. art. L. 131-6-4, III).

Formalités

Il n'y a pas de demande à effectuer pour le bénéfice de l'exonération dans le cadre du régime général de la sécurité sociale des salariés (seuls les travailleurs indépendants relevant du régime de la micro-entreprise doivent faire une demande) (c. séc. soc. art. L. 131-6-4, II).

Néanmoins, des vérifications et contrôles a posteriori sont bien entendu susceptibles d'être effectués.

☞ *Exonérations de cotisations.*

Exonération pour création d'entreprise (exemple)

Un gérant minoritaire de SARL (moins de 11 salariés) perçoit une rémunération brute annuelle de 40 000 € au titre de son mandat social (environ 85 % du plafond), versée à raison de 3 333,33 € par mois. Il n'a pas de contrat de travail (pas d'affiliation à l'assurance chômage). Il bénéficie de l'exonération pour création d'entreprise.

Les cotisations d'assurance maladie, d'assurance vieillesse et d'allocations familiales représentent, pour 75 % du plafond (soit 2 943,75 € sur un mois en 2025), une part salariale de 7,30 % (214,89 €) et une part patronale de 28,82 % (848,39 €, avec une cotisation AF calculée au taux de 5,25 % et une cotisation patronale maladie de 13 %, en l'absence de contrat de travail). L'exonération sur le mois est de :

- part salariale : [214,89/(0,25 × 3925)] × (3925 – 3 333,33) = 129,57 € ;

- part patronale : [848,39/(0,25 × 3925)] × (3925 – 3 333,33) = 511,56 €.

EXTRAIT DU BULLETIN DE PAYE DE FÉVRIER 2025

Désignation	Base	Taux	Montant	
Rémunération mandat social			3 333,33	
Brut total			3 333,33	
Brut total soumis à cotisations			3 333,33	
Cotisations et contributions sociales	**Base (€)**	**Taux salarial**	**Part salarié (€)**	**Part employeur (€)**
Santé				
Sécurité sociale - Maladie Maternité Invalidité Décès	3 333,33	-	-	433,33 (1)
Complémentaire Incapacité Invalidité Décès	3 333,33	-	-	50,00
Complémentaire Santé	-	-	85,00	85,00
Accidents du travail - maladies professionnelles	3 333,33	-	-	66,67 (2)
Retraite				
Sécurité sociale plafonnée	3 333,33	6,90 %	230,00	285,00
Sécurité sociale déplafonnée	3 333,33	0,40 %	13,33	67,33
Complémentaire Tranche 1 (3)	3 333,33	4,01 %	133,67	200,33
Famille	3 333,33	-	-	175,00 (4)
Assurance chômage				
Chômage	0,00	-	-	0,00 (5)
APEC	3 333,33	0,024 %	0,80	1,20
Autres contributions dues par l'employeur	-	-	-	54,33 (6)
CSG déductible de l'impôt sur le revenu	3 410,00	6,80 %	231,88	-
CSG/CRDS non déductible de l'impôt sur le revenu	3 410,00	2,90 %	98,89	-
Exonérations et allégements de cotisations	-	-	- 129,58 (7)	- 511,56 (7)
Total des cotisations et contributions	-	-	663,99	904,64
Net social				**2 669,34**
Net à payer avant impôt sur le revenu				**2 669,34**
Impôt sur le revenu	**Base**	**Taux**	**Montant**	**Cumul annuel**
Montant net imposable			2 853,23	Valeur
Impôt sur le revenu prélevé à la source	2 853,23	9,00 %	256,79	Valeur
Montant net des heures compl/suppl exonérées			0,00	0,00
Net à payer au salarié (en euros) (8)				**2 412,55 (8)**
Total versé par l'employeur				4 239,97

Notes de la rédaction, pour aider à la lecture des totaux (ces notes n'ont pas à apparaître sur le bulletin de paye)
(1) Taux de 13 % (rémunération du mandat social). (2) Par hypothèse taux de 2 %. (3) Y compris contribution d'équilibre général. (4) Taux de 5,25 % (rémunération du mandat social). (5) Pas de cotisations d'assurance chômage et d'AGS. (6) CSA (0,30 %), FNAL (0,10 %), contribution formation (0,55 %), taxe d'apprentissage (0,68 %). (7) Exonération de cotisations Acre. (8) À faire apparaître de manière à en faciliter la lisibilité.

Crèche et garde d'enfants

Aides financières attribuées directement aux salariés

Principe - Le *comité social et économique** (lorsqu'il est compétent en matière d'activités sociales et culturelles, à savoir dans les entreprises de 50 salariés et plus) et l'employeur peuvent accorder des aides financières aux salariés pour les aider à financer la garde de leurs enfants soit au domicile, soit hors du domicile.

Les activités de garde d'enfants hors du domicile entrant dans le champ de l'aide sont celles assurées par (c. trav. art. L. 7233-4, 2° ; lettre-circ. ACOSS 2007-28 du 5 février 2007) :
- des établissements publics ou privés d'accueil d'enfants de moins de 6 ans (crèches, haltes-garderies, jardins d'enfants) (c. santé pub. art. L. 2324-1, al. 1) ;
- des assistants maternels agréés (CASF art. L. 421-1) ;
- des personnes organisant un accueil des enfants scolarisés en école maternelle ou élémentaire limité aux heures qui précèdent ou suivent la classe (garderies périscolaires) ;
- des personnes ou organismes assurant un accueil collectif à caractère éducatif des enfants de moins de 6 ans à l'occasion des vacances scolaires, des congés professionnels ou des loisirs (centres de vacances et de loisirs) (c. santé pub. art. L. 2324-1, al. 3).

▶ À noter… Cette aide financière peut prendre la forme d'un *chèque emploi-service universel** (CESU) préfinancé.

Exonération plafonnée - Les aides attribuées directement aux salariés pour la garde d'enfants n'ont pas le caractère de rémunération et peuvent être exonérées de cotisations, de CSG/CRDS ainsi que d'impôt sur le revenu dans la limite de 2 540 € par an et par salarié depuis le 1er janvier 2025 (2 421 € en 2024) et, dans tous les cas, du coût effectivement supporté par les salariés (c. trav. art. L. 7233-4, L. 7233-7 et D. 7233-8 ; arrêté du 26 décembre 2024, texte 21, JO 1er février 2025).

La limite d'exonération s'apprécie (lettre-circ. ACOSS 2007-28 du 5 février 2007) :
- en cumulant l'aide financière de l'employeur et l'aide financière du CSE ;
- et en tenant compte des autres aides financières octroyées par l'employeur et/ou le CSE qui entrent dans le champ des *services à la personne** (voir *Aide au financement des services aux personnes et de garde d'enfants**).

Si l'employeur et/ou le CSE verse une aide supérieure au plafond, la part qui excède cette limite doit être réintégrée dans l'assiette de cotisations et contributions sociales (BOSS, Avantages en nature, § 1160, 01/01/2025 ; cass. civ., 2e ch., 29 mai 2019, n° 18-11436 FPBI).

Subventions directes à une crèche

Rappel - Les crèches d'entreprise ou interentreprises fonctionnent généralement grâce à la participation de l'employeur, aux subventions de la CAF et/ou des collectivités territoriales et à la participation du salarié (en principe sur une base équivalant à celle résultant de l'application du barème établi par la CNAF). Il en est de même pour les crèches subventionnées par les CSE.

Les subventions versées aux crèches ou micro-crèches par les employeurs ont parfois pour objectif de réserver des places aux salariés (« réservation de berceaux »), sans obligation réelle de leur attribuer ces places. Elles peuvent aussi permettre l'application d'un tarif préférentiel pour les salariés bénéficiant d'une place réservée.

Doctrine du BOSS - Le *Bulletin officiel de la sécurité sociale (BOSS)** a précisé les modalités d'exonération des subventions ou participations financières attribuées par l'employeur ou le CSE au profit des salariés ayant recours à une solution de garde en crèche ou micro-crèche.

Cette nouvelle doctrine, présentée ci-après, est entrée en vigueur le 1er janvier 2022. Entre le 1er juillet et le 31 décembre 2021, les contrôles menés par l'URSSAF n'auront fait, le cas échéant, l'objet que d'observations pour l'avenir (BOSS, actualité du 30 juin 2021).

Subvention pour réservation de berceaux - Selon le BOSS, la subvention versée par l'employeur à une crèche ou micro-crèche dans le but de réserver pour ses salariés, de manière collective, un nombre déterminé de places constitue un *avantage en nature**.

Toutefois, cette subvention, dont la valeur pour chaque salarié ne peut être déterminée, n'a pas à être prise en compte dans l'assiette des cotisations et contributions sociales, dès lors qu'elle permet seulement de réserver des places qui ne sont pas attribuées à des salariés nommément et préalablement désignés et n'a aucun lien avec un avantage tarifaire pour les salariés (BOSS, Avantages en nature, § 1140, 01/01/2025).

▶ À noter… Le BOSS a ainsi repris la tolérance admise jusque-là par l'*ACOSS** (lettre-circ. ACOSS 2007-1 du 8 janvier 2007). Ce faisant, il « contre » la jurisprudence de la Cour de cassation qui considérait, à l'inverse, que les frais de réservation de places de crèches non individualisables par salarié ne pouvaient être exonérés de cotisations et contributions sociales (cass. civ., 2e ch., 8 octobre 2020, n° 19-16898 FPBI).

Depuis le 1er mai 2024, le BOSS a ajouté une nouvelle condition au bénéfice de l'exclusion de l'assiette des cotisations et contributions sociales : la convention liant l'employeur à la crèche (ou micro-crèche) doit prévoir des critères objectifs d'attribution des berceaux aux salariés. À cet égard, lors de la conclusion d'un nouveau contrat, la réservation de berceaux aux salariés déjà bénéficiaires de places dans ces établissements constitue un critère objectif d'attribution. La réservation d'un certain nombre de berceaux par année civile, sans avantage tarifaire remplit aussi cette condition. En revanche si cette réservation prévoit qu'un berceau est automatiquement attribué à un salarié de l'entreprise désigné par sa fonction ou nominativement, lorsqu'il en fait la demande, la condition permettant de négliger l'avantage n'est plus respectée et celui-ci doit être réintégré dans l'assiette de cotisations et contributions sociales (BOSS, Avantages en nature, § 1140, 01/01/2025).

Lorsque la subvention de réservation entraîne en outre un avantage tarifaire pour le salarié, seul cet avantage doit entrer dans l'assiette des cotisations et contributions sociales, selon des modalités spécifiques *(voir ci-dessous)* (BOSS, Avantages en nature, § 1150, 01/01/2025).

Subvention pour réduire le coût supporté par le salarié - Lorsque, en plus de la réservation d'une place en crèche, le salarié bénéficie d'un tarif négocié par son employeur ou le CSE d'un montant inférieur au tarif appliqué aux parents ne bénéficiant pas d'une place réservée par leur employeur ou le CSE de leur entreprise, il s'agit d'une aide financière assimilable à un élément de rémunération (BOSS, Avantages en nature, § 1180, 01/01/2025).

Cet avantage tarifaire correspond alors à la fraction de la subvention de réservation qui couvre la différence entre le tarif normalement appliqué par la crèche (ou la micro-crèche) et le tarif dont bénéficie le salarié de l'entreprise réservataire. Il est exclu de l'assiette de cotisations et contributions sociales dans la limite du plafond de 2 540 € par an et par salarié au le 1er janvier 2025 *(voir ci-dessus)*. La fraction de l'avantage qui excède cette limite doit être réintégrée dans l'assiette de cotisations et contributions sociales.

Le contrat signé entre l'employeur (ou le CSE) et l'organisme gestionnaire de la crèche doit indiquer le montant annuel de la subvention versée au titre de la réservation de berceaux, le barème applicable aux parents ne bénéficiant pas de place réservée et à ceux en bénéficiant (BOSS, Avantages en nature, § 1180, 01/01/2025).

Exemple

Un employeur verse à une micro-crèche une subvention annuelle de réservation de 60 000 € pour disposer de l'accès à 4 places pendant 5 jours par semaine (10 h par jour). L'employeur a également négocié avec la micro-crèche un tarif horaire préférentiel appliqué à ses salariés dont le montant est fixé à 5,42 €, tandis que le tarif horaire normal appliqué aux autres parents s'élève à 9 €.

Au cours d'une année, un salarié demande à occuper un berceau 5 jours par semaine durant un an (hors congés). Pour vérifier dans quelle mesure il peut bénéficier de l'exclusion d'assiette prévue au titre de l'avantage « crèche », l'employeur doit procéder à l'individualisation de l'avantage accordé à ce salarié comme suit :

(10 h × 5 jours × 43 semaines × 9 €) – (10 h × 5 jours × 43 semaines × 5,42 €) = 7 697 €. Ce montant est notifié à l'employeur dans une attestation remplie chaque année par la micro-crèche.

Le montant de l'avantage individualisé annuel accordé au salarié pour l'occupation d'une place en crèche s'élève donc à 7 697 €.

En 2025, cet avantage est exclu de l'assiette sociale pour la fraction qui n'excède pas 2 540 €. L'employeur doit donc réintégrer dans l'assiette des cotisations sociales 5 157 € (7 697 € - 2 540 €) (BOSS, Avantages en nature, § 1190, 01/01/2025).

La crèche doit faire parvenir à l'employeur, en fin d'année, une attestation mentionnant le montant de l'avantage individualisé accordé durant l'année au salarié. Cette attestation doit être envoyée à l'employeur avant le 15 janvier de l'année suivante (N+1) (BOSS, Avantages en nature, § 1190, 01/01/2025).

Dans les 3 mois suivant la réception de cette attestation, l'employeur doit déclarer l'avantage en nature accordé au salarié au titre de l'année précédente (année N), ce qui donne lieu au recouvrement de l'ensemble des cotisations patronales et salariales afférentes éventuellement dues (BOSS, Avantages en nature, § 1195, 01/01/2025).

En accord avec le salarié bénéficiaire, l'employeur peut toutefois avancer le paiement des cotisations et contributions salariales. Dans ce cas, sur les mois restant de l'année N + 1, il déduit de la rémunération du salarié le montant des cotisations salariales avancées. Il peut par exemple, entre mars et décembre N+1, réaliser un précompte mensuel d'1/10e du montant des cotisations et des contributions salariales pris en charge en février N + 1 au titre des avantages en nature accordés pendant l'année précédente (année N).

Par exception, pour les salariés bénéficiaires d'un avantage en nature pendant l'année N et qui ont quitté l'entreprise avant le 1er janvier N + 1, en cas de prise en charge par l'employeur des cotisations et contributions salariales dues, l'avantage lié à cette prise en charge est négligé (BOSS, Avantages en nature, § 1195, 01/01/2025).

☞ *Aide au financement des services aux personnes et de garde d'enfants ; Avantages versés par le comité social et économique (CSE).*

CSA

☞ *Contribution solidarité autonomie.*

CSE

☞ *Comité social et économique ; Congé de formation des membres du CSE ; Heures de délégation.*

CSG

☞ *Contribution sociale généralisée (CSG) ; Contribution sociale généralisée (CSG sur revenus de remplacement).*

Cumul d'un mandat social et d'un contrat de travail

☞ *Dirigeants d'entreprise.*

Cumul emploi-retraite

☞ *Cumul emploi-retraite (incidences paye) ; Retraite (âge légal, âge du taux plein) ; Retraités (cumul emploi-retraite : principe) ; Retraités (cumul emploi-retraite libéralisé) ; Retraités (cumul emploi-retraite plafonné).*

Cumul emploi-retraite (incidences paye)

Contexte d'application pratique

Réforme - La loi du 14 avril 2023, vecteur de la réforme des retraites, a assoupli les règles du cumul emploi-retraite (loi 2023-270 du 14 avril 2023, art. 26, JO du 15).

Cadre juridique - Une personne retraitée peut reprendre ou poursuivre une activité professionnelle et cumuler sa pension de retraite (de base et complémentaire) avec les revenus de cette activité, sous réserve du respect de certaines conditions [voir *Retraités (cumul emploi-retraite : principe)**, en particulier pour les poursuites d'activité autorisées].

En ce qui concerne la reprise d'une activité, il y a deux hypothèses :
- les retraités qui remplissent les conditions d'âge et de liquidation nécessaires au cumul emploi-retraite libéralisé peuvent cumuler leur salaire avec leurs pensions de retraite sans restriction [voir *Retraités (cumul emploi-retraite libéralisé)**] ;
- les retraités qui ne remplissent pas les conditions d'âge et de liquidation nécessaires au cumul emploi-retraite libéralisé ne peuvent cumuler leur pension de vieillesse avec les revenus d'une activité professionnelle que dans certaines conditions et limites [voir *Retraités (cumul emploi-retraite plafonné)**].

▶ À noter… Le salarié en cumul emploi retraite est identifié en DSN en rubrique « Cumul emploi retraite » 30.023 (code « 03 : Oui »).

Deux situations - Le retraité peut reprendre une activité salariée avec, pour employeur, soit celui qui était le sien avant son départ à la retraite, soit un autre employeur.

Par ailleurs, cette nouvelle activité peut jouxter la période précédant la liquidation de la retraite (il s'agit alors d'une poursuite d'activité), ou se situer dans une période plus éloignée (on parle alors de reprise d'activité).

Formalités en cas de reprise d'activité chez un autre employeur

La reprise d'activité chez un autre employeur, dès la liquidation de la retraite ou ultérieurement, implique le respect de toutes les obligations habituelles liées à l'embauche et notamment :
- la signature d'un contrat de travail ;

- la réalisation de la déclaration préalable à l'embauche, l'inscription sur le registre unique du personnel ;
- l'affiliation à la caisse de retraite complémentaire, à la mutuelle et à la prévoyance ;
- etc.

Le salarié retraité est considéré comme les autres salariés au regard du droit du travail, et son statut particulier de retraité ne doit pas être pris en compte.

Formalités en cas de reprise d'activité chez le même employeur

Contrat de travail - Quelle que soit la date de poursuite ou de reprise d'activité, l'employeur du salarié retraité doit établir et faire signer un nouveau contrat de travail.

▶ À noter... En cas de poursuite ou de reprise d'activité chez le même employeur, il est conseillé de détailler dans le nouveau contrat de travail les points liés à cette situation particulière : reprise d'ancienneté s'il y a lieu, gestion des congés payés, etc. *(voir ci-après)*.

Déclaration préalable à l'embauche - Il convient de procéder à une *déclaration préalable à l'embauche** (en principe, une « reprise » d'activité donne lieu à une nouvelle embauche).

Registre unique du personnel - L'administration du travail (circ. DRT 90-16 du 27 juillet 1990) estime que les dispositions légales imposent de porter les différentes mentions soit « au moment de l'embauchage », soit au fur et à mesure de la survenance des événements postérieurs à l'embauche (modification survenant dans l'état civil, qualité ou statut du salarié, etc.). Il convient donc de mentionner la fin du contrat précédent et le début du nouveau dans le registre unique du personnel (voir *Registres obligatoires**).

Remise à zéro des compteurs - Lors de la rupture du contrat de travail pour départ volontaire à la retraite ou le cas échéant mise à la retraite, l'employeur a, en toute logique, soldé les droits acquis comme les congés payés, les jours de RTT, les repos compensateurs ou la contrepartie obligatoire en repos. Ces différents compteurs redémarrent donc à zéro.

Reprise de l'ancienneté - Aucune disposition particulière ne règle la question de la reprise de l'ancienneté. Le salarié ayant d'abord quitté l'entreprise avant d'être réembauché à une date ultérieure, il semble logique qu'il perde l'ancienneté acquise au service de l'employeur.

Toutefois, rien n'interdit de prévoir une reprise totale ou partielle de l'ancienneté dans le contrat de travail de réembauche, notamment pour le calcul des droits liés à la maladie ou l'accident du travail et celui de certains éléments de rémunération (prime d'ancienneté, congés payés supplémentaires, etc.).

Accès au PERCO/PERE-CO de l'entreprise employeur - Le principe veut que le *plan d'épargne pour la retraite collectif** (PERCO) soit ouvert à l'ensemble des salariés de l'entreprise, y compris ceux ayant fait valoir leurs droits à pension de vieillesse et en cumul emploi-retraite, qu'il s'agisse d'anciens salariés de l'entreprise ou non (circ. ETST12211259C du 19 avril 2012, Q/R 36).

Les sommes versées sur un PERCO par un salarié en cumul emploi-retraite sont bloquées jusqu'à la fin du contrat de travail de l'intéressé (ou, le cas échéant, de chacun des contrats) (circ. ETST12211259C du 19 avril 2012, question/réponse 36). Implicitement, cela signifie que s'il quitte l'entreprise, il peut demander le déblocage à la fin de son contrat de travail.

Sous réserve de la lecture de l'administration, la logique voudrait, à notre sens, que l'on puisse appliquer le même principe au nouveau *plan d'épargne retraite d'entreprise collectif** (PERE-CO).

Compte personnel d'activité - Le *compte personnel d'activité** (CPA) regroupe le *compte personnel de formation**, le *compte professionnel de prévention** et le *compte d'engagement citoyen** (c. trav. art. L. 5151-3).

Le CPA est fermé au décès de son titulaire (et non à son départ en retraite) (c. trav. art. L. 5151-2).

Le *compte personnel de formation** cesse d'être alimenté lorsque la personne est admise à faire valoir l'ensemble de ses droits à la retraite, sauf au titre des activités recensées dans le *compte d'engagement citoyen** (c. trav. art. L. 5151-2).

Calcul des cotisations sur le salaire de réembauche

Cotisations dues - En cas de cumul d'une retraite et d'une activité salariée, les rémunérations sont soumises aux cotisations de sécurité sociale selon les mêmes modalités que pour les autres salariés (part patronale et part salariale).

Sont payées à échéance normale les cotisations d'assurances sociales (assurance maladie, maternité, invalidité, décès), la contribution de solidarité autonomie, les cotisations d'allocations familiales, d'accident du travail, d'assurance vieillesse, le FNAL, le versement mobilité s'il y a lieu, la CSG et la CRDS ainsi que la contribution patronale au dialogue social. La taxe sur les salaires, la participation à l'effort de construction, la taxe d'apprentissage et la contribution à la formation professionnelle sont également dues.

Les cotisations patronales et salariales AGIRC-ARRCO sont également dues (circ. AGIRC-ARRCO 2009-7 du 26 mars 2009), tout comme les cotisations d'assurance chômage.

▶ À noter… Les cotisations dues sont calculées sur le montant de la rémunération sans tenir compte des pensions ou rentes de vieillesse perçues.

Retraite supplémentaire et prévoyance complémentaire - Les salariés en situation de cumul emploi-retraite doivent être affiliés au contrat de *retraite supplémentaire** institué dans l'entreprise, sauf à remettre en cause le caractère collectif et obligatoire du régime, dès lors qu'ils font partie des catégories de personnel entrant dans le champ du régime (lettre-circ. ACOSS 2011-36 du 24 mars 2011). La logique veut qu'il en aille de même pour un régime de *prévoyance complémentaire** et, à notre sens, pour le *plan d'épargne retraite d'entreprise obligatoire** (PERE-OB).

Comme les autres salariés, ils peuvent refuser l'affiliation, s'ils entrent dans un des cas de dispense autorisés.

Allégements de cotisations patronales - L'employeur peut bénéficier des allégements de cotisations au titre de la rémunération versée si les conditions requises en sont par ailleurs satisfaites, comme cela a par exemple été précisé par le passé pour la *réduction générale de cotisations patronales** (lettre min. du 19 janvier 2004, diffusée par circ. ACOSS 2004-39 du 4 février 2004, Q/R 1).

Rupture du contrat du salarié retraité

Causes de la rupture - La rupture du contrat de travail peut intervenir dans les conditions habituelles, selon la nature du contrat (ex. : démission, licenciement ou rupture conventionnelle pour un CDI).

En revanche, l'employeur ne peut pas mettre à la retraite d'office un salarié qui, lors de son embauche, avait déjà l'âge légal permettant une *mise à la retraite** sans son accord (70 ans) (cass. soc. 27 novembre 2024, n° 22-13694 FSB ; cass. soc. 17 avril 2019, n° 17-29017 FSPB ; cass. soc. 29 juin 2011, n° 09-42165, BC V n° 174).

Sommes dues - La rupture du contrat de travail du salarié retraité donne lieu au versement des sommes habituelles.

Le salarié ne peut bénéficier que d'une seule indemnité de départ volontaire en retraite ou de mise à la retraite. L'indemnité est attribuée lors de la première liquidation complète de la retraite (c. trav. art. L. 1237-7 et L. 1237-9).

▶ À noter… Cette précision doit également être reliée à la mesure permettant désormais aux salariés en cumul emploi-retraite d'acquérir, sous certaines conditions, une deuxième pension de retraite. Ils ne pourront pas bénéficier d'une seconde indemnité de départ ou de mise à la retraite lorsqu'ils liquideront leur 2e pension *(voir plus loin)*.

IJSS maladie, assurance chômage, retraite

IJSS maladie - L'administration a apporté des précisions, concernant le droit aux *indemnités journalières de sécurité sociale de maladie** des salariés en cumul emploi-retraite (circ. DSS/SD2 2015-179 du 26 mai 2015).

Lorsqu'un retraité qui exerce une activité professionnelle dans le cadre du cumul emploi-retraite libéralisé (donc, en ayant liquidé sa pension à taux plein) est en arrêt maladie, ses conditions d'ouverture des droits aux IJSS sont regardées comme pour tout assuré social.

Exemple

Un assuré fait liquider sa pension de retraite à partir du 1er juillet 2024 à taux plein et poursuit son activité professionnelle chez son dernier employeur. Il est en arrêt maladie du 1er au 15 février 2025. Pour percevoir des IJSS maladie il doit justifier :

- soit avoir cotisé, sur la période du 1er août 2024 au 31 janvier 2025, sur un salaire au moins égal à 1 015 fois le SMIC horaire (valeur du SMIC au 1er août 2024, premier jour de la période de référence) ;
- soit avoir travaillé au moins 150 h entre le 1er novembre 2024 et le 31 janvier 2025.

Lorsqu'un retraité a fait liquider sa pension de retraite sans avoir le taux plein, il peut, dans le cadre du cumul emploi-retraite plafonné, reprendre une activité professionnelle chez son dernier employeur, mais après un délai d'attente de 6 mois après son départ en retraite. La constitution des droits à IJSS maladie se calcule donc à partir de la date de sa reprise d'activité.

Exemple
Un salarié fait liquider sa pension de retraite avec décote à partir du 1er janvier 2025. Le 1er juillet 2025 (soit 6 mois après son départ en retraite), il reprend une activité professionnelle chez son dernier employeur. Pour bénéficier des IJSS maladie il faudra qu'il ait pu travailler suffisamment (cotisations ou heures de travail salarié) à partir du 1er juillet 2025.

Limite de 60 jours pour les IJSS maladie - Le nombre maximum d'IJSS dont peut bénéficier un salarié en cumul emploi-retraite ne peut pas dépasser 60 jours pour l'ensemble de la période pendant laquelle l'assuré perçoit un avantage vieillesse à compter de l'âge légal de départ à la retraite (de 62 à 64 ans selon l'année de naissance) (c. séc. soc. art. L. 323-2 et R. 323-2).

Prestations chômage - Le fait de cotiser ne donne pas nécessairement droit aux allocations-chômage. Les allocations de chômage cessent en effet d'être versées aux personnes qui, soit ont atteint l'âge légal de départ en retraite et remplissent les conditions requises pour bénéficier du taux plein, soit ont atteint l'âge d'attribution automatique du taux plein [voir *Retraite (âge légal, âge du taux plein)**].

Pensions de retraite - En principe, un salarié qui a déjà liquidé une pension de vieillesse personnelle servie par un régime de retraite de base légalement obligatoire ne peut pas, au titre de la reprise ou de la poursuite d'une activité professionnelle, acquérir de nouveaux droits à retraite, de droit direct ou dérivé, auprès d'un régime légal ou rendu légalement obligatoire d'assurance vieillesse, de base ou complémentaire (c. séc. soc. art. L. 161-22-1).

En paye, le salarié cotise, en principe, « à perte » : les cotisations salariales et patronales d'assurance vieillesse et AGIRC-ARRCO acquittées ne donnent aucun droit.

La loi de réforme des retraites du 14 avril 2023 a introduit une exception à ce principe. Elle permet aux assurés en cumul emploi-retraite libéralisé d'acquérir des droits à retraite de base sur l'activité poursuivie ou reprise, sous certaines conditions (c. séc. soc. art. L. 161-22-1, 2°). Si la reprise d'activité a lieu chez le dernier employeur, elle doit intervenir au plus tôt 6 mois après la liquidation de la pension de vieillesse [pour le détail sur cette seconde pension, *voir Retraités (cumul emploi-retraite libéralisé)**].

En cas de cumul emploi-retraite libéralisé, l'assuré peut également acquérir des points de retraite complémentaire.

▶ À noter... Sans changement par rapport à la situation antérieure, les salariés en *retraite progressive** continuent à acquérir des droits à retraite, mais il s'agit alors d'un autre cadre juridique que le cumul emploi-retraite proprement dit.

☞ Retraite (âge légal, âge du taux plein) ; Retraités (cumul emploi-retraite libéralisé) ; Retraités (cumul emploi-retraite plafonné) ; Retraités (cumul emploi-retraite : principe).

Cure thermale

L'absence pour cure thermale se distingue de l'absence pour maladie.

Dates de départ

Principe - L'absence pour cure thermale n'est pas assimilée à une absence maladie, sauf disposition conventionnelle expresse contraire (rép. Legrand n° 9738, JO 31 mai 1982, AN quest. p. 2292 ; rép. Bocquet n° 12514, JO 27 septembre 1982, AN p. 3816).

Dès lors, les dates de départ doivent en principe être fixées par accord entre l'employeur et le salarié.

Cure sur prescription - Un salarié ne peut pas imposer à son employeur une absence pour cure thermale à une période de son choix, à moins que cette cure ne doive, sur prescription médicale, être effectuée à une date déterminée (cass. soc. 17 octobre 1979, n° 78-41519, BC V n° 734 ; cass. soc. 21 avril 1988, n° 86-42049 D).

Si les dates de la cure sont prescrites par un médecin, l'employeur doit accorder au salarié une autorisation d'absence, sous réserve que l'intéressé ne le prévienne pas au dernier moment (cass. soc. 16 mai 1991, n° 89-44251 D). La prescription médicale peut, par exemple, permettre au salarié « d'imposer » ces dates pendant les congés d'été.

Cure pendant les congés - Les salariés peuvent également effectuer leur cure thermale pendant les congés payés dont les dates ont été fixées en accord avec l'employeur (rép. Legrand n° 9738, JO 31 mai 1982, AN quest. p. 2292).

L'employeur qui refuserait les dates de départ ne doit pas le faire tardivement.

Exemple
Un salarié, ayant manifesté son désir de prendre des congés pour suivre une cure thermale s'est vu opposer un refus la veille du départ, à une date où il ne pouvait plus renoncer à la cure prescrite. Les juges ont estimé que l'employeur avait agi avec une « légè-

rebut blâmable », de sorte que le licenciement pour absence injustifiée était sans cause réelle et sérieuse (cass. soc. 23 janvier 2002, n° 99-46143 D).

Indemnisation par l'employeur

Cure en dehors des congés payés - La cure thermale n'est pas assimilée un arrêt de travail pour maladie (cass. ass. plén. 1er avril 1993, n° 89-41756, B ass. plén. n° 8). Si elle se déroule hors d'une période de prise des congés payés, elle n'est pas rémunérée, sauf disposition conventionnelle contraire (cass. soc. 20 janvier 1982, n° 80-40004, BC V n° 40 ; cass. soc. 18 octobre 2006, n° 05-41408, BC V n° 311).

Elle n'est pas, non plus, assimilée à du temps de travail effectif, notamment pour la durée du travail (ex. : pas d'acquisition de jours de RTT).

Cure pendant les congés payés - Lorsque les dates de congés payés et de la cure thermale coïncident, le salarié est considéré en congés payés. Il perçoit donc l'*indemnité de congés payés**.

Indemnisation conventionnelle prévue pour la maladie - Dès lors qu'une cure n'est pas liée à une affection entraînant une incapacité de travail, il n'y a en principe pas lieu d'appliquer les dispositions conventionnelles prévoyant une garantie de rémunération en cas d'absence au travail justifiée par l'indisponibilité résultant de la maladie ou l'accident (cass. soc. 7 mars 2012, n° 10-20476 D).

Certaines conventions collectives prévoient qu'une cure thermale médicalement prescrite donne droit à l'indemnisation prévue en cas de maladie (ex. : maintien de la rémunération). Dans ce cas, l'employeur ne peut pas s'abriter derrière l'absence de certificat d'arrêt de travail pour refuser cette indemnisation : l'accord de prise en charge délivré par la caisse d'assurance maladie tient lieu d'arrêt de travail (cass. soc. 18 octobre 2006, n° 05-41408, BC V n° 311).

Précisions particulières

IJSS maladie - Les arrêts de travail prescrits à l'occasion d'une cure thermale ne donnent pas lieu à indemnité journalière, sauf lorsque la situation de l'intéressé le justifie, sous certaines conditions (c. séc. soc. art. L. 321-1).

D'une part, le salarié doit avoir obtenu l'accord préalable de la CPAM pour une prise en charge de la cure thermale (c. séc. soc. art. D. 323-1).

D'autre part, le total de ses ressources mensuelles de toute nature, de son conjoint (ou de la personne vivant maritalement avec lui), de ses enfants à charge et de ses ascendants vivant au foyer de manière habituelle et se trouvant au moins en partie à sa charge doit être inférieur au montant mensuel du *plafond de la sécurité sociale**. Ce montant est majoré de 50 % pour le conjoint ou la personne vivant maritalement avec l'assuré et de 50 % pour chacun de ses enfants, ascendants et autres ayants droit à charge (c. séc. soc. art. D. 323-1).

Enfin, il doit aussi remplir les conditions d'ouverture du droit aux *indemnités journalières de sécurité sociale de maladie**.

Prévoyance complémentaire « Frais de santé » - Le cahier des charges des contrats responsable prévoit un panier minimal des garanties. Cependant, la couverture du ticket modérateur correspondant aux cures thermales ne fait pas partie des obligations de prise en charge (c. séc. soc. art. R. 871-2, 1°) [voir *Prévoyance « frais de santé » (contrat responsable)**].

En outre, elle ne fait pas non plus partie des critères de conformité au socle minimal (c. séc. soc. art. D. 911-1, 1°) [voir *Prévoyance « frais de santé » (socle minimal)**].

Les régimes sont donc libres d'exclure cette prise en charge de leurs garanties.

☞ *Maladie.*

Cycle de travail

Recours au cycle de travail

Depuis le 22 août 2008, les entreprises souhaitant mettre en place un système analogue au travail par cycle peuvent utiliser le dispositif d'*aménagement du temps de travail sur une période supérieure à la semaine**. En effet, le cadre légal spécifique au travail par cycle a été supprimé à cette date (loi 2008-789 du 20 août 2008, art. 20-I, JO du 21).

Accords antérieurs au 22 août 2008

Survie des anciens accords - Des accords collectifs mettant en place une organisation du travail par cycle, en application des dispositions antérieures au 22 août 2008, peuvent être toujours en vigueur dans des entreprises (loi 2008-789 du 20 août 2008, art. 20-V).

Pour rester applicable, l'accord en question doit comporter toutes les clauses autrefois exigées pour ce type d'aménagement (cass. soc. 13 juin 2012, n° 11-12192, BC V n° 186).

Cycle de travail

Principe du travail par cycle - Selon l'administration le cycle est une période brève, de 8 à 12 semaines (circ. DRT 94-4 du 21 avril 1994, réputée abrogée), au sein de laquelle la durée du travail est répartie d'une semaine à l'autre.

Les semaines comportant des heures au-delà de la durée légale du travail sont compensées au cours du cycle par des semaines d'une durée inférieure à cette norme. Cette formule déroge donc à la règle du calcul des heures supplémentaires dans le cadre de la semaine civile. La répartition du travail dans le cycle doit être affichée.

Le cycle permet de prendre en compte les variations d'activité d'une entreprise dans la mesure où elles ont un caractère habituel et par suite à la fois prévisible et programmable.

▶ À noter… Les jours non travaillés dans le cadre d'une organisation du travail par cycle ne sont pas des RTT s'ajoutant aux congés payés. Par conséquent, en application du décompte en jours ouvrables, lorsque le dernier jour de congés payés correspond au jour non travaillé du cycle, il doit être compté comme congé payé (cass. soc. 29 janvier 2020, n° 18-13604 FSPB).

En cas de travail par cycle, il est possible de procéder au *lissage du salaire**.

Affichage des horaires - Dans les établissements qui organisent le temps de travail sous forme de cycles, l'affichage des horaires indique également le nombre de semaines que comporte le cycle et, pour chaque semaine du cycle, la répartition de la durée du travail.

☛ *Aménagement du temps de travail sur une période supérieure à la semaine ; Travail en équipes successives.*

D

Décalage de la paye

Le décalage de la paye est une pratique consistant à verser la rémunération de la période d'emploi d'un mois civil M au cours du mois suivant (M + 1).

Les règles de fonctionnement de la *déclaration sociale nominative** ainsi que la réforme des dates d'*exigibilité des cotisations URSSAF** tendent à dissuader les employeurs de pratiquer le décalage de paye.

SMIC

Le *SMIC** se vérifie par rapport à la période d'emploi en cause. Le fait qu'une période d'emploi soit rémunérée le mois même ou le mois suivant n'a pas d'incidence.

Exemple

Le taux du SMIC applicable à la période d'emploi du mois d'octobre 2024 est de 11,65 €, peu important que la paye soit versée en octobre 2024 ou, en cas de décalage de paye, en novembre 2024 (pour rappel le Smic a été exceptionnellement revalorisé par anticipation au 1er novembre 2024).

Calcul des cotisations

Rattachement à la période d'emploi - Le fait générateur des cotisations de sécurité sociale, de la CSG et de la CRDS est constitué par la période d'emploi (et non plus par le paiement du salaire) (c. séc. soc. art. L. 136-1 et L. 242-1, I).

Ce principe s'applique aux rémunérations versées depuis le 1er janvier 2018, quelle que soit la période d'emploi à laquelle elles se rapportent. Les taux et plafonds applicables pour le calcul des cotisations sociales sont ceux en vigueur au cours de la période d'activité au titre de laquelle les rémunérations sont dues (c. séc. soc. art. R. 242-1).

Exemple

Les salaires rémunérant la période d'emploi de décembre 2024 relèvent des taux de cotisation et du plafond de sécurité sociale du mois de décembre 2024, y compris s'ils sont versés en janvier 2025 (décalage de paye).

Rappels de salaire - Les règles ci-dessus exposées s'entendent sous réserve des dispositions relatives à certains rappels de salaire (voir *Rappel de salaire**).

Taxe d'apprentissage et contributions légales à la formation

Pour la *taxe d'apprentissage** et la *contribution à la formation professionnelle**, c'est également la période d'emploi qui est prise en compte depuis que leur recouvrement est assuré par les URSSAF (1er janvier 2022).

Taxe sur les salaires et impôt sur le revenu

Principe de la date de versement des revenus - En droit fiscal, le critère de référence pour la détermination de la règle applicable est la date de versement des revenus.

Le principe de rattachement à la période d'emploi qui vaut pour les cotisations de sécurité sociale ne s'applique pas.

Taxes fiscales et parafiscales - Pour la *participation à l'effort construction** et la *taxe sur les salaires**, qui ne sont pas recouvrés par les URSSAF, les règles de calcul et de versement sont pour l'heure inchangées, y compris pour les entreprises en décalage de paye.

Les rémunérations sont rattachées à l'année durant laquelle elles sont versées. Pour une entreprise en décalage de paye, l'assiette de ces taxes au titre d'une année N correspond aux salaires versés entre le 1er décembre de l'année N - 1 et le 30 novembre de l'année N.

Impôt sur le revenu - Pour l'impôt sur le revenu, c'est également la date de versement de la rémunération qui compte. Il en va donc ainsi pour la mise en œuvre du *prélèvement à la source**.

Le salaire de décembre de l'année N versé en janvier de l'année N + 1 est pris en compte dans le net imposable de l'année N + 1.

Net social

Le Montant net social est rattaché à la période de versement (BOSS, Montant Net social, Q/R 41, 01/10/2024).

En cas de correction d'une ou plusieurs cotisations ou de rappel de salaire, ces éléments doivent être pris en compte dans le montant net social du mois au cours duquel ce rappel ou ce versement est effectué [pour plus de détails, voir *Bulletin de paye (net social)**].

Exemple
Un rappel d'heures supplémentaires effectuées en novembre 2024, mais payé en janvier 2025, impacte le Montant net social déclaré en janvier 2025.

Déclaration sociale nominative

La DSN doit être produite au plus tard le 5 ou le 15 du mois suivant la période d'emploi selon l'effectif et la date de paiement des salaires, y compris en cas de décalage de paye (voir *Déclaration sociale nominative**).

Il faut bien faire la distinction entre cette date d'exigibilité de la DSN et la date d'exigibilité des cotisations. En effet, les petites entreprises peuvent opter pour un paiement trimestriel des cotisations URSSAF (voir *Exigibilité des cotisations URSSAF**), mais elles restent tenues d'adresser la DSN mensuellement.

☞ *Déclaration sociale nominative ; Exigibilité des cotisations URSSAF ; Plafond de la sécurité sociale ; Rappel de salaire.*

Décès

Décès de l'employeur

Le décès de l'employeur ne constitue pas un cas de *force majeure** et ne rompt pas automatiquement le contrat de travail (cass. soc. 26 septembre 2012, n° 11-11697 D). Le contrat continue, en principe, avec le successeur.

Toutefois, si le décès de l'employeur entraîne la fermeture et la disparition de l'entreprise, les contrats de travail peuvent être rompus, la procédure de licenciement doit être respectée et la succession est tenue au paiement des indemnités de préavis, de licenciement et de congés payés des salariés.

▶ À noter… Par exception, le contrat d'apprentissage [voir *Apprentissage (contrat)**], s'il a été conclu depuis le 1er janvier 2019, peut être rompu en cas de décès de l'employeur maître d'apprentissage dans le cadre d'une entreprise unipersonnelle (c. trav. art. L. 6222-18).

Décès du salarié

Rupture du contrat de travail - Le décès du salarié est un cas de *force majeure** qui entraîne la rupture automatique du contrat de travail et dispense l'employeur du versement des indemnités de rupture.

▶ À noter… Les héritiers d'un salarié décédé peuvent poursuivre devant les juges l'action que ce dernier avait entreprise pour obtenir la résiliation judiciaire de son contrat de travail. Ils peuvent également demander des dommages-intérêts en raison du harcèlement moral subi par le salarié défunt (cass. soc. 12 février 2014, n° 12-28571, BC V n° 50).

Sommes dues - L'employeur doit établir le solde de tout compte, la dernière paye du salarié et verser les sommes dues à la succession du défunt.

Les sommes à verser couvrent, notamment, selon les cas :
- le salaire correspondant à la période travaillée jusqu'au jour du décès ;
- l'*indemnité compensatrice de congés payés** éventuelle, au titre du solde de jours restant ;
- les indemnités correspondant au solde de certains compteurs : jours de RTT [voir *Jour de RTT (gestion en paye)**], solde de *contrepartie obligatoire en repos**, éventuel solde de *repos compensateur de remplacement**, etc. ;
- l'*indemnité de rupture conventionnelle individuelle** si elle avait été homologuée au jour du décès du salarié (cass. soc. 11 mai 2022, n° 20-21103 FSB).
- les prorata de *primes** éventuelles, les *commissions**, etc.

Les droits acquis en matière d'épargne salariale (participation aux résultats de l'entreprise, plan d'épargne d'entreprise, etc.) peuvent être liquidés. En outre, l'employeur doit établir (ou faire établir par l'organisme gestionnaire) un état récapitulatif d'épargne salariale (voir *État récapitulatif d'épargne salariale et relevé annuel de situation**).

En revanche, si le contrat de travail contenait une clause de non-concurrence, l'employeur n'a pas à payer la contrepartie financière à l'interdiction de concurrence (cass. soc. 29 octobre 2008, n° 07-43093, BC V n° 207).

▶ À noter… L'employeur doit tenir compte des éventuelles spécificités prévues par la convention collective ou le contrat de travail.

Versement - Le solde de tout compte est établi et les sommes dues sont versées à la succession du défunt.

Dans la pratique, selon les circonstances, le montant correspondant à la dernière paye du salarié décédé doit être remis soit au notaire chargé de la succession, soit aux ayants droit sur présentation d'un certificat d'hérédité ou d'un acte de notoriété.

L'employeur doit également délivrer le bulletin de paye et le certificat de travail aux héritiers du salarié décédé (cass. crim. 5 décembre 1989, n° 85-95503, B. crim. n° 462).

Décès après la rupture du contrat de travail - Si le salarié décède après la rupture du contrat de travail, l'employeur doit à sa succession l'intégralité des sommes liées à cette rupture. C'est notamment le cas de l'indemnité compensatrice de préavis si le salarié avait été dispensé de l'exécuter (cass. soc. 26 novembre 2002, n° 00-41764 D).

En revanche, l'employeur n'a pas à verser le solde de l'indemnité de non-concurrence que le salarié avait déjà commencé à percevoir.

Formalités liées aux capitaux décès - L'employeur peut être amené, en outre, à constituer un dossier afin que les ayants droit puissent percevoir le capital décès versé par l'organisme de prévoyance, s'il y a lieu (rappelons qu'il existe un régime minimal obligatoire pour les cadres, voir *Cotisation d'assurance décès**).

Le montant du capital décès servi par la CPAM aux ayants droit d'un assuré décédé est depuis le 1er avril 2024 égal à un montant forfaitaire de 3 910 € (c. séc. soc. art. L. 361-1 et D. 361-1). Ce montant est en principe revalorisé tous les ans au 1er avril (c. séc. soc. art. L. 341-6).

▶ À noter… L'employeur n'a donc pas à établir d'attestation de salaire à la demande de la caisse primaire d'assurance maladie (CPAM), pour le calcul du capital décès de la sécurité sociale.

Rentes - Les ayants droit peuvent être également amenés à percevoir des rentes de conjoint survivant, des rentes d'orphelin ou d'éducation.

Ces sommes sont soumises à la *contribution sociale généralisée (CSG sur revenus de remplacement)** et à la *contribution pour le remboursement de la dette sociale (CRDS)** sur revenus de remplacement, au même taux que celui prévu pour les pensions de retraite ou d'invalidité (CSG : 8,30 %, sauf taux réduit ou exonération ; CRDS : 0,50 %) (lettre-circ. ACOSS 2005-32 du 31 janvier 2005 ; circ. DSS/DGFAR 2004-629 du 27 décembre 2004).

Capitaux et allocations décès - L'employeur verse parfois un capital décès ou des allocations décès. Ces sommes sont soumises à cotisations comme un élément de rémunération.

La jurisprudence considère, en effet, que les allocations de décès ne sont pas des *secours**. Elles constituent des avantages en argent procurés en contrepartie ou à l'occasion du travail précédemment accompli, peu important qu'elles soient versées aux salariés ou à leurs ayants droit après la rupture du contrat (cass. ass. plén. 26 janvier 2001, n° 99-11758, BC ass. plén. n° 2 ; cass. ass. plén. 26 janvier 2001, n° 99-13397, BC ass. plén. n° 2).

De même, un capital décès versé en vertu d'une convention ou d'un accord collectif est soumis à cotisations de sécurité sociale (cass. soc. 24 avril 1997, n° 95-18039, BC V n° 145).

En revanche, les capitaux décès versés par une société d'assurances, une mutuelle, une institution de retraite ou de prévoyance ne sont pas soumis à cotisations de sécurité sociale ni à CSG/CRDS (lettre min. du 4 novembre 1997, diffusée par lettre-circ. ACOSS 97-75 du 28 novembre 2015).

Congé en cas de décès d'un proche du salarié

Voir *Congés pour événements familiaux**.

Congés pour événements familiaux ; Cotisation d'assurance décès.

Déclaration de départ des salariés âgés

Déclaration annuelle

Obligation - Tout employeur doit souscrire une déclaration annuelle lorsqu'il a procédé, au cours d'une année civile (c. trav. art. L. 1221-18) :
- à la mise en *préretraite** ou à la *mise à la retraite** d'un salarié ;
- ou au licenciement ou à la *rupture conventionnelle individuelle** d'un salarié âgé d'au moins 55 ans.

Cette déclaration doit être souscrite auprès de l'URSSAF, au plus tard le 31 janvier qui suit l'année civile en cause.

Sanction - Si cette déclaration n'est pas produite dans les temps, l'employeur est redevable d'une pénalité égale à 600 fois le taux horaire du *SMIC** (c. trav. art. L. 1221-18).

Cette pénalité est recouvrée par l'URSSAF dont relève l'employeur.

Contenu et modalités de la déclaration

Mentions - La déclaration doit indiquer, au titre de l'année civile écoulée :
- le nombre de salariés partis en *préretraite** ou placés en cessation anticipée d'activité au cours de l'année civile précédente, leur âge, le montant de l'avantage qui leur est alloué ;

- le nombre de mises à la retraite prononcées par l'employeur ;
- le nombre de salariés âgés de 55 ans et plus, licenciés ou ayant quitté l'entreprise dans le cadre d'une *rupture conventionnelle individuelle** au cours de l'année civile précédant la déclaration.

Déclaration substituée en DSN - Cette déclaration est intégrée au flux de données transmis via la *déclaration sociale nominative** (c. séc. soc. art. R. 133-14, IV, 3°).

De fait, elle est faite automatiquement via les DSN, sans démarche supplémentaire à effectuer

☞ *Déclaration sociale nominative.*

Déclaration d'emploi des travailleurs handicapés

☞ *Handicapés (déclaration d'emploi).*

Déclaration des accidents du travail

☞ *Accident du travail (déclaration)*

Déclaration préalable à l'embauche

L'embauche d'un salarié nécessite une déclaration préalable à l'embauche (DPAE) (c. trav. art. L. 1221-10).

Modalités de déclaration

Délai - L'employeur doit procéder à la déclaration préalable au plus tôt 8 jours avant la date prévisible de l'embauche (c. trav. art. R. 1221-4).

Dans la mesure où il s'agit d'une déclaration « préalable », il convient a priori de l'envoyer à l'URSSAF au plus tard « juste avant l'embauche ».

En cas de déclaration par lettre recommandée, la réglementation impose expressément un envoi au plus tard le dernier jour ouvrable précédant l'embauche (c. trav. art. R. 1221-5).

Contenu - La déclaration préalable à l'embauche comporte (c. trav. art. R. 1221-1) :
- des informations relatives à l'employeur : dénomination sociale de l'entreprise ou nom et prénoms de l'employeur, code APE, numéro SIRET, adresse de l'établissement, service de prévention et de santé au travail dont dépend l'employeur ;
- des informations relatives au futur salarié : nom et prénoms, sexe, date et lieu de naissance, numéro de sécurité sociale ;
- des informations relatives à l'embauche : date et heure de l'embauche, nature et durée du contrat, durée de la période d'essai éventuelle pour les CDI et les CDD de 6 mois ou plus.

Formalités comprises dans la déclaration préalable - En remplissant cette déclaration, l'employeur s'acquitte des obligations suivantes (c. trav. art. R. 1221-2) :
- immatriculation de l'employeur au régime général de la sécurité sociale, s'il s'agit d'une première embauche (c. séc. soc. art. R. 243-2) ou à l'établissement national des invalides de la marine, si la déclaration est relative à un marin salarié ;
- immatriculation du salarié à la caisse primaire d'assurance maladie (mutualité sociale agricole s'il s'agit d'un salarié agricole ou, s'il s'agit d'un marin salarié, établissement national des invalides de la marine) (c. séc. soc. art. R. 312-4 ; notons que même si l'article R. 1221-2 du code du travail n'a pas été actualisé, cet article du code de la sécurité sociale a été abrogé car c'est maintenant à l'assuré d'effectuer les démarches nécessaires en vue de son immatriculation) ;
- affiliation de l'employeur à l'assurance chômage, s'il s'agit d'une première embauche (c. trav. art. R. 5422-5) ;
- demande d'adhésion à un service de prévention et de santé au travail (c. trav. art. L. 4622-7) ;
- demande de visite d'information et de prévention (c. trav. art. L. 4624-1) ou d'examen médical d'aptitude à l'embauche (c. trav. art. L. 4624-2) ;
- affiliation aux institutions de retraite complémentaire et à certaines institutions de prévoyance s'il s'agit d'un salarié agricole (c. rural art. L. 727-2).

Déclaration électronique - Les employeurs du régime général (à l'exception des particuliers employeurs) et ceux dont le personnel relève du régime de protection sociale agricole ayant accompli plus de 50 DPAE au cours de l'année civile précédente sont tenus d'adresser leurs déclarations par voie électronique l'année suivante (c. trav. art. D. 1221-18).

Si l'employeur est déjà inscrit à un service d'authentification, par exemple parce qu'il utilise la DSN, les

formalités sont simplifiées (c. trav. art. R. 1221-6). En effet, il lui suffit alors de fournir :
- le numéro d'identification de l'établissement employeur ;
- le numéro national de sécurité sociale du salarié, s'il a déjà fait l'objet d'une déclaration préalable à l'embauche dans les 14 mois (arrêté du 19 juillet 2011, JO du 27) ;
- les seules informations relatives à la date et heure de l'embauche, à la nature et durée du contrat et à la durée éventuelle de la période d'essai *(voir ci-avant)*.

▶ Attention... Les employeurs qui ne respectent pas l'obligation de dématérialisation s'exposent à une pénalité financière de 0,5 % du montant mensuel du *plafond de la sécurité sociale** par salarié concerné, soit 19,63 € en 2025 (c. trav. art. D. 1221-19).

Destinataire de la déclaration - L'organisme destinataire de la déclaration est l'URSSAF dont relève l'établissement où travaillera le salarié (c. trav. art. R. 1221-3). Celle-ci transmet ensuite les différents éléments de la déclaration aux organismes intéressés (c. trav. art. R. 1221-14).

Déclaration papier - Les employeurs qui ne sont pas soumis à titre obligatoire à la procédure dématérialisée sont invités à effectuer la déclaration par voie électronique, ce moyen étant présenté comme le mode normal de transmission (c. trav. art. R. 1221-5). En revanche, ils n'encourent pas de pénalité s'ils procèdent par « papier ».

Ils conservent la possibilité de remplir une déclaration papier, sur la base d'un formulaire officiel (Cerfa 14738*01 ; arrêté du 30 juillet 2012). Ce formulaire peut être envoyé par télécopie ou par LRAR (c. trav. art. R. 1221-5).

En revanche, les URSSAF n'adressent pas d'accusé de réception aux employeurs qui transmettent leurs DPAE par voie postale ou par télécopie. Pour obtenir des accusés de réception, le réseau des URSSAF conseille aux employeurs d'effectuer leur DPAE par voie électronique.

Accusé de réception de l'URSSAF - Une fois que le formulaire lui est parvenu, l'URSSAF en accuse réception (pour une déclaration électronique uniquement) dans un délai de 5 jours ouvrables (c. trav. art. R. 1221-7).

L'absence de contestation de cet accusé de réception par l'employeur dans les 2 jours ouvrables de sa date de réception, constitue une preuve de la déclaration.

L'employeur doit conserver cet avis de réception. En effet, le code du travail prévoyait une conservation de la DPAE jusqu'à l'envoi de la DADS mais celle-ci a été remplacée pour la majorité des employeurs par la *déclaration sociale nominative** sans que les textes sur la DPAE n'aient été mis à jour (c. trav. art. R. 1221-8).

Formalités vis-à-vis du salarié - Lors d'une embauche, l'employeur doit remettre au salarié une copie de la déclaration préalable à l'embauche ou de l'accusé de réception. Il est dispensé de cette obligation s'il a remis au salarié son contrat de travail écrit, avec mention de l'URSSAF destinataire de la déclaration (c. trav. art. R. 1221-9).

Sanctions de l'absence de DPAE

Pénalité - L'employeur qui ne procède pas à la déclaration préalable à l'embauche s'expose à une pénalité égale à 300 fois le *minimum garanti**, soit 1 266 € pour 2025 et d'une amende pénale de 1 500 € (c. trav. art. L. 1221-11 et R. 1227-1).

Travail dissimulé - En cas d'omission intentionnelle, l'employeur peut être poursuivi pour *travail dissimulé** par dissimulation d'emploi salarié (c. trav. art. L. 8221-5), et ce, peu importe s'il produit à la place de la DPAE la déclaration annuelle d'activité de ses salariés mentionnant la date exacte de leur embauche (cass. crim. 28 mars 2017, n° 15-86985 D). L'employeur ne peut pas non plus s'affranchir de son obligation de déclaration en arguant qu'il avait chargé son cabinet comptable de réaliser cette formalité (cass. crim. 7 mai 2019, n° 18-83552 D).

À ce titre, il peut être sanctionné pénalement (c. trav. art. L. 8224-1 et L. 8224-5) et s'expose aussi au risque de se voir refuser des aides publiques à l'emploi et à la formation (c. trav. art. L. 8272-1) ou à l'annulation des réductions ou exonérations des cotisations (ou à l'annulation partielle, voir *travail dissimulé**), dans la limite de la prescription applicable en matière de travail dissimulé (c. séc. soc. art. L. 133-4-2).

Exemple
Dès lors qu'elles sont intentionnelles, des déclarations tardives, même 38 minutes après l'embauche, sont considérées comme du travail dissimulé, par dissimulation d'emploi salarié (cass. civ., 2e ch., 9 octobre 2014, n° 13-22943, BC II n° 206).

En revanche, notons qu'il n'est pas nécessaire d'établir l'intention frauduleuse de l'employeur en cas d'absence de DPAE dès lors qu'un redressement a pour objet exclusif le recouvrement des cotisations afférentes à cet emploi (cass. civ., 2e ch., 21 septembre 2017, n° 16-22307 D).

☞ *Travail dissimulé.*

Déclaration sociale nominative

La déclaration sociale nominative (DSN) permet de remplacer de nombreuses déclarations. Elle est effectuée par voie électronique (en pratique, il s'agit d'un flux de données transmis par les employeurs).

Les données portées dans la DSN servent notamment au recouvrement des cotisations et contributions sociales (URSSAF, MSA, institutions de retraite complémentaire, organismes de prévoyance) ainsi que de certaines impositions, à la vérification de leur montant, à l'ouverture et au calcul des droits des salariés en matière d'assurances sociales, de formation et de prévention des effets de l'exposition à certains facteurs de risques professionnels, à la détermination du taux de certaines cotisations, au versement de certains revenus de remplacement ainsi qu'à l'accomplissement par les administrations et organismes destinataires de leurs missions (c. séc. soc. art. L. 133-5-3, I).

Elle permet aussi aux employeurs en DSN d'accomplir la déclaration fiscale liée au *prélèvement à la source** depuis 2019 et, depuis l'obligation d'emploi 2020, les déclarations liées à l'emploi de travailleurs *handicapés**.

Par ailleurs, un service « Indicateurs Entreprises » est mis à disposition des entreprises et tiers-déclarants proposant des indicateurs construits à partir de la DSN, leur permettant de situer leurs politiques RH par rapport à des entreprises comparables (www.net-entreprises.fr ; information du 18 novembre 2024).

▶ À noter... Le Groupe Revue Fiduciaire édite également un « Dictionnaire DSN » qui, comme son nom l'indique, est entièrement dédié à la déclaration sociale nominative (pour plus d'information, voir https://boutique.grouperf.com).

Maîtrise d'ouvrage de la DSN et site officiel d'information

C'est le GIP-MDS (Groupement d'intérêt public-Modernisation des déclarations sociales) qui a en charge la maîtrise d'ouvrage opérationnelle de la DSN. Il est également responsable de la diffusion des informations techniques concernant la DSN.

Pour ce faire, il met à disposition de l'ensemble des intéressés (gestionnaires de paye, tiers déclarants, éditeurs de solutions paye, concentrateur) une « base de connaissances » sur le site d'information officiel sur la DSN depuis le site net-entreprises (http://www.net-entreprises.fr). Les utilisateurs peuvent s'y reporter utilement, pour suivre les évolutions techniques du dispositif. d'un projet technique qui continuera à évoluer.

En outre, une documentation technique (comme le cahier technique) est également disponible sur ce site Internet.

Déploiement de la DSN (en bref)

Obligation dans le régime général et le régime agricole - Le déploiement de la DSN s'est fait selon un calendrier progressif et avec un enchaînement des phases : DSN phase 1, phase 2 (avec en particulier l'intégration de la DUCS URSSAF) et phase 3 (déclarations aux régimes de retraite AGIRC-ARRCO, substitution DSN, etc.). La réglementation avait ensuite prévu des étapes intermédiaires d'entrée obligatoire en DSN, pour certains employeurs et tiers déclarants.

Désormais, tous les employeurs du régime général et du régime agricole ou leurs tiers mandatés doivent être en DSN.

Employeurs exclus de la DSN - Les salariés déclarés via les dispositifs de simplification sont exclus de la DSN (ex. : *titre emploi-service entreprise**, *chèque-emploi associatif**).

Les employeurs monégasques, pour leurs salariés dont l'activité est sur le sol monégasque (rattachés au droit monégasque), n'ont pas d'obligation réglementaire de déclarer en DSN, mais peuvent le faire depuis janvier 2022 pour la retraite complémentaire et/ou les OC (www.net-entreprises.fr, information du 13 décembre 2021).

Les entreprises situées à Saint-Pierre-et-Miquelon, en Nouvelle-Calédonie, en Polynésie française et d'autres collectivités territoriales situées en outre-mer n'ont pas l'obligation d'entrer en DSN.

Employeurs entrés en DSN en 2022 - Entre 2020 et 2022, le secteur public (État, fonction publique territoriale, fonction publique hospitalière) est entré en DSN. Un décret de déploiement de la DSN à la fonction publique a précisé les dates à partir desquelles les employeurs et tiers déclarants concernés ont dû impérativement basculer (décret 2018-1048 du 28 novembre 2018, JO du 30).

▶ À noter... Dans l'attente de l'entrée en DSN, les tiers déclarants qui ne sont pas tenus de souscrire de DSN doivent souscrire une déclaration PASRAU (Prélèvement À la Source sur les Revenus Autres) (BOFiP-IR-PAS-30-10-10-§ 70-25/10/2018).

À Mayotte, le recours à la DSN est devenu obligatoire depuis le 1er janvier 2022 (loi 2021-1754 du 23 décembre 2021, art. 23, JO du 24).

Procédures exclues de la DSN pour certains salariés - Pour certains types de salariés, l'état des travaux ne permet pas de bénéficier de l'intégralité des remplacements de procédures que permet normalement la DSN (certaines déclarations sont bien substituées par la DSN, d'autres non). Les déclarations non remplacées doivent continuer à être produites en utilisant les procédures habituelles.

Il en est ainsi notamment pour les salariés ouvriers et techniciens de l'édition d'enregistrement sonore production cinématographique et audiovisuelle, de la radio, de la diffusion et du spectacle, les salariés d'organismes internationaux, et des ambassades ou des consulats ainsi que les expatriés.

Toutefois, au second semestre 2025 en principe, la DSN doit permettre la substitution des attestations employeur mensuelles pour les intermittents du spectacle. (www.net-entreprises.fr, « La simplification apportée par la DSN, 2024-2025 »).

Exemple

Les expatriés cotisent à la CFE (procédure hors DSN), à France Travail (procédure récemment intégrée en DSN), à l'AGIRC-ARRCO (procédure en DSN). Par ailleurs, ils ne sont généralement pas « résident fiscal » en France. Néanmoins, ces salariés doivent être déclarés dans la DSN et sont identifiés par des rubriques spécifiques.

Le site d'information officiel sur la DSN (http://www.net-entreprises.fr) publie régulièrement les évolutions. Il diffuse aussi des grilles d'aide au remplissage.

Procédures non intégrées pour certains régimes spéciaux - Les procédures particulières relatives à certains régimes spéciaux sont exclues de la DSN à l'heure où nous rédigeons ces lignes (ex. : Opéra de Paris, Comédie Française, Assemblée Nationale, Sénat, Ports autonomes, Chambres de commerce de Paris).

Ces employeurs peuvent cependant démarrer la DSN, leur permettant ainsi de remplacer les procédures « générales » (ex. : DMMO), mais non – dans l'immédiat – certaines procédures spécifiques (www.net-entreprises.fr, « La simplification apportée par la DSN, 2024-2025 »).

▶ À noter... À compter de 2025, en principe, les entreprises dont les salariés sont rattachés à la RATP peuvent transmettre les informations relatives à l'affiliation de ces salariés du régime général (www.net-entreprises.fr, « La simplification apportée par la DSN, 2024-2025 »).

La encore, le site d'information officiel sur la DSN (http://www.net-entreprises.fr) publie régulièrement les évolutions.

Déclarations et données substituées en DSN phase 3

Liste des déclarations remplacées - La DSN se substitue aux déclarations et formalités suivantes (c. séc. soc. art. R. 133-14, IV) :
- déclarations relatives aux cotisations et contributions dont le réseau des URSSAF a en charge le recouvrement ;
- déclarations aux caisses des régimes de retraite complémentaire obligatoires, notamment AGIRC-ARRCO ;
- déclarations aux organismes complémentaires gestionnaires de contrats collectifs d'entreprise ;
- *attestations de salaire** relatives aux IJSS maladie, maternité, paternité et adoption (DSIJ maladie) et aux IJSS d'accident du travail et maladie professionnelle (DSIJ AT/MP), pour le régime général et pour le régime agricole ;
- fourniture à France Travail (ex-Pôle Emploi) des éléments couverts par l'attestation d'assurance chômage (AED employeur), étant précisé que dans quelques cas, l'employeur doit continuer à transmettre l'attestation d'assurance chômage « à part » à France Travail (voir *Attestation d'assurance chômage**) ;
- *déclaration de départ des salariés âgés** ;
- données fiscales prévues à l'article 87 du code général des impôts : notamment net imposable pour l'établissement de la déclaration des revenus, assujettissement et bases imposables à la taxe d'apprentissage, à la participation formation et à la participation construction, données relatives à la taxe sur les salaires, etc. (CGI art. 87 ; CGI, ann. III art. 39) ;
- données permettant l'alimentation du *compte personnel de formation** par la caisse des dépôts et consignation ;
- déclaration des expositions aux facteurs de risques professionnels pris en compte par le *compte professionnel de prévention** ;
- déclaration aux caisses de congés payés ;
- déclaration mensuelle des mouvements de main-d'œuvre (DMMO ; employeurs de 50 salariés et plus) ;
- enquête trimestrielle de mouvements de main-d'œuvre (EMMO ; certains employeurs de moins de 50 salariés) ;
- relevé mensuel des contrats de mission (RMM ; entreprises de travail temporaire) ;
- décompte des effectifs sécurité sociale ;

- déclaration liée au *prélèvement à la source** de l'impôt sur le revenu (CGI art. 87-0 A ; CGI, ann. III, art. 39 C) ;
- données relatives aux cotisations de sécurité sociale et aux contributions d'assurance chômage dues au titre des VRP multicartes (décret 2017-1682 du 12 décembre 2017, JO du 14).

Depuis 2022, la DSN :
- remplace la DUCS CIBTP (ou déclaration de salaires directement auprès de la caisse) et la déclaration annuelle depuis 2023 (communiqué de presse net-entreprises du 21 décembre 2021) ;
- est le vecteur déclaratif des VRP multicartes pour les firmes étrangères sans établissement en France (www.net-entreprises.fr, information du 25 novembre 2021) ;
- permet le recouvrement des contributions d'assurance chômage et AGS des salariés expatriés et intermittents du spectacle (www.net-entreprises.fr, information du 11 janvier 2022).

En revanche, il n'y a pas de prise en compte des *temps partiel thérapeutique** (TPT) en DSN, dans l'attente d'une simplification de la réglementation dont le calendrier n'a pas été fixé (www.net-entreprises.fr, « La simplification apportée par la DSN, 2024-2025 »). L'attestation de salaire TPT (DSIJ TPT) doit toujours être réalisée, peu important que le TPT soit déclaré ou non en DSN (www.net-entreprises.fr, information du 5 décembre 2023).

Emploi des travailleurs handicapés - Pour les périodes courant depuis 2020, toutes les entreprises, y compris celles de moins de 20 salariés, doivent déclarer dans chaque DSN mensuelle des informations relatives aux bénéficiaires de l'obligation d'emploi des travailleurs handicapés (c. trav. art. L. 5212-1 et D. 5212-4).

En outre, les employeurs assujettis à l'obligation d'emploi des travailleurs handicapés (OETH) doivent effectuer leur déclaration annuelle via la DSN (c. trav. art. L. 5212-5) [voir *Handicapés (déclaration d'emploi)**].

Montant net social - La déclaration du Montant net social en DSN est obligatoire depuis 2024 [voir *Bulletin de paye (net social)**].

Modalités de la déclaration

Déclaration mensuelle obligatoire - L'employeur doit accomplir la déclaration chaque mois, même si aucune rémunération n'est versée, tant qu'il n'a pas demandé la radiation de son compte auprès de l'URSSAF ou de la MSA (c. séc. soc. art. R. 133-14, I).

▶ À noter... Depuis 2020, l'employeur peut, en l'absence d'emploi salarié, cesser d'effectuer la DSN dès lors qu'il a obtenu de son organisme de recouvrement l'autorisation de ne plus l'adresser. S'il n'a pas cette autorisation, il doit continuer à produire la DSN.

La DSN établit, notamment, pour chaque salarié (c. séc. soc. art. L. 133-5-3, I) :
- le lieu d'activité et les caractéristiques du contrat de travail ;
- les montants des rémunérations, des cotisations, des contributions sociales, des exonérations de cotisations et la durée du travail retenus pour la paye de chaque mois ;
- les dates de début et de fin de contrat, de suspension et de reprise du contrat de travail intervenant au cours de ce mois ;
- le cas échéant, une régularisation au titre des données inexactes ou incomplètes transmises au cours des mois précédents.

La DSN comprend diverses informations relatives à l'employeur, à l'émetteur de la DSN (lorsque ce n'est pas l'employeur) et à chaque salarié (c. séc. soc. art. R. 133-13, V). Parmi celles relatives à chaque salarié, on trouve en particulier des données relatives au *prélèvement à la source** (taux appliqué, montant de PAS, etc.) (c. séc. soc. art. R. 133-13, V, j) ou la convention collective applicable (c. séc. soc. art. R. 133-13, V, h).

Déclaration des événements - L'employeur a également l'obligation d'effectuer le signalement d'un certain nombre d'événements, sous peine de pénalités (c. séc. soc. art. R. 133-13, I) :
- le début et la fin d'un arrêt de travail pour cause d'accident ou de maladie (d'origine non professionnelle ou professionnelle), de congé de maternité, d'adoption ou de paternité et d'accueil de l'enfant ;
- la reprise anticipée suite à un arrêt de travail ;
- la fin d'un contrat de travail.

Modalités - La DSN est effectuée sous forme électronique, par échanges de données informatisées (dépôt de fichiers ou machine to machine) sur un point de dépôt unique (http://www.net-entreprises.fr ou, pour les entreprises agricoles http://www.msa.fr) (c. séc. soc. art. R. 133-13, II et III).

Après réception de la transmission dématérialisée de la déclaration (valide, par hypothèse), l'employeur reçoit notamment un « certificat de conformité » pour chaque DSN transmise dans le respect de la norme NeODES et exempt d'anomalie bloquante.

La délivrance du certificat ne fait pas obstacle aux demandes, effectuées auprès de l'employeur par les organismes, les administrations ou les salariés, visant à rectifier ou à mettre à jour les données inexactes ou incomplètes dans la DSN du ou des mois suivants suite aux « contrôles métier ».

Date d'exigibilité de la DSN mensuelle

Le 5 ou 15 du mois suivant la période d'emploi - La DSN relative aux payes doit être souscrite au cours du mois suivant la période d'emploi rémunérée (c. séc. soc. art. R. 133-14, I, renvoyant à R. 243-6) :
- au plus tard le 5 de ce mois pour les employeurs d'au moins 50 salariés et dont la paye est versée au cours du même mois que la période de travail ;
- au plus tard le 15 de ce mois dans les autres cas (employeurs d'au moins 50 salariés en décalage de paye, employeurs de moins de 50 salariés).

Si le délai imparti pour effectuer la DSN expire un jour férié ou non ouvré, il est prorogé jusqu'au jour ouvrable suivant (c. séc. soc. art. R. 133-14, I).

▶ À noter… Pour les entreprises d'au moins 50 salariés, un report de la date d'exigibilité des DSN aux 15 du mois suivant la période de travail en raison d'un décalage dans le paiement des rémunérations est subordonné à l'information préalable de l'organisme de recouvrement, sous peine de pénalités de retard (cass. civ., 2e ch., 5 septembre 2024, n° 22-16816 FD).

DSN mensuelle « anticipée » - La date de souscription de la DSN mensuelle doit parfois être anticipée.

Certains événements doivent être déclarés dans un délai de 5 jours ouvrés (c. séc. soc. art. R. 133-14, II, al. 2 ; arrêté du 2 juillet 2013, JO du 10) :
- la fin du contrat de travail ;
- lorsque l'employeur n'est pas subrogé dans les droits du salarié aux indemnités journalières de sécurité sociale (IJSS), le début et la fin de l'arrêt de travail pour maladie ou accident d'origine professionnelle ou non professionnelle, de congé de maternité, de congé d'adoption ou de congé de paternité et d'accueil de l'enfant.

Si l'un de ces événements intervient entre le 1er et le 14 du mois civil inclus, et que le délai de 5 jours ouvrés prévu pour le déclarer expire avant le 15, un délai particulier de transmission de la DSN est prévu. Dans ce cas, la DSN relative aux rémunérations du mois civil précédant celui au cours duquel l'événement est intervenu doit être transmise dans le même délai que celui fixé pour la transmission de l'événement (c. séc. soc. art. R. 133-14, I, al. 2), c'est-à-dire dans les 5 jours ouvrés.

Cette règle conduit à anticiper la date d'échéance de la DSN. Elle devrait jouer pour les employeurs dont la date d'échéance de la DSN des rémunérations est fixée au 15 et qui ont à déclarer un des événements précités survenus en début de mois (avant le 15).

Exemple

Un salarié est employé par une entreprise (horaire collectif réparti sur 5 jours du lundi au vendredi, l'employeur paye ses cotisations trimestriellement). La fin du contrat de travail du salarié intervient le jeudi 5 du mois M. L'événement est à déclarer, en principe, dans les 5 jours ouvrés, soit au plus tard le jeudi 12 du mois M. Dans ce cas, la DSN mensuelle du mois M – 1 doit être effectuée au plus tard le jeudi 12 du mois M (au lieu du 15).

Date d'exigibilité des déclarations événementielles

Principe : en même temps que la DSN mensuelle - La déclaration des événements doit théoriquement être effectuée, au plus tard, en même temps que la DSN mensuelle relative au mois au cours duquel cet événement est intervenu (c. séc. soc. art. R. 133-14, II, al. 1).

Cas de déclaration dans les 5 jours ouvrés - Doivent être déclarés dans un délai qui ne peut pas excéder 5 jours ouvrés (c. séc. soc. art. R. 133-14, II, al. 2 ; arrêté du 2 juillet 2013, JO du 10) :
- la fin du contrat de travail ;
- lorsque l'employeur n'est pas subrogé dans les droits aux IJSS, le début et la fin de l'arrêt de travail pour maladie ou accident professionnels ou non professionnels, de congé de maternité, de congé d'adoption ou de congé de paternité et d'accueil de l'enfant.

Ainsi, les signalements d'événements doivent être adressés dans les 5 jours ouvrés suivant la connaissance de l'arrêt de travail ou la survenance de la fin du contrat de travail.

Exceptions à la déclaration dans les 5 jours - Le signalement événementiel peut toutefois être effectué en même temps que la DSN du mois au cours duquel il est intervenu en cas d'arrêt de travail, lorsqu'aucune retenue n'a été effectuée sur le salaire du mois au cours duquel l'arrêt de travail a débuté (c. séc. soc. art. R. 133-14, II).

Il en va de même pour certaines fins de contrat de travail, pour lesquels le signalement peut être également adressé avec la DSN mensuelle :
- fins de contrat de mission des salariés des entreprises de travail temporaire ;

Date de production de la DSN		
I) DSN mensuelle (déclaration des payes)		
Règle générale (c. séc. soc. art. R. 133-14, I)		• Le 5 du mois suivant la période d'emploi rémunérée pour les employeurs d'au moins 50 salariés versant la paye au cours du même mois que la période de travail • Le 15 du mois dans les autres cas (employeurs d'au moins 50 salariés en décalage de paye, employeurs de moins de 50 salariés)
Événement survenu entre le premier jour du mois civil et le 14 : - **début et fin d'arrêt de travail (maternité, adoption, paternité, accident du travail, maladie professionnelle, maladie non professionnelle) si l'employeur n'est pas subrogé dans les droits de l'assuré aux IJSS** - **fin du contrat de travail**		Si le délai de déclaration de l'événement expire avant le 15 : même délai que pour l'événement (c. séc. soc. art. R. 133-14, I, al. 2)
Délai imparti pour effectuer la DSN expirant un jour férié ou non ouvré		Prorogation du délai jusqu'au jour ouvrable suivant (c. séc. soc. art. R. 133-14, I, al. 3)
II) DSN événementielle (signalement des événements)		
Fin du contrat de travail		Au plus 5 jours ouvrés suivant la réalisation de l'événement (c. séc. soc. art. R. 133-14, II, al. 2 ; arrêté du 2 juillet 2013, JO du 10)
Fin des CDD d'usage, des contrats de mission des salariés des entreprises de travail temporaire ou des CDD des salariés des associations intermédiaires	Principe	En même temps que la déclaration des payes (voir partie I du tableau) (c. séc. soc. art. R. 133-14, II, al. 5)
	Sur demande du salarié	Au plus 5 jours ouvrés suivant la réalisation de l'événement (c. séc. soc. art. R. 133-14, II, al. 5)
Début et fin d'arrêt de travail (maternité, adoption, paternité, accident du travail, maladie professionnelle, maladie non professionnelle)	Si l'employeur est subrogé dans les droits de l'assuré aux IJSS	Au plus tard en même temps que la déclaration des payes (voir partie I du tableau) (c. séc. soc. art. R. 133-14, II, al. 1)
	Lorsqu'aucune retenue sur salaire n'est pratiquée le mois où débute l'arrêt de travail	Au plus tard en même temps que la déclaration des payes (voir partie I du tableau) (c. séc. soc. art. R. 133-14, II, al. 4)
	Si l'employeur n'est pas subrogé dans les droits de l'assuré aux IJSS	Au plus 5 jours ouvrés suivant la connaissance de l'événement (c. séc. soc. art. R. 133-14, II, al. 2 ; arrêté du 2 juillet 2013, JO du 10)

- fins de contrat à durée déterminée des salariés des associations intermédiaires ;
- fins de contrat à durée déterminée d'usage.

Pour les fins de contrat, « une exception à l'exception » est cependant prévue : le salarié peut demander que l'envoi de la DSN ait lieu dans les 5 jours ouvrés (c. séc. soc. art. R. 133-14, II, al. 5).

Pénalités applicables

Déclaration réalisée par un moyen non dématérialisé - L'employeur qui n'établit pas ses déclarations par la voie dématérialisée est passible d'une pénalité de 0,2 % des sommes dont la déclaration a été effectuée par une autre voie (c. séc. soc. art. L. 133-5-5).

Le non-respect de cette obligation ne peut pas entrer dans le champ du *droit à l'erreur**. L'employeur peut demander une remise de la pénalité à l'URSSAF (voir *Majorations et pénalités URSSAF**).

Pénalités pour manquements aux obligations DSN - Les pénalités applicables en cas de manquement aux obligations déclaratives DSN sont récapitulées dans le tableau reproduit dans cette étude, lequel indique si elles entrent, ou non, dans le champ du *droit à l'erreur**.

Les pénalités sont exclusives du prononcé de toute sanction à raison des mêmes faits en vertu des dispositions particulières pour les mêmes faits fondées sur une réglementation spécifique (ex : sanction pour défaut de transmission des formulaires liés aux accidents du travail, AT, conformément à la législation sur les AT), à l'exception de la déclaration pour le prélèvement à la source (c. séc. soc. art. R. 243-14).

Procédure de régularisation des erreurs

L'employeur doit toujours corriger, lors de l'échéance déclarative la plus proche, les erreurs constatées dans ses déclarations de cotisations et de contributions sociales, et verser à la même échéance le complément de cotisations et de contributions sociales correspondant. Il peut le faire de sa propre initiative ou, depuis le 1er janvier 2020, à la demande de l'organisme de recouvrement dont il relève (URSSAF, CGSS, caisse de MSA) (c. séc. soc. art. R. 243-10, I).

Pour les erreurs corrigées entrant dans le cadre du *droit à l'erreur** (mentionnées dans le tableau reproduit dans cette étude), l'employeur échappe aux majorations de retard et aux pénalités prévues par la réglementation si l'une des deux conditions suivantes est remplie (c. séc. soc. art. R. 243-10, II) :

- la déclaration rectifiée et le versement de la régularisation correspondant au complément de cotisations et de contributions sociales dues sont adressés au plus tard lors de la première échéance suivant celle de la déclaration et du versement initial ;
- le montant des majorations et pénalités qui seraient applicables est inférieur au plafond mensuel de la sécurité sociale ou le versement régularisateur est inférieur à 5 % du montant total des cotisations initiales.

En tout état de cause, le droit à l'erreur ne jouera pas en cas (c. séc. soc. art. R. 243-10, II) :

- d'omission de salariés dans la déclaration ;
- ou d'inexactitudes « répétées » du montant des rémunérations déclarées.

Procédure de fiabilisation des données et DSN de substitution

Principes - La procédure de fiabilisation des données vise à améliorer la qualité des données transmises via la DSN, en particulier en vue de la bonne constitution des droits des assurés sociaux (ex. : en matière de retraite).

Le déclarant est censé procéder à une régularisation au titre des données inexactes ou incomplètes transmises au cours des mois précédents (c. séc. soc. art. L. 133-5-3).

Les déclarants sont informés des résultats des vérifications d'exhaustivité, de conformité et de cohérence réalisées par les organismes destinataires de la DSN (c. séc. soc. art. L. 133-5-3-1). Si des anomalies sont constatées, les déclarants doivent les corriger, sous peine de pénalité (c. séc. soc. art. L. 133-5-4).

Au plan technique, la procédure de fiabilisation des données a été complétée par un décret publié fin 2023 qui, en plus des comptes rendus métier (CRM mensuels), a posé les bases nécessaires à la mise en place d'un CRM de rappel annuel des anomalies et, s'il y a lieu, d'une DSN de substitution (décret 2023-1384 du 29 décembre 2023, JO du 31).

Une fois pleinement déployée, la procédure de fiabilisation des données déclarées en DSN permettra, sous conditions, aux organismes de recouvrement de se substituer à l'employeur qui n'aura pas procédé dans les temps aux corrections des anomalies signalées, via le système dit de la « DSN de substitution » (c. séc. soc. art. L. 133-5-3-1, L. 133-5-4 et R. 133-14-2).

Rappelons que la procédure de fiabilisation des données vise, en cas d'anomalies, à amener les déclarants à les corriger eux-mêmes. Une fois opérationnelle, la DSN de substitution ne sera, en quelque sorte, que la voiture-balai pour les anomalies qui persisteraient, malgré les CRM mensuels et le CRM de rappel annuel.

Calendrier de déploiement - Les déclarants reçoivent déjà des comptes rendus métiers (CRM) mensuels.

Pour les CRM de rappels annuels et la DSN de substitution, les échéances prévues sont les suivantes (www.net-entreprises.fr, actualité du 29 octobre 2024) :

- pour les URSSAF, les premiers CRM de rappel sont émis en mars 2025 au titre des anomalies subsistantes sur l'année 2024 : sur le principe, il faudra les corriger les anomalies avant la 2e échéance déclarative suivant la notification du CRM *(voir plus loin)*, mais à ce stade, aucune DSN de substitution ne sera émise pour les anomalies qui ne seraient pas corrigées (attention : les CMSA ne sont pas concernées par cette première phase) ;
- à partir de 2026, les CRM de rappel annuels émis par l'URSSAF et la MSA pourront aboutir à des DSN de substitution de données.

CRM mensuel - Chaque mois, les URSSAF mettent à disposition des employeurs un compte rendu métier (CRM) mensuel leur précisant notamment les données présentant une anomalie dans la DSN et, le cas échéant, celles des déclarations antérieures qui n'auraient pas déjà été corrigées (c. séc. soc. art. R. 133-13, V).

La mise en cohérence des contrôles remontés aux déclarants doit s'appuyer sur la construction d'un « référentiel unique des contrôles » (RUNIC), établi par la mission interministérielle des Données sociales (Mids) (c. séc. soc. art. D. 133-7, 5°).

Jusqu'à la fin 2027, les pouvoirs publics laissent la possibilité aux organismes de « notifier » les anomalies constatées par tout moyen (décret 2023-1384 du 29 décembre 2023, art. 4, II).

Exemple
À l'heure où nous rédigeons ces lignes, l'URSSAF envoie des CRM mensuels 119 et 120. En revanche, les CRM mensuels retournés actuellement par les caisses AGIRC-ARRCO ne mentionnent pas d'anomalies. Ils constituent une sorte de récapitulatif des cotisations payées par le déclarant. Néanmoins, l'AGIRC-ARRCO met à disposition des déclarants un service appelé DSN-Fiab permettant de relever des écarts entre les montants de cotisations calculés par les systèmes informatiques des caisses et ceux déclarés et payés par les cotisants.

Au plus tard pour le mois déclaré de janvier 2028 (DSN de février 2028), les retours vers les employeurs des opérations de fiabilisation des DSN effectuées par l'ensemble des organismes de protection sociale se feront via un « compte rendu métier (CRM) normalisé inter-régimes » (c. séc. soc. art. R. 133-13, V, 5° ; décret 2023-1384 du 29 décembre 2023, art. 4, II). Ce compte rendu unique sera adressé par les URSSAF et les CMSA. Il tiendra compte des besoins des organismes et administrations destinataires des DSN.

▶ À noter… À partir d'une date fixée par arrêté et au plus tard le 1er janvier 2028, les taux de la cotisation AT/MP et de versement mobilité seront également remontés via le CRM (c. séc. soc. art. R. 133-13, V ; décret 2023-1384 du 29 décembre 2023, art. 4, III).

CRM de rappel annuel : un CRM annuel de rappel d'anomalies - Le décret du 29 décembre 2023 a mis en place une procédure pouvant conduire les URSSAF et CMSA à corriger elles-mêmes les anomalies que les employeurs n'auraient pas rectifiées au fil de l'eau, au regard notamment des CRM mensuels reçus.

Le compte rendu métier (CRM) de rappel annuel sera envoyé au cours du mois de mars aux déclarants (délai à préciser, dans les jours suivant le dépôt de la DSN) au titre de l'année précédente. Il précisera les anomalies toujours non corrigées pour les périodes d'emploi de l'année écoulée (N - 1), leur nature, le cas échéant, la correction proposée et le montant des cotisations dues après prise en compte de la correction des anomalies (c. séc. soc. art. R. 133-13, V, 5°, dern. al. et R. 133-14-2, II).

À cette occasion, plusieurs informations portant sur la suite de la procédure seront délivrées aux déclarants à cette occasion.

Les URSSAF (CGSS ou MSA) informeront les déclarants qu'ils doivent (c. séc. soc. art. R. 133-14-2, III) :
- soit corriger les données présentant une anomalie lors de l'échéance déclarative la plus proche, sans pouvoir descendre à moins de 30 jours à compter de la notification du CRM de rappel ;
- soit s'opposer de façon motivée à ces corrections dans le même délai.

Concrètement, il faudra faire les corrections (ou faire opposition motivée) pour la 2e échéance suivant la notification du CRM annuel (net-entreprises.fr, information du 29 octobre 2024).

Exemple
Pour un établissement ayant une date d'exigibilité des DSN au 5 du mois, les DSN de février sont à échéance du 05/03/2026. Si le CRM de rappel annuel au titre de 2025 est notifié le 12 mars 2026, la seconde échéance déclarative suivant la notification du CRM est celle du 5 mai 2026 (DSN d'avril). Il faudra avoir fait les corrections au plus tard à cette occasion. Cette date est aussi la date limite pour faire une opposition motivée, si le déclarant choisit cette option.

En outre, les URSSAF (CGSS ou MSA) informeront les déclarants que s'ils ne procèdent pas aux corrections, elles pourront (c. séc. soc. art. R. 133-14-2, IV) :
- soit procéder elles-mêmes directement aux corrections via la DSN dite « de substitution » *(voir ci-après)*, dès lors que le déclarant ne s'est pas opposé de façon motivée aux corrections proposées ;
- soit engager le recouvrement de la dette due par le déclarant (s'il s'est opposé de façon motivée aux corrections proposées et que celles-ci apparaissent au final toujours justifiées).

En cas d'opposition motivée de l'employeur - Dans l'hypothèse où le déclarant s'est opposé de manière motivée aux corrections proposées dans le CRM de rappel annuel, il ne peut pas y avoir de DSN de substitution.

L'URSSAF (ou CMSA) peut réviser ses constats et ne pas procéder aux corrections initialement envisagées.

En revanche, si le constat d'anomalie demeure, l'organisme de recouvrement pourra engager le recouvrement de tout ou partie des sommes en cause, ainsi que majorations et pénalités de retard y afférente. Une phase contradictoire est prévue, puisque la mise en recouvrement, via mise en demeure, ne peut intervenir qu'après en avoir informé l'employeur, et répondu à ses observations de manière motivée (c. séc. soc. art. R. 133-14-4).

DSN de substitution - Lorsque le déclarant ne s'est pas opposé aux corrections proposées de façon motivée et qu'il n'a pas procédé aux corrections dans les temps, les URSSAF (ou CMSA) pourront procéder elles-mêmes aux corrections de la DSN concernée, qui sera adressée à l'ensemble des destinataires usuels (c. séc. soc. art. R. 133-14-2, IV, 1°).

La déclaration ainsi corrigée se substitue à celle effectuée par l'employeur (il s'agit d'une DSN dite « de substitution »). Les organismes de recouvrement informent l'employeur des corrections opérées et mettent en recouvrement les cotisations et contributions qui en résultent assorties des majorations et pénalités de retard, via mise en demeure (c. séc. soc. art. R. 133-14-3).

Les URSSAF (MSA) informeront l'employeur des corrections opérées, via un CRM de « post-substitution » selon le schéma de procédure annexé à la convention ACOSS, CCMSA et AGIRC-ARRCO du 24 octobre 2024 (approuvé par arrêté du 6 février 2025, JO du 20, texte 10). En outre, elles mettront en recouvrement les cotisations, majorations et pénalités de retard qui en résultent, via mise en demeure (c. séc. soc. art. R. 133-14-3).

Pénalités applicables en cas de manquements aux obligations déclaratives DSN

Type de manquement	Sanction
	Délai
Défaut de production dans les délais	• 1,5 % du plafond mensuel de la sécurité sociale (PMSS) (soit 58,88 € en 2025) par salarié et par mois ou fraction de mois de retard (c. séc. soc. art. R. 243-12). Montant plafonné à 150 % du PMSS (soit 5 887,50 € en 2025) par entreprise si défaut de production inférieur ou égal à 5 jours. Plafonnement une fois par année civile maximum. • La pénalité est calculée en fonction de l'effectif connu ou transmis lors de la dernière déclaration produite par l'employeur. • Cette pénalité est exclue du champ d'application du *droit à l'erreur**.
	Omissions
Omission de salariés ou assimilés	• 1,5 % du PMSS (soit 58,88 € en 2025) par salarié et par mois ou fraction de mois de retard (c. séc. soc. art. R. 243-12). Montant plafonné à 150 % du PMSS (soit 5 887,50 € en 2025) par entreprise si défaut de production inférieur ou égal à 5 jours. Plafonnement une fois par année civile maximum. • La pénalité est calculée en fonction de l'effectif connu ou transmis lors de la dernière déclaration produite par l'employeur. • Cette pénalité est exclue du champ d'application du *droit à l'erreur** (c. séc. soc art. R. 243-10, II).
Autres omissions	• 1/3 de 1 % du PMSS (soit 13,08 € en 2025) par salarié ou pour les données d'identification de l'employeur (c. séc. soc. art. R. 243-13, I, al. 2). • Cette pénalité entre dans le champ d'application du *droit à l'erreur** (c. séc. soc art. R. 243-10, II).
	Inexactitudes
Inexactitude des rémunérations déclarées ayant pour effet de minorer le montant des cotisations dues	• 1 % du PMSS (soit 39,25 € en 2025) par salarié ou assimilé (c. séc. soc. art. R. 243-13, I). • Cette pénalité entre dans le champ d'application du *droit à l'erreur** (c. séc. soc art. R. 243-10, II).
Autres inexactitudes	• 1/3 de 1 % du PMSS (soit 13,08 € en 2025) par salarié ou pour les données d'identification de l'employeur (c. séc. soc. art. R. 243-13, I, al. 2). • Cette pénalité entre dans le champ d'application du *droit à l'erreur** (c. séc. soc art. R. 243-10, II).
	Non-respect des normes DSN
Absence de conformité à la nomenclature	• 1/3 de 1 % du PMSS (soit 13,08 € en 2025) (c. séc. soc. art. R. 243-13, II). • Cette pénalité entre dans le champ d'application du *droit à l'erreur** (c. séc. soc art. R. 243-10, II).
	Fiabilisation des données
Absence de correction des anomalies signalées par les organismes destinataires de la DSN	Selon l'anomalie constatée.
PMSS : plafond mensuel de la sécurité sociale. Montant des pénalités calculées par nos soins sur la base du PMSS 2025 (3 925 €).	

▶ À noter... Les salariés seront informés des corrections réalisées lorsque celles-ci sont susceptibles d'avoir des conséquences sur leurs droits aux prestations (modalités d'information à préciser par arrêté, non paru au 15 janvier 2025) (c. séc. soc. art. R. 133-14-3, III). Dans un premier temps, seules les données ayant un impact sur le calcul de la retraite seront concernées (www.urssaf.fr, information du 17 janvier 2024).

Trop versé - Dans l'hypothèse où l'employeur a versé à son organisme de recouvrement une somme supérieure au montant dont il était redevable, il en est informé et il lui est précisé les modalités d'imputation ou de remboursement des sommes trop versées (c. séc. soc. art. R. 133-14-5).

Articulation avec un contrôle URSSAF - Les corrections opérées en application de cette procédure ne se substituent pas, ni n'empêchent un *contrôle URSSAF** (c. séc. soc. art. R. 133-14-6).

Contentieux - Le contentieux lié à la procédure de fiabilisation des données DSN est soumis à un recours préalable devant la commission de recours amiable (CRA) de l'organisme du recouvrement.

En cas de redressement, la décision de la CRA détaille, par motif de redressement, les montants qui, le cas échéant, sont annulés et ceux dont le cotisant reste redevable au titre de la mise en demeure. Elle précise les délais et voies de recours dont l'employeur dispose (c. séc. soc. art. R. 142-4).

Mise à disposition d'informations auprès des employeurs

Les employeurs sont destinataires des informations leur permettant de renseigner leurs déclarations sociales, et de s'assurer de la conformité de leur situation à la législation sociale. Cette mesure devait entrer en vigueur en 2020, puis en 2022. Cette date a été reportée au 1er janvier 2024. Un arrêté définira les catégories d'informations mises à la disposition des employeurs en vue de faciliter leurs démarches (loi 2022-1616 du 23 décembre 2022, art. 6, I, B, 3° et VI ; c. séc. soc. art. L. 133-5-3, II ter).

C'est dans ce cadre que les entreprises concernées par le système de bonus/malus sur les cotisations chômage reçoivent leur taux de cotisation, majoré ou minoré selon le cas [voir *Cotisations d'assurance chômage (bonus-malus)**] et celles soumises à l'Index de l'égalité, les indicateurs de précalcul, voir *Égalité des rémunérations femmes-hommes (réduction des écarts)**.

C'est également par ce biais que les employeurs d'au moins 20 salariés assujettis à l'obligation d'emploi de travailleurs handicapés (OETH) reçoivent les éléments destinés à renseigner leur déclaration annuelle (DOETH) : effectif d'assujettissement, nombre de bénéficiaires de l'obligation d'emploi, etc.) [voir *Handicapés (déclaration d'emploi)**].

Déclarations URSSAF dématérialisées

Champ d'application

Employeurs concernés - Depuis le 1er janvier 2020, tous les employeurs ont l'obligation de déclarer (et payer) leurs cotisations et contributions sociales aux URSSAF par voie dématérialisée (c. séc. soc. art. L. 133-5-5).

Déclarations visées - Cette obligation de dématérialisation concerne notamment les déclarations périodiques de cotisations aux URSSAF ainsi que les volets sociaux des offres déclaratives simplifiées (*chèque-emploi associatif**, *titre emploi-service entreprise**).

Modalités déclaratives

Employeurs en DSN - Les employeurs en *déclaration sociale nominative** procèdent en principe à leurs déclarations de cotisations aux URSSAF par ce biais. Ainsi, ils respectent de fait l'obligation de dématérialisation prévue par le code de la sécurité sociale.

Autres employeurs - Les employeurs non encore passés à la DSN (hypothèse résiduelle depuis le 1er janvier 2017) doivent effectuer leurs déclarations dématérialisées par transfert de fichiers (EDI), c'est-à-dire par e-mail sécurisé, dépôt direct de fichiers ou par l'intermédiaire d'un portail de déclarations sociales. Ce mode déclaratif requiert l'utilisation d'un logiciel de paye homologué DUCS EDI.

Depuis le 20 septembre 2022, le service Net Ducs n'est plus accessible sur le portail www.net-entreprises.fr (https://www.net-entreprises.fr/declaration/ducs/ ; information mise à jour le 21 septembre 2022). Le service déclaratif est toutefois maintenu sur le portail www.urssaf.fr (si l'adhésion a été faite avant le 1er juin 2007).

▶ Attention… Depuis la paye de janvier 2022 (déclarations exigibles au 5 ou 15 février 2022), les déclarations aux caisses Congés Intempéries BTP (CIBTP) passent par le circuit national de la DSN, qui remplace la DUCS CIBTP (ou déclaration de salaires directement auprès de la caisse).

Les sites Internet des services de déclarations simplifiées peuvent également servir à transmettre les volets sociaux par EFI.

Pénalité

À défaut de déclarations par voie électronique, les entreprises concernées sont redevables d'une majoration égale à 0,2 % du montant des sommes dont la déclaration a été effectuée par une autre voie que la voie dématérialisée (c. séc. soc. L. 133-5-5 et D. 133-11).

☞ *Déclaration sociale nominative ; Paiement des cotisations à l'URSSAF.*

Déclassement

Le salarié subit un déclassement en cas de changement d'attributions caractérisé par la perte des responsabilités, la diminution d'autorité ou le changement de qualification. Sa rémunération s'en trouve généralement affectée. Il s'agit donc d'une modification du contrat de travail que le salarié est en droit de refuser. Certaines conventions collectives prévoient une garantie de rémunération aux salariés qui, après un délai de réflexion, acceptent leur déclassement.

La baisse de rémunération consécutive à une *rétrogradation** disciplinaire est licite dès lors qu'elle résulte d'une affectation du salarié à un niveau inférieur (cass. soc. 17 février 1993, n° 88-45539, BC V n° 55 ; cass. soc. 28 avril 1993, n° 89-41688 D ; cass. soc. 5 novembre 2015, n° 14-17800 D).

☞ *Indemnité de modification du contrat de travail ; Rétrogradation.*

Décompte des congés payés

☞ *Congés payés.*

Déduction forfaitaire spécifique pour frais professionnels

☞ *Frais professionnels (déduction forfaitaire spécifique).*

Défenseur syndical

Un défenseur syndical exerce des fonctions d'assistance ou de représentation des employeurs et des salariés devant les conseils de prud'hommes et les cours d'appel en matière prud'homale (c. trav. art. L. 1453-4 et R. 1453-2).

Désignation (en bref)

Les défenseurs syndicaux sont inscrits sur une liste dressée par le *DREETS** sur proposition des organisations d'employeurs et de salariés (c. trav. art. L. 1453-4, D. 1453-2-1 à D. 1453-2-6).

Lorsqu'un salarié acquiert ou se voit retirer la qualité de défenseur syndical, le DREETS en informe son employeur (c. trav. art. D. 1453-2-7).

Autorisations d'absence pour se former

Deux semaines - L'employeur doit accorder au défenseur syndical qui le lui demande, des autorisations d'absence pour se former dans la limite de 2 semaines par période de 4 ans suivant la publication de la liste sur laquelle le défenseur est inscrit (c. trav. art. L. 1453-7).

Procédure - Le salarié informe son employeur de son absence pour la formation par tout moyen donnant une date certaine à sa demande (c. trav. art. D. 1453-2-8) :
- au moins 30 jours à l'avance, en cas de durée d'absence égale ou supérieure à 3 journées de travail consécutives ;
- au moins 15 jours à l'avance dans les autres cas.

L'organisme responsable de la formation délivre au salarié une attestation de présence que le salarié remet à l'employeur lors de la reprise du travail (c. trav. art. D. 1453-2-8 et D. 1453-2-9).

Rémunération - Les absences sont rémunérées par l'employeur (c. trav. art. L. 1453-7).

Régime des absences - Ces absences suivent le régime du *congé de formation économique, sociale, environnementale* et *syndicale** (c. trav. art. L. 1453-7). Elles ne s'imputent pas sur la durée du congé payé annuel et elles sont assimilées à une durée de travail effectif pour la détermination des droits à congés payés, du droit aux prestations d'assurances sociales et aux prestations familiales ainsi que de l'ensemble des autres droits résultant pour le salarié de son contrat de travail (c. trav. art. L. 2145-10).

Absences pour l'exercice des missions

Crédit d'heures - Dans les établissements d'au moins 11 salariés, le salarié dispose du temps nécessaire à l'exercice de ses fonctions de défenseur syndical, dans la limite de 10 heures par mois (c. trav. art. L. 1453-5).

Régime et rémunération des absences - Le temps passé hors de l'entreprise par le salarié, pendant les heures de travail, pour l'exercice de sa mission est assimilé à du travail effectif pour la détermination de la durée des *congés payés**, du droit aux prestations d'assurances sociales ainsi qu'au regard de tous les droits que le salarié tient du fait de son *ancienneté** dans l'entreprise (c. trav. art. L. 1453-6).

Ces absences sont rémunérées par l'employeur et ne doivent entraîner aucune diminution des rémunérations et avantages correspondants. L'État rembourse à l'employeur les salaires maintenus et les charges sociales correspondantes (c. trav. art. L. 1453-6).

Lorsque le salarié exerce son activité professionnelle en dehors de tout établissement, les heures passées à exercer les fonctions de défenseur syndical sont considérées comme des heures de travail et payées comme telles par l'employeur, dans la limite de 10 heures par mois (c. trav. art. D. 1453-2-13).

▶ À noter… Le salarié qui touche uniquement des commissions, perçoit en tant que défenseur syndical, dans la limite de 10 heures par mois, une indemnité horaire égale à 1/1900 des revenus professionnels déclarés à l'administration fiscale (c. trav. art. D. 1453-2-12). Il doit donc produire à l'Agence de services et de paiement (ASP) la copie de sa déclaration d'impôts ainsi qu'une attestation de revenus délivrée par son employeur. La demande de remboursement est à accompagner de pièces justificatives (Cerfa 15855*04 et sa notice 52244#04).

Remboursement de l'employeur par l'État - L'employeur est remboursé par l'État des salaires maintenus et de l'ensemble des avantages et des charges sociales correspondant (c. trav. art. L. 1453-6). Ce remboursement est mensuel (c. trav. art. D. 1453-2-10).

Lorsque l'horaire de travail du défenseur syndical est supérieur à la durée légale de travail, la charge des majorations pour heures supplémentaires est répartie entre l'État et l'employeur. Cette répartition est réalisée proportionnellement au temps passé par le défenseur syndical au sein de son entreprise et dans l'exercice de sa fonction d'assistance.

Procédure permettant le remboursement. - L'employeur fait sa demande de remboursement auprès de l'ASP (c. trav. art. D. 1453-2-11 et D. 1453-2-15) en joignant divers justificatifs (arrêté du 25 octobre 2017, JO du 29, texte 18).

Un formulaire Cerfa de demande de remboursement est transmis à l'ASP (Cerfa 15856*03 et sa notice 52245#03).

Lorsque le salarié a plusieurs employeurs, chacun de ceux qui ont effectué un maintien de salaire produit une demande de remboursement, sachant que le nombre total d'heures ainsi cumulé ne peut pas excéder la limite de 10 heures par mois (c. trav. art. D. 1453-2-11).

▶ À noter… Les salariés peuvent se faire rembourser leurs frais de déplacement pour assister à des audiences (c. trav. art. L. 1453-5, L. 1453-6 et D. 1453-2-10 à D. 1453-2-15). Les formulaires nécessaires à ces remboursements sont en ligne sur le site « service public » (Cerfa 15854*03, Cerfa 15856*03).

Établissements de moins de 11 salariés - Dans les établissements de moins de 11 salariés, le défenseur syndical ne dispose d'aucun crédit d'heures.

Néanmoins, si l'employeur lui accorde des autorisations d'absence pour l'exercice de ses missions, on pourrait considérer qu'elles doivent lui être rémunérées, par analogie avec la solution applicable au conseiller du salarié [voir *Conseiller du salarié (entretien préalable au licenciement)**].

Protection du défenseur syndical

L'exercice de la mission de défenseur syndical ne peut pas être une cause de sanction disciplinaire ou de rupture du contrat de travail (c. trav. art. L. 1453-9). Par ailleurs, s'agissant d'un salarié protégé, le licenciement ou la rupture anticipé du CDD ou d'un contrat d'intérim sont subordonnés à l'obtention d'une autorisation de l'inspecteur du travail. Le défenseur syndical bénéficie de la protection liée à son mandat s'il en a informé son employeur ou s'il peut prouver que celui-ci en avait connaissance (cass. soc. 16 janvier 2019, n° 17-27685 FSPB).

☞ *Heures de délégation.*

Délai de carence

Le délai de carence correspond à la période d'attente s'écoulant entre la réalisation d'un événement (ex. : arrêt de travail pour maladie) et le début de l'indemnisation correspondant à cet événement.

IJSS maladie

Principe : délai de carence de 3 jours - Sauf exceptions *(voir plus loin)*, l'arrêt de travail lié à une maladie ordinaire ou un accident de droit commun ne donne lieu au versement d'indemnités journalières de sécurité sociale (IJSS) qu'après 3 jours calendaires de carence (c. séc. soc. art. R. 323-1). Autrement dit, les indemnités journalières sont versées à partir du 4e jour d'arrêt de travail.

Il n'existe pas de demi-indemnités journalières. Dès lors, le point de départ du délai de carence s'entend du premier jour entièrement non travaillé (circ. DSS/SD2 2015-179 du 26 mai 2015, annexe 3, § I-A).

Exemple
Un salarié ayant travaillé une partie de la journée du 20 juin se rend ce même jour chez son médecin qui lui prescrit un arrêt de travail allant jusqu'au 30 juin. Le 21 juin étant la première journée entièrement non travaillée, les 21, 22 et 23 juin constituent le délai de carence. Le versement des indemnités journalières débute à partir du 24 juin.

Prolongation d'arrêt de travail - En cas de prolongation d'un arrêt de travail, l'indemnisation n'est maintenue que si la prolongation de l'arrêt est prescrite par le médecin prescripteur de l'arrêt initial, par le médecin traitant ou par la sage-femme (c. séc. soc. art. L. 162-4-4). Toutefois, est également admise la prescription (c. séc. soc. art. R. 162-1-9-1) :
- par un médecin spécialiste consulté à la demande du médecin traitant ;
- par un médecin remplaçant le médecin prescripteur de l'arrêt initial ou le médecin remplaçant le médecin traitant ;
- pendant une hospitalisation.

En dehors de ces cas, l'assuré doit apporter la preuve qu'il lui était impossible de consulter l'un des médecins désignés ci-avant. En revanche, si ces conditions sont remplies, l'indemnisation se poursuit sans interruption (c. séc. soc. art. R. 162-1-9-1 ; circ. DSS/SD2 2015-179 du 26 mai 2015, annexe 3, § I-B).

Exemple
Un assuré est en arrêt de travail du 1er au 15 juin. Cet arrêt est prolongé du 16 au 20 juin. Les 1er, 2 et 3 juin constituent le délai de carence. À compter du 4 juin, l'indemnisation se poursuit sans interruption jusqu'au 20 juin.

Par extension, il est admis qu'en cas de reprise de travail n'excédant pas 48 heures, le délai de carence n'est pas appliqué si la prolongation a été effectivement prescrite selon les conditions précitées (circ. DSS/SD2 2015-179 du 26 mai 2015, annexe 3, § I-B).

Exemple
Un assuré est en arrêt de travail du 15 au 20 septembre. Il reprend le travail les 21 et 22 septembre, puis est à nouveau arrêté, l'arrêt initial étant prolongé jusqu'au 30 septembre. Les 15, 16 et 17 septembre constituent le délai de carence applicable à cet arrêt. L'intéressé est indemnisé du 18 au 20 septembre, puis du 23 au 30 septembre, sans application d'un nouveau délai de carence dans la mesure où la reprise du travail n'a pas excédé 48 h (circ. DSS/SD2 2015-179 du 26 mai 2015, annexe 3, § I-B).

Affection de longue durée - Si plusieurs arrêts de travail se succèdent et sont liés à une même affection de longue durée (ALD), le délai de carence ne s'applique qu'une seule fois au cours d'une même période de 3 ans, lors du premier arrêt de travail servant à déterminer cette période de 3 ans (c. séc. soc. art. R. 323-1, 1° ; circ. DSS/SD2 2015-179 du 26 mai 2015, annexe 3, § II).

Exemple
Un assuré est pour la première fois en arrêt de travail pour une ALD du 10 au 30 janvier. Les 10, 11 et 12 janvier constituent le délai de carence, l'indemnisation prenant effet à compter du 13 janvier. Cet assuré est à nouveau en arrêt de travail pour la même ALD du 15 au 20 février, puis du 1er au 15 avril. Seul l'arrêt de travail allant du 10 au 30 janvier donne lieu à l'application du délai de carence, l'indemnisation prenant effet dès le 15 février pour l'arrêt de travail allant du 15 au 20 février, et dès le 1er avril pour celui allant du 1er au 15 avril (circ. DSS/SD2 2015-179 du 26 mai 2015, annexe 3, § II).

La règle « un seul délai de carence sur 3 ans pour une même ALD » ne peut pas avoir pour effet de ramener ce délai à moins de 3 jours. Aussi, lorsque le premier arrêt de travail dure moins de 3 jours, cette durée s'impute lors de l'arrêt de travail suivant pour permettre le décompte de 3 jours de carence (circ. DSS/SD2 2015-179 du 26 mai 2015, annexe 3, § II).

Exemple

Un assuré est pour la première fois en arrêt de travail pour une ALD les 1er et 2 juin. Il est à nouveau arrêté pour la même ALD du 10 au 20 juillet, puis du 1er au 15 septembre. D'une durée inférieure à 3 jours, le premier arrêt ne donne pas lieu à indemnisation. Lors du 2e arrêt, l'indemnisation prend effet à compter du 11 juillet, les 1er et 2 juin et le 10 juillet constituant les 3 jours de carence. Enfin, le 3e arrêt est indemnisé dès le 1er septembre, les 3 jours de carence ayant été accomplis (circ. DSS/SD2 2015-179 du 26 mai 2015, annexe 3, § II).

Dans tous les cas, il convient de raisonner pour une même ALD. La règle « un seul délai de carence sur 3 ans » s'applique au premier des arrêts de travail « dus à une même affection ». Aussi, lorsque l'assuré souffre d'ALD distinctes, un délai de carence s'applique, par période de 3 ans, pour le premier arrêt de travail engendré par chacune des ALD (circ. DSS/SD2 2015-179 du 26 mai 2015, annexe 3, § II).

Décès d'un enfant - Le délai de carence de 3 jours normalement applicable au versement des IJSS maladie est supprimé pour le premier arrêt maladie lié au décès d'un enfant (ou d'une personne à charge) de moins de 25 ans prescrit dans les 13 semaines suivant ce décès. Une case spécifique est à cocher sur l'arrêt de travail (c. séc. soc. art. L. 323-1-1 ; circ. CNAMTS 2020-31 du 15 décembre 2020).

Temps partiel thérapeutique - Le délai de carence de 3 jours ne s'applique pas aux arrêts de travail prescrits dans le cadre d'un *temps partiel thérapeutique** (c. séc. soc. art. L. 323-3, al. 4).

Fausse couche - Les 3 jours de carence pour le versement des IJSS maladie ne s'appliquent pas en cas d'arrêt maladie faisant suite à une interruption spontanée de grossesse ayant eu lieu avant la 22e semaine d'aménorrhée (fausse couche) (c. séc. soc. art. L. 323-1-2 ; loi 2023-567 du 7 juillet 2023, art. 2, JO du 8).

Cette mesure s'applique aux arrêts de travail prescrits depuis le 1er janvier 2024.

▶ À noter... Pour permettre à la salariée de bénéficier de la suppression du délai de carence, le médecin prescrit un arrêt de travail via un formulaire papier spécifique. La patiente doit transmettre ce formulaire Cerfa à sa caisse primaire d'assurance maladie, comme pour tout arrêt maladie. Si elle ne veut pas que son employeur puisse avoir indirectement connaissance du motif médical de son arrêt de travail, elle peut demander à son praticien de lui prescrire un arrêt de travail pour maladie dans les conditions de droit commun, auquel cas les 3 jours de carence s'appliquent (www.ameli.fr, actualité du 2 janvier 2024).

Interruption médicale de grossesse - Pour les arrêts de travail prescrits depuis le 1er juillet 2024, les 3 jours de carence pour le versement des IJSS sont supprimés en cas d'arrêt maladie faisant suite à une interruption de grossesse pour motif médical (c. séc. soc. art. L. 323-1-2 ; loi 2023-1250 du 26 décembre 2023, art. 64, IV, JO du 27).

Victimes d'actes terroristes - Le délai de carence de 3 jours n'est pas applicable aux arrêts de travail rendus nécessaires par un acte de terrorisme (c. séc. soc. art. L. 169-2, 7° ; circ. DSS/SD2 2016-72 du 14 mars 2016). L'IJSS maladie est versée dès le premier jour d'arrêt de travail.

IJSS accident du travail, maladie professionnelle et maternité

Le délai de carence ne s'applique pas aux arrêts ayant pour origine un *accident du travail**, un *accident de trajet**, une *maladie professionnelle**, un congé de *maternité**, un *congé d'adoption** ou encore un *congé de paternité et d'accueil de l'enfant**.

▶ À noter... En cas d'accident du travail ou de trajet, la journée de l'accident est à la charge financière intégrale de l'employeur quel que soit le mode de paiement du salaire (c. séc. soc. art. L. 433-1).

Lorsqu'un arrêt de travail dû à un accident du travail est directement suivi d'un arrêt maladie, le délai de carence ne s'applique pas si la prescription de l'arrêt maladie intervient au moins 3 jours avant la fin de l'arrêt de travail indemnisé au titre de l'accident du travail (c. séc. soc. art. L. 371-3 et R. 371-2).

Lorsqu'un congé de maternité est directement suivi d'un congé de maladie lié à la grossesse, le délai de carence de 3 jours n'a pas à être appliqué entre l'indemnisation au titre de la maternité et l'indemnisation de la maladie si l'assurée n'a pas repris le travail (c. séc. soc. art. R. 331-6, al. 2).

▶ Attention... Certaines caisses exigent que soit précisée la cause de l'arrêt pour maladie ou que ce dernier soit prescrit 3 jours avant la fin du congé de maternité, afin de neutraliser le délai de carence.

Indemnisation complémentaire de l'employeur

Maintien de salaire du code du travail - L'indemnisation complémentaire « employeur » prévue par le code du travail en cas de *maladie** non professionnelle, d'*accident de trajet** ou d'accident de droit commun (c. trav. art. L. 1226-1) débute à compter du 8e jour d'arrêt, c'est-à-dire après un délai de carence de 7 jours calendaires.

Il n'y a, en revanche, pas de délai de carence en matière d'*accident du travail** ou de *maladie professionnelle** (c. trav. art. D. 1226-3) (voir *Indemnités journalières complémentaires**).

Disposition conventionnelle plus avantageuse - Avant d'appliquer, le cas échéant, le délai de carence prévu par la loi, l'employeur doit toujours vérifier si la convention collective dont il relève ou un accord d'entreprise prévoit ou non une obligation conventionnelle de maintien de salaire plus avantageuse que celle de la loi, et notamment un délai de carence plus favorable ou la suppression du délai de carence.

Les modalités de la comparaison entre le régime d'indemnisation légal et un régime conventionnel, notamment lorsque chacun est plus favorable sur un point particulier, sont détaillées par ailleurs (voir *Indemnités journalières complémentaires**).

▶ À noter... Depuis le 24 septembre 2017, une ordonnance a posé le principe de la primauté de l'accord d'entreprise ou d'établissement sur l'accord de branche (c. trav. art. L. 2253-3 et L. 2253-4) (voir *Primauté de l'accord d'entreprise sur l'accord de branche**). Un accord d'entreprise peut donc prévoir un délai de carence plus court que celui fixé par la convention collective, mais aussi plus long.

☛ *Indemnités journalières complémentaires ; Indemnités journalières de sécurité sociale d'accident du travail ; Indemnités journalières de sécurité sociale de maladie ; Indemnités journalières de sécurité sociale de maternité ; Indemnités journalières de sécurité sociale de paternité et d'accueil de l'enfant.*

Délégué syndical

☛ *Heures de délégation.*

Démission

Droit de démissionner (en bref)

Démission libre - Un salarié en contrat à durée indéterminée (CDI) est libre de démissionner à tout moment, sans procédure, sans motif et sans autorisation de l'employeur. Il doit porter sa démission à la connaissance de l'employeur, mais aucune formalité particulière n'est exigée, et respecter un *préavis**.

Volonté claire et non équivoque - La volonté de démissionner doit être dépourvue de toute ambiguïté. Elle doit être claire et non équivoque pour que la démission soit valable (ex. : cass. soc. 28 novembre 2012, n° 11-20954 D).

Aucun doute sur l'intention du salarié ne doit subsister (cass. soc. 9 mai 2007, n° 05-40315, BC V n° 70). Une démission suppose la manifestation d'une volonté pleinement consciente et définitive de rupture. Ce n'est pas le cas en présence de gestes ou de propos inconsidérés du salarié dus à une émotion, à un moment d'humeur ou à un état physique anormal.

Abandon de poste - On parle d'abandon de poste quand un salarié quitte celui-ci sans autorisation ou qu'il ne se rend plus à son travail sans justifier cette absence (voir *Abandon de poste**).

Depuis le 19 avril 2023, les entreprises peuvent considérer comme démissionnaire un salarié en CDI qui a volontairement abandonné son poste et qui n'a pas repris le travail après que l'employeur l'a mis en demeure de justifier son absence et de reprendre ses fonctions dans un délai qu'il a fixé et dont il l'a informé (c. trav. art. L. 1237-1-1 et R. 1237-13).

Jusque là, la seule cessation de travail par le salarié ne suffisait pas à caractériser la volonté de démissionner (cass. soc. 25 novembre 2020, n° 19-12447 D). S'il voulait rompre le contrat de travail, l'employeur devait alors licencier le salarié (cass. soc. 18 juin 2003, n° 01-43087 D).

Rétractation - Le salarié peut revenir sur sa démission si celle-ci ne procède pas d'une volonté libre et réfléchie, à condition de le faire rapidement (cass. soc. 4 février 1998, n° 95-44854 D ; cass. soc. 5 décembre 2012, n° 11-14440 D).

Démission abusive - La démission abusive, c'est-à-dire faite dans l'intention de nuire ou avec une légèreté blâmable, ouvre droit à des dommages-intérêts pour l'employeur (c. trav. art. L. 1237-2).

Prise d'acte - Il arrive que le salarié demande en justice à ce que sa démission soit requalifiée en prise d'acte de la rupture du contrat de travail aux torts de l'employeur (voir *Prise d'acte de la rupture du contrat de travail**).

Pas de démission pour les CDD - Un salarié en *contrat à durée déterminée** (CDD) ne peut pas démissionner. Dans certains cas, il peut rompre son CDD de façon anticipée.

Préavis

Obligation réciproque - En cas de démission, l'employeur et le salarié doivent respecter un préavis. Celui qui ne l'observe pas s'expose à des dommages-intérêts.

▶ Attention... Lorsqu'un salarié n'exécute pas le préavis sans l'accord de l'employeur, ce dernier peut lui réclamer une indemnité égale au salaire du temps de préavis et, éventuellement, des dommages-intérêts pour brusque rupture s'il prouve l'intention de nuire ou un abus manifeste du salarié (cass. soc. 16 novembre 2004, n° 02-46135 D). Mais l'employeur ne peut pas retenir le montant de l'indemnité compensatrice de préavis due par le salarié sur le montant de son salaire (cass. soc. 28 avril 1994, n° 90-46044, BC V n° 155).

Existence et durée - La durée du préavis est prévue par la loi, la convention collective ou un accord collectif. À défaut, son existence et sa durée résultent des usages pratiqués dans la localité et dans la profession (c. trav. art. L. 1237-1).

▶ À noter... La loi fixe uniquement la durée du préavis de démission des journalistes (c. trav. art. L. 7112-2), des VRP (c. trav. art. L. 7313-9 et L. 7313-10) et des assistantes maternelles (CASF art. L. 423-9). La convention collective est la source la plus courante en matière de préavis. Elle a prééminence sur l'usage.

Préavis fixé par le contrat de travail - Le contrat de travail peut aménager les dispositions de la convention collective dans un sens plus favorable au salarié et prévoir un délai de préavis plus court (cass. soc. 19 juin 1996, n° 93-44728 D).

En revanche, il ne peut pas fixer un préavis plus long (cass. soc. 18 février 2015, n° 13-27973 D). Si malgré tout, le contrat prévoit un délai de préavis plus long, le salarié peut s'en prévaloir sans que l'employeur puisse s'y opposer (cass. soc. 11 avril 1996, n° 93-40789, BC V n° 153). En pratique, le salarié peut suivre le préavis de son choix : soit le préavis conventionnel plus court, soit le préavis contractuel plus long.

Si aucun préavis n'est prévu par la convention collective ou un usage, le préavis ne peut pas résulter du seul contrat de travail (cass. soc. 3 février 1998, n° 94-44503, BC V n° 59). Dans une telle situation, le salarié n'a pas à effectuer de préavis et n'est pas redevable d'une indemnité compensatrice à l'employeur.

Exceptions à l'obligation de respecter un préavis - Le salarié est délié de l'obligation de respecter un préavis dans plusieurs cas :

- dispense d'exécution du préavis par l'employeur ;
- accord amiable avec l'employeur pour ne pas effectuer le préavis ou n'en effectuer qu'une partie ;
- femme en état de grossesse médicalement attesté (c. trav. art. L. 1225-34) ;
- démission après un congé de maternité ou d'adoption, ou dans les 2 mois de la naissance ou de l'arrivée de l'enfant au foyer (c. trav. art. L. 1225-66) ;
- démission à la fin d'un congé pour création d'entreprise, sous réserve d'en informer l'employeur, par tout moyen donnant une date certaine à cette information, au moins 3 mois avant la fin du congé (c. trav. art. L. 3142-109 et D. 3142-67) ;
- démission d'un journaliste en application de sa clause de conscience (c. trav. art. L. 7112-5).

L'employeur qui accorde au salarié qui la demande une dispense de préavis, n'a pas à rémunérer le préavis non travaillé.

Lorsque la dispense est décidée à la seule initiative de l'employeur, cette décision s'impose au salarié et l'employeur lui verse l'indemnité compensatrice correspondante [voir *Préavis (dispense)**].

Le salarié n'a plus non plus de préavis à effectuer lorsque la démission est justifiée par l'inexécution par l'employeur de ses obligations. Dans cette situation, le salarié peut d'ailleurs préférer une *prise d'acte de la rupture du contrat de travail** ou une demande en justice de *résiliation judiciaire du contrat de travail** à la démission.

Heures pour recherche d'emploi - Ces heures sont dues et rémunérées seulement si la convention collective ou un usage le prévoit.

Obligations de l'employeur

Sommes dues - L'employeur peut être tenu de verser au salarié démissionnaire les sommes et indemnités suivantes :

- les éléments de salaire prévus par le contrat de travail ou la convention collective (gratifications, primes, etc.) ;
- le solde des droits éventuellement acquis au titre des repos compensateurs, congés conventionnels, *compte épargne-temps**, etc. ;
- l'*indemnité compensatrice de congés payés** si l'intéressé n'a pas pris tout le congé auquel sa présence dans l'entreprise lui donnait droit ;
- l'*indemnité compensatrice de préavis** si l'employeur a pris l'initiative de dispenser le salarié de son exécution ;
- l'*indemnité de non-concurrence** prévue par la convention collective ou le contrat de travail en cas de clause de non-concurrence.

▶ À noter… La rupture du contrat de travail est un cas de déblocage anticipé des sommes épargnées par le salarié dans le cadre de la *participation aux résultats**, un *plan d'épargne d'entreprise** ou l'*intéressement**.

Documents à remettre au salarié en fin de contrat - L'employeur doit remettre au salarié démissionnaire un *certificat de travail**, un *reçu pour solde de tout compte** et une *attestation d'assurance chômage** (cass. soc. 15 mars 2017 n° 15-21232, BC V n° 50).

Attestation d'assurance chômage ; Certificat de travail ; Compensation ; Démission pour élever un enfant ; Heures pour recherche d'emploi ; Indemnité compensatrice de préavis ; Portabilité de la prévoyance complémentaire ; Préavis ; Préavis (dispense) ; Prise d'acte de la rupture du contrat de travail ; Reçu pour solde de tout compte.

Démission pour élever un enfant

Préavis et priorité de réembauche

Démission sans préavis - À l'issue du *congé de maternité** ou du *congé d'adoption**, le salarié peut rompre son contrat de travail sans préavis et donc sans avoir à payer une indemnité. Pour ce faire, il doit informer l'employeur au moins 15 jours avant la fin du congé de maternité ou d'adoption (pour une rupture à l'issue du congé) ou dans les deux mois suivant la naissance ou l'arrivée de l'enfant au foyer (c. trav. art. L. 1225-66).

Cette information se fait par LRAR ou lettre remise en main propre contre récépissé (c. trav. art. R. 1225-18).

▶ À noter… Bien que l'expression « congé pour élever un enfant » soit parfois utilisée, il s'agit d'un droit de rompre le contrat de travail sans préavis, et non d'un congé.

Priorité de réembauche - Pendant 1 an à compter de la rupture de son contrat de travail, le salarié peut demander à être réembauché (c. trav. art. L. 1225-67). Pour ce faire, il doit en informer son employeur par LRAR ou lettre remise en main propre contre récépissé (c. trav. art. R. 1225-18).

Si le salarié utilise son droit, il bénéficie ensuite pendant 1 an d'une priorité de réembauche sur les emplois correspondant à sa qualification. L'employeur doit lui adresser les propositions d'embauche par LRAR. Le salarié lui fait parvenir un éventuel refus dans la même forme (c. trav. art. R. 1225-19).

En cas de réemploi, l'employeur lui accorde tous les avantages acquis au moment du départ de l'entreprise. En outre, le salarié bénéficie d'un droit à une action de formation professionnelle, notamment en cas de changement de techniques ou de méthodes de travail (c. trav. art. L. 1225-67 et L. 1225-68).

Articulation avec le congé parental d'éducation

Les salariés ayant l'ancienneté requise ont droit à un *congé parental d'éducation**. Celui-ci leur permet de ne pas rompre leur contrat de travail et de bénéficier d'un véritable droit à réintégration à son terme.

Congé d'adoption ; Congé parental d'éducation ; Maternité ; Maternité (congé de).

Départ à la retraite

Déclaration de départ des salariés âgés ; Départ volontaire à la retraite ; Indemnité de départ volontaire en retraite ; Indemnité de mise à la retraite ; Indemnités de rupture (régimes social et fiscal) ; Mise à la retraite ; Préretraite ; Retraite (âge légal, âge du taux plein) ; Retraite anticipée ; Retraités (cumul emploi-retraite : principe) ; Retraités (cumul emploi-retraite libéralisé) ; Retraités (cumul emploi-retraite plafonné).

Départ volontaire

Congé de mobilité ; Démission ; Départ volontaire à la retraite ; Indemnité de départ volontaire ; Indemnités de rupture (régimes social et fiscal) ; Préretraite ; Rupture conventionnelle collective ; Rupture conventionnelle individuelle.

Départ volontaire à la retraite

Âge de départ en retraite

Salariés concernés - Le salarié peut prendre l'initiative de mettre fin à son contrat de travail, dans le cadre d'un départ volontaire à la retraite, afin de bénéficier d'une pension de vieillesse (c. trav. art. L. 1237-9). Il doit pour cela avoir demandé la liquidation de sa pension de vieillesse, ce qui suppose qu'il remplisse la condition d'âge prévue par la législation.

En revanche, peu importe que le salarié ait ou non droit à une pension de retraite à taux plein. Un départ volontaire à la retraite est possible même avec une pension minorée.

Le départ volontaire à la retraite n'est pas une démission, mais un mode autonome de résiliation du contrat de travail.

Procédure - Aucun formalisme n'est exigé du salarié pour notifier son départ à la retraite, même s'il est préférable pour l'employeur d'en avoir une confirmation écrite.

En effet, en cas de contentieux l'employeur doit prouver que le salarié a pris l'initiative de son départ à la retraite (cass. soc. 16 juin 1998, n° 96-43013 D).

▶ Attention… L'employeur ne doit pas pousser le salarié vers la sortie en se rendant coupable de manquements à son égard (ex. : réduction unilatérale du taux de commission). Dans une telle hypothèse, le départ à la retraite peut être requalifié en *prise d'acte de la rupture du contrat de travail** et entraîner les effets d'un licenciement sans cause réelle et sérieuse (cass. soc. 15 mai 2013, n° 11-26784, BC V n° 120). Ainsi, lorsque le salarié remet en cause le motif de son départ à la retraite en invoquant les manquements de l'employeur, le juge doit vérifier si les reproches sont fondés et rendent sa décision équivoque (cass. soc. 18 mars 2014, n° 13-10229 D).

Âge légal - Depuis le 1er septembre 2023, l'âge légal de départ à la retraite est progressivement relevé pour les générations nées entre le 1er septembre 1961 et le 31 décembre 1967, pour s'établir à 64 ans pour les générations nées à partir du 1er janvier 1968 (c. séc. soc. art. L. 161-17-2 et D. 161-2-1-9) [voir *Retraite (âge légal, âge du taux plein)**].

▶ À noter… Il était fixé à 62 ans jusqu'au 31 août 2023.

Retraite anticipée - Certains salariés ayant commencé à travailler très jeunes, certains assurés handicapés et certains salariés atteints d'une incapacité permanente d'origine professionnelle, notamment, peuvent partir en retraite avant l'âge légal (voir *Retraite anticipée**).

Compte professionnel de prévention - Les salariés titulaires d'un *compte professionnel de prévention** peuvent mobiliser leurs droits à « racheter » des trimestres de retraite et partir avant l'âge légal [voir *Compte professionnel de prévention (utilisation)**].

Les droits inscrits sur le compte pénibilité sont perdus une fois admis à la retraite (c. trav. art. L. 4163-5).

Compte épargne-temps - La convention ou l'accord collectif qui institue un *compte épargne-temps** peut permettre aux salariés de mobiliser leur compte pour indemniser des temps non travaillés notamment en vue d'une cessation progressive ou totale d'activité. Même s'il ne s'agit pas d'une retraite anticipée (puisque le salarié ne demande pas la liquidation de sa retraite), cela lui permet de ralentir ou de cesser son activité avant d'avoir atteint l'âge légal de départ à la retraite.

Compte personnel de formation - Le *compte personnel de formation** cesse d'être alimenté lorsque son titulaire a fait valoir l'ensemble de ses droits à la retraite, sous réserve d'heures inscrites au titre d'activités recensées dans le *compte d'engagement citoyen** (c. trav. art. L. 5151-2 et L. 6323-1).

Préavis

Le salarié quittant volontairement l'entreprise pour prendre sa retraite doit respecter un *préavis** égal à celui prévu en cas de licenciement, dont la durée est calculée en fonction de l'ancienneté du salarié (c. trav. art. L. 1237-10, renvoyant à L. 1234-1).

Ce préavis légal n'est applicable qu'à défaut de convention collective ou de contrat de travail contenant des dispositions plus favorables pour le salarié (c. trav. art. L. 1234-1).

▶ À noter… Le non-respect du préavis par le salarié ne le prive pas de l'*indemnité de départ volontaire en retraite** (cass. soc. 13 février 1996, n° 92-40704, BC V n° 52).

Indemnisation du salarié

Indemnité de départ à la retraite - Sous réserve de dispositions conventionnelles ou contractuelles plus favorables, le salarié a droit à une *indemnité de départ volontaire en retraite**.

En principe, l'indemnité de départ volontaire à la retraite est imposable en totalité et assujettie à cotisations, à CSG et à CRDS (sans abattement d'assiette). Elle est toutefois exonérée d'impôt en totalité et, dans certaines limites, de cotisations, de CSG et de CRDS lorsque le départ volontaire en retraite intervient dans le cadre d'un plan de sauvegarde de l'emploi.

Pour plus de détails, voir *Indemnité de départ volontaire en retraite**.

Autres indemnités - Outre cette indemnité, le salarié bénéficie :
- des éléments de salaire prévus par le contrat de travail ou la convention collective (gratifications, primes, etc.) ;
- du solde des droits éventuellement acquis au titre des repos compensateurs, congés conventionnels, *compte épargne-temps**, etc. ;
- de l'*indemnité compensatrice de congés payés** correspondant aux congés payés éventuellement acquis à la date de la rupture et non pris ;
- de l'*indemnité de non-concurrence** prévue par la convention collective ou le contrat de travail en cas de clause de non-concurrence (cass. soc. 9 juillet 2008, n° 07-41970 D ; cass. soc. 24 septembre 2008, n° 07-40098, BC V n° 176), sauf si l'employeur a renoncé à se prévaloir de cette clause en temps utile ;
- des droits éventuellement acquis par le salarié au titre de la *participation aux résultats**, d'un *plan d'épargne d'entreprise** ou de l'*intéressement**.

Documents à remettre au salarié

L'employeur doit remettre au salarié un certain nombre de documents et notamment :
- le *certificat de travail** ;
- l'attestation de cessation d'activité (c. séc. soc. art. D. 357-28, 1°) ;
- le *reçu pour solde de tout compte** ;
- l'*attestation d'assurance chômage**.

☞ *Attestation d'assurance chômage ; Certificat de travail ; Compte professionnel de prévention ; Indemnité de départ volontaire en retraite ; Indemnités de rupture (régimes social et fiscal) ; Préavis ; Reçu pour solde de tout compte ; Retraite (âge légal, âge du taux plein) ; Retraite anticipée ; Retraite progressive.*

Députés ou sénateurs

☞ *Élu (mandat local, député, sénateur).*

Détachement

☞ *Détachement à l'étranger ; Détachement à l'étranger (paye) ; Détachement en France de salariés étrangers ; Détachement en France de salariés étrangers (formalités et contrôle) ; Salarié travaillant à l'étranger.*

Détachement à l'étranger

Cette étude aborde les règles et principes généraux qui encadrent le détachement de salariés à l'étranger en matière de législation de sécurité sociale. Les règles régissant la relation de travail avec le salarié détaché à l'étranger et les spécificités à appliquer en paye sont détaillées par ailleurs [voir *Salarié travaillant à l'étranger** et *Détachement à l'étranger (paye)**].

Rappelons que d'autres règles s'appliquent à la situation inverse, à savoir le détachement de salariés depuis l'étranger vers la France [voir *Impatriation (sécurité sociale)** et *Détachement en France de salariés étrangers**].

Notion de détachement

Notion de détachement - Le détachement est une technique du droit de la sécurité sociale qui permet de maintenir l'affiliation au régime général de sécurité sociale français d'un salarié qui, pendant une période limitée, exécute son travail sur le territoire d'un État autre que l'État français.

Il existe plusieurs cadres juridiques dans lesquels un salarié peut être « détaché » et donc maintenu au régime français de sécurité sociale (Union européenne, convention internationale, code de la sécurité sociale).

Distinction avec l'expatriation - Le détachement se distingue de l'*expatriation**, situation dans laquelle un travailleur doit être affilié au régime de sécurité sociale du pays d'emploi.

L'employeur ou le travailleur lui-même peuvent néanmoins s'assurer volontairement par exemple auprès de la CFE pour l'assurance maladie [voir *Assurance volontaire (expatriés)**]. Toutefois, cela n'exonère pas du versement obligatoire des cotisations sociales auprès du pays d'emploi.

Informations pratiques - Les questions relatives à l'application du droit de la sécurité sociale en lien avec la mobilité internationale sont traitées par le Centre des liaisons européennes et internationales de sécurité sociale (CLEISS - Tél. : 01 45 26 33 41 - www.cleiss.fr).

Détachement dans l'Union européenne, l'Espace économique européen ou en Suisse

Détachement dans l'Union européenne - Le salarié détaché par son employeur « français » dans un

pays membre de l'Union européenne (UE), de l'EEE ou en Suisse, reste affilié à la législation du pays habituel d'emploi (en France, par hypothèse) pendant la durée de sa mission si les conditions suivantes sont réunies (règlt CE 883/2004 du 29 avril 2004, art. 12, § 1 ; règlt CE 987/2009 du 16 septembre 2009, art. 14, §§ 1 à 3) :
- il était déjà soumis à la législation française avant le détachement (durée minimale d'1 mois ; décision A2 du 12 juin 2009, point 1, JOUE C 106/5 du 24 avril 2010) ;
- son employeur exerce normalement son activité en France (il doit s'agir d'une activité substantielle autre que celle de pure administration) ;
- un lien organique est maintenu entre l'employeur et le salarié ;
- la durée prévisible du détachement ne dépasse pas 24 mois ;
- le salarié n'est pas envoyé en détachement pour remplacer une personne elle-même parvenue au terme de son détachement.

Sauf dérogation correspondant à des situations spécifiques, une période d'au moins 2 mois doit s'écouler entre deux détachements pour un même salarié et les mêmes entreprises, dans un même État (décision A2 du 12 juin 2009, point 1, JOUE C 106/5 du 24 avril 2010).

▶ À noter... Le règlement UE 1231/2010 du 24 novembre 2010 a étendu l'application des règlements européens de 2004 et 2009 aux salariés ayant la nationalité d'un États tiers, qui résident légalement dans un État membre de l'UE, en cas de détachement dans un autre État membre (règlt UE 1231/2010 du 24 novembre 2010). Par exception, restent en dehors du champ de ces règlements (règlt CE 859/2003 du 14 mai 2003) :
- le détachement au Danemark d'un salarié ayant la nationalité d'un État tiers : la situation relève alors des règles de droit commun (droit danois) ou de celles prévues par les conventions bilatérales ;
- le détachement au Royaume-Uni d'un salarié ayant la nationalité d'un État tiers : la situation relevait des anciens règlements communautaires (règlt CEE 1408/71 du 14 juin 1971 et règlt. CEE 574/72 du 21 mars 1972, art. 11).

Brexit - Depuis le 1er janvier 2021, le Royaume-Uni est un pays tiers à l'UE. Un accord de commerce et de coopération a été conclu entre l'UE et le Royaume-Uni (JOUE L444 du 31 décembre 2020), qui prévoit un protocole en matière de coordination de la sécurité sociale (voir p. 1232 de l'accord). Concernant le régime du détachement :
- si le détachement au Royaume-Uni a débuté avant le 1er janvier 2021, il a pu se poursuivre jusqu'à la fin de la mission selon les dispositions en vigueur avant le Brexit, si nécessaire avec prolongation du formulaire A1 *(voir ci-après)* ;
- si le détachement au Royaume-Uni a débuté depuis le 1er janvier 2021, il est strictement limité à 24 mois (pas de prolongation ni de dérogation exceptionnelle possibles), le formulaire A1 doit être également utilisé.

Dans le cas où un salarié travaille habituellement en France et au Royaume-Uni, si son activité a débuté avant le 1er janvier 2021 et s'est poursuivie dans ces deux États, son régime de sécurité sociale est inchangé, les règles européennes de coordination de sécurité sociale continuent à s'appliquer. Le salarié reste affilié à une seule législation sociale déterminée en fonction de son lieu de résidence. Si son activité dans les deux États a débuté depuis le 1er janvier 2021, des dispositions particulières, similaires à celles existantes dans les règlements de 2004 (règlt CE 883/2004 du 29 avril 2004) et de 2009 (règlt CE 987/2009 du 16 septembre 2009), sont prévues dans l'accord de commerce et de coopération.

▶ À noter... Le gouvernement français a mis en place un site Internet dédié au Brexit pour répondre aux questions des entreprises (https://www.brexit.gouv.fr). Pour tout renseignement complémentaire actualisé, le CLEISS est à même d'apporter une réponse en fonction de l'évolution du dispositif.

Détachement dans l'EEE - Depuis le 1er juin 2012, le détachement d'un salarié dans un État membre de l'Espace économique européen (EEE : Islande, Liechtenstein, Norvège) relève des règles prévues par les règlements européens de 2004 et 2009 (voir ci-dessus « Détachement dans l'Union européenne ») (annexe VI de l'Accord sur l'Espace économique européen, mise à jour par les décisions 76/2011 et 133/2011 du comité mixte de l'EEE).

Ainsi, les règlements européens de 2004 et 2009 s'appliquent notamment au détachement dans l'EEE de ressortissants de l'UE, de Suisse, de l'Islande, du Liechtenstein ou de la Norvège.

Détachement en Suisse - Les détachements en Suisse entrent également dans le champ des règlements européens de 2004 et de 2009 (décision 1/2012 du 31 mars 2012, JOUE L 103/51 du 13 avril 2012).

Une circulaire a détaillé les modalités de cette réforme (circ. DSS/DACI 2012-207 du 24 mai 2012).

Formalités pour un détachement ordinaire - Lorsque le détachement a une durée inférieure ou égale à 24 mois, l'employeur doit obtenir une attestation (formulaire A1) de la législation applicable au salarié concerné (règlt CE 987/2009 du 16 septembre 2009, art. 15). Sa demande comporte notamment les motifs de la mission et le lieu où elle va s'exercer. La demande de prolongation du détachement doit être demandée auprès du même organisme.

En l'absence de formulaire A1 résultant d'un refus de délivrance ou d'un retrait par l'institution compétente, la législation de l'État membre où est exercée l'activité salariée trouve seule à s'appliquer.

C'est l'URSSAF qui gère les formalités liées à la mobilité internationale des salariés, avec le service en ligne ILASS (Instruction de la Législation Applicable à la Sécurité Sociale), qui permet d'automatiser l'instruction et la délivrance des formulaires A1 *(voir ci-après)*.

Détachement de longue durée (plus de 24 mois) - Par exception, la durée du détachement dans un pays de l'UE, de l'EEE ou en Suisse avec maintien à la sécurité sociale française peut être supérieure à 24 mois ou se prolonger au-delà de cette durée.

Il convient alors d'obtenir l'accord conjoint de l'organisme français compétent en matière de détachement et de l'organisme de l'autre État compétent en matière de détachement (règlt CE 883/2004 du 29 avril 2004, art. 16).

La demande de dérogation individuelle de détachement doit être adressée à l'URSSAF (c. séc. soc. art. R. 761-2, al. 5) *(voir ci-après)*.

Paiement des cotisations sociales - Dans le cadre d'un détachement, les cotisations françaises obligatoires sont dues, mais pas celles du pays d'accueil.

Détachement en application d'une convention bilatérale de sécurité sociale

Conditions - Certains pays (hors UE et EEE) sont liés à la France par des conventions bilatérales de

Conventions bilatérales de sécurité sociale en vigueur (source : www.cleiss.fr au 15.01.2025)

Partenaire	Signature	Entrée en vigueur	Partenaire	Signature	Entrée en vigueur
Algérie	01.10.1980	01.02.1982	**Macédoine du Nord**	13 et 14.12.1995	14.12.1995
Andorre (1)	12.12.2000	01.06.2003	**Madagascar**	08.05.1967	01.03.1968
Argentine (1)	22.09.2008	01.11.2012	**Mali**	12.06.1979	01.06.1983
Bénin	06.11.1979	01.09.1981	**Maroc** (1)	22.10.2007	01.06.2011
Bosnie-Herzégovine	03 et 04.12.2003	04.12.2003	**Mauritanie**	22.07.1965	01.02.1967
Brésil (1)	15.12.2011	01.09.2014	**Monaco** (1)	28.02.1952	01.04.1954
Cameroun	05.11.1990	01.03.1992	**Monténégro**	26.03.2003	26.03.2003
Canada (1)	14.03.2013	01.08.2017	**Niger**	28.03.1973	01.11.1974
Cap-Vert	15.01.1980	01.04.1983	**Nouvelle Calédonie** (1)	19.11.2002	01.12.2002
Chili (1)	25.06.1999	01.09.2001	**Philippines**	07.02.1990	01.11.1994
Congo	11.02.1987	01.06.1988	**Polynésie française** (1)	26.12.1994	01.01.1995
Corée du Sud (1)	06.12.2004	01.06.2007	**Québec (entente)** (1)	17.12.2003	01.12.2006
Côte d'Ivoire	16.01.1985	01.01.1987	**Saint-Marin**	12.07.1949	01.01.1951
États-Unis (1)	02.03.1987	01.07.1988	**Saint-Pierre-et-Miquelon** (1)	10.05.2011	01.06.2011
Gabon	02.10.1980	01.02.1983	**Sénégal**	29.03.1974	01.09.1976
Guernesey, Aurigny, Herm, Jethou	19.11.1965	01.12.1965	**Serbie**	06.11.2014	01.12.2023
Inde (1)	30.09.2008	01.07.2011	**Togo**	07.12.1971	01.07.1973
Israël	17.12.1965	01.10.1966	**Tunisie**	26.06.2003	01.04.2007
Japon (1)	25.02.2005	01.06.2007	**Turquie**	20.01.1972	01.08.1973
Jersey	29.05.1979	14.05.1980	**Uruguay** (1)	06.12.2010	01.07.2014
Kosovo	04 et 06.02.2013	06.02.2013			

(1) Applicable, en tout ou en partie, aux ressortissants des États tiers ou de certains États tiers.

sécurité sociale qui permettent de maintenir l'affiliation des salariés détachés au régime de sécurité sociale français (pour la liste, voir tableau « Conventions bilatérales de sécurité sociale en vigueur »).

La durée maximale de détachement varie en fonction des conventions bilatérales de sécurité sociale. Le détachement d'un salarié pour une durée supérieure à celle prévue par la convention est parfois possible. Il convient pour cela de contacter le Centre des liaisons européennes et internationales de sécurité sociale (CLEISS) ou de vérifier sur son site Internet (https://www.cleiss.fr).

Par ailleurs, le salarié doit avoir, généralement, la nationalité française ou celle de l'État cosignataire de la convention. Des exceptions sont toutefois prévues dans certaines conventions.

Les conventions internationales de sécurité sociale peuvent être consultées sur le site Internet du CLEISS (https://www.cleiss.fr).

Paiement des cotisations sociales - Dans le cadre d'un détachement couvert par une convention bilatérale de sécurité sociale, les cotisations françaises obligatoires sont dues, pas celles du pays d'accueil.

Formalités - L'URSSAF gère les formalités liées à la mobilité internationale des salariés via le service en ligne ILASS (Instruction de la Législation Applicable à la Sécurité Sociale), accessible depuis www.net-entreprises.fr. Il permet d'automatiser l'instruction et la délivrance des certificats bilatéraux pour les 41 pays ou TOM ayant signé un accord de protection sociale avec la France *(voir ci-après)*.

Détachement en application du code de la sécurité sociale

Conditions - Lorsque l'employeur ne peut pas se prévaloir des règles de détachement dans l'UE, l'EEE ou la Suisse, ou d'une convention bilatérale de sécurité sociale, il a la possibilité de détacher ses salariés à l'étranger dans les conditions prévues par le droit français (c. séc. soc. art. L. 761-2 et R. 761-1).

L'affiliation au régime français de sécurité sociale de ces salariés est maintenue si :
- l'employeur s'engage à s'acquitter de l'intégralité des cotisations de sécurité sociale dues au régime français ;
- la durée du détachement n'excède pas 3 ans, renouvelable une fois (soit 6 ans maximum).

Paiement des cotisations sociales - Dans le cadre d'un détachement en application de la législation interne française, les cotisations obligatoires du régime français sont dues mais aussi celles du pays d'accueil, si le régime local le prévoit.

Formalités - La preuve de l'affiliation au régime français de sécurité sociale s'effectue par la présentation d'un certificat de maintien à la sécurité sociale française *(voir ci-après)*.

Procédure de détachement

Multi-cas - L'activité professionnelle occasionnelle ou régulière d'un salarié à l'étranger est couverte par la sécurité sociale française dans le cadre d'une procédure de détachement.

Ainsi, la couverture sociale française continue de s'appliquer en cas de détachement, ainsi que dans les cas de situation de pluriactivité.

Délivrance d'un certificat - La gestion des formalités liées à la mobilité internationale des salariés relève des URSSAF (c. séc. soc. art. R. 761-2 ; arrêtés du 16 juin 2022, JO du 24, textes 16 et 17 ; arrêté du 16 juin 2022, JO 5 juillet, texte 21 ; instr. intermin. DSS/DACI/2023/137 du 22 août 2023). Ces dernières sont compétentes pour délivrer :
- un formulaire A1 en cas de détachement pour les pays de l'UE et l'EEE, la Suisse et le Royaume-Uni ;
- un certificat de maintien à la sécurité sociale française, en cas de détachement hors UE ou EEE dans des pays ayant signé un accord bilatéral de sécurité sociale avec la France ;
- un certificat de maintien à la sécurité sociale française pour les autres pays.

Service en ligne - Le service ILASS (Instruction de la Législation Applicable à la Sécurité Sociale) permet de gérer les demandes de détachement. Il est pris en charge par l'URSSAF Caisse nationale (service mobilité internationale).

Il est accessible soit par le compte employeur sur net-entreprises.fr, soit sur l'espace employeur sur www.urssaf.fr (menu « Services en 1 clic », rubrique « Travail à l'étranger »).

Le service Mobilité internationale de l'URSSAF peut être contacté par e-mail (mobilite-internationale@urssaf.fr) ou par téléphone (0806804213, service gratuit + prix d'un appel).

☛ *Détachement à l'étranger (paye) ; Expatriation ; Salarié travaillant à l'étranger.*

Détachement à l'étranger (paye)

Cette étude concerne les spécificités à appliquer en paye pour un salarié détaché.

Les règles et principes généraux relatifs au détachement de salariés à l'étranger sont détaillés par ailleurs (voir *Détachement à l'étranger** et *Salarié travaillant à l'étranger**).

Traitement social d'un salarié détaché

Régime social des primes et indemnités liées au détachement - Afin d'inciter les salariés à accepter un emploi à l'étranger, l'employeur peut mettre en place un système particulier de rémunération, avec notamment le versement de primes ou d'indemnités diverses portant des dénominations variées : primes d'éloignement, de vie chère, indemnité logement, de représentation, etc.

Ces éléments de rémunération sont en général classés sous le terme générique de *prime d'expatriation**, même en cas de détachement, et sont en principe soumis à cotisations.

Les sommes qui correspondent à des frais professionnels peuvent en revanche être exonérés de cotisations au titre des frais de mobilité, si les conditions requises sont remplies (voir *Mobilité professionnelle**).

Cotisations URSSAF - Les cotisations de sécurité sociale dues au régime français sont calculées sur tous les éléments de salaire perçu, y compris d'éventuelles primes de sujétion ou de dépaysement, et quand bien même une partie de la rémunération est versée à l'étranger en monnaie locale.

Sont dues les cotisations de sécurité sociale, le FNAL, la contribution solidarité autonomie, le forfait social s'il y a lieu, etc.

Contribution au dialogue social - La *contribution au dialogue social** s'applique à la rémunération versée à un salarié détaché au sens de la sécurité sociale, puisqu'il est titulaire d'un contrat de travail et maintenu au régime de sécurité sociale français auquel il était affilié à titre obligatoire (lettre-circ. ACOSS 2015-49 du 20 octobre 2015, Q/R 13).

Versement mobilité - Auparavant, il semblait indiscutable que l'employeur n'était pas redevable du *versement mobilité** pour un salarié détaché à l'étranger, donc travaillant a priori hors zone de versement mobilité.

Or, après la réforme des modalités de calcul de l'effectif issue du décret du 9 mai 2017, le réseau des URSSAF, puis le BOSS, ont apporté des précisions sur le calcul de l'effectif d'assujettissement au versement mobilité et son assiette (c. gén. collect. terr. art. D. 2333-87 et D. 2531-7 ; BOSS, Effectif, §§ 810 à 830, 01/01/2025).

Le principe veut que les salariés soient pris en compte au titre de l'établissement tenant le registre unique du personnel (RUP) sur lequel ils sont inscrits. Toutefois, si le salarié travaille en dehors d'un établissement de l'employeur, on se réfère au lieu où il exerce son activité. L'employeur est alors redevable du versement mobilité (VM) si le salarié exerce plus de 3 mois consécutifs dans une zone où il y a un VM (pour le détail, voir *Effectif versement mobilité**).

Faute de précision spécifique au cas des salariés détachés, une application stricte de ces précisions pourrait conduire aux solutions suivantes :
- si le salarié est détaché à l'étranger dans un autre établissement de l'employeur, il resterait rattaché à l'établissement tenant le RUP sur lequel il est inscrit (l'employeur resterait donc redevable du versement mobilité correspondant, s'il y est assujetti dans la zone concernée) ;
- a contrario, si le salarié détaché travaille à l'étranger hors d'un établissement de l'employeur, l'employeur français, supposé assujetti dans la zone de l'établissement de rattachement au RUP, serait dispensé de versement mobilité sur la rémunération de ce salarié à compter du 4e mois.

Des clarifications de l'administration ou du réseau des URSSAF seraient souhaitables sur le cas particulier des salariés détachés à l'étranger, afin de sécuriser l'interprétation à retenir.

Cotisations chômage - L'employeur doit assurer contre le risque de privation d'emploi tous les salariés détachés à l'étranger (c. trav. art. L. 5422-13). À ce titre, il est redevable des contributions d'assurance chômage et d'AGS (cass. soc. 1er avril 2003, n° 00-44231, BC V n° 127).

Ces contributions sont calculées en principe sur la rémunération totale perçue par le salarié détaché.

Cotisations de retraite complémentaire - Les salariés liés à une entreprise visée par l'accord AGIRC-ARRCO de 2017, travaillant hors de France, et admis à conserver le bénéfice du régime français de sécurité sociale sont obligatoirement affiliés à une caisse AGIRC-ARRCO (ANI AGIRC-ARRCO du 17 novembre 2017 art. 10).

L'assiette et les taux de cotisations sont ceux appliqués aux salariés de l'entreprise occupés en France.

Prévoyance complémentaire et retraite supplémentaire - Les salariés détachés temporairement dans un État de l'UE ou de l'EEE pour y exercer une activité salariée ou assimilée, en application du règlement CE 883/2004 du 29 avril 2004, doivent avoir la possibilité de demeurer soumis aux régimes d'invalidité, de retraite et de décès complémentaires de l'entreprise (c. séc. soc. art. L. 914-4). Les contributions à ces régimes doivent donc continuer à être versées pendant la période de détachement.

▶ À noter… Dans le cadre des contrats d'assurance-groupe de retraite supplémentaire, les clauses qui assurent différemment le maintien des droits à retraite suivant la domiciliation des bénéficiaires sont nulles (c. séc. soc. art. L. 913-3).

Frais professionnels - Les frais pris en charge par l'employeur en cas de détachement d'un salarié peuvent relever du régime des indemnités de grand déplacement (voir *Frais de déplacement**) ou, en cas de changement de résidence, du régime des frais de *mobilité professionnelle**.

Prise en compte dans le calcul de l'effectif - Les personnes titulaires de contrats de travail ou de conventions auxquelles s'applique l'article L. 311-2 du code de la sécurité sociale, imposant leur affiliation à la sécurité sociale en France sont prises en compte dans le calcul de l'effectif (BOSS, Effectif, § 240, 01/01/2025). Les salariés détachés à l'étranger sont donc en principe pris en compte dans le calcul de l'effectif.

Identification en DSN - Un salarié détaché au sens de la sécurité sociale, est identifié au sein de la DSN dans la rubrique 40.024 : « Travailleur à l'étranger au sens du code de la Sécurité Sociale » avec le code : « 01 – Détaché ».

CSG/CRDS, cotisation maladie, forfait social : cas particuliers

CSG/CRDS et domicile fiscal - La CSG et la CRDS sont dues si le salarié détaché est fiscalement domicilié en France et s'il est à charge d'un régime obligatoire d'assurance maladie français (c. séc. soc. art. L. 136-1) [voir *Contribution sociale généralisée (CSG)**].

Ces deux conditions sont cumulatives :
- le premier critère (social) ne pose pas de difficulté : un salarié détaché continuant à relever de la sécurité sociale française ;
- le second critère (fiscal) est celui de la domiciliation fiscale du salarié.

Lorsque le salarié n'est pas fiscalement domicilié en France, il n'est pas redevable de la CSG ni de la CRDS, mais la cotisation salariale d'assurance maladie est majorée *(voir plus loin)*.

Il appartient aux personnes qui ne sont pas fiscalement domiciliées en France et qui pourraient faire l'objet d'un précompte de CSG/CRDS de prouver leur non-domiciliation fiscale en France auprès de l'organisme de recouvrement ou de l'entreprise. Ces derniers doivent demander cette preuve dans les meilleurs délais (circ. DSS/SDFSS/5B 2001-350 du 17 juillet 2001 ; lettre-circ. ACOSS 2001-91 du 2 août 2001).

▶ À noter… La notion de domicile fiscal ne doit pas être confondue avec celle de paiement de l'impôt sur le revenu : une personne ayant son domicile fiscal à l'étranger peut néanmoins payer l'impôt sur le revenu français.

Cotisation salariale d'assurance maladie - Lorsqu'un salarié à charge du régime français d'assurance maladie n'est pas fiscalement domicilié en France, il faut précompter une cotisation salariale d'assurance maladie dont le taux est fixé à 5,50 % (c. séc. soc. art. L. 131-9 et D. 242-3) (voir *Cotisation d'assurance maladie-maternité-invalidité**).

Le cas échéant, s'y ajoute la cotisation supplémentaire de 1,30 % pour les salariés rattachés au régime local d'*Alsace-Moselle**.

Si l'employeur verse au salarié d'éventuels revenus de remplacement, le précompte maladie est également calculé selon des taux particuliers propres aux revenus de remplacement (voir *Cotisation d'assurance maladie-maternité-invalidité**).

En revanche, si le salarié est fiscalement domicilié en France, les cotisations dues sur les rémunérations se calculent comme pour les autres salariés, sans particularité.

Forfait social - Le forfait social est dû, dans le cas général, sur les sommes et avantages exclus de l'assiette des cotisations de sécurité sociale mais assujetties à la CSG au titre des revenus d'activité (voir *Forfait social**). Dès lors qu'une de ces conditions tombe, le forfait social n'est pas du.

Il n'y a pas d'exception à ces principes concernant le cas particulier d'un détaché au sens de la sécurité sociale, mais qui, faute d'être résident fiscal français, échapperait à la CSG/CRDS. Dans cette hypothèse, l'employeur n'est donc pas redevable du forfait social sur les sommes qui entrent en principe dans son champ d'application au regard des critères généraux d'assujettissement (c. séc. soc. art. L. 137-15, al. 1).

En revanche, s'agissant des avantages assujettis au *forfait social** par une règle expresse (c. séc. soc. art. L. 137-15, al. 6 à 9), la logique voudrait que le forfait social reste dû.

DÉTACHEMENT À L'ÉTRANGER (EXEMPLE 1)

Une entreprise de plus de 50 salariés détache temporairement un salarié dans un pays lié avec la France par une convention bilatérale de sécurité sociale. À ce titre, celui-ci perçoit outre son salaire habituel (5 450 € et une prime d'ancienneté de 6 % calculée sur son salaire de base), une prime de mission à l'étranger de 1 250 €. Dans cet exemple, il est fiscalement domicilié France. L'employeur procède donc au prélèvement à la source. Le taux transmis par la DGFiP est supposé être de 12 %.

1) Cotisations. *Ce salarié étant fiscalement domicilié en France, la CSG, la CRDS et la cotisation salariale d'assurance maladie se calculent dans les conditions habituelles. Par hypothèse, le versement mobilité n'est pas dû.*

2) Prime de mission à l'étranger. *Cette prime, qui est supposée répondre aux critères d'exonération des primes d'expatriation, n'est pas imposable. Elle doit apparaître dans une rubrique distincte de la DSN.*

BULLETIN DE PAYE DE JANVIER 2025

Désignation	**Base**	**Taux**	**Montant**	
Forfait 218 jours/an			5 450,00	
Prime d'ancienneté	5 450,00	6 %	327,00	
Prime de mission à l'étranger			1 250,00	
Brut total			7 027,00	
Cotisations et contributions sociales	**Base (€)**	**Taux salarial**	**Part salarié (€)**	**Part employeur (€)**
Santé				
Sécurité sociale - Maladie Maternité Invalidité Décès	7 027,00	-	-	913,51 (1)
Complémentaire Incapacité Invalidité Décès	3 925,00	-	-	58,88
Complémentaire santé	-	-	85,00	85,00
Accidents du travail - maladies professionnelles	7 027,00	-	-	140,54 (2)
Retraite				
Sécurité sociale plafonnée	3 925,00	6,90 %	266,62	335,59
Sécurité sociale déplafonnée	7 027,00	0,40 %	28,11	141,95
Complémentaire Tranche 1 (3)	3 925,00	4,15 %	160,36	244,14
Complémentaire Tranche 2 (3)	3 102,00	9,86 %	311,87	458,48
Famille	7 027,00	-	-	368,92 (4)
Assurance chômage				
Chômage	7 027,00	-	-	302,16 (5)
APEC	7 027,00	0,024 %	1,69	2,53
Autres contributions dues par l'employeur				218,53 (6)
CSG déductible de l'impôt sur le revenu	7 047,90	6,80 %	479,26	-
CSG/CRDS non déductibles de l'impôt sur le revenu	7 047,90	2,90 %	204,39	-
Total des cotisations et contributions			1 538,01	3 270,20
Net social				**5 488,99**
Net à payer avant impôt sur le revenu				**5 488,99**
Impôt sur le revenu	**Base**	**Taux**	**Montant**	**Cumul annuel**
Montant net imposable			4 528,38	4 528,38
Impôt sur le revenu prélevé à la source	528,38	12,00 %	543,41	543,41
Montant net des heures compl/suppl exonérées			0,00	0,00
Net à payer au salarié (en euros) (7)				**4 945,58 (7)**
Total versé par l'employeur				10 297,20

Notes de la rédaction, pour aider à la lecture des totaux (ces notes n'ont pas à apparaître sur le bulletin de paye) :
(1) Taux de 13 % compte tenu de la rémunération. (2) Par hypothèse taux de 2 %. (3) Y compris contribution d'équilibre général et contribution d'équilibre technique. (4) Taux de 5,25 % compte tenu de la rémunération). (5) Chômage 4,05 % et AGS 0,25 %. (6) CSA (0,30 %), FNAL (0,50 %), contribution au dialogue social (0,016 %), contribution formation (1 %), participation à l'effort de construction (0,45 %), taxe d'apprentissage (0,68 %), forfait social. (7) À faire apparaître de manière à en faciliter la lisibilité.

DÉTACHEMENT À L'ÉTRANGER (EXEMPLE 2)

Une entreprise de plus de 50 salariés détache temporairement un salarié dans un pays lié avec la France par une convention bilatérale de sécurité sociale. À ce titre, celui-ci perçoit outre son salaire habituel (5 450 € et une prime d'ancienneté de 6 % calculée sur son salaire de base), une prime de mission à l'étranger de 1 250 €. Dans cet exemple, il n'est pas fiscalement domicilié en France : ses revenus ne sont pas soumis au prélèvement à la source (par hypothèse, aucune convention fiscale ne les rend imposables en France).

Enfin, il bénéficie des mêmes garanties de prévoyance que les autres salariés.

***1) Cotisations.** Ce salarié n'étant pas fiscalement domicilié en France, la CSG et la CRDS ne sont pas dues. De même, l'employeur n'est pas redevable du forfait social sur la prévoyance. La cotisation salariale d'assurance maladie est de 5,50 %. Par hypothèse, le versement mobilité n'est pas dû.*

***2) Prime de mission à l'étranger.** Le salarié n'étant pas fiscalement domicilié en France, la somme versée ne répond aux critères d'exonération d'impôt sur le revenu des primes d'expatriation. Elle est donc (théoriquement) imposable.*

BULLETIN DE PAYE DE JANVIER 2025

Désignation	Base	Taux	Montant	
Forfait 218 jours/an			5 450,00	
Prime d'ancienneté	5 450,00	6 %	327,00	
Prime de mission à l'étranger			1 250,00	
Brut total			7 027,00	
Cotisations et contributions sociales	**Base (€)**	**Taux salarial**	**Part salarié (€)**	**Part employeur (€)**
Santé				
Sécurité sociale - Maladie Maternité Invalidité Décès	7 027,00	5,50 %	386,49	913,51 (1)
Complémentaire Incapacité Invalidité Décès	3 925,00	-	-	57,96
Complémentaire santé	-	-	85,00	85,00
Accidents du travail - maladies professionnelles	7 027,00	-	-	140,54 (2)
Retraite				
Sécurité sociale plafonnée	3 925,00	6,90 %	270,83	335,59
Sécurité sociale déplafonnée	7 027,00	0,40 %	28,11	141,95
Complémentaire Tranche 1 (3)	3 925,00	4,15 %	162,89	244,14
Complémentaire Tranche 2 (3)	3 102,00	9,86 %	305,86	458,48
Famille	7 027,00	-	-	368,92 (4)
Assurance chômage				
Chômage	7 027,00	-	-	302,16 (5)
APEC	7 027,00	0,024 %	1,69	2,53
Autres contributions dues par l'employeur				207,02 (6)
CSG déductible de l'impôt sur le revenu	0,00	6,80 %	0,00	-
CSG/CRDS non déductibles de l'impôt sur le revenu	0,00	2,90 %	0,00	-
Total des cotisations et contributions			1 240,85	3 258,69
Net social				**5 786,15**
Net à payer avant impôt sur le revenu				**5 786,15**
Impôt sur le revenu	**Base**	**Taux**	**Montant**	**Cumul annuel**
Montant net imposable			5 871,15	5 871,15
Impôt sur le revenu prélevé à la source (8)	-	-	0,00	0,00
Montant net des heures compl/suppl exonérées			0,00	0,00
Net à payer au salarié (en euros) (7)				**5 786,15 (7)**
Allégement de cotisations employeur				0,00
Total versé par l'employeur				10 285,69

Notes de la rédaction, pour aider à la lecture des totaux (ces notes n'ont pas à apparaître sur le bulletin de paye) :
(1) Taux de 13 % compte tenu de la rémunération. (2) Par hypothèse taux de 2 %. (3) Y compris contribution d'équilibre général et contribution d'équilibre technique. (4) Taux de 5,25 % compte tenu de la rémunération. (5) Chômage 4,05 % et AGS 0,25 %. (6) CSA (0,30 %), FNAL (0,50 %), contribution au dialogue social (0,016 %), contribution formation (1 %), participation à l'effort de construction (0,45 %), taxe d'apprentissage sur les rémunérations (0,68 %). (7) À faire apparaître de manière à en faciliter la lisibilité. (8) Le salarié n'est pas résident fiscal en France : son salaire ne subit ni retenue à la source ni prélèvement à la source (BOFiP-ANNX-000473-06/07/2023).

CSG/CRDS sur revenus de source étrangère de salariés domiciliés en France - Il peut arriver que des personnes fiscalement domiciliées en France perçoivent des revenus de source étrangère assujettis à CSG/CRDS. Des règles particulières sont prévues pour le recouvrement de ces contributions [voir *Contribution sociale généralisée (CSG)**].

Traitement fiscal d'un salarié détaché

Salarié détaché résident fiscal - Lorsqu'un salarié fiscalement domicilié en France ne peut pas bénéficier des exonérations fiscales prévues en cas de travail à l'étranger, sa rémunération est soumise à l'impôt en France sur le montant qu'il aurait perçu s'il avait exercé son activité dans notre pays, c'est-à-dire hors « primes d'expatriation » (CGI art. 81 A, II ; BOFiP-RSA-GEO-10-30-10-11/03/2016).

Les primes dites « d'expatriation » sont exonérées d'impôt sur le revenu dans de strictes conditions (pour le détail, voir *Prime d'expatriation**).

En DSN, la « prime d'expatriation » est identifiée dans la rubrique 52.001 « Type de prime », sous le code 900.

Lorsque le contribuable est fiscalement domicilié en France, les revenus sont soumis au *prélèvement à la source** (BOFiP-IR-PAS-10-10-10-§ 90-06/07/2023 ; BOFiP-ANNX-000473-06/07/2023).

Salariés non-résidents fiscaux - Pour un salarié détaché et fiscalement domicilié à l'étranger, les revenus versés par l'employeur établi en France ne sont pas imposables et ne relèvent donc pas du *prélèvement à la source**, sauf exceptions (cas de revenus imposables en France en vertu des conventions fiscales applicables) (BOFiP-IR-PAS-10-10-10-§ 110-06/07/2023 ; BOFiP-ANNX-000473-06/07/2023).

Ces revenus n'entrent pas non plus dans le champ de la *retenue à la source des non-résidents fiscaux**, faute d'être des revenus dits de « source française » (CGI art. 164 B).

Les salariés qui n'ont pas le statut de « résident fiscal » en France sont identifiés au sein de la rubrique 30.022 « statut à l'étranger au sens fiscal », au sein de laquelle sera mentionné soit le code « 01 - travail frontalier », soit le code « 02 - travail à l'étranger ». Dans ce dernier cas, tant les règles du prélèvement à la source que celles de la retenue à la source ne sont pas appliquées.

☞ *Contribution sociale généralisée (CSG) ; Cotisation d'assurance maladie-maternité-invalidité ; Détachement à l'étranger ; Frais de déplacement ; Frontaliers ; Mobilité professionnelle ; Prime d'expatriation ; Prélèvement à la source ; Salarié travaillant à l'étranger.*

Détachement en France de salariés étrangers

Les employeurs établis hors de France peuvent détacher temporairement leurs salariés en France. Ce détachement de salariés en France (ou « impatriation ») est soumis à un cadre légal qui s'attache à renforcer l'application de la législation française en tant que pays d'accueil.

▶ À noter… C'est uniquement par commodité de langage que l'on parle de détachement de salariés « étrangers ». Le salarié détaché en France peut être ressortissant d'un État étranger, mais il peut aussi s'agir d'une personne de nationalité française.

Situations de détachement

Conditions - Il y a détachement en France d'un salarié dès lors que (c. trav. art. L. 1261-3) :
- son employeur est régulièrement établi et exerce son activité hors de France ;
- il travaille habituellement pour le compte de cet employeur hors du territoire français ;
- il exécute son travail à la demande de celui-ci pendant une durée limitée sur le sol français.

Il faut qu'un contrat de travail existe entre le salarié et l'employeur établi hors de France et que la relation de travail subsiste durant le détachement (c. trav. art. L. 1262-1).

▶ À noter… La violation des dispositions du code du travail relatives au détachement en France d'un salarié étranger ne suffit pas à conférer la qualité d'employeur à l'entreprise au sein de laquelle il est détaché (cass. soc. 9 janvier 2013, n° 11-11521 D ; cass. soc. 5 avril 2023, n° 21-21318 FB).

Cadre du détachement - Les règles du détachement international s'appliquent aux employeurs établis hors de France qui sont amenés à intervenir en France dans les 4 cas suivants :
- une prestation de services : le détachement est réalisé pour le compte de l'employeur établi hors de France et sous sa direction, dans le cadre d'un contrat conclu entre lui et un destinataire établi ou exerçant en France (c. trav. art. L. 1262-1, 1°) ;

- une mobilité intragroupe : le détachement est réalisé entre les établissements d'une même entreprise ou entre des entreprises d'un même groupe (pour une mission, une formation, etc.) (c. trav. art. L. 1262-1, 2°) ;
- une opération réalisée par l'employeur établi hors de France pour son « compte propre », sans contrat avec un quelconque destinataire (ex. : intervention sur un terrain acheté en France afin de procéder à des coupes de bois ; participations à des foires et salons, à des réunions professionnelles ; tournage de films, etc.) (c. trav. art. L. 1262-1, 3°) ;
- la mise à disposition de salariés au titre du travail temporaire : une entreprise exerçant une activité de travail temporaire et établie hors du territoire français détache temporairement des salariés auprès d'une entreprise utilisatrice établie ou exerçant sur le territoire national (c. trav. art. L. 1262-2).

Situation excluant l'application des dispositions sur le détachement - Un employeur ne peut pas se prévaloir des dispositions applicables au détachement international lorsqu'il exerce, dans l'État dans lequel il est établi, des activités relevant uniquement de la gestion interne ou administrative, ou lorsque son activité est réalisée en France de façon habituelle, stable et continue. Il ne peut notamment pas se prévaloir de ces dispositions lorsque son activité comporte la recherche et la prospection d'une clientèle ou le recrutement de salariés en France (c. trav. art. L. 1262-3).

Dans ces situations, l'employeur est assujetti aux dispositions du code du travail applicables aux entreprises établies sur le territoire français.

Durée du détachement - Le détachement doit par définition avoir une durée temporaire (c. trav. art. L. 1262-1, al. 1). Tout dépend de la tâche à accomplir, mais en principe, une fois leur mission effectuée, les salariés reprennent leur activité au sein de leur entreprise d'origine.

Il n'y a pas de durée maximale de détachement, mais le cadre légal spécifique du détachement ne peut s'appliquer que pour une durée maximale de 12 mois (avec une prolongation possible de 6 mois devant être justifiée). Au-delà de cette durée, les travailleurs détachés doivent bénéficier de l'ensemble des dispositions du code du travail (sauf certaines exceptions) applicables aux entreprises établies sur le territoire national *(voir ci-après)* (c. trav. art. L. 1262-4, II).

Autorisation de travail - Si le salarié est de nationalité étrangère, les règles d'autorisation de travail de droit commun restent applicables.

Réglementation applicable aux salariés en droit du travail

Règles du « noyau dur » - L'employeur détachant un salarié en France est soumis pour l'intéressé, dans un certain nombre de matières, aux dispositions législatives, réglementaires et conventionnelles étendues applicables aux salariés des entreprises de la même branche d'activité établies en France (c. trav. art. L. 1262-4, I ; instr. DGT/RT1 2024/46 du 27 mars 2024).

Ces règles françaises de droit du travail limitativement énumérées (que l'on appelle « noyau dur ») qui s'appliquent impérativement au salarié détaché sont les suivantes (c. trav. art. L. 1262-4, I) :
- libertés individuelles et collectives dans la relation de travail, exercice du droit de grève ;
- durée du travail, repos compensateurs, jours fériés, congés annuels payés, congés pour événements familiaux, congé de maternité, congé de paternité ;
- conditions d'assujettissement aux caisses de congés payés et intempéries ;
- rémunération au sens large (c. trav. art. L. 3221-3), paiement du salaire, y compris les majorations pour heures supplémentaires ;
- conditions de mise à disposition et garanties dues aux travailleurs par les entreprises exerçant une activité de travail temporaire ;
- règles relatives à la sécurité, à la santé, à l'hygiène au travail et à la surveillance médicale ;
- discrimination et égalité professionnelle entre les femmes et les hommes, protection de la maternité ;
- âge d'admission au travail, emploi des enfants, durée du travail et travail de nuit des jeunes travailleurs ;
- travail illégal ;
- remboursements de frais professionnels (transport, repas, hébergement) engagés par le salarié détaché lors de l'accomplissement de sa mission correspondant à des charges de caractère spécial inhérentes à sa fonction ou à son emploi.

Pour ce dernier point (remboursement de frais), ces dépenses sont prises en charge par l'employeur lorsque les conditions suivantes sont cumulativement remplies (c. trav. art. R. 1262-8) :
- leur prise en charge est prévue par des dispositions légales ou des stipulations conventionnelles ;
- et le salarié détaché doit se déplacer vers ou depuis son lieu de travail habituel sur le territoire national ou est temporairement envoyé par son employeur de ce lieu de travail habituel vers un autre lieu de travail.

▶ À noter… Dans les matières du « noyau dur », les travailleurs détachés sur le territoire français bénéficient des conventions et accords de travail collectifs français étendus applicables aux salariés des entreprises établies en France dont l'activité principale est identique à leur travail (c. trav. art. R. 1261-2). C'est donc l'activité du salarié en France qui compte, et pas celle de l'entreprise d'origine (instr. DGT/RT1 2024/46 du 27 mars 2024).

Égalité de traitement - Pour l'ensemble des matières du « noyau dur », le travailleur détaché doit se voir appliquer une égalité de traitement avec les salariés employés par les entreprises de la même branche d'activité établies sur le territoire national (c. trav. art. L. 1262-4, I).

Focus sur la notion de rémunération - La notion de rémunération visée dans le « noyau dur » s'entend du salaire ou traitement ordinaire de base ou minimum et de tous les autres avantages et accessoires payés, directement ou indirectement, en espèces ou en nature, par l'employeur au salarié en raison de l'emploi de ce dernier (c. trav. art. L. 3221-3) *(voir ci-après Précisions « paye »).*

Les allocations propres au détachement sont regardées comme faisant partie de la rémunération. En revanche, les remboursements de frais professionnels (transport, repas et hébergement) en sont exclus *(voir ci-avant)*. Mais si l'employeur ne justifie pas du versement de tout ou partie de l'allocation propre au détachement au titre de la rémunération ou des dépenses effectivement encourues du fait du détachement en application du contrat de travail ou de la loi qui régit celui-ci, l'intégralité de l'allocation est considérée comme un remboursement de frais professionnels et est exclue de la rémunération (c. trav. art. R. 1262-8).

Exemple

Des sommes versées chaque mois au titre du « détachement étranger » ne constituent pas un remboursement de frais, par ailleurs pris en charge par l'employeur, mais un élément de salaire. Elles doivent donc être prises en compte pour apprécier si le salaire perçu est au moins égal au minimum conventionnel applicable (cass. soc. 13 novembre 2014, n° 13-19095, BC V n° 265).

Application du seul « noyau dur » limitée dans le temps - Le « noyau dur » ne peut s'appliquer que pendant une durée 12 mois (avec une prolongation possible de 6 mois devant être justifiée).

Au-delà de cette durée, les salariés détachés doivent se voir appliquer l'ensemble des conditions de travail et d'emploi légales, réglementaires et conventionnelles étendues applicables aux salariés employés par des entreprises de la même branche établies en France (c. trav. art. L. 1262-4, II ; instr. DGT/RT1 2024/46 du 27 mars 2024). Certaines règles n'ont pas vocation à s'appliquer aux travailleurs détachés et sont expressément exclues [conclusion, rupture et transfert du contrat de travail, CDD, modification du contrat pour motif économique, chèques et titres simplifiés de travail (CESU, TESE), etc.].

Suivi médical pendant le détachement en France - Sans entrer dans le détail des règles applicables, signalons qu'un salarié détaché en France est soumis à certaines dispositions relatives à la santé au travail, et en particulier aux visites médicales (embauche, périodiques), aux visites de reprise en cas d'arrêt de travail, etc. (c. trav. art. R. 1262-9 à R. 1262-15).

Salariés intérimaires - Les salariés intérimaires détachés auprès d'une entreprise utilisatrice en France ont droit aux mêmes conditions d'emploi que celles applicables aux salariés de cette entreprise en matière de rémunération, durée du travail, heures supplémentaires, temps de pause, repos, travail de nuit, congés, jours fériés, santé et sécurité au travail, travail des femmes, des enfants et des jeunes travailleurs. Dans ces matières, ils se voient appliquer, en plus des dispositions légales et réglementaires, la convention et les accords collectifs, même non étendus, dont bénéficient les salariés de l'entreprise utilisatrice (c. trav. art. R. 1262-16 ; instr. DGT/RT1 2024/46 du 27 mars 2024).

Précisions « paye »

Salaire - Le salarié détaché doit percevoir une rémunération correspondant au SMIC ou, s'il est plus élevé, au salaire minimal conventionnel correspondant à l'emploi occupé, ainsi que tous les autres avantages et accessoires payés, directement ou indirectement, en espèces ou en nature, par l'employeur au salarié en raison de l'emploi de ce dernier (instr. DGT/RT1 2024/46 du 27 mars 2024).

Le ministère du Travail a publié un tableau relatif à la composition de la rémunération versée au salarié détaché (https://travail-emploi.gouv.fr/salaries-detaches-vos-droits).

Pour calculer la rémunération due au salarié détaché, une comparaison doit être effectuée entre :
- celle versée au salarié détaché au titre de la législation applicable au contrat de travail, c'est-à-dire celle de l'État membre d'origine ;
- celle due au titre du détachement en France.

Cette comparaison doit être établie sur des montants totaux bruts de rémunération (avant prélèvements sociaux). Elle permet de déterminer le montant de l'allocation propre au détachement à verser le cas échéant et de distinguer les montants correspondant à des remboursements de frais professionnels, qui sont à verser en plus de la rémunération.

Paiement du salaire - Le salaire doit être versé en espèces, par chèque ou virement à un compte bancaire ou postal (obligatoirement par chèque barré ou virement en cas de salaire mensuel supérieur à 1 500 €) (voir *Paiement du salaire**).

Bulletin de paye - Pour les détachements inférieurs à 1 mois, la remise d'un bulletin de salaire n'est pas obligatoire. La preuve du respect par l'employeur étranger du niveau de rémunération légal ou conventionnel français et du paiement de la rémunération pourra être apportée par différents moyens (relevés de compte bancaire, remise d'un reçu signé par le salarié, etc.) (instr. DGT/RT1 2024/46 du 27 mars 2024).

Pour les détachements égaux ou supérieurs à 1 mois, les dispositions relatives à la remise d'un bulletin de paye s'appliquent. Le bulletin de paye ou, à défaut, tout document équivalent attestant de la rémunération doit être traduit en français et son montant doit être converti en euros. Il doit comporter les mentions suivantes :
- rémunération brute ;
- période et horaires de travail (distinguant les heures au taux normal et celles au taux majoré) ;
- congés et jours fériés (et éléments de rémunération s'y rapportant) ;
- conditions d'assujettissement aux caisses de congés payés et intempéries ;
- intitulé de la convention collective applicable.

▶ À noter... Le formalisme du bulletin de paye français n'est pas exigé d'un employeur étranger. Toutefois, un « document équivalent » devra comporter les éléments permettant un contrôle des dispositions incontournables du code du travail. Une attention particulière doit être apportée au respect du salaire minimum et du temps de travail.

Mensualisation, indemnisation des arrêts de travail - Si le détachement dure plus de 1 mois, les règles suivantes du code du travail s'appliquent :
- mensualisation du salaire (c. trav. art. L. 3242-1, L. 3242-2 et R. 1262-7) ;
- indemnisation complémentaire à la charge de l'employeur prévue par le code du travail en cas de maladie ou d'accident (c. trav. art. L. 1226-1 et R. 1262-1).

Jours fériés - Les salariés détachés en France bénéficient des jours fériés dans les mêmes conditions que les salariés français (c. trav. art. L. 1262-4, 6°).

Pour les jours fériés autres que le 1er mai, les règles de paiement des jours chômés s'appliquent aux détachements d'une durée supérieure à 1 mois (c. trav. art. R. 1262-4).

Congés - Les salariés détachés en France bénéficient du droit à congés payés. Leur droit à congés s'évalue au *prorata temporis* de leur séjour en France (instr. DGT/RT1 2024/46 du 27 mars 2024).

Par ailleurs, les salariés détachés en France ont également droit au congé de maternité [voir *Maternité (congé de)**], au *congé de paternité et d'accueil de l'enfant** ainsi qu'aux jours attachés aux *congés pour événements familiaux** (naissance, décès, mariage, etc.), dans les mêmes conditions que les salariés employés par une entreprise française, en tenant compte des conventions et accords collectifs étendus correspondant à l'activité exercée en France par le salarié détaché (c. trav. art. L. 1262-4 et R. 1261-2).

▶ À noter... Ces droits s'entendent au sens de la législation du travail et non de la législation de sécurité sociale. Ainsi, un salarié en congé de paternité n'aura pas forcément droit aux IJSS s'il ne remplit pas les conditions requises.

Travail temporaire - Les salariés intérimaires détachés bénéficient des dispositions conventionnelles, même non étendues, applicables aux salariés employés par l'entreprise utilisatrice dans certaines matières (c. trav. art. L. 1251-21) et en matière de rémunération (c. trav. art. R. 1262-16) *(voir ci-avant)*. Ils bénéficient également d'une *indemnité de fin de mission**, sauf pour ceux employés sous contrat à durée indéterminée dans leur pays d'origine (instr. DGT/RT1 2024/46 du 27 mars 2024).

▶ À noter... Afin de garantir une égalité de rémunération avec les travailleurs locaux, l'entreprise utilisatrice établie en France, qui emploie des travailleurs détachés intérimaires, doit informer l'entreprise de travail temporaire (ETT) située hors de France des règles applicables en matière de rémunération pendant la durée du détachement (c. trav. art. L. 1262-2-1).

Déclaration des accidents du travail - Une obligation spécifique est prévue [voir *Détachement en France de salariés étrangers (formalités et contrôle)**].

BTP et spectacle - Les employeurs du secteur du BTP ou du spectacle doivent s'affilier en France à la caisse des congés payés et verser des cotisations au régime « chômage-intempéries », sauf s'ils justifient de dispositifs équivalant à ceux du droit français et offrant les mêmes garanties à leurs salariés. Les justificatifs doivent prouver l'existence d'un tel régime et la réalité des cotisations versées (instr. DGT/RT1 2024/46 du 27 mars 2024).

Cotisations des employeurs sans établissement en France - Les employeurs étrangers n'ayant pas d'établissement en France, dont les salariés envoyés en France sont soumis à la législation française de sécurité sociale, doivent s'immatriculer et s'acquitter de leurs obligations de déclaration et de paiement des cotisations auprès de l'URSSAF Service Firmes étrangères (URSSAF Service Firmes Étrangères - TSA 60003 - 38046 Grenoble Cedex ; Tél. : 00 33 (0)806 802 633 ; sfe@urssaf.fr). S'ils le souhaitent, ils peuvent utiliser un titre simplifié : le Titre firmes étrangères (TFE - https://www.tfe.urssaf.fr).

Pour plus de détails sur ces points, voir *Employeur étranger sans établissement en France**.

▶ À noter… Cette règle s'applique sous réserve de la législation européenne et des conventions internationales de sécurité sociale, qui permettent de maintenir des salariés détachés en France à la législation de sécurité sociale de l'État d'origine *(voir ci-après)*.

Régime de sécurité sociale d'affiliation

Affiliation obligatoire, sauf exceptions - Toute personne qui exerce une activité en France pour le compte d'un ou de plusieurs employeurs, ayant ou non un établissement en France, et quel que soit le lieu de résidence de cette personne, est obligatoirement affiliée à un régime obligatoire de sécurité sociale (c. séc. soc. art. L. 111-2-2). Peu importe que le travail soit temporaire ou non, à temps plein ou à temps partiel.

Cette disposition s'applique sous réserve des traités et accords internationaux de sécurité sociale sur le détachement.

Ainsi, les salariés détachés en France au titre des règlements européens (règlt CE 883/2004 du 29 avril 2004 ; règlt CE 987/2009 du 16 septembre 2009) ou d'une convention bilatérale de sécurité sociale continuent à relever du régime de protection sociale de leur État d'origine et n'ont pas à être affiliés au régime de protection sociale français pendant le temps de leur détachement.

Dans tous les cas, l'employeur doit pouvoir justifier d'une protection sociale à jour pour chacun des salariés détachés.

Formulaire A1 pour justifier du maintien à la législation de l'État d'origine - Les salariés détachés dans le cadre des règlements européens attestent le maintien de leur affiliation au régime de sécurité sociale de l'État d'origine et, qu'en conséquence, ils ne relèvent pas de la législation de sécurité sociale et des cotisations françaises, à l'aide du formulaire européen « A1 » (ex-E101). Il est délivré par les autorités compétentes de l'État d'envoi du salarié.

L'entreprise utilisatrice établie en France doit se faire remettre par l'employeur des salariés détachés, auxquels elle a recours, les formulaires A1 pour chacun d'entre eux. Si elle ne vérifie pas que l'employeur est en mesure de fournir les formulaires A1, elle peut être condamnée pour délit de recours aux services d'une personne exerçant un travail dissimulé (cass. crim. 21 février 2023, n° 22-81903 FB).

▶ À noter… Les formulaires A1 n'ont d'effet qu'en droit de la sécurité sociale. Ils n'ont pas d'effet à l'égard des obligations imposées par le droit national dans d'autres matières, telles que, notamment, celles relatives à la relation de travail entre employeurs et travailleurs, en particulier, les conditions d'emploi et de travail de ces derniers. Dans ce cadre, l'existence de formulaires A1 ne fait pas obstacle à une condamnation pour travail dissimulé pour absence de DPAE s'il s'avère que les travailleurs ont été irrégulièrement détachés (CJUE 14 mai 2020, aff. C-17/19 ; cass. crim. 12 janvier 2021, n° 17-82553 FSPBI ; cass. crim. 17 octobre 2023, n° 22-84021 FB), ou à une condamnation pour non-respect des règles nationales de droit du travail vis-à-vis du salarié détaché (en l'espèce rappels de salaires et de congés payés) (cass. soc. 31 mars 2021, n° 16-16713 FPBRI).

Contestation du formulaire A1 : procédure de concertation européenne - Une URSSAF ou un juge français ne peut pas remettre en cause la validité d'un formulaire A1 (et donc soumettre un salarié détaché à la législation française) sans passer par les voies de recours prévues par le droit européen. La réglementation européenne prévoit une procédure de dialogue et de conciliation entre institutions de sécurité sociale des États concernés (règlt CE 883/2004 du 29 avril 2004, art. 76, § 6 ; règlt CE 987/2009 du 16 septembre 2009, art. 5). Cette procédure administrative est, en principe, la seule voie possible de contestation du formulaire.

Il faut donc d'abord se tourner vers l'institution de l'État membre d'origine qui a délivré le formulaire, afin que celle-ci en reconsidère le bien-fondé et, le cas échéant, retire le formulaire. En l'absence d'accord sur la décision, l'institution française (ex. : URSSAF) peut ensuite saisir la Commission administrative pour la coordination des systèmes de sécurité sociale (CACSSS) (cass. ass. plén. 22 décembre 2017, n° 13-25467, bull. ass. plén. n° 2 ; cass. civ., 2e ch., 31 mai 2018, n° 15-16832 D ; CJUE 27 avril 2017, aff. C-620/15).

Cette procédure s'applique également en présence d'un faux formulaire A1. L'institution prétendument émettrice doit être saisie afin qu'elle confirme qu'elle n'a pas délivré le faux document (CJUE 23 janvier 2025, aff. C-421/23).

▶ À noter… Seule une décision de retrait d'un formulaire A1 peut le priver de ses effets. Une suspension provisoire du formulaire A1 par l'institution émettrice ne le prive pas de sa valeur contraignante et le formulaire lie toujours les URSSAF et les juges français (CJUE 2 mars 2023, aff. C-410/21 et C-661/21).

En tout état de cause, le formulaire A1 conserve toute sa valeur et lie les autorités de l'État d'accueil tant qu'il n'a pas été retiré par l'autorité émettrice de l'État d'envoi, quand bien même la CACSSS conclut qu'il a été émis à tort et qu'il doit être retiré. Seule l'autorité émettrice peut effectivement le retirer (CJUE 6 septembre 2018, aff. C-527/16).

Il existe cependant une exception : dans le cadre d'une procédure diligentée contre une personne soupçonnée d'avoir eu recours à un travailleur détaché sous le couvert d'un formulaire A1 frauduleux ou d'un faux formulaire A1. Le juge français peut alors écarter ce formulaire s'il constate, d'une part, qu'il a été obtenu ou invoqué de manière frauduleuse ou qu'il s'agit d'un faux document, et d'autre part, que l'institution d'origine (prétendument) émettrice du formulaire A1 s'abstient de réexaminer la situation dans un délai raisonnable (CJUE 6 février 2018, aff. C-359/16 ; cass. crim. 18 septembre 2018, n° 13-88632, n° 11-88040, n° 13-88631, bull. crim. n° 160 ; cass. crim. 17 octobre 2023, n° 22-84021 FB). Le passage préalable par les voies de recours prévues par le droit européen, et notamment la saisine de l'institution émettrice d'origine, reste donc un préalable indispensable.

Conséquence du retrait du formulaire A1 - Si l'institution (prétendument) émettrice du formulaire A1 décide de le retirer (ou confirme qu'elle ne l'a pas délivré), les salariés détachés n'étant plus couverts par ce formulaire A1 deviennent assujettis à la législation française de sécurité sociale, en tant que loi du lieu de travail. Leur employeur est soumis aux obligations de déclaration aux organismes français de sécurité sociale et leur non-respect constitue du travail dissimulé (c. trav. art. L. 8221-3 et L. 8221-5). La solidarité financière du donneur d'ordre sur la base des rémunérations, indemnités et charges dues par l'auteur du délit de travail dissimulé est alors engagée (cass. soc. 4 novembre 2020, n° 18-24451 PBRI).

Retrait direct du formulaire A1 par l'institution émettrice - Si une institution émettrice constate, à la suite de vérifications effectuées de sa propre initiative, qu'elle a émis à tort un formulaire A1 (ou qu'il n'est plus valable compte tenu de l'évolution des modalités de l'activité du travailleur), elle peut le retirer sans engager préalablement la procédure de dialogue et de conciliation prévue par le droit européen (CJUE 16 novembre 2023, aff. C-422/22).

Elle doit en informer, dans les délais les plus brefs, les institutions françaises compétentes pour l'affiliation du salarié détaché au régime de sécurité sociale français.

Employeur établi hors UE - Si l'employeur est établi hors UE, il doit fournir l'attestation de régularité de la situation sociale du salarié émanant de l'État d'origine si cet État est signataire d'une convention bilatérale de sécurité sociale avec la France (instr. DGT/RT1 2024/46 du 27 mars 2024).

Dans le cas contraire, l'employeur doit être en mesure de justifier de l'affiliation du salarié à la sécurité sociale française. En effet, un salarié qui est détaché et travaille en France en dehors du cadre des règlements européens ou d'une convention internationale de sécurité sociale doit être affilié auprès des institutions françaises.

Production des formulaires attestant de l'application de la législation de l'État d'origine - Pour les salariés détachés maintenus au régime de sécurité sociale d'origine en application des règlements européens ou d'une convention internationale de sécurité sociale, il faut être en mesure de produire le formulaire A1 ou le formulaire prévu par la convention. À défaut, une sanction est prévue [voir *Détachement en France de salariés étrangers (formalités et contrôle)**].

Régime fiscal

Salariés résidents fiscaux de France - Les salariés détachés en France peuvent avoir le statut de résident fiscal et doivent alors s'acquitter de l'impôt sur le revenu. Le *prélèvement à la source** (PAS) trouve donc à s'appliquer pour ces salariés s'ils sont résidents fiscaux en France (BOFiP-IR-PAS-10-10-10-§ 60-06/07/2023). Il est collecté par le vecteur habituel de la DSN.

Dans la mesure où le débiteur de la retenue effectuée au titre du PAS (l'employeur) n'est pas établi en France, il doit désigner un représentant en France pour établir les formalités requises (CGI art. 1671, 1.al. 2 ; BOFiP-IR-PAS-30-10-10-§§ 90 à 230-25/10/2018).

Par dérogation, si l'entreprise est établie dans l'Union européenne ou dans un État partie à l'accord sur l'Espace économique européen ayant conclu avec la France une convention d'assistance administrative en vue de lutter contre la fraude et l'évasion fiscales ainsi qu'une convention d'assistance mutuelle en matière de recouvrement de l'impôt, elle n'est pas obligée de désigner un représentant. Mais elle peut décider d'en désigner un à titre volontaire (CGI art. 1671, 1.al. 3 ; BOFiP-IR-PAS-30-10-10-§ 110-25/10/2018).

Salariés non-résident fiscal - Si le salarié détaché en France n'a pas le statut de résident fiscal, ses revenus issus de son activité salariée exercée sur le territoire français, considérés comme de source française (CGI art. 164 B), doivent faire l'objet de la *retenue à la source des non-résidents fiscaux** (sauf convention fiscale internationale y faisant obstacle) (CGI art. 182 A).

Régime de faveur des impatriés - Les salariés et dirigeants assimilés appelés de l'étranger à occuper un emploi dans une entreprise établie en France pendant une période limitée peuvent bénéficier d'un régime fiscal favorable.

Sous certaines conditions et dans certaines limites, leurs primes d'impatriation ainsi que, le cas échéant, la fraction de leur rémunération correspondant à leur activité exercée en France peuvent être exonérées d'impôt sur le revenu (voir CGI art. 155 B).

Ces exonérations fiscales sont notamment applicables sous réserve que les salariés et personnes concernés n'aient pas été fiscalement domiciliés en France au cours des 5 années civiles précédant celle de leur prise de fonctions en France. Pour les impatriés ayant pris leurs fonctions en France depuis le 6 juillet 2016, le régime de faveur s'applique jusqu'au 31 décembre de la 8e année civile suivant la prise de fonctions en France (au lieu de la 5e année pour ceux ayant pris leurs fonctions en France avant cette date).

En outre, l'employeur peut bénéficier, dans une certaine limite, d'une exonération de taxe sur les salaires au titre des primes d'impatriation versées depuis le 1er janvier 2017 (CGI art. 231 bis Q).

Détachement en France de salariés étrangers (formalités et contrôle) ; Employeur étranger sans établissement en France ; Prélèvement à la source.

Détachement en France de salariés étrangers (formalités et contrôle)

Les employeurs établis hors de France peuvent détacher temporairement des salariés en France, dans des conditions permettant d'assurer aux salariés concernés un certain nombre de garanties (voir *Détachement en France de salariés étrangers**).

Ce détachement international de salariés en France s'accompagne de formalités et contrôles spécifiques visant à lutter contre les détachements abusifs.

▶ À noter… Sur les clauses « Molière » et les clauses d'interprétariat, voir *Travailleurs étrangers**.

Obligations de l'employeur établi hors de France

Déclaration préalable au détachement - L'employeur établi hors de France qui détache un ou plusieurs salariés sur le territoire national adresse une déclaration préalablement au détachement à l'inspection du travail du lieu où débute la prestation (c. trav. art. L. 1262-2-1, I).

Certains cas de détachement sont toutefois exemptés de cette obligation *(voir plus loin)*.

Mentions de la déclaration préalable - La liste des mentions de la déclaration préalable varie selon le contexte dans lequel s'inscrit le détachement pour l'employeur établi hors de France :
- exécution d'une prestation de services dans le cadre d'un contrat avec un destinataire (c. trav. art. R. 1263-3) ;
- mobilité intragroupe (entre établissements d'une même entreprise ou entre entreprises d'un même groupe) (c. trav. art. R. 1263-4) ;
- mise à disposition de travailleurs temporaires auprès d'une entreprise établie en France (c. trav. art. R. 1263-6).

Certaines mentions sont toutefois communes, comme l'indication du taux horaire de rémunération appliqué pendant la durée du détachement.

En outre, elle comporte la désignation du représentant en France de l'employeur des salariés détachés et précise le lieu de conservation sur le territoire national des documents exigibles par l'inspection de travail.

Transmission de la déclaration préalable - La déclaration doit être accomplie en langue française avant le début du détachement. Elle est transmise de manière dématérialisée via le télé-service SIPSI (sipsi.travail.gouv.fr) (c. trav. art. R. 1263-5 et R. 1263-7). En cas d'annulation du détachement ou de modification des dates de détachement initialement prévues, l'employeur annule ou rectifie sa déclaration préalable en utilisant ce télé-service.

▶ À noter… Les détachements de conducteurs routiers sont soumis à des règles spécifiques (c. transports art. L. 1331-1 et s. R. 1331-1 et s.).

Désignation d'un représentant en France - L'employeur doit désigner un représentant de son entreprise sur le territoire français chargé d'assurer, pendant la durée de la prestation, la liaison avec les agents de contrôle compétents en matière de travail illégal (agents de l'inspection du travail, etc.) (c. trav. art. L. 1262-2-1, II et R. 1263-2-1). Certains cas de détachement sont toutefois exemptés de cette obligation *(voir ci-après)*.

Cette désignation est directement intégrée à la déclaration préalable de détachement. Elle couvre l'intégralité de la période de détachement (c. trav. art. R. 1263-2-1).

Informations à donner au salarié détaché - Si l'employeur des salariés détachés est établi dans l'Union européenne (UE), il doit, en application de la réglementation européenne, leur fournir plusieurs informations avant leur départ (selon la législation de l'État membre, une durée de détachement de plus de 4 semaines peut être exigée) (dir. UE 2019/1152 du 20 juin 2019, JOUE L 186 du 11 juillet 2019 ; instr. DGT/RT1 2024/46 du 27 mars 2024). Ces informations sont les suivantes :

- le ou les pays dans lesquels le travail à l'étranger doit être effectué et sa durée prévue ;
- la rémunération à laquelle le salarié a droit, cette information pouvant résulter d'une référence aux dispositions légales ou aux stipulations conventionnelles étendues ;
- le cas échéant, les allocations propres au détachement et les modalités de remboursement des dépenses de voyage, de logement et de nourriture ;
- la devise servant au paiement de la rémunération ;
- le cas échéant, les avantages en espèces ou en nature ;
- des renseignements indiquant si le rapatriement du salarié détaché est organisé et ses conditions ;
- le lien du site internet national officiel unique mis en place par l'État d'accueil informant sur les conditions de travail et d'emploi dans cet État (en France, https://travail-emploi.gouv.fr/droit-du-travail/detachement-des-salaries-posting-of-employees/).

Documents à tenir à disposition - L'employeur (en pratique son représentant désigné) doit être en mesure de présenter sans délai, à la demande de l'inspection du travail, des documents traduits français permettant de vérifier le respect de ses obligations. Le cas échéant, les sommes doivent être converties en euros (c. trav. art. L. 1263-7, R. 1263-1 ; R. 1263-2 et R. 1263-2-1). Pour certains cas de détachement, un délai est accordé pour présenter les documents *(voir ci-après)*.

Pour ce faire, il doit conserver une liste de documents sur le lieu de travail du salarié détaché en France ou, en cas d'impossibilité matérielle, dans tout autre lieu accessible à son représentant (c. trav. art. R. 1263-1). Ces documents sont relatifs au salarié détaché (ex. : contrat de travail, bulletins de paie, attestation de paiement effectif du salaire, etc.). Dans le cas où l'entreprise est établie en dehors de l'UE, l'employeur doit tenir à disposition le document attestant de la régularité de sa situation sociale au regard d'une convention internationale de sécurité sociale ou, à défaut, l'attestation de fourniture de déclaration sociale émanant de l'URSSAF (attestation de vigilance) et datant de moins de 6 mois.

Dispense de formalités en cas de détachement pour compte propre - Les employeurs qui détachent en France des salariés pour leur propre compte sont dispensés d'établir une déclaration préalable de détachement et de désigner un représentant de l'entreprise sur le territoire français (c. trav. art. L. 1262-2-1). Ils disposent d'un délai de 15 jours maximum pour présenter à l'inspection du travail certains documents en vue du contrôle du détachement (c. trav. art. R. 1263-1-1, II).

▶ À noter… Pour la notion de détachement pour compte propre, voir *Détachement en France de salariés étrangers**.

Dispense de formalités pour les détachements de courte durée - Sont dispensés de déclaration préalable de détachement et d'obligation de désigner un représentant en France les employeurs qui détachent des salariés (hors cas du détachement pour compte propre) pour des prestations et opérations de courte durée ou dans le cadre d'événements ponctuels (c. trav. art. L. 1262-6).

Cette dérogation est applicable aux salariés détachés exerçant certaines activités listées par arrêté, pour des prestations ne dépassant pas une certaine durée (ex. : artistes du spectacle vivant, sportifs, participants à des séminaires, professeurs et chercheurs invités, apprentis en mobilité temporaire) (arrêté du 4 juin 2019, JO du 5).

Pour les détachements réalisés pour ces activités, l'employeur dispose d'un délai de 15 jours maximum pour présenter à l'inspection du travail les documents requis en vue du contrôle du détachement (c. trav. art. R. 1263-1-1, I).

Ces mesures ne seront pas applicables aux entreprises de travail temporaire et aux agences de mannequins (c. trav. art. L. 1262-7).

Aménagement des formalités pour les détachements récurrents - Un employeur détachant de manière récurrente des salariés en France (hors cas du détachement pour compte propre) pourra saisir l'administration d'une demande d'aménagement des procédures de déclaration préalable de détachement, de désignation d'un représentant en France et de conservation de documents (c. trav. art. L. 1263-8), s'il atteste du respect des règles légales et conventionnelles des matières du « noyau dur » de droit du travail français applicables aux salariés détachés en France (c. trav. art. L. 1262-4) (voir *Détachement en France de salariés étrangers**).

La nature des aménagements possibles sera précisée par décret (toujours attendu au 15 janvier 2025) et ils seront consentis pour une durée d'au plus un an.

Entreprise étrangère utilisatrice de travailleurs temporaires détachés en France - Une entreprise utilisatrice établie hors de France qui, pour exercer son activité sur le territoire français, a recours à des salariés détachés mis à disposition par une entreprise de travail temporaire (ETT) également établie hors de France (« double détachement » d'intérimaires) doit respecter des formalités complémentaires.

Préalablement au détachement, l'entreprise utilisatrice doit informer l'ETT du détachement des travailleurs intérimaires sur le territoire national et lui transmettre un certain nombre d'informations listées par arrêté (durée du détachement en France, formalités préalables à accomplir, « noyau dur » de droit du travail, etc.) (c. trav. art. L. 1262-2-1 ; arrêté du 28 juillet 2020, JO du 29).

Amende administrative - L'entreprise établie hors de France qui méconnaît une des obligations ci-dessus s'expose à une amende administrative (c. trav. art. L. 1264-1). Le maître d'ouvrage ou le donneur d'ordre encourt la même amende en cas de manquement à ses propres obligations *(voir plus loin)*.

L'amende est d'un montant maximum de 4000 € par salarié détaché, porté à 8000 € en cas de récidive dans les 2 ans suivant une première amende, dans la limite d'un plafond de 500000 € (c. trav. art. L. 1264-3).

Obligations de vigilance du donneur d'ordre ou maître d'ouvrage

Vérification préalable - Le donneur d'ordre ayant recours à une prestation de services avec détachement de travailleurs par une entreprise étrangère est soumis à un « devoir de vigilance ». Il est tenu de vérifier, avant le début du détachement, que l'entreprise étrangère a réalisé une déclaration préalable de détachement et a procédé à la désignation d'un représentant sur le territoire national *(voir plus haut)* (c. trav. art. L. 1262-4-1, I).

Il doit aussi vérifier que l'entreprise étrangère s'est acquittée, le cas échéant, du paiement des amendes administratives pour non-respect des règles en matière de détachement (c. trav. art. L. 1262-4-1, III).

En pratique, le donneur d'ordre « français » qui passe un contrat avec un employeur établi à l'étranger doit ainsi lui demander, avant le début de chaque détachement d'un ou plusieurs salariés (c. trav. art. L. 1262-4-1, I et R. 1263-12) :
- l'accusé de réception de la déclaration préalable de détachement effectuée via le télé-service SIPSI (c. trav. art. R. 1263-12-1) ;
- une attestation sur l'honneur certifiant que l'employeur s'est, le cas échéant, acquitté du paiement des amendes dues.

Déclaration subsidiaire à charge du donneur d'ordre - S'il n'obtient pas l'accusé de réception de la déclaration préalable de détachement de son prestataire, le donneur d'ordre doit adresser, dans les 48 h suivant le début du détachement, une déclaration subsidiaire de détachement à l'inspection du travail, en utilisant le télé-service SIPSI (c. trav. art. L. 1262-4-1, I, al. 2 et R. 1263-13).

Extension à la chaîne de sous-traitance - L'obligation de vérification s'applique à toute la chaîne de sous-traitance.

Le maître d'ouvrage doit ainsi s'assurer que chacun des sous-traitants directs ou indirects de son cocontractant qui détachent des salariés, y compris les ETT avec lesquelles son cocontractant ou un de ces sous-traitants a traité, s'est acquitté de sa déclaration préalable de détachement (c. trav. art. L. 1262-4-1, II), en leur demandant l'accusé de réception de la déclaration de détachement (c. trav. art. R. 1263-12-1).

En revanche, en cas de manquement, il n'est pas tenu de réaliser une déclaration subsidiaire de détachement.

Amende administrative - Le donneur d'ordre ou maître d'ouvrage qui manque à son devoir de vigilance et qui n'envoie pas de déclaration subsidiaire de détachement, en cas de défaillance de son prestataire, est passible d'une amende administrative (c. trav. art. L. 1264-2, I, 1° ; CE 11 février 2022, n° 440808).

Il en va de même lorsqu'un des sous-traitants directs ou indirects de son cocontractant ou une des entreprises de travail temporaire avec laquelle ils ont traité, qui détache des salariés, n'a pas procédé à sa déclaration préalable de détachement (c. trav. art. L. 1264-2, II).

Cette amende est d'un montant maximum de 4000 € par salarié détaché, porté à 8000 € en cas de récidive dans les 2 ans suivant une première amende, dans la limite d'un plafond de 500 000 € (c. trav. art. L. 1264-3). Elle peut se cumuler avec une mesure de suspension de la prestation de services *(voir ci-après)*.

Procédure d'injonction liée au salaire minimum - Une procédure d'injonction en matière de paiement du salaire, propre au détachement international, vise à inciter les donneurs d'ordre « français » à dénoncer le contrat de prestation de services les liant à un prestataire étranger si celui-ci, en infraction au regard de ses obligations en matière de salaire minimal des salariés détachés en France, ne régularise pas sa situation (c. trav. art. L. 1262-4-3, R. 1263-15 et R. 1263-16).

À défaut de régularisation effective de la situation au terme de la procédure d'injonction, le donneur d'ordre, s'il ne dénonce pas le contrat de prestation de services, est tenu solidairement avec le prestataire au paiement des rémunérations et indemnités dues à chaque salarié détaché ainsi que, lorsque ce salarié relève d'un régime français de sécurité sociale, des cotisations et contributions sociales afférentes dues aux organismes chargés de leur recouvrement (c. trav. art. R. 1263-17).

Déclaration des accidents du travail

Auprès de l'inspection du travail - Lorsqu'un salarié détaché est victime d'un accident du travail, une déclaration est envoyée à l'inspection du travail du lieu de sa survenance dans un délai de 2 jours ouvrables, par tout moyen permettant de donner date certaine à cet envoi (c. trav. art. L. 1262-4-4 et R. 1262-2). Selon les cas, la déclaration incombe :
- à l'employeur établi hors de France, lorsque le salarié est détaché pour son propre compte ;
- au donneur d'ordre ou au maître d'ouvrage lorsque le salarié est détaché dans le cadre d'une prestation de services, d'une mobilité intragroupe ou d'une mise à disposition par une entreprise de travail temporaire établie à l'étranger.

Cette obligation est indépendante des éventuelles formalités à accomplir auprès du régime de sécurité sociale dont relève le salarié.

Amende administrative - La méconnaissance de cette obligation est passible d'une amende administrative (c. trav. art. L. 1264-1 et L. 1264-2, I, 2°).

Cette amende est d'un montant maximum de 4 000 € par salarié détaché, porté à 8 000 € en cas de récidive dans les 2 ans suivant une première amende, dans la limite d'un plafond de 500 000 € (c. trav. art. L. 1264-3).

Registre du personnel de l'entreprise d'accueil

L'entreprise accueillant des travailleurs détachés doit annexer les accusés de réception des déclarations préalables de détachement au registre unique du personnel (voir *Registres obligatoires**) (c. trav. art. L. 1221-15-1 et D. 1221-24-1). L'employeur qui ne respecte pas cette obligation encourt une amende prévue pour les contraventions de 4e classe (voir *Amendes pénales**) (c. trav. art. R. 1227-7).

▶ À noter… Ces mêmes accusés de réception sont rendus accessibles aux membres du CSE et aux agents de contrôle de l'inspection du travail et contrôleurs URSSAF. Ils sont tenus à leur disposition dans l'établissement, ou sur chaque chantier ou lieu de travail distinct de l'établissement pour ceux des travailleurs détachés qui y sont employés (c. trav. art. D. 1221-24-1).

Production des formulaires attestant de la législation de sécurité sociale applicable

Salariés maintenus à la sécurité sociale de l'État d'envoi - Les travailleurs exerçant une activité salariée ou non salariée en France alors qu'ils relèvent de la législation de sécurité sociale d'un autre État doivent tenir à disposition des services d'inspection, sur le lieu d'exécution du travail et chez le donneur d'ordre établi en France, le formulaire attestant de la législation de sécurité sociale applicable (formulaire A1 pour un détachement en application du droit européen, formulaire prévu par la convention internationale de sécurité sociale dans les autres cas) (c. séc. soc. art. L. 114-15-1).

Le document portable doit être produit par le salarié ou, à défaut, par son employeur ou par le représentant en France de celui-ci, ou par le donneur d'ordre établi en France.

▶ À noter… Sur le formulaire A1, voir *Détachement en France de salariés étrangers**.

Sanction - Le défaut de production de ce document lors du contrôle entraîne l'application d'une pénalité égale au montant mensuel du *plafond de la sécurité sociale** par salarié concerné (soit 3 925 € en 2025). Elle est due par le donneur d'ordre et peut être doublée en cas de nouveau manquement constaté dans les 2 ans (c. séc. soc. art. L. 114-15-1).

La pénalité n'est pas applicable si les intéressés justifient avoir demandé le formulaire et le produisent dans le délai de 2 mois suivant le contrôle.

Dispositions spécifiques au BTP

Carte d'identification professionnelle - Tout employeur dont les salariés accomplissent, dirigent ou organisent, même à titre occasionnel, secondaire ou accessoire des travaux du BTP est tenu de demander la délivrance d'une « carte d'identification professionnelle du BTP » pour les salariés concernés. Les travaux visés sont listés par le code du travail (c. trav. art. L. 8291-1 et R. 8291-1).

La demande doit être réalisée dès l'embauche, moyennant le paiement d'une redevance forfaitaire d'un montant de 9,80 € par carte. Elle s'effectue en ligne (https://portail.cartebtp.fr).

▶ À noter... Cette carte comporte l'identité et la photographie du salarié, et les informations relatives à son employeur, à l'entreprise utilisatrice si nécessaire, ainsi qu'à l'organisme ayant délivré la carte.

Cette obligation n'est pas spécifique aux situations de détachement international, puisqu'elle concerne les employeurs établis en France pour leurs salariés. Mais elle vise aussi expressément les employeurs établis hors de France, y compris les ETT, et qui détachent des salariés pour effectuer des travaux du BTP (c. trav. art. R. 8291-1).

La durée de validité de la carte BTP pour les salariés détachés est de 5 ans, mais elle n'est active que durant les périodes de détachement. Entre deux périodes de détachement, la carte est « désactivée » (c. trav. art. R. 8292-3). Pour chaque salarié possédant une carte en cours de validité au début du détachement, l'employeur devra modifier, avant le détachement, la déclaration initiale adressée à CIBTP France afin d'indiquer l'existence d'un nouveau détachement, en vue d'activer la carte (c. trav. art. R. 8295-3-1). Pour les salariés détachés qui ne disposent pas d'une carte en cours de validité au début du détachement, l'employeur établi hors de France doit en faire la demande avant le détachement (c. trav. art. R. 8293-2).

En cas de manquement à ses obligations visant à l'obtention de la carte, l'employeur est passible d'une amende administrative de 4 000 € maximum par salarié et 8 000 € maximum en cas de récidive dans un délai de 2 ans suivant une première amende, dans la limite d'un plafond de 500 000 € (c. trav. art. L. 8291-2).

Document informatif - Les salariés détachés entrant dans le champ de la carte BTP se voient remettre par l'employeur, en même temps que leur carte, un document rédigé dans une langue qu'ils comprennent les informant de la réglementation française de droit du travail (c. trav. art. L. 8291-1). Ce document est mis à disposition des entreprises par l'association « CIBTP France » sur son site Internet (https://www.cibtp.fr/) (c. trav. art. R. 8294-8 ; arrêté du 15 mars 2024, JO du 20, texte 20).

Chantiers de bâtiment ou de génie civil : information sur la réglementation française - Le maître d'ouvrage de certains grands chantiers de bâtiment ou de génie civil doit afficher, dans le local vestiaire des salariés, les informations sur la réglementation française de droit du travail qui leur est applicable en matière de durée du travail, de salaire minimum, d'hébergement, de prévention des chutes de hauteur, d'équipements individuels obligatoires et d'existence d'un droit de retrait (c. trav. art. L. 1262-4-5 et D. 1263-21). Ces informations doivent être traduites dans l'une des langues officielles parlées dans chacun des États d'appartenance des salariés détachés.

Le maître d'ouvrage qui ne respecte pas son obligation s'expose à une amende administrative (c. trav. art. L. 1264-2, I, 3°). Cette amende est d'un montant maximum de 4 000 € par salarié détaché, porté à 8 000 € en cas de récidive dans les 2 ans suivant une première amende, dans la limite d'un plafond de 500 000 € (c. trav. art. L. 1264-3).

Suspension ou interdiction d'activité d'un prestataire étranger

Motifs de la suspension de la prestation de services - Une procédure de suspension de la prestation de services peut être déclenchée pour mettre fin immédiatement aux faits les plus graves commis par un employeur établi à l'étranger qui a détaché des salariés en France.

Les situations visées sont les suivantes (c. trav. art. L. 1263-3 et L. 1263-4) :

- un manquement grave relatif au *repos quotidien** (c. trav. art. L. 3131-1), au *repos hebdomadaire** (c. trav. art. L. 3132-2) ou aux règles de *durée du travail** maximale quotidienne ou hebdomadaire (c. trav. art. L. 3121-18 et L. 3121-20) ;
- le non-paiement total ou partiel du salaire minimum légal ou conventionnel (c. trav. art. L. 3231-2 et L. 2254-1) ;
- un manquement de l'employeur établi hors de France (ou de son représentant en France) à l'obligation de présenter sur le lieu de la prestation des documents traduits en français *(voir plus haut)* permettant de vérifier le respect des règles énumérées précédemment ;
- des conditions de travail ou d'hébergement incompatibles avec la dignité humaine (c. pén. art. 225-14) ;

- la communication à l'agent de contrôle d'informations délibérément erronées ;
- le non-paiement des amendes administratives notifiées à l'employeur.

La prestation de services peut également être suspendue en l'absence de déclaration subsidiaire de détachement par le donneur d'ordre, à l'issue du délai de 48 h à compter du début du détachement, en cas de défaillance de l'employeur des salariés détachés *(voir ci-avant)* (c. trav. art. L. 1263-4-1).

Suspension d'un mois - L'agent de l'inspection du travail qui constate un de ces manquements ordonne à l'employeur concerné de faire cesser cette situation dans un délai de 3 jours à compter de la réception de l'injonction. De plus, il en informe dans les plus brefs délais le maître d'ouvrage ou le donneur d'ordre ayant contracté avec cet employeur (c. trav. art. L. 1263-3 et R. 1263-11-1). Cette première étape ne s'applique pas si le manquement concerné consiste en l'absence de déclaration subsidiaire de détachement.

Faute de régularisation de la situation ou en l'absence de réception de la déclaration subsidiaire de détachement, le DREETS peut, à l'issue d'une procédure au cours de laquelle l'employeur peut formuler des observations, ordonner la suspension de la prestation de services, eu égard à la répétition ou à la gravité des faits constatés, par décision motivée et pour une durée maximale de 1 mois. Dès que la situation est régularisée, l'autorité administrative met fin à la suspension (c. trav. art. L. 1263-4, L. 1263-4-1 et R. 1263-11-3).

Interdiction a priori de la prestation de services - Une procédure d'interdiction temporaire de la prestation de services peut être engagée, avant même qu'elle n'ait commencé, lorsque l'agent de l'inspection de travail constate, le cas échéant à l'occasion de la réception de la déclaration préalable de détachement, le non-paiement par l'employeur établi à l'étranger des amendes administratives qui lui ont été notifiées (c. trav. art. L. 1263-4-2).

Dans ce cas, le DREETS enjoint par écrit l'employeur de payer les sommes dues et l'invite à présenter ses observations dans un délai de 3 jours. En l'absence de régularisation à l'expiration de ce délai, le DREETS peut ordonner, par une décision motivée, l'interdiction de la prestation de services pour une durée de 2 mois maximum, qui peut être renouvelée tant que l'employeur n'atteste pas du paiement de l'amende (c. trav. art. R. 1263-11-3-1).

Incidence pour les salariés - La décision de suspendre la prestation n'entraîne ni rupture, ni suspension du contrat de travail, ni aucun préjudice pécuniaire pour les salariés concernés (c. trav. art. L. 1263-5). Ainsi, l'employeur demeure redevable du salaire alors qu'aucune prestation de travail n'est exécutée.

Amende administrative - En cas de non-respect de la décision de suspension ou d'interdiction de la prestation de services, l'employeur encourt une amende administrative d'un montant maximal de 10 000 € par salarié concerné (c. trav. art. L. 1263-6).

☞ *Détachement en France de salariés étrangers ; Travailleurs étrangers.*

Dimanche

En principe, le dimanche constitue le jour de *repos hebdomadaire** des salariés (c. trav. art. L. 3132-2). Mais diverses dérogations permettent de faire travailler des salariés le dimanche. Elles sont distinctes de celles permettant de déroger à la durée minimale du repos hebdomadaire (voir *Repos hebdomadaire**).

@Les règles ayant permis le travail du dimanche pendant les jeux olympiques et paralympiques 2024 sont détaillées dans la version en ligne de ce Dictionnaire (voir www.rfpaye.com et www.rfedition.com).

Zones touristiques, zones commerciales et gares

Employeurs concernés - Les établissements de vente au détail qui mettent à disposition des biens et des services situés, dans certaines zones géographiques, peuvent donner le repos hebdomadaire par roulement à tout ou partie de leur personnel, à certaines conditions. Il existe 4 catégories de zones :
- les zones touristiques (c. trav. art. L. 3132-2) ;
- les zones commerciales (c. trav. art. L. 3132-25-1) ;
- les zones touristiques internationales (c. trav. art. L. 3132-24) ;
- les gares d'affluence exceptionnelle (c. trav. art. L. 3132-25-6).

L'organisation du travail le dimanche suppose de respecter des conditions communes tenant, pour l'essentiel, à l'existence d'un accord collectif, de contreparties et du volontariat des salariés *(voir ci-dessous)*.

Zones touristiques (ZT) - Les zones touristiques (ZT) sont caractérisées par une affluence particulièrement importante de touristes (c. trav. art. L. 3132-25 et R. 3132-20). Le Préfet de région les délimite (c. trav. art. L. 3132-25-2 et R. 3132-19).

Exemple
Un arrêté du préfet de la région Île-de-France du 23 août 2018 a créé une zone touristique de « Bercy-Saint-Émilion » pour remplacer la ZTI de « Saint-Émilion–Bibliothèque » (Recueil des actes administratifs IDF 020-2018-08 du 24 août 2018).

Zones commerciales (ZC) - Les zones commerciales (ZC) sont caractérisées par une offre commerciale et une demande potentielle particulièrement importantes, le cas échéant en tenant compte de la proximité immédiate d'une zone frontalière (c. trav. art. L. 3132-25-1 et R. 3132-20-1). Elles sont délimitées par le Préfet de région (c. trav. art. L. 3132-25-2 et R. 3132-19).

Zones touristiques internationales (ZTI) - Les zones touristiques internationales (ZTI) (loi 2015-990 du 6 août 2015, art. 242, JO du 7), correspondent à des zones de rayonnement international disposant d'une offre commerciale particulièrement importante et attractive pour les touristes (c. trav. art. L. 3132-24 et R. 3132-21-1). Ce sont les ministres en charge du travail, du tourisme et du commerce, qui délimitent ces zones, après avis du maire et, le cas échéant, du président de l'établissement public de coopération intercommunale (EPCI).

Il existe diverses ZTI à Paris et en régions *(voir tableau)*. Dans les communes concernées, la ZTI correspond à une zone délimitée par arrêté, et pas au territoire de l'ensemble de ces villes.

Gares d'affluence exceptionnelle - Lorsqu'une gare est située dans une ZT, une ZC ou une ZTI, les établissements de vente au détail mettant à disposition des biens et des services peuvent ouvrir le dimanche selon les modalités applicables dans chacune de ces zones. La ZT permet le travail du dimanche (c. trav. art. L. 3132-25) mais elle n'autorise pas les employeurs à appliquer le régime du *travail en soirée**.

En dehors de ces zones, une dérogation spécifique s'applique aux gares qui connaissent une affluence exceptionnelle de passagers (loi 2015-990 du 6 août 2015, art. 249, JO du 7). Les établissements de vente au détail situés dans les emprises de ces gares peuvent ainsi donner le repos hebdomadaire par roulement pour tout ou partie du personnel (c. trav. art. L. 3132-25-6).

Les gares concernées ont été définies par arrêté. À Paris, il s'agit de la gare Saint-Lazare, la gare du Nord, la gare de l'Est, la gare Montparnasse, la gare de Lyon et la gare d'Austerlitz. En province, la dérogation couvre les gares d'Avignon-TGV, de Bordeaux Saint-Jean, de Lyon Part-Dieu, de Marseille Saint-Charles, de Montpellier Saint-Roch et de Nice-Ville (arrêté du 9 février 2016, JO du 11).

▶ Attention… Le parvis et le parking de ces gares n'entrent pas dans le champ de la dérogation.

Accord collectif (ou décision validée par référendum dans les TPE) - Le travail le dimanche dans une ZT, une ZC, une ZTI ou une gare d'affluence exceptionnelle suppose que l'établissement soit couvert par un accord collectif (de branche, de groupe, d'entreprise ou d'établissement) (c. trav. art. L. 3132-25-3, II).

Listes des zones touristiques internationales (*)

Paris	En régions, communes dans lesquelles des ZTI ont été délimitées
• Champs-Élysées Montaigne (arrêté du 25 septembre 2015, texte n° 35, JO du 26 ; arrêté du 23 août 2018, JO du 24, texte 34) (1) • Haussmann (arrêté du 25 septembre 2015, texte n° 36, JO du 26) (1) • Le Marais (arrêté du 25 septembre 2015, texte n° 37, JO du 26) (1) • Les Halles (arrêté du 25 septembre 2015, texte n° 38, JO du 26) (1) • Montmartre (arrêté du 25 septembre 2015, texte n° 40, JO du 26) (1) • Rennes-Saint-Sulpice (arrêté du 25 septembre 2015, texte n° 42, JO du 26) (1) • Saint-Honoré Vendôme (arrêté du 25 septembre 2015, texte n° 44, JO du 26) • Saint-Germain (arrêté du 25 septembre 2015, texte n° 45, JO du 26) (1) • Beaugrenelle (arrêté du 25 septembre 2015, texte n° 46, JO du 26) (1) • Palais des Congrès (arrêté du 23 août 2018, JO du 24 août 2018) (4) • Paris La Défense (arrêté du 25 septembre 2019, JO du 29 septembre 2019)	• Cannes (arrêté du 5 février 2016, texte n° 16, JO du 7) (2) • Deauville (arrêté du 5 février 2016, texte n° 17, JO du 7) (2) • Nice (arrêté du 5 février 2016, texte n° 18, JO du 7) (2) • Saint-Laurent-du-Var (arrêté du 5 février 2016, texte n° 19, JO du 7) (2) • Cagnes-sur-Mer (arrêté du 5 février 2016, texte n° 20, JO du 7) (2) • Serris « Val d'Europe » (arrêté du 5 février 2016, texte n° 21, JO du 7) (2) • Antibes (arrêté du 25 juillet 2016, texte n° 50, JO du 30) (3) • La Baule-Escoublac (arrêté du 25 juillet 2016, texte n° 52, JO du 30) (3)

(*) Dans les quartiers et communes concernées, la ZTI correspond à une zone précisément délimitée par l'arrêté de référence, et pas à l'ensemble du territoire. (1) Effet au 27 septembre 2015. (2) Effet au 8 février 2016. (3) Effet au 31 juillet 2016. (4) Effet au 25 août 2018.

▶ À noter… Lorsqu'il existait déjà un accord de branche ou, à défaut, des accords professionnels, de nouvelles négociations ont dû s'ouvrir dans les 6 mois suivant le 6 août 2015 (loi 2015-990 du 6 août 2015, art. 246-II, JO du 7).

Pour les entreprises dépourvues de délégués syndicaux, l'accord peut être négocié avec des élus du comité social d'entreprise mandatés ou, à défaut d'élus, avec des salariés mandatés, puis approuvé par la majorité du personnel (c. trav. art. L. 3132-25-3, II).

Dans les établissements de moins de 11 salariés, en l'absence d'accord collectif ou d'accord conclu à un niveau territorial, il est possible de faire travailler le dimanche après avoir consulté les salariés concernés sur les mesures normalement prévues par accord et obtenu l'approbation de la majorité d'entre eux. En cas de franchissement du seuil de 11 salariés, l'établissement doit être couvert par un accord à compter de la troisième année consécutive au cours de laquelle l'effectif aura atteint ce seuil (c. trav. art. L. 3132-25-3, II).

Contreparties - L'accord collectif autorisant le travail du dimanche dans les ZT, ZC, ZTI ou gare d'affluence exceptionnelle doit prévoir (c. trav. art. L. 3132-25-3, II) :
- les contreparties, en particulier salariales, accordées aux salariés privés de repos dominical ;
- les engagements pris en termes d'emploi ou en faveur de certains publics en difficulté ou de personnes handicapées ;
- les mesures destinées à faciliter la conciliation entre la vie professionnelle et la vie personnelle des salariés privés de repos dominical ;
- les conditions de prise en compte de l'évolution de leur situation personnelle ;
- les contreparties mises en œuvre par l'employeur pour compenser les charges induites par la garde des enfants ;
- les modalités de prise en compte d'un changement d'avis du salarié (c. trav. art. L. 3132-25-4).

▶ À noter… La loi pose le principe d'une contrepartie salariale, mais sans préciser de minimum, c'est à l'accord de le prévoir.

Dans les entreprises de moins de 11 salariés, où le travail le dimanche est organisé sur la base d'une décision de l'employeur, toutes ces mesures font partie des éléments soumis à l'approbation des salariés (c. trav. art. L. 3132-25-3, II).

Volontariat - Dans les ZTI, ZT, ZC et les gares d'affluence exceptionnelle, seuls les salariés volontaires ayant donné leur accord par écrit à leur employeur peuvent travailler le dimanche (c. trav. art. L. 3132-25-4).

En l'absence d'accord collectif, le salarié privé de repos dominical conserve la faculté de refuser de travailler 3 dimanches de son choix par année civile. Il doit en informer préalablement son employeur en respectant un délai d'un mois.

▶ Attention… Le refus de travailler le dimanche ne peut pas justifier de renoncer à une embauche ou une mesure discriminatoire. Il ne constitue ni une faute ni un motif de licenciement (c. trav. art. L. 3132-25-4).

Élections le dimanche - Dans tous les cas, l'employeur doit prendre les mesures nécessaires pour permettre aux salariés d'exercer personnellement leur droit de vote en cas d'élections nationales ou locales ayant lieu un dimanche (c. trav. art. L. 3132-26-1).

Anciennes zones touristiques et thermales - Les communes d'intérêt touristiques ou thermales et les zones touristiques d'affluence exceptionnelle ou d'animation culturelle permanente créées avant le 7 août 2015 sont devenues des zones touristiques à cette date (loi 2015-990 du 6 août 2015, art. 257-I, JO du 7).

Les établissements situés dans ces zones au 7 août 2015 sont soumis au nouveau régime (obligation d'être couvert par un accord collectif, obligation de contreparties, principe du volontariat) depuis le 1er août 2018 (loi 2015-990 du 6 août 2015, art. 257-I modifié, JO du 7 ; loi 2017-1340 du 15 septembre 2017, art. 7, JO du 16).

Anciens PUCE - Les périmètres d'usage de consommation exceptionnelle (PUCE) créés avant le 7 août 2015 ont été transformés en zones commerciales à cette date (loi 2015-990 du 6 août 2015, art. 257-II, JO du 7).

Les établissements situés dans ces anciens PUCE, ouvrant le dimanche sur le fondement d'un accord collectif ou d'une décision unilatérale de l'employeur intervenu en application de la législation antérieure au 8 août 2015, ont pu continuer à le faire jusqu'au 1er août 2018 (loi 2015-990 du 6 août 2015, art. 257-II modifié, JO du 7 ; loi 2017-1340 du 15 septembre 2017, art. 7, JO du 16). À l'issue de ce délai, ces établissements devaient être couverts par un accord collectif conforme aux nouvelles exigences pour pouvoir continuer à ouvrir le dimanche.

Un accord collectif conclu dans les nouvelles conditions, pendant cette période, s'applique dès sa signature en lieu et place d'une ancienne décision unilatérale.

Commerces de détail alimentaire

Ouverture de droit jusqu'à 13 h - Les commerces de détail alimentaire peuvent accorder de plein droit le repos hebdomadaire à partir de 13 h le dimanche (c. trav. art. L. 3132-13 et R. 3132-8). Peu importe la localisation géographique de ces commerces.

Contreparties - Les salariés bénéficient d'un repos compensateur d'une journée entière, par roulement et par quinzaine (c. trav. art. L. 3132-13).

▶ À noter... Les salariés âgés de moins de 21 ans logés chez leurs employeurs bénéficient d'un repos compensateur d'un autre après-midi, par roulement et par semaine.

Les supermarchés et hypermarchés (surface de vente supérieure à 400 m^2) qui utilisent cette dérogation doivent accorder aux salariés privés de repos dominical une majoration de salaire d'au moins 30 % par rapport à la rémunération normalement due pour une durée équivalente (c. trav. art. L. 3132-13).

Ouverture après 13 h - Pour être ouverts après 13 h, les commerces de détail alimentaire doivent se tourner vers les mécanismes spécifiques aux ZTI et aux emprises de certaines gares *(voir ci-dessous)* ou d'autres dérogations (préfectorale).

Commerces en ZTI ou en gare d'affluence exceptionnelle - Les commerces de détail alimentaire situés en ZTI et dans les gares d'affluence exceptionnelle peuvent donner le repos hebdomadaire par roulement pour tout ou partie du personnel après 13 h, dans les conditions prévues pour ces zones : accord collectif (ou décision approuvée par les salariés dans les entreprises de moins de 11 salariés), contreparties, accord écrit des volontaires pour travailler après 13 h (c. trav. art. L. 3132-25-5).

Élections le dimanche - L'employeur doit prendre les mesures nécessaires pour permettre aux salariés travaillant le dimanche d'exercer personnellement leur droit de vote en cas d'élections nationales ou locales (c. trav. art. L. 3132-26-1).

Magasins alimentaires dotés de caisses automatiques - Un magasin de vente au détail de produits alimentaires doté de caisses automatiques (les clients sont autonomes) peut être ouvert le dimanche après 13 h lorsqu'aucun salarié n'y travaille (cass. soc. 26 octobre 2022, n° 21-19075 FSB).

Peu importe la présence d'agents de sécurité de sociétés extérieures puisque les entreprises de surveillance et de gardiennage font partie des catégories d'établissement admis à donner le repos hebdomadaire par roulement à leurs salariés effectuant des services de surveillance (c. trav. art. R. 3132-5). Mais si ces agents prennent en charge des activités normalement dévolues aux salariés des magasins en s'occupant des clients et des activités du magasin (ex. : rangement des paniers, fermeture du magasin), ils se trouvent employés en violation des règles sur le repos dominical, même s'ils sont salariés de l'établissement ou d'entreprises de prestation de services et que ces missions ne leur ont pas été demandées (cass. soc. 26 octobre 2022, n° 21-19075 FSB).

Dimanches du maire pour le commerce de détail

Jusqu'à 12 dimanches par an - Les maires peuvent autoriser le travail le dimanche dans les établissements de commerce de détail jusqu'à 12 fois par année civile (c. trav. art. L. 3132-26). Pour les supermarchés et hypermarchés (surface de vente supérieure à 400 m^2), les jours fériés travaillés (autres que le 1er Mai) sont déduits du nombre de dimanches.

Volontariat - Seuls les salariés volontaires ayant donné leur accord par écrit à leur employeur peuvent travailler un de ces dimanches (c. trav. art. L. 3132-27-1).

Contreparties - Chaque salarié travaillant un dimanche du maire (c. trav. art. L. 3132-27) :
- perçoit une rémunération au moins égale au double de la rémunération normalement due pour une durée équivalente ;
- et a droit à un repos compensateur équivalent en temps.

Les conditions dans lesquelles ce repos est accordé, soit collectivement, soit par roulement dans la quinzaine qui précède ou suit la suppression du repos sont fixées par arrêté du maire.

Lorsque le repos dominical est supprimé un dimanche précédant une fête légale, le repos compensateur est donné le jour de cette fête.

▶ Attention... Ces dispositions ne s'appliquent pas dans les départements de la Moselle, du Bas-Rhin et du Haut-Rhin (c. trav. art. L. 3134-1 à L. 3134-15).

L'employeur ne peut pas substituer aux avantages prévus le versement de primes exceptionnelles (cass. soc. 12 novembre 1991, n° 90-42944, BC V n° 486 ; cass. soc. 29 octobre 2003, n° 01-46016 D).

Élections le dimanche - En cas de scrutin national ou local, l'employeur prend toute mesure nécessaire pour permettre aux salariés d'exercer personnellement leur droit de vote (c. trav. art. L. 3132-26-1).

Dérogation sur autorisation du préfet

Préjudice au public et fonctionnement normal de l'entreprise - L'entreprise peut solliciter une dérogation auprès du préfet lorsqu'il est établi que la fermeture dominicale serait préjudiciable au public ou compromettrait le fonctionnement normal de l'établissement (c. trav. art. L. 3132-20).

Le préfet peut alors autoriser le repos hebdomadaire, pour toute l'année ou à certaines époques de l'année, selon des possibilités permettant le travail du dimanche. Le repos peut ainsi être donné par roulement.

Ces autorisations sont accordées pour une durée de 3 ans maximum (c. trav. art. L. 3132-21).

Accord collectif ou décision unilatérale fixant des contreparties - Le préfet accorde l'autorisation au vu d'un accord collectif ou, à défaut, d'une décision unilatérale de l'employeur approuvée après référendum (c. trav. art. L. 3132-25-3, I).

En cas d'accord collectif, celui-ci fixe les contreparties accordées aux salariés privés du repos dominical ainsi que les engagements pris en termes d'emploi ou en faveur de certains publics en difficulté ou de personnes handicapées.

Lorsque l'employeur procède par décision unilatérale, celle-ci fixe les contreparties accordées aux salariés privés du repos dominical ainsi que les engagements pris en termes d'emploi ou en faveur de certains publics en difficulté ou de personnes handicapées. Dans ce cas, chaque salarié privé du repos du dimanche bénéficie d'un repos compensateur et perçoit pour ce jour de travail une rémunération au moins égale au double de la rémunération normalement due pour une durée équivalente.

Lorsqu'un accord collectif est négocié postérieurement à la décision unilatérale, il s'applique dès sa signature en lieu et place des contreparties prévues par cette décision.

▶ À noter… L'accord collectif ou la décision unilatérale doit fixer les conditions dans lesquelles l'employeur prend en compte l'évolution de la situation personnelle des salariés privés du repos dominical (c. trav. art. L. 3132-25-3, III).

Un salarié travaillant en infraction aux dispositions légales et réglementaires sur le repos dominical ne bénéficie pas des contreparties accordées aux salariés travaillant le dimanche qui sont prévues par une convention collective ou par les dispositions légales autorisant des dérogations au repos dominical. En revanche, il peut solliciter la réparation du préjudice qu'il a subi du fait de son travail illégal le dimanche (cass. soc. 17 février 2021, n° 19-21897 FSP).

Volontariat - Cette dérogation au repos dominical repose sur le principe du volontariat. Seuls les salariés volontaires ayant donné leur accord par écrit à leur employeur peuvent travailler le dimanche (c. trav. art. L. 3132-25-4).

À défaut d'accord collectif applicable :
- l'employeur doit demander chaque année à chaque salarié travaillant le dimanche s'il souhaite bénéficier d'une priorité pour occuper ou reprendre un emploi ressortissant à sa catégorie professionnelle ou un emploi équivalent ne comportant pas de travail le dimanche dans le même établissement ou, à défaut, dans la même entreprise ;
- à cette occasion, il doit l'informer de sa faculté de ne plus travailler le dimanche s'il ne le souhaite plus (le refus du salarié prend effet 3 mois après sa notification écrite à l'employeur) ;
- à tout moment, le salarié qui travaille le dimanche peut demander à bénéficier de la priorité de retour à un poste qui ne suppose pas de travail le dimanche.

En l'absence d'accord collectif, le salarié privé de repos dominical peut refuser de travailler 3 dimanches de son choix par année civile. Il doit en informer l'employeur un mois avant.

Élections le dimanche - L'employeur doit prendre les mesures nécessaires pour permettre aux salariés travaillant le dimanche d'exercer personnellement leur droit de vote en cas d'élections nationales ou locales (c. trav. art. L. 3132-26-1).

Besoins du public ou contraintes de la production ou de l'activité

Secteurs d'activité spécifiques - Certains établissements, dont le fonctionnement ou l'ouverture est rendu nécessaire par les besoins du public ou les contraintes de la production ou de l'activité, sont autorisés de plein droit à donner le repos hebdomadaire par roulement (c. trav. art. L. 3132-12).

Le code du travail dresse la liste précise des établissements et travaux ou activités concernés (c. trav. art. R. 3132-5, R. 5132-6 et R. 3132-7). Sans entrer dans les détails, il s'agit selon les cas :
- d'industries dans lesquelles toute interruption du travail entraînerait la perte ou la dépréciation du produit en cours de fabrication ;
- d'industries dans lesquelles sont utilisées des matières susceptibles d'altération rapides ;
- d'établissements considérés comme visant à répondre aux besoins du public (hôtels, cafés, restaurants, fabrication de produits alimentaires destinés à la consommation immédiate, débits de tabac, commerces de détail d'ameublement et de bricolage).

▶ À noter… La Cour de cassation a jugé que la dérogation permettant aux entreprises du secteur de l'ameublement d'ouvrir le dimanche est conforme aux règles du droit international qui acceptent que l'on tienne compte des habitudes des consommateurs dans ce domaine (cass. soc. 14 novembre 2018, n° 17-18259 FSPBRI).

Pour certains établissements, le droit de donner le repos hebdomadaire par roulement ne vaut que pour des catégories de travaux ou d'activités expressément visées (ex. : traitement du lait dans les beurreries industrielles).

Dérogation de droit - Ces établissements sont autorisés à donner le repos hebdomadaire par roulement (c. trav. art. L. 3132-15). Aucune autorisation n'est à demander pour les entreprises concernées.

Contreparties - Il n'y a pas de rémunération majorée ni de repos compensateur, sauf usage ou disposition conventionnelle plus favorable.

Dérogations au repos dominical (*)

Type de dérogation	Descriptif et procédure	Contreparties pour le salarié
I) Dérogations géographiques		
Zones commerciales (ZC) caractérisées par une offre commerciale et une demande potentielle particulièrement importantes(c. trav. art. L. 3132-25-1) **Zones touristiques (ZT) caractérisées par une affluence particulièrement importante de touristes**(c. trav. art. L. 3132-25) **Zones touristiques internationales (ZTI)** (c. trav. art. L. 3132-24) **Emprises des gares connaissant une affluence exceptionnelle et qui ne sont pas situées dans une autre zone géographique** (c. trav. art. L. 3132-25-6)	• **ZC** et **ZT** délimitées par le préfet de région, sur demande du maire (ou du président de l'autorité l'établissement public de coopération intercommunale à fiscalité propre, lorsque celui-ci existe et que la zone concernée excède le territoire d'une seule commune). • **ZTI** et emprises des **gares** délimitées par les ministres chargés du travail, du tourisme et du commerce. • Dans les zones délimitées, les établissements de vente au détail de biens ou services peuvent accorder le repos hebdomadaire par roulement à tout ou partie du personnel (c. trav. art. L. 3132-25-3, II) : - en application d'un **accord collectif** (3) prévoyant des contreparties et des compensations ; - à défaut, **dans les entreprises de moins de 11 salariés**, après approbation de ces contreparties et compensations par la majorité des salariés concernés.	• Principe du **volontariat**(c. trav. art. L. 3132-25-4) (1) (2). • **Contreparties** fixées par l'accord collectif ou, à défaut, dans les entreprises de moins de 11 salariés, approuvées par la majorité des salariés concernés (c. trav. art. L. 3132-25-3, II). • **Nature des contreparties**(c. trav. art. L. 3132-25-3, II) : - pour les salariés travaillant le dimanche : contreparties (en particulier salariales), mesures destinées à faciliter la conciliation entre la vie professionnelle et la vie personnelle, contreparties mises en œuvre par l'employeur pour compenser les charges induites par la garde des enfants ; - plus généralement : engagements en termes d'emploi ou en faveur de certains publics en difficulté ou de personnes handicapées. • En cas d'accord collectif, celui-ci fixe les conditions dans lesquelles l'employeur prend en compte l'évolution de la situation personnelle des salariés privés du repos dominical (c. trav. art. L. 3132-25-3, III).
Mesures transitoires pour les anciennes zones (loi 2015-990 du 6 août 2015, art. 257-I et II, JO du 7 ; loi 2017-1340 du 15 septembre 2017, art. 7, JO du 16).	• Les **communes d'intérêt touristique ou thermales et les zones touristiques d'affluence exceptionnelle ou d'animation culturelle permanente** créées avant le 7 août 2015 constituent de plein droit des zones touristiques (ZT). Les établissements déjà situés dans ces zones au 7 août 2015 sont soumis au nouveau régime (accord collectif, compensations et contreparties, principe du volontariat) depuis le 1er août 2018. • Les **périmètres urbains de consommation exceptionnelle (zones PUCE)** créés avant le 7 août 2015 constituent de plein droit des zones commerciales (ZC). Dans les établissements déjà situés dans ces zones à cette date, les accords collectifs et décisions unilatérales de l'employeur intervenus en application de l'ancienne législation sur les PUCE sont restées applicables jusqu'au 1er août 2018. Au cours de cette période, si un accord collectif conforme à la nouvelle législation était signé, il remplaçait dès sa signature toute décision unilatérale encore en vigueur.	

Dérogations au repos dominical (*)		
Type de dérogation	**Descriptif et procédure**	**Contreparties pour le salarié**
	II) Dérogations de droit	
Travail le dimanche en raison des contraintes de la production, de l'activité ou des besoins du public(c. trav. art. L. 3132-12)	• Industries utilisant des matières périssables, celles où l'interruption du travail entraînerait la perte ou la dépréciation du produit, établissements dont l'ouverture est nécessaire aux besoins du public. • La liste des catégories d'établissements, de travaux et d'activités concernés est fixée par décret (c. trav. art. R. 3132-5, R. 3132-6 et R. 5132-7).	Aucune rémunération majorée ni repos compensateur, sauf usage ou disposition conventionnelle plus favorable.
Commerces de détail alimentaire (c. trav. art. L. 3132-13 et R. 3132-8)	• De droit, les commerces de détail alimentaire peuvent ouvrir le dimanche jusqu'à 13 h.	• Les salariés de moins de 21 ans logés chez leur employeur bénéficient d'un repos compensateur, par roulement et par semaine, d'un autre après-midi. • Les autres salariés bénéficient d'un repos compensateur, par roulement et par quinzaine, d'une journée entière • Rémunération majorée d'au moins 30 % dans les grandes surfaces alimentaires de plus de 400 m^2 (depuis le 8 août 2015).
	• Pour les commerces situés dans une zone touristique internationale ou une emprise de gare éligible au travail le dimanche possibilité de donner le repos hebdomadaire par roulement après 13 h dans les conditions applicables à ces zones *(voir ci-dessus)*.	
	III) Dimanches du maire et dérogations sur autorisation du préfet	
Dimanches du maire (c. trav. art. L. 3132-26)	• **Commerces de détail** où le repos hebdomadaire a lieu normalement le dimanche. • Possibilité de supprimer le repos le dimanche 12 fois par an, sur autorisation du maire.	• Pour les heures travaillées le dimanche, au minimum **rémunération doublée + repos compensateur** équivalent en temps (4) (c. trav. art. L. 3132-27). • **Volontariat :** seuls les salariés volontaires ayant donné leur accord par écrit peuvent travailler le dimanche (c. trav. art. L. 3132-27-1).
Pour répondre aux besoins du public ou assurer le fonctionnement normal de l'établissement (c. trav. art. L. 3132-20)	• Dérogation applicable lorsque « le repos simultané le dimanche, de tous les salariés d'un établissement, serait préjudiciable au public ou compromettrait le fonctionnement de cet établissement ». • Autorisation accordée par le préfet au vu d'un accord collectif ou, à défaut, d'une décision unilatérale de l'employeur approuvée par référendum des salariés concernés (c. trav. art. L. 3132-25-3). • Durée de l'autorisation fixée à 3 ans (c. trav. art. L. 3132-21).	• **Contreparties** et **engagements** en termes d'emploi ou en faveur de certains publics en difficulté ou de personnes handicapées fixés par l'accord collectif (c. trav. art. L. 3132-25-3, I). • **À défaut d'accord collectif**, contreparties fixées par décision unilatérale de l'employeur (au minimum, rémunération doublée pour les heures travaillées le dimanche et repos compensateur) (c. trav. art. L. 3132-25-3, I). • Principe du volontariat (c. trav. art. L. 3132-25-4) (1) (5). • L'accord collectif ou la décision unilatérale de l'employeur fixe les conditions dans lesquelles l'employeur prend en compte l'évolution de la situation personnelle des salariés privés du repos dominical (c. trav. art. L. 3132-25-3, III).

Dérogations au repos dominical (*)		
Type de dérogation	**Descriptif et procédure**	**Contreparties pour le salarié**
	IV) Dérogations conventionnelles	
Travail en continu dans les industries ou les entreprises industrielles (c. trav. art. L. 3132-14 et R. 3132-9)	• Permet d'organiser le travail de façon continue pour des « raisons économiques » et d'accorder le repos hebdomadaire par roulement. • Accord collectif (6) (à défaut, autorisation de l'inspecteur du travail, après consultation des délégués syndicaux (DS) et avis du *comité social et économique** (CSE).	• La durée du travail des salariés travaillant de façon permanente selon un cycle continu ne doit pas dépasser, en moyenne sur une année, 35 h par semaine (c. trav. art. L. 3132-15). • Pas d'autres contreparties, sauf usage ou disposition conventionnelle plus favorable.
Équipes de suppléance dans les industries ou les entreprises industrielles (c. trav. art. L. 3132-16)	• Équipe ayant pour fonction de remplacer l'autre pendant son ou ses jours de repos. • Accord collectif (6) (à défaut, autorisation de l'inspecteur du travail, après consultation des DS et avis du CSE).	La rémunération des salariés de l'équipe de suppléance est majorée d'au moins 50 % par rapport à une durée du travail de même durée effectuée selon l'horaire normal (c. trav. art. L. 3132-19).

(*) depuis la loi du 6 août 2015 (loi 2015-990 du 6 août 2015, art. 242 à 257, JO du 7). Sur la dérogation dans le cadre spécifique des JO 2024, voir en début d'étude.
(1) Seuls les salariés volontaires ayant donné leur accord par écrit peuvent travailler le dimanche. Par ailleurs, en l'absence d'accord collectif, le salarié privé de repos dominical peut refuser de travailler 3 dimanches de son choix par année civile (prévenir l'employeur au moins un mois avant) (c. trav. art. L. 3132-25-4).
(2) L'accord collectif ou les mesures proposées par l'employeur déterminent les modalités de prise en compte d'un changement d'avis du salarié privé du repos dominical (c. trav. art. L. 3132-25-4).
(3) Soit accord collectif de branche, de groupe, d'entreprise ou d'établissement, soit accord territorial, soit accord conclu par un représentant élu du personnel (ou, à défaut d'élus, un salarié), expressément mandaté à cet effet dans les conditions prévues pour les accords de maintien dans l'emploi (c. trav. art. L. 5125-4, II à IV). Les accords collectifs de branche, de groupe, d'entreprise et d'établissement ainsi que les accords territoriaux doivent prévoir une « compensation déterminée » pour tenir compte du caractère dérogatoire du travail du dimanche (c. trav. art. L. 3132-25-3).
(4) L'arrêté du maire détermine les conditions dans lesquelles ce repos est accordé soit collectivement, soit par roulement dans la quinzaine qui précède ou suit la suppression du repos. Si le repos dominical est supprimé un dimanche précédant une fête légale, le repos compensateur est donné le jour de cette fête.
(5) À défaut d'accord collectif applicable, l'employeur demande chaque année à tout salarié qui travaille le dimanche s'il souhaite bénéficier d'une priorité pour occuper ou reprendre un emploi de sa catégorie professionnelle ou un emploi équivalent ne comportant pas de travail le dimanche dans le même établissement ou, à défaut, dans la même entreprise. L'employeur l'informe également, à cette occasion, de sa faculté de cesser de travailler le dimanche s'il ne le souhaite plus (le refus du salarié prend effet 3 mois après sa notification écrite à l'employeur). À tout moment, le salarié peut demander à bénéficier de cette priorité d'emploi (c. trav. art. L. 3132-25-4).
(6) Convention ou accord d'entreprise ou d'établissement, à défaut, convention ou accord collectif étendu. Primauté de l'accord d'entreprise ou d'établissement depuis le 24 septembre 2017 (ord. 2017-1306 du 22 septembre 2017, JO du 23).

Dérogations conventionnelles

Travail en continu dans les industries et entreprises industrielles - Les industries ou entreprises industrielles dans lesquelles un accord d'entreprise ou d'établissement, ou à défaut une convention ou un accord collectif étendu, prévoit la possibilité d'organiser le travail de façon continue pour des raisons économiques sont admises à donner le repos hebdomadaire par roulement (c. trav. art. L. 3132-14).

▶ À noter… La primauté a été donnée à l'accord d'entreprise ou d'établissement depuis le 22 décembre 2017 (ord. 2017-1718 du 20 décembre 2017, art. 1, JO du 21).

À défaut d'accord collectif, l'inspecteur du travail peut accorder une dérogation dans ce sens (c. trav. art. R. 3132-9) (voir *Travail en équipes successives**).

Pour ces salariés travaillant de façon permanente selon un cycle continu, la durée du travail ne doit pas dépasser, en moyenne sur une année, 35 h par semaine (c. trav. art. L. 3132-15).

▶ À noter… Il n'est pas prévu de contreparties légales spécifiques, sauf usage ou disposition conventionnelle plus avantageux.

Équipes de suppléance dans les industries et entreprises industrielles - Un accord d'entreprise ou d'établissement (à défaut une convention ou un accord collectif étendu) peut prévoir que des entreprises industrielles fonctionnent à l'aide d'un personnel d'exécution composé de deux groupes. Un groupe (« équipe de suppléance » ou « équipe de fin de semaine ») remplace l'autre pendant son ou ses jours de repos. Ces entreprises sont autorisées à donner le repos hebdomadaire un autre jour que le dimanche (c. trav. art. L. 3132-16 et L. 3132-17).

▶ À noter… La primauté a été donnée à l'accord d'entreprise ou d'établissement depuis le 22 décembre 2017 (ord. 2017-1718 du 20 décembre 2017, art. 1, JO du 21).

Faute de convention ou d'accord, le recours aux équipes de suppléance est subordonné à l'autorisation de l'inspecteur du travail donnée après consultation des délégués syndicaux et avis du *comité social et économique**, s'il existe (c. trav. art. L. 3132-18).

Les salariés des équipes de suppléance bénéficient d'une rémunération majorée (d'au moins 50 % par rapport à une durée équivalente effectuée suivant l'horaire normal de l'entreprise), mais qui n'est pas, à proprement parler, liée aux heures travaillées le dimanche (voir *Équipes de suppléance**).

Rémunération du dimanche et cotisations

Droit à une rémunération - En dehors des cas où la loi en prévoit expressément, il n'existe aucune obligation légale de versement d'une rémunération majorée pour le travail du dimanche.

Une convention collective, un accord d'entreprise, un usage peuvent imposer une majoration de salaire. L'employeur peut aussi prendre une décision unilatérale en ce sens.

▶ À noter… Les salariés travaillant régulièrement le dimanche ne bénéficient pas des avantages prévus pour des travaux à caractère exceptionnel le dimanche. Il a ainsi été jugé que l'employeur n'est pas tenu d'appliquer aux salariés travaillant tous les dimanches les majorations conventionnelles prévues en cas de travail exceptionnel ce jour-là (cass. soc. 26 février 2003, n° 01-43906, BC V n° 71 ; cass. soc. 26 février 2003, n° 00-46726, BC V n° 72).

Si travailler le dimanche aboutit à faire effectuer au salarié une durée de travail hebdomadaire supérieure à la durée légale, les heures accomplies au-delà devront être rémunérées en heures supplémentaires et donner lieu à *contrepartie obligatoire en repos** dans les conditions habituelles.

Lorsque le travail le dimanche entraîne le versement de majorations spécifiques, celles-ci s'intègrent dans le salaire de base pour le calcul des majorations pour heures supplémentaires (cass. soc. 29 octobre 1973, n° 72-40199, BC V n° 527) mais ne sont pas prises en compte pour vérifier que le *SMIC** est respecté.

Cotisations sociales - Les primes ou majorations de salaire liées au travail du dimanche constituent un élément de rémunération soumis aux cotisations et contributions sociales et à l'impôt sur le revenu.

Jours fériés

Le jour férié tombant un dimanche n'a aucune influence sur le travail du salarié. Sauf dispositions conventionnelles contraires, l'employeur n'a aucune obligation d'accorder un repos la veille ou le lendemain du jour férié.

Lorsque le jour férié tombant un dimanche est travaillé, l'employeur doit distinguer deux situations :
- pour le calcul de la majoration de 100 % du salaire du travail effectué le 1er mai : la majoration du travail du dimanche est exclue de l'assiette servant au calcul de cette indemnité légale (cass. soc. 21 février 1980, n° 78-41299, BC V n° 177) ;
- pour le travail d'un jour férié ordinaire tombant un dimanche : la majoration pour travail du dimanche ne se cumule pas avec la majoration conventionnelle pour travail du jour férié, sauf précision contraire dans la convention collective (cass. soc. 5 avril 1974, n° 73-40089, BC V n° 213).

☛ *Durée du travail ; Jeunes ; Journée de solidarité ; Repos hebdomadaire.*

Dirigeants d'entreprise

La situation sociale des dirigeants d'entreprise présente certaines particularités.

Lorsqu'ils cumulent un mandat social et un contrat de travail, ils peuvent bénéficier, sous conditions, des dispositions du droit du travail.

Leur couverture sociale varie selon la forme de la société et la nature des fonctions exercées.

Cumul mandat social et contrat de travail

Principe - En principe, les dirigeants d'entreprise sont des mandataires sociaux et n'ont pas la qualité de salarié. Ils ne bénéficient donc pas des dispositions du code du travail et des conventions collectives. Toutefois, certains d'entre eux peuvent, à certaines conditions, cumuler leur mandat social avec un contrat de travail.

Conditions générales de cumul - La validité du cumul d'un mandat social et d'un contrat de travail est soumise par la jurisprudence au respect de conditions strictes.

En particulier, et sous réserve d'une fraude à la loi, le cumul n'est autorisé que si le contrat de travail

correspond à un emploi effectif, caractérisé par la réunion des 3 conditions suivantes :
- l'exercice effectif de fonctions techniques distinctes de celles de dirigeant ou du mandat social ;
- l'existence d'un véritable lien de subordination ;
- une rémunération séparée, distincte de celle liée au mandat social ou aux fonctions de dirigeant.

Ces conditions communes se doublent de conditions propres aux sociétés.

Conditions additionnelles propres aux SA - Les administrateurs, les présidents, présidents-directeurs généraux et les directeurs généraux (choisis parmi les administrateurs) d'une société anonyme (SA) ainsi que les membres du directoire et du conseil de surveillance d'une SA à directoire peuvent cumuler leur mandat avec un contrat de travail.

Deux précisions méritent toutefois d'être apportées :
- d'une part, la procédure de contrôle des conventions réglementées s'applique aux mandataires sociaux lors de la conclusion ou de la modification de leur contrat de travail ;
- d'autre part, le nombre de membres du conseil de surveillance ou d'administrateurs liés à la SA par un contrat de travail ne peut pas dépasser 1/3 des membres en fonction de ce conseil.

Conditions propres aux SAS - Il n'y a pas de limite légale, en dehors des conditions générales de cumul. Les statuts des sociétés par actions simplifiées peuvent prévoir des exigences particulières.

En toute hypothèse, il convient de respecter la procédure des conventions réglementées.

Conditions propres aux gérants de SARL - Le cumul est également possible pour les gérants minoritaires ou égalitaires, aux conditions générales. La procédure de contrôle des conventions réglementées est applicable.

▶ À noter... En revanche, le cumul n'est pas admis pour les gérants majoritaires. L'Unédic exclut également les gérants égalitaires.

Conditions propres aux gérants de SNC et société en commandite - S'ils ne sont pas associés, les gérants de société en nom collectif et de société en commandite peuvent cumuler les deux fonctions aux conditions générales. Les gérants associés ne peuvent pas les cumuler.

Conséquences du cumul sur la paye - Les dirigeants titulaires d'un contrat de travail bénéficient à ce titre des droits et obligations prévus par la législation du droit du travail (salaire minimum, congés payés, participation, intéressement, établissement d'un bulletin de paye, etc.).

À notre sens, il est recommandé d'établir un bulletin de paye distinct pour la rémunération versée au titre du contrat de travail.

La rémunération due au titre du mandat social fait pour sa part l'objet d'un document écrit séparé (détail de la rémunération, cotisations et contributions sociales, CSG/CRDS, net imposable, prélèvement à la source, etc.). En pratique, il s'agit souvent d'un second bulletin de paye.

▶ À noter... En cas de cumul d'un mandat social relevant du régime général de la sécurité sociale et d'un contrat de travail, certains appliquent la règle du prorata pour les salariés à *employeurs multiples**, même s'il convient de rappeler que, d'un strict point de vue juridique, cela n'est pas possible.

Sécurité sociale des dirigeants et cotisations versées aux URSSAF

Dirigeants relevant légalement du régime général de la sécurité sociale - Certains dirigeants sont obligatoirement affiliés au régime général de la sécurité sociale au titre de leur mandat social, dès lors qu'ils perçoivent une rémunération, même de faible montant.

La liste fixée par la loi recouvre notamment :
- les gérants minoritaires ou égalitaires de sociétés à responsabilité limitée (SARL) et de sociétés d'exercice libéral à responsabilité limitée (SELARL), s'ils ne possèdent pas plus de la moitié du capital social, en tenant compte des parts appartenant, en toute propriété ou en usufruit, au conjoint, au partenaire pacsé et aux enfants mineurs non émancipés (c. séc. soc. art. L. 311-3, 11°) ;
- les présidents, les directeurs généraux et les directeurs généraux délégués des sociétés anonymes (SA) et des sociétés d'exercice libéral à forme anonyme (SELAFA) ainsi que le président et les membres du directoire d'une SA avec directoire et conseil de surveillance (c. séc. soc. art. L. 311-3, 12° ; rép. Plantier n° 10968, JO 28 janvier 1974, AN quest. p. 3141) ;
- les dirigeants bénévoles d'association, sous condition (c. séc. soc. art. L. 311-3, 22°) ;
- les présidents et dirigeants des sociétés par actions simplifiées (SAS) et des sociétés d'exercice libéral par actions simplifiées (SELAS), qu'ils soient majoritaires ou minoritaires (c. séc. soc. art. L. 311-3, 23° ; lettre-circ. ACOSS 2002-46 du 8 février 2002) ; les membres du conseil de surveillance d'une SAS ne sont, en principe, pas rattachés au régime général, sauf s'ils exercent effectivement une fonction de direction (cass. civ., 2e ch., 1er février 2024, n° 21-25175) ;

- les présidents des sociétés coopératives de banque (c. séc. soc. art. L. 311-3, 30° ; c. mon. et fin. art. L. 512-61 à L. 512-67).

▶ À noter… S'ils cumulent leur mandat avec un contrat de travail, ces dirigeants relèvent du régime général de la sécurité sociale des salariés à double titre. Par ailleurs, la perception de revenus de location-gérance peut, sous certaines conditions, entraîner l'affiliation de certains dirigeants qui, sans ces revenus, ne relèveraient d'aucun régime de sécurité sociale.

Autres dirigeants - Les autres dirigeants sont considérés comme des travailleurs non salariés (Sécurité sociale des indépendants, CNAVPL, etc.). S'il y a lieu, ils cotisent auprès du ou des régimes concernés. Leur statut n'est pas abordé ici, puisqu'ils ne font pas l'objet d'une paye.

S'ils cumulent mandat social et contrat de travail, ils sont affiliés au régime général de la sécurité sociale au titre de leurs fonctions salariées.

Rémunération soumise à cotisations de sécurité sociale - Toutes les sommes versées au dirigeant à titre de rémunération sont soumises à cotisations de sécurité sociale dès lors que celui-ci est assujetti au régime général de la sécurité sociale (en vertu de son mandat social ou d'un contrat de travail).

L'assiette des cotisations est constituée :
- du montant de la rémunération du mandat social : jetons de présence, sommes inscrites au compte courant du dirigeant *(voir ci-après)*, etc. ;
- des avantages en nature (pour l'évaluation, voir plus loin) ;
- des cotisations GSC et APPI éventuellement prises en charge par l'entreprise ;
- du gain généré par la levée de *stock-options (options sur actions)** ;
- et, en cas de cumul avec un contrat de travail, de la rémunération versée en contrepartie des fonctions salariées.

Rémunérations versées sur un compte courant - Il peut arriver qu'un dirigeant accepte, dans l'intérêt de la société, de différer la perception de sa rémunération, par une inscription à son compte courant. Cela ne diffère pas le paiement des cotisations, qui restent dues sur les rémunérations inscrites au compte courant, puisqu'elles sont considérées comme mises à la disposition de l'intéressé (cass. soc. 16 avril 1992, n° 90-11296, BC V n° 216 ; cass. civ., 2e ch.,1er juillet 1993, n° 02-30202, BC V n° 216 ; cass. civ., 2e ch., 14 mars 2007, n° 06-11619 D). Peu importe que le montant en soit ensuite réduit par des versements au crédit de ce compte (cass. civ., 2e ch., 10 mai 2005, n° 03-30657 D) ou que le dirigeant abandonne ensuite ses rémunérations (cass. soc. 23 juin 1971, n° 70-11671, BC V n° 474).

Les sommes mises à la disposition du dirigeant par la société, via le compte courant d'un associé, sont réputées être versées à titre de rémunération et sont soumises, en tant qu'avantage en espèces, à cotisations sociales dès leur versement, même si elles sont ultérieurement restituées (cass. civ., 2e ch., 7 septembre 2023, n° 21-22085 FD).

En revanche, les cotisations du régime général ne sont pas dues si les sommes sont portées à un compte de « Charges à payer » (cass. soc. 3 juin 1993, n° 90-17036 D) ou de « Provisions », ou encore si elles correspondent à une distribution ou à une avance de dividendes (cass. civ., 2e ch., 25 mai 2004, n° 03-30030, BC II n° 235).

Cotisations URSSAF - Les dirigeants relevant du régime général sont redevables des cotisations sociales (assurance maladie, assurance vieillesse, accidents du travail et allocations familiales), de la contribution de solidarité autonomie, du FNAL, du versement de transport, de la CSG et de la CRDS et du forfait social suivant les mêmes règles que celles applicables aux salariés (taux, plafond et recouvrement).

Certaines règles ne peuvent pas être appliquées aux dirigeants lorsque ceux-ci n'ont pas de contrat de travail. Ce sont celles relatives à :
- l'*assiette minimale des cotisations** ;
- l'*abattement d'assiette pour temps partiel** (le plafond ne pourrait être proratisé que pour la rémunération liée à l'éventuel contrat de travail à temps partiel dont serait par ailleurs titulaire le dirigeant) ;
- la réduction du *plafond de la sécurité sociale** (comme cela est parfois possible pour certaines absences), y compris dans l'hypothèse d'une fermeture saisonnière de l'entreprise (cass. soc. 4 février 1993, n° 91-12164 D).

▶ À noter… Le plafond semblerait ne pouvoir être réduit que si, en plus de l'absence de rémunération, le dirigeant mandate une autre personne pour exercer son mandat (cass. soc. 11 avril 1991, n° 88-16932, BC V n° 190). Reste à savoir si cette jurisprudence, ancienne, reste applicable dans le cadre des nouvelles modalités de réduction du plafond.

En revanche, toutes ces règles ont vocation à s'appliquer au titre de l'éventuel contrat de travail dont le dirigeant serait titulaire.

CSG/CRDS - La CSG et la CRDS se calculent dans les conditions habituelles [voir *Contribution sociale généralisée (CSG)** et *Contribution pour le remboursement de la dette sociale (CRDS)**].

Toutefois, en cas de cumul des fonctions de salarié et de mandataire social, il est fait masse des sommes perçues au titre de chacune des fonctions pour l'application de la règle de plafonnement de l'abattement d'assiette (BOSS, Assiette générale, § 290, 1/01/2024).

Forfait social - Pour les dirigeants affiliés au régime général de la sécurité sociale, certaines sommes peuvent être soumises au forfait social si elles remplissent les critères d'assujettissement à cette contribution (voir *Forfait social**).

Par ailleurs, le *forfait social** s'applique également expressément (c. séc. soc. art. L. 137-15) :
- aux sommes versées aux chefs d'entreprise ou, s'il s'agit de personnes morales, aux présidents, directeurs généraux, gérants ou membres du directoire, ainsi qu'au conjoint collaborateur ou associé du chef d'entreprise, au titre de l'*intéressement**, de la *participation aux résultats** ou de l'abondement à un *plan d'épargne salariale**, dans les cas où ils peuvent bénéficier de ces dispositifs sans contrat de travail (c. trav. art. L. 3312-3, L. 3323-6, L. 3324-2 et L. 3332-2) ;
- aux *jetons de présence** et sommes perçus par les administrateurs et membres des conseils de surveillance des SA et des SELAFA, au titre de leur mandat (BOSS, Assiette générale, § 400, 1/01/2024 ; lettre-circ. ACOSS 2010-12 du 21 janvier 2010).

▶ À noter… Les jetons de présence versés aux administrateurs ayant également la qualité de président du conseil d'administration, de directeurs généraux ou de directeurs généraux délégués ne sont pas concernés par le forfait social, car assujettis aux cotisations et contributions sociales comme des salaires (BOSS, Assiette générale, § 400, 1/01/2024).

Contribution au dialogue social - La *contribution au dialogue social** n'est pas due sur les sommes versées à un dirigeant d'entreprise lorsqu'il est uniquement titulaire d'un mandat social. S'il cumule un contrat de travail avec son mandat social, la contribution doit être acquittée au titre de la seule rémunération de l'activité salariée (lettre-circ. ACOSS 2015-49 du 20 octobre 2015, Q/R 12).

Frais professionnels - En principe, les allocations forfaitaires pour *frais professionnels** versées aux dirigeants ou mandataires sociaux affiliés de plein droit au régime général de la sécurité sociale ne sont pas exonérées de cotisations (arrêté du 20 décembre 2002, art. 1, al. 2).

Les frais de ces dirigeants ne peuvent donc être remboursés au titre du mandat social en exonération de cotisations que sur la base des dépenses réelles et sur justificatifs. Toutefois, à titre de simplification, lorsque ces personnes utilisent leur *véhicule** à des fins professionnelles, il est admis que ces frais peuvent être pris en charge en exonération sur la base des indemnités forfaitaires kilométriques, dans les limites fixées par les *barèmes kilométriques** annuels publiés par l'administration fiscale (BOSS, Frais professionnels, § 90, 1/01/2025).

Pour les mandataires sociaux titulaires d'un contrat de travail avec une rémunération distincte de leur mandat, il est possible de recourir aux allocations forfaitaires pour les remboursements de frais liés à l'activité salariée, dans les mêmes conditions que pour les autres salariés (BOSS, Frais professionnels, § 140, 1/01/2025). Ainsi, les remboursements sous forme d'allocations forfaitaires de frais de nourriture ou de grand déplacement, de frais de télétravail, de frais liés à l'utilisation des NTIC ou de frais de mobilité, sont exonérés de cotisations dans les limites applicables (voir *Frais de déplacement**, *Prime de panier**, *Mobilité professionnelle**, *Télétravail** et *Technologies de l'information et de la communication**).

Si le dirigeant ou mandataire social est titulaire d'un contrat de travail permettant d'appliquer une *déduction forfaitaire spécifique pour frais professionnels**, cette déduction ne peut jouer que sur la rémunération de l'activité salariée (cass. soc. 18 juin 1986, n° 84-13853, BC V n° 311 ; BOSS, Frais professionnels, § 2170, 1/01/2025).

Cotisations patronales d'assurance maladie et d'allocations familiales - La rémunération versée au titre du mandat social n'est pas éligible au dispositif de taux réduit de *cotisation d'allocations familiales**, ni à celui de *cotisation d'assurance maladie-maternité-invalidité**.

Allégements de cotisations - En l'absence de contrat de travail, les dirigeants ne peuvent bénéficier d'aucune exonération applicable sur les rémunérations des salariés titulaires d'un contrat de travail (voir cependant l'exception admise dans le cadre des *jeunes entreprises innovantes**).

Les dirigeants titulaires d'un contrat de travail peuvent en bénéficier pour les rémunérations versées à ce titre, sous réserve de remplir toutes les conditions requises par chaque dispositif.

Assurance chômage

Pas d'affiliation sans contrat de travail valable - Les dirigeants non titulaires d'un contrat de travail sont exclus de l'assurance chômage et de l'AGS, même s'ils sont affiliés au régime général de la sécurité sociale.

Certains dirigeants croient, à tort, avoir un contrat de travail valable et cotisent de bonne foi à France Travail, pensant avoir droit aux allocations de chômage en cas de rupture de leur contrat de travail. Pour éviter de cotiser à l'aveugle, il existe une procédure de « rescrit » qui permet de saisir au préalable France Travail, afin de lui demander en amont de se prononcer sur la situation.

Rescrit France Travail - Une procédure de « rescrit » permet aux employeurs de demander à France Travail de se prononcer « explicitement » sur l'assujettissement (ou non) de leurs mandataires sociaux à l'assurance chômage. Le mandataire social concerné peut aussi faire la demande lui-même (c. trav. art. L. 5312-12-2).

La demande de rescrit doit comporter une présentation précise et complète de la situation de fait. Elle est effectuée par tout moyen donnant une date certaine à sa réception (ex. : LRAR) (c. trav. art. R. 5312-5-1). Le cas échéant, France Travail peut demander des éléments complémentaires (s'ils ne sont pas transmis dans les 2 mois, le rescrit est réputé caduque).

France Travail doit se prononcer dans un délai de 2 mois à compter de la date de réception de la

Dirigeants : participation au (ou exclusion du) régime d'assurance chômage*		
Société à responsabilité limitée		
• Associé	• majoritaire • égalitaire • minoritaire	**Affiliation,** s'il justifie d'un contrat de travail
• Gérant ou collège de gérance	• majoritaire • égalitaire	**Exclusion**
	• minoritaire • non associé	**Affiliation,** s'il cumule un contrat de travail avec le mandat social
Société anonyme à conseil d'administration		
• Administrateur, Directeur général administrateur, Président-directeur général		**Affiliation,** s'il cumule avec le mandat social un contrat de travail
• Directeur général non administrateur		**Affiliation,** s'il cumule un contrat de travail avec le mandat social
Société anonyme à directoire et conseil de surveillance		
• Membre du conseil de surveillance, Membre du directoire, Président du directoire, Directeur général, Directeur général unique		**Affiliation,** s'il cumule un contrat de travail avec le mandat social
Entreprise unipersonnelle à responsabilité limitée		
• Associé unique, Gérant associé unique		**Exclusion**
• Gérant non associé		**Affiliation,** s'il cumule un contrat de travail avec le mandat social
Société en commandite simple ou par actions		
• Associé commandité, Gérant commandité, Membre du conseil de surveillance		**Exclusion**
• Associé commanditaire		**Affiliation,** s'il justifie d'un contrat de travail
• Gérant non associé		**Affiliation,** s'il cumule un contrat de travail avec le mandat social
Société par actions simplifiée		
• Président ; Dirigeant désigné par les statuts		**Affiliation,** s'il cumule un contrat de travail avec le mandat social
Société en nom collectif		
• Associé, Gérant associé		**Exclusion**
• Gérant non associé		**Affiliation,** s'il cumule un contrat de travail avec le mandat social
Groupement d'intérêt économique		
• Contrôleur de gestion, Membre, Administrateur membre		**Exclusion**
• Administrateur non-membre		**Affiliation,** s'il cumule un contrat de travail avec le mandat social
Association		
• Administrateur, Président, Secrétaire, Trésorier		**Affiliation,** s'il cumule un contrat de travail avec le mandat social
Conjoints de chefs d'entreprise		
• Collaborateur, associé		**Exclusion**
• Salarié		**Affiliation,** s'il justifie d'un contrat de travail
* Source Unédic.		

demande de rescrit (ou des éléments complémentaires demandés). Il notifie sa décision à l'employeur et à la personne concernée (c. trav. art. R. 5312-5-1). S'agissant d'une demande de décision explicite, à notre sens le silence gardé par France Travail ne vaut pas acceptation.

La décision de France Travail ne s'applique qu'à la personne objet de la demande et est opposable pour l'avenir à son employeur, à France Travail et aux organismes en charge du recouvrement des contributions chômage. Elle reste opposable tant que la situation de fait exposée dans la demande ou la législation au regard de laquelle la situation a été appréciée n'a pas été modifiée (c. trav. art. L. 5312-12-2).

▶ À noter... Si France Travail a conclu au non-assujettissement du mandataire social, il ne pourra pas être procédé à la mise en œuvre d'une action, d'une poursuite ou d'un recouvrement des contributions d'assurance chômage pendant toute la période couverte par cette décision.

Cependant, France Travail n'est pas lié ad vitam aeternam par sa décision. Il peut la modifier suite à un changement de la situation de fait ou d'analyse de la situation. La décision modifiée est notifiée à l'employeur et à la personne concernée (c. trav. art. R. 5312-5-2). La modification prend effet à la date du changement de la situation de fait ou, s'agissant d'un changement d'analyse de cette situation, à la date de sa notification.

Possibilité de recourir à des assurances privées - Si la participation du dirigeant au régime d'assurance chômage n'est pas reconnue par France Travail, il peut adhérer à titre personnel à des systèmes d'assurance privée, dont notamment :
- la Garantie sociale des chefs d'entreprise (GSC ; https://www.gsc.asso.fr ; courriel : contact@gsc.asso.fr ; tél. : 01 45 72 63 10) ;
- l'Association pour la protection des patrons indépendants (APPI ; https://www.appi-asso.fr ; courriel : appi@orange.fr ; tél. : 01 45 63 92 02).

Retraite complémentaire

Les dirigeants relevant du régime général de sécurité sociale des salariés sont également assujettis au régime unifié AGIRC-ARRCO selon les règles de droit commun, même s'ils ne sont pas titulaires d'un contrat de travail.

Taxes et participations assises sur les salaires

Contribution formation et taxe d'apprentissage - Les assiettes de la *contribution à la formation professionnelle** légale et de la *taxe d'apprentissage** sont déterminées en référence à l'assiette des cotisations de sécurité sociale (c. trav. art. L. 6331-1, L. 6331-3 et L. 6241-1-1). En conséquence, les rémunérations des dirigeants et mandataires sociaux sans contrat de travail relevant du régime général versées en contrepartie du mandat social y sont également soumises.

Depuis le 1er novembre 2024, cette lecture est expressément confirmée par l'administration (BOSS, Contributions à la formation et à l'apprentissage, §§ 90 et 210, 01/01/2025).

▶ À noter... L'administration a précisé que cet assujettissement est obligatoire à compter des périodes d'emploi de mai 2024 (BOSS, Contributions à la formation et à l'apprentissage, §§ 90 et 210, 01/01/2025). Selon nos informations, pour l'administration, il ne s'agit pas de prendre en compte une évolution du droit, qui n'a jamais exclu ces catégories de rémunération. Mais considérant que la règle est longtemps restée ambiguë, il est admis que si ces sommes n'ont pas été soumises à la contribution légale de formation et à la taxe d'apprentissage, seules des observations pour l'avenir seront faites sur les périodes d'activité antérieures à mai 2024.

Participation construction - L'assiette de la *participation à l'effort de construction** est déterminée en référence à l'assiette des cotisations de sécurité sociale (c. constr. et hab. art. L. 313-1).

En conséquence, les rémunérations des dirigeants et mandataires sociaux sans contrat de travail relevant du régime général versées en contrepartie du mandat social y sont également soumises.

Taxe sur les salaires - Les rémunérations versées au titre du mandat social à des dirigeants affiliés de plein droit au régime général de la sécurité sociale sont imposables à la *taxe sur les salaires**, dès lors que l'entreprise y est assujettie (CE 21 janvier 2016, n° 388989 ; BOFiP-TPS-TS-20-10-§ 40-30/01/2019).

Avantages en nature : évaluation pour les cotisations

Nourriture - L'*avantage en nature nourriture** est, en principe, évalué au réel (prix payé par l'entreprise ou justificatifs de factures payées par ces personnes).

Il peut aussi être évalué au forfait pour les catégories suivantes de dirigeants, même s'ils n'ont pas de contrat de travail (arrêté du 25 février 2025, art. 1 et 6, JO du 27, texte 24) :
- les gérants minoritaires ou égalitaires de SARL et de SELARL (sociétés d'exercice libéral à responsabilité limitée) (c. séc. soc. art. L. 311-3, 11°) ;

- les présidents de conseil d'administration, directeurs généraux et directeurs généraux, délégués de SA et de SELAFA (sociétés d'exercice libéral à forme anonyme) (c. séc. soc. art. L. 311-3, 11°) ;
- les directeurs généraux et directeurs généraux délégués d'institutions de prévoyance, d'unions d'institutions de prévoyance et des sociétés de groupe assurantiel de protection sociale (c. séc. soc. art. L. 311-3, 12°) ;
- les présidents et dirigeants de SAS (société par actions simplifiée) (c. séc. soc. art. L. 311-3, 23°).

L'évaluation au forfait est identique à celle prévue pour les salariés, avec s'il y a lieu application de la règle spécifique aux hôtels-cafés-restaurants (voir *Avantage en nature nourriture**).

Logement - L'*avantage en nature logement** doit être évalué au réel pour les dirigeants affiliés au régime général qui n'ont pas de contrat de travail (arrêté du 25 février 2025, art. 6, JO du 27, texte 24 ; BOSS, Avantages en nature, § 50, 1/01/2025).

Lorsque le dirigeant ou mandataire social est aussi titulaire d'un contrat de travail dans l'entreprise, l'avantage en nature peut faire l'objet d'une évaluation forfaitaire si l'employeur fournit le logement au titre du contrat de travail. Le barème d'évaluation forfaitaire est identique à celui des salariés. On tient compte de la seule rémunération versée au titre du contrat de travail (BOSS, Avantages en nature, § 330, 1/01/2025).

Pour plus de détail sur les règles d'évaluation de l'avantage en nature (au réel ou au forfait), il convient de se reporter aux développements correspondants (voir *Avantage en nature logement**).

Véhicule et TIC - Pour l'avantage en nature lié à un véhicule de fonction ou à des outils issus des technologies et l'information et de la communication (TIC), l'entreprise peut utiliser les forfaits prévus par la réglementation pour les dirigeants affiliés de plein droit au régime général, même s'ils ne cumulent pas de contrat de travail avec leur mandat social (arrêté du 25 février 2025, art. 3 à 6, JO du 27, texte 24).

Les règles d'évaluation figurent par ailleurs (voir *Avantage en nature véhicule** et *Technologies de l'information et de la communication**).

Autres avantages - Les autres avantages en nature sont évalués d'après leur valeur réelle, que le dirigeant soit titulaire ou non d'un contrat de travail.

Avantages en nature : évaluation pour l'impôt sur le revenu

Principe du réel - Les avantages en nature consentis aux personnes qui ne sont pas liées à l'entreprise uniquement par un contrat de travail, quel que soit le montant de leur rémunération, sont évalués pour leur montant réel (BOFiP-RSA-BASE-20-20-§ 30-16/04/2024).

Véhicule de fonction et TIC - Par dérogation, les avantages résultant de l'utilisation privée d'un véhicule de fonction ou des outils issus des TIC mis à disposition pour un usage professionnel peuvent, même en l'absence de cumul d'un contrat de travail avec le mandat social, faire l'objet d'une évaluation forfaitaire dans les conditions prévues pour l'assiette des cotisations (BOFiP-RSA-BASE-20-20-§§ 280 et 300-16/04/2024) (voir *Avantage en nature véhicule** et *Technologies de l'information et de la communication**).

Nourriture - Même s'ils n'ont pas de contrat de travail, l'*avantage en nature nourriture** peut être évalué au forfait pour les dirigeants de sociétés pour lesquels cela est possible en matière de cotisations sociales (gérant minoritaire de SARL, etc. ; *voir plus haut*) (BOFiP-RSA-BASE-20-20-§ 50-16/04/2024). Le montant du forfait est le même que celui des salariés, avec le cas échéant application de la règle spécifique aux hôtels-cafés-restaurants (voir *Avantage en nature nourriture**).

Il est aussi possible d'évaluer l'avantage en nature au réel.

Logement - L'*avantage en nature logement** accordé aux dirigeants et mandataires sociaux est évalué pour son montant réel.

Cependant, en cas de cumul d'un mandat social et d'un contrat de travail, cet avantage peut faire l'objet d'une évaluation forfaitaire comme pour l'assiette des cotisations, sous réserve de justifier, le cas échéant, de la régularité du cumul du contrat de travail et du mandat social (BOFiP-RSA-BASE-20-20-§ 210-16/04/2024).

En cas d'évaluation au forfait, on applique le même barème que celui des salariés (voir *Avantage en nature logement**). Pour l'application de ce barème, c'est l'ensemble de la rémunération, servie au titre du contrat de travail et du mandat social, qu'il convient de retenir dès lors que la concession du logement se rapporte indistinctement à l'ensemble des fonctions (dirigeante et salariée) (BOFiP-RSA-BASE-20-20-§ 210-16/04/2024).

Épargne salariale et partage de la valeur

Participation, intéressement et plans d'épargne - En principe, seuls les dirigeants titulaires d'un contrat de travail peuvent bénéficier d'un dispositif d'épargne salariale.

Avantages en nature des dirigeants (1)

Avantages en nature	Assiette des cotisations	Impôt sur le revenu
Logement	• **Principe :** valeur réelle • **Exception :** lorsque le mandataire social a un contrat de travail, l'avantage en nature octroyé en contrepartie du contrat peut être évalué forfaitairement (BOSS, Avantages en nature, § 330, 1/01/2025)	• Valeur réelle • Forfait possible si le dirigeant est titulaire d'un contrat de travail
Nourriture	Évaluation réelle ou forfaitaire (2)	Valeur réelle ou forfait, même sans cumul avec un contrat de travail (2)
Usage privé d'outils TIC mis à disposition pour un usage professionnel (2)	Évaluation réelle ou forfaitaire	Valeur réelle ou forfait, même sans cumul avec un contrat de travail
Véhicule	Évaluation réelle ou forfaitaire	Valeur réelle ou forfait, même sans cumul avec un contrat de travail

(1) Dirigeants affiliés de plein droit au régime général, et notamment gérants minoritaires ou égalitaires de SARL ou de SELARL, présidents-directeurs généraux et directeurs généraux de SA ou de SFI AFA, présidents et dirigeants de SAS (arrêté du 25 février 2025, art. 6, JO du 27, texte 24).
(2) Évaluation au forfait possible depuis le 1.01.2020. Jusqu'au 31.12.2019, l'évaluation au forfait n'était possible que si l'avantage en nature était octroyé au titre d'un contrat de travail (cela reste le cas pour l'avantage en nature logement).
(3) Il y a avantage en nature pour la part d'utilisation privée de nouvelles technologies de l'information et de la communication mises à disposition pour un usage professionnel. L'évaluation sociale et fiscale doit impérativement être calculée en fonction des dépenses réelles s'il s'agit d'outils TIC mis à disposition pour un usage strictement privé (voir *Technologies de l'information et de la communication** pour les possibilités d'exonérations sociales et fiscales).

Par exception, les dirigeants et conjoints de chefs d'entreprise peuvent bénéficier de ces dispositifs même sans contrat de travail, dans un certain nombre de situations (voir *Intéressement**, *Participation aux résultats**, *Plan d'épargne d'entreprise**, *Plan d'épargne pour la retraite collectif**, *Plan d'épargne retraite d'entreprise collectif**).

Prime de partage de la valeur - Lorsqu'une *prime de partage de la valeur** (PPV) est mise en place dans l'entreprise, un dirigeant ou mandataire social qui est titulaire d'un contrat de travail bénéficie de la PPV dans les mêmes conditions que les salariés de l'entreprise, avec les mêmes exonérations (BOSS, Épargne salariale, § 480, 1/02/2025).

Un dirigeant ou mandataire social n'ayant pas de contrat de travail n'est pas éligible au versement dans la PPV (BOSS, Épargne salariale, § 480, 1/02/2025). Dans l'hypothèse où une PPV lui serait versée, elle n'ouvre pas droit aux exonérations.

Plan de partage de la valorisation de l'entreprise - Le dispositif du *plan de partage de la valorisation de l'entreprise** vise uniquement les salariés, sous réserve d'une éventuelle condition d'ancienneté (loi 2023-1107 du 29 novembre 2023, art. 10, III).

Par conséquent, un dirigeant ou mandataire social ne peut pas en bénéficier, sauf au titre de l'éventuel contrat de travail qu'il cumulerait avec son mandat social.

Indemnité de rupture du mandat social : régimes fiscal et social

Dirigeants concernés - Un régime spécifique s'applique aux indemnités de rupture versées aux mandataires sociaux et dirigeants mentionnés à l'article 80 ter du CGI (CGI art. 80 duodecies, 2).

Sont ainsi concernés (CGI art. 80 ter) :
- dans les SA et SAS : le président du conseil d'administration, le directeur général, l'administrateur provisoirement délégué, les membres du directoire et tout administrateur ou membre du conseil de surveillance chargé de fonctions spéciales (directeur du service comptable, directeur commercial, etc.) ;
- dans les SARL : les gérants minoritaires ou égalitaires ;
- dans les autres entreprises ou établissements passibles de l'impôt sur les sociétés : les dirigeants soumis au régime fiscal des salariés (notamment, gérants non associés et gérants majoritaires de SARL, gérants non associés et gérants associés commandités des sociétés en commandite par actions) ;
- dans toute entreprise : les dirigeants de fait, à savoir ceux qui occupent un emploi salarié dont la rémunération totale excède la plus faible des rémunérations allouées aux dirigeants de cette société, cette qualification variant cependant en fonction des circonstances de fait.

Régime fiscal des indemnités de cessation volontaire - Les indemnités de cessation volontaire des fonctions sont intégralement imposables. La cessation volontaire est établie en cas de démission, de départ volontaire ou de mise à la retraite, de non-renouvellement ou de rupture d'un commun accord du mandat (BOFiP-RSA-CHAMP-20-40-20-§ 10-26/05/2016).

Régime fiscal des indemnités de cessation forcée - Les indemnités versées à l'occasion d'une cessation forcée des fonctions ou d'une révocation sont exonérées d'impôt sur le revenu dans une limite fixée à 3 fois le montant annuel du *plafond de la sécurité sociale** en vigueur à la date de versement (soit 141 300 € en 2025) (CGI art. 80 duodecies, 2 ; BOFiP-RSA-CHAMP-20-40-20-§ 50-26/05/2016). La fraction excédentaire est imposable.

Lorsque le versement des indemnités afférentes à une même cessation forcée de fonctions s'effectue sur deux années civiles successives, le plafond d'exonération s'apprécie en faisant masse de l'ensemble des versements (BOFiP-RSA-CHAMP-20-40-20-§ 120-26/05/2016).

Cotisations sociales - Comme en matière fiscale, le principe est l'assujettissement à l'ensemble des cotisations.

Cependant, en cas de cessation forcée des fonctions, la fraction d'indemnité exonérée d'impôt sur le revenu par le jeu des critères fiscaux est également exonérée de cotisations de sécurité sociale et des charges ayant la même assiette (AGIRC-ARRCO, etc.), dans la limite de 2 fois le montant annuel du *plafond de la sécurité sociale** (soit 94 200 € en 2025) (c. séc. soc. art. L. 242-1, II, 7°).

CSG et CRDS - Les indemnités de cessation volontaire des fonctions sont assujetties en intégralité à *CSG** et à *CRDS**.

Les indemnités de cessation forcée des fonctions sont exonérées de CSG et de CRDS à hauteur de leur montant exonéré de cotisations de sécurité sociale. La fraction excédentaire est assujettie à CSG et à CRDS (c. séc. soc. art. L. 136--1-1, III, 5° b).

Lorsque la CSG et la CRDS sont dues, elles se calculent directement, sans abattement d'assiette (c. séc. soc. art. L. 136-2, I, 1° renvoyant à L. 242-1, II).

La CSG qui porte sur des indemnités de cessation forcée exonérées à la fois d'impôt sur le revenu et de cotisations sociales est intégralement non déductible, même pour la part qui l'est habituellement (BOFiP-RSA-BASE-30-30-§§ 80 et 100-24/07/2017). En revanche, lorsqu'elle est calculée sur la fraction d'une indemnité imposable ou assujettie à cotisations de sécurité sociale, la *CSG** reste déductible pour 6,80 %.

Cumul mandat social/contrat de travail ou de plusieurs mandats sociaux - Il est fréquent qu'un dirigeant assume plusieurs fonctions (ex. : contrat de travail cumulé avec le mandat social, exercice de plusieurs mandats dans différentes sociétés).

Comment appliquer les limites d'exonération lorsqu'il y a plusieurs ruptures au titre des différentes fonctions de l'intéressé (ex. : le mandat social et le contrat de travail, les différents mandats sociaux dont l'intéressé est titulaire dans différentes sociétés d'un même groupe) ?

Sur le plan fiscal, lorsque le contribuable exerce au sein d'une même société ou de plusieurs sociétés d'un même groupe à la fois des fonctions de mandataire social et de salarié, la limite d'exonération d'impôt sur le revenu prévue pour les indemnités de rupture du mandat social (3 plafonds annuels de sécurité sociale) s'applique au montant global perçu au titre de la rupture de l'ensemble de ses fonctions. Il en est de même en cas d'exercice de plusieurs mandats sociaux auprès de sociétés d'un même groupe (BOFiP-RSA-CHAMP-20-40-20-§ 130-26/05/2016).

Sur le plan des cotisations et de la CSG/CRDS, il en va de même. Il faut cumuler les indemnités versées à l'occasion de la cessation forcée des fonctions de mandataire social et à l'occasion de la rupture du contrat de travail par rapport à la limite d'exonération de 2 fois le montant annuel du *plafond de la sécurité sociale** (c. séc. soc. art. L. 136-1-1, III, 5° b et L. 242-1, II, 7° ; BOSS, Indemnités de rupture, § 1440, 1/01/2025).

Régime social dit des « parachutes dorés » (indemnités très élevées) - Les indemnités de cessation forcée des fonctions sont assujetties aux cotisations, à la CSG et à la CRDS dès le premier euro lorsque leur montant excède un seuil fixé à 5 fois le montant annuel du *plafond de la sécurité sociale** (soit 235 500 € en 2025) (c. séc. soc. art. L. 136-1-1, III, 5° b et L. 242-1, II, 7°) (voir *Parachutes dorés**).

En cas de cumul du statut de salarié avec celui de dirigeant ou de mandataire social, le dépassement du seuil se vérifie en faisant masse des indemnités de cessation forcée des fonctions et, s'il y a lieu, des indemnités de rupture du contrat de travail. Si le seuil de 5 plafonds est dépassé, l'ensemble de ces indemnités est assujetti à cotisations et à CSG/CRDS dès le premier euro (c. séc. soc. art. L. 136-1-1, III, 5° b et L. 242-1, II, 7° ; BOSS, Indemnités de rupture, § 1450, 1/01/2025).

Régimes social et fiscal des indemnités de cessation forcée des fonctions des dirigeants	
Impôt sur le revenu	Exonération dans la limite de 3 fois le montant annuel du *plafond de la sécurité sociale** (soit 141 300 € en 2025).
Cotisations de sécurité sociale et charges ayant la même assiette (1)	La fraction exonérée d'impôt est exonérée de cotisations, dans la limite de 2 fois le montant annuel du *plafond de la sécurité sociale** (soit 94 200 € en 2025) (2).
CSG et CRDS	Assujettie à CSG et à CRDS pour la partie soumise à cotisations (2), sans abattement d'assiette.

(1) Cotisations de sécurité sociale, FNAL, versement de transport, ARRCO et AGIRC notamment.
(2) Les indemnités de rupture supérieures à un seuil fixé à 5 fois le montant annuel du *plafond de la sécurité sociale** (soit 235 500 € en 2025) sont assujetties à cotisations, à CSG et à CRDS dès le premier euro.

Prélèvement à la source

Rémunération du mandat social - Sauf disposition contraire, l'ensemble des revenus soumis à l'impôt sur le revenu suivant les règles fiscales d'imposition applicables aux traitements et salaires sont dans le champ d'application du *prélèvement à la source** (PAS) dans sa forme applicable aux salariés (retenue à la source effectuée par l'entreprise, pour le sujet nous concernant).

Il en va notamment ainsi pour les revenus des dirigeants et mandataires sociaux relevant du régime des traitements et salaires, autres que ceux relevant de l'article 62 du code général des impôts (CGI) (BOFiP-IR-PAS-10-10-10-§ 50-06/07/2023). À titre d'exemple (liste non exhaustive), ce régime concerne en particulier :
- dans les SA à forme classique, le président du conseil d'administration, le directeur général ou le directeur général délégué ;
- dans les SA à directoire et conseil de surveillance, les membres du directoire ;
- dans les SAS, le président et les dirigeants ;
- dans les SARL, les gérants minoritaires ainsi que les gérants non associés n'appartenant pas à un collège de gérance majoritaire.

▶ À noter... Pour mémoire, l'administration fiscale dresse la liste des régimes d'imposition applicables aux dirigeants de sociétés (voir BOFiP-ANNX-000067-10/03/2014).

En revanche, les rémunérations des gérants et associés visés à l'article 62 du code général des impôts sont soumises au prélèvement à la source sous forme d'acomptes (directement prélevés sur le compte du contribuable par l'administration fiscale, donc sans passer en paye) et ne doivent pas faire l'objet du PAS par l'entreprise. Sont visés, quel que soit l'objet de la société au sein de laquelle ils exercent leurs fonctions (CGI art. 62) :
- les gérants majoritaires des SARL n'ayant pas opté pour le régime fiscal des sociétés de personnes et des EARL ayant opté pour l'impôt sur les sociétés (IS) ;
- les EIRL ayant opté pour l'IS ;
- les gérants des sociétés en commandite par actions ;
- et, lorsque ces sociétés ou entreprises ont opté pour l'IS, les associés des sociétés en nom collectif (SNC), des entreprises unipersonnelles à responsabilité limitée (EURL), des EARL, les associés commandités de sociétés en commandite simple, les membres des sociétés en participation et des sociétés de fait et les associés, gérants ou non, des sociétés civiles de personnes.

De même, relève également du système des acomptes la rémunération des associés exerçant une activité dans une SA, SAS ou SARL ayant opté pour le régime fiscal des sociétés de personnes, imposée en BIC/BNC/BA selon la nature de l'activité de la société. Pour celles de ces personnes dont les rémunérations sont déclarées dans la sphère sociale de la DSN (car assujetties aux cotisations du régime général), il convient de ne pas les soumettre au PAS sur la partie fiscale du Bloc 50 versement, afin d'éviter ainsi un double prélèvement (retenue à la source par l'entreprise et acompte prélevé par la DGFiP sur le compte bancaire de l'intéressé). En pratique, le bloc 50 Versement doit être renseigné conformément aux consignes données par le GIP-MDS (rémunération nette fiscale à zéro, etc.) (pour les gérants de SARL, voir www.net-entreprises.fr, Base de connaissance DSN, fiche 380 actualisée en dernier lieu au 25/05/2021).

Rémunération du contrat de travail - Si le dirigeant est titulaire d'un contrat de travail, la rémunération versée au titre de ce contrat est, en tout état de cause, soumise au *prélèvement à la source** dans les mêmes conditions que pour n'importe quel salarié.

☞ Avantage en nature logement ; Avantage en nature nourriture ; Avantage en nature véhicule ; Barèmes kilométriques ; Cadres dirigeants ; Frais de déplacement ; Frais professionnels ; Jetons de présence ; Technologies de l'information et de la communication ; Parachutes dorés ; Plan d'épargne d'entreprise ; Plan d'épargne pour la retraite collectif ; Plan d'épargne retraite d'entreprise collectif ; Télétravail ; Véhicule.

DIRIGEANTS D'ENTREPRISE (EXEMPLE)

Un gérant minoritaire de SARL (plus de 50 salariés) perçoit une rémunération brute annuelle de 60 000 € au titre de son mandat social. Il n'a pas de contrat de travail (pas d'affiliation à l'assurance chômage).

Au regard du droit du travail, il est considéré comme mandataire social et non comme salarié : il perçoit alors le douzième de sa rémunération annuelle, sachant que les notions d'heures supplémentaires, d'horaires de travail, d'absences et de congés payés n'existent pas. Il n'y a pas de contribution patronale au dialogue social de 0,016 %.

Au regard de la sécurité sociale, il est considéré comme salarié. Toutefois, la cotisation patronale d'assurance maladie se calcule à 13 % et celle d'allocations familiales à 5,25 %.

Au regard de l'assurance chômage et de l'AGS, il n'est pas salarié : les cotisations d'assurance chômage et d'AGS ne sont pas dues.

Au regard de la retraite complémentaire et de l'assurance décès obligatoire des cadres, il cotise comme un salarié cadre.

EXTRAIT DU BULLETIN DE PAYE DE MARS 2025

Désignation	**Base**	**Taux**	**Montant**	
Rémunération mandat social			5 000,00	
Brut total			5 000,00	
Cotisations et contributions sociales	**Base (€)**	**Taux salarial**	**Part salarié (€)**	**Part employeur (€)**
Santé				
Sécurité sociale - Maladie Maternité Invalidité Décès	5 000,00	-	-	650,00 (1)
Complémentaire Incapacité Invalidité Décès	3 925,00	-	-	58,88
Complémentaire santé	-	-	85,00	85,00
Accidents du travail - maladies professionnelles	5 000,00	-	-	100,00 (2)
Retraite				
Sécurité sociale plafonnée	3 925,00	6,90 %	270,83	335,59
Sécurité sociale déplafonnée	5 000,00	0,40 %	20,00	101,00
Complémentaire Tranche 1 (3)	3 925,00	4,15 %	162,89	244,14
Complémentaire Tranche 1 (3)	1 075,00	9,86 %	106,00	158,89
Famille	5 000,00	-	-	262,50 (4)
Assurance chômage				
Chômage	0,00	-	-	0,00 (5)
APEC	5 000,00	0,024 %	1,20	1,80
Autres contributions dues par l'employeur				238,01 (6)
CSG déductible à l'impôt sur le revenu	5 056,38	6,80 %	343,83	-
CSG/CRDS non déductibles à l'impôt sur le revenu	5 056,38	2,90 %	146,63	-
Exonérations et allègements de cotisations	-	-	-	-
Total des cotisations et contributions			1 136,38	2 235,79
Net social				**3 863,62**
Net à payer avant impôt sur le revenu				**3 863,62**
Impôt sur le revenu	**Base**	**Taux**	**Montant**	**Cumul annuel**
Montant net imposable			4 095,26	Valeur
Impôt sur le revenu prélevé à la source	4 095,26	9,50 %	389,05	Valeur
Montant net des heures compl/suppl exonérées			0,00	0,00
Net à payer au salarié (en euros) (7)				**3 474,57 (7)**
Total versé par l'employeur				7 235,79

Notes de la rédaction, pour aider à la lecture des totaux (ces notes n'ont pas à apparaître sur le bulletin de paye) :
(1) Taux de 13 % (rémunération du mandat social). (2) Par hypothèse taux de 2 %. (3) Y compris contribution d'équilibre général et contribution d'équilibre technique. (4) Taux de 5,25 % (rémunération du mandat social). (5) Pas de cotisation chômage ni AGS (rémunération du mandat social). (6) CSA (0,30 %), FNAL (0,50 %), contribution formation (1 %), participation à l'effort de construction (0,45 %), versement mobilité (1,60 %), taxe d'apprentissage (0,68 %) et forfait social. (7) À faire apparaître de manière à en faciliter la lisibilité.

Discrimination (interdiction de)

Discriminations interdites

Critères prohibés - La loi fixe un certain nombre de critères à partir desquels des différences de traitement ne peuvent pas être instaurées, sauf à constituer des discriminations prohibées (c. trav. art. L. 1132-1 et L. 1132-2 ; loi 2008-496 du 27 mai 2008, art. 1 ; c. pén. art. 225-1, 225-1-1, 225-1-2, 225-3).

Ainsi, aucun salarié ne peut faire l'objet d'une mesure discriminatoire en raison (c. trav. art. L. 1132-1) :
- de son origine ;
- de son sexe ;
- de ses mœurs ;
- de son orientation sexuelle ;
- de son identité de genre ;
- de son âge ;
- de sa situation de famille ;
- de sa grossesse ;
- de ses caractéristiques génétiques ;
- de la particulière vulnérabilité résultant de sa situation économique, apparente ou connue ;
- de son appartenance ou sa non-appartenance, vraie ou supposée, à une ethnie, une nation ou une prétendue race ;
- de ses opinions politiques ;
- de ses activités syndicales ou mutualistes ;
- de l'exercice d'un mandat électif ;
- de ses convictions religieuses ;
- de son apparence physique ;
- de son nom de famille ;
- de son lieu de résidence ;
- de sa domiciliation bancaire ;
- de son état de santé ;
- de sa perte d'autonomie ;
- de son handicap ;
- de sa capacité à s'exprimer dans une langue autre que le français ;
- de sa qualité de lanceur d'alerte, de facilitateur ou de personne en lien avec un lanceur d'alerte ;
- de l'exercice normal du droit de grève (c. trav. art. L. 1132-2) ;
- du fait d'avoir témoigné ou relaté d'agissements de discrimination prohibés (c. trav. art. L. 1132-3) ;
- de l'exercice des fonctions de juré ou de citoyen assesseur (c. trav. art. L. 1132-3-1) ;
- de son refus en raison de son orientation sexuelle, d'une mutation dans un État incriminant l'homosexualité (c. trav. art. L. 1132-3-2) ;
- du fait d'avoir relaté ou témoigné, de bonne foi, de faits constitutifs d'un délit ou d'un crime dont il aurait eu connaissance dans l'exercice de ses fonctions ou du fait d'avoir lancé une alerte dans le cadre de la loi relative à la transparence, à la lutte contre la corruption (c. trav. art. L. 1132-3-3) ;
- du fait d'avoir subi ou refusé de subir des faits de harcèlement moral ou sexuel, ou d'avoir témoigné ou relaté de tels faits (c. trav. art. L. 1152-2 et L. 1153-2).

Sanctions - Les mesures discriminatoires sont nulles (c. trav. art. L. 1132-4, L. 1152-3 et L. 1153-4).

En outre, la plupart d'entre elles font l'objet de sanctions pénales.

Application à la rémunération - L'interdiction des discriminations prohibées vaut notamment en matière de rémunération (c. trav. art. L. 1132-1, L. 1132-3-3 et L. 1152-2).

La notion de rémunération couvre le salaire ou traitement de base ou minimum et tous les autres avantages accessoires payés au salarié en raison de son emploi, directement ou indirectement, en espèces ou en nature (c. trav. art. L. 1132-1 et L. 1132-3-3, renvoyant à L. 3221-3).

Exemple

L'accord d'entreprise qui met en place un système d'abattements pour l'attribution d'une prime du fait des seules absences pour maladie crée une discrimination interdite en raison de l'état de santé. Cette disposition n'est pas opposable aux salariés (cass. soc. 11 janvier 2012, n° 10-23139, BC V n° 10) et l'employeur doit l'ignorer.

L'interdiction de discrimination s'étend aussi aux mesures d'épargne salariale ou de distribution d'actions (c. trav. art. L. 1132-1 et L. 1132-3-3). Même si les textes sur l'interdiction des discriminations liées à des agissements de harcèlement moral ou sexuel ne visent pas expressément ces éléments (c. trav. art. L. 1152-2, et L. 1153-2), il en va à notre sens de même.

Différences de traitement autorisées

Des assouplissements sont prévus par la législation afin d'éviter de faire tomber certaines situations sous le coup des critères discriminatoires listés ci-avant.

Le principe d'interdiction des discriminations prohibées ne fait pas obstacle aux différences de traitement, lorsqu'elles répondent à une exigence professionnelle essentielle et déterminante et pour autant que l'objectif soit légitime et l'exigence proportionnée (c. trav. art. L. 1133-1).

En matière de santé et de handicap, la loi autorise les différences de traitement fondées sur l'inaptitude constatée par le médecin du travail, pour autant qu'elles soient objectives, nécessaires et appropriées (c. trav. art. L. 1133-3).

Les mesures prises en vue de favoriser l'égalité de traitement en faveur des personnes handicapées, des personnes résidant dans certaines zones géographiques ou des personnes vulnérables en raison de leur situation économique ne constituent pas une discrimination (c. trav. art. L. 1133-4, L. 1133-5 et L. 1133-6).

Des différences de traitement fondées sur l'âge ne constituent pas non plus une discrimination lorsqu'elles sont objectivement et raisonnablement justifiées par un but légitime, notamment par le souci de préserver la santé ou la sécurité des travailleurs, de favoriser leur insertion professionnelle, d'assurer leur emploi, leur reclassement ou leur indemnisation en cas de perte d'emploi, et lorsque les moyens de réaliser ce but sont nécessaires et appropriés (c. trav. art. L. 1133-2). Cette réserve permet notamment de prendre en compte les différences de traitement liées à l'âge fondées sur des questions liées à la politique de l'emploi.

Lanceur d'alerte

Le lanceur d'alerte est une personne physique qui signale ou divulgue des informations portant sur (c. trav. art. L. 1132-3-3 ; loi 2016-1691 du 9 décembre 2016, art. 6, JO du 10 ; modifiée par loi 2022-401 du 21 mars 2022, JO du 22 ; voir Dictionnaire Social, « Lanceur d'alerte ») :

- un crime ou un délit ;
- une violation d'un engagement international régulièrement ratifié ou approuvé par la France, d'un acte unilatéral d'une organisation internationale pris sur le fondement d'un tel engagement, de la loi ou du règlement ou du droit de l'Union européenne ;
- une menace ou un préjudice graves pour l'intérêt général.

Le lanceur d'alerte ne doit pas faire l'objet d'une discrimination. Pour avoir signalé ou divulgué des informations, il ne peut ni être écarté d'une procédure de recrutement ou de l'accès à un stage ou à une période de formation en entreprise, ni être sanctionné, licencié ou faire l'objet d'une mesure discriminatoire, directe ou indirecte, notamment en matière de rémunération, de mesures d'intéressement ou de distribution d'actions, de formation, de reclassement, d'affectation, de qualification, de classification, de promotion professionnelle, d'horaires de travail, d'évaluation de la performance, de mutation ou de renouvellement de contrat (c. trav. art. L. 1121-2).

Certaines de ces protections s'appliquent également aux personnes physiques et aux personnes morales à but non lucratif (syndicats et associations) en lien avec le lanceur d'alerte (loi 2016-1691 du 9 décembre 2016, art. 6-1, modifié par loi 2022-401 du 21 mars 2022, JO du 22).

Témoins d'un crime ou d'un délit

Aucune personne ayant témoigné, de bonne foi, de faits constitutifs d'un délit ou d'un crime dont elle a eu connaissance dans l'exercice de ses fonctions ou ayant relaté de tels faits ne peut faire l'objet d'une discrimination. Ces personnes bénéficient également de la protection des lanceurs d'alerte (c. trav. art. L. 1132-3-3).

Défenseur des droits

Le Défenseur des droits a pour mission de lutter contre les discriminations, directes ou indirectes, prohibées par la loi ou un engagement international régulièrement ratifié ou approuvé par la France. Il a aussi pour mission de promouvoir l'égalité. Il peut être saisi gratuitement par toute personne qui s'estime victime d'une discrimination ou par une association de lutte contre les discriminations déclarée depuis au moins 5 ans (lois 2011-333 et 2011-334 du 29 mars 2011 ; décret 2011-904 du 29 juillet 2011). Il peut aussi se saisir d'office, si la personne intéressée ne s'y oppose pas.

Le Défenseur des droits peut notamment demander des explications, informations ou pièces utiles à l'entreprise mise en cause devant lui, celle-ci pouvant être assistée du conseil de son choix. Il peut mettre en demeure l'entreprise, qui n'a pas fait suite à sa demande d'explications, par LRAR (décret 2011-904 du 29 juillet 2011, JO du 30).

Il peut notamment formuler des recommandations pour régler les difficultés soulevées devant lui, la personne mise en cause devant y donner suite ou résoudre à l'amiable les différends, par voie de médiation ou proposer à la victime d'une discrimination et à l'auteur des faits de conclure une transaction consistant notamment dans le versement d'une amende transactionnelle.

▶ À noter… Le Défenseur des droits dispose d'un site Internet public (https://www.defenseurdesdroits.fr).

☞ *Égalité des rémunérations ; Égalité des rémunérations femmes-hommes ; Égalité des rémunérations femmes-hommes (réduction des écarts).*

Dispense de préavis

☞ *Indemnité compensatrice de préavis ; Préavis ; Préavis (dispense).*

Dispenses d'affiliation

☞ *Régimes de retraite supplémentaire et de prévoyance complémentaire (caractère obligatoire).*

Dissimulation d'emploi salarié

☞ *Donneur d'ordre (obligations de vigilance et d'injonction) ; Majorations et pénalités URSSAF (absence de mise en conformité, travail dissimulé, abus de droit) ; Travail dissimulé ; Travail illégal.*

Dommages-intérêts

☞ *Indemnités de rupture (régimes social et fiscal) ; Licenciement (dommages et intérêts) ; Licenciement des représentants du personnel.*

Don de jours de repos

Don à un parent d'enfant malade

Don avec l'accord de l'employeur - Un salarié peut, avec l'accord de son employeur, donner des jours de repos non pris à un autre salarié de l'entreprise, parent d'un enfant gravement malade (c. trav. art. L. 1225-65-1).

Bénéficiaire - Le don doit être effectué au profit d'un autre salarié de l'entreprise, qui assume la charge d'un enfant de moins de 20 ans atteint d'une maladie, d'un handicap ou victime d'un accident d'une particulière gravité (c. trav. art. L. 1225-65-1).

Un certificat médical détaillé établi par le médecin qui suit l'enfant doit attester de la particulière gravité de la maladie, du handicap ou de l'accident, ainsi que du caractère indispensable d'une présence soutenue et de soins contraignants (c. trav. art. L. 1225-65-2).

Don à un parent d'enfant décédé

Don avec l'accord de l'employeur - Un salarié peut, avec l'accord de son employeur, donner des jours de repos non pris à un autre salarié de l'entreprise dont l'enfant est décédé (c. trav. art. L. 1225-65-1).

Bénéficiaire - Le don doit être effectué au profit d'un autre salarié de l'entreprise dont l'enfant âgé de moins de 25 ans est décédé. Le don est également possible au titre du décès d'une personne de moins de 25 ans dont le salarié avait la charge effective et permanente (c. trav. art. L. 1225-65-1).

Don à des proches aidants

Don avec l'accord de l'employeur - Un salarié peut, avec l'accord de son employeur, donner des jours de repos non pris à un autre salarié de l'entreprise qui vient en aide à un proche présentant un handicap ou une perte d'autonomie (c. trav. art. L. 3142-25-1).

Bénéficiaire - Le proche aidant doit avoir des liens avec la personne aidée identiques à ceux exigés pour le *congé de proche aidant** (conjoint, concubin, partenaire pacsé, etc.) (c. trav. art. L. 3142-16).

La perte d'autonomie ou le handicap sont appréciés comme pour le *congé de proche aidant** (copie de la décision d'attribution de l'allocation personnalisée d'autonomie ou APA, etc.) (c. trav. art. D. 3142-8).

Don à des bénéficiaires du congé de la réserve opérationnelle

Don avec l'accord de l'employeur - Un salarié peut, avec l'accord de son employeur, donner des jours de repos non pris à un autre salarié de l'entreprise pour lui permettre d'effectuer une période d'activité dans la réserve opérationnelle (c. trav. art. L. 3142-94-1).

Bénéficiaire - Le bénéficiaire est un salarié qui a souscrit un engagement à servir dans la réserve opérationnelle [voir *Congé des réservistes (réserve militaire)** et *Congé des réservistes (police nationale)**].

Don à des sapeurs-pompiers volontaires

Don avec l'accord de l'employeur - Un salarié peut, avec l'accord de son employeur, donner des jours de repos non pris à un autre salarié de l'entreprise engagé en tant que sapeur-pompier volontaire, pour lui permettre de participer aux missions ou activités du service d'incendie et de secours (c. séc. int. art. L. 723-12-1).

Bénéficiaire - Le bénéficiaire est un salarié qui a souscrit un engagement de sapeur-pompier volontaire (voir *Sapeurs-pompiers**).

Don au bénéfice de certains organismes d'utilité publique ou d'intérêt général

Don avec l'accord de l'employeur - Depuis le 22 février 2025, un salarié peut, avec l'accord de son employeur, donner des jours de repos non pris au bénéfice de certains organismes *(voir ci-après)* (c. trav. art. L. 3142-131 ; loi 2024-344 du 15 avril 2024, art. 5, JO du 16 ; décret 2025-161 du 20 février 2025, JO du 21).

L'organisme bénéficiaire est choisi d'un commun accord entre le salarié et l'employeur.

Les organismes éligibles sont fixés en référence au code général des impôts. Il peut ainsi s'agir (CGI, art. 200, 1, a et b) :
- de fondations ou associations reconnues d'utilité publique, de fondations universitaires, partenariales ou d'entreprise ;
- ou d'un organisme d'intérêt général ayant un caractère philanthropique, éducatif, scientifique, social, humanitaire, sportif, familial, culturel, ou concourant à l'égalité entre les femmes et les hommes, à la mise en valeur du patrimoine artistique, à la défense de l'environnement naturel ou à la diffusion de la culture, de la langue et des connaissances scientifiques françaises.

Limite au nombre de jours pouvant être donnés - Le nombre de jours de repos auquel le salarié peut renoncer est plafonné à 3 jours ouvrables par an (c. trav. art. D. 3142-82).

Valorisation - Les jours de repos donnés sont convertis en unités monétaires et versées par l'employeur à l'organisme. La valeur monétaire de ces jours de repos est égale à la rémunération que le salarié aurait perçue à ce titre à la date à laquelle l'employeur accède à sa demande d'y renoncer (c. trav. art. D. 3142-82).

Jours de repos pouvant être donnés

Règles communes - Pour l'ensemble des dispositifs ci-dessus, le don peut porter sur tout ou partie des jours de repos non pris, y compris s'ils ont été affectés sur un *compte épargne-temps**. Les *congés payés** ne peuvent être cédés que pour la durée qui excède 24 jours ouvrables (c. trav. art. L. 1225-65-1, L. 3142-25-1, L. 3142-94-1 et L. 3142-131 ; c. séc. int. art. L. 723-12-1).

En pratique, un salarié peut ainsi céder la 5e semaine de congés payés, des congés conventionnels, des jours de RTT ou de repos compensateur, et les autres jours de récupération accordés à ceux qui travaillent au-delà de 35 heures hebdomadaires.

Spécificité propre au don en faveur de certains organismes - Le don de jours de repos au bénéfice de certains organismes d'utilité publique ou d'intérêt général présente une particularité : le salarié ne peut pas donner plus de 3 jours ouvrables par an *(voir plus haut)* (c. trav. art. D. 3142-82).

Le don doit être anonyme et sans contrepartie. L'employeur doit donc, à notre sens, garder l'identité des donneurs de jours confidentielle. Cette condition d'anonymat n'a pas vocation à s'appliquer au don de jours de repos à certains organismes *(voir ci-avant)*. Pour cette hypothèse, l'organisme bénéficiaire qui recevra les jours de repos monétisés devra être choisi d'un commun accord entre le salarié et l'employeur.

Anonymat et absence de contrepartie

Anonymat - Le don du salarié doit être anonyme (c. trav. art. L. 1225-65-1, L. 3142-25-1 et L. 3142-94-1 ; c. séc. int. art. L. 723-12-1). L'employeur doit donc, à notre sens, garder l'identité des donneurs de jours confidentielle.

Il existe une exception : la condition d'anonymat n'est pas exigée pour le don de jours de repos au bénéfice de certains organismes d'utilité publique ou d'intérêt général *(voir ci-avant)*. Pour cette hypothèse, l'organisme bénéficiaire qui recevra les jours de repos monétisés doit être choisi d'un commun accord entre le salarié et l'employeur.

Pas de contrepartie - Pour tous les dispositifs de don de jours de repos ici exposés, le don est sans contrepartie (c. trav. art. L. 1225-65-1, L. 3142-25-1, L. 3142-94-1 et L. 3142-131 ; c. séc. int. art. L. 723-12-1).

Le salarié « donneur » ne doit donc bénéficier d'aucune contrepartie liée à son don.

Paye du salarié bénéficiant d'un don de jours de repos

Maintien de rémunération - L'employeur doit maintenir la rémunération du salarié bénéficiaire des jours de repos pendant la période d'absence (c. trav. art. L. 1225-65-1, L. 3142-25-1 et L. 3142-94-1 ; c. séc. int. art. L. 723-12-1).

Seule sa rémunération est maintenue. Il ne peut pas prétendre, pour les jours concernés, à celle du salarié ayant cédé les jours de repos, si la rémunération de ce dernier est supérieure.

Ancienneté - L'absence du salarié bénéficiaire du don est assimilée à une période de travail effectif pour les droits que le salarié tient de son ancienneté (c. trav. art. L. 1225-65-1, L. 3142-25-1 et L. 3142-94-1 ; c. séc. int. art. L. 723-12-1).

Avantages acquis - Le salarié bénéficiaire du don conserve le bénéfice de tous les avantages acquis avant le début de sa période d'absence (c. trav. art. L. 1225-65-1, L. 3142-25-1 et L. 3142-94-1 ; c. séc. int. art. L. 723-12-1).

☞ *Congé pour enfant malade ; Congé de présence parentale pour enfant malade ; Congé des réservistes (police nationale) ; Congé des réservistes (réserve militaire) ; Sapeurs-pompiers ; Congé de solidarité familiale ; Congé de proche aidant.*

Donneur d'ordre (obligations de vigilance et d'injonction)

Dans le cadre de la lutte contre le *travail illégal**, le *travail dissimulé** et divers abus, le donneur d'ordre (ou maître d'ouvrage) a une obligation de vigilance, qui lui impose de demander certaines informations à son cocontractant (ou sous-traitant). Il a également un devoir d'injonction, l'obligeant à demander à son cocontractant de faire cesser une situation illégale dont il a été informé.

À défaut, il peut voir sa responsabilité engagée au titre de la solidarité financière avec son cocontractant et s'expose à l'annulation des exonérations de cotisations dont il a bénéficié. Il encourt aussi des amendes et des pénalités spécifiques.

Obligations liées à la lutte contre le travail dissimulé

Obligation de vigilance pour les contrats d'au moins 5 000 € HT - Toute personne qui conclut un contrat d'un montant au moins égal à 5 000 € hors taxes en vue de l'exécution d'un travail, de la fourniture d'une prestation de services ou de l'accomplissement d'un acte de commerce doit, lors de la conclusion de ce contrat et tous les 6 mois jusqu'à la fin de son exécution, s'assurer que son cocontractant (ou sous-traitant) respecte certaines règles (c. trav. art. L. 8222-1 et R. 8222-1).

Tout donneur d'ordre doit ainsi vérifier que son cocontractant (c. trav. art. L. 8222-1 ; c. séc. soc. art. L. 243-15) :
- s'acquitte de certaines obligations sociales et fiscales déclaratives énumérées aux articles L. 8221-3 et L. 8221-5 du code du travail (ex : immatriculation au registre national des entreprises ou au registre du commerce et des sociétés lorsqu'elle est obligatoire, *déclaration préalable à l'embauche**, délivrance de bulletins de paye avec mention du nombre d'heures réellement accompli) ;
- et est à jour de ses obligations de déclaration et de paiement auprès de l'URSSAF.

▶ À noter... Lorsque le cocontractant intervenant sur le territoire national est établi ou domicilié à l'étranger, les obligations dont le respect fait l'objet de vérifications par le donneur d'ordre sont celles qui résultent de la réglementation d'effet équivalent de son pays d'origine et celles qui lui sont applicables au titre de son activité en France (c. trav. art. L. 8222-4).

Pour effectuer ces vérifications, le donneur d'ordre doit se faire remettre, lors de la conclusion du contrat et tous les 6 mois jusqu'à la fin de son exécution, un certain nombre de documents *(voir tableau récapitulatif reproduit dans l'étude)* (c. trav. art. D. 8222-5).

Si le cocontractant est une entreprise établie ou domiciliée à l'étranger, la liste est adaptée (c. trav. art. D. 8222-7). Les documents doivent être en français ou accompagnés d'une traduction (c. trav. art. D. 8222-8).

Le donneur d'ordre est considéré comme ayant procédé aux vérifications requises dès lors qu'il s'est fait remettre par son cocontractant les documents prévus par le code du travail (c. trav. art. D. 8222-5 et D. 8222-7). Toutefois, cette présomption est écartée en cas de discordance entre la dénomination de la société, désignée sur les documents remis, et l'identité du cocontractant (cass. civ., 2e ch., 11 juillet 2013, n° 12-21554, BC II n° 164).

Les documents réglementaires sont les seuls dont la remise permet de s'acquitter de l'obligation de vérification. Le défaut de remise ne peut donc pas être suppléé par la fourniture d'un document ne figurant pas dans la liste réglementaire (ex. : remise du bilan social du cocontractant uniquement) (cass. civ., 2e ch., 11 février 2016, nos 14-10614 et 15-10168, BC II n° 50).

Par ailleurs, depuis le 25 décembre 2021, pour le travailleur indépendant débutant son activité et non encore tenu de déclarer ou de payer des cotisations et contributions sociales en tant qu'employeur, une attestation provisoire faisant office d'attestation de vigilance est délivrée dès lors que l'activité a été régulièrement déclarée et que l'ensemble des formalités et procédures afférentes à la création d'activité ont été respectées (c. séc. soc. art. L. 243-15).

▶ À noter… Pour les situations antérieures au 25 décembre 2021, il a été jugé que l'absence d'attestation devait être sanctionnée par la solidarité financière du donneur d'ordre même si la délivrance de cette attestation par l'URSSAF était impossible et que la société sous-traitante avait remis au donneur d'ordre d'autres éléments que l'attestation de vigilance (cass. civ., 2e ch., 5 décembre 2024 n° 22-21152 FBR).

Obligation d'injonction - Lorsqu'un donneur d'ordre (ou un maître d'ouvrage) est informé par écrit par un agent de contrôle, un syndicat ou une association professionnels ou une institution représentative du personnel qu'un cocontractant, un sous-traitant ou un subdélégataire se trouve en situation de travail dissimulé par dissimulation d'activité (c. trav. art. L. 8221-3) ou dissimulation d'emploi salarié (c. trav. art. L. 8221-5), il doit enjoindre aussitôt son cocontractant de faire cesser cette situation (c. trav. art. L. 8222-5).

Cette obligation d'injonction s'applique également en cas de recours à une entreprise de travail temporaire (ETT). Il a en effet été jugé qu'il appartient à l'entreprise utilisatrice, informée de l'intervention de salariés employés par une ETT en situation de travail dissimulé, d'enjoindre aussitôt à celle-ci de faire cesser sans délai cette situation et qu'à défaut, elle est tenue solidairement avec l'ETT au paiement des indemnités pour travail dissimulé (cass. soc. 4 novembre 2020, n° 18-24451 PBRI).

Solidarité financière : principes - Si le donneur d'ordre manque à son obligation de vigilance ou d'injonction *(voir ci-avant)*, et que son cocontractant a fait l'objet d'un procès-verbal (PV) pour travail dissimulé, il est tenu solidairement avec la personne verbalisée (c. trav. art. L. 8222-2) :
- au paiement des impôts, taxes et cotisations obligatoires ainsi que des pénalités et majorations dus au Trésor public et aux organismes de protection sociale [pour plus de détails sur les pénalités et majorations dues aux URSSAF, voir *Majorations et pénalités URSSAF (absence de mise en conformité, travail dissimulé, abus de droit)**] ;
- au paiement des rémunérations, indemnités et charges dues au titre de l'emploi de travailleurs dissimulés ;
- le cas échéant, au remboursement des sommes correspondant au montant des aides publiques reçues (y compris les exonérations de cotisations, *voir ci-après*).

▶ À noter… Dans le cadre d'un *contrôle URSSAF**, la lettre d'observations adressée à une société donneuse d'ordre dont la solidarité financière est engagée à la suite d'un procès-verbal de travail dissimulé établi à l'égard d'un de ses sous-traitants doit préciser les sommes dues année par année et ne pas se contenter de mentionner le montant global des cotisations dues par le sous-traitant (cass. civ., 2e ch., 13 février 2020, n° 19-11645 FPBI).

La mise en œuvre de la solidarité financière est nécessairement subordonnée à l'établissement d'un procès-verbal pour délit de travail dissimulé à l'encontre du cocontractant, sans quoi elle ne peut pas jouer (cass. civ., 2e ch., 26 novembre 2015, n° 14-23851, BC II n° 543). Elle n'est néanmoins pas subordonnée à la communication préalable au donneur d'ordre du PV établi à l'encontre de son sous-traitant. En revanche, l'URSSAF doit produire ce document devant les juridictions contentieuses si le donneur d'ordre en conteste l'existence ou le contenu (cass. civ., 2e ch., 8 avril 2021, n° 19-23728 FSPR ; cass. civ., 2e ch., 8 avril 2021, n° 20-11126 FSPR).

Solidarité financière et annulation des exonérations de cotisations du sous-traitant - Le donneur d'ordre qui manque à son obligation de vigilance ou d'injonction est solidairement tenu de rembourser les annulations d'exonérations et de réductions de cotisations et contributions sociales infligées à son cocontractant qui a exercé un travail dissimulé au cours de la même période (c. séc. soc. art. L. 133-4-2).

Il peut toutefois, si le sous-traitant y est lui-même éligible, bénéficier, dans les mêmes proportions, du dispositif de modulation de l'annulation, qui permet de n'appliquer qu'une annulation partielle en fonction de la gravité des manquements du sous-traitant (c. séc. soc. art. L. 133-4-2, V) (pour le détail, voir *Travail dissimulé**). Pour calculer la proportion des réductions et exonérations annulées, ce sont alors les rémunérations des salariés du donneur d'ordre qui sont prises en compte, en lieu et place des rémunérations des salariés du sous-traitant (c. séc. soc. art. L. 133-4-5, I).

Annulation des exonérations de cotisations du donneur d'ordre - Lorsque le donneur d'ordre manque à son devoir de vigilance ou à son obligation d'injonction, et que son cocontractant fait l'objet d'un constat de travail dissimulé, l'URSSAF annule aussi les réductions ou exonérations des cotisations ou contributions dont le donneur d'ordre a bénéficié lui-même au titre des rémunérations versées à ses salariés. L'annulation s'applique pour chacun des mois au cours desquels la situation est vérifiée (c. séc. soc. art. L. 133-4-5, I).

▶ À noter… Lorsqu'il ne résulte pas d'un *contrôle URSSAF**, le redressement consécutif à l'annulation des exonérations de cotisations est porté à la connaissance du donneur d'ordre par un document signé par le directeur de l'URSSAF. Ce document rappelle les références du PV de travail dissimulé établi à l'encontre du sous-traitant, le manquement constaté, la période sur laquelle il porte et le montant de la sanction envisagé. Il informe également le donneur d'ordre qu'il dispose d'un délai de 30 jours pour présenter à l'URSSAF ses observations et qu'il peut se faire assister par une personne ou un conseil de son choix. À l'expiration du délai de 30 jours, et si le donneur d'ordre a fait part de ses observations, le directeur de l'URSSAF, après avoir notifié à ce dernier le montant de la sanction, met en recouvrement les sommes dues (c. séc. soc. art. R. 133-8-1).

L'annulation des exonérations de cotisations infligée en propre au donneur d'ordre peut être modulée en fonction de la gravité de la méconnaissance de ses obligations de vigilance ou d'injonction (cas de « récidive ») ainsi que de l'importance du montant de la fraude (c. séc. soc. art. L. 133-4-5, II).

Ainsi, dans les cas où le donneur d'ordre n'a fait l'objet d'aucune annulation d'exonérations depuis 5 ans, le montant des exonérations et réductions de cotisations annulées est plafonné à 15 000 € pour une personne physique et à 75 000 € pour une personne morale. Ce montant ne peut en outre pas dépasser, s'il s'avère inférieur, le montant mis à sa charge au titre de la solidarité financière à l'égard du sous-traitant (*voir ci-avant*).

En revanche, en cas de réitération d'un manquement à l'obligation de vigilance ou d'injonction dans les 5 ans, les plafonds de 15 000 € et de 75 000 € disparaissent, et l'annulation est plafonnée à hauteur du montant total des sommes mis à la charge du donneur d'ordre au titre de la solidarité financière (*voir ci-avant*).

Obligation de vigilance liée la lutte contre l'emploi de salariés étrangers sans titre de travail

Obligation de vigilance pour les contrats d'au moins 5 000 € HT - Toute personne qui conclut un contrat d'un montant au moins égal à 5 000 € hors taxes en vue de l'exécution d'un travail, de la fourniture d'une prestation de services ou de l'accomplissement d'un acte de commerce doit s'assurer, lors de la conclusion du contrat et tous les 6 mois jusqu'à la fin de l'exécution de ce contrat, que son

Documents à se faire remettre par un cocontractant établi en France
(c. trav. art. L. 8222-1 et D. 8222-5)

A) Dans tous les cas, les documents suivants :

1. Attestation dite « de vigilance » : attestation de fourniture de déclarations sociales et de paiement des cotisations et contributions de sécurité sociale émanant de l'organisme de protection sociale chargé du recouvrement des cotisations et des contributions sociales incombant au cocontractant, datant de moins de 6 mois (1).

Une fois l'attestation transmise par le cocontractant, le donneur d'ordre doit contrôler son authenticité soit par voie dématérialisée, soit sur demande directe auprès de l'organisme de recouvrement au moyen d'un numéro de sécurité (c. trav. art. D. 8222-5, c. séc. soc. art. D. 243-15).

B) Lorsque l'immatriculation du cocontractant au RCS ou au RNE est obligatoire ou lorsqu'il s'agit d'une profession réglementée, il faut obtenir en plus l'un des documents suivants :

2.1. Extrait de l'inscription au registre du commerce et des sociétés (RCS) (extrait K ou K bis).

2.2. Extrait d'immatriculation au registre national des entreprises (RNE) en tant qu'entreprise du secteur des métiers et de l'artisanat ;

2.3. Devis, document publicitaire ou correspondance professionnelle, à condition qu'y soient mentionnés le nom ou la dénomination sociale, l'adresse complète et le numéro d'immatriculation au RCS ou au RNE en tant qu'entreprise du secteur des métiers et de l'artisanat, ou à une liste ou un tableau d'un ordre professionnel, ou la référence de l'agrément délivré par l'autorité compétente.

2.4. Pour les personnes physiques ou morales en cours d'inscription : l'accusé de réception électronique du dossier déposé auprès du guichet unique des formalités d'entreprises, émanant du greffier du tribunal de commerce compétent ou de la chambre des métiers et de l'artisanat compétente.

(1) Le donneur d'ordre réclame l'attestation à son cocontractant, lequel se la fait délivrer par son organisme de recouvrement (URSSAF, etc.). Cette attestation ne peut pas être délivrée à une personne qui conteste par recours contentieux, sans les acquitter, les cotisations et contributions qui lui sont réclamées à la suite d'un PV pour travail dissimulé (cass. civ. 2e ch., 9 février 2017, n° 16-11297 FPB).

Documents à se faire remettre par un cocontractant établi ou domicilié à l'étranger (1) (c. trav. art. L. 8222-4 et D. 8222-7)
A) Dans tous les cas, les documents suivants :
1. Document mentionnant le numéro individuel d'identification à la TVA en France (si le cocontractant n'est pas tenu d'avoir un tel numéro : document mentionnant son identité et son adresse ou, le cas échéant, les coordonnées de son représentant fiscal ponctuel en France).
2. Document attestant la régularité de la situation sociale du cocontractant au regard du règlement européen CEE 883/2004 du 29 avril 2004 - dit « formulaire A1 » (2) - ou d'une convention internationale de sécurité sociale.
3. Lorsque la législation du pays de domiciliation le prévoit, un document émanant de l'organisme gérant le régime social obligatoire et mentionnant que le cocontractant est à jour de ses déclarations sociales et du paiement des cotisations afférentes, ou un document équivalent ou, à défaut, une attestation de fourniture des déclarations sociales et de paiement des cotisations et contributions de sécurité sociale.
B) Si l'immatriculation du cocontractant à un registre professionnel est obligatoire dans le pays d'établissement ou de domiciliation, il faut obtenir en plus l'un des documents suivants :
4.1. Document émanant des autorités tenant le registre professionnel ou document équivalent certifiant cette inscription.
4.2. Devis, document publicitaire ou correspondance professionnelle, à condition qu'y soient mentionnés le nom ou la dénomination sociale, l'adresse complète et la nature de l'inscription au registre professionnel.
4.3. Pour les entreprises en cours de création : document datant de moins de 6 mois émanant de l'autorité habilitée à recevoir l'inscription au registre professionnel et attestant de la demande d'immatriculation audit registre.
(1) Documents et attestations rédigés en français ou accompagnés d'une traduction en français (c. trav. art. D. 8222-8). (2) Le formulaire A1 (ex-E101) est le seul à pouvoir attester du maintien de l'affiliation des salariés détachés à la sécurité sociale de leur pays d'origine. Il est impossible de s'appuyer sur d'autres documents au prétexte qu'ils démontreraient aussi que les salariés du sous-traitant restent soumis à la législation sociale de leur pays d'origine. Dans une telle situation, le donneur d'ordre est considéré comme n'ayant pas procédé aux vérifications requises et il est possible de faire jouer la solidarité financière (cass. ass. plén. du 6 novembre 2015, n° 14-10182, B. ass. plén. n° 7 ; cass. ass. plén. du 6 novembre 2015, n° 14-10193, B. ass. plén. n° 8). L'absence de certificat A1 résultant d'un refus de délivrance ou d'un retrait par l'institution compétente entraîne l'application de la législation de l'État membre où est exercée l'activité salariée (cass. soc. 4 novembre 2020, n° 18-24451 PBRI). Même si le formulaire A1 a été irrégulièrement délivré, il reste opposable aux institutions de sécurité sociale et aux juridictions de l'État d'accueil qui ne peuvent l'écarter d'elles-mêmes sans passer par les voies de recours prévues par le droit européen (cass. ass. plén. 22 décembre 2017, n° 13-25467, B. ass. plén. n° 2 ; cass. civ., 2e ch., 31 mai 2018, n° 15-16832 D ; CJUE 6 septembre 2018, aff. C-527/16). Cependant, si le formulaire a été obtenu ou invoqué de manière frauduleuse et si l'institution qui l'a émis s'abstient de réexaminer la situation dans un délai raisonnable, les institutions ou juridictions françaises peuvent écarter le formulaire A1 (CJUE 6 février 2018, aff. C-359/16 ; cass. crim. 18 septembre 2018, nos 13-88632, 11-88040 et 13-88631, bull. crim. n° 160).

Documents à se faire remettre par un cocontractant dans le cadre de la lutte contre l'emploi de salariés étrangers non autorisés à travailler (c. trav. art. L. 8254-1 et D. 8254-2)
Liste nominative des salariés étrangers employés par le cocontractant et soumis à l'autorisation de travail. Cette liste, établie à partir du registre unique du personnel, précise, pour chaque salarié, sa date d'embauche, sa nationalité ainsi que le type et le numéro d'ordre du titre valant autorisation de travail.

cocontractant respecte l'obligation légale de n'employer que des travailleurs étrangers munis d'une autorisation de travail. Pour remplir cette obligation, il doit se faire remettre par son cocontractant la liste nominative des salariés étrangers employés par ce dernier et soumis à l'autorisation de travail *(voir tableau reproduit dans cette étude)* (c. trav. art. L. 8254-1, D. 8254-1, D. 8254-2 et D. 8254-4).

Le donneur d'ordre qui ne vérifie pas que son cocontractant s'acquitte bien de ses obligations est solidairement tenu avec celui-ci au paiement (c. trav. art. L. 8254-2) :

- des salaires et indemnités de rupture dus au salarié non autorisé à travailler, y inclus, s'il y a lieu, les frais d'envoi des rémunérations impayées vers le pays où l'étranger est parti volontairement ou a été reconduit (voir *Travailleurs étrangers**) ;
- et d'une amende administrative prononcée par le ministre chargé de l'immigration, au plus égale à 5 000 fois le taux horaire du *minimum garanti** (soit 21 100 € depuis le 1er novembre 2024) ou à 15 000 fois ce même taux en cas de réitération (soit 63 300 € depuis le 1er novembre 2024) (c. trav. art. L. 8253-1 ; voir *Travailleurs étrangers**).

Obligation d'injonction - Un donneur d'ordre, informé par écrit par un agent de contrôle de la lutte contre le travail illégal, un syndicat de salariés ou d'employeurs ou une institution représentative du personnel que son cocontractant ou un sous-traitant direct ou indirect de ce dernier emploie un étranger non autorisé à travailler, doit aussitôt enjoindre à son cocontractant de faire cesser cette situation (c. trav. art. L. 8254-2-1).

Faute de procéder à cette injonction, le donneur d'ordre :
- est tenu solidairement avec l'employeur en situation de travail illégal au paiement des salaires et indemnités dus au salarié, de l'amende administrative prononcée par le ministre chargé de l'immigration *(voir ci-dessus)* et des frais d'envoi des rémunérations impayées vers le pays où l'étranger est parti volontairement ou a été reconduit (c. trav. art. L. 8254-2-2 ; voir *Travailleurs étrangers**) ;
- est passible d'un emprisonnement de 5 ans et d'une amende de 30 000 € (c. trav. art. L. 8256-2).

▶ À noter… Si son injonction n'est pas suivie d'effet, le donneur d'ordre peut résilier le contrat aux frais et risques du cocontractant (ou sous-traitant).

Obligations d'injonction liées à la législation du travail, au salaire minimum et au logement

Socle de règles minimales de droit du travail - Lorsqu'un donneur d'ordre (ou maître d'ouvrage) est informé par écrit par un agent de contrôle habilité qu'un de ses sous-traitants, direct ou indirect, est en infraction au regard d'un socle minimal de règles de droit du travail, il doit, dans les 24 heures, enjoindre par écrit à ce sous-traitant d'y remédier sans délai (c. trav. art. L. 8281-1 et R. 8281-1).

▶ À noter… Ce socle minimal est constitué par les règles légales et conventionnelles dans certaines matières énumérées par le code du travail : discrimination, exercice du droit de grève, durée du travail, salaire minimum, etc. (c. trav. art. L. 8281-1, 1° à 9°).

Le sous-traitant doit répondre au donneur d'ordre (ou maître d'ouvrage) par écrit, dans les 15 jours, en l'informant de la régularisation ou des mesures prises pour remédier à cette situation. Ce dernier transmet aussitôt une copie de la réponse à l'agent de contrôle auteur du signalement (c. trav. art. L. 8281-1 et R. 8281-2).

À défaut de réponse écrite du sous-traitant, le donneur d'ordre (ou maître d'ouvrage) est tenu d'en informer l'agent de contrôle auteur du signalement dans les 2 jours suivant l'expiration du délai de réponse de 15 jours (c. trav. art. R. 8281-3).

Le donneur d'ordre (ou maître d'ouvrage) qui ne respecte pas l'une de ses obligations d'injonction et d'information est passible de l'amende prévue pour les contraventions de la 5e classe (voir *Amendes pénales**) (c. trav. art. R. 8282-1).

▶ À noter… Les différentes actions d'information et d'injonction doivent être effectuées par tout moyen permettant de leur conférer une date certaine (ex. : LRAR) (c. trav. art. R. 8281-4).

Procédure d'injonction liée au salaire minimum - Lorsqu'un donneur d'ordre (ou maître d'ouvrage) est informé par écrit par un agent de contrôle habilité du non-paiement partiel ou total du salaire minimum légal ou conventionnel dû au salarié d'un cocontractant, d'un sous-traitant direct ou indirect ou d'un cocontractant d'un sous-traitant, il doit lui enjoindre aussitôt par écrit de faire cesser sans délai cette situation (c. trav. art. L. 3245-2).

Le sous-traitant ou cocontractant doit répondre au donneur d'ordre (ou maître d'ouvrage) par écrit, dans un délai de 7 jours, de la régularisation ou des mesures prises pour faire cesser la situation. Ce délai court à compter du jour de la réception de l'injonction du donneur d'ordre (c. trav. art. L. 3245-2 et R. 3245-1).

Si le sous-traitant répond, le donneur d'ordre transmet aussitôt cette information à l'agent de contrôle auteur du signalement.

En l'absence de réponse écrite du sous-traitant, le donneur d'ordre doit informer l'agent de contrôle de cette absence de réponse dès l'expiration du délai imparti.

En cas de manquement à l'une de ces obligations d'injonction et d'information, le donneur d'ordre (ou maître d'ouvrage) est tenu solidairement avec l'employeur du salarié au paiement des rémunérations, indemnités et cotisations et contributions sociales y afférentes (c. trav. art. L. 3245-2 et R. 3245-2).

Procédure d'injonction liée à l'hébergement des travailleurs - Lorsqu'un donneur d'ordre (ou maître d'ouvrage) est informé par écrit par un agent de contrôle habilité que des salariés de son cocontractant ou d'une entreprise sous-traitante directe ou indirecte sont soumis à des conditions d'hébergement collectif incompatibles avec la dignité humaine, il doit lui enjoindre « aussitôt », par écrit, de faire cesser sans délai cette situation (c. trav. art. L. 4231-1).

▶ À noter… L'agent de contrôle apprécie notamment la vétusté manifeste des locaux ou des installations d'hébergement collectif, leur salubrité, leur taille, leur nombre ou leur équipement (c. trav. art. R. 4231-1).

Dès réception de l'injonction, l'employeur sous-traitant informe dans un délai de 24 heures le donneur d'ordre des mesures prises pour faire cesser la situation. Le donneur d'ordre transmet aussitôt cette réponse à l'agent de contrôle auteur du signalement (c. trav. art. R. 4231-2).

Si l'employeur sous-traitant ne répond pas, le donneur d'ordre en informe l'agent de contrôle dès l'expiration du délai de réponse de 24 heures.

En l'absence de régularisation effective de la situation par l'employeur sous-traitant, le donneur d'ordre est tenu de prendre sans délai à sa charge l'hébergement collectif des salariés dans des locaux conformes à la législation (c. trav. art. R. 4228-26 à R. 4228-37) sur l'hébergement des travailleurs (c. trav. art. L. 4231-1 et R. 4231-3).

Les différentes actions d'information et d'injonction doivent être effectuées par tout moyen permettant de leur conférer une date certaine (ex. : LRAR) (c. trav. art. R. 4231-4).

▶ À noter… Selon le Conseil constitutionnel, la mise en œuvre de la responsabilité du maître d'ouvrage ou du donneur d'ordre doit être subordonnée au constat par les agents de contrôle que le sous-traitant a commis l'infraction pénale d'hébergement incompatible avec la dignité humaine (c. pén. art. 225-14). Par ailleurs, l'obligation de prise en charge de l'hébergement des salariés du sous-traitant est limitée aux salariés qui sont employés à l'exécution du contrat en cause (ex. : ceux occupés sur le chantier du maître d'ouvrage) et à la durée d'exécution de ce contrat (c. constit., décision 2015-517 QPC du 22 janvier 2016, JO du 24).

Obligation de vigilance liée à la lutte contre les détachements abusifs vers la France

Les employeurs établis hors de France et détachant temporairement des salariés en France (on parle de détachement « transnational ») ont un certain nombre d'obligations en matière sociale. La loi prévoit en miroir des obligations spécifiques à la charge des donneurs d'ordre et maîtres d'ouvrage établis en France [voir *Détachement en France de salariés étrangers (formalités et contrôle)**].

Devoir de vigilance des grandes entreprises donneuses d'ordre

Sans rentrer dans les détails de ce dispositif, on signalera que les sociétés françaises employant plus de 5 000 salariés en France ou 10 000 salariés dans le monde, en incluant leurs filiales, doivent élaborer, rendre public et mettre en œuvre un plan de vigilance comportant des mesures propres à identifier les risques et à prévenir les atteintes aux droits humains et aux libertés fondamentales qui pourraient résulter des activités de la société mère, des sociétés qu'elle contrôle et de leurs fournisseurs et sous-traitants, en France comme à l'étranger (c. com. art. L. 225-102-1, I).

Le plan de vigilance et le compte rendu de sa mise en œuvre effective sont rendus publics et inclus dans le rapport annuel de gestion présenté par le conseil d'administration ou le directoire à l'assemblée générale des actionnaires (c. com. art. L. 225-102-1, I).

Un mécanisme a été prévu pour imposer le respect de ces obligations aux entreprises récalcitrantes (c. com. art. L. 225-102-1, II et L. 225-102-2).

☞ *Détachement en France de salariés étrangers ; Détachement en France de salariés étrangers (formalités et contrôle) ; Travail dissimulé ; Travail illégal ; Travailleurs étrangers.*

Donneur d'ouvrage (travail à domicile)

Tout chef d'établissement occupant régulièrement ou non un ou plusieurs *travailleurs à domicile** est un donneur d'ouvrage.

Formalités spécifiques

Déclaration à l'inspecteur du travail - Le donneur d'ouvrage communique, à sa demande, à l'agent de contrôle de l'inspection du travail une déclaration d'emploi de travailleurs à domicile lorsqu'il commence ou cesse de faire effectuer du travail à domicile (c. trav. art. L. 7413-3).

Affichage - Le donneur d'ouvrage affiche les temps d'exécution des travaux à domicile, les prix de travail à façon ou les salaires applicables à ces travaux et les *frais d'atelier** et les frais accessoires dans les locaux d'attente et dans ceux où s'effectuent la remise aux travailleurs des matières premières ou des objets et la réception des articles après exécution (c. trav. art. R. 7422-12).

Cette obligation ne s'applique pas au domicile privé des travailleurs à domicile, lorsque la remise des matières premières ou objets et la réception des marchandises y sont réalisées par les donneurs d'ouvrages ou leurs intermédiaires.

Bulletin ou carnet de salaire - Le donneur d'ouvrage doit également établir un bulletin ou un *carnet de salaire** et tenir une comptabilité distincte des matières premières et des fournitures destinées aux travailleurs à domicile (c. trav. art. L. 7421-1).

Un exemplaire du bulletin ou carnet est remis au travailleur. Un exemplaire est conservé pendant au moins 5 ans par le donneur d'ouvrage et, le cas échéant, son intermédiaire (ils doivent être en mesure de le présenter à toute demande de l'agent de contrôle de l'inspection du travail) (c. trav. art. L. 7421-2).

Comptabilité distincte des matières premières et fournitures - Le donneur d'ouvrage doit tenir une comptabilité distincte des matières premières et des fournitures destinées aux travailleurs à domicile, qui doit faire ressortir des éléments listés par le code du travail (c. trav. art. R. 7413-1).

Responsabilité générale du donneur d'ouvrage

Le donneur d'ouvrage est responsable de l'application des dispositions législatives et réglementaires applicables aux salariés, même s'il utilise un intermédiaire (c. trav. art. L. 7413-1).

☞ *Carnet de salaire ; Travailleurs à domicile.*

Douches

Obligation d'indemnisation

Conditions - Lorsque certains travaux insalubres ou salissants (liste fixée par un arrêté du 23 juillet 1947 modifié), sont effectués dans un établissement, l'employeur est tenu de mettre des douches à la disposition des salariés occupés à ces travaux (c. trav. art. R. 4228-8).

Le temps passé à la douche est rémunéré au tarif normal des heures de travail. Mais il n'est pas décompté dans la durée du *temps de travail effectif** (c. trav. art. R. 3121-1), notamment pour calculer le nombre d'heures supplémentaires, sauf usage ou convention contraire.

▶ À noter… Le temps de douche rémunéré au tarif normal est d'au moins 1/4 heure et au maximum d'une heure, habillage et déshabillage compris (arrêté du 23 juillet 1947, art. 5).

Cette obligation de paiement n'est pas subordonnée à la preuve par les salariés concernés de la prise effective de douches. Il suffit que les travaux effectués le nécessitent (cass. soc. 11 février 2004, n° 01-46405, BC V n° 53).

Articulation avec les temps d'habillage et de déshabillage - La prime de douche de fin de service ne peut pas inclure l'indemnisation des temps de déshabillage et d'habillage lors de la prise de poste. Si nécessaire, deux contreparties distinctes doivent être fixées (cass. soc. 12 décembre 2012, n° 11-22884, BC V n° 337).

En revanche, il est possible de prévoir que le temps de douche rémunéré en fin de service s'entend habillage et déshabillage compris.

Bulletin de paye

La rémunération correspondante doit faire l'objet d'une ligne distincte sur le bulletin de paye, faute de quoi elle serait présumée ne pas avoir été versée (cass. soc. 19 novembre 1996, n° 94-44243 D).

Si nécessaire, il appartient à l'employeur de rapporter la preuve de l'exécution de son obligation de rémunérer le temps passé à la douche en sus de la durée du travail effectif (cass. soc. 24 juin 1998, n° 97-40810, BC V n° 336).

☞ *Temps d'habillage et de déshabillage ; Temps de travail effectif.*

DREETS

Les DREETS au lieu des DIRECCTE

Le 1er avril 2021, les directions régionales de l'économie, de l'emploi, du travail et des solidarités (DREETS) ont remplacé les directions régionales des entreprises, de la concurrence, de la consommation, du travail et de l'emploi (DIRECCTE) (décret 2020-1545 du 9 décembre 2020, JO du 10). Ces nouvelles entités ont intégré les services déconcentrés chargés de la cohésion sociale. Elles sont secondées, au niveau départemental, par :

- les directions départementales de l'emploi, du travail et des solidarités (DDETS) ;
- les directions départementales de l'emploi, du travail, des solidarités et de la protection des populations (DDETS-PP).

▶ À noter… Les dispositions réglementaires faisant référence aux anciens services ont dû être modifiées en conséquence le 1er avril 2021 (décret art. 28, X). L'Île-de-France conserve une organisation particulière, avec notamment une direction régionale et interdépartementale et des unités de contrôle infra-départementales ou interdépartementales.

Missions des DREETS

Les DREETS ont les mêmes attributions que les DIRECCTE (inspection du travail, bon fonctionnement des marchés, sauvegarde des entreprises). Elles assument également d'autres missions : animation et coordination des politiques publiques de la cohésion sociale, mobilisation et coordination des acteurs de l'insertion sociale et professionnelle, etc.

Droit à l'erreur

Créé par la loi du 10 août 2018 pour un État au service d'une société de confiance (loi 2018-727 du 10 août 2018, art. 2, JO du 11), le droit à l'erreur constitue davantage un « droit à régularisation en cas d'erreur » qu'un véritable « droit à l'erreur ».

▶ À noter... Parallèlement au droit à l'erreur, la loi a institué un *droit au contrôle** permettant à tout usager de l'administration d'obtenir la validation de ses pratiques ou de les corriger, éventuellement dans le cadre du droit à l'erreur s'il en remplit les conditions (CRPA art. L. 124-1 et L. 124-2).

Droit à régularisation en cas d'erreur

Principe - L'administration ne peut pas infliger une sanction, pécuniaire ou consistant en la privation de tout ou partie d'une prestation due, à une personne ayant méconnu pour la première fois une règle applicable à sa situation ou ayant commis une erreur matérielle lors du renseignement de sa situation dès lors que celle-ci a régularisé sa situation soit de sa propre initiative, soit après avoir été invitée à le faire par l'administration dans le délai que celle-ci lui a indiqué (CRPA art. L. 123-1).

Seules les erreurs régularisables, c'est-à-dire qui peuvent encore être rectifiées, sont donc concernées.

Les retards ou omissions de déclaration dans les délais prescrits par un texte, parce qu'elles ne sont pas régularisables, n'entrent pas, par conséquent, dans le champ d'application du droit à l'erreur.

Bénéficiaires et étendue - Peuvent profiter du droit à l'erreur tous les usagers de l'administration, qu'il s'agisse de personnes physiques ou morales (entreprises), dès lors qu'ils sont de bonne foi.

Par administration, il faut entendre les administrations de l'État, les collectivités territoriales, leurs établissements publics administratifs et les organismes et personnes de droit public et de droit privé chargés d'une mission de service public administratif, y compris les organismes de sécurité sociale (CRPA art. L. 100-3).

Sauf exceptions *(voir plus loin)*, le droit à l'erreur s'applique à toutes les démarches administratives.

▶ À noter... Dans le cadre de la création du droit à l'erreur, le gouvernement a mis en place un site internet oups.gouv.fr, qui recense les erreurs les plus courantes et donne des conseils pour les éviter.

Condition de bonne foi

Première erreur - Le droit à l'erreur ne s'applique qu'en cas d'erreur matérielle ou de première méconnaissance involontaire d'une règle. Il ne joue donc qu'en cas de bonne foi de l'administré. Si ce dernier méconnaît une nouvelle fois la même règle, il s'expose à la sanction administrative encourue (CRPA art. L. 123-1).

En cas de mauvaise foi ou de fraude, l'administration peut prononcer la sanction prévue par la loi, sans prendre la peine d'inviter la personne à régulariser sa situation (CRPA art. L. 123-1).

Définition et preuve de la mauvaise foi - La mauvaise foi est définie comme étant la méconnaissance délibérée par une personne d'une règle applicable à sa situation. En cas de contestation, la preuve de la mauvaise foi ou de la fraude incombe à l'administration (CRPA, art. L. 123-2).

Cas d'exclusion du droit à l'erreur

Exclusions légales - Il est impossible de se prévaloir du droit à l'erreur dans les cas suivants (CRPA, art. L. 123-1) :
- les sanctions sont requises pour la mise en œuvre du droit de l'Union européenne ;
- les sanctions sont prononcées en cas de méconnaissance des règles préservant directement la santé publique, la sécurité des personnes et des biens ou l'environnement ;
- les sanctions sont prévues par un contrat ;
- les sanctions sont prononcées par les autorités de régulation à l'égard des professionnels soumis à leur contrôle.

Exclusions en raison du caractère supplétif du droit à l'erreur - Étant inséré dans le code des relations du public avec l'administration (CRPA), le droit à l'erreur est, par définition, un droit supplétif qui ne s'applique que s'il n'existe pas déjà une procédure spéciale de régularisation des erreurs commises prévue par des dispositions législatives ou réglementaires (CRPA art. L. 100-1).

Droit à l'erreur au sein des URSSAF

Application depuis 2020 - La « version URSSAF » du droit à l'erreur a été introduite par décret dans le code de la sécurité sociale (décret 2019-1050 du 11 octobre 2019, JO du 13). Elle est applicable :
- depuis le 1er janvier 2020, en cas de retards, d'omissions ou d'inexactitudes dans les déclarations sociales ou le paiement des cotisations ;
- aux mises en demeure émises à compter du 1er avril 2020 à l'issue d'un *contrôle URSSAF**, à condition que le redressement soit de faible ampleur et qu'aucun manquement grave n'ait été constaté.

▶ À noter... Avant le 1er janvier 2020, en raison de son caractère supplétif *(voir ci-dessus)*, le droit à l'erreur ne pouvait pas jouer en matière de régularisation de cotisations sociales puisqu'une procédure spécifique du code de la sécurité sociale permettait déjà à l'employeur de rectifier les erreurs constatées dans ses déclarations de cotisations sans avoir à payer les majorations de retard et les pénalités.

Droit à l'erreur en matière de déclarations - L'employeur qui, de sa propre initiative ou à la demande de l'organisme de recouvrement dont il relève, corrige les erreurs constatées dans ses déclarations de cotisations et de contributions sociales, et verse à la même échéance le complément de cotisations et de contributions sociales correspondant, échappe aux majorations de retard et aux pénalités prévues par la réglementation (voir *Majorations et pénalités URSSAF**) si l'une des deux conditions suivantes est remplie (c. séc. soc. art. R. 243-10, I et II) :
- la déclaration rectifiée et le versement de la régularisation de cotisations et de contributions sociales dues sont adressés au plus tard lors de la première échéance suivant celle de la déclaration et du versement initial ;
- le montant des majorations et pénalités qui seraient applicables est inférieur au plafond mensuel de la sécurité sociale (3 925 € en 2025) ou le versement régularisateur est inférieur à 5 % du montant total des cotisations initiales.

▶ À noter... Le droit à l'erreur ne joue pas en cas d'omission de salariés dans la déclaration ou d'inexactitudes répétées du montant des rémunérations déclarées (c. séc. soc. art. R. 243-10, II). Il ne joue pas non plus en cas de déclaration régularisatrice postérieure à une *taxation provisionnelle**, de défaut de production des déclarations aux échéances prescrites et de non-respect de l'obligation de dématérialisation des déclarations sociales (voir *Déclaration sociale nominative** et *Majorations et pénalités URSSAF**).

Droit à l'erreur en matière de paiement des cotisations - Le cotisant qui respecte ses obligations déclaratives mais ne verse pas les cotisations et contributions sociales dont il est redevable à la date d'exigibilité n'a pas à payer les majorations de retard si les conditions suivantes sont remplies (c. séc. soc. art. R. 243-11) :
- il s'en acquitte dans un délai de 30 jours ou souscrit, dans ce même délai, un plan d'apurement avec l'URSSAF et en respecte les termes ;
- aucun retard de paiement n'a été constaté au cours des 24 mois précédents ;
- le montant des majorations qui seraient applicables est inférieur au plafond mensuel de la sécurité sociale (3 925 € en 2025).

▶ À noter... Le droit à l'erreur ne joue pas en cas de non-respect de l'obligation de dématérialisation du paiement des cotisations (voir *Majorations et pénalités URSSAF**).

Droit à l'erreur dans le cadre du contrôle URSSAF - Pour les mises en demeure émises à la suite d'un *contrôle URSSAF**, les cotisants peuvent faire jouer le droit à l'erreur et ainsi échapper à la majoration de retard principale de 5 % dès lors que le montant du redressement est inférieur au plafond annuel de la sécurité sociale (47 100 € en 2025) et que le manquement ou l'infraction en cause ne présente pas un caractère de gravité important (c. séc. soc. art. R. 243-17).

▶ À noter... Présentent un caractère de gravité important ne permettant pas de faire jouer le droit à l'erreur : l'abus de droit (c. séc. soc. art. L. 243-7-2), la non-mise en conformité avec des observations notifiées lors d'un précédent *contrôle URSSAF** (c. séc. soc. art. L. 243-7-6), le *travail dissimulé** (c. séc. soc. art. L. 243-7-7) et l'obstacle à contrôle (c. séc. soc. art. L. 243-12-1).

En revanche, la majoration de retard complémentaire de 0,20 %, le cas échéant abaissée à 0,10 % (voir *Majorations et pénalités URSSAF**), reste due.

☞ *Déclaration sociale nominative ; Droit au contrôle ; Majorations et pénalités URSSAF.*

Droit au contrôle

Parallèlement au *droit à l'erreur**, la loi du 10 août 2018 pour un État au service d'une société de confiance a institué au profit de tout usager de l'administration le droit de bénéficier, à sa demande, des contrôles administratifs qui peuvent lui être utiles afin d'obtenir la validation de ses pratiques ou de les corriger, éventuellement dans le cadre du *droit à l'erreur** s'il en remplit les conditions (loi 2018-727 du 10 août 2018, art. 2, I, JO du 11).

L'objectif poursuivi est d'ériger le contrôle en outil d'aide à la mise en conformité et de ne plus le concevoir principalement sous un angle répressif.

Mise en œuvre du droit à contrôle

Personne physique ou morale - Toute personne physique ou morale (ex : entreprise) peut demander à faire l'objet d'un contrôle prévu par les dispositions législatives et réglementaires en vigueur (ex : *contrôle URSSAF**) (CRPA art. L. 124-1).

Contenu et objet de la demande - La demande doit préciser les points sur lesquels le contrôle est sollicité (CRPA art. L. 124-1).

▶ À noter... Le droit au contrôle ne se substitue pas à la procédure de *rescrit social**, qui permet aux employeurs de solliciter l'administration pour savoir si certaines de leurs pratiques sont conformes à la législation.

La demande de réalisation d'un contrôle n'a ni pour objet, ni pour effet, de permettre à la personne concernée de s'affranchir du respect des obligations qui lui incombent par ailleurs en application de la loi ou de la réglementation, ou qui résultent d'une convention internationale (CRPA art. L. 124-1). Un employeur ne saurait donc se prévaloir d'une demande de réalisation d'un contrôle pour ne pas respecter ses obligations ou pour les suspendre dans l'attente de la réalisation de ce contrôle.

▶ À noter... Le silence gardé pendant 2 mois par l'administration sur la demande vaut décision implicite d'acceptation (CRPA art. L. 231-1).

Délai de réalisation du contrôle - L'administration doit procéder au contrôle dans un « délai raisonnable » (CRPA art. L. 124-1, al. 2).

La loi ne précise pas ce qu'il faut entendre par « délai raisonnable ». Mais l'exposé de ses motifs indique que ce délai est apprécié par l'administration concernée au regard du contenu de chaque demande et des moyens dont elle dispose pour y faire droit. L'étude d'impact du projet de loi ajoute qu'il ne devrait pas, en principe, conduire l'administration à différer au-delà d'une année la réalisation du contrôle demandé.

Cas d'exclusion du droit au contrôle

Exclusions légales - Les services administratifs sollicités ne sont pas tenus de donner suite aux demandes abusives ou empreintes de mauvaise foi (demandes répétitives, disproportionnées, manifestement infondées...), ni à celles qui ont manifestement pour effet de compromettre le bon fonctionnement du service ou de mettre l'administration dans l'impossibilité matérielle de mener à bien son programme de contrôle (CRPA art. L. 124-1, al. 2).

Exclusions en raison du caractère supplétif du droit au contrôle - Étant inséré dans le code des relations du public avec l'administration (CRPA), le droit au contrôle est, par définition, un droit supplétif qui ne s'applique que s'il n'existe pas déjà une procédure de droit au contrôle équivalente prévue par des dispositions législatives ou réglementaires (CRPA art. L. 100-1).

Opposabilité des résultats du contrôle

Sous réserve des droits des tiers, le résultat du contrôle peut être opposé à l'administration dont il émane. L'opposabilité cesse d'être applicable en cas de changement des circonstances de droit ou de fait de nature à affecter les conclusions du contrôle ou si l'administration procède à un nouveau contrôle donnant lieu à de nouvelles conclusions expresses (CRPA art. L. 124-2).

L'opposabilité des conclusions du contrôle ne peut pas faire obstacle à l'application des dispositions législatives ou réglementaires préservant directement la santé publique, la sécurité des personnes et des biens ou l'environnement (CRPA art. L. 124-2).

Droit à régularisation

Si le contrôle débouche sur un constat d'irrégularité, la personne concernée pourra, si elle en remplit les conditions, régulariser sa situation dans le cadre du *droit à l'erreur** (CRPA art. L. 124-2).

☛ *Droit à l'erreur.*

Droit d'alerte et de retrait

Définition - En cas de danger grave et imminent pour sa vie ou sa santé, chaque salarié est en droit d'aviser immédiatement l'employeur et de suspendre son activité (c. trav. art. L. 4131-1).

Il suffit que le salarié ait un motif « raisonnable » de craindre pour sa vie ou sa santé. Peu importe que le danger soit objectif et se réalise effectivement (pour plus de détails, voir Dictionnaire Social, « Droit d'alerte et de retrait en cas de danger »).

▶ À noter... Tout représentant du personnel au *comité social et économique** (CSE) peut également déclencher une procédure d'alerte entraînant une enquête immédiate (c. trav. art. L. 4131-2, L. 4132-2 et D. 4132-1 et D. 4132-2).

Incidence sur le salaire - Aucune retenue de salaire ni aucune sanction ne peuvent être décidées à l'encontre du salarié qui a exercé à bon escient ce droit de retrait (c. trav. art. L. 4131-3).

Si l'employeur considère que le salarié n'avait pas de motif raisonnable de cesser son travail, il peut pratiquer une retenue de salaire pour les heures non travaillées, même si le salarié est resté à sa disposition. Cette retenue correspond à l'absence de fourniture de travail sans motif légitime (cass. crim. 25 novembre 2008, n° 07-87650, B. crim. n° 239). Pour agir ainsi, il faut être bien certain que le salarié n'avait aucun motif légitime de penser qu'il était en danger même si ce n'était pas le cas en réalité. La retenue sur salaire doit être proportionnelle à l'absence (voir *Absence**).

▶ À noter... Lorsque les conditions du droit de retrait ne sont pas réunies, l'employeur n'a pas à saisir préalablement le juge du bien-fondé de l'exercice de ce droit par le salarié pour procéder à la retenue sur salaire (cass. soc. 22 mai 2024, n° 22-19849 FSB).

Accident du travail ou maladie professionnelle - Lorsqu'un salarié est victime d'un *accident du travail** ou d'une *maladie professionnelle** lié à la réalisation d'un risque qu'il a, ou que le CSE, a signalé à son employeur, la faute inexcusable de l'employeur est reconnue d'office (c. trav. art. L. 4131-4 ; cass. soc. 17 juillet 1998, n° 96-20988, BC V n° 398).

☞ *Faute inexcusable (accident du travail ou maladie professionnelle).*

Durée d'équivalence

Mise en œuvre

Principe - Le principe de la durée d'équivalence consiste à considérer qu'une durée du travail plus élevée que la *durée légale du travail** est considérée comme étant équivalente à la durée légale.

Toutes les conséquences attachées au dépassement de la durée légale du travail, et notamment les *heures supplémentaires**, se trouvent déplacées au-delà de la durée d'équivalence.

Secteurs concernés - Une durée équivalant à la durée légale peut être instituée dans les professions et pour des emplois déterminés comportant des périodes d'inaction (c. trav. art. L. 3121-13).

Les heures d'équivalence peuvent être mises en place dans ces professions :
- par une convention ou un accord de branche étendu, à charge pour ce texte de déterminer la rémunération des périodes d'inaction (c. trav. art. L. 3121-14) ;
- soit par décret en Conseil d'État (c. trav. art. L. 3121-15).

Un simple accord d'entreprise est insuffisant.

Exemple
Des horaires d'équivalence existent dans le secteur des services de l'automobile (décret 2005-40 du 20 janvier 2005, JO du 22), du commerce de détail.

Entreprises et emplois concernés - Les dispositions d'un décret instituant une équivalence s'appliquent aux seules entreprises dont l'activité principale est visée (cass. soc. 18 janvier 1989, n° 86-41935 D) ou appartenant au secteur d'activité visé (cass. soc. 19 février 1992, n° 88-41397, BC V n° 108).

Les équivalences ne peuvent pas être appliquées en dehors des activités et des emplois visés par le texte créant l'équivalence (cass. soc. 18 janvier 1995, n° 90-45902 D). Les périodes d'équivalence sont liées à l'emploi occupé et non à la qualification du salarié qui l'occupe (cass. soc. 7 juillet 1986, n° 85-40780, BC V n° 357 ; cass. soc. 7 janvier 1997, n° 93-44081 D). Tous les salariés d'un secteur donné ne sont pas automatiquement concernés (CE 18 octobre 2006, n° 276359).

▶ À noter... Lorsqu'un régime de durée d'équivalence a été institué dans les règles, les juges n'ont pas à vérifier l'existence de temps d'inaction (cass. soc. 11 mai 2016, n° 14-15971, BC V n° 850).

Salariés relevant du régime d'équivalence - Les heures d'équivalence concernent uniquement les salariés à temps complet (cass. crim. 11 mai 1984, n° 83-92887 D ; cass. soc. 8 juin 1994, n° 90-41895, BC V n° 192 ; cass. soc. 8 novembre 1995, n° 92-40116 D). Ce régime ne concerne pas les salariés à temps partiel (cass. soc. 27 septembre 2006, n° 04-43446, BC V n° 293 ; dir. 93/104/CE du 23 novembre 1993).

▶ Attention... Parmi les salariés à temps complet, les équivalences sont réservées à ceux exerçant une activité soumise à un tel régime. Il est impossible de l'appliquer à des salariés exerçant une autre activité principale (cass. soc. 25 novembre 1998, n° 93-43664 D).

L'exercice de tâches accessoires n'empêche pas l'application du régime d'équivalence (cass. soc. 19 juin 1991, n° 87-41480 D ; cass. crim. 8 mars 1994, n° 90-81887 D). Mais les heures correspondant à des attributions accessoires et distinctes des fonctions soumises à l'horaire d'équivalence doivent être rémunérées en les excluant de l'équivalence (cass. soc. 29 mai 1990, n° 87-44384, BC V n° 247). Si elles sont effectuées au-delà de 35 heures par semaine, il s'agit donc d'heures supplémentaires, même si au total le niveau de la durée d'équivalence n'est pas atteint.

Exemple

La salariée qui effectue quotidiennement, accessoirement à ses fonctions de maître d'hôtel, des travaux de comptabilité sans qu'il soit établi que cette double activité lui laisse des périodes d'inaction a droit, au paiement d'heures supplémentaires pour les activités de comptabilité (cass. soc. 8 juillet 2003, n° 01-41843, BC V n° 216).

Apprentis - L'équivalence ne s'applique pas durant les semaines passées en CFA ou en section d'apprentissage (circ. DRT 2002-15 du 22 août 2002).

Rémunération - Les périodes d'équivalence sont rémunérées conformément aux conventions ou accords collectifs ou, à défaut, aux usages applicables. Cette règle vise les heures comprises entre la durée légale du travail (35 h hebdomadaires) et la durée d'équivalence applicable (ex. : 38 h hebdomadaires).

Ainsi, sauf usage ou disposition conventionnelle contraire, la rémunération du salarié est calculée sur la base de la durée légale du travail, et non de la durée d'équivalence (cass. soc. 16 janvier 1966, n° 62-40806, BC IV n° 11 ; cass. soc. 3 juillet 1967, BC IV n° 547).

Exemple

Pour une durée d'équivalence de 38 h hebdomadaires le salarié est payé sur une base 35 h, en l'absence de disposition ou d'usage contraire. Les heures « d'équivalence », comprises entre la durée légale de 35 h et la durée d'équivalence de 38 h ne sont pas rémunérées.

En fonction des décrets ou accords collectifs applicables, l'employeur peut être tenu de rémunérer les heures d'équivalences, selon les modalités particulières prévues par ces textes, comme :
- un paiement au taux normal, sans majoration de salaire (ex. : pour une durée d'équivalence de 38 h hebdomadaires, le salarié est payé 38 h sans majoration de salaire pour les 3 heures d'équivalence au-delà de 35 h) ;
- ou dans une proportion précisée par l'accord.

Si le salarié effectue moins que la durée légale hebdomadaire, le régime d'équivalence ne lui est pas applicable et il perçoit une rémunération correspondant à son horaire de présence.

Heures supplémentaires - Seules les heures travaillées au-delà de la durée d'équivalence sont des heures supplémentaires.

Durées maximales de travail et repos

Durée maximale hebdomadaire - Les heures d'équivalence ne doivent en aucun cas conduire le salarié à dépasser les limites européennes de durée du travail. Le salarié soumis à ce régime ne doit donc notamment pas être amené à travailler plus de 48 heures par semaine (CJCE, 1er décembre 2005, aff. C-14/04 ; cass. soc. 24 septembre 2008, n° 07-44265 D ; dir. 2003/88/CE du 4 novembre 2003).

Pour vérifier si cette durée maximale est respectée, il convient de prendre en compte l'intégralité des heures de présence sur le lieu de travail (ex. : 38 h et non 35 h) (cass. soc. 26 mars 2008, n° 06-45469, BC V n° 72 ; cass. soc. 23 septembre 2009, n° 07-44226, BC V n° 202).

Durée maximale annuelle - Un accord qui aménage le temps de travail sur l'année ne peut pas prévoir un seuil annuel de décompte des heures supplémentaires supérieur à 1607 heures. La mise en place d'un horaire d'équivalence ne permet pas de déroger à ce principe (cass. soc. 26 septembre 2012, n° 11-14083, BC V n° 251).

Pauses - L'application d'un système d'équivalence ne fait pas obstacle aux temps de *pauses** obligatoires dus aux salariés. Ainsi, un salarié qui effectue des permanences de nuit comprenant des « périodes d'inaction », prises en compte via un système d'équivalence, doit bénéficier d'un temps de pause d'au moins 20 minutes après 6 heures de présence (c. trav. art. L. 3121-16). Ce temps de pause ne doit pas être considéré comme « compris » dans les périodes d'inaction (cass. soc. 29 juin 2011, n° 10-14743, BC V n° 184).

Amplitude de la journée de travail et repos quotidien - On ne doit pas tenir compte d'un système d'heures d'équivalence pour vérifier le respect des règles relatives à l'*amplitude de la journée de travail**.

Ainsi l'intégralité des heures de permanence doit être prise en compte pour savoir si l'amplitude maximale de 13 h, et donc le respect du *repos quotidien** obligatoire de 11 h consécutives, sont respectés (cass. soc. 23 septembre 2009, n° 07-44226, BC V n° 202).

☞ *Durée du travail ; Heures supplémentaires.*

Durée du travail

Durée légale du travail

Principe de la durée légale - La durée légale du travail est de 35 heures par semaine (c. trav. art. L. 3121-27).

Il ne s'agit pas d'une durée du travail obligatoire.

La durée légale représente simplement le seuil de déclenchement des *heures supplémentaires** (sauf cas de l'*horaire d'équivalence**). Elle n'empêche pas une entreprise d'avoir une durée collective de travail supérieure, sous réserve notamment des règles relatives au *contingent annuel d'heures supplémentaires** et aux majorations pour *heures supplémentaires**.

▶ À noter... Si une entreprise a une durée collective de travail inférieure à 35 heures hebdomadaires, les heures effectuées au-delà de cet horaire collectif et jusqu'à 35 heures hebdomadaires ne constituent pas, d'un strict point de vue juridique, des *heures supplémentaires**, même si l'employeur a l'obligation de les rémunérer au salarié.

Durée d'équivalence - Dans certaines professions, une durée d'équivalence supérieure à 35 heures hebdomadaires s'applique. Dans ce cas, la durée d'équivalence se substitue à la durée légale du travail pour toutes les conséquences qui sont attachées à son dépassement (déclenchement des heures supplémentaires, etc.).

Pour plus de détails, voir *Durée d'équivalence**.

Durée maximale quotidienne du travail

Principe - La durée maximale de travail par jour ne peut pas dépasser 10 heures. Des possibilités de dérogation sont toutefois possibles soit sur autorisation, soit en cas d'urgence, soit en application d'un accord collectif (c. trav. art. L. 3121-18).

▶ À noter... Le salarié qui a dépassé la durée maximale quotidienne de travail, en dehors des cas de dérogation prévu par décret, doit être indemnisé sans avoir à prouver son préjudice (cass. soc. 11 mai 2023 n° 21-22281 FSB).

Dérogation conventionnelle - Un accord collectif d'entreprise ou d'établissement ou, à défaut, une convention ou un accord de branche peut prévoir le dépassement de la durée maximale de 10 heures, à condition de ne pas aller au-delà de 12 heures par jour (c. trav. art. L. 3121-19).

L'accord d'entreprise ou d'établissement prime sur l'accord de branche.

Dérogation sur autorisation en cas de surcroît d'activité - Il est possible de dépasser 10 heures par jour sur autorisation de l'inspecteur du travail, lorsqu'un surcroît temporaire d'activité est imposé. Il peut notamment s'agir de travaux devant être exécutés dans un délai déterminé en raison de leur nature, des charges imposées à l'entreprise ou des engagements contractés par celle-ci, de travaux saisonniers ou de travaux impliquant une activité accrue pendant certains jours de la semaine, du mois ou de l'année (c. trav. art. D. 3121-4).

L'employeur doit adresser une demande à l'inspecteur du travail, accompagnée des informations utiles et de l'avis du *comité social et économique** (CSE). L'inspecteur du travail a 15 jours pour répondre et faire connaître sa décision à l'employeur et aux représentants du personnel (c. trav. art. D. 3121-5).

En cas d'urgence, l'employeur peut déroger à la limite de 10 heures par jour sous sa propre responsabilité, à condition de présenter immédiatement une demande de régularisation. S'il se trouve dans l'attente d'une réponse à une demande de dépassement, il informe immédiatement l'inspecteur du travail de l'obligation où il se trouve d'anticiper la décision attendue et en donne les raisons. Là encore, l'inspecteur du travail fait connaître sa décision dans les 15 jours (c. trav. art. D. 3121-6).

Dans les deux cas, le silence de l'inspecteur du travail au terme du délai de 15 jours vaut accord (décret 2014-1290 du 23 octobre 2014, JO 1er novembre).

Durée maximale hebdomadaire sur une semaine isolée

Principe (48 h) - La durée hebdomadaire de travail ne doit pas dépasser 48 heures sur une semaine isolée (c. trav. art. L. 3121-20).

▶ À noter… Le salarié qui dépasse sur une semaine la durée maximale de travail a droit à des dommages et intérêts. En effet, le seul constat du dépassement de la durée maximale de travail ouvre droit à la réparation, sans que le salarié ait à démontrer un préjudice (cass. soc. 26 janvier 2022, n° 20-21636 FSB).

Dérogation sur autorisation en cas de circonstances exceptionnelles - Une dérogation peut être accordée en cas de circonstances exceptionnelles entraînant un surcroît extraordinaire de travail, mais elle ne peut pas avoir pour effet de porter la durée du travail à plus de 60 heures par semaine (c. trav. art. L. 3121-21 et R. 3121-10).

L'employeur doit adresser une demande à l'inspecteur du travail, accompagnée des justifications des circonstances exceptionnelles, de la durée pour laquelle l'autorisation est sollicitée et de l'avis du CSE. La décision est prise par le *DREETS** qui dispose de 30 jours pour répondre. La décision précise l'ampleur du dépassement et la durée de l'autorisation (c. trav. art. R. 3121-10).

Le silence au terme de ce délai vaut accord (décret 2014-1290 du 23 octobre 2014, JO 1er novembre).

Durée maximale hebdomadaire moyenne

Principe (44 h sur 12 semaines) - La durée hebdomadaire moyenne de travail, calculée sur une période quelconque de 12 semaines consécutives, ne peut pas dépasser 44 heures (c. trav. art. L. 3121-22). Il existe cependant des dérogations.

Dérogation conventionnelle (jusqu'à 46 h sur 12 semaines) - Un accord collectif d'entreprise ou d'établissement ou, à défaut, une convention ou un accord de branche peut porter la limite moyenne hebdomadaire sur 12 semaines consécutives à 46 heures (c. trav. art. L. 3121-23).

L'accord d'entreprise ou d'établissement prime sur l'accord de branche.

À défaut d'accord, dérogations sur autorisation (jusqu'à 46 h sur 12 semaines) - À défaut d'accord collectif, le dépassement de la moyenne de 44 heures sur 12 semaines consécutives peut être autorisé par le DREETS, dans la limite de 46 heures (c. trav. art. L. 3121-24), en cas de circonstances exceptionnelles entraînant un surcroît extraordinaire de travail (c. trav. art. R. 3121-10 et R. 3121-11).

L'employeur doit adresser une demande à l'inspecteur du travail, accompagnée des justifications des circonstances exceptionnelles, de la durée pour laquelle l'autorisation est sollicitée et de l'avis du CSE. La décision est prise par le DREETS, qui dispose de 30 jours pour répondre. La décision précise l'ampleur du dépassement et la durée de l'autorisation (c. trav. art. R. 3121-10).

Le silence au terme de ce délai vaut accord (décret 2014-1290 du 23 octobre 2014, JO 1er novembre).

Dérogation à la limite des 46 h - À titre exceptionnel, dans certains secteurs, certaines régions ou certaines entreprises, des dérogations peuvent être accordées à la limite de 46 heures en moyenne sur 12 semaines, pour une période déterminée (c. trav. art. L. 3121-25).

Elles peuvent permettre de dépasser 46 heures en moyenne sur 12 semaines consécutives, de répartir la moyenne de 46 heures sur plus de 12 semaines ou de combiner ces deux modalités (c. trav. art. R. 3121-12).

La demande est présentée par l'organisation d'employeurs intéressée, auprès du ministre du Travail lorsque la demande concerne l'ensemble d'un secteur au plan national ou auprès du DREETS lorsqu'elle concerne un secteur au plan local, départemental ou interdépartemental. La décision est prise par le ministre ou le DREETS (c. trav. art. R. 3121-13 et R. 3121-14). Lorsqu'une telle autorisation existe, un employeur ne peut en user qu'après décision de l'inspecteur du travail, après avis du CSE, s'il existe (c. trav. art. R. 3121-15).

L'employeur qui ne relève pas d'un secteur couvert par une autorisation peut demander une autorisation particulière pour faire face à des situations exceptionnelles propres à son entreprise. Il dépose une demande motivée auprès de l'inspecteur du travail, accompagnée de l'avis du CSE. L'inspecteur la transmet au DREETS (c. trav. art. R. 3121-16).

Quelques règles particulières

Jeunes - La durée du travail des jeunes de moins de 18 ans fait l'objet de dispositions spécifiques conduisant à des durées maximales de 8 heures par jour et de 35 heures par semaine, sauf dérogation (c. trav. art. L. 3162-1) (voir *Jeunes**).

Travail de nuit - Pour les salariés bénéficiant du statut de travailleur de nuit, la durée du travail est en principe limitée à 8 heures par jour, sous réserve des dérogations admises (c. trav. art. L. 3122-6) (voir *Travail de nuit**).

La durée hebdomadaire moyenne ne peut pas dépasser 40 heures sur 12 semaines consécutives (c. trav. art. L. 3122-7). Un accord d'entreprise ou d'établissement ou, à défaut, un accord de branche, peut porter cette limite à 44 heures sur 12 semaines consécutives si les caractéristiques de l'activité du secteur le justifient (c. trav. art. L. 3122-18).

Convention de forfait annuel en jours - Si l'on s'en tient au code du travail, les salariés en *convention de forfait** en jours sur l'année ne sont soumis ni à la durée quotidienne maximale de 10 heures, ni à la durée maximale hebdomadaire de 48 heures sur une semaine isolée, ni à la durée maximale hebdomadaire de 44 heures en moyenne sur 12 semaines consécutives, ni à la durée légale du travail (c. trav. art. L. 3121-62). Les seules limites qui restent applicables sont celles relatives au *repos quotidien** et au *repos hebdomadaire**.

Les salariés doivent cependant bénéficier de mesures garantissant le respect de ces repos et d'une charge de travail raisonnable [voir *Convention de forfait (forfait annuel en jours)**].

Travail en équipes successives selon un cycle continu - La durée du travail des salariés travaillant de façon permanente en équipes successives selon un cycle continu ne doit pas dépasser 35 heures hebdomadaires de travail effectif en moyenne sur l'année (c. trav. art. L. 3132-15) (voir *Travail en équipes successives**).

L'essentiel sur la preuve des heures travaillées en cas de litige

Preuve « partagée » - En cas de litige relatif à l'existence ou au nombre d'heures de travail effectuées, la charge de la preuve des heures effectuées n'incombe spécialement à aucune des parties (cass. soc. 30 septembre 2003, n° 02-42730, BC V n° 248).

En réalité, elle appartient aussi bien à l'employeur qu'au salarié.

Le code du travail précise en effet que le juge forme sa conviction au vu de plusieurs éléments (c. trav. art. L. 3171-4) :
- ceux que le salarié présente à l'appui de sa demande ;
- ceux fournis par l'employeur et qui sont de nature à justifier les horaires effectivement réalisés par le salarié.

Dans tous les cas, le juge peut ordonner, en cas de besoin, toutes les mesures d'instruction qu'il estime utiles.

Ces règles de preuve valent également pour les litiges concernant les jours travaillés par les salariés en forfait annuel en jours (cass. soc. 23 septembre 2009, n° 08-41377, BC V n° 200).

Le salarié doit étayer sa demande - Le salarié n'a pas à prouver la réalisation des heures travaillées. Il doit « présenter à l'appui de sa demande des éléments suffisamment précis quant aux heures non rémunérées qu'il prétend avoir accomplies » (cass. soc. 18 mars 2020, n° 18-10919 FPPBRI).

Les éléments avancés peuvent être très divers (décomptes de temps de travail, relevés de présence, agendas, etc.). Des tickets de cantine peuvent même être admis s'ils respectent les règles relatives aux données personnelles (cass. soc. 27 mars 2019, n° 17-31715 FPB). Pour plus de détail sur ces règles et le RGPD, il est possible de se reporter au Dictionnaire RF Social.

En revanche, la précision exigée ne signifie pas que le salarié doive indiquer dans ses décomptes les éventuelles pauses méridiennes qui auraient interrompu le temps de travail (cass. soc. 27 janvier 2021, n° 17-31046 FPPBRI). En effet, ce n'est pas à lui mais à l'employeur de prouver la prise des temps de pause (cass. soc. 20 février 2013, n° 11-28811, BC V n° 52 ; cass. soc. 20 février 2013, n°s 11-21848 et 11-21599, BC V n° 51 ; *voir ci-après*).

En retour, l'employeur doit justifier des heures travaillées - Il est demandé à l'employeur de fournir au juge des éléments de nature à justifier les horaires effectivement réalisés par le salarié (cass. soc. 10 mai 2007, n° 05-45932, BC V n° 71).

Il doit notamment être en mesure de produire les documents de contrôle imposés par la loi pour démontrer la réalité des heures de travail effectuées par le salarié (cass. soc. 18 mars 2020, n° 18-10919 FPPBR).

Au final, le juge doit se prononcer en fonction des éléments présentés par le salarié et l'employeur. Si sa décision est fondée sur les seuls éléments du salarié, sans que l'employeur ait eu à apporter ses propres éléments, il fait peser la charge de la preuve des heures supplémentaires exclusivement sur le salarié et sa décision n'est pas valable (cass. soc. 18 mars 2020, n° 18-10919 FPPBR).

Preuve du respect des durées maximales du droit français - Le régime de la preuve partagée ne s'applique pas à la preuve du respect des durées maximales prévues par le droit interne français. En cas de litige, c'est exclusivement à l'employeur de prouver qu'il les a respectées (cass. soc. 25 septembre 2013, n° 12-13267, BC V n° 220).

Pour ce qui concerne le droit français, cela concerne par exemple :
- les maxima de durée quotidienne et hebdomadaire prévus par le code du travail (cass. soc. 20 février 2013, n° 11-28811, BC V n° 52) ;

- ou ceux résultant de décrets particuliers, comme la durée maximale prévue dans les transports routiers (cass. soc. 25 septembre 2013, n° 12-13267, BC V n° 220).

Il en va de même pour la preuve de la prise des temps de pause (cass. soc. 8 avril 2021, n° 19-22700 D).

Preuve du respect des garanties européennes - Le régime de la preuve partagée ne s'applique pas non plus aux seuils et plafonds prévus par le droit de l'Union européenne. En cas de litige, c'est exclusivement à l'employeur de prouver qu'il les a respectés (cass. soc. 25 septembre 2013, n° 12-13267, BC V n° 220 ; cass. soc. 17 octobre 2012, n° 10-17370, BC V n° 267).

Sont concernées les garanties minimales prévues par la directive européenne sur le temps de travail, et en particulier :
- la durée maximale hebdomadaire de travail de 48 heures, heures supplémentaires comprises (dir. 2003/88/CE du 4 novembre 2003, art. 6) ;
- le temps de pause obligatoire après 6 heures de travail (dir. 2003/88/CE du 4 novembre 2003, art. 4) ;
- le repos quotidien minimal de 11 heures consécutives par 24 heures (dir. 2003/88/CE du 4 novembre 2003, art. 3) ;
- le repos hebdomadaire minimal de 24 heures (auquel s'ajoutent sauf exception 11 heures de repos journalier) sans interruption durant chaque période de sept jours de travail (dir. 2003/88/CE du 4 novembre 2003, art. 5).

Décompte automatique du temps de travail - Si le décompte des heures effectuées par chaque salarié est effectué par un système d'enregistrement automatique (badge, etc.), celui-ci doit être fiable et infalsifiable (c. trav. art. L. 3171-4).

☞ *Accord de performance collective ; Aménagement du temps de travail sur une période supérieure à la semaine ; Amplitude de la journée de travail ; Astreinte ; Contingent annuel d'heures supplémentaires ; Convention de forfait ; Convention de forfait (forfait annuel en jours) ; Dimanche ; Douches ; Durée d'équivalence ; Heures complémentaires ; Heures supplémentaires ; Horaire de travail ; Jeunes ; Jours fériés ; Pauses ; Repos compensateur de remplacement ; Repos hebdomadaire ; Repos quotidien ; Temps de déplacement ; Temps d'habillage et de déshabillage ; Temps partiel ; Temps de travail effectif ; Travail de nuit.*

Durée légale du travail

☞ *Durée du travail ; Durée d'équivalence ; Heures supplémentaires.*

Durée maximale du travail

☞ *Durée du travail ; Convention de forfait (forfait annuel en jours).*

E

Effectif

De nombreuses obligations sont liées à l'effectif de l'entreprise. Les catégories de salariés à prendre en compte, le cadre dans lequel il faut se situer et les dates ou périodes à retenir pour apprécier l'effectif varient selon les obligations concernées.

Cette étude détaille les règles de décompte des salariés prévues en droit du travail. Celles-ci valent pour toutes les dispositions du code du travail visant une condition d'effectif et qui ne se réfèrent pas à l'effectif « sécurité sociale » (c. trav. art. L. 1111-2).

En effet depuis le 1er janvier 2020, le champ du calcul de l'effectif « sécurité sociale » a été élargi à plusieurs seuils sociaux inscrits dans le code du travail. Ils se sont rajoutés aux nombreuses obligations et calculs en paye qui relevaient déjà des règles du code de la sécurité sociale.

Pour les règles d'effectif « sécurité sociale », il convient de se reporter aux développements correspondants (voir *Effectif sécurité sociale**).

Seuils encore concernés par l'effectif « droit du travail »

Nombreux seuils « paye » soumis au calcul de l'effectif sécurité sociale - Depuis le 1er janvier 2020, la loi PACTE a étendu le champ des règles d'effectif « sécurité sociale » à de nombreux seuils sociaux prévus par le code du travail (loi 2019-486 du 22 mai 2019, JO du 23 ; décret 2019-1586 du 31 décembre 2019, JO du 1er janvier 2020).

De fait, la plupart des seuils du code du travail ayant un impact en paye relèvent des règles d'*effectif sécurité sociale**. Sont par exemple soumis aux règles « sécurité sociale » les matières suivantes :

- *contribution à la formation professionnelle** (taux variable selon l'effectif) (c. trav. art. L. 6331-1 A, L. 6331-1 et L. 6331-3) ;
- *contribution supplémentaire à la taxe d'apprentissage** (assujettissement et taux) (c. trav. art. L. 6242-1) ;
- modalités de calcul de la *contrepartie obligatoire en repos** liée aux heures supplémentaires (variable selon l'effectif) (c. trav. art. L. 3121-33 et L. 3121-38) ;
- obligation d'emploi des *travailleurs handicapés** (assujettissement et montant de la contribution AGEFIPH) (c. trav. art. L. 5212-1) ;
- aide liée aux contrats d'apprentissage [voir *Apprentissage (contrat)**] (c. trav. art. L. 6243-1 et L. 6243-1-1) ;
- obligation d'envoi de l'*attestation d'assurance chômage** à France Travail sous forme dématérialisée (c. trav. art. R. 1234-5-1 et R. 1234-9) ;
- seuils concernant la *participation aux résultats** (c. trav. art. L. 3321-1, L. 3322-2 et L. 3324-2), l'*intéressement** (c. trav. art. L. 3311-1, L. 3312-3 et L. 3312-5) et les plans d'épargne salariale (*plan d'épargne d'entreprise**, *plan d'épargne pour la retraite collectif**, *plan d'épargne pour la retraite d'entreprise collectif**) (c. trav. art. L. 3331-1 et L. 3332-2) ;
- limite ouvrant droit à l'exonération renforcée de la *prime de partage de la valeur** (décret 2024-690 du 5 juillet 2024, art. 1, II, JO du 6) ;
- abondement correctif au CPF lié à l'*entretien professionnel** (c. trav. art. L. 6315-1 et L. 6323-13) ;
- rémunération du salarié en congé de *CPF de transition professionnelle** (possibilité pour l'employeur d'avoir des avances sur les remboursements) (c. trav. art. L. 6323-17-5 et D. 6323-18-1, III).

Seuils maintenus aux règles de droit du travail - Les autres seuils du code du travail continuent à relever des règles de droit du travail qui leur sont propres, comme par exemple :

- les seuils applicables en matière d'institutions représentatives du personnel (CSE, délégué syndical, etc.) ;
- le seuil de 50 salariés en dessous duquel le temps de travail peut être aménagé sans accord collectif dans la limite de 9 semaines (à partir de 50 salariés, la limite est fixée à 4 semaines) (c. trav. art. L. 3121-45) (voir *Aménagement du temps de travail sur une période supérieure à la semaine**) ;
- le seuil d'assujettissement à l'*index de l'égalité** et à la pénalité qui y est associée (c. trav. art. D. 1142-8) ;
- les seuils permettant de négocier un accord collectif de travail avec d'autres partenaires que les délégués syndicaux [voir Dictionnaire Social, « Accord collectif d'entreprise (conclusion sans délégué syndical) »].

Mais en pratique, rares sont les seuils concernés ayant un impact direct en paye.

Modalités de décompte du code du travail

Seuils concernés - Les modalités de décompte des salariés sont identiques pour toutes les dispositions du code du travail se référant à des conditions d'effectif (c. trav. art. L. 1111-2).

Le principe veut que toutes les personnes titulaires d'un contrat de travail soient prises en compte, des règles spécifiques étant prévues pour les intérimaires et les autres salariés mis à disposition par une entreprise extérieure ainsi que pour les contrats aidés et les apprentis.

CDI et travailleurs à domicile - L'employeur doit prendre en compte intégralement les salariés en CDI à temps plein et les travailleurs à domicile. Chaque salarié compte donc pour une unité (c. trav. art. L. 1111-2, 1°).

CDD, contrats de travail intermittent, intérimaires - Les salariés titulaires d'un CDD ou d'un contrat de travail intermittent, ainsi que les travailleurs temporaires, sont pris en compte au prorata de leur temps de présence au cours des 12 mois précédents (c. trav. art. L. 1111-2, 2°).

À propos des CDD et à l'occasion d'une affaire portant sur la *participation aux résultats**, la Cour de cassation a précisé que le décompte s'effectue mois par mois. Pour l'effectif d'un mois donné, le salarié en CDD est comptabilisé en fonction de son nombre de mois de présence sur les 12 mois précédents. Il en va de même sur le mois suivant et ainsi de suite. Par ailleurs, le fait que le CDD ne soit plus à l'effectif du mois où s'effectue le décompte n'a pas d'incidence (le salarié est pris en compte au prorata de sa présence sur les 12 mois précédents) (cass. soc. 1er juin 2017, n° 16-16779, BC V n° 103). La logique voudrait qu'il en aille de même pour les travailleurs temporaires et les salariés en contrat de travail intermittent. Reste à savoir si cette jurisprudence peut s'appliquer au-delà de la question de la participation, mais rien ne devrait l'interdire.

> ▶ À noter... L'effectif d'assujettissement à la participation aux résultats est depuis le 1er janvier 2020 calculé selon les règles « sécurité sociale » (c. trav. art. L. 3321-1, renvoyant à c. séc. soc. art. L. 130-1).

Salariés mis à disposition par une entreprise extérieure - Les salariés mis à disposition par une entreprise extérieure, qui sont présents dans les locaux de l'entreprise utilisatrice et y travaillent depuis au moins 1 an sont pris en compte dans les effectifs de l'entreprise d'accueil au prorata de leur temps de présence au cours des 12 mois précédents (c. trav. art. L. 1111-2, 2°).

> ▶ À noter... Une certaine continuité dans la relation de travail semble exigée. Une entreprise utilisatrice n'a pas à tenir compte de salariés qui n'ont pas été mis à sa disposition exclusive mais travaillaient indifféremment pour plusieurs transporteurs et ne se rendaient que ponctuellement dans ses locaux (cass. soc. 14 avril 2010, n° 09-60367, BC V n° 99). Rendue en matière d'élections professionnelles, cette solution pourrait s'appliquer à tous les effectifs calculés selon les modalités du code du travail.

Le code du travail précise que pour la tarification des risques accident du travail et maladie professionnelle, les salariés mis à disposition par une entreprise de travail temporaire, un groupement d'employeurs ou une association intermédiaire ne sont pas pris en compte dans les effectifs de l'entreprise utilisatrice (c. trav. art. R. 1111-1). Rappelons que les règles d'effectif en matière de tarification AT/MP sont gouvernées par la législation de sécurité sociale, qui sur cette question conduit à la même solution (non prise en compte de ces salariés dans l'effectif de l'entreprise utilisatrice pour la tarification AT/MP ; voir *Effectif sécurité sociale**).

Salariés à temps partiel - Les salariés à temps partiel sont pris en compte en divisant la somme totale des horaires inscrits dans leur contrat de travail par la durée légale ou la durée conventionnelle du travail, quelle que soit la nature de leur contrat de travail (c. trav. art. L. 1111-2, 3°).

S'ils sont en CDD ou en contrat de travail intermittent ou s'il s'agit de travailleurs temporaires ou mis à disposition tels qu'indiqué ci-dessus, la proratisation en fonction de leur temps de présence est aussi appliquée *(voir plus haut)*.

Salariés absents, salariés remplaçants - Les salariés dont le contrat de travail est suspendu (arrêt maladie, congé, etc.) restent pris en compte dans les effectifs, même si aucune rémunération ne leur est versée.

En revanche, les salariés en CDD, les intérimaires ainsi que les salariés mis à disposition par une entreprise extérieure sont exclus des effectifs lorsqu'ils remplacent un salarié dont le contrat de travail est suspendu (c. trav. art. L. 1111-2, 2°).

Dirigeants et mandataires sociaux - Les *dirigeants d'entreprise** et mandataires sociaux qui ne sont pas titulaires d'un contrat de travail ne sont pas pris en compte dans les effectifs calculés conformément aux modalités prévues par le code du travail, y compris s'ils sont affiliés au régime général de la sécurité sociale.

En revanche, les dirigeants titulaires d'un contrat de travail sont pris en compte dans les effectifs, en fonction des caractéristiques de leur contrat de travail.

Stagiaires - Les personnes effectuant des *stages en entreprise** sont exclues des effectifs, dans la mesure où elles n'ont pas la qualité de salarié.

Apprentis et contrats aidés - Les apprentis, les titulaires d'un contrat initiative-emploi (CIE) ou d'un contrat d'accompagnement dans l'emploi (CAE) (voir *contrat unique d'insertion**) et les salariés en *contrat de professionnalisation** ne sont pas pris en compte dans les effectifs (c. trav. art. L. 1111-3).

Cette exclusion est limitée dans le temps :
- durée de la période de versement de l'aide financière pour un CIE ou un CAE ;
- durée du *contrat de professionnalisation** ou du contrat d'apprentissage [voir *Apprentissage (contrat)**] pour un contrat conclu sous forme de CDD ;
- durée de l'action de professionnalisation ou de la période d'apprentissage pour un *contrat de professionnalisation** ou un contrat d'apprentissage conclu sous forme de CDI.

▶ À noter… Les salariés en CIE ou CAE sont pris en compte dans les effectifs pour le calcul des seuils en matière d'institution représentative du personnel (c. trav. art. L. 2301-1). Mais cette question ne concerne pas directement la paye.

Entreprises de travail temporaire - Pour l'effectif de ces entreprises, il convient de prendre en compte les salariés permanents selon les modalités détaillées ci-avant, ainsi que les intérimaires qui ont été liés à elles par un contrat de travail temporaire (contrat de mission) pendant une durée totale d'au moins 3 mois au cours de la dernière année civile (c. trav. art. L. 1251-54).

Groupements d'employeurs - L'effectif d'un groupement d'employeurs se calcule dans les conditions habituelles.

Toutefois les salariés mis à la disposition, en tout ou partie, d'un ou de plusieurs de ses membres par un groupement d'employeurs ne sont pas pris en compte dans l'effectif de ce groupement pour l'application du code du travail (c. trav. art. L. 1253-8-1).

▶ À noter… Cette dérogation ne joue pas pour les dispositions de la deuxième partie du code du travail relatives aux relations collectives (négociation collective, mise en place du CSE, etc.) (c. trav. art. L. 1253-8-1).

☞ *Aménagement du temps de travail sur une période supérieure à la semaine ; Effectif sécurité sociale ; Effectif versement mobilité.*

Modalités de décompte des salariés selon le code du travail (*)

Catégories de salariés	Modalités de prise en compte
Salariés en CDI à temps plein, travailleurs à domicile	Comptés pour une unité chacun (c. trav. art. L. 1111-2, 1°).
Salariés à temps partiel	Pris en compte en divisant la somme totale des horaires inscrits dans leur contrat de travail par la durée légale ou la durée conventionnelle du travail, quelle que soit la nature de leur contrat de travail (c. trav. art. L. 1111-2, 3°).
CDD (1), **contrats de travail intermittent**	Pris en compte au prorata du temps de présence au cours des 12 mois précédents (c. trav. art. L. 1111-2, 2°).
Travailleurs temporaires (1)	**Règle générale :** pris en compte au prorata de leur temps de présence au cours des 12 mois précédents (c. trav. art. L. 1111-2, 2°).
	Tarification des risques accident du travail et maladie professionnelle : les salariés mis à disposition par une entreprise de travail temporaire ne sont pas pris en compte dans l'effectif de l'entreprise d'accueil (c. trav. art. R. 1111-1) (2).
Salariés mis à disposition par une entreprise extérieure (1)	**Règle générale :** pris en compte dans l'entreprise d'accueil au prorata de leur temps de présence au cours des 12 mois précédents, étant entendu qu'ils ne sont pris en compte que s'ils sont présents dans l'entreprise utilisatrice et y travaillent depuis au moins 1 an (c. trav. art. L. 1111-2, 2°).
	Tarification des risques accident du travail et maladie professionnelle : les salariés mis à disposition par une entreprise intermédiaire, une association intermédiaire ou un groupement d'employeurs ne sont pas pris en compte dans l'effectif de l'entreprise d'accueil (c. trav. art. R. 1111-1) (2).
Apprentis et contrats aidés assortis d'une mesure temporaire d'exclusion des effectifs	Non pris en compte dans l'effectif pendant la période d'exclusion des effectifs (*voir ci-dessus*) (3) (c. trav. art. L. 1111-3).

(*) Hors entreprises de travail temporaire.
(1) Les salariés titulaires d'un CDD et les salariés mis à disposition par une entreprise extérieure, y compris les travailleurs temporaires, sont exclus du décompte des effectifs lorsqu'ils remplacent un salarié absent ou dont le contrat de travail est suspendu (c. trav. art. L. 1111-2, 2°). À l'inverse, les salariés dont le contrat de travail est suspendu (arrêt maladie, congé, etc.) restent pris en compte dans les effectifs, même si aucune rémunération ne leur est versée.
(2) Règle de fait maintenue dans le cadre des règles d'effectif prévues par la législation de sécurité sociale, lesquelles s'appliquent à la tarification AT/MP (voir *Effectif sécurité sociale**).
(3) *Apprentis**, salariés en *contrat de professionnalisation**, salariés en contrat d'accompagnement dans l'emploi (CAE) ou en contrat initiative-emploi (CIE) (voir *Contrat unique d'insertion**). Toutefois les salariés en CAE ou CIE sont pris en compte pour les décomptes en matière de représentation du personnel.

Effectif sécurité sociale

Par commodité de langage, on désigne sous le terme d'effectif « sécurité sociale » les règles de décompte d'effectif codifiées au sein du code de la sécurité sociale. Elles s'appliquent à l'ensemble des seuils prévus par le code de la sécurité sociale ainsi que, lorsque cela est expressément prévu, aux seuils prévus dans d'autres codes ou textes.

Ces règles, codifiées par un décret du printemps 2017, sont entrées en vigueur le 1er janvier 2018 (décret 2017-858 du 9 mai 2017, art. 12, I, JO du 10). Elles s'appliquent donc depuis l'effectif annuel 2017 pour les différents domaines de la sécurité sociale (dates de paiement des cotisations, date de la DSN, FNAL, forfait social sur la prévoyance, etc.), ainsi que la participation construction et, moyennant quelques particularités, le versement mobilité.

La loi PACTE du 22 mai 2019 a modifié les règles applicables et considérablement élargi les matières soumises aux règles de calcul de l'effectif « sécurité sociale ».

Réforme issue de la loi PACTE

Principes de la réforme - La loi PACTE du 22 mai 2019 et ses textes d'application ont réformé une partie des règles applicables (loi 2019-486 du 22 mai 2019, JO du 23 ; décret 2019-1586 du 31 décembre 2019, JO 1er janvier 2020).

Les points essentiels de la réforme sont les suivants :
- l'extension du champ d'application de l'effectif « sécurité sociale » à de nouveaux seuils sociaux ;
- la mise en place d'un mécanisme unifié de limitation des effets de seuil ;
- l'exclusion des dirigeants et mandataires sociaux sans contrat de travail relevant du régime général de l'effectif « sécurité sociale ».

Entrée en vigueur - Dans le cas général, les modifications issues de la loi PACTE sont devenues applicables au 1er janvier 2020 (loi 2019-486 du 22 mai 2019, art. 11, XIV). La réforme s'est donc appliquée pour la première fois pour l'année 2020 sur la base de l'effectif « sécurité sociale » calculé sur 2019 (hors situation des entreprises nouvelles et tarification AT/MP).

Par exception, les règles d'effectif « sécurité sociale » se sont appliquées pour la première fois à la *contribution supplémentaire à la taxe d'apprentissage** due au titre des rémunérations 2019 (loi 2019-486 du 22 mai 2019, art. 12, III, C), sur la base de l'effectif calculé sur 2019. L'effectif de référence à retenir pour cette contribution est en effet, par dérogation, celui de l'année au titre de laquelle elle est due (c. trav. art. L. 6242-1, V).

Pour l'*obligation d'emploi des travailleurs handicapés** (OETH), la première OETH concernée était celle relative à l'année 2020 sur la base de l'effectif « sécurité sociale » calculé sur 2020.

Les dispositions présentées ci-après sont celles issues de la loi PACTE.

Seuils relevant des règles d'effectif sécurité sociale

Tableau récapitulatif - Le tableau ci-après récapitule les seuils d'effectif ayant un impact en paye qui sont régis par les règles d'effectif « sécurité sociale ».

Seuils prévus par le code de la sécurité sociale - Les règles d'effectif « sécurité sociale » s'appliquent à l'ensemble des seuils codifiés au sein du code de la sécurité sociale (c. séc. soc. art. L. 130-1) : date d'exigibilité de la DSN et des cotisations URSSAF, droit à la déduction forfaitaire de cotisations patronales attachée aux heures supplémentaires, forfait social sur la prévoyance, etc. *(voir tableau pour le détail)*.

Pour la détermination du mode de tarification de la cotisation d'accidents du travail (collectif, mixte ou individuel), il faut tenir compte de quelques particularités propres à cette matière *(voir plus loin dans cette étude)*.

Seuils prévus par d'autres codes - Par renvoi exprès, l'effectif « sécurité sociale » concerne aussi depuis plusieurs années la *participation à l'effort de construction** (qui relève du code de la construction et de l'habitation) et le *versement mobilité** (régi par le code général des collectivités territoriales).

▶ À noter… Pour l'assujettissement au *versement mobilité**, il faut tenir compte de quelques particularités *(voir plus loin dans cette étude)*.

Par la suite, la loi PACTE et son décret d'application ont étendu le champ de l'effectif « sécurité sociale » à de nouveaux seuils, régis pour la plupart par le code du travail (modalités de calcul de la *contrepartie obligatoire en repos** attachée aux heures supplémentaires, *contribution à la formation professionnelle**, *obligation d'emploi des travailleurs handicapés**, etc.), parfois par d'autres codes (ex. : code du tourisme pour les *chèques-vacances**).

Les lecteurs retrouveront la liste des seuils « paye » concernés par l'effectif sécurité sociale depuis la loi PACTE dans la 2e partie de notre tableau récapitulatif ci-après.

Exemption de forfait social sur l'épargne salariale - Depuis le 1er janvier 2019, les employeurs qui ne sont pas assujettis à titre obligatoire à la participation (en substance, les « moins de 50 salariés ») sont exonérés de *forfait social** sur la participation aux résultats et les abondements aux plans d'épargne salariale. Par ailleurs, les entreprises de moins de 250 salariés n'ont pas de forfait social à payer sur l'*intéressement** (c. séc. soc. art. L. 137-15, al. 11 et 12).

Il faut retenir l'effectif « sécurité sociale » (BOSS, Effectifs, § 30, 01/01/2025), au moins depuis le 1er janvier 2020.

▶ À noter... Pour l'année 2019, le ministère du Travail considérait qu'il convenait de se référer à l'effectif de référence retenue pour l'assujettissement à la *participation aux résultats**, à savoir à l'époque un effectif décompté selon les règles de droit du travail (voir *Effectif**), apprécié sur 12 mois, consécutifs ou non, au cours des trois derniers exercices (www.travail.gouv.fr, questions/réponses du 14 janvier 2019).

Effectif de référence

Décompte au niveau de l'entreprise - L'effectif salarié de l'employeur est calculé au niveau de l'entreprise, tous établissements confondus (c. séc. soc. art. L. 130-1, I).

Par dérogation, pour l'assujettissement à la *participation aux résultats**, il convient de l'apprécier au niveau de l'unité économique et sociale (UES), lorsqu'il en existe une (c. trav. art. L. 3322-2).

Pour le *versement mobilité**, il faut tenir compte des particularités liées au zonage de cette contribution [voir *Effectif (versement mobilité)**].

Les entreprises ayant des établissements dans plusieurs pays doivent tenir compte des salariés des seuls établissements situés en France. Cette règle vaut tant pour les entreprises françaises ayant des établissements dans plusieurs pays, que pour les entreprises étrangères ayant des établissements en France et à l'étranger (BOSS, Effectifs, §§ 70 et 80, 01/01/2025).

Seuils relevant des règles d'effectif sécurité sociale

Obligations ou avantages	**Seuil d'effectif (1)**
I - Seuils relevant de l'effectif sécurité sociale avant la loi PACTE	
Périodicité et date de paiement des cotisations aux URSSAF (c. séc. soc. art. R. 243-6 et R. 243-6-1)	• Possibilité d'opter pour un paiement trimestriel pour les entreprises de moins de 11 salariés • Date limite de paiement des cotisations pour les employeurs en périodicité mensuelle (5 ou 15 du mois selon l'effectif de l'entreprise et la pratique ou non du décalage de paye) • Voir *Exigibilité des cotisations URSSAF**
Obligation de payer les cotisations auprès d'une URSSAF interlocuteur unique (c. séc. soc. art. R. 243-6-3)	Entreprises d'au moins 250 salariés et groupes d'au moins 500 salariés (voir *Versement en un lieu unique obligatoire**)
Date de souscription de la déclaration sociale nominative (c. séc. soc. art. R. 133-14 renvoyant à R. 243-6)	5 ou 15 du mois selon l'effectif de l'entreprise et la pratique ou non du décalage de paye (voir *Déclaration sociale nominative**)
Déduction forfaitaire de cotisations patronales attachée aux heures supplémentaires (c. séc. soc. art. L. 241-18 et L. 241-18-1)	Moins de 20 salariés, 20 à moins de 250 salariés [voir *Heures supplémentaires (déduction forfaitaire de cotisations patronales)**]
FNAL plafonné de 0,10 % ou FNAL déplafonné de 0,50 % (c. constr. et hab. art. L. 813-45 ; BOSS, Effectifs, § 40, 01/01/2025)	Moins de 50 salariés ou 50 salariés et plus depuis le 1er janvier 2020 (voir *FNAL**)
Forfait social sur les contributions patronales de prévoyance complémentaire (c. séc. soc. art. L. 137-15, al. 1 et 10)	11 salariés et plus (voir *Forfait social**)
Exonération « LODéOM » attachée à certains territoires d'outre-mer (c. séc. soc. art. L. 752-3-2, L. 752-3-3 et R. 752-20-1)	Seuils de 11 et 250 salariés pris en compte pour déterminer le barème applicable [voir *Outre-mer (exonération de cotisations en Guadeloupe, Guyane, Martinique et à La Réunion)** et *Outre-mer (exonération de cotisations à Saint-Barthélemy et Saint-Martin)**]
Exonération attachée aux zones France ruralités revitalisation (ZFRR) depuis le 1.07.2024 et aux zones de revitalisation rurale (ZRR) avant cette date (c. séc. soc. art. L. 241-19 ; décret 97-127 du 12 février 1997, art. 4)	Moins de 50 salariés (voir *Embauche du 1er au 50e salarié**)
Mode de tarification de la cotisation d'accidents du travail (c. séc. soc. art. D. 242-6-2 et D. 242-30)	Tarification collective, mixte ou individuelle selon l'effectif de référence (2) (voir *Tarification de la cotisation d'accidents du travail**)

Seuils relevant des règles d'effectif sécurité sociale	
Obligations ou avantages	**Seuil d'effectif (1)**
Participation construction des employeurs non agricoles (c. constr. et hab. art. L. 313-1)	50 salariés et plus depuis le 1er janvier 2020 (voir *Participation à l'effort de construction**)
Versement mobilité (c. gén. collect. terr. art. L. 2333-64 et L. 2531-2)	11 salariés et plus en Île-de-France ou, en région, dans la zone concernée (voir *Effectif versement mobilité** et *Versement mobilité**)
Possibilité pour les URSSAF de procéder à un contrôle sur pièces (c. séc. soc. art. R. 243-59-3)	Moins de 11 salariés (voir *Contrôle URSSAF**)
Limitation à 3 mois de la durée des contrôles URSSAF	Moins de 20 salariés (voir *Contrôle URSSAF**)
II - Seuils « paye » relevant de l'effectif sécurité sociale depuis la loi PACTE	
Les seuils ci-après relèvent des règles d'effectif « sécurité sociale » depuis le 1er janvier 2020. Hors cas des entreprises nouvelles, la réforme s'est donc appliquée pour la première fois pour l'année 2020 sur la base de l'effectif « sécurité sociale » calculé sur l'année 2019. Par exception, la réforme s'est appliquée : - pour l'obligation d'emploi des travailleurs handicapés : à partir de l'obligation 2020 sur la base de l'effectif « sécurité sociale » calculé sur l'année 2020 (déclaration annuelle produite en 2021) ; - pour la contribution supplémentaire à la taxe d'apprentissage : à partir de la contribution due au titre de l'année 2019 sur la base de l'effectif « sécurité sociale » calculé sur l'année 2019.	
Formation professionnelle et apprentissage	
Contribution à la formation professionnelle (c. trav. art. L. 6331-1 A, L. 6331-1 et L. 6331-3)	Taux variant selon que l'entreprise compte moins de 11 salariés ou 11 salariés et plus (voir *Contribution à la formation professionnelle**)
Exonération de contribution légale de formation professionnelle sur les rémunérations versées aux apprentis (c. trav. art. L. 6331-1 A et L. 6331-1)	Moins de 11 salariés (voir *Contribution à la formation professionnelle**)
Exonération de taxe d'apprentissage sur les rémunérations versées aux apprentis (c. trav. art. L. 6241-1-1)	Moins de 11 salariés (3) (4) (voir *Taxe d'apprentissage**)
Contribution supplémentaire à la taxe d'apprentissage (assujettissement et taux) (c. trav. art. L. 6242-1)	Employeurs de 250 salariés et plus n'ayant pas un quota suffisant d'alternants à l'effectif + seuil de 2 000 salariés gouvernant le taux de la contribution en cas de proportion d'alternants inférieure à 1 % (4) (voir *Contribution supplémentaire à la taxe d'apprentissage**)
Prise en charge par les OPCO du plan de développement des compétences (c. trav. art. L. 6332-1 A et L. 6332-17)	Moins de 50 salariés (3)
Abondement correctif au CPF lié aux entretiens professionnels (c. trav. art. L. 6315-1 et L. 6323-13)	Au moins 50 salariés (voir *Entretien professionnel**)
Rémunération du salarié en congé de transition professionnelle (c. trav. art. L. 6323-17-5 et D. 6323-18-1, III)	Possibilité pour l'employeur de moins de 50 salariés d'obtenir des avances sur le remboursement de la rémunération par la CPIR (3) (voir *CPF de transition professionnelle**)
Aide unique attachée au contrat d'apprentissage (c. trav. art. L. 6243-1 et L. 6243-1-1)	Moins de 250 salariés (3) [voir *Apprentissage (contrat)**]
Partage de la valeur et épargne salariale	
Prime de partage de la valeur (régime renforcé d'exonération de 2024 à 2027 pour les salariés rémunérés moins de 3 SMIC des entreprises de moins de 50 salariés) (décret 2024-690 du 5 juillet 2024, art. 1, II, JO du 6)	Moins de 50 salariés (voir *Prime de partage de la valeur**)
Mise en place de la participation aux résultats (c. trav. art. L. 3321-1 et L. 3322-2)	Au moins 50 salariés (5) (voir *Participation aux résultats**)
Mise en place de l'intéressement par décision unilatérale (sous conditions) (c. trav. art. L. 3311-1 et L. 3312-5)	Moins de 50 salariés au 1.01.2023 (3) (voir *Intéressement**)
Intéressement : possibilité d'opter par décision unilatérale pour l'application d'un dispositif prévu par accord de branche agréé, si l'accord prévoit cette possibilité (c. trav. art. L. 3311-1 et L. 3312-8)	Moins de 50 salariés (3) (voir *Intéressement**)
Participation aux résultats, PEE, PERE-CO : possibilité d'opter par décision unilatérale pour l'application d'un dispositif prévu par accord de branche agréé, si l'accord prévoit cette possibilité (c. trav. art. L. 3321-1, L. 3322-9, L. 3331-1 et L. 3332--6-1)	Moins de 50 salariés
Droit pour les dirigeants (6) de bénéficier de la participation, de l'intéressement et des plans d'épargne salariale (PEE, PERCO, PERE-CO) (c. trav. art. L. 3311-1, L. 3312-3, L. 3321-1, L. 3324-2, L. 3331-1 et L. 3332-2)	De 1 à moins de 250 salariés (7)

Seuils relevant des règles d'effectif sécurité sociale	
Obligations ou avantages	**Seuil d'effectif (1)**
Partage de la valeur et épargne salariale	
Exemption de forfait social sur l'épargne salariale (c. séc. soc. art. L. 137-15)	Exonération de forfait social sur la participation aux résultats et les abondements aux plans d'épargne salariale (entreprises non assujetties à la participation à titre obligatoire, soit les « moins de 50 salariés ») et sur l'intéressement (entreprises de moins de 250 salariés) (voir *Forfait social**).
Dispositifs expérimentaux d'obligation de partage de la valeur : - des entreprises d'au moins 11 salariés non tenues de mettre en place la participation aux résultats et réalisant un certain niveau de bénéfice net fiscal ; - des fondations, associations, coopératives, mutuelles et sociétés d'assurance mutuelles, employant au moins 11 salariés, ne déclarant pas de bénéfice net fiscal et réalisant un certain niveau de résultat excédentaire.	11 salariés et plus (3) [voir *Partage de la valeur (entreprises en bénéfices)**]
Durée du travail, handicap et autres matières	
Contrepartie en repos liée aux heures supplémentaires (c. trav. art. L. 3121-33 et L. 3121-38)	Modalités de calcul variant selon que l'effectif est inférieur ou égal à 20 salariés ou de plus de 20 salariés (voir *Contrepartie obligatoire en repos**)
Obligation d'emploi des travailleurs handicapés (c. trav. art. L. 5212-1)	Seuil d'assujettissement d'au moins 20 salariés et barème du taux de la contribution AGEFIPH (8) [voir *Handicapés (obligation d'emploi)**]
Obligation d'envoi des attestations d'assurance chômage à France Travail sous forme dématérialisée (c. trav. art. R. 1234-5-1 et R. 1234-9)	Au moins 11 salariés (voir *Attestation d'assurance chômage**)
Législation sur les chèques-vacances (c. tourisme art. L. 411-1 et L. 411-9)	Sous condition, exonération du financement patronal dans les entreprises de moins de 50 salariés (voir *Chèques-vacances**)
Participation construction dans le secteur agricole (c. rural art. L. 716-2)	Au moins 50 salariés

(1) Calcul de l'effectif au niveau de l'entreprise, sauf indication contraire. Sauf précision contraire des notes ci-dessous et hors cas des entreprises nouvelles, l'effectif de référence est celui calculé sur l'année N – 1.
(2) Par dérogation, l'effectif de référence est celui de l'avant-dernière année (N – 2).
(3) En cas d'atteinte ou de franchissement du seuil d'effectif, pas d'application du mécanisme de gel des effets de seuil pendant 5 ans.
(4) Par dérogation aux règles « sécurité sociale », l'effectif de référence est celui de l'année au titre de laquelle la contribution est due (année N pour la contribution de l'année N), et pas celle de l'année civile précédente. Les règles d'effectif « sécurité sociale » se sont appliquées à compter de la contribution due au titre de l'année 2019.
(5) Calcul au niveau de l'unité économique et sociale, le cas échéant.
(6) Chefs d'entreprise ou, s'il s'agit de personnes morales, présidents, directeurs généraux, gérants ou membres du directoire, ainsi que, s'il a le statut de conjoint collaborateur ou de conjoint associé, conjoint ou partenaire pacsé du chef d'entreprise.
(7) La condition de 5 années consécutives ne s'applique pas au seuil d'un salarié.
(8) Par dérogation aux règles « sécurité sociale », l'effectif de référence est celui de l'année au titre de laquelle l'obligation d'emploi s'applique. L'assujettissement à l'obligation d'emploi de l'année N s'apprécie au regard de l'effectif de l'année N (déclaration annuelle et, s'il y a lieu, contribution à payer en N + 1) (c. trav. art. L. 5212-1 et D. 5212-1). Toujours par dérogation, les entreprises nouvelles employant à leur création au moins 20 salariés disposent de 5 ans pour se mettre en conformité avec l'obligation d'emploi (c. trav. art. L. 5212-4).

Pour les œuvres nationales de bienfaisance, l'effectif se calcule au niveau de l'entreprise, et non au niveau de chaque centre d'activité autonome de l'œuvre nationale de bienfaisance (BOSS, Effectifs, § 60, 01/01/2025).

Effectif annuel moyen de l'année précédente - L'effectif salarié de l'employeur est un effectif annuel moyen, qui correspond à la moyenne des effectifs déterminés chaque mois au titre de l'année civile précédente (année N - 1) (c. séc. soc. art. L. 130-1, I).

Pour le calcul de cette moyenne, il n'y a pas lieu de tenir compte des mois où aucun salarié n'est employé (c. séc. soc. art. R. 130-1, I).

L'effectif salarié annuel de l'employeur est arrondi, s'il y a lieu, au centième (2 chiffres après la virgule). Pour ce faire, on ne tient pas compte de la fraction d'effectif au-delà de la 2e décimale (c. séc. soc. art. R. 130-1, I).

Tarification AT : effectif de l'avant-dernière année - Pour la détermination du mode de *tarification de la cotisation d'accidents du travail** (collectif, mixte ou individuel), l'effectif de référence est celui de la dernière année connue (N – 2) (c. séc. soc. art. L. 130-1 depuis le 1.01.2020 et R. 130-1 jusqu'au 31.12.19).

À titre d'exemple, l'effectif calculé sur l'année 2023 commande donc le mode de tarification sur 2025.

OETH : effectif de l'année concernée - Pour l'obligation d'emploi des travailleurs handicapés (OETH), depuis 2020, l'effectif pris en compte pour l'OETH de l'année N est l'effectif « sécurité sociale » de cette même année N (c. trav. art. L. 5212-1 et D. 5212-1).

Contribution supplémentaire à la taxe d'apprentissage : effectif de l'année concernée - Pour la *contribution supplémentaire à la taxe d'apprentissage**, l'effectif de référence n'est pas celui de l'année précédente, mais celui de l'année au titre de laquelle la contribution est due (c. trav. art. L. 6242-1, V).

Versement en lieu unique des cotisations URSSAF - Le montage du VLU obligatoire s'étale sur deux années. L'entreprise dont l'effectif est supérieur au seuil obligatoire VLU en N – 1 se voit désigner son URSSAF interlocuteur unique en principe au plus tard le 1er septembre de l'année N, pour une prise d'effet au 1er janvier de l'année N + 1.

Pour plus de détails, en particulier sur l'incidence du dispositif d'atténuation des effets de seuil en cas de franchissement du seuil de 250 salariés, voir *Versement en un lieu unique obligatoire**.

Calcul des effectifs mensuels et personnes à décompter

Salariés à décompter dans les effectifs mensuels - L'employeur doit prendre en compte ses salariés *(voir tableau)* (c. séc. soc. art. R. 130-1, II et III).

Par exception, les salariés en CDD ne sont pas pris en compte lorsqu'ils remplacent un salarié absent ou dont le contrat de travail est suspendu.

Les contrats d'apprentissage, contrats de professionnalisation, contrats initiative-emploi et contrats d'accompagnement dans l'emploi sont également exclus du décompte, sauf pour la tarification des risques d'accidents du travail et de maladies professionnelles.

Par définition, il n'y a pas lieu de prendre en compte les stagiaires, puisqu'ils n'ont pas la qualité de salariés titulaires d'un contrat de travail.

Les salariés mis à disposition par une entreprise extérieure (y inclus les intérimaires) ou un groupement d'employeurs, ne sont pas comptabilisés dans l'effectif de l'entreprise d'accueil (celle-ci n'est pas leur employeur).

Depuis le 1er janvier 2025 (donc dans le cas général à partir de l'effectif « sécurité sociale » calculé sur 2024), les groupements d'employeurs n'ont plus à tenir compte des salariés qu'ils mettent à disposition d'un ou plusieurs membres du groupement pour calculer leur effectif (sauf pour la tarification AT/MP) (c. séc. soc. art. L. 130-1 modifié, III ; loi 2025-199 du 28 février 2025, art. 25, JO du 28 ; BOSS, Effectifs, § 320, 01/01/2025).

Modalités de décompte : temps plein, temps partiel, entrée/sortie - Les salariés à temps plein sont pris en compte intégralement pour l'effectif du mois (1 unité chacun) (c. séc. soc. art. R. 130-1, II).

Effectif sécurité sociale : qui doit être pris en compte ?	
Salariés pris en compte	• Salariés titulaires d'un contrat de travail. • Agents et salariés du secteur public relevant du régime d'assurance chômage (c. trav. art. L. 5424-1). • Salariés sous contrat d'entrepreneur salarié associé (CESA) (c. trav. art. L. 7331-1 à L. 7332-7, R. 7331-1 à R. 7331-12) [NDLR : contrat spécifique aux coopératives d'activité et d'emploi et issu de la loi sur l'économie sociale et solidaire du 31 juillet 2014]. • Salariés titulaires d'un contrat d'engagement éducatif (CEE) (CASF art. L 432-1 à L. 432-6 et D. 432-1 à D. 432-9). • Au plus tard à partir de 2026, les salariés mis à disposition par un groupement d'employeurs seront pris en compte dans l'effectif de l'entreprise d'accueil (sauf pour la tarification AT/MP)
Salariés exclus (sauf tarification AT/MP, pour laquelle ils sont pris en compte)	• Apprentis • Contrat initiative-emploi • Contrat d'accompagnement dans l'emploi • Contrat de professionnalisation • Pour le calcul de l'effectif des groupements d'employeurs, salariés mis à disposition d'un ou plusieurs membres du groupement
Salariés exclus (y inclus pour la tarification AT/MP)	• Salariés en CDD lorsqu'ils remplacent un salarié absent ou dont le contrat de travail est suspendu (le salarié absent ou remplacé reste décompté) • Salariés mis à disposition par une entreprise extérieure, y inclus intérimaires (ils sont pris en compte au niveau de leur entreprise employeur) et salariés mis à disposition par un groupement d'employeurs

Les salariés à temps partiel (durée contractuelle du travail inférieure à la durée légale, ou à la durée collective du travail inférieure applicable) sont pris en compte au prorata. Il convient de diviser la somme totale des horaires inscrits dans leurs contrats de travail par la durée légale ou la durée conventionnelle du travail.

En cas de mois incomplet (embauche ou départ en cours de mois), les salariés sont décomptés à due proportion du nombre de jours du mois pendant lequel ils ont été employés (prorata par rapport à 28, 30 ou 31 jours selon le mois concerné, voire 29 jours pour le mois de février des années bissextiles).

Il peut donc y avoir un double prorata sur le mois (ex. : embauche d'un temps partiel en cours de mois).

Dirigeants et mandataires sociaux - Depuis le 1er janvier 2020 (donc à partir de l'effectif « sécurité sociale » calculée sur 2019 dans le cas général, hors entreprises nouvelles), on ne tient plus compte des dirigeants et mandataires sociaux affiliés au régime général (gérants minoritaires de SARL, par exemple).

Ils sont désormais exclus du calcul de l'effectif « sécurité sociale », sauf à être aussi titulaires d'un contrat de travail (auquel cas ils sont décomptés à ce titre).

Conventions de forfait en heures - Les salariés sous convention de forfait en heures sur l'année, le mois ou la semaine sont considérés comme à temps plein dès lors que leur convention de forfait est d'un volume supérieur ou égal (BOSS, Effectifs, § 360, 01/01/2025) :
- à la durée légale du travail correspondante ;
- ou à la durée du travail fixée conventionnellement pour la branche ou l'entreprise ou applicable dans l'établissement (à notre sens, on ne se réfère à la durée conventionnelle ou applicable dans l'entreprise que lorsque cette durée est inférieure à la durée légale, bien que le BOSS ne l'indique pas).

En conséquence, si le volume du forfait est inférieur, le salarié est considéré comme n'étant pas à temps plein.

Exemple

Un salarié en forfait annuel de 1 500 heures est décompté pour 1 500 h/1 607 h = 0,93 unité pour un mois complet. Un salarié avec une convention de forfait mensuelle de 140 heures est retenu pour 140 h/151,67 h = 0,92 unité pour un mois complet (BOSS, Effectifs, § 380, 01/01/2025).

Conventions de forfait en jours sur l'année - Les salariés en forfait annuel en jours sont en principe décomptés comme des salariés à temps plein (BOSS, Effectifs, § 360, 01/01/2025).

Toutefois, depuis le 1er janvier 2022, lorsque leur convention de forfait est d'un volume inférieur à 218 jours par an, ou au plafond inférieur prévu par l'accord collectif qui encadre le recours aux forfaits jours dans l'entreprise, ils sont décomptés au prorata du volume de leur forfait par rapport à 218 (ou au plafond inférieur fixé par l'accord collectif) (BOSS, Effectifs, § 410, 01/01/2025).

Cette règle de protata est applicable à compter du 1er janvier 2022, soit dans le cas général dès l'effectif « sécurité sociale » calculé sur l'année 2021 (mais à notre sens à compter de l'effectif 2022 pour l'OETH et la contribution supplémentaire à la taxe d'apprentissage).

Exemples

1) Au cours d'un mois, une entreprise dont l'accord d'entreprise sur les forfaits jours prévoit une durée de travail de 218 jours emploie notamment un salarié en forfait jours à 218 jours par an et un salarié en forfait jours réduit à 109 jours par an. Par hypothèse, ces salariés sont à l'effectif sur la totalité du mois (pas d'entrée/sortie).
Le salarié en forfait de 218 jours par an est comptabilisé pour 1 unité.
Le salarié en forfait de 109 jours par an est comptabilisé pour 109/218, soit 0,50 unité.
2) L'accord d'entreprise sur les forfaits jours prévoit une durée de travail de 214 jours par an. Par hypothèse, les salariés sont à l'effectif sur la totalité du mois (pas d'entrée/sortie).
Un salarié en forfait de 214 jours par an est comptabilisé pour 1 unité sur le mois.
Un salarié en forfait de 150 jours par an est comptabilisé pour 150/214, soit 0,70 unité.

Salariés en temps partiel thérapeutique - Les salariés placés en temps partiel thérapeutique sont retenus au prorata de leur durée de travail, dans les mêmes conditions que les autres salariés (BOSS, Effectifs, § 380, 01/01/2025).

Le prorata est établi sur la base du rapport suivant : « somme totale des heures inscrites à l'avenant au contrat de travail ou au document écrit signé par le salarié dans le cadre du temps partiel thérapeutique/durée légale de travail (ou conventionnelle si elle est inférieure) ».

Cette règle est applicable depuis le 1er janvier 2023 (soit, dans le cas général, pour l'effectif « sécurité sociale » 2023 calculé sur l'année 2022).

Contrats comprenant des phases d'activité et d'inactivité - L'administration admet que certains salariés, dont les contrats comprennent à la fois des phases d'activité et d'inactivité, ne sont décomptés dans l'effectif qu'au regard de leurs phases d'activité (BOSS, Effectifs, §§ 390 et 400, 01/01/2025). Cette disposition est applicable à compter du 1er janvier 2022 (soit, dans le cas général, pour effectif « sécurité sociale » calculé sur l'année 2021).

Ces modalités de décompte concernent :
- les salariés sous contrat de travail à durée indéterminée intermittent (CDII, dit aussi CD2I) ;
- les formateurs occasionnels, qui peuvent être en CDI intermittent avec une activité fluctuante sur l'année ;
- les salariés sous contrat d'engagement éducatif (CEE) (pour mémoire, le CEE est un contrat de travail spécifique qui déroge pour une large partie à la législation sur la durée du travail, avec un maximum de 80 jours travaillés sur 12 mois consécutifs ; CASF art. L 432-1 à L. 432-6 et D. 432-1 à D. 432-9) ;
- les salariés en portage salarial, qui alternent des phases d'activité et d'inactivité en fonction des besoins des entreprises clientes.

Ces salariés sont comptabilisés selon les modalités suivantes : quotité du salarié = quotité d'activité du contrat rémunéré pour le mois (en jours ou en heures)/quotité d'activité du contrat équivalente à un temps plein sur la période considérée (en jours ou en heures).

La quotité d'activité du contrat équivalant à un temps plein sur la période considérée est de :
- 21,67 pour une donnée exprimée en jours ;
- 151,67 si elle est exprimée en heures.

Dans tous les cas, le résultat est plafonné à 1 (un salarié ne peut pas être pris en compte pour plus d'une unité).

Exemples

1) Un CDI intermittent prévoit que le salarié travaille 2 jours en avril (un mercredi et un samedi) : sur avril, le salarié est comptabilisé pour 2/21,67 = 0,09 unité.
2) Dans le cadre d'un CDI intermittent, le salarié a travaillé en septembre 4 h le 10 du mois puis 3 h le 15 du mois : pour septembre, il est comptabilisé pour 7/151,67 = 0,04 unité.
3) Le contrat d'un formateur occasionnel prévoit 24 jours de travail dans l'année, à raison de 2 jours par mois. Pour le mois d'avril, par exemple, il est comptabilisé pour 2/21,67 = 0,09 unité.
4) Le contrat d'un salarié porté prévoit 2 jours d'activité (un vendredi et un lundi) au mois d'avril : sur avril, le salarié est comptabilisé pour 2/21,67 = 0,09 unité. En juin, le salarié a 10 jours d'activité : sur ce mois, il est comptabilisé pour 10/21,67 = 0,46 unité. En septembre, le salarié travaille 4 h le 10 du mois et 3 h le 15 du mois : sur ce mois, il est comptabilisé pour 7/151,67 = 0,04 unité.

Salariés pris en compte en fonction de leur rémunération - Pour certains salariés qu'il n'est pas possible de décompter en fonction de la durée du travail, l'administration a prévu un calcul en fonction de leur rémunération (BOSS, Effectifs, § 420, 01/01/2025).

Sont ici visés, « notamment » :
- les personnels rémunérés au cachet (ex. : artistes et techniciens du spectacle) ;
- les journalistes rémunérés à la pige ;
- les VRP multicartes (le BOSS ne l'indique pas, mais à notre sens, il devrait en aller de même pour les VRP exclusifs, dès lors qu'ils ne sont pas soumis à la durée du travail) ;
- les vacataires de la fonction publique (ce qui inclut les enseignants vacataires) ;
- les entrepreneurs salariés titulaires d'un contrat d'entrepreneur salarié associé (CESA) en coopérative d'activité et d'emploi.

Ces salariés sont décomptés dans l'effectif mensuel sur la base du prorata entre :
- la rémunération soumise à cotisations de l'intéressé pour la période habituelle de paye (généralement mensuelle, précise le BOSS), avant application d'une éventuelle déduction forfaitaire spécifique pour frais professionnels ;
- et le SMIC mensuel brut sur la base de la durée légale du travail (ou sur la période habituelle de paye, si elle n'est pas mensuelle).

Dans tous les cas, le salarié ne peut pas être décompté pour plus de 1 unité.

En pratique, lorsque la rémunération mensuelle des intéressés est au moins égale au SMIC de référence (SMIC mensuel ou de la période de paye), alors ils sont comptés pour 1 unité.

En cas d'entrée/sortie en cours de mois, il est aussi possible de décompter le salarié en fonction de la durée du contrat en jours calendaires sur le mois (ex. : pour une embauche le 29 d'un mois de 31 jours, 2/31e) (BOSS, Effectifs, § 430, 01/01/2025). Dans ce cas, le salarié est pris en compte pour la plus faible des deux valeurs entre :
- le prorata en fonction de la rémunération par rapport au SMIC ;
- ou le prorata en fonction de la durée du contrat sur le mois.

Expatriés - L'administration considère que les salariés expatriés en France doivent être pris en compte s'ils sont assujettis au régime général de sécurité sociale français à titre obligatoire (et ce sans considération pour le droit du travail national applicable au contrat de travail) (BOSS, Effectifs, § 240, 01/01/2025).

A contrario, sont exclus des effectifs les salariés expatriés à l'étranger, dès lors que leur affiliation

Exemples de salariés décomptes en fonction de la rémunération	
Les exemples se situent sur janvier 2025. Le SMIC horaire est de 11,88 €, soit 1 801,80 € par mois pour la durée légale du travail.	
Exemple 1 (journaliste pigiste lié par un contrat sur tout le mois)	• Journaliste pigiste lié à l'entreprise par un contrat sur tout le mois de janvier 2025. • Si le salarié effectue 2 piges pour un total de 500 €, il est pris en compte pour 500 €/1 801,80 € = 0,27 unité. • Si le salarié effectue des piges pour un total de 1 900 € (soit plus que le SMIC mensuel), il est pris en compte pour 1 unité.
Exemple 2 (journaliste pigiste embauché en cours de mois)	• Journaliste pigiste lié à l'entreprise par un contrat de travail à partir du 13 janvier 2025. • Si le salarié effectue 1 pige pour un total de 200 € : - décompte en fonction de la rémunération : 200 €/1 801,80 € = 0,11 unité ; - décompte en fonction de la durée du contrat : 19 jrs/31 jrs = 0,61 unité. Sur ce mois, le salarié est décompté pour 0,11 unité (la plus faible des deux valeurs).
Exemple 3 (journaliste pigiste embauché en cours de mois)	• Journaliste pigiste lié à l'entreprise par un contrat de travail à partir du 13 janvier 2025. • Si le salarié effectue des piges pour un total de 1 500 € : - décompte en fonction de la rémunération : 1 500 €/1 801,80 € = 0,83 unité ; - décompte en fonction de la durée du contrat : 19 jrs/31 jrs = 0,61 unité. Sur ce mois, le salarié est décompté pour 0,64 unité (la plus faible des deux valeurs).
Exemple 4 (VRP multicartes payé trimestriellement)	• VRP multicartes employé par une entreprise sur l'ensemble du premier trimestre 2025 (janvier, février et mars). Fin mars 2025, il perçoit 4 560 € euros au titre de l'ensemble de la période (rémunération versée trimestriellement). • Pour la période trimestrielle, le SMIC est de : 1 801,80 × 3 = 5 405,40 €. • Sur chacun des mois de ce trimestre, le VRP est décompté pour 4 560 €/5 405,40 € = 0,84 unité.

à la sécurité sociale française n'est pas maintenue (BOSS, Effectifs, § 280, 01/01/2025).

Agents publics mis à disposition ou détachés - L'administration distingue selon que les agents publics sont mis à disposition ou détachés.

S'ils sont mis à disposition dans une autre structure (publique ou privée) (BOSS, Effectifs, § 330, 01/01/2025) :
- ils restent comptabilisés dans l'effectif de leur administration d'origine ;
- corrélativement, ils ne sont pas pris en compte dans l'effectif de l'entreprise d'accueil pendant toute la durée de la mise à disposition.

La solution est inverse pour les agents publics détachés dans une autre structure (publique ou privée) (BOSS, Effectifs, § 340, 01/01/2025) :
- ils sont comptabilisés dans l'effectif de la structure d'accueil ;
- en revanche, ils sont exclus du calcul des effectifs de leur administration d'origine pendant toute la durée du détachement.

Entreprises de travail temporaire - L'effectif d'une entreprise de travail temporaire se calcule en tenant compte des salariés permanents et des salariés qui, au cours de la période, ont été liés à cette entreprise par des contrats de mission (c. séc. soc. art. R. 130-1, II).

Par ailleurs, il y a lieu de tenir compte des travailleurs temporaires en « CDI Intérimaire ».

Spécificité assujettissement OETH - L'effectif d'assujettissement à l'OETH des entreprises de travail temporaire, des groupements d'employeurs, des entreprises de portage salarial, des associations intermédiaires et des agences de mannequins est apprécié en fonction de leurs seuls effectifs permanents, sans tenir compte de leurs salariés intérimaires, mis à disposition ou portés (c. trav. art. L. 5122 1 et D. 5212 1 ; BOSS, Effectifs, § 1200, 01/01/2025).

Par ailleurs, certains employeurs s'acquittent de leur obligation d'emploi en appliquant un accord agréé de branche, de groupe ou d'entreprise prévoyant la mise en œuvre d'un programme pluriannuel en faveur des travailleurs handicapés. Dans ce cas, pendant la durée de son application, il convient également d'exclure les effectifs de l'établissement concerné par l'accord pour la détermination de l'effectif d'assujettissement à l'OETH de l'entreprise (BOSS, Effectifs, § 1240, 01/01/2025).

Entreprises nouvelles

Année de la création du premier emploi salarié - Pour l'année de création du premier emploi salarié titulaire d'un contrat de travail, l'effectif à prendre en compte est l'effectif présent le dernier jour du mois au cours duquel cette première embauche a été réalisée (c. séc. soc. art. L. 130-1, I).

Si l'entreprise a un effectif supérieur à un seuil donné, elle est soumise aux obligations correspondantes dès l'année de création du premier emploi salarié.

L'effectif à retenir est le nombre des salariés présents le dernier jour du mois pour les différents établissements existants au sein de l'entreprise, peu important qu'un ou plusieurs salariés n'aient pas été présents une partie de ce mois (BOSS, Effectif, § 140, 01/01/2025).

Le décompte des salariés se fait selon les règles habituelles (ex. : prorata en cas de temps de travail partiel ou non complet) (BOSS, Effectif, § 150, 01/01/2025). L'effectif s'appréciant au dernier jour du mois de la dernière embauche, on ne tient pas compte de la durée de la relation de travail (pas de prorata en fonction de la durée de présence sur le mois).

Années suivantes - Pour les années suivant celle de la création du premier emploi salarié, l'effectif est apprécié dans les conditions générales définies ci-dessus (effectif annuel moyen, en ignorant les mois au cours desquels aucun salarié n'est employé).

Règle spécifique à la participation aux résultats - Dans les entreprises nouvelles (de 50 salariés et plus) dont la création ne résulte pas d'une fusion, totale ou partielle, d'entreprises préexistantes, les accords de *participation aux résultats** sont conclus à partir du 3e exercice clos après leur création (c. trav. art. L. 3322-5).

Règle spécifique à la contribution supplémentaire à l'apprentissage - Selon l'administration, la règle prévue par le code de la sécurité sociale pour l'année de création du premier emploi (effectif au dernier jour du mois de la première embauche ; *voir ci-dessus*) ne s'applique pas à la *contribution supplémentaire à la taxe d'apprentissage** (BOSS, Effectif, § 1580, 01/01/2025).

L'effectif déterminant l'assujettissement (ou le non-assujettissement) au titre de l'année de création correspond à l'effectif moyen annuel de l'année civile de création, compte tenu des mois durant lesquels l'entreprise a eu au moins un salarié.

▶ À noter… Une entreprise est créée le 1er juillet de l'année N et embauche son premier salarié au 1er septembre de l'année N. Pour la contribution supplémentaire à l'apprentissage due au titre de l'année N (à payer en N + 1), on se réfère à la moyenne des effectifs mensuels de septembre à décembre de l'année N (en partant du principe que l'entreprise a eu des salariés chaque mois), et pas à l'effectif au 30 septembre de l'année N.

Règles spécifiques à l'OETH - Pour l'obligation d'emploi des travailleurs handicapés, des dispositions spécifiques s'appliquent aux entreprises nouvelles.

D'une part, l'effectif de l'année de création correspond à l'effectif moyen annuel calculé sur l'année civile de la création (on n'applique pas la règle de l'effectif au dernier jour du mois de la création du premier emploi salarié) (BOSS, Effectifs, § 1220, 01/01/2025). Cet effectif moyen est calculé conformément aux règles « sécurité sociale », en ignorant donc les mois au cours desquels il n'y avait aucun salarié.

Exemple

Une entreprise est créée le 1er juillet de l'année N. Son effectif moyen annuel d'assujettissement à l'OETH pour l'année N est calculé sur la base de la moyenne des effectifs de juillet à décembre de l'année N.

D'autre part, une entreprise qui occupe au moins 20 salariés au moment de sa création dispose d'un délai de 5 ans pour se mettre en conformité avec l'obligation d'emploi, (c. trav. art. L. 5212-4). C'est une dérogation à la règle « sécurité sociale », qui devrait conduire à considérer que l'entreprise est immédiatement assujettie.

L'administration a précisé que ce délai de mise en conformité concerne deux catégories d'entreprises (BOSS, Effectifs, § 1320, 01/01/2025) :

- celles qui ont un effectif d'assujettissement supérieur ou égal à 20 salariés au titre de leur année de création ;
- les entreprises nouvelles qui ont un effectif nul au titre de l'année de leur création, et qui accueillent leurs premiers salariés au cours d'une année ultérieure et atteignent ou dépassent les 20 salariés au titre de cette première année de décompte d'un effectif.

Exemples

1) Une entreprise a été créée en avril 2024 et son effectif « sécurité sociale » sur la période « avril-décembre 2024 » était de 25 salariés. Elle n'est pas soumise à l'OETH de 2024 à 2028. Elle ne deviendra assujettie à l'OETH qu'à partir de l'année 2029, si son effectif 2029 est toujours supérieur ou égal à 20 salariés et qu'il ne repasse pas au-dessous au titre d'une des années intercalaires.

2) Une entreprise créée en avril 2024 a eu un effectif « sécurité sociale » nul sur la période « avril-décembre 2024 ». Après diverses embauches, son premier effectif, calculé sur 2025, est de 25 salariés. Elle n'est pas soumise à l'OETH de 2025 à 2029. Elle ne deviendra assujettie à l'OETH qu'à partir de l'année 2030, si son effectif 2030 est toujours supérieur ou égal à 20 salariés et qu'il ne repasse pas au-dessous au titre d'une des années intercalaires.

Lorsque pendant le délai de mise en conformité de 5 ans prévue en cas de création d'entreprise, l'entreprise repasse sous les 20 salariés au titre d'une des années, ce délai de 5 ans est interrompu. Si l'entreprise atteint ou franchit à nouveau le seuil de 20 salariés à la hausse, elle pourra alors à nouveau bénéficier du dispositif « sécurité sociale » d'atténuation des effets de seuil sur 5 ans (BOSS, Effectifs, § 1330, 01/01/2025).

Exemple

Une entreprise a été créée en avril 2024 et son effectif « sécurité sociale » sur la période « avril-décembre 2024 » était de 25 salariés. Elle a donc droit au délai de mise en conformité de 5 ans, pour les années 2024 à 2028.

Sur 2026, son effectif « sécurité sociale » passe sous les 20 salariés. Le délai de mise en conformité des entreprises nouvelles est interrompu. L'entreprise n'est pas soumise à l'OETH au titre de 2026, compte tenu de son effectif.

Sur 2027, son effectif « sécurité sociale » repart à la hausse et passe à 28 salariés. Elle bénéficie alors du dispositif d'atténuation des franchissements de seuil à la hausse sur 5 ans, jusqu'à l'année 2031 inclus. Elle ne sera assujettie à l'OETH qu'au titre de l'année 2032, si son effectif est toujours supérieur ou égal à 20 salariés et qu'il ne repasse pas sous les 20 salariés au titre d'une des années intercalaires.

Mécanisme d'atténuation des effets de seuil de la loi PACTE

Entrée en vigueur - La loi PACTE a institué un mécanisme unifié de limitation des effets de seuil applicable aux effectifs calculés selon les règles « sécurité sociale » (c. séc. soc. art. L. 130-1, II).

Il est entré en vigueur en même temps que la réforme des effectifs issue de la loi PACTE. Par conséquent, hors cas de la tarification AT/MP, il s'est appliqué dans le cas général pour la première fois à partir de l'année 2020, pour les franchissements de seuils constatés à l'occasion de l'effectif « sécurité sociale » calculé sur l'année 2019.

Compte tenu de règles particulières à ces matières *(voir plus haut)* :

- pour l'obligation d'emploi des travailleurs handicapés, le mécanisme s'est appliqué pour la première fois à l'OETH 2020, si le seuil de 20 salariés est atteint ou franchi en raison d'un accroissement de l'effectif constaté à l'occasion de l'effectif « sécurité sociale » calculé sur l'année 2020 ;
- pour la contribution supplémentaire à la taxe d'apprentissage, il s'est appliqué pour la première fois à la contribution due au titre de l'année 2019, en cas de franchissement d'atteinte ou de franchissement du seuil de 250 salariés constaté à l'occasion du calcul de l'effectif « sécurité sociale » 2019.

Effet de seuil à la hausse après 5 années consécutives - Le franchissement à la hausse d'un seuil ne produit effet que si le seuil est atteint ou dépassé durant 5 années civiles consécutives (c. séc. soc. art. L. 130-1, II). C'est donc uniquement à partir de l'année suivante que l'effet de seuil a un impact.

De fait, seules les entreprises qui franchissent durablement un seuil sont soumises à des obligations nouvelles ou perdent les avantages dont elles bénéficiaient.

En pratique, un franchissement de seuil à la hausse constaté sur la base de l'effectif annuel moyen calculé sur l'année N – 1 ne produit effet qu'au 1er janvier N + 5, à condition que l'entreprise ne soit pas redescendue entre-temps sous le seuil concerné sur une des années intercalées.

Pour l'*obligation d'emploi des travailleurs handicapés** et la *contribution supplémentaire à la taxe d'apprentissage**, dans la mesure où l'effectif d'assujettissement est calculé sur l'année concernée (et pas sur l'année précédente), un franchissement de seuil à la hausse constaté sur la base de l'effectif annuel moyen calculé sur l'année N ne produit effet qu'au 1er janvier N + 5, à condition que l'entreprise ne soit pas redescendue entre-temps sous le seuil concerné sur une des années intercalées.

Franchissement de seuil à la baisse - En cas de franchissement à la baisse d'un seuil d'effectif au titre d'une année civile, les compteurs sont remis à zéro. L'entreprise bénéficie d'un nouveau délai de 5 ans si elle repasse par la suite au-dessus de ce seuil (c. séc. soc. art. L. 130-1, II). Cette mesure vise à protéger les entreprises dont l'effectif fluctue.

Exemples

1) Une entreprise comptant 12 salariés depuis le milieu des années 2000 était assujettie au forfait social sur la prévoyance en 2024 (effectif de 12 salariés calculé sur 2023). Début 2025, elle constate que son effectif calculé sur 2024 est passé sous les 11 salariés : elle n'a plus de forfait social à payer sur la prévoyance en 2025. Si elle repasse par la suite à 11 salariés et plus, elle ne redeviendra redevable du forfait social qu'au terme du moratoire de 5 ans, à condition de ne pas être redescendue, dans l'intervalle, sous les 11 salariés au titre d'une année donnée.

2) Une entreprise a atteint ou franchi le seuil de 11 salariés au titre de son effectif calculé sur 2021. De 2022 à 2026 inclus, elle n'a pas à payer de forfait social sur la prévoyance (moratoire de 5 ans), de sorte qu'elle n'en deviendra redevable qu'au 1er janvier 2027, à condition de rester à 11 salariés et plus dans l'intervalle. Si elle repasse sous les 11 salariés sur une des années intercalaires (ex. : effectif calculé sur 2024), elle aura droit à un nouveau délai de 5 ans si, sur une année ultérieure elle franchit à nouveau le seuil à la hausse.

Seuils exclus du moratoire de 5 ans - Par exception, le gel des effets de seuil pendant 5 ans consécutifs en cas de franchissement d'un seuil à la hausse ne s'applique pas aux franchissements à la hausse des seuils suivants :
- régime renforcé d'exonération applicable de 2024 à 2027 à la *prime de partage de la valeur** dans les entreprises de moins de 50 salariés, pour leurs salariés rémunérés moins de 3 SMIC (décret 2024-690 du 5 juillet 2024, art. 1, II, JO du 6) ;
- aide unique à l'apprentissage, dont peuvent bénéficier les entreprises de moins de 250 salariés (c. trav. art. L. 6243-1-1) ;
- exonération de taxe d'apprentissage sur les rémunérations versées aux apprentis par les employeurs de moins de 11 salariés (c. trav. art. L. 6241-1-1) ;
- prise en charge par les opérateurs de compétences du plan de développement des compétences (entreprises de moins de 50 salariés) (c. trav. art. L. 6332-1 A) ;
- possibilité pour les entreprises de moins de 50 salariés de bénéficier d'avances sur le remboursement de la rémunération du salarié en congé de CPF de transition professionnelle (c. trav. art. L. 6323-17-5 et D. 6323-18-1, III) ;
- possibilité pour les entreprises de moins de 50 salariés d'appliquer un dispositif d'*intéressement** conclu par la branche (c. trav. art. L. 3311-1 et L. 3312-5) ;
- seuil de 11 salariés, dans le cadre des dispositifs expérimentaux d'obligation de partage de la valeur applicables, d'une part, aux entreprises d'au moins 11 salariés non tenues de mettre en place la participation aux résultats et réalisant un certain niveau de bénéfice net fiscal, et d'autre part, les fondations, associations, coopératives, mutuelles et sociétés d'assurance mutuelles, employant au moins 11 salariés, ne déclarant pas de bénéfice net fiscal et réalisant un certain niveau de résultat excédentaire (décret 2024-690 du 5 juillet 2024, art. 1, II, JO du 6) [voir *Partage de la valeur (entreprises en bénéfices)**].

Pour ces seuils, le franchissement à la hausse produit effet immédiatement.

Exemple

Une entreprise de moins de 11 salariés bénéficiant d'une exonération de taxe d'apprentissage sur les rémunérations versées à ses apprentis qui atteint ou franchit le seuil de 11 salariés au titre de l'effectif calculé sur l'année N perd cette exonération dès l'année suivant, sans attendre un délai de 5 ans. Elle ne peut plus en bénéficier sur l'année N + 1.

Par ailleurs, pour le droit des chefs d'entreprise ou de certains dirigeants sans contrat de travail à bénéficier de la participation, de l'intéressement et du plan d'épargne d'entreprise dans les entreprises comprenant au moins 1 mais moins de 250 salariés, la règle du franchissement sur 5 années consécutives ne s'applique pas au franchissement du seuil de 1 salarié (c. trav. art. L. 3312-3, L. 3324-2 et L. 3332-2). Le chef d'entreprise n'a donc pas à justifier occuper un salarié de manière stable pendant 5 ans pour prétendre au bénéfice de ces dispositifs, si les conditions requises sont réunies.

Ne pas confondre accroissement d'effectif et création d'entreprise - Le dispositif d'atténuation des effets de seuil sur 5 ans en cas de hausse de l'effectif ne s'applique pas à l'hypothèse d'une création d'entreprise avec d'emblée un effectif supérieur à un seuil donné.

Dans ce cas, une règle spécifique de décompte des effectifs est prévue. En outre, l'entreprise est soumise aux obligations correspondant à son effectif pour l'année de sa création, sous réserve de deux exceptions *(voir plus haut « Entreprises nouvelles »)*.

Tarification de la cotisation accidents du travail

Effectif annuel moyen sécurité sociale - Pour le mode de *tarification de la cotisation d'accidents du travail** (collectif, mixte ou individuel), l'effectif de référence est celui de la dernière année connue (N – 2) (c. séc. soc. art. L. 130-1 depuis le 1.01.2020 et R. 130-1 jusqu'au 31.12.19).

L'effectif annuel de l'entreprise est calculé selon les modalités ci-dessus décrites (moyenne des effectifs mensuels, salariés pris en compte, etc.), en retenant, d'une part, les salariés et agents qui relèvent du régime général et, d'autre part, les salariés et agents qui relèvent du régime des salariés agricoles, pour la couverture de ce risque (c. séc. soc. art. R. 130-1, VI, D. 242-6-2 et D. 242-30).

Par dérogation aux règles habituelles, il convient de tenir compte des apprentis, des salariés en contrat initiative-emploi, en contrat d'accompagnement dans l'emploi ou en contrat de professionnalisation (c. séc. soc. art. R. 130-1, III).

Effectif global sans territorialisation - Depuis la tarification 2019 (effectif 2017), l'effectif est déterminé au niveau de l'entreprise, tous établissements confondus, sans isoler les salariés dont les activités relèvent du BTP et sans séparer l'Alsace-Moselle du reste du territoire national (c. séc. soc. art. D. 242-6-16 et D. 242-39 abrogés au 1.01.2018).

En revanche, les seuils d'effectif de tarification n'ont pas été modifiés.

Ainsi, en France de l'intérieur (territoire national hors Alsace-Moselle), le système se présente toujours comme suit (c. séc. soc. art. D. 242-6-2) :
- tarification collective : entreprises de moins de 20 salariés ;
- tarification mixte : entreprises de 20 à moins de 150 salariés ;
- tarification individuelle : entreprises de 150 salariés et plus.

En Alsace-Moselle, le système de tarification conserve sa spécificité (c. séc. soc. art. D. 242-30) :
- tarification collective : entreprises de moins de 50 salariés ;
- tarification mixte : entreprises de 50 à moins de 150 salariés (50 à moins de 300 salariés si BTP) ;
- tarification individuelle : entreprises de 150 salariés et plus (300 et plus si BTP).

Exemple
Une entreprise (hors BTP) a 3 établissements (un de 18 salariés à Paris, un de 100 salariés en Loire-Atlantique et un de 48 salariés en Alsace). L'effectif global est de 166 salariés. La tarification 2024 (sur la base de l'effectif 2022) est individuelle dans les 3 établissements.

Assujettissement au versement mobilité

L'effectif d'assujettissement au versement mobilité (ex-versement de transport) est apprécié selon les règles de l'effectif « sécurité sociale » ici décrites, mais en tenant compte des particularités liées au zonage de cette contribution (pour plus de détails, voir *Effectif versement mobilité**).

Modification de la situation juridique de l'employeur et transferts de salariés

Ce que dit le code de la sécurité sociale - En cas de modification de la situation juridique de l'employeur (c. trav. art. L. 1224-1, ex L. 122-12), y compris lorsqu'une telle modification entraîne une création d'entreprise, l'effectif à prendre en compte pour l'année au cours de laquelle les contrats sont transférés correspond à l'effectif présent au dernier jour du mois au cours duquel a été réalisé le transfert des contrats de travail (c. séc. soc. art. R. 130-1, V).

Pour les années suivantes, l'effectif est calculé dans les conditions habituelles.

Ces dispositions particulières étant pour le moins concises, l'administration en a précisé les modalités d'application.

Opérations concernées - À lettre du code de la sécurité sociale, cette règle concerne les transferts de salariés effectués dans le cadre de la modification de la situation juridique de l'employeur au sens de l'article L. 1224-1 du code du travail (c. trav. art. L. 1224-1).

Néanmoins, selon l'administration, la règle « transfert » concerne non seulement l'hypothèse d'un transfert de salariés suite à une modification juridique dans la situation de l'employeur (succession, vente, fusion, création, transformation de fond, mise en société de l'entreprise), mais aussi les cas de transferts conventionnels ou d'applications volontaires de l'article L. 1224-1 du code du travail (BOSS, Effectifs, § 170, 01/01/2025).

▶ À noter... En matière de versement mobilité (VM), le BOSS précise que la règle ne joue qu'en cas de transferts de salariés d'une entreprise vers une autre entreprise. Elle ne s'applique pas en cas de transfert de salariés entre établissements d'une même entreprise situés dans des zones de VM distinctes, puisqu'il ne s'agit pas d'une modification de la situation juridique de l'employeur (ce ne sont pas des opérations de transfert de salariés entre entreprises distinctes) (BOSS, Effectifs, § 870, 01/01/2025).

Entreprises impliquées - La règle « transfert » s'applique aux deux entreprises concernées par l'opération de transfert de salariés (BOSS, Effectifs, § 200, 01/01/2025).

Elle vaut donc aussi bien pour celle depuis laquelle les salariés sont transférés (et dont l'effectif va baisser) que pour l'entreprise d'accueil des salariés transférés (dont l'effectif va monter).

Date de l'effectif de l'année du transfert : dernier jour du mois du transfert - Comme l'indique le code de la sécurité sociale (c. séc. soc. art. R. 130-1, V ; *voir plus haut*), l'effectif à prendre en compte l'année du transfert des contrats de travail est l'effectif de l'entreprise au dernier jour du mois durant lequel le transfert des contrats a été réalisé (BOSS, Effectifs, § 170, 01/01/2025).

Seule cette date importe, on ne tient pas compte du fait qu'un salarié n'ait été présent qu'une partie du mois (BOSS, Effectifs, § 180, 01/01/2025).

Exemple
Un salarié à temps plein embauché le 27 du mois est décompté pour 1 unité. A contrario, un salarié à temps plein qui a quitté l'entreprise le 27 du mois n'est pas pris en compte.

Ainsi, on ne tient donc pas compte de la durée de la relation de travail pour déterminer l'effectif « dernier jour du mois » en cas de transfert de salariés en cours d'année.

En revanche, les prorata « temps partiel » ou « temps non complet » sont bien effectués (BOSS, Effectifs, § 190, 01/01/2025).

Date de prise en compte du nouvel effectif résultant du transfert - Le nouvel effectif résultant du transfert est à prendre en compte à partir du 1er jour du mois au cours duquel a été réalisée la modification juridique (sans tenir compte de l'éventuelle date d'effet rétroactive de l'opération) jusqu'au 31 décembre de l'année du transfert (dont l'effectif va donc monter) (BOSS, Effectifs, § 210, 01/01/2025).

En revanche, il n'y a pas de rétroactivité du nouvel effectif au 1er janvier de l'année du transfert. L'effectif à prendre en compte du 1er janvier de l'année au dernier jour du mois précédant celui du transfert est l'effectif moyen annuel de référence, à savoir dans le cas général l'effectif « sécurité sociale » calculé sur l'année civile précédente.

Années suivant celle de la modification de la situation juridique de l'employeur - Pour les années suivant celle où est intervenue la modification de la situation juridique de l'employeur, l'effectif est à nouveau calculé dans les conditions de droit commun (effectif annuel moyen, etc.).

Application de la neutralisation des effets de seuil liés à une hausse d'effectif - La règle de neutralisation des effets de seuil en cas de franchissement à la hausse s'applique aussi à un accroissement d'effectif en cours d'année lié à un transfert de salariés (BOSS, Effectifs, § 510, 01/01/2025).

Il y a néanmoins une particularité : l'employeur bénéficie de la neutralisation à compter du 1er jour du mois du transfert, pour 5 années consécutives dès l'année du transfert des contrats de travail.

Ce n'est qu'ensuite que le franchissement de seuil aura véritablement une incidence, à condition que l'effectif ne soit pas repassé sous le seuil sur une des années intercalaires ou à l'occasion d'un nouveau transfert.

En pratique, si un seuil est franchi à la hausse au cours du mois de l'année N suite à un transfert de salariés, le franchissement produira effet à partir du 1er janvier N + 5 *(voir tableau avec un exemple pour le forfait social prévoyance)*.

Et en cas de franchissement à la baisse ? - Le BOSS ne détaille pas cette hypothèse.

Mais si on part du principe que le seuil résultant du transfert est pris en compte dès le 1er jour du mois du transfert ainsi que l'indique le BOSS

Deux exemples de transfert de salariés
Exemple 1 (entreprise « transférante », dont l'effectif baisse)
• En **2024**, une entreprise a employé 15 salariés à temps plein sur chacun des mois de l'année. Elle était au-dessus de 11 salariés depuis plus de 5 ans. En l'absence de modification de la situation juridique de l'employeur, l'effectif « sécurité sociale » à prendre en compte pour l'année 2025 est celui calculé sur 2024, qui est donc de 15 salariés. • Mais le **15 mai 2025**, l'entreprise **transfère 5 salariés** au sein d'une autre société. Au 31 mai 2025 (dernier jour du mois du transfert), l'effectif est de 10 salariés. L'**effectif sécurité sociale de référence pour l'année 2025** est donc, selon les périodes : - de 15 salariés du 1er janvier au 30 avril 2025 (effectif « sécurité sociale » calculé sur l'année 2024) ; - de 10 salariés du 1er mai au 31 décembre 2025 (effectif « sécurité sociale » calculé au 31 mai 2025, dernier jour du mois du transfert des salariés). • Pour l'**année 2026**, l'effectif de référence sera l'effectif « sécurité sociale » calculé sur l'année 2025, soit [(4 × 15 sal. pour janvier à avril) + 12,25 sal. pour mai (a) + (7 × 10 sal. pour juin à décembre)]/ 12 = 11,85 salariés.
Exemple 2 (entreprise d'accueil des salariés transférés, dont l'effectif monte)
• En **2024**, une entreprise a employé 3 salariés à temps plein de janvier à mars, 5 en avril et 4 de mai à décembre. En l'absence de modification de la situation juridique de l'employeur, l'effectif « sécurité sociale » à prendre en compte pour l'année 2025, calculé sur 2024, est donc de [(3 × 3) + 5 + (4 × 8)]/ 12 = 3,83 salariés. • Mais **le 15 mai 2025**, suite à une fusion, **8 salariés** à temps plein **sont transférés** au sein de cette société. Ils s'ajoutent aux 4 salariés déjà employés. Au 31 mai 2025 (dernier jour du mois du transfert), l'effectif est donc de 12 salariés. En conséquence, l'**effectif sécurité sociale de référence pour l'année 2025** est, selon les périodes : - de 3,83 salariés du 1er janvier au 30 avril 2025 (effectif « sécurité sociale » calculé sur l'année 2024) ; - de 12 salariés du 1er mai au 31 décembre 2025 (effectif « sécurité sociale » calculé au 31 mai 2025, dernier jour du mois du transfert des salariés). • Pour l'**année 2026**, l'effectif de référence sera l'effectif « sécurité sociale » calculé sur l'année 2025, soit [(4 × 4 sal. pour janvier à avril) + 8,38 sal. pour mai (b) + (7 × 12 sal. pour juin à décembre)]/ 12 = 9,03 salariés.
(a) Pour mai 2025, on prend en compte 12,25 salariés : 10 salariés sont comptés pour une unité ; les 5 salariés transférés sont pris en compte au prorata de leur temps de présence soit 5 × 14/31 = 2,25 unités. (b) Pour mai 2025, on prend en compte 8,38 salariés : 4 salariés sont comptés pour une unité ; les 8 salariés transférés sont pris en compte au prorata de leur temps de présence soit 8 × 17/31 = 4,38 unités.

Transfert de salariés : exemple de hausse d'effectif pour le forfait social sur la prévoyance	
Une entreprise a 9 salariés au titre de son effectif moyen annuel (EMA) calculé sur 2024 : elle n'est pas soumise au forfait social sur la prévoyance en 2025. Elle franchit les 11 salariés en mai 2025. Pour mémoire, seuls les employeurs de 11 salariés et plus sont redevables du forfait social, au taux de 8 %, sur les contributions patronales de prévoyance.	
Hausse d'effectif consécutive à un transfert de salariés lié à une modification de la situation juridique de l'employeur	**Hausse d'effectif « classique » (1)**
Si le transfert de salariés, intervenu en mai 2025, conduit à constater que l'**effectif au 31 mai 2025 est de 17 salariés**, cet effectif produit effet à compter du 1er mai 2025. • L'entreprise n'est pas soumise au forfait social sur la prévoyance du 1er janvier au 30 avril 2025 à raison de son EMA calculé sur 2024. • En théorie, s'il n'y avait pas le mécanisme de limitation des effets de seuil à la hausse, elle serait soumise au forfait social sur la prévoyance du 1er mai au 31 décembre 2025 ; - mais le mécanisme de **limitation des effets de seuil**, qui s'applique sur 5 ans, va jouer en **2025** (en pratique du 1/05 au 31/12/2025), **2026, 2027, 2028 et 2029** ; - l'assujettissement effectif prendra effet au **1er janvier 2030** à supposer que l'entreprise ne soit pas redescendue sous les 11 salariés au titre de l'EMA d'une des années intercalaires.	En mai 2025, l'entreprise passe à 17 salariés suite à de nouvelles embauches et son effectif reste stable jusqu'à la fin de l'année. • Puisque la règle « transfert de salariés » ne joue pas, l'entreprise reste exemptée de forfait social sur la prévoyance sur 2025 (EMA 2024 < 11 salariés). • L'EMA calculé sur 2025 étant ≥ 11 salariés, l'entreprise devrait en théorie être soumise au forfait social sur la prévoyance au 1er janvier 2026 ; - mais le mécanisme de **limitation des effets de seuil** à la hausse va jouer sur 5 ans, de **2026 à 2030 inclus** ; - l'assujettissement effectif prendra effet au **1er janvier 2031** à supposer que l'entreprise ne soit pas redescendue sous les 11 salariés sur une des années intercalaires.
(1) Hausses naturelles d'effectif liées à des embauches.	

Transfert de salariés : exemple de baisse d'effectif pour le forfait social sur la prévoyance	
Une entreprise a 17 salariés depuis plusieurs années et en dernier lieu au titre de son effectif moyen annuel (EMA) calculé sur 2024 : elle est soumise au forfait social sur la prévoyance en 2025. Elle passe sous les 11 salariés en mai 2025. Pour mémoire, seuls les employeurs de 11 salariés et plus sont redevables du forfait social, au taux de 8 %, sur les contributions patronales de prévoyance.	
Baisse d'effectif consécutive à un transfert de salariés lié à une modification de la situation juridique de l'employeur	**Baisse d'effectif « classique » (1)**
• Avertissement : le BOSS ne contient pas d'illustration sur le cas d'une baisse d'effectif liée à une modification de la situation juridique de l'employeur. Cette proposition d'exemple est donc donnée sous réserve de la position de l'administration et des précisions qui seront éventuellement apportées. • Si le **transfert de salariés**, intervenu en mai 2025, conduit à constater que l'**effectif au 31 mai 2025** résultant du transfert est de **9 salariés**, ce nouvel effectif est pris en compte à partir du **1er mai 2025**. • L'entreprise est **soumise au forfait social sur la prévoyance du 1er janvier au 30 avril 2025** à raison de son EMA calculé sur 2024. • Son effectif au 31 mai 2025 devrait conduire à considérer elle **n'est plus redevable du forfait social du 1er mai au 31 décembre 2025**. • L'**assujettissement sur 2026** dépendra de l'**EMA calculé sur les 12 mois de l'année 2025**. En l'absence de précision contraire de l'administration, le mécanisme de limitation des effets de seuil sur 5 ans semblerait pouvoir jouer puisqu'il y a franchissement de seuil par rapport à l'effectif résultant du transfert calculé au 31 mai 2025.	En mai 2025, l'entreprise passe à 9 salariés suite à plusieurs départs. • Puisque la règle « transfert de salariés » ne joue pas, l'entreprise reste **redevable du forfait social sur la prévoyance toute l'année 2025** (EMA 2024 de 17 salariés). • L'**assujettissement sur 2026** dépendra de l'EMA calculé sur les 12 mois de l'année 2025 : - si EMA 2025 < 11 salariés, pas de forfait social sur la prévoyance en 2026 ; - si EMA 2025 ≥ 11 salariés : forfait social sur prévoyance (l'entreprise était déjà redevable du forfait social l'année précédente, pas de franchissement à la hausse, et donc pas de limitation des effets de seuil).
(1) Baisse naturelle d'effectif liée à des départs de salariés.	

(voir plus haut ; BOSS, Effectifs, § 210, 01/01/2025), alors la modification des obligations liées à la baisse d'effectif devrait en théorie prendre effet dès cette date puisqu'il n'y a pas de mécanisme de limitation des effets de seuil à la baisse.

Dans cette lecture, cela pourrait conduire à un changement d'assujettissement en cours d'année *(voir tableau ci-après avec un exemple pour le forfait social prévoyance)*.

On peut regretter que le BOSS ne confirme pas expressément ce point via des exemples. Des précisions seraient les bienvenues pour sécuriser les cotisants, par exemple à l'occasion d'une prochaine mise à jour.

Dispositifs exclus de l'application de la règle « transfert L. 1224-1 » - Il est expressément prévu que les règles prévues en cas de transfert de salariés sur la modification de la situation juridique de l'entreprise ne s'appliquent pas en matière de tarification de la cotisation accident du travail/maladie professionnelle (c. séc. soc. art. R. 130-1, VI).

Par ailleurs, l'administration a précisé qu'elles ne s'appliquent pas non plus à l'obligation d'emploi des travailleurs handicapés (OETH) (BOSS, Effectifs, § 1200, 01/01/2025), ni à la contribution supplémentaire à la taxe d'apprentissage (BOSS, Effectifs, §§ 1590 et 1670, 01/01/2025).

Il convient donc d'appliquer les règles habituelles de variation d'effectif, sans recalculer un effectif en cours d'année.

▶ À noter... Cette spécificité est sans doute liée au fait que pour l'OETH comme pour la contribution supplémentaire à l'apprentissage, l'effectif « sécurité sociale » de référence est celui de l'année concernée (année N pour l'OETH ou la contribution de l'année N), et pas celui de l'année précédente (N - 1), par dérogation à la règle de principe « sécurité sociale ».

Atténuation des effets de seuils : rappel des règles transitoires de la loi PACTE

Pas de moratoire pour les entreprises déjà assujetties en 2019 - La loi PACTE prévoit que le nouveau mécanisme de gel des effets de seuil (condition de 5 années consécutives pour un franchissement à la hausse) ne s'est pas appliqué aux entreprises ayant au 1er janvier 2020 un effectif supérieur ou égal à un seuil et qui, au titre de 2019, étaient déjà soumises aux obligations liées au franchissement dudit seuil (loi 2019-486 du 22 mai 2019, art. 11, XIII, 1°).

Cette règle va de soi, seule son application au FNAL et à l'OETH ayant pu poser question *(voir plus loin)*.

Exemple

Une entreprise était assujettie en 2019 au forfait social sur les contributions patronales de prévoyance complémentaire. Son effectif 2019, constaté début 2020, était toujours de 11 salariés et plus. Elle est restée assujettie en 2020 au forfait social sur les contributions patronales de prévoyance complémentaire.

Maintien transitoire des anciens mécanismes de lissage - Les anciens dispositifs de lissage qui existaient avant la loi PACTE ont été maintenus en vigueur pour les employeurs qui en bénéficiaient au 31 décembre 2019 (loi 2019-486 du 22 mai 2019, art. 11, XII). Ils devaient les appliquer jusqu'à leur terme.

En pratique, était ici visés :

- le gel de 3 ans en cas de franchissement à l'occasion de l'effectif « sécurité sociale » calculé sur 2016, 2017 ou 2018 pour le *FNAL**, le *forfait social** sur la prévoyance et la déduction forfaitaire de cotisations patronales sur les heures supplémentaires ;
- les dispositifs d'assujettissement progressif du *versement mobilité** et à la *participation à l'effort de construction** ;
- l'ancien mécanisme spécifique à l'*obligation d'emploi des travailleurs handicapés** (délai de mise en conformité de 3 ans) (c. trav. art. L. 5212-4 dans sa version antérieure au 1.01.2020).

En principe, plus aucun employeur ne peut encore se trouver dans le cadre de ces anciens mécanismes en 2025. Ces entreprises, tenues de continuer à appliquer au 1er janvier 2020 les anciens dispositifs de lissage, n'ont pas pu basculer à cette date vers le nouveau dispositif pour les obligations concernées (loi 2019-486 du 22 mai 2019, art. 11, XIII modifié ; loi 2020-1721 du 29 décembre 2020, art. 159, V). Néanmoins, si un employeur, engagé dans un ancien dispositif de lissage, est ensuite passé sous le seuil de référence au titre d'une année ultérieure, il est sorti de l'ancien mécanisme de lissage : il bénéficie ensuite de la nouvelle mesure de franchissement de seuil sur 5 ans consécutifs s'il atteint ou franchit à nouveau à la hausse le seuil concerné (BOSS, Effectifs, § 640, 01/01/2025).

Précision sur la contribution formation - Pour l'assujettissement à la *contribution à la formation professionnelle** au taux de 1 %, la règle transitoire de la loi PACTE a été assouplie par loi de finances pour 2021.

Les employeurs ayant atteint ou dépassé pour la première fois le seuil de 11 salariés au titre de la participation formation 2018 ou 2019, et qui devaient initialement continuer à appliquer l'ancien dispositif de lissage jusqu'à son terme, ont finalement été basculés vers le dispositif de gel des effets de seuil pendant 5 ans issu de la loi PACTE (loi 2019-486 du 22 mai 2019, art. 11, XIII modifié ; loi 2020-1721 du 29 décembre 2020, art. 159, V).

En pratique, plus aucune entreprise ne peut encore se trouver dans l'ancien dispositif de lissage.

Précision sur le FNAL - Pour le *FNAL** de 0,50 %, l'entrée du nouveau mécanisme de gel des effets de seuil au 1er janvier 2020 s'est combinée avec le relèvement du seuil d'assujettissement de 20 à 50 salariés (c. constr. et hab. art. L. 813-5).

Dans ce contexte, les règles transitoires doivent se comprendre comme suit (BOSS, Effectifs, §§ 740 et 750, 01/01/2025) :

- les employeurs dont l'effectif annuel moyen « sécurité sociale » calculé sur 2019 était inférieur à 50 salariés ont été assujettis au FNAL au titre de 2020 au taux de 0,10 % (simple conséquence du nouveau seuil d'effectif) ;
- les employeurs avec un effectif « sécurité sociale » calculé sur 2019 de 50 salariés et plus étaient soumis au FNAL de 0,50 % en 2020, sauf à bénéficier d'un dispositif de gel des effets de seuil (nouveau moratoire de 5 ans au titre d'un effectif passé par exemple de 15 à 52 salariés, ou poursuite de l'application de l'ancien dispositif de lissage au titre d'un seuil de 20 salariés atteint ou franchi en 2017 ou 2018) ;
- les employeurs de 20 à moins de 50 salariés qui étaient soumis au FNAL de 0,50 % en 2019, ayant constaté début 2020 qu'ils ont atteint ou franchi le seuil de 50 salariés au titre de leur effectif « sécurité sociale » 2019, ont bénéficié du nouveau mécanisme d'atténuation des effets de seuil sur 5 ans à compter de 2020.

En pratique, plus aucune entreprise ne peut encore se trouver dans l'ancien dispositif de lissage.

Précisions sur l'OETH. - Pour l'obligation d'emploi des travailleurs handicapés (OETH), l'administration a apporté deux précisions, visant à prendre en compte le changement de cadre d'appréciation de l'effectif d'assujettissement (au niveau de l'établissement jusqu'à l'OETH 2019, au niveau de l'entreprise depuis l'OETH 2020).

D'une part, seules les entreprises dont les effectifs 2019 et 2020 calculés selon les dispositions « sécurité sociale » issues de la loi PACTE (et donc notamment tous établissements confondus) sont d'au moins 20 salariés ont été considérées comme déjà soumises à l'OETH au titre de l'année 2019, et exclus du nouveau mécanisme de neutralisation. Pour ces entreprises, le nouveau dispositif de lissage des effets de seuil n'est donc applicable qu'en cas de franchissement à la baisse du seuil de 20 salariés à compter de l'OETH 2020, puis d'un nouveau franchissement à la hausse du seuil de 20 salariés sur une année ultérieure (BOSS, Effectifs, § 1280, 01/01/2025).

Exemple

Une entreprise a 5 établissements autonomes de 7, 5, 6, 10 et 3 salariés en 2019. L'effectif reste stable par la suite.

Aucun des 5 établissements n'a été assujetti à l'OETH au titre de l'année 2019 (anciennes règles de calcul de l'effectif d'assujettissement).

Néanmoins, au regard des nouvelles règles d'effectif, l'entreprise avait un effectif supérieur à 20 salariés en 2019 et en 2020. L'entreprise n'a donc pas franchi à la hausse le seuil de 20 salariés en 2020. Elle n'a pas pu bénéficier du dispositif de neutralisation des effets de seuil sur 5 ans et est devenue assujettie à l'OETH dès l'année 2020.

La seconde précision concerne les entreprises qui étaient engagées en 2019 dans l'ancien délai de mise en conformité de 3 ans au titre d'un accroissement de l'effectif à au moins 20 salariés ou en raison d'une création à plus de 20 salariés (c. trav. art. L. 5212-4 dans sa version antérieure à 2020). Ces entreprises ont continué à en bénéficier jusqu'à son terme *(voir plus haut)* (BOSS, Effectifs, § 1300, 01/01/2025).

Néanmoins, selon l'administration, c'est uniquement si l'ensemble des établissements de l'entreprise bénéficiait au 31 décembre 2019 de l'ancien délai de mise en conformité de 3 ans que celui-ci a continué de s'appliquer à toute l'entreprise jusqu'à son terme. Dans ce cas, l'entreprise est devenue effectivement soumise à l'obligation d'emploi au terme du délai de 3 ans (à la condition que son effectif d'assujettissement à l'OETH soit alors au moins égal à 20 salariés), sans pouvoir bénéficier du nouveau mécanisme de neutralisation des effets de seuil sur 5 ans (BOSS, Effectifs, § 1310, 01/01/2025).

A contrario, le maintien de l'ancien délai de mise en conformité ne s'est pas appliqué lorsque celui-ci concernait uniquement un ou plusieurs établissements, et pas l'entreprise dans son ensemble. Dans ce cas, l'ancien dispositif appliqué par le ou les établissements a pris fin au 31 décembre 2019 (BOSS, Effectifs, § 130, 01/01/2025).

☛ *Contrepartie obligatoire en repos ; Contribution à la formation professionnelle ; Contribution supplémentaire à la taxe d'apprentissage ; Déclaration sociale nominative ; Effectif ; Effectif versement mobilité ; Embauche du 1er au 50e salarié ; Entretien professionnel ; Exigibilité des cotisations URSSAF ; Forfait social ; Handicapés (obligation d'emploi) ; Heures supplémentaires (déduction forfaitaire de cotisations patronales) ; Outre-mer (exonération de cotisations) ; Partage de la valeur (entreprises en bénéfices) ; Participation à l'effort de construction ; Participation aux résultats ; Prime de partage de la valeur ; Tarification de la cotisation d'accidents du travail ; Versement en un lieu unique obligatoire ; Versement mobilité.*

Effectif versement mobilité

Le *versement mobilité** est une contribution patronale régie par le code général des collectivités territoriales, due par les employeurs de 11 salariés et plus en région parisienne et dans les zones où il a été institué. Son recouvrement est assuré par les organismes de recouvrement des cotisations de sécurité sociale (URSSAF, CGSS, etc.).

Les règles d'appréciation de l'effectif d'assujettissement ont fait l'objet de précisions par l'administration via le *Bulletin officiel de la sécurité sociale (BOSS)**. De son côté, le site Internet du réseau des URSSAF (www.urssaf.fr) reprend ces règles, et apporte quelques précisions complémentaires, notamment sur les conséquences du rattachement des salariés en termes d'assiette.

Rattachement des salariés à l'établissement du registre unique du personnel (RUP), sauf exceptions

Établissement d'inscription au registre unique du personnel (RUP) - Pour apprécier l'effectif d'assujettissement et l'assiette du versement mobilité, il convient de retenir les salariés affectés au sein de chaque établissement de l'entreprise situé dans la zone géographique de référence (zone de versement mobilité en province, Île-de-France pour la région parisienne) (c. gén. collect. terr. art. D. 2333-87 et D. 2531-7).

Par renvoi, sont considérés comme affectés à un établissement les salariés inscrits à son registre du personnel (c. séc. soc. art. R. 130-2). Ainsi, les salariés sont pris en compte au titre de l'établissement tenant le registre unique du personnel (RUP) sur lequel ils sont inscrits.

Il convient de retenir cette règle de rattachement quel que soit le lieu de travail effectif du salarié, y compris pour les salariés sédentaires ou itinérants (sauf cas dérogatoires) (BOSS, Effectifs, § 810, 01/01/2025).

Exemple

Un employeur est redevable du versement mobilité si son effectif de référence sur une zone donnée est de 15 salariés inscrits au RUP, même si 11 sont itinérants et 4 sédentaires.

Exceptions au rattachement lié au RUP - Ce principe de prise en compte des salariés dans l'établissement où ils sont inscrits au RUP reste valable tant que le salarié exerce son activité dans un établissement de l'employeur, peu important que cet établissement soit situé dans une autre zone de versement mobilité ou hors d'une zone de versement mobilité (BOSS, Effectifs, § 820, 01/01/2025).

Ce n'est qu'à partir du moment où un salarié travaille plus de 3 mois consécutifs hors d'un établissement de l'employeur dans une autre zone de versement mobilité, ou hors zone de versement mobilité, que cela a un impact sur le rattachement du salarié (BOSS, Effectifs, § 830, 01/01/2025).

C'est donc uniquement par exception qu'il faut tenir compte du lieu de travail du salarié *(voir exceptions en fin d'étude)*.

Exemples

1) Un salarié travaille un mois sur deux, en alternance, dans deux établissements de l'employeur en zone A, et en zone B. Rattaché selon le critère du RUP à l'établissement de la zone A, il relèvera toujours de la zone de versement mobilité de cette zone.

2) Une entreprise compte 4 salariés employés dans un établissement de la région Île-de-France et 25 dans un établissement situé à Nancy. Elle envoie un salarié inscrit au RUP de l'établissement d'Île-de-France en mission, pour 6 mois, dans l'établissement de Nancy. Le salarié reste comptabilisé sur la zone d'Île-de-France durant les 6 mois de sa mission. Comme sur la zone d'Île-de-France l'employeur n'est pas assujetti au versement mobilité (effectif inférieur à 11 salariés), sa rémunération n'est pas prise en compte pour l'assujettissement, même pendant les 6 mois de mission à Nancy.

3) Un salarié VRP exerçant une activité commerciale, inscrit au RUP d'un établissement situé en zone A, travaille dans plusieurs zones (en zones VM et hors zone VM), sans jamais rester plus de 3 mois consécutifs dans la même zone. Il est pris en compte dans l'effectif de la zone A.

Assujettissement déterminé zone par zone

Règles « sécurité sociale » adaptées au zonage de la contribution - L'effectif d'assujettissement au versement mobilité est apprécié selon les règles de l'effectif « sécurité sociale » (c. gén. collect. terr. art. L. 2333-64 et L. 2531-2).

On doit donc appliquer les mêmes principes : appréciation au niveau de l'entreprise, effectif annuel moyen, salariés à décompter, entreprises nouvelles, même mécanisme de lissage des effets de seuil, etc. Sur ces points, on se reportera aux développements correspondants (voir *Effectif sécurité sociale**).

En revanche, il faut tenir compte de spécificités liées au zonage de cette contribution et aux règles de rattachement des salariés, décrites ci-après.

Appréciation zone par zone - L'assujettissement au versement mobilité (VM) s'apprécie zone par zone de versement mobilité en province et, pour la région parisienne, au niveau de la région Île-de-France (c. gén. collect. terr. art. D. 2333-91 et D. 2531-9). Même si les taux varient selon les départements en Île-de-France, la région est considérée comme formant un tout pour l'assujettissement.

L'employeur applique donc les règles de calcul de l'effectif « sécurité sociale » au niveau de chaque cadre géographique concerné. Selon son implantation, une entreprise peut donc être assujettie au versement mobilité dans certaines zones et pas dans d'autres, dans aucune zone ou à l'opposé dans toutes ses zones d'implantation.

De même, le dispositif d'atténuation des effets de seuil est mis en œuvre zone par zone.

Entreprises nouvelles - La règle de calcul de l'effectif propre aux entreprises nouvelles (voir *Effectif sécurité sociale**) est mise en œuvre en tenant compte de la particularité liée à l'appréciation zone par zone (en régions, par zone de versement mobilité ; pour la région parisienne, au niveau de l'Île-de-France).

L'effectif à prendre en compte au titre du versement mobilité pour l'année de création du premier emploi salarié au sein d'une zone (ou de l'Île-de-France pour la région parisienne) correspond à l'effectif présent le dernier jour du mois au cours duquel a été réalisée la première embauche (BOSS, Effectifs, § 850, 01/01/2025).

Pour l'application de cette règle, seul le cas d'une embauche (et non d'un transfert) au sein d'un établissement situé dans la zone (inscription du salarié au registre unique du personnel – RUP - de l'établissement), est considéré comme une création d'emploi. La prise en compte dans la zone d'un salarié inscrit au RUP d'une autre zone au motif qu'il y exerce depuis plus de 3 mois consécutifs *(voir plus loin)* n'est pas considérée comme une création d'emploi dans la zone (BOSS, Effectifs, §§ 850 et 860, 01/01/2025).

Exemples

1) Une entreprise est assujettie au versement mobilité en zone A (où elle a un effectif de référence de 30 salariés). Elle ouvre un second établissement en zone B le 20 juin 2025. Elle y embauche son premier salarié le 8 septembre. Le 30 septembre 2025, elle y emploie 5 salariés.

Pour la période du 1er janvier au 31 août 2025, l'effectif de référence est celui calculé sur l'année 2024 (salariés éventuellement décomptés dans la zone car y travaillant hors d'un établissement de l'employeur pendant plus de 3 mois consécutifs ; *voir plus loin*). Sur cette période, l'entreprise est soumise au versement mobilité dans la zone si elle atteint le seuil d'assujettissement de ce fait.

Pour la période de septembre à décembre 2025, l'effectif est de 5 salariés (effectif au 30 septembre), sous réserve de la présence de salariés inscrits au registre unique d'un établissement situé dans une autre zone *(voir plus loin)*. L'entreprise n'est pas assujettie au versement mobilité.

Pour l'année 2026, l'effectif de référence pour la zone B correspondra à la moyenne du nombre de salariés rattachés à la zone B pendant chacun des mois de l'année 2025.

2) Une entreprise est assujettie au versement mobilité en zone A (où elle a un effectif de référence de 30 salariés). Elle emploie 5 salariés hors établissement en zone B à compter du 1er février 2025. Par hypothèse, en 2024, elle n'employait aucun salarié en zone B.

Le fait d'employer des salariés plus de 3 mois consécutifs en zone B à partir de février n'est pas considéré comme une création d'emploi salarié dans la zone. En conséquence, l'effectif de référence de la zone B pour 2025 est celui calculé sur l'année 2024, lequel est nul.

En revanche, ces salariés employés en zone B en 2025 seront pris en compte pour l'effectif calculé sur 2025 en vue de déterminer l'assujettissement au versement mobilité en 2026. Dans ce cadre ils seront pris en compte dans l'effectif de la zone A du 1er février au 30 avril, puis dans l'effectif de la zone B à compter du 1er mai.

Mécanisme d'atténuation des effets de seuil - Le dispositif « sécurité sociale » de limitation des effets de seuil en cas de franchissement à la hausse (moratoire de 5 ans ; voir *Effectif sécurité sociale**) s'applique au versement mobilité, mais zone d'assujettissement par zone d'assujettissement (BOSS, Effectifs, § 880, 01/01/2025).

Le franchissement à la hausse d'un seuil dans une zone ne produit effet que si le seuil est atteint ou dépassé durant 5 années civiles consécutives (c. séc. soc. art. L. 130-1, II). C'est donc uniquement à partir de l'année suivante que l'effet de seuil a un impact. En pratique, un franchissement de seuil à la hausse constaté sur la base de l'effectif annuel moyen calculé sur l'année N – 1 ne produit effet qu'au 1er janvier N + 5, à condition que l'effectif dans la zone ne soit pas redescendue entre-temps sous le seuil concerné sur une des années intercalées (BOSS, Effectifs, § 880, 01/01/2025).

Dans la mesure où le franchissement de seuil est apprécié par zone de versement mobilité, différentes situations sont possibles.

L'employeur peut être assujetti et redevable du versement mobilité au titre d'une zone et, dans le même temps, bénéficier d'une période de neutralisation pour une autre zone (BOSS, Effectifs, § 890, 01/01/2025).

Exemple
Un employeur a des salariés rattachés à deux zones de versement mobilité (A et B).
En zone A, l'effectif calculé sur 2023 est de 5 salariés. Celui calculé sur 2024 est de 8 salariés. L'employeur n'est pas assujetti au versement mobilité en zone A, ni au titre de l'année 2024 (effectif calculé sur 2023 < 11 salariés) ni au titre de l'année 2025 (effectif calculé sur 2024 < 11 salariés).
En zone B, l'effectif calculé sur 2023 est de 7 salariés. En 2024, il est de 13 salariés. En zone B, l'effectif de référence pour l'année 2025, calculé sur 2024, est supérieur ou égal à 11 salariés. De 2025 à 2029 inclus, l'employeur n'a pas à payer de versement mobilité au titre de la zone B. Il n'en deviendra redevable qu'au 1er janvier 2030, à condition de rester à 11 salariés et plus dans l'intervalle. Dans l'hypothèse où il repasse sous les 11 salariés en zone B sur une des années intercalaires (ex. : effectif calculé sur 2026), il aura droit à un nouveau délai de 5 ans si, sur une année ultérieure il franchit à nouveau le seuil à la hausse.

L'employeur peut bénéficier du dispositif de neutralisation des effets de seuil, mais avec des points de départ différents selon les zones (BOSS, Effectifs, § 890, 01/01/2025).

Exemple
Un employeur a des salariés rattachés à deux zones de versement mobilité (A et B).
En zone A, il passe de 8 salariés (effectif calculé sur 2023) à 13 salariés (effectif calculé sur l'année 2024). De 2025 à 2029 inclus, l'employeur n'a pas à payer de versement mobilité au titre de la zone A. Il n'en deviendra redevable qu'au 1er janvier 2030, à condition de rester à 11 salariés et plus en zone A dans l'intervalle. Dans l'hypothèse où il repasse sous les 11 salariés sur une des années intercalaires (ex. : effectif calculé sur 2027), il aura droit à un nouveau délai de 5 ans si, sur une année ultérieure il franchit à nouveau le seuil à la hausse.
En zone B, il franchit le seuil d'assujettissement à la hausse à l'occasion de son effectif calculé sur l'année 2026. De 2027 à 2031 inclus, il n'a pas à payer de versement mobilité au titre de la zone B. Il n'en deviendra redevable qu'au 1er janvier 2032, à condition de rester à 11 salariés et plus en zone B dans l'intervalle. Dans l'hypothèse où il repasse sous les 11 salariés en zone B sur une des années intercalaires (ex. : effectif calculé sur 2029), il aura droit à un nouveau délai de 5 ans si, sur une année ultérieure il franchit à nouveau le seuil à la hausse.

Franchissement de seuil à la baisse - En cas de franchissement à la baisse du seuil d'assujettissement, les compteurs sont remis à zéro. L'employeur n'est plus soumis au versement mobilité dans la zone concernée dès l'année correspondant à l'effectif de référence (ex. : année 2025 pour l'effectif calculé sur l'année 2024) (BOSS, Effectifs, § 930, 01/01/2025).

L'entreprise bénéficiera d'un nouveau délai de 5 ans si elle repasse par la suite au-dessus de ce seuil.

Atteinte du seuil via l'effectif de création du premier emploi - Le dispositif d'atténuation des effets de seuil sur 5 ans en cas de hausse de l'effectif ne s'applique pas à l'hypothèse d'une création d'entreprise avec d'emblée un premier effectif supérieur au seuil d'assujettissement dans une zone. Une règle spécifique de décompte des effectifs est prévue pour les entreprises nouvelles *(voir plus haut)*. Si le seuil d'assujettissement est d'emblée atteint lors de ce premier effectif « création » dans une zone de versement, l'entreprise est immédiatement assujettie au versement mobilité dans cette zone (BOSS, Effectifs, § 900, 01/01/2025).

Exemple
Une entreprise a un établissement en zone A (effectif calculé sur 2024 de 20 salariés). En zone B, elle n'a pas d'établissement, mais 5 salariés qui travaillent sur un chantier : les intéressés sont rattachés au registre unique du personnel (RUP) de l'établissement de la zone A mais présents plus de trois mois sur un chantier de la zone B (effectif calculé sur 2024 de 5 salariés).
L'entreprise ouvre son premier établissement en zone B le 20 avril 2025 et y embauche son premier salarié le 4 mai. Le 31 mai 2025, elle a 12 salariés sur la zone, dont par hypothèse :
- 7 salariés embauchés courant mai et inscrits au RUP de l'établissement de la zone B ;
- et 5 salariés rattachés au RUP de l'établissement de la zone A mais présents depuis plus de trois mois sur le chantier de la zone B.
Pour l'année 2025, l'assujettissement au versement mobilité se présente comme suit :
- zone A : assujettissement (effectif de référence calculé sur 2024 de 20 salariés) ;
zone B : pas de versement mobilité de janvier à avril 2025 (effectif de référence 2024 de 5 salariés) ; de mai à décembre 2025 : assujettissement, car l'effectif de référence au 31 mai 2025 (mois de création du premier emploi) étant d'emblée supérieur ou égal à 11 salariés, le versement mobilité est immédiatement dû, sans application du mécanisme de neutralisation des franchissements de seuil à la hausse.

Lorsque l'employeur est déjà assujetti sur une zone de versement mobilité du fait de son effectif moyen annuel sur l'année précédente (ex. : en raison de

la présence de salariés sur la zone plus de 3 mois), et où l'effectif à prendre en compte l'année de la création du premier emploi est inférieur au seuil de 11 salariés, l'employeur cesse d'être assujetti au versement mobilité à compter du 1er jour du mois de l'embauche (BOSS, Effectifs, § 910, 01/01/2025).

Exemple

Une entreprise a un établissement en zone A (effectif calculé sur 2024 de 20 salariés). En zone B, elle n'a pas d'établissement, mais 14 salariés qui travaillent sur un chantier : les intéressés sont rattachés au registre unique du personnel (RUP) de l'établissement de la zone A mais présents plus de trois mois sur un chantier de la zone B (effectif calculé sur 2024 de 14 salariés).

L'entreprise ouvre son premier établissement en zone B le 20 avril 2025 et y embauche son premier salarié le 4 mai. Le 31 mai 2025, elle a 8 salariés sur la zone, dont par hypothèse :

- 3 salariés embauchés courant mai et inscrits au RUP de l'établissement de la zone B ;
- et 5 salariés rattachés au RUP de l'établissement de la zone A mais présents depuis plus de trois mois sur le chantier de la zone B.

Pour l'année 2025, l'assujettissement au versement mobilité se présente comme suit :

- zone A : assujettissement (effectif de référence calculé sur 2024 de 20 salariés) ;

zone B : versement mobilité de janvier à avril 2025 (effectif de référence 2024 de 14 salariés) ; de mai à décembre 2025 : pas d'assujettissement, car l'effectif de référence au 31 mai 2025 (mois de création du premier emploi) est de 8 salariés.

Transfert de salariés et modification de la situation juridique de l'employeur - Le versement mobilité relève également des règles d'effectif propre aux transferts de salariés liés à une modification de la situation juridique de l'employeur (pour le détail, voir *Effectif sécurité sociale**, « Modification de la situation juridique de l'employeur »), moyennant là aussi quelques particularités (BOSS, Effectifs, § 870, 01/01/2025).

La règle est mise en œuvre zone par zone d'assujettissement de versement mobilité.

L'effectif à prendre en compte dans la zone où les salariés ont été affectés correspond à l'effectif présent le dernier jour du mois de transfert dans cette zone.

▶ Attention… La règle ne joue qu'en cas de transferts de salariés d'une entreprise vers une autre entreprise. Elle ne s'applique pas en cas de transfert de salariés entre établissements d'une même entreprise situés dans des zones de versement mobilité distinctes, puisqu'il ne s'agit pas d'une modification de la situation juridique de l'employeur (ce ne sont pas des opérations de transfert de salariés entre entreprises distinctes) (BOSS, Effectifs, § 870, 01/01/2025).

Si la situation se présente, la règle de neutralisation des effets de seuil en cas de franchissement à la hausse s'applique aussi à un accroissement d'effectif en cours d'année lié à un transfert de salariés (BOSS, Effectifs, § 920, 01/01/2025). Il y a néanmoins une particularité : l'employeur bénéficie de la neutralisation à compter du 1er jour du mois du transfert, pour 5 années consécutives dès l'année du transfert des contrats de travail. En pratique, si un seuil est franchi à la hausse au cours du mois de l'année N suite à un transfert de salariés, le franchissement produira effet à partir du 1er janvier N + 5.

Exemples

1) En 2024, un employeur emploie chaque mois 5 salariés en zone A, et 8 salariés en zone B. Pour l'assujettissement au versement mobilité en 2025, l'effectif de référence, déterminé sur 2024, est donc de 5 salariés en zone A et de 8 salariés en zone B.

Au 15 mai 2025, à la suite d'une fusion avec une autre entreprise, 3 salariés de cette entreprise sont transférés au sein de la société en zone A (où 5 salariés étaient déjà employés au cours de ce mois) et 4 en zone B (où 8 salariés étaient déjà employés au cours de ce mois). Au 31 mai 2025, l'employeur compte donc 8 salariés en zone A et 12 salariés en zone B.

Les effectifs à prendre en compte pour l'année 2025 sont donc les suivants :

- en zone A : 5 salariés du 1er janvier au 30 avril 2025 (effectif de référence calculé sur 2024), puis 8 salariés du 1er mai au 31 décembre 2025 (effectif de référence au 31 mai 2025) : l'employeur n'est jamais redevable du versement mobilité en zone A en 2025 ;

en zone B : 8 salariés du 1er janvier au 30 avril 2025 (effectif de référence calculé sur 2024), puis 12 salariés du 1er mai au 31 décembre 2025 (effectif de référence au 31 mai 2025) : sur le principe, l'employeur devrait être redevable du versement mobilité en zone B à partir de mai 2025, mais il peut bénéficier du dispositif de neutralisation des franchissements de seuil à la hausse du 1er mai 2025 au 31 décembre 2029.

2) En 2024, un employeur emploie chaque mois 5 salariés en zone A, et 8 salariés en zone B. Pour l'assujettissement au versement mobilité en 2025, l'effectif de référence, déterminé sur 2024, est donc de 5 salariés en zone A et de 8 salariés en zone B.

Au 15 mai 2025, il décide de transférer 4 salariés de la zone A vers son établissement en zone B (changement de registre unique du personnel de rattachement).

Ce transfert, purement interne, n'est pas un transfert d'entreprise vers une autre entreprise. Il n'a donc pas

d'impact pour l'assujettissement au versement mobilité au titre de l'année 2025, qui reste donc fonction des effectifs calculés sur 2024 (le versement mobilité n'est dû ni en zone A, ni en zone B).
On notera que pour l'assujettissement 2025, les effectifs de référence seront calculés sur l'année 2025. Les salariés transférés seront décomptés dans la zone A du 1er janvier au 14 mai, et dans la zone B du 15 mai au 31 décembre.

Exception n° 1 au rattachement au RUP : plus de 3 mois en dehors d'un établissement de l'employeur et hors zone de rattachement

Si + de 3 mois consécutifs : lieu d'exercice de l'activité - Pour les salariés qui exercent en dehors d'un établissement de l'employeur (ex : chantier) et hors zone de rattachement, on doit tenir compte du lieu où est exercée cette activité plus de 3 mois consécutifs dans chacune des zones où le versement mobilité a été institué (au niveau de l'Île-de-France en région parisienne) (c. gén. collect. terr. art. D. 2333-87, al. 3 et D. 2531-7, al. 3).

Cette règle vaut pour le calcul de l'effectif et pour la détermination de l'assiette du versement de transport.

▶ À noter... La situation de travail « en dehors » d'un établissement de l'employeur ne doit pas être confondue avec celle du salarié qui travaille « dans un autre établissement » de son employeur, laquelle relève du principe général de rattachement à l'établissement du RUP d'inscription *(voir plus haut)*.

Plus de 3 mois consécutifs dans une autre zone de VM - Le salarié qui exerce son activité plus de 3 mois consécutifs en dehors d'un établissement de l'employeur dans une autre zone de versement mobilité est pris en compte sur cette zone à compter du premier jour du 4e mois d'exercice de son activité dans cette zone (BOSS, Effectifs, §§ 940 à 960, 01/01/2025) *(voir tableau, situation 1 et son exemple)*.

Lorsque le salarié n'exerce pas son activité pendant plus de 3 mois consécutifs, hors d'un établissement de l'employeur, dans une même zone de versement mobilité, le principe général de rattachement *(voir plus haut)* s'applique : le salarié est rattaché à l'établissement tenant le RUP sur lequel il est inscrit (www.urssaf.fr) *(voir tableau, situation 2 et son exemple)*.

De même, lorsque le salarié, pendant « plus de 3 mois consécutifs », exerce son activité sur plusieurs zones de mobilité, il reste pris en compte au niveau de l'établissement tenant le RUP sur lequel il est inscrit (www.urssaf.fr) *(voir tableau, situation 3)*.

Plus de 3 mois consécutifs hors de toute zone de versement - Lorsque le salarié, pendant plus de 3 mois consécutifs, exerce son activité en dehors d'un établissement de l'employeur et en dehors de toute zone de versement mobilité, il cesse d'être pris en compte dans l'effectif pour l'assujettissement au VM à compter du premier jour du 4e mois de sa mission *(voir tableau, situation 4 et son exemple)* (BOSS, Effectifs, §§ 940 à 960, 01/01/2025).

Corrélativement, sa rémunération n'est pas soumise au versement mobilité pour la durée dépassant les 3 mois (voir tableau, situation 4 et son exemple).

Particularité Île-de-France - Selon le site Internet du réseau des URSSAF, lorsque le salarié exerce son activité en Île-de-France hors d'un établissement de l'employeur pour une durée supérieure à 3 mois consécutifs, le taux de VM applicable est celui de la commune ou du département d'Île-de-France sur laquelle l'activité est exercée. Il n'y a pas de distinction à faire entre entreprises mono-établissement ou pluri-établissements en région Île-de-France (www.urssaf.fr).

Au regard de l'exemple livré par l'*ACOSS**, il convient, pour une mission de plus de 3 mois, de calculer le versement mobilité au prorata de la durée de travail effectuée sur chaque zone de versement mobilité de l'Île-de-France.

Exemple

Une entreprise compte 1 seul établissement en Île-de-France et est assujettie au versement mobilité au taux de 3,20 % sur la zone de Paris où 14 salariés sont employés et inscrits au RUP.
1) Mission de 2 mois à Versailles : du 1er juin au 31 juillet, un salarié est envoyé en formation à Versailles (Yvelines) pour 2 mois (aucun autre salarié de l'entreprise n'exerce d'activité dans ce département). L'activité exercée hors de l'établissement de l'employeur étant d'une durée inférieure à 3 mois, le salarié reste rattaché à l'établissement de Paris. Le taux de 2,95 % doit être appliqué durant l'intégralité de l'année. La question de l'effectif d'assujettissement, dans les Yvelines ne se pose pas, puisque l'Île-de-France est considérée, pour cette question, comme une même zone, même si des taux différents peuvent s'appliquer selon les départements.
2) Mission de plus de 3 mois consécutifs à Versailles : en cas d'exercice de l'activité sur Versailles du 1er juin au 30 septembre, le taux applicable reste de 3,20 % du 1er juin au 31 août, et passe à 2,01 % (taux de Versailles) du 1er au 30 septembre.

Salarié travaillant hors établissement de l'employeur (principes et exemples)			
Situation	**Principe applicable**	**Effets**	**Exemples**
1) Mission hors établissement employeur > 3 mois consécutifs dans une même zone de versement.	Prise en compte du lieu de travail effectif (changement de zone de versement).	À partir du 1er jour du 4e mois : - décompte du salarié sur l'autre zone de versement ; - rémunération soumise au versement mobilité au taux de la zone si l'employeur est assujetti au titre de cette zone.	• Un employeur est uniquement assujetti au versement mobilité de Paris (pas dans d'autres zones). Il envoie 2 salariés en formation à Lille (hors d'un établissement de l'employeur) pour une durée de 6 mois. Ces salariés exercent donc leur activité hors d'un établissement de l'employeur plus de 3 mois consécutifs. • L'employeur n'est plus redevable du versement mobilité en Ile-de-France sur la rémunération des intéressés à compter du 1er jour du 4e mois de leur formation à Lille (à partir de cette date, les salariés sont pris en compte pour le calcul de l'effectif au titre de la zone de mobilité de Lille). • Pendant les 3 premiers mois, on applique le principe général (rattachement à l'établissement tenant le RUP).
2) Mission hors établissement de l'employeur ≤ 3 mois consécutifs dans une même zone de versement.	Application du principe général de rattachement à l'établissement tenant le RUP.	La mission ne change rien aux règles habituelles d'assujettissement du salarié au versement mobilité.	• Un employeur est uniquement assujetti au versement mobilité de Paris. Il envoie 2 salariés en formation à Lille (hors d'un établissement de l'employeur) pour une durée de 2 mois. • Ces salariés restent rattachés à l'établissement tenant le RUP sur lequel ils sont inscrits (Paris).
3) Mission hors établissement de l'employeur > 3 mois consécutifs sur plusieurs zones de versement.	Application du principe de rattachement à l'établissement tenant le RUP.	La mission ne change rien aux règles habituelles d'assujettissement du salarié au versement mobilité.	• Un salarié est déclaré sur le RUP de l'établissement de Bayonne. Il exerce son activité en dehors dudit établissement pendant 4 mois, durant lesquels il alterne les semaines à Dax et à Pau. • Il n'est donc pas plus de 3 mois consécutifs sur une même zone de versement mobilité et reste pris en compte au titre de l'établissement de Bayonne, pour le calcul de l'effectif et pour la détermination de l'assiette du versement.
4) Mission hors établissement tenant le RUP > 3 mois consécutifs mais en dehors d'une zone de versement.	Prise en compte du lieu de travail effectif (changement de zone de versement).	À partir du 1er jour du 4e mois : - salarié non pris en compte dans l'effectif d'assujettissement au versement mobilité ; - rémunération non soumise au versement mobilité pour la durée concernée.	• Un employeur est assujetti au versement mobilité au titre de la zone Île-de-France où il emploie 15 salariés. 2 salariés rattachés à la zone Île-de-France sont envoyés sur un chantier hors zone pendant 4 mois. • À compter du 1er jour du 4e mois de leur chantier, les intéressés ne sont pas pris en compte dans l'effectif et leur rémunération n'est pas assujettie à la contribution.

Date d'effet des modifications liées au changement de zone - Lorsque les conditions sont remplies (activité exercée pendant plus de 3 mois consécutifs en dehors d'un établissement de l'employeur dans une autre zone ou hors zone de versement), les modifications induites par le changement de zone prennent effet au 1er jour du 4e mois de la mission (BOSS, Effectifs, § 960, 01/01/2025).

Lorsque l'activité est exercée dans le ressort d'une autre zone de versement mobilité :
- le salarié devient décompté sur cette autre zone ;
- sa rémunération est soumise au taux applicable sur cette nouvelle zone, sous réserve que l'employeur soit assujetti à la contribution au titre de cette zone au regard de son effectif de l'année précédente (N – 1) dans la zone.

Lorsque l'activité est exercée en dehors de toute zone de versement, le salarié n'est plus décompté sur aucune zone de versement mobilité. La contribution n'est pas due sur la rémunération versée au salarié.

Appréciation de la durée de 3 mois consécutifs - La durée de 3 mois consécutifs s'apprécie de date à date, ce qui peut impliquer une prise en compte proratisée du salarié concerné sur chaque zone dans l'effectif mensuel (BOSS, Effectifs, § 970, 01/01/2025).

Exemple

Un salarié à temps plein inscrit au RUP d'un établissement situé en zone A (et y travaillant) est envoyé en mission sur un chantier situé en zone B du 15 mars au 30 juin. Au 1er juillet, il retourne travailler dans l'établissement situé en zone A. Il est pris en compte comme suit :

- du 15 mars au 14 juin (délai de 3 mois), le salarié reste décompté au niveau de la zone A (établissement du RUP) : il est décompté pour une unité en mars, en avril et en mai, et pour 14/30e en juin ;
- du 15 au 30 juin, il est décompté dans l'effectif de la zone B pour 16/30e ;
- à partir du 1er juillet, il est à nouveau décompté en zone A.

Si, au cours du délai de 3 mois, le salarié retourne travailler, même de manière ponctuelle ou exceptionnelle (y inclus un seul jour), dans la zone où est situé l'établissement tenant le RUP sur lequel il est inscrit (au sein de l'établissement ou en dehors), ou dans un autre établissement de l'employeur (peu important la zone), le délai de 3 mois est interrompu (BOSS, Effectifs, §§ 980, 01/01/2025).

Un nouveau délai de 3 mois commencera à courir dès que le salarié travaillera à nouveau hors d'un établissement de l'employeur et en dehors de la zone de l'établissement tenant le RUP sur lequel il est inscrit.

Incidences des absences - Les absences notamment pour maladie, congés payés ou activité partielle n'interrompent pas le cours du délai de 3 mois (BOSS, Effectifs, § 990, 01/01/2025).

Pour un salarié qui travaille en dehors d'un établissement de l'employeur, et dans une autre zone que celle où est situé l'établissement tenant le RUP, plusieurs situations peuvent se présenter.

Lorsque le salarié reprend son travail dans la même zone à l'issue de la période d'absence, le décompte de la période de 3 mois dans cette zone se poursuit, s'il n'est pas déjà arrivé à terme pendant l'absence.

Exemple

Un salarié inscrit au RUP d'un établissement situé en zone A est envoyé en mission chez un client en zone B à compter du 1er février. Du 20 avril au 17 mai, il est en arrêt maladie. Il reprend son activité chez le client en zone B le 18 mai.
L'arrêt maladie n'a pas d'effet sur le délai de 3 mois et le salarié est considéré comme ayant exercé son activité hors d'un établissement de l'employeur pendant plus de 3 mois consécutifs à partir du 1er mai.
Il est décompté dans l'effectif de la zone A jusqu'au 30 avril puis de la zone B à partir du 1er mai.

Si, à l'issue de la période d'absence, le salarié reprend le travail au sein de l'établissement du RUP sur lequel il est inscrit, il est compris dans l'effectif de la zone de cet établissement à compter de sa reprise du travail dans cette zone (BOSS, Effectifs, § 1000, 01/01/2025).

Exemple

Un salarié inscrit au RUP d'un établissement situé en zone A est envoyé en mission chez un client en zone B à compter du 1er février. Du 20 avril au 17 mai, il est en arrêt maladie. Il reprend son activité en zone A le 18 mai.
L'arrêt maladie n'a pas d'effet sur le délai de 3 mois et le salarié est considéré comme ayant exercé son activité hors d'un établissement de l'employeur pendant plus de 3 mois consécutifs à partir du 1er mai.
Il est décompté dans l'effectif de la zone A jusqu'au 30 avril, de la zone B du 1er au 17 mai, puis à nouveau de la zone A à partir du 18 mai.

Si, à l'issue de la période d'absence, le salarié reprend le travail hors établissement et dans une zone différente de celle où il était affecté avant la période d'absence (BOSS, Effectifs, § 1010, 01/01/2025) :
- il est de nouveau affecté à l'effectif de la zone du RUP à compter de la reprise du travail ;
- il sera affecté à l'effectif de la nouvelle zone, le cas échéant, à compter du premier jour du 4e mois d'exercice dans cette nouvelle zone.

Exemple

Un salarié inscrit au RUP d'un établissement situé en zone A est envoyé en mission chez un client en zone B à compter du 1er février. Du 20 avril au 17 mai, il est en arrêt maladie. Il reprend son activité en zone C (hors d'un établissement de l'employeur, chez un autre client) le 18 mai.
L'arrêt maladie n'a pas d'effet sur le délai de 3 mois et le salarié est considéré comme ayant exercé son activité pendant plus de 3 mois consécutifs hors d'un établissement de l'employeur à partir du 1er mai.
Il est décompté dans l'effectif de la zone A jusqu'au 30 avril puis de la zone B du 1er au 17 mai.
Du 18 mai au 17 août, il est à nouveau décompté dans la zone A (nouveau délai de 3 mois). À compter du 18 août, il est décompté dans l'effectif de la zone C.

Salarié en télétravail - Pour les salariés en télétravail et dont le lieu de télétravail est situé soit dans une autre zone de versement mobilité que celle de l'établissement du RUP sur lequel ils sont inscrits, soit hors d'une zone de versement mobilité, le délai de 3 mois consécutifs pour prendre en compte le lieu d'exercice court à compter du premier jour de télétravail (BOSS, Effectifs, § 1020, 01/01/2025).

Le fait de se rendre dans un établissement de l'employeur, même une journée, interrompt le décompte du délai de 3 mois.

Exemple

Un salarié inscrit au RUP d'un établissement situé en zone A télétravaille depuis son domicile en zone B deux jours par semaine, et dans son établissement trois jours par semaine. Puisqu'il alterne télétravail et travail sur site, il n'aura jamais les 3 mois consécutifs hors d'un établissement de l'employeur et dans une autre zone. Il reste donc décompté en zone A.

À partir du 20 mars, il télétravaille à 100 % depuis son domicile. Il est pris en compte en zone A jusqu'au 19 juin, puis en zone B à partir du 20 juin.

Lorsque le salarié exerce hors d'un établissement de son employeur et débute le télétravail dans une autre zone que celle de l'établissement du RUP sur lequel il est inscrit, deux situations peuvent se présenter (BOSS, Effectifs, § 1030, 01/01/2025).

Si le lieu de télétravail est situé dans la même zone que le lieu où le salarié exerce son activité, le décompte de la durée de 3 mois n'est pas interrompu, et le salarié reste pris en compte dans l'effectif de cette zone.

Exemple

Un salarié inscrit au RUP d'un établissement en zone A est envoyé en mission chez un client en zone B à compter du 1er avril. Le 20 juin, il commence à télétravailler depuis son domicile situé en zone B également.

Le lieu de télétravail étant dans la même zone que le lieu d'exercice de l'activité, le décompte de la période de 3 mois n'est pas interrompu. Le salarié est donc décompté dans l'effectif de la zone A jusqu'au 30 juin (3 mois), puis dans l'effectif de la zone B à compter du 1er juillet.

La solution serait la même si le salarié commençait à télétravailler depuis son domicile à partir du 25 juillet.

En revanche, si le lieu de télétravail est situé dans une zone différente de celle du lieu de la mission, le décompte des 3 mois est interrompu. Le salarié est alors rattaché aux effectifs de l'établissement du RUP. Le délai de 3 mois recommence éventuellement à courir à compter du premier jour de télétravail dans une autre zone ou hors zone de versement mobilité.

Exemples

1) Un salarié inscrit au RUP d'un établissement en zone A est envoyé en mission chez un client en zone B à compter du 1er avril. Le 20 juin, il commence à télétravailler depuis son domicile situé en zone A.

Le lieu de télétravail étant dans une zone différente de celle du lieu d'exercice de l'activité, le décompte de la période de 3 mois est interrompu. Le salarié est donc toujours décompté dans l'effectif de la zone A.

2) Un salarié inscrit au RUP d'un établissement en zone A est envoyé en mission chez un client en zone B à compter du 1er avril. Le 20 juin, il commence à télétravailler depuis son domicile situé en zone C.

Le lieu de télétravail étant dans une zone différente de celle du lieu d'exercice de l'activité, le décompte de la période de 3 mois est interrompu. Un nouveau délai de 3 mois court à partir du 20 juin (premier jour de télétravail dans une autre zone).

Le salarié reste donc décompté dans l'effectif de la zone A jusqu'au 19 septembre (20 juin + 3 mois), puis dans l'effectif de la zone C à compter du 20 septembre.

Exception n° 2 au rattachement au RUP : transport routier ou aérien

Salariés affectés aux véhicules - Les salariés affectés aux véhicules des entreprises de transport routier ou aérien qui exercent leur activité « à titre principal » en dehors d'une zone où a été institué le versement (ou de la région en Île-de-France) sont exclus de la détermination de l'effectif servant au calcul de la contribution (c. gén. collect. terr. art. D. 2333-87 et D. 2531-7).

Ces salariés ne sont pas pris en compte dans l'effectif d'assujettissement au versement mobilité et leur rémunération n'est pas soumise à la contribution.

Sont ici visés les personnels navigants des compagnies aériennes et les conducteurs de véhicules des entreprises de transport routier (camion, autobus, autocar, ambulance), à condition qu'ils exercent principalement leur activité en dehors d'une zone de versement mobilité (BOSS, Effectifs, § 1070, 01/01/2025).

▶ À noter... Les salariés affectés aux véhicules des entreprises de transport ferroviaire ou fluvial ne sont pas visés par la dérogation. Il en va de même pour les salariés affectés aux véhicules des entreprises de commerce de gros ou de dépannage (BOSS, Effectifs, § 1080, 01/01/2025). Ces salariés restent rattachés à l'établissement du RUP sur lequel ils sont inscrits, sauf à exercer plus de 3 mois consécutifs dans une autre zone et hors d'un établissement de l'employeur.

Notion d'activité exercée à titre principal hors zone de versement - Une « activité exercée à titre principal en dehors d'une zone » s'entend d'une activité dont plus de 50 % du temps de travail est effectué hors d'une zone de versement (BOSS, Effectifs, § 1070, 01/01/2025).

L'entreprise doit pouvoir justifier du lieu d'activité des intéressés.

Modalités d'appréciation pour les navigants des compagnies aériennes - Les personnels navigants des compagnies aériennes sont toujours considérés exerçant comme principalement leur activité en dehors d'une zone de versement mobilité (BOSS, Effectifs, § 1090, 01/01/2025).

Modalités d'appréciation pour les conducteurs des entreprises de transport routier - Pour les conducteurs des véhicules des entreprises de transport routier, l'administration considère qu'un chauffeur qui passe plus de 50 % de son temps de travail au cours du mois (soit de ses journées travaillées sur le mois) en dehors d'une zone de versement mobilité exerce à titre principal en dehors de toute zone de versement mobilité (BOSS, Effectifs, § 1100, 01/01/2025).

L'appréciation du lieu d'exercice de l'activité (au sein d'une zone ou hors zone à titre principal) s'effectue en fonction du trajet du chauffeur routier sur chaque journée de travail (BOSS, Effectifs, § 1110, 01/01/2025) :
- sur une journée, il sera considéré comme exerçant à titre principal en zone de versement mobilité s'il passe, au cours de cette journée, par la zone de l'établissement tenant le RUP sur lequel il est inscrit ;
- à défaut, il sera considéré comme exerçant hors zone sur la journée.

▶ À noter... L'application de cette règle suppose que la zone où se situe l'établissement tenant le RUP soit une zone de mobilité. Dès lors que l'établissement tenant le RUP est situé hors zone de mobilité, le routier est toujours considéré comme étant hors zone.

Au final, pour les conducteurs routiers, ces règles amènent au résultat suivant (BOSS, Effectifs, § 1120, 01/01/2025) :
- si le chauffeur exerce à titre principal hors zone sur le mois, il n'est pas pris en compte dans l'effectif ;
- si le chauffeur exerce à titre principal en zone sur le mois, il est pris en compte dans l'effectif de la zone de l'établissement du RUP sur lequel il est inscrit.

Entreprises de travail temporaire et groupements d'employeurs

Entreprises de travail temporaire - L'assujettissement des entreprises de travail temporaire (ETT) est déterminé en tenant compte (c. gén. collect. terr. art. D. 2333-87, 1°, D. 2333-91, D. 2531-7, 1° et D. 2531-9) :
- de leurs salariés permanents (selon les règles de droit commun) ;
- et des salariés intérimaires qui ont été liés à l'entreprise par des contrats de mission pendant une durée totale d'au moins 3 mois au cours de l'année de décompte des effectifs employés dans chaque zone de versement mobilité (ou en Île-de-France pour la région parisienne).

La durée de 3 mois s'apprécie par année civile, en cumulant la durée totale des contrats de mission, sans qu'il soit nécessaire que ces 3 mois soient consécutifs.

Au total, un intérimaire n'est pas pris en compte s'il est lié à l'ETT (BOSS, Effectifs, § 1050, 01/01/2025) :
- moins de 3 mois (consécutifs ou non) pendant l'année civile ;
- ou au moins 3 mois (consécutifs ou non) pendant l'année civile, mais en ayant travaillé dans des zones différentes sans jamais atteindre 3 mois sur une même zone.

Lorsque l'intérimaire est lié à l'ETT au moins 3 mois (consécutifs ou non) sur l'année civile, dans une même zone, il est pris en compte dans l'effectif de cette zone, pour la période correspondante (BOSS, Effectifs, § 1060, 01/01/2025).

Dans tous les cas, cette condition s'applique seulement pour l'effectif d'assujettissement. Dès lors que l'entreprise doit acquitter le versement dans une zone donnée, les rémunérations versées à tous les salariés intérimaires employés dans le ressort de la zone sont incluses dans l'assiette servant au calcul du versement, quelle que soit la durée de leur mission (c. gén. collect. terr. art. D. 2333-91 et D. 2531-9).

Exemples

1) Un salarié est lié à une ETT par plusieurs contrats de mission dont la durée totale est inférieure à 3 mois sur l'année. Il n'est pas pris en compte dans l'effectif. Sa rémunération est en revanche assujettie au versement mobilité en fonction de la zone dans laquelle il est employé et au titre de laquelle l'employeur est assujetti.
2) Un salarié est lié à une ETT par plusieurs contrats de missions. Il exerce ses missions 2 mois à Nantes, 2 mois à Bordeaux, puis à nouveau 2 mois à Nantes. Pour la détermination de l'effectif, il est retenu sur la zone de Nantes pour les 4 mois cumulés de mission. Il n'est pas retenu sur la zone de Bordeaux sur laquelle ses missions ont une durée inférieure à 3 mois dans la zone.

L'entreprise de travail temporaire doit également tenir compte des salariés en CDI intérimaires.

Groupements d'employeurs - Depuis le 1er janvier 2025 (donc dans le cas général pour l'effectif « sécurité sociale » calculé sur 2024), les groupements d'employeurs n'ont plus à tenir compte des salariés qu'ils mettent à disposition d'un ou de plusieurs membres du groupement pour calculer leur effectif « sécurité sociale, », sauf pour la tarification AT/MP (c. séc. soc. art. L. 130-1 modifié, III ; loi 2025-199 du 28 février 2025, art. 25, JO du 28 ; BOSS, Effectifs, § 320, 01/01/2025). Ils tiennent compte de leurs salariés permanents (sauf tarification AT/MP).

Cette règle s'applique y compris pour l'effectif d'assujettissement au versement mobilité.

Avant le 1er janvier 2025, l'effectif des groupements d'employeurs comprenait les salariés permanents et les salariés mis à disposition des différents membres du groupement (BOSS, Effectifs, §§ 1040, 01/12/2024). Les salariés étaient décomptés en fonction du lieu d'activité dans chacune des zones de versement mobilité, selon des modalités particulières (BOSS, Effectifs, §§ 1050 et 1060, 01/12/2024) :

- le salarié était immédiatement décompté dans l'effectif de la zone dans laquelle il exerce son activité (le délai de 3 mois ne jouait pas) ;
- s'il travaillait auprès d'entreprises situées dans des zones de mobilité différentes, il était pris en compte au prorata de son temps de travail dans chacune des zones où il exerce son activité ;
- pendant les phases d'intermission (durant lesquelles les salariés du groupement sont en attente d'être mis à disposition), ces salariés étaient pris en compte dans l'effectif de la zone de l'établissement du RUP sur lequel ils sont inscrits.

Effectif sécurité sociale ; Versement mobilité.

Égalité des rémunérations

Principe « à travail égal, salaire égal »

Le principe « à travail égal, salaire égal » implique que l'employeur doit assurer l'égalité de rémunération entre tous les salariés de l'un ou l'autre sexe placés dans une situation identique (cass. soc. 29 octobre 1996, n° 92-43680, BC V n° 359 ; cass. soc. 15 décembre 1998, n° 95-43630, BC V n° 551).

Par ailleurs, ce principe est décliné sous forme d'une règle expresse pour l'égalité entre les sexes (c. trav. art. L. 3221-2) (voir *Égalité des rémunérations femmes-hommes**).

▶ À noter… Les politiques de rémunération « au mérite » ou « d'individualisation » doivent s'articuler entre le principe « à travail égal, salaire égal », celui de la libre fixation des salaires par le chef d'entreprise et les discriminations prohibées par le code du travail.

Niveau d'application

Entreprise - En principe, l'entreprise constitue le cadre à retenir pour apprécier le respect du principe « à travail égal, salaire égal » (cass. soc. 12 juillet 2006, n° 04-46104 D).

▶ À noter… La comparaison concerne seulement les salariés travaillant pour la même entreprise. Un salarié qui intervient dans une entreprise dans le cadre d'un contrat de prestation de services, et qui ne relève pas des mêmes accords collectifs, ne peut pas demander le même traitement que les salariés de cette entreprise (cass. soc. 28 juin 2006, n° 05-40672 D).

Groupes d'entreprise - Le principe d'égalité de traitement ne s'applique pas entre les salariés d'entreprises différentes, même appartenant au même groupe (cass. soc. 16 septembre 2015, n° 13-28415, BC V n° 158).

Unité économique et sociale - Une disparité de rémunération est possible au sein d'une unité économique et sociale (UES). Celle-ci étant composée de personnes juridiques distinctes, il ne peut y avoir de comparaison entre les conditions de rémunération des salariés des différentes entreprises de l'UES que si ces conditions sont fixées par la loi, une convention ou un accord collectif commun, ou lorsque le travail de ces salariés est accompli dans un même établissement (cass. soc. 1er juin 2005, n° 04-42143, BC V n° 185).

Accord collectif différenciant les établissements - Une différence de traitement entre les salariés d'une même entreprise ne constitue pas, en elle-même, une discrimination illicite.

Un accord d'entreprise peut ainsi prévoir qu'au sein de certains de ses établissements, compte tenu de leurs caractéristiques, des accords d'établissement déterminent des modalités de rémunération spécifiques (cass. soc. 18 janvier 2006, n° 03-45422, BC V n° 17).

Exemple

Un accord d'entreprise peut réserver le versement d'une prime aux seuls salariés d'un établissement en raison de l'activité spécifique de celui-ci (cass. soc. 12 juillet 2006, n° 05-40980 D).

Les différences de traitement entre des salariés appartenant à la même entreprise mais à des établissements distincts, instaurées par des accords d'établissement conclus par les syndicats représentatifs au sein de ces établissements, sont présumées justifiées. C'est à celui qui les conteste de démontrer qu'elles sont étrangères à toute considération de nature professionnelle (cass. soc. 3 novembre 2016, n° 15-18444, BC V n° 206 ; cass. soc. 30 mai 2018, n° 17-12782, BC V n° 94). Il en est de même si les différences de traitement sont posées par un accord d'entreprise négocié et signé par les organisations syndicales représentatives au sein de l'entreprise (cass. soc. 4 octobre 2017, n° 16-17517, BC V n° 170).

Des salariés qui n'entrent pas dans le champ d'application d'un accord d'établissement ne sont pas victimes d'une discrimination car ils ne bénéficient pas des dispositions de cet accord (cass. soc. 27 octobre 1999, n° 98-40769, BC V n° 422).

▶ À noter... Des différences de traitement entre salariés d'une même entreprise, mais affectés à des sites ou des établissements distincts, peuvent également résulter d'un protocole de fin de conflit d'établissement, qui a valeur d'accord collectif (cass. soc. 30 mai 2018, n° 17-12782, BC V n° 94).

Conséquences pratiques

Pas de discrimination - Le principe général « à travail égal, salaire égal » concerne tous les salariés, quel que soit leur sexe. Il interdit les discriminations en matière de rémunération dans l'entreprise lorsque ceux-ci effectuent un travail identique. De plus, il s'applique indépendamment des protections particulières prévues dans certains domaines (discrimination entre les hommes et les femmes, les français et les ressortissants étrangers, l'appartenance à un syndicat ou l'exercice d'une activité syndicale, etc.). Ainsi, les différences de traitement non fondées sur un élément objectif sont interdites.

Pour que le principe puisse jouer, il faut que les situations soient comparables :
- un cadre qui ne prouve pas qu'il exerce les mêmes responsabilités que les collègues avec lesquels il se compare ne peut pas se prévaloir d'une inégalité (cass. soc. 15 novembre 2006, n° 04-48814 D) ;
- les fonctions doivent être similaires (cass. soc. 26 juin 2008, n° 06-46204, BC V n° 141).

Justification des écarts de salaire - Pour justifier d'un salaire plus élevé, l'entreprise peut invoquer la qualification, la compétence, la capacité, la responsabilité, la productivité, etc., mais jamais la personne du salarié.

En cas de litige, le salarié qui se prétend lésé doit apporter au juge les éléments de fait susceptibles de caractériser l'atteinte au principe d'égalité de rémunération (cass. soc. 20 octobre 2010, n° 08-19748, BC V n° 242). L'employeur doit, quant à lui, établir que la disparité est justifiée par des éléments objectifs étrangers à toute discrimination (cass. soc. 10 octobre 2000, n° 98-41389, BC V n° 317 ; cass. soc. 28 septembre 2004, n° 03-41825, BC V n° 228).

Les écarts de rémunération entre des salariés effectuant un même travail ou un travail de valeur égale justifiés par des raisons objectives et matériellement vérifiables ne méconnaissent pas le principe « à travail égal, salaire égal » (cass. soc. 31 octobre 2006, n° 03-42641, BC V n° 320).

Travaux de valeur égale - Si l'on transpose les règles définies pour l'égalité entre les femmes et les hommes au principe général « à travail égal, salaire égal », les salariés sont considérés comme ayant des travaux de valeur égale lorsque ceux-ci exigent d'eux un ensemble comparable (c. trav. art. L. 3221-4) :
- de connaissances professionnelles consacrées par un titre, un diplôme ou une pratique professionnelle ;
- de capacités découlant de l'expérience acquise et de responsabilités ;
- de responsabilités ;
- de charge physique ou nerveuse.

Pour les juges, le « travail égal » est celui qui correspond au même poste de travail avec notamment des fonctions, une qualification, un niveau de responsabilités, une charge de travail et une ancienneté identiques (cass. soc. 6 juillet 2010, n° 09-40021, BC V n° 158).

Exemple

Les juges ont estimé qu'une responsable des ressources humaines, du juridique et des services généraux avait un travail de valeur égale à celui de ses collègues masculins, membres comme elle du comité de direction, dans la mesure où ils avaient relevé une identité de niveau hiérarchique, de classification, de responsabilités, une importance comparable dans le fonctionnement de l'entreprise, chacune d'elles exigeant en outre des capacités analogues et représentant une charge nerveuse du même ordre.
Malgré ce travail de valeur égale, la salariée percevait une rémunération inférieure à celle de ses collègues masculins, alors qu'elle avait une ancienneté plus importante et un niveau d'études similaire. L'employeur n'ayant pas justifié cette inégalité par des éléments étrangers à toute discrimination, les juges ont estimé que la salariée était victime d'une inégalité de traitement (cass. soc. 6 juillet 2010, n° 09-40021, BC V n° 158).

Critères pouvant justifier des écarts (exemples)

Qualité du travail - L'employeur qui explique la différence de salaire par la qualité du travail fourni doit en apporter objectivement la preuve (cass. soc. 26 novembre 2002, n° 00-41633, BC V n° 354).

Circonstances de l'embauche - Les circonstances de l'embauche peuvent justifier des différences de rémunération entre des salariés placés dans une situation identique (cass. soc. 21 juin 2005, n° 02-42658, BC V n° 206).

Dans cette affaire, une association gérant une crèche avait recruté en urgence en CDD une directrice pour remplacer la titulaire du poste, en arrêt maladie depuis plusieurs mois. Il s'agissait d'éviter la fermeture de la crèche par l'autorité de tutelle. L'association avait donc accordé à la salariée recrutée en CDD un salaire nettement supérieur à celui de la personne remplacée.

Pour autant, une qualification différente au moment de l'embauche ne justifie pas un salaire inégal entre deux salariés ayant ensuite les mêmes fonctions (cass. soc. 13 septembre 2023, n° 22-11338 FB).

Expérience, responsabilités, ancienneté, parcours professionnel - Un employeur peut verser des rémunérations différentes à des salariés qui exercent des fonctions identiques dans la mesure où ceux-ci n'ont pas les mêmes responsabilités, ou encore n'ont pas acquis une expérience équivalente chez d'autres employeurs (cass. soc. 15 novembre 2006, n° 04-47156, BC V n° 340 ; cass. soc. 28 novembre 2006, n° 05-41414, BC V n° 353).

L'ancienneté est aussi un critère de différenciation admis par les juges, à condition qu'elle ne soit pas prise en compte dans une prime spéciale (cass. soc. 17 février 2010, n° 08-44375 D), comme une prime d'ancienneté (cass. soc. 6 novembre 2024, n° 23-16226 FD). Un accord de branche peut autoriser les entreprises à pratiquer un abattement sur le salaire minimum conventionnel des cadres débutants (CE 16 octobre 2017, n° 390011).

Les parcours professionnels différents peuvent justifier des différences de salaire, les salariés n'étant pas dans une situation identique (cass. soc. 16 mai 2007, n° 06-41472 D). Le parcours professionnel des salariés peut aussi être pris en compte, dans le cadre d'un accord collectif, pour individualiser leur rémunération.

Exemple

L'application d'un accord collectif, destiné à favoriser les promotions, entraînait une disparité entre des salariés occupant le même emploi. Les salariés ayant une rémunération inférieure à celle de leurs collègues, nommés postérieurement à eux dans le cadre de promotions, ont demandé un rappel de salaires qu'ils n'ont pas obtenu. En effet, ils n'étaient pas dans une situation identique au regard de leur parcours professionnel : les uns avaient été promus à la suite d'un effort particulier de leur part (ex. : effort de mobilité) et les autres, non (cass. soc. 3 mai 2006, n° 03-42920, BC V n° 160).

La différence de diplômes et d'expérience professionnelle acquise dans un précédent emploi peut faire partie des éléments objectifs et pertinents justifiant la différence de rémunération (cass. soc. 6 novembre 2019, n° 18-13235 D).

Diplômes - La seule différence de diplômes, alors qu'ils sont de niveaux équivalents, ne permet pas de fonder une différence de rémunération entre des salariés qui exercent les mêmes fonctions (cass. soc. 14 septembre 2022, n° 21-12175 D), sauf s'il peut être justifié que la possession d'un diplôme spécifique atteste de connaissances particulières utiles à l'exercice de la fonction occupée (cass. soc. 16 décembre 2008, n° 07-42107, BC V n° 250).

Par ailleurs, le fait de ne pas posséder le diplôme requis par la convention collective pour exercer des fonctions constitue un élément objectif et pertinent justifiant une différence de rémunération. En conséquence, l'employeur pouvait le prendre en compte sans méconnaître le principe « à travail égal, salaire égal » (cass. soc. 10 novembre 2009, n° 07-45528, BC V n° 252).

Régime salarial spécifique - Les salariés des *équipes de suppléance** perçoivent une rémunération majorée (c. trav. art. L. 3132-19). Ce régime salarial spécifique écarte toute comparaison avec d'autres salariés, au regard d'un avantage salarial tel qu'une prime de nuit (cass. soc. 5 mai 2021, n° 19-20547 FSP).

Avantages catégoriels - Une différence de traitement fondée sur la catégorie professionnelle repose sur une raison objective et pertinente dès lors qu'elle a pour objet ou pour but de prendre en compte les spécificités de la situation des salariés relevant d'une catégorie déterminée, tenant notamment aux conditions d'exercice des fonctions, à l'évolution de carrière ou aux modalités de rémunération (cass. soc. 8 juin 2011, n° 10-11933, BC V n° 143 ; cass. soc. 8 juin 2011, n° 10-11725, BC V n° 145).

En revanche, il n'y a pas de présomption de justification pour les avantages résultant d'une décision de l'employeur, d'un engagement unilatéral ou d'un usage d'entreprise. Pour autant, la Cour de cassation a admis qu'une décision unilatérale de l'employeur réserve une prime de 13e mois aux cadres, considérant que cette prime faisait partie de la rémunération versée en contrepartie du travail et que cadres et non-cadres ne sont pas dans la même situation de travail (cass. soc. 26 septembre 2018, n° 17-15101 FSPB).

▶ À noter... La Cour de cassation a ici relevé qu'une prime de 13e mois, sans objet spécifique étranger au travail accompli ou destiné à compenser une sujétion particulière, fait partie de la rémunération annuelle versée, au même titre que le salaire de base, quelles que soient les modalités de son versement. Une telle prime est la contrepartie du travail, au regard duquel les salariés cadres et non-cadres ne sont pas placés dans une situation identique. Pour les autres primes ou avantages accordées par une décision unilatérale de l'employeur, celui-ci reste tenu de justifier la différence de traitement entre des salariés de catégories différentes placés dans la même situation.

Différences de traitement prévues par accord collectif - Certaines différences de traitement entre les salariés prévues par accord collectif sont, selon la Cour de cassation, présumées justifiées.

Ont ainsi bénéficié de cette présomption les différences de traitement prévues par des accords collectifs :
- entre des salariés appartenant à des catégories professionnelles différentes (cass. soc. 27 janvier 2015, n° 13-22179, BC V n° 9) ;
- entre des salariés exerçant, au sein d'une même catégorie professionnelle, des fonctions différentes (cass. soc. 8 juin 2016, n° 15-11324, BC V n° 130) ;
- entre des salariés appartenant à la même entreprise mais à des établissements différents, que l'inégalité de traitement résulte d'un accord d'établissement ou d'un accord d'entreprise (cass. soc. 3 novembre 2016, n° 15-18444, BC V n° 206 ; cass. soc. 4 octobre 2017, n° 16-17517, BC V n° 170) ;
- entre des salariés appartenant à la même entreprise, mais affectés à des sites ou des établissements distincts (cass. soc. 30 mai 2018, n° 17-12782, BC V n° 94) ;
- un accord de substitution maintenant un avantage conventionnel au seul profit des salariés d'un site qui avait été absorbé (cass. soc. 5 février 2025, n° 22-24000 FSB).

Dans ces hypothèses, c'est au salarié qui conteste la différence de traitement de démontrer qu'elle est étrangère à toute considération de nature professionnelle.

Toutefois, la Cour de cassation n'est pas allée jusqu'à reconnaître une présomption générale de justification des différences de traitement opérées par accord collectif. En présence d'autres différences de traitement établies par le salarié, c'est à l'employeur de justifier de raisons objectives dont le juge contrôlera concrètement la réalité et la pertinence (cass. soc. 3 avril 2019, n° 17-11970 FPPBRI).

De plus, une différence de traitement reposant sur un motif discriminatoire prohibé, même prévue par un accord collectif, ne peut être présumée justifiée au regard du principe de non-discrimination (cass. soc. 9 octobre 2019, n° 17-16642 FSPB).

Disparité de coût de la vie - Il est possible d'appliquer des barèmes de rémunération distincts, justifiés par la disparité du coût de la vie, à des salariés relevant d'établissements différents et exerçant un même travail ou un travail de valeur égale (cass. soc. 14 septembre 2016, n° 15-11386, BC V n° 168). En cas de litige, l'employeur doit pouvoir établir cette disparité.

Situation juridique du salarié - La différence de statut juridique entre deux salariés effectuant un travail comparable ne suffit pas, à elle seule, à caractériser une différence de situation justifiant des écarts de rémunération (cass. soc. 15 mai 2007, n° 05-42894, BC V n° 75) : il faut des raisons objectives dont les juges apprécient, en cas de litige, la réalité et la pertinence.

En revanche, la différence de situation juridique dans l'entreprise (en l'espèce, un CDI et un intermittent ayant donc un statut précaire) et la non-prise en compte de l'ancienneté peuvent justifier un écart de rémunération en faveur du salarié au statut précaire (cass. soc. 28 avril 2006, n° 03-47171, BC V n° 152).

En pratique, un employeur peut donc, tout en respectant le principe d'égalité, compenser la différence de statut entre des salariés en rémunérant plus favorablement les salariés avec un statut précaire.

▶ À noter… Des agents privés et des agents publics ne sont pas dans une situation identique puisqu'ils n'ont pas le même statut juridique (cass. soc. 9 mai 2006, n° 04-46771 D). Il en est de même de salariés et de travailleurs non salariés, de sorte que des médecins salariés ne peuvent pas se comparer à des médecins exerçant à titre libéral intervenant dans un même centre hospitalier (cass. soc. 16 décembre 2015, n° 14-11294, BC V n° 270).

Situation de telétravail - L'employeur qui attribue une prime exceptionnelle de pouvoir d'achat (PEPA) au profit des salariés contraints de travailler sur site pendant la crise covid peut décider d'appliquer un prorata aux salariés en télétravail en fonction du nombre de jours travaillés sur site. Le fait que les salariés absents pour congés payés, arrêt maladie ou encore garde d'enfant bénéficient, quant à eux, de la prime dans son intégralité ne méconnaît pas le principe d'égalité de traitement (cass. soc. 4 décembre 2024, n° 23-13829 FSB).

CDI et CDD - La rémunération d'un salarié en contrat à durée déterminée (CDD) ne peut pas être inférieure à celle que percevrait un salarié en contrat à durée indéterminée (CDI) ayant une qualification équivalente et occupant les mêmes fonctions (c. trav. art. L. 1242-15) (voir *Contrat à durée déterminée**).

L'*indemnité de fin de contrat** est écartée de la comparaison, puisqu'elle compense la situation particulière du salarié en CDD (cass. soc. 10 octobre 2012, n° 10-18672, BC V n° 257).

Différences issues d'un accord de RTT ou d'un accord modifiant la structure des rémunérations - Un accord de RTT ou un accord collectif peut modifier la structure des rémunérations en prévoyant une indemnité différentielle pour compenser la perte de rémunération en résultant. Il peut réserver cette indemnité aux salariés présents à la date de conclusion de l'accord.

Un salarié embauché postérieurement, n'ayant pas subi de perte de rémunération, ne peut donc pas obtenir le paiement de cette indemnité au nom du principe d'égalité : il n'est pas dans une situation identique à celle de ses collègues (cass. soc. 1er décembre 2005, n° 03-47197, BC V n° 346 ; cass. soc. 31 octobre 2006, n° 03-42641, BC V n° 320).

Différences issues de l'embauche avant ou après la conclusion d'un accord collectif - Sauf disposition légale contraire, un accord collectif ne peut pas modifier le contrat de travail d'un salarié, seules les dispositions plus favorables de cet accord pouvant se substituer aux clauses du contrat (c. trav. art. L. 2254-1). Pour la Cour de cassation, cette règle constitue un élément objectif pertinent permettant de justifier la différence de traitement entre les salariés engagés antérieurement à l'entrée en vigueur d'un accord collectif et ceux engagés postérieurement, et découlant du maintien, pour les premiers, des stipulations de leur contrat de travail (cass. soc. 7 décembre 2017, n° 16-15109, BC V n° 213).

La date d'embauche avant ou après l'entrée en vigueur d'un accord collectif peut donc justifier dans certains cas des différences de traitement entre salariés (cass. soc. 7 décembre 2017, n° 16-14235, BC V n° 212 ; cass. soc. 3 mai 2018, n° 16-11588, BC V n° 76).

Il en va de même lorsqu'entre en vigueur un accord de substitution. Ainsi, un salarié embauché après un accord se substituant à un accord antérieur ne bénéficie pas des dispositions de l'accord antérieur (cass. soc. 28 juin 2018, n° 17-16499 FSPB).

▶ À noter... Un accord collectif signé en octobre 2015, prévoyant le versement rétroactif au 1er janvier 2015 d'avantages salariaux, bénéficie à tous les salariés placés dans une situation identique au regard de cet avantage, y compris à ceux dont le contrat n'était plus en cours à la date de conclusion de l'accord, pour la période antérieure à la cessation du contrat de travail (cass. soc. 13 janvier 2021, n° 19-20736 FSPRI).

Transfert d'entreprise : maintien des usages de l'ancien employeur pour les salariés transférés - En cas de transfert d'entreprise (c. trav. art. L. 1224-1), le nouvel employeur doit appliquer aux salariés transférés les usages dont ceux-ci bénéficiaient chez leur ancien employeur (cass. soc. 23 septembre 1992, n° 89-45656, BC V n° 479).

Cette obligation justifie la différence de traitement au regard des autres salariés, qui peuvent se voir refuser la prime d'ancienneté résultant d'un usage de l'entreprise d'origine des salariés transférés (cass. soc. 11 janvier 2012, n° 10-14614, BC V n° 15), la prime de 13e mois (cass. soc. 23 juin 2021, n° 18-24809 FSB ; cass. soc. 23 juin 2021, n° 18-24810 FSB) ou la majoration de salaire au titre des dimanches travaillés (cass. soc. 30 mai 2018, n° 17-12782, BC V n° 94) ou une prime de dimanche (cass. soc. 28 septembre 2022, n° 21-12138 D). Le nouvel employeur n'a l'obligation ni de dénoncer l'usage, ni de l'étendre à l'ensemble de son personnel.

Transfert conventionnel des contrats de travail - Il arrive que le transfert des contrats de travail intervienne dans le cadre du mécanisme conventionnel de garantie d'emploi prévu par une convention collective nationale. Les salariés conservent alors le bénéfice de certaines primes (insalubrité, transport, assiduité) (cass. soc. 30 novembre 2017, n° 16-20532, BC V n° 204 ; cass. soc. 30 mai 2018, n° 17-12782, BC V n° 94).

☞ *Contrat à durée déterminée ; Discrimination (interdiction de) ; Égalité des rémunérations femmes-hommes ; Index de l'égalité.*

Égalité des rémunérations femmes-hommes

Principe en vigueur

Rémunérations équivalentes pour un même travail ou un travail de valeur égale - Hommes et femmes doivent percevoir une rémunération équivalente pour un même travail ou un travail de valeur égale (c. trav. art. L. 3221-2).

Des travaux sont considérés comme de valeur égale lorsqu'ils exigent des salariés un ensemble comparable (c. trav. art. L. 3221-4) :
- de connaissances professionnelles, consacrées par un titre, un diplôme ou une pratique professionnelle ;
- de capacités découlant de l'expérience acquise ;
- de responsabilités ;
- et de charge physique ou nerveuse.

La rémunération à comparer comprend le salaire de base et tous les autres avantages et accessoires payés directement ou indirectement, en espèces ou en nature, au salarié en raison de son emploi (c. trav. art. L. 3221-3).

En outre, tous les critères de classification, de promotion et d'évolution doivent être identiques pour les femmes et les hommes (c. trav. art. L. 3221-6).

Plus généralement, aucun salarié ne peut faire l'objet d'une discrimination notamment en matière de rémunération, d'épargne salariale ou de distribution d'actions (c. trav. art. L. 1132-1 et L. 1132-2 ; c. pén. 225-1).

Postes équivalents, même avec des fonctions différentes - Le principe d'égalité femmes-hommes s'applique si les salariés en cause effectuent un travail de valeur égale. À cet égard, une différence de fonctions ne suffit pas pour considérer que des travaux ne sont pas de valeur égale. Le principe d'égalité peut donc jouer entre des salariés ayant des fonctions différentes.

En cas de litige, les juges opèrent une analyse comparée de la situation, des fonctions et des responsabilités entre les salariés concernés (cass. soc. 22 octobre 2014, n° 13-18362, BC V n° 252).

Exemple

Une discrimination salariale a été reconnue envers une salariée, responsable des ressources humaines, du juridique et des services généraux, qui se comparait à ses collègues masculins, directeurs chargés de la politique commerciale et des finances de l'entreprise. Tous étaient membres du comité de direction, avec une identité de niveau hiérarchique, de classification, de responsabilités, une importance comparable dans le fonctionnement de l'entreprise, chacune des fonctions exigeant des capacités comparables et représentant une charge nerveuse du même ordre. Or, pour une ancienneté plus importante et un niveau d'études similaire, la salariée percevait une rémunération inférieure à celle des hommes, sans que l'employeur ne justifie cette inégalité par des éléments étrangers à toute discrimination (cass. soc. 6 juillet 2010, n° 09-40021, BC V n° 158).

S'il s'avère que le travail n'est pas de valeur égale, alors la salariée n'est pas fondée à demander des rappels de salaire au titre de l'égalité de rémunération entre les sexes.

Dispositions contractuelles ou conventionnelles contraires - Toute disposition figurant notamment dans un contrat de travail, une convention ou accord collectif de travail, un accord de salaires, un règlement ou barème de salaires résultant d'une décision d'un employeur ou d'un groupement d'employeurs et qui comporte, pour un ou des travailleurs de l'un des deux sexes, une rémunération inférieure à celle de travailleurs de l'autre sexe pour un même travail ou un travail de valeur égale est nulle de plein droit. La rémunération plus élevée dont bénéficient ces derniers travailleurs se substitue de plein droit à celle que la disposition entachée de nullité comportait (c. trav. art. L. 3221-7).

▶ À noter… Ce principe peut également bénéficier aux hommes. Il a déjà été jugé que des allocations de frais de garde et de naissance prévues par un accord d'entreprise au profit des mères de famille devaient aussi être versées aux pères de famille (cass. soc. 8 octobre 1996, n° 92-42291, BC V n° 311). De même, des pères de famille ont pu obtenir un rappel d'indemnités de congés au titre d'un congé supplémentaire de 2 jours ouvrables par enfant à charge de moins de 15 ans prévues par une convention collective pour les mères de famille (cass. soc. 9 avril 1996, n° 94-43279, BC V n° 144 ; cass. soc. 26 février 1997, n° 94-40474 D) ou le versement de primes de crèches (cass. soc. 27 février 1991, n° 90-42239, BC V n° 101).

Négociations obligatoires - La négociation obligatoire porte notamment sur l'égalité de rémunération entre les femmes et les hommes. Elle est intégrée au bloc couvrant l'égalité professionnelle et la qualité de vie au travail (c. trav. art. L. 2242-1 et L. 2242-17) (voir *Négociation obligatoire sur les salaires**).

En outre, les entreprises de 50 salariés et plus ont des obligations spécifiques en matière d'égalité hommes-femmes (c. trav. art. L. 2242-8) (voir *Pénalité 1 % égalité femmes-hommes**).

Transposition d'une directive européenne - Une directive européenne du 10 mai 2023 entend renforcer l'application du principe d'égalité des rémunérations entre les femmes et les hommes par une série de mesures visant à favoriser la transparence des rémunérations, avant l'embauche et durant la relation de travail. Elle n'est pas applicable en l'état, mais la France doit la transposer dans le droit interne d'ici le 7 juin 2026.

▶ Attention… Ce sont les textes de transposition français qui détermineront les obligations incombant aux employeurs.

Selon un calendrier d'entrée en vigueur variant en fonction de l'effectif, la directive prévoit que les entreprises de 100 salariés et plus doivent établir et communiquer régulièrement des données sur les écarts de rémunération entre les femmes et les hommes (dir. UE 2023/970 du 10 mai 2023, JOUE du 17, art. 9) :

- employeurs de 250 salariés et plus : au plus tard le 7 juin 2027 et chaque année par la suite concernant l'année civile précédente ;

- employeurs de 150 à 249 salariés : au plus tard le 7 juin 2027 et tous les 3 ans par la suite concernant l'année civile précédente ;
- employeurs de 100 à 149 salariés : au plus tard le 7 juin 2031 et tous les 3 ans par la suite concernant l'année civile précédente.

Les informations visées par la directive touchent notamment à l'écart de rémunération entre les femmes et les hommes et à l'écart de rémunération médian entre les femmes et les hommes.

La directive prévoit aussi que les salariés, leurs représentants, les inspections du travail et les organismes pour l'égalité de traitement peuvent demander des éclaircissements et précisions complémentaires, les employeurs devant répondre dans un délai raisonnable. Lorsqu'une différence de rémunération n'est pas justifiée par des critères objectifs et non sexistes, il faut remédier à la situation.

Mesures spécifiques

Rémunération garantie au retour du congé de maternité ou d'adoption - À la suite d'un congé de maternité ou d'adoption, le salarié concerné doit bénéficier des mêmes augmentations salariales que celles accordées à ses collègues durant son absence [voir *Maternité (rattrapage salarial)**].

Droit aux congés payés - Les salariés de retour d'un congé de maternité ou d'adoption ou d'un congé de paternité et d'accueil de l'enfant, ont droit à leurs *congés payés**, quelle que soit la période de prise des congés payés retenue pour le personnel de l'entreprise (c. trav. art. L. 3141-2). Pour plus de détails, voir *Congés payés (incidence des arrêts de travail)**.

Compte personnel de formation - La période d'absence du salarié pour un *congé de maternité**, un *congé de paternité et d'accueil de l'enfant**, *un congé d'adoption**, un *congé de présence parentale pour enfant malade**, un *congé de proche aidant** ou un *congé parental d'éducation** est prise en compte pour le calcul des droits ouverts au titre du *compte personnel de formation** (c. trav. art. L. 6323-12).

Mesure des écarts de rémunération

Les employeurs d'au moins 50 salariés doivent mettre en place un dispositif de mesure, de publication et de correction des écarts de rémunération entre les hommes et les femmes (c. trav. art. L. 1142-8 à L. 1142-10). Sur ce dispositif, voir *Index de l'égalité**.

☞ *Index de l'égalité ; Maternité (rattrapage salarial) ; Négociation obligatoire sur les salaires ; Pénalité 1 % égalité femmes-hommes.*

Égalité des rémunérations femmes-hommes (réduction des écarts)

☞ *Index de l'égalité.*

Égalité professionnelle (accord collectif ou plan d'action)

☞ *Pénalité 1 % égalité femmes-hommes.*

Élu (mandat local, député, sénateur)

Les salariés titulaires d'un mandat local bénéficient d'autorisations d'absence, de crédit d'heures et d'un congé de formation. Les députés, sénateurs et certains élus locaux ont le droit de demander la suspension de leur contrat de travail.

Autorisations d'absence des élus locaux

Bénéficiaires - Un salarié membre d'un conseil municipal, d'un conseil de communauté de communes, d'un conseil départemental ou régional bénéficie d'autorisations d'absence pour se rendre et participer aux séances plénières de son conseil ainsi qu'à diverses autres réunions liées à son mandat (c. gén. collect. terr. art. L. 2123-1, L. 3123-1, L. 4135-1 et L. 5214-8). Ces autorisations d'absence sont étendues à la participation aux réunions des assemblées, des bureaux et des commissions spécialisées des organismes nationaux où il a été désigné ou élu pour représenter des collectivités territoriales ou des établissements publics en relevant (ex. : IRCANTEC, CNESER) (loi 2022-217 du 21 février 2022, JO du 22).

Les conseillers des assemblées de Guyane, de Martinique, de Nouvelle-Calédonie bénéficient de ces mêmes autorisations d'absences (c. gén. collect. terr. art. L. 7125-1 et L. 7227-1 ; c. des communes de la Nouvelle-Calédonie art. L. 121-28 ; loi 2022-217 du 21 février 2022, JO du 22).

Formalités - L'élu informe son employeur par écrit, dès qu'il en a connaissance, de la date et de la durée de la ou des absences envisagées (c. gén. collect. terr. art. R. 2123-1, R. 3123-1 et R. 4135-1).

Régime des absences - L'employeur n'est pas tenu de payer comme temps de travail le temps passé par l'élu aux séances et réunions inhérentes à son mandat (c. gén. collect. terr. art. L. 2123-1, L. 3123-1 et L. 4135-1).

Le temps d'absence est assimilé à une durée de travail effective pour la détermination de la durée des congés payés et pour tous les droits découlant de l'ancienneté (c. gén. collect. terr. art. L. 2123-7, L. 3123-7 et L. 4135-7).

Limite - Le temps d'absence utilisé en application des autorisations d'absence et des crédits d'heures trimestriels ne peut dépasser la moitié de la durée légale du travail pour une année civile (c. gén. collect. terr. art. L. 2123-5, L. 3123-3 et L. 4135-3).

Crédit d'heures trimestriel des élus locaux

Principes communs - Indépendamment des autorisations d'absence ci-dessus, le salarié titulaire d'un mandat d'élu local bénéficie d'un crédit d'heures trimestriel lui permettant de disposer du temps nécessaire à (c. gén. collect. terr. art. L. 2123-2, L. 3123-2 et L. 4135-2) :
- l'administration de la collectivité ;
- l'administration de l'organisme auprès duquel il représente cette collectivité ;
- et à la préparation des réunions des instances où il siège.

Les heures non utilisées pendant un trimestre ne sont pas reportables.

Les crédits d'heures ainsi accordés sont proratisés pour les salariés à temps partiel proportionnellement à la réduction du temps de travail prévue pour l'emploi considéré.

Mandat municipal - Pour les titulaires d'un mandat municipal, le crédit d'heures trimestriel varie selon l'importance de la commune et le mandat *(voir tableau)* (c. gén. collect. terr. art. L. 2123-2 et c. gén. collect. terr. art. R. 2123-5). Les conseils municipaux de certaines communes peuvent voter une majoration des crédits d'heures (c. gén. collect. terr. art. L. 2123-4).

Conseil départemental - Pour les titulaires d'un mandat départemental, le crédit d'heures trimestriel est de (c. gén. collect. terr. art. L. 3123-2) :
- 140 h pour le président et chaque vice-président de conseil départemental ;
- 105 h pour chaque conseiller départemental.

Conseil régional - Pour les titulaires d'un mandat régional, le crédit d'heures trimestriel est de (c. gén. collect. terr. art. L. 4135-2) :
- 140 h pour le président et chaque vice-président de conseil régional ;
- 105 h pour chaque conseiller régional.

Formalités - L'employeur est tenu d'accorder aux élus concernés, sur demande de ceux-ci, l'autorisation d'utiliser le crédit d'heures (c. gén. collect. terr. art. L. 2123-2, L. 3123-2 et L. 4135-2).

Pour utiliser son crédit d'heures, l'élu informe son employeur, par écrit, 3 jours au moins avant son absence. Il précise la date et la durée de l'absence envisagée, ainsi que la durée du crédit d'heures auquel il a encore droit au titre du trimestre en cours (c. gén. collect. terr. art. R. 2123-3, R. 3123-2 et R. 4135-2).

Régime des absences - Le temps d'absence lié à l'utilisation du crédit d'heures n'est pas payé par l'employeur (c. gén. collect. terr. art. L. 2123-2, L. 3123-2 et L. 4135-2).

Mandat municipal – Crédit d'heures trimestriel					
	Commune de moins de 3 500 hab.	**Commune de 3 500 à 9 999 hab.**	**Commune de 10 000 à 29 999 hab.**	**Commune de 30 000 à 99 999 hab.**	**Commune de 100 000 hab. et plus**
Maire (1)	122 h 30 min	122 h 30 min	140 h	140 h	140 h
Adjoint au maire (1)	70 h	70 h	122 h 30 min	140 h	140 h
Conseiller municipal (1)	10 h 30 min	10 h 30 min	21 h	35 h	70 h
	Arrondissements de Paris, Lyon et Marseille				
Maire d'arrondissement (2)	105 h				
Adjoint au maire d'arrondissement (2)	52 h 30 min				
Conseiller d'arrondissement (2)	10 h 30 min				

(1) c. gén. collect. terr. art. L. 2123-2. (2) c. gén. collect. terr. art. L. 2511-33.

Il est assimilé à une durée de travail effective pour la détermination de la durée des congés payés ainsi qu'au regard de tous les droits découlant de l'ancienneté (c. gén. collect. terr. art. L. 2123-7, L. 3123-5 et L. 4135-5).

Limite - Le temps d'absence utilisé en application des autorisations d'absence et des crédits d'heures trimestriels ne peut pas dépasser la moitié de la durée légale du travail pour une année civile (c. gén. collect. terr. art. L. 2123-5, L. 3123-3 et L. 4135-3).

Congé de formation des membres d'un conseil municipal, départemental ou régional

Durée du congé - Indépendamment des autorisations d'absence et du crédit d'heures, le membre du conseil municipal qui est salarié bénéficie également d'un congé de formation. Celui-ci est fixé à 18 jours par élu pour la durée du mandat, quel que soit le nombre de mandats qu'il détient. Ce congé est renouvelable en cas de réélection (c. gén. collect. terr. art. L. 2123-13).

Le même droit est reconnu aux membres d'un conseil départemental (c. gén. collect. terr. art. L. 3123-11) et d'un conseil régional (c. gén. collect. terr. art. L. 4135-11).

Demande du salarié - Pour bénéficier de ce congé, le salarié présente sa demande par écrit à l'employeur au moins 30 jours avant, en précisant divers éléments (date, durée, organisme, etc.). L'employeur accuse réception de cette demande (c. gén. collect. terr. art. R. 2123-15, R. 3123-12 et R. 4135-12).

▶ À noter... À défaut de réponse expresse notifiée au plus tard le 15e jour qui précède le début du stage ou de la session, le congé est réputé accordé.

Sort de la demande - Le bénéfice du congé est de droit pour effectuer un stage ou suivre une session de formation dans un organisme agréé par le ministre de l'Intérieur. Il peut cependant être refusé par l'employeur si celui-ci estime, après avis du *comité social et économique** (CSE), que l'absence du salarié aurait des conséquences préjudiciables à la production et à la bonne marche de l'entreprise (c. gén. collect. terr. art. R. 2123-16, R. 3123-13 et R. 4135-13).

Tout refus de l'employeur doit être motivé et notifié à l'intéressé (c. gén. collect. terr. art. R. 2123-17, R. 3123-14 et R. 4135-14).

Si le salarié renouvelle sa demande à l'expiration d'un délai de 4 mois après la notification d'un premier refus, un nouveau refus est impossible (c. gén. collect. terr. art. R. 2123-16, R. 3123-13 et R. 4135-13).

Droits divers

Accès à la VAE - La validation des acquis de l'expérience au titre de l'exercice d'un mandat local est accessible aux élus (c. trav. art. L. 6111-1).

▶ À noter... Une ordonnance du 20 janvier 2021 a réformé la formation des élus locaux (ord. 2021-45 du 20 janvier 2021, JO du 21). Elle a notamment créé un compte personnel formation spécifique aux élus locaux « Mon Compte Élu » et un Droit Individuel à la Formation des Élus locaux (DIFE). Depuis 2022, les élus accèdent à leur compte via « Mon compte Formation » (www.moncompteformation.gouv.fr).

Télétravail - Sous réserve de la compatibilité de son poste de travail, un salarié titulaire d'un mandat local de conseiller municipal, départemental ou régional est réputé relever, dans l'entreprise, de la catégorie de personnes qui disposent, le cas échéant, de l'accès le plus favorable au télétravail (c. gén. collect. terr. L. 2123-1-1, L. 3123-1-1 et L. 4135-1-1).

Entretien de début de mandat - Au début d'un mandat de conseiller municipal, départemental ou régional et de conseiller des assemblées de Guyane, de Martinique et de Nouvelle-Calédonie, un salarié peut demander à bénéficier d'un entretien individuel spécifique avec son employeur, sur les modalités pratiques d'exercice de son mandat au regard de son emploi (c. trav. art. L. 6315-2 ; c. gén. collect. terr. art. L. 2123-1, L. 3123-1, L. 4135-1, L. 5214-8, L. 7125-1 et L. 7227-1 ; c. des communes de la Nouvelle-Calédonie art. L. 121-28 ; loi 2022-217 du 21 février 2022, JO du 22).

Durant cet entretien, l'employeur et le salarié peuvent convenir de mesures visant à concilier la vie professionnelle et les fonctions électives du salarié. Elles peuvent aussi porter sur les conditions de rémunération des temps d'absence consacrés à l'exercice de ces fonctions.

Droit de suspension du contrat de travail

Bénéficiaires - Les salariés membres de l'Assemblée nationale ou du Sénat bénéficient, sur leur demande, d'une suspension de leur contrat de travail jusqu'à l'expiration de leur mandat, s'ils justifient d'une ancienneté minimale d'une année chez l'employeur à la date de leur entrée en fonction (c. trav. art. L. 3142-83).

Le même droit est reconnu, sous la même condition d'ancienneté, à certains élus locaux (c. trav. art. L. 3142-88) :

- maires, adjoints au maire (c. gén. collect. terr. art. L. 2123-9) ;
- présidents des conseils départementaux et vice-présidents ayant délégation de l'exécutif du conseil départemental (c. gén. collect. terr. art. L. 3123-7) ;
- présidents des conseils régionaux et vice-présidents ayant délégation de l'exécutif du conseil régional (c. gén. collect. terr. art. L. 4135-7).

Statut du salarié et formalités - Le contrat de travail du salarié est, à sa demande, suspendu jusqu'à l'expiration de son mandat (c. trav. art. L. 3142-83). La suspension prend effet 15 jours après la notification de la demande à l'employeur, par LRAR (c. trav. art. D. 3142-59).

L'employeur ne doit pas de rémunération pendant la suspension du contrat de travail. Et le salarié n'acquiert pas de congés payés.

Au terme du mandat - À l'expiration de son mandat, le salarié retrouve son précédent emploi, ou un emploi analogue assorti d'une rémunération équivalente, dans les 2 mois suivant la date à laquelle il a avisé son employeur de son intention de reprendre cet emploi. Il bénéficie de tous les avantages acquis par les salariés de sa catégorie durant l'exercice de son mandat (c. gén. collect. terr. art. L. 2123-9 ; c. trav. art. L. 3142-84 et D. 3142-61).

Au terme d'un mandat renouvelé - En principe, lorsque le mandat électif a été renouvelé, le salarié ne bénéficie pas « de droit » de la réintégration dans son précédent emploi, sauf si la durée de la suspension du contrat de travail a été inférieure à 5 ans ou si le salarié membre de l'Assemblée nationale ou du Sénat est élu dans l'autre de ces deux assemblées (c. trav. art. L. 3142-85).

Le droit à réintégration des maires, adjoints au maire et membres d'un conseil d'arrondissement des communes de Paris, Marseille et Lyon, est maintenu jusqu'à l'expiration de deux mandats consécutifs (c. gén. collect. terr. art. L. 2123-9 et L. 2511-33). Cette prolongation bénéficie également aux présidents et vice-présidents exécutifs des conseils départementaux et régionaux (c. gén. collect. terr. art. L. 3123-7 et L. 4135-7).

En l'absence de droit à réintégration, à l'expiration du ou des mandats renouvelés, le salarié peut solliciter sa réembauche dans des conditions fixées par voie réglementaire (LRAR dans les 2 mois suivant l'expiration du mandat renouvelé). Il bénéficie alors pendant un an d'une priorité de réembauche dans les emplois auxquels sa qualification lui permet de prétendre. S'il est réembauché, son employeur lui accorde le bénéfice de tous les avantages qu'il avait acquis au moment de son départ (c. trav. art. L. 3142-85 et D. 3142-61).

Protection des élus locaux

Non-discrimination - L'exercice d'un mandat électif fait partie de la liste des critères de discrimination prohibés [c. trav. art. L. 1132-1 ; voir *Discrimination (interdiction de)**].

Protection des élus supprimée - Jusqu'au 28 décembre 2019, les maires et adjoints au maire (communes de 10 000 habitants au moins) ainsi que les présidents et vice-présidents exécutifs des conseils départementaux et régionaux étaient considérés comme des salariés protégés lorsqu'ils n'avaient pas cessé d'exercer leur activité professionnelle. Cette protection a été supprimée (loi 2019-1461 du 27 décembre 2019, art. 86, JO du 28).

Parmi d'autres mesures protectrices, la rupture de leur contrat de travail était soumise à la procédure d'autorisation de l'inspecteur du travail (c. trav. art. L. 2411-1 à L. 2438-1).

☞ *Candidats aux élections locales et nationales.*

Embauche du 1er au 50e salarié

Zones géographiques ouvrant droit à l'exonération

Exonération attachée aux ZFRR - Sous condition, le code de la sécurité sociale prévoit une exonération spécifique pour les embauches effectuées dans certaines zones rurales, à savoir les *zones France Ruralités Revitalisation** (ZFRR) depuis le 1er juillet 2024, et avant cette date les *zones de revitalisation rurale** (ZRR).

L'exonération vise les embauches contribuant à accroître l'effectif, tant qu'elles n'ont pas pour effet de porter l'effectif total de l'entreprise à un niveau égal ou supérieur à 50 salariés (c. séc. soc. art. L. 241-19).

Les organismes d'intérêt général ayant leur siège social dans ces zones peuvent également bénéficier de cette exonération (c. séc. soc. art. L. 241-20).

Dispositif transitoire pour certaines communes non classées en ZFRR - Les *zones France Ruralités Revitalisation** (ZFRR) ont été délimitées par arrêté avec effet au 1er juillet 2024 (arrêté du 19 juin 2024, JO du 20, texte 51).

Certaines communes, autrefois classées en ZRR mais qui n'ont pas été reclassées en ZFRR, continuent toutefois à ouvrir droit au bénéfice des effets du classement en ZFRR, et donc potentiellement à l'exonération de cotisations. Pour ce faire, un second arrêté a maintenu le zonage ZRR pour 2 168 communes antérieurement estampillées ZRR, mais qui n'avaient pas été reclassées dans les nouvelles ZFRR (arrêté du 19 juin 2024, JO du 20, texte 52).

Afin de sécuriser la situation de ces communes rétroactivement à compter du 1er juillet 2024, la loi de finances pour 2025 a conçu un aménagement transitoire. Ainsi, bénéficient des effets du classement en ZFRR du 1er juillet 2024 au 31 décembre 2027 (loi 2025-127 du 14 février 2025, art. 99, IV et VII, A, JO du 15 ; BOSS, Exonérations zonées, § 10, 01/03/2025) :
- les communes qui étaient encore classées en ZRR au 30 juin 2024 mais qui n'ont pas été retenues en ZFRR ;
- les communes qui bénéficiaient des effets du classement ZRR au 30 juin 2024, mais qui n'ont pas été retenues en ZFRR (en pratique, il s'agit de communes sorties du classement ZRR au 1er juillet 2017 mais qui étaient admises à bénéficier des effets du classement ZRR à titre transitoire jusqu'au 30 juin 2024) ;
- les portions de territoire d'une commune nouvelle correspondant aux limites territoriales d'une ancienne commune qui était classée ou bénéficiait des effets du classement en ZRR au 30 juin 2024.

Un arrêté, non encore paru à l'heure où nous rédigeons ces lignes, établira la liste de ces communes bénéficiant des effets du classement en ZFRR.

Employeurs éligibles

Employeurs du secteur marchand - Quelle que soit leur forme juridique (société, association, etc.), l'exonération s'adresse aux employeurs ayant au moins un établissement implanté dans une zone éligible, ainsi qu'aux groupements d'employeurs dont chacun des membres a au moins un établissement situé dans une zone éligible, soumis à l'impôt sur les sociétés et redevables de la TVA, et exerçant (c. séc. soc. art. L. 241-19, II ; décret 97-127 du 12 février 1997 modifié, art. 1 ; BOSS, Exonérations zonées, §§ 30 et 50, 01/03/2025) :
- une activité industrielle, artisanale ou commerciale (au sens CGI art. 34) ;
- une activité agricole (au sens CGI art. 63) ;
- ou une activité non commerciale (au sens CGI art. 92, 1).

Sont exclus du dispositif (BOSS, Exonérations zonées, § 40, 01/03/2025) :
- l'État, les collectivités territoriales et leurs établissements publics administratifs ;
- La Poste, France Télécom et les employeurs relevant des régimes spéciaux de sécurité sociale (SNCF, RATP, Banque de France, etc.) ;
- les particuliers employeurs.

Organismes d'intérêt général ayant leur siège en zone éligible - Les organismes d'intérêt général ayant leur siège social en zone éligible peuvent bénéficier de cette exonération pour leurs embauches effectuées depuis le 1er novembre 2007 (c. séc. soc. art. L. 241-20 ; BOSS, Exonérations zonées, § 30, 01/03/2025).

Sont concernés les organismes habilités à recevoir des dons et versements ouvrant droit à réduction d'impôt définis au 1 de l'article 200 du code général des impôts : fondations et associations reconnues d'utilité publique, œuvres ou organismes d'intérêt général, certains établissements d'enseignement, des associations cultuelles et de bienfaisance, etc. (CGI art. 200, 1).

▶ À noter… Pour les contrats de travail antérieurs au 1er novembre 2007, les organismes d'intérêt général ayant leur siège social en ZRR autrefois et ne dépassant pas un certain seuil d'effectif peuvent encore bénéficier d'un ancien dispositif d'exonération (BOSS, Exonérations zonées, § 390, 01/03/2025) (voir *Zones France Ruralités Revitalisation**).

Absence de licenciement économique sur les 12 derniers mois - Si l'employeur a procédé à un licenciement pour motif économique, l'exonération n'est pas applicable au titre des embauches effectuées au cours des 12 mois, de date à date, qui suivent la notification du licenciement (c. séc. soc. art. L. 241-19, II ; décret 97-127 du 12 février 1997 modifié, art. 3).

La condition de non-licenciement s'apprécie au moment de la conclusion du contrat de travail au niveau de l'employeur ou du groupement d'employeurs, tous établissements confondus (BOSS, Exonérations zonées, § 140, 01/03/2025). Les licenciements prononcés pour un motif personnel (ex : faute grave, inaptitude) ne font pas obstacle à l'exonération.

Embauches éligibles

Effectif de moins de 50 salariés - Pour ouvrir droit à l'exonération, une embauche ne doit pas porter l'effectif total de l'entreprise à 50 salariés ou plus (c. séc. soc. art. L. 241-19, II).

Salariés éligibles - L'employeur peut bénéficier de l'exonération au titre des embauches effectuées en contrat à durée indéterminée (CDI) (temps partiel inclus), ou en contrat à durée déterminée (CDD) pour accroissement temporaire d'activité d'au moins 12 mois (c. séc. soc. art. L. 241-19, III).

Les salariés embauchés doivent être exclusivement employés dans un établissement de l'entreprise ou des membres du groupement d'employeurs situé dans une zone éligible (décret 97-127 du 12 février 1997 modifié, art. 1).

Les salariés éligibles doivent exercer partiellement ou en totalité leur activité dans un ou plusieurs établissements situés en zone éligible. L'activité exercée dans la zone doit être réelle, régulière et indispensable à la bonne exécution du contrat de travail (BOSS, Exonérations zonées, § 90, 01/03/2025).

Sont exclus de l'exonération (BOSS, Exonérations zonées, § 100, 01/03/2025) :
- les dirigeants et mandataires sociaux (en cas de cumul du mandat social avec un contrat de travail, seule la rémunération afférente au mandat social est exclue de l'exonération) ;
- les salariés pour lesquels l'employeur bénéficie d'une mesure qui ne peut pas être cumulée avec l'exonération à l'embauche en ZRR/ZFRR.

▶ À noter... Les travailleurs à domicile entrent dans le champ de l'exonération lorsqu'ils sont domiciliés dans une zone y ouvrant droit (cass. soc. 15 mars 2001, n° 99-15025, BC V n° 97).

Condition d'accroissement de l'effectif par rapport à un effectif de référence - L'embauche doit accroître le nombre de salariés par rapport à un « effectif de référence » (décret 97-127 du 12 février 1997 modifié, art. 4).

L'effectif de référence correspond à l'effectif moyen le plus élevé, déterminé parmi les 2 périodes consécutives de 12 mois civils qui précèdent la date d'effet de l'embauche ouvrant droit à exonération (décret 97-127 du 12 février 1997 modifié, art. 4 ; BOSS, Exonérations zonées, § 170, 01/03/2025).

Exemple

Dans le cas général (hors création d'entreprise), une embauche intervient le 1er février 2025, on retiendra l'effectif moyen le plus élevé sur la période « 1er février 2024 - 31 janvier 2025 » ou sur la période « 1er février 2023 - 31 janvier 2024 ».

Si la période entre la date d'effet de l'embauche et la date de création de l'entreprise est inférieure à 2 ans, il faut retenir comme effectif de référence l'effectif moyen depuis la création de l'entreprise (décret 97-127 du 12 février 1997 modifié, art. 4 ; BOSS, Exonérations zonées, § 180, 01/03/2025).

Exemple

Une entreprise a été créée le 1er septembre 2024. Si une embauche intervient le 1er février 2025, on retient l'effectif moyen le plus élevé sur la période « 1er septembre 2024 - 31 janvier 2025 ». L'effectif moyen est donc ici calculé sur 5 mois.

Obligation de maintien de l'effectif - Le recrutement doit porter l'effectif de l'entreprise, au cours des 12 mois civils qui suivent la date d'effet de l'embauche, à un niveau au moins égal à la somme de l'effectif de référence et de l'effectif correspondant à l'embauche (décret 97-127 du 12 février 1997 modifié, art. 4 ; BOSS, Exonérations zonées, § 210, 01/03/2025).

Si, au terme d'un mois civil de cette période de 12 mois suivant la date de l'embauche, l'effectif de l'entreprise est inférieur à l'effectif à maintenir, l'exonération ne s'applique pas au titre du mois considéré. L'exonération s'applique à nouveau, pour la durée restante de la période de 12 mois, au titre des mois civils pour lesquels la condition d'effectif est de nouveau remplie.

Exemple

Pour l'embauche d'un salarié à temps plein effectuée le 1er avril 2025 (BOSS, Exonérations zonées, § 210, 01/03/2025) :
- si l'effectif de référence, calculé sur les périodes « 1er avril 2023-31 mars 2024 » et « 1er avril 2024-31 mars 2025 », est de 27 salariés, l'effectif à maintenir au titre de l'embauche effectuée est de 28 salariés ;
- si au 30 juin 2025, compte tenu de la durée de travail de chaque salarié (ex. : temps partiel), l'effectif est de 27 salariés, l'employeur ne pourra pas bénéficier pour ce mois-ci de l'exonération au titre de l'embauche effectuée au 1er avril 2025 ;
- si au 31 juillet 2025, l'effectif de l'employeur est de 28 salariés, l'employeur bénéficiera à nouveau de l'exonération au titre de l'embauche effectuée au 1er avril 2025 ;
si l'effectif ne repasse pas sous les 28 salariés, l'employeur pourra bénéficier de l'exonération pour la durée restant à courir, soit jusqu'au 31 mars 2026.

Décompte des salariés - La limite de 50 salariés et les effectifs utilisés pour apprécier la condition d'accroissement de l'effectif sont déterminés selon les modalités de décompte des salariés prévues par le code de la sécurité sociale (voir *Effectif sécurité sociale**) (c. séc. soc. art. R. 130-1 ; décret 97-127 du 12 février 1997, art. 4 modifié ; BOSS, Effectifs, § 30, 01/01/2025).

Ces effectifs s'entendent, tous établissements confondus, dans la zone éligible ou en dehors.

▶ À noter... Selon le site Internet du réseau des URSSAF en son état au 15 janvier 2024, le dispositif de neutralisation des effets de seuil sur 5 ans des règles d'effectif sécurité sociale ne s'applique pas à cette exonération (www.urssaf.fr, « Calcul de l'effectif annuel »). En 2025, cette information semble ne plus figurer sur le site d urssaf.fr, ce qui ne signifie pas pour autant qu'il y ait eu un changement de doctrine. Une précision du BOSS sur ce point serait la bienvenue.

Déclaration des effectifs - L'employeur doit attester remplir les conditions de l'exonération dans une déclaration envoyée à la *DREETS**, via le formulaire cerfa n° 10791*02, dans les 30 jours à compter de la date d'effet du contrat de travail « exonéré » (c. séc. soc. art. L. 241-19, IV). Il y indique l'effectif de référence, l'effectif correspondant à l'embauche (décret 97-127 du 12 février 1997, art. 4 modifié) et atteste remplir la condition de non-licenciement économique sur les 12 derniers mois (BOSS, Exonérations zonées, § 150, 01/03/2025).

L'exonération est applicable dès la date d'effet du contrat de travail si la déclaration est effectuée dans le délai de 30 jours (BOSS, Exonérations zonées, § 310, 01/03/2025).

À défaut d'envoi dans ce délai, l'exonération n'est pas applicable aux rémunérations dues à compter de la date d'embauche jusqu'au jour de l'envoi ou du dépôt de la déclaration, cette période étant imputée sur la durée globale d'application de l'exonération (c. séc. soc. art. L. 241-19, IV).

Durée et nature de l'exonération

Exonération pendant 12 mois - L'employeur bénéficie d'une exonération de cotisations patronales d'assurance maladie, d'assurance vieillesse et d'allocations familiales pendant une durée de 12 mois, à compter de la date d'effet de l'embauche (c. séc. soc. art. L. 241-19, III).

Suspension du contrat de travail - En cas de suspension du contrat de travail, le terme de la période d'exonération n'est pas reporté (décret 97-127 du 12 février 1997 modifié, art. 2).

Rupture du contrat de travail - En cas de rupture du contrat de travail d'un salarié qui ouvrait droit à l'exonération pour un motif indépendant de la volonté de l'employeur, il est possible d'appliquer l'exonération au titre de la première embauche qui suit pour la période restant à courir à compter de la date d'effet de la rupture (décret 97-127 du 12 février 1997 modifié, art. 4).

Il doit s'agir d'une embauche en CDI ou en CDD pour accroissement temporaire d'activité d'au moins 12 mois.

Exemple

Un salarié est embauché le 1er septembre 2024, il démissionne le 1er janvier 2025. Le 1er juin 2025 l'employeur embauche un autre salarié en CDI. Il pourra appliquer l'exonération de juin à août 2025 inclus.

En cas de licenciement économique dans l'entreprise, y inclus d'un salarié n'ouvrant pas droit à exonération, l'employeur perd le droit à exonération pour les embauches ultérieures intervenant dans le délai de 12 mois (décret 97-127 du 12 février 1997, art. 3).

Salarié transféré hors zone éligible - Il peut arriver que pendant la période de 12 mois d'exonération le salarié change de lieu de travail, le contrat de travail se poursuivant dans un établissement hors d'une zone éligible.

Dans ce cas, le droit à exonération cesse définitivement d'être applicable aux rémunérations versées au salarié concerné, à compter du premier jour du mois civil suivant celui au cours duquel le salarié a cessé d'être employé dans un établissement situé dans ladite zone (décret 97-127 du 12 février 1997 modifié, art. 1).

Modification de la situation juridique de l'employeur - En cas de modification de la situation juridique de l'employeur, les contrats de travail en cours au jour de la modification ouvrant droit à l'exonération applicable au titre des embauches en ZFRR/ZRR qui sont maintenus avec le nouvel employeur ne constituent pas de nouvelles embauches susceptibles d'ouvrir un nouveau droit à exonération de 12 mois. En revanche, les droits à exonération afférents aux contrats maintenus sont transférés au nouvel employeur pour la durée restant à courir (BOSS, Exonérations zonées, § 320, 01/03/2025).

Exonération de cotisations

Calcul de l'exonération - L'exonération de cotisations patronales est dégressive à partir d'une rémunération horaire supérieure à 1,5 fois le SMIC, pour devenir nulle au niveau de 2,4 fois le *SMIC** (c. séc. soc. art. L. 241-19, I). Le mécanisme s'apparente à une réduction dégressive de cotisations patronales (décret 97-127 du 12 février 1997 modifié, art. 6 ; BOSS, Exonérations zonées, §§ 240 à 300, 01/03/2025).

Le montant de l'exonération est égal à la rémunération mensuelle brute soumise à cotisations versée au salarié, multipliée par un coefficient.

Ce coefficient se détermine par application de la formule suivante : (T/0,9) × [(2,4 × *SMIC** horaire × 1,5 × nbre d'heures rémunérées / Rémunération mensuelle brute soumise à cotisations) - 1,5].

Le paramètre « T » est égal à la somme des taux des cotisations patronales d'assurances sociales (maladie, vieillesse) et d'allocations familiales au niveau du SMIC (décret 97-127 du 12 février 1997, art. 6 modifié), soit 0,2102 au 1er janvier 2025 dans le cas général.

Dans tous les cas, la valeur maximale du coefficient est fixée à « T ».

Le SMIC est pris en compte pour sa valeur la plus élevée en vigueur au cours de la période d'emploi rémunérée.

EMBAUCHE DU 1ER AU 50E SALARIÉ (EXEMPLE)

Un salarié travaillant dans un établissement situé en ZFRR, sur la base d'une durée collective du travail de 35 heures hebdomadaires, est rémunéré 2 800 € par mois. Les conditions d'effectif (effectif global ne dépassant pas 50 salariés, accroissement de l'effectif) sont supposées remplies.

Le coefficient de l'exonération est de : (0,2102/0,9) × [(2,4 × 11,88 × 1,5 × 151,67/2 800) – 1,5] = 0,1803.

L'exonération de cotisations patronales d'assurance maladie, d'assurance vieillesse et de cotisations d'allocations familiales est de : 2 800 € × 0,1803 = 504,84 €.

EXTRAIT DU BULLETIN DE PAYE DE MARS 2025

Désignation	**Base**	**Taux**	**Montant**	
Salaire de base	151,67 h	18,46	2 800,00	
Brut total			2 800,00	
Cotisations et contributions sociales	**Base (€)**	**Taux salarial**	**Part salarié (€)**	**Part employeur (€)**
Santé				
Sécurité sociale - Maladie Maternité Invalidité Décès	2 800,00	-	-	196,00 (1)
Complémentaire santé	-	-	85,00	85,00
Accidents du travail - maladies professionnelles	2 800,00	-	-	56,00 (2)
Retraite				
Sécurité sociale plafonnée	2 800,00	6,90 %	193,20	239,40
Sécurité sociale déplafonnée	2 800,00	0,40 %	11,20	56,56
Complémentaire Tranche 1 (3)	2 800,00	4,01 %	112,28	168,28
Famille	2 800,00	-	-	96,60 (4)
Assurance chômage				
Chômage	2 800,00	-	-	120,40 (5)
Autres contributions dues par l'employeur	-	-	-	134,09 (6)
CSG déductible de l'impôt sur le revenu	2 836,00	6,80 %	192,85	-
CSG/CRDS non déductible de l'impôt sur le revenu	2 836,00	2,90 %	82,24	-
Exonérations et allégements de cotisations	-	-	-	- 534,05 (7)
Total des cotisations et contributions	-	-	676,77	618,27
Net social				**2 123,23**
Net à payer avant impôt sur le revenu				**2 123,23**
Impôt sur le revenu	**Base**	**Taux**	**Montant**	**Cumul annuel**
Montant net imposable			2 290,47	Valeur
Impôt sur le revenu prélevé à la source	2 290,47	5,20 %	119,10	Valeur
Montant net des heures compl/suppl exonérées			0,00	0,00
Net à payer au salarié (en euros) (8)				**2 004,12 (8)**
Total versé par l'employeur				3 418,27

Notes de la rédaction, pour aider à la lecture des totaux (ces notes n'ont pas à apparaître sur le bulletin de paye) :
(1) Taux de 7 % compte tenu de la rémunération. (2) Par hypothèse taux de 2 %. (3) Y compris contribution d'équilibre général. (4) Taux de 3,45 % compte tenu de la rémunération. (5) Chômage 4,05 % et AGS 0,25 %. (6) CSA (0,30 %), FNAL (0,50 %), versement mobilité (1,60 %), contribution au dialogue social (0,016 %), contribution formation (1 %), participation à l'effort de construction (0,45 %), forfait social, taxe d'apprentissage (0,68 %). (7) Exonération ZFRR. (8) À faire apparaître de manière à en faciliter la lisibilité.

Pour les salariés dont la rémunération n'est pas déterminée en fonction d'un nombre d'heures, il convient de reconstituer un nombre d'heures (décret 97-127 du 12 février 1997 modifié, art. 5 ; c. séc. soc. art. D. 241-27) (voir *Nombre d'heures rémunérées**).

▶ À noter… Pour rappel, le paramètre « T » était de 0,2102 en 2024, de 0,2090 de 2019 à 2023, de 0,2690 en 2018, de 0,2679 en 2017, de 0,2669 en 2016 et de 0,2655 en 2015.

La *prime de partage de la valeur** n'est pas prise en compte au niveau de la rémunération utilisée pour calculer le coefficient de l'exonération, ni dans la rémunération à laquelle le coefficient est appliqué, sauf pour son éventuelle fraction soumise à cotisations de sécurité sociale (BOSS, Épargne salariale, § 170, 01/02/2025).

Montant plafond - L'exonération est plafonnée, si nécessaire, au montant des cotisations patronales d'assurances sociales (maladie, vieillesse) et d'allocations familiales dues au titre de la rémunération versée au salarié au cours du mois civil (décret 97-127 du 12 février 1997 modifié, art. 6).

Suspension du contrat de travail - En cas de suspension du contrat de travail avec maintien total ou partiel de la rémunération mensuelle brute du salarié (ex. : arrêt maladie sous déduction des IJSS), le nombre d'heures rémunérées pris en compte au titre de ces périodes de suspension est égal à la durée de travail que le salarié aurait effectuée s'il avait continué à travailler multipliée par le pourcentage de la rémunération demeurée à la charge de l'employeur et soumise à cotisations (décret 97-127 du 12 février 1997 modifié, art. 5).

Bulletin de paye - Sur le bulletin de paye, l'exonération se matérialise par une réduction de cotisations patronales dont le montant est mentionné à la ligne « Exonérations et allégements de cotisations ».

Cumul - L'exonération n'est pas cumulable, pour un même salarié, avec d'autres aides à l'emploi, d'autres exonérations, mêmes partielles, de cotisations patronales de sécurité sociale ou des taux réduits ou assiettes forfaitaires de cotisations, à l'exception de la déduction forfaitaire de cotisations patronales au titre des heures supplémentaires (c. séc. soc. art. L. 241-19, IV).

Remboursement en cas de délocalisation volontaire hors ZFRR/ZRR - Voir *Zones France Ruralités Revitalisation**.

Réduction de taux sur cotisations maladie et allocations familiales

Maintien de l'ancien paramétrage à partir de 2025 - La loi de financement de la sécurité sociale (LFSS) pour 2025 a prévu une disposition particulière pour les salariés relevant de réductions dégressives spécifiques de cotisations patronales, cumulables avec les dispositifs de réduction de taux sur les cotisations patronales d'allocations familiales et maladie, mais pas avec la réduction générale de cotisations patronales (loi 2025-199 du 28 février 2025, art. 18, IX, JO du 28).

À la stricte lettre de la loi, pour les salariés au titre desquels l'employeur bénéficie effectivement de l'exonération ZFRR, il semble possible de continuer à appliquer, au titre des périodes d'emploi effectuées à partir du 1er janvier 2025 :
- l'ancienne limite de 3,5 SMIC valeur 31.12.2023 pour le droit à la réduction de taux sur la *cotisation d'allocations familiales** (- 1,8 point dans le cas général) ;
- l'ancienne limite de 2,5 SMIC valeur 31.12.2023 pour le droit à la réduction de taux sur la *cotisation d'assurance maladie-maternité-invalidité**) (- 6 points sur la part patronale dans le cas général).

La LFSS n'étant pas dénuée d'ambiguïté, les précisions du BOSS, encore attendues à l'heure où nous rédigions ces lignes, seront les bienvenues pour sécuriser l'interprétation ce point.

▶ Attention… Il s'agit d'une dérogation aux règles de droit commun issues de la LFSS 2025, aux termes desquelles les limites de salaire donnant droit à ces réductions de taux sont diminuées sur 2025, avant la suppression de ces deux dispositifs de réduction de taux à partir de 2026 (voir *Cotisation d'allocations familiales** et *Cotisation Cotisation d'assurance maladie-maternité-invalidité**).

Habilitation à légiférer par ordonnance - Jusqu'à la fin août 2025, le gouvernement est autorisé à légiférer par ordonnance, s'il le juge utile (loi 2025-199 du 28 février 2025, art. 18, X, JO du 28) :
- pour modifier par ordonnance l'exonération ZFRR afin de prévoir, pour les salariés donnant droit à la *réduction générale de cotisations patronales**, que les dispositifs de réduction de taux sur les cotisations maladie et allocations familiales s'appliquent dans leur rédaction antérieure à la LFSS 2025 ;
- et pour corriger les cas où, à compter de 2026, la somme d'une de l'exonération ZFRR et des réductions de taux sur les cotisations maladie et allocations familiales serait inférieure à celle de la réduction générale de cotisations patronales pour certains niveaux de revenu d'activité.

Reste à voir si l'exécutif prendra effectivement des ordonnances.

☞ *Négociation obligatoire sur les salaires ; Nombre d'heures rémunérées ; Zones France ruralités revitalisation ; Zones de revitalisation rurale.*

Emplois francs

@ Cette étude est détaillée dans la version en ligne de ce Dictionnaire (voir www.rfpaye.com et www.rfedition.com).

Employeur étranger sans établissement en France

Contexte de législation de sécurité sociale

Le principe veut qu'un employeur étranger, même sans établissement en France, soit tenu d'affilier à la sécurité sociale ceux de ses salariés qui sont amenés à exercer une activité en France, même à titre temporaire (c. séc. soc. art. L. 111-2-2). Cette règle s'applique sous réserve de la législation européenne et des conventions internationales de sécurité sociale, qui permettent de maintenir des salariés détachés en France à la législation de sécurité sociale de l'État depuis lequel ils sont envoyés (voir *Détachement en France de salariés étrangers**).

Lorsqu'ils sont redevables de cotisations en France, des dispositions spécifiques, exposées ci-dessous, sont prévues pour les employeurs situés à l'étranger (peu important leur nationalité) et n'ayant aucun établissement en France.

Ceux qui ont un ou plusieurs établissements en France déclarent et versent les cotisations et contributions sociales dans les conditions de droit commun auprès des organismes de recouvrement dont relève chacun de leurs établissements.

Il existe également des dispositions spécifiques pour les particuliers employeurs fiscalement domiciliés à l'étranger, non abordées ici.

▶ Attention... Rappelons que les employeurs étrangers détachant des salariés en France doivent respecter les règles de droit du travail relatives au détachement transnational (voir *Détachement en France de salariés étrangers**).

URSSAF compétente

URSSAF Service Firmes étrangères - Les entreprises qui n'ont pas d'établissement en France doivent procéder à leurs obligations déclaratives et de paiement des contributions et cotisations sociales d'origine légale et conventionnelle auprès d'un organisme de recouvrement unique (c. séc. soc. art. L. 243-1-2 et R. 243-8-1, 2°).

Il s'agit de l'URSSAF Service Firmes étrangères (URSSAF Alsace - TSA 60003 - 38046 Grenoble Cedex ; Tél. : 00 33 (0)806 802 633 ; sfe@urssaf.fr).

▶ À noter... Cette règle particulière concerne uniquement les entreprises qui emploient du personnel salarié en France ou pour une activité exercée hors de France, mais pour laquelle il existe un rattachement à la législation française de sécurité sociale.

Déclarations sociales et paiement des cotisations - Ces employeurs transmettent les déclarations sociales et s'acquittent des cotisations dont ils sont redevables selon les règles de droit commun (c. séc. soc. art. L. 243-1-2, III). Dans certains cas, l'employeur peut être contraint de passer par la dématérialisation.

L'URSSAF Service Firmes Étrangères est également compétente pour le recouvrement des cotisations d'assurance chômage dues pour des salariés d'employeurs dont l'entreprise ne comporte pas d'établissement en France.

▶ À noter... Depuis le 1er mars 2024, les employeurs ne peuvent plus désigner un représentant résidant en France pour remplir leurs obligations sociales. Ils doivent s'inscrire auprès du guichet unique des formalités des entreprises (c. séc. soc. art. L. 243-1-2, al. 1). La déclaration et le paiement des cotisations s'effectuent toujours auprès de l'URSSAF service firmes étrangères.

Retraite complémentaire

L'AGIRC-ARRCO a mis en place un guichet unique, dénommé ESEF (employeurs étrangers sans établissement en France), compétent pour prendre en charge ce type d'entreprise et de population (instr. AGIRC-ARRCO 2005-80 du 28 juin 2005).

Les institutions membres (Humanis International AGIRC-ARRCO) sont désignées pour assurer la mise en application du dispositif prévu, nonobstant toute compétence professionnelle ou territoriale (circ. AGIRC-ARRCO 2019-1 DRJ du 9 janvier 2019, Fiche 2, § III.3). Ainsi, à l'embauche d'un nouveau salarié, c'est l'entreprise étrangère qui en sa qualité d'employeur doit adhérer à ces institutions.

Titre simplifié

Titre firmes étrangères - Les entreprises ont la possibilité, si elles le souhaitent, de recourir à un titre simplifié conçu comme une adaptation du *titre emploi-service entreprise** : le titre firmes étrangères (TFE) (c. séc. soc. art. L. 243-1-2, II).

Le TFE peut être utilisé pour tous les salariés travaillant en France, à l'exception de ceux dont les cotisations sont calculées sur des taux réduits (ex. : artistes, intermittents du spectacle, journalistes), des intermittents du spectacle dépendant du GUSO, des VRP multicartes et des vendeurs à domicile.

▶ À noter… Les formalités d'adhésion et de déclaration au TFE s'effectuent uniquement par Internet (www.tfe.urssaf.fr). Elles ne dispensent pas l'employeur d'effectuer les autres déclarations qui lui incombent : adhésion au service de santé au travail, à France Travail pour l'assurance chômage, à la retraite complémentaire, etc.

Calcul des cotisations et bulletins de paye - Les cotisations (URSSAF, chômage, retraite complémentaire, etc.) sont calculées par l'URSSAF Service Firmes Étrangères. Elles doivent être payées par virement ou prélèvement bancaire (c. séc. soc. art. D. 133-25, II).

Les documents établis par cet organisme, notamment le bulletin de salaire ou l'attestation d'emploi à remettre au salarié, sont transmis à l'employeur sous forme électronique (c. séc. soc. art. L. 243-1-2, II).

☛ *Détachement en France de salariés étrangers ; Détachement en France de salariés étrangers (formalités et contrôle).*

Employeurs multiples

Un employeur dont le salarié travaille régulièrement et simultanément pour au moins 2 employeurs doit respecter certaines règles particulières en matière de paye.

Conditions d'emploi

Mêmes conditions que pour un salarié à employeur unique - Le salarié à employeurs multiples bénéficie des règles applicables aux autres salariés de l'entreprise : congés payés, garantie de salaire en cas de maladie, primes, etc.

Accidents du travail et maladies professionnelles - Les dispositions particulières aux accidents du travail et aux maladies professionnelles ne s'appliquent que dans l'entreprise au sein de laquelle s'est produit l'accident ou la maladie et non chez les autres employeurs du salarié (cass. soc. 13 décembre 1995, n° 92-42719 D).

Attention au travail illégal - Le cumul irrégulier d'emplois est une infraction relevant du *travail illégal** (c. trav. art. L. 8211-1). Ainsi, un employeur ne peut pas recourir aux services d'un salarié qui dépasse les seuils de *durée maximale du travail** en cumulant plusieurs emplois, sous réserve des dérogations admises (c. trav. art. L. 8261-1, L. 8261-2 et L. 8261-3). L'employeur et le salarié sont passibles d'une amende et de sanctions renforcées en cas de récidive (c. trav. art. R. 8262-1 et R. 8262-2).

Dès lors, l'employeur doit s'assurer que la durée totale du travail du salarié ne dépasse pas les limites maximales autorisées (voir *Durée du travail**), compte tenu des différents contrats le liant à d'autres employeurs. Il peut alors demander à l'intéressé la production de bulletins de paye pour vérifier le respect de ces durées maximales de travail (cass. soc. 20 juin 2018, n° 16-21811 D). À défaut de remettre ces documents, un salarié mettant son employeur en situation d'infraction peut être licencié, éventuellement pour faute grave (cass. soc. 20 juin 2018, n° 16-21811 D ; cass. soc. 19 mai 2010, n° 09-40923 D).

En cas de dépassement des limites sans que le salarié régularise sa situation, son licenciement est justifié, mais l'employeur doit le rémunérer pour les heures effectuées (cass. soc. 31 janvier 1996, n° 92-40944, BC V n° 34).

Prorata de plafond « employeurs multiples »

Rappel - Les règles de prorata de plafond pour employeurs multiples ici décrites n'ont pas été affectées par le décret de mai 2017 qui a modifié plusieurs dispositions liées au *plafond de la sécurité sociale**. Elles ont été reprises dans le BOSS (BOSS, Assiette générale, §§ 1000 à 1060, 01/01/2024).

Mécanisme de calcul - Quand un salarié a simultanément plusieurs employeurs et une rémunération globale supérieure au plafond, il est possible de répartir le plafond entre ses différents employeurs (c. séc. soc. art. L. 242-3, al. 1 ; BOSS, Assiette générale, § 1010, 01/01/2024).

Chaque employeur réduit le plafond au prorata de la rémunération qu'il verse par rapport à la rémunération totale tous employeurs confondus.

Ce plafond est déterminé par rapport au plafond de droit commun appliqué en fonction de la périodicité de la paye. Pour une rémunération versée chaque mois, le plafond servant de référence est le plafond mensuel de la sécurité sociale.

Exemple
Un salarié perçoit 2 400 € chez Y et 1 800 € chez Z, soit au total 4 200 €. Le plafond chez Y est de 3 925 € × 2 400/4 200 = 2 242,86 €. Le plafond chez Z est de 3 925 € × 1 800/4 200 = 1 682,14 €.
De la même façon, les tranches B (pour l'assurance chômage) et 2 (pour l'AGIRC-ARRCO) de la rémunération se calculent en fonction du plafond ainsi réduit :
- chez Y : l'assiette maximale de la tranche B assurance chômage est de 3 × 2 242,86 = 6 728,58 € et celle de la tranche 2 AGIRC-ARRCO de 7 × 2 242,86 = 15 700,02 € ;
chez Z : l'assiette maximale de la tranche B assurance chômage est de 3 × 1 682,14 = 5 046,42 € et celle de la tranche 2 AGIRC-ARRCO de 7 × 1 682,14 = 11 774,98 €.

Salariés non éligibles - Le prorata « employeurs multiples » ne peut pas jouer pour les salariés bénéficiant de taux, d'assiettes ou de montants spécifiques ou forfaitaires de cotisations ainsi que les travailleurs à domicile (BOSS, Assiette générale, § 1130, 01/01/2024).

Formalités à accomplir - Le salarié a l'obligation de communiquer à chaque employeur le montant des rémunérations perçues chez ses autres employeurs, à la fin de chaque mois ou de chaque trimestre (en fonction de la périodicité de versement des cotisations applicable dans l'entreprise) (c. séc. soc. art. R. 242-3).

L'employeur est en droit d'exiger la fourniture de cette déclaration.

En l'absence de déclaration, chaque employeur calcule les cotisations URSSAF plafonnées sur la base de la rémunération qu'il verse dans la limite d'un plafond entier (c. séc. soc. art. R. 242-3, al. 4). Le montant des cotisations calculé sans proratisation peut alors être supérieur au montant réellement dû. Le cas échéant, l'employeur, tout comme le salarié, peut demander le remboursement des cotisations versées en trop, sur production de la déclaration, dans les 3 ans suivant le versement de ces cotisations.

▶ Attention... Si la demande émane du salarié, elle n'entraîne pas automatiquement la régularisation des cotisations patronales indues (l'employeur doit lui-même engager une action en remboursement). Si la demande de remboursement émane de l'employeur, celui-ci est remboursé des cotisations patronales et salariales, à charge pour lui de reverser ces dernières au salarié (les autres employeurs ne sont pas automatiquement remboursés : ils doivent en faire la demande).

L'autre option, en l'absence de déclaration, est d'appliquer les règles du prorata de plafond pour temps partiel *(voir plus loin)* (BOSS, Assiette générale, § 1020, 01/01/2024).

Cotisations URSSAF - Les cotisations plafonnées sont calculées sur le plafond réduit ; celles assises sur la totalité du salaire sont calculées par chaque employeur sur la rémunération versée par lui.

Cotisations chômage - Les contributions d'assurance chômage sont calculées sur la base du plafond réduit.

Cotisations AGIRC-ARRCO - La tranche 1 est calculée de la même façon que pour les cotisations de sécurité sociale. La tranche 2 de la rémunération est également calculée sur la base du plafond réduit.

Pour rappel, la contribution d'équilibre technique est due dès lors que la rémunération est supérieure au plafond du salarié, éventuellement proratisé (voir *Cotisations de retraite AGIRC-ARRCO**).

Prorata de plafond pour temps partiel

Par dérogation au prorata « employeurs multiples », l'employeur dispose d'une autre option : il peut proratiser le plafond, comme si le salarié occupait un emploi à temps partiel dans son établissement (c. séc. soc. art. L. 242-3, al. 2). Cette option peut en particulier jouer lorsque le salarié n'a pas fait connaître le montant total de ses rémunérations perçues de ses différents employeurs (BOSS, Assiette générale, § 1020, 01/01/2024).

L'employeur calcule alors le plafond applicable selon la formule suivante : valeur mensuelle du plafond × [(durée contractuelle + heures supplémentaires ou complémentaires) / durée légale de travail ou conventionnelle si elle est inférieure].

Ce rapport ne peut pas conduire à un résultat supérieur à la valeur mensuelle du plafond de sécurité sociale.

Le BOSS ne le précise pas, mais si le résultat conduit à un plafond proratisé supérieur à la rémunération brute versée par l'employeur concerné, et bien ce prorata n'a pas d'intérêt (schématiquement, le salarié est en quelque sorte considéré comme rémunéré sous le plafond).

Exemple
Un salarié mensualisé perçoit 2 300 € bruts de son employeur Y et 1 700 € bruts de son employeur Z, soit un total de 4 000 € bruts.
S'il est à 30 heures/semaine chez Y, le plafond peut être proratisé à ce titre : 3 925 × 30/35 = 3 364,29 €.

Employeurs multiples (exemple)

Un salarié non-cadre a deux contrats de travail. Chez l'employeur A (plus de 50 salariés), il a une rémunération de 2 000 € par mois pour un horaire de 20 heures par semaine (86,67 heures par mois). Chez l'employeur B, sa rémunération est de 2 500 € par mois pour un horaire de 22 heures hebdomadaires (95,33 heures).

*-> **Proratisation du plafond selon la méthode des salariés à employeurs multiples.** L'employeur A choisit de proratiser le plafond selon la règle spécifique prévue pour les salariés à employeurs multiples. Compte tenu de la rémunération globale du salarié (4 500 €, tous employeurs confondus), le plafond que l'employeur A doit appliquer à la paye est de : 3 925 € × 2 000/4 500 = 1 744,44 €.*

*-> **Proratisation du plafond selon la méthode de l'abattement temps partiel.** Si l'employeur A souhaitait proratiser le plafond selon la règle des salariés à temps partiel, il n'y aurait en réalité aucun intérêt. La rémunération du salarié (2 000 €) serait en effet inférieure au plafond proratisé (3 925 € × 20/35 = 2 242,86 €), de sorte que cela ne changerait rien pour les cotisations.*

BULLETIN DE PAYE DE MARS 2025 CHEZ L'EMPLOYEUR « A »

Désignation	Base	Taux	Montant	
Salaire de base	86,67 h	23,08	2 000,00	
Brut total			2 000,00	
Cotisations et contributions sociales	**Base (€)**	**Taux salarial**	**Part salarié (€)**	**Part employeur (€)**
Santé				
Sécurité sociale - Maladie Maternité Invalidité Décès	2 000,00	-	-	140,00 (1)
Complémentaire santé	-	-	85,00	85,00
Accidents du travail - maladies professionnelles	2 000,00	-	-	40,00 (2)
Retraite				
Sécurité sociale plafonnée	1 744,44	6,90 %	120,37	149,15
Sécurité sociale déplafonnée	2 000,00	0,40 %	8,00	40,40
Complémentaire Tranche 1 (3)	1 744,44	4,15 %	72,39	108,50
Complémentaire Tranche 2 (3)	255,56	9,86 %	25,20	37,77
Famille	2 000,00	-	-	69,00 (4)
Assurance chômage				
Chômage	2 000,00	-	-	86,00 (5)
Autres contributions dues par l'employeur	-	-	-	97,72 (6)
CSG déductible à l'impôt sur le revenu	2 050,00	6,80 %	139,40	-
CSG/CRDS non déductible de l'impôt sur le revenu	2 050,00	2,90 %	59,45	-
Exonérations et allégements de cotisations	-	-	-	-
Total des cotisations et contributions	-	-	509,81	853,55
Net social				**1 490,19**
Net à payer avant impôt sur le revenu				**1 490,19**
Impôt sur le revenu	**Base**	**Taux**	**Montant**	**Cumul annuel**
Montant net imposable			1 634,64	Valeur
Impôt sur le revenu prélevé à la source	1 634,64	6,00 %	98,08	Valeur
Montant net des heures compl/suppl exonérées			0,00	0,00
Net à payer au salarié (en euros) (7)				**1 392,11 (7)**
Total versé par l'employeur				2 853,55

Notes de la rédaction, pour aider à la lecture des totaux (ces notes n'ont pas à apparaître sur le bulletin de paye) :
(1) Taux de 7 % compte tenu de la rémunération. (2) Par hypothèse taux de 2 %. (3) Y compris contributions d'équilibre général et technique. (4) Taux de 3,45 % compte tenu de la rémunération. (5) Chômage 4,05 % et AGS 0,25 %. (6) CSA (0,30 %), FNAL (0,50 %), versement mobilité (1,60 %), contribution au dialogue social (0,016 %), contribution formation (1 %), participation à l'effort de construction (0,45 %), forfait social (8 %), taxe d'apprentissage (0,68 %). (7) À faire apparaître de manière à en faciliter la lisibilité.

Toutefois ce résultat est supérieur à son salaire brut, et le calcul ne présente donc aucun intérêt. En effet, son salaire équivalent temps plein est de 2 300 € × 35/30 = 2 683,33 €, soit moins que la valeur complète du plafond de la sécurité sociale.

En revanche, la méthode « employeurs multiples » permettrait de proratiser le plafond et d'obtenir un résultat déclenchant un calcul de tranches : chez l'employeur Y, le plafond serait de 3 925 € × 2 300/4 000 = 2 256,88 €. Mais cela supposerait que le salarié communique à son employeur Y les rémunérations perçues de son employeur Z.

Avantages en nature

Si un salarié ayant plusieurs employeurs bénéficie via l'un d'eux d'un *avantage en nature logement**, en cas d'évaluation au forfait, l'employeur qui attribue l'avantage applique la grille d'évaluation en tenant compte uniquement de la rémunération qu'il verse au salarié. Il n'y a pas à faire masse de l'ensemble des rémunérations versées par les différents employeurs (BOSS, Avantages en nature, § 320, 01/01/2025).

Protection sociale complémentaire

Quote-part des contributions - Les contributions patronales finançant des prestations de prévoyance complémentaire ou de retraite supplémentaire sont, dans certaines limites, exclues de l'assiette des cotisations sociales sous réserve de respecter plusieurs conditions (voir *Régimes de retraite supplémentaire et de prévoyance complémentaire**). En particulier le caractère collectif et obligatoire du régime doit être respecté.

Le caractère collectif n'est pas remis en cause, lorsque, pour une garantie donnée, la contribution patronale fait l'objet d'un partage par quotes-parts entre chacun des employeurs du salarié selon les conditions qu'ils déterminent conjointement (c. séc. soc. art. R. 242-1-5).

Ce partage n'a pas à résulter de l'acte juridique instituant le régime de garanties complémentaires. En revanche, le caractère collectif ne peut être considéré comme respecté qu'à la condition de pouvoir justifier par tout moyen de la situation multi-employeurs du salarié et de la répartition de la contribution patronale entre les employeurs concernés (c. séc. soc. art. R. 242-1-5 ; BOSS, Protection sociale complémentaire, § 1410, 01/01/2025).

Dispense d'affiliation aux régimes « Frais de santé » - Un salarié travaillant pour plusieurs employeurs a, en principe, vocation à pouvoir bénéficier des garanties « frais de santé » collectives et obligatoires en place chez chacun de ses employeurs.

Néanmoins, il peut aussi choisir de ne retenir qu'une couverture, puisque le fait de bénéficier d'un autre régime collectif et obligatoire est un cas de dispense de droit (c. séc. soc. art. D. 911-2, 3°).

Par ailleurs, dans les entreprises où le salarié travaille à temps partiel, l'acte régissant un régime « frais de santé », un régime de prévoyance ou un régime de retraite supplémentaire peut ouvrir un cas de dispense aux salariés pour lesquels la cotisation salariale représente au moins 10 % de leur rémunération brute (c. séc. soc. art. R. 242-1-6, 2°, c et D. 911-4).

Pour plus de détails sur les dispenses d'affiliation, voir *Régimes de retraite supplémentaire et de prévoyance complémentaire (caractère obligatoire)**.

☞ *Abattement d'assiette pour temps partiel ; Durée du travail ; Frais de transport domicile-travail ; Plafond de la sécurité sociale*

Entrée en cours d'année

Lorsque le salarié est embauché en cours d'année, certaines règles doivent être respectées en paye.

Salaire

Calcul du salaire - La rémunération d'un salarié entré en cours de mois se calcule en fonction du nombre d'heures travaillées sur le mois.

La rémunération doit être proportionnelle à la durée effectivement travaillée par le salarié par rapport au nombre d'heures réel du mois.

Exemple

Un salarié mensualisé, entré le 20 janvier 2025, travaille 5 jours par semaine pour 151,67 heures par mois avec un salaire de base mensuel de 2 000 €. L'horaire de travail est réparti du lundi au vendredi, à raison de 7 heures par jour. Le mois de janvier 2025 compte 23 jours de travail ou assimilés (jour férié inclus), soit 161 heures rémunérées. Le salarié travaille effectivement du 20 au 31 janvier, soit 10 jours × 7 = 70 heures. Son salaire de base est de : 2 000 × 70/161 = 869,57 € pour la période de paye du 20 au 31 janvier 2025.

▶ À noter… En cas d'embauche en cours de mois, la participation obligatoire de l'employeur aux frais de transport est limitée à la période couverte par le contrat de travail (voir *Frais de transport domicile-lieu de travail**).

Entrée après la clôture de la paye - Lorsqu'un salarié entre en fin de mois et que les éléments nécessaires à la paye ou le délai d'établissement des bulletins ne permettent pas de traiter sa paye, il est possible de verser un acompte et de régulariser sur le mois suivant.

▶ À noter... Dans la DSN, le déclarant doit veiller à ce que le rappel de salaire soit daté en indiquant la « période de rattachement ».

Les différents cumuls (heures payées, travaillées, etc.) devront être recalculés si le système informatique ne le fait pas automatiquement.

Reprise d'ancienneté

Dans certains cas (embauche en CDI à l'issue d'un CDD, clause particulière, etc.), il peut y avoir « reprise d'ancienneté ». L'ancienneté sera donc calculée par référence à une date antérieure à la date d'entrée (voir *Ancienneté**).

Droit à congés payés

Les droits à *congés payés** se calculent en fonction du temps de travail effectif du salarié au cours de la période de référence 1er juin - 31 mai (sauf décalage de la période de référence en cas d'annualisation du temps de travail ou salarié relevant à titre obligatoire d'une caisse de congés payés).

Pour les salariés recrutés en cours d'année, la première période de référence court de la date d'entrée à la date de fin de la période de référence.

Impact sur le calcul des cotisations

Calcul du plafond mensuel - En cas d'entrée en cours de mois, le plafond du mois civil incomplet se calcule en fonction des jours calendaires de présence (c. séc. soc. art. R. 242-2) (voir *Plafond de la sécurité sociale**). Pour ce calcul, on prend donc également en compte des jours non ouvrables (dimanches, notamment).

Exemple

Un salarié mensualisé, entré dans l'entreprise le 17 juillet 2025, est présent 15 jours calendaires. Le plafond de juillet est donc de : 3 925 € × 15/31 = 1 899,19 €.

Calcul du plafond annuel - Le plafond annuel de la sécurité sociale applicable au salarié entré ou sorti en cours d'année est réduit en fonction de la durée d'appartenance du salarié à l'entreprise (c. séc. soc. art. R. 242-2) (voir *Plafond de la sécurité sociale**).

Exemple

Le plafond annuel est de 47 100 € pour un salarié mensualisé à temps plein présent toute l'année 2025. Mais pour un salarié embauché le 17 juillet 2025, il se calcule comme suit : (3 925 € × 15/31) + (3 925 € × 5) = 21 524,19 €.

C'est également ce plafond qui est retenu pour :
- calculer différentes tranches de rémunération (ex. : tranche B assurance chômage et tranche 2 AGIRC-ARRCO) ;
- appliquer le plafonnement de l'abattement d'assiette de la CSG et de la CRDS [voir *Contribution sociale généralisée (CSG)**].

Allégements généraux de cotisations - Le paramètre SMIC utilisé pour le calcul de la réduction générale de cotisations patronales est proratisé en cas d'entrée ou de sortie en cours d'année (voir *Réduction générale de cotisations patronales**).

Il en va de même pour le SMIC utilisé pour calculer le niveau de rémunération en deçà duquel les cotisations patronales d'assurance maladie et/ou d'allocations familiales se calculent à un taux réduit (voir *Cotisation d'allocations familiales** et *Cotisation d'assurance maladie-maternité-invalidité**).

Prévoyance et forfait de cotisations - Certaines cotisations sont forfaitaires, ce qui peut poser problème en cas d'entrée en cours de mois (ex. : forfait mutuelle, etc.). Elles ne sont généralement pas proratisées : seul le contrat liant l'entreprise à l'organisme de prévoyance peut éclairer l'employeur sur ce point.

Impact sur le prélèvement à la source

Application du taux neutre - Sauf exception, l'employeur n'a pas à sa disposition le taux personnalisé d'un salarié nouvellement embauché. Il est donc tenu d'appliquer le taux neutre (ou taux par défaut) (voir *Prélèvement à la source**), jusqu'à réception du taux personnalisé dans un compte rendu métier (CRM) ultérieur au mois d'embauche.

Toutefois, dans le cas particulier où un salarié déjà employé et dont le contrat de travail a pris fin est réembauché, l'employeur peut utiliser le taux personnalisé dont il dispose, à condition que ce taux soit encore valide (BOFiP-IR-PAS-30-10-20-§§ 70 et 80-03/12/2018).

▶ À noter... Un taux transmis par la DGFiP dans un CRM est en effet valable jusqu'à la fin du 2e mois suivant le mois de la mise à disposition.

Signalement d'amorçage (DSN) - Depuis février 2021, les employeurs ont la possibilité, s'ils le souhaitent et si le paramétrage de leur solution paye les y autorise, de réaliser un signalement « amorçage des données variables » (SADV). SADV est accessible sur net-entreprises.fr.

Ce signalement facultatif est effectué au moment de l'embauche. Il permet de transmettre dans le dispositif DSN avant la première paye, les informations pouvant avoir un impact sur la couverture des droits des salariés (mutuelle, prévoyance) et à l'employeur de recevoir en retour le taux personnalisé de *prélèvement à la source** du salarié (sauf si ce dernier a opté auprès de l'administration fiscale pour le taux par défaut) et d'éviter ainsi le recours au taux neutre sur la première paye. La récupération du taux du PAS s'effectue dans un délai maximum de 5 jours.

Ce signalement a remplacé TOPAze (Appels de taux du PAS) qui est définitivement fermé depuis janvier 2025.

Formalités administratives

Déclaration préalable à l'embauche - Au plus tôt dans les 8 jours qui précèdent l'embauche, l'employeur doit effectuer la *déclaration préalable à l'embauche**.

Registre du personnel - Le salarié nouvellement embauché doit être inscrit dans le registre unique du personnel (voir *Registres obligatoires**).

☞ *Ancienneté ; Congés payés ; Contribution sociale généralisée (CSG) ; Déclaration préalable à l'embauche ; Paye de sortie ; Plafond de la sécurité sociale ; Prélèvement à la source ; Prime de fin d'année ou de treizième mois ; Registres obligatoires.*

Entreprise de services à la personne

☞ *Aide au financement des services aux personnes et de garde d'enfants ; Chèque emploi-service universel ; Services à la personne.*

Entreprises de travail temporaire

☞ *Garantie financière des entreprises de travail temporaire ; Indemnité de fin de mission ; Travailleurs temporaires ; Travailleurs temporaires (contrat à durée indéterminée).*

Entretien professionnel

Au cours de sa carrière, le salarié doit bénéficier d'un entretien professionnel avec son employeur afin d'étudier ses perspectives d'évolution professionnelle. Cet entretien a lieu au moins tous les 2 ans et à l'occasion de certaines absences ou congés ainsi qu'au terme de certains mandats. Tous les 6 ans, l'entretien a un objet spécifique.

Information à l'embauche

Lorsqu'un salarié est embauché, l'employeur doit l'informer qu'il bénéficiera tous les 2 ans d'un entretien professionnel avec lui ou son représentant (c. trav. art. L. 6315-1).

Entretien périodique ou en lien avec certains congés ou absences

Entretien tous les deux ans - Le salarié bénéficie tous les 2 ans d'un entretien professionnel avec son employeur (c. trav. art. L. 6315-1, I). Le *comité social et économique** (CSE) est aussi informé, via la base de données économiques, sociales et environnementales (BDESE), sur le nombre et la mise en œuvre de ces entretiens lors de la consultation sur la politique sociale (c. trav. art. L. 2312-26, R. 2312-8 et R. 2312-9).

Un accord d'entreprise (à défaut, un accord de branche) peut prévoir une périodicité différente (c. trav. art. L. 6315-1, III).

Entretien en lien avec des congés et absences - L'entretien professionnel est également « proposé » de façon systématique au salarié à l'issue de divers congés ou absences (c. trav. art. L. 6315-1, I) *(voir tableau)*. La loi ne précise pas le délai dans lequel l'entretien doit être organisé, mais celui-ci doit rester raisonnable. Le salarié peut demander à ce que l'entretien ait lieu avant sa date de reprise de poste, quelle que soit la cause de l'absence (c. trav. art. L. 6315-1).

Pour le *congé de proche aidant** et le *congé de solidarité familiale**, le salarié a droit à deux entretiens (avant et après le congé) (c. trav. art. L. 3142-23 et L. 3142-11).

Objet de l'entretien - L'entretien professionnel porte sur les perspectives d'évolution professionnelle, notamment en termes de qualifications et d'emploi. Il ne porte pas sur l'évaluation du travail du salarié.

Entretien professionnel en lien avec des congés, absences ou mandats
• retour de *congé de maternité** (c. trav. art. L. 1225-27)
• retour de *congé parental d'éducation** total (c. trav. art. L. 1225-57)
• terme d'une période d'activité à temps partiel au titre du *congé parental d'éducation** (c. trav. art. L. 1225-47 et L. 1225-57)
• « avant » et « après » un *congé de proche aidant** (c. trav. art. L. 3142-23)
• « avant » et « après » un *congé de solidarité familiale** (c. trav. art. L. 3142-11)
• retour d'une *période de mobilité volontaire sécurisée**, dans les entreprises d'au moins 300 salariés (c. trav. art. L. 1222-14)
• retour de *congé d'adoption** (c. trav. art. L. 1225-46-1)
• retour de *congé sabbatique** (c. trav. art. L. 3142-31)
• retour d'arrêt de travail pour longue maladie (c. trav. art. L. 6315-1) (1)
• Pour les salariés ayant un mandat (c. trav. art. L. 2141-5) : - entreprise de moins de 2000 salariés : entretien « classique » à l'issue d'un mandat syndical ou d'un mandat de représentant du personnel titulaire ; l'entretien a un contenu « renforcé » lorsque le salarié dispose sur l'année d'un nombre d'heures de délégation représentant au moins 30 % de sa durée du travail ; - entreprise de 2000 salariés et plus : entretien « renforcé » à l'issue d'un mandat syndical ou de représentant du personnel titulaire, quel que soit le nombre d'heures de délégation.
(1) Arrêt longue maladie au sens du code de la sécurité sociale : affection de longue durée (ALD) ou arrêt de travail supérieur à 6 mois (c. séc. soc. art. L. 324-1 et R. 324-1).

L'employeur doit aussi informer le salarié sur la validation des acquis de l'expérience (VAE) et sur l'activation du compte personnel de formation (CPF) par le salarié, l'abondement du CPF par l'employeur et le Conseil en évolution professionnel (CEP) (c. trav. art. L. 6315-1 ; arrêté du 16 juillet 2014, JO du 24).

Enfin, précisons que l'entretien lié à un retour de *congé parental d'éducation** (ou d'une période de temps partiel si le congé a été pris sous cette forme) a un contenu supplémentaire. En effet, il a aussi pour objet d'organiser le retour à l'emploi du salarié, de déterminer ses besoins de formation et d'examiner les conséquences éventuelles du congé sur sa rémunération et l'évolution de sa carrière (c. trav. art. L. 1225-57).

▶ À noter... Il est possible d'organiser l'entretien professionnel d'un salarié ainsi que son entretien d'évaluation le même jour dès lors qu'il s'agit bien de deux entretiens distincts donnant lieu à des comptes rendus différents (cass. soc. 5 juillet 2023, n° 21-24122 FSB). De plus, l'employeur ne doit pas évoquer les questions d'évaluation durant l'entretien professionnel.

Entretien à l'issue d'un mandat syndical ou de représentant du personnel

Tous les représentants du personnel titulaires et tous les salariés titulaires d'un mandat syndical bénéficient d'un entretien professionnel en fin de mandat (c. trav. art. L. 2141-5). L'entretien a le même objet que pour les autres salariés (perspectives d'évolution professionnelle, notamment en termes de qualifications et d'emploi) *(voir plus haut)*.

Dans les entreprises d'au moins 2000 salariés, il convient de réaliser un entretien professionnel « renforcé », quel que soit le nombre d'heures de délégation du salarié concerné. En plus de son objet habituel, l'entretien doit alors permettre de procéder au recensement des compétences acquises au cours du mandat et de préciser les modalités de valorisation de l'expérience acquise.

Dans les entreprises de moins de 2000 salariés, l'entretien professionnel « renforcé » est réservé aux salariés représentants du personnel titulaires ou disposant d'un mandat syndical dont le nombre d'heures de délégation sur l'année est au moins égal à 30 % de leur durée de travail. Les autres relèvent de l'entretien professionnel « classique ».

▶ À noter... Le représentant du personnel titulaire, le délégué syndical ou le titulaire d'un mandat syndical bénéficient aussi, à leur demande, d'un entretien individuel avec leur employeur au début de leur mandat, portant sur les modalités pratiques d'exercice de leur mandat dans l'entreprise au regard de leur emploi (c. trav. art. L. 2141-5). Il ne s'agit pas d'un entretien professionnel, à proprement parler. Cet entretien ne peut d'ailleurs pas s'y substituer. Ce droit est étendu aux salariés commençant un mandat de conseiller municipal, départemental ou régional (c. gén. collect. terr. art. L. 2123-1 et L. 3123-1 et L. 4135-1).

Entretien récapitulatif tous les 6 ans et abondement correctif au CPF

Périodicité sexennale - Tous les 6 ans de présence du salarié dans l'entreprise, l'entretien professionnel comporte un objectif spécifique. Il s'agit alors de faire un état des lieux récapitulatif du parcours professionnel du salarié. Cette durée de 6 ans s'apprécie par référence à l'ancienneté du salarié dans l'entreprise (c. trav. art. L. 6315-1, II).

▶ À noter… Selon les cas, cet entretien est désigné sous les termes d'entretien récapitulatif, d'entretien « état des lieux » ou d'entretien « sexennal ». Il n'est pas possible d'aménager la périodicité de cet entretien, qui doit donc se tenir tous les 6 ans.

Objet de l'entretien - En plus des points devant être abordés dans l'entretien professionnel « classique » *(voir plus haut)*, l'entretien sexennal doit permettre de faire un état des lieux récapitulatif du parcours professionnel du salarié (c. trav. art. L. 6315-1, II).

L'employeur doit s'assurer que le salarié a bénéficié au cours des 6 dernières années d'un entretien professionnel tous les 2 ans et, si nécessaire, des entretiens prévus au retour de certaines absences.

Il lui faut également vérifier si le salarié, au cours de ces 6 dernières années :
- a suivi au moins une action de formation ;
- a acquis des éléments de certification, par la formation ou par une VAE ;
- a bénéficié d'une progression salariale ou professionnelle.

Un accord collectif d'entreprise (à défaut, de branche) peut déterminer les modalités d'appréciation du parcours professionnel du salarié (c. trav. art. L. 6315-1, III).

▶ À noter… Sur la notion de « progression salariale », la loi reste générale. Elle ne fixe pas de quantum et ne fait pas de distinction entre progression individuelle et collective. Mais quid des primes ? Quid également des augmentations minimales obligatoires liées aux revalorisations du SMIC ou des minima conventionnels ? Des clarifications seraient les bienvenues sur ce point.

Abondement correctif au CPF - Dans les entreprises d'au moins 50 salariés, l'employeur doit abonder le *compte personnel de formation** du salarié d'un montant de 3 000 € (c. trav. art. L. 6315-1, L. 6323-13 et R. 6323-3) s'il apparaît qu'au cours des 6 années précédant l'entretien sexennal, le salarié n'a pas bénéficié :
- des entretiens professionnels prévus par la loi ;
- et d'une formation non obligatoire.

Le nombre de salariés ayant bénéficié de cet abondement est indiqué dans la BDESE mise à la disposition du *comité social et économique** (c. trav. art. L. 2312-26, R. 2312-8 et R. 2312-9).

Versement de l'abondement correctif - L'employeur verse à l'abondement à la Caisse des dépôts et consignations via l'Espace des employeurs et des financeurs (EDEF) du CPF (voir *Compte personnel de formation**).

Le versement doit intervenir au plus tard le dernier jour du trimestre civil qui suit la date de l'entretien professionnel pris en compte pour apprécier la période de 6 ans (à savoir l'entretien sexennal) (c. trav. art. R. 6323-3, IV).

Exemple
Pour un entretien sexennal du 15 mars 2025, la date limite de transmission des informations et de paiement de l'abondement correctif est donc fixée au 30 juin 2025.

C'est à l'employeur de prendre l'initiative de verser l'abondement. Si les agents de contrôle habilités constatent une absence de versement ou un versement insuffisant, l'employeur est mis en demeure de procéder au versement, dans le respect de la procédure contradictoire. À défaut, l'entreprise verse au Trésor public un montant équivalent à l'insuffisance constatée, majorée de 100 % (c. trav. art. L. 6323-13).

Régime des entretiens

Temps passé à l'entretien - À notre sens, le temps passé à l'entretien est du *temps de travail effectif** décompté et rémunéré comme tel.

Formalisation de l'entretien - Chaque entretien professionnel doit être formalisé dans un document écrit dont l'employeur remet une copie au salarié (c. trav. art. L. 6315-1, I et II). Ce sont les seules précisions de la loi. De son côté, l'accord national interprofessionnel relatif à la formation professionnelle du 14 décembre 2013 (art. 1) précise que l'entretien « donne lieu à une formalisation écrite allégée dont le modèle peut être fourni par l'OPCA (...) ».

L'administration n'a pas diffusé de document type. Les employeurs peuvent se rapprocher de leur OPCO afin de vérifier s'ils ont établi des modèles.

☞ *Compte personnel de formation ; Congé d'adoption ; Congé parental d'éducation ; Congé de proche aidant ; Congé de solidarité familiale ; Congé sabbatique ; Entretiens avec un représentant du personnel ou syndical ; Maternité (congé de) ; Temps de travail effectif.*

Entretiens avec un représentant du personnel ou syndical

Entretien individuel de début de mandat

Bénéficiaires - L'entretien individuel avec l'employeur en début de mandat concerne les élus titulaires du *comité social et économique** (CSE), les délégués syndicaux et les titulaires d'un mandat syndical (c. trav. art. L. 2141-5).

À notre avis, les représentants de proximité qui sont également élus titulaires du CSE en bénéficient en cette qualité. Pour les autres représentants de proximité, l'accord qui les met en place et qui fixe leurs attributions et modalités de fonctionnement peut leur accorder cet entretien de début de mandat.

Les élus suppléants n'ont pas droit à cet entretien, sauf dispositions conventionnelles le prévoyant.

▶ À noter... Les salariés titulaires d'un mandat de conseiller municipal, départemental ou régional bénéficient également d'un entretien de début de mandat [voir *Élu (mandat local, député, sénateur)**].

Initiative du salarié - L'employeur n'est pas tenu de proposer l'entretien. C'est au salarié concerné d'en faire la demande, auquel cas l'employeur a l'obligation de l'organiser (c. trav. art. L. 2141-5).

Contenu - Cet entretien porte sur les modalités pratiques d'exercice du mandat du salarié au sein de l'entreprise au regard de son emploi (c. trav. art. L. 2141-5). Il n'a donc pas le même objet que l'*entretien professionnel**, dont tous les salariés doivent bénéficier, et ne s'y substitue pas.

Le salarié peut se faire accompagner par une personne de son choix appartenant au personnel de l'entreprise.

Entretien professionnel en fin de mandat

Bénéficiaires et contenu - L'employeur doit proposer un entretien professionnel en fin de mandat aux élus titulaires du *comité social et économique**, aux délégués syndicaux et aux détenteurs d'un mandat syndical (c. trav. art. L. 2141-5 et L. 6315-1). La finalité de l'entretien varie selon que l'entreprise compte 2000 salariés ou moins (pour le détail, voir *Entretien professionnel**).

Concernant les représentants de proximité et les élus suppléants, les remarques précédentes concernant l'entretien de début de mandat sont valables pour l'entretien de fin de mandat.

Initiative de l'employeur - Contrairement à l'entretien de début de mandat, l'entretien de fin de mandat est organisé à l'initiative de l'employeur. Ce dernier doit obligatoirement le proposer à la fin du mandat (c. trav. art. L. 2141-5 et L. 6315-1).

☞ *Entretien professionnel.*

Équipes de fin de semaine

☞ *Équipes de suppléance.*

Équipes de suppléance

Principe et mise en place

Objet et secteurs concernés - Dans les industries ou les entreprises industrielles, il est possible de prévoir que le personnel d'exécution fonctionne en deux groupes, dont l'un a pour seule fonction de remplacer l'autre pendant le ou les jours de repos accordés au premier groupe (c. trav. art. L. 3132-16). Lorsqu'il est mis en place, ce mode d'organisation vaut aussi pour le personnel nécessaire à l'encadrement des équipes de suppléance.

Ce dispositif permet à l'employeur d'attribuer le *repos hebdomadaire** des salariés des équipes de suppléance un autre jour que le *dimanche**.

▶ À noter... Souvent, l'équipe de semaine travaille 5 jours et l'équipe de suppléance 2 jours (le samedi et le dimanche, ou le dimanche et le lundi). L'équipe de suppléance travaille parfois 3 jours de suite, lorsque l'équipe de semaine travaille 4 ou 4,5 jours.

Mise en place par accord collectif - Ce type d'organisation doit être mis en place par un accord d'entreprise ou d'établissement, à défaut par une convention ou accord collectif étendu (c. trav. art. L. 3132-16). L'accord doit comporter des dispositions particulières (c. trav. art. L. 3132-17).

▶ À noter... Depuis le 22 décembre 2017, l'accord d'entreprise ou d'établissement prime sur l'accord de branche (ord. 2017-1718 du 20 décembre 2017, JO du 21).

Mise en place sur autorisation de l'inspecteur du travail - À défaut d'accord collectif, ce système peut être mis en place par autorisation de l'inspecteur du travail donnée après consultation des délégués syndicaux et avis du *comité social et économique** s'il existe (c. trav. art. L. 3132-18).

Le recours aux équipes de suppléance est autorisé uniquement s'il tend à une meilleure utilisation des équipements de production et au maintien ou à l'accroissement du nombre des emplois existants (c. trav. art. R. 3132-10).

L'inspecteur du travail doit répondre dans les 30 jours à compter de la date de la réception de la demande, son silence au terme de ce délai valant acceptation (c. trav. art. R. 3132-13 et R. 3132-15 ; décret 2014-1290 du 23 octobre 2014, JO 1er novembre).

Durée journalière du travail

Équipes de suppléance sur une période inférieure ou égale à 48 h - Lorsque la durée de la période de recours aux équipes de suppléance n'excède pas 48 heures consécutives, la durée journalière de travail des salariés affectés à ces équipes peut atteindre 12 heures (c. trav. art. R. 3132-11).

Équipes de suppléance sur une période supérieure à 48 h - Lorsque la durée de la période de recours aux équipes de suppléance excède 48 heures consécutives, la durée journalière de travail des salariés affectés à ces équipes est limitée à 10 heures (c. trav. art. R. 3132-11).

S'il y a lieu, l'autorisation de dépasser 10 heures par jour est demandée à l'inspecteur du travail. Celui-ci a 30 jours pour répondre, son silence au terme de ce délai valant acceptation (c. trav. art. R. 3132-12 ; décret 2014-1290 du 23 octobre 2014, JO 1er novembre). Cette règle s'impose que le recours aux équipes de suppléance soit mis en place en application d'un accord collectif d'entreprise ou d'établissement ou sur autorisation de l'inspecteur du travail (c. trav. art. R. 3132-15).

Rémunération

La rémunération des salariés des équipes de suppléance est majorée d'au moins 50 % par rapport à celle qui serait due pour une période équivalente effectuée suivant l'horaire normal de l'entreprise (c. trav. art. L. 3132-19). Cette majoration se cumule avec une majoration conventionnelle pour *travail de nuit** (cass. soc. 17 mai 2018, n° 17-11375 D).

Cette majoration ne s'applique pas lorsque les salariés de l'équipe de suppléance remplacent durant la semaine les salariés partis en congé.

▶ À noter… Le régime salarial spécifique aux salariés des équipes de suppléance écarte toute comparaison avec d'autres salariés, au regard d'un avantage salarial tel qu'une prime de nuit (voir *Égalité de traitement**) (cass. soc. 5 mai 2021, n° 19-20547 FSP).

☞ *Compte professionnel de prévention ; Dimanche ; Repos hebdomadaire ; Travail posté.*

Équivalences

☞ *Durée d'équivalence.*

Erreur de paye

Identification de l'erreur de paye

Exemples d'erreur - L'erreur de paye peut intervenir suite à une mauvaise saisie informatique (ex. : salarié absent une semaine qui se verrait attribuer un salaire pour un mois complet de présence).

L'erreur peut aussi consister en des sommes que l'employeur a payées alors qu'elles n'étaient pas dues (heures supplémentaires non effectuées, primes n'ayant pas à être versées, etc.).

Exemple

Lorsque l'application d'un taux horaire erroné pendant quelques mois résulte d'une simple erreur, le salarié ne peut pas prétendre à un rappel de salaire fondé sur l'application de ce taux erroné (cass. soc. 16 octobre 2019, n° 18-13602 D).

Lorsque les sommes n'étaient pas dues, les juges estiment qu'elles peuvent être réclamées au salarié sans que celui-ci puisse se prévaloir d'un quelconque maintien pour l'avenir (cass. soc. 10 mai 1979, n° 78-40296, BC V n° 408).

Facteur temps - Si les sommes ont été versées pendant plusieurs années, « l'erreur inexcusable » de l'employeur peut être retenue. Cela lui interdit de réclamer la somme litigieuse au salarié (cass. soc. 7 décembre 1999, n° 97-40888 D).

Toutefois, la notion d'erreur inexcusable doit être analysée dans chaque cas d'espèce.

Exemple
Durant 7 années, un employeur avait payé en salaire net la rémunération prévue contractuellement en brut, à la personne réalisant la paye. L'employeur (une petite structure associative) ne disposait pas de contrôle de gestion. Selon la Cour de cassation, la découverte tardive de l'indélicatesse commise par la salariée à son profit – même sur une longue période – ne pouvait pas être considérée comme une erreur inexcusable de l'employeur. L'association était en droit de demander le remboursement du trop versé (cass. soc. 30 septembre 2010, n° 09-40114, BC V n° 208).

De plus, une erreur qui perdure pendant plusieurs années peut également entraîner la contractualisation des sommes versées à tort.

Exemples
Un employeur ne peut pas supprimer les primes d'équipe et de casse-croûte versées à un salarié pendant plus de 7 ans au motif d'une erreur du système de paramétrage du logiciel de paye. Les juges ont considéré que ces primes étaient devenues des éléments contractuels et écarté l'erreur dans leur paiement (cass. soc. 13 décembre 2023, n° 21-25501 FD).
De même, le paiement systématique d'une allocation d'ancienneté par l'employeur pendant 20 ans, indépendamment de toute condition conventionnelle d'attribution, devient un élément de la rémunération du salarié qui ne peut pas être supprimé pour cause d'erreur (cass. soc. 4 décembre 2024, n° 23-19528 FD).

Correction de l'erreur de paye

Remboursement obligatoire - Si le salarié reçoit une somme par erreur, il ne peut pas la conserver. L'employeur peut l'obliger à la restituer en justice : il s'agit de l'application du principe dit de « répétition de l'indu » (c. civ. art. 1302 et art. 1302-1).

Une véritable erreur - L'employeur ayant commis une erreur dans le versement de la rémunération de son salarié peut récupérer les sommes, sans avoir à prouver qu'il les a versées à tort. L'employeur ne doit cependant pas chercher à contester un versement qu'il a effectué volontairement à l'origine (cass. soc. 20 octobre 1998, n° 96-41698, BC V n° 434).

Absence de sanction pécuniaire - La récupération des sommes n'est assimilée ni à une sanction pécuniaire, ni à un manquement de l'employeur à ses obligations contractuelles. Le salarié ne peut donc pas demander la résiliation judiciaire de son contrat aux torts de l'employeur. En effet, un bulletin de paye délivré, entaché d'erreur, n'engage pas pour l'avenir et ne permet pas au salarié de s'en prévaloir pour faire cesser le contrat (cass. soc. 17 juillet 2007, n° 06-43521 D).

Correction en DSN - Si une erreur ou un trop-versé a été répété sur plusieurs mois, il faut renseigner un bloc « Régularisation de Prélèvement à la source - S21.G00.56 » par mois d'erreur, en indiquant le taux appliqué correspondant à chaque mois d'erreur rectifiée (www.net-entreprises.fr, fiche n° 1815, mise à jour du 06/03/2023).

Toutefois, à des fins de simplification, lorsque le collecteur n'est pas en mesure de renseigner un bloc « Régularisation de Prélèvement à la source - S21.G00.56 » par mois et que tous les mois concernés par l'erreur ou le trop-versé appartiennent au même exercice fiscal, il est admis que l'ensemble des régularisations soit affecté sur le mois le plus récent de la période concernée par l'erreur ou le trop-versé. Le taux restitué dans le bloc régularisation sera alors le taux ayant été appliqué durant le mois le plus récent de la période.

Lorsque les différents mois concernés par l'erreur ou le trop-versé appartiennent à deux exercices fiscaux distincts, il est nécessaire de déclarer a minima deux blocs « Régularisation de Prélèvement à la source - S21.G00.56 », pour chacun des exercices fiscaux (un bloc pour l'exercice fiscal N et un bloc pour l'exercice fiscal N+1). Pour rappel, les erreurs d'assiette fiscale ou de taux relatives à l'exercice N ne peuvent être rectifiées que sur la période de déclaration allant de janvier N à janvier N+1 au plus tard. En revanche, les indus peuvent être régularisés au-delà de cette période, dans la limite du délai de prescription attachée à chaque typologie de revenus (www.net-entreprises.fr, fiche n° 1822, mise à jour du 25/10/2021).

Récupération des sommes

Agir à l'amiable - L'employeur peut décider de régler le problème à l'amiable, dans un accord écrit qui définit les modalités du remboursement, par exemple. Ce calendrier de remboursement peut prévoir que les sommes dues soient tous les mois prélevées sur le salaire.

Agir d'autorité - L'employeur peut directement imputer les sommes indûment versées sur les salaires, à condition de respecter la limite de la portion saisissable du salaire (c. trav. art. L. 3252-2). En effet, la technique de la *compensation** (c. civ. art. 1347 et 1348) est possible dans ce cas.

Le bulletin de paye doit mentionner le montant de la retenue et sa nature (c. trav. art. R. 3243-1).

Fraction saisissable du salaire - En tout état de cause, la correction de l'erreur ne peut jamais donner lieu à une saisie en totalité de la rémunération du salarié, quelle que soit la procédure utilisée. Sauf exception, un barème de la quotité saisissable (voir *Saisie des rémunérations**) permet de calculer, selon la rémunération du salarié et ses charges de famille, la fraction qui peut être récupérée par l'employeur. Celui-ci doit laisser à l'intéressé l'équivalent de la partie forfaitaire du revenu de solidarité active (RSA) pour une personne seule.

Action en justice - L'employeur peut aussi contraindre le salarié à rembourser les sommes indues en exerçant une action judiciaire en répétition de l'indu.

▶ À noter… Dans ce contexte d'action civile, une cour d'appel ne peut pas arguer du pouvoir de direction dont dispose l'employeur pour rejeter sa demande de restitution des salaires versés par erreur pendant un an à un salarié ne travaillant plus dans l'entreprise (cass. soc. 24 mai 2023, n° 21-20382 D).

Salarié ayant quitté l'entreprise - Lorsqu'un salarié ayant quitté l'entreprise n'accepte pas le recours à un calendrier de remboursement amiable, et qu'il est impossible de récupérer les sommes sur un éventuel solde de tout compte restant dû, l'employeur doit saisir le conseil des prud'hommes.

▶ Attention… La demande tardive de remboursement des sommes attribuées par erreur peut porter préjudice à la situation financière du salarié qui a pu utiliser les sommes ou prendre des engagements en en tenant compte. Il est conseillé aux employeurs de vérifier régulièrement les bulletins de paye et d'agir dès la découverte d'une erreur.

Délais d'action pour récupérer les sommes indues

À partir du moment où l'employeur se rend compte de son erreur, il dispose d'un délai de 3 ans (c. trav. art. L. 3245-1) pour entamer les démarches pour obtenir le remboursement (voir *Prescription des salaires**).

Une fois ce délai de 3 ans écoulé, il est en principe trop tard. En d'autres termes, il devient impossible de contraindre le salarié à rembourser (même en justice).

Taux des cotisations et plafond applicables à un rappel de salaire

La correction d'une erreur de paye peut se traduire par le versement d'un rappel de salaire en cours de contrat ou après la rupture du contrat de travail, selon le contexte.

Pour le détail des règles de rattachement permettant de déterminer les taux et le plafond applicables à des rappels de salaire, les lecteurs se reporteront aux développements correspondants, qui tiennent compte des changements de doctrine intervenue au printemps 2021 avec le *Bulletin officiel de la sécurité sociale (BOSS)** (voir *Rappel de salaire**).

Récupération des cotisations liées au trop versé

Cotisations versées à tort - L'erreur de paye pose le problème de la récupération des cotisations trop versées. Les primes ou salaires versés indûment ont généré des cotisations sociales qui n'auraient pas dû être réglées aux divers organismes (URSSAF, assurance chômage ou AGIRC-ARRCO).

En principe, le salarié doit rembourser uniquement le trop-perçu en net, pas en brut.

Délais pour agir - Selon le type d'erreur, les opérations de régularisation au mois le mois peuvent permettre de rétablir la situation.

À défaut, l'employeur pourra être amené à réclamer aux organismes le remboursement des cotisations versées à tort (voir *Remboursement des cotisations indues**).

☞ *Prescription des cotisations ; Prescription des salaires ; Rappel de salaire ; Remboursement des cotisations indues.*

Essai (période d')

☞ *Essai professionnel ; Période d'essai ; Période probatoire.*

Essai professionnel

Certains employeurs demandent aux candidats de réaliser un test professionnel avant de prendre leur décision de recrutement.

Distinct de la période d'essai

L'essai professionnel diffère de la *période d'essai**. En effet, en cas de *période d'essai**, le contrat de travail est déjà signé par les parties et la période constitue un délai au cours duquel la rupture du contrat peut se faire dans des conditions peu contraignantes, à l'initiative du salarié ou de l'employeur.

Au contraire, l'essai professionnel consiste, en général, en un test ou une épreuve de courte durée (ex. : exécution d'un petit travail) et se déroule avant la conclusion éventuelle d'un contrat de travail entre les parties. Il ne s'agit pas d'une prestation de travail.

Exemples
1) Une candidate à un emploi de secrétaire dactylographe, ayant effectué un test de quelques heures, n'est pas considérée comme ayant exécuté une prestation de travail dans des conditions normales d'emploi (cass. soc. 16 septembre 2009, n° 07-45485 D).
2) De la même façon, une candidate avait accompagné, en qualité d'observatrice, des salariés de la société durant leur journée de travail, ceci de façon ponctuelle sur une période de 1 mois. Elle n'avait jamais fourni de prestation personnelle. Par conséquent, elle n'avait pas travaillé sous l'autorité de son employeur et ne pouvait pas prétendre avoir exécuté une prestation de travail dans des conditions normales d'emploi (cass. soc. 6 janvier 2010, n° 08-44170 D).
3) Il en a été jugé de même pour un candidat à un poste de câbleur qui avait effectué un test d'une journée sans effectuer de prestation de travail sous la subordination juridique de l'employeur (cass. soc. 9 novembre 2011, n° 10-13573 D).

Rémunération

La loi ne réglemente pas l'essai professionnel. Certaines conventions collectives prévoient les modalités de sa rémunération.

Pour autant, qui dit rémunération ne dit pas nécessairement contrat de travail. Ainsi, une personne ayant effectué des prestations rémunérées dans des conditions d'emploi normales durant un test professionnel n'est pas nécessairement titulaire d'un contrat de travail.

Exemple
Il en a été jugé ainsi pour la conduite d'un car vide pendant quelques heures avec le chauffeur habituel (cass. soc. 4 janvier 2000, n° 97-41154, BC V n° 4).

Toutefois, lorsque l'essai professionnel se prolonge et correspond en réalité à la réalisation par le candidat d'un travail habituel de l'entreprise, il semble que l'employeur ait alors une obligation de rémunération.

Cotisations

Qu'elles soient ou non prévues par la convention collective, les sommes versées au candidat en contrepartie de l'essai sont soumises à cotisations de sécurité sociale (cass. soc. 10 juillet 1969, n° 68-12045, BC V n° 487).

La seule exonération admise concerne les sommes versées au candidat au seul titre de remboursement de frais.

Risque accident du travail

En dépit de l'absence de contrat de travail, il arrive que les juges estiment que la législation sur les accidents du travail est applicable. Ils considèrent que, malgré l'absence de qualification de contrat de travail de la relation professionnelle, le fait que la personne accomplisse des tâches sous la direction et la surveillance d'un employeur moyennant une rémunération suffit à montrer que celle-ci est en situation de dépendance et de subordination à l'égard de l'employeur.

☞ *Période d'essai.*

État récapitulatif d'épargne salariale et relevé annuel de situation

Relevé annuel de situation

Information remise chaque année - Les teneurs de comptes délivrent à tout bénéficiaire d'un plan d'épargne salariale, dans les 3 premiers mois de l'année, un relevé annuel de situation (c. trav. art. L. 3332-7-1 et D. 3332-16-1). Ce relevé s'ajoute aux autres dispositifs légaux d'information que sont le *livret d'épargne salariale** et l'état récapitulatif de l'épargne salariale *(voir ci-dessous)*.

Contenu du document - Ce document informe chaque bénéficiaire d'un plan d'épargne salariale du choix d'affectation de son épargne et du montant de ses valeurs mobilières estimé au 31 décembre de l'année précédente (c. trav. art. L. 3332-7-1).

Il comporte (c. trav. art. D. 3332-16-1) :
- l'identification de l'entreprise et du bénéficiaire ;
- le montant global des droits et avoirs inscrits au compte du bénéficiaire, estimé au 31 décembre de l'année précédente ;
- le montant de ses droits et avoirs par support de gestion, avec les dates de disponibilités, ainsi que les modalités de gestion, prévues par défaut dans le règlement du plan ou choisies par le bénéficiaire ;

- un récapitulatif des sommes investies lors de l'année écoulée dans le plan, présentées par type de versements, ainsi qu'un récapitulatif des sommes désinvesties du plan sur la même période, en distinguant celles résultant d'un cas de déblocage anticipé ;
- un récapitulatif des frais à la charge du salarié lors de l'année écoulée, conformément aux dispositions du plan ;
- le cas échéant la mention des frais de tenue de compte-conservation pris en charge par l'entreprise (mention qui devient obligatoire lorsque le salarié quitte l'entreprise).

Moment et forme de la délivrance - Chaque bénéficiaire reçoit son relevé annuel de situation dans les 3 mois suivant le 31 décembre de l'année précédente (au plus tard le 31 mars N + 1 pour le relevé de l'année N) (c. trav. art. D. 3332-16-1).

Le relevé annuel de situation est remis sous forme électronique, dans des conditions de nature à garantir l'intégrité des données, sous réserve que le bénéficiaire ne se soit pas opposé à un tel mode de transmission (c. trav. art. D. 3332-16-1).

État récapitulatif d'épargne salariale remis au départ de l'entreprise

Au départ de l'entreprise - Tout bénéficiaire d'un dispositif d'épargne salariale quittant une entreprise doit se voir remettre un état récapitulatif de l'ensemble des sommes et valeurs mobilières épargnées ou transférées au sein de l'entreprise dans le cadre de la participation, de l'intéressement ou de plans d'épargne salariale et des plans d'épargne retraite d'entreprise [plan d'épargne retraite collectif (PERE-CO) et plan d'épargne retraite obligatoire (PERE-OB)].

L'état récapitulatif s'insère dans un *livret d'épargne salariale**.

Contenu du document - L'état récapitulatif distingue (c. trav. art. L. 3341-7 et L. 3341-8) :
- les actifs disponibles, en mentionnant tout élément utile au bénéficiaire pour en obtenir la liquidation ou le transfert ;
- les actifs qui sont affectés à un *plan d'épargne retraite d'entreprise collectif** (PERE-CO), un *plan d'épargne retraite d'entreprise collectif obligatoire** (PERE-OB) ou à un ancien *plan d'épargne pour la retraite collectif** (PERCO), en précisant les échéances auxquelles ces actifs seront disponibles, ainsi que tout élément utile au transfert éventuel vers un autre plan ;
- depuis le 28 février 2021, les contrats de retraite supplémentaire à cotisations définies, dits contrats « article 83 » (régimes collectifs à adhésion obligatoire) ou « article 82 » (autres cas, dont notamment les régimes collectifs à adhésion facultative), ainsi que les contrats de retraite supplémentaire à prestations définies, à droits aléatoires (c. séc. soc. art. L. 137-11) ou à droits certains (c. séc. soc. art. L. 137-11-2), dits contrats « article 39 ».

Il comporte également les informations et mentions suivantes (c. trav. art. R. 3341-6) :
- l'identification du bénéficiaire ;
- la description de ses avoirs acquis ou transférés dans l'entreprise par accord de participation et les plans d'épargne dans lesquels il a effectué des versements, avec mention, le cas échéant, des dates auxquelles ces avoirs sont ou seront disponibles ;
- l'identité et l'adresse du ou des teneurs de registre et du ou des teneurs de compte-conservation auprès desquels le bénéficiaire a un compte ;
- une information sur la prise en charge, par l'entreprise ou le bénéficiaire, des frais de tenue de compte-conservation en cas de rupture du contrat de travail (ou, pour les autres bénéficiaires potentiels, de cessation d'activité d'un entrepreneur individuel, de fin du mandat social, ou de la perte du statut de conjoint collaborateur ou associé) et en l'absence de demande de liquidation des avoirs, si ces frais incombent au bénéficiaire, l'état récapitulatif précise les modalités de prise en charge, notamment en cas de prélèvement sur les avoirs.

Moment de la délivrance - L'état récapitulatif d'épargne salariale peut être remis au salarié à l'occasion de la délivrance du *certificat de travail**, lors de son départ de l'entreprise (guide intermin. épargne salariale, juillet 2014, Dossier 9, fiche 3).

En cas de remise tardive de l'état récapitulatif, le manquement de l'employeur est sanctionné par le versement de dommages-intérêts si le salarié démontre avoir subi un préjudice (cass. soc. 18 mai 2011, n° 10-11043 D).

État établi par plusieurs teneurs de registre - Lorsqu'il est établi par plusieurs teneurs de registre (cas où coexistent, par exemple, pour un même bénéficiaire un plan d'épargne d'entreprise, un plan d'épargne de groupe et un plan d'épargne pour la retraite collectif), l'état récapitulatif est adressé par l'entreprise (guide intermin. épargne salariale, juillet 2014, Dossier 9, fiche 3).

À défaut, il peut être adressé au bénéficiaire par les différents teneurs de registre lorsque cet envoi est effectué de façon simultanée, afin que l'intéressé puisse reconstituer sans difficulté un état récapitulatif global pour l'ensemble de ses avoirs, quel que soit le plan au sein duquel il les détient.

☞ *Intéressement ; Intéressement et participation (fiche annexe) ; Livret d'épargne salariale ; Participation aux résultats ; Plan d'épargne d'entreprise ; Plan d'épargne interentreprises ; Plan d'épargne pour la retraite collectif ; Plan d'épargne retraite d'entreprise collectif ; Plan d'épargne retraite d'entreprise obligatoire ; Régime de retraite à prestations définies ; Régimes de retraite supplémentaire et de prévoyance complémentaire.*

Euro

Devise ayant cours légal - L'euro est la seule devise ayant cours légal en France.

La valeur de l'euro a été fixée à 6,55957 francs. C'est cette valeur qui a été utilisée pour convertir en euros des historiques de payes établies à l'origine en francs, en sachant que la valeur euro ne comporte que deux décimales après la virgule.

Depuis le 1er janvier 2002, l'ensemble des données de référence (SMIC, plafond, etc.) est publié officiellement en euros. Durant la période transitoire (1er janvier 1999 - 31 décembre 2001), certaines valeurs ont été publiées en euros à titre indicatif pour les entreprises tenant leur paye en euros. Les seules valeurs officielles de référence étaient cependant celles publiées en francs.

Arrondis de cotisations - Les montants de cotisations portés sur les déclarations doivent être arrondis à « l'euro le plus proche » (0,50 € = 1 €).

Événements familiaux

☞ *Congés pour événements familiaux.*

Examen

☞ *Congé examen des étudiants.*

Examens médicaux

Nature des visites et examens médicaux

La surveillance de l'état de santé des salariés et de leur aptitude à tenir un poste de travail s'effectue dans le cadre du suivi médical effectué par les services de prévention et de santé au travail (SPST). Ce suivi comprend (c. trav. art. L. 4624-1 ; c. trav. art. R. 4624-10 à R. 4624-33) :

- la visite médicale d'information et de prévention ou l'examen d'aptitude à l'embauche (voir *Visite médicale d'embauche**) ;
- le suivi médical périodique (renouvellement de la visite médicale d'information et de prévention ou suivi individuel renforcé) (voir *Visites médicales périodiques**) ;
- la visite médicale de mi-carrière (c. trav. art. L. 4624-2-2) (voir *Visites médicales périodiques**) ;
- la visite post-exposition et la visite post-professionnelle pour des salariés se trouvant dans des situations spécifiques (ex. : suivi médical spécifique du fait de leur exposition à un ou plusieurs risques) (c. trav. art. L. 4624-2-1 et R. 4624-28-1) (voir *Visites médicales périodiques**) ;
- la *visite médicale de préreprise** ;
- la *visite médicale de reprise**.

Par ailleurs, le médecin du travail peut réaliser ou prescrire des examens complémentaires (c. trav. art. R. 4624-35 à R. 4624-38).

En outre, indépendamment des examens et visites obligatoires, le salarié ou l'employeur peuvent demander l'organisation d'un examen par le médecin du travail. Un salarié peut notamment solliciter une visite médicale, lorsqu'il anticipe un risque d'inaptitude, dans l'objectif d'engager une démarche de maintien en emploi et de bénéficier d'un accompagnement personnalisé (c. trav. art. R. 4624-34).

Le médecin du travail peut également organiser une visite médicale pour tout travailleur le nécessitant (c. trav. art. R. 4624-34).

Paiement et frais

Paiement comme du temps de travail - Le temps nécessité par les examens médicaux, y compris les examens complémentaires, est (c. trav. art. R. 4624-39) :

- soit pris sur les heures de travail des salariés, sans qu'aucune retenue sur salaire ne puisse être effectuée ;
- soit rémunéré comme temps de travail effectif, lorsque ces examens ne peuvent avoir lieu pendant les heures de travail.

L'employeur doit respecter le temps de repos quotidien du salarié avant toute convocation en dehors des heures de travail (cass. soc. 27 juin 2012, n° 10-21306, BC V n° 201).

Temps de transport et frais de transport - Le temps et les frais de transport nécessités par ces examens sont pris en charge par l'employeur (c. trav. art. R. 4624-39).

Si le temps de transport est pris sur le temps de travail, l'employeur ne peut pas pratiquer de retenue sur salaire. S'il est pris en dehors des horaires de travail, il doit être payé comme du temps de travail.

☞ *Visite médicale d'embauche ; Visite médicale de préreprise ; Visite médicale de reprise ; Visites médicales périodiques.*

Examens médicaux liés à la grossesse (absences)

Examens liés à une grossesse

Bénéficiaires - La salariée enceinte bénéficie d'une autorisation d'absence pour se rendre aux examens médicaux obligatoires prévus par le code de la santé publique dans le cadre de la surveillance médicale de la grossesse et des suites de l'accouchement (c. trav. art. L. 1225-16 ;c. santé pub. art. L. 2122-1).

Le conjoint salarié de la femme enceinte ou la personne salariée liée avec elle par un PACS ou vivant maritalement avec elle bénéficie également d'une autorisation d'absence pour se rendre à 3 de ces examens médicaux obligatoires au maximum.

Traitement paye - Ces absences n'ont aucune incidence sur la rémunération du salarié et sont considérées comme du temps de travail effectif pour le calcul de la durée des *congés payés** et les droits légaux et conventionnels liés à l'*ancienneté** (c. trav. art. L. 1225-16).

Examens liés à une procréation médicale assistée

Les femmes cherchant à concevoir un enfant dans le cadre d'une assistance médicale à la procréation, leur conjoint salarié ou la personne avec laquelle la salariée est pacsée ou vie maritalement, bénéficient d'un dispositif analogue (voir *Congé PMA**).

☞ *Congé PMA ; Maternité ; Paternité.*

Exigibilité des cotisations URSSAF

Généralités

Dates limites de paiement - Les employeurs disposent d'un certain délai pour s'acquitter des cotisations et contributions (salariales et patronales) dont ils sont redevables aux *URSSAF**.

Au-delà des « dates d'exigibilité » (dates limites de paiement), les employeurs s'exposent à des majorations de retard (voir *Majorations et pénalités URSSAF**), voire à des procédures de recouvrement forcé (voir *Recouvrement des cotisations par l'URSSAF**).

▶ À noter... Le cotisant qui ne verse pas les cotisations et contributions dont il est redevable à la date d'exigibilité peut faire jouer le *droit à l'erreur** pour échapper aux majorations de retard.

Par ailleurs, en cas de difficultés financières de l'entreprise, l'URSSAF peut accorder des échéanciers et des délais de paiement *(voir plus loin dans l'étude)*.

Alignement sur les dates de transmission de la DSN - Les dates d'exigibilité des cotisations sont alignées sur la date de transmission de la *déclaration sociale nominative** (DSN) (c. séc. soc. art. R. 243-6).

▶ À noter... Un décalage existe pour les employeurs de moins de 11 salariés en paiement trimestriel des cotisations *(voir ci-après)*, qui restent toutefois tenus d'adresser la DSN mensuellement, pour le 15 de chaque mois suivant la période d'emploi rémunérée (c. séc. soc. art. R. 243-6-1, dern. al.).

Calcul de l'effectif déterminant la date de paiement

La périodicité et les dates d'exigibilité dépendent de l'effectif annuel moyen, qui correspond à la moyenne des effectifs déterminés chaque mois au titre de l'année civile précédente (année N - 1) (voir *Effectif sécurité sociale**) (c. séc. soc. art. R. 130-1).

Ainsi, les dates de paiement des cotisations aux URSSAF sur 2025 dépendent d'un effectif 2024 calculé selon ces règles.

Dates d'exigibilité

Règle de principe - Les dates d'exigibilité suivent la période d'emploi au titre de laquelle les rémunérations sont dues.

Les cotisations doivent ainsi être payées aux URSSAF (c. séc. soc. art. R. 243-6, II) :
- au plus tard le 5 du mois suivant la période d'emploi rémunérée pour les employeurs d'au moins 50 salariés et dont la paye est versée au cours du même mois que la période de travail ;
- au plus tard le 15 du mois suivant la période d'emploi rémunérée dans les autres cas (employeurs de 50 salariés et plus en décalage de paye, employeurs de moins de 50 salariés).

Le tableau récapitulatif reproduit dans cette étude synthétise les règles applicables.

Entreprises de moins de 11 salariés - Les entreprises de moins de 11 salariés sont en principe en périodicité mensuelle. La date de paiement des cotisations est alors celle prévue pour les entreprises de moins de 50 salariés *(voir ci-après)*, c'est-à-dire le 15 du mois suivant la période d'emploi rémunérée, y compris en cas de décalage de paye (c. séc. soc. art. R. 243-6, II, 2°).

Toutefois, les entreprises de moins de 11 salariés peuvent opter pour une périodicité trimestrielle. Dans ce cas, la date limite de paiement des cotisations est fixée au 15 du mois suivant les périodes de travail du trimestre civil (15 avril / 15 juillet / 15 octobre / 15 janvier) (c. séc. soc. art. R. 243-6-1).

L'employeur souhaitant opter pour un versement trimestriel en informe par écrit l'organisme de recouvrement dont dépend son établissement avant le 31 décembre (ou au moment de l'emploi de son premier salarié). Ainsi, pour être en paiement trimestriel en 2025, il fallait donc se manifester avant le 31 décembre 2024. Pour l'être en 2026, il faut opter avant le 31 décembre 2025.

Une fois qu'un employeur a opté pour une périodicité trimestrielle, celle-ci est reconduite d'année en année, sauf renonciation au plus tard le 31 décembre (c. séc. soc. art. R. 243-6-1) ou augmentation de l'effectif à 11 salariés ou plus.

Dans tous les cas, les employeurs en paiement trimestriel des cotisations restent tenus d'adresser la DSN mensuellement, pour le 15 de chaque mois suivant la période d'emploi rémunérée (voir *Déclaration sociale nominative**) (c. séc. soc. art. R. 243-6-1, dern. al.).

Entreprises de moins de 50 salariés - Les employeurs de moins de 50 salariés doivent payer leurs cotisations pour le 15 du mois suivant la période d'emploi rémunérée, y compris en cas de décalage de paye (c. séc. soc. art. R. 243-6, II, 2°).

Entreprises de 50 salariés et plus - Les employeurs de 50 salariés et plus doivent payer leurs cotisations au plus tard :
- le 5 du mois suivant la période d'emploi rémunérée s'il n'y a pas de décalage de paye (c. séc. soc. art. R. 243-6, II, 1°) ;
- le 15 du mois suivant la période d'emploi rémunérée en cas de décalage de paye (c. séc. soc. art. R. 243-6, II, 2°).

Délais de paiement - L'employeur qui rencontre des difficultés financières a la possibilité de solliciter auprès du directeur de l'URSSAF des échéanciers de paiement et des délais de paiement (aussi appelés « sursis à poursuites ») pour le règlement des cotisations et contributions sociales elles-mêmes, ainsi que des pénalités et des majorations de retard (c. séc. soc. art. R. 243-21).

Dans certaines circonstances exceptionnelles et sur communication du réseau des URSSAF, des délais de paiement peuvent également être accordés en raison d'évènements externes impactant l'activité de l'entreprise (contexte économique, intempéries, etc.).

L'obtention d'un échéancier ou d'un délai de paiement est conditionnée à la présentation par l'employeur de garanties, qui sont appréciées par le directeur de l'URSSAF. L'employeur doit en outre avoir procédé au reversement intégral des cotisations salariales dues (voir *Paiement des cotisations à l'URSSAF**).

Dates d'exigibilité des cotisations URSSAF : récapitulatif (1)

Effectif de l'entreprise	Paiement des salaires du mois M	Exigibilité de la DSN	Exigibilité des cotisations et contributions URSSAF
Moins de 11 salariés ayant opté pour un paiement trimestriel	Quelle que soit la date	Le 15 du mois M + 1	Le 15 du 1er mois du trimestre qui suit le trimestre civil d'emploi (2)
Moins de 50 salariés (3)			Le 15 du mois M + 1
50 salariés et plus	Mois M	Le 5 du mois M + 1	Le 5 du mois M + 1
	Mois M + 1	Le 15 du mois M + 1	Le 15 du mois M + 1

(1) En cas de cession de l'entreprise ou de cessation d'activité de l'entreprise (ou de l'un de ses établissements), le versement des cotisations est exigible le 15 du mois qui suit la date de l'événement *(voir ci-dessus)* (c. séc. soc. art. R. 243-7).
(2) Soit 15 avril / 15 juillet / 15 octobre / 15 janvier.
(3) Y compris les employeurs de moins de 11 salariés en périodicité mensuelle de paiement des cotisations.

Fermeture de l'entreprise pour congés payés - voir *Paiement des cotisations à l'URSSAF**.

Cession d'entreprise ou cessation d'activité - En cas de cession de l'entreprise ou de cessation d'activité de l'entreprise (ou de l'un de ses établissements), le versement des cotisations est exigible le 15 du mois qui suit (c. séc. soc. art. R. 243-7) :
- le jour où la vente ou la cession d'un fonds de commerce a été publiée dans le Bulletin officiel des annonces civiles et commerciales ;
- le jour où l'acquéreur ou le cessionnaire a pris effectivement la direction des exploitations s'il s'agit de la vente ou de la cession d'autres entreprises ;
- le jour de la cessation définitive de l'activité de l'entreprise ou de la fermeture de l'établissement.

☞ *Chèque-emploi associatif ; Cotisations d'assurance chômage et d'AGS ; Déclaration sociale nominative ; Effectif sécurité sociale ; Guichet unique du spectacle occasionnel ; Majorations et pénalités URSSAF ; Paiement des cotisations à l'URSSAF ; Prescription des cotisations ; Recouvrement des cotisations par l'URSSAF ; URSSAF ; Versement en un lieu unique facultatif ; Versement en un lieu unique obligatoire.*

Exonérations de cotisations

☞ *Aide à domicile ; Apprentis ; Bassin d'emploi à redynamiser ; Contrat de professionnalisation ; Contrat unique d'insertion ; Création ou reprise d'entreprise (exonération de début d'activité) ; Embauche du 1er au 50e salarié ; Heures supplémentaires (déduction forfaitaire de cotisations patronales) ; Heures supplémentaires et complémentaires (réduction de cotisations salariales) ; Jeunes entreprises innovantes ; Jeunes entreprises universitaires ; Outre-mer (exonération de cotisations en Guadeloupe, Guyane, Martinique et à La Réunion) ; Outre-mer (exonération de cotisations à Saint-Barthélemy et Saint-Martin) ; Outre-mer (exonération de cotisations à Saint-Pierre-et-Miquelon) ;Réduction générale de cotisations patronales ; Services à la personne ; Zones franches urbaines ; Zones de restructuration de la défense ; Zones de revitalisation rurale.*

Expatriation

Aucune définition de l'expatrié n'est donnée par le code du travail. Le statut d'expatrié se définit donc essentiellement en termes de protection sociale et de régime d'affiliation. Les règles régissant la relation de travail avec le salarié expatrié sont détaillées par ailleurs (voir *Salarié travaillant à l'étranger**).

Rémunération et frais (points particuliers)

Prime liée au travail à l'étranger - Le travail à l'étranger s'accompagne souvent du versement de primes d'expatriation. Cette terminologie n'étant pas officielle, ces primes peuvent avoir des noms différents selon les entreprises (primes de détachement, de travail à l'étranger, etc.).

Une *prime d'expatriation** peut être subordonnée au fait que le salarié mène à son terme la mission à l'étranger, mais pas à la présence du salarié dans les effectifs l'année suivant la mission (cass. soc. 27 mars 2013, n° 11-22875 D).

En tout état de cause, l'indemnité de préavis d'un salarié travaillant à l'étranger doit prendre en compte son salaire d'expatriation (cass. soc. 27 octobre 2004, n° 02-40648, BC V n° 269 ; cass. soc. 6 mars 2024, n° 22-19879 FB).

Indemnité de sujétion - Une indemnité prévue par le contrat de travail ne correspondant pas à des remboursements de frais engagés par le salarié, mais destinée à compenser tant les sujétions que les frais inhérents à une expatriation, constitue un complément de rémunération. Elle doit être incluse dans le calcul de l'indemnité de congés payés (cass. soc. 12 février 2015, n° 13-19866 D).

Frais professionnels (barème des indemnités de grand déplacement) - Le barème forfaitaire des indemnités de grand déplacement applicable aux salariés en *détachement à l'étranger** ne concerne que les salariés considérés comme détachés par les règles de sécurité sociale et maintenus à ce titre au régime français de sécurité sociale.

Les expatriés en sont donc exclus.

Prise en charge des impôts dus dans le pays d'accueil - Dans le contrat de travail, il est parfois prévu que l'employeur prend en charge les impôts dus par le salarié dans le pays d'accueil.

Cela ne constitue pas, selon la jurisprudence, un remboursement de frais. Il s'agit d'un avantage contractuel qui doit entrer, par exemple, dans l'assiette de calcul d'une indemnité spécifique de rupture conventionnelle (cass. soc. 1er décembre 2016, n° 15-15100, BC V n° 109).

Cotisations

Principes généraux - Tout salarié précédemment assuré d'un régime français de sécurité sociale peut bénéficier du régime des expatriés.

Il s'agit, en général, de salariés envoyés travailler à l'étranger et souhaitant maintenir un lien avec le régime de protection sociale français. En pratique, plusieurs situations peuvent se présenter :
- certains en bénéficient immédiatement après leur départ à l'étranger ;
- d'autres, après la fin de la période maximale de *détachement à l'étranger** durant laquelle ils peuvent être maintenus à la sécurité sociale française ;
- d'autres encore, après avoir bénéficié d'une autre protection sociale (assurance locale ou privée, etc.).

Sécurité sociale - Les salariés expatriés doivent, en principe, être affiliés au régime de sécurité sociale du pays dans lequel ils exercent leur activité. Si le pays d'emploi est lié à la France par un règlement européen ou une convention bilatérale de sécurité sociale, c'est la législation désignée par ce texte qui s'applique.

Lorsqu'ils ne sont pas affiliés à titre obligatoire à la sécurité sociale française, les expatriés peuvent s'affilier volontairement (ou être affiliés à l'initiative de leur employeur) à la Caisse des Français de l'étranger (CFE) en matière d'assurance maladie, invalidité, décès, vieillesse et accidents du travail ou maladies professionnelles [voir *Assurance volontaire (expatriés)**].

Pour pouvoir être affilié à la CFE, le salarié doit être ressortissant d'un État membre de l'Union européenne, d'un autre État partie à l'accord sur l'Espace économique européen (Norvège, Islande, Liechtenstein) ou de Suisse et résider à l'étranger. Il ne doit pas (ou ne doit plus) bénéficier du régime français obligatoire de sécurité sociale en application d'une convention internationale ou d'un détachement organisé par le code de la sécurité sociale (c. séc. soc. art. L. 762-1). Pour le risque vieillesse (retraite de base), aucune condition de nationalité n'est exigée, mais l'expatrié doit adhérer dans les 10 ans qui suivent le début de l'activité à l'étranger (c. séc. soc. art. R. 742-32).

▶ À noter… La CFE n'est pas encore destinataire de la DSN. Néanmoins, le salarié expatrié au sens de la sécurité sociale est identifié au sein de la DSN dans la rubrique 40.024 : « Travailleur à l'étranger au sens du code de la Sécurité Sociale » avec le code : « 02 – expatrié ». Par ailleurs, le contrat de travail signé avec l'employeur d'origine continue de s'appliquer et ne doit pas être suspendu en DSN (www.net-entreprises.fr, Base de connaissance DSN, fiche 861 modifiée le 01/12/2021).

Chômage - L'employeur qui entre dans le champ d'application territorial du régime français d'assurance chômage (entreprise située en France ou en outre-mer hors Mayotte) doit y affilier ses salariés expatriés. En application de la nouvelle convention d'assurance chômage du 15 novembre 2024, les salariés expatriés relèvent des règles d'indemnisation de droit commun (et non plus de l'annexe IX) (c. trav. art. L. 5422-13 ; conv. ass. chôm. du 15 novembre 2024, art. 5, § 2 ; règlt. ass. chôm. du 15 novembre 2024).

L'affiliation doit intervenir dans les 8 jours suivant la date à laquelle les salariés ont été expatriés à l'étranger et prend effet au 1er jour d'expatriation. Les cotisations dues à ce titre sont identiques à celles prévues pour les salariés.

C'est France Travail qui recouvre les contributions d'assurance chômage et d'AGS pour les expatriés (c. trav. art. L. 5427-1, a). Cette déclaration et le paiement afférent sont compris dans le périmètre de la DSN.

L'obligation d'affiliation du salarié expatrié n'est pas applicable lorsque l'expatriation se déroule dans un État membre de l'Union européenne, de l'Espace économique européen (Norvège, Islande, Liechtenstein) ou en Suisse, car l'expatrié bénéficie des garanties des règlements européens (règlt CE 883/2004 du 29 avril 2004 ; règlt CE 987/2009 du 16 septembre 2009).

▶ À noter… Le salarié expatrié hors d'un État membre de l'UE doit être affilié à l'assurance chômage, peu important qu'un contrat de travail ait été établi avec la filiale étrangère de la société mère établie en France (cass. soc. 1er avril 2003, n° 00-44231, BC V n° 127).

L'affiliation au régime français d'assurance chômage est facultative quand l'employeur ne relève pas du champ de l'affiliation obligatoire à l'assurance chômage. Il peut affilier ses salariés expatriés facultativement et collectivement. À défaut d'affiliation par leur employeur, les salariés expatriés peuvent adhérer individuellement à l'assurance chômage. À cet égard, rappelons que :
- les entreprises françaises établies à l'étranger hors UE, EEE ou Suisse peuvent affilier à titre facultatif à l'assurance chômage leurs salariés occupés hors de France (conv. ass. chôm. du 15 novembre 2024 ; règlt. ass. chôm., ann. IX, chap. 1) : ils doivent verser la part patronale à France Travail [voir *Assurance volontaire (expatriés)**] ;
- à défaut d'affiliation par leur employeur, les salariés concernés peuvent adhérer à l'assurance chômage à titre individuel (conv. ass. chôm. du 15 novembre 2024 ; règlt. ass. chôm., ann. IX, chap. 2) : ce sont alors les salariés qui payent une cotisation correspondant à la part patronale [voir *Assurance volontaire (expatriés)**].

Retraite complémentaire - Les salariés expatriés à l'étranger, quelle que soit leur nationalité, et qui ne conservent pas de plein droit le bénéfice du régime français de sécurité sociale en vertu d'un accord bilatéral de sécurité sociale ou d'un règlement européen, peuvent être affiliés à la retraite complémentaire française (ANI AGIRC-ARRCO du 17 novembre 2017, art. 11 et 12).

Le salarié doit remplir l'une des deux conditions suivantes : avoir été affilié à l'AGIRC-ARRCO pendant au moins 6 mois ou, à défaut, cotiser auprès de la caisse des Français à l'étranger (CFE) pour le risque vieillesse [voir *Assurance volontaire (expatriés)**].

L'affiliation s'effectue :
- soit sur demande de l'employeur avec l'accord du salarié ;
- soit sur demande du salarié à titre individuel.

L'adhésion sur demande de l'employeur suppose que celui-ci relève du secteur privé et s'engage à appliquer les dispositions de l'accord du 17 novembre 2017 (déclaration des salariés concernés et des cotisations dues, paiement des cotisations à leur échéance). L'employeur s'adresse soit à sa caisse de retraite complémentaire AGIRC-ARRCO, soit aux caisses de retraite CRE et IRCAFEX du groupe Humanis international AGIRC-ARRCO (ANI AGIRC-ARRCO du 17 novembre 2017, art.11 ; circ. AGIRC-ARRCO 2019-1 DRJ du 9 janvier 2019, fiche 1, § III.3.1.2 et fiche 2, § III-2).

En cas d'adhésion individuelle, le salarié doit justifier de son statut de salarié de droit privé et s'engager à verser les cotisations correspondantes. Il doit s'adresser aux caisses de retraite CRE et IRCAFEX du groupe Humanis international AGIRC-ARRCO (ANI AGIRC-ARRCO du 17 novembre 2017, art.12 ; circ. AGIRC-ARRCO 2019-1 DRJ du 9 janvier 2019, fiche 1, § III-3-1-3).

L'affiliation du salarié prend effet au 1er jour de l'année civile au cours de laquelle la demande est présentée.

CSG et CRDS - Ces deux contributions ne sont dues que si les salariés restent fiscalement domiciliés en France et sont affiliés à un régime français obligatoire d'assurance maladie, ce qui ne sera pas le cas s'agissant d'expatriés [voir *Contribution sociale généralisée (CSG)**].

Information du salarié sur sa couverture sociale

Par l'employeur - L'exécution de bonne foi du contrat de travail impose à l'employeur d'informer le salarié expatrié de sa situation au regard de la protection sociale (et de sa protection vieillesse en particulier) pendant la durée de son expatriation (cass. soc. 25 janvier 2012, n° 11-11374, BC V n° 19).

En pratique, l'employeur doit préciser expressément à un salarié expatrié s'il cotise à la sécurité sociale française ou non et, dans ce dernier cas, l'informer de sa faculté d'adhérer aux assurances volontaires de la Caisse des Français de l'étranger et de l'AGIRC-ARRCO.

▶ À noter… L'employeur est tenu, plus largement, d'adresser un certain nombre d'informations au salarié expatrié (voir *Salarié travaillant à l'étranger**).

Par les caisses de retraite - Les assurés ayant un projet d'expatriation doivent pouvoir être informés sur leurs droits à retraite.

Ils peuvent solliciter un entretien auprès de leur caisse de retraite. Cet entretien a lieu, au maximum, dans les trois mois suivant la demande. Il a notamment pour objet d'informer l'assuré sur l'incidence de l'expatriation sur les droits à retraite ainsi que sur les dispositifs permettant d'améliorer le montant de la pension (cotisations volontaires à la Caisse des Français de l'étranger, rachat de cotisations). Le conjoint d'un assuré projetant de s'expatrier peut, dans les mêmes conditions, demander à bénéficier d'un tel entretien (c. séc. soc. art. L. 161-17, V et D. 161-2-1-8-4).

Taxes et participations assises sur les salaires

Position du Conseil d'État sur la participation construction - Lorsque des salariés travaillant à l'étranger sont placés sous le régime de l'expatriation en matière de sécurité sociale, leurs rémunérations ne sont plus soumises aux cotisations de sécurité sociale du régime général.

Cependant, dès lors qu'ils sont établis en France, leurs employeurs restent redevables de la *participation à l'effort de construction** sur ces rémunérations (CE 8 avril 2013, n° 346808).

Même si les salaires des expatriés ne sont plus soumis à cotisations au titre du régime général, le Conseil d'État a considéré qu'il s'agit toujours de rémunérations au sens de l'assiette des cotisations de sécurité sociale, de sorte qu'ils entrent de ce fait dans la base imposable à la taxe d'apprentissage et à ces participations.

▶ À noter… Dans cette jurisprudence d'avril 2013, le Conseil d'État s'était prononcé dans le même sens pour la participation à la formation professionnelle et la taxe d'apprentissage. Mais depuis 2022 et le transfert de leur recouvrement aux URSSAF, l'administration considère que les rémunérations des expatriés n'y sont plus soumises

EXPATRIATION (EXEMPLE)

Un salarié de 40 ans a un statut d'expatrié (il est le seul dans sa société). À ce titre, il cotise :

- à la CFE (maladie et option « indemnités journalières/décès/invalidité », accident du travail et vieillesse, les cotisations sont prises intégralement en charge par l'employeur et la cotisation accident du travail est calculée sur son salaire brut) ;

- à Humanis pour la retraite complémentaire (taux habituels) ;

- et à France Travail Services - CRSE (l'entreprise est française)

Par ailleurs, il bénéficie d'une prévoyance complémentaire incapacité/invalidité/décès et d'une mutuelle. Ce salarié n'a pas le statut de résident fiscal en France. Il est marié avec 2 enfants. Son salaire mensuel de base est de 5 000 €.

Il bénéficie en outre des avantages suivants : prime d'éloignement de 1 000 € par mois, remboursement des frais de voyage 1 fois par an pour lui et sa famille, prise en charge de son logement sur place (900 € par mois) et prise en charge de ses frais de scolarité de ses enfants (1 000 € par mois).

EXTRAIT DU BULLETIN DE PAYE DE JANVIER 2025

Désignation	**Base**	**Taux**	**Montant**	
Salaire de base	Forfait 218 jours / an	-	5 000,00	
Prime d'éloignement			1 000,00	
Brut soumis à cotisations			6 000,00	
Brut total			6 000,00	
Cotisations et contributions sociales	**Base (€)**	**Taux salarial**	**Part salarié (€)**	**Part employeur (€)**
Santé				
Maladie CFE	-	-	-	208,00
Option IJ/DC CFE	-	-	-	25,00
Prévoyance contrat T1 (1)	3 925,00	1,20 %	47,10	70,65
Prévoyance contrat T2 (1)	2 075,00	1,60 %	33,20	49,80
Prévoyance santé (2)	250,00	40,00 %	100,00	150,00
Accidents du travail - maladies professionnelles	6 000,00	-	-	60,00
Retraite				
Vieillesse CFE	-	-	-	701,00
Retraite Expat. T1	3 925,00	4,15 %	162,89	244,14
Retraite Expat. T2	2 075,00	9,86 %	204,60	306,69
Famille	-	-	-	-
Assurance chômage				
Chômage	6 000,00	-	-	258,00
APEC	6 000,00	0,024 %	1,44	2,16
Autres contributions dues par l'employeur	-	-	-	27,00 (3)
Total des cotisations et contributions	-	-	549,22	2 102,43
Remboursement de frais	-	-	+ 1 900,00	-
Net social				**7 753,83 (4)**
Net à payer avant impôt sur le revenu				**7 350,78**
Impôt sur le revenu	**Base**	**Taux**	**Montant**	**Cumul annuel**
Montant net imposable			5 600,78	Valeur
Impôt sur le revenu prélevé à la source	-	-	-	-
Montant net des heures compl/suppl exonérées			0,00	0,00
Net à payer au salarié (en euros) (5)				**7 350,78 (5)**
Total versé par l'employeur				8 102,43

Notes de la rédaction, pour aider à la lecture des totaux (ces notes n'ont pas à apparaître sur le bulletin de paye) :
(1) Prévoyance complémentaire incapacité/invalidité/décès financée par une cotisation de 3 % sur la tranche 1 et de 4 % sur la tranche 2 (40 % pour le salarié et 60 % pour l'employeur). (2) Mutuelle : 40 % à charge du salarié et 60 % à charge de l'employeur. (3) Pas de contribution légale formation (1 %) ni de taxe d'apprentissage (0,68 %). Reste la participation construction (0,45 %), conformément à la position du Conseil d'État. (4) Pour le calcul du Net social, les cotisations CFE et de retraite complémentaire ne sont pas déduites (pour la part salariale) et ajoutés (pour la part patronale). Il en va de même pour le contrat de prévoyance et le régime de prévoyance santé, qui par hypothèse n'ont pas de caractère collectif. Pour plus de détail, voir *Bulletin de paye (net social)**. (5) À faire apparaître de manière à en faciliter la lisibilité.

(voir ci-dessous). La cohérence voudrait qu'il en aille de même pour la participation construction, mais ce point n'a jamais été précisé (il faut dire que la participation à l'effort de construction est restée hors recouvrement URSSAF).

Taxe d'apprentissage et contribution formation - Confirmant une position diffusée depuis 2022 via la base de connaissance DSN du GIP-MDS, l'administration a précisé début novembre 2024 que les rémunérations versées à des salariés expatriés non affiliés au régime français de sécurité sociale sont exclues des assiettes de la *contribution à la formation professionnelle** et de la *taxe d'apprentissage** (BOSS, Contributions à la formation et à l'apprentissage, §§ 110 et 210, 01/11/2024).

Impôt sur le revenu

Prélèvement à la source - Si le salarié justifie à son employeur ne pas être résident fiscal en France, aucun prélèvement à la source ne doit être effectué, et ce, même si l'employeur a reçu un taux personnalisé de prélèvement envoyé par la DGFIP.

En revanche, les salaires versés en contrepartie d'une activité exercée à l'étranger par un employeur établi en France et effectivement imposables en France en vertu du droit interne ou, le cas échéant, des conventions fiscales applicables, feront l'objet du *prélèvement à la source**.

▶ À noter... La DSN doit toujours indiquer l'adresse réelle du salarié. Pour les expatriés, il s'agit donc de leur adresse à l'étranger (www.net-entreprises.fr, Base de connaissances DSN, Fiche 105 mise à jour le 4/11/2020). Par ailleurs il convient de mentionner dans la DSN (rubrique 30.022) le code « 02 – travail à l'étranger ».

Prime d'expatriation - Sous conditions, les primes d'expatriation peuvent bénéficier d'un régime fiscal de faveur, aux termes duquel elles ne sont pas imposables. (voir *Prime d'expatriation**).

Il n'y a sur ce plan aucune différence entre les salariés expatriés et les salariés placés sous le régime du *détachement à l'étranger**.

Paiement du salaire

Pays de versement - La rémunération du salarié expatrié peut être versée par l'employeur situé en France, par l'employeur situé sur place (avec une éventuelle refacturation à l'employeur d'origine) ou encore en partie par chacun d'entre eux. Le choix du lieu du paiement (ou des lieux en cas de paiement fractionné dans plusieurs pays) est déterminé librement par l'employeur et le salarié, en tenant compte de considérations telles que, par exemple, la fiscalité ou encore les charges sociales.

Monnaie - Le salarié expatrié pour une durée supérieure à 4 semaines consécutives doit se voir remettre par son employeur un document indiquant, entre autres informations, la devise servant au paiement de la rémunération (c. trav. art. R. 1221-36).

Lorsque le salaire est versé dans le pays d'affectation, l'employeur et le salarié peuvent convenir qu'il sera payé en monnaie locale. La devise à retenir est en principe l'euro lorsque la mission a lieu dans un pays membre de la zone euro.

Lorsque le contrat de travail est effectué en dehors de la zone euro, il convient de garantir le taux de change. Il est préférable que le document contractuel remis au salarié prévoit les modalités de prise en compte de la variation des taux de change. Il est ainsi possible d'indexer sur le taux de change le salaire qui doit être versé, en monnaie locale, dans le pays d'affectation. Cette clause étant en relation directe avec l'objet du contrat de travail, elle ne constitue pas une indexation interdite (c. mon. fin. art. L. 112-2 ; cass. soc. 25 octobre 1990, n° 87-40852, BC V n° 507).

En l'absence de dispositions contractuelles particulières sur ce point, c'est le taux de change officiel en vigueur à la date du versement du salaire qui s'applique pour en déterminer le montant à payer (cass. soc. 3 avril 1990, n° 87-40003, BC V n° 154), sauf si le retard de paiement est imputable à l'employeur ou au salarié (cass. soc. 16 juillet 1987, n° 84-43388, BC V n° 498 ; cass. soc. 3 octobre 1991, n° 87-43037 D). Ce principe s'applique au salaire, aux commissions, aux indemnités de rupture, aux dommages et intérêts pour rupture abusive, etc.

Obligation de rapatriement

Voir *Salarié travaillant à l'étranger**.

☞ *Assurance volontaire (expatriés) ; Détachement à l'étranger ; Détachement à l'étranger (paye) ; Prélèvement à la source ; Prime d'expatriation ; Retenue à la source des non-résidents fiscaux ; Salarié travaillant à l'étranger.*

F

Faute grave

Motif de rupture du contrat de travail

Définition de la faute grave - La faute grave correspond à un fait imputable au salarié qui constitue une violation des obligations découlant du contrat de travail ou des relations de travail et dont l'importance rend impossible son maintien dans l'entreprise (cass. soc. 27 septembre 2007, n° 06-43867, BC V n° 146). En principe, le salarié doit quitter immédiatement l'entreprise, sans effectuer de préavis (cass. soc. 8 juillet 2009, n° 08-42968 D).

Par exemple, la salariée qui dissimule à son employeur qu'il lui verse par erreur un salaire beaucoup trop élevé pendant plusieurs mois et qui refuse de rembourser les sommes trop perçues commet une faute grave qui justifie son licenciement (cass. soc. 11 septembre 2019, n° 18-19522 D).

▶ Attention... Même si l'employeur dispose, en principe, de 2 mois pour agir en matière disciplinaire une fois qu'il a eu connaissance de la faute d'un salarié (c. trav. art. L. 1332-4), il doit agir rapidement pour rompre un contrat de travail pour faute grave (cass. soc. 22 janvier 2020, n° 18-18530 D). Cela suppose d'engager la procédure dans un « délai restreint ». Il conserve cependant le délai utile pour procéder aux vérifications qui pourraient être nécessaires (cass. soc. 6 octobre 2010, n° 09-41294, BC V n° 214 ; cass. soc. 12 octobre 2016, n° 15-20413 D).

Rupture du contrat à durée déterminée - La faute grave du salarié est l'une des causes permettant la rupture anticipée du *contrat de travail à durée déterminée** (c. trav. art. L. 1243-1). Pour une telle rupture, l'employeur ne verse pas l'*indemnité de fin de contrat** (c. trav. art. L. 1243-10).

Pas de salaire pour la période postérieure à la rupture - La notification de licenciement pour faute grave entraîne la rupture immédiate du contrat de travail. Aucun salaire n'est dû donc par l'employeur pour la période postérieure à la notification du licenciement. En conséquence, si un employeur peut se trouver condamné à verser des dommages et intérêts au salarié licencié car les juges ont reconnu le défaut de cause réelle et sérieuse du licenciement, il ne peut pas être condamné à verser des rappels de salaire pour la période postérieure à cette notification (cass. soc. 31 mars 2015, n° 13-27196, BC V n° 65).

Préavis

Ni préavis ni indemnité compensatrice - Le licenciement du salarié pour faute grave le prive de son droit à préavis. Le préavis non exécuté ne donne lieu à aucune indemnité compensatrice.

Il est admis que l'employeur conserve le droit d'invoquer la faute grave en cas de licenciement avec rupture immédiate du contrat de travail mais versement d'une somme équivalant à l'indemnité de préavis (cass. soc. 2 février 2005, n° 02-45748, BC V n° 42).

La jurisprudence a aussi admis la possibilité de licencier pour faute grave, avec départ immédiat du salarié, mais rupture du contrat au terme du préavis non travaillé et versement de l'indemnité compensatrice correspondante (cass. soc. 27 septembre 2007, n° 06-43867, BC V n° 146). Une jurisprudence de 2010 sème cependant le doute, la Cour de cassation considérant qu'un employeur se prive du droit d'invoquer la faute grave lorsqu'il accorde au salarié un préavis, qu'il le dispense d'exécuter, en lui précisant que le contrat de travail cessera au terme de ce préavis (cass. soc. 23 novembre 2010, n° 09-42285 D).

Cela étant, lorsque le contrat de travail accorde au salarié un préavis de 6 mois en cas de rupture du fait de l'une ou de l'autre des parties, sans établir de distinction selon le motif de rupture, il peut y avoir licenciement pour faute grave malgré le paiement d'une *indemnité compensatrice de préavis** (cass. soc. 20 mars 2019, n° 17-26999 D).

▶ À noter... Pour éviter tout risque, et sauf circonstances particulières, en cas de faute grave, la solution semble être le licenciement sans préavis.

Indemnité compensatrice conventionnelle - Une convention collective peut prévoir le versement d'une indemnité compensatrice de préavis même en cas de faute grave.

Lorsque la convention collective n'est pas explicite, le juge interprète la clause en question.

Exemple

Une convention collective prévoyait que l'indemnité de licenciement pouvait être supprimée en cas de faute grave et que la faute lourde permettait de licencier le salarié sans préavis ni indemnités. Les juges ont déduit de l'articulation de ces deux clauses que le salarié licencié pour faute grave avait droit à l'indemnité compensatrice de préavis (cass. soc. 25 septembre 2013, n° 12-19487, BC V n° 215).

Régime de l'indemnité compensatrice - Lorsqu'une somme représentative du préavis est versée, elle relève des régimes social et fiscal du salaire.

Faute commise en cours de préavis - Lorsque le salarié commet une faute grave en cours de préavis, l'employeur peut interrompre celui-ci à compter de la date de la faute. Aucune indemnité compensatrice n'est alors due pour la part de préavis non exécutée (cass. soc. 5 octobre 1995, n° 94-41120 D). L'indemnité se chiffre à la date de fin de contrat, ainsi avancée par la faute grave (cass. soc. 11 septembre 2019, n° 18-12606 FPB).

Faute grave pendant une période de dispense de préavis - Si la découverte ou la commission au cours du préavis d'une faute grave peut entraîner l'interruption de son exécution, il en est autrement si le salarié a été dispensé de l'exécuter. L'indemnisation du préavis restant acquise au salarié, l'employeur reste redevable de l'intégralité de l'indemnité compensatrice de préavis (cass. soc. 9 mai 2000, n° 97-45294, BC V n° 171).

Faute grave non reconnue par les juges - Lorsque le licenciement pour faute grave d'un salarié est jugé sans cause réelle et sérieuse, son ancien employeur doit lui verser une indemnité compensatrice de préavis (cass. soc. 14 février 2007, n° 04-48338 D), ce même si le licenciement est intervenu alors que le salarié se trouvait dans l'impossibilité d'exécuter son préavis (ex. : arrêt de travail) (cass. soc. 9 octobre 2001, n° 99-43518, BC V n° 308 ; cass. soc. 25 septembre 2012, n° 11-16342 D ; cass. soc. 7 janvier 2015, n° 13-21344 D).

Indemnité de licenciement

Licenciement pour faute grave - Le salarié licencié en raison d'une faute grave n'a pas droit à l'indemnité légale de licenciement (c. trav. art. L. 1234-9).

▶ À noter... L'indemnité reste due en cas de volonté contraire de l'employeur et du salarié, stipulée par exemple dans le contrat de travail (cass. soc. 31 mars 2009, n° 07-44564, BC V n° 94).

S'il existe une indemnité conventionnelle de licenciement, son versement peut être expressément exclu par le texte en cas de faute grave.

Faute grave pendant le préavis - Si une faute grave est commise au cours du préavis, le salarié conserve son droit à indemnité de licenciement. En effet, ce droit naît à la date de notification du licenciement et une faute grave ultérieure ne le remet pas en cause (cass. soc. 5 avril 1990, n° 87-45570, BC V n° 176 ; cass. soc. 3 juillet 1990, n° 87-40219, BC V n° 333).

Il en va de même pour une faute grave commise avant le préavis mais dont l'employeur n'a connaissance qu'en cours de préavis, le salarié n'ayant pas été licencié au motif de la faute grave, inconnue au moment du licenciement (cass. soc. 7 mars 1990, n° 86-45685, BC V n° 99).

Indemnité de non-concurrence

Une convention collective ne peut pas dispenser l'employeur de verser la contrepartie financière d'une clause de non-concurrence (voir *Indemnité de non-concurrence**) au motif que le salarié a commis une faute grave (cass. soc. 4 juin 2008, n° 04-40609, BC V n° 123), ni la minorer (cass. soc. 14 avril 2016, n° 14-29679, BC V n° 76).

Congés payés

Le licenciement pour faute grave ne prive pas le salarié de son droit à l'*indemnité compensatrice de congés payés** (c. trav. art. L. 3141-28).

Dommages et intérêts

En cas de *faute lourde**, la responsabilité du salarié est engagée si elle a causé un préjudice à l'employeur ou à l'entreprise (cass. soc. 11 mars 1998, n° 97-41920, BC V n° 135) et l'employeur peut donc demander en justice des dommages-intérêts au salarié. Mais quand l'employeur a licencié le salarié pour faute grave, il ne peut pas ensuite lui réclamer des dommages et intérêts pour faute lourde (cass. soc. 25 janvier 2017, n° 14-26071, BC V n° 15).

Intéressement et participation

Un accord d'intéressement ou de participation ne peut pas exclure les salariés de son bénéfice du fait de leur licenciement, même pour faute grave. Un tel accord serait non conforme aux textes et entraînerait la suppression des exonérations des sommes versées à ce titre.

Stock-options

Un plan de « stock-options » interdisant aux salariés licenciés pour faute grave de lever les options est une sanction pécuniaire prohibée (cass. soc. 21 octobre 2009, n° 08-42026, BC V n° 227).

Dispense de préavis ; Faute lourde ; Indemnité compensatrice de préavis ; Indemnité de fin de contrat ; Indemnité de licenciement.

Faute inexcusable
(accident du travail ou maladie professionnelle)

Lorsqu'un *accident du travail** ou une *maladie professionnelle** est imputable à la faute inexcusable de l'employeur, la victime (ou ses ayants droit) bénéficie d'une indemnisation complémentaire, sous forme d'une majoration de rente (ou d'indemnité en capital) et de la réparation intégrale de ses préjudices. Ces réparations sont versées par la sécurité sociale, qui en récupère le montant auprès de l'employeur.

Faute inexcusable de l'employeur

Manquement à une obligation de sécurité - L'employeur a une obligation légale de sécurité, en vertu de laquelle il doit prendre les mesures nécessaires pour assurer la sécurité et protéger la santé physique et mentale des salariés. Tout manquement à cette obligation révélé à l'occasion d'une maladie professionnelle ou d'un accident du travail a le caractère d'une faute inexcusable si l'employeur (cass. civ., 2e ch., 8 octobre 2020, n° 18-25021 FSPBI ; cass. civ., 2e ch., 8 octobre 2020, n° 18-26677 FSPBI) :

- avait ou aurait dû avoir conscience du danger auquel il a exposé le salarié ;
- et n'a pas pris toutes les mesures nécessaires pour l'en préserver.

Exemple

Ne justifie pas avoir pris toutes les mesures nécessaires l'employeur d'un salarié percuté par un chariot élévateur circulant dans une zone non autorisée pour ce type d'engins, alors qu'il se dirigeait vers l'accueil sans emprunter les voies de circulation prévues, dès lors que les pièces qu'il produit ne permettent pas d'établir que les consignes de sécurité ont été effectivement portées à la connaissance du salarié et lui aient été rappelées (cass. civ., 2e ch., 18 février 2021, n° 19-23871 D).

À l'inverse, l'employeur est considéré comme ayant respecté son obligation s'il justifie avoir pris toutes les mesures nécessaires pour assurer la sécurité et protéger la santé physique et mentale des salariés (cass. soc. 25 novembre 2015, n° 14-24444, BC V n° 234).

L'employeur ne peut s'affranchir de son obligation de sécurité par la conclusion d'un contrat prévoyant qu'un tiers assurera cette sécurité (cass. civ., 2e ch., 16 novembre 2023, n° 21-20740 FB).

Conscience du danger et absences de mesures de protection - La conscience du danger que l'employeur avait ou aurait dû avoir constitue un élément déterminant de la faute inexcusable. Cette conscience s'apprécie :

- en l'état des connaissances scientifiques (cass. soc. 28 février 2002, n° 99-17221, BC V n° 81) ;
- au regard du sentiment que l'employeur doit normalement avoir, compte tenu de son expérience et de ses connaissances professionnelles (cass. soc. 7 février 1962, n° 61-10139, BC V n° 158 ; cass. civ., 2e ch., 9 octobre 2014, n° 13-14997 D).

▶ Attention... Lorsque le travail s'exécute dans les locaux d'une autre entreprise, l'employeur a le devoir de se renseigner sur les dangers encourus par le salarié, sous peine de voir sa responsabilité engagée sur le fondement du manquement à son obligation de sécurité (cass. civ., 2e ch., 8 novembre 2007, n° 07-11219, BC II n° 248).

C'est à la victime d'apporter la preuve de la conscience du danger ou du défaut de mesures appropriées (cass. civ., 2e ch., 8 juillet 2004, n° 02-30984, BC II n° 394 ; cass. civ., 2e ch., 22 mars 2005, n° 03-20044, BC II n° 74 ; cass. civ., 2e ch., 2 octobre 2008, n° 07-18437 D).

Lorsque la conscience du danger est établie et que l'employeur n'a pas pris les mesures appropriées pour écarter ce danger, l'établissement de sa bonne foi ne peut pas aboutir à écarter l'action en reconnaissance de sa faute inexcusable (cass. civ., 2e ch., 16 septembre 2003, n° 02-30670, BC II n° 264).

Le simple fait pour l'employeur de ne pas respecter certaines règles générales de sécurité suffit à établir qu'il n'a pas pris les mesures nécessaires pour préserver un salarié du danger.

Exemple

L'employeur doit notamment veiller à appliquer les principes de prévention en matière de manutention des charges (c. trav. art. L. 4541-1 et R. 4541-1 à R. 4541-10). C'est ainsi qu'une salariée d'un hôpital, atteinte d'une tendinite au poignet en raison de la manipulation des plateaux-repas des patients, a pu faire reconnaître la faute inexcusable de l'employeur, celui-ci ayant négligé les règles de manutention des charges (cass. civ., 2e ch., 18 novembre 2010, n° 09-17275, BC II n° 191).

De même, il y a bien faute inexcusable de l'hôpital (l'employeur) lorsqu'un médecin est agressé par une patiente dès lors que, deux ans avant les faits, « la recrudescence d'actes violents » au sein de l'établissement avait déjà été évoquée. Aussi l'employeur ne pouvait-il pas ignorer le risque d'agression encouru par son personnel soignant. En outre, les mesures prises par l'hôpital pour préserver son personnel de ce risque (ex. : recrutement d'un agent de sécurité) ne l'avaient été que postérieurement à l'agression (cass. civ., 2e ch., 29 février 2024, n° 22-18868 FB).

Faute en lien avec le dommage - La faute est retenue en cas de manquement de l'employeur en relation avec le dommage (cass. soc. 31 octobre 2002, n° 01-20445, BC V n° 336).

La faute n'a toutefois pas à être déterminante dans la survenance de l'accident. Il suffit qu'elle en ait été une cause nécessaire, peu important que d'autres fautes aient concouru au dommage (cass. ass. plén. 24 juin 2005, n° 03-30038, Bull. ass. plén. n° 7 ; cass. soc. 31 octobre 2002, n° 00-18359, BC V n° 336) et, en particulier, que la victime ait elle-même commis une imprudence (cass. civ., 2e ch., 12 mai 2003, n° 01-21071, BC II n° 141).

Exemple

L'absence de ceinture de sécurité dans un camion, qui concourt à la réalisation du dommage causé par un accident au salarié, relève de la faute inexcusable de l'employeur, même si la survenance de l'accident résulte de la perte de contrôle du camion par le salarié (cass. civ. 2e ch., 20 juin 2019, n° 18-19175 D).

De même, peu importe que l'employeur n'ait pas commis de faute d'une exceptionnelle gravité, cela ne permet pas d'écarter sa responsabilité (cass. civ., 2e ch., 14 octobre 2003, n° 02-30231, BC II n° 300).

A contrario, l'employeur ne peut être tenu responsable et ne peut pas avoir conscience du danger né de la seule maladresse du salarié (cass. civ., 2e ch., 6 novembre 2014, n° 13-26547 D).

La faute inexcusable ne peut pas non plus être retenue lorsque la cause de l'accident reste indéterminée. C'est le cas, par exemple, lorsque l'accident s'est produit sans témoin, que le médecin n'a pas exclu qu'un malaise ait été à l'origine de la chute de la victime, et qu'il est impossible d'établir un lien de causalité entre cette chute et l'état du sol rendu glissant (cass. civ., 2e ch., 16 novembre 2004, n° 02-31003 D).

Prise en compte de l'intégrité physique et psychologique - La faute de l'employeur est retenue s'il met en danger le salarié dans son intégrité physique, mais également psychologique, en particulier en laissant les relations de travail se dégrader au point de pousser un salarié à une tentative de suicide (cass. civ., 2e ch., 22 février 2007, n° 05-13771, BC II n° 54).

De même, en cas d'accident du travail, l'employeur peut commettre une faute inexcusable si, connaissant l'état de stress d'un salarié dû à une politique de surcharge, de pressions et d'objectifs inatteignables, il ne fait rien pour le réduire, ni améliorer ses conditions de travail (cass. civ., 2e ch., 8 novembre 2012, n° 11-23855 D).

Articulation action civile et contentieux pénal - Le fait que le juge pénal conclue à l'absence de faute pénale non intentionnelle (faute d'imprudence, de négligence ou de manquement à une obligation de prudence ou de sécurité) et relaxe l'employeur ne fait pas obstacle à la reconnaissance de la faute inexcusable par le juge civil (c. proc. pén. art. 4-1). Toutefois, pour la Cour de cassation, l'action pénale et l'action civile ne sont dans ce cas pas totalement déconnectées : pour déterminer s'il y a ou non faute inexcusable, le juge civil doit prendre en considération « ce qui a été définitivement décidé par le juge pénal sur l'existence du fait qui forme la base commune de l'action civile et de l'action pénale, sur sa qualification ainsi que sur la culpabilité ou l'innocence de celui à qui le fait est imputé » (cass. civ. 2e ch., 1er décembre 2022, n° 21-10773 FB).

▶ À noter… En décidant que le juge civil ne pouvait pas complètement ignorer la décision de relaxe du juge pénal, la Cour de cassation a procédé à un revirement de jurisprudence. Auparavant, le juge civil n'avait pas à tenir compte d'une éventuelle relaxe au pénal (cass. soc. 12 juillet 2001, n° 99-18375, BC V n° 267 ; cass. civ., 2e ch., 15 mars 2012, n° 10-15503, BC II n° 46).

Si, à l'inverse, le juge pénal condamne définitivement l'employeur pour blessures ou homicide involontaires, la reconnaissance de la faute inexcusable par le juge civil n'est pas automatique. Cependant, pour la Cour de cassation, elle caractérise la conscience que l'employeur avait du danger. Elle favorise donc la reconnaissance de la faute inexcusable (cass. civ., 2e ch., 11 octobre 2018, n° 17-18712 FPB).

Présomption de faute inexcusable - Le bénéfice de la faute inexcusable est de droit pour les salariés victimes d'un accident du travail ou d'une maladie professionnelle dès lors qu'eux-mêmes, ou un membre du *comité social et économique**, ont exercé leur droit d'alerte pour signaler à l'employeur un risque qui s'est finalement réalisé (c. trav. art. L. 4131-4) (voir *Droit d'alerte et de retrait**).

Exemple

Un salarié victime d'une agression, qui avait transmis quelques jours auparavant à son employeur une lettre de menaces reçue dans un contexte de fortes tensions internes à l'entreprise, a bien signalé à celui-ci le risque d'agression auquel il était exposé (cass. civ., 2e ch., 8 juillet 2021, n° 19-25550 FB).

La faute inexcusable est aussi présumée établie lorsque des salariés en contrat à durée déterminée, des intérimaires ou des stagiaires sont victimes d'un accident alors qu'ils étaient affectés à un poste présentant des risques particuliers sans avoir bénéficié de la formation à la sécurité renforcée (c. trav. art. L. 4154-3 ; cass. civ., 2e ch., 4 avril 2019, n° 18-14009 D). La seule possibilité pour l'employeur de renverser cette présomption consiste à démontrer qu'il a bien dispensé la formation renforcée (cass. civ., 2e ch., 11 octobre 2018, n° 17-23694 FPB).

▶ À noter... En cas d'accident du travail d'un intérimaire imputable à la faute inexcusable de l'entreprise utilisatrice, l'entreprise de travail temporaire est considérée comme responsable, en sa qualité d'employeur. Cependant, elle peut ensuite se retourner contre l'entreprise utilisatrice, auteur de la faute inexcusable (cass. civ., 2e ch., 21 juin 2006, n° 04-30665, BC II n° 164 ; cass. civ., 2e ch., 12 mars 2009, n° 08-11735, BC II n° 73).

Pas de faute inexcusable en cas d'accident de trajet - En cas d'*accident de trajet**, le salarié ne peut pas invoquer une faute inexcusable à l'encontre de l'employeur (cass. civ., 2e ch., 8 juillet 2010, n° 09-16180, BC II n° 140).

Procédure de reconnaissance

Conciliation préalable - Lorsque la faute inexcusable de l'employeur est susceptible d'être mise en cause, la caisse primaire d'assurance maladie (CPAM) doit, à la demande de la victime ou de sa propre initiative, engager une procédure de conciliation en vue d'aboutir à un accord amiable avec l'employeur sur l'existence d'une telle faute et sur le montant des indemnités complémentaires à verser (c. séc. soc. art. L. 452-4, al. 1 ; lettre CNAMTS du 30 novembre 1977).

À l'issue de la conciliation, un procès-verbal doit être rédigé. Il constate la conciliation (totale ou partielle) ou son échec.

▶ Attention... L'employeur et le salarié victime ne peuvent pas conclure un accord par lequel ce dernier renonce, moyennant indemnisation, à une action en reconnaissance de la faute inexcusable. Une telle convention est nulle (c. séc. soc. art. L. 482-4 ; cass. soc. 17 novembre 1994, n° 92-15841, BC V n° 302 ; cass. civ., 2e ch., 1er juin 2011, n° 10-20178, BC II n° 127).

Action devant le tribunal judiciaire - À défaut d'accord amiable, c'est le tribunal judiciaire qui est compétent pour reconnaître ou non la faute inexcusable de l'employeur (voir *Contentieux de la sécurité sociale**).

Seuls la victime ou ses ayants droit peuvent agir devant le tribunal judiciaire pour voir reconnaître l'existence d'une faute inexcusable. Une association de défense des accidentés du travail ne peut donc pas s'associer à l'action intentée par la victime (cass. civ., 2e ch., 13 janvier 2011, n° 09-17496, BC II n° 12).

Recevabilité de l'action en justice - L'action en reconnaissance de la faute inexcusable doit être dirigée à l'encontre de l'employeur.

En cas de cession partielle d'activité, l'action peut également, sous certaines conditions, être exercée contre le tiers cessionnaire qui a repris l'établissement où le salarié travaillait lors de son exposition au risque (cass. civ., 2e ch., 17 mars 2011, n° 09-17439, BC II n° 71).

▶ À noter... Lorsqu'un salarié demande en justice la reconnaissance de la faute inexcusable à l'encontre d'un ancien employeur, si celui-ci entend contester l'imputabilité au travail de la maladie professionnelle de son ancien salarié, il lui appartient d'en rapporter la preuve, même s'il n'est pas le dernier employeur du salarié (cass. civ., 2e ch., 15 juin 2017, n° 16-14901, BC II n° 137).

L'action en reconnaissance de la faute inexcusable est recevable même si l'accident n'a pas été pris en charge en tant qu'accident du travail mais, dans ce cas, le caractère professionnel de cet accident doit être préalablement démontré par les juges du fond (cass. civ., 2e ch., 20 mars 2008, n° 06-20348, BC II n° 75).

Un salarié ne peut pas faire une demande de reconnaissance de la faute inexcusable de l'employeur à la suite d'une rechute. À ce stade, il est trop tard (cass. civ., 2e ch., 9 décembre 2010, n° 09-72667, BC II n° 205). En revanche, si la victime a obtenu la reconnaissance de la faute inexcusable de l'employeur au titre de l'accident du travail initial, elle est en droit de demander que l'indemnisation complémentaire *(voir plus loin)* couvre également les conséquences d'une rechute consécutive à cet accident (cass. civ., 2e ch., 22 janvier 2015, n° 14-10584, BC II n° 12).

Preuve illicite ou déloyale - Dans un procès civil, le juge peut, à la demande d'une des parties, tenir compte non seulement d'une preuve illicite, mais aussi, depuis le 22 décembre 2023, d'une preuve déloyale, définie comme la preuve recueillie à l'insu d'une personne ou grâce à une manœuvre ou un stratagème. Pour cela, les juges du fond doivent apprécier si une telle preuve porte une atteinte au caractère équitable de la procédure dans son ensemble, en mettant en balance le droit à la preuve et les droits antinomiques en présence (ex. : le droit à la vie privée). Ils doivent donc s'assurer que cette preuve est indispensable pour établir la vérité et que son atteinte aux autres droits que celui de la preuve est strictement proportionnée au but poursuivi (cass. ass. plén. 22 décembre 2023, n° 20-20648 BR).

Dans un litige relatif à la reconnaissance d'un accident du travail et de la faute inexcusable de l'employeur, une cour d'appel a ainsi pu valablement admettre, comme preuve de violences verbales et physiques commises par le gérant d'une entreprise sur l'un de ses salariés, un procès-verbal d'huissier de justice retranscrivant un enregistrement de l'altercation réalisé par le salarié, à l'insu du gérant, à l'aide de son téléphone portable. En effet, cette preuve déloyale ne portait pas atteinte au caractère équitable de la procédure dans la mesure où sa production était indispensable au salarié pour faire reconnaître la faute inexcusable de son employeur et où l'atteinte portée à la vie privée du gérant était strictement proportionnée au but poursuivi d'établir la réalité des violences subies (cass. civ., 2e ch., 6 juin 2024, n° 22-11736 FSBR).

Prescription de l'action - L'action en reconnaissance de la faute inexcusable se prescrit par 2 ans (c. séc. soc. art. L. 431-2, al. 1 ; circ. DSS 2010-260 du 12 juillet 2010, § 1-1-4-3). Ce délai débute à compter du plus récent des événements suivants :
- le jour de l'accident ou la date à laquelle la victime est informée par un certificat médical du lien possible entre sa maladie et une activité professionnelle (c. séc. soc. art. L. 431-2, al. 2 et L. 461-1, al. 4) ;
- la cessation du travail en raison de la maladie professionnelle constatée (c. séc. soc. art. L. 461-5, al. 5) ;
- le jour de la cessation du paiement de l'indemnité journalière (c. séc. soc. art. L. 431-2, al. 2) ;
- en cas de rechute, la date de la première constatation par le médecin traitant de la modification survenue dans l'état de la victime, sous réserve, en cas de recours préalable, de l'avis émis par l'autorité compétente pour examiner ce recours ou de la date de cessation du paiement de l'indemnité journalière allouée en raison de la rechute (c. séc. soc. art. L. 431-2, al. 3) ;
- la reconnaissance du caractère professionnel de l'accident ou de la maladie (cass. civ., 2e ch., 3 avril 2003, n° 01-20872, BC II n° 98 ; cass. civ., 2e ch., 11 octobre 2005, n° 04-30360, BC II n° 242).

Le délai de prescription de 2 ans est interrompu par :
- l'action en reconnaissance du caractère professionnel de l'accident ou de la maladie (c. séc. soc. art. L. 431-2, dern. al.), mais pas par l'action en contestation du caractère professionnel de l'accident engagée par l'employeur (cass. civ., 2e civ., 25 avril 2024, n° 22-16197 FB) ;
- l'action pénale engagée pour les mêmes faits (c. séc. soc. art. L. 431-2, dern. al.) ;
- la saisine de la CPAM par la victime (ou ses ayants droits) en vue de faire reconnaître la faute inexcusable de l'employeur (cass. civ., 2e ch., 16 septembre 2003, n° 02-30490, BC II n° 266 ; cass. civ., 2e ch., 3 mars 2011, n° 09-70419, BC II n° 58).

Dans tous ces cas, un nouveau délai de 2 ans commence à courir une fois que la procédure interruptive prend fin, c'est-à-dire à compter :
- soit de la reconnaissance par la CPAM du caractère professionnel de l'accident ou de la maladie (cass. civ., 2e ch., 24 janvier 2013, n° 11-28595, BC II n° 14) ;
- soit de la décision pénale devenue définitive avec l'expiration des délais de recours (cass. civ., 2e ch., 25 avril 2007, n° 05-21384 D) ;
- soit de la date de notification par la CPAM du résultat de la tentative de conciliation, sur le principe même de la faute inexcusable mais également sur ses conséquences indemnitaires (cass. civ., 2e ch., 5 septembre 2024, n° 22-16220 FB).

En revanche, la survenance d'une rechute n'a pas pour effet de faire courir à nouveau la prescription biennale (cass. civ., 2e ch., 29 juin 2004, n° 03-10789, BC II n° 331).

▶ À noter... L'action en reconnaissance de la faute inexcusable de l'employeur interrompt la prescription à l'égard de toute autre action procédant du même fait dommageable (cass. civ., 2e ch., 19 décembre 2019, n° 18-25333 FPBI). Dès lors, sous réserve que le salarié victime ait respecté le délai de prescription de 2 ans pour agir en justice contre l'employeur, l'action dirigée plus tard à l'égard d'un autre employeur, au service duquel il avait été exposé au risque, est recevable (cass. civ., 2e ch., 16 février 2023, n° 21-16168 FB).

Faute inexcusable et contestation du caractère professionnel de l'accident - Dès lors que sa faute inexcusable a été reconnue par une décision irrévocable, l'employeur ne peut plus contester ultérieurement le caractère professionnel de la maladie à l'appui d'une demande en inopposabilité de la décision de prise en charge de celle-ci au titre de la législation professionnelle (cass. civ., 2e ch., 4 avril 2019, n° 17-16649 FSPBI). Selon nous, cette solution vaut aussi en cas d'accident.

Conséquences pour le salarié : meilleure indemnisation

Principes - Si sa capacité de travail est diminuée de façon permanente, la victime d'un accident du travail a droit au versement d'une rente périodique (lorsque son taux d'incapacité est supérieur à 10 %) ou à une indemnité en capital (si ce taux est inférieur à 10 %) (c. séc. soc. art. L. 434-1 et L. 434-3), afin d'indemniser les pertes de gains professionnels et l'incidence professionnelle de l'incapacité.

Cette rente ou cette indemnité est majorée lorsque la faute inexcusable de l'employeur est reconnue (c. séc. soc. art. L. 452-2).

La victime peut également obtenir la réparation de certains de ses préjudices, voire une indemnité forfaitaire supplémentaire (c. séc. soc. art. L. 452-3).

Majoration de rente ou d'indemnité en capital - La majoration de la rente ou de l'indemnité en capital est fixée à son montant maximal (cass. soc. 6 février 2003, n° 01-20004, BC V n° 48 ; cass. civ., 2e ch., 23 novembre 2006, n° 05-13426), dans la limite (c. séc. soc. art. L. 452-2) :
- du montant de l'indemnité en capital allouée, en cas d'incapacité inférieure à 10 % ;
- de la fraction du salaire annuel correspondant au pourcentage d'incapacité (incapacité partielle) ou du montant du salaire annuel (incapacité totale), en cas d'incapacité supérieure ou égale à 10 % ;
- du montant du salaire annuel, en cas d'accident suivi de mort (rentes et majorations servies aux ayants droit incluses).

▶ À noter... Cette majoration de rente, calculée en fonction de la réduction de la capacité, évolue en fonction du taux d'incapacité de la victime (cass. civ., 2e ch., 14 décembre 2004, n° 03-30451, BC II n° 522). Elle constitue une prestation de sécurité sociale due par la CPAM dans tous les cas où une maladie (ou un accident) consécutive à une faute inexcusable entraîne le versement d'une rente (cass. civ., 2e ch., 31 mai 2006, n° 05-16807, BC II n° 143).

La majoration ne peut être réduite qu'en cas de faute inexcusable du salarié lui-même (cass. civ., 2e ch., 23 novembre 2006, n° 05-13426 D). Ni la faute d'un tiers (cass. civ., 2e ch., 2 novembre 2004, n° 03-30206, BC II n° 78), ni la gravité de la faute de l'employeur (cass. soc. 31 mars 2003, n° 01-20901, BC V n° 119) ne permettent de réduire son montant *(voir plus loin)*.

En cas d'accident mortel, les ayants droit de la victime peuvent obtenir une majoration de la rente qui leur revient (c. séc. soc. art. L. 452-2, al. 4).

▶ À noter... La majoration de rente est versée par la CPAM qui en récupère le montant auprès de l'employeur *(voir plus loin dans l'étude)*.

Nouvel accident susceptible de donner lieu à une indemnité en capital - En cas de nouvel accident (ou maladie) susceptible de donner lieu à une indemnité en capital, si la somme des taux d'incapacité permanente atteint 10 %, le salarié dispose de l'option suivante (c. séc. soc. art. R. 434-4) :
- soit bénéficier d'une rente tenant compte de la ou des indemnités en capital précédemment versées ;
- soit bénéficier d'une indemnité en capital pour l'indemnisation du dernier accident (ou de la dernière maladie).

Lorsque le salarié choisit de remplacer son indemnité en capital par une rente, le montant de la majoration due en cas de faute inexcusable de l'employeur ne peut pas dépasser le montant de l'indemnité en capital (c. séc. soc. art. R. 452-2). Par conséquent, la majoration s'applique à l'indemnité en capital afférente à l'accident ou à la maladie, et non à la rente choisie par la victime en remplacement de l'indemnité en capital (cass. civ., 2e ch., 26 janvier 2023, n° 21-16855 FB).

Réparation distincte des autres préjudices - Indépendamment de la majoration de rente *(voir ci-avant)*, la victime peut intenter contre l'employeur une action en vue d'obtenir réparation de ses préjudices (c. séc. soc. art. L. 452-3).

À la lettre du code la sécurité sociale, la victime ne peut demander réparation que de certains préjudices, limitativement énumérés. Cependant, le Conseil constitutionnel a levé cette restriction. La victime est donc en droit de demander réparation de l'ensemble des dommages qu'elle a pu subir et qui ne sont pas couverts par les prestations de la sécurité sociale (c. constit., décision 2010-8 QPC du 18 juin 2010, JO du 19 ; cass. civ., 2e ch., 30 juin 2011, n° 10-19475, BC II n° 148).

La victime a notamment la possibilité de demander la réparation du déficit fonctionnel permanent, c'est à dire du préjudice résultant des souffrances physiques et morales endurées après la consolidation de son état (c. séc. soc. art. L. 452-3 ; cass. ass. plén. 20 janvier 2023, n° 20-23673 BR ; cass. ass. plén. 20 janvier 2023, n° 21-23947 BR).

▶ À noter... Cette possibilité constitue un revirement de jurisprudence. Auparavant, la Cour de cassation considérait que le préjudice lié au déficit fonctionnel permanent était réparé par la rente majorée, de sorte que la victime ne pouvait pas réclamer d'indemnisation à ce titre, sauf à démontrer que la rente ne couvrait pas l'intégralité de son préjudice (cass. civ., 2e ch. 11 juin 2009, n° 08-17581, BC II n° 155 ; cass. civ., 2e ch., 4 avril 2012, n° 11-14311, 2e moyen, BC II n° 67 ; cass. civ., 2e ch., 4 avril 2012, n° 11-15393, BC II n° 67 ; cass. civ. 2e ch. 28 février 2013, n° 11-21015, BC II n° 48), ce qui pouvait s'avérer parfois difficile.

La victime peut aussi, par exemple, réclamer l'indemnisation :
- du préjudice esthétique (c. séc. soc. art. L. 452-3) ;
- du préjudice d'agrément (c. séc. soc. art. L. 452-3), lequel se définit comme l'impossibilité de continuer à pratiquer régulièrement une activité spécifique sportive ou de loisir (cass. civ., 2e ch., 28 février 2013, n° 11-21015, BC II n° 48) ;
- du préjudice sexuel (cass. civ., 2e ch., 4 avril 2012, n° 11-14311, BC II n° 67) ;
- du déficit fonctionnel temporaire (cass. civ., 2e ch., 4 avril 2012, n° 11-14311, BC II n° 67), lequel inclut, pour la période antérieure à la consolidation de l'état de la victime, l'incapacité fonctionnelle totale ou partielle ainsi que le temps d'hospitalisation et les pertes de qualité de vie et des joies usuelles de la vie courante durant la maladie traumatique (cass. civ., 2e ch., 20 juin 2013, n° 12-21548, BC II n° 127 ; cass. civ., 2e ch., 7 mai 2014, n° 12-23962 D) ;
- des dépenses occasionnées par l'aménagement de son logement et par l'usage d'un véhicule adapté (cass. civ., 2e ch., 30 juin 2011, n° 10-19475, BC II n° 148) ;
- du préjudice permanent exceptionnel, qui s'entend comme un préjudice extrapatrimonial atypique, directement lié au handicap permanent et qui prend une résonance particulière pour certaines victimes en raison soit de leur personne, soit des circonstances et de la nature du fait dommageable, notamment de son caractère collectif pouvant exister lors de catastrophes naturelles ou industrielles ou d'attentats (cass. civ., 2e ch., 2 mars 2017, n° 15-27523, BC II n° 46, 3e moyen) ;
- des frais d'assistance du médecin lors des opérations d'expertise (cass. civ., 2e ch., 18 décembre 2014, n° 13-25839, BC II n° 249) ;
- du préjudice résultant du refus d'assurance pour un prêt immobilier (cass. civ., 2e ch., 11 octobre 2018, n° 17-23312 D) ;
- du préjudice d'établissement, lequel se définit comme la perte d'espoir et de chance de réaliser un projet de vie familiale en raison de la gravité du handicap (cass. civ., 2e ch., 2 mars 2017, n° 15-27523, BC II n° 46, 2e moyen) ;
- du préjudice lié à la perte ou à la diminution des possibilités de promotion professionnelle (c. séc. soc. art. L. 452-3 ; cass. civ., 2e ch., 20 septembre 2005, n° 04-30278, BC II n° 225). Le salarié victime doit toutefois démontrer que, lors de l'accident, il présentait des chances de promotion professionnelle, en se prévalant, par exemple, d'une formation ou d'un processus de nature à démontrer l'imminence ou l'annonce d'un avancement dans sa carrière ou encore d'une création d'entreprise (cass. civ., 2e ch., 1er février 2024, n° 22-11448 FSB).

Enfin, le décès d'un salarié dû à la faute inexcusable de l'employeur ouvre droit, pour l'enfant de ce salarié qui était conçu mais encore à naître au moment des faits, à la réparation du préjudice moral dû au décès de son père (cass. civ., 2e ch., 14 décembre 2017, n° 16-26687, BC II, n° 235).

▶ À noter… Les réparations de ces préjudices sont versées par la CPAM qui en récupère le montant auprès de l'employeur *(voir plus loin dans l'étude)*.

Préjudices ne pouvant pas faire l'objet d'une réparation distincte - La victime ne peut pas prétendre à la réparation des chefs de préjudice dont la réparation est assurée, en tout ou partie, par les prestations de sécurité sociale, comme par exemple :
- les frais médicaux et assimilés (frais de pharmacie, de transport, de rééducation professionnelle, etc.) (cass. civ., 2e ch., 4 avril 2012, n° 11-18014, BC II n° 67) ;
- les dépenses de santé et d'appareillage (ex. : frais de changes et d'alèses, frais de table de lit et de fauteuil) (cass. civ., 2e ch., 19 septembre 2013, n° 12-18074, BC II n° 170) ;
- les frais funéraires, car ils sont payés par la CPAM (cass. civ., 2e ch., 28 avril 2011, n° 10-14771 D) ;
- la perte de gains professionnels futurs (cass. civ., 2e ch., 18 septembre 2014, n° 13-17013 D), même si la rente perçue par le salarié ne couvre pas totalement cette perte (cass. civ., 2e ch., 1er février 2024, n° 22-11448 FSB) ;
- la perte de droits à la retraite, déjà couverte par la rente majorée (cass. ch. mixte, 9 janvier 2015, n° 13-12310, Bull. n° 1) ;
- les frais d'assistance par une tierce personne, qui sont couverts par la majoration de la rente (cass. civ., 2e ch., 20 juin 2013, n° 12-21548, BC II n° 127 ; cass. civ., 2e ch., 6 novembre 2014, n° 13-21237 D).

Nouvelles règles d'indemnisation au plus tard le 1er juin 2026 - La loi de financement de la sécurité sociale pour 2025 révise les règles d'indemnisation des accidents du travail et des maladies professionnelles afin de réintégrer, dans l'indemnisation versée par la sécurité sociale, la couverture du déficit fonctionnel permanent (loi 2025-199 du 28 février 2025, art. 90, JO du 28). Depuis un revirement de jurisprudence de la Cour de cassation en janvier 2023, le déficit permanent fonctionnel ne constitue plus, en effet, une composante de la rente et peut faire l'objet, de la part de la victime, d'une demande en réparation distincte en justice *(voir ci-avant « Réparation distincte des autres préjudices »)*.

La réforme entrera en vigueur à une date qui sera fixée par décret, et au plus tard le 1er juin 2026. Elle prévoit que l'indemnité en capital (taux d'incapacité inférieur à 10 %) et la rente (taux d'incapacité au

moins égal à 10 %) couvriront (c. séc. soc. art. L. 434-1 et L. 434-2 modifiés) :
- une part professionnelle, correspondant à la perte de gains professionnels et à l'incidence professionnelle de l'incapacité ;
- une part fonctionnelle, correspondant au déficit fonctionnel permanent, déterminée en fonction du nombre de points d'incapacité fonctionnelle (inspiré du barème du concours médical) et d'une valeur de point fixée par un référentiel défini par arrêté et tenant compte de l'âge de la victime (inspiré du référentiel Mornet).

En cas de faute inexcusable de l'employeur, la majoration de l'indemnité en capital ne pourra pas, comme actuellement, dépasser le montant de ladite indemnité. Si l'indemnisation est versée sous forme de rente, la majoration portera sur ses deux volets :
- la part professionnelle de la rente majorée sera au plus égale au taux d'incapacité multiplié par le salaire réel de la victime (règle calquée sur l'existant) ;
- la part fonctionnelle de la rente majorée ne pourra excéder l'intégralité du forfait d'indemnisation du préjudice, c'est-à-dire le produit du nombre de points d'incapacité fonctionnelle et de la valeur de point du référentiel qui sera fixé par arrêté.

Comme actuellement, les majorations dues au titre de la faute inexcusable, versées par la caisse de sécurité sociale, seront récupérées auprès de l'employeur fautif *(voir plus loin dans l'étude)*.

Le déficit fonctionnel permanent étant couvert par la rente, il ne pourra plus faire l'objet d'une réparation intégrale auprès du juge judiciaire. La victime aura en revanche toujours droit à une réparation intégrale de tous les préjudices non couverts par la rente.

La mise en œuvre de la réforme nécessite des textes d'application, non encore publiés à l'heure où nous rédigeons ces lignes. Nous invitons les lecteurs à suivre l'actualité sur ce sujet sur www.rfpaye.com.

Juridiction compétente - La victime d'un accident du travail ou d'une maladie professionnelle qui souhaite demander la réparation de ses préjudices doit le faire devant le tribunal judiciaire (voir *Contentieux de la sécurité sociale**).

Cette demande n'est pas recevable par le juge prud'homal, même en cas de licenciement consécutif à une *inaptitude** (cass. soc. 6 octobre 2015, n° 13-26052, BC V n° 187). Devant le conseil de prud'hommes, la victime ne peut que contester son licenciement. Dans ce cas, la réparation de la perte d'emploi sera incluse dans les dommages et intérêts (cass. soc. 29 mai 2013, n° 11-28799 BC V n° 135).

Indemnité forfaitaire en cas d'incapacité permanente de 100 % - Si la victime est atteinte d'un taux d'incapacité permanente de 100 %, elle perçoit en outre une indemnité forfaitaire égale au montant du salaire minimum légal en vigueur à la date de consolidation (c. séc. soc. art. L. 452-3).

Conséquences financières pour l'employeur

Remboursement de la majoration de rente ou de capital - La majoration de rente ou d'indemnité en capital dont bénéficie le salarié est versée par la CPAM, qui en récupère le montant auprès de l'employeur (c. séc. soc. art. L. 452-2). La caisse a 5 ans pour engager son action en récupération (cass. civ., 2e ch., 10 novembre 2021, n° 20-15732 FSBR).

Le remboursement de l'employeur à la CPAM se fait sous la forme d'un « capital représentatif » des réparations qu'il doit (c. séc. soc. art. L. 452-2). Pour évaluer ce capital représentatif, il convient de se référer au barème utilisé pour l'évaluation des dépenses à rembourser aux CPAM en cas d'accident du travail imputable à un tiers (c. séc. soc. art. D. 452-1).

▶ À noter… Le capital à verser ne se confond pas avec la cotisation supplémentaire d'accidents du travail qui peut être imposée pour tenir compte des risques exceptionnels présentés par l'exploitation en cas d'infraction aux règles d'hygiène et de sécurité (voir *Cotisation d'accidents du travail**).

L'action récursoire de la CPAM ne peut s'exercer que dans les limites tenant à l'application du taux d'incapacité permanente qui a été notifié à l'employeur. Par conséquent, si un nouveau taux majoré n'a pas été notifié à l'employeur, la caisse ne peut pas lui demander de rembourser le montant de la majoration de la rente versée à la victime sur la base de ce nouveau taux (cass. civ., 2e ch., 17 mars 2022, n° 20-19131 FB).

Dans le même esprit, si la victime obtient la majoration de son taux d'incapacité permanente et, ipso facto, la majoration de sa rente, la caisse ne peut pas récupérer la différence auprès de l'employeur dès lors que la décision de réévaluation du taux a été rendue à l'issue d'une instance en justice à laquelle il n'a pas été appelé (cass. civ., 2e ch., 9 mai 2018, n° 17-16963, BC II n° 93 ; cass. civ., 2e ch., 9 mai 2018, n° 17-17460, BC II n° 94).

À l'inverse, l'action en récupération de la CPAM doit prendre en considération une éventuelle réduction du taux d'incapacité de la victime décidée par une décision de justice, passée en force de chose jugée, à la suite de la contestation du taux initial par l'employeur (cass. civ., 2e ch., 4 mai 2017, n° 16-13816, BC II n° 87).

Par ailleurs, lorsqu'une décision de justice définitive a reconnu, dans les rapports entre la caisse et l'employeur, que l'accident ou la maladie n'avait pas de caractère professionnel, la CPAM ne peut pas exercer d'action en récupération des majorations de rente et d'indemnité allouées à la victime malgré la reconnaissance en justice de la faute inexcusable de l'employeur (cass. civ., 2e ch., 15 février 2018, n° 17-12567, BC II n° 32).

Remboursement des autres préjudices - Les sommes attribuées à la victime ou à ses ayants droit en réparation des préjudices, autres que la majoration de rente ou d'indemnité en capital *(voir ci-avant)*, sont versées par la CPAM, qui en récupère le montant auprès de l'employeur (c. séc. soc. art. L. 452-3).

L'employeur doit également rembourser à la caisse les frais de l'expertise réalisée pour évaluer les préjudices subis par le salarié, y compris s'il s'agit d'une expertise amiable (cass. civ., 2e ch., 9 juillet 2015, n° 14-15309 D ; cass. civ., 2e ch., 25 janvier 2018, n° 16-25647, BC II n° 10).

L'action récursoire de la CPAM à l'encontre de l'employeur est soumise à la prescription de droit commun, soit 5 ans (cass. soc. 19 octobre 2000, n° 98-17811, BC V n° 339 ; cass. civ., 2e ch., 10 novembre 2021, n° 20-15732 FSBR).

▶ À noter... Une reconnaissance de faute intentionnelle de l'employeur entraîne également l'avance des sommes par la CPAM, qui peut ensuite se retourner contre lui (cass. civ., 2e ch., 14 février 2013, n° 12-13775, BC II n° 31).

Personne responsable - L'auteur d'une faute inexcusable est responsable sur son patrimoine personnel des conséquences de celle-ci (c. séc. soc. art. L. 452-4, al. 2).

Cependant, les CPAM n'ont de recours que contre les personnes ayant la qualité juridique d'employeur, c'est-à-dire, s'il s'agit d'une société, contre celle-ci et non contre leurs dirigeants pris personnellement (cass. soc. 31 mars 2003, n° 00-22269, n° 01-20091 et n° 01-20822, BC V n° 120 ; cass. civ., 2e ch., 10 juin 2003, n° 01-21004, BC II n° 178).

Dans le cas particulier de l'intérim, la CPAM doit agir contre l'entreprise de travail temporaire qui dispose, elle, d'une action récursoire contre l'entreprise utilisatrice (c. séc. soc. art. L. 452-1). Un partage de responsabilités entre les deux entreprises est possible si la société utilisatrice n'a pas mis en œuvre son obligation de formation renforcée à la sécurité alors que le salarié était affecté à des travaux dangereux (cass. civ., 2e ch., 21 février 2008, n° 07-11771 D).

Assurance contre la faute inexcusable - L'employeur a la faculté de s'assurer contre les conséquences financières de sa propre faute inexcusable ou des fautes commises par ses préposés (c. séc. soc. art. L. 452-4, al. 3).

La CPAM peut, dans ce cas, valablement agir contre l'assureur de l'employeur auteur de la faute inexcusable pour obtenir le remboursement des sommes versées aux ayants droit de la victime dans la mesure où elle est subrogée dans les droits de ceux-ci (cass. civ., 2e ch., 31 mai 2006, n° 04-10127, BC II n° 144).

Cette action de la CPAM intentée directement contre l'assureur de l'employeur se prescrit par 5 ans, étant précisée qu'elle ne peut être exercée, au-delà du délai de 5 ans, que tant que l'assureur reste exposé au recours de l'employeur (cass. civ., 2e ch., 10 novembre 2021, n° 20-15732 FSBR).

Manquement de la CPAM à son obligation d'information - Dans le cadre de la procédure de reconnaissance du caractère professionnel de la maladie ou de l'accident, la CPAM doit délivrer à l'employeur un certain nombre d'informations afin qu'il puisse prendre connaissance du dossier et éventuellement émettre des réserves [voir *Accident du travail (procédure de reconnaissance)**]. Si la CPAM ne respecte pas ces formalités, sa décision est inopposable à l'employeur (cass. soc. 28 mars 2002, n° 00-13833 D ; cass. civ., 2e ch., 22 février 2005, n° 03-30308, BC II n° 38). L'accident ou la maladie n'est alors pas pris en compte pour le calcul du taux « accidents du travail » de l'entreprise (voir *Tarification de la cotisation d'accidents du travail**).

Ce type d'irrégularité n'a cependant aucune incidence sur les sommes dues par l'employeur au titre d'une éventuelle faute inexcusable. En effet, quelles que soient les conditions d'information de l'employeur par la caisse au cours de la procédure d'admission du caractère professionnel de l'accident ou de la maladie, la reconnaissance de la faute inexcusable de l'employeur par une décision de justice passée en force de chose jugée entraîne l'obligation pour celui-ci de s'acquitter des sommes dues au titre de cette faute, à savoir le remboursement des sommes versées par la CPAM au titre de la majoration de rente et de la réparation intégrale du préjudice subi par le salarié (c. séc. soc. art. L. 452-3-1).

Responsabilité de l'État - L'employeur condamné pour faute inexcusable peut se retourner contre l'État si celui-ci a lui-même commis une faute qui a concouru à la réalisation des préjudices subis par l'entreprise (CE 9 novembre 2015, n° 359548). L'État ne peut cependant pas être jugé coresponsable si la faute de l'employeur revêt une particulière gravité (CE 26 mars 2018, n° 401374 et 401376).

Faute inexcusable du salarié et faute d'un tiers

Faute du salarié - En cas de faute inexcusable de l'employeur, seule une faute inexcusable du salarié victime permet de réduire la majoration de la rente « accident du travail ». La Cour de cassation la définit comme « une faute volontaire du salarié, d'une exceptionnelle gravité, exposant sans raison valable son auteur à un danger dont il aurait dû avoir conscience » (cass. civ., 2e ch., 27 janvier 2004, n° 02-30693, BC II n° 25 ; cass. ass. plén. 24 juin 2005, n° 03-30038, B. ass. plén. n° 7).

Dans tous les cas, l'éventuelle faute inexcusable du salarié ne permet que de faire diminuer la majoration de la rente (c. séc. soc. art. L. 453-1 ; cass. soc. 19 décembre 2002, n° 01-20447, BC V n° 400), mais n'enlève rien au caractère inexcusable de celle de l'employeur et aux conséquences induites sur la tarification de la cotisation « accidents du travail » applicable à l'entreprise.

Faute d'un tiers - La faute d'un tiers à l'employeur n'a pas pour effet de réduire la majoration de la rente allouée à la victime (cass. civ., 2e ch., 2 novembre 2004, n° 03-30206, BC II n° 478).

Par ailleurs, la victime peut agir en responsabilité civile contre ce tiers pour obtenir réparation des préjudices non couverts par les prestations de sécurité sociale (cass. ass. plén. 22 décembre 1988, n° 85-17473, B. ass. plén. n° 10).

▶ À noter... Lorsqu'un apprenti est victime d'un accident du travail, le centre de formation professionnelle ne peut pas être considéré comme un tiers à l'employeur. Par conséquent, l'apprenti ne peut pas agir en responsabilité civile contre lui pour obtenir réparation de ses préjudices non couverts par la sécurité sociale (cass. civ., 2e ch., 6 juin 2024, n° 21-23216 FB).

Le tiers condamné à indemniser la victime pour tout ou partie de son dommage ne peut pas réclamer à l'employeur, ni à son assureur, le remboursement des sommes ainsi versées, sauf si l'employeur a commis une faute intentionnelle (cass. ass. plén. 31 octobre 1991, n° 88-17449, B. ass. plén. n° 6 ; cass. civ., 2e ch., 29 novembre 2018, n° 17-17747 FPB). Il est impossible de déroger à cette règle, notamment par une convention de prestation de services, conclue entre l'employeur et une entreprise cliente (le tiers), qui prétendrait mettre à la charge de l'employeur toute réparation au titre des accidents du travail et exonérerait ainsi dans tous les cas l'entreprise cliente (cass. civ., 2e ch., 5 septembre 2024, n° 21-23442 FSB).

☞ *Accident du travail ; Cotisation d'accidents du travail ; Maladie professionnelle.*

Faute lourde

Définition

Critères - La faute lourde est caractérisée par l'intention de nuire à l'employeur, laquelle implique la volonté du salarié de lui porter préjudice en commettant le fait fautif [cass. soc. 22 octobre 2015, n° 14-11291, BC V n° 201 (arrêt 201) ; cass. soc. 22 octobre 2015, n° 14-11801, BC V n° 201 (arrêt 201) ; cass. soc. 28 mai 2018, n° 16-26013, BC V n° 45].

Les juges exigent que le salarié ait eu une véritable intention de nuire à l'employeur, l'importance ou les conséquences des actes préjudiciables ne suffisent pas.

Exemple
Un abus de confiance au préjudice de l'employeur et une tentative d'enrichissement personnel au détriment de la société ne caractérisent pas à eux seuls l'intention de nuire [cass. soc. 22 octobre 2015, n° 14-11291, BC V n° 201 (arrêt 201)]. En revanche, un directeur comptable qui détourne des fonds, dissimule ses agissements et ne remplit pas ses obligations professionnelles commet une faute lourde (cass. soc. 8 juin 2017, n° 15-25193 D). Il en est de même pour un directeur d'usine qui s'est octroyé une prime de 6 fois son salaire annuel (cass. soc. 2 juin 2017, n° 15-28115 D).

Preuve - En cas de contentieux, la faute lourde doit être prouvée par l'employeur (si un doute subsiste, il profite au salarié). En pratique, les juges la reconnaissent rarement.

Préavis

Principe : pas de préavis - La faute lourde nécessite la rupture immédiate du contrat de travail (cass. soc. 21 novembre 2000, n° 98-45609, BC V n° 385). Elle prive donc le salarié de son droit à préavis.

Le préavis non exécuté ne donne lieu à aucune indemnité compensatrice (c. trav. art. L. 1234-5).

Faute lourde commise pendant une dispense de préavis - Lorsque le salarié commet une faute lourde au cours d'une période de dispense de préavis, l'employeur reste redevable de l'intégralité de l'indemnité compensatrice correspondant à la période de dispense. Il peut seulement prétendre à des dommages-intérêts en réparation du préjudice que cette faute lui a causé (cass. soc. 22 mai 2002, n° 00-40446, BC V n° 173).

Faute lourde commise en cours de préavis effectué - Lorsqu'un salarié commet une faute lourde pendant un préavis qu'il est en train d'effectuer, l'employeur peut interrompre le préavis à compter de la date de la faute sans avoir à verser d'indemnité compensatrice pour la part de préavis non exécutée (cass. soc. 11 décembre 2013, n° 12-25149 D).

Indemnité de licenciement

Licenciement pour faute lourde - Le salarié licencié en raison d'une faute lourde n'a pas droit à l'indemnité légale de licenciement (c. trav. art. L. 1234-9).

S'il existe une indemnité conventionnelle de licenciement, il convient de vérifier si le texte l'exclut expressément en cas de faute lourde.

Licenciement hors faute grave ou faute lourde - L'indemnité de licenciement reste due à un salarié déjà licencié pour un motif autre qu'une faute grave ou une faute lourde, lorsque :
- le salarié commet une faute lourde au cours de son préavis (cass. soc. 3 juillet 1990, n° 87-40219, BC V n° 333) ;
- une faute lourde a été commise avant la notification du licenciement, mais l'employeur n'en a eu connaissance qu'après cette date (cass. soc. 12 juillet 2004, n° 03-43293 D).

En effet, le droit à l'indemnité de licenciement naît à la date à laquelle la notification de la rupture a été envoyée (cass. soc. 11 janvier 2007, n° 04-45250, BC V n° 188).

Indemnité compensatrice de congés payés

Pas de perte de l'indemnité - Le licenciement pour faute lourde ne prive pas le salarié de l'*indemnité compensatrice de congés payés** (c. trav. art. L. 3141-28).

Situation antérieure (rappel) - Jusqu'au 3 mars 2016, le licenciement pour faute lourde privait le salarié de son droit à l'*indemnité compensatrice de congés payés** pour la période de référence en cours [elle restait due pour la période de référence antérieure (droits acquis)] (c. trav. art. L. 3141-26 avant le 4.03.2016 ; cass. soc. 5 mai 2010, n° 08-41682 D). Ce texte a été déclaré inconstitutionnel par une décision applicable dès le 4 mars 2016 à toutes les instances introduites à cette date et non jugées définitivement (c. constit., décision 2015-523 QPC du 2 mars 2016, JO du 4). Puis cette exclusion a été retirée du code du travail par la loi du 8 août 2016 (loi 2016-1088 du 8 août 2016, art. 8, JO du 9).

Responsabilité du salarié

À la différence de la *faute grave**, la faute lourde permet de mettre en cause, le cas échéant, la responsabilité civile du salarié. Elle autorise donc l'employeur à demander en justice des dommages-intérêts au salarié. Mais la réparation due par le salarié ne peut être supérieure à l'étendue du préjudice subi par l'employeur.

Dans tous les cas, la responsabilité pécuniaire du salarié à l'égard de son employeur ne peut résulter que de sa faute lourde, même en ce qui concerne le droit à compensation pour fournitures diverses (cass. soc. 20 avril 2005, n° 03-40069, BC V n° 148 ; cass. soc. 21 octobre 2008, n° 07-40809, BC V n° 197 ; cass. soc. 6 mai 2009, n° 07-44485, BC V n° 126).

▶ À noter… Toutefois si le salarié commet une infraction pénale dans le cadre de son travail, l'employeur peut se constituer partie civile au procès pénal pour obtenir réparation de son préjudice sans qu'il ne soit nécessaire de caractériser l'existence d'une faute lourde (cass. crim. 14 janvier 2025, n° 24-81365 FB ; cass. crim. 14 novembre 2017, n° 16-85161, B. crim. n° 252 ; cass. crim. 25 février 2015, n° 13-87602 D).

Portabilité des garanties de prévoyance complémentaire

En cas de faute lourde, le salarié perd le bénéfice du maintien des garanties de prévoyance complémentaire prévu par la loi en cas de rupture du contrat de travail (c. séc. soc. art. L. 911-8) [voir *Portabilité de la prévoyance complémentaire (dispositif légal)**].

Intéressement et participation

Un accord d'intéressement ou de participation ne peut pas exclure les salariés de son bénéfice du fait du motif de leur licenciement, même s'il s'agit d'une faute lourde.

Un tel accord serait non conforme aux textes et entraînerait la suppression des exonérations des sommes versées à ce titre.

☞ *Compensation ; Dispense de préavis ; Faute grave ; Indemnité compensatrice de congés payés ; Indemnité compensatrice de préavis ; Indemnité de fin de contrat ; Indemnité de licenciement.*

Fermeture de l'entreprise (pendant les congés)

Décision de l'employeur

Pour le congé principal - L'employeur peut décider de fermer de l'entreprise pour congés payés, pour une période au plus égale à 24 jours ouvrables.

Il est possible de fermer l'entreprise en fractionnant le congé principal, mais une des périodes de fermeture doit au moins correspondre à la fraction de 12 jours ouvrables entre deux jours de repos hebdomadaire que tout salarié doit prendre en continu (voir *Fractionnement des congés payés**). L'accord du salarié, en principe requis pour le fractionnement du congé principal d'une durée supérieure à 12 jours ouvrables, n'est pas nécessaire quand l'entreprise ferme pour les congés payés (c. trav. art. L. 3141-19).

Pour la 5e semaine - L'employeur peut décider de fermer l'entreprise pour tout ou partie de la 5e semaine.

▶ À noter… La fermeture de l'entreprise au titre du congé principal ou le fractionnement ne nécessitent pas l'avis conforme des représentants du personnel, ni l'accord des salariés (loi 2016-1088 du 8 août 2016, art. 8, JO du 9 ; cass. ch. mixte, 10 décembre 1993, n° 87-45188, B. ch. mixte n° 1).

Consultation du CSE - Le *comité social et économique** (CSE) est consulté sur les congés dans le cadre de sa consultation sur la politique sociale de l'entreprise (c. trav. art. L. 2312-17, L. 2312-22 et L. 2312-26).

Autres règles - La fermeture de l'entreprise doit être décidée en tenant compte des autres règles gouvernant l'organisation des congés payés : période de prise des congés, information des salariés sur les dates de départ en congés, etc. (voir *Congés payés**).

De plus, l'employeur doit respecter les règles posées par la convention collective applicable. Par exemple, si la fermeture n'est autorisée que sur certains mois, il n'est pas possible de fermer l'entreprise pour congés payés le reste de l'année (cass. soc. 13 mars 2024, n° 22-16677 FB).

Fermeture supérieure à la durée légale des congés payés

Lorsque le maintien en activité d'un établissement n'est pas assuré pendant un nombre de jours dépassant la durée fixée pour la durée des congés légaux annuels (30 jours), l'employeur est tenu, pour chacun des jours ouvrables de fermeture excédant cette durée, de verser à son personnel une indemnité qui ne peut être inférieure à l'indemnité journalière de congés payés (c. trav. art. c. trav. art. L. 3141-3 et L. 3141-31).

Cette règle s'impose à l'employeur :
- y compris pour les salariés en contrat de travail à temps partiel (cass. soc. 16 décembre 2005, n° 03-43281 D) ;
- même si le contrat de travail prévoit une modulation du temps de travail ou lorsque la fermeture de l'entreprise au-delà de la durée des congés payés est motivée par des circonstances extérieures, telles que le rythme de l'activité scolaire (cass. soc. 4 septembre 2019, n° 18-18300 D).

▶ À noter… Une convention expresse de forfait pourrait inclure cette indemnité.

Cette indemnité n'est pas cumulable avec l'indemnité de congés payés (cass. soc. 13 décembre 2006, n° 04-46935, BC V n° 383).

☞ *Chômage partiel pour congés payés ; Congés payés ; Fractionnement des congés payés.*

Feuille d'accident

Obligation

Formalité « papier » - L'employeur doit délivrer une feuille d'accident du travail ou de maladie professionnelle (Cerfa 11383*02) à la victime en cas d'*accident du travail** ou d'*accident de trajet**. C'est la caisse de sécurité sociale qui le fait en cas de *maladie professionnelle** (c. séc. soc. art. L. 441-5 et R. 441-11).

Cette formalité vient en plus de la déclaration de l'accident ou de la maladie.

▶ À noter… En cas de rechute ou en cas de poursuite des soins, la caisse primaire d'assurance maladie (CPAM) fournit une nouvelle feuille à la victime, sur sa demande (c. séc. soc. art. R. 441-11).

Cette feuille dispense le salarié de faire l'avance des frais. Il n'a pas à payer les soins et il doit simplement :
- conserver cette feuille ;
- la présenter systématiquement au praticien, à l'hôpital, à l'auxiliaire médical, au pharmacien, etc. qui remplissent le deuxième feuillet (la facturation des actes est portée sur les feuilles de soins et sur les bordereaux de facturation utilisés pour la maladie).

Net-entreprise - En cas d'accident du travail ou de trajet, la feuille d'accident peut aussi être remplie via Internet (www.net-entreprise.fr) ou par dépôt, sur ce site, de fichier généré par un logiciel de paye ou de gestion (mode EDI). En utilisant ce service, l'employeur procède à la fois à la déclaration de l'accident et à l'établissement de la feuille d'accident.

Pénalité financière

L'employeur qui ne remet pas au salarié la feuille d'accident encourt une pénalité administrative, infligée par le directeur de la CPAM au terme d'une procédure contradictoire (c. séc. soc. art. L. 114-17-1, II, 9° ; c. séc. soc. art. R. 147-7).

La pénalité prononcée est fixée, selon la gravité des faits, dans la limite d'un montant maximal égal à quatre fois le plafond mensuel de sécurité sociale, soit 15 700 € pour 2025 (c. séc. soc. art. L. 114-17-1, III), parfois doublé (récidive, etc.) (c. séc. soc. art. R. 147-5, III).

☞ *Accident de mission ; Accident de trajet ; Accident du travail ; Déclaration des accidents du travail ; Maladie professionnelle.*

Fin de chantier

☞ *CDI de chantier ou d'opération.*

FNAL

Tous les employeurs sont assujettis à une contribution destinée au Fonds national d'aide au logement (FNAL), versée aux URSSAF, CMSA ou CGSS selon les cas. Le taux et l'assiette applicables varient selon l'effectif de l'entreprise.

Taux du FNAL

Taux fonction de l'effectif de l'entreprise - Depuis le 1er janvier 2020, les employeurs de moins de 50 salariés sont assujettis au FNAL au taux de 0,10 % sur les rémunérations brutes retenues dans la limite du plafond (c. constr. et hab. art. L. 813-5).

Les employeurs de 50 salariés et plus sont assujettis au FNAL de 0,50 % sur la totalité des rémunérations brutes.

▶ À noter... Le relèvement de 20 à 50 salariés du seuil de bascule des obligations liées au FNAL est entré en vigueur le 1er janvier 2020 (loi 2019-486 du 22 mai 2019, art. 11, XIV, JO du 23). Le nouveau seuil s'est appliqué pour la première fois au FNAL dû au titre de l'année 2020, sur la base de l'*effectif sécurité sociale** calculé sur l'année 2019 (hors cas des entreprises nouvelles).

Entreprises et coopératives agricoles - Par dérogation, les entreprises et coopératives ayant une activité agricole au sens du code rural (c. rural art. L. 521-1 et L. 722-1, 1° à 4°) relèvent uniquement du FNAL plafonné de 0,10 %, quel que soit leur effectif (c. constr. et hab. art. L. 813-5).

Artistes du spectacle et mannequins - Des taux réduits s'appliquent aux *artistes du spectacle** et mannequins (0,07 % dans la limite du plafond pour les « moins de 50 salariés » ; 0,35 % sur brut total pour les « 50 salariés et plus ») (lettre-circ. ACOSS 2015-19 du 13 avril 2015, § 2.6.2.1).

Journalistes, médecins à temps partiel et VRP multicartes - Le FNAL se calcule selon les taux de droit commun pour les *journalistes** et les membres des professions médicales travaillant à temps partiel. Les taux réduits qui existaient autrefois ne sont plus applicables depuis 2015 (lettre-circ. ACOSS 2015-19 du 13 avril 2015, § 2.6.2.1).

Pour les VRP multicartes, le FNAL se calcule également selon les règles normales (avant 2015, le FNAL plafonné de 0,10 % était calculé à un taux réduit).

Calcul de l'effectif

L'effectif est calculé au niveau de l'entreprise, tous établissements confondus, conformément aux règles prévues par le code de la sécurité sociale.

Hors cas des entreprises nouvelles, l'effectif de référence correspond donc à la moyenne des effectifs mensuels de l'année civile précédente. Autrement dit, hors application d'un mécanisme de lissage des effets de seuil, le taux du FNAL sur l'année N dépend de l'effectif « sécurité sociale » calculé sur N - 1.

Pour le détail (effectif annuel moyen, personnes prises en compte, entreprises nouvelles, etc.), les lecteurs se reporteront aux développements correspondants (voir *Effectif sécurité sociale**).

Atténuation des effets de seuil

Depuis l'assujettissement 2020 - Pour la quasi-totalité des seuils qui relèvent des règles d'effectif du code de la sécurité sociale, la loi PACTE a mis en place un mécanisme unifié de gel des effets de seuil (loi 2019-486 du 22 mai 2019, art. 11, I, JO du 23). Ce dispositif s'applique aussi au FNAL, quand bien même il est désormais régi par le code de la construction et de l'habitation.

Depuis le 1er janvier 2020, le franchissement à la hausse du seuil de 50 salariés ne produit d'effet que si ce seuil est atteint ou dépassé durant 5 années civiles consécutives. Ce n'est qu'ensuite que les entreprises sont effectivement soumises à leurs nouvelles obligations (ici, FNAL à 0,50 %) (c. séc. soc. art. L. 130-1, II).

Si un employeur constate au début de l'année N qu'il a atteint ou dépassé les 50 salariés au titre de son effectif « sécurité sociale » calculée sur l'année N - 1, le franchissement de seuil ne produira donc effet que s'il est vérifié pendant 5 années civiles consécutives (de l'année N à N + 4 incluses), soit à compter du 1er janvier de l'année N + 5.

Exemple

Début 2025, un employeur a constaté qu'il a atteint ou dépassé les 50 salariés au titre de son effectif « sécurité sociale » calculé sur l'année 2024. Le franchissement de seuil ne produira effet que s'il est vérifié pendant 5 années civiles consécutives (de 2025 à 2029 inclus), soit à compter du 1er janvier 2030.

A contrario, lorsqu'une entreprise repasse sous les 50 salariés sur l'effectif d'une année donnée, les compteurs sont remis à zéro. En d'autres termes, la variation de l'effectif sous le seuil de 50 salariés est prise en compte dès la première année. Si par la suite l'entreprise repasse au-dessus du seuil, elle bénéficiera d'un nouveau moratoire de 5 ans avant d'être soumise aux dispositions liées à ce seuil (c. séc. soc. art. L. 130-1, II).

Autrement dit, un franchissement de seuil constaté sur la base de l'effectif annuel moyen calculé sur l'année N – 1 ne produit effet qu'au 1er janvier N + 5, à condition que l'entreprise ne repasse pas sous les 50 salariés sur l'une des années intercalaires.

Exemple

Une entreprise qui comptait 52 salariés début 2024 (effectif « sécurité sociale » calculé sur 2023) constate, début 2025, qu'elle est passée à 49 salariés sur la base de son effectif « sécurité sociale » calculé sur 2024. En 2025, elle est donc assujettie au FNAL de 0,10 %.

Si début 2026, elle constate qu'elle passe à 52 salariés sur la base de l'effectif « sécurité sociale » calculé sur 2025, elle bénéficiera du dispositif gel des effets de seuil pendant 5 ans. Elle sera assujettie au FNAL de 0,50 % à compter du 1er janvier 2031, sous réserve d'avoir maintenu un effectif de 50 salariés et plus sur chacune des années intercalaires.

Mesures transitoires de la loi PACTE - Le mécanisme de gel des effets de seuil ne s'applique pas aux entreprises ayant au 1er janvier 2020 un effectif supérieur ou égal à un seuil et qui, au titre de 2019, étaient déjà soumises aux obligations liées au franchissement dudit seuil (loi 2019-486 du 22 mai 2019, art. 11, XIII, 1°). Pour le FNAL, cette règle transitoire se combine avec le relèvement du seuil de 20 à 50 salariés.

❶ Les employeurs dont l'effectif annuel moyen sécurité sociale calculé sur 2019 était inférieur à 50 salariés ont été assujettis au FNAL au titre de 2020 au taux de 0,10 % sur les salaires retenus dans la limite du plafond (simple conséquence du nouveau seuil d'effectif).

❷ Les employeurs avec un effectif « sécurité sociale » calculé sur 2019 de 50 salariés et plus ont été soumis en 2020 au FNAL de 0,50 % sur l'ensemble de la rémunération, sauf à bénéficier d'un dispositif de gel des effets de seuil :

- nouveau moratoire de 5 ans au titre d'un effectif passé par exemple de 15 à 52 salariés ;
- ou application de l'ancien dispositif de lissage, au titre d'un seuil de 20 salariés atteint ou franchi en 2017 ou 2018 (aucun employeur ne peut plus se trouver dans cette situation aujourd'hui).

❸ Par ailleurs, les employeurs de 20 à moins de 50 salariés qui étaient déjà soumis au FNAL de 0,50 % en 2019, et ayant constaté début 2020 qu'ils avaient atteint ou franchi le nouveau seuil de 50 salariés au titre de leur effectif « sécurité sociale » calculé sur l'année 2019, bénéficient du nouveau mécanisme d'atténuation des effets de seuil issu de la loi PACTE. Ils sont restés au FNAL de 0,10 %, et sont soumis au FNAL de 0,50 % depuis le 1er janvier 2025, s'ils ne sont pas repassés sous les 50 salariés sur l'une des années intercalaires (BOSS, Effectifs, § 740, 01/01/2025).

Exemple

Une entreprise dont l'effectif était de 35 salariés et qui était soumise en 2019 au FNAL au taux de 0,50 % (par hypothèse, elle ne bénéficiait pas de l'ancien mécanisme de lissage), a franchi le seuil de 50 salariés au titre de l'effectif « sécurité sociale » calculée sur l'année 2019. Elle a pu ainsi bénéficier du mécanisme d'atténuation des effets de seuil sur 5 ans. Elle a été soumise au FNAL au taux de 0,10 % de 2020 à 2024, et relève désormais du FNAL de 0,50 % depuis le 1er janvier 2025 (à condition d'avoir maintenu son effectif à au moins 50 salariés sur les années intercalaires).

Précisions de calcul et bulletin de paye

Assiette - Sont soumis au FNAL tous les éléments de salaire assujettis à cotisations de sécurité sociale (c. séc. soc. art. L. 242-1).

Pour les salariés cotisant sur une base forfaitaire, c'est cette base qui est prise en compte pour le calcul du FNAL.

Au 15 janvier 2025, le site Internet du réseau des URSSAF précisait que l'aide au poste versée aux travailleurs handicapés accueillis au sein d'un ESAT ou d'une entreprise adaptée n'est pas assujettie au FNAL (www.urssaf.fr).

Exonérations - Les associations et les entreprises implantées en *zones franches urbaines** peuvent bénéficier d'une exonération de FNAL dans le cadre de l'exonération attachée à ces zones. Par ailleurs, une exonération de FNAL s'applique aussi pour les entreprises implantées dans un *bassin d'emploi à redynamiser**.

Le FNAL fait partie des cotisations et contributions entrant dans le périmètre de la *réduction générale de cotisations patronales**.

Caisses de congés payés - Ce sont les employeurs (et non les caisses de congés payés) qui ont la charge du paiement du FNAL dû sur les indemnités de congés payés aux salariés.

Les employeurs des salariés concernés s'en acquittent sous la forme d'une majoration de 11,50 % du FNAL dont ils sont redevables au titre des rémunérations versées à leurs salariés (c. séc. soc. art. L. 243-1-3 et D. 243-0-2).

En pratique, sur les déclarations URSSAF, les employeurs doivent majorer l'assiette du FNAL de 11,50 % et utiliser les codes types de personnel et les taux habituels (voir *Caisse de congés payés**).

Bulletin de paye - Le montant du FNAL est agrégé dans la ligne « Autres contributions dues par l'employeur » [voir *Bulletin de paye (mentions obligatoires)**] (c. trav. art. R. 3243-2 ; arrêté du 25 février 2016, JO du 26, art. 3 modifié).

Modalités de recouvrement et de déclaration

Recouvrement - Les cotisations dues pour le FNAL doivent être versées à l'URSSAF en même temps que les cotisations de sécurité sociale.

Déclaration - Les employeurs de moins de 50 salariés doivent déclarer le FNAL 0,10 % sous le code type de personnel (CTP) 332 « FNAL plafonné ».

Pour les employeurs de 50 salariés et plus, le FNAL doit être déclaré au taux de 0,50 % sous le CTP 236 « FNAL totalité ».

Des CTP spécifiques (CTP 334 pour les moins de 50 salariés, CTP 316 pour les plus de 50 salariés) sont prévus pour les salariés donnant droit à l'application de taux réduits (artistes, mannequins).

☞ *Abattement d'assiette pour temps partiel ; Assiette des cotisations de sécurité sociale ; Effectif sécurité sociale ; Employeurs multiples.*

Force majeure

Cas de rupture du contrat de travail

Définition de la force majeure - Selon la définition du code civil, il y a force majeure lorsqu'un événement échappant au contrôle du débiteur, qui ne pouvait pas être raisonnablement prévu lors de la conclusion du contrat et dont les effets ne peuvent pas être évités par des mesures appropriées, « empêche » l'exécution de son obligation par le débiteur (c. civ. art. 1218).

Cette définition générale s'applique au contrat de travail (ex. : l'employeur ne peut pas fournir de travail). On y retrouve les critères d'imprévisibilité et d'irrésistibilité traditionnellement exigés par la jurisprudence (cass. ass. plén. 14 avril 2006, n° 02-11168 et n° 04-18902, B. ass. plén. n° 5 et 6).

▶ À noter… La définition légale n'exige pas que l'événement soit extérieur au débiteur, mais qu'il échappe à son contrôle. Reste à savoir si cette nuance suffira à assouplir une notion appréciée strictement par la jurisprudence. En cas de contentieux, le juge appréciera s'il y a force majeure.

Mode de rupture autonome - Lorsque l'empêchement est définitif, le contrat est résolu de plein droit (c. civ. art. 1218).

La force majeure est donc un événement qui rend impossible l'exécution du contrat de travail de façon définitive. Elle entraîne la rupture du contrat de travail sans qu'il y ait licenciement ou démission.

L'employeur constate la rupture pour force majeure, il n'a pas à mettre en œuvre la procédure de licenciement (cass. soc. 19 novembre 1980, n° 78-41574, BC V n° 834).

▶ Attention… Lorsque l'empêchement est simplement temporaire, l'exécution de l'obligation est suspendue, à moins que le retard qui en résulterait justifie la résolution du contrat (c. civ. art. 1218).

La prescription de l'action en justice en contestation de la rupture du contrat de travail est suspendue en cas de force majeure (ex. : salariée présentant d'importants troubles anxio-dépressifs l'empêchant de mener à bien toute démarche tant personnelle que sociale et administrative, cass. soc. 25 janvier 2023, n° 21-17791 FD).

Contrat à durée déterminée et intérim

Règle générale : pas d'indemnité - La force majeure autorise la rupture du contrat à durée déterminée ou de la mission d'intérim avant l'échéance du terme (c. trav. art. L. 1243-1 et L. 1251-26), sans dommages-intérêts ni versement d'*indemnité de fin de contrat** ou de d'*indemnité de fin de mission** (c. trav. art. L. 1243-10 et L. 1251-33).

Les juges reconnaissent rarement l'existence d'un cas de force majeure autorisant la rupture anticipée du CDD (cass. soc. 4 novembre 2015, n° 14-22851, BC V n° 216).

▶ À noter... Pour l'intérim, la rupture du contrat de mise à disposition conclu entre l'entreprise de travail temporaire et l'entreprise utilisatrice ne constitue pas un cas de force majeure justifiant la rupture du contrat de mission (c. trav. art. L. 1251-27).

Sinistre ayant les caractéristiques de la force majeure - En cas de rupture d'un CDD en raison d'un sinistre présentant les caractéristiques de la force majeure, le salarié a droit à une indemnité compensatrice égale aux sommes qu'il aurait perçues si le contrat était allé jusqu'à son terme (c. trav. art. L. 1243-4). Ces sommes sont couvertes par l'*AGS**.

Contrat à durée indéterminée

Règle générale : pas d'indemnité - S'il y a force majeure (c. trav. art. L. 1234-12) :
- le contrat de travail à durée indéterminée (CDI) se trouve rompu au jour où l'état de force majeure est constaté, sans qu'un préavis ait à être respecté ;
- l'*indemnité compensatrice de préavis** n'est pas due ;
- l'*indemnité de licenciement** légale n'est pas due, l'indemnité conventionnelle ne l'est pas non plus, sauf dispositions contraires de la convention collective ;
- l'*indemnité compensatrice de congés payés** doit être versée ;
- il n'y a pas lieu à dommages-intérêts pour le salarié et celui-ci ne bénéficie d'aucune priorité de réembauche.

Sinistre ayant les caractéristiques de la force majeure - En cas de rupture d'un CDI en raison d'un sinistre présentant les caractéristiques de la force majeure, le salarié a droit (c. trav. art. L. 1234-13) :
- à une indemnité compensatrice dont le montant est calculé en fonction de la durée légale du préavis (c. trav. art. L. 1234-5) ;
- à l'indemnité légale de licenciement (c. trav. art. L. 1234-5 et L. 1234-9).

L'*AGS** prend en charge cette indemnité.

☞ *Activité partielle ; AGS ; Contrat à durée déterminée ; Décès ; Indemnité compensatrice de congés payés ; Indemnité compensatrice de préavis ; Indemnité de licenciement.*

Forfait

☞ *Convention de forfait ; Convention de forfait (forfait annuel en jours) ; Frais professionnels.*

Forfait jours

☞ *Convention de forfait (forfait annuel en jours).*

Forfait social

Le forfait social est une contribution patronale, mise en place depuis le 1er janvier 2009 (c. séc. soc. art. L. 137-15 ; circ. DSS 2008-387 du 30 décembre 2008).

Il est dû au titre de deux catégories de sommes :
- celles qui sont exclues de l'assiette des cotisations de sécurité sociale mais assujetties à la CSG sur les revenus d'activité (sauf certaines exceptions) ;
- certaines sommes que la loi assujettit expressément au forfait social, même si le critère général d'assujettissement n'est pas rempli.

Sommes assujetties au forfait social

Principe et sommes concernées - Le forfait social s'applique, sauf cas particuliers *(voir plus loin)*, aux rémunérations ou gains exclus de l'*assiette des cotisations de sécurité sociale**, mais assujettis à la *CSG** sur les revenus d'activité (c. séc. soc. art. L. 137-15, al. 1).

Compte tenu de ces critères, les sommes suivantes entrent dans le champ du forfait social, uniquement pour leur fraction exonérée de cotisations sociales mais soumise à CSG :

- les contributions patronales finançant des régimes de *retraite supplémentaire** à caractère collectif et obligatoire ainsi que les cotisations obligatoires de l'employeur à un *plan d'épargne retraite d'entreprise obligatoire** (PERE-OB) ;
- les contributions patronales finançant des garanties de *prévoyance complémentaire** collectif et obligatoire (une exonération de forfait social est cependant prévue pour les « moins de 11 salariés » ; *voir plus loin*) ;
- les sommes versées au titre de l'*intéressement**, d'un supplément d'intéressement ou d'un intéressement de projet (une exonération de forfait social est cependant prévue pour les « moins de 250 salariés » ; *voir plus loin*) ;
- la *prime de partage de la valeur** (une exonération de forfait social est cependant prévue pour les « moins de 250 salariés » ; *voir plus loin*) ;
- les sommes versées au titre de la *participation aux résultats** de l'entreprise, y inclus au titre d'un supplément de *réserve spéciale de participation** (une exonération de forfait social est cependant prévue pour les « moins de 50 salariés » ; *voir plus loin*) ;
- les abondements de l'employeur à un *plan d'épargne d'entreprise**, un *plan d'épargne interentreprises**, un *plan d'épargne pour la retraite collectif** (PERCO) ou un *plan d'épargne retraite d'entreprise collectif** (PERE-CO) (une exonération de forfait social est cependant prévue pour les « moins de 50 salariés » ; *voir plus loin*).

▶ À noter… Cette liste peut s'élargir si d'autres éléments de rémunération correspondant aux critères d'assujettissement venaient à être créés.

Prise en charge d'un maintien de cotisations de retraite complémentaire - Lorsque l'employeur maintient les cotisations de retraite complémentaire pendant certains congés, la prise en charge du surplus de cotisation salariale est assujettie au forfait social en application d'une règle expresse (c. séc. soc. art. L. 137-15, al. 8) (voir *Maintien des cotisations de retraite complémentaire pendant certains congés**). Sans cette règle expresse, il n'y aurait pas de forfait social puisque cette prise en charge est à la fois exonérée de cotisations de sécurité sociale et de CSG/CRDS.

En revanche, dans le cadre du dispositif de *maintien des cotisations vieillesse en cas de temps partiel**, lorsque les cotisations de retraite complémentaire sont également calculées sur une base temps plein, la prise en charge par l'employeur du surplus de cotisation salariale de retraite complémentaire n'est pas assujettie au forfait social (BOSS, Assiette générale, § 400, 01/01/2024). Ce faisant, le BOSS s'écarte de la lettre des textes dans un sens favorable aux employeurs, qui peuvent s'en prévaloir auprès des organismes de recouvrement (sauf nouvelle évolution).

Indemnités de rupture conventionnelle individuelle - Il n'y a plus de forfait social sur les indemnités de rupture conventionnelle individuelle versées à l'occasion des ruptures de contrat de travail intervenant à compter du 1er septembre 2023 (c. séc. soc. art. L. 137-15, 3° modifié ; loi 2023-270 du 14 avril 2023, art. 4, JO du 15).

En revanche, pour les ruptures intervenant depuis cette date, l'employeur est redevable d'une contribution spécifique de 30 %, due sur la fraction exonérée de cotisations de sécurité sociale, assujettie ou non à CSG/CRDS (voir *Contribution sur les indemnités de rupture conventionnelle individuelle**).

▶ À noter… Jusqu'au 31 août 2023, les employeurs étaient redevables du forfait social au taux de 20 % sur la fraction de l'*indemnité de rupture conventionnelle individuelle** exonérée de cotisations de sécurité sociale (assujettie ou non à CSG/CRDS).

Indemnité transactionnelle - Une indemnité transactionnelle doit être considérée comme une majoration de l'indemnité versée dans le cadre de la rupture à laquelle la transaction est rattachée (licenciement, mise à la retraite, démission, rupture conventionnelle, etc.). Son montant, cumulé avec l'indemnité de rupture, est soumis aux régimes social et fiscal correspondant au contexte de la rupture.

Ainsi, une indemnité transactionnelle n'est jamais assujettie au forfait social sauf, avant le 1er septembre 2023, si elle s'ajoutait à une indemnité de rupture conventionnelle individuelle signée avec un salarié n'étant pas en droit de bénéficier d'une pension de vieillesse était soumise au forfait social pour sa fraction exonérée de cotisations de sécurité sociale (assujettie ou non à CSG/CRDS) (lettre-circ. ACOSS 2013-19 du 28 mars 2013).

Sommes liées à l'épargne salariale versées au profit de certains dirigeants - Le forfait social s'applique expressément à l'*intéressement**, à la *participation aux résultats** ou aux abondements à un *plan d'épargne salariale** (*PEE**, *PERCO**, *PERE-CO**, y inclus sous forme de plan interentreprises) versés au profit de certains dirigeants et conjoints ou partenaires pacsés de chefs d'entreprise, dans les situations où ils ont accès à ces dispositifs alors même qu'ils n'ont pas de contrat de travail (c. séc. soc. art. L. 137-15, al. 6).

En pratique, sont ici visés les chefs d'entreprise ou, s'il s'agit de personnes morales, les présidents-directeurs généraux, gérants ou membres du directoire, ainsi que, s'il a le statut de conjoint collaborateur ou de conjoint associé, le conjoint du chef d'entreprise ou le partenaire lié par un pacte civil de solidarité, dans les cas où les intéressés peuvent bénéficier des dispositifs d'épargne salariale sans contrat de travail (c. trav. art. L. 3312-3, L. 3323-6, L. 3324-2 et L. 3332-2 : c. mon. et fin. art. L. 224-13).

Cette règle expresse permet d'assujettir au forfait social ces sommes issues de l'épargne salariale lorsqu'elles sont versées à des personnes affiliées à un régime de travailleurs non salariés (ex. : chefs d'entreprise, gérants majoritaires, conjoints collaborateurs ou associés) (lettre-circ. ACOSS 2010-12 du 21 janvier 2010).

Lorsque les sommes sont versées au profit de personnes affiliées à un régime de sécurité sociale de salariés (ex. : présidents, directeurs généraux, gérants minoritaires et membres du directoire), elles sont « naturellement » assujetties au forfait social dans la mesure où les critères « naturels » d'assujettissement sont remplis.

▶ À noter… Le cas échéant, l'entreprise peut bénéficier d'une exonération de forfait social sur l'épargne salariale au regard de son effectif *(voir plus loin)*.

Administrateurs et membres du conseil de surveillance des SA et SELAFA - Le forfait social est applicable aux jetons de présence et rémunérations versés en contrepartie de l'exercice de leur mandat par les administrateurs et membres du conseil de surveillance des SA et des SELAFA (c. séc. soc. art. L. 137-15, al. 7 ; BOSS, Assiette générale, § 400, 01/01/2024).

Cette règle expresse permet de soumettre au forfait social des sommes qui, au regard des critères généraux d'assujettissement, ne devraient pas y être soumises, puisqu'elles échappent, par ailleurs, à toutes les cotisations et contributions dues au titre des revenus d'activité.

Le forfait social est dû quels que soient la nationalité ou le lieu de résidence fiscale des administrateurs et membres du conseil de surveillance, dès lors que leur SA et SELAFA ont leur siège social en France (cass. civ., 2e ch., 6 juin 2024, n° 21-23396 FB).

Peu importe également que les jetons de présence soient perçus par l'intermédiaire de tiers. Une société a ainsi été jugée redevable du forfait social sur les jetons de présence de représentants élus des salariés au conseil de surveillance qui en faisaient don à leur syndicat, auquel la société versait directement les sommes correspondantes (cass. civ., 2e ch., 13 octobre 2022, n° 21-11754 FB).

▶ À noter… Les jetons de présence versés au président du conseil d'administration, au directeur général ou au directeur général délégué sont traités comme un élément de salaire et soumises à cotisations à ce titre. Ils échappent donc, par définition, au forfait social.

Apprentis - La circonstance que les salaires versés aux *apprentis** soient exonérés de CSG/CRDS ne permet pas d'exclure du forfait social les avantages qui leur sont consentis en plus de leurs salaires et qui entrent dans son champ d'application (circ. DSS/5B 2012-319 du 18 août 2012, Q/R 14 ; lettre-circ. ACOSS 2014-32 du 18 août 2014).

En conséquence, les sommes et avantages qui entrent en principe dans le champ du forfait social y sont bien assujettis dans les conditions habituelles.

Exemple

Dans les entreprises de 11 salariés et plus, les contributions patronales versées au profit des apprentis au titre d'un régime de prévoyance complémentaire répondant aux conditions d'exclusion de l'assiette des cotisations (régime collectif, obligatoire, etc.) sont soumises au forfait social au taux de 8 %.

À notre sens, cette règle vaut aussi bien dans le cadre de l'exonération totale de CSG/CRDS des salaires versés aux apprentis applicable aux contrats d'apprentissage conclus jusqu'au 28 février 2025 que dans le cadre de l'exonération de CSG/CRDS limitée à 50 % du SMIC attachée aux contrats conclus à partir du 1er mars 2025.

Sommes non assujetties au forfait social

Exclusion du forfait social - Sont exclus du forfait social (BOSS, Assiette générale, § 410, 01/01/2024) :
- certains avantages expressément énumérés : l'*attribution gratuite d'actions aux salariés**, l'attribution de *stock-options (options sur actions)**, la contribution des employeurs aux *chèques-vacances** dans les entreprises de moins de 50 salariés (c. séc. soc. art. L. 137-15, 1° et 4°) ;
- les sommes à la fois exonérées de cotisations de sécurité sociale et de CSG, dès lors qu'aucune règle expresse ne les assujettit au forfait social : c'est le cas, par exemple, de la participation patronale aux titres-restaurant ou au préfinancement du chèque emploi-service universel, ou encore de la prise en charge par l'employeur d'un maintien de cotisations de retraite complémentaire en cas de temps partiel *(voir plus haut)* ;

- les sommes soumises à cotisations de sécurité sociale (contributions patronales de retraite supplémentaire et de prévoyance complémentaire assujetties à cotisations de sécurité sociale, etc.).

Indemnités de rupture - Les indemnités de rupture du contrat de travail ou du mandat social ne sont pas assujetties au forfait social (c. séc. soc. art. L. 137-15, 3°, BOSS, Assiette générale, § 410, 01/01/2024). En effet :
- la partie de ces indemnités exonérée de cotisations de sécurité sociale mais soumise à CSG est expressément exclue (c. séc. soc. art. L. 137-15, 3°) ;
- par définition, les indemnités soumises à cotisations de sécurité sociale, ainsi que celles à la fois exonérées de cotisations de sécurité sociale et de CSG, n'entrent pas dans le champ d'application du forfait social.

Les indemnités de rupture très élevées, dites « *parachutes dorés** », sont soumises à cotisations de sécurité sociale, CSG et CRDS dès le 1er euro. Elles échappent donc de forfait social. Pour mémoire, il s'agit de celles qui dépassent 10 fois le plafond annuel de la sécurité sociale (salariés) ou fois le 5 plafond annuel de la sécurité sociale (mandataire social).

▶ À noter... Les indemnités de rupture conventionnelle et de mise à la retraite sont soumises à une contribution patronale spécifique (voir *Contribution sur les indemnités de rupture conventionnelle individuelle** et *Contribution sur les indemnités de mise à la retraite**).

Prime de partage de la valorisation de l'entreprise - L'employeur n'est pas redevable du forfait social sur la prime de partage de la valorisation de l'entreprise, mais d'une contribution patronale spécifique de 20 % (voir *Plan de partage de la valorisation de l'entreprise**).

Forfait social sur la prévoyance

Assujettissement des employeurs de 11 salariés et plus - Les employeurs dont l'effectif est supérieur ou égal à 11 salariés, sont redevables du forfait social sur les contributions patronales de *prévoyance complémentaire** exclues de l'assiette des cotisations de sécurité sociale mais assujetties à CSG, versées au bénéfice des salariés, des anciens salariés et de leurs ayants droit (c. séc. soc. art. L. 137-15, al. 1 et 10).

A contrario, les contributions patronales de prévoyance complémentaire versées par les employeurs de moins de 11 salariés ne sont pas soumises au forfait social (BOSS, Assiette générale, § 420, 01/01/2024).

Assiette - Lorsque le forfait social est dû, il est calculé sur la fraction des contributions patronales de *prévoyance complémentaire** exonérée de cotisations de sécurité sociale, mais assujettie à CSG/CRDS.

À l'inverse, les employeurs ne sont pas redevables du forfait social sur des contributions patronales de prévoyance complémentaire qui sont assujetties à cotisations de sécurité sociale, soit parce que le régime de prévoyance ne répond pas aux conditions d'exclusion d'assiette (ex. : régime à adhésion facultative, régime non collectif), soit parce qu'il s'agit de contributions patronales excédant la limite d'exonération.

▶ À noter... Les primes d'assurance versées par les entreprises à des organismes assureurs afin d'assumer l'obligation de maintien de salaire qui leur incombe en vertu du code du travail ou d'un accord collectif ne constituent pas une contribution au financement d'un régime de *prévoyance complémentaire** (cass. civ., 2e ch., 23 novembre 2006, n° 04-30208, BC II n° 331). De ce fait, elles échappent à la CSG et, à notre sens au forfait social, par analogie avec la solution autrefois retenue pour la taxe prévoyance de 8 % (circ. DSS 2007-77 du 23 février 2007 ; circ. DSS/5B 2009-32 du 30 janvier 2009, fiche 9, § I-A-2).

Appréciation de l'effectif - L'effectif est calculé au niveau de l'entreprise, tous établissements confondus, conformément aux règles prévues par le code de la sécurité sociale.

Hors cas des entreprises nouvelles, l'effectif de référence correspond donc à la moyenne des effectifs mensuels de l'année civile précédente. Autrement dit, hors application d'un mécanisme de lissage des effets de seuil, le taux du forfait social sur l'année N dépend en principe de l'effectif « sécurité sociale » calculé sur N - 1.

Pour le détail (effectif annuel moyen, personnes prises en compte, règles propres aux entreprises nouvelles, etc.), les lecteurs se reporteront aux développements correspondants (voir *Effectif sécurité sociale**).

Atténuation des effets de seuil - Le mécanisme unifié de gel des effets de seuil prévu par la législation de sécurité sociale issu de la loi PACTE (voir *Effectif sécurité sociale**) (loi 2019-486 du 22 mai 2019, art. 11, I) s'applique aussi au seuil de 11 salariés qui gouverne l'assujettissement au forfait social sur la prévoyance.

Depuis le 1er janvier 2020, le franchissement à la hausse du seuil de 11 salariés ne produit effet que si ce seuil est atteint ou dépassé durant 5 années civiles consécutives. Ce n'est qu'ensuite que les entreprises sont effectivement soumises à leurs nouvelles obligations (ici, forfait social sur la prévoyance) (c. séc. soc. art. L. 130-1, II).

Si un employeur constate au début de l'année N qu'il a atteint ou dépassé les 11 salariés au titre de son effectif « sécurité sociale » calculé sur N - 1, le franchissement de seuil ne produira effet que s'il est vérifié pendant 5 années civiles consécutives (de l'année N à N + 4 inclus), soit à compter du 1er janvier de l'année N + 5.

Exemple

Début 2025, un employeur constate qu'il a atteint ou dépassé les 11 salariés au titre de son effectif « sécurité sociale » calculé sur l'année 2024. Le franchissement de seuil ne produira effet que s'il est vérifié pendant 5 années civiles consécutives (de 2025 à 2029 inclus), soit à compter du 1er janvier 2030.

A contrario, lorsqu'une entreprise repasse sous les 11 salariés sur l'effectif d'une année donnée, les compteurs sont remis à zéro. Si par la suite l'entreprise repasse au-dessus du seuil, elle bénéficiera d'un nouveau moratoire de 5 ans avant d'être soumise aux dispositions liées à ce seuil (c. séc. soc. art. L. 130-1, II).

Autrement dit, un franchissement de seuil constaté sur la base de l'effectif annuel moyen calculé sur l'année N – 1 ne produit effet qu'au 1er janvier N + 5, à condition que l'entreprise ne repasse pas sous les 11 salariés sur l'une des années intercalaires.

Exemple

Une entreprise qui comptait 13 salariés début 2024 (effectif annuel moyen « sécurité sociale » calculé sur 2023) était assujettie au forfait social sur les contributions patronales de prévoyance complémentaire en 2024. Début 2025, elle constate qu'elle est passée à 10 salariés sur la base de son effectif « sécurité sociale » calculé sur 2024. En 2025, elle n'est plus redevable du forfait social sur les contributions patronales de prévoyance. Si début 2026, elle constate qu'elle passe à 12 salariés sur la base de l'effectif « sécurité sociale » calculé sur 2025, elle bénéficiera du dispositif gel des effets de seuil pendant 5 ans. Elle sera assujettie au forfait social sur la prévoyance de 0,50 % à compter du 1er janvier 2031, sous réserve d'avoir maintenu un effectif de 11 salariés et plus sur les années intercalaires.

Employeurs ayant atteint ou dépassé les 11 salariés en 2016, 2017 ou 2018 - Un ancien dispositif prévoyait que les employeurs ayant atteint ou dépassé l'effectif de 11 salariés au titre de l'effectif sécurité sociale calculé sur 2016, 2017 ou 2018 restaient exonérés de forfait social sur la prévoyance pendant 3 ans (c. séc. soc. art. L. 137-15 dans sa version au 31.12.2019)

La loi PACTE a prévu que les employeurs bénéficiant de ce mécanisme au 31 décembre 2019 ont continué à en relever (loi 2019-486 du 22 mai 2019, art. 11, XII). Plus aucun employeur ne peut aujourd'hui se trouver encore dans cette situation.

Exonération de forfait social sur l'épargne salariale dans les PME

Employeurs concernés - Il n'y a pas de forfait social (c. séc. soc. art. L. 137-15 ; BOSS, Assiette générale, § 420, 01/01/2024) :

- sur la participation et les abondements des employeurs aux plans d'épargne salariale (*PEE**, *PERCO**, *PERE-CO**, y inclus sous forme de plan interentreprises) dans les entreprises non assujetties à la *participation aux résultats** (en substance, les « moins de 50 salariés ») ;
- sur l'*intéressement** dans les entreprises de moins de 250 salariés ;
- sur la *prime de partage de la valeur** dans les entreprises de moins de 250 salariés (loi 2022-1158 du 16 août 2022, art. 1, V).

En son temps, le ministère du Travail avait apporté plusieurs précisions dans des questions/réponses diffusées sur Internet (questions/réponses sur la suppression du forfait social du 14 janvier 2019 ; www.travail-emploi.gouv.fr), dont notamment les suivantes :

▶ À noter… En l'absence de restriction particulière, la suppression du forfait social sur les abondements aux plans d'épargne salariale dans les entreprises de moins de 50 salariés s'applique quelle que soit la nature des sommes abondées (ex. : intéressement, participation, versements libres, transferts).

Appréciation de l'effectif - En matière d'épargne salariale, les règles d'*effectif sécurité sociale** sont entrées en vigueur le 1er janvier 2020, sur la base de l'effectif annuel moyen calculé sur 2019 (hors cas particulier des entreprises nouvelles) (instr. DGT/RT3/DSS/DGT 2019-252 du 19 décembre 2019).

Pour les exemptions de forfait social sur l'épargne salariale *(voir ci-avant)*, la condition de non-assujettissement à la *participation aux résultats** (seuil de « moins de 50 salariés ») et le seuil de moins de 250 salariés (exonération de forfait social sur l'*intéressement** et la *prime de partage de la valeur**) s'apprécient donc en application de ces règles d'effectif et du dispositif de limitation des effets de seuil qui en découle (délai de 5 ans en cas de franchissement à la hausse) (voir *Effectif sécurité sociale** et *Participation aux résultats**).

Le forfait social sur l'épargne salariale (récapitulatif)	
I) Participation, intéressement et prime de partage de la valeur	
Participation dans les entreprises non assujetties à la participation aux résultats à titre obligatoire (1)	Pas de forfait social
Participation dans les entreprises assujetties à titre obligatoire	• 20 % en principe • 8 % dans les SCOOP, sous conditions • 16 % en cas d'affectation sur un PERCO, un PERE-CO (ou, lorsque cela est possible, un PERE-OB) répondant à certaines conditions
Intéressement et prime de partage de la valeur dans les entreprises de moins de 250 salariés	• Pas de forfait social
Intéressement et prime de partage de la valeur dans les entreprises de 250 salariés et plus	• 20 % en principe • 16 % sur l'intéressement en cas d'affectation sur un PERCO, un PERE-CO (ou, lorsque cela est possible, un PERE-OB) répondant à certaines conditions. • 16 % sur la prime de partage de la valeur en cas d'affectation sur demande du salarié à un PERCO, un PERE-CO ou un PERE-OB répondant à certaines conditions (possibilité de demande d'affectation ouverte depuis le 1.07.2024).
II) Plans d'épargne salariale (PEE, PEI, PERCO et PERCO-I)	
Abondements de l'employeur (PEE, PERCO, PERE-CO) dans les entreprises non assujetties à la participation aux résultats à titre obligatoire (1)	Pas de forfait social
Abondement de l'employeur (PEE, PERCO, PERE-CO) dans les entreprises assujetties à la participation aux résultats à titre obligatoire	• 20 % en principe • Sur abondement au PERCO ou PERE-CO, taux de 16 % sous conditions • Abondement sur un fond d'actionnariat salarié (PEE) : taux de 10 %, mais forfait social supprimé pour 2021, 2022 et 2023 *(voir nos développements)* • Abondements « unilatéraux » aux PEE issus de la loi PACTE : 10 % depuis le 1er janvier 2021 *(voir nos développements)*
Versements obligatoires de l'employeur à un PERE-OB	• 20 % en principe • 16 % sous conditions
(1) Schématiquement, employeurs de moins de 50 salariés.	

En cas de franchissement du seuil de 50 salariés à la hausse, l'exonération de forfait social sur la participation et les abondements des employeurs aux plans d'épargne salariale s'applique aussi pendant la période de 5 ans au cours de laquelle l'entreprise n'est pas encore obligatoirement assujettie à la participation. Le forfait social est dû à partir du premier exercice d'assujettissement obligatoire qui suivra la période de 5 ans (instr. DGT/RT3/DSS/DGT 2019-252 du 19 décembre 2019, Q/R 7).

Dans la même logique, si une entreprise atteint ou dépasse les 250 salariés au titre d'une année donnée, elle continuera à bénéficier de la suppression du forfait social sur l'intéressement pendant une période de 5 ans suivant celle de l'atteinte du seuil (instr. DGT/RT3/DSS/DGT 2019-252 du 19 décembre 2019, Q/R 22).

Taux de principe du forfait social

Principe : taux de 20 % - Le taux du forfait social est de 20 %, sauf exceptions (c. séc. soc. art. L. 137-16, al. 1).

Prévoyance : taux de 8 % - Par dérogation, le taux est de 8 % pour le forfait social dont sont redevables les employeurs de 11 salariés et plus sur les contributions patronales de prévoyance complémentaire exonérées de cotisations de sécurité sociale mais assujetties à CSG versés au profit de leurs salariés, anciens salariés et de leurs ayants droit (c. séc. soc. art. L. 137-16, al. 2).

Taux dérogatoires de forfait social sur l'épargne salariale et l'épargne retraite

Contexte - Les employeurs redevables du forfait social sur la *participation aux résultats**, l'*intéressement**, les abondements à un *plan d'épargne d'entreprise** (PEE), à un *plan d'épargne pour la retraite collectif** (PERCO) ou à un *plan d'épargne retraite d'entreprise collectif** (PERE-CO) et sur les cotisations obligatoires de l'employeur à un *plan d'épargne retraite d'entreprise obligatoire** (PERE-OB) doivent en principe s'en acquitter au taux de 20 %, conformément aux règles générales.

Il existe toutefois plusieurs taux particuliers.

Participation dans les SCOOP : 8 % sous condition - Dans les sociétés coopératives de production, le taux est de 8 % pour le forfait social calculé dû au titre de la *participation aux résultats** lorsque l'accord applicable prévoit son affectation en totalité en parts sociales ou en compte courant bloqué (c. séc. soc. art. L. 137-16, al. 2).

PEE : 10 % sur certains abondements - Concernant le PEE, le taux du forfait social est, depuis le 1er janvier 2019, fixé à 10 % (au lieu de 20 %) sur l'abondement de l'employeur lorsque cet abondement majore la contribution du salarié à l'acquisition de titres de l'entreprise ou d'une entreprise incluse dans le même périmètre de consolidation ou de combinaison des comptes au sens de l'article L. 3344-1 du code du travail (c. séc. soc. art. L. 137-16).

▶ À noter… Le forfait social sur ces abondements avait été supprimé sur les années 2021, 2022 et 2023 (loi 2020-1721 du 29 décembre 2020, art. 207, II modifié ; loi 2022-1726 du 30 décembre 2022, art. 107 ; BOSS, Assiette générale, § 411, 01/01/2024). Cette exonération n'est plus applicable depuis le 1er janvier 2024.

Abondements unilatéraux aux PEE - Depuis le 23 août 2019, si le règlement du PEE le prévoit, les employeurs peuvent, sous certaines conditions, effectuer des versements unilatéraux sur le PEE en vue de l'acquisition de titres de l'entreprise, ou d'une entreprise incluse dans le même périmètre de consolidation ou de combinaison des comptes (voir *Plan d'épargne d'entreprise**) (c. trav. art. L. 3332-11, 1° et D. 3332-8-1).

Le taux du forfait social applicable à ces abondements est fixé à 10 % depuis 2021 (c. séc. soc. art. L. 137-16 modifié ; loi 2020-1721 du 29 décembre 2020, art. 207, I, JO du 30).

▶ À noter… Auparavant, ces versements unilatéraux relevaient du taux de droit commun de 20 % (instr. DGT/RT3/DSS/DGT 2019-252 du 19 décembre 2019, Q/R 44).

Plans d'épargne retraite : taux de 16 % sous condition - Lorsque le plan d'épargne répond à certains critères, le taux du forfait social est de 16 % (au lieu de 20 %) sur les sommes suivantes (c. séc. soc. art. L. 137-16) :
- la participation et l'intéressement affectés à un *PERCO**, un *PERE-CO** ou, lorsque cela est possible, à un *PERE-OB** ;
- la *prime de partage de la valeur** affectée à un *PERCO**, un *PERE-CO** ou un *PERE-OB** sur demande du salarié (possibilité ouverte depuis le 1er juillet 2024) ;
- les abondements et versements unilatéraux (initial ou périodiques) de l'employeur à un *PERCO** ou un *PERE-CO** ;
- les versements obligatoires de l'employeur sur un *PERE-OB**.

Pour le détail des conditions du taux de 16 %, les lecteurs se reporteront aux développements correspondants (voir *Plan d'épargne pour la retraite collectif**, *Plan d'épargne retraite d'entreprise collectif** et *Plan d'épargne retraite d'entreprise obligatoire**).

Recouvrement du forfait social

Le forfait social doit être versé à l'URSSAF. Son assiette et son montant doivent figurer sur les déclarations.

Bulletin de paye

Le montant du forfait social est agrégé à la ligne « Autres contributions dues par l'employeur » [voir *Bulletin de paye (mentions obligatoires)**] (c. trav. art. R. 3243-2 ; arrêté du 25 février 2016 modifié).

Lorsque le forfait social se rapporte à des sommes issues de l'*intéressement** ou de la *participation aux résultats**, l'employeur qui souhaite informer les salariés du montant acquitté doit, à notre sens, le mentionner de préférence sur le document annexe où figure la CSG [voir *Intéressement et participation (fiche annexe)**]. Mais ce n'est pas obligatoire.

☞ *Cotisations de retraite et de prévoyance (régime social) ; Effectif sécurité sociale ; Intéressement ; Intéressement et participation (fiche annexe) ; Participation aux résultats ; Plan d'épargne d'entreprise ; Plan d'épargne interentreprises ; Plan d'épargne retraite d'entreprise collectif ; Plan d'épargne retraite d'entreprise obligatoire ; Plan d'épargne pour la retraite collectif ; Prime de partage de la valeur ; Réserve spéciale de participation.*

Formateurs occasionnels (cotisations sociales)

Assiette forfaitaire des cotisations

Principe - Un dispositif d'assiette forfaitaire est prévu pour les cotisations d'assurances sociales, d'accident du travail et d'allocations familiales au régime général dues au titre de l'emploi de formateurs occasionnels dispensant des cours dans des organismes ou entreprises au titre de la formation professionnelle continue ou dans des établissements d'enseignement (arrêté du 28 décembre 1987, JO du 31, modifié, art. 1).

▶ À noter… Le formateur occasionnel est un salarié embauché en contrat à durée déterminée pour dispenser de façon occasionnelle des cours. Son contrat ressort généralement de la catégorie des CDD d'usage.

Salariés éligibles - Cette assiette forfaitaire concerne les formateurs dont la durée n'excède pas 30 jours civils par année et par organisme de formation ou d'enseignement. La durée de l'intervention ou des différentes interventions ayant lieu au cours de chaque journée est sans incidence sur l'appréciation de ce maximum de 30 journées.

Lorsque l'activité du formateur dépasse la limite de 30 jours au cours de l'année, l'employeur doit procéder à une régularisation en calculant les cotisations dues au titre de l'ensemble des interventions sur la base des rémunérations réelles.

Barème des assiettes forfaitaires - Au 15 janvier 2025, le site Internet du réseau des URSSAF faisait toujours état du barème traditionnel issu de l'arrêté du 28 décembre 1987, que nous reproduisons ci-après.

Selon ce barème, lorsque la rémunération brute journalière est inférieure à 10 fois le montant journalier du *plafond de la sécurité sociale** (soit 2 160 € en 2025), les cotisations de sécurité sociale, la CSG, la CRDS, le FNAL, la contribution solidarité autonomie et la contribution au dialogue social peuvent être calculés sur une assiette forfaitaire, déterminée en fonction de la rémunération du formateur et par référence au plafond journalier de sécurité sociale *(voir tableau dans cette étude)*.

L'assiette forfaitaire s'applique pour chaque journée civile de formation, quelle que soit la durée de l'intervention du formateur durant la journée. Des interventions sur différentes journées donnent lieu à application d'autant d'assiettes forfaitaires journalières, sans qu'il y ait à globaliser les heures d'intervention réparties sur plusieurs journées civiles pour les traduire en journées complètes.

Lorsque la rémunération brute journalière est supérieure ou égale à 10 fois le montant journalier du plafond de la sécurité sociale, les cotisations sont calculées sur la rémunération réelle, dans les conditions de droit commun.

Encadrement des assiettes forfaitaires - Selon une information diffusée le 17 octobre 2017 par le réseau des URSSAF, les employeurs de formateurs occasionnels doivent tenir compte depuis le 1er septembre 2017 de la règle d'encadrement des assiettes forfaitaires issue de la loi de financement de la sécurité sociale pour 2015 (voir *Assiettes et cotisations forfaitaires**).

Lorsque la rémunération du salarié est égale ou supérieure à 1,5 fois le *plafond de la sécurité sociale** correspondant la durée de travail, l'assiette retenue pour le calcul des cotisations ne peut pas être inférieure à 70 % de cette rémunération (c. séc. soc. art. L. 242-4-4, al. 2).

▶ À noter… L'information du 17 octobre 2017 n'est plus en ligne à l'heure où nous rédigeons ces lignes (15 janvier 2025), mais le site Internet du réseau des URSSAF en reprend la logique dans ses développements relatifs aux formateurs occasionnels. Pour d'évidentes raisons de sécurité juridique, une clarification officielle par circulaire serait la bienvenue.

Selon nos informations, lorsque l'assiette des cotisations est égale à 70 % de la rémunération brute, la Direction de la sécurité sociale considérerait qu'il ne s'agit pas d'une assiette forfaitaire, de sorte qu'il conviendrait d'appliquer le plafond dans les conditions habituelles aux cotisations plafonnées. Cette précision, qui résulte d'anciens échanges avec la rédaction, n'a bien entendu pas de valeur juridique, faute de figurer dans un document opposable.

CSG/CRDS - La *CSG** et la *CRDS** se calculent sans abattement d'assiette de 1,75 % lorsqu'elles sont précomptées sur les assiettes forfaitaires. À l'inverse l'abattement s'applique dans les conditions habituelles dans l'hypothèse où les contributions sont calculées sur la base du brut réel.

Mais lorsque l'assiette des cotisations est égale à 70 % de la rémunération brute en application du mécanisme d'encadrement des assiettes forfaitaires, peut-on appliquer l'abattement d'assiette de 1,75 % à la base CSG/CRDS ? Ou doit-on, au contraire, considérer qu'il s'agit d'une forme d'assiette forfaitaire excluant l'application de l'abattement ?

Assiettes forfaitaires des formateurs occasionnels : barème au 01.01.2025			
Barème réglementaire (arrêté du 28 décembre 1987)		Barème 2025 (www.urssaf.fr)	
Rémunération brute journalière	**Assiette forfaitaire**	**Rémunération brute journalière**	**Assiette journalière**
Moins de 1 PJSS	0,31 PJSS	Moins de 216 €	66,96 €
De 1 PJSS à moins de 2 PJSS	0,94 PJSS	De 216 € à moins de 432 €	203,04 €
De 2 PJSS à moins de 3 PJSS	1,57 PJSS	De 432 € à moins de 648 €	339,12 €
De 3 PJSS à moins de 4 PJSS	2,19 PJSS	De 648 € à moins de 864 €	473,04 €
De 4 PJSS à moins de 5 PJSS	2,82 PJSS	De 864 € à moins de 1 080 €	609,12 €
De 5 PJSS à moins de 6 PJSS	3,25 PJSS	De 1 080 € à moins de 1 296 €	702,00 €
De 6 PJSS à moins de 7 PJSS	3,84 PJSS	De 1 296 € à moins de 1 512 €	829,44 €
De 7 PJSS à moins de 10 PJSS	4,42 PJSS	De 1 512 € à moins de 2 160 €	954,72 €
10 PJSS et plus	Salaire réel	2 160 € et plus	Brut réel

PJSS : plafond journalier de la sécurité sociale (216 € en 2025).

Dans la mesure où le code de la sécurité sociale indique que l'abattement de 1,75 % s'applique « sur le montant brut » (c. séc. soc. art. L. 136-2, I), certains pourraient en déduire que l'abattement de 1,75 % ne s'applique pas, puisque dans ce cas, la base de calcul n'est pas un montant brut, mais un brut abattu. Ce point reste à clarifier et aucune réponse officielle n'avait été apportée à cette question à l'heure où nous rédigions ces lignes.

Versement mobilité - Le *versement mobilité** n'est dû que si les formateurs occasionnels ont la qualité de salarié de l'entreprise. Une URSSAF ne peut pas redresser une entreprise à ce titre si elle ne démontre pas l'existence d'un lien de subordination. À cet égard, le fait que l'entreprise ait payé pour un formateur les cotisations de sécurité sociale au régime général n'est pas une preuve de ce lien de subordination (cass. civ., 2e ch., 9 mai 2019, n° 18-11158 FPBI).

Incidence de l'assiette forfaitaire

Prorata de plafond - Dès lors que les cotisations de sécurité sociale sont calculées sur la base d'une assiette forfaitaire, l'employeur ne peut appliquer :
- ni la proratisation du plafond des salariés à *employeurs multiples** ;
- ni l'*abattement d'assiette pour temps partiel**.

Règles de non-cumul - De même, l'application de l'assiette forfaitaire est généralement incompatible avec des dispositifs d'exonération, et notamment avec :
- la *réduction générale de cotisations patronales** ;
- les dispositifs spécifiques d'exonération attachés à certaines zones géographiques (*bassins d'emploi à redynamiser**, *zones de restructuration de la défense**, etc.).

En revanche, l'employeur peut bénéficier des dispositifs de réduction de taux de la *cotisation d'allocations familiales** et de la *cotisation d'assurance maladie-maternité-invalidité**, si la rémunération du salarié y ouvre droit au regard de sa période d'emploi, tant que ces mécanismes sont encore en vigueur.

Régularisation des cotisations de sécurité sociale - Les dispositions relatives à la régularisation des cotisations de sécurité sociale ne sont pas applicables aux formateurs occasionnels cotisant sur une base forfaitaire.

Déclarations URSSAF - Aucune disposition particulière n'est à prendre en compte s'agissant des formateurs occasionnels lors de l'établissement de la déclaration URSSAF (en DSN).

S'ils cotisent sur des bases forfaitaires, ces bases s'ajoutent, purement et simplement, aux rémunérations des autres salariés de l'entreprise pour le décompte des cotisations dues (lettre-circ. ACOSS 88-18 du 12 février 1988), et donc dans le bloc 23 des cotisations agrégées en DSN (CTP 100).

Option pour l'assiette réelle

D'un commun accord entre employeur et salarié, les cotisations de sécurité sociale, la CSG, la CRDS, le FNAL, le versement mobilité, la contribution solidarité autonomie et la contribution au dialogue social peuvent être calculés sur la base des salaires réels effectivement versés (arrêté du 28 décembre 1987 modifié, art. 4).

Le plafond à retenir est alors celui correspondant à la périodicité de la paye.

Par ailleurs, l'employeur est autorisé à appliquer la proratisation du plafond comme pour les salariés à *employeurs multiples**, en retenant comme rémunération des autres employeurs le plafond de la périodicité de la paye (et non la rémunération réelle) (lettre-circ. ACOSS 88-18 du 12 février 1988).

Formateur occasionnel (exemple 1)

Un organisme de formation a confié une intervention d'une matinée à un formateur occasionnel en mars 2025, dans le cadre d'un contrat de travail (CDD d'usage). L'intéressé a perçu pour cette intervention une somme forfaitaire de 450 € (10 % congés payés compris). Il a demandé à bénéficier d'une dispense d'affiliation au régime « Frais de santé » de l'entreprise.

La rémunération brute est supérieure à 1,5 fois le plafond correspondant à la durée du travail (soit supérieur à 3 925/31 × 1,5 = 189,92 €). En application de la loi de financement de la sécurité sociale pour 2015 et des préconisations de l'ACOSS, les cotisations URSSAF ne peuvent pas être calculées sur une assiette inférieure à 70 % du brut réel soit 450 € × 70 % = 315 €.

L'assiette forfaitaire de 339,12 € peut donc s'appliquer.

Le plafond de la sécurité sociale de référence pour le calcul des tranches des cotisations qui sont hors assiette forfaitaire est égal à : 3 925 €/31 jrs = 126,61 €.*

Par hypothèse, le taux de prélèvement à la source retenu (communiqué par la DGFiP suite à la demande de l'employeur, via un signalement ADV) est de 5 %.*

EXTRAIT DU BULLETIN DE PAYE DE MARS 2025

Désignation	**Base**	**Taux**	**Montant**	
Intervention 12/03/2025	4,00	102,25	409,09	
Congés payés	409,09	10 %	40,91	
Brut total			450,00	
Brut soumis à cotisations (URSSAF)			339,12	
Cotisations et contributions sociales	**Base (€)**	**Taux salarial**	**Part salarié (€)**	**Part employeur (€)**
Santé				
Sécurité sociale - Maladie Maternité Invalidité Décès	339,12	-	-	44,09 (1)
Complémentaire Incapacité Invalidité Décès	126,61	-	-	1,90
Accidents du travail - maladies professionnelles	339,12	-	-	6,78 (2)
Retraite				
Sécurité sociale plafonnée	339,12	6,90 %	23,40	28,99
Sécurité sociale déplafonnée	339,12	0,40 %	1,36	6,85
Complémentaire Tranche 1 (3)	126,61	4,15 %	5,25	7,88
Complémentaire Tranche 2 (3)	323,39	9,86 %	31,89	47,80
Famille	339,12	-	-	17,80 (4)
Assurance chômage				
Chômage	450,00	-	-	19,35 (5)
APEC	450,00	0,024 %	0,11	0,16
Autres contributions dues par l'employeur				15,57 (6)
CSG déductible à l'impôt sur le revenu	341,02 (7)	6,80 %	23,19	-
CSG/CRDS non déductible à l'impôt sur le revenu	341,02 (7)	2,90 %	9,89	-
Exonérations et allégements de cotisations	-	-	-	-
Total des cotisations et contributions			95,08	197,17
Net social				**354,92**
Net à payer avant impôt sur le revenu				**354,92**
Impôt sur le revenu	**Base**	**Taux**	**Montant**	**Cumul annuel**
Montant net imposable			364,81	Valeur
Impôt sur le revenu prélevé à la source	364,81	5,00 %	18,24	Valeur
Montant net des heures compl/suppl exonérées				
Net à payer au salarié (en euros) (8)				**336,68 (8)**
Total versé par l'employeur				647,17

Notes de la rédaction, pour aider à la lecture des totaux (ces notes n'ont pas à apparaître sur le bulletin de paye) :
(1) Taux de 13 % compte tenu de la rémunération. (2) Par hypothèse taux de 2 %. (3) Y compris contributions d'équilibre général et technique. (4) Taux de 5,25 % compte tenu de la rémunération. (5) Chômage 4,05 % et AGS 0,25 %. (6) CSA (0,30 %), FNAL (0,50 %), versement mobilité (1,60 %), contribution au dialogue social (0,016 %), contribution formation (1 %), participation à l'effort de construction (0,45 %), taxe d'apprentissage (0,68 %). (7) Les contributions patronales de prévoyance complémentaire ne constituant pas du salaire, elles seraient, selon nos informations, considérées par l'ACOSS comme assujetties à CSG/CRDS en sus de l'assiette forfaitaire. (8) À faire apparaître de manière à en faciliter la lisibilité.

FORMATEUR OCCASIONNEL (EXEMPLE 2)

Un organisme de formation a confié une intervention d'une journée à un formateur occasionnel en mars 2025, dans le cadre d'un contrat de travail (CDD d'usage). L'intéressé a perçu pour cette intervention une somme forfaitaire de 900 € (8 h de travail). Il a demandé à bénéficier d'une dispense d'affiliation au régime « Frais de santé » de l'entreprise.

La rémunération brute est supérieure à 1,5 fois le plafond correspondant à la durée du travail (soit supérieur à 3 925/31 × 1,5 = 189,92 €).

En application de la loi de financement de la sécurité sociale pour 2015 et des préconisations de l'ACOSS, les cotisations URSSAF ne peuvent pas être calculées sur une assiette inférieure à 70 % du brut réel soit 900 € × 70 % = 630 €. L'assiette des cotisations URSSAF est donc retenue pour 900 € × 70 % = 630 €.

Pour la CSG/CRDS, nous retenons ici une lecture selon laquelle l'abattement d'assiette de 1,75 % ne s'applique pas lorsque l'assiette des cotisations est égale à 70 % du brut. Mais ce point, qui est sujet à interprétation, reste à clarifier.

Le plafond de la sécurité sociale de référence pour le calcul des tranches de cotisations est égal à : 3 925 €/31 jrs = 126,61 €.*

Par hypothèse, le taux de prélèvement à la source retenu (communiqué par la DGFiP suite à la demande de l'employeur, via un signalement ADV) est de 5 %.*

EXTRAIT DU BULLETIN DE PAYE DE MARS 2025

Désignation	Base	Taux	Montant	
Intervention 12/03/2025	8,00	102,27	818,18	
Congés payés	818,18	10 %	81,82	
Brut total			900,00	
Brut soumis à cotisations (URSSAF)			630,00	
Cotisations et contributions sociales	**Base (€)**	**Taux salarial**	**Part salarié (€)**	**Part employeur (€)**
Santé				
Sécurité sociale - Maladie Maternité Invalidité Décès	630,00	-	-	81,90 (1)
Complémentaire Incapacité Invalidité Décès	126,61	-	-	1,90
Accidents du travail - maladies professionnelles	630,00	-	-	12,60 (2)
Retraite				
Sécurité sociale plafonnée	126,61	6,90 %	8,74	10,83
Sécurité sociale déplafonnée	630,00	0,40 %	2,52	12,73
Complémentaire Tranche 1 (3)	126,61	4,15 %	5,25	7,88
Complémentaire Tranche 2 (3)	773,39	9,86 %	76,26	114,31
Famille	630,00	-	-	33,08 (4)
Assurance chômage				
Chômage	506,44	-	-	21,78 (5)
APEC	506,44	0,024 %	0,12	0,18
Autres contributions dues par l'employeur				28,79 (6)
CSG déductible à l'impôt sur le revenu	631,90 (7)	6,80 %	42,97	-
CSG/CRDS non déductible à l'impôt sur le revenu	631,90 (7)	2,90 %	18,33	-
Exonérations et allègements de cotisations	-	-	-	-
Total des cotisations et contributions			154,18	325,96
Net social				**745,82**
Net à payer avant impôt sur le revenu				**745,82**
Impôt sur le revenu	**Base**	**Taux**	**Montant**	**Cumul annuel**
Montant net imposable			764,14	Valeur
Impôt sur le revenu prélevé à la source	764,14	5,00 %	38,21	Valeur
Montant net des heures compl/suppl exonérées				
Net à payer au salarié (en euros) (8)				**707,61 (8)**
Total versé par l'employeur				1 225,96

Notes de la rédaction, pour aider à la lecture des totaux (ces notes n'ont pas à apparaître sur le bulletin de paye) :
(1) Taux de 13 % compte tenu de la rémunération. (2) Par hypothèse taux de 2 %. (3) Y compris contributions d'équilibre général et technique. (4) Taux de 5,25 % compte tenu de la rémunération. (5) Chômage 4,05 % et AGS 0,25 %. (6) CSA (0,30 %), FNAL (0,50 %), versement mobilité (1,60 %), contribution au dialogue social (0,016 %), contribution formation (1 %), participation à l'effort de construction (0,45 %), taxe d'apprentissage (0,68 %). (7) Les contributions patronales de prévoyance complémentaire ne constituant pas du salaire, elles seraient, selon nos informations, considérées par l'ACOSS comme assujetties à CSG/CRDS en sus des 630 €. (8) À faire apparaître de manière à en faciliter la lisibilité.

Chômage et retraite complémentaire

Cotisations chômage - Les *cotisations d'assurance chômage et d'AGS** se calculent sur la rémunération réelle du formateur occasionnel, même si l'employeur a retenu l'assiette forfaitaire pour le calcul des cotisations URSSAF.

Cependant, les cotisations chômage et AGS ne sont dues que si les formateurs occasionnels ont la qualité de salarié. Une URSSAF ne peut pas redresser une entreprise à ce titre si elle ne démontre pas qu'ils sont salariés (existence d'un lien de subordination). À cet égard, le fait que l'entreprise ait payé pour un formateur, les cotisations de sécurité sociale au régime général n'est pas une preuve de ce lien de subordination, car cet assujettissement est acquis du fait de l'arrêté du 28 décembre 1987 spécifique à cette profession (cass. civ., 2e ch., 9 mai 2019, n° 18-11158 FPBI).

Cotisations AGIRC-ARRCO - Le même principe de calcul sur l'assiette réelle s'applique aux cotisations de retraite complémentaire AGIRC-ARRCO.

Taxes et participations assises sur les salaires

Lorsque l'employeur applique l'assiette forfaitaire, il convient à notre sens également d'utiliser cette dernière pour les taxes et participations dont l'assiette est alignée sur :
- celle des cotisations de sécurité sociale (notamment la taxe d'apprentissage, la contribution à la formation, la participation construction) ;
- ou celle de la CSG sur les revenus d'activité (pour la taxe sur les salaires).

☞ *Assiettes et cotisations forfaitaires.*

Formation à la sécurité

Les employeurs doivent organiser une formation pratique et appropriée des travailleurs à la sécurité du travail (c. trav. art. L. 4141-1 et s.). Son objet est d'instruire les salariés des précautions à prendre pour leur propre sécurité et celle des autres personnes.

Cette formation doit être donnée pendant l'horaire normal de travail et le temps qui y est consacré est considéré comme du temps de travail et payé comme tel (c. trav. art. R. 4141-1 et s.).

Le financement incombe à l'employeur (c. trav. art. L. 4141-4).

Le défaut d'information et de formation à la sécurité peut conduire l'employeur devant le juge pénal en cas d'accident (c. pén. art. 222-19 et 222-21 ; cass. crim. 28 février 2017, n° 15-87260 D).

L'employeur doit aussi organiser une formation en santé, sécurité et conditions de travail pour les représentants du personnel (voir *Congé de formation des membres du CSE**).

Formation des conseillers prud'hommes

☞ *Conseillers prud'hommes.*

Formation économique des membres du CSE

☞ *Congé de formation des membres du CSE.*

Formation économique des salariés membres du conseil d'administration ou de surveillance

Bénéficiaires et régime du congé - Les administrateurs des SICAV d'actionnariat salarié représentant les salariés actionnaires ou les membres du conseil de surveillance des FCPE représentant les porteurs de parts bénéficient d'une formation économique, financière et juridique, d'une durée minimale de 3 jours dans les six mois suivant la prise de poste (c. trav. art. L. 3341-2 et D. 3341-3).

Le stage est accordé et refusé dans les mêmes conditions que le *congé de formation économique, sociale, environnementale et syndicale**. Il est imputé sur la durée de ce congé (c. trav. art. L. 3341-3).

Les organismes habilités à dispenser cette formation figurent sur une liste arrêtée par le préfet de région (c. trav. art. L. 3341-2 et D. 3341-4).

Rémunérations - Le temps consacré à la formation est pris sur le temps de travail et rémunéré comme tel (c. trav. art. L. 3341-3).

☞ *Congé de formation économique, sociale, environnementale et syndicale ; Conseil d'administration ou de surveillance (représentants des salariés).*

Formation en alternance

☞ *Apprentis ; Apprentissage (contrat) ; Contrat de professionnalisation ; Contrat de professionnalisation (aides et exonérations) ; Formation professionnelle continue ; Période de pro-A.*

Formation professionnelle continue

Notions fondamentales

Définition de la formation professionnelle - L'objectif de la formation professionnelle tout au long de la vie est de permettre à chaque personne, indépendamment de son statut, d'acquérir et d'actualiser des connaissances et des compétences favorisant son évolution professionnelle, ainsi que de progresser d'au moins un niveau de qualification au cours de sa vie professionnelle (c. trav. art. L. 6111 1).

Elle comporte :
- une formation initiale, comprenant notamment l'apprentissage ;
- des formations ultérieures, qui constituent la formation professionnelle continue, destinées aux adultes et aux jeunes déjà engagés dans la vie active ou qui s'y engagent.

En outre, toute personne est en droit de faire valider les acquis de son expérience, notamment professionnelle.

▶ À noter… Toute personne dispose dès son entrée sur le marché du travail et jusqu'à la retraite, indépendamment de son statut, d'un *compte personnel de formation**.

Objet de la formation professionnelle continue - La formation professionnelle continue a pour objet de favoriser l'insertion ou la réinsertion professionnelle des travailleurs, de permettre leur maintien dans l'emploi, de favoriser le développement de leurs compétences et l'accès aux différents niveaux de la qualification professionnelle, de contribuer au développement économique et culturel, à la sécurisation des parcours professionnels et à leur promotion sociale (c. trav. art. L. 6311-1).

Elle a également pour objet de permettre le retour à l'emploi des personnes qui ont interrompu leur activité professionnelle pour s'occuper de leurs enfants ou de leur conjoint ou ascendants en situation de dépendance.

Accès à la formation professionnelle continue - L'accès des salariés à des actions de formation professionnelle continue est assuré (c. trav. art. L. 6312-1) :
- à l'initiative de l'employeur, le cas échéant, dans le cadre du plan de développement des compétences ;
- à l'initiative du salarié dans le cadre du *compte personnel de formation**,
- dans le cadre du *contrat de professionnalisation**.

Actions de formation

Définition et objet de l'action de formation - L'action de formation figure parmi les actions concourant au développement des compétences. Elle entre dans le champ d'application des dispositions relatives à la formation professionnelle (c. trav. art. L. 6313-1).

L'action de formation se définit comme un parcours pédagogique permettant d'atteindre un objectif professionnel (c. trav. art. L. 6313-2).

Elle doit poursuivre l'un des quatre objectifs suivants (c. trav. art. L. 6313-3) :
- permettre à toute personne sans qualification professionnelle ou sans contrat de travail d'accéder dans les meilleures conditions à un emploi ;
- favoriser l'adaptation des travailleurs à leur poste de travail, à l'évolution des emplois ainsi que leur maintien dans l'emploi et participer au développement de leurs compétences en lien ou non avec leur poste de travail ; elle peut permettre à des travailleurs d'acquérir une qualification plus élevée ;
- réduire, pour les travailleurs dont l'emploi est menacé, les risques résultant d'une qualification inadaptée à l'évolution des techniques et des structures des entreprises, en les préparant à une mutation d'activité dans le cadre ou non de leur entreprise ; elle peut permettre à des salariés dont le contrat de travail est rompu d'accéder à des emplois exigeant une qualification différente, ou à des non-salariés d'accéder à de nouvelles activités professionnelles ;
- favoriser la mobilité professionnelle.

▶ À noter… Les trois autres catégories d'actions concourant au développement des compétences sont les actions de bilans de compétences, celles permettant de faire valider les acquis de l'expérience et les actions de formation par apprentissage (c. trav. art. L. 6313-1).

Qualité des actions de formation - Les organismes qui financent une action de formation ont l'obligation de s'assurer de la qualité des formations effectuées (c. trav. art. L. 6316-3). Les organismes de formation financés par des fonds publics ou mutualisés (État, régions, Caisse des dépôts et consignations, opérateur de compétences, etc.) doivent obtenir une certification (c. trav. art. L. 6316-1, R. 6316-1 à R. 6316-9 2).

Modalités de déroulement des actions de formation

Présentiel, FOAD, FEST - L'action de formation consiste en « un parcours pédagogique permettant d'atteindre un objectif professionnel » (c. trav. art. L. 6313-2 et R. 6313-1).

En plus de la formation en « présentiel », sont également reconnues :
- les actions de formation réalisées en tout ou partie à distance (FOAD) ;
- les actions de formation réalisées en situation de travail (FEST).

Mise en œuvre de la FOAD - Une action de formation en tout ou partie à distance nécessite (c. trav. art. D. 6313-3-1) :
- une assistance technique et pédagogique appropriée pour accompagner le bénéficiaire dans le déroulement de son parcours ;
- une information du bénéficiaire sur les activités pédagogiques à effectuer à distance et leur durée moyenne estimée ;
- et des évaluations qui jalonnent ou concluent l'action de formation.

Mise en œuvre de la FEST - Une action de formation en situation de travail (FEST) nécessite (c. trav. art. D. 6313-3-2) :
- l'analyse de l'activité de travail pour l'adapter à des fins pédagogiques si cela est nécessaire ;
- la désignation préalable d'un formateur pouvant exercer une fonction tutorale ;
- la mise en place de phases réflexives, distinctes des mises en situation de travail, et destinées à utiliser à des fins pédagogiques les enseignements tirés de la situation de travail (l'objectif est de consolider et expliciter les apprentissages après analyse des écarts entre les attendus, les réalisations et les acquis de chaque mise en situation) ;
- et des évaluations spécifiques des acquis de la formation qui jalonnent ou concluent l'action.

Convention - Toute action de formation suppose la conclusion d'une convention entre l'entreprise qui achète la formation et l'organisme qui la dispense (c. trav. art. L. 6353-1). Lorsqu'elles sont financées par des fonds publics ou des fonds mutualisés (État, Région, France Travail, OPCO, etc.), la convention doit comporter des mentions obligatoires (c. trav. art. D. 6353-1, I).

Pour les seules actions de formation, des bons de commande ou des devis approuvés peuvent tenir lieu de convention, sous réserve que ces documents ou une de leurs annexes comportent l'ensemble des mentions obligatoires (c. trav. art. D. 6353-1, II).

Responsabilité de l'employeur envers ses salariés

L'employeur doit, a minima, assurer l'adaptation des salariés à leur poste de travail et veiller au maintien de leur capacité à occuper un emploi, au regard notamment de l'évolution des emplois, des technologies et des organisations (c. trav. art. L. 6321-1, al. 1 et 2). S'il ne se conforme pas à son obligation, il engage sa responsabilité et peut être condamné à indemniser le salarié du préjudice subi (cass. soc. 23 octobre 2007, n° 06-40950, BC V n° 171 ; cass. soc. 5 juin 2013, n° 11-21255, BC V n° 46).

Par ailleurs, l'employeur peut proposer des formations qui participent au développement des compétences, y compris numériques, ainsi qu'à la lutte contre l'illettrisme, notamment des actions d'évaluation et de formation permettant l'accès au socle de connaissances et de compétences défini par décret (c. trav. art. L. 6321-1, al. 3).

Le cas échéant, le plan de développement des compétences peut prévoir des actions de formation mises en œuvre à ces fins (c. trav. art. L. 6321-1, al. 4).

▶ À noter… L'employeur n'est pas tenu ni d'assurer la formation initiale qui fait défaut aux salariés (cass. soc. 3 avril 2001, n° 99-42190, BC V n° 114 ; cass. soc. 31 janvier 2006, n° 05-42130, BC V n° 47), ni de former un salarié pour lui permettre d'accéder à un poste de qualification supérieure (cass. soc. 17 mars 2006, n° 04-43022 D).

Plan de développement des compétences

Définition - L'élaboration d'un plan de développement des compétences peut concerner toutes les entreprises quelle que soit leur taille. La mise en œuvre ou non d'un plan de développement des compétences relève du pouvoir de direction de l'employeur, après consultation du comité social et économique dans les entreprises d'au moins 50 salariés (pour plus de détails, voir Dictionnaire Social, « Plan de développement des compétences »).

Régime des heures de formation (temps de travail, rémunération) - Il convient de distinguer les actions de formations obligatoires et les actions de formation non obligatoires (c. trav. art. L. 6321-2 et L. 6321-6). Seules ces dernières peuvent se dérouler hors temps de travail, dans certaines limites et avec l'accord du salarié [pour plus de détails, voir *Plan de développement des compétences (durée du travail)**].

Obligation du salarié - En principe, une formation prévue par le plan de développement des compétences s'impose au salarié.

Il peut toutefois s'y opposer dans un certain nombre de cas : formation organisée hors temps de travail *(voir ci-dessus)*, réalisation d'un bilan de compétences ou validation des acquis de l'expérience puisque ces actions supposent le consentement du salarié (c. trav. art. L. 6313-4 et L. 6421-1).

On peut aussi imaginer des cas de formations dont les conditions font qu'elles peuvent être assimilées à une modification du contrat de travail nécessitant l'accord du salarié.

CPF de transition professionnelle

Le *CPF de transition professionnelle** a pour objet de faciliter les changements de métier ou de profession dans le cadre d'un projet de transition professionnelle. Il peut donner lieu à un congé pour le salarié.

Compte personnel de formation

Chaque personne âgée d'au moins 16 ans en emploi ou à la recherche d'un emploi se voit ouvrir un *compte personnel formation** dans le cadre du *compte personnel d'activité** qui est alimenté annuellement (c. trav. art. L. 6323-1). C'est au titulaire du compte de prendre l'initiative de l'utiliser.

Périodes de Pro-A

La période de reconversion ou promotion par alternance (Pro-A) s'adresse principalement aux salariés en contrat à durée indéterminée. Elle permet de suivre une formation en alternance visant un changement de métier ou de profession ou une promotion sociale ou professionnelle (c. trav. art. L. 6321-6).

☞ *Compte d'engagement citoyen ; Compte personnel de formation ; CPF de transition professionnelle ; Contribution à la formation professionnelle ; Entretien professionnel ; Période de Pro-A ; Plan de développement des compétences (durée du travail).*

Fractionnement des congés payés

Principes généraux

Durée maximale de congé en continu - La durée des congés pouvant être pris en une seule fois est limitée à 24 jours ouvrables (4 semaines), sauf pour les salariés justifiant de contraintes géographiques particulières, ou de la présence au sein du foyer d'un enfant ou d'un adulte handicapé ou d'une personne âgée en perte d'autonomie (c. trav. art. L. 3141-17).

Sous réserve de ces exceptions, un salarié qui a acquis plus de 24 jours ouvrables de congés payés ne peut pas les prendre tous en une seule fois.

Possibilités de fractionnement - Le congé principal (dit congé « d'été ») est de 24 jours ouvrables. Sous certaines conditions, il peut être fractionné. Dans certains cas, cela donne lieu à des jours de congé supplémentaires.

L'employeur peut fractionner librement la 5e semaine

Fractionnement du congé principal

Accord du salarié - Le congé principal peut être fractionné avec l'agrément du salarié (c. trav. art. L. 3141-19). Si le fractionnement s'accompagne de la fermeture de l'entreprise, l'accord du salarié n'est pas nécessaire.

Lorsque le congé acquis par le salarié ne dépasse pas 12 jours ouvrables, il doit être pris en continu (c. trav. art. L. 3141-18). Le fractionnement est impossible.

▶ Attention... Une clause du contrat de travail ne peut pas prévoir que le salarié renonce par avance au fractionnement de ses congés payés (cass. soc. 5 mai 2021, n° 20-14390 FSP).

Fraction à prendre en continu - Le salarié doit prendre au moins 12 jours ouvrables de congé en continu, entre 2 jours de repos hebdomadaire (c. trav. art. L. 3141-18).

Cette fraction d'au moins 12 jours en continu doit être prise pendant une période définie par accord d'entreprise ou d'établissement ou, à défaut, par accord de branche (c. trav. art. L 3141-21). L'accord d'entreprise ou d'établissement prime sur l'accord de branche.

À défaut de disposition conventionnelle, cette fraction doit être prise sur la période 1er mai - 31 octobre (c. trav. art. L 3141-23)

Jours supplémentaires au titre du fractionnement du congé principal

Renvoi aux accords collectifs - Un accord d'entreprise ou d'établissement (à défaut, un accord de branche) peut fixer les conditions du fractionnement (c. trav. art. L 3141-21).

Par exemple, il peut prévoir d'attribuer des jours supplémentaires en cas de fractionnement du congé principal, ou au contraire ne pas en prévoir.

Exemple

Un accord d'entreprise prévoit qu'en cas de fractionnement des congés payés, les salariés n'ont droit à aucun jour supplémentaire de congé payé au titre du fractionnement. C'est cette règle qui s'applique dans l'entreprise, en lieu et place des dispositions du code du travail *(voir ci-dessous)*.

Règles à appliquer en l'absence de règle conventionnelle - À défaut de stipulation conventionnelle, le fractionnement du congé principal donne droit à des jours supplémentaires de congés payés dans les conditions suivantes (c. trav. art. L 3141-23) :

- 2 jours ouvrables supplémentaires si le salarié prend au moins 6 jours ouvrables de congé principal en dehors de la période allant du 1er mai au 31 octobre ;
- 1 jour ouvrable supplémentaire s'il prend de 3 à 5 jours ouvrables du congé principal en dehors de cette période.

Pour ce calcul, il ne faut tenir compte ni de la 5e semaine, ni des éventuels jours de congé principal au-delà de 24 jours ouvrables dont le salarié bénéficierait.

▶ À noter... Les salariés dont le droit à congés est incomplet peuvent bénéficier des jours supplémentaires si toutes les conditions sont remplies. Il leur faut donc un droit initial d'au moins 15 jours ouvrables pour que 12 jours ouvrables puissent être pris en continu pendant la période légale, puis 3 en dehors de la période 1er mai - 31 octobre.

Le droit aux jours supplémentaires de congés pour fractionnement naît du fractionnement que ce soit le salarié ou l'employeur qui en ait pris l'initiative (cass. soc. 19 juin 2024, n° 22-22435 FSPB, 1er moyen). Peu importe qu'une convention collective réserve ces jours à l'hypothèse d'un fractionnement décidé par l'employeur (cass. soc. 19 juin 2002, n° 99-45837, BC V n° 207 ; cass. soc. 15 juin 2018, n° 17-14957 D).

L'articulation d'un arrêt de travail avec des congés payés peut conduire l'employeur à reporter ces derniers [voir *Congés payés (incidence des arrêts de travail)**]. Si les congés payés reportés sont pris en dehors de la période 1er mai - 31 octobre, le salarié a droit aux jours de fractionnement (1 ou 2 jours supplémentaires) dans les conditions prévues par le code du travail (rép. Le Fur n° 74829, JO 19 octobre 2010, AN quest. p. 11475).

▶ À noter... Lorsque l'employeur impose la prise de 6 jours ouvrables de congés en fin d'année pour cause de fermeture de la société, pour que les salariés puissent prétendre aux jours de fractionnement, il faut démontrer que l'employeur empêchait les salariés de prendre 24 jours de congés entre le 1er mai et le 31 octobre. Le seul fait d'imposer la fermeture de l'entreprise en fin d'année et la prise de 6 jours ouvrables de congés payés en conséquence ne suffit pas (cass. soc. 12 septembre 2018, n° 17-15060 FSPB).

Salariés bénéficiant de droit à congés plus favorables - Certains salariés bénéficient de droits à congés payés supérieurs au minimum prévu par la loi (2,5 jours ouvrables, à hauteur de 30 jours ouvrables, dont 24 jours au titre du congé principal).

Sauf disposition contraire, le fait que le droit à congé conventionnel initial soit supérieur au droit à un congé légal n'entraîne pas la suppression des jours supplémentaires pour fractionnement (cass. soc. 2 décembre 1981, n° 79-41399, BC V n° 932).

Les salariés peuvent donc y prétendre dans les conditions légales. Cependant, sauf disposition conventionnelle contraire, les jours de congé principal dépassant 24 jours ouvrables ne sont pas pris en compte pour le calcul des jours supplémentaires de fractionnement.

Renonciation aux jours de fractionnement

Par accord collectif - Un accord d'entreprise ou d'établissement (à défaut, un accord de branche) peut fixer les règles de fractionnement du congé (c. trav. art. L 3141-19). Il peut donc écarter l'attribution de jours de fractionnement.

L'accord du salarié est alors inutile (cass. soc. 1er décembre 2005, n° 04-40811, BC V n° 354 ; cass. soc. 23 novembre 2011, n° 10-21973 D).

Période de prise des congés pour fractionnement

❶ **Règle générale :**

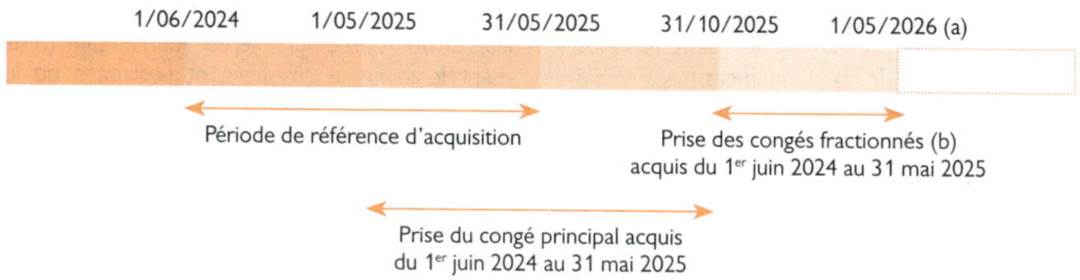

❷ **Changement de date de la période de référence :**

Un accord d'entreprise ou d'établissement ou, à défaut, un accord de branche, peut retenir une autre période de référence pour l'acquisition des congés payés (c. trav. art. L. 3141-10 ; voir *Congés payés**). Si la période de référence est l'année civile, la situation se présente comme suit :

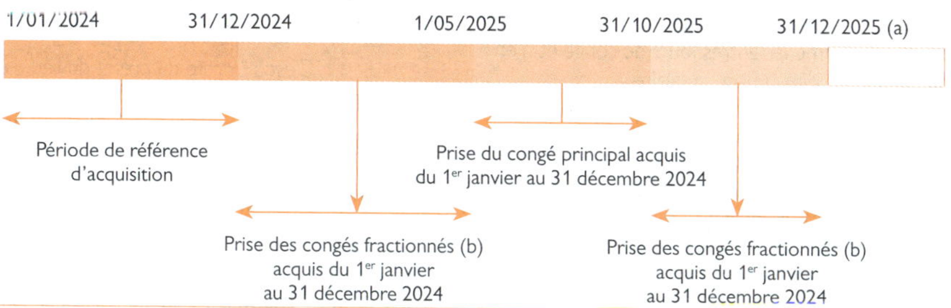

(a) Pour les salariés dont la durée du travail est, en application d'une disposition légale, décomptée à l'année, un accord d'entreprise ou d'établissement ou, à défaut, un accord de branche, peut prévoir que les congés ouverts au titre de l'année de référence peuvent faire l'objet de reports jusqu'au 31 décembre de l'année suivant celle pendant laquelle la période de prise de ces congés a débuté (c. trav. art. L. 3141-22). Ici, les congés fractionnés pourraient être pris jusqu'au 31 décembre 2026.
(b) Cinquième semaine de congés payés, solde de congé principal, jours de fractionnement lorsque ceux-ci sont acquis.

▶ À noter… La convention ou l'accord collectif doit déroger expressément au droit aux congés supplémentaires (cass. soc. 10 octobre 2018, n° 17-17890 FSPB). Cette jurisprudence, rendue au regard de la législation antérieure à la loi Travail du 8 août 2016, est à notre sens transposable, sous réserve de l'appréciation des tribunaux en cas de litige.

Renonciation individuelle du salarié - À défaut de stipulation conventionnelle, le salarié peut renoncer à ses jours de fractionnement à titre individuel (c. trav. art. L. 3141-19). Cette renonciation individuelle doit être expresse, elle ne peut pas se présumer (cass. soc. 19 juin 2002, n° 99-45837, BC V n° 207). Elle ne peut résulter ni d'une note de service (cass. soc. 17 décembre 1987, n° 85-41979, BC V n° 770), ni d'une simple information par voie informatique (cass. soc. 1er décembre 2005, n° 04-40811, BC V n° 354).

▶ À noter… Une renonciation est valable même lorsqu'elle est demandée par l'employeur (cass. soc. 6 octobre 2015, n° 14-21168 D).

Pour plus de sécurité juridique, les employeurs ont intérêt à obtenir une renonciation écrite. Celle-ci peut prendre la forme d'une demande de congé fractionné comportant une clause de renonciation aux jours supplémentaires, signée du salarié (cass. soc. 16 juin 1976, n° 75-40198, BC V n° 381).

Elle peut valablement intervenir au moment où le salarié complète le formulaire de demande de congés qui comportait une mention de renonciation qu'il pouvait rayer, et ce même si ces jours de fractionnement n'étaient pas encore acquis lors de la demande de congés (cass. soc. 19 juin 2024, n° 22-22435 FSPB, 1er moyen).

Exemple

Lorsqu'un salarié est informé par une mention du formulaire de demande de congés payés que toute dérogation au principe de prise d'un congé de 4 semaines au cours de la période s'étendant du 1er mai au 31 octobre emporte renonciation aux jours supplémentaires pour fractionnement, le salarié qui remplit ce formulaire ne peut pas ensuite demander le bénéfice de ces jours (cass. soc. 30 septembre 2014, n° 13-13315 D).

Attention cependant, une clause du contrat de travail ne peut pas prévoir que le salarié renonce à l'avance à ses jours de fractionnement (cass. soc. 5 mai 2021, n° 20-14390 FSP).

Indemnisation des jours de fractionnement

La comparaison entre le maintien du salaire et le dixième de la rémunération perçue au cours de l'année de référence est appliquée avec quelques adaptations.

Maintien du salaire - Les jours de fractionnement sont payés comme les autres jours de congé et n'entraînent aucune diminution de salaire.

Règle du dixième - Pour vérifier si le salarié a perçu au moins le dixième de sa rémunération de référence en paiement des congés payés (voir *Indemnité de congés payés**), il convient de proratiser l'indemnité de congés payés calculée selon la règle du dixième en fonction du droit à congé total, jours de fractionnement inclus.

Exemple

La base de calcul de l'indemnité de congés payés d'un salarié est de 26 400 € sur l'année de référence (pour l'application de la règle du 1/10). Il fractionne ses congés payés et obtient 2 jours de congé supplémentaires. L'indemnité de congés payés se calcule comme suit :

- indemnité pour 30 jours ouvrables : 26 400/10 = 2 640 € ;
- indemnité pour 32 jours ouvrables : 2 640 × (32/30) = 2 816 €.

Chaque jour ouvrable de congé est donc indemnisé pour 2 816/32 = 88 €, selon la règle du dixième.

Fractionnement de la 5e semaine

Les règles légales prévues pour le fractionnement ne s'appliquent pas à la 5e semaine (par exemple, l'accord du salarié n'est pas nécessaire).

Le fractionnement de la 5e semaine ne donne pas droit à des jours supplémentaires.

☛ *Congés payés ; Fermeture de l'entreprise (pendant les congés) ; Indemnité de congés payés.*

Frais d'atelier

Les frais d'atelier sont les frais engagés par les *travailleurs à domicile** pour exercer leur emploi (notamment le loyer, le chauffage et l'éclairage du local de travail). Ils correspondent également à la force motrice, à l'amortissement des moyens de production et aux frais accessoires (c. trav. art. L. 7422-11).

Fixation des frais

Le montant des frais peut être fixé par convention ou accord collectif étendu. À défaut, il est fixé par arrêté préfectoral, disponible au sein des unités territoriales constituant chaque *DREETS** ou à la préfecture (c. trav. art. L. 7422-6 et L. 7422-11).

▶ À noter… C'est à l'arrêté du préfet du lieu d'établissement du *donneur d'ouvrage** qu'il convient de se référer, quel que soit le lieu où le salarié exerce son activité (cass. soc. 6 mai 1998, n° 96-41442 D).

En l'absence de convention collective et d'arrêté préfectoral, le montant des frais est déterminé par accord des parties ou, en cas de litige, par le juge. Ce dernier peut fixer le montant des frais d'atelier par rapport aux frais réellement engagés par le travailleur (cass. soc. 18 janvier 1995, n° 91-40605, BC V n° 34) ou en se référant à une évaluation forfaitaire (cass. soc. 17 mai 2000, n° 98-41461 D).

En toute hypothèse, la valeur des matières premières et des fournitures accessoires que le travailleur à domicile est tenu de se procurer en tout ou en partie ne constitue pas un élément du tarif et fait l'objet d'un remboursement séparé. Lorsque le travailleur est tenu de prendre les fournitures accessoires chez l'employeur, celles-ci lui sont fournies gratuitement (c. trav. art. L. 7422-12).

Conditions d'exonération au titre des frais professionnels

Dépenses réelles ou allocations forfaitaires - Ces frais peuvent être déduits de l'assiette des cotisations de sécurité sociale dès lors qu'ils sont versés (c. séc. soc. art. L. 241-9 ; arrêté du 29 décembre 1969, JO 7 janvier 1970) :

- soit sous la forme d'un remboursement des dépenses réelles engagées par le travailleur ;
- soit sous la forme de majorations ou d'allocations forfaitaires si celles-ci sont utilisées conformément à leur objet.

Indemnités conformes à leur objet - La preuve de l'utilisation conforme à son objet d'une indemnité forfaitaire versée à un travailleur à domicile est apportée dès lors que cette indemnisation n'excède pas le montant des frais réellement engagés. Ainsi, seule la fraction de l'indemnité qui excède le montant des prix réels est à réintégrer dans l'assiette des cotisations (arrêté du 29 décembre 1969, JO 7 janvier 1970 ; BOSS, Frais professionnels, § 1840, 01/01/2024).

Montant déduit - Les entreprises sont autorisées à exclure de l'assiette des cotisations les frais réellement engagés ainsi que les allocations forfaitaires utilisées conformément à leur objet qui n'excèdent pas les taux fixés par convention collective, accord des parties ou arrêté préfectoral (BOSS, Frais professionnels, § 1840, 01/01/2024).

Si les taux fixés par arrêtés préfectoraux dépassent ceux fixés par l'arrêté du 29 décembre 1969 sur la déduction forfaitaire spécifique applicable à certains travailleurs à domicile *(voir ci-dessous)*, les entreprises sont autorisées à déduire de la rémunération globale le pourcentage de frais d'atelier fixé par ces arrêtés préfectoraux (BOSS, Frais professionnels, § 1850, 01/01/2024).

Déduction forfaitaire spécifique pour frais professionnels - Pour certaines industries, une déduction forfaitaire spécifique pour frais professionnels, dont le taux varie de 5 à 40 %, peut s'appliquer à l'assiette des cotisations (arrêté du 29 décembre 1969, JO 7 janvier 1970). Dans ce cas, l'employeur a le choix entre 2 méthodes (BOSS, Frais professionnels, § 1850, 01/01/2024) :
- appliquer la déduction forfaitaire spécifique après avoir réintégré le montant des frais d'atelier dans l'assiette des cotisations de sécurité sociale (mais pas dans la base CSG/CRDS) ;
- ne pas appliquer la déduction forfaitaire spécifique, auquel cas les frais d'atelier n'ont pas à être intégrés dans l'assiette des cotisations.

La liste des professions ouvrant droit à la déduction figure par ailleurs [voir *Frais professionnels (déduction forfaitaire spécifique)**].

☞ *Carnet de salaire ; Donneur d'ouvrage (travail à domicile) ; Frais professionnels (déduction forfaitaire spécifique) ; Travailleurs à domicile.*

Frais de déplacement

Les salariés effectuant des déplacements professionnels pour l'exercice de leurs missions ou de leur emploi engagent des frais (transport, nourriture, logement) qui entrent dans la catégorie des *frais professionnels** et peuvent, à ce titre, être remboursés ou pris en charge par l'employeur en exonération de cotisations.

Frais professionnels de transport

Utilisation de son véhicule personnel par le salarié - Si le salarié est contraint d'utiliser son véhicule personnel pour un déplacement professionnel, l'employeur peut lui rembourser, en exonération de cotisations, les frais qu'il engage réellement, sur la base de justificatifs (arrêté du 20 décembre 2002 modifié, art. 2).

▶ À noter... Par véhicule personnel, il faut entendre le véhicule dont le salarié lui-même, ou le cas échéant son conjoint ou l'un des membres de son foyer fiscal, est propriétaire ou copropriétaire ou qu'il loue (BOSS, Frais professionnels, § 420, 01/01/2025). En cas de covoiturage, seul le propriétaire du véhicule peut bénéficier de l'indemnité pour un trajet donné (BOSS, Frais professionnels, § 400, 01/01/2025).

Pour plus de simplicité, l'employeur peut aussi rembourser au salarié ses frais de déplacement sous forme d'indemnités forfaitaires exonérées de cotisations dès lors que leur montant ne dépasse pas les limites fixées par les *barèmes kilométriques** publiés chaque année par l'administration fiscale (arrêté du 20 décembre 2002 modifié, art. 4 ; BOSS, Frais professionnels, § 380, 01/01/2025).

L'employeur doit cependant justifier de l'existence de déplacements professionnels et du nombre exact de kilomètres parcourus. En l'absence de pièce justificative établissant la nature, l'importance et la réalité des frais engagés par les salariés, les indemnités kilométriques seront intégrées dans l'assiette des cotisations et contributions sociales (BOSS, Frais professionnels, § 390, 01/01/2025).

Si le montant des indemnités kilométriques dépasse celui du barème fiscal, la fraction excédentaire ne peut être exonérée que si l'employeur justifie de l'utilisation effective des indemnités conformément à leur objet, en produisant les justificatifs des frais exposés. À défaut, elle est assujettie à l'ensemble des cotisations et contributions sociales (BOSS, Frais professionnels, § 400, 01/01/2025).

Le versement par l'employeur d'une indemnité kilométrique supérieure au barème fixé par voie conventionnelle ne remet pas en cause l'exclusion d'assiette dès lors que l'indemnité demeure inférieure au montant fixé par le barème de l'administration fiscale (BOSS, Frais professionnels, § 110, 01/01/2025).

Les frais de stationnement ont la nature de frais professionnels supplémentaires, même si l'employeur rembourse déjà au salarié des indemnités kilométriques (BOSS, Frais professionnels, § 410, 01/01/2025).

Utilisation d'un vélo personnel - Si le salarié utilise son vélo personnel pour un déplacement professionnel, il peut être indemnisé en franchise de cotisations dans la limite de 25 centimes d'euro par kilomètre. Outre la réalité du déplacement professionnel, l'entreprise devra être en mesure de justifier du mode de transport utilisé et du nombre de kilomètres parcourus (BOSS, Frais professionnels, §§ 490 et 500, 01/01/2025).

Mise à disposition d'un véhicule par l'employeur - Si l'employeur met un véhicule à la disposition du salarié pour son usage professionnel, l'économie de frais réalisée par le salarié ne constitue pas à elle seule un *avantage en nature**. Seule l'utilisation privée d'un *véhicule** mis à la disposition du salarié de façon permanente constitue un avantage en nature, peu important qu'il s'agisse d'un véhicule acheté, loué ou en location avec option d'achat.

En principe, lorsque l'employeur opte pour une valorisation de l'*avantage en nature véhicule** hors frais de carburant, les frais de carburant engagés par le salarié pour des déplacements professionnels ne peuvent être pris en charge par l'employeur que sur la base des frais réels. Toutefois, à titre de simplification, il est admis que ces frais puissent être évalués forfaitairement par référence au barème fiscal des frais de carburant prévu par le code général des impôts (BOSS, Frais professionnels, § 480, 01/01/2025).

Autres frais de transport (billets de train, d'avion, etc.) - Les autres frais de transport exposés par un salarié à l'occasion d'un déplacement professionnel peuvent être remboursés en exonération au titre des *frais professionnels** sur la base des frais réels, en fonction des justificatifs (arrêté du 20 décembre 2022 modifié, art. 2).

Petits déplacements (hors secteurs spécifiques) : les frais de repas

Définition - Le salarié est en situation de petit déplacement professionnel s'il est empêché de regagner sa résidence ou son lieu habituel de travail pour déjeuner et se trouve donc contraint de prendre ses repas hors des locaux de l'entreprise (au restaurant, sur un chantier…). Les frais supplémentaires de repas qu'il engage à cette occasion sont des *frais professionnels** (arrêté du 20 décembre 2002 modifié, art. 3, 1° et 3° ; BOSS, Frais professionnels, § 150, 01/01/2025).

▶ À noter… Contrairement au grand déplacement *(voir plus loin)*, le petit déplacement n'occasionne pas de frais supplémentaires de logement dans la mesure où le salarié a la possibilité de rentrer chaque jour à son domicile.

Les dépenses supplémentaires engagées afin de s'alimenter à l'heure habituelle du déjeuner par des salariés qui ne se trouvent pas en déplacement pour leur travail ou sur un chantier hors des locaux de l'entreprise ne sont donc pas des frais professionnels (BOSS, Frais professionnels, § 160, 01/01/2025 ; cass. soc. 4 mars 1993, n° 90-21547, BC V n° 81). En conséquence, le remboursement de frais de repas accordé à des salariés sédentaires pour des repas pris à proximité de leur lieu de travail ou de leur résidence ne couvre pas des frais professionnels. Il s'agit d'un avantage soumis à cotisations (cass. civ., 2e ch., 31 mai 2006, n° 04-30850 D).

De même, pour la Cour de cassation, les salariés envoyés en mission au sein d'entreprises clientes et y ayant leur lieu de travail habituel ne sont pas en situation de petit déplacement professionnel. Les allocations forfaitaires qui leur sont versées pour leur repas ne peuvent donc pas être exonérées de cotisations au titre des frais professionnels (cass. civ., 2e ch., 9 mars 2017, n° 16-12309 D ; cass. soc. 6 mai 1985, n° 83-15748, BC V ; cass. civ., 2e ch., 21 février 2008, n° 07-12230, BC II n° 46). Une tolérance est toutefois admise par l'administration pour les intérimaires, les salariés en mission des SSII (sociétés de services en ingénierie informatique) et les salariés portés des entreprises de *portage salarial** *(voir plus loin « Petits déplacements des salariés des SSII en mission, des intérimaires et des salariés en portage salarial »)*.

Frais réels ou allocations forfaitaires - Le remboursement de repas pris à l'extérieur de l'entreprise à l'occasion d'un déplacement professionnel s'effectue soit sur présentation d'un justificatif (frais réels), soit sous forme d'une indemnisation forfaitaire (arrêté du 20 décembre 2002 modifié, art. 2).

Limites d'exonération des allocations forfaitaires - Les indemnités forfaitaires sont présumées utilisées conformément à leur objet et donc exonérées de cotisations dès lors qu'elles n'excèdent pas les limites d'exonération mentionnées dans le tableau ci-après (arrêté du 20 décembre 2002 modifié, art. 3, 1° et 2°).

Au-delà de ces limites, l'exonération ne peut jouer que si l'employeur justifie ce dépassement par des dépenses réellement engagées par le salarié.

Les limites d'exonération sont réévaluées chaque 1er janvier en fonction du taux prévisionnel d'évolution en moyenne annuelle des prix à la consommation des ménages (hors tabac) (arrêté du 20 décembre 2002 modifié, art. 10). La diffusion du barème est assurée via le site www.urssaf.fr et le *Bulletin officiel de la sécurité sociale (BOSS)**.

▶ Attention… Des barèmes spécifiques d'exonération s'appliquent dans certains secteurs d'activité : BTP, travail temporaire, chaudronnerie et tuyauterie industrielle *(voir plus loin)*.

Allocations forfaitaires repas (par jour en 2025)	
Repas au restaurant	21,20 €
Repas hors des locaux (chantier…)	10,30 €

Allocation forfaitaire pour un repas au restaurant - La limite de 21,20 € (valeur 2025) vise le salarié en petit déplacement contraint de prendre ses repas au restaurant (arrêté du 20 décembre 2002 modifié, art. 3, 1°).

Hormis le cas où les usages de la profession obligent le salarié à prendre son repas au restaurant, il appartient à l'employeur de démontrer que le salarié est en déplacement professionnel et qu'il est obligé, par ses conditions particulières de travail, de prendre son repas au restaurant. Ainsi, lorsque l'employeur a établi que les circonstances de fait ou les usages de la profession obligent les salariés en déplacement professionnel à prendre leurs repas au restaurant et que l'indemnité ne dépasse pas le plafond d'exclusion, il n'a pas à justifier que l'allocation a été utilisée conformément à son objet (BOSS, Frais professionnels, § 250, 01/01/2025).

▶ À noter… Les éléments de preuve à fournir par l'employeur peuvent être apportés par tout moyen et peuvent être établis pour l'ensemble des salariés concernés, et non pour chacun individuellement. Le fait de fournir des attestations du restaurateur ne prouve pas dans tous les cas que les salariés étaient contraints de prendre leur repas au restaurant en raison de conditions particulières de travail (BOSS, Frais professionnels, § 280, 01/01/2025).

S'il n'est pas établi que le salarié est contraint de prendre son repas au restaurant, ou que les usages de la profession le conduisent à prendre son repas au restaurant, c'est la limite d'exonération prévue pour les repas hors des locaux de l'entreprise qui s'applique *(voir ci-dessous)*. Tel est notamment le cas lorsque les salariés prennent en fait leur repas dans leur véhicule (BOSS, Frais professionnels, § 260, 01/01/2025).

Allocations forfaitaires pour un repas hors des locaux - La limite de 10,30 € par repas (valeur 2025) vise la situation des salariés en déplacement hors des locaux de l'entreprise, lorsqu'il n'est pas démontré que les circonstances ou les usages de la profession exigent de prendre ce repas au restaurant.

Cette situation concerne notamment les salariés occupés et prenant leurs repas sur des chantiers, des entrepôts, des ateliers extérieurs, ou bien en déplacement sur un autre site de l'entreprise, et qui ne peuvent rentrer chez eux pour le repas de midi, du fait de contraintes d'horaires (arrêté du 20 décembre 2002 modifié, art. 3, 3° ; BOSS, Frais professionnels, §§ 210 et 220, 01/01/2025).

▶ À noter… Les indemnités de « casse-croûte » versées en application d'une convention collective nationale sont assimilées à des indemnités de restauration hors des locaux de l'entreprise si les circonstances de fait (travail hors des locaux de l'entreprise, salariés occupés sur des chantiers, des entrepôts, des ateliers extérieurs…) sont établies. Si ce n'est pas le cas, l'employeur doit réintégrer ces indemnités dans l'assiette des cotisations (BOSS, Frais professionnels, § 230, 01/01/2025).

Indemnité de restauration sur le lieu de travail - Cette situation ne concerne pas des salariés en déplacement. Elle vise le cas de salariés qui sont contraints de se restaurer sur le lieu de travail (voir *Prime de panier**).

Petits déplacements dans des secteurs spécifiques (BTP, ETT…)

Secteurs concernés - Les entreprises de travail temporaire (ETT), de travaux publics, du bâtiment, de la tôlerie, de la chaudronnerie et de la tuyauterie industrielle peuvent appliquer, pour des raisons de simplification, un barème particulier d'exonération pour les indemnités de petits déplacements destinées à couvrir les frais de repas et de transport (BOSS, Frais professionnels, § 1930, 01/01/2025).

Indemnités de transport - Ce barème fixe des valeurs tenant compte des distances parcourues aller et retour multipliées par 50 % de la valeur du barème kilométrique fiscal pour un véhicule de 4 CV fiscaux effectuant moins de 5 000 km dans l'année (voir *Barèmes kilométriques**). Ces valeurs sont majorées de 20 % en cas d'utilisation d'un véhicule électrique (BOSS, Frais professionnels, § 1940, 01/01/2025).

Ce régime particulier d'indemnisation dispense les entreprises visées qui entendent s'y référer de justifier du mode de transport utilisé et du montant des frais de transport réellement exposés par les salariés à l'occasion de leurs déplacements (BOSS, Frais professionnels, § 1970, 01/01/2025).

Indemnités de petits déplacements : BTP, travail temporaire, chaudronnerie, tuyauterie industrielle (par jour)			
I - Frais de repas (valeurs 2025)			
• Repas pris hors des locaux de l'entreprise ou sur un chantier : 10,30 € par repas			
• Repas pris au restaurant : 21,10 € par repas			
II - Frais de déplacement (valeurs 2024 - valeurs 2025 non encore diffusées au 15.01.2025)			
Trajet aller et retour compris entre	**Limite d'exonération quotidienne (1)**	**Trajet aller et retour compris entre**	**Limite d'exonération quotidienne (1)**
5 et 10 km	3,00 €	**100 et 110 km**	33,30 €
10 et 20 km	6,10 €	**110 et 120 km**	36,40 €
20 et 30 km	9,10 €	**120 et 130 km**	39,40 €
30 et 40 km	12,10 €	**130 et 140 km**	42,40 €
40 et 50 km	15,20 €	**140 et 150 km**	45,50 €
50 et 60 km	18,20 €	**150 et 160 km**	48,50 €
60 et 70 km	21,20 €	**160 et 170 km**	51,50 €
70 et 80 km	24,20 €	**170 et 180 km**	54,50 €
80 et 90 km	27,30 €	**180 et 190 km**	57,60 €
90 et 100 km	30,30 €	**190 et 200 km**	60,60 €
(1) Ces valeurs sont majorées de 20 % en cas d'utilisation d'un véhicule électrique (BOSS, Frais professionnels, § 1940, 01/01/2025).			

Les limites d'exonération applicables en 2025 aux indemnités de transport n'avaient pas encore été diffusées à l'heure où nous rédigions ces lignes (15 janvier 2025), dans la mesure où l'administration fiscale n'avait pas encore publié les nouveaux *barèmes kilométriques** de référence.

Le tableau reproduit ci-après rappelle les valeurs 2024 des indemnités de transport.

Allocations pour frais de repas - À l'indemnité journalière correspondant aux frais de transport s'ajoute une allocation forfaitaire pour le repas. Le montant de l'allocation varie selon qu'il est démontré ou non que le salarié se trouve dans l'obligation de prendre ses repas au restaurant (BOSS, Frais professionnels, § 1960, 01/01/2025).

Sur les limites d'exonération des indemnités de repas au 1er janvier 2025, voir tableau reproduit ci-après (BOSS, Frais professionnels, § 1940, 01/01/2025).

Appréciation de la distance pour les indemnités kilométriques - Pour les indemnités kilométriques, la distance aller et retour parcourue s'apprécie différemment selon les secteurs (BOSS, Frais professionnels, § 1950, 01/01/2025) :

- pour les entreprises de travail temporaire, on se réfère au domicile fiscal (ou lieu de résidence) du salarié, dûment justifié par l'employeur ;
- pour les entreprises de la tôlerie, de la chaudronnerie et de la tuyauterie industrielle, ainsi que pour les ouvriers des entreprises de BTP, on se réfère au domicile fiscal (ou lieu de résidence) du salarié, dûment justifié par l'employeur, ou au lieu de rattachement du salarié défini par le contrat de travail (siège social ou établissement de rattachement).

L'option entre l'une ou l'autre de ces modalités doit être exercée annuellement pour l'ensemble des salariés de l'entreprise.

Non-cumul avec une DFS - L'exonération des indemnités n'est admise que dans la mesure où l'employeur ne pratique pas sur la rémunération des salariés, lorsqu'ils y sont éligibles, une déduction forfaitaire spécifique (DFS) pour frais professionnels [voir *Frais professionnels (déduction forfaitaire spécifique)**] (BOSS, Frais professionnels, § 1970, 01/01/2025).

Petits déplacements des salariés des SSII en mission, des intérimaires et des salariés en portage salarial

Principe : pas de petit déplacement en cas de poste fixe dans l'entreprise cliente - Le BOSS explique que, pour la Cour de cassation, les salariés intérimaires des entreprises de travail temporaire (ETT), les salariés en mission des sociétés de services en ingénierie informatique (SSII) et les salariés portés des entreprises de *portage salarial** sont considérés comme étant sur leur lieu de travail habituel (et donc pas en petit déplacement) dès lors que le poste de travail occupé dans l'entreprise cliente est fixe. Le régime social de leurs frais de repas est, dans ce cas, celui applicable aux salariés sédentaires (BOSS, Frais professionnels, §§ 300 et 320, 01/01/2025 ; cass. soc. 6 mai 1985, n° 83-15748, BC V n° 277 ; cass. civ., 2e ch., 21 février 2008, n° 07-12230, BC II n° 46 ; cass. civ., 2e ch., 9 mars 2017, n° 16-12309 D).

Pour apprécier le petit déplacement, la Cour de cassation ne se place donc pas sur le terrain de la durée de la mission, mais sur celui du lieu de travail habituel.

Toutefois, pour l'administration, il y a lieu d'admettre que l'entreprise cliente ne devient le lieu habituel de travail que lorsque la mission du salarié excède une durée de 3 mois *(voir ci-dessous)*.

Exception : mission de moins de 3 mois - Le BOSS a repris la tolérance admise en son temps par l'*ACOSS** pour les remboursements des frais de petits déplacements des salariés intérimaires et des salariés en mission des SSII effectuant une prestation dans une entreprise cliente (lettre-circ. ACOSS 2015-34 du 6 juillet 2015), et l'a étendue aux salariés en *portage salarial** à compter du 1er avril 2021.

Ainsi, par tolérance, l'administration admet qu'un salarié en mission soit considéré comme étant en petit déplacement dès lors que la durée de sa mission auprès de la même entreprise n'excède pas 3 mois (BOSS, Frais professionnels, § 330, 01/01/2025).

Pendant les trois premiers mois de la mission, décomptés de date à date, les indemnités de repas qui sont versées au salarié en mission ont donc le caractère de remboursements de frais professionnels et sont exclues de l'assiette des cotisations sociales dans la limite d'un forfait, ou en totalité sur présentation des justificatifs, à condition qu'il soit établi que le salarié se trouve dans l'impossibilité de regagner sa résidence, l'ETT, la SSII ou l'entreprise de portage salarial pour prendre ses repas.

La durée de trois mois équivaut à 55 jours de travail réalisés en continu. Cette durée doit être appréciée de date à date sans neutraliser les périodes de suspension (arrêt maladie, congés payés...).

À partir du 1er jour du 4e mois consécutif de la mission, le salarié est assimilé à un sédentaire de l'entreprise cliente. Les remboursements de frais de repas n'ont alors plus le caractère de frais professionnels et doivent être intégrés dans l'assiette des cotisations de sécurité sociale. Seuls les remboursements de frais de repas qui seraient liés à des déplacements professionnels hors de l'entreprise cliente peuvent être exonérés au titre des frais professionnels.

Grands déplacements en France métropolitaine : frais de repas et de logement

Définition du grand déplacement - Sont considérés comme des grands déplacements les déplacements professionnels effectués à la demande de l'employeur et qui empêchent le salarié de regagner chaque jour sa résidence habituelle, lui occasionnant des dépenses supplémentaires de nourriture et de logement (arrêté du 20 décembre 2002 modifié, art. 5, 1° ; BOSS, Frais professionnels, §§ 1230 et 1240, 01/01/2025).

Le salarié est présumé empêché de regagner sa résidence lorsqu'une distance d'au moins 50 km sépare le lieu de résidence du lieu de déplacement et que les transports en commun ne permettent pas de parcourir cette distance en moins de 1 h 30 (trajet aller ou retour).

Toutefois, même si ces deux conditions ne sont pas remplies, le salarié est également considéré comme étant dans la situation de grand déplacement lorsqu'il est empêché de regagner son domicile en fin de journée pour des circonstances de fait.

En revanche, la situation de grand déplacement ne peut être admise (BOSS, Frais professionnels, §§ 1250 et 1260, 01/01/2025) :

- pour un salarié qui s'éloigne de son lieu de travail pour suivre son conjoint recruté dans une autre entreprise ;
- pour un salarié embauché de manière ponctuelle pour réaliser une mission dans une localité éloignée de son domicile ;
- pour un salarié résidant avec sa famille en province, amené à se rendre dans les locaux de l'entreprise situés en région parisienne pour préparer ses missions pendant une période de 12 à 24 mois qui précède un départ à l'étranger ;
- pour un salarié qui maintient son domicile à l'étranger après avoir accepté un emploi en France, ce qui implique normalement qu'il y fixe son domicile.

Remboursement au réel ou allocations forfaitaires - L'employeur peut procéder au remboursement des dépenses de nourriture et de logement des salariés en situation de grand déplacement soit sur la base des frais réels, soit par le versement d'allocations forfaitaires (arrêté du 20 décembre 2002 modifié, art. 2).

Limites d'exonération des allocations forfaitaires - Les allocations forfaitaires sont réputées utilisées conformément à leur objet (et donc exonérées de cotisations) si elles ne dépassent pas les limites fixées par l'arrêté du 20 décembre 2002 et si l'employeur justifie que le salarié ne peut pas regagner quotidiennement sa résidence (BOSS, Frais professionnels, § 1270, 01/01/2025).

Pour les grands déplacements dont la durée, continue ou discontinue dans un même lieu, n'est pas supérieure à 3 mois de date à date, les allocations forfaitaires sont exonérées de cotisations dans la limite, en 2025, de (arrêté du 20 décembre 2002 modifié, art. 5) :

- 21,10 € par repas pour les frais de repas ;
- 75,60 € par jour pour les frais de logement et de petit-déjeuner pour un déplacement à Paris, dans les Hauts-de-Seine, la Seine-Saint-Denis et le Val-de-Marne ou 56,10 € par jour dans les autres départements de France métropolitaine.

Indemnités de grand déplacement en France métropolitaine (par jour en 2025)			
Durée	**Pour un repas**	**Logement et petit déjeuner**	
		Paris + 92, 93, 94	**Autres départements de métropole**
3 premiers mois	21,10 €	75,60 €	56,10 €
Au-delà de 3 mois et jusqu'à 2 ans	17,90 €	64,30 €	47,70 €
Au-delà de 2 ans et jusqu'à 6 ans	14,80 €	52,90 €	39,30 €

La réglementation permet aussi de procéder par allocations forfaitaires pour des déplacements supérieurs à 3 mois. Les limites d'exonération subissent toutefois un abattement de (arrêté du 20 décembre 2002 modifié, art. 5) :
- 15 % au-delà de 3 mois et jusqu'à 2 ans ;
- 30 % au-delà de 2 ans et jusqu'à 6 ans.

Les résultats sont arrondis à la dizaine de centimes d'euro la plus proche.

▶ À noter... La durée de déplacement sur un même chantier ou site s'entend de la durée d'affectation qui comprend, le cas échéant, les périodes de suspension du contrat de travail avec ou sans versement de la rémunération (BOSS, Frais professionnels, § 1300, 01/01/2025).

Ainsi, si l'on reprend l'exemple donné par la direction de la sécurité sociale dans une ancienne circulaire abrogée avec l'entrée en vigueur du BOSS (circ. DSS/SDFSS/5B 2005-389 du 19 août 2005, QR 83, abrogée au 1er avril 2021), il ne faut pas appliquer les abattements de 15 % et 30 % sur les indemnités de grand déplacement lorsque le salarié se rend dans une entreprise cliente dans le cadre d'un contrat de maintenance de 4 ans prévoyant des visites régulières tous les 15 jours. Ces grands déplacements résultent en effet de missions distinctes de courte durée et ne correspondent pas à une affectation continue ou discontinue sur un même lieu de travail.

La direction de la sécurité sociale avait également précisé que si des salariés sont affectés sur plusieurs chantiers, le décompte de la durée du déplacement doit se faire par chantier et à la date d'affectation sur chaque chantier (circ. DSS/SDFSS/5B 2005-389 du 19 août 2005, QR 82, abrogée au 1er avril 2021). Bien que non reprise par le BOSS, cette précision garde, à notre sens, tout son intérêt.

Toute allocation forfaitaire qui excède la limite d'exonération peut encore être exonérée, mais à condition de produire des justificatifs. La justification requise peut être apportée par la production de l'un des documents suivants (liste non limitative) : certificat de domicile ou tout document en tenant lieu ; quittance de loyer, d'électricité, de la compagnie des eaux ; pièce d'identité de quelque nature que ce soit (BOSS, Frais professionnels, § 1280, 01/01/2025).

Les limites d'exonération sont réévaluées au 1er janvier de chaque année en fonction du taux prévisionnel d'évolution en moyenne annuelle des prix à la consommation des ménages (hors tabac) (arrêté du 20 décembre 2002 modifié, art. 10).

Logement loué par l'employeur - Lorsque les circonstances de fait établissent la réalité de la situation de grand déplacement, la mise à disposition par l'employeur d'un hébergement dont il assure les frais de location et les frais annexes (ex : électricité) peut être considérée comme représentative de frais professionnels, aucun *avantage en nature** n'étant dans ce cas à réintégrer dans l'assiette des cotisations et contributions sociales.

Dans cette hypothèse, le remboursement des frais de petit-déjeuner peut être assuré sur la base des frais réellement engagés (BOSS, Frais professionnels, § 1330, 01/01/2025).

Grands déplacements supérieurs à 6 ans - Le système des allocations forfaitaires ne peut plus être utilisé si le déplacement se prolonge au-delà de 6 ans. L'employeur ne peut alors procéder que par remboursement des frais réels, sur justificatifs (BOSS, Frais professionnels, § 1300, 01/01/2025).

Grands déplacements vers la France d'outre-mer : frais de repas et de logement

Frais réels ou allocations forfaitaires - L'employeur peut procéder au remboursement des dépenses de nourriture et de logement des salariés en situation de grand déplacement en outre-mer soit sur la base des frais réels, soit par le versement d'allocations forfaitaires (arrêté du 20 décembre 2002 modifié, art. 2).

Référence retenue pour les allocations forfaitaires - Lorsque le salarié est en déplacement professionnel dans les départements d'outre-mer, les collectivités de Mayotte et Saint-Pierre-et-Miquelon

Indemnités de grand déplacement en Outre-mer (par jour en 2025)				
Limite d'exclusion de l'assiette des allocations forfaitaires			Abattement applicable à la limite d'exclusion d'assiette selon la durée	
Lieu du déplacement	Hébergement (petit-déjeuner compris)	Repas	Déplacement de 3 mois à 2 ans	Déplacement de plus de 2 ans et jusqu'à 6 ans
Martinique, Guadeloupe, Guyane, La Réunion, Mayotte, Saint-Pierre-et-Miquelon, Saint-Barthélemy, Saint-Martin	• Cas général : 120 € • Salarié handicapé : 150 €	20 €	– 15 %	– 30 %
Nouvelle-Calédonie, Wallis-et-Futuna, Polynésie française	• Cas général : 120 € • Salarié handicapé : 150 €	24 €	– 15 %	– 30 %
Îles Saint-Paul et Amsterdam, archipel Crozet, archipel Kerguelen, terre Adélie (TAAF)	Exclusion de l'assiette des cotisations des dépenses sur justificatifs			

ou les autres territoires français d'outre-mer, les indemnités destinées à compenser les dépenses supplémentaires de repas et de logement sont réputées utilisées conformément à leur objet pour la fraction qui n'excède pas le montant des indemnités de mission allouées aux personnels civils et militaires de l'État envoyés en mission temporaire en France d'outre-mer, fixées par un arrêté de 2006 (arrêté du 20 décembre 2002 modifié, art. 5, 3° ; arrêté du 3 juillet 2006, JO du 4, art. 1 modifié en dernier lieu par arrêté du 20 septembre 2023, JO du 21, texte 20 ; BOSS, Frais professionnels, § 1340, 01/01/2025).

Les limites d'exonération des allocations forfaitaires pour frais d'hébergement et frais de repas varient selon les territoires. En outre, si le salarié est reconnu travailleur handicapé et à mobilité réduite, le montant de l'indemnité hébergement est majoré *(voir tableau ci-après)*.

▶ À noter… En l'absence de barème unique fixant le taux des indemnités de mission pour l'ensemble des fonctionnaires, il convient de retenir le taux maximal de l'indemnité de mission comme limite d'exclusion de l'assiette des cotisations de sécurité sociale des allocations forfaitaires (BOSS, Frais professionnels, § 1340, 01/01/2025).

Séjours dépassant 3 mois - Si le salarié est affecté en outre-mer au-delà de 3 mois et jusqu'à une durée de 6 ans (de façon continue ou discontinue), les allocations forfaitaires sont toujours applicables, mais avec des abattements (résultats à arrondir à la dizaine de centimes d'euro la plus proche) (arrêté du 20 décembre 2002 modifié, art. 5) :
- abattement de 15 % pour un déplacement supérieur à 3 mois mais n'excédant pas 2 ans ;
- abattement de 30 % pour un déplacement supérieur à 2 ans mais n'excédant pas 6 ans.

Terres Australes et Antarctiques françaises (TAAF) - Les remboursements des frais de déplacement dans les TAAF ne peuvent être exonérés que sur justificatifs. Les territoires concernés sont les îles Saint-Paul et Amsterdam, l'archipel Crozet, l'archipel des Kerguelen et la terre Adélie (BOSS, Frais professionnels, § 1370, 01/01/2025).

Grands déplacements à l'étranger : frais de repas et de logement

Réalité du grand déplacement - L'exonération des remboursements de frais de grands déplacements à l'étranger ne peut jouer que si l'employeur est en mesure de démontrer que ces indemnités sont destinées à compenser des dépenses supplémentaires de repas et de logement, ce qui suppose que le salarié est dans l'impossibilité de regagner chaque jour sa résidence habituelle. Tel n'est pas le cas lorsque le salarié a sa résidence habituelle dans le pays étranger (cass. civ., 2e ch., 12 février 2015, n° 14-10635, BC V n° 26). Dans une telle situation, l'employeur doit plutôt se placer sur le terrain des frais de mobilité (voir *Mobilité professionnelle**).

Frais réels ou allocations forfaitaires - L'employeur peut procéder soit par remboursement des frais réels, soit par le versement d'allocations forfaitaires (arrêté du 20 décembre 2002 modifié, art. 2).

Limite d'exonération des allocations forfaitaires - Lorsque le salarié est en déplacement professionnel à l'étranger, les indemnités destinées à compenser les dépenses supplémentaires de repas et de logement sont réputées utilisées conformément à leur objet pour la fraction qui n'excède pas le montant de l'indemnité de mission du groupe 1 versée aux personnels de l'État envoyés en mission temporaire à l'étranger (arrêté du 20 décembre 2002 modifié, art. 5, 4° ; BOSS, Frais professionnels, § 1380, 01/01/2025).

Le barème applicable est fixé par un arrêté de 2006 modifié plusieurs fois (arrêté du 3 juillet 2006, JO du 4, art. 1 et annexe 1 modifiés en dernier lieu par arrêté du 20 septembre 2023, JO du 21, texte 20 et arrêté du 21 juin 2024, JO 7 juillet, texte 84). Il est également consultable sur le site Internet du ministère des Finances (http://www.economie.gouv.fr/dgfip/mission_taux_chancellerie/frais).

Le taux maximal de l'indemnité fait l'objet d'une réduction lorsque l'employeur fournit le logement ou prend en charge les frais d'hébergement en réglant directement l'hôtelier (arrêté du 3 juillet 2006, JO du 4, art. 2 modifié par arrêté du 26 février 2019, JO du 28, texte 36 ; BOSS, Frais professionnels, § 1390, 01/01/2025) :
- réduction de 65 % lorsque le salarié est logé gratuitement ;
- réduction de 17,50 % lorsqu'il est nourri gratuitement à l'un des 2 repas quotidiens ;
- réduction de 35 % lorsqu'il est nourri gratuitement aux 2 repas quotidiens.

Panachage des frais réels et des allocations forfaitaires - En principe, pour les déplacements à l'étranger, c'est un forfait global qui est prévu pour les frais de repas et d'hébergement. Toutefois, il est admis, à titre de tolérance, que l'employeur puisse combiner deux modes d'indemnisation en remboursant, d'une part, le montant réel des frais d'hébergement justifiés par le salarié et, d'autre part, les frais de repas sous forme d'allocations forfaitaires, ou inversement (BOSS, Frais professionnels, § 1430, 01/01/2025).

Dans ce cas, les remboursements des dépenses sont exonérés de cotisations pour la fraction qui n'excède pas (BOSS, Frais professionnels, § 1440, 01/01/2025) :
- 40 % du montant de l'indemnité de mission globale, pour les repas ;
- 60 % du montant de l'indemnité de mission globale, pour l'hébergement.

Exemples

1/ Un salarié est envoyé en mission en Autriche pendant 3 jours. Son employeur prend en charge les frais de nourriture sous forme d'allocations forfaitaires et rembourse sur justificatifs le montant réel des frais d'hébergement.
Allocation forfaitaire globale prévue par l'arrêté du 3 juillet 2006 : 175 €/jour pour le repas et l'hébergement (valeur au 15 janvier 2025).
Les allocations forfaitaires de repas sont exclues de l'assiette des cotisations dès lors qu'elles n'excèdent pas 40 % du montant forfaitaire global, soit : 3 x 175 € x 40 % = 210 € pour les 3 jours de déplacement.
2/ Un salarié est envoyé en mission en Espagne pendant 4 jours. Son employeur lui rembourse le montant réel de ses frais de repas sur justificatifs, et ses frais d'hébergement sous forme d'allocations forfaitaires.
Allocation forfaitaire globale prévue par l'arrêté du 3 juillet 2006 : 212 €/jour pour le repas et l'hébergement (valeur au 15 janvier 2025).

Indemnités de grand déplacement à l'étranger (par jour en 2025)

Limite d'exclusion de l'assiette des allocations forfaitaires					Abattement applicable à la limite d'exclusion d'assiette selon la durée	
Lieu du déplacement	**Limite globale (logement et 2 repas) (a)**	**Salarié logé gratuitement**	**Salarié nourri gratuitement à l'un des 2 repas**	**Salarié nourri gratuitement aux 2 repas**	**Déplacement de 3 mois à 2 ans**	**Déplacement de plus de 2 ans et jusqu'à 6 ans**
Étranger	Indemnité journalière de mission temporaire (barème applicable aux personnels de l'État du groupe 1)	Indemnité journalière de mission temporaire réduite de 65 %	Indemnité journalière de mission temporaire réduite de 17,50 %	Indemnité journalière de mission temporaire réduite de 35 %	– 15 %	– 30 %
Monaco	• Repas : 20 € • Logement : 120 € (150 € si salarié handicapé)	-	-	-	– 15 %	– 30 %

(a) À titre de tolérance, l'employeur peut combiner deux modes d'indemnisation en remboursant, d'une part, le montant réel des frais d'hébergement justifiés par le salarié et, d'autre part, les frais de repas sous forme d'allocations forfaitaires, ou inversement (BOSS, Frais professionnels, § 1430, 01/01/2025). Dans ce cas, les remboursements sont exonérés de cotisations pour la fraction qui n'excède pas 40 % du montant de l'indemnité de mission globale pour les repas et 60 % du montant de l'indemnité de mission globale pour l'hébergement (BOSS, Frais professionnels, § 1440, 01/01/2025).

Concernant les frais d'hébergement, les allocations forfaitaires sont exclues de l'assiette des cotisations dès lors qu'elles n'excèdent pas 60 % du montant global, soit : 4 x 212 € x 60 % = 508,80 € pour les 4 jours de déplacements.

Déplacements à Monaco - Pour les déplacements à Monaco effectués en 2025, l'allocation forfaitaire est égale à 20 € par repas et à 120 € pour l'hébergement (150 € pour un salarié reconnu handicapé et en situation de mobilité réduite) (décret 2006-781 du 3 juillet 2006, art. 2 ; arrêté du 3 juillet 2006, JO du 4, art. 1 modifié en dernier lieu par arrêté du 20 septembre 2023, JO du 21, texte 20 ; BOSS, Frais professionnels, § 1400, 01/01/2025).

Déplacement de plus de 3 mois - Si le salarié est affecté au-delà de 3 mois sur un même lieu de travail (de façon continue ou discontinue), les limites d'exonération sont toujours applicables, mais avec des abattements (résultats à arrondir à la dizaine de centimes d'euro la plus proche), comme pour les grands déplacements en France métropolitaine (arrêté du 20 décembre 2002 modifié, art. 5) :
- abattement de 15 % pour un déplacement supérieur à 3 mois mais n'excédant pas 2 ans ;
- abattement de 30 % pour un déplacement supérieur à 2 ans mais n'excédant pas 6 ans.

Frais de déplacement des chauffeurs routiers : tolérances

Petits déplacements - Le BOSS admet qu'il est d'usage que les chauffeurs routiers prennent leurs repas au restaurant. Le salarié est réputé prendre son repas au restaurant sous réserve que la durée du trajet implique un temps de pause pour ce repas, peu important que le repas soit pris pendant ce temps de pause ou avant ou après la fin du service. Dans ce cas, les indemnités forfaitaires versées sont réputées utilisées conformément à leur objet (et donc exonérées de cotisations sans justificatifs), dans la limite prévue pour les frais de repas au restaurant des salariés en déplacement professionnel (21,10 € par repas en 2025) (BOSS, Frais professionnels, § 340, 01/01/2025).

En l'absence de temps de pause obligatoire, le BOSS raisonne en deux temps :
- il convient d'attester l'existence de la pause pour que l'indemnité puisse être exclue de l'assiette des cotisations à hauteur de la limite d'exonération des allocations forfaitaires pour frais de repas au restaurant (21,10 € par repas en 2025) ;
- à défaut, l'exclusion d'assiette n'est admise qu'à concurrence de la limite d'exonération des allocations forfaitaires de restauration hors des locaux de l'entreprise (10,30 € par repas en 2025).

Pour les chauffeurs routiers dont les horaires particuliers les contraignent à prendre un casse-croûte et un repas au restaurant à des heures précises et décalées dans le temps, si l'employeur leur verse deux allocations forfaitaires, celles-ci sont réputées utilisées conformément à leur objet (et donc exonérées de cotisations) dans les limites suivantes (BOSS, Frais professionnels, § 350, 01/01/2025) :
- pour le casse-croûte, dans la limite prévue pour les allocations forfaitaires de restauration hors du lieu de travail (10,30 € par repas en 2025) ;
- pour le repas au restaurant, dans la limite prévue pour les allocations forfaitaires de frais de repas au restaurant (21,10 € par repas en 2025).

Grands déplacements - Le BOSS admet qu'il est d'usage que les chauffeurs routiers en situation de grand déplacement engagent des frais supplémentaires de nourriture et d'hébergement pour lesquelles les employeurs peuvent leur verser des allocations forfaitaires exonérées de cotisations sans justificatifs, dans les conditions et limites habituelles prévues en matière de grand déplacement *(voir plus haut)*. La présence d'une couchette dans le véhicule ne remet pas en cause cette présomption (BOSS, Frais professionnels, § 1460, 01/01/2025).

Déduction forfaitaire pour frais professionnels

En cas d'application d'une déduction forfaitaire spécifique pour frais professionnels (DFS), les remboursements de frais professionnels (y compris par allocations forfaitaires) doivent, sauf exceptions, être réintégrés dans l'assiette des cotisations de sécurité sociale (arrêté du 20 décembre 2002 modifié, art. 9) [voir *Frais professionnels (déduction forfaitaire spécifique)**].

Dans le secteur du BTP, en cas d'application d'une DFS, il n'y a pas lieu de réintégrer les indemnités de grand déplacement des ouvriers du bâtiment, les remboursements de frais de transport exposés à l'occasion des voyages de début et de fin de chantier par les ouvriers du BTP, ainsi que les frais des voyages de détente prévus par les conventions collectives du BTP liés à leurs grands déplacements (annexe à l'arrêté du 25 juillet 2005, JO du 6 août ; BOSS, Frais professionnels, §§ 2250 et 2260, 01/01/2025).

☞ *Assiette des cotisations de sécurité sociale ; Avantage en nature ; Barèmes kilométriques ; Frais professionnels ; Frais professionnels (déduction forfaitaire spécifique) ; Frais de transport domicile-lieu de travail ; Prime de panier ; Travailleurs à domicile ; Véhicule ; Voyage.*

Frais de nourriture

L'impact de la nourriture du salarié sur la paye varie selon les circonstances.

Nourriture gratuite, cantine, titres-restaurant

Nourriture gratuite - Lorsqu'un salarié est nourri gratuitement par son employeur, il bénéficie en principe d'un *avantage en nature nourriture** intégralement soumis à cotisations comme n'importe quel élément de salaire.

Exception à la règle de l'avantage en nature - C'est uniquement dans certaines circonstances qu'il n'y a pas d'avantage en nature.

Selon le *Bulletin officiel de la sécurité sociale (BOSS)**, sont exclus de l'assiette des cotisations les repas fournis aux personnels qui, par leur fonction, sont amenés par nécessité de service à prendre leur repas avec les personnes dont ils ont la charge éducative, sociale ou psychologique, dès lors que leur présence au moment des repas résulte d'une obligation professionnelle figurant soit dans le projet pédagogique ou éducatif de l'établissement, soit dans un document contractuel (contrat de travail, convention) (BOSS, Avantages en nature, § 210, 01/02/2025).

Cantine - Lorsque les salariés sont nourris en cantine, il peut y avoir réintégration d'un avantage en nature si leur participation est modique (voir *Cantine**).

Titres-restaurant - Les salariés peuvent bénéficier de titres-restaurant, à raison d'un ticket par repas et pour une utilisation strictement personnelle. La participation de l'employeur à leur achat est exonérée de cotisations dans certaines limites (voir *Titre-restaurant**).

Frais professionnels

Frais de restaurant, paniers - Lorsqu'un employeur rembourse des frais de nourriture exposés par un salarié, ces remboursements peuvent être exonérés de cotisations, de CSG et de CRDS au titre des *frais professionnels**.

Il peut s'agir :
- de remboursements de repas pris au restaurant ou hors des locaux de l'entreprise (ex. : panier de chantier) dans le cadre de déplacements professionnels (voir *Frais de déplacement**) ;
- de remboursements à des salariés contraints d'engager des dépenses pour prendre leurs repas sur leur lieu de travail du fait de l'organisation de leur travail (ex. : travail de nuit, travail en continu) (voir *Prime de panier**).

Repas d'affaires - Les remboursements des frais correspondants à des repas d'affaires sont également exonérés de cotisations, de CSG et de CRDS au titre des *frais professionnels**, sous certaines conditions (voir *Repas d'affaires**).

Déduction forfaitaire spécifique - Lorsque l'employeur applique une déduction forfaitaire spécifique pour frais professionnels, les remboursements de frais professionnels doivent être réintégrés dans l'assiette des cotisations (mais pas dans la base CSG/CRDS) avant l'application de la déduction [voir *Frais professionnels (déduction forfaitaire spécifique)**].

☞ *Avantage en nature nourriture ; Cantine ; Frais de déplacement ; Frais professionnels ; Frais professionnels (déduction forfaitaire spécifique) ; Prime de panier ; Repas d'affaires ; Titre-restaurant.*

Frais de repas

☞ *Avantage en nature nourriture ; Cantine ; Frais de déplacement ; Frais de nourriture ; Prime de panier ; Repas d'affaires ; Titre-restaurant.*

Frais de restaurant

☞ *Frais de déplacement ; Frais de nourriture ; Repas d'affaires.*

Frais de transport domicile-lieu de travail

La prise en charge par l'employeur des frais engagés par le salarié pour se rendre de son domicile à son lieu de travail est exonérée, sous certaines conditions, de cotisations et de CSG/CRDS.

Frais de transports publics : participation obligatoire

Principe général - L'employeur a l'obligation de participer à hauteur de 50 % aux titres d'abonnement aux transports publics de personnes ou de services publics de location de vélos (ex. : Pass Navigo ou location de Vélib') souscrits par les salariés pour leurs déplacements entre leur résidence habituelle et leur lieu de travail (c. trav. art. L. 3261-2 et R. 3261-1), quelle que soit la localisation de l'entreprise en France.

La même obligation est prévue en faveur des stagiaires, y compris pour les stages de moins de 2 mois (c. éduc. art. L. 124-13) [voir *Stages en entreprise (recours et statut)**].

▶ À noter… L'apprenti est un salarié à part entière et l'employeur doit lui permettre de suivre les cours professionnels, ce temps d'apprentissage étant d'ailleurs compris dans le temps de travail (c. trav. art. L. 6222-23 et L. 6222-24). Compte tenu de ces éléments, l'apprenti doit, à notre sens, bénéficier de la prise en charge de ses frais de transport entre son domicile et son lieu de travail ou de formation, au même titre qu'un salarié ayant plusieurs lieux de travail *(voir plus loin)*. Une précision expresse de l'administration serait toutefois la bienvenue pour clarifier la solution à appliquer.

Notion de résidence habituelle - La résidence habituelle s'entend du lieu où le salarié réside pendant les jours travaillés (BOSS, Frais professionnels, § 780, 01/01/2025). Ainsi, lorsque le salarié a un logement près de son lieu de travail durant la semaine, et un autre où vit sa famille qu'il rejoint le week-end, sa résidence habituelle est celle où il réside en semaine (cass. soc. 22 juin 2016, n° 15-15986, BC V n° 134 ; cass. soc. 12 novembre 2020, n° 19-14818 D).

Aucune distinction ne doit être réalisée selon la situation géographique de la résidence (BOSS, Frais professionnels, § 520, 01/01/2025 ; cass. soc. 12 décembre 2012, n° 11-25089, BC V n° 338). Par conséquent, les salariés dont l'éloignement de la résidence habituelle du lieu de travail relève de la convenance personnelle doivent bénéficier de la prise en charge obligatoire de 50 % des titres d'abonnement aux transports publics (BOSS, Frais professionnels, § 530, 01/01/2025).

Exemple

Un salarié ayant une double résidence (la semaine à Paris où il travaille, le week-end dans la région où réside sa famille) doit être considéré comme ayant sa résidence habituelle à Paris. Il n'ouvre donc pas droit à la prise en charge obligatoire de son titre d'abonnement pour les trajets entre la résidence de sa famille et Paris. Il bénéficie uniquement de la prise en charge de son titre de transport au titre de ses déplacements de son domicile parisien à son lieu de travail.
À l'inverse, un salarié n'ayant pas de double résidence mais qui travaille la semaine en région parisienne et dispose d'une résidence habituelle en province, peut demander un remboursement de ses frais d'abonnement à un service de transport en commun au titre des trajets réalisés le week-end ou pour ses congés entre son lieu de travail et sa résidence en province, qui constitue sa seule résidence habituelle (BOSS, Frais professionnels, § 780, 01/01/2025).

Les travailleurs frontaliers qui résident dans un pays limitrophe et travaillent en France sont aussi susceptibles d'ouvrir droit à la prise en charge obligatoire dans les mêmes conditions que les salariés qui résident et travaillent en France dès lors qu'ils relèvent des législations françaises du travail et de sécurité sociale et qu'ils utilisent des titres d'abonnement visés par le dispositif *(voir ci-après)* (BOSS, Frais professionnels, § 540, 01/01/2025).

Titres de transport concernés - Sont concernés (c. trav. art. R. 3261-1 et R. 3261-2) :
- les abonnements multimodaux à nombre de voyages illimités, les abonnements annuels, mensuels, hebdomadaires ou à renouvellement tacite à nombre de voyages illimité émis par la SNCF ainsi que par les entreprises de transport public, les régies et les autres personnes mentionnées au II de l'article 7 de la loi d'orientation des transports intérieurs du 30 décembre 1982 ;
- les cartes et abonnements mensuels, hebdomadaires ou à renouvellement tacite à nombre de voyages limité délivrés par la RATP, la SNCF, les entreprises de l'Organisation professionnelle des transports d'Île-de-France ainsi que par les entreprises de transport public, les régies et les autres personnes mentionnées au II de l'article 7 de la loi d'orientation des transports intérieurs du 30 décembre 1982 ;
- les abonnements à un service public de location de vélos.

Les billets à l'unité sont donc exclus de la prise en charge. Ils peuvent être pris en charge dans le cadre du forfait mobilités durables s'il est mis en place *(voir plus loin)*.

▶ À noter… Les abonnements à un service de transport de type taxi collectif sont concernés à condition que la société qui assure ledit transport ait passé une convention avec l'autorité organisatrice de la mobilité territorialement compétente (BOSS, Frais professionnels, § 570, 01/01/2025).

Tarif des abonnements Navigo au 1er janvier 2025						
Zones	abonnements hebdomadaires		abonnements mensuels		abonnements annuels (1)	
	Tarif	Rembourse-ment 50 %	Tarif	Rembourse-ment 50 %	Tarif	Rembourse-ment 50 % (1)
Toutes zones (1)	31,60 €	15,80 €	88,80 €	44,40 €	976,80 €	488,40 €
Zones 2-3	29,60 €	14,80 €	82,80 €	41,40 €	910,80 €	455,40 €
Zones 3-4	28,60 €	14,30 €	80,60 €	40,30 €	886,60 €	443,30 €
Zones 4-5	28,20 €	14,10 €	78,60 €	39,30 €	864,60 €	432,30 €

(1) Paiement par le client en 11 mensualités. L'employeur doit donc limiter son remboursement à ces 11 mensualités.

Étendue de la prise en charge - L'employeur doit prendre en charge 50 % du coût des titres d'abonnement souscrits pour se rendre du domicile au travail, sur la base d'un tarif de 2e classe (c. trav. art. R. 3261-1 et R. 3261-3 ; BOSS, Frais professionnels, § 580, 01/01/2025).

S'agissant des abonnements SNCF, l'obligation de prise en charge couvre l'abonnement, mais pas les réservations effectuées par les salariés (BOSS, Frais professionnels, § 590, 01/01/2025).

Lorsque plusieurs abonnements à des services publics de transport en commun ou de location de vélos sont nécessaires à la réalisation du trajet entre le domicile et le lieu de travail, l'employeur prend en charge 50 % du coût de ces différents titres d'abonnement (BOSS, Frais professionnels, § 600, 01/01/2025).

Exemple

Si un salarié dispose d'un abonnement SNCF et d'un abonnement à un service de bus urbains pour venir travailler, l'employeur doit prendre en charge 50 % des deux abonnements.

Trajet le plus court en temps - L'employeur doit prendre en charge les frais liés aux titres de transport nécessaires pour accomplir le trajet de la résidence habituelle au lieu de travail dans le temps le plus court (c. trav. art. R. 3261-3).

L'employeur peut donc limiter le remboursement à 50 % de l'abonnement correspondant au trajet le plus court en temps entre le domicile et le lieu de travail, même si le salarié a un abonnement plus important.

Salariés exclus - N'ouvrent pas droit à la prise en charge obligatoire les salariés qui (BOSS, Frais professionnels, § 560, 01/01/2025) :
- utilisent leur véhicule personnel ;
- achètent des tickets ou billets ordinaires ;
- n'exposent pas de frais de transport, notamment les salariés résidant près de leur lieu de travail, ceux bénéficiant d'un transport organisé par leur employeur ainsi que les travailleurs à domicile.

Salariés à temps partiel - Pour les salariés à temps partiel employés pour un nombre d'heures égal ou supérieur à 50 % de la durée légale du travail (ou de la durée conventionnelle, si elle est inférieure à la durée légale), l'employeur a la même obligation que pour les salariés à temps plein (c. trav. art. R. 3261-9 ; BOSS, Frais professionnels, § 630, 01/01/2025). Il n'y a pas de prorata à effectuer.

Pour les salariés à temps partiel employés pour un nombre d'heures inférieur à 50 % de la durée du travail à temps complet (à savoir 50 % de la durée légale hebdomadaire du travail ou, si elle est inférieure, de la durée conventionnelle), la prise en charge est proratisée par le rapport « nombre d'heures travaillées/50 % de la durée du travail à temps complet ».

Exemple

La durée hebdomadaire de travail dans une entreprise est fixée à 35 heures. La prise en charge par l'employeur d'un abonnement mensuel, dont le prix est de 88,80 €, s'effectue comme suit :
- pour un salarié travaillant 20 heures par semaine : 88,80 × 50 % = 44,40 € ;
pour un salarié travaillant 12 heures par semaine : (88,80 × 50 %) × 12/17,5 = 30,45 €.

Salarié multi-employeurs - Les règles fixées pour les salariés à temps partiel s'appliquent à l'identique aux salariés ayant plusieurs employeurs. Un employeur ne peut donc se soustraire à son obligation au motif que la prise en charge du titre d'abonnement a déjà été assumée par un autre employeur. Il ne peut pas non plus minorer la quote-part de la somme qu'il est tenu de rembourser au salarié. Cela peut conduire les intéressés à bénéficier au global d'un remboursement supérieur au taux de 50 % instauré par la loi (BOSS, Frais professionnels, § 650, 01/01/2025).

Salariés en forfait jours - Les salariés dont la durée du travail est fixée par une convention de forfait en jours ne sont pas des salariés à temps partiel au sens du code du travail dans la mesure où leur durée de travail ne peut être décomptée en heures et où le plafond de 218 jours ne correspond pas à un temps plein annuel mais à un plafond maximal de jours annuel pouvant être fixé par accord.

Par conséquent, les salariés sous forfait jours qui travaillent moins de 218 jours par an ouvrent droit à la prise en charge de leur titre de transport dans les mêmes conditions que les salariés à temps complet (BOSS, Frais professionnels, § 640, 01/01/2025).

Salariés exerçant son activité sur plusieurs lieux de travail - L'employeur dont le salarié exerce son activité sur plusieurs lieux de travail et qui n'assure pas le transport de celui-ci sur les différents lieux, et entre ces lieux et sa résidence habituelle, doit prendre en charge les titres de transports publics qui permettent au salarié de réaliser l'ensemble des déplacements qui lui sont imposés entre sa résidence habituelle et ses différents lieux de travail, ainsi qu'entre ces lieux de travail (c. trav. art. R. 3261-10).

Salariés télétravailleurs - Dans ses « questions-réponses » sur le télétravail en période de covid-19, mis en ligne sur son site Internet au plus fort de l'épidémie, le ministère du Travail indiquait que l'obligation de prise en charge à 50 % des frais d'abonnement aux transports publics devait s'appliquer dans les conditions habituelles lorsque le télétravail s'effectue par alternance (ex. : 1 ou 2 jours par semaine ou une semaine sur deux), sans abattement des jours en télétravail.

En revanche, lorsque le salarié est placé en situation de télétravail à domicile « en continu » sur le mois ou la semaine, l'employeur n'est pas tenu à cette obligation de prise en charge, dès lors que le salarié n'a eu aucun trajet à effectuer durant la période considérée (questions-réponses « Télétravail en période de covid-19 », version du 24 janvier 2022, www.travail-emploi.gouv.fr). A contrario, on peut en déduire que si le salarié utilise son titre de transport ne serait-ce qu'une fois dans le mois pour venir au travail, la prise en charge doit être maintenue sans prorata.

Ces questions-réponses ont, depuis, été supprimées du site du ministère du Travail. Il nous semble néanmoins que les règles qu'elles posent gardent tout leur intérêt pour les situations de télétravail.

Embauche ou départ de l'entreprise - En cas d'embauche ou de départ du salarié au cours de la période de validité du titre, la prise en charge obligatoire des frais de transport est limitée à la période couverte par le contrat de travail (BOSS, Frais professionnels, § 660, 01/01/2025).

Interrogée par la rédaction, la Direction de la sécurité sociale nous a indiqué qu'en cas de départ du salarié (ou d'embauche) en cours de mois, l'employeur doit réaliser un prorata en fonction du nombre de jours prévu dans le contrat de travail au titre de ce dernier (ou premier) mois de travail (ex. : abonnement mensuel de 88,80 € et salarié dont le contrat prend fin le 4 octobre ; prise en charge obligatoire sur octobre : 88,80/2 × 4/31 = 5,73 €).

▶ À noter… Soulignons que cette précision, apportée en réponse à une question de la rédaction, n'a pas en elle-même de valeur juridique opposable.

Maladie et congés payés - Dans le cadre de l'ancien système de prise en charge qui était applicable uniquement en Île-de-France jusqu'au 31 décembre 2008, deux précisions avaient été apportées en cas de maladie du salarié (circ. min. du 24 décembre 1982, JO NC du 20 mai 1983) :

- l'employeur devait prendre en charge normalement l'abonnement au titre de transport à partir du moment où il a été utilisé au moins une fois pour un trajet « domicile-lieu de travail », sans aucun abattement pour les jours non travaillés ;
- dans le cas d'un abonnement annuel, l'employeur était tenu d'effectuer le versement pour le mois durant lequel l'arrêt maladie intervenait : si l'arrêt maladie se prolongeait, le salarié ne pouvait prétendre à aucune prise en charge pour chaque mois durant lequel aucun trajet « domicile-lieu de travail » n'intervenait.

En cas de congés payés, l'employeur devait prendre en charge le titre de transport à partir du moment où il avait été utilisé (« validé ») au moins une fois pour le trajet « domicile-lieu de travail ». En revanche, il n'avait aucune obligation pour un titre d'abonnement dont la période de validité couvrait uniquement des jours de congés payés.

À notre sens, ces interprétations doivent être maintenues, l'obligation de prise en charge actuelle étant très voisine des anciennes règles « Île-de-France ». Soulignons toutefois que le *Bulletin officiel de la sécurité sociale (BOSS)** ne les a pas reprises. Il convient donc de veiller aux précisions que l'administration ou que la jurisprudence pourrait apporter.

Indemnité conventionnelle et refus de prise en charge - L'employeur peut refuser la prise en charge des frais de transport si le salarié perçoit déjà, pour ses déplacements entre sa résidence habituelle et son lieu de travail, des indemnités d'un montant au moins égal à la prise en charge légale (c. trav. art. R. 3261-8).

Cette disposition a pour objet de tenir compte de l'existence, dans certaines entreprises ou branches professionnelles, de dispositifs de prise en charge des frais de déplacements entre la résidence

habituelle et le lieu de travail prévus par convention ou accord collectif. Toutefois, lorsque ces indemnités conventionnelles sont inférieures à la prise en charge obligatoire de 50 %, l'employeur doit (BOSS, Frais professionnels, § 800, 01/01/2025) :
- soit compléter la prime conventionnelle à hauteur de 50 % du montant des frais de transport engagés par le salarié. Cette prise en charge est alors exclue de l'assiette des cotisations dans les conditions prévues pour la prise en charge obligatoire *(voir plus loin)* ;
- soit verser la prime conventionnelle et rembourser 50 % des frais de transports publics engagés. Dans cette hypothèse, le total des sommes versées est exclu de l'assiette sociale dans les conditions prévues pour chaque dispositif.

L'employeur devra être en mesure de justifier les frais réellement exposés et notamment, pour la prime conventionnelle versée aux salariés résidant dans une autre région que celle où ils travaillent, que l'éloignement entre le domicile et le lieu de travail ne relève pas de la convenance personnelle mais de contraintes familiales (prise en compte du lieu d'activité du conjoint, concubin ou partenaire pacsé, état de santé du salarié ou d'un membre de sa famille, scolarité des enfants) ou liées à l'emploi (difficulté de trouver un emploi, précarité ou mobilité de l'emploi, mutation suite à une promotion, déménagement de l'entreprise, multi-emplois) (BOSS, Frais professionnels, § 810, 01/01/2025).

Justificatifs - Le salarié est tenu de remettre ou, à défaut, de présenter son titre de transport à son employeur (c. trav. art. R. 3261-5). Ce dernier n'est donc pas tenu de procéder au remboursement en l'absence de présentation du justificatif (cass. soc. 26 septembre 2012, n° 11-10539 D).

Le cas échéant, les juges peuvent limiter le montant de l'indemnité due au titre des frais de transport à celui correspondant aux titres présentés par le salarié (cass. soc. 18 mai 2005, n° 02-40370, BC V n° 172).

Le titre de transport doit permettre d'identifier son titulaire. Toutefois, une attestation sur l'honneur suffit (c. trav. art. R. 3261-5) :
- pour un titre d'abonnement à un service public de vélos ne comportant pas le nom du bénéficiaire ; l'attestation doit préciser les éléments nécessaires au calcul du montant de la prise en charge, notamment le domicile de l'intéressé et le mode d'abonnement qu'il utilise (BOSS, Frais professionnels, § 720, 01/01/2025) ;
- pour les salariés intérimaires, sachant qu'ils doivent adresser l'attestation à l'entreprise de travail temporaire ; cette dernière peut toujours demander au salarié de présenter son titre de transport (BOSS, Frais professionnels, § 730, 01/01/2025).

Enfin, lorsque les titres de transport sont enregistrés sur une carte magnétique remise au titulaire en échange d'un formulaire de souscription, certains documents valent pièce justificative. Deux cas sont envisagés par l'administration (BOSS, Frais professionnels, § 740, 01/01/2025) :
- les utilisateurs d'abonnements mensuels ou hebdomadaires qui procèdent pour chaque période à l'enregistrement de leur titre de transport sur leur carte magnétique peuvent obtenir du transporteur une facture qui, si elle n'est pas nominative, porte le numéro de leur carte ;
- les titulaires d'abonnement annuel qui procèdent au paiement de leurs frais de transport par prélèvements mensuels reçoivent chaque année du transporteur une attestation nominative de versement. S'ils ne disposent pas de cette attestation, ils peuvent demander au transporteur une facture annuelle faisant apparaître leur nom et le numéro de leur carte.

Est également admise comme pièce justificative l'attestation collective trimestrielle de l'organisme de transports publics pris par la majorité des salariés d'une société, sous réserve que les informations qu'elle mentionne permettent d'identifier, salarié par salarié, la nature de l'abonnement souscrit et le prix payé (BOSS, Frais professionnels, § 750, 01/01/2025).

▶ À noter… D'autres modalités de preuve et de remboursement peuvent être prévues par accord collectif, sans pouvoir cependant allonger les délais de remboursement prévus par la réglementation *(voir ci-dessous)*. En cas de changement des modalités de preuve ou de remboursement des frais de transport, l'employeur avertit les salariés au moins 1 mois avant la date fixée pour le changement (c. trav. art. R. 3261-6).

Délai du remboursement - L'employeur doit procéder au remboursement des titres d'abonnement au plus tard à la fin du mois suivant celui pour lequel ceux-ci ont été validés. Les titres d'abonnement annuel font l'objet d'une prise en charge répartie mensuellement sur la période d'utilisation (c. trav. art. R. 3261-4).

Régime social - La prise en charge obligatoire de 50 % est exonérée de cotisations (c. séc. soc. art. L. 136-1-1, III, 4° d et L. 242-1), même en cas d'application d'une *déduction forfaitaire spécifique pour frais professionnels** (arrêté du 20 décembre 2002, art. 9 modifié ; arrêté du 25 juillet 2005, JO 6 août, annexe ; BOSS, Frais professionnels, § 2250, 01/01/2025).

Régime fiscal - Le remboursement correspondant à la prise en charge obligatoire de 50 % est exonéré d'impôt sur le revenu (CGI art. 81, 19° ter-a).

Toutefois, le salarié qui opte sur le plan fiscal pour la déduction de ses frais professionnels selon le régime des frais réels doit ajouter à son revenu brut imposable la contribution obligatoire de son employeur à l'acquisition de son titre de transport. Il peut choisir de ne pas le faire, mais dans ce cas, il ne peut pas déduire ses frais professionnels correspondant aux déplacements entre sa résidence habituelle et son lieu de travail (BOFiP-RSA-CHAMP-20-30-10-20-§§ 200, 230 et 240-25/04/2024).

Bulletin de paye - Le montant de la prise en charge des frais de transport doit figurer sur les bulletins de paye (c. trav. art. R. 3243-1, 8° b). L'omission de cette mention est passible d'une sanction pénale (amende prévue pour les contraventions de 3e classe).

Lorsque la prise en charge résulte de l'application d'un dispositif conventionnel au moins aussi favorable que le dispositif légal, cette mention doit également être portée sur le bulletin de paye (BOSS, Frais professionnels, § 670, 01/01/2025).

Frais de transports publics : prise en charge facultative au-delà de 50 %

Exonération dans la limite des frais réels - Rien n'interdit à l'employeur de prendre en charge le coût des abonnements aux transports publics au-delà de l'obligation légale de 50 %.

Dans ce cas, la participation facultative au-delà de 50 % est exonérée de cotisations dans la limite des frais réellement engagés, sous réserve, pour les salariés qui travaillent dans une autre région administrative que celle où ils résident, que l'éloignement de leur résidence de leur lieu de travail ne relève pas de la convenance personnelle mais de contraintes liées à l'emploi (difficulté de trouver un emploi, précarité ou mobilité de l'emploi, mutation suite à une promotion, déménagement de l'entreprise, multi-emplois) ou familiales (prise en compte du lieu d'activité du conjoint, concubin ou partenaire pacsé, état de santé du salarié ou d'un membre de sa famille, scolarité des enfants). Cette condition est appréciée au cas par cas (BOSS, Frais professionnels, § 770, 01/01/2025).

> ▶ Attention… L'indemnité ainsi versée par l'employeur est exclue de l'assiette des cotisations à hauteur de 50 % du coût de l'abonnement sans qu'il y ait lieu de vérifier l'éloignement entre le domicile et le lieu de travail *(voir ci-avant)* et, pour le surplus, dans la limite des frais réellement engagés par le salarié sous réserve que l'éloignement entre le domicile et le lieu de travail ne relève pas de sa convenance personnelle mais de contraintes familiales ou liées à l'emploi (BOSS, Frais professionnels, § 770, 01/01/2025).

Régime fiscal - Si l'employeur prend en charge plus que le minimum obligatoire, le surplus constitue un revenu imposable (BOFiP-RSA-CHAMP-20-30-10-20-§ 220-25/04/2024).

Régimes social et fiscal plus avantageux de 2022 à 2025 inclus - Pour les années 2022, 2023, 2024 et 2025, les avantages fiscaux et sociaux accordés à la prise en charge obligatoire par l'employeur du prix des titres d'abonnement aux transports publics de ses salariés ont été étendus à la part de prise en charge facultative, dans la limite de 25 % du prix des titres d'abonnement (loi 2022-1157 du 16 août 2022, art. 2, III, JO du 17, modifiée par loi 2023-1322 du 29 décembre 2023, art. 29, JO du 30 et loi 2025-127 du 14 février 2025, art. 52, JO du 15 ; BOFiP-RSA-CHAMP-20-30-10-20-§ 200-25/04/2024).

Pendant ces quatre années, la prise en charge peut donc être exonérée d'impôt sur le revenu et de cotisations sociales jusqu'à 75 % de la valeur du titre de transport, sans qu'il y ait lieu de vérifier, pour les salariés qui travaillent dans une autre région administrative que celle où ils résident, que l'éloignement entre leur domicile et leur lieu de travail ne relève pas de la convenance personnelle.

La fraction de la prise en charge excédant ce plafond temporaire est exclue de l'assiette des cotisations et contributions sociales dans la limite des frais réellement engagés par le salarié, et à condition, pour les salariés qui travaillent dans une autre région administrative que celle où ils résident, que l'éloignement entre leur domicile et leur lieu de travail ne relève pas de la convenance personnelle mais de contraintes familiales ou liées à l'emploi (BOSS, Frais professionnels, § 770, 01/01/2025).

Déduction forfaitaire spécifique - Contrairement à la prise en charge obligatoire *(voir plus haut)*, la prise en charge facultative des frais d'abonnement au-delà de 50 % ne se cumule pas avec une *déduction forfaitaire spécifique pour frais professionnels** (DFS) et doit donc, en tant que *frais professionnels**, être réintégrée dans l'assiette des cotisations de sécurité sociale (mais pas dans la base CSG et CRDS).

Par exception, pour les années 2022 à 2025, la prise en charge facultative comprise entre 50 % et 75 % du prix du titre d'abonnement est cumulable avec une déduction forfaitaire spécifique pour frais professionnels (loi 2022-1157 du 16 août 2022, art. 2, III, JO du 17, modifiée par loi 2023-1322 du 29 décembre 2023, art. 29, JO du 30, et loi 2025-127 du 14 février 2025, art. 52, JO du 15).

Dans tous les cas, pour les professions en sortie dégressive de DFS, aucune réintégration n'est à opérer au titre des règles dérogatoires applicables pendant cette période [voir *Frais professionnels (déduction forfaitaire spécifique)**].

Prime de transport (frais de carburant et assimilés)

Prise en charge facultative de certains frais - L'employeur peut prendre en charge les frais de carburant (essence, diesel) et les frais d'alimentation de véhicules électriques, hybrides rechargeables ou à hydrogène, exposés par les salariés pour se rendre de leur résidence habituelle à leur lieu de travail (c. trav. art. L. 3261-3). Cette prise en charge, dénommée « prime transport », est facultative. L'employeur est libre de la mettre en place ou pas.

Salariés concernés - L'employeur peut prendre en charge ces frais pour (c. trav. art. L. 3261-3) :
- les salariés dont la résidence habituelle ou le lieu de travail est soit situé dans une commune non desservie par un service public de transport régulier ou un service privé mis en place par l'employeur, soit n'est pas inclus dans le périmètre d'un plan de mobilité obligatoire prévu par le code des transports ;
- les salariés qui sont obligés d'utiliser leur véhicule en raison de conditions d'horaires de travail particulières (ex. : travail de nuit, horaires décalés, travail continu, équipe de suppléance) ne leur permettant pas d'utiliser les transports collectifs.

▶ À noter… De 2022 à 2024, l'ensemble des salariés engageant des frais de carburant ou des frais d'alimentation de véhicules électriques, hybrides rechargeables ou hydrogène pour leurs déplacements entre leur résidence habituelle et leur lieu de travail étaient éligibles à la prime transport, même s'ils avaient la possibilité d'utiliser les transports en commun (loi 2022-1157 du 16 août 2022, art. 2, II, JO du 17, modifiée par loi 2023-1322 du 29 décembre 2023, art. 29, JO du 30).

Le dispositif est ouvert aux travailleurs frontaliers qui résident dans un pays limitrophe et travaillent en France dès lors, d'une part, qu'ils relèvent des législations françaises du droit du travail et de la sécurité sociale et, d'autre part, qu'ils respectent l'un des critères d'éligibilité ci-dessus mentionnés (BOSS, Frais professionnels, § 870, 01/01/2025).

Dans tous les cas, ne peuvent prétendre à la prime transport les salariés entrant dans l'une des 3 catégories suivantes (c. trav. art. R. 3261-12) :
- ceux disposant d'un véhicule mis à disposition permanente par l'employeur avec prise en charge des dépenses de carburant ou d'alimentation électrique ;
- ceux qui sont logés dans des conditions telles qu'ils ne supportent aucun frais de transport pour se rendre à leur travail ;
- ceux dont le transport est assuré gratuitement par l'employeur.

Les stagiaires sont également exclus du bénéfice de la prime transport (BOSS, Frais professionnels, § 1010, 01/01/2025). Toutefois, ils peuvent bénéficier d'indemnités kilométriques pour les frais qu'ils engagent au titre du trajet domicile-lieu de stage *(voir plus loin « Remboursement au titre des frais professionnels »)* et du forfait mobilités durables *(voir plus loin)*.

Mise en place - Le montant, les modalités et les critères d'attribution de la prime transport sont déterminés par un accord d'entreprise ou interentreprises ou, à défaut, par un accord de branche (c. trav. art. L. 3261-4).

À défaut d'accord, l'employeur peut procéder par décision unilatérale, après consultation du *comité social et économique**, s'il en existe un.

Modalités de prise en charge - Lorsque l'employeur décide de mettre en place la prime transport, il doit en faire bénéficier l'ensemble des salariés pouvant y prétendre, selon les mêmes modalités et en fonction de la distance entre le domicile et le lieu de travail (c. trav. art. R. 3261-11). Rien n'interdit donc à l'employeur de moduler cette prise en charge en fonction de la distance séparant le domicile du lieu de travail. En revanche, il ne peut pas totalement exclure les salariés pour lesquels il estimerait la distance trop importante (BOSS, Frais professionnels, § 920, 01/01/2025).

L'employeur doit demander aux salariés les éléments justifiant les dépenses engagées, puisqu'il doit être en mesure de les présenter en cas de contrôle (c. trav. art. R. 3261-11).

En cas de changement des modalités de remboursement, l'employeur doit avertir les salariés au moins 1 mois avant la date fixée pour le changement (c. trav. art. R. 3261-13 ; BOSS, Frais professionnels, § 910, 01/01/2025).

Salariés à temps partiel et multi-employeurs - Les salariés à temps partiel employés pour un nombre d'heures égal ou supérieur à 50 % de la durée légale hebdomadaire du travail (ou de la durée conventionnelle, si elle est inférieure à la durée légale) doivent bénéficier d'une prise en charge équivalente à celle d'un salarié à temps plein (c. trav. art. R. 3261-14).

Pour les salariés à temps partiel employés pour un nombre d'heures inférieur à 50 % de la durée du travail à temps plein (à savoir 50 % de la durée légale hebdomadaire du travail ou, si elle est inférieure, de la durée conventionnelle), la prise en charge est proratisée par le rapport « nombre d'heures travaillées/50 % de la durée du travail à temps complet ».

Exemple

Dans une entreprise où la durée collective du travail est de 35 heures hebdomadaires, si l'employeur a mis en place la prime de transport sur une base de 200 € pour un salarié à temps plein, pour une même distance « domicile-lieu de travail », la prise en charge est de :
- 200 € pour un salarié à temps plein, pour un temps partiel de 20 h par semaine ou pour un mi-temps (17,5 h par semaine) ;
200 € × 15/17,5 = 171,43 € pour un salarié à temps partiel de 15 h par semaine.

Les règles fixées pour les salariés à temps partiel s'appliquent à l'identique aux salariés ayant plusieurs employeurs (BOSS, Frais professionnels, § 1030, 01/01/2025).

Salariés d'une même entreprise ayant plusieurs lieux de travail - Le salarié qui exerce son activité sur plusieurs lieux de travail au sein d'une même entreprise n'assurant pas le transport entre ces différents lieux et entre ces lieux et la résidence habituelle du salarié peut prétendre à la prise en charge des frais de carburant ou d'alimentation de son véhicule lui permettant de réaliser l'ensemble des déplacements qui lui sont imposés entre sa résidence habituelle et ses différents lieux de travail, ainsi qu'entre ces lieux de travail (c. trav. art. R. 3261-15 ; BOSS, Frais professionnels, § 1040, 01/01/2025).

Maladie, congés payés, embauche ou départ en cours de mois - Dans la mesure où les modalités d'attribution de la prime transport, qui doivent être identiques pour l'ensemble des salariés susceptibles d'en bénéficier, sont fixées par accord collectif ou décision unilatérale de l'employeur, le niveau de la prise en charge peut être réduit dans les situations de congés, congés maladie, embauche ou départ en cours de mois, dès lors que ces règles s'appliquent selon les mêmes modalités à l'ensemble des bénéficiaires de cette prise en charge (BOSS, Frais professionnels, § 1050, 01/01/2025).

Bulletin de paye - Le montant de la prise en charge des frais via la prime transport doit figurer sur les bulletins de paye (c. trav. art. R. 3243-1, 8° b). Toutefois, l'omission de cette mention n'est pas sanctionnée par l'amende prévue pour les contraventions de 3e classe, à la différence de l'absence de mention de la prise en charge obligatoire des frais de transports publics ou d'abonnement à un service public de location de vélos *(voir ci-avant)* (BOSS, Frais professionnels, § 900, 01/01/2025).

Régimes social et fiscal - Depuis le 1er janvier 2025, la prime transport est exonérée d'impôt sur le revenu et de toute cotisation et contribution d'origine légale ou conventionnelle, dans la limite de 600 € par salarié et par an. Au sein de ces 600 €, les frais de carburant (essence, diesel) ne peuvent être exonérés qu'à concurrence de 300 € par an (c. séc. soc. art. L. 136-1-1, III, 4°, e ; CGI art. 81, 19° ter, b ; BOSS, Frais professionnels, § 970, 01/01/2025).

▶ À noter... Des limites d'exonération dérogatoires plus favorables se sont appliquées pour les années 2022 à 2024 *(voir plus loin dans l'étude, tableau « Frais de transports : exonérations sociale et fiscale »)*.

La limite de 600 € s'apprécie en cumulant la prime de transport avec le forfait mobilités durables *(voir plus loin)*, dans l'hypothèse où l'employeur organise les deux formes de prise en charge.

Exemples

1/ Un salarié bénéficie de la prise en charge des frais de carburant pour 175 €, du forfait mobilités durables pour 275 € et des frais d'alimentation d'un véhicule électrique pour 250 €, soit un total de 700 €. L'exonération résultant de la prise en charge de ces différents frais étant limitée à 600 €, l'avantage résultant de leur prise en charge est assujetti à cotisations et imposé à hauteur de 100 €.

2/ Un salarié bénéficie de la prise en charge des frais de carburant à hauteur de 350 € et des frais d'alimentation d'un véhicule électrique à hauteur de 100 €, soit un total de 450 €. La limite d'exonération des frais de carburant (300 €) est dépassée. L'avantage résultant de la prise en charge par l'employeur de ces frais est assujetti à cotisations et imposable à hauteur de 50 € (350 € - 300 €), même si le montant global de 600 € n'est pas atteint.

Justificatifs - L'employeur doit demander aux salariés les éléments justifiant les dépenses engagées (résidence en dehors d'un périmètre de transports publics ou utilisation indispensable du véhicule personnel), puisqu'il doit être en mesure de les présenter en cas de contrôle (c. trav. art. R. 3261-11 ; BOSS, Frais professionnels, § 980, 01/01/2025). Il doit en outre être en mesure de présenter la photocopie du certificat d'immatriculation (carte grise) du véhicule du salarié (BOSS, Frais professionnels, § 980, 01/01/2025).

En revanche, il n'est exigé aucun justificatif de dépenses de carburant ou d'alimentation des véhicules électriques, hybrides rechargeables ou hydrogène lorsque la prise en charge n'excède pas la limite d'exonération (à savoir 300 € ou 600 €).

Non-cumul avec une déduction forfaitaire spécifique - L'exonération de cotisations et de contributions sociales attachée à la prime transport ne peut pas se cumuler avec la *déduction forfaitaire spécifique pour frais professionnels** (DFS).

Ainsi, la pratique d'une DFS implique la réintégration de la prime transport dans l'assiette des cotisations de sécurité sociale, la déduction forfaitaire n'étant appliquée que par la suite (BOSS, Frais professionnels, § 990, 01/01/2025).

▶ À noter… Pour les professions en sortie dégressive de DFS, aucune réintégration n'est à opérer au titre des règles dérogatoires applicables pendant cette période [voir *Frais professionnels (déduction forfaitaire spécifique)**].

Non-cumul avec la prise en charge des frais de transports publics - La prime transport n'est pas cumulable avec la prise en charge obligatoire de la moitié des frais d'abonnement aux transports publics de personnes ou de services publics de location de vélos (ex. : Pass Navigo ou location de Vélib') (c. trav. art. L. 3261-3). Ce principe de non-cumul concerne aussi la prise en charge facultative des frais d'abonnement aux transports publics au-delà de 50 % (BOSS, Frais professionnels, § 930, 01/01/2025).

▶ À noter… À titre dérogatoire, de 2022 à 2024, il était possible de cumuler la prime transport avec la prise en charge obligatoire de 50 % des titres d'abonnement aux transports publics de personnes ou de services publics de location de vélos (loi 2022-1157 du 16 août 2022, art. 2, II, JO du 17, modifiée par loi 2023-1322 du 29 décembre 2023, art. 29, JO du 30).

Lorsqu'un salarié emprunte pour se rendre à son travail à la fois son véhicule personnel (pour se rendre à la gare) et un transport public (par exemple le train), l'employeur doit prendre en charge 50 % du coût de l'abonnement au transport public. La prise en charge des frais de carburant ne pouvant être cumulée avec la prise en charge du coût des titres d'abonnement aux transports publics, l'indemnisation du salarié au titre de la portion de trajet réalisée avec son véhicule personnel ne peut donc intervenir que sur le fondement des *frais professionnels** (conditions liées à l'utilisation du véhicule personnel, justificatif des kilomètres parcourus, etc.) *(voir plus loin)* (BOSS, Frais professionnels, § 960, 01/01/2025).

Par ailleurs, dans une entreprise qui pratique une durée de travail par cycle (par exemple sur 3 semaines) et dont les horaires ne permettent pas aux salariés d'emprunter systématiquement les transports en commun sur l'ensemble du cycle, l'employeur ne peut accorder simultanément une prise en charge sur une base mensuelle des frais de transports publics pour les périodes pendant lesquelles ceux-ci sont disponibles et la prime transport pour les autres périodes. En revanche, rien ne s'oppose à ce que, au titre des semaines où les salariés empruntent les transports en commun, l'employeur assure la prise en charge d'au moins 50 % de l'abonnement hebdomadaire et accorde, au titre des semaines où les intéressés sont contraints d'utiliser leur véhicule personnel, une indemnisation au titre des *frais professionnels* (voir plus loin)* (BOSS, Frais professionnels, §§ 940 et 950, 01/01/2025).

Cumul avec le forfait mobilités durables - La prime transport est cumulable avec la prise en charge au titre du forfait mobilités durables *(voir ci-après)*, mais le total des sommes versées n'est exonéré d'impôt sur le revenu et de cotisations que dans une limite globale fixée, à compter du 1er janvier 2025, à 600 € par salarié et par an, dont 300 € au titre des frais de carburant (essence, diesel) (c. séc. soc. art. L. 136-1-1, III, 4°, e, à combiner avec L. 242-1 ; CGI art. 81, 19° ter b).

▶ À noter… Des limites d'exonération dérogatoires plus favorables se sont appliquées pour les années 2022 à 2024 *(voir plus loin dans l'étude, tableau « Frais de transports : exonérations sociale et fiscale »)*.

Cumul avec les indemnités kilométriques - L'employeur peut opter pour une prise en charge allant au-delà de la seule prime transport et appliquer le régime des indemnités pour *frais professionnels* (voir plus loin)*. En effet, la prime transport peut se cumuler avec les indemnités kilométriques versées pour le trajet domicile-lieu de travail dans la limite des *barèmes kilométriques** annuels établis par l'administration fiscale (BOSS, Frais professionnels, § 1000, 01/01/2025).

L'exonération des cotisations et contributions sociales applicable est, dans ce cas, subordonnée au respect des conditions attachées à chacun des deux dispositifs. En outre, le montant total exclu de l'assiette des cotisations, issu à la fois du versement de la prime transport et de la prise en charge par l'employeur des indemnités kilométriques, ne peut excéder le montant total des frais réellement engagés par le salarié pour effectuer ses trajets entre sa résidence habituelle et son lieu de travail.

Exemple

Pour un salarié qui engage 700 € de frais de carburant et qui répond aux conditions d'éligibilité à la prime transport et au versement des indemnités kilométriques, l'employeur peut opter soit pour un versement d'indemnités kilométriques dont le montant est calculé sur la base du barème fiscal en fonction du nombre de kilomètres parcourus, soit pour un versement cumulé d'une prise en charge des frais de carburant ou d'alimentation des véhicules électriques, hybrides rechargeables ou hydrogène de 600 € maximum (dans la limite de 300 € pour les frais de carburant) et d'un complément d'indemnités kilométriques, dans la limite totale de 700 € maximum correspondant aux frais réellement engagés par le salarié (BOSS, Frais professionnels, § 1000, 01/01/2025).

En cas d'application d'une *déduction forfaitaire spécifique pour frais professionnels**, les indemnités kilométriques et la prime transport doivent être réintégrées dans l'assiette des cotisations de sécurité sociale (mais pas dans la base CSG/CRDS).

Forfait mobilités durables (vélo, covoiturage, etc.)

Prise en charge facultative - L'employeur peut, de façon facultative, mettre en place le forfait mobilités durables, qui permet de prendre en charge les frais que le salarié engage pour se rendre de sa résidence habituelle à son lieu de travail en utilisant certains modes de transport personnels « alternatifs » (c. trav. art. L. 3261-3-1).

Le forfait mobilités durables remplace l'indemnité kilométrique « vélo » *(voir plus loin)*.

Modes de transports couverts - Le salarié peut effectuer les trajets de sa résidence habituelle à son lieu de travail (c. trav. art. L. 3261-3-1et R. 3261-13-1 ; BOSS, Frais professionnels, § 1110, 01/01/2025) :
- avec un cycle personnel, le cas échéant à pédalage assisté (ex. : vélo, électrique ou non, tricycle, etc.), qu'il soit la propriété du salarié ou en location. Dans ce dernier cas, il ne doit pas déjà être indemnisé dans le cadre de la prise en charge obligatoire des frais d'abonnement aux services publics de location de vélos *(voir plus haut)* ;
- avec un engin de déplacement personnel motorisé dont il est le propriétaire (ex : trottinette électrique) ;
- en covoiturage, en tant que conducteur ou passager, y compris avec un membre de la famille ;
- avec un cyclomoteur, une motocyclette ou un engin de déplacement personnel motorisé ou non (ex. : trottinette, gyropode, scooter), en location ou en libre-service, avec ou sans station d'attache et accessible sur la voie publique (lorsqu'ils sont motorisés, ces modes de transports doivent être équipés d'un moteur non thermique ou d'une assistance non thermique) ;
- avec un véhicule électrique, hybride rechargeable ou à hydrogène en auto-partage (véhicules à moteur à faibles émissions au sens de l'article L. 224-7, V du code de l'environnement) ;
- en transports publics de personne (ex. : bus, tram, TER) ; dans ce cas, la prise en charge ne peut pas concerner les frais d'abonnement aux transports publics déjà pris en charge à titre obligatoire *(voir plus haut)*.

▶ À noter... Une définition spécifique des services de mobilité partagée est prévue pour les territoires d'outre-mer de Saint-Barthélemy et de Saint-Martin (c. trav. art. R. 3423-12).

Mise en place - Le montant, les modalités et les critères d'attribution de la prise en charge du forfait mobilités durables sont définis par un accord d'entreprise ou interentreprises (à défaut, un accord de branche) (c. trav. art. L. 3261-4).

En l'absence d'accord, l'employeur peut mettre en place le forfait mobilités durables par décision unilatérale, après avoir consulté le *comité social et économique**, s'il en existe un.

Formes que peut prendre le forfait - Dans une foire aux questions (FAQ) publiée sur son site internet, le ministère de la Transition écologique précise la forme que peut prendre le forfait mobilités durables en fonction du mode de transport utilisé par le salarié (FAQ du ministère de l'Écologie sur le forfait mobilités durables mise à jour le 15 janvier 2025 ; https://www.ecologie.gouv.fr/politiques-publiques/faq-forfait-mobilites-durables-fmd).

Ainsi, pour le vélo ou le vélo électrique, le forfait peut consister en :
- un montant forfaitaire conditionné à une pratique du vélo ;
- un montant forfaitaire par kilomètre parcouru (chaque salarié aura donc un forfait différent selon le nombre de kilomètres réalisés) ou par nombre de jours de pratique ;
- une participation aux dépenses réelles, notamment achat de vélo, location de vélo, achat d'accessoires de sécurité (ex. : antivol, casques, sonnettes), frais d'entretien et de réparation, abonnement à un stationnement sécurisé vélo (ex. : stations Veligo en Île-de-France).

Pour le covoiturage (passager ou conducteur), le forfait mobilités durables peut prendre la forme d'un montant forfaitaire conditionné à une pratique du covoiturage ou bien d'une prise en charge des frais engagés dans le cadre du partage des frais entre le conducteur et les passagers.

Pour les engins de déplacement personnels en location ou libre-service (ex : scooters, trottinettes électriques en free floating) et pour les véhicules électriques, hybrides rechargeables ou à hydrogène en auto-partage, le forfait prend en charge les frais de location.

Pour l'utilisation des transports en commun, le forfait consiste en une participation à l'achat des titres de transports, hors abonnement (tickets à l'unité). Il peut donc s'agir, en pratique, du cas des salariés qui prennent ponctuellement les transports publics, sans avoir d'abonnement (par exemple, à l'occasion d'un pic de pollution).

Salariés concernés - Toutes les catégories de salariés et assimilés peuvent bénéficier du forfait mobilités durables, y compris les apprentis et les stagiaires (BOSS, Frais professionnels, § 1100, 01/01/2025).

Versement à tous les salariés éligibles - L'employeur qui décide d'assurer la prise en charge des frais de transports personnels de ses salariés via le forfait mobilités durables doit en faire bénéficier l'ensemble des salariés éligibles selon les mêmes modalités (c. trav. art. R. 3261-13-2).

Salariés à temps partiel - Les salariés à temps partiel employés pour un nombre d'heures égal ou supérieur à 50 % de la durée légale hebdomadaire du travail (ou de la durée conventionnelle, si elle est inférieure) doivent bénéficier du forfait mobilités durables dans les mêmes conditions qu'un salarié à temps complet (c. trav. art. R. 3261-14).

Pour les salariés à temps partiel employés pour un nombre d'heures inférieur à 50 % de la durée du travail à temps complet (à savoir 50 % de la durée légale hebdomadaire du travail ou, si elle est inférieure, de la durée conventionnelle), la prise en charge est proratisée par le rapport « nombre d'heures travaillées/50 % de la durée du travail à temps complet ».

▶ À noter… Le décret précisant les modalités de mise en œuvre du forfait mobilités (décret 2020-541 du 9 mai 2020, JO du 10) devait également en fixer les conditions d'attribution aux salariés ayant plusieurs employeurs (c. trav. art. L. 3261-11). Mais il est muet sur ce point, tout comme le *Bulletin officiel de la sécurité sociale (BOSS)**.

Salarié ayant plusieurs lieux de travail - Le salarié qui exerce son activité sur plusieurs lieux de travail au sein d'une même entreprise n'assurant pas le transport entre ces différents lieux et entre ces lieux et la résidence habituelle du salarié peut prétendre au forfait mobilités durables pour les déplacements qui lui sont imposés entre sa résidence habituelle et ses différents lieux de travail, ainsi qu'entre ces lieux de travail (c. trav. art. R. 3261-15 ; BOSS, Frais professionnels, § 1190, 01/01/2025).

Régimes social et fiscal - Depuis le 1er janvier 2025, la prise en charge du forfait mobilités durables est exonérée d'impôt sur le revenu et de cotisations et de CSG/CRDS, dans la limite de 600 € par salarié et par an. Cette limite de 600 € s'apprécie en cumulant le forfait mobilités durables avec la prime transport *(voir plus haut)*, dans l'hypothèse où l'employeur organise les deux formes de prise en charge (c. séc. soc. art. L. 136-1-1, III, 4°, e ; CGI art. 81, 19° ter, b ; BOSS, Frais professionnels, § 1130, 01/01/2025).

▶ À noter… Des limites d'exonération dérogatoires plus favorables se sont appliquées pour les années 2022 à 2024 *(voir plus loin dans l'étude, tableau « Frais de transports : exonérations sociale et fiscale »)*.

Justificatifs - L'allocation est versée sous réserve de son utilisation effective conformément à son objet. Elle est réputée utilisée conformément à son objet si l'employeur recueille auprès du salarié, pour chaque année civile, un justificatif de paiement ou une attestation sur l'honneur relatif à l'utilisation effective d'un ou plusieurs des moyens de déplacement visés par le dispositif *(voir ci-avant)* (c. trav. art. R. 3261-13-2).

Selon le ministère de la Transition écologique, l'employeur peut également décider de mettre en place des systèmes de contrôle plus rigoureux (FAQ du ministère de l'Écologie sur le forfait mobilités durables mise à jour le 15 janvier 2025 ; https://www.ecologie.gouv.fr/politiques-publiques/faq-forfait-mobilites-durables-fmd).

▶ À noter… Le salarié qui utilise son vélo pour aller de son domicile à son lieu de travail n'a pas à justifier le nombre de kilomètres parcourus pour bénéficier du forfait, contrairement à ce qui était requis avec l'ancienne indemnité kilométrique « vélo » *(voir ci-après)*.

Non cumul avec une déduction forfaitaire spécifique - L'exonération de cotisations et de contributions sociales attachée au forfait mobilités durables ne peut pas se cumuler avec la *déduction forfaitaire spécifique pour frais professionnels** (DFS). Dès lors, en cas d'application de la DFS, la prise en charge des frais de transports dans le cadre du forfait mobilités durables doit être intégrée dans l'assiette des cotisations et contributions sociales (BOSS, Frais professionnels, § 1170, 01/01/2025).

▶ À noter… Pour les professions en sortie dégressive de DFS, aucune réintégration n'est à opérer au titre des règles dérogatoires applicables pendant cette période [voir *Frais professionnels (déduction forfaitaire spécifique)**].

Cumul avec la prise en charge des frais de transports publics - La prise en charge du forfait mobilités durables est cumulable avec la prise en charge des frais de transports publics ou de services publics de location de vélos *(voir plus haut)*. Depuis le 1er janvier 2025, l'avantage résultant de ces deux prises en charge ne peut dépasser, au regard de l'exonération d'impôt, de cotisations et de CSG/CRDS, ni 900 € par an, ni le montant de la prise en charge obligatoire lorsque celle-ci excède déjà ce montant (c. séc. soc. art. L. 136-1-1, III, 4° e, et L. 242-1 ; CGI art. 81, 19° ter b ; BOSS, Frais professionnels, § 1140, 01/01/2025).

Ainsi, en cas de cumul, la prise en charge au titre du forfait mobilités durables est exonérée de cotisations dans la limite de 900 € par an, déduction faite de la prise en charge par l'employeur de l'abonnement au titre des transports en commun.

Exemples

1/ Un salarié dépense 930 € par an au titre de son abonnement aux services de transport en commun pour réaliser ses trajets domicile-lieu de travail. L'employeur doit prendre en charge 50 % de cet abonnement annuel, soit 465 €. Celui-ci souhaite également verser à son salarié qui utilise le vélo pour se rendre à la gare un forfait mobilités durables de 500 € par an. Dans la mesure où il prend déjà en charge 465 € au titre de l'abonnement aux transports en commun, la part du forfait mobilités durables qui peut être exonérée est limitée à 435 € (900 - 465 = 435) (BOSS, Frais professionnels, § 1140, 01/01/2025).

2/ Un salarié bénéficie de la prise en charge du forfait mobilités durables à hauteur de 350 € et des frais d'abonnements aux transports en commun pour 570 € : le forfait mobilités durables est exonéré de cotisations dans la limite de 330 € (car 900 - 570 = 330) (www.urssaf.fr).

3/ Un salarié bénéficie de la prise en charge du forfait mobilités durables à hauteur de 150 € et des frais d'abonnements aux transports en commun pour 930 € : le forfait mobilités durables ne peut pas être exonéré de cotisations (car 930 > 900). Les frais d'abonnement aux transports en commun sont exonérés de cotisations dans la limite des frais réellement engagés.

Cumul avec la prime transport - La prise en charge du forfait mobilités durables est cumulable avec la prime transport *(voir plus haut)*. Toutefois, l'avantage résultant de ces deux prises en charge ne peut pas, au regard de l'exonération d'impôt, de cotisations et de CSG/CRDS, dépasser un montant fixé, depuis le 1er janvier 2025, à 600 € par salarié et par an, dont 300 € maximum pour les frais de carburant (essence, diesel) dans le cadre de la prime transport (c. séc. soc. art. L. 136-1-1, III, 4°, e, à combiner avec L. 242-1 ; CGI art. 81, 19° ter. b ; BOSS, Frais professionnels, § 1150, 01/01/2025).

▶ À noter... Des limites d'exonération dérogatoires plus favorables se sont appliquées pour les années 2022 à 2024 *(voir plus loin dans l'étude, tableau « Frais de transports : exonérations sociale et fiscale »)*.

Le remboursement d'éventuels frais de stationnement du véhicule au titre des frais professionnels *(voir plus loin)* est aussi pris en compte pour déterminer la limite d'exonération (BOSS, Frais professionnels, § 1150, 01/01/2025).

Cumul avec les indemnités kilométriques - Le site du réseau des URSSAF précise que le cumul entre le forfait mobilités durables et les *indemnités kilométriques** est possible dans la limite des frais réellement engagés par le salarié pour effectuer ses trajets entre sa résidence habituelle et son lieu de travail (www.urssaf.fr).

En pratique, ce cumul ne peut concerner que le conducteur en covoiturage, seule personne éligible au forfait mobilités durables pouvant éventuellement remplir les conditions pour bénéficier d'indemnités kilométriques, à savoir être contraint d'utiliser son véhicule personne pour se rendre de son domicile à son lieu de travail.

Maintien possible de l'indemnité kilométrique « vélo » - À son entrée en vigueur, le 11 mai 2020, le forfait mobilités durables a remplacé l'indemnité kilométrique vélo de 0,25 € par km qui pouvait être versée aux salariés pour les déplacements qu'ils effectuent avec leur vélo ou leur vélo à assistance électrique entre leur résidence habituelle et leur lieu de travail. Les articles réglementaires du code du travail relatifs à cette indemnité ont été abrogés en conséquence (c. trav. art. D. 3261-15-1 et D. 3261-15-2 abrogés).

Toutefois, les employeurs qui, au 11 mai 2020, versaient cette indemnité dans les conditions prévues par la réglementation antérieure, peuvent continuer à la verser. Ils sont alors regardés comme versant le forfait mobilités durables (décret 2020-541 du 9 mai 2020, art. 2).

En pratique, l'indemnité kilométrique « vélo » est ainsi devenue cumulable avec le remboursement des abonnements de transports en commun *(voir plus haut)*, même si le salarié n'effectue pas avec son vélo un trajet de rabattement vers une station de transport en commun (ce qui était une condition d'octroi auparavant). En outre, le montant des exonérations sociales et fiscales est, depuis le 1er janvier 2025, de 600 € par an et par salarié, cette limite s'appréciant, le cas échéant, en cumulant l'indemnité avec la prime de transport dans l'hypothèse où l'employeur met en place les deux modes de prise en charge *(voir plus loin)*.

Frais de transport domicile-lieu de travail

Frais de transports : exonérations sociale et fiscale			
	Exonérations		
	Principe	Dérogation en 2025 (1)	Dérogations sur 2022-2024 : rappels (2)
Forfait mobilités durables et/ ou prime transport	• Exonération d'impôt sur le revenu, de cotisations et de CSG/CRDS à hauteur de 600 € maximum par an. • Dans ces 600 €, exonération des frais de carburant (essence, diesel) à concurrence de 300 € par an. • La limite de 600 € s'apprécie en cumulant, le cas échéant, le forfait mobilités durables et la prime transport. • En cas d'application d'une *déduction forfaitaire spécifique pour frais professionnels**, réintégration dans l'assiette des cotisations (3), sauf base CSG/CRDS.	-	• Exonération d'impôt sur le revenu, de cotisations et de CSG/CRDS à hauteur de 700 € maximum par an (900 € en Guadeloupe, en Guyane, en Martinique, à la Réunion et à Mayotte). • Dans ces 700 € (ou 900 €), exonération des frais de carburant (essence, diesel) à concurrence de 400 € par an (ou 600 €). • La limite de 700 € (ou 900 €) s'apprécie en cumulant, le cas échéant, le forfait mobilités durables et la prime transport. • En cas d'application d'une *déduction forfaitaire spécifique pour frais professionnels** (3), réintégration dans l'assiette des cotisations, sauf base CSG/CRDS.
Abonnements aux transports publics de personnes ou à des services publics de location de vélos	• Le remboursement obligatoire de 50 % est exonéré de cotisations (4), de CSG/CRDS et d'impôt sur le revenu. • En cas de prise en charge supérieure à 50 %, le remboursement excédentaire suit le régime suivant : - exonération de cotisations et de CSG/CRDS dans la limite des frais réellement engagés ; - réintégration dans le net imposable ; - en cas d'application d'une *déduction forfaitaire spécifique pour frais professionnels**, réintégration dans l'assiette des cotisations (3), sauf base CSG/CRDS.	• Le remboursement est exonéré de cotisations, de CSG/CRDS et d'impôt sur le revenu jusqu'à 75 % du prix du titre d'abonnement. • Exonération de cotisations cumulable avec l'application d'une *déduction forfaitaire spécifique pour frais professionnels**).	• Le remboursement est exonéré de cotisations, de CSG/CRDS et d'impôt sur le revenu jusqu'à 75 % du prix du titre d'abonnement. • Exonération de cotisations cumulable avec l'application d'une *déduction forfaitaire spécifique pour frais professionnels**).
Cumul forfait mobilités durables et abonnement aux transports publics	Exonération d'impôt sur le revenu, de cotisations et de CSG/CRDS dans la limite de 900 € par an ou du montant de la prise en charge obligatoire de 50 % des abonnements aux transports publics si elle est plus élevée.	-	Exonération d'impôt sur le revenu, de cotisations et de CSG/CRDS dans la limite de 800 € par an ou du montant de la prise en charge obligatoire de 50 % des abonnements aux transports publics si elle est plus élevée.
Cumul prime transport et abonnement aux transports publics	Cumul interdit	-	Cumul possible de la prime transport avec la prise en charge obligatoire de 50 % des abonnements aux transports publics

(1) Loi 2022-1157 du 16 août 2022, art. 2, III, JO du 17, modifiée par loi 2025-127 du 14 février 2025, art. 52, JO du 15.
(2) Loi 2022-1157 du 16 août 2022, art. 2, I, JO du 17, modifiée par loi 2023-1322 du 29 décembre 2023, art. 29, JO du 30.
(3) Par dérogation, pas de réintégration pour les professions en sortie progressive de déduction forfaitaire spécifique [voir *Frais professionnels (déduction forfaitaire spécifique)**].
(4) Même en cas d'application d'une déduction forfaitaire spécifique pour frais professionnels (arrêté du 20 décembre 2002, art. 9 modifié ; arrêté du 25 juillet 2005, JO 6 août, annexe ; BOSS, Frais professionnels, § 2250, 01/01/2025).

▶ À noter... Des limites d'exonération dérogatoires plus favorables se sont appliquées pour les années 2022 à 2024 *(voir plus loin dans l'étude, tableau « Frais de transports : exonérations sociale et fiscale »)*.

Titre-mobilité

Depuis le 1er janvier 2022, plutôt que de procéder par remboursement, l'employeur peut prendre en charge la prime transport et le forfait mobilités durables via une solution de paiement dématérialisée et prépayée, intitulée « titre-mobilité » (c. trav. art. L. 3261-5 à L. 3261-10 et R. 3261-13-3 à R. 3261-13-9 ; décret 2021-1663 du 16 décembre 2021, JO du 17).

Sur le modèle du *titre-restaurant**, le titre-mobilité est émis par une société spécialisée, qui les cède à l'employeur contre paiement de leur valeur libératoire et, le cas échéant, d'une commission. Il peut être délivré aux salariés pour être utilisé dans les magasins de vélos, les plateformes de covoiturage, etc.

L'émetteur du titre-mobilité doit assurer à chaque salarié, directement sur l'équipement terminal appartenant à celui-ci, par voie téléphonique ou, à sa demande, par message textuel, l'accès permanent et gratuit au solde de son compte personnel de titre-mobilité.

La durée de validité des titres-mobilité, qui est fixée par l'émetteur, doit s'étendre au moins jusqu'au dernier jour de l'année civile au cours de laquelle ils ont été émis.

Remboursement au titre des frais professionnels

Véhicule personnel utilisé par contrainte - Si le salarié est contraint d'utiliser son véhicule personnel pour effectuer le trajet entre son domicile et son lieu de travail, l'employeur peut, au titre des *frais professionnels**, lui rembourser ses frais sur une base réelle ou lui verser des indemnités kilométriques forfaitaires.

Frais réels - Le salarié peut être remboursé de ses frais professionnels au réel, sur la base de justificatifs (arrêté du 20 décembre 2002, art. 2, JO du 27).

Indemnités kilométriques - L'employeur peut aussi rembourser au salarié les frais qu'il engage sous forme d'allocations forfaitaires exonérées de cotisations sociales dans les limites fixées par les *barèmes kilométriques** annuellement publiés par l'administration fiscale (arrêté du 20 décembre 2002, art. 4, JO du 27 ; BOSS, Frais professionnels, §§ 390 et 820, 01/01/2025).

Ces indemnités kilométriques versées pour le trajet domicile-lieu de travail sont octroyées dans les mêmes conditions que celles accordées pour l'utilisation d'un véhicule personnel à des fins professionnelles (déplacements professionnels) (BOSS, Frais professionnels, § 820, 01/01/2025). Elles sont donc réputées utilisées conformément à leur objet dans les limites fixées par les barèmes kilométriques annuellement publiés par l'administration fiscale, dans les mêmes conditions (justification du nombre de kilomètres, etc.) (BOSS, Frais professionnels, § 380, 01/01/2025) (voir *Frais de déplacement**).

▶ À noter... Les véhicules concernés par les barèmes kilométriques sont les automobiles, les cyclomoteurs, les vélomoteurs, les scooters et les motocyclettes (BOSS, Frais professionnels, § 380, 01/01/2025). En outre, l'utilisation de ces barèmes est réservée aux véhicules dont le salarié lui-même, ou le cas échéant son conjoint ou l'un des membres de son foyer fiscal, est propriétaire ou copropriétaire, ou qu'il loue (BOSS, Frais professionnels, § 420, 01/01/2025).

Seuls les salariés contraints d'utiliser leur véhicule personnel à des fins professionnelles peuvent bénéficier de l'exemption d'assiette de cotisations et contributions sociales applicable aux indemnités kilométriques. L'utilisation du véhicule personnel ne doit donc pas relever de la convenance personnelle (BOSS, Frais professionnels, § 415, 01/01/2025). Il peut s'agir des salariés qui ne peuvent pas utiliser les transports en commun du fait de l'inexistence de ces derniers ou de leurs horaires particuliers de travail (ex. : travail de nuit).

▶ Attention... Une ancienne circulaire du 7 janvier 2003 prévoyait par tolérance que, lorsque le salarié utilise son véhicule personnel pour convenance personnelle pour le trajet domicile-lieu de travail, les indemnités kilométriques pouvaient être exonérées à concurrence du tarif du transport en commun le plus économique (circ. DSS/SDFSS/5B 2003-7 du 7 janvier 2003, § III, 3.4.1, abrogée au 1.04.2021). Cette tolérance n'est plus applicable (BOSS, Frais professionnels, § 415, 01/01/2025).

L'employeur doit justifier de l'existence de déplacements professionnels et du nombre exact de kilomètres parcourus. En l'absence de pièce justificative établissant la nature, l'importance et la réalité des frais engagés par le salarié, les indemnités kilométriques sont intégrées dans l'assiette des cotisations et contributions sociales (BOSS, Frais professionnels, § 390, 01/01/2025).

Au-delà des montants prévus par les *barèmes kilométriques**, il appartient également à l'employeur de justifier l'utilisation effective des indemnités conformément à leur objet.

À défaut, la fraction excédentaire est assujettie à l'ensemble des cotisations et contributions sociales (BOSS, Frais professionnels, § 400, 01/01/2025).

En cas de covoiturage, seul le propriétaire du véhicule peut bénéficier de l'indemnité pour un trajet donné (BOSS, Frais professionnels, § 400, 01/01/2025).

Les stagiaires peuvent aussi bénéficier d'une prise en charge sous forme d'indemnités kilométriques pour les frais qu'ils engagent au titre du trajet domicile-lieu de stage. Cette prise en charge n'est pas prise en compte pour l'appréciation de la franchise de cotisations applicable à la gratification qui doit leur être versée lorsque la durée du stage est supérieure à 2 mois consécutifs ou non [voir *Stages en entreprise (gratification)**] (BOSS, Frais professionnels, § 1010, 01/01/2025).

Frais de stationnement - Les remboursements des frais engagés par le salarié pour le stationnement du véhicule peuvent être exclus de l'assiette des contributions et cotisations sociales, le cas échéant, sur la base du tarif le plus économique (abonnement hebdomadaire, mensuel ou annuel) (BOSS, Frais professionnels, § 845, 01/01/2025).

Cumul avec d'autres prises en charge - Les indemnités kilométriques peuvent se cumuler avec la prime transport *(voir plus haut)*. L'exonération des cotisations et contributions sociales applicable est, dans ce cas, subordonnée au respect des conditions attachées à chacun des deux dispositifs. Elle ne peut excéder le montant total des frais réellement engagés par le salarié pour effectuer ses trajets entre sa résidence habituelle et son lieu de travail (BOSS, Frais professionnels, § 1000, 01/01/2025).

Les indemnités kilométriques peuvent aussi se cumuler avec le forfait mobilités durables *(voir plus haut)*.

En cas d'application d'une *déduction forfaitaire spécifique pour frais professionnels** (DFS), les indemnités kilométriques, la prime transport et le forfait mobilités durables doivent être réintégrés dans l'assiette des cotisations sociales (mais pas dans la base CSG/CRDS). Pour les professions en sortie dégressive de DFS, aucune réintégration n'est à opérer au titre des règles dérogatoires applicables pendant cette période [voir *Frais professionnels (déduction forfaitaire spécifique)**].

Véhicule mis à disposition par l'entreprise

Principe : avantage en nature - L'utilisation d'un véhicule mis à disposition par l'entreprise pour le trajet domicile-lieu de travail constitue en principe un *avantage en nature** soumis à cotisations sociales.

Tolérance - Lorsque le salarié est tenu de restituer le véhicule durant le repos hebdomadaire et les congés, il n'y a pas lieu de considérer qu'il y a un avantage en nature si l'employeur démontre (BOSS, Avantages en nature, § 580, 01/01/2025) :
- d'une part, que l'utilisation du véhicule est nécessaire à l'exercice de l'activité professionnelle du salarié ;
- et, d'autre part, que le salarié ne peut pas utiliser les transports en commun soit parce que le trajet domicile-lieu de travail n'est pas desservi, soit en raison de conditions ou d'horaires particuliers de travail.

☞ *Avantage en nature ; Avantage en nature véhicule ; Barèmes kilométriques ; Frais de déplacement ; Frais professionnels ; Frais professionnels (déduction forfaitaire spécifique) ; Véhicule.*

Frais professionnels

Les remboursements par l'employeur des frais professionnels engagés par le salarié sont, sous certaines conditions, exonérés de cotisations.

Principes d'exonération de cotisations

Définition - Les frais professionnels correspondent à des frais que le salarié a engagés, non pour convenance personnelle, mais pour accomplir sa mission dans l'entreprise. Juridiquement, ils sont définis comme les charges de caractère spécial inhérentes à la fonction ou à l'emploi du salarié que celui-ci supporte au titre de l'accomplissement de ses fonctions (arrêté du 20 décembre 2002 modifié, art. 1).

▶ Attention... S'il n'est pas justifié qu'elles remboursent des frais correspondant à la définition de frais professionnels *(voir ci-avant)*, les indemnisations versées aux salariés doivent être regardées comme des éléments de salaire, quelle que soit la dénomination qui leur est donnée par convention collective ou par contrat et, de ce fait, être assujetties à cotisations et contributions sociales dans les conditions de droit commun (BOSS, Frais professionnels, § 30, 01/01/2025). Autrement dit, ce n'est pas parce qu'un contrat de travail ou une convention collective dénomme une prime, par exemple, « prime de panier » ou « prime de transport », que celle-ci constitue automatiquement un remboursement de frais professionnels exonérés de cotisations.

La frontière entre frais professionnels et *avantage en nature** pose parfois problème. Des litiges naissent ainsi sur la qualification à retenir, en vue de savoir si une somme ou un avantage doit entrer ou non dans la base de calcul de l'indemnité de licenciement, de l'indemnité de congés payés, etc.

Exemples
1) Un salarié détaché pendant plusieurs années en Colombie prétendait que les frais de voyage annuel en France pris en charge par l'employeur constituaient des avantages en nature à intégrer à la base de calcul de l'indemnité de licenciement. Telle n'a pas été la solution retenue par les juges, pour lesquels les frais de voyage annuel en métropole du salarié et de sa famille, pris en charge par l'employeur, étaient directement et uniquement liés à son expatriation, laquelle l'avait contraint pour des raisons strictement professionnelles à quitter la France. Il s'agissait donc de frais professionnels (cass. soc. 31 janvier 2012, n° 10-24388, BC V n° 47).
2) La prise en charge par l'employeur, même prévue par le contrat de travail, des impôts dus au titre des revenus salariaux dans le pays d'accueil d'un salarié expatrié constitue un avantage contractuel entrant dans l'assiette des cotisations et non des frais professionnels (cass. soc. 1er décembre 2016, n° 15-15100, BC V n° 226).

Principe d'exonération : frais réels, parfois allocations forfaitaires - Les remboursements de frais professionnels sont exonérés de cotisations lorsqu'ils prennent la forme (arrêté du 20 décembre 2002 modifié, art. 2) :
- soit d'un remboursement des dépenses réelles ou d'une prise en charge directe des frais par l'employeur, sur justificatifs. Certains frais sont obligatoirement remboursés sur la base des dépenses réellement engagées ;
- soit, pour certaines catégories de frais professionnels, d'un versement d'allocations forfaitaires, présumées utilisées conformément à leur objet à concurrence des limites d'exonération fixées par l'arrêté du 20 décembre 2002.

▶ À noter... Les limites d'exonération des allocations forfaitaires sont revalorisées chaque 1er janvier conformément au taux prévisionnel d'évolution en moyenne annuelle des prix à la consommation de tous les ménages (hors tabac) pour l'année civile considérée, et arrondies à la dizaine de centimes d'euro la plus proche (arrêté du 20 décembre 2002 modifié, art. 10).

Sur le remboursement des frais professionnels aux dirigeants ou mandataires sociaux affiliés de plein droit au régime général de la sécurité sociale, voir *Dirigeants d'entreprise**.

▶ À noter... Lorsqu'un dispositif d'allocations forfaitaires peut être utilisé, l'employeur peut préférer procéder par un remboursement sur la base des frais réels justifiés, ce qui peut permettre d'appliquer une exonération au-delà des limites des allocations forfaitaires (BOSS, Frais professionnels, § 70, 01/01/2025).

Remboursement au réel - En cas de remboursement sur la base des dépenses réelles, les justificatifs doivent être suffisamment précis pour établir la réalité et le montant des frais engagés et il doit être clairement démontré que les frais en cause ont été exposés dans l'intérêt de l'entreprise et ne sont pas d'un niveau « exagéré » (BOSS, Frais professionnels, § 70, 01/01/2025).

Remboursement sous forme d'allocations forfaitaires - Dans le cas général, les allocations forfaitaires sont exonérées de cotisations (BOSS, Frais professionnels, § 110, 01/01/2025) :
- si elles n'excèdent pas les limites d'exonération fixées par l'arrêté du 20 décembre 2002 ;
- si elles correspondent bien aux situations de fait prévues pour leur application.

Lorsque les allocations n'excèdent pas les limites d'exonération prévue par l'arrêté du 20 décembre 2002, elles sont réputées utilisées conformément à leur objet et l'employeur n'a pas à recueillir les justificatifs des dépenses, mais simplement à démontrer que les circonstances de fait à l'origine des frais sont établies. Il s'agit d'une présomption absolue ne pouvant être renversée par la preuve contraire.

▶ À noter... Cette présomption d'utilisation conforme n'est établie que si l'indemnisation des dépenses exposées par le salarié est effectuée exclusivement sous forme d'une allocation forfaitaire et non si l'employeur procède également au paiement direct des dépenses. Dans ce dernier cas, l'employeur doit prouver que l'indemnité forfaitaire a été utilisée en totalité conformément à son objet (BOSS, Frais professionnels, § 120, 01/01/2025).

Lorsque l'employeur n'établit pas la réalité de l'existence de frais professionnels en lien direct avec l'allocation, celle-ci constitue un complément de rémunération et est réintégrée dans l'assiette des prélèvements pour la totalité de son montant (BOSS, Frais professionnels, § 100, 01/01/2025).

Pour les allocations forfaitaires dont le montant dépasse les limites d'exonération réglementaires, l'employeur doit réintégrer l'excédent dans l'assiette des cotisations, sauf à justifier de la réalité des dépenses et à obtenir l'exonération de la fraction excédentaire à ce dernier titre (BOSS, Frais professionnels, § 120, 01/01/2025).

Barème conventionnel - Certaines conventions collectives fixent des barèmes d'allocations forfaitaires. Lorsque l'employeur verse une allocation supérieure au montant prévu par la convention collective, cela ne remet pas en cause l'exonération sur présomption d'utilisation conforme dès lors que son montant est inférieur ou égal à la limite prévue par l'arrêté du 20 décembre 2002 (BOSS, Frais professionnels, § 110, 01/01/2025).

Application d'une déduction forfaitaire pour frais professionnels - Lorsque l'employeur applique à l'assiette des cotisations une déduction forfaitaire spécifique (DFS) pour frais professionnels, et sous réserve des exceptions admises, les frais professionnels remboursés au salarié doivent être réintégrés dans l'assiette des cotisations (arrêté du 20 décembre 2002 modifié, art. 9) [voir *Frais professionnels (déduction forfaitaire spécifique)**].

▶ À noter... Par dérogation, les professions en sortie progressive de DFS n'ont pas à réintégrer les remboursements de frais professionnels dans l'assiette des cotisations [voir *Frais professionnels (déduction forfaitaire spécifique)**].

En revanche, aucune réintégration n'est à opérer dans la base CSG/CRDS puisque les déductions forfaitaires spécifiques pour frais professionnels ne s'appliquent pas à l'assiette de ces deux contributions.

Principaux frais envisagés par la réglementation de sécurité sociale

Tant qu'une dépense engagée par le salarié correspond à la définition des frais professionnels *(voir ci-avant)*, son remboursement par l'employeur peut, sous conditions, être exonéré de cotisations.

L'arrêté du 20 décembre 2002 relatif aux frais professionnels et le *Bulletin officiel de la sécurité sociale (BOSS)** envisagent toutefois expressément un certain nombre de situations résumées ci-après.

Frais de déplacement (restaurant, transport, hôtel) - À l'occasion des déplacements professionnels d'un salarié, en France ou à l'étranger, l'employeur peut être amené à lui rembourser des frais de restaurant, de logement ou encore de transport.

Bien entendu, le système des frais réels peut être utilisé, mais l'employeur peut également procéder par versement d'allocations forfaitaires pour les frais de découcher et les frais de nourriture (voir *Frais de déplacement**, *Frais de nourriture**).

Frais de restauration sur le lieu de travail ou hors de l'entreprise - Un système d'allocations forfaitaires existe pour les salariés contraints, du fait de l'organisation de leur travail, de prendre leurs repas sur place dans l'entreprise ou hors des locaux de l'entreprise, comme par exemple sur un chantier (voir *Prime de panier**).

Mutation, déménagement, etc. - Il existe plusieurs dispositions spécifiques pour la prise en charge des frais liés à la mobilité professionnelle d'un salarié : frais d'hébergement provisoire, d'installation, de déménagement. Certains de ces frais sont obligatoirement remboursés sur la base des dépenses réelles, tandis que d'autres peuvent être pris en charge sous forme d'allocations forfaitaires (voir *Mobilité professionnelle**).

Télétravail - Le remboursement des frais engagés par un salarié dans le cadre du télétravail peut se faire en exonération de cotisations sur la base des dépenses réelles ou sous forme d'allocations forfaitaires (voir *Télétravail**).

Technologies de l'information et de la communication - Les remboursements des frais engagés par un salarié à des fins professionnelles, pour l'utilisation des outils issus des technologies de l'information et de la communication qu'il possède (ordinateur, téléphone, connexion Internet, etc.), doivent en principe être justifiés par la réalité des dépenses professionnelles supportées par le salarié. Toutefois, si l'employeur ne peut pas justifier la réalité de ces dépenses professionnelles et que les frais engagés sont justifiés par une raison professionnelle, ceux-ci peuvent être remboursés sur la base d'une allocation forfaitaire (voir *Technologies de l'information et de la communication**).

Vêtements - La prise en charge de frais d'habillement peut être exonérée de cotisations au titre des frais professionnels tant que la définition générale est respectée (voir *Vêtements professionnels**).

Cotisations à un ordre professionnel - Le Bulletin officiel de la sécurité sociale admet que la prise en charge par l'employeur des cotisations versées à un ordre professionnel pour pouvoir exercer une profession (masseur-kinésithérapeute, avocat...) présente un caractère professionnel autorisant de ne pas les intégrer dans l'assiette des cotisations (BOSS, Frais professionnels, § 2000, 01/01/2025).

▶ À noter... Le BOSS a ainsi mis fin à une incertitude juridique apparue en 2018 avec un arrêt de la Cour de cassation, dans lequel la Haute juridiction a estimé que les cotisations ordinales ne constituent pas des frais professionnels exposés dans l'intérêt de l'employeur, puisqu'elles sont dues que le professionnel exerce en qualité de salarié ou de manière indépendante. Par conséquent, elles n'ont pas à être remboursées par l'employeur (cass. soc. 30 mai 2018, n° 16-24734, BC V n° 99). Même si cette affaire ne portait que sur la question du droit du salarié à obtenir remboursement de la cotisation (et pas sur le régime social de la somme versée), cette jurisprudence pouvait laisser à penser qu'en cas de prise en charge par l'employeur, celle-ci serait soumise à cotisations.

Frais de renouvellement de la carte de presse - Le BOSS classe aussi dans la catégorie des frais professionnels la participation patronale au renouvellement de la carte de presse des *journalistes** professionnels, dans la limite de la moitié des frais (BOSS, Frais professionnels, § 2020, 01/01/2025).

Dépenses exceptionnelles en dehors de l'exercice de la profession du salarié - À titre exceptionnel (en situation d'urgence notamment), un salarié peut être amené à exposer des frais pour acheter ou entretenir du matériel ou des fournitures (ex. : matériel de bureautique, vêtements de travail) pour le compte de l'entreprise alors que l'exercice normal de sa profession ne le prévoit pas. Sous réserve que ces matériels et fournitures soient acquis pour les seuls besoins de l'employeur et non du salarié, ces frais peuvent faire l'objet d'un remboursement dans les mêmes conditions que les frais professionnels, sur présentation des factures. En cas d'*application d'une déduction forfaitaire spécifique pour frais professionnels**, ces remboursements de frais n'ont pas à être intégrés à l'assiette des cotisations sociales avant application de la déduction (BOSS, Frais professionnels, § 1890 à 1905, 01/01/2025).

Les dépenses engagées par le salarié à la demande de son employeur, par exemple pour l'acquisition de cadeaux offerts à la clientèle en vue de la promotion de l'entreprise, constituent aussi des frais professionnels. Il en est de même des dépenses (ex : transport, frais de location) engagées par le salarié dans le cadre de sa participation, à la demande de son employeur et à titre exceptionnel, à des manifestations organisées dans le cadre de la politique commerciale de l'entreprise (réception, cocktails, etc.), alors que l'exercice normal de sa profession ne le prévoit pas. Les factures constituent la justification des dépenses. L'employeur doit en outre être en capacité de prouver que les dépenses ont bien été engagées à sa demande et dans l'intérêt de l'entreprise (BOSS, Frais professionnels, §§ 1910 et 1920, 01/01/2025).

Tests Covid-19 - Selon le BOSS, lorsqu'un salarié est soumis à l'obligation de présenter un Pass vaccinal, pendant la période d'application dudit Pass, pour exercer son activité professionnelle dans certains lieux (notamment dans le secteur de l'hôtellerie-restauration), les frais engagés pour réaliser un test virologique dans l'attente de la validation d'un schéma vaccinal complet ne constituent pas des frais professionnels, dans la mesure où l'obligation de détention d'un Pass vaccinal porte sur l'ensemble des personnes qui fréquentent ces lieux. Si l'employeur décide de prendre ces frais en charge, le montant remboursé constitue un *avantage en nature** à intégrer dans l'assiette de cotisations et contributions sociales. De même, lorsqu'un salarié est soumis à l'obligation de présenter un Pass sanitaire pour exercer son activité professionnelle dans certains lieux, les frais engagés pour réaliser un test virologique ne constituent pas des frais professionnels (BOSS, Frais professionnels, § 2111, 01/01/2025).

Une exception est toutefois admise pour le salarié soumis à une obligation de présentation d'un test négatif de manière ponctuelle, dans le cadre d'une mission spécifique à la demande de son employeur (ex. : déplacement professionnel à l'étranger pour lequel un tel test négatif est requis). Dans ce cas, s'il n'existe aucune alternative à la réalisation de ce test, le coût du test constitue un frais professionnel. L'employeur est alors tenu de le rembourser *(voir plus loin « Droit du travail : obligation de prise en charge par l'employeur »)*, et ce remboursement ne donne pas lieu à cotisations et contributions sociales. À notre sens, il découle de ces précisions que dès lors qu'un test négatif peut être remplacé par un justificatif alternatif (ex. : de statut vaccinal complet), alors il ne peut pas être pris en charge au titre des frais professionnels.

Frais autrefois qualifiés de frais d'entreprise - Jusqu'au 1er avril 2021, certaines dépenses constituaient juridiquement des frais d'entreprise (ex : *repas d'affaires**, voyages d'affaires ou de stimulation, certaines dépenses exceptionnelles engagées par le salarié en dehors de l'exercice normal de sa profession). Elles échappaient alors aux cotisations dans toutes les situations, y compris en cas d'application d'une déduction forfaitaire spécifique (DFS) pour frais professionnels.

Le Bulletin officiel de la sécurité sociale a supprimé, à compter du 1er avril 2021, la notion de frais d'entreprise. Les éléments auparavant qualifiés de frais d'entreprise sont, depuis cette date, qualifiés de frais professionnels et traités en paye comme tels. Par conséquent, l'employeur doit désormais réintégrer les sommes concernées dans l'assiette des cotisations de sécurité sociale lorsqu'il s'agit d'un salarié auquel il applique une DFS.

Droit du travail : obligation de prise en charge par l'employeur

Obligation juridique - En principe, les frais qu'un salarié justifie avoir exposés pour les besoins de son activité professionnelle et dans l'intérêt de l'employeur doivent lui être remboursés (cass. soc. 21 mai 2008, n° 06-44044, BC V n° 108).

▶ À noter… Lorsque le contrat de travail prévoit que le salarié travaille à son domicile, les déplacements pour se rendre dans le cadre de son activité au siège de l'entreprise constituent des déplacements professionnels devant être pris en charge par l'employeur (cass. soc. 14 septembre 2005, n° 03-40180 D).

La clause du contrat de travail qui mettrait ces frais à la charge du salarié est réputée non écrite (cass. soc. 12 décembre 2012, n° 11-26585, BC V n° 331).

Ce principe de prise en charge par l'employeur peut, le cas échéant, conduire les juges à condamner un employeur à verser des rappels de frais professionnels.

En pratique, il est plus prudent de régler la question des remboursements de frais dans le contrat de travail en prévoyant soit un forfait, soit un principe de remboursement sur justificatifs, soit une combinaison de ces deux solutions selon les frais en cause. Il est aussi possible que l'employeur prenne en charge directement les dépenses (ex. : paiement direct de billets de train).

Pas de fixation unilatérale en deçà du coût réel - En l'absence de disposition contractuelle ou conventionnelle relative à la prise en charge des frais professionnels, l'employeur ne peut pas fixer unilatéralement les conditions de leur prise en charge en deçà de leur coût réel (cass. soc. 23 septembre 2009, n° 07-44477, BC V n° 204). Dans cette hypothèse, le salarié est en droit de réclamer un complément de remboursement.

Exemple
Un salarié a pu obtenir un complément de frais professionnels pour des *indemnités kilométriques** calculées d'après le barème fiscal, plus favorable que le barème fixé unilatéralement par l'employeur (cass. soc. 23 septembre 2009, n° 07-44477, BC V n° 204).

Si une convention collective prévoit la nécessité d'un accord préalable pour une indemnisation forfaitaire des frais, alors l'employeur ne peut pas en imposer le montant (cass. soc. 18 mars 2016, n° 14-26686 D).

Exemple
Lorsqu'une convention collective prévoit, pour le versement d'une indemnité de remboursement de frais, soit une indemnité forfaitaire fixée par accord préalable entre l'employeur et le salarié, soit une indemnité versée sur pièces justificatives, il est impossible, dans ce cas, de verser une indemnité forfaitaire sans l'accord du salarié (cass. soc. 18 mars 2016, n° 14-26686 D).

Pas de remboursement pour des heures payées mais non travaillées - En cas de requalification de CDD à temps partiel en un CDI à temps plein, les heures non travaillées, mais payées comme temps de travail au titre de la requalification, ne donnent pas droit à remboursement de frais professionnels (cass. soc. 13 juin 2018, n° 17-14658, BC V n° 119).

À notre avis, il devrait en aller de même pour les périodes intercalaires entre CDD si le salarié arrive à en obtenir le paiement dans le cadre d'une requalification des contrats en CDI.

Clause de prise en charge forfaitaire - Les frais professionnels ne peuvent pas être imputés sur la rémunération d'un salarié, à moins que les conditions suivantes soient réunies (cass. soc. 9 janvier 2001, n° 98-44833, BC V n° 1 ; cass. soc. 23 septembre 2009, n° 07-44477, BC V n° 204) :
- le contrat de travail prévoit que le salarié en conserve la charge, moyennant le versement d'une somme fixée à l'avance de manière forfaitaire ;
- la rémunération proprement dite du travail reste au moins égale au salaire minimum garanti au salarié (SMIC ou minimum conventionnel).

Le forfait prévu au contrat de travail ne doit pas être manifestement disproportionné par rapport aux frais engagés par le salarié. En cas de disproportion manifeste, la clause de remboursement de frais n'est pas opposable au salarié. Mais dans ce cas, encore faut-il que le salarié prouve l'existence des frais professionnels allégués pour obtenir en justice la condamnation de l'employeur à verser un complément de frais (cass. soc. 20 juin 2013, n° 11-23071 et n° 11-19663, BC V n° 162).

En outre, lorsque le contrat de travail prévoit une indemnisation forfaitaire, l'employeur doit respecter cette modalité de remboursement et ne peut pas soutenir que les frais professionnels sont couverts par des primes (cass. soc. 25 mai 2022, n° 20-21967 D).

▶ Attention… L'une des conditions que doit respecter la clause forfaitaire est le caractère précis de la somme fixée à l'avance. À défaut, il est impossible de vérifier que la rémunération du travail respecte chaque mois le salaire minimum. Dans ce contexte, la mise à disposition d'un véhicule en contrepartie des frais de carburant restant à la charge du salarié ne répond pas selon les juges à cette exigence. Seul le versement d'une somme paraît possible (cass. soc. 2 avril 2014, n° 12-35361 D).

Déduction forfaitaire spécifique - L'application d'une *déduction forfaitaire spécifique pour frais professionnels** par l'employeur ne vaut pas remboursement des frais professionnels au profit du salarié (cass. soc. 6 novembre 2013, n° 12-21877 D).

Il convient donc de lui rembourser les frais exposés, sauf à ce qu'ils soient couverts par une somme forfaitaire versée en application du contrat de travail *(voir ci-dessus)*.

Les frais professionnels ainsi remboursés au salarié doivent, sauf exceptions, être réintégrés dans l'assiette des cotisations *(voir plus haut)*.

Délai de présentation des justificatifs - L'employeur peut valablement fixer, par note de service, à 1 mois le délai de production des justificatifs de frais professionnels. Il n'est pas tenu de rembourser les frais pour lesquels le salarié n'a pas respecté ce délai (cass. soc. 29 septembre 2009, n° 07-45722 D ; cass. soc. 7 mars 2006, n° 04-40869 D). En conséquence, le salarié ne peut pas, dans cette hypothèse, obtenir le remboursement alors même qu'il agirait avant le terme du délai de prescription de 2 ans *(voir ci-après)*.

▶ À noter... La jurisprudence permet donc à l'employeur de mettre en place une procédure de remboursement encadrée par certains délais. Il faut noter que, dans la décision de 2006 évoquée ci-dessus, le contrat de travail renvoyait à la note interne. À notre sens, il faut fixer un délai raisonnable (pas trop bref) et savoir faire preuve de tolérance si le retard de production des justificatifs est lié à des circonstances particulières.

Pas de subordination à des objectifs - Le contrat de travail ne peut pas subordonner le remboursement de frais professionnels à la réalisation par le salarié de ses objectifs (cass. soc. 19 septembre 2013, n° 12-15996 D). Cette clause s'apparente à une *sanction pécuniaire** interdite par le code du travail.

Prescription - Les frais professionnels se prescrivent par 2 ans (cass. soc. 20 novembre 2019, n° 18-20208 FSPB).

▶ À noter... Dans son arrêt du 20 novembre 2019, la Cour de cassation est revenue sur sa jurisprudence antérieure, dans laquelle elle considérait que les frais professionnels se prescrivaient par 3 ans, comme les salaires (cass. soc. 12 juillet 2006, n° 04-48687, BC V n° 242).

Retard ou défaut de paiement - Sur le plan civil, le retard dans le remboursement des frais professionnels est à notre sens sanctionné par des dommages et intérêts calculés en fonction du taux d'intérêt légal, à compter de la mise en demeure, en application des règles général du code civil (c. civ. art. 1231-6). Pour obtenir des dommages et intérêts supplémentaires, le salarié doit établir avoir subi un préjudice distinct du retard du fait de la faute de l'employeur (c. civ. art. 1231-6 ; cass. soc. 8 juin 2016, n° 14-27137 D).

Si les manquements de l'employeur à son obligation de remboursement sont suffisamment graves, ils peuvent justifier qu'un salarié prenne acte de la rupture de son contrat (ex. : cass. soc. 5 octobre 2016, n° 14-28878 D ; voir *Prise d'acte de la rupture du contrat de travail**) ou, à notre sens, une demande en justice de *résiliation judiciaire du contrat de travail**.

Restitution par le salarié des remboursements de frais indus - Une salariée qui a perçu de son employeur des frais professionnels qu'elle n'avait en réalité pas engagés peut être condamnée à les rembourser, sans qu'il y ait besoin de prouver une faute lourde de sa part. Il s'agit d'une simple restitution de sommes indûment versées en application des principes du code civil (c. civ. art. 1302 et 1302-1), à ne pas confondre avec un engagement de la responsabilité financière du salarié qui ne peut résulter que de sa *faute lourde** (cass. soc. 14 juin 2023, n° 21-23031 D).

☛ *Assiette des cotisations de sécurité sociale ; Barèmes kilométriques ; Frais de déplacement ; Frais de nourriture ; Frais professionnels (déduction forfaitaire spécifique) ; Frais de transport domicile-lieu de travail ; Mobilité professionnelle ; Technologies de l'information et de la communication ; Repas d'affaires ; Télétravail ; Vêtements professionnels ; Voyage.*

Frais professionnels (déduction forfaitaire spécifique)

Abattement d'assiette pour certaines professions

Professions concernées - L'employeur peut, pour une liste précise de professions, appliquer une déduction forfaitaire spécifique (DFS) pour frais professionnels à l'assiette des cotisations. Les professions concernées sont celles listées à l'article 5 de l'annexe IV du code général des impôts dans sa rédaction en vigueur au 31 décembre 2000 (arrêté du 20 décembre 2002, art. 9 modifié par arrêté du 25 juillet 2005, JO 6 août, art. 6) *(voir tableau dans cette étude)*.

La déduction forfaitaire spécifique pour frais professionnels est liée à l'activité professionnelle du salarié et non à l'activité générale de l'entreprise. Lorsqu'un salarié exerce plusieurs professions, dont certaines ouvrent droit à la DFS, les revenus tirés de chacune des activités doivent être considérés séparément (BOSS, Frais professionnels, § 2160, 01/01/2025).

▶ À noter… L'employeur qui applique à tort une DFS à des salariés n'appartenant pas à l'une des professions y ouvrant droit s'expose, au-delà d'un redressement URSSAF, à une demande de dommages-intérêts en réparation du préjudice subi par les salariés en matière de validation de leurs droits sociaux (cass. soc. 2 juin 2021, n° 20-12578 FSP).

Cotisations concernées et taux de la déduction - Lorsqu'elle est applicable, la DFS permet de réduire l'assiette des *cotisations de sécurité sociale** et, plus généralement, des autres prélèvements dont l'assiette est alignée sur celles des cotisations de sécurité sociale (ex. : *versement mobilité**, *FNAL**, *contribution à la formation professionnelle**), en appliquant un abattement dont le taux varie selon les professions *(voir tableaux dans cette étude)*.

Cette déduction est limitée à 7 600 € par salarié et par année civile. Une fois ce quota épuisé, la déduction ne peut plus être appliquée pour le reste de l'année civile (BOSS, Frais professionnels, § 2120, 01/01/2025).

En raison du principe d'alignement d'assiette, la solution mise en œuvre au niveau des cotisations de sécurité sociale (application ou non-application de la déduction) doit aussi être retenue pour l'assiette des cotisations d'assurance chômage.

Dans la même logique, la solution retenue pour le régime général de la sécurité sociale (déduction ou pas) s'applique normalement au régime de retraite complémentaire AGIRC-ARRCO (circ. AGIRC-ARRCO 2019-1 DRJ du 9 janvier 2019, fiche 3, § I.1.1.2).

Par exception, pour les *journalistes**, il est expressément prévu que la déduction ne s'applique pas à l'assiette des cotisations d'assurance chômage, même si elle est appliquée pour l'assiette des cotisations de sécurité sociale (règlt ass. chôm. du 15 novembre 2024, annexe VII).

▶ Attention… Les DFS ne doivent jamais être appliquées à la base CSG/CRDS. Rappelons qu'un abattement d'assiette de 1,75 % représentatif de frais professionnels s'applique déjà sur certains éléments de l'assiette de ces contributions [voir *Contribution sociale généralisée (CSG)**].

Salarié à employeurs multiples - Pour des raisons de simplification, dans la mesure où la profession exercée par le salarié auprès de chaque employeur ouvre droit à la DFS, chaque employeur peut en bénéficier dans une limite annuelle de 7 600 €, sans prorata entre les différentes entreprises (BOSS, Frais professionnels, § 2160, 01/01/2025).

Cette tolérance administrative peut être remise en cause en cas d'abus manifeste (notamment lorsque les employeurs relèvent d'un même groupe).

Dirigeants et mandataires sociaux - Si le mandataire social est titulaire d'un contrat de travail distinct de son mandat social et qu'il bénéficie à ce titre d'une rémunération séparée, la DFS peut être appliquée à cette part de rémunération si l'activité exercée relève d'une profession ouvrant droit à déduction (BOSS, Frais professionnels, § 2170, 01/01/2025).

Pas de DFS si le salarié ne supporte en réalité aucuns frais

Principe posé par le BOSS - S'appuyant sur certaines jurisprudences (cass. civ., 2e ch., 14 février 2013, n° 11-27032 D ; cass. civ., 2e ch., 19 janvier 2017, n° 16-10782 D), le *Bulletin officiel de la sécurité sociale (BOSS)** pose pour principe général, depuis le 1er avril 2021, que l'employeur ne peut appliquer une DFS que si le salarié supporte effectivement des frais lors de son activité professionnelle (BOSS, Frais professionnels, § 2130, 01/01/2025).

Par conséquent, la seule appartenance à l'une des professions ouvrant doit à une DFS, ou le fait de relever de ce dispositif par décision spéciale de l'administration prise avant le 1er janvier 2001, ne suffit pas à permettre le bénéfice de la DFS.

▶ À noter… Avant le 1er avril 2021, l'application d'une DFS n'était pas subordonnée au fait que le salarié supporte effectivement des frais professionnels. Dès lors que le salarié exerçait une profession éligible à la DFS *(voir ci-avant)* et que l'employeur était autorisé à appliquer la déduction *(voir plus loin)*, celle-ci pouvait être mise en œuvre même si le salarié ne présentait aucune demande de remboursement de frais ou si l'employeur lui remboursait intégralement les frais.

L'employeur doit disposer des justificatifs démontrant que le salarié bénéficiaire supporte effectivement des frais professionnels (BOSS, Frais professionnels, § 2140, 01/01/2025).

En l'absence de frais effectivement engagés, ou si l'employeur prend en charge ou rembourse la totalité des frais professionnels, il est impossible d'appliquer la DFS (BOSS, Frais professionnels, § 2130, 01/01/2025).

▶ À noter… En revanche, à notre sens, si le salarié partage avec l'employeur une partie des frais professionnels, la DFS peut être appliquée, mais la partie supportée par l'employeur doit être réintégrée à l'assiette des cotisations préalablement à l'application de la DFS.

De ces règles, il découle aussi qu'en cas d'absence ou de congé, rémunéré ou non rémunéré, la DFS ne peut être appliquée que sur la rémunération correspondant à un travail effectif du salarié (BOSS, Frais professionnels, § 2150, 01/01/2025). Autrement dit, il ne peut pas y avoir de DFS, par exemple, sur une *indemnité de congés payés** ou sur la rémunération de jours de repos (RTT, etc.).

En outre, si une absence, rémunérée ou non rémunérée, couvre un mois complet (pour cause de maladie ou de congé), l'application de la DFS au titre de ce mois n'est pas admise (BOSS, Frais professionnels, § 2150, 01/05/2025).

Doctrine obligatoire depuis 2023 - L'application de la nouvelle doctrine est obligatoire depuis le 1er janvier 2023 (BOSS, Frais professionnels, § 2215, 01/01/2025).

Néanmoins, des dérogations ont été accordées à plusieurs secteurs professionnels très impactés par le changement de doctrine. Ces secteurs peuvent continuer à appliquer leur DFS pendant plusieurs années même si les salariés ne supportent en réalité aucuns frais professionnels, en contrepartie de la suppression progressive de leur DFS *(voir plus loin « Sortie progressive de la DFS pour certains secteurs professionnels »)*.

▶ À noter… La nouvelle doctrine est intégrée au BOSS depuis le 1er avril 2021, mais une période d'adaptation courant jusqu'au 31 décembre 2022 avait été laissée aux entreprises. En cas de contrôle portant sur cette période transitoire, les URSSAF ne peuvent procéder qu'à une demande de mise en conformité pour l'avenir (BOSS, Frais professionnels, § 2215, 01/01/2025).

Conditions de mise en œuvre

Autorisation dans un cadre collectif ou individuel - L'employeur peut opter pour l'application de la DFS à condition d'y être autorisé soit par un accord collectif ou les représentants du personnel, soit par chaque salarié concerné (arrêté du 20 décembre 2002, art. 9 modifié par arrêté du 25 juillet 2005, JO 6 août, art. 6 ; BOSS, Frais professionnels, §§ 2180 et 2190, 01/01/2025).

Le droit d'option de l'employeur pour la DFS peut être révisé par l'entreprise en fin d'année (BOSS, Frais professionnels, § 2180, 01/01/2025).

Accord collectif, accord des représentants du personnel - L'employeur peut opter pour la DFS soit lorsqu'une convention ou un accord collectif l'a explicitement prévu, soit lorsque, par tout moyen, le *comité social et économique** (CSE) ou, en leur temps, le comité d'entreprise (CE) ou les délégués du personnel (DP), ont donné leur accord (arrêté du 20 décembre 2002, art. 9 modifié par arrêté du 25 juillet 2005, JO 6 août, art. 6 ; BOSS, Frais professionnels, § 2180, 01/01/2025).

▶ À noter… Une circulaire, abrogée au 1er avril 2021, apportait les précisions suivantes, non reprises dans le BOSS. Même si elles ne sont plus opposables, elles conservent néanmoins, à notre sens, un intérêt :
- si la convention collective, un accord d'entreprise, le CSE (le CE ou les DP) ont donné un avis favorable ou défavorable au droit d'option, cette décision s'impose à l'ensemble des salariés entrant dans le champ de l'accord : un salarié ne peut pas contester l'accord collectif (circ. DSS/SDFSS/5B 2005-389 du 19 août 2005, Q/R 55, abrogée au 1.04.2021) ;
- lorsque l'option pour l'application de la DFS figure dans un accord collectif, les parties à l'accord qui décident de réformer la décision qu'elles ont prise ne peuvent le faire que pour l'année à venir et non pour l'année en cours (ces décisions doivent intervenir avant le 31 décembre de l'année en cours) (circ. DSS/SDFSS/5B 2005-389 du 19 août 2005, Q/R 56, abrogée au 1.04.2021).

Accord individuel de chaque salarié - À défaut d'accord collectif ou d'accord avec les représentants du personnel *(voir ci-avant)*, il appartient à chaque salarié d'accepter ou non l'application de la DFS (arrêté du 20 décembre 2002, art. 9 modifié par arrêté du 25 juillet 2005, JO 6 août, art. 6).

À l'heure où nous rédigeons ces lignes (15 janvier 2025), l'arrêté du 20 décembre 2002 prévoit que l'option pour la DFS peut figurer soit dans le contrat de travail ou un avenant au contrat de travail, soit faire l'objet d'une procédure mise en œuvre par l'employeur consistant à informer chaque salarié individuellement par LRAR de ce dispositif et de ses conséquences sur la validation de ses droits, accompagnée d'un coupon-réponse d'accord ou de refus à retourner par le salarié. Lorsque le travailleur salarié ou assimilé ne répond pas à cette consultation, son silence vaut accord définitif (arrêté du 20 décembre 2002, art. 9 modifié par arrêté du 25 juillet 2005, JO 6 août, art. 6).

Le *Bulletin officiel de la sécurité sociale (BOSS)** a toutefois modifié les modalités de recueil de l'avis de chaque salarié sur l'application de la DFS, afin de garantir que le choix des intéressés soit éclairé.

Cette doctrine rénovée est obligatoire depuis le 1er janvier 2023 (BOSS, Frais professionnels, § 2215, 01/01/2025).

▶ À noter... La nouvelle doctrine du BOSS est entrée en vigueur le 1er janvier 2022, mais un délai d'adaptation d'un an avait été laissé aux entreprises. Pendant cette période transitoire, les URSSAF n'ont pu procéder qu'à une demande de mise en conformité pour l'avenir (BOSS, Frais professionnels, § 2215, 01/01/2025).

Selon le BOSS, l'entreprise doit s'assurer annuellement, par tout moyen, du consentement de ses salariés à l'application de la DFS. Pour cela, l'employeur met en œuvre une procédure consistant à informer chaque salarié concerné, par tout moyen donnant date certaine à cette consultation, de ce dispositif et des conséquences que son application a sur ses droits, notamment sur la validation de ses droits aux indemnités journalières de sécurité sociale (IJSS) et à l'assurance retraite (BOSS, Frais professionnels, § 2190, 01/01/2025).

Le salarié doit retourner une réponse d'accord ou de refus (BOSS, Frais professionnels, § 2190, 01/01/2025) :
- s'il indique vouloir bénéficier de la DFS ou y renoncer, sa décision prend effet à compter de l'année civile suivante ;
- lorsque le salarié ne répond pas à la consultation, son silence vaut accord.

L'employeur qui ne justifie pas avoir consulté ou informé au préalable ses salariés de l'option choisie pour la prise en charge des frais professionnels ne peut se prévaloir d'un accord de ceux-ci, même tacite (BOSS, Frais professionnels, § 2200, 01/01/2025).

Par ailleurs, il appartient à l'employeur de prouver que les salariés ont été informés des conséquences de l'application de la DFS sur la validation de leurs droits. S'agissant d'une des conditions d'application du dispositif, son non-respect fonde la réintégration dans l'assiette des cotisations du montant de la DFS appliquée par l'entreprise (BOSS, Frais professionnels, § 2210, 01/01/2025).

▶ À noter... En toute logique, l'arrêté du 20 décembre 2022 devrait donc être modifié pour tenir compte de la nouvelle doctrine du BOSS, et notamment de la suppression de la possibilité d'opter pour la DFS dans le contrat de travail ou un avenant à celui-ci.

Incidence de la DFS sur les remboursements de frais - L'application par l'employeur d'une DFS ne le dispense pas de rembourser les frais professionnels engagés par le salarié (voir *Frais professionnels**).

Ainsi, mentionner sur le bulletin de salaire que l'assiette des cotisations sociales est calculée sur 70 % seulement du montant des commissions d'un VRP ne prouve en rien le remboursement au salarié des frais qu'il a engagés (cass. soc. 6 novembre 2013, n° 12-21877 D).

Application de la déduction

DFS appliquée, frais professionnels réintégrés - Lorsque la DFS est appliquée, la base de calcul des cotisations est constituée par le montant global des rémunérations brutes, y compris les indemnités versées au titre de remboursements de frais professionnels (frais réels ou allocations forfaitaires) et les avantages en nature, le tout faisant ensuite l'objet d'un abattement en fonction du taux de la DFS (arrêté du 20 décembre 2002, art. 9 modifié par arrêté du 25 juillet 2005, JO 6 août, art. 6 ; BOSS, Frais professionnels, § 2240, 01/01/2025).

Les remboursements de frais professionnels doivent donc, en principe, être réintégrés dans l'assiette des cotisations de sécurité sociale, la déduction spécifique n'étant appliquée qu'ensuite, dans la limite de 7 600 € par an.

▶ Attention... La DFS n'est pas applicable à l'assiette de la CSG et de la CRDS, dans laquelle les remboursements de frais professionnels ne doivent donc jamais être réintégrés dès lors que les conditions d'exonération sont respectées.

La réintégration s'applique également à certaines prises en charge au titre des *frais de transport domicile-lieu de travail**, dont notamment :
- la prime transport versée aux salariés contraints d'utiliser leur véhicule personnel pour le trajet du domicile au lieu de travail, qui, hors cas de DFS, est exonérée de cotisations dans une certaine limite ;
- la prise en charge des frais de transport collectif pour la partie excédant le minimum obligatoire de 50 % si l'employeur assure un remboursement supérieur à ce que lui impose la loi (sauf en 2022, 2023 et 2024 pour la partie comprise entre 50 % et 75 % de la valeur du titre).

Par exception, certains remboursements de frais professionnels ne doivent jamais être réintégrés dans l'assiette des cotisations *(voir plus loin « Frais qui ne sont jamais réintégrés »)*.

En outre, par tolérance, les 8 secteurs professionnels bénéficiant d'une sortie progressive des DFS peuvent, jusqu'à sa suppression, exclure de l'assiette des cotisations l'ensemble des remboursements de frais professionnels (BOSS, Frais professionnels, § 2320, 01/01/2025)*(voir plus loin « Sortie progressive de la DFS pour certains secteurs professionnels »)*.

▶ À noter… À titre temporaire, l'administration avait aussi admis que les remboursements de certains frais professionnels n'avaient pas à être réintégrés dans l'assiette des cotisations jusqu'au 31 décembre 2022. Mais cette tolérance a pris fin le 1er janvier 2023 *(voir plus loin « Tolérances temporaires fermées au 1er janvier 2023 »)*.

Réintégration des dépenses prises en charge directement par l'employeur - Depuis le 1er avril 2021, en cas d'application d'une DFS, les frais professionnels pris en charge directement par l'employeur (ex. : paiement direct de la nuit d'hôtel ou du repas au restaurant au moyen d'une carte bancaire de l'entreprise) doivent aussi être réintégrés dans l'assiette des cotisations, préalablement à l'application de la déduction (BOSS, Frais professionnels, § 2240, 01/01/2025).

Il s'agit d'un renversement de doctrine, puisque l'administration estimait jusque-là qu'il n'y avait pas lieu, dans ce cas, à réintégration (circ. DSS/SDFSS/5B 2005-389 du 19 août 2005, Q/R 51 et 84, abrogée au 1.04.2021).

Par tolérance, les 8 secteurs professionnels bénéficiant d'une sortie progressive du dispositif de la DFS peuvent, jusqu'à sa suppression, exclure de l'assiette des cotisations l'ensemble des prises en charge directes de frais professionnels par l'employeur (BOSS, Frais professionnels, § 2320, 01/01/2025) *(voir plus loin « Sortie progressive de la DFS pour certains secteurs professionnels »)*.

▶ À noter… L'administration avait admis, à titre temporaire, que les prises en charge directes par l'employeur de certains frais professionnels n'avaient pas à être réintégrées dans l'assiette des cotisations jusqu'au 31 décembre 2022. Cette tolérance a pris fin le 1er janvier 2023 *(voir plus loin « Tolérances temporaires fermées au 1er janvier 2023 »)*.

Attribution par l'employeur d'outils de travail - Selon l'administration, l'attribution par l'employeur d'outils de travail (véhicule, ordinateur portable…) utilisés à des fins professionnelles ne constitue pas une prise en charge de frais professionnels, et ne donne donc pas lieu à une réintégration dans l'assiette des cotisations avant application de la DFS (BOSS, Frais professionnels, § 2240, 01/01/2025).

▶ À noter… Cependant, si ces outils sont partiellement utilisés à titre privé, le montant de l'*avantage en nature** qu'en retire le salarié constitue un élément de rémunération qui doit être intégré à l'assiette des cotisations avant application de la déduction forfaitaire spécifique.

Frais qui ne sont jamais réintégrés - Certaines sommes représentatives de remboursements de *frais professionnels** ne doivent pas être réintégrées dans l'assiette des cotisations lorsque l'employeur applique une DFS (arrêté du 20 décembre 2002, art. 9 modifié par arrêté du 25 juillet 2005, JO 6 août, art. 6 ; BOSS, Frais professionnels, § 2250, 01/01/2025).

Ainsi, ne sont pas réintégrées dans l'assiette des cotisations, même en cas d'application d'une DFS, les indemnités et allocations suivantes (annexe à l'arrêté du 25 juillet 2005, JO 6 août ; BOSS, Frais professionnels, § 2250, 01/01/2025) :

- la prise en charge obligatoire des *frais de transport domicile-lieu de travail** (50 % des abonnements à un mode de transport public, sur la base du tarif de 2e classe) ainsi que, en 2022, 2023, 2024 et 2025, la prise en charge facultative pour sa valeur comprise entre 50 % et 75 % ;
- la contribution patronale à l'acquisition des titres-restaurant dans la limite de 7,26 € pour ceux acquis en 2025 et lorsque le montant de la participation est compris entre 50 % et 60 % de la valeur du titre (voir *titre-restaurant**) ;
- les indemnités de grands déplacements allouées aux ouvriers du bâtiment ;
- les indemnités journalières de « défraiement » versées aux artistes dramatiques, lyriques, chorégraphiques, ainsi qu'aux régisseurs de théâtre, qui participent à des tournées théâtrales ;
- les allocations de « saison » allouées aux artistes, musiciens, chefs d'orchestre et autres travailleurs du spectacle qui sont engagés par les casinos, les théâtres municipaux ou les théâtres bénéficiant de subventions des collectivités territoriales pendant la durée de la saison ainsi que, le cas échéant, les remboursements de leurs frais de déplacement (il en va de même pour les répétitions effectuées dans le cadre de la saison) ;
- les allocations et remboursements de frais perçus par les chefs d'orchestre, musiciens et choristes à l'occasion de leurs déplacements professionnels en France et à l'étranger (il en va de même pour les répétitions effectuées dans le cadre de ces déplacements) ;
- les allocations et remboursements de frais professionnels des *journalistes** professionnels, mentionnés dans la lettre du 11 mars 1974 du ministère de l'Économie et des Finances et dans l'instruction fiscale du 5 mars 2002, dans les conditions prévues par le dispositif (BOFiP-RSA-CHAMP-20-50-10-30-§§ 70 à 90-28/07/2020).
- la participation patronale obligatoire aux frais de renouvellement de la carte de presse (50 %) des *journalistes** n'est pas non plus réintégrée dans l'assiette des cotisations, même en cas d'application d'une DFS (BOSS, Frais professionnels, § 2020, 01/01/2025).

À titre dérogatoire, ne doivent pas non plus être réintégrés dans l'assiette des cotisations en cas d'application d'une DFS :
- les frais occasionnés par la mise à la disposition du salarié d'un véhicule de transport en commun pour le conduire sur le lieu de travail (BOSS, Frais professionnels, § 2280, 01/01/2025) ;
- les frais de transport exposés à l'occasion des voyages de début et de fin de chantier par les ouvriers du BTP, ainsi que des voyages de détente prévus par les conventions collectives du BTP (BOSS, Frais professionnels, § 2260, 01/01/2025) ;
- les frais professionnels engagés par un salarié à titre exceptionnel (en cas d'urgence notamment), pour acheter ou entretenir du matériel ou des fournitures (matériel de bureautique, vêtements de travail...) pour le compte de l'entreprise alors que l'exercice normal de sa profession ne le prévoit pas (BOSS, Frais professionnels, § 1905, 01/01/2025).

Tolérances temporaires fermées depuis le 1er janvier 2023 - Jusqu'au 31 décembre 2022, l'administration admettait, à titre exceptionnel, qu'il n'y avait pas à réintégrer dans l'assiette des cotisations sociales les remboursements de frais et prises en charge directes par l'employeur qui suivent (BOSS, Frais professionnels, § 2290, 01/01/2025) :
- prise en charge directe par l'employeur auprès d'un tiers (hôtelier, restaurateur, entreprise de taxi...) des frais du salarié en situation de déplacement professionnel (frais d'hébergement, frais de repas, frais de taxi...) ;
- remboursement des dépenses d'entretien des vêtements de travail (voir *Vêtements professionnels**) ;
- remboursement des dépenses engagées par le salarié dans le cadre de sa participation, à la demande de son employeur et à titre exceptionnel, à des manifestations organisées dans le cadre de la politique commerciale de l'entreprise ;
- remboursement des dépenses engagées par le salarié ou prises en charge directement par l'employeur à l'occasion des repas d'affaires dûment justifiés (sauf abus manifeste).

Depuis le 1er janvier 2023, ces remboursements et prises en charge directes de frais professionnels doivent donc à nouveau être réintégrés dans l'assiette des cotisations si l'employeur applique une DFS, sauf dans les secteurs en sortie progressive de DFS *(voir plus loin)*.

Respect de l'assiette minimale

La DFS ne peut pas faire obstacle au principe de l'*assiette minimale des cotisations** (arrêté du 20 décembre 2002 modifié, art. 9 ; BOSS, Frais professionnels, § 2220, 01/01/2025).

L'application d'une DFS ne peut donc pas ramener l'assiette des cotisations de sécurité sociale en deçà de la valeur du *SMIC** (rapporté à la durée du travail), augmentée si nécessaire des indemnités, primes ou majorations s'y ajoutant en application d'une disposition législative ou réglementaire (voir *Assiette minimale des cotisations**).

Selon l'administration, les éléments de rémunération prévus par une disposition conventionnelle n'ont pas à être pris en compte pour déterminer l'assiette minimale des cotisations de sécurité sociale (BOSS, Frais professionnels, § 2220, 01/01/2025).

Le respect de l'assiette minimale se vérifie à chaque échéance de paye et pas sur l'année, peu important que le plafond de l'abattement d'assiette lié à la DFS (7 600 €) s'apprécie pour sa part sur une base annuelle (cass. civ., 2e ch., 9 février 2017, n° 15-20858, BC II n° 32 ; BOSS, Frais professionnels, § 2220, 01/01/2025).

▶ À noter... Les artistes dont la rémunération bénéficie d'une DFS et qui ne sont pas dans le champ d'application de la réglementation relative au SMIC (car non soumis à la durée du travail) ne relèvent pas des règles relatives à l'assiette minimale (BOSS, Frais professionnels, § 2230, 01/01/2025).

Articulation avec les réductions de cotisations

Réduction générale de cotisations patronales - Lorsque l'employeur applique une DFS, la rémunération brute utilisée pour calculer la *réduction générale de cotisations patronales** est la rémunération versée après application de la déduction et réintégration, s'il y a lieu, des remboursements de frais professionnels (BOSS, Allégements généraux, §§ 660 et 670, 01/12/2024).

Exemples

1/ Un salarié est rémunéré 2 100 € bruts par mois et perçoit un remboursement de 100 € au titre de frais professionnels. Si l'employeur applique une déduction forfaitaire spécifique de 10 %, la rémunération à prendre en compte pour le calcul de la réduction générale est égale à (2 100 + 100) × 90 % = 1 980 €.
2/ Un salarié est rémunéré 2 100 € bruts par mois et perçoit un remboursement de 100 € au titre d'un type de frais professionnel qui n'est jamais réintégré dans l'assiette des cotisations *(voir plus haut)*. Si l'employeur applique une déduction forfaitaire spécifique de 10 %, la rémunération à prendre en compte pour le calcul de la réduction générale est égale à 2 100 × 90 % = 1 890 €.

Toutefois, en cas d'application d'une DFS, le montant de la réduction générale des cotisations patronales est plafonné à 130 % du montant de la réduction calculé sans application de la DFS (arrêté du 4 décembre 2019, JO du 17, texte 36 ; BOSS, Allégements généraux, § 690, 01/12/2024) (pour plus de détails, voir *Réduction générale de cotisations patronales**).

Cotisation d'allocations familiales et d'assurance maladie - De même, la rémunération à comparer avec la limite de rémunération qui gouverne l'application de la réduction de taux sur la *cotisation d'allocations familiales** (dans le cas général, en 2025, 3,3 SMIC en vigueur au 1er janvier 2025) est la rémunération après application de la DFS et réintégration, s'il y a lieu, des remboursements de frais professionnels (BOSS, Allégements généraux, §§ 1650 à 1670, 01/12/2024). En revanche, la limite de rémunération elle-même n'est pas abattue.

Le même principe vaut pour la limite de rémunération qui encadre le dispositif de réduction de taux de la *cotisation d'assurance maladie-maternité-invalidité** (dans le cas général, en 2025, 2,25 SMIC en vigueur au 1er janvier 2025).

Il en va également de même pour les anciennes limites de 3,5 SMIC et 2,5 SMIC (valeur au 31 décembre 2023) que les employeurs peuvent encore appliquer, à partir de 2025, aux salariés au titre desquels ils bénéficient d'une réduction dégressive spécifique de cotisations patronales (pour plus de détails, voir *Cotisation d'allocations familiales** et *Cotisation d'assurance maladie-maternité-invalidité**).

Sortie progressive de la DFS pour certains secteurs professionnels

Dérogations pour 8 secteurs - Depuis le 1er janvier 2023, pour qu'un employeur puisse appliquer une DFS, il faut que les salariés supportent effectivement des frais professionnels *(voir plus haut « Pas de DFS si le salarié ne supporte en réalité aucuns frais »)*. De fait, cette nouvelle règle limite drastiquement, voire empêche, le recours à la déduction dans certains secteurs professionnels.

Huit secteurs ont toutefois obtenu une dérogation leur permettant de continuer à appliquer leur DFS pendant encore plusieurs années même si leurs salariés ne supportent aucuns frais, en contrepartie d'une réduction progressive du taux de la déduction jusqu'à sa suppression (BOSS, Frais professionnels, §§ 2300 à 2330, 01/01/2025).

Sont concernés les métiers de la propreté, des casinos et cercles de jeux, de la construction, du transport routier de marchandises, du spectacle vivant et du spectacle enregistré, de l'aviation civile, ainsi que les *journalistes** et les *VRP** (BOSS, Frais professionnels, § 2300, 01/01/2025).

Extinction progressive de la DFS - Dans les 8 secteurs concernés, il est prévu que le taux de la déduction forfaitaire spécifique est réduit progressivement, jusqu'à devenir nul, selon un calendrier détaillé par le BOSS (BOSS, Frais professionnels, § 2300, 01/01/2025) *(voir tableau récapitulatif reproduit dans cette étude)*.

Dans le cadre de cette suppression progressive de la DFS, plusieurs tolérances spécifiques s'appliquent *(voir ci-après)*.

Tolérance n° 1 : DFS même en l'absence de frais professionnels supportés - Le bénéfice de la DFS est admis dans les 8 secteurs concernés, même en l'absence de frais professionnels réellement supportés par les salariés. Cette tolérance s'applique à compter du (BOSS, Frais professionnels, § 2310, 01/01/2025) :

- 1er janvier 2021 pour le secteur de la propreté ;
- 1er janvier 2022 pour le secteur de la construction ;
- 1er janvier 2023 pour les secteurs des casinos et cercles de jeux, du transport routier de marchandises, du spectacle vivant et du spectacle enregistré, de l'aviation civile, ainsi que pour les journalistes et les VRP.

En revanche, l'ensemble des autres conditions nécessaires au bénéfice de la DFS doivent être respectées (BOSS, Frais professionnels, § 2310, 01/01/2025).

Tolérance n° 2 : cumul remboursements de frais et DFS - Dans les 8 secteurs concernés, pour accompagner l'extinction du dispositif et la mise en place de modalités de remboursement des frais professionnels de droit commun, l'ensemble des remboursements de frais professionnels peuvent, par tolérance, faire l'objet d'un cumul avec la DFS (BOSS, Frais professionnels, § 2320, 01/01/2025).

Autrement dit, avant d'appliquer la DFS, l'employeur n'est pas obligé de réintégrer dans l'assiette des cotisations sociales les remboursements de frais professionnels et les prises en charge directes par l'employeur.

Tolérance n° 3 : un mode de recueil du consentement des salariés plus souple - Par tolérance, il est admis que le consentement des salariés embauchés avant le 1er janvier 2023 dans les 8 secteurs concernés couvre la totalité de la période de transition, selon les modalités suivantes (BOSS, Frais professionnels, § 2330, 01/01/2025) :

- si le consentement des salariés a été recueilli pour une durée indéterminée par l'employeur, il couvre, pour ces salariés, la période restant à courir jusqu'à l'extinction de la DFS concernée ;

- en revanche, si le consentement des salariés a été recueilli pour une durée déterminée par l'employeur, celui-ci doit de nouveau demander leur consentement à l'issue de cette période, et ce jusqu'à l'extinction de la DFS concernée.

▶ À noter... Les tolérances relatives au recueil du consentement des salariés embauchés avant le 1er janvier 2023 ont ainsi été harmonisées au 1er mai 2024. En effet, de janvier à mai 2024, le BOSS prévoyait, pour ces salariés, trois tolérances différentes selon les secteurs concernés : propreté ; construction, transport routier de marchandises et aviation civile ; journalistes, VRP, casinos et cercles de jeux, spectacle vivant et spectacle enregistré (BOSS, Frais professionnels, § 2330 en vigueur au 01/01/2024).

Pour tout salarié embauché à compter du 1er janvier 2023, à défaut d'autorisation donnée par accord collectif ou accord des représentants du personnel (CSE, CE ou DP), l'application de la DFS est quant à elle conditionnée au recueil de son consentement. L'employeur a la possibilité de proposer explicitement à son salarié que son accord vaut pour une période qui soit supérieure à la durée du contrat, en vue d'appliquer la DFS au titre de contrats ultérieurs exercés auprès de ce même employeur au cours de la période couverte. Lorsque le travailleur ne répond pas à cette consultation, son silence vaut accord. Le salarié a la possibilité de demander à tout moment à renoncer au bénéfice de la DFS, sa décision prenant effet à compter de l'année civile suivante (BOSS, Frais professionnels, § 2330, 01/01/2025).

Évolution du taux de la DFS (construction, propreté, journalistes, transport routier de marchandises, aviation civile, casinos et cercles de jeux, spectacle vivant et spectacle enregistré, VRP)*

Année	Construction	Propreté	Journalistes	Transports routiers de marchandises	Aviation civile	Casinos et cercles de jeux	Spectacle vivant et spectacle enregistré		VRP
2021 (pour rappel)	10 %	8 %	30 %	20 %	30 %	8 %	20 % (1)	25 % (2)	30 %
2022	10 %	7 %	30 %	20 %	30 %	8 %	20 % (1)	25 % (2)	30 %
2023	10 %	6 %	30 %	20 %	29 %	8 %	20 % (1)	25 % (2)	30 %
2024	9 %	5 %	28 %	19 %	28 %	7 %	19 % (1)	23 % (2)	28 %
2025	8 %	4 %	26 %	18 %	27 %	6 %	18 % (1)	21 % (2)	26 %
2026	7 %	3 %	24 %	17 %	26 %	5 %	16 % (1)	18 % (2)	24 %
2027	6 %	2 %	22 %	16 %	25 %	4 %	14 % (1)	15 % (2)	22 %
2028	5 %	1 %	20 %	14 %	24 %	3 %	12 % (1)	12 % (2)	20 %
2029	4 %	0 % (fin DFS)	18 %	12 %	23 %	2 %	9 % (1)	9 % (2)	18 %
2030	3 %	-	16 %	10 %	22 %	1 %	6 % (1)	6 % (2)	16 %
2031	1,5 %	-	14 %	8 %	21 %	0 % (fin DFS)	3 % (1)	3 % (2)	14 %
2032	0 % (fin DFS)	-	12 %	6 %	20 %	-	0 % (fin DFS)	0 % (fin DFs)	12 %
2033	-	-	10 %	4 %	0 % (fin DFS)	-	-	-	10 %
2034	-	-	8 %	2 %	-	-	-	-	8 %
2035	-	-	6 %	0 % (fin)	-	-	-	-	6 %
2036	-	-	4 %	-	-	-	-	-	4 %
2037	-	-	2 %	-	-	-	-	-	2 %
2038	-	-	0 % (fin DFS)	-	-	-	-	-	0 % (fin DFS)

* BOSS, Frais professionnels, § 2300, 01/01/2025.
(1) Artistes musiciens, choristes, chefs d'orchestre, régisseurs de théâtre.
(2) Artistes dramatiques, lyriques, cinématographiques ou chorégraphiques.

Professions ouvrant droit à une déduction forfaitaire spécifique pour frais professionnels (*)	
Désignation des professions	**Pourcentage de la déduction forfaitaire spécifique**
Artistes dramatiques, lyriques, cinématographiques ou chorégraphiques	25 % (1)
Artistes musiciens, choristes, chefs d'orchestre, régisseurs de théâtre	20 % (1)
Aviation marchande. Personnel navigant comprenant : pilotes, radios, mécaniciens navigants des compagnies de transports aériens ; pilotes et mécaniciens employés par les maisons de construction d'avions et de moteurs pour l'essai de prototypes ; pilotes moniteurs d'aéro-clubs et des écoles d'aviation civile	30 % (1)
Casinos et cercles (2) :	
- personnel supportant les frais de représentation et de veillée	8 % (1)
- personnel supportant des frais de double résidence	12 %
- personnel supportant à la fois des frais de représentation et de veillée et des frais de double résidence	20 %
Chauffeurs et receveurs convoyeurs de cars à services réguliers ou occasionnels, conducteurs démonstrateurs et conducteurs convoyeurs des entreprises de construction d'automobiles	20 %
Chauffeurs et convoyeurs de transports rapides routiers ou d'entreprises de déménagement par automobiles	20 % (1)
Commis des prestataires de services d'investissement qui étaient agréés au 31 décembre 1995 en tant que sociétés de Bourse (place de Paris). Sur les émoluments variables de toute nature (en ce qui concerne les émoluments fixes, la seule déduction applicable est la déduction normale de 10 %)	20 %
Couture (personnel de grandes maisons parisiennes de) :	
- modélistes	20 %
- mannequins	10 %
Fonctionnaires ou agents des assemblées parlementaires	20 %
Inspecteurs d'assurances des branches vie, capitalisation et épargne	30 %
Internes des hôpitaux de Paris	20 %
Journalistes, rédacteurs, photographes, directeurs de journaux, critiques dramatiques et musicaux	30 % (1)
Ouvriers d'imprimerie de journaux travaillant la nuit	5 %
Ouvriers du bâtiment visés aux paragraphes 1er et 2 de l'article 1er du décret du 17 novembre 1936, à l'exclusion de ceux qui travaillent en usine ou en atelier Pour les ouvriers de nettoyage de locaux, voir (3).	10 % (1)
Ouvriers forestiers	10 %
Ouvriers horlogers, lorsqu'ils sont personnellement propriétaires des outils et petites machines nécessaires à l'exercice de leur métier	5 %
Ouvriers mineurs travaillant au fond des mines	10 %
Ouvriers scaphandriers	10 %
Représentants en publicité	30 %
Speakers de la radiodiffusion-télévision française	20 %
Voyageurs, représentants et placiers de commerce ou d'industrie	30 % (1)
Bibliothécaires des gares et tenanciers de kiosques à journaux de province	5 %
Bijoutiers et joailliers (ouvriers)	5 %
Carriers (ouvriers travaillant dans les galeries ou chantiers souterrains)	10 %
Conseil économique et social (fonctionnaires)	20 %
Conservateurs des hypothèques	25 %
Fonctionnaires de l'administration des finances détachés auprès de la commission des finances de l'Assemblée nationale et du Sénat	20 %
Groupes parlementaires (secrétaires des)	20 %
Industrie cinématographique (personnel de création de l')	20 %
Maisons de confection et de couture :	
- modélistes	20 %
- mannequins	10 %
Mineurs (délégués)	10 %
PTT (agents en fonction dans les bureaux de poste des assemblées parlementaires)	20 %
Service des ventes de voitures automobiles (chefs du) lorsqu'ils dirigent et accompagnent les voyageurs et représentants	30 %

Professions ouvrant droit à une déduction forfaitaire spécifique pour frais professionnels (*)	
Ouvriers à domicile relevant des industries ci-après :	
Armureries et limeurs de cadres de bicyclettes du département de la Loire	20 %
Bonneterie de la région de Ganges (Hérault) :	
- travaux de fabrication effectués à l'aide d'un outillage mécanique	15 %
- travaux de finition effectués à l'aide d'un outillage mécanique	5 %
Bonneterie des départements de l'Aube et de la Loire :	
- travaux de fabrication sur métiers	15 %
Bonneterie des départements du Rhône, de l'Ain et de l'Isère (ouvriers bonnetiers)	15 %
Bonneterie du département de Saône-et-Loire	5 %
Broderie :	
- brodeurs de la région lyonnaise utilisant des métiers pantographes	20 %
- brodeurs du département de l'Aisne	10 %
Cartonnage de la région de Nantua	5 %
Confection et couture en gros pour dames, fillettes et enfants	5 %
Cotonnade de la région du Sud-Est :	
- départements de l'Ain, de l'Ardèche, de la Drôme, du Gard, de la Haute-Loire, de la Haute-Savoie, de l'Isère, de la Loire, du Puy-de-Dôme, du Rhône, de la Savoie, de Saône-et-Loire et du Vaucluse : tisseurs sur métiers mécaniques fournissant le matériel nécessaire au tissage	30 %
- département du Var : tricoteurs	30 %
Coutellerie de la région de Thiers (Puy-de-Dôme) :	
- émouleurs polisseurs et trempeurs	15 %
Diamant de la région de Saint-Claude (Jura)	10 %
Éponges métalliques du département de l'Ain	15 %
Galoches de la région de Laventie (Pas-de-Calais) :	
- piqueurs non-propriétaires de leurs machines, monteurs	10 %
- piqueurs propriétaires de leurs machines	15 %
Lapidairerie du Jura et de l'Ain :	
- lapidaires	25 %
Limes de la Loire	20 %
Lunetterie de la région de Morez (Jura) :	
- monteurs en charnières et monteurs en verre	15 %
- polisseurs ponceurs	25 %
Matériel médico-chirurgical et dentaire et coutellerie de la région de Nogent-en-Bassigny (Haute-Marne) :	
- forgerons, mouleurs, monteurs et polisseurs employant un outillage mécanique	15 %
Matières plastiques de la région de Saint-Lupicin (Jura) :	
- monteurs, ébarbeurs, petites mains	5 %
- polisseurs, éclaircisseurs	10 %
- tourneurs, fraiseurs, guillocheurs	20 %
Métallurgie de la région de Hautes-Rivières (Ardennes) :	
- forgerons à domicile	20 %
- tourneurs, fraiseurs, presseurs, limeurs ébardeurs à la meule, outilleurs	15 %
Métallurgie de Saint-Martin-la-Plaine (Loire) :	
- ouvriers chaîniers et ouvriers ferronniers	15 %
Ouvriers bottiers de la région parisienne	5 %
Peignes et objets en matière plastique d'Oyonnax (Ain) :	
- ponceurs, mouleurs, entrecoupeurs et rogneurs	25 %
- autres professions	20 %
Pipes de la région de Saint-Claude (Jura) :	
- éclaircisseuses	5 %
- polisseurs, monteurs	20 %
Rubanerie des départements de la Loire et de la Haute-Loire	20 %

Professions ouvrant droit à une déduction forfaitaire spécifique pour frais professionnels (*)	
Textile :	
- de la région de Lavelanet (Ariège)	25 %
- de la région de Vienne (Isère)	30 %
- de Sainte-Marie-aux-Mines	30 %
Tissage de la région de Fourmies, de Cambrai et du Cambrésis :	
- ourdisseurs, bobineurs et canneteurs	25 %
Tissage de la soierie de la région du Sud-Est (départements de l'Ain, de l'Ardèche, de la Drôme, du Gard, de la Haute-Loire, de la Haute-Savoie, de l'Isère, de la Loire, du Puy-de-Dôme, du Rhône, de la Savoie, de la Saône-et-Loire et du Vaucluse) :	
- dorure	20 %
- passementiers et guimpiers (non-propriétaires de leur métier)	30 %
- passementiers et guimpiers (propriétaires de leur métier)	40 %
- tisseurs à bras de gaze de soie à bluter de la région de Panissières (Loire)	20 %
- tisseurs à bras de la soierie lyonnaise	40 %
- tisseurs non propriétaires de leur métier (tissus façonnés)	30 %
- tisseurs non-propriétaires de leur métier (tissus unis)	20 %
- tisseurs propriétaires de leur métier (tissus façonnés)	40 %
- tisseurs propriétaires de leur métier (tissus unis)	30 %
Tissage mécanique des départements de l'Aisne, du Nord, de la Somme :	
- tisseurs à domicile utilisant des métiers mus par la force électrique lorsque les frais de force motrice restent à leur charge	25 %
Tissage sur métiers à bras dans les départements de l'Aisne, du Nord et de la Somme	10 %

(*) Cette liste des professions ouvrant droit à une déduction forfaitaire spécifique pour frais professionnels est celle diffusée par l'ancienne circulaire DSS 2005-376 du 4 août 2005, abrogée au 1er avril 2021 suite à l'entrée en vigueur du *Bulletin officiel de la sécurité sociale (BOSS)**. La liste figurant dans le BOSS (BOSS, Frais professionnels, annexe, 01/01/2025) comporte quelques différences (ex : manquent les ouvriers bijoutiers et joailliers avec une DFS de 5 % ou encore le personnel de création de l'industrie cinématographique avec une DFS de 20 %). Cet écart est sans doute dû au fait que la liste du BOSS est pour l'heure alignée sur celle de l'article 5 de l'annexe IV du code général des impôts dans sa rédaction en vigueur au 31 décembre 2000, qui sert de référence, sans tenir compte de certaines précisions administratives. Selon nos informations, la liste du BOSS pourrait être ajustée à l'occasion d'une nouvelle mise à jour.

(1) Le taux de la DFS est progressivement abaissé sur plusieurs années jusqu'à devenir nul *(voir nos développements « Sortie progressive de la DFS pour certains secteurs professionnels » et le tableau « Évolution du taux de la DFS »)*.

(2) Les personnels de casinos éligibles à la déduction forfaitaire spécifique (DFS) sont ceux supportant des frais de représentation et de veillée ou de double résidence, exerçant une activité professionnelle consacrée à l'activité de jeu et aux services annexes destinés aux joueurs, et affectés exclusivement dans les salles du casino dédiées aux jeux de hasard (cass. ass. plén. 19 mai 2017, n° 15-28777, B. ass. plén. n° 1). Autrement dit, la DFS ne peut concerner que les personnels affectés aux activités de jeu.

(3) Par tolérance, les ouvriers de nettoyage de locaux sont assimilés par la doctrine fiscale aux ouvriers du bâtiment (doc. adm. 5 F 2532, n° 76) à la condition que, comme ces derniers, ils travaillent sur plusieurs chantiers pour le compte d'un même employeur (cass. civ., 2e ch., 6 octobre 2016, n° 15-25435 D ; cass. soc. 19 juin 2024, n° 22-14643 FSB). La tolérance étant d'application stricte, les salariés occupés à l'entretien des espaces verts ne sont pas éligibles à la DFS, puisqu'ils n'exercent pas une activité de nettoyage de locaux (BOSS, Frais professionnels, § 2130, 01/01/2025).

A contrario, on comprend que si l'application de la DFS est prévue par accord collectif ou par accord des représentants du personnel, le recueil du consentement du salarié embauché à compter du 1er janvier 2023 n'est pas requis.

☛ *Assiette minimale des cotisations ; Cotisation d'allocations familiales ; Cotisation d'assurance maladie-maternité-invalidité ; Frais de déplacement ; Frais professionnels ; Frais de transport domicile-lieu de travail ; Réduction générale de cotisations patronales.*

Frais professionnels des VRP

Prise en charge des frais par l'employeur

Ni le code du travail ni la convention collective des *VRP** n'ont prévu les modalités selon lesquelles les frais professionnels sont pris en charge par l'employeur. La question doit de préférence être réglée par le contrat de travail.

En l'absence de clause contractuelle - La règle de principe veut que les frais qu'un salarié justifie avoir exposés pour les besoins de son activité professionnelle et dans l'intérêt de l'employeur doivent lui être remboursés (cass. soc. 25 mars 2010, n° 08-43156, BC V n° 76 ; cass. soc. 6 novembre 2013, n° 12-21877 D ; cass. soc. 14 janvier 2015, n° 13-16229 D).

Comme les autres salariés, le VRP doit justifier ses dépenses. Il peut ainsi produire des factures pour réclamer le remboursement de ses frais de carburant et de stationnement (cass. soc. 23 juin 2016, n° 15-21400 D).

Les frais professionnels ne peuvent pas être imputés sur la rémunération due au VRP, à moins que cela ne soit prévu par le contrat de travail et sous de strictes conditions *(voir ci-après)*.

En pratique, il est donc plus prudent de régler la question des remboursements de frais dans le contrat de travail.

S'il existe une clause contractuelle - Lorsqu'il y a une clause dans le contrat de travail, elle prévoit souvent l'une des modalités suivantes : versement d'une somme forfaitaire déterminée, remboursement des frais inclus dans le taux des commissions ou remboursement des frais réels sur justificatif. Le contrat peut également prévoir que les frais professionnels constituent un pourcentage distinct dans le taux des commissions (ex. : commissions de 4 %, dont 1 % à titre de frais professionnels et 3 % à titre de rémunération).

Par analogie avec les solutions retenues pour les autres salariés, les *frais professionnels** ne peuvent être considérés comme inclus dans la rémunération d'un VRP que si les trois conditions suivantes sont réunies (cass. soc. 5 juin 2001, n° 98-46371, BC V n° 213, moyen non publié ; cass. soc. 25 mars 2010, n° 08-43156, BC V n° 76 ; cass. soc. 19 septembre 2013, n° 12-15996 D ; cass. soc. 14 janvier 2015, n° 13-16229 D ; cass. soc. 25 mai 2022, n° 20-21967 D) :

- le contrat de travail prévoit que le salarié en conserve la charge moyennant le versement d'une somme forfaitaire fixée à l'avance ;
- la rémunération proprement dite du travail reste au moins égale au minimum garanti au salarié [SMIC ou garantie conventionnelle ; voir *Rémunération (VRP)**] ;
- la somme forfaitaire convenue ne doit pas être manifestement disproportionnée au regard du montant réel des frais engagés par le VRP.

En cas de disproportion manifeste entre la somme forfaitaire et les frais engagés par le VRP, la clause de remboursement de frais n'est pas opposable au salarié. Mais dans ce cas, le salarié doit prouver l'existence des frais professionnels allégués pour obtenir en justice la condamnation de l'employeur à verser un complément de frais (cass. soc. 20 juin 2013, n° 11-19663, BC V n° 162).

En tout état de cause, une clause du contrat de travail est réputée non écrite quand elle met entièrement à la charge du salarié les frais engagés par celui-ci pour les besoins de son activité professionnelle L'absence de réclamation du salarié visant à obtenir le remboursement de frais professionnels n'est pas de nature à rendre le manquement de l'employeur inexistant (cass. soc. 27 mars 2019, n° 17-31116 D).

Déduction forfaitaire spécifique pour frais professionnels - L'application par l'employeur de la *déduction forfaitaire spécifique pour frais professionnels** propre au VRP pour le calcul des cotisations sociales *(voir ci-après)* ne vaut pas remboursement des frais professionnels au profit du salarié (cass. soc. 6 novembre 2013, n° 12-21877 D).

S'il n'y a pas de clause contractuelle prévoyant que le VRP conserve la charge des frais engagés moyennant le versement d'une somme forfaitaire *(voir ci-dessus)*, l'employeur doit lui rembourser ces frais.

Attention aux clauses illicites - Si une clause du contrat de travail traite des remboursements de frais, elle doit être licite.

Ainsi, la clause qui fait dépendre le montant du remboursement de frais d'un élément sans rapport avec leur coût est nulle (ex. : l'atteinte d'un pourcentage du chiffre d'affaires à réaliser pour obtenir le remboursement de cadeaux offerts aux clients). Il en va de même pour une clause qui subordonne purement et simplement le remboursement de frais professionnels à la réalisation d'objectifs, car elle constitue alors une sanction pécuniaire (cass. soc. 19 septembre 2013, n° 12-15996 D).

Les frais ne constituent pas du salaire - Les sommes versées à titre de remboursements de frais n'ont pas la nature d'un salaire. Elles n'entrent pas en compte pour déterminer si le VRP a perçu la rémunération minimale garantie prévue par la convention collective.

Elles doivent être exclues de la base de calcul de l'*indemnité de congés payés**.

Si les remboursements de frais font partie intégrante de la rémunération, une ancienne jurisprudence a admis qu'à défaut de justification particulière, les juges du fond avaient pu les évaluer forfaitairement à 30 % pour déterminer la rémunération servant de base au calcul de l'indemnité de congés payés. Dans cette affaire, le taux de 30 % avait été allégué par l'employeur et non contesté par le salarié (cass. soc. 10 juin 1965, n° 58-40463, BC IV n° 441).

▶ Attention… La ressource minimale forfaitaire garantie aux VRP par leur convention collective (520 fois le SMIC par trimestre) a le caractère d'un salaire. Elle s'entend donc hors frais professionnels. Les remboursements de frais viennent en plus, soit au réel, soit calculés forfaitairement par rapport à la ressource minimale (cass. ass. plén. 2 mai 1997, n° 94-42521, BC n° 6). Ainsi, lorsque le contrat de travail prévoit que les commissions incluent les frais professionnels, évalués forfaitairement, ce sont les commissions après déduction de ces frais qu'il convient de comparer à la rémunération minimale conventionnelle (cass. soc. 28 février 1996, n° 92-43709 D).

Frais professionnels et calcul des charges sociales

Assiette des cotisations sociales - Les cotisations de sécurité sociale sont calculées sur l'ensemble des rémunérations perçues, à l'exclusion des remboursements de *frais professionnels**.

Mais l'employeur peut aussi appliquer la déduction forfaitaire spécifique (DFS) pour frais professionnels prévue en faveur des VRP, sous réserve de respecter ses conditions de mise en œuvre [voir *Frais professionnels (déduction forfaitaire spécifique)**]. Dans ce cas, l'assiette des cotisations de sécurité sociale est égale au salaire brut, le tout faisant l'objet d'un abattement (26 % en 2025) dans la limite de 7 600 € par an. La règle de l'*assiette minimale** des cotisations doit quant à elle être appréciée lors de chaque paye (cass. civ., 2e ch., 9 février 2017, n° 15-20858, BC II n° 32).

La déduction forfaitaire spécifique s'applique aussi bien aux cotisations de sécurité sociale qu'aux cotisations de retraite complémentaire et d'assurance chômage.

▶ À noter… Initialement fixé à 30 %, le taux de la DFS applicable aux VRP est réduit, depuis le 1er janvier 2024, de 2 points chaque année, jusqu'à devenir nul à partir du 1er janvier 2038. Par ailleurs, durant la période de sortie dégressive de DFS (qui a débuté en 2023 pour les VRP), il n'y a plus à réintégrer les frais professionnels dans l'assiette des cotisations en cas d'application d'une DFS [voir *Frais professionnels (déduction forfaitaire spécifique)**].

CSG et CRDS - La *déduction forfaitaire spécifique pour frais professionnels** éventuellement appliquée à l'assiette des cotisations de sécurité sociale ne s'applique pas à l'assiette de la CSG et de la CRDS.

Comme pour les autres salariés, les remboursements de frais professionnels (allocations forfaitaires ou remboursement au réel) sont à exclure de l'assiette CSG/CRDS chaque fois qu'ils remplissent les conditions requises pour être exonérées de cotisations de sécurité sociale. Il en va de même si l'assujettissement aux cotisations de sécurité sociale résulte d'une réintégration consécutive à l'application par l'employeur de la déduction forfaitaire spécifique pour frais professionnels.

Quand le VRP ne reçoit aucune participation de l'employeur à ses frais professionnels, les frais professionnels justifiés peuvent être déduits de la base CSG/CRDS, avant application de l'abattement d'assiette de 1,75 % (lettre-circ. ACOSS 97-7 du 17 janvier 1997) :
- pour les VRP exclusifs, le montant des frais justifiés par le salarié est connu de l'employeur. Il lui suffit donc de le déduire de l'assiette de la CSG et de la CRDS ;
- en revanche, les VRP multicartes doivent justifier de leurs frais professionnels pour qu'ils soient déduits de la base de calcul de la CSG (l'authenticité des frais déclarés peut faire l'objet de contrôles) : pour ce faire, ils doivent déclarer leurs frais professionnels de façon dématérialisée auprès du Pôle VRP Multicartes de l'URSSAF d'Île-de-France, sur leur espace dédié (voir https://www.urssaf.fr/accueil/salarie/vrp-multicarte.html pour accéder à son espace en ligne ou le créer) ; en retour, ils reçoivent une attestation constituant une synthèse des remboursements effectués une année donnée.

☞ *Frais professionnels ; Frais professionnels (déduction forfaitaire spécifique) ; Rémunération (VRP) ; VRP.*

France Travail

Le 1er janvier 2024, Pôle Emploi est devenu « opérateur France Travail » (dénommé ci-après France Travail) dans le cadre de la nouvelle organisation, au sein du « réseau pour l'emploi » (c. trav. art. L. 5311-7), des différents acteurs de l'insertion, de l'emploi et de la formation professionnelle.

France Travail exerce sensiblement les mêmes missions que Pôle Emploi dont, notamment (c. trav. art. L. 5312-1) :
- l'accueil et l'inscription des demandeurs d'emploi ;
- le versement des allocations des demandeurs d'emploi indemnisés ;
- l'accompagnement de chaque demandeur d'emploi dans sa recherche d'emploi jusqu'au placement ;

- la prospection du marché du travail en allant au-devant des entreprises ;
- l'aide aux entreprises dans leurs recrutements ;
- le recouvrement des *cotisations d'assurance chômage et d'AGS**, dans les hypothèses où il reste compétent.

En complément, France Travail a pour mission de lutter contre le non-recours aux aides et allocations financières. Par ailleurs, il doit porter une attention particulière au public en situation de handicap. France travail est également chargé d'impulser et de faciliter la cohésion entre les différents acteurs du réseau pour l'emploi.

France Travail assure, avec les services de l'État chargés de l'emploi et de l'égalité professionnelle et l'Agence nationale pour la formation professionnelle des adultes (AFPA), le service public de l'emploi (c. trav. art. L. 5311-2).

Le mode de fonctionnement de France Travail est identique à celui de Pôle Emploi. Il est composé d'une direction générale, de directions régionales et, sur décision de son conseil d'administration, d'établissements à compétence nationale ou spécifique (c. trav. art. L. 5312-2 et L. 5312-10).

Par ailleurs, France Travail Services dispose d'une compétence nationale exclusive concernant certaines missions dont notamment la gestion des aides à destination des employeurs au titre de l'embauche de certains demandeurs d'emploi (décision DG France Travail 2024-82 du 15 novembre 2024, BO FT 2024-64).

Pour en savoir plus, voir Dictionnaire Social, « France Travail ».

☞ *Cotisations d'assurance chômage et d'AGS.*

Frontaliers

Contexte

Droit européen - Au sens du droit européen de la protection sociale, les salariés frontaliers sont des salariés qui, tout en conservant leur résidence dans un État membre de l'Union européenne (UE) où ils retournent tous les jours, ou au moins une fois par semaine, vont travailler dans une zone frontière d'un autre État membre (règlt CEE 883/2004 du 29 avril 2004 art. 1, § f ; règlt CEE 987/2009 du 16 septembre 2009).

Rappelons que ces règlements européens s'appliquent aux relations entre l'UE et la Suisse depuis le 1er avril 2012 ainsi qu'entre l'UE et les États de l'Espace économique européen (Norvège, Islande, Liechtenstein) depuis le 1er juin 2012 (voir *Détachement à l'étranger**).

Les salariés pluriactifs, travaillant pour un ou plusieurs employeurs sur au moins deux États membres de l'Union européenne, doivent être affiliés à la législation de leur État de résidence s'ils y travaillent au moins 25 % de leur temps de travail (ou de leur rémunération) (règlt CEE 987/2009 du 16 septembre 2009, art. 14 § 8).

▶ À noter… Un accord-cadre du 30 juin 2023 sur le télétravail transfrontalier a été conclu pour une durée de 5 ans afin de limiter les changements de législation de sécurité sociale liés à la pratique habituelle du télétravail transfrontalier. Sous certaines conditions non détaillées ici, il permet aux salariés qui télétravaillent de 25 % moins de 50 % de leur temps dans leur État de résidence de demander à rester affiliés à la sécurité sociale de l'État membre où leur employeur a son siège social ou son siège d'exploitation, alors qu'ils devraient basculer à la législation de leur État de résidence en application des règles de droit commun (instr. DSS/DACI 2023-155 du 27 septembre 2023, BO Santé 2023-19 du 16 octobre 2023). À ce jour, l'accord-cadre a été signé par 19 États membres de l'Union européenne (dont la France), le Liechtenstein, la Norvège et la Suisse.

Droit fiscal - La notion de travailleur frontalier a été essentiellement développée par le droit fiscal. Ce régime concerne les personnes, salarié du secteur privé, qui habitent dans la zone frontalière d'un pays et qui vont chaque jour travailler dans la zone frontalière d'un autre pays.

Les conventions fiscales bilatérales règlent, en principe, la question de l'imposition, en prévoyant que les salaires des frontaliers concernés ne sont imposables que dans le pays où ils résident.

Traitement en paye - Le salaire d'un travailleur frontalier exerçant son activité en France est géré en paye comme le salaire d'un travailleur non-frontalier, sous réserve du traitement fiscal du salaire, et de son impact éventuel sur la CSG/CRDS et la cotisation maladie.

▶ À noter… Les frontaliers peuvent transférer dans leur pays l'intégralité de leur salaire (rémunération nette figurant sur le bulletin de paye).

Régime fiscal en bref

Principe d'imposition - Concernant l'impôt sur le revenu, les revenus tirés d'une activité salariée dans

Aperçus des définitions des zones frontalières au sens du droit fiscal		
Pays frontalier	**Définitions des zones frontalières**	**Textes applicables**
Allemagne	• Zone France : départements français limitrophes de la frontière (Bas-Rhin, Haut-Rhin et Moselle) • Zone Allemagne : communes allemandes dont tout ou partie du territoire est situé à une distance de la frontière n'excédant pas 30 km	Accord amiable conclu le 16 février 2006 définissant les règles applicables aux travailleurs frontaliers tels que définis à l'article 13 de la convention fiscale franco-allemande du 21 juillet 1959 modifiée (BOFiP-INT-CVB-DEU-10-30-§§ 10 à 140-12/09/2012)
Suisse	• Zone France : pas de délimitation • Zone Suisse : cantons de Berne, Soleure, Bâle-Ville, Bâle-Campagne, Vaud, Valais, Neuchâtel et Jura	Accord particulier du 11 avril 1983 et échange de lettres des 21 et 24 février 2005 et des 5 et 12 juillet 2007 (BOFiP-INT-CVB-CHE-10-20-60-§§ 70 et 80-15/07/2013)
Italie	• Zone France : départements de la Haute-Savoie, de la Savoie, des Hautes-Alpes, des Alpes-de-Haute-Provence, des Alpes-Maritimes et de la Corse-du-Sud • Zone Italie : régions du Val d'Aoste, du Piémont, de la Ligurie et de la Sardaigne	Convention fiscale franco-italienne signée à Venise le 5 octobre 1989 (BOFiP-INT-CVB-ITA-10-20-§§ 680 à 790-09/09/2013)
Espagne	La zone frontalière de chaque État contractant comprend en principe les zones situées dans un rayon de 20 km de part et d'autre de la frontière. La liste des communes françaises et espagnoles entrant dans la zone frontalière est fixée par décret (décret 61-1534 du 30 décembre 1961, JO du 6 janvier 1962, p. 118 à 125 ; décret 64-838 du 6 août 1964, JO du 13, pp. 7485 à 7490 ; décret 65-532 du 1er juillet 1965, JO du 7, p. 5768).	Convention franco-espagnole signée à Madrid le 10 octobre 1995 confirmant l'article 15 § 4 de la convention du 27 juin 1973 (BOFiP-INT-CVB-ESP-10-§ 10-12/09/2012)
Belgique	Les communes situées dans la zone délimitée par la frontière commune aux deux États et une ligne tracée à une distance de 20 km de cette frontière, ainsi que les communes belges de Châtelet, Dentergem et Fleurus	• Avenant à la convention du 10 mars 1964, signé le 12 décembre 2008 et entré en vigueur le 17 décembre 2009 (BOFiP-INT-CVB-BEL-10-60-§§ 30 à 370-06/03/2017). • Une nouvelle convention a été signée entre la France et la Belgique le 9 novembre 2021 en vue, notamment, d'éviter les doubles impositions. Côté Français toutefois, cette convention est dans l'attente d'une ratification du parlement.

une entreprise privée sont en principe imposables dans l'État d'exercice de l'activité.

Toutefois, il subsiste quelques régimes frontaliers qui font exception à cette règle. Selon ces régimes, sauf exception, les salaires des personnes pouvant justifier de leur qualité de travailleur frontalier sont imposés dans leur pays de résidence, et non dans celui de la source de leurs revenus salariaux.

La France dispose de régimes fiscaux frontaliers avec la Suisse, l'Allemagne, la Belgique, l'Espagne et l'Italie. Il n'existe pas de régime fiscal frontalier avec le Luxembourg, Monaco, Andorre, le Royaume-Uni, etc.

Le régime des frontaliers prévoit que, sauf exception, les salaires des personnes concernées sont imposables dans le pays où elles résident. Les autres revenus des frontaliers sont imposés selon les stipulations de la convention fiscale.

Zones frontalières - La France dispose de régimes frontaliers avec l'Allemagne, la Suisse (à l'exception du canton de Genève), l'Italie et l'Espagne.

Le régime des frontaliers entre la France et la Belgique est progressivement supprimé. Côté français, seuls les résidents français qui avaient ce statut au 31 décembre 2011 continuent à en bénéficier jusqu'au 31 décembre 2033 s'ils remplissent certaines conditions.

Pour chacun des pays, la définition de la zone frontalière diffère *(pour un aperçu, voir notre tableau « Définition des zones frontalières au sens du droit fiscal »)*.

Il n'existe pas de régime fiscal frontalier avec le Luxembourg, Monaco, Andorre, le Royaume-Uni, etc.

Domicile fiscal hors de France - Aucune retenue n'est donc effectuée au titre du *prélèvement à la source** sur les salaires versés aux travailleurs frontaliers ayant leur domicile fiscal en Allemagne (BOFiP-INT-CVB-DEU-10-30-§ 50-12/09/2012), en Suisse (sauf cantons de Genève et d'Argovie) (BOFiP-INT-CVB-CHE-10-20-60-§ 80-15/07/2013), en Italie et en Espagne, les bénéficiaires n'étant imposables que dans l'État de leur résidence.

Toutefois, si les conditions pour bénéficier des régimes frontaliers ou transfrontaliers ne sont pas satisfaites, les rémunérations perçues par les frontaliers n'ayant pas leur domicile fiscal en France au titre de l'exercice d'une activité salariée en France sont soumises à une retenue à la source *(voir ci-dessous)*.

En revanche, les rémunérations perçues par les frontaliers résidant en zone frontalière belge au titre d'une activité salariée exercée en zone frontalière française sont imposables en France. Les entreprises qui versent des salaires à ces résidents de Belgique doivent déclarer et verser les retenues à la source au service des impôts des entreprises dont elles dépendent au plus tard le 15 du mois suivant le trimestre civil au cours duquel a eu lieu le paiement (CGI art. 1671 A ; BOFiP-INT-CVB-BEL-10-60-§ 370-06/03/2017).

Retenue à la source des non-résidents fiscaux - Les rémunérations perçues par les salariés n'ayant pas leur domicile fiscal en France au titre de l'exercice de leur activité salariée en France et ne répondant pas aux conditions pour avoir le statut de frontaliers sont soumises à la *retenue à la source des non-résidents fiscaux** des non-résidents fiscaux, sauf disposition contraire d'une convention fiscale internationale (CGI art. 182 A). En effet, lorsque la convention fiscale signée entre le pays de résidence et la France prévoit l'imposition exclusive dans le pays de résidence, le verseur de revenus (ici, l'employeur) n'opère aucune retenue à la source.

De fait, en pratique et s'agissant des frontaliers, cette retenue à la source visée à l'article 182 A précité ne concerne que les salariés frontaliers travaillant en France mais ayant leur résidence fiscale en Belgique.

Sauf exception, aucune *retenue à la source des non-résidents fiscaux**, ni même de *prélèvement à la source**, ne doit être effectuée sur les salaires versés aux travailleurs frontaliers ayant leur domicile fiscal en Allemagne, en Suisse (sauf cantons de Genève et d'Argovie) en Italie et en Espagne.

Dans tous les cas, il ne faut pas confondre la retenue à la source de l'article 182 A du CGI (celle des non-résidents fiscaux) avec le *prélèvement à la source** de l'impôt sur le revenu. Les deux dispositifs sont différents.

DSN - Dans le bloc 30 « Individu » l'employeur doit alimenter la rubrique 30.022 « Statut à l'étranger au sens fiscal » en mentionnant le code « 01-travail frontalier » pour chaque salarié concerné.

Le montant de la retenue à la source des non-résidents fiscaux est porté, salarié par salarié, en rubrique 81.004, avec un « code cotisation » (81.001) valorisé à 077 « montant de la retenue à la source effectuée sur les salaires versés aux personnes domiciliées hors de France » (voir *Retenue à la source des non-résidents fiscaux**).

Télétravail - Voir *Télétravail transfrontalier**.

Régime social

CSG/CRDS - Pour être assujetti à la CSG et à la CRDS, le salarié doit être fiscalement domicilié en France et relever d'un régime français obligatoire d'assurance maladie (c. séc. soc. art. L. 136-1) [pour plus de détails, voir *Contribution sociale généralisée (CSG)**].

Lorsqu'une de ces conditions n'est pas remplie, la CSG et la CRDS ne sont pas dues.

▶ À noter… Dans ce cas, l'employeur ne devrait pas non plus être redevable du *forfait social** au regard des critères généraux d'assujettissement (faute de CSG due). Toutefois les avantages soumis au *forfait social** par une règle expresse devraient le rester (c. séc. soc. art. L. 137-15, al. 6 à 8).

Cotisation salariale d'assurance maladie - Lorsqu'un salarié à la charge du régime obligatoire français d'assurance maladie n'est pas fiscalement domicilié en France, la cotisation salariale d'assurance maladie due sur les salaires se calcule à un taux spécifique. De même, le précompte maladie dû sur d'éventuels revenus de remplacement se calcule selon des taux particuliers (c. séc. soc. art. L. 131-9 et D. 242-3) (voir *Cotisation d'assurance maladie-maternité-invalidité**).

Le cas échéant, s'y ajoute la cotisation supplémentaire de 1,50 % en *Alsace-Moselle**.

Contributions chômage et AGS - En dépit de la rédaction du code du travail qui peut-être trompeuse (c. trav. art. L. 5427-1, a), les contributions d'assurance chômage et d'AGS sont à verser à l'URSSAF pour les salariés frontaliers (lettre-circ. ACOSS 2011-44 du 19 avril 2011).

FRONTALIERS (EXEMPLE)

Un salarié réside en Belgique, mais vient travailler tous les jours dans une ville de la zone frontalière française. Son employeur, situé en France, lui verse un salaire de base de 5 000 € et une prime d'ancienneté égale à 5 % de ce même salaire de base. Le salarié a le statut cadre et a demandé à bénéficier d'une dispense d'affiliation au régime « Frais de santé » de l'entreprise. Toutefois, il bénéficie des mêmes garanties de prévoyance que les autres salariés.

1) Cotisations. *Ce salarié n'étant pas fiscalement domicilié en France, la CSG et la CRDS ne sont pas dues. L'employeur n'est pas redevable du forfait social sur la prévoyance. La cotisation salariale d'assurance maladie est de 5,50 %.*

2) Retenue à la source. *Le salarié, fiscalement domicilié en Belgique, bénéficie d'un revenu au titre d'une activité exercée en France. L'employeur procède au précompte de la retenue à la source des non-résidents fiscaux* (calcul non détaillé ici)* (CGI art. 182 A ; CGI, ann. IV, art. 18 ; BOFiP-IR-DOMIC-10-20-20-10-28/12/2018).

En janvier 2025, la loi de finances n'était pas encore connue et l'employeur a appliqué le barème de retenue à la source 2024. La retenue à la source à passer en paye était de 12 % × [(4 374,63 × 10 %) - 1 402 €] = 304,22 €.

EXTRAIT DU BULLETIN DE PAYE DE JANVIER 2025

Désignation	**Base**	**Taux**	**Montant**	
Salaire de base	151,67	32,97	5 000,00	
Prime d'ancienneté	5 000,00	5 %	250,00	
Brut total			5 250,00	
Cotisations et contributions sociales	**Base (€)**	**Taux salarial**	**Part salarié (€)**	**Part employeur (€)**
Santé				
Sécurité sociale - Maladie Maternité Invalidité Décès	5 250,00	5,50 %	288,75	682,50 (1)
Complémentaire Incapacité Invalidité Décès	3 925,00	-	-	58,88
Complémentaire santé	-	-	85,00	85,00
Accidents du travail - maladies professionnelles	5 250,00	-	-	105,00 (2)
Retraite				
Sécurité sociale plafonnée	3 925,00	6,90 %	270,83	335,59
Sécurité sociale déplafonnée	5 250,00	0,40 %	21,00	106,05
Complémentaire Tranche 1 (3)	3 925,00	4,15 %	162,89	244,14
Complémentaire Tranche 2 (3)	1 325,00	9,86 %	130,65	195,84
Famille	5 250,00	-	-	181,13 (4)
Assurance chômage				
Chômage	5 250,00	-	-	225,75 (5)
APEC	5 250,00	0,024 %	1,26	1,89
Autres contributions dues par l'employeur				207,17 (6)
CSG déductible à l'impôt sur le revenu	0,00	6,80 %	0,00	-
CSG/CRDS non déductibles à l'impôt sur le revenu	0,00	2,90 %	0,00	-
Exonérations et allégements de cotisations	-	-	-	-
Total des cotisations et contributions			960,37	2 428,91
Net social				**4 289,63**
Net à payer avant impôt sur le revenu				**4 289,63**
Impôt sur le revenu	**Base**	**Taux**	**Montant**	**Cumul annuel**
Montant net imposable			4 374,63	4 374,63
Impôt sur le revenu prélevé à la source	0,00	-	0,00	0,00
Retenue à la source (art. 182 A CGI) (8)			304,22	304,22
Montant net des heures compl/suppl exonérées			0,00	0,00
Net à payer au salarié (en euros) (7)				**3 985,41 (7)**
Total versé par l'employeur				7 687,91

Notes de la rédaction, pour aider à la lecture des totaux (ces notes n'ont pas à apparaître sur le bulletin de paye) :
(1) Taux de 13 % compte tenu de la rémunération. (2) Par hypothèse taux de 2 %. (3) Y compris contribution d'équilibre général et contribution d'équilibre technique. (4) Taux de 3,45 % compte tenu de la rémunération. (5) Chômage 4,05 % et AGS 0,25 %. (6) CSA (0,30 %), FNAL (0,50 %), contribution au dialogue social (0,016 %), contribution formation (1 %), participation à l'effort de construction (0,45 %), versement mobilité (1 %), taxe d'apprentissage (0,68 %). (7) À faire apparaître de manière à en faciliter la lisibilité. (8) Le salarié n'est pas résident fiscal en France : son salaire ne relève pas du *prélèvement à la source**. En revanche, il est soumis à la *retenue à la source des non-résidents fiscaux**. Les modèles de bulletin de paye ne prévoient pas de règle particulière de présentation. Nous avons pris l'option de cette présentation, sans indication d'assiette ni de taux.

Couverture maladie des frontaliers en Suisse

Affiliation - Les frontaliers travaillant en Suisse bénéficient de dispositions spécifiques concernant leur couverture maladie. En application de l'accord du 21 juin 1999 entre l'Union européenne et la Suisse sur la libre circulation, ces personnes sont en principe affiliées à l'assurance maladie obligatoire en Suisse.

Cependant, elles peuvent, à titre dérogatoire, opter pour le régime d'assurance maladie obligatoire en France (« droit d'option »). À défaut d'option, le régime suisse s'applique (décret 2014-516 du 22 mai 2014, JO du 23 ; circ. DSS/DACI/5B/2A 2014-147 du 23 mai 2014).

Toutefois, l'assurance maladie française ou Suisse (LAMal) n'est pas prise en charge par l'employeur.

L'employeur en France d'un frontalier suisse n'est donc pas redevable de la cotisation maladie quel que soit le choix de son salarié.

▶ À noter... La personne concernée a 3 mois à compter du 1er jour de travail en Suisse pour accomplir les formalités nécessaires (auprès de l'assurance maladie française ou d'une caisse privée pour LAMal).

Cotisation (en bref) - Les frontaliers qui ont choisi d'être affiliés au régime général français sont redevables d'une cotisation maladie calculée sur la base du revenu fiscal de référence de l'avant-dernière année (2023 pour l'année 2025) et après abattement de 25 % du plafond de la sécurité sociale (c. séc. soc. art. L. 380-3-1, IV ; circ. DSS/DACI/5B/2A 2014-147 du 23 mai 2014). Elle est payée par l'intéressé au CNTFS *(voir ci-après)* par défaut trimestriellement, ou par choix mensuellement.

Le taux de cotisation reste de 8 % en 2025 (c. séc. soc. art. D. 380-2 ; décret 2019-349 du 23 avril 2019, JO du 24). La cotisation est proratisée en cas d'affiliation en cours d'année.

Les cotisations à l'assurance maladie en Suisse sont fixes. Le montant est fonction du nombre de personnes assurées, de l'âge, de la caisse privée d'assurance, du pays de résidence, etc. (« droit d'option »).

Interlocuteur - Les assurés en France ont pour interlocuteur le Centre national des travailleurs frontaliers en Suisse (CNTFS 0 806 807 713 gratuit + prix d'appel), qui prend notamment en charge le calcul de la cotisation maladie (circ. DSS/DACI/5B/2A 2014-147 du 23 mai 2014).

☞ *Contribution sociale généralisée (CSG) ; Cotisation d'assurance maladie-maternité-invalidité ; Détachement ; Expatriation ; Prélèvement à la source ; Résident fiscal ; Retenue à la source des non-résidents fiscaux ; Salarié travaillant à l'étranger.*

G

Garantie des créances salariales

Entreprises concernées

Tout commerçant, toute personne inscrite au répertoire des métiers, tout agriculteur, toute autre personne physique exerçant une activité professionnelle indépendante et toute personne morale de droit privé employant un ou plusieurs salariés (y compris les salariés en détachement à l'étranger et les salariés français expatriés) doit les assurer contre le risque de non-paiement des sommes qui leur sont dues en exécution du contrat de travail, en cas de procédure de sauvegarde, de redressement ou de liquidation judiciaires (c. trav. art. L. 3253-6).

Ce régime est mis en œuvre par l'*AGS** (Association pour la gestion du régime de Garantie des créances des Salariés) et financé par une cotisation à la charge de l'employeur (voir *Cotisations d'assurance chômage et d'AGS**).

Créances garanties

Liste des créances couvertes par l'AGS - Plusieurs catégories de sommes sont garanties par l'AGS (c. trav. art. L. 3253-8) (pour plus de détails, voir Dictionnaire Social « Garantie des créances de salaires »).

1re catégorie - Elle regroupe les sommes dues aux salariés à la date du jugement d'ouverture de toute procédure de sauvegarde, de redressement ou de liquidation judiciaires, ainsi que les contributions dues par l'employeur dans le cadre du *contrat de sécurisation professionnelle**.

2e catégorie - Elle concerne les créances résultant de la rupture des contrats de travail intervenant :
- pendant la période d'observation ;
- dans le mois qui suit le jugement arrêtant le plan de sauvegarde de l'emploi (PSE), de redressement ou de cession ;
- dans les 15 jours (ou 21 jours lorsqu'un PSE est élaboré) suivant le jugement de liquidation ;
- pendant le maintien provisoire de l'activité autorisé par le jugement de liquidation judiciaire et dans les 15 jours (ou 21 lorsqu'un PSE est élaboré) suivant la fin de ce maintien de l'activité.

3e catégorie - Il s'agit des créances résultant de la rupture du contrat de travail des salariés auxquels a été proposé un *contrat de sécurisation professionnelle**, sous réserve que l'administrateur, l'employeur ou le liquidateur, selon le cas, ait proposé ce contrat au cours de l'une des périodes indiquées pour la 2e catégorie, y compris les contributions dues par l'employeur dans le cadre de ce contrat et les salaires dus pendant le délai de réponse du salarié.

4e catégorie - Elle concerne les mesures d'accompagnement résultant d'un PSE déterminé par un accord collectif majoritaire ou par un document élaboré unilatéralement par l'employeur (c. trav. art. L. 1233-24-1 à L. 1233-24-4), dès lors qu'il a été validé ou homologué avant ou après l'ouverture de la procédure de redressement ou de liquidation judiciaire (c. trav. art. L. 1233-58).

5e catégorie - Elle correspond, lorsque le tribunal prononce la liquidation judiciaire, dans la limite d'un montant maximal correspondant à 1,5 mois de travail, aux sommes dues :
- au cours de la période d'observation ;
- pendant les 15 jours (ou 21 jours lorsqu'un PSE est élaboré) suivant le jugement de liquidation ;
- au cours du mois suivant le jugement de liquidation pour les représentants des salariés désignés par le juge-commissaire (c. com. art. L. 621-4 et L. 631-9) ;
- pendant le maintien provisoire de l'activité autorisé par le jugement de liquidation et au cours des 15 jours (ou 21 jours lorsqu'un PSE est élaboré) suivant la fin de ce maintien de l'activité.

À titre dérogatoire, pour cette 5e catégorie de créances, le plafond de la garantie applicable aux sommes dues en cas de liquidation judiciaire est fixé à (c. trav. art. D. 3253-2) :
- 3 fois le montant mensuel du *plafond de la sécurité sociale** pour 1,5 mois de salaire ;
- 2 fois ce plafond pour 1 mois de salaire.

▶ À noter... À notre sens, ce plafond concerne bien la 5e catégorie de créances, et non la 4e comme citée dans l'article D. 3253-2 du code du travail, qui n'a pas été mis à jour de la loi 2013-504 du 14 juin 2013 de sécurisation de l'emploi.

Autres sommes garanties - Enfin, sont également garantis :
- lorsqu'elles revêtent la forme d'un droit de créance sur l'entreprise, les sommes dues au titre des régimes légaux d'*intéressement**, de *participation aux résultats** et des fonds salariaux (c. trav. art. L. 3253-10) ;

- les arrérages de préretraite dus en vertu d'un accord professionnel ou interprofessionnel, d'une convention collective ou d'un accord collectif (c. trav. art. L. 3253-11 et D. 3253-3).

▶ À noter... L'accord doit prévoir un départ en préretraite au plus tôt à 55 ans. Par ailleurs, la couverture par l'AGS ne vaut que si l'accord est antérieur de plus de 6 mois à la date du jugement d'ouverture de la procédure de sauvegarde ou de redressement judiciaire.

Ces sommes sont garanties (c. trav. art. L. 3253-12) :
- lorsqu'elles sont exigibles à la date du jugement d'ouverture de la procédure ;
- si un plan organisant la sauvegarde ou le redressement intervient à l'issue de la procédure, lorsqu'elles deviennent exigibles dans certains délais, à savoir ceux correspondant aux sommes de la « 2e catégorie » *(voir ci-avant)* ;
- lorsqu'un jugement de liquidation judiciaire ou un jugement arrêtant le plan de cession totale de l'entreprise intervient.

Sont également garanties les sommes résultant du licenciement de salariés bénéficiant d'une protection particulière relative au licenciement, dès lors que l'administrateur, l'employeur ou le liquidateur a manifesté son intention de rompre le contrat de travail au cours de l'une des périodes visées dans la 2e catégorie de créances *(voir ci-avant)*(c. trav. art. L. 3253-9).

Enfin, les sommes dues aux travailleurs étrangers employés sans titre de travail, au titre de leur période d'emploi illicite, sont également couvertes, sous condition, par l'AGS (c. trav. art. L. 8252-3 ; cass. soc. 29 septembre 2010, n° 09-67633 D).

Restriction en cas de licenciement économique - L'AGS ne couvre pas les sommes qui concourent à l'indemnisation du préjudice causé par la rupture du contrat de travail dans le cadre d'un licenciement pour motif économique, en application d'un accord d'entreprise ou d'établissement ou de groupe, d'un accord collectif validé ou d'une décision unilatérale de l'employeur homologuée conformément à l'article L. 1233-57-3 du code du travail, lorsque l'accord a été conclu et déposé ou la décision notifiée moins de 18 mois avant la date du jugement d'ouverture de la procédure de sauvegarde, de redressement ou de liquidation judiciaire, ou bien lorsque l'accord a été conclu ou la décision notifiée postérieurement à l'ouverture de la procédure de sauvegarde, de redressement ou de liquidation judiciaire (c. trav. art. L. 3253-13).

Il en va ainsi d'une indemnité supra-légale de licenciement résultant d'un PSE datant du mois de mars 2014 alors que le jugement d'ouverture de la procédure collective à l'encontre de la société avait été prononcé le 20 octobre 2014 (cass. soc. 16 décembre 2020, n° 18-15532 FPB).

Plafonds de garantie

Limites de prise en charge - Les créances garanties sont limitées à un plafond qui varie en fonction de l'ancienneté du contrat de travail au jour de l'ouverture de la procédure collective (redressement judiciaire, liquidation judiciaire, sauvegarde).

La garantie de paiement par l'AGS est limitée, toutes créances salariales confondues, aux montants suivants (c. trav. art. L. 3253-17 et D. 3253-5) :
- 6 fois le plafond mensuel retenu pour le calcul des cotisations d'assurance chômage (94 200 € en 2025), si le contrat de travail dont résulte la créance salariale a été conclu 2 ans au moins avant la date du jugement ;
- 5 fois ce plafond (78 500 € en 2025) lorsque le contrat de travail dont résulte la créance a été conclu moins de 2 ans et au moins 6 mois avant la date d'ouverture du jugement ;
- 4 fois ce plafond (62 800 € en 2025) si le contrat de travail a été conclu moins de 6 mois avant la date du jugement.

Le plafond s'apprécie à la date à laquelle est due la créance du salarié et, au plus tard, à la date du jugement arrêtant le plan de continuation ou de cession ou prononçant la liquidation judiciaire (c. trav. art. D. 3253-5).

Il comprend le montant de la contribution due par l'employeur à *France Travail** dans le cadre de la convention de reclassement personnalisé (cass. soc. 10 février 2021, n° 19-13225 FSP) et, à notre avis, du contrat de sécurisation professionnelle (CSP) qui l'a remplacée.

Couverture des cotisations et du prélèvement à la source - La garantie inclut les cotisations et contributions sociales et salariales d'origine légale, ou d'origine conventionnelle imposée par la loi (c. trav. art. L. 3253-17).

La retenue due au titre du *prélèvement à la source** de l'impôt sur le revenu est aussi incluse dans la garantie (c. trav. art. L. 3253-8 et L. 3253-17).

L'essentiel sur les modalités d'intervention de l'AGS

Après l'établissement des relevés des créances salariales par le mandataire judiciaire, l'*AGS** lui avance le montant des sommes figurant sur ce relevé si elles n'ont pas pu être réglées sur les fonds de l'entreprise dans les délais prévus. L'AGS doit également avancer les sommes correspondant à des créances définitivement établies par décision de justice, même lorsque les délais de garantie sont expirés (c. trav. art. L. 3253-19 à L. 3253-21).

Dans le cas d'une procédure de sauvegarde, le mandataire judiciaire doit justifier à l'AGS, lors de sa demande de prise en charge des créances salariales, que l'insuffisance de fonds disponibles est caractérisée (c. trav. art. L. 3253-20).

RÉFÉRENCES

c. trav. art. L. 1226-17 et L. 1226-22 ; c. com. art. L. 625-1 à L. 625-9.

☛ *AGS ; Contrat de sécurisation professionnelle ; Cotisations d'assurance chômage et d'AGS.*

Garantie d'évolution de la rémunération des représentants du personnel et syndicaux

La loi prévoit un mécanisme visant à garantir à certains représentants du personnel ou syndicaux une évolution de leur rémunération, lorsque le temps consacré à leur mandat dépasse un certain seuil (c. trav. art. L. 2141-5-1).

Bénéficiaires

Titulaires de certains mandats - Ce mécanisme concerne les salariés protégés visés par certains articles du code du travail (c. trav. art. L. 2141-5-1 visant c. trav. art. L. 2142-1-1, L. 2411-1, 1° à 7° et L. 2411-2).

Sans entrer dans les détails, il s'agit en substance des salariés qui exercent leur mandat dans l'entreprise (par opposition, par exemple, à un conseiller prud'homme).

Sont donc notamment concernés par cette garantie les délégués syndicaux, les membres élus du *comité social et économique** (CSE), les représentants syndicaux au CSE, les représentants de sections syndicales, les représentants de proximité, etc.

À l'inverse, ni le salarié mandaté pour négocier un accord collectif dans une entreprise dépourvue de délégué syndical, ni les représentant des salariés au conseil d'administration ou de surveillance des sociétés anonymes et des sociétés en commandite par actions, ni les conseillers prud'hommes, ni les conseillers extérieurs assistant les salariés lors d'un entretien préalable au licenciement, etc., ne bénéficient de cette garantie.

Condition tenant au volume d'heures de délégation - Parmi ces salariés protégés, la garantie d'évolution est réservée à ceux dont le nombre d'heures de délégation sur l'année dépasse 30 % de la durée de travail fixée dans leur contrat de travail ou, à défaut, de la durée applicable dans l'établissement.

Calcul de la garantie d'évolution

La rémunération - La rémunération correspond au salaire ordinaire de base ou minimum, auquel il faut ajouter tous les autres avantages et accessoires payés, directement ou indirectement, en espèces ou en nature, par l'employeur au salarié en raison de l'emploi de ce dernier (c. trav. art. L. 2141-5-1 visant c. trav. art. L. 3221-3).

En présence de salariés comparables - Les salariés doivent bénéficier, sur l'ensemble de la durée de leur mandat, d'une évolution de la rémunération au moins égale aux augmentations générales et à la moyenne des augmentations individuelles perçues pendant cette période par les salariés relevant de la même catégorie professionnelle et dont l'ancienneté est comparable (c. trav. art. L. 2141-5-1).

Les salariés « relevant de la même catégorie professionnelle et dont l'ancienneté est comparable » sont ceux qui (cass. soc. 20 décembre 2023, n° 22-11676 FSBR) :
- relèvent du même coefficient dans la classification applicable à l'entreprise pour le même type d'emploi ;
- et ont été engagés à une date voisine ou dans la même période.

▶ À noter… Dans cette affaire, la Cour de cassation a jugé que l'employeur ne pouvait pas intégrer dans le groupe de comparaison des salariés occupant des emplois totalement différents de celui exercé par l'ancien représentant du personnel au motif qu'ils relevaient de la même classification, ni de prendre en compte l'ancienneté par tranche de 5 ans.

En l'absence de salariés comparables - À défaut de salariés comparables, l'évolution de la rémunération est au moins égale (c. trav. art. L. 2141-5-1) :
- aux augmentations générales ;
- et à la moyenne des augmentations individuelles perçues dans l'entreprise, y compris lorsque certaines augmentations individuelles résultent d'une promotion entraînant un changement de catégorie professionnelle (cass. soc. 22 janvier 2025, n° 23-20466 FB).

▶ À noter… Dans cette affaire, la Cour de cassation a aussi admis que, dans la mesure où les documents des NAO ne distinguaient pas les augmentations générales et les augmentations individuelles, ils offraient une base de référence objective qui, pour l'ensemble du personnel, permettait de déterminer une augmentation générale pour une année.

Moment de la comparaison - En l'absence d'accord collectif de branche ou d'entreprise déterminant des garanties d'évolution de la rémunération des salariés au moins aussi favorables, la comparaison doit s'effectuer annuellement (cass. soc. 20 décembre 2023, n° 22-11676 FSBR), et non, par exemple, uniquement en sortie de mandat.

Accord collectif de branche ou d'entreprise

Ce mécanisme légal n'est pas appliqué s'il existe un accord collectif de branche ou d'entreprise déterminant des garanties d'évolution de la rémunération des salariés concernés au moins aussi favorables.

☞ *Heures de délégation ; Salaire.*

Garantie financière des entreprises de portage salarial

Les entreprises de *portage salarial** doivent justifier d'une garantie financière assurant, en cas de défaillance de leur part, le paiement des salaires et indemnités des salariés portés ainsi que des charges sociales correspondantes sous peine de sanction pénale et éventuellement d'une interdiction d'activité (c. trav. art. L. 1254-26, L. 1254-27 et L. 1255-14).

Le montant de la garantie financière est de 10 % minimum de la masse salariale de l'année précédente, sans pouvoir être inférieur à 2 fois la valeur annuelle du *plafond de la sécurité sociale** de l'année considérée (c. trav. art. D. 1254-1).

Selon le Conseil d'État, la spécificité du portage salarial justifie une garantie financière différente de celle qui est prévue dans l'intérim (CE 31 mars 2017, n° 400747).

Les modalités de constitution et de mise en œuvre de la garantie sont alignées sur celles de la *garantie financière des entreprises de travail temporaire** (c. trav. art. R. 1254-2).

☞ *Garantie financière des entreprises de travail temporaire ; Portage salarial.*

Garantie financière des entreprises de travail temporaire

Toute entreprise de travail temporaire (ETT) est tenue à tout moment de justifier d'une garantie financière assurant, en cas de défaillance de sa part, le paiement des salaires et indemnités ainsi que des charges sociales sous peine de sanction pénale et éventuellement d'une interdiction d'activité (c. trav. art. L. 1251-49 à L. 1251-52, L. 1255-2 et L. 1251-47).

Le montant de la garantie ne peut être inférieur ni à 8 % du chiffre d'affaires hors taxes réalisé au cours du dernier exercice social, ni à un minimum fixé par décret pour chaque année. Ce montant est égal à 148 475 € pour l'année 2025 (112 231 € à Mayotte en 2025) (c. trav. art. L. 1251-50, L. 1524-11 et R. 1251-12 ; décret 2024-1271 du 31 décembre 2024, JO du 1er janvier 2025 ; décret 2025-110 du 5 février 2025, JO 6).

En cas d'insuffisance de la caution, l'entreprise utilisatrice est substituée à l'ETT pour le paiement des sommes qui restent dues aux salariés et aux organismes sociaux (URSSAF, etc.) concernant la durée de la mission accomplie. L'entreprise utilisatrice qui a payé les sommes dues est subrogée dans tous les droits des salariés et des organismes de sécurité sociale contre l'ETT (c. trav. art. L. 1251-52).

Garde d'enfant

☞ *Aide au financement des services aux personnes et de garde d'enfants ; Crèche et garde d'enfants.*

Grève externe

Une grève extérieure à l'entreprise peut avoir des conséquences sur la gestion du personnel et sur la paye. Par exemple, c'est le cas lorsque les salariés ont des problèmes pour se rendre sur leur lieu de travail ou que l'employeur connaît des difficultés pour leur fournir du travail.

Retards ou absences

Options ouvertes à l'employeur - Sauf dispositions conventionnelles ou usages contraires, l'employeur n'a pas l'obligation de rémunérer le salarié pour ses heures de retard ou les journées au cours desquelles il n'a pas pu venir travailler.

Exemple
Les grèves des transports en commun peuvent empêcher le salarié d'atteindre son lieu de travail aux horaires habituels.

Il appartient à l'employeur de fixer les modalités de récupération ou de rémunération, ou de prévoir une organisation particulière permettant de concilier au mieux les difficultés de chacun. Plusieurs formules peuvent être adoptées ou même combinées, avec pour chacune, des conséquences en matière de paye.

Déduction de l'absence - L'employeur peut opérer une retenue sur salaire pour les heures non travaillées. La journée d'absence ou les heures de retard sont décomptées en absence non rémunérée.

Décalage exceptionnel des horaires de travail - L'employeur peut proposer aux salariés de décaler leurs horaires de travail en fonction des possibilités de transport, en élargissant les heures d'ouverture de l'entreprise.

Les salariés accomplissant leurs heures de travail normalement, il n'y a aucune conséquence sur la rémunération.

Récupération de tout ou partie des heures non travaillées - Il est possible de prévoir la récupération des heures non travaillées sur une période ultérieure, à l'issue des perturbations. Les conséquences sur la paye sont nulles puisque les heures de récupération sont considérées comme des heures déplacées et non comme des heures supplémentaires.

Prise d'une journée de congés - Le salarié peut prendre un jour de congé payé, de RTT ou de *repos compensateur de remplacement** (RCR) en accord avec l'employeur. Dans ce cas, la journée est comptabilisée comme congé, RTT ou RCR et figure comme tel sur le bulletin de paye.

Recours au télétravail - Le recours au télétravail peut permettre ponctuellement de faire face à de telles circonstances (pour plus de détails, voir *Télétravail**).

Frais d'organisation - L'employeur peut prévoir la prise en charge de certains frais permettant aux salariés d'assurer leur travail dans l'entreprise (frais d'essence ou de parking pour les salariés utilisant leur véhicule personnel, hôtel ou repas, mise à disposition de véhicules, organisation de transports, etc.).

Il semble que ces frais puissent être considérés comme des *frais professionnels**, c'est-à-dire engagés par le salarié pour le compte et dans l'intérêt de la société. Ils devraient donc pouvoir être remboursés par l'employeur en franchise de cotisations (y compris en cas d'application d'une déduction forfaitaire spécifique pour frais professionnels). Encore faut-il qu'il s'agisse de frais réels, justifiés, et que l'employeur puisse prouver que la présence des salariés étant indispensable, ces frais ayant été engagés pour leur permettre de venir travailler.

Impossibilité de fournir du travail

La grève d'un service extérieur à l'entreprise peut perturber son fonctionnement normal.

Si l'employeur est obligé de cesser son activité ou de réduire la durée du travail, il peut recourir à l'*activité partielle**.

☞ *Absence ; Activité partielle ; Récupération des heures perdues ; Télétravail.*

Grève interne

Les conséquences d'une grève déclenchée au sein de l'entreprise sont différentes pour les grévistes et pour les non-grévistes.

Grévistes

Retenue sur salaire - La retenue opérée par l'employeur sur le salaire des grévistes doit être exactement proportionnelle à la durée de l'arrêt de travail, en fonction de l'horaire mensuel du salarié (voir *Absence**). L'abattement du salaire doit être calculé sur l'horaire mensuel réel des salariés (cass. soc. 16 juin 1999, n° 98-43696 D).

▶ À noter… Un pilote d'avion long-courrier gréviste le 1er jour de la rotation de 3 jours prévue à son planning, a pu se voir retirer les 3 jours de salaire de sa rotation celle-ci n'ayant pu avoir lieu puisqu'il n'avait pas assuré son service (cass. soc. 8 septembre 2021, n° 19-21025 FSPB).

Si certains grévistes sont astreints à un service minimum, ils doivent être rémunérés pour le temps passé à ce service, sans réduction de salaire. Ainsi, un salarié gréviste qui, conformément aux instructions de service, assure la sécurité des installations a droit à la rémunération de la tâche accomplie à ce titre (cass. soc. 24 juin 1998, n° 97-44175, BC V n° 334).

Aucune retenue ne peut être effectuée sur le temps de remise en route des machines, qui doit donc être payé normalement.

Si la grève est due à un manquement grave et délibéré de l'employeur (ex. : non-paiement des salaires), tous les salariés, y compris les grévistes, doivent être rémunérés pour le temps de grève.

Exemple

Un employeur avait unilatéralement réduit le temps de travail d'une partie des salariés, diminuant par là même leur rémunération. Il a été condamné à payer les jours de grève (cass. soc. 4 octobre 2005, n° 04-44795 D).

Il est exclu de procéder à des retenues sur salaire plus ou moins fortes selon les grévistes, en tenant compte pour chacun d'entre eux de l'impact de la grève sur le fonctionnement et la production de l'entreprise. Cela reviendrait à opérer une discrimination indirecte entre les salariés grévistes (cass. soc. 9 juillet 2015, n° 14-12779, BC V n° 151).

Salarié en forfait annuel en jours - Lorsqu'un salarié en *convention de forfait** annuel en jours participe à une grève de courte durée, les juges estiment que la retenue sur salaire doit tenir compte de la durée de l'absence, ce qui nécessite d'établir un salaire horaire. Elle doit être calculée en déterminant, à partir du salaire mensuel ou annuel des intéressés, un salaire horaire tenant compte du nombre de jours travaillés prévus par la convention de forfait et prenant pour base soit la durée légale du travail si la durée du travail applicable dans l'entreprise aux cadres soumis à l'horaire collectif lui est inférieure, soit, si elle lui est supérieure, la durée de travail applicable à ces cadres (cass. soc. 13 novembre 2008, n° 06-44608, BC V n° 211).

▶ Attention… Dans tous les cas, la retenue opérée doit être identique à celle pratiquée pour toute autre absence d'une même durée. Si un accord collectif prévoit, par exemple, qu'aucune période de suspension du contrat de travail inférieure à une demi-journée ne peut entraîner de retenue sur salaire, l'employeur ne peut opérer aucune retenue sur la rémunération des salariés sous forfait annuel en jours qui font grève moins d'une demi-journée de travail (ex. : 1 h 30 min) (cass. soc. 4 mars 2009, n° 07-45291, BC V n° 56).

Bulletin de paye - Le bulletin de paye ne doit pas faire mention de l'exercice du droit de grève (c. trav. art. R. 3243-4). La retenue de salaire doit donc apparaître sous un libellé neutre (ex. : « absence non rémunérée »).

Jours fériés et repos - Lorsque des jours fériés chômés payés sont inclus dans une période de grève, les salariés en grève lors des jours fériés chômés n'ont pas le droit au paiement du salaire correspondant à ces journées (cass. soc. 24 juin 1998, n° 97-43876, BC V n° 335).

Lorsque la *journée de solidarité** est fixée un jour férié précédemment chômé pour lequel le salarié aurait été rémunéré par l'effet de la mensualisation, l'absence pour grève de l'intéressé ce jour-là autorise l'employeur à pratiquer une retenue sur salaire. Les juges ont ainsi validé une retenue sur salaire pour 7 heures et les conséquences que cette retenue a pu avoir sur la prime d'ancienneté et le 13e mois (cass. soc. 16 janvier 2008, n° 06-42327, BC V n° 13).

Grève et pause rémunérée - Une grève ne peut concerner qu'une période de travail effectif. Dès lors, au cours d'une pause rémunérée en application d'un accord d'entreprise, les salariés sont, d'un point de vue juridique, libres de vaquer à leurs occupations personnelles sans avoir à rendre de comptes à l'employeur quant à l'emploi de ce temps libre. Un mouvement de revendication qui se déroulerait pendant ce temps de pause rémunéré ne serait pas, d'un strict point de vue juridique, une grève. L'employeur ne pourrait donc pas retenir les sommes correspondant à la rémunération de la pause (cass. soc. 18 décembre 2001, n° 01-41036, BC V n° 387).

Impact de la grève sur des primes - Un salarié gréviste ne peut faire l'objet d'aucune mesure discriminatoire (c. trav. art. L. 2511-1).

En fonction des accords collectifs et usages applicables, l'employeur peut tenir compte des absences, même motivées par la grève, pour le paiement d'une prime, dès lors que toutes les absences, hormis celles qui sont légalement assimilées à un temps de travail effectif (ex. : accident du travail), ont les mêmes conséquences sur son attribution (cass. soc. 7 novembre 2018, n° 17-15833 FPB). Il en a été jugé ainsi pour une *prime d'assiduité** (cass. soc. 23 juin 2009, n° 08-42154, BC V n° 159), une prime d'ancienneté (cass. soc. 23 juin 2009, n° 07-42677, BC V n° 159), un intéressement et un 13e mois (cass. soc. 26 mars 2014, n° 12-18125, BC V n° 92).

En revanche, la réduction ou la suppression d'une prime consécutive à une grève est discriminatoire lorsque toutes les absences ne donnent pas lieu à une retenue identique. Cela a été jugé pour des retenues effectuées sur :

- une prime de « présentéisme » (cass. soc. 25 octobre 2007, n° 06-42399 D) ;
- une prime de « participation à l'activité » (cass. soc. 16 janvier 2008, n° 06-42983, BC V n° 11) ;

- un 13e ou un 14e mois (cass. soc. 10 décembre 2002, n° 00-44733, BC V n° 371 ; cass. soc. 1er juillet 2009, n° 07-42675, BC V n° 168) ;
- ou encore une prime d'assiduité (cass. soc. 15 février 2006, n° 04-45738, BC V n° 65).

Réduction de congés supplémentaires d'assiduité - Il est possible de mettre en place des congés supplémentaires pour récompenser l'assiduité des salariés et de ne pas les accorder, ou de les réduire, pour des salariés grévistes. Mais c'est à la condition que toutes les absences aient les mêmes conséquences sur le congé. Priver les seuls grévistes de ce congé est discriminatoire (cass. soc. 4 mai 2011, n° 09-72206 D).

Grève et heures de délégation - En droit du travail, la suspension du contrat de travail n'a pas pour effet de suspendre le mandat de représentant du personnel ou de délégué syndical notamment (cass. soc. 27 février 1985, n° 82-40173, BC V n° 124). Les *heures de délégation**, qui sont considérées comme du temps de travail et payées comme telles, sont donc maintenues.

Frais professionnels - Il n'y a pas lieu de procéder à des remboursements de frais professionnels pour la période de grève non travaillée.

Maladie - Un salarié malade avant la grève a droit à l'indemnisation habituelle de la maladie. Le cas échéant, il perçoit les indemnités complémentaires de maladie (cass. soc. 20 février 1980, n° 78-41116, BC V n° 161).

Si un salarié en grève tombe malade, la cause initiale de la suspension du contrat étant la grève et non la maladie, le salarié n'a pas droit à l'indemnisation complémentaire pour maladie. Il ne pourra percevoir de complément de salaire à ce titre qu'à l'issue de la période de grève (cass. soc. 21 avril 1971, n° 70-40277, BC V n° 288).

Grève perlée - Ce type d'action consiste en un simple ralentissement volontaire de la production. C'est un mouvement illicite et non un exercice du droit de grève, lequel suppose nécessairement de cesser le travail. En conséquence :
- dès lors que les salariés ne sont pas rémunérés au rendement, aucune retenue de salaire ne peut être effectuée, sans quoi il s'agirait d'une sanction pécuniaire illicite (cass. soc. 16 mars 1994, n° 91-43349, BC V n° 92 ; cass. soc. 12 avril 1995, n° 91-40593, BC V n° 133) ;
- la grève perlée constitue une exécution défectueuse du travail permettant d'engager des procédures disciplinaires contre les salariés fautifs (ex. : mise à pied, licenciement).

Sanctions - Le contrat de travail étant suspendu pendant la grève, l'employeur ne peut prononcer aucune sanction à l'égard des salariés grévistes, à l'exception du licenciement pour faute lourde.

Tout licenciement prononcé pour un autre motif que la faute lourde du salarié est donc nul de plein droit et le salarié peut prétendre à sa réintégration. Il a alors droit au paiement d'une indemnité égale au montant de la rémunération qu'il aurait perçue entre son éviction de l'entreprise et sa réintégration, peu important qu'il ait ou non reçu des salaires ou un revenu de remplacement pendant cette période (cass. soc. 2 février 2006, n° 03-47481, BC V n° 53).

Non-grévistes

Salaire - Les non-grévistes doivent être payés normalement, sauf s'ils n'ont pas pu travailler du fait de l'impossibilité pour l'employeur de leur fournir du travail. Mais il doit s'agir d'une véritable situation contraignante empêchant l'employeur de faire travailler les non-grévistes.

Exemples

1) La grève d'un secteur de production avait progressivement paralysé un autre secteur. Les salariés non grévistes réclamaient le paiement d'une indemnité compensatrice de salaire correspondant à une période de chômage technique, conséquence de la grève de leurs collègues. La Cour de cassation a estimé que la grève du secteur de production, qui était totale, avait progressivement entraîné la paralysie du secteur « travaux », empêchant le maintien des tâches d'exécution ; en outre, l'employeur avait attendu le blocage du fonctionnement de l'entreprise pour recourir à la mise en chômage technique. Ainsi, la société s'était trouvée, du fait de la grève, dans une situation contraignante, qui ne lui était pas imputable et qui rendait impossible la fourniture de travail aux salariés non grévistes (cass. soc. 22 février 2005, n° 02-45879, BC V n° 57).

2) Une grève ayant été décidée le 8 novembre 2001 dans un établissement, l'employeur avait fermé l'atelier de production et mis les salariés en chômage technique du 23 novembre au 6 décembre 2001, date à laquelle un protocole de fin de conflit a été signé entre la direction et les syndicats. Il n'a pas été établi que l'employeur se soit trouvé dans une situation contraignante qui justifiait la mise du personnel en chômage technique. En conséquence, il a dû payer leur rémunération à tous les salariés qui s'étaient tenus à sa disposition (cass. soc. 30 septembre 2005, n° 04-40193, BC V n° 277).

Prime pour surcroît de travail occasionné par la grève - En vertu du principe de non-discrimination, l'employeur ne peut pas instaurer de prime particulière destinée à récompenser les salariés non grévistes (c. trav. art. L. 1132-1).

Exemple
Ainsi, une prime dite « de surcroît de travail » octroyée à tous les salariés non grévistes, y inclus ceux qui n'ont pas travaillé ce jour-là, est discriminatoire puisque seuls les grévistes en sont exclus (cass. soc. 1er juin 2010, n° 09-40144, BC V n° 119).

En revanche, les salariés non grévistes qui ont fait face à un surcroît de travail entraîné par la grève peuvent recevoir une prime à ce titre. Encore faut-il que :
- la prime ne soit pas créée spécifiquement après le déclenchement de la grève en faisant varier le montant suivant que les salariés avaient fait grève ou non (cass. soc. 2 mars 1994, n° 92-41134, BC V n° 75) ;
- les salariés auxquels elle est attribuée aient réellement fait face à un surcroît de travail (cass. soc. 3 mars 2009, n° 07-44676 D ; cass. soc. 3 avril 2024, n° 22-23321 FD).

Ainsi, une telle prime ne peut être versée qu'aux non-grévistes qui ont véritablement subi une surcharge de travail du fait de la grève. En cas de versement généralisé aux non-grévistes, cette prime devient discriminatoire (cass. soc. 3 mai 2011, n° 09-68297 D).

Maladie - Un salarié non gréviste qui est malade avant ou pendant la période de grève a droit à la garantie de salaire habituelle.

Toutefois un salarié ne peut pas percevoir une somme supérieure à la rémunération nette qu'il aurait effectivement perçue s'il avait continué à travailler, au titre de la garantie des absences pour maladie ou accident. Son maintien de salaire est calculé sur le salaire qu'il aurait perçu s'il avait travaillé. Par conséquent, si les salariés non grévistes ont été empêchés de travailler du fait de la grève et n'ont pas perçu leur salaire, il ne percevra pas d'indemnisation complémentaire pour cette période (cass. soc. 17 janvier 1996, n° 91-43218 D).

Activité partielle - Le dispositif d'*activité partielle** est exclu lorsque la réduction ou la suspension de l'activité est provoquée par un différend collectif de travail intéressant l'établissement dans lequel les salariés sont employés. Toutefois, en cas de fermeture de l'entreprise ou d'un service décidée par l'employeur suite à une grève, le versement des allocations et des indemnités peut être autorisé par décision du ministre chargé de l'emploi, si la fermeture se prolonge plus de 3 jours (c. trav. art. R. 5122-8).

Pour plus de détails, voir *Activité partielle**.

☛ *Absence ; Activité partielle ; Prime d'assiduité.*

Grossesse

☛ *Examens médicaux liés à la grossesse (absences) ; Maternité.*

Groupement d'employeurs

Un groupement d'employeurs est constitué sous forme d'une association régie par la loi de 1901, ou d'une société sous forme coopérative, composée en principe de structures relevant normalement de la même convention collective (c. trav. art. L. 1253-1 à L. 1253-3). Il existe aussi des groupements multisectoriels (c. trav. art. L. 1253-17).

Un groupement d'employeurs ne peut se livrer qu'à des opérations à but non lucratif.

Activité

Le groupement d'employeurs a pour but de mettre à la disposition de ses membres des salariés liés au groupement par un contrat de travail (c. trav. art. L. 1253-1). Il peut également apporter à ses membres son aide ou son conseil en matière d'emploi ou de gestion des ressources humaines.

Responsabilité des membres du groupement

Le groupement est l'employeur direct et unique des salariés mis à la disposition de ses membres.

En revanche, les membres du groupement sont solidairement responsables de ses dettes à l'égard des salariés et des organismes créanciers de cotisations obligatoires. Par dérogation, les statuts du groupement peuvent prévoir, sur la base de critères objectifs, des règles de répartition de ces dettes entre les membres qui sont opposables aux créanciers (c. trav. art. L. 1253-8).

L'essentiel sur le statut des salariés

Contrat de travail - Les salariés du groupement sont liés à celui-ci par un contrat de travail écrit. Ce contrat doit comporter diverses mentions dont les conditions de rémunération (c. trav. art. L. 1253-9). Il garantit une *égalité de rémunération** entre le salarié du groupement et les salariés des entreprises dans lesquelles il est mis à disposition.

Convention collective applicable - La convention collective applicable aux salariés mis à la disposition de l'association utilisatrice est celle dans le champ d'application de laquelle le groupement a été constitué (c. trav. art. L. 1253-10).

Lorsque le groupement est constitué entre des employeurs relevant de conventions collectives différentes, les personnes constituant le groupement doivent déterminer la convention collective applicable (c. trav. art. L. 1253-17). Ce type de groupement ne peut exercer son activité qu'après déclaration auprès de l'administration.

Épargne salariale - Le salarié du groupement bénéficie de l'*intéressement**, de la participation et des plans d'épargne salariale de chacune des entreprises du groupement auprès desquelles il est mis à disposition à deux conditions : le dispositif de l'entreprise utilisatrice le prévoit, le groupement n'a pas de dispositif équivalent (c. trav. art. L. 3312-2, L. 3322-2, L. 3332-2, D. 3311-4, D. 3321-2 et D. 3331-2).

Si une ancienneté minimale est requise, elle est supposée acquise dès que le salarié a été mis à la disposition de l'entreprise au moins 60 jours durant le dernier exercice (c. trav. art. D. 3342-1).

Effectif de la structure d'accueil - Les salariés mis à disposition par un groupement sont pris en compte dans l'effectif « droit du travail » de la structure d'accueil dans les conditions prévues pour les salariés mis à disposition par une entreprise extérieure (voir *Effectif**). Toutefois, ils sont exclus des effectifs pour les dispositions relatives à la *tarification de la cotisation d'accidents du travail** (c. trav. art. R. 1111-1).

Pour l'*effectif sécurité sociale**, les salariés mis à la disposition en tout ou partie d'un ou de plusieurs de ses membres par un groupement d'employeurs ne sont pas pris en compte dans l'*effectif sécurité sociale** de la structure d'accueil, comme tous les salariés mis à disposition par une entreprise extérieure.

▶ À noter… La LFSS pour 2025 a annulé la disposition de la LFSS 2024 qui prévoyait, à partir de 2026, de prendre en compte les salariés mis disposition par les groupements d'employeurs au niveau de l'entreprise d'accueil (loi 2025-199 du 28 février 2025, art. 25, JO du 28).

Effectif du groupement d'employeurs - L'effectif d'un groupement d'employeurs se calcule dans les conditions habituelles (voir *Effectif** et *Effectif sécurité sociale**).

Le décompte des effectifs « droit du travail » est limité à la structure de gestion du groupement. Les salariés mis à la disposition, en tout ou partie, d'un ou de plusieurs de ses membres par un groupement d'employeurs ne sont pas pris en compte dans l'effectif de ce groupement d'employeurs pour l'application du code du travail. Cette dérogation ne joue pas pour les dispositions relatives aux relations collectives de travail (ex. : mise en place des institutions représentatives du personnel) (c. trav. art. L. 1253-8-1).

Pour l'*effectif sécurité sociale**, depuis le 1er janvier 2025 (au lieu du 1er janvier 2026, comme cela était prévu), les salariés mis à disposition sont pris en compte dans l'effectif « sécurité sociale » du groupement seulement pour la tarification AT/MP (loi 2025-199 du 28 février 2025, art. 25, JO du 28 ; loi 2023-1250 du 26 décembre 2023, art. 21, II modifié).

▶ À noter… Jusque-là, les salariés mis à disposition étaient pris en compte au niveau du groupement, y compris en matière de tarification de la cotisation AT/MP.

Aides et exonérations

Aides à l'emploi et à la formation auxquelles les entreprises adhérentes pourraient prétendre - Les groupements d'employeur peuvent bénéficier des aides publiques en matière d'emploi et de formation professionnelle dont leurs entreprises adhérentes auraient profité, si elles avaient embauché directement les personnes mises à disposition (c. trav. art. L. 1253-21). Par exemple, cela peut permettre à un groupement de prétendre à une aide auquel son effectif ne lui donnerait pas droit.

Les aides, réductions et exonérations de cotisations et contributions doivent répondre aux trois conditions suivantes (c. trav. art. D. 1253-50) :
- avoir pour objectif direct de créer des emplois ou d'améliorer l'adéquation entre l'offre et la demande de travail par des actions de formation professionnelle ;
- être liées à un seuil d'effectif ou à l'embauche d'un premier salarié au sein d'une ou plusieurs entreprises adhérentes, de sorte qu'elles auraient bénéficié à ce titre à l'entreprise adhérant au groupement si elle avait embauché directement les personnes mises à sa disposition ;
- ne pas pouvoir bénéficier au groupement d'employeurs en tant qu'employeur direct.

En pratique, les dispositifs visés sont listés par arrêté (arrêté du 16 décembre 2016, JO du 18, texte 53).

On signalera, en particulier, s'agissant des dispositifs encore en vigueur à l'heure où nous rédigeons ces lignes :
- l'aide unique à l'apprentissage [voir *Apprentissage (contrat)**], à notre sens et sous réserve de confirmation ;
- dans le secteur du spectacle, l'aide à l'embauche d'un premier salarié en CDI (décret 2016-1764 du 16 décembre 2016 modifié par le décret 2019-545 du 29 mai 2019), la prime à l'emploi pérenne et la prime aux contrats de longue durée (décret 2016-1766 du 16 décembre 2016 modifié par décret 2018-1361 du 28 décembre 2018 et décret 2019-545 du 29 mai 2019).

Le montant de l'aide dont bénéficie le groupement d'employeurs est celui dont aurait bénéficié l'entreprise adhérente si elle avait embauché directement le salarié mis à sa disposition. Le groupement doit d'ailleurs informer les entreprises adhérentes de la nature, du nombre et du montant des aides ainsi perçues (c. trav. art. D. 1253-51 et D. 1253-52).

Exonérations - Le groupement d'employeurs peut prétendre aux exonérations de cotisations prévues par la législation, à condition de répondre aux conditions requises par chaque dispositif.

On signalera qu'une catégorie particulière de groupements, les « Groupements d'employeurs pour l'insertion et la qualification » (GEIQ), bénéficie de la *réduction générale de cotisations patronales** sur les rémunérations versées au titre de certains salariés en contrat de professionnalisation [voir *Contrat de professionnalisation (aides et exonérations)**]. Pour mémoire, les groupements qui souhaitent obtenir l'appellation GEIQ doivent en faire la demande auprès de la Fédération Française des GEIQ.

☞ *Effectif ; Effectif sécurité sociale.*

Guichet unique du spectacle occasionnel

Les organisateurs occasionnels de spectacle vivant doivent obligatoirement recourir au guichet unique du spectacle occasionnel (GUSO) pour déclarer et payer les cotisations des artistes, ouvriers et techniciens du spectacle qu'ils embauchent sous CDD.

▶ À noter... Pour contacter le GUSO : Guichet unique du spectacle occasionnel, TSA 72039, 92891 Nanterre Cedex 9 ; www.guso.fr ; tél. : 0805 41 40 41.

Objet du GUSO et emplois concernés

Employeurs concernés - Le GUSO s'adresse (c. trav. art. L. 7122-22 ; inst. DGEFP/MIC/DSS/DGCA 2020-26 du 31 janvier 2020, § 1.2) :
- aux personnes physiques ou morales, publiques ou privées, dont l'activité principale ou l'objet ne concerne ni l'exploitation de lieux de spectacles, de parcs de loisirs ou d'attractions ni la production ou la diffusion de spectacles ;
- aux personnes autorisées à exercer occasionnellement l'activité d'entrepreneur de spectacles sans être titulaires d'une licence, dans la limite de 6 représentations par an et sur déclaration préalable (c. trav. art. L. 7122-19 et R. 7122-13).

▶ À noter... Si l'employeur organise plus de 6 représentations par an, il doit être titulaire d'une licence d'entrepreneur de spectacles vivants.

Emplois concernés - Dès lors que ces employeurs exercent occasionnellement l'activité d'entrepreneur de spectacles vivants, ils doivent obligatoirement recourir au GUSO pour l'embauche et l'emploi en contrat à durée déterminée d'artistes du spectacle (c. trav. art. L. 7121-2) ainsi que d'ouvriers et de techniciens du spectacle vivant (c. trav. art. L. 7122-23 et R. 7122-15).

Objet du guichet unique - Le GUSO doit être utilisé pour procéder :
- aux déclarations obligatoires liées à l'embauche et à l'emploi ;
- au versement de l'ensemble des cotisations et contributions sociales, d'origine légale ou conventionnelle, prévues par la loi, ainsi que, le cas échéant et dans des conditions fixées par convention, d'autres cotisations et contributions sociales, et se rapportant uniquement à leur activité de spectacle (c. séc. soc. art. L. 133-9) ;
- au *prélèvement à la source** de l'impôt sur le revenu (c. séc. soc. art. L. 133-9).

▶ À noter... Le GUSO agit pour le compte de l'AFDAS (formation professionnelle), d'AUDIENS (retraite complémentaire et prévoyance), de Thalie santé (médecine et santé au travail), des Congés Spectacles (congés payés), de l'Unédic (assurance chômage), du réseau des URSSAF ou encore de la DGFIP (impôt sur le revenu).

Déclaration unique et simplifiée

Modalités - Les formalités peuvent être accomplies au moyen d'un document appelé déclaration unique et simplifiée par voie électronique via le site Internet du GUSO (www.guso.com) ou (c. trav. art. R. 7122-14).

L'employeur doit préalablement adhérer au GUSO en s'inscrivant sur le site. Un numéro lui est attribué, qui lui servira pour les déclarations ultérieures.

Dans sa déclaration, il doit mentionner la convention collective applicable aux salariés qu'il embauche : la convention collective nationale des entreprises du secteur privé du spectacle vivant, ou la convention collective nationale des entreprises artistiques et culturelles.

▶ À noter… Le numéro de GUSO du salarié est également obligatoire pour effectuer une déclaration. Si le salarié est déjà inscrit au GUSO, il doit communiquer à l'employeur son numéro qui est indiqué sur les attestations mensuelles d'emploi au GUSO. En revanche, s'il n'est pas inscrit, il doit procéder à son adhésion depuis l'espace salarié du site.

Dématérialisation - Les employeurs adhérant du GUSO doivent effectuer les déclarations et le paiement de leurs cotisations et prélèvement à la source par voie dématérialisée (c. séc. soc. art. L. 133-9).

À défaut, une sanction est applicable (c. séc. soc. art. L. 133-9-2).

▶ À noter… Cette obligation ne s'applique pas aux déclarants dans l'impossibilité d'effectuer cette déclaration par voie électronique (ex. : pas d'accès Internet). Les intéressés devraient pouvoir procéder par voie postale ou par télécopie.

Procédure - La déclaration dématérialisée s'effectue sur le site du GUSO, dans l'espace employeur en 2 étapes (c. trav. art. R. 7122-17) :
- jusqu'à 2 h avant l'embauche, l'employeur effectue la *déclaration préalable à l'embauche** (DPAE) en se connectant sur le site de l'URSSAF depuis son espace employeur du GUSO ;
- puis il doit compléter la déclaration unique et simplifiée (DUS), s'il le souhaite par anticipation, dans un délai d'un mois maximum ; dans cette déclaration, il complète diverses informations concernant l'artiste à rémunérer, le spectacle qu'il organise (c. trav. art. R. 7122-20).

L'employeur imprime ensuite les différents volets de la DUS. Il signe et remet au salarié dans les 2 jours suivants l'embauche le second volet de la DUS (c. trav. art. R. 7122-21). Ce document remplace les dispositions légales relatives à la remise du contrat de travail.

Aux termes du contrat de travail, l'employeur remet à l'intéressé le volet correspondant aux obligations de fin de contrat (certificat de travail, attestation chômage, certificat permettant de faire valoir les droits à congés payés auprès de la caisse des congés spectacle) (c. trav. art. R. 7122-22).

Au plus tard 15 jours après la fin du contrat de travail, l'employeur adresse au GUSO le feuillet correspondant aux cotisations, accompagné du versement des contributions dues au titre de l'emploi du salarié concerné (c. trav. art. R. 7122-23). Dans la pratique, cette obligation est réputée satisfaite par la validation de la procédure réalisée sur le site du GUSO.

Le règlement des cotisations (c. trav. art. R. 7122-24) s'effectue en ligne soit par prélèvement, soit par carte bancaire au choix du déclarant.

Obligations réputées remplies par rapport au salarié - L'employeur qui remet au salarié et adresse au GUSO les volets qui lui sont destinés est réputé satisfaire aux obligations liées (c. trav. art. L. 7122-24) :
- à la déclaration préalable à l'embauche ;
- à la rédaction du CDD (il reste possible d'établir le contrat de travail sur un autre document) ;
- aux documents écrits à remettre au salarié contenant les informations principales relatives à la relation de travail (c. trav. art. L. 1221-5-1) ;
- à la délivrance du certificat de travail ;
- à l'affiliation à la caisse des congés spectacles ;
- aux déclarations relatives au prélèvement à la source.

La DUS permet de satisfaire à un certain nombre d'obligations déclaratives et de versements de cotisations, listées par le code du travail (c. trav. art. R. 7122-16).

Bulletin de paye - Le GUSO délivre au salarié une attestation mensuelle d'emploi qui se substitue à la remise du bulletin de paye (c. trav. art. L. 7122-26). Il vaut également accomplissement des formalités liées à la *déclaration sociale nominative** pour les salariés concernés.

Cotisations - Le GUSO permet de régler en une seule fois les cotisations destinées à l'URSSAF, à France Travail, à AUDIENS (retraite complémentaire), à la caisse des congés spectacles, à l'AFDAS (formation professionnelle) et à Thalie santé (médecine du travail).

Les cotisations et contributions ainsi que le prélèvement à la source sont exigibles au plus tard le 15e jour suivant le terme du contrat de travail, sous peine d'une majoration de retard de 6 % (+ 1 % par mois ou fraction de mois écoulé après l'expiration d'un délai de 3 mois à compter de la date d'exigibilité) (c. séc. soc. art. L. 133-9-2).

☞ *Intermittents du spectacle (employeurs occasionnels d').*

GUSO

☞ *Guichet unique du spectacle occasionnel.*

H

Handicapés

Travailleur handicapé

Définition - Les travailleurs handicapés sont des personnes dont les possibilités d'obtenir ou de conserver un emploi sont réduites du fait de l'altération d'une ou de plusieurs fonctions physiques, sensorielles, mentales ou psychiques (c. trav. art. L. 5213-1).

La qualité de travailleur handicapé est reconnue par la commission des droits et de l'autonomie des personnes handicapées (CDAPH) pour une durée de 1 à 10 ans ou de façon définitive en cas de handicap irréversible (c. trav. art. L. 5213-2 ; CASF art. R. 241-31).

Les mineurs âgés d'au moins 16 ans bénéficient automatiquement de la reconnaissance de la qualité de travailleur handicapé dès lors que leur est accordée l'allocation d'éducation de l'enfant handicapé (AEEH) ou la prestation de compensation du handicap (PCH) ou l'accès au projet personnalisé de scolarisation (c. trav. art. L. 5213-2).

Information de l'employeur - Un salarié n'est pas tenu d'informer son employeur de sa qualité de travailleur handicapé (cass. soc. 6 mai 2003, n° 01-41370 D ; cass. soc. 18 septembre 2013, n° 12-17159 D).

▶ À noter... Les entreprises d'au moins 250 salariés sont tenues de désigner un référent chargé d'orienter, d'informer et d'accompagner les personnes en situation de handicap (c. trav. art. L. 5213-6-1). Cet effectif est calculé selon les modalités du code de la sécurité sociale (voir *Effectif sécurité sociale**).

Obligation d'emploi des travailleurs handicapés

Les entreprises occupant au moins 20 salariés sont tenues d'employer un nombre de travailleurs handicapés représentant 6 % de l'effectif total de l'entreprise. La loi offre diverses modalités pour s'acquitter de cette obligation [voir *Handicapés (obligation d'emploi)**].

Le contrôle de cette obligation s'effectue au moyen de la déclaration annuelle d'emploi des travailleurs handicapés (c. trav. art. L. 5212-5) [voir *Handicapés (déclaration d'emploi)**].

Bénéficiaires de l'obligation d'emploi des travailleurs handicapés

La liste des bénéficiaires de l'obligation d'emploi des travailleurs handicapés comprend (c. trav. art. L. 5212-13) :
- 1) les travailleurs reconnus handicapés *(voir ci-dessus)* ;
- 2) les victimes d'accident du travail ou de maladie professionnelle ayant entraîné une incapacité permanente au moins égale à 10 % et titulaires d'une rente attribuée au titre du régime général de la sécurité sociale ou de tout autre régime de protection sociale obligatoire ;
- 3) les titulaires d'une pension d'invalidité attribuée au titre du régime général de la sécurité sociale, de tout autre régime de protection sociale obligatoire ou au titre des dispositions régissant les agents publics, à condition que l'invalidité des intéressés réduise au moins des 2/3 leur capacité de travail ou de gain ;
- 4) les bénéficiaires mentionnés aux articles L. 241-2, L. 241-3 et L. 241-4 du code des pensions militaires d'invalidité et des victimes de la guerre ;
- 5) les titulaires d'une allocation ou d'une rente d'invalidité attribuée dans les conditions définies par la loi 91-1389 du 31 décembre 1991 relative à la protection sociale des sapeurs-pompiers volontaires en cas d'accident survenu ou de maladie contractée en service ;
- 6) les titulaires de la carte « mobilité inclusion » portant la mention « invalidité » définie à l'article L. 241-3 du code de l'action sociale et des familles ;
- 7) les titulaires de l'allocation aux adultes handicapés.

Rémunération

Emploi en milieu ordinaire - Les travailleurs handicapés travaillant en milieu ordinaire perçoivent une rémunération « normale » respectant les dispositions légales et conventionnelles applicables dans l'entreprise.

Le temps de trajet domicile/lieu de travail peut faire l'objet d'une contrepartie en repos dès lors que ce temps est majoré du fait d'un handicap (c. trav. art. L. 3121-5).

▶ À noter... L'employeur doit s'assurer que les logiciels installés sur le poste de travail des personnes handicapées et nécessaires à leur exercice professionnel sont accessibles et que leur poste de travail est accessible en télétravail (c. trav. art. L. 5213-6).

Télétravail - En l'absence d'accord collectif ou de charte encadrant le télétravail, le salarié et l'employeur peuvent convenir de recourir au *télétravail** de gré à gré. L'employeur qui refuse la demande de télétravail d'un travailleur handicapé doit motiver sa décision (c. trav. art. L. 1222-9, I).

▶ Attention… Si un accord collectif ou une charte sur le télétravail existe, celui-ci doit (depuis le 7 septembre 2018), prévoir les modalités d'accès des travailleurs handicapés au télétravail (c. trav. art. L. 1222-9, II).

Les aides de l'AGEFIPH à l'adaptation des situations de travail des personnes handicapées *(voir ci-dessous)* peuvent permettre d'adapter le poste du salarié au télétravail. Elles peuvent concerner le coût d'un équipement informatique, d'un siège de bureau, les coûts de transports, liaison Internet, etc. (www.agefiph.fr).

Entreprises adaptées - Les travailleurs handicapés peuvent être salariés d'une entreprise adaptée (entreprise faisant l'objet d'un agrément et employant de 55 % à 100 % de personnes handicapées dans son effectif) (c. trav. art. D. 5213-63).

Les entreprises adaptées (EA) font partie du milieu ordinaire de travail *(voir plus loin)*.

Le statut de ces salariés handicapés est identique à celui des salariés de droit commun. Ils perçoivent un salaire « normal », dans le respect du SMIC, en fonction de leur qualification (c. trav. art. L. 5213-15).

Par ailleurs, les entreprises adaptées peuvent mettre des salariés handicapés à la disposition d'entreprises utilisatrices ordinaires (c. trav. art. D. 5213-81 à D. 5213-86).

ESAT - Les établissements et services d'accompagnement par le travail (ESAT) sont des structures du secteur protégé. Les personnes accueillies n'ont pas la qualité de salarié et relèvent de règles dérogatoires *(voir plus loin)*.

Aide à l'emploi de salariés lourdement handicapés

Compétence de l'AGEFIPH - Les employeurs de salariés lourdement handicapés peuvent bénéficier d'une aide spécifique dont le montant varie selon la lourdeur du handicap (c. trav. art. L. 5213-11).

Ils doivent pour cela s'adresser à la délégation régionale compétente AGEFIPH de la région de l'établissement auquel le bénéficiaire de l'obligation d'emploi est rattaché (c. trav. art. R. 5213-39).

Demande - L'employeur adresse par LRAR une demande de reconnaissance de la lourdeur du handicap (RLH) sur un formulaire spécifique (c. trav. art. R. 5213-42). Ce formulaire est utilisé pour la demande initiale et lors du renouvellement ou de la révision de la décision de reconnaissance.

▶ À noter… Les formulaires sont fixés par arrêté et varient selon que la personne handicapée est salariée ou non salariée, qu'il s'agit d'une demande initiale ou de renouvellement, etc. (arrêté du 9 septembre 2019, JO du 13, texte 19).

Le formulaire comporte divers renseignements et déclarations. Il vise à évaluer les charges induites par le handicap, hors coût des aménagements réalisés ou prévus. La demande peut être adressée en recommandé avec avis de réception ou par l'intermédiaire d'un téléservice (portail de services en ligne RLH sur le site de l'AGEFIPH).

L'employeur informe le salarié concerné du dépôt de la demande (c. trav. art. R. 5213-43).

Décision - Sur la base de ce dossier, l'AGEFIPH fixe le montant des charges induites par le handicap.

Si ce montant est supérieur ou égal à 20 % du SMIC rapporté au nombre d'heures correspondant à la durée collective du travail de l'établissement, l'AGEFIPH accorde la reconnaissance de la lourdeur du handicap, condition nécessaire pour pouvoir prétendre à l'aide (c. trav. art. R. 5213-45). Lorsque ce taux atteint 50 %, l'aide est majorée (c. trav. art. R. 5213-49).

L'employeur à qui est notifiée une décision de RLH doit en informer aussitôt le salarié concerné (c. trav. art. R. 5213-46).

Durée d'une décision de RLH - La décision de RLH prend effet à compter de la date du dépôt de la demande (c. trav. art. R. 5213-46).

Sa durée de validité est fixée à 3 ans, sauf dans deux hypothèses :
- pour les personnes âgées de 50 ans et plus à la date du dépôt de la demande, la décision est valable jusqu'à la fin de l'activité professionnelle pour laquelle elle a été obtenue, sous réserve de deux exceptions (demande de révision, ou personne sortie depuis moins d'1 an d'entreprise adaptée ou d'un ESAT) ;
- pour les salariés frappés d'une incapacité permanente au moins égale à 80 % au titre desquels l'employeur passe par la procédure dérogatoire *(voir plus loin)*, la décision est accordée pour 1 an s'il s'agit de la première demande.

Demande de révision - Si le salarié change de poste ou lorsque son handicap ou son environnement de travail évolue, l'employeur peut présenter une demande de révision de la décision de l'AGEFIPH (c. trav. art. R. 5213-48).

Procédures dérogatoires - Des procédures dérogatoires sont prévues pour certains salariés.

Pour les personnes ayant un taux d'invalidité ou d'incapacité permanente supérieur ou égal à 80 %, une sorte de procédure de « préreconnaissance » est prévue. Elle permet d'accorder rapidement une décision de RLH pour une durée limitée (1 an) dans le cadre d'une première demande ou d'une demande de révision, sur présentation de la liste des prévisions d'aménagement du poste et de l'environnement de travail. À l'expiration de cette décision, il faut déposer une demande de RLH sur la base d'un dossier complet (c. trav. art. R. 5213-46-1).

Une procédure allégée est prévue en faveur des employeurs ayant embauché une personne sortie d'une entreprise adaptée (EA) ou d'un établissement ou service d'accompagnement par le travail (ESAT) depuis moins d'un an. Dans ces situations, l'AGEFIPH prend sa décision sur présentation d'un justificatif établi par la structure concernée (EA ou ESAT) (c. trav. art. R. 5213-46-2). Un formulaire spécifique est prévu (arrêté du 9 septembre 2019, JO du 13, texte 19). Cette procédure allégée ne vaut que pour la première demande de RLH.

Renouvellement - Le renouvellement peut s'effectuer au moyen d'un formulaire simplifié (c. trav. art. R. 5213-47 ; arrêté du 9 septembre 2019, JO du 13, texte 19).

La nouvelle demande est présentée dans un délai de 6 mois maximum à compter de la fin de la décision précédente.

Cette procédure s'applique au renouvellement standard. Lorsqu'il y a eu un changement de poste ou que le handicap ou l'environnement a évolué, il s'agit d'une demande de révision et il faut utiliser le formulaire intégral.

Il en va de même en cas de renouvellement concernant une personne ayant bénéficié, lors de la précédente demande, de la procédure allégée prévue en sortie d'EA ou d'ESAT.

Montant annuel de l'aide - L'aide à l'emploi prend deux formes : un montant standard auquel toute décision de RLH donne droit, et un montant majoré lorsque le montant annuel des charges pérennes induites par le handicap est supérieur ou égal à 50 % (c. trav. art. R. 5213-49).

L'aide standard est fixée à 550 fois le taux horaire du *SMIC** et l'aide majorée à 1 095 fois le *SMIC** horaire (arrêté du 9 septembre 2019, JO du 13, texte 19).

Le montant de l'aide est proratisé pour les salariés à temps partiel par le rapport entre l'horaire contractuel et l'horaire collectif (c. trav. art. R. 5213-50).

L'aide est versée trimestriellement par l'AGEFIPH, sur déclaration des heures de travail accomplies (arrêté du 9 septembre 2019, JO du 13, texte 19).

Autres aides de l'AGEFIPH

Aides diverses - L'AGEFIPH, qui gère le fonds de développement pour l'insertion professionnelle des handicapés (voir http://www.agefiph.fr), peut octroyer des aides financières pour faciliter l'embauche ou le maintien dans l'emploi de salariés handicapés, y compris en contrat d'apprentissage. Ces aides sont soit demandées directement à l'AGEFIPH, soit prescrites par le conseiller du Cap Emploi, de France Travail, de la mission locale ou de l'AGEFIPH elle-même (voir https://www.agefiph.fr/services-et-aides-financieres).

Aides à l'embauche - L'AGEFIPH peut notamment :
- verser une aide à l'accueil, à l'intégration et à l'évolution professionnelle des personnes handicapées en vue d'accompagner leur embauche ou leur évolution professionnelle ;
- subventionner l'adaptation du poste de travail par une prise en charge des frais engagés par l'employeur.

Aide à l'adaptation des situations de travail - L'employeur peut demander à l'AGEFIPH une aide pour financer les moyens techniques, humains ou organisationnels qui vont permettre d'adapter le(s) poste(s) de travail au(x) handicap(s). Il peut s'agir d'aménagement, de logiciels spécifiques, d'auxiliariat, de tutorat, d'interprétariat ou de transcription braille…

La participation financière de l'AGEFIPH est évaluée après analyse de chaque situation dans une logique de stricte compensation du handicap (hors investissements par nature obligatoires pour tenir le poste, que le salarié soit handicapé ou non).

Il s'agit d'une aide ponctuelle, susceptible de renouvellement. Quand une aide pérenne s'avère nécessaire, l'entreprise peut engager une démarche de reconnaissance de la lourdeur du handicap (RLH) *(voir ci-avant)*.

Aides au maintien dans l'emploi - En vue du maintien dans l'emploi des travailleurs handicapés, l'AGEFIPH propose notamment des aides à la formation ou à la recherche de solutions pour faire face à l'aggravation ou à l'évolution du handicap (voir https://www.agefiph.fr/services-et-aides-financieres).

Dispositif d'emploi accompagné

Accompagnement pour un emploi en milieu ordinaire - Un dispositif d'accompagnement existe pour les personnes handicapées souhaitant travailler en milieu ordinaire (c. trav. art. L. 5213-2-1).

Il comporte un accompagnement médico-social et un soutien à l'insertion professionnelle, en vue de permettre l'accès et le maintien dans un emploi rémunéré sur le marché du travail. Sa mise en œuvre comprend un soutien et un accompagnement du salarié et de l'employeur.

La décision d'admission du travailleur handicapé dans le dispositif, prise après son accord, est rendue par la CDAPH. Elle est notifiée à l'intéressé, au gestionnaire du dispositif d'emploi accompagné et, le cas échéant, à l'employeur (c. trav. art. D. 5213-93).

Un contrat est conclu entre le travailleur handicapé, l'employeur et la personne morale gestionnaire du dispositif (c. trav. art. D. 5213-88).

Personnes éligibles - Les personnes susceptibles de bénéficier de ce dispositif sont (c. trav. art. D. 5213-89) :
- les travailleurs handicapés reconnus par la CDAPH et ayant un projet d'insertion en milieu ordinaire de travail ;
- les personnes handicapées accueillies dans un ESAT et ayant un projet d'insertion en milieu ordinaire de travail ;
- les travailleurs handicapés employés en milieu ordinaire de travail et ayant des difficultés pour sécuriser durablement leur insertion professionnelle.

Établissements et services d'accompagnement par le travail (ESAT)

Rappel - Les établissements ou services d'accompagnement par le travail (ESAT) sont des établissements médico-sociaux qui relèvent, pour l'essentiel, du code de l'action sociale et des familles.

Les ESAT offrent aux personnes concernées des activités diverses à caractère professionnel et un soutien médico-social et éducatif en vue de favoriser leur épanouissement personnel et social (CASF art. L. 344-2). Ils sont destinés à accueillir des personnes dont la CDAPH a constaté une capacité de travail réduite et la nécessité d'un accompagnement médical, social et médico-social (CASF art. L. 344-2).

Les personnes handicapées travaillant dans des ESAT n'ont pas le statut de salarié. Elles peuvent néanmoins travailler simultanément et à temps partiel dans une entreprise ordinaire ou une entreprise adaptée, ou exercer dans les mêmes conditions une activité professionnelle indépendante, sans pouvoir dépasser la durée légale de travail de 35 heures par semaine. Un décret devrait préciser les modalités de mise en œuvre de cette double activité (loi 2022-217 du 21 février 2022, JO du 2 ; CASF art. L. 344-2).

Rémunération minimale - Les personnes handicapées ont droit à une rémunération garantie versée par l'établissement ou le service qui les accueille, dès la conclusion d'un contrat de soutien et d'aide par le travail. La rémunération versée tient compte du caractère à temps plein ou à temps partiel de l'activité exercée (CASF art. L. 243-4).

Pour les salariés à temps plein, elle varie de 55,7 % à 110,7 % du SMIC. En cas de temps partiel, il convient d'opérer une réduction proportionnelle sur le montant de la rémunération garantie (CASF R. 243-5).

Cette rémunération se compose d'une part financée par l'ESAT (pas moins de 5 % du SMIC) et d'une aide au poste financée par l'État d'au plus 50,7 % du SMIC *(voir ci-dessous)*. Le montant de l'aide au poste doit être mentionné sur le bulletin de paye de la personne handicapée (CASF art. R. 243-6).

Statut amélioré - Les droits à congés payés des travailleurs handicapés admis en ESAT sont améliorés, avec notamment le report des jours non pris du fait d'un arrêt pour maladie, accident du travail ou maladie professionnelle (CASF art. R. 243-11), plus de droits à congé pour événements familiaux (CASF art. R. 243-12) et l'octroi de contreparties en cas de travail le dimanche ou un jour férié (CASF art. R. 243-11-1).

Chaque travailleur est doté d'un carnet de parcours et de compétences (CASF art. R. 243-13-2 ; modèle à fixer par arrêté) et bénéficie d'un droit à représentation avec l'élection d'un délégué (CASF art. R. 243-13-1).

Régime social - La rémunération garantie est considérée comme une rémunération soumise aux cotisations de sécurité sociale (ou d'assurances sociales agricoles) et aux cotisations de retraite complémentaire (CASF art. L. 243-5 et R. 243-9).

Les principes de calcul des cotisations sont les suivants (CASF art. R. 243-9) :
- les cotisations salariales sont à la charge des personnes handicapées (elles sont calculées sur le montant qu'elles perçoivent au titre de la rémunération garantie) ;
- l'ESAT est redevable des contributions patronales, étant entendu que l'État compense les cotisations calculées sur le montant de l'aide au poste.

Les personnes handicapées travaillant en ESAT sont exonérées de la part salariale de la contribution d'équilibre général AGIRC-ARRCO (circ. AGIRC-ARRCO 2019-1 DRJ du 9 janvier 2019, Fiche 4, § I.4).

Le FNAL, la contribution solidarité autonomie et le versement mobilité ne sont pas dus sur le montant de l'aide au poste (lettre-circ. ACOSS 2008-90 du 29 décembre 2008).

Il n'y a pas de cotisations d'assurance chômage, les personnes accueillies en ESAT n'ayant pas la qualité de salarié.

Aides de l'État - L'établissement ou le service d'accompagnement par le travail reçoit, pour chaque personne handicapée qu'il accueille, une aide au poste financée par l'État. Cette aide varie en fonction de la part de rémunération financée par l'ESAT et du caractère à temps plein ou à temps partiel de l'activité exercée par la personne handicapée. Cette aide est plafonnée à 50,7 % du SMIC (CASF art. R. 243-6).

L'État assure aux organismes gestionnaires des ESAT la compensation totale des charges et des cotisations afférentes à la partie de la rémunération garantie égale à l'aide au poste (CASF art. R. 243-9).

Compte personnel de formation - Les personnes handicapées accueillies dans les ESAT bénéficient de modalités de mise en œuvre spécifiques de leur CPF (c. trav. art. L. 6323-33 à L. 6323-41). Leur CPF est majoré à hauteur de 800 € par année d'admission à temps plein ou à temps partiel dans un ESAT, dans la limite d'un plafond total de 8 000 € (c. trav. art. R. 6323-29).

Il n'y a pas de proratisation des droits en cas de temps partiel inférieur à un mi-temps (c. trav. art. L. 6323-34).

Les ESAT versent à l'opérateur de compétences (OPCO) dont il relève une contribution afin de financer le CPF des personnes handicapées qu'ils accueillent. Le taux de la contribution est fixé par décret avec un maximum de 0,35 % (c. trav. art. L 6323-36). Le taux et l'assiette de contribution des ESAT au financement du CPF des travailleurs handicapés qu'ils accueillent sont de 0,20 % de l'assiette constituée de la fraction de rémunération garantie qui est financée par l'ESAT et de la moitié de l'aide au poste financée par l'État (c. trav. art. D. 6323-29-2).

Accès vers les entreprises ordinaires - Un parcours renforcé en emploi bénéficie au travailleur handicapé qui quitte un ESAT pour rejoindre le milieu ordinaire *(voir ci-avant)*. Il lui permet de profiter d'un accompagnement renforcé de son ESAT (c. trav. art. R. 5213-1-2).

Un cumul d'activités à temps partiel en ESAT et en milieu ordinaire (entreprise, une collectivité territoriale, un établissement public, une association ou auprès d'une entreprise adaptée) est possible (CASF art. R. 243-3-1).

▶ Attention... Des garanties sont prévues en termes de durée maximale de travail et la répartition du temps de travail et des congés doit être organisée d'un commun accord entre le travailleur, l'ESAT et l'employeur.

Entreprises adaptées

Définition (en bref) - Une entreprise adaptée (EA) est une entreprise ordinaire, soumise aux dispositions du code du travail, qui a la spécificité d'employer une proportion minimale de travailleurs handicapés fixée par le code du travail parmi ses effectifs de production. Ceux-ci peuvent ainsi exercer une activité professionnelle dans des conditions adaptées à leurs possibilités.

C'est l'État qui agrée les entreprises adaptées via des contrats pluriannuels d'objectifs et de moyens (c. trav. art. L. 5213-13).

Aide au poste - Les EA peuvent bénéficier, pour l'emploi de certains travailleurs handicapés, d'aides financières contribuant à compenser les conséquences du handicap et des actions engagées liées à leur emploi. L'aide est accordée pour chaque travailleur handicapé employé, dans la limite des crédits fixés annuellement par la loi de finances (c. trav. art. L. 5213-19).

Le montant de l'aide peut varier pour tenir compte de l'impact du vieillissement de ces travailleurs. L'aide est versée mensuellement à l'entreprise pour chaque poste de travail occupé en proportion du temps de travail effectif ou assimilé. Le cas échéant, le montant de l'aide est réduit à due proportion du temps de travail effectif ou assimilé d'occupation des postes (c. trav. art. R. 5213-76 à R. 5213-78).

Son montant annuel par poste de travail occupé à temps plein est fixé comme suit à compter du 1er novembre 2024 (arrêté du 16 janvier 2025, JO du 23) :

- 18 230 € pour les travailleurs âgés de moins de 50 ans (13 767 € à Mayotte) ;
- 18 465 € pour les travailleurs âgés de 50 ans à 55 ans (13 950 € à Mayotte) ;
- 18 941 € pour les travailleurs âgés de 56 ans et plus (14 307 € à Mayotte).

Ces montants sont réduits à due proportion du temps de travail effectif ou assimilé.

Aide à l'accompagnement - Les entreprises adaptées peuvent mettre un salarié handicapé (avec son accord et en vue d'une embauche éventuelle), à la disposition d'un autre employeur, dans le cadre du contrat de mise à disposition (c. trav. art. D. 5213-81 et s.).

Une aide à l'accompagnement est alors versée au titre de l'accompagnement professionnel individualisé, réalisé par l'EA au bénéfice des salariés mis à disposition. Son montant annuel par poste de travail occupé à temps plein est fixé depuis le 1er novembre 2024 à 4 854 € (3 665 € à Mayotte) (arrêté du 16 janvier 2025, JO du 23).

Le montant annuel de cette aide est réduit à due proportion du temps de travail effectif ou assimilé.

Entreprises adaptées : CDD Tremplin

Dispositif pérenne - Les entreprises adaptées peuvent conclure des « CDD tremplin » (c. trav. art. L. 5213-13 et L. 5213-13-2).

▶ À noter… Ce mécanisme expérimental a été prolongé deux fois jusqu'à sa pérennisation fin 2023 (loi 2018-771 du 5 septembre 2018, art. 78, JO du 6 ; loi 2022-1726 du 30 décembre 2022, art. 210, JO du 31 ; loi 2023-1196 du 18 décembre 2023, art. 10, I, 7, JO du 19).

CDD pour les personnes handicapées - Ce contrat à durée déterminée s'adresse aux travailleurs reconnus handicapés sans emploi ou qui courent le risque de perdre leur emploi en raison de leur handicap. Il a pour objet de favoriser leur transition professionnelle vers d'autres entreprises (« non adaptées ») (c. trav. art. L. 5213-13-2 et R. 5213-79).

Indemnité de fin de contrat - Le CDD tremplin étant considéré comme conclu au titre de la politique de l'emploi n'ouvre pas droit à l'indemnité de fin de contrat (c. trav. art. L. 5213-13-2 renvoyant à c. trav. art. L. 1242-3, 1°).

Aide financière pour les entreprises - Le CDD tremplin s'accompagne du versement d'une aide financière à l'EA par l'Agence de services et de paiement. Cette aide a pour objet de contribuer à compenser les conséquences du handicap et l'accompagnement renforcé de ces travailleurs (c. trav. art. R. 5213-76 ; décret 2024-99 du 10 février 2024, art. 1, 5°). Elle comprend un « montant socle » et un « montant modulé ».

Le montant de l'aide est revalorisé chaque année. L'aide modulée correspond à un pourcentage du montant socle, déterminé par le préfet de région, dans une fourchette comprise entre 0 et 10 %, en fonction des caractéristiques des salariés ayant conclu un CDD Tremplin, des réalisations en matière d'accompagnement renforcé et des résultats constatés à la sortie de l'entreprise adaptée.

▶ À noter… Le montant socle est versé mensuellement et le montant modulé est versé en une fois, après réception du bilan annuel d'activité de l'entreprise.

Depuis le 1er novembre 2024, le montant socle est fixé à 12 453 € (9 408 € à Mayotte) par poste de travail occupé à temps plein (avec calcul au prorata du temps de travail effectif) (arrêté du 16 janvier 2025, JO du 23).

▶ À noter… L'aide est minorée lorsque l'EA, en application de dispositions légales ou conventionnelles, doit maintenir le salaire des personnes percevant des indemnités journalières de sécurité sociale (IJSS). Sur ces périodes, l'aide est calculée sur la base de 30 % du SMIC brut, en tenant compte de la durée du travail applicable ou de la durée inscrite au contrat en cas de travail à temps partiel, dans la limite de la durée légale du travail.

Cette aide n'est pas cumulable, pour un même poste, avec une autre aide de même nature et portant sur le même objet, versé par l'État. Pour les salariés en CDD tremplin, elle se substitue à l'aide au poste versée aux entreprises adaptées au titre des travailleurs handicapés qu'elles emploient (c. trav. art. R. 5213-76, I et II).

Entreprises adaptées de travail temporaire (EATT)

Dispositif pérenne - Les entreprises adaptées peuvent de se faire agréer par l'État en qualité d'EATT et conclure des contrats de mission afin de faciliter l'accès à l'emploi durable des travailleurs handicapés (c. trav. art. L. 5213-13-3).

▶ À noter… Ce dispositif expérimental, initialement prévu jusqu'au 31 décembre 2022, a été prolongé par la loi de finances pour 2023 jusqu'à la fin 2023 puis pérennisé à partir du 1er janvier 2024 (loi 2018-771 du 5 septembre 2018, art. 79 modifié ; loi 2022-1726 du 30 décembre 2022, art. 210, JO du 31 ; loi 2023-1196 du 18 décembre 2023, art. 10, I, 7°, JO du 19).

Cadre juridique - L'EATT est à la fois une entreprise adaptée et une entreprise de travail temporaire soumise à des conditions spécifiques (loi 2018-771 du 5 septembre 2018, art. 79 modifié ; décret 2019-360 du 24 avril 2019, JO du 25). Elle est autorisée à conclure des contrats de mission (c. trav. art. L. 5213-13-3) :

- dont la durée totale peut être portée à 24 mois, renouvellements compris, soit une durée supérieure au droit commun (18 mois maximum renouvellements compris) ;
- et dont la durée hebdomadaire de travail peut être inférieure à la durée minimale de droit commun de 24 heures, lorsque la situation du salarié le justifie.

▶ À noter… L'EATT peut recourir au CDI intérimaire [c. trav. art. L. 5213-13-3 ; voir *Travailleurs temporaires (contrat à durée indéterminée)**].

Depuis le 1er janvier 2024, les EATT n'ont pas à appliquer de délai de carence (c. trav. art. L. 5213-13-3) :
- entre deux contrats de mission conclus avec le même salarié durant son parcours d'accompagnement ;
- en cas d'embauche par l'entreprise utilisatrice en CDD d'au moins 2 mois, à l'issue du contrat de mission.

Il s'agit d'une dérogation au délai de carence exigé en cas de succession de contrats d'intérim ou d'un contrat d'intérim et d'un CDD (c. trav. art. L. 1251-36).

Aide financière - Pour l'embauche ces travailleurs handicapés, l'EATT reçoit de l'État une aide financière visant à compenser les surcoûts liés à l'emploi de travailleurs handicapés (notamment coûts liés à l'emploi des personnes chargées de l'accompagnement et coûts liés à leur formation) (c. trav. art. R. 5213-86-5 et R. 5213-86-6).

Cette aide comporte un montant socle et un montant modulé dont les modalités de calcul et de versement sont calquées sur celles prévues dans le cadre des CDD Tremplin *(voir ci-avant)*.

Depuis le 1er novembre 2024, le montant annuel de l'aide est fixé à 5 293 € par équivalent temps plein accompagné (3 998 € à Mayotte) (arrêté du 16 janvier 2025, JO du 23) Il est réduit à due proportion du temps de travail effectif ou assimilé.

▶ À noter… Les dispositions relatives au calcul du montant maximal annuel d'aide versé aux entreprises adaptées ne s'appliquent pas aux EATT (c. trav. art. D. 5213-63-1, III).

☞ *Compte personnel de formation ; Handicapés (contribution AGEFIPH) ; Handicapés (déclaration d'emploi) ; Handicapés (obligation d'emploi) ; Télétravail.*

Handicapés (contribution AGEFIPH)

L'entreprise qui ne s'acquitte pas de la totalité de son obligation d'emploi de travailleurs handicapés (OETH) via les différentes modalités possibles [voir *Handicapés (obligation d'emploi)**] verse une contribution au profit de l'Association de gestion du fonds de développement de l'insertion professionnelle des handicapés (AGEFIPH).

Les règles ici exposées sont celles en vigueur depuis le 1er janvier 2020 (obligation d'emploi 2020 déclarée en 2021).

Calcul de la contribution

Formule et taux de la contribution - La contribution se calcule en faisant le produit du nombre de travailleurs handicapés bénéficiaires de l'OETH manquants par un montant variant avec la taille de l'entreprise (c. trav. art. D. 5212-20) :
- 400 fois le *SMIC** horaire brut pour les entreprises de 20 à moins de 250 salariés ;
- 500 fois le SMIC horaire brut pour les entreprises de 250 à moins de 750 salariés ;
- 600 fois le SMIC horaire brut pour les entreprises de 750 salariés et plus.

Le nombre de bénéficiaires de l'OETH manquants correspond à la différence entre le nombre de bénéficiaires devant être employés (6 % de l'effectif d'assujettissement) et le nombre de bénéficiaires effectivement décomptés [voir *Handicapés (obligation d'emploi)**].

Ce barème est déterminé par rapport à l'effectif d'assujettissement à l'OETH de l'entreprise pour l'année concernée. En la matière, il convient d'appliquer les règles d'effectif et d'atténuation des effets de seuil à la hausse prévues par le code de la sécurité sociale, compte tenu de quelques spécificités propres à l'OETH (pour le détail, voir *Effectif sécurité sociale**).

Suppression des minorations - Les dispositifs de minoration qui permettaient autrefois de réduire le nombre de bénéficiaires manquants ont été supprimés au 1er janvier 2020 (c. trav. art. D. 5212-23).

La suppression de la minoration au titre de l'embauche d'un travailleur handicapé d'au moins 50 ans révolus est compensée par un mécanisme de « survalorisation » qui intervient en amont, dans le calcul du nombre de travailleurs handicapés employés [voir *Handicapés (obligation d'emploi)**].

Dépenses déductibles de la contribution

Déduction au titre des ECAP - La contribution pourra être modulée en fonction du nombre d'emplois exigeant des conditions d'aptitude particulière (ECAP) (c. trav. art. L. 5212-9).

Liste des catégories d'emplois exigeant des conditions d'aptitude particulières (ECAP) (c. trav. art. D. 5212-25)	
La liste ci-dessous est celle en vigueur au 15 janvier 2025.	
Numéro de la nomenclature	**Intitulé de la nomenclature des professions et catégories socioprofessionnelles - emplois salariés d'entreprise (CSP-ESE)**
389b	Officiers et cadres navigants techniques et commerciaux de l'aviation civile
389c	Officiers et cadres navigants techniques de la marine marchande
480b	Maîtres d'équipage de la marine marchande et de la pêche
526e	Ambulanciers
533a	Pompiers
533b	Agents techniques forestiers, gardes des espaces naturels, exclusivement pour les gardes-chasse et les gardes-pêche
534a	Agents civils de sécurité et de surveillance, excepté les gardiens d'usine et les gardiens de nuit
534b	Convoyeurs de fonds, gardes du corps, enquêteurs privés et métiers assimilés
546a	Contrôleurs des transports (personnels roulants)
546d	Hôtesses de l'air et stewards
546e	Autres agents et hôtesses d'accompagnement (transports, tourisme)
553b	Vendeurs polyvalents des grands magasins
624d	Monteurs qualifiés en structures métalliques
621a	Chefs d'équipe du gros œuvre et des travaux publics
621b	Ouvriers qualifiés du travail du béton
621c	Conducteurs qualifiés d'engins de chantiers du bâtiment et des travaux publics
621e	Autres ouvriers qualifiés des travaux publics
621g	Mineurs de fond qualifiés et autres ouvriers qualifiés des industries d'extraction (carrières, pétrole, gaz...)
632a	Maçons qualifiés
632c	Charpentiers en bois qualifiés
632e	Couvreurs qualifiés
641a	Conducteurs routiers et grands routiers
641b	Conducteurs de véhicules routiers de transport en commun
643a	Conducteurs livreurs, coursiers
651a	Conducteurs d'engins lourds de levage
651b	Conducteurs d'engins lourds de manœuvre
652b	Dockers
654b	Conducteurs qualifiés d'engins de transport guidés (sauf remontées mécaniques)
654c	Conducteurs qualifiés de systèmes de remontées mécaniques
656b	Matelots de la marine marchande
656c	Capitaines et matelots timoniers de la navigation fluviale
671c	Ouvriers non qualifiés des travaux publics et du travail du béton
671d	Aides-mineurs, ouvriers non qualifiés de l'extraction
681a	Ouvriers non qualifiés du gros œuvre du bâtiment
691a	Conducteurs d'engins agricoles ou forestiers
692a	Marins pêcheurs et ouvriers de l'aquaculture

Le montant de la déduction à la contribution à opérer au titre des ECAP sera égal à l'effectif d'ECAP (calculé selon les règles de l'*effectif sécurité social**) multiplié par 17 fois le SMIC horaire brut (c. trav. art. D. 5212-24).

La liste des ECAP est fixée par décret (voir c. trav. art. D. 5212-25) *(voir tableau)*.

▶ À noter… En son temps, un décret avait été annoncé en vue de réviser cette liste, mais il n'est pas sorti au 15 janvier 2025. Les lecteurs pourront suivre cette actualité dans RF Paye et sur www.rfpaye.com.

Contrats conclus avec le secteur protégé ou adapté ou avec des travailleurs indépendants -

L'employeur peut déduire du montant de la contribution AGEFIPH une somme représentative des contrats de fournitures, de sous-traitance ou de prestations de services conclus avec des entreprises adaptées, des établissements ou services d'accompagnement par le travail (ESAT), des entreprises de portage salarial (lorsque le salarié porté est reconnu bénéficiaire de l'OETH), ou avec des travailleurs indépendants reconnus bénéficiaires de l'OETH (c. trav. art. L. 5212-10-1).

Ces structures doivent fournir à l'entreprise cliente :
- une attestation pour qu'elle puisse calculer la somme à déduire de sa contribution (c. trav. art. D. 5212-7) ;
- les informations à renseigner dans la DSN (c. trav. art. D. 5212 8) ;
- le montant de la déduction pouvant être opérée (c. trav. art. D. 5212-22).

L'entreprise peut retrancher une somme correspondant à 30 % du prix hors taxes des contrats, duquel sont déduits les coûts des matières premières, des produits, des matériaux, de la sous-traitance, des consommations intermédiaires et des frais de vente et de commercialisation (c. trav. art. D. 5112-22).

Cette déduction est plafonnée :
- à 50 % du montant de base de la contribution lorsque l'entreprise emploie moins de 3 % de bénéficiaires de l'obligation d'emploi par rapport à son effectif (soit moins de la moitié du quota de 6 %) ;
- à 75 % s'ils représentent au moins 3 % de cet effectif (au moins de la moitié du quota de 6 %).

Dépenses exposées en faveur des travailleurs handicapés - L'employeur peut déduire de sa contribution les dépenses supportées directement, afin de favoriser l'accueil, l'insertion ou le maintien dans l'emploi des travailleurs handicapés qui ne lui incombent pas en application d'une disposition législative ou réglementaire (c. trav. art. L. 5212-11 et D. 5212-23).

Cette déduction est limitée à 10 % du montant de la contribution annuelle de l'entreprise (c. trav. art. D. 5212-23).

La liste des dépenses déductibles en faveur de l'embauche et du maintien dans l'emploi des travailleurs handicapés est énumérée par le code du travail (c. trav. art. D. 5212-23) :
- réalisation de diagnostics et de travaux afin de rendre les locaux de l'entreprise accessibles aux bénéficiaires de l'obligation d'emploi ;
- maintien dans l'emploi au sein de l'entreprise et de reconversion professionnelle de bénéficiaires de l'obligation d'emploi par la mise en œuvre de moyens humains, techniques ou organisationnels compensatoires à la situation de handicap, à l'exclusion des dépenses déjà prises en charge ou faisant l'objet d'aides financières délivrées par d'autres organismes ;
- prestations d'accompagnement des bénéficiaires de l'obligation d'emploi, actions de sensibilisation et de formation des salariés réalisées par d'autres organismes pour le compte de l'entreprise afin de favoriser la prise de poste et le maintien en emploi des bénéficiaires de l'obligation d'emploi.

Trois autres catégories de dépenses peuvent être déduites jusqu'au 31 décembre 2024 (décret 2020-1350 du 5 novembre 2020, art. 3, 3°, JO du 6) :
- la participation à des événements promouvant l'accueil, l'embauche directe et le maintien dans l'emploi de travailleurs handicapés dans l'entreprise ;
- les partenariats, par voie de convention ou d'adhésion, avec des associations ou des organismes œuvrant pour la formation, l'insertion sociale et professionnelle de personnes handicapées que l'employeur accueille ou embauche, à l'exclusion des participations aux opérations de mécénat ;
- les actions concourant à la professionnalisation des dirigeants ou des travailleurs des entreprises adaptées, des travailleurs des établissements ou services d'accompagnement par le travail ou des travailleurs indépendants handicapés, ainsi qu'au développement des achats auprès de ces acteurs.

Ces dépenses peuvent être déduites en complément des dépenses déductibles traditionnelles (au prix hors taxe) dans la limite de 10 % du montant de la contribution.

▶ À noter... À partir de l'obligation d'emploi 2025 (contribution à payer en 2026), ces trois types de dépenses ne pourront plus être déduites du montant de la contribution AGEFIPH. Toutefois un projet de décret, transmis à la Commission nationale de la négociation collective, de l'emploi et de la formation professionnelle le 11 décembre 2024, envisage de pérenniser à compter du 1er janvier 2025 les dépenses déductibles à titre transitoire au titre des « partenariats » pour les contributions dues au titre des obligations d'emploi portant sur les périodes courant à compter de cette date. Pour suivre l'actualité sur ce sujet, nos lecteurs pourront se reporter à notre revue RF Paye et à son site Internet (www.rfpaye.com) ou à MyDoc Paye (www.revue-fiduciaire.com/mydoc/paye).

Contribution majorée pour les établissements passifs

Entreprises concernées - Les employeurs sont considérés comme passifs et sont soumis à la contri-

bution majorée, si pendant une période supérieure à 3 ans, ils n'ont (c. trav. art. L. 5212-10) :
- ni employé de travailleur handicapé bénéficiaire de l'OETH ;
- ni conclu de contrats de fournitures, de sous-traitance ou de prestations de services avec le secteur adapté ou protégé pour un montant minimum, défini par décret (c. trav. art. L. 5212-10-1) ;
- ni appliqué un accord de branche, de groupe, d'entreprise agréé en faveur des travailleurs handicapés (c. trav. art. L. 5212-8).

Échapper à la majoration - Il reste possible d'échapper à la contribution majorée en engageant des actions avant le terme de la période et au titre de l'OETH d'une des années en cause *(voir ci-avant)*.

Concernant les contrats de fournitures, de sous-traitance ou de services passés avec des entreprises adaptées, des ESAT ou des travailleurs indépendants handicapés *(voir plus haut)*, il faut que le montant du prix hors taxes payé à ce titre (hors coûts des matières premières, des produits, des matériaux, de la sous-traitance, des consommations intermédiaires et des frais de vente et de commercialisation) soit supérieur, sur 4 ans, à 600 fois le SMIC horaire brut (c. trav. art. D. 5212-21).

La contribution « majorée » est égale au produit du nombre de travailleurs handicapés bénéficiaires de l'OETH manquants par 1 500 fois le *SMIC** horaire, quel que soit l'effectif de l'entreprise.

Mesures transitoires OETH 2021-2024 (contributions à payer de 2022 à 2025)

Objectif - Pour les années 2020 à 2024, le montant de la contribution annuelle AGEFIPH a fait l'objet de dispositions transitoires permettant d'en moduler le montant en cas de hausse (décret 2019-523 du 27 mai 2019, art. 2, 2°, JO du 28).

Il s'agissait de compenser, par un écrêtement de la contribution due, les conséquences de l'appréciation de l'effectif d'assujettissement au niveau de l'entreprise (et non plus des établissements). Ce changement peut, entre autres effets, par exemple conduire à assujettir à l'OETH certaines entreprises multi-établissements qui ne l'étaient pas auparavant, ou à augmenter notablement leur obligation, avec les conséquences induites sur la contribution AGEFIPH [voir *Handicapés (obligation d'emploi)**].

Entreprises concernées - Cet écrêtement bénéficie à toutes les entreprises.

La question se posait néanmoins de son application aux entreprises ayant atteint ou franchi le seuil de 20 salariés en 2020 et qui bénéficiaient auparavant de l'ancien dispositif de lissage des effets de seuil sur 3 ans (délai de 3 ans pour respecter l'obligation d'emploi lorsque le seuil de 20 salariés était atteint ou franchi pour la première fois) (c. trav. art. L. 5212-4 et D. 5212-3 au 31 décembre 2019).

La DGEFP, en réponse à notre question, nous a indiqué le 4 mai 2021 que ces entreprises bénéficieraient également de l'écrêtement. En pratique, ces employeurs pourraient donc enchaîner l'ancien délai de mise en conformité et l'écrêtement, éventuellement jusqu'en 2024. Le même raisonnement vaut pour les employeurs ayant atteint ou franchi le seuil de 20 salariés en 2018 ou 2019, qui seront effectivement soumis à l'OETH, et donc potentiellement à la contribution, au titre respectivement des obligations d'emploi 2021 et 2022.

▶ À noter... Cette précision, apportée en réponse à une question de la rédaction, n'a pas en elle-même de valeur juridique opposable.

Règle de modulation - Pour les OETH 2021 à 2024 (contributions à payer de 2022 à 2025), la hausse de la contribution par rapport à l'année précédente sera réduite de :
- 80 % pour la contribution 2021 (à payer en 2022) ;
- 75 % pour la contribution 2022 (à payer en 2023) ;
- 66 % pour la contribution 2023 (à payer en 2024) ;
- 50 % pour la contribution 2024 (à payer en 2025).

Exemple

La contribution AGEFIPH d'une entreprise, qui était de 20 000 € pour l'OETH de 2022, était supposée passer à 50 000 € pour l'OETH 2023, soit une hausse de 30 000 €. Le dispositif transitoire permettant de minorer cette hausse comme suit : (30 000 × 66 %) = 19 800 € d'abattement, l'entreprise doit, en 2024, payer 50 000 - 19 800 = 30 200 € de contribution AGEFIPH au titre de l'année 2023.

Pour la contribution liée à l'OETH 2020 (payée en 2021), la hausse de la contribution par rapport à l'année précédente était réduite de :
- 30 % sur la tranche de hausse allant jusqu'à 10 000 € ;
- 50 % sur la tranche de hausse au-delà de 10 000 € et jusqu'à 100 000 € ;
- 70 % sur la fraction de hausse au-delà de 100 000 €.

Prise en compte des anciens accords agréés d'établissement - Lorsqu'une entreprise compte un ou plusieurs établissements ayant signé un accord collectif agréé favorisant l'emploi de personnes handicapées et en vigueur au-delà du 1er janvier 2020, le calcul de la contribution due au titre de l'OETH exclut les effectifs du ou des établissements ayant signé un accord et ce pendant la durée de son application.

▶ À noter… Depuis le 1er janvier 2020, il n'est plus possible de conclure d'accord agréé au niveau d'un établissement. Les accords d'établissement signés et entrés en vigueur avant cette date continuent de produire effet jusqu'à leur terme, mais ne peuvent pas être renouvelés [voir *Handicapés (obligation d'emploi)**].

Paiement de la contribution

Recouvrement par l'URSSAF - La contribution est recouvrée et contrôlée par les URSSAF et les caisses de mutualité sociale agricole (CMSA), dans les mêmes conditions que les cotisations du régime général de sécurité sociale (c. trav. art. L. 5212-9 et D. 5212-8).

Paiement - L'employeur doit verser la contribution à l'URSSAF (CGSS ou CMSA) à la date d'échéance de la DSN par laquelle il procède à sa déclaration annuelle d'emploi de travailleurs handicapés (c. trav. art. D. 5212-8) [voir *Handicapés (déclaration d'emploi)**].

Lorsque l'entreprise compte plusieurs établissements, Un seul de ses établissements effectue le versement (c. trav. art. D. 5212-8).

La contribution relative à l'année N est versée avec la *déclaration sociale nominative** relative au mois d'avril de l'année N + 1, à souscrire au plus tard pour le 5 ou le 15 mai N + 1, selon le cas (c. trav. art. D. 5212-8).

Contribution forfaitaire provisoire à défaut de DOETH - Les employeurs assujettis à l'OETH qui ne respectent pas leur obligation de déclaration annuelle (DOETH) sont redevables d'une contribution forfaitaire fixée à titre provisoire [voir *Handicapés (déclaration d'emploi)**].

☞ *Handicapés ; Handicapés (déclaration d'emploi) ; Handicapés (obligation d'emploi).*

Handicapés (déclaration d'emploi)

Les obligations déclaratives des employeurs relatives à l'emploi de travailleurs handicapés exposées ici sont celles en vigueur depuis le 1er janvier 2020 (obligation d'emploi 2020 déclarée en 2021) (loi 2018-771 du 5 septembre 2018, art. 67, JO du 6 ; décret 2019-522 du 27 mai 2019, JO du 28 ; ord. 2019-861 du 21 août 2019, JO du 22).

Déclaration mensuelle des travailleurs handicapés employés

Tous les employeurs - Tous les employeurs déclarent mensuellement l'effectif total de bénéficiaires de l'obligation d'emploi des travailleurs *handicapés** (OETH) qu'ils emploient (c. trav. art. L. 5212-1).

Tous les employeurs sont concernés, y compris les petites entreprises qui ne sont pas soumises à l'obligation d'emploi.

▶ À noter… Les travailleurs handicapés sont libres de déclarer ou non leur statut de bénéficiaires de l'obligation d'emploi à leur employeur. Ils ne peuvent pas être sanctionnés s'ils ne le font pas.

Déclaration dans la DSN - Cette déclaration est effectuée via la *déclaration sociale nominative** (DSN), dans laquelle l'employeur identifie chaque mois les informations relatives aux bénéficiaires de l'obligation d'emploi (c. trav. art. D. 5212-4).

Le cahier technique de la DSN comporte une rubrique « bénéficiaire de l'obligation d'emploi des travailleurs handicapés ».

▶ À noter… Un seul statut peut être renseigné dans cette rubrique. Si un travailleur handicapé relève de plusieurs catégories de bénéficiaires de l'obligation d'emploi (ex. : travailleur ayant la reconnaissance de la qualité de travailleur handicapé et titulaire de l'allocation aux adultes handicapés), il choisit son statut et l'indiquera à son employeur (www.dsn-info.fr, base de connaissance DSN).

Personnes handicapées en stages et en PMSMP - Les stagiaires non rémunérés ainsi que les personnes bénéficiant d'une période de mise en situation en milieu professionnel (PMSMP) sont déclarés en DSN [voir *Handicapés (Obligation d'emploi)**].

Cette donnée permet au réseau des URSSAF de calculer chaque début d'année les effectifs de travailleurs handicapés présents dans l'entreprise au cours de l'année précédente (information que l'URSSAF transmet chaque année aux employeurs).

Cas particuliers - Il existe des règles spécifiques pour les salariés changeants de catégories de bénéficiaire de l'OETH entre deux DSN et pour les salariés portés ou mis à disposition (www.dsn-info.fr, base de connaissance DSN).

Déclaration annuelle d'emploi de travailleurs handicapés

Employeurs assujettis à l'OETH - Toute entreprise d'au moins 20 salariés assujettie à l'obligation d'emploi [voir *Handicapés (obligation d'emploi)**] doit déclarer sa situation au moyen de la déclaration annuelle d'emploi de travailleurs handicapés (DOETH) (c. trav. art. L. 5212-5).

Si l'entreprise comprend plusieurs établissements, la déclaration est effectuée par un seul établissement (c. trav. art. D. 5212-8).

Déclaration via la DSN - La DOETH est effectuée via la *déclaration sociale nominative** (c. trav. art. L. 5212-5).

Les données sont déclarées annuellement via la DSN. Le code du travail prévoit que la déclaration soit faite dans la DSN relative au mois d'avril de l'année suivant celle au titre de laquelle la DOETH est effectuée (c. trav. art. D. 5212-8).

La déclaration relative à l'obligation d'emploi de l'année N doit donc être produite via la DSN du mois d'avril N + 1, à souscrire au plus tard pour le 5 ou le 15 mai N + 1, selon le cas. Ainsi, la déclaration la déclaration relative à l'OETH 2024 et, s'il y a lieu, le paiement de la contribution AGEFIPH due, doit être effectué lors de la DSN d'avril 2025 (exigible le 6 ou 15 mai 2025).

Informations à renseigner dans la DSN - L'employeur indique dans la DSN (c. trav. art. D. 5212-8) :
- le nombre de salariés handicapés mis à sa disposition par une entreprise de travail temporaire ou un groupement d'employeurs ;
- le montant de la contribution AGEFIPH initialement due, avant les déductions applicables (c. trav. art. L. 5212-10-1, L. 5212-11 et L. 5212-9, al. 3) ;
- le montant de la déduction (avant plafonnement) liée à la conclusion de contrats de fourniture, de sous-traitance ou de prestations de service avec des entreprises adaptées, des établissements ou services d'accompagnement par le travail ou avec des travailleurs indépendants handicapés ;

Informations transmises à l'employeur en vue de la déclaration annuelle	
Informations communiquées à l'employeur au plus tard pour le 15 mars de l'année suivant celle de l'obligation d'emploi concernée.	
Informations fournies par les URSSAF ou CMSA (c. trav. art. D. 5212-5) (1)	- Effectif d'assujettissement, nombre de bénéficiaires de l'OETH devant être employés au titre de l'obligation d'emploi, nombre de bénéficiaires de l'OETH employés (hors salariés mis à disposition par les entreprises de travail temporaire et les groupements d'employeurs). - Effectif de salariés relevant d'un emploi exigeant des conditions d'aptitude particulière (ECAP).
Informations fournies par les entreprises de travail temporaire et les groupements d'employeurs (c. trav. art. D. 5212-6)	Attestation annuelle portant sur le nombre de bénéficiaires de l'obligation d'emploi mis à disposition (modèle défini par arrêté du 19 novembre 2020, JO du 29, texte 65), indiquant notamment : - le SIRET/SIREN de l'établissement ou de l'entreprise utilisatrice ; - les nom et prénom de chaque salarié bénéficiaire de l'OETH mis à disposition de l'entreprise concernée ; - l'intitulé de son emploi ; - la valeur pour laquelle l'entreprise utilisatrice pourra le prendre en compte, compte tenu d'une éventuelle majoration de 50 % s'il s'agit d'une personne de 50 ans et plus au cours de l'année de mise à disposition.
Informations des entreprises adaptées, des établissements ou services d'accompagnement par le travail, des entreprises de portage salarial et les travailleurs indépendants handicapés (2) (c. trav. art. D. 5212-7)	Attestation annuelle (modèle défini par arrêté du 19 novembre 2020, JO du 29, texte 64) indiquant : - le montant du prix hors taxes des fournitures, travaux ou prestations effectivement réglé au cours de l'année ; - les coûts de matières premières, des produits, des matériaux, de la sous-traitance, des consommations intermédiaires et des frais de vente et de commercialisation, qui vient en déduction du prix hors taxes ; - le montant du coût total de la main-d'œuvre (soit le prix hors taxes diminué du coût des matières premières, produits, matériaux, etc.) ; - le montant à valoriser dans le cadre de la déduction (30 % du coût total de la main-d'œuvre) (3).

(1) Fourni après la consolidation des données en DSN au titre de l'année N-1 par l'URSSAF. Lorsque l'employeur emploie des salariés qui relèvent pour partie des organismes du régime général (URSSAF et CGSS) et pour partie de ceux régime agricole (CMSA), l'organisme qui transmet à l'employeur les informations est celui dont relève la majorité de ses salariés.
(2) Informations transmises par les entreprises adaptées, les établissements ou services d'accompagnement par le travail (ESAT), les travailleurs indépendants handicapés et les entreprises de portage salarial à leurs entreprises clientes.
(3) Montant avant plafonnement.

- le montant de la déduction (avant plafonnement) liée aux dépenses déductibles exposées en faveur des travailleurs handicapés ;
- le montant de la déduction (avant plafonnement) liée au nombre de salariés de l'entreprise exerçant des emplois exigeant des conditions d'aptitude particulière ;
- le montant de la contribution AGEFIPH effectivement due ;
- le cas échéant, l'application d'un accord agréé de branche, de groupe, ou d'entreprise.

Pour plus de détails sur ces différents éléments, voir *Handicapés (obligation d'emploi)** et *Handicapés (contribution AGEFIPH)**.

Informations transmises à l'employeur pour l'aider à préparer sa déclaration - L'URSSAF (CGSS ou CMSA), les entreprises de travail temporaire, les groupements d'employeurs, les ESAT, etc. donnent des informations à l'employeur *(voir tableau)*. Ces éléments lui permettront de réaliser sa déclaration.

Ces informations sont transmises à l'employeur avant le 31 mars suivant l'année de l'OETH (ex. : 31 mars 2025 pour l'OETH 2024) (c. trav. art. D. 5212-5, D. 5212-6 et D. 5212-7).

Contribution - Si l'employeur est redevable de la contribution AGEFIPH, il doit la verser à la date de la DSN (c. trav. art. D. 5212-8) [voir *Handicapés (contribution AGEFIPH)**].

Informer le CSE

L'employeur doit porter la DOETH à la connaissance du comité social et économique (CSE). L'information transmise ne doit pas indiquer la liste nominative des bénéficiaires de l'obligation d'emploi occupés dans l'entreprise (c. trav. art. D. 5212-9). En effet, les élus n'ont pas à connaître le niveau de handicap ou le taux d'incapacité des salariés, qui relèvent de leur vie privée (cass. civ., 2e ch., 10 juin 2004, n° 02-12926, BC II n° 292).

Sanction en cas de défaut de déclaration

Contribution forfaitaire à défaut de DOETH à échéance - À défaut de toute déclaration, l'employeur est considéré comme ne satisfaisant pas à l'obligation d'emploi (c. trav. art. L. 5212-5).

Les employeurs assujettis à l'OETH qui ne respectent pas leur obligation de déclaration annuelle (DOETH) sont redevables d'une contribution forfaitaire fixée à titre provisoire (c. séc. soc. art. R. 243-15, III).

Son montant est égal (c. séc. soc. art. R. 243-15, III) :
- au coefficient de calcul de la contribution AGEFIPH selon l'effectif d'assujettissement de l'entreprise [voir *Handicapés (contribution AGEFIPH)**] ;
- multiplié par la différence entre le nombre de bénéficiaires de l'OETH devant être employés et le nombre de bénéficiaires déclarés le cas échéant par l'employeur en cours d'année.

Le résultat de ce produit est majoré de 25 %. Ce taux est augmenté de 5 points à chaque échéance non déclarée consécutive.

La contribution est notifiée aux employeurs avant le 31 décembre de l'année durant laquelle la déclaration aurait dû être souscrite (ex. : avant le 31 décembre 2025, pour la déclaration relative à l'OETH 2024 à échéance du 5 ou 15 mai 2025). Lorsque le cotisant effectue sa DOETH après la notification de l'administration, le montant de la contribution due est régularisé en conséquence. L'employeur est alors redevable d'une majoration de retard de 8 % sur ce montant (c. séc. soc. art. R. 243-15, IV).

Toutefois, la pénalité due au Trésor public en cas de manquement a été supprimée (c. trav. art. L. 5212-12 abrogé ; ord. 2019-861 du 21 août 2019, JO du 22, art. 1, 7°).

▶ À noter... Compte tenu de la date de parution du décret sur la contribution forfaitaire (22 avril 2023), la date limite de notification de la contribution majorée était fixée au 31 décembre 2022 pour les déclarations qui auraient du être souscrites en 2021 (OETH 2020) et 2022 (OETH 2021) (décret 2023-296 du 20 avril 2023, art. 3). Les employeurs qui, au 22 avril 2023, n'avaient pas rempli ces obligations déclaratives et qui ont régularisé leur situation au plus tard dans la DSN de juin 2023 (au 5 ou 15 juillet) ont échappé à la contribution forfaitaire provisoire.

Défaut de déclaration mensuelle - Le défaut de déclaration mensuelle de travailleurs handicapés employés n'est assorti d'aucune sanction spécifique.

☞ *Handicapés ; Handicapés (contribution AGEFIPH) ; Handicapés (obligation d'emploi).*

Handicapés (obligation d'emploi)

Les employeurs de 20 salariés et plus doivent employer au moins 6 % de travailleurs handicapés. Ils disposent de plusieurs moyens pour s'acquitter de leur obligation, qui, si elle n'est pas réalisée en totalité, les rend redevables d'une contribution.

Les règles ici exposées sont celles en vigueur depuis le 1er janvier 2020 (obligation d'emploi 2020 déclarée en 2021).

Employeurs assujettis

Entreprises de 20 salariés et plus - Les employeurs assujettis à l'obligation d'emploi des travailleurs handicapés (OETH) sont ceux occupant au moins 20 salariés (c. trav. art. L. 5212-1).

Effectif apprécié au niveau de l'entreprise - Depuis l'obligation d'emploi 2020 (déclarée en 2021), l'effectif s'apprécie au niveau de l'entreprise et non plus de l'établissement (c. trav. art. L. 5212-3). Les entreprises comportant plusieurs établissements de moins de 20 salariés, mais dont l'effectif global est égal ou supérieur à 20 salariés, sont donc assujetties.

Du fait de cette règle, certaines entreprises se trouvent assujetties ou ont vu leurs obligations se renforcer.

Exemple
Une entreprise emploie 100 salariés. Tous ses établissements sont en dessous de 20 salariés, sauf un, qui emploie 40 salariés. En 2019, seul cet établissement était soumis à l'OETH et devait employer au moins 2 travailleurs handicapés (40 × 6 % = 2,4 arrondis à 2). Depuis 2020, l'OETH se calculant sur l'effectif total de l'entreprise, celle-ci doit employer au moins 6 travailleurs handicapés (100 × 6 %).

Modalités de calcul de l'effectif - L'effectif de l'entreprise se calcule selon les modalités prévues par le code de la sécurité sociale depuis l'OETH 2020 : effectif annuel moyen, décompte des salariés, etc. (pour le détail, voir *Effectif sécurité sociale**) (c. trav. art. L. 5212-1 ; c. séc. soc. art. L. 130-1 et R. 130-1).

Néanmoins, par dérogation aux règles « sécurité sociale », l'assujettissement à l'OETH au titre d'une année donnée est déterminé au regard de l'*effectif sécurité sociale** calculé sur cette même année (effectif année N pour l'OETH de l'année N), et non sur celui de l'année précédente (N - 1) (c. trav. art. L. 5212-1 et D. 5212-1).

Exemple
L'assujettissement à l'OETH de l'année 2024 se détermine en fonction de l'effectif sécurité sociale calculée sur l'année 2024 (et non 2023), décompté conformément aux règles prévues par le code de la sécurité sociale.

Toujours par dérogation aux règles d'*effectif sécurité sociale**, les entreprises de travail temporaire, les groupements d'employeurs, les entreprises de portage salarial, les associations intermédiaires ne comptent pas dans leur effectif les salariés mis à disposition ou portés (c. trav. art. L. 5212-1 et D. 5212-1). Il en va de même pour les agences de mannequins et les entreprises de travail à temps partagé (BOSS, Effectifs, § 1230, 01/01/2025).

En outre, les employeurs s'acquittant de leur obligation d'emploi en appliquant un accord agréé de branche, de groupe ou d'entreprise prévoyant la mise en œuvre d'un programme pluriannuel en faveur des travailleurs handicapés ne tiennent pas compte dans leur effectif, pendant la durée d'application de l'accord agréé, des effectifs de l'établissement concerné par l'accord (BOSS, Effectifs, § 1270, 01/01/2025).

Atténuation des effets de seuil - Conséquence de la référence à l'*effectif sécurité sociale**, si une entreprise franchit le seuil de 20 salariés à la hausse, ce seuil doit être atteint ou dépassé pendant 5 années consécutives pour que l'entreprise soit soumise à l'obligation d'emploi (c. séc. soc. art. L. 130-1).

Si l'entreprise passe en dessous de ce seuil au titre d'une année, elle cesse d'être assujettie. Si elle atteint ou dépasse à nouveau le seuil par la suite, elle bénéficie à nouveau du délai de 5 ans.

Exemple
Une entreprise qui franchit le seuil en 2020 est assujettie après une durée de 5 ans (2020, 2021, 2022, 2023, 2024), à savoir à partir de l'OETH 2025 (obligation d'emploi à déclarer en 2026), à condition de ne pas être repassée sous les 20 salariés au titre d'une des années intercalaires.

Les employeurs qui bénéficiaient, au 31 décembre 2019, de l'ancien dispositif de gel de l'effet de seuil ont continué à en relever jusqu'à son terme (loi 2019-486 du 22 mai 2019, art. 11, XII). Pour mémoire, jusqu'à l'OETH 2019, les entreprises qui franchissaient le seuil de 20 salariés et les entreprises nouvelles qui comptaient au moins 20 salariés avaient 3 ans pour se mettre en conformité (c. trav. art. L. 5212-4 et D. 5212-3 dans leur version au 31.12.2019).

Pour plus de détails sur l'articulation de la règle d'atténuation des effets de seuil à l'OETH avec l'ancien délai de mise en conformité de 3 ans, il convient de se reporter à nos développements sur l'effectif (voir *Effectif sécurité sociale**, partie « Atténuation des effets de seuils : règles transitoires de la loi PACTE »).

Entreprise nouvelle - Une entreprise nouvelle qui occupe au moins 20 salariés au moment de sa création dispose d'un délai de 5 ans pour se mettre en conformité avec l'obligation d'emploi (c. trav. art. L. 5212-4).

Pour plus de détails sur le calcul de l'effectif des entreprises nouvelles pour l'OETH et le délai de mise en conformité, il convient de se reporter à nos développements sur l'effectif (voir *Effectif sécurité sociale**, partie « Entreprises nouvelles »).

Volume de l'obligation d'emploi

Quota de 6 % - Les employeurs assujettis à l'obligation d'emploi sont tenus d'occuper des bénéficiaires de l'OETH à hauteur de 6 % de l'effectif total de leurs salariés (c. trav. art. L. 5212-2 et D. 5212-2).

Le nombre de personnes à employer doit être arrondi au nombre entier inférieur en cas de fraction (c. trav. art. D. 5212-2).

Exemple
Si l'effectif d'assujettissement est égal à 25,5, l'employeur est soumis à l'obligation d'emploi des travailleurs handicapés. Le quota d'obligation d'emploi est de 25,5 × 6 % = 1,53 arrondi à 1.

Le législateur peut réviser le taux de 6 % tous les 5 ans, afin de prendre en compte la part des bénéficiaires de l'OETH dans la population active et de leur situation au regard du marché du travail, sans pouvoir passer en dessous de 6 % (c. trav. art. L. 5212-2).

Modalités de mise en œuvre - Pour atteindre le quota de 6 %, l'employeur dispose de plusieurs moyens :
- employer des salariés bénéficiaires de l'obligation d'emploi des travailleurs *handicapés** (OETH) ;
- accueillir des stagiaires handicapés ;
- accueillir des bénéficiaires de l'obligation d'emploi des travailleurs *handicapés** pendant une période de mise en situation en milieu professionnel (PMSMP) ;
- accueillir des bénéficiaires de l'obligation d'emploi des travailleurs *handicapés** mis à disposition par des entreprises de travail temporaire et par des groupements d'employeurs ;
- appliquer un accord collectif agréé.

Si, au final, l'employeur ne remplit pas son obligation, il doit verser une contribution [voir *Handicapés (contribution AGEFIPH)**].

Emploi ou accueil de personnes handicapées

Emploi direct de bénéficiaires de l'OETH - Pour s'acquitter de l'obligation d'emploi, le premier moyen est l'emploi direct de salariés faisant partie de la liste des bénéficiaires de l'obligation d'emploi (pour la liste, voir *Handicapés**).

Accueil de personnes handicapées en stage et en PMSMP - L'employeur peut s'acquitter de son obligation en accueillant en stage (c. trav. art. L. 5212-7, 1°) :
- des bénéficiaires de l'obligation d'emploi (pour la liste, voir *Handicapés**) ;
- ou des jeunes de plus de 16 ans bénéficiaires de droits à la prestation de compensation du handicap, de l'allocation compensatrice pour tierce personne ou de l'allocation d'éducation de l'enfant handicapé.

L'employeur a aussi la possibilité de prendre en compte les bénéficiaires de l'OETH accueillis dans le cadre d'une *période de mise en situation en milieu professionnel** (PMSMP) (c. trav. art. L. 5212-7, 2°).

Travailleurs handicapés mis à disposition - L'employeur peut s'acquitter de son obligation en employant des bénéficiaires de l'OETH mis à disposition par les entreprises de travail temporaire (y compris les entreprises adaptées de travail temporaire) et par les groupements d'employeurs (c. trav. art. L. 5212-7, 3°).

Ces entreprises sont tenues de fournir chaque année à l'employeur une attestation indiquant le nombre de bénéficiaires de l'obligation d'emploi mis à disposition pouvant être comptabilisés (c. trav. art. D. 5212-6), en vue de la souscription de la déclaration annuelle [voir *Handicapés (déclaration d'emploi)**].

▶ À noter… Le dispositif expérimental permettant aux employeurs de recourir à des intérimaires au seul motif qu'il s'agit de bénéficiaires de l'obligation d'emploi, sans tenir compte des cas de recours à l'intérim habituels a été pérennisé par la loi plein-emploi, après avoir été ouvert du 1er janvier 2019 au 31 décembre 2021 puis prolongé jusqu'au 31 décembre 2023 (c. trav. art. L. 1251-7 ; loi 2023-1196 du 18 décembre 2023, JO du 19 ; loi 2018-771 du 5 septembre 2018, art. 67, VI modifié par loi 2022-217 du 21 février 2022, art. 142, JO du 22).

Règles de décompte des bénéficiaires de l'OETH - Tous les bénéficiaires de l'obligation d'emploi sont pris en compte, quelles que soient la durée et la nature de leur contrat, y compris les stagiaires, les personnes en période de mise en situation en milieu professionnel (PMSMP) et les personnes mises à disposition par des entreprises de travail temporaire ou des groupements d'employeurs *(voir ci-avant)* (c. trav. art. L. 5212-6 et D. 5212-3).

▶ À noter… Un bénéficiaire ne peut pas être pris en compte plusieurs fois dans le calcul au prétexte qu'il entre dans plusieurs catégories de bénéficiaires (c. trav. art. D. 5212-3).

Les intéressés sont comptabilisés selon les règles de décompte prévues par le code de la sécurité sociale : moyenne sur l'année, prorata en cas de temps partiel, exclusion des salariés en CDD lorsqu'ils remplacent un salarié absent ou dont le contrat de travail est suspendu, etc. (voir *Effectif sécurité sociale**) (c. trav. art. D. 5212-3 ; c. séc. soc. art. L. 130-1 et R. 130-1).

Les intérimaires et salariés mis à disposition par les entreprises de travail temporaire (ETT) et des groupements d'employeurs ayant le statut de bénéficiaire de l'obligation d'emploi (BOETH) sont décomptés selon les mêmes règles, au niveau de l'entreprise d'accueil. En revanche, ils ne sont pas pris en compte dans l'effectif des BOETH employés par les ETT et les groupements (c. trav. art. D. 5212-3). Il en va de même pour les salariés mis à disposition par des associations intermédiaires, des agences de mannequins et des entreprises de travail à temps partagé (BOSS, Effectifs, § 1390, 01/01/2025).

Les salariés portés ayant le statut de BOETH ne sont pris en compte dans l'effectif des BOETH employés (BOSS, Effectifs, § 1400, 01/01/2025) :
- ni dans l'effectif BOETH de la société de portage (BOETH internes) ;
- ni dans l'effectif BOETH de la structure d'accueil (BOETH externes). Ils sont valorisés dans le cadre des prestations déductibles qui sont facturées par l'entreprise de portage à ses clients ; voir *Handicapés (contribution AGEFIPH)**.

Majoration pour les « 50 ans et plus » - Les bénéficiaires de l'obligation d'emploi âgés d'au moins 50 ans (et ceux atteignant 50 ans au cours de l'année civile) sont comptabilisés à hauteur de 150 %. Il faut multiplier leur nombre par 1,5, cette majoration est appliquée pour chaque mois considéré de l'année civile (c. trav. art. D. 5212-3 ; BOSS, Effectifs, § 1460, 01/01/2025).

Exemple

Au mois de novembre 2025, une entreprise emploie en CDI trois bénéficiaires de l'OETH : un âgé de 26 ans en 2025 (temps complet), un âgé de 56 ans en 2025 (temps complet) et un qui aura 50 ans en décembre 2025 (à temps partiel à 50 %). Pour le mois de novembre 2025, l'effectif des BOETH est de : 1 + (1 × 1,5) + [(1 × 1,5) × (75,8 h/151,67 h)] = 3,25 unités.

Obtention ou perte de la reconnaissance de BOETH en cours d'année - Les salariés qui obtiennent ou perdent leur reconnaissance de qualité de bénéficiaire de l'obligation d'emploi (BOETH) en cours d'année font l'objet d'un prorata (BOSS, Effectifs, § 1470, 01/01/2025).

Pour la valorisation un mois donné d'une personne BOETH ayant obtenu ou perdu son statut en cours d'année, le prorata se fait selon la formule suivante : valorisation × (nbre de jours sous statut BOETH / nbre de jours du mois).

On peut aussi faire le calcul sur l'année, en utilisant le prorata suivant : valorisation × (nbre de jours sous statut BOETH jusqu'au 31/12 ou jusqu'à la fin du statut/365).

Pour ce, le jour d'obtention ou de perte de la qualité de BOETH est pris en compte.

Exemples

1)Un salarié en CDI à temps plein obtient son statut de travailleur handicapé le 12 juin 2025. Il est compté pour le mois de juin 2025 pour 1 × 19 jrs/30 jrs = 0,63 unité. Sur l'année 2025, il est valorisé pour 1 × (203 jrs/365 jrs) = 0,55 unité.
2) Un salarié en CDI à temps plein perd son statut de travailleur handicapé le 15 mars 2025. Il est compté pour le mois de mars 2025 pour 1 × 15 jrs/31 jrs = 0,48 unité. Sur l'année 2025, il est valorisé pour 1 × (74 jrs/365 jrs) = 0,20 unité.

Règle d'arrondi - Le nombre de bénéficiaires employés par une entreprise est exprimé sous la forme d'un nombre tronqué à deux décimales après la virgule (BOSS, Effectifs, § 1470, 01/01/2025).

Exemple

Une entreprise arrive à 4,128 unités. On retient 4,12 bénéficiaires de l'OETH.

On notera que le BOSS n'indique pas si cet arrondi est mis en œuvre mois par mois, ou sur l'année.

Contrats avec le secteur protégé ou adapté, des travailleurs indépendants ou des entreprises de portage salarial

Les contrats de fournitures, de sous-traitance ou de prestations de services conclus par l'entreprise avec des entreprises adaptées, des établissements ou services d'accompagnement par le travail agréés (ESAT), des travailleurs indépendants (reconnus bénéficiaires de l'OETH) ou des entreprises de portage salarial (lorsque le salarié porté est bénéficiaire de l'OETH) viennent en déduction de la contribution AGEFIPH éventuellement due par l'entreprise (c. trav. art. L. 5212-10-1) [voir *Handicapés (contribution AGEFIPH)**].

▶ À noter... Ces contrats ne sont plus considérés comme une des possibilités de s'acquitter de l'OETH depuis l'OETH 2020 (déclarée en 2021).

En d'autres termes, ils ne sont pas convertis en équivalent bénéficiaires de l'OETH employés, mais peuvent venir en déduction, dans certaines limites, de la contribution due par l'employeur lorsque le quota de 6 % n'est pas atteint.

Accord collectif agréé

Application d'un accord collectif agréé - Les employeurs peuvent s'acquitter de leur obligation d'emploi en appliquant un accord collectif de branche, de groupe ou d'entreprise, agréé par l'administration, prévoyant la mise en œuvre d'un programme pluriannuel en faveur des travailleurs handicapés (c. trav. art. L. 5212-8, R. 5212-12 à R. 5212-19).

▶ À noter... Depuis l'OETH 2020, l'obligation d'emploi s'appréciant au niveau de l'entreprise *(voir ci-avant)*, il est impossible de signer des accords agréés d'établissement.

La durée des accords agréés est désormais limitée. L'accord est conclu pour une durée maximale de 3 ans, renouvelable une seule fois pour 3 ans maximum (c. trav. art. L. 5212-18 et R. 5212-18). La durée globale de l'accord agréé est donc limitée à 6 ans.

Au-delà de cette durée, l'employeur ne peut plus mobiliser l'accord agréé pour remplir son obligation d'emploi. Ainsi, au terme d'un accord, sauf négociation d'un texte entièrement nouveau, l'entreprise n'aura pas d'autre choix que d'utiliser les autres modalités de réalisation de l'obligation d'emploi.

Les modalités de demande ou de renouvellement d'agrément des accords ont été définies (dépôt de l'accord sur le service en ligne Téléaccords, contenu du dossier, etc.). La demande d'agrément et la demande de renouvellement sont déposées au plus tard le 31 mai de la première année de mise en œuvre du programme (c. trav. art. R. 5212-14 et R. 5212-18 ; arrêté du 25 novembre 2019, texte 26, JO du 3 décembre).

▶ À noter... Les accords agréés et entrés en vigueur avant le 1er janvier 2020 continuent à produire leurs effets jusqu'à leur terme et pourront être renouvelés une fois pour une durée maximale de 3 ans, à l'exception des accords d'établissement, qui ne pourront pas être renouvelés (c. trav. art. R. 5212-12 à R. 5212-19 ; ord. 2019-861 du 21 août 2019, art. 7, 6°, JO du 22).

Contenu et budget de l'accord agréé - Le contenu de l'accord agréé a évolué depuis l'OETH 2020.

Le programme pluriannuel qu'il prévoit doit comporter un plan d'embauche et un plan de maintien dans l'emploi dans l'entreprise, assortis d'objectifs (nombre de recrutements de travailleurs handicapés envisagés, etc.) (c. trav. art. R. 5212-12 ; instr. DGEFP/METH 2021-11 du 7 janvier 202). Il n'a plus à prévoir un plan d'insertion et de formation ou un plan d'adaptation aux mutations technologiques.

Le budget consacré aux mesures prévues par le programme pluriannuel doit s'élever, au minimum, par année, au montant de la contribution AGEFIPH que l'entreprise aurait dû acquitter en l'absence d'accord agréé, avant déduction des « dépenses déductibles » [voir *Handicapés (contribution AGEFIPH)**].

Si le programme comporte des actions de sensibilisation des salariés de l'entreprise ou des actions de pilotage et de suivi, les sommes consacrées au financement de ces actions ne peuvent excéder 25 % du budget de l'accord.

Le budget étant calé sur la contribution AGEFIPH, il est révisé chaque année, sur la base du montant de la contribution qui aurait dû être versée l'année précédente. Les montants prévus mais non dépensés au titre d'une année sont reportés sur l'année suivante (c. trav. art. R. 5212-13).

Si, au terme du programme, les dépenses réalisées sont inférieures à ce qu'aurait dû verser l'entreprise au titre de la contribution AGEFIPH, l'employeur devra verser la différence à l'URSSAF ou la MSA. Néanmoins, en cas de renouvellement de l'accord, l'administration peut autoriser le report, total ou partiel, du solde sur le nouveau programme (c. trav. art. R. 5212-19).

▶ À noter... Une instruction fait un point particulier la situation des entreprises, dont l'accord est en cours ou arrive à échéance, et qui ont pu rencontrer des difficultés à réaliser les actions du programme pluriannuel en raison de la crise sanitaire liée au covid-19 (instr. DGEFP/METH 2021-11 du 7 janvier 2021).

Paiement d'une contribution à l'AGEFIPH

Les employeurs peuvent s'acquitter de leur obligation d'emploi en versant une contribution annuelle au profit de l'AGEFIPH (c. trav. art. L. 5212-9), sachant que le recours à cette seule modalité est, dans la durée, pénalisant pour l'entreprise [voir *Handicapés (contribution AGEFIPH)**].

La contribution AGEFIPH est recouvrée par les URSSAF et les MSA depuis l'OETH 2020 (contribution payée en 2021) (c. trav. art. L. 5212-9).

Sanction administrative

Le contrôle du respect de l'obligation d'emploi s'effectue au moyen de la déclaration annuelle d'emploi des travailleurs handicapés. À défaut de déclaration, l'employeur est considéré comme ne satisfaisant pas à l'obligation d'emploi (c. trav. art. L. 5212-5).

La réglementation prévoit une contribution forfaitaire provisoire à défaut de souscription de cette déclaration.

Pour plus de détails sur les obligations déclaratives et cette contribution forfaitaire, voir *Handicapés (déclaration d'emploi)**.

Rescrit en matière d'OETH

Il existe un rescrit propre à l'OETH, qui permet à l'entreprise de se prémunir à titre préventif contre la contribution majorée prévue par la législation (c. trav. art. L. 5212-12).

Afin de se prémunir de futurs contentieux, l'employeur peut effectuer un rescrit pour toute question relative à son obligation d'emploi de travailleurs handicapés (effectif d'assujettissement, mise en œuvre, etc.). Il doit s'adresser à l'URSSAF (c. séc. soc. art. L. 243-6-3).

La procédure à suivre est celle du *rescrit social**.

☞ *Handicapés ; Handicapés (contribution AGEFIPH) ; Handicapés (déclaration d'emploi).*

Heures complémentaires

Principes généraux

Définition des heures complémentaires - Les heures complémentaires sont les heures effectuées par un salarié à *temps partiel** en plus de son horaire contractuel, en deçà de la durée légale ou conventionnelle du travail (c. trav. art. L. 3123-9).

Distinction avec les avenants de complément d'heures - Lorsqu'un accord de branche étendu le permet, un avenant au contrat de travail peut ouvrir la possibilité de compléments d'heures (c. trav. art. L. 3123-22). Ces heures, qui supposent par définition l'accord du salarié, obéissent à un régime spécifique détaillé par ailleurs [voir *Temps partiel (avenant de complément d'heures)**].

Recours et droit aux heures complémentaires - Le salarié à temps partiel n'a pas à prendre l'initiative d'effectuer des heures complémentaires sans l'accord de l'employeur (cass. soc. 14 septembre 2016, n° 14-21654 D). Sur ce point, à notre sens, il convient de raisonner comme pour les *heures supplémentaires** : les heures complémentaires doivent être effectuées à la demande de l'employeur, ou avec son accord au moins implicite, ou elles doivent être la conséquence de la quantité ou de la nature du travail demandé au salarié.

L'employeur qui demande régulièrement à un salarié à temps partiel d'accomplir des heures complémentaires ne crée pas un droit à son avantage. Les supprimer n'entraîne pas de modification du contrat de travail, sa décision s'impose au salarié.

Exemple
Retrouver son emploi ou un emploi similaire au retour du congé de maternité ne signifie pas retrouver les heures complémentaires effectuées avant le congé de maternité (cass. soc. 4 mars 2003, n° 00-46362, BC V n° 84).

Recours aux heures complémentaires

Prévision dans le contrat de travail - Le contrat de travail doit prévoir la possibilité pour un employeur de demander à un salarié à temps partiel d'effectuer des heures complémentaires. Il convient d'y préciser les limites dans lesquelles des heures complémentaires peuvent être effectuées (c. trav. art. L. 3123-6).

Le salarié peut refuser d'effectuer des heures complémentaires s'il est informé par l'employeur moins de 3 jours avant la date à laquelle elles sont prévues ou si ces heures se situent au-delà des limites fixées par le contrat (c. trav. art. L. 3123-10).

Limites maximales - Un accord d'entreprise ou d'établissement (à défaut une convention ou un accord de branche étendu) peut porter la limite maximale d'heures complémentaires jusqu'à 1/3 de la durée prévue dans le contrat (c. trav. art. L. 3123-20). L'accord d'entreprise ou d'établissement prime sur l'accord de branche (loi 2016-1088 du 8 août 2016, art. 8, JO du 9).

À défaut de dispositions conventionnelles, le nombre d'heures complémentaires pouvant être effectuées par un salarié, au cours d'un même mois ou d'une même semaine, est limité à 1/10 de sa durée contractuelle hebdomadaire ou mensuelle de travail (c. trav. art. L. 3123-28).

▶ À noter... La seule exécution d'heures complémentaires au-delà de la limite légale n'entraîne pas la requalification du contrat en temps complet (cass. soc. 25 janvier 2017, n° 15-16708 D).

Limite de la durée légale du travail - Les heures complémentaires ne peuvent pas avoir pour effet de porter la durée du travail au niveau ou au-delà de la durée légale ou de la durée conventionnelle (c. trav. art. L. 3123-9), sous peine de requalification du contrat en temps plein à compter de la première irrégularité (cass. soc. 17 décembre 2014, n° 13-20627, BC V n° 308 ; cass. soc. 15 septembre 2021, n° 19-19563 FSB ; cass. soc. 7 juin 2023, n° 21-25574 FD).

Le fait qu'un salarié à temps partiel travaille, pendant seulement un mois, au-delà du temps plein lui ouvre le droit à la requalification de son contrat de travail en un contrat à temps plein (cass. soc. 12 mars 2014 n° 12-15014, BC V n° 78). Il en est de même, en présence d'un contrat à temps partiel sur le mois, si le salarié atteint ou dépasse la durée légale de travail une semaine donnée, même si au final il totalise une durée du travail inférieure à la durée légale sur un mois : son contrat doit être requalifié en un contrat à temps plein, à compter de ce dépassement (cass. soc. 15 septembre 2021, n° 19-19563 FSB).

Par ailleurs, il est impossible de prévoir par avenant au contrat de travail qu'un salarié à temps partiel passe temporairement à temps plein. La jurisprudence est constante sur ce point. Peu importe que les avenants s'appuient sur le remplacement d'un salarié malade ou la nécessité de faire face à un surcroît d'activité (cass. soc. 5 avril 2006, n° 04-43180, BC V n° 143 ; cass. soc. 7 décembre 2010, n° 09-42315, BC V n° 282 ; cass. soc. 31 mars 2016, n° 14-17323 D). Peu importe également, pour un étudiant, que l'avenant corresponde aux vacances universitaires pendant lesquelles le salarié a une disponibilité accrue (cass. soc. 13 janvier 2016, n° 13-28375 D).

▶ À noter... En revanche, pour un salarié à temps partiel dont le temps de travail est aménagé sur tout ou partie de l'année (voir *Temps partiel sur tout ou partie de l'année**), le seul fait de travailler ponctuellement à temps plein (ex. : pendant un mois) en raison de l'accomplissement d'heures complémentaires n'est pas de nature à entraîner la requalification du contrat de travail. La limite du temps plein (durée légale, ou durée conventionnelle inférieure) s'apprécie sur la période de référence (cass. soc. 7 février 2024, n° 22-17696 FSB).

Limites périodiques et réajustement automatique du contrat - Si, durant une période de 12 semaines consécutives ou pendant 12 semaines sur une période de 15 semaines (ou sur la période prévue par un accord aménageant le temps de travail sur une période supérieure à la semaine, si elle est supérieure), l'horaire moyen réellement accompli par un salarié a dépassé de 2 heures au moins par semaine, ou de l'équivalent mensuel de cette durée, l'horaire prévu dans son contrat, le contrat de travail est modifié, sauf opposition du salarié et respect d'un préavis de 7 jours (c. trav. art. L. 3123-13).

Le nouvel horaire contractuel s'obtient en ajoutant à l'ancien horaire la moyenne des heures complémentaires effectuées sur la période.

▶ À noter... Si le contrat de travail à temps partiel est requalifié en contrat à temps plein, le rappel de salaire correspond à un temps plein, sans que les heures supplémentaires accomplies par le salarié soient déduites (cass. soc. 30 novembre 2022, n° 21-17808 D).

Journée de solidarité - Les heures de travail accomplies par un salarié à temps partiel au titre de la *journée de solidarité** ne s'imputent pas sur le volume d'heures complémentaires, dans une limite de 7 heures rapportée à la durée contractuelle du travail (c. trav. art. L. 3133-8).

Pour la question de la rémunération, voir *Journée de solidarité**.

Preuve des heures complémentaires - En cas de litige, la preuve des heures complémentaires obéit aux règles générales relatives à la preuve des heures travaillées, comme les *heures supplémentaires** (c. trav. art. L. 3171-4 ; cass. soc. 10 mai 2007, n° 05-45932, BC V n° 71).

Une fois la demande étayée par le salarié, l'employeur fournit des éléments de nature à justifier des horaires effectivement réalisés par le salarié et le juge tranche au regard des éléments apportés par chacun (voir *Durée du travail**).

Exemple

Un décompte établi par le salarié au crayon, calculé mois par mois, sans autre explication ni indication complémentaire suffit à étayer une demande (cass. soc. 24 novembre 2010, n° 09-40928, BC V n° 266), ce qui oblige l'employeur à produire ses propres éléments.

Paiement des heures complémentaires

Majoration de salaire - Les heures complémentaires sont majorées (c. trav. art. L. 3123-8).

Le taux de majoration des heures accomplies dans la limite d'1/3 de la durée hebdomadaire ou mensuelle de travail prévue dans le contrat du salarié à temps partiel, est fixé par convention ou un accord de branche étendu en respectant un minimum de 10 % (c. trav. art. L. 3123-21).

HEURES COMPLÉMENTAIRES (EXEMPLE)

Dans une entreprise de plus de 50 salariés avec une durée collective du travail de 35 heures par semaine, un salarié non-cadre à temps partiel (30 h/semaine) est rémunéré 2 400 € par mois (taux horaire : 18,46 €). En janvier 2025, durant 3 semaines, son employeur lui demande d'effectuer des heures complémentaires (chaque semaine, 3 h majorées de 10 % et 1 h majorée de 25 %).

Le salarie bénéficie de la réduction de cotisations salariales sur les heures complémentaires au taux de 11,31 %. Le montant correspondant à ces heures est également exonéré d'impôt sur le revenu. La CSG sur les heures complémentaires défiscalisées est intégralement non déductible, conformément à la doctrine administrative (BOSS).

L'employeur bénéficie de la réduction générale de cotisations patronales (ici, 25,41 €).

Le plafond est proratisé au regard du temps partiel (3 925 € × 142 h/151,67 h = 3 674,75 €). Dans la mesure où il est supérieur au salaire réel, le plafond n'est pas atteint et il n'y a pas de tranche 2.

EXTRAIT DU BULLETIN DE PAYE DE JANVIER 2025

Désignation	Base	Taux	Montant	
Salaire de base	130,00	18,46	2 400,00	
Heures complémentaires à 110 %	9,00	20,31	182,77	
Heures complémentaires à 125 %	3,00	23,08	69,23	
Brut total			**2 652,00**	
Cotisations et contributions sociales	**Base (€)**	**Taux salarial**	**Part salarié (€)**	**Part employeur (€)**
Santé				
Sécurité sociale - Maladie Maternité Invalidité Décès	2 652,00	-	-	185,64 (1)
Complémentaire Santé	-	-	85,00	85,00
Accidents du travail - maladies professionnelles	2 652,00	-	-	53,04 (2)
Retraite				
Sécurité sociale plafonnée	2 652,00	6,90 %	182,99	226,75
Sécurité sociale déplafonnée	2 652,00	0,40 %	10,61	53,57
Complémentaire Tranche 1 (3)	2 652,00	4,01 %	106,35	159,39
Famille	2 652,00	-	-	91,49 (4)
Assurance chômage				
Chômage	2 652,00	-	-	114,04 (5)
Autres contributions dues par l'employeur	-	-	-	127,36 (6)
CSG déductible de l'impôt sur le revenu	2 443,00	6,80 %	166,12	-
CSG/CRDS non déductible de l'impôt sur le revenu	2 443,00	2,90 %	70,85	-
CSG/CRDS sur heures complémentaires non déductible de l'impôt sur le revenu	247,59	9,70 %	24,02	-
Exonérations et allégements de cotisations			- 28,50 (7)	- 25,41 (8)
Total des cotisations et contributions	-	-	617,43	1 070,87
Net social				**2 034,57**
Net à payer avant impôt sur le revenu				**2 034,57**
Impôt sur le revenu	**Base**	**Taux**	**Montant**	**Cumul annuel**
Montant net imposable			1 962,44	Valeur cumulée
Impôt sur le revenu prélevé à la source	1 962,44	3,70 %	72,61	Valeur cumulée
Montant net des heures compl/suppl exonérées			235,16 (9)	Valeur cumulée
Net à payer au salarié (en euros) (10)				**1 961,96 (10)**
Total versé par l'employeur				3722,87

Notes de la rédaction, pour aider à la lecture des totaux (ces notes n'ont pas à apparaître sur le bulletin de paye) :
(1) Taux de 7 % compte tenu de la rémunération. (2) Par hypothèse taux de 2 %. (3) Y compris contributions d'équilibre général et technique. (4) Taux de 3,45 % compte tenu de la rémunération. (5) Chômage 4,05 % et AGS 0,25 %. (6) CSA (0,30 %), FNAL (0,50 %), versement mobilité (1,60 %), contribution au dialogue social (0,016 %), contribution formation (1 %), participation à l'effort de construction (0,45 %), taxe d'apprentissage (0,68 %). (7) Réduction de cotisations salariales sur les heures complémentaires. (8) Réduction générale de cotisations patronales. (9) 252 € × [1 - (0,9825 × 0,068)]. (10) À faire apparaître de manière à en faciliter la lisibilité.

En l'absence d'accord collectif sur ce point, les heures complémentaires effectuées dans la limite du 1/10e de la durée contractuelle sont majorées de 10 % et celles effectuées au-delà du 1/10 et dans la limite de 1/3 de la durée contractuelle, de 25 % (c. trav. art. L. 3123-29).

▶ À noter... Un employeur qui a fait travailler une salariée à temps partiel au-delà du volume autorisé d'heures complémentaires doit verser les majorations de salaire correspondantes même pour les heures complémentaires illégales (en l'espèce au-delà du 1/10e autorisé dans l'entreprise) (cass. soc. 2 juillet 2014, n° 13-15954, BC V n° 175).

Heures effectuées au-delà d'un avenant de complément d'heures - Pour un salarié ayant signé un avenant de complément d'heures [voir *Temps partiel (avenant de complément d'heures)**], les heures complémentaires effectuées au-delà de la durée de travail fixée par cet avenant sont majorées d'au moins 25 % (c. trav. art. L. 3123-22).

Pas de repos de remplacement - Il est impossible de remplacer le paiement des heures complémentaires par un repos compensateur (circ. DRT 2000-7 du 6 décembre 2000 ; cass. soc. 17 février 2010, n° 08-42828, BC V n° 48).

Prise en compte - Les heures complémentaires sont prises en compte pour le calcul de différents éléments relatifs au salaire, par exemple :
- la base de calcul de l'indemnité de congés payés ;
- la prime d'ancienneté en l'absence de dispositions conventionnelles contraires ;
- le calcul des primes conventionnelles calculées sur le temps de travail effectif ;
- l'appréciation du montant du salaire pour l'application des exonérations liées à un seuil de rémunération ;
- une gratification de fin d'année (cass. soc. 21 mai 2002, n° 00 42286, BC V n° 168).

Régimes social et fiscal

Calcul du plafond - L'accomplissement d'heures complémentaires a des conséquences sur le calcul du plafond réduit en cas de prorata de plafond pour temps partiel (voir *Abattement d'assiette pour temps partiel**).

Déduction de cotisations patronales - Les heures complémentaires ne donnent pas droit à la déduction forfaitaire de cotisations patronales attachée aux heures supplémentaires.

Réduction de cotisations salariales et exonération d'impôt - Sous conditions, les heures complémentaires ouvrent droit à une réduction de cotisations salariales [voir *Heures supplémentaires et complémentaires (réduction de cotisations salariales)**].

Par ailleurs, elles sont exonérées d'impôt sur le revenu dans une certaine limite [voir *Heures supplémentaires et complémentaires (exonération d'impôt sur le revenu)**].

CSG sur les heures exonérées d'impôt : non déductible - La CSG due sur la rémunération exonérée d'impôt sur le revenu des heures complémentaires des salariés à temps partiel est intégralement non déductible du revenu imposable (BOSS, Exonérations heures supplémentaires et complémentaires, § 440, 01/01/2025).

Ainsi, le salarié avec des heures complémentaires exonérées d'impôt a donc en pratique exactement le même net imposable que sans heures complémentaires. Il n'y a pas d'« effet d'aubaine » dont il aurait bénéficié, sous forme d'un net imposable inférieur, s'il y avait eu déductibilité partielle de la CSG.

La CSG sur ces rémunérations exonérées d'impôt étant intégralement non déductible, il convient de traiter la CSG/CRDS qui y correspond sur une ligne distincte.

▶ À noter... Concrètement, il faut suivre les cumuls de rémunérations exonérées d'impôt, puisque la CSG redevient déductible pour 6,8 points une fois la limite d'exonération fiscale dépassée.

☞ *Abattement d'assiette pour temps partiel ; Heures supplémentaires ; Heures supplémentaires et complémentaires (exonération d'impôt sur le revenu) ; Heures supplémentaires et complémentaires (réduction de cotisations salariales) ; Plafond de la sécurité sociale ; Temps partiel ; Temps partiel (avenant de complément d'heures) ;*

Heures de délégation

Nos développements ci-dessous portent sur les heures de délégation des élus du *comité social et économique** (CSE). Ils reprennent les jurisprudences antérieures, rendues à propos des anciennes instances (comité d'entreprise, délégués du personnel), qui restent à notre sens d'actualité. D'autres crédits d'heures de délégation accordés au titre d'autres mandats existent également.

Élus du CSE

Crédit individuel et crédit global - Selon l'effectif, le nombre d'heures de délégation par élu titulaire du CSE varie de 10 h à 34 h par mois. Les élus suppléants ne disposent d'aucun crédit légal. Le crédit d'heures global attribué à l'ensemble des élus titulaires varie de 10 h à 1 190 h *(voir tableau dans cette étude)* (c. trav. art. R. 2314-1).

Le nombre d'élus ou le volume des heures individuelles de délégation peut être modifié par le protocole préélectoral dès lors que le volume global de ces heures, au sein de chaque collège, est au moins égal à celui fixé par la loi *(voir tableau dans cette étude)* (c. trav. art. L. 2314-1 et L. 2314-7). Il peut s'agir, par exemple, de réduire le nombre d'élus en augmentant proportionnellement le volume des heures individuelles de délégation des élus.

▶ À noter... Lorsque les membres du CSE sont également représentants de proximité, la réglementation n'impose pas de leur accorder des heures en plus à ce titre. Tout dépend de l'accord d'entreprise instituant les représentants de proximité, qui définit notamment le nombre d'heures de délégation dont ils bénéficient pour l'exercice de leurs attributions (c. trav. art. L. 2313-7).

Prise ou cessation des fonctions en cours de mois - Les élus dont le mandat n'est pas renouvelé et les nouveaux élus disposent de l'intégralité de leur crédit d'heures pour le mois en cause, en cas d'élection en cours de mois. En revanche, le salarié réélu en cours de mois ne voit pas son crédit doublé (cass. soc. 13 décembre 1979, n° 78-41277, BC V n° 975).

Dès la fin de son mandat, l'élu ne peut plus, en principe, utiliser les heures de délégation dont il disposerait encore sur le mois. En pratique, un accord peut être négocié avec l'employeur pour permettre aux « sortants » d'utiliser ce solde de crédit d'heures afin d'assurer une bonne transition avec les nouveaux représentants.

Annualisation possible - Les heures de délégation peuvent être utilisées sur une durée supérieure au mois (c. trav. art. L. 2315-8).

Le crédit d'heures peut être utilisé cumulativement dans la limite de 12 mois, sans pouvoir néanmoins conduire un élu à disposer dans le mois de plus d'1,5 fois le crédit d'heures de délégation dont il bénéficie (c. trav. art. R. 2315-5). L'élu doit informer l'employeur de l'utilisation des heures ainsi cumulées au plus tard 8 jours à l'avance.

Exemple

Dans une entreprise de 50 à 74 salariés, le cumul permet à un membre du CSE d'utiliser jusqu'à 27 h un mois donné [18 + (50 % × 18)].

Répartition des heures entre élus - Les élus titulaires du CSE peuvent, chaque mois, répartir entre eux et avec les suppléants le crédit d'heures dont ils bénéficient (c. trav. art. L. 2315-9). Les représentants de proximité peuvent être inclus dans cette répartition (« Comité social et économique, 117 questions-réponses », n° 76, janvier 2020).

Heures de délégation des élus du CSE

Effectif (nombre de salariés) (1)	Nombre de titulaires (2)	Nombre mensuel d'heures de délégation par élu titulaire (3)	Total mensuel des heures de délégation (4)
11 à 24	1	10	10
25 à 49	2	10	20
50 à 74	4	18	72
75 à 99	5	19	95
100 à 124	6	21	126
125 à 149	7	21	147
150 à 174	8	21	168
175 à 199	9	21	189
200 à 249	10	22	220
250 à 299	11	22	242
300 à 399	11	22	242
400 à 499	12	22	264
500 à 599	13	24	312
600 à 699	14	24	336
700 à 799	14	24	336
800 à 899	15	24	360
900 à 999	16	24	384
1000 à 1249	17	24	408

Heures de délégation des élus du CSE			
Effectif (nombre de salariés) (1)	Nombre de titulaires (2)	Nombre mensuel d'heures de délégation par élu titulaire (3)	Total mensuel des heures de délégation (4)
1250 à 1499	18	24	432
1500 à 1749	20	26	520
1750 à 1999	21	26	546
2000 à 2249	22	26	572
2250 à 2499	23	26	598
2500 à 2749	24	26	624
2750 à 2999	24	26	624
3000 à 3249	25	26	650
3250 à 3499	25	26	650
3500 à 3749	26	27	702
3750 à 3999	26	27	702
4000 à 4249	26	28	728
4250 à 4499	27	28	756
4500 à 4749	27	28	756
4750 à 4999	28	28	784
5000 à 5249	29	29	841
5250 à 5499	29	29	841
5500 à 5749	29	29	841
5750 à 5999	30	29	870
6000 à 6249	31	29	899
6250 à 6499	31	29	899
6500 à 6749	31	29	899
6750 à 6999	31	30	930
7000 à 7249	32	30	960
7250 à 7499	32	30	960
7500 à 7749	32	31	992
7750 à 7999	32	32	1024
8000 à 8249	32	32	1024
8250 à 8499	33	32	1056
8500 à 8749	33	32	1056
8750 à 8999	33	32	1056
9000 à 9249	34	32	1088
9250 à 9499	34	32	1088
9500 à 9749	34	32	1088
9750 à 9999	34	34	1156
10000	35	34	1190

(1) Les effectifs s'apprécient dans le cadre de l'entreprise ou dans le cadre de chaque établissement distinct, à la date du premier tour du scrutin (cass. soc. 21 juillet 1986, n° 85-60475, BC V n° 409 ; cass. soc. 5 février 2020, n° 19-13444 et n° 19-13550 D ; voir « Comité social et économique, 117 questions-réponses », n° 41, janvier 2020).
(2) La loi prévoit également des suppléants (même nombre que les titulaires). Ils n'ont pas de crédit d'heures en propre, mais peuvent bénéficier des heures de délégation des titulaires si les élus se les répartissent entre eux *(voir nos développements)*.
(3) Ce nombre d'heures peut être augmenté en cas de circonstances exceptionnelles.
(4) S'il y a le nombre maximal d'élus titulaires.

Toutefois, cela ne peut pas amener l'un d'eux à disposer dans le mois de plus d'1,5 fois le crédit d'heures dont bénéficie un membre titulaire en application de la loi (c. trav. art. R. 2315-6).

Les élus titulaires concernés informent l'employeur du nombre d'heures réparties au titre de chaque mois au plus tard 8 jours avant la date prévue pour leur utilisation. Ils doivent procéder par un document écrit, en précisant leur identité ainsi que le nombre d'heures mutualisées pour chacun d'eux.

Représentants syndicaux au CSE

Dans les entreprises d'au moins 501 salariés, les représentants syndicaux aux CSE bénéficient d'un crédit de 20 h par mois, lequel peut être augmenté en cas de circonstances exceptionnelles (c. trav. art. L. 2315-7 et R. 2315-4). Dans les établissements distincts d'au moins 501 salariés, les représentants syndicaux aux CSE d'établissement bénéficient de ce crédit (c. trav. art. L. 2316-26).

En revanche dans les entreprises d'au moins 501 salariés dont aucun des établissements distincts n'atteint ce seuil, seuls les représentants syndicaux au CSE central disposent du crédit de 20 h par mois (c. trav. art. L. 2315-7).

▶ À noter… Lorsque l'entreprise a moins de 300 salariés et dans les établissements lui appartenant, le délégué syndical (DS) est, de droit, représentant syndical au CSE (c. trav. art. L. 2143-22 et L. 2314-2). Il dispose en tant que DS d'heures de délégation pour exercer ces deux mandats (c. trav. art. L. 2143-13).

Salariés à temps partiel et en forfait jours

Salariés à temps partiel - Ils disposent du même crédit d'heures que les autres salariés. Toutefois, le temps de travail mensuel d'un salarié à temps partiel ne peut pas être réduit de plus de 1/3 par l'utilisation des heures de délégation. L'intéressé peut, en revanche, utiliser l'éventuel solde de son crédit d'heures en dehors de son horaire de travail (c. trav. art. L. 3123-14).

Exemple

Un salarié à temps partiel de 60 h par mois dispose d'un crédit de 21 h. Son temps de travail mensuel ne peut être réduit de plus d'un tiers, soit ici 60/3 = 20 h, par l'utilisation de son crédit d'heures. Le solde du crédit d'heures (21 h – 20 h = 1 h) doit être utilisé en dehors de ses heures de travail.

Salariés en forfait jours - Sauf accord collectif contraire, le crédit d'heures de ces salariés est regroupé en demi-journées qui viennent en déduction du nombre annuel de jours devant être travaillés fixé dans la convention de forfait. Une demi-journée correspond à 4 h de mandat. Lorsque sur l'année, le crédit ou la fraction du crédit d'heures restant est inférieur à 4 h, le salarié dispose d'une 1/2 journée qui vient en déduction du nombre annuel de jours travaillés fixé dans sa convention de forfait (c. trav. art. R. 2315-3 et R. 2315-4).

Exemple

Un salarié dispose d'un crédit de 19 h par mois. Cela représente sur l'année 228 h (19 h x 12), soit 57 demi-journées de délégation (228 h/4) à déduire du nombre de jours inscrit dans sa convention de forfait.

CSE transformé en conseil d'entreprise

En lieu et place du CSE, un *conseil d'entreprise** peut être institué par accord d'entreprise majoritaire (sans possibilité de référendum) ou par accord de branche étendu. En plus des compétences dévolues au CSE, le conseil d'entreprise négocie les accords collectifs dans l'entreprise (c. trav. art. L. 2321-1 et L. 2321-2). Ses élus titulaires bénéficient du même crédit d'heures que les élus d'un CSE « classique » *(voir tableau dans cette étude)*.

En plus du crédit d'heures « classique », chaque élu du conseil d'entreprise participant à une négociation bénéficie d'un crédit d'heures spécifique, qui doit en principe être fixé par l'accord instituant le conseil d'entreprise et qui ne peut être inférieur à (c. trav. art. L. 2321-4 et R. 2321-1) :

- 12 h par mois dans les entreprises jusqu'à 149 salariés ;
- 18 h par mois dans les entreprises de 150 à 499 salariés ;
- 24 h par mois dans les entreprises d'au moins 500 salariés.

Le temps passé à la négociation est considéré de plein droit comme du temps de travail et payé à l'échéance normale (c. trav. art. L. 2321-5).

L'accord instituant le conseil d'entreprise doit également comporter des dispositions relatives à l'indemnisation des frais de déplacement (c. trav. art. L. 2321-6).

▶ À noter… Le conseil d'entreprise ne se substitue pas aux délégués syndicaux lorsqu'ils existent, mais est le seul compétent pour négocier des conventions et accords d'entreprise ou d'établissement. Les délégués syndicaux conservent leur rôle de « porte-parole » de leur syndicat et leurs heures de délégation *(voir tableau dans cette étude)*.

Bons de délégation

Principe - Le bon de délégation délivré au représentant du personnel ou au représentant syndical est destiné à permettre une meilleure comptabilisation des heures de délégation. La mise en place d'un tel système résulte soit de la convention collective ou d'un accord d'entreprise, soit du règlement intérieur, soit d'une décision de l'employeur après consultation des représentants du personnel concernés.

Licéité du bon de délégation - La mise en place de bons de délégation est licite, à condition qu'il ne s'agisse pas d'un moyen de contrôle a priori de l'activité du salarié concerné dans le cadre de son mandat. Les modalités d'utilisation des bons de délégation ne doivent pas être telles qu'elles constituent un moyen dissuasif (ou un frein), donc une entrave à l'exercice normal des fonctions et des missions des représentants du personnel ou des syndicats.

Bon de délégation (1)

Nom et prénom ... Service ...

Absent le ... de ... à ... (2) h

En qualité de :

- Membre du comité social et économique
- Délégué syndical
- Représentant de la section syndicale
- Autres…

Visa du responsable et Visa du salarié

(1) Le bon de délégation est uniquement destiné à prévenir le chef de service de l'absence du représentant du personnel et à comptabiliser les heures de délégation.

(2) À renseigner, en principe, au retour.

Temps de réunion

Réunions du CSE - Le temps passé aux réunions du CSE avec l'employeur est payé comme temps de travail et n'est pas déduit des crédits d'heures dont disposent les élus du CSE. Concernant les représentants syndicaux au CSE, le temps passé aux réunions avec l'employeur n'est pas déduit de leur crédit d'heures dans les entreprises d'au moins 501 salariés. En revanche, selon l'administration, si ces derniers appartiennent à une entreprise de moins de 501 salariés, ce temps est rémunéré mais il est déduit des heures de délégation (c. trav. art. L. 2315-11 et L. 2315-12 ; « Comité social et économique, 117 questions réponses », n° 89, janvier 2020).

▶ À noter… S'agissant du comité d'entreprise, les juges avaient précisé que l'élu qui souhaitait assister à une réunion interne (ex. : une réunion préparatoire) et que le temps passé à cette réunion soit considéré comme du travail effectif, devait l'imputer sur son crédit d'heures de délégation (cass. soc. 13 novembre 1985, n° 82-41701, BC V n° 525). À notre sens, cette règle jurisprudentielle reste vraie pour un élu titulaire du CSE.

Réunions des commissions du CSE - Le temps passé par les élus aux réunions des commissions du CSE est payé comme temps de travail sans être déduit du crédit d'heures, mais dans la limite d'une durée globale fixée par accord d'entreprise ou, à défaut, de 30 h par an pour les entreprises de 300 à 1 000 salariés et de 60 h par an pour les entreprises d'au moins 1 000 salariés (c. trav. art. L. 2315-11 et R. 2315-7). Cette durée s'apprécie chaque année à la date d'anniversaire de la proclamation des résultats de l'élection professionnelle. Au-delà de ces plafonds, le temps passé en réunion doit être déduit des crédits d'heures pour être rémunéré (« Comité social et économique, 117 questions-réponses », n° 88, janvier 2020). L'effectif est apprécié une fois par an, sur les 12 mois précédents, à compter du premier mois suivant celui au cours duquel a été élu le CSE.

Par dérogation, le temps passé aux réunions de la commission santé, sécurité et conditions de travail (CSSCT) du CSE est rémunéré comme du temps de travail et n'est jamais déduit des heures de délégation (c. trav. art. R. 2315-7).

▶ À noter… Pour le Conseil d'État, le temps passé aux réunions avec l'employeur s'impute sur les heures de délégation si, cumulé avec le temps passé dans les commissions autres que la CSSCT, il dépasse 30h/an dans les entreprises de 300 à 1 000 salariés, 60 h dans celles d'au moins 1 000 salariés (CE 15 juillet 2020 n° 418543). Cette décision pose question au regard de la position du ministère du Travail qui limite l'application du plafond d'heures aux réunions des commissions (hors CSSCT). La Cour de cassation n'a pas encore eu l'occasion de se prononcer sur cette question.

Autres réunions - Le temps passé par les membres de la délégation du personnel au CSE à l'exercice de leur droit d'alerte en cas d'atteinte aux droits des personnes s'impute sur leur crédit d'heures de délégation même si la réunion, demandée par les élus, a été convoquée par l'employeur (c. trav. art. L. 2312-59 ; cass. soc. 9 novembre 2022, n° 21-16230 D).

▶ À noter… En revanche le temps passé à la recherche de mesures préventives dans toute situation d'urgence et de gravité ou aux enquêtes menées après un accident du travail grave ou des incidents répétés ayant révélé un risque grave ou une maladie professionnelle ou à caractère professionnel grave est payé comme du temps de travail effectif sans être déduit des heures de délégation (c. trav. art. L. 2315-11).

Suspension du contrat de travail

Grève - En cas de grève, le mandat des représentants du personnel n'est pas suspendu. Les heures de délégation peuvent être prises pendant un mouvement de grève et doivent être payées à l'échéance normale, l'employeur ne pouvant contester leur utilisation qu'après leur paiement (cass. soc. 13 décembre 2017, n° 16-19042 D). De même, le temps de réunion avec l'employeur, pendant une grève, doit être payé en étant imputé sur les heures de délégation (cass. soc. 27 février 1985, n° 82-40173, BC V n° 124).

Activité partielle - La mise en *activité partielle** suspend le contrat de travail, mais pas le mandat représentatif. L'employeur ne peut pas refuser l'entrée dans l'entreprise (cass. crim. 25 mai 1983, n° 82-91538, B. crim. n° 153). Les heures d'exercice du mandat doivent s'imputer sur le crédit d'heures et être payées comme du temps de travail effectif à échéance normale.

Arrêt de travail - La maladie ne suspend pas le mandat représentatif. L'employeur est ainsi tenu de convoquer les représentants du personnel aux réunions mensuelles, y compris ceux absents pour maladie (cass. crim. 16 juin 1970, n° 69-93132, B. crim. n° 207). Par ailleurs, le salarié est en droit d'utiliser ses heures de délégation. Cependant, la Cour de cassation a posé des limites quant à leur rémunération, tenant à l'articulation avec l'obligation de s'abstenir de toute activité durant un arrêt de travail [voir *Heures de délégation (rémunération)**].

Dispense d'activité - Le mandat représentatif n'est pas suspendu en cas de dispense d'activité rémunérée (ex. : congé conventionnel de maintien dans l'emploi jusqu'au départ à la retraite). Le salarié peut utiliser ses heures de délégation pendant cette période. Pour la rémunération de ces heures, l'employeur doit se référer aux horaires que le salarié aurait dû suivre s'il avait travaillé [voir *Heures de délégation (rémunération)**].

Congés payés - Il est logique de penser que les congés ne suspendent pas le mandat représentatif. Mais le salarié ne peut pas revendiquer le paiement des heures de délégation prises pendant ses congés, dès lors qu'il a reçu une indemnité de congés payés (cass. soc. 19 octobre 1994, n° 91-41097 D).

En revanche, il a été jugé que le représentant du personnel qui, tenu de se rendre aux réunions organisées par l'employeur pendant ses congés payés, et qui n'a pu bénéficier de ses congés payés ultérieurement en raison de son départ en retraite, peut cumuler l'indemnité de congés payés et la rémunération du temps passé en réunion (cass. soc. 27 novembre 2013, n° 12-24465, BC V n° 290).

Période de contrepartie obligatoire en repos - Si un salarié utilise des heures de délégation pendant une période de repos compensateur pris au titre de la *contrepartie obligatoire en repos**, il ne peut pas obtenir en référé, « en plus » du paiement des heures de délégation, une indemnité au titre du repos non pris (cass. soc. 23 mai 2017, n° 15-25250, BC V n° 92). En revanche, il ne peut pas être privé de ce repos, celui-ci devant, à notre sens, être reporté.

Mise à pied disciplinaire ou conservatoire - La mise à pied d'un représentant du personnel ne suspend pas ses fonctions représentatives (cass. soc. 2 mars

Principaux crédits d'heures de délégation prévus par la loi

Institutions	Effectif salariés	Crédit d'heures	Code du travail
Comité social et économique (CSE)	*voir tableau ci-avant*		
CSE interentreprises (1)		Pas de crédit spécifique	c. trav. art. L. 2313-9
Comité de groupe	Groupes d'entreprises	Pas de crédit spécifique	c. trav. art. L. 2331-1 à L. 2335-1
Conseillers prud'hommes	Toutes les entreprises ayant des salariés désignés dans un conseil de prud'hommes	Le temps nécessaire pour se rendre et participer aux activités prud'homales	c. trav. art. L. 1442-5 et R. 1423-55
Conseiller du salarié	11 et plus	15 h par mois	c. trav. art. L. 1232-8
Défenseur syndical	11 et plus	10 h par mois	c. trav. art. L. 1453-5
Délégué syndical d'entreprise ou d'établissement	50 à 150	12 h par mois	c. trav. art. L. 2143-13
	151 à 499	18 h par mois	
	500 et plus	24 h par mois	
Délégué syndical central	2 000 et plus (dont au moins deux établissements d'au moins 50 salariés chacun)	24 h par mois	c. trav. art. L. 2143-15
Représentant de la section syndicale	50 et plus	4 h minimum par mois	c. trav. art. L. 2142-1-1 et L. 2142-1-3
Représentant syndical au CSE (2)	501 et plus	20 h par mois	c. trav. art. L. 2315-7 et R. 2315-4

(1) Mis en place de manière facultative, par accord collectif interentreprises conclu entre plusieurs entreprises d'un même site ou d'une même zone pour la gestion de problèmes communs. L'accord fixe ses modalités de fonctionnement (c. trav. art. L. 2313-9).
(2) Lorsque l'entreprise a moins de 300 salariés et dans les établissements lui appartenant, le délégué syndical est, de droit, représentant syndical au CSE (c. trav. art. L. 2143-22 et L. 2314-2). Il dispose de ses heures de délégation en tant que DS pour exercer ces deux mandats (c. trav. art. L. 2143-13).

2004, n° 02-16554, BC V n° 71 ; cass. crim. 11 septembre 2007, n° 06-82410, B. crim. n° 199). Le salarié mis à pied peut donc utiliser ses heures de délégation et en recevoir le paiement.

☞ *Heures de délégation (rémunération).*

Heures de délégation (rémunération)

Les *heures de délégation** des élus au *comité social et économique** (CSE) et des représentants syndicaux au CSE sont des heures rémunérées. Les jurisprudences antérieures, rendues à propos des anciennes instances représentatives du personnel (délégués du personnel, comité d'entreprise et CHSCT), restent à notre sens d'actualité.

Rémunération

Travail effectif - Les heures de délégation sont de plein droit considérées comme du temps de travail effectif et payées comme tel (c. trav. art. L. 2143-17 et L. 2315-10), l'employeur pouvant ensuite contester devant les juges une utilisation qui ne serait pas conforme à l'exercice de la mission du représentant.

Éléments de salaire à maintenir - Tous les éléments de rémunération ayant le caractère de salaire qui sont attribués aux autres salariés doivent être maintenus (salaire de base, avantages en nature, heures supplémentaires, primes, etc.), y compris tous les éléments correspondant à des sujétions particulières.

Les salariés dont la rémunération est en partie constituée par des pourboires peuvent obtenir le paiement des heures de délégation sur la base de leur rémunération effective, et non sur celle du salaire minimum conventionnel (cass. soc. 17 novembre 2004, n° 01-40576 D).

Exclusion des frais professionnels - Les sommes versées à titre de remboursement de frais professionnels ne sont pas dues dès lors que le salarié n'a pas eu à supporter les frais en cause pendant ses heures de délégation (cass. soc. 3 février 2016, n° 14-18777, BC V n° 22), y compris si ces remboursements sont effectués sous forme d'allocations forfaitaires, du type « indemnité de petits et grands déplacements » (cass. soc. 1er juin 2016, n° 15-15202, BC V n° 127 ; cass. soc. 19 septembre 2018, n° 16-24041, n° 16-24042 et n° 17-11514 FSPB).

Heures de délégation prises durant l'horaire de travail - En principe, le salarié prend ses heures de délégation sur son horaire normal de travail.

Si le salarié prend des heures de délégation sur des temps de *pauses** qui, dans l'entreprise, sont assimilés et payés comme du temps de travail effectif, il ne peut pas obtenir en plus le paiement du temps de pause. En effet, cela reviendrait à augmenter son nombre d'heures de délégation, alors que rien ne l'empêchait de prendre ses heures de délégation sur son temps de travail et hors de son temps de pause (cass. soc. 9 décembre 2014, n° 13-18005, BC V n° 282).

Heures de délégation effectuées en dehors de l'horaire de travail - Le crédit d'heures peut être utilisé en dehors de l'horaire normal de travail et en sus du temps de travail effectif lorsque les nécessités du mandat le justifient (cass. soc. 11 juin 2008, n° 07-40823, BC V n° 133). Le cas échéant, cela conduit à générer des heures supplémentaires ouvrant droit à majoration de salaire et repos compensateur (cass. soc. 12 février 1991, n° 88-42353, BC V n° 67 ; cass. soc. 21 novembre 2000, n° 98-40730 D).

Exemples de sujétions particulières	
Prime de brossage	cass. soc. 15 décembre 1993, n° 92-42539 D
Prime de nuit	cass. soc. 28 mars 1989, n° 86-42291, BC V n° 266
Prime d'assiduité	cass. soc. 26 novembre 1987, n° 85-42272, BC V n° 691
Prime d'outillage	cass. soc. 19 décembre 2007, n° 06-44936 D
Majorations horaires liées au travail le week-end	cass. soc. 28 octobre 2008, n° 07-40524 D
Prime de panier n'ayant pas la nature de remboursement de frais	cass. soc. 18 décembre 2012, n° 11-13813, BC V n° 340
Primes conventionnelles de repas et de « voiture-coursiers » dues au personnel au sol	cass. soc. 3 mars 2010, n° 08-44859, BC V n° 52
Prime d'équipe et de temps de repas liée à un travail en horaire posté avec alternance	cass. soc. 19 septembre 2018, n° 17-11638 FSPB
Prime forfaitaire de déplacement si le salarié est amené à effectuer un tel déplacement dans l'exercice de son mandat	cass. soc. 17 janvier 2013, n° 11-17745, BC V n° 13

Les heures de délégation prises en dehors des horaires habituels de travail doivent être payées à l'échéance normale tant que le salarié reste dans la limite de son crédit d'heures, en vertu de la présomption de bonne utilisation qui y est attachée. L'employeur peut contester en justice l'utilisation faite de ces heures, mais uniquement après les avoir payées (cass. soc. 19 mai 2016, n° 14-26967, BC V n° 106). C'est au salarié de prouver que les nécessités du mandat justifiaient que les heures de délégation soient prises en dehors de son horaire habituel (cass. soc. 14 octobre 2020, n° 18-24049 D).

En revanche, s'agissant d'heures de délégation prises au-delà du crédit d'heures, pour lesquelles ni la présomption de bonne utilisation, ni le paiement de plein droit ne sont applicables, l'employeur peut refuser de les payer et il appartient au salarié de justifier des circonstances exceptionnelles justifiant le dépassement du crédit d'heures, ainsi que de l'utilisation conforme des heures excédentaires avec sa mission (cass. soc. 16 décembre 2020, n° 19-19685 D).

▶ À noter… Le mode de paiement des heures supplémentaires résultant des heures de délégation hors temps de travail est nécessairement identique à celui des heures supplémentaires des autres salariés. Un salarié ne peut donc pas exiger d'être payé en espèces alors que pour les autres salariés, les heures supplémentaires donnent lieu à du *repos compensateur de remplacement** (cass. soc. 9 octobre 2012, n° 11-23167, BC V n° 256).

Heures de délégation pendant une dispense d'activité - Le mandat de représentant du personnel ou syndical n'est pas suspendu en cas de dispense d'activité rémunérée (ex. : congé conventionnel de maintien dans l'emploi jusqu'au départ à la retraite). Pour la rémunération des heures de délégation prises durant cette période, l'employeur doit se référer aux horaires que le salarié aurait dû suivre s'il avait travaillé. Ce dernier peut prétendre au paiement des heures de délégation prises en dehors du temps de travail résultant de son planning théorique (cass. soc. 3 mars 2021, n° 19-18150 FP).

Heures de délégation pendant un arrêt de travail - La suspension du contrat de travail n'a pas pour effet de suspendre le mandat de représentant du personnel ou de délégué syndical notamment en cas de maladie (cass. crim. 16 juin 1970, n° 69-93132, B. crim. n° 207). Les heures de délégation sont maintenues.

Mais en droit de la sécurité sociale, un assuré ne doit pas se livrer à une activité non autorisée par le médecin traitant, sous peine de perdre le bénéfice des indemnités journalières de sécurité sociale (IJSS) (c. séc. soc. art. L. 323-6). Dès lors, l'exercice « répété et prolongé » d'une activité de représentant du personnel durant un arrêt maladie, activité assimilée à du temps de travail effectif, est incompatible avec l'arrêt de travail et le service des IJSS, quand bien même cet exercice correspondrait à des heures de délégation ou à des *heures de sortie autorisée** (cass. civ., 2e ch., 9 décembre 2010, n° 09-17449, BC II n° 206). La sécurité sociale peut donc interrompre le versement des IJSS ou en demander le remboursement.

Afin de concilier ces deux logiques (absence de suspension du mandat, règles de sécurité sociale), la Cour de cassation a précisé que le paiement par l'employeur des heures de délégation, pendant un arrêt de travail (maladie, accident du travail, maladie professionnelle), est subordonné à l'autorisation préalable par le médecin traitant de l'exercice de l'activité de représentation du personnel (cass. ch. mixte 21 mars 2014, n° 12-20002, BC n° 2). En l'absence de cette autorisation, l'employeur n'a pas à payer les heures de délégation utilisées par un salarié pendant un arrêt de travail.

▶ À noter… Si un employeur est informé de la sanction prise par la sécurité sociale à l'encontre d'un salarié, la logique voudrait qu'il puisse cesser de verser les *indemnités journalières complémentaires** à sa charge, si ces dernières sont conditionnées par l'indemnisation de la sécurité sociale.

Impact sur les primes variables - Le mode de calcul des primes variables des représentants du personnel doit être adapté pour tenir compte de leurs heures de délégation, afin qu'elles n'aient aucune incidence défavorable sur la rémunération. Les objectifs fixés doivent tenir compte du temps passé à l'exercice du mandat (cass. soc. 6 juillet 2010, n° 09-41354, BC V n° 157 ; cass. soc. 3 juillet 2024, n° 22-22283 D).

Exemple

Le salarié a droit (cass. soc. 6 juillet 2010, n° 09-41354, BC V n° 157) :

- pour la partie de son activité liée à ses mandats, au montant moyen de la prime variable versée, pour un temps équivalent, aux autres salariés ;

et, pour la part correspondant à son temps de production, à une somme calculée sur la base d'objectifs réduits à la mesure de ce temps.

Salarié payé à la commission - Lorsqu'un salarié est intégralement payé sous forme de commissions (dépassant le minimum garanti), le taux horaire applicable aux heures de délégation accomplies est égal à la totalité des commissions générées annuellement par l'activité du salarié, divisée par le nombre d'heures travaillées (cass. soc. 27 novembre 2013, n° 12-23589 D ; cass. soc. 23 mars 2016, n° 14-26885 D).

Toutes les commissions sont prises en compte, qu'elles soient générées par des ordres directs ou indirects (cass. soc. 15 décembre 2016, n° 15-13367 D).

Suspension du contrat de travail - Les règles en cas d'arrêt *maladie**, d'*activité partielle**, de *congés payés**, de mise à pied ou de grève sont abordées par ailleurs (voir *Heures de délégation**).

Paiement

Heures prises dans la limite du crédit d'heures - Les heures de délégation prises dans la limite des crédits d'heures, pendant ou en dehors des heures habituelles de travail, doivent toujours être payées à échéance normale (c. trav. art. L. 2143-17 et L. 2315-10 ; cass. soc. 19 mai 2016, n° 14-26967, BC V n° 106 ; cass. soc. 26 juin 2024, n° 23-12112 D).

Si l'employeur entend contester l'utilisation qui en a été faite, il doit soumettre le litige au conseil de prud'hommes après les avoir payées. Il ne peut en aucun cas procéder à une retenue sur salaire. Seuls les juges peuvent condamner le salarié à rembourser des heures de délégation à l'employeur, après avoir constaté une utilisation non conforme au mandat (cass. soc. 13 décembre 2017, n° 16-14132 D ; cass. soc. 8 novembre 2023, n° 22-17330 D).

L'employeur peut dans un premier temps interroger le salarié pour obtenir des précisions sur l'utilisation des heures de délégation, après les avoir payées. Cela peut par exemple être le cas lorsqu'il soupçonne un abus de droit du salarié qui prend ses heures de délégation de manière très fragmentée, se mettant ainsi en incapacité de rejoindre son poste pour respecter le temps de repos quotidien (cass. soc. 22 novembre 2023, n° 22-19658 D). L'employeur peut aussi avant contestation saisir le juge des référés pour obtenir du salarié des indications sur cette utilisation. En revanche, si l'employeur veut que le salarié justifie de l'emploi de ces heures, il doit saisir le juge prud'homal selon la voie classique (cass. soc. 5 avril 2023, n° 21-17851 FSB). En cas de refus du salarié de s'expliquer, l'employeur peut obtenir le remboursement des heures payées (cass. soc. 11 février 2015, n° 13-22973 D ; cass. soc. 16 février 2022, n° 20-19194 D).

▶ Attention… Dans le cas où l'employeur procéderait à une retenue sur salaire, le salarié peut saisir le juge des référés pour faire constater un trouble manifestement illicite et obtenir le remboursement des retenues opérées, même si l'employeur fait valoir l'existence d'une contestation sérieuse quant à l'utilisation des heures de délégation (cass. soc. 1er juin 2022, n° 20-16836 FSB). L'employeur n'a pas d'autre choix que de porter cette contestation devant le conseil de prud'hommes.

Heures de délégation prises au-delà du crédit d'heures - Le crédit d'heures peut être dépassé en cas de circonstances exceptionnelles (ex. : important projet de restructuration nécessitant plusieurs réunions extraordinaires), sous réserve que les heures de délégation ainsi prises soient liées à l'exercice du mandat (cass. soc. 14 février 2007, n° 05-42958 D).

Exemple

Une procédure d'alerte (cass. soc. 29 avril 2009, n° 07-45480 D) ou l'absence, notamment pour arrêt maladie, de plusieurs membres du CSE (dont le trésorier adjoint) peuvent constituer des circonstances exceptionnelles justifiant un dépassement du crédit d'heures (cass. soc. 12 mai 2021, n° 19-21124 D).

L'employeur qui conteste l'utilisation des heures de délégation prises au-delà du crédit d'heures est en droit de ne pas payer celles-ci à échéance normale. Il peut attendre que les représentants du personnel établissent l'existence des circonstances exceptionnelles et la conformité de l'utilisation des heures de délégation avec leur mission (cass. soc. 25 novembre 1997, n° 95-43412, BC V n° 412 ; cass. soc. 8 juillet 2009, n° 08-42546 D).

Si l'employeur a payé les heures de délégation, sans que le salarié ne justifie ensuite de circonstances exceptionnelles expliquant le dépassement du crédit d'heures, l'employeur peut récupérer les sommes indues par une retenue sur salaire dans la limite de la fraction saisissable du salaire (cass. soc. 10 juillet 2024, n° 23 11770 D) (voir *Saisie des rémunérations**).

Annulation du mandat de délégué syndical - L'employeur ne peut pas récupérer les heures de délégation lorsque la désignation du délégué syndical a été annulée, car l'annulation du mandat ne prend effet qu'à la date du jugement (cass. soc. 8 juillet 2009, n° 08-60596 D).

Temps de réunion

Réunions obligatoires - L'employeur est tenu de réunir les représentants du personnel selon une périodicité fixée par la loi ou par accord ou à l'occasion de certains événements. Le temps passé à ces réunions est payé comme temps de travail et n'est pas déduit des crédits d'*heures de délégation**. Il est rémunéré en plus si les réunions interviennent en dehors des horaires de travail.

Réunions supplémentaires - Le temps passé à des réunions supplémentaires convoquées par l'employeur doit également être payé comme temps de travail effectif, sans être déduit des crédits d'heures.

En revanche, si les membres du CSE se réunissent sans avoir été convoqués par l'employeur, le temps passé à ces réunions s'impute sur le crédit d'heures (cass. soc. 13 novembre 1985, n° 82-41701, BC V n° 525).

Sur les temps passés en commissions du CSE, voir *Heures de délégation**.

Trajets et déplacements

Frais de trajet - Les frais de déplacement des membres du CSE pour se rendre aux réunions organisées à l'initiative de l'employeur sont à la charge de ce dernier, et non à la charge du budget de fonctionnement du CSE (cass. soc. 28 mai 1996, n° 94-18797, BC V n° 211). À notre avis, cette solution doit être étendue à l'ensemble des frais de trajet relatifs aux réunions de tous les représentants du personnel et représentants syndicaux, dès lors qu'elles sont organisées à l'initiative de l'employeur.

Les frais de déplacement des membres du CSE sont aussi à la charge de l'employeur lorsqu'une réunion supplémentaire est organisée à la demande de la majorité des membres du comité (c. trav. art. L. 2315-28 ; cass. soc. 22 mai 2002, n° 99-43990, BC V n° 174).

En revanche, l'employeur n'est pas tenu de prendre en charge les frais de déplacement pour se rendre aux réunions des commissions internes du CSE, qu'elles soient obligatoires ou facultatives, dès lors que ces réunions ne sont pas légalement obligatoires ou ne sont pas organisées à son initiative (cass. soc. 17 octobre 2018, n° 17-13256 FSPB).

▶ À noter… Un accord d'entreprise peut conditionner la prise en charge des frais de déplacement à l'utilisation de certains modes de transport, tant que cela n'impose pas des sujétions particulières injustifiées aux représentants du personnel (cass. soc. 11 septembre 2019, n° 17-14623 D).

Temps de déplacement - Le temps de déplacement aux réunions organisées par l'employeur, pris en dehors de l'horaire normal de travail, doit être rémunéré comme du temps de travail effectif pour la partie qui dépasse, en durée, le temps normal de déplacement entre le domicile du salarié et son lieu de travail (cass. soc. 12 juin 2013, n° 12-15064, BC V n° 154 ; cass. soc. 12 juin 2013, n° 12-12806, BC V n° 155 ; cass. soc. 21 avril 2022, n° 20-17038 D). Le cas échéant, ce temps de trajet excédentaire doit être pris en compte pour déterminer l'existence d'heures supplémentaires donnant lieu à majorations de salaire (cass. soc. 27 janvier 2021, n° 19-22038 FP).

Les temps de déplacement nécessités par les fonctions représentatives mais pris pendant l'horaire de travail peuvent être traités comme suit :
- s'il s'agit de se rendre à une réunion organisée par l'employeur, le temps de trajet est payé comme du temps de travail effectif sans imputation sur le crédit d'heures (CE 30 décembre 2003, n° 252545) ;
- s'il s'agit d'un déplacement pour un autre motif mais pris dans le cadre du mandat, le temps de trajet peut être imputé sur le crédit d'heures et payé à ce titre, en l'absence de prévision contraire par la loi, un usage ou un engagement unilatéral de l'employeur (cass. soc. 9 décembre 2014, n° 13-22212, BC V n° 281).

Exemple

Un représentant du personnel avait effectué, pendant son temps de travail, des déplacements dans différents magasins de l'entreprise. Il s'agissait d'effectuer une enquête à la suite d'un accident du travail qui, selon lui, révélait l'existence de risques psychosociaux. Ce temps de trajet, effectué pendant l'horaire normal de travail pour l'exécution des fonctions représentatives, est à déduire du crédit d'heures de délégation, en l'absence de prévision contraire par la loi, un usage ou un engagement unilatéral (cass. soc. 9 décembre 2014, n° 13-22212, BC V n° 281).

Bulletin de paye

Transparence - Le bulletin de paye ne doit comporter aucune mention révélant l'activité de représentation des salariés concernés (c. trav. art. R. 3243-4). Il ne doit notamment jamais distinguer le paiement des heures de délégation de celui des autres heures de travail, par exemple en utilisant une rubrique « heures travaillées » et une autre « heures assimilées » (cass. soc. 3 février 1993, n° 90-45619 D ; cass. soc. 18 février 2004, n° 01-46565 BC V n° 55). Leur paiement doit donc être confondu :
- soit avec le salaire de base si les heures de délégation ont été prises pendant l'horaire normal ;
- soit en tant qu'heures supplémentaires ou complémentaires si elles ont été prises en dehors de l'horaire normal.

Fiche annexe - Une fiche annexe au bulletin de paye comportant la nature et le montant de la rémunération correspondant à l'activité de représentation doit être établie et remise au salarié (c. trav. art. R. 3243-4).

Le ministère a apporté quelques précisions sur cette fiche annexe. Lorsque le représentant du personnel n'utilise pas d'heures de délégation, il n'y a pas de fiche annexe à prévoir. S'il n'utilise qu'une partie de son crédit d'heures, seules les heures réellement prises sont à indiquer. Enfin, le salarié n'a pas à signer la fiche annexe (lettre min. du 30 mars 1989, BO TR 89-15).

Heures de délégation (exemple)

Un salarié est titulaire de deux mandats dans une entreprise de 250 salariés. Il travaille à temps partiel selon un taux horaire de 15 €/h, soit 900 € pour 60 h mensuelles.

*-> **Crédits d'heures et rémunération.** Le salarié cumule les crédits d'heures, soit :*
– 18 h par mois au titre de ses fonctions de délégué syndical ;
– 22 h par mois en tant que membre titulaire du CSE

Le temps de travail mensuel d'un salarié à temps partiel ne peut être réduit de plus d'un tiers (soit ici 60/3 = 20 h) par l'utilisation des crédits d'heures.

Le solde de crédit d'heures (40 h – 20 h = 20 h) doit être utilisé en dehors de ses heures de travail, mais ces heures doivent être payées comme des heures complémentaires :*
– au taux majoré de 10 % pour les heures comprises dans la limite de 1/10 de l'horaire contractuel, soit dans la limite de 60 h × 1/10 = 6 heures payées à 110 % ;
– au taux majoré de 25 % pour les heures effectuées au-delà de 1/10 (60 h × 1/10 = 6 h) et dans la limite de 1/3 de la durée prévue au contrat de travail, soit 20 h – 6 h = 14 h payées à 125 %.

*-> **Heures de délégation et réunions.** En mars 2025, ce salarié a utilisé la totalité des heures de délégation (40 h, dont 20 h en dehors de son horaire habituel de travail). Il a en plus passé 10 h en réunions organisées par l'employeur : ces heures ont été prises sur l'horaire normal de travail et ne s'imputent pas sur le crédit d'heures.*

Extrait de bulletin de paye

	Nombre	Taux	Montant
Salaire de base	60 h	15,00 €	900,00 €
Heures complémentaires (110 %)	6 h	16,50 €	99,00 €
Heures complémentaires (125 %)	14 h	18,75 €	262,50 €
Brut total soumis à cotisations			**1 261,50 €**

Annexe heures de délégation : mars 2025

Nom	Entreprise
Prénom	

Heures concernées	Dates des absences	Heures utilisées sur le mandat de : Délégué syndical	Titulaire CSE	Autres mandats	Nombre d'heures	Taux horaire (€)	Montant (€)
Crédit mensuel	1er	3 h	-	-	3 h	15,00	45,00
	4	3 h	5 h	-	8 h	15,00	120,00
	8	-	7 h	-	7 h	15,00	105,00
	11	2 h	-	-	2 h	15,00	30,00
	15	4 h	2 h	-	6 h	16,50	99,00
	21	4 h	3 h	-	7 h	18,75	131,25
	22	2 h	5 h	-	7 h	18,75	131,25
Total du crédit	-	18 h	22 h	-	40 h	-	**661,50**
Dépassement justifié	-	-	-	-	-	-	-
Temps passé en réunions	29	4 h	-	-	4 h	15,00	60,00
	30	-	6 h	-	6 h	15,00	90,00
Total à payer	_	22 h	28 h	-	50 h		**811,5**

Paye informatisée - Si les mentions du bulletin de paye sont transcrites sous la forme d'une codification chiffrée, par tolérance, l'administration (circ. du 24 août 1988, JO du 28 octobre) considère que les obligations relatives à la transparence du bulletin de paye et à la fiche annexe sont remplies dès lors :
- qu'il n'est pas fait mention sur le bulletin de paye de l'activité de représentation ;
- que la codification chiffrée est propre à l'entreprise et connue d'elle seule et du salarié ;
- et qu'une fiche explicative est remise au salarié pour lui permettre d'identifier les rubriques codifiées et notamment les heures de représentation du personnel.

☞ *Heures de délégation*

Heures de récupération

☛ *Récupération des heures perdues.*

Heures de sortie autorisée

En cas d'arrêt de travail, le salarié doit respecter les heures de sortie autorisées par son médecin traitant (c. séc. soc. art. L. 323-6). Celles-ci servent de référence au contrôle médical de la sécurité sociale et, le cas échéant, pour la contre-visite patronale.

L'obligation pour l'assuré social de respecter les heures de sortie autorisées vaut aussi pour les accidents du travail et les maladies professionnelles (c. séc. soc. art. L. 433-1, al. 6 ; circ. CNAMTS 2008-10 du 20 février 2008).

Possibilités offertes au médecin du salarié

Le médecin prescrivant l'arrêt de travail peut y indiquer que (c. séc. soc. art. R. 323-11-1) :
- les sorties ne sont pas autorisées ;
- les sorties sont autorisées sauf de 9 h à 11 h et de 14 h à 16 h, excepté en cas de soins ou d'examens médicaux ;
- les sorties sont libres, avec indication sur le volet de l'arrêt de travail destiné à la sécurité sociale des éléments d'ordre médical qui le justifient.

Le formulaire d'arrêt de travail permet ces différentes solutions (Cerfa 10170*05 ; arrêté du 28 février 2014, JO du 21 mars, texte n° 15).

▶ Attention… Les éléments d'ordre médical justifiant une sortie libre ne doivent pas figurer sur le volet 3 destiné à l'employeur.

Conséquences pour la sécurité sociale et l'employeur

Indemnisation sécurité sociale - Le salarié en arrêt de travail doit respecter les heures de sortie autorisée par son médecin. À défaut, la CPAM peut lui supprimer tout ou partie des indemnités journalières de sécurité sociale (IJSS) (c. séc. soc. art. L. 323-6).

En tout état de cause, les heures de sortie et la mention « sorties libres » ne constituent pas un blanc-seing pour le salarié. En effet, l'attribution d'IJSS à un salarié en arrêt de maladie se justifie par le fait qu'il est dans l'incapacité physique de continuer ou de reprendre le travail. Ce dernier doit notamment s'abstenir de toute activité non autorisée pendant son arrêt (c. séc. soc. art. L. 321-1 et L. 323-6).

Ainsi, la sécurité sociale a pu retenir tout ou partie des IJSS à un salarié :
- qui avait participé à une compétition sportive pendant son arrêt même si l'arrêt précisait « sorties libres », cette mention n'équivalant pas à une autorisation (cass. civ., 2e ch., 9 décembre 2010, n° 09-16140, BC II n° 106) ;
- qui avait exercé de manière « répétée et prolongée » son mandat de représentant du personnel durant son arrêt maladie, activité assimilée à du temps de travail effectif, sachant qu'il importait peu que les heures de délégation et de sortie autorisée coïncident ou non (cass. civ., 2e ch., 9 décembre 2010, n° 09-17449, BC II n° 206) [sur le paiement des heures de délégation prises pendant un arrêt de travail, voir *Heures de délégation (rémunération)**].

▶ À noter… Les élus locaux peuvent poursuivre l'exercice de leur mandat, sous réserve de l'accord formel de leur praticien (c. séc. soc. art. L. 323-6).

Pour la contre-visite patronale - Ces plages horaires servent de référence à l'employeur lorsqu'il a la possibilité d'organiser une *contre-visite médicale** patronale.

☛ *Contre-visite médicale.*

Heures pour recherche d'emploi

Source de l'obligation

Le code du travail ne contient aucune disposition relative aux heures pour recherche d'emploi.

Dès lors, l'obligation d'accorder des heures pour recherche d'emploi pendant un *préavis** résulte d'un usage ou d'un accord collectif ou plus rarement d'un contrat de travail prévoyant, selon les cas :
- le nombre d'heures (ex. : 2 h par jour) ;
- les cas d'application (en général, licenciement et, moins souvent, démission) ;
- la répartition des heures au cours du préavis (avec parfois la possibilité de les regrouper sur des journées entières en fin de préavis) ;
- l'obligation de les rémunérer ou pas ;
- une éventuelle proratisation pour les salariés à temps partiel.

Utilisation des heures

Le salarié peut utiliser à son gré les heures dont il dispose en respectant ce qui est prévu par l'accord collectif ou l'usage. En revanche, l'employeur a la possibilité de lui refuser l'octroi d'heures rémunérées s'il prouve leur inutilité pour le salarié (cass. soc. 1er mars 1995, n° 91-40244 D). Cette preuve est, à notre sens, difficile à rapporter dans la mesure où l'employeur ne peut être juge des démarches que le salarié peut avoir à entreprendre pour exercer une autre activité professionnelle (cass. soc. 9 avril 1987, n° 84-44888 D).

Si les heures de recherche d'emploi sont regroupées et cumulées en fin de préavis avec l'accord de l'employeur, le fait que le salarié retrouve un emploi avant la fin du préavis ne permet pas à l'employeur de mettre fin prématurément au préavis étant donné son caractère préfixe (cass. soc. 21 janvier 2003, n° 01-40529, BC V n° 10), ni d'opérer une retenue sur salaire pour inexécution de la fin du préavis (cass. soc. 9 avril 1987, n° 84-44888 D).

Rémunération

Paiement - En cas de préavis de licenciement, les heures pour recherche d'emploi sont en général, sauf dispositions contraires, rémunérées comme du temps de travail. Leur rémunération est plus rarement prévue en cas de démission.

Si le salarié a décidé de son propre chef de ne pas utiliser ces heures, il ne peut pas être indemnisé (cass. soc. 13 novembre 1975, n° 74-40522, BC V n° 535), sauf si la convention collective prévoit cette indemnisation sans exiger que la non-utilisation soit due à une faute de l'employeur (cass. soc. 3 mai 1994, n° 92-43472 D).

Si la non-utilisation des heures est du fait de l'employeur, le salarié peut obtenir une indemnisation s'il prouve avoir subi un préjudice (cass. soc. 7 mai 1986, n° 85-41659, BC V n° 206 ; cass. soc. 3 février 1993, n° 89-42436 D).

Titres-restaurant - Les heures pour recherche d'emploi rémunérées ouvrent droit aux titres-restaurant car ils constituent un avantage en nature qui entre dans la rémunération du salarié (cass. soc. 18 décembre 2013, n° 12-22752 D).

À notre sens, cette solution ne s'applique pas aux heures regroupées en journées entières pour lesquelles la convention collective ou l'usage ne prévoit pas de maintien de rémunération.

☞ *Préavis.*

Heures supplémentaires

Définition

Définition légale - Les heures supplémentaires sont les heures de travail décomptées au-delà de la durée légale du travail (35 h hebdomadaires) ou, pour les employeurs concernés, de la *durée d'équivalence** applicable (c. trav. art. L. 3121-28, circ. MES/CAB 2000-3 du 3 mars 2000).

▶ À noter... En matière d'heures supplémentaires, dans les domaines ouverts à la négociation collective, l'accord d'entreprise ou d'établissement prime sur l'accord de branche, sous réserve des règles d'ordre public (loi 2016-1088 du 8 août 2016, art. 8, JO du 9).

Durée conventionnelle du travail inférieure à la durée légale - Un accord collectif peut fixer une durée du travail conventionnelle inférieure à la durée légale au-delà de laquelle des majorations sont applicables.

Les heures effectuées au-delà de la durée légale sont des heures supplémentaires pleines et entières qui relèvent du régime exposé ci-après.

En revanche, les heures effectuées entre la durée conventionnelle et la durée légale ne sont pas considérées juridiquement comme des heures supplémentaires, au sens de la définition légale. Leur régime dépend de l'accord collectif (éventuel taux de majoration, repos compensateur). En effet, la fixation par voie conventionnelle de la durée du travail applicable dans l'entreprise à un niveau inférieur à la durée légale n'emporte pas l'abaissement corrélatif du seuil de déclenchement des heures supplémentaires, en l'absence de dispositions spécifiques en ce sens (cass. soc. 2 juin 2021, n° 20-12578 FSP).

Dans tous les cas, seules les heures supplémentaires effectuées au-delà de la durée légale du travail (ou de la *durée d'équivalence** applicable dans les secteurs concernés) ouvrent droit aux exonérations prévues par la législation, à savoir une réduction de cotisations salariales (c. séc. soc. art. L. 241-17), une exonération d'impôt sur le revenu (CGI art. 81 quater) et, pour les employeurs de moins de 20 salariés, une déduction forfaitaire de cotisations patronales (c. séc. soc. art. L. 241-18). En conséquence, dans les entreprises où la durée collective du travail est inférieure à la durée légale, les heures effectuées entre cette durée collective et la durée légale du travail n'ouvrent pas droit à ces exonérations même si un accord leur octroie une majoration, voire les qualifie d'heures supplémentaires.

Conditions du recours aux heures supplémentaires

Absence d'accord collectif sur l'utilisation du contingent et son dépassement - L'employeur peut librement recourir aux heures supplémentaires dans la limite du *contingent annuel d'heures supplémentaires** (c. trav. art. L. 3121-30).

Il peut faire effectuer des heures supplémentaires au-delà du contingent. En l'absence d'accord collectif sur le sujet, les modalités d'utilisation du contingent et de son éventuel dépassement donnent lieu, au moins une fois par an, à une consultation du *comité social et économique** (CSE) (c. trav. art. L. 3121-40).

Présence d'un accord collectif sur les conditions de dépassement du contingent - Un accord collectif d'entreprise ou d'établissement (à défaut, une convention ou un accord de branche) peut fixer l'ensemble des conditions d'accomplissement d'heures supplémentaires au-delà du contingent (c. trav. art. L. 3121-33, I, 3°).

Dans ce cas, l'employeur doit s'y conformer.

En outre, il lui faut (c. trav. art. L. 3121-33, I, 3°) :
- informer le CSE avant l'accomplissement d'heures supplémentaires dans la limite du contingent ;
- consulter le CSE avant l'accomplissement d'heures supplémentaires au-delà du contingent.

Modification de l'horaire collectif - Si le recours aux heures supplémentaires entraîne une modification de l'horaire collectif, il faut :
- consulter au préalable le CSE sur cette modification ;
- envoyer à l'inspecteur du travail le double de l'affichage de l'horaire collectif modifié (c. trav. art. D. 3171-4).

Pas de droit acquis aux heures supplémentaires - En l'absence de *convention de forfait**, un salarié ne peut pas prétendre à exécuter des heures supplémentaires, sauf abus ou engagement de l'employeur en ce sens. Peu importe que son nombre d'heures supplémentaires soit très inférieur à la moyenne du nombre d'heures supplémentaires accomplies par les autres salariés de l'entreprise (cass. soc. 10 octobre 2012, n° 11-10455, BC V n° 258).

Existence et preuve des heures supplémentaires

Heures supplémentaires et cadres - Le statut de cadre n'exclut pas le droit aux heures supplémentaires. En l'absence de *convention de forfait**, un cadre a droit au paiement des heures supplémentaires effectuées, sauf s'il fait partie de la catégorie des *cadres dirigeants** (cass. soc. 3 juillet 2008, n° 07-40213 D ; cass. soc. 3 novembre 2011, n° 07-71075 D).

Cette solution est générale, quelle que soit la liberté dont dispose le cadre dans l'organisation de son travail, et quand bien même il serait le seul salarié à ne pas soumettre ses horaires à autorisation (cass. soc. 27 septembre 2006, n° 05-40660 D ; cass. soc. 17 octobre 2007, n° 06-41138 D).

Heures effectuées à la demande de l'employeur - Les heures supplémentaires sont accomplies à la demande de l'employeur. Mais il y a aussi heures supplémentaires lorsque :
- l'employeur en a admis la réalisation, au moins tacitement (cass. soc. 20 mars 1980, n° 78-40979, BC V n° 299 ; cass. soc. 30 mars 1994, n° 90-43246 D ; cass. soc. 22 mars 2011, n° 10-11821 D) ;
- lorsque les heures effectuées sont la conséquence de la quantité ou de la nature du travail demandé au salarié (cass. soc. 19 avril 2000, n° 98-41071 D ; cass. soc. 6 avril 2011, n° 10-14493 D).

En tout état de cause, il faut rémunérer les heures supplémentaires lorsque leur réalisation est rendue nécessaire par les tâches confiées au salarié (cass. soc. 14 novembre 2018, n° 17-20659 FSPB ; cass. soc. 14 novembre 2018, n° 17-16959 FSPB).

▶ Attention... Lorsqu'une procédure interne subordonne le paiement des heures supplémentaires au fait que l'employeur ait donné son accord préalable pour leur exécution, l'absence d'accord préalable ne prive pas le salarié de son droit au paiement lorsque l'employeur a connaissance des heures supplémentaires effectuées (en l'espèce, par des fiches de pointage) et ne s'oppose pas à leur exécution. Les juges considèrent qu'il y a accord tacite de l'employeur (cass. soc. 2 juin 2010, n° 08-40628, BC V n° 124).

En revanche, un salarié qui ne veut pas profiter de la pause repas dont il dispose, et pour lequel il n'a pas été allégué qu'il restait à la disposition de l'employeur, n'est pas reconnu comme réalisant un temps de travail effectif permettant la comptabilisation d'heures supplémentaires (cass. soc. 9 mars 1999, n° 96-44080, BC V n° 105).

Preuve partagée en cas de litige - En cas de litige relatif à l'existence ou au nombre d'heures de travail effectuées, la charge de la preuve pèse sur l'employeur et le salarié (c. trav. art. L. 3171-4 ; cass. soc. 30 septembre 2003, n° 02-42730, BC V n° 248 ; cass. soc. 15 janvier 2025, n° 23-19046 FD). Le juge forme sa conviction au vu des éléments :

- que le salarié présente à l'appui de sa demande ;
- que l'employeur fournit et qui sont de nature à justifier les horaires effectivement réalisés par le salarié.

Le juge peut ordonner, en cas de besoin, toutes les mesures d'instruction qu'il estime utiles.

En tout état de cause, le salarié « doit présenter à l'appui de sa demande des éléments suffisamment précis quant aux heures non rémunérées qu'il prétend avoir accomplies afin de permettre à l'employeur, qui assure le contrôle des heures de travail effectuées, d'y répondre utilement en produisant ses propres éléments » (cass. soc.18 mars 2020, n° 18-10919 FPPBRI).

Avant cette décision, la Cour de cassation exigeait du salarié qu'il présente des éléments de nature à étayer sa demande (cass. soc. 25 février 2004, n° 01-45441, BC V n° 62), faute de quoi sa demande se trouvait rejetée (cass. soc. 31 mai 2006, n° 04-47376, BC V n° 200 ; cass. soc. 15 octobre 2008, n° 07-40324 D ; cass. soc. 29 octobre 2014, n° 13-20080 D ; cass. soc. 27 juin 2012, n° 11-18010, BC V n° 199 ; cass. soc. 29 mars 2017, n° 15-25929 D).

Exemple
Un cahier produit par un salarié dans lequel toutes les pages avaient la même présentation et étaient écrites avec le même stylo a été écarté par les juges. De toute évidence, ce cahier avait été rempli d'une traite et a posteriori, spécialement en vue de ce contentieux prud'homal. Compte tenu, par ailleurs des pièces produites par l'employeur, les juges ont considéré qu'il n'y avait pas d'heures supplémentaires (cass. soc. 11 juillet 2012, n° 10-27888, BC V n° 221).

Les éléments avancés par le salarié doivent être suffisamment précis quant aux horaires effectivement réalisés pour permettre à l'employeur de répondre en fournissant ses propres éléments (cass. soc. 24 novembre 2010, n° 09-40928, BC V n° 266 ; cass. soc. 18 mars 2020, n° 18-10919 FPPBRI ; cass. soc. 25 janvier 2023, n° 21-23395 D), les juges admettant les éléments autodéclarés par le salarié.

▶ À noter… Cette exigence de précision ne doit pas conduire à exiger du salarié qu'il indique dans ses décomptes les éventuelles pauses méridiennes qui auraient interrompu le temps de travail (cass. soc. 27 janvier 2021, n° 17-31046 FPPBRI).

Éléments de « preuve » - Le code du travail ne parle pas de preuve (c. trav. art. L 3171-4). Outre les documents légaux existants (fiche annexe en cas de modulation des horaires, etc.), l'employeur peut s'appuyer, par exemple, sur le système de pointage qu'il a mis en place (cass. soc. 29 mai 2002, n° 00-42048 D).

Les juges ont admis que les fiches de temps établies par le salarié à la demande de l'employeur prouvaient un accord au moins implicite de l'employeur pour accomplir des heures supplémentaires. Ils peuvent donc se baser sur ces fiches de temps pour estimer que la preuve des heures prétendument travaillées était rapportée (cass. soc. 19 janvier 1999, n° 96-45628, BC V n° 29).

Les juges ne peuvent pas refuser le paiement d'heures supplémentaires au seul motif, par exemple :
- qu'un salarié se contente de produire un décompte d'heures de travail établi au crayon, calculé mois par mois, sans autre explication ni indication complémentaire (cass. soc. 24 novembre 2010, n° 09-40928, BC V n° 266), un document récapitulatif dactylographié anonyme et non circonstancié (cass. soc. 15 décembre 2010, n° 08-45242, BC V n° 297) ou un relevé des heures réalisé par ses soins (cass. soc. 26 septembre 2012, n° 10-27508, BC V n° 248) ;
- qu'un salarié n'ait jamais signé un registre des heures supplémentaires, dès lors que le salarié a produit des éléments de nature à étayer sa demande (cass. soc. 31 mai 2005, n° 03-41354 D) ;
- de feuilles de temps sur lesquelles l'employeur exige de voir porter les heures prévues au contrat de travail indépendamment des heures réellement travaillées, alors que le salarié a pu prouver qu'il travaillait bien plus (cass. soc. 24 janvier 2007, n° 05-41360 D) ;
- qu'un salarié se soit contenté de produire des fiches de temps non signées par l'employeur et un récapitulatif rédigé par ses soins, ce qui revient à faire peser la charge de la preuve sur le seul salarié (cass. soc. 19 octobre 2007, n° 06-41817 D).

En revanche, les juges ont pu écarter des copies de son agenda apportées par le salarié en relevant qu'aucun élément extérieur ne les corroborait et qu'une attestation versée par l'employeur les contredisait (cass. soc. 8 juin 2011, n° 09-43208, BC V n° 141).

Temps de travail cumulé pris en compte - Pour savoir si un salarié a droit au paiement d'heures supplémentaires, il convient de cumuler les heures effectivement travaillées ainsi que les temps qui sont assimilés à du travail effectif pour le calcul des heures supplémentaires.

À cet égard, les solutions ne sont pas identiques selon qu'il s'agit de déterminer les droits à majoration de salaire, à contrepartie obligatoire en repos ou le nombre d'heures à imputer sur le contingent (pour des tableaux récapitulatifs, voir *Temps de travail effectif**).

Cadre du décompte

Principe : décompte hebdomadaire du temps de travail effectif - Les heures supplémentaires se décomptent par semaine (c. trav. art. L 3121-29), en tenant compte du temps de travail effectif et des autres temps qui y sont assimilés pour les droits attachés aux heures supplémentaires (voir *Temps de travail effectif**).

La semaine commence le lundi à 0 h et s'achève le dimanche à 24 h, sauf stipulations contraires d'un accord collectif (c. trav. art. L. 3121-35). Un accord d'entreprise ou d'établissement, à défaut une convention ou un accord de branche peut fixer une autre période de 7 jours consécutifs (c. trav. art. L. 3121-32).

▶ À noter... Dans le cadre d'un contrat de *travail intermittent**, les heures supplémentaires doivent être décomptées selon le régime de droit commun, c'est-à-dire par semaine travaillée (cass. soc. 16 juin 2010, n° 08-43244, BC V n° 142).

Mensualisation et lissage - Les entreprises fonctionnant sur une durée collective du travail supérieure à la durée légale du travail peuvent lisser le nombre d'heures supplémentaires pour le calcul de la rémunération du salarié (c. trav. art. L. 3121-31). Ceci permet d'avoir, à horaires constants, une rémunération identique de mois en mois [voir *Bulletin de paye (durée du travail)** et *Lissage du salaire**].

La rémunération versée au salarié doit bien entendu tenir compte des majorations de salaire correspondantes.

La mensualisation des heures supplémentaires ne dispense pas l'employeur :
- de distinguer sur le bulletin de paye les heures majorées des heures payées au taux normal ;
- de procéder à un décompte réel des heures supplémentaires s'agissant du nombre d'heures supplémentaires à imputer sur le *contingent annuel d'heures supplémentaires** et le calcul de la *contrepartie obligatoire en repos** (en effet, la mensualisation n'est autorisée que pour ce qui concerne le calcul de la rémunération).

Les heures supplémentaires effectuées au-delà de l'horaire collectif doivent être décomptées à part, selon les règles habituelles, et payées en plus.

Aménagement du temps de travail - Voir *Aménagement du temps de travail sur une période supérieure à la semaine**.

Majorations de salaire prévues par la loi

Heures majorées - Les heures supplémentaires majorées sont les heures de travail effectuées au-delà de la durée légale de 35 h ou, pour les employeurs concernés, au-delà de la *durée d'équivalence** dont ils relèvent (c. trav. art. L. 3121-28).

Taux par défaut prévus par la loi - Les huit premières heures supplémentaires sont majorées de 25 % (c. trav. art. L. 3121-36). Il s'agit de celles effectuées au-delà de 35 h et jusqu'à la 43e heure hebdomadaire incluse (sauf *durée d'équivalence**).

Les heures supplémentaires suivantes sont majorées de 50 % (c. trav. art. L. 3121-36). Ce sont celles effectuées au-delà de la 43e heure hebdomadaire incluse (sauf *durée d'équivalence**).

Taux fixés par accord collectif - Un accord d'entreprise ou d'établissement ou, à défaut, une convention ou un accord de branche, peut prévoir des taux inférieurs ou supérieurs à ceux prévus par la loi, mais en respectant un minimum de 10 % (c. trav. art. L. 3121-33, I, 1°).

Les taux prévus par un accord d'entreprise ou d'établissement conclu depuis le 10 août 2016 priment sur ceux fixés par convention ou accord de branche, même s'ils sont moins favorables aux salariés, s'ils respectent le minimum de 10 %. Cette règle vaut y

Régime des heures supplémentaires (1)

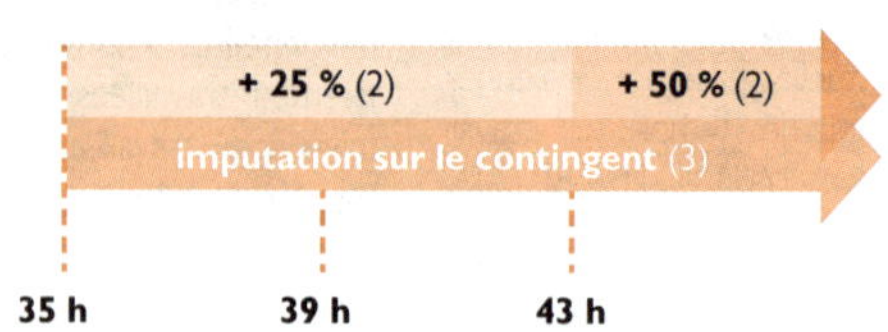

(1) Les heures supplémentaires sont payées, sauf recours au repos compensateur de remplacement.
(2) Un accord d'entreprise ou d'établissement ou, à défaut, une convention ou un accord de branche, peut prévoir un taux différent, avec un minimum de 10 %.
(3) Les heures totalement valorisées sous forme de repos compensateur de remplacement et les heures supplémentaires pour travaux urgents (c. trav. art. L. 3132-4) ne s'imputent pas sur le contingent (c. trav. art. L. 3121-30). Il en va de même pour les heures correspondant à la journée de solidarité (dans la limite de 7 heures) (c. trav. art. L. 3133-9).

compris par rapport à des accords de branche antérieurs au 7 mai 2004 ou comportant une « clause de verrouillage », même ancienne.

▶ À noter... Le taux des heures supplémentaires ne fait pas partie des thèmes que les partenaires sociaux peuvent verrouiller par accord de branche (voir *Primauté de l'accord d'entreprise sur l'accord de branche**). Sur ce point, un accord d'entreprise ou d'établissement prime toujours sur l'accord de branche ou sur un accord couvrant un champ territorial ou professionnel plus large.

Par exception, pour le secteur du transport routier de marchandises, le taux de majoration fixé au niveau de la branche prime sur celui fixé par accord collectif d'entreprise ou d'établissement (c. transports art. L. 1321-2, 1° et D. 3312-4/-1).

Paiement en salaire - Les majorations doivent être attribuées en salaire (sauf recours au *repos compensateur de remplacement**).

Dans tous les cas, des sommes versées à titre de primes ne peuvent pas tenir lieu de paiement des heures supplémentaires (cass. soc. 1er décembre 2005, n° 04-48388, BC V n° 347 ; cass. soc. 15 mars 2017, n° 15-25102 D ; cass. soc. 3 février 2021, n° 19-12193 D ; cass. soc. 21 septembre 2022, n° 21-11161 D).

Base de rémunération des heures supplémentaires

Salaire réel - L'employeur doit intégrer à la base de calcul de la majoration pour heures supplémentaires le salaire de base effectif réel (circ. DRT 94-4 du 21 avril 1994, réputée abrogée) et les avantages en nature (cass. soc. 23 mars 1989, n° 86-45353 D). Il ne peut pas se baser sur le salaire minimum garanti (cass. soc. 14 novembre 2012, n° 11-20776, BC V n° 289).

Si la rémunération du salarié est supérieure au minimum conventionnel, c'est le salaire contractuel qu'il convient de retenir (cass. soc. 29 avril 1971, n° 70-40026, BC V n° 323).

Primes à inclure - Pour calculer le taux horaire de base, l'employeur doit intégrer toutes les primes qui constituent la contrepartie directe du travail fourni, ainsi que, selon l'administration (circ. DRT 94-4 du 21 avril 1994, réputée abrogée), les primes inhérentes à la nature du travail. Les éléments de rémunération dont les modalités de fixation permettent leur rattachement direct à l'activité personnelle du salarié sont à prendre en compte (cass. soc. 23 septembre 2009, n° 08-40636, BC V n° 205 ; cass. soc. 22 juin 2017, nos 16-16113 à 16-16197 D).

Parmi ces primes, on peut notamment trouver des primes de danger, des primes de froid, des primes d'insalubrité, des primes individuelles de rendement, voire une « prime de bons services » attribuée au personnel de conduite ayant respecté les dispositions du règlement intérieur et des notes de service (cass. soc. 11 mars 1997, n° 93-44619 D).

Il peut aussi s'agir de primes dites de « panier de nuit » ou « de déplacement » si elles correspondent en réalité à des primes de sujétion, et non à la prise en charge de frais professionnels.

Exemple

Dans une entreprise où la durée collective du travail est de 35 heures hebdomadaires, un salarié effectue 3 heures supplémentaires majorées à 125 %. Sa rémunération mensuelle comprend un salaire de base de 2 275 € (soit un taux horaire de 15 €), une prime d'ancienneté de 180 € et une prime de polyvalence de 200 €. La prime d'ancienneté n'est pas intégrée dans le taux horaire des heures supplémentaires, tandis que la prime de polyvalence est prise en compte :
- taux horaire de référence pour les heures supplémentaires : [(2 275 € + 200 €) / 151,67] × 125 % = 20,40 € ; rémunération des heures supplémentaires : 3 × 20,40 € = 61,20 €.

Primes et éléments de paye pouvant être exclus - L'employeur peut écarter de la composition du taux horaire, sauf disposition conventionnelle ou usage plus favorable, plusieurs éléments de salaire :
- les primes de productivité indépendantes du travail fourni individuellement par le salarié (il s'agit des primes visant à faire participer le salarié aux bénéfices ou à la productivité de l'entreprise, quel que soit son rendement personnel) ;
- les sommes correspondant à des dispositifs d'épargne salariale, ne constituant pas un élément de salaire (*participation aux résultats**, *intéressement**, abondement à un *plan d'épargne salariale**) ;
- les primes qui ne sont pas inhérentes à la nature du travail (ex. : prime d'ancienneté).

Les remboursements de *frais professionnels** sont aussi à exclure : frais de déplacement, prime de salissure, prime de panier, etc. (circ. DRT 94-4 du 21 avril 1994, réputée abrogée), sauf s'ils s'analysent, en réalité, en compléments de salaire ou primes de sujétion et ne correspondent pas à des frais professionnels exposés par le salarié.

S'agissant de la *prime d'assiduité**, l'administration considère qu'elle peut être exclue de la base de calcul (circ. DRT 94-4 du 21 avril 1994, réputée abrogée), tandis que la jurisprudence considère qu'il faut en tenir compte (cass. soc. 26 octobre 1979, n° 78-41113, BC V n° 796).

Primes à prendre en compte dans la rémunération des heures supplémentaires (exemples)		
Primes concernées	**Réponse**	**Référence**
Primes résultant des conditions de travail :		
- de danger, d'insalubrité, de froid, de situation géographique sur les chantiers du bâtiment	OUI	circ. DRT 94-4 du 21 avril 1994 (réputée abrogée).
- de moulage (prime versée mensuellement sans distinction des heures normales et des heures supplémentaires)	NON	cass. soc. 24 février 1982, Chappelat-Roddier c/ Rochette.
- de polyvalence, de risque, de salissure	OUI	
- de stockage attribué globalement	NON	cass. soc. 14 janvier 1976, n° 74-40646, BC V n° 21.
- de vol, pour un pilote	OUI	cass. soc. 28 mai 1997, n° 94-42835, BC V n° 196.
- de bons services (personnel de conduite)	OUI	cass. soc. 11 mars 1997, n° 93-44619 D.
- de flexibilité (prime forfaitaire rémunérant de manière forfaitaire une modalité d'exécution du travail)	NON	cass. soc. 27 janvier 2016, n° 14-11069 D.
- prime d'astreinte	NON	cass. soc. 27 janvier 2016, n° 14-11069 D.
Primes globales forfaitaires :		
- exceptionnelles	NON	
- allocation de vacances	OUI, si elles constituent la contre-partie du travail effectué (1)	cass. soc. 25 avril 2006, n° 05-42968 D
- de fin d'année, de 13e mois		cass. soc. 22 juin 2017, n°s 16-16113 à 16-16197 D
Majorations particulières :		
- pour travail du dimanche	OUI (même s'il s'agit d'une indemnité forfaitaire)	cass. soc. 29 octobre 1973, n° 72-40199, BC V n° 527 ; cass. civ., 2e ch., 19 octobre 2023, n° 21-19710 FB
- pour travail un jour férié	OUI	cass. soc. 29 octobre 1973, n° 72-40199, BC V n° 527 ; cass. soc. 22 mai 2019, n° 17-22376 D
- pour travail de nuit	OUI	cass. soc. 22 mai 2019, n° 17-22376 D
Primes en fonction du lieu de travail :		
- de dépaysement	OUI	cass. soc. 30 mars 1994, n° 90-43161 D.
- de détachement ou d'emploi à l'étranger	OUI	cass. soc. 30 novembre 1983, n° 81-41535
Primes liées à la production ou aux résultats :		
- d'intéressement	NON	circ. DRT 94-4 du 21 avril 1994 (réputée abrogée).
- d'objectif (prime non liée au rendement)	NON	cass. soc. 29 mai 1986, n° 84-44709, BC V n° 264.
- de participation	NON	circ. DRT 94-4 du 21 avril 1994 (réputée abrogée).
- de production dépendant de la production d'un groupe ouvrier	OUI	cass. soc. 29 octobre 2007, n° 06-42426 D.
- de productivité (prime indépendante du travail des salariés)	NON	cass. soc. 12 mars 1987, n° 84-42809, BC V n° 152.
- de rendement (prime liée au rendement individuel ou collectif)	OUI	cass. soc. 29 avril 1970, n° 69-40263, BC V n° 282.
- de rendement (prime indépendante du rendement)	NON	cass. soc. 5 mars 1981, n° 79-40282, BC V n° 189.
Primes en fonction de la présence ou de la situation du salarié :		
- d'ancienneté	NON	cass. soc. 29 mai 1986, n° 84-44709, BC V n° 264 ; cass. soc. 28 septembre 2022, n° 21-15034 D
- d'assiduité (pour l'administration)	NON	circ. DRT 94-4 du 21 avril 1994 (réputée abrogée).
- d'assiduité (pour la Cour de cassation)	OUI	cass. soc. 26 octobre 1979, n° 78-41113, BC V n° 796.
- de mariage, de naissance, de médaille du travail	NON	
Frais professionnels		
Sommes représentatives de frais professionnels	NON (si elles correspondent bien à des frais)	
(1) Dans l'affaire jugée en 2006, les primes inclues dans le calcul n'étaient dues que dans la mesure où le contrat de travail était en cours d'exécution, à l'exclusion de toute autre condition. Dans celle de 2017, les primes exclues du calcul ne dépendaient pas du travail effectivement fourni par le salarié.		

Primes de production (de productivité, de rendement, de résultats, etc.) - Savoir s'il faut inclure ces primes dans le salaire de référence des majorations pour heures supplémentaires dépend des modalités de cette prime. En résumé, les principes sont les suivants :
- soit la prime est liée au rendement individuel et elle doit être prise en compte ;
- soit la prime est indépendante du travail fourni individuellement par le salarié (ex. : prime en fonction du chiffre d'affaires) et elle peut être exclue de la base de calcul des heures supplémentaires.

À cet égard, il faut tenir compte d'une « prime de production » dépendant de la production d'un groupe d'ouvriers, à laquelle contribuait nécessairement le rendement individuel de chacun des salariés du groupe (cass. soc. 29 octobre 2007, n° 06-42426 D).

▶ À noter... Les commissions sur vente d'un salarié entrent dans la base de calcul du taux de ses heures supplémentaires dès lorsque ces primes se rattachent directement à l'activité personnelle du salarié, peu important la durée du travail consacrée à cette vente (cass. soc. 3 juillet 2024, n° 23-10569 FD).

Indemnités compensatrices de RTT - Dans les entreprises appliquant un accord de RTT, le salaire peut avoir été maintenu par le versement d'un complément différentiel de salaire (et non par une augmentation du taux horaire).

Dans ce cas, l'administration estime que ce complément n'a pas à être intégré dans le taux horaire de base du salarié : il correspond au paiement d'heures de travail qui n'ont pas été effectuées et ne constitue pas, en conséquence, la contrepartie directe du travail fourni (circ. MES/CAB 2000-3 du 3 mars 2000, fiche 22).

Les juges ont adopté la position inverse, intégrant le complément différentiel dans le taux horaire, pour une prime de compensation salariale liée à une réduction d'horaire de 40 h à 39 h, calculée en fonction du nombre réel d'heures travaillées (cass. soc. 2 mars 1993, n° 89-43505 D).

Interdiction de réduire le taux horaire de référence - Il est impossible de réduire le taux horaire de référence sur la base duquel les majorations de salariés se calculent. Pour un salarié mensualisé, ce taux horaire ne saurait être inférieur au quotient résultant de la division du salaire brut mensuel de référence par l'horaire mensuel (salaire mensuel / 151,67 pour une entreprise à 35 h/semaine) (cass. soc. 11 mai 2017, n° 16-12482, BC V n° 80).

Exemple

Un accord collectif ne peut pas prévoir que les majorations de salaire se calculent sur la base du taux horaire affecté d'un coefficient de 35/39.

Repos compensateurs

Contrepartie obligatoire en repos - Les heures supplémentaires ouvrent droit à une contrepartie obligatoire en repos (ancien repos compensateur légal) (voir *Contrepartie obligatoire en repos**). Celle-ci se cumule avec les majorations de salaire et avec le repos compensateur de remplacement.

Repos compensateur de remplacement - L'employeur peut substituer du repos compensateur de remplacement à tout ou partie du paiement des heures supplémentaires, à condition de respecter ses modalités de mise en place (voir *Repos compensateur de remplacement**).

Imputation sur le contingent annuel

Volume - Le volume du contingent dépend du statut du salarié et de l'existence ou non d'un contingent conventionnel se substituant au contingent réglementaire (voir *Contingent annuel d'heures supplémentaires**).

Imputation sur le contingent - Toute heure supplémentaire effectuée au-delà de 35 h ou de la durée considérée comme équivalente dans certains secteurs s'impute sur le contingent annuel (c. trav. art. L. 3121-30).

Il existe cependant des exceptions (voir *Contingent annuel d'heures supplémentaires**).

Prise en compte

Les heures supplémentaires sont prises en compte pour le calcul de divers éléments relatifs à la paye :
- indemnité de congés payés, qu'elle soit calculée au maintien de salaire ou selon la règle du 1/10 ;
- garantie de salaire maladie ;
- salaire moyen servant de base au calcul de l'indemnité de préavis, de licenciement ;
- le cas échéant, détermination du temps de travail effectif pour le calcul des primes conventionnelles.

Réductions de cotisations et exonération d'impôt

Déduction forfaitaire de cotisations patronales - Sous condition, les employeurs de moins de 250 salariés peuvent bénéficier d'une déduction forfaitaire de cotisations [voir *Heures supplémentaires (déduction forfaitaire de cotisations patronales)**].

HEURES SUPPLÉMENTAIRES (EXEMPLE)

Dans une entreprise dont l'effectif est de 18 salariés et dont la durée collective de travail est de 35 h/semaine, un salarié non-cadre est rémunéré 2 900 € par mois, auxquels s'ajoutent une prime d'ancienneté mensuelle de 190 € et une prime de sujétion (d'insalubrité) de 100 € par mois. En mars 2025, il effectue 8 h 30 min d'heures supplémentaires majorées de 25 %.

Seule la prime d'insalubrité, contrepartie du travail, est prise en compte pour le taux horaire de référence de rémunération des heures supplémentaires. Le taux horaire de référence est donc de : (2 900 € + 100 €/151,67 h) = 19,78 €. La rémunération des heures supplémentaires est de : 8,5 h × 19,78 € × 125 % = 210,16 €.

L'employeur est supposé pouvoir bénéficier de la déduction forfaitaire de cotisations patronales sur les heures supplémentaires (1,50 € par heure supplémentaire). La réduction est de : 8,5 h × 1,50 € = 12,75 €.

La réduction générale de cotisations patronales n'est pas applicable (la rémunération du salarié dépasse 1,6 SMIC).*

Le salarie bénéficie de la réduction de cotisations salariales sur les heures supplémentaires au taux de 11,31 %. Le montant correspondant à ces heures est également exonéré d'impôt sur le revenu. La CSG sur heures supplémentaires est intégralement non déductible.

EXTRAIT DU BULLETIN DE PAYE DE MARS 2025

Désignation	**Base**	**Taux**	**Montant**	
Salaire de base	151,67	19,12	2 900,00	
Prime d'ancienneté			190,00	
Prime travaux insalubres			100,00	
Heures supplémentaires à 125 %	8,50	24,72	210,16	
Brut total			**3 400,16**	
Cotisations et contributions sociales	**Base (€)**	**Taux salarial**	**Part salarié (€)**	**Part employeur (€)**
Santé				
Sécurité sociale - Maladie Maternité Invalidité Décès	3 400,16	-	-	238,01 (1)
Complémentaire Santé	-	-	85,00	85,00
Accidents du travail - maladies professionnelles	3 400,16	-	-	68,00 (2)
Retraite				
Sécurité sociale plafonnée	3 400,16	6,90 %	234,61	290,71
Sécurité sociale déplafonnée	3 400,16	0,40 %	13,60	68,68
Complémentaire Tranche 1 (3)	3 400,16	4,01 %	136,35	204,35
Famille	3 400,16	-	-	117,31 (4)
Assurance chômage				
Chômage	3 400,16	-	-	146,21 (5)
Autres contributions dues par l'employeur	-	-	-	132,47 (6)
CSG déductible de l'impôt sur le revenu	3 219,18	6,80 %	218,90	-
CSG/CRDS non déductible de l'impôt sur le revenu	3 219,18	2,90 %	93,36	-
CSG/CRDS sur heures supplémentaires non déductible de l'impôt sur le revenu	210,16	9,70 %	20,03	-
Exonérations et allégements de cotisations	-	-	– 23,77 (7)	– 12,75 (8)
Total des cotisations et contributions	-	-	778,08	1 337,99
Net social				**2 622,08**
Net à payer avant impôt sur le revenu				**2 622,08**
Impôt sur le revenu	**Base**	**Taux**	**Montant**	**Cumul annuel**
Montant net imposable			2 610,31	Valeur
Impôt sur le revenu prélevé à la source	2 610,31	4,00 %	104,41	Valeur
Montant net des heures compl/suppl exonérées			196,12 (9)	Valeur
Net à payer au salarié (en euros) (10)				**2 517,67 (10)**
Total versé par l'employeur				4 738,15

Notes de la rédaction, pour aider à la lecture des totaux (ces notes n'ont pas à apparaître sur le bulletin de paye) :
(1) Taux de 7 % compte tenu de la rémunération. (2) Par hypothèse taux de 2 %. (3) Y compris contribution d'équilibre général et contribution d'équilibre technique. (4) Taux de 3,45 % compte tenu de la rémunération. (5) Chômage 4,05 % et AGS 0,25 %. (6) CSA (0,30 %), FNAL (0,50 %), versement mobilité (1,60 %), contribution au dialogue social (0,016 %), contribution formation (1 %), participation à l'effort de construction (0,45 %), taxe d'apprentissage (0,68 %). (7) Réduction de cotisations salariales sur les heures supplémentaires. (8) Déduction forfaitaire de cotisations patronales sur heures supplémentaires (employeur < 20 salariés). (9) 210,16 € × [1 - (0,9825 × 0,068)]. (10) À faire apparaître de manière à en faciliter la lisibilité.

Réduction de cotisations salariales et exonération d'impôt - Sous conditions, les heures supplémentaires ouvrent droit à une réduction de cotisations salariales [voir *Heures supplémentaires et complémentaires (réduction de cotisations salariales)**].

Par ailleurs, elles sont exonérées d'impôt dans une certaine limite [voir *Heures supplémentaires et complémentaires (exonération d'impôt sur le revenu)**].

CSG sur les heures exonérées d'impôt : non déductible - La CSG due sur la rémunération exonérée d'impôt sur le revenu des heures supplémentaires est intégralement non déductible du revenu imposable (BOSS, Exonérations heures supplémentaires et complémentaires, § 440, 01/01/2025).

Le salarié avec des heures supplémentaires exonérées d'impôt a donc exactement le même net imposable que sans heures supplémentaires. Il est ainsi privé de l'« effet d'aubaine » dont il aurait bénéficié, sous forme d'un net imposable inférieur, s'il y avait eu déductibilité partielle de la CSG.

La CSG sur les rémunérations exonérées d'impôt étant intégralement non déductible, il convient, à notre sens, de traiter la CSG/CRDS y afférentes sur une ligne distincte.

▶ À noter... Concrètement, il faut suivre les cumuls de rémunérations exonérées d'impôt, puisque la CSG redevient déductible pour 6,8 points une fois la limite d'exonération fiscale dépassée.

Bulletin de paye

Présentation des heures - Les heures supplémentaires doivent être payées à l'échéance du mois où elles ont été effectuées. On doit faire figurer distinctement sur le bulletin les heures comportant une majoration de salaire, en les distinguant selon les taux appliqués [voir *Bulletin de paye (durée du travail)**].

Présentation des exonérations - La réduction de cotisations salariales doit apparaître, sur une ligne distincte ou dans la colonne « salariale » de la ligne « Exonérations et allégements de cotisations » [voir *Bulletin de paye (mentions obligatoires)**].

Depuis le 1er janvier 2022, le montant de rémunération nette imposable qui se trouve exonérée d'impôt au titre du mécanisme de défiscalisation des heures supplémentaires doit être mentionné, pour la paye considérée et en cumul annuel, dans une rubrique dédiée du bloc fiscal du bulletin de paye [voir *Bulletin de paye (mentions obligatoires)**].

La déduction forfaitaire de cotisations patronales dont peuvent bénéficier les employeurs de moins de 250 salariés sur les heures supplémentaires est indiquée dans la colonne « patronale » de la ligne « Exonérations, écrêtements et allégements de cotisations ».

☞ Aménagement du temps de travail sur une période supérieure à la semaine ; Contingent annuel d'heures supplémentaires ; Contrepartie obligatoire en repos ; Convention de forfait ; Cycle de travail ; Durée d'équivalence ; Durée du travail ; Heures supplémentaires (déduction forfaitaire de cotisations patronales) ; Heures supplémentaires et complémentaires (exonération d'impôt sur le revenu) ; Heures supplémentaires et complémentaires (réduction de cotisations salariales) ; Journée de solidarité ; Modulation de la durée du travail ; Réduction du temps de travail (réduction sous forme de repos) ; Repos compensateur de remplacement ; Temps de travail effectif.

Heures supplémentaires (déduction forfaitaire de cotisations patronales)

Bénéficiaires

Employeurs de moins de 20 salariés - Les employeurs de moins de 20 salariés peuvent bénéficier d'une déduction forfaitaire de cotisations patronales au titre des heures supplémentaires effectuées au-delà de la durée légale du travail et, pour les salariés sous convention de forfait en jours sur l'année, des jours travaillés au delà de 218 jours par an dans les conditions prévues par le code du travail (c. séc. soc. art. L. 241-18).

Son montant est de 1,50 € par heure supplémentaire (10,50 € par jour supplémentaire pour les forfaits jours).

Employeurs de 20 à moins de 250 salariés - Les employeurs de 20 à moins de 250 salariés peuvent aussi bénéficier de la déduction forfaitaire, mais pour un montant moindre, au titre des heures supplémentaires effectuées à compter du 1er octobre 2022, et, pour les salariés sous convention de forfait en jours sur l'année, des jours travaillés au-delà de 218 jours par an dans les conditions prévues par le code du travail (c. séc. soc. art. L. 241-18-1 ; loi 2022-1158 du 16 août 2022, art. 2 modifié ; loi 2022-1616 du 23 décembre 2022, art. 22, I).

Le montant de la déduction est de 0,50 € par heure supplémentaire (3,50 € par jour supplémentaire pour les forfaits jours).

Appréciation de l'effectif

Depuis l'assujettissement 2018, l'effectif est calculé au niveau de l'entreprise, tous établissements confondus, conformément aux règles prévues par le code de la sécurité sociale.

Hors cas des entreprises nouvelles, l'effectif de référence correspond donc à la moyenne des effectifs mensuels de l'année civile précédente. Autrement dit, hors application d'un mécanisme de lissage des effets de seuil, le droit à la déduction sur l'année N dépend de l'effectif « sécurité sociale » calculé sur l'année N - 1 (pour 2025, on se réfère donc à l'effectif 2024).

Pour le détail (effectif annuel moyen, personnes prises en compte, règles propres aux entreprises nouvelles, etc.), les lecteurs se reporteront aux développements correspondants (voir *Effectif sécurité sociale**).

Mécanisme d'atténuation des effets de seuil

Règles sécurité sociale - La loi PACTE du 22 mai 2019 a institué un mécanisme unifié de limitation des effets de seuil applicable aux effectifs calculés selon les règles « sécurité sociale » (c. séc. soc. art. L. 130-1, II). Il s'applique donc à la déduction forfaitaire de cotisations patronales sur les heures supplémentaires.

▶ À noter… Dans le cas général, ce mécanisme est entré en vigueur pour la première fois à partir de l'année 2020, pour les franchissements de seuils constatés à l'occasion de l'*effectif sécurité sociale** calculé sur l'année 2019.

Selon ce mécanisme, le franchissement à la hausse d'un seuil ne produit effet que si le seuil est atteint ou dépassé durant 5 années civiles consécutives (c. séc. soc. art. L. 130-1, II). Autrement dit, si un employeur constate au début de l'année N qu'il a atteint ou dépassé les 20 salariés au titre de son effectif « sécurité sociale » calculé sur N - 1, le franchissement de seuil ne produira effet que s'il est vérifié pendant 5 années civiles consécutives (de l'année N à N + 4 inclus), soit à compter du 1er janvier de l'année N + 5.

En cas de franchissement à la baisse d'un seuil d'effectif au titre d'une année civile, les compteurs sont remis à zéro. L'entreprise bénéficie alors d'un nouveau délai de 5 ans si elle repasse par la suite au-dessus de ce seuil (c. séc. soc. art. L. 130-1, II).

Pour plus de détails sur ce mécanisme, voir *Effectif sécurité sociale**.

▶ À noter… Un ancien dispositif de lissage prévoyait que les employeurs ayant atteint ou dépassé l'effectif de 20 salariés au titre de l'effectif sécurité sociale calculé sur 2016, 2017 ou 2018 continuaient à bénéficier de la déduction forfaitaire pendant 3 ans (c. séc. soc. art. L. 241-18, V bis abrogé au 1.05.2020). Les employeurs bénéficiant de ce mécanisme au 31 décembre 2019 ont continué à en relever jusqu'à son terme, sans pouvoir basculer dans le nouveau moratoire de 5 ans (loi 2019-486 du 22 mai 2019, art. 11, XII), sauf passage sous les 20 salariés au titre d'une année puis nouveau franchissement à la hausse sur une année ultérieure (BOSS, Exonérations heures supplémentaires et complémentaires, § 620, 01/01/2025).

Franchissement à la hausse du seuil de 20 salariés - Si un employeur atteint ou franchit le seuil de 20 salariés au titre de son effectif « sécurité sociale » de l'année N calculée sur l'année N – 1, il conserve le bénéfice de la déduction des « moins de 20 salariés » (1,50 € par heure supplémentaire) au moins pendant 5 ans, sur les années N à N + 4 incluses (BOSS, Exonérations heures supplémentaires et complémentaires, § 570, 01/01/2025).

Il basculera à la déduction des « 20 à moins de 250 salariés » (0,50 € par heure supplémentaire) à partir du 1er janvier de l'année N + 5, sauf à redescendre sous les 20 salariés au titre d'une des années intercalaires.

Exemples

1) Pour un franchissement du seuil de 20 salariés au 1er janvier 2025 (effectif calculé sur l'année 2025), l'employeur peut continuer à bénéficier de la déduction forfaitaire de 1,50 € par heure supplémentaire jusqu'au 31 décembre 2029. Il perd ensuite le bénéfice de la déduction des « moins de 20 salariés », sauf à redescendre sous les 20 salariés au titre d'une des années intercalaires.

2) Si un employeur a constaté début 2024 qu'il a atteint ou dépassé les 20 salariés au titre de son effectif « sécurité sociale » 2023 (effectif de 28 salariés), le franchissement de seuil ne produira effet que s'il est vérifié pendant 5 années civiles consécutives (de 2024 à 2028 inclus), soit à compter du 1er janvier 2029.

Il a encore droit à la déduction des « moins de 20 salariés » sur les années 2024 à 2028, et basculera à celle des « 20 à moins de 250 salariés » à compter du 1er janvier 2029, sous réserve d'être resté avec un effectif supérieur ou égal à 20 salariés sur les années intercalaires.

3) Une entreprise qui comptait 24 salariés début 2021 (effectif annuel moyen « sécurité sociale » calculé sur 2020) n'avait pas droit à la déduction forfai-

taire sur 2021. Début 2022, elle a constaté qu'elle est passée à 18 salariés sur la base de son effectif « sécurité sociale » calculé sur 2021. En 2022, elle a donc bénéficié donc de la déduction forfaitaire de cotisations patronales « moins de 20 salariés ».
Si début 2023, elle a constaté qu'elle passait de nouveau à 24 salariés sur la base de l'effectif « sécurité sociale » calculé sur 2022, elle bénéficie du dispositif gel des effets de seuil pendant 5 ans. Elle a droit encore à la déduction « moins de 20 salariés » sur les années 2023 à 2027, et basculera à la déduction des « 20 à moins de 250 salariés » à compter du 1er janvier 2028, sous réserve de rester avec un effectif supérieur ou égal à 20 salariés sur les années intercalaires.

Franchissement à la hausse du seuil de 250 salariés - Pour les heures supplémentaires effectuées depuis le 1er octobre 2022, l'employeur qui atteint ou franchit le seul de 250 salariés au titre de son effectif « sécurité sociale » de l'année N calculée sur l'année N – 1, et qui garde ensuite un effectif supérieur ou égal à 250 salariés, conserve le bénéfice de la déduction des « 20 à moins de 250 salariés » (0,50 € par heure supplémentaire) pendant 5 ans, sur les années N à N + 4 incluses (BOSS, Exonérations heures supplémentaires et complémentaires, § 580, 01/01/2025).

Il perd la déduction à partir du 1er janvier de l'année N + 5, sauf à être redescendue sous les 250 salariés au titre d'une des années intercalaires.

En cas de nouveau franchissement du seuil à la hausse, il bénéficie à nouveau du dispositif de limitation des effets de seuil sur 5 ans.

Exemples

1) L'entreprise qui franchit les 250 salariés au 1er janvier 2025 (effectif déterminé au regard des données 2024) et qui maintient son effectif à au moins 250 salariés, peut bénéficier de la déduction forfaitaire des « 20 à moins de 250 salariés » (0,50 € par heure supp') pour les heures supplémentaires effectuées jusqu'au 31 décembre 2029. Elle perd ensuite le bénéfice de la déduction, sauf à être redescendue sous les 250 salariés au titre d'une des années intercalaires.
2) Une entreprise qui a franchi les 250 salariés au 1er janvier 2021 (effectif calculé sur l'année 2020) et qui maintient son effectif à au moins 250 salariés, peut bénéficier de la déduction forfaitaire des « 20 à moins de 250 salariés » (0,50 € par heure supp') pour les heures effectuées du 1er octobre 2022 (date de son entrée en vigueur) jusqu'au 31 décembre 2025. Elle perd ensuite le bénéfice de la déduction, sauf à être redescendue sous les 250 salariés au titre d'une des années intercalaires.
3) Une entreprise qui a franchi les 250 salariés au 1er janvier 2022 (effectif calculé sur l'année 2021) et qui maintient son effectif à au moins 250 salariés, peut bénéficier de la déduction forfaitaire des « 20 à moins de 250 salariés » (0,50 € par heure supp') pour les heures effectuées du 1er octobre 2022 (date de son entrée en vigueur) jusqu'au 31 décembre 2026. Elle perd ensuite le bénéfice de la déduction, sauf à être redescendue sous les 250 salariés au titre d'une des années intercalaires.

Franchissements successifs à la hausse des seuils de 20 et 250 salariés - S'il y a lieu, on doit tenir compte successivement des périodes de neutralisation de 5 années civiles liées aux franchissements des seuils de 20 puis de 250 salariés, pour les heures supplémentaires effectuées depuis le 1er octobre 2022 (BOSS, Exonérations heures supplémentaires et complémentaires, § 590, 01/01/2025).

Exemple

L'entreprise qui a franchi le seuil de 20 salariés au 1er janvier 2023 (effectif calculé sur 2022), peut encore bénéficier de la déduction forfaitaire des « moins de 20 salariés » (1,50 € par heure supp') au titre des heures supplémentaires effectuées du 1er janvier 2023 jusqu'au 31 décembre 2027 (mécanisme d'atténuation des effets de seuil sur 5 ans).
Si l'entreprise franchit le seuil de 250 salariés au 1er janvier 2025 (effectif calculé sur l'année 2024) et maintient ensuite son effectif à au moins 250 salariés, elle pourra bénéficier de la déduction forfaitaire « des 20 à moins de 250 salariés » (0,50 € par heure supp') du 1er janvier 2028 au 31 décembre 2029 [NDLR : sur les années 2023 à 2027, elle reste à la déduction des « moins de 20 salariés » en application du premier franchissement de seuil, à savoir celui de 20 salariés].

Franchissement à la hausse suivi d'un franchissement à la baisse - En application de règles d'*effectif sécurité sociale**, si une entreprise engagée dans le dispositif d'atténuation des effets de seuil sur 5 ans franchit un seuil à la baisse pendant cette période, cela lui ouvre à nouveau le droit au bénéfice de la déduction correspondante (BOSS, Exonérations heures supplémentaires et complémentaires, § 600, 01/01/2025).

Selon le seuil franchi à la baisse, l'employeur retrouve ainsi le droit :
- à la déduction des « moins de 20 salariés » (cas d'une entreprise repassant sous les 20 salariés après avoir franchi ce seuil la hausse) ;
- ou à celle des « 20 à moins de 250 salariés » (cas d'une entreprise repassant sous les 250 salariés après avoir franchi ce seuil la hausse).

En cas de nouveau franchissement à la hausse de l'un de ces seuils, une nouvelle période d'atténuation des effets de seuil sur 5 ans peut s'appliquer.

Heures et jours donnant droit à la déduction

Heures et jours concernés - Ouvrent droit à la déduction forfaitaire de cotisations patronales (c. séc. soc. art. L. 241-18 et L. 241-18-1, I et II) :

- les *heures supplémentaires** effectuées au-delà de la durée légale du travail (35 heures hebdomadaires) ou de la *durée d'équivalence** en vigueur dans certaines professions ;
- pour les salariés en *convention de forfait** en heures sur l'année, les heures supplémentaires effectuées au-delà de 1 607 heures par an ;
- pour les salariés en convention de forfait en jours sur l'année, les jours travaillés au-delà de 218 jours par an sur demande du salarié et avec l'accord de l'employeur, dans les conditions prévues par la législation (voir *Rachat de jours de repos**) ;
- en cas d'*aménagement du temps de travail sur une période supérieure à la semaine**, les heures supplémentaires effectuées, selon les cas, au-delà de 1 607 h sur l'année ou au-delà de la moyenne de 35 h calculée sur la période de référence retenue par le système d'aménagement du temps de travail, à l'exception des heures effectuées entre 1 607 h et la durée annuelle fixée par l'accord lorsqu'elle lui est inférieure ;
- en cas de temps partiel pour les besoins de la vie familiale (c. trav. art. L. 3123-2), les heures effectuées chaque semaine au-delà de la durée légale du travail et, en cas d'annualisation, les heures effectuées au-delà des limites fixées par l'accord ;
- les heures correspondant aux journées et demi-journées de repos acquises entre le 1er janvier 2022 et le 31 décembre 2026 monétisés dans le cadre de la loi de finances rectificative du 16 août 2022 (voir *Monétisation des jours de RTT**) (loi 2022-1157 du 16 août 2022, art. 5, II modifié ; loi 2022-1616 du 23 décembre 2022, art. 22, II ; loi 2025-127 du 14 février 2025, art. 8, JO du 15).

En revanche, l'employeur ne peut pas bénéficier de la déduction forfaitaire au titre des *heures complémentaires** effectuées par les salariés à temps partiel.

Conditions de la déduction - La déduction forfaitaire de cotisations patronales est subordonnée au respect des conditions suivantes (c. séc. soc. art. L. 241-18 et L. 241-18-1, IV et V) :

- rémunération de l'heure supplémentaire au moins comme une heure non majorée (si l'employeur a recours au *repos compensateur de remplacement**, le repos de remplacement peut donc porter au maximum sur la majoration de salaire, sauf à perdre le bénéfice de la déduction pour les heures supplémentaires concernées) ;
- respect des dispositions légales et conventionnelles relatives à la durée du travail ;
- non-substitution des salaires ou éléments concernés à d'autres éléments de rémunération, sauf si 12 mois se sont écoulés entre le dernier versement de l'élément de rémunération en tout ou partie supprimé et le premier versement de l'élément de rémunération en cause ;
- mise à la disposition des agents de l'URSSAF d'un document en vue du contrôle de l'application du dispositif ;
- respect du règlement européen sur les aides de minimis (règlt. UE 2023/2831 du 13 décembre 2023 depuis le 1.01.2024 ; règlt. UE 1407/2013 du 18 décembre 2013 avant 2024 ; BOSS, Exonérations heures supplémentaires et complémentaires, § 770, 01/01/2025).

La règle des aides de minimis signifie que le montant de la déduction forfaitaire et des autres aides entrant dans le champ du règlement européen ne doit pas excéder, sur une période de trois exercices fiscaux (dont l'exercice en cours), le plafond fixé par ce règlement (c. séc. soc. art. D. 241-24).

Heures supplémentaires structurelles

Durée collective du travail supérieure à 35 h ou convention de forfait - La déduction forfaitaire de cotisations patronales est applicable au titre des *heures supplémentaires** dites « structurelles » intégrées à l'horaire de travail, lorsque la durée collective de travail applicable dans l'entreprise ou dans l'établissement est supérieure à la durée légale (BOSS, Exonérations heures supplémentaires et complémentaires, §§ 70, 230 et 630, 01/01/2025).

De la même façon, elle est applicable aux heures supplémentaires comprises dans le volume d'une *convention de forfait** en heures (BOSS, Exonérations heures supplémentaires et complémentaires, §§ 100, 230 et 630, 01/01/2025). Il peut s'agir d'une convention de forfait définie sur une base hebdomadaire, mensuelle ou annuelle.

Exemples

1) Avec une durée collective de 39 h hebdomadaire, un salarié mensualisé est réputé effectuer chaque mois : (39 h – 35 h) × 52/12 = 17,33 heures supplémentaires structurelles. Il en est de même pour un salarié ayant signé une convention individuelle de forfait pour 39 heures hebdomadaires.

2) Un salarié mensualisé a une convention de forfait de 173,33 h par mois. Il est réputé effectuer chaque mois : 173,33 h – 151,67 h = 21,66 heures supplémentaires structurelles. Il en va de même pour une convention de forfait de 40 h hebdomadaires [(40 h – 35 h) × 52/12] = 21,66 heures supplémentaires structurelles].

Incidence des absences sur les heures structurelles - En cas d'absence du salarié avec maintien intégral de la rémunération, les heures supplémentaires « structurelles » (intégrées à l'horaire de travail habituel du salarié) sont réputées réalisées et peuvent donner lieu à application de la déduction (BOSS, Exonérations heures supplémentaires et complémentaires, § 690, 01/01/2025).

En cas d'absence avec maintien partiel de la rémunération (ou sans maintien de rémunération), l'employeur doit corriger le nombre d'heures supplémentaires structurelles par le rapport « rémunération à la charge de l'employeur soumise à cotisations versée au cours du mois compte tenu de l'absence/rémunération habituelle » (BOSS, Exonérations heures supplémentaires et complémentaires, § 700, 01/01/2025).

Heures supplémentaires effectuées en plus des heures structurelles - Si des heures supplémentaires sont effectuées au-delà du volume de la durée collective de travail ou de la convention de forfait (et donc en plus des heures structurelles comprises dans la durée du travail « habituelle »), elles ouvrent également droit à la déduction forfaitaire de cotisations patronales.

Exemples

1) Avec une durée collective de 39 h hebdomadaire, un salarié mensualisé est réputé effectuer chaque mois : (39 h – 35 h) × 52/12 = 17,33 heures supplémentaires structurelles. Si, sur une semaine donnée, il travaille 43 h (soit 4 heures supplémentaires en plus), l'employeur pourra bénéficier de la déduction forfaitaire sur 21,33 heures supplémentaires.

2) Un salarié est sous convention de forfait de 1700 heures par an. Les heures supplémentaires structurelles ouvrant droit à la déduction sont donc de 93 h au-delà de la durée légale du travail sur l'année (1700 h - 1607 h). Si son employeur lui demande de faire en plus 50 h, le nombre d'heures supplémentaires ouvrant droit à la déduction sera de 143 h.

Montant et imputation de la déduction

Montant de la déduction par heure supplémentaire - Le montant de la déduction est fixé comme suit :
- employeurs de moins de 20 salariés : 1,50 € par heure supplémentaire (c. séc. soc. art. D. 241-24) ;
- employeurs de 20 à moins de 250 salariés : 0,50 € par heure supplémentaire (décret 2022-1506 du 1er décembre 2022).

Montant de la déduction par jour supplémentaire des forfaits jours - Pour les salariés en convention de forfait annuel en jours, le montant de la déduction est égal à 7 fois le montant horaire par jour supplémentaire travaillé au-delà de 218 jours par an (c. séc. soc. art. L. 241-18 et L. 241-18-1, II), soit :
- employeurs de moins de 20 salariés : 10,50 € par jour supplémentaire ;
- employeurs de 20 à moins de 250 salariés : 3,50 € par jour supplémentaire.

Règle d'arrondi - Dans le cas où le nombre d'heures ou de jours supplémentaires n'est pas entier, ces montants sont proratisés au centime le plus proche (BOSS, Exonérations heures supplémentaires et complémentaires, § 740, 01/01/2025).

Exemple

Un salarié d'une entreprise de moins de 20 salariés totalise 3 h 15 min au titre de ses heures supplémentaires. La déduction forfaitaire est de [3 h + (15 min / 60 min)] × 1,50 = 4,88 €.

Nature de la déduction et montant maximal - La déduction forfaitaire s'impute sur les cotisations et contributions patronales dues par les employeurs à l'organisme de recouvrement (URSSAF, CGSS ou CMSA selon les cas) au titre de l'ensemble de la rémunération versée au salarié au moment du paiement de la durée du travail supplémentaire en cause. Elle ne peut pas dépasser ce montant (c. séc. soc. art. L. 241-18 et L. 241-18-1, III).

Cumuls autorisés - La déduction forfaitaire est cumulable avec les autres exonérations de cotisations patronales de sécurité sociale (y compris la réduction générale de cotisations patronales), dans la limite des cotisations et contributions patronales recouvrées selon les mêmes règles (ex. : FNAL, versement mobilité, contribution solidarité autonomie), restant dus par l'employeur au titre de l'ensemble de la rémunération du salarié concerné (c. séc. soc. art. L. 241-18 et L. 241-18-1, IV).

La déduction forfaitaire intervient, en dernier lieu, après application des autres exonérations de cotisations patronales. Lorsqu'elle intervient après l'application de la réduction générale ou d'une autre exonération calculée sur une base annuelle, le montant des cotisations et contributions sur laquelle elle peut s'imputer est celui calculé au mois le mois, sans tenir compte de l'effet des régularisations postérieures de la réduction ou de l'exonération annuelle sur ce montant (BOSS, Exonérations heures supplémentaires et complémentaires, § 760, 01/01/2025).

Exemples de bulletin de paye - Des exemples de bulletin de paye avec mention de la déduction forfaitaire figurent par ailleurs dans ce dictionnaire (voir *Heures supplémentaires** et *Rachat de jours de repos**).

Justificatif

Documents à tenir à disposition de l'URSSAF - L'employeur doit tenir à la disposition des agents de l'URSSAF un document en vue du contrôle de l'application du dispositif (c. séc. soc. art. L. 241-18 et L. 241-18-1, V).

En principe, il s'agit de documents de suivi de la durée du travail déjà existants dans l'entreprise, selon l'organisation du travail applicable (c. séc. soc. art. D. 241-25) : horaire collectif (c. trav. art. D. 3171-1 à D. 3171-4), aménagement du temps de travail sur une période supérieure à la semaine (c. trav. art. D. 3171-5), travail par relais, roulement ou par équipes successives (c. trav. art. D. 3171-7), enregistrements quotidien et hebdomadaire dès lors que tous les salariés ne sont pas occupés selon le même horaire collectif (c. trav. art. D. 3171-8 et D. 3171-9), récapitulatif annuel des jours ou demi-journées travaillés par les salariés en forfait annuel en jours (c. trav. art. D. 3171-10), etc.

Si nécessaire, document complémentaire annuel - Lorsque ces documents ne sont pas immédiatement accessibles, l'employeur les complète, au moins une fois par un an pour chaque salarié, par un récapitulatif hebdomadaire du nombre d'heures supplémentaires (ou du nombre d'heures de travail lorsque le décompte des heures n'est pas établi par semaine). Il y précise le mois au cours duquel elles ont été rémunérées et distingue les heures selon le taux de majoration qui leur est applicable (voir notre modèle ci-après) (c. séc. soc. art. D. 241-25, al. 2 ; BOSS, Exonérations heures supplémentaires et complémentaires, § 800, 01/01/2025).

Heures supp' structurelles liées à une durée collective de travail supérieure à 35 h - Dans l'hypothèse où les heures supplémentaires sont mensualisées et correspondent à une durée collective du travail supérieure à 35 h/semaine, l'indication de cette durée collective suffit pour les heures supplémentaires concernées (c. séc. soc. art. D. 241-25, al. 3 ; BOSS, Exonérations heures supplémentaires et complémentaires, § 810, 01/01/2025).

En revanche, si des heures supplémentaires sont effectuées au-delà de cette durée collective, l'employeur doit produire les documents légaux relatifs au temps de travail et, si nécessaire, le document complémentaire annuel.

☛ *Aménagement du temps de travail sur une période supérieure à la semaine ; Convention de forfait ; Convention de forfait (forfait annuel en jours) ; Cycle de travail ; Durée du travail ; Heures supplémentaires ; Heures supplémentaires et complémentaires (exonération d'impôt sur le revenu) ; Heures supplémentaires et complémentaires (réduction de cotisations salariales) ; Modulation de la durée du travail ; Monétisation des jours de RTT ; Rachat de jours de repos ; Réduction du temps de travail (réduction sous forme de repos) ; Temps partiel ; Temps de travail effectif.*

Exemple de récapitulatif pour une entreprise de 3 salariés

Salarié	Semaine	H. sup. > 35e h et ≤ 43e h incluse	H. sup. > 43e h	Mois de paye
Pierre D.	1	-	-	janvier
Françoise S.	1	4	-	janvier
Thomas T.	1	4	-	janvier
Pierre D.	2	-	-	janvier
Thomas T.	2	4	-	janvier
Thomas T.	5	4	-	février
Françoise S.	7	8	2	février
Françoise S.	10	5	-	mars
Thomas T.	10	1	-	mars
Thomas T.	14	5	-	avril
Pierre D.	15	-	-	avril
Françoise S.	18	1	-	mai
Thomas T.	23	1	-	juin
Pierre D.	27	-	-	juillet
Thomas T.	36	8	2	septembre
Françoise S.	36	2	-	septembre
Françoise S.	41	1	-	octobre
Françoise S.	45	1	-	novembre
Françoise S.	50	5	-	décembre
Thomas T.	50	2	-	décembre
Pierre D.	50	-	-	décembre
Pierre D.	51	-	-	décembre

Heures supplémentaires et complémentaires (exonération d'impôt sur le revenu)

Sous condition, la rémunération des heures supplémentaires, des heures complémentaires et des jours travaillés en plus par les « forfaits » jours est exonérée d'impôt sur le revenu dans une certaine limite (CGI art. 81 quater).

Cette exonération s'applique aux heures réalisées depuis le 1er janvier 2019 (loi 2018-1213 du 24 décembre 2018, art. 2, II, JO du 26).

Heures et rémunérations concernées

Heures éligibles - Les heures éligibles sont les mêmes que celles ouvrant droit à la réduction de cotisations salariales : *heures supplémentaires**, *heures complémentaires** des salariés à temps partiel et, pour les salariés en forfait jours, des jours travaillés au-delà de 218 jours par an en application du dispositif de renonciation à des jours de repos prévu par le code du travail (CGI art. 81 quater).

Rémunérations exonérées - L'exonération s'applique à la rémunération de l'heure supplémentaire ou complémentaire, ou du jour supplémentaire (forfaits fours), ainsi qu'à la majoration de salaire qui y est attachée. La majoration de salaire ouvre droit à l'exonération dans la même limite de taux que la réduction de cotisations salariales (CGI art. 81 quater ; c. séc. soc. art. L. 241-17).

Par ailleurs, le bénéfice de l'exonération est subordonné à la même condition de non-substitution au salaire.

Jours de RTT monétisés - L'exonération d'impôt sur le revenu peut aussi s'appliquer à la rémunération des heures correspondant aux journées et demi-journées de repos acquises entre le 1er janvier 2022 et le 31 décembre 2026, et monétisées dans le cadre de la loi de finances rectificative du 16 août 2022 (voir *Monétisation des jours de RTT**) (loi 2022-1157 du 16 août 2022, art. 5, II modifié ; loi 2022-1616 du 23 décembre 2022, art. 22, II ; loi 2025-127 du 14 février 2025, art. 8, JO du 15).

Plus de détails - Le dispositif fiscal est conçu comme le miroir de la réduction de cotisations salariales, puisqu'il s'applique dans les mêmes conditions (CGI art. 81 quater).

Pour davantage d'informations sur les points ci-dessus évoqués (heures éligibles, rémunérations exonérées et condition de non-substitution), voir *Heures supplémentaires et complémentaires (réduction de cotisations salariales)**.

Nature et étendue de l'exonération

Principe - Les rémunérations éligibles sont exonérées d'impôt sur le revenu dans une limite annuelle de 7 500 € depuis le 1er janvier 2022 (contre 5 000 € avant cette date) (CGI art. 81 quater modifié ; loi 2022-1157 du 16 août 2022, art. 4, JO du 17).

Dans cette même limite, les rémunérations concernées ne sont donc pas soumises au *prélèvement à la source**.

Pour mémoire, cette limite n'existe pas au niveau de la réduction de cotisations salariales.

Application en paye : limite exprimée en brut - Le plafond d'exonération prévu par le code général des impôts s'apprécie au regard de la rémunération nette imposable afférente aux heures exonérées, perçue par la personne au cours de l'année.

Pour son application concrète en paye, le GIP-MDS, en charge de la maîtrise d'ouvrage de la DSN, a précisé que le calcul doit s'opérer « sur une limite exprimée en brut », afin de tenir compte de la CSG et de la CRDS (www.net-entreprises.fr, Base de connaissance DSN, fiche 2110).

Hors cas des apprentis, le montant de 7 500 € en net imposable applicable depuis le 1er janvier 2022 correspond à une limite annuelle exprimée en brut de 8 037 € [soit 7 500 €/(1 - (0,9825 × 6,8 %))].

Pour les *apprentis**, il faut distinguer selon la date de conclusion du contrat :
- pour les contrats conclus avant le 1er mars 2025, le salaire des *apprentis** est exonéré de CSG/CRDS sans limitation de montant (c. séc. soc. art. L. 136-1-1, III, 1° a, version avant 1.03.2025) : la limite d'exonération exprimée en brut est de 7 500 € (www.net-entreprises.fr, Base de connaissance DSN, fiche 2110) ;
- pour les contrats conclus depuis 1er mars 2025, la rémunération des *apprentis** est exonérée de CSG/CRDS dans la limite de 50 % du SMIC et assujettie au-delà (c. séc. soc. art. L. 136-1-1, II, 7° nouveau au 1.03.2025) : les précisions du GIP-MDS seront les bienvenues (faudra-t-il distinguer entre la fraction de rémunération des heures supp' au-delà de 50 % du SMIC et celle comprise dans la limite de 50 % du SMIC ?).

Depuis les revenus 2024, pour les bénéficiaires de revenus d'activité qui ne sont pas domiciliés en France ou qui ne relèvent pas en France d'un régime obligatoire de sécurité sociale et pour lesquels les rémunérations ne sont pas soumises à la CSG/CRDS, la limite d'exonération exprimée en brut est également de 7 500 € (www.net-entreprises.fr, Base de connaissance DSN, fiche 2110).

▶ À noter... Pour mémoire, la limite de 5 000 € de net imposable en vigueur jusqu'au 31 décembre 2021 correspondait à une limite annuelle exprimée en brut de 5 358 €. Pour les *apprentis**, la limite en brut restait de 5 000 €.

Aucune proratisation en fonction de la durée d'activité n'est à réaliser (temps partiel notamment, ou contrats sur une période inférieure à l'année entière). Autrement dit, il n'y a pas de prorata temps partiel ou entrée/sortie en cours d'année (www.net-entreprises.fr, Base de connaissance DSN, fiche 2110).

Pour les salariés multi-employeurs, il est admis, selon le GIP-MDS, que chaque employeur applique la limite d'exonération sans tenir compte des éventuelles rémunérations d'heures supplémentaires ou complémentaires perçues par le salarié d'autres employeurs. Mais à notre sens, cela ne signifie pas qu'un salarié multi-employeurs bénéficiera, au final, d'une exonération calculée sur plusieurs limites pour une même année. Dans la mesure où le droit fiscal raisonne en termes de revenu global perçu par les contribuables, il est probable que l'administration régularise la situation à l'occasion du calcul final de l'impôt sur le revenu, au regard de la déclaration de revenus du contribuable et/ou des éléments déclarés en DSN par les différents employeurs.

Déductibilité de la CSG - Sur la question de la déductibilité de la CSG sur les rémunérations exonérées d'impôt, voir *Heures supplémentaires**.

Bulletin de paye

Le montant net imposable qui se trouve exonéré d'impôt sur le revenu du fait du mécanisme de défiscalisation fait partie, depuis le 1er janvier 2022, d'une rubrique spécifique dans le bloc fiscal du bulletin de paye, intitulée « Montant net des heures compl/supp exonérées ».

Sur l'année, cette rubrique est plafonnée à 7 500 € depuis le 1er janvier 2022 (5 000 € antérieurement) [pour plus de détails sur cette rubrique, voir *Bulletin de paye (mentions obligatoires)**].

Le net imposable du bulletin de paye ne tient pas compte de cette rémunération exonérée d'impôt.

Déclaration sociale nominative

Rubrique « Rémunération nette fiscale » - Depuis 2024 (norme DSN P24V01), la rémunération exonérée d'impôt des heures défiscalisées ne doit plus être intégrée dans la rubrique « Rémunération nette fiscale » (www.net-entreprises.fr, Base de connaissance DSN, fiches 2110 et 2111, mise à jour du 5.05.2023).

▶ À noter... De 2021 à la fin 2023, la rubrique « Rémunération nette fiscale » (RNF - S21.G00.50.002) intégrait la rémunération exonérée d'impôt des heures défiscalisées.

Déclaration de la rémunération défiscalisée - Depuis 2024 (norme DSN P24V01), la rémunération exonérée d'impôt des heures défiscalisées doit être déclarée en bloc « Éléments de revenu calculé en net » (S21.G00.58), avec le type « 01 - Heure(s) complémentaire(s) ou supplémentaire(s) exonérée(s) fiscalement (y compris journées de RTT monétisées) ».

▶ À noter... Avant 2024, la rémunération exonérée d'impôt était identifiée au niveau du bloc « Rémunération - S21.G00.51 », sous le code « 026 - Heures supplémentaires exonérées » de la rubrique « Type - S21.G00.51.011 ».

Dans une information du 24 novembre 2022, le GIP-MDS a précisé que le montant à indiquer dans cette rubrique est calculé à partir du montant brut exonéré d'impôt, selon la formule suivante : montant brut exonéré × [1 - (0,9825 × 0,068)], soit un coefficient de conversion de 0,93319. Cette règle ne vaut, à notre sens, que pour les salariés dont les rémunérations sont soumises à CSG/CRDS (donc hors cas de certains apprentis, par exemple).

☞ *Aménagement du temps de travail sur une période supérieure à la semaine ; Convention de forfait (forfait annuel en jours) ; Heures complémentaires ; Heures supplémentaires ; Heures supplémentaires (déduction forfaitaire de cotisations patronales) ; Heures supplémentaires et complémentaires (réduction de cotisations salariales) ; Monétisation des jours de RTT ; Rachat de jours de repos.*

Heures supplémentaires et complémentaires (réduction de cotisations salariales)

Depuis le 1er janvier 2019, une réduction de cotisations salariales s'applique, sous condition et dans certaines limites, à la rémunération des *heures supplémentaires**, des *heures complémentaires** et, pour les salariés en forfait jours, des jours travaillés au-delà de 218 jours par an donne droit (c. séc. soc. art. L. 241-17).

Heures et jours éligibles

Liste des temps concernés - La réduction s'applique à la rémunération des *heures supplémentaires**, des *heures complémentaires** des salariés à temps partiel et, pour les salariés en forfait jours, des jours travaillés au-delà de 218 jours par an en application du dispositif de renonciation à des jours de repos prévu par le code du travail (voir *Rachat de jours de repos**) (c. séc. soc. art. L. 241-17, I).

Le tableau ci-après récapitule la liste des heures et jours concernés.

Condition de non-substitution - La réduction de cotisations salariales ne peut pas jouer pour des heures ou jours qui se substitueraient à d'autres éléments de rémunération, à moins qu'un délai de 12 mois ne se soit écoulé entre le dernier versement de l'élément de rémunération en tout ou partie supprimé et le premier versement correspondant aux heures en cause (c. séc. soc. art. L. 241-17, V).

Condition de respect des règles sur la durée du travail - Depuis le 11 mars 2022, le *Bulletin officiel de la sécurité sociale (BOSS)** précise que le bénéfice de la réduction de cotisations salariales est conditionné au respect par l'employeur des dispositions légales et conventionnelles relatives à la durée de travail (BOSS, Exonérations heures supplémentaires et complémentaires, § 190, 01/01/2025).

Ce faisant, le BOSS prévoit une condition qui ne figure pas expressément à l'article L. 241-17 du code de la sécurité sociale dans sa version applicable à l'heure où nous rédigeons ces lignes. Une modification législative serait à notre sens nécessaire pour donner à cette condition une véritable assise juridique.

▶ À noter... Cette précision, l'administration a sans doute entendu rapprocher le régime de la réduction de cotisations salariales de celui de la déduction forfaitaire de cotisations patronales dont peuvent bénéficier certaines entreprises sur les heures supplémentaires [voir *Heures supplémentaires (déduction forfaitaire de cotisations patronales)**], si ce n'est que pour cette dernière, la condition de respect des règles de durée du travail est expressément prévue par la loi (c. séc. soc. art. L. 241-18 et L. 241-18-1, IV).

Rémunérations ouvrant droit à la réduction de cotisations salariales
• Heures supplémentaires effectuées au-delà de la durée légale du travail (ou de la durée d'équivalence en vigueur dans certaines professions)
• Heures complémentaires des salariés à temps partiel (1)
• Heures supplémentaires effectuées au-delà de 1 607 h par an par les salariés en forfait annuel en heures
• Heures supplémentaires « structurelles » *(voir nos développements)*
• Heures supplémentaires effectuées dans le cadre du temps partiel pour les besoins de la vie personnelle (c. trav. art. L. 3123-2)
• En cas d'aménagement du temps de travail sur une période supérieure à la semaine, heures supplémentaires effectuées au-delà de 1 607 h sur l'année (ou au-delà de la moyenne de 35 h calculée sur la période de référence, lorsque celle-ci est inférieure ou supérieure à 1 an) (2)
• Heures supplémentaires effectuées dans le cadre d'anciens dispositifs comme la modulation, les anciens accords de RTT ou les cycles de travail, dans les entreprises qui en appliquent encore (BOSS, Exonérations heures supplémentaires et complémentaires, § 60, 01/01/2025)
• Pour les forfaits jours, rémunération majorée versée au titre des jours travaillés au-delà de 218 jours par an, en application du dispositif de *rachat de jours de repos** prévu par le code du travail
• Heures correspondant aux journées et demi-journées de repos acquises entre le 1er janvier 2022 et le 31 décembre 2026 monétisées dans le cadre de la loi du 16 août 2022 (voir *Monétisation des jours de RTT**)
• Heures supplémentaires des assistants maternels effectuées au-delà de 45 h hebdomadaires + heures complémentaires accomplies au sens de la convention collective qui leur est applicable
• Heures supplémentaires effectuées par les salariés des particuliers employeurs

(1) Y inclus les heures complémentaires effectuées au-delà de la durée fixée par un éventuel avenant de complément d'heures (c. trav. art. L. 3123-22, dern. al.). En revanche, les heures comprises dans le volume d'un tel avenant n'ouvrent pas droit à la réduction [voir *Temps partiel (avenant de complément d'heures)**].
(2) Si le dispositif d'aménagement du temps de travail prévoit un seuil inférieur à 1 607 h (ou à la moyenne de 35 h), les heures effectuées entre ce seuil et 1 607 h (ou la moyenne de 35 h) n'ouvrent pas droit à la réduction.

Salariés dont la durée du travail n'est pas régie par le code du travail - La durée du travail de certaines professions n'est pas régie par les règles de droit commun du code du travail (IIIe partie), mais par d'autres dispositions légales (code de transports, code de l'action sociale et des familles, etc.) ou conventionnelles. À cet égard, l'administration cite, à titre d'exemple :

- les salariés affiliés à des régimes spéciaux de sécurité sociale ;
- les personnels des chambres consulaires ;
- les travailleurs à domicile ;
- les salariés des particuliers employeurs ;
- les assistants maternels.

Ces salariés bénéficient de l'exonération sur les heures de travail excédant la durée de travail définie par les dispositions légales ou conventionnelles applicables (BOSS, Exonérations heures supplémentaires et complémentaires, § 170, 01/01/2025).

Gardiens, concierges et employés d'immeubles - La réduction s'applique aux gardiens, concierges et employés d'immeubles dont la durée de travail n'est pas comptabilisée en heures.

La convention collective des gardiens, concierges et employés d'immeubles du 27 avril 2009 prévoit un régime dérogatoire de décompte du temps de travail, exprimé non pas en heures mais en unités de valeur (UV) (BOSS, Exonérations heures supplémentaires et complémentaires, § 170, 01/01/2025).

Les salariés occupant un « emploi à service complet » sont redevables de 10000 UV de tâches par mois, et peuvent effectuer des UV supplémentaires majorées de 25 %, dans la limite de 12000 UV par mois. Ces tâches supplémentaires sont éligibles à la réduction.

Pour calculer la rémunération sur laquelle s'applique la réduction de cotisations salariales, il convient donc, selon la Direction de la sécurité sociale, de prendre en compte la rémunération afférente aux tâches effectuées au-delà de 10000 UV, en partant du principe que ces 10000 UV correspondent à la durée de 151,67 heures. Autrement dit, si 12000 UV sont rémunérées, la rémunération sur laquelle s'applique la réduction est celle correspondant à 2000 UV.

Heures supplémentaires structurelles

Entreprises et salariés concernés - Dans certains cas, des *heures supplémentaires** sont intégrées à la durée du travail et à la rémunération habituelles du salarié. On parle alors d'heures supplémentaires « structurelles ».

Il en va ainsi dans les entreprises ayant une durée collective de travail supérieure à la durée légale (35 h hebdomadaires) ou à la durée d'équivalence applicable. Par exemple, si la durée collective du travail est de 39 h hebdomadaires, un salarié mensualisé à temps plein totalise (39 h – 35 h) × 52/12 = 17,33 heures supplémentaires par mois (BOSS, Exonérations heures supplémentaires et complémentaires, §§ 70 et 230, 01/01/2025).

Les heures supplémentaires « structurelles » concernent aussi les salariés titulaires d'une convention individuelle de forfait en heures (forfait hebdomadaire, mensuel ou annuel), intégrant un certain nombre d'heures supplémentaires (BOSS, Exonérations heures supplémentaires et complémentaires, §§ 100 et 230, 01/01/2025).

▶ À noter... Il ne peut pas y avoir d'heures dites structurelles réalisées lors d'un contrat à temps partiel, y compris s'il s'agit d'un passage en temps partiel thérapeutique (BOSS, Exonérations heures supplémentaires et complémentaires, § 80, 01/01/2025).

Application de la réduction - Ces heures supplémentaires « structurelles » bénéficient de la réduction dans les mêmes conditions que les autres heures supplémentaires (BOSS, Exonérations heures supplémentaires et complémentaires, § 230, 01/01/2025).

En cas d'absence du salarié donnant lieu avec maintien intégral de la rémunération, les heures supplémentaires « structurelles » de la période sont réputées réalisées et donnent lieu à la réduction (BOSS, Exonérations heures supplémentaires et complémentaires, § 240, 01/01/2025).

En cas d'absence du salarié avec maintien partiel de la rémunération ou sans rémunération, la rémunération des heures supplémentaires « structurelles » est prise en compte dans les mêmes conditions que pour le calcul de la *réduction générale de cotisations patronales**, à savoir après application d'un coefficient correspondant au rapport entre la rémunération versée au cours du mois et celle qui aurait dû être versée si le salarié n'avait pas été absent (après déduction, pour la détermination de ces deux éléments, des éléments de rémunération dont le montant n'est pas proratisé par l'absence) (BOSS, Exonérations heures supplémentaires et complémentaires, § 250, 01/01/2025).

Exemples

Un salarié est employé pour un horaire mensuel de 169 h réparti à raison de 7,8 h par jour du lundi au vendredi. Les 169 h comprennent donc 17,33 heures supplémentaires structurelles payées à 125 % (taux

du code du travail en l'absence d'autre taux de majoration prévu par accord collectif).
Le taux horaire est de 15 €. Le salarié a une rémunération habituelle de 2 599,94 € qui se ventile entre :
- heures « normales » : 2 275 € ;
heures supplémentaires éligibles à la réduction : 17,33 h × 15 € × 125 % = 324,94 €.
1) Si une absence sans maintien de salaire conduit à une retenue de 400 €, la rémunération résiduelle brute est de 2 599,94 – 400 = 2 199,94 €. La rémunération éligible à la réduction est de 324,94 € × 2 199,94/2 599,94 = 274,95 € (en pratique, comme s'il y avait eu 17,33 h × 2 199,94/2 599,94 = 14,66 heures supplémentaires).
2) Si le salarié a une absence avec maintien de salaire partiel (retenue de 400 €, maintien de salaire de 200 €), la rémunération résiduelle brute est de 2 599,94 – 400 + 200 = 2 399,94 €. La rémunération éligible à la réduction est de 324,94 € × 2 399,94/2 599,94 = 299,94 € (en pratique, comme s'il y avait eu 17,33 h × 2 399,94/2 599,94 = 16 heures supplémentaires).

Jours de RTT monétisés

La réduction de cotisations salariales peut aussi s'appliquer à la rémunération des heures correspondant aux journées et demi-journées de repos acquises entre le 1er janvier 2022 et le 31 décembre 2026 qui sont monétisées dans le cadre de la loi de finances rectificative du 16 août 2022 (voir *Monétisation des jours de RTT**) (loi 2022-1157 du 16 août 2022, art. 5, II modifié ; loi 2022-1616 du 23 décembre 2022, art. 22, II ; loi 2025 127 du 14 février 2025, art. 8, JO du 15).

Assiette de la réduction

Rémunération prise en compte - La réduction s'applique à la rémunération de l'heure supplémentaire ou complémentaire, ou du jour supplémentaire (forfaits fours), ainsi qu'à la majoration de salaire qui y est attachée (c. séc. soc. art. L. 241-17, IV).

Limite de prise en compte de la majoration de salaire - Toutefois, la majoration de salaire n'ouvre droit à la réduction que dans une certaine limite (c. séc. soc. art. L. 241-17, IV) :
- taux de majoration prévu par l'accord collectif applicable (accord d'entreprise ou, à défaut, de branche, pour les heures supplémentaires ; accord collectif de branche étendu pour les heures complémentaires) ;
- à défaut de taux fixé par accord collectif, taux prévus par le code du travail (25 % ou 50 % pour les *heures supplémentaires** ; 10 % ou 25 % pour les *heures complémentaires**).

▶ À noter… Pour les jours travaillés au-delà de 218 jours par an par les « forfaits jours », le code du travail fixe une majoration minimale de 10 %, mais son montant exact est fixé par l'avenant au contrat de travail (c. trav. art. L. 3121-59). La LFSS 2019 n'a pas précisé la limite dans laquelle la majoration de salaire ouvre droit à la réduction. Les rapports parlementaires évoquaient une limite de 25 % (rapport AN n° 1336, tome II, p. 47), mais ce point reste à clarifier.

Si l'employeur applique une majoration supérieure à la limite de référence, la fraction de majoration excédentaire n'ouvre pas droit à la réduction.

Déduction forfaitaire spécifique pour frais professionnels - Seule la rémunération soumise à cotisations est prise en compte. En cas d'application d'une *déduction forfaitaire spécifique pour frais professionnels** (DFS) à l'assiette des cotisations, l'assiette de la réduction correspond à la rémunération éligible après application de la DFS (BOSS, Exonérations heures supplémentaires et complémentaires, § 320, 01/01/2025).

Convention de forfait en heures (précision) - Pour les salariés ayant conclu une convention de forfait en heures, la rémunération prise en compte doit être calculée à partir de la rémunération totale et du nombre d'heures incluses dans le forfait, mais en tenant compte des majorations de salaire attachées aux heures supplémentaires comprises dans le forfait (BOSS, Exonérations heures supplémentaires et complémentaires, § 330, 01/01/2025).

Exemple
Un salarié avec un forfait de 169 heures par mois est rémunéré 3 000 € sur un mois. Cette rémunération tient compte de la majoration de salaire des 17,33 heures supplémentaires incluses dans le forfait s'élève. Pour un taux de majoration applicable de 25 %, le taux horaire de base est donc de 3 000 / [151,67 + (17,33 × 125 %)] = 17,31 €. La rémunération à prendre en compte pour la réduction s'élève donc à 17,33 h × 17,31 € × 125 % = 374,98 €.

Apprentis - Compte tenu du régime d'exonération aux *apprentis**, il n'y a pas de cotisations salariales d'assurance vieillesse lorsque la rémunération d'un apprenti est inférieure à un certain seuil (50 % du *SMIC** pour les contrats conclus à partir de mars 2025, 79 % du *SMIC** pour ceux conclus avant mars 2025). Il n'y a donc pas de réduction de cotisations salariales à calculer, puisqu'il n'y a pas de cotisations sur lesquelles l'imputer.

À l'inverse, si un apprenti ayant une rémunération supérieure au seul concerné (50 % ou 79 % du *SMIC** selon la date de conclusion contrat) effectue des heures supplémentaires, il y a bien une réduction à calculer au titre de ces heures, mais uniquement sur la part de rémunération supérieure à 50 % ou 79 % du SMIC selon le cas, à proportion de la part de la rémunération au titre de ces heures supplémentaires dans le total de la rémunération (BOSS, Exonérations heures supplémentaires et complémentaires, § 340, 01/01/2025).

Exemples

1) En avril 2025, un apprenti dont le contrat est antérieur à cette date est rémunéré 1 629,20 € sur un mois, dont 112,50 € au titre de 9 heures supplémentaires majorées au taux légal de 25 %. La rémunération de ces heures représente 112,50 × 100/1 629,20 = 6,91 % de la rémunération totale de ce mois. La rémunération totale du mois dépassant de 205,78 € le seuil de 79 % du SMIC (1 423,42 €), la réduction ne s'applique donc que sur 6,91 % de la rémunération excédant 79 % du SMIC, soit sur 6,91 % × 205,78 € = 14,22 €.

2) Sous réserve de précisions du BOSS, s'il s'agissait d'un contrat conclu à partir de mars 2025, il suffirait de transposer le raisonnement en tenant compte du seuil de 50 % du SMIC. La rémunération totale de l'apprenti sur le mois (1 629,20 €) dépasserait alors de 728,30 € le seuil de 50 % du SMIC (900,90 €), la réduction ne s'applique donc que sur 6,91 % de la rémunération excédant 50 % du SMIC, soit sur 6,91 % × 728,30 € = 50,01 €.

Taux de la réduction

Calcul du taux et maximum de 11,31 % - La réduction est égale à la rémunération ouvrant droit à la réduction, multipliée par un taux fixé par décret, dans la limite des cotisations salariales d'origine légale et conventionnelle dues au titre des heures concernées (c. séc. soc. art. L. 241-17, II). Elle ne couvre pas la CSG/CRDS.

Le taux de la réduction est égal à la somme des taux de chacune des cotisations d'assurance vieillesse d'origine légale et conventionnelle rendue obligatoire par la loi effectivement à la charge du salarié, dans la limite de 11,31 % (c. séc. soc. art. D. 241-21). Pour mémoire, la notion de « cotisations vieillesse d'origine conventionnelle rendue obligatoire par la loi » vise, en particulier, le régime AGIRC-ARRCO.

▶ À noter... La réduction s'applique aussi à Mayotte et Saint-Pierre-et-Miquelon, mais dans la limite des taux applicables dans ces territoires (BOSS, Exonérations heures supplémentaires et complémentaires, §§ 380 et 390, 01/01/2025).

Ajustement à la baisse si nécessaire - Mathématiquement, la limite de 11,31 % correspond à la somme :

- des cotisations salariales d'assurance vieillesse (0,40 % + 6,90 %) ;
- de la contribution de retraite complémentaire et de la contribution d'équilibre général du régime AGIRC-ARRCO pour un salarié rémunéré en deçà du plafond dans le cas général (3,15 % de retraite + 0,86 % de contribution d'équilibre général).

Si nécessaire, il faut les revoir à la baisse (part salariale AGIRC-ARRCO inférieure au taux de droit commun, taux réduits URSSAF) (BOSS, Exonérations heures supplémentaires et complémentaires, § 360, 01/01/2025).

Taux de la réduction pour les salariés payés au-dessus du plafond - Lorsque la rémunération mensuelle du salarié excède le plafond de la sécurité sociale, les taux de cotisations salariales d'assurance vieillesse ne sont pas identiques pour la part de la rémunération inférieure et la part de la rémunération excédant le plafond.

Il convient alors de calculer la réduction en fonction du taux moyen de cotisations salariales d'assurance vieillesse et ARRCO-AGIRC applicable sur l'ensemble de la rémunération. Ce taux moyen peut être calculé en rapportant le montant total des cotisations salariales d'assurance vieillesse et de retraite AGIRC-ARRCO dues au titre de l'ensemble de la rémunération, y compris celle afférente aux heures supplémentaires, à cette même rémunération (BOSS, Exonérations heures supplémentaires et complémentaires, § 370, 01/01/2025).

Le taux est si nécessaire limité à 11,31 %.

Pour le calcul du taux moyen de cotisations, il convient de tenir compte la contribution d'équilibre technique (CET) AGIRC-ARRCO.

A contrario, l'administration a précisé le 1er février 2022 qu'il ne fallait pas tenir compte de la cotisation APEC (BOSS, Exonérations heures supplémentaires et complémentaires, § 370, mise à jour 01/02/2022).

▶ À noter... Ce faisant, l'administration est revenue sur la doctrine issue de l'exemple de la circulaire initiale de 2019, dont il ressortait qu'elle calculait la réduction en tenant compte de l'APEC (instr. DSS/5B 2019-71 du 29 mars 2019 abrogé, Q/R 15).

Dès lors, pour les salariés payés au-delà du plafond, le taux moyen se calcule en tenant compte uniquement des cotisations d'assurance vieillesse sécurité sociale et, côté AGIRC-ARRCO, de la contribution de retraite complémentaire proprement, de la contribution d'équilibre général et de la contribution d'équilibre technique. Si le salarié est cadre, la cotisation APEC n'est pas prise en compte.

Exemple

En 2025, un salarié cadre est rémunéré 5 370,91 € sur un mois, dont 370,91 € sont liés à la réalisation de 9 heures supplémentaires (majorées au taux légal de 25 %). Les cotisations salariales vieillesse et AGIRC-ARRCO (hors APEC) sont de 449,41 € en tranche 1 (taux de 11,45 %) et de 148,35 € en tranche 2 (taux de 10,26 %), soit un total de 597,76 €.
Le taux moyen de cotisation effectif est donc de (597,76 € × 100)/5 370,91 € = 11,13 % (ce taux est bien inférieur au taux maximal autorisé de 11,31 %).
Le montant de la réduction applicable sur les heures supplémentaires est de 370,91 € × 11,13 % = 41,28 €.

Imputation, cumul et contrôle

Imputation de la réduction - La réduction s'impute sur les cotisations salariales d'assurance vieillesse sécurité sociale dues pour chaque salarié concerné au titre de l'ensemble de sa rémunération pour les périodes en cause. Elle ne peut pas dépasser leur montant (c. séc. soc. art. L. 241-17, II). La réduction ne s'impute jamais sur les cotisations ARRCO-AGIRC (BOSS, Exonérations heures supplémentaires et complémentaires, § 460, 01/01/2025).

Dans le cas général, le montant de la réduction est limité au montant des cotisations salariales d'assurance vieillesse de base dues au titre de la paye considérée. Cependant, lorsque les heures sont décomptées sur une période différente du mois civil (ex. : aménagement du temps de travail), le montant de l'exonération peut être imputé, si nécessaire, sur les cotisations dues au titre des périodes

Exemples de réduction de cotisations salariales sur 2025

1) Un salarié mensualisé rémunéré selon un taux horaire de 15 € effectue 5 heures supplémentaires majorées à 25 % en application du code du travail (pas de taux fixé par accord de branche ou accord d'entreprise). Il n'y a pas de particularité en matière de cotisations.

La réduction est de 5 h × 15 € × 125 % × 11,31 % = 10,60 €.

2) Un salarié mensualisé rémunéré selon un taux horaire de 15 € effectue 5 heures supplémentaires. La convention collective fixe une majoration un taux de majoration de 20 %. Il n'y a pas de particularité en matière de cotisations.

• Si dans l'entreprise, l'employeur applique de sa propre décision un taux de majoration de 25 %, il n'y a pas de particularité en matière de cotisations. La majoration n'ouvre droit à la réduction que dans la limite du taux prévu par la convention collective. La réduction est de 5 h × 15 € × 120 % × 11,31 % = 10,18 €.

• Si un accord d'entreprise prévoit un taux de majoration de 10 %, la majoration n'ouvre droit à la réduction que dans la limite du taux prévu par l'accord d'entreprise (l'accord de branche est supplétif, sur le sujet). La réduction est de 5 h × 15 € × 110 % × 11,31 % = 9,33 €.

3) Un salarié cadre mensualisé est rémunéré selon un taux horaire de 30 €, soit 4 550,10 € par mois pour 151,67 h. Il effectue 5 heures supplémentaires majorées à 25 % en application du code du travail (pas de taux fixé par accord de branche ou accord d'entreprise), qui représentent 187,50 €. Sa rémunération totale brute, heures supplémentaires comprises, est de 4 737,60 €.

Il n'y a pas de particularité en matière de cotisations, si ce n'est que sa rémunération étant supérieure au plafond, il est également redevable de la contribution d'équilibre technique AGIRC-ARRCO (0,14 % de part salariale).

• **Taux de la réduction :** le salarié ayant une rémunération supérieure au plafond, il faut calculer un taux de réduction de cotisations salariales moyen, limité à 11,31 %.

Les cotisations salariales vieillesse et AGIRC-ARRCO (hors APEC) étant de 449,41 € en tranche 1 (taux de 11,45 %) et de 83,37 € en tranche 2 (taux de 10,26 %), soit un total de 532,78 €, le taux de la réduction est de 532,78 € × 100/4 737,60 € = 11,25 %.

• **Montant de la réduction :** la réduction est donc de 5 h × 30 € × 125 % × 11,25 % = 21,09 €.

4) Un salarié mensualisé est rémunéré selon un taux horaire de 14 €, soit 2 123,38 € par mois pour 151,67 h. Il effectue 15 heures supplémentaires majorées à 25 % en application du code du travail (pas de taux fixé par accord de branche ou accord d'entreprise).

• **Cas 1 :** dans l'entreprise, les contributions de retraite AGIRC-ARRCO de 7,87 % en tranche 1 sont réparties à raison de « 50 % employeur/50 % salarié », soit une part salariale de 3,93 %. Le taux de la réduction est donc de 0,40 % + 6,90 % + 3,93 % + 0,86 % = 12,09 %, ramené à 11,31 %. La réduction est donc de 15 h × 14 € × 125 % × 11,31 % = 29,69 €.

• **Cas 2 :** si les cotisations AGIRC-ARRCO étaient réparties à raison de « 70 % employeur/30 % salarié », soit une part salariale de 2,36 %, le taux de la réduction serait de 0,40 % + 6,90 % + 2,36 % + 0,86 % = 10,52 %. Dans un tel cas, la réduction serait de 15 h × 14 € × 125 % × 10,52 % = 27,62 €.

d'emploi postérieures donnant lieu à rémunération des heures supplémentaire (BOSS, Exonérations heures supplémentaires et complémentaires, § 480, 01/01/2025).

Une tolérance analogue peut s'appliquer lorsque la réduction concerne des sommes versées au titre de la *monétisation des jours de RTT** acquis de 2022 à 2026 en application de la loi du 16 août 2022. Il peut arriver, notamment lorsque le salarié effectue en plus des heures supplémentaires structurelles et/ou des heures supplémentaires ponctuelles, que le montant de la réduction calculé sur la rémunération de ces sommes soit supérieur au montant des cotisations salariales d'assurance vieillesse de base dues sur le mois. Dans ce cas, le reliquat de réduction peut être imputé sur les cotisations salariales d'assurance vieillesse dues au titre des périodes d'emploi postérieures à celle donnant lieu à rémunération des heures supplémentaires ou des journées de RTT (BOSS, Exonérations heures supplémentaires et complémentaires, § 490, 01/01/2025).

Cumul - Le cumul de la réduction avec une exonération de cotisations salariales de sécurité sociale, ou avec des taux réduits ou des assiettes ou montants forfaitaires de cotisations n'est autorisé que dans des limites fixées par décret, compte tenu du niveau des cotisations des salariés concernés (c. séc. soc. art. L. 241-17, VI).

Il est donc prévu qu'en cas d'application d'une exonération totale ou partielle de cotisations salariales de sécurité sociale, de taux réduits, d'assiettes ou de montants forfaitaires de cotisations, la réduction s'applique dans la limite des cotisations effectivement à la charge du salarié (c. séc. soc. art. D. 241-22).

Documents à tenir à disposition - En vue du contrôle de l'application du dispositif, l'employeur doit tenir à disposition un document, à l'instar de ce qui est prévu pour les entreprises de moins de 20 salariés appliquant la déduction forfaitaire de cotisations patronales sur les heures supplémentaires (c. séc. soc. art. D. 241-25).

En principe, il s'agit des documents de suivi de la durée du travail déjà existants dans l'entreprise, selon l'organisation du travail applicable ou, si nécessaire, d'un document récapitulatif [voir *Heures supplémentaires (déduction forfaitaire de cotisations patronales)**].

Bulletin de paye

Présentation de la réduction - La réduction doit apparaître sur le bulletin de paye puisqu'elle contribue à la détermination du net à payer.

Le montant de la réduction est affiché après les rubriques relatives aux cotisations sociales salariales et patronales (BOSS, Exonérations heures supplémentaires et complémentaires, § 400, 01/01/2025) [voir *Bulletin de paye (mentions obligatoires)**].

Pour un exemple de bulletin de paye avec des heures supplémentaires, voir *Heures supplémentaires**.

Responsabilité de l'employeur dans l'établissement du bulletin de paye - L'employeur doit remettre au salarié des bulletins de paye distinguant les heures supplémentaires majorées. La Cour de cassation a précisé que s'il ne le fait pas et que cette présentation empêche le salarié de bénéficier des exonérations de cotisations salariales, il engage sa responsabilité (cass. soc. 3 octobre 2018, n° 16-24705 D).

Cette décision, rendue dans le contexte de la loi TEPA de 2007, conserve toute sa pertinence dans le contexte des nouvelles exonérations.

☛ *Aménagement du temps de travail sur une période supérieure à la semaine ; Convention de forfait (forfait annuel en jours) ; Heures complémentaires ; Heures supplémentaires ; Heures supplémentaires (déduction forfaitaire de cotisations patronales) ; Heures supplémentaires et complémentaires (exonération d'impôt sur le revenu) ; Monétisation des jours de RTT ; Rachat de jours de repos.*

Horaire d'équivalence

☛ *Durée d'équivalence.*

Horaire de travail

L'employeur établit l'horaire de travail en précisant, pour chaque journée et pour l'ensemble du personnel, les heures auxquelles commence et finit la journée de travail, ainsi que la répartition des heures de travail dans la semaine.

Horaire collectif de travail

Répartition sur la semaine - En principe, l'horaire collectif de travail est réparti sur la semaine.

Sauf stipulations contraires d'une convention ou d'un accord collectif d'entreprise ou d'établissement (à défaut, d'une convention ou d'un accord de branche), la semaine civile débute le lundi à 0 h et se termine le dimanche à 24 h (c. trav. art. L. 3121-32 et L. 3121-35).

▶ À noter... Des dispositifs d'aménagement du temps de travail peuvent permettre de s'écarter du cadre hebdomadaire (voir *Aménagement du temps de travail sur une période supérieure à la semaine**).

Répartition sur 5 ou 6 jours - L'horaire de travail hebdomadaire légal peut être réparti sur 5 jours, 6 jours ou inégalement entre les jours ouvrables.

Répartition sur 4 ou 4,5 jours : restrictions applicables - Si un décret d'application de la loi du 21 juin 1936 ou de l'article L. 3121-67 du code du travail est applicable à l'entreprise, il définit les modalités possibles de répartition de l'horaire collectif de travail sur la semaine. Dans ce cas, une autre forme de répartition de l'horaire collectif de travail sur la semaine ne sera possible que par le biais d'une convention ou d'un accord collectif étendu, ou d'une convention ou d'un accord d'entreprise ou d'établissement (c. trav. art. L. 3121-67 et L. 3121-68).

▶ À noter... Si un décret d'application de la loi du 21 juin 1936 ou de l'article L. 3121-67 du code du travail, ou un accord collectif, ne le permet pas, il n'est pas possible, dans les entreprises où un tel texte réglementaire s'applique, d'organiser l'horaire collectif de travail sur 4 jours ou 4 jours et demi par semaine sous peine d'une sanction pénale (cass. crim. 12 juin 1987, n° 86-91737 D).

Dans les entreprises où aucun décret d'application de la loi du 21 juin 1936 ou de l'article L. 3121-67 du code du travail ne s'applique, l'employeur peut, à notre sens, organiser l'horaire collectif de travail sur 4 ou 4,5 jours dans le cadre des règles régissant la mise en place et la modification de l'horaire collectif de travail, après, notamment, consultation du *comité social et économique**. Les règles relatives aux maxima journaliers en matière de *durée du travail** doivent aussi être respectées.

Dans tous les cas, un dispositif d'*aménagement du temps de travail sur une période supérieure à la semaine** peut permettre d'arriver au même résultat.

En toute hypothèse, la répartition du travail sur 4 ou 4,5 jours doit respecter les dispositions relatives à la durée du travail des *jeunes** de moins de 18 ans.

Traitement en paye - La répartition de l'horaire de travail dans la semaine a une incidence en paye, tout particulièrement pour les absences non rémunérées. En effet, une journée d'absence ne sera pas valorisée de la même façon selon les cas.

La répartition peut, le cas échéant, varier selon les journées, en respectant les maxima de *durée du travail**. Si la répartition n'est pas la même chaque jour, une journée d'*absence** n'entraîne pas, en principe, la même retenue qu'une autre.

Affichage de l'horaire collectif

Obligation d'affichage - L'employeur est tenu d'afficher l'horaire collectif de travail (c. trav. art. L. 3171-1). Ainsi, lorsque tous les salariés d'un atelier, d'un service ou d'une équipe travaillent selon le même horaire collectif, un horaire établi selon l'heure légale indique les heures auxquelles commence et finit chaque période de travail (c. trav. art. D. 3171-1). Sous réserve des dispositions relatives au contingent annuel d'heures supplémentaires, aucun salarié ne pourra être occupé en dehors de cet horaire.

Cet horaire, daté et signé par le chef d'établissement ou, sous la responsabilité de celui-ci, par la personne à laquelle il aura délégué ses pouvoirs à cet effet, doit être affiché en caractères lisibles et apposé de façon apparente dans chacun des lieux de travail auxquels il s'applique (c. trav. art. D. 3171-2). Toute modification de cet horaire doit donner lieu, avant sa mise en service, à une rectification affichée dans les mêmes conditions (c. trav. art. D. 3171-3).

Un double de l'horaire et des rectifications qui y seraient apportées éventuellement doit être préalablement adressé à l'inspecteur du travail (c. trav. art. D. 3171-4).

En cas d'*aménagement du temps de travail sur une période supérieure à la semaine**, à défaut de précision conventionnelle contraire, l'affichage indique le nombre de semaines que comporte la période de référence fixée par l'accord ou le décret et, pour chaque semaine incluse dans cette période de référence, l'horaire de travail et la répartition de la durée du travail (c. trav. art. D. 3171-5).

En cas d'organisation du travail par relais, par roulement ou par équipes successives, la composition nominative de chaque équipe, y compris les salariés mis à disposition par une entreprise de travail temporaire, est indiquée soit par un tableau affiché dans les mêmes conditions que l'horaire, soit par un registre tenu constamment à jour et mis à disposition de l'inspecteur du travail et du *comité social et économique** (c. trav. art. D. 3171-7).

Salariés ne travaillant pas selon le même horaire collectif - Dans toutes les situations où les salariés d'un atelier, d'un service ou d'une équipe ne sont pas occupés selon le même horaire collectif de travail affiché (ex. : *travail par relais**, *travail par roulement**, *travail à temps partiel**, *horaires individualisés**), la durée du travail de chaque salarié concerné doit être décomptée (c. trav. art. D. 3171-8) :

- quotidiennement, par enregistrement, selon tous moyens, des heures de début et de fin de chaque période de travail ou par le relevé du nombre d'heures de travail effectuées ;
- et, chaque semaine, par récapitulation, selon tous moyens, du nombre d'heures de travail effectuées par chaque salarié.

Ces dispositions ne sont pas applicables aux salariés concernés par des conventions ou accords collectifs prévoyant des conventions de forfait en heures, dans la mesure où ces conventions ou accords fixent des modalités de contrôle de la durée du travail (c. trav. art. D. 3171-9).

Pour les salariés en forfait annuel en jours, l'employeur doit décompter chaque année le nombre de journées ou de demi-journées travaillées par chaque salarié (c. trav. art. D. 3171-10).

☛ *Affichage ; Durée d'équivalence ; Durée du travail ; Temps de travail effectif.*

Horaires individualisés

Les horaires individualisés sont aussi appelés « horaires à la carte », « horaires variables », « travail à temps choisi ».

Il s'agit d'horaires comportant une ou plusieurs plages fixes pendant lesquelles tous les salariés doivent être présents et une ou plusieurs plages mobiles à l'intérieur desquelles les salariés peuvent choisir leur heure d'arrivée et leur heure de départ.

Mise en place

Demande préalable des salariés - En principe, la mise en place d'horaires individualisés suppose une demande préalable de certains salariés (c. trav. art. L. 3121-48). Aucune forme n'est exigée et l'employeur n'est pas tenu d'y donner suite (circ. DRT 94-4 du 21 avril 1994, § V, réputé abrogée).

Modalités de mise en place - L'employeur peut mettre en place des horaires individualisés sous réserve de l'avis conforme (accord) du *comité social et économique** (CSE) (c. trav. art. L. 3121-48).

S'il n'y a pas de représentant du personnel dans l'entreprise, les horaires individualisés peuvent être mis en place sur autorisation de l'inspecteur du travail (c. trav. art. L. 3121-48).

L'inspecteur du travail notifie sa décision à l'employeur dans les 2 mois de la demande (c. trav. art. R. 3121-29). Cependant, son silence pendant 30 jours vaut acceptation de la demande de mise en place des horaires individualisés (décret 2014-1290 du 23 octobre 2014, annexe, JO 1er novembre). Sous réserve de l'appréciation de l'administration et des tribunaux, il semblerait donc que pour les demandes présentées depuis le 12 novembre 2014, l'employeur puisse se baser sur le délai de 30 jours.

Reports d'heures

Choix du salarié - Les horaires individualisés peuvent entraîner des reports d'heures d'une semaine à l'autre sans que ces heures soient considérées comme des heures supplémentaires, à la condition qu'elles résultent d'un libre choix du salarié concerné (c. trav. art. L. 3121-48).

Limites - Un accord collectif d'entreprise ou d'établissement ou, à défaut, une convention ou un accord de branche, peut prévoir les limites et modalités de report d'une semaine à une autre (c. trav. art. L. 3121-51, 1°).

À défaut de disposition conventionnelle, le report d'une semaine à une autre ne peut pas dépasser 3 heures et le cumul des reports est plafonné à 10 heures (c. trav. art. L. 3121-52 et R. 3121-30).

Traitement en paye

Les horaires individualisés n'ont pas d'incidence directe sur la paye.

Les heures reportées en application d'un horaire individualisé ne sont ni décomptées ni rémunérées en heures supplémentaires (c. trav. art. L. 3121-48).

À défaut de dispositions précises dans l'éventuel accord collectif, les absences seront traitées en prenant en compte le taux horaire ou journalier moyen de l'intéressé.

Les heures effectuées au-delà de la durée légale du travail (ou de la *durée d'équivalence** applicable) en dehors du cadre des horaires individualisés (demande de l'employeur, dépassement des limites de report d'heures) doivent être payées à l'échéance normale et majorées selon les dispositions légales (voir *Heures supplémentaires**).

☛ *Heures supplémentaires ; Horaire de travail.*

Horaires variables

Horaires individualisés.

Hôtels-cafés-restaurants

La paye des salariés des hôtels, cafés et restaurants obéit à des règles spécifiques, légales et conventionnelles (convention collective nationale des hôtels, cafés-restaurants (HCR) du 30 avril 1997, étendue par arrêté du 3 décembre 1997, JO du 6).

Rémunération

Salaires - La grille de salaire a été réévaluée par l'avenant n° 33 du 19 juin 2024 relatif aux salaires, étendu par arrêté du ministère du Travail (arrêté du 5 novembre 2024, JO du 9, texte 92). Cette nouvelle grille est applicable depuis le 1er décembre 2024.

Rémunération au service - Pour les salariés rémunérés au service (c'est-à-dire en totalité, par des pourboires), la rémunération tirée du pourcentage service calculée sur le chiffre d'affaires est réputée rémunérer l'intégralité des heures de travail. Il convient cependant d'y rajouter les majorations pour les heures supplémentaires effectuées.

Dans tous les cas, la rémunération du salarié rémunéré au pourcentage service doit respecter la grille conventionnelle, augmentée des majorations afférentes aux heures supplémentaires *(voir ci-après)*.

Durée du travail

Durée du travail - La durée du travail est fixée à 39 heures hebdomadaires dans toutes les entreprises de ce secteur depuis le 1er avril 2007 (accord relatif au temps de travail du 5 février 2007 ; arrêté d'extension du 26 mars 2007, JO du 29), sauf si l'employeur préfère retenir une durée inférieure (art. 3). Par exception, les entreprises qui appliquent une durée collective inférieure restent soumises à cette durée.

Enfin, des règles spécifiques s'appliquent dans l'industrie hôtelière.

Heures supplémentaires - Les heures supplémentaires se déclenchent au-delà de la 35e heure hebdomadaire de travail (durée légale du travail). Elles ouvrent droit à des majorations de 10 % de la 36e à la 39e heure incluse ; de 20 % de la 40e à la 43e heure incluse et de 50 % au-delà (art. 4 et 5). Ces heures font l'objet soit d'un paiement, soit d'une compensation en tout ou partie par un repos compensateur de remplacement, selon les modalités prévues par l'accord.

Le contingent d'heures supplémentaires est fixé à 360 heures par an et par salarié pour les établissements permanents et à 90 heures par trimestre civil et par salarié dans les établissements saisonniers (art. 5-3).

▶ À noter… Un accord d'aménagement du temps de travail sur une période supérieure à la semaine et au plus égale à l'année a été signé le 29 septembre 2014 (avenant n° 19 à la convention collective, étendu par arrêté du 29 février 2016, JO du 8 mars).

Selon la Cour de cassation, il résulte de l'article 5.2 de l'avenant n° 2 du 5 février 2007 relatif à l'aménagement du temps de travail à la convention collective nationale des HCR que le salarié exclusivement rémunéré par un pourcentage sur le service calculé sur le chiffre d'affaires, ne peut prétendre qu'à la majoration applicable aux heures supplémentaires effectuées, et non au paiement de ces heures (qui sont réputées être payées par les pourboires) (cass. soc. 20 janvier 2021, n° 19-21755 FSP, 1re branche du 1er moyen).

Jours fériés - Tous les salariés des établissements permanents ayant au moins 1 an d'ancienneté bénéficient, en plus du 1er mai, de 10 jours fériés par an (avenant n° 6 à la convention collective, art. 6, étendu par arrêté du 19 février 2010, JO du 24).

Pour ces salariés, 6 jours fériés sont garantis, ce qui signifie qu'ils sont chômés et payés ou compensés en temps ou indemnisés, même si le salarié est en repos ces jours fériés.

Les 4 autres jours sont accordés comme suit :
- si le jour férié est chômé, le salarié ne doit subir aucune réduction de salaire ;
- si l'activité de l'établissement nécessite la présence du salarié, l'intéressé bénéficie de 1 jour de compensation ;
- si le jour férié coïncide avec un jour de repos, il ne donne lieu ni à compensation ni à indemnisation.

Ces règles sont adaptées pour les établissements saisonniers et les salariés sous contrat saisonnier des établissements permanents.

▶ À noter… Un accord collectif d'entreprise ou d'établissement peut fixer un nombre de *jours fériés** chômés différent de celui fixé par la convention collective, éventuellement moindre (c. trav. art. L. 3133-3-1).

Travail de nuit - Pour les salariés qui répondent à la définition des travailleurs de nuit retenue par l'accord, la compensation en temps est calculée au trimestre : elle est de 1 % de repos par heure de travail de nuit. Pour les salariés à temps plein présents toute l'année, ce repos est forfaitisé à 2 jours par an.

Forfait jours - Un avenant du 13 juillet 2004 instituant le forfait jours dans la branche professionnelle a été invalidé par la Cour de cassation (cass. soc. 7 juillet 2015, n° 13-26444, BC V n° 93). En effet, cette dernière a considéré que les dispositions conventionnelles applicables, en particulier l'article 13-2 de l'avenant n'étaient pas de nature à garantir que l'amplitude et la charge de travail restent raisonnables et à assurer une bonne répartition, dans le temps, du travail du salarié.

Deux avenants ont été, depuis lors, signés (avenant relatif aux cadres autonomes n° 22 du 16 décembre 2014, étendu par arrêté du 29 février 2016, JO du 8 mars et avenant n° 22 bis du 7 octobre 2016, étendu par arrêté du 9 mars 2018, texte 99, JO du 15).

Obligation de nourriture

Droit du travail - L'employeur a une obligation de nourriture. Il doit soit nourrir gratuitement son personnel, soit lui allouer une indemnité compensatrice. Les salariés qui ne prennent pas leur repas dans l'établissement doivent recevoir l'indemnité compensatrice (arrêté du 22 juillet 1946, modifié par arrêté du 1er octobre 1947, JO du 2, p. 9886).

L'obligation de nourriture ne trouve à s'appliquer que sous deux conditions :
- l'entreprise est ouverte à la clientèle à l'heure normale du repas concerné ;
- le salarié est présent au moment de ce repas (en pratique, son horaire doit comprendre le repas en question).

Si par exemple l'établissement ferme à 18h30 et que le salarié a cessé son travail à l'heure du dîner, il n'a pas droit au repas du soir (cass. soc. 16 février 1983, n° 80-41751, BC V n° 85). De même un salarié travaillant de 10 h à 18h30 ne peut pas bénéficier d'une indemnité pour le petit déjeuner (cass. soc. 31 janvier 2018, n° 16-25113 D). Idem pour un salarié dont les horaires de travail font qu'il n'est pas présent au moment des repas (cass. soc. 3 juin 1981, n° 79-41404, BC V n° 498).

Assiette des cotisations et avantage en nature nourriture - L'*avantage en nature nourriture** est évalué à une fois le *minimum garanti** (4,22 € depuis le 1er novembre 2024) par repas pour le personnel des entreprises relevant des conventions collectives des hôtels-cafés-restaurants, de la restauration des collectivités, de la restauration rapide, des chaînes de cafétérias et assimilées et des casinos, que les conditions particulières de travail, les accords collectifs ou les usages imposent à l'employeur de nourrir gratuitement en totalité ou en partie (arrêté du 28 avril 2003, JO 23 mai).

SMIC

Code du travail - Le code du travail prévoit toujours que le SMIC en espèces se calcule sous déduction de la moitié de l'avantage en nature nourriture : il s'agit du « SMIC hôtelier » (c. trav. art. D. 3231-13).

Dispositions conventionnelles - La convention collective du secteur fixe une grille de minima salariaux, hors avantages en nature.

Un avenant du 13 juillet 2004 prévoyait que les employeurs ne devaient plus appliquer la règle du SMIC hôtelier. Cependant, l'arrêté d'extension de cet avenant a été annulé par le Conseil d'État « en tant qu'il porte extension des titres II, III, V et VI de l'avenant du 13 juillet 2004 » (CE 18 octobre 2006, n° 276359). Certains en déduisent que, dans la mesure où la disposition de l'avenant prévoyant la suppression du SMIC hôtelier n'est pas visée par l'annulation, cette suppression serait toujours applicable.

Interdiction des retenues sur salaire

Dans le secteur des hôtels, cafés, restaurants, brasseries et établissements similaires, il est interdit aux employeurs d'imposer des retenues ou de demander de l'argent aux salariés lors de leur embauche, de leur départ ou à l'occasion de l'exercice normal de leur travail (c. trav. art. L. 3251-4). Cette règle vaut que la retenue soit opérée sous la dénomination de « frais » ou sous toute autre dénomination, pour quelque objet que ce soit.

Ceci interdit notamment toute retenue sur les pourboires ou sur le salaire pour payer la casse de vaisselle.

Calcul des cotisations

Base de calcul - La base de calcul des cotisations dépend du mode de rémunération institué dans l'entreprise : elle est constituée soit du salaire réel si les salariés sont rémunérés au fixe, soit par un montant forfaitaire lorsqu'ils sont rémunérés au pourboire et que l'employeur ne tient pas de registre de répartition (voir *Pourboires**).

▶ À noter… Les pourboires remis volontairement par les clients au cours des années 2022, 2023, 2024 et 2025 pour le service, directement aux salariés ou à l'employeur et reversés par ce dernier au personnel en contact avec la clientèle, sont, sous condition de niveau de salaire, exclus de l'assiette des cotisations et exonérés d'impôt sur le revenu (sur cette mesure temporaire, voir *Pourboires**).

Bonus-malus cotisations chômage - Le secteur des HCR entre dans le champ du bonus-malus sur les cotisations d'assurance chômage [voir *Cotisations d'assurance chômage (bonus-malus)**].

Prévoyance frais de santé

Un régime professionnel collectif à adhésion obligatoire de remboursements complémentaires de frais de santé a été mis en place (accord du 6 octobre 2010 relatif aux frais de santé, étendu par arrêté du 17 décembre 2010, JO du 24 modifié par plusieurs avenants : avenant du 19 septembre 2012, étendu par arrêté du 2 octobre 2013, JO du 17, avenant du 24 juin 2014, étendu par arrêté du 11 mars 2015, JO du 27, avenant du 26 octobre 2015, étendu par arrêté du 21 décembre 2015, JO du 24, avenant du 31 mars 2017, étendu par arrêté du 28 novembre 2017, JO du 8 décembre, avenants du 13 octobre 2017 étendus par arrêté du 15 février 2018, JO du 21, avenant du 21 mars 2019 étendu par arrêté du 20 mai 2020, JO du 29, avenant du 11 juillet 2019 étendu par arrêté du 10 juillet 2020, JO du 1er août 2020 et avenant du 15 novembre 2019 étendu par arrêté du 6 novembre 2020 JO du 21).

Prélèvement à la source

Le *prélèvement à la source** s'applique dans les conditions habituelles aux salariés des hôtels-cafés-restaurants.

S'agissant notamment des extras, les règles concernant les contrats peuvent trouver à s'appliquer lorsque l'employeur est contraint de leur appliquer un taux neutre.

☛ *Avantage en nature nourriture ; Cotisations d'assurance chômage (bonus-malus) ; Pourboires.*

I

Immatriculation

Tout chef d'entreprise qui embauche des salariés doit procéder à sa propre immatriculation auprès de l'*URSSAF**. Par ailleurs, tout salarié ou futur salarié doit fournir à son employeur son numéro d'immatriculation à la sécurité sociale afin de lui permettre d'effectuer ses obligations déclaratives.

Immatriculation de l'employeur

L'employeur qui embauche du personnel salarié doit demander à l'URSSAF son immatriculation à ce titre (compte employeur de personnel) dans les 8 jours de l'embauche (c. séc. soc. art. R. 243-2 ; arrêté du 11 juillet 1950, JO du 22).

Cette immatriculation est automatique si, au moment de la déclaration d'activité (ou d'une modification d'activité) auprès du guichet unique électronique des formalités d'entreprises, l'employeur signale occuper du personnel.

▶ À noter... Le guichet unique des formalités d'entreprise, géré par l'Institut national de la propriété industrielle (INPI), est accessible à partir du site https://formalites.entreprises.gouv.fr ou directement via le portail https://procedures.inpi.fr. Les entreprises doivent y réaliser toutes leurs formalités (création, modification et cessation d'activité) de façon dématérialisée. Le guichet unique transmet ensuite le dossier aux organismes destinataires tels que l'URSSAF. Il alimente également le Registre national des entreprises (RNE), accessible gratuitement sur https://data.inpi.fr, et auprès duquel toutes les entreprises doivent être immatriculées.

À défaut, l'immatriculation peut être faite en effectuant la *déclaration préalable à l'embauche** du premier salarié (c. trav. art. R. 1221-2).

En cas de pluralité d'établissements, plusieurs immatriculations doivent être effectuées.

▶ À noter... Dans le système d'identification du répertoire des entreprises (SIREN), l'immatriculation de l'employeur se traduit par l'attribution, par établissement, d'un numéro SIRET, qui doit être utilisé dans toutes les relations avec les administrations (ex. : services fiscaux, URSSAF) et figurer sur les bulletins de paye des salariés dépendants de l'établissement concerné [voir *Bulletin de paye (mentions obligatoires)**].

Immatriculation des salariés

Numéro d'identification - L'immatriculation consiste à attribuer un numéro de sécurité sociale à une personne.

▶ À noter... La notion d'immatriculation des assurés sociaux est progressivement supprimée du code de la sécurité sociale, au profit de celle d'affiliation. Mais, en pratique, elle reste encore très usitée.

Le numéro de sécurité sociale, également appelé numéro d'inscription au répertoire (NIR), est un numéro unique qui sert d'identifiant à un assuré dans le cadre de ses relations avec les organismes de sécurité sociale.

Il permet en particulier à l'assuré d'obtenir les prestations auxquelles il a droit. Il est utilisé par les employeurs lorsqu'ils déclarent leurs salariés, pour lesquels ils versent les cotisations patronales et salariales, et figure dans la *déclaration sociale nominative**.

Un NIR obtenu frauduleusement est automatiquement annulé (c. séc. soc. art. L. 114-12-3).

Si le salarié est né en France, un numéro de sécurité sociale lui est attribué dès sa naissance (c. séc. soc. art. R. 161-1).

Si le salarié est étranger, un numéro de sécurité sociale lui est attribué sur la base des pièces d'identité et d'état civil qu'il communique à l'occasion de sa première activité professionnelle en France ou de sa première démarche auprès d'un organisme de sécurité sociale (ex : CPAM, CAF) en vue de bénéficier d'une prestation. En attendant d'obtenir son numéro NIR, un numéro d'identification d'attente (NIA) lui est attribué sous réserve de fournir plusieurs pièces justificatives répondant aux exigences d'identification et d'authenticité et de respecter les délais requis en cas de documents manquants (c. séc. soc. art. L. 114-12-3-1, R. 114-7, R. 114-8, R. 161-1 et R. 312-1 ; circ. CNAM 28/2022 du 21 septembre 2022).

▶ À noter... La caisse primaire d'assurance maladie (CPAM) dont relève le salarié est en principe celle située dans la circonscription de sa résidence habituelle. Il existe toutefois en la matière des règles particulières, notamment pour les salariés résidant à l'étranger, qui relèvent de la CPAM dont dépend leur entreprise, ou pour les salariés relevant du régime d'*Alsace-Moselle** (c. séc. soc. art. R. 312-1 ; arrêté du 6 mars 1995, JO du 11).

Obligation de communication à l'employeur - Toute personne est tenue de communiquer à son employeur son numéro de sécurité sociale ou, à défaut, son numéro d'identification d'attente, afin de permettre à ce dernier d'accomplir les formalités qui lui incombent, telles que la *déclaration préalable à l'embauche** ou la *déclaration sociale nominative** (c. séc. soc. art. R. 161-2).

Toute personne qui refuse délibérément de s'affilier ou qui persiste à ne pas engager les démarches en vue de son affiliation obligatoire à un régime de sécurité sociale est punie d'un emprisonnement de 6 mois et/ou d'une amende de 15 000 € (c. séc. soc. art. L. 114-18).

▶ À noter... Dans le cadre de la *déclaration sociale nominative**, lorsque le salarié ne fournit ni NIR ni NIA, il est obligatoire de renseigner le « Numéro technique temporaire » (NTT) dans la rubrique « Numéro technique temporaire - S21. G00.30.020 ». Il doit être accompagné de toutes les informations possibles sur les éléments de naissance du salarié dans les zones prévues à cet effet. La déclaration d'un NTT étant temporaire, celle-ci sera tolérée pendant une durée maximale de 3 mois, dans l'attente que le salarié fournisse son numéro NIR ou NIA (www.net-entreprises.fr, base de connaissances, fiche n° 374, actualisée au 20 janvier 2022).

☞ *Assujettissement.*

Impatriation (sécurité sociale)

Les salariés appelés de l'étranger à occuper un emploi en France peuvent bénéficier d'une dispense d'affiliation aux régimes de retraite pour une durée maximale de 3 ans, renouvelable une fois (c. séc. soc. art. L. 767-2 ; loi 2019-486 du 22 mai 2019, art. 77, JO du 23).

Dispense d'affiliation aux régimes de retraite français

Conditions - Les salariés appelés de l'étranger à occuper un emploi en France (dits « salariés impatriés ») peuvent demander, sur démarche conjointe avec leur employeur, à ne pas être affiliés auprès des régimes obligatoires de sécurité sociale français en matière d'assurance vieillesse de base (retraite « sécurité sociale ») et complémentaire (ex. : AGIRC-ARRCO) - y compris les cotisations APEC (circ. AGIRC-ARRCO 2021-5 DRJ du 21 juillet 2021, § V.1) - sous réserve de remplir les deux conditions suivantes (c. séc. soc. art. L. 767-2, al. 1 à 3 et D. 767-1) :

- justifier d'une contribution minimale par l'employeur et le salarié de 20 000 € par an versée par ailleurs au titre de l'assurance vieillesse (sur des produits d'assurance vieillesse français ou étrangers) ;
- ne pas avoir été affiliés, au cours des 5 années civiles précédant celle de leur prise de fonctions, à un régime français obligatoire d'assurance vieillesse, sauf pour des activités accessoires, de caractère saisonnier ou liées à leur présence en France pour y suivre des études.

L'administration a précisé que pour apprécier la première condition, il fallait retenir tout produit assurantiel collectif ou individuel, souscrit en France ou à l'étranger, par l'employeur ou le salarié, ou tout système de retraite d'un État tiers visant à assurer une rente ou une liquidation en capital au salarié au moment de la cessation définitive de son activité professionnelle (instr. intermin. DSS/5B/DG Trésor 2019-150 du 28 juin 2019).

L'exemption d'affiliation peut concerner les salariés ayant pris leurs fonctions depuis le 11 juillet 2018. Les cotisations et droits à prestation en matière d'assurance vieillesse de base et complémentaire des salariés ayant pris leurs fonctions entre le 11 juillet 2018 et la date de publication de la loi PACTE du 22 mai 2019 sont annulées pour la période comprise entre la date de la prise de fonction et la date de publication de la loi (c. séc. soc. art. L. 767-2, al. 8).

Le non-respect des conditions d'exemption constaté à l'occasion d'un contrôle URSSAF entraîne l'annulation de l'exemption et le versement, par l'employeur ou le responsable de l'entreprise d'accueil, à l'URSSAF et aux autres organismes collecteurs concernés, d'une somme égale à une fois et demie le montant des contributions et cotisations qui auraient été dues si le salarié n'avait pas bénéficié de l'exemption (c. séc. soc. art. L. 767-2, al. 7).

Durée d'application de la dispense - La dispense d'affiliation à l'assurance retraite n'est accordée qu'une seule fois pour le même salarié pour une durée de 3 ans, renouvelable une fois (c. séc. soc. art. L. 767-2, al. 5).

▶ À noter... Lorsque le salarié bénéficie de la dispense d'affiliation, son départ de l'entreprise ou la cessation de son activité mettent fin à la dispense. En revanche, il continue à en bénéficier lorsqu'il change de poste au sein de la même entreprise, laquelle est appréciée en tant que groupe, et non comme employeur stricto sensu (instr. intermin. DSS/5B/DG Trésor 2019-150 du 28 juin 2019).

Effets - La période couverte par cette exemption d'affiliation n'ouvre droit à aucune prestation d'un régime français d'assurance vieillesse (c. séc. soc. art. L. 767-2, al. 1 et 6).

Démarches

Auprès de l'URSSAF - Il incombe à l'employeur de faire la demande d'exemption auprès du directeur de l'URSSAF, par tout moyen permettant d'accuser date certaine de sa réception, en l'accompagnant des justificatifs nécessaires (c. séc. soc. art. L. 767-2, al. 4 et D. 767-1 ; arrêté du 27 juin 2019, JO 3 juillet, texte 3).

Cette demande, contresignée par le salarié, doit être réalisée au moins 60 jours avant sa date d'affiliation en France.

En cas de demande postérieure à cette date, employeur et salarié doivent respecter l'ensemble des obligations déclaratives et de paiement jusqu'à la réception de l'accord pour l'exemption. Si l'exemption est bien accordée, il revient à l'employeur de demander aux organismes de retraite français (de base et complémentaire) concernés le remboursement des cotisations versées pendant cette période (c. séc. soc. art. D. 767-1, al. 2).

Réponse de l'URSSAF - Lorsque la demande satisfait aux conditions requises, l'URSSAF accorde le bénéfice de l'exemption dans un délai de 30 jours à compter de la réception de la demande. Elle peut, dans ce délai, demander la transmission d'éléments complémentaires et décider une prorogation du délai de 30 jours supplémentaires qu'elle notifie à l'employeur (c. séc. soc. art. D. 767-1).

Inaptitude

Il existe deux types d'inaptitude physique selon leur origine, professionnelle ou non professionnelle. Elles relèvent d'un même régime sur le plan de la procédure.

Pour les règles spécifiques à l'inaptitude des salariés en contrat à durée déterminée, voir *Inaptitude (CDD)**.

Principes généraux

Définition de l'inaptitude - C'est le médecin du travail qui reconnaît l'inaptitude lorsqu'aucune mesure d'aménagement, d'adaptation ou de transformation du poste de travail occupé n'est possible et que l'état de santé du travailleur justifie un changement de poste (c. trav. art. L. 4624-4).

L'inaptitude peut avoir une origine professionnelle (lorsqu'elle est liée à un *accident du travail** ou une *maladie professionnelle**) ou une origine non professionnelle (maladie ou accident non professionnel).

▶ À noter... Lorsqu'il existe un litige sur l'origine professionnelle ou non d'un accident ou d'une maladie, les juges ne peuvent pas écarter le caractère professionnel de l'inaptitude lorsque la CPAM a reconnu son existence par une décision non remise en cause (cass. soc. 18 septembre 2024, n° 22-22782 FB).

L'employeur est tenu d'une obligation de reclassement dans un poste conforme aux capacités du salarié sauf si le médecin du travail précise que le maintien dans l'emploi serait gravement préjudiciable à sa santé ou que l'état de santé fait obstacle à tout reclassement *(voir ci-après)*.

Face à une impossibilité de reclassement ou aux refus du salarié des postes proposés, le licenciement pour inaptitude peut être prononcé.

Incapacité de travail - L'inaptitude physique est distincte de l'incapacité temporaire au travail, liée à un arrêt de travail prescrit par le médecin traitant.

Invalidité - L'inaptitude physique est distincte de l'invalidité, qui est une notion propre au code de la sécurité sociale appréciée par le médecin-conseil de la caisse primaire d'assurance maladie (voir Dictionnaire RF Social, « Invalidité »).

La reconnaissance de l'invalidité par la sécurité sociale ne vaut pas reconnaissance de l'inaptitude physique, qui est de la compétence du médecin du travail (cass. soc. 13 mars 2001, n° 98-43403, BC V n° 88 ; cass. soc. 9 juillet 2008, n° 07-41318, BC V n° 151).

L'employeur doit organiser une *visite médicale de reprise** dès qu'il est informé du classement en invalidité de 2e ou 3e catégorie d'un salarié et que l'intéressé ne formule pas le souhait de cesser le travail (cass. soc. 25 janvier 2011, n° 09-42766, BC V n° 30 ; cass. soc. 15 février 2011, n° 09-43172, BC V n° 47).

▶ À noter... La reconnaissance de l'invalidité ne met pas fin à la suspension du contrat d'un salarié en arrêt de travail, en l'absence de visite de reprise (cass. soc. 6 octobre 2015, n° 13-26052, BC V n° 187).

Aptitude avec réserves - L'avis d'aptitude avec réserves n'existe plus depuis le 1er janvier 2017. Le cas échéant, le médecin du travail émet des recommandations concernant le poste du travail du salarié, soit dans le cadre d'un avis d'aptitude (suivi médical renforcé) soit d'une attestation de suivi (suivi médical « classique »).

Jusqu'à cette date, l'avis d'aptitude avec réserves ne pouvait pas être considéré comme un avis d'inaptitude (cass. soc. 10 novembre 2009, n° 08-42674, BC V n° 253), même si les contraintes mentionnées étaient nombreuses. Dans un tel cas, le salarié devait être réintégré à son poste ou dans un emploi similaire assorti d'une rémunération au moins équivalente. Il ne pouvait pas être licencié pour inaptitude (cass. soc. 28 janvier 2010, n° 08-42616, BC V n° 27 ; cass. soc. 17 février 2010, n° 08-45188 D).

A contrario, l'employeur n'avait pas d'autre obligation que de réintégrer le salarié sur son poste réaménagé. Si le salarié refusait la réintégration, l'employeur n'était pas tenu par les obligations liées à un avis d'inaptitude (recherche de reclassement, etc.) (cass. soc. 13 avril 2016, n° 15-10400, BC V n° 75).

Reconnaissance de l'inaptitude

Compétence exclusive du médecin du travail - Seul le médecin du travail peut prononcer l'inaptitude du salarié à son poste de travail (c. trav. art. L. 4624-4).

Un licenciement est nul lorsque la prétendue « inaptitude » d'un salarié a été reconnue par une commission médicale (cass. soc. 21 mai 2002, n° 00-41012, BC V n° 167) ou par le médecin traitant (cass. soc. 13 mars 1991, n° 87-43793 D ; CA Paris, 21e ch. B, 25 juin 2009, n° S07/05612).

Conditions de la déclaration d'inaptitude - Le médecin du travail peut déclarer un salarié inapte s'il constate qu'aucune mesure d'aménagement, d'adaptation ou de transformation du poste de travail occupé n'est possible et que l'état de santé du travailleur justifie un changement de poste (c. trav. art. L. 4624-4).

Le médecin du travail peut constater l'inaptitude médicale du salarié à son poste de travail si plusieurs conditions sont remplies (c. trav. art. R. 4624-42) :
- avoir réalisé (ou fait réaliser par un membre de l'équipe pluridisciplinaire de santé au travail) une étude du poste ;
- avoir réalisé (ou fait réaliser) une étude des conditions de travail dans l'entreprise et indiqué la date à laquelle la fiche d'entreprise a été actualisée ;
- avoir réalisé au moins un examen médical du salarié, accompagné, le cas échéant, d'examens complémentaires, permettant un échange sur les mesures d'aménagement, d'adaptation ou de mutation de poste ou la nécessité de proposer un changement de poste ;
- avoir également procédé à un échange avec l'employeur, par tout moyen.

▶ À noter… Les échanges avec l'employeur et le salarié permettent à ceux-ci de faire valoir leurs observations sur les avis et les propositions que le médecin du travail entend adresser.

Nombre d'examens médicaux - Un seul examen suffit, mais le médecin du travail peut estimer qu'un second examen est nécessaire pour rassembler les éléments permettant de motiver sa décision. Celui-ci a alors lieu dans les 15 jours du premier examen (c. trav. art. R. 4624-42).

Notification de l'avis d'inaptitude dans les 15 jours du premier examen - La notification de l'avis d'inaptitude intervient au terme du délai maximum prévu pour faire passer un second examen, lorsque le médecin du travail l'estime nécessaire (c. trav. art. R. 4624-42). L'avis doit donc être notifié au plus tard 15 jours après le premier examen.

Le médecin du travail transmet l'avis d'inaptitude au salarié ainsi qu'à l'employeur par tout moyen donnant une date certaine à cette information. Il en verse une copie dans le dossier médical du salarié (c. trav. art. R. 4624-55). L'employeur doit conserver l'avis d'inaptitude pour être en mesure de le présenter à tout moment à l'inspecteur du travail et au médecin inspecteur du travail.

Le modèle d'avis d'inaptitude est fixé par arrêté (c. trav. art. R. 4624-57 ; arrêté du 16 octobre 2017, JO du 21, texte n° 28).

Les modalités et le délai dans lequel le salarié ou l'employeur peuvent exercer un recours sont mentionnés sur l'avis *(voir plus loin)*.

▶ À noter… Le modèle d'avis d'inaptitude devrait évoluer toutefois les modèles prévus à l'automne ne sont pas entrés en vigueur pour des raisons techniques (arrêté du 26 septembre 2024, JO du 10 octobre, texte 21, abrogé par arrêté du 5 novembre 2024, JO du 21, texte 36). Selon les pouvoirs publics, cette mise à jour reste d'actualité et devrait être mise en œuvre par un nouvel arrêté au printemps 2025. Pour suivre l'actualité sur ce sujet, voir notre revue RF Paye et son site Internet (www.rfpaye.com) ou MyDoc Paye (www.revue-fiduciaire.com/mydoc/paye).

Situation du salarié entre le 1er examen médical et la déclaration d'inaptitude - Le code du travail ne précise pas la situation du salarié durant le délai de 15 jours qui sépare le premier examen médical et la déclaration d'inaptitude ni s'il faut rémunérer ou non cette période.

Selon le ministère du Travail, « dans l'attente de la décision d'inaptitude, le salarié reste en poste et perçoit sa rémunération. Le médecin du travail peut préconiser des aménagements de poste. Dans certains cas, le travailleur pourra bénéficier d'un arrêt de travail pour maladie » (www.travail.gouv.fr, « Réforme de la médecine du travail et des services de santé au travail : questions les plus fréquentes », Q/R 33). On peut en déduire qu'en cas de nécessité, le médecin du travail proposera au salarié de consulter son médecin traitant qui, le cas échéant, lui délivrera un arrêt de travail.

À notre sens, ces précisions valent y compris lorsque le médecin du travail décide d'organiser deux examens médicaux, puisque le second examen doit intervenir dans ce délai de 15 jours.

Préconisations écrites du médecin du travail - Le médecin du travail établit l'avis d'inaptitude et l'accompagne de conclusions écrites, assorties d'indications quant au reclassement du salarié (c. trav. art. L. 4624-4).

▶ À noter… Avant le 1er janvier 2017, en l'absence de préconisations, l'employeur devait solliciter le médecin du travail pour obtenir des précisions, sous peine que le licenciement pour inaptitude soit jugé sans cause réelle et sérieuse (cass. soc. 24 avril 2001, n° 97-44104, BC V n° 127). À notre sens, si le médecin du travail rend un avis d'inaptitude sans préconisation, il reste prudent de revenir vers lui.

Le médecin du travail formule également des indications sur la capacité du salarié à bénéficier d'une formation destinée à le préparer à occuper un poste adapté. Cette obligation concerne toutes les entreprises et les inaptitudes d'origine non professionnelle ou professionnelle (c. trav. art. L. 1226-2 et L. 1226-10).

Le médecin du travail peut mentionner dans cet avis que tout maintien du salarié dans un emploi serait gravement préjudiciable à sa santé ou que l'état de santé du salarié fait obstacle à tout reclassement dans un emploi (c. trav. art. R. 4624-42). Cette mention dispense l'employeur de son obligation de recherche de reclassement *(voir plus loin)*.

Visites durant lesquelles l'inaptitude peut être reconnue - Une déclaration d'inaptitude n'est pas nécessairement consécutive à une visite de reprise. L'inaptitude peut être reconnue à l'occasion de toute visite médicale, par exemple à l'occasion du suivi médical périodique du salarié (voir *Visite médicale périodique**), d'un examen médical dans le cadre d'une *visite médicale d'embauche** ou d'une *visite médicale de reprise** à la suite d'un arrêt de travail (cass. soc. 8 avril 2010, n° 09-40975, BC V n° 95).

Elle peut aussi être déclarée en dehors des visites obligatoires, à l'issue d'un examen demandé par l'employeur ou le médecin du travail, voire par le salarié, notamment lorsqu'ils anticipent un risque d'inaptitude (c. trav. art. R. 4624-34).

En revanche, l'inaptitude ne peut pas être déclarée lors d'une visite de reprise organisée par le salarié auprès du médecin du travail avant la fin de l'arrêt de travail, sans en avertir son employeur. Cette visite ne vaut pas visite de reprise (cass. soc. 4 février 2009, n° 07-44498, BC V n° 38).

Elle ne peut pas non plus être déclarée à l'issue d'une *visite médicale de préreprise** qui peut être organisée en cas d'arrêt de travail de plus de 30 jours (c. trav. art. R. 4624-29).

Contestation de l'avis du médecin du travail - Le conseil de prud'hommes est compétent pour statuer sur les avis d'aptitude ou d'inaptitude ainsi que les propositions, conclusions écrites ou indications des médecins du travail (c. trav. art. L. 4624-7).

Le salarié ou l'employeur doit le saisir selon la procédure accélérée au fond dans les 15 jours de la notification de l'avis ou des mesures contestées (cass. soc. 7 décembre 2022, n° 21-17927 FSB ; cass. soc. 7 décembre 2022, n° 21-23662 FSB). L'avis médical d'aptitude ou d'inaptitude doit indiquer les délais et voies de recours (c. trav. art. R. 4624-45). Lorsque l'avis est remis en main propre au salarié, il doit être fait contre émargement ou récépissé pour constituer la notification faisant courir le délai de recours de 15 jours (cass. soc. 4 décembre 2024, n° 23-18128 D).

L'employeur est tenu d'informer le médecin du travail de la contestation, et ce même si le salarié en est l'auteur. Le médecin du travail n'est pas partie au litige (c. trav. art. L. 4624-7).

▶ À noter… En l'absence de contestation, l'avis d'inaptitude s'impose au juge en cas de contentieux (cass. soc. 17 décembre 2014, n° 13-12277, BC V n° 310).

Le conseil de prud'hommes (CPH) peut trancher directement le litige, après avoir éventuellement sollicité le médecin-inspecteur du travail, sachant que la décision du CPH se substitue alors aux avis, propositions, conclusions écrites ou indications contestées (c. trav. art. L. 4624-7). Il statue selon la procédure accélérée au fond (c. trav. art. R. 4624-45).

Recherche de reclassement

Recherche par l'employeur - Que l'inaptitude soit d'origine professionnelle ou non, l'employeur est

Inaptitude : procédure

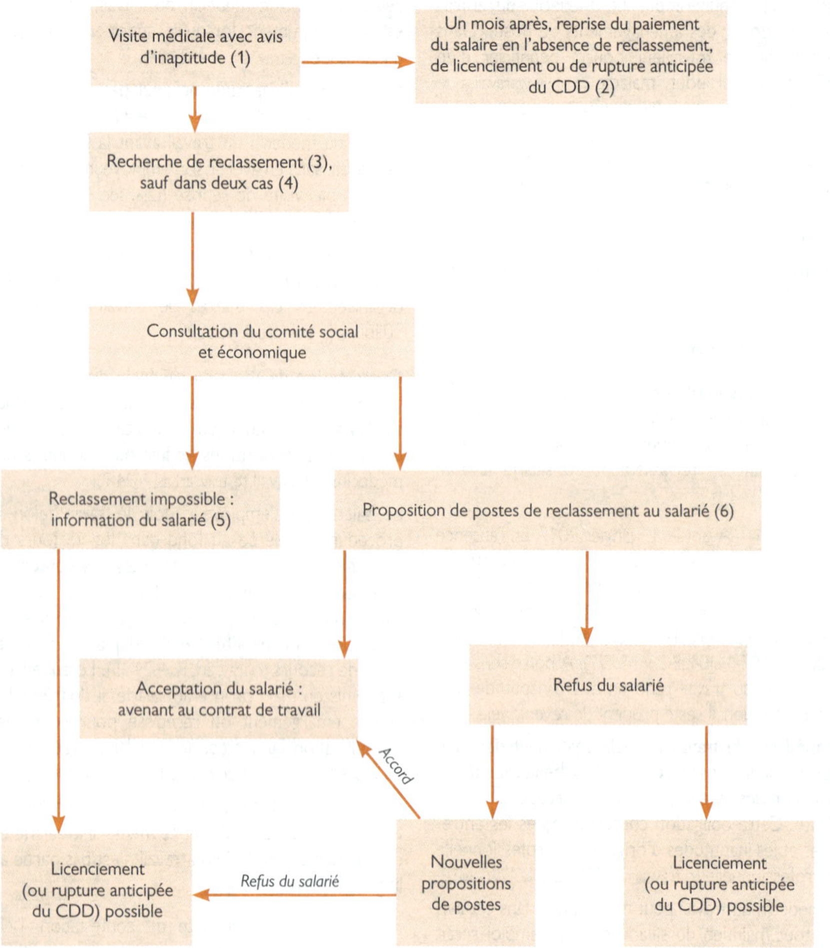

(1) Un seul examen médical suffit sauf demande d'un second examen par le médecin du travail (c. trav. art. R. 4624-42). (2) C. trav. art. L. 1226-4 et L. 1226-11. (3) En tenant compte des préconisations du médecin du travail (c. trav. art. L. 1226-2, L. 1226-10 et L. 4624-6). (4) Le médecin du travail peut mentionner dans l'avis d'inaptitude que tout maintien du salarié dans un emploi serait gravement préjudiciable à sa santé ou que son état de santé fait obstacle à tout reclassement dans un emploi (c. trav. art. R. 4624-42). Il n'y a pas de recherche de reclassement et l'employeur peut rompre directement le contrat (licenciement ou rupture anticipée du CDD). (5) L'employeur doit informer le salarié, par écrit, des motifs qui s'opposent à son reclassement (c. trav. art. L. 1226-2-1 et L. 1226-12). (6) C. trav. art. L. 1226-2 et L. 1226-10.

tenu de chercher à reclasser le salarié dans un autre emploi approprié à ses capacités, en tenant compte des propositions du médecin du travail. Ce reclassement, qui doit être aussi proche que possible de l'emploi précédent, peut nécessiter une mutation, des adaptations, aménagements ou transformations de postes ou un aménagement du temps de travail (c. trav. art. L. 1226-2 et L. 1226-10).

La recherche de reclassement doit s'étendre à l'entreprise, à ses établissements, voire au groupe *(voir ci-après)*.

La recherche de reclassement est obligatoire, sauf cas de dispenses décrits plus loin, y compris dans les situations suivantes :

- inaptitude partielle ou totale (cass. soc. 10 mars 2004, n° 03-42744, BC V n° 84 ; cass. soc. 16 décembre 2010, n° 09-67101 D) ;

- lorsque le salarié ne manifeste pas le désir de reprendre le travail (cass. soc. 4 juin 1998, n° 95-41263, BC V n° 303) ou affirme son impossibilité de travailler à l'avenir dans l'entreprise (cass. soc. 10 mars 2004, n° 03-42744, BC V n° 84).

Au besoin, l'employeur propose un reclassement qui modifie le contrat de travail. Rappelons que dans ce cas, le salarié ne commet bien entendu aucune faute s'il la refuse (cass. soc. 9 avril 2002, n° 99-44192, BC V n° 121 ; cass. soc. 9 avril 2002, n° 99-44678, BC V n° 122).

▶ À noter... Avant le 1er janvier 2017, l'employeur devait chercher un reclassement même en cas d'inaptitude à « tout emploi dans l'entreprise » (cass. soc. soc. 7 juillet 2004, n° 02-47458, BC V n° 198 ; cass. soc. 7 juillet 2004, n° 02-43141, BC V n° 196 ; cass. soc. 7 juillet 2004, n° 02-45350, BC V n° 197 ; cass. soc. 16 septembre 2009, n° 08-42212, BC V n° 185 ; cass. soc. 13 janvier 2016, n° 15-20822, BC V n° 9). Les cas de dispense applicables devraient lever cet obstacle *(voir plus loin)*.

L'obligation de reclassement n'oblige pas l'employeur à imposer à un autre salarié une modification de son contrat de travail pour libérer un poste de reclassement au profit d'un salarié inapte (cass. soc. 15 novembre 2006, n° 05-40408, BC V n° 339 ; cass. soc. 8 février 2017, n° 15-22992 D).

Préconisations du médecin du travail - L'employeur doit prendre en considération l'avis d'inaptitude et les conclusions assorties d'indications quant au reclassement du salarié qui l'accompagnent (cass. soc. 26 janvier 2022, n° 20-20369 FSB). S'il refuse d'y donner suite, il doit communiquer ses raisons au médecin du travail et au salarié, par écrit (c. trav. art. L. 4624-6).

Avant la loi Travail du 8 août 2016, les juges avaient admis que l'employeur puisse solliciter à nouveau le médecin du travail sur les aptitudes résiduelles du salarié et les possibilités de reclassement (cass. soc. 13 janvier 2016, n° 15-20822, BC V n° 9). À notre sens, si nécessaire, il reste possible de continuer à procéder ainsi.

▶ À noter... Les réponses du médecin du travail peuvent concourir à la justification de l'impossibilité de reclassement (cass. soc. 15 décembre 2015, n° 14-11858, BC V n° 259).

Consultation du CSE - Lorsqu'un salarié est déclaré inapte, l'employeur doit consulter le *comité social et économique** (CSE) sur les postes de reclassement qu'il envisage de lui proposer (c. trav. art. L. 1226-2 et L. 1226-10). La consultation doit intervenir avant de faire des propositions de reclassement au salarié.

Dans certains cas, l'employeur peut régulariser la procédure s'il a omis de consulter les élus avant une première offre de reclassement (cass. soc. 16 mars 2016, n° 14-13986 D et CE 27 février 2019, n° 41724).

Cette obligation de consultation vaut quelle que soit l'origine de l'inaptitude, professionnelle ou non, et y compris dans les cas où l'employeur invoque l'impossibilité de reclassement du salarié ou n'a aucun poste à proposer au salarié (cass. soc. 11 juin 2008, n° 06-45537 D ; cass. soc. 30 septembre 2020, n° 19-16488 FPB).

En revanche, elle est levée cas de dispense de reclassement accordée par le médecin du travail (cass. soc. 8 juin 2022, n° 20-22500 FSB ; cass. soc. 16 novembre 2022, n° 21-17255 FB).

Pour plus de détail, voir Dictionnaire Social.

Périmètre des recherches de reclassement - La recherche de reclassement doit s'étendre à l'entreprise, ses établissements et au groupe auquel l'entreprise appartient.

La recherche de reclassement s'apprécie à l'intérieur du groupe auquel appartient l'entreprise, parmi les entreprises dont l'organisation, les activités ou le lieu d'exploitation assurent la permutation de tout ou partie du personnel (c. trav. art. L. 1226-2 et L. 1226-10).

En revanche, le périmètre de reclassement est expressément cantonné aux entreprises du groupe situées sur le territoire national (c. trav. art. L. 1226-2 et L. 1226-10). Et il s'agit de celui connu, au plus tard, à la date de notification du licenciement et non du groupe que la société n'a intégré qu'après le licenciement (cass. soc. 14 décembre 2022, n° 21-18524 D).

▶ À noter... La notion de « groupe » se comprend comme de l'entité constituée par une entreprise dominante, dont le siège social est situé sur le territoire français, et par les sociétés contrôlées par elle (c. trav. art. L. 1226-2 et L. 1226-10 renvoyant à L. 2231-1, I). Or, la notion d'entreprises contrôlées est définie par renvoi au code de commerce, ce qui introduit, indirectement, une appréciation capitalistique du groupe fondée sur des dispositions qui raisonnent en termes de détention de capital, de droits de vote ou d'influence dominante (c. trav. art. L. 2331-1, I ; c. com. art. L. 233-1, L. 233-3, I et II, et L. 233-16).

En cas de litige sur l'existence ou le périmètre du groupe de reclassement, la preuve est partagée entre le salarié et l'employeur (cas. soc. 6 novembre 2024, n° 23-15368 FSB).

Formalisation des propositions - L'employeur n'est légalement pas obligé d'adresser par écrit ses propositions de reclassement au salarié inapte, que l'inaptitude soit d'origine professionnelle ou non (cass. soc.

31 mars 2016, n° 14-28314, BC V n° 60). Mais pour des raisons de preuve, un écrit paraît recommandé.

Prise en compte de la position émise par le salarié - L'employeur peut tenir compte de la position prise par le salarié inapte au sujet des reclassements à lui proposer et prendre en considération les critères et/ou limites posées par l'intéressé pour définir le périmètre de ses recherches (cass. soc. 23 novembre 2016, n° 15-18092 FSPBRI ; cass. soc. 23 novembre 2016, n° 14-26398, BC V n° 222).

Deux points sont à noter :
- s'agissant d'une possibilité, et non une obligation, l'employeur peut ignorer la position du salarié et procéder à une recherche de reclassement « classique », sans limite ;
- ces jurisprudences ont été rendues dans un contexte où l'employeur avait fait une première proposition de reclassement au salarié (6 postes à chaque fois) : rien ne dit que l'employeur pourrait interroger le salarié avant une première proposition de reclassement.

Critères d'une obligation de reclassement réputée satisfaite - L'employeur est réputé avoir satisfait à son obligation de reclassement lorsqu'il a proposé, après avis du CSE « un emploi » prenant en compte les conclusions écrites et les indications du médecin du travail (c. trav. art. L. 1226-2-1, L. 1226-12 et L. 1226-20).

Selon les situations (taille de l'entreprise, etc.), un emploi peut correspondre à un ou plusieurs postes possibles et donc, le cas échéant, plusieurs propositions.

Refus d'une proposition par le salarié - En cas de refus du salarié, soit l'employeur formule de nouvelles propositions de reclassement, soit il licencie l'intéressé aux motifs de l'inaptitude et de l'impossibilité de reclassement (cass. soc. 9 avril 2002, n° 99-44192, BC V n° 121 ; cass. soc. 26 janvier 2011, n° 09-43193, BC V n° 32).

À notre sens, comme avant la réforme de janvier 2017, le fait qu'un salarié refuse une proposition de poste ne suffit pas à démontrer que l'employeur a respecté son obligation de reclassement (cass. soc. 29 novembre 2006, n° 05-43470, BC V n° 364 ; cass. soc. 14 décembre 2011, n° 10-24049 D). En cas de litige, il lui appartient d'établir qu'il ne dispose d'aucun autre poste compatible avec l'état de santé de ce salarié (cass. soc. 3 novembre 2011, n° 10-20236 D ; cass. soc. 19 mars 2014, n° 12-29928 D). En d'autres termes, après un refus, l'employeur doit, le cas échéant, faire de nouvelles propositions s'il existe d'autres postes possibles. Dans les faits, les situations varient selon la taille de l'entreprise ou son appartenance ou non à un groupe.

Impossibilité de proposer un reclassement au salarié - Si au terme de ses recherches, l'employeur se trouve dans l'impossibilité de proposer un autre emploi au salarié inapte, il doit l'informer par écrit des motifs qui s'opposent à son reclassement (c. trav. art. L. 1226-2-1 et L. 1226-12).

▶ Attention… Si employeur méconnaît cette obligation d'information, il peut être condamné à verser au salarié une indemnité calculée en fonction du préjudice subi (cass. soc. 7 mai 2024, n° 22-10905 FB).

Deux cas de dispense de l'obligation de reclassement - Le médecin du travail peut mentionner dans l'avis d'inaptitude que tout maintien du salarié « dans un emploi » serait gravement préjudiciable à sa santé ou que son état de santé fait obstacle à tout reclassement « dans un emploi » (c. trav. art. R. 4624-42) *(voir plus haut)*. L'employeur est alors dispensé de recherche de reclassement, que l'inaptitude soit d'origine professionnelle ou d'origine non professionnelle (c. trav. art. L. 1226-2-1 et L. 1226-12). Il peut engager la procédure de licenciement (ou de rupture anticipée du CDD).

Attention cependant, il faut prêter attention à la terminologie employée par le médecin du travail.

En effet, la mention « dispense de reclassement dans l'emploi » exonère totalement l'employeur de son obligation de reclassement (cass. soc. 12 juin 2024, n° 23-13522 FB). Pour autant, la Cour de cassation a admis que le médecin du travail qui formule une dispense de reclassement pour un salarié inapte n'est pas tenu de reprendre expressément la terminologie légale. Si les termes qu'il emploie sont sans ambiguïté, l'employeur peut considérer qu'il est valablement dispensé de son obligation de reclassement (cass. soc. 12 février 2025, n° 23-22612 FSB).

En revanche, il n'y a pas de dispense de reclassement si l'avis indique que l'état de santé du salarié faisait obstacle à tout reclassement « dans cette entreprise » ou que son maintien dans un emploi « dans cette entreprise » serait gravement préjudiciable à sa santé ou que « l'état de santé du salarié fait obstacle à tout reclassement dans un emploi » en précisant que l'inaptitude faisait obstacle « sur le site » à tout reclassement dans un emploi (cass. soc. 8 février 2023, n° 21-11356 D ; cass. soc. 13 septembre 2023, n° 22-12970 FB ; cass. soc. 13 décembre 2023, n° 22-19603 FB).

Pas de reclassement d'un apprenti déclaré inapte - L'employeur n'a pas à chercher à reclasser un apprenti déclaré inapte par le médecin du travail. Il n'a pas non plus à reprendre le paiement de son salaire si, un mois après la déclaration d'inaptitude, le contrat d'apprentissage n'est pas encore rompu, ni l'apprenti reclassé (cass. soc. 9 mai 2019, n° 18-10618 FSPB ; c. trav. art. L. 6222-18).

Licenciement d'un salarié en CDI inapte

Motif - L'employeur peut rompre le contrat de travail en raison de l'inaptitude du salarié s'il justifie (c. trav. art. L. 1226-2-1 et L. 1226-12) :
- soit de son impossibilité de proposer un emploi dans les conditions de son obligation de reclassement *(voir plus haut)* ;
- soit du refus par le salarié d'un emploi proposé dans ces conditions ;
- soit de la mention expresse dans l'avis du médecin du travail que tout maintien du salarié dans l'emploi serait gravement préjudiciable à sa santé ou que l'état de santé du salarié fait obstacle à tout reclassement dans l'emploi (dans ce cas, l'employeur est en effet dispensé de rechercher un reclassement ; *voir plus haut*).

Procédure - L'employeur doit suivre la procédure de licenciement pour motif personnel (convocation à l'entretien préalable, etc.) (c. trav. art. L. 1226-2-1 et L. 1226-12).

Il n'y a pas de préavis, qu'il s'agisse d'une inaptitude d'origine professionnelle (cass. soc. 15 juin 1999, n° 97-15328, BC V n° 283) ou non professionnelle (c. trav. art. L. 1226-4). Le contrat de travail est rompu dès la notification du licenciement.

Salariés protégés - Si le salarié inapte est « protégé » (élu du CSE, délégué syndical, etc.), l'employeur doit respecter la procédure protectrice : selon la nature du mandat, consultation du CSE, dans tous les cas, obtention de l'autorisation préalable de l'inspecteur du travail.

Quand une demande d'autorisation de licenciement est motivée par l'inaptitude physique, l'administration du travail vérifie que l'inaptitude du salarié est réelle et qu'elle justifie son licenciement, mais elle n'a pas à rechercher la cause de cette inaptitude (cass. soc. 27 novembre 2013, n° 12-20301, BC V n° 286). Toutefois l'inspecteur du travail saisi d'une demande d'autorisation de licenciement pour inaptitude physique d'un salarié protégé, doit refuser le licenciement comme étant en rapport avec les fonctions représentatives lorsque l'inaptitude du salarié résulte d'une dégradation de son état de santé en lien direct avec les difficultés mises par son employeur à l'exercice de ces fonctions (CE 21 septembre 2016, n° 396887 [avis]).

Rupture conventionnelle, résiliation judiciaire - Lorsqu'un salarié est déclaré inapte, il est possible de signer une rupture conventionnelle individuelle avec lui (sauf fraude ou vice du consentement) (cass. soc. 9 mai 2019, n° 17-28767 FSPB).

En revanche, l'employeur ne peut pas demander la *résiliation judiciaire du contrat de travail** (cass. soc. 22 février 2000, n° 97-41333, BC V n° 69).

Indemnités dues en cas de licenciement - Voir *Inaptitude CDI (indemnisation du licenciement)**.

Rupture du CDD d'un salarié inapte

Voir *Inaptitude (CDD)**.

Reprise du paiement du salaire en l'absence de reclassement ou de rupture du contrat

Au terme d'un délai d'un mois - Si un mois après l'examen médical à l'issue duquel l'inaptitude a été déclarée, le salarié n'a pas été reclassé ou licencié, l'employeur doit recommencer à lui verser son salaire (c. trav. art. L. 1226-4 et L. 1226-11).

Il en va ainsi quelles que soient les difficultés de reclassement (cass. soc. 29 septembre 2004, n° 02-43746, BC V n° 233).

La reprise du versement du salaire au bout d'un mois s'impose y compris lorsque :
- le délai de 1 mois a été dépassé du fait du salarié, par exemple parce qu'il a demandé le report de l'entretien préalable au licenciement (cass. soc. 11 octobre 2006, n° 05-40890 D) ;
- l'arrêt est la conséquence d'une rechute de l'accident de travail à l'origine de l'inaptitude (cass. soc. 13 mars 2019, n° 17-26127 D) ;
- le salarié a refusé un poste de reclassement (cass. soc. 10 janvier 2024, n° 21-20229 FSB) ;
- le salarié a retrouvé un emploi avant son licenciement (cass. soc. 4 mars 2020, n° 18-10719 FSPB) ;
- l'employeur a contesté en justice l'avis d'inaptitude d'un salarié (cass. soc. 10 janvier 2024, n° 22-13464 FSB).

▶ À noter… Lorsqu'un salarié, initialement déclaré apte, est suite à un recours exercé devant l'autorité compétente, déclaré inapte, l'obligation pour l'employeur de reprendre le paiement du salaire court à l'issue du délai d'un mois suivant la date de la décision de cette autorité (l'inspecteur du travail à l'époque des faits, depuis le 1er janvier 2018, les prud'hommes) (cass. soc. 20 décembre 2017, n° 15-28367, BC V n° 227).

L'employeur ne peut pas substituer à son obligation de reprendre le versement du salaire l'attribution d'une indemnité compensatrice de congés payés ni contraindre le salarié à prendre ses congés (cass. soc. 3 juillet 2013, n° 11-23687, BC V n° 177 ; cass. soc. 1er mars 2017, n° 15-28563 D).

Lorsque le salarié est, au final, licencié pour inaptitude, la reprise du paiement du salaire court jusqu'à la date de présentation de la lettre de licenciement (et non jusqu'à la date d'envoi de la lettre) (cass. soc. 12 décembre 2018, n° 17-20801 FSPB).

Nouvel arrêt de travail - La reprise du versement du salaire au bout d'un mois (c. trav. art. L. 1226-4 et L. 1226-11) s'impose même lorsqu'un nouvel arrêt de travail est intervenu après la déclaration d'inaptitude (cass. soc. 19 janvier 2005, n° 03-41479, BC V n° 8 ; cass. soc. 9 juin 2010, n° 09-40553 D ; cass. soc. 5 avril 2018, n° 17-16080 D ; cass. soc. 8 juillet 2020, n° 19-14006 D).

Dans une affaire où un salarié déclaré inapte, l'avis d'inaptitude d'origine non professionnelle précisant que l'état de santé du salarié faisait obstacle à tout reclassement dans un emploi, avait produit dès le lendemain de cette déclaration un nouvel arrêt maladie, la Cour de cassation a estimé que (cass. soc. 29 janvier 2025, n° 23-18585 FD) :

- ce nouvel arrêt de travail n'ouvrait pas une nouvelle période de suspension du contrat ouvrant droit au maintien de salaire au titre d'un arrêt maladie à la charge de l'employeur ;
- le salarié étant sous le régime de l'inaptitude, l'employeur avait pour seule obligation de reprendre le versement de l'intégralité de la rémunération 1 mois après la déclaration d'inaptitude.

Niveau de salaire à verser - Le salaire dont l'employeur doit reprendre le versement est la rémunération correspondant au poste que le salarié occupait avant la suspension de son contrat de travail (c. trav. art. L. 1226-4 et L. 1226-11). Cette rémunération doit prendre en compte l'ensemble des éléments constituant la rémunération, notamment le 13e mois, que le salarié aurait perçu s'il avait travaillé (cass. soc. 5 mai 2021, n° 19-22456 D).

Ce salaire ouvre droit à une indemnité de congés payés (cass. soc. 4 avril 2012, n° 10-10701, BC V n° 115).

L'employeur doit reprendre le paiement du salaire même si le salarié perçoit des indemnités maladie compensant sa perte de rémunération (régime de prévoyance d'entreprise ou sécurité sociale). Il ne peut opérer aucune réduction, la somme à verser devant correspondre au montant du salaire antérieur (cass. soc. 16 février 2005, n° 02-43792, BC V n° 51).

Exemple

Le salaire est payé sans déduction d'éventuelles IJSS (cass. soc. 18 décembre 2013, n° 12-16460 D).

C'est la date d'exigibilité des salaires réclamés qui marque le point de départ de la prescription de l'action en paiement de salaire (cass. soc. 7 mai 2024 n° 22-24394 FB) (voir *Prescription des salaires**).

Indemnisation du salarié pendant le délai d'un mois - En cas d'inaptitude d'origine professionnelle, le salarié a droit à une indemnisation de la sécurité sociale pendant la période d'attente (c. séc. soc. art. L. 433-1). Cette indemnité est versée jusqu'au reclassement ou au licenciement, dans la limite d'une durée maximale de 1 mois (pour plus de détails, voir *Indemnité temporaire d'inaptitude**).

S'il est en arrêt de travail, il ressort de la pratique que le salarié dont l'inaptitude est d'origine non professionnelle, bénéficie du versement des IJSS par la CPAM et, le cas échéant, du maintien total ou partiel de son salaire par l'employeur selon les règles légales ou conventionnelles applicables dans l'entreprise. À défaut d'arrêt de travail, il n'est ni indemnisé ni rémunéré.

Manquement de l'employeur - Si l'employeur manque à son obligation de reprise du paiement du salaire au terme du délai d'un mois, le salarié peut, soit se prévaloir de la poursuite du contrat de travail et solliciter la condamnation de l'employeur au paiement des salaires, soit faire constater la rupture du contrat de travail pour manquement de l'employeur à cette obligation (cette rupture doit s'analyser en licenciement sans cause réelle et sérieuse) (cass. soc. 29 septembre 2004, n° 02-43746, BC V n° 233).

Il a aussi été admis que :

- le salarié puisse prendre acte de la rupture de son contrat de travail aux torts de l'employeur (cass. soc. 24 avril 2013, n° 12-13058 D) (voir *Prise d'acte de la rupture du contrat de travail**) ;
- que le contrat de travail puisse être résilié aux torts de l'employeur (cass. soc. 18 décembre 2024, n° 23-11507 D) (voir *Résiliation judiciaire du contrat de travail**).

Points à surveiller - La règle de reprise du paiement du salaire au terme d'un mois ne signifie pas que l'employeur peut choisir entre reclasser le salarié ou attendre un mois puis se contenter de reprendre le paiement des salaires. Il doit prioritairement chercher un poste de reclassement.

L'expiration du délai d'un mois ne met pas fin à l'obligation de reclassement (cass. soc. 21 mars 2012, n° 10-12068, BC V n° 100). Même après le délai d'un mois, l'employeur ne peut licencier le salarié qu'en cas d'impossibilité de reclassement ou de refus du salarié dans les conditions exposées plus haut.

À l'inverse, l'employeur n'est pas tenu de licencier, notamment à bref délai, un salarié déclaré inapte (cass. soc. 1er février 2017, n° 15-14852 D). Il doit poursuivre la reprise du paiement de la rémunération, mais le salarié ne peut pas demander la résiliation judiciaire de son contrat de travail au motif qu'il n'a pas été licencié dès lors que l'employeur n'avait pas manqué à son obligation de rechercher un reclassement.

☞ *Inaptitude CDI (indemnisation du licenciement) ; Inaptitude (CDD) ; Indemnité temporaire d'inaptitude ; Indemnités de rupture (régimes social et fiscal) ; Prise d'acte de la rupture du contrat de travail ; Résiliation judiciaire du contrat de travail.*

Inaptitude (CDD)

Inaptitude et recherche de reclassement

Avis du médecin du travail - Le médecin du travail constate l'inaptitude des salariés en contrat à durée déterminée (CDD) dans les mêmes conditions que pour les salariés en CDI (voir *Inaptitude**).

Obligation de reclassement - Lorsqu'un salarié en CDD est déclaré inapte, l'employeur doit tout mettre en œuvre pour le reclasser (c. trav. art. L. 1226-2, L. 1226-20 renvoyant à L. 1226-10).

Il a les mêmes obligations de recherche de reclassement que pour les salariés en CDI (voir *Inaptitude**). Ainsi, il doit tenir compte des conclusions écrites du médecin du travail et consulter le *comité social et économique** (CSE) avant de proposer un reclassement au salarié.

Rupture du CDD

Rupture anticipée - L'inaptitude physique constitue un cas de rupture anticipée du CDD (c. trav. art. L. 1243-1). Elle est possible lorsque l'employeur justifie (c. trav. art. L. 1226-2-1 et L. 1226-20) :
- soit de son impossibilité de proposer un emploi de reclassement « conforme » aux préconisations du médecin du travail ;
- soit du refus du salarié de l'emploi « conforme » ;
- soit lorsque le médecin du travail a mentionné dans l'avis d'inaptitude que tout maintien du salarié « dans un emploi » serait gravement préjudiciable à sa santé ou que son état de santé fait obstacle à tout reclassement « dans un emploi » (dans ce cas, il n'y a pas à rechercher de reclassement).

À notre sens, ces conditions s'apprécient comme pour le licenciement d'un salarié en CDI (voir *Inaptitude**).

Procédure - Puisqu'il ne s'agit pas d'un licenciement, il est possible de notifier au salarié la rupture anticipée de son CDD pour inaptitude sans passer par un entretien préalable (cass. avis 21 octobre 2013, n° 13-70006 D).

Il n'y a pas de préavis.

Si le salarié est « protégé » (élu du CSE, délégué syndical, etc.), l'employeur doit respecter la procédure protectrice [selon la nature du mandat, consultation du CSE ; dans tous les cas, obtention de l'autorisation préalable de l'inspecteur du travail].

Indemnité de rupture spécifique - L'employeur qui rompt le CDD de manière anticipée, en raison de l'inaptitude physique du salarié, doit lui verser une indemnité spécifique.

Si l'inaptitude a pour origine un accident ou une maladie non professionnelle, son montant est au minimum celui de l'*indemnité de licenciement** légale (c. trav. art. L. 1226-4-3).

Si l'inaptitude a pour origine un accident du travail ou une maladie professionnelle, son montant est au minimum égal au double de l'*indemnité de licenciement** prévue par la loi (c. trav. art. L. 1226-20).

▶ À noter… Contrairement à l'*indemnité de licenciement**, il n'y a pas de condition d'ancienneté de 8 mois pour le salarié. Le salarié ayant une ancienneté inférieure touchera une indemnité proratisée (rapport AN n° 3112, p. 98).

L'indemnité de rupture est versée selon les modalités de l'*indemnité de fin de contrat** (c. trav. art. L. 1226-4-3 et L. 1226-20). Elle est payée à l'issue du contrat, en même temps que le dernier salaire, et figure sur le bulletin de paye correspondant (c. trav. art. L. 1243-8).

Indemnité de fin de contrat - Si le CDD ouvre droit à l'*indemnité de fin de contrat**, les indemnités de fin de contrat et de rupture anticipée se cumulent (rapport AN n° 3112, p. 98).

Reprise du paiement du salaire au bout d'un mois

Si, un mois après l'examen médical à l'issue duquel l'inaptitude a été déclarée, l'employeur n'a pas reclassé le salarié ou rompu son contrat, l'employeur doit recommencer à lui verser son salaire (c. trav. art. L. 1226-4-2 et L. 1226-20, renvoyant à L. 1226-4 et L. 1226-11) (voir *Inaptitude**).

☞ *Contrat à durée déterminée ; Inaptitude.*

Inaptitude CDI
(indemnisation du licenciement)

Le salarié en contrat à durée indéterminée (CDI), qui est licencié car il a été déclaré inapte, peut prétendre à diverses indemnités. Celles-ci varient selon que son inaptitude a une origine professionnelle ou non.

Licenciement d'un salarié en CDI pour inaptitude d'origine professionnelle

Circonstances - Lorsque l'inaptitude est consécutive à un *accident du travail** (AT) ou à une *maladie professionnelle** (MP), les indemnités de rupture dues au salarié relèvent de règles spécifiques (c. trav. art. L. 1226-14).

Ces indemnités :
- peuvent être dues même si la CPAM ne reconnaît pas le lien de causalité entre l'accident et l'inaptitude, c'est aux juges de rechercher eux-mêmes l'existence de ce lien de causalité (cass. soc. 18 janvier 2017, n° 15-18903 D ; cass. soc. 3 juillet 2019, n° 18-16718 D) ;
- sont dues même si l'inaptitude n'est que « partiellement » d'origine professionnelle et que l'employeur le sait au moment du licenciement (cass. soc. 7 mai 2024, n° 22-10905 FB).

En cas de litige sur l'origine professionnelle ou non de l'inaptitude, les juges doivent vérifier si l'inaptitude du salarié a au moins partiellement pour origine un accident du travail ou une maladie professionnelle, même quand une expertise médicale a reconnu le caractère professionnel de l'accident (cass. soc. 18 septembre 2024, n° 22-24703 FB).

Lorsque la décision de la CPAM reconnaissant l'existence d'un accident du travail n'est pas remise en cause, elle s'impose aux juges qui ne peuvent pas contester la réalité de l'accident du travail ou de la maladie professionnelle en question. Les juges doivent alors seulement vérifier l'existence du lien de causalité entre cet accident (ou cette maladie) et l'inaptitude ainsi que la connaissance par l'employeur de l'origine professionnelle de cet accident (ou de cette maladie) (cass. soc. 18 septembre 2024, n° 22-22782 FB).

Indemnité « compensatrice de préavis AT/MP » - Le salarié a droit à une indemnité compensatrice d'un montant égal à l'indemnité de préavis due en cas de licenciement (c. trav. art. L. 1226-14). Le montant de l'indemnité est calculé par référence à la durée légale du *préavis** et non par référence au préavis conventionnel, même si ce dernier est plus long (cass. soc. 12 juillet 1999, n° 97-43641, BC V n° 347 ; cass. soc. 20 novembre 2024, n° 23-14949 D).

▶ À noter… La règle selon laquelle les travailleurs handicapés bénéficient, en cas de licenciement, du doublement de la durée du préavis légal dans la limite de 3 mois (voir *Préavis**), ne s'applique pas à l'indemnité compensatrice de préavis AT/MP spécifique au licenciement pour inaptitude d'origine professionnelle (cass. soc. 10 mars 2009, n° 08-42249, BC V n° 64 ; cass. soc. 27 janvier 2016, n° 14-12710 D ; cass. soc. 4 septembre 2019, n° 18-13779 D).

Les juges estiment que cette indemnité spécifique n'a pas la nature d'une indemnité de préavis. Elle ne recule donc pas la date de cessation du contrat de travail, laquelle intervient à la date de notification du licenciement (cass. soc. 15 juin 1999, n° 97-15328, BC V n° 283). Il est donc cohérent d'en déduire que :
- c'est à cette date que le plafond régularisateur doit être déterminé ;
- le montant de cette indemnité n'est pas intégré dans la base de calcul de l'indemnité compensatrice de congés payés (cass. soc. 12 octobre 2011, n° 10-18904 D) ;
- elle n'ouvre pas droit à des congés payés (cass. soc. 30 avril 2014 n° 12-28374 D ; cass. soc. 9 novembre 2017, n° 16-14527 D ; cass. soc. 6 juillet 2022, n° 21-11271 D ; cass. soc. 29 mars 2023, n° 21-21211 D ; cass. soc. 7 février 2024, n° 22-15988 D).

L'indemnité est assujettie aux cotisations sociales, malgré son caractère indemnitaire (cass. soc. 11 janvier 2017, n° 15-19959 D).

Indemnité spéciale de licenciement - Le salarié, dont le licenciement consécutif à l'inaptitude d'origine professionnelle est justifié, a droit à une indemnité spéciale de licenciement égale au double du montant légal de l'*indemnité de licenciement** (c. trav. art. L. 1226-14). Cette indemnité est exonérée de cotisations dans certaines limites [voir *Indemnités de rupture (régimes social et fiscal)**].

Le doublement concerne l'indemnité légale de licenciement et pas l'indemnité conventionnelle, sauf si la convention collective le prévoit (cass. soc. 25 mars 2009, n° 07-41708, BC V n° 83 ; cass. soc. 18 février 2015, n° 13-20171 D ; cass. soc. 20 novembre 2024, n° 23-14949 D).

En revanche, l'employeur doit verser au salarié l'indemnité conventionnelle de licenciement (non doublée) si elle est supérieure à l'indemnité spéciale de licenciement, autrement dit à l'indemnité légale de licenciement multipliée par 2 (cass. soc. 10 mai 2005, n° 03-44313, BC V n° 153 ; cass. soc. 23 janvier 2013, n° 11-25851 D).

▶ À noter... Un accord collectif (convention collective, accord d'entreprise, etc.) ne peut pas exclure les salariés licenciés pour inaptitude du montant de l'indemnité conventionnelle de licenciement plus favorable (il s'agit d'une discrimination fondée sur l'état de santé et une telle clause est nulle) (cass. soc. 9 décembre 2020, n° 19-17092 FSPB).

Lorsque l'employeur est condamné à verser cette indemnité spéciale, les juges doivent l'exprimer en montant brut (cass. soc. 7 mai 2024, n° 22-21479 D).

Licenciement en concurrence avec une résiliation judiciaire - Lorsque le salarié, déclaré inapte à la suite d'un accident du travail puis licencié pour inaptitude et impossibilité de reclassement, obtient par la suite la résiliation judiciaire de son contrat de travail aux torts de l'employeur, il a également droit à l'indemnité spéciale de licenciement s'il ne l'a pas déjà perçue (cass. soc. 20 février 2019, n° 17-17744 FSPB).

Dans la même logique, le salarié licencié pour inaptitude professionnelle bénéficie de l'indemnité spéciale de licenciement, y compris si une résiliation judiciaire du contrat de travail est prononcée par la suite et aboutit au prononcé de la nullité du licenciement (cass. soc. 15 septembre 2021, n° 19-24498 FSB).

Indemnité pour licenciement injustifié - Si l'employeur licencie le salarié sans respecter ses obligations (réintégration en cas d'aptitude, recherche de reclassement ou consultation du CSE) ou sans attendre un refus de reclassement, le salarié a droit à une indemnité qui ne peut être inférieure à 6 mois de salaire (c. trav. art. L. 1226-15 renvoyant à L. 1235-3-1).

Cette indemnité se cumule avec l'indemnité spéciale de licenciement et l'indemnité « compensatrice de préavis AT/MP ».

En revanche, elle englobe l'indemnité d'inobservation de procédure (cass. soc. 15 décembre 2006, n° 05-42532, BC V n° 386 ; cass. soc. 22 juin 2011, n° 10-14486 D). Par ailleurs, deux erreurs ouvrent droit à une seule indemnité.

Exemple

Le défaut de consultation du *comité social et économique** et l'irrespect des dispositions relatives au reclassement, pour un salarié reconnu inapte à la suite d'un accident du travail, ouvrent droit à une seule indemnité (cass. soc. 16 décembre 2010, n° 09-67446, BC V n° 299). C'est également le cas lorsque l'employeur motive insuffisamment la lettre de licenciement et ne consulte pas le CSE sur la proposition de reclassement (cass. soc. 23 mai 2017, n° 16-10580, BC V n° 89).

Le tribunal peut aussi proposer la réintégration du salarié, avec maintien des avantages acquis. Dans ce cas, le juge octroie l'indemnité seulement en cas de refus de réintégration par le salarié ou l'employeur (c. trav. art. L. 1226-15).

Base de calcul - La base de calcul de l'indemnité de préavis « accident du travail », de l'indemnité spéciale de licenciement et de l'indemnité pour licenciement injustifié, est le salaire moyen que le salarié aurait perçu sur les 3 derniers mois s'il avait continué à travailler au poste qu'il occupait au moment de l'accident (c. trav. art. L. 1226-16).

Pour le calcul de ces indemnités, la notion de salaire est définie par le taux personnel, les primes, les avantages de toute nature, les indemnités et les gratifications qui composent le revenu.

Refus abusif de reclassement - Le refus sans motif légitime par un salarié, même protégé, d'un poste approprié à ses capacités et comparable à l'emploi précédemment occupé peut revêtir un caractère abusif (cass. soc. 20 février 2008, n° 06-44867, BC V n° 40). En pratique, tout dépend des circonstances.

Dans ce cas, le salarié perd le droit aux indemnités spécifiques de rupture (c. trav. art. L. 1226-14 ; cass. soc. 20 février 2008, n° 06-44867, BC V n° 40) :
- l'indemnité « compensatrice de préavis AT/MP » ;
- l'indemnité spéciale de licenciement (ou à l'indemnité conventionnelle de licenciement alternative).

En revanche, il conserve le droit à l'indemnité légale de licenciement (cass. soc. 19 juillet 1994, n° 90-41362, BC V n° 242).

▶ Attention... Le refus d'un reclassement qui entraîne une modification du contrat de travail n'est jamais abusif (cass. soc. 15 juillet 1998, n° 95-45362, BC V n° 380 ; cass. soc. 30 novembre 2010, n° 09-66607, BC V n° 271 ; cass. soc. 6 juillet 2022, n° 21-13200 D). Par ailleurs, un refus abusif ne peut pas justifier un licenciement pour faute (cass. soc. 25 mai 2011, n° 09-71543 D) ni la non reprise du versement du salaire si, au bout du délai d'1 mois, le salarié n'a été ni reclassé ni licencié (cass. soc. 7 décembre 1999, n° 97-43775, BC V n° 471).

Licenciement d'un salarié en CDI pour inaptitude d'origine non professionnelle

Pas d'indemnité de préavis - En cas de licenciement d'un salarié en CDI pour inaptitude d'origine non professionnelle, il n'y a pas de préavis et le contrat de travail est rompu dès la notification du licenciement (c. trav. art. L. 1226-4).

Le salarié ne peut pas prétendre à une indemnité compensatrice de préavis, sauf si la convention collective en dispose autrement (cass. soc. 2 octobre 2024, n° 23-12702 FSB).

En revanche, la durée du préavis est prise en compte pour le calcul de l'indemnité de licenciement.

Contentieux : droit à une indemnité de préavis parfois reconnu - Si à l'issue d'un contentieux le licenciement est jugé nul, l'indemnité compensatrice de préavis est due (cass. soc. 5 juin 2001, n° 99-41186, BC V n° 211).

Par ailleurs, la jurisprudence reconnaissait autrefois au salarié le droit à une indemnité de préavis en cas de rupture du contrat de travail imputable au manquement de l'employeur à son obligation de reclassement ou de non reprise du paiement du salaire à l'issue du délai d'un mois (cass. soc. 24 juin 2009, n° 08-42618, BC V n° 164). Cette solution perdure dans une certaine mesure alors que les textes prévoient désormais que la rupture du contrat intervient dès la notification du licenciement et que le préavis n'est pas exécuté (c. trav. art. L. 1226-4 ; loi 2012-387 du 22 mars 2012, art. 47) :

Ainsi l'employeur qui manque à son obligation de reclassement d'un salarié inapte peut être condamné à lui verser une indemnité compensatrice de préavis (cass. soc. 17 mai 2016, n° 14-23611 D ; cass. soc. 7 décembre 2017, n° 16-22276, BC V n° 207) (voir *Inaptitude**).

En revanche, le salarié ne peut pas prétendre à une indemnité compensatrice de préavis lorsqu'il est licencié pour inaptitude non professionnelle (dont la cause réelle et sérieuse est reconnue par le juge) si l'employeur n'a pas respecté son obligation de reprise du versement du salaire à l'issue du délai d'un mois suivant la date de déclaration de l'inaptitude (cass. soc. 5 juillet 2023, n° 21-25797 FSB).

Indemnité de licenciement - Le salarié a droit à l'indemnité de licenciement ordinaire (voir *Indemnité de licenciement**) qui est calculée en tenant compte de la durée du préavis (c. trav. art. L. 1226-4).

Une convention collective ne peut pas exclure du bénéfice de l'indemnité conventionnelle de licenciement les salariés déclarés inaptes à la suite d'une maladie ou d'un accident non professionnel. Une telle disposition est discriminatoire, et nulle, car fondée sur l'état de santé du salarié (cass. soc. 8 octobre 2014, n° 13-11789, BC V n° 232 ; cass. soc. 9 décembre 2020, n° 19-17092 FSPB).

Congés payés - L'*indemnité compensatrice de congés payés** est également due.

Licenciement d'un salarié en CDI en cas d'inaptitude						
Contexte		**Indemnité compensatrice de préavis**	**Indemnité spéciale de licenciement**	**Indemnité compensatrice de congés payés**	**Indemnité fixée par le juge**
Accident du travail (AT) ou maladie professionnelle (MP)	Impossibilité de reclassement ou refus justifié du salarié	Indemnité compensatrice AT/MP (1)	Oui	Oui	Non
	Licenciement abusif (2) (3)	Indemnité compensatrice AT/MP (1)	Oui	Oui	Oui (5)
	Refus abusif de reclassement par le salarié	Non	Non (4)	Oui	Non
Accident de trajet, maladie ou accident non professionnel		Mêmes régime et indemnités de rupture qu'en cas de licenciement de droit commun. En principe, pas d'indemnité de préavis (6).			

(1) Montant égal à celui de l'indemnité compensatrice correspondant à la durée légale du préavis (c. trav. art. L. 1226-14).
(2) Licenciement en cas de méconnaissance des dispositions relatives au reclassement (absence de consultation ou consultation irrégulière du CSE sur les propositions de reclassement, absence de justification d'une impossibilité de reclassement « conforme » ou du refus par le salarié d'un emploi de reclassement « conforme » ; absence de recherche de reclassement alors que l'avis d'*inaptitude** du médecin du travail ne comporte pas les mentions dispensant l'employeur de son obligation).
(3) En cas de licenciement abusif, les juges peuvent proposer la réintégration du salarié (c. trav. art. L. 1226-15). Les indemnités de rupture ne sont dues qu'en cas de refus de réintégration par le salarié ou l'employeur.
(4) Pas de droit à l'indemnité conventionnelle de licenciement alternative (cass. soc. 28 février 2008, n° 06-44867, BC V n° 40). Droit à l'indemnité légale de licenciement.
(5) Au moins 6 mois de salaire (c. trav. art. L. 1226-15 et L. 1235-3-1).
(6) Indemnité légale ou conventionnelle de licenciement (sauf faute grave) et *indemnité compensatrice de congés payés**. Pas d'*indemnité compensatrice de préavis** en principe. Par exception, l'indemnité de préavis est due si le salarié demande et obtient la nullité de son licenciement ou si le licenciement est jugé sans cause réelle et sérieuse en raison de la violation par l'employeur des règles relatives à l'obligation de reclassement.

Contentieux de la rupture

Lorsqu'un salarié est licencié pour une inaptitude ayant pour origine un manquement de l'employeur, la rupture du contrat de travail est sans cause réelle et sérieuse (cass. soc. 26 septembre 2012, n° 11-14742, BC V n° 236). En cas de contentieux, le conseil de prud'hommes est compétent pour statuer sur le bien-fondé de la rupture du contrat de travail et pour allouer, le cas échéant, une indemnisation au titre d'un licenciement sans cause réelle et sérieuse (cass. soc. 3 mai 2018, nos 16-26850 et 17-10306, BC V n° 72).

Inaptitude des salariés en CDD

Voir *Inaptitude (CDD)**.

☞ *Inaptitude ; Inaptitude (CDD) ; Indemnité temporaire d'inaptitude ; Indemnités de rupture (régimes social et fiscal).*

Indemnité compensatrice de congés payés

Dans certaines hypothèses, l'indemnité compensatrice de congés payés est due au salarié qui n'a pas bénéficié des jours de congés payés qu'il a acquis.

Droit à l'indemnité en cas de rupture du contrat

Rupture du contrat de travail - Un salarié a droit à une indemnité compensatrice de congés payés au titre des congés non pris au moment de la rupture de son contrat de travail (c. trav. art. L. 3141-28). Peu importe que cette rupture soit de son fait ou de celui de l'employeur.

Indemnité au titre des congés reportés - Les congés payés de la période antérieure qui ont été reportés sur la période de référence en cours avec l'accord de l'employeur donnent lieu à une indemnité compensatrice de congés payés s'ils n'ont pas été pris (cass. soc. 27 septembre 2007, n° 06-41744, BC V n° 145).

Dans certains cas, le report des congés est de droit [voir par exemple *Congés payés (incidence des arrêts de travail)**].

À défaut, seule une autorisation expresse de l'employeur peut être de nature à autoriser le report (cass. soc. 9 janvier 2013, n° 11-21758 D).

▶ À noter… La mention du report des congés payés acquis au titre de la période antérieure à la période de référence en cours sur le bulletin de paye peut servir à établir l'accord de l'employeur, sauf s'il peut démontrer qu'il s'agissait d'une erreur (cass. soc. 9 juillet 2015, n° 14-10051 D ; cass. soc. 9 décembre 2020, n° 19-12739 D).

Décès du salarié - En cas de décès du salarié, l'indemnité compensatrice due au titre d'un éventuel solde de congés payés non pris est versée aux ayants droit qui auraient qualité pour obtenir le paiement des salaires arriérés (c. trav. art. L. 3141-28 ; CJUE, 12 juin 2014, C-118/13 ; CJUE 6 novembre 2018, aff. C-569/16 et C-570/16).

Clause de non-concurrence - La contrepartie financière d'une clause de non-concurrence a la nature d'une indemnité compensatrice de salaires et ouvre, de ce fait, droit à des congés payés (cass. soc. 17 mai 2006, n° 04-47597, BC V n° 177) (voir *Indemnité de non-concurrence**).

Droit à l'indemnité hors cas de rupture du contrat

Impossibilité de prendre les congés du fait de l'employeur - Tant que le contrat de travail est en cours, le salarié peut prétendre à une indemnité compensatrice uniquement s'il a été mis dans l'impossibilité de prendre ses congés du fait de l'employeur. Si l'impossibilité n'est pas imputable à l'employeur, l'indemnité compensatrice n'est pas due.

En principe, lorsque des congés payés sont reportés ils doivent être pris. Le paiement d'une indemnité compensatrice de congés payés, en lieu et place de la prise des congés, est possible seulement en cas de rupture du contrat avant la prise effective des congés payés ou d'impossibilité de les prendre du fait de l'employeur.

Congés de maternité, accident du travail, maladie - Voir *Congés payés (incidence des arrêts de travail)**.

Calcul de l'indemnité compensatrice

Principes de calcul - L'indemnité compensatrice de congés payés se calcule de la même façon que l'*indemnité de congés payés**, à savoir maintien de salaire ou 1/10 de la rémunération annuelle selon la méthode la plus favorable au salarié.

▶ À noter… Un bonus annuel que l'employeur qualifie de discrétionnaire mais qui n'est pas exceptionnel et a été attribué au salarié régulièrement pendant 7 ans doit être intégré à l'assiette de calcul de l'indemnité compensatrice de congés payés (cass. soc. 5 juillet 2023, n° 21-16694 D).

Les éléments à inclure dans la rémunération de référence sont les mêmes (voir *Indemnité de congés payés**), sachant que l'*indemnité compensatrice de préavis** entre dans la base de calcul de l'indemnité compensatrice de congés payés.

En revanche, l'indemnité « compensatrice de préavis AT/MP » versée au salarié licencié pour inaptitude d'origine professionnelle n'ayant pas la nature d'une indemnité de préavis, elle n'entre pas dans la base de calcul de l'indemnité compensatrice de congés payés [voir *Inaptitude CDI (indemnisation du licenciement)**].

▶ À noter… Les indemnités consécutives à la rupture du contrat de travail doivent se calculer sur la base de la rémunération que le salarié aurait dû percevoir, et non sur celle de la rémunération qu'il a effectivement perçue du fait du manquement de l'employeur à ses obligations (cass. soc. 22 mars 2006, n° 04-43933, BC V n° 121).

Si nécessaire, double période de référence - Lorsque les congés non pris correspondent à deux périodes de référence distinctes, l'indemnité compensatrice est calculée en deux étapes :
- indemnité liée à la période de référence expirée mais dont les congés n'ont pas été pris en totalité (« congés acquis ») ;
- indemnité liée à la période de référence en cours (« congés en cours »).

Chaque indemnité doit être calculée selon la méthode de calcul la plus favorable au salarié.

▶ À noter… L'indemnité compensatrice relative à la période de référence écoulée est exclue de la base de calcul de l'indemnité liée à la période de référence en cours (cass. soc. 17 février 1993, n° 89-44825 D).

Salariés en CDD

Les salariés en contrat à durée déterminée (CDD) ont droit à une indemnité compensatrice de congés payés, quelle que soit la durée de leur contrat, dès lors que le régime des congés payés applicable dans l'entreprise ne leur a pas permis de les prendre effectivement (c. trav. art. L. 1242-16).

Elle se calcule comme pour les autres salariés, étant précisé que :
- l'indemnité ne peut être inférieure au 1/10 du total de la rémunération brute perçue par le salarié ;
- l'*indemnité de fin de contrat** est prise en compte dans la base de calcul de l'indemnité compensatrice de congés payés (circ. DRT 90-18 du 30 octobre 1990, § 4-2-3) ;
- en cas de rupture anticipée du CDD, lorsque l'employeur verse des dommages et intérêts d'un montant équivalent à la rémunération due jusqu'au terme du contrat (c. trav. art. L. 1243-6), ces dommages et intérêts sont exclus de la base de calcul de l'indemnité compensatrice de congés payés (cass. soc. 16 novembre 1993, n° 90-44199, BC V n° 270 ; cass. soc. 3 mai 2018, n° 16-22455 D).

Bien entendu, l'indemnité compensatrice n'est pas due en cas de prise effective des congés payés (cass. soc. 25 février 1998, n° 95-45005, BC V n° 100).

Bulletin de paye

L'indemnité compensatrice de congés payés a le caractère de salaire et figure sur le bulletin de paye.

☛ *Congés payés (incidence des arrêts de travail) ; Contrat à durée déterminée ; Faute grave ; Faute lourde ; Indemnité de congés payés ; Indemnités de rupture (régimes social et fiscal).*

Indemnité compensatrice de préavis

La non-exécution du préavis peut donner lieu au versement d'une indemnité compensatrice de préavis.

Conditions de versement

Ouverture du droit - Le paiement d'une indemnité compensatrice de préavis intervient dans les cas de rupture où un préavis est prévu (ex. : licenciement, démission). Ce n'est pas le cas de la rupture d'une période d'essai même discriminatoire (cass. soc. 12 septembre 2018, n° 16-26333 FSPB).

L'employeur est tenu au paiement d'une indemnité compensatrice de préavis seulement lorsqu'il a unilatéralement décidé de dispenser le salarié d'exécuter son préavis ou lorsque cette inexécution lui est imputable (c. trav. art. L. 1234-5 ; cass. soc. 28 janvier 2005, n° 03-47403, BC V n° 37).

La situation la plus fréquente est donc la dispense d'exécution du préavis à l'initiative de l'employeur [voir *Préavis (dispense)**].

Les cas d'inexécutions imputables à l'employeur se présentent généralement à l'occasion de contentieux judiciaires. Il s'agit des situations où l'employeur est en pratique à l'origine de l'impossibilité pour le salarié de faire son préavis.

Par exemple, cela a été admis pour un salarié malade, licencié en raison de la nécessité de procéder à son remplacement définitif, mais dont l'incapacité de travail avait pour origine des faits de harcèlement moral commis par l'employeur (cass. soc. 20 septembre 2006, n° 05-41385, BC V n° 274).

▶ À noter… Le salarié qui démissionne et demande à être dispensé d'exécuter son préavis ne perçoit pas l'indemnité compensatrice si l'employeur lui accorde la dispense (cass. soc. 10 avril 2013, n° 12-13685 D).

Rupture du contrat pour faute grave ou lourde - En principe, le salarié licencié pour faute grave ou faute lourde n'a pas droit à un préavis (c. trav. art. L. 1234-1) ni, par conséquent, à une indemnité compensatrice (c. trav. art. L. 1234-5).

Une clause conventionnelle peut être plus favorable, et si elle n'est pas explicite les juges tranchent au cas par cas. Il est donc possible qu'un salarié licencié pour faute grave ait droit à une indemnité compensatrice de préavis.

Exemple

Une convention prévoyait, d'une part, que l'indemnité de licenciement pouvait être supprimée en cas de faute grave et, d'autre part, que la faute lourde permettait de licencier le salarié sans préavis ni indemnités. Les juges ont déduit de l'articulation de ces deux clauses que le salarié licencié pour faute grave avait droit à l'indemnité compensatrice de préavis (cass. soc. 25 septembre 2013, n° 12-19487, BC V n° 215).

Si le contrat de travail accorde au salarié un préavis de 6 mois en cas de rupture du fait du salarié ou de l'employeur, sans établir de distinction selon le motif de rupture, le salarié licencié pour faute grave peut percevoir l'indemnité compensatrice de préavis (cass. soc. 20 mars 2019, n° 17-26999 D).

Si un licenciement pour faute grave est jugé sans cause réelle et sérieuse, l'employeur qui a licencié à tort le salarié sans préavis, doit verser une indemnité compensatrice de préavis à son ancien salarié (cass. soc. 14 février 2007, n° 04-48338 D). Il en va ainsi même lorsque le licenciement survient pendant une période de suspension du contrat de travail consécutive à un arrêt de travail pour maladie (cass. soc. 9 octobre 2001, n° 99-43518, BC V n° 308 ; cass. soc. 7 janvier 2015, n° 13-21344 D).

Faute grave ou lourde pendant une dispense de préavis - Lorsqu'un salarié a été dispensé d'exécuter son préavis, l'employeur qui découvre, en cours de préavis, une faute grave ou lourde commise avant ou pendant celui-ci reste tenu de payer l'intégralité de l'indemnité compensatrice de préavis (cass. soc. 9 mai 2000, n° 97-45294, BC V n° 171 ; cass. soc. 22 mai 2002, n° 00-40446, BC V n° 173).

Salarié dans l'incapacité d'exécuter le préavis - Sauf dispositions conventionnelles ou usages plus favorables, un salarié ne peut pas prétendre au paiement d'une indemnité pour un préavis qu'il est dans l'impossibilité d'exécuter.

Exemples

Un employeur qui licencie une salariée, en arrêts de travail successifs pour maladie non professionnelle, en raison de la nécessité de procéder à son remplacement définitif au regard des difficultés occasionnées par ses arrêts de travail n'a pas à lui verser d'indemnité compensatrice, puisqu'elle se trouve dans l'impossibilité d'exécuter son préavis (cass. soc. 6 mai 2009, n° 08-40997 D).

Un salarié licencié alors qu'il est en congé sabbatique n'y a pas droit non plus (cass. soc. 22 septembre 2016, n° 14-26359 D).

Lorsque le licenciement du salarié, prononcé pour absence prolongée désorganisant l'entreprise et rendant nécessaire son remplacement définitif, est dépourvu de cause réelle et sérieuse, il a droit à l'indemnité compensatrice de préavis et aux congés payés correspondants même s'il était dans l'impossibilité d'exécuter son préavis du fait de son arrêt maladie (cass. soc. 17 novembre 2021, n° 20-14848 FSPB ; cass. soc. 25 mai 2022, n° 20-19018 D).

Sur les règles applicables lorsque la maladie est liée au harcèlement moral commis par l'employeur *(voir plus haut)* et sur l'hypothèse où le salarié est reconnu inapte par le médecin du travail suite à un accident du travail ou à une maladie professionnelle *(voir ci-après)*.

Licenciement pour inaptitude physique non professionnelle - En cas d'inaptitude physique consécutive à un accident ou à une maladie non professionnel, il est expressément prévu que l'employeur n'a pas à verser d'indemnité compensatrice de préavis en cas de licenciement du salarié pour impossibilité de reclassement ou refus du reclassement proposé. Dans cette hypothèse, le contrat est rompu dès la notification du licenciement (c. trav. art. L. 1226-4) [voir *Inaptitude CDI (indemnisation du licenciement)**].

Le salarié ne peut pas non plus prétendre à une indemnité compensatrice de préavis lorsqu'il est licencié pour inaptitude non professionnelle (dont la cause réelle et sérieuse est reconnue par le juge) même si l'employeur n'avait pas respecté son obligation de reprise du versement du salaire à l'issue du délai d'un mois suivant la date de déclaration de l'inaptitude (cass. soc. 5 juillet 2023, n° 21-25797 FSB).

Avant le 24 mars 2012, le salarié avait théoriquement droit à un préavis. Cependant, aucune indemnité compensatrice n'était généralement due, dans la mesure où l'inaptitude mettait de fait le salarié dans l'impossibilité d'exécuter son préavis (cass. soc. 21 juin 1995, n° 92-43347, BC V n° 203). En conséquence, des jurisprudences antérieures au 24 mars 2012 reconnaissaient au salarié le droit à l'indemnité compensatrice de préavis dans certaines hypothèses. Elles ont permis au salarié d'obtenir une indemnité :

- lorsque la nullité du licenciement est inhérente à son caractère discriminatoire prononcé au regard des articles L. 1132-1 à L. 1132-3 du code du travail (cass. soc. 5 juin 2001, n° 99-41186, BC V n° 211), ce qui est par exemple le cas dans l'hypothèse d'un licenciement sans constatation de l'inaptitude physique par le médecin du travail ;
- en cas de rupture du contrat de travail imputable à l'employeur en raison du manquement soit à son obligation de reclassement, soit de reprise du paiement du salaire à l'issue du délai de 1 mois après la visite médicale à l'issue de laquelle l'*inaptitude** a été déclarée (cass. soc. 24 juin 2009, n° 08-42618, BC V n° 164) ;
- en cas de licenciement jugé sans cause réelle et sérieuse pour non-respect de l'obligation de reclassement (cass. soc. 26 novembre 2002, n° 00-41633, BC V n° 354 ; cass. soc. 23 novembre 2005, n° 04-47542, BC V n° 336).

Licenciement pour inaptitude physique d'origine professionnelle - Des règles spécifiques s'appliquent en cas d'inaptitude d'origine professionnelle c'est-à-dire liée à un accident du travail ou à une maladie professionnelle [voir *Inaptitude CDI (indemnisation du licenciement)**].

Contrat de travail résilié aux torts de l'employeur - Lorsque le contrat de travail est résilié aux torts de l'employeur, cette résiliation produit les effets d'un licenciement sans cause réelle et sérieuse et l'employeur est tenu de verser une indemnité compensatrice de préavis (voir *Résiliation du contrat de travail** et *Prise d'acte de la rupture du contrat de travail**).

En revanche, ce n'est pas le cas lorsque la salariée en congé parental au moment de la résiliation n'était pas en mesure d'exécuter le préavis (cass. soc. 23 novembre 2005, n° 04-47653, BC V n° 335).

Salarié étranger sans titre de travail - Le salarié embauché irrégulièrement a droit à l'indemnité compensatrice de préavis, même s'il ne peut pas exécuter celui-ci (cass. soc. 12 mars 2002, n° 99-44316, BC V n° 90).

En effet, l'irrégularité de la situation d'un travailleur étranger n'est pas constitutive en soi d'une faute privative des indemnités de rupture. L'employeur qui veut entend invoquer une faute grave distincte de la seule irrégularité de l'emploi doit en faire état dans la lettre de licenciement (cass. soc. 4 juillet 2012, n° 11-18840, BC V n° 209 ; cass. soc. 18 février 2014, n° 12-19214, BC V n° 56 ; cass. soc. 1er octobre 2014, n° 13-17745 D).

En revanche, l'employeur qui met en œuvre la procédure de licenciement d'une salariée (embauchée régulièrement) après qu'elle l'ait informé qu'elle ne bénéficiait plus d'une autorisation de travail, n'a pas à verser l'indemnité compensatrice de préavis (cass. soc. 3 avril 2019, n° 17-17106 FPPB).

Licenciement nul - Lorsque le licenciement est jugé nul, le salarié a droit à l'indemnité compensatrice de préavis, quels que soient les motifs de la rupture (cass. soc. 30 mars 2005, n° 03-41518, BC V n° 112).

Mise à la retraite requalifiée en licenciement nul - La requalification de la *mise à la retraite** en licenciement nul n'ouvre pas droit au paiement de l'indemnité compensatrice de préavis lorsque la rupture du contrat a été précédée d'un préavis d'une durée au moins égale à celle du préavis de licenciement (cass. soc. 30 juin 2010, n° 09-41349, BC V n° 153).

Calcul de l'indemnité

Méthode de calcul - L'indemnité doit être égale à la rémunération et à tous les avantages que le salarié aurait perçus s'il avait effectué son préavis, compte tenu de l'horaire réel pratiqué dans l'entreprise au cours de la période de préavis et d'une éventuelle augmentation générale des salaires (c. trav. art. L. 1234-5 ; cass. soc. 7 février 2007, n° 05-42145 D ; cass. soc. 22 septembre 2010, n° 08-43113 D ; cass. soc. 14 mai 2014, n° 12-27928, BC V n° 120).

Salaire de base - C'est le salaire de base du dernier mois travaillé qui est pris en compte, assorti des augmentations générales de salaire intervenant pendant le préavis.

Partie variable - L'employeur doit calculer l'indemnité compensatrice de préavis en prenant en compte tous les éléments de rémunération que le salarié aurait perçus s'il avait travaillé pendant cette période.

Ainsi, lorsque la rémunération du salarié est composée d'un fixe et d'un variable, le calcul de l'indemnité compensatrice de préavis doit intégrer la partie variable du salaire (cass. soc. 11 décembre 2024, n° 20-14057 FD).

De ce fait, sont ainsi prises en compte :
- les commissions afférentes aux ventes qui auraient pu être réalisées pendant la période de préavis (cass. soc. 29 janvier 2003, n° 00-44882, BC V n° 27) ;
- une prime d'objectifs, perçue au titre de la part variable de sa rémunération (cass. soc. 24 février 2009, n° 07-44906 D), une clause du contrat de travail ne pouvant pas l'en exclure (cass. soc. 2 mars 2016, n° 14-13734 D).

▶ À noter... Lorsque le salarié est rémunéré en tout ou partie par des commissions, la part variable de l'indemnité peut être calculée à partir de la moyenne des 12 derniers mois (cass. soc. 24 février 2004, n° 02-40682 D).

Heures supplémentaires - Les heures supplémentaires sont prises en compte si elles sont effectuées régulièrement et s'il est établi que le salarié aurait accompli le même nombre d'heures supplémentaires s'il avait travaillé.

Exemple

Les heures supplémentaires, qui constituent un élément stable et constant de la rémunération sur lequel le salarié est en droit de compter, doivent être prises en compte dans la base de calcul de l'indemnité compensatrice de préavis (cass. soc. 20 avril 2005, n° 04-45683, BC V n° 151).

Dans la pratique, lorsque leur nombre est très variable, il est prudent de faire une moyenne sur un nombre de mois significatif.

Primes obligatoires - Il convient de reconstituer au plus près les primes dont le salarié aurait bénéficié en travaillant durant le préavis. Doivent ainsi entrer dans la base de calcul une prime de productivité, une prime d'objectif, même si d'évidence l'objectif ne peut être atteint en situation de dispense de préavis (cass. soc. 14 novembre 1990, n° 87-41134 D ; cass. soc. 24 février 2009, n° 07-44906 D), ainsi qu'une prime de rendement, une prime d'intéressement aux ventes et des primes de chantier faiblement variables.

Il en a été jugé de même pour des primes de 13e mois et de fin d'année (cass. soc. 7 mai 1996, n° 94-43283 D).

Les primes liées à une condition de présence sont dues dans la mesure où la dispense d'exécution du préavis ne doit entraîner aucune diminution de rémunération.

Primes « facultatives » - Contrairement aux primes obligatoires (prévues par la loi, la convention collective, un usage ou un engagement unilatéral), les primes facultatives n'entrent pas dans l'assiette de calcul des indemnités de rupture. Il n'y a donc pas lieu de les intégrer à la rémunération pour déterminer le montant de l'indemnité compensatrice de préavis.

Une gratification bénévole dont l'employeur fixe discrétionnairement les montants et les bénéficiaires, et qui est attribuée à l'occasion d'un événement unique, n'entre pas dans l'assiette de calcul des indemnités de rupture. Ce principe a été précisé à propos d'un bonus exceptionnel de 75 000 € versé aux dirigeants et aux cadres du groupe à l'occasion d'une cession de capital (cass. soc. 14 octobre 2009, n° 07-45587, BC V n° 224).

▶ À noter... On considère qu'une prime est facultative ou bénévole lorsque l'employeur est totalement libre de l'attribuer, ou non, et décide de manière discrétionnaire de son montant (cass. soc. 20 juin 1962, n° 61-40011, BC IV n° 581 ; cass. soc. 17 mars 1988, n° 85-45587 D).

Travail à l'étranger - L'indemnité compensatrice se calcule en fonction du salaire et des primes que le salarié aurait perçus s'il avait exécuté son préavis. Il y a lieu, par exemple, de tenir compte de son salaire d'expatriation (cass. soc. 27 octobre 2004, n° 02-40648, BC V n° 269), d'une prime d'éloignement géographique (cass. soc. 11 janvier 1994, n° 88-41581 D), d'une prime de mission (cass. soc. 4 février 1993, n° 89-40473 D).

Lorsque le salarié est en France pendant le préavis non exécuté, il n'y a pas lieu de tenir compte des sommes ayant le caractère de frais professionnels et correspondant aux dépenses supplémentaires exposées à l'étranger (cass. soc. 20 octobre 1988, n° 85-45544).

Indemnités journalières de sécurité sociale - Lorsqu'il dispense un salarié d'exécuter son préavis, l'employeur doit lui verser le montant intégral de l'indemnité compensatrice de préavis. Il ne peut pas déduire les indemnités journalières de sécurité sociale même si le salarié était déjà en arrêt de travail lors de la dispense (cass. soc. 31 octobre 2012, n° 11-12810, BC V n° 282 ; cass. soc. 15 mai 2014, n° 12-27666 D).

Lorsque le salarié est privé de la possibilité d'exécuter son préavis en raison d'un manquement de son employeur, les IJSS ne peuvent pas être déduites de l'indemnité compensatrice de préavis. C'est par exemple le cas pour une indemnité compensatrice de préavis, due suite à un licenciement pour inaptitude physique non professionnelle, jugé sans cause réelle et sérieuse car l'employeur avait manqué à son obligation de reclassement (cass. soc. 9 juillet 2008, n° 06-44240, BC V n° 154).

▶ À noter... Une décision analogue a été rendue en cas de nullité du licenciement (cass. soc. 10 mai 2006, n° 04-40901, BC V n° 173). De même, si un licenciement pour faute grave est invalidé en justice, l'employeur qui a licencié à tort le salarié sans préavis est tenu de verser le montant intégral de l'indemnité compensatrice, sans déduction des IJSS dont le salarié peut avoir bénéficié (cass. soc. 9 octobre 2001, n° 99-43518, BC V n° 308).

Congés payés - Le préavis non exécuté ouvre droit à congés payés. Il entre donc dans la base de calcul de l'*indemnité compensatrice de congés payés**.

Jours de RTT - Si le salarié bénéficie d'un accord de RTT, il continue à acquérir des droits pendant une période de dispense de préavis [voir *Préavis (dispense)**]. Il convient d'en tenir compte pour le calcul de l'indemnité compensatrice de préavis (cass. soc. 8 avril 2009, n° 07-44068, BC V n° 114). Il est aussi possible de verser une indemnité spécifique à part.

Base de calcul de l'indemnité compensatrice de préavis

Éléments	Prise en compte	Observations	Référence éventuelle
13ᵉ mois et prime de fin d'année	oui	si l'échéance normale est comprise dans le préavis (au *prorata temporis* s'il existe une convention expresse ou un usage le prévoyant)	cass. soc. 7 mai 1996, n° 94-43283 D
Augmentations générales accordées pendant la dispense de préavis	oui	maintien d'un avantage dont le salarié aurait bénéficié s'il avait fait son préavis	cass. soc. 5 mai 1988, n° 85-45224 D
Avantages en nature	oui	valeur des avantages dont le salarié aurait bénéficié s'il avait travaillé jusqu'à la fin du préavis	cass. soc. 15 janvier 2002, n° 99-43256 D
Commissions, commissionnement proportionnel aux commandes effectuées	oui	impossible de priver le salarié des commissions qu'il aurait perçues s'il avait travaillé	cass. soc. 29 janvier 2003, n° 00-44882, BC V n° 27 ; cass. soc. 15 novembre 2006, n° 05-43224 D
Frais professionnels (frais réels, allocations forfaitaires, primes de panier, etc.)	non	car ce sont des frais professionnels	cass. soc. 18 octobre 1990, n° 88-44279 D ; cass. soc. 19 octobre 2010, n° 09-42225 D
Gratification bénévole	non	prime dont l'employeur fixe discrétionnairement le montant et les bénéficiaires et qui est attribuée à l'occasion d'un événement unique	cass. soc. 14 octobre 2009, n° 07-45587, BC V n° 224
Heures supplémentaires	oui	si elles sont régulières si elles sont constantes et stables (en l'espèce 39 h hebdomadaires au lieu de 35 h)	cass. soc. 28 février 1973, n° 71-40817, BC V n° 118 cass. soc. 20 avril 2005, n° 04-45683, BC V n° 151
Prime d'assiduité	oui	à notre avis, on ne peut présumer que le salarié serait absent	-
Prime d'éloignement géographique	oui	si elle représente un complément de rémunération	cass. soc. 11 janvier 1994, n° 88-41581 D
Prime d'expatriation	non	si elle est représentative de frais	cass. soc. 20 octobre 1988, n° 3526 D
Prime d'objectif	oui	c'est l'employeur qui prive le salarié de la possibilité de réaliser les objectifs	cass. soc. 14 novembre 1990, n° 87-41134 D
Prime de productivité	oui	même remarque que pour la prime d'objectif	cass. soc. 6 février 1967, BC IV n° 121
Prime de résultat	oui	si le versement de la prime intervient pendant le préavis	cass. soc. 25 mai 1994, n° 91-40446 D
Prime de salissure	oui	si elle indemnise la pénibilité	-
	non	si elle compense des frais engagés par le salarié (frais professionnels)	-
Surcommission sur le chiffre d'affaires annuel	oui	s'ajoute aux commissions ordinaires	cass. soc. 10 février 1998, n° 95-41057 D

Avantages en nature - La dispense d'exécution du préavis n'entraîne pas la disparition des avantages en nature qui étaient octroyés au salarié (voiture, téléphone, etc.). Celui-ci doit continuer à en bénéficier pendant tout son préavis.

Il en va ainsi même si le contrat de travail contient une clause de restitution, ainsi qu'il a été jugé à propos d'un véhicule de fonction (cass. soc. 11 juillet 2012, n° 11-15649, BC V n° 219).

Exemple

Un salarié démissionnaire dispensé d'exécuter son préavis n'est pas tenu de restituer le véhicule de fonction mis à sa disposition par l'entreprise pour un usage professionnel et personnel (cass. soc. 8 mars 2000, n° 99-43091, BC V n° 92).

Si l'avantage est supprimé, les juges condamneront l'employeur à verser au salarié une indemnité compensant la privation de cet avantage (cass. soc. 4 mars 1998, n° 95-42858, BC V n° 177 ; cass. soc. 25 octobre 2007, n° 06-43201 D).

Activité partielle - Il arrive que le préavis ne soit pas exécuté (en totalité ou en partie) en raison d'un recours à une période d'activité partielle.

Le calcul de l'indemnité compensatrice de préavis prend alors en compte le salaire que le salarié aurait perçu sur la base de son horaire habituel. Pour les salariés à temps plein, il s'agit de la durée légale ou conventionnelle applicable à l'entreprise et, pour les salariés à temps partiel, de la durée fixée par le contrat de travail (c. trav. art. L. 1234-6).

Prise en compte de l'indemnité

La rémunération versée au titre de l'indemnité compensatrice de préavis doit être prise en compte dans le calcul de tous les éléments liés à la rémunération du salarié, et notamment :
- le calcul du 1/10 de la rémunération servant à déterminer le montant de l'*indemnité compensatrice de congés payés** ;
- le calcul de la participation ou de l'intéressement des salariés aux résultats de l'entreprise.

Paiement de l'indemnité

Principe général - L'indemnité compensatrice de préavis constituant un salaire, elle est soumise aux cotisations sociales et figure sur le bulletin de paye.

Date de versement - En principe, l'indemnité est payée à chaque échéance de paye, pendant toute la durée du préavis. Elle fait donc l'objet d'un bulletin de paye à chaque fois.

Certains employeurs avaient pour habitude de la payer en une seule fois, lors du départ du salarié dispensé d'exécuter son préavis [voir *Préavis (dispense)**]. Il fallait alors procéder à un rappel de salaire si des événements venaient modifier le montant de l'indemnité compensatrice (ex. : accomplissement collectif d'heures supplémentaires, augmentation générale).

Plafond applicable en cas de dispense de préavis

Comme si le préavis était travaillé - La dispense de préavis à l'initiative de l'employeur n'avance pas la date d'expiration du contrat. Le plafond est donc calculé en conséquence.

Paiement au départ physique du salarié - Une pratique d'entreprise voulait que l'indemnité compensatrice de préavis soit parfois versée en une seule fois au départ physique du salarié (alors que le contrat de travail n'est pas encore fini). Le dernier bulletin de paye était calculé sur la base du plafond compte tenu de la durée totale du préavis.

Cela étant, il est préférable de respecter les échéances de paye habituelles. En effet, le paiement du « solde de tout compte », indemnité compensatrice de préavis incluse, ne doit :
- ni léser le salarié (prime, augmentation générale de salaire, heures supplémentaires, etc.) ;
- ni faire obstacle au prélèvement des cotisations dans les conditions normales (ex. : changement de taux, création d'une nouvelle contribution).

Si le versement de l'indemnité compensatrice de préavis venait à ne plus correspondre à ce qui a été calculé et payé, l'employeur devrait faire un nouveau bulletin de paye pour rétablir la situation.

De plus, les contraintes techniques de la *déclaration sociale nominative** rendent très difficile, voire excluent en principe, de procéder ainsi.

Paiement aux échéances habituelles - Si l'indemnité compensatrice est versée aux échéances normales de paye, le plafond applicable est celui de la période de paye.

Indemnité compensatrice de préavis due à l'employeur

Le salarié qui quitte l'entreprise et n'effectue pas son préavis sans l'accord de l'employeur (*démission**, *prise d'acte de la rupture du contrat de travail** ou *abandon de poste** requalifiés en démission, etc.) doit lui verser une indemnité compensatrice de préavis. Celle-ci est égale à la rémunération qu'il aurait perçue s'il avait effectué son préavis.

L'indemnité due par le salarié à l'employeur en cas de non-respect de son préavis n'ouvre pas droit à des congés payés au profit de l'employeur, elle doit donc être calculée comme un rappel de salaire sans y ajouter 10 % au titre des congés payés (cass. soc. 22 novembre 2017, n° 16-12524, BC V n° 201).

Encore faut-il que l'employeur ait mis le salarié en mesure de connaître l'étendue de ses obligations. Une absence d'affichage de l'avis indiquant aux salariés qu'un exemplaire de la convention collective est à leur disposition peut empêcher le salarié de connaître l'étendue de ses obligations, ce qui prive l'employeur de l'indemnité compensatrice (cass. soc. 28 février 1996, n° 93-42058, BC V n° 75).

☞ *Faute grave ; Faute lourde ; Indemnités de rupture (régimes social et fiscal) ; Préavis ; Préavis (dispense).*

Indemnité de clientèle

Lors de la résiliation du contrat de travail à durée indéterminée d'un VRP par l'employeur, en l'absence de faute grave, ce dernier doit verser au salarié une indemnité de clientèle pour compenser la perte de la clientèle que l'intéressé a créée, apportée ou développée (c. trav. art. L. 7313-13).

Conditions d'attribution

Le droit à l'indemnité de clientèle suppose la réunion de plusieurs conditions.

VRP statutaire - Seul le salarié ayant la qualité de VRP statutaire peut bénéficier d'une indemnité de clientèle (cass. soc. 5 novembre 1992, n° 91-44404, BC V n° 531).

Rupture du contrat de travail à l'initiative de l'employeur - L'indemnité est due dès lors que la rupture du contrat est à l'initiative de l'employeur (ex. : licenciement, mise à la retraite, licenciement pour inaptitude physique médicalement constatée), sauf si cette rupture est motivée par une faute grave ou lourde (c. trav. art. L. 7313-13 ; cass. soc. 5 juin 1991, n° 88-43464, BC V n° 285).

Un VRP en CDD a droit à l'indemnité de clientèle dans les mêmes conditions dès lors que le contrat est rompu avant son terme ou qu'il n'est pas renouvelé, sauf faute grave ou faute lourde (c. trav. art. L. 7313-14).

Préjudice lié à la perte de clientèle - L'indemnité vise à compenser la perte de la clientèle que le VRP a créée, apportée ou développée (c. trav. art. L. 7313-13).

Pour avoir droit à l'indemnité de clientèle, le VRP doit avoir créé ou développé une clientèle, à la fois en nombre et en valeur, ces deux critères étant cumulatifs (cass. soc. 28 octobre 1992, n° 89-44016, BC V n° 526 ; cass. soc. 11 mars 2009, n° 07-43344 D ; cass. soc. 9 mars 2011, n° 09-66469 D). Il importe peu que cette augmentation ait été inférieure à une dizaine de clients, tant que le salarié a bien contribué à la progression du chiffre d'affaires (cass. soc. 26 octobre 2016, n° 15-15033 D).

Un salarié VRP exclusif, qui avait repris, avec l'accord de la société, la clientèle de son père, lequel n'avait pas été indemnisé, doit être considéré comme ayant apporté à l'entreprise la clientèle qui avait été développée par son père. En conséquence, il pouvait prétendre, au moment de la rupture de son propre contrat de travail, à une indemnité de clientèle (cass. soc. 16 juin 2004, n° 02-42674, BC V n° 170).

Par ailleurs, des commissions forfaitisées ne font pas perdre au VRP le bénéfice de l'indemnité de clientèle dès lors qu'il avait bel et bien créé et développé la clientèle qu'il avait continué à visiter pour le compte de l'entreprise (cass. soc. 10 mars 2004, n° 03-42744, BC V n° 84).

Un VRP ne peut pas, en revanche, prétendre à l'indemnité de clientèle s'il a vendu sa clientèle à son successeur (cass. soc. 17 décembre 2002, n° 01-01188, BC V n° 397).

Pas de comparaison entre les revenus avant et après la rupture - L'indemnité de clientèle a pour objet de compenser la perte pour le représentant de la clientèle qu'il a créée, apportée ou développée au profit de son ancien employeur.

Si les conditions requises sont remplies, il est impossible de refuser au VRP l'indemnité de clientèle pour des motifs tirés de la comparaison des niveaux de revenus du représentant avant et après la rupture du contrat de travail, lesquels sont inopérants (cass. soc. 11 mai 2011, n° 09-41298, BC V n° 107).

Calcul de l'indemnité

Date d'appréciation - En principe, l'indemnité de clientèle se calcule à la date de la rupture du contrat de travail (cass. soc. 22 janvier 1976, n° 74-40576, BC V n° 46). En tout état de cause, elle ne peut pas être déterminée forfaitairement à l'avance (c. trav. art. L. 7313-16). De même, le salarié ne peut pas y renoncer par avance.

Toutefois, si les juges constatent que les résultats d'un VRP ont diminué en raison d'une modification unilatérale de son secteur par l'employeur, ils peuvent se placer au moment où cette modification est intervenue pour évaluer l'indemnité de clientèle (cass. soc. 18 mars 2003, n° 01-42255, BC V n° 101).

Exemple

Un VRP embauché en 1993 pour prospecter sur les environs de Paris s'est vu interdire par son employeur d'exercer dans les Yvelines, puis a été autorisé à intervenir dans deux arrondissements de Paris. La cour d'appel a constaté que le représentant avait créé, développé ou apporté une clientèle et que la diminution des résultats était la conséquence de la modification unilatérale du secteur de prospection du VRP par son employeur. En conséquence, il fallait se placer au moment où cette modification était intervenue pour évaluer l'indemnité de clientèle du salarié (cass. soc. 18 mars 2003, n° 01-42255, BC V n° 101).

Fixation par accord amiable ou par les juges - Le montant de l'indemnité est directement lié au préjudice subi par le VRP du fait de la perte de sa clientèle. L'évaluation tient compte de la part personnelle du VRP dans l'accroissement de la clientèle compte tenu des rémunérations spéciales déjà accordées en cours de contrat pour le même objet, de la diminution éventuelle de la clientèle initiale si elle est imputable au VRP et du préjudice réel subi par celui-ci.

Lors de la rupture, les parties peuvent convenir de traiter à l'amiable la question de l'indemnité de clientèle (cass. soc. 26 octobre 1979, n° 77-40720, BC V n° 812). En cas de litige, les juges en apprécient le montant souverainement, en fonction du préjudice résultant de la perte de sa clientèle pour le VRP (cass. soc. 3 mai 2001, n° 99-10912 D ; cass. soc. 15 juillet 1998, n° 96-40866, BC V n° 382).

Montant - Le montant de l'indemnité est fixé en fonction de l'importance de la clientèle apportée ou développée par le VRP, compte tenu des rémunérations spéciales ayant le même objet et accordées en cours de contrat (c. trav. art. L. 7313-13). L'accroissement de la clientèle doit exister à la fois en nombre et en valeur (cass. soc. 28 mars 2018, n° 16-26724 D).

Ce montant est généralement fixé en fonction des commissions perçues par le salarié. Les éventuels frais professionnels doivent être déduits des commissions, lorsqu'ils sont inclus dedans (cass. soc. 19 octobre 1983, n° 81-41437, BC V n° 517). Le montant d'un salaire fixe n'est en principe pas pris en compte, sauf dans des cas particuliers. Ainsi, un salaire fixe mis en place pour compenser une perte causée par la réduction du taux des commissions a pu s'analyser en « commission forfaitaire » (cass. soc. 21 janvier 1972, n° 71-40028, BC V n° 47).

Lorsque l'employeur verse en cours de contrat une rémunération spéciale à un VRP pour l'indemniser de l'importance en nombre et en valeur de la clientèle apportée, créée ou développée par lui, ces sommes ont la nature d'un salaire et restent acquises au salarié, même en cas de faute grave. Cette rémunération doit être déduite pour son montant net de l'indemnité de clientèle à laquelle le VRP a droit lors de la résiliation du contrat (cass. soc. 18 novembre 2003, n° 01-44202, BC V n° 290). En d'autres termes, l'indemnité de clientèle doit être calculée en la diminuant des rémunérations spéciales accordées en cours de contrat pour la création ou le développement de clientèle (cass. soc. 26 octobre 2017, n° 13-24118 D).

▶ À noter... En pratique, l'indemnité se situe souvent entre 1 et 2 ans de commissions.

Indemnités substitutives et non-cumul

Non-cumul avec les indemnités prévues par la loi - L'indemnité de clientèle ne se cumule pas avec l'indemnité légale de licenciement ou de mise à la retraite (cass. soc. 20 mars 1980, n° 78-40363, BC V n° 287 ; cass. soc. 11 mai 2011, n° 09-41298, BC V n° 107). Dès lors, en cas de licenciement, le VRP a droit à la plus élevée des deux entre l'indemnité de clientèle et l'indemnité de licenciement (cass. soc. 14 novembre 2018, n° 17-21026 D).

L'indemnité légale ne doit être versée que dans les cas où son montant s'avère supérieur à toute indemnité à laquelle peut prétendre un représentant du fait de la rupture (indemnité de clientèle ou indemnités conventionnelles substitutives).

▶ À noter... Le juge qui accorde une indemnité de clientèle doit vérifier que la somme allouée n'est pas inférieure au montant de l'indemnité légale de licenciement et, si c'est le cas, retenir cette dernière (cass. soc. 2 juillet 2014, n° 12-29902, BC V n° 169).

Indemnités conventionnelles se substituant à l'indemnité de clientèle - Les règles d'évaluation de l'indemnité de clientèle font que la détermination de son montant est souvent source de litiges. En outre, ce montant peut être dérisoire, voire nul, si le VRP n'a développé aucune clientèle. Enfin, les VRP rémunérés uniquement au fixe ne bénéficient pas de l'indemnité de clientèle.

C'est pourquoi celle-ci peut être remplacée par d'autres indemnités. En effet, les VRP peuvent, le cas échéant, prétendre recevoir une indemnité s'y substituant, telle que :

- les indemnités prévues par l'accord national interprofessionnel des VRP : indemnité conventionnelle de rupture (éventuellement cumulée avec l'indemnité spéciale de rupture), indemnité conventionnelle de départ en retraite, indemnité spéciale de mise à la retraite ;
- l'indemnité conventionnelle de rupture prévue par la convention collective de l'entreprise, dès lors que la convention collective applicable n'exclut pas les VRP de son champ d'application (cass. soc. 13 janvier 2021, n° 19-12522 FSPI).

▶ À noter… L'indemnité de clientèle, l'indemnité légale de licenciement, et le cas échéant l'indemnité conventionnelle de licenciement n'étant pas cumulables, seule la plus élevée est due.

Renoncer à l'indemnité de clientèle - Le VRP peut renoncer à l'indemnité de clientèle. Cette renonciation doit être expresse (cass. soc. 18 mars 1992, n° 88-40923, BC V n° 191) et ne peut pas être antérieure à la rupture du contrat (cass. soc. 2 mars 1994, n° 90-40120 D). Il est, par exemple, impossible d'y renoncer contractuellement lors de l'embauche (cass. soc. 17 décembre 1997, n° 95-42807 D).

Indemnité de clientèle et indemnité spéciale de rupture - Si le licenciement du VRP est lié à l'inaptitude physique du salarié, celui-ci conserve le droit à l'indemnité de clientèle, qu'il s'agisse d'une incapacité totale ou partielle (cass. soc. 8 juin 2005, n° 03-43398, BC V n° 198). Le droit à l'indemnité de clientèle n'est pas subordonné au fait que l'inaptitude à l'origine du licenciement corresponde à une incapacité permanente totale de travail (cass. soc. 19 novembre 2014, n° 13-15775, BC V n° 273).

Toutefois pour pouvoir bénéficier de l'indemnité spéciale de rupture versée en cas de licenciement pour inaptitude et impossibilité de reclassement, le salarié doit renoncer au bénéfice de l'indemnité de clientèle. Ce principe de renonciation s'applique que le VRP remplisse ou non les conditions d'accès à l'indemnité de clientèle (cass. soc. 2 juin 2021, n° 18-22016 FSP).

Indemnité de clientèle et dommages-intérêts - Le versement de l'indemnité de clientèle n'exclut pas le versement de dommages-intérêts pour rupture abusive du contrat ou rupture anticipée du CDD (c. trav. art. L. 7313-15).

Régimes fiscal et social de l'indemnité de clientèle

Régime de l'indemnité de licenciement - L'indemnité de clientèle est assimilée par les administrations fiscale et sociale à une indemnité de licenciement (BOI-RSA-CHAMP-20-40-10-30-§ 150-22/06/2023 ; BOSS, Indemnités de rupture, §§ 570 à 590, 1/01/2025). Elle est donc exonérée d'impôt, de cotisations et de CSG/CRDS dans les mêmes limites que l'indemnité de licenciement à laquelle le salarié aurait pu prétendre.

Régime fiscal - L'indemnité de clientèle des VRP assimilée par les administrations fiscale et sociale à une indemnité de licenciement (BOI-RSA-CHAMP-20-40-10-30-§ 150-22/06/2023).

L'indemnité de clientèle est exonérée d'impôt sur le revenu à hauteur du montant le plus élevé entre (BOI-RSA-CHAMP-20-40-10-20-§ 170-28/07/2020) :
- soit le montant de l'indemnité de licenciement à laquelle le VRP aurait eu droit s'il ne percevait pas l'indemnité de clientèle ;
- soit 50 % de l'indemnité de clientèle ou deux fois la rémunération annuelle brute de l'année civile précédente, la fraction exonérée au titre de ces deux critères ne pouvant pas excéder 6 fois le montant annuel du *plafond de la sécurité sociale** en vigueur à la date de versement de l'indemnité (soit 282 600 € en 2025).

▶ À noter… La situation où l'indemnité de clientèle est versée suite à la mise à la retraite du salarié n'a pas été envisagée : mieux vaut interroger l'URSSAF, pour savoir si la somme est exonérée de cotisations dans les limites applicables à l'*indemnité de licenciement** ou dans celles applicables à l'*indemnité de mise à la retraite**.

Cotisations de sécurité sociale - Pour les cotisations de sécurité sociale et des charges ayant la même assiette, il convient d'appliquer le raisonnement habituel.

La fraction d'indemnité qui est exonérée d'impôt sur le revenu est exonérée de cotisations, dans la limite de 2 fois le montant annuel du *plafond de la sécurité sociale** (soit 94 200 € en 2025) (BOSS, Indemnité de rupture, § 580, 01/01/2025 ; c. séc. soc. art. L. 242-1, II, 7°).

L'indemnité de clientèle est exonérée à CSG/CRDS à hauteur du montant minimum légal ou conventionnel de l'indemnité de licenciement, dans la limite de la fraction exonérée aux cotisations de sécurité sociale. A contrario, elle est donc assujettie à ces contributions pour la fraction excédant le montant légal ou conventionnel de l'indemnité de licenciement et, en tout état de cause, pour sa fraction soumise aux cotisations de sécurité sociale (BOSS, Indemnité de rupture, § 590, 01/01/2025 ; c. séc. soc. art. L. 136-1-1, III, 5° a).

Par ailleurs, la règle des *parachutes dorés** fait que l'indemnité de clientèle est assujettie à la CSG et à la CRDS ainsi qu'aux cotisations de sécurité sociale et aux charges ayant la même assiette dès le premier euro lorsque son montant dépasse 10 fois le montant annuel du *plafond de la sécurité sociale** (soit 471 000 € en 2025). Cette limite est ramenée à 5 fois le plafond annuel (235 500 € en 2025) en cas de cumul avec des indemnités de cessation forcée des fonctions exercées dans le cadre d'un mandat social (BOSS, Indemnité de rupture, § 580, 01/01/2025 ; c. séc. soc. art. L. 136-1-1, III, 5° et L. 242-1, II, 7°).

☞ *Indemnités de rupture (régimes social et fiscal) ; VRP.*

Indemnité de conciliation prud'homale

Objet et litiges concernés

Contexte d'utilisation du barème - Le procès prud'homal commence par une phase de conciliation (c. trav. art. L. 1411-1). Pour les contentieux relatifs aux licenciements de salariés en contrat à durée indéterminée (CDI), le code du travail prévoit un barème indemnitaire de conciliation qui peut servir de référence pour un éventuel accord entre les parties à ce stade de la procédure (c. trav. art. L. 1235-1).

▶ À noter… Pour plus de détails sur la procédure prud'homale, les lecteurs peuvent se reporter au Dictionnaire Social du Groupe Revue Fiduciaire [voir Dictionnaire Social, « Conseil de prud'hommes (conciliation) »].

Litiges concernés par le barème indemnitaire - Le barème indemnitaire de conciliation concerne uniquement les contestations portant sur le caractère réel et sérieux d'un licenciement ainsi que sur la régularité de la procédure. Il permet de mettre fin à ces litiges moyennant le versement d'une indemnité forfaitaire (c. trav. art. L. 1235-1).

L'indemnité a un caractère « forfaitaire » car elle inclut toutes les indemnités qui concernent la procédure et la cause réelle et sérieuse des licenciements pour motifs personnel ou économique. À l'inverse, elle n'inclut pas les indemnités :
- légales, conventionnelles ou contractuelles (ex. : de licenciement) ;
- liées à l'exécution du contrat de travail (notamment préavis et congés payés) ;
- liées au licenciement pour inaptitude physique.

Le versement par l'employeur au salarié de l'indemnité forfaitaire est sans préjudice des indemnités légales, conventionnelles ou contractuelles. Elle ne se substitue donc pas aux sommes auxquelles le salarié peut prétendre par ailleurs : indemnités de licenciement, de congés payés, de préavis etc. (BOSS, Indemnités de rupture, § 1820, 01/01/2025).

Attention, il a été jugé qu'une conciliation prud'homale rédigée en termes généraux peut englober la clause de non-concurrence. Dès lors, salarié ne peut pas réclamer le paiement de la contrepartie financière prévue par sa clause de non-concurrence en cas de respect de celle-ci (cass. soc. 24 avril 2024, n° 22-20472 FSB).

Montant et régime de l'indemnité forfaitaire de conciliation

Barème indemnitaire - Le barème indemnitaire de référence est lié à l'ancienneté du salarié dans l'entreprise. Il est fixé comme l'indique notre tableau *(voir ci-dessous)* (c. trav. art. D. 1235-21).

Possibilité de trouver un accord en dehors du barème - Ce barème ne s'impose pas à l'employeur et au salarié, mais a vocation à les guider pour convenir d'une indemnité. Un accord peut aussi être trouvé en dehors du barème (rapport AN n° 847, p. 390), pour un montant inférieur ou supérieur.

Régime fiscal - L'indemnité forfaitaire de conciliation prud'homale est exonérée d'impôt sur le revenu au même titre que les indemnités octroyées par un conseil de prud'hommes en cas de licenciement sans cause réelle et sérieuse ou d'irrégularité de la procédure de licenciement (CGI art. 80 duodecies, 1, 1°).

Indemnité forfaitaire de conciliation (1)

Ancienneté	Indemnité	Ancienneté	Indemnité
Moins d'1 an	2 mois de salaire	**De 19 ans à moins de 23 ans**	16 mois de salaire
De 1 an à moins de 8 ans	3 mois de salaire + 1 mois de salaire par année supplémentaire jusqu'à 8 ans d'ancienneté	**De 23 ans à moins de 26 ans**	18 mois de salaire
De 8 ans à moins de 12 ans	10 mois de salaire	**De 26 ans à moins de 30 ans**	20 mois de salaire
De 12 ans à moins de 15 ans	12 mois de salaire	**30 ans et plus**	24 mois de salaire
De 15 ans à moins de 19 ans	14 mois de salaire		

(1) Barème modifié applicable depuis le 26 novembre 2016.

Cependant, l'administration fiscale a précisé que l'indemnité est intégralement exonérée d'impôt dans la limite du barème fixé selon l'ancienneté du salarié (BOFiP-RSA-CHAMP-20-40-10-30-§§ 10 et 13-22/06/2023). La partie de l'indemnité forfaitaire dépassant le montant prévu au barème constitue donc, à la lettre de l'instruction fiscale, un revenu imposable.

Cotisations sociales - Les sommes exonérées d'impôt sur le revenu le sont aussi de cotisations sociales, dans la limite toutefois de deux fois le montant annuel du *plafond de la sécurité sociale** (2 PASS), soit 94 200 € en 2025 (c. séc. soc. art. L. 242-1, II, 7°).

Pour apprécier cette limite de 2 fois le plafond annuel, il doit être fait masse de l'ensemble des indemnités versées dans le cadre des dispositions de l'article 80 duodecies du code général des impôts. Il faut donc le cas échéant tenir compte des éventuelles autres indemnités de rupture exonérées (indemnité de licenciement, etc.) (BOSS, Indemnités de rupture, § 1850, 01/01/2025).

CSG/CRDS - L'indemnité versée dans la limite du barème réglementaire est également exonérée de CSG et de CRDS, dans la limite du montant total exclu de l'assiette des cotisations qui tient compte de l'indemnité de licenciement et de l'indemnité octroyée par le juge. La fraction excédentaire est soumise à la CSG et à la CRDS, sans application de l'abattement d'assiette de 1,75 % (BOSS, Indemnités de rupture, § 1860, 01/01/2025).

En tout état de cause, lorsque la CSG est calculée sur une partie d'indemnité exonérée à la fois d'impôt sur le revenu et de cotisations de sécurité sociale, elle est intégralement non déductible du revenu imposable (BOFiP-RSA-BASE-30-30-§§ 80 et 100-24/07/2017). La CSG reste en revanche déductible pour 6,80 % lorsqu'elle porte sur des sommes imposables ou assujetties à cotisations de sécurité sociale.

Forfait social - L'indemnité de conciliation n'étant pas expressément visée parmi les indemnités de rupture exclues de l'assiette du forfait social, elle doit donc être soumise, pour la part excédant le barème, au forfait social sur la fraction exclue de l'assiette des cotisations et soumise à CSG/CRDS (BOSS, Indemnités de rupture, § 1870, 01/01/2025).

Néanmoins, dans la mesure où la fraction excédant le barème est imposable selon l'administration fiscale *(voir plus haut)*, elle est également nécessairement aussi soumise à cotisations et à CSG/CRDS. Dans ces conditions, les critères d'application du forfait social ne semblent pas pouvoir être réunis.

Indemnité très élevée - L'indemnité est assujettie à CSG/CRDS ainsi qu'aux cotisations de sécurité sociale et aux charges ayant la même assiette dès le premier euro lorsque son montant dépasse 10 fois le montant annuel du *plafond de la sécurité sociale** (soit 471 000 € en 2025) (c. séc. soc. art. L. 136-1-1, III, 5° a et L. 242-1, II, 7°).

Pour plus de détails (ex. : cumul avec un mandat social), voir *Parachutes dorés**.

Contentieux hors indemnité forfaitaire

Les litiges portés devant les prud'hommes ne portent pas tous sur l'irrégularité ou le caractère réel et sérieux d'un licenciement. On peut avoir des contestations sur la rupture d'un contrat à durée déterminée (CDD), l'indemnisation d'un harcèlement, etc., qui n'entrent pas dans le champ de l'indemnité forfaitaire de conciliation décrite ici.

Comme dans tout litige opposant un salarié et un employeur, une conciliation reste possible, moyennant, le cas échéant, une ou plusieurs indemnités spécifiques. Dans ce cas, les parties au litige doivent, à notre sens, veiller à ce que le procès-verbal de conciliation distingue ces indemnités de l'indemnité forfaitaire, afin de bien mettre fin aux contestations auxquelles ces indemnités se rapportent.

☞ *Indemnités de rupture (régimes social et fiscal).*

Indemnité de congés payés

Principe de l'indemnité de congés payés

Droit à l'indemnité - Le salarié en *congés payés** a droit à une indemnité de congés payés qui lui permet de ne pas subir de perte de salaire (c. trav. art. L. 3141-24).

Non-cumul avec la rémunération du travail - L'indemnité de congés payés ne se cumule pas, pour une même période, avec la rémunération du travail.

De ce principe, il a notamment été déduit que :
- des congés non réclamés par les salariés ne peuvent pas donner lieu à indemnisation dans la mesure où les salariés ont été rémunérés pour le travail au cours de la période où ils auraient pu prendre leurs congés (cass. soc. 11 avril 1995, n° 92-41423 D) ;

- des *heures de délégation** utilisées pendant une période de congés payés ne donnent pas lieu à rémunération supplémentaire, étant déjà rémunérées au titre des congés (cass. soc. 19 octobre 1994, n° 91-41097 D).

Articulation avec l'indemnisation conventionnelle des congés payés - Lorsque la convention collective applicable dans l'entreprise prévoit une indemnisation conventionnelle des congés payés, l'employeur doit en tenir compte.

En effet, en cas de concours de dispositions légales et conventionnelles, les avantages qu'elles instituent ne peuvent pas se cumuler s'ils ont le même objet et la même cause. Or l'avantage consistant en une majoration d'indemnité de congés payés en fonction de l'ancienneté du salarié n'ayant pas le même objet que la 5e semaine de congés payés, le salarié peut cumuler la 5e semaine et la majoration d'indemnité conventionnelle (cass. soc. 6 octobre 2010, n° 09-42769, BC V n° 220).

▶ À noter... Dans l'affaire jugée le 6 octobre 2010, l'employeur avait tenté d'échapper à la majoration au motif que la disposition conventionnelle en cause était antérieure à la création de la 5e semaine de congés payés et ne pouvait pas se cumuler avec. Cet argument n'a pas été retenu par les juges.

En l'absence de règle conventionnelle plus avantageuse, la règle du double calcul *(décrite ci-après)* prévue pour les congés payés légaux s'applique aux congés payés d'origine conventionnelle (cass. soc. 26 février 1997, n° 93-46579, BC V n° 85 ; cass. soc. 21 septembre 2017, n° 16-18109 D).

Prescription - L'indemnité de congés se prescrit par 3 ans, comme les salaires (voir *Prescription des salaires**).

Lorsque l'employeur entend opposer la prescription, le point de départ du délai de prescription est fixé à l'expiration de la période légale ou conventionnelle au cours de laquelle les congés payés auraient pu être pris (cass. soc. 14 novembre 2013, n° 12-17409, BC V n° 271). Toutefois cette prescription ne peut commencer à courir que si l'employeur a pris les mesures nécessaires pour permettre au salarié d'exercer effectivement son droit à congés payés (cass. soc. 13 septembre 2023, n° 22-11106 FPBR) [voir *Congés payés (incidence des arrêts de travail)**].

Méthode de calcul

Maintien du salaire ou règle du 1/10e - L'indemnité de congés payés doit se calculer de la façon la plus favorable au salarié entre (c. trav. art. L. 3141-24) :

- le maintien du salaire ;
- et le 1/10e de la rémunération totale brute perçue au cours de la période de référence pour l'acquisition des *congés payés** (pour le cas général, du 1er juin de l'année N - 1 au 31 mai de l'année en cours).

L'employeur a l'obligation de comparer ces deux méthodes et de retenir la plus favorable au salarié.

Possibilité de règles plus favorables - Le cas échéant, l'employeur doit tenir compte des méthodes de calcul plus favorables prévues par des dispositions contractuelles ou des usages (c. trav. art. L. 3141-27).

Forfait incluant l'indemnité de congés payés - Si l'indemnité de congés payés est comprise dans un salaire forfaitaire, cela doit être prévu dans une convention expresse (cass. soc. 2 avril 1997, n° 95-42320, BC V n° 135 ; cass. soc. 6 mai 2009, n° 07-43559 D).

Selon la Cour de cassation, le recours au forfait doit être justifié par « des conditions particulières » (cass. soc. 25 mars 2009, n° 08-41229, BC V n° 88 ; cass. soc. 21 septembre 2016, n° 15-11033 D ; cass. soc. 22 mai 2019, n° 17-31517 FPB).

De plus, la clause doit être transparente et compréhensible (cass. soc. 29 novembre 2023, n° 22-10494 FSB ; cass. soc. 22 mai 2019, n° 17-31517 FPB ; cass. soc. 14 novembre 2013, n° 12-14070, BC V n° 272), ce qui suppose :
- de distinguer clairement la part de rémunération qui correspond au travail et celle qui correspond aux congés ;
- et de préciser l'imputation de ces sommes sur un congé déterminé, lequel doit être effectivement pris.

Lorsque la clause concerne un VRP payé à la commission, il faut aussi prévoir une majoration distincte du taux des commissions (cass. soc. 20 janvier 2021, n° 19-20072 D).

Exemple

Lorsqu'un contrat de travail prévoit que la rémunération variable du salarié s'entend « congés payés inclus » sans plus de précision, la clause n'est pas transparente et compréhensible. Pour être valable et pouvoir être opposée au salarié, il faudrait préciser la répartition entre la rémunération du travail et les congés payés (cass. soc. 13 octobre 2021, n° 19-19407 FSB).

Lorsque la clause ne répond pas aux conditions requises, elle n'est pas valable. Un salarié qui n'aurait pas pris son reliquat de jours de congé, lors de la rupture de son contrat, pourrait alors prétendre à une *indemnité compensatrice de congés payés**. Il en va ainsi, par exemple d'une clause se bornant à stipuler que la rémunération globale inclut les congés payés (cass. soc. 14 novembre 2013, n° 12-14070, BC V n° 272).

Rémunération comprise dans le calcul

Principe et tableau récapitulatif - Pour calculer l'indemnité de congés payés, il est tenu compte des avantages accessoires et des prestations en nature que le salarié perdrait pendant la durée de son congé (c. trav. art. L. 3141-25).

Les éléments à retenir sont le salaire de base et ses compléments, dès lors qu'ils rémunèrent une période travaillée, comme nous l'indiquons dans notre tableau récapitulatif.

Dans certains cas, il s'agit des salaires fictifs correspondant à une absence ou un congé assimilé à du travail effectif pour l'acquisition des congés payés *(voir ci-dessous)*.

Incidence des absences (arrêts de travail, congés, etc.) - Il convient d'ignorer les absences qui ne sont pas assimilées à du travail effectif pour l'acquisition des *congés payés** (congé de proche aidant, congé de présence parentale, etc.). Sauf usage ou convention collective plus favorable au salarié, il n'y a pas à reconstituer les rémunérations correspondantes pour les inclure dans la base de calcul de l'indemnité de congés payés.

En revanche, lorsque des absences sont assimilées à du travail effectif pour l'acquisition des *congés payés** (ex. : congé de maternité, de paternité ou d'adoption, AT/MP), il convient d'intégrer dans la base de calcul de l'indemnité de congés payés les salaires correspondant à la rémunération qu'aurait perçue le salarié s'il avait travaillé (c. trav. art. L. 3141-24, I, 3°).

Exemple

Un salarié rémunéré 4 000 € par mois a été absent 1 mois complet pour un arrêt de travail AT/MP en septembre 2025. Le mois de septembre 2025 sera retenu pour 4 000 € dans la base de calcul de l'indemnité de congés payés selon la règle du 1/10e pour les CP acquis de juin 2025 à mai 2026 (à prendre de mai 2026 à avril 2027).

Salaire de référence de l'indemnité de congés payés : grands principes

Éléments à inclure	Éléments à exclure
• Salaire brut, commissions et pourboires • Majorations pour heures supplémentaires, travail de nuit ou le dimanche • Indemnité de congés payés de l'année précédente • Avantages en nature dont le salarié est privé durant ses congés (ex. : voiture de fonction parquée à l'entreprise durant les congés) • Primes de sujétion ou de servitude inhérentes à l'emploi : prime de salissure (1), prime de soirée, prime de nuit, prime de froid, etc. • Autres primes ayant la nature de complément de salaire (2) : - prime de rendement ; - prime de production ; - prime d'ancienneté ; - prime d'assiduité si elle est versée chaque mois ; - prime d'objectif liée à des résultats personnels, etc. • Salaires fictifs des absences assimilées à du travail effectif pour l'acquisition des congés payés (ex. : congé de maternité, arrêt de travail pour accident du travail ou maladie professionnelle, activité partielle) (3) • 80 % des salaires fictifs correspondant aux arrêts de travail pour accident ou maladie à caractère non professionnel (c. trav. art. L. 3141-24, I, 4° ; loi 2024-364 du 22 avril 2024, art. 37) • Sommes faussement qualifiées de remboursement de frais mais correspondant en réalité à un élément de rémunération	• Remboursements de frais professionnels, y compris sous forme d'allocations forfaitaires (ex. : prime de panier de nuit) • Remboursement patronal au titre des frais de transport domicile-lieu de travail (ex. : passe Navigo en région parisienne) • Indemnité compensatrice de congés payés • Sommes versées au titre de la participation et de l'intéressement • Avantages en nature dont le salarié continue à bénéficier durant les congés payés (logement, par exemple) • Primes allouées globalement sur l'année, périodes de travail et de congé confondues (4) : 13e mois, prime de vacances, prime d'assiduité, primes exceptionnelles, etc. • Gratifications facultatives ou bénévoles • Indemnité d'activité partielle (ex. : chômage partiel) (5) • Indemnité de chômage intempéries • Primes compensant un risque ou une sujétion exceptionnels • Revenus de substitution des absences non assimilées à du travail effectif pour l'acquisition des congés payés (congé de proche aidant, etc.) • Primes d'intéressement ou de résultats calculées sur le résultat global de l'entreprise quel que soit le travail du salarié

(1) Sauf si elle correspond à des frais professionnels (voir *Vêtements professionnels**).
(2) Sauf lorsqu'elles sont versées périodes de travail et de congés confondues (*voir ci-dessous*).
(3) Pour les AT/MP, y compris pour la fraction d'arrêt de travail supérieure à un an, en conséquence d'une jurisprudence de septembre 2023 sur l'acquisition des congés payés et de la loi du 22 avril 2024 (cass. soc. 13 septembre 2023, n° 22-17638 FPBR ; c. trav. art. L. 3141-5, 5°).
(4) Peu importe que le versement de la prime soit annuel, réparti par trimestre ou semestre ou mensuel. Si la prime n'est octroyée qu'en contrepartie du travail (et non hors périodes de travail et de congés confondues), elle entre dans la base de calcul de l'indemnité de congés payés.
(5) Sous réserve des accords collectifs plus favorables pour les salariés (*voir nos développements*).

Concernant les arrêts pour accident ou maladie à caractère non professionnel, le code du travail prévoit désormais que ceux-ci sont assimilés à du travail effectif pour l'acquisition des congés payés (c. trav. art. L. 3141-5, 7° ; loi 2024-364 du 22 avril 2024, art. 37, JO du 23).

Cependant, sauf disposition conventionnelle ou usage plus favorable, le salarié acquiert uniquement 2 jours ouvrables de congés payés par mois d'arrêt de travail (ou période équivalente), dans une certaine limite [c. trav. art. L. 3141-5-1 nouveau ; pour le détail, voir *Congés payés (incidence des arrêts de travail)**]. Corrélativement, pour l'application de la règle du 1/10e, pour ces périodes d'arrêts de travail, il faut retenir dans la base de calcul de l'indemnité de congés payés 80 % de la rémunération qu'aurait perçue le salarié s'il n'avait pas été en arrêt de travail (c. trav. art. L. 3141-24, I, 4°), sauf usage ou disposition conventionnelle assimilant pleinement ces arrêts de travail à du travail effectif (acquisition de 2,5 jours de congés payés par mois d'arrêt de travail).

Exemple

Un salarié rémunéré 4 000 € par mois a été absent 1 mois complet pour un arrêt maladie « classique » en septembre 2025. Le mois de septembre 2025 sera retenu pour 3 200 € dans la base de calcul de l'indemnité de congés payés selon la règle du 1/10e pour les congés payés acquis de juin 2025 à mai 2026 (à prendre de mai 2026 à avril 2027).

Incidence de l'activité partielle - Les périodes d'*activité partielle** sont expressément assimilées à du travail effectif pour l'acquisition des *congés payés** (c. trav. art. R. 5122-11). À notre sens, il convient donc de tenir compte des rémunérations que le salarié aurait perçues s'il n'avait pas été en activité partielle.

Primes et autres éléments de rémunération : solutions particulières

Conditions de prise en compte - Les éléments de salaire à intégrer dans la base de calcul doivent présenter un caractère obligatoire pour l'employeur. C'est pourquoi toutes les primes exceptionnelles et purement facultatives doivent être exclues de la base de calcul de l'indemnité de congés payés (cass. soc. 20 juin 1962, BC V n° 568).

De même, une gratification bénévole dont l'employeur fixe discrétionnairement les montants et les bénéficiaires, et qui est attribuée à l'occasion d'un événement unique, n'entre pas dans l'assiette de calcul de l'indemnité de congés payés (cass. soc. 14 octobre 2009, n° 07-45587, BC V n° 224).

► À noter… Pour les juges, un bonus annuel que l'employeur qualifie de discrétionnaire mais qui n'est pas exceptionnel et a été attribué au salarié régulièrement pendant 7 ans doit être intégré à l'assiette de calcul de l'*indemnité compensatrice de congés payés** (cass. soc. 5 juillet 2023, n° 21-16694 D). On peut se demander si le raisonnement serait le même pour une indemnité de congés payés.

De plus, les sommes doivent aussi représenter la contrepartie du travail du salarié. Dans le cas contraire, le salarié ne peut pas exiger la prise en compte de la somme dans le calcul de son indemnité de congés payés (sauf disposition conventionnelle ou usage plus favorable).

Exemple

Sont donc prises en compte une prime d'ancienneté (sauf si elle est versée tout au long de l'année, périodes de travail et de congés confondues, *voir ci-dessous*), une prime d'objectif, des commissions lorsqu'elles sont attribuées en fonction des résultats personnels du salarié, des primes d'assiduité, etc.

Primes de servitude ou de danger - Les primes qui compensent des servitudes ou des dangers particuliers inhérents à l'emploi sont considérées comme versées en contrepartie du travail.

Elles sont donc à prendre en compte dans la base de calcul de l'indemnité de congés payés (prime de samedi, prime d'équipe, prime de froid, prime d'insalubrité, prime de danger, etc.). Encore faut-il que la cause pour laquelle elles sont versées soit permanente et non occasionnelle.

Primes de résultat - Les primes de résultat doivent être intégrées dans la base de calcul de l'indemnité de congés payés si elles sont liées à l'activité même du salarié, comme des primes d'objectifs, de résultats, etc. qui dépendent des objectifs personnellement assignés au salarié (cass. soc. 19 décembre 1990, n° 88-40073 D ; cass. soc. 9 juillet 2003, n° 01-44269 D).

En revanche, lorsqu'elles sont fonction de l'activité globale de son service ou de l'entreprise, les primes sont considérées comme n'étant pas versées en contrepartie du travail de l'intéressé et doivent être ignorées. Certaines entreprises versent à leurs salariés des primes de résultats (parfois improprement appelées « d'intéressement », car versées en dehors des systèmes d'épargne salariale) qui constituent des éléments de salaire. Ces primes sont exclues de la base de calcul de l'indemnité de congés payés dès lors qu'elles sont calculées en fonction d'un résultat global de l'entreprise sans lien avec l'activité professionnelle du salarié (cass. soc. 11 octobre 1994, n° 93-42421 D ; cass. soc. 7 novembre 1995, n° 92-42000 D).

Indemnités de congés payés : éléments pris en compte (exemples)
• *Activité partielle** : rémunération reconstituée correspondant à celle que le salarié aurait eue s'il n'avait pas été en activité partielle, dans la mesure où ces périodes sont assimilées à du travail effectif pour l'acquisition des congés payés (c. trav. art. R. 5122-11). • Avantages en nature (c. trav. art. L. 3141-25), sauf si le salarié en conserve la jouissance pendant ses vacances (cass. soc. 27 septembre 1989, n° 86-43169 D). • Bonus annuel versé depuis 7 ans, même qualifié de discrétionnaire (cass. soc. 5 juillet 2023, n° 21-16694 D). • Commissions correspondant au travail effectif et personnel du salarié payées lors du règlement du contrat et au fur et à mesure de son exécution (cass. soc. 19 mars 2003, n° 01-42140 D). • Frais professionnels : la déduction forfaitaire spécifique applicable à certaines catégories (ex. : 30 % journalistes) n'est pas déduite de l'indemnité (cass. soc. 22 février 1995, n° 92-44014 D). • Heures de permanence (cass. soc. 14 février 1996, n° 92-43110 D). • Heures supplémentaires (cass. soc. 16 février 1999, n° 96-43032 D). • Indemnités d'*astreinte** versées toute l'année (cass. soc. 4 juillet 1983, n° 81-40819, BC V n° 379). • Indemnité de congés payés de l'année précédente (c. trav. art. L. 3141-24). • Rémunérations relatives à des congés payés conventionnels supplémentaires assimilés à des périodes de travail effectif (cass. soc. 22 juin 2017, n° 14-15135, BC V n° 105). • *Indemnité de fin de mission** des intérimaires (c. trav. art. D. 3141-8 ; cass. soc. 5 avril 2018, n° 16-25428 FPB). • Indemnité de *contrepartie obligatoire en repos** (c. trav. art. L. 3141-24). • Indemnité versée en cas de fermeture de l'entreprise pour la période dépassant la durée des congés légaux (cass. soc. 2 juillet 2002, n° 00-46011, BC V n° 232). • Indemnité allouée pour des *jours fériés** chômés, sauf si elle fait double emploi avec l'indemnité de congés (cass. soc. 4 janvier 1974, n° 72-40674, BC V n° 22). • Part de rémunération variable complémentaire assise sur des résultats produits par le travail personnel de l'intéressé même payée à l'année et calculée en fonction des résultats de la société, dans la mesure où elle était nécessairement affectée par les périodes de congés payés du salarié (cass. soc. 24 septembre 2014, n° 12-28965, BC V n° 202). • Participation au chiffre d'affaires si elle est liée, sous forme de commissions notamment, au travail personnel (cass. soc. 11 mai 1988, n° 85-45816, BC V n° 288). • Pourboires (1). • Pourcentage sur le chiffre d'affaires (cass. soc. 11 mai 1988, n° 85-45816, BC V n° 288). • Prime annuelle de vacances dont le montant est calculé en fonction du temps de travail effectif du salarié (cass. soc. 3 juillet 2019, n° 18-16351 FSPB). • Primes ayant la nature d'un complément de salaire : primes de rendement, de production, d'assiduité, d'ancienneté, etc. lorsqu'elles sont attribuées en contrepartie du travail (cass. soc. 30 mars 1995, n° 91-43640 D ; cass. soc. 22 février 1995, n° 93-44254 D ; cass. soc. 13 juin 2012, n° 10-30590 D). • Prime d'objectif à condition qu'elle résulte du travail personnel du salarié et qu'elle soit affectée par les congés payés du salarié (cass. soc. 19 décembre 1990, n° 88-40073 D ; cass. soc. 9 juillet 2003, n° 01-44269 D ; cass. soc. 17 mai 2023, n° 21-23247 D). • Primes mensuelles dont le nombre est fonction de la réalisation ou des objectifs fixés dans le contrat et versées en fonction de l'activité déployée par le salarié (cass. soc. 9 juillet 2003, n° 01-44269 D). • Prime de résultat liée à l'activité même du salarié (cass. soc. 18 juin 2008, n° 06-45267 D). • Prime pour remboursements de frais qui constitue en réalité un complément de rémunération alloué pour rémunérer un travail (cass. soc. 9 avril 2008, n° 06-42768 D ; cass. soc. 18 juin 2008, n° 06-45267 D). • Prime de panier ne correspondant pas à des frais réellement engagés (cass. soc. 21 juin 2005, n° 03-42437 D ; cass. soc. 16 janvier 1996, n° 92-42116 D). • Prime d'expatriation compensant les désagréments de l'éloignement (cass. soc. 22 novembre 1979, n° 77-40643, BC V n° 897) ou prime de dépaysement (cass. soc. 30 mars 1994, n° 90-43161 D). • Prime de servitude d'emploi pour travail de soirée (cass. soc. 3 juillet 1990, n° 89-40340, BC V n° 342). • Primes diverses, prime de travail de nuit (cass. soc. 23 mars 2005, n° 03-40586 D), de vol, d'astreinte, de panier (cass. soc. 15 novembre 1972, n° 71-40281, BC V n° 621), prime d'équipe (cass. soc. 8 octobre 1987, n° 85-42252, BC V n° 558), prime de travaux pénibles, insalubres et dangereux (cass. soc. 23 mars 2005, n° 03-40586 D), prime de remplacement (cass. soc. 23 mars 2005, n° 03-40586 D). • Prime de transport forfaitaire ne correspondant pas à des frais réellement engagés (cass. soc. 5 mai 2004, n° 01-44988 D). • Salaires bruts avant déduction des cotisations sociales (cass. soc. 5 avril 1990, n° 87-45228 D). • Salaires fictifs des périodes assimilées à du temps de travail effectif pour l'acquisition des congés payés (accident de travail, maternité, etc.) (c. trav. art. L. 3141-24), y inclus en application d'une convention collective (cass. soc. 8 juin 1994, n° 90-43014 D). Pour l'application de la règle du 1/10e, le salaire fictif correspondant aux arrêts de travail pour accident ou maladie à caractère non professionnel n'est retenu qu'à hauteur de 80 % de la rémunération qu'aurait perçue le salarié s'il n'avait pas été en arrêt de travail (c. trav. art. L. 3141-24, 3141-24 modifié, I, 4° ; loi 2024-364 du 22 avril 2024, art. 37).
(1) Si les pourboires sont centralisés et répartis par l'employeur, l'indemnité de congés payés doit être calculée sur la base de la rémunération effectivement versée. Si les pourboires sont directement perçus par le personnel, l'employeur peut prendre pour base de calcul les sommes forfaitairement fixées pour le calcul des cotisations de sécurité sociale, à moins d'un salaire conventionnel supérieur. En aucun cas, l'indemnité de congés payés du personnel rémunéré au pourboire ne peut être prélevée sur la masse des pourboires ou du pourcentage perçu pour le service (c. trav. art. L. 3141-26).

Exemple
C'est le cas d'un pourcentage perçu par un salarié sur l'ensemble des ventes de la société sur l'année entière (cass. soc. 11 octobre 1994, n° 93-42421 D).

Primes couvrant les périodes de travail et de congés payés - Les primes qui sont versées, périodes de congés payés et de travail confondues, doivent être ignorées, quelle que soit leur dénomination. Les inclure dans l'assiette de l'indemnité de congés payés reviendrait à les payer deux fois.

C'est en vertu de cette règle qu'il faut exclure, par exemple et sauf dispositions conventionnelles plus avantageuses, certaines primes, souvent annuelles ou semestrielles, qui couvrent autant la période de travail que celle des congés et dont le montant n'est pas diminué du fait des congés payés.

Exemple
Il s'agit, par exemple :
- d'un 13e mois calculé pour l'année entière, périodes de travail et de congés confondues, de sorte que son montant n'est pas affecté par le départ en congés payés (cass. soc. 2 avril 1997, n° 94-41389 D ; cass. soc. 8 juin 2011, n° 09-71056, BC V n° 152) ou, pour les mêmes raisons, d'une prime de vacances (cass. soc. 6 juin 2001, n° 99-41680 D) ;
- d'une prime d'assiduité et de ponctualité versée globalement pour l'ensemble de l'année, périodes de travail et de congés confondues, dont l'inclusion dans la base de calcul de l'indemnité de congés payés aboutirait à la faire supporter une seconde fois à l'employeur (cass. soc. 26 mai 1999, n° 97-43684 D) ;
d'une prime exceptionnelle, lorsqu'elle est assise sur la rémunération des périodes de travail et de congés confondues (cass. soc. 1er juillet 1998, n° 96-40421, BC V n° 361).

À l'inverse, une prime, même annuelle, qui serait calculée en pourcentage du salaire correspondant aux seules périodes de travail effectif doit être comprise dans la base de calcul de l'indemnité de congés payés, puisque cela n'aboutit pas à la payer deux fois (cass. soc. 25 mars 1982, n° 80-40589, BC V n° 227).

La part variable complémentaire assise sur des résultats produits par le travail personnel de l'intéressé, nécessairement affectés par les périodes de congés payés du salarié, doit être prise en compte dans le calcul de l'indemnité de congés payés, peu important qu'elle soit payée à l'année et son calcul en fonction des résultats de la société (cass. soc. 24 septembre 2014, n° 12-28965, BC V n° 202).

Prime d'ancienneté - Pour la Cour de cassation, l'indemnité de congés payés ne peut pas être inférieure au montant de la rémunération qui aurait été perçue pendant la période de congés si le salarié avait continué à travailler. Par conséquent, la rémunération à prendre en considération est la rémunération totale du salarié, incluant les primes et indemnités versées en complément du salaire si elles sont versées « en contrepartie ou à l'occasion » du travail, ce qui inclut les primes d'ancienneté (cass. soc. 7 septembre 2017, n° 16-16643, BC V n° 126).

Par exemple :
- la prime d'ancienneté versée en contrepartie du travail est incluse dans la base de calcul de l'indemnité de congés payés (cass. soc. 13 juin 2012, n° 10-30590 D) ;
- une prime d'ancienneté calculée proportionnellement à l'horaire effectif de travail du salarié est versée en contrepartie du travail ; elle est donc incluse dans la base de calcul de l'indemnité de congés payés (cass. soc. 13 juin 2012, n° 10-30590 D).

À l'inverse, lorsqu'une prime d'ancienneté est versée périodes de travail et de congés confondues, il n'y a pas lieu de l'inclure dans la base de calcul de l'indemnité de congés payés car cela reviendrait à la payer deux fois (cass. soc. 2 avril 1997, n° 94-41540 D ; cass. soc. 16 juin 1998, n° 96-43187 D ; cass. soc. 18 juin 2015, n° 13-25981 D).

Contrepartie financière de la clause de non-concurrence - L'indemnité de non-concurrence ouvre droit à des congés payés (cass. soc. 17 mai 2006, n° 04-47597, BC V n° 177) (pour plus de détails, voir *Indemnité de non-concurrence**).

Maintien de salaire

Règle de référence - L'indemnité de congés ne peut pas être inférieure à la rémunération que le salarié aurait perçue s'il n'avait pas été en congés, calculée sur la base de la rémunération précédant les congés (c. trav. art. L. 3141-24, II).

En pratique :
- l'horaire de travail pris en compte est celui effectué dans l'entreprise pendant la période de congés (y compris les heures supplémentaires), sauf pour les salariés à temps partiel pour lesquels on retient leur horaire propre ;
- la rémunération de base est celle perçue avant le départ en congés.

Lorsque le mois comprend à la fois une période de congés et une période travaillée, l'employeur doit ventiler le salaire du mois en cause entre la rémunération du travail et l'indemnité de congés payés.

Horaire pris en compte - La méthode la plus rigoureuse, tout particulièrement si l'horaire n'est pas

Indemnité de congés payés : éléments à exclure (exemples)
• Bonus « vie chère » instauré par l'accord Bino en Guadeloupe (cass. soc. 28 septembre 2022, n° 20-15895 D).
• Congé de formation économique, sociale, environnementale et syndicale : le complément versé par le *comité social et économique** (CSE) ou le syndicat en plus de la contribution qui incombe à l'employeur (cass. soc. 8 juillet 1992, n° 89-42563, BC V n° 445).
• Dommages-intérêts en cas de rupture anticipée injustifiée d'un CDD (cass. soc. 16 novembre 1993, n° 90-44199, BC V n° 270).
• Dommages-intérêts alloués en compensation du repos compensateur non pris car l'employeur avait contesté les heures de travail du salarié (cass. soc. 21 mai 2002, n° 99-45890, BC V n° 170).
• Participation au chiffre d'affaires si elle est établie à partir des résultats d'ensemble de l'entreprise (cass. soc. 7 novembre 1995, n° 92-42000 D) ou si l'inclusion dans l'indemnité a pour effet de payer une seconde fois la prime (cass. soc. 25 octobre 1995, n° 91-45502 D).
• Primes bénévoles ayant un caractère exceptionnel, facultatif, aléatoire (cass. soc. 20 juin 1962, BC IV n° 568).
• Gratification bénévole dont l'employeur fixe discrétionnairement les montants et les bénéficiaires, et qui est attribuée à l'occasion d'un événement unique (cass. soc. 14 octobre 2009, n° 07-45587, BC V n° 224).
• Primes ou indemnités annuelles qui couvrent l'ensemble de l'année, temps de travail et temps de congé confondus, et dont le montant n'est pas diminué du fait des congés payés (1) : - peu important qu'elles soient versées annuellement : 13e mois (cass. soc. 22 février 2000, n° 97-43465 D) ; prime de fin d'année (cass. soc. 14 décembre 2005, n° 03-47187 D ; cass. soc. 2 avril 1997, n° 94-41540 D) ; prime de vacances (cass. soc. 19 décembre 1979, n° 78-40076, BC V n° 1023) ; - ou qu'elles soient versées à des échéances plus rapprochées : primes semestrielles ou trimestrielles (cass. soc. 23 novembre 1994, n° 93-42326 D ; cass. soc. 3 décembre 1975, n° 74-40288, BC V n° 589) ; 13e mois versé pour partie en juin et pour partie en décembre (cass. soc. 8 juin 2011, n° 09-71056, BC V n° 152) ; prime d'ancienneté versée mensuellement tout au long de l'année (cass. soc. 2 avril 1997, n° 94-41540 D ; cass. soc. 16 juin 1998, n° 96-43187 D) ; - ou qu'il s'agisse de calculer l'indemnité de congés payés des *travailleurs temporaires** (cass. soc. 5 avril 2018, n° 16-25428, BC V n° 66), étant rappelé que l'indemnité de fin de mission est en revanche prise en compte (c. trav. art. D. 3141-8) ; - primes d'assiduité et de ponctualité versées pour l'année (cass. soc. 26 mai 1999, n° 97-43681 D) ; - prime de présence (cass. soc. 20 mai 1998, n° 96-41546 D) ; - prime de bonus calculée sur le salaire annuel (cass. soc. 10 juin 2003, n° 01-42884 D).
• Prime d'expatriation quand elle rembourse des frais inhérents au séjour à l'étranger (cass. soc. 22 novembre 1979, n° 77-40643, BC V n° 897).
• Prime d'installation.
• Primes de sujétion correspondant à un risque ou à un inconvénient exceptionnel, qui disparaît pendant le congé.
• Primes mensuelles ne faisant pas partie de la rémunération (cass. soc. 20 mai 1992, n° 90-43730 D).
• Remboursements de frais professionnels sur justificatif des dépenses réelles ou par allocations forfaitaires (par exemple, pour des allocations forfaitaires : cass. soc. 17 décembre 2014, n° 13-14855, BC V n° 303 ; cass. soc. 11 janvier 2017, n° 15-23341, BC V n° 8 ; pour une prime de panier ou une indemnité de repas, même forfaitaire : cass. soc. 28 juin 2018, n° 17-11714 FPB ; cass. soc. 11 septembre 2019, n° 18-14294 D).
• Remboursement de frais de transports collectifs pour le trajet « domicile-lieu de travail », remboursements de frais de transports personnels et indemnité kilométrique vélo dans les conditions et limites prévues par le code du travail (c. trav. art. L. 3261-2, L. 3261-3 et L. 3261-3-1).
(1) Toutefois, une prime ne doit pas être exclue si, bien qu'annuelle, elle est assise uniquement sur le salaire des périodes de travail, à l'exclusion des congés payés (cass. soc. 25 mars 1982, n° 80-40589, BC V n° 227).

uniformément réparti, est celle retenue par la jurisprudence pour une *absence**, à savoir une ventilation par rapport à l'horaire réel du mois.

Exemple

L'horaire est de 7 heures par jour. Au cours d'un mois de 21 jours ouvrés (soit 21 × 7 = 147 heures), un salarié est en congé 7 jours ouvrés (soit 7 × 7 = 49 heures) et travaille le reste du mois (98 heures). Si le salaire à maintenir est de 2 000 €, la ventilation entre l'indemnité de congés payés (ICP) calculée selon le maintien du salaire et la rémunération du travail s'opère comme suit :
- ICP = (2 000 × 49) / 147 = 666,67 € ;
rémunération du travail = (2 000 × 98) / 147 = 1 333,33 €.

Mais de nombreuses entreprises recourent à l'une des méthodes forfaitaires simplifiées suivantes pour calculer l'indemnité de congés payés (ICP) :
- calcul en nombre moyen de jours ouvrables (26) : ICP = (nombre de jours ouvrables de congé × salaire mensuel de référence)/26 ;
- calcul en nombre moyen de jours ouvrés (21,67, souvent arrondis à 22 pour les horaires répartis sur 5 jours) : ICP = (nombre de jours ouvrés de congé × salaire mensuel de référence)/22 ;
- calcul en nombre réel de jours ouvrés du mois de prise des congés : ICP = (nombre de jours ouvrés de congé × salaire mensuel de référence)/nombre de jours ouvrés du mois ou payés comme tels ;

- calcul en nombre réel de jours ouvrables du mois de prise des congés : ICP = (nombre de jours ouvrables de congé × salaire mensuel de référence)/nombre de jours ouvrables du mois ou payés comme tels.

Exemple
Un salarié est en congé pendant 13 jours ouvrables au cours d'un mois comptant 27 jours ouvrables (y inclus les jours fériés chômés et payés comme temps de travail effectif). Sur la base d'une rémunération brute de 2000 €, la rémunération se ventilera comme suit pour le mois en cause :
- indemnité de congés payés : 2000 × 13/27 = 962,96 € ;
salaire : 2000 × 14/27 = 1037,04 €.

Règle du 1/10e de la rémunération brute de la période de référence

L'application de la règle du 1/10e doit être retenue si elle est plus favorable au salarié que le maintien de salaire.

L'indemnité de congés payés due au titre des *congés payés** acquis sur une période de référence déterminée est égale au 1/10e de la rémunération totale du salarié au cours de cette période (c. trav. art. L. 3141-24, I).

Le montant ainsi calculé représente l'indemnité due pour le droit à congés totaux du salarié (5 semaines ou moins, selon les cas). La fraction du 1/10 correspondant à chaque prise de congés peut être déterminée à partir de la durée du congé pris par le salarié, de ses droits à congés totaux et du montant global de l'indemnité de congés payés.

Exemple
La rémunération de la période de référence est de 27440 €, soit une indemnité de congés payés de 27440/10 = 2744 € pour un droit à congés complet de 30 jours ouvrables.
Si le salarié prend une fraction de congés de 18 jours ouvrables, son indemnité de congés pour cette période sera de : 2744 × 18/30 = 1646,40 €.

Lorsque le mois comprend à la fois une période de congés et une période de travail, la rémunération totale peut être supérieure au salaire habituel du salarié (cass. soc. 12 janvier 1994, n° 91-20443 D).

Exemple
L'indemnité de congés pour 5 semaines est égale à 2744 €. Le salaire mensuel du salarié est de 2270 €. Au cours d'un mois de 27 jours ouvrables, il est en congés pendant 15 jours ouvrables et travaille pendant 12 jours ouvrables. Le calcul est le suivant :
- salaire = (2270/27) × 12 = 1008,90 € ;
- congés payés = (2744/30) × 15 = 1372 €.
Le total de la rémunération est de 2380,90 €, soit un montant supérieur au salaire habituel.

Comparaison entre la règle du 1/10e et la règle du maintien du salaire

À défaut de précision légale, il existe deux cadres de comparaison.

Comparaison annuelle - Il est admis que l'employeur puisse maintenir le salaire jusqu'à ce que le salarié solde son congé annuel (prise de la 5e semaine) ou en fin de période de congé annuel. Il procède alors à la comparaison et, si nécessaire, verse un complément d'indemnité de congés payés.

S'il est sûr, dès la première prise de congé, que la règle du 1/10e est plus favorable (ex. : passage à temps partiel peu avant les congés), mieux vaut l'appliquer dès le début.

Comparaison systématique - Dans ce cas, l'employeur procède au double calcul à chaque prise de congé. Le salarié bénéficie à chaque fois de la solution la plus avantageuse.

Cas particuliers

Congés supérieurs au congé légal - Le mode de calcul de l'indemnité légale de congés payés s'applique aux congés supplémentaires d'origine conventionnelle (cass. soc. 26 février 1997, n° 93-46579, BC V n° 85) ou légale (ex. : jours supplémentaire pour *fractionnement des congés payés**).

Dans le cas du maintien de salaire, le montant journalier de l'indemnité doit simplement être multiplié par le nombre de jours de congé acquis.

Pour le calcul du 1/10, sachant qu'il correspond à 30 jours ouvrables de congé, il doit être multiplié par le nombre de jours de congé acquis et divisé par 30.

Exemple
Le 1/10 de la rémunération est de 2744 € ; il correspond à 30 jours ouvrables de congé en application d'un accord collectif. Le salarié ayant droit à 32 jours de congé en application d'un accord collectif, l'indemnité de congés pour 32 jours est de : 2744 × 32/30 = 2926,93 €.

Fermeture de l'entreprise pour les congés payés - La fermeture de l'entreprise pendant la période de congés annuels ne modifie pas les règles relatives au calcul de l'indemnité de congés payés.

Mais des cas particuliers peuvent se présenter [voir *Fermeture de l'entreprise (pendant les congés)**].

Indemnité de congés payés (exemple)

Un salarié, embauché et payé 2 000 € par mois à partir du 1er juin 2023, a perçu du 1er juin 2023 au 31 mai 2024 les rémunérations et avantages suivants :
– salaire de base, prime de rendement individuel et indemnité de congés payés 2023-2024 incluse (1) : 24 620 € ;
– treizième mois (versé en décembre 2023) : 2 000 € ;
– avantage en nature logement (2 pièces principales).

En octobre 2024, son salaire de base passe à 2 100 € par mois.

❶ Les congés payés 2024-2025 : *ils sont pris du 5 au 31 août 2024 inclus, puis du 7 au 14 avril 2025 inclus.*

❷ Les méthodes de calcul de l'entreprise :

L'entreprise calcule l'indemnité de congés payés (ICP) en nombre de jours ouvrés réels du mois. Elle maintient d'abord le salaire puis procède à la comparaison « règle du dixième-règle du maintien du salaire » lorsque le salarié solde ses congés payés.

Le 15 août 2024 est un jours férié chômé. Il est donc assimilé à un jour travaillé pour le calcul du salaire et payé comme tels lorsqu'il tombe un jour habituellement travaillé.

❸ Paye d'août 2024 (absence congés payés de 19 jours ouvrés) :

- *Déduction absence congés payés : 2 000 € × (19/21) = 1 809,52 €.*
- *Indemnité de congés payés : ICP (maintien du salaire) : 2 000 € × (19/21) = 1 809,52 €.*

Extrait paye d'août 2024	
Salaire de base	2 000,00 €
Absence congés payés	- 1809,52 €
Indemnité de congés payés	+ 1809,52 €
Logement de fonction	115,80 €
Brut soumis à cotisations	**2 115,80 €**

❹ Paye d'avril 2025 (absence congés payés de 6 jours ouvrés) :

- *Déduction absence congés payés : 2 100 € × (6/21) = 600,00 €.*
- *Indemnité de congés payés (maintien du salaire) : 2 100 € × (6/21) = 600,00 €.*
- *Comparaison « règle du dixième et maintien du salaire » sur le congé annuel :*

– indemnité de congés payés (règle du dixième) : 24 620 € × 10 % = 2 462,00 € ;
– indemnité de congés payés (maintien du salaire) : 1 809,52 € + 600,00 € = 2409,52 € ;
– complément à verser : 2 462,00 € - 2409,52 € = 52,48 €.

Pour la règle du dixième, on exclut de la base de calcul de l'indemnité le treizième mois versé en décembre 2023 (non affecté par l'absence) et l'avantage en nature logement dont le salarié continue à bénéficier durant les congés.

Extrait paye d'avril 2025	
Salaire de base	2 100,00 €
Absence congés payés	- 600,00 €
Indemnité de congés payés	+ 600,00 €
Complément d'indemnité de congés payés	+ 52,48 €
Logement de fonction	117,80 €
Brut soumis à cotisations	**2 270,28 €**

Indemnité de non-concurrence - L'*indemnité de non-concurrence** a la nature d'une indemnité compensatrice de salaire. Par conséquent, elle ouvre droit à congés payés et donc à une indemnité de congés payés calculée sur cette contrepartie (cass. soc. 17 mai 2006, n° 04-47597, BC V n° 177 ; cass. soc. 23 juin 2010, n° 08-70233, BC V n° 145).

Bulletin de paye

Mentions obligatoires - L'employeur doit indiquer sur le bulletin de paye (c. trav. art. R. 3243-1, 12°) :
- les dates de congés payés ;
- le montant de l'indemnité de congés.

En cas de calcul de l'indemnité selon la règle de maintien de salaire, il est admis que seules les dates de congés figurent sur le bulletin (lettre min. du 30 mars 1989, BOMT 89/15 ; circ. n° 13 du 30 août 1978, BOMT 78/48).

Régimes social et fiscal - L'indemnité de congés payés a la nature d'un salaire : elle est soumise à toutes les cotisations et contributions en vigueur et à l'impôt sur le revenu.

☞ *Congés payés ; Congés payés (incidence des arrêts de travail) ; Fermeture de l'entreprise (pendant les congés) ; Heures de délégation ; Indemnité compensatrice de congés payés ; Indemnité de non-concurrence ; Prescription des salaires.*

Indemnité de congés payés (VRP)

Droit à une indemnité - Le *VRP** a droit, pour ses congés payés (c. trav. art. D. 7313-1) :
- à une indemnité égale à la rémunération moyenne qu'il a reçue pour une période de même durée dans l'année qui a précédé son congé ;
- au montant des *commissions** sur les commandes parvenues à l'entreprise pendant le congé et résultant de son activité antérieure.

La rémunération totale annuelle à prendre en considération comprend toutes les sommes perçues par le VRP pendant la période de référence (1er juin-31 mai), y compris l'indemnité de congés payés de l'année précédente, mais à l'exclusion des *frais professionnels** (cass. soc. 16 février 1983, n° 81-41615, BC V n° 83). S'il y a lieu, il convient de se référer à la rémunération minimale conventionnelle garantie (cass. soc. 20 novembre 1996, n° 93-44060 D).

Montant - L'indemnité est égale au 1/10 du gain total, fixe et commissions, perçu par l'intéressé au cours de l'année de référence (cass. soc. 25 octobre 1967, n° 66-40593, BC V n° 665).

La règle de comparaison avec le salaire qui aurait été perçu si la période de congés avait été travaillée ne s'applique pas aux représentants.

▶ À noter... Les commissions de retour sur échantillonnages (voir *VRP**), qui sont fonction des résultats produits par le travail personnel du salarié, entrent dans l'assiette de calcul de l'indemnité de congés payés (cass. soc. 27 mars 2019, n° 17-21014 FSPB).

Cumul de l'indemnité et des commissions - Le versement de l'indemnité de congés payés ne peut pas entraîner une réduction du montant des commissions auxquelles le représentant a droit en raison de son activité antérieure à son départ en congé.

Au cours de ses congés annuels, le VRP a donc le droit de percevoir, outre son indemnité de congés payés (cass. soc. 3 octobre 1968, BC V n° 415) :
- les commissions sur les ordres qu'il a transmis à son entreprise avant son départ et dont l'échéance de paiement se situe pendant son congé (« commissions sur ordres directs ») ;
- les commissions sur des ordres parvenus directement à l'employeur pendant son absence, mais résultant de l'activité déployée par lui antérieurement à son départ en vacances (« commissions sur ordres indirects »).

Forfait - En principe, l'indemnité de congés payés doit faire l'objet d'un paiement distinct des commissions.

Toutefois, il est admis qu'employeur et VRP prévoient d'un commun accord, dans le contrat de travail, une rémunération mensuelle forfaitaire incluant l'indemnité de congés payés, à condition que cela ne conduise pas pour le VRP à un résultat moins favorable que la stricte application des règles légales et conventionnelles.

Cette formule doit être expressément prévue par le contrat ou qu'un accord exprès ait été conclu en ce sens (cass. soc. 19 janvier 1994, n° 89-44665 D). En effet, le niveau des commissions et l'absence de réclamation du VRP ne suffisent pas à laisser présumer que le paiement des congés payés a réellement été inclus dans la rémunération forfaitaire (cass. soc. 23 novembre 1994, n° 91-41467, BC V n° 307).

La clause doit être transparente et compréhensible, ce qui suppose (cass. soc. 14 novembre 2013, n° 12-14070, BC V n° 272 ; cass. soc. 22 mai 2019, n° 17-31517 FPB ; cass. soc. 13 octobre 2021, n° 19-19407 FSB) :

- d'une part, que soit clairement distinguée la part de rémunération qui correspond au travail de celle qui correspond aux congés ;
- et d'autre part, que soit précisée l'imputation de ces sommes sur un congé déterminé, celui-ci devant être effectivement pris.

Ainsi, une clause du contrat de travail qui se bornait à mentionner que la rémunération variable s'entend « congés payés inclus », sans préciser la répartition entre la rémunération du travail et des congés payés n'est ni transparente ni compréhensible (cass. soc. 13 octobre 2021, n° 19-19407 FSB).

Pour un VRP payé à la commission, il convient en outre de prévoir une majoration du taux des commissions, en précisant de façon distincte cette majoration du taux (cass. soc. 30 mai 2000, n° 97-45946, BC V n° 212 ; cass. soc. 20 janvier 2021, n° 19-20072 D).

☛ *Indemnité de congés payés ; VRP.*

Indemnité de départ volontaire

Contexte du départ du salarié

Rupture d'un commun accord - Certains salariés quittent l'entreprise sur un départ volontaire, ou suite à une rupture amiable formalisée dans un accord écrit signé par l'employeur et le salarié. Dans les deux cas, ce départ peut être assorti du versement d'une indemnité de rupture.

Ce type de situation se rencontre notamment dans le cadre de plans de restructuration liés à des difficultés économiques de l'entreprise, prévoyant une incitation financière aux départs volontaires.

Rupture amiable autonome d'un CDI : une voie résiduelle de rupture du contrat - Employeurs et salariés peuvent rompre un contrat de travail à durée indéterminée (CDI) d'un commun accord dans le cadre d'une rupture conventionnelle individuelle ou d'un accord collectif portant rupture conventionnelle collective ou relatif au congé de mobilité. L'indemnité de rupture versée au salarié ne relève pas des règles ici exposées, mais du régime spécifique correspondant (voir *Indemnité de rupture conventionnelle individuelle**, *Indemnité de rupture conventionnelle collective** ou *Congé de mobilité**).

Attention, la rupture d'un CDI par accord amiable de l'employeur et du salarié ne peut intervenir que dans le cadre de ces mécanismes, sauf dispositions légales contraires. C'est ce que l'on peut déduire d'une jurisprudence rendue à une époque où seule la rupture conventionnelle individuelle existait (cass. soc. 15 octobre 2014, n° 11-22251, BC V n° 241).

En conséquence, la rupture amiable d'un CDI en dehors de ces dispositifs reste uniquement possible dans le contexte d'un accord de gestion prévisionnelle de l'emploi et des compétences (GPEC) ou d'un plan de sauvegarde de l'emploi (PSE). Cette solution est logique, puisque a contrario, il est impossible de conclure une *rupture conventionnelle individuelle** dans le cadre d'un accord collectif de GPEC ou d'un PSE (c. trav. art. L. 1237-16).

Montant de l'indemnité de départ volontaire

Règle générale - Il n'y a aucune règle légale en ce qui concerne le montant de l'indemnité. L'employeur est donc uniquement tenu par les éventuels engagements qu'il a pris ou les accords collectifs signés (par exemple, dans le cadre de mesures d'accompagnement de licenciements économiques ou d'un plan d'incitation aux départs volontaires). En cas de rupture négociée, le montant est directement négocié entre le salarié et l'employeur qui peuvent, le cas échéant, la formaliser par écrit.

Départs volontaires et ruptures négociées pour motif économique - Pour les départs volontaires, les ruptures amiables ou les ruptures négociées ayant un motif économique, l'indemnité de rupture versée au salarié doit être au moins égale à l'indemnité de licenciement (légale ou, si elle est plus élevée, conventionnelle).

En effet, les droits du salarié aux indemnités de rupture doivent être préservés (cass. soc. 22 février 2006, n° 04-41314 D).

Régime des indemnités dans le cadre d'un plan de sauvegarde de l'emploi

Cadre du plan de sauvegarde de l'emploi - Un régime spécifique s'applique aux indemnités de départ volontaire versées dans le cadre « d'un plan de sauvegarde pour l'emploi au sens des articles L. 1233-61 et L. 1233-62 » (CGI art. 80 duodecies, 1, 2°), c'est-à-dire ici d'une procédure de licenciement économique englobant au moins 10 salariés sur 30 jours, quel que soit l'effectif de l'entreprise (BOFiP-RSA-CHAMP-20-40-10-30-§§ 430 et 440-22/06/2023 ; BOSS, Indemnités de rupture, § 620, 1/01/2025).

Ces règles ont vocation à jouer quelle que soit l'appellation de l'indemnité de départ volontaire (primes ou indemnités d'aide au départ volontaire, d'aide à la réinsertion professionnelle, d'incitation au reclassement, d'aide à la création d'entreprise, etc.), y compris pour les départs volontaires en retraite dès lors qu'ils s'inscrivent dans le cadre d'un plan de sauvegarde (BOFiP-RSA-CHAMP-20-40-10-30-§ 450-22/06/2023).

Régime fiscal - Les indemnités de départ volontaire versées dans ce contexte sont exonérées d'impôt sur le revenu en totalité, sans limitation de montant (CGI art. 80 duodecies, 1, 2°).

Cotisations sociales - Les indemnités de départ volontaire versées dans le cadre d'un plan de sauvegarde de l'emploi sont exonérées de cotisations de sécurité sociale et des charges ayant la même assiette dans la limite de 2 fois le montant annuel du *plafond de la sécurité sociale** (soit 94 200 € en 2025) (c. séc. soc. art. L. 242-1, II, 7°).

CSG et CRDS - L'indemnité est assujettie à *CSG** et à *CRDS** pour la fraction supérieure au montant de l'indemnité de licenciement prévu par la convention collective, l'accord professionnel ou interprofessionnel ou, à défaut par la loi, et en tout état de cause, pour la fraction assujettie à cotisations de sécurité sociale (c. séc. soc. art. L. 136-1-1, III, 5° a ; BOSS, Indemnités de rupture, § 640, 1/01/2025).

Lorsque la CSG est calculée sur une partie de l'indemnité exonérée à la fois d'impôt sur le revenu et de cotisations de sécurité sociale, elle est intégralement non déductible (BOFiP-RSA-BASE-30-30-§§ 80 et 100-24/07/2017). La CSG reste en revanche déductible pour 6,80 % lorsqu'elle porte sur des sommes imposables ou assujetties à cotisations de sécurité sociale.

▶ À noter... La CSG et la CRDS dues sur les indemnités de rupture se calculent sans abattement d'assiette préalable [voir *Contribution sociale généralisée (CSG)**].

Indemnité très élevée - Une indemnité de départ volontaire versée dans le cadre d'un plan de sauvegarde de l'emploi est assujettie à CSG/CRDS ainsi qu'aux cotisations de sécurité sociale et aux charges ayant la même assiette dès le premier euro lorsque son montant dépasse 10 fois le montant annuel du *plafond de la sécurité sociale** (soit 471 000 € en 2025) (c. séc. soc. art. L. 136-1-1, III, 5° a et L. 242-1, II, 7°).

Pour plus de détails (ex. : cumul avec un mandat social), voir *Parachutes dorés**.

Régime des indemnités hors plan de sauvegarde de l'emploi

Régime fiscal - Les indemnités de départ volontaire versées en dehors d'un plan de sauvegarde pour l'emploi sont imposables.

Régime social - Faute d'exonération expresse, les indemnités de rupture versées à l'occasion d'un départ volontaire « hors plan de sauvegarde » sont assujetties aux cotisations de sécurité sociale et aux charges ayant la même assiette, ainsi qu'à la CSG et à la CRDS.

La CSG et la CRDS se calculent sans abattement d'assiette préalable [voir *Contribution sociale généralisée (CSG)**].

Responsabilité de l'employeur dans l'information du salarié

Les employeurs qui interrogent l'administration fiscale pour connaître le régime fiscal de l'indemnité de départ volontaire qu'ils proposent de verser ont tout intérêt à communiquer par écrit aux salariés la réponse de l'administration. À défaut, ils risqueraient d'engager leur responsabilité, notamment si la réponse de l'administration concluait au caractère imposable de l'indemnité alors que les salariés ne s'attendaient pas à être imposés sur cette somme (cass. soc. 23 juin 1998, n° 96-41953 D).

☞ *Congé de mobilité ; Départ volontaire à la retraite ; Indemnité de départ volontaire en retraite ; Indemnité de licenciement ; Indemnité de mise à la retraite ; Indemnité de rupture conventionnelle collective ; Indemnité de rupture conventionnelle individuelle ; Indemnités de rupture (régimes social et fiscal) ; Parachutes dorés.*

Indemnité de départ volontaire en retraite

En cas de *départ volontaire à la retraite**, le salarié a droit à une indemnité de départ volontaire en retraite.

▶ À noter... Le salarié doit avoir effectivement demandé la liquidation de ses droits à pension de vieillesse pour bénéficier de l'indemnité (cass. soc. 23 septembre 2009, n° 08-41397, BC V n° 194).

Montant de l'indemnité légale

Indemnité légale - Sauf dispositions conventionnelles plus favorables, le salarié a droit à une

indemnité légale d'un montant déterminé comme suit (c. trav. art. L. 1237-9 et D. 1237-1) :
- après 10 ans d'ancienneté : 0,5 mois de salaire ;
- après 15 ans d'ancienneté : 1 mois ;
- après 20 ans d'ancienneté : 1,5 mois ;
- après 30 ans d'ancienneté : 2 mois.

Le salaire à prendre en compte est égal à la moyenne des 12 derniers mois précédant le départ à la retraite, ou à celle des 3 derniers mois. Il convient de retenir la solution la plus favorable au salarié (c. trav. art. D. 1237-2).

Si des primes annuelles ou exceptionnelles ont été versées au cours de cette période, elles doivent être prises en compte *prorata temporis**.

Une seule indemnité de départ volontaire à la retraite peut être versée au salarié. Elle est attribuée lors de la première liquidation complète de la retraite. Si le salarié reprend ou poursuit une activité (cumul emploi-retraite), le salarié ne pourra pas bénéficier à nouveau d'une indemnité de départ volontaire (c. trav. art. L. 1237-7 et L. 1237-9).

Licenciement économique - Si le départ volontaire à la retraite s'inscrit dans le cadre d'une procédure de licenciement économique, le salarié n'a pas automatiquement droit à une indemnité équivalente à l'indemnité de licenciement (cass. soc. 25 juin 2002, n° 00-18907, BC V n° 214). Le salarié ne peut obtenir une indemnité supérieure à l'indemnité légale ou conventionnelle de départ en retraite qu'avec l'accord de l'employeur ou en application d'un accord spécifique.

Salariés à temps partiel - Les salariés à temps partiel ont droit à l'indemnité de départ en retraite dans les mêmes conditions, leur ancienneté étant prise en compte pour sa totalité.

S'ils ont travaillé pour partie à temps plein et pour partie à temps partiel, l'indemnité doit être calculée proportionnellement, en tenant compte des périodes à temps plein et des périodes à temps partiel (c. trav. art. L. 3123-5).

Non-cumul d'indemnités - L'indemnité de licenciement et l'indemnité de départ à la retraite qui ont un objet similaire, à savoir indemniser le salarié en raison de la cessation de la relation de travail, ne sont pas cumulables (cass. soc. 6 novembre 2024, n° 23-12.669 D).

Régime des indemnités versées hors plan de sauvegarde de l'emploi

Régime fiscal - Les indemnités de départ volontaire en retraite sont imposables en totalité.

Cotisations sociales, CSG et CRDS - Lorsque le départ en retraite intervient en dehors d'un plan de sauvegarde de l'emploi (cas général), l'indemnité de départ volontaire en retraite est soumise à toutes les cotisations sociales, ainsi qu'à la CSG sur les revenus d'activité et à la CRDS.

La CSG et la CRDS se calculent sans abattement d'assiette préalable.

Régime des indemnités versées dans le cadre plan de sauvegarde de l'emploi

Régime fiscal - Si le départ en retraite du salarié s'inscrit dans le cadre d'une procédure de licenciement économique portant sur au moins 10 salariés dans une même période de 30 jours, l'indemnité de départ volontaire en retraite est exonérée d'impôt sur le revenu sans limitation de montant, quel que soit l'effectif de l'entreprise (BOFiP-RSA-CHAMP-20-40-10-30-§§ 430 à 450-22/06/2023).

Cotisations sociales - L'indemnité est également exonérée de cotisations de sécurité sociale et des charges ayant la même assiette dans la limite de 2 fois le montant annuel du *plafond de la sécurité sociale** (soit 94 200 € en 2025) (c. séc. soc. art. L. 242-1, II, 7°).

CSG et CRDS - L'indemnité est assujettie à CSG et à CRDS pour la fraction supérieure au montant de l'indemnité de licenciement prévu par la convention collective, l'accord professionnel ou interprofessionnel, ou par la loi, et en tout état de cause, pour la fraction assujettie à cotisations de sécurité sociale (c. séc. soc. art. L. 136-1-1, III, 5° a ; BOSS, indemnités de rupture, § 1570, 1/01/2025).

La CSG et la CRDS se calculent sans abattement d'assiette préalable.

La CSG est intégralement non déductible lorsqu'elle porte sur des sommes exonérées à la fois d'impôt sur le revenu et de cotisations de sécurité sociale (BOFiP-RSA-BASE-30-30-§§ 80 et 100-24/07/2017). En revanche, la CSG reste déductible pour 6,80 % lorsqu'elle porte sur des sommes imposables ou assujetties à cotisations de sécurité sociale.

Indemnité très élevée - Une indemnité de départ volontaire en retraite versée dans le cadre d'un plan de sauvegarde de l'emploi est assujettie à CSG/CRDS, aux cotisations de sécurité sociale et aux charges ayant la même assiette dès le premier euro lorsque son montant dépasse 10 fois le montant annuel du *plafond de la sécurité sociale**

INDEMNITÉ DE DÉPART VOLONTAIRE EN RETRAITE (EXEMPLE)

Un cadre, âgé de 64 ans, notifie à son employeur son départ volontaire en retraite. Après avoir effectué son préavis, il quitte l'entreprise à la fin du mois de mars 2025. Sa paye comprend l'indemnité légale de départ volontaire en retraite, supposée être de 6 000 € et une indemnité compensatrice de congés payés, supposée être de 3 050 €.

L'employeur procède à la régularisation du plafond et des cotisations patronales d'assurance maladie et d'allocations familiales (total brut de janvier à mars devenu supérieur à la limite d'éligibilité compte tenu de la paye de mars).

La CSG et la CRDS dues sur l'indemnité de départ volontaire en retraite sont calculées sans abattement d'assiette.

EXTRAIT DU BULLETIN DE PAYE DE MARS 2025

Désignation	Base	Taux	Montant	
Salaire de base	151,67	26,37	4 000,00	
Indemnité de départ volontaire en retraite			6 000,00	
Indemnité compensatrice de congés payés			3 050,00	
Brut total			13 050,00	
Brut soumis à cotisations			13 050,00	
Cotisations et contributions sociales	**Base (€)**	**Taux salarial**	**Part salarié (€)**	**Part employeur (€)**
Santé				
Sécurité sociale - Maladie Maternité Invalidité Décès	13 050,00	-	-	913,50 (1)
Sécurité sociale - Maladie Maternité Invalidité Décès (régul)	21 050,00	-	-	1 263,00 (2)
Complémentaire santé	-	-	85,00	85,00
Complémentaire Incapacité Invalidité Décès	3 925,00	-	-	58,88
Accidents du travail - maladies professionnelles	13 050,00	-	-	261,00 (3)
Retraite				
Sécurité sociale plafonnée	3 925,00	6,90 %	270,83	335,59
Sécurité sociale déplafonnée	13 050,00	0,40 %	52,20	263,61
Complémentaire Tranche 1 (4)	3 925,00	4,15 %	162,89	244,14
Complémentaire Tranche 2 (4)	9 125,00	9,86 %	899,73	1 348,68
Famille	13 050,00	-	-	450,23 (5)
Famille (régul)	21 050,00	-	-	378,90 (6)
Assurance chômage				
Chômage	13 050,00	-	-	561,15 (7)
APEC	13 050,00	0,024 %	3,13	4,70
Autres contributions dues par l'employeur				604,76 (8)
CSG déductible de l'impôt sur le revenu	13 070,50	6,80 %	888,79	-
CSG/CRDS non déductible de l'impôt sur le revenu	13 070,50	2,90 %	379,04	-
Exonérations et allégements de cotisations	-	-	-	-
Total des cotisations et contributions			2 741,61	6 773,12
Net social				**10 308,39**
Net à payer avant impôt sur le revenu				**10 308,39**
Impôt sur le revenu	**Base**	**Taux**	**Montant**	**Cumul annuel**
Montant net imposable			10 772,44	Valeur
Impôt sur le revenu prélevé à la source	10 772,44	9,00 %	969,52	Valeur
Montant net des heures compl/suppl exonérées			0,00	Valeur
Net à payer au salarié (en euros) (9)				**9 338,87 (9)**
Total versé par l'employeur				19 823,12

Notes de la rédaction, pour aider à la lecture des totaux (ces notes n'ont pas à apparaître sur le bulletin de paye) :
(1) Pour un taux de 7 %. (2) Régularisation de cotisation maladie pour un taux de 6 % au titre des salaires perçus de janvier à mars (brut devenu supérieur à la limite d'éligibilité au taux réduit compte tenu de la paye de mars). (3) Par hypothèse taux de 2 %. (4) Y compris contributions d'équilibre général et technique. (5) Taux de 3,45 %. (6) Régularisation de cotisation d'allocations familiales pour un taux de 1,80 % au titre des salaires perçus de janvier à mars (brut devenu supérieur brut à la limite d'éligibilité au taux réduit compte tenu de la paye de mars). (7) Chômage 4,05 % et AGS 0,25 %. (9) CSA (0,30 %), FNAL (0,50 %), versement mobilité (1,60 %), contribution au dialogue social (0,016 %), contribution formation (1 %), participation à l'effort de construction (0,45 %), forfait social, taxe d'apprentissage (0,68 %). (9) À faire apparaître de manière à en faciliter la lisibilité.

(soit 471 000 € en 2025) (c. séc. soc. art. L. 136-1-1, III, 5° a et L. 242-1, II, 7°).

Pour plus de détails (ex. : cumul avec un mandat social), voir *Parachutes dorés**.

Départ volontaire à la retraite ; Indemnité de mise à la retraite ; Indemnités de rupture (régimes social et fiscal) ; Retraite (âge légal, âge du taux plein) ; Retraite anticipée.

Indemnité de fin de contrat

Lorsque le contrat à durée déterminée (CDD) prend fin sans se poursuivre par un contrat à durée indéterminée (CDI), le salarié a en principe droit à une indemnité de fin de contrat (parfois appelée indemnité ou prime « de précarité »).

Versement obligatoire

Principe - Une indemnité de fin de contrat doit être versée au salarié dès lors que les relations ne se poursuivent pas par un CDI à l'issue du CDD et que l'employeur ne se trouve pas dans un des cas où le code du travail l'exonère de cette indemnité (c. trav. art. L. 1243-8).

▶ Attention… Pour le CDD à objet défini, certaines règles sont adaptées (voir *Contrat à durée déterminée à objet défini**).

Cas où l'indemnité est due - L'indemnité de fin de contrat est due lorsqu'aucune condition d'exonération n'est remplie, et notamment dans les hypothèses suivantes :
- cessation du CDD à l'échéance de son terme, qu'il s'agisse d'un contrat de date à date ou d'un contrat sans terme précis : cette règle de principe connaît des exceptions liées à la nature du contrat (contrat saisonnier d'usage ou de formation) ou à la qualité du salarié (jeune pendant les vacances scolaires) ;
- non-renouvellement du CDD à l'échéance du terme par l'employeur sans motif réel et sérieux, alors qu'une clause de renouvellement automatique figure dans le contrat ;
- non-renouvellement du CDD à l'échéance du terme à l'initiative du salarié, en l'absence de clause de renouvellement automatique ;
- rupture anticipée du CDD par commun accord de l'employeur et du salarié, la convention de rupture anticipée d'un CDD signée par l'employeur et le salarié ne pouvant d'ailleurs pas contenir une clause excluant le paiement de l'indemnité de fin de contrat au salarié (cass. soc. 6 octobre 2015, n° 14-19126 D) ;
- rupture anticipée du contrat à l'initiative de l'employeur en l'absence d'un cas de force majeure ou d'une faute grave du salarié (c. trav. art. L. 1243-10), sachant que par rupture anticipée il faut également entendre le cas de l'employeur qui empêche le salarié de prendre ses fonctions (cass. soc. 12 mars 2002, n° 99-44222, BC V n° 86) ;
- résolution judiciaire du contrat aux torts de l'employeur ;
- embauche du salarié sous CDI à la suite de plusieurs CDD successifs : la prime de fin de contrat est due pour le ou les contrats qui ont précédé le dernier CDD (cass. soc. 21 juillet 1993, n° 90-40393 D), l'employeur n'en est exonéré que pour le CDD ayant immédiatement précédé l'embauche définitive (cass. soc. 23 février 1994, n° 90-45641 D).

L'indemnité reste due par l'employeur qui a rompu le CDD de manière anticipée et de façon abusive, même si le salarié n'avait pas commencé à travailler. En l'espèce, ce dernier n'avait effectué qu'une journée de formation préalable (cass. soc. 30 novembre 2011, n° 10-11639 D).

Requalification du CDD en CDI - L'indemnité de fin de contrat déjà versée reste acquise au salarié qui demande et obtient en justice la requalification de son CDD en CDI (cass. soc. 24 juin 2003, n° 00-42766, BC V n° 203).

Par ailleurs, lorsqu'un CDD régulier s'est poursuivi au-delà de son terme sans que l'employeur ait proposé au salarié un CDI à l'issue de son CDD, l'employeur est redevable de l'indemnité de fin de contrat due au titre du CDD malgré la requalification du contrat en CDI (cass. soc. 3 octobre 2007, n° 05-44958, BC V n° 148).

L'indemnité de fin de contrat est également due lorsqu'un CDD est requalifié en CDI du fait de son irrégularité, comme en l'absence d'un contrat écrit (cass. soc. 28 septembre 2011, n° 09-43385, BC V n° 195).

▶ À noter… L'indemnité de fin de contrat n'entre pas dans la base de calcul de l'indemnité de requalification due lorsqu'un CDD est requalifié en CDI (c. trav. art. L. 1245-2 ; cass. soc. 18 décembre 2013, n° 12-15454, BC V n° 309).

CDD conclus avec les seniors - L'indemnité est due au terme du CDD senior, qui vise à permettre à des personnes de plus de 57 ans de compléter leur retraite [voir *Contrat à durée déterminée (senior)**]. Cette obligation a été prévue par les partenaires sociaux (avenant n° 1 du 9 mars 2006 étendu par arrêté du 12 juillet 2006, JO du 22), même s'il s'agit d'un contrat conclu dans le cadre de la politique de l'emploi qui n'aurait pas dû ouvrir droit à l'indemnité de fin de contrat.

Situations exonérant l'employeur de l'indemnité de fin de contrat

L'employeur peut être dispensé de verser l'indemnité de fin de contrat en raison de la nature du contrat, ou dans des cas dépendant d'un choix ou de la situation du salarié.

Contrats saisonniers ou d'usage - Sauf dispositions conventionnelles plus favorables, il n'y a pas à verser d'indemnité de fin de contrat lorsque le contrat ou la mission a été conclu pour un emploi saisonnier ou un emploi d'usage (c. trav. art. L. 1243-10, 1°, renvoyant à L. 1242-2, 3° ; c. constit., décision 2014-402 QPC du 13 juin 2014, JO du 15 ; circ. DRT 90-18 du 30 octobre 1990, réputée abrogée).

▶ À noter… Lorsque le CDD d'usage est requalifié car il n'a pas été conclu par écrit, l'employeur est redevable de l'indemnité de fin de contrat puisque le contrat ne peut pas être considéré comme un CDD d'usage (cass. soc. 21 septembre 2017, n° 16-17241, BC V n° 145).

Contrat conclu avec un étudiant pendant les vacances scolaires - Le CDD conclu pendant les vacances scolaires avec un jeune en cours de cursus scolaire ou universitaire ne donne pas lieu au versement de l'indemnité de fin de contrat (c. trav. art. L. 1243-10, 2°).

Toutefois, il suffit que la période du contrat excède celle des vacances scolaires ou universitaires pour que l'indemnité soit due. Même solution lorsque le jeune, jusque-là étudiant, ne reprend pas ses études à la prochaine rentrée scolaire ou universitaire (circ. DRT 92-14 du 29 août 1992, Q/R 53, réputée abrogée).

Le Conseil constitutionnel a estimé que l'exclusion du versement de l'indemnité de fin de contrat au terme des CDD conclus avec des élèves ou étudiants ayant vocation, à l'issue de leurs vacances, à reprendre leur scolarité ou leurs études, est conforme à la Constitution et au principe d'égalité (c. constit., décision 2014-401 QPC du 13 juin 2014, JO du 15).

La Cour de justice de l'union européenne estime, pour sa part, que la règle prévue par le code du travail français est conforme au droit européen (CJUE 1er octobre 2015, aff. C-432/14).

Contrats de formation ou liés à la politique de l'emploi ou à la recherche - L'indemnité de fin de contrat n'est pas due lorsque le contrat de travail à durée déterminée a été conclu (c. trav. art. L. 1243-10, 1°, renvoyant à c. trav. art. L. 1242-3) :

- dans le cadre de la politique de l'emploi (ex. : *contrat de professionnalisation**, *contrat à durée déterminée d'insertion**, ou CDD conclus dans le cadre du *contrat unique d'insertion** ou des emplois d'avenir) ;
- pour assurer un complément de formation (ex. : stage en vue d'accéder à un établissement d'enseignement, stages d'application effectués par des élèves ou anciens élèves d'un établissement d'enseignement).

▶ À noter… Cette exclusion est conforme à la Constitution et ne contrevient pas au principe d'égalité (c. constit., décision 2014-402 QPC du 13 juin 2014, JO du 15).

L'indemnité n'est pas non plus due au terme du nouveau CDD « contrat doctoral de droit privé », qui peut être conclu avec un salarié inscrit dans un établissement d'enseignement supérieur français en vue d'obtenir un doctorat et qui se voit confier des activités de recherche, en lien avec son sujet de thèse de doctorat (c. trav. art. L. 1242-3, 3° ; code de la recherche art. L. 412-3).

En revanche, une règle particulière est prévue pour le CDD à objet défini post-doctoral, dénommé « contrat à objet défini de recherche », qui peut être conclu entre un salarié chercheur titulaire du diplôme de doctorat et différents types de structures employeurs (c. trav. art. L. 1242-3, 4° ; code de la recherche art. L. 431-5). Si, à la fin du contrat, les relations contractuelles de travail ne se poursuivent pas par un CDI avec le même employeur, un autre employeur public ou privé ou un recrutement dans un corps de la fonction publique, l'indemnité de fin de contrat est due à titre dérogatoire (code de la recherche art. L. 431-5, VI) (quand bien même ce contrat se rattache à la politique de l'emploi et de formation).

Employeurs agricoles : CDD conclus avec les seniors - L'indemnité n'est pas due pour les CDD conclus par les employeurs des professions agricoles pour recruter des demandeurs d'emploi manquant d'au maximum 8 trimestres de cotisations d'assurance vieillesse, tous régimes confondus, pour bénéficier d'une retraite à taux plein. En effet, ce contrat est rattaché aux CDD conclus dans le cadre de la politique de l'emploi (c. rural art. D. 718-4, renvoyant à c. trav. art. L. 1242-3) [voir *Contrat à durée déterminée (salarié agricole âgé)**].

En revanche, elle est due au terme du CDD senior conclu par des professions non agricoles *(voir ci-dessus)*.

Rupture du contrat pendant la période de renouvellement - Lorsque le salarié prend l'initiative de la rupture du contrat et que celle-ci se produit au cours de la période de renouvellement, il perd son droit à l'indemnité de fin de contrat, y compris pour la période correspondant au contrat initial (circ. DRT 92-14 du 29 août 1992, question/réponse 50, réputée abrogée). Cette règle ne s'applique qu'en l'absence de faute de l'employeur.

Départ pour une embauche en CDI chez un autre employeur - Un salarié peut interrompre de façon anticipée son CDD s'il justifie d'une embauche en CDI chez un autre employeur (c. trav. art. L. 1243-2). Il ne peut alors pas prétendre à l'indemnité de fin de contrat (circ. DRT 2002-8 du 2 mai 2002, § 3.1.3, BO TR 2002-11 du 20 juin 2002).

▶ À noter... Depuis la recodification du code du travail, la rédaction d'un article laisse à penser que l'indemnité de fin de contrat est due dans cette situation (voir c. trav. art. D. 1243-1). À notre sens, il s'agit d'une erreur de recodification, puisque la disposition de l'ancien code (c. trav. art. D. 121-3 ancien) visait un cas de rupture anticipée du CDD par l'employeur. La recodification ayant été effectuée à droit constant (loi 2006-1770 du 30 décembre 2006, art. 57), on doit considérer, selon nous, que la règle n'a pas été modifiée et que l'employeur n'est pas redevable de l'indemnité de fin de contrat ainsi que la circulaire de 2002 commentant cette disposition le précisait (Code du travail annoté 2017, note sous l'article D. 1243-1).

Embauche en CDI chez le même employeur, au terme du CDD - Lorsque l'embauche définitive sous CDI fait immédiatement suite à un CDD, l'employeur est dispensé du paiement de l'indemnité de fin de contrat (sauf disposition conventionnelle ou usage plus avantageux) (c. trav. art. L. 1243-8). Il faut impérativement que les deux contrats s'enchaînent sans rupture dans le temps. Quelques jours de délai entre les deux contrats rendent obligatoire le paiement de l'indemnité de fin de contrat.

Si l'embauche sous CDI fait suite à plusieurs CDD successifs, l'indemnité de fin de contrat reste due pour le ou les CDD successifs antérieurs au CDD précédant immédiatement l'embauche définitive du salarié (cass. soc. 23 février 1994, n° 90-45641 D).

Refus d'une embauche en CDI chez le même employeur - Si l'employeur propose un CDI au salarié employé sous CDD, il est exonéré du paiement de l'indemnité de fin de contrat en cas de refus de l'intéressé. Il faut néanmoins que l'emploi proposé au salarié soit le même que celui qu'il occupait sous CDD ou qu'il s'agisse d'un emploi similaire, avec une rémunération au moins équivalente (c. trav. art. L. 1243-10, 3°).

Faute grave du salarié - Si l'employeur rompt le CDD de façon anticipée en raison d'une faute grave du salarié, ce dernier perd son droit à l'indemnité de fin de contrat, la rupture lui étant imputable (c. trav. art. L. 1243-10, 4°).

Si la faute grave du salarié est commise ou découverte au cours de la période de renouvellement du contrat, il perd l'indemnité de fin de contrat correspondant à la période du renouvellement mais conserve celle due pour la période initiale du contrat (cass. soc. 9 avril 2002, n° 00-43521 D).

Force majeure - La rupture anticipée d'un CDD en raison d'un cas de force majeure dispense toujours l'employeur de verser l'indemnité de fin de contrat au salarié (c. trav. art. L. 1243-10, 4°), y compris lorsque cette rupture intervient en raison d'un *sinistre** présentant les caractéristiques de la *force majeure** (circ. DRT 2002-8 du 2 mai 2002).

Calcul de l'indemnité

10 % de la rémunération brute - Sauf clause conventionnelle ou contractuelle prévoyant un taux plus élevé, le montant de l'indemnité de fin de contrat est égal à 10 % de la rémunération totale brute perçue pendant toute la durée du contrat, y compris primes et accessoires de salaire, à l'exclusion de l'indemnité compensatrice de congés payés (c. trav. art. L. 1243-10).

Réduction à 6 % - Une convention ou un accord collectif de branche étendu ou une convention ou un accord d'entreprise ou d'établissement peut prévoir de limiter l'indemnité de fin de contrat des CDD à 6 % pour améliorer la formation professionnelle des salariés concernés. Des contreparties doivent alors être offertes au salarié, sous la forme, notamment, d'un accès privilégié à la formation professionnelle.

Dans ce cas, l'accord collectif peut prévoir les conditions dans lesquelles ces salariés peuvent suivre, en dehors du temps de travail effectif, un bilan de compétences. Celui-ci est réalisé dans le cadre du plan de développement des compétences (c. trav. art. L. 1243-9).

Pour se prévaloir du taux réduit, l'employeur doit avoir effectivement proposé un accès à la formation au salarié concerné. À défaut, il doit l'indemnité au taux normal de 10 % (cass. soc. 11 juillet 2007, n° 06-41765 BC V n° 118 ; cass. soc. 23 janvier 2008, n° 06-44190, BC V n° 21).

Indemnité de fin de contrat		
	Situations	**Paiement de l'indemnité**
Objet du contrat	Remplacer un salarié absent, un salarié qui a quitté définitivement l'entreprise et dont le poste va être supprimé, recruter un salarié dans l'attente de l'arrivée du titulaire du poste	Oui (sauf jeune pendant les vacances)
	Accroissement temporaire d'activité (augmentation temporaire de l'activité habituelle de l'entreprise, exécution de tâches occasionnelles, commande exceptionnelle à l'exportation, réalisation de travaux urgents)	Oui (sauf jeune pendant les vacances)
	Emploi saisonnier et emploi d'usage	Non
	Contrat conclu dans le cadre de la politique de l'emploi (contrat de professionnalisation, contrat unique d'insertion, emplois d'avenir, CDD senior agricole, etc.) ou pour assurer un complément de formation (ex. : candidat effectuant un stage en vue d'accéder à un établissement d'enseignement, élèves d'un établissement d'enseignement effectuant un stage d'application)	Non
	CDD senior (c. trav. art. D. 1242-2)	Oui
	CDD à objet défini	Oui (1)
	CDD doctoral de droit privé (2) (c. trav. art. L. 1242-3, 3° ; code de la recherche art. L. 412-3)	Non
	CDD à objet défini de recherche (contrats post-doctoraux) (2) (c. trav. art. L. 1242-3, 4° ; code de la recherche art. L. 431-5)	Oui, si le contrat ne se poursuit pas par un CDI (3)
Qualité du salarié	Jeune scolarisé ou étudiant pendant les vacances scolaires	Non
Succession de contrats chez le même employeur	À la fin de chaque CDD ouvrant droit à l'indemnité	Oui
	CDD suivi immédiatement d'une embauche sous CDI	Non (oui pour les CDD précédant le dernier CDD)
	Refus d'un CDI proposé pour l'emploi précédemment occupé ou un emploi similaire, assorti d'une rémunération au moins équivalente	
Rupture anticipée du contrat	Au cours ou à l'issue de la période d'essai	Non
	À l'initiative du salarié à la fin de la période minimale (4)	Oui
	Par l'employeur pour tout motif autre que la faute grave ou le cas de force majeure	Oui (5)
	Au motif de la faute grave du salarié	Non (6)
	En cas de force majeure	Non
	Accord commun des parties	Oui
	Par le salarié pour faute de l'employeur	Oui
	Par le salarié en cas d'embauche sous CDI dans une autre entreprise	Non (7)
	Par le salarié dans toutes les autres hypothèses	Non

(1) Faute de texte spécifique, le CDD à objet défini relève des mêmes règles que les autres CDD. L'indemnité de fin de contrat est donc due, sauf à rentrer dans un des cas d'exclusion. L'employeur doit tenir compte des éventuelles clauses plus favorables de l'accord collectif encadrant le recours au CDD à objet défini. Pour l'indemnité spécifique prévue en cas de rupture par l'employeur pour un motif réel et sérieux au bout du 18e et du 24e mois, ainsi que pour le cas d'une embauche en CDI au terme du CDD mais à des conditions moins avantageuses, voir *Contrat à durée déterminée à objet défini**.
(2) Nouveaux types de CDD (voir Dictionnaire Social) créés par la loi de programmation de la recherche pour les années 2021 à 2030 (loi 2020-1674 du 24 décembre 2020, art. 6 et 7, JO du 26).
(3) Indemnité due si à la fin du CDD, les relations contractuelles de travail ne se poursuivent pas par un CDI avec le même employeur, un autre employeur public ou privé ou un recrutement dans un corps de la fonction publique (code de la recherche art. L. 431-5, VI).
(4) Hypothèse d'un CDD sans terme précis et donc avec période minimale.
(5) Indemnité calculée sur la base de la rémunération déjà perçue par le salarié et celle qu'il aurait reçue jusqu'au terme du contrat.
(6) En cas de rupture pendant une période de renouvellement, perte de la seule indemnité correspondant à la période de renouvellement (conservation de celle correspondant à la période initiale du CDD).
(7) À notre sens, et sous réserve de l'appréciation des tribunaux (voir nos développements).

Exemple
Se contenter d'indiquer dans le contrat de travail les dispositions de l'accord relatives au droit à la formation ne suffit pas car il ne s'agit pas d'une réelle proposition individuelle pour une formation déterminée adressée au salarié (cass. soc. 3 juillet 2012, n° 11-16269, BC V n° 203).

Rupture anticipée abusive imputable à l'employeur - Lorsque la rupture d'un CDD est jugée abusive et imputable à l'employeur, l'indemnité de fin de contrat est calculée sur la base de la rémunération perçue par le salarié et de celle qu'il aurait perçue jusqu'au terme du contrat.

Cette règle a malencontreusement disparu du code du travail en raison d'erreurs cumulées : en 2002, l'article D. 121-3 du code du travail n'a pas été actualisé lors de l'adoption de la loi 2002-73 de modernisation sociale, de sorte que les renvois d'alinéas ne fonctionnent plus ; en outre, les pouvoirs publics n'ont pas profité de la recodification de 2008 pour la réparer (c. trav. art. D. 1243-1 ; c. trav. art. D. 121-3 ancien).

À notre sens, cette disposition devrait rester applicable.

▶ À noter... Cette difficulté est le miroir de celle qui concerne l'hypothèse de la rupture anticipée du CDD à l'initiative du salarié pour une embauche en CDI chez un autre employeur *(voir plus haut)*.

Maladie, accident - L'indemnité doit être calculée sur la rémunération réellement perçue par le salarié, sans tenir compte des indemnités journalières de sécurité sociale.

En revanche, si la suspension du contrat est due à un accident du travail ou à une maladie professionnelle, l'indemnité de fin de contrat se calcule sur la base de la rémunération que le salarié aurait perçue s'il avait travaillé jusqu'au terme du contrat (cass. soc. 9 octobre 1990, n° 87-43347, BC V n° 419).

Frais de déplacement - Lorsqu'un salarié en CDD a perçu des indemnités forfaitaires de déplacement à l'étranger destinées à lui permettre d'assurer sa nourriture sur place, ces indemnités correspondent à des frais que le salarié a été contraint d'engager du fait de sa présence continue à l'étranger. Elles ne peuvent être incluses ni dans l'assiette de calcul de l'indemnité de congés payés, ni dans celle de l'indemnité de fin de contrat (cass. soc. 16 juin 2004, n° 03-43928, BC V n° 164).

Versement de l'indemnité

L'indemnité de fin de contrat doit être versée à l'issue du contrat en même temps que le dernier salaire et figurer sur le bulletin de paye correspondant (c. trav. art. L. 1243-8).

En cas de succession de CDD, l'indemnité doit être versée à l'issue de chaque contrat y ouvrant droit. En revanche, en cas de renouvellement du CDD, elle n'est due qu'à l'issue du renouvellement et elle se calcule sur la durée totale du contrat, renouvellement inclus.

Régimes social et fiscal

L'indemnité de fin de contrat est soumise à l'ensemble des cotisations, à la *CSG** et à la *CRDS**. Elle est imposable.

La CSG et la CRDS se calculent après application d'un abattement d'assiette de 1,75 % (circ. DSS/5B 2011-495 du 30 décembre 2011) [voir *Contribution sociale généralisée (CSG)**].

☛ *Contrat à durée déterminée ; Contrat à durée déterminée à objet défini ; Contrat à durée déterminée (senior) ; Contrat à durée déterminée (salarié agricole âgé) ; Contrat unique d'insertion ; Faute grave ; Faute lourde ; Indemnité de fin de mission ; Indemnité de rupture anticipée d'un CDD ; Sinistre.*

Indemnité de fin de mission

Ouverture du droit

Fin de mission - L'indemnité de fin de mission est due aux salariés intérimaires lorsque, à l'issue de leur mission, aucun contrat à durée indéterminée (CDI) n'est conclu immédiatement avec l'entreprise utilisatrice (c. trav. art. L. 1251-32).

Si la prise d'effet du CDI n'est pas concomitante avec sa signature mais qu'elle intervient dans un délai raisonnable l'indemnité de fin de mission n'est pas due.

Exemples

1) L'indemnité n'est pas due pour une fin de mission d'intérim le 22 décembre, précédée de la signature d'un CDI avec l'entreprise utilisatrice le 21 décembre, le contrat n'ayant pris effet que le 8 janvier. Cette prise d'effet entre la signature du contrat et sa prise d'effet est considérée comme dans un délai raisonnable (cass. soc. 8 décembre 2004, n° 01-46877, BC V n° 330).

2) En revanche, l'indemnité de fin de mission est due à un intérimaire, auquel l'entreprise utilisatrice fait une promesse d'embauche avant la fin de sa mission, lorsque le salarié signe son CDI le jour de sa prise de fonction, 9 jours après la fin de sa mission d'intérim (cass. soc. 5 octobre 2016, n° 15-28672, BC V n° 186).

Cas dans lesquels l'indemnité n'est pas due - L'indemnité de fin de mission n'est pas due dans les cas suivants (c. trav. art. L. 1251-33, L. 1251-14 et L. 1251-16) :
- rupture anticipée du contrat à l'initiative du salarié, ou à l'initiative de l'employeur pour faute grave du salarié ou pour force majeure ;
- rupture en cours de période d'essai ;
- emploi saisonnier dans certains secteurs d'activité où il est d'usage de ne pas recourir au CDI, à condition qu'un accord collectif étendu de la branche du travail temporaire, une convention ou un accord conclu au sein d'entreprises ou d'établissements de cette branche prévoie que l'indemnité n'est pas due.

Contrat de mission à durée limitée et indemnité de fin de mission (1)		
	Situations	**Paiement de l'indemnité**
En fonction de l'objet du contrat	Remplacement d'un salarié absent, d'un salarié qui a quitté définitivement l'entreprise et dont le poste va être supprimé, recrutement d'un salarié dans l'attente de l'arrivée du titulaire du poste	Oui
	Accroissement temporaire d'activité (augmentation temporaire de l'activité habituelle de l'entreprise, tâches occasionnelles, commande exceptionnelle à l'exportation, travaux urgents)	Oui
	Emploi saisonnier ou d'usage	Oui (2)
	Contrat conclu pour assurer un complément de formation	Non (3)
	Contrat conclu dans le cadre de la politique de l'emploi	(4)
En fonction des cas de rupture anticipée du contrat	Au cours ou à l'issue de la période d'essai	Non
	À la fin de la période minimale (contrat sans terme précis)	Oui (5)
	Accord commun des parties	(4)
	Par l'employeur pour faute grave du salarié ou force majeure	Non
	Par l'employeur pour tout motif, hors faute grave du salarié et force majeure	Oui
	Par le salarié pour faute de l'employeur	(4)
	Par le salarié en cas d'embauche sous CDI dans une autre entreprise	(4)
	Par le salarié dans toute autre hypothèse	Non
En fonction des suites données au contrat (hors contentieux)	Refus par le salarié d'aménagement du terme de la mission prévu au contrat de travail temporaire (c. trav. art. L. 1251-30)	Non (5)
	Fin de chaque contrat de mission y ouvrant droit	Oui (6)
	Mission d'intérim suivie d'une embauche immédiate sous CDI par l'entreprise utilisatrice	Non (7)
	Refus d'un CDI pour l'emploi précédemment occupé ou un emploi similaire, assorti d'une rémunération au moins équivalente	Oui (8)

(1) c. trav. art. L. 1251-32 et L. 1251-33. (2) Sauf si le non-paiement est prévu par un accord professionnel étendu de la branche du travail temporaire, ou par un accord d'entreprise ou d'établissement de cette branche. (3) c. trav. art. L. 1251-7, L. 1251-33 et L. 1251-57 ; accord national du 7 septembre 2005, arrêté du 28 novembre 2005 modifié par l'arrêté du 21 décembre 2005. (4) Non précisé par les textes. (5) circ. DRT 92-14 du 29 août 1992, réputée abrogée. (6) En cas de renouvellement du contrat, due à la fin du contrat renouvelé inclus. (7) L'indemnité reste due pour les missions précédant le dernier contrat. (8) A priori, indemnité due faute d'exclusion expresse.

▶ Attention… Sur ce dernier point, les partenaires sociaux ont rappelé que l'indemnité de fin de mission due en cas de travail temporaire n'obéit pas au même régime que l'*indemnité de fin de contrat** due au terme d'un CDD (accord d'interprétation du 9 juin 1998 relatif au versement de l'indemnité de fin de mission). Ainsi, en l'absence d'accord collectif entre les syndicats d'employeurs et de salariés, l'indemnité de fin de mission de 10 % est due sur les contrats saisonniers ou sur ceux pour lesquels il est d'usage constant de ne pas recourir au CDI. De plus, les jeunes qui effectuent des missions de travail temporaire pendant leurs vacances scolaires ou universitaires bénéficient de cette indemnité.

L'indemnité de fin de mission n'est pas due, non plus, pour les périodes consacrées par les travailleurs temporaires à de la formation, bien que ces périodes soient assimilées à des missions (c. trav. art. L. 1251-33 et L. 1251-57) :

- stage effectué par le salarié intérimaire au titre du plan de développement des compétences de l'entreprise de travail temporaire ou d'un contrat de professionnalisation ;
- action de validation d'acquis de l'expérience ;
- actions de formation en lien avec l'activité professionnelle du salarié, dans les conditions prévues par une convention ou un accord collectif étendu, ou par une convention ou un accord collectif d'entreprise ou d'établissement ;
- stage de formation à l'initiative du salarié intérimaire dans le cadre d'un *CPF de transition professionnelle** ou d'un bilan de compétences.

Travail temporaire en CDI - Le travail temporaire peut être organisé dans le cadre d'un contrat à durée indéterminée (CDI). Lors de l'arrivée au terme de chaque mission, aucune indemnité de fin de mission n'est due puisque le salarié est en CDI. Cependant, l'employeur doit verser une somme équivalente à un fonds spécifique [voir *Travailleurs temporaires (contrat à durée indéterminée)**].

Montant et régime

Montant - L'indemnité est égale à 10 % de la rémunération brute perçue par le salarié. Il s'agit d'un complément de rémunération qui doit être inclus dans le calcul de l'indemnité de congés payés et figurer, séparément du salaire de base, sur le bulletin de paye correspondant à chaque mission.

Régimes social et fiscal - L'indemnité de fin de mission est soumise à toutes les cotisations sociales, à la CSG et à la CRDS et est imposable.

La CSG et la CRDS se calculent après application d'un abattement d'assiette de 1,75 % (circ. DSS/5B 2011-495 du 30 décembre 2011) [voir *Contribution sociale généralisée (CSG)**].

☞ *Travailleurs temporaires ; Travailleurs temporaires (contrat à durée indéterminée).*

Indemnité de licenciement

Les salariés en contrat à durée indéterminée (CDI) licenciés ont droit à l'indemnité légale de licenciement si diverses conditions sont remplies. Lorsqu'il existe une indemnité conventionnelle de licenciement et qu'elle est plus favorable, c'est elle qui est due au salarié.

Conditions d'attribution de l'indemnité légale

Conditions à remplir - Pour prétendre à l'indemnité légale de licenciement, le salarié doit remplir plusieurs conditions cumulatives (c. trav. art. L. 1234-9) :
- être employé en CDI ;
- avoir été licencié pour un motif autre qu'une *faute grave** ou une *faute lourde** (la faute grave commise ou découverte pendant le préavis ne remet pas en cause le droit à l'indemnité) ;
- avoir une ancienneté d'au moins 8 mois.

L'employeur et le salarié peuvent convenir du versement de l'indemnité en cas de licenciement pour faute grave (cass. soc. 31 mars 2009, n° 07-44564, BC V n° 94).

Si la convention collective ne prévoit pas d'ancienneté minimale, le salarié licencié qui compte moins de 1 an d'ancienneté (moins de 8 mois désormais) a droit à l'indemnité conventionnelle de licenciement (cass. soc. 28 avril 1994, n° 91-44763, BC V n° 152).

Ancienneté pour le droit à l'indemnité - La condition d'ancienneté s'apprécie à la date d'envoi de la lettre de licenciement, puisque c'est à cette date que le droit à l'indemnité de licenciement s'apprécie (cass. soc. 11 janvier 2007, n° 04-45250, BC V n° 188 ; cass. soc. 26 septembre 2006, n° 05-43841, BC V n° 3 ; cass. soc. 24 mars 2010, n° 08-44994 D).

L'ancienneté devant être ininterrompue, on ne tient pas compte, par exemple, de deux contrats de travail différents séparés de 6 semaines (cass. soc. 7 janvier 1988, n° 85-40519 D ; cass. soc. 27 octobre 1993, n° 90-41281 D ; cass. soc. 19 décembre 2007, n° 06-44005 D).

En revanche, lorsque plusieurs contrats s'enchaînent sans interruption, il convient de prendre en compte l'ancienneté totale. Cette règle s'applique y compris si le contrat ayant immédiatement précédé le CDI est un contrat à durée déterminée (c. trav. art. L. 1243-11), un contrat d'apprentissage (c. trav. art. L. 6222-16) ou des contrats de *travail intermittent** requalifiés en CDI (cass. soc. 23 octobre 2013, n° 10-21589 D).

▶ À noter… Sur la reprise d'ancienneté en cas de transfert, voir *Ancienneté**.

Les circonstances entraînant la suspension du contrat de travail (maladie, grève, etc.) ne sont pas considérées comme interrompant le cours de l'ancienneté (c. trav. art. L. 1234-11).

En revanche, sauf dispositions conventionnelles ou usages plus favorables, les absences non assimilées à du temps de travail effectif doivent être déduites de l'ancienneté totale du salarié. La durée du congé parental d'éducation est en principe prise en compte pour moitié dans la détermination des avantages liés à l'ancienneté s'il est pris sous forme de congé total (voir *Temps de travail effectif** et *Congés pour événements familiaux**).

Cas particuliers liés à la force majeure - La cessation de l'entreprise pour cas de *force majeure** libère l'employeur de l'obligation de verser l'indemnité légale de licenciement (c. trav. art. L. 1234-12).

Si la rupture du CDI résulte d'un *sinistre** relevant d'un cas de force majeure, le salarié a droit à une indemnité compensatrice d'un montant égal à l'indemnité légale de licenciement (ainsi qu'à la durée du préavis de licenciement prévu par le code du travail) (c. trav. art. L. 1234-13).

Non-cumul - L'indemnité de licenciement ne se cumule pas avec toute autre indemnité de même nature (ex. : indemnité conventionnelle de licenciement) (c. trav. art. R. 1234-5).

Calcul de l'indemnité légale

La loi fixe une indemnité minimale. La convention ou le contrat de travail peut prévoir un mode de calcul plus favorable.

Ancienneté pour le montant de l'indemnité - Lorsqu'il s'agit de calculer le montant de l'indemnité de licenciement, l'ancienneté du salarié est appréciée à la date de l'expiration du délai de préavis, qu'il soit exécuté ou que le salarié en ait été dispensé par l'employeur (cass. soc. 30 mars 2005, n° 03-42667, BC V n° 106 ; cass. soc. 22 juin 2011, n° 09-68762, BC V n° 160 ; cass. soc. 25 octobre 2023, n° 21-24521 D).

Il faut tenir compte des années incomplètes. En cas d'année incomplète, le code du travail prévoit que l'indemnité se calcule proportionnellement au nombre de mois « complets » (c. trav. art. R. 1234-1).

Formule de calcul - L'indemnité légale de licenciement se calcule de la même façon pour un licenciement pour motif personnel que pour un licenciement économique.

Son montant est de (c. trav. art. R. 1234-2) :
- 1/4 de mois de salaire par année d'ancienneté pour les 10 premières années ;
- 1/3 de mois de salaire par année d'ancienneté pour chaque année au-delà de 10 ans d'ancienneté.

Exemple

Un salarié qui totalise 10 ans d'ancienneté a droit à une indemnité légale de 2,5 mois de salaire. S'il justifie de 15 ans d'ancienneté, il a droit à (10 × 1/4) + (5 × 1/3), soit 4,17 mois de salaire.

Salaire de référence - Le salaire de référence à retenir comme base de calcul de l'indemnité est le montant le plus élevé entre (c. trav. art. R. 1234-4) :
- 1/12 de la rémunération des 12 derniers mois précédant le licenciement (si le salarié a moins de 1 an d'ancienneté, la moyenne mensuelle de l'ensemble des mois précédant le licenciement) ;
- et 1/3 des 3 derniers mois (primes et gratifications de caractère annuel ou exceptionnel versées pendant cette période prises en compte prorata temporis).

La période de référence s'entend des mois précédant la notification du licenciement. La Cour de cassation ayant précisé que le calcul se fait « sur les 12 ou sur les 3 derniers mois précédant le licenciement » (cass. soc. 11 mars 2009, n° 07-40146 D ; cass. soc. 11 mars 2009, n° 07-42209 D), cela renvoie aux 3 ou 12 mois précédant la notification du licenciement.

Assiette de calcul - Pour déterminer le salaire de référence, il convient de tenir compte du salaire brut comprenant tous les éléments de rémunération, à l'exclusion des remboursements de frais (cass. soc. 25 juin 1992, n° 90-41244, BC V n° 420 ; cass. soc. 8 décembre 2021, n° 20-11738 FSB).

Calcul simplifié de l'indemnité légale

Ancienneté	Montant de l'indemnité (en mois de salaire)
moins de 8 mois	0 (a)
8 mois	0,16667
9 mois	0,1875
10 mois	0,2083
11 mois	0,2292
1 an	0,25
2 ans	0,5
3 ans	0,75
4 ans	1,0
5 ans	1,25
6 ans	1,5
7 ans	1,75
8 ans	2,0
9 ans	2,25
10 ans	2,5
11 ans	2,83
12 ans	3,17
13 ans	3,5
14 ans	3,83
15 ans	4,17
16 ans	4,5
17 ans	4,83
18 ans	5,17
19 ans	5,5
20 ans	5,83
par année suppl.	+ 0,33333
par mois suppl. (b)	(c)

(a) Les salariés n'ayant pas 8 mois d'ancienneté à la date de notification du licenciement n'ont pas droit à l'indemnité légale.
(b) En cas d'année incomplète.
(c) Avant 10 ans d'ancienneté : + 0,02083 par mois supplémentaire. Après 10 ans d'ancienneté : + 0,02778 par mois supplémentaire.
Exemple : Un salarié mensualisé a 14 ans et 5 mois d'ancienneté. Son indemnité légale de licenciement, calculée sur la base d'un salaire mensuel moyen de 1 900 €, est de : [3,83 + (5 × 0,02778)] × 1 900 = 7 543,00 €.

Sont notamment pris en compte :
- les avantages en nature ;
- les primes et éléments variables ;
- les primes annuelles pour leur fraction se rapportant à la période de référence (cass. soc. 10 octobre 1995, n° 91-45093, BC V n° 265) ;
- l'indemnité de congés payés versée si des congés ont été pris pendant la période de référence (cass. soc. 9 juin 1993, n° 89-40043, BC V n° 160) (mais pas l'indemnité compensatrice de congés payés, ni l'indemnité compensatrice de préavis, qui sont ignorées ; *voir ci-dessous*) ;
- un bonus versé chaque année dont seul le montant annuel est variable et discrétionnaire doit être pris en compte (cass. soc. 28 janvier 2015, n° 13-23421 D).

▶ À noter… Il a été jugé qu'un bonus annuel que l'employeur qualifie de discrétionnaire mais qui n'est pas exceptionnel et qui a été attribué au salarié régulièrement pendant 7 ans devait être intégré dans le calcul de l'indemnité de licenciement sans cause réelle et sérieuse (cass. soc. 5 juillet 2023, n° 21-16694 D).

En revanche, sont exclues de l'assiette de calcul de l'indemnité de licenciement :

- une gratification bénévole dont l'employeur fixe discrétionnairement les montants et les bénéficiaires, et qui est attribuée à l'occasion d'un événement unique, n'entre pas dans l'assiette de calcul des indemnités (cass. soc. 14 octobre 2009, n° 07-45587, BC V n° 224) ;
- une *indemnité compensatrice de congés payés** (cass. soc. 16 mars 1994, n° 89-44639, BC V n° 99), ni une *indemnité compensatrice de préavis** (cass. soc. 11 mars 2009, n° 07-40146 D) ;
- les indemnités allouées en compensation de la *contrepartie obligatoire en repos** non prise car elles ont un caractère indemnitaire (cass. soc. 4 septembre 2024, n° 23-10520 FSB) ;
- les sommes versées au titre de la *participation aux résultats** et de l'*intéressement**, elles ne constituent pas du salaire et n'ont pas à être prises en compte dans le calcul de l'indemnité de licenciement (cass. soc. 8 juillet 1981, n° 79-40929, BC V n° 678 ; cass. soc. 12 juillet 2007, n° 04-41777 D) ;
- les actions gratuites ou stock-options attribuées à un salarié ou d'attribution d'option sur titres, ou encore plus-values liées à la levée de stock-options, même lorsque ces éléments sont assujettis à cotisations (cass. soc. 22 mai 2024, n° 22-18182 FSB ; cass. soc. 15 novembre 2023, n ° 22-12501 FD ; cass. soc. 30 mars 2011, n° 09-42105 D).

▶ À noter… Le salaire de référence s'entend avant prélèvement par l'employeur des sommes dues au titre de l'impôt sur le revenu (précision apportée par la Cour de cassation à propos d'un salarié qui était soumis à l'impôt sur le revenu marocain) (cass. soc. 8 décembre 2021, n° 20-11738 FSB).

Calcul en cas d'activité réduite - Lorsque le salaire a été réduit au cours de la période de référence (ex. : *activité partielle**), l'employeur ne retient pas ce salaire réduit (cass. soc. 3 novembre 1993, n° 92-40365 D). Il lui faut rétablir le salaire théorique qui aurait été perçu en l'absence de la cessation ou réduction d'activité.

Salaire minoré par des manquements de l'employeur - L'indemnité de licenciement doit être calculée sur la base de la rémunération que le salarié aurait dû percevoir et non sur celle qu'il a effectivement perçue du fait des manquements de l'employeur à ses obligations (cass. soc. 15 mars 2023, n° 21-16057 FSB). En l'espèce, il aurait fallu prendre en compte dans la base de calcul de l'indemnité le rappel d'heures supplémentaires auquel l'employeur avait été condamné.

Exemple

Cette règle vaut pour les indemnités consécutives à la rupture du contrat de travail comme l'*indemnité de non-concurrence**.

Salarié malade au moment de son licenciement - Lorsque le licenciement intervient alors que le salarié est en arrêt maladie, le salaire de la période de référence antérieure au licenciement est souvent réduit, voire réduit à zéro, ce qui pose difficulté.

La jurisprudence a donc posé pour principe que lorsque le salarié est en arrêt maladie au moment de son licenciement, les salaires de référence pris en compte pour calculer l'indemnité légale ou conventionnelle de licenciement sont ceux perçus avant l'arrêt de travail (cass. soc. 23 mai 2017, n° 15-22223, BC V n° 90). Cette jurisprudence a notamment vocation à jouer en cas d'*inaptitude**.

Exemple

Au terme d'un arrêt de travail de 10 mois ayant commencé le 1er juin 2022, un salarié est licencié pour inaptitude* physique d'origine non professionnelle le 1er avril 2023. Son indemnité légale de licenciement est calculée sur la base des salaires des 3 ou des 12 mois précédant le 1er juin 2022 selon la solution la plus favorable pour le salarié (et pas les salaires des 3 ou 12 derniers mois précédant le 1er avril 2023).

En revanche, cette jurisprudence ne concerne pas l'*indemnité spéciale de licenciement** due au salarié licencié pour *inaptitude** d'origine professionnelle (cette indemnité est égale au double de l'indemnité légale de licenciement) (c. trav. art. L. 1226-14). L'absence du salarié est également neutralisée, mais selon une règle spécifique : l'indemnité se calcule sur la base du salaire moyen qui aurait été perçu par l'intéressé au cours des 3 derniers mois s'il avait continué à travailler au poste qu'il occupait avant la suspension du contrat de travail provoquée par l'accident du travail ou la maladie professionnelle (c. trav. art. L. 1226-16).

Temps partiel thérapeutique - Le salaire de référence à retenir pour calculer l'indemnité légale de licenciement d'un salarié en temps partiel thérapeutique au moment de la rupture de son contrat doit être déterminé en se référant aux salaires antérieurs à la période de *temps partiel thérapeutique** et, le cas échéant, à l'arrêt de travail l'ayant précédé (cass. soc. 12 juin 2024, n° 23-13975 FSB, 6e moyen).

Lorsque le salarié a été en temps partiel thérapeutique suivi d'un arrêt maladie au cours duquel il est licencié, l'indemnité légale de licenciement est déterminée en se référant aux salaires antérieurs au temps partiel thérapeutique (cass. soc. 5 mars 2025, n° 23-20172 FB).

Faute grave survenant en cours de préavis - Lorsqu'une faute grave intervient au cours de l'exécution du préavis, l'indemnité de licenciement reste due (cass. soc. 23 octobre 1991, n° 88-43008, BC V n° 430). Pour autant, la faute grave commise au cours de l'exécution du préavis interrompant le préavis, le montant de l'indemnité de licenciement est calculé en fonction de l'ancienneté acquise à cette date (cass. soc. 11 septembre 2019, n° 18-12606 FPB).

Preneurs de risque des établissements financiers (traders) - Les preneurs de risques sont des personnels considérés comme ayant une incidence significative sur le profil de risque d'un établissement financier au regard de critères qualitatifs (ex. : responsabilités) ou quantitatifs (ex. : niveau rémunération) (c. mon. et fin. art. L. 511-84-1 ; règlt délégué UE 2021/923 du 25 mars 2021, art. 5).

Le bonus récupérable versé à ces « preneurs de risque » n'est pas pris en compte pour le calcul de l'indemnité légale de licenciement (c. mon. et fin. art. L. 511-84 et L. 511-84-1).

Pour mémoire, le bonus récupérable correspond à la partie de rémunération variable des preneurs de risque susceptible d'être réduite ou de donner lieu à restitution, en cas de méconnaissance des règles édictées par l'établissement financier en matière de prise de risque, notamment en raison de sa responsabilité dans des agissements ayant entraîné des pertes significatives pour l'établissement ou en cas de manquement aux obligations d'honorabilité et de compétence (c. mon. et fin. art. L. 511-84 et L. 533-22-2).

Indemnité conventionnelle

Plus favorable que l'indemnité légale - L'employeur verse l'indemnité conventionnelle de licenciement lorsqu'elle est plus favorable que l'indemnité légale. Il se conforme au mode de calcul prévu par la convention collective. Les règles d'interprétation fixées pour l'indemnité légale sont transposables à l'indemnité conventionnelle : prise en compte des fractions d'années (cass. soc. 22 février 2006, n° 03-47649, BC V n° 80), calcul sur le salaire brut, prise en compte des primes annuelles au prorata de la période de référence.

À notre avis, par transposition de la règle applicable à l'indemnité légale de licenciement (cass. soc. 11 janvier 2007, n° 04-45250, BC V n° 3 ; cass. soc. 16 décembre 2003, n° 01-45991, BC V n° 316), le droit à l'indemnité conventionnelle s'apprécie à la date d'envoi de la lettre de licenciement, en l'absence de clause expresse contraire.

Lorsqu'une modification des règles conventionnelles intervient entre la notification du licenciement et la fin du préavis, ce sont les règles en vigueur au moment de la notification qui s'appliquent (cass. soc. 19 janvier 1994, n° 89-41245, BC V n° 14).

▶ À noter… Si un contrat de travail prévoit qu'un salarié peut se prévaloir de dispositions plus favorables d'une autre convention collective que celle dont il relève normalement, l'indemnité de licenciement due est celle de cette autre convention. Cette indemnité garde la nature d'une indemnité conventionnelle : elle ne peut pas être assimilée à une clause pénale et être réduite par le juge (cass. soc. 9 novembre 2011, n° 09-43528, BC V n° 253).

Montant différent selon le motif du licenciement (personnel ou économique) - L'égalité entre le montant de l'indemnité de licenciement pour motif personnel ou pour motif économique ne vaut que pour l'indemnité légale de licenciement. Les indemnités prévues par les conventions collectives ou les accords d'entreprise (et supérieures à l'indemnité légale) ne sont pas concernées.

Ces conventions et accords d'entreprises peuvent prévoir des indemnités différentes selon le motif de rupture, avec par exemple une formule plus avantageuse en cas de motif économique (cass. soc. 3 juillet 2013, n° 12-13612, BC V n° 179).

Si l'indemnité conventionnelle est inférieure à l'indemnité légale de licenciement, l'employeur doit verser cette dernière.

▶ Attention… Un accord collectif (convention collective, accord d'entreprise, etc.) ne peut pas exclure les salariés licenciés pour *inaptitude** du droit à l'indemnité conventionnelle. Cette disposition constitue une discrimination fondée sur l'état de santé. Une telle clause est nulle et l'employeur ne doit pas l'appliquer au salarié (cass. soc. 9 décembre 2020, n° 19-17092 FSPB).

Montant différent selon les catégories professionnelles - Les différences de traitement opérées par voie de convention ou d'accord collectif entre catégories professionnelles ou entre des salariés exerçants, au sein d'une même catégorie professionnelle, des fonctions distinctes, sont présumées justifiées (voir *Égalité des rémunérations**). C'est à celui qui le conteste d'apporter la preuve contraire (cass. soc.

27 janvier 2015, n° 13-22179, BC V n° 9 ; cass. soc. 8 juin 2016, n° 15-11324, BC V n° 130).

Une convention collective peut ainsi valablement prévoir une indemnité de licenciement plus favorable pour les cadres dirigeants, plus exposés au licenciement que les autres cadres (cass. soc. 24 septembre 2014, n° 13-15074, BC V n° 204). L'indemnité conventionnelle peut être plus favorable pour les ingénieurs et cadres de la production que pour les ouvriers, employés, dessinateurs, techniciens et agents de maîtrise, dès lors que le salarié n'établit pas que cette différence est étrangère à toute considération de nature professionnelle (cass. soc. 8 juin 2016, n° 14-19097 D).

▶ Attention… La convention collective peut envisager le cas des salariés qui ont changé de qualification au cours de leur carrière et amener l'employeur à calculer l'indemnité conventionnelle de licenciement en fonction des qualifications professionnelles successives du salarié (cass. soc. 14 décembre 2016, n° 15-16131, BC V n° 257).

Montant variant avec l'âge du salarié - Il a été admis qu'une convention collective peut prévoir une minoration de l'indemnité conventionnelle de licenciement qui croît avec l'âge à partir de l'âge de départ à la retraite à taux plein (cass. soc. 8 janvier 2025, n° 23-15410 FB).

Calcul par seuils - Si la convention prévoit un calcul par seuils, le taux de calcul déterminé par le seuil d'ancienneté doit être appliqué à toutes les années d'ancienneté du salarié (cass. soc. 12 décembre 1995, n° 92-43678 D).

Exemple

La convention prévoit : à partir de 1 an, 1/5 de mois par année d'ancienneté ; à partir de 6 ans, 1/4 de mois et à partir de 11 ans, 1/3 de mois. Un salarié licencié alors qu'il a 12 ans d'ancienneté a droit à 12 fois 1/3 de mois.

Calcul par tranches - Lorsque le calcul est prévu par tranches, l'employeur doit appliquer à chaque période d'ancienneté le taux spécifique prévu par tranche et non un taux global pour toute la période (cass. soc. 4 février 1993, n° 89-43588 D).

Exemple

La convention prévoit : de 1 jusqu'à 5 ans, 1/5 de mois par année d'ancienneté ; de 5 jusqu'à 10 ans, 4/10 de mois par année d'ancienneté ; au-delà de 10 ans, 1 mois de salaire par année d'ancienneté. Le salarié licencié alors qu'il a 9 ans d'ancienneté a droit à 5 fois 1/5 de mois plus 4 fois 4/10 de mois.

Salaire de référence - Pour calculer l'indemnité conventionnelle de licenciement, l'employeur doit appliquer les modalités de calcul prévues par le texte conventionnel.

En pratique, les dispositions renvoient souvent au salaire perçu avant la rupture du contrat de travail.

Il peut aussi arriver que certains accords contiennent des bases particulières. Par exemple, si une convention collective prévoit que l'indemnité de licenciement est calculée en fonction du salaire annuel brut de l'année précédente ayant fait l'objet « de la dernière déclaration fiscale sur les traitements et salaires », il faut tenir compte du maintien de salaire assuré par l'employeur au titre de la maladie et également des IJSS maladie perçues par le salarié puisqu'elles sont imposables (cass. soc. 26 septembre 2007, n° 06-44584, BC V n° 141). Ce mode spécifique de calcul de l'indemnité de licenciement ne vaut que dans le cas particulier d'une convention collective le prévoyant et ne saurait être généralisé à toutes les indemnités de licenciement.

▶ À noter… Lorsque le texte conventionnel prévoit que la base de calcul de l'indemnité de licenciement est la rémunération effective totale mensuelle gagnée par le salarié pendant le mois précédant le préavis de licenciement, il n'est pas nécessaire d'y inclure la somme correspondant au rachat, par le salarié, des droits issus de son compte épargne-temps (cass. soc. 10 juillet 2013, n° 12-18273, BC V n° 192).

Salarié malade au moment de son licenciement - Par un arrêt de principe, la Cour de cassation a décidé que lorsque le salarié est en arrêt maladie au moment de son licenciement, les salaires de référence pris en compte pour calculer l'indemnité sont ceux perçus avant l'arrêt de travail (cass. soc. 23 mai 2017, n° 15-22223, BC V n° 90). La solution est donc la même que pour l'indemnité légale de licenciement *(voir plus haut)*.

▶ À noter… Sur ce plan, les solutions des juges ont pu varier par le passé : reconstitution de la rémunération qu'aurait perçue le salarié s'il n'avait pas été malade et s'il avait travaillé (cass. soc. 19 juillet 1988, n° 85-45003, BC V n° 472), salaire moyen perçu pendant les 3 mois précédant l'arrêt de travail (cass. soc. 16 décembre 1992, n° 90-44872, BC V n° 597).

Temps partiel thérapeutique - Le salaire de référence à retenir pour calculer l'indemnité conventionnelle de licenciement d'un salarié en temps partiel thérapeutique au moment de la rupture de son contrat doit être déterminé en se référant aux salaires antérieurs à la période de *temps partiel thérapeutique** et, le cas échéant, à l'arrêt de travail l'ayant précédé (cass. soc. 12 juin 2024, n° 23-13975 FSB, 6e moyen). Lorsque le salarié a été en temps partiel thérapeutique suivi d'un arrêt maladie au cours duquel il est licencié, l'indemnité légale de licenciement est déterminée en se référant aux salaires antérieurs au temps partiel thérapeutique (cass. soc. 5 mars 2025, n° 23-20172 FB).

Ces solutions sont les mêmes que pour l'indemnité légale de licenciement *(voir plus haut)*.

Plafonnement du montant au regard d'une certaine ancienneté - Une convention collective peut plafonner le montant de l'indemnité conventionnelle de licenciement à hauteur du montant alloué à un salarié ayant 12 ans d'ancienneté sans que cela constitue une discrimination indirecte en raison de l'âge du salarié, dans la mesure, notamment, où l'indemnité allouée est supérieure à l'indemnité légale de licenciement (cass. soc. 30 avril 2009, n° 07-43945, BC V n° 118).

Particularités liées la situation des salariés

Salariés à temps partiel - Les salariés à temps partiel ont droit à une indemnité de licenciement dans les mêmes conditions que les salariés à temps complet. Leur ancienneté se calcule de la même façon.

Si le salarié licencié a travaillé successivement à temps complet et à temps partiel, l'indemnité de licenciement doit être calculée au prorata des périodes de temps complet et de temps partiel (c. trav. art. L. 3123-5 ; cass. soc. 16 février 1994, n° 90-40362 D).

Exemple

Un salarié a travaillé 5 ans à temps complet et 3 ans à temps partiel avant d'être licencié pour motif personnel. Il a droit à 1/4 de mois par année d'ancienneté : 5 années seront calculées sur un salaire à temps complet reconstitué et 3 sur la rémunération à temps partiel. Son salaire à temps partiel est de 1 200 € pour 20 heures hebdomadaires (soit 2 100 € en équivalent temps complet « 35 h »).
Son indemnité de licenciement s'élèvera à : (5 × 1/4 × 2 100) + (3 × 1/4 × 1 200) = 3 525 €.

La règle de proportionnalité s'applique aussi au calcul de l'indemnité conventionnelle de licenciement (cass. soc. 10 mars 1988, n° 86-41628, BC V n° 168 ; cass. soc. 16 avril 2015, n° 13-27905 D). En revanche, lorsqu'une convention collective limite le montant de l'indemnité conventionnelle de licenciement à un plafond forfaitaire, la règle de proportionnalité ne s'applique pas à ce plafond sauf disposition contraire de la convention collective (cass. soc. 26 septembre 2018, n° 17-11102 FSPB).

Salarié en congé parental à temps partiel - Lorsqu'un salarié à temps complet se trouve à temps partiel du fait d'un *congé parental d'éducation**, son indemnité de licenciement, doit être calculée en fonction de sa rémunération à temps complet (cass. soc. 11 juillet 2018, n° 16-27825 FPPB ; CJUE 8 mai 2019, aff. C-486/18 ; cass. soc. 18 mars 2020, n° 16-27825 FPPB ; cass. soc. 14 avril 2021, n° 19-21508 D).

La Cour de justice de l'Union européenne avait déjà jugé en ce sens dans des affaires relatives à la législation belge (CJCE 22 octobre 2009, aff. C-116/08 ; CJUE 27 février 2014, aff. C-588/1).

▶ À noter… À notre sens, et sous réserve du contrôle des juges en cas de litige, la même logique doit s'appliquer à un salarié à temps partiel, qui réduirait encore sa durée du travail dans le cadre d'un congé parental à temps partiel, de sorte qu'il faudrait retenir la rémunération correspondant à sa durée du travail d'origine.

Salariés inaptes - L'indemnité due au salarié licencié pour inaptitude obéit à des règles particulières [voir *Inaptitude CDI (indemnisation du licenciement)**].

Concernant l'indemnité conventionnelle de licenciement, une convention collective ne peut pas exclure du bénéfice de l'indemnité conventionnelle de licenciement les salariés déclarés inaptes. Une telle disposition est discriminatoire et donc nulle (cass. soc. 8 octobre 2014, n° 13-11789, BC V n° 232).

Indemnité contractuelle de licenciement

Le cas échéant, le contrat de travail peut prévoir le versement d'une indemnité contractuelle de licenciement. Le salarié doit alors la percevoir dès lors qu'elle est plus favorable que l'indemnité légale ou conventionnelle.

Mais une telle clause est assimilée à une « clause pénale ». Dès lors, les juges peuvent réduire ou augmenter le montant de l'indemnité contractuelle, selon qu'elle est manifestement excessive ou au contraire dérisoire (c. civ. art. 1231-5). Lorsqu'elle est manifestement excessive, ils peuvent ainsi la réduire (cass. soc. 17 mars 1998, n° 95-43411, BC V n° 142 ; cass. soc. 16 mars 2016, n° 14-23861, BC V n° 49).

Régime fiscal

Indemnité versée dans le cadre d'un plan de sauvegarde - L'indemnité de licenciement versée dans le cadre d'un « d'un plan de sauvegarde pour l'emploi au sens des articles L. 1233-61 et

L. 1233 62 » est exonérée d'impôt sur le revenu en totalité (CGI art. 80 duodecies, 1, 1°).

Pour les besoins du régime fiscal de l'indemnité, sont ici visées les procédures de licenciement économique englobant au moins 10 salariés sur 30 jours, quel que soit l'effectif de l'entreprise (BOFiP-RSA-CHAMP-20-40-10-30-§§ 430 et 440-11/06/2020).

Autres indemnités de licenciement - Lorsqu'elle n'est pas versée dans le cadre d'un PSE au sens des articles L. 1233-32 et L. 1233-61 du code du travail, l'indemnité de licenciement est exonérée d'impôt dans les conditions suivantes (CGI art. 80 duodecies, 1, 3°).

Si l'indemnité de licenciement est limitée au montant minimum légal ou conventionnel, elle est exonérée d'impôt sur le revenu sans limitation de montant.

Si l'indemnité est supérieure au minimum légal ou conventionnel, elle est exonérée d'impôt sur le revenu dans la limite la plus élevée entre :
- soit son montant minimum légal ou celui prévu par la convention collective de branche, par l'accord professionnel ou interprofessionnel, sans limitation de montant ;
- soit 2 fois la rémunération annuelle brute perçue par le salarié durant l'année civile précédant la rupture de son contrat de travail ou 50 % du montant de l'indemnité versée au salarié, sachant que la fraction exonérée au titre de ces deux derniers critères ne peut pas excéder 6 fois le montant annuel du *plafond de la sécurité sociale** en vigueur à la date de versement de l'indemnité (soit 282 600 € en 2025).

▶ À noter... À propos du régime social d'une *indemnité de rupture conventionnelle individuelle**, il a été précisé que lorsque le salarié a été absent ou a perçu des indemnités journalières de sécurité sociale au cours de la période de référence et qu'il n'a donc pas touché tous ses salaires (ex. : congé de maternité, congé parental), le critère de la rémunération annuelle brute de l'année précédant la rupture du contrat s'apprécie en fonction de la rémunération effectivement versée par l'entreprise au salarié, et non en reconstituant un salaire théorique par réintégration des salaires non perçus (cass. civ., 2e ch., 21 septembre 2017, n° 16-20580, BC V n° 203). Cette précision nous paraît transposable à l'indemnité de licenciement, sous réserve du contrôle du juge administratif et de l'administration fiscale.

Notion de minimum conventionnel - Par minimum conventionnel, il faut entendre le montant prévu par un accord professionnel ou interprofessionnel, ou par un accord de branche, à l'exclusion d'un éventuel accord d'entreprise ou d'établissement (BOFiP-RSA-CHAMP-20-40-10-30-§ 120-11/06/2020).

Régime social

Cotisations sociales - La fraction d'indemnité exonérée d'impôt sur le revenu est également exonérée de cotisations de sécurité sociale et des charges ayant la même assiette, mais dans la limite de 2 fois le montant annuel du *plafond de la sécurité sociale** (soit 94 200 € en 2025) (c. séc. soc. art. L. 242-1, II, 7°).

CSG et CRDS - L'indemnité de licenciement est soumise à *CSG** et à *CRDS** pour la fraction supérieure au montant minimum prévu par la convention collective, l'accord professionnel ou interprofessionnel, ou, à défaut, par la loi et, en tout état de cause, pour la fraction assujettie à cotisations de sécurité sociale (c. séc. soc. art. L. 136-1-1, III, 5° a). On ne tient pas compte de l'éventuel montant prévu par un accord d'entreprise ou d'établissement (lettre-circ. ACOSS 2001-22 du 25 janvier 2001).

Lorsqu'un salarié a moins de 8 mois d'ancienneté, il n'a pas droit à aucune indemnité de licenciement, sauf disposition conventionnelle plus favorable. L'administration admet néanmoins que si l'employeur verse une indemnité de licenciement à un salarié ayant moins de 8 mois d'ancienneté lors de la rupture de son CDI (hors faute grave), cette indemnité est exonérée de CSG et CRDS dans la limite de 2/10e de sa rémunération mensuelle, ou de la rémunération de 40 heures pour les salariés rémunérés à l'heure (BOSS, Indemnité de rupture, § 410, 01/01/2025).

La CSG et la CRDS dues sur tout ou partie d'une indemnité de licenciement se calculent sans abattement d'assiette [voir *Contribution sociale généralisée (CSG)**].

La CSG est intégralement non déductible lorsqu'elle porte sur une partie de l'indemnité de licenciement exonérée à la fois d'impôt sur le revenu et de cotisations de sécurité sociale (BOFiP-RSA-BASE-30-30-§§ 80 et 100-24/07/2017). En revanche, la CSG reste déductible pour 6,80 % lorsqu'elle porte sur des sommes imposables ou assujetties à cotisations de sécurité sociale.

Indemnité très élevée - Une indemnité de licenciement est assujettie à la CSG et à la CRDS ainsi qu'aux cotisations de sécurité sociale et aux charges ayant la même assiette dès le premier euro lorsque son montant dépasse 10 fois le montant annuel du *plafond de la sécurité sociale** (soit 471 000 € en 2025) (c. séc. soc. art. L. 136-1-1, III, 5° a et L. 242-1, II, 7°).

Pour plus de détails (ex. : cumul avec un mandat social), voir *Parachutes dorés**.

INDEMNITÉ DE LICENCIEMENT (EXEMPLE)

Le salarié, non-cadre et rémunéré 2 200 € par mois, travaille depuis 12 ans dans une entreprise de plus de 50 salariés. Licencié pour motif personnel, il est dispensé d'effectuer son préavis (2 mois) et quitte l'entreprise le 31 janvier 2025. Son contrat expire le 31 mars 2025. Le solde de tout compte est établi sur la paye de mars (mois de préavis non exécuté) à l'occasion duquel l'employeur lui verse :

- *la quote-part de la prime de 13e mois acquise sur janvier, février et mars 2025 ;*
- *l'indemnité compensatrice de préavis ;*
- *une indemnité compensatrice de congés payés ;*
- *l'indemnité de licenciement (par hypothèse, indemnité légale en l'absence d'indemnité conventionnelle plus favorable).*

L'indemnité de licenciement se calcule comme suit :

- *rémunération mensuelle de référence : (2 200 × 13)/12 = 2 383,33 € ;*
- *indemnité due : (2 383,33 × 10 × 1/4) + (2 383,33 × 2 × 1/3) = 7 547,21 €.*

EXTRAIT DU BULLETIN DE PAYE DE MARS 2025

Désignation	**Base**	**Taux**	**Montant**	
Indemnité compensatrice de préavis	151,67	14,51	2 200,00	
Prime de 13e mois			550,00	
Indemnité compensatrice de congés payés			2 200,00	
Indemnité de licenciement			7 547,21	
Brut total			12 497,21	
Brut total soumis à cotisations			4 950,00	
Cotisations et contributions sociales	**Base (€)**	**Taux salarial**	**Part salarié (€)**	**Part employeur (€)**
Santé				
Sécurité sociale - Maladie Maternité Invalidité Décès	4 950,00	-	-	346,50 (1)
Complémentaire Santé	-	-	85,00	85,00
Accidents du travail - maladies professionnelles	4 950,00	-	-	99,00 (2)
Retraite				
Sécurité sociale plafonnée	4 950,00	6,90 %	341,55	423,23
Sécurité sociale déplafonnée	4 950,00	0,40 %	19,80	99,99
Complémentaire Tranche 1 (3)	4 950,00	4,01 %	198,50	297,50
Famille	4 950,00	-	-	170,78 (4)
Assurance chômage				
Chômage	4 950,00	-		212,85 (5)
Autres contributions dues par l'employeur	-	-	-	231,83 (6)
CSG déductible de l'impôt sur le revenu	4 948,38	6,80 %	336,49	-
CSG/CRDS non déductible de l'impôt sur le revenu	4 948,38	2,90 %	143,50	-
Exonérations et allégements de cotisations	-	-	-	+ 736,12 (7)
Total des cotisations et contributions	-	-	1 124,84	2 702,78
Net social				**11 372,38 (8)**
Net à payer avant impôt sur le revenu				**11 372,38**
Impôt sur le revenu	**Base**	**Taux**	**Montant**	**Montant**
Montant net imposable			4 053,67	Valeur
Impôt sur le revenu prélevé à la source	4 053,67	5,00 %	202,68	Valeur
Montant net des heures compl/suppl exonérées			0,00	Valeur
Net à payer au salarié (en euros) (9)				**11 169,69 (9)**
Total versé par l'employeur				7 652,78 (10)

Notes de la rédaction, pour aider à la lecture des totaux (ces notes n'ont pas à apparaître sur le bulletin de paye) :
(1) Taux de 7 % compte tenu de la rémunération. (2) Par hypothèse taux de 2 %. (3) Y compris contribution d'équilibre général et contribution d'équilibre technique. (4) Taux de 3,45 % compte tenu de la rémunération. (5) Chômage 4,05 % et AGS 0,25 %. (6) CSA (0,30 %), FNAL (0,50 %), versement mobilité (1,60 %), contribution au dialogue social (0,016 %), contribution formation (1 %), participation à l'effort de construction (0,45 %), taxe d'apprentissage (0,68 %). (7) Reprise de la réduction générale calculée sur les mois de janvier et février. (8) Le Net social inclut l'indemnité de licenciement. (9) À faire apparaître de manière à en faciliter la lisibilité. (10) Non compris l'indemnité de licenciement exonérée de cotisations de sécurité sociale, compte tenu de la lettre des textes [voir *Bulletin de paye (mentions obligatoires)**].

Versement

L'indemnité de licenciement est versée à l'issue du préavis. Elle figure sur le bulletin de paye.

☞ *Ancienneté ; Contribution sociale généralisée (CSG) ; Faute grave ; Faute lourde ; Indemnités de rupture (régimes social et fiscal) ; Parachutes dorés.*

Indemnité de mise à la retraite

L'employeur peut mettre à la retraite un salarié employé en contrat à durée indéterminée à partir d'un certain âge et à certaines conditions (voir *Mise à la retraite**). Il lui verse alors une indemnité de mise à la retraite.

Montant

Cas général - Lorsqu'un employeur met un salarié à la retraite, il doit lui verser une indemnité au moins égale à l'indemnité légale de licenciement (c. trav. art. L. 1237-7). Les règles sont identiques : taux, base de calcul, ancienneté, etc. (voir *Indemnité de licenciement**).

Si nécessaire, il faut verser au salarié l'indemnité conventionnelle de départ en retraite plus favorable.

Une seule indemnité de mise à la retraite peut être versée à un salarié. Elle est attribuée lors de la première liquidation complète de la retraite (c. trav. art. L. 1237-7). Si le salarié reprend ou poursuit une activité (cumul emploi-retraite), le salarié ne pourra pas bénéficier à nouveau d'une indemnité de mise à la retraite.

Contexte de licenciement économique - Une mise à la retraite peut intervenir alors que l'employeur procède, par ailleurs, à des licenciements pour motif économique.

Si les règles de la procédure de licenciement économique s'appliquent (consultation des représentants du personnel, si nécessaire, plan de sauvegarde de l'emploi), la mise à la retraite conserve sa nature et ne produit pas les effets d'un licenciement économique. En conséquence, à moins que cela soit expressément prévu, l'employeur n'a pas à verser au salarié mis à la retraite l'indemnité de licenciement prévue par la convention collective ou le plan de sauvegarde de l'emploi lorsqu'il existe (cass. soc. 18 mars 2008, n° 07-40269, BC V n° 63).

En principe, il peut donc s'en tenir à l'indemnité de mise à la retraite (légale ou conventionnelle, selon ce qui est le plus avantageux pour le salarié).

Inaptitude d'origine professionnelle - L'employeur peut mettre à la retraite un salarié en CDI déclaré inapte par le médecin du travail à la suite d'un accident du travail ou d'une maladie professionnelle s'il n'a pas trouvé de reclassement ou si le salarié a refusé la proposition qui lui a été faite (cass. soc. 4 juin 1998, n° 95-41832, BC V n° 299 ; cass. soc. 29 janvier 2002, n° 99-41028, BC V n° 37).

Dans cette hypothèse, un salarié en CDI a droit à l'indemnité spéciale de licenciement, dont le montant est égal à deux fois l'indemnité légale de licenciement [voir *Inaptitude CDI (indemnisation du licenciement)**].

L'indemnité de mise à la retraite est due si elle est plus favorable que cette indemnité spéciale, étant précisé qu'elle n'est pas doublée.

Salariés à temps partiel

Les salariés à temps partiel ont droit à une indemnité de mise à la retraite dans les mêmes conditions que les salariés à temps complet. Leur ancienneté se calcule de la même façon.

Pour les salariés ayant travaillé successivement à temps plein et à temps partiel, le calcul de l'indemnité doit être fait au prorata des périodes de temps complet et de temps partiel, selon la même logique que pour l'*indemnité de licenciement**.

Régimes social et fiscal de l'indemnité de mise à la retraite

Régime fiscal - L'indemnité de mise à la retraite bénéficie d'un régime fiscal de faveur (CGI art. 80 duodecies, 1, 4°).

Si l'indemnité est limitée au minimum légal ou à celui prévu par la convention collective de branche, par l'accord professionnel ou interprofessionnel, elle est exonérée d'impôt sur le revenu sans limitation de montant.

Si l'indemnité est supérieure au minimum légal ou conventionnel, elle est exonérée d'impôt sur le revenu dans la limite la plus élevée entre :

- soit son montant minimal légal ou celui prévu par la convention collective de branche, par l'accord professionnel ou interprofessionnel, sans limitation de montant ;
- soit 50 % de la somme versée ou 2 fois la rémunération annuelle brute perçue par le salarié durant l'année civile précédant la rupture de son contrat de travail,

la fraction exonérée au titre de ces 2 derniers critères ne pouvant alors excéder 5 fois le montant annuel du *plafond de la sécurité sociale** en vigueur à la date de versement de l'indemnité (soit 235 500 € en 2025).

▶ À noter… À propos du régime social d'une *indemnité de rupture conventionnelle individuelle**, il a été précisé que lorsque le salarié a été absent ou a perçu des indemnités journalières de sécurité sociale au cours de la période de référence et qu'il n'a donc pas touché tous ses salaires (ex. : congé de maternité, congé parental), le critère de la rémunération annuelle brute de l'année précédant la rupture du contrat s'apprécie en fonction de la rémunération effectivement versée par l'entreprise au salarié, et non en reconstituant un salaire théorique par réintégration des salaires non perçus (cass. civ., 2e ch., 21 septembre 2017, n° 16-20580 FPB). Cette précision semble pouvoir être transposée à l'indemnité de mise à la retraite, sous réserve du contrôle du juge administratif et de l'administration fiscale.

Cotisations sociales - La fraction d'indemnité exonérée d'impôt sur le revenu est également exonérée de cotisations de sécurité sociale et des charges ayant la même assiette, mais dans la limite de 2 fois le montant annuel du *plafond de la sécurité sociale** (soit 94 200 € en 2025) (c. séc. soc. art. L. 242-1, II, 7°).

CSG et CRDS - L'indemnité de mise à la retraite est soumise à *CSG** et à *CRDS** pour la fraction supérieure au montant minimum prévu par la convention collective, l'accord professionnel ou interprofessionnel ou, à défaut, par la loi et, en tout état de cause, pour la fraction assujettie à cotisations de sécurité sociale (c. séc. soc. art. L. 136 1 1, III, 5° a).

On ne tient pas compte de l'éventuel montant prévu par un accord d'entreprise ou d'établissement (lettre-circ. ACOSS 2001-22 du 25 janvier 2001).

▶ À noter… La CSG et la CRDS se calculent sans abattement d'assiette préalable [voir *Contribution sociale généralisée (CSG)**].

La CSG est intégralement non déductible lorsqu'elle porte sur une partie de l'indemnité de mise à la retraite exonérée à la fois d'impôt sur le revenu et de cotisations de sécurité sociale (BOFiP-RSA-BASE-30-30-§§ 80 et 100-24/07/2017). En revanche, la CSG reste déductible pour 6,80 % lorsqu'elle porte sur des sommes imposables ou assujetties à cotisations de sécurité sociale.

Contribution patronale spécifique - L'employeur qui met à la retraite un salarié doit verser une contribution patronale spécifique (voir *Contribution sur les indemnités de mise à la retraite**).

Pour les indemnités versées au titre de ruptures de contrat de travail intervenues depuis le 1er septembre 2023, la contribution se calcule au taux de 30 %. Elle est due uniquement sur la fraction d'indemnité de mise à la retraite qui est exonérée de cotisations de sécurité sociale (assujettie ou non à CSG/CRDS) (c. séc. soc. art. L. 137-12 ; loi 2023-270 du 14 avril 2023, art. 4, JO du 15 ; BOSS, Indemnités de rupture, § 1660, 01/01/2025).

▶ À noter… Jusqu'au 31 août 2023, la loi prévoyait une contribution patronale de 50 %. Elle était due sur le montant total de l'indemnité, y compris sur l'éventuelle fraction qui était soumise à cotisations et/ou contributions sociales (c. séc. soc. art. L. 137 12 jusqu'au 31.08.2023).

Tableau I - Régime de l'indemnité de mise à la retraite

Impôt sur le revenu	Exonérée d'impôt à hauteur du montant le plus élevé entre : - soit le minimum légal ou conventionnel (1), sans limitation de montant ; - soit 50 % de l'indemnité ou 2 fois la rémunération annuelle brute du salarié sur l'année civile précédant la rupture, la fraction exonérée au titre de ces critères ne pouvant excéder 5 fois le plafond annuel de la sécurité sociale en vigueur à la date de versement de l'indemnité, soit 235 500 € en 2025.
Cotisations sociales et charges ayant la même assiette	La fraction exonérée d'impôt sur le revenu est exonérée de cotisations, dans la limite de 2 plafonds annuels de la sécurité sociale, soit 94 200 € en 2025 (2).
CSG/CRDS	Assujettie à CSG et à CRDS (sans abattement d'assiette) pour la fraction excédant le minimum légal ou conventionnel et, en tout état de cause, pour la partie soumise à cotisations de sécurité sociale (1) (2) (3).
Contribution patronale spécifique	Egale à 30 % sur la fraction de l'indemnité exonérée de cotisations de sécurité sociale (assujettie ou non à CSG/CRDS)

(1) Le minimum conventionnel est celui prévu par accord professionnel ou interprofessionnel ou par accord de branche, à l'exclusion d'un éventuel accord d'entreprise ou d'établissement.
(2) Les indemnités de rupture du contrat de travail supérieures à 10 fois le montant annuel du plafond de la sécurité sociale sont assujetties à cotisations de sécurité sociale, à CSG et à CRDS ainsi qu'aux charges ayant la même assiette dès le premier euro (c. séc. soc. art. L. 136-2, II, 5° et L. 242-1, II, 7°). Une limite spécifique s'applique en cas de cumul avec un mandat social (voir *Parachutes dorés**).
(3) CSG intégralement non déductible lorsqu'elle se rapporte à des sommes exonérées d'impôt et de cotisations de sécurité sociale (BOFiP-RSA-BASE-30-30-§§ 80 et 100-24/07/2017).

INDEMNITÉ DE MISE À LA RETRAITE (EXEMPLE MARS 2025)

Le salarié, non-cadre et rémunéré 3 500 € par mois, travaille depuis 12 ans dans une entreprise de plus de 50 salariés. Il est mis à la retraite, sachant que son contrat expire le 31 mars 2025. Avec la paye de mars, l'employeur lui verse une indemnité de mise à la retraite de 10 000 € (par hypothèse, montant de l'indemnité conventionnelle). Cette indemnité est exonérée d'impôt, de cotisations sociales, de CSG et de CRDS. En revanche, elle est assujettie à la contribution patronale spécifique de 30 %.

La rémunération cumulée à fin mars excède le plafond calculé sur la période de janvier à mars. L'employeur procède à la régularisation des cotisations et appelle la contribution d'équilibre technique AGIRC-ARRCO sur les 7 000 € des payes de janvier et février.

EXTRAIT DU BULLETIN DE PAYE DE MARS 2025

Désignation	**Base**	**Taux**	**Montant**	
Salaire de base	151,67	23,08	3 500,00	
Prime de 13e mois			875,00	
Indemnité compensatrice de congés payés			2 100,00	
Indemnité de mise à la retraite			10 000,00	
Brut total			16 475,00	
Brut total soumis à cotisations			6 475,00	
Cotisations et contributions sociales	**Base (€)**	**Taux salarial**	**Part salarié (€)**	**Part employeur (€)**
Santé				
Sécurité sociale - Maladie Maternité Invalidité Décès	6 475,00	-	-	453,25 (1)
Sécurité sociale - Maladie Maternité Invalidité Décès (régul)	13 475,00	-	-	808,50 (2)
Complémentaire santé	-	-	85,00	85,00
Accidents du travail - maladies professionnelles	6 475,00	-	-	129,50 (3)
Retraite				
Sécurité sociale plafonnée	4 775,00	6,90 %	329,48	408,26
Sécurité sociale déplafonnée	6 475,00	0,40 %	25,90	130,80
Complémentaire Tranche 1 (4)	4 775,00	4,15 %	198,16	297,01
Complémentaire Tranche 2 (4)	1 700,00	9,86 %	167,62	251,26
Régul Tranche 1 CET (5)	7 000,00	0,14 %	9,80	14,70
Famille	6 475,00	-	-	223,39 (6)
Assurance chômage				
Chômage	6 475,00	-	-	278,43 (7)
Autres contributions dues par l'employeur				3 301,15 (8)
CSG déductible de l'impôt sur le revenu	6 446,69	6,80 %	438,37	-
CSG/CRDS non déductible de l'impôt sur le revenu	6 446,69	2,90 %	186,95	-
Exonérations et allégements de cotisations	-	-	-	-
Total des cotisations et contributions			1 441,29	6 381,24
Net social				**15 033,71 (9)**
Net à payer avant impôt sur le revenu				**15 033,71**
Impôt sur le revenu	**Base**	**Taux**	**Montant**	**Cumul annuel**
Montant net imposable			5 305,67	Valeur
Impôt sur le revenu prélevé à la source	5 305,67	10,00 %	530,57	Valeur
Montant net des heures compl/suppl exonérées			0,00	Valeur
Net à payer au salarié (en euros) (10)				**14 503,15 (10)**
Total versé par l'employeur				12 856,24 (11)

Notes de la rédaction, pour aider à la lecture des totaux (ces notes n'ont pas à apparaître sur le bulletin de paye) :
(*) Le Net social inclut l'indemnité de mise à la retraite [voir *Bulletin de paye (net social)**].
(1) Taux de 7 %. (2) Régularisation de cotisation maladie pour un taux de 6 % au titre des salaires perçus de janvier à mars (brut devenu supérieur à la limite d'éligibilité au taux réduit compte tenu de la paye de mars). (3) Par hypothèse taux de 2 %. (4) Y compris contributions d'équilibre général et technique. (5) Contribution d'équilibre technique au titre des salaires de janvier et février (rémunération cumulée inférieure au plafond en janvier et février, devenue supérieure au plafond à fin mars). (6) Taux de 3,45 % compte tenu de la rémunération cumulée à fin mars. (7) Chômage 4,05 % et AGS 0,25 %. (8) CSA (0,30 %), FNAL (0,50 %), versement mobilité (1,60 %), contribution au dialogue social (0,016 %), contribution formation (1 %), participation à l'effort de construction (0,45 %), taxe d'apprentissage (0,68 %), forfait social, contribution de 30 % sur indemnité de mise à la retraite. (9) Le Net social inclut l'indemnité de mise à la retraite. (10) À faire apparaître de manière à en faciliter la lisibilité. (11) Non compris l'indemnité de mise à la retraite exonérée de cotisations de sécurité sociale, compte tenu de la lettre des textes [voir *Bulletin de paye (mentions obligatoires)**].

Tableau II - Exemples d'indemnités de mise à la retraite	
Exemple 1 - Indemnité de 20 000 € limitée au minimum conventionnel	
Un salarié non-cadre et rémunéré 3 200 € par mois est mis à la retraite début 2025. Avec la dernière paye, l'employeur lui verse une indemnité de mise à la retraite de 20 000 €. Par hypothèse, ce montant correspond à l'indemnité conventionnelle de mise à la retraite prévue par la convention collective.	
Impôt sur le revenu	Exonérée en totalité avant comme après la réforme, dans la mesure où l'indemnité est égale à l'indemnité conventionnelle.
Cotisations sociales et charges ayant la même assiette	• La fraction exonérée d'impôt est exonérée de cotisations, dans la limite de 2 fois le plafond annuel de la sécurité sociale. • En l'espèce, l'indemnité de 20 000 € est donc intégralement exonérée de cotisations de sécurité sociale et de charges ayant la même assiette.
CSG/CRDS (sans abattement d'assiette)	• La CSG et la CRDS sont dues sur l'éventuelle fraction d'indemnité supérieure au minimum légal ou conventionnel et, en tout état de cause, sur celle soumise à cotisations de sécurité sociale. • L'indemnité de 20 000 € est donc exonérée en totalité de CSG/CRDS.
Contribution patronale spécifique	Contribution de 30 % sur la fraction d'indemnité exonérée de cotisations de sécurité sociale, soit 20 000 € × 30 % = 6 000 €.
Exemple 2 - Indemnité de 100 000 € supérieure au minimum conventionnel	
Un cadre supérieur, rémunéré 10 000 € bruts par mois, est mis à la retraite début 2025. La rémunération annuelle brute perçue l'année précédant la rupture est supposée de 140 000 €. L'employeur lui verse une indemnité de mise à la retraite de 100 000 €. Par hypothèse, ce montant est supérieur à l'indemnité conventionnelle de mise à la retraite, qui compte tenu de l'ancienneté du salarié, est de 70 000 €.	
Impôt sur le revenu	• La fraction exonérée d'impôt est égale au double de la rémunération annuelle de 2024, dans la limite de 5 fois le plafond annuel de la sécurité sociale en vigueur à la date de versement de l'indemnité (2025) (CGI art. 80 duodecies, 1, 4°). • L'indemnité de 100 000 € est donc exonérée en totalité.
Cotisations sociales et charges ayant la même assiette	• La fraction exonérée d'impôt sur le revenu est exonérée de cotisations et de charges ayant la même assiette, dans la limite de 2 plafonds annuels de la sécurité sociale, soit 94 200 € en 2025. • La fraction excédentaire, soit 100 000 € - 94 200 € = 5 800 €, est assujettie à cotisations de sécurité sociale et aux charges ayant la même assiette.
CSG/CRDS (sans abattement d'assiette)	• La CSG et la CRDS sont dues sur la fraction d'indemnité supérieure au minimum légal ou conventionnel et, en tout état de cause, sur celle soumise à cotisations de sécurité sociale. • Ici, l'indemnité est exonérée de CSG/CRDS à hauteur de l'indemnité conventionnelle (70 000 €) et assujettie pour le surplus (30 000 €). La CSG due (9,20 %) est (BOFiP-RSA-BASE-30-30-§§ 80 et 100-24/07/2017) : - déductible pour 6,80 points sur la fraction de 5 800 € exonérée d'impôt mais assujettie à cotisations de sécurité sociale ; - intégralement non déductible sur la fraction de 24 200 € (30 000 € - 5 800 €) qui est à la fois exonérée d'impôt et de cotisations.
Contribution patronale spécifique	Contribution de 30 % sur la fraction d'indemnité exonérée de cotisations de sécurité sociale, soit 94 200 € × 30 % = 28 260 €.

Indemnité très élevée - Une indemnité de mise à la retraite est assujettie à la CSG et à la CRDS, ainsi qu'aux cotisations de sécurité sociale et aux charges ayant la même assiette dès le premier euro lorsque son montant dépasse 10 fois le montant annuel du *plafond de la sécurité sociale** (soit 471 000 € en 2025) (c. séc. soc. art. L. 136-1-1, III, 5° a et L. 242-1, II, 7°).

Pour plus de détails (ex. : cumul avec un mandat social), voir *Parachutes dorés**.

☞ *Contribution sur les indemnités de mise à la retraite ; Indemnité de licenciement ; Indemnités de rupture (régimes social et fiscal) ; Mise à la retraite ; Parachutes dorés.*

Indemnité de modification du contrat de travail

En cas de modification du contrat de travail d'un salarié, l'employeur peut lui verser une indemnité destinée à compenser le préjudice qui en résulte. Ces situations se rencontrent plus particulièrement dans le cadre des modifications liées à un plan de sauvegarde de l'emploi.

Assiette des cotisations de sécurité sociale

Principe : pas d'exonération - Si le code de la sécurité sociale admet une exonération au profit de certaines indemnités de rupture dans certaines limites, aucune de ses dispositions ne prévoit qu'une indemnité versée en contrepartie d'une modification du contrat de travail puisse être exonérée de cotisations.

Au contraire, la tendance de la jurisprudence est de considérer que, si l'exécution du contrat de travail se poursuit, la somme versée n'a pas le caractère de dommages et intérêts, mais constitue une rémunération à réintégrer dans l'assiette des cotisations. Ainsi, ont par exemple été considérées comme assujetties à cotisations de sécurité sociale :
- des indemnités incitatives au passage à temps partiel, également accordées aux salariés qui renouvelaient leur contrat à temps partiel et ne subissaient aucune perte de revenus (cass. soc. 12 octobre 2000, n° 98-22066 D) ;
- une indemnité visant à maintenir provisoirement la rémunération de salariés faisant l'objet d'un déclassement disciplinaire (cass. soc. 25 novembre 1999, n° 97-18919, BC V n° 458) ;
- après la mutation de salariés de l'entreprise, des indemnités versées à leurs conjoints, contraints de démissionner de leur propre emploi pour suivre leurs époux (cass. civ., 2e ch., 17 septembre 2009, n° 08-21005 D).

Anciennes jurisprudences ayant admis une exonération - Par le passé, dans certains cas, la jurisprudence a pu considérer que des sommes versées à titre d'indemnisation du préjudice, résultant de la modification du contrat de travail, étaient exclues de l'assiette des cotisations de sécurité sociale.

Exemple

Dans les années 90, il en a été jugé ainsi pour :
- une somme versée aux salariés ayant accepté la transformation de leur contrat à temps plein en contrat à mi-temps dans le cadre d'un plan social (cass. soc. 7 avril 1994, n° 91-22147, BC V n° 142) ;
- une indemnité de cessation d'activité versée aux salariés qui, ne pouvant pas bénéficier d'une préretraite, ont été placés en dispense totale d'activité (cass. soc. 6 octobre 1994, n° 92-12707 D) ;
- une indemnité de « reprise de bordereau » versée à des agents d'assurances en cas de mutation ou de perte de clientèle suite à une mutation, un changement de fonction ou une réduction du secteur géographique (cass. soc. 12 octobre 1995, n° 93-16992, BC V n° 271) ;
- une « prime de transfert » versée dans le cadre d'un plan social aux salariés qui acceptaient de travailler sur le site de la société mère distant de 400 km, cette prime compensant le préjudice subi par les salariés du fait du changement d'entreprise et de la modification des conditions de vie et de travail qui en découle (cass. soc. 3 juin 1999, n° 97-22691, BC V n° 257).

Cependant, les règles d'assiette actuelles doivent conduire à la plus grande prudence, compte tenu de l'absence d'exonération prévue dans le code de la sécurité sociale en faveur des indemnités de modification du contrat de travail. On rappellera qu'aujourd'hui, le principe veut que l'assiette des cotisations soit constituée par *« les sommes, ainsi que les avantages et accessoires en nature ou en argent qui y sont associés, dus en contrepartie ou à l'occasion d'un travail (...) quelles qu'en soient la dénomination ainsi que la qualité de celui qui les attribue, que cette attribution soit directe ou indirecte »* (c. séc. soc. art. L. 242-1, I renvoyant à L. 136-1-1).

En tout état de cause, depuis ces anciennes jurisprudences, à notre connaissance il n'y a pas eu de nouvelle décision de la Cour de cassation de ce type. À notre sens, mieux vaut considérer aujourd'hui les indemnités de modification du contrat de travail comme assujetties.

CSG et CRDS

Assujettissement - Les indemnités versées en cas de modification du contrat de travail sont assujetties à la *CSG** et à la *CRDS**, à défaut d'être exclue de l'assiette de ces contributions (c. séc. soc. art. L. 136-1-1) [voir *Contribution sociale généralisée (CSG)**].

Abattement d'assiette - Jusqu'au 31 août 2018, il était expressément prévu que la CSG et la CRDS dues sur ces indemnités se calculaient sans abattement d'assiette préalable (c. séc. soc. art. L. 136-2, I, al. 2 et II, 5° dans la version antérieure au 1.09.2018).

Depuis le 1er septembre 2018, à la stricte lecture du nouveau texte, on ne trouve plus cette exclusion. Il semblerait donc que l'on puisse appliquer l'abattement d'assiette aux indemnités de modification du contrat de travail en application du principe général de l'abattement d'assiette (c. séc. soc. art. L. 136-2, I modifié ; ord. 2018-474 du 12 juin 2018, JO du 13).

▶ À noter... L'ordonnance qui a réécrit les dispositions relatives à l'assiette de la CSG et des cotisations était censée intervenir à droit constant, sauf exceptions, si l'on s'en tient à la loi d'habilitation (loi 2016-1827 du 23 décembre 2016, art. 13, II). Une précision de la direction de la sécurité sociale sur ce point serait la bienvenue.

Régime fiscal

Les indemnités versées en cas de modification du contrat de travail sont en principe imposables, en l'absence d'exonération expresse.

Seules les indemnités versées à titre de dommages et intérêts étant normalement exclues du revenu imposable, une indemnité de modification du contrat de travail ne pourrait donc, à notre sens, être exonérée d'impôt sur le revenu que s'il est prouvé qu'elle répare un préjudice et qu'elle n'a pas le caractère de revenu de remplacement ou de substitution. Une éventuelle exonération s'entend, bien entendu, sous réserve du contrôle de l'administration fiscale et du juge administratif.

En son temps, le Conseil d'État a ainsi admis l'exonération partielle d'une indemnité octroyée à un directeur général adjoint évincé de la direction de l'entreprise et dont les responsabilités et la rémunération avaient été amoindries suite à une transformation de la société. Pour les juges, cette indemnité avait en partie pour objet de réparer les troubles causés quant aux conditions d'existence imposées à l'ancien directeur général, ce qui lui conférait, dans cette proportion (à savoir, 750 000 francs, soit environ 115 000 €), le caractère de dommages et intérêts non imposables (CE 11 octobre 1991, n° 48270).

☞ *Réduction du temps de travail (compensations salariales).*

Indemnité de non-concurrence

L'indemnité de non-concurrence est la contrepartie financière que l'employeur doit au salarié qui respecte la clause de non-concurrence à laquelle il est tenu.

Droit à l'indemnité de non-concurrence

Clause de non-concurrence - La clause de non-concurrence est valable seulement si elle remplit plusieurs conditions cumulatives (cass. soc. 10 juillet 2002, n° 99-43334, BC V n° 239) :

- être limitée dans le temps et dans l'espace ;
- être indispensable à la protection des intérêts légitimes de l'entreprise ;
- tenir compte des spécificités de l'emploi du salarié ;
- et comporter une contrepartie financière au bénéfice du salarié.

Si le montant de la contrepartie est dérisoire, cela équivaut à une absence de contrepartie et la clause est illicite (cass. soc. 15 novembre 2006, n° 04-46721, BC V n° 341 ; cass. soc. 16 mai 2012, n° 11-10760, BC V n° 153).

Clause sans indemnité de non-concurrence - Si une clause de non-concurrence ne prévoit pas de contrepartie financière, le salarié doit prouver son préjudice pour obtenir réparation. L'absence de contrepartie financière à la clause de non-concurrence n'entraîne pas automatiquement une condamnation de l'employeur à verser des dommages-intérêts (cass. soc. 25 mai 2016, n° 14-20578, BC V n° 114).

▶ À noter… La jurisprudence antérieure estimait que le simple fait de prévoir une clause nulle dans le contrat de travail causait nécessairement un préjudice au salarié (cass. soc. 12 janvier 2011, n° 08-45280, BC V n° 15).

Vérifier le contexte du départ - Il faut d'abord vérifier si le départ du salarié s'inscrit dans un cas où la clause s'applique.

Si le contrat de travail ne limite pas sa portée, tous les cas de rupture sont visés, et notamment :

- la rupture de la période d'essai (cass. soc. 15 novembre 2005, n° 03-47546 D ; cass. soc. 24 mars 2010, n° 09-40748 D ; cass. soc. 10 juillet 2013, n° 12-17921 D) ;
- la démission (cass. soc. 31 mai 2006, n° 04-44598, BC V n° 198) ;
- le licenciement, même pour faute grave ou lourde (cass. soc. 28 juin 2006, n° 05-40990, BC V n° 231) ;
- l'inaptitude du salarié (cass. soc. 13 juillet 2005, n° 03-44975 D) ;
- le départ ou la mise à la retraite (cass. soc. 21 juin 1995, n° 94-40059, BC V n° 207 ; cass. soc. 24 septembre 2008, n° 07-40098, BC V n° 76).

En revanche, elle n'est pas due si le décès du salarié est la cause de la rupture du contrat (cass. soc. 29 octobre 2008, n° 07-43093, BC V n° 207).

▶ À noter… L'obligation de verser l'indemnité se transmet au nouvel employeur dans le cadre d'un transfert d'entreprise (c. trav. art. L. 1224-1 ; cass. soc. 15 octobre 1997, n° 95-42454, BC V n° 318).

Clause applicable, indemnité due - Si la clause s'applique, l'indemnité de non-concurrence est due même si le salarié retrouve immédiatement un emploi (cass. soc. 10 mars 2004, n° 01-47350 D). Il est impossible de prévoir que la clause puisse jouer sans que l'indemnité soit versée (ex. : clause applicable en cas de « licenciement », mais qui priverait le salarié de contrepartie s'il était justifié par une faute grave ou lourde) (cass. soc. 28 juin 2006, n° 05-40990, BC V n° 231).

Même si l'entreprise disparaît - L'employeur reste tenu de verser l'indemnité de non-concurrence en cas de cessation volontaire d'activité de l'entreprise (cass. soc. 5 avril 2005, n° 02-45540, BC V n° 118) ou en cas de rupture du contrat de travail consécutive à une liquidation de biens et à la cessation des activités de l'entreprise (cass. soc. 11 juin 2003, n° 01-43092 D ; cass. soc. 22 septembre 1993, n° 92-40416 D ; cass. soc. 9 juillet 2008, n° 07-41970 D ; cass. soc. 21 janvier 2015, n° 13-26374 FSPB).

Calcul et versement de l'indemnité

Pas de preuve d'un préjudice - Dès lors que l'indemnité compensatrice de non-concurrence est prévue et que l'employeur n'a pas libéré le salarié de son obligation *(voir plus loin)*, elle est due automatiquement. Le salarié n'a pas à démontrer l'existence d'un préjudice (cass. soc. 31 mars 1998, n° 96-43016, BC V n° 189).

Montant - Le montant de la contrepartie financière doit être fixé proportionnellement à la durée et à l'intensité de l'atteinte portée à la liberté professionnelle du salarié au regard de ses revenus professionnels antérieurs (CA Versailles, 17e ch. soc., 20 février 2003, RG 01-02044, BICC 580 n° 819). Il peut s'agir soit d'un montant forfaitaire, sans référence au salaire, soit d'un pourcentage du salaire.

Lorsque l'indemnité se calcule en pourcentage du salaire, sauf indications contraires, le montant de l'indemnité de non-concurrence doit être calculé sur le salaire brut perçu par le salarié (cass. soc. 13 janvier 1998, n° 95-41467, BC V n° 8 ; cass. soc. 24 septembre 2008, n° 07-41616 D).

Si le salarié a été malade et n'a pas perçu sa rémunération habituelle, il faut se référer au salaire normal, hors périodes d'arrêt de travail (cass. soc. 11 mai 2005, n° 03-43181, BC V n° 160).

Exemple

Un VRP exclusif s'était trouvé en arrêt de travail ininterrompu avant la rupture de son contrat de travail, les juges ont décidé que la rémunération moyenne des 12 derniers mois (base de l'indemnité de non-concurrence prévue par l'ANI applicable aux VRP) devait s'entendre des 12 mois effectivement travaillés précédant la date de début de l'arrêt de travail, à savoir du 16 juillet 1997 au 16 juillet 1998 (cass. soc. 11 mai 2005, n° 03-43181, BC V n° 160).

L'indemnité doit être calculée sur la base de la rémunération que le salarié aurait dû percevoir et non sur celle qu'il a effectivement perçue du fait des manquements de l'employeur à ses obligations (cass. soc. 15 mars 2023, n° 21-16057 FSB). Dans cette affaire, il aurait fallu prendre en compte dans la base de calcul de l'indemnité le rappel d'heures supplémentaires auquel l'employeur avait été condamné.

Pas de montant déterminé en fonction de la durée du contrat - Il est interdit de fixer le montant de la contrepartie exclusivement en fonction de la durée d'exécution du contrat de travail (cass. soc. 7 mars 2007, n° 05-45511, BC V n° 44 ; cass. soc. 15 janvier 2014, n° 12-19472, BC V n° 15).

Ainsi, une indemnité dont le montant serait indexé uniquement sur l'ancienneté du salarié est nulle (cass. soc. 7 mars 2007, n° 05-45511, BC V n° 44) : dans cette affaire, l'interdiction de concurrence était d'une durée de 2 ans pour une ancienneté supérieure à 5 ans.

Pas de minoration selon les cas de rupture du contrat - La clause de non-concurrence ne peut pas minorer le montant de l'indemnité dans un ou plusieurs cas de rupture. Si c'est le cas, la clause n'est pas nulle, seule la disposition minorant la contrepartie est inapplicable. C'est ce qui a été jugé pour une clause prévoyant la diminution de la contrepartie financière en cas de licenciement pour faute (cass. soc. 8 avril 2010, n° 08-43056, BC V n° 590) ou de démission (cass. soc. 25 janvier 2012, n° 10-11590, BC V n° 20 ; cass. soc. 9 avril 2015, n° 13-25847, BC V n° 71).

La convention collective ne peut pas non plus minorer l'indemnité en fonction de la cause de départ, par exemple en cas de licenciement pour faute grave ou en cas de démission (cass. soc. 14 avril 2016, n° 14-29679, BC V n° 76).

Face à une telle disposition, l'obligation de non-concurrence reste opposable au salarié, qui doit la respecter. En revanche, il a droit à une indemnité non minorée.

Pas de montant exorbitant - Une clause de non-concurrence, conclue dans un contexte de difficultés financières et prévoyant une indemnité exorbitante au profit du salarié, ne produit pas d'effet. Cette solution a été rendue dans une affaire où des clauses de non-concurrence, octroyaient à plusieurs salariés une compensation d'un montant disproportionné au regard des sujétions qui leur étaient imposées, d'autant que le paiement de l'indemnité de non-concurrence devait intervenir en un seul versement, sans que l'employeur puisse lever la clause (cass. soc. 4 novembre 2020, n° 19-12279 FPB).

Contrôle des juges en cas de contentieux - La contrepartie financière prévue par une clause de non-concurrence ne constitue pas une clause pénale.

Les juges ne peuvent donc pas moduler le montant de l'indemnité de non-concurrence à la hausse ou à la baisse (cass. soc. 13 octobre 2021, n° 20-12059 FSB).

En revanche, ils peuvent annuler une clause de non-concurrence illicite *(voir ci-dessous)*.

Date de paiement de l'indemnité

Pour déterminer la date de paiement de l'indemnité de non-concurrence, il faut se reporter au contenu de la clause de non-concurrence qui peut prévoir plusieurs modes et aux éventuelles dispositions de la convention collective sur le sujet.

Salarié dispensé de préavis - Le salarié dispensé d'effectuer son préavis a droit au versement de l'indemnité dès son départ effectif de l'entreprise (cass. soc. 15 juillet 1998, n° 96-40866, BC V n° 382 ; cass. soc. 22 juin 2011, n° 09-68762, BC V n° 160 ; cass. soc. 11 mars 2015, n° 13-23866 D).

Modalités de paiement autorisées - Si la convention collective ne l'interdit pas, il est possible de verser l'indemnité de non-concurrence en une seule fois, à l'issue du contrat de travail.

En pratique, le mode de versement de l'indemnité de non-concurrence utilisé le plus fréquemment est le versement échelonné au cours de la période de non-concurrence. Il peut intervenir chaque mois ou selon une autre périodicité (ex. : trimestre).

▶ À noter... Si le salarié viole la clause, le versement échelonné permet à l'employeur d'interrompre les versements alors que si le paiement est prévu en une fois lors de la cessation du contrat de travail, l'employeur devra saisir les juges pour récupérer son dû.

En revanche, il est impossible de subordonner le paiement de l'indemnité à la condition préalable que le salarié fournisse chaque trimestre une attestation de présence de son nouvel employeur ou une attestation de non-emploi (CA Poitiers, ch. soc., 15 juin 2004, RG 02-03586, BICC 609 n° 1836).

Pas de versement pendant l'exécution du contrat - Une clause de non-concurrence ne peut pas prévoir que sa contrepartie financière soit versée par anticipation en cours d'exécution du contrat, sous peine de nullité (cass. soc. 7 mars 2007, n° 05-45511, BC V n° 44 ; cass. soc. 15 janvier 2014, n° 12-19472, BC V n° 15).

En pratique, l'indemnité de non-concurrence ne peut pas être incluse dans la rémunération versée au salarié pendant qu'il travaille, y compris en l'individualisant clairement dans le contrat de travail et/ou sur le bulletin de paye. Un forfait « salaire + indemnité de non-concurrence » est donc impossible.

Exemple

La clause qui prévoyait une indemnité correspondant à 7 % du salaire, en spécifiant qu'elle se trouvait incluse dans le fixe et dans les taux de commissions, a ainsi été jugée nulle (cass. soc. 7 mars 2007, n° 05-45511, BC V n° 44).

Si le montant est versé pour partie pendant l'exécution du contrat, le caractère dérisoire de l'indemnité est apprécié seulement en fonction des sommes versées après la rupture du contrat (cass. soc. 22 juin 2011, n° 09-71567, BC V n° 159).

Pas de versement à la fin de la période de non-concurrence - Sous peine de nullité, une clause de non-concurrence ne peut pas prévoir que la contrepartie financière sera versée à la fin de la période de non-concurrence (cass. soc. 2 mars 2005, n° 03-42321 D), y compris si l'employeur la place, dans l'intervalle, sur un compte bloqué.

Renonciation

Conditions de la renonciation - L'employeur qui souhaite pouvoir renoncer à la clause de non-concurrence, et donc au versement de la contrepartie financière, doit avoir prévu cette faculté dans la clause elle-même, à moins que la faculté de renonciation soit expressément prévue par la convention collective. À défaut, l'employeur ne peut pas renoncer à la clause et échapper à son obligation de verser l'indemnité (cass. soc. 4 juin 1998, n° 95-41832, BC V n° 299 ; cass. soc. 7 mars 2000, n° 98-40659, BC V n° 88).

La renonciation doit être formulée expressément (cass. soc. 12 juillet 1989, n° 86-41668, BC V n° 519) [voir Dictionnaire Social « Clause de non-concurrence (renonciation) »].

Moment de la renonciation - La renonciation doit intervenir dans le délai prévu par la convention collective ou une clause du contrat de travail. Si la convention collective ou le contrat ne prévoit pas de délai de renonciation, l'employeur doit libérer le salarié de son obligation de non-concurrence « au moment du licenciement » (cass. soc. 13 juillet 2010, n° 09-41626, BC V n° 174). Dans ce dernier cas, sans précision sur la date précise, il paraît prudent de se baser sur l'envoi de la notification et de libérer le salarié par une mention dans celle-ci.

Il est admis que l'employeur puisse renoncer à la clause en cours de contrat, si cela est expressément prévu, par exemple lorsque la clause contient une possibilité de renonciation « à tout moment pendant l'exécution du contrat de travail » (cass. soc. 11 mars 2015, n° 13-22257, BC V n° 44).

En revanche, la clause par laquelle l'employeur se réserve la faculté, après la rupture du contrat de travail, de renoncer à la clause de non-concurrence à tout moment au cours de l'exécution de celle-ci n'est pas valable. En effet, le salarié ne peut pas être laissé dans l'incertitude sur l'étendue de sa liberté de travailler (cass. soc. 13 juillet 2010, n° 09-41626, BC V n° 174).

Pour la même raison, une clause ne peut pas, non plus, réserver à l'employeur la faculté de renoncer à tout moment à l'obligation de non-concurrence, avant ou pendant la période d'interdiction de non-concurrence (cass. soc. 2 décembre 2015, n° 14-19029, BC V n° 242).

En cas de licenciement avec dispense d'exécution du préavis, l'employeur qui entend renoncer à l'exécution de la clause de non-concurrence peut le faire jusqu'à la date du départ effectif du salarié de l'entreprise, nonobstant toute disposition ou stipulation contraire (cass. soc. 13 mars 2013, n° 11-21150, BC V n° 72).

▶ Attention... La renonciation tardive à une clause de non-concurrence étant sans effet, l'employeur doit continuer à verser la contrepartie pécuniaire au salarié, sauf s'il prouve que le salarié a violé la clause (cass. soc. 15 novembre 2023, n° 22-18632 D).

En cas *de rupture conventionnelle individuelle**, l'employeur doit renoncer à l'exécution de la clause de non-concurrence au plus tard à la date de rupture fixée par la convention, nonobstant toutes stipulations ou dispositions contraires (cass. soc. 26 janvier 2022, n° 20-15755 FSB ; cass. soc. 24 janvier 2024, n° 22-20201 D). Même si la clause de non-concurrence autorise la levée de l'obligation dans un certain délai après la rupture du contrat de travail, la renonciation de l'employeur doit survenir au plus tard le jour de la date de rupture convenu (lettre de la ch. sociale de la Cour de cassation n° 13, janvier/février 2022).

En cas d'adhésion au *contrat de sécurisation professionnelle** dans le cadre d'un licenciement économique, la renonciation à la clause de non-concurrence doit intervenir au plus tard lors du départ effectif du salarié (cass. soc. 2 mars 2017, n° 15-15405 D).

Licenciement nul - Si l'employeur a renoncé à la clause de non-concurrence à l'occasion d'un licenciement reconnu nul, il ne peut pas se prévaloir de la renonciation. Il doit donc payer au salarié la contrepartie pécuniaire initialement prévue (cass. soc. 3 février 2010, n° 08-45105 D).

Traitement de l'indemnité de non-concurrence en paye

Régime fiscal - L'indemnité de non-concurrence est imposable.

Régime social - L'indemnité de non-concurrence est soumise aux cotisations et contributions sociales et à la *CSG** et *CRDS**. La CSG et la CRDS se calculent après application de l'abattement d'assiette de 1,75 %, sous réserve des règles de plafonnement qui encadrent sa mise en œuvre [voir *Contribution sociale généralisée (CSG)**].

▶ À noter... L'indemnité reste soumise à cotisations sociales même lorsque l'ancien salarié est parti s'établir à l'étranger (cass. civ. 2e ch., 20 septembre 2018, n° 17-23096 D).

Règle de rattachement pour les cotisations - Depuis le 1er avril 2021, le *Bulletin officiel de la sécurité sociale (BOSS)** prévoit que pour les éléments de rémunération versés après la rupture du contrat de travail du salarié, « dont les indemnités de non-concurrence », les cotisations et contributions sont calculées selon les règles d'assiette, de taux et de plafonnement applicables lors de la dernière période de travail du salarié (BOSS, Assiette générale, § 525, 01/01/2025). Il s'agit du principe de rattachement à la dernière période d'emploi prévu par le code de la sécurité sociale pour les sommes versées après la rupture du contrat de travail (hors rappels judiciaires de salaire) (c. séc. soc. art. R. 242-1, II, 2°).

En réponse à une question posée par la rédaction, l'ACOSS nous a précisé que la règle de rattachement à la dernière période d'emploi s'applique de façon générale à l'indemnité de non-concurrence versée après la rupture du contrat de travail, que ce soit en une seule fois ou sous la forme de versements périodiques.

▶ À noter... Cette réponse n'a pas en elle-même de valeur juridique opposable. Néanmoins, le BOSS ne contient aucune précision qui permettrait, en cas de versements périodiques, de procéder comme s'il s'agissait d'un salaire d'activité et d'appliquer le plafond déterminé par la périodicité du versement de l'indemnité.

L'AGIRC-ARRCO applique désormais la même règle que le BOSS pour le calcul des cotisations de retraite complémentaire (circ AGIRC-ARRCO 2022-11 DRJ du 13 décembre 2022). Antérieurement, l'AGIRC-ARRCO considérait que les indemnités de non-concurrence versées après la rupture du contrat de travail étaient traitées comme des salaires, et donc rattachées à leur date de versement, avec application des paramètres en vigueur à cette date (circ. AGIRC-ARRCO 2020-01 DRJ du 10 janvier 2020, § IV ; circ. AGIRC-ARRCO 2015-9 DRJ du 22 octobre 2015).

Exemple
Un salarié, dont le contrat de travail est rompu le 31 décembre 2024, perçoit de son ex-employeur des sommes versées chaque mois du 1er janvier 2025 au 31 décembre 2026 au titre d'une clause de non-concurrence. Les sommes perçues seront rattachées à la dernière période d'emploi et se verront donc toutes appliquer les paramètres en vigueur en décembre 2024.

Réduction générale de cotisations patronales - Selon la jurisprudence, les sommes versées par l'employeur, postérieurement à la rupture du contrat de travail, pour l'exécution d'une clause de non-concurrence, n'entrent pas dans le champ d'application de la réduction de cotisations sur les bas salaires (réduction Fillon, à l'époque des faits) (cass. civ., 2e ch., 30 novembre 2017, n° 16-12403, BC II n° 223).

▶ À noter… À l'époque, la réduction se calculait en fonction du temps de travail, mais la solution semble toujours d'actualité compte tenu de la généralité des termes utilisés par la Cour, sous réserve de l'appréciation des URSSAF et des tribunaux en cas de litige.

Bulletin de paye - L'indemnité de non-concurrence doit apparaître sur le bulletin de paye, dans une rubrique permettant de l'identifier en tant que telle.

Saisie sur rémunération - L'indemnité de non-concurrence est assimilée à du salaire. Elle est donc saisissable selon les mêmes procédures et dans les mêmes proportions que celui-ci.

Attestation chômage - Lorsque l'indemnité est versée après la fin du contrat, l'employeur doit, selon nos informations, fournir une ou plusieurs attestations complémentaires.

Prescription - L'indemnité de non-concurrence relève des règles de prescription des salaires (cass. soc. 26 septembre 2002, n° 00-40461, BC V n° 283), à savoir 3 ans (c. trav. art. L. 3245-1) (voir *Prescription des salaires**).

Indemnité de congés payés

L'indemnité de non-concurrence ayant la nature d'une indemnité compensatrice de salaires, elle ouvre droit à congés payés (cass. soc. 17 mai 2006, n° 04-47597, BC V n° 177 ; cass. soc. 23 juin 2010, n° 08-70233, BC V n° 145 ; cass. soc. 26 janvier 2022, n° 20-15755 FSB). Concrètement, cela doit se traduire par une indemnité.

▶ À noter… Afin d'en faciliter le traitement, et sous réserve de l'appréciation des tribunaux, il est à notre avis possible de prévoir dans la clause une indemnité « forfaitaire » ventilée entre la contrepartie financière à l'obligation de non-concurrence proprement dite et les 10 % dus au titre des congés payés.

Non-concurrence et transaction

Une clause de non-concurrence peut être intégrée dans une transaction (cass. soc. 24 janvier 2007, n° 04-43121 D).

Cela étant, lorsqu'une transaction rédigée en termes généraux est envisagée, il faut se montrer vigilant. En effet, la jurisprudence considère qu'une transaction rédigée en termes généraux par laquelle ces parties déclarent être remplies de tous leurs droits, mettre fin à tout différend né ou à naître et renoncer à toute action relative à l'exécution ou à la rupture du contrat de travail, englobe la clause de non-concurrence. Dans ce cas, l'employeur est délié du paiement de l'indemnité et le salarié est libéré de l'interdiction de concurrence (cass. soc. 17 février 2021, n° 19-20635 FSPI).

A contrario, si un employeur et un salarié qui signent une transaction « générale » souhaitent maintenir la clause (et donc l'obligation de non-concurrence et l'indemnité qui va avec), il convient de l'indiquer expressément.

Non-concurrence et conciliation prud'homale

Une conciliation prud'homale rédigée en termes généraux peut englober la clause de non-concurrence. Dans ce cas, l'employeur est délié du paiement de l'indemnité et le salarié est libéré de l'interdiction de concurrence (cass. soc. 24 avril 2024, n° 22-20472 FSB).

Violation de la clause par le salarié ou l'employeur

Le non-respect de ses engagements par l'une des parties libère l'autre de ses obligations :
- si l'employeur ne verse pas l'indemnité de non-concurrence, le salarié est déchargé de son obligation de non-concurrence (cass. soc. 3 octobre 1991, n° 89-43375, BC V n° 389) ;

- le salarié qui viole son obligation de non-concurrence perd définitivement son droit à contrepartie financière (cass. soc. 31 mars 1993, n° 88-43820, BC V n° 107), peu importe qu'il recommence à respecter la clause de non-concurrence (cass. soc. 24 janvier 2024, n° 22-20926 FB) ;
- le salarié qui ne respecte pas la clause de non-concurrence doit rembourser à l'employeur le montant de l'indemnité de non-concurrence perçue (cass. soc. 6 décembre 1995, n° 92-40812 D) et éventuellement verser l'indemnité forfaitaire prévue dans le contrat de travail en cas de violation de son obligation de non-concurrence (cass. soc. 15 avril 2015, n° 13-21306, BC V n° 78 ; cass. soc. 14 février 2024, n° 22-17332 D).

▶ Attention... L'employeur qui n'apporte pas la preuve que le salarié a violé son obligation, ne peut pas lui demander la restitution de l'indemnité compensatrice (cass. soc. 28 octobre 1997, n° 94-43792, BC V n° 342).

Annulation de la clause par les juges

Lorsque les juges annulent une clause de non-concurrence, l'employeur ne peut pas en tirer argument pour obtenir le remboursement des sommes versées en contrepartie d'une obligation que les salariés ont effectivement respectée (cass. soc. 28 octobre 1997, n° 94-43792, BC V n° 342 ; cass. soc. 17 novembre 2010, n° 09-42389, BC V n° 263).

En revanche, l'employeur qui prouve que le salarié a violé la clause de non-concurrence pendant la période au cours de laquelle elle s'est effectivement appliquée (donc avant son annulation par les juges), peut solliciter le remboursement de la contrepartie financière indûment versée à compter de la date à laquelle la violation est établie (cass. soc. 22 mai 2024, n° 22-17036 FSB).

Par ailleurs, le salarié qui a respecté une clause de non-concurrence illicite faute de contrepartie financière a droit à des dommages-intérêts (cass. soc. 18 mars 2003, n° 00-46358, BC V n° 98 ; cass. soc. 11 janvier 2006, n° 03-46933, BC V n° 8).

Cette indemnité, destinée à réparer le préjudice né d'une clause de non-concurrence nulle, n'a pas la nature d'une indemnité compensatrice de salaire. Elle n'ouvre donc pas droit à congés payés (cass. soc. 6 juillet 2016, n° 15-10987 D ; cass. soc. 26 janvier 2017, n° 15-15900 D).

Si une clause de non-concurrence est sans contrepartie financière, le salarié doit prouver un préjudice pour obtenir réparation. L'absence de contrepartie financière à la clause de non-concurrence n'entraîne donc pas automatiquement une condamnation de l'employeur à verser des dommages-intérêts (cass. soc. 25 mai 2016, n° 14-20578, BC V n° 114).

☞ *Assiette des cotisations de sécurité sociale ; Contribution sociale généralisée (CSG) ; Indemnité de congés payés.*

Indemnité de préavis

☞ *Indemnité compensatrice de préavis.*

Indemnité de précarité

☞ *Indemnité de fin de contrat ; Indemnité de fin de mission.*

Indemnité de rupture anticipée d'un CDD

Rupture anticipée d'un CDD par l'employeur

Rupture illégale - Une fois la période d'essai écoulée, l'employeur qui rompt un *contrat à durée déterminée** (CDD) avant son terme en l'absence de *faute grave**, de *force majeure** ou d'*inaptitude** déclarée par le médecin du travail, doit verser au salarié des dommages-intérêts (c. trav. art. L. 1243-4).

▶ À noter... Pour la Cour de cassation, ce mécanisme d'indemnisation est conforme à la Constitution (cass. soc. 8 février 2017, n° 16-40246, BC V n° 23).

Montant - Le montant des dommages et intérêts doit être au moins égal au total de la rémunération restant à courir jusqu'au terme du contrat (c. trav. art. L. 1243-4). La rémunération prise en compte pour déterminer les dommages-intérêts est la rémunération brute (cass. soc. 13 décembre 1995, n° 93-40436 D).

Lorsque le CDD a été conclu avec un terme imprécis, l'indemnité est calculée en fonction de la durée prévisible du contrat (cass. soc. 13 décembre 2006, n° 05-41232, BC V n° 372).

Ce montant constitue un minimum forfaitaire qui ne peut pas être réduit en fonction de la durée du contrat

effectuée (cass. soc. 25 octobre 1995, n° 92-42081 D). En outre, l'employeur ne peut en déduire :
- ni le montant des indemnités journalières de sécurité sociale perçues par un salarié malade (cass. soc. 6 juin 1995, n° 91-44727 D) ;
- ni les allocations chômage perçues par le salarié pendant cette période (cass. soc. 27 février 2001, n° 98-45140, BC V n° 59).

Bulletin de paye - Les sommes versées par l'employeur, auquel la rupture anticipée du contrat à durée déterminée est imputable, n'ont pas le caractère de salaire et ne doivent pas donner lieu à remise de bulletins de paye. Dès lors, les juges ne peuvent pas condamner l'employeur à en délivrer à ce titre au salarié (cass. soc. 6 mai 2015, n° 13-24261 D).

Prime de précarité, congés payés - Le versement des dommages-intérêts n'enlève pas au salarié son droit à l'*indemnité de fin de contrat** (c. trav. art. L. 1243-4), celle-ci étant calculée sur la rémunération prévue jusqu'au terme du contrat.

En revanche, la période de travail non effectuée en raison de la rupture anticipée du CDD n'ouvre pas droit à des congés payés (cass. soc. 6 mai 2015, n° 13-24261 D). Aucune disposition légale ne l'assimile à du temps de travail effectif (cass. soc. 24 mai 1995, n° 92-43995 D). Le salarié n'a donc pas droit à une *indemnité compensatrice de congés payés** sur le montant des dommages-intérêts.

Impôt sur le revenu - L'indemnité de rupture anticipée est soumise à l'impôt sur le revenu à concurrence du montant des salaires que le salarié aurait perçu jusqu'à la fin du contrat si celui-ci était allé jusqu'à son terme (CE 5 mai 2010, n° 309803 ; BOFiP-RSA-CHAMP-20-40-10-20-§ 10-28/07/2020).

Si l'indemnité est d'un montant supérieur, le surplus est exonéré d'impôt dans les mêmes limites que l'indemnité de licenciement hors plan de sauvegarde de l'emploi (voir *Indemnité de licenciement**) (BOFiP-RSA-CHAMP-20-40-10-20-§ 10-28/07/2020).

Cotisations de sécurité sociale et charges ayant la même assiette - Les sommes qui sont imposables, à savoir la part d'indemnité correspondant au montant des salaires que le salarié aurait perçu jusqu'à la fin du contrat si celui-ci était allé jusqu'à son terme, sont soumises aux cotisations sociales (BOSS, Indemnités de rupture, § 1280, 01/01/2025).

Lorsque l'indemnité est supérieure aux rémunérations que le salarié aurait perçues si le contrat était allé jusqu'à son terme, cette fraction excédentaire bénéficie du régime d'exonération de l'indemnité de licenciement hors plan de sauvegarde de l'emploi (voir *Indemnité de licenciement**) (BOSS, Indemnités de rupture, § 1280, 01/01/2025).

CSG et CRDS - Dans le cas général, les dommages-intérêts versés à l'occasion de la rupture anticipée d'un CDD sont soumis à CSG/CRDS (cass. civ., 2e ch., 7 juin 2006, n° 04-10326, BC II n° 150). L'administration a précisé qu'il en va ainsi pour l'intégralité de ces dommages-intérêts, tant pour la partie correspondant aux salaires restants dus jusqu'au terme du contrat que pour la partie excédentaire (BOSS, Indemnités de rupture, § 1290, 01/01/2025).

Si une convention collective de branche, un accord professionnel ou interprofessionnel prévoit, au bénéfice des titulaires de CDD rompus avant terme, une indemnité d'un montant supérieur aux salaires restant dus, la fraction excédentaire est exonérée de CSG/CRDS à hauteur du montant prévu par la convention, et dans la limite du montant de l'indemnité exclue de l'assiette des cotisations. Le surplus est soumis à CSG/CRDS (BOSS, Indemnités de rupture, § 1290, 01/01/2025).

Dans tous les cas, il semble que la CSG et la CRDS se calculent sans abattement d'assiette préalable. En effet, l'administration n'a pas porté cette indemnité dans la liste des sommes versées à l'occasion de la rupture du contrat restant, par exception, dans le champ de l'abattement [voir *Contribution sociale généralisée (CSG)**].

Exemple

Lors de la rupture anticipée de son CDD, un salarié perçoit une indemnité de rupture anticipée de 11 000 €. Celle-ci comprend 6 000 € au titre des salaires restant dus jusqu'au terme du contrat et 5 000 € en plus au titre de la rupture anticipée, dont 2 000 € prévus par la convention collective de branche. La rémunération de l'année N - 1 du salarié est de 10 000 €.
Les 6 000 € payés au titre des salaires dus si le contrat était allé jusqu'à son terme sont imposables et soumis à cotisations ainsi qu'à CSG/CRDS (à notre sens, sans abattement d'assiette).
La fraction excédentaire de 5 000 € relève, pour l'impôt sur le revenu et les cotisations de sécurité sociale, du régime applicable aux indemnités de licenciement hors PSE : elle est ici totalement exonérée d'impôt et de cotisations de sécurité sociale.
La fraction excédentaire de 5 000 € est exonérée de CSG/CRDS à hauteur de l'indemnité conventionnelle, soit à hauteur d'un montant de 2 000 €. La CSG/CRDS sont donc dues sur une somme de 3 000 € (sans abattement d'assiette). Si la convention collective n'avait pas prévu d'indemnité supérieure aux salaires dus jusqu'au terme du contrat, la fraction excédentaire de 5 000 € serait assujettie à CSG/CRDS en totalité, sans abattement d'assiette.

Sinistre et force majeure

Droit et montant - En cas de rupture anticipée d'un CDD en raison d'un sinistre présentant les caractéristiques de la force majeure, le salarié a droit à une indemnité compensatrice égale à la rémunération qu'il aurait perçue si le contrat était allé jusqu'à son terme (c. trav. art. L. 1243-4, al. 2). Cette indemnité est prise en charge, le cas échéant, par l'*AGS**.

Régimes social et fiscal - Cette indemnité constitue un revenu imposable (BOFiP-RSA-CHAMP-20-40-10-20-§ 10-28/07/2020).

Elle est assujettie à cotisations ainsi qu'à CSG et à CRDS.

Sommes transactionnelles

Les sommes versées à titre d'indemnité transactionnelle en cas de rupture anticipée d'un CDD sont, a priori, assujetties à cotisations sociales (BOSS, Indemnités de rupture, § 1280, 01/01/2025 ; cass. civ., 2e ch., 7 octobre 2010, n° 09-12404, BC II n° 165 ; cass. civ., 2e ch., 6 juillet 2017, n° 16-17959 FPB), sauf si l'employeur peut prouver qu'elles réparent un préjudice.

Inaptitude du salarié

Pour la rupture d'un salarié en CDD pour cause d'inaptitude, voir *Inaptitude (CDD)**.

Rupture anticipée illégale d'un CDD par le salarié

Lorsque le salarié met fin à un CDD en dehors des cas permis (faute grave de l'employeur, force majeure, embauche en CDI), il peut être condamné à verser à l'employeur des dommages-intérêts en fonction du préjudice subi (c. trav. art. L. 1243-3).

Contrat à durée déterminée ; Inaptitude (CDD) ; Indemnité compensatrice de congés payés ; Indemnité de fin de contrat ; Indemnités de rupture (régimes social et fiscal).

Indemnité de rupture conventionnelle collective

Le salarié dont le contrat de travail est rompu dans le cadre d'une *rupture conventionnelle collective** a droit à une indemnité de rupture. Celle-ci bénéficie d'un régime fiscal et social de faveur, distinct de celui de l'*indemnité de rupture conventionnelle individuelle**.

Montant de l'indemnité

Les ruptures de contrat de travail intervenant dans le cadre d'un accord collectif mettant en place une rupture conventionnelle collective, sont des ruptures d'un commun accord (c. trav. art. L. 1237-19-2).

Les salariés concernés perçoivent l'indemnité de rupture du contrat de travail prévue par l'accord collectif, qui doit être au moins égale à l'indemnité légale de licenciement (c. trav. art. L. 1237-19-1, 5°) (voir *Indemnité de licenciement**).

Régime fiscal de l'indemnité

L'indemnité versée pour une rupture du contrat de travail intervenant dans le cadre d'une rupture conventionnelle collective est exonérée d'impôt sur le revenu, sans limitation de montant (CGI art. 80 duodecies, 1, 1°).

À la lettre du texte, cette exonération porte aussi sur les indemnités versées dans le cadre des mesures d'accompagnement et le reclassement externe (CGI art. 80 duodecies, 1, 1° ; c. trav. art. L. 1237-19-1, 7°).

▶ À noter... Même s'il n'est pas opposable à l'administration fiscale, le *Bulletin officiel de la sécurité sociale (BOSS)** précise que l'indemnité de rupture conventionnelle collective du contrat de travail, ainsi que les sommes versées visant à faciliter l'accompagnement et le reclassement externe des salariés sur des emplois équivalents, sont totalement exonérées d'impôt sur le revenu (BOSS, Indemnités de rupture, § 1080, 01/01/2024).

Régime social de l'indemnité

Cotisations de sécurité sociale - La somme exonérée d'impôt (indemnité de rupture conventionnelle collective + sommes visant à faciliter l'accompagnement et le reclassement externe des salariés) est exonérée de cotisations sociales dans la limite de 2 fois le montant annuel du *plafond de la sécurité sociale**, soit 94 200 € pour 2025 (c. séc. soc. art. L. 242-1, II, 7° ; BOSS, Indemnités de rupture, § 1080, 01/01/2024).

Le surplus est assujetti.

CSG/CRDS - L'indemnité de rupture conventionnelle collective est assujettie à CSG/CRDS (c. séc. soc. art. L. 136-1-1, III, 5° a) :

- pour la fraction qui excède le montant de l'indemnité de rupture conventionnelle collective prévu par la convention collective de branche, l'accord professionnel ou interprofessionnel (en l'absence de montant prévu pour ce motif, on se réfère au montant de l'indemnité légale ou conventionnelle de licenciement) ;

Indemnité de rupture conventionnelle collective (exemple)

Un salarié (non-cadre) âgé de 52 ans ayant 15 ans d'ancienneté quitte l'entreprise (de plus de 50 salariés) dans le cadre d'un accord collectif de rupture conventionnelle collective. Le salaire mensuel moyen est de 3 000 €. Il est convenu de verser une indemnité de rupture de 16 000 €, sachant que :
- *l'indemnité légale de licenciement se serait élevée à 12 500 € ;*
- *l'indemnité conventionnelle de licenciement aurait correspondu à un montant de 14 500 €.*

Cette rupture prend effet au 28 février 2025. L'employeur régularise les cotisations.

L'indemnité est intégralement exonérée de cotisations et d'impôt. La fraction qui dépasse le montant de l'indemnité conventionnelle de licenciement est assujettie à la CSG/CRDS (non déductibles en totalité, au cas d'espèce). L'indemnité n'est pas assujettie au forfait social.

EXTRAIT DU BULLETIN DE PAYE DE FÉVRIER 2025

Désignation	Base	Taux	Montant	
Salaire de base	151,67	19,78	3 000,00	
Indemnité compensatrice de congés payés			1 800,00	
Indemnité de rupture conventionnelle collective			16 000,00	
Brut total			20 800,00	
Brut total soumis à cotisations			4 800,00	
Cotisations et contributions sociales	**Base (€)**	**Taux salarial**	**Part salarié (€)**	**Part employeur (€)**
Santé				
Sécurité sociale - Maladie Maternité Invalidité Décès	4 800,00	-	-	336,00 (1)
Complémentaire Santé	-	-	85,00	85,00
Accidents du travail - maladies professionnelles	4 800,00	-	-	96,00 (2)
Retraite				
Sécurité sociale plafonnée	4 800,00	6,90 %	331,20	410,40
Sécurité sociale déplafonnée	4 800,00	0,40 %	19,20	96,96
Complémentaire Tranche 1 (3)	4 800,00	4,01 %	192,48	288,48
Famille	4 800,00	-	-	165,60 (4)
Assurance chômage				
Chômage	4 800,00	-	-	206,40 (5)
Autres contributions dues par l'employeur	-	-	-	225,01 (6)
CSG déductible de l'impôt sur le revenu	4 801,00	6,80 %	326,47	-
CSG/CRDS non déductible de l'impôt sur le revenu	4 801,00	2,90 %	139,23	-
CSG/CRDS non déductible de l'impôt sur le revenu (sur ind. rupture)	1 500,00	9,70 %	145,50	
Exonérations et allégements de cotisations	-	-	-	-
Total des cotisations et contributions	-	-	1 239,08	1 909,85
Net social				**19 560,92 (7)**
Net à payer avant impôt sur le revenu				**19 560,92**
Impôt sur le revenu	**Base**	**Taux**	**Montant**	**Cumul annuel**
Montant net imposable			3 930,65	Valeur
Impôt sur le revenu prélevé à la source	3 930,65	3,00 %	117,92	Valeur
Montant net des heures compl/suppl exonérées			0,00	Valeur
Net à payer au salarié (en euros) (8)				**19 443,00 (8)**
Total versé par l'employeur				6 709,85 (9)

Notes de la rédaction, pour aider à la lecture des totaux (ces notes n'ont pas à apparaître sur le bulletin de paye) :
(1) Taux de 7 % compte tenu de la rémunération sur janvier et février. (2) Par hypothèse taux de 2 %. (3) Y compris contribution d'équilibre général et contribution d'équilibre technique. (4) Taux de 3,45 % compte tenu de la rémunération sur janvier et février. (5) Chômage 4,05 % et AGS 0,25 %. (6) CSA (0,30 %), FNAL (0,50 %), versement mobilité (1,60 %), contribution au dialogue social (0,016 %), contribution formation (1 %), participation à l'effort de construction (0,45 %), taxe d'apprentissage (0,68 %). (7) Le Net social inclut l'indemnité de rupture conventionnelle collective. (8) À faire apparaître de manière à en faciliter la lisibilité. (9) Non compris l'indemnité de rupture exonérée de cotisations de sécurité sociale, compte tenu de la lettre des textes [voir *Bulletin de paye (mentions obligatoires)**].

- et, en tout état de cause, pour la fraction qui est assujettie à cotisations de sécurité sociale.

La CSG est intégralement non déductible lorsqu'elle porte sur une partie de l'indemnité exonérée à la fois d'impôt sur le revenu et de cotisations de sécurité sociale (BOFiP-RSA-BASE-30-30-§§ 80 et 100-24/07/2017). En revanche, la CSG reste déductible pour 6,80 % lorsqu'elle porte sur des sommes assujetties à cotisations de sécurité sociale ou imposables.

Exemple

Un salarié perçoit dans le cadre d'un accord portant rupture conventionnelle collective une indemnité de rupture d'un montant de 19 000 € ainsi qu'une aide à la création d'entreprise d'un montant de 5 000 €, soit un total de 24 000 €. Par hypothèse, il n'y a pas de montant minimum d'indemnité de rupture conventionnelle collective fixée par la convention collective, et le montant minimum de l'indemnité légale (ou conventionnelle) dont bénéficierait le salarié en cas de licenciement est supposé de 16 000 €.

La somme totale de 24 000 € est exonérée d'impôt sur le revenu. Elle est aussi exonérée de cotisations de sécurité sociale et de charges ayant la même assiette (montant global inférieur à 2 fois le plafond annuel de la sécurité sociale).

La CSG/CRDS est due (sans abattement d'assiette) sur la fraction d'indemnité supérieure à 16 000 €, soit sur une somme de 8 000 €.

Indemnité très élevée - L'indemnité est assujettie à la CSG/CRDS ainsi qu'aux cotisations de sécurité sociale dès le premier euro lorsque son montant dépasse 10 fois le montant annuel du *plafond de la sécurité sociale** (soit 470 100 € en 2025) (c. séc. soc. art. L. 136-2, III, 5° a et. L. 242-1, II, 7°).

Pour plus de détails (ex. : cumul avec un mandat social), voir *Parachutes dorés**.

Forfait social - Une règle expresse prévoit que l'indemnité de rupture conventionnelle collective n'est pas assujettie au forfait social, quel que soit son montant (c. séc. soc. art. L. 137-15, 3°). Il n'y a pas d'autre contribution patronale spécifique.

Son régime est donc plus favorable que celui de l'*indemnité de rupture conventionnelle individuelle**.

☞ *Rupture conventionnelle collective.*

Indemnité de rupture conventionnelle individuelle

La rupture conventionnelle individuelle est un mode autonome de rupture du contrat de travail (pour la procédure, voir *Rupture conventionnelle individuelle**).

Montant de l'indemnité

Naissance du droit à l'indemnité - La rupture conventionnelle individuelle donne lieu au versement d'une indemnité de rupture conventionnelle individuelle versée par l'employeur.

Le droit à l'indemnité naît dès l'homologation de la convention de rupture, même si elle n'est exigible qu'à la date de la rupture fixée par la convention (cass. soc. 11 mai 2022, n° 20-21103 FSB). L'indemnité reste donc due aux ayants droit d'un salarié décédé entre l'homologation de la rupture conventionnelle et la date de la rupture.

Minimum légal - Le montant de l'indemnité de rupture due au salarié est fixé d'un commun accord entre l'employeur et le salarié. Si l'on s'en tient au code du travail, l'indemnité convenue ne peut pas être inférieure au montant de l'*indemnité de licenciement** prévue par le code du travail (c. trav. art. L. 1237-13 ; circ. DGT 2008-11 du 22 juillet 2008).

Pour les employeurs qui n'entrent pas dans le champ de l'ANI de 2008 et de son avenant *(voir ci-après)*, le montant minimum de l'indemnité de rupture conventionnelle individuelle correspond à l'indemnité légale de licenciement (et pas à l'indemnité conventionnelle) (cass. soc. 27 juin 2018, n° 17-15948 D).

Pour le cas des journalistes, voir *Journalistes**.

Montant prévu par l'ANI du 11 janvier 2008 - L'accord national interprofessionnel du 11 janvier 2008 sur la modernisation du marché du travail (ANI du 11 janvier 2008, art. 12 A ; arrêté du 23 juillet 2008, JO du 25) a fait l'objet d'un avenant précisant que l'indemnité minimale due au salarié est égale à l'indemnité conventionnelle de licenciement, lorsque cette dernière est plus favorable que l'indemnité légale de licenciement (avenant n° 4 du 18 mai 2009 à l'ANI du 11 janvier 2008, étendu par arrêté du 26 novembre 2009). Cette règle ne remet pas en cause les ruptures conventionnelles conclues avant l'entrée en vigueur de l'avenant.

Lorsqu'une convention collective prévoit une indemnité de licenciement pour motif personnel et une indemnité en cas de licenciement économique, le minimum à respecter est (instr. DGT 2009-25 du 8 décembre 2009) :
- l'indemnité légale, si au moins une des indemnités conventionnelles est inférieure à l'indemnité légale ;
- l'indemnité conventionnelle la plus faible, si les deux indemnités conventionnelles sont supérieures à l'indemnité légale.

Lorsqu'un accord ou une convention collective prévoit une indemnité conventionnelle de licenciement plus favorable que l'indemnité légale de licenciement, l'employeur doit verser une indemnité au moins égale à cette indemnité conventionnelle de licenciement. Peu importe que l'accord renvoie à l'indemnité légale pour certains motifs de licenciement (cass. soc. 5 mai 2021, n° 19-24650 FSP).

▶ Attention… Les employeurs n'entrant pas dans le champ professionnel de l'ANI du 11 janvier 2008 (ex. : agriculture, presse, audiovisuel) ne sont pas concernés par l'accord. Ils ne le deviendront que si un arrêté d'élargissement venait à être pris pour l'ANI et son avenant n° 4. Dans l'attente, ils ne sont tenus que par le montant de l'indemnité légale de licenciement, sauf si un accord spécifique leur impose le versement de l'indemnité conventionnelle (instr. DGT 2009-25 du 8 décembre 2009 ; cass. soc. 27 juin 2018, n° 17-15948 D).

Base de calcul - La base de calcul de l'indemnité de rupture conventionnelle individuelle est identique à celle utilisée pour l'indemnité légale de licenciement (circ. DGT 2009-4 du 17 mars 2009). Selon ce qui avantage le salarié, le salaire de référence est donc le salaire moyen des 3 derniers mois ou des 12 derniers ou, en cas d'ancienneté inférieure à 1 an, la moyenne mensuelle de la rémunération de l'ensemble des mois précédant le licenciement (voir *Indemnité de licenciement**).

Les parties ne pouvant inscrire sur le formulaire de demande d'homologation que les 12 salaires versés précédemment à la demande d'homologation, il reviendra au salarié de vérifier que ses rémunérations à venir jusqu'à la date effective de la rupture ne modifient pas en sa défaveur la base de calcul de l'indemnité convenue (circ. DGT 2009-4 du 17 mars 2009).

Ancienneté - L'indemnité légale de licenciement est versée seulement aux salariés ayant au moins 8 mois d'ancienneté dans l'entreprise (c. trav. art. L. 1234-9).

Malgré cela, l'administration estime que l'indemnité légale est due en cas de rupture conventionnelle concernant un salarié ayant une ancienneté intérieure, mais au prorata du nombre de mois de présence du salarié dans l'entreprise (circ. DGT 2009-4 du 17 mars 2009). En pratique, les intéressés ont donc toujours droit à une indemnité minimale de rupture conventionnelle.

Exemple

Pour un salarié ayant 7 mois d'ancienneté qui signe une rupture conventionnelle de licenciement en février 2025, l'indemnité de rupture conventionnelle doit être au moins égale au salaire brut mensuel moyen × 1/4 × 7/12.

Mention et contrôle - Le montant de l'indemnité doit figurer dans la convention et sur le formulaire de demande d'homologation de la rupture.

Le retard ou le défaut de paiement de l'indemnité ne remet pas en cause la validité de la rupture conventionnelle (CA Colmar, ch. soc. sect. A. 14 juin 2012, n° 11/00239 ; CA Reims ; ch. soc., 16 mai 2012, n° 11/00624).

Contentieux sur le montant de l'indemnité - Un salarié peut saisir le conseil de prud'hommes afin de contester le montant de l'indemnité de rupture conventionnelle qui lui a été versé sans avoir à contester la validité de la rupture conventionnelle en elle-même (cass. soc. 10 décembre 2014, n° 13-22134, BC V n° 286).

Par ailleurs, le fait que le salarié et l'employeur aient convenu dans une convention de rupture conventionnelle d'une indemnité d'un montant inférieur à l'indemnité légale de licenciement n'entraîne pas, en lui-même, la nullité de la rupture conventionnelle. Il appartient alors aux juges de procéder à une condamnation pécuniaire de l'employeur (cass. soc. 8 juillet 2015, n° 14-10139, BC V n° 144). Il en est de même si le montant de l'indemnité est inférieur à l'indemnité conventionnelle de licenciement (cass. soc. 4 novembre 2015, n° 13-27873 D).

▶ Attention… En revanche, si le montant insuffisant de l'indemnité caractérise un véritable vice du consentement du salarié, la rupture peut, à notre sens, être annulée.

Remboursement de l'indemnité - La signature, puis l'homologation, d'une rupture conventionnelle ne mettent pas nécessairement fin à tout litige avec le salarié. Ce dernier, tout comme l'employeur, peut exercer un recours devant le juge prud'homal pour faire annuler la rupture conventionnelle.

La nullité de la rupture conventionnelle entraîne le versement de dommages et intérêts au salarié mais elle lui impose aussi de restituer les sommes perçues en exécution de cette convention. En pratique, le juge ordonnera plutôt la compensation entre la somme due par l'employeur suite à la requalification en licenciement sans cause réelle et sérieuse et l'indemnité spécifique de rupture conventionnelle qu'il a versée (cass. soc. 30 mai 2018, n° 16-15273, BC V n° 89).

Régime fiscal

Distinction selon que le salarié est ou non en droit de bénéficier d'une pension de retraite - Le régime fiscal varie selon que le salarié est, ou non, en droit de bénéficier d'une pension de vieillesse versée par un régime de retraite légalement obligatoire (CGI art. 80 duodecies, 1, 6°).

Le critère du droit à liquidation d'une pension de retraite d'un régime légalement obligatoire s'apprécie à la date de rupture effective du contrat de travail (date prévue dans la convention de rupture, selon l'administration fiscale) (BOFiP-RSA-CHAMP-20-40-10-30-§ 180-22/06/2023).

Ainsi, un salarié ne peut pas bénéficier du régime fiscal d'exonération s'il a atteint ou dépassé l'âge légal de départ en retraite à la date de rupture du contrat [voir *Retraite (âge légal, âge du taux plein)**].

Salarié en droit de bénéficier d'une pension de retraite - L'indemnité de rupture conventionnelle versée aux salariés en droit de bénéficier d'une pension de retraite d'un régime légalement obligatoire ne bénéficie d'aucune exonération fiscale. Elle est intégralement assujettie à l'impôt sur le revenu.

Salarié n'étant pas en droit de bénéficier d'une pension de retraite - Lorsque le salarié n'est pas en droit de bénéficier d'une pension de vieillesse d'un régime de retraite légalement obligatoire, l'indemnité de rupture conventionnelle bénéficie d'un régime fiscal de faveur (CGI art. 80 duodecies, 1, 6°).

Lorsque l'indemnité de rupture conventionnelle est limitée au minimum légal de l'indemnité de licenciement ou à celui prévu par la convention collective de branche, par l'accord professionnel ou interprofessionnel, elle est exonérée d'impôt sur le revenu sans limitation de montant.

Lorsque l'indemnité est supérieure au minimum légal ou conventionnel de l'indemnité de licenciement, elle est exonérée d'impôt sur le revenu dans la limite la plus élevée entre :
- soit le montant minimum légal de l'indemnité de licenciement ou celui prévu par la convention collective de branche, par l'accord professionnel ou interprofessionnel, sans limitation de montant ;
- soit 50 % de l'indemnité ou 2 fois la rémunération annuelle brute du salarié sur l'année civile précédant la rupture du contrat de travail, la fraction exonérée au titre de ces critères ne pouvant excéder 6 fois le montant annuel du *plafond de la sécurité sociale** en vigueur à la date de versement de l'indemnité (282 600 € en 2025).

Lorsque le salarié a été absent ou a perçu des indemnités journalières de sécurité sociale au cours de la période de référence et qu'il n'a donc pas touché tous ses salaires (arrêt maladie, congé de maternité, congé parental, etc.), le critère du double de la rémunération annuelle brute de l'année précédant la rupture du contrat s'apprécie en fonction de la rémunération effectivement versée par l'entreprise au salarié, et non en reconstituant un salaire théorique par réintégration des salaires non perçus (cass. civ., 2e ch., 21 septembre 2017, n° 16-20580 FPB).

Salariés ayant moins de 8 mois d'ancienneté - Un salarié ayant moins de 8 mois d'ancienneté a droit, en cas de rupture conventionnelle, à une indemnité minimale, quand bien même il n'aurait pas droit à l'indemnité légale de licenciement en cas de licenciement proprement dit *(voir plus haut)*.

Ce salarié peut bénéficier du régime d'exonération s'il n'est pas en droit de bénéficier d'une pension de vieillesse d'un régime de retraite légalement obligatoire.

En l'absence de précision, et sous réserve des contrôles de l'administration fiscale, la logique voudrait, à notre sens, que l'indemnité soit exonérée d'impôt sur le revenu dans la limite du montant le plus élevée entre :
- soit le montant de l'indemnité légale de licenciement calculée au prorata du nombre de mois de présence sur l'année ;
- soit 50 % de l'indemnité versée ou le double de la rémunération perçue l'année précédant la rupture, dans la limite de 6 fois le montant annuel du *plafond de la sécurité sociale** (282 600 € en 2025) en vigueur à la date de versement de l'indemnité,

Régime social depuis le 1er septembre 2023

Réforme - Depuis le 1er septembre 2023, le régime social applicable aux indemnités de ruptures conventionnelles individuelles ne fait plus de distinction entre un salarié en droit de bénéficier d'une pension de retraite d'un régime légalement obligatoire et le cas général de celui qui ne peut pas en bénéficier (loi 2023-270 du 14 avril 2023, art. 4 ; BOSS, Indemnités de rupture, §§ 890, 01/01/2025).

Les exonérations sociales s'appliquent dans les deux cas. C'est ce régime qui est détaillé dans cette étude.

Le nouveau régime concerne toute « rupture d'un contrat de travail dont le terme est postérieur au 31 août 2023 » (communiqué BOSS du 16 août 2023). On tient compte de la date de fin du contrat (date d'effet de la rupture conventionnelle telle que fixée dans la convention de rupture, et qui ne peut intervenir avant le lendemain du jour de l'homologation).

▶ Attention… Jusqu'au 31 août 2023, le régime variait selon que le salarié avait, ou non, droit à une pension de vieillesse versée par un régime de retraite légalement obligatoire [sur ce régime antérieur, voir *Indemnité de rupture conventionnelle individuelle (régime social et fiscal jusqu'au 31.08.2023)**].

Cotisations de sécurité sociale et charges ayant la même assiette - Dans la limite de 2 fois le montant annuel du *plafond de la sécurité sociale** (soit 94 200 € en 2025), l'indemnité de rupture conventionnelle individuelle est exonérée de cotisations de sécurité sociale et de charges ayant la même assiette à hauteur du montant le plus élevé entre (c. séc. soc. art. L. 242-1, II, 7° ; BOSS, Indemnités de rupture, §§ 950, 01/01/2025) :

- soit le minimum légal ou conventionnel de l'indemnité de licenciement ;
- soit 50 % de l'indemnité ou 2 fois la rémunération annuelle brute du salarié sur l'année civile précédant la rupture.

CSG et CRDS - L'indemnité est soumise à *CSG** et à *CRDS** (sans abattement d'assiette préalable) (c. séc. soc. art. L. 136-1-1, III, 5° a) :

- pour sa fraction supérieure au montant minimum prévu par la convention collective, l'accord professionnel ou interprofessionnel ou la loi, ou à défaut, au montant minimum de l'indemnité légale ou conventionnelle de licenciement ;
- et, en tout état de cause, pour sa fraction assujettie à cotisations de sécurité sociale.

La CSG est intégralement non déductible lorsqu'elle porte sur des sommes exonérées à la fois d'impôt sur le revenu et de cotisations de sécurité sociale (BOFiP-RSA-BASE-30-30-§§ 80 et 100-24/07/2017). En revanche, la CSG reste déductible pour 6,80 % lorsqu'elle porte sur des sommes imposables ou assujetties à cotisations de sécurité sociale.

▶ À noter… Lorsque la rupture conventionnelle concerne un salarié en droit de bénéficier d'une pension de retraite d'un régime légalement obligatoire, la CSG est toujours déductible pour 6,80 % puisqu'elle porte sur une somme imposable.

Contribution patronale spécifique - Pour les ruptures de contrat intervenues depuis le 1er septembre 2023, l'employeur est redevable d'une contribution patronale spécifique de 30 %, due sur la fraction d'indemnité exonérée de cotisations de sécurité sociale (assujettie ou non à CSG/CRDS) (c. séc. soc. art. L. 137-12) (voir *Contribution sur les indemnités de rupture conventionnelle individuelle**).

En revanche, il n'y a pas de forfait social.

Indemnité très élevée - Une indemnité de rupture conventionnelle individuelle est assujettie à la CSG et à la CRDS ainsi qu'aux cotisations de sécurité sociale et aux charges ayant la même assiette dès le premier euro lorsque son montant dépasse 10 fois le montant annuel du *plafond de la sécurité sociale** (soit 471 000 € en 2025) (c. séc. soc. art. L. 136-1-1, III, 5° a et L. 242-1, II, 7°).

Pour les dirigeants cumulant un mandat social avec leur contrat de travail, le seuil d'assujettissement au 1er euro est ramené à 5 fois le montant annuel du *plafond de la sécurité sociale** (indemnités de rupture du contrat de travail et du mandat social cumulées s'il y a lieu) (c. séc. soc. art. L. 136-1-1, III, 5° b et L. 242-1, II, 7°).

Pour plus de détails, voir *Parachutes dorés**.

Salariés ayant moins de 8 mois d'ancienneté - En cas de rupture conventionnelle, un salarié ayant moins de 8 mois d'ancienneté a droit à une indemnité minimale, quand bien même il n'aurait pas droit à l'indemnité légale de licenciement en cas de licenciement proprement dit *(voir plus haut)* (BOSS, Indemnités de rupture, § 1010, 01/01/2025).

Le régime fiscal applicable dans cette hypothèse est abordé dans la partie concernée *(voir plus haut)*.

Sur le plan social, l'indemnité de rupture conventionnelle est exonérée dans les conditions suivantes (BOSS, Indemnités de rupture, §§ 1020 et 1030, 01/01/2025) :

- elle est exonérée de cotisations de sécurité sociale et de charges ayant la même assiette « à hauteur de la part non imposable de l'indemnité » précise le BOSS (état au 1/01/2025), à notre sens dans la limite de 2 fois le montant annuel du *plafond de la sécurité sociale** (94 200 € en 2025) ;
- l'indemnité est exonérée de CSG et de CRDS dans la limite du montant de l'indemnité légale de licenciement calculée au prorata du nombre de mois de présence sur l'année (sachant qu'en tout état de cause, la fraction d'indemnité éventuellement assujettie à cotisations de sécurité sociale est soumise à CSG/CRDS).

À notre sens, la rédaction de ce passage du BOSS mériterait d'être clarifiée, car elle induit indirectement qu'une indemnité qui serait versée à un salarié en droit de bénéficier d'une pension de vieillesse d'un régime légalement obligatoire serait systématiquement assujettie à cotisations, puisqu'elle est dans ce cas toujours imposable.

Exemple

Le BOSS prend l'exemple d'un salarié rémunéré à hauteur de 2 000 € par mois et dont le contrat est rompu après 6 mois d'ancienneté. L'indemnité de rupture conventionnelle doit, a minima, être égale à 250 € (BOSS, Indemnités de rupture, § 1030, 01/01/2025).

1) Si l'indemnité versée est égale à 250 €, le BOSS applique le raisonnement suivant :

- elle est exonérée de cotisations de sécurité sociale pour 50 % de sa valeur, soit 125 € (la part non imposable est inférieure à 2 plafonds annuels, il n'existe pas de rémunération au titre de l'année antérieure ni d'indemnité légale ou conventionnelle de licenciement due) ;
- elle est exonérée de CSG et de CRDS dans la même limite de 125 € et assujettie pour le surplus ;
- elle est soumise à la contribution patronale spécifique de 30 % pour sa fraction exonérée de cotisations (125 € × 30 % = 37,50 € de contribution patronale).

2) Si l'indemnité versée est égale à 600 €, le BOSS applique le raisonnement suivant :

- elle est exonérée de cotisations de sécurité sociale pour 50 % de sa valeur, soit 300 € (la part non imposable est inférieure à 2 plafonds annuels, il n'existe pas de rémunération au titre de l'année antérieure ni d'indemnité légale ou conventionnelle de licenciement due) ;
- elle est exonérée de CSG et de CRDS dans la limite de 250 € et assujettie pour le surplus ;

elle est soumise à la contribution patronale spécifique de 30 % pour sa fraction exonérée de cotisations (300 € × 30 % = 90 € de contribution patronale).

☞ *Forfait social ; Indemnité de rupture conventionnelle individuelle (régime social et fiscal jusqu'au 31.08.2023) ; Indemnités de rupture (régimes social et fiscal) ; Journalistes ; Parachutes dorés ; Rupture conventionnelle individuelle.*

Régime de l'indemnité de rupture conventionnelle depuis le 1.09.2023	
I) Salarié en droit de bénéficier d'une pension de vieillesse d'un régime de retraite légalement obligatoire	
Impôt sur le revenu	Imposable en totalité
Cotisations sociales et charges ayant la même assiette	Dans la limite de 2 plafonds annuels de la sécurité sociale (94 200 € en 2025), exonérée de cotisations à hauteur du montant le plus élevé entre (2) : - soit le minimum légal ou conventionnel (1) de l'indemnité de licenciement, sans limitation de montant ; - soit 50 % de l'indemnité ou 2 fois la rémunération annuelle brute du salarié sur l'année civile précédant la rupture.
CSG/CRDS	Assujettie à CSG et à CRDS (sans abattement d'assiette) pour la fraction excédant le minimum légal ou conventionnel (1) de l'indemnité de licenciement et, en tout état de cause, pour la partie soumise à cotisations de sécurité sociale (2) (3)
Contribution patronale spécifique	30 % sur la fraction de l'indemnité exonérée de cotisations de sécurité sociale (assujettie ou non à CSG/CRDS)
II) Salarié n'ayant pas droit au bénéfice d'une pension de vieillesse d'un régime de retraite légalement obligatoire	
Impôt sur le revenu	Exonérée d'impôt à hauteur du montant le plus élevé entre : - soit le minimum légal ou conventionnel (1) de l'indemnité de licenciement, sans limitation de montant ; - soit 50 % de l'indemnité ou 2 fois la rémunération annuelle brute du salarié sur l'année civile précédant la rupture, la fraction exonérée au titre de ces critères ne pouvant excéder 6 fois le plafond annuel de la sécurité sociale en vigueur à la date de versement de l'indemnité (282 600 € en 2025).
Cotisations sociales et charges ayant la même assiette	La fraction exonérée d'impôt sur le revenu est exonérée de cotisations, dans la limite de 2 plafonds annuels de la sécurité sociale (94 200 € en 2025).
CSG/CRDS	Assujettie à CSG et à CRDS (sans abattement d'assiette) pour la fraction excédant le minimum légal ou conventionnel (1) de l'indemnité de licenciement et, en tout état de cause, pour la partie soumise à cotisations de sécurité sociale (2) (4).
Contribution patronale spécifique	30 % sur la fraction d'indemnité exonérée de cotisations (assujettie ou non à CSG/CRDS)

(1) Le minimum conventionnel est celui prévu par accord professionnel ou interprofessionnel ou par accord de branche, à l'exclusion d'un éventuel accord d'entreprise ou d'établissement.

(2) Pour les salariés, les indemnités supérieures à 10 fois le montant annuel du plafond de la sécurité sociale (PASS) sont assujetties à cotisations, à CSG et à CRDS et aux charges ayant la même assiette dès le premier euro (c. séc. soc. art. L. 136-2, II, 5° et L. 242-1, II, 7°) (voir *Parachutes dorés**). Pour les dirigeants cumulant un mandat social avec leur contrat de travail, le seuil d'assujettissement au 1er euro est ramené à 5 PASS (indemnités de rupture du contrat de travail et du mandat social cumulées s'il y a lieu).

(3) L'indemnité étant imposable, la CSG reste déductible pour 6,80 points.

(4) CSG intégralement non déductible lorsqu'elle se rapporte à des sommes exonérées à la fois d'impôt sur le revenu et de cotisations de sécurité sociale.

Exemples d'indemnités de rupture conventionnelle individuelle	
Exemple 1 - Salarié n'étant pas en droit au bénéfice d'une pension de vieillesse	
Suite à une rupture conventionnelle individuelle conclue en 2025, un employeur a versé à un cadre une indemnité de rupture de 110 000 €. L'indemnité de licenciement prévue par l'accord professionnel était de 65 000 €. La rémunération du salarié s'élevait à 130 000 € en 2024.	
Impôt sur le revenu	• La fraction exonérée d'impôt est égale au double de la rémunération annuelle de 2024, dans la limite de 6 fois le plafond annuel de la sécurité sociale en vigueur à la date de versement de l'indemnité (282 600 € en 2025) (CGI art. 80 duodecies, 1, 3°). • L'indemnité de 110 000 € est donc exonérée en totalité.
Cotisations sociales et charges ayant la même assiette	• L'indemnité est exonérée de cotisations dans la limite de 2 plafonds annuels de la sécurité sociale (94 200 € en 2025), à hauteur du montant le plus élevé entre : - soit le minimum légal ou conventionnel de l'indemnité de licenciement (ici 65 000 €) ; - soit 50 % de l'indemnité (ici 55 000 €) ou 2 fois la rémunération annuelle brute du salarié sur l'année civile précédant la rupture (ici 260 000 €). • Dans ce cas, l'indemnité est exonérée de cotisations de sécurité sociale et de charges ayant la même assiette dans la limite de 2 plafonds annuels, soit 94 200 € en 2025. • La fraction excédentaire, soit 110 000 € - 94 200 € = 15 800 €, est assujettie aux cotisations de sécurité sociale et aux charges ayant la même assiette.
CSG/CRDS (sans abattement d'assiette)	• La CSG et la CRDS sont dues sur la fraction d'indemnité supérieure au minimum légal ou conventionnel et, en tout état de cause, sur celle soumise à cotisations de sécurité sociale. • L'indemnité est exonérée de CSG/CRDS à hauteur du montant de l'indemnité conventionnelle (65 000 €) et assujettie pour le surplus (45 000 €). La CSG due (9,20 %) est : - déductible pour 6,80 points sur la fraction de 15 800 € exonérée d'impôt mais assujettie à cotisations de sécurité sociale ; - intégralement non déductible sur la fraction de 29 200 € (soit 45 000 € - 15 800 €) qui était à la fois exonérée d'impôt et de cotisations.
Contribution patronale spécifique	Contribution de 30 % sur la fraction d'indemnité exonérée de cotisations de sécurité sociale, soit 94 200 € × 30 % = 28 260 €.
Exemple 2 - Salarié en droit de bénéficier d'une pension de vieillesse	
Suite à une rupture conventionnelle individuelle conclue en 2025, un employeur a versé à un salarié de 64 ans une indemnité de rupture de 40 000 €. L'indemnité de licenciement prévue par la convention collective était de 30 000 €. La rémunération du salarié s'élevait à 65 000 € en 2024.	
Impôt sur le revenu	L'indemnité de 40 000 € est imposable en totalité.
Cotisations sociales et charges ayant la même assiette	• L'indemnité est exonérée de cotisations dans la limite de 2 plafonds annuels de la sécurité sociale (94 200 € en 2025), à hauteur du montant le plus élevé entre : - soit le minimum légal ou conventionnel de l'indemnité de licenciement (ici 30 000 €) ; - soit 50 % de l'indemnité (ici 20 000 €) ou 2 fois la rémunération annuelle brute du salarié sur l'année civile précédant la rupture (ici 130 000 €). • L'indemnité de 40 000 € est donc exonérée en totalité de cotisations de sécurité sociale et de charges ayant la même assiette.
CSG/CRDS (sans abattement d'assiette)	• La CSG et la CRDS sont dues sur la fraction d'indemnité supérieure au minimum légal ou conventionnel et, en tout état de cause, sur celle soumise a cotisations de securite sociale. • L'indemnité est exonérée de CSG/CRDS à hauteur de l'indemnité conventionnelle (30 000 €) et assujettie pour le surplus (10 000 €). La CSG (9,20 %) due sur les 10 000 € est déductible pour 6,80 points dans la mesure où elle porte sur une indemnité imposable, quand bien même elle est exonérée de cotisations de sécurité sociale.
Contribution patronale spécifique	Contribution de 30 % sur la fraction d'indemnité exonérée de cotisations de sécurité sociale, soit 40 000 € × 30 % = 12 000 €.

Indemnité de rupture conventionnelle individuelle (exemple)

Un employeur et un salarié (non-cadre) âgé de 52 ans ayant 15 ans d'ancienneté concluent une rupture conventionnelle individuelle. Le salaire mensuel moyen est de 3 000 € (entreprise de plus de 50 salariés). Il est convenu de verser une indemnité de rupture de 16 000 €, sachant que :

- *l'indemnité légale de licenciement se serait élevée à 12 500,00 € ;*
- *l'indemnité conventionnelle de licenciement aurait correspondu à un montant de 14 500 €.*

Cette rupture prend effet au 28 février 2025. L'employeur régularise les cotisations.

L'indemnité est intégralement exonérée de cotisations et d'impôt. La fraction qui dépasse le montant de l'indemnité conventionnelle de licenciement est assujettie à la CSG/CRDS (non déductibles en totalité, au cas d'espèce).

En outre, l'indemnité est assujettie au forfait social (sur la totalité de son montant dans cet exemple).

EXTRAIT DU BULLETIN DE PAYE DE FÉVRIER 2025

Désignation	Base	Taux	Montant	
Salaire de base	151,67	19,78	3 000,00	
Indemnité compensatrice de congés payés			1 800,00	
Indemnité de rupture conventionnelle individuelle			16 000,00	
Brut total			20 800,00	
Brut soumis à cotisations			4 800,00	
Cotisations et contributions sociales	**Base (€)**	**Taux salarial**	**Part salarié (€)**	**Part employeur (€)**
Santé				
Sécurité sociale - Maladie Maternité Invalidité Décès	4 800,00	-	-	336,00 (1)
Complémentaire Santé	-	-	85,00	85,00
Accidents du travail - maladies professionnelles	4 800,00	-	-	96,00 (2)
Retraite				
Sécurité sociale plafonnée	4 800,00	6,90 %	33,20	410,40
Sécurité sociale déplafonnée	4 800,00	0,40 %	19,20	96,96
Complémentaire Tranche 1 (3)	4 800,00	4,01 %	192,38	288,48
Famille	4 800,00	-	-	165,60 (4)
Assurance chômage				
Chômage	4 800,00	-	-	206,40 (5)
Autres contributions dues par l'employeur	-	-	-	4 992,69 (6)
CSG déductible de l'impôt sur le revenu	4 801,00	6,80 %	326,47	-
CSG/CRDS non déductible de l'impôt sur le revenu	4 801,00	2,90 %	139,23	-
CSG/CRDS non déductible de l'impôt sur le revenu (sur ind. rupture)	1 500,00	9,70 %	145,50	-
Exonérations et allègements de cotisations	-	-	-	-
Total des cotisations et contributions	-	-	1 239,08	6 677,53
Net social				**19 560,92 (7)**
Net à payer avant impôt sur le revenu				**19 560,92**
Impôt sur le revenu	**Base**	**Taux**	**Montant**	**Cumul annuel**
Montant net imposable			3 930,65	Valeur
Impôt sur le revenu prélevé à la source	3 930,65	4,00 %	157,23	Valeur
Montant net des heures compl/suppl exonérées			0,00	-
Net à payer au salarié (en euros) (8)				**19 403,70 (8)**
Total versé par l'employeur				11 477,53 (9)

Notes de la rédaction, pour aider à la lecture des totaux (ces notes n'ont pas à apparaître sur le bulletin de paye) :
(*) Le Net social inclut l'indemnité de rupture conventionnelle [voir *Bulletin de paye (net social)**].
(1) Taux de 7 % compte tenu de la rémunération sur janvier et février. (2) Par hypothèse taux de 2 %. (3) Y compris contribution d'équilibre général et contribution d'équilibre technique. (4) Taux de 3,45 % compte tenu de la rémunération sur janvier et février. (5) Chômage 4,05 % et AGS 0,25 %. (6) CSA (0,30 %), FNAL (0,50 %), versement mobilité (1,60 %), contribution au dialogue social (0,016 %), contribution formation (1 %), participation à l'effort de construction (0,45 %), taxe d'apprentissage (0,68 %), contribution patronale de 30 %. (7) Le Net social inclut l'indemnité de rupture conventionnelle. (8) À faire apparaître de manière à en faciliter la lisibilité. (10) Non compris l'indemnité de rupture conventionnelle exonérée de cotisations de sécurité sociale, compte tenu de la lettre des textes [voir *Bulletin de paye (mentions obligatoires)**].

Indemnité de rupture conventionnelle individuelle (régime social et fiscal jusqu'au 31.08.2023)

@ Cette étude est détaillée dans la version en ligne de ce Dictionnaire (voir www.rfpaye.com et www.rfedition.com).

Indemnités de rupture (régimes social et fiscal)

Les règles présentées ci-après gouvernent les régimes fiscal et social à appliquer aux différentes indemnités de rupture du contrat de travail. Un tableau récapitulatif synthétise les régimes applicables à chaque situation.

Sont traités dans d'autres études :
- le régime de l'indemnité transactionnelle (voir *Indemnité transactionnelle**) ;
- le régime des indemnités de cessation des fonctions des dirigeants et mandataires sociaux (voir *Dirigeants d'entreprise**).

Préalables indispensables

Logique à mettre en œuvre - Pour les indemnités de rupture faisant l'objet d'une exonération, il convient, dans la plupart des cas, de procéder en plusieurs temps :
- la première étape consiste à identifier la fraction exonérée d'impôt sur le revenu et, en miroir, celle qui est imposable ;
- la seconde étape vise à déterminer la fraction exonérée de cotisations de sécurité sociale, à partir des règles d'assujettissement à cotisations (en miroir, cela permet de déterminer la somme à soumettre à cotisations) ;
- la troisième étape consiste à évaluer la fraction exonérée de CSG/CRDS ainsi que celle assujettie.

Pour certaines indemnités, il peut également y avoir une contribution patronale spécifique (contribution de 30 % sur les indemnités de mise à la retraite et de rupture conventionnelle individuelle).

Notion de plan de sauvegarde de l'emploi - Le régime de certaines indemnités varie selon qu'elles sont versées ou non dans le cadre d'un plan de sauvegarde de l'emploi.

Ici, la notion de plan de sauvegarde de l'emploi s'entend « au sens des articles L. 1233-61 et L. 1233 62 du code du travail » (CGI art. 80 duodecies, 1, 2° et 3°), à savoir une procédure de licenciement économique englobant au moins 10 salariés sur 30 jours nécessitant la mise en œuvre de mesures sociales d'accompagnement ou d'un plan de sauvegarde de l'emploi, quel que soit l'effectif de l'entreprise (BOSS, Indemnité de rupture, § 610, 01/01/2025 ; BOFiP-RSA-CHAMP-20-40-10-30-§§ 430 et 440-22/06/2023).

Si le départ du salarié s'inscrit dans le cadre d'une procédure de licenciement économique de moindre importance, c'est le régime « hors plan de sauvegarde de l'emploi » qui s'applique.

Notion de minimum conventionnel - Par minimum conventionnel, il faut entendre le montant fixé par un accord professionnel ou interprofessionnel, ou par un accord de branche, à l'exclusion d'un éventuel accord d'entreprise ou d'établissement (BOFiP-RSA-CHAMP-20-40-10-30-§ 120-22/06/2023 ; lettre-circ. ACOSS 2001-22 du 25 janvier 2001).

Régime fiscal

Les indemnités de rupture du contrat de travail sont imposables, sous réserve des exceptions suivantes (CGI art. 80 duodecies).

Dommages et intérêts pour licenciement abusif, irrégulier ou discriminatoire - Les dommages et intérêts octroyés aux salariés pour licenciement abusif, sans cause réelle et sérieuse, irrégularité de la procédure de licenciement ou en cas de licenciement jugé nul pour motif discriminatoire sont exonérés d'impôt sur le revenu sans limitation de montant (CGI art. 80 duodecies, 1, 1° ; BOFiP-RSA-CHAMP-20-40-10-30-§§ 10, 13 et 15-22/06/2023).

Indemnité de rupture conventionnelle collective ou au terme d'un congé de mobilité - Sont exonérées d'impôt sur le revenu sans limitation de montant (CGI art. 80 duodecies, 1, 1° ; BOFiP-RSA-CHAMP-20-40-10-30-§ 425-22/06/2023) :
- l'indemnité de rupture versée à un salarié dont le contrat de travail est rompu dans le cadre d'un accord de *rupture conventionnelle collective** ;
- l'indemnité de rupture versée au terme d'un *congé de mobilité** (dans le régime issu des ordonnances Macron de septembre 2017).

Départ volontaire, départ volontaire à la retraite - L'*indemnité de départ volontaire** et l'*indemnité de départ volontaire en retraite** sont imposables en totalité.

Si le départ volontaire s'inscrit dans le cadre d'un plan de sauvegarde de l'emploi, l'indemnité est totalement exonérée d'impôt sur le revenu *(voir ci-dessous)*.

Indemnités de licenciement et de départ volontaire versées dans le cadre d'un plan de sauvegarde - Les indemnités de licenciement et de départ volontaire versées dans le cadre d'un plan de sauvegarde de l'emploi sont exonérées d'impôt sans limitation de montant (CGI art. 80 duodecies, 1, 2°). Encore faut-il qu'il s'agisse d'un « plan de sauvegarde de l'emploi » (PSE) au sens du code du travail (c. trav. art. L. 1233-32 et L. 1233-61), c'est-à-dire d'une procédure de licenciement économique portant sur au moins 10 salariés sur 30 jours, peu important l'effectif de l'entreprise (BOFiP-RSA-CHAMP-20-40-10-30-§§ 430 et 440-22/06/2023 ; BOSS, Indemnités de rupture, § 610, 01/012025).

En cas de départ volontaire, ce régime s'applique quelle que soit la forme du départ (démission, départ volontaire en retraite ou en préretraite, etc.) et quelle que soit l'appellation (primes ou indemnités d'aide au départ volontaire, incitation au reclassement, aide à la création d'entreprise, etc.) (BOFiP-RSA-CHAMP-20-40-10-30-§ 450-22/06/2023).

▶ À noter... Une indemnité versée à des salariés en échange de leur démission de leur mandat représentatif (ex. : élu du CSE) afin de faciliter leur licenciement dans un contexte de PSE ne bénéficie pas du régime fiscal d'exonération. Elle est donc imposable dans son intégralité (CE 12 février 2020, n° 423914 ; CE 12 février 2020, n° 423916). Il en va à notre avis de même au plus social, sous réserve de l'interprétation de l'administration et des tribunaux.

Indemnités de licenciement hors plan de sauvegarde - Les indemnités de licenciement versées en dehors d'un plan de sauvegarde au sens des articles L. 1233-32 et L. 1233-61 du code du travail sont exonérées d'impôt à hauteur du montant le plus élevé entre (CGI art. 80 duodecies, 1, 3°) :
- soit le montant minimum légal ou conventionnel de l'*indemnité de licenciement** (sans limitation de montant) ;
- soit 50 % du montant de l'indemnité versée au salarié ou deux fois la rémunération annuelle brute perçue par le salarié durant l'année civile précédant la rupture, sachant que la fraction exonérée au titre de ces deux derniers critères ne peut pas excéder 6 fois le montant annuel du *plafond de la sécurité sociale** en vigueur à la date de versement de l'indemnité (soit 282 600 € en 2025).

Indemnité de rupture conventionnelle individuelle - En cas de *rupture conventionnelle individuelle** du contrat de travail d'un salarié qui n'est pas en droit de bénéficier d'une pension de vieillesse d'un régime de retraite légalement obligatoire, l'*indemnité de rupture conventionnelle individuelle** versée au salarié est exonérée d'impôt à hauteur du montant le plus élevé entre (CGI art. 80 duodecies, 1, 6°) :
- soit le montant minimum légal ou conventionnel de l'indemnité de licenciement (sans limitation de montant) ;
- soit 50 % du montant de l'indemnité versée au salarié ou deux fois la rémunération annuelle brute perçue par le salarié durant l'année civile précédant la rupture, sachant que la fraction exonérée au titre de ces deux derniers critères ne peut pas excéder 6 fois le montant annuel du *plafond de la sécurité sociale** en vigueur à la date de versement de l'indemnité (soit 282 600 € en 2025).

Lorsque la rupture conventionnelle du contrat de travail concerne un salarié en droit de bénéficier d'une pension de vieillesse d'un régime de retraite légalement obligatoire, l'indemnité est imposable en totalité.

▶ À noter... La condition relative au droit à liquidation d'une pension de retraite s'apprécie à la date de rupture effective du contrat de travail (date prévue dans la convention de rupture et établie conformément aux modalités prévues par le code du travail, selon l'administration fiscale). Dès lors qu'elle est postérieure à la date de rupture effective du contrat, l'ouverture du droit à pension qui interviendrait au cours de la même année ne remet pas en cause le bénéfice de l'exonération d'impôt sur le revenu attachée au régime fiscal de faveur (BOFiP-RSA-CHAMP-20-40-10-30-§ 180-22/06/2023).

Indemnité de mise à la retraite - L'indemnité de mise à la retraite est exonérée d'impôt à hauteur du montant le plus élevé entre (CGI art. 80 duodecies, 1, 4°) :
- soit le montant minimum légal ou conventionnel de l'*indemnité de mise à la retraite** (sans limitation de montant) ;
- soit 50 % de la somme versée ou deux fois la rémunération annuelle brute perçue par le salarié sur l'année civile précédant la rupture, sachant que la fraction exonérée au titre de ces derniers critères ne peut pas excéder 5 fois le montant annuel du *plafond de la sécurité sociale** en vigueur à la date de versement de l'indemnité (soit 235 500 € en 2025).

Critère du double de la rémunération annuelle brute - Ce critère d'exonération peut jouer pour les indemnités de mise à la retraite, les indemnités de licenciement hors plan de sauvegarde de l'emploi, ou encore les indemnités de rupture conventionnelle individuelle d'un salarié qui n'a pas l'âge de bénéficier d'une pension de vieillesse, lorsque le montant de l'indemnité est supérieur au minimum légal ou conventionnel *(voir ci-avant)*.

Cette limite du double de la rémunération annuelle brute a fait l'objet de précisions émanant pour partie de l'administration fiscale (via le BOFiP), et pour partie du *Bulletin officiel de la sécurité sociale (BOSS)**. Juridiquement, on soulignera que le BOSS n'est opposable qu'aux URSSAF et pas à l'administration fiscale, mais ses précisions peuvent tout de même éclairer certaines situations pratiques.

❶ Le critère du double du montant de la rémunération annuelle brute perçue par le salarié au cours de l'année civile précédant la rupture s'apprécie par référence à la rémunération annuelle versée par l'employeur, avant déduction de la part salariale des cotisations et contributions sociales déductibles (dont la fraction de CSG déductible) (BOFiP-RSA-CHAMP-20-40-10-30-§ 90-22/06/2023 ; BOSS, Indemnités de rupture, § 120, 01/01/2025). Il s'agit donc de la rémunération brute.

❷ S'il y a lieu, il convient d'y intégrer les revenus qui sont exonérés de cotisations mais soumis à l'impôt sur le revenu, comme par exemple des primes d'*intéressement** non affectées à un plan d'épargne (BOSS, Indemnités de rupture, § 120, 01/01/2025), ou encore la *prime de partage de la valeur** lorsqu'elle est imposable.

▶ À noter… Cette précision, qui figurait dans la documentation administrative fiscale jusqu'au 7 mars 2014 (BOFiP-RSA-CHAMP 20 40-10-30-§ 90-10/02/2014) mais qui avait depuis disparu, a finalement été reprise par le BOSS.

❸ Lorsque l'employeur a appliqué une *déduction forfaitaire spécifique pour frais professionnels** (DFS) à l'assiette des cotisations, on retient la rémunération brute avant application de la DFS (BOSS, Indemnités de rupture, § 140, 01/01/2025).

❹ Lorsqu'un salarié a été absent sur tout ou partie de la période de référence (ex. : congé de maternité, congé parental, arrêt maladie sous déduction des IJSS), le critère de la rémunération annuelle brute s'apprécie en fonction de la rémunération effectivement versée par l'entreprise, et non en reconstituant un salaire théorique par réintégration des salaires non perçus. Si la rémunération de référence est nulle, il y a lieu d'appliquer les autres critères d'exonération, fixés par référence au montant conventionnel de l'indemnité ou à 50 % du montant de l'indemnité *(voir nos développements + tableau récapitulatif)* (cass. civ., 2e ch., 21 septembre 2017, n° 16-20580, BC II n° 173 ; BOSS, Indemnités de rupture, § 130, 01/01/2025). Il ne faut pas tenir compte des IJSS dans la rémunération de référence (rép. Tourenne n° 17873, JO 11 mai 2017, Sén. quest. p. 1794).

❺ Lorsqu'un salarié a perçu des indemnités journalières de prévoyance complémentaire sur la période de référence, tout dépend de leur statut fiscal (BOSS, Indemnités de rupture, § 150, 01/01/2025) :
- s'il s'agit d'un régime de prévoyance complémentaire obligatoire, elles sont sont passibles de l'impôt sur le revenu, peu important que ces IJ soient versées directement par l'employeur ou qu'elles soient servies pour son compte par un organisme assureur : elles doivent être prises en compte pour la détermination de la rémunération annuelle brute (BOSS, Indemnités de rupture, § 160, 01/01/2025) ;
- à l'inverse, les IJ de prévoyance complémentaire versées en vertu d'un contrat à adhésion facultative ne sont pas soumises à l'impôt sur le revenu, et ne doivent pas être prises en compte pour la détermination de la rémunération annuelle brute (BOSS, Indemnités de rupture, § 170, 01/01/2025).

❻ Pour un salarié expatrié dans la filiale étrangère d'un groupe et qui est licencié après son retour en France, lorsque l'intéressé a acquitté ses impôts à l'étranger, le revenu fiscal déclaré en France pour l'année antérieure à la rupture du contrat de travail est nul. Si l'employeur apporte la preuve qu'une rémunération a été versée au salarié au cours de l'année civile précédant la rupture de son contrat de travail, si celle-ci n'a pas été soumise à l'impôt en France faute pour le salarié d'avoir été fiscalement domicilié en France pendant sa période d'expatriation, on peut se référer au double de cette rémunération (BOSS, Indemnités de rupture, § 200, 01/01/2025).

❼ Pour les salariés ayant plusieurs employeurs, le BOSS a apporté deux précisions (BOSS, Indemnités de rupture, § 210, 01/01/2025) :
- lorsqu'un salarié a eu plusieurs employeurs sur l'année précédant la rupture de son contrat, chaque employeur ne prend en considération que la rémunération qu'il a versée ;
- si le salarié est lié par plusieurs contrats de travail avec plusieurs sociétés d'un même groupe, c'est le montant global des indemnités perçues au titre de la rupture des différents contrats qui doit être comparé au double des rémunérations perçues l'année précédente dans le cadre de ces contrats.

❽ Pour les salariés dont les indemnités de congés payés sont versées par des caisses de congés payés, l'évaluation de la rémunération de l'année antérieure à la rupture du contrat doit intégrer les indemnités de congés payés versées par ces caisses (BOSS, Indemnités de rupture, § 180, 01/01/2025). En cas de pluralité d'employeurs au cours de l'année antérieure à la rupture du contrat, et à défaut de pouvoir déterminer la quote-part des indemnités de congés payés liées au contrat avec l'employeur qui procède au licenciement, la totalité du montant des indemnités de congés payés perçues dans l'année par le salarié est prise en compte (BOSS, Indemnités de rupture, § 190, 01/01/2025).

❾ En cas de mutation ou de transfert d'un salarié au sein d'une même entité économique et sociale avec maintien du contrat de travail (donc sans rupture), il faut tenir compte de l'ensemble des rémunérations perçues par l'intéressé au cours de l'année précédant la rupture du contrat, dans le cadre de son contrat qui s'est poursuivi entre ses employeurs successifs avant d'être rompu (BOSS, Indemnités de rupture, § 230, 01/01/2025). Autrement dit, on tient compte des périodes antérieures et postérieures au transfert et à la mutation.

Indemnité de licenciement versée sur deux années - Lorsque le versement de l'indemnité afférente à un même licenciement s'effectue sur 2 années civiles successives, les limites d'exonération s'apprécient en faisant masse de l'ensemble des versements (BOFiP-RSA-CHAMP-20-40-10-30-§ 100-22/06/2023).

Exemple

Un salarié perçoit en année N – 1 un acompte de 150 000 € sur une indemnité de licenciement dont le montant est supérieur au minimum légal et au montant conventionnel. Le solde, d'un montant de 70 000 €, lui est versé en année N lors de la rupture de son contrat de travail. L'indemnité totale, soit 220 000 €, est exonérée à hauteur du double de la rémunération annuelle brute de l'année N – 1, et dans la limite de 6 fois le montant annuel du plafond de la sécurité sociale en vigueur au titre de l'année N.

Cotisations de sécurité sociale et charges ayant la même assiette

Principes et limite d'exclusion d'assiette - Hors le cas de la rupture conventionnelle individuelle *(voir plus loin)*, la fraction des indemnités de rupture du contrat de travail exonérée d'impôt sur le revenu par le jeu des critères fiscaux est également exonérée de cotisations de sécurité sociale et des charges ayant la même assiette (chômage, AGIRC-ARRCO, participation construction, etc.), mais dans une limite absolue égale à 2 fois le montant annuel du *plafond de la sécurité sociale** (soit 94 200 € en 2025) (c. séc. soc. art. L. 242-1, II, 7°).

La partie d'indemnité excédant cette limite est assujettie à cotisations, quand bien même elle serait exonérée d'impôt sur le revenu.

En pratique, la fraction exonérée de cotisations de sécurité sociale est le plus petit des deux montants suivants :
- la part qui est exonérée d'impôt sur le revenu ;
- ou la limite de plafonnement de l'exonération de cotisations, à savoir 2 fois le montant annuel du *plafond de la sécurité sociale**.

Par ailleurs, la règle des *parachutes dorés** peut conduire à soumettre les indemnités les plus importantes à cotisations, à CSG et à CRDS dès le premier euro *(voir plus loin)*.

Au total, la combinaison des dispositions sociales et fiscales (c. séc. soc. art. L. 242-1, II, 7° ; CGI art. 80 duodecies) conduit à considérer que, hors cas de la rupture conventionnelle individuelle *(voir ci-dessous)*, toute fraction imposable d'une indemnité de rupture visée par le code général des impôts est assujettie aux cotisations de sécurité sociale et aux charges ayant la même assiette. En revanche, tout ce qui est exonéré d'impôt sur le revenu n'échappe pas pour autant à cotisations.

Cas de l'indemnité de rupture conventionnelle individuelle - La loi de réforme des retraites du 14 avril 2023 a modifié les règles applicables pour les indemnités de rupture conventionnelle individuelle versées au titre de ruptures de contrat de travail intervenant à compter du 1er septembre 2023 (loi 2023-270 du 14 avril 2023, art. 4, II, JO du 15).

Depuis le 1er septembre 2023, l'indemnité ouvre droit à une exonération de cotisations, dans certaines limites, y compris lorsqu'elle est imposable car versée à un salarié en droit de bénéficier d'une pension de vieillesse d'un régime de retraite légalement obligatoire (c. séc. soc. art. L. 242-1, II, 7° modifié) *(voir tableau ci-après ; pour le détail, voir Indemnité de rupture conventionnelle individuelle*)*.

La réforme s'applique à toute « rupture d'un contrat de travail dont le terme est postérieur au 31 août 2023 » (communiqué BOSS du 16 août 2023). On doit tenir compte de la date de fin du contrat (date d'effet de la rupture conventionnelle telle que fixée dans la convention de rupture, et qui ne peut intervenir avant le lendemain du jour de l'homologation).

▶ À noter… Jusqu'au 31 août 2023, l'*indemnité de rupture conventionnelle individuelle** relevait à 100 % des règles de droit commun évoquées plus haut. Mécaniquement, il ne pouvait y avoir exonération de cotisations que si l'indemnité était en tout ou partie exonérée d'impôt sur le revenu. Lorsque la rupture conventionnelle concernait un salarié en droit de bénéficier d'une pension de vieillesse d'un régime de retraite légalement obligatoire, l'indemnité était donc intégralement soumise à cotisations [voir *Indemnité de rupture conventionnelle individuelle (régime social et fiscal jusqu'au 31.08.2023)**].

La liste d'indemnités exonérées du droit fiscal est-elle limitative ? - Dans deux arrêts du 15 mars 2018, la Cour de cassation a précisé que la liste des indemnités de rupture du contrat de travail susceptibles d'être exonérées de cotisations ne se limitait pas à celle du code général des impôts.

D'autres sommes peuvent être exonérées de cotisations, à condition que l'employeur apporte la preuve qu'elles indemnisent un préjudice. Si cette preuve n'est pas apportée, elles sont assujetties (cass. civ., 2e ch., 15 mars 2018, n° 17-10325, BC II n° 51 ; cass. civ., 2e ch., 15 mars 2018, n° 17-11336, BC II n° 52 ; cass. civ., 2e ch., 21 juin 2018, n° 17-19773, BC II n° 129).

Dans le même sens que ces jurisprudences, la Direction de la sécurité sociale considère qu'en dehors des indemnités pouvant être exclues de l'assiette des cotisations en application des législations fiscale et sociale (CGI art. 80 duodecies ; c. séc. soc. art. L. 242-1), une somme représentative de dommages-intérêts indemnisant un préjudice autre que la perte de salaire peut être exclue de l'assiette des cotisations. Une décision de justice peut seule constater la réalité et la nature du préjudice et vérifier ainsi que les sommes allouées sont des dommages-intérêts indemnisant un préjudice, et permettre leur exclusion de l'assiette des cotisations et contributions sociales (BOSS, Indemnité de rupture, §§ 1960 et 1970, 01/01/2025).

▶ Attention… On ne peut que recommander aux employeurs qui seraient tentés d'exploiter cette jurisprudence à prendre l'avis d'un conseil habilité (ex. : avocat, expert-comptable).

CSG et CRDS

Principes et limite d'exclusion d'assiette - Les indemnités de rupture du contrat de travail sont soumises à CSG et à CRDS au-delà de leur montant minimum légal ou conventionnel et, en tout état de cause, pour la fraction soumise aux cotisations de sécurité sociale (c. séc. soc. art. L. 136-1-1, III, 5°, a).

▶ À noter… Le minimum conventionnel s'entend du montant prévu par une convention collective de branche, un accord professionnel ou interprofessionnel. On ne tient pas compte des accords d'entreprise ou d'établissement.

Ainsi, la fraction exonérée de CSG et de CRDS est la plus petite des deux limites suivantes :
- la part correspondant au montant légal ou conventionnel de l'indemnité de rupture (en l'absence de montant légal ou conventionnel pour le motif de rupture, on se réfère à l'indemnité légale ou conventionnelle de licenciement) ;
- la part exclue de l'assiette des cotisations.

Par ailleurs, la règle des *parachutes dorés** peut conduire à soumettre les indemnités les plus importantes à cotisations, à CSG et à CRDS dès le premier euro *(voir plus loin)*.

Abattement d'assiette - La CSG et la CRDS dues sur tout ou partie des indemnités de rupture se calculent directement, sans application de l'abattement d'assiette (c. séc. soc. art. L. 136-2, I, 1° ; BOSS, Indemnité de rupture, § 80, 01/01/2025). Cette mesure concerne l'ensemble des indemnités de rupture du contrat de travail, y compris celles pleinement assujetties à cotisations (ex. : indemnité de départ volontaire en retraite).

En revanche, l'abattement d'assiette (1,75 %) est applicable à certaines sommes versées à l'occasion de la rupture du contrat de travail, mais qui ne sont pas à proprement parler des indemnités de rupture (circ. DSS/5B 2011-495 du 30 décembre 2011) : *indemnité de fin de contrat** des salariés en CDD, *indemnité de fin de mission**, indemnités compensatrices diverses (RTT, congés payés, préavis).

Pour plus de détails sur ces points, voir *Contribution sociale généralisée (CSG)**.

Fraction déductible de la CSG - La CSG qui porte sur des sommes exonérées à la fois d'impôt sur le revenu et de cotisations sociales est intégralement non déductible, même pour la part qui l'est habituellement (BOFiP-RSA-BASE-30-30-§§ 80 et 100-24/07/2017).

La CSG reste, en revanche, déductible pour 6,80 % lorsqu'elle porte sur la fraction d'une indemnité imposable ou assujettie à cotisations de sécurité sociale.

Indemnités de départ volontaire ou de départ volontaire en retraite versées dans le cadre d'un plan de sauvegarde - Ces indemnités sont soumises à CSG et à CRDS pour la fraction qui excède leur montant minimum légal ou conventionnel de l'indemnité de licenciement et, en tout état de cause, pour la fraction assujettie à cotisations de sécurité sociale.

Indemnités de licenciement - L'indemnité est soumise à CSG et à CRDS pour la fraction supérieure au minimum légal ou conventionnel et, en tout état de cause, pour la fraction assujettie à cotisations de sécurité sociale.

Prenant en compte le fait qu'un salarié n'ayant pas l'ancienneté requise pour l'indemnité légale n'a droit à aucune indemnité de licenciement en l'absence de dispositions conventionnelles plus favorables, l'administration admet que si l'employeur verse quand même une indemnité de licenciement lors de la rupture du CDI (hors faute grave), celle-ci est exonérée de CSG et CRDS dans la limite de 2/10e de sa rémunération mensuelle, ou de la rémunération de 40 heures pour les salariés rémunérés à l'heure (BOSS, Indemnité de rupture, § 410, 01/01/2025). Toutefois, ces limites ne peuvent pas excéder la fraction de l'indemnité exclue de l'assiette des cotisations de sécurité sociale.

Indemnité de mise à la retraite - L'indemnité de mise à la retraite à l'initiative de l'employeur est soumise à CSG et à CRDS au-delà de son montant minimum légal ou conventionnel et, en tout état de cause, pour la fraction assujettie à cotisations de sécurité sociale.

Départ volontaire à la retraite - L'indemnité de départ volontaire est intégralement soumise à CSG et à CRDS.

Il en va autrement lorsqu'elle le départ volontaire en retraite s'inscrit dans le cadre d'un plan de sauvegarde de l'emploi *(voir plus haut)*.

Indemnité de rupture conventionnelle individuelle - En cas de *rupture conventionnelle individuelle**, l'indemnité de rupture versée au salarié est soumise à CSG et à CRDS pour la fraction excédant le montant minimum légal ou conventionnel de l'indemnité de licenciement et, en tout état de cause, pour la fraction assujettie à cotisations de sécurité sociale.

S'il s'agit d'un salarié n'ayant pas l'ancienneté requise pour avoir droit à l'indemnité légale de licenciement (8 mois), le minimum légal de référence est le montant de l'indemnité légale de licenciement calculée au prorata du nombre de mois de présence sur l'année (BOSS, Indemnité de rupture, § 1030, 01/09/2023).

Indemnités de rupture conventionnelle collective ou au terme d'un congé de mobilité - L'indemnité de rupture versée au salarié en cas de *rupture conventionnelle individuelle** ou au terme du *congé de mobilité** est assujettie à CSG/CRDS (c. séc. soc. art. L. 136-1-1, III, 5° a) :

- pour la fraction qui excède le montant prévu par la convention collective de branche, l'accord professionnel ou interprofessionnel (en l'absence de montant prévu à ce niveau, on se réfère au montant de l'indemnité légale ou conventionnelle de licenciement) ;
- et, en tout état de cause, pour la fraction qui est assujettie à cotisations de sécurité sociale.

Indemnités spécifiques

Indemnité transactionnelle - Le régime des indemnités transactionnelles est traité dans une étude dédiée (voir *Indemnité transactionnelle**).

Indemnité de clientèle (VRP) - Le régime des indemnités transactionnelles est traité dans une étude dédiée (voir *Indemnité de clientèle**).

Indemnités de garantie d'emploi - Les indemnités de garantie d'emploi sont versées en cas de rupture par l'employeur d'un contrat de travail comportant une clause de garantie d'emploi. Celle-ci prévoit l'interdiction de rompre le contrat de travail pendant une période déterminée, sauf à verser des indemnités spécifiques au salarié en raison de la violation de la clause.

Faute d'être visées par les textes qui énumèrent les indemnités de rupture bénéficiant d'un régime d'exonération, les indemnités versées en raison de la violation de la clause de garantie d'emploi sont en principe assujetties aux cotisations de sécurité sociale ainsi qu'à celles ayant une assiette identique (cass. civ., 2e ch., 13 mars 2014, n° 13-12381 D).

Elles sont également imposables et assujetties à CSG/CRDS.

Indemnité de préretraite avec rupture du contrat de travail - Les entreprises peuvent mettre en place des dispositifs de préretraite ou de cessation anticipée d'activité par convention collective ou accord d'entreprise, ou par engagement unilatéral de l'employeur.

En cas départ en préretraite avec rupture du contrat de travail, la Direction de la sécurité sociale distingue deux situations (BOSS, Indemnité de rupture, § 1470, 01/01/2025) :

- soit le départ en préretraite intervient dans le cadre d'une démarche volontaire du salarié d'adhésion au dispositif mis en place par l'employeur en dehors de tout plan de sauvegarde de l'emploi : dans ce cas, l'éventuelle indemnité de rupture versée au salarié suit le même régime que l'*indemnité de départ volontaire à la retraite** hors plan de sauvegarde de l'emploi (assujettissement à l'impôt sur le revenu, à cotisations et à CSG/CRDS ; *voir plus haut*) ;
- soit le départ en préretraite intervient dans le cadre d'un plan de sauvegarde de l'emploi (PSE) : l'indemnité de départ en préretraite est alors assimilée à une indemnité de licenciement et bénéficie du même régime social de faveur que l'*indemnité de départ volontaire à la retraite** versée dans le cadre d'un PSE (exonération d'impôt sur le revenu, de

cotisations et de CSG/CRDS dans certaines limites ; *voir plus haut*).

L'indemnité de rupture versée au salarié dans le cadre du dispositif dit de « préretraite amiante » bénéficie d'un régime d'exonération spécifique (*voir tableau récapitulatif à la fin de cette étude* ; voir *Préretraite-amiante**).

Indemnité de violation du statut protecteur - Voir *Licenciement des représentants du personnel**.

Autres indemnités - Voir nos tableaux récapitulatifs.

Taxe sur les salaires

Depuis le 1er janvier 2013, l'assiette de la *taxe sur les salaires** est alignée sur celle de la CSG. Toutefois, l'abattement d'assiette de 1,75 % applicable sur certains éléments de rémunération pour le calcul de la CSG ne s'applique jamais pour la taxe sur les salaires (CGI art. 231).

Contributions patronales spécifiques

Pas de forfait social - L'employeur n'est pas redevable du forfait social sur les indemnités de rupture du contrat de travail ou du mandat social.

Indemnité de rupture conventionnelle individuelle - Depuis le 1er septembre 2023, l'employeur est redevable d'une contribution patronale de 30 % calculée sur la fraction d'*indemnité de rupture conventionnelle individuelle** exonérée de cotisations de sécurité sociale (assujettie ou non à CSG) (c. séc. soc. art. L. 137-12). Le forfait social n'est plus dû.

Ce régime concerne les indemnités versées à l'occasion de ruptures de contrat de travail intervenant à compter du 1er septembre 2023 (loi 2023-270 du 14 avril 2023, art. 4, II). Sur ce point, on doit tenir compte de la date de fin du contrat (date d'effet de la rupture conventionnelle telle que fixée dans la convention de rupture, et qui ne peut intervenir avant le lendemain du jour de l'homologation) (communiqué BOSS du 16 août 2023).

> ▶ À noter… Jusqu'au 31 août 2023, l'employeur était redevable du *forfait social** au taux de 20 % sur la fraction d'indemnité exonérée de cotisations de sécurité sociale (assujettie ou non à CSG) [voir *Indemnité de rupture conventionnelle individuelle (régime social et fiscal jusqu'au 31.08.2023)**]. La contribution de 30 % n'existait pas.

Indemnité de mise à la retraite - Depuis le 1er septembre 2023, l'employeur est redevable d'une contribution patronale de 30 % calculée sur la fraction d'*indemnité de mise à la retraite** exonérée de cotisations de sécurité sociale (assujettie ou non à CSG) (c. séc. soc. art. L. 137-12).

Ce régime concerne les indemnités versées à l'occasion de ruptures de contrat de travail intervenant à compter du 1er septembre 2023 (loi 2023-270 du 14 avril 2023, art. 4, II). Sur ce point, on doit tenir compte de la date de fin du contrat (fin du préavis en principe en cas de mise à la retraite) (communiqué BOSS du 16 août 2023).

> ▶ À noter… Jusqu'au 31 août 2023, l'employeur était redevable d'une *contribution sur les indemnités de mise à la retraite** de 50 %. La contribution s'appliquait au montant global de l'indemnité, exonérée ou non de cotisations (BOSS, Indemnités de rupture, § 1660, dans sa version au 01/01/2023).

Indemnités octroyées par le juge suite à un licenciement abusif, irrégulier ou discriminatoire

Régime fiscal - Les dommages et intérêts octroyés aux salariés pour licenciement abusif, sans cause réelle et sérieuse, irrégularité de la procédure de licenciement ou en cas de licenciement jugé nul pour motif discriminatoire, sont exonérés d'impôt sur le revenu sans limitation de montant (CGI art. 80 duodecies, 1, 1° ; BOFiP-RSA-CHAMP-20-40-10-30-§§ 10, 13 et 15-22/06/2023).

Cotisations de sécurité sociale et charges ayant la même assiette - En matière sociale, les indemnités accordées par le juge, en cas de licenciement abusif, irrégulier ou nul ne sont pas systématiquement exonérés en totalité de cotisations.

Elles relèvent en effet d'un régime social spécifique, dans le cadre du plafonnement de l'exonération de cotisations applicable aux indemnités de rupture (BOSS, Indemnité de rupture, § 1000, 01/01/2025).

Le plafonnement s'applique aux indemnités accordées en justice en cas :
- d'irrégularité dans la procédure de licenciement ou d'un licenciement sans cause réelle et sérieuse ou abusif (c. trav. art. L. 1235-2, L. 1235-3, L. 1235-5 et L. 1235-14) ;
- de licenciement jugé nul en raison de son caractère discriminatoire (c. trav. art. L. 1235-3-1) ;
- de licenciement économique nul du fait de l'absence de plan de sauvegarde de l'emploi (PSE) (c. trav. art. L. 1235-11) ;
- d'annulation de la décision de validation ou d'homologation du PSE pour un motif autre que l'absence ou

l'insuffisance de motivation, lorsque le salarié n'est pas réintégré dans l'entreprise (c. trav. art. L. 1235-16) ;
- de non-respect par l'employeur des procédures de consultation des représentants du personnel ou d'information de l'autorité administrative en cas de licenciement économique (c. trav. art. L. 1235-12) ;
- ou encore de violation de la priorité de réembauche dont bénéficie un salarié licencié pour motif économique (c. trav. art. L. 1235-13).

▶ À noter… Sur le montant de ces différentes indemnités, le lecteur se reportera aux développements correspondants [voir *Licenciement (dommages et intérêts)**].

Ces indemnités octroyées par le juge sont exonérées de cotisations de sécurité sociale dans la limite de 2 fois le montant annuel du *plafond de la sécurité sociale** (PASS), compte tenu du montant déjà exonéré au titre de l'indemnité légale, conventionnelle ou contractuelle de licenciement (BOSS, Indemnité de rupture, § 1890, 01/01/2025). En pratique, il convient donc d'appliquer la limite de 2 PASS en tenant compte des indemnités de rupture précédemment versées à l'occasion du départ du salarié et, le cas échéant, des sommes déjà exonérées (ex. : tout ou partie d'une indemnité de licenciement).

La limite de 2 fois le montant annuel du *plafond de la sécurité sociale** s'apprécie au regard du plafond en vigueur au moment du versement initial de l'indemnité de rupture (BOSS, Indemnité de rupture, § 1890, 01/01/2025).

La fraction dépassant la limite d'exclusion d'assiette doit être assujettie aux cotisations et contributions.

CSG et CRDS - L'administration considère que l'indemnité octroyée par le juge est exonérée de CSG/CRDS dans la limite des montants minimaux prévus par la loi et, en tout état de cause, de 2 fois le montant annuel du *plafond de la sécurité sociale** (indemnité de rupture et indemnité octroyée par le juge cumulées) (BOSS, Indemnité de rupture, § 1900, 01/01/2025). La fraction excédentaire est soumise à CSG/CRDS.

La limite de 2 PASS s'apprécie au regard du plafond en vigueur au moment du versement initial de l'indemnité de rupture, comme pour les cotisations de sécurité sociale *(voir ci-avant)*.

▶ À noter… Pour mémoire, la loi fixe certains montants minima pour les indemnités octroyés en justice, qui servent alors de référence comme minimum légal pour les indemnités considérées, par exemple :

Exemple de traitement d'indemnité pour licenciement sans cause réelle et sérieuse

Suite à un licenciement notifié en 2023, un salarié quitte l'entreprise en décembre de la même année. L'employeur lui verse une indemnité de licenciement de 72 000 €. En 2025, le salarié obtient en justice 60 000 € de dommages et intérêts pour licenciement sans cause réelle et sérieuse.

L'exemple est proposé par nos soins, sous réserve de la position de l'administration et des URSSAF en cas de contrôle.

I - Traitement de l'indemnité de licenciement en 2023

En 2023, l'indemnité de licenciement de 72 000 € suit le régime suivant :
- exonération d'impôt sur le revenu en totalité, dans la mesure où elle est supposée inférieure au double de la rémunération annuelle de l'année précédant le licenciement, sans dépasser 6 fois le montant annuel du *plafond de la sécurité sociale** 2023 (CGI art. 80 duodecies, 1, 3°, a) ;
- exonération de cotisations de sécurité sociale et des charges ayant la même assiette en totalité, puisque la fraction exonérée d'impôt ne dépasse pas la limite de plafonnement applicable à une indemnité versée en 2023 (deux fois le plafond annuel 2023, soit 87 984 €) ;
- exonération de CSG et de CRDS à hauteur de 62 000 € (minimum conventionnel), la fraction excédentaire (10 000 €) étant assujettie à ces contributions.

II - Traitement des 60 000 € de dommages et intérêts en 2025

• **Cotisations de sécurité sociale -** Les 60 000 € de dommages et intérêts sont exclus de l'assiette des cotisations de sécurité sociale, mais sous réserve de la règle de plafonnement. La somme globale de 132 000 € (indemnité de licenciement versée en 2023 + dommages et intérêts de 2025) doit être comparée à la limite d'exclusion d'assiette des cotisations de sécurité sociale applicable au moment du versement initial de l'indemnité de rupture, à savoir 2 plafonds annuels de la sécurité sociale de l'année 2023 (soit 87 984 €).

La fraction excédant le seuil est assujettie à cotisations, soit 132 000 € – 87 984 € = 44 016 €.

• **CSG et CRDS -** Pour la CSG et la CRDS, la limite d'exclusion applicable aux sommes cumulées est de 2 fois le plafond annuel de la sécurité sociale 2023, soit 87 984 €.

La fraction assujettie à CSG et à CRDS en 2025 est donc égale à 132 000 € – 87 984 € = 44 016 €.

Dans la mesure où 10 000 € y ont déjà été assujettis en 20223, la CSG/CRDS est due en 2025 sur la somme de : 44 016 € – 10 000 € = 34 016 €.

- 6 mois de salaire en cas de licenciement économique nul du fait de l'absence de plan de sauvegarde de l'emploi pour les licenciements notifiés depuis le 24 septembre 2017 (12 mois de salaire antérieurement) (c. trav. art. L. 1235-11) ;
- 1 mois de salaire en cas de non-respect de la priorité de réembauchage après un licenciement économique pour les licenciements notifiés depuis le 24 septembre 2017 (2 mois de salaire antérieurement) (c. trav. art. L. 1235-13).

Depuis le 1er janvier 2022, l'administration considère que l'indemnité octroyée par le juge en cas de licenciement sans cause réelle et sérieuse est exonérée de CSG/CRDS dans la limite de 2 fois le montant annuel du *plafond de la sécurité sociale** (indemnité de licenciement et indemnité octroyée par le juge cumulées) (BOSS, Indemnités de rupture, § 1901, 01/01/2025). Il n'est donc plus fait référence aux montants plancher du barème d'indemnisation des licenciements sans cause réelle et sérieuse.

Indemnité forfaitaire de conciliation prud'homale - Il existe un barème forfaitaire de conciliation destinée à faciliter la résolution des litiges relatifs portant sur le caractère réel et sérieux du licenciement d'un salarié en CDI ainsi que sur la régularité de la procédure (c. trav. art. L. 1235-1 et D. 1235-21).

Le régime de cette indemnité est détaillé par ailleurs (voir *Indemnité de conciliation prud'homale**).

Indemnités très élevées (« parachutes dorés »)

Assujettissement intégral à cotisations au-delà d'un certain montant - Plusieurs catégories d'indemnités de rupture du contrat de travail sont exonérées de cotisations, de CSG et de CRDS dans certaines limites *(voir ci-avant)*.

Lorsque leur montant excède 10 fois le montant annuel du *plafond de la sécurité sociale** (soit 471 000 € en 2025), elles sont assujetties à CSG et à CRDS ainsi qu'aux cotisations de sécurité sociale et aux charges ayant la même assiette dès le premier euro (c. séc. soc. art. L. 136-1-1, III, 5° a et L. 242-1, II, 7°).

Pour les dirigeants cumulant un mandat social avec leur contrat de travail, le seuil d'assujettissement au 1er euro est ramené à 5 fois le montant annuel du *plafond de la sécurité sociale**, soit 235 500 € en 2025 (indemnités de rupture du contrat de travail et du mandat social cumulées s'il y a lieu) (c. séc. soc. art. L. 136-1-1, III, 5° b et L. 242-1, II, 7°).

Pour plus de détails, voir *Parachutes dorés**.

Exemples d'indemnités de rupture versées en 2025

Données de la situation	Régimes fiscal et social applicables
Un salarié reçoit une indemnité de licenciement de 20 000 € en 2025. L'indemnité conventionnelle de licenciement est de 15 000 €. Sa rémunération brute était de 80 000 € en 2024.	**1) Régime fiscal :** La fraction exonérée d'impôt est égale au double de la rémunération annuelle de 2024, plafonnée à 6 fois le plafond annuel de la sécurité sociale en vigueur à la date de versement de l'indemnité (CGI art. 80 duodecies, 1, 3°). L'indemnité est exonérée en totalité (20 000 €).
	2) Cotisations de sécurité sociale : Comme la part exonérée d'impôt est inférieure à la valeur de 2 fois le plafond annuel de la sécurité sociale, l'indemnité est totalement exclue de l'assiette des cotisations.
	3) CSG et CRDS : Comme la part exclue de l'assiette des cotisations sociales (20 000 €) est supérieure à l'indemnité conventionnelle (15 000 €), c'est cette dernière limite qui s'applique. Le montant assujetti à CSG et à CRDS est donc de 20 000 € – 15 000 € = 5 000 €.
Dans le cadre d'un licenciement notifié en 2025 et suivi d'une transaction, un employeur verse à un cadre de direction une indemnité de licenciement de 120 000 €. Le montant conventionnel de l'indemnité de licenciement est de 70 000 €. En 2024, l'intéressé a eu une rémunération de 130 000 €.	**1) Régime fiscal :** La fraction exonérée d'impôt est égale au double de la rémunération annuelle de 2024, dans la limite de 6 fois le plafond annuel de la sécurité sociale en vigueur à la date de versement de l'indemnité, soit 282 600 € en 2025 (CGI art. 80 duodecies, 1, 3°). L'indemnité est exonérée en totalité (120 000 €).
	2) Cotisations de sécurité sociale : La fraction d'indemnité non imposable est exonérée de cotisations dans la limite de 2 fois le plafond annuel de la sécurité sociale, soit 94 200 € en 2025. La fraction assujettie est donc de 120 000 € – 94 200 € = 25 800 €.
	3) CSG et CRDS : Comme la part exclue de l'assiette des cotisations sociales (94 200 €) est supérieure à l'indemnité conventionnelle (70 000 €), c'est cette dernière limite qui s'applique. Le montant assujetti à CSG et à CRDS est donc de 120 000 – 70 000 = 50 000 €.

Exemples d'indemnités de rupture versées en 2025	
Données de la situation	**Régimes fiscal et social applicables**
Dans le cadre d'une rupture conventionnelle individuelle conclue en janvier 2025, un employeur verse à un cadre une indemnité de 100 000 €. Le montant de l'indemnité de licenciement prévu par l'accord professionnel est de 65 000 €. Sa rémunération s'élevait à 130 000 € en 2024.	**1) Régime fiscal :** La fraction exonérée d'impôt est égale au double de la rémunération annuelle de 2024, dans la limite de 6 fois le plafond annuel de la sécurité sociale en vigueur à la date de versement de l'indemnité, soit 282 600 € en 2025 (CGI art. 80 duodecies, 1, 3°). L'indemnité est exonérée en totalité (100 000 €). **2) Cotisations de sécurité sociale :** La fraction d'indemnité non imposable est exonérée de cotisations dans la limite de 2 fois le plafond annuel de la sécurité sociale, soit 94 200 € en 2025. La fraction assujettie est donc de 100 000 € – 94 200 € = 5 800 €. **3) CSG et CRDS :** La part exclue de l'assiette des cotisations sociales (94 200 €) est supérieure à l'indemnité conventionnelle (65 000 €). C'est donc cette dernière limite qui s'applique. L'indemnité est exonérée de CSG et de CRDS à hauteur de 65 000 € et assujettie pour 100 000 € – 65 000 € = 35 000 €. **4) Contribution patronale de 30 % :** L'employeur est redevable de la *contribution sur les indemnités de rupture conventionnelle individuelle** au taux de 30 % sur la fraction d'indemnité exonérée de cotisations de sécurité sociale (94 200 €).
Dans le cadre d'un licenciement notifié en 2025, un employeur verse à un cadre de direction une indemnité de 300 000 € (montant déterminé en application d'une clause du contrat de travail). Le montant conventionnel de l'indemnité de licenciement est supposé de 160 000 €. En 2024, l'intéressé a eu une rémunération brute de 260 000 €.	**1) Régime fiscal :** La fraction exonérée d'impôt est égale au double de la rémunération annuelle brute de 2025, dans la limite de 6 fois le plafond annuel de la sécurité sociale de l'année de versement, soit 282 600 € en 2025 (CGI art. 80 duodecies, 1, 3°). L'indemnité est imposable pour 300 000 € – 282 600 € = 17 400 €. **2) Cotisations de sécurité sociale :** La fraction d'indemnité non imposable est exonérée de cotisations dans la limite de 2 fois le plafond annuel de la sécurité sociale, soit 94 200 € en 2025. La fraction assujettie est donc de 300 000 € – 94 200 € = 205 800 €. **3) CSG et CRDS :** L'indemnité conventionnelle (160 000 €) est supérieure à la part exclue de l'assiette des cotisations sociales (94 200 €). C'est donc cette dernière limite qui s'applique. L'indemnité est exonérée de CSG et de CRDS à hauteur de 94 200 € et assujettie à CSG et CRDS pour 300 000 € – 94 200 € = 205 800 €.
Après sa mise à la retraite par l'employeur, un salarié perçoit une indemnité de mise à la retraite de 60 000 € en avril 2025. L'indemnité conventionnelle est de 50 000 €. La rémunération brute annuelle de 2024 est de 90 000 €.	**1) Régime fiscal :** La fraction exonérée d'impôt est égale au double de la rémunération annuelle brute de 2024, dans la limite de 5 fois le plafond annuel de la sécurité sociale de l'année de versement, soit 235 500 € en 2025 (CGI art. 80 duodecies, 1, 4°). L'indemnité est exonérée en totalité (60 000 €). **2) Cotisations de sécurité sociale :** La fraction d'indemnité non imposable est exonérée de cotisations dans la limite de 2 fois le plafond annuel de la sécurité sociale, soit 94 200 € en 2025. L'indemnité de mise à la retraite est donc exonérée de cotisations en totalité (60 000 €). **3) CSG et CRDS :** La part exclue de l'assiette des cotisations sociales (60 000 €) est supérieure au montant de l'indemnité conventionnelle (50 000 €). C'est donc cette dernière limite qui s'applique. L'indemnité est exonérée de CSG et de CRDS à hauteur de 50 000 € et assujettie à CSG et CRDS pour 60 000 € – 50 000 € = 10 000 €. **4) Contribution patronale de 30 % :** L'employeur est redevable de la *contribution sur les indemnités de mise à la retraite** au taux de 30 % sur la fraction d'indemnité exonérée de cotisations de sécurité sociale, soit son montant total de 60 000 €.

<table>
<tr><th colspan="3">Régimes social et fiscal des indemnités de rupture
du contrat de travail au 1er janvier 2025</th></tr>
<tr><th colspan="3">Indemnité compensatrice de préavis, de congés payés, de RTT non pris ; indemnité de non-concurrence</th></tr>
<tr><td colspan="2">Impôt sur le revenu</td><td>Imposable en totalité.</td></tr>
<tr><td colspan="2">Cotisations de sécurité sociale et charges ayant la même assiette (1)</td><td>Assujettie à cotisations.</td></tr>
<tr><td colspan="2">CSG et CRDS (2)</td><td>Assujettie à CSG et à CRDS, après abattement d'assiette (3).</td></tr>
<tr><th colspan="3">Indemnité de précarité (fin de CDD ou de mission d'intérim)</th></tr>
<tr><td colspan="2">Impôt sur le revenu</td><td>Imposable en totalité.</td></tr>
<tr><td colspan="2">Cotisations de sécurité sociale et charges ayant la même assiette (1)</td><td>Assujettie à cotisations.</td></tr>
<tr><td colspan="2">CSG et CRDS (2)</td><td>Assujettie à CSG et à CRDS, après abattement d'assiette (3).</td></tr>
<tr><th colspan="3">Indemnité de départ volontaire (hors plan de sauvegarde de l'emploi)</th></tr>
<tr><td colspan="2">Impôt sur le revenu</td><td>Imposable en totalité.</td></tr>
<tr><td colspan="2">Cotisations de sécurité sociale et charges ayant la même assiette (1)</td><td>Assujettie à cotisations.</td></tr>
<tr><td colspan="2">CSG et CRDS (2)</td><td>Assujettie à CSG et à CRDS (sans abattement d'assiette).</td></tr>
<tr><th colspan="3">Indemnité de départ volontaire à la retraite (hors plan de sauvegarde de l'emploi)</th></tr>
<tr><td colspan="2">Impôt sur le revenu</td><td>Imposable en totalité.</td></tr>
<tr><td colspan="2">Cotisations de sécurité sociale et charges ayant la même assiette (1)</td><td>Assujettie à cotisations.</td></tr>
<tr><td colspan="2">CSG et CRDS (2)</td><td>Assujettie à CSG et à CRDS (sans abattement d'assiette).</td></tr>
<tr><th colspan="3">Indemnité de licenciement, de départ volontaire, de départ en préretraite ou de départ volontaire en retraite versée dans le cadre d'un plan de sauvegarde de l'emploi (4)</th></tr>
<tr><td colspan="2">Impôt sur le revenu</td><td>Exonérée d'impôt en totalité.</td></tr>
<tr><td colspan="2">Cotisations de sécurité sociale et charges ayant la même assiette (1)</td><td>Exonérée de cotisations, dans la limite de 2 plafonds annuels de la sécurité sociale, soit 94 200 € en 2025 (5).</td></tr>
<tr><td colspan="2">CSG et CRDS (2)</td><td>Assujettie à CSG et à CRDS, sans abattement d'assiette, pour la fraction excédant le minimum légal ou conventionnel de l'indemnité de licenciement et, en tout état de cause, pour la partie soumise à cotisations de sécurité sociale (5) (6) (7).</td></tr>
<tr><th colspan="3">Indemnité de rupture conventionnelle collective ou au terme d'un congé de mobilité</th></tr>
<tr><td colspan="2">Impôt sur le revenu</td><td>Exonérée d'impôt en totalité.</td></tr>
<tr><td colspan="2">Cotisations de sécurité sociale et charges ayant la même assiette (1)</td><td>Exonérée de cotisations, dans la limite de 2 plafonds annuels de la sécurité sociale, soit 94 200 € en 2025 (5).</td></tr>
<tr><td colspan="2">CSG et CRDS (2)</td><td>Sous réserve de précisions de l'administration, à notre sens assujettie à CSG et à CRDS, sans abattement d'assiette, pour la fraction excédant le minimum légal ou conventionnel de l'indemnité de licenciement et, en tout état de cause, pour la partie soumise à cotisations de sécurité sociale (5) (6) (7).</td></tr>
<tr><th colspan="3">Indemnité de licenciement (hors plan de sauvegarde de l'emploi)</th></tr>
<tr><td rowspan="2">Impôt sur le revenu</td><td>Indemnité limitée au minimum légal ou conventionnel</td><td>Exonérée d'impôt en totalité.</td></tr>
<tr><td>Indemnité supérieure au minimum légal ou conventionnel</td><td>Exonérée d'impôt à hauteur du montant le plus élevé entre :
- soit le minimum légal ou conventionnel (6), sans limitation de montant ;
- soit 50 % de l'indemnité ou 2 fois la rémunération annuelle brute du salarié sur l'année civile précédant la rupture (8), la fraction exonérée au titre de ces critères ne pouvant excéder 6 fois le plafond annuel de la sécurité sociale en vigueur à la date de versement de l'indemnité, soit 282 600 € en 2025.</td></tr>
<tr><td colspan="2">Cotisations de sécurité sociale et charges ayant la même assiette (1)</td><td>La fraction d'indemnité exonérée d'impôt sur le revenu est exonérée de cotisations, dans la limite de 2 plafonds annuels de la sécurité sociale, soit 94 200 € en 2025 (5).</td></tr>
<tr><td colspan="2">CSG et CRDS (2)</td><td>Assujettie à CSG et à CRDS (sans abattement d'assiette) pour la fraction excédant le minimum légal ou conventionnel de l'indemnité de licenciement et, en tout état de cause, pour la partie soumise à cotisations de sécurité sociale (5) (6) (7).</td></tr>
</table>

Régimes social et fiscal des indemnités de rupture du contrat de travail au 1er janvier 2025		
Indemnité de rupture conventionnelle individuelle		
Impôt sur le revenu		❶ Salarié en droit de bénéficier d'une pension de vieillesse d'un régime de retraite légalement obligatoire : indemnité imposable en totalité. ❷ Salarié n'étant pas droit de bénéficier d'une pension de vieillesse d'un régime de retraite légalement obligatoire : indemnité exonérée d'impôt à hauteur du montant le plus élevé entre : - soit le minimum légal ou conventionnel (6) de l'indemnité de licenciement, sans limitation de montant (une indemnité limitée au minimum légal ou conventionnel de l'indemnité de licenciement est donc exonérée d'impôt en totalité) ; - soit 50 % de l'indemnité ou 2 fois la rémunération annuelle brute du salarié sur l'année civile précédant la rupture (8), la fraction exonérée au titre de ces critères ne pouvant excéder 6 fois le plafond annuel de la sécurité sociale en vigueur à la date de versement de l'indemnité, soit 282 600 € en 2025.
Cotisations de sécurité sociale et charges ayant la même assiette (1)		• Dans la limite de 2 plafonds annuels de la sécurité sociale (soit 94 200 € en 2025), exonération de cotisations (5) à hauteur du montant le plus élevé entre (3) : - soit le minimum légal ou conventionnel (6) de l'indemnité de licenciement, sans limitation de montant ; - soit 50 % de l'indemnité ou 2 fois la rémunération annuelle brute du salarié sur l'année civile précédant la rupture (8).
CSG et CRDS (2)		• Assujettie à CSG et à CRDS (sans abattement d'assiette) pour la fraction excédant le minimum légal ou conventionnel de l'indemnité de licenciement et, en tout état de cause, pour la partie soumise à cotisations de sécurité sociale (5) (6).
Contribution patronale spécifique		• Contribution patronale de 30 % calculée sur la fraction d'indemnité exonérée de cotisations de sécurité sociale, assujettie ou non à CSG/CRDS.
Indemnité de mise à la retraite par l'employeur		
Impôt sur le revenu	Indemnité limitée au minimum légal ou conventionnel	Exonérée d'impôt en totalité.
	Indemnité supérieure au minimum légal ou conventionnel	Exonérée d'impôt à hauteur du montant le plus élevé entre : - soit le minimum légal ou conventionnel (6), sans limitation de montant ; - soit 50 % de l'indemnité ou 2 fois la rémunération annuelle brute du salarié sur l'année civile précédant la rupture (8), la fraction exonérée au titre de ces critères ne pouvant excéder 5 fois le plafond annuel de la sécurité sociale en vigueur à la date de versement de l'indemnité, soit 235 500 € en 2025.
Cotisations de sécurité sociale et charges ayant la même assiette (1)		La fraction exonérée d'impôt sur le revenu est exonérée de cotisations, dans la limite de 2 plafonds annuels de la sécurité sociale, soit 94 200 € en 2025 (5).
CSG et CRDS (2)		Assujettie à CSG et à CRDS (sans abattement d'assiette) pour la fraction excédant le minimum légal ou conventionnel et, en tout état de cause, pour la partie soumise à cotisations de sécurité sociale (5) (6) (7).
Contribution patronale spécifique		• Contribution patronale de 30 % calculée sur la fraction d'indemnité exonérée de cotisations de sécurité sociale, assujettie ou non à CSG/CRDS.
Indemnité de clientèle (VRP)		
Impôt sur le revenu		Exonérée d'impôt à hauteur du montant le plus élevé entre : - soit le montant minimum légal ou conventionnel (6) de l'indemnité de licenciement à laquelle le VRP aurait eu droit s'il ne percevait pas l'indemnité de clientèle, sans limitation de montant ; - soit 50 % de l'indemnité de clientèle ou 2 fois la rémunération annuelle brute du salarié sur l'année civile précédant la rupture (8), la fraction exonérée au titre de ces critères ne pouvant excéder 6 fois le plafond annuel de la sécurité sociale en vigueur à la date de versement de l'indemnité, soit 282 600 € en 2025).
Cotisations de sécurité sociale et charges ayant la même assiette (1)		La fraction exonérée d'impôt sur le revenu est exonérée de cotisations, dans la limite de 2 plafonds annuels de la sécurité sociale, soit 94 200 € en 2025 (5).
CSG et CRDS (2)		Assujettie à CSG et à CRDS (sans abattement d'assiette) pour la fraction excédant le minimum légal ou conventionnel de l'indemnité de licenciement et, en tout état de cause, pour la partie soumise à cotisations de sécurité sociale (5) (6) (7).

<table>
<tr><th colspan="2">Régimes social et fiscal des indemnités de rupture
du contrat de travail au 1er janvier 2025</th></tr>
<tr><th colspan="2">Indemnité de rupture anticipée d'un CDD</th></tr>
<tr><td>Impôt sur le revenu</td><td>Imposable à concurrence du montant que le salarié aurait perçu jusqu'à la fin du contrat s'il était allé jusqu'à son terme. Si l'indemnité est d'un montant supérieur, le surplus est exonéré d'impôt dans les mêmes limites que l'indemnité de licenciement hors plan de sauvegarde de l'emploi (BOFiP-RSA-CHAMP-20-40-10-20-§ 10-28/07/2020).</td></tr>
<tr><td>Cotisations de sécurité sociale et charges ayant la même assiette (1)</td><td>Les sommes qui sont imposables sont assujetties à cotisations (lettre-circ. ACOSS 2001-22 du 25 janvier 2001, § 2.1). La fraction éventuelle de dommages et intérêts qui excède le montant des salaires restants dus jusqu'au terme du contrat est soumise au régime d'exonération de l'indemnité de licenciement hors plan de sauvegarde de l'emploi (voir plus haut) (BOSS, Indemnités de rupture, § 1280, 01/01/2025).</td></tr>
<tr><td>CSG et CRDS (2)</td><td>• Dans le cas général, assujettie à CSG et à CRDS en totalité (sans abattement d'assiette)

• Si une convention collective de branche, un accord professionnel ou interprofessionnel prévoit, au bénéfice des titulaires de CDD rompus avant terme, une indemnité d'un montant supérieur aux salaires restant dus :
la fraction excédentaire peut être exonérée de CSG/CRDS à hauteur du montant prévu par la convention et dans la limite du montant de l'indemnité exclue de l'assiette des cotisations. Le surplus est soumis à CSG/CRDS (sans abattement d'assiette) (BOSS, Indemnités de rupture, § 1290, 01/01/2025).</td></tr>
<tr><th colspan="2">Indemnité de cessation anticipée d'activité (préretraite amiante)</th></tr>
<tr><td>Impôt sur le revenu</td><td>Exonérée d'impôt (CGI art. 81, 33°).</td></tr>
<tr><td>Cotisations de sécurité sociale et charges ayant la même assiette (1)</td><td>Exonérée de cotisations (loi 98-1194 du 23 décembre 1998, art. 41-V).</td></tr>
<tr><td>CSG et CRDS (2)</td><td>Exonérée de CSG et de CRDS (c. séc. soc. art. L. 136-2, III, 7°).</td></tr>
<tr><th colspan="2">Indemnité spéciale de licenciement
(inaptitude physique liée à un accident du travail ou à une maladie professionnelle) (c. trav. art. L. 1226-14)</th></tr>
<tr><td>Impôt sur le revenu</td><td rowspan="3">Même régime que l'indemnité de licenciement « hors plan de sauvegarde de l'emploi », le minimum légal de référence étant celui de l'indemnité spéciale.</td></tr>
<tr><td>Cotisations de sécurité sociale et charges ayant la même assiette (1)</td></tr>
<tr><td>CSG et CRDS (2)</td></tr>
<tr><th colspan="2">Dommages et intérêts pour licenciement irrégulier, abusif ou sans cause réelle et sérieuse</th></tr>
<tr><td>Impôt sur le revenu</td><td>Exonérés en totalité.</td></tr>
<tr><td>Cotisations de sécurité sociale et charges ayant la même assiette (1)</td><td>• Exonération de cotisations de sécurité sociale dans la limite de 2 fois le plafond annuel de la sécurité sociale, compte tenu du montant cumulé de l'indemnité de rupture (ex. : indemnité de licenciement) et de l'indemnité octroyée par le juge (BOSS, Indemnité de rupture, § 1890, 01/01/2025) (5) (9).

• Pour le détail, voir nos développements.</td></tr>
<tr><td>CSG et CRDS (2)</td><td>• <u>Principe :</u> CSG/CRDS dues au-delà des montants minimaux prévus par la loi et, en tout état de cause, sur la fraction excédant 2 fois le plafond annuel de la sécurité sociale (indemnité de rupture et indemnité octroyée par le juge cumulées) (BOSS, Indemnité de rupture, § 1900, 01/01/2025) (5) (7) (9).

• <u>Dommages et intérêts pour licenciement sans cause réelle et sérieuse (doctrine administrative depuis le 1.01.2023) :</u> CSG/CRDS sur la fraction excédant 2 fois le plafond annuel de la sécurité sociale (indemnité de rupture et indemnité octroyée par le juge cumulées) (BOSS, Indemnité de rupture, § 1901, 01/01/2025) (5) (7) (9).

• Pour le détail, voir nos développements.</td></tr>
</table>

Régimes social et fiscal des indemnités de rupture du contrat de travail au 1er janvier 2025	
Indemnité forfaitaire de conciliation prud'homale (10)	
Impôt sur le revenu	Exonérée dans la limite du barème (c. trav. art. D. 1235-21).
Cotisations de sécurité sociale et charges ayant la même assiette (1)	La fraction exonérée d'impôt sur le revenu est exonérée de cotisations, dans la limite de 2 fois le plafond annuel de la sécurité sociale, compte tenu de l'ensemble des indemnités versées dans le cadre des dispositions de l'article 80 duodecies du code général des impôts (ex. : indemnité de licenciement) (BOSS, Indemnité de rupture, § 1850, 01/01/2025) (5).
CSG et CRDS (2)	Exonérée de CSG et de CRDS, dans la limite du montant total exclu de l'assiette des cotisations. CSG/CRDS dues (sans abattement d'assiette) sur la fraction excédant le barème et, en tout état de cause, sur la fraction soumise à cotisations. (BOSS, Indemnité de rupture, § 1850, 01/01/2025) (5) (7).

(1) Cotisations de sécurité sociale, FNAL, versement mobilité, contributions chômage et AGS, contributions AGIRC-ARRCO et APEC, contribution au dialogue social, contribution à la formation, participation à l'effort de construction, taxe d'apprentissage.

(2) L'assiette de la taxe sur les salaires est alignée sur celle de la CSG. Toutefois, l'abattement d'assiette de 1,75 % applicable sur certains éléments de rémunérations pour le calcul de la CSG ne s'applique jamais pour le calcul de la taxe sur les salaires.

(3) Préalablement au calcul de la CSG et de la CRDS, il convient d'appliquer un abattement d'assiette de 1,75 %. Toutefois, cet abattement est plafonné sur l'année [voir *Contribution sociale généralisée (CSG)**]. Une fois ce plafond atteint sur l'année pour le salarié en question, la CSG et la CRDS sont calculées directement, sans abattement préalable.

(4) Plan de sauvegarde de l'emploi au sens des articles L. 1233-32 et L. 1233-61 du code du travail : ce régime ne s'applique que dans le cadre de la procédure de licenciement économique portant sur au moins 10 salariés dans une même période de 30 jours, quel que soit l'effectif de l'entreprise (BOSS, Indemnité de rupture, § 610, 01/01/2025 ; BOFiP-RSA-CHAMP-20-40-10-30-§§ 430 et 440-22/06/2023).

(5) Les indemnités de rupture du contrat de travail supérieures à 10 fois le montant annuel du *plafond de la sécurité sociale** (soit 463 680 € en 2024) sont assujetties à cotisations de sécurité sociale, à CSG et à CRDS ainsi qu'aux charges ayant la même assiette dès le premier euro (c. séc. soc. art. L. 136-2, II, 5° et L. 242-1, dern. al.) (voir *Parachutes dorés**). Pour les dirigeants cumulant un mandat social avec leur contrat de travail, la limite est de 5 fois le montant annuel du *plafond de la sécurité sociale**, soit 231 840 € en 2024 (indemnités de rupture du contrat de travail et du mandat social cumulées s'il y a lieu) (c. séc. soc. art. L. 136-1-1, III, 5° b et L. 242-1, II, 7°).

(6) Le minimum conventionnel est celui prévu par accord professionnel ou interprofessionnel ou par accord de branche, à l'exclusion d'un éventuel accord d'entreprise ou d'établissement.

(7) CSG intégralement non déductible lorsqu'elle se rapporte à des sommes exonérées d'impôt et de cotisations de sécurité sociale (BOFiP-RSA-BASE-30-30-§§ 80 et 100-24/07/2017). La CSG reste déductible pour 6,80 % si elle se rapporte à des sommes imposables ou soumises à cotisations de sécurité sociale.

(8) Rémunération annuelle brute fiscale (brut avant déduction de la part salariale des cotisations déductibles, y inclus la fraction de CSG déductible). Sous réserve de l'appréciation de l'administration, il conviendrait, à notre sens, d'intégrer les revenus exclus de l'assiette des cotisations mais imposables (ex. : primes d'intéressement non affectées à un PEE, part patronale aux garanties « Frais de santé »).

(9) Le limite de 2 fois le plafond annuel de la sécurité sociale est évaluée compte tenu du plafond en vigueur au moment du versement initial de l'indemnité de rupture initiale (ex. : indemnité de licenciement) (BOSS, Indemnité de rupture, § 1890, 01/01/2025).

(10) Indemnité de conciliation visant à faciliter le règlement des contestations relatives au caractère réel et sérieux du licenciement d'un salarié en CDI ou à la régularité de la procédure de licenciement (c. trav. art. L. 1235-1 et D. 1235-21) (voir *Indemnité de conciliation prud'homale**).

Pas d'incidence sur le régime fiscal - Cette mesure sur l'assujettissement social des parachutes dorés concerne les cotisations sociales, la CSG et la CRDS. Elle n'a pas d'impact sur le plan fiscal.

☞ *Congé de mobilité ; Contribution sur les indemnités de mise à la retraite ; Contribution sur les indemnités de rupture conventionnelle individuelle ; Dirigeants d'entreprise ; Forfait social ; Inaptitude CDI (indemnisation du licenciement) ; Indemnité de conciliation prud'homale ; Indemnité de départ volontaire ; Indemnité de départ volontaire en retraite ; Indemnité de licenciement ; Indemnité de mise à la retraite ; Indemnité de rupture anticipée d'un CDD ; Indemnité de rupture conventionnelle collective ; Indemnité de rupture conventionnelle individuelle ; Indemnité transactionnelle ; Licenciement (dommages et intérêts) ; Licenciement des représentants du personnel ; Parachutes dorés ; Préretraite-amiante.*

Indemnité d'occupation du domicile

À certaines conditions, un salarié peut prétendre à une indemnité au titre de l'occupation de son domicile à des fins professionnelles.

Cette indemnité s'apparente à une indemnité de sujétion, qui vise à compenser le désagrément lié à l'utilisation professionnelle du domicile personnel du salarié (ex. : stockage de matériel au domicile).

À notre sens, elle ne doit pas être confondue avec la prise en charge des frais professionnels.

Droit à l'indemnité d'occupation du domicile

Conditions générales - Par principe, l'occupation, à la demande de l'employeur, du domicile du salarié à des fins professionnelles constitue une immixtion dans la vie privée de celui-ci et n'entre pas dans l'économie générale du contrat de travail (cass. soc. 7 avril 2010, n° 08-44865, BC V n° 86).

Lorsqu'un employeur souhaite qu'un salarié utilise son domicile à titre professionnel, il doit donc le lui demander.

Le salarié n'est tenu d'accepter ni de travailler à son domicile, ni d'y installer ses dossiers et ses instruments de travail. Si le salarié accède à la demande de son employeur, ce dernier doit l'indemniser de cette sujétion particulière (l'indemnité « d'occupation du domicile ») ainsi que des frais engendrés par l'occupation à titre professionnel du domicile (cass. soc. 7 avril 2010, n° 08-44865, BC V n° 86).

Le salarié a droit à une indemnité au titre de l'occupation de son domicile à des fins professionnelles dès lors qu'un local professionnel n'est pas mis effectivement à sa disposition (cass. soc. 12 décembre 2012, n° 11-20502, BC V n° 339).

A contrario, le salarié ne peut pas prétendre à cette indemnité si un local professionnel est mis à sa disposition (cass. soc. 4 décembre 2013, n° 12-19667, BC V n° 300).

Par conséquent, lorsque l'occupation du domicile à titre professionnel est un choix du salarié sans que l'employeur le lui ait demandé, l'intéressé n'a pas droit à une indemnité d'occupation.

▶ Attention... Un salarié peut avoir droit à une indemnité lorsque l'occupation du domicile à titre professionnel, sans être formellement imposée par l'employeur, résulte des conditions dans lesquelles il accomplit son travail et qu'un local professionnel n'est pas mis effectivement à sa disposition. C'est ce que l'on peut déduire d'une affaire dans laquelle il a été jugé que le fait pour un employeur de fournir à des salariés itinérants les moyens informatiques de se connecter en tout lieu pour exécuter certaines tâches courantes (ex. : gestion de commandes, réponses aux mails) ne permet pas d'en déduire que l'exécution des tâches administratives à domicile résulte du seul choix de ces salariés, quand ces tâches sont diverses et nécessitent de pouvoir s'y consacrer sérieusement dans de bonnes conditions (cass. soc. 8 novembre 2017, n° 16-18501, BC V n° 192).

Cas du télétravail - Le code du travail ne comporte aucune disposition sur une éventuelle indemnité d'occupation du domicile en cas de *télétravail**. Les deux accords nationaux interprofessionnels de 2005 et 2020 sur le télétravail n'abordent pas non plus la question, et s'en tiennent au sujet des frais professionnels (voir *Télétravail**).

On doit donc a priori raisonner en fonction des principes généraux quant au droit à une éventuelle indemnité d'occupation du domicile *(voir ci-avant)*.

Modalités

Formalisation - L'employeur doit fixer le montant de l'indemnité d'occupation du domicile dans une clause du contrat de travail.

Il est important d'indiquer l'indemnité de manière distincte même lorsque le salarié perçoit une rémunération forfaitaire. À défaut, l'employeur pourrait se voir réclamer l'indemnité (cass. soc. 7 avril 2010, n° 08-44865, BC V n° 86). Par exemple, une clause prévoyant la prise en charge à hauteur de 30 % des commissions des frais professionnels exposés et ne comportant pas de mention permettant d'établir que ce montant couvre l'occupation par la salariée d'une partie de son domicile personnel à des fins professionnelles, ne suffit pas (cass. soc. 27 mars 2019, n° 17-21014 FSPB).

Montant de l'indemnité - Le montant de l'indemnité d'occupation du domicile des salariées à des fins professionnelles ne peut dépendre que de l'importance de la sujétion imposée à chaque salariée, du fait de l'immixtion dans sa vie privée du travail à accomplir pour l'employeur et de la nécessité de stocker des matériels professionnels à son domicile (cass. soc. 10 mars 2021, n° 19-16237 D).

L'indemnisation peut ainsi varier entre les salariés compte tenu du taux d'occupation du domicile (cass. soc. 7 avril 2010, n° 08-44865, BC V n° 86).

Lorsque l'occupation du logement à des fins professionnelles résulte du stockage du matériel professionnel et ne varie ni en fonction du temps de travail effectif ni en raison de l'utilisation d'heures de délégation, ces paramètres ne peuvent pas être pris en compte pour fixer le montant de l'indemnité (cass. soc. 8 novembre 2017, n° 16-18501, BC V n° 192).

Dans tous les cas, l'employeur ne peut pas se baser sur la seule différence de catégories professionnelles entre des salariés devant, les uns comme les autres, utiliser leur domicile pour leur verser une indemnisation différente car ce faisant, il pourrait ne pas respecter la règle « à travail égal, salaire égal » (cass. soc. 7 avril 2010, n° 08-44865, BC V n° 86 ; voir *Égalité des rémunérations**).

Indemnités journalières complémentaires

En application de la loi ou d'une convention collective, l'employeur peut être tenu de maintenir au salarié en arrêt de travail pour *maladie**, *accident du travail** ou *maladie professionnelle** tout ou partie de sa rémunération. Cette indemnisation complète les indemnités journalières versées par la sécurité sociale.

▶ À noter... Sur les effets des contre-visites médicales et les éventuelles suspensions de versement des indemnités complémentaires, voir *Contre-visite médicale**.

Dispositions légales (code du travail)

Salariés et arrêts de travail concernés - Le dispositif d'indemnisation complémentaire prévu par le code du travail couvre tous les salariés, à l'exception des travailleurs à domicile, des saisonniers, des salariés intermittents et des travailleurs temporaires (c. trav. art. L. 1226-1).

Il a vocation à s'appliquer en cas d'arrêt de travail lié à un accident (du travail, de trajet ou « classique ») ou à une maladie (professionnelle ou non professionnelle).

▶ À noter... A contrario, il ne couvre pas les congés de maternité et d'adoption, ni le congé de paternité et d'accueil de l'enfant, ni le *congé de deuil** en cas de décès d'un enfant.

Conditions d'attribution des indemnités complémentaires - Tout salarié qui se trouve en arrêt de travail pour un des motifs visés par le code du travail est en droit de percevoir une indemnisation versée par l'employeur en complément des indemnités journalières de sécurité sociale (IJSS), à condition (c. trav. art. L. 1226-1) :
- d'avoir justifié dans les 48 h de cette incapacité (condition de délai supprimée pour les victimes d'actes de terrorisme) ;
- d'être pris en charge par la sécurité sociale ;
- d'être soigné en France ou dans l'un des États membres de l'Union européenne (UE) ou de l'Espace économique européen (EEE) ;
- d'avoir une ancienneté minimale de 1 an ;
- le cas échéant, de se soumettre à une *contre-visite médicale** patronale.

S'agissant de la condition de prise en charge par la sécurité sociale, deux interprétations sembleraient possibles, sous réserve du contrôle de l'administration et des juges en cas de litige :
- considérer que l'indemnisation complémentaire du code du travail est conditionnée par la prise en charge de l'arrêt de travail par l'assurance maladie ;
- ou considérer qu'elle se traduit par la simple exigence d'avoir la qualité d'assuré social, par analogie avec ce qui a été jugé pour des dispositions conventionnelles voisines *(voir plus loin)*.

Appréciation de l'ancienneté - L'ancienneté prise en compte pour la détermination du droit au maintien de salaire pendant un arrêt de travail pour maladie ou accident s'apprécie au premier jour de l'absence (c. trav. art. D. 1226-8 ; cass. soc. 7 juillet 1993, n° 90-40906, BC V n° 198).

Délai de carence - Il n'y a aucun délai de carence en cas d'*accident du travail** ou de *maladie professionnelle**. L'employeur est tenu de verser les indemnités complémentaires aux indemnités journalières de sécurité sociale d'accident du travail dès le 1er jour d'arrêt de travail.

En revanche, si l'arrêt de travail est lié à une maladie non professionnelle ou s'il est consécutif à un *accident de trajet**, la loi prévoit un délai de carence de 7 jours calendaires (c. trav. art. D. 1226-3).

Niveau du maintien de salaire - L'indemnité complémentaire légale (prévue par le code du travail) est calculée ainsi (c. trav. art. D. 1226-1) :
- pendant les 30 premiers jours, 90 % de la rémunération brute qu'aurait perçue le salarié s'il avait continué à travailler ;
- pendant les 30 jours suivants, 2/3 de cette même rémunération brute.

Ces durées d'indemnisation sont augmentées de 10 jours par période entière de 5 ans d'ancienneté en plus de la durée d'une année requise, sans que chacune d'elle puisse dépasser 90 jours (c. trav. art. D. 1226-2).

Le niveau du maintien de salaire prévu par la loi (90 % ou les 2/3) correspond à un pourcentage de salaire brut.

Déduction des IJSS et des indemnités journalières de prévoyance - Le maintien de salaire s'entend déduction faite :
- des indemnités journalières de sécurité sociale (IJSS) ;
- et des éventuelles prestations versées par un organisme de prévoyance, pour la part correspondant au financement par l'employeur.

Pour ce maintien de salaire, s'il en fait la demande, l'employeur est subrogé de plein droit dans la perception des IJSS (voir *Subrogation**).

Maintien de salaire légal prévu par le code du travail (1)	
I. Conditions d'attribution	
• avoir au moins 1 an d'ancienneté • justifier médicalement de sa maladie dans les 48 heures (sauf victimes d'un acte de terrorisme) • être pris en charge par la sécurité sociale • être soigné en France ou dans un État membre de l'UE ou de l'EEE	
II. Délai de carence	
• Maladie non professionnelle, accident non professionnel et accident de trajet : 7 jours calendaires • Maladie professionnelle ou accident du travail : pas de délai de carence	
III. Durée et taux d'indemnisation	
Moins de 1 an d'ancienneté	Pas d'indemnités complémentaires
De 1 à moins de 6 ans d'ancienneté	• 30 premiers jours. : 90 % de la rémunération brute • 30 jours suivants : 66,66 % de la rémunération brute
De 6 à moins de 11 ans d'ancienneté	• 40 premiers jours : 90 % de la rémunération brute • 40 jours suivants : 66,66 % de la rémunération brute
De 11 à moins de 16 ans d'ancienneté	• 50 premiers jours : 90 % de la rémunération brute • 50 jours suivants : 66,66 % de la rémunération brute
De 16 à moins de 21 ans d'ancienneté	• 60 premiers jours : 90 % de la rémunération brute • 60 jours suivants : 66,66 % de la rémunération brute
De 21 à moins de 26 ans d'ancienneté	• 70 premiers jours : 90 % de la rémunération brute • 70 jours suivants : 66,66 % de la rémunération brute
De 26 à moins de 31 ans d'ancienneté	• 80 premiers jours : 90 % de la rémunération brute • 80 jours suivants : 66,66 % de la rémunération brute
À partir de 31 ans d'ancienneté	• 90 premiers jours : 90 % de la rémunération brute • 90 jours suivants : 66,66 % de la rémunération brute

(1) C. trav. art. L. 1226-1 et D. 1226-1 à D. 1226-8. Une convention ou un accord collectif peut prévoir des dispositions plus favorables pour le salarié *(voir nos développements)*.

Droit local en Alsace-Moselle - Il existe des dispositions spécifiques dans les départements du Bas-Rhin, du Haut-Rhin et de la Moselle (voir *Alsace-Moselle**).

Personnel navigant de l'aéronautique civile Les dispositions du Code du travail relatives au maintien de salaire pendant un arrêt maladie ne s'appliquent pas au personnel navigant de l'aéronautique civile qui relève des dispositions du Code du transport en vertu du principe selon lequel lorsque deux dispositions ont le même objet, la règle particulière prévaut (cass. soc. 29 janvier 2025, n° 23-21790 FB).

En effet, si le code du travail est applicable au personnel navigant de l'aéronautique civile et à leurs employeurs, c'est sous réserve des dispositions particulières fixées par le titre II du livre V de la sixième partie du code des transports (c. transports art. L. 6521-6). Or les dispositions du code des transports sur le maintien de salaire applicable en cas d'arrêt maladie du personnel navigant (c. transports art. L. 6526-1) font bien partie des « dispositions particulières » citées à l'article L. 6521-6, et ont bien le même objet que le maintien de salaire du code du travail.

Dispositions conventionnelles

Règles plus favorables des conventions et accords collectifs - Les conventions collectives de branche ou les accords collectifs d'entreprise peuvent prévoir des règles plus favorables que la loi en matière d'indemnisation complémentaire, tant du point de vue de l'ancienneté requise que de la durée et du niveau du maintien de salaire.

L'employeur doit donc vérifier l'existence et le contenu des clauses conventionnelles qui lui sont applicables.

▶ À noter... La plupart des conventions collectives de branche prévoient des dispositions plus avantageuses que la loi en ce qui concerne les accidents du travail ou la maladie. D'autres prévoient encore une condition d'ancienneté et/ou un délai de carence moins favorable que la loi. Lorsque ce cas se présente, et dans l'attente d'éventuelles modifications conventionnelles, l'employeur devra régler ce conflit de normes en appliquant la disposition globalement la plus favorable pour le salarié *(voir ci-après)*.

En cas de maintien total ou partiel de salaire, s'il en fait la demande, l'employeur est subrogé de plein droit dans la perception des IJSS (voir *Subrogation**).

Loi ou convention : déterminer la disposition la plus favorable - Les dispositions conventionnelles s'appliquent si elles sont plus favorables aux salariés que la loi. Cette comparaison peut poser quelques problèmes, par exemple lorsqu'une convention collective prévoit une indemnisation plus favorable au salarié sur certains points et moins favorable sur d'autres (ex. : suppression du délai de carence mais taux de maintien de salaire plus faible que la loi).

La comparaison se fait en principe globalement, avantage par avantage (cass. soc. 17 janvier 1996, n° 93-20066, BC V n° 15). Lorsque deux dispositions, légale et conventionnelle, entrent en concours, l'employeur doit appliquer la disposition la plus favorable appréciée au regard de la situation particulière du salarié (cass. soc. 4 janvier 2000, n° 97-44054, BC V n° 1). Dans tous les cas, le salarié est toujours en droit de se prévaloir des dispositions légales plus favorables que celles de la convention collective.

Les juges admettent donc que la comparaison entre un texte légal et une disposition conventionnelle puisse se faire au regard du cas particulier du salarié (cass. soc. 25 novembre 1992, n° 90-43112, BC V n° 573). Après avoir déterminé pour le salarié en cause la disposition globale la plus favorable (code du travail ou convention collective), l'employeur peut donc l'appliquer exclusivement, sans panacher les avantages des deux systèmes. C'est d'ailleurs en ce sens que l'administration s'était prononcée dans une note remontant à 1980 (note min. Travail du 1er septembre 1980). Dans certains cas, des régularisations pourront s'avérer nécessaires, notamment si, du fait de la prolongation d'un arrêt de travail, la convention collective s'avère au final plus favorable que la loi.

La solution la moins sujette à contentieux, mais aussi la plus onéreuse, serait de comparer sur chaque point la situation du salarié malade et d'appliquer à chaque fois le point le plus favorable (délai de carence, niveau d'indemnisation, durée d'indemnisation, etc.).

Maintien de salaire net ou brut ? - Même si certaines conventions collectives précisent qu'il s'agit d'un maintien de salaire brut, la plupart d'entre elles prévoient un *maintien du salaire net**, neutralisant ainsi l'avantage que représente pour le salarié l'exonération de cotisations sociales des indemnités journalières de sécurité sociale.

▶ À noter... Lorsque la convention collective ne précise pas si le maintien porte sur la rémunération brute ou nette, en l'absence d'usage plus favorable dans l'entreprise, l'employeur peut maintenir le salaire net du salarié (cass. soc. 11 mars 1997, n° 94-40869 D ; cass. soc. 19 décembre 1990, n° 87-43705, BC V n° 691).

Incidence de l'absence de prise en charge par la sécurité sociale - Si la convention collective prévoit simplement le maintien de salaire « sous déduction des IJSS », ces termes signifient seulement que les IJSS sont prises en compte pour calculer le montant de l'indemnisation complémentaire et non pour le principe du versement de ces indemnités complémentaires (cass. soc. 14 octobre 1998, n° 96-40682, BC V n° 420). Ils ne suffisent donc pas à faire de la prise en charge de l'arrêt de travail par la CPAM et du versement des IJSS une condition de l'indemnisation complémentaire. Dès lors, la seule absence d'indemnisation par la sécurité sociale ne permet pas à l'employeur de refuser l'indemnisation complémentaire.

Par ailleurs, lorsque la convention collective conditionne le bénéfice du dispositif conventionnel d'indemnisation complémentaire au fait d'être pris en charge par la sécurité sociale et d'avoir justifié de l'incapacité de travail dans les 48 h, cela n'exige pas du salarié qu'il perçoive effectivement une prestation de la CPAM, mais simplement qu'il ait la qualité d'assuré social (cass. soc. 24 juin 2020, n° 18-23869, 18-23870 et 18-23871 FPB, sur la convention collective des télécommunications).

Une solution analogue a aussi été rendue à propos de l'article 10.2 de la convention collective nationale de la distribution directe. La Cour de cassation a considéré que le droit à l'indemnisation complémentaire de l'entreprise n'était pas subordonné au versement d'IJSS, alors que le texte conventionnel pouvait laisser penser le contraire (cass. soc. 1er février 2012, n° 10-27308, BC V n° 52). Ce faisant, la Cour a refusé de tenir compte de l'argument de l'employeur selon lequel le texte conventionnel, de par sa rédaction, laissait à penser que l'indemnisation complémentaire de l'entreprise, exprimée en pourcentage du salaire brut était un complément aux IJSS (notion de déduction des IJSS, cumul des IJSS et de l'indemnisation de l'entreprise ne pouvant dépasser le salaire net, obligation pour le salarié de produire le décompte des IJSS de la sécurité sociale en l'absence de subrogation).

▶ À noter... Ces précisions intéresseront notamment les employeurs dont les salariés ne bénéficient pas d'une indemnisation de la sécurité sociale faute de justifier d'une durée d'affiliation suffisante. Dans l'affaire jugée en 2012, le salarié a pu obtenir en justice un rappel de salaire et l'indemnité de congés payés s'y rapportant ainsi que des dommages et intérêts (cass. soc. 1er février 2012, n° 10-27308, BC V n° 52).

Salaire de référence

Définitions variables - Le niveau d'indemnisation prévu par le code du travail (90 % ou les 2/3 sous déduction des IJSS ; *voir plus haut*) est calculé en référence à la rémunération brute que le salarié aurait perçue s'il avait travaillé (c. trav. art. D. 1226-1). La rémunération à prendre en considération pour le calcul de l'indemnité complémentaire est celle correspondant à l'horaire pratiqué pendant l'absence du salarié dans l'établissement ou partie d'établissement. Toutefois, si l'horaire des salariés a été augmenté par suite de l'absence du salarié, cette augmentation n'est pas prise en considération pour la fixation de la rémunération (c. trav. art. D. 1226-7).

Tous les éléments de rémunération sont à prendre en compte : prime d'ancienneté, heures supplémentaires habituelles, compléments de salaire versés régulièrement (ex. : prime de nuit ; cass. soc. 13 mars 1991, n° 87-45608 D). En revanche, les accessoires de salaire exclusivement liés à une condition de présence (ex. : prime d'assiduité) et les remboursements pour frais professionnels ne sont pas pris en compte.

Exemples

Une prime de nuit ou d'itinérance que le salarié aurait perçue s'il avait travaillé est prise en compte (cass. soc. 13 mars 1991, n° 87-45608 D ; cass. soc. 10 janvier 2001, n° 99-40684 D ; cass. soc. 23 janvier 2019, n° 17-19339 D). En revanche, une prime de panier ou de déplacement qui n'est pas la contrepartie d'un travail effectif, mais compense des frais supplémentaires, est exclue de l'assiette de calcul (cass. soc. 11 janvier 2017, n° 15-23341, BC V n° 8).

Les primes de fin d'année et de vacances soumises à une condition de présence prévues par la convention collective des réseaux de transport public de voyageurs ne sont pas prises en compte (cass. soc. 5 juin 2019, n° 18-11153 D).

Pour les indemnités complémentaires conventionnelles, certaines conventions collectives précisent le salaire de référence ou les primes devant être pris en compte (ex. : commerces de détail et de gros à prédominance alimentaire, Syntec).

Prise en compte du variable - L'administration avait précisé en son temps, pour l'indemnisation complémentaire prévue par le code du travail, que le salaire de référence des salariés percevant une rémunération variable doit être significatif au regard de l'absence indemnisée, ce qui peut conduire à retenir soit la période de paye précédant l'absence, soit une période plus longue, telle que le salaire moyen perçu sur les 3 mois précédents (circ. min. du 27 juin 1978, § 3.7, JO 1er juillet).

La jurisprudence considère également que la rémunération variable doit être prise en compte. Cela a par exemple été jugé pour la convention collective des sociétés financières qui précisait que le salarié devait percevoir son « salaire plein » (cass. soc. 5 juin 2019, n° 18-12862 FSPB), pour la convention Syntec (cass. soc. 19 mai 2009, n° 07-45692, BC V n° 133) ou encore pour la convention collective des transports routiers qui prévoyait le maintien de la rémunération du salarié que ce dernier aurait perçue s'il avait continué à travailler (cass. soc. 29 septembre 2021, n° 20-11663 D).

▶ À noter… Pour une convention collective prévoyant que le salarié percevra son salaire plein sans apporter aucune précision sur la période de référence à prendre en compte pour évaluer ce salaire, il a été jugé que l'employeur doit prendre en compte le salaire moyen des 12 derniers mois en y intégrant la part variable de la rémunération et non les 3 derniers mois précédant le congé, dans la mesure où la salariée n'avait réalisé aucun chiffre d'affaires sur cette dernière période (cass. soc. 5 juin 2019, n° 18-12862 FSPB).

Règles communes aux indemnisations complémentaires légales et conventionnelles

Pas d'activité salariée - L'indemnisation complémentaire par l'employeur est généralement exclusive de toute activité par le salarié.

Exemple

Le fait, pour un salarié, d'avoir travaillé chez un tiers le dernier jour de son arrêt de travail pour maladie est susceptible de le priver de l'indemnisation complémentaire conventionnelle ou contractuelle pour cette journée (cass. soc. 30 mars 1994, n° 90-42152 D).

Toute activité est également exclue chez l'employeur lui-même durant un arrêt de travail. En effet, dans le cas contraire, et si la CPAM lui réclame le remboursement d'IJSS, le salarié peut se retourner contre son employeur pour demander des dommages et intérêts (cass. soc. 21 novembre 2012, n° 11-23009 D).

Pas de présence exigée la veille - L'indemnisation complémentaire n'est liée à aucune condition de présence la veille de l'arrêt de travail.

Pour les dispositions conventionnelles, sauf clause contraire, il n'est pas exigé que le salarié soit présent la veille du premier jour de son incapacité de travail.

Exemple
Une salariée avait demandé à reprendre le travail à l'issue de son congé sabbatique, ce que l'employeur avait accepté. Malade à la date de reprise convenue, elle a donc pu bénéficier du complément de salaire conventionnel à partir de la date de reprise prévue (cass. soc. 9 juin 1993, n° 89-42871, BC V n° 162).

En revanche, si un salarié est en arrêt maladie après avoir obtenu l'accord de son employeur pour un congé sans solde et avant la prise d'effet de cet accord, l'employeur n'est pas tenu de compléter le salaire de l'intéressé durant le congé (cass. soc. 21 mai 2008, n° 06-41498, BC V n° 111).

Calcul de la retenue sur salaire liée au délai de carence - Seuls les jours compris dans le délai de carence au cours desquels le salarié aurait travaillé doivent donner lieu à retenue sur salaire. Par comparaison, le *délai de carence** de 3 jours prévu par la sécurité sociale se décompte en prenant en considération tous les jours, y compris les samedis, dimanches, etc.

Ainsi, un salarié ne travaillant pas le samedi et le dimanche ne peut pas se voir opérer une retenue sur salaire pour ces jours d'absence et ce, peu importante le délai de carence conventionnel (cass. soc. 26 janvier 2011, n° 08-45204, BC V n° 41).

Activité partielle - Dans un arrêt d'espèce de 1987, la Cour de cassation a précisé que le salarié en *activité partielle** qui tombe malade ne doit pas bénéficier d'un avantage lui permettant de recevoir une rémunération supérieure à celle qu'il aurait effectivement perçue s'il avait été valide (cass. soc. 2 juillet 1987, n° 83-43626 D).

De son côté, la DGEFP a apporté des précisions sur le sujet, au printemps 2020 (voir *Activité partielle**).

Modulation du temps de travail - Lorsque l'entreprise pratique la modulation, en vertu des dispositions légales, le calcul du complément de salaire pour les jours d'absence se fait sur la base de l'horaire hebdomadaire moyen fixé par l'accord de modulation, que l'absence du salarié corresponde à une période de forte ou de faible activité (cass. soc. 19 juillet 1994, n° 90-43013, BC V n° 244).

▶ À noter... En revanche, pour effectuer la régularisation du salaire en fin de période de modulation, il faut décompter les heures d'absence du salarié en maladie durant une période de haute activité, en tenant compte de l'horaire réellement effectué par l'ensemble des salariés durant cette période (et non en fonction de la durée hebdomadaire moyenne) (cass. soc. 9 janvier 2007, n° 05-43962, BC V n° 1).

Régime social des indemnités journalières complémentaires

IJ liées aux obligations légales ou conventionnelles de maintien de salaire - Dès lors qu'elles se rapportent à des périodes durant lesquelles le contrat de travail reste en vigueur, les IJ complémentaires versées par l'employeur au titre de ses obligations légales ou conventionnelles de maintien de salaire sont soumises à cotisations et à CSG/CRDS au titre des revenus d'activité (c. séc. soc. art. R. 242-1, I, al. 2), dans les mêmes conditions que n'importe quel élément de salaire.

La CSG/CRDS se calcule après abattement d'assiette de 1,75 %, à moins que le plafond de cet abattement soit déjà atteint.

Réassurance - Plutôt que d'assurer lui-même le maintien de salaire auquel il est tenu, l'employeur a la faculté de se décharger de cette obligation, en adhérant à un contrat de prévoyance ou d'assurance. Les conventions collectives peuvent également obliger l'employeur à procéder ainsi.

Le fait de s'appuyer sur un organisme extérieur ne change pas la nature de l'indemnisation complémentaire, qui reste celle correspondant aux obligations minimales légales ou conventionnelles de l'employeur. Le régime social est donc identique : ces IJ complémentaires, versées pour le compte de l'employeur par un organisme de prévoyance, sont assujetties à cotisations en totalité (lettre-circ. ACOSS 73-18 du 15 mars 1973).

▶ À noter... La cotisation versée par l'employeur pour financer le régime de réassurance n'est pas considérée comme une contribution patronale de *prévoyance complémentaire**. Elle n'est soumise ni à CSG/CRDS, ni à cotisations, ni au forfait social.

Plafond de la sécurité sociale - Lorsqu'un salarié est en arrêt de travail sur un intervalle couvrant toute une période de paye, le versement d'IJ complémentaires soumises à cotisations de sécurité sociale ne permet pas à l'employeur de neutraliser le *plafond de la sécurité sociale** correspondant.

IJ complémentaires de prévoyance - Dans certains cas, les obligations légales et conventionnelles de maintien de salaire sont complétées par un régime de *prévoyance complémentaire**.

Pour le régime social des indemnités versées en application de ce régime, voir *Indemnités journalières complémentaires de prévoyance**.

INDEMNITÉS JOURNALIÈRES COMPLÉMENTAIRES (EXEMPLE)

Dans une entreprise de plus de 50 salariés, un salarié non-cadre rémunéré 2 200 € par mois, est en arrêt de travail pour maladie pendant deux semaines complètes sur un mois comportant 22 jours ouvrés. Il bénéficie uniquement du maintien de salaire prévu par le code du travail (90 % du salaire brut après 7 jours calendaires de carence). L'employeur a demandé la subrogation dans la perception des indemnités journalières de sécurité sociale (IJSS).

Pour un arrêt de travail de deux semaines (14 jours calendaires), le salarié bénéficie de 11 IJSS de maladie, compte tenu du délai de carence de 3 jours prévu par la sécurité sociale. Par hypothèse, l'IJSS brute est évaluée à : [(2 200 € × 3)/91,25] × 50 % = 36,16 € par jour. Pour les deux semaines d'arrêt de travail, les IJSS sont de : 36,16 € × 11 jours = 397,76 € bruts, soit des IJSS nettes (après CSG/CRDS à 6,70 %) de 371,11 €.*

La retenue sur salaire correspondant aux deux semaines d'absence est supposée représenter 1 000 € (500 € par semaine). Pendant la première semaine, le salarié ne bénéficie pas des IJ complémentaires (7 jours de carence). La seconde semaine, il bénéficie d'un maintien de salaire à 90 % du salaire brut (500 € × 90 % = 450 €), sous déduction des IJSS brutes correspondant à cette période (36,16 € × 7 jrs = 253,12 €), soit des IJ complémentaires de 450 € – 253,12 € = 196,88 €.

Enfin, l'employeur pratique la subrogation. La limite de 60 jours d'arrêt de travail n'étant pas dépassée, l'employeur doit effectuer le prélèvement à la source sur l'intégralité des IJSS nettes imposables (397,76 € – 3,80 % = 382,65 €). Par hypothèse le taux de PAS personnalisé est de 2 %.*

EXTRAIT DE BULLETIN DE PAYE (mois fictif de 22 jours ouvrés début 2025)

Désignation	**Base**	**Taux**	**Montant**	
Salaire de base	151,67	14,51	2 200,00	
Absence maladie (1er au 14 du mois)			- 1 000,00	
Maintien de salaire (8 au 14 du mois)			+ 450,00	
Déduction IJSS brutes (8 au 14 du mois)			- 253,12	
Brut total			1 396,88	
Cotisations et contributions sociales	**Base (€)**	**Taux salarial**	**Part salarié (€)**	**Part employeur (€)**
Santé				
Sécurité sociale - Maladie Maternité Invalidité Décès	1 396,88	-	-	97,78
Complémentaire santé	-	-	85,00	85,00
Accidents du travail - maladies professionnelles	1 396,88	-	-	27,94
Retraite				
Sécurité sociale plafonnée	1 396,88	6,90 %	96,38	119,43
Sécurité sociale déplafonnée	1 396,88	0,40 %	5,59	28,22
Complémentaire Tranche 1	1 396,88	4,01 %	56,01	83,95
Famille	1 396,88	-	-	48,19
Assurance chômage				
Chômage	1 396,88	-	-	60,07
Autres contributions dues par l'employeur				70,30
CSG déductible de l'impôt sur le revenu	1 457,43	6,80 %	99,11	-
CSG/CRDS non déductible de l'impôt sur le revenu	1 457,43	2,90 %	42,27	-
Exonérations et allégements de cotisations	-	-	-	– 233,73 (1)
Total des cotisations et contributions			384,36	387,15
IJSS nettes (subrogation)			+ 371,11	
Net social				**1 383,63 (2)**
Net à payer avant impôt sur le revenu				**1 383,63**
Impôt sur le revenu	**Base**	**Taux**	**Montant**	**Cumul annuel**
Montant net imposable			1 139,79 (3)	Valeur
Impôt sur le revenu prélevé à la source	1 522,43 (4)	2,00 %	30,45	Valeur
Montant net des heures compl/suppl exonérées			0,00	Valeur
Net à payer au salarié (en euros) (5)				**1 353,18 (5)**
Total versé par l'employeur				1 784,03 (6)

Notes de la rédaction, pour aider à la lecture des totaux (ces notes n'ont pas à apparaître sur le bulletin de paye) :
(1) Réduction générale de cotisations patronales (calculée ici sur la base du SMIC au 1.01.2025). (2) Le Net social intègre les IJSS versées en subrogation. (3) Les IJSS ne sont pas comprises dans le net imposable du bulletin de paye. (4) Salaire net imposable + montant imposable des IJSS. (5) À faire apparaître de manière à en faciliter la lisibilité. (6) Non compris les IJSS nettes.

Régime fiscal des indemnités journalières complémentaires

Les indemnités journalières complémentaires versées en application de l'obligation légale de maintien de salaire ou d'une obligation conventionnelle constituent un revenu imposable.

Exemples de bulletin de paye

La présentation du bulletin de paye (voir page précédente) varie selon que l'employeur est ou non subrogé dans la perception des IJSS. En cas de subrogation, il doit en verser le montant net au salarié, étant précisé que les IJSS ne doivent jamais figurer dans le net imposable (voir *Subrogation**).

L'exemple ci-avant illustre un cas de mise en œuvre des indemnités journalières complémentaires dû au titre du dispositif de maintien de salaire prévu par le code du travail.

Un exemple de maintien conventionnel de salaire (100 % du salaire net) figure dans nos développements relatifs à cette question (voir *Maintien du salaire net**) et à la maladie (voir *Maladie**).

Accident de trajet ; Accident du travail ; Alsace-Moselle ; Contre-visite médicale ; Indemnités journalières complémentaires de prévoyance ; Maintien du salaire net ; Maladie ; Maladie professionnelle ; Maternité (congé de) ; Prélèvement à la source.

Indemnités journalières complémentaires de prévoyance

Assurance pour couvrir les obligations légales ou conventionnelles de l'employeur

Objet de l'opération - Plutôt que de payer directement le complément de salaire auquel il est tenu en application du code du travail ou de ses obligations conventionnelles, l'employeur peut se réassurer auprès d'un organisme extérieur (institution de prévoyance, mutuelle, société d'assurances). Les conventions collectives peuvent par ailleurs obliger l'employeur à en passer par là.

Il s'agit alors d'une simple opération de réassurance, et non d'une opération de *prévoyance complémentaire** à proprement parler.

Incidence sur le régime des IJ complémentaires - Les indemnités journalières complémentaires versées par l'organisme extérieur pour le compte de l'employeur ne sont alors que le reflet des obligations légales ou conventionnelles de maintien de salaire de l'employeur, qui en supporte seul le coût.

Elles sont alors pleinement assujetties à cotisations et imposables (voir *Indemnités journalières complémentaires**).

Régime de prévoyance complémentaire aux obligations de l'employeur

Objet du régime - Dans de nombreuses entreprises, un régime de *prévoyance complémentaire** permet d'assurer une couverture sociale plus importante pour les salariés, en améliorant le niveau de maintien de salaire déjà imposé par la loi ou la convention collective.

Cette indemnisation complémentaire est généralement mise en œuvre par l'intermédiaire d'un organisme extérieur (institution de prévoyance, mutuelle, société d'assurances). Il est financé selon les cas par l'employeur seul ou conjointement avec les salariés.

▶ Attention… Seuls les avantages supplémentaires destinés à améliorer l'indemnisation imposée à l'employeur par la loi ou la convention collective peuvent donner lieu à un financement par le salarié *(voir ci-après)*.

Délai de franchise - La majorité des contrats de prévoyance prévoit la subordination du versement des IJ complémentaires ;
- à une durée minimale continue d'arrêt (ex. : une franchise fixe de 90 jours) ;
- ou à la fin du maintien intégral ou partiel du salaire par l'employeur (franchise-relais) ;
- ou à l'issue d'un certain nombre de jours d'arrêt de travail continus ou non sur une période de référence (franchise cumulée).

Il peut s'agir d'un versement rétroactif si l'incapacité dépasse un certain laps de temps (franchise atteinte ou relative). La durée de l'arrêt de travail varie généralement en fonction de la nature de l'incapacité de travail.

Obligations de l'employeur - L'employeur doit déclarer la maladie du salarié à l'organisme de prévoyance chargé de verser les indemnités journalières complémentaires. À défaut, il peut se voir condamner à verser directement au salarié les indemnités complémentaires de maladie normalement à la charge de l'organisme de prévoyance (cass. soc. 10 octobre 1995, n° 90-42128 D).

INDEMNITÉS JOURNALIÈRES COMPLÉMENTAIRES DE PRÉVOYANCE (EXEMPLE)

Dans une entreprise de plus de 50 salariés, un salarié non-cadre rémunéré 2 200 € par mois est en arrêt de travail pour maladie depuis plus de 6 mois. Il ne bénéficie plus du maintien de salaire prévu par l'accord collectif applicable à son entreprise. En revanche, un régime de prévoyance collectif et obligatoire prévoit une indemnité complémentaire aux IJSS à partir du 91e jour d'arrêt. Ce régime est financé aux 2/3 par l'employeur et à 1/3 par les salariés. Par hypothèse, cet organisme verse 660 € à titre d'indemnité complémentaire pour les 31 jours du mois de janvier 2025.

Dans le contrat de prévoyance, il est prévu que les IJ complémentaires de prévoyance ne sont pas soumises aux contributions finançant le régime.

Il n'y a pas de subrogation pour les IJSS.

EXTRAIT DU BULLETIN DE PAYE DE JANVIER 2025

Désignation	Base	Taux	Montant	
Salaire de base	151,67	14,51	2 200,00	
Absence maladie			- 2 200,00	
Paiement maladie			0,00	
IJ prévoyance			660,00	
IJ prévoyance (part salarié) (1)			- 220,00	
Brut total			660,00	
Brut total soumis à cotisations			440,00	
Cotisations et contributions sociales	**Base (€)**	**Taux salarial**	**Part salarié (€)**	**Part employeur (€)**
Santé				
Sécurité sociale - Maladie Maternité Invalidité Décès	440,00	-	-	30,80
Complémentaire santé	-	-	85,00	85,00
Complémentaire Incapacité	-	-	-	-
Accidents du travail - maladies professionnelles	440,00	-	-	8,80
Retraite				
Sécurité sociale plafonnée	440,00	6,90 %	30,36	37,62
Sécurité sociale déplafonnée	440,00	0,40 %	1,76	8,89
Complémentaire Tranche 1	440,00	4,01 %	17,64	26,44
Famille	440,00	-	-	15,18
Assurance chômage				
Chômage	440,00	-	-	18,92
Autres contributions dues par l'employeur				26,80
CSG déductible de l'impôt sur le revenu	517,30	6,80 %	35,18	-
CSG/CRDS non déductible de l'impôt sur le revenu	517,30	2,90 %	15,00	-
Exonérations et allègements de cotisations			-	– 73,62 (2)
Total des cotisations et contributions			184,94	184,83
IJ prévoyance (part salarié) (1)			+ 220,00	
Net social				**475,06**
Net à payer avant impôt sur le revenu				**475,06**
Impôt sur le revenu	**Base**	**Taux**	**Montant**	**Cumul annuel**
Montant net imposable			575,06 (3)	Valeur
Impôt sur le revenu prélevé à la source	575,06	2,00 %	11,50	Valeur
Montant net des heures compl/suppl exonérées			0,00	Valeur
Net à payer au salarié (en euros) (4)				**463,56 (4)**
Total versé par l'employeur				624,83 (5)

Notes de la rédaction, pour aider à la lecture des totaux (ces notes n'ont pas à apparaître sur le bulletin de paye) :
(1) Les indemnités journalières de prévoyance sont de 660 €. Compte tenu du financement employeur, seuls 440 € (660 € × 2/3) sont soumis à cotisations. C'est pourquoi l'autre partie des indemnités de prévoyance, qui correspond au financement par le salarié (660 € × 1/3 = 220 €), est neutralisée dans le brut social, mais intégrée dans le net à payer et dans le net fiscal. (2) Réduction générale de cotisations patronales (ici calculée sur la base du SMIC au 1.01.2025). (3) (4) Les IJ de prévoyance sont imposables dans leur totalité, y compris les 220 € correspondant au financement par le salarié. (4) À faire apparaître de manière à en faciliter la lisibilité. (5) Brut soumis à cotisations + cotisations patronales.

Régime social des IJ complémentaires - Les indemnités journalières (IJ) complémentaires versées au titre d'un régime de prévoyance qui améliore l'indemnisation complémentaire légale ou conventionnelles sont assujetties à cotisations et à CSG/CRDS au prorata de la participation patronale à leur financement (cass. civ., 2e ch., 9 mai 2019, n° 18-16878 D ; lettre-circ. ACOSS 2007-30 du 8 février 2017, § 1.1.3 ; lettre-circ. ACOSS 97-7 du 17 janvier 1997 ; lettre-circ. ACOSS 91-29 du 5 avril 1991 ; instr. DSS/A1 237-91 du 29 mars 1991, Q/R 3).

À l'inverse, la partie financée par le salarié est exonérée de cotisations et de CSG/CRDS.

Exemple
Une entreprise décide, via un régime de prévoyance, d'étendre le bénéfice de l'indemnisation du 91e jour au 120e jour d'arrêt de travail, moyennant versement d'une cotisation patronale et salariale (répartition 50 %/50 %). Les IJ versées à compter du 91e jour d'arrêt de travail doivent être intégrées à l'assiette des cotisations à hauteur de 50 % (voir notre exemple de bulletin de paye ci-après).

Cette règle trouve sa source dans l'article R. 242-1 du code de la sécurité, aux termes duquel les IJ complémentaires sont incluses dans l'assiette des cotisations y compris lorsqu'elles sont versées par un tiers « pour le compte de l'employeur » (c. séc. soc. art. R. 242-1, I, al. 2). La règle d'assujettissement au prorata du financement patronal se veut la traduction en termes d'assiette de cette référence à l'employeur (lettre DSS du 12 février 1973, diffusée par lettre-circ. ACOSS 73-18 du 15 mars 1973).

Incidence sur le plafond - Lorsqu'un salarié est en arrêt de travail, le versement d'IJ complémentaires soumises à cotisations de sécurité sociale ne permet pas à l'employeur de réduire le *plafond de la sécurité sociale** au prorata des jours d'absence.

Régime fiscal des IJ complémentaires - Les indemnités journalières complémentaires constituent un revenu imposable, y compris si elles sont versées par un organisme tiers en vertu d'un régime de prévoyance obligatoire. À l'inverse de ce qui est prévu pour l'assiette des cotisations, ces indemnités sont imposables en totalité, et non au seul prorata du financement « employeur ».

En revanche, les indemnités journalières complémentaires ne sont pas imposables lorsqu'elles sont versées en vertu d'un régime de prévoyance complémentaire à adhésion facultative (BOI-RSA-CHAMP-20-30-20-§ 220 et 230-02/03/2016).

☞ *Indemnités journalières complémentaires ; Prévoyance complémentaire.*

Indemnités journalières de sécurité sociale d'accident du travail

La victime d'un *accident du travail**, d'un *accident de trajet** ou d'une *maladie professionnelle** peut être temporairement incapable d'exercer son activité salariée. Durant cette période d'incapacité temporaire totale, la caisse primaire d'assurance maladie (CPAM), ou la caisse générale de sécurité sociale (CGSS) dans les départements d'outre-mer (DOM), lui verse des indemnités journalières, destinées à compenser la perte de salaire résultant de l'accident.

Il en va de même en cas d'*accident de mission**, puisque celui-ci est en principe qualifié d'« accident du travail ».

Droit à l'indemnisation

Conditions d'attribution - Le versement des indemnités journalières de sécurité sociale (IJSS) d'accident du travail est subordonné à une incapacité temporaire de travailler médicalement constatée et à la perte de gain qui en est la conséquence (c. séc. soc. art. L. 433-1).

Le salarié doit adresser à la CPAM un arrêt de travail du médecin qui a établi le certificat médical initial (c. séc. soc. art. R. 433-13) [voir aussi *Accident du travail (déclaration)**].

▶ À noter… Un certificat médical établi sans examen préalable du salarié, fût-il de prolongation, fait obstacle au versement des IJSS d'accident du travail (cass. civ., 2e ch., 14 février 2019, n° 18-10158 FPBI).

Contrairement à ce qui est prévu pour les *indemnités journalières de sécurité sociale de maladie**, aucune condition de durée d'affiliation, de durée de cotisations ou de montant de cotisations n'est requise.

Durant la période d'incapacité temporaire de travail, les assurés indemnisés sont tenus de respecter les prescriptions de la CPAM et notamment les *heures de sortie autorisée**, la soumission au contrôle médical que la caisse est susceptible d'exercer et l'interdiction d'exercer tout travail durant l'incapacité (c. séc. soc. art. L. 433-1, al. 6 renvoyant à c. séc. soc. art. L. 323-6).

Temps partiel thérapeutique - L'indemnisation sécurité sociale est servie en cas de délivrance par le médecin traitant d'un certificat autorisant un travail aménagé ou à temps partiel, si ce travail est reconnu par le médecin-conseil de la CPAM comme étant de nature à favoriser la guérison ou la consolidation de la blessure (c. séc. soc. art. L. 433-1, al. 3).

Pour plus de détails, voir *Temps partiel thérapeutique**.

Actions de formation - L'indemnisation est maintenue lorsque la victime demande, avec l'accord de son médecin traitant, à accéder durant son arrêt de travail aux actions de formation professionnelle continue prévues par le code du travail (c. trav. art. L. 1226-7) ainsi qu'à des actions d'évaluation, d'accompagnement, d'information et de conseil auxquelles la CPAM (ou la CGSS dans les DOM) est partie prenante (ex : essai encadré, convention de rééducation professionnelle), sous réserve qu'après avis du médecin-conseil la durée de ces actions soit compatible avec la durée prévisionnelle de l'arrêt de travail (c. séc. soc. art. L. 433-1, al. 4 renvoyant à c. séc. soc. art. L. 323-3-1).

La caisse fait part de son accord à l'assuré et, le cas échéant, à l'employeur et au médecin du travail (c. séc. soc. art. L. 323-3-1).

Durée de l'indemnisation

Indemnisation du jour de l'accident - La journée de travail au cours de laquelle l'accident s'est produit est intégralement à la charge de l'employeur, quel que soit le mode de paiement du salaire (c. séc. soc. art. L. 433-1, al. 1).

▶ À noter... Lorsqu'un salarié travaillant pour plusieurs employeurs est accidenté au cours du temps qu'il consacre à l'un d'eux, celui-ci ne doit lui payer que les heures que le salarié aurait dû effectuer pour lui au cours de cette journée. Les heures de travail chez les autres employeurs doivent être indemnisées par la CPAM (lettre min. du 25 août 1961, Bull. Jur. UCANSS 61-52).

Début de l'indemnisation - L'indemnisation de la CPAM est versée au salarié à partir du premier jour qui suit l'arrêt de travail consécutif à l'accident (c. séc. soc. art. L. 433-1, al. 2).

Aucun délai de carence n'est donc prévu.

Période indemnisée - Les indemnités journalières sont servies au salarié pendant toute la période d'incapacité de travail qui précède soit la guérison complète, soit la consolidation de la blessure ou le décès, ainsi qu'en cas de rechute ou d'aggravation. Elles sont dues sans distinction des jours ouvrables, dimanches et jours fériés (c. séc. soc. art. L. 433-1, al. 2).

▶ À noter... La guérison se traduit par la disparition des lésions traumatiques ou morbides occasionnées par l'accident. Elle ne laisse donc subsister aucune incapacité permanente qui serait la conséquence de l'accident considéré, sous réserve d'éventuelles rechutes.

La consolidation correspond au moment où la lésion se fixe et prend un caractère permanent, sinon définitif. Aucun traitement n'est plus nécessaire et il est possible d'apprécier un certain degré d'incapacité permanente consécutif à l'accident, sous réserve d'éventuelles rechutes (lettre min. du 23 avril 1951, Bull. Jur. UCANSS 51-36).

Pour les arrêts de travail prescrits par téléconsultation, voir plus loin dans l'étude « Limitation de la durée des arrêts de travail prescrits par téléconsultation ».

Fin de l'indemnisation - Les indemnités journalières ne sont versées jusqu'à la date de consolidation des blessures (de guérison complète ou de décès) que si la victime se trouve, en raison des séquelles de l'accident, dans l'incapacité de reprendre le travail (cass. civ., 2e ch., 23 janvier 2014, n° 12-25818, BC II n° 18).

La période d'incapacité de travail cesse, et donc le versement des indemnités journalières aussi, dès que, selon l'expertise médicale technique, le salarié peut exercer une activité professionnelle quelconque. Il ne s'agit pas nécessairement du moment où il peut reprendre son ancien emploi (cass. civ., 2e ch., 21 juin 2018, n° 17-18587 FSPB).

Limitation de la durée des arrêts de travail prescrits par téléconsultation - Les arrêts de travail prescrits par téléconsultation sont limités à 3 jours ou, en cas de renouvellement, ne peuvent avoir pour effet de porter à plus de 3 jours la durée d'un arrêt de travail déjà en cours. Les arrêts de travail prescrits en méconnaissance de ces dispositions ne peuvent ouvrir droit au versement des IJSS au-delà des 3 premiers jours (c. séc. soc. art. L. 433-1, al. 7 renvoyant à c. santé pub. art. L. 6316-1). Pour la poursuite du versement des indemnités journalières, la victime de l'accident de travail devra donc consulter un médecin en présentiel.

Deux exceptions à la limitation de la durée des arrêts de travail prescrits ou renouvelés par téléconsultation sont toutefois prévues :
- les arrêts prescrits ou renouvelés par le médecin traitant ou la sage-femme référente de l'assuré ;
- l'impossibilité justifiée par le patient de consulter un professionnel médical compétent pour obtenir, par prescription en sa présence, une prolongation de l'arrêt de travail.

Calcul du salaire journalier de référence	
Périodicité de la paye	**Salaire journalier de référence**
Mensuelle ou autre situation que celles prévues ci-dessous	1/30,42 du montant de la paye du mois civil antérieur à la date de l'arrêt de travail
Toutes les deux semaines	1/28 du montant des deux dernières payes du mois civil antérieur à la date de l'arrêt de travail
Toutes les semaines	1/28 du montant des quatre dernières payes du mois civil antérieur à la date de l'arrêt de travail
Travail discontinu ou à caractère saisonnier	1/365 du salaire des 12 mois civils antérieurs à la date de l'arrêt de travail

Dans ces deux cas, du fait de l'absence de délai de carence *(voir ci-avant)*, des IJSS peuvent donc être versées dès le 1er jour d'arrêt.

▶ À noter… Un acte de télémédecine effectué par un professionnel de santé exerçant son activité à titre principal à l'étranger ne peut donner lieu à la prescription ou au renouvellement d'un arrêt de travail, quelle qu'en soit la durée (c. santé pub. art. L. 6316-1).

Calcul de l'indemnité journalière

Base de calcul : le salaire journalier de référence - L'indemnité journalière se calcule en pourcentage du salaire journalier de référence, lequel est déterminé selon des modalités variant en fonction de la périodicité de la paye du salarié (c. séc. art. L. 433-2 et R. 433-4).

Le salaire pris en compte s'entend des rémunérations versées au travailleur en contrepartie ou à l'occasion du travail, et afférentes à la période à considérer. Les primes de mobilité et d'installation constituant de telles rémunérations, elles doivent donc être prises en compte dans le salaire de référence, même si elles n'ont été versées qu'une seule fois (cass. civ., 2e ch., 28 mai 2020, n° 19-10029 FPBI).

Pour les salariés en CDD, l'*indemnité de fin de contrat** et l'*indemnité compensatrice de congés payés** doivent être prises en compte dans le salaire servant de base au calcul des indemnités journalières, à concurrence de la fraction correspondant à la période de référence (cass. civ., 2e ch., 5 janvier 2023, n° 21-12259 FB).

Le tableau « Calcul du salaire journalier de référence » reproduit dans cette étude récapitule les salaires de référence, selon la périodicité de la paye et la date de l'arrêt de travail (c. séc. soc. art. R. 433-4 ; circ. DSS/SD2 2014-370 du 30 décembre 2014).

Dans le cas le plus simple du salarié mensualisé, la paye prise en compte pour calculer l'IJSS est celle du mois civil précédant l'arrêt de travail. Cependant, ces dispositions s'articulent avec celles voulant que la journée de travail au cours de laquelle l'accident s'est produit soit intégralement à la charge de l'employeur, l'indemnité journalière étant payée à partir du jour suivant (circ. DSS/SD2 2014-370 du 30 décembre 2014).

Exemples

1) Un salarié mensualisé est en arrêt de travail au titre d'un AT/MP à compter du 1er mars. La paye prise en compte pour calculer ses IJSS est celle du mois de février.

2) Un salarié mensualisé a un accident de travail le 30 mai. Cette journée est entièrement rémunérée par l'employeur. En conséquence, les IJSS sont dues à compter du 31 mai. La paye prise en compte pour calculer ces IJ est donc celle du mois d'avril.

3) Si l'accident de travail se produit le 31 mai, cette journée est rémunérée par l'employeur et les IJSS sont dues à compter du 1er juin. Dans ce cas, la paye prise en compte pour calculer ces IJ est celle du mois de mai.

Montant maximal du salaire journalier de référence - Le montant du salaire journalier de référence ne peut pas dépasser 0,834 % du montant annuel du *plafond de la sécurité sociale** (soit 392,81 € pour 2025) (c. séc. soc. art. R. 433-2).

Montant de l'indemnité - Le montant de l'IJSS est obtenu en multipliant le salaire journalier de référence par un taux égal à (c. séc. soc. art. R. 433-1 et R. 433-3) :
- 60 % pendant les 28 premiers jours d'arrêt de travail ;
- 80 % à compter du 29e jour.

Limite du gain journalier net - L'indemnité journalière ne peut pas dépasser le gain journalier net perçu par le salarié avant son arrêt de travail (c. séc. soc. art. R. 433-4). Si le montant de l'indemnité journalière est supérieur à ce gain, elle est réduite à ce montant.

Le gain journalier net est déterminé par application, au salaire de référence, du taux forfaitaire représentatif des cotisations et contributions salariales applicable aux IJSS de maternité, à savoir 21 % (c. séc. soc. art. R. 433-4 ; arrêté du 28 mars 2013, JO du 30).

Calcul IJSS Accident du travail (exemple 2025)
Un cadre, rémunéré 3 780 € par mois, est victime d'un accident du travail le 16 février 2025. Il est en arrêt de travail tout le reste du mois de février. L'employeur est subrogé dans les droits du salarié et fait l'avance des indemnités journalières. Il est donc amené à estimer leur montant.
1. Estimation du salaire journalier de référence et du gain journalier net
• ***Salaire journalier de référence :*** Pour un salarié mensualisé, le salaire de référence est la rémunération brute correspondant à la paye du mois civil antérieur à l'arrêt de travail, soit, en l'espèce, celle du mois de janvier 2025. Le salaire journalier de référence est donc de : 3 780 €/30,42 jours = **124,26 €.** Il est bien inférieur au salaire journalier de référence plafond, à savoir 0,834 % du plafond annuel de la sécurité sociale, soit 47 100 € × 0,834 % = **392,81 €** en 2025. • ***Gain journalier net :*** Le gain journalier net constitue la limite supérieure du montant de l'indemnité journalière d'accident du travail. Il correspond au 1/30,42 du salaire antérieur à l'arrêt de travail, diminué du forfait de 21 % représentatif des cotisations et contributions salariales, soit en l'espèce : (3 780 € – 21 %) / 30,42 = **98,17 €**.
2. Indemnités journalières d'accident du travail pour le mois de février
• Pendant les 28 premiers jours, l'IJSS est de : 124,26 € × 60 % = **74,55 €.** La limite du gain journalier net est respectée. • À partir du 29e jour, l'IJSS serait de : 124,26 € × 80 % = 99,40 €. L'IJSS devrait donc être ramenée au gain journalier net, soit : 98,17 €. • En février 2025, le salarié a droit aux indemnités journalières du 17 au 28 février. Ces 12 jours d'indemnités au titre de février représentent 12 × 74,55 € = **894,60 € d'IJSS brutes** (soit **834,66 € nets** après 6,70 % de CSG/CRDS).

▶ À noter... Avant le 1er janvier 2019, la rémunération des apprentis était exonérée totalement des cotisations et contributions salariales. Par conséquent, il n'y avait pas lieu d'appliquer le taux de 21 % et leur gain journalier net était égal à leur salaire brut (circ. DSS/SD2 2014-370 du 30 décembre 2014). Pour les contrats d'apprentissage conclus après cette date, l'exonération de cotisations et de contributions salariales est devenue partielle : elle porte uniquement sur la part de rémunération n'excédant pas 79 % du SMIC pour les contrats conclus entre le 1er janvier 2019 et le 28 février 2025, et sur la part de rémunération ne dépassant pas 50 % pour les contrats conclus à partir du 1er mars 2025 (voir *Apprentis**). À l'heure où nous rédigions ces lignes, l'administration n'avait pas précisé les conséquences de cette réforme sur la détermination du gain journalier net des apprentis dont la rémunération excède ces limites d'exonération (79 % ou 50 %).

Montant maximal de l'IJSS - La combinaison du montant maximal du salaire journalier de référence et du taux des indemnités journalières conduit, en outre, à une autre limite absolue. Ainsi, en 2025 :
- pour les 28 premiers jours d'arrêt de travail, l'indemnité journalière maximale est fixée à 60 % de 392,81 €, soit 235,69 € par jour ;
- à partir du 29e jour d'arrêt, l'indemnité journalière maximale est fixée à 80 % de 392,81 €, soit 314,25 € par jour.

Revalorisation après 3 mois - Lorsque l'arrêt de travail se prolonge au-delà de 3 mois et en cas d'augmentation générale des salaires, l'assuré peut demander que l'IJSS soit revalorisée conformément à un coefficient fixé par arrêté ministériel (1,01 depuis le 1er avril 2009) ou, si cela lui est plus favorable, conformément à l'augmentation des salaires prévue par sa convention collective (c. séc. soc. art. L. 433-2, R. 433-9 et R. 433-10 ; arrêté du 28 mai 2009, JO du 31).

Régimes fiscal et social

Cotisations sociales de sécurité sociale - Les IJSS d'accident du travail sont exonérées des cotisations de sécurité sociale et des charges ayant la même assiette.

CSG et CRDS - Les indemnités journalières sont soumises à CSG (6,20 %, dont 3,80 % déductibles) et à CRDS (0,50 %) au titre des revenus de remplacement, sans application de l'abattement d'assiette.

Le prélèvement est effectué directement par la CPAM, qui verse donc ces indemnités nettes.

Impôt sur le revenu - Les indemnités journalières de sécurité sociale d'accident du travail sont imposables pour moitié, puisqu'elles sont exonérées d'impôt sur le revenu à hauteur de 50 % (CGI art. 80 quinquies et 81, 8°). La CSG est déductible pour 3,80 points.

Exemple

Sur 120 € bruts d'IJSS, le montant imposable est de 60 € – (3,80 % × 60 €) = 57,72 €.

Le prélèvement à la source (PAS) de l'impôt sur le revenu s'applique aux indemnités journalières imposables. La CPAM prélève donc le taux de PAS que lui a communiqué l'administration fiscale sur le montant imposable (50 % du montant brut des IJSS qu'elle verse, diminué de la CSG déductible correspondante).

En cas de *subrogation** de l'employeur, c'est à celui-ci d'effectuer le *prélèvement à la source**. La somme soumise au PAS est égale à 50 % du montant brut des IJSS subrogées diminué de la CSG déductible (soit le montant imposable correspondant) [voir *Prélèvement à la source (IJSS subrogées)**].

▶ À noter... Depuis le 1er janvier 2024, les IJSS de *temps partiel thérapeutique** lié à un accident du travail ou une maladie professionnelle sont soumises au PAS, à hauteur de leur montant imposable, selon les mêmes règles que les indemnités journalières « classiques » (www.net-entreprises.fr ; base de connaissances Net-entreprises, fiche 1851 mise à jour le 26 mai 2023). Pour rappel, de 2019 à 2023, elles n'avaient pas à être prises en compte pour calculer le montant de PAS.

Dans la *déclaration sociale nominative**, l'employeur ne doit pas intégrer les IJSS, même subrogées, dans la rémunération nette fiscale afin d'en éviter le double décompte sur la déclaration de revenus pré-remplie du salarié l'année suivante. En effet, l'assurance maladie procède chaque année de son côté à une déclaration des montants imposables d'IJSS, qu'elle les verse directement à l'assuré ou que ce soit l'employeur qui les verse en situation de subrogation. En revanche, l'employeur doit porter le montant imposable des IJSS versées en subrogation dans la rubrique intitulée « Montant soumis au PAS » (S21.G00.50.013) (www.net-entreprises.fr ; base de connaissances Net-entreprises, fiche 1851 mise à jour le 26 mai 2023).

Paiement des indemnités journalières

Caisse compétente - Les IJSS d'accident du travail sont versées par la CPAM à laquelle la victime est affiliée (c. séc. soc. art. L. 431-1, al. 6 et R. 431-2, al. 1).

Échéances de paiement - Les indemnités journalières sont mises en paiement dès réception du certificat médical attestant la nécessité d'interrompre le travail (c. séc. soc. art. R. 433-13, al. 1).

Elles sont payables aux dates fixées par le règlement intérieur de la caisse débitrice, sans que l'intervalle entre 2 paiements puisse excéder 16 jours (c. séc. soc. art. R. 433-14).

Destinataires - En principe, les indemnités journalières sont versées à la victime, mais la CPAM peut valablement les payer au conjoint ou, si la victime est mineure, à la personne l'ayant à sa charge (c. séc. soc. art. R. 433-16, al. 1). La victime peut également donner délégation à un tiers pour l'encaissement des indemnités, cette délégation ne valant que pour la seule période d'incapacité temporaire (c. séc. soc. art. R. 433-16, al. 2 et 3).

▶ À noter... En cas de versement direct des indemnités journalières au salarié (hors *subrogation**), le paiement ne peut pas être réalisé sur un compte bancaire ou postal dont le salarié n'est pas titulaire ou cotitulaire (loi 2021-1774 du 24 décembre 2021, art. 3, JO du 26).

Lorsque l'employeur maintient au salarié tout ou partie de son salaire, il peut percevoir lui-même les indemnités journalières de sécurité sociale. Il fait donc l'avance des indemnités au salarié et les perçoit ensuite de la CPAM à la place du salarié (voir *Subrogation**).

Retard de paiement - Tout retard injustifié apporté au paiement de l'indemnité journalière ouvre droit à la victime, à partir du 8e jour de son échéance, à une astreinte quotidienne de 1 % du montant des sommes non payées, prononcée par la juridiction compétente (c. séc. soc. art. L. 436-1 et R. 436-5).

Ces indemnités sont productives d'intérêts moratoires (c. civ. art. 1231-6).

Insaisissabilité et incessibilité

L'indemnité journalière n'est cessible et saisissable que dans des limites identiques à celles fixées pour la saisie et la cession des salaires (c. séc. soc. art. L. 433-3) (voir *Saisie des rémunérations**).

☛ *Accident de mission ; Accident de trajet ; Accident du travail ; Attestations de salaire ; Contribution pour le remboursement de la dette sociale (CRDS) ; Contribution sociale généralisée (CSG sur revenus de remplacement) ; Délai de carence ; Heures de sortie autorisée ; Indemnités journalières complémentaires ; Indemnités journalières de sécurité sociale (retrouver les IJSS brutes) ; Maintien du salaire net ; Maladie professionnelle ; Prélèvement à la source (IJSS subrogées) ; Subrogation ; Temps partiel thérapeutique.*

Indemnités journalières de sécurité sociale d'adoption

☞ *Indemnités journalières de sécurité sociale de maternité.*

Indemnités journalières de sécurité sociale de maladie

Un salarié malade peut être temporairement incapable d'exercer son activité salariée. La caisse primaire d'assurance maladie (CPAM), ou la caisse générale de sécurité sociale (CGSS) dans les départements d'outre-mer (DOM), lui verse alors, durant cette incapacité temporaire totale, des indemnités journalières de sécurité sociale (IJSS) destinées à compenser la perte de salaire résultant de la *maladie**.

▶ À noter... S'il s'agit d'un arrêt de travail pour *accident du travail** ou *maladie professionnelle**, le salarié a droit aux indemnités journalières de sécurité sociale correspondantes durant cette incapacité temporaire totale (voir *Indemnités journalières de sécurité sociale d'accident du travail**). Les règles ici présentées concernent les IJSS versées en cas de maladie ou d'accident non professionnels ou lorsque, sous conditions, le salarié suit une *cure thermale** prescrite par son médecin.

Conditions d'ouverture du droit aux IJSS

Montant de cotisations ou durée travaillée - Pour ouvrir droit aux IJSS, le salarié doit justifier d'une durée minimale de cotisations (à défaut, d'une durée minimale d'activité) variable selon que l'arrêt de travail dépasse ou non 6 mois (c. séc. soc. art. R. 313-3 ; circ. DSS/SD2 2015-179 du 26 mai 2015, annexe 1, § I). Les conditions requises sont synthétisées dans le tableau ci-après.

Certaines périodes sont assimilées à de l'activité salariée et équivalent à un montant du SMIC horaire (c. séc. soc. art. R. 313-8 et R. 313-9 ; circ. DSS/SD2 2015-179 du 26 mai 2015, annexe 1, § II).

Pour l'octroi des IJSS maladie pendant les 6 premiers mois d'arrêt de travail, seuls les salaires effectivement perçus par le salarié pendant la période de référence sont pris en compte, excluant de ce fait les éventuels rappels de salaire versés après le premier jour d'arrêt de travail (cass. civ., 2e ch., 21 mars 2024, n° 21-18015 FB). Une solution qui paraît transposable à l'indemnisation au-delà des 6 premiers mois d'interruption de travail.

La condition de 12 mois d'affiliation préalable exigée pour bénéficier des IJSS maladie au-delà de 6 mois d'interruption de travail s'apprécie en tenant compte de toutes les périodes d'affiliation au régime général. Si elles ne suffisent pas à comptabiliser 12 mois, les périodes d'affiliation à un autre régime de protection sociale sont prises en compte à la condition, qu'entre les deux affiliations, il n'y ait pas eu d'interruption. Entrent aussi dans le décompte les mois pendant lesquels l'assuré était affilié à l'assurance maladie en qualité d'étudiant ou volontairement affilié contre le risque maladie en tant que travailleur salarié expatrié (circ. DSS/SD2 2015-179 du 26 mai 2015, annexe 1, § I-A-2-a).

▶ À noter... Les règles d'ouverture de droit aux IJSS de maladie (nombre d'heures salariées, montant de cotisations) ne sont pas applicables aux victimes d'actes de terrorisme en cas d'arrêt de travail rendu nécessaire par l'acte de terrorisme (c. séc. soc. art. L. 169-2 et circ. DSS/SD2 2016-72 du 14 mars 2016).

Conditions d'ouverture des droits aux IJSS maladie (cas général)	
Indemnisation des 6 premiers mois (1)	- avoir cotisé (2) sur au moins 1 015 fois le SMIC horaire (3) au cours des 6 mois civils précédant l'arrêt - **OU** avoir effectué (2) au moins 150 heures de travail salarié ou assimilé sur les 3 mois civils ou les 90 jours précédant l'arrêt
Indemnisation après 6 mois (1)	- être affilié au moins depuis 12 mois - **ET** avoir cotisé (2) en maladie sur une rémunération au moins égale à 2 030 fois le SMIC horaire (3) ou effectué au moins 600 heures de travail salarié ou assimilé pendant les 12 mois civils ou les 365 jours précédant l'arrêt

(1) Les conditions auxquelles l'assuré doit répondre sont appréciées au premier jour de l'arrêt de travail (c. séc. soc. art. R. 313-1).
(2) Sont assimilés à des périodes de travail les périodes d'indemnisation de la maladie, maternité et accident du travail ainsi que les arrêts de travail non indemnisés du fait de l'application du délai de carence ou de l'épuisement par le salarié de ses droits à indemnisation (c. séc. soc. art. R. 313-8). Il en va de même pour les congés payés (cass. soc. 2 décembre 1999, n° 97-22248, BC V n° 468).
(3) SMIC horaire en vigueur au premier jour de la période de référence.

Professions à caractère saisonnier ou discontinu - Lorsqu'ils ne remplissent pas les conditions de montant de cotisations ou de durée de travail ci-dessus, les salariés des professions à caractère saisonnier ou discontinu ont droit aux IJSS maladie s'ils justifient (c. séc. soc. art. R. 313-7 ; circ. DSS/SD2 2015-179 du 26 mai 2015, annexe 1, § I-B) :
- soit avoir cotisé, au cours des 12 mois civils précédents, sur une rémunération au moins égale à 2 030 fois la valeur du SMIC horaire en vigueur au 1er janvier qui précède immédiatement le début de cette période ;
- soit avoir effectué au moins 600 h de travail salarié ou assimilé au cours des 12 mois civils ou des 365 jours précédents.

Sont considérés comme exerçant une profession à caractère saisonnier ou discontinu les *travailleurs saisonniers**, les *intermittents du spectacle** ainsi que les assurés ayant le statut d'*intérimaire**. Les CPAM peuvent également faire entrer dans le champ de ces dispositions d'autres professions, au cas par cas : écrivains non salariés, *journalistes** rémunérés à la pige, artistes et musiciens du spectacle, *VRP**, courtiers, inspecteurs ou autres agents non patentés, concierges, nourrices et gardes d'enfants, travailleurs à domicile (circ. DSS/2A 2013-163 du 16 avril 2013).

▶ À noter... Ces dispositions s'appliquent également aux salariés occupant des emplois entrant dans le champ des *services à la personne** et rémunérées par *chèque emploi-service universel** (CESU) (c. séc. soc. art. R. 313-7).

Maintien du droit aux prestations - Les personnes qui cessent de remplir les conditions d'activité pour relever d'un régime obligatoire d'assurance maladie-maternité bénéficient du maintien de leurs droits aux prestations en espèces des assurances maladie, maternité, invalidité et décès pendant 1 an (c. séc. soc. art. L. 161-8 et R. 161-3).

Les personnes percevant les allocations attachées à certains congés (ex. : congé de reclassement, congé de conversion) bénéficient également du maintien de leurs droits aux prestations en espèces (c. séc. soc. art. L. 311-5).

Situations ouvrant droit aux IJSS

Arrêt de travail et prolongation - L'arrêt maladie doit être justifié par un certificat médical d'arrêt de travail (c. séc. soc. art. L. 321-1 et L. 162-4-1).

L'assuré social doit envoyer son certificat d'arrêt de travail à la CPAM dans les 2 jours suivant la date d'interruption du travail. Un premier envoi tardif n'est pas sanctionné. Mais, en cas de nouvel envoi tardif dans les 24 mois suivant la prescription du premier arrêt, les IJSS concernant la période écoulée entre la date de prescription du nouvel arrêt et sa date d'envoi sont réduites de 50 % (sauf hospitalisation ou impossibilité d'envoi dans les délais impartis) (c. séc. soc. art. R. 321-2 et D. 323-2).

▶ À noter... La règle selon laquelle les IJSS sont réduites de 50 % en cas de nouvel envoi tardif de l'arrêt maladie à la CPAM ne joue que si cet envoi a lieu avant la fin de l'arrêt de travail et si l'assuré a reçu un avertissement préalable. Si l'envoi a lieu après la fin de l'arrêt de travail, la caisse peut sanctionner l'assuré en refusant de lui verser les IJSS (cass. civ., 2e ch., 23 janvier 2020, n° 18-25086 PBI).

Des IJSS peuvent aussi être versées en cas de prolongation de l'arrêt de travail initial. Sauf impossibilité dûment justifiée par l'assuré, la prolongation de l'arrêt de travail doit être décidée par le médecin prescripteur de l'arrêt initial, par le médecin traitant ou par la sage-femme, sous peine de faire perdre à l'assuré son droit à indemnisation (c. séc. soc. art. L. 162-4-4). Il existe quelques exceptions : prolongation prescrite par un spécialiste consulté sur demande du médecin traitant, par le médecin remplaçant, à l'occasion d'une hospitalisation, etc. (c. séc. soc. art. R. 162-1-9-1).

La prolongation doit aussi être justifiée par un certificat médical. Par conséquent, en l'absence d'une prescription médicale de prolongation, un assuré ne peut pas percevoir d'IJSS au titre d'une affection de longue durée (ALD) et ce, même si une expertise judiciaire a établi qu'il demeurait atteint de cette ALD après la fin de son arrêt de travail (cass. civ., 2e ch., 21 mars 2024, n° 22-11242 FB).

▶ À noter... Avant le 1er septembre 2024, par tolérance, la prescription d'un arrêt de travail en prolongation était bien prise en compte même si elle ne couvrait pas les 2 jours du week-end et le lundi. Ces journées étaient donc indemnisables. Ainsi, un salarié en arrêt de travail du lundi au vendredi inclus, qui obtenait une prolongation à partir du lundi, jour de consultation, était indemnisé pour le samedi et le dimanche, même si ces deux jours n'étaient pas couverts par un arrêt de travail. En réponse à une question de la rédaction RF Paye, la Caisse nationale d'assurance maladie (CNAM) a confirmé qu'elle avait mis fin à cette tolérance à compter du 1er septembre 2024, sans que cela ne donne lieu à circulaire ou instruction. Désormais, les périodes non prescrites entre deux arrêts de travail ne sont plus indemnisées.

Respect des prescriptions médicales et des heures de sortie - Le salarié indemnisé doit notamment (c. séc. soc. art. L. 323-6) :

- respecter les horaires de présence obligatoire (voir *Heures de sortie autorisée**) ;
- s'abstenir d'exercer toute activité non autorisée, sous peine d'une retenue totale des IJSS *(voir plus loin dans l'étude)* ;
- se soumettre au contrôle de la sécurité sociale.

▶ À noter... Dans la mesure où le salarié doit interrompre son activité professionnelle, l'employeur doit faire tout particulièrement attention à ne pas autoriser un salarié à continuer à travailler pendant un arrêt maladie. Si un salarié est de ce fait condamné à rembourser à la CPAM les IJSS maladie perçues pendant son arrêt de travail, il est en droit d'obtenir de son employeur des dommages et intérêts d'un montant correspondant à celui des IJSS maladie qu'il a dû rembourser (cass. soc. 21 novembre 2012, n° 11-23009 D).

Sur l'obligation pour le salarié d'informer la CPAM en cas de reprise d'activité avant la fin de l'arrêt de travail, voir plus loin dans cette étude.

Temps partiel thérapeutique - Des IJSS peuvent être versées en cas de *temps partiel thérapeutique** décidé (c. séc. soc. art. L. 323-3) :
- soit dans le cadre d'un maintien au travail ou d'une reprise du travail, lorsque ce maintien ou cette reprise du travail et le travail effectué par le salarié sont reconnus comme étant de nature à favoriser l'amélioration de son état de santé ;
- soit lorsque le salarié doit faire l'objet d'une rééducation ou d'une réadaptation professionnelle pour recouvrer un emploi compatible avec son état de santé.

Pour plus de détails, voir *Temps partiel thérapeutique**.

Pendant une action de formation ou d'évaluation - Le versement des IJSS ne fait pas obstacle à ce que le salarié demande, avec l'accord du médecin traitant, à accéder aux actions de formation professionnelle continue prévues par le code du travail (c. trav. art. L. 1226-7) ou à des actions d'évaluation, d'accompagnement, d'information et de conseil auxquelles la CPAM (ou la CGSS dans les DOM) participe (ex : essai encadré, convention de rééducation professionnelle), sous réserve qu'après avis du médecin-conseil la durée de ces actions soit compatible avec la durée prévisionnelle de l'arrêt de travail (c. séc. soc. art. L. 433-1, al. 4 renvoyant à L. 323-3-1).

La caisse fait part de son accord à l'assuré et, le cas échéant, à l'employeur et au médecin du travail (c. séc. soc. art. L. 323-3-1).

IVG - Des indemnités journalières de maladie peuvent être versées en cas d'arrêt de travail lié à une interruption volontaire de grossesse (c. santé pub. art. L. 2212-1) car les IVG relèvent nécessairement d'une prise en charge par l'assurance maladie (circ. CNAMTS 2004-99 du 10 août 2004).

Téléconsultation - Les arrêts de travail prescrits par téléconsultation sont limités à 3 jours ou, en cas de renouvellement, ne peuvent avoir pour effet de porter à plus de 3 jours la durée d'un arrêt de travail déjà en cours (c. séc. soc. art. L. 162-4-4 et L. 321-1 ; c. santé pub. art. L. 6316-1). Du fait du délai de carence de 3 jours *(voir plus loin)*, ces arrêts de travail n'ouvrent donc pas droit au versement d'IJSS.

Deux exceptions à la limitation de la durée des arrêts de travail prescrits ou renouvelés par téléconsultation sont toutefois prévues :
- arrêt prescrit ou renouvelé par le médecin traitant ou la sage-femme référente de l'assuré ;
- impossibilité justifiée par le patient de consulter un professionnel médical compétent pour obtenir, par prescription en sa présence, une prolongation de l'arrêt de travail.

Dans ces deux cas, des IJSS peuvent donc être versées au-delà des 3 premiers jours, en fonction de la durée de l'arrêt de travail.

▶ À noter... Un acte de télémédecine effectué par un professionnel de santé exerçant son activité à titre principal à l'étranger ne peut donner lieu à la prescription ou au renouvellement d'un arrêt de travail, quelle qu'en soit la durée (c. santé pub. art. L. 6316-1).

Durée de l'indemnisation

Délai de carence - En principe, l'arrêt de travail donne lieu au versement d'IJSS après 3 jours calendaires de carence, à savoir à partir du 4e jour d'arrêt de travail (c. séc. soc. art. R. 323-1, 1°).

Toutefois, le délai de carence de 3 jours n'est pas appliqué dans un certain nombre de situations (ex : *temps partiel thérapeutique**, fausse couche, interruption médicale de grossesse, etc.) (pour plus de détails, voir *Délai de carence**).

▶ À noter... Le délai de carence de 7 jours de l'indemnisation complémentaire « employeur » prévu par le code du travail (c. trav. art. D. 1226-3) est, quant à lui, maintenu.

Durée maximale du versement - Pour les affections de longue durée (ALD), les IJSS sont versées pendant une période maximale de 3 ans de date à date. En cas de rechute pendant ce délai, l'indemnité est versée dès le premier jour d'arrêt de travail.

Si l'assuré reprend le travail pendant au moins 1 an, une nouvelle période d'indemnisation de 3 ans recommence à courir (c. séc. soc. art. L. 323-1, 1° et R. 323-1, 2° et 3° ; circ. DSS/SD2 2015-179 du 26 mai 2015, annexe 6, § II).

Pour les autres affections, l'assuré ne peut recevoir plus de 360 IJSS en l'espace de 3 ans, au titre d'une ou de plusieurs maladies (c. séc. soc. art. L. 323-1, 2° et R. 323-1, 4°). Dans le cas où un assuré présente une affection de longue durée et d'autres affections, seules les indemnités versées au titre d'une maladie hors ALD sont prises en compte dans le décompte des 360 IJSS versées sur 3 ans (cass. civ., 2e ch., 15 mars 2012, n° 11-13453, BC II n° 49).

▶ À noter... Le nombre d'IJSS maladie dont peuvent bénéficier les salariés ayant atteint l'âge légal de départ en retraite [voir *Retraite (âge légal, âge du taux plein)**], et qui sont en situation de cumul emploi-retraite [voir *Cumul emploi-retraite (incidences paye)**], est limité à 60 jours pour l'ensemble de la période pendant laquelle ils perçoivent un avantage vieillesse (c. séc. soc. art. L. 323-2 et R. 323-2). Cette limitation du nombre d'IJSS n'est pas applicable aux salariés en *retraite progressive** (c. séc. soc. art. L. 323-2).

Calcul de l'indemnité journalière

Base de calcul : le revenu d'activité antérieur - L'indemnité journalière de maladie non professionnelle se calcule en pourcentage du revenu d'activité antérieur qui varie en fonction de la périodicité de la paye du salarié (c. séc. soc. art. L. 323-4 et R. 323-4 ; circ. DSS/SD2 2015-179 du 26 mai 2015, annexe 4, § I-A).

Le tableau ci-après récapitule les modalités de calcul du revenu d'activité antérieur, selon la périodicité de la paye.

Pour les salariés dont les cotisations sont établies forfaitairement, le revenu d'activité antérieur se calcule selon des modalités définies par arrêté (c. séc. soc. art. R. 323-4, dern. al.).

Pour les salariés relevant à la fois du régime général et du régime des salariés agricoles, c'est le régime qui prend en charge leurs frais de santé qui calcule le revenu d'activité antérieur en prenant en compte l'ensemble des rémunérations perçues (c. séc. soc. art. R. 172-1 et R. 323-4).

Notion de « paye des mois civils antérieurs » - La notion de « paye des mois civils antérieurs » à la date de l'interruption de travail s'entend des payes des mois civils antérieurs à l'arrêt de travail effectif, et non des payes antérieures à la prescription médicale. En cas de paye décalée (ex : période d'emploi d'avril payée en mai), la période de référence prise en compte reste celle des mois civils antérieurs à l'arrêt de travail, peu important la date de versement effectif du salaire (circ. DSS/SD2 2015-179 du 26 mai 2015, annexe IV, § I-A).

Exemples

1) Un salarié mensualisé est en arrêt de travail à compter du 29 août 2025. Les salaires pris en compte dans le calcul de l'indemnité journalière sont ceux des mois de mai, juin et juillet 2025. Si ce salarié travaille de façon discontinue, les salaires pris en compte pour un arrêt de travail débutant à la même date sont ceux des mois d'août 2024 à juillet 2025.

2) Un médecin délivre un arrêt de travail daté du 31 août, mais le salarié s'arrête effectivement le 1er septembre. Les IJSS sont calculées sur la base des salaires perçus en juin, juillet et août.

3) Pour un salarié en décalage de la paye, les salaires des mois d'avril, mai et juin ont été versés respectivement les 5 mai, 5 juin et 5 juillet. Ce salarié est en arrêt de travail à compter du 15 juillet. Les salaires pris en compte pour les IJSS sont ceux des mois d'avril, mai et juin.

Période de référence incomplète - Des règles particulières de calcul du revenu d'activité antérieur s'appliquent en cas de période de référence incomplète.

Calcul du revenu d'activité antérieur

Périodicité de la paye	Revenu d'activité antérieur
Mensuelle ou autre situation que celles prévues ci-dessous	1/91,25 du salaire (1) soumis à cotisations des 3 dernières payes des mois civils antérieurs à l'arrêt de travail
Toutes les deux semaines	1/84 du salaire (1) soumis à cotisations des 6 dernières payes des mois civils antérieurs à l'arrêt de travail
Toutes les semaines	1/84 du salaire (1) soumis à cotisations des 12 dernières payes des mois civils antérieurs à l'arrêt de travail
Travail discontinu ou saisonnier	1/365 du salaire (1) soumis à cotisations des 12 mois civils antérieurs à l'arrêt de travail

(1) Le salaire pris en compte au titre de chaque paye s'entend du brut retenu dans la limite de 1,4 SMIC pour les arrêts de travail débutant à partir du 1er avril 2025 et de 1,8 SMIC pour les arrêts de travail prescrits jusqu'au 31 mars 2025 inclus (le SMIC étant calculé sur la base de la durée légale du travail).

Les cas dans lesquels un assuré est regardé comme n'ayant pas perçu de revenus d'activité pendant tout ou partie de la période de référence sont les suivants (c. séc. soc. art. R. 323-8, I) :
- début d'activité (embauche) au cours d'un mois de la période de référence ;
- fin d'activité pendant la période de référence ;
- absence d'activité au cours d'un ou plusieurs mois de la période de référence pour cause de maladie, d'accident, de maternité, de chômage involontaire total ou partiel, de fermeture de l'établissement employeur à la disposition duquel reste le salarié, de congé non payé (à l'exclusion des absences non autorisées), de service militaire ou d'appel sous les drapeaux.

Les règles présentées ci-après concernent les arrêts de travail prescrits à partir du 1er novembre 2024.

▶ À noter… Pour rappel, pour les arrêts de travail prescrits avant le 15 avril 2021, le revenu d'activité antérieur pouvait, dans la plupart des cas de période de référence incomplète, être reconstitué comme si l'assuré avait travaillé de façon complète (c. séc. soc. art. R. 323-8 en vigueur avant le 15 avril 2021). Un décret d'avril 2021 avait prévu de réformer ce mode de calcul du revenu d'activité antérieur pour les arrêts de travail prescrits à partir du 1er octobre 2022, et avait fixé des mesures transitoires pour les arrêts prescrits dans l'intervalle (décret 2021-428 du 12 avril 2021, JO du 13). Mais, après avoir été reportée au 1er juin 2024 (décret 2022-1326 du 14 octobre 2022, JO du 16), cette réforme a finalement été abandonnée. Les règles applicables aux arrêts de travail prescrits depuis le 1er novembre 2024, décrites ci-après, correspondent pour l'essentiel aux dispositions transitoires du décret d'avril 2021, qui ont été pérennisées par un décret d'octobre 2024 (décret 2024-967 du 30 octobre 2024, art. 1, JO du 31 ; décret 2021-428 du 12 avril 2021, art. 5 abrogé).

Lorsque, à la date de l'arrêt de travail, l'assuré n'a pas perçu de revenus d'activité pendant tout ou partie de la période de référence, les revenus d'activité antérieurs servant de base au calcul des IJSS sont déterminés dans les conditions suivantes (c. séc. soc. art. R. 323-8, II ; décret 2024-967 du 30 octobre 2024, JO du 31).

❶ Lorsqu'une activité débute ou prend fin au cours d'un mois de la période de référence, le revenu est calculé pour l'ensemble de ce mois sur la base du revenu d'activité journalier effectivement perçu.

❷ Lorsqu'une activité a pris fin et qu'une autre a débuté au cours d'un même mois de la période de référence, la règle mentionnée ci-dessus ne s'applique pas. Le revenu correspondant à la période de ce mois durant laquelle l'assuré n'a, le cas échéant, pas perçu de revenus d'activité est calculé sur la base du revenu d'activité journalier effectivement perçu au titre de la dernière activité qui a débuté au cours de ce mois.

❸ Lorsque, au cours d'un ou de plusieurs mois de la période de référence, l'assuré n'a pas travaillé suite à l'une des absences autorisées citées plus haut (maladie, chômage, fermeture d'établissement, etc.), le revenu d'activité est calculé, pour l'ensemble de ce ou ces mois :
- soit à partir du revenu d'activité journalier effectivement perçu, lorsque l'assuré a perçu à une ou plusieurs reprises des revenus d'activité au cours de la période de référence ;
- soit à partir du revenu d'activité journalier effectivement perçu au cours des jours travaillés depuis la fin de la période de référence, lorsque l'assuré n'a perçu aucun revenu d'activité au cours de la période de référence.

Les règles applicables aux arrêts de travail prescrits depuis le 1er novembre 2024 étant très largement inspirées du dispositif transitoire mis en place par le décret du 12 avril 2021 *(voir « À noter » ci-dessus)*, les précisions qu'avait apportées à l'époque une circulaire de la CNAM (circ. CNAM 2022-31 du 24 novembre 2022) gardent, à notre sens, un intérêt. Nous les présentons ci-après.

En cas de nouvelle embauche ou de cessation d'emploi au cours de la période de référence, on conserve le diviseur habituel (ex. : 1/91,25 pour un salarié mensualisé), étant précisé que (circ. CNAM 2022-31 du 24 novembre 2022, § 3.3.1) :
- pour le mois de l'embauche, on retient le revenu rétabli sur l'ensemble du mois ;
- en cas de fin d'activité, pour le mois concerné, l'assurance maladie retient le revenu d'activité perçu.

▶ À noter… La CNAM en déduit qu'en cas de nouvelle embauche et de cessation d'activité au cours de la période de référence, l'IJSS est calculée à partir du revenu rétabli du mois de l'embauche et des revenus effectivement perçus au titre des contrats clos rapportés au diviseur 91,25.

Lorsque, au cours d'un ou plusieurs mois de la période de référence, l'assuré n'a pas travaillé, soit par suite de maladie, accident, maternité, chômage involontaire total ou partiel, soit en raison de la fermeture de l'établissement employeur à la disposition duquel il reste, soit en cas de congé non payé (à l'exclusion des absences non autorisées), de service militaire ou appel sous les drapeaux, les règles de calcul sont les suivantes (circ. CNAM 2022-31 du 24 novembre 2022, § 3.3.1).

Si l'assuré a perçu à une ou plusieurs reprises des revenus d'activité au cours de la période de référence, le revenu d'activité est calculé pour l'ensemble de ce ou ces mois concernés à partir du revenu d'activité journalier effectivement perçu rapporté au diviseur mentionné à l'article R. 323-4 du code de la sécurité sociale (ex. : 1/91,25e pour un salarié mensualisé).

Dans l'hypothèse où l'assuré n'a perçu aucun revenu d'activité pendant les 3 mois précédant l'arrêt de travail, sous réserve de l'existence d'une ouverture de droits, le revenu d'activité est calculé, pour l'ensemble des mois concernés, à partir du revenu d'activité journalier effectivement perçu au cours des jours calendaires travaillés depuis la fin de la période de référence. À défaut d'ouverture de droits (ce qui sera souvent le cas), les règles du maintien de droits, ou de la coordination inter-régimes le cas échéant, s'appliquent.

Plafonnement du salaire - Le salaire pris en compte pour calculer le revenu d'activité antérieur s'entend du brut, retenu pour chaque paye dans une certaine limite.

Pour les arrêts de travail débutant jusqu'au 31 mars 2025 inclus, le salaire de chaque paye est pris en compte dans la limite de 1,8 *SMIC** calculé sur la base de la durée légale du travail (c. séc. soc art. R. 323-4 dans sa version en vigueur jusqu'au 31 mars 2025 ; circ. DSS/SD2 2015-179 du 26 mai 2015, annexe 4, § I-B).

Pour les arrêts de travail prescrits à partir du 1er avril 2025, le salaire de chaque paye est pris en compte dans la limite de 1,4 *SMIC** calculé sur la base de la durée légale du travail (c. séc. soc. art. R. 323-4 modifié au 1er avril 2025 ; décret 2025-160 du 20 février 2025, JO du 21 ; circ. DSS/SD2 2015-179 du 26 mai 2015, annexe 4, § I-B).

▶ Attention… L'abaissement du plafond de 1,8 SMIC à 1,4 SMIC aboutit concrètement à une baisse du montant des IJSS maladie pour les salariés payés au-delà de 1,4 SMIC. Cette baisse entraîne mécaniquement une augmentation de la part d'indemnisation complémentaire à la charge de l'employeur lorsqu'il est tenu à une obligation de maintien de salaire, soit au titre du dispositif prévu par le code du travail soit d'une disposition conventionnelle plus favorable (voir *Indemnités journalières complémentaires**).

La référence au SMIC implique de tenir compte de ses éventuelles évolutions.

La limite de 1,8 ou 1,4 SMIC s'apprécie en retenant le taux horaire du SMIC en vigueur le dernier jour du mois civil précédant celui de l'interruption de travail (c. séc. soc. art. R. 323-4). Si un calcul doit se faire sur une période de référence « à cheval » sur deux années (ex. : 2024-2025), une seule valeur du SMIC est donc retenue.

Exemples

1/ Pour un salarié mensualisé tombant malade en mars 2025, les salaires de décembre 2024 ainsi que ceux de janvier et février 2025 sont pris en compte dans la limite de 1,8 SMIC, compte tenu du taux du SMIC en vigueur au 28 février 2025 (soit 1,8 × 11,88 € × 35 h × 52/12 = 3 243,24 €).

2/ Pour un salarié mensualisé tombant malade en avril 2025, les salaires de janvier, février et mars 2025 sont pris en compte dans la limite de 1,4 SMIC, compte tenu du taux du SMIC en vigueur au 31 mars 2025 (soit 1,4 × 11,88 € × 35 h × 52/12 = 2 522,52 €).

Montant de l'IJSS maladie - L'indemnité journalière de sécurité sociale est égale à 50 % du revenu d'activité antérieur (c. séc. soc. art. L. 323-4 et R. 323-5).

Montant maximum de l'IJSS maladie - Pour les arrêts de travail ayant débuté avant le 1er avril 2025, le montant de l'IJSS maladie est plafonné à 1/730e de 1,8 *SMIC** calculé sur la base de la durée légale du travail appréciée sur l'année (c. séc. soc. art. R. 323-9), soit 53,31 € bruts pour un SMIC* horaire de 11,88 €.

Pour les arrêts de travail débutant à compter du 1er avril 2025, le montant de l'IJSS maladie est plafonné à 1/730e de 1,4 *SMIC** calculé sur la base de la durée légale du travail appréciée sur l'année (c. séc. soc. art. R. 323-9), soit 41,47 € bruts pour un SMIC* horaire de 11,88 €.

Montant minimal de l'IJSS - Il existe un montant minimal de l'IJSS maladie, qui s'applique uniquement à partir du 7e mois d'interruption continue de travail (c. séc. soc. art. R. 324-3).

L'indemnité journalière versée à partir du 7e mois ne peut pas être inférieure à 1/365 du montant annuel minimal de la pension d'invalidité (arrêté du 22 décembre 1955, art. 1), soit 11,02 € bruts au 1er janvier 2025.

Ce montant est majoré de 1/3 pour les assurés ayant 3 enfants ou plus à charge (arrêté du 22 décembre 1955, art. 1).

▶ À noter… La majoration des IJSS dont bénéficiaient, à partir du 31e jour d'arrêt de travail, les assurés ayant au moins 3 enfants à charge, a été supprimée au 1er juillet 2020 (loi 2019-1146 du 24 décembre 2019, art. 85, I, 2°, JO du 27 ; décret 2021-428 du 12 avril 2021, JO du 13). La logique voudrait donc que la majoration du montant minimum d'IJSS pour les assurés ayant au moins 3 enfants soit aussi supprimée pour les arrêts de travail prescrits à compter du 1er juillet 2020. Toutefois, à l'heure où nous rédigeons ces lignes, l'arrêté prévoyant cette majoration (arrêté du 22 décembre 1955, art. 1) est toujours en vigueur.

Dans tous les cas, le montant de l'IJ minimale ne peut, en aucun cas, dépasser le salaire journalier moyen. Autrement dit, si le revenu d'activité antérieur est inférieur au montant de l'IJ minimale, le montant de l'IJ versée est ramené au montant du revenu d'activité antérieur (circ. DSS/SD2 2015-179 du 26 mai 2015, annexe 4, § IV).

Paiement

Les IJSS sont versées par la CPAM directement à l'assuré, sauf *subrogation** de l'employeur.

Lorsque l'une des payes incluses dans la période de référence est supérieure aux salaires habituels, les IJSS servies au salarié seront d'un montant plus élevé que la rémunération versée par l'employeur. L'employeur n'étant subrogé dans les droits du salarié que dans la limite des sommes qu'il lui a effectivement versées au titre de la rémunération servie pendant ses absences, le différentiel est, selon la CNAM, versé directement au salarié (circ. CNAMTS/DDRI 2001-106 du 13 août 2001).

▶ À noter… En cas de versement direct des indemnités journalières au salarié (hors *subrogation**), le paiement ne peut pas être réalisé sur un compte bancaire ou postal dont le salarié n'est pas titulaire ou cotitulaire (loi 2021-1774 du 24 décembre 2021, art. 3, JO du 26).

Régimes fiscal et social

Cotisations - Les IJSS de maladie ne sont pas soumises à cotisations de sécurité sociale ni aux charges ayant la même assiette.

En revanche, elles supportent la *CSG** sur les revenus de remplacement (6,20 %, dont 3,80 % déductibles) et la *CRDS** (0,50 %), sans abattement d'assiette (BOSS, Assiette générale, § 280, 01/01/2024). La CPAM effectue le prélèvement et verse un montant d'indemnités journalières net de CSG et de CRDS.

Impôt sur le revenu - Dans le cas général, les IJSS de maladie sont soumises à l'impôt sur le revenu (CGI art. 80 quinquies). Le montant imposable est égal au montant brut des IJSS diminué de la CSG déductible (3,80 %).

En revanche, les IJSS versées aux assurés souffrant d'une affection de longue durée (ALD) ne sont pas imposables (CGI art. 80 quinquies ; BOFiP-RSA-CHAMP-20-30-20-§ 180-02/03/2016). Cela étant, la sécurité sociale n'informe pas l'employeur qu'un salarié est atteint d'une ALD, cette information étant confidentielle.

Le *prélèvement à la source** (PAS) de l'impôt sur le revenu s'applique aux indemnités journalières imposables. La CPAM prélève donc sur les IJSS qu'elle verse le taux de PAS que l'administration fiscale lui a communiqué.

En cas de *subrogation** de l'employeur, c'est à celui-ci d'effectuer le *prélèvement à la source**. Pour les IJSS de maladie non professionnelle, le PAS est à effectuer uniquement pendant les 2 premiers mois de l'arrêt de travail (60 jours de date à date). La somme soumise au PAS est égale au montant brut des IJSS, diminué de la CSG déductible. À partir du 61e jour, l'employeur ne doit plus appliquer le PAS aux IJSS maladie subrogées (BOFiP-IR-PAS-20-10-10-§§ 80 à 110-28/07/2020) [voir *Prélèvement à la source (IJSS subrogées)**].

▶ À noter… La règle des 2 mois ne préjuge pas du caractère imposable ou non des IJSS versées au-delà. Elle a pour objectif de couvrir globalement, par une règle unique, le cas général (IJSS maladie non professionnelle imposables) et les IJSS versées en cas d'ALD (non imposables), afin de préserver la confidentialité des informations. L'administration fiscale tiendra compte du caractère imposable ou non des sommes lors du calcul final de l'impôt sur le revenu, en fonction des informations déclarées par les CPAM.

Dans la *déclaration sociale nominative**, l'employeur ne doit pas intégrer les IJSS, même subrogées, dans la rémunération nette fiscale, afin d'en éviter le double décompte sur la déclaration de revenus préremplie du salarié l'année suivante. En effet, l'assurance maladie procède chaque année de son côté à une déclaration des montants imposables d'IJSS, qu'elle les verse directement à l'assuré ou que ce soit l'employeur qui les verse en situation de subrogation. En revanche, l'employeur doit porter le montant soumis au PAS des IJSS versées en subrogation dans la rubrique intitulée « Montant soumis au PAS » (S21.G00.50.013) (www.net-entreprises.fr ; base de connaissances Net-entreprises, fiche 1851 mise à jour le 26 mai 2023).

▶ À noter… Les IJSS de *temps partiel thérapeutique** liées à une maladie non professionnelle ne sont pas retenues pour calculer le montant de PAS (sur les IJSS de temps partiel thérapeutique liées à un accident du travail ou une maladie professionnelle, voir *Indemnités journalières de sécurité sociale d'accident du travail**) (www.net-entreprises.fr ; base de connaissance Net-entreprises, fiche 1851 mise à jour le 26 mai 2023).

Bulletin de paye

Le mode d'établissement du bulletin de paye dépend de plusieurs données :
- pratique ou non de la *subrogation** par l'employeur ;
- versement d'éventuelles *indemnités journalières complémentaires** par l'employeur.

Pour des exemples de bulletin de paye, voir *Indemnités journalières complémentaires** et *Maintien du salaire net**.

Obligation d'information en cas de reprise anticipée du travail

Les employeurs subrogés dans les droits de leurs salariés doivent informer la CPAM en cas de reprise anticipée du travail par un salarié en arrêt maladie (c. séc. soc. art. L. 323-6-1). À défaut, les employeurs s'exposent à une sanction financière, en cas de versement indu d'IJSS (c. séc. soc. art. L. 114-17-1).

Lorsqu'il n'y a pas de subrogation, l'obligation d'information incombe aux assurés sociaux bénéficiaires des IJSS. La loi leur impose d'informer sans délai la CPAM de toute reprise d'activité intervenant avant la fin de l'arrêt de travail (c. séc. soc. art. L. 323-6, 5°). En cas d'inobservation volontaire de cette obligation, le bénéficiaire des IJSS doit restituer à la caisse les indemnités versées correspondantes.

Pour plus de détails, voir *Reprise du travail après un arrêt de travail**.

Contrôle et sanctions

Contrôle par la CPAM - La CPAM peut vérifier que l'assuré respecte bien les conditions nécessaires au paiement des indemnités journalières, à savoir la réalité de l'incapacité et l'absence d'activité du salarié.

Elle peut, dans ce cadre, effectuer des contrôles au domicile de l'assuré.

La caisse est fondée à refuser le bénéfice des IJSS afférentes à la période pendant laquelle son contrôle aura été rendu impossible (c. séc. soc. art. R. 323-12), par exemple parce que l'assuré aura fourni une mauvaise adresse ou encore parce qu'il n'aura pas adressé à la caisse son arrêt de travail avant la fin de la période d'interruption de travail (cass. civ., 2e ch., 11 février 2016, n° 14-27021, BC II n° 918).

Dès lors que le contrôle a lieu en dehors des *heures de sortie autorisée** par le médecin traitant, l'assuré doit se trouver chez lui sous peine de sanctions (suspension ou réduction des IJSS notamment).

Lorsque la CPAM décide de suspendre le versement des IJSS maladie au motif qu'elles ne sont plus médicalement justifiées, cette suspension prend effet à compter de la date de la notification de la décision à l'assuré par lettre recommandée avec demande d'avis de réception (LRAR) (c. séc. soc. art. L. 315-2 et R. 315-1-3).

▶ À noter… Si l'assuré ne récupère pas la LRAR envoyée par la CPAM lui notifiant la suspension des IJSS, il est présumé en avoir eu quand même connaissance à la date à laquelle il a été avisé de la présence d'un pli à son attention au bureau de poste (cass. civ., 2e ch., 13 février 2020, n° 18-24590 FSPBI).

L'exercice d'une activité non autorisée par le médecin prescripteur, même réduite, pendant l'arrêt maladie peut également remettre en cause le versement des IJSS (c. séc. soc. art. L. 323-6).

Lorsque l'assuré ne respecte pas l'interdiction d'exercer une activité non autorisée, la CPAM peut réclamer le remboursement de la totalité des indemnités versées depuis la date du manquement, et pas seulement celles correspondant aux jours d'activité non autorisés (cass. civ., 2e ch., 28 mai 2020, n° 19-12962 FPBI). En l'espèce, le salarié avait travaillé 3 jours pendant son arrêt de travail, qui s'était poursuivi pendant encore plusieurs semaines.

De même, l'exercice d'une activité d'auto-entrepreneur non autorisée pendant un arrêt de travail n'est pas possible (cass. civ., 2e ch., 27 juin 2024, n° 22-17468 FB).

Il appartient à l'assuré social, en cas de contentieux, de prouver qu'il a été autorisé à pratiquer l'activité contestée (ex. : participation à une compétition sportive) (cass. civ., 2e ch., 9 décembre 2010, n° 09-14575, BC II n° 206). Un certificat médical établi a posteriori n'a aucune valeur, puisqu'il faut que le salarié ait été expressément et préalablement autorisé par son médecin à exercer l'activité litigieuse (cass. civ., 2° ch., 16 mai 2024, n°22-14402 FB ; cass. civ., 2e ch., 28 mai 2020, n° 19-15520 D). La prescription d'un arrêt de travail « sorties libres » n'équivaut pas non plus à une telle autorisation (cass. civ., 2e ch., 9 décembre 2010, n° 09-16140, BC II n° 206).

Le fait, pour un assuré social, d'avoir exercé, sans autorisation médicale, une activité rémunérée pendant son arrêt maladie constitue une fraude sanctionnée par une pénalité financière (c. séc. soc. art. L. 114-17-1, L. 323-6 et R. 147-11, 5°). Toutefois, la pénalité n'est pas subordonnée à l'intention frauduleuse de l'assuré (cass. civ., 2e ch., 28 mai 2020, n° 19-14010 FPBI).

Suspension des IJSS sur la base d'une contre-visite patronale - Une procédure spécifique permet à la sécurité sociale de suspendre le versement des IJSS, sur la base du résultat d'une contre-visite patronale (c. séc. soc. art. L. 315-1, II ; c. trav. art. L. 1226-1) (pour plus de détails, voir *Contre-visite médicale**).

Arrêt de travail faisant suite à une décision de suspension des IJSS - Une personne ayant fait l'objet d'une décision de suspension des IJSS et qui se voit prescrire un arrêt de travail dans les 10 jours francs qui suivent n'a pas automatiquement droit aux IJSS. La reprise de leur versement dépend d'un avis du service du contrôle médical de la sécurité sociale, rendu dans les 4 jours francs qui suivent la réception de l'arrêt de travail (c. séc. soc. art. L. 323-7 et D. 323-4).

Information de l'employeur en cas de suspension des IJSS - La sécurité sociale informe l'employeur en cas de suspension du versement des IJSS suite à un contrôle (c. séc. soc. art. L. 315-2, III).

Or, si le salarié n'a plus l'indemnisation de base (à savoir les indemnités journalières de sécurité sociale), l'employeur n'a pas à verser l'indemnisation complémentaire mise à sa charge par la loi (voir *Contre-visite médicale**) (c. trav. art. L. 1226-1). Il en va de même pour les indemnités journalières complémentaires liées à une obligation de maintien de salaire prévue par une convention collective, lorsqu'elle est conditionnée par l'indemnisation de la sécurité sociale.

Saisie et cession

Les IJSS maladie peuvent faire l'objet d'une saisie ou d'une cession dans les mêmes conditions et limites fixées pour la *saisie des rémunérations** (c. séc. soc. art. L. 323-5).

Attestations de salaire ; Contre-visite médicale ; Contribution sociale généralisée (CSG sur revenus de remplacement) ; Délai de carence ; Heures de sortie autorisée ; Indemnités journalières complémentaires ; Indemnités journalières complémentaires de prévoyance ; Indemnités journalières de sécurité sociale (retrouver les IJSS brutes) ; Maintien du salaire net ; Maladie ; Prélèvement à la source (IJSS subrogées) ; Subrogation ; Temps partiel thérapeutique.

Indemnités journalières de sécurité sociale de maternité

Bénéficiaires : les grandes règles

Congé de maternité - Une salariée en *congé de maternité** a droit à des indemnités journalières de sécurité sociale (IJSS) pour toute la période du congé (c. séc. soc. art. L. 331-3 à L. 331-6). Le droit aux IJSS suppose toutefois la réunion de plusieurs conditions.

Pour ouvrir droit aux IJSS maternité, la salariée doit justifier (c. séc. soc. art. R. 313-3, 1°) :
- soit avoir cotisé au titre de l'assurance maladie-maternité, au cours des 6 mois civils précédents, sur des rémunérations au moins égales à 1015 fois la valeur du SMIC en vigueur au premier jour de la période de référence ;
- soit totaliser au cours des 3 mois ou 90 jours précédents au moins 150 h de travail salarié ou assimilé.

Les assurées appartenant à des professions à caractère saisonnier ou discontinu qui ne répondent pas à ces conditions de montant de rémunération cotisée ou de durée de travail ont droit aux IJSS si elles justifient (c. séc. soc. art. R. 313-7) :
- soit que le montant des cotisations maladie-maternité, assises sur les rémunérations perçues au cours des 12 mois civils est au moins égal au montant des mêmes cotisations dues pour un salaire égal à 2030 fois la valeur du SMIC au 1er janvier qui précède immédiatement le début de cette période ;
- soit qu'ils ont effectué au moins 600 heures de travail salarié ou assimilé au cours de 12 mois civils ou de 365 jours consécutifs.

Par ailleurs, la salariée doit être affiliée à la sécurité sociale depuis au moins 6 mois à la date présumée de l'accouchement (c. séc. soc. art. R. 313-3).

Seule l'affiliation à titre personnel compte, et non celle en qualité d'ayant droit (cass. civ., 2e ch., 24 juin 2021, n° 20-14704 FB).

Ces conditions s'apprécient soit à la date théorique de début de grossesse (9e mois avant la date prévue de l'accouchement), soit à la date de début du congé prénatal (c. séc. soc. art. R. 313-1, 3°).

▶ À noter… Les personnes qui cessent de remplir les conditions d'activité pour relever d'un régime obligatoire d'assurance maladie-maternité bénéficient du maintien de leurs droits aux prestations en espèces des assurances maladie, maternité, invalidité et décès pendant 1 an (c. séc. soc.

art. L. 161-8 et R. 161-3). Les personnes percevant les allocations attachées à certains congés (ex. : congé de reclassement, congé de conversion) bénéficient également du maintien de leurs droits aux prestations en espèces (c. séc. soc. art. L. 311-5).

Par ailleurs, pour bénéficier effectivement du versement des IJSS, la salariée doit cesser effectivement son activité pendant au moins 8 semaines (c. séc. soc. art. L. 331-3).

Le service des IJSS de maternité suppose que la salariée informe sa caisse primaire d'assurance maladie (CPAM) dans le délai de 14 semaines à compter du début de la grossesse. La salariée doit également lui fournir tous les éléments prévus dans le carnet de maternité.

Salariées affectées à des postes à risques ou de nuit - Les femmes enceintes occupant certains postes à risques ou travaillant de nuit ont droit, sous conditions, d'être reclassées sur un poste compatible avec leur état de santé ou d'être affectées sur un poste de jour. Un droit analogue est prévu au retour du congé postnatal, pendant une période d'un mois (c. trav. art. L. 1225-9 et L. 1225-12) (pour le détail, voir *Maternité**).

Lorsque l'employeur n'est pas en mesure de proposer un autre emploi, leur contrat de travail est suspendu. Les intéressées ont alors droit aux IJSS de maternité (c. trav. art. L. 1225-10 et L. 1225-14 ; c. séc. soc. art. L. 333-1).

Congé d'adoption - Les salariés en *congé d'adoption** perçoivent une indemnité journalière de repos, d'un montant identique à celui de l'indemnité journalière maternité (c. séc. soc. art. L. 331-7 et R. 331-7).

Les conditions d'ouverture du droit aux IJSS sont identiques à celles prévues pour la maternité : durée minimale d'affiliation de 6 mois à la date d'arrivée de l'enfant au foyer, rémunération cotisée ou durée du travail *(voir ci-dessus)* (c. séc. soc. art. R. 313-4 et R. 313-7). Elles s'apprécient à la date du début du congé d'adoption (c. séc. soc. art. R. 313-1, 4°).

En revanche, une interruption d'activité minimale de 8 semaines n'est pas exigée.

Congé de paternité - Les salariés en *congé de paternité et d'accueil de l'enfant** bénéficient des mêmes indemnités journalières que celles prévues en cas de congé de maternité (c. séc. soc. art. L. 331-8) (voir *Indemnités journalières de sécurité sociale de paternité et d'accueil de l'enfant**).

Congé de deuil - Les salariés en *congé de deuil** bénéficient des mêmes indemnités journalières de sécurité sociale que celles prévues en cas de congé de maternité (c. séc. soc. art. L. 331-9).

Enfant né d'une GPA - En droit français, le congé de maternité concerne la femme enceinte qui porte l'enfant et accouche (c. séc. soc. art. L. 331-3, L. 623-1, L. 646-4, L. 663-1). Par conséquent, la femme qui accueille un enfant issu d'une gestation pour autrui (GPA) ou d'une procréation pour autrui (PPA) légalement menée à l'étranger à l'aide d'une « mère porteuse » ne peut pas prétendre au bénéfice de l'indemnisation d'un congé de maternité (circ. CNAM 29/2024 du 7 novembre 2024).

Pour un enfant né d'une gestation ou procréation pour autrui légalement menée à l'étranger, un congé d'adoption peut être indemnisé par la CPAM pour chaque assuré ayant un lien de filiation établi avec l'enfant par une procédure d'adoption, sous réserve de présenter les justificatifs nécessaires (ex : acte de naissance étranger de l'enfant mentionnant le ou les demandeurs comme parents). Par dérogation au droit commun, la date de début du congé d'adoption ne peut pas être antérieure à la date de l'arrivée de l'enfant sur le territoire français (circ. CNAM 29/2024 du 7 novembre 2024).

Sur le droit aux indemnités journalières de sécurité sociale en cas de congé de paternité et d'accueil de l'enfant pour un enfant issu d'une GPA ou d'une PPA, voir *Indemnités journalières de sécurité sociale de paternité et d'accueil de l'enfant**.

Calcul de l'indemnité

Montant de l'IJSS maternité - L'IJSS de maternité est égale au montant du revenu d'activité antérieur (c. séc. soc. art. R. 331-5).

Pour calculer ce dernier, on se réfère aux salaires des payes antérieures à l'arrêt de travail, en fonction de la périodicité de la paye du salarié (c. séc. soc. art. R. 331-5, renvoyant à c. séc. soc. art. R. 323-4).

Le tableau ci-après récapitule les salaires de référence, selon la périodicité de la paye.

Le salaire pris en compte pour calculer le revenu d'activité antérieur s'entend du brut, retenu pour chaque paye dans la limite du *plafond de la sécurité sociale** en vigueur le dernier jour du mois civil précédant celui de l'interruption de travail (c. séc. soc. art. R. 331-5). Concrètement, cela revient à dire que si un calcul doit se faire sur une période de référence « à cheval » sur deux années (ex. : 2024-2025), une seule valeur du plafond sera retenue.

Ce salaire est ensuite abattu d'un taux unique représentatif des cotisations salariales, fixé à 21 % par

Calcul du revenu d'activité antérieur	
Périodicité de la paye	**Revenu d'activité antérieur**
Mensuelle ou autre situation que celles prévues ci-dessous	1/91,25 du salaire* des 3 dernières payes des mois civils antérieurs à l'arrêt de travail
Toutes les deux semaines	1/84 du salaire* des 6 dernières payes des mois civils antérieurs à l'arrêt de travail
Toutes les semaines	1/84 du salaire* des 12 dernières payes des mois civils antérieurs à l'arrêt de travail
Travail discontinu ou saisonnier	1/365 du salaire* des 12 mois civils antérieurs à l'arrêt de travail

* Le salaire pris en compte au titre de chaque paye s'entend du brut retenu dans la limite du plafond de la sécurité sociale, diminué de 21 %. En cas d'assiette forfaitaire, il convient de retenir le montant de l'assiette forfaitaire, sans abattement de 21 %.

arrêté (c. séc. soc. art. R. 331-5 ; arrêté du 28 mars 2013, JO du 30 ; circ. DSS/SD2 2013-253 du 20 juin 2013). Ce taux forfaitaire concerne tous les départements, y compris ceux d'Alsace-Moselle.

Exemple

Pour une salariée mensualisée dont le congé de maternité débute en février 2025, les salaires de novembre et décembre 2024, ainsi que celui de janvier 2025 sont pris en compte dans la limite du plafond de la sécurité sociale en vigueur au 31 janvier 2025, soit 3 925 €. On applique ensuite l'abattement de 21 %.

En cas d'assiette forfaitaire (ex. : formateurs occasionnels), le calcul des IJSS maternité doit se faire sur la base de l'assiette forfaitaire applicable. Il n'y a donc pas à imputer le taux forfaitaire de 21 % sur la base brute de l'IJSS maternité (circ. DSS/SD2 2013-253 du 20 juin 2013).

En cas de période de référence incomplète (ex : début ou fin d'activité en cours de mois), ce sont les règles applicables au calcul des IJSS maladie qui s'appliquent aussi pour le calcul des IJ maternité (voir *Indemnités journalières de sécurité sociale de maladie**) (c. séc. soc. art. R. 331 5 renvoyant à R. 323 8).

Montant maximal de l'IJSS - Le montant maximal de l'IJSS maternité est égal à 1/91,25 du total des trois derniers salaires retenus dans la limite du montant mensuel du *plafond de la sécurité sociale** en vigueur le dernier jour du mois civil précédant celui de l'interruption de travail, diminué d'un taux de 21 %.

Le montant maximal de l'IJ maternité est donc de 101,94 € bruts pour les congés de maternité prenant effet à compter du 1er février 2025 (100,36 € bruts pour les congés de maternité prenant effet en janvier 2025).

Montant minimal de l'IJSS - Il existe également un montant minimal de l'IJSS maternité (c. séc. soc. art. R. 331-5). Il est égal au montant minimal de l'IJSS de maladie (arrêté du 22 décembre 1955, art. 2), soit 11,02 € bruts au 1er janvier 2025.

Régimes social et fiscal

Cotisations sociales, CSG et CRDS - Les IJSS maternité sont exonérées de cotisations sociales.

En revanche, elles supportent la *CSG** sur les revenus de remplacement (6,20 %, dont 3,80 % déductibles) et la *CRDS** (0,50 %), sans abattement d'assiette. Le prélèvement est effectué directement par la CPAM qui verse un montant d'indemnités journalières net de CSG et de CRDS.

Impôt sur le revenu - Les IJSS sont aussi soumises à l'impôt sur le revenu. Le montant imposable de l'IJSS est égal à son montant brut diminué de la CSG déductible (3,80 %).

Le *prélèvement à la source** (PAS) de l'impôt sur le revenu s'applique aux IJSS. La CPAM prélève donc sur les IJSS qu'elle verse le taux de PAS que lui a communiqué l'administration fiscale [voir *Prélèvement à la source (IJSS subrogées)**].

En cas de *subrogation** de l'employeur, c'est à ce dernier d'effectuer le *prélèvement à la source**. La somme soumise au PAS est alors égale au montant brut des IJSS, diminué de la CSG déductible [voir *Indemnités journalières de sécurité sociale (retrouver les IJSS brutes)**].

Dans la *déclaration sociale nominative**, l'employeur n'a pas à intégrer les IJSS, même subrogées, dans la rémunération nette fiscale, afin d'en éviter le double décompte sur la déclaration de revenus préremplie du salarié l'année suivante. En effet, l'assurance maladie procède chaque année de son côté à une déclaration des montants imposables d'IJSS, qu'elle les verse directement à l'assurée ou que ce soit l'employeur qui les verse en situation de subrogation. En revanche, l'employeur doit porter le montant imposable des IJSS versées en subrogation dans la rubrique « Montant soumis au PAS » (S21.G00.50.013) (www.net-entreprises.fr, base de connaissance Net-entreprises, fiche 1851 mise à jour le 26 mai 2023).

Divers cas particuliers

État pathologique prénatal - Lorsque la salariée est en état pathologique dû à sa grossesse, elle peut bénéficier de 14 jours de congé pathologique prénatal (c. trav. art. L. 1225-21). Ce congé donne lieu au versement des IJSS maternité (c. séc. soc. art. L. 331-5, dern. al.).

État pathologique postnatal - Si l'état pathologique fait suite à l'accouchement, la salariée peut bénéficier d'un congé pathologique de 4 semaines maximum (c. séc. soc. art. L. 1225-21). Ce congé entraîne le versement d'*indemnités journalières de sécurité sociale de maladie** et non de maternité. En outre, à la fin de la prolongation du congé, tout arrêt de travail ultérieur sera considéré comme un arrêt maladie et indemnisé comme tel.

En principe, le *délai de carence** de 3 jours n'est pas appliqué lorsque la salariée n'a pas repris le travail à la suite du congé de maternité. En pratique, il est toutefois nécessaire de fournir un arrêt de travail datant de 3 jours avant la fin du congé de maternité ou de faire préciser au médecin qu'il est lié à l'accouchement pour éviter que la caisse n'applique les 3 jours de carence.

Prématurés - En cas d'accouchement prématuré, la durée du congé prénatal qui restait à effectuer est reportée et prolonge du même temps le congé de maternité postnatal (c. trav. art. L. 1225-20).

Grands prématurés - Lorsque la naissance d'un enfant a lieu plus de 6 semaines avant la date présumée de l'accouchement et exige son hospitalisation, la durée du congé de maternité [voir *Maternité (congé de)**] est augmentée du nombre de jours courant entre la naissance de l'enfant et le début du congé prénatal auquel la mère peut prétendre. La salariée dans cette situation a droit aux IJSS de maternité. (c. trav. art. L. 1225-23 ; c. séc. soc. art. L. 331-3 ; circ. DSS 2006-166 du 12 avril 2006).

Accouchement tardif - Bien qu'aucune disposition ne le prévoie expressément, il est admis que le congé de maternité prénatal soit prolongé et que le congé postnatal se décompte à partir de la naissance de l'enfant malgré une naissance tardive.

Interruption de grossesse - Si la grossesse a été déclarée, et que la gestation est d'au moins 22 semaines d'aménorrhée ou que le fœtus pèse au moins 500 g, l'assurée qui interrompt sa grossesse pour motif thérapeutique ou qui avorte spontanément peut bénéficier de son congé de maternité en totalité (circ. CNAM/DRM 2004-99 du 10 août 2004).

Aménagement du congé de maternité - Les femmes en état de grossesse peuvent aménager leur congé de maternité, en reportant une partie de leur congé prénatal après leur accouchement (c. trav. art. L. 1225-17 et L. 1225-19).

Ainsi, une salariée peut réduire d'une durée maximale de 3 semaines, à sa demande et sous réserve d'un avis favorable du médecin qui suit sa grossesse, la période du congé de maternité qui commence avant la date présumée de l'accouchement (congé prénatal). Dans ce cas, la période de congé postnatal est augmentée d'autant.

Si la salariée se voit prescrire un arrêt de travail pendant la période de congé prénatal dont elle a demandé le report, celui-ci est annulé et la période de suspension du contrat de travail est décomptée à partir du premier jour de l'arrêt de travail. La période initialement reportée est alors réduite d'autant.

Les dispositions du code de la sécurité sociale relatives aux indemnités journalières ont été ajustées pour tenir compte de cette possibilité d'aménager le congé de maternité et permettre le versement des IJSS de maternité (c. séc. soc. art. L. 331-4-1).

▶ Attention... La possibilité pour la mère d'aménager le congé de maternité ne modifie en rien les dispositions qui prévoient une interdiction d'emploi absolue de 8 semaines avant et après l'accouchement (2 semaines avant l'accouchement et 6 semaines après) (c. trav. art. L. 1225-29 et R. 1227-6). Il s'agit d'une interdiction absolue pénalement sanctionnée, qui ne peut pas être levée même avec l'accord de la salariée, et qui conditionne l'indemnisation par la sécurité sociale (c. séc. soc. art. L. 331-3).

Décès de la mère et congé de substitution du partenaire - En cas de décès de la mère pendant la période d'indemnisation postérieure à la naissance de l'enfant, le père bénéficie d'un droit à indemnisation au titre des IJSS maternité, pour la durée restant à courir entre la date du décès et la fin de la période d'indemnisation dont aurait bénéficié la mère, sous réserve qu'il cesse tout travail pendant cette durée. Si le père de l'enfant ne demande pas à bénéficier des IJSS, le droit à indemnisation est, le cas échéant, accordé au conjoint de la mère, à la personne liée à elle par un pacte civil de solidarité (PACS) ou à son concubin, sous la même condition de cesser toute activité (c. séc. soc. art. L. 331-6).

En pratique, lorsque la mère décède au cours du congé de maternité, le père ou le conjoint de la mère, son concubin ou son partenaire pacsé doit adresser sa demande à l'organisme de sécurité sociale dont il relève, au moyen d'un formulaire homologué (c. séc. soc. art. D. 331-5).

Rappelons qu'en droit du travail, si la mère décède durant le congé postnatal, le père salarié a le droit de suspendre son contrat de travail pendant 10 semaines au plus à compter du jour de la naissance de l'enfant (18 ou 22 semaines dans certains cas). Lorsque le père de l'enfant n'exerce pas son droit, le bénéfice de ce congé est accordé au conjoint salarié de la mère, à la personne liée à elle par un PACS ou vivant maritalement avec elle (c. trav. art. L. 1225-28) [voir *Maternité (congé de)**].

Enfant né sans vie - L'indemnité journalière de maternité est allouée même si l'enfant n'est pas né vivant au terme de 22 semaines d'aménorrhée (c. séc. soc. art. R. 331-5).

Pathologie liée au Distilbène - Bien que ce médicament ne soit plus prescrit, le Distilbène (ou diéthyltilbestrol) peut entraîner des grossesses pathologiques pour les femmes qui y ont été exposées in utero. Les femmes dont il est reconnu que la grossesse pathologique est liée à l'exposition in utero au Distilbène bénéficient d'un congé de maternité à compter du premier jour de leur arrêt de travail (loi 2004-1370 du 20 décembre 2004, art. 32, JO du 21). Ces femmes peuvent prétendre à l'IJSS de maternité dès le début de leur congé de maternité si elles remplissent les conditions d'ouverture du droit au congé légal de maternité (décret 2006-773 du 30 juin 2006, JO 2 juillet).

Bulletin de paye

Voir *Maternité (congé de)**.

Attestations de salaire ; Congé d'adoption ; Congé de paternité et d'accueil de l'enfant ; Contribution sociale généralisée (CSG sur revenus de remplacement) ; Indemnités journalières de sécurité sociale (retrouver les IJSS brutes) ; Indemnités journalières de sécurité sociale de maladie ; Indemnités journalières de sécurité sociale de paternité et d'accueil de l'enfant ; Maternité (congé de) ; Prélèvement à la source (IJSS subrogées) ; Subrogation.

Indemnités journalières de sécurité sociale de paternité et d'accueil de l'enfant

Salariés bénéficiaires

Congé de paternité et d'accueil de l'enfant - Les salariés bénéficiant d'un *congé de paternité et d'accueil de l'enfant** ont droit, sous conditions, à des indemnités journalières de sécurité sociale (IJSS) (c. séc. soc. art. L. 331-8). Il peut s'agir (c. trav. art. L. 1225-35) :

- du père salarié de l'enfant ;
- du conjoint, concubin ou partenaire pacsé salarié de la mère, lorsque cette personne n'est pas le père de l'enfant.

En pratique, le congé de paternité et d'accueil de l'enfant peut être pris à la fois par le père et, s'il y a lieu, par l'une de ces autres personnes liées à la mère. Deux personnes peuvent donc être indemnisées par la sécurité sociale et percevoir des IJSS (c. séc. soc. art. L. 331-8).

Ce congé est pris après la naissance de l'enfant et sans condition d'ancienneté, même s'il s'agit d'un enfant mort-né (c. trav. art. L. 1225-35). Dans ce dernier cas, il faut fournir à sa caisse primaire d'assurance maladie (CPAM) la copie de l'acte d'enfant sans vie et un certificat médical d'accouchement d'un enfant né mort et viable (arrêté du 3 mai 2013, art. 1, JO du 23).

Le salarié doit informer son employeur de la date prévisionnelle de l'accouchement au moins un mois avant celle-ci. Il doit aussi avertir son employeur dans un délai d'au moins un mois précédant la date à laquelle il entend prendre son congé. Si le salarié fractionne son congé, il doit respecter ce délai de prévenance d'un mois pour chacune des deux périodes (c. trav. art. L. 1225-35 et D. 1225-8) (voir *Congé de paternité et d'accueil de l'enfant**).

Salariés ayant plusieurs employeurs - Le versement des IJSS est conditionné à la cessation de toute activité professionnelle. Un salarié ayant plusieurs activités ne peut donc y prétendre que s'il cesse toutes ses activités. Pour bénéficier d'un congé de paternité et d'accueil de l'enfant indemnisé par la sécurité sociale, il faut veiller à « poser » son congé chez chaque employeur (cass. civ., 2e ch., 17 janvier 2007, n° 06-10372 D).

Enfant né d'une GPA - Dans une circulaire du 11 juillet 2024, la Caisse nationale d'assurance maladie (CNAM) indiquait que, par dérogation, pour un enfant né d'une gestation pour autrui (GPA) ou d'une procréation pour autrui (PPA) légalement menée à l'étranger, le droit à l'indemnisation d'un congé de paternité et d'accueil de l'enfant ne pouvait être accordé qu'à un seul assuré.

Toutefois, en réaction à deux décisions rendues le 2 octobre 2024 par la Cour de cassation sur les conditions de reconnaissance de la filiation des enfants nés par GPA à l'étranger (cass. civ., 1re ch., 2 octobre 2024, n° 23-50002 FSBR et n° 22-20883 FSBR), cette circulaire a été annulée et remplacée par une circulaire du 7 novembre 2024, dans laquelle la CNAM fait preuve de prudence en ne disant plus que, pour un enfant né d'une GPA ou d'une PPA légalement menée à l'étranger, le congé de paternité ne peut être accordé qu'à un seul assuré (circ. CNAM 29/2024 du 7 novembre 2024).

La CNAM explique ainsi qu'elle « étudie actuellement, en lien avec le ministère, les conséquences de ces décisions pour l'octroi du congé paternité, notamment s'agissant de la possibilité d'octroyer un second congé paternité en cas de naissance par GPA à l'étranger ». Elle invite les caisses primaires d'assurance maladie à faire « remonter à la direction de la médiation de la CNAM toutes les demandes d'octroi de congé paternité suite à une naissance par GPA à l'étranger afin qu'elles soient examinées avec le plus grand soin ».

Si la demande de congé est acceptée, le droit aux IJSS sera octroyé sous réserve des conditions de droit commun. Toutefois, par dérogation, la date de début du congé de paternité et d'accueil de l'enfant ne pourra pas être antérieure à l'arrivée de l'enfant sur le territoire français.

Conditions

Ouverture du droit - Les indemnités journalières sont octroyées sous les mêmes conditions d'ouverture de droit que les *indemnités journalières de sécurité sociale de maternité** (c. séc. soc. art. L. 331-8).

En particulier, le salarié doit (c. séc. soc. art. L. 331-8, R. 313-3 et D. 331-4) :
- être affilié au régime général de la sécurité sociale depuis au moins 6 mois à la date présumée de l'accouchement ou à la date de la prise du congé de paternité et d'accueil de l'enfant ;
- cesser toute activité salariée ou assimilée pendant cette période, et au minimum pendant les 4 jours obligatoires de congé de paternité qui font suite immédiatement au *congé de naissance** de 3 jours ;
- adresser à sa CPAM un certain nombre de documents et justificatifs *(voir plus loin)*.

En outre, le salarié doit également justifier (c. séc. soc. art. R. 313-3) :
- soit avoir cotisé sur un salaire au moins égal à 1015 fois le SMIC horaire au cours des 6 mois civils précédant le début du congé ;
- soit avoir travaillé au moins 150 h au cours des 3 mois civils ou des 90 jours précédant le début du congé.

▶ À noter… Les assurés appartenant à des professions à caractère saisonnier ou discontinu et ne remplissant pas les conditions de montant de rémunération cotisée ou de durée travaillée ci-dessus ont droit aux IJSS s'ils ont travaillé au moins 600 h ou cotisé sur un salaire au moins égal à 2030 fois le SMIC horaire, au cours des 12 mois civils ou des 365 jours précédant le début du congé (c. séc. soc. art. R. 313-7).

Délai de prise du congé - Le *congé de paternité et d'accueil de l'enfant** doit être pris dans les 6 mois suivant la naissance (c. séc. soc. art. L. 331-8 et D. 331-3 ; c. trav. art. D. 1225-8).

Ce délai peut être reporté dans deux situations (c. séc. soc. art. D. 331-3 ; c. trav. art. D. 1225-8) :
- lorsque l'enfant est hospitalisé, le congé peut être pris dans les 6 mois qui suivent la fin de l'hospitalisation ;
- en cas de décès de la mère, le congé peut être pris dans les 6 mois qui suivent l'expiration du congé spécifique accordé au père en cas de décès de la mère [*voir plus loin* et voir *Maternité (congé de)**].

▶ À noter… Le congé dure 25 jours en cas de naissance unique et 32 jours en cas de naissance multiple, dont 4 jours obligatoires (c. séc. soc. art. L. 331-8).

Justificatifs - Pour bénéficier des indemnités journalières de sécurité sociale, l'assuré social doit adresser à la CPAM dont il relève divers justificatifs dont un arrêté fixe la liste (c. séc. soc. art. D. 331-4).

Si l'assuré est le père de l'enfant, il doit fournir une des pièces suivantes (arrêté du 3 mai 2013, art. 1, a, JO du 23) :
- copie intégrale de l'acte de naissance de l'enfant ;
- copie du livret de famille mis à jour ;
- copie de l'acte de reconnaissance de l'enfant par le père ;
- copie de l'acte d'enfant sans vie et un certificat médical d'accouchement d'un enfant né mort et viable.

Si l'assuré n'est pas le père de l'enfant, il doit fournir les pièces suivantes (arrêté du 3 mai 2013, art. 1, b, JO du 23) :
- la copie intégrale de l'acte de naissance de l'enfant (ou de l'acte d'enfant sans vie et un certificat médical d'accouchement d'un enfant né mort et viable) ;
- un justificatif attestant de son lien avec la mère (extrait d'acte de mariage, copie du pacte civil de solidarité, certificat de vie commune ou de concubinage de moins d'un an ou, à défaut, attestation sur l'honneur de vie maritale cosignée par la mère de l'enfant).

Cas particuliers

En cas de décès de l'enfant - Lorsque l'enfant est né sans vie ou décède à la naissance, les IJSS du *congé de paternité et d'accueil de l'enfant** sont dues si l'enfant avait atteint le seuil de viabilité défini par l'Organisation Mondiale de la Santé (soit une naissance après 22 semaines d'aménorrhées ou un poids du fœtus de 500 grammes) (circ. CNAM 14/2021 du 1er juillet 2021).

▶ À noter... Après son congé de paternité et d'accueil de l'enfant, le salarié peut également bénéficier d'un *congé de deuil** pris dans l'année qui suit le décès de l'enfant.

En cas de décès de la mère - Lorsque la mère décède entre la naissance de l'enfant et la fin de la période d'indemnisation au titre du régime d'assurance maternité, quel que soit le motif du décès (ex. : fait de l'accouchement, accident, maladie), le père de l'enfant, le conjoint, le concubin ou le partenaire pacsé de la mère peut suspendre son contrat de travail pour la durée du congé de maternité qui restait à courir et percevoir les IJSS maternité [voir *Maternité (congé de)**]. Dans ce cas, la période de congé ainsi accordée s'ajoute au congé de paternité, après la première période obligatoire de 4 jours, et avant ou après les périodes suivantes (circ. CNAM 14/2021 du 1er juillet 2021).

Montant et paiement

Montant des IJSS - Les indemnités journalières versées pendant le *congé de paternité et d'accueil de l'enfant** se calculent selon les mêmes modalités que les *indemnités journalières de sécurité sociale de maternité** (c. séc. soc. art. L. 331-8).

Elles sont dues dès le premier jour du congé, sans *délai de carence**.

En vue de la détermination du montant des IJSS, l'employeur doit, dès le début du congé, compléter l'*attestation de salaire** qui, en principe, est intégrée à la *déclaration sociale nominative**. Les règles sont identiques à celles prévues pour les IJSS maternité (voir *Attestation maternité**) (c. séc. soc. art. R. 323-10).

▶ À noter... L'employeur peut aussi en déclarer les différentes périodes et l'attestation de salaire pour le versement des IJSS via son compte entreprise sur www.net-entreprises.fr, dans « Gérer un dossier d'indemnités journalières ». Il peut ensuite consulter et compléter les dossiers de ses salariés, dans l'onglet « Suivre un dossier d'indemnités journalières » (www.ameli.fr, information du 29 septembre 2023).

Paiement - La CPAM verse les IJSS directement à l'assuré. Le cas échéant, il peut y avoir *subrogation** de l'employeur.

▶ À noter... Les IJSS versées pendant le *congé de paternité et d'accueil de l'enfant** ne sont pas cumulables avec l'indemnisation des congés maladie et d'accident du travail, ni avec l'indemnisation par l'assurance chômage ou le régime de solidarité.

Régime social et fiscal

Cotisations sociales, CSG et CRDS - Les IJSS sont exonérées de cotisations sociales.

Elles supportent cependant la *CSG** sur les revenus de remplacement aux taux de 6,20 % (dont 3,80 % déductibles) et la *CRDS** au taux de 0,50 %, sans abattement d'assiette. Le prélèvement est effectué directement par la CPAM qui verse un montant d'IJSS net de CSG et de CRDS.

Impôt sur le revenu - Les IJSS sont soumises à l'impôt sur le revenu. Le montant imposable est égal au montant brut des IJSS diminué de la CSG déductible (3,80 %).

Le prélèvement à la source (PAS) de l'impôt sur le revenu s'applique aux indemnités journalières imposables. La CPAM prélève donc sur les IJSS qu'elle verse le taux de PAS que l'administration fiscale lui a communiqué.

En cas de *subrogation** de l'employeur, c'est à celui-ci d'effectuer le prélèvement à la source. La somme soumise au PAS est égale au montant brut des IJSS, diminué de la CSG déductible [voir *Prélèvement à la source (IJSS subrogées)**].

Dans la *déclaration sociale nominative**, l'employeur n'intègre pas les IJSS, même subrogées, dans la rémunération nette fiscale, afin d'en éviter le double décompte sur la déclaration de revenus préremplie du salarié l'année suivante. En effet, chaque année l'assurance maladie déclare de son côté les montants imposables d'IJSS, qu'elle les verse directement à l'assuré ou que ce soit l'employeur qui les verse en cas de subrogation. En revanche, l'employeur porte le montant imposable des IJSS versées en subrogation dans la rubrique « Montant soumis au PAS » (S21.G00.50.013) (www.net-entreprises.fr ; base de connaissance Net-entreprises, fiche 1851 mise à jour le 26 mai 2023).

☞ *Congé de paternité et d'accueil de l'enfant ; Contribution sociale généralisée (CSG sur revenus de remplacement) ; Indemnités journalières de sécurité sociale de maternité ; Prélèvement à la source (IJSS subrogées).*

Indemnités journalières de sécurité sociale (retrouver les IJSS brutes)

Les indemnités journalières versées par la sécurité sociale (IJSS) sont nettes de CSG sur les revenus de remplacement (6,20 %) et de CRDS (0,50 %), ces deux contributions étant prélevées sur la totalité des IJSS, sans abattement d'assiette de 1,75 %.

Il est parfois nécessaire de reconstituer le montant brut des IJSS, notamment en cas de *subrogation**. Il suffit pour cela de procéder à l'opération suivante : IJSS brutes = IJSS nettes / (1 – 0,067).

Le coefficient de 0,067 représente 6,20 % de CSG sur les revenus de remplacement et 0,50 % de CRDS.

☞ *Indemnités journalières de sécurité sociale d'accident du travail ; Indemnités journalières de sécurité sociale de maladie ; Indemnités journalières de sécurité sociale de maternité ; Indemnités journalières de sécurité sociale de paternité et d'accueil de l'enfant ; Maintien du salaire net ; Subrogation.*

Indemnités kilométriques

☞ *Barèmes kilométriques ; Frais de déplacement ; Frais de transport domicile-lieu de travail.*

Indemnité spéciale de licenciement

☞ *Inaptitude CDI (indemnisation du licenciement).*

Indemnité temporaire d'inaptitude

Contexte d'application

Inaptitude d'origine professionnelle - En cas d'inaptitude physique reconnue par le médecin du travail, l'employeur qui n'a ni reclassé ni licencié le salarié au bout d'1 mois doit reprendre le paiement du salaire au terme de ce délai (c. trav. art. L. 1226-11).

Pendant cette période d'attente de 1 mois maximum, l'employeur n'a pas à lui verser de rémunération [voir *Inaptitude** et *Inaptitude (CDD)**].

En revanche, le salarié dont l'*inaptitude** physique est consécutive à un *accident du travail** ou à une *maladie professionnelle** peut prétendre, pendant ce délai d'attente de 1 mois maximum, à l'indemnité temporaire d'inaptitude versée par la sécurité sociale (c. séc. soc. art. L. 433-1, al. 5).

L'indemnité temporaire d'inaptitude est également versée aux salariés dont la déclaration d'inaptitude résulte :

- d'une rechute d'un accident du travail ou d'une maladie professionnelle (circ. DSS/SD2C 2010-240 du 1er juillet 2010) ;
- d'un *accident de trajet** (lettre CNAM LR-DRP 32/2010 du 7 juillet 2010 ; lettre CNAM LR-DRP n° 21/2011 du 28 mars 2011 ; www.ameli.fr).

Exclusion de l'inaptitude d'origine non professionnelle - Un salarié dont l'inaptitude est consécutive à une maladie ou un accident non professionnel n'y a pas droit.

Procédure et formalités

Formulaire remis au salarié par le médecin du travail - Le médecin du travail qui estime que l'*inaptitude** est susceptible d'être en lien avec un accident du travail ou une maladie professionnelle remet au salarié un formulaire de demande de versement de l'indemnité temporaire d'inaptitude (c. trav. art. R. 4624-56).

Ce formulaire est conforme à un modèle officiel défini par arrêté (Cerfa 14103*01) (c. séc. soc. art. D. 433-3 ; arrêté du 25 juin 2010, JO du 7 juillet).

Obligations du salarié - Le salarié complète le formulaire en attestant sur l'honneur qu'il ne peut pas percevoir une quelconque rémunération liée au poste de travail pour lequel il a été déclaré inapte, pendant le délai de 1 mois maximum durant lequel il est en attente de son reclassement ou de son licenciement. Il adresse ce formulaire à sa CPAM (c. séc. soc. art. D. 433-3).

Par ailleurs, le salarié remet à l'employeur le volet du formulaire qui lui est destiné.

Obligation de l'employeur - L'employeur doit informer la CPAM de la solution retenue (reclassement ou licenciement) en utilisant le formulaire que lui a remis le salarié.

Pour ce faire, il doit retourner ce document à la CPAM dans les 8 jours suivant la décision de reclassement acceptée par le salarié ou suivant la date de licenciement, après y avoir mentionné la date de sa décision et confirmé l'exactitude des indications portées par le salarié (c. séc. soc. art. D. 433-6).

Indemnité versée par la CPAM

Montant - Le montant journalier de l'indemnité temporaire d'inaptitude est égal au montant de l'IJSS d'accident du travail ou de maladie professionnelle versée pendant l'arrêt de travail précédant l'avis d'inaptitude (c. séc. soc. art. D. 433-4) (voir *Indemnités journalières de sécurité sociale d'accident du travail**).

Lorsque le salarié perçoit une rente liée à l'accident du travail (ou à la maladie professionnelle) à l'origine de l'inaptitude, le montant mensuel de la rente s'impute sur celui de l'indemnité (c. séc. soc. art. D. 433-7). Si le versement de la rente intervient après le paiement de l'indemnité (comme, d'ailleurs, en cas d'annulation de l'avis d'inaptitude), la CPAM recouvre le paiement indu de l'indemnité (c. séc. soc. art. D. 433-8).

Pas de cumul avec le salaire - L'indemnité vise à pallier le fait que, dans l'attente de son licenciement ou de son reclassement, le salarié n'est pas rémunéré.

Il doit donc attester, dans le formulaire destiné à la CPAM, qu'il ne percevra aucune rémunération pendant le délai de 1 mois, exception faite des sommes telles que (circ. DSS/SD2C 2010-240 du 1er juillet 2010) :
- des primes dues au titre d'une activité antérieure ;
- des primes soumises à une condition d'ancienneté, de présence, d'assiduité que le salarié remplit (ex. : paiement d'un 13e mois à tout salarié ayant plus de 8 mois d'activité sur l'année, prime d'ancienneté) ;
- un salaire correspondant à une activité auprès d'un autre employeur.

S'il perçoit des revenus pendant la période d'inactivité soit en vertu de la convention collective ou du contrat de travail, soit parce qu'il prend des congés pendant cette période, il doit déclarer le nombre de jours payés ou indemnisés au titre des congés payés, car l'indemnité ne sera versée que pour les jours durant lesquels le salarié n'aura rien perçu (circ. DSS/SD2C 2010-240 du 1er juillet 2010).

Versement par la sécurité sociale - La CPAM verse l'indemnité sans délai de carence à compter du 1er jour qui suit l'avis d'inaptitude et jusqu'à ce que le salarié soit reclassé ou licencié, dans la limite du délai de 1 mois. Lorsque le salarié a plusieurs employeurs, l'indemnité est versée au titre du poste sur lequel le salarié a été reconnu inapte (c. séc. soc. art. D. 433-5).

L'indemnité temporaire d'inaptitude n'est pas cumulable avec les indemnités journalières de sécurité sociale (IJSS) au titre des assurances maladie, maternité, accidents du travail et maladies professionnelles. Elle cesse d'être versée si le salarié perçoit au cours de la période des IJSS.

Bulletin de paye - L'indemnité temporaire d'inaptitude ne transite ni par l'entreprise ni par le bulletin de paye.

☛ *Accident de trajet ; Accident du travail ; Inaptitude ; Inaptitude (CDD) ; Indemnités journalières de sécurité sociale d'accident du travail ; Maladie professionnelle.*

Indemnité transactionnelle

Définition et contexte d'une transaction

Objet d'une transaction - La transaction est un contrat conclu par écrit, entre deux personnes, en vue de mettre fin à un litige déjà existant ou à venir (c. civ. art. 2044). Il ne s'agit pas d'un mode de rupture du contrat de travail.

Contexte de conclusion d'une transaction - Dans le cadre des relations de travail, les transactions interviennent le plus souvent en vue de mettre fin à toute contestation sur les conditions de la rupture du contrat.

Elles sont généralement signées après un licenciement, mais elles peuvent aussi intervenir après n'importe quel type de rupture, comme une démission, une mise à la retraite, un départ volontaire ou encore la rupture anticipée d'un CDD.

Elles sont également possibles, bien que beaucoup moins fréquentes, à tout stade de la relation contractuelle.

Pour le détail des modalités et conditions de conclusion d'une transaction, les lecteurs se reporteront au Dictionnaire Social (voir Dictionnaire social, « Transaction »).

▶ À noter... Salarié et employeur peuvent conclure une *rupture conventionnelle individuelle** et une transaction, mais à de strictes conditions (cass. soc. 26 mars 2014, n° 12-21136, BC V n° 91) :
- la transaction doit être postérieure à l'homologation de la rupture conventionnelle (ou à la notification de l'autorisation de rupture s'il s'agit d'un salarié protégé) ;

- elle ne doit pas avoir pour objet de régler un différend relatif à la rupture du contrat de travail, mais un différend relatif à son exécution, sur des éléments non compris dans la convention de rupture.

Montant de l'indemnité transactionnelle

Concessions réciproques - Chaque partie à la transaction doit concéder quelque chose. S'il n'est pas nécessaire que les concessions de l'employeur et du salarié soient strictement proportionnelles, celles-ci doivent cependant être réelles et appréciables.

Dans l'hypothèse d'une transaction consécutive à un licenciement (la plus répandue), la concession du salarié consiste, le plus souvent, à renoncer à toute contestation liée à l'exécution et/ou à la résiliation du contrat de travail.

Pour l'employeur, la concession consiste essentiellement à verser une indemnité transactionnelle, c'est-à-dire un « bonus » par rapport aux sommes auxquelles le salarié a déjà droit, compte tenu du licenciement intervenu (indemnité de licenciement, préavis, quote-part de 13ᵉ mois, etc.). Mais il peut exister d'autres formes de concession :

- renonciation à se prévaloir de la faute grave du salarié tout en lui versant des indemnités de rupture et une indemnité transactionnelle, en contrepartie de quoi le salarié accepte, par exemple, une clause de non-concurrence (cass. soc. 5 janvier 1994, n° 89-40961, BC V n° 1) ;
- renonciation à l'application d'une clause de non-concurrence (cass. soc. 29 novembre 2007, n° 04-45211 D).

L'employeur peut aussi valablement verser au salarié des indemnités de rupture alors que la faute grave de ce dernier l'en prive (cass. soc. 5 avril 1995, n° 93-44839 D). Encore faut-il que les faits allégués dans la lettre de licenciement puissent au moins constituer, en apparence, une faute grave. À défaut, l'employeur risque de voir la transaction annulée (ex. : une insuffisance professionnelle ne constitue jamais une faute grave).

Exemple

Dans la mesure où les faits mentionnés dans la lettre de licenciement entrent dans la catégorie d'une faute grave, l'employeur fait bien une concession en accordant au salarié dans la transaction, outre ses indemnités compensatrices de préavis et de congés payés, une indemnité forfaitaire au titre de son indemnité de licenciement et de son préjudice (cass. soc. 14 janvier 2004, n° 01-45593 D).

Absence de concession ou concession dérisoire : transaction nulle - Une transaction sans concession n'est pas valable et n'empêche pas le salarié d'attaquer en justice. La notion de concession suppose d'octroyer au salarié « plus » que ce à quoi il a droit de façon certaine, à condition que cela ne soit pas dérisoire.

Exemples

1) Les juges ont considéré que l'employeur ne fait pas de vraie concession lorsqu'il verse à un salarié 2 286 € dans le cadre d'une transaction alors que le salarié, licencié pour une simple cause réelle et sérieuse et non pour faute grave, avait droit à 1 905 € d'indemnité de licenciement (cass. soc. 19 février 1997, n° 95-41207, BC V n° 74).

2) Une indemnité « dérisoire » de 765,25 € a été jugée insuffisante (cass. soc. 28 novembre 2000, n° 98-43635, BC V n° 399).

3) À l'inverse, les juges ont pu décider qu'un employeur ayant versé, en plus des indemnités conventionnelles de rupture, une somme de 1 487 €, avait fait une concession (cass. soc. 18 mars 2003, n° 01-41501 D).

Si la lettre de licenciement n'est pas suffisamment motivée ou si elle ne contient aucun motif, l'indemnité transactionnelle ne doit pas être inférieure aux indemnités auxquelles aurait pu prétendre le salarié pour un licenciement sans cause réelle et sérieuse. À défaut, les concessions consenties par l'employeur sont insuffisantes et la transaction est nulle (cass. soc. 23 janvier 2001, n° 98-41992, BC V n° 21 ; cass. soc. 7 février 2007, n° 05-41623 D ; cass. soc. 26 avril 2007, n° 06-40718, BC V n° 64).

Exemple

Lorsqu'un salarié a droit à des dommages et intérêts d'au moins 6 mois de salaire du fait de l'absence d'énonciation de motif dans la lettre de licenciement, une indemnité transactionnelle de 3 mois de salaire est insuffisante. Dans cette situation, l'employeur ne fait pas de concession de sorte que la transaction n'est pas valable (cass. soc. 13 octobre 1999, n° 97-42027, BC V n° 381).

Pour déterminer l'importance de l'indemnité transactionnelle, l'employeur doit aussi vérifier la concordance entre la qualification des motifs et la réalité des faits reprochés au salarié.

Exemple

En cas de licenciement pour faute grave motivé par « le manque de compétences du salarié », l'employeur doit être considéré comme n'accordant aucune contrepartie s'il se contente de verser le montant du préavis, à titre d'indemnité transactionnelle. Un manque de compétence n'étant pas une faute grave, le salarié a droit au préavis et à l'indemnité de licenciement. Dès lors, l'employeur ne fait en réalité aucune concession (cass. soc. 27 mars 1996, n° 92-40448, BC V n° 124).

Régime fiscal

Principe - L'indemnité transactionnelle versée au salarié doit être considérée comme une majoration de l'indemnité légale ou conventionnelle à laquelle le salarié a droit, compte tenu de la nature de la rupture à la suite de laquelle la transaction est conclue.

C'est donc cette somme globale qui doit être confrontée au régime fiscal de l'indemnité de rupture de rattachement [voir *Indemnités de rupture (régimes social et fiscal)**].

Exemple

Si l'indemnité transactionnelle est allouée suite à une démission du salarié, la somme versée doit être considérée comme imposable, sauf si elle est versée dans le cadre d'un plan de sauvegarde de l'emploi *(voir ci-dessous)* ou s'il est établi qu'elle revêt le caractère d'un licenciement au vu des conditions dans lesquelles elle a été donnée (CE 24 janvier 2014, n° 352949).

À notre sens, on peut appliquer le même raisonnement aux transactions conclues avec des *dirigeants d'entreprise** relevant du régime général de la sécurité sociale. L'indemnité transactionnelle sera rattachée à la rupture du mandat en cause (cessation volontaire ou forcée, voir *Dirigeants d'entreprise**).

Licenciement dans le cadre d'un plan de sauvegarde - Le régime le plus favorable correspond au cas où l'indemnité transactionnelle est versée suite à un licenciement intervenu dans le cadre d'un plan de sauvegarde de l'emploi (PSE) « au sens des articles L. 1233-32 et L. 1233-61 du code du travail », c'est-à-dire ici une procédure de licenciement économique englobant au moins 10 salariés sur 30 jours, quel que soit l'effectif de l'entreprise (BOFiP-RSA-CHAMP-20-40-10-30-§§ 430 et 440-22/06/2023 ; BOSS, Indemnités de rupture, § 610, 1/01/2025).

En effet, selon l'administration fiscale, les indemnités versées en raison du licenciement ou du départ volontaire intervenant dans le cadre d'un PSE sont exonérées d'impôt sur le revenu pour leur montant total. Sont donc affranchies de l'impôt sur le revenu, non seulement les indemnités dues aux salariés concernés aux termes des dispositions légales ou conventionnelles qui, selon le mode de rupture de leur contrat de travail, leur sont applicables (ex. : indemnité de licenciement), mais aussi, quelle que soit leur appellation, celles qui s'y ajoutent (BOFiP-RSA-CHAMP-20-40-10-30-§ 450-22/06/2023).

On peut donc en déduire, à notre sens, que si une transaction est conclue dans le cadre d'un licenciement s'inscrivant dans un PSE, l'indemnité transactionnelle est elle-même exonérée d'impôt sur le revenu.

Licenciement hors plan de sauvegarde - La combinaison des règles applicables conduit l'administration à considérer que lorsqu'une indemnité versée dans le cadre d'un licenciement hors « plan de sauvegarde » est d'un montant supérieur aux dispositions légales ou conventionnelles (BOFiP-RSA-CHAMP-20-40-10-30-§ 40-22/06/2023), en application, par exemple, d'une transaction, la somme globale « indemnité de licenciement + indemnité transactionnelle » est exonérée d'impôt sur le revenu à hauteur du montant le plus élevé entre :
- le montant minimum légal ou conventionnel de l'indemnité de licenciement (sans limitation de montant) ;
- et 50 % de la somme globale (indemnité de licenciement + indemnité transactionnelle) ou deux fois la rémunération annuelle brute du salarié sur l'année civile qui précède la rupture du contrat de travail, la fraction exonérée ne pouvant alors excéder 6 fois le montant annuel du *plafond de la sécurité sociale** en vigueur à la date de versement de l'indemnité (soit 282 600 € en 2025).

Transaction après un licenciement pour faute grave - Les salariés licenciés pour faute grave (ou a fortiori faute lourde) n'ont droit ni à l'indemnité légale de licenciement, ni à l'indemnité conventionnelle de licenciement, sauf disposition contraire de l'accord en cause.

Si une transaction est conclue après un tel licenciement, l'administration fiscale admet que l'indemnité transactionnelle soit exonérée d'impôt sur le revenu dans la limite de 50 % de l'indemnité versée ou du double de la rémunération annuelle brute de l'année précédente, sans que la fraction exonérée ne puisse dépasser 6 fois le montant annuel du *plafond de la sécurité sociale** (soit 282 600 € en 2025) (BOIFiP-RSA-CHAMP-20-40-10-30-§ 30-22/06/2023).

Sommes comprises dans une transaction toujours imposables - Les sommes qui ne sont pas exonérées en raison de leur nature (indemnité de non-concurrence, préavis, etc.) restent intégralement imposables, même si elles sont globalisées dans l'indemnité transactionnelle (BOFiP-RSA-CHAMP-20-40-10-30-§ 40-22/06/2023).

Transaction après une prise d'acte - En cas de *prise d'acte de la rupture du contrat de travail** par un salarié, il peut arriver qu'une transaction intervienne avant que le litige soit porté devant un conseil de prud'hommes ou soit jugé. Dans cette hypothèse, il n'y a pas de jugement qui précise les effets de la prise d'acte (démission ou licenciement sans cause réelle et sérieuse).

Selon le Conseil d'État, une exonération d'impôt sur le revenu est possible s'il est démontré que l'indemnité transactionnelle peut être assimilée à une indemnité faisant suite à un licenciement dépourvu de cause réelle et sérieuse (CE 1er avril 2015, n° 365253).

Transaction après une rupture conventionnelle - L'indemnité transactionnelle versée après une rupture conventionnelle pourrait bénéficier de cette exonération s'il est démontré que la rupture conventionnelle est nulle et produit les effets d'un licenciement sans cause réelle et sérieuse (CE 21 juin 2021, n° 438532).

Par exemple, il en irait ainsi en cas de non remise au salarié d'un exemplaire de la convention de rupture alors qu'elle est nécessaire pour que chacun puisse demander l'homologation de la convention et pour garantir le libre consentement du salarié.

Pas de rupture de contrat, pas d'exonération - Une indemnité transactionnelle ne peut pas être exonérée d'impôt lorsqu'il n'y a pas de rupture du contrat de travail, ce cas n'étant pas visé par le code général des impôts. C'est ce qui a été jugé pour une indemnité versée en compensation d'une modification du contrat de travail (révision de la clause contractuelle d'indemnité de rupture) (CAA Bordeaux 8 juin 2018, n° 16BX00170).

Régime social selon l'administration

Avertissement - Des jurisprudences sont intervenues en 2018 sur le régime d'assujettissement aux cotisations de sécurité sociale des indemnités transactionnelles consécutives à la rupture du contrat de travail *(voir plus loin)*. Elles ont fait naître des incertitudes quant au devenir des solutions autrefois préconisées par l'administration.

Pour tenir compte de ces jurisprudences, la Direction de la sécurité sociale a affiné sa doctrine via le *Bulletin officiel de la sécurité sociale (BOSS)**, notamment en se référant au pouvoir du juge de considérer qu'une indemnité transactionnelle est totalement indemnitaire au regard des preuves apportées par l'employeur.

Principes généraux - La logique générale suit celle de l'administration fiscale précédemment exposée.

L'indemnité transactionnelle versée au salarié en cas de rupture du contrat de travail est, en quelque sorte, considérée comme une majoration de l'indemnité légale ou conventionnelle à laquelle le salarié a droit, compte tenu de la nature de la rupture à la suite de laquelle la transaction est conclue. La somme globale est confrontée au régime social correspondant au contexte de la rupture (licenciement, mise à la retraite, démission, rupture conventionnelle, etc.) [voir *Indemnités de rupture (régimes social et fiscal)**].

L'indemnité transactionnelle peut donc uniquement être exonérée de cotisations pour sa fraction représentative d'une indemnité elle-même susceptible d'être exonérée. L'indemnité transactionnelle obéit ainsi au même régime social que celui de l'indemnité qu'elle vient compléter, les limites d'exonération s'appliquant alors au montant global versé (BOSS, Indemnités de rupture, § 1690, 01/01/2025).

Exemple

Si l'indemnité transactionnelle est allouée suite à une démission du salarié, la somme versée doit être considérée comme assujettie à cotisations, à CSG/CRDS. Si elle est versée dans le cadre d'un plan de sauvegarde de l'emploi, elle bénéficie du régime attaché à ce contexte.

Sur le régime social de l'indemnité transactionnelle versée en dehors de toute rupture du contrat de travail, il convient de se reporter aux développements correspondants *(voir plus loin)*.

Transaction après une démission - Par principe, les sommes versées à l'occasion de la démission ne bénéficient d'aucune exonération (BOSS, Indemnités de rupture, § 1790, 01/01/2025).

Toutefois, l'employeur peut le cas échéant apporter la preuve que les sommes versées à l'occasion de la démission présentent le caractère de dommages et intérêts, s'il prouve qu'il a provoqué la rupture du contrat de travail et que les indemnités versées avaient pour objet de réparer le préjudice né de la perte d'emploi (BOSS, Indemnités de rupture, § 1800, 01/01/2025 ; cass. civ., 2e ch., 8 juillet 2010 n° 09-15801 D).

Transaction après un licenciement - La fraction de la somme globale (indemnité de licenciement + indemnité transactionnelle) exonérée d'impôt sur le revenu est également exonérée de cotisations de sécurité sociale et des charges ayant la même assiette, dans la limite de 2 fois le montant annuel du *plafond de la sécurité sociale** (soit 94 200 € en 2025) (c. séc. soc. art. L. 242-1, II, 7°).

▶ À noter... Dans le cas particulier d'un salarié licencié qui ne peut bénéficier d'aucune indemnité de licenciement, il est admis que l'indemnité versée dans le cadre d'une transaction et destinée à éviter tout contentieux est exonérée de cotisations de sécurité sociale dans les conditions et limites applicables à l'*indemnité de licenciement** hors plan de sauvegarde de l'emploi (BOSS, Indemnités de rupture, § 1710, 01/01/2025).

La CSG et la CRDS sont dues (sans abattement d'assiette) sur la fraction de la somme globale excédant le montant de l'*indemnité de licenciement** prévu par la convention collective, l'accord professionnel ou interprofessionnel ou, à défaut, par la loi et, en tout état de cause, la fraction assujettie à cotisations de sécurité sociale (c. séc. soc. art. L. 136-1-1, III, 5° a). Il en va de même pour une indemnité transactionnelle versée après un licenciement pour faute grave (cass. civ., 2e ch., 5 juin 2008, n° 07-14408, BC II n° 129).

La CSG est intégralement non déductible lorsqu'elle porte sur une somme exonérée à la fois d'impôt sur le revenu et de cotisations de sécurité sociale (BOFiP-RSA-BASE-30-30-§§ 80 et 100-24/07/2017). En revanche, la CSG reste déductible pour 6,80 % lorsqu'elle porte sur des sommes imposables ou assujetties à cotisations de sécurité sociale.

Transaction après un licenciement pour faute grave - Pour l'administration, la transaction qui fait suite à un licenciement pour faute grave intervient dans un contexte particulier, dans la mesure où aucune indemnité de licenciement ni aucune indemnité de préavis n'est en principe versée au salarié (BOSS, Indemnités de rupture, § 1730, 01/01/2025).

Dans ce contexte, l'indemnité versée au salarié dans le cadre d'une transaction conclue dans le but d'éviter tout contentieux, peut être exonérée de cotisations et de CSG/CRDS dans les conditions et limites applicables à l'*indemnité de licenciement** hors plan de sauvegarde de l'emploi (PSE).

Si les termes de la transaction sont clairs, précis et sans ambiguïté sur le maintien de la faute grave invoquée à l'appui du licenciement, l'administration considère que l'indemnité compensatrice de préavis n'est pas due. L'indemnité transactionnelle est exonérée de cotisations sociales ainsi que de la CSG et de la CRDS dans les conditions et limites de l'*indemnité de licenciement** hors PSE (BOSS, Indemnités de rupture, § 1750, 01/01/2025).

Si la qualification de licenciement pour faute grave n'est pas retenue, l'administration estime que l'indemnité de préavis est due au salarié. Qu'il y ait ou non renonciation expresse du salarié à percevoir l'indemnité de préavis, une partie de l'indemnité transactionnelle, considérée comme représentative de l'indemnité de préavis, doit alors être soumise à cotisations. Le reliquat est exonéré dans les conditions et limites de l'*indemnité de licenciement** hors PSE (BOSS, Indemnités de rupture, § 1760, 01/01/2025). À cet égard, la Cour de cassation avait par exemple validé un redressement sur une somme représentative du préavis dans le contexte d'une transaction consécutive à un licenciement pour faute grave, mais dont il ressortait que l'employeur avait abandonné la qualification de faute grave (cass. civ., 2e ch., 4 avril 2019, n° 18-12898 D).

En cas de versement d'une indemnité transactionnelle forfaitaire et globale à la suite d'un licenciement pour faute grave ou faute lourde, l'indemnité compensatrice de congés payés, dès lors qu'elle n'a pas été versée par ailleurs, doit être considérée comme comprise dans l'indemnité transactionnelle et être assujettie aux cotisations et contributions sociales en tant qu'élément de rémunération (BOSS, Indemnités de rupture, § 1770, 01/01/2025).

En cas de litige, dans les deux cas (qualification de faute grave ou pas), l'employeur peut apporter la preuve que l'indemnité transactionnelle a un caractère totalement indemnitaire (BOSS, Indemnités de rupture, § 1780, 01/01/2025). Par cette précision, l'administration entend manifestement prendre en compte les jurisprudences de 2018 *(voir plus loin)*.

Transaction après mise à la retraite ou rupture conventionnelle - Une indemnité transactionnelle doit être considérée comme une majoration de l'indemnité versée dans le cadre de la rupture à laquelle la transaction est rattachée (licenciement, mise à la retraite, démission, rupture conventionnelle, etc.). Son montant, cumulé avec l'indemnité de rupture, est soumis aux régimes social et fiscal correspondant au contexte de la rupture.

Si l'indemnité transactionnelle s'ajoute à une indemnité de *rupture conventionnelle individuelle**, l'employeur peut le cas échéant être redevable, depuis le 1er septembre 2023, de la contribution patronale spécifique à ce mode de rupture du contrat (voir *Indemnité de rupture conventionnelle individuelle**).

Lorsque l'indemnité transactionnelle est versée dans le cadre d'une procédure de *mise à la retraite**, l'employeur peut le cas échéant être redevable de la contribution patronale spécifique à ce mode de rupture du contrat (voir *Indemnité de mise à la retraite**).

En revanche, une indemnité transactionnelle n'est, à l'heure où nous rédigeons ces lignes, jamais assujettie au *forfait social**.

▶ À noter… Avant septembre 2023, le forfait social pouvait le cas échéant être dû pour les transactions faisant suite à une rupture conventionnelle individuelle [voir *Indemnité de rupture conventionnelle individuelle (régime social et fiscal jusqu'au 31.08.2023)**].

Sommes comprises dans une transaction toujours assujetties - Même si elles sont globalisées dans l'indemnité transactionnelle, les sommes qui ne sont pas exonérées en raison de leur nature (indemnité de non-concurrence, préavis, congés payés, etc.), sont soumises à cotisations de sécurité sociale, à *CSG** et à *CRDS** (après abattement d'assiette pour celles de ces sommes qui y ouvrent encore droit).

▶ À noter… Lorsque la somme versée à titre global et forfaitaire comprend des éléments de rémunérations qui doivent donner lieu à l'établissement d'un bulletin de paie détaillant ces différents éléments, la délivrance d'un bulletin de paie détaillant les sommes versées est obligatoire pour l'employeur. Le salarié ne peut pas en faire le reproche à l'employeur et réclamer des dommages et intérêts en raison d'une prétendue inexécution fautive de la transaction (cass. soc. 16 juin 1998, n° 96-41768, BC V n° 324).

Indemnité très élevée - Lorsque la transaction est signée conclue avec un salarié, après une rupture de contrat ouvrant droit à une indemnité exonérée (ex. : transaction après un licenciement), il peut arriver que le total de l'indemnité transactionnelle et de l'indemnité de rupture du contrat de travail dépasse 10 fois le montant annuel du *plafond de la sécurité sociale** (soit 471 000 € en 2025). Cette somme globale est alors assujettie à la CSG et à la CRDS ainsi qu'aux cotisations de sécurité sociale et aux charges ayant la même assiette dès le premier euro (c. séc. soc. art. L. 136-1-1, III, 5° a et L. 242-1, II, 7°).

Pour les transactions conclues après la cessation forcée des fonctions de *dirigeants d'entreprise** relevant du régime général de sécurité sociale, dès lors que la somme globale (indemnité transactionnelle, indemnité de cessation forcée des fonctions de dirigeant et, le cas échéant, indemnité de rupture du contrat de travail) dépasse un seuil fixé à 5 fois le montant annuel du *plafond de la sécurité sociale** (soit 235 500 € en 2025), la somme globale est assujettie aux cotisations, à la CSG et à la CRDS (c. séc. soc. art. L. 136-1-1, III, 5° b et L. 242-1, II, 7°).

Pour plus de détails, voir *Parachutes dorés**.

Sommes visant à réparer un préjudice autre que la perte de salaire - En dehors des indemnités pouvant être exclues de l'assiette des cotisations et contributions sociales dans les conditions prévues par la loi, une somme représentative de dommages-intérêts indemnisant un préjudice (moral ou personnel) autre que la perte de salaire peut dans certains cas être exclue de l'assiette des cotisations, lorsque l'employeur apporte la preuve qu'elle concourt, pour tout ou partie de son montant, à l'indemnisation d'un préjudice résultant de la rupture du contrat de travail du salarié. Il en va ainsi lorsqu'une décision de justice constate la réalité de ce préjudice et considère que les sommes versées constituent des dommages-intérêts (BOSS, Indemnités de rupture, § 1720, 01/01/2025).

Cette précision de l'administration vise, semble-t-il, à intégrer les jurisprudences de 2018 *(voir plus loin)*.

Régime social : jurisprudences depuis 2018

Le contexte - Dans une série de jurisprudences rendues en 2018 et confirmées par la suite, la Cour de cassation a pris une position sensiblement différente de celle que retenait l'administration avant le BOSS quant au régime social des indemnités transactionnelles versées à l'occasion de la rupture du contrat de travail.

Sans entrer dans le détail du raisonnement de la Cour, celle-ci considère en substance que dans la mesure où les indemnités transactionnelles ne sont pas nommément visées par les textes, elles peuvent être exonérées de cotisations, sous réserve de prouver qu'elles indemnisent un préjudice.

En tout état de cause, dénommer « dommages-intérêts » une indemnité transactionnelle ne suffit pas à lui conférer une nature indemnitaire susceptible de l'exclure de l'assiette des cotisations (cass. civ., 2e ch., 15 juin 2017, n° 16-19441 D).

▶ À noter… Ces jurisprudences, rendues en matière sociale, ne sont pas nécessairement transposables en droit fiscal, lequel a ses propres règles *(voir plus haut)*.

Compensation d'un préjudice : pas de cotisations - Si l'employeur peut prouver que les sommes versées à titre transactionnel lors de la rupture du contrat concourent, pour tout ou partie de leur montant, à l'indemnisation d'un préjudice, la fraction correspondante est exonérée de cotisations (cass. civ., 2e ch., 15 mars 2018, n° 17-10325, BC II n° 51 ; cass. civ., 2e ch., 21 juin 2018, n° 17-19773 FSP).

Dans ces deux affaires, il s'agissait de transactions consécutives à des licenciements pour faute grave. À chaque fois, la Cour s'est référée aux termes clairs, précis et sans ambiguïté des protocoles transactionnels, dont il résultait une volonté clairement exprimée des parties. La rupture du contrat restait un licenciement pour faute grave et ne comportait aucune indemnité de préavis.

Indemnités transactionnelles versées en 2025 (exemples)

Les transactions qui suivent sont supposées intervenir après un licenciement pour motif personnel notifié en 2025. Les indemnités transactionnelles sont supposées ne pas contenir d'élément de rémunération soumis à cotisations et correspondre uniquement à l'indemnisation du préjudice réparé par une indemnité pour licenciement sans cause réelle et sérieuse.

Avertissement : le régime social appliqué est celui issu des positions de l'administration.

1) Cadre dirigeant : indemnité transactionnelle de 140 000 €. Un cadre dirigeant a perçu en 2024 une rémunération brute totale de 190 000 €. Licencié en 2025 et après transaction, l'employeur lui verse, en 2025, une somme de 300 000 €, se décomposant en :
- une indemnité conventionnelle de licenciement de 160 000 € ;
- une indemnité transactionnelle de 140 000 €.

• **Impôt sur le revenu.** L'indemnité globale est, en principe, exonérée à hauteur de 2 ans de salaire brut, soit 190 000 € × 2 = 380 000 €. Mais il existe une limite d'exonération correspondant à 6 fois le plafond annuel de la sécurité sociale, soit 282 600 € en 2025. Le surplus (soit 300 000 € – 282 600 € = 17 400 €) est donc imposable.

• **Assiette des cotisations de sécurité sociale.** La fraction exonérée d'impôt sur le revenu (282 600 €) est exonérée de cotisations, mais dans la limite de 2 plafonds annuels de la sécurité sociale (soit 94 200 € en 2025). La fraction soumise à cotisations est donc de 300 000 € – 94 200 € = 205 800 €.

• **CSG/CRDS.** La CSG et la CRDS sont ici dues sur le montant assujetti à cotisations, soit 205 800 €. Ces contributions sont calculées sur des sommes dont certaines sont exonérées d'impôt sur le revenu et d'autres imposables, mais dans tous les cas assujetties à cotisations de sécurité sociale. De ce fait, la CSG reste déductible à hauteur de 6,80 % :
- total CSG/CRDS = 205 800 € × (9,20 % + 0,50 %) = 19 962,60 € ;
- CSG déductible : 205 800 € × 6,80 % = 13 994,40 € ;
- CSG/CRDS non déductibles : 205 800 € × 2,90 % = 5 968,20 €.

2) Indemnité transactionnelle de 10 000 €. Un salarié a perçu en 2024 une rémunération annuelle brute de 25 000 €. Après un licenciement en 2025 suivi d'une transaction, son employeur lui verse une somme globale de 16 000 €, se décomposant en :
- une indemnité conventionnelle de licenciement de 6 000 € ;
- et une indemnité transactionnelle de 10 000 €.

• **Impôt sur le revenu.** L'indemnité de 16 000 € est intégralement exonérée d'impôt car elle est inférieure à 2 fois le salaire de l'année précédant la rupture.

• **Assiette des cotisations de sécurité sociale.** La fraction exonérée d'impôt sur le revenu (intégralité des 16 000 €) est également exonérée de cotisations, dans la mesure où le plafond d'exonération admis en la matière n'est pas dépassé.

• **CSG/CRDS.** La somme globale est soumise à CSG et CRDS pour la part supérieure à l'indemnité conventionnelle, soit pour une fraction de 10 000 €. La CSG est intégralement non déductible car elle se rapporte à des sommes exonérées d'impôt et de cotisations.

CSG/CRDS non déductibles = 10 000 € × (9,20 % + 0,50 %) = 970 €.

3) Indemnité transactionnelle de 52 000 €. Compte tenu de diverses absences, un salarié a eu, en 2024, une rémunération totale brute de 22 000 €. Licencié en 2025, il perçoit au titre de son licenciement une indemnité de 92 000 €, se décomposant en :
- une indemnité conventionnelle de licenciement de 40 000 € ;
- et une indemnité transactionnelle de 52 000 €.

• **Impôt sur le revenu.** L'indemnité est exonérée à hauteur de 50 % de l'indemnité (92 000 € / 2 = 46 000 €), cette somme étant supérieure à 2 fois le salaire brut de l'année 2024 (44 000 €) et à l'indemnité conventionnelle de licenciement. Le surplus (soit 92 000 € – 46 000 € = 46 000 €) est imposable.

• **Assiette des cotisations de sécurité sociale.** La fraction exonérée d'impôt sur le revenu (52 000 €) est également exonérée de cotisations, dans la mesure où le plafond d'exonération admis en la matière n'est pas dépassé. La fraction imposable (46 000 €) est assujettie à cotisations.

• **CSG/CRDS.** Est soumise à CSG et à CRDS la fraction de la somme globale qui excède 40 000 €, soit 52 000 €. La CSG qui porte sur les 40 000 € soumis à impôt et à cotisations est déductible pour 6,80 %. Le décompte de la CSG et de la CRDS se présente comme suit :
- total CSG/CRDS = 52 000 € × (9,20 % + 0,50 %) = 5 044 € ;
- CSG déductible : 46 000 € × 6,80 % = 3 128 € ;
- CSG/CRDS non déductibles : (52 000 € × 2,90 %) + [(52 000 € – 46 000 €) x 6,80 %] = 1 916 €.

INDEMNITÉ TRANSACTIONNELLE (*EXEMPLE CI-CONTRE*)

Un cadre a perçu, au titre de l'année civile 2024, une rémunération totale brute effective de 50 000 €. Licencié en 2025 (salaire mensuel à ce moment : 4 166,67 €), il signe avec l'entreprise une transaction assortie d'une indemnité transactionnelle de 40 000 €, qui s'ajoute à son indemnité conventionnelle de licenciement de 72 000 €, soit un montant global de 112 000 €.

1) Impôt sur le revenu. *La somme globale « indemnité de licenciement + indemnité transactionnelle » est exonérée à hauteur du double de la rémunération annuelle brute de 2024 (solution la plus favorable pour le salarié) : 50 000 € × 2 = 100 000 €, dont 72 000 € au titre de l'indemnité de licenciement et 28 000 € au titre de l'indemnité transactionnelle. Le surplus (112 000 € – 100 000 € = 12 000 €) est imposable.*

2) Assiette des cotisations. *Pour les besoins de l'exemple, nous appliquons les solutions de l'administration.*

La fraction exonérée d'impôt l'est aussi de cotisations, mais dans la limite de 2 plafonds annuels (94 200 €). La fraction excédentaire de 17 800 € (soit 112 000 € – 94 200 €) est assujettie à cotisations.

3) Base CSG/CRDS. *La somme globale est soumise à CSG et CRDS pour la part excédant l'indemnité conventionnelle de licenciement et, en tout état de cause, pour la fraction assujettie à cotisations, soit 112 000 € – 72 000 € = 40 000 €. Ces 40 000 € d'indemnité transactionnelle soumis à la CSG se ventilent en deux éléments :*
– la partie de l'indemnité imposable et/ou soumise à cotisations (17 800 €) sur laquelle 6,80 % de CSG sont déductibles ;
– une partie qui est exonérée d'impôt et de cotisations (40 000 € – 17 800 € = 22 200 €) sur laquelle les 9,20 % de CSG sont intégralement non déductibles.

À l'inverse s'il s'avère que l'indemnité transactionnelle globale comprenait en réalité une indemnité compensatrice de préavis, celle-ci doit être soumise à cotisations (cass. civ., 2e ch., 4 avril 2019, n° 18-12898 D).

▶ À noter... Certains déduisent de ces jurisprudences que la fraction d'une indemnité qui indemnise un préjudice est exonérée de cotisations sans limitation de montant. D'autres considèrent que la fraction représentative d'un préjudice est exonérée seulement dans les limites fixées par l'administration, lorsqu'il en existe (ex. : limites applicables aux indemnités de licenciement pour une transaction consécutive à un licenciement) *(voir plus haut)*.

Pour la Cour de cassation, si l'indemnité transactionnelle a un caractère purement indemnitaire et répare un préjudice autre que la perte de salaire, elle est exonérée en totalité (cass. civ., 2e ch., 30 janvier 2025, n°22-18333 FSB).

Pas de preuve du caractère indemnitaire : cotisations - En revanche, lorsque l'employeur ne peut pas prouver le caractère indemnitaire de l'indemnité transactionnelle, elle est assujettie à cotisations. L'employeur est donc exposé à un redressement s'il a considéré les indemnités concernées exonérées de cotisations sociales (cass. civ., 2e ch., 15 mars 2018, n° 17-17-11336, BC II n° 52 ; cass. civ., 2e ch., 21 juin 2018, n° 17-19432, BC II n° 128 ; cass. civ., 2e ch., 4 avril 2019, n° 18-12898 D).

Dans l'affaire du 15 mars 2018, les juges ont validé le redressement en considérant, en substance, que les indemnités transactionnelles avaient été versées dans le cadre de départs volontaires en retraite « habillés » en ruptures à l'initiative de l'employeur.

Un contexte de PSE ne garantit pas le caractère indemnitaire - Selon la Cour de cassation, la circonstance que les sommes sont versées en complément de celles dues au titre d'un plan de sauvegarde de l'emploi (PSE) ne suffit pas à établir le caractère exclusivement indemnitaire des sommes.

En d'autres termes, les sommes accordées à titre transactionnel en complément des indemnités de licenciement ou de départ volontaire versées dans le cadre d'un PSE sont soumises aux cotisations sociales, sauf si l'employeur apporte la preuve qu'elles concourent à l'indemnisation d'un préjudice, pour tout ou partie de leur montant (cass. civ., 2e ch., 21 juin 2018, n° 17-19432, BC II n° 128).

Transaction après rupture conventionnelle individuelle - La Cour de cassation a jugé, dans un arrêt d'espèce qu'une indemnité transactionnelle versée à la suite d'une rupture conventionnelle individuelle ne peut être exonérée de cotisations sociales que si l'employeur rapporte la preuve que la somme compense un préjudice (cass. civ., 2e ch., 22 octobre 2020, n° 19-21932 D).

Pour mémoire, la jurisprudence subordonne la validité des transactions signées après des ruptures conventionnelles individuelles à des conditions strictes (pour le détail, voir Dictionnaire Social, « Transaction »). Il faut, en particulier, que la transaction n'ait pas pour objet de régler un différend relatif à la rupture du contrat de travail, mais un différend relatif à son exécution, sur des éléments non compris dans la rupture conventionnelle.

Transaction en dehors de toute rupture du contrat de travail - Une indemnité transactionnelle réparant un préjudice versée en dehors de toute rupture du contrat de travail peut être en tout ou partie exonérée de cotisations, à condition que

INDEMNITÉ TRANSACTIONNELLE (*EXEMPLE*)

EXTRAIT DU BULLETIN DE PAYE DE MARS 2025

Désignation	Base	Taux	Montant	
Salaire de base	151,67	27,47	4 166,67	
Indemnité compensatrice de congés payés			2 570,00	
Indemnité de licenciement			72 000,00	
Indemnité transactionnelle			40 000,00	
Brut total			118 738,67	
Brut total soumis à cotisations			24 536,67 (1)	
Cotisations et contributions sociales	**Base (€)**	**Taux salarial**	**Part salarié (€)**	**Part employeur (€)**
Santé				
Sécurité sociale - Maladie Maternité Invalidité Décès	24 536,67	-	-	1 717,57 (2)
Sécurité sociale - Maladie Maternité Invalidité Décès (régul)	32 870,01			1 972,20 (3)
Complémentaire santé	-	-	85,00	85,00
Complémentaire Incapacité Invalidité Décès	3 925,00	-	-	58,88
Accidents du travail - maladies professionnelles	24 536,67	-	-	490,73
Retraite				
Sécurité sociale plafonnée	3 925,00	6,90 %	270,83	335,59
Sécurité sociale déplafonnée	24 536,67	0,40 %	98,15	495,64
Complémentaire Tranche 1 (4)	3 925,00	4,15 %	162,89	244,14
Complémentaire Tranche 2 (4)	20 611,67	9,86 %	2 032,31	3 046,40
Famille	24 536,67	-	-	846,52 (5)
Famille (régul)	32 870,01	-	-	591,66 (6)
Assurance chômage				
Chômage	24 536,67	-	-	1 055,08 (7)
APEC	24 536,67	0,024 %	5,89	8,83
Autres contributions dues par l'employeur				1 126,95 (8)
CSG déductible à l'impôt sur le revenu	24 562,65	6,80 %	1 670,26	-
CSG/CRDS non déductible à l'impôt sur le revenu	24 562,65	2,90 %	712,32	-
CSG/CRDS non déductible à l'impôt sur le revenu (sur transaction exo IR et cotis)	22 200,00	9,70 % (9)	2 153,40	-
Exonérations et allégements de cotis.	-	-	-	-
Total des cotisations et contributions			7 191,01	12 075,10
Net social				**111 545,63 (*)**
Net à payer avant impôt sur le revenu				**111 545,63**
Impôt sur le revenu	**Base**	**Taux**	**Montant**	**Cumul annuel**
Montant net imposable			14 496,35 (10)	Valeur
Impôt sur le revenu prélevé à la source	14 496,35	17,00 %	2 464,38	Valeur
Montant net des heures compl/suppl exonérées			0,00	Valeur
Net à payer au salarié (en euros) (11)				**109 081,25 (11)**
Total versé par l'employeur				36 611,85 (12)

Notes de la rédaction, pour aider à la lecture des totaux (ces notes n'ont pas à apparaître sur le bulletin de paye) :
(*) Le Net social inclut les indemnités de rupture.
(1) Salaire (4 166,67 €) + congés payés (2 570 €) + fraction soumise à cotisations des indemnités de rupture (17 800 €). (2) Pour un taux de 7 %. (3) Régularisation de cotisation maladie pour un taux de 6 % au titre des salaires perçus de janvier à mars (brut devenu supérieur à la limite d'éligibilité au taux réduit compte tenu de la paye de mars). (4) Y compris contributions d'équilibre général et technique. (5) Pour un taux de 3,45 %. (6) Régularisation de cotisation d'allocations familiales pour un taux de 1,80 % au titre des salaires perçus de janvier à mars (brut devenu supérieur à la limite d'éligibilité au taux réduit compte tenu de la paye de mars). (7) Chômage 4,05 % et AGS 0,25 %. (8) CSA (0,30 %), FNAL (0,50 %), versement mobilité (1,60 %), contribution au dialogue social (0,016 %), contribution formation (1 %), participation à l'effort de construction (0,45 %), forfait social, taxe d'apprentissage (0,68 %). (9) CSG intégralement non déductible et CRDS sur la fraction d'indemnité transactionnelle exonérée d'impôt sur le revenu et de cotisations (22 200 €). (10) Salaire (4 166,67 €) + congés payés (2 570 €) + fraction imposable des indemnités de rupture (12 000 €) + part patronale prévoyance frais de santé (85 €) – cotisations déductibles (4 325,32 €). (11) À faire apparaître de manière à en faciliter la lisibilité. (12) Non compris la fraction d'indemnité exonérée de cotisations de sécurité sociale, compte tenu de la lettre des textes [voir *Bulletin de paye (mentions obligatoires)**].

l'employeur rapporte la preuve qu'elle concourt, pour tout ou partie de son montant, à l'indemnisation d'un préjudice (cass. civ., 2e ch., 17 février 2022, n° 20-19516 D).

Exemple
Dans cette affaire, les sommes versées avaient pour but d'indemniser le salarié des conséquences du manquement de l'employeur à ses obligations en matière de santé et de sécurité au travail. L'employeur ayant rapporté la preuve que l'indemnité litigieuse ne constituait pas un élément de rémunération mais compensait un préjudice pour les salariés.

À manier avec prudence - Ces jurisprudences peuvent permettre de faire exonérer une indemnité transactionnelle, ou au contraire de conduire à son assujettissement intégral.

Compte tenu de l'enjeu, les employeurs souhaitant conclure une transaction auront intérêt à prendre l'avis d'un conseil habilité, en particulier pour rédiger le protocole transactionnel.

Certains cotisants pourront juger utiliser de faire un rescrit auprès de l'URSSAF pour sécuriser leur situation en amont (voir *Rescrit social**).

Transaction et préretraite d'entreprise : précision

Lorsqu'une indemnité transactionnelle est versée à des salariés qui partent dans le cadre d'une préretraite d'entreprise, l'employeur peut être jugé redevable de la contribution patronale due sur les avantages de préretraite (voir *Contribution sur les préretraites d'entreprise**).

Dans un cas d'espèce, la Cour de cassation a validé l'arrêt d'une cour d'appel qui avait estimé que, dès lors que la somme a eu objet principal le versement d'une indemnité qui, quel que soit son intitulé, était destinée essentiellement à compenser les préjudices du fait de la perte d'emploi et les conséquences financières de la rupture, elle est considérée comme un avantage de préretraite (cass. civ., 2e ch., 30 mars 2017, n° 16-12219 D).

☛ *Indemnités de rupture (régimes social et fiscal).*

Indexation des salaires

☛ *Clause d'indexation.*

Index de l'égalité

Les entreprises et les unités économique et sociale (UES) d'au moins 50 salariés sont tenues de mesurer l'écart global de rémunération entre les hommes et les femmes, sous forme d'un « index » calculé en fonction d'une série d'indicateurs, qu'elles doivent publier chaque année. Si nécessaire, elles doivent ensuite programmer et mettre en œuvre des mesures visant corriger les résultats obtenus.

L'employeur qui ne respecte pas ses obligations s'expose à des pénalités.

▶ À noter... Dans les entreprises d'au moins 1 000 salariés, il existe aussi une obligation de publier, au plus tard le 1er mars de chaque année, les proportions de femmes et d'hommes au sein des cadres dirigeants et des membres des instances dirigeantes. Cette obligation, qui ne concerne pas les rémunérations, est détaillée dans le Dictionnaire Social du Groupe Revue Fiduciaire [voir Dictionnaire Social, « Cadres dirigeants (écarts de répartition entre les femmes et les hommes) »].

Employeurs assujettis et date limite de publication

Entreprises de 50 salariés et plus - Le dispositif de l'index de l'égalité concerne les entreprises d'au moins 50 salariés (c. trav. art. L. 1142-8).

L'effectif se calcule selon les règles habituelles en droit du travail (c. trav. art. D. 1142-8 renvoyant à L. 1111-2, L. 1111-3 et L. 1251-54) (voir *Effectif**).

▶ À noter... Les employeurs de moins de 50 salariés ne sont pas concernés par l'index de l'égalité. Mais comme les autres, ils doivent assurer, pour un même travail ou un travail de valeur égale, l'égalité de rémunération entre les femmes et les hommes et tenir compte d'un objectif général de suppression des écarts de rémunération entre les sexes (c. trav. art. L. 3221-2 et L. 1142-7) (voir *Égalité des rémunérations femmes-hommes**).

Niveau d'appréciation de l'effectif : entreprise ou UES - Le ministère du Travail a apporté plusieurs précisions sur Internet (FAQ Index de l'égalité sur www.travail-emploi.gouv.fr) :
- l'effectif se calcule au niveau de l'entreprise, tous établissements confondus ;
- lorsque plusieurs sociétés forment un groupe, on se place au niveau de chaque entreprise composant le groupe ;

- l'effectif s'apprécie au niveau de l'unité économique et sociale (UES) qui a été reconnue entre plusieurs entreprises juridiquement distinctes (par accord collectif ou décision de justice).

▶ À noter... Par exemple, une UES comprenant 3 entreprises, respectivement de 100, 80 et 20 salariés est soumise à l'obligation de calculer l'index. En revanche, l'obligation de publier l'index repose sur chaque entreprise et non sur l'UES (FAQ Index de l'égalité sur www.travail-emploi.gouv.fr).

Date d'appréciation de l'effectif - L'obligation de publier l'index de l'égalité professionnelle dépend de l'effectif à la date limite de publication de l'index (chaque 1er mars) (instr. DGT 2019-3 du 25 janvier 2019 ; FAQ Index de l'égalité sur www.travail-emploi.gouv.fr).

Franchissement du seuil de 50 salariés - Une entreprise non assujettie qui atteint ou dépasse le seuil de 50 salariés a 3 ans pour publier son premier résultat (c. trav. art. D. 1142-8).

Publication annuelle au plus tard chaque 1er mars - L'index doit être publié chaque année, au plus tard le 1er mars (c. trav. art. D. 1142-4).

Principe du dispositif et nombre d'indicateurs à calculer

Mesure, publication, si nécessaire correction - Les employeurs concernés mesurent et publient leur index en suivant une méthodologie précise, commune à toutes les entreprises.

Concrètement, l'index de l'égalité prend la forme d'une note sur 100 calculée en fonction d'une série d'indicateurs (c. trav. art. D. 1142-2 et D. 1142-2-1 ; décret 2019-15 du 8 janvier 2019, annexes I et II, JO du 9).

Plus le nombre de points accordés est important (maximum 100 points), plus l'entreprise est considérée comme satisfaisant à ses obligations.

Lorsque le score global de l'entreprise est inférieur à 75 points, celle-ci doit prendre et publier des mesures correctrices. Si elle n'est pas parvenue à revenir à au moins 75 points dans un délai maximal de 3 ans, elle s'expose à une pénalité *(voir plus loin)*.

Lorsque le score global de l'entreprise est inférieur à 85 points, l'employeur doit fixer et publier des objectifs de progression pour les indicateurs pour lesquels il n'a pas atteint la note maximale *(voir plus loin)*. Pour les entreprises ayant une note inférieure à 75 points, cette obligation s'ajoute à l'obligation de prendre des mesures correctrices.

Nombre d'indicateurs à mesurer - Les employeurs de plus de 250 salariés doivent mesurer 5 indicateurs, et ceux de 50 à 250 salariés 4 indicateurs *(voir tableau)*.

Les entreprises de plus de 250 salariés mesurent séparément les écarts en matière d'augmentation et les écarts en matière de promotion (il y a 2 indicateurs). Pour les entreprises de 50 à 250 salariés il y a un seul indicateur, qui combine augmentations et promotions.

Outils mis à disposition par l'administration - Le ministère du Travail a publié sur son Internet :
- un simulateur en ligne (https://egapro.travail.gouv.fr) ;
- des questions/réponses qui apportent des informations précises face aux éventuelles difficultés ;
- la liste des référents qui, au sein des différentes *DREETS**, pourront aider les entreprises de 50 à 250 salariés à calculer les différences de

Indicateurs et score maximal possible (1)

Effectif		Score maximal possible
50 à 250 salariés (4 indicateurs)	**Plus de 250 salariés (5 indicateurs)**	
Écart de rémunération entre les femmes et les hommes (2)		40 points
Écart de taux d'augmentations individuelles de salaire entre les femmes et les hommes (promotions comprises) (3) : 35 points	Écart de taux d'augmentations individuelles de salaire (3) entre les femmes et les hommes (hors promotions) : 20 points Écart de taux de promotion entre les femmes et les hommes : 15 points	35 points (en un seul indicateur pour les « 50 à 250 salariés » ; en deux indicateurs pour les « + de 250 salariés »)
Pourcentage de salariées ayant bénéficié d'une augmentation dans l'année suivant leur retour de congé de maternité (4)		15 points
Nombre de salariés du sexe sous-représenté parmi les 10 salariés ayant perçu les plus hautes rémunérations		10 points
Score total maximal possible :		**100 points**

(1) C. trav. art. D. 1142-2 et D. 1142-2-1 ; décret 2019-15 du 8 janvier 2019, annexes I et II.
(2) Écart calculé à partir de la moyenne de la rémunération des femmes comparée à celle des hommes, par tranche d'âge et par catégorie de postes équivalents.
(3) Il s'agit de comparer les proportions de femmes et d'hommes augmentés, et non le niveau des augmentations.
(4) Sous réserve que des augmentations soient intervenues au cours de la période pendant laquelle le congé a été pris.

rémunération et à élaborer, si nécessaire, les mesures de correction et de rattrapage des écarts observés (c. trav. art. D. 1142-7).

Paramètres de calcul

Période de référence - L'employeur mesure les indicateurs sur 12 mois consécutifs. Il ne s'agit pas obligatoirement de l'année civile (décret 2019-15 du 8 janvier 2019, annexes I et II, § 1 ; instr. DGT 2019-3 du 25 janvier 2019).

Pour autant, la période annuelle de référence doit impérativement précéder l'année de publication. Elle ne doit pas aller au-delà du 31 décembre de l'année précédant celle de la publication de l'indice.

Exemple

Pour une publication au 1er mars 2025, il peut s'agir de l'année civile 2024 ou d'une autre période de 12 mois ne dépassant pas la fin 2024 (ex. : 1er octobre 2023-30 septembre 20234. En revanche, il ne peut pas s'agir d'une période totalement antérieure à 2024 (ex. : 1er janvier-31 décembre 2023) ou se prolongeant sur 2025 (ex. : 1er février 2024-31 janvier 2025).

Par exception, les entreprises de 50 à 250 salariés peuvent opter pour une période de référence pluriannuelle, dans la limite de 3 ans, pour le critère des augmentations individuelles (et uniquement celui-ci). Le caractère pluriannuel de la période de référence peut être révisé tous les 3 ans.

Cadre du calcul : entreprise, UES - En principe, les indicateurs sont calculés au niveau de l'entreprise (et non de l'établissement). Toutefois, en cas de constitution d'un comité social et économique (CSE) au niveau d'une unité économique et sociale (reconnue par accord collectif ou par décision de justice entre plusieurs entreprises juridiquement distinctes), les indicateurs sont calculés au niveau de l'UES (c. trav. art. D. 1142-2 et D. 1142-2-1 ; FAQ Index de l'égalité professionnelle : calcul et questions/réponses).

Lorsque plusieurs sociétés forment un groupe, les indicateurs doivent être calculés au niveau de chaque entreprise composant le groupe (FAQIndex de l'égalité professionnelle : calcul et questions/réponses ; https://www.travail-emploi.gouv.fr/index-de-legalite-professionnelle-calcul-et-questionsreponses).

Salariés pris en compte pour le calcul des indicateurs - Dans le calcul de ses indicateurs, l'entreprise prend en considération tous les salariés, à l'exception des salariés absents plus de la moitié de la période de référence annuelle, des apprentis, des titulaires d'un contrat de professionnalisation et des expatriés (décret 2019-15 du 8 janvier 2019, annexes I et II, § 2).

Les salariés mis à disposition ne sont pas pris en compte.

Constitution de groupes pour certains indicateurs - Pour mesurer l'indicateur relatif aux écarts de rémunération, de taux d'augmentation ou de promotion, l'employeur constitue des groupes, en fonction des caractéristiques des salariés *(voir plus loin)* :

- âge et catégories de postes équivalents définies soit en référence aux catégories socioprofessionnelle (CSP), soit par niveau ou coefficient hiérarchique pour l'indicateur relatif aux écarts de rémunération ;
- CSP pour les écarts d'augmentation et de promotion.

Ces caractéristiques s'apprécient pour chaque salarié le dernier jour de la période de référence annuelle choisie par l'employeur ou, en cas de départ du salarié, le dernier jour de présence dans l'entreprise.

▶ À noter... Les catégories socioprofessionnelles (CSP) distinguent les ouvriers, les employés, les techniciens et agents de maîtrise (TAM) et les ingénieurs et cadres.

Notion de rémunération - Pour le calcul des écarts de rémunération et l'indicateur relatif aux 10 salaires les plus élevés *(voir plus loin)*, l'employeur doit si nécessaire reconstituer le salaire en équivalent temps plein sur la période de référence de 12 mois considérée (CDD, temps partiel, départ ou arrivée en cours d'année, etc.) (décret 2019-15 du 8 janvier 2019, annexes I et II, § 3).

Les indemnités de licenciement et de départ à la retraite, les primes liées à une sujétion particulière qui ne concerne pas la personne du salarié (ex. : salissure, froid, ouverture/fermeture d'un magasin, astreinte), les primes d'ancienneté, les heures supplémentaires, les heures complémentaires, l'indemnité compensatrice de congés payés versée à la fin du contrat de travail et les versements effectués au titre de la participation et de l'intéressement n'entrent pas en compte.

A contrario, il faut prendre en considération les primes collectives attribuées à tous les salariés, quel que soit leur poste de travail (ex. : prime de transport ou prime de vacances). Les « bonus », les commissions et les primes d'objectifs liées aux performances individuelles du salarié, qui varient d'un individu à l'autre pour un même poste, sont également pris en compte (FAQ Index de l'égalité précité).

Dans tous les cas, la rémunération retenue s'entend d'un montant brut.

Indicateur des écarts de rémunération (entreprise de 50 salariés et plus)

Constitution de groupes de comparaison - Les règles de mesure des écarts de salaire s'appliquent à l'identique aux entreprises de 50 à 250 salariés et à celles de plus de 250 salariés (c. trav. art. D. 1142-2, 1° et D. 1142-2-1, 1° ; décret 2019-15 du 8 janvier 2019, annexes I et II, § 4.1).

Dans un premier temps, l'employeur répartit le personnel selon 4 tranches d'âge : moins de 30 ans, 30 à 39 ans, 40 à 49 ans et 50 ans et plus.

Puis, au sein de chaque tranche, il effectue une nouvelle répartition, selon les CSP habituelles : ouvriers, employés, techniciens et agents de maîtrise (TAM), ingénieurs et cadres.

Il faut qu'un groupe comporte au moins 3 femmes et au moins 3 hommes pour être pris en compte. Tous les groupes ne répondant pas à cette condition sont ignorés.

À certaines conditions, il est possible de répartir le personnel par niveau ou coefficient hiérarchique, en application de la classification de branche ou d'une autre méthode de cotation des postes plutôt que par CSP (pour le détail, voir décret 2019-15 du 8 janvier 2019, annexes I et II, § 4.1).

Mesure des écarts - Dans chaque groupe, l'employeur calcule la rémunération moyenne des femmes et des hommes, en équivalent temps plein.

Puis, toujours dans chaque groupe, il mesure l'écart entre les hommes et les femmes, en pourcentage : (rémunération moyenne des hommes – rémunération moyenne des femmes)/rémunération moyenne des hommes.

Exemple

Dans un groupe, le salaire moyen des femmes est de 1900 € et celui des hommes de 2000 €. L'écart est de (2000 € – 1900 €)/2000 € = + 0,05, soit + 5,00 %.

L'employeur applique ensuite aux écarts un « seuil de pertinence » de 5 %. Un écart positif (femmes moins bien payées que les hommes) est donc réduit de 5 points, tandis qu'un écart négatif (femmes mieux payées que les hommes) est augmenté de 5 points.

S'il a choisi de constituer des groupes par niveau ou coefficient hiérarchique et non par CSP, le seuil de pertinence est de 2 points (et non 5).

Dans tous les cas, le seuil de pertinence ne doit pas inverser la tendance et transformer un écart négatif en écart positif et vice-versa. Dans un tel cas, il faut considérer que l'écart est de zéro.

Exemple

Un employeur a constitué ses groupes par référence aux CSP traditionnelles. Un écart de + 6 % est pris en compte pour + 1 %, tandis qu'un écart de – 7 % est compté pour – 2 %. Un écart de + 3 % est pris en compte pour 0 % (et non – 2 %). Dans la même logique, un écart de – 1 % est considéré comme 0 % (et non + 4 %).

Mise au ratio (écart pondéré) - La dernière étape consiste, pour chaque groupe, à multiplier l'écart par le ratio de l'effectif du groupe à l'effectif total des groupes pris en compte.

Exemple

Une entreprise compte seulement 2 groupes « valides » :

- ouvriers de moins de 30 ans avec 80 salariés (60 hommes et 20 femmes) et un écart brut de 6 % ;
- employés de 30 à 39 ans avec 28 salariés (16 hommes et 12 femmes) et un écart brut de 11 %.

Après application du seuil de pertinence de 5 %, les écarts atténués s'établissent respectivement à 1 % et 6 %. L'effectif total des groupes pris en compte est donc de 108 salariés.

Puis on pondère chaque écart en fonction de l'effectif total des groupes (108 salariés). Pour le premier groupe, l'écart pondéré est de : 1 % × 80/108 = 0,74 %. Pour le second groupe, il est de : 5 % × 28/108 = 1,56 %. Soit un écart global de 0,74 % + 1,56 % = 2,3 %.

Écart global - La somme des écarts ainsi pondérés permet de mesurer l'écart global. À partir de ce chiffre, arrondi à la deuxième décimale, l'employeur détermine le nombre de points acquis par l'entreprise, en fonction du barème fixé par décret *(voir tableau I)*.

Le nombre de points dépend de l'écart « en valeur absolue ».

D'un strict point de vue mathématique, peu importe que l'écart soit positif (hommes mieux rémunérés que les femmes) ou négatif (femmes mieux rémunérées que les hommes). Dans un cas comme dans l'autre, l'existence d'un écart témoigne d'une disparité de rémunération qui interdit à l'entreprise d'obtenir le nombre maximal de points.

Ce mode de raisonnement vaut également pour les indicateurs relatifs aux augmentations et aux promotions *(voir plus loin)*.

Indicateur incalculable - L'indicateur est incalculable si l'obligation d'écarter tout groupe ne comportant pas au moins 3 femmes et au moins 3 hommes conduit à retenir moins de 40 % de l'effectif total des salariés entrant dans le champ d'application du dispositif.

L'indicateur n'est alors pas pris en compte.

Tableau I - Indicateur relatif à l'écart global de rémunération entre les femmes et les hommes (entreprises de 50 salariés et plus) (1)	
Résultats obtenus	**Nombre de points**
Égal à 0 %	40 points
> à 0 % et ≤ à 1 %	39 points
> à 1 % et ≤ à 2 %	38 points
> à 2 % et ≤ à 3 %	37 points
> à 3 % et ≤ à 4 %	36 points
> à 4 % et ≤ à 5 %	35 points
> à 5 % et ≤ à 6 %	34 points
> à 6 % et ≤ à 7 %	33 points
> à 7 % et ≤ à 8 %	31 points
> à 8 % et ≤ à 9 %	29 points
> à 9 % et ≤ à 10 %	27 points
> à 10 % et ≤ à 11 %	25 points
> à 11 % et ≤ à 12 %	23 points
> à 12 % et ≤ à 13 %	21 points
> à 13 % et ≤ à 14 %	19 points
> à 14 % et ≤ à 15 %	17 points
> à 15 % et ≤ à 16 %	14 points
> à 16 % et ≤ à 17 %	11 points
> à 17 % et ≤ à 18 %	8 points
> à 18 % et ≤ à 19 %	5 points
> à 19 % et ≤ à 20 %	2 points
> à 20 %	0 point
(1) Décret 2019-15 du 8 janvier 2019, annexes I et II, § 4.1.	

Indicateur des écarts d'augmentations individuelles (entreprises de plus de 250 salariés)

Objet de l'indicateur - Il s'agit ici de mesurer les écarts de proportion de femmes et d'hommes ayant bénéficié d'augmentations individuelles, et non les écarts de niveau d'augmentation (c. trav. art. D. 1142-2, 2° ; décret 2019-15 du 8 janvier 2019, annexe I, § 4.2).

Pour les entreprises de plus de 250 salariés, cet indicateur est autonome et distinct de l'indicateur relatif aux promotions.

Constitution des groupes de comparaison - Les employeurs de plus de 250 salariés répartissent le personnel dans les 4 CSP traditionnelles : ouvriers, employés, techniciens/agents de maîtrise, ingénieurs/cadres.

Seuls les groupes comportant au moins 10 femmes et 10 hommes sont pris en compte. Les groupes ne répondant pas à cette condition sont ignorés.

▶ À noter… Les annexes du décret n'évoquent pas la possibilité de répartir le personnel par niveau ou coefficient hiérarchique. L'âge n'est pas pris en compte.

Mesure des écarts - Dans chaque groupe, l'employeur détermine, en pourcentage, la proportion de femmes et la proportion d'hommes qui ont bénéficié d'une augmentation au cours de la période de référence. Il tient seulement compte des augmentations individuelles du salaire de base, en excluant celles correspondant à des promotions.

Ensuite, il faut mesurer l'écart, en points de pourcentage, entre la proportion de femmes et la proportion d'hommes augmentés (proportion d'hommes augmentés – proportion de femmes augmentées).

Si l'écart est positif, cela signifie que, dans le groupe considéré, une proportion supérieure d'hommes a été augmentée.

À l'inverse, un écart négatif signifie que la proportion de femmes augmentées est supérieure à la proportion d'hommes augmentés.

Mise au ratio (écart pondéré) - Enfin, l'employeur multiplie l'écart observé dans chaque groupe par le ratio de l'effectif du groupe à l'effectif total des groupes pris en compte.

Exemple

Dans la catégorie des employés, 50 % des femmes et 66,67 % des hommes ont été augmentés. L'écart est

Tableau II - Indicateur relatif à l'écart de taux d'augmentations individuelles hors promotions (entreprises de plus de 250 salariés) (1)	
Résultats obtenus	**Nombre de points**
≤ à 2 points de %	20 points
> à 2 et ≤ à 5 points de %	10 points
> à 5 et ≤ à 10 points de %	5 points
> à 10 points de %	0 point
(1) Décret 2019-15 du 8 janvier 2019, annexe I, § 4.2.	

de + 16,67 %. Si la catégorie des employés comprend 210 salariés sur un effectif toutes CSP confondues de 315 salariés, l'écart est de : 16,67 % × (210/315), soit + 11,12 %.

Écart global - La somme des écarts pour toutes les CSP donne l'écart global. À partir de ce chiffre, en valeur absolue arrondi à la première décimale, l'employeur détermine le nombre de points acquis par l'entreprise, en fonction du barème fixé par décret *(voir tableau II)*.

Exemple

Dans notre exemple, si l'écart est de + 11,12 % pour les employés, de + 3,33 % pour les TAM et de - 4,63 % pour les ingénieurs, le calcul global donne un écart de 9,81 % (11,12 + 3,33 - 4,63) arrondi à 9,8 %, ce qui accord à l'entreprise 5 points sur les 20 possibles.

Indicateur incalculable - L'indicateur est incalculable :

- si aucune augmentation individuelle n'a été accordée durant la période de référence ;
- ou si l'obligation d'écarter tout groupe ne comportant pas au moins 10 femmes et au moins 10 hommes conduit à retenir moins de 40 % de l'effectif total des salariés entrant dans le champ d'application du dispositif.

L'indicateur n'est alors pas pris en compte.

Note maximale en cas de mesures correctives - Par exception, si les augmentations individuelles accordées favorisent la population ayant la rémunération la plus faible (F ou H), telle qu'identifiée par l'indicateur relatif aux écarts de rémunération, l'entreprise bénéficie de la note maximale, soit 20 points.

Ce mécanisme ne s'applique qu'à la condition que l'entreprise n'ait pas eu la note maximale à l'indicateur relatif aux écarts de rémunération.

Cette disposition permet de ne pas pénaliser les entreprises qui pratiquent une politique d'augmentation inégalitaire, ayant pour but de résorber des écarts de salaire en favorisant le sexe le moins bien rémunéré au regard de l'indicateur « écarts de rémunération ». Ainsi, une entreprise qui augmente une plus grande proportion de femmes que d'hommes obtiendra le nombre maximal de points prévu pour l'indicateur (alors qu'elle devrait en principe être pénalisée par un plus faible nombre de points), dès lors que cela vise à résorber les disparités de rémunération dont sont victimes les femmes.

Indicateur des écarts de promotion (entreprises de plus de 250 salariés)

Objet de l'indicateur - Les entreprises de plus de 250 salariés doivent mesurer les écarts en matière de taux de promotion, c'est-à-dire de passage à un niveau ou à un coefficient hiérarchique supérieur pendant la période de référence (c. trav. art. D. 1142-2, 3° ; décret 2019-15 du 8 janvier 2019, annexe I, § 4.3).

Mesure des écarts - Les modalités de calcul sont identiques à celles applicables à l'indicateur relatif aux écarts d'augmentations – constitution des groupes par CSP, exclusion des groupes ne comportant pas au moins 10 femmes et 10 hommes, mise au ratio, etc. (pour le détail, *voir ci-avant*) –, à une différence près : il repose sur l'écart entre la proportion de femmes promues et la proportion d'hommes promus.

Exemple

Dans la CSP des ouvriers (60 femmes, 150 hommes), 3,33 % des femmes ont été promues contre 5,33 % des hommes. L'écart est de + 2 %. En supposant que l'effectif des groupes valides toutes CSP confondues est de 315 salariés, l'écart pondéré après mise au ratio est de : 2 % × (210/315), soit + 1,33 %.

La somme des écarts pondérés pour toutes les CSP donne l'écart global. À partir de ce chiffre, en valeur absolue arrondi à la première décimale, l'employeur détermine le nombre de points acquis par l'entreprise. Le barème de points est le même (0, 5, 10 ou 20 points) que pour l'indicateur relatif aux augmentations individuelles *(voir tableau III)*.

Indicateur incalculable - Comme pour l'indicateur relatif aux augmentations individuelles, l'absence de promotion sur la période de référence ou le fait de

Tableau III - Indicateur relatif à l'écart de taux de promotions (entreprises de plus de 250 salariés) (1)	
Résultats obtenus	**Nombre de points**
≤ à 2 points de %	15 points
> à 2 et ≤ à 5 points de %	10 points
> à 5 et ≤ à 10 points de %	5 points
> à 10 points de %	0 point
(1) Décret 2019-15 du 8 janvier 2019, annexe I, § 4.2.	

ne prendre en compte que 40 % de l'effectif du fait de la constitution des groupes rend l'indicateur incalculable *(voir ci-avant)*.

Note maximale en cas de mesures correctives - Enfin, si les promotions accordées favorisent la population ayant la rémunération la plus faible (F ou H), telle qu'identifiée par l'indicateur relatif aux écarts de rémunération, l'entreprise bénéficie de la note maximale, soit 15 points.

On retrouve ici le mécanisme applicable en matière d'augmentations individuelles, qui vise à ne pas pénaliser les politiques de promotion ayant pour but de résorber des écarts de salaire en favorisant le sexe le moins bien rémunéré au regard de l'indicateur « écarts de rémunération » *(voir ci-avant)*.

Indicateur des écarts d'augmentations individuelles (entreprises de 50 à 250 salariés)

Un seul indicateur - Les entreprises de 50 à 250 salariés mesurent les écarts d'augmentations individuelles, sans isoler les écarts de promotion. Cependant, les augmentations prises en compte intègrent celles qui résultent d'une promotion (c. trav. art. D. 1142-2-1, 2° ; décret 2019-15 du 8 janvier 2019, annexe II, § 4.2). Là encore, il s'agit de comparer des proportions de femmes et d'hommes augmentés, et non des niveaux d'augmentation.

▶ À noter… Pour les « 50 à 250 salariés », il y a un seul indicateur. Les entreprises de plus de 250 salariés doivent, elles, en mesurer deux (augmentations, promotions).

Pas de répartition en groupes - L'employeur n'a pas à répartir le personnel en groupes : il prend en considération tous les salariés ayant bénéficié d'une augmentation individuelle de leur salaire de base au cours de la période de référence, toutes CSP confondues.

Indicateur incalculable - L'effectif servant de base aux calculs doit comporter au moins 5 femmes et 5 hommes. À défaut, l'indicateur est considéré comme incalculable.

Si aucune augmentation individuelle n'a été accordée durant la période de référence, l'indicateur est également incalculable.

Modalités de calcul - Pour mesurer l'indicateur, l'employeur procède à deux calculs. Il détermine :
- « l'écart absolu de taux d'augmentations », c'est-à-dire l'écart, en points de pourcentage et en valeur absolue entre la proportion de femmes et la proportion d'hommes augmentés (proportion de femmes augmentées – proportion d'hommes augmentés) ;
- « l'écart en nombre de salariés », en choisissant, parmi le nombre de femmes et le nombre d'hommes pris en compte, le plus petit de ces deux nombres et en le multipliant par « l'écart absolu de taux d'augmentations ».

Chacun de ces deux résultats permet d'acquérir un certain nombre de points *(voir tableau IV)*. L'employeur choisit le paramètre qui offre le plus grand nombre de points.

Exemple

Sur un effectif comprenant 10 femmes, dont 2 ont été augmentées, et 120 hommes dont 40 ont été augmentés, le calcul est le suivant :
- 20 % de femmes augmentées versus 33,33 % d'hommes augmentés, soit un écart de + 13,33 % qui donnerait 0 point à l'entreprise ;
- 10 femmes (nombre plus petit que 120 hommes) × 13,33 %, soit un écart de 1,3 qui donnerait 35 points à l'entreprise.

L'employeur choisit le second paramètre qui lui donne plus de points.

Note maximale en cas de mesures correctives - Par exception, si les augmentations individuelles accordées favorisent la population ayant la rémunération la plus faible (F ou H), telle qu'identifiée par l'indicateur relatif aux écarts de rémunération, l'entreprise bénéficie de la note maximale, soit 20 points.

Ce mécanisme obéit à la même logique que celle applicable aux entreprises de plus de 250 salariés, à

Tableau IV - Indicateur relatif à l'écart de taux d'augmentations individuelles (entreprises de 50 à 250 salariés) (1)		
Résultats obtenus		Nombre de points
En points de pourcentage	En nombre de salariés	
≤ à 2 points de %	≤ à 2 salariés	35 points
> à 2 et ≤ à 5 points de %	> à 2 et ≤ à 5 salariés	25 points
> à 5 et ≤ à 10 points de %	> à 5 et ≤ à 10 salariés	15 points
> à 10 points de %	> à 10 salariés	0 point

(1) Décret 2019-15 du 8 janvier 2019, annexe II, § 4.2.

savoir à ne pas pénaliser les politiques de d'augmentation ou de promotion ayant pour but de résorber des écarts de salaire en favorisant le sexe le moins bien rémunéré au regard de l'indicateur « écarts de rémunération » *(voir ci-avant)*.

Indicateur des augmentations au retour de congé de maternité (entreprise de 50 salariés et plus)

Objet et mesure - Cet indicateur consiste à mesurer le pourcentage de salariées revenues de congé maternité pendant l'année de référence et ayant bénéficié d'une augmentation à leur retour avant la fin de cette même période, si des augmentations sont intervenues dans l'entreprise durant ce congé (c. trav. art. D. 1142-2, 4° et D. 1142-2-1, 3° ; décret 2019-15 du 8 janvier 2019, annexes I et II, § 4.3).

Sont prises en compte, pour le calcul de l'indicateur, les salariées ayant eu un congé de maternité ou d'adoption durant lequel des augmentations salariales (générales ou individuelles) ont eu lieu.

▶ À noter… Les salariées absentes plus de 6 mois sur la période de mesure de l'index qui sont revenues avant la fin de la période de référence sont prises en compte pour le calcul de l'indicateur relatif aux augmentations en retour de congé de maternité (FAQ Index de l'égalité précité ; https://www.travail-emploi.gouv.fr).

Prise en compte des congés d'adoption - Il faut également tenir compte des retours de congés d'adoption dans le calcul de l'indicateur (FAQ Index de l'égalité précité ; https://www.travail-emploi.gouv.fr).

Congé maternité suivi d'un congé parental - Si un congé de maternité ou d'adoption est suivi d'un congé parental, on se place au retour physique de la salariée dans l'entreprise. Il faut lui accorder une augmentation avant la fin de la période de référence du retour de congé parental, mais uniquement si des augmentations sont intervenues pendant le congé de maternité (on ne tient pas compte de celles intervenues pendant le congé parental) (FAQ Index de l'égalité précité ; https://www.travail-emploi.gouv.fr).

Augmentation pendant le congé de maternité - Dans certaines entreprises, le « rattrapage » est accordé durant le congé, par cohérence aux augmentations prévues pour l'ensemble des salariés. Ces augmentations peuvent donc être effectives pendant le congé maternité et non à l'issue de celui-ci.

L'administration considère qu'il est logique et conforme à l'esprit du texte de prendre en compte l'augmentation que les femmes ont connue au cours de leur congé de maternité si elle se situe pendant la période de référence pour le calcul de l'indicateur (FAQ Index de l'égalité précité ; https://www.travail-emploi.gouv.fr).

Barème - L'entreprise obtient 15 points si 100 % des salariées revenues de congé de maternité (ou d'adoption selon l'administration) qui auraient dû avoir une augmentation sur la période de référence en ont effectivement eu une.

Elle n'a aucun point si ce pourcentage est inférieur à 100 % (décret 2019-15 du 8 janvier 2019, annexes I et II, § 4.3). En d'autres termes, si une seule salariée éligible n'a pas eu d'augmentation, l'entreprise a un score de 0.

▶ À noter… Même s'il n'est pas rigoureusement calé sur ses modalités, cet indicateur est comme un miroir du mécanisme de rattrapage salarial prévu au retour d'un congé de maternité [voir *Maternité (rattrapage salarial)**].

Indicateur incalculable - Si aucune femme n'est revenue de congé de maternité ou d'adoption pendant la période de référence ou si aucune augmentation individuelle n'a été accordée pendant les éventuels congés de maternité ou d'adoption, l'indicateur est incalculable. Il n'y a donc pas à le prendre en compte.

Indicateur de répartition des sexes dans les plus hautes rémunérations (entreprise de 50 salariés et plus)

L'entreprise identifie, parmi les 10 salariés percevant les plus hautes rémunérations, le sexe sous-repré-

Tableau V - Nombre de salariés du sexe sous-représenté dans les 10 plus hautes rémunérations (entreprises de 50 salariés et plus) (1)	
Résultats obtenus	**Nombre de points**
4 ou 5 salariés	10 points
2 ou 3 salariés	5 points
0 ou 1 salarié	0 point

(1) Décret 2019-15 du 8 janvier 2019, annexes I et II, § 4.4.

senté. Elle retient le plus petit du nombre de femmes ou du nombre d'hommes parmi les salariés ayant les 10 plus hautes rémunérations (ce nombre va donc de 0 à 10) (c. trav. art. D. 1142-2, 5° et D. 1142-2-1, 4° ; décret 2019-15 du 8 janvier 2019, annexes I et II, § 4.4).

Selon le barème *(voir tableau V)*, plus le sexe sous-représenté est minoritaire, moins l'entreprise a de points. À l'inverse, plus la répartition est équilibrée, plus le nombre de points accordés est important.

Exemple
Si parmi les 10 plus hauts salaires on compte 8 hommes et 2 femmes, l'entreprise a 5 points. Il en irait de même en cas de proportion exactement inverse (8 femmes et 2 hommes).

Indicateurs incalculables : conséquences

Indicateurs incalculables - Comme indiqué précédemment, certains indicateurs peuvent se révéler incalculables (ex. : absence de promotion, absence de retour de congé de maternité). Il faut cependant calculer les autres indicateurs, puis ramener le total des points obtenus sur 100 par une règle de proportionnalité (décret 2019-15 du 8 janvier 2019, annexes I et II, § 5.1).

Exemple
Lorsque l'indicateur relatif au congé de maternité (qui vaut 15 points) ne peut pas être calculé, l'entreprise ne peut obtenir que 85 points maximum. Si elle en obtient 68, on considère qu'elle totalise 80 points (68 × 100/85).

Note globale ne pouvant être déterminée - Il peut arriver que la note globale de l'entreprise ne puisse être déterminée.

En effet, les pouvoirs publics considèrent que lorsque, compte tenu des indicateurs ne pouvant être calculés, le nombre maximal de points pouvant être obtenus est inférieur à 75 points avant application de la règle de proportionnalité, il n'y a pas lieu de fixer de résultat (décret 2019-15 du 8 janvier 2019, annexes I et II, § 5.1).

Exemple
Dans une entreprise, les indicateurs relatifs aux augmentations individuelles et aux promotions (qui représentent 35 points) sont incalculables. Il reste seulement 65 points au titre des indicateurs mesurables. La note globale de l'entreprise ne peut pas être déterminée.

L'instruction du 25 janvier 2019 précise que l'entreprise échappe alors à la pénalité due à défaut de publication des indicateurs ou de mise en place de mesures de correction. Le *DREETS** ne peut pas non plus prononcer la pénalité prévue en l'absence de rattrapage des écarts de salaire.

▶ Attention… Même dans ce cas, l'employeur doit mettre les indicateurs qui peuvent être calculés à disposition du comité social et économique et du ministère du Travail (décret 2019-15 du 8 janvier 2019, annexes I et II, § 5.1).

Obligations de publication, de communication et de transmission

Publication sur Internet - Chaque année, au plus tard le 1er mars, l'entreprise doit publier sur son site Internet, lorsqu'il existe (c. trav. art. L. 1142-8 et D. 1142-4 ; loi 2021-1774 du 24 décembre 2021, art. 13 ; décret 2022-243 du 25 février 2022, art. 1) :
- le niveau global de l'index au titre l'année précédente (c'est-à-dire la note sur 100) ;
- et le résultat obtenu à chaque indicateur.

Ces notes et résultats doivent être affichés « de manière visible et lisible » sur le site Internet de l'entreprise (c. trav. art. D. 1142-4). Cela signifie que la publication doit être faite « sur la page d'accueil ou dans une rubrique facilement identifiable et accessible en deux ou trois clics » (FAQ Index de l'égalité précité ; https://www.travail-emploi.gouv.fr).

Ces notes et résultats doivent être consultables sur le site Internet de l'entreprise au moins jusqu'à la publication du nouvel index l'année suivante (cette obligation de maintien de l'affichage s'applique depuis l'index 2021 à publier pour le 1er mars 2022) (c. trav. art. D. 1142-4).

▶ À noter… Le site Internet de publication doit être le site de l'entreprise (même si celle-ci appartient à un groupe ou une UES). À défaut de site Internet propre à l'entreprise, l'index et ses indicateurs doivent être publiés sur le site du groupe (ou UES) auquel l'entreprise appartient, s'il en existe un. Dans tous les cas, une publication sur l'« intranet » n'est pas suffisante (il faut que ce soit le site « Internet ») (FAQ Index de l'égalité précité ; https://www.travail-emploi.gouv.fr).

Absence de site Internet - Faute de site Internet, l'entreprise porte le résultat de l'index global et de chaque indicateur à la connaissance des salariés par tout moyen (c. trav. art. D. 1142-4).

Communication au CSE - La note globale et le résultat de chaque indicateur sont mis à la disposition du *comité social et économique**, via la base de données économiques, sociales et environnementales (BDESE). Les résultats obtenus sont présentés par CSP, niveau ou coefficient hiérarchique ou selon les niveaux de la méthode de cotation des postes de l'entreprise (c. trav. art. D. 1142-5).

Les informations sont accompagnées de toutes les précisions utiles à leur compréhension (méthodologie appliquée, etc.).

Si des indicateurs sont incalculables, l'information du comité doit être accompagnée de toutes les précisions expliquant pourquoi.

Transmission à l'administration - L'employeur transmet à l'administration l'ensemble des éléments communiqués au CSE, par télédéclaration (site Index Egapro du ministère du Travail : https://egapro.travail.gouv.fr) (c. trav. art. D. 1142-5 ; arrêté du 17 août 2022, JO du 30).

Pénalité en l'absence de publication - L'entreprise qui n'a pas publié et communiqué ses résultats à la date limite (1er mars) s'expose à une pénalité financière (c. trav. art. L. 2242-8, al. 2).

Après mise en demeure de régulariser la situation, le *DREETS** fixe la pénalité *(voir plus loin)*.

Index inférieur à 75 points : élaboration de mesures de correction

Employeurs concernés - Si le nombre total de points est inférieur à 75, l'entreprise élabore des mesures de correction et de rattrapage salarial pour atteindre au minimum 75 points dans un délai de 3 ans (c. trav. art. L. 1142-9 et L. 1142-10).

Fixation des mesures de correction par accord ou décision unilatérale - L'employeur met à profit la négociation périodique obligatoire sur l'égalité professionnelle entre les femmes et les hommes (c. trav. art. L. 2242-1, 2°) pour définir des mesures « adéquates et pertinentes » de correction et, le cas échéant, la programmation, annuelle ou pluriannuelle, de mesures financières de rattrapage salarial (c. trav. art. L. 1142-9).

Faute d'accord collectif prévoyant de telles mesures (échec de la négociation, pas de délégué syndical pour conclure un accord, etc.), l'employeur détermine lui-même les actions à entreprendre (décision unilatérale), après consultation du CSE.

Il doit déposer les mesures envisagées auprès de l'administration, selon les mêmes modalités que le plan d'action relatif à l'égalité professionnelle (voir *Pénalité 1 % égalité femmes-hommes**) (c. trav. art. L. 1142-9 et L. 2242-3).

Le dépôt de l'accord ou de la décision unilatérale doit avoir lieu le plus tôt possible dès la publication de l'index.

Mise en œuvre et pénalité à défaut de mesures correctrices - Les mesures de correction et, le cas échéant, la programmation des mesures financières de rattrapage salarial doivent être mises en œuvre dès que le résultat est inférieur à 75 points (c. trav. art. D. 1142-6).

L'entreprise qui ne prend aucune initiative à la suite de la publication de ce résultat s'expose à une pénalité financière (c. trav. art. L. 2242-8, al. 2). Après mise en demeure de régulariser la situation, elle est fixée par le DREETS *(voir plus loin)*.

Publication, communication au CSE et transmission à l'administration - Les entreprises concernées doivent publier les mesures correctrices arrêtées et les transmettre à l'administration ainsi qu'au CSE (c. trav. art. L. 1142-9).

La publication des mesures de correction doit avoir lieu le plus tôt possible dès la publication de l'index.

L'employeur publie les mesures de correction et de rattrapage sur la page Internet où il publie l'index *(voir plus haut)*. La publication doit intervenir dès que l'employeur a déposé l'accord ou la décision unilatérale sur la plateforme « TéléAccords ». Ces mesures doivent demeurer en ligne jusqu'à ce que l'entreprise revienne à un index au moins égal à 75 points (c. trav. art. D. 1142-6).

Par ailleurs, l'employeur porte ces mesures à la connaissance des salariés « par tout moyen ».

En outre, dès lors qu'il a déposé l'accord ou le document unilatéral, l'employeur transmet au ministère du Travail les mesures correctrices envisagées ou déjà mises en œuvre, ainsi que leurs modalités de publication. Cette transmission est effectuée par télédéclaration, comme pour l'index global *(voir plus haut)* (c. trav. art. D. 1142-6-2).

L'employeur met également ces informations à la disposition du CSE, par l'intermédiaire de la BDESE (c. trav. art. D. 1142-6-2).

▶ À noter... Cette nouvelle obligation s'est appliquée pour la première fois au titre de l'index 2021. Exceptionnellement, pour cet index 2021, les entreprises ont eu jusqu'au 1er septembre 2022 pour publier leurs mesures de correction et de rattrapage (décret 2022-243 du 25 février 2022, art. 4, II).

Trois ans pour revenir à au moins 75 points - L'employeur a 3 ans pour revenir à au moins 75 points, sous peine de pénalité (c. trav. art. L. 1142-10 et D. 1142-8).Ce délai se décompte à partir de la date de publication de la note inférieure à 75 points (c. trav. art. D. 1142-8).

Lorsque l'entreprise revient à au moins 75 points avant l'expiration des 3 ans, elle échappe à la pénalité. Les compteurs sont remis à zéro, et si par la suite elle repasse en dessous de 75 points (ex. : 1er mars suivant, ou 2 ans plus tard), elle bénéficie d'un nouveau délai de 3 ans pour rétablir la situation (c. trav. art. D. 1142-8).

Si l'entreprise ne revient pas à au moins 75 points dans les 3 ans, elle encourt une pénalité spécifique *(voir plus loin)*.

Index inférieur à 85 points : fixation d'objectifs de progression

Employeurs concernés - Les entreprises qui obtiennent une note globale inférieure à 85 points sur 100 doivent fixer des objectifs de progression pour les indicateurs auxquels elles n'ont pas atteint la note maximale (c. trav. art. L. 1142-9-1 et D. 1142-6-1).

Cette obligation concerne deux catégories d'entreprises :
- celles qui doivent adopter des mesures de correction sous peine de pénalité (score < 75 points) *(voir ci-avant)* ;
- celles qui ont un score allant de 75 à moins de 85 points.

Nature de l'obligation - Les employeurs concernés doivent élaborer des objectifs de progression pour tous les indicateurs pour lesquels la note maximale n'est pas atteinte (c. trav. art. D. 1142-6-1).

Lorsqu'il faut fixer un objectif de progression sur l'indicateur relatif à l'écart global de rémunération entre les femmes et les hommes (indicateur n° 1 représentant à lui seul 40 points) (c. trav. art. D. 1142-2, 1° et D. 1142-2-1, 1°), l'objectif doit permettre d'assurer le respect des dispositions sur l'égalité de rémunération entre les sexes (c. trav. art. L. 3221-2).

▶ À noter... L'obligation porte uniquement sur la fixation d'objectifs de progression arrêtés, et pas sur les mesures retenues pour les atteindre.

La publication de ces objectifs de progression doit intervenir dès que l'employeur a déposé l'accord ou la décision unilatérale qui les fixe. Ces objectifs restent en ligne jusqu'à ce que l'entreprise obtienne un index au moins égal à 85 points (c. trav. art. D. 1142-6-1).

En l'absence de site Internet, l'employeur porte les objectifs de progression à la connaissance des salariés « par tout moyen ».

Communication au CSE et transmission à l'administration - Dès qu'il a déposé l'accord ou le document de sa décision unilatérale, l'employeur transmet au ministère du Travail les objectifs de progression de chacun des indicateurs concernés ainsi que leurs modalités de publication. Cette transmission est effectuée par télédéclaration, comme pour l'index global *(voir plus haut)* (c. trav. art. D. 1142-6-2).

L'employeur met également ces informations à la disposition du CSE, dans la BDESE.

La logique voudrait que le dépôt de l'accord ou de la décision unilatérale, ainsi que la publication des objectifs de progression, intervienne le plus tôt possible dès la publication de l'index.

Pénalité pour défaut de publication de l'index ou absence de mesures correctrices

Cas de mise en œuvre - L'employeur encourt une pénalité financière dans les hypothèses suivantes (c. trav. art. L. 2242-8, al. 2) :
- absence de publication de la note globale de l'index et, depuis 2022 (index 2021), de la note obtenue à chaque indicateur *(voir plus haut)* ;
- en cas d'index inférieur à 75 points, absence de fixation de mesures correctrices et, depuis 2022 (index 2021), de publication de ces mesures *(voir plus haut)*.

C'est à l'inspection du travail qu'il incombe d'engager les procédures.

▶ À noter… Les entreprises ayant bénéficié des crédits ouverts par la loi de finances pour 2021 au titre de la mission « Plan de relance » ayant un index 2021 (publication pour le 1er mars 2022) compris entre 75 et moins de 85 points encourent également une pénalité en l'absence de fixation et de publication d'objectifs de progression pour chacun des indicateurs auxquels la note maximale n'est pas atteinte (loi 2020-1721 du 29 décembre 2020, art. 244, III).

Mise en demeure - L'inspection du travail met en demeure l'employeur de remédier à la situation lorsqu'il constate une situation exposant l'employeur à la pénalité *(voir ci-avant)* (c. trav. art. R. 2242-3).

Le délai laissé à l'employeur pour se mettre en conformité est déterminé en fonction du manquement et de la situation constatée dans l'entreprise. Dans tous ces cas, il ne peut pas être inférieur à 1 mois.

La mise en demeure est transmise par tout moyen permettant de donner une date certaine à sa réception.

Réponse de l'employeur - L'employeur mis en demeure doit agir dans le délai imparti. Il doit communiquer, par tout moyen permettant de donner une date certaine à leur réception, les éléments apportant la preuve qu'il respecte bien la ou les obligations mentionnées dans la mise en demeure (c. trav. art. R. 2242-4).

Selon les cas, il s'agit :
- de la preuve de la publication des données requises (index, note de chaque indicateur ou mesures correctrices en cas de note inférieure à 75 points) ;
- d'un accord collectif (à défaut, de la décision unilatérale de l'employeur) sur les mesures de correction des écarts (note inférieure à 75 points).

À défaut, l'employeur doit justifier des motifs de la défaillance de l'entreprise au regard de ces diverses obligations. Il peut demander à être entendu.

Décision du DREETS et taux de la pénalité - À l'issue du délai de régularisation laissé à l'employeur *(voir ci-avant)*, le *DREETS** décide, s'il y a lieu, d'appliquer la pénalité et en fixe le taux, dans la limite de 1 % (c. trav. art. L. 2242-8 et R. 2242-5).

Le taux est déterminé en tenant compte des motifs de défaillance dont l'employeur justifie, de sa bonne foi et des mesures prises par l'entreprise en matière d'égalité professionnelle entre les femmes et les hommes (c. trav. art. R. 2242-6).

▶ À noter… Les motifs de défaillance doivent être indépendants de la volonté de l'employeur. Il peut notamment s'agir de difficultés économiques, d'une restructuration ou d'une fusion en cours, d'une procédure collective en cours ou encore du franchissement du seuil de 50 salariés dans les 12 mois précédant la mise en demeure.

Notification du taux - Le DREETS qui décide de sanctionner l'entreprise lui adresse, par tout moyen permettant de donner une date certaine de réception, une notification motivée du taux de la pénalité dans les 2 mois qui suivent la date d'expiration de la mise en demeure (c. trav. art. R. 2242-8).

Durée de la pénalité - La pénalité est due pour chaque mois entier, à compter du terme de la mise en demeure et jusqu'à la réception par l'inspection du travail du document prouvant que l'employeur a remédié à sa défaillance (c. trav. art. R. 2242-8).

Assiette de la pénalité - L'assiette de la pénalité est constituée par la masse salariale en brut sécurité sociale du premier mois entier qui suit le terme du délai de régularisation laissé par la mise en demeure (c. trav. art. R. 2242-7).

Dans la notification du taux de la pénalité, le DREETS demande à l'employeur de communiquer en retour le montant des gains et rémunérations servant de base au calcul de la pénalité, dans un délai de 2 mois. Si l'employeur ne communique pas d'élément dans ce délai, la pénalité est calculée sur une base forfaitaire de deux fois la valeur du montant mensuel du *plafond de la sécurité sociale** par mois compris dans la période au titre de laquelle la pénalité est due (c. trav. art. R. 2242-8).

Recouvrement - Le *DREETS** émet un titre de perception pris en charge par le directeur départemental ou régional des finances publiques qui en assure le recouvrement (c. trav. art. R. 2242-8).

Pénalité si l'entreprise reste à moins de 75 points au bout de 3 ans

Avertissement par le DREETS - Si une entreprise ayant obtenu un index inférieur à 75 points a toujours au terme d'un délai de 3 ans un résultat inférieur à 75 points, elle s'expose à une pénalité financière supplémentaire (c. trav. art. L. 1142-10).

Le DREETS informe l'employeur qu'il encourt une pénalité et l'invite à présenter dans un délai d'un mois ses observations, par tout moyen permettant de donner une date certaine de la réception de cette information par l'entreprise (c. trav. art. D. 1142-10).

Décision du DREETS - Une fois expiré le délai laissé à l'entreprise pour justifier des raisons de sa

défaillance, le DREETS notifie sa décision dans les 2 mois, par tout moyen donnant une date certaine à sa réception par l'employeur. Il peut :
- accorder à l'entreprise un délai supplémentaire d'un an pour revenir à 75 points (c. trav. art. D. 1142-12) ;
- ou lui appliquer la pénalité, en précisant son taux (c. trav. art. D. 1142-14).

Il prend sa décision en tenant compte des mesures prises par l'entreprise en matière d'égalité salariale entre les femmes et les hommes, de la bonne foi de l'employeur et des éventuels motifs de défaillance dont l'employeur peut justifier (c. trav. art. D. 1142-11).

▶ À noter... Au titre des motifs de défaillance, le DREETS peut notamment retenir des difficultés économiques, une restructuration ou une fusion en cours, ou encore une procédure collective en cours.

Montant de la pénalité - Le *DREETS** fixe le taux de la pénalité avec un maximum de 1 %. Elle est calculée sur les rémunérations soumises à cotisations de sécurité sociale versées aux salariés au cours de l'année civile précédant l'expiration du délai de 3 ans laissé à l'entreprise pour se mettre en conformité (c. trav. art. L. 1142-10 et D. 1142-13).

Lorsqu'il notifie à l'employeur le taux de la pénalité, en motivant sa décision, le DREETS demande à l'employeur de lui communiquer en retour les revenus d'activité servant de base au calcul de la pénalité, dans un délai de 2 mois. Faute de réponse de l'employeur, la pénalité est calculée sur la base de deux fois la valeur du plafond mensuel de sécurité sociale, par salarié de l'entreprise et par mois compris dans l'année civile précédant l'expiration du délai de 3 ans (c. trav. art. D. 1142-14).

Le DREETS établit un titre de perception et le transmet à l'administration fiscale.

Impact de l'activité partielle sur l'index de l'égalité

Contexte de recours massif à l'activité partielle lié à l'épidémie de covid-19 - Le 1er mars 2021 au plus tard, les entreprises d'au moins 50 salariés ont dû publier sur leur site Internet leur note globale à l'index de l'égalité professionnelle. Mais le recours massif à l'*activité partielle** sur les années 2020 et 2021, lors de la crise sanitaire liée au covid-19, a pu empêcher le calcul certains indicateurs, voire l'index lui-même.

Ce qui a amené l'administration a apporté des précisions.

Incidence sur le calcul des indicateurs - Dans les calculs des indicateurs de l'index égalité, il convient d'ignorer les salariés absents plus de la moitié la période de référence *(voir nos développements plus haut)* (décret 2019-15 du 8 janvier 2019, § 2 des annexes I et II). Les salariés dont le contrat de travail est suspendu pendant plus de 6 mois au cours de cette période sont donc exclus des calculs (sauf pour l'indicateur des augmentations en retour de congé de maternité ou d'adoption).

Partant du principe selon lequel le contrat de travail des salariés en activité partielle est suspendu pendant les périodes où ils ne sont pas en activité (c. trav. art. L. 5122-1), le ministère du Travail considère que « les salariés placés en activité partielle ne sont pas pris en compte dans les effectifs pour le calcul de l'index pour les périodes où ils ne sont pas en activité » (FAQ Index de l'égalité sur www.travail-emploi.gouv.fr). En conséquence, lorsque le salarié est absent à ce titre plus de la moitié de la période annuelle de référence, il n'est pas pris en compte pour le calcul des indicateurs et donc de l'Index.

La Direction générale du travail (DGT), que nous avions interrogé sur les conséquences de l'activité partielle, nous avait indiqué qu'il fallait recenser le nombre d'heures chômées déclarées au titre du dispositif d'activité partielle et les convertir en nombre de mois :
- le salarié absent, au titre de l'activité partielle, plus de la moitié de la période annuelle de référence, n'était pas pris en compte pour le calcul des indicateurs et de l'index ;
- le salarié présent plus de la moitié de la période annuelle de référence, malgré ses périodes d'activité partielle, restait inclus dans les effectifs retenus pour le calcul des indicateurs ; sa rémunération était à reconstituer en équivalent temps plein sur cette période.

▶ Attention... Les précisions données par la DGT en réponse à nos questions n'ont pas, en elles-mêmes, de valeur juridique opposable en cas de litige.

Indicateur des augmentations en retour de congé de maternité ou d'adoption - Le seul indicateur pour lequel il n'y a pas lieu d'exclure les salariés absents plus de 6 mois sur l'année est celui des augmentations en retour de congé de maternité ou d'adoption. Les salariées absentes plus de 6 mois qui sont revenues avant la fin de la période de référence sont prises en compte pour le calcul de cet indicateur (FAQ Index de l'égalité sur www.travail-emploi.gouv.fr).

Conséquences possibles de l'activité partielle massive - Le recours à l'activité partielle peut avoir diverses conséquences sur l'index, variant selon qu'il est massif ou non.

Premièrement, l'employeur peut devoir neutraliser un certain nombre de groupes de comparaison, considérés comme non représentatifs si le nombre de salariés pris en compte devient insuffisant.

Deuxièmement, certains indicateurs peuvent être incalculables, sans que cela empêche de calculer l'index. Dès lors que le nombre maximal de points pouvant être obtenu est au moins égal à 75, l'employeur peut ramener son résultat à une note sur 100 via une règle de proportionnalité *(voir plus haut)*.

Exemple

Dans les entreprises de plus de 250 salariés, l'écart de taux d'augmentations individuelles entre les femmes et les hommes (hors promotion) représente 20 points maximum sur un total de 100 possibles. S'il est incalculable, les autres indicateurs (supposées calculables) représentent 80 points maximum. L'index peut donc être calculé et rétabli sur une base 100. Si l'entreprise a obtenu 68 points sur les indicateurs calculables, l'index est de 68 × 100/80 = 85 points.

Troisièmement, l'employeur peut parfois se heurter à une impossibilité de calculer l'index lorsque, du fait de ces règles, trop d'indicateurs sont incalculables. Rappelons que si du fait du nombre d'indicateurs incalculables, la note maximale possible est inférieure à 75 points, alors l'index global est considéré incalculable.

Rappelons que même si l'index global est incalculable, l'employeur doit mettre les indicateurs qui peuvent être calculés à disposition du CSE et du ministère du Travail (décret 2019-15 du 8 janvier 2019, § 5.1 des annexes I et II, JO du 9) et préciser les raisons pour lesquelles des indicateurs n'ont pas pu être calculés (c. trav. art. D. 1142-5) *(voir nos développements plus haut)*.

☛ *Égalité des rémunérations ; Égalité des rémunérations femmes-hommes ; Négociation obligatoire sur les salaires ; Pénalité 1 % égalité femmes-hommes.*

Infraction routière

Il arrive qu'un salarié commette une infraction routière alors qu'il utilise un véhicule immatriculé au nom de l'employeur. Entre autres problèmes pratiques, se pose alors celui du paiement de la contravention.

Responsabilité pénale (principes)

Règle générale - Le principe veut que le conducteur d'un véhicule soit responsable pénalement des infractions commises par lui dans la conduite de ce véhicule.

Dans certaines circonstances, cette responsabilité peut échoir à l'employeur. Ainsi, lorsque le conducteur a agi en qualité de préposé, le tribunal peut, compte tenu des circonstances de fait et des conditions de travail du salarié, décider que le paiement des amendes de police prononcées en vertu du code de la route sera, en totalité ou en partie, à la charge du commettant si celui-ci a été cité à l'audience (c. route art. L. 121-1).

Infractions les plus courantes - Sauf à établir l'existence d'un événement de force majeure ou à fournir des renseignements permettant d'établir le véritable auteur de l'infraction, c'est le titulaire du certificat d'immatriculation du véhicule (dans l'hypothèse d'un véhicule de fonction, l'employeur) qui est responsable pécuniairement des infractions les plus courantes (c. route art. L. 121-2, L. 121-3 et R. 121-6).

En résumé, dans ces deux situations, l'employeur doit a priori payer, sauf s'il fournit aux autorités des éléments permettant d'identifier le salarié.

Lorsque le certificat d'immatriculation du véhicule est établi au nom d'une personne morale, la responsabilité pécuniaire incombe, sous les mêmes réserves, au représentant légal de cette personne morale.

À défaut de fournir des éléments permettant d'identifier l'auteur véritable de l'infraction ou d'établir l'existence d'un événement de force majeure, seule la personne titulaire du certificat d'immatriculation peut être déclarée redevable pécuniairement des amendes encourues. C'est ce que la jurisprudence a précisé pour des excès de vitesse commis avec des véhicules immatriculés au nom d'une société (cass. crim. 26 novembre 2008, n° 08-83003, B. crim. n° 240 ; cass. crim. 17 avril 2013, n° 12-87490 B. crim. n° 90).

Obligation de « dénonciation » à la charge de l'employeur

Transmission de l'identité du conducteur - Lorsqu'une infraction commise avec un véhicule de l'entreprise est constatée par ou à partir d'un appareil de contrôle automatique homologué, l'employeur doit transmettre à l'administration l'identité de la personne physique qui conduisait ce véhicule (c. route art. L. 121-6 ; circ. CRIM/2019-01/E1 du 29 janvier 2019).

Cette règle vise le cas d'un salarié qui commettrait une infraction avec un véhicule de société.

Lorsque c'est le dirigeant d'une société qui commet lui-même l'infraction, il doit se désigner expressément comme étant le conducteur. À défaut, l'amende pour non-désignation du conducteur est encourue (cass. crim. 15 janvier 2019, n° 18-82380, B crim. n° 10).

Infractions concernées - En pratique, ce dispositif de signalement obligatoire vise les constatations, effectuées par ou à partir d'appareils de contrôle automatique homologués, relatives à certaines infractions (port de la ceinture de sécurité, téléphone au volant, franchissement de lignes continues, sens interdit, etc.) (c. route art. L. 130-9 et art. R. 130-11).

▶ À noter... Bien qu'elle soit visée dans cet article, l'absence d'assurance automobile ou responsabilité civile n'est pas concernée car l'obligation d'assurance relève de la responsabilité propre de la personne morale titulaire du certificat d'immatriculation (circ. CRIM/2019-01/E1 du 29 janvier 2019, p. 3, note 6).

Procédure - À compter de l'envoi ou de la remise de l'avis de contravention, l'employeur a 45 jours pour communiquer à l'autorité mentionnée sur l'avis l'identité du salarié qui conduisait le véhicule, son adresse et les références de son permis de conduire (c. route art. A. 121-1, A. 121-2 et A. 121-3).

Lorsque l'infraction a été commise par une personne non identifiée (ex. : véhicule volé, plaque d'immatriculation usurpée), l'employeur communique les éléments justifiant de l'impossibilité d'identifier l'auteur de l'infraction (c. route art. L. 121-6).

L'employeur peut adresser ces diverses informations par LRAR en utilisant le formulaire joint à l'avis de contravention (c. route art. A. 121-2). Il peut aussi passer par le site Internet de l'Agence nationale du traitement automatisé des infractions (c. route art. A. 121-3 ;https://www.antai.gouv.fr).

Amende encourue en l'absence de signalement - À défaut de respecter son obligation de signalement, l'employeur s'expose à l'amende prévue pour les contraventions de 4e classe, en plus de l'amende initiale (c. route art. L. 121-6).

L'avis de contravention propose de payer l'amende forfaitaire (90 € pour l'amende minorée, 135 € ou 375 € en cas de majoration) (c. proc. pén. art. R. 48-1, 1°, R. 49, R. 49-7 et R. 49-9). Le montant est quintuplé pour les personnes morales (sociétés, associations, etc.) (c. proc. pén. art. 530-3).

Si l'infraction est contestée et que le tribunal de police est saisi, il fixera le montant de l'amende (circ. CRIM/2019-01/E1 du 29 janvier 2019, p. 6, note 10).

Dans les personnes morales (sociétés, associations, etc.), il est possible d'engager la responsabilité pénale de la personne morale comme celle de son représentant légal (cass. crim. 11 décembre 2018, n° 18-82628, B. crim. n° 207). En tout état de cause, le dirigeant peut être poursuivi devant le tribunal de police même si l'avis de contravention pour non-désignation du conducteur a été adressé au nom de la société, dès lors qu'il en a eu connaissance (cass. crim. 11 décembre 2018, n° 18-82820, B. crim. n° 206).

Compensation avec le salaire

Sur le plan des rapports « employeur/salarié », toute retenue sur salaire visant à obtenir le remboursement de contraventions afférentes à un véhicule professionnel mis au service du salarié est illégale, y compris si elle est prévue par une clause du contrat de travail (cass. soc. 11 janvier 2006, n° 03-43587, BC V n° 7 ; cass. soc. 17 avril 2013, n° 11-27550 D).

Régime social de la prise en charge des contraventions par l'employeur

Situations visées - Il peut arriver que certains employeurs prennent en charge les amendes pour excès de vitesse, stationnements gênants, etc. de leurs salariés quand ils utilisent des véhicules appartenant à la société.

Jurisprudence - La prise en charge par l'employeur des amendes infligées à un salarié pour des contraventions au code de la route constitue un avantage soumis à cotisations, même si les infractions sont commises avec un véhicule immatriculé au nom de l'entreprise ou un véhicule de location (cass. civ., 2e ch., 9 mars 2017, n° 15-27538, BC II n° 48 ; cass. civ., 2e ch., 14 février 2019, n° 17-28047 D).

Doctrine administrative - Pour sa part, la doctrine administrative distingue plusieurs hypothèses (BOSS, Frais professionnels, §§ 430 à 470, 01/01/2025).

Les infractions qui mettent directement en cause un comportement du salarié (ex. : excès de vitesse, conduite en état d'ivresse, défaut de ceinture de sécurité, dépassement non autorisé) présentent un caractère personnel. Leur paiement ou remboursement par l'employeur constitue la prise en charge d'une dépense personnelle, et le montant correspondant est un élément de rémunération soumis à cotisations et contributions sociales (BOSS, Frais professionnels, § 440, 01/01/2025).

La prise en charge par l'employeur d'amendes relatives aux infractions à la réglementation sur le stationnement des véhicules ou sur l'acquittement des péages infligées au salarié dans le cadre de l'utilisation de son véhicule personnel ou du véhicule de l'entreprise, doit être considérée comme un avantage versé en contrepartie ou à l'occasion du travail et être soumises à cotisations et contributions sociales en qualité de rémunération, peu important les conditions dans lesquelles l'amende a été infligée (BOSS, Frais professionnels, § 450, 01/01/2025).

Les infractions résultant du mauvais fonctionnement du véhicule (ex. : défaut de feu stop, absence de contrôle technique) relèvent de la responsabilité du titulaire du certificat d'immatriculation (carte grise). Si le véhicule est celui du salarié, leur paiement ou remboursement par l'employeur constitue la prise en charge d'une dépense personnelle et le montant correspondant est un élément de rémunération soumis à cotisations et contributions sociales (BOSS, Frais professionnels, §§ 460 et 470, 01/01/2025). Inversement, bien que cela ne soit pas précisé dans le BOSS, si le véhicule appartient à l'entreprise, la responsabilité du paiement de ces infractions incombe à l'employeur : si le salarié est amené à payer l'amende, le remboursement par l'employeur pourrait, à notre sens, s'analyser comme des *frais professionnels**, sous réserve du contrôle des URSSAF et des tribunaux en cas de litige.

☞ *Compensation.*

Intéressement

L'intéressement constitue un mode de rémunération facultatif, collectif et aléatoire, déterminé en fonction des résultats ou des performances de l'entreprise (c. trav. art. L. 3312-1).

Il bénéficie d'un régime social de faveur, qui peut être doublé d'une exonération d'impôt sur le revenu lorsque les droits sont affectés sur un plan d'épargne salariale ou un plan d'épargne retraite.

Mise en place de l'intéressement

Respect des obligations en matière de représentation du personnel - Toute entreprise ayant respecté ses obligations en matière de représentation du personnel peut conclure un accord d'intéressement. C'est une condition préalable (c. trav. art. L. 3312-2).

Faute de satisfaire à ces obligations ou d'être en mesure de produire un procès-verbal de carence de candidatures aux élections professionnelles du *comité social et économique** (CSE), les sommes éventuellement versées au titre de l'accord ne sont pas considérées comme de l'intéressement et ne bénéficient en conséquence d'aucune exonération de cotisations (guide intermin. épargne salariale, juillet 2014, dossier 1, fiche 9, § I-F).

Modalités de mise en place de l'accord - L'intéressement peut être mis en place de plusieurs manières (c. trav. art. L. 3312-5) :
- convention ou accord collectif de travail ;
- accord entre le chef d'entreprise et les représentants d'organisations syndicales représentatives dans l'entreprise ;
- accord avec le CSE ;
- ou ratification à la majorité des 2/3 du personnel d'un projet d'accord présenté par l'employeur.

S'il existe dans l'entreprise une ou plusieurs organisations syndicales représentatives ou un CSE, la procédure par ratification doit être demandée conjointement par le chef d'entreprise et une ou plusieurs de ces organisations ou ce comité.

Par dérogation lorsqu'une entreprise de moins de 50 salariés n'est pas couverte par un accord de branche agréé, un régime d'intéressement peut être mis en place par décision unilatérale sans ratification par le personnel *(voir ci-dessous)*.

▶ À noter... Un accord d'intéressement ne peut pas être conclu dans une entreprise dont l'effectif est limité à un salarié si celui-ci a également la qualité de président, directeur général, gérant ou membre du directoire (c. trav. art. L. 3312-3).

Mise en place par décision unilatérale de l'employeur - Lorsqu'ils ne sont pas couverts par un accord de branche agréé prévoyant un dispositif d'intéressement « prêt à l'emploi », les employeurs de moins de 50 salariés peuvent mettre en place un régime d'intéressement par décision unilatérale s'ils sont dans l'une des deux situations suivantes (c. trav. art. L. 3312-5, II).

La première hypothèse, c'est celle de l'entreprise sans délégué syndical ni CSE (pour les entreprises assujetties à la législation sur les CSE, suite à la carence de candidatures aux élections professionnelles établie par un PV de carence). Dans ce cas, l'employeur informe les salariés par tous moyens de la mise en place d'un intéressement.

La seconde hypothèse est celle de l'entreprise qui a engagé une négociation avec les syndicats ou le CSE pour mettre en place l'intéressement, sans pouvoir aboutir à un accord. Dans ce cas, un procès-verbal de désaccord doit être établi, consignant en leur dernier état les propositions respectives des parties. En outre, le CSE doit être consulté sur le projet de régime d'intéressement que l'employeur entend mettre en place unilatéralement au moins 15 jours avant son dépôt auprès de l'autorité administrative.

Le régime d'intéressement ainsi mis en place unilatéralement vaut accord d'intéressement.

Il peut être renouvelé par décision unilatérale.

Le seuil d'effectif de moins de 50 salariés s'apprécie selon les règles de calcul et de franchissement de seuil prévues par la législation de sécurité sociale (voir *Effectif sécurité sociale**) (c. trav. art. L. 3311-1).

Mise en place au niveau du groupe - Un régime d'intéressement peut être mis en place au niveau d'un groupe d'entreprises juridiquement indépendantes, mais ayant entre elles des liens financiers et économiques (c. trav. art. L. 3344-1).

Sans entrer dans les détails des modalités de conclusion, signalons qu'il peut s'agir soit d'un même accord adopté dans chaque entreprise selon la procédure qui lui convient, soit d'un accord mis en place directement au niveau du groupe au moyen d'un accord collectif de groupe (guide intermin. épargne salariale, juillet 2014, dossier 1, fiche 3, § I-D).

Mise en place au niveau de la branche - Les entreprises peuvent aussi appliquer, le cas échéant, un dispositif d'intéressement défini par un accord de branche agréé (c. trav. art. L. 3312-8, L. 3345-4 et D. 3345-6).

L'entreprise adhère à l'accord de branche en concluant elle-même un accord, selon les règles applicables en matière d'intéressement *(voir plus haut)* (c. trav. art. L. 3312-8). Lorsque l'accord de branche agréé ouvre des choix au niveau de l'entreprise, l'accord conclu au niveau de l'entreprise indique, parmi les différentes options proposées par la branche celles qui sont retenues ou, si la branche le prévoit, le contenu des choix laissés à la main de l'entreprise (c. trav. art. D. 3345-7).

Par exception, dans les entreprises de moins de 50 salariés, l'employeur peut adhérer au dispositif prévu par la branche par un document unilatéral d'adhésion, si l'accord de branche prévoit cette possibilité et propose, sous forme d'accord type indiquant les différents choix laissés à l'employeur, des stipulations spécifiques pour ces entreprises (c. trav. art. L. 3312-8). Pour ce faire, l'employeur doit préalablement en informer par tous moyens le CSE si l'entreprise en est dotée, ainsi que les salariés, des choix qu'il a faits par rapport aux différentes possibilités offertes par l'accord de branche (c. trav. art. L. 2232-10-1).

L'accord ou le document unilatéral doit être déposé par télédéclaration, dans les mêmes conditions qu'un accord d'intéressement *(voir ci-dessous)*.

Par dérogation, les exonérations sociales et les fiscales sont réputées acquises dès le dépôt et pour la durée d'application de l'accord ou du document d'adhésion à l'accord de branche agréé (c. trav. art. L. 3312-8).

Durée des accords - Les accords d'intéressement ainsi que les régimes d'intéressement mis en place par une décision unilatérale de l'employeur peuvent être conclus pour une durée comprise entre 1 an et 5 ans. Ceci vaut aussi pour les dispositifs d'intéressement de projet conclu entre plusieurs entreprises (c. trav. art. L. 3312-5 et L. 3312-6).

▶ À noter... Avant le 18 août 2022, la durée des dispositifs d'intéressement pouvait être comprise entre 1 an et 3 ans (ce régime était applicable depuis le 19 juin 2020 pour les dispositifs mis en place par décision unilatérale dans les TPE et depuis le 9 décembre 2020 dans les autres cas). Avant ces dates (19 juin ou 20 décembre 2020), la durée d'un accord d'intéressement était de 3 ans.

Reconduction tacite d'un accord d'intéressement - Il est possible d'inclure dans un accord d'intéressement une clause de reconduction tacite. Ce type de clause implique la reconduction de l'accord pour une durée égale à sa durée initiale si aucune des personnes habilitées à négocier ou à ratifier un accord d'intéressement n'en demande la renégociation dans les 3 mois précédant sa date d'échéance (c. trav. art. L. 3312-5).

Le renouvellement tacite peut intervenir plusieurs fois (c. trav. art. L. 3312-5, II). À notre sens, une limitation du nombre de tacites reconductions peut être prévue dans les accords d'intéressement.

Délai de conclusion - Quelle que soit la période de calcul (période annuelle ou infra-annuelle), l'accord d'intéressement ouvre droit aux exonérations sociales et fiscales dès lors qu'il est conclu avant le premier jour de la deuxième moitié de la période de calcul suivant la date de sa prise d'effet (c. trav. art. L. 3314-4).

Modification, dénonciation et mise en cause - Sur les modalités de modification, dénonciation et mise en cause d'un accord ou d'une décision unilatérale, les lecteurs se reporteront au Dictionnaire RF Social [voir Dictionnaire RF Social, « Intéressement des salariés » et « Accord collectif d'entreprise (révision, dénonciation et renouvellement) »].

Aides à la rédaction - Le site internet du réseau des URSSAF, associé au ministère du Travail et de l'emploi et au ministère en charge de l'Économie et des finances, propose par ailleurs un service en ligne d'aide à l'élaboration des accords d'intéressement (voir sur https://www.mon-interessement.urssaf.fr).

Dépôt et contrôle

Dépôt de l'accord - L'accord (la décision unilatérale, ou le document unilatéral d'adhésion à un accord de branche), doit être déposé dans les 15 jours suivant sa date limite de conclusion (ou d'élaboration), donc dans les 15 jours suivant le premier jour de la deuxième moitié de la période de calcul suivant la date de sa prise d'effet (c. trav. art. L. 3313-3 et D. 3313-1). Le dépôt est accompagné d'un certain nombre de pièces justificatives (c. trav. art. D. 3345-1 à D. 3345-3).

Cette exigence de dépôt s'applique également aux avenants à l'accord (c. trav. art. D. 3313-6 ; cass. civ., 2e ch., 22 janvier 2015, n° 14-10701, BC II n° 9).

Le dépôt est effectué par téléprocédure, sur le portail « Teleaccords » (https://www.teleaccords.travail-emploi.gouv.fr) (c. trav. art. D. 3345-5, D. 2231-2, II et D. 2231-4).

Si l'accord d'intéressement est conclu sous la forme d'un véritable accord collectif, il est à notre sens recommandé d'en remettre un exemplaire au greffe du conseil de prud'hommes du lieu de conclusion, comme pour tout accord collectif (c. trav. art. D. 2231-2, al. 3).

▶ À noter… Aucun versement ne peut intervenir avant que le dépôt ait été effectué, sauf à remettre en cause les exonérations sociales (guide intermin. épargne salariale, juillet 2014, dossier 1, fiche 9, § I-A).

Accord conclu ou déposé hors délai : conséquences sur les exonérations - Si un accord d'intéressement a été conclu ou déposé hors délai, il produit ses effets entre les parties mais n'ouvre droit aux exonérations que pour les périodes de calcul ouvertes postérieurement au dépôt (c. trav. art. L. 3315-5).

Cette règle vaut y compris pour un accord conclu dans les temps, mais déposé hors délai. Dans ce cas, l'intégralité des sommes attribuées au titre de la période de calcul en cours au moment du dépôt tardif est hors champ des exonérations en principe attachées à l'intéressement (cass. civ., 2e ch., 12 mai 2022, n° 20-22367 FB).

Exemple
Pour un accord d'intéressement déposé le 12 novembre 2014 avec un retard d'environ un mois au-delà des 15 jours, une entreprise s'est vue notifier un redressement de 407 000 € de cotisations et majorations de retard sur les sommes versées aux salariés au titre de l'intégralité de la période de calcul allant du 1er avril 2014 au 31 mars 2015 (cass. civ., 2e ch., 12 mai 2022, n° 20-22367 FB).

Contrôle des accords déposés - Le contrôle de l'administration du travail (1 mois) a été supprimé depuis le 1er janvier 2023, de sorte que seul subsiste le contrôle opéré par l'URSSAF (ou la CGSS ou la CMSA) (c. trav. art. L. 3345-2, L. 3313-3 et D. 3345-5).

L'administration du Travail (DDETS, DDETS-PP ou DRIEETS), qui est dépositaire des accords et documents associés, délivre à l'entreprise un récépissé attestant du dépôt. Elle transmet sans délai ces documents à l'URSSAF.

L'URSSAF dispose d'un premier délai de 3 mois à compter du dépôt, si le dossier est complet, pour contrôler et demander le retrait ou la modification des clauses contraires aux dispositions légales et réglementaires (à l'exception des règles relatives aux modalités de dénonciation et de révision des accords). En cas de dossier incomplet, si l'URSSAF informe dans ce délai de 3 mois le déposant qu'il n'a pas fourni les documents nécessaires pour effectuer ce contrôle, le délai se décomptera uniquement à compter de la réception des pièces complémentaires ou conformes (c. trav. art. D. 3345-5).

À défaut d'observations de l'URSSAF à l'issue du délai de 3 mois, les exonérations sociales et fiscales ne peuvent plus être remises en cause pour l'exercice en cours (c. trav. art. L. 3313-3 et L. 3345-2).

L'URSSAF a un second délai de 2 mois pour formuler des demandes de retrait ou de modification de clauses contraires aux dispositions légales afin que l'entreprise puisse mettre l'accord en conformité. Si l'URSSAF n'a pas formulé de demande en ce sens à l'issue de ce nouveau délai, les exonérations sociales et fiscales sont réputées acquises pour les exercices ultérieurs (c. trav. art. L. 3313-3).

Au total, la durée du contrôle d'un dispositif d'intéressement peut donc aller jusqu'à 5 mois.

▶ Attention… Par exception, en cas de dispositif adopté en application d'un accord de branche agréé *(voir plus haut)*, les exonérations sociales et fiscales sont réputées acquises dès le dépôt et pour la durée d'application de l'accord ou du document d'adhésion à l'accord de branche agréé (c. trav. art. L. 3312-8).

Accords ou décisions types d'intéressements dématérialisés sécurisés dès le dépôt

Le dispositif - Il est possible de concevoir des accords ou des décisions unilatérales « types », via une procédure dématérialisée, qui permet de sécuriser leurs exonérations dès le dépôt sur la plateforme Téléaccords (c. trav. art. L. 3313-3 et R. 3313-4).

▶ À noter… L'accord ou la décision unilatérale conçu par l'intermédiaire de ce site reste soumis aux règles de mise en place exposées plus haut (modalité de conclusions de l'accord, entreprises autorisées à mettre en place un intéressement par décision unilatérale, en particulier).

Procédure - Pour rédiger un accord (ou une décision unilatérale) d'intéressement à partir d'un modèle type dématérialisé, il faut passer par le site prévu à cet effet et géré par l'ACOSS (https://www.mon-interessement.urssaf.fr). En fin de procédure, un QR-code d'identification de l'accord est délivré au moment du téléchargement du document, permettant ainsi son authentification (c. trav. art. R. 3313-4).

Une fois signé, l'accord (ou la décision unilatérale) doit être déposé sur la plateforme TéléAccords (c. trav. art. D. 2231-4).

Sécurisation - Sous réserve que l'accord ou la décision unilatérale ait été entièrement et exclusivement rédigé au moyen de ce site internet et qu'aucune modification n'ait été apportée à ses clauses après son téléchargement, le document ainsi déposé est réputé conforme aux dispositions légales en vigueur (c. trav. art. L. 3313-3 et R. 3313-4).

Le dispositif est donc sécurisé dès son dépôt, les exonérations étant réputées acquises pour la durée de l'accord, sans passer par la procédure d'examen préalable par l'URSSAF précédemment exposée.

Caractère collectif

Salariés - L'intéressement constitue nécessairement un mode de rémunération collectif et doit concerner tous les salariés de l'entreprise (c. trav. art. L. 3312-1 et L. 3342-1).

Les salariés qui travaillent à l'étranger ou qui ne sont pas rémunérés en France, comme par exemple des détachés, y ont aussi droit. La clause de l'accord d'intéressement les excluant des bénéficiaires est illicite (cass. soc. 6 juin 2018, n° 17-14372, BC V n° 102).

Les bénéficiaires d'un *congé de reclassement** restant salariés de l'entreprise jusqu'à la fin de leur congé, ils sont donc éligibles à l'intéressement (cass. soc. 1er juin 2022, n° 20-16404 FSB).

Dirigeants - Dans les entreprises qui emploient habituellement de 1 à moins de 250 salariés, l'accès à l'intéressement peut être ouvert aux chefs d'entreprise (ou, s'il s'agit de personnes morales, aux présidents, directeurs généraux, gérants ou membres du directoire), ainsi qu'au conjoint du chef d'entreprise (ou à son partenaire pacsé) s'il a le statut de conjoint collaborateur ou de conjoint associé (c. trav. art. L. 3312-3 ; instr. DGT/RT3/DSS/DGT 2019-252 du 19 décembre 2019, QR 2/6).

L'accord doit prévoir expressément que ces personnes sont bénéficiaires de l'intéressement. À défaut, l'accord d'intéressement concerne les seuls salariés (guide intermin. épargne salariale, juillet 2014, dossier 1, fiche 1, § III-A).

Depuis le 1er janvier 2020, les seuils de 1 et de moins de 250 salariés s'apprécient au regard des règles de calcul d'effectif et de franchissement de seuil prévues par la législation de sécurité sociale (c. trav. art. L. 3311-1 ; c. séc. soc. art. L. 130-1 et R. 130-1). Toutefois par exception, le mécanisme de gel des effets de seuil sur 5 ans ne s'applique pas au seuil de 1 salarié (voir *Effectif sécurité sociale**).

Si l'entreprise n'emploie qu'un salarié à temps partiel, l'administration consentirait, selon nos informations, à ouvrir le bénéfice de l'intéressement aux dirigeants, sous réserve que l'entreprise ait employé ce salarié au moins 6 mois, consécutifs ou non, au cours de l'année civile précédente. Soulignons que cette précision, issue d'échanges avec l'administration, n'a pas en elle-même de valeur opposable et s'entend sous réserve du contrôle de l'administration et des tribunaux en cas de litige (une confirmation officielle serait la bienvenue).

Dans tous les cas, un accord d'intéressement ne peut pas être conclu dans une entreprise dont l'effectif est limité à 1 salarié si celui-ci a également la qualité de président, directeur général, gérant ou membre du directoire (c. trav. art. L. 3312-3).

▶ À noter… Ces règles spécifiques d'accès à l'intéressement sous condition d'effectif ne concernent que les personnes sans contrat de travail. Les dirigeants titulaires d'un contrat de travail valable peuvent bénéficier de l'intéressement dans toutes les entreprises, en leur qualité de salarié.

Condition d'ancienneté éventuelle - L'accord peut prévoir une condition d'ancienneté minimale sur l'exercice, mais celle-ci ne peut excéder 3 mois. L'ancienneté du salarié doit être appréciée en tenant compte de tous les contrats de travail exécutés au cours de la période de calcul de l'intéressement et des 12 mois qui la précèdent (c. trav. art. L. 3342-1).

Exemple

Un salarié qui a travaillé dans une entreprise du 1er novembre au 31 décembre 2024 puis du 1er au

31 mars 2025 remplit la condition de 3 mois d'ancienneté pour bénéficier de l'intéressement au titre de l'exercice 2025 (cas d'un exercice correspondant à l'année civile).

La notion d'ancienneté correspond à la durée totale d'appartenance juridique à l'entreprise, sans que les périodes de suspension du contrat de travail, ou du mandat social, pour quelque motif que ce soit, puissent être déduites (guide intermin. épargne salariale, juillet 2014, dossier 1, fiche 1, § III-B).

Cette règle exclut notamment la possibilité de subordonner le bénéfice de l'intéressement à une condition de présence effective ou continue du salarié, ou de présence à une date déterminée comme par exemple le jour du versement de la prime, ou à la date de signature de l'accord. De même, la rupture du contrat de travail quelle qu'en soit la cause (même pour faute lourde), ne peut pas entraîner la suppression des droits acquis par le salarié au titre de l'intéressement.

Enfin, dès lors que l'ancienneté exigée par l'accord est atteinte, le salarié a vocation à bénéficier de l'intéressement dû au titre de l'exercice de calcul, sans que les périodes au cours desquelles il ne remplissait pas la condition d'ancienneté ne puissent être déduites.

Pour les travailleurs temporaires, la condition de 3 mois d'ancienneté est réputée remplie lorsqu'ils ont été mis à la disposition d'une ou de plusieurs entreprises utilisatrices pendant une durée totale d'au moins 60 jours au cours du dernier exercice. Toutefois, un accord étendu de la branche professionnelle du travail temporaire peut prévoir une durée d'ancienneté différente pour les salariés temporaires, dans la limite de 90 jours (c. trav. art. L. 3342-1 ; loi 2023-1107 du 29 novembre 2023, art. 16, JO du 30).

Les salariés portés sont réputés compter 3 mois d'ancienneté dans l'entreprise de portage ou dans le groupe qui les emploie s'ils ont réalisé une prestation dans une entreprise cliente pendant une durée totale d'au moins 60 jours au cours du dernier exercice (c. trav. art. L. 3342-1).

Pas d'autre condition - L'ancienneté est la seule condition qui puisse être prévue. Ainsi n'est pas considéré comme collectif l'accord d'intéressement excluant, par exemple :
- les salariés ayant quitté l'entreprise en cours d'exercice (cass. soc. 11 mai 1995, n° 92-13270 D) ;
- les salariés licenciés pour faute (cass. soc. 12 octobre 1995, n° 93-18391, BC V n° 272).

En revanche, la simple application d'un accord d'intéressement peut aboutir à en priver un salarié, sans que l'intéressement perde son caractère collectif.

Exemple

Un accord d'intéressement prévoyant une répartition selon la durée de présence et une réduction de la prime à raison de 1/365 par jour d'absence calendaire autre que des congés payés ou conventionnels, accident du travail, maladies professionnelles, maternité et adoption, formation et absences pour représentation du personnel est parfaitement valable. L'application de cet accord peut aboutir à priver d'intéressement un salarié absent toute l'année (cass. soc. 25 février 2003, n° 00-21268, BC V n° 67).

Salariés d'un groupement d'employeurs - Le salarié d'un groupement d'employeurs n'ayant pas mis en place un accord d'intéressement peut bénéficier du dispositif d'intéressement existant dans chacune des entreprises du groupement auprès de laquelle il est mis à disposition si l'accord le prévoit, dans des conditions fixées par décret (c. trav. art. L. 3312-2 et D. 3311-4).

Dans l'hypothèse où l'accord d'intéressement de l'entreprise d'accueil prévoit une condition d'ancienneté, le salarié du groupement d'employeurs est réputé compter 3 mois d'ancienneté s'il a été mis à disposition de l'entreprise pendant une durée totale d'au moins 60 jours au cours du dernier exercice (c. trav. art. D. 3342-1).

Sanction en l'absence de caractère collectif - La sanction de la non-conformité de l'accord au caractère collectif est la perte du droit à exonération et la réintégration dans l'assiette des cotisations.

Toutefois, dans l'hypothèse où la mise en œuvre de l'accord est contraire au caractère collectif mais que ses termes sont réguliers, il n'y a pas lieu, selon l'administration, de requalifier en salaire l'ensemble des sommes versées si les conditions suivantes sont réunies (c. trav. art. L. 3314-2 ; guide intermin. épargne salariale, juillet 2014, dossier 1, fiche 9, § I-C) :
- le nombre de salariés exclus est très réduit (moins de 5 % des salariés entrant dans le champ de l'accord) ;
- il s'agit du premier contrôle révélant cette irrégularité et la bonne foi de l'employeur est avérée.

Si la répartition est faite à partir d'une masse globale d'intéressement, le redressement peut alors être limité à la fraction des montants individuels indûment perçue.

Si le calcul de la part attribuée à chaque salarié est effectué directement (l'intéressement global résulte alors de la somme des parts individuelles), il n'y a pas, dans ce cas, de sommes indûment perçues susceptibles d'être assujetties à cotisations, mais seulement des quotes-parts individuelles non calculées à tort.

Dans l'un et l'autre cas, l'employeur doit verser les montants d'intéressement dus aux salariés qui en ont été exclus.

Calcul et répartition

Modalités de calcul à prévoir dans l'accord - Les modalités de calcul sont prévues dans l'accord d'intéressement (c. trav. art. L. 3313-2).

Elles peuvent être différentes en fonction de l'établissement et de l'unité de travail concerné (c. trav. art. L. 3314-1) mais ne peuvent pas varier selon la catégorie des salariés.

Formule de calcul liée à l'entreprise - Du fait de son caractère aléatoire, l'intéressement doit être calculé selon une formule liée aux résultats ou aux performances de l'entreprise (c. trav. art. L. 3312-1). On peut imaginer, par exemple, un calcul en fonction de l'augmentation du chiffre d'affaires, d'objectifs de sécurité comme le taux de fréquence des accidents du travail (cass. soc. 24 septembre 2002, n° 00-18290, BC V n° 277), etc.

La période de référence d'appréciation de ces performances s'apprécie sur une année ou sur une période d'une durée inférieure, mais qui doit alors être d'au moins 3 mois et calculée en mois entiers (c. trav. art. L. 3314-2).

La formule de calcul de l'intéressement peut être complétée d'un objectif pluriannuel lié aux résultats ou aux performances de l'entreprise (c. trav. art. L. 3314-2). Dans cette hypothèse, selon l'administration, l'atteinte des objectifs peut être constatée seulement à la fin de la période définie, avec donc un « unique versement en fin de période ». Mais il reste bien entendu possible que plusieurs périodes de calcul se succèdent à l'intérieur de la période d'application de l'accord si les parties prenantes le décident ainsi (instr. DGT/RT3/DSS/DGT 2019-252 du 19 décembre 2019, QR 32).

Formule de calcul liée à une ou plusieurs filiales - Il est également possible de retenir une formule de calcul liée aux résultats d'une ou de plusieurs filiales au sens de l'article L. 233-16 du code de commerce, dès lors qu'à la date de conclusion de l'accord, au moins 2/3 des salariés de ces filiales situées en France sont couverts par un accord d'intéressement (c. trav. art. L. 3314-2).

Groupement d'intérêt économique ou d'employeurs - L'intéressement aux résultats des salariés d'un groupement d'intérêt économique ou d'un groupement d'employeurs peut prendre en compte les résultats ou les performances des entreprises membres du groupement (c. trav. art. L. 3314-3).

Répartition - L'intéressement peut être réparti entre les salariés en fonction de plusieurs critères (c. trav. art. L. 3314-5) :
- répartition uniforme (chacun se voit attribuer la même somme) ;
- répartition en fonction de la durée de présence au cours de l'exercice ;
- répartition proportionnelle au salaire ;
- combinaison de ces différents critères.

▶ À noter... En revanche, les critères de qualification, d'ancienneté ou de catégorie ne peuvent pas être utilisés.

Si une répartition proportionnelle est prévue, c'est à l'accord de définir la notion de salaire retenue, qu'il s'agisse soit du salaire effectivement versé, soit du salaire de référence correspondant à la rémunération habituelle des salariés (guide intermin. épargne salariale, juillet 2014, dossier 1, fiche 5, § I-A-3°).

L'accord d'intéressement peut fixer un salaire plancher, un salaire plafond ou les deux, servant de base au calcul de la part individuelle (c. trav. art. L. 3314-5 ; loi 2023-1107 du 29 novembre 2023, art. 14, JO du 30 ; guide intermin. épargne salariale, juillet 2014, dossier 1, fiche 5).

Rémunérations à prendre en compte pour les dirigeants et leurs conjoints - En cas de répartition proportionnelle aux salaires, pour les bénéficiaires qui ne sont pas titulaires d'un contrat de travail (à savoir les dirigeants des entreprises de 1 à moins de 250 salariés ; *voir plus haut*), il convient de tenir compte de la rémunération annuelle ou du revenu professionnel imposé à l'impôt sur le revenu au titre de l'année précédente dans la limite du salaire le plus élevé versé dans l'entreprise (c. trav. art. L. 3314-6).

Pour le conjoint ou partenaire pacsé du chef d'entreprise ne bénéficiant d'aucune rémunération, il est possible de retenir un montant déterminé par l'accord et plafonné à 25 % du montant annuel du *plafond de la sécurité sociale**.

Congés et absences assimilés à des périodes de présence - En cas de répartition proportionnelle à la durée de présence, il convient d'assimiler à des périodes de présence (c. trav. art. L. 3314-5) :
- les périodes de congé de *maternité**, de *congé d'adoption**, de *congé de deuil** d'un enfant et (depuis le 17 février 2023) de *congé paternité et d'accueil de l'enfant** ;
- les arrêts de travail liés à un *accident du travail** ou une *maladie professionnelle** ;
- les périodes de mise en quarantaine liées à une situation d'état d'urgence sanitaire déclaré (comme ce fut le cas lors de certaines périodes de l'épidémie de covid-19).

▶ À noter… Les périodes de quarantaine visées ci-dessus s'entendent au sens de l'article 1 du règlement sanitaire international de 2005 (c. santé pub. art. L 3131-15, I, 3°).

Les périodes non travaillées dans le cadre d'un *temps partiel thérapeutique** consécutif à un accident du travail sont également assimilées à des périodes de présence (puisque les périodes de suspension du contrat de travail consécutives à un accident du travail sont assimilées, sans limitation de durée, à des périodes de présence) (cass. soc. 16 juin 2011, n° 08-44616 D).

▶ À noter… En matière de participation, la Cour de cassation considère que les périodes de temps partiel thérapeutiques, quelle qu'en soit la cause, doivent être assimilées à des périodes de présence sous peine de discrimination en raison de l'état de santé (cass. soc. 20 septembre 2023, n° 22-12293 FSB). Cette jurisprudence pourrait, à notre avis, aussi s'appliquer en matière d'intéressement si la Cour de cassation devait trancher un tel litige.

En cas de répartition proportionnelle au salaire, il faut retenir au titre de ces congés et arrêts de travail assimilés à une durée de présence le salaire qu'aurait perçu le salarié s'il avait été présent (c. trav. art. R. 3314-3).

Congé de reclassement - Les salariés en *congé de reclassement** sont éligibles à l'intéressement (cass. soc. 1er juin 2022, n° 20-16404 FSB). Cependant, dans la pratique, leurs droits peuvent être impactés en cas de répartition de l'intéressement en fonction de la durée de présence ou proportionnelle aux salaires, dans la mesure où ce congé n'est pas, légalement, assimilé à du temps de travail effectif.

En cas de répartition en fonction de la durée de présence, l'employeur n'a pas à prendre en compte la période de *congé de reclassement**, en l'absence de disposition conventionnelle plus favorable (cass. soc. 1er juin 2022, n° 20-16404 FSB).

En cas de répartition proportionnelle aux salaires, les allocations de reclassement ne sont pas à prendre en compte et il n'y a pas lieu de tenir compte d'un salaire reconstitué au titre de la période de *congé de reclassement** excédant le préavis, sauf disposition conventionnelle plus favorable (cass. soc. 1er juin 2022, n° 20-16404 FSB). En revanche les rémunérations versées pendant la période de début de congé prise sur le préavis sont bien à prendre en compte.

Activité partielle - Le code du travail prévoit des dispositions qui visent à neutraliser les effets des périodes d'*activité partielle**.

En cas de répartition proportionnelle au salaire, l'employeur doit procéder à la répartition en tenant compte des rémunérations que les salariés auraient perçues s'ils n'avaient pas été en *activité partielle** (c. trav. art. R. 5122-11).

Si la répartition est effectuée proportionnellement à la durée de présence du salarié, les périodes d'activité partielle sont prises en compte comme temps de présence.

Ces dispositions s'appliquent également dans le cadre de l'*activité partielle de longue durée** (décret 2020-926 du 28 juillet 2020 modifié, art. 9, II).

Plafonnement global - Le montant global de la somme distribuée au titre de l'intéressement à tous les bénéficiaires ne peut, sauf cas particuliers, dépasser 20 % du total des salaires bruts versés aux salariés au cours de l'exercice (c. trav. art. L. 3314-8). Pour apprécier ce plafond, on tient compte de l'ensemble des salariés de l'entreprise, d'un établissement ou de plusieurs établissements selon le champ d'application de l'accord (c. trav. art. D. 3314-1).

Tous les types d'intéressement, y inclus s'il y a lieu les sommes versées au titre d'un supplément d'intéressement ou d'un intéressement de projet, sont pris en compte dans l'appréciation du plafond de 20 % (questions/réponses min. Travail du 18 avril 2024 « L'intéressement de projet », Q/R 16).

Dans les entreprises de 1 à moins de 250 salariés, pour les dirigeants bénéficiant de l'accord d'intéressement sans contrat de travail *(voir plus haut)*, le plafond de 20 % se calcule en tenant compte de la rémunération annuelle ou du revenu professionnel des intéressés, tel qu'il est imposé à l'impôt sur le revenu au titre de l'année précédente (c. trav. art. L. 3314-8).

En cas d'accord de groupe, le plafond global de 20 % doit être calculé société par société (rép. Cornillet n° 36642, JO 16 septembre 1996, AN quest. p. 4973).

Plafonnement individuel - Par ailleurs, le montant maximal pouvant être versé à un bénéficiaire au titre d'un même exercice ne peut pas dépasser, depuis la loi PACTE, 75 % du montant annuel du *plafond de la sécurité sociale**, soit 35 325 € sur la base du plafond 2025 (à proratiser en cas d'année incomplète) (c. trav. art. L. 3314-8).

Lorsque l'année de calcul ne correspond pas à l'année civile, le plafond se calcule en tenant compte de la somme des plafonds mensuels applicables sur la période (guide intermin. épargne salariale, juillet 2014, dossier 1, fiche 5, § III-B).

Tous les types d'intéressement, y inclus s'il y a lieu les sommes versées au titre d'un supplément d'intéressement ou d'un intéressement de projet, sont pris en compte dans l'appréciation du plafond de 75 % (questions/réponses min. Travail du 18 avril 2024 « L'intéressement de projet », Q/R 16).

▶ À noter... Le plafond de 75 % est entré en vigueur le 24 mai 2019. Avant cette date, il était fixé à 50 % du plafond annuel de la sécurité sociale. Selon l'administration, le nouveau plafond de 75 % s'est appliqué dès l'exercice de calcul 2019, pour les sommes servies en 2020. Il ne nécessite pas de modifier l'accord d'intéressement, dès lors que cet accord faisait référence au plafond légal. En revanche, un avenant à l'accord s'impose si l'entreprise souhaite appliquer un plafond conventionnel intermédiaire entre l'ancien plafond de 50 % et le nouveau plafond de 75 % (instr. DGT/RT3/DSS/DGT 2019-252 du 19 décembre 2019, Q/R 28 et 29).

Dépassement des plafonds - Le dépassement de ces plafonds entraîne la perte des exonérations fiscales et sociales sur la fraction excédentaire (guide intermin. épargne salariale, juillet 2014, dossier 1, fiche 9, § I-D).

Ces deux plafonds doivent s'apprécier compte tenu de l'intéressement proprement dit et d'un éventuel supplément d'intéressement.

Reliquat d'intéressement - Si après répartition il reste des sommes à distribuer du fait de l'application des plafonds, elles peuvent faire l'objet d'une nouvelle répartition, sans attendre l'exercice suivant. Celle-ci bénéficie à tous les salariés auxquels ont été versées des sommes inférieures au plafond légal. Le plafond des droits individuels ne peut pas être dépassé du fait de cette répartition supplémentaire (c. trav. art. L. 3314-11).

La distribution de ce reliquat d'intéressement doit être prévue par l'accord d'intéressement (instr. DGT/RT3/DSS/DGT 2019-252 du 19 décembre 2019, Q/R 31).

▶ À noter... Avant le 24 mai 2019, la répartition aux salariés qui n'avaient pas encore atteint leur plafond individuel était admise si l'accord d'intéressement le permettait (cass. civ., 2e ch., 10 novembre 2011, n° 10-20105 D).

Non-substitution au salaire

Les sommes attribuées en application d'un accord d'intéressement ne peuvent se substituer à aucun des éléments de rémunération en vigueur dans l'entreprise ou qui deviendraient obligatoires en vertu de règles légales ou contractuelles (c. trav. art. L. 3312-4). Le non-respect de cette règle remet en cause les exonérations fiscales et sociales, sauf si un délai de 12 mois s'est écoulé entre le dernier versement de l'élément de salaire en tout ou partie supprimé et la date d'effet de l'accord.

Pour apprécier le délai de 12 mois pendant lequel une prime d'intéressement ne peut se substituer à un élément de rémunération, la date d'effet de l'accord à retenir est le début de l'exercice de référence du calcul de la prime (guide intermin. épargne salariale, juillet 2014, dossier 1, fiche 2, § II).

Exemple

Pour un élément de rémunération supprimé dont le dernier versement a été effectué le 31 décembre 2023, le principe de non-substitution ne peut pas être invoqué pour justifier un redressement dès lors que l'accord d'intéressement prend effet à compter du 1er janvier 2025.

Affectations possibles des sommes

Placement sur le PEE à défaut de choix contraire - Le code du travail prévoit un mécanisme d'affectation par défaut pour les droits à intéressement attribués depuis le 1er janvier 2016.

Si le bénéficiaire n'exprime pas de choix quant à la quote-part d'intéressement lui revenant (versement immédiat ou placement dans un plan d'épargne), ses droits à intéressement sont, par défaut, affectés en totalité au *plan d'épargne d'entreprise** (PEE, ou le cas échéant PEI), dans les conditions prévues par l'accord d'intéressement (c. trav. art. L. 3315-2).

Si l'accord ne prévoit pas le support d'investissement accueillant les sommes affectées par défaut, des dispositions supplétives sont appliquées : affectation à une SICAV ou à un fonds d'épargne salariale présentant le profil d'investissement le moins risqué dans le PEE ou, à défaut, dans le plan d'épargne de groupe (PEG) ou, en l'absence de PEE ou de PEG, *plan d'épargne interentreprises** (PEI), s'il en existe un (c. trav. art. R. 3332-13-1 ; instr. DGT/RT3/DSS/DGTRESOR 2016-45 du 18 février 2016, Q/R 10).

La règle d'affectation par défaut ne concerne que les entreprises dotées d'un PEE ou couvertes par un PEG ou un PEI. Celles qui en sont démunies n'ont donc pas l'obligation de ce type de plan d'épargne (instr. DGT/RT3/DSS/DGTRESOR 2016-45 du 18 février 2016, Q/R 8).

Information des salariés selon les modalités prévues par l'accord collectif - L'accord d'intéressement précise les modalités d'information du salarié (c. trav. art. L. 3315-2). Cette information porte notamment sur (c. trav. art. R. 3313-12, I) :

- les sommes qui sont attribuées au titre de l'intéressement ;

- le montant dont il peut demander le versement ;
- le délai dans lequel il peut formuler sa demande ;
- le fait que, en l'absence de demande de sa part, les sommes sont affectées au PEE ou au PEI (affectation par défaut) ;
- le cas échéant des informations sur les avances *(voir ci-après « Avances d'intéressement »)*.

À défaut de précision dans l'accord, l'employeur applique les règles prévues par décret, à savoir une information via la fiche annexe *(voir ci-dessous)* (c. trav. art. L. 3315-2).

▶ À noter... Les entreprises qui souhaitent appliquer leurs propres modalités d'information doivent mettre leur accord d'intéressement en conformité avec ces dispositions.

Information via la fiche annexe - Au moment de l'attribution des sommes issues de l'intéressement, chaque salarié reçoit une fiche comportant un certain nombre d'informations (c. trav. art. D. 3313-9) [voir *Intéressement et participation (fiche annexe)**].

Cette fiche doit notamment indiquer les modalités d'affectation par défaut au PEE des sommes attribuées au titre de l'intéressement (c. trav. art. D. 3313-9).

Délai de 15 jours pour faire un choix - Le bénéficiaire qui souhaite faire échec au mécanisme d'affectation par défaut doit informer l'employeur de sa décision :
- versement direct ;
- affectation à un *plan d'épargne d'entreprise**, à un *plan d'épargne interentreprises**, à un *plan d'épargne pour la retraite collectif** (PERCO), à un *plan d'épargne retraite d'entreprise collectif** (PERE-CO) ou, si les conditions requises sont réunies à un *plan d'épargne retraite d'entreprise obligatoire** (PERE-OB) ;
- ou combinaison de ces différentes possibilités.

Une fois informé du montant qui lui a été attribué, le bénéficiaire a 15 jours pour formuler sa demande (c. trav. art. R. 3313-12, II).

L'accord d'intéressement est censé indiquer la date à laquelle le bénéficiaire est présumé avoir été informé. Si l'accord n'aborde pas la question, le bénéficiaire formule sa demande dans un délai de 15 jours à compter de la réception, par tout moyen permettant d'apporter la preuve de celle-ci, du document l'informant du montant qui lui est attribué et dont il peut demander le versement.

Blocage (et déblocage) des sommes investies sur un plan d'épargne - Les sommes investies sur des plans d'épargne suivent les modalités de blocage et de déblocage anticipé applicables à chaque plan (PEE, PEI ou plans d'épargne retraite).

Date de versement ou d'affectation, avances

Délai - L'employeur doit effectuer le versement ou l'affectation des droits à intéressement avant le premier jour du 6e mois suivant la clôture de l'exercice en cas de période de calcul annuelle (c. trav. art. L. 3314-9, al. 1 et D. 3313-13).

Lorsque l'intéressement est calculé sur une période inférieure à une année, les sommes doivent être payées avant le premier jour du 3e mois suivant la période de calcul (c. trav. art. L. 3314-9, al. 2).

Intérêt de retard - Si le versement intervient hors délai, l'employeur doit majorer le versement d'un intérêt de retard égal à 1,33 fois le taux moyen de rendement des obligations des sociétés privées (TMO). Ces intérêts, à la charge de l'entreprise, sont versés en même temps que le principal et bénéficient du même régime d'exonération (c. trav. art. L. 3314-9).

Ces intérêts de retard sont donc exonérés de cotisations.

L'administration considère qu'ils ne sont pas non plus soumis à CSG/CRDS (guide intermin. épargne salariale, juillet 2014, dossier 1, fiche 5, § II-A).

Sur le plan fiscal, ils suivent le même régime que les sommes au principal auxquelles ils se rattachent, à savoir exonération d'impôt en cas d'affectation de l'intéressement, et caractère imposable dans le cas contraire (BOFiP-RSA-ES-10-10-§§ 10 et 30-14/06/2017).

Avances d'intéressement

Réforme de la loi Partage de la valeur - C'est la loi Partage de la valeur du 29 novembre 2023 et ses décrets de juillet 2024 qui ont consacré et encadré le système d'avances sur intéressement (loi 2023-1107 du 29 novembre 2023, art. 12, JO du 30 ; décret 2024-644 du 29 juin 2024, JO du 30 ; décret 2024-690 du 5 juillet 2024, JO du 6).

Possibilité devant être prévue dans l'accord - Un accord d'intéressement peut prévoir la possibilité de verser, en cours d'exercice, des avances sur les sommes dues au titre de l'intéressement (c. trav. art. L. 3348-1).

Dans ce cas, l'accord doit prévoir les modalités de recueil de l'accord du salarié et l'impossibilité de débloquer le trop-perçu s'il a été affecté à un plan d'épargne salariale, ou son reversement intégral sous la forme d'une retenue sur salaire, en l'absence d'une telle affectation (c. trav. art. R. 3313-12, 5°).

Il est impossible de verser des avances sur intéressement si cette possibilité n'est pas prévue dans l'accord.

Accord du salarié - Même prévu par l'accord, le versement d'avances à un salarié nécessite de recueillir son accord (c. trav. art. L. 3348-1).

Quand un accord d'intéressement prévoit la possibilité de verser des avances, l'employeur informe chaque salarié de cette possibilité et du délai dont il dispose pour donner son accord.

En l'absence de stipulation de l'accord d'intéressement sur le délai de réponse, le salarié a 15 jours pour répondre à compter de la réception de la LRAR ou de la lettre remise contre récépissé l'informant de la possibilité de versement d'avances (c. trav. art. D. 3348-1).

À défaut d'accord express du salarié, aucune avance ne peut être versée à l'intéressé (c. trav. art. D. 3348-1).

Lorsque plusieurs avances sont prévues au cours de l'exercice, les salariés doivent être interrogés avant chaque versement d'avance afin de donner leur accord sur son principe.

Toutefois, l'administration admet que l'interrogation n'ait lieu qu'une fois par exercice, lors du premier versement, auquel cas (questions/réponses sur les avances d'intéressement publiées le 9/10/2024, Q/R 2) :
- le premier versement de l'exercice doit faire l'objet d'une interrogation obligatoire ;
- la réponse du salarié peut être considérée comme valable pour le premier versement mais aussi pour les suivants ;
- après chaque versement, le salarié a la possibilité, pour le versement suivant, de revenir sur son choix initial (attention : le salarié doit être informé de cette possibilité lors de l'interrogation au titre du premier versement, sachant que son choix initial l'engagera pour l'ensemble des versements au titre des avances de l'exercice s'il ne revient pas ensuite dessus).

Versement - Les avances sont versées au bénéficiaire, après avoir recueilli son accord, selon une périodicité qui ne peut pas être inférieure au trimestre (c. trav. art. L. 3348-1).

La somme attribuée à un bénéficiaire au titre d'une avance doit faire l'objet d'une fiche distincte du bulletin de paye [voir *Intéressement et participation (fiche annexe)**] (c. trav. art. D. 3348-2).

Remboursement en cas de trop-perçu - Si au terme de l'exercice, la somme effectivement due au bénéficiaire au titre de l'intéressement est plus faible que celle des avances déjà versées, l'intéressé doit rembourser le trop-perçu (c. trav. art. L. 3348-1).

Le remboursement se fait sous la forme sous la forme d'une retenue sur salaire dans la même limite qu'une *avance sur salaire**, à savoir par des retenues successives ne dépassant pas 10 % du montant des salaires exigibles.

Si le trop-perçu a été affecté à un plan d'épargne salariale, il ne peut pas être débloqué. Il est traité comme un versement volontaire du bénéficiaire et n'ouvre pas droit aux exonérations fiscales et sociales attachées à l'intéressement.

Sort des accords d'intéressements antérieurs à la loi Partage de la valeur - Avant la réforme issue de la loi Partage de la valeur *(voir plus haut)*, la pratique des avances était déjà tolérée par l'administration en matière d'intéressement, même s'il n'y avait rien sur le sujet dans le code du travail (guide intermin. épargne salariale, juillet 2014, dossier 1, fiche 5, § II A).

Certains anciens accords pouvaient donc le cas échéant déjà prévoir le versement d'avances, ce qui pose la question de leur mise à jour. Sur ce point, l'administration a apporté plusieurs précisions (questions/réponses sur les avances d'intéressement du 9/10/2024, Q/R 3 et 4) :
- les accords d'intéressement prévoyant le versement d'avances avant la loi Partage de la valeur doivent être mis en conformité et notamment prévoir les modalités de recueil de l'accord des salariés, le reversement intégral du trop-perçu sous la forme d'une retenue sur salaire en l'absence d'une affectation sur un plan d'épargne salariale, ainsi que l'impossibilité de débloquer le trop-perçu s'il a été affecté un plan d'épargne salariale ;
- en l'attente, il convient d'appliquer les nouvelles dispositions réglementaires notamment sur les modalités de recueil de l'accord du salarié si l'accord ne prévoit rien ;
- la périodicité au minimum trimestrielle des versements est d'ordre public (il faut donc impérativement l'appliquer, même si l'ancien accord prévoit une périodicité inférieure au trimestre).

Information des bénéficiaires

Information prévue par l'accord - L'accord d'intéressement institue un système d'information du personnel (c. trav. art. L. 3313-1).

Par ailleurs, l'accord est censé prévoir les modalités d'information des bénéficiaires sur l'affectation des sommes *(voir plus haut)*.

Note d'information - Chaque salarié bénéficiaire d'un accord d'intéressement doit se voir remettre une note d'information sur l'accord (c. trav. art. D. 3313-8).

Fiches distinctes du bulletin de paye - L'employeur doit remettre à chaque bénéficiaire se voyant attribuer une somme au titre de l'intéressement une fiche distincte du bulletin de paye (c. trav. art. D. 3313-9).

Une fiche spécifique est prévue en cas de versement d'une avance d'intéressement (c. trav. art. D. 3348-2).

Sur ces fiches, voir *Intéressement et participation (fiche annexe)**.

Arrivée dans l'entreprise - Dans les entreprises qui proposent un dispositif d'épargne salariale, un *livret d'épargne salariale** doit être remis à tout salarié lors de son embauche (c. trav. art. L. 3341-6), quel que soit son contrat de travail.

La même obligation vaut envers les dirigeants et le conjoint ou partenaire pacsé du chef d'entreprise, y compris lorsqu'ils sont admis à bénéficier de l'intéressement sans contrat de travail (c. trav. art. R. 3341-5, dern. al.).

Bénéficiaire quittant l'entreprise - Lorsqu'un salarié susceptible de bénéficier de l'intéressement quitte l'entreprise avant que celle-ci puisse calculer les droits qui lui reviennent, l'employeur doit lui demander l'adresse à laquelle il pourra être informé de ses droits et lui demande de l'aviser de ses changements d'adresse (c. trav. art. D. 3313-10).

Si l'accord d'intéressement a été mis en place après que des salariés susceptibles d'en bénéficier ont quitté l'entreprise, ou lorsque le calcul et la répartition de l'intéressement interviennent après un tel départ, la fiche annexe au bulletin de paye et la note d'information doivent également être adressées aux intéressés pour les informer de leurs droits (c. trav. art. D. 3313-10).

Fonds en déshérence - Lorsque le bénéficiaire ne peut pas être atteint à la dernière adresse indiquée par lui, l'employeur tient à sa disposition les sommes qui lui reviennent au titre de l'intéressement pendant un délai de 1 an à compter de la date limite de versement de l'intéressement. Passé ce délai, ces sommes sont remises à la Caisse des dépôts et consignations. Le bénéficiaire peut alors les réclamer pendant le délai prévu pour les fonds en déshérence, fixé depuis le 1er janvier 2016 à 20 ans (27 ans en cas de décès du bénéficiaire) (c. trav. art. D. 3313-11).

Supplément d'intéressement

Décision de l'employeur - Une entreprise qui a déjà attribué de l'intéressement à ses salariés au titre d'un exercice clos peut décider de verser, en plus du montant de base, un supplément (c. trav. art. L. 3314-10).

La décision est prise par les instances dirigeantes de l'entreprise (conseil d'administration, directoire, ou chef d'entreprise dans les entreprises sans conseil d'administration ni directoire).

Pour être qualifiée de supplément d'intéressement, il faut que cette somme soit versée après l'intéressement lui-même (cass. civ., 2e ch., 11 juillet 2019, n° 18-16412 D).

Répartition du supplément - Le supplément peut être réparti selon les modalités prévues par l'intéressement de base.

Il peut aussi être réparti selon des modalités différentes (ex. : à la durée de présence ou de manière uniforme, alors que l'intéressement de base est réparti en fonction des salaires), à condition de rester dans les modes de répartition autorisés (uniforme, proportionnellement au salaire, selon la durée de présence au cours de l'exercice, ou combinaison de tout ou partie de ces critères). Mais il faut alors formaliser le supplément et ses règles de répartition dans un accord spécifique selon les modalités prévues pour les accords d'intéressement (c. trav. art. L. 3314-10), à déposer ensuite obligatoirement sur la plate-forme « Téléaccords » sous peine d'assujettissement aux cotisations.

Montant du supplément - Le choix du montant est libre sachant néanmoins que les montants cumulés de l'intéressement versé au titre de l'accord de base et au titre du supplément ne peuvent pas dépasser 20 % du total des rémunérations brutes des bénéficiaires.

L'employeur ne doit jamais attribuer individuellement aux salariés plus de 75 % du plafond de la sécurité sociale et ce, en cumulant intéressement de base et supplément d'intéressement *(voir ci-avant)*.

Affectation - Il peut être affecté à un *plan d'épargne d'entreprise**, à un *plan d'épargne interentreprises**, à un *plan d'épargne pour la retraite collectif** (PERCO), à un *plan d'épargne retraite d'entreprise collectif** (PERE-CO) ou, si les conditions requises sont réunies, à un *plan d'épargne retraite d'entreprise obligatoire** (PERE-OB). Il est aussi possible pour les bénéficiaires de le percevoir immédiatement.

À défaut de choix, le supplément suit les mêmes règles d'affection par défaut que l'intéressement *(voir ci-dessous)* (instr. DGT/RT3/DSS/DGTRESOR 2016-45 du 18 février 2016, Q/R 17).

Faut-il systématiquement conclure un accord si le supplément est négocié ? - À l'automne 2023, la Cour de cassation a validé un redressement URSSAF portant sur des suppléments d'intéressement prévus par des protocoles d'accords de négociation annuelle signés lors des négociations sur les salaires. Pour les juges, il aurait fallu conclure et de déposer un accord spécifique sur la plate-forme Téléaccords, même si les modalités de répartition de l'intéressement étaient conformes à l'accord de base (cass. civ., 2e ch., 19 octobre 2023, n° 21-10221 FB).

Cet arrêt a jeté un certain trouble sur l'obligation d'établir et de déposer un accord spécifique, dans la mesure où la rédaction du code du travail (c. trav. art. L. 3324-10) semblait jusqu'à présent induire qu'une décision des instances dirigeantes suffit (et qu'il n'y a pas besoin de conclure un accord) lorsque le supplément est réparti selon les mêmes règles que l'intéressement de base.

Le ministère du Travail, que la rédaction a interrogé, nous a précisé qu'il découle de cette jurisprudence que lorsqu'un supplément d'intéressement est négocié, il doit obligatoirement faire l'objet d'un accord spécifique sur les modalités de sa répartition, que celles-ci soient identiques ou non à celles prévues par l'accord de base. En d'autres termes, dès lors que le supplément a fait l'objet d'une négociation (quelle qu'elle soit), il faut formaliser un accord spécifique et le déposer sur la plate-forme Téléaccords pour qu'il ouvre droit aux exonérations.

▶ À noter… À partir du moment où un supplément d'intéressement est mentionné dans un accord NAO (« négociation annuelle obligatoire »), c'est qu'il a fait l'objet d'une négociation, ce qui oblige donc à un accord spécifique. L'accord NAO ne peut pas remplacer l'accord spécifique.

Toujours selon le ministère, si le supplément ne fait l'objet d'aucune négociation, une décision unilatérale de l'employeur peut suffire dès lors que les modalités de répartition sont identiques à celles prévues dans l'accord d'intéressement de base. Il n'y a pas dans ce cas d'obligation de conclure et de déposer un accord spécifique.

Précisons que cette réponse à la rédaction n'a pas en elle-même de valeur juridique et ne s'impose pas aux URSSAF. Aussi compte tenu des conséquences potentielles de la jurisprudence de la Cour de cassation, certains pourront juger prudent de sécuriser ce processus en se rapprochant de leur URSSAF avant toute mise en œuvre (éventuellement dans le cadre d'un rescrit ; c. séc. soc. art. L. 243-6-3).

Intéressement de projet

Intéressement de projet interentreprises - Dans les entreprises ou les groupes disposant d'un accord d'intéressement et concourant avec d'autres entreprises à une activité caractérisée et coordonnée, un accord peut être conclu pour prévoir que tout ou partie des salariés bénéficie d'un intéressement de projet (c. trav. art. L. 3312-6 ; guide intermin. épargne salariale, juillet 2014, dossier 1, fiche 7).

Ce dispositif permet d'englober les salariés de filiales différentes d'un même groupe, les salariés d'un groupe, ses sous-traitants ou partenaires sur un même site.

Cela étant, s'il est nécessaire que le projet soit commun à plusieurs entreprises, l'intéressement de projet peut n'être mis en place que dans une seule entreprise lorsque, par exemple, les autres entreprises parties prenantes au projet ne souhaitent pas mettre en place un tel accord (questions/réponses min. Travail du 18 avril 2024 « L'intéressement de projet », Q/R 2).

Si l'accord n'implique que des salariés d'une même entreprise ou d'un même groupe, il est négocié dans les conditions d'un accord d'intéressement de droit commun.

▶ À noter… Selon l'administration, si les entreprises parties prenantes au projet font partie d'un même groupe, sauf dans le cas où l'intéressement de projet est mis en place par une seule entreprise, l'intéressement de projet doit être mis en place par accord de groupe dont le périmètre correspond aux entreprises parties prenantes du projet (questions/réponses min. Travail du 18 avril 2024 précitées, Q/R 7).

Lorsque les entreprises parties prenantes ne constituent pas un groupe, l'intéressement de projet peut être conclu avec les délégués syndicaux selon les modalités des accords collectifs interentreprises (c. trav. art. L. 2232-36, L. 2232-37 et L. 2232-38), avec les représentants des organisations syndicales représentatives dans l'entreprise, au sein du CSE ou à la majorité des 2/3 des salariés qui participent au projet (questions/réponses min. Travail du 18 avril 2024 précitées, Q/R 8).

Intéressement de projet intra-entreprise (interne) - Dans les entreprises disposant d'un accord d'intéressement, celui-ci peut comporter « un » intéressement de projet définissant un objectif commun à tout ou partie des salariés de l'entreprise (c. trav. art. L. 3312-6).

Dans cette formule, l'intéressement de projet est lié à un projet interne, et non à un projet commun avec d'autres entreprises (questions/réponses min. Travail du 18 avril 2024 précitées, Q/R 20).

L'intéressement de projet interne à une entreprise ne doit pas faire l'objet d'un accord spécifique. Cette modalité d'intéressement de projet s'inscrit à l'intérieur de l'accord d'intéressement « classique », soit lors sa mise en place, soit par la conclusion d'un avenant ultérieur. Y compris en cas de mise en place par avenant, il faut donc passer par les modalités habituelles de conclusion d'un accord d'intéressement (questions/réponses min. Travail du 18 avril 2024 précitées, Q/R 21 et 22).

Pendant la durée d'un accord d'intéressement, il n'est pas possible de mettre en place plusieurs intéressements de projet interne parallèlement. Selon l'administration, la loi prévoit qu'un accord d'intéressement ne peut comporter qu'un seul intéressement de projet interne concomitamment (questions/réponses min. Travail du 18 avril 2024 précitées, Q/R 22).

Il n'est pas possible pendant la durée d'un accord d'intéressement de conclure plusieurs projets internes parallèlement. En revanche, il est possible pendant la durée d'un accord d'intéressement de conclure plusieurs intéressements de projet internes successivement (questions/réponses min. Travail du 18 avril 2024 précitées, Q/R 24 et 25).

Champ d'application, période de calcul et plafond - Quelle que soit la formule (interentreprises ou intra-entreprises), l'accord d'intéressement de projet définit un champ d'application et une période de calcul spécifiques, qui peuvent différer de ceux de l'accord d'intéressement d'entreprise par ailleurs applicable aux salariés, sans pouvoir excéder 5 ans (c. trav. art. L. 3312-6).

L'intéressement de projet intra-entreprise ne peut pas avoir une durée supérieure à celle de l'intéressement classique. Si le projet interne de l'entreprise est d'une durée supérieure à l'accord d'intéressement, le processus du projet doit permettre d'isoler différentes phases, afin qu'au moins l'une d'entre elles concorde avec la durée de l'accord d'intéressement « classique » (questions/réponses min. Travail du 18 avril 2024 précitées, Q/R 20).

Les sommes versées au titre d'un intéressement de projet sont prises en compte dans l'appréciation du plafond global de 20 % du total des salaires bruts perçus par l'ensemble des bénéficiaires, et du plafonnement individuel de 75 % du plafond annuel de la sécurité sociale (PASS) calculé sur la durée de l'exercice de l'entreprise pour chaque salarié bénéficiaire *(voir plus haut)* (questions/réponses min. Travail du 18 avril 2024 précitées, Q/R 16).

Accords d'intéressement européens

Les accords d'intéressement conclus au sein d'un groupe de sociétés établies dans plusieurs États membres de l'Union européenne ouvrent droit aux exonérations fiscales et sociales pour les primes versées à leurs salariés par les entreprises parties auxdits accords situées en France (c. trav. art. L. 3315-4).

Régimes social et fiscal

Les sommes versées au titre de l'intéressement (intéressement de base et supplément d'intéressement) ne constituent pas une rémunération au regard du droit du travail et de la sécurité sociale (c. trav. art. L. 3312-4). Elles ne sont prises en compte dans aucun des calculs de la paye (congés payés, etc.).

Cotisations de sécurité sociale et charges ayant la même assiette - Les sommes versées au titre de l'intéressement sont exonérées de cotisations de sécurité sociale (c. trav. art. L. 3312-4 ; c. séc. soc. art. L. 242-1, II, 1°) et, par voie conséquence, des charges ayant la même assiette (FNAL, versement mobilité, contribution solidarité autonomie, chômage et AGS, retraite complémentaire, contribution patronale au dialogue social, contribution à la formation professionnelle, participation à l'effort de construction, taxe d'apprentissage).

L'exonération est subordonnée au respect des conditions de forme et de fond exigées pour l'intéressement :
- respect des obligations en matière de représentation du personnel ;
- caractère collectif ;
- conclusion et dépôt de l'accord dans les délais ;
- respect des critères de répartition ;
- respect des plafonds de répartition (global et individuel) ;
- non-substitution au salaire.

▶ À noter... Il est important de pouvoir justifier de ces éléments. Par exemple, en cas de litige, l'employeur encourt un redressement s'il ne peut pas prouver qu'il a déposé l'accord dans les délais (cass. civ., 2e ch., 4 avril 2018, n° 17-10574 D).

CSG et CRDS - L'intéressement est soumis à la *CSG** sur les revenus d'activité et à la *CRDS**, sans abattement d'assiette (c. séc. soc. art. L. 136-1-1, I et L. 136-2, 1° ; ord. 96-50 du 14 janvier 1996, art. 14).

Le montant des contributions doit être retenu sur le montant de l'intéressement versé à chaque salarié. En aucun cas, l'employeur ne peut les prélever sur le salaire versé par ailleurs. Ces contributions doivent être versées à l'URSSAF lors de la première échéance de cotisations qui suit la répartition de l'intéressement.

Les sommes issues de l'intéressement revenant aux *apprentis** sont également assujetties à CSG/CRDS, dans la mesure où seuls leurs salaires peut être exonéré de ces contributions (cass. soc. 26 avril 2001, n° 99-18773, BC V n° 135 ; lettre-circ. ACOSS 2014-32 du 18 août 2014).

La CSG est intégralement non déductible lorsqu'elle porte sur des sommes exonérées à la fois d'impôt sur le revenu et de cotisations de sécurité sociale (BOFiP-RSA-BASE-30-30-§§ 80 et 90-24/07/2017). Cette règle a vocation à s'appliquer à l'intéressement, lorsqu'il est affecté à un plan d'épargne salariale ou un des plans d'épargne retraite d'entreprise (PERE-CO et PERE-OB) et exonéré d'impôt sur le revenu dans les conditions prévues par la législation fiscale (CGI art. 81, 18° bis). Dans le cas contraire, la CSG reste déductible à hauteur de 6,80 % puisque les sommes attribuées au titre de l'intéressement sont imposables.

Forfait social - Les sommes versées au titre de l'intéressement sont en principe soumises au *forfait social** (c. séc. soc. art. L. 137-15, al. 1).

Celui-ci se calcule au taux de 20 % ou, selon un taux réduit de 16 % en cas d'affectation à un plan d'épargne retraite répondant à certaines conditions (voir *Plan d'épargne pour la retraite collectif**, *Plan d'épargne retraite d'entreprise collectif** ou *Plan d'épargne retraite d'entreprise obligatoire**) (c. séc. soc. art. L. 137-16).

Depuis 2019, il n'y a plus de forfait social sur les sommes versées au titre de l'intéressement dans les entreprises de moins de 250 salariés (c. séc. soc. art. L. 137-15). Ce seuil est depuis le 1er janvier 2020, apprécié selon les règles de calcul de l'*effectif sécurité sociale**.

Pour plus de détail sur cette exonération, voir *Forfait social**.

Dirigeants et assimilés affiliés à un régime de non-salariés - Dans les entreprises de 1 à moins de 250 salariés, lorsque l'accord le prévoit, certains dirigeants, et parfois le conjoint du chef d'entreprise (ou son partenaire pacsé), peuvent bénéficier de l'intéressement aux résultats, même s'ils ne sont pas titulaires d'un contrat de travail *(voir plus haut)*.

Lorsque les intéressés relèvent du régime de sécurité sociale des travailleurs non salariés (chefs d'entreprise, gérants majoritaires et conjoints collaborateurs ou associés), la CSG et la CRDS se calculent selon les modalités prévues dans le régime des non-salariés (c. séc. soc. art. L. 136-3 et L. 136-4).

> ▶ À noter… Cette CSG et cette CRDS ne sont pas déduites du montant versé par l'entreprise au profit du dirigeant. Elles sont appelées par l'URSSAF (ou la CMSA pour les non-salariés des professions agricoles), dans le cadre des modalités prévues pour la déclaration des revenus professionnels.

L'intéressement versé à ces personnes entre également dans l'assiette du *forfait social**, si l'entreprise en est redevable (c. séc. soc. art. L. 137-15 ; lettre-circ. ACOSS 2010-12 du 21 janvier 2010).

Taxe sur les salaires - L'assiette de la *taxe sur les salaires** est alignée sur celle de la CSG (CGI art. 231). Pour les employeurs qui y sont assujettis, la taxe est donc due sur l'intéressement.

Impôt sur le revenu et prélèvement à la source - Les sommes attribuées au titre de l'intéressement sont en principe soumises à l'impôt sur le revenu.

Toutefois, elles sont exonérées d'impôt dans la limite des trois quarts (75 %) du montant annuel du *plafond de la sécurité sociale** si elles sont placées sur un des dispositifs d'épargne salariale suivants (c. trav. art. L. 3315-2 et L. 3315-3 ; CGI art. 81, 18° bis) :
- *plan d'épargne d'entreprise** (PEE), le cas échéant sous forme de *plan d'épargne interentreprises** (PEI) ;
- *plan d'épargne retraite d'entreprise collectif** (PERE-CO) ou *plan d'épargne pour la retraite collectif** (PERCO « ancienne mouture » encore en activité), le cas échéant interentreprises ;
- *plan d'épargne retraite d'entreprise obligatoire** (PERE-OB).

Les sommes que les salariés souhaitent affecter à un plan d'épargne doivent être versées sur ce plan dans les 15 jours suivant la date à laquelle elles ont été perçues (c. trav. art. R. 3332-12).

Pour déterminer la limite d'exonération, il y a lieu de retenir le plafond applicable à l'année de perception des sommes (BOFiP-RSA-ES-10-10-§ 20-14/06/2017).

> ▶ À noter… Avant le 24 mai 2019, la limite était fixée à 50 % du plafond annuel de la sécurité sociale.

Prélèvement à la source - Les sommes imposables sont en principe à inclure dans l'assiette du *prélèvement à la source**.

Pour les conditions d'application du PAS, voir *Prélèvement à la source (assiette)**.

☞ *Contribution pour le remboursement de la dette sociale (CRDS) ; Contribution sociale généralisée (CSG) ; État récapitulatif d'épargne salariale et relevé annuel de situation ; Forfait social ; Intéressement et participation (fiche annexe) ; Livret d'épargne salariale ; Partage de la valeur ; Plan d'épargne d'entreprise ; Plan d'épargne pour la retraite collectif ; Plan d'épargne retraite d'entreprise collectif ; Plan d'épargne retraite d'entreprise obligatoire ; Transfert d'épargne salariale.*

Intéressement et participation (fiche annexe)

Lors du versement l'intéressement

Fiche d'information - Lors du versement de la somme attribuée au titre d'un dispositif d'*intéres-*

*sement**, une fiche distincte du bulletin de paye est remise à chaque bénéficiaire indiquant le montant de la part qui lui revient (c. trav. art. D. 3313-9 ; guide intermin. épargne salariale, juillet 2014, dossier 1, fiche 6, § III).

Cette fiche indique (c. trav. art. D. 3313-9) :
- le montant global de l'intéressement versé ;
- le montant moyen perçu par les bénéficiaires ;
- le montant total des droits attribués au salarié ;
- le cas échéant, le montant des sommes reçues au titre des avances ;
- en cas de versement d'avances, le montant des droits attribués à l'intéressé restant à percevoir ou à reverser à l'employeur ;
- la retenue opérée au titre de la CSG/CRDS ;
- lorsque l'intéressement est investi sur un *plan d'épargne salariale**, le délai à partir duquel les droits sont négociables ou exigibles et les cas dans lesquels ils peuvent être débloqués de manière anticipée ;
- les modalités d'affectation par défaut des sommes attribuées au titre de l'*intéressement** sur le *plan d'épargne d'entreprise**.

En annexe, la fiche comporte une note rappelant succinctement les règles essentielles de calcul et de répartition prévues par l'accord.

Ce n'est pas obligatoire, mais si l'employeur le juge utile, il peut, à notre sens, indiquer sur la fiche le *forfait social** payé par l'entreprise, à titre d'information du salarié sur les charges patronales liées à l'intéressement.

Modalité de transmission - La fiche peut être remise sous forme électronique, si le salarié ne s'y oppose pas, dans des conditions de nature à garantir l'intégrité des données (c. trav. art. D. 3313-9).

Bénéficiaires quittant ou ayant quitté l'entreprise - Si l'accord d'intéressement a été mis en place après que des salariés susceptibles d'en bénéficier ont quitté l'entreprise, ou lorsque le calcul et la répartition de l'intéressement interviennent après un tel départ, la fiche annexe et la note jointe doivent également être adressées aux intéressés pour les informer de leurs droits (c. trav. art. D. 3313-10).

Pour l'information des salariés ayant quitté l'entreprise, voir aussi *Intéressement**.

Lors de l'attribution de la participation

Fiche d'information - La somme attribuée au titre de la *participation aux résultats** doit faire l'objet d'une fiche distincte du bulletin de paye (c. trav. art. D. 3323-16 ; guide intermin. épargne salariale, juillet 2014, dossier 2, fiche 6, § II).

Cette fiche indique (c. trav. art. D. 3323-16) :
- le montant total de la réserve spéciale de participation pour l'exercice écoulé ;
- le montant total des droits attribués à l'intéressé ;
- le cas échéant, le montant des sommes reçues au titre des avances ;
- en cas de versement d'avances, le montant des droits attribués à l'intéressé restant à percevoir ou à reverser à l'employeur ;
- la retenue opérée au titre de la CSG/CRDS ;
- s'il y a lieu, l'organisme auquel est confiée la gestion de ces droits ;
- la date à partir de laquelle lesdits droits sont négociables ou exigibles ;
- les cas dans lesquels ils peuvent être exceptionnellement liquidés ou transférés avant l'expiration de ce délai ;
- les modalités d'affectation par défaut de la participation à un *plan d'épargne pour la retraite collectif** ou à un *plan d'épargne retraite d'entreprise collectif** (voir *Participation aux résultats**).

Une note jointe à cette fiche rappelle les règles de calcul et de répartition de la réserve spéciale de participation.

Ce n'est pas obligatoire, mais si l'employeur le juge utile, il peut, à notre sens, indiquer sur la fiche le *forfait social** payé par l'entreprise, à titre d'information du salarié sur les charges patronales liées à la participation.

Modalité de transmission - La fiche peut être remise sous forme électronique, si le salarié ne s'y oppose pas, dans des conditions de nature à garantir l'intégrité des données (c. trav. art. D. 3323-16).

Bénéficiaires quittant l'entreprise - Si l'accord de participation a été mis en place après que des salariés susceptibles d'en bénéficier ont quitté l'entreprise, ou lorsque le calcul et la répartition de la réserve spéciale de participation interviennent après un tel départ, la fiche et la note jointe doivent également être adressées aux intéressés pour les informer de leurs droits (c. trav. art. D. 3323-18).

Pour l'information des salariés ayant quitté l'entreprise, voir aussi *Participation aux résultats**.

En cas de versement d'une avance sur intéressement ou participation

Fiche d'information - Depuis la loi Partage de la valeur du 29 novembre 2023 et ses décrets de juin et juillet 2024, il est possible de verser, en cours d'exercice, des avances sur les sommes dues au titre de l'intéressement ou de la participation, si l'accord le prévoit et sous certaines conditions (accord du salarié, etc. ; voir *Intéressement** et *Participation aux résultats**) (c. trav. art. L. 3348-1 et D. 3348-1).

La somme attribuée au titre d'une avance d'intéressement ou de participation doit faire l'objet d'une fiche distincte du bulletin de paye indiquant (c. trav. art. D. 3348-2) :
- l'accord du bénéficiaire sur le principe de l'avance (voir *Intéressement** et *Participation aux résultats**) ;
- le montant des droits attribués au titre de l'avance ;
- la retenue opérée au titre de la CSG/CRDS ;
- l'obligation et les modalités de remboursement du trop-perçu à l'employeur, lorsque les avances versées au salarié sont supérieures aux droits définitifs attribués au titre de l'*intéressement** ou de la *participation aux résultats** ;
- l'impossibilité de débloquer ce trop-perçu lorsqu'il a été affecté un plan d'épargne salariale (il constitue alors un versement volontaire et n'ouvre pas droit aux exonérations attachées à l'intéressement ou à la participation) ;
- lorsque l'avance au titre de l'intéressement ou de la participation est investie sur un plan d'épargne salariale, le délai à partir duquel les droits nés de cet investissement sont négociables ou exigibles et les cas de déblocage anticipé ;
- les modalités d'affectation par défaut des sommes attribuées au titre d'une avance sur l'*intéressement** sur un *plan d'épargne d'entreprise** (PEE, PEI) ;
- les modalités d'affectation par défaut des sommes attribuées au titre d'une avance de *participation aux résultats** sur un *plan d'épargne retraite d'entreprise collectif** (PERE-CO) ou sur un *plan d'épargne pour la retraite collectif** (PERCO « ancienne mouture » encore en activité).

Modalité de transmission - Sauf opposition du bénéficiaire, la remise de cette fiche distincte peut être effectuée par voie électronique, dans des conditions de nature à garantir l'intégrité des données (c. trav. art. D. 3348-2).

☞ *État récapitulatif d'épargne salariale et relevé annuel de situation ; Intéressement ; Livret d'épargne salariale ; Participation aux résultats ; Réserve spéciale de participation.*

Intérimaire

☞ *Travailleurs temporaires ; Travailleurs temporaires (contrat à durée indéterminée).*

Intermittents du spectacle

La paye des intermittents du spectacle est spécifique en raison de la nature même de l'activité des intéressés. Les employeurs occasionnels d'intermittents doivent obligatoirement passer par un guichet unique, créé à leur intention (voir *Guichet unique du spectacle occasionnel**).

Pour les autres employeurs, des règles spécifiques sont à respecter. Elles sont résumées ici.

Assiette des cotisations

Cachets - L'assiette des cotisations est constituée par les cachets versés au cours du mois de paye.

Frais professionnels - Pour certains artistes du spectacle, l'employeur est autorisé à pratiquer une *déduction forfaitaire spécifique pour frais professionnels** sur l'assiette des cotisations de sécurité sociale et des charges alignées. S'il choisit cette option, il doit alors réintégrer les frais professionnels dans l'assiette des cotisations.

Les secteurs du spectacle vivant et du spectacle enregistré sortent, depuis 2024, de façon progressive de la déduction forfaitaire spécifique (DFS) pour frais professionnels :
- artistes dramatiques, lyriques, cinématographiques ou chorégraphiques : le taux de la DFS (25 % jusqu'en 2023 inclus) est ainsi de 21 % en 2025, puis continuera à diminuer progressivement pour arriver à 0 % en 2032 ;
- musiciens, choristes, chefs d'orchestre et régisseurs de théâtre : le taux de la DFS (20 % jusqu'en 2023 inclus) est ainsi de 18 % en 2025, puis continuera à diminuer progressivement pour arriver à 0 % en 2032.

Pendant cette période de sortie progressive de DFS, les employeurs concernés bénéficient de tolérances spécifiques d'application des DFS [pour le détail du calendrier et des modalités de sortie progressive, voir *Frais professionnels (déduction forfaitaire spécifique)**].

Dans tous les cas, l'abattement d'assiette lié à la DFS est limité à 7 600 € par an et par salarié. Rappelons que la DFS ne s'applique pas à la base CSG/CRDS.

▶ À noter… Le *guichet unique du spectacle occasionnel** intègre cet abattement : à l'employeur de préciser s'il opte ou non pour son application.

Cotisations dues à l'URSSAF

Taux réduits de cotisations pour certains intermittents - Les cotisations sont calculées par chaque employeur, en appliquant aux cachets perçus par les intéressés les taux de cotisations, sans qu'il soit tenu compte des cachets éventuellement versés par un ou plusieurs autres employeurs.

Des taux réduits s'appliquent aux artistes au sens du code du travail (c. trav. art. L. 7121-2), quel que soit leur mode de rémunération et qu'ils aient ou non plusieurs employeurs, pour la rémunération des répétitions comme des spectacles. Ainsi, les cotisations de sécurité sociale (parts patronales et salariales), le FNAL et le versement mobilité sont calculés sur la base d'un taux égal à 70 % des taux normaux (arrêté du 24 janvier 1975, art. 2, modifié en dernier lieu par arrêté du 12 décembre 2006).

Au sens du code du travail sont considérés comme *artistes du spectacle**, notamment (c. trav. art. L. 7121-2) :
- les artistes lyriques, dramatiques, chorégraphiques ou de variétés ;
- les musiciens ;
- les chansonniers ;
- les artistes de complément ;
- les chefs d'orchestre ;
- les arrangeurs-orchestrateurs ;
- les metteurs en scène, réalisateurs et chorégraphes, pour l'exécution matérielle de leur conception artistique ;
- les artistes de cirque ;
- les marionnettistes ;
- les personnes dont l'activité est reconnue comme un métier d'artiste-interprète par les conventions collectives du spectacle vivant étendues.

▶ À noter... Les taux réduits sont applicables aux artistes pour leur activité d'artistes du spectacle et non pas pour leurs activités accessoires (dispenses de cours, stages, etc.).

Engagement continu supérieur à 5 jours - Les cotisations sont calculées selon les modalités habituellement appliquées pour les autres salariés.

En ce qui concerne le plafond de sécurité sociale utilisé pour la détermination des tranches, les nouvelles règles de calcul sont normalement applicables, sous réserve du délai de tolérance admis par l'administration (voir *Plafond de sécurité sociale**).

Artistes du spectacle : taux des cotisations URSSAF 2025

Cotisations	Assiette	Part salariale	Part patronale
Maladie, maternité, invalidité, décès	Base brute sécurité sociale*	- (1)	4,90 % ou 9,10 % (2)
Allocations familiales	Base brute sécurité sociale*	-	2,42 % ou 3,68 % (3)
Vieillesse déplafonnée	Base brute sécurité sociale*	0,28 %	1,41 %
Vieillesse plafonnée	Base brute sécurité sociale* dans la limite du plafond (4)	4,83 %	5,99 %
Accidents du travail	Base brute sécurité sociale*	-	(5)
FNAL (moins de 50 salariés)	Base brute sécurité sociale* dans la limite du plafond (5)	-	0,07 %
FNAL (50 salariés et plus)	Base brute sécurité sociale*	-	0,35 %
Versement mobilité	Base brute sécurité sociale*	-	taux applicable dans la zone × 70 %
Contribution solidarité autonomie	Base brute sécurité sociale*	-	0,30 %
Contribution au dialogue social	Base brute sécurité sociale*	-	0,016 %
CSG déductible	Base CSG/CRDS (6)	6,80 %	-
CSG non déductible	Base CSG/CRDS (6)	2,40 %	-
CRDS	Base CSG/CRDS (6)	0,50 %	-

* S'il y a lieu, après application de la *déduction forfaitaire spécifique pour frais professionnels**.
(1) Dans les départements du Haut-Rhin, du Bas-Rhin et de la Moselle, une cotisation salariale spécifique de 0,91 % est due.
(2) La cotisation patronale est de 4,90 % pour les salariés dont la rémunération ne dépasse pas un certain niveau (voir *Cotisation d'assurance maladie-maternité-invalidité**). Au-delà, le taux reste fixe à 9,10 %.
(3) La cotisation patronale est de 2,42 % pour les salariés dont la rémunération ne dépasse pas un certain niveau de rémunération (voir *Cotisation d'allocations familiales**). Au-delà, le taux reste fixe à 3,68 %.
(4) Pour les engagements inférieurs à 5 jours, assiette plafonnée à 12 plafonds horaires (348 € par jour en 2025).
(5) Le taux accidents du travail est le taux AT de l'entreprise abattu de 30 %.
(6) Les déductions forfaitaires spécifiques pour frais professionnels ne doivent pas être appliquées à la base CSG/CRDS.

Engagement continu inférieur ou égal à 5 jours - Pour les artistes du spectacle dont la période d'engagement est inférieure à 5 jours consécutifs, le plafond de la sécurité sociale applicable à cette période est égal à 12 fois le montant horaire du *plafond de la sécurité sociale** (soit 348 € en 2025) par jour d'engagement, quels que soient le nombre d'heures et la nature du travail effectués lors de chaque journée (arrêté du 24 janvier 1975 modifié, art. 3 ; BOSS, Assiette générale, § 1140, 01/01/2024).

Les cotisations plafonnées (vieillesse, FNAL de 0,10 %) sont calculées dans cette limite.

Les autres cotisations et contributions sont calculées sur l'ensemble de la rémunération, après application éventuelle de la déduction forfaitaire spécifique pour frais professionnels (*voir plus haut*).

Acteurs de complément - Outre l'application des taux réduits, les acteurs de complément engagés à la journée lors de productions cinématographiques dont la rémunération brute journalière est inférieure à 6 % du montant mensuel du *plafond de la sécurité sociale** (235,50 € en 2025) se voient en principe appliquer une assiette forfaitaire de cotisation, égale à 9 fois le *SMIC** horaire (106,92 € au 1er janvier 2025) (arrêté du 9 janvier 1989, art. 1 et 2).

La CSG et la CRDS sont alors calculées sur 100 % de cette base forfaitaire.

▶ À noter… Selon l'ACOSS, le mécanisme d'encadrement des assiettes forfaitaires mis en place par la loi de financement de la sécurité sociale pour 2015 est applicable depuis le 1er septembre 2017. Si la rémunération du salarié est égale ou supérieure à 1,5 fois le *plafond de la sécurité sociale** correspondant à la durée du travail, la base de calcul des cotisations doit être au moins égale à 70 % du salaire brut (voir *Assiettes et cotisations forfaitaires**).

Par dérogation, d'un commun accord entre l'employeur et le salarié, les cotisations peuvent être calculées conformément aux règles de droit commun, sur la base de la rémunération réelle (arrêté du 9 janvier 1989, art. 3).

Autres intermittents - Les cotisations sont calculées normalement pour les autres intermittents, non mentionnés ci-avant, en particulier pour ce qui concerne le calcul du plafond de la sécurité sociale (voir *Plafond de la sécurité sociale**).

Contributions d'assurance chômage et AGS

Intermittents (spectacle, audiovisuel, cinéma, etc.) - Des textes spécifiques pour les artistes et autres intermittents du spectacle ont été annexés au règlement de l'assurance chômage :
- annexe VIII : pour les ouvriers et techniciens de l'édition d'enregistrement sonore, de la production cinématographique et audiovisuelle, de la radio, de la diffusion, du spectacle et de la prestation technique au service de la création et de l'évènement ;
- annexe X : pour les artistes du spectacle.

Recouvrement par France Travail - Les cotisations d'assurance chômage sont recouvrées par France Travail pour les intermittents du spectacle.

Le recouvrement de ces cotisations s'effectue exclusivement par le vecteur de la DSN (www.net-entreprises.fr, Base de connaissance DSN, fiche 2417 modifiée le 02/05/2022).

Ces règles ne concernent pas les cotisations dues au titre de l'emploi de salariés intermittents par des employeurs relevant du *Guichet unique du spectacle occasionnel** (GUSO) (circ. Unédic 2022-7 du 19 mai 2022).

Taux des contributions d'assurance chômage et AGS - Les taux des contributions d'assurance chômage dues au titre de l'emploi d'intermittents sont égaux à la somme des taux de droit commun et des taux destinés au financement du régime d'indemnisation spécifique dont ils bénéficient (conv. ass. chôm. du 15 novembre 2024, art. 4 ; règl. ass. chôm. annexes VIII et X, art. 50 ; circ. Unédic 2019-11 du 14 octobre 2019).

Elles sont égales à la somme du taux de droit commun de l'assurance chômage et du taux destiné au financement de l'indemnisation spécifique aux intermittents du spectacle.

Les taux sont fixés comme suit :
- part salariale : 2,40 % ;
- part patronale : 9,05 % jusqu'au 30 avril 2025, puis 9 % à partir du 1er mai 2025.

▶ À noter… Ces taux incluent la contribution spécifique due au titre du financement du régime d'assurance chômage particulier aux intermittents du spectacle (part salariale : 2,40 % ; part patronale : 5 %).

Depuis le 1er janvier 2020, s'y ajoute le cas échéant une majoration de 0,50 % de la part patronale sur les CDD d'usage d'une durée inférieure ou égale à 3 mois (voir *Cotisations d'assurance chômage et d'AGS**), ce qui porte la part patronale à 9,55 % jusqu'au 30 avril 2025 et à 9 % à partir du 1er mai 2025.

En revanche, les intermittents du spectacle ne relèvent pas du système de bonus/malus des cotisations chômage (c. trav. art. L. 5424-20).

Intermittents du spectacle : contributions chômage et AGS au 15.01.2025		
Contribution	**Part salariale**	**Part patronale**
Assurance chômage	2,40 % (1)	• 9,05 % jusqu'au 30.04.2025 (1) • 9 % à partir du 01.05.2025 (1)
Assurance chômage pour CDD d'usage d'une durée inférieure ou égale à 3 mois	2,40 % (1)	• 9,55 % jusqu'au 30.04.2025 (1) (2) • 9,50 % à partir du 01.05.2025 (1) (2)
AGS	-	0,25 %

(1) Dont contribution spécifique au titre du régime d'assurance chômage particulier aux intermittents du spectacle (part salariale : 2,40 % ; part patronale : 5 %).
(2) Dont majoration de 0,50 % sur les CDD d'usage d'une durée inférieure ou égale à 3 mois.

La cotisation AGS est appelée à son taux habituel (0,25 % au 1er janvier 2025).

Les contributions d'assurance chômage et d'AGS sont appelées sur le salaire brut soumis à cotisations de sécurité sociale retenu dans la limite de 4 plafonds. Elles sont exigibles au plus tard le 15 du mois suivant celui au cours duquel les rémunérations sont versées.

Attestation d'emploi employeur - Les employeurs non occasionnels d'intermittents du spectacle doivent remplir chaque mois une attestation servant (c. trav. art. R. 5422-6 ; règlt ass. chôm. du 15 novembre 2024, annexes VIII et X, art. 47) :
- de justificatif de toute activité reprise au cours du mois par l'intermittent ;
- d'attestation d'employeur pour faire valoir ultérieurement de nouveaux droits aux allocations-chômage ;
- de déclaration nominative lors du versement mensuel des contributions.

L'attestation d'employeur mensuelle (AEM) est remplie, datée et signée par l'employeur soit en ligne, soit sur papier.

Elle est établie en trois exemplaires pour chaque prestation de travail :
- un exemplaire doit être adressé au France Travail Services (Centre national de recouvrement cinéma spectacle) ;
- un exemplaire doit être remis au salarié intermittent du spectacle ;
- le troisième exemplaire est conservé par l'employeur.

▶ À noter… Il est prévu que l'AEM sera progressivement remplacée par la DSN à partir du second semestre 2025, pour une généralisation prévue pour 2026.

DSN - Pour l'heure, la DSN ne se substitue pas à l'AEM (circ. Unédic 2022-7 du 19 mai 2022). Il convient donc d'indiquer pour les salariés concernés le code « 06 - Contrat de travail faisant l'objet d'une attestation employeur mensuelle (AEM) pour un artiste du spectacle » dans la rubrique 40.025 « motif d'exclusion DSN ».

Les données concernant chacun des artistes déclarés dans la DSN seront néanmoins communiquées aux autres organismes destinataires (ex. : DGFiP pour le prélèvement à la source).

Numéro d'objet - Pour tous les salariés intermittents du spectacle employés pour un spectacle, une manifestation ou une production, l'employeur doit obligatoirement faire figurer un numéro d'objet sur :
- les attestations d'employeur mensuelles (AEM) ;
- les bulletins de salaire ;
- et, si possible, les contrats de travail.

Le numéro d'objet, délivré par France Travail, permet d'assurer le suivi du recours au CDD d'usage. Il est un outil de gestion des contrats de travail et de structuration de la profession. Il est attribué sur demande de l'employeur (*via* le site Internet de France Travail) en fonction du champ conventionnel applicable. Il est personnel et ne s'applique que pour le spectacle déclaré. Il est attribué à l'employeur, après qu'il ait complété une demande sur son espace en ligne.

Retraite complémentaire

Caisse spécifique - L'employeur d'intermittents du spectacle doit adhérer, pour la retraite complémentaire et prévoyance, au Groupe Audiens (Groupe Audiens : 08 11 65 50 50 ; www.audiens.org).

▶ À noter… Le Groupe Audiens se charge également du recouvrement de la cotisation de la médecine du travail.

Cotisations dues - Les cotisations de retraite complémentaire se calculent sur le brut réel soumis à cotisations de sécurité sociale (éventuellement abattu en cas de *déduction forfaitaire spécifique pour frais professionnels**), même dans les cas où les cotisations de sécurité sociale sont calculées forfaitairement.

Contributions de retraite complémentaire des intermittents du spectacle au 1er janvier 2025 (source www.audiens.fr)			
Catégories de personnel	**Tranches de rémunération**	**Part salariale**	**Part patronale**
I - Contributions de retraite complémentaire AGIRC-ARRCO proprement dites			
Non-cadres intermittents techniciens (b)	Tr. 1 (de 0 à 1 PSS)	3,93 % (a)	3,94 % (a)
	Tr. 2 (de 1 à 8 PSS)	10,79 % (a)	10,80 % (a)
Artistes intermittents non-cadres (b)	Tr. 1 (de 0 à 1 PSS)	4,44 % (a)	4,45 % (a)
	Tr. 2 (de 1 à 8 PSS)	10,79 % (a)	10,80 % (a)
Cadres intermittents	Tr. 1 (de 0 à 1 PSS)	3,93 % (a)	3,94 % (a)
	Tr. 2 (de 1 à 8 PSS)	8,64 %	12,95 %
II - Autres contributions			
Contribution d'équilibre général AGIRC-ARRCO	Tr. 1 (de 0 à 1 PSS)	0,86 %	1,29 %
	Tr. 2 (de 1 à 8 PSS)	1,08 %	1,62 %
Contribution d'équilibre technique AGIRC-ARRCO (uniquement si brut > PSS) (c)	Tr. 1 + 2 (de 0 à 8 PSS)	0,14 %	0,21 %
APEC (cadres uniquement)	Tr. A + B (de 0 à 4 PSS)	0,024 %	0,036 %

PSS = Plafond de la sécurité sociale.
(a) Pour une répartition de 50 % à la charge du salarié et 50 % à celle de l'employeur. Le taux en tranche 1 et la répartition en tranche 2 peuvent être différents en application d'obligations résultant de Conventions collectives, d'accords de retraite ou de conditions particulières adoptées au sein de l'entreprise.
(b) Pour ces catégories de personnel, le plafond de la sécurité sociale n'est pas proratisé. Il convient d'utiliser le plafond annuel, quelle que soit la durée d'emploi.
(c) Contribution due sur tranches 1 et 2 au titre des salariés dont la rémunération est supérieure au plafond.

Les taux de cotisations sont ceux indiqués dans le tableau.

L'employeur devra en outre appliquer normalement les contributions d'équilibre général et, pour les salariés dont la rémunération est supérieure au plafond, la contribution d'équilibre technique.

Calcul des plafonds - Pour un non-cadre, le plafond retenu pour la détermination des tranches est le plafond annuel, quelle que soit la durée du travail.

Exemple
En 2025, un artiste perçoit 50 000 € pour 100 jours de travail. La tranche 1 est de 47 100 € et la tranche 2 de 50 000 – 47 100 = 2 900 €.

En revanche, pour un cadre, il convient d'appliquer les règles habituelles pour le *plafond de la sécurité sociale**. Ainsi, le salarié intermittent du spectacle ne bénéficiant pas de la *mensualisation** du salaire (c. trav. art. L. 3242-1), le plafond mensuel doit être ajusté prorata temporis en fonction de la périodicité de la paye (c. séc. soc. art. R. 242-2, I, al. 2).

Exemple
En janvier 2025, un artiste cadre perçoit 1 750 € pour 5 jours de travail. La tranche 1 est de 3 925 € × 5/31 = 633,06 €.

Spécificité pour les cadres - Pour les intermittents du spectacle ayant le statut de cadre, la cotisation due à l'*APEC** est calculée comme pour les autres salariés.

Autres caisses

L'employeur doit, en outre, adhérer à d'autres caisses pour ses intermittents, et notamment :
- à la Caisse des congés spectacles (01 73 17 34 34) (www.conges-spectacles.com) ;
- pour la formation professionnelle, à l'AFDAS (01 44 78 55 80 39) (www.afdas.com).

☞ *Artistes du spectacle ; Contribution à la formation professionnelle ; Guichet unique du spectacle occasionnel.*

Intermittents du spectacle (employeurs occasionnels d')

La paye des intermittents du spectacle (artistes et techniciens) présente de nombreuses caractéristiques qui la rendent difficile à établir pour des employeurs étrangers à ce secteur.

C'est pourquoi les employeurs occasionnels d'artistes et de techniciens du spectacle (comité social et économique, employeurs organisant des fêtes de fin d'année, etc.) doivent passer par le *guichet unique du spectacle occasionnel** pour l'emploi de ces salariés.

☞ *Guichet unique du spectacle occasionnel ; Intermittents du spectacle.*

Inventions de salariés

Toute invention brevetable réalisée par un salarié est susceptible d'être attribuée, selon les cas, soit à l'employeur, soit au salarié lui-même.

L'attribution de la propriété dépend des circonstances dans lesquelles le salarié a réalisé son invention. Il en existe trois catégories, exposées ci-après (c. propr. intell. art. L. 611-7). Le salarié a une obligation de déclarer immédiatement ses inventions auprès de son employeur (c. propr. intell. art. R. 611-1 à R. 611-10). Un régime spécifique est prévu pour les inventions réalisées par des personnes non-salariées (ex. : stagiaires) accueillies dans le cadre d'une convention par une entreprise réalisant de la recherche (c. propr. intell. art. L. 611-7-1, R. 611-21 et R. 611-22).

Inventions de missions demeurant la propriété de l'employeur

Principe - Les inventions faites par le salarié dans l'exécution d'un contrat de travail comportant une mission inventive, ou d'études et de recherches qui lui sont confiées, appartiennent à l'employeur (c. propr. intell. art. L. 611-7, 1).

▶ À noter... Une clause peut être inscrite dans le contrat de travail pour interdire au salarié, pendant sa durée et pour plusieurs années suivant sa rupture, de déposer des brevets pour des créations inventées pendant l'exécution du contrat. Elle ne s'assimile pas à une clause de non-concurrence et ne donne donc droit à aucune *indemnité de non-concurrence** au profit du salarié (cass. soc. 3 mai 2018, n° 16-25067, BC V n° 75).

Critères - Sauf stipulation contractuelle plus favorable au salarié, appartiennent à l'employeur les inventions réalisées :
- soit lors de l'exécution d'un contrat de travail comportant une mission inventive qui correspond aux fonctions effectives du salarié (cass. soc. 21 septembre 2011, n° 09-69927, BC V n° 192) ;
- soit à la suite d'études et de recherches qui sont explicitement confiées au salarié (cass. com. 9 décembre 2014, n° 13-16559, BC IV n° 183).

Rémunération - Le salarié auteur d'une telle invention bénéficie d'une rémunération supplémentaire dont les conditions sont déterminées par les conventions collectives, les accords d'entreprise et les contrats de travail (c. propr. intell. art. L. 611-7). En l'absence de disposition conventionnelle, il est préférable que le contrat de travail définisse le montant de cette rémunération.

Celle-ci peut être fixée en fonction du salaire de l'inventeur (ex. : plusieurs mois de salaire), mais ce n'est pas légalement obligatoire. D'autres critères, tels que celui de l'intérêt commercial de l'invention, peuvent être retenus (cass. com. 21 novembre 2000, n° 98-11900, BC IV n° 179). Son montant est soumis à cotisations, puisqu'elle est octroyée en contrepartie ou à l'occasion du travail (c. séc. soc. art. L. 242-1).

L'article L. 611-7 prévoyant l'attribution d'une rémunération complémentaire est d'ordre public. Toute clause conventionnelle restrictive est illégale et non applicable. Ainsi, une convention collective ne peut pas exclure la rémunération supplémentaire pour les inventions ne présentant pas pour l'entreprise un intérêt exceptionnel dont l'importance serait sans commune mesure avec le salaire de l'inventeur (cass. com. 22 février 2005, n° 03-11027, BC IV n° 35). Elle ne peut pas davantage subordonner le droit à la rémunération supplémentaire à la double condition de la délivrance d'un brevet et de l'intérêt exceptionnel que l'invention présente pour l'entreprise (cass. com. 12 février 2013, n° 12-12898 D).

Tout litige relatif à cette rémunération est soumis à la commission paritaire de conciliation créée auprès de l'INPI (c. propr. intell. art. L. 615-21) ou au tribunal judiciaire.

▶ Attention... Des inventions antérieures à la conclusion du contrat de travail d'un gérant salarié et correspondant à un apport en nature ne sont pas des inventions de mission ouvrant droit à une rémunération supplémentaire (cass. soc. 2 juin 2010, n° 08-70138, BC V n° 125). Lorsque les droits sur une invention de mission réalisée par un salarié sont transférés à un autre employeur (ex. : cession d'entreprise), mais que le contrat de travail ne s'est pas poursuivi avec cet employeur, le salarié ne peut pas réclamer au cessionnaire de rémunération supplémentaire (cass. com. 31 janvier 2018, n° 16-13262, BC IV, n° 18 ; cass. com. 5 janvier 2022, n° 19-22030 FB).

Obligation d'information - L'employeur a une obligation d'information envers le salarié, pour lui permettre de bénéficier de son droit à rémunération supplémentaire. Il doit l'informer lorsque l'invention fait l'objet du dépôt d'une demande de titre de propriété industrielle et, le cas échéant, lors de la délivrance de ce titre (c. propr. intell. art. L. 611-7, 1).

Inventions pouvant être revendiquées par l'employeur

Critères - L'employeur peut se faire attribuer la propriété de tout ou partie des droits attachés à une invention « hors mission » du salarié, lorsqu'elle a été faite (c. propr. intell. art. L. 611-7, 2) :
- soit dans le cours de l'exécution de ses fonctions ;
- soit dans le domaine des activités de l'entreprise ;
- soit par la connaissance ou l'utilisation de techniques ou de moyens spécifiques à l'entreprise, ou de données qu'elle procure.

▶ À noter… L'employeur a 4 mois pour exercer son droit d'attribution à compter de la déclaration de l'invention par le salarié. S'il ne le fait pas, le salarié dispose librement de l'invention (c. propr. intell. art. R. 611-7).

Rémunération - Le salarié doit alors obtenir un « juste prix » de ses inventions. À défaut d'accord entre les parties, il est fixé par la commission de conciliation ou par le tribunal judiciaire en fonction des apports initiaux du salarié et de l'employeur et de l'utilité industrielle et commerciale de l'invention (c. propr. intell. art. L. 611-7, 2).

Son montant est soumis à cotisations (c. séc. soc. art. L. 242-1).

▶ À noter… Il en est de même des primes pour innovations techniques destinées à rémunérer des prestations conçues et inventées par les salariés (cass. soc. 12 octobre 1995, n° 93-14001, BC V n° 273).

Le fait générateur du paiement du « juste prix » est la réalisation de l'invention. Le « juste prix » doit être évalué au jour où l'employeur exerce son droit d'attribution, mais les éléments postérieurs à cette date peuvent être pris en compte pour confirmer l'appréciation des perspectives de développement de l'invention (cass. com. 9 juillet 2013, n° 12-22157, BC IV n° 121).

Inventions propriétés exclusives du salarié

Lorsqu'une invention est totalement étrangère à l'entreprise, elle a lieu « hors mission » et ne peut pas être attribuée à l'employeur. Le salarié en reste totalement propriétaire. C'est le cas s'il l'a réalisée sur son temps libre, hors de toute directive ou instruction de son employeur.

En tout état de cause, le salarié ne doit pas enfreindre son obligation de non-concurrence, de loyauté envers l'entreprise et d'exécution de bonne foi du contrat de travail sous peine de commettre une faute pouvant être sanctionnée (c. trav. art. L. 1222-1).

J

Jetons de présence

L'assemblée générale d'une société anonyme peut allouer des jetons de présence aux administrateurs et membres du conseil de surveillance en rémunération de leur mandat social.

Par commodité de langage, nous conservons ici le terme « jeton de présence », bien que désormais, le code de commerce fasse référence à la « rémunération » (c. com. art. L. 225-45 et L. 225-83).

Attribution

Les personnes pouvant recevoir des jetons de présence sont limitativement prévues par la loi. Il s'agit :
- des administrateurs en place (c. com. art. L. 225-45 et L. 22-10-14) ;
- des membres du conseil de surveillance (c. com. art. L. 225-83 et L. 22-10-27).

Cotisations sociales

Jetons de présence attribués aux présidents, directeurs généraux et directeurs généraux délégués - Les présidents, directeurs généraux et directeurs généraux délégués des sociétés anonymes (SA) et des sociétés d'exercice libéral à forme anonyme (SELAFA), ainsi que les présidents et les dirigeants des sociétés par actions simplifiées (SAS) et des sociétés d'exercice libéral par actions simplifiées (SELAS) sont affiliés de plein droit au régime général de la sécurité sociale (c. séc. soc. art. L. 311-3, 12° et 23°).

Les rémunérations versées à l'occasion de leurs fonctions, y compris les jetons de présence, sont donc soumises à cotisations sociales (cass. soc. 7 février 1980, n° 78-13425, BC V n° 127 ; cass. soc. 14 novembre 1984, n° 83-10943, BC V n° 433 ; cass. soc. 7 mai 1998, n° 96-17447, BC V n° 238).

Elles sont en conséquence également assujetties à la *CSG** et à la *CRDS**, en tant que revenus d'activité.

Jetons de présence alloués aux administrateurs et membres du conseil de surveillance - Les jetons de présence constituent la rémunération d'un mandat social. Ils n'ont pas de caractère salarial et ne sont pas soumis à cotisations de sécurité sociale dès lors qu'ils sont versés à des mandataires sociaux qui ne sont pas affiliés au régime général de la sécurité sociale. Ils sont également exclus de l'assiette de la CSG/CRDS (BOSS, Assiette générale, § 190, 01/01/2024).

Ainsi, les jetons de présence versés aux administrateurs de sociétés anonymes dans le cadre de leur mandat échappent, en principe, aux cotisations du régime général de la sécurité sociale (cass. soc. 16 mars 1976, n° 74-13284, BC V n° 173 ; cass. soc. 26 mai 1987, n° 85-12333, BC V n° 341).

Il en est de même des rémunérations attribuées pour des missions exceptionnelles ou spéciales n'ayant pas le caractère permanent (cass. soc. 31 octobre 2000, n° 98-22160 D).

Le seul fait qu'un administrateur soit aussi titulaire d'un contrat de travail ne suffit pas pour inclure les jetons de présence dans l'assiette des cotisations. Il faut rechercher si ces sommes sont la contrepartie du mandat ou du travail salarié.

Exemple

Les jetons de présence sont soumis à cotisations de sécurité sociale s'ils sont alloués en contrepartie ou à l'occasion d'un travail salarié (cass. soc. 12 décembre 1991, n° 89-16730 D). En revanche, ils sont exclus de l'assiette des cotisations s'ils correspondent à une activité de mandataire social distincte de l'activité salariée qu'exerce, par ailleurs, un administrateur dans la société (cass. soc. 19 octobre 1995, n° 94-11752 D).

Forfait social - Sont soumis au *forfait social**, les jetons de présence et les sommes perçues par les administrateurs et membres des conseils de surveillance des SA (sociétés anonymes) et des SELAFA (sociétés d'exercice libéral à forme anonyme) au titre de l'exercice de leur mandat (c. séc. soc. art. L. 137-15, al. 7 ; BOSS, Assiette générale, § 400, 01/01/2024). Le forfait social est dû quels que soient la nationalité ou le lieu de résidence fiscale de ces derniers dès lors que ces sociétés ont leur siège social en France (cass. civ., 2e ch., 6 juin 2024, n° 21-23396 FB).

▶ À noter... L'entreprise est redevable du forfait social même si les jetons de présence sont perçus par l'intermédiaire de tiers (cass. civ., 2e ch., 13 octobre 2022, n° 21-11754 FB). Dans cette affaire, il s'agissait des jetons de présence de représentants élus par le personnel salarié au conseil de surveillance, que les intéressés faisaient verser directement à leur syndicat.

En revanche, les jetons de présence alloués aux administrateurs assurant également les fonctions de président du conseil d'administration, directeurs généraux ou directeurs généraux délégués, assujettis à cotisations de sécurité sociale (c. séc. soc. art. L. 311-3, 12°), n'entrent pas de ce fait dans le champ du *forfait social** (BOSS, Assiette générale, § 400, 01/01/2024).

☛ *Dirigeants d'entreprise ; Conseil d'administration ou de surveillance (représentants des salariés).*

Jeunes

Du fait de leur âge, les jeunes de moins de 18 ans relèvent d'une réglementation spécifique.

Âge minimum d'emploi

Au moins 16 ans - Les jeunes ne peuvent normalement être embauchés que s'ils sont libérés des obligations scolaires, c'est-à-dire à partir de 16 ans (c. trav. art. L. 4153-1).

Toutefois, sous certaines conditions, un jeune âgé de 15 ans peut être embauché en contrat d'apprentissage (c. trav. art. L. 6222-1). Voir aussi *Stages (jeunes de 14 à 16 ans)**.

▶ À noter... Le 08 février 2023, le ministère du Travail a diffusé un livret récapitulatif sur l'emploi d'enfants dans le spectacle, les professions ambulantes, l'audiovisuel, la publicité et la mode (https://travail-emploi.gouv.fr).

Travail des jeunes de 14 et 15 ans pendant les vacances scolaires - Les jeunes âgés de 14 à moins de 16 ans peuvent être employés pendant les périodes de vacances scolaires dont la durée est d'au moins 14 jours (ouvrables ou non), et à condition qu'ils bénéficient d'un repos effectif continu d'une durée au moins égale à la moitié de chaque période de vacances (c. trav. art. L. 4153-3 et D. 4153-2).

L'employeur doit effectuer une demande à l'inspecteur du travail 15 jours au moins avant la date prévue pour l'embauche (c. trav. art. D. 4153-5). Cette demande, qui doit comporter l'accord écrit du représentant légal de l'intéressé, doit préciser les nom, prénoms, âge et domicile de l'adolescent, la nature, la durée et les conditions de travail (horaire de travail et rémunération). L'absence de réponse dans le délai de 8 jours francs vaut autorisation d'embauche (c. trav. art. R. 4153-6).

Dans tous les cas, le jeune peut seulement être affecté à des travaux légers non susceptibles de porter préjudice à sa sécurité, sa santé ou son développement (c. trav. art. D. 4153-4).

▶ À noter... Les dispositions relatives au travail des moins de 16 ans pendant leurs vacances ne sont pas applicables dans les établissements où ne sont employés que les membres de la famille sous l'autorité du père, de la mère ou du tuteur, même lorsque ces établissements exercent leur activité sur la voie publique (c. trav. art. L. 4153-5). Dans les établissements familiaux, les mineurs de moins de 16 ans peuvent seulement effectuer « des travaux occasionnels ou de courte durée », à condition qu'ils ne puissent pas être considérés comme étant « nuisibles, préjudiciables ou dangereux ». Une liste des travaux nuisibles est établie par décret en Conseil d'État.

Durée du travail

Durées hebdomadaire et quotidienne - Les jeunes de moins de 18 ans ne peuvent pas être occupés plus de 8 heures par jour et 35 heures par semaine.

Toutefois, à titre « exceptionnel », des dérogations à ces durées quotidienne et hebdomadaire peuvent être accordées par l'inspecteur du travail, dans la limite de 5 heures par semaine, après avis conforme du médecin du travail de l'établissement ou du médecin chargé du suivi médical de l'élève (c. trav. art. L. 3162-1).

L'autorisation de l'inspecteur du travail est donnée individuellement pour chaque jeune et pour une durée limitée, chaque demande étant évaluée au cas par cas (circ. DRT 2002-15 du 22 août 2002, § 2, b, BO TR n° 2002/18 du 5 octobre 2002). Son silence pendant 30 jours vaut acceptation implicite (décret 2014-1290 du 23 octobre 2014, JO 1er novembre).

Les mêmes règles s'appliquent aux apprentis de moins de 18 ans (c. trav. art. L. 6222-25).

▶ Attention... La durée du travail des jeunes de 14 à moins de 16 ans autorisés à travailler pendant les vacances scolaires *(voir plus haut)* ne peut, en aucun cas, dépasser 35 heures par semaine, ni 7 heures par jour (c. trav. art. D. 4153-3).

Dans certains secteurs d'activités déterminés, l'employeur peut déroger à ces durées si l'organisation du travail le justifie (c. trav. art. L. 3162-1 et R. 3162-1). Ainsi pour des activités réalisées sur les chantiers de bâtiment, sur les chantiers de travaux publics et pour des activités de création, d'aménagement et d'entretien sur les chantiers d'espaces paysager, le jeune peut travailler :
- plus de 35 heures par semaine, sans excéder 40 heures ;
- plus de 8 heures par jour, sans excéder 10 heures.

Des périodes de repos, d'une durée au moins équivalente au nombre d'heures accomplies au-delà de la durée quotidienne de 8 heures doivent être attribuées aux jeunes concernés. Par ailleurs, les heures supplémentaires éventuelles, ainsi que leurs majorations, donnent lieu à un repos compensateur équivalent.

▶ Attention... La durée du travail des jeunes ne peut en aucun cas être supérieure à la durée quotidienne ou hebdomadaire normale du travail des adultes employés dans l'établissement (c. trav. art. L. 3162-1).

Temps de pause - Aucune période de travail ininterrompue ne peut excéder 4h30 sans qu'un salarié de moins de 18 ans bénéficie de 30 minutes de pause consécutives (c. trav. art. L. 3162-3). Les jeunes de 18 ans ou plus bénéficient des pauses habituelles (voir *Pauses**).

Aménagement du temps de travail - Pour le ministère, il ne semble pas possible d'appliquer aux jeunes un aménagement du temps de travail qui entraînerait un dépassement régulier de la durée de la limite hebdomadaire de 35 heures (circ. DRT 2002-15 du 22 août 2002, § 3). Cette régularité interdit toute dérogation à la durée maximale hebdomadaire de 35 heures, puisque tout dépassement ne peut être autorisé qu'à titre « exceptionnel » (c. trav. art. L. 3162 1, al. 8).

Repos hebdomadaire et quotidien

Repos hebdomadaire - Les jeunes de moins de 18 ans doivent avoir au moins 2 jours de repos consécutifs par semaine (c. trav. art. L. 3164-2).

▶ À noter... Le repos hebdomadaire devant en principe être accordé le dimanche, il s'agira, selon l'horaire collectif de l'entreprise, du samedi et du dimanche ou du dimanche et du lundi.

Une convention ou un accord d'entreprise ou d'établissement (à défaut, une convention ou un accord collectif étendu) peut déroger à la règle des 2 jours consécutifs pour les jeunes d'au moins 16 ans si « les caractéristiques particulières de l'activité le justifient » (c. trav. art. L. 3164-2). L'accord doit prévoir les conditions d'application de la dérogation, sous réserve que ces jeunes bénéficient du principe du repos le dimanche et d'au moins 36 heures consécutives de repos.

À défaut d'accord, un décret définit les conditions dans lesquelles l'inspecteur du travail peut accorder cette dérogation (toujours non paru à l'heure où nous mettons sous presse). Son silence pendant 30 jours vaut acceptation implicite (décret 2014-1290 du 23 octobre 2014, JO 1er novembre).

Jeunes de moins de 16 ans dans le secteur du spectacle - Les entreprises du secteur du spectacle peuvent réduire le temps de repos hebdomadaire à 36 heures pour les jeunes de moins de 16 ans (c. trav. art. L. 3164-2).

▶ À noter... Les mineurs de moins de 16 ans qui sont le sujet principal d'un enregistrement audiovisuel réalisé dans le cadre d'une relation de travail en vue d'une diffusion à titre lucratif sur un service de plateforme de partage de vidéos (enfants youtubeurs ou influenceurs) sont également protégés par la réglementation sur les conditions de travail (durée du travail, rémunération) et préservation des gains applicable aux enfants du spectacle depuis le 20 avril 2021 (loi 2020-1266 du 19 octobre 2020, JO du 20).

Une convention ou un accord d'entreprise ou d'établissement (à défaut, une convention ou un accord collectif étendu) définit les conditions dans lesquelles il peut être dérogé aux 2 jours de repos consécutifs pour ces jeunes travailleurs, à condition :
- qu'ils bénéficient d'une période minimale de repos de 36 heures, dont au moins 24 heures consécutives ;
- et que leur participation à une répétition ou à un spectacle soit de nature à contribuer à leur développement et s'effectue dans des conditions garantissant la préservation de leur santé.

À défaut d'accord, si les conditions mentionnées ci-dessus sont remplies, l'inspecteur du travail peut accorder cette dérogation après avis de la commission chargée d'accorder les autorisations individuelles préalables à l'engagement de mineurs dans le spectacle.

Repos quotidien - La durée minimale du repos quotidien des jeunes est de 14 heures pour les moins de 16 ans, 12 heures pour les jeunes âgés de 16 et 17 ans. À partir de 18 ans, les règles habituelles s'appliquent (11 heures) (c. trav. art. L. 3164-1 et L. 3131-1).

Jours fériés

Même si certains jours fériés ne sont pas chômés dans l'entreprise, l'employeur ne peut pas faire travailler les salariés de moins de 18 ans les *jours fériés** légaux (c. trav. art. L. 3164-6). Cette interdiction n'est pas applicable aux jeunes salariés dans les usines à feu continu (c. trav. art. L. 3164-7).

Une convention ou un accord collectif de branche étendu ou une convention ou un accord d'entreprise ou d'établissement peut déroger à cette interdiction dans certains secteurs (c. trav. art. L. 3164-8).

▶ À noter… Il s'agit des secteurs prévus pour le travail du dimanche *(voir ci-dessous)* auxquels le secteur du spectacle est ajouté (c. trav. art. R. 3164-2).

Encore faut-il que les jeunes concernés bénéficient des dispositions relatives au repos hebdomadaire, comme les 36 heures de repos consécutives (c. trav. art. L. 3164-8).

Journée de solidarité

En ce qui concerne les salariés de moins de 18 ans, la question de la journée de solidarité doit s'apprécier au regard des dispositions du code du travail régissant le travail des mineurs. Ainsi, lorsque la *journée de solidarité** est fixée un jour férié habituellement chômé, elle ne concernera pas les jeunes travailleurs. Si un accord collectif fixe un jour non férié comme journée de solidarité, les partenaires sociaux doivent se prononcer sur les conditions dans lesquelles ces jeunes salariés effectueront cette journée (circ. DRT 2004-10 du 16 décembre 2004, § I-1).

Congés payés

Jeunes de moins de 21 ans - Quelle que soit leur ancienneté, les salariés et apprentis âgés de moins de 21 ans au 30 avril de l'année précédente peuvent demander à bénéficier d'un congé de 30 jours ouvrables (c. trav. art. L. 3164-9).

Dès que le jeune le demande, le congé est dû. L'employeur ne peut pas refuser. Toutefois, les jours de congé supplémentaire, pris en supplément des congés payés effectivement acquis par le jeune sur la période de référence, n'ont pas à être payés.

Salariés avec enfant(s) à charge - Voir *Congés supplémentaires pour enfant à charge ou enfant handicapé**.

Rémunération

SMIC - Sauf accord collectif ou usage plus favorable, le taux du *SMIC** applicable est réduit de 20 % pour les jeunes de moins de 17 ans et de 10 % pour ceux âgés de 17 ans, à condition que les intéressés n'aient pas 6 mois d'expérience dans la branche professionnelle de l'entreprise (c. trav. art. D. 3231-3). Après 6 mois et, dans tous les cas, à partir de 18 ans, le SMIC est à taux plein.

Le jeune doit bénéficier des dispositions plus favorables et des primes prévues par les accords collectifs. Les dispositions relatives à l'égalité de rémunération lui sont également applicables.

Versement de la rémunération - Le mineur émancipé peut percevoir le salaire qu'il a gagné.

En principe, le mineur non émancipé ne peut pas percevoir son salaire directement sans autorisation de son représentant légal. Même si cette autorisation est considérée comme tacitement donnée en l'absence d'opposition formelle du représentant légal, l'employeur d'un mineur non émancipé a tout intérêt à recueillir cette autorisation par écrit (une simple lettre suffit) pour se prémunir d'éventuels conflits.

Visites médicales

Les jeunes travailleurs de moins de 18 ans sont soumis à la visite d'information et de prévention réalisée par un professionnel de santé avant leur affectation sur leur poste (c. trav. art. L. 4624-1 et R. 4624-18). Outre cette visite initiale d'information et de prévention, Ils bénéficient des visites médicales périodiques tenues désormais au moins tous les 5 ans (c. trav. art. L. 4624-1 et R. 4624-16).

Sauf à être affecté sur un poste à risque, leur âge ne leur donne plus systématiquement droit à un suivi médical renforcé.

Pour plus de détails, voir *Visite médicale d'embauche** et *Visites médicales périodiques**.

Travail du dimanche

Dans les entreprises bénéficiant d'une dérogation pour le travail du dimanche, les apprentis de moins de 18 ans peuvent travailler ce jour-là dans les secteurs où des caractéristiques particulières le justifient (c. trav. art. L. 3164-5 et R. 3164-1) :
- l'hôtellerie, la restauration ;
- les traiteurs et organisateurs de réception ;
- les cafés, tabacs et débits de boissons ;
- la boulangerie, la pâtisserie ;
- la boucherie, la charcuterie ;
- la fromagerie-crémerie ;
- la poissonnerie ;
- les magasins de vente de fleurs naturelles, jardineries et graineteries ;
- les établissements des autres secteurs assurant à titre principal la fabrication de produits alimentaires destinés à la consommation immédiate, ou dont l'activité exclusive est la vente de denrées alimentaires au détail.

Cette dérogation ne remet pas en cause l'obligation d'accorder 2 jours de repos consécutifs aux jeunes de moins de 18 ans (ces jours pourront être accordés pendant la semaine).

En ce qui concerne les périodes d'apprentissage en CFA, les jeunes devraient être en repos durant les week-ends encadrant ces semaines afin de respecter effectivement l'obligation des 2 jours de repos hebdomadaire.

Travail de nuit

Définition et principe d'interdiction - Un salarié âgé de 16 ou 17 ans ne peut pas travailler entre 22 h et 6 h du matin. Pour les jeunes de moins de 16 ans, le travail est interdit entre 20 h et 6 h (c. trav. art. L. 3163-1 et L. 3163-2).

Dérogations dans les établissements commerciaux et du spectacle - Des dérogations sont possibles à titre exceptionnel, sur autorisation de l'inspecteur du travail, pour les établissements commerciaux et ceux du spectacle, mais jamais pour la période de minuit à 4 h du matin (c. trav. art. L. 3163-2).

La dérogation est accordée par l'inspecteur du travail pour un an au maximum, renouvelable. À défaut de réponse dans un délai de 1 mois suivant le dépôt de la demande, l'autorisation est réputée accordée (c. trav. art. R. 3163-5).

▶ À noter... Un des décrets sur le principe selon lequel le silence vaut accord évoque un délai de 30 jours (décret 2014-1290 du 23 octobre 2014, JO 1er novembre).

Dérogations spécifiques à certains secteurs - Des dérogations sont également possibles sur autorisation de l'inspecteur du travail dans des secteurs où les caractéristiques particulières de l'activité le justifient. Une convention ou un accord collectif peut définir les conditions dans lesquelles cette autorisation peut être accordée (c. trav. art. L. 3163-2).

Les dérogations possibles et les secteurs concernés sont les suivants (c. trav. art. R. 3163-1) :
- boulangerie et pâtisserie : travail de nuit autorisé avant 6 h du matin (mais au plus tôt à 4 h) pour permettre aux jeunes de participer à un cycle complet de fabrication du pain ou de la pâtisserie, dans les établissements où toutes les phases de la fabrication du pain ou des pâtisseries ne sont pas assurées entre 6 h et 22 h (c. trav. art. R. 3163-3) ;
- hôtellerie-restauration (de 22 h à 23h30) (c. trav. art. R. 3163-2) ;
- courses hippiques (jusqu'à minuit, au plus 2 fois par semaine et au maximum 30 nuits par an) (c. trav. art. R. 3163-4) ;
- spectacles (jusqu'à minuit) (c. trav. art. R. 3163-4).

La dérogation est accordée par l'inspecteur du travail pour un an au maximum, renouvelable. À défaut de réponse dans un délai de 1 mois suivant le dépôt de la demande, l'autorisation est réputée accordée (c. trav. art. R. 3163-5).

Aucune dérogation ne peut être prévue pour la période allant de minuit à 4 h du matin sauf cas d'extrême urgence (c. trav. art. L. 3163-2).

Travaux urgents - En cas d'extrême urgence, si des travailleurs adultes ne sont pas disponibles, l'employeur peut déroger à l'interdiction du travail de nuit pour les jeunes de 16 à 18 ans lorsqu'il s'agit de réaliser des travaux passagers destinés à prévenir des accidents imminents ou à réparer les conséquences d'accidents. Dans ce cas, l'employeur doit leur accorder une période équivalente de repos compensateur dans un délai de 3 semaines (c. trav. art. L. 3163-3).

Moins de 16 ans - Pour les moins de 16 ans, l'interdiction du travail de nuit couvre la période de 20 h à 6 h du matin (c. trav. art. L. 3163-1). Aucune dérogation ne peut être accordée pour ces mineurs (y compris en cas de travaux urgents), sauf dans les métiers du spectacle, du cinéma, de la radio, etc. mais le travail de ces jeunes n'est alors possible que jusqu'à minuit (c. trav. art. L. 3163-2 ; c. trav. art. R. 7124-30-1).

Apprentis - Le travail de nuit tel que défini ci-avant (c. trav. art. L. 3163-1) est interdit pour l'apprenti de moins de 18 ans. Toutefois, des dérogations peuvent être accordées par l'inspecteur du travail (c. trav. art. L. 6222-26 et R. 6222-24). Elles sont identiques aux dérogations par secteur d'activité applicables aux autres jeunes de moins de 18 ans *(voir plus haut)*.

L'autorisation est accordée pour une durée de 1 an, renouvelable. À défaut de réponse dans le mois suivant le dépôt de la demande, l'autorisation est réputée acquise (c. trav. art. R. 6222-24).

Si une dérogation est accordée, le travail de nuit est réalisé sous la responsabilité du maître d'apprentissage (c. trav. art. R. 6222-25).

Travaux dangereux

Suspension en cas de mise en danger - L'inspection du travail peut proposer au *DREETS** de suspendre le contrat de travail ou la convention de stage d'un travailleur de moins de 18 ans s'il constate un risque sérieux d'atteinte à santé, sa sécurité ou à son intégrité physique ou morale (c. trav. art. L. 4733-8 à L. 4733-10 ; c. trav. art. R. 4733-12 à R. 4733-14). La décision de suspension voire de rupture du contrat de travail peut s'accompagner d'une interdiction de recruter ou d'accueillir de nouveaux jeunes de moins de 18 ans.

Travaux interdits aux moins de 18 ans - De plus, il est spécifiquement interdit d'employer des jeunes âgés de moins de 18 ans à certaines catégories de travaux les exposant à des risques pour leur santé, leur sécurité, leur moralité ou excédant leurs forces (c. trav. art. L. 4153-8, D. 4153-15 à D. 4153-37). Si l'inspection du travail constate une infraction à cette interdiction, il peut retirer immédiatement le jeune de son affectation (c. trav. art. L. 4733-2, R. 4733-2 à R. 4733-4).

Parmi ces travaux, certains sont susceptibles de dérogations (c. trav. art. L. 4153-9). Deux catégories de dérogation sont prévues pour les jeunes âgés de 15 à moins 18 ans (elles ne peuvent donc pas jouer pour les « moins de 15 ans »).

Dérogations permanentes - Il existe des dérogations « permanentes », qui ne sont pas conditionnées par une déclaration ou une décision de l'inspecteur du travail. L'employeur peut donc en bénéficier de droit.

Elles concernent tous les jeunes, en formation professionnelle ou non, et dépendent des caractéristiques de chaque individu (aptitude médicale, diplôme, etc.) (c. trav. art. R. 4153-49 à R. 4153-52 ; instr. DGT/CT1/DGEFP/DPJJ/DGESCO/DGCS/DGER/DAFSL 2016-273 du 7 septembre 2016). L'inspecteur peut, là aussi, retirer le jeune de son affectation à ces travaux s'il constate une situation de danger grave ou imminent (c. trav. art. L. 4733-3 ; c. trav. art. R. 4733-5 à R. 4733-10).

Dérogations sur déclaration pour les jeunes en formation - Des dérogations sont aussi prévues pour les besoins de leur formation professionnelle, en faveur notamment des jeunes qui sont en *contrat apprentissage** et en *contrat de professionnalisation**, des stagiaires de la formation professionnelle, ainsi des élèves et étudiants préparant un diplôme professionnel ou technologique (c. trav. art. R. 4153-39).

Ces dérogations sont subordonnées à une déclaration auprès de l'inspecteur du travail, à effectuer par l'employeur et/ou le responsable de l'établissement d'enseignement ou de formation (il n'y a plus de régime d'autorisation préalable) (c. trav. art. R. 4153-40 à R. 4153-43).

La déclaration doit être actualisée dans les 8 jours si certaines modifications interviennent (c. trav. art. R. 4153-42). Elle est à renouveler tous les 3 ans (c. trav. art. R. 4153-40 et R. 4153-44).

Avant d'affecter des jeunes à ces postes de travail, l'entreprise est aussi tenue, en plus de l'obtention d'un avis médical d'aptitude pour chaque jeune, de satisfaire à plusieurs règles de prévention (c. trav. art. R. 4153-40). Le jeune affecté à ces travaux bénéficie aussi du suivi individuel renforcé de son état de santé (c. trav. art. R. 4624-22, R. 4624-23, II, R. 4624-24 à R. 4624-28).

Travaux en hauteur - En principe, il est interdit d'affecter les jeunes à des travaux temporaires en hauteur lorsque la prévention du risque de chute de hauteur n'est pas assurée par des mesures de protection collective (plan de travail avec garde-corps ou main courante, échafaudage, etc.) (c. trav. art. D. 4153-30).

Les employeurs peuvent bénéficier de deux dérogations qu'il s'agisse :
- de l'interdiction pour l'utilisation d'échelles, d'escabeaux et de marchepieds, sous condition (c. trav. art. D. 4153-30, II et R. 4323-63) ;
- des travaux qui, en l'absence de protection collective, nécessitent l'utilisation d'équipements de protection individuelle (système d'arrêt des chutes, système de retenue, etc.) (c. trav. art. D. 4153-30, III).

▶ À noter… Sous conditions *(voir ci-dessus)*, l'employeur peut faire travailler des jeunes de 15 à moins de 18 ans en formation à des travaux réglementés si cela correspond aux besoins de leur formation et sous couvert d'une déclaration à l'inspecteur du travail (voir c. trav. art. R. 4153-39 et s.).

☛ *Apprentis ; Congés supplémentaires pour enfant à charge ou enfant handicapé ; Contrats aidés (tableau récapitulatif) ; Stages en entreprise (gratification) ; Stages en entreprise (recours et statut) ; Stages (jeunes de 14 à 16 ans) ; Travail de nuit.*

Jeunes entreprises de croissance

Définition des JE

Variante de JEI - Le dispositif des jeunes entreprises de croissance (JEC) a été créé par la loi de finances pour 2024 (loi 2023-1322 du 29 décembre 2023, art. 44). Il s'agit d'une variante des *jeunes entreprises innovantes** (JEI), comme le sont les *jeunes entreprises universitaires** (JEU)

Les jeunes entreprises de croissance sont des PME créées depuis moins de 8 ans (comme les JEI), mais le niveau exigé de dépenses de recherche est moindre. En revanche, elles doivent satisfaire à des critères de performance économique.

Le dispositif des JEC est entré en vigueur le 1er juin 2024, suite à la parution du décret qui a défini les critères de performance (décret 2024-464 du 24 mai 2024 JO du 25).

▶ À noter... Le Bulletin officiel de la sécurité sociale (BOSS) consacre une fiche à l'exonération de cotisations attachée aux JEI et à leurs variantes, dont les Jeunes entreprises de croissance (BOSS, Jeunes entreprises innovantes, 01/03/2025).

Critères - L'entreprise doit remplir l'ensemble des conditions requises pour des JEI (voir *Jeunes entreprises innovantes**), sous réserve de deux adaptations (CGI art. 44 sexies-0 A, 3°, c).

D'une part, l'entreprise doit réaliser des dépenses de recherche représentant entre 5 % et 20 % des charges fiscalement déductibles au titre de l'exercice, pour les exercices clos à compter du 1er mars 2025 (entre 5 % et 15 % pour ceux clos avant le 1er mars 2025) (CGI art. 44 sexies-0 A, 3°, c modifié ; loi 2025-127 du 14 février 2025, art. 22, V et VI, JO du 15 ; BOSS, Jeunes entreprises innovantes, § 80, 01/03/2025).

▶ À noter... Pour le calcul du ratio de dépenses de recherche, on ne tient pas compte des charges engagées auprès d'autres JEC ou JEI réalisant des projets de recherche et de développement.

Par ailleurs, l'entreprise doit satisfaire à deux critères spécifiques supplémentaires sous forme d'indicateurs de performance économique liés à l'effectif de l'entreprise et, au minimum au maintien des dépenses de recherche *(voir ci-après)*.

▶ À noter... Les entreprises créées dans le cadre d'une concentration, d'une restructuration ou d'une extension ou d'une reprise d'activités préexistantes sont exclues du dispositif (CGI art. 44 sexies-0 A, 5°).

Critère de performance lié à l'effectif - L'effectif calculé selon les modalités prévues par le code du travail (voir *Effectif**) doit être en augmentation de 100 %, et d'au moins 10 salariés en équivalent temps plein (ETP), par rapport à l'effectif constaté à la clôture de l'antépénultième exercice (soit l'avant-avant dernier exercice : N - 3) (CGI, ann. III, art. 49 Q ; BOSS, Jeunes entreprises innovantes, § 100, 01/03/2025).

Critère de performance lié dépenses de recherche - Le montant des dépenses de recherche au cours de l'exercice ne doit pas avoir diminué par rapport à celui de l'exercice précédent (CGI, ann. III, art. 49 Q ; BOSS, Jeunes entreprises innovantes, § 100, 01/03/2025).

Lorsque la durée de l'exercice est inférieure ou supérieure à 12 mois, elle est ramenée à 12 mois.

Exemple

Sur l'exercice 2025, une entreprise créée en 2020 à 250 000 € de charges fiscalement déductibles et engage des dépenses R&D à hauteur de 25 000 € (10 % des charges fiscalement déductibles), comme sur l'exercice 2024. Elle a un effectif de 52 salariés en équivalent temps plein (ETP).
Elle comptait 25 salariés en ETP en 2022. Entre l'exercice 2022 et l'exercice 2025, l'effectif a bien augmenté d'au moins 100 % (puisqu'il est passé à 52 salariés ETP) et d'au moins 10 salariés en ETP. L'entreprise peut prétendre au statut de JEC.

Régimes social et fiscal de faveur

Les jeunes entreprises de croissance bénéficient de divers avantages fiscaux.

Par ailleurs, elles bénéficient de la même exonération de cotisations patronales que les JEI (pour les conditions et un exemple de bulletin de paye, voir *Jeunes entreprises innovantes**).

☞ *Jeunes entreprises innovantes ; Jeunes entreprises universitaires.*

Jeunes entreprises de croissance : les critères (au 1.03.2025)

- **Création** depuis moins de 8 ans à la clôture de l'exercice (1).
- **Effectif** de moins de 250 salariés, tous établissements confondus.
- **Chiffre d'affaires** inférieur à 50 millions d'euros ou total de bilan inférieur à 43 millions d'euros.
- **Détention du capital** de manière continue pour au moins 50 % soit par des personnes physiques, soit par certaines structures limitativement énumérées (voir *Jeunes entreprises innovantes**).
- **Dépenses de recherche** sur l'exercice de 5 % à moins de 15 % (2) des charges fiscalement déductibles (3).
- Satisfaire à des **indicateurs de performance économique** (croissance de l'effectif, maintien au moins des dépenses de recherche).

(1) L'entreprise ne doit pas avoir été créée dans le cadre d'une concentration, d'une restructuration, d'une extension d'activités préexistantes ou d'une reprise de telles activités (CGI art. 44 sexies, III).
(2) Niveau minimum de dépenses de recherche compris entre 5 % et 20 % pour les exercices clos à compter du 1er mars 2025, et entre 5 % et 15 % pour les exercices clos avant cette date.
(3) Ne sont pas prises en compte dans les charges fiscalement déductibles les pertes de change et les charges nettes sur cessions de valeurs mobilières de placement (CGI art. 44 sexies-0 A, 3°, c).

Jeunes entreprises innovantes

Les entreprises ayant le statut de « jeunes entreprises innovantes » (JEI) peuvent, sous certaines conditions, bénéficier d'une exonération de cotisations patronales d'assurances sociales et d'allocations familiales (loi 2003-1311 du 30 décembre 2003, art. 13, I, G et 131 ; décret 2004-581 du 21 juin 2004).

Il existe deux variantes de JEI, les *jeunes entreprises universitaires** (JEU) et les *jeunes entreprises de croissance** (JEC), qui ouvrent droit à la même exonération.

▶ À noter... Le Bulletin officiel de la sécurité sociale (BOSS) consacre une fiche à l'exonération de cotisations attachée aux JEI et à leurs variantes.

Entreprises

Critères à remplir à la clôture de l'exercice - Le statut de jeune entreprise innovante s'applique à toute entreprise qui, à la clôture de l'exercice, remplit simultanément les 5 conditions suivantes, définies par le code général des impôts pour l'accès aux allégements fiscaux (CGI art. 44 sexies-0 A).

PME - Il doit s'agir d'une PME, c'est-à-dire qu'elle doit employer moins de 250 personnes et avoir soit un chiffre d'affaires inférieur à 50 millions d'euros, soit un total de bilan inférieur à 43 millions d'euros (CGI art. 44 sexies-0 A, 1°).

La condition d'effectif est appréciée par référence au nombre moyen de salariés employés au cours de l'exercice, tous établissements confondus, chaque salarié étant pris en compte selon les modalités prévues par le code du travail (voir *Effectif**) (CGI art. 44 sexies-0 A, 1° ; décret 2004-581 du 21 juin 2004, art. 5).

▶ À noter... Lorsque la durée de l'exercice est inférieure ou supérieure à 12 mois, le chiffre d'affaires de 50 millions d'euros est réduit ou augmenté à due concurrence (CGI art. 44 sexies-0 A, 1°).

Âge de l'entreprise - L'entreprise doit être créée depuis moins de 8 ans à la clôture de l'exercice, pour les entreprises créées depuis le 1er janvier 2023 (CGI art. 44 sexies-0 A, 2°).

Pour les entreprises créées avant cette date, le critère d'âge est de moins de 11 ans.

Niveau de dépenses de recherche - L'entreprise doit avoir réalisé des dépenses de recherche représentant, depuis la loi de finances pour 2025, au moins 20 % des charges fiscalement déductibles au titre de cet exercice (CGI art. 44 sexies-0 A, 3°, a modifié ; loi 2025-127 du 14 février 2025, art. 22, V, JO du 15).

Ce seuil plancher de 20 % s'applique aux exercices clos à compter du 1er mars 2025 (loi 2025-127 du 14 février 2025, art. 22, VI ; BOSS, Jeunes entreprises innovantes, § 80, 01/03/2025).

Pour les exercices clos avant cette date, le niveau minimum de dépenses de recherche requis était de 15 %.

▶ À noter... Depuis les impositions dues au titre de 2019 (entreprises soumises à l'impôt sur le revenu), ou les exercices clos au 31 décembre 2019 (entreprises soumises à l'impôt sur les sociétés), les pertes de change et les charges nettes sur cessions de valeurs mobilières de placement ne sont pas prises en compte dans les charges fiscalement déductibles (CGI art. 44 sexies-0 A, 3°, a ; BOFiP-BIC-CHAMP-80-20-20-10-§ 243-11/12/2024).

Les dépenses de recherche s'entendent de celles qui sont retenues pour le crédit d'impôt recherche (CGI art. 244 quater B, II, a à g), à l'exclusion de certaines dépenses (BOFiP-BIC-CHAMP-80-20-20-10-§§ 180 à 245-11/12/2024). En outre, le calcul du pourcentage de 20 % (15 % pour les exercices clos avant mars 2025) s'entend hors charges engagées et payées auprès d'autres JEI réalisant des projets de recherche et de développement (CGI art. 44 sexies-0 A, 3°, a).

Les entreprises qui exploitent un ou des établissements stables établis dans un autre État membre de l'Union européenne ou dans un autre État partie à l'accord sur l'Espace économique européen ayant conclu avec la France une convention d'assistance administrative en vue de lutter contre la fraude et l'évasion fiscales ont fait l'objet d'une précision particulière, qui s'applique aux exercices clos depuis le 31 mai 2017. Pour apprécier le seuil de 15 % de dépenses de recherche, ces entreprises doivent tenir compte des dépenses de recherche et des charges engagées par cet ou ces établissements (ces charges s'entendent des charges qui auraient été fiscalement déductibles si l'établissement avait été soumis à l'impôt sur les bénéfices en France) (BOFiP-BIC-CHAMP-80-20-20-10-§ 247-11/12/2024).

Détention de capital - Le capital doit être détenu de manière continue pour 50 % au moins (CGI art. 44 sexies-0 A, 4°) :
- par des personnes physiques ;

- ou par une société satisfaisant les mêmes critères d'effectif et de chiffre d'affaires ou de total de bilan qu'une JEI/JEU/JEC et dont le capital est détenu, pour 50 % au moins, par des personnes physiques.
- ou par certaines structures d'investissement limitativement énumérées (sociétés de capital-risque, fonds communs de placement à risques, fonds professionnels de capital investissement, sociétés de libre partenariat, sociétés de développement régional, sociétés financières d'innovation, sociétés unipersonnelles d'investissement à risque), à condition qu'il n'existe pas de lien de dépendance, au sens de l'article 39,12 du CGI, entre la société en cause et ces dernières sociétés ou ces fonds ;
- ou par des fondations ou associations reconnues d'utilité publique à caractère scientifique ;
- ou par des établissements publics de recherche et d'enseignement ou leurs filiales.

Origine de l'entreprise - L'entreprise doit être nouvelle. Elle ne doit pas être créée dans le cadre d'une concentration, d'une restructuration, d'une extension d'activités préexistantes ou d'une reprise de telles activités (CGI art. 44 sexies-0 A, 5°).

Rescrit fiscal - Pour éviter tout contentieux ultérieur et bien que ce ne soit pas obligatoire, l'employeur peut s'adresser à la direction des services fiscaux de son département pour savoir si son entreprise est ou non une JEI (procédure dite « de rescrit fiscal »). Le fisc dispose de 3 mois pour répondre, le silence valant reconnaissance du statut de JEI (BOFiP-SJ-RES-10-20-20-40-§§ 40 à 270-07/11/2018). Le rôle du fisc est d'autant plus important que l'URSSAF peut se tourner vers lui lors d'un contrôle. Elle lui demandera si l'entreprise constitue bien une JEI (décret 2004-581 du 21 juin 2004, art. 1-2).

▶ À noter... La demande, écrite et signée par le contribuable lui-même ou par un représentant habilité, doit être établie sur papier libre conformément aux modèles (JEI et JEU) figurant sur le site www.impots.gouv.fr, à la rubrique professionnels (« Présenter un recours auprès de la DGFIP », « Je demande un rescrit »). Elle doit être adressée par voie postale, par LRAR, ou déposée auprès de l'administration contre décharge (BOFiP-SJ-RES-10-20-20-40-§§ 90 et 110-07/11/2018).

L'avis exprès ou tacite délivré par l'administration fiscale sur la reconnaissance du statut de JEI est opposable à l'URSSAF (loi 2003-1311 du 30 décembre 2003, art. 131, IV), mais il demeure sans effet sur le cours de la prescription triennale de remboursement des cotisations indues (cass. civ., 2e ch., 25 janvier 2018, n° 16-27325, BC II n° 325). Si l'entreprise entend demander le remboursement de cotisations dont elle estime qu'elle aurait dû être exonérée, il faut savoir que le point de départ de la prescription reste donc la date de paiement des cotisations (c. séc. soc. art. L. 243-6), et non la date de la décision de l'administration fiscale. Ainsi, l'URSSAF est en droit de refuser le remboursement de cotisations déjà prescrites.

Exemple
Dans l'affaire jugée le 25 janvier 2018, il s'agissait d'une entreprise qui s'était vue reconnaître en 2013 le statut de JEI au titre des années 2009 à 2011. Elle a été déboutée de sa demande de remboursement de cotisations versées en 2009.

Informer l'URSSAF des changements - L'employeur doit informer son URSSAF de tout changement affectant la qualité de JEI (décret 2004-581 du 21 juin 2004, art. 4, I). Il en va ainsi notamment en cas de changement d'effectif.

Personnels éligibles à l'exonération

L'entreprise qui répond aux critères des « jeunes entreprises innovantes » (JEI) peut bénéficier d'une exonération sur les rémunérations versées

Jeunes entreprises innovantes : les critères (au 1.03.2025)

- **Création** depuis moins de 8 ans à la clôture de l'exercice (1) (2).
- **Effectif** de moins de 250 salariés, tous établissements confondus.
- **Chiffre d'affaires** inférieur à 50 millions d'euros ou total de bilan inférieur à 43 millions d'euros.
- **Détention du capital** de manière continue pour au moins 50 % soit par des personnes physiques, soit par certaines structures limitativement énumérées *(voir nos développements)*.
- **Dépenses de recherche** sur l'exercice au moins à hauteur de 20 % (3) des charges fiscalement déductibles (4).

(1) L'entreprise ne doit pas avoir été créée dans le cadre d'une concentration, d'une restructuration, d'une extension d'activités préexistantes ou d'une reprise de telles activités.
(2) Pour les entreprises créées à compter du 1er janvier 2023. Moins de 11 ans pour celles créées avant 2022.
(3) Niveau minimum de dépenses de recherche de 20 % pour les exercices clos à compter du 1er mars 2025, et de 15 % pour les exercices clos avant cette date.
(4) Ne sont pas prises en compte dans les charges fiscalement déductibles les pertes de change et les charges nettes sur cessions de valeurs mobilières de placement.

d'une part, aux salariés pour lesquels l'employeur est soumis à l'obligation d'assurance chômage et, d'autre part, aux mandataires sociaux qui participent à titre principal au projet de recherche et de développement (250 personnes maximum) (loi 2003-1311 du 30 décembre 2003, art. 131, II).

Salariés concernés - L'exonération concerne les rémunérations versées aux salariés suivants (loi 2003-1311 du 30 décembre 2003, art. 131, III ; décret 2004-581 du 21 juin 2004, art. 1-II) :
- chercheurs (scientifiques et ingénieurs, y compris les ingénieurs « maison ») ;
- techniciens travaillant en collaboration avec les chercheurs ;
- gestionnaires de projets de recherche et de développement ;
- juristes chargés de la protection industrielle et des accords de technologie ;
- personnels chargés des tests préconcurrentiels ;
- salariés affectés à des opérations de conception de prototypes ou d'installations pilotes de nouveaux produits.

▶ À noter... Le dispositif ciblant des personnels précis, une secrétaire ou un directeur administratif et financier, par exemple, n'ouvre pas droit à l'exonération JEI. Les chercheurs, les gestionnaires R&D et jes juristes doivent avoir le statut de cadres dans l'entreprise (BOSS, Jeunes entreprises innovantes, § 110, 01/06/2024).

Participation au projet de recherche et développement - L'exonération est ouverte aux salariés qui exercent les fonctions listées ci-dessus dans la mesure où l'exercice de ces fonctions conduit à une implication directe dans le projet de recherche et de développement. Ce niveau d'implication n'est toutefois pas explicitement précisé par les textes.

Par simplification, l'administration considère que le bénéfice de l'exonération au titre d'un salarié occupant un emploi éligible à l'exonération est considéré comme acquis dès lors que ce salarié consacre au moins 50 % de son temps de travail à un ou des projets de recherche et de développement. L'exonération ne peut alors pas être remise en cause (lettre-circ. ACOSS 2015-48 du 20 octobre 2015, § 2-1 ; BOSS, Jeunes entreprises innovantes, § 110, 01/03/2025).

En deçà de ce repère de 50 %, les employeurs peuvent être conduits à justifier de la correcte application de l'exonération, au regard notamment de la quotité de travail consacrée aux activités de recherche et développement dans leur entreprise ou du lien effectif existant entre les activités effectuées par ailleurs par le salarié et celles directement liées à la recherche et au développement. Il conviendra également de vérifier si l'activité éligible, sans être majoritaire, constitue l'activité principale du salarié.

Quant aux salariés qui se consacrent marginalement à des activités éligibles, ils ne peuvent pas être considérés comme ouvrant droit au bénéfice de l'exonération.

Mandataires sociaux - Les gérants minoritaires de SARL et de SELARL, les présidents-directeurs et directeurs généraux de SA ainsi que les présidents et dirigeants de SAS ouvrent également droit à l'exonération JEI, à la condition de participer « à titre principal » aux projets de recherche et de développement de cette entreprise ou à la réalisation d'opérations de conception de prototypes ou d'installations pilotes de nouveaux produits (loi 2003-1311 du 30 décembre 2003, art. 131, II ; décret 2004-581 du 21 juin 2004, art. 1, I).

▶ À noter... Le mandataire social qui exerce une activité de recherche ou une activité de gestion du projet de recherche est présumé exercer son activité dans des conditions ouvrant droit au bénéfice de l'exonération. Par conséquent, c'est à l'URSSAF qu'il revient, le cas échéant, d'en rapporter la preuve contraire (cass. civ., 2e ch., 15 février 2018, n° 16-22056, BC II n° 29).

Application de l'exonération

Condition d'être à jour des obligations sociales - L'exonération JEI suppose que l'employeur soit à jour de ses obligations vis-à-vis de l'URSSAF (déclarations et paiement des *cotisations de sécurité sociale** et des contributions à la charge de l'employeur et du salarié, du *FNAL**, du *versement mobilité**, de la *contribution solidarité autonomie** ainsi que des majorations et pénalités de retard) (loi 2003-1311 du 30 décembre 2003, art. 131, VII ; décret 2004-581 du 21 juin 2004, art. 6).

Cette condition s'apprécie par rapport aux cotisations et contributions dues sur les sommes versées aux salariés de l'entreprise échues :
- à la date à laquelle l'entreprise applique pour la première fois l'exonération JEI ;
- puis à chaque date d'exigibilité suivante.

Le droit à exonération disparaît à compter du premier jour du mois qui suit la date à laquelle l'employeur n'est plus à jour. Mais il est rouvert le premier jour du mois suivant celui au cours duquel la condition est à nouveau remplie.

L'entreprise qui a souscrit et respecte un plan d'apurement des cotisations dues est considérée comme à jour de ses paiements.

Nature de l'exonération - L'exonération porte sur les cotisations patronales d'assurance maladie, d'assurance vieillesse et d'allocations familiales (loi 2003-1311 du 30 décembre 2003, art. 131, I)

Les autres cotisations patronales (cotisation accidents du travail, FNAL, versement mobilité, contribution solidarité autonomie, contribution au dialogue social, forfait social, chômage, AGIRC-ARRCO, etc.) restent dues, tout comme la totalité des cotisations et contributions salariales.

Fraction de rémunération exonérée - Au niveau de chaque salarié, l'exonération s'applique dans la limite des cotisations dues pour la part de rémunération inférieure à 4,5 SMIC (loi 2003-1311 du 30 décembre 2003, art. 131, I).

La limite de 4,5 SMIC est appréciée par rapport au nombre d'heures rémunérées au cours du mois. En cas de suspension du contrat de travail avec maintien partiel de la rémunération par l'employeur, le nombre d'heures retenu pour le mois est égal à la durée de travail que le salarié aurait effectué s'il avait continué de travailler multiplié par le rapport entre la rémunération soumise à cotisations restée à la charge de l'employeur et celle qui aurait été versée si le contrat de travail avait continué à être exécuté (décret 2004-581 du 21 juin 2004, art. 2-2).

Exemple

Au 1er janvier 2025, pour un salarié mensualisé à 35 h/semaines, la part de rémunération susceptible d'être exonérée est égale à 4,5 × 11,88 € × 35 × 52/12 = 8 108,10 €.
Si le salarié, habituellement rémunéré 4 000 € par mois, est malade une partie du mois et a de ce fait un brut résiduel de 3 000 €, la limite est calculée pour un nombre d'heures de 35 × 52/12 × 3 000 €/4 000 € = 113,75 h.

Pour les salariés dont la rémunération ne peut être déterminée au cours du mois en fonction d'un nombre d'heures de travail rémunérées (forfaits jours, forfaits en heures sur l'année, personnels sans durée du travail), il est fait application des dispositions spécifiques prévues par le code de la sécurité sociale, lesquelles permettent de reconstituer un nombre mensuel d'heures, et de le proratiser en cas d'entrée/sortie en cours de mois ou d'absence avec maintien partiel de la rémunération (décret 2004-581 du 21 juin 2004, art. 2-2 ; voir c. séc. soc. art. D. 241-27, I, 1°, 2° et 3°).

Exemple

Pour un salarié en forfait annuel en jours, l'employeur doit multiplier 4,5 SMIC par le produit de la durée légale calculée sur le mois et du rapport entre le volume de son forfait et 218 jours (c. séc. soc. art. D. 241-27, I, 1). Si le forfait est de 210 jours, le nombre d'heures retenu pour le calcul de l'exonération est de 35 × 52/12 × 210/218 = 146,10 h.
Si le salarié est embauché ou part en cours de mois, on proratise en 1/30e (c. séc. soc. art. D. 241-27, II). Dans l'hypothèse où le salarié en forfait jours est embauché le 10 janvier, le nombre d'heures retenu pour janvier est de 35 × 52/12 × 210/218 × 22/30 = 107,14 h.

Pour les mandataires sociaux ouvrant droit à l'exonération JEI, l'employeur se réfère à la durée collective du travail applicable calculée sur le mois lorsque la rémunération versée au cours du mois est au moins égale au produit à une rémunération de référence, égale à cette durée collective multipliée par le taux du SMIC. Si la rémunération est inférieure à cette rémunération de référence, le nombre d'heures déterminé est réduit selon le rapport entre la rémunération versée et cette rémunération de référence (décret 2004-581 du 21 juin 2004, art. 2-2 ; c. séc. soc. art. D. 241-27, I, 3°).

Exemple

Dans une entreprise, la durée collective du travail est de 39 h/semaine, soit 169 h mois. Au 1er janvier 2025, la rémunération mensuelle de référence est de 39 × 52/12 × 11,88 € = 2 007,72 €.
Si le mandataire social est payé à ce niveau ou davantage, il est réputé faire la durée collective, soit 169 h par mois.
En revanche, si sa rémunération n'est par exemple que de 1 500 €, il est réputé effectuer 169 × 1 500 €/2 007,72 € = 126,26 h.

En cas de cumul entre un mandat social et un contrat de travail salarié, l'exonération est calculée sur la base de chacune des rémunérations perçues, sans que le nombre total d'heures rémunérées pris en compte puisse excéder la durée légale du travail calculée sur le mois ou, si elle est supérieure, la durée figurant au contrat de travail (décret 2004-581 du 21 juin 2004, art. 2-2).

Plafonnement de l'exonération par établissement - Au niveau de chaque établissement employeur, le montant d'exonération est plafonné, tous salariés confondus, à 5 fois le montant annuel du *plafond de la sécurité sociale** par année civile (soit 231 840 € en 2024) (loi 2003-1311 du 30 décembre 2003, art. 131, I modifié).

Pour les établissements créés ou supprimés en cours d'année, cette limite est multipliée par un coefficient, égal à autant de 1/12e qu'il y a de mois au cours desquels au moins une rémunération est due à un salarié ou à un mandataire social dans l'année (décret 2004-581 du 21 juin 2004, art. 2-1).

JEUNES ENTREPRISES INNOVANTES (EXEMPLE)

Dans une jeune entreprise innovante, un chercheur est rémunéré 5 200 € par mois. Sa rémunération est exonérée des cotisations patronales d'assurance vieillesse, d'assurance maladie et d'allocations familiales dans la limite de 4,5 SMIC (exonération totale en l'espèce, compte tenu du niveau de la rémunération).

Cette exonération est ici appliquée directement aux lignes de cotisations concernées, plutôt que globalement à la ligne « Exonérations et allégements de cotisations », qui serait une autre option possible.

Au cas particulier, l'exonération de cotisations patronales d'assurance maladie (13 % compte tenu de la rémunération), d'assurance vieillesse (8,55 % dans la limite du plafond et 2,02 % sur le brut total) et d'allocations familiales (3,45 % compte tenu de la rémunération) représente un montant global de 1 296,03 €.

EXTRAIT DU BULLETIN DE PAYE DE MARS 2025

Désignation	**Base**	**Taux**	**Montant**	
Salaire de base	151,67	34,28	5 200,00	
Brut total			5 200,00	
Cotisations et contributions sociales	**Base (€)**	**Taux salarial**	**Part salarié (€)**	**Part employeur (€)**
Santé				
Sécurité sociale - Maladie Maternité Invalidité Décès	5 200,00	-	-	0,00 (1)
Complémentaire santé	-	-	85,00	85,00
Complémentaire Incapacité Invalidité Décès	3 925,00	-	-	58,88
Accidents du travail - maladies professionnelles	5 200,00	-	-	104,00 (2)
Retraite				
Sécurité sociale plafonnée	3 925,00	6,90 %	270,83	0,00 (1)
Sécurité sociale déplafonnée	5 200,00	0,40 %	20,80	0,00 (1)
Complémentaire Tranche 1 (3)	3 925,00	4,15 %	162,89	244,14
Complémentaire Tranche 2 (3)	1 275,00	9,86 %	125,72	188,45
Famille	5 200,00	-	-	0,00 (1)
Assurance chômage				
Chômage	5 200,00	-	-	221,00 (4)
APEC	5 200,00	0.024 %	1,25	1,87
Autres contributions dues par l'employeur				247,90 (5)
CSG déductible de l'impôt sur le revenu	5 252,88	6,80 %	357,20	-
CSG/CRDS non déductible de l'impôt sur le revenu	5 252,88	2,90 %	152,33	-
Exonérations et allégements de cotisations	-	-	-	-
Total des cotisations et contributions			1 176,00	1 151,23
Net social				**4 024,00**
Net à payer avant impôt sur le revenu				**4 024,00**
Impôt sur le revenu	**Base**	**Taux**	**Montant**	**Cumul annuel**
Montant net imposable			4 261,33	Valeur
Impôt sur le revenu prélevé à la source	4 261,33	21,00 %	894,88	Valeur
Montant net des heures compl/suppl exonérées			0,00	Valeur
Net à payer au salarié (en euros) (6)				**3 129,12 (6)**
Total versé par l'employeur				6 351,23 (7)

Notes de la rédaction, pour aider à la lecture des totaux (ces notes n'ont pas à apparaître sur le bulletin de paye) : (1) Cotisations patronales nulles compte tenu de l'option choisie pour présenter l'exonération JEI (application à chaque ligne concernée). (2) Par hypothèse taux de 2 %. (3) Y compris contributions d'équilibre général et technique. (4) Chômage 4,05 % et AGS 0,25 %. (5) CSA (0,30 %), FNAL (0,50 %), versement mobilité (1,60 %), contribution au dialogue social (0,016 %), contribution formation (1 %), participation à l'effort de construction (0,45 %), taxe d'apprentissage (0,68 %), forfait social. (6) À faire apparaître de manière à en faciliter la lisibilité. (7) Brut + contributions patronales après exonération JEI.

Date d'application et durée de l'exonération - L'exonération est applicable, au plus tôt, à compter du premier jour du mois civil de la création de l'entreprise.

L'entreprise en bénéficie au plus tard jusqu'au dernier jour de la 7e année suivant celle de la création de l'établissement (soit pendant 8 ans maximum), à la condition qu'à la clôture de l'exercice, la JEI ait moins de 8 ans (si elle a été créée depuis le 1er janvier 2023) ou moins de 11 ans (si elle a été créée avant 2023)

Depuis 2014, l'exonération n'est plus dégressive. Elle s'applique à taux plein jusqu'au dernier jour de la 7e année (loi 2003-1311 du 30 décembre 2003, art. 131, V modifié).

Si, au cours d'une année, l'entreprise ne satisfait plus à l'un des critères requis par la législation fiscale pour entrer dans la catégorie des jeunes entreprises innovantes (CGI art. 44 sexies-0 A), elle perd le bénéfice de l'exonération prévue pour l'année considérée et pour les années suivantes tant qu'elle ne satisfait pas, à nouveau, à l'ensemble de ces conditions. Dès que ces conditions sont à nouveau remplies, elle peut recommencer à bénéficier de l'exonération, après avoir obtenu une décision favorable de l'administration fiscale dans le cadre d'une procédure de rescrit *(voir plus haut dans l'étude)*.

Pas de formalité obligatoire - L'employeur n'a aucune formalité préalable à accomplir pour bénéficier de l'exonération JEI. L'URSSAF vérifiera *a posteriori* s'il peut effectivement y prétendre. Rappelons, à titre de sécurité, qu'il est conseillé à l'employeur de se tourner vers l'administration fiscale, qui lui indiquera s'il peut effectivement bénéficier de ce dispositif d'exonération *(voir plus haut dans l'étude)*.

Possibilité d'application prévisionnelle - Plutôt que d'attendre la fin de l'exercice pour savoir s'il remplit les conditions requises pour les JEI, l'employeur peut d'abord appliquer l'exonération en la limitant, chaque mois civil de l'exercice en cours, à moins de 250 salariés et mandataires y ouvrant droit (décret 2004-581 du 21 juin 2004, art. 2). Il lui faudra s'assurer après coup qu'il remplit bien toutes les conditions.

L'effectif réel de l'entreprise n'étant connu que tardivement, l'employeur doit donc, le cas échéant, régulariser sa situation dans les 3 mois qui suivent la clôture de l'exercice, en fonction de l'effectif moyen de l'exercice écoulé.

L'employeur pourra être obligé de reverser des cotisations indûment exonérées s'il a appliqué l'exonération dès le début de l'exercice alors qu'il n'est finalement pas une JEI (décret 2004-581 du 21 juin 2004, art. 3). Dans ce cas, il devra aussi payer éventuellement les pénalités et majorations de retard.

Toutefois, s'il a obtenu, au cours de l'exercice pour lequel l'exonération JEI a été appliquée, un avis favorable du fisc et que sa bonne foi n'est pas contestée, l'exonération est conservée. Elle cesse d'être applicable à compter du premier jour du mois civil de l'exercice suivant.

Cumuls

L'exonération JEI ne se cumule pas, pour un même salarié, avec une autre aide à l'emploi de l'État ni avec une autre exonération, totale ou partielle, de cotisations patronales de sécurité sociale, ni même avec l'application de taux spécifiques, d'assiettes ou de montants forfaitaires de cotisations, à l'exception de la *déduction forfaitaire de cotisations patronales au titre des heures supplémentaires** (loi 2003-1311 du 30 décembre 2003, art. 131, VI).

Cette règle de non-cumul au titre d'un même salarié, pour lequel l'employeur appliquerait déjà une exonération spécifique, n'empêche pas l'application de l'exonération de cotisations patronales JEI pour les autres salariés de la JEI qui satisfont aux conditions requises.

Congé ou période de travail à temps partiel

Lorsqu'un salarié souhaite exercer des responsabilités de direction dans une JEI, il peut bénéficier d'un congé ou d'une période de travail à temps partiel (voir *Congé pour création d'entreprise**).

☞ *Congé pour création d'entreprise ; Jeunes entreprises de croissance ; Jeunes entreprises universitaires.*

Jeunes entreprises universitaires

Définition des JEU

Variante de JEI - Le dispositif des jeunes entreprises universitaires (JEU) vise à favoriser la création d'entreprises par des jeunes diplômés chercheurs. Il s'agit d'une variante des *jeunes entreprises innovantes** (JEI), comme le sont les *jeunes entreprises de croissance** (JEC).

Jeunes entreprises universitaires : les critères (au 1.01.2025)
• **Création** depuis moins de 8 ans à la clôture de l'exercice (1) (2).
• **Effectif** de moins de 250 salariés, tous établissements confondus
• **Chiffre d'affaires** inférieur à 50 millions d'euros ou total de bilan inférieur à 43 millions d'euros.
• **Détention du capital** de manière continue pour au moins 50 % soit par des personnes physiques, soit par certaines structures limitativement énumérées (voir *Jeunes entreprises innovantes**).
• **Être dirigée ou détenue** à hauteur de 10 % au moins, seuls ou conjointement, par des étudiants, des jeunes diplômés, des professeurs ou des chercheurs.
• Avoir pour **activité principale** la valorisation des travaux de recherche auxquels ces dirigeants ou ces associés ont participé au cours de leur scolarité ou dans le cadre de leurs fonctions au sein de l'établissement d'enseignement supérieur, sur la base d'une convention conclue entre la JEU et l'établissement d'enseignement supérieur.
(1) L'entreprise ne doit pas avoir été créée dans le cadre d'une concentration, d'une restructuration, d'une extension d'activités préexistantes ou d'une reprise de telles activités (CGI art. 44 sexies, III). (2) Pour les entreprises créées depuis le 1er janvier 2023. Moins de 11 ans pour celles créées au plus tard le 31 décembre 2022.

Le Bulletin officiel de la sécurité sociale (BOSS) consacre une fiche à l'exonération de cotisations attachée aux JEI et à leurs variantes, dont les Jeunes entreprises universitaires (BOSS, Jeunes entreprises innovantes, 01/03/2025).

Critères - L'entreprise doit remplir l'ensemble des conditions requises pour des JEI (voir *Jeunes entreprises innovantes**), à l'exception de celle liée au volume des dépenses de recherche et de développement.

Trois conditions spécifiques sont en revanche exigées (CGI art. 44 sexies-0 A, 3°, b) :
- l'entreprise doit être dirigée ou détenue directement à hauteur de 10 % au moins, seuls ou conjointement, par des étudiants, des jeunes diplômés (titulaires d'un master ou d'un doctorat depuis moins de 5 ans), des professeurs ou des chercheurs ;
- elle doit avoir pour activité principale la valorisation des travaux de recherche auxquels ces dirigeants ou ces associés ont participé au cours de leur scolarité ou dans le cadre de leurs fonctions au sein d'un établissement d'enseignement supérieur habilité à délivrer un diplôme conférant au moins le grade de master ;
- elle doit organiser la valorisation de ces travaux par une convention conclue entre la JEU et l'établissement d'enseignement supérieur dont le contenu et les modalités sont précisés par décret (décret 2008-1560 du 31 décembre 2008, JO 1er janvier 2009).

▶ À noter… Les entreprises créées dans le cadre d'une concentration, d'une restructuration ou d'une extension ou d'une reprise d'activités préexistantes sont exclues de ce dispositif.

Régimes social et fiscal de faveur

Ces jeunes entreprises universitaires bénéficient de divers avantages fiscaux.

Par ailleurs, l'entreprise bénéficie de la même exonération de cotisations patronales que les JEI (pour les conditions et un exemple de bulletin de paye, voir *Jeunes entreprises innovantes**).

☞ *Jeunes entreprises innovantes ; Jeunes entreprises de croissance.*

Jour de RTT (gestion en paye)

Contexte

Les mécanismes de jours de réduction du temps de travail (RTT) aujourd'hui applicables en entreprise peuvent s'inscrire dans deux cadres :
- certains employeurs appliquent encore des accords « Aubry » antérieurs au 22 août 2008 [voir *Réduction du temps de travail (réduction sous forme de repos)**] ;
- les dispositifs de RTT mis en place ou révisés depuis cette date relèvent d'un cadre unique d'aménagement du temps de travail (voir *Aménagement du temps de travail sur une période supérieure à la semaine**).

Les jours de RTT sont généralement la compensation d'heures travaillées au-delà de 35 h par semaine, dans la limite d'une durée collective hebdomadaire d'au plus 39 h. Le calcul est parfois annualisé, par rapport à une durée légale fixée sur l'année à 1 607 h.

Chaque cadre juridique offre ses propres spécificités : calcul des heures supplémentaires, etc. En revanche, plusieurs questions sont communes. Les principales sont présentées ci-après.

À noter... Les jours de repos des salariés en « forfait jours » relèvent d'une législation spécifique, abordée par ailleurs [voir *Convention de forfait (forfait annuel en jours)** et *Rachat de jours de repos**].

Attribution des jours de RTT

Dispositifs de RTT reposant sur une logique forfaitaire - Certains accords de RTT reposent sur une logique forfaitaire selon laquelle il n'y a aucune réduction des jours de RTT en cas d'absence du salarié.

Dans cette hypothèse, les absences n'ont pas d'incidence sur le nombre de jours de RTT attribués.

Dispositifs de RTT avec logique d'acquisition - La plupart du temps, les dispositifs de réduction du temps de travail reposent sur une logique d'acquisition.

Ainsi, les journées et demi-journées de RTT s'acquièrent généralement par l'accomplissement de durées collectives de travail hebdomadaires au-delà de la durée collective moyenne de référence retenue par l'accord (ex. : 35 h/semaine), dans la limite de la durée fixée par le dispositif (ex. : 39 h de travail effectif ou assimilées). Les jours de RTT compensent donc les heures travaillées dans cette limite, au-delà de la durée collective moyenne de référence retenue pour le calcul de la rémunération.

Le calcul peut également être effectué par rapport à la durée légale appréciée sur l'année (1 607 h).

Exemple

On peut imaginer, par exemple :

- une durée collective du travail de 35 h/semaine (base de référence pour la rémunération), avec un horaire conduisant à 39 h de travail sur la semaine, soit 4 h de RTT acquises par semaine ;
- une durée collective du travail de 35 h/semaine (base de référence pour la rémunération), avec un horaire conduisant à 37 h de travail sur la semaine, soit 2 h de RTT acquises par semaine ;
- une durée collective du travail de 37 h/semaine (base de référence pour la rémunération, qui comprend donc 2 heures supplémentaires), avec un horaire conduisant à 39 h de travail sur la semaine, soit 2 h de RTT acquises par semaine ;
- etc.

Pour un salarié mensualisé, dans les deux premiers cas, la durée du travail de référence à mentionner sur le bulletin de paye et sur la base de laquelle la rémunération est calculée est de 151,67 h par mois. La durée du travail de référence est de 160,33 h par mois, dont 151,67 h au taux normal et 8,67 h au taux majoré des heures supplémentaires.

Absence - Quand un mécanisme de jours de RTT (ex. : accord d'aménagement du temps de travail) repose sur une logique d'acquisition hebdomadaire, un salarié qui ne dépasse pas la durée collective du travail de référence (ex. : 35 h) sur une semaine donnée en raison d'une absence n'acquiert pas de droit à repos cette semaine-là, sauf si l'absence est assimilée à du travail effectif pour l'acquisition des jours de RTT.

Or, très peu d'absences sont assimilées à du travail effectif pour l'acquisition des jours de RTT : l'administration est, à cet égard, très restrictive puisqu'elle refuse même d'assimiler à du travail effectif les congés pour événements familiaux auxquels ont droit les salariés en cas de mariage, de décès, etc. *(voir tableau ci-après)*.

Bien que l'administration ne l'ait pas précisé expressément, les congés de maternité, d'adoption, de paternité, les périodes de suspension du contrat de

Absences et acquisition des jours de RTT (circ. DRT 2000-7 du 6 décembre 2000)

Absences	Assimilation à du travail effectif pour l'acquisition des jours de RTT
• Jour férié chômé (1)	non
• Contrepartie obligatoire en repos	oui
• Repos compensateur de remplacement	oui
• Congés payés (1)	non
• Maladie	non
• Jours de RTT	non
• Absence sans solde	non
• Formation hors du temps de travail	non
• Congés événements familiaux (2)	non

(1) En cas de RTT organisée sur l'année par accord collectif, il a souvent déjà été tenu compte des congés payés et des jours fériés chômés lors du calcul du nombre de jours de RTT auxquels chaque salarié a droit. Dans ce cas, il n'y a donc pas lieu de réduire les jours de RTT au titre de la semaine où le salarié pose des congés payés ou profite d'un jour férié chômé.
(2) Ceux prévus par le code du travail (c. trav. art. L. 3142-1).

travail liée à un accident du travail ou à une maladie professionnelle ne sont pas non plus, à notre sens, assimilés à du temps de travail effectif pour l'acquisition des jours de RTT.

Exemple

Une entreprise a organisé le temps de travail sur l'année en application d'un accord de RTT reposant sur une logique d'acquisition hebdomadaire. La durée collective moyenne de référence est de 35 h/semaine, l'horaire collectif conduit à une durée hebdomadaire réelle de 37 h, le différentiel étant octroyé sous forme de jours de RTT.

Un salarié qui est en arrêt maladie une journée sur une semaine donnée n'acquiert pas de RTT sur cette semaine, dans la mesure où il n'a pas travaillé plus de 35 h. De même, en l'absence d'usage ou de dispositions conventionnelles contraires, un salarié qui est absent au titre d'un congé pour événement familial (c. trav. art. L. 3142-1) et qui, de ce fait, n'a pas travaillé plus de 35 h sur une semaine donnée n'acquiert pas de RTT cette semaine-là, si l'on s'en tient à l'interprétation de l'administration.

Dans tous les cas, il faut vérifier si les accords collectifs et usages d'entreprise obligent l'employeur à assimiler certaines absences à du travail effectif pour l'acquisition des jours de RTT.

Jurisprudence - La Cour de cassation a admis que les absences non assimilables à du temps de travail effectif (ex. : arrêt maladie) peuvent entraîner une réduction du nombre de jours de RTT pour les accords prévoyant que les jours de repos s'acquièrent en fonction du temps de travail effectif (cass. soc. 30 mars 2022, n° 21-10917 D).

La Cour de cassation s'est également prononcée sur l'absence à laquelle ont droit les salariés membres d'un conseil ou d'un conseil d'administration d'un organisme de sécurité sociale (c. séc. soc. art. L. 231-9 ; voir *Administrateurs des organismes de sécurité sociale**). Les juges se sont fondés sur le fait que le code de la sécurité sociale prévoit que le temps passé à l'exercice des fonctions est assimilé à une durée du travail effectif pour « la détermination de la durée des congés payés et ne doit entraîner aucune diminution de leurs rémunérations et des avantages y afférents ». Les jours de RTT supprimés ont dû être rémunérés (cass. soc. 31 janvier 2006, n° 04-43569, BC V n° 48).

Utilisation des jours de RTT

Jours à disposition du salarié ou de l'employeur - Il est fréquent que l'accord qui instaure dans l'entreprise un aménagement du temps de travail sous forme de jours de réduction du temps de travail prévoit les modalités de prise des jours de RTT. En pratique, il peut répartir ces jours en deux catégories :

- ceux dont les dates de prise seront déterminées par l'employeur (ex. : le vendredi qui suit le jeudi de l'Ascension afin de réaliser un « pont ») ;
- ceux dont le salarié prend l'initiative (prise généralement subordonnée à l'accord de l'employeur).

L'employeur ne peut pas puiser dans les jours de RTT laissés à l'initiative du salarié sans son accord. À défaut, il est redevable d'une indemnité compensatrice au titre des jours indûment prélevés (cass. soc. 18 mars 2015, n° 13-19206, BC V n° 54).

Exemple

Lorsqu'un accord d'entreprise prévoit qu'une partie des jours de RTT est prise à l'initiative du salarié, avec l'accord de sa hiérarchie (jours RTT « individuels »), l'employeur ne peut utiliser les jours RTT « individuels » qu'avec l'accord exprès des salariés concernés, même pour faire face à une baisse d'activité (cass. soc. 18 mars 2015, n° 13-19206, BC V n° 54).

Indemnisation - La rémunération du salarié ne doit pas être affectée par les jours de repos. L'indemnisation prend donc la forme d'un maintien de salaire.

Sauf disposition conventionnelle spécifique, le salarié ne peut subir aucune perte de salaire au titre de la prise de jours de RTT. L'assiette de calcul de l'indemnité de RTT doit donc comprendre, le cas échéant, la part fixe et la part variable de la rémunération (cass. soc. 28 mars 2018, n° 16-27641, BC V n° 57).

Exemple

En l'absence de disposition spécifique de l'accord de RTT, les primes de vente brute, dès lors qu'elles sont étroitement liées à l'activité du salarié et à ses performances, doivent être intégrées dans l'assiette de calcul de l'indemnité de RTT (cass. soc. 28 mars 2018, n° 16-27641, BC V n° 57).

Sauf clause contraire, l'employeur n'est, en aucun cas, tenu d'appliquer les règles relatives à l'indemnisation des congés payés (règle du 1/10e comparée au maintien du salaire, etc.).

Articulation avec les congés payés - Congés payés et jours de RTT ne se confondent pas. Il est donc nécessaire de veiller à éviter toute imputation de jours de RTT sur les droits à congés des salariés. Là encore, des compteurs séparés de prises des congés payés et des jours de RTT s'imposent.

De même, en cas d'attribution de demi-journées de RTT, si un salarié souhaite couvrir l'autre demi-journée par des congés payés, il est à notre sens préférable d'éviter de lui décompter une journée complète de congés payés. Il est, par exemple, possible de prévoir que le salarié prolonge d'autant ses congés payés ou d'exclure que des jours de congés payés soient posés sur un jour comportant une demi-journée de RTT.

▶ À noter… Concernant les différences entre jours de RTT et jours de congés payés, trois points méritent d'être soulignés :
- ils n'obéissent pas à la même logique d'acquisition ;
- ce qui est assimilé à du travail effectif pour les droits à congés payés ne l'est pas nécessairement pour les RTT ;
- ils ne sont pas indemnisés de la même façon (maintien du salaire pour les RTT ; maintien du salaire ou règle du 1/10 pour les congés payés).

Absence le jour prévu pour une prise de RTT - Lorsque des heures de repos ont été acquises par le salarié, elles le demeurent quoi qu'il advienne. Par conséquent, si le salarié est absent (pour maladie, par exemple) le jour où il devait consommer son repos, il ne perd pas ce droit à repos qui s'exercera ultérieurement.

Exemple

Soit une organisation du travail sur 4 semaines prévoyant :
- une semaine 1 à 39 h ;
- une semaine 2 à 38 h ;
- une semaine 3 à 35 h (7 h par jour) ;
- puis une semaine 4 à 35 h, dont un jour de repos (soit 28 h de travail).

Si le salarié est absent les 2 premières semaines, il perdra son droit à jour de repos et accomplira 35 h, sans journée de repos, la dernière semaine.

Si le salarié est absent la dernière semaine ou les 2 dernières semaines, il conservera le jour de repos acquis, qui sera pris ultérieurement.

Articulation avec les jours fériés chômés - Les jours de RTT ne doivent pas être confondus avec les jours fériés chômés. Si des jours de RTT, fixés par exemple selon un calendrier préétabli, coïncident avec des jours fériés chômés, les salariés ont droit à la récupération des jours chômés.

Cette solution de bon sens a été confirmée par la jurisprudence, à propos d'anciens accords de RTT « Aubry » (cass. soc. 13 décembre 2006, n° 05-42528, BC V n° 384 ; cass. soc. 16 février 2012, n° 09-70617, BC V n° 74).

En pratique, cela signifie que le salarié ne perd pas les jours de RTT acquis au motif qu'ils « tombent » sur des jours fériés chômés.

Alimentation d'un CET - Les jours de repos et de congés accordés dans le cadre d'un dispositif d'aménagement du temps de travail sur une période supérieure à la semaine peuvent être versés dans un *compte épargne-temps** (CET), si l'accord de CET le prévoit.

Monétisation des jours de RTT - La loi de finances rectificative du 16 août 2022 a créé un dispositif permettant aux salariés de demander la monétisation des jours de repos acquis du 1er janvier 2022 au 31 décembre 2026 dans le cadre soit d'un dispositif d'*aménagement du temps de travail sur une période supérieure à la semaine**, soit d'un accord de RTT antérieur à la loi du 20 août 2008 (loi 2025-127 du 14 février 2025, art. 8, JO du 15 ; loi 2022-1157 du 16 août 2022, art. 5, I modifié).

Pour le détail, voir *Monétisation des jours de RTT**.

Don de jours de RTT - Sous condition, un salarié peut renoncer à tout ou partie de ses jours de repos non pris au bénéfice d'un autre salarié de l'entreprise qui assume la charge d'un enfant gravement malade ou dont l'enfant ou la personne dont le salarié avait la charge effective et permanente âgé de moins de 25 ans est décédé (c. trav. art. L. 1225-65-1) ou qui est proche aidant de personnes en perte d'autonomie ou présentant un handicap (c. trav. art. L. 3142-25-1).

Le don de jours de repos ou de congés est également ouvert au profit d'un salarié faisant partie de la réserve opérationnelle ou engagé en tant que sapeur-pompier volontaire pour leur permettre d'effectuer des missions à ce titre ou, depuis le 22 février 2025, au profit de certains organismes d'utilité publique ou d'intérêt général (c. trav. art. L. 3142-94-1 et L. 3142-131).

Pour plus de détails, voir *Don de jours de repos**.

Jours de RTT non pris

Sort des jours de RTT non pris - À défaut d'un accord collectif prévoyant une indemnisation, l'absence de prise des jours de repos au titre de la réduction du temps de travail n'ouvre droit à une indemnité que si cette situation est imputable à l'employeur (cass. soc. 18 mars 2015, n° 13-16369, BC V n° 54).

Un salarié licencié n'a pas pu obtenir d'indemnité compensatrice, faute de démontrer qu'il avait sollicité la prise des jours de RTT et d'établir ne pas avoir pu les prendre du fait de l'employeur. Dans cette affaire, l'accord collectif prévoyait que les jours de RTT non pris à la date de rupture du contrat de travail ou en fin d'annualisation ne devaient donner lieu à aucune indemnisation (cass. soc. 31 mars 2016, n° 14-29326 D).

Preuve de la prise des jours de RTT - En cas de contestation, la charge de la preuve que les jours de RTT ont été effectivement pris pèse sur l'employeur. La mention sur le bulletin de paye n'a qu'une valeur informative (cass. soc. 9 juin 2010, n° 09-40544 D).

Entrée ou départ en cours de période - Il est nécessaire que l'accord collectif prévoie les modalités de régularisation en cas de départ ou d'entrée en cours de période (en cours d'année pour une RTT organisée sur l'année, de semestre si la RTT est articulée autour d'un cycle de 6 mois, etc.).

En cas de départ en cours de période, un prorata doit également être fait. Le cas échéant, il conviendra de verser au salarié une indemnité compensatrice pour les jours de RTT non pris *(voir ci-dessus)*.

On peut imaginer que l'accord prévoie aussi une régularisation en faveur de l'entreprise si le salarié a bénéficié de plus de jours de RTT que sa présence effective sur la période ne le lui permettait.

Dispense de préavis et indemnité de RTT - La dispense d'exécution du préavis ne doit entraîner aucune diminution du salaire et des autres avantages que le salarié aurait perçus s'il avait accompli son travail jusqu'à l'expiration du préavis (c. trav. art. L. 1234-5).

L'employeur ne peut donc pas priver le salarié du bénéfice des jours de RTT auxquels il aurait pu prétendre s'il avait travaillé durant le préavis, et ce, malgré l'absence de travail sur la période considérée (cass. soc. 8 avril 2009, n° 07-44068, BC V n° 11 ; cass. soc. 14 octobre 2020, n° 19-20399 D4). L'employeur est donc redevable d'une indemnité compensatrice de jours de RTT, tant au titre des jours de repos acquis mais non pris avant la période de préavis, qu'au titre de ceux acquis au titre de la période de préavis non exécuté.

Bulletin de paye

Mention - La loi n'exige pas de faire apparaître les jours ou demi-journées de RTT sur une ligne spécifique du bulletin de paye. Mais par souci de clarté, il est préférable de les mentionner sur le bulletin de paye ou, à défaut, sur une annexe ou dans une zone de commentaire.

Dans tous les cas, l'entreprise doit pouvoir suivre les droits des salariés (ex. : un compteur peut figurer sur une fiche d'information annexe).

Document annexe - Pour les accords de RTT antérieurs au 22 août 2008, voir *Réduction du temps de travail (réduction sous forme de repos)**.

Pour les nouveaux accords, voir *Aménagement du temps de travail sur une période supérieure à la semaine**.

☞ *Aménagement du temps de travail sur une période supérieure à la semaine ; Don de jours de repos ; Monétisation des jours de RTT ; Réduction du temps de travail (réduction sous forme de repos).*

Journalistes

Définition des journalistes professionnels

Est journaliste professionnel celui qui a pour occupation principale, régulière et rétribuée, l'exercice de sa profession dans une ou plusieurs publications quotidiennes ou périodiques (ou dans une ou plusieurs agences de presse) et qui en tire le principal de ses ressources (c. trav. art. L. 7111-3, L. 7111-4 et L. 7111-5 ; cass. soc. 7 décembre 2011, n° 10-10192, BC V n° 293). Ces deux conditions sont cumulatives.

Si l'employeur n'est pas une entreprise de presse ou une agence de presse, la qualité de journaliste professionnel peut être retenue si la personne exerce son activité dans une publication de presse disposant d'une indépendance éditoriale (cass. soc. 25 septembre 2013, n° 12-17516, BC V n° 216).

Certains collaborateurs directs de la direction sont assimilés aux journalistes professionnels. Les journalistes pigistes bénéficient également du statut.

Rémunération : particularités

Rémunération - Tout travail non prévu au contrat de travail conclu entre une entreprise de journal et périodique doit entraîner une rémunération spéciale (c. trav. art. L. 7113-1). En outre, tout travail commandé ou accepté par l'éditeur d'un titre de presse est rémunéré, même s'il n'a pas été publié (c. trav. art. L. 7113-2).

Prime d'ancienneté - La prime d'ancienneté prévue par la convention collective des journalistes est calculée sur la base des salaires minima conventionnels.

Cette prime n'est pas réservée aux seuls journalistes percevant le salaire minimal prévu aux barèmes : elle s'ajoute au salaire de base, quel que soit son montant (cass. soc. 4 février 2009 n° 07-40891, BC V n° 34 ; cass. soc. 29 septembre 2009, n° 08-43487, BC V n° 207), et y compris si le salaire réel est supérieur aux minima conventionnels (cass. soc. 24 janvier 2001, n° 98-45802 D).

Cela étant, les juges ne peuvent pas condamner un employeur sans répondre à ses arguments faisant valoir que les rémunérations effectivement versées à l'intéressé pendant ces périodes comprenaient la prime d'ancienneté ainsi calculée (cass. soc. 24 janvier 2007, n° 05-43960 D).

Treizième mois - À la fin du mois de décembre, les journalistes professionnels doivent percevoir à titre de salaire, en une seule fois, sauf accord particulier, une somme égale au salaire du mois de décembre. Des règles spécifiques (calcul, date de versement) sont par ailleurs prévues pour les journalistes ayant une rémunération variable, ceux entrant ou sortant en cours d'année, ou encore pour les collaborateurs occasionnels (conv. coll. journalistes du 1er novembre 1976, art. 25).

Il en résulte que, sauf exception prévue par ce texte, tout journaliste professionnel perçoit, à titre de treizième mois, le salaire convenu du mois de décembre sans condition de présence effective (cass. soc. 29 novembre 2023, n° 22-13871 FSB).

La convention collective des journalistes ne pose pas comme condition d'être journaliste professionnel titulaire pour obtenir le paiement de la prime de 13e mois. Un journaliste stagiaire en contrat de professionnalisation ayant moins de 2 ans d'ancienneté y a droit (cass. soc. 12 juin 2014, n° 12-29751, BC V n° 144).

▶ À noter... Un journaliste stagiaire est un journaliste professionnel salarié n'ayant pas encore 2 ans d'ancienneté (conv. coll. journalistes du 1er novembre 1976, art. 13). Cette situation ne doit pas être confondue avec celle d'un étudiant en convention de stage.

Congés payés - Les journalistes ayant travaillé sur toute la période légale de référence (1er juin-31 mai) ont droit à un congé annuel d'une durée de 1 mois (22 jours ouvrés) auquel s'ajoute une semaine supplémentaire (conv. coll. journalistes, art. 31).

Les arrêts de travail pour maladie ou pour accident sont pris en compte pour l'acquisition des droits à congés payés dans la limite de la durée d'indemnisation à plein tarif prévue par la convention collective (conv. coll. journalistes, art. 33).

Pour le salarié, cette règle présente surtout un intérêt en cas de maladie ou d'accident non professionnel, puisqu'elle est plus favorable que la loi qui ne prévoit pas d'assimilation en la matière.

Rappelons qu'en tout état de cause, les arrêts de travail liés à un accident du travail ou à une maladie professionnelle ou à un accident de trajet sont pris en compte pour le calcul des droits à congé, dans la limite d'une durée de 1 an [voir *Congés payés (incidence des arrêts de travail)**].

Participation au coût de renouvellement de la carte de presse - Les frais de renouvellement de la carte de presse sont partagés à égalité entre l'employeur et le journaliste. Pour les journalistes à employeurs multiples (pigistes), la contribution patronale est à la charge des deux principaux employeurs, au prorata des émoluments versés (BOSS, Frais professionnels, § 2010, 01/01/2025).

Le coût du renouvellement est donc une dépense qui incombe pour partie à la fois au salarié et à l'employeur.

Si l'employeur prend à sa charge la participation incombant au salarié, cette prise en charge doit être analysée comme une prise en charge d'une dépense personnelle du salarié et doit donc être réintégrée dans l'assiette des cotisations et contributions sociales. En revanche, la participation patronale dans la limite de la moitié des frais ne doit pas être soumise à cotisations ni à contributions sociales, même en cas d'application de la *déduction forfaitaire spécifique pour frais professionnels** à l'assiette des cotisations (BOSS, Frais professionnels, § 2020, 01/01/2025).

Cotisations

Déduction forfaitaire spécifique pour frais professionnels (DFS) - Sous certaines conditions, l'employeur peut appliquer une déduction forfaitaire spécifique pour frais professionnels (DFS) sur l'assiette des cotisations de sécurité sociale, dans la limite de 7 600 € par an et par salarié.

Cette DFS (à l'origine de 30 %) est réduite progressivement depuis 2024, jusqu'à sa suppression définitive au 1er janvier 2038. En 2025, le taux de la DFS est ainsi de 26 % pour le secteur de la presse et de l'audiovisuel.

Pendant cette période de sortie progressive de DFS, les employeurs concernés bénéficient de tolérances spécifiques d'application des DFS [pour le détail du calendrier et des modalités de sortie progressive, voir *Frais professionnels (déduction forfaitaire spécifique)**].

DFS et cotisations chômage - La DFS ne s'applique pas à l'assiette des cotisations d'assurance chômage des journalistes, qui sont toujours calculées sur le salaire brut soumis à cotisations de sécurité sociale, hors remboursements de frais professionnels (règlt. ass. chôm., ann. VII ; conv. ass. chômage du 15 novembre 2024 ; décret 2019-797 du 26 juillet 2019).

DFS et cotisations AGIRC-ARRCO - Il n'y a pas d'exception analogue à celle prévue pour l'assurance chômage en matière de retraite complémentaire AGIRC-ARRCO. Le principe d'alignement d'assiette sur les cotisations de sécurité sociale devrait donc conduire à appliquer la DFS aux assiettes des contributions AGIRC-ARRCO dès lors qu'elle est appliquée aux cotisations du régime général.

Néanmoins, longtemps, les anciens régimes AGIRC et ARRCO ont admis que les contributions de retraite complémentaire des journalistes professionnels restaient calculées sur le salaire brut réel, sans application de la DFS, même en cas d'option pour la DFS au niveau des cotisations de sécurité sociale.

Cette exception n'a pas été officiellement reprise depuis la fusion AGIRC-ARRCO en 2019. Dans sa doctrine, le régime unifié de retraite complémentaire s'est contenté de rappeler le principe général selon laquelle la solution retenue (DFS, ou pas de DFS) pour le régime général de la sécurité sociale s'applique normalement au régime AGIRC-ARRCO (circ. AGIRC-ARRCO 2019-1 DRJ du 9 janvier 2019, fiche 3, § I.1.1.2).

Une clarification expresse de l'AGIRC-ARRCO serait la bienvenue pour les journalistes (application du droit commun et donc alignement d'assiette, ou maintien de la pratique antérieure).

▶ À noter… Selon la FNPS (Fédération Nationale de la Presse d'Information Spécialisée), citant en 2024 un courrier des caisses AGIRC-ARRCO adressé à l'Alliance de la presse d'information générale, il aurait été décidé de maintenir la tolérance permettant d'appliquer DFS sur l'assiette des cotisations de sécurité sociale sans l'opérer sur celle de la retraite complémentaire, et ce jusqu'à la disparition de la DFS des journalistes (*voir ci-dessus*). Le courrier rappelle cependant que cette tolérance n'engage pas le réseau des URSSAF.

Taux réduits de cotisations - Les taux réduits sont en principe applicables uniquement aux journalistes qui travaillent régulièrement et simultanément pour plusieurs employeurs (arrêté du 26 mars 1987, art. 1).

Par tolérance, tous les journalistes titulaires de la carte professionnelle sont présumés travailler pour plusieurs employeurs (lettre min. 26 mars 1987, BJ UCANSS 87-22). Cette précision conduit, sous réserve du désaccord de certaines URSSAF, à ce que tous les journalistes professionnels titulaires de la carte de presse ouvrent droit à l'abattement de 20 %, qu'ils aient ou non des collaborations multiples.

Cotisations concernées - Il convient d'appliquer un abattement de 20 % aux taux :

Journalistes : taux des cotisations versées aux URSSAF au 1er janvier 2025

Cotisations	Part salariale (%)	Part patronale (%)
Maladie	0 % (1)	7 % ou 13 % (2)
Vieillesse plafonnée	5,52 %	6,84 %
Vieillesse déplafonnée	0,40 %	1,62 %
Allocations familiales	-	2,76 % ou 4,20 % (3)
Accidents du travail	-	(4)
FNAL plafonné (moins de 50 salariés)	-	0,10 %
FNAL (50 salariés et plus)	-	0,50 % (5)
Versement mobilité	-	Taux × 0,8
Contribution solidarité autonomie	-	0,30 %
Contribution au dialogue social	-	0,016 %
CSG déductible (6)	6,80 %	-
CSG/CRDS non déductible (6)	2,90 %	-
Contribution assurance chômage (6)	-	4,05 %
AGS (6)	-	0,25 %

(1) En Alsace-Moselle : + 1,50 %. Cotisation spécifique pour les salariés fiscalement domiciliés à l'étranger (voir *Cotisation d'assurance maladie-maternité-invalidité**).
(2) Taux de 7 % lorsque la rémunération n'excède pas un certain plafond (voir *Cotisation d'assurance maladie-maternité-invalidité**).
(3) Taux de 2,76 % lorsque la rémunération n'excède pas un certain plafond (voir *Cotisation d'allocations familiales**).
(4) L'employeur peut appliquer l'abattement de 20 % à cette cotisation.
(5) Hors effet de lissage (voir *FNAL**).
(6) La déduction forfaitaire spécifique pour frais professionnels (DFS) ne s'applique pas à l'assiette de ces contributions, même si elle est mise en œuvre pour l'assiette des cotisations de sécurité sociale.

- des cotisations salariales et patronales d'assurance vieillesse plafonnées ;
- de la cotisation patronale d'assurance vieillesse déplafonnée ;
- de la cotisation accidents du travail ;
- de la cotisation d'allocations familiales ;
- du versement mobilité.

▶ À noter… Cet abattement des cotisations ne devrait concerner en principe que les seules cotisations plafonnées (arrêté du 26 mars 1987, art. 2). Cela étant, la jurisprudence a maintenu l'application de l'abattement à la cotisation accidents du travail malgré son déplafonnement en 1990 (cass. soc. 11 avril 2002, n° 00-16085, BC V n° 126). Par ailleurs, l'URSSAF considère que l'abattement s'applique également à la cotisation d'allocations familiales, à la cotisation patronale d'assurance vieillesse déplafonnée et au versement mobilité.

Le *FNAL** se calcule selon les taux de droit commun pour les journalistes, sans abattement (lettre-circ. ACOSS 2015-19 du 13 avril 2015, § 2-6-2-1).

Prorata de plafond - Les journalistes dont les cotisations sont calculées selon des taux réduits ne sont pas éligibles aux mécanismes de réduction du plafond (BOSS, Assiette générale, § 1130, 01/01/2024). On ne peut donc pas, notamment, leur appliquer le prorata de plafond *employeurs multiples** ni l'*abattement d'assiette pour temps partiel**.

Pour ces salariés, s'ils ne sont pas mensualisés, le plafond applicable dépend uniquement de la périodicité de la paye.

Rupture du contrat de travail

Préavis - En cas de licenciement d'un journaliste sous contrat à durée indéterminée, le préavis est fixé à (c. trav. art. L. 7112-2) :
- 1 mois pour une ancienneté inférieure à 2 ans ;
- 2 mois pour une ancienneté supérieure ou égale à 2 ans.

En cas de démission, la convention collective prévoit un préavis de 1 mois, quelle que soit l'ancienneté du journaliste (convention collective nationale des journalistes, art. 42).

▶ À noter… Lorsque le journaliste se prévaut de la clause de conscience pour rompre son contrat (c. trav. art. L. 7112-5), la résiliation du contrat de travail reste de son fait et il est également dispensé d'accomplir un préavis. Il ne peut donc pas réclamer une indemnité compensatrice de préavis à son employeur et ce, même si le journaliste bénéficie d'une indemnité de licenciement (cass. soc. 17 avril 1996, n° 93-42409, BC V n° 167).

Indemnité de rupture spécifique - Lorsque l'employeur est à l'initiative de la rupture du contrat d'un journaliste (licenciement, le plus souvent), le salarié a droit à une indemnité égale à 1 mois de rémunération par année ou fraction d'année de collaboration, sur la base des derniers appointements, dans la limite de 15 mois de salaire (c. trav. art. L. 7112-3 et D. 7112-1).

Lorsque le salarié a plus de 15 ans d'ancienneté, une commission arbitrale est saisie pour déterminer le montant de l'indemnité (c. trav. art. L. 7112-4). Celle-ci est seule compétente pour statuer sur l'octroi et sur le montant d'une indemnité de licenciement, quelle qu'en soit la cause, d'un journaliste professionnel de plus de 15 ans d'ancienneté. Le journaliste ne peut donc pas saisir les prud'hommes à cet effet, qui sont incompétents (cass. soc. 14 février 2018, n° 16-25649, BC V n° 27).

Par ailleurs, quelle que soit l'ancienneté d'un journaliste, si un employeur se sépare de l'intéressé pour une faute grave ou pour des fautes répétées, la commission arbitrale est seule décisionnaire quant à la réduction ou à la suppression de l'indemnité (c. trav. art. L. 7112-4 ; cass. soc. 5 juillet 1974, n° 73-40668, BC V n° 422 ; cass. soc. 15 mars 1979, n° 76-15417, BC V n° 242 ; cass. soc. 29 mars 1995, n° 91-45876, BC V n° 115).

Dans tous les cas, la sentence de la commission arbitrale n'a autorité de la chose jugée que pour l'indemnité de licenciement et non en ce qui concerne les autres indemnités de rupture (cass. soc. 8 juillet 1992, n° 89-41343, BC V n° 456).

▶ À noter… Les journalistes ont également droit à cette indemnité lorsqu'ils décident de mettre fin à leur contrat en raison de la cession du journal ou du périodique, de la cessation de sa publication pour quelque cause que ce soit ou de changement notable dans le caractère ou l'orientation du journal, si ce changement crée, pour les intéressés, une situation de nature à porter atteinte à leur honneur, leur réputation ou aux intérêts moraux (clause de « conscience ») (c. trav. art. L. 7112-5). Le journaliste doit établir que la résiliation du contrat de travail est motivée par l'une de ces circonstances. L'application de ce texte n'impose pas de délai au journaliste pour manifester sa volonté de rompre le contrat de travail. Il n'impose pas non plus à ce dernier de démontrer sa volonté de poursuivre une carrière de journaliste après la rupture du contrat de travail (cass. soc. 4 décembre 2024, n° 23-13279 FSB).

La saisine de la commission arbitrale supposant une rupture à l'initiative de l'employeur, les ruptures faisant l'objet d'une résiliation amiable sont exclues du champ de compétence de la commission arbitrale (cass. soc. 9 avril 2015, n° 13-23588, BC V n° 72). À notre sens, cela vaut notamment en cas de rupture conventionnelle.

Régime fiscal de l'indemnité de rupture spécifique - L'indemnité de rupture spécifique des journalistes suit, dans le cas général, le régime habituel des indemnités de licenciement (BOFiP-RSA-CHAMP-20-40-10-30-§ 140-22/06/2023).

Lorsqu'elle est versée dans le cadre d'un plan de sauvegarde de l'emploi au sens des articles L. 1233-32 et L. 1233-61 du code du travail (c'est-à-dire une procédure de licenciement économique visant au moins 10 salariés sur une même période de 30 jours), l'indemnité de licenciement est exonérée d'impôt en totalité (CGI art. 80 duodecies, 1, 1°).

Lorsqu'elle n'est pas versée dans le cadre d'un plan de sauvegarde de l'emploi, l'indemnité de licenciement versée aux journalistes ayant au plus 15 ans d'ancienneté est exonérée d'impôt à hauteur du montant le plus élevé entre (CGI art. 80 duodecies, 1, 3°) :
- soit son montant minimum légal (1 mois par année ou fraction d'année d'ancienneté ; c. trav. art. L. 7112-3) ou celui prévu par la convention collective de branche, par l'accord professionnel ou interprofessionnel, sans limitation de montant ;
- soit 2 fois la rémunération annuelle brute perçue par le salarié durant l'année civile précédant la rupture de son contrat de travail ou 50 % du montant de l'indemnité versée au salarié, sachant que la fraction exonérée au titre de ces deux derniers critères ne peut pas excéder 6 fois le montant annuel du *plafond de la sécurité sociale** en vigueur à la date de versement de l'indemnité (soit 282 600 € en 2025).

Pour les journalistes ayant plus de 15 ans d'ancienneté, une règle spécifique est prévue : l'administration fiscale considère que le montant d'indemnité déterminé par la commission arbitrale est entièrement exonéré d'impôt sur le revenu (BOFiP-RSA-CHAMP-20-40-10-30-§ 140-22/06/2022).

Régime social de l'indemnité de rupture spécifique - La fraction d'indemnité exonérée d'impôt sur le revenu est également exonérée de cotisations de sécurité sociale et des charges ayant la même assiette, mais dans la limite de 2 fois le montant annuel du *plafond de la sécurité sociale** (2 PASS), soit 94 200 € en 2025 (c. séc. soc. art. L. 242-1, II, 7°).

Pour les journalistes ayant plus de 15 ans d'ancienneté, l'indemnité de congédiement fixée par la commission arbitrale, qui est totalement exonérée d'impôt *(voir ci-avant)*, est donc exonérée de cotisations dans la limite de 2 PASS (BOSS, Indemnités de rupture, § 490, 01/01/2025).

▶ À noter... Si l'employeur complète l'indemnité légale due au journaliste sans saisir la commission arbitrale, le surplus accordé est soumis à cotisations (BOSS, Indemnités de rupture, § 500, 01/01/2025).

L'indemnité est exonérée de CSG et de CRDS à hauteur de son montant minimum légal, dans la limite de 15 mois de salaire, y compris pour les journalistes ayant plus de 15 ans d'ancienneté (cass. civ., 2e ch., 21 juin 2005, n° 03-30754, BC II n° 168 ; BOSS, Indemnités de rupture, §§ 510 et 520, 01/01/2025). En tout état de cause, la fraction d'indemnité assujettie à cotisations de sécurité sociale est également assujettie à CSG/CRDS.

La règle dite des « *parachutes dorés** » s'applique aux indemnités versées aux journalistes comme aux autres salariés (BOSS, Indemnités de rupture, § 530, 01/01/2025). En conséquence, l'indemnité dont le montant dépasse 10 fois le montant annuel du *plafond de la sécurité sociale** (soit 471 000 € en 2025) est assujettie à la CSG et à la CRDS, ainsi qu'aux cotisations de sécurité sociale et aux charges ayant la même assiette dès le premier euro. Pour plus de détails (ex. : cumul avec un mandat social), voir *Parachutes dorés** (c. séc. soc. art. L. 136-1-1, III, 5° a et L. 242-1, II, 7°).

Indemnité de rupture conventionnelle individuelle - En cas de *rupture conventionnelle individuelle**, le journaliste doit recevoir une indemnité de rupture au moins égale à l'indemnité légale de licenciement.

Le montant minimum de l'*indemnité de rupture conventionnelle individuelle** correspond au montant minimum légal de l'*indemnité de licenciement** de droit commun (1/4 de mois de salaire pour les 10 premières années d'ancienneté et 1/3 de mois de salaire pour les années au-delà de 10 ans), et non au montant de l'indemnité de rupture spécifique « journalistes » (cass. soc. 3 juin 2015, n° 13-26799, BC V n° 109).

Allocation pour frais d'emploi (impôt sur le revenu)

Dispositif transparent en paye - Les journalistes bénéficient d'un avantage fiscal particulier. Il n'a pas d'incidence directe en paye, puisque l'employeur ne doit pas en tenir compte pour le net imposable. C'est au journaliste de l'appliquer au niveau de sa déclaration de revenus.

Journalistes (exemple)

Un journaliste cadre est rémunéré 4 400 € par mois. Il a refusé l'application de la déduction forfaitaire spécifique pour frais professionnels. L'assiette des cotisations de sécurité sociale et des charges ayant la même assiette est donc de 4 400 € (sous réserve des plafonds applicables à certaines cotisations).

EXTRAIT DU BULLETIN DE PAYE DE MARS 2025

Désignation	**Base**	**Taux**	**Montant**	
Salaire	151,67	29,01	4 400,00	
Brut total			4 400,00	
Brut sécurité sociale			4 400,00	
Cotisations et contributions sociales	**Base (€)**	**Taux salarial**	**Part salarié (€)**	**Part employeur (€)**
Santé				
Sécurité sociale - Maladie Maternité Invalidité Décès	4 400,00	-	-	572,00 (1)
Complémentaire santé	-	-	85,00	85,00
Complémentaire Incapacité Invalidité Décès	3 925,00	-	-	58,88
Accidents du travail - maladies professionnelles	4 400,00	-	-	49,28 (2)
Retraite				
Sécurité sociale plafonnée	3 925,00	5,52 %	216,66	268,47 (3)
Sécurité sociale déplafonnée	4 400,00	0,40 %	17,60	71,28 (4)
Complémentaire Tranche 1 (5)	3 925,00	4,15 %	162,89	244,14
Complémentaire Tranche 2 (5)	475,00	9,86 %	46,84	70,21
Famille	4 400,00	-	-	121,44 (6)
Assurance chômage				
Chômage	4 400,00	-	-	189,20 (7)
APEC	4 400,00	0,024 %	1,06	1,58
Autres contributions dues par l'employeur				197,45 (8)
CSG déductible de l'impôt sur le revenu	4 466,88	6,80 %	303,75	-
CSG/CRDS non déductible de l'impôt sur le revenu	4 466,88	2,90 %	129,54	-
Exonérations et allégements de cotisations	-	-	-	-
Total des cotisations et contributions			963,33	1 928,92
Net social				**3 436,67**
Net à payer avant impôt sur le revenu				**3 436,67**
Impôt sur le revenu	**Base**	**Taux**	**Montant**	**Cumul annuel**
Montant net imposable			3 651,11	Valeur
Impôt sur le revenu prélevé à la source	3 651,11	10,00 %	365,12	Valeur
Montant net des heures compl/suppl exonérées			0,00	Valeur
Net à payer au salarié (en euros) (9)				**3 071,55 (9)**
Total versé par l'employeur				6 328,92 (10)

Notes de la rédaction, pour aider à la lecture des totaux (ces notes n'ont pas à apparaître sur le bulletin de paye) :
(1) Taux de 13 % compte tenu de la rémunération (voir *Cotisation d'assurance maladie-maternité-invalidité**). (2) Par hypothèse taux de 1,12 %. (3) Pour un taux de 6,84 %. (4) Pour un taux de 1,62 %. (5) Y compris contribution d'équilibre général et technique. (6) Taux de 2,76 % compte tenu de la rémunération (voir *Cotisation d'allocations familiales**). (7) Chômage 4,05 % et AGS 0,25 %. (8) CSA (0,30 %), FNAL (0,50 %), versement mobilité (ici 1,28 % après abattement de 20 %), contribution au dialogue social (0,016 %), contribution formation (1 %), participation à l'effort de construction (0,45 %), taxe d'apprentissage (0,68 %), forfait social. (9) À faire apparaître de manière à en faciliter la lisibilité. (10) Brut + contributions patronales.

Allocation pour frais d'emploi - Les rémunérations perçues ès qualités par les journalistes, rédacteurs, photographes, directeurs de journaux et critiques dramatiques et musicaux constituent des allocations pour frais d'emploi à concurrence de 7 650 € par an, réputés utilisées conformément à leur objet (CGI art. 81, 1° ; BOFiP-RSA-CHAMP-20-50-10-30-§ 110-28/07/2020).

En cas de début ou de fin d'activité en cours d'année, cette limite doit être proratisée en nombre de mois (soit 637,50 € par mois), chaque fraction de mois étant comptée pour 1 mois entier (BOFiP-RSA-CHAMP-20-50-10-30-§ 280-28/07/2020).

Ces dispositions ne s'appliquent qu'aux personnes dont le revenu brut annuel n'excède pas 93 510 € (CGI art. 81, 1°). Ce seuil s'apprécie individuellement, et pas au niveau du foyer fiscal. La rémunération brute s'entend avant déduction des cotisations et contributions (BOFiP-RSA-CHAMP-20-50-10-30-§ 235-28/07/2020).

Déduction de l'allocation - En pratique, lorsque ces contribuables pratiquent la déduction forfaitaire de 10 % sur leur déclaration de revenus, ils déduisent de leur rémunération imposable la somme de 7 650 €.

En revanche, ils ne peuvent pas pratiquer cette déduction en cas d'option pour les frais réels. De plus, ce choix les oblige à réintégrer dans leur rémunération imposable les allocations pour frais consenties par l'employeur.

☞ *Frais professionnels (déduction forfaitaire spécifique).*

Journée défense et citoyenneté

Journée obligatoire - La journée défense et citoyenneté est une journée obligatoire qui a lieu entre la date du recensement de chaque Français et leur 18e anniversaire (avec une régularisation possible jusqu'à 25 ans) (c. serv. nat. art. L. 114-2). Elle a pour objectif de présenter notamment l'organisation de la défense nationale, le service civique et les diverses formes de volontariat (c. serv. nat. art. L. 114-3).

Autorisation d'absence - Pour participer à cette journée, tout salarié ou apprenti âgé de 16 à 25 ans bénéficie d'une autorisation d'absence exceptionnelle d'un jour. Cette absence n'entraîne pas de réduction de rémunération et est assimilée à une période de travail effectif pour la détermination de la durée des congés payés (c. trav. L. 3142-97).

À l'issue de la journée défense et citoyenneté, il est délivré un certificat individuel de participation (c. serv. nat. art. L. 114-2).

Journée de solidarité

La « journée de solidarité » constitue une obligation civique des salariés qui doivent accomplir une journée supplémentaire de travail non rémunérée (loi 2004-626 du 30 juin 2004, JO 1er juillet ; CE 9 novembre 2007, n° 293987). Le Conseil constitutionnel a jugé cette journée conforme à la Constitution (c. constit., décision 2011-148/154 QPC du 22 juillet 2011, JO du 23).

Fixation de la journée de solidarité

Détermination par accord collectif ou, à défaut, par l'employeur - Les modalités d'accomplissement de la journée de solidarité sont fixées par accord collectif (accord d'entreprise ou d'établissement ou, à défaut, accord de branche) (c. trav. art. 3133-7 et L. 3133-11).

À défaut d'accord collectif, ces modalités sont déterminées par l'employeur, après consultation du *comité social et économique** (c. trav. art. L. 3133-12).

Que ce soit par accord collectif ou sur décision de l'employeur, il est possible de prévoir :
- soit le travail d'un jour férié précédemment chômé autre que le 1er mai (le cas échéant, il peut donc encore s'agir du lundi de Pentecôte) ;
- soit le travail d'un jour de RTT ;
- soit toute autre modalité permettant le travail de 7 heures précédemment non travaillées (on peut imaginer le travail d'un jour de congé conventionnel, le fractionnement de la journée de solidarité en répartissant les heures correspondantes sur plusieurs jours, etc.).

Rien n'empêche les salariés de « poser » un jour de congés payés, de *contrepartie obligatoire en repos** ou de *repos compensateur de remplacement** le jour de la journée de solidarité. En revanche, ni l'employeur ni un accord collectif ne peuvent prévoir que la journée de solidarité se réalisera par la suppression d'un jour de congés payés ou d'un jour de repos compensateur (contrepartie obligatoire en repos ou repos compensateur de remplacement) (question-réponse DRT du 20 avril 2005, Q/R n° 4).

▶ À noter... Lorsqu'un accord collectif octroie aux salariés deux jours de pont payés par an, l'employeur ne peut pas décider que la journée de solidarité correspond à l'un de ces deux ponts rémunérés (cass. soc. 12 juin 2013, n° 10-26175 D).

Alsace-Moselle - Dans les départements de la Moselle, du Bas-Rhin et du Haut-Rhin, il est impossible de fixer la journée le Vendredi saint, le 25 décembre ou le 26 décembre (c. trav. art. L. 3134-16).

Journée de solidarité et dimanche - La journée de solidarité ne peut pas être effectuée un dimanche à moins que l'entreprise ne bénéficie d'un cas de dérogation au repos dominical des salariés (circ. DRT 2004-10 du 16 décembre 2004, BO TR 2005-1 du 30 janvier 2005).

En effet, pour les entreprises ne bénéficiant pas d'un cas de dérogation au repos dominical des salariés, le dispositif de la journée de solidarité ne permet pas d'employer des salariés le dimanche.

Quant aux entreprises autorisées légalement à employer des salariés le dimanche, soit le salarié travaille déjà ce jour-là et devra effectuer sa journée de solidarité un autre jour de la semaine, soit ce repos hebdomadaire est donné le dimanche et il convient, dans ce cas, de ne pas priver le salarié de son seul jour de repos hebdomadaire.

Dans le cas où un jour férié tomberait un dimanche, la règle du repos dominical prévaut et le salarié ne pourra donc pas effectuer sa journée de solidarité ce jour-là.

Moins de 18 ans - Il faut tenir compte des dispositions particulières du code du travail régissant le travail des mineurs (circ. DRT 2004-10 du 16 décembre 2004).

Ainsi, si la journée de solidarité est fixée un jour férié, elle ne concernera pas les *jeunes** travailleurs, sous réserve des dérogations permettant le travail des jours fériés par les moins de 18 ans. Si un accord collectif fixe un jour non férié comme journée de solidarité, il appartiendra aux partenaires sociaux de se prononcer sur les conditions dans lesquelles ces jeunes salariés effectueront cette journée.

Sort des accords collectifs conclus avant le 1er juillet 2004 - Les dispositions de la loi prévalent sur les stipulations contraires des conventions et accords collectifs, mais aussi sur les usages et les décisions unilatérales, prévoyant le chômage de la journée retenue comme journée de solidarité (lundi de Pentecôte ou autre). De telles stipulations ne produisent pas d'effet et ne sont pas opposables aux parties concernées (loi 2004-626 du 30 juin 2004, art. 4).

Ainsi, la journée de solidarité peut être positionnée sur une date donnée, même en présence d'un accord collectif antérieur prévoyant le chômage de cette date.

Modification du contrat de travail - Les heures effectuées dans le cadre de la journée de solidarité ne constituent pas une modification du contrat de travail, même si l'instauration de cette journée a un impact sur les différentes durées du travail. Dès lors, le salarié ne peut pas refuser d'effectuer la journée de solidarité (circ. DRT 2004-10 du 16 décembre 2004).

Journée déjà accomplie chez un autre employeur - Lorsqu'un salarié a déjà accompli, au titre de l'année en cours, une journée de solidarité, s'il doit s'acquitter d'une nouvelle journée en raison d'un changement d'employeur, les heures travaillées ce jour-là donnent lieu à rémunération supplémentaire et s'imputent sur le contingent annuel d'heures supplémentaires ou sur le nombre d'heures complémentaires. Le cas échéant, elles donnent lieu à contrepartie obligatoire sous forme de repos (c. trav. art. L. 3133-10).

Le salarié peut aussi refuser d'exécuter cette journée supplémentaire de travail, sans que ce refus constitue une faute ou un motif de licenciement (c. trav. art. L. 3133-10).

Cas particuliers précisés par l'administration

Travail en continu - L'horaire de travail étant, en principe, un horaire collectif, la journée de solidarité s'effectue collectivement, sauf dispositif d'aménagement du temps de travail dans le cadre duquel les salariés bénéficient de jours de repos par roulement.

Lorsque l'entreprise travaille en continu (ouverte 365 jours sur 365, travail posté en continu 24 h sur 24 et 7 jours sur 7), l'accord collectif ou, à défaut, l'employeur peut fixer, le cas échéant, une journée de solidarité différente par catégorie de salarié ou individuellement. Dans ce cas, la journée peut donc être fixée par roulement (circ. DRT 2004-10 du 16 décembre 2004).

L'employeur est alors tenu de consulter au préalable le *comité social et économique**.

Salarié cumulant deux emplois - Dans le cas particulier d'un salarié ayant simultanément une activité à temps complet et une activité à temps partiel, la journée de solidarité ne doit être effectuée que dans l'entreprise où le salarié exerce son activité à temps complet (circ. DRT 2004-10 du 16 décembre 2004).

En effet, le salarié aura, dans ces conditions, satisfait à son obligation d'effectuer une journée supplémentaire de 7 h et ne sera pas tenu à une telle obligation pour son activité à temps partiel.

Entreprises de prestation de services - Dans le cas où le salarié est mis à la disposition d'une entreprise utilisatrice dans le cadre d'une prestation de services (gardiennage, restauration, entretien, etc.), le principe général est celui du déroulement de la journée de solidarité auprès d'une ou de plusieurs entreprises utilisatrices, pour le compte de l'entreprise prestataire dans laquelle est employé le salarié (circ. DRT 2004-10 du 16 décembre 2004).

L'accord collectif ou, le cas échéant, la décision unilatérale de l'employeur peut prévoir que la journée de solidarité effectuée par le salarié est celle applicable dans l'entreprise utilisatrice.

Plusieurs cas de figure doivent être distingués (question-réponse DRT du 20 avril 2005, Q/R 5) :
- la journée de solidarité fixée dans l'entreprise prestataire ne correspond pas à celles fixées dans la ou les entreprises utilisatrices ; la date de la journée de solidarité qui doit être prise en compte est nécessairement celle de l'entreprise utilisatrice ;
- les 7 h de la journée de solidarité sont accomplies en une seule fois dans une des entreprises utilisatrices ; le salarié est dégagé de son obligation au titre de la journée de solidarité vis-à-vis des heures de travail accomplies au sein des autres entreprises ;
- dans le cas inverse où les 7 h au titre de la journée de solidarité sont accomplies en plusieurs fois auprès de plusieurs entreprises utilisatrices ; il y a fractionnement de la journée de solidarité à l'instar de la situation des salariés à temps partiel auprès de plusieurs employeurs.

Salariés à temps partiel

Adapter la date le cas échéant - Après avoir consulté les représentants du personnel, l'employeur peut déterminer une journée de solidarité spécifique pour les salariés à temps partiel dont l'horaire habituel n'inclut pas la journée de solidarité fixée pour l'ensemble des salariés (circ. DRT 2004-10 du 16 décembre 2004).

Cet impératif peut donc conduire à une individualisation des solutions.

Pas de refus, sauf cas particuliers - Le salarié à temps partiel ne peut pas refuser d'effectuer la journée de solidarité en invoquant le fait que la date retenue corresponde à un jour non travaillé, en vertu de son contrat de travail à temps partiel.

Toutefois, son refus d'effectuer la journée de solidarité à la date retenue par l'employeur ne constitue pas une faute ou un motif de licenciement si cette date est incompatible avec des obligations familiales impérieuses, le suivi d'un enseignement scolaire ou supérieur ou avec une période d'activité fixée chez un autre employeur ou avec une activité professionnelle non salariée.

Durée du travail - Dans le cas des salariés à temps partiel, la journée de solidarité doit représenter 7 h au prorata de la durée contractuelle du travail (c. trav. art. L. 3133-8).

Exemple

Un salarié à temps partiel ayant une durée contractuelle de travail de 20 h par semaine devra effectuer 7/35 × 20, soit 4 h au titre de la journée de solidarité.

Pour les salariés à temps partiel dont le contrat de travail comporte une référence horaire mensuelle, il convient de se référer à la durée hebdomadaire moyenne en rapportant l'horaire mensuel à 4,33 semaines, chiffre qui correspond au nombre moyen de semaines par mois.

Les heures ainsi effectuées sont sans incidence sur le volume d'heures complémentaires et n'ouvrent pas droit à rémunération supplémentaire, dans la limite de 7 h proratisées par rapport à l'horaire contractuel.

Cumul d'emplois - Pour les salariés qui cumuleraient deux temps partiels, il convient de distinguer deux situations (circ. DRT 2004-10 du 16 décembre 2004) :
- le cumul des deux emplois ne dépasse pas la durée légale : dans ce cas, le mécanisme de la proratisation défini ci-dessus s'applique ;
- le cumul des deux emplois dépasse la durée légale : les 7 h sont dues à l'un et l'autre des employeurs, au prorata de la durée contractuelle respective.

Dans le cas particulier du cumul d'emplois d'un salarié ayant simultanément une activité à temps complet et une activité à temps partiel, la journée de solidarité ne devra être effectuée que dans l'entreprise où le salarié exerce son activité à temps complet.

Incidence sur le salaire

Principe de non-rémunération - Le principe est celui de la non-rémunération de la journée de solidarité (c. trav. art. L. 3133-8) :
- dans la limite de 7 h pour les salariés mensualisés ;
- dans la limite de la valeur d'une journée de travail pour les cadres ayant conclu des conventions de forfait en jours ;

- dans la limite de 7 h réduite proportionnellement à la durée de travail pour les salariés à temps partiel *(voir ci-dessus)*.

Salariés mensualisés - En pratique, les salariés mensualisés travaillent un jour de plus mais sans modification de leur rémunération : leur salaire est simplement maintenu.

▶ À noter... Pour rappel, sont exclus du bénéfice de la loi de mensualisation les travailleurs à domicile, les travailleurs saisonniers, les travailleurs intermittents et les travailleurs temporaires.

Dans l'hypothèse où la journée de solidarité coïncide avec un autre jour férié précédemment chômé, le salarié perçoit déjà, en application du code du travail (c. trav. art. L. 3133-3) ou d'un accord collectif plus favorable, une rémunération intégrant le paiement du jour férié chômé. Il ne peut pas percevoir une rémunération inférieure à celle qui lui était versée antérieurement, mais le travail d'un jour férié antérieurement chômé ne crée pas de droit à rémunération supplémentaire, dans la limite de 7 h. En revanche, les éventuelles heures effectuées au-delà de 7 h ouvrent droit à une rémunération (circ. DRT 2004-10 du 16 décembre 2004).

Si le salarié ne remplit pas les conditions requises pour bénéficier de l'indemnisation du jour férié, il doit, à notre avis et sous réserve de l'appréciation des autorités de contrôle, être rémunéré pour les heures travaillées, par analogie avec la solution applicable aux salariés non mensualisés *(voir ci-après)*.

▶ Attention... Aucune éventuelle majoration de salaire (ou repos compensateur) prévue par convention ou accord collectif pour le travail des jours fériés n'a lieu de s'appliquer ce jour-là.

La journée de solidarité peut aussi correspondre, du fait des accords signés ou des décisions unilatérales de l'employeur, à une autre modalité que le travail d'un jour férié habituellement chômé : jour de RTT, travail d'un samedi, fractionnement en temps travaillé en plus (ex. : 7 fois une heure), etc. Dans ces situations, les heures correspondant à la journée de solidarité n'ouvre pas droit à rémunération, dans la limite des 7 h (proratisées en cas de temps partiel).

Salariés en forfait annuel en jours - Les salariés ayant conclu des conventions de forfait en jours sur l'année, dont la rémunération est calculée par référence à un nombre annuel de jours de travail, doivent être regardés comme bénéficiant déjà de la rémunération au titre de la journée de solidarité par l'effet de leur convention de forfait. Ils sont donc assujettis au principe d'une journée de solidarité sans rémunération, cette obligation s'entendant, dans leur cas particulier, dans la limite de la valeur d'une journée de travail (circ. DRT 2004-10 du 16 décembre 2004).

▶ À noter... Le nombre de jours fixé par les clauses du forfait jours annuel signées avant le 1er juillet 2004 a été majoré d'un jour par an, sans rémunération supplémentaire (loi 2004-626 du 30 juin 2004, art. 5).

Salariés non mensualisés - Les salariés qui ne bénéficient pas des avantages liés à la loi de mensualisation et notamment de l'indemnisation des jours fériés chômés sont astreints à cette journée de travail supplémentaire, mais sont rémunérés pour le travail accompli en plus (circ. DRT 2004-10 du 16 décembre 2004).

Si la date de la journée de solidarité correspond à un jour férié précédemment chômé, l'éventuelle majoration de salaire (ou repos compensateur) prévue par convention ou accord collectif pour le travail des jours fériés n'a pas lieu de s'appliquer.

Maladie ou accident - En cas d'absence pour maladie ou accident, le droit commun s'applique : le salarié qui remplit les conditions requises a droit aux indemnités journalières de sécurité sociale, éventuellement complétées par un maintien de salaire.

Absence injustifiée ou grève pour une journée de solidarité placée un jour férié chômé - Lorsque la journée de solidarité est fixée un jour férié précédemment chômé pour lequel le salarié aurait été rémunéré par l'effet de la mensualisation, l'absence injustifiée ou l'absence pour grève de l'intéressé autorise l'employeur à pratiquer une retenue sur salaire, laquelle ne constitue pas une sanction pécuniaire (cass. soc. 16 janvier 2008, n° 06-42327, BC V n° 13 ; cass. soc. 16 janvier 2008, n° 06-43124, BC V n° 13 ; cass. soc. 7 avril 2010, n° 08-40658 D).

Exemple

Dans une des affaires jugées en janvier 2008, les juges ont ainsi validé la retenue sur salaire que l'employeur avait pratiquée et l'incidence de cette absence sur la prime d'ancienneté et le 13e mois.

L'absence pour grève du salarié autorise l'employeur à pratiquer une retenue sur salaire correspondant au nombre d'heures qu'il aurait travaillé au cours de cette journée s'il n'avait pas fait grève (cass. soc. 11 janvier 2011, n° 08-44075 D). La retenue pourrait donc être supérieure à 7 h si la durée du travail fixée par l'employeur pour ce jour est supérieure (rappelons qu'il doit alors rémunérer en plus la durée travaillée au-delà de 7 h par les non-grévistes).

Incidences de la journée de solidarité sur la durée du travail

Heures supplémentaires - Les heures effectuées au titre de la journée de solidarité, dans la limite de 7 h, ne sont pas qualifiées d'heures supplémentaires, ne donnent pas lieu au déclenchement des droits à contrepartie obligatoire en repos ni à majorations de salaire et ne s'imputent pas sur le contingent annuel d'heures supplémentaires (c. trav. art. L. 3133-9).

Heures complémentaires - Pour les salariés à temps partiel, il ne s'agit pas d'heures complémentaires, dans la limite des 7 h proratisées par rapport à l'horaire contractuel (c. trav. art. L. 3133-9).

Relèvement des anciens seuils annuels de durée du travail

Travail à temps complet - La durée du travail fixée antérieurement au 1er juillet 2004 par les stipulations des conventions ou accords collectifs et par les clauses des contrats de travail relatives à la durée annuelle en heures (modulation des horaires, RTT sur l'année) ainsi que celles relatives au forfait en heures sur l'année est majorée d'une durée de 7 h par an (loi 2004-626 du 30 juin 2004, art. 5).

Le nombre de jours fixé par les clauses relatives au forfait annuel en jours est majoré d'un jour par an.

Travail à temps partiel - La durée de travail fixée avant le 1er juillet 2004 par les stipulations des conventions ou accords collectifs ainsi que par les clauses des contrats de travail relatives au temps partiel modulé sur l'année et au temps partiel annualisé est majorée d'une durée proportionnelle à la durée contractuelle (loi 2004-626 du 30 juin 2004, art. 5).

▶ À noter… Certains employeurs auront jugé utile d'actualiser la rédaction des contrats de travail antérieurs au 1er juillet 2004, bien que cela ne s'impose pas légalement, en y mentionnant la nouvelle durée annuelle ou le nouveau forfait jours applicable.

Bulletin de paye

Il est recommandé de faire apparaître clairement la journée de solidarité sur le bulletin de paye, de façon à pouvoir apporter la preuve qu'elle a bien été effectuée (circ. DRT 2004-10 du 16 décembre 2004, § VI).

☞ *Convention de forfait (forfait annuel en jours) ; Jeunes ; Jours fériés.*

Jour ouvrable/jour ouvré

Jours ouvrables

Les jours ouvrables sont tous les jours de la semaine à l'exception du jour de repos hebdomadaire (*dimanche**, en principe) et des *jours fériés**, même s'il ne s'agit pas de jours travaillés dans l'entreprise (le samedi ou le lundi, par exemple).

En l'absence de jour férié, une semaine compte donc 6 jours ouvrables.

Jours ouvrés

Les jours ouvrés sont les jours travaillés dans l'entreprise.

Dans une entreprise travaillant du lundi au vendredi, la semaine compte 5 jours ouvrés.

La notion de jours ouvrés s'apprécie par rapport à l'entreprise et non par rapport aux salariés pris individuellement. Pour un salarié à temps partiel ne travaillant qu'une partie des jours ouvrés dans l'entreprise, on parle de jours travaillés pour désigner les jours où il accomplit son activité professionnelle.

Décompte des congés payés

Les congés payés se décomptent normalement en jours ouvrables. Ils peuvent parfois se décompter en jours ouvrés (voir *Congés payés**).

☞ *Absence ; Congés payés ; Indemnité de congés payés.*

Jours de fractionnement

À certaines conditions, les salariés qui prennent un certain nombre de jours de congé de leur congé principal (4 semaines de congé dit « d'été ») après le 31 octobre ont droit à 1 ou 2 jours de congés payés supplémentaires. Une renonciation est possible, soit par accord individuel, soit en application d'un accord collectif (c. trav. art. L. 3141-21 et L. 3141-23) (voir *Fractionnement des congés payés**).

☞ *Fractionnement des congés payés.*

Jours fériés

Le code du travail dresse la liste des jours fériés.

Seul le *premier Mai** est obligatoirement chômé. Pour les autres jours fériés, tout dépend des accords collectifs et des usages applicables.

Liste des jours fériés

Cas général - Le code du travail prévoit 11 jours fériés (c. trav. art. L. 3133-1) :
- 1er janvier ;
- lundi de Pâques ;
- 1er mai ;
- 8 mai ;
- jeudi de l'Ascension ;
- lundi de Pentecôte ;
- 14 juillet ;
- 15 août (Assomption) ;
- 1er novembre (Toussaint) ;
- 11 novembre ;
- 25 décembre (Noël).

Alsace-Moselle - En *Alsace-Moselle**, le 26 décembre et le Vendredi Saint sont également des jours fériés (c. trav. art. L. 3134-13). Ils s'ajoutent aux autres jours fériés.

Particularité pour les départements d'outre-mer (DOM), Saint-Barthélemy, Saint-Martin et Mayotte - Les journées de commémoration de l'abolition de l'esclavage sont des jours fériés : le 27 avril à Mayotte, le 22 mai en Martinique, le 27 mai en Guadeloupe et à Saint-Martin, le 10 juin en Guyane, le 9 octobre à Saint-Barthélemy et le 20 décembre à La Réunion (c. trav. art. L. 3422-2).

À Mayotte, les stipulations des conventions ou accords collectifs de travail et les usages peuvent prévoir des jours fériés supplémentaires, notamment les fêtes de Miradji, Idi-el-Fitri, Idi-el-Kabir et Maoulid (c. trav. art. L. 3422-3).

Le 1er Mai

Obligatoirement chômé, sauf exception - Le 1er Mai est obligatoirement chômé (c. trav. art. L. 3133-4).

Seuls les salariés employés dans des établissements, dont la nature du travail ne permet pas d'interrompre l'activité, peuvent être amenés à travailler ce jour-là (c. trav. art. L. 3133-6).

Rémunération du 1er Mai chômé - Le chômage du 1er Mai ne peut pas donner lieu à diminution de rémunération (c. trav. art. L. 3133-5). Le salarié doit percevoir, sans conditions particulières, la rémunération qu'il aurait perçue s'il avait travaillé (c. trav. art. D. 3133-1).

Rémunération du 1er Mai travaillé - Si le salarié travaille le 1er Mai, il doit percevoir en plus de son salaire une indemnité égale à 100 % de la rémunération de cette journée (c. trav. art. L. 3133-6). Il est impossible de remplacer cette indemnisation par un repos compensateur (cass. soc. 30 novembre 2004, n° 02-45785, BC V n° 316).

Cette indemnité n'est soumise à aucune condition et comprend tous les éléments de rémunération, à l'exception :
- des primes non directement liées au travail (ancienneté...) ;
- des remboursements de frais ;
- selon l'administration, des majorations pour heures supplémentaires, puisque celles-ci sont appréciées dans le cadre de la semaine et non de la journée ;
- de l'éventuelle majoration pour travail du dimanche si le 1er Mai est un dimanche, puisqu'elle ne correspond pas au travail effectué mais à une sujétion déjà indemnisée (cass. soc. 21 février 1980, n° 78-41299, BC V n° 177).

L'employeur doit faire apparaître distinctement sur le bulletin de salaire le montant de l'indemnité.

Jours fériés ordinaires

Chômés en fonction des dispositions conventionnelles, de la décision de l'employeur ou des usages - Légalement, les jours fériés autres que le 1er Mai ne sont pas chômés (c. trav. art. L. 3133-1). Seuls les jeunes de moins de 18 ans se voient appliquer des règles particulières (voir *Jeunes**).

Un accord d'entreprise ou d'établissement ou, à défaut, une convention ou un accord de branche, peut définir les jours fériés chômés (c. trav. art. L. 3133-3-1). La liste des jours chômés fixée par accord d'entreprise ou d'établissement prime sur celle qui résulte d'un accord de branche, même si elle est moins favorable pour les salariés.

L'engagement conventionnel doit être respecté par l'employeur. Il est interprété restrictivement et ne concerne que les jours fériés dont le chômage est expressément prévu (cass. soc. 28 octobre 1997, n° 95-44033 D).

À défaut d'accord, c'est à l'employeur de déterminer les jours fériés chômés (c. trav. art. L. 3133-3-2).

Les usages en vigueur en la matière doivent aussi être respectés (voir *Usage**).

Chômés dans le Bas-Rhin, le Haut-Rhin et la Moselle - Dans les départements du Bas-Rhin, du Haut-Rhin et de la Moselle, tous les jours fériés sont en principe chômés (voir *Alsace-Moselle**) (c. trav. art. L. 3134-13).

Rémunération d'un jour férié chômé - Les jours fériés chômés sont rémunérés lorsque le salarié totalise au moins 3 mois d'ancienneté dans l'entreprise ou l'établissement, sauf accord collectif ou usage plus favorable (c. trav. art. L. 3133-3).

Le chômage des jours fériés ne peut entraîner aucune perte de salaire pour les salariés totalisant l'ancienneté exigée. Le salaire à maintenir s'entend du salaire de base et de ses compléments habituels. Par conséquent l'employeur doit ainsi verser aux salariés travaillant habituellement la nuit (et non exceptionnellement) la contrepartie financière prévue par l'accord collectif sur le travail de nuit. Cette solution est valable même si l'accord collectif prévoit que les primes pour heures de nuit sont versées en fonction du nombre réel d'heures de travail effectif en période nocturne (cass. soc. 27 juin 2012, n° 10-21306, BC V n° 201).

Ces dispositions s'appliquent aux salariés saisonniers si, du fait de divers contrats successifs ou non, ils cumulent une ancienneté totale d'au moins 3 mois dans l'entreprise (c. trav. art. L. 3133-3).

En revanche, le paiement des jours fériés chômés ne s'applique ni aux travailleurs à domicile, ni aux salariés intermittents, ni aux intérimaires (c. trav. art. L. 3133-3). Pour les intéressés, les jours fériés chômés sont ou non indemnisés selon les dispositions éventuellement prévues par les accords collectifs ou les usages d'entreprise.

▶ À noter... Pour les employés et cadres payés au mois avant la loi sur la mensualisation du 19 janvier 1978, le paiement des jours fériés chômés n'était subordonné à aucune condition. Ces salariés ne devaient donc subir aucune réduction de salaire en raison du chômage du jour férié, sauf celle correspondant aux heures supplémentaires qui auraient dû normalement être effectuées ce jour-là (arrêté du 31 mai 1946, JO 1er juin). Bien que cet arrêté n'ait pas été abrogé, certains considèrent qu'il n'est plus applicable, du fait de l'intégration au code du travail des conditions de paiement des jours fériés chômés à l'occasion de la recodification de 2008 (c. trav. art. L. 3133-3).

Rémunération d'un jour férié travaillé - Légalement, les jours fériés travaillés, autres que le 1er Mai, ne donnent lieu à aucune majoration de rémunération.

Une majoration sera cependant appliquée si une convention ou un usage le prévoit. Mais elle ne se cumule pas avec une majoration pour travail du dimanche si le jour férié est un dimanche (cass. soc. 5 avril 1974, n° 73-40089, BC V n° 213).

Si la convention prévoit que les jours fériés ordinaires travaillés sont indemnisés comme le 1er Mai travaillé, toutes les dispositions applicables au 1er Mai travaillé doivent être respectées.

Paiement des jours fériés chômés

Jours concernés	Condition du chômage	Conditions du maintien du salaire si le jour férié est chômé	Montant du salaire
1er Mai pour tous les salariés (c. trav. art. L. 3133-4 à L. 3133-6)	Le chômage est obligatoire, sauf dans les établissements qui, en raison de la nature de leur activité, ne peuvent interrompre le travail (1).	Sans condition d'ancienneté et de présence la veille ou le lendemain du jour férié.	Le chômage ne doit pas entraîner de réduction des traitements et salaires.
Jours fériés autres que le 1er Mai (2) (c. trav. art. L. 3133-1 et L. 3133 -3)	**Règle générale** (2) :		
	Selon convention, décision de l'employeur et usage.	Le salarié doit avoir 3 mois d'ancienneté sauf usage ou accord collectif ou décision de l'employeur plus favorable (3).	Le chômage n'entraîne pas de réduction de salaire (3).
	Travailleurs à domicile, intermittents, intérimaires :		
	Selon convention et usage.	Selon convention et usage.	Selon convention et usage.

(1) Exemples : hôpitaux, usines à feu continu. En cas de travail, le salaire correspondant au travail effectué est majoré de 100 %.
(2) Il existe des règles particulières en *Alsace-Moselle**.
(3) Les travailleurs saisonniers qui, du fait de divers contrats, successifs ou non, cumulent une ancienneté totale d'au moins 3 mois dans l'entreprise bénéficient de la règle générale.

Prise en compte des jours fériés chômés

Position de l'administration - Selon l'administration, les jours fériés chômés ne doivent pas être pris en compte lorsqu'il s'agit de calculer (circ. DRT 2000-7 du 6 décembre 2000) :
- les droits à *contrepartie obligatoire en repos** pour heures supplémentaires ;
- le nombre d'heures supplémentaires à imputer sur le contingent annuel ;
- le respect des seuils de durée maximale du travail ;
- l'ouverture et les droits à *congés payés** d'un salarié ;
- le nombre de jours de repos acquis dans le cadre d'un dispositif d'aménagement du temps de travail par octroi de journées ou demi-journées de repos (RTT).

Majorations de salaire pour heures supplémentaires - Pour la Cour de cassation, les jours fériés chômés ne peuvent pas être assimilés à du temps de travail effectif en matière d'heures supplémentaires, sauf usage d'entreprise ou dispositions conventionnelles contraires (cass. soc. 4 avril 2012, n° 10-10701, BC V n° 115). Cette solution vaut pour la notion même d'heures supplémentaires, et donc pour tous les droits qui y sont attachés : majorations de salaire, contrepartie obligatoire en repos, nombre d'heures à imputer sur le contingent. En pratique, il n'y a donc pas lieu de tenir compte des heures chômées au titre d'un jour férié pour tous ces points, sauf usage ou accord collectif contraire.

▶ Attention... L'absence d'assimilation à du temps de travail effectif ne doit pas faire oublier la règle selon laquelle le salaire du jour férié chômé est maintenu si le salarié remplit les conditions requises *(voir plus haut)*. Dans ce cas, le chômage du jour férié ne doit entraîner aucune diminution de salaire. En conséquence :
- si la durée du travail normalement applicable conduit à rémunérer habituellement des heures supplémentaires (ex. : durée collective de 39 h hebdomadaires), le salarié ne doit pas perdre les majorations de salaire incluses dans sa rémunération ;
- plus généralement, les heures supplémentaires qui auraient été normalement effectuées un jour férié sont rémunérées comme telles : si l'entreprise se trouve dans une période pour laquelle l'employeur a modifié l'horaire collectif en y intégrant des heures supplémentaires afin de faire face, par exemple, à des commandes, le jour férié sera à notre sens indemnisé sur la base de la durée du travail modifiée.

Toutefois pour l'administration, les jours fériés chômés doivent être assimilés à du temps de travail effectif lorsqu'il s'agit de déterminer les majorations pour *heures supplémentaires**, mais pas pour la *contrepartie obligatoire en repos** (circ. DRT 2000-7 du 6 décembre 2000 ; voir *Temps de travail effectif**). Le Conseil d'État a retenu une position analogue (CE 6 mars 2002, n° 231530).

Repos hebdomadaire - Sauf convention ou accord collectif ou usage plus favorable, le salarié ne peut légalement prétendre à aucune indemnité ou récupération lorsqu'un jour férié coïncide avec son jour de repos hebdomadaire.

Jour de RTT - Les jours de repos acquis au titre d'un dispositif d'aménagement du temps de travail par octroi de jours de repos (RTT) ne peuvent pas être positionnés par l'employeur sur un jour férié chômé (cass. soc. 11 juillet 2007, n° 06-41575, BC V n° 124 ; cass. soc. 16 février 2012, n° 09-70617, BC V n° 74).

▶ Attention... Sur le décompte des jours fériés chômés compris dans une période de congés payés, voir *congés payés**.

Répartition des 35 heures sur 4 jours - Lorsque l'entreprise répartit la durée du travail de 35 heures sur 4 jours, les jours fériés chômés qui coïncident avec l'un des 3 jours de repos hebdomadaire n'ouvrent droit ni à repos supplémentaire, ni à indemnité compensatrice. En effet, les jours non travaillés issus de la répartition de la durée de travail de 35 h sur quatre jours de la semaine constituent des jours de repos hebdomadaires qui n'ont pas vocation à compenser des heures de travail effectuées au-delà de la durée légale ou conventionnelle, à l'inverse d'un mécanisme de RTT *(voir ci-dessus)* (cass. soc. 10 mai 2023, n° 21-24036 FB).

Répartition en cycle de travail - Dans une entreprise fonctionnant par cycle de travail de 9 semaines, le salarié ne peut pas obtenir de dommages-intérêts au prétexte qu'un jour férié chômé tombait sur un « jour de repos cycle » (cass. soc. 1er mars 2017, n° 15-29076 D).

Interdiction de récupération des jours fériés chômés

Les heures non travaillées en raison du chômage d'un jour férié, quel qu'il soit, ne peuvent pas donner lieu à récupération (c. trav. art. L. 3133-2).

Seuls les jours de pont éventuellement accordés au personnel à l'occasion d'un jour férié peuvent être récupérés par tous les salariés de l'entreprise (voir *Récupération des heures perdues**).

Exemple

Lorsqu'une semaine inclut un jour férié chômé, l'employeur ne peut pas, indépendamment de la durée du travail qui aurait été accomplie ce jour-là, faire effectuer aux salariés sur le reste de la semaine :
- une durée du travail égale à 4/5 de la durée prévue dans leur contrat pour ceux devant travailler tout le jour férié concerné ;
- une durée du travail égale à 9/10 de la durée prévue dans leur contrat pour ceux ne devant travailler qu'une demi-journée.

Un tel système est prohibé dans la mesure où il a pour effet de faire récupérer aux salariés des heures effectivement chômées du fait de la durée habituelle de la journée ou demi-journée du jour férié non travaillé (cass. soc. 13 juin 2012, n° 11-10146, BC V n° 188).

Jours fériés compris dans une période d'activité partielle

Voir *Activité partielle**.

Coïncidence de deux jours fériés

Certaines années, il peut arriver que le 1er Mai et le jeudi de l'Ascension tombent le même jour (ex. : en 2008).

Jours fériés chômés - Dans le silence de la loi, le principe veut que les salariés perdent un jour férié. Tout dépend alors des accords collectifs applicables :
- si la convention collective ou tout autre accord d'entreprise prévoit clairement, dans cette situation, l'obligation pour l'employeur de donner une journée de repos supplémentaire ou de verser une indemnité compensatrice aux salariés, l'employeur doit compenser la perte du jour férié chômé ;
- lorsque, sans envisager expressément la coïncidence de deux jours fériés, la convention collective garantit le chômage d'un nombre déterminé de jours chômés correspondant aux jours de fêtes légales ou qu'elle prévoie le paiement d'un nombre déterminé de jours fériés dans l'année, l'employeur doit accorder une journée de repos en compensation (cass. soc. 21 juin 2005, n° 03-17412 D ; cass. soc. 30 novembre 2010, n° 09-42990, BC V n° 276 ; cass. soc. 2 mars 2011, n° 09-42346 D ; cass. soc. 7 mars 2012, n° 10-16156, BC V n° 92).

Lorsque la convention collective se contente de prévoir que les jours fériés sont chômés, payés et non récupérés ou se borne à prévoir le paiement et le chômage des jours fériés sans autre précision, le salarié n'a aucun droit à un jour de congé ou de repos supplémentaire lorsque, par exception, deux jours fériés coïncident (cass. soc. 17 octobre 2012, n° 11-19956, BC V n° 265 ; cass. soc. 17 janvier 2013, n° 11-17745, BC V n° 13 ; cass. soc. 22 octobre 2014, n° 12-19587, BC V n° 245 ; cass. soc. 9 avril 2015, n° 14-12215 D).

Jours fériés travaillés - Si le 1er Mai est travaillé dans l'entreprise au titre des dérogations admises par la loi, l'employeur n'est pas obligé d'accorder une compensation pour le salarié qui, de ce fait, a aussi travaillé le jeudi de l'Ascension (rappelons toutefois que le 1er Mai est payé double) (c. trav. art. L. 3133-6). Cependant, si la convention collective prévoit une compensation pour tout jour férié travaillé (ex. : garantie de 11 jours de repos, avec une compensation pour tout jour férié travaillé), le salarié a droit à une compensation au titre du jeudi de l'Ascension travaillé, en plus de la paye doublée au titre du 1er Mai (cass. soc. 30 novembre 2010, n° 09-69329, BC V n° 275).

☞ *Activité partielle ; Alsace-Moselle ; Congés payés ; Heures supplémentaires ; Jeunes ; Journée de solidarité ; Temps de travail effectif.*

Jurés et témoins

Absences autorisées - Les membres d'un jury d'une cour d'assises doivent obligatoirement se présenter sous peine d'une amende pénale (c. proc. pén. art. 288). Il en va de même pour les personnes citées comme témoins lors d'un procès pénal, que ce soit devant une cour d'assises (c. proc. pén. art. 326), un tribunal correctionnel (c. proc. pén. art. 437 et 438) ou devant le tribunal de police ou le tribunal judiciaire (chambres de proximité) (c. proc. pén. art. 536).

Pour remplir leur devoir, les salariés convoqués ont donc le droit de s'absenter.

Les interruptions de travail motivées par l'accomplissement des fonctions de juré et de témoin entraînent une simple suspension du contrat de travail (rép. Andrieux n° 4095, JO 28 octobre 1978, AN quest. p. 6891).

Régime de l'absence - L'employeur n'a pas à indemniser le salarié pour les heures correspondantes. Le temps ainsi utilisé n'est pas, à défaut d'accord, assimilé à du temps de travail effectif pour le calcul des droits du salarié, et notamment pour les congés payés. Des dispositions conventionnelles ou des usages peuvent être plus avantageux.

L'employeur délivre une attestation de salaire qui permettra au salarié de se faire indemniser par l'État.

Jury d'examen et instances de formation

Certains points du congé de participation aux instances de formation ou à un jury d'examen sont ouverts à la négociation par accord collectif d'entreprise ou, à défaut, par convention ou accord de branche. Dans les domaines ouverts à la négociation, l'accord d'entreprise prime sur l'accord de branche.

Autorisations d'absence

Bénéficiaires - Lorsqu'un salarié est désigné pour siéger dans une commission, un conseil ou un comité administratif appelé à traiter des problèmes d'emploi et de formation, l'employeur doit lui accorder le temps nécessaire pour participer aux réunions de ces instances (c. trav. art. L. 3142-42, al. 1). La liste de ces instances est fixée par arrêté interministériel (arrêté du 20 mai 1980, JO du 24, modifié par arrêté du 17 juillet 2017, JO du 21, arrêté du 15 juin 2021, JO du 18 et arrêté du 19 juin 2024, JO du 29).

Il en va de même pour les salariés désignés pour participer à un jury d'examen ou de validation des acquis de l'expérience : l'employeur est également tenu de leur laisser le temps nécessaire pour y participer (c. trav. art. L. 3142-42, al. 3).

L'autorisation d'absence est accordée :
- aux titulaires ou en cas d'empêchement, aux suppléants amenés à les remplacer ;
- et indépendamment de tout remplacement, aux suppléants lorsque leur présence est prévue par les statuts ou règlements intérieurs de ces instances (arrêté du 17 juillet 2017, JO du 21).

Procédure - Le salarié doit informer son employeur de sa volonté de bénéficier de ce congé, par tout moyen donnant date certaine, au moins 15 jours calendaires avant le début de la session d'examen ou de validation ou avant la participation à l'instance d'emploi et de formation. Il joint à sa demande une copie de la convocation (c. trav. art. L. 3142-47 et D. 3142-32).

Un autre délai, inférieur ou supérieur, peut être prévu par accord d'entreprise (ou à défaut de branche) (c. trav. art. L. 3142-46).

Refus de l'employeur - L'employeur ne peut refuser l'autorisation d'absence que s'il estime, après avis du *comité social et économique** que cette absence aura des conséquences préjudiciables à la bonne marche de l'entreprise (c. trav. art. L. 3142-45).

Ce refus doit être motivé et notifié par tout moyen donnant date certaine au salarié. En cas de contentieux, le différend est du ressort du conseil de prud'hommes qui statue selon la procédure accélérée au fond et en dernier ressort (c. trav. art. L. 3142-45 et R. 3142-31).

Régime du congé

Les absences du salarié ne doivent entraîner aucune réduction de sa rémunération. Elles ne peuvent pas être imputées sur ses congés payés (c. trav. art. L. 3142-43).

Un décret détermine les conditions dans lesquelles les dépenses afférentes au maintien du salaire et au remboursement des frais de déplacement sont supportées par les instances et jurys ou par l'entreprise (c. trav. art. L. 3142-44). À ce jour, seul un décret de 1979 traite de ce sujet (décret 79-251 du 27 mars 1979, JO du 30).

L

Licenciement

Dans un licenciement, l'employeur prend l'initiative de rompre le contrat de travail à durée indéterminée d'un salarié.

Cadre juridique

Contrats à durée indéterminée - Le licenciement est réservé à la rupture des contrats de travail à durée indéterminée.

Pour les CDD, on parle de rupture anticipée, laquelle est autorisée dans des cas limités (voir *Contrat à durée déterminée** et *Indemnité de rupture anticipée d'un CDD**).

Procédure et motif - Le licenciement peut avoir un motif économique (licenciement individuel ou collectif) ou un motif personnel (disciplinaire ou non disciplinaire) (c. trav. art. L. 1232-1 et L. 1233-2).

La procédure à respecter varie selon la nature du licenciement. L'employeur doit convoquer le salarié à un entretien préalable (sauf dans certains cas de licenciement collectif pour motif économique) et lui notifier son licenciement par écrit en respectant un certain formalisme (c. trav. art. L. 1232-2 à L. 1232-6, L. 1233-11 à L. 1233-15 et L. 1233-38 à L. 1233-44).

Des règles ou des procédures spécifiques s'imposent pour les salariés bénéficiant d'une protection particulière (ex. : salarié accidenté du travail, salarié représentant du personnel).

Formalités administratives - Il est fait mention de la rupture du contrat dans le registre du personnel (c. trav. art. L. 1221-13 et D. 1221-23).

La déclaration de la fin de contrat est communiquée à l'administration via la *déclaration sociale nominative** pour les employeurs entrés dans ce dispositif (c. trav. art. L. 1221-16 ; c. séc. soc. art. L. 133-5-3, R. 133-13 et R. 133-14, II).

Documents à remettre - L'employeur est tenu de remettre au salarié licencié un *certificat de travail**, une *attestation d'assurance chômage**, un *reçu pour solde de tout compte** et, s'il y a lieu, un état récapitulatif d'épargne salariale (voir *État récapitulatif d'épargne salariale et relevé annuel de situation**).

Indemnités

Selon les circonstances, l'employeur peut notamment être tenu de verser au salarié licencié les sommes suivantes (liste non exhaustive) :
- une *indemnité compensatrice de préavis** ;
- des indemnités compensatrices au titre de repos non pris (ex. : jours de RTT, *contrepartie obligatoire en repos**, *repos compensateur de remplacement**) ;
- une *indemnité compensatrice de congés payés** ;
- une *indemnité de licenciement** (indemnité légale ou, si elle est plus élevée, indemnité conventionnelle ou contractuelle) ;
- le cas échéant, une indemnité correspondant à la conversion des droits acquis sur un *compte épargne-temps** ;
- une *indemnité de non-concurrence**, si cela est prévu par la convention collective ou le contrat de travail.

En cas de litige, le juge peut octroyer en plus au salarié des indemnités en réparation d'éventuelles irrégularités du licenciement [voir *Licenciement (dommages et intérêts)** et *Licenciement de représentants du personnel**].

Remboursement à France Travail des allocations-chômage

Cas de remboursement - Dans certains cas de licenciement irrégulier (ex. : licenciement jugé sans cause réelle et sérieuse), l'employeur peut être condamné à rembourser à France Travail les indemnités de chômage versées à un ancien salarié (c. trav. art. L. 1235-4). Le remboursement porte sur tout ou partie des indemnités de chômage versées du jour du licenciement jusqu'au jour du jugement, dans la limite de 6 mois d'indemnités.

Cette sanction ne s'applique pas si le salarié licencié avait moins de 2 ans d'ancienneté ou travaillait dans une entreprise employant habituellement moins de 11 salariés (c. trav. art. L. 1235-5).

Procédure - Pour obtenir le remboursement, France Travail peut mettre en demeure l'employeur de rembourser (c. trav. art. L. 1235-4). Si cette démarche est inefficace, pour faire appliquer les jugements des conseils de prud'hommes, France Travail peut ensuite délivrer une *contrainte** qui, à défaut d'opposition de l'employeur devant le juge, a les effets d'un jugement et confère le bénéfice de l'hypothèque judiciaire (c. trav. art. R. 1235-1 à R. 1235-10).

☛ *Attestation d'assurance chômage ; Certificat de travail ; Déclaration de départ des salariés âgés ; Déclaration sociale nominative ; Dispense de préavis ; État récapitulatif d'épargne salariale et relevé annuel de situation ; Indemnité compensatrice de congés payés ; Indemnité compensatrice de préavis ; Indemnité de licenciement ; Indemnités de rupture (régimes social et fiscal) ; Licenciement (dommages et intérêts) ; Licenciement des représentants du personnel ; Préavis ; Portabilité de la prévoyance complémentaire ; Reçu pour solde de tout compte.*

Licenciement des représentants du personnel

Licenciement subordonné à une autorisation

Les salariés protégés ne peuvent être licenciés qu'en respectant une procédure spéciale, quel que soit le motif invoqué par l'employeur. En effet, leur licenciement est subordonné à l'obtention préalable d'une autorisation administrative.

En pratique, sont notamment concernés :
- les membres du *comité social et économique** (CSE) ;
- les représentants syndicaux au CSE ;
- les délégués syndicaux, les représentants de la section syndicale ;
- les représentants de proximité ;
- certains salariés titulaires de mandats dits « extérieurs » (ex. : conseillers prud'homaux).

Les candidats aux élections et les anciens élus notamment bénéficient également d'un système protecteur en matière de licenciement.

▶ À noter... Pour une étude complète (bénéficiaires de la protection, durées de protection, procédures, etc.), voir le Dictionnaire Social « Licenciement des représentants du personnel ».

Licenciement sans autorisation ou malgré un refus d'autorisation

Droit à réintégration - Le licenciement d'un salarié protégé sans autorisation de l'inspecteur du travail ou malgré un refus d'autorisation est nul (cass. soc. 4 juillet 1989, n° 87-41053, BC V n° 497 et 498).

Le salarié a un droit à réintégration, qu'il est libre d'exercer ou non (cass. soc. 10 décembre 1997, n° 94-45254, BC V n° 431).

Sur le sort des congés payés pendant la période d'éviction, voir *Congés payés**.

Indemnisation du salarié réintégré - Le salarié qui a demandé sa réintégration a droit à une indemnité égale à la rémunération qu'il aurait perçue depuis la date de son éviction jusqu'à sa réintégration (cass. soc. 10 décembre 1997, n° 94-45254, BC V n° 431). L'indemnisation n'est due que si le salarié effectue sa demande de réintégration avant la fin de la période de protection, sauf si des circonstances particulières qui ne lui sont pas imputables justifient la demande hors délai (cass. soc. 30 novembre 1999, n° 97-41690, BC V n° 465 ; cass. soc. 11 juin 2013, n° 12-12738, BC V n° 150).

Si le salarié a formulé sa demande de réintégration au-delà de la période de protection pour des motifs qui ne lui sont pas imputables mais en ayant abusivement tardé à demander sa réintégration, il a droit à une indemnité du montant de la rémunération dont il aurait bénéficié de la date de sa demande de réintégration jusqu'à sa réintégration effective (cass. soc. 7 novembre 2018, n° 17-14716 FSPB ; cass. soc. 10 juillet 2019, n° 18-13933 D).

Les revenus que le salarié a pu percevoir de tiers (indemnités de la sécurité sociale ou de l'assurance chômage notamment) au cours de cette période ne peuvent pas être déduits du montant de l'indemnité (cass. soc. 10 octobre 2006, n° 04-47623, BC V n° 297).

▶ À noter... En revanche, France Travail est en droit de réclamer au salarié le remboursement des allocations-chômage versées entre le licenciement et la réintégration, dès lors que l'intéressé a obtenu la condamnation de son employeur au paiement de l'indemnité compensatrice de salaire pour cette période (cass. soc. 19 novembre 2014, n° 13-23643, BC V n° 268).

Absence de réintégration - Le salarié qui ne demande pas sa réintégration ou se heurte à un refus de son employeur a également droit à une indemnité liée à la méconnaissance de son statut protecteur (cass. soc. 29 mars 2005, n° 03-40768, BC V n° 105).

Ses modalités de calcul varient selon la date à laquelle le salarié présente sa demande d'indemnisation (cass. soc. 11 juin 2013, n° 12-12738, BC V n° 150).

En cas de demande avant la fin de la période de protection, l'indemnité est égale au montant des salaires que le salarié aurait dû percevoir depuis son éviction jusqu'à la fin de la période de protection, quand bien même il aurait été susceptible de partir à la retraite avant l'expiration de cette période (cass. soc. 25 septembre 2019, n° 18-15952 D). Si le salarié, qui ne demande pas sa réintégration, était en arrêt de travail pour maladie pendant la période d'éviction, l'indemnité sera calculée sur la base du salaire moyen des 12 mois précédant l'arrêt de travail (cass. soc. 1er juin 2023, n° 21-21191 FSB).

Si la demande est effectuée par le salarié à l'issue de sa période de protection sans justifier de motifs qui ne le lui soient pas imputables, l'indemnité est fixée par le juge en fonction du préjudice subi.

La Cour de cassation plafonne le montant de l'indemnité de violation du statut protecteur à 30 mois de salaire (durée minimale légale du mandat des représentants élus du personnel augmentée de 6 mois) pour :
- les élus au *comité social et économique** (cass. soc. 15 avril 2015, n° 13-27211, BC V n° 87 ; cass. soc. 15 avril 2015, n° 13-24182, BC V n° 86 ; cass. soc. 14 octobre 2015, n° 14-12193, BC V n° 193 ; arrêts rendus à propos des délégués du personnel, à notre sens applicables au CSE) ;
- les représentants de la section syndicale (cass. soc. 15 mai 2019, n° 18-11036 FPB) ;
- les conseillers du salarié (cass. soc. 21 avril 2022, n° 20-19708 FD) ;
- les administrateurs de mutuelle (cass. soc. 1er juin 2010, n° 09-41507, BC V n° 123) ;
- les conseillers prud'hommes (cass. soc. 2 mai 2001, n° 98-46319, BC V n° 147), il en est de même en cas de *résiliation judiciaire du contrat de travail** (cass. soc. 3 février 2016, n° 14-17000, BC V n° 20) ;
- les administrateurs salariés d'un organisme du régime général de la sécurité sociale (cass. soc. 22 juin 2004, n° 01-41780, BC V n° 169) ;
- les médecins du travail, lesquels sont pourtant protégés tant que dure leur contrat de travail (cass. soc. avis 15 décembre 2014, n° 14-70009 P ; cass. soc. 11 décembre 2016, n° 15-23884 D).

On peut penser que la limite de 30 mois de salaire devait aussi concerner les délégués syndicaux, dans la mesure où leur mandat prend fin avec les élections professionnelles et correspond donc à celui des élus du personnel (cass. soc. 31 janvier 2012, n° 10-25429, BC V n° 39). Ce point nécessiterait néanmoins confirmation.

▶ À noter… En maintenant la limite de 30 mois de salaire, la Cour de cassation a neutralisé les effets de l'augmentation de la durée du mandat des représentants du personnel, passée de 2 à 4 ans en 2005.

Régime de l'indemnité pour violation du statut protecteur - L'indemnité pour violation du statut protecteur est soumise à cotisations et à CSG/CRDS (cass. civ., 2e ch., 12 février 2015, n° 14-10886, BC V n° 27 ; cass. civ., 2e ch., 11 février 2016, n° 15-13398 D ; BOSS, Indemnités de rupture, § 1950, 01/01/2025).

Indemnité pour nullité du licenciement - Si le salarié n'est pas réintégré (absence de demande du salarié ou réintégration impossible), le juge octroie au salarié une indemnité en réparation du caractère illicite du licenciement. Celle-ci est fixée en fonction du préjudice subi, avec un montant minimum de 6 mois de salaire (c. trav. art. L. 1235-3-1 ; cass. soc. 12 juin 2001, n° 99-41695, BC V n° 219 ; cass. soc. 18 mai 2022, n° 21-10118 FB) [voir *Licenciement (dommages et intérêts)**].

Annulation d'une autorisation de licenciement

Droit à réintégration - Si la décision de l'inspecteur du travail autorisant le licenciement est annulée, le salarié protégé a droit à réintégration dans son emploi ou un emploi équivalent, à condition de le demander dans un délai de 2 mois à compter de la notification de la décision. Il en est de même dans le cas où, sauf sursis à exécution ordonné par le Conseil d'État, le juge administratif annule une décision de l'inspecteur du travail ou du ministre compétent autorisant un licenciement (c. trav. art. L. 2422-1).

L'emploi concerné doit comporter le même niveau de rémunération, la même qualification, les mêmes perspectives de carrière que l'emploi initial (cass. soc. 24 juin 1998, n° 95-44388, BC V n° 339).

Le salarié n'est pas tenu de demander sa réintégration.

Indemnisation du salarié réintégré - Le salarié qui a demandé sa réintégration dans les 2 mois de la notification de la décision d'annulation de l'autorisation de licenciement a droit à une indemnité d'éviction correspondant à la totalité du préjudice subi depuis son licenciement jusqu'à sa réintégration effective (c. trav. art. L. 2422-4, al. 1 ; cass. soc. 30 novembre 2004, n° 01-44739, BC V n° 309). Par totalité du préjudice subi, il faut comprendre à la fois le préjudice matériel et le préjudice moral (cass. soc. 12 novembre 2015, n° 14-10640, BC V n° 232).

Cette indemnité est due dès que l'annulation est devenue définitive, peu importe que l'employeur ait ultérieurement obtenu une nouvelle autorisation de licenciement lors d'une autre procédure même si celle-ci portait sur les mêmes faits (cass. soc. 8 juillet 2020, n° 19-10534 FSPB).

▶ À noter… L'indemnité ayant de par la loi la nature d'un complément de salaire (c. trav. art. L. 2422-4), elle ouvre droit au paiement des congés payés afférents (cass. soc. 1er décembre 2021, n° 19-25715 FPB ; cass. soc. 21 avril 2022, n° 20-23119 D). Ce faisant, la jurisprudence de la Cour de cassation est en conformité avec celle de la Cour de justice de l'Union européenne (CJUE 25 juin 2020, aff. C-762/18 et C-37/19).

Indemnisation du salarié qui n'est pas réintégré - Le salarié qui ne demande pas sa réintégration bénéficie d'une indemnité correspondant, en principe, à la totalité du préjudice subi depuis son licenciement jusqu'à l'expiration du délai de 2 mois à compter de la notification de la décision annulant l'autorisation de licenciement (c. trav. art. L. 2422-4, al. 2 ; cass. soc. 17 septembre 2003, n° 01-41656, BC V n° 238).

▶ À noter… Toutefois lorsque la non-réintégration du salarié est due à un refus persistant de l'employeur, la période indemnisée s'étend du licenciement à la réintégration effective du salarié (cass. soc. 30 novembre 2004, n° 01-44739, BC V n° 309) ou, le cas échéant, à la date de prise d'acte de la rupture du contrat de travail par le salarié (cass. soc. 25 janvier 2006, n° 04-40789, BC V n° 28).

Ces indemnités se calculent sous déduction des sommes perçues par le salarié au titre d'une autre activité professionnelle (cass. soc. 2 mai 2001, n° 98-46342, BC V n° 148), de ses droits à chômage (cass. soc. 19 octobre 2005, n° 02-46173, BC V n° 293) ou des pensions versées par la caisse de retraite (cass. soc. 26 septembre 2007, n° 05-42599, BC V n° 140 ; cass. soc. 27 mars 2012, n° 11-11221, BC V n° 107 ; cass. soc. 8 juillet 2020, n° 17-31291 FSPB).

Un salarié protégé dont l'autorisation de licenciement a été annulée ne peut plus demander sa réintégration s'il a fait valoir ses droits à la retraite. Il a néanmoins droit à l'indemnité d'éviction, mais sans aller au-delà de l'âge légal de mise à la retraite d'office (70 ans) (cass. soc. 8 juillet 2020, n° 17-31291 FSPB).

▶ À noter… L'indemnité ayant de par la loi la nature d'un complément de salaire (c. trav. art. L. 2422-4), elle ouvre droit au paiement des congés payés afférents (cass. soc. 1er décembre 2021, n° 19-25715 FPB ; cass. soc. 3 avril 2024, n° 22-13478 D).

Régime de l'indemnité - L'indemnité d'éviction octroyée au salarié constitue un complément de salaire et est soumise à cotisations (c. trav. art. L. 2422-4, al. 3 ; BOSS, Indemnités de rupture, § 1940, 01/01/2025).

Indemnités de rupture

Le salarié protégé qui ne demande pas la poursuite de son contrat de travail illégalement rompu a droit aux indemnités de rupture (préavis, licenciement, notamment) (cass. soc. 12 juin 2001, n° 99-41695, BC V n° 219 ; cass. soc. 10 mai 2006, n° 04-40901, BC V n° 173). Il en va de même si sa réintégration est impossible.

☞ *Indemnités de rupture (régimes social et fiscal) ; Licenciement (dommages et intérêts).*

Licenciement (dommages et intérêts)

Nous résumons ci-après les principales indemnités qu'un employeur peut être condamné à verser à un ancien salarié, au titre des irrégularités liées à la procédure de licenciement d'un salarié en contrat de travail à durée indéterminée (CDI).

Les lignes qui suivent synthétisent les principes applicables [sur le régime social et fiscal de ces indemnités, voir *Indemnités de rupture (régimes social et fiscal)**].

Pour plus de détails sur le contentieux prud'homal, les lecteurs se reporteront au Dictionnaire Social du Groupe Revue Fiduciaire (voir Dictionnaire Social, « Licenciement »).

Licenciement sans cause réelle et sérieuse

Indemnité à défaut de réintégration - En cas de licenciement sans cause réelle et sérieuse, le juge peut proposer la réintégration du salarié dans l'entreprise, avec maintien de ses avantages acquis.

Si la réintégration n'est pas proposée, ou si l'employeur ou le salarié refuse cette réintégration, le juge condamne l'employeur à verser au salarié une indemnité (c. trav. art. L. 1235-3).

Barème Macron (licenciements notifiés depuis le 24 septembre 2017) - Le code du travail prévoit un barème pour les contentieux consécutifs à des licenciements prononcés depuis le 24 septembre 2017 (c. trav. art. L. 1235-3 ; ord. 2017-1387 du 22 septembre 2017, art. 2 et 40, I, JO du 23).

En cas de licenciement sans cause réelle et sérieuse, les juges doivent déterminer les dommages et intérêts alloués à ce titre dans les limites de ce barème, dit « barème Macron », qui fixe des montants minimaux et maximaux en fonction de l'ancienneté du salarié *(voir tableau ci-après)* (cass. soc. 11 mai 2022, n° 21-14490 FPBR ; cass. soc. 11 mai 2022, n° 21-15247 FPBR ; cass. soc. 12 juin 2024, n° 23-11825 FB). En dessous de 10 ans d'ancienneté, l'effectif de l'entreprise joue aussi pour le montant minimal de l'indemnité.

Montant de l'indemnité pour licenciement sans cause réelle et sérieuse (1)			
Ancienneté du salarié dans l'entreprise (en années complètes)	Indemnité minimale (en mois de salaire brut)		Indemnité maximale (en mois de salaire brut, quel que soit l'effectif de l'entreprise)
	Entreprise de moins de 11 salariés (2)	Entreprise de 11 salariés ou plus (2)	
Moins d'un an	(3)		1 mois
1 an	0,5 mois	1 mois	2 mois
2 ans	0,5 mois	3 mois	3,5 mois
3 ans	1 mois	3 mois	4 mois
4 ans	1 mois	3 mois	5 mois
5 ans	1,5 mois	3 mois	6 mois
6 ans	1,5 mois	3 mois	7 mois
7 ans	2 mois	3 mois	8 mois
8 ans	2 mois	3 mois	8 mois
9 ans	2,5 mois	3 mois	9 mois
10 ans	2,5 mois	3 mois	10 mois
11 ans	3 mois		10,5 mois
12 ans	3 mois		11 mois
13 ans	3 mois		11,5 mois
14 ans	3 mois		12 mois
15 ans	3 mois		13 mois
16 ans	3 mois		13,5 mois
17 ans	3 mois		14 mois
18 ans	3 mois		14,5 mois
19 ans	3 mois		15 mois
20 ans	3 mois		15,5 mois
21 ans	3 mois		16 mois
22 ans	3 mois		16,5 mois
23 ans	3 mois		17 mois
24 ans	3 mois		17,5 mois
25 ans	3 mois		18 mois
26 ans	3 mois		18,5 mois
27 ans	3 mois		19 mois
28 ans	3 mois		19,5 mois
29 ans	3 mois		20 mois
30 ans et au-delà	3 mois		20 mois

(1) Licenciements prononcés depuis le 24 septembre 2017.
(2) Le code du travail se réfère à l'effectif « habituel » (c. trav. art. L. 1235-3).
(3) Le code du travail ne fixe pas de montant plancher dans cette hypothèse. Néanmoins, les salariés de moins d'un an d'ancienneté et dont le licenciement est jugé sans cause réelle et sérieuse ont droit à une indemnité dont le juge détermine le montant dans la limite maximale d'un mois de salaire, quel que soit l'effectif de l'entreprise (cass. soc. 12 juin 2024, n° 23-11825 FB).

Le barème est également applicable en cas de résiliation judiciaire du contrat de travail aux torts de l'employeur ou de prise d'acte jugée justifiée, lorsqu'elles produisent les effets d'un licenciement sans cause réelle et sérieuse (c. trav. art. L. 1235-3-2). Le barème s'applique aux résiliations judiciaires prenant effet à partir du 24 septembre 2017, il faut alors prendre en compte la date où le juge prononce la résiliation judiciaire (et non la date de la demande en résiliation judiciaire) (cass. soc. 16 février 2022, n° 20-16184 FSB).

Le juge peut tenir compte des indemnités de licenciement versées par l'employeur (c. trav. art. L. 1235-3). Autrement dit, si le salarié licencié abusivement a perçu une *indemnité de licenciement** élevée, le juge a la possibilité (et non l'obligation) d'en tenir compte pour fixer le montant de l'indemnité prud'homale, en respectant les planchers et plafonds du barème. Toutefois, depuis le 1er avril 2018, le juge ne peut pas prendre en compte l'indemnité légale de licenciement dans cette appréciation (c. trav. art. L. 1235-3).

L'indemnité pour licenciement sans cause réelle et sérieuse se cumule, mais dans la limite des montants maximaux prévus par le barème, avec les indemnités spécifiques au licenciement économique (c. trav. art. L. 1235-3) :
- indemnité pour non-respect de la procédure de consultation des représentants du personnel ou d'information de l'autorité administrative en cas de licenciement collectif pour motif économique *(voir plus loin)* (c. trav. art. L. 1235-12) ;
- en cas de licenciement collectif pour motif économique, indemnité due en cas de carence irrégulière de représentants du personnel *(voir plus loin)* (c. trav. art. L. 1235-15) ;
- indemnité pour non-respect de la priorité de réembauche *(voir plus loin)* (c. trav. art. L. 1235-13).

Le barème ne s'applique pas aux indemnités versées à la suite d'un licenciement nul, lequel relève de règles spécifiques *(voir plus loin)* (c. trav. art. L. 1235-3-1).

▶ À noter… Les salariés ayant été indemnisés à la suite de l'annulation de la décision d'homologation d'un PSE *(voir plus loin)* ne peuvent pas réclamer en plus une indemnité pour licenciement sans cause réelle et sérieuse (cass. soc. 16 février 2022, n° 20-14969 FSPB ; cass. soc. 16 février 2022, n° 19-21140 FSPB).

Salaire de référence - L'indemnisation du salarié est exprimée en mois de salaire brut (c. trav. art. L. 1235-3 ; cass. soc. 15 décembre 2021, n° 20-18782 FSB). Comme avant l'instauration du barème, il s'agit à notre sens des salaires brut perçus durant les mois précédant le licenciement mais la période exacte de référence reste inconnue, le texte ne le précisant pas et en l'absence de décision de la Cour de cassation sur ce point depuis la mise en place du barème Macron.

Le salaire de référence doit comprendre le salaire brut de base, les heures supplémentaires, ainsi que les primes et avantages en nature dont le salarié bénéficie en plus de son salaire de base (cass. soc. 14 mai 2014, n° 12-27928, BC V n° 120 ; cass. soc. 28 septembre 2016, n° 14-29435 D). En revanche, une gratification bénévole attribuée de manière discrétionnaire n'a pas à être incluse (cass. soc. 16 décembre 2015, n° 14-21904 D). De même les indemnités allouées en compensation de repos compensateur non pris au titre d'heures supplémentaires ont un caractère indemnitaire et non un caractère salarial, elles doivent donc être exclues de la base de calcul (cass. soc. 4 septembre 2024, n° 23-10520 FSB).

À l'inverse, un bonus annuel que l'employeur qualifie de discrétionnaire, mais qui n'est pas exceptionnel et a été attribué au salarié régulièrement pendant 7 ans, est bien intégré à l'assiette de calcul de l'indemnité (cass. soc. 5 juillet 2023, n° 21-16694 D).

Appréciation de l'ancienneté - L'ancienneté du salarié s'apprécie à la date d'envoi de la lettre de licenciement (cass. soc. 26 septembre 2006, n° 05-43841, BC V n° 288).

Appréciation de l'effectif - Jusqu'à 10 ans d'ancienneté, le taux plancher du barème varie selon l'effectif « habituel » de l'entreprise (moins de 11 salariés, ou 11 salariés et plus ; *voir tableau*) (c. trav. art. L. 1235-3).

Les salariés sont décomptés selon les règles d'effectif du code du travail (voir *Effectif**).

C'est à l'effectif « habituel » de l'entreprise qu'il faut se référer : le simple constat qu'il y a moins de 11 salariés au jour du licenciement est insuffisant (cass. soc. 27 mai 1992, n° 89-42593, BC V n° 346). En cas de litige, il appartient à l'employeur de démontrer qu'il occupe habituellement moins de 11 salariés (cass. soc. 18 avril 2000, n° 97-44925, BC V n° 145).

Contentieux sur la conformité du barème aux textes internationaux - Plusieurs conseils de prud'hommes et cours d'appel ont refusé d'appliquer le barème en invoquant sa non-conformité à des textes internationaux, à savoir en l'espèce la Convention 158 de l'organisation internationale du travail (OIT) et Charte sociale européenne (CPH de Troyes, 13 décembre 2018, RG F 18/00036 ; CPH d'Amiens, 19 décembre 2018, RG F 18/00040 ; CPH de Lyon, 21 décembre 2018, RG F 18/01238 ; CA de Paris, Pôle 6 ch. 11, 16 mars 2021, n° RG 19/08721 ; CA de Grenoble, ch. Sociale section B, 30 septembre 2021 ; CA Douai 21 octobre 2022, n° RG 20/01124 ; CA Grenoble, 16 mars 2023, n° 21/02048).

Mais la Cour de cassation a constamment réaffirmé que les juges du fond ne peuvent pas écarter le barème en cas de licenciement sans cause réelle et sérieuse, même au cas par cas. Ils doivent apprécier la situation concrète du salarié pour déterminer le montant de l'indemnité due, mais en respectant les montants minimaux et maximaux fixés par le barème (cass. soc. 11 mai 2022, n° 21-14490 FPBR ; cass. soc. 11 mai 2022, n° 21-15247 FPBR ; cass. avis 17 juillet 2019, n° 19-70010 PBRI et n° 19-70011 PBRI ; cass. soc. 1er février 2023, n° 21-21011 D ; cass. soc. 6 septembre 2023, n° 22-10973 D ; cass. soc. 11 octobre 2023, n° 21-24857 D ; cass. soc. 3 avril 2024, n° 23-13452 D).

Du côté des juridictions administratives, le juge des référés du Conseil d'État a considéré que le barème n'était pas en contradiction avec la convention 158 de l'OIT ni avec la Charte sociale européenne (CE 7 décembre 2017, n° 415243).

Pour sa part, le Conseil constitutionnel a jugé le barème conforme à la Constitution (c. constit., décision 2018-761 DC du 21 mars 2018, JO du 31).

▶ À noter... Le Comité européen des droits sociaux (instance de contrôle du Conseil de l'Europe, à ne pas confondre avec l'Union européenne) continue d'affirmer que le barème n'est pas conforme à l'article 24 de la Charte sociale européenne (CEDS 23 mars 2022, CGT-FO et CGT c/ France, récl. 160/2018 et 171/2018 ; CEDS 5 juillet 2022, CFDT c/ France, récl. 175/2019), mais il s'agit d'un comité d'experts dont les décisions n'ont pas de caractère contraignant dans l'ordre juridique interne. Dans une recommandation du 6 septembre 2023, le Comité des Ministres du Conseil de l'Europe a appelé la France à réexaminer et modifier, le cas échéant, la législation sur l'indemnisation du licenciement abusif afin de prendre en compte le préjudice réel subi par les salariés licenciés et les circonstances individuelles de leur situation. Cette recommandation n'a toutefois pas non plus de valeur contraignante (recommandation CM/RecChS(2023)3 du 6 septembre 2023 du Comité des ministres du Conseil de l'Europe).

Licenciements notifiés avant le 24 septembre 2017 (rappel) - Pour les licenciements notifiés avant le 24 septembre 2017 jugés sans cause réelle et sérieuse, le juge condamnait l'employeur à verser au salarié une indemnité au moins égale aux salaires bruts des 6 derniers mois, voire plus élevée si le salarié établissait que son préjudice excédait ce minimum (c. trav. art. L. 1235-3 version antérieure au 24.09.2017).

Toutefois si le salarié avait moins de 2 ans d'ancienneté ou travaillait dans une entreprise employant habituellement moins de 11 salariés, l'indemnité était calculée en fonction du préjudice subi sans appliquer le minimum de 6 mois de salaire (c. trav. art. L. 1235-5 version antérieure au 24.09.2017).

Irrégularité de procédure

Terminologie - Juridiquement, on parle de licenciement irrégulier lorsque l'employeur a commis une erreur dans la procédure qui n'affecte pas la validité du licenciement.

Licenciements notifiés depuis le 24 septembre 2017 - Un licenciement comportant des irrégularités de procédure (ex. : défaut d'entretien préalable) ouvre droit à une indemnité d'au plus un mois de salaire, sans distinction selon l'ancienneté du salarié ou l'effectif de l'entreprise (c. trav. art. L. 1235-2).

Le droit à cette indemnité suppose que le licenciement repose sur une cause réelle et sérieuse. En effet, en l'absence de cause réelle et sérieuse, l'irrégularité de procédure ne donne pas lieu à dommages et intérêts et le salarié a uniquement droit à l'indemnité pour licenciement sans cause réelle et sérieuse, dans les limites fixées par le barème légal *(voir plus haut)*.

En outre, le non-respect d'une procédure conventionnelle ou statutaire de consultation (ex. : commission de discipline prévue par la convention collective) est désormais rangé au rang de simple irrégularité de procédure (c. trav. art. L. 1235-2). Cette précision vise à faire échec à la jurisprudence qui assimilait autrefois ce type de procédure à une garantie de fond dont la violation rendait le licenciement sans cause réelle et sérieuse.

Pour l'appréciation de l'ancienneté et de l'effectif de l'entreprise, *voir plus haut*.

Licenciements notifiés avant le 24 septembre 2017 (rappel) - Pour les licenciements prononcés avant le 24 septembre 2017, le juge imposait à l'employeur d'accomplir la procédure et accordait au salarié une indemnité d'un montant maximum d'un mois de salaire (c. trav. art. L. 1235-2 version antérieure au 24.09.2017).

Nullité du licenciement

Situations visées - Le juge ne peut annuler un licenciement que dans les cas de nullité expressément prévus par la loi ou dans l'hypothèse de la violation d'une liberté fondamentale (ex. : licenciements discriminatoires ou de salariés victimes de harcèlement, licenciements prononcés en méconnaissance du droit de grève ou de la protection accordée aux victimes d'accident du travail ou de maladie professionnelle, etc.) (pour plus de détails, voir Dictionnaire Social, « Licenciement nul »).

Réintégration - La nullité du licenciement entraîne de plein droit la réintégration sur demande du salarié. Contrairement à ce qui se passe en cas de licenciement sans cause réelle et sérieuse, cette réintégration s'impose à l'employeur.

Le salarié réintégré a droit au versement des salaires perdus entre son licenciement et sa réintégration (cass. soc. 25 janvier 2006, n° 03-47517, BC V n° 27). Cette indemnité d'éviction peut toutefois être réduite lorsque le salarié a abusivement tardé à demander sa réintégration, il n'a alors droit qu'à la rémunération qu'il aurait perçue du jour de sa demande de réintégration à celui de sa réintégration effective (cass. soc. 22 janvier 2020, n° 17-31158 FSPB ; cass. soc. 13 janvier 2021, n° 19-14050 FSPI).

L'indemnité d'éviction se calcule en fonction du salaire qu'aurait perçu le salarié, pendant la période écoulée entre le licenciement et la réintégration, au poste qu'il occupait avant la suspension du contrat de travail. Dans certains cas il faut neutraliser les périodes où la rémunération a été réduite. Ainsi dans le cadre d'une annulation du licenciement d'un salarié en temps partiel thérapeutique après un accident de travail, les juges doivent se référer au salaire du poste qu'il occupait avant l'accident de travail et non au salaire réduit du fait du temps partiel thérapeutique (cass. soc. 9 décembre 2020, n° 19-16448 FSPB).

Les revenus de remplacement et les rémunérations perçus pendant cette période doivent être déduits de ce versement (cass. soc. 12 février 2008, n° 07-40413, BC V n° 24 ; cass. soc. 15 novembre 2017, n° 16-14281, BC V n° 193).

Toutefois, par exception, les revenus de remplacement ne sont pas déduits lorsque le licenciement est déclaré nul :
- pour cause de discrimination et de violation d'une liberté fondamentale (ex. : licenciement en raison de l'exercice du droit de grève ou du droit d'agir en justice ou de la liberté d'expression ou des activités syndicales ou de l'état de santé du salarié ou de l'état de grossesse) (cass. soc. 2 février 2006, n° 03-47481, BC V n° 53 ; cass. soc. 11 juillet 2012, n° 10-15905, BC V n° 218 ; cass. soc. 9 juillet 2014, n° 13-16434, BC V n° 186 ; cass. soc. 29 janvier 2020, n° 18-21862 FSPB ; cass. soc. 23 octobre 2024, n° 23-16479 FSB) ;
- ainsi qu'en raison de la violation du statut protecteur d'un salarié protégé (voir *Licenciement des représentants du personnel**).

Sur le sort des congés payés pendant la période d'éviction, voir *Congés payés**.

Dommages et intérêts en l'absence de réintégration - Si le salarié ne demande pas sa réintégration ou si celle-ci est impossible, le juge octroie au salarié, en plus des indemnités de rupture, une indemnité réparant l'intégralité du préjudice résultant du caractère illicite du licenciement.

Pour les licenciements prononcés depuis le 24 septembre 2017, il est prévu que le juge condamne l'employeur à une indemnité d'au moins 6 mois de salaire, sans montant plafond, dans les situations suivantes de licenciement nul (c. trav. art. L. 1235-3-1) :
- licenciement en violation d'une liberté fondamentale ;
- licenciement consécutif à des faits de harcèlement moral ou sexuel (c. trav. art. L. 1152-3 et L. 1153-4) ;
- licenciement discriminatoire (c. trav. art. L. 1132-4 et L. 1134-4) ;
- licenciement consécutif à une action en justice en matière d'égalité professionnelle entre les femmes et les hommes (c. trav. art. L. 1144-3) ;
- licenciement consécutif à la dénonciation de crimes et délits (c. trav. art. L. 1132-3-3) ;
- licenciement lié à l'exercice de son mandat par un salarié protégé (représentants du personnel, etc.) ;
- licenciement en violation de règles de protection prévues en cas de maternité, de maternité, de paternité, d'adoption ou pendant les périodes de suspension du contrat liées à un accident du travail ou une maladie professionnelle (c. trav. art. L. 1225-71 et L. 1226-13).

À ces dommages et intérêts, s'ajoute l'indemnité de licenciement, qu'elle soit d'origine légale, conventionnelle ou contractuelle.

Le salarié a également droit, le cas échéant, aux salaires qui auraient été perçus pendant la période couverte par la nullité (salarié exerçant un mandat de représentant du personnel ou salarié protégé au titre de la maternité, de l'adoption ou de la paternité) (ex. : cass. soc. 6 novembre 2024, n° 23-14706 FSB).

▶ À noter… En cas de *prise d'acte de la rupture du contrat de travail** ou de *résiliation judiciaire du contrat de travail** prononcée aux torts de l'employeur pour ces mêmes motifs et générant les effets d'un licenciement nul, le minimum de 6 mois de salaire s'applique également (c. trav. art. L. 1235-3-2).

Pour les licenciements prononcés avant le 24 septembre 2017, le montant de l'indemnité était souverainement apprécié par les juges du fond, mais il était au moins égal à 6 mois de salaire, quels que soient l'ancienneté du salarié et l'effectif de l'entreprise (cass. soc. 9 octobre 2001, n° 99-44353, BC V n° 314 ; cass. soc. 17 décembre 2002, n° 00-44660, BC V n° 390 ; cass. soc. 14 avril 2010, n° 09-40486, BC V n° 97 ; c. trav. art. L. 1235-3-1 dans sa version du 10.08.2016 au 22.09.2017).

Dans tous les cas (licenciements notifiés avant ou à partir du 24 septembre 2017), le montant de 6 mois de salaire est un plancher. Le cas échéant, l'indemnité peut être très supérieure, selon le préjudice subi par le salarié.

Indemnité spéciale AT/MP

En cas d'accident du travail (AT) ou de maladie professionnelle (MP), lorsqu'un salarié en CDI apte est licencié en violation de l'obligation de réintégration, ou lorsqu'un salarié en CDI déclaré inapte est licencié en violation des règles relatives à l'obligation de reclassement, le juge peut prononcer la réintégration (c. trav. art. L. 1226-15).

En cas de refus de réintégration par le salarié ou l'employeur, le juge octroie une indemnité au salarié dont le montant ne peut pas être inférieur à 6 mois de salaire pour les licenciements prononcés depuis le 24 septembre 2017 (contre un minimum de 12 mois de salaire avant cette date) (c. trav. art. L. 1226-15 renvoyant à L. 1235-3-1).

Indemnités spécifiques aux licenciements économiques

Non-respect des procédures de consultation et d'information - En cas de non-respect par l'employeur des procédures de consultation des représentants du personnel ou d'information de l'autorité administrative, le juge accorde au salarié compris dans une procédure de licenciement collectif pour motif économique une indemnité calculée en fonction du préjudice subi (c. trav. art. L. 1235-12).

Carence irrégulière de représentants du personnel en cas de licenciement collectif - Une procédure de licenciement économique collectif intervenant dans une entreprise où le *comité social et économique** n'a pas été mis en place, alors qu'elle est assujettie à cette obligation et qu'aucun procès-verbal de carence de candidatures aux élections n'a été établi, est irrégulière. Le salarié a droit à une indemnité d'au moins 1 mois de salaire en plus d'éventuelles indemnités de licenciement et de préavis (c. trav. art. L. 1235-15).

Cette disposition n'est applicable qu'aux licenciements économiques collectifs. La règle n'a pas changé, malgré une erreur de recodification intervenue en 2008 (cass. soc. 19 mai 2016, n° 14-10251, BC V n° 103).

Non-respect de la priorité de réembauche - Après un licenciement économique, si l'employeur ne respecte pas ses obligations en matière de priorité de réembauche (c. trav. art. L. 1233-45), le salarié a droit à une indemnité d'un montant minimum de 1 mois de salaire pour les licenciements prononcés depuis le 24 septembre 2017 (avant cette date, 2 mois de salaire minimum) (c. trav. art. L. 1235-13).

Cette sanction ne s'applique pas si le salarié a moins de 2 ans d'ancienneté ou travaille dans une entreprise employant habituellement moins de 11 salariés. En cas de licenciement abusif, il peut prétendre à une indemnité correspondant au préjudice subi (c. trav. art. L. 1235-14).

Licenciement nul dans le cadre d'un PSE - En cas de licenciement avec plan de sauvegarde de l'emploi (PSE) (procédure visant au moins 10 salariés sur 30 jours dans une entreprise d'au moins 50 salariés), la rupture est nulle si l'employeur notifie les licenciements sans avoir demandé à l'administration la validation ou l'homologation de son PSE, ou malgré un refus de validation ou d'homologation, ou lorsque la validation ou homologation est annulée pour absence ou insuffisance de PSE. Si le salarié ne demande pas sa réintégration ou si cette réintégration est impossible, le salarié a droit à une indemnité d'au moins 6 mois de salaire pour les licenciements prononcés depuis le 24 septembre 2017 (avant cette date, 12 mois de salaire minimum) (c. trav. art. L. 1235-11 renvoyant à L. 1235-10, al. 1 et 2).

Les juges doivent prendre en compte le salaire des 6 derniers mois (12 mois avant le 24 septembre 2017) exempts d'arrêts de travail pour maladie. En d'autres termes, les périodes de maladie ayant donné lieu à un salaire réduit sont neutralisées en application du principe de non-discrimination en raison de l'état de santé du salarié (cass. soc. 26 juin 2019, n° 18-17120 FSPB ; c. trav. art. L. 1132-1).

Cette sanction ne s'applique pas si le salarié a moins de 2 ans d'ancienneté. En cas de licenciement abusif, il peut prétendre à une indemnité correspondant au préjudice subi (c. trav. art. L. 1235-14).

▶ À noter... Cette indemnité ne se cumule pas avec l'indemnité pour licenciement sans cause réelle et sérieuse, en effet, le licenciement qui est nul l'emporte sur l'absence de cause réelle et sérieuse.

En cas d'annulation de la décision de validation ou d'homologation d'un PSE pour un motif autre que l'absence ou l'insuffisance de motivation de cette décision, ou l'absence ou l'insuffisance de PSE, le salarié est réintégré sous réserve de l'accord des parties. S'il n'est pas réintégré dans l'entreprise, le salarié a droit à une indemnité d'au moins 6 mois de salaire (c. trav. art. L. 1235-16).

Dommages et intérêts pour application déloyale des critères de licenciement - En cas de licenciement pour motif économique, l'employeur doit prendre en compte les critères d'ordre de licenciement lors du choix des salariés licenciés (charges de famille, ancienneté, réinsertion professionnelle difficile, qualités professionnelles) (c. trav. art. L. 1233-5).

L'application inégalitaire et déloyale ou l'absence d'application des critères d'ordre peut aboutir au versement de dommages et intérêt au salarié licencié qui démontre avoir subi un préjudice (cass. soc. 26 février 2020, n° 17-18136 FSPB ; cass. soc. 18 janvier 2023, n° 21-19675 D ; cass. soc. 18 janvier 2023, n° 21-19633 D ; cass. soc. 8 novembre 2023, n° 22-19205 D).

Précision pour les preneurs de risque des établissements financiers

Preneurs de risque et bonus récupérable - Les preneurs de risques (couramment appelés « traders ») sont des personnels considérés comme ayant une incidence significative sur le profil de risque d'un établissement financier au regard de critères qualitatifs (ex. : responsabilités) ou quantitatifs (ex. : niveau rémunération) (c. mon. et fin. art. L. 511-84-1 ; règlt délégué UE 2021/923 du 25 mars 2021, art. 5).

Le bonus récupérable correspond à la partie de rémunération variable des intéressés susceptible d'être réduite ou de donner lieu à restitution, en cas de méconnaissance des règles édictées par l'établissement financier en matière de prise de risque, notamment en raison de sa responsabilité dans des agissements ayant entraîné des pertes significatives pour l'établissement ou en cas de manquement aux obligations d'honorabilité et de compétence (c. mon. et fin. art. L. 511-84 et L. 533-22-2).

Exclusion du bonus récupérable pour certaines indemnités liées à l'irrégularité du licenciement - Par dérogation, et comme pour l'*indemnité de licenciement**, le bonus récupérable des salariés preneurs de risques est expressément exclu de la base de calcul de (c. mon. et fin. art. L. 511-84-1) :
- l'indemnité pour licenciement sans cause réelle et sérieuse (c. trav. art. L. 1235-3) ;
- l'indemnité due en cas de nullité du licenciement (c. trav. art. L. 1235-3-1) ;
- l'indemnité due en cas de méconnaissance des dispositions relatives à la réintégration d'un salarié à l'issue d'un arrêt de travail pour accident du travail ou maladie professionnelle (c. trav. art. L. 1226-15) ;
- l'indemnité due en cas de méconnaissance des dispositions relatives au reclassement du salarié en cas d'*inaptitude** physique d'origine professionnelle (c. trav. art. L. 1226-15) ;
- en cas de licenciement économique, l'indemnité due en cas de licenciement nul pour absence ou insuffisance de PSE (c. trav. art. L. 1235-11) et celle due en cas d'annulation de la décision de validation ou d'homologation d'un PSE pour un motif autre que l'absence ou l'insuffisance de motivation de cette décision, ou l'absence ou l'insuffisance de PSE (c. trav. art. L. 1235-16).

Limite à la base de calcul de l'indemnité pour licenciement sans cause réelle et sérieuse - Pour les licenciements prononcés après le 14 juin 2024, la base mensuelle de calcul de l'indemnité pour licenciement sans cause réelle et sérieuse susceptible d'être allouée aux preneurs de risque (traders) et à leurs responsables directs en application du barème Macron est plafonnée au plafond annuel de la sécurité sociale (soit 47 100 € en 2025) (c. mon. et fin. art. L. 511-84-1).

Indemnités liées au statut protecteur des représentants du personnel

Voir *Licenciement des représentants du personnel**.

☛ *Indemnité de conciliation prud'homale ; Indemnité de licenciement ; Indemnités de rupture (régimes social et fiscal) ; Licenciement des représentants du personnel.*

Lissage du salaire

Le lissage du salaire consiste à verser au salarié une rémunération mensuelle indépendante de son temps de travail réel et calculée en fonction de la durée du travail mensuelle moyenne.

Recours à la rémunération lissée en cas d'aménagement du temps de travail

Contexte - La rémunération du salarié peut être lissée dès lors que son temps de travail est réparti inégalement sur une période (circ. DRT 94-4 du 21 avril 1994, réputée abrogée). En pratique, sont essentiellement concernés les salariés travaillant :
- selon un *aménagement du temps de travail sur une période supérieure à la semaine** ;
- selon un ancien accord de *modulation de la durée du travail** ;
- en temps partiel organisé sur l'année (voir *Temps partiel sur tout ou partie de l'année**) ;
- par *cycle de travail** ;
- selon un accord de réduction du temps de travail sous forme de jours de repos ;
- sous contrat de travail intermittent (voir *Travail intermittent**).

Le lissage doit être prévu par un accord d'entreprise ou d'établissement, ou à défaut par une convention ou un accord de branche (c. trav. art. L. 3121-44).

Calcul de la rémunération - La rémunération lissée se calcule en fonction de la durée de travail moyenne.

L'employeur calcule ensuite la rémunération moyenne en tenant compte de tous les éléments de rémunération, à l'exclusion des primes à périodicité non mensuelle (ex. : prime de vacances, 13e mois).

La rémunération des heures complémentaires ou supplémentaires comprises dans la modulation doit être prise en compte dans le calcul de la rémunération lissée selon les dispositions prévues par l'accord collectif.

En tout état de cause, les heures complémentaires ou supplémentaires effectuées en plus de l'horaire prévu doivent être payées le mois où elles sont effectuées, en plus du salaire lissé.

Précaution : anticiper les difficultés dans l'accord - La mise en œuvre du lissage pose des difficultés pratiques en raison de l'absence de dispositions légales ou réglementaires précises en la matière.

Il est donc nécessaire de prévoir, dans l'accord qui l'instaure, tous les cas de figure pouvant survenir et leurs modalités de règlement comme, par exemple :
- les sommes incluses dans la rémunération lissée ;
- la régularisation en cas d'entrée ou de départ en cours de période de référence ;
- la prise et le paiement des congés payés ;
- le calcul des retenues sur salaire et des garanties en cas d'absence indemnisée et non indemnisée.

Quelques questions pratiques

Maladie - Pour calculer la retenue correspondant à la période d'absence, il semble que l'horaire à retenir soit l'horaire moyen retenu pour calculer la rémunération lissée. De même, lorsque l'employeur doit pratiquer un complément de salaire, celui-ci se calcule non pas en fonction de l'horaire effectivement pratiqué par les autres salariés pendant la durée de l'absence, mais selon la durée de travail moyenne retenue pour le calcul du salaire lissé (cass. soc. 19 juillet 1994, n° 90-43013, BC V n° 244).

Congés payés - L'indemnité de congés payés doit, comme pour tout salarié, être calculée au 1/10 ou au maintien de salaire, selon ce qui est le plus favorable au salarié. Sous réserve du contrôle des juges en cas de litige, le maintien de salaire se fait a priori sur le salaire lissé, puisque l'indemnité est censée correspondre au salaire que le salarié aurait perçu s'il avait travaillé au lieu d'être en congé.

Le 1/10e à comparer au salaire sera en général plus favorable si, sur la période de référence, le salarié a effectué des heures complémentaires ou supplémentaires en plus de celles prévues dans le lissage.

▶ À noter… Selon une autre interprétation, l'indemnité de congés payés, lorsqu'elle est calculée selon la règle du maintien du salaire, devrait l'être sur la base de la durée du travail réelle (non lissée) (cass. soc. 2 juin 1988, n° 85-41200, BC V n° 341). Il s'agissait d'une affaire dans laquelle le salarié travaillait selon un horaire de travail alterné, 33 heures une semaine et 44 heures la semaine suivante, sans qu'il y ait apparemment d'accord collectif sur le sujet en litige. Les tenants de cette thèse mettent aussi en avant le fait que la règle selon laquelle l'indemnité de congés payés version « maintien du salaire » est déterminée en tenant compte « de la durée du travail effectif de l'établissement » est codifiée dans un article d'ordre public (c. trav. art. L. 3141-24).

Augmentation de salaire - Lorsqu'une augmentation de salaire survient, l'employeur doit déterminer une nouvelle rémunération lissée intégrant l'augmentation.

Bulletin de paye

Le bulletin de paye doit faire apparaître le nombre d'heures correspondant à la rémunération lissée et non le nombre d'heures travaillées au cours du mois. Les heures supplémentaires effectuées en plus de l'horaire prévu doivent figurer sur le bulletin du mois où elles ont été effectuées (nombre et taux de majoration).

Le décompte des heures réellement effectuées doit figurer sur une fiche annexe remise au salarié à la fin de la période ou au moment de son départ de l'entreprise.

Régularisation

Le lissage donne lieu à régularisation lorsque le salarié quitte l'entreprise en cours de période, ou en fin de période, pour vérifier la rémunération perçue par rapport aux heures travaillées.

Départ en cours de période - Si le salarié a été présent au cours d'une période de faible activité, il bénéficie d'un trop-perçu par rapport au temps de travail réellement effectué du fait du lissage. Il devrait donc en principe rembourser cette somme. Toutefois, ce point est en général résolu dans l'accord de modulation.

▶ Attention… À propos d'un accord de modulation prévoyant une régularisation des heures de travail manquantes, il a été jugé que le salarié ne pouvait être débiteur que d'heures de travail. Cela excluait qu'il rembourse des sommes perçues en trop (cass. soc. 10 mai 1989, n° 86-45392, BC V n° 351).

En outre, en cas de lissage des salaires dans le cadre d'un accord de modulation, le salarié dont le contrat a été rompu pour motif économique conserve les sommes qu'il aurait perçues en trop par rapport au nombre d'heures effectivement travaillées.

Les éventuelles heures effectuées mais non payées doivent être rémunérées au moment du départ du salarié.

Régularisation de fin de période - À la fin de la période, l'employeur doit calculer les heures réellement effectuées et celles payées par le biais du lissage.

Un trop-perçu de rémunération peut être retenu le mois suivant ; à l'inverse, les heures non payées doivent l'être selon le taux horaire en vigueur à la date de la régularisation.

Absence en période « haute » et régularisation de fin d'année - À propos d'un accord de modulation avec lissage du salaire, les juges ont précisé qu'en cas d'absence en période « haute », il est impossible de se référer à l'horaire moyen lissé comme mode de décompte des jours d'absence (en l'espèce, pour maladie) afin de régulariser la rémunération en fin d'année (cass. soc. 9 janvier 2007, n° 05-43962, BC V n° 1).

Lissage des heures supplémentaires en cas de durée collective du travail supérieure à 35 h

Lissage pour la rémunération - Les entreprises fonctionnant sur une durée collective du travail supérieure à la durée légale du travail peuvent lisser le nombre d'heures supplémentaires pour le calcul de la rémunération du salarié (c. trav. art. L. 3121-31), sans qu'il soit besoin de passer par un accord collectif.

Le salaire est calculé en fonction d'un nombre d'heures supplémentaires lissé sur le mois déterminé comme suit : (horaire collectif – 35) × 52/12.

À horaire constant, la rémunération est identique de mois en mois.

Contrepartie obligatoire en repos et contingent : décompte classique - La loi ne prévoit la possibilité de mensualiser les heures supplémentaires que pour le calcul de la rémunération.

Pour calculer le droit à contrepartie obligatoire en repos ou déterminer le nombre d'heures supplémentaires à imputer sur le contingent, il convient donc, à notre avis, de se référer au décompte hebdomadaire réel, semaine civile par semaine civile.

Bulletin de paye - Le bulletin de paye peut comporter, sur une première ligne, la rémunération des heures payées au taux normal (151,67 h) et, sur une seconde ligne, les heures payées majorées (ex. : 17,33 h pour une durée hebdomadaire de 39 h).

Il est aussi possible de retenir une autre présentation, à notre sens moins lisible : la première ligne est alors consacrée à la rémunération calculée au taux normal (169 h pour un horaire de 39 h) et la deuxième ligne à la seule majoration.

Autres heures supplémentaires - Les autres heures supplémentaires, à savoir celles accomplies au-delà de l'horaire collectif, doivent être décomptées selon les règles habituelles, semaine par semaine. Elles sont aussi mentionnées séparément sur le bulletin de paye avec indication de leur taux de majoration.

☞ *Aménagement du temps de travail sur une période supérieure à la semaine ; Bulletin de paye (durée du travail) ; Cycle de travail ; Heures supplémentaires ; Mensualisation ; Modulation de la durée du travail ; Réduction du temps de travail (réduction sous forme de repos) ; Temps partiel sur tout ou partie de l'année.*

Lissage en cas d'horaire collectif supérieur à 35 h : deux possibilités

Une entreprise est restée à un horaire collectif hebdomadaire de 39 h. Elle pratique la mensualisation des heures supplémentaires : soit (39 – 35) × 52/12 = 17,33 h supplémentaires mensualisées. Les heures supplémentaires sont payées avec une majoration de 25 %.

PREMIÈRE FORMULE	BASES	TAUX	TOTAL
Salaire de base	151,67 h	14,00 €	2 123,38 €
Heures supplémentaires 125 %	17,33 h	17,50 €	303,27 €
Total brut			**2 426,65 €**
DEUXIÈME FORMULE	**BASES**	**TAUX**	**TOTAL**
Salaire de base	169,00 h	14,00 €	2 366,00 €
Majoration 25 %	17,33 h	3,50 €	60,65 €
Total brut			**2 426,65 €**

Livre de paye

Conservation des doubles des bulletins de paye - L'employeur n'est pas tenu de tenir un livre de paye mais il doit conserver pendant 5 ans un double des bulletins de paye remis aux salariés sous forme électronique ou papier (c. trav. art. L. 3243-4 ; circ. DRT 98-9 du 2 novembre 1998).

▶ À noter… Tout fichier RH ou de gestion du personnel (papier ou informatique) contenant des données personnelles de salariés doit respecter les principes protecteurs du règlement européen relatif à la protection des personnes physiques à l'égard du traitement des données à caractère personnel (RGPD). La durée de conservation des données personnelles est d'ailleurs à inscrire, le cas échéant, dans le registre des activités de traitement et dans l'analyse d'impact des données (AIPD) (voir Dictionnaire Social, « RGPD » ; https://www.cnil.fr).

Moyens de conservation - L'employeur peut conserver un double des bulletins de paye sur support matérialisé de type « papier ».

Il peut aussi utiliser des supports informatiques dès lors que des garanties de contrôle équivalentes sont maintenues (c. trav. art. L. 3243-4, L. 8113-6 et D. 8113-2). Dans ce cas, il lui faut mettre à la disposition des agents de contrôle un moyen leur permettant d'accéder directement aux informations stockées (ex. : terminal d'ordinateur) et de les éditer sans délai, avec l'aide, si besoin est, d'une personne compétente de l'entreprise (circ. DRT 98-9 du 2 novembre 1998).

Délai de présentation - L'employeur doit pouvoir présenter les bulletins de paye à tout moment (circ. DRT 98-9 du 2 novembre 1998). Ce droit de communication immédiat suppose notamment qu'en cas d'externalisation des opérations liées à la paye, les doubles des bulletins de paye soient détenus par l'entreprise.

L'employeur doit également être en mesure de présenter à tout moment les bulletins de paye aux contrôleurs des caisses de congés payés (c. trav. art. D. 5424-44).

Lieux de contrôle - Les bulletins de paye ne sont pas conservés dans tous les lieux de travail susceptibles de faire l'objet d'un contrôle. Ils doivent être présents dans les entreprises ainsi que dans les établissements distincts comportant un représentant de l'employeur ayant le pouvoir de recruter du personnel (circ. DRT 98-9 du 2 novembre 1998).

☞ *Bulletin de paye ; Bulletin de paye électronique.*

Livret d'épargne salariale

Document obligatoire lié à l'épargne salariale

Remise à l'embauche - Dans les entreprises où il existe un dispositif d'*intéressement** ou de *participation aux résultats**, un *plan d'épargne d'entreprise**, un *plan d'épargne interentreprises**, un *plan d'épargne pour la retraite collectif** ou un *plan d'épargne retraite d'entreprise collectif**, tout salarié doit se voir remettre, lors de la conclusion de son contrat de travail, un livret d'épargne salariale (c. trav. art. L. 3341-6).

La même obligation existe vis-à-vis des dirigeants et du conjoint ou partenaire pacsé du chef d'entreprise dans les situations où ils bénéficient, sans contrat de travail, d'un mécanisme d'*intéressement** ou de *participation aux résultats** (c. trav. art. R. 3341-5).

Forme - Le livret d'épargne salariale est établi sur tout support durable (c. trav. art. R. 3341-5).

Identification du bénéficiaire - Le numéro d'inscription du répertoire national d'identification des personnes physiques est la référence pour la tenue du livret du salarié. Il peut figurer sur les relevés de compte individuels et sur l'état récapitulatif (c. trav. art. L. 3341-7).

Contenu du livret

Présentation des dispositifs existants dans l'entreprise - Le livret d'épargne salariale doit présenter les dispositifs d'épargne salariale effectivement mis en place au sein de l'entreprise (et non plus l'ensemble de ces dispositifs depuis la loi Macron du 6 août 2015) (c. trav. art. L. 3341-6).

Autres mentions requises - Le livret d'épargne salariale comporte également (c. trav. art. R. 3341-5) :
- le cas échéant, une attestation indiquant la nature et le montant des droits liés à la réserve spéciale de participation ainsi que la date à laquelle seront répartis les droits éventuels du salarié au titre de l'exercice en cours ;
- l'indication des modalités d'affectation par défaut au *plan d'épargne retraite d'entreprise collectif** (PERE-CO) ou à un ancien *plan d'épargne pour la retraite collectif** (PERCO), des sommes attribuées au titre de la *participation aux résultats**.

Selon l'administration, le livret doit également comporter le texte intégral de certains articles du code du travail (guide intermin. épargne salariale, juillet 2014, dossier 9, fiche, 3 § I ; c. trav. art. L. 3341-6). Mais à notre sens, la logique voudrait que cette liste soit révisée suite à la modification du contenu du livret d'épargne salariale par la loi Macron du 6 août 2015 *(voir ci-avant)*.

Insertion d'un état récapitulatif au départ du bénéficiaire - Lorsqu'un bénéficiaire quitte une entreprise où il a bénéficié d'un dispositif d'épargne salariale, il doit recevoir un état récapitulatif d'épargne salariale, qui est inséré dans son livret d'épargne salariale (voir *État récapitulatif d'épargne salariale et relevé annuel de situation**).

☞ *État récapitulatif d'épargne salariale et relevé annuel de situation ; Intéressement ; Intéressement et participation (fiche annexe) ; Participation aux résultats ; Plan d'épargne d'entreprise ; Plan d'épargne interentreprises ; Plan d'épargne pour la retraite collectif ; Plan d'épargne retraite d'entreprise collectif.*

Lock-out

Définition - Le lock-out consiste en une fermeture temporaire de l'établissement décidée par l'employeur en réponse à un conflit collectif, grève ou menace de grève. Il n'est licite que si l'employeur peut démontrer qu'il y est contraint pour des raisons de sécurité ou parce qu'il lui est impossible de fournir du travail aux non-grévistes (voir par exemple cass. soc. 18 janvier 2017, n° 15-23986 D).

À défaut, la fermeture de l'entreprise est illicite et constitutive d'une entrave à l'exercice du droit de grève.

Incidence sur la rémunération - Si le lock-out est licite, les salariés non grévistes n'ont pas à être payés et il ne peut pas être recouru, à ce titre, à l'*activité partielle**.

En revanche, s'il est abusif, l'employeur sera condamné à verser des salaires aux non-grévistes pendant toute la durée du lock-out et éventuellement des dommages et intérêts aux salariés grévistes pour entrave au droit de grève (cass. soc. 31 octobre 1989, n° 88-41229 D ; cass. soc. 17 décembre 2013, n° 12-23006, BC V n° 303).

☞ *Grève externe ; Grève interne ; Sanctions pécuniaires.*

Logement des salariés

L'employeur peut fournir un logement au salarié ou lui verser une indemnité pour se loger. Le régime de cet avantage varie selon les circonstances.

Modalités de fourniture

Fourniture gratuite d'un logement - La fourniture gratuite d'un logement par l'employeur constitue en principe un *avantage en nature** soumis à cotisations.

Versement d'un loyer par le salarié - Lorsque le salarié verse un loyer ou une redevance à son employeur en échange du logement fourni, ce loyer diminue l'évaluation de l'avantage en nature, voire l'annule si le loyer ou cette redevance est suffisamment important (voir *Avantage en nature logement**).

Versement d'une indemnité de logement au salarié - Si l'employeur verse au salarié une indemnité de logement ou prend en charge une partie du loyer d'un bail au nom du salarié, il s'agit d'un avantage en argent. Il constitue un complément de rémunération soumis à toutes les cotisations sociales, à la CSG, à la CRDS et à l'impôt sur le revenu. Les règles d'évaluation prévues pour l'*avantage en nature logement** ne sont pas applicables.

Bail d'habitation - Le salarié peut être locataire de son employeur, à qui il verse un loyer. La législation applicable est celle des baux d'habitation, le contrat de travail n'ayant aucune influence.

Lorsque le logement n'est pas un accessoire du contrat de travail, en cas de loyers impayés, l'employeur ne peut pas se rembourser de sa propre initiative en procédant à des retenues sur la rémunération du salarié (cass. soc. 13 octobre 1998, n° 96-42373 D). Il lui appartient de saisir la justice dans les conditions de droit commun.

Logement en dortoirs - La fourniture d'un logement collectif aux salariés ne constitue pas un avantage en nature, dès lors qu'elle ne dispense pas le salarié d'avoir un logement (ex. : baraquement sur un chantier pour la semaine).

Logement en cas de déplacement - La prise en charge des frais de logement par l'employeur, en cas de mutation ou de déplacement, obéit aux règles particulières des *frais professionnels** (double loyer, etc.).

Participation du CSE - Le fait que ce soit le *comité social et économique**, qui prenne en charge des frais de logement ne modifie pas les règles applicables. Seules les sommes que le comité verse à titre de *secours**, en fonction des circonstances propres au salarié concerné, peuvent être exonérées de cotisations.

Obligations de l'employeur

Lorsque la fourniture du logement ou la participation à son financement est prévue par le contrat de travail ou la convention collective, l'employeur doit s'y conformer.

Par ailleurs, il doit respecter les dispositions du code du travail relatives aux conditions d'hygiène des logements mis à disposition.

Logement de fonction et arrêt maladie

Le logement attribué gratuitement à un salarié pour l'exercice de ses fonctions est l'accessoire du contrat de travail, dont il bénéficie dans sa vie personnelle. Cet avantage ne peut ni lui être retiré ni donner lieu au versement d'un loyer pendant une période de suspension du contrat de travail pour maladie (cass. soc. 26 janvier 2011, n° 09-43193, BC V n° 32 ; cass. soc. 14 décembre 2022 n° 21-15685 D).

Rupture du contrat

Dès lors que le logement est un accessoire du contrat de travail, le salarié a une obligation de restitution lorsque le contrat de travail prend fin, c'est-à-dire à l'issue du préavis.

À défaut, il peut faire l'objet d'une expulsion et être condamné à verser une indemnité d'occupation. Des dispositions spécifiques s'appliquent aux concierges logés qui bénéficient d'un délai de 3 mois pour libérer le logement (c. trav. art. L. 7212-1 et R. 7212-1).

☛ *Avantage en nature logement ; Donneur d'ordre (obligations de vigilance et d'injonction) ; Frais de déplacement ; Mobilité professionnelle.*

M

Maintien de salaire

Un salarié en arrêt de travail pour maladie ou accident peut, sous certaines conditions, bénéficier d'un maintien de son salaire, en complément (et donc sous déduction) des indemnités journalières de sécurité sociale (IJSS). Concrètement, le maintien de salaire se traduit par le versement d'indemnités journalières complémentaires à la charge de l'employeur, qui peuvent avoir pour origine le code du travail (dispositif légal ; c. trav. art. L. 1226-1) ou des dispositions conventionnelles (pour le détail, voir *Indemnités journalières complémentaires**).

Malgré son nom, il ne garantit pas pour forcément un maintien du salaire net global du salarié. Tout dépend du niveau du maintien de salaire (voir *Indemnités journalières complémentaires**), et s'il se fait en brut ou en net (voir *Maintien du salaire net**). En outre, il peut y avoir un délai de carence au déclenchement de l'indemnisation employeur.

Enfin, il ne faut pas oublier l'éventuelle indemnisation complémentaire liée à un régime de prévoyance (voir *Indemnités journalières complémentaires de prévoyance**).

Dans tous les cas, la notion de maintien de salaire ne doit pas être confondue avec celle de *subrogation** (c'est un autre concept).

☞ *Indemnités journalières complémentaires ; Indemnités journalières complémentaires de prévoyance ; Maintien du salaire net.*

Maintien des cotisations de retraite complémentaire pendant certains congés

Objet et mise en place du dispositif

Un accord collectif peut prévoir le versement de cotisations de retraite complémentaire (et donc l'acquisition de droits) pour les salariés prenant un *congé parental d'éducation**, un *congé de solidarité familiale**, un *congé de proche aidant** ou un *congé de présence parentale pour enfant malade**, sous forme de congé total (c. séc. soc. art. L. 241-3-2 ; ANI AGIRC-ARRCO du 17 novembre 2017, art. 78).

Incidences sur les cotisations

Versement de contributions AGIRC-ARRCO - L'accord collectif détermine les conditions dans lesquelles des contributions aux régimes de retraite complémentaires légalement obligatoires (ex. : AGIRC-ARRCO) sont versées par l'employeur et par le salarié durant les périodes de suspension du contrat de travail (c. séc. soc. art. L. 241-3-2).

Les cotisations AGIRC-ARRCO sont versées pendant toute la durée du congé, sauf si l'accord collectif prévoit une durée limitée (dans ce cas, au moins 6 mois, sauf pour les congés qui, par nature, ont une durée inférieure). Elles sont calculées comme si le salarié poursuivait son activité dans des conditions normales (ANI AGIRC-ARRCO du 17 novembre 2017, art. 78).

Prise en charge de la cotisation salariale par l'employeur - Si, dans le cadre de ce dispositif, l'employeur prend en charge la part de contributions de retraite complémentaire incombant normalement au salarié, cette prise en charge bénéficie d'un régime social de faveur pendant les 6 premiers mois. Elle n'est pas assimilée à un élément de rémunération, et est donc exclue de l'assiette des cotisations de sécurité sociale, pendant les 6 premiers mois de prise en charge à compter du début du congé (c. séc. soc. art. L. 241-3-2).

Elle n'est pas non plus assujettie à CSG et à CRDS. En revanche, elle est assujettie au *forfait social** (c. séc. soc. art. L. 137-15, al. 8 ; BOSS, Assiette générale, § 400, 01/01/2024).

Au-delà de cette période de 6 mois, la prise en charge de la part salariale par l'employeur est soumise à cotisations (le forfait social n'est alors pas dû).

☞ *Congé parental d'éducation ; Congé de présence parentale pour enfant malade ; Congé de proche aidant ; Congé de solidarité familiale ; Cotisations de retraite AGIRC-ARRCO.*

Maintien des cotisations vieillesse en cas de temps partiel

Les cotisations d'assurance vieillesse sécurité sociale et les cotisations de retraite complémentaire des salariés à temps partiel et de certains autres salariés peuvent être calculées sur un salaire à temps plein (c. séc. soc. art. L. 241-3-1).

Salariés concernés

Temps partiel - Le dispositif de maintien des cotisations d'assurance vieillesse s'adresse d'abord aux salariés qui ont un contrat de travail à temps partiel (c. séc. soc. art. R. 241-0-1, 1° ; c. trav. art. L. 3123-1). Il peut s'agir :

- de salariés qui passent d'un temps plein à un temps partiel ;
- ou de salariés qui ont toujours été à temps partiel.

Autres salariés - Il est aussi possible d'appliquer ce mécanisme aux salariés dont la rémunération n'est pas déterminée en fonction d'un nombre d'heures de travail effectuées, à condition que leur rémunération soit inférieure à celle considérée comme correspondant à celle d'une activité à temps plein (c. séc. soc. art. R. 241-0-1, 2°).

En pratique, cette catégorie vise notamment les salariés sous convention de forfait annuel en jours ou en heures, les travailleurs à domicile, les concierges et employés d'immeubles à usage d'habitation (lettre-circ. ACOSS 2005-176 du 14 décembre 2005).

En cas de forfait en jours sur l'année, il est impératif que le volume du forfait annuel soit inférieur à 218 jours (ou au plafond conventionnel inférieur) pour que le dispositif trouve à s'appliquer.

Exclusions - Le dispositif ne peut pas être appliqué aux salariés dont les cotisations sont calculées sur la base d'assiettes ou de cotisations forfaitaires (c. séc. soc. art. R. 241-0-2, IV).

Par ailleurs, l'employeur ne peut pas appliquer à la fois le maintien des cotisations d'assurance vieillesse et l'*abattement d'assiette pour temps partiel** (c. séc. soc. art. R. 241-0-2, V), y compris si ce dernier est mis en œuvre pour l'emploi d'un salarié à *employeurs multiples**.

Pour l'entreprise qui proratise le plafond d'un salarié à *employeurs multiples** selon la méthode classique tenant compte des rémunérations versées par chaque employeur, il est possible d'appliquer le maintien des cotisations vieillesse. Dans ce cas, c'est la rémunération relative à l'activité donnant lieu au maintien d'assiette qui doit être reconstituée à temps plein (c. séc. soc. art. R. 241-0-2, V).

Retraite progressive - Dans le cadre du dispositif de *retraite progressive**, le salarié est informé des conditions d'application du mécanisme de maintien des cotisations vieillesse (c. séc. soc. art. L. 161-22-1-5). Les salariés en retraite progressive qui travaillent à temps partiel peuvent en effet en bénéficier dans les mêmes conditions que les autres salariés.

Salariés dont le salaire à temps partiel est supérieur ou égal au plafond - Compte tenu des modalités de calcul du droit à pension de vieillesse sécurité sociale dans le régime général, le maintien d'assiette ne présente pas d'intérêt pour le salarié, au niveau de la retraite « sécurité sociale », lorsque la rémunération à temps partiel est supérieure ou égale au plafond de la sécurité sociale (3 925 € par mois en 2025). Dans cette situation, les droits du salarié à l'assurance vieillesse sécurité sociale ne sont pas réduits à raison de l'exercice de l'activité à temps partiel (lettre-circ. ACOSS 2005-176 du 14 décembre 2005).

En revanche, le dispositif continue à présenter un intérêt au niveau de la retraite complémentaire. Dans ce cas, sa mise en œuvre au niveau de la sécurité sociale peut constituer un préalable indispensable.

Accord individuel nécessaire

Accord écrit - Le maintien d'assiette nécessite un accord écrit, daté et signé par l'employeur et le salarié. Cet accord doit figurer dans le contrat de travail ou dans un avenant (c. séc. soc. art. R. 241-0-3).

Dénonciation - L'accord peut être dénoncé par le salarié ou l'employeur. Lorsque l'employeur entend dénoncer l'accord, il doit attendre au minimum 1 an à compter de la date d'effet de l'accord, voire davantage si l'employeur s'est engagé sur un délai plus long (c. séc. soc. art. R. 241-0-5).

Dans tous les cas, la dénonciation doit être notifiée à l'autre partie et faire l'objet d'un avenant au contrat de travail. Il n'est pas possible de conclure un nouvel accord sur le maintien des cotisations d'assurance vieillesse, au titre d'un même contrat de travail, avant l'écoulement d'un délai de 5 ans à compter de la date d'effet de la dénonciation (c. séc. soc. art. R. 241-0-5).

Temps partiel comme alternative au licenciement pour motif économique - Lorsque la transformation d'un contrat à temps plein en temps partiel constitue une alternative à un licenciement pour motif économique, l'employeur doit proposer le maintien d'assiette sur le temps plein dans les mêmes termes à tous les salariés concernés par le passage à temps partiel (c. séc. soc. art. R. 241-0-4).

La proposition comporte, le cas échéant, les modalités de prise en charge par l'employeur du surplus de cotisations. Elle est notifiée par LRAR et intégrée au projet d'avenant par lequel le contrat de travail est transformé en contrat à temps partiel. Le salarié peut refuser une telle proposition par mention expresse portée dans l'avenant (c. séc. soc. art. R. 241-0-4).

Calcul des cotisations vieillesse de sécurité sociale

Salariés à temps partiel - Le salaire sur lequel les cotisations d'assurance vieillesse sécurité sociale sont calculées est le salaire reconstitué à temps plein (c. séc. soc. art. R. 241-0-2). Il est égal à : « Rémunération × durée du travail à temps plein/ nombre d'heures rémunérées sur le mois (heures complémentaires comprises) ».

Le paramètre « rémunération » correspond aux revenus d'activité tels qu'ils sont pris en compte pour la détermination de l'assiette des cotisations de sécurité sociale correspondant au mois civil. La durée du travail à temps plein est la durée légale appréciée sur le mois (ou la durée conventionnelle si elle est inférieure) (c. séc. soc. art. R. 241-0-1, II).

Exemple

Pour un salarié rémunéré 900 € pour 80 h par mois dans une entreprise pratiquant la durée légale du travail (151,67 h), le salaire à prendre en compte est égal à : 900 € × (151,67/80) = 1 706,29 €.

Salariés non rémunérés en fonction d'un nombre d'heures mensuel - Pour les salariés qui ne sont pas rémunérés en fonction d'un nombre d'heures mensuel, il faut retenir comme « nombre d'heures rémunérées sur le mois » un nombre d'heures reconstitué (c. séc. soc. art. D. 241-1-1). Mais attention : lorsque le nombre d'heures équivalent à la rémunération mensuelle ainsi calculée est égal ou supérieur à la durée du travail à temps plein (durée légale ou durée de l'entreprise si inférieure), le salarié n'est pas éligible au dispositif (son salaire n'est en effet pas inférieur à la rémunération reconstituée à temps plein) (lettre-circ. ACOSS 2005-176 du 14 décembre 2005, § 2.2.1).

Pour les salariés sous convention de forfait annuel en heures, ce nombre d'heures est égal à « 52/12 × (volume du forfait annuel en heures / 45,7) » (c. séc. soc. art. D. 241-1-1, 1°).

Exemples

1) Un salarié en forfait annuel de 1 508 h perçoit un salaire de 4 000 €. Le nombre d'heures équivalant à la rémunération mensuelle est de : (1 508 h/45,7) × 52/12 = 142,99 h. La rémunération à temps plein est de : 4 000 × (151,67/142,99) = 4 242,81 €.

2) Un salarié en forfait annuel de 1 690 h perçoit un salaire de 4 000 €. Le nombre d'heures équivalant à la rémunération mensuelle est de : (1 690 h/45,7) × 52/12 = 160,24 h. Le salarié n'est pas éligible au dispositif, sa durée du travail étant supérieure à la durée légale du travail.

Pour les travailleurs à domicile et les concierges et employés d'immeubles à usage d'habitation, le nombre d'heures reconstitué sur le mois est égal au rapport « rémunération mensuelle du mois civil / SMIC horaire » (c. séc. soc. art. D. 241-1-1, 2°). Le SMIC à prendre en compte est le plus élevé au cours de la période d'emploi concernée.

Exemple

Un travailleur à domicile perçoit un salaire mensuel de 1 400 €. Au 1er janvier 2025, le nombre d'heures équivalant à la rémunération mensuelle à temps plein est de : 1 400/11,65 = 120,17 h.
La rémunération à temps plein est de : 1 400 × (151,67/120,17) = 1 766,98 €. Le supplément d'assiette est de 1 766,98 - 1 400 = 366,98 €.

Pour les autres salariés dont la rémunération n'est pas déterminée en fonction des heures de travail, le nombre d'heures reconstitué sur le mois est égal au rapport « rémunération mensuelle du mois civil/ 170 % du SMIC horaire ». Le SMIC à prendre en compte est le plus élevé au cours de la période d'emploi concernée.

Exemples

1) Un salarié en forfait annuel en jours de 190 jours perçoit un salaire mensuel de 2 400 €. Le SMIC horaire, majoré de 70 %, est égal en janvier 2025 à 20,20 €. Le nombre d'heures équivalant à la rémunération mensuelle est de : 2 400/20,20 = 118,81 h. La rémunération à temps plein est de : 2 400 × (151,67/118,81) = 3 063,84 €.

2) Un salarié en forfait annuel en jours de 190 jours perçoit un salaire mensuel de 3 200 €. Le SMIC horaire, majoré de 70 %, est égal en janvier 2025 à 20,20 €. Le nombre d'heures équivalant à la rémunération mensuelle est de : 3 200/20,20 = 158,42 h. Le salarié n'est pas éligible au dispositif, sa durée du travail reconstituée en heures étant supérieure à la durée légale du travail.

Suspension du contrat de travail - En cas de suspension du contrat de travail avec maintien total ou partiel de la rémunération, le nombre d'heures rémunérées retenu pour la période de suspension est égal à « durée du travail que le salarié aurait réalisée s'il avait travaillé × pourcentage de rémunération soumise à cotisations resté à la charge de l'employeur » (c. séc. soc. art. R. 241-0-2, I, al. 2).

Ce pourcentage est déterminé en rapportant la rémunération du mois soumise à cotisations et la rémunération qui aurait été versée si le contrat de travail avait continué à être exécuté.

Exemple

Dans une entreprise, la durée mensuelle du travail est de 151,67 h. Un salarié est à temps partiel (130 h par mois) et sa rémunération mensuelle est de 2 100 €. En 2025, au cours d'un mois de 22 jours ouvrés, il est absent pour maladie pendant une semaine (7 jours calendaires, 5 jours ouvrés). Son employeur maintient le salaire à hauteur de 90 %, sans délai de carence. Les IJSS brutes doivent être calculées sur 4 jours (7 jours calendaires d'absence - 3 jours de carence sécurité sociale) :
- salaire de base : 2 100 € ;
- absence maladie : 477,27 € (soit 2 100 € × 5/22) ;
- IJSS brutes : 4 × [(2 100 × 3/91,25) × 50%] = 138,08 € ;
- maintien de salaire sous déduction IJSS : (477,27 × 90 %) – 138,08 = 291,46 € ;
- brut sécurité sociale : 2 100 € – 477,27 € + 291,46 € = 1 914,19 €.

Le nombre d'heures réputé rémunéré sur le mois est de 130 × (1 914,19/2 100) = 118,50 h.
La rémunération reconstituée à temps plein compte tenu de la maladie est de 1 914,19 × (151,67/118,50) = 2 450 €.

Taux des cotisations - Les cotisations salariales et patronales d'assurance vieillesse sécurité sociale, plafonnées et déplafonnées, sont calculées sur le salaire reconstitué à temps plein.

Prise en charge par l'employeur du surplus de cotisation salariale - L'employeur peut prendre en charge tout ou partie du surplus de cotisation salariale d'assurance vieillesse sécurité sociale qu'entraîne ce dispositif.

Cette prise en charge n'est pas un élément de rémunération et se trouve exonérée de cotisations sociales, de *CSG** et de *CRDS** (c. séc. soc. art. L. 136-1-1, III, 2° d, L. 242-1, I et L. 241-3-1). Elle n'est donc pas non plus soumise au *forfait social**.

À notre connaissance, l'administration fiscale n'a jamais précisé le régime de cette prise en charge au regard de l'impôt sur le revenu. Par cohérence avec la solution retenue en matière de sécurité sociale, il nous semblerait possible de considérer que la prise en charge est déductible, sous réserve de l'appréciation de l'administration et des tribunaux en cas de litige. Une prise de position expresse de l'administration serait la bienvenue pour établir une interprétation de référence.

Date d'application du maintien - C'est en principe l'accord écrit entre l'employeur et le salarié qui fixe la date à partir de laquelle les rémunérations versées se voient appliquer le maintien des cotisations vieillesse (c. séc. soc. art. R. 241-0-6, I, 1°). **Cette date ne peut pas être antérieure à la date de conclusion de l'accord ou, si elle est postérieure, au moment où le salarié réunit les conditions exigées par le dispositif.**

▶ À noter... Si la date d'application ne correspond pas au premier jour d'un mois, elle est reportée au premier jour du mois suivant.

Si l'accord ne fixe pas de date, le dispositif s'applique aux cotisations afférentes aux rémunérations versées à partir (c. séc. soc. art. R. 241-0-6, I, 2°) :
- du premier jour du mois suivant sa conclusion ;
- ou du premier jour du mois suivant la date à laquelle le salarié remplit les conditions exigées, si elle est postérieure.

En cas de transformation d'un contrat à temps plein en contrat à temps partiel, la mise en œuvre du dispositif est reculée de 1 mois lorsque la rémunération afférente à la période d'emploi à temps complet est encore versée à la date à laquelle le dispositif aurait dû entrer en vigueur en application des règles qui précèdent (c. séc. soc. art. R. 241-0-6, II). Cette règle vise les situations de décalage de paye, avec ou sans rattachement à la période d'emploi.

Fin du maintien d'assiette - Le dispositif cesse d'être applicable au premier jour du mois qui suit soit la notification de la dénonciation de l'accord à l'autre partie, soit le moment où les conditions d'application exigées du salarié ne sont plus remplies, soit la fin du contrat de travail (c. séc. soc. art. R. 241-0-6, III).

Modalités déclaratives - L'adoption d'une assiette différente pour les cotisations d'assurance vieillesse et pour le calcul des autres cotisations oblige à distinguer les cotisations vieillesse calculées sur le supplément d'assiette (lettre-circ. ACOSS 2005-176 du 14 décembre 2005 ; fiche consigne DSN du 17 décembre 2019, https://www.net-entreprises.fr/media/documentation/dsn-phase3-temps-partiel.pdf).

Rappel de salaire - Pour les incidences sur le dispositif de maintien des cotisations vieillesse, voir *Rappel de salaire**.

Retraite complémentaire

Seulement en cas d'application pour les cotisations vieillesse - Les salariés à temps partiel pour lesquels les cotisations d'assurance vieillesse sécurité sociale sont calculées sur la base de la rémunération correspondant au temps plein peuvent obtenir auprès du régime AGIRC-ARRCO des points de retraite calculés sur la même base (ANI AGIRC-

MAINTIEN DES COTISATIONS VIEILLESSE EN CAS DE TEMPS PARTIEL (EXEMPLE)

Dans une entreprise de plus de 50 salariés où la durée collective hebdomadaire de travail est de 35 h, un salarié non-cadre à temps partiel est rémunéré 1 700 € pour 20 h hebdomadaires (soit 86,67 h par mois). Il bénéficie du maintien des cotisations vieillesse sécurité sociale et de retraite complémentaire sur la base de la rémunération à temps plein (1 700 € × 35 h/20 h = 2 975 €).

Le supplément d'assiette est donc de 2975 - 1700 = 1 275 €. Il entraîne un supplément de cotisations salariales de 144,21 €, se décomposant comme suit :
- *supplément de cotisation salariale d'assurance vieillesse plafonnée : 1 275 × 6,90 % = 87,98 € ;*
- *supplément de cotisation salariale d'assurance vieillesse déplafonnée : 1 275 × 0,40 % = 5,10 € ;*
- *supplément de contributions de retraite complémentaire tranche 1 : 1 275 × 4,01 % = 51,13 €.*

L'employeur prend en charge le surplus de cotisations salariales d'assurance vieillesse et de retraite complémentaire lié au maintien (144,21 €). La prise en charge du supplément de contributions de retraite complémentaire, soit 51,13 €, n'est pas assujettie au forfait social.*

La réduction générale de cotisations patronales ne s'applique pas, compte tenu de la rémunération et de la durée du travail du salarié. Le prorata de plafond pour temps partiel ne peut pas être mis en œuvre, compte tenu du maintien des cotisations vieillesse.*

EXTRAIT DU BULLETIN DE PAYE DE JANVIER 2025

Désignation	**Base**	**Taux**	**Montant**	
Salaire de base	86,67	19,62	1700,00	
Brut total			1700,00	
Cotisations et contributions sociales	**Base (€)**	**Taux salarial**	**Part salarié (€)**	**Part employeur (€)**
Santé				
Sécurité sociale - Maladie Maternité Invalidité Décès	1700,00	-	0,00	119,00 (1)
Complémentaire Santé	-	-	85,00	85,00
Accidents du travail - maladies professionnelles	1700,00	-	-	34,00 (2)
Retraite				
Sécurité sociale plafonnée (3)	2975,00	6,90 %	205,28	254,36
Sécurité sociale déplafonnée (3)	2975,00	0,40 %	11,90	60,10
Complémentaire Tranche 1 (3) (4)	2975,00	4,01 %	119,30	178,80
Famille	1700,00	-	-	58,65 (5)
Assurance chômage				
Chômage	1700,00	-	-	73,10 (6)
Autres contributions dues par l'employeur	-	-	-	84,08 (7)
CSG déductible de l'impôt sur le revenu	1755,25	6,80 %	119,36	-
CSG/CRDS non déductible de l'impôt sur le revenu	1755,25	2,90 %	50,90	-
Exonérations et allégements de cotisations	-	-	-	-
Total des cotisations et contributions	-	-	591,73	947,09
Prise en charge suppl. cotis. salariales (8)			+ 144,21	
Net social				**1252,48**
Net à payer avant impôt sur le revenu				**1252,48**
Impôt sur le revenu	**Base**	**Taux**	**Montant**	**Cumul annuel**
Montant net imposable			1244,17	Valeur
Impôt sur le revenu prélevé à la source	1244,17	6,00 %	74,65	Valeur
Montant net des heures compl/suppl exonérées				Valeur
Net à payer au salarié (en euros) (9)				**1177,83 (9)**
Total versé par l'employeur				2791,30

Notes de la rédaction, pour aider à la lecture des totaux (ces notes n'ont pas à apparaître sur le bulletin de paye) : (1) Taux de 7 % compte tenu de la rémunération. (2) Par hypothèse taux de 2 %. (3) Dont 1275 € de supplément d'assiette lié au dispositif de maintien des cotisations vieillesse et de retraite complémentaire. (4) Y compris contribution d'équilibre général et contribution d'équilibre technique. (5) Taux de 3,45 % compte tenu de la rémunération. (6) Cotisation chômage au taux de 4,05 % et cotisation AGS au taux de 0,25 %. (7) CSA (0,30 %), FNAL (0,50 %), versement mobilité (1,60 %), contribution au dialogue social (0,016 %), contribution formation (1 %), participation à l'effort de construction (0,45 %), taxe d'apprentissage (0,68 %) et forfait social de 8 % sur la prévoyance. (8) Sous réserve de l'appréciation de l'administration fiscale et des tribunaux en cas de litige, la prise en charge du surplus de contributions salariales est ici considérée comme non imposable. (9) À faire apparaître de manière à en faciliter la lisibilité.

ARRCO du 17 novembre 2017, art. 75 ; circ. AGIRC-ARRCO 2020-02 DRJ du 20 janvier 2020, § IV.1.4). Le versement des cotisations de retraite complémentaire sur un salaire temps plein est donc lié à la levée de l'option auprès du régime de base de la sécurité sociale.

La décision, visant à cotiser sur la base des rémunérations reconstituées à temps plein, a un caractère individuel. Elle nécessite l'accord de l'employeur et de chaque salarié concerné.

Si le dispositif est appliqué, les cotisations de retraite complémentaire sont calculées sur la base des rémunérations que les salariés auraient perçues pour un travail à temps plein.

▶ À noter… Ce dispositif est applicable aux participants en situation de *retraite progressive** (circ. AGIRC-ARRCO 2011-1 du 10 janvier 2011).

Prise en charge par l'employeur du surplus de cotisation salariale - Si l'employeur prend en charge le supplément de la part salariale de cotisations de retraite complémentaire lié au maintien des cotisations AGIRC-ARRCO, cette prise en charge est exclue de l'assiette des cotisations de sécurité sociale et de la base CSG/CRDS (BOSS, Assiette générale, § 210, 01/01/2024).

Depuis le 1er avril 2021, le *Bulletin officiel de la sécurité sociale (BOSS)** précise que cette prise en charge n'est pas assujettie à forfait social (BOSS, Assiette générale, § 400, 01/01/2024).

▶ À noter… À la lettre du code de la sécurité sociale et faute de tolérance contraire avant le 1er avril 2021, le *forfait social** s'appliquait, en cas de travail à temps partiel, à la prise en charge par l'employeur du surplus de cotisation salariale lié au maintien des cotisations de retraite complémentaire sur une base temps plein, bien que cette prise en charge soit exonérée de cotisations de sécurité sociale, de *CSG** et de *CRDS** (c. séc. soc. art. L. 137-15, al. 8).

À notre connaissance, l'administration fiscale n'a jamais précisé le régime de cette prise en charge au regard de l'impôt sur le revenu. Par cohérence avec la solution retenue en matière de sécurité sociale, il nous semblerait possible de considérer que la prise en charge est déductible, sous réserve de l'appréciation de l'administration et des tribunaux. Une prise de position expresse de l'administration serait la bienvenue pour établir une interprétation de référence.

☞ *Abattement d'assiette pour temps partiel ; Cotisation d'assurance vieillesse ; Employeurs multiples ; Retraite progressive.*

Maintien du salaire net

En cas d'arrêt de travail pour raison de santé (maladie, accident du travail etc.), et de par l'employeur versement d'*indemnités journalières complémentaires** aux IJSS, celui-ci peut parfois être amené à s'assurer que le salarié ne gagne pas plus pendant son arrêt de travail que s'il travaillait.

▶ À noter… La réforme des IJSS pour maladie non professionnelle entre en vigueur pour les arrêts de travail débutant à compter du 1er avril 2025 (voir *Indemnités journalières de sécurité sociale de maladie**). Pour les salariés concernés (schématiquement, ceux payés au-delà de 1,4 SMIC au lieu de 1,8 SMIC), la réforme entraînera une baisse du montant des IJSS maladie, et donc par ricochet, une hausse du poids de l'indemnisation complémentaire à la charge de l'employeur lorsqu'un maintien de salaire s'applique (et à niveau de maintien de salaire identique).

Maintien de 100 % du salaire sous déduction des IJSS

Éviter qu'un salarié gagne plus pendant un arrêt de travail - Certaines conventions ou certains accords collectifs prévoient le versement d'*indemnités journalières complémentaires** en vue d'assurer le maintien de 100 % du salaire sous déduction des indemnités journalières de sécurité sociale (IJSS maladie, accident du travail ou maternité selon les cas).

Mais le maintien de la totalité du salaire brut sous déduction des IJSS fait profiter le salarié de l'économie de cotisations attachée au fait que les IJSS sont exonérées de cotisations, à l'exception de la CSG et de la CRDS. Le salarié peut, en conséquence, percevoir une rémunération supérieure à celle qu'il aurait eue s'il n'avait pas été en arrêt de travail.

L'avantage dont bénéficie le salarié est d'autant plus important que la part d'IJSS est élevée sur la paye en cause.

Maintenir le salaire net à payer pour y remédier - Pour éviter cette situation, certaines conventions collectives prévoient expressément le maintien du salaire net de cotisations en cas d'arrêt de travail pour maladie, mais aussi pour accident de travail ou maladie professionnelle, maternité, etc.

En revanche, si la convention collective mentionne clairement un maintien de salaire brut, l'employeur n'a pas d'autre choix que de s'y conformer.

Si la convention prévoit un maintien du salaire net ou du salaire brut, l'employeur peut opter pour la solution de maintien du salaire net.

Dans l'hypothèse où la convention collective n'indique pas s'il s'agit d'un maintien de salaire net ou de salaire brut, l'employeur dispose également de la faculté d'opter pour le maintien du salaire net, sauf usage plus favorable applicable dans l'entreprise (cass. soc. 11 mars 1997, n° 94-40869 D ; cass. soc. 8 juillet 2003, n° 01-44282 D ; cass. soc. 15 mai 2012, n° 10-26864 D).

En pratique, le maintien du net se traduit par une déduction supplémentaire dans le brut social pour neutraliser le gain représenté par l'exonération de cotisations des IJSS.

▶ À noter... Cette pratique, qui n'est pas nouvelle, est connue de l'administration qui la mentionne expressément dans la fiche du Bulletin officiel de la sécurité sociale consacrée a montant net social [voir *Bulletin de paye (net social)** ; BOSS, Montant net social, Q/R 36, 01/01/2024]. Certains employeurs semblent appliquer cette retenue dans le net à payer et non dans le salaire brut, ce qui permet de ne pas diminuer l'assiette des cotisations et donc le niveau prestations (retraite, chômage, IJSS, etc.). Cette option, dont la validité reste à prouver, n'est pas évoquée ci-après.

Le net à maintenir est le net avant PAS - Depuis le 1er janvier 2019, le salaire net à maintenir est le salaire net avant prélèvement à la source (PAS) de l'impôt sur le revenu.

Dans les développements qui suivent, quand on parle de net à maintenir, il s'agit donc du net avant PAS.

Prise en charge des calculs par le logiciel de paye - En principe, les solutions paye sont paramétrées pour effectuer le calcul du maintien du salaire net à la demande du gestionnaire de paye. Pour cela, elles opèrent une déduction supplémentaire dans le brut sécurité sociale. Elles s'inspirent du principe de la « paye à l'envers ».

Cette opération entraîne la réduction proportionnelle du montant des cotisations salariales (et incidemment patronales), pour enfin aboutir à un net à payer égal à celui habituellement perçu. La retenue dans le salaire brut porte des noms différents selon les solutions paye ou les entreprises : « maintien du net », « garantie du net », « régularisation du net », etc.

Son objectif est toujours de neutraliser le gain représenté par l'exonération de cotisations des IJSS dans le salaire net.

Le calcul de cette retenue s'effectue généralement par « itération » : la solution paye effectue une série de calculs jusqu'à obtenir un montant de retenue dans le salaire brut permettant le maintien exact du salaire net souhaité. Les vérifications des calculs s'effectuent en comparant le net à payer habituel avec celui, intégrant la garantie du net, réalisé par la solution paye.

Maintien du net « classique »

Maintien de 100 % du salaire net habituel - Les juges considéraient traditionnellement que si une disposition conventionnelle prévoyait le maintien du salaire net, il fallait seulement rechercher si le salarié ne percevait pas moins que la rémunération qu'il aurait eue s'il avait travaillé, sans se préoccuper de l'économie de cotisations réalisée par l'employeur grâce au maintien du salaire net (cass. soc. 4 janvier 2000, n° 97-43029, BC V n° 7).

Le but du maintien du salaire net consiste à opérer les ajustements nécessaires pour qu'au final, en additionnant le salaire net de cotisations et les IJSS nettes de CSG et de CRDS, le salarié perçoive (avant PAS) la même rémunération nette que son salaire net habituel d'activité (avant PAS).

Vérification du maintien du net « traditionnel »	
En cas de subrogation	**En l'absence de subrogation**
• Salaire brut habituel (SBH) – IJSS brutes – déduction « garantie sur le net » = salaire brut résiduel (SBR) Puis • SBR (salaire brut résiduel) – cotisations salariales sur SBR + IJSS **nettes** = 100 % net habituel	• Salaire brut habituel (SBH) – IJSS brutes – déduction « garantie sur le net » = salaire brut résiduel (SBR) Puis • SBR (salaire brut résiduel) – cotisations salariales sur SBR = net résiduel. • La somme du net résiduel et des IJSS **nettes** versées par la CPAM doit être égale au salaire net habituel.

Vérification des calculs du logiciel de paye - Les calculs de la solution paye peuvent donc être vérifiés comme indiqué dans cette étude au tableau « Vérification du maintien du net traditionnel ».

Au final, la somme du net résiduel compte tenu de l'arrêt maladie et des IJSS nettes (après CSG/CRDS) doit être égale au salaire net habituel.

Maintien du salaire net diminué de la CSG/CRDS sur IJSS (« strict »)

Salarié légèrement perdant - La jurisprudence a ouvert la porte à une solution moins favorable pour les salariés. Sauf usage ou dispositions conventionnelles contraires, les IJSS doivent être prises en compte avant le précompte des cotisations sociales et des impositions de toute nature (cass. soc. 15 décembre 2004, n° 03-13074, BC V n° 340 ; cass. soc. 30 mars 2005, n° 04-45556, BC V n° 115 ; cass. soc. 18 octobre 2006, n° 05-40398 D).

La jurisprudence permet donc, sauf usage ou dispositions conventionnelles contraires, de se contenter d'assurer une égalité entre, d'une part, le salaire net habituel et, d'autre part, le salaire net résiduel et les IJSS brutes. Le salarié « gagne » moins que s'il travaillait, puisque la CSG et la CRDS dues sur les IJSS restent à sa charge.

Face à une clause conventionnelle qui prévoit une obligation de maintien du salaire à hauteur de ce que le salarié aurait perçu s'il avait travaillé, les entreprises sont en droit d'appliquer cette jurisprudence.

En pratique, cela signifie que l'employeur n'a pas à supporter la CSG et la CRDS prélevées sur les IJSS (6,7 %), qui restent à la charge du salarié. La seule obligation pour l'employeur est ici de maintenir le salaire de façon que la somme des IJSS brutes et du salaire net résiduel soit égale au net habituel.

Ainsi, le salarié ne perçoit plus la même somme nette qu'habituellement (il « perd » la CSG/CRDS sur IJSS).

Vérification des calculs du logiciel de paye - Les calculs de la solution paye peuvent donc être vérifiés comme indiqué dans cette étude au tableau « Vérification du maintien du net strict ».

Au final, la somme du net résiduel compte tenu de l'arrêt maladie et des IJSS brutes (avant CSG/CRDS) doit être égale au salaire net habituel.

Le salarié est perdant du montant de la CSG/CRDS due sur les IJSS.

Établissement du bulletin de paye

Haut de bulletin - L'employeur doit déduire du salaire brut habituel le montant brut des IJSS, celles-ci étant exclues de l'assiette des cotisations.

Pour permettre le maintien du net, l'employeur déduit ensuite le montant de la régularisation (« garantie du net » calculée par la solution paye) pour obtenir le brut effectivement soumis à cotisations.

IJSS subrogées - En cas de subrogation, les IJSS nettes de CSG/CRDS sont normalement positionnées après le calcul des cotisations, de façon à être prises dans le « net à payer avant PAS ».

En outre, le montant imposable des IJSS subrogées est intégré dans l'assiette du *prélèvement à la source**, pendant la période correspondant aux 60 premiers jours d'arrêt de travail pour les IJSS maladie non professionnelle et sans limitation de durée pour les IJSS accident du travail/maladie professionnelle (AT/MP) et les IJSS maternité/paternité/adoption (voir *Prélèvement à la source**).

Vérification du maintien du net « strict » (net diminué de la CSG/CRDS sur IJSS)	
En cas de subrogation	**En l'absence de subrogation**
• Salaire brut habituel (SBH) – IJSS brutes – déduction « garantie sur le net » = salaire brut résiduel (SBR) Puis • SBR (salaire brut résiduel) – cotisations salariales sur SBR + IJSS **nettes** = 100 % net habituel (diminué des CSG/CRDS sur IJSS qui restent ainsi à la charge du salarié)	• Salaire brut habituel (SBH) – IJSS brutes – déduction « garantie sur le net » = salaire brut résiduel (SBR) Puis • SBR (salaire brut résiduel) – cotisations salariales sur SBR = net résiduel. • La somme du net résiduel et des IJSS **brutes** (avant CSG/CRDS) versées par la CPAM doit être égale au salaire net habituel.
(*) Maintien du salarié net diminué de la CSG/CRDS sur IJSS.	

MAINTIEN DU SALAIRE NET (EXEMPLES)

I) Salaire net habituel à maintenir (sans arrêt maladie) :

Un salarié non-cadre est rémunéré 2 800 € par mois. Son salaire net habituel se calcule comme présenté sur le bulletin de paye ci-après.

La rémunération étant inférieure à 1,6 fois le SMIC, il y a lieu à réduction générale de cotisations patronales.

Le taux de PAS personnalisé du salarié est de 2 % (taux transmis par la DGFiP).

EXTRAIT DU BULLETIN DE PAYE DE JANVIER 2025 (SANS ARRÊT MALADIE)

Désignation	**Base**	**Taux**	**Montant**	
Salaire de base	151,67	17,14	2 800,00	
Brut total			2 800,00	
Cotisations et contributions sociales	**Base (€)**	**Taux salarial**	**Part salarié (€)**	**Part employeur (€)**
Santé				
Sécurité sociale - Maladie Maternité Invalidité Décès	2 800,00	-	-	196,00 (1)
Complémentaire Santé	-	-	85,00	85,00
Accidents du travail - maladies professionnelles	2 800,00	-	-	56,00 (2)
Retraite				
Sécurité sociale plafonnée	2 800,00	6,90 %	193,20	239,40
Sécurité sociale déplafonnée	2 800,00	0,40 %	11,20	56,56
Complémentaire Tranche 1 (3)	2 800,00	4,01 %	112,28	168,28
Famille	2 800,00	-	-	96,60 (4)
Assurance chômage				
Chômage	2 800,00	-	-	120,40 (5)
Autres contributions dues par l'employeur	-	-	-	134,09 (6)
CSG déductible de l'impôt sur le revenu	2 836,00	6,80 %	192,85	-
CSG/CRDS non déductible de l'impôt sur le revenu	2 836,00	2,90 %	82,24	-
Exonérations et allégements de cotisations	-	-	-	- 44,71
Total des cotisations et contributions	-	-	676,77	1 107,62
Net social				**2 123,23**
Net à payer avant impôt sur le revenu				**2 123,23**
Impôt sur le revenu	**Base**	**Taux**	**Montant**	**Cumul annuel**
Montant net imposable			2 290,47	Valeur
Impôt sur le revenu prélevé à la source	2 290,47	2,00 %	45,81	Valeur
Montant net des heures compl/suppl exonérées			0,00	0,00
Net à payer au salarié (en euros) (7)				**2 077,42 (7)**
Total versé par l'employeur				3 937,11 (8)

Notes de la rédaction, pour aider à la lecture des totaux (ces notes n'ont pas à apparaître sur le bulletin de paye) :
(1) Taux de 7 % compte tenu de la rémunération. (2) Par hypothèse taux de 2 %. (3) Y compris contribution d'équilibre général. (4) Taux de 3,45 % compte tenu de la rémunération. (5) Chômage 4,05 % et AGS 0,25 %. (6) CSA (0,30 %), FNAL (0,50 %), versement mobilité (1,60 %), contribution au dialogue social (0,016 %), contribution formation (1 %), participation à l'effort de construction (0,45 %), taxe d'apprentissage (0,68 %), forfait social. (7) À faire apparaître de manière à en faciliter la lisibilité. (8) Brut total + cotisations et contributions patronales.

MAINTIEN DU SALAIRE NET « CLASSIQUE » (EXEMPLE)

II) Arrêt maladie et maintien du salaire net « traditionnel » (salaire net habituel avant PAS) :

En avril 2025, ce même salarié est absent pendant 20 jours calendaires en raison d'un arrêt de travail pour maladie. L'arrêt de travail est supposé avoir débuté après le 1er avril 2025, de sorte qu'il est soumis aux nouvelles modalités de calcul des IJSS maladie.

Son employeur lui maintient 100 % de son salaire net sous déduction des IJSS. L'absence et le paiement de l'absence sont valorisés en jours calendaires pour les besoins de cet exemple.

Les montants d'IJSS pour maladie non professionnelle sont les suivants : IJSS brutes de 704,99 €, soit des IJSS nettes de CSG/CRDS à reverser au salarié (subrogation) de 657,76 € ; IJSS nettes imposables (brut - 3,80 % de CSG déductible) : 678,20 € à inclure dans l'assiette du PAS (nous sommes toujours dans les 60 premiers jours d'arrêt de travail ; voir Prélèvement à la source) et déduction garantie du net : 125,93 €.*

L'employeur applique le maintien du salaire net « classique », pour verser exactement au salarié son salaire net habituel avant PAS.

Le net à payer avant PAS maintenu correspond bien au net habituel avant PAS (2 123,23 € ; voir bulletin paye sans arrêt de travail).

Le salaire net à payer avant PAS est identique au salaire net à payer habituel (voir précédemment).

Le logiciel fonctionne par réitération afin de trouver le montant négatif de la garantie du net, qui vient diminuer le salaire brut social et donc, par ricochet, le salaire net à payer avant impôt.

EXTRAIT DU BULLETIN DE PAYE D'AVRIL 2025 (ARRÊT MALADIE, MAINTIEN DU NET TRADITIONNEL)

Désignation	**Base**	**Taux**	**Montant**	
Salaire de base	151,67	18,46	2 800,00	
Absence maladie	20	93,33	– 1 866,67	
Paiement maladie	20	93,33	+ 1 866,67	
IJSS brutes	17	41,47	– 704,99	
Garantie du net			– 125,93	
Brut total			1 969,08	
Cotisations et contributions sociales	**Base (€)**	**Taux salarial**	**Part salarié (€)**	**Part employeur (€)**
Santé				
Sécurité sociale - Maladie Maternité Invalidité Décès	1 969,08	-	-	137,84
Complémentaire Santé	-	-	85,00	85,00
Accidents du travail - maladies professionnelles	1 969,08	-	-	39,38
Retraite				
Sécurité sociale plafonnée	1 969,08	6,90 %	135,87	168,36
Sécurité sociale déplafonnée	1 969,08	0,40 %	7,88	39,78
Complémentaire Tranche 1	1 969,08	4,01 %	78,96	118,34
Famille	1 969,08	-	-	67,93
Assurance chômage				
Chômage	1 969,08	-	-	84,67
Autres contributions dues par l'employeur	-	-	-	96,31
CSG déductible de l'impôt sur le revenu	2 019,62	6,80 %	137,33	-
CSG/CRDS non déductible de l'impôt sur le revenu	2 019,62	2,90 %	58,57	-
Exonérations et allégements de cotisations	-	-	-	- 31,44
Total des cotisations et contributions	-	-	503,61	806,17
IJSS nettes (subrogation)			+ 657,76 (1)	
Net social				**2 123,23 (2)**
Net à payer avant impôt sur le revenu				**2 123,23**
Impôt sur le revenu	**Base**	**Taux**	**Montant**	**Cumul annuel**
Montant net imposable			1 609,04 (3)	Valeur
Impôt sur le revenu prélevé à la source	2 287,24 (4)	2,00 %	45,74	Valeur
Montant net des heures compl/suppl exonérées			0,00	0,00
Net à payer au salarié (en euros)				**2 077,48**
Total versé par l'employeur				2 775,25

Notes de la rédaction, pour aider à la lecture des totaux (ces notes n'ont pas à apparaître sur le bulletin de paye) :
(1) IJSS nettes de CSG/CRDS. (2) Le montant net social tient compte à la fois des IJSS subrogées et de la déduction au titre de la garantie du net [voir *Bulletin de paye (net social)**]. (3) Les IJSS ne sont pas portées dans le net imposable car déclarées directement par l'assurance maladie à l'administration fiscale. (4) Salaire net imposable + montant imposable des IJSS.

Maintien du salaire net « strict » (exemple)

III) Arrêt maladie et maintien du salaire « strict » (net diminué de la CSG/CRDS sur IJSS) :

Les données sont identiques à celles de l'hypothèse précédente, mais l'employeur choisit dans cet exemple d'appliquer les règles dégagées par la jurisprudence de la Cour de cassation (cass. soc. 15 décembre 2004, n° 03-13074, BC V n° 340 ; cass. soc. 30 mars 2005, n° 04-45556, BC V n° 115 ; cass. soc. 18 octobre 2006, n° 05-40398 D).

Le salaire net avant PAS à maintenir est diminué du montant de la CSG/CRDS calculées sur les IJSS (à savoir ici 704,99 € × 6,7 % = 47,23 €). De ce fait la déduction « garantie du net » augmente et passe à 185,60 €, diminuant d'autant le salaire brut, et donc par ricochet le salaire net à payer avant impôt.

Le net à payer avant PAS maintenu (2 075,99 €) correspond bien au net habituel avant PAS (2 123,23 € ; voir précédemment bulletin paye sans arrêt de travail) diminué de la CSG/CRDS sur IJSS (47,23 €).

EXTRAIT DU BULLETIN DE PAYE D'AVRIL 2025 (ARRÊT MALADIE, MAINTIEN DU NET STRICT)

Désignation	**Base**	**Taux**	**Montant**	
Salaire de base	151,67	18,46	2 800,00	
Absence maladie	20	93,33	– 1 866,67	
Paiement maladie	20	93,33	+ 1 866,67	
IJSS brutes	17	41,47	– 704,99	
Garantie du net			– 185,60	
Brut total			1 909,41	
Cotisations et contributions sociales	**Base (€)**	**Taux salarial**	**Part salarié (€)**	**Part employeur (€)**
Santé				
Sécurité sociale - Maladie Maternité Invalidité Décès	1 909,41	-	-	133,66
Complémentaire Santé	-	-	85,00	85,00
Accidents du travail - maladies professionnelles	1 909,41	-	-	38,19
Retraite				
Sécurité sociale plafonnée	1 909,41	6,90 %	131,75	163,25
Sécurité sociale déplafonnée	1 909,41	0,40 %	7,64	38,57
Complémentaire Tranche 1	1 909,41	4,01 %	76,57	114,76
Famille	1 909,41	-	-	65,87
Assurance chômage				
Chômage	1 909,41	-	-	82,10
Autres contributions dues par l'employeur	-	-	-	93,60
CSG déductible de l'impôt sur le revenu	1 960,99	6,80 %	133,35	
CSG/CRDS non déductible de l'impôt sur le revenu	1 960,99	2,90 %	56,87	-
Exonérations et allégements de cotisations	-	-	-	- 30,49
Total des cotisations et contributions	-	-	491,17	784,52
IJSS nettes (subrogation)			+ 657,76 (1)	
Net social				**2 075,99 (2)**
Net à payer avant impôt sur le revenu				**2 075,99**
Impôt sur le revenu	**Base**	**Taux**	**Montant**	**Cumul annuel**
Montant net imposable			1 560,11 (3)	Valeur
Impôt sur le revenu prélevé à la source	2 238,31 (4)	2,00 %	44,77	Valeur
Montant net des heures compl/suppl exonérées			0,00	0,00
Net à payer au salarié (en euros)				**2 031,23**
Total versé par l'employeur				2 693,93

Notes de la rédaction, pour aider à la lecture des totaux (ces notes n'ont pas à apparaître sur le bulletin de paye) :
(*) Le montant net social intègre à la fois les IJSS subrogées et la garantie du net [voir *Bulletin de paye (net social)**].
(1) IJSS nettes de CSG/CRDS. (2) Le montant net social tient compte à la fois des IJSS subrogées et de la déduction au titre de la garantie du net [voir *Bulletin de paye (net social)**]. (3) Les IJSS ne sont pas portées dans le net imposable car déclarées directement par l'assurance maladie à l'administration fiscale. (4) Salaire net imposable + montant imposable des IJSS.

Maintien du salaire net avec arrêt maladie supérieur à 60 jours (exemple avant réforme)

IV) Arrêt pour maladie non professionnelle ayant dépassé les 60 jours (maintien de salaire et IJSS subrogées) :

L'exemple ci-dessous illustre le cas d'un bulletin de paye sur lequel les IJSS maladie non professionnelle ne sont pas incluses dans l'assiette du PAS (hypothèse d'un arrêt de travail pour maladie non professionnelle ayant dépassé les 60 jours ; IJSS supposées se rapporter à la période postérieure). L'employeur maintient le salaire net « traditionnel ».

Les montants d'IJSS pour maladie non professionnelle sont les suivants (compte tenu de la réforme applicable aux arrêts de travail ayant débuté à compter du 1er avril 2025) :
– IJSS brutes : 1 244,10 € ;
– IJSS nettes de CSG/CRDS à reverser au salarié (subrogation) : 1 160,75 € ;
– IJSS nettes imposables (brut - 3,80 % de CSG déductible) : 1 196,82 € ; toutefois, ce montant n'est pas à inclure dans l'assiette du PAS, puisque par hypothèse, elles sont afférentes à une période d'arrêt de travail située au-delà des 60 premiers jours d'arrêt maladie (voir Prélèvement à la source) ;*
– déduction garantie du net : 222,23 €.

EXTRAIT DU BULLETIN DE PAYE DE SEPTEMBRE 2025 (ARRÊT MALADIE, MAINTIEN DU NET TRADITIONNEL)

Désignation	**Base**	**Taux**	**Montant**	
Salaire de base	151,67	18,46	2 800,00	
Absence maladie	30	93,33	– 2 800,00	
Paiement maladie	30	93,33	+ 2 800,00	
IJSS brutes	30	46,03	– 1 244,10	
Garantie du net			– 222,23	
Brut total			1 333,67	
Cotisations et contributions sociales	**Base (€)**	**Taux salarial**	**Part salarié (€)**	**Part employeur (€)**
Santé				
Sécurité sociale - Maladie Maternité Invalidité Décès	1 333,67	-	-	93,36
Complémentaire Santé	-	-	85,00	85,00
Accidents du travail - maladies professionnelles	1 333,67	-	-	26,67
Retraite				
Sécurité sociale plafonnée	1 333,67	6,90 %	92,02	114,03
Sécurité sociale déplafonnée	1 333,67	0,40 %	5,33	26,94
Complémentaire Tranche 1	1 333,67	4,01 %	53,48	80,15
Famille	1 333,67	-	-	46,02
Assurance chômage				
Chômage	1 333,67	-	-	56,88
Autres contributions dues par l'employeur	-	-	-	67,43
CSG déductible de l'impôt sur le revenu	1 395,33	6,80 %	94,88	-
CSG/CRDS non déductible de l'impôt sur le revenu	1 395,33	2,90 %	40,46	-
Exonérations, écrêt. et allègm. de cotis	-	-	-	- 21,29
Total des cotisations et contributions	-	-	371,18	574,99
IJSS nettes (subrogation)			+ 1 160,75 (1)	
Net social				**2 123,23 (2)**
Net à payer avant impôt sur le revenu				**2 123,23**
Impôt sur le revenu	**Base**	**Taux**	**Montant**	**Cumul annuel**
Montant net imposable			1 087,95 (3)	Valeur
Impôt sur le revenu prélevé à la source	1 087,95 (4)	2,00 %	21,76	Valeur
Montant net des heures compl/suppl exonérées			0,00	0,00
Net à payer au salarié (en euros)				**2 101,47**
Total versé par l'employeur				1 908,65

Notes de la rédaction, pour aider à la lecture des totaux (ces notes n'ont pas à apparaître sur le bulletin de paye) :
(1) IJSS nettes de CSG/CRDS. (2) Le montant net social intègre à la fois les IJSS subrogées et la garantie du net [voir *Bulletin de paye (net social)**]. (3) Les IJSS ne sont pas portées dans le net imposable. (4) Les IJSS maladie non professionnelle ne sont pas soumises au PAS, compte tenu de la durée supposée déjà écoulée de l'arrêt de travail.

▶ À noter… Le montant imposable des IJSS est égal à leur montant brut diminué de 3,80 % de CSG déductible. Mais attention : les IJSS accident du travail/maladie professionnelle sont imposables sur 50 % de leur montant.

En revanche, les IJSS ne sont jamais portées dans la rubrique « Net imposable » (net fiscal).

Accident de trajet ; Accident du travail ; Indemnités journalières complémentaires ; Indemnités journalières de sécurité sociale (retrouver les IJSS brutes) ; Indemnités journalières de sécurité sociale d'accident du travail ; Indemnités journalières de sécurité sociale d'adoption ; Indemnités journalières de sécurité sociale de maternité ; Indemnités journalières de sécurité sociale de paternité et d'accueil de l'enfant ; Maladie ; Maladie professionnelle ; Maternité ; Maternité (congé de) ; Prélèvement à la source (IJSS subrogées).

Majorations et pénalités AGIRC-ARRCO

Le défaut d'envoi des déclarations obligatoires et le retard de paiement des cotisations de retraite complémentaire entraînent l'application de pénalités et de majorations de retard par l'AGIRC-ARRCO.

Paiement tardif des cotisations

Rappel des dates limites - Pour les employeurs payant les cotisations mensuellement, les cotisations AGIRC ARRCO sont exigibles dès le 1er jour du mois civil suivant la période de travail. Pour les employeurs payant les cotisations trimestriellement, elles sont exigibles dès le 1er jour du trimestre civil suivant le trimestre civil d'emploi (voir *Cotisations de retraite AGIRC-ARRCO**).

À compter de la date d'exigibilité, le versement doit intervenir au plus tard le 25 du mois ou du trimestre. Après quoi, l'employeur encourt des majorations de retard.

Majorations de retard - Les cotisations qui n'ont pas été acquittées à la date limite de paiement font l'objet de majorations de retard dont le taux est fixé par la commission paritaire du régime AGIRC-ARRCO (ANI AGIRC-ARRCO du 17 novembre 2017, art. 45, étendu par arrêté du 24 avril 2018, JO du 28 ; circ. AGIRC-ARRCO 2019-1 DRJ du 9 janvier 2019, fiche 7).

Le montant des majorations de retard à payer est égal à autant de fois le taux fixé qu'il s'est écoulé de mois ou de fractions de mois à compter de la date d'exigibilité.

Pour 2025, comme pour 2024, le taux des majorations de retard est fixé à 2,86 % par mois (circ. AGIRC-ARRCO 2024-17 DRJ du 23 décembre 2024).

Notons que les majorations de retard sont calculées par application du taux en vigueur lors du règlement des cotisations versées tardivement, quelle que soit la période à laquelle elles se réfèrent.

Le montant des majorations de retard est au moins égal à un minimum fixé chaque année (108 € pour 2025 au titre de la périodicité trimestrielle, soit 36 € pour une périodicité mensuelle). Toutefois, si le montant des cotisations dues est inférieur à ce minimum, l'employeur paye des majorations de retard au moins égales au montant des cotisations tardives (circ. AGIRC-ARRCO 2019-1 DRJ du 9 janvier 2019, fiche 7 ; circ. AGIRC-ARRCO 2024-17 DRJ du 23 décembre 2024).

Exemples

1) Une entreprise de moins de 10 salariés est redevable de cotisations d'un montant égal à 1 200 € au titre du 1er trimestre 2025. Compte tenu de la date d'exigibilité au 1er avril 2025 et d'une date effective de paiement au 30 juin 2025 (soit avec 3 mois de retard), les majorations de retard sont égales à 102,96 € (soit 1 200 × 2,86 % × 3). Cette somme étant inférieure au montant minimal des majorations de retard, l'employeur devra verser 108 € correspondant au montant minimum des majorations de retard.

2) Une entreprise de moins de 10 salariés est redevable de cotisations d'un montant égal à 50 € au titre du 1er trimestre 2025. Compte tenu d'une date d'exigibilité au 1er avril 2025 et d'une date effective de paiement le 30 septembre 2025 (soit 6 mois de retard), les majorations devraient être de : 8,58 € (soit 50 × 2,86 % × 6). Le montant des cotisations tardives (50 €) étant inférieur au montant minimal des majorations de retard (108 €), l'employeur devra verser 50 € au titre des majorations de retard.

Dans le cas d'entreprises qui, en un seul versement, s'acquittent pour la première fois de cotisations AGIRC-ARRCO dues au titre de plusieurs trimestres, les majorations de retard sont calculées pour chaque trimestre dû, et les règles du montant minimum des majorations de retard ne s'appliquent qu'une seule fois au montant total ainsi déterminé (circ. AGIRC-ARRCO 2019-1 DRJ du 9 janvier 2019, fiche 7).

Remise des majorations de retard - Il peut être accordé des remises totales ou partielles des majorations de retard aux entreprises rencontrant des difficultés financières à condition qu'elles aient réglé la totalité des cotisations dont elles sont redevables (ANI AGIRC-ARRCO du 17 novembre 2017, art. 45 ; circ. AGIRC-ARRCO 2019-1 DRJ du 9 janvier 2019, fiche 7).

En cas de redressement ou de liquidation judiciaires, la remise des majorations de retard est obligatoirement accordée (c. séc. soc. art. L. 922-7 et L. 243-5, dernier al.).

Prescription des majorations de retard - Les majorations de retard se prescrivent par 5 ans à compter de la date à laquelle les cotisations ont été payées (cass. soc. 20 février 1992, n° 88-17073, BC V n° 118).

Défaut ou retard de déclaration

Déclaration en DSN - Les déclarations relatives au paiement des contributions de retraite complémentaire AGIRC-ARRCO sont intégrées à la *déclaration sociale nominative** (DSN).

Dans le cadre de la DSN, les cotisations doivent faire l'objet d'une régularisation progressive, de sorte que la nécessité d'une déclaration annuelle a disparu. Il n'y a donc plus, en principe, de pénalité spécifique attachée à la production de l'ENA (état nominatif annuel).

Sanctions et calcul des cotisations - Tout retard de souscription de la DSN donne lieu, le cas échéant, aux pénalités prévues par la réglementation encadrant la mise en œuvre de ce dispositif (voir *Déclaration sociale nominative**).

Au niveau de la réglementation AGIRC-ARRCO, il est prévu qu'en l'absence de fourniture de la DSN par l'entreprise, les cotisations sont estimées sur la base de la dernière assiette déclarée ayant fait l'objet d'un calcul de cotisations. L'assiette des cotisations est régularisée après production de la déclaration des rémunérations (ANI AGIRC-ARRCO du 17 novembre 2017, art. 44 ; circ. AGIRC-ARRCO 2019-1 DRJ du 9 janvier 2019, fiche 7).

☞ *Cotisations de retraite AGIRC-ARRCO ; Déclaration sociale nominative.*

Majorations et pénalités chômage

Les contributions d'assurance chômage et d'AGS dues sur les rémunérations versées depuis le 1er janvier 2011 sont recouvrées selon les règles et sous les garanties et sanctions applicables au recouvrement des cotisations de sécurité sociale. Cette règle vaut également pour les contributions versées à d'autres organismes que les URSSAF (voir *Cotisations d'assurance chômage et d'AGS**), sous réserve du cas des salariés agricoles (c. trav. art. L. 5422-16).

Ceci signifie que les règles de calcul relatives aux majorations de retard et pénalités sont celles prévues pour les cotisations de sécurité sociale (voir *Majorations et pénalités URSSAF**).

☞ *Cotisations d'assurance chômage et d'AGS ; Majorations et pénalités URSSAF.*

Majorations et pénalités URSSAF

Le défaut d'envoi des déclarations obligatoires et le retard de paiement des cotisations sociales entraînent l'application par l'URSSAF de pénalités et de majorations de retard. L'URSSAF applique également des majorations lorsque l'employeur n'effectue pas ses déclarations ou ne paie pas ses cotisations par voie dématérialisée.

Ces pénalités et majorations s'appliquent aussi aux *cotisations d'assurance chômage et d'AGS**, qu'elles soient recouvrées par les URSSAF ou par d'autres organismes (ex. : France Travail), dans les cas où ceux-ci restent compétents pour le recouvrement de ces contributions (c. trav. art. L. 5422-16).

L'employeur peut échapper à certaines pénalités et majorations lorsqu'il remplit les conditions lui permettant d'invoquer le *droit à l'erreur**. Pour plus de détail, voir ce mot.

Pénalités liées à la DSN

Défaut de production de la DSN - Le défaut de production de la *déclaration sociale nominative** (DSN) dans les délais prescrits ou l'omission de salariés ou assimilés dans la DSN entraîne l'application d'une pénalité égale à 1,5 % du montant mensuel du *plafond de la sécurité sociale* par salarié ou assimilé (soit 58,88 € pour 2025), pour chaque mois ou fraction de mois de retard (c. séc. soc. art. R. 243-12).

La pénalité est calculée en fonction de l'effectif connu ou transmis lors de la dernière déclaration produite par l'employeur.

▶ À noter... Lorsque le défaut de production n'excède pas 5 jours, la pénalité est plafonnée à 150 % du montant mensuel du *plafond de la sécurité sociale** par entreprise (soit 5 888 € pour 2025). Ce plafonnement n'est applicable qu'une seule fois par année civile.

Inexactitudes des rémunérations dans la DSN - L'inexactitude des rémunérations déclarées ayant pour effet de minorer le montant des cotisations dues fait encourir à l'employeur une pénalité égale à 1 % du montant mensuel du *plafond de la sécurité sociale** par salarié ou assimilé (soit 39,25 € pour 2025) (c. séc. soc. art. R. 243-13, I).

▶ À noter... Pour échapper à cette pénalité, l'employeur peut invoquer le *droit à l'erreur** s'il en remplit les conditions.

Autres omissions et inexactitudes dans la DSN - Pour chaque salarié déclaré ou pour les données d'identification de l'employeur, les omissions et inexactitudes dans la DSN qui ne relèvent pas des cas précités font encourir à l'employeur une pénalité égale à un tiers de 1 % du montant mensuel du *plafond de la sécurité sociale** par salarié ou assimilé (soit 13,08 € pour 2025) (c. séc. soc. art. R. 243-13, I).

▶ À noter... Pour échapper à cette pénalité, l'employeur peut invoquer le *droit à l'erreur** s'il en remplit les conditions.

Non-respect des normes de déclarations des cotisations - En cas de non-respect des normes de déclaration des cotisations URSSAF dans la DSN, l'employeur encourt une pénalité égale à un tiers de 1 % du montant mensuel du *plafond de la sécurité sociale** par salarié ou assimilé (soit 13,08 € pour 2025) (c. séc. soc. art. R. 243-13, II).

▶ À noter... Pour échapper à cette pénalité, l'employeur peut invoquer le *droit à l'erreur** s'il en remplit les conditions.

Exigibilité - Les pénalités, liquidées par le directeur de l'URSSAF, doivent être versées dans le mois de leur notification par *mise en demeure de l'URSSAF** et sont recouvrées comme en matière de cotisations (c. séc. soc. art. R. 243-19).

Prescription des pénalités - Voir *Prescription des cotisations**.

Majorations pour retard de paiement

Principe - L'employeur qui ne s'acquitte pas de la totalité de ses cotisations à la date d'*exigibilité des cotisations URSSAF** encourt l'application de majorations de retard (c. séc. soc. art. R. 243-16).

Toutes les cotisations et contributions sociales recouvrées par l'URSSAF sont concernées par les majorations de retard.

▶ À noter... Pour échapper à ces majorations, l'employeur peut invoquer le *droit à l'erreur** s'il en remplit les conditions *(voir plus loin)*.

Point de départ des majorations - Les majorations de retard commencent à courir dès le lendemain de la date d'exigibilité des cotisations et jusqu'à leur paiement complet (cass. soc. 11 janvier 1984, n° 82-14066, BC V n° 11).

L'existence d'une contestation sur le montant des cotisations dues ne dispense pas de leur paiement à la date d'échéance, quand bien même la juridiction aurait d'ores et déjà reconnu le bien-fondé partiel de la contestation (cass. soc. 12 juillet 1988, n° 86-15146, BC V n° 436).

En revanche, le règlement complet des cotisations échues, le décès du débiteur (cass. soc. 20 janvier 1982, n° 80-14215, BC V n° 33) ou l'ouverture d'une procédure collective (cass. com. 7 février 1989, n° 87-14003, BC IV n° 50) interrompent le cours des majorations.

▶ À noter... En cas de *rappel de salaire**, aucune majoration de retard n'est due si le paiement des cotisations a été effectué dès le paiement effectif des rappels de salaire (cass. soc. 22 mars 2001, n° 99-17768, BC V n° 104).

Montant des majorations - Le taux de la majoration applicable en cas de retard de paiement des cotisations est fixé à 5 % du montant des cotisations non versées à la date d'exigibilité (c. séc. soc. art. R. 243-16, I).

À cette majoration, s'ajoute une majoration complémentaire égale à 0,20 % des cotisations dues par mois ou fraction de mois écoulé à compter de la date d'exigibilité des cotisations (c. séc. soc. art. R. 243-16, II).

▶ À noter... Le taux de 0,20 % s'applique aux majorations complémentaires dues au titre des périodes d'activité courant depuis le 1er janvier 2018 (pour les périodes d'activité antérieures, le taux est égal à 0,40 %). Il est aussi applicable aux majorations complémentaires rendues exigibles par une mise en demeure émise depuis le 1er avril 2018 lorsque ces majorations portent sur des cotisations et contributions sociales faisant l'objet d'un redressement suite à un contrôle (décret 2018-174 du 9 mars 2018, art. 17-I, JO du 11).

Règles spécifiques en cas de contrôle URSSAF - Dans le cadre d'un *contrôle URSSAF**, la majoration complémentaire n'est décomptée qu'à partir du 1er février de l'année qui suit celle au titre de laquelle les régularisations sont effectuées (c. séc. soc. art. R. 243-17).

En outre, son taux est abaissé de 0,20 % à 0,10 % si les cotisations et contributions faisant l'objet du redressement sont payées dans les 30 jours suivant l'émission de la *mise en demeure de l'URSSAF**. Toutefois, cette réduction de taux ne s'applique pas si le contrôle donne lieu à une majoration ou à une pénalité pour abus de droit, absence de mise en conformité avec de précédentes observations URSSAF, travail dissimulé ou obstacle à contrôle [voir *Majorations et pénalités URSSAF (absence de mise en conformité, travail dissimulé, abus de droit)** et *Contrôle URSSAF**].

Pour les contrôles URSSAF engagés depuis le 1er mai 2023, la majoration complémentaire n'est pas due pour la période comprise entre la date de la fin de la période contradictoire (voir *Contrôle URSSAF**) et celle de l'envoi de la *mise en demeure de l'URSSAF**, dès lors que cet envoi est réalisé plus de 2 mois après la fin de la période contradictoire. Toutefois, cette garantie ne joue pas si la personne contrôlée fait l'objet d'une pénalité ou d'une majoration prévue en cas d'absence de mise en conformité, de travail dissimulé, d'abus de droit ou d'obstacle à contrôle au titre de la période contrôlée [voir *Majorations et pénalités URSSAF (absence de mise en conformité, travail dissimulé, abus de droit)** et *Contrôle URSSAF**] (c. séc. soc. art. R. 243-17).

Paiement - Les majorations, liquidées par le directeur de l'URSSAF, doivent être versées dans le mois de leur notification par *mise en demeure de l'URSSAF** et sont recouvrées comme en matière de cotisations (c. séc. soc. art. R. 243-19).

Droit à l'erreur - Hors *contrôle URSSAF**, s'il remplit les conditions du *droit à l'erreur**, l'employeur peut échapper à la majoration principale de 5 % et à la majoration complémentaire de 0,20 %.

Dans le cadre d'un contrôle URSSAF, le droit à l'erreur ne peut jouer que pour la majoration principale de 5 %. La majoration complémentaire de 0,20 % (le cas échéant abaissée à 0,10 %) reste due (voir *Droit à l'erreur**).

Prescription des majorations - Voir *Prescription des cotisations**.

Majorations liées aux moyens de déclaration et de paiement

Défaut de déclaration dématérialisée - Tous les employeurs ont l'obligation de déclarer leurs cotisations et contributions sociales par voie dématérialisée (c. séc. soc. art. L. 133-5-5) (voir *Déclarations URSSAF dématérialisées**).

À défaut de déclaration par voie électronique, ils sont redevables d'une majoration égale à 0,20 % du montant des sommes dont la déclaration a été effectuée par une autre voie que la voie dématérialisée (c. séc. soc. L. 133-5-5 et D. 133-11).

▶ À noter... Le *droit à l'erreur** ne peut pas être invoqué pour échapper à cette majoration.

Défaut de paiement dématérialisé - Tous les employeurs ont l'obligation de payer leurs cotisations et contributions sociales par voie dématérialisée (c. séc. soc. art. L. 133-5-5) (voir *Paiement des cotisations à l'URSSAF**).

À défaut, ils sont redevables d'une majoration égale à 0,20 % du montant des sommes dont le paiement a été effectué selon un autre mode de paiement (défaut de versement dématérialisé ou, lorsque cette modalité est obligatoire, défaut de paiement par virement bancaire) (c. séc. soc. L. 133-5-5 et D. 133-11).

▶ À noter... Le *droit à l'erreur** ne peut pas être invoqué pour échapper à cette majoration.

Exigibilité - Les majorations, liquidées par le directeur de l'URSSAF, doivent être versées dans le mois de leur notification par *mise en demeure de l'URSSAF** et sont recouvrées comme en matière de cotisations (c. séc. soc. art. R. 243-19).

Prescription des majorations - Voir *Prescription des cotisations**.

Pas de remise automatique

Suppression au 1er janvier 2020 - Suite à la mise en œuvre du droit à l'erreur en matière de déclaration et de paiement des cotisations sociales, qui s'est traduit, sauf exceptions limitativement énumérées, par la non-application des pénalités et majorations dues (voir *Droit à l'erreur**), le dispositif de remise automatique des pénalités et majorations par l'URSSAF a été supprimé au 1er janvier 2020 (c. séc. soc. art. R. 243-19-1 abrogé).

▶ À noter... Ce dispositif de remise automatique concernait, sous conditions, les majorations et pénalités dues pour non-respect des dates limites de paiement des cotisations, pour défaut de production des déclarations ou encore pour non-respect de l'obligation de déclaration ou de paiement par un moyen dématérialisé (c. séc. soc. art. R. 243-19-1 dans sa version en vigueur avant le 1er janvier 2020).

Pénalité et majoration hors champ du droit à l'erreur - La pénalité due pour défaut de production de DSN *(voir ci-avant)* et la majoration pour non-respect de l'obligation de déclaration et de paiement par un moyen dématérialisé *(voir ci-avant)*, qui pouvaient faire l'objet d'une remise automatique, n'entrent pas dans le champ du *droit à l'erreur**. Le seul moyen restant à la disposition du cotisant pour y échapper est de faire une demande de remise gracieuse *(voir ci-après)*.

Demande de remise gracieuse des majorations et pénalités

Cas de remise gracieuse - Les employeurs peuvent formuler auprès de l'URSSAF une demande gracieuse en remise totale ou partielle des majorations et pénalités suivantes (c. séc. soc. art. R. 243-20 renvoyant à R. 243-19, 1°) :

- majoration pour non-respect de l'obligation de déclaration et de paiement des cotisations par voie dématérialisée (c. séc. soc. art. L. 133-5-5 et D. 133-11) ;
- pénalité due en cas de défaut de production de la DSN aux échéances prescrites (c. séc. soc. art. R. 243-12) ;
- pénalité due en cas d'inexactitude des rémunérations déclarées ou d'omission de salariés (c. séc. soc. art. R. 243-13, I) ;
- majoration de retard en cas de déclaration régularisatrice postérieure à une *taxation provisionnelle** (c. séc. soc. art. R. 243-15) ;
- pénalité pour non-respect des normes DSN (c. séc. soc. art. R. 243-13, II) ;
- majorations de retard principale (5 %) et complémentaire (0,20 %) dues lorsque les cotisations et contributions n'ont pas été versées aux dates limites d'exigibilité (c. séc. soc. art. R. 243-16).

▶ À noter… Même si le code de la sécurité sociale ne la vise plus expressément, la majoration de 0,10 % due, dans le cadre d'un *contrôle URSSAF**, si le paiement des cotisations faisant l'objet du redressement intervient dans les 30 jours suivant l'émission de la *mise en demeure de l'URSSAF** *(voir plus haut)*, peut aussi faire l'objet d'une demande de remise gracieuse, indique la Charte du cotisant contrôlé (arrêté du 30 janvier 2024, JO 6 février, texte 3, modifié par arrêté du 22 juillet 2024, JO du 23, texte 1).

Conditions et procédure - La demande gracieuse en remise totale ou partielle des majorations et pénalités n'est recevable qu'après le règlement de la totalité des cotisations ayant donné lieu à application des majorations, ou lorsque le cotisant a souscrit un plan d'apurement avec l'organisme de recouvrement dont il relève. Dans ce dernier cas, la décision accordant la remise peut être prise avant le paiement desdites cotisations et contributions, mais elle ne sera acquise que sous réserve du respect du plan (c. séc. soc. art. R. 243-20, al. 1).

La majoration complémentaire de 0,20 % pour retard de paiement ne peut faire l'objet d'une remise que dans deux hypothèses (c. séc. soc. art. R. 243-20) :

- lorsque les cotisations ont été acquittées dans le délai de 30 jours qui suit la date limite d'exigibilité, étant précisé que le point de départ de ce délai de 30 jours est la date de notification de la *mise en demeure de l'URSSAF** (cass. civ., 2e ch., 22 septembre 2022, n° 21-11277 FB, 2e moyen) ;
- à titre exceptionnel, en cas d'événements présentant un caractère irrésistible et extérieur, étant précisé que des difficultés économiques ne répondent pas à la définition de l'événement exceptionnel ouvrant droit à la remise de la majoration complémentaire (cass. civ., 2e ch., 10 mars 2016, n° 15-13713, BC II n° 1068).

En pratique, l'employeur peut effectuer la demande de remise des majorations depuis son espace en ligne sur www.urssaf.fr. À partir de son tableau de bord, il peut accéder au formulaire de demande en cliquant sur « Services en un clic » puis en choisissant « Demander une remise de majoration de retard ». L'employeur doit préciser les périodes concernées par l'application des majorations et préciser les motifs qui le conduisent à faire cette demande (www.urssaf.fr).

La décision de remise gracieuse est prise par le directeur de l'URSSAF ou la commission de recours amiable de cet organisme, selon le montant des majorations et pénalités faisant l'objet de la demande. Elle doit être motivée (c. séc. soc. art. R. 243-20 ; arrêté du 9 décembre 1999, JO du 31). La décision est notifiée à l'employeur via la messagerie de son espace en ligne (www.urssaf.fr).

Remises pour les entreprises en difficulté

En cas de reprise ou de restructuration financière - L'employeur dont l'entreprise fait l'objet d'un examen par la commission départementale des chefs des services financiers et des représentants des organismes de sécurité sociale dans le cadre d'une reprise ou d'une restructuration financière peut bénéficier de la remise intégrale ou partielle des majorations et pénalités restant dues. La procédure de demande de remise gracieuse est alignée sur celle de droit commun *(voir ci-dessus)* (c. séc. soc. art. R. 243-22 renvoyant à R. 243-19, 1° et R. 243-20).

Ainsi, les conditions suivantes doivent être remplies :
- l'employeur a réglé la totalité des cotisations et contributions ayant donné lieu à l'application des majorations ou a souscrit un plan d'apurement avec l'organisme de recouvrement dont il relève ;
- la remise peut porter sur la totalité des majorations et pénalités pouvant faire l'objet d'une demande de remise gracieuse par une entreprise ne se trouvant pas en difficulté.

Si le plan d'apurement élaboré par la commission départementale n'est pas respecté, les majorations de retard de droit commun s'appliquent : majoration égale à 5 % du montant des cotisations et contributions qui n'ont pas été versées aux dates limites d'exigibilité, à laquelle s'ajoute une majoration complémentaire de 0,20 % du montant des cotisations et contributions dues, par mois ou fraction de mois écoulé, à compter de la date d'exigibilité (c. séc. soc. art. R. 243-22 renvoyant à R. 243-16).

En cas d'ouverture d'une procédure collective - Dans le cadre d'une procédure de conciliation, de sauvegarde ou de redressement judiciaire, l'employeur peut demander à la commission départementale des chefs des services financiers et des représentants des organismes de sécurité sociale une remise intégrale ou partielle de ses majorations de retard et pénalités (c. séc. soc. art. R. 243-23 ; c. com. art. D. 626-9 à D. 626-15).

En cas de procédure de sauvegarde, de redressement ou de liquidation judiciaires, les pénalités et majorations de retard dues à la date du jugement d'ouverture sont remises, sauf si le passif déclaré de l'entreprise résulte en tout ou partie du constat d'une infraction de *travail dissimulé** (c. séc. soc. art. L. 243-5, al. 6).

☞ *Déclaration sociale nominative ; Déclarations URSSAF dématérialisées ; Droit à l'erreur ; Exigibilité des cotisations URSSAF ; Majorations et pénalités URSSAF (absence de mise en conformité, travail dissimulé, abus de droit) ; Paiement des cotisations à l'URSSAF ; Prescription des cotisations.*

Majorations et pénalités URSSAF (absence de mise en conformité, travail dissimulé, abus de droit)

Le défaut de mise en conformité avec les observations de l'URSSAF, le constat d'une infraction de travail dissimulé et la procédure de rectification d'abus de droit entraînent l'application de majorations ou de pénalités par l'URSSAF.

Majoration liée à l'absence de mise en conformité

Les employeurs s'exposent à une majoration de 10 % du redressement s'il est constaté qu'ils ne se sont pas mis en conformité avec les observations de l'URSSAF émises lors d'un précédent *contrôle URSSAF**. Peu importe que ces observations aient, ou non, donné lieu à un redressement (c. séc. soc. art. L. 243-7-6).

Cette majoration est mise en œuvre si les observations de l'URSSAF effectuées à l'occasion d'un précédent contrôle ont été notifiées moins de 6 ans (et non plus moins de 5 ans) avant la date de notification des nouvelles observations constatant le manquement aux mêmes obligations (c. séc. soc. art. R. 243-18).

Le délai de 6 ans court à compter, selon le cas :
- soit de la date de la *mise en demeure de l'URSSAF** ;
- soit de la date de réception des observations ne conduisant pas à redressement mais appelant la personne contrôlée à une mise en conformité en vue des périodes postérieures aux exercices contrôlés.

La majoration se calcule en appliquant le taux de 10 % à la part du montant du redressement résultant du manquement réitéré aux obligations en cause.

Majoration liée au travail dissimulé

Taux de droit commun - Une majoration de 25 % du montant du redressement des cotisations et contributions sociales s'applique en cas de constat d'une infraction de *travail dissimulé** (c. séc. soc. art. L. 243-7-7) :
- à la suite d'un contrôle URSSAF dit « sur place » (c. séc. soc. art. L. 243-7) ;
- ou après exploitation des procès-verbaux de travail dissimulé par les agents de contrôle habilités (inspecteurs et contrôleurs du travail, agents des impôts et des organismes de sécurité sociale, etc.) (c. séc. soc. art. L. 243-7-5).

Circonstances aggravantes - Le taux de la majoration est fixé à 40 % en cas de travail dissimulé avec circonstances aggravantes (c. séc. soc. art. L. 243-7-7).

Ce taux de majoration s'applique lorsque le délit est constitué par l'emploi dissimulé d'un mineur soumis à l'obligation scolaire ou est commis en bande organisée ou à l'égard d'une ou de plusieurs personnes dont la vulnérabilité ou l'état de dépendance est connu de l'auteur du délit (c. trav. art. L. 8224-2).

Réduction des majorations en cas de paiement rapide - Le taux des majorations de redressement peut être réduit de 10 points du taux si, dans le délai de 30 jours à compter de la notification de la mise en demeure, le cotisant (c. séc. soc. art. L. 243-7-7, II) :
- procède au règlement intégral des cotisations, pénalités et majorations de retard notifiées ;
- ou présente un plan d'échelonnement du paiement au directeur de l'URSSAF et que ce dernier l'accepte.

La réduction du taux des majorations, qui passe à 15 ou 30 % (au lieu de 25 ou 40 %), est notifiée par le directeur de l'URSSAF une fois le paiement intégral constaté (c. séc. soc. art. L. 243-7-7, II).

Pour bénéficier de ces taux réduits de majoration, la personne contrôlée ne doit pas avoir été sanctionnée pour le même type de faits dans les 5 années précédentes (c. séc. soc. art. L. 243-7-7, II).

▶ À noter… Depuis le 1er janvier 2023, le donneur d'ordre dont la solidarité financière avec son cocontractant ou sous-traitant est engagée [voir *Donneur d'ordre (obligations de vigilance et d'injonction)**] peut également bénéficier de la réduction de 10 points du taux des majorations de redressement si, dans un délai de 30 jours à compter de la notification de la mise en demeure, il règle intégralement les cotisations, pénalités et majorations de retard qu'il doit au titre de cette solidarité financière ou présente un plan d'échelonnement du paiement au directeur de l'URSSAF et que ce dernier l'accepte (c. séc. soc. art. L. 243-7-7).

Renforcement des majorations en cas de récidive - Depuis le 1er janvier 2019, en cas de nouvelle constatation de travail dissimulé dans les 5 ans suivant la notification d'une première constatation de travail dissimulé ayant donné lieu à redressement auprès de la même personne morale ou physique, la majoration est portée à (c. séc. soc. art. L. 243-7-7, III) :
- 45 % lorsque la majoration de redressement prononcée lors de la constatation de la première infraction était de 25 % ;
- 60 % lorsque la majoration de redressement prononcée lors de la constatation de la première infraction était de 40 %.

Pénalité liée à la procédure de rectification d'abus de droit

Dans le cadre d'un contrôle URSSAF, une procédure particulière, dite de « l'abus de droit », permet aux URSSAF de restituer à des actes leur véritable caractère, soit que ces actes ont un caractère fictif, soit que, via une application littérale des textes, ils ont pour unique motivation d'éluder ou d'atténuer les contributions et cotisations sociales d'origine légale ou conventionnelle auxquelles le cotisant est tenu au titre de la législation sociale ou qu'il aurait normalement supportées, eu égard à sa situation ou à ses activités réelles, s'il n'avait pas passé ces actes (c. séc. soc. art. L. 243-7-2) (pour plus de détail, voir *Contrôle URSSAF**).

L'abus de droit entraîne l'application d'une pénalité égale à 20 % des cotisations et contributions dues (c. séc. soc. art. L. 243-7-2).

▶ À noter… Dans le cadre de la réforme de la procédure d'abus de droit applicable depuis le 1er janvier 2024 (voir *Contrôle URSSAF**), il est prévu qu'un décret fixe les conditions dans lesquelles cette pénalité est appliquée. À l'heure où nous rédigions ces lignes (15 janvier 2025), ce décret n'était toujours pas paru.

Délai de paiement et recouvrement

Les majorations et la pénalité présentées ci-dessus sont liquidées par le directeur de l'URSSAF. Elles doivent être payées dans le mois de leur notification par mise en demeure et sont recouvrées comme en matière de cotisations (c. séc. soc. art. R. 243-19).

Elles ne peuvent faire l'objet d'aucune remise gracieuse (c. séc. soc. art. R. 243-20, al. 3).

Les cotisants ne peuvent pas non plus faire jouer le droit à l'erreur pour échapper au paiement de ces majorations et pénalités (voir *Droit à l'erreur**).

☛ *Contrôle URSSAF ; Droit à l'erreur ; Majorations et pénalités URSSAF ; Prescription des cotisations ; Travail dissimulé.*

Maladie

La maladie du salarié a de nombreuses conséquences en paye et sur le plan de la gestion du personnel. Nous en synthétisons les principales incidences, certaines notions ici abordées faisant l'objet d'études détaillées par ailleurs [voir *Congés payés (incidence des arrêts de travail)**, *Contre-visite médicale**, *Heures de sortie autorisée**, *Indemnités journalières complémentaires**, *Indemnités journalières de sécurité sociale de maladie**, *Maintien du salaire net**, *Subrogation**].

Retenue sur le salaire

Calcul de l'absence - La maladie du salarié entraîne une retenue sur son salaire, correspondant à la période non travaillée.

La méthode de retenue validée par la Cour de cassation est la méthode horaire (voir *Absence**), car elle respecte une stricte proportionnalité entre la retenue et la durée de l'absence (cass. soc. 11 février 1982, n° 80-40359, BC V n° 90).

Cette méthode de référence est celle qui doit être appliquée de préférence lorsque l'arrêt de travail ne fait l'objet d'aucune indemnisation complémentaire.

Dans les autres cas, d'autres méthodes sont pratiquées (jours ouvrés, ouvrables, calendaires), l'important étant qu'elles ne soient pas défavorables pour le salarié (voir *Absence**).

Délai de carence - Lorsque le salarié est en droit de bénéficier d'un maintien total ou partiel de salaire en complément des indemnités journalières de sécurité sociale, ce maintien de salaire est parfois précédé d'une période plus ou moins longue non indemnisée par l'employeur appelée délai de carence (voir *Délai de carence** et *Indemnités journalières complémentaires**).

Dans ce cas, le délai de carence n'est pas rémunéré par l'employeur. La retenue sur salaire opérée à ce titre ne doit pas être défavorable pour le salarié, par rapport à ce que serait une retenue strictement proportionnelle.

Exemple

Un salarié, travaillant du lundi au vendredi, s'est trouvé en arrêt maladie du samedi 10 au mercredi 21 février 2007. Se fondant sur les dispositions conventionnelles (délai de carence de 3 jours avant le complément de salaire « employeur »), l'entreprise a opéré une retenue non seulement pour le lundi 12 février, mais également pour les samedi 10 et dimanche 11 février. La Cour de cassation lui a donné tort : la retenue de salaire devait correspondre au temps exact de la cessation de travail (cass. soc. 26 janvier 2011, n° 08-45204, BC V n° 41).

Maintien de salaire

Maintien de salaire du code du travail - Le code du travail prévoit que, sous certaines conditions, le salarié perçoit 90 % ou 2/3 de son salaire brut sous déduction des IJ versées par la sécurité sociale et, le cas échéant, la part des prestations versées par un régime complémentaire de prévoyance correspondant aux cotisations patronales versées (c. trav. art. L. 1226-1, D. 1226-1 à D. 1226-8) (pour le détail, voir *Indemnités journalières complémentaires**).

Maintien de salaire conventionnel - Certaines conventions collectives prévoient un maintien de salaire plus favorable, allant parfois jusqu'à 100 % (pour le détail, voir *Indemnités journalières complémentaires**).

Dans de nombreux cas, il s'agit du maintien de salaire net, afin que le salarié ne perçoive pas plus lorsqu'il est en maladie que lorsqu'il travaille, neutralisant ainsi l'avantage représenté par l'exonération de cotisations sociales attachée aux IJSS (pour le détail, voir *Maintien du salaire net**).

Bulletin de paye

L'employeur a l'obligation de faire figurer sur le bulletin de paye le motif de l'absence et le montant de la retenue correspondante.

▶ À noter... La mention des dates de l'absence n'est pas obligatoire, mais il peut être utile de les préciser.

Les lecteurs trouveront des exemples de bulletin de paye dans d'autres entrées de ce dictionnaire :
- salarié bénéficiant du maintien de salaire prévu par le code du travail (voir *Indemnités journalières complémentaires**) ;
- salarié bénéficiant d'un maintien de salaire net avec IJSS subrogées (voir *Maintien du salaire net**) ;
- salarié bénéficiant d'indemnités versées en application d'un régime de prévoyance complémentaire (voir *Indemnités journalières complémentaires de prévoyance**).

Si l'employeur verse un complément de salaire, il doit figurer sur le bulletin, déduction faite des IJSS brutes. Les IJSS nettes apparaissent en versement sur le bulletin uniquement en cas de *subrogation**.

Conséquences de la maladie

L'absence pour maladie a de nombreuses conséquences sur le calcul de différents éléments de rémunération et des cotisations, notamment :
- réduction du plafond au titre des périodes pour lesquelles aucune rémunération ou indemnisation complémentaire aux IJSS (ex. : maintien de salaire) n'est versée (voir *Plafond de la sécurité sociale**, à propos des absences non rémunérées) ;
- le cas échéant, impact sur l'acquisition du droit à congés payés [voir *Congés payés (incidence des arrêts de travail)**], sachant qu'il est en revanche interdit de déduire directement du droit à congés le nombre de jours de maladie ;
- diminution des jours de RTT, pour un mécanisme de RTT reposant sur une logique d'acquisition [voir *Jour de RTT (gestion en paye)**] ;
- réduction des primes annuelles calculées sur le temps de travail effectif ;

- non-paiement des remboursements de frais professionnels pour les jours non travaillés au titre de la maladie ;
- non-attribution de titres-restaurant pour les jours non travaillés au titre de la maladie ;
- le cas échéant, impact sur la prime d'*intéressement** ou le calcul de la *réserve spéciale de participation** ou encore la *prime de partage de la valeur** si la durée de présence au cours de l'exercice fait partie des critères de répartition ou en raison de la diminution de la rémunération en cas de répartition proportionnelle aux salaires ;
- impact sur le calcul de l'indemnité de licenciement : quand un salarié est licencié alors qu'il est en arrêt de travail, les salaires de référence pour la base de calcul de l'indemnité sont ceux précédant à l'arrêt de travail (cass. soc. 23 mai 2017, n° 15-22223, BC V n° 90) (voir *Indemnité de licenciement**) ;
- impact sur la durée du préavis (et donc une éventuelle indemnité compensatrice de préavis) si la convention collective ne prévoit pas que les périodes de suspension pour maladie entrent en compte pour le calcul de l'ancienneté (cass. soc. 30 septembre 2020, n° 18-18265 FSPB ; c. trav. art. L. 1234-8).

Reprise du travail

Suspension du contrat - Le contrat de travail est seulement suspendu au cours de la maladie. À la fin de son arrêt, le salarié doit retrouver son poste.

Reprise anticipée - Voir *Reprise du travail après un arrêt de travail**.

Visite médicale - Voir *Visite médicale de reprise**.

Maladie grave

Tout salarié atteint d'une maladie grave bénéficie d'une autorisation d'absence non rémunérée (sauf dispositions conventionnelles ou usages plus favorables) pour suivre les traitements médicaux rendus nécessaires par son état de santé (c. trav. art. L. 1226-5).

DSN

L'employeur doit à la fois déclarer l'arrêt de travail dans la DSN mensuelle et effectuer un signalement dans les 5 jours ouvrés qui suivent la connaissance de l'arrêt (sauf en cas de pratique de la subrogation, ou si l'absence n'a pas d'incidence sur la paye du mois, auquel cas l'employeur effectue le signalement avec la DSN mensuelle) (voir *Déclaration sociale nominative**).

▶ À noter… L'absence pour maladie est neutralisée pour la déclaration du salaire « rétabli » en DSN (porté par la rubrique 51.011- type « 003 salaire rétabli »). Cette donnée est utilisée par la sécurité sociale pour le calcul des IJSS maladie (www.net-entreprises.fr, Base de connaissances DSN, fiche 418, modifiée le 21/02/2022).

☞ *Accident de trajet ; Accident du travail ; Congé pour maladie grave ; Congés payés (incidence des arrêts de travail) ; Contre-visite médicale ; Déclaration sociale nominative ; Délai de carence ; Heures de sortie autorisée ; Inaptitude ; Indemnités journalières complémentaires ; Indemnités journalières complémentaires de prévoyance ; Indemnités journalières de sécurité sociale de maladie ; Maintien du salaire net ; Maladie professionnelle ; Prélèvement à la source ; Reprise du travail après un arrêt de travail ; Subrogation ; Visite médicale de préreprise ; Visite médicale de reprise.*

Maladie professionnelle

Maladies concernées

Tableaux des maladies professionnelles - Les maladies professionnelles sont énumérées dans des tableaux figurant en annexe II du code de la sécurité sociale, régulièrement révisés et complétés (c. séc. soc. art. L. 461-1, al. 5, L. 461-2 et R. 461-3).

Tous les tableaux de maladies professionnelles comportent la liste des maladies engendrées, la liste (indicative ou limitative) des principaux travaux susceptibles de provoquer ces maladies ainsi que les délais de prise en charge.

Les maladies désignées dans ces tableaux sont présumées d'origine professionnelle lorsqu'elles ont été contractées par des salariés dans les conditions mentionnées à ce tableau (c. séc. soc. art. L. 461-1).

Les salariés bénéficient de cette présomption lorsqu'ils :
- sont atteints d'une affection inscrite aux tableaux ;
- ont été exposés au risque de façon habituelle, la preuve de l'exposition incombant au salarié.

Pour certaines maladies, les affections présumées peuvent résulter d'une ambiance ou d'attitudes particulières nécessitées par l'exécution des travaux limitativement énumérés.

▶ À noter… Dans une affaire concernant le tableau n° 30 bis des maladies professionnelles (cancer broncho-pulmonaire provoqué par l'inhalation de poussières d'amiante), il a été jugé que la victime doit avoir personnellement effectué l'un des travaux de la liste limitative énumérée au tableau pour que l'origine professionnelle de la maladie soit établie par présomption. Une exposition environnementale au risque d'inhalation de poussières d'amiante ne permet pas de considérer que la salariée a elle-même effectué l'un de ces travaux (cass. civ., 2e ch., 29 février 2024, n° 21-20688 FB).

Système complémentaire de reconnaissance des maladies professionnelles - Le code de la sécurité sociale organise un mode complémentaire de reconnaissance des maladies professionnelles. Il concerne toutes les victimes, y compris celles dont la procédure de reconnaissance par le système d'une maladie inscrite dans un tableau n'a pas abouti.

Deux principaux cas peuvent être distingués :
- la maladie invoquée figure dans un tableau mais les conditions de reconnaissance prescrites par les textes font défaut (délai de prise en charge, durée d'exposition, liste limitative des travaux) : il faut alors établir qu'elle est directement causée par le travail habituel de la victime (c. séc. soc. art. L. 461-1) ;
- la maladie n'est pas désignée dans un tableau de maladies professionnelles : il faut alors prouver qu'elle est essentiellement et directement causée par le travail habituel de la victime (cette maladie doit avoir entraîné soit une incapacité permanente d'un taux d'au moins 25 %, soit le décès de la victime) (c. séc. soc. art. L. 461-1 et R. 461-8).

La caisse primaire d'assurance maladie (CPAM) reconnaît le caractère professionnel de la maladie après avis motivé d'un comité régional de reconnaissance des maladies professionnelles (CRRMP) (c. séc. soc. art. L. 461-1). Dans ces deux hypothèses, la procédure d'instruction doit donc nécessairement passer par la consultation de ce comité.

▶ À noter… Les salariés qui ne remplissent pas les conditions du tableau de maladies professionnelles dédié au covid-19, institué au profit des personnels du secteur de la santé, doivent passer par une procédure complémentaire spécifique. Ainsi, la reconnaissance en maladie professionnelle des pathologies dues à une contamination au covid-19 est confiée à un CRRMP unique, dédié aux maladies liées au covid-19, afin d'harmoniser le traitement des demandes (décret 2020-1131 du 14 septembre 2020, JO du 15).

Pathologies psychiques - Les « pathologies psychiques » (ex. : syndrome d'épuisement professionnel ou « burn-out ») peuvent être reconnues comme maladies d'origine professionnelle via le système complémentaire de reconnaissance des maladies professionnelles non inscrites dans un tableau *(voir ci-dessus)* (c. séc. soc. art. L. 461-1).

La procédure de traitement des dossiers relatifs à des pathologies psychiques est adaptée. En effet, un spécialiste hospitalier en psychiatrie peut siéger en lieu et place du spécialiste en pathologie professionnelle au sein du comité régional de reconnaissance des maladies professionnelles. En outre, le médecin-conseil ou le comité peut faire appel, chaque fois qu'il l'estime utile, à l'avis d'un médecin spécialiste ou compétent en psychiatrie (c. séc. soc. art. D. 461-27).

▶ À noter… La loi n'ayant pas inscrit les pathologies psychiques aux tableaux des maladies professionnelles, elles ne bénéficient pas de la présomption qui facilite la reconnaissance de leur caractère professionnel.

Déclaration de la maladie à la CPAM

Déclaration par le salarié sous 15 jours - C'est le salarié victime d'une maladie professionnelle qui doit déclarer celle-ci dans les 15 jours suivant la cessation du travail, même si elle a déjà été portée à la connaissance de la CPAM via un précédent arrêt maladie. Il doit pour cela utiliser un imprimé spécial (formulaire cerfa n° 16130*01 disponible notamment sur www.ameli.fr) (c. séc. soc. art. L. 461-5 et R. 461-5).

Il doit y joindre deux exemplaires du certificat médical établi par le médecin (ou tout document médical permettant de faire le lien entre la maladie et l'activité professionnelle) et l'attestation de salaire remise par l'employeur (c. séc. soc. art. L. 461-5 et R. 461-6). En pratique, l'attestation de salaire est intégrée à la *déclaration sociale nominative** pour les employeurs qui sont dans ce dispositif (c. séc. soc. art. R. 133-14, IV, 1°) (voir *Attestations de salaire**).

Délai de prescription - Le non-respect du délai 15 jours pour déclarer la maladie professionnelle à la CPAM *(voir ci-dessus)* ne prive pas le salarié de ses droits à réparation dès lors que cette formalité est effectuée avant l'expiration du délai de prescription de 2 ans (c. séc. soc. art. L. 431-2, L. 461-1 et L. 461-5).

Ce délai de 2 ans court à compter de (c. séc. soc. art. L. 431-2, L. 461-1 et L. 461-5 ; circ. DSS 2010-260 du 12 juillet 2010, § 1-1-4-1 ; cass. civ., 2e ch., 29 juin 2004, n° 03-10789, BC II n° 331) :
- soit la date du certificat médical informant la victime du lien possible entre sa maladie et son activité professionnelle (dit certificat médical initial) ;
- soit la cessation du paiement des indemnités journalières de sécurité sociale ;
- soit la date de cessation du travail due à la maladie lorsque la victime a déjà été informée que la maladie a un lien avec son activité professionnelle ;

- soit la reconnaissance du caractère professionnel de la maladie.

Le point de départ du délai de prescription est celui le plus favorable à la victime (on retient donc la date la plus tardive) (circ. DSS 2010-260 du 12 juillet 2010, § 1.1.4.1).

Instruction par la CPAM

Réforme de la procédure au 1er décembre 2019 - La procédure d'instruction des maladies professionnelles par les caisses de sécurité sociale a été réformée pour les maladies professionnelles déclarées à compter du 1er décembre 2019 (décret 2019-356 du 23 avril 2019, JO du 25).

C'est la procédure issue de cette réforme qui est présentée ci-après.

Délai d'instruction de 120 jours - La CPAM dispose de 120 jours francs pour statuer sur le caractère professionnel de la maladie, ou pour saisir le comité régional de reconnaissance des maladies professionnelles (CRRMP) *(voir plus loin)* (c. séc. soc. art. R. 461-9, I).

Ce délai court à partir de la date à laquelle la caisse dispose de la déclaration de la maladie professionnelle intégrant le certificat médical initial et à laquelle le médecin-conseil dispose du résultat des examens médicaux complémentaires le cas échéant prévus par les tableaux de maladies professionnelles.

▶ À noter... La caisse adresse à l'employeur auquel la décision est susceptible de faire grief (ainsi qu'au médecin du travail compétent) un double de la déclaration de maladie professionnelle intégrant le certificat médical initial. Elle procède par tout moyen donnant une date certaine à la réception de son envoi (c. séc. soc. art. R. 461-9, I). À défaut, la décision de prise en charge de la maladie en tant que maladie professionnelle est inopposable à l'employeur (cass. civ., 2e ch., 20 décembre 2012, n° 11-26621, BC II n° 208).

Investigations de la caisse - La caisse adresse systématiquement un questionnaire portant sur les conditions de travail du salarié, par tout moyen donnant une date certaine à sa réception (c. séc. soc. art. R. 461-9, II ; circ. CNAM 2019-28 du 9 août 2019, § II.2.1) :
- à la victime (ou à ses représentants),
- et à l'employeur auquel la décision est susceptible de faire grief.

▶ À noter... Sous l'empire de l'ancienne réglementation, la Cour de cassation avait décidé que la prise en charge d'une maladie professionnelle n'était pas opposable à l'employeur lorsque la CPAM avait envoyé un questionnaire au salarié et pas à l'employeur (cass. civ., 2e ch., 6 juillet 2017 n° 16-18774, BC II n° 162). À notre sens, la portée de cette jurisprudence n'a pas été remise en cause par le nouveau cadre réglementaire.

Le questionnaire doit être renvoyé dans un délai de 30 jours francs à compter de sa date de réception (c. séc. soc. art. R. 461-9, II).

▶ À noter... L'Assurance maladie a mis en place le service en ligne « questionnaires-risquepro.ameli.fr », où salariés et employeurs peuvent, après avoir reçu des identifiants, répondre au questionnaire envoyé par la CPAM, consulter le dossier et faire leurs observations *(voir ci-après)*. Tout au long de l'instruction, ils bénéficient de rappels sur les échéances à respecter et sont informés le jour même de toute nouvelle observation faite sur le dossier.

La CPAM peut, en outre, procéder à une enquête complémentaire et interroger tout employeur ainsi que tout médecin du travail de la victime (c. séc. soc. art. R. 461-9, II).

Lors de l'envoi du questionnaire, ou lors de l'ouverture de l'enquête, la caisse informe la victime (ou ses représentants) ainsi que l'employeur de la date d'expiration du délai de 120 jours francs à l'issue duquel elle doit statuer.

Mise à disposition du dossier et observations - À l'issue de l'instruction, et au plus tard 100 jours francs à compter de la date à laquelle elle dispose des informations nécessaires (déclaration de la maladie professionnelle, certificat médical initial, résultat des examens médicaux complémentaires), la caisse met le dossier à disposition de la victime (ou de ses représentants) et de l'employeur auquel la décision est susceptible de faire grief (c. séc. soc. art. R. 461-9, III).

Le dossier comprend la déclaration de maladie professionnelle, les divers certificats médicaux détenus par la CPAM, les constats faits par la caisse, les informations communiquées à la caisse par la victime (ou ses représentants) ainsi que par l'employeur, et les éléments communiqués par la *CARSAT** ou, le cas échéant, tout autre organisme, sur les produits utilisés ou sur les risques afférents au poste de travail (c. séc. soc. art. R. 441-13 et R. 441-14).

▶ À noter... Pour la Cour de cassation, l'audiogramme mentionné au tableau n° 42 des maladies professionnelles constitue un élément du diagnostic couvert par le secret médical, de sorte qu'il n'a pas à figurer dans les pièces du dossier constitué par les services administratifs de la CPAM (cass. civ., 2e ch., 13 juin 2024, n° 22-22786 FSBR).

Idem pour les résultats de l'examen tomodensitométrique mentionné au tableau n° 30 B des maladies professionnelles (cass. civ., 2e ch., 17 janvier 2008, n° 07-13356, BC II n° 11) et de l'examen d'imagerie par résonance magnétique (IRM) mentionné au tableau n° 57 A des maladies professionnelles (cass. civ., 2e ch., 29 mai 2019, n° 18-14811 FPBI). La Haute juridiction semble donc vouloir exclure, de manière générale, la présence des résultats d'examens médicaux prévus aux tableaux des maladies professionnelles dans le dossier d'instruction de la CPAM que l'employeur peut consulter.

La victime (ou ses représentants) et l'employeur ont 10 jours francs pour consulter le dossier et faire connaître leurs observations (qui sont annexées au dossier). Au terme de ce délai, la victime (ou ses représentants) et l'employeur peuvent consulter le dossier, mais sans formuler d'observations (c. séc. soc. art. R. 461-9, III).

La CPAM doit informer la victime (ou ses représentants) et l'employeur des dates d'ouverture et de clôture de la période au cours de laquelle ils peuvent consulter le dossier ainsi que de celle au cours de laquelle ils peuvent formuler des observations. Cette information est faite par tout moyen donnant une date certaine à sa réception, et au plus tard 10 jours francs avant le début de la période de consultation.

▶ À noter… La CPAM satisfait à son obligation d'information lorsque, après avoir engagé des investigations, elle informe la victime (ou ses représentants) et l'employeur, au plus tard 10 jours francs avant le début de la période de consultation du dossier, des dates d'ouverture et de clôture de la période au cours de laquelle ils peuvent consulter ce dossier ainsi que de celle au cours de laquelle ils peuvent formuler des observations. Il n'est donc pas exigé que la CPAM attende la fin de ses investigations pour procéder à l'information des parties (cass. civ., 2e ch., 5 septembre 2024, n° 22-17142 FB).

Notification de la décision - À l'issue de l'instruction, la CPAM notifie sa décision motivée par tout moyen permettant d'en déterminer la date de réception (ex. : LRAR) (c. séc. soc. art. R. 441-18) :
- à l'employeur en cas de reconnaissance du caractère professionnel de la maladie ;
- à la victime (ou à ses ayants droit) dans le cas contraire.

La décision est aussi notifiée par lettre simple à la personne à laquelle la décision ne fait pas grief.

Elle doit mentionner les voies et délais de recours, sans quoi le délai de recours de 2 mois *(voir plus loin dans l'étude)* ne court pas.

Silence de la CPAM - L'absence de décision de la CPAM au terme du délai d'instruction vaut reconnaissance du caractère professionnel (c. séc. soc. art. R. 441-18).

Computation des délais exprimés en jours francs - Les délais de procédure sont exprimés en jours francs (ex : délai d'instruction de 120 jours). La Caisse nationale d'assurance maladie (CNAM) a précisé qu'un délai exprimé en jours francs se compte à partir du lendemain de l'acte ou de l'événement conditionnant le départ du délai (circ. CNAM 2019-28 du 9 août 2019, § V).

Lorsqu'une formalité est à accomplir dans un délai franc, celle-ci doit être accomplie au plus tard le jour suivant l'expiration du délai ainsi décompté. Si le dernier jour au cours duquel une formalité peut être accomplie expire un samedi, un dimanche ou un jour férié, il est reporté au premier jour ouvrable suivant.

Cependant, une jurisprudence, relative au délai de consultation du dossier dont disposait l'employeur dans la réglementation antérieure au 1er décembre 2019, pourrait être lue comme excluant de manière générale l'application de l'article 642 du code de procédure civile, qui prévoit cette règle de report, aux délais de la procédure administrative diligentée par les caisses de sécurité sociale (cass. civ., 2e ch., 13 février 2020, n° 19-11253 FPBI).

La plus grande prudence est donc de mise sur cette règle de prorogation des délais expirant un samedi, un dimanche ou un jour férié, en attendant des précisions de l'administration sur l'incidence de cette jurisprudence.

Instruction en cas de saisine du CRRMP

Renouvellement du délai d'instruction de 120 jours - La CPAM peut saisir le comité régional de reconnaissance des maladies professionnelles (CRRMP). Elle dispose alors d'un nouveau délai de 120 jours francs à compter de cette saisine pour statuer sur le caractère professionnel de la maladie (c. séc. soc. art. R. 461-10).

Elle en informe la victime (ou ses représentants) ainsi que l'employeur auquel la décision est susceptible de faire grief. Elle procède par tout moyen pouvant donner une date certaine à la réception de cette information.

▶ À noter… Dans une décision rendue sous l'empire de l'ancienne réglementation, la Cour de cassation a jugé que le défaut d'information de l'employeur lui rend inopposable la décision de prise en charge (cass. 2e civ. 5 avril 2007, n° 05-15969, BC II n° 91). À notre sens, la portée de cette jurisprudence n'a pas été remise en cause par le nouveau cadre réglementaire.

Rappelons que la saisine du CRRMP est obligatoire dans le cadre du régime complémentaire de reconnaissance des maladies professionnelles *(voir au début de cette étude)* (c. séc. soc. art. L. 461-1).

Consultation du dossier - La caisse met à la disposition de la victime (ou de ses représentants) et de l'employeur le dossier qu'elle a constitué pendant 40 jours francs (c. séc. soc. art. R. 461-10).

Au cours des 30 premiers jours, la victime et l'employeur peuvent le consulter et faire connaître leurs observations, qui y sont alors annexées. Ils peuvent aussi le compléter par tout élément qu'ils jugent utile. Pendant ce délai, la caisse et le service du contrôle médical peuvent aussi compléter le dossier

Au cours des 10 jours suivants, la victime et l'employeur peuvent seulement consulter le dossier et formuler des observations.

▶ À noter… Au moment de la saisine du CRRMP, la caisse informe la victime (ou ses représentants) et l'employeur des dates d'échéance des phases de consultation du dossier. Elle le fait par tout moyen donnant une date certaine à la réception de cette information (c. séc. soc. art. R. 461-10, al. 3).

Avis du CRRMP - À l'issue de cette procédure, le CRRMP examine le dossier et rend un avis motivé à la caisse dans un délai de 110 jours francs. Le délai se décompte à partir de sa saisine (c. séc. soc. art. R. 461-10, al. 4).

Notification de la décision par la CPAM - Une fois que l'avis motivé du CRRMP a été rendu, la caisse notifie immédiatement à la victime (ou ses représentants) ainsi qu'à l'employeur la décision de reconnaissance ou de refus de reconnaissance de l'origine professionnelle de la maladie, qui doit être conforme à cet avis (c. séc. soc. art. R. 461-10, al. 5).

La décision doit être motivée et préciser les voies et délais de recours (c. séc. soc. art. R. 441-18 et R. 461-10).

Silence de la CPAM - L'absence de décision de la CPAM au terme du délai d'instruction vaut reconnaissance du caractère professionnel de la maladie (c. séc. soc. art. R. 441-18).

Computation des délais exprimés en jours francs - Sur ce point, voir nos commentaires plus haut dans l'étude.

En cas de rechute

Délai d'instruction de 60 jours - En cas de rechute ou de nouvelle lésion consécutive à une maladie professionnelle, la CPAM dispose d'un délai de 60 jours francs à compter de la date à laquelle elle a reçu le certificat médical faisant mention de la rechute (ou de la nouvelle lésion) pour statuer sur son imputabilité à la maladie professionnelle. Si la maladie professionnelle n'est pas encore reconnue lorsque la caisse reçoit ce certificat, le délai de 60 jours court à compter de la date de cette reconnaissance (c. séc. soc. art. R. 441-16).

Possibles réserves de l'employeur - La caisse adresse, par tout moyen conférant date certaine à sa réception, le double du certificat médical constatant la rechute ou la nouvelle lésion à l'employeur à qui la décision est susceptible de faire grief. Celui-ci dispose alors d'un délai de 10 jours francs à compter de la réception du certificat médical pour émettre auprès de la caisse des réserves motivées, par tout moyen conférant date certaine à leur réception (c. séc. soc. art. R. 441-16).

La caisse transmet ces réserves, sans délai, au médecin-conseil.

Questionnaire médical à la victime - Si le médecin-conseil l'estime nécessaire et, en tout état de cause, en cas de réserves motivées de l'employeur, il adresse un questionnaire médical à la victime ou à ses représentants (accompagné des réserves de l'employeur). Ce questionnaire doit être retourné dans un délai de 20 jours francs à compter de sa date de réception (c. séc. soc. art. R. 441-16).

▶ À noter… Le médecin conseil peut aussi remettre à la victime les réserves émises par l'employeur à l'occasion d'une convocation (circ. CNAM 2019-28 du 9 août 2019, § III).

Décision de la caisse - La caisse notifie sa décision par tout moyen permettant d'en déterminer la date de réception (ex. : LRAR) (c. séc. soc. art. R. 441-18) :
- à l'employeur en cas de reconnaissance du caractère professionnel de la rechute ou de la nouvelle lésion ;
- à la victime (ou à ses ayants droit) dans le cas contraire.

La décision est aussi notifiée par lettre simple à la personne à laquelle la décision ne fait pas grief.

Elle doit mentionner les voies et délais de recours, sans quoi le délai de recours de 2 mois ne court pas.

Silence de la CPAM - Si la caisse n'a pas notifié sa décision dans le délai de 60 jours francs, le caractère professionnel de la rechute est établi (c. séc. soc. art. R. 441-18).

Computation des délais exprimés en jours francs - Sur ce point, voir nos commentaires plus haut dans l'étude.

Contestation de la décision de la CPAM

Procédure - L'employeur et la victime disposent de 2 mois à compter de la notification de la décision de la CPAM pour la contester devant la commission de recours amiable (CRA) de la caisse (c. séc. soc. art. R. 142-1).

S'ils ne sont pas satisfaits de la décision de la CRA, ils peuvent ensuite saisir la justice (le pôle social du tribunal judiciaire puis, le cas échéant, la cour d'appel, voire la Cour de cassation) (voir *Contentieux de la sécurité sociale**).

▶ À noter... Dans l'intérim, on notera qu'une entreprise utilisatrice ne peut pas contester le caractère professionnel de la maladie d'un intérimaire. Seule l'entreprise de travail temporaire est recevable à agir (cass. civ., 2e ch., 15 mars 2018, n° 16-19043, BC II n° 57).

Action de l'employeur en inopposabilité - Lorsque l'employeur estime que la procédure d'instruction menée par la CPAM est irrégulière (non-respect du principe du contradictoire), il peut intenter une action en justice aux fins d'inopposabilité de la décision de la caisse reconnaissant le caractère professionnel de la maladie ou de la rechute. Cette action n'a pas à être soumise à la CRA avant d'être soumise au tribunal judiciaire (cass. civ., 2e ch., 14 janvier 2010, n° 08-22038 D), et elle se prescrit par 5 ans (cass. civ., 2e ch., 18 février 2021, n° 19-25886 FSP et n° 19-25887 FSP).

En cas de faute inexcusable de l'employeur - Lorsque la faute inexcusable de l'employeur a été reconnue par une décision irrévocable, l'employeur ne peut plus contester le caractère professionnel de la maladie (cass. civ., 2e ch., 4 avril 2019, n° 17-16649 FSPBI) [voir *Faute inexcusable de l'employeur (accident du travail ou maladie professionnelle)**].

Suspension du contrat

Protection du salarié - Pendant l'arrêt de travail pour maladie professionnelle, le contrat est suspendu. Le salarié ne peut pas être licencié, sauf faute grave ou impossibilité de l'employeur de maintenir le contrat pour un motif non lié à la maladie (c. trav. art. L. 1226-7 et L. 1226-9).

Réintégration - À l'issue de la période de maladie, l'employeur réintègre le salarié dans son emploi antérieur ou un emploi similaire assorti d'une rémunération équivalente, sauf s'il est déclaré inapte par le médecin du travail (c. trav. art. L. 1226-8).

Les conséquences de la maladie professionnelle ne peuvent entraîner pour l'intéressé aucun retard de promotion ou d'avancement au sein de l'entreprise.

Visite médicale de reprise - Après une absence pour maladie professionnelle, quelle qu'en soit la durée, les salariés doivent subir une visite médicale de reprise dans les 8 jours de la reprise du travail (c. trav. art. R. 4624-31).

Cas du contrat à durée déterminée - En cas de maladie professionnelle, le *contrat à durée déterminée** (CDD) est suspendu pendant la durée de l'arrêt de travail. Pendant cette période, l'employeur ne peut pas rompre le contrat, sauf faute grave du salarié ou force majeure (c. trav. art. L. 1226-18), sous peine d'être redevable d'une indemnité au moins égale aux sommes qui auraient été dues si le contrat était allé jusqu'à son terme. Toutefois, ceci n'empêche pas la venue à échéance du CDD (c. trav. art. L. 1226-19).

Lorsque le CDD comporte une clause de renouvellement, l'employeur ne peut pas refuser ce renouvellement tant que la période de suspension du contrat n'a pas pris fin, sauf s'il justifie d'un motif réel et sérieux étranger à la maladie. À défaut, il est redevable d'une indemnité calculée en fonction du préjudice subi. Cette somme est au moins égale au montant des salaires et avantages que le salarié aurait reçus jusqu'au terme de la période de la période de renouvellement prévue au contrat (c. trav. art. L. 1226-19).

Indemnisation

Sécurité sociale - En cas d'arrêt de travail consécutif à une maladie professionnelle, le salarié a droit, sans délai de carence, à des indemnités journalières de sécurité sociale (IJSS) qui se calculent comme celles versées en cas d'accident du travail (voir *Indemnités journalières de sécurité sociale d'accident du travail**).

L'indemnisation pour une maladie professionnelle a pour point de départ la date de la première constatation médicale de la maladie (c. séc. soc. art. L. 461-1). Pour autant, la date de début d'indemnisation ne peut pas précéder de plus de 2 ans la déclaration de maladie professionnelle faite par la victime à sa CPAM.

Indemnisation complémentaire par l'employeur - Le code du travail prévoit une obligation de maintien partiel de salaire, sans délai de carence.

Maladie professionnelle : l'indemnisation en bref		
Sécurité sociale (1)	**Indemnisation complémentaire par l'employeur**	
	Code du travail (2)	**Accord collectif**
IJSS sans délai de carence : • 60 % du SJR (3) pendant les 28 premiers jours d'arrêt • 80 % du SJR (3) à compter du 29e jour d'arrêt • Au-delà de 3 mois d'arrêt de travail, l'IJSS peut être revalorisée à l'occasion d'augmentation générale des salaires (4) **Limites maximales de l'IJSS :** • salaire journalier net avant l'arrêt de travail • 232,03 € pendant les 28 premiers jours et 309,37 € à partir du 29e jour (valeurs 2024)	• 90 % de la rémunération brute sous déduction des IJSS pendant 30 jours sans délai de carence • Puis 2/3 de la rémunération brute sous déduction des IJSS pendant les 30 jours suivants • Chaque période de 30 jours est augmentée de 10 jours par période de 5 ans d'ancienneté au-delà de 1 an (5)	• Selon convention collective • De nombreuses conventions collectives contiennent des dispositions spécifiques pour les maladies professionnelles (6)

(1) Pour plus de détails, voir *Indemnités journalières de sécurité sociale d'accident du travail**. (2) Pour plus de détails, voir *Indemnités journalières complémentaires**. (3) SJR : salaire journalier de référence. (4) C. séc. soc. art. L. 433-2 et R. 433-9. (5) Dans la limite de 90 jours. (6) Applicable uniquement si la convention est plus favorable que le code du travail.

Une convention collective ou un accord peut contenir des dispositions plus favorables (pour plus de détails, voir *Indemnités journalières complémentaires**).

Droits du salarié

Acquisition des congés payés - L'absence pour maladie professionnelle est assimilée à du travail effectif pour l'acquisition des droits à *congés payés** (c. trav. art. L. 3141-5).

Depuis le 24 avril 2024, le code du travail prévoit que le salarié acquiert des congés payés pendant toute la durée d'un arrêt de travail AT/MP, et plus seulement pendant la première année (c. trav. art. L. 3141-5, 5° modifié ; loi 2024-364 du 22 avril 2024, art. 37, JO du 23).

Pour les périodes allant du 1er décembre 2009 au 23 avril 2024 inclus, il en va de même, mais cette fois en application d'une jurisprudence de la Cour de cassation (cass. soc. 13 septembre 2023, n° 22-17638 FPBR).

Pour plus de détails, voir *Congés payés (incidence des arrêts de travail)**.

Prise des congés payés - En septembre 2007, la Cour de cassation a jugé que, lorsqu'un salarié s'est trouvé dans l'impossibilité de prendre ses congés payés annuels au cours de la période légale ou conventionnelle de prise des congés, en raison d'absences liées à une maladie professionnelle (ou un accident du travail), les congés payés acquis sont reportés (cass. soc. 27 septembre 2007, n° 05-42293, BC V n° 147).

La loi d'adaptation au droit européen du 22 avril 2024 a inséré dans le code du travail des règles encadrant le report des congés payés non pris du fait d'un arrêt de travail. Le salarié dispose d'une période de report de 15 mois (ou durée conventionnelle plus longue) pour bénéficier des congés payés acquis qu'il ne peut pas prendre au cours de leur période « normale » de prise, en raison d'un arrêt de travail pour maladie ou accident, d'origine professionnelle ou non professionnelle (c. trav. art. L. 3141-19-1) [pour plus de détails, voir *Congés payés (incidence des arrêts de travail)**].

Droits liés à l'ancienneté - L'absence pour maladie professionnelle est assimilée à du temps de travail effectif, sans limitation de durée, pour tous les droits liés à l'ancienneté (ex. : durée du préavis ou montant de l'indemnité de licenciement) (c. trav. art. L. 1226-7).

RTT - L'absence pour maladie professionnelle n'est légalement pas assimilée à du travail effectif pour l'acquisition de jours de RTT lorsqu'un tel mode d'aménagement du temps de travail est mis en place, ou si l'entreprise applique un accord de RTT antérieur au 21 août 2008. Les jours déjà acquis ne sont cependant pas remis en cause.

Épargne salariale - Les accords de *participation aux résultats** et d'*intéressement** doivent préciser les critères de répartition retenus. Si la répartition se fait proportionnellement au salaire, il est nécessaire, en cas de maladie professionnelle, d'inclure dans le calcul les salaires bruts qu'aurait perçus le salarié s'il avait travaillé.

Si la répartition est proportionnelle à la durée de présence dans l'entreprise, ces absences doivent être traitées comme des périodes de travail effectif (c. trav. art. L. 3314-5, L. 3324-5 et L. 3324-6).

Inaptitude constatée par le médecin du travail

Si le médecin du travail déclare le salarié inapte suite à une maladie professionnelle, il convient d'appliquer les règles de l'*inaptitude** consécutive à un *accident du travail** : obligation de recherche de reclassement (sauf exceptions), reprise du versement du salaire en l'absence de reclassement ou de rupture du contrat dans le délai de 1 mois suivant la déclaration d'inaptitude, indemnités de rupture, etc. [voir *Inaptitude** et *Inaptitude (CDD)**].

☞ *Accident du travail ; Congés payés (incidence des arrêts de travail) ; Faute inexcusable (accident du travail ou maladie professionnelle) ; Inaptitude ; Indemnités journalières complémentaires ; Indemnités journalières de sécurité sociale d'accident du travail ; Maintien du salaire net ; Reprise du travail après un arrêt de travail ; Temps de travail effectif ; Visite médicale de reprise.*

Mariage

☞ *Congés pour événements familiaux.*

Maternité

Grossesse

Information de l'employeur - Aucun délai n'est imposé à une salariée pour informer son employeur de sa grossesse, sauf si une absence pour cette raison s'avère nécessaire.

▶ À noter… Une femme enceinte doit déclarer sa grossesse à la sécurité sociale (CPAM et CAF) avant la fin de la 14e semaine de grossesse (en pratique, le document est délivré par un médecin). Mais cette obligation, liée aux prestations sociales, ne concerne aucunement les rapports entre la salariée et son employeur.

Absences autorisées pour les examens liés à une assistance médicale à la procréation - Voir *Congé PMA**.

Absences autorisées pour les examens obligatoires liés à la grossesse - Voir *Examens médicaux liés à la grossesse (absences)**.

Surveillance générale - Certains emplois sont interdits à la femme enceinte. Celle-ci peut également être amenée à changer de poste temporairement si son état de santé l'exige (c. trav. art. L. 1225-7). Le changement de poste intervient :

- suite à la demande de la salariée qui présente un certificat médical de son médecin traitant recommandant sa mutation ;
- suite à la proposition de l'employeur (la nécessité médicale du changement de poste et l'aptitude de la salariée au nouvel emploi doivent avoir été établies par le médecin du travail).

La mutation prend fin dès que la salariée peut retrouver son ancien emploi. En tout état de cause, sa durée ne peut pas excéder celle de la grossesse. Aucune diminution de rémunération, même dans l'attente du nouveau poste (cass. soc. 19 janvier 1999, n° 96-44976, BC V n° 28), ni aucun changement d'établissement ne sont possibles sans l'accord de la salariée.

Toute femme enceinte, venant d'accoucher ou allaitante est, à l'issue de la visite d'information et de prévention (voir *Visite médicale d'embauche**), ou, à tout moment si elle le souhaite, orientée vers le médecin du travail afin que soient proposées, si nécessaire, des adaptations du poste ou l'affectation à d'autres postes (c. trav. art. R. 4624-19).

Démission avec priorité de réembauche - Toute salariée en état de grossesse médicalement constaté peut démissionner de son emploi sans obligation de respecter son préavis de démission et sans devoir d'indemnité de rupture (c. trav. art. L. 1225-34 ; voir *Démission pour élever un enfant**).

Fausse couche et interruption médicale de grossesse

Interruption spontanée de grossesse (« fausse couche ») - Une femme victime d'une interruption spontanée de grossesse ayant eu lieu avant la 22e semaine d'aménorrhée peut bénéficier, en cas d'arrêt maladie liée à cette fausse couche, du versement des *indemnités journalières de sécurité sociale de maladie** dès le premier jour d'arrêt de travail (voir *Délai de carence**) (c. séc. soc. art. L. 323-1-2).

En cas d'interruption spontanée de grossesse à partir de la 22e semaine d'aménorrhée, la salariée bénéficie du congé de maternité et des IJSS associées à ce congé.

La salariée bénéficie aussi d'une protection contre le licenciement *(voir plus loin)*.

Interruption médicale de grossesse - Pour les arrêts de travail prescrits depuis le 1er juillet 2024, les 3 jours de carence pour le versement des IJSS sont supprimés en cas d'arrêt maladie faisant suite à une interruption de grossesse pour motif médical (voir *Délai de carence**). Cette date devait être précisée par décret (non paru au 15 janvier 2025) et, par défaut, il s'agit du 1er juillet 2024

Congé de maternité

Voir *Maternité (congé de)**.

État pathologique

Congé pathologique prénatal - Si l'état pathologique se déclare au cours de la grossesse avant l'accouchement, la salariée peut bénéficier d'un congé pathologique de 2 semaines maximum (c. trav. art. L. 1225-21), sur prescription médicale.

Pour ce qui concerne la sécurité sociale, ces 2 semaines sont indemnisées par des *indemnités journalières de sécurité sociale de maternité** (c. séc. soc. art. L. 331-5 et R. 331-6).

Ce congé est assimilé au congé de maternité sur le plan du droit du travail. Le maintien de salaire conventionnel applicable est celui lié au congé de maternité, sauf dispositions contraires.

Si l'état pathologique est d'une durée supérieure à 2 semaines, le surplus est considéré comme un arrêt de travail pour maladie non professionnelle.

Congé pathologique postnatal - Lorsqu'un état pathologique de la salariée fait suite à l'accouchement, le congé de maternité postnatal peut être augmenté de 4 semaines de congé pathologique (c. trav. art. L. 1225-21).

▶ À noter… Le congé postnatal prolonge le congé de maternité légal et permet de reporter l'accès à un congé supplémentaire conventionnel qui doit être pris à l'issue du congé de maternité légal (cass. soc. 27 mars 2019, n° 17-23988 FSPB).

Au niveau du droit de la sécurité sociale, le congé pathologique est indemnisé dans les conditions propres à la maladie (c. séc. soc. art. L. 332-2 et R. 331-2).

Grossesse pathologique liée au distilbène - Le distilbène (ou diéthylstilbestrol) prescrit il y a plusieurs années entraîne des grossesses pathologiques chez les femmes qui y ont été exposées *in utero*.

Les femmes chez lesquelles il est reconnu que la grossesse pathologique est liée à l'exposition *in utero* au distilbène bénéficient d'un congé de maternité à compter du premier jour de leur arrêt de travail (loi 2004-1370 du 20 décembre 2004, art. 32 ; décret 2006-773 du 30 juin 2006, JO 2 juillet).

Postes à risques et travail de nuit

Protection spécifique - Une protection renforcée s'applique aux femmes occupant certains postes à risques ou des postes de nuit. Ce système doit déboucher soit sur un reclassement temporaire de la salariée, soit sur une suspension du contrat avec indemnisation.

Salariée employée sur un poste à risques - Lorsqu'une salariée en état de grossesse médicalement constaté est exposée sur son poste de travail à certains risques incompatibles avec sa grossesse (c. trav. art. R. 1225-4), l'employeur doit proposer soit de la reclasser sur un autre poste, soit d'aménager son poste habituel (c. trav. art. L. 1225-12 à L. 1225-14).

La rémunération habituelle de la salariée est maintenue.

Salariée travaillant de nuit - Lorsqu'elle travaille de nuit, la salariée en état de grossesse médicalement constaté est affectée à un poste de jour soit sur sa demande (sans avoir besoin de justifier d'un quelconque problème de santé), soit lorsque le médecin du travail constate par écrit que le poste de nuit est incompatible avec son état (c. trav. art. L. 1225-9).

La proposition de reclassement doit tenir compte des conclusions du médecin du travail et il faut obtenir l'accord de la salariée pour l'affecter dans un autre établissement.

En ce qui concerne sa paye, la rémunération habituelle de l'intéressée doit être maintenue (par exemple, y compris les majorations pour travail de nuit).

Impossibilité de reclassement - Si l'employeur ne peut pas proposer un autre emploi, il en informe par écrit la salariée et le médecin du travail en indiquant les motifs s'opposant au reclassement s'il s'agit d'un poste à risques. Le contrat de la salariée est alors suspendu (c. trav. art. L. 1225-10 et L. 1225-14).

La salariée reçoit de la CPAM des indemnités calculées comme les *indemnités journalières de sécurité sociale de maladie**, sans délai de carence (c. séc. soc. art. L. 333-1).

L'employeur doit verser à la salariée les *indemnités journalières complémentaires** prévues par le code du travail, la condition d'ancienneté de 1 an étant écartée (c. trav. art. L. 1225-10 et L. 1225-14). L'intéressée bénéficie donc d'un maintien de salaire à hauteur de 90 % de sa rémunération brute pendant 30 jours, puis des 2/3 de sa rémunération pendant les 30 jours suivants (ces périodes augmentent avec l'ancienneté).

Après le congé de maternité - Le régime de protection (reclassement sur un poste non « à risques » ou affectation à un poste de jour, à défaut suspension du

contrat avec indemnisation) s'applique aussi après le congé de maternité pendant une période n'excédant pas 1 mois après le congé postnatal, dans les conditions suivantes (c. trav. art. L. 1225-9 et L. 1225-12) :
- lorsqu'il s'agit d'un poste « à risques », l'employeur a la même obligation que pendant la grossesse (reclassement, adaptation du poste, suspension avec indemnisation) ;
- la même solution s'applique s'il s'agit d'une femme travaillant de nuit, lorsque le médecin du travail constate par écrit que le poste de nuit est incompatible avec son état (affectation sur un poste de jour, suspension du contrat avec indemnisation en cas d'impossibilité).

Allaitement prolongé et poste à risques - Si la femme allaite au-delà du délai de 1 mois suivant la reprise de travail, la protection prévue pour les postes à risques (reclassement, suspension du contrat de travail avec garantie de rémunération) ne lui est pas applicable.

Certaines réglementations spécifiques prévoient néanmoins des interdictions de travail pour les femmes allaitantes sur des postes dangereux. Évidemment, ces interdictions s'appliquent, y compris au-delà du délai de 1 mois si la femme est toujours allaitante, la garantie de rémunération prévue par le système « postes à risques » n'étant toutefois plus applicable.

Protection contre la rupture de la période d'essai

Il est interdit de mettre fin à la période d'essai d'une femme enceinte en raison de son état de grossesse (c. trav. art. L. 1225-1).

Toute rupture dont la salariée arrive à prouver qu'elle est liée à l'état de santé ou à la grossesse est discriminatoire et donc frappée de nullité (c. trav. art. L. 1132-1 et L. 1132-4) : la salariée est en droit d'être réintégrée (cass. soc. 16 février 2005, n° 02-43402, BC V n° 52).

▶ À noter... La faculté de faire annuler le licenciement décrite ci-après ne joue pas pendant la période d'essai (cass. soc. 21 décembre 2006, n° 05-44806, BC V n° 415).

Protection contre le licenciement attachée au congé de maternité

Interdiction de principe - L'employeur ne peut pas licencier une salariée en état de grossesse médicalement constaté, sauf faute grave ou impossibilité de maintenir le contrat pour un motif étranger à la grossesse (c. trav. art. L. 1225-4).

Cela étant, la protection de la salariée du fait de sa maternité ne fait pas obstacle à son licenciement si, n'ayant pas la nationalité française, elle n'a pas d'autorisation de travail (cass. soc. 15 mars 2017, n° 15-27928, BC V n° 51).

▶ Attention... L'existence d'un motif économique de licenciement ne caractérise pas, à elle seule, l'impossibilité de maintenir l'emploi non lié à la grossesse (cass. soc. 28 septembre 2004, n° 02-40055 D ; cass. soc. 6 janvier 2010, n° 08-44626 D). La lettre de rupture doit préciser en quoi les raisons économiques motivant le licenciement placent l'employeur dans l'impossibilité de maintenir le contrat de la salariée (cass. soc. 21 mai 2008, n° 07-41179, BC V n° 110 ; cass. soc. 21 janvier 2009, n° 07-41841, BC V n° 22).

La salariée en état de grossesse médicalement constaté à la date d'expiration du délai de réflexion de 21 jours dont elle dispose pour accepter ou refuser la proposition de *contrat de sécurisation professionnelle** faite par son employeur, dans le cadre d'un licenciement pour motif économique, bénéficie de la protection contre le licenciement accordée aux femmes enceintes (cass. soc. 4 octobre 2023, n° 21-21059 FB).

Période de protection - La protection joue à compter du moment où l'employeur a connaissance de l'état de grossesse de la salariée et jusqu'à 10 semaines après le congé de maternité, sauf faute grave indépendante de la grossesse ou motif non lié à la grossesse rendant impossible le maintien du contrat (c. trav. art. L. 1225-4).

Lorsqu'une salariée prend des *congés payés** « immédiatement » après son congé de maternité, cette période de protection de 10 semaines court uniquement à compter du retour de congés payés (c. trav. art. L. 1225-4 ; cass. soc. 30 avril 2014, n° 13-12321, BC V n° 111 ; cass. soc. 14 septembre 2016, n° 15-15943, BC V n° 163). Si les congés payés ne s'enchaînent pas « immédiatement » avec le congé de maternité, la logique voudrait que le point de départ des 10 semaines ne soit pas reporté.

Lorsqu'une salariée est en arrêt de travail pour maladie à l'issue de son congé maternité, le point de départ de la période de protection de 10 semaines faisant suite au congé de maternité n'est pas reporté à la date de la reprise du travail (cass. soc. 8 juillet 2015, n° 14-15979, BC V n° 150 ; cass. soc. 1er décembre 2021, n° 20-13339 FPB).

Il n'y a pas non plus de report lorsqu'une convention collective prévoit un congé supplémentaire rémunéré que la salariée peut prendre après son congé de maternité (cass. soc. 14 décembre 2016, n° 15-21898, BC V n° 252).

Information de l'employeur comme condition de la protection - Pour que les règles protectrices contre le licenciement s'appliquent, il faut que l'employeur ait été informé par la salariée de son état de grossesse. Celle-ci doit lui faire parvenir un certificat médical attestant de l'état de grossesse et de la date présumée d'accouchement, par LRAR ou lettre remise en main propre contre récépissé (c. trav. art. R. 1225-1). Cependant, il ne s'agit pas d'une formalité substantielle et la salariée est protégée dès que l'employeur a connaissance de l'état de grossesse (cass. soc. 20 juin 1995, n° 91-44952, BC V n° 202).

Lorsque le licenciement a déjà eu lieu (hors faute grave ou impossibilité de maintenir l'emploi), pour bénéficier de la protection, la salariée doit envoyer à son employeur, par LRAR, un certificat médical justifiant de sa grossesse dans les 15 jours suivant la notification du licenciement (c. trav. art. L. 1225-5 et R. 1225-2). Elle doit alors être réintégrée dans son emploi ou, à défaut, dans un emploi équivalent.

L'employeur informé de l'état de grossesse d'une salariée qu'il vient de licencier doit la réintégrer dans les plus brefs délais. S'il tarde, la salariée peut légitimement refuser la réintégration, elle a alors droit aux salaires qu'elle aurait perçus jusqu'à la fin de la période de protection (cass. soc. 15 décembre 2015, n° 14-10522, BC V n° 261).

Ni notification, ni prise d'effet du licenciement pendant le congé de maternité - Au sein de la période de protection, la durée du congé de maternité constitue ce que l'on appelle une période de protection « absolue ».

En effet, même en cas de licenciement pour un des motifs autorisés, le licenciement ne peut ni être notifié à la salariée, ni prendre effet pendant le congé de maternité, qu'elle use ou non de ce droit (c. trav. art. L. 1225-4).

Sauf précision contraire de l'administration, pendant les congés payés qui font immédiatement suite au congé de maternité, la salariée bénéficie de la même protection, dite « absolue », que celle prévue pendant le congé de maternité (c. trav. art. L. 1225-4) *(voir ci-dessus)*.

En revanche, l'employeur peut licencier une salariée pour un des motifs autorisés pendant les 10 semaines de protection qui suivent l'expiration du congé de maternité (c. trav. art. L. 1225-4 ; cass. soc. 4 avril 1995, n° 93-45051 D et cass. soc. 17 février 2010, n° 06-41392, BC V n° 49).

▶ Attention... Il est également exclu que l'employeur engage la procédure pendant le congé de maternité, en convoquant la salariée à un entretien préalable car cela constitue une mesure préparatoire au licenciement, ce que les juges interdisent (CJCE 11 octobre 2007, aff. C-460/06 ; cass. soc. 15 septembre 2010, n° 08-43299, BC V n° 182).

Licenciement jugé nul : droit à réintégration - Lorsque le licenciement est nul, la salariée est en droit de demander sa réintégration. Elle perçoit alors une somme correspondant à la totalité du préjudice subi au cours de la période qui s'est écoulée entre son licenciement et sa réintégration, dans la limite du montant des salaires dont elle a été privée. Les éventuels revenus de remplacement dont elle a pu bénéficier pendant cette période ne sont pas déduits de cette somme (cass. soc. 29 janvier 2020, n° 18-21862 FSPB).

Lorsque la salariée refuse sa réintégration, ses salaires lui sont dus seulement jusqu'à la date de ce refus (cass. soc. 17 février 2010, n° 08-45640, BC V n° 42).

Si l'employeur ne respecte pas les règles de protection contre le licenciement (c. trav. art. L. 1225-4 et L. 1225-5) ou en cas de licenciement discriminatoire (c. trav. art. L. 1132-1) et que la salariée ne demande pas la poursuite de son contrat de travail ou si sa réintégration est impossible, le juge lui octroie une indemnité, à la charge de l'employeur, qui ne peut être inférieure aux salaires des 6 derniers mois. Cette indemnité s'entend sans préjudice du paiement du salaire, lorsqu'il est dû, qui aurait été perçu pendant la période couverte par la nullité et, le cas échéant, de l'indemnité de licenciement (c. trav. art. L. 1235-3-1).

Exemple

La salariée licenciée en violation du régime de protection de la maternité et qui ne demande pas sa réintégration a droit à une indemnité visant à réparer intégralement le préjudice subi résultant du caractère illicite du licenciement et versement des salaires qu'elle aurait perçus pendant la période couverte par la nullité (cass. soc. 6 novembre 2024, n° 23-14706 FSB).

Salariées en contrat à durée déterminée - Le régime de protection contre le licenciement s'applique également aux salariées en contrat à durée déterminée (CDD), dans les mêmes conditions.

Toutefois, pendant les périodes durant lesquelles il est possible de licencier une salariée pour une faute grave ou une impossibilité de maintenir le contrat non liée à l'état de grossesse (avant le début du congé de maternité, pendant les 10 semaines qui suivent le terme du congé ou pendant les 10 semaines qui suivent la fin des congés payés pris après le congé ; *voir ci-dessus*), seule la faute grave non liée à la grossesse ou à l'accouchement pourrait permettre de mettre fin au CDD, hors le cas de la force majeure.

En revanche, le régime de protection ne fait pas obstacle à l'échéance du terme d'un CDD (c. trav. art. L. 1225-6). Le contrat n'est donc pas prolongé des périodes de protection.

Protection contre le licenciement en cas de fausse couche

L'employeur ne peut pas rompre le contrat de travail d'une salariée pendant les 10 semaines suivant une interruption spontanée de grossesse médicalement constatée ayant eu lieu entre les 14e et 21e semaines d'aménorrhée incluses, sauf faute grave de la salariée ou impossibilité de maintenir le contrat pour un motif étranger à l'interruption spontanée de grossesse (c. trav. art. L. 1225-4-3 ; loi 2023-567 du 7 juillet 2023, JO du 8).

Cette protection ne fait pas obstacle à l'arrivée à échéance d'un CDD (c. trav. art. L. 1225-6).

▶ À noter... En cas d'interruption spontanée de grossesse à partir de la 22e semaine d'aménorrhée, la salariée bénéficie du congé de maternité et du régime de la protection contre la rupture du contrat de travail associée à ce congé *(voir ci-avant)*.

Protection du père après la naissance

Le père bénéficie également d'une protection durant les 10 semaines qui suivent la naissance de son enfant. Pendant cette période, l'employeur ne peut pas rompre le contrat de travail, sauf à justifier d'une faute grave du salarié ou de l'impossibilité de maintenir le contrat de travail pour un motif étranger à l'arrivée de l'enfant (c. trav. art. L. 1225-4-1).

Si l'on s'en tient à la lettre du texte, cette protection paraît ne viser que le père, c'est-à-dire un homme ayant un lien de filiation avec l'enfant. Pour certains, la question se pose de savoir s'il faut l'appliquer aussi au « second » parent, même s'il n'est pas le père de l'enfant, afin de suivre la logique des bénéficiaires du *congé de paternité et d'accueil de l'enfant**.

▶ À noter... En tout état de cause, l'employeur ne peut pas prendre de mesure particulière à l'encontre d'un salarié en raison de sa situation de famille, car il s'agit d'une discrimination prohibée (c. trav. art. L. 1132-1).

☛ *Congé d'adoption ; Congé d'allaitement ; Congé parental d'éducation ; Congé de paternité et d'accueil de l'enfant ; Congé PMA ; Congés payés (incidence des arrêts de travail) ; Congés supplémentaires pour enfant à charge ou enfant handicapé ; Démission pour élever un enfant ; Égalité des rémunérations femmes-hommes ; Examens médicaux liés à la grossesse (absences) ; Indemnités journalières complémentaires ; Indemnités journalières de sécurité sociale de maladie ; Indemnités journalières de sécurité sociale de maternité ; Maternité (congé de) ; Maternité (rattrapage salarial) ; Visite médicale de reprise.*

Maternité (congé de)

Congé de maternité (durée et prise)

Durée du congé - La salariée enceinte a droit à un congé de maternité avant et après son accouchement qui varie en fonction du nombre d'enfants à naître et du nombre d'enfants présents au foyer *(voir tableau)* (c. trav. art. L. 1225-17, L. 1225-18 et L. 1225-19).

Le jour de l'accouchement est décompté comme le premier jour du congé postnatal : en pratique, la date du retour de la salariée correspond au même jour calendaire de la semaine que la date de son départ.

Si la naissance a lieu avant la date prévue, les dates du congé de maternité ne sont pas modifiées (la durée du congé prénatal qui restait à effectuer est reportée et prolonge d'autant le congé postnatal).

Si la naissance a lieu après la date prévue, la période de congé postnatal est recalculée à compter de la date réelle de l'accouchement, et le congé de maternité s'en trouve prolongé.

Durée du congé de maternité

Naissance(s)	Congé prénatal	Congé postnatal
Naissance unique (principe) (c. trav. art. L. 1225-17)	6 semaines	10 semaines
Naissance unique portant le nombre d'enfants à 3 ou plus (a) (c. trav. art. L. 1225-19)	8 semaines	18 semaines
Jumeaux (c. trav. art. L. 1225-18)	12 semaines	22 semaines
Triplés ou plus (c. trav. art. L. 1225-18)	24 semaines	22 semaines

(a) Lorsque, avant l'accouchement, la salariée elle-même ou le foyer assume déjà la charge de deux enfants au moins (ou lorsque la salariée a déjà mis au monde au moins deux enfants nés viables).

▶ À noter… Le droit européen n'impose pas de droit à congé maternité au bénéfice des femmes ayant eu recours à une mère porteuse (CJUE 18 mars 2014, aff. C-167/12 et C-363/12). Les législations nationales sont autorisées à le prévoir, mais ce n'est pas le cas du code du travail français.

Prise du congé - Le congé de maternité constitue un droit pour la salariée, mais celle-ci peut ne pas le prendre en totalité ou en aménager la répartition *(voir ci-après)*.

Il existe toutefois une interdiction d'emploi de 2 semaines avant la naissance et de 6 semaines après, période au cours de laquelle le travail doit obligatoirement être suspendu (c. trav. art. L. 1225-29). L'entreprise doit se montrer particulièrement vigilante sur ce point.

▶ À noter… Le congé postnatal accordé pour des raisons pathologiques (voir *Maternité**) prolonge le congé de maternité légal et reporte l'accès à un congé supplémentaire conventionnel, qui doit être pris à l'issue du congé de maternité légal (cass. soc. 27 mars 2019, n° 17-23988 FSPB).

Report d'une partie du congé prénatal à l'initiative de la salariée - La salariée peut réduire la période de suspension du contrat de travail qui commence avant la date présumée de l'accouchement (congé prénatal) d'une durée maximale de 3 semaines. Dans ce cas, la période postérieure à la date présumée de l'accouchement (congé postnatal) est augmentée d'une durée identique (c. trav. art. L. 1225-17 et L. 1225-19).

Ce report s'effectue sur la demande de la salariée et sous réserve de l'avis favorable du médecin qui suit la grossesse.

Lorsqu'une salariée fait usage de ce droit et se voit prescrire un arrêt de travail pendant la période antérieure à la date présumée d'accouchement dont elle a demandé le report, ce dernier est annulé. Dans ce cas, la période de suspension du contrat de travail est décomptée à partir du premier jour de l'arrêt de travail. La période initialement reportée est réduite d'autant (c. trav. art. L. 1225-17 à L. 1225-19).

▶ Attention… Cet aménagement du congé de maternité ne modifie pas l'interdiction d'emploi absolue de 2 semaines avant l'accouchement et 6 semaines après, soit 8 semaines au global (c. trav. art. L. 1225-29).

Grands prématurés - Lorsque l'accouchement intervient plus de 6 semaines avant la date prévue et exige l'hospitalisation postnatale de l'enfant, la période de suspension du contrat de travail est prolongée du nombre de jours courant de la date effective de l'accouchement jusqu'au début de la période de congé maternité, telle que déterminée à partir de la date d'accouchement initialement prévue (c. trav. art. L. 1225-23).

En pratique, sont visés les cas où le nouveau-né est admis dans un établissement disposant d'une structure de néonatalogie ou de réanimation néonatale, du fait de soins spécifiques nécessités par sa naissance prématurée.

Ce congé supplémentaire est indemnisé dans les mêmes conditions que le congé de maternité (c. séc. soc. art. L. 331-3). Il s'ajoute à la durée du congé de maternité et n'est pas détachable de celui-ci (circ. DSS/2A 2006-166 du 12 avril 2006).

Pour bénéficier de ce congé supplémentaire, la mère doit produire un bulletin d'hospitalisation établi au titre de son enfant né prématurément (circ. DSS/2A 2006-166 du 12 avril 2006).

Report du congé de maternité en cas d'hospitalisation du nouveau-né - Lorsque l'enfant est resté hospitalisé pendant une période minimale de 6 semaines après l'accouchement, la salariée peut reporter tout ou partie de son congé de maternité au terme de l'hospitalisation (c. trav. art. L. 1225-22). En pratique, elle peut reprendre le travail et reporter le reliquat du congé postnatal à partir de la date de fin de cette hospitalisation.

▶ À noter… En cas de grande prématurité, le bénéfice de ce report n'est accordé qu'après la prise de la période de congé supplémentaire liée à la notion de « grand prématuré » *(voir ci-avant)* (circ. DSS/2A 2006-166 du 12 avril 2006).

Décès de l'enfant - Lorsque l'enfant décède, la salariée peut bénéficier du congé postnatal.

Si l'enfant décède après une naissance prématurée de plus de 6 semaines, l'indemnisation sécurité sociale supplémentaire au titre des « grands prématurés » *(voir ci-avant)* est suspendue le jour du décès et le congé maternité, maintenu intégralement, prend le relais.

Décès de la mère : congé de substitution de son partenaire - En cas de décès de la mère intervenant pendant le congé maternité, le père peut suspendre son contrat de travail pendant une période au plus égale à la durée d'indemnisation sécurité sociale restant à courir au titre de la maternité (c. trav. art. L. 1225-28).

Si le père de l'enfant n'exerce pas son droit, celui-ci est ouvert au conjoint salarié de la mère ou à la personne liée à elle par un PACS ou vivant maritalement avec elle.

Le bénéficiaire du congé (père ou autre) bénéficie des IJSS de maternité (voir *Indemnités journalières de sécurité sociale de maternité**).

Interruption de la grossesse pour motif thérapeutique ou fausse couche - En cas d'interruption de grossesse pour motif thérapeutique ou de fausse couche (interruption de grossesse inopinée), la salariée peut bénéficier du congé de maternité en totalité, et donc de l'indemnisation par l'assurance maternité *(voir ci-après)*, si les conditions suivantes sont remplies (circ. CNAMTS 2004-99 du 10 août 2004) :
- la grossesse a été déclarée ;
- la gestation est d'au moins 22 semaines d'aménorrhée ou l'enfant pèse au moins 500 grammes.

Lorsque la salariée ou le médecin décide de ne pas demander la totalité de ce congé de maternité, mais seulement une partie, l'arrêt de travail lié à cette interruption est indemnisé par l'assurance maternité à condition que la période obligatoire de repos de 8 semaines *(voir ci-avant)* soit respectée. Si l'arrêt de travail est de moins de 8 semaines, il est pris en charge par l'assurance maladie (voir *Indemnités journalières de sécurité sociale de maladie**).

▶ À noter... L'interruption de grossesse pour motif thérapeutique ou la fausse couche intervenue avant le délai de 22 semaines d'aménorrhée n'ouvre pas droit au congé de maternité et l'arrêt de travail qui est prescrit est un arrêt maladie, indemnisé à ce titre (*indemnités journalières de sécurité sociale de maladie**, etc.). Il en va de même lorsque le poids de l'enfant est inférieur à 500 g (circ. CNAMTS 2004-99 du 10 août 2004).

IVG - L'interruption volontaire de grossesse (IVG) n'ouvre pas droit au congé de maternité dans la mesure où elle doit obligatoirement intervenir dans les 14 premières semaines de grossesse. L'arrêt de travail lié à une IVG est donc un arrêt maladie, indemnisé à ce titre (*indemnités journalières de sécurité sociale de maladie**, etc.) (circ. CNAMTS 2004-99 du 10 août 2004 ; c. santé pub. art. L. 2212-1).

Congé de maternité (indemnisation)

Indemnisation et maintien de salaire - Pendant son congé de maternité, la salariée est indemnisée par la sécurité sociale qui lui verse des *indemnités journalières de sécurité sociale de maternité**.

Il n'existe légalement aucune obligation de maintien de salaire complémentaire aux indemnités journalières de sécurité sociale de maternité. Les *indemnités journalières complémentaires** prévues par le code du travail en cas de maladie ou d'accident ne s'appliquent pas, mais de nombreuses conventions collectives prévoient un maintien de salaire.

Lorsque la convention collective prévoit un maintien de salaire, l'employeur, s'il est subrogé dans les droits de la salariée, doit s'assurer que le montant des *indemnités journalières de sécurité sociale de maternité** qu'il perçoit ne dépasse pas le montant du salaire maintenu à la salariée. Dans le cas contraire, il reverse la différence à l'intéressée (cass. soc. 19 décembre 1990, n° 87-43705, BC V n° 691).

Dès lors qu'une convention collective ou un accord collectif n'exclut pas expressément la part variable du niveau de rémunération assuré durant le congé de maternité, l'employeur doit en tenir compte dans le calcul des indemnités complémentaires dont il est éventuellement redevable au titre d'un maintien de salaire conventionnel (cass. soc. 25 novembre 2020, n° 19-12665 FPB).

▶ À noter... L'employeur n'a pas à verser à une salariée en congé de maternité une prime répondant à des critères de fixation et d'attribution objectifs, mesurables et licites expressément subordonnée à la participation active et effective du salarié à des activités spécifiques (cass. soc. 19 septembre 2018, n° 17-11618 FSPB). Il s'agissait dans cette affaire d'un « bonus de coopération », lié à la participation active et effective des salariés aux activités de transfert et de formation continue des équipes italiennes en France.

Bulletin de paye - L'employeur doit établir et délivrer un bulletin de paye à la salariée même si, en l'absence de subrogation, la paye est à zéro, voire négative suite à l'appel d'éventuelles cotisations (ex. : mutuelle).

À l'issue du congé de maternité

Démission avec priorité de réembauche - Le(la) salarié(e) peut mettre fin à son contrat de travail (sans préavis) l'issue du congé de maternité ou du *congé d'adoption**, ou, le cas échéant, 2 mois après la naissance de l'enfant (ou l'arrivée de l'enfant au foyer en cas d'adoption), en informant son employeur au moins 15 jours à l'avance par LRAR ou lettre remise contre récépissé (c. trav. art. L. 1225-66 et R. 1225-18).

Dans l'année suivant la rupture du contrat, l'intéressé(e) peut solliciter dans les mêmes formes sa réembauche (c. trav. art. L. 1225-67, R. 1225-18 et R. 1225-19).

Pour plus de détails voir *Démission pour élever un enfant**.

MATERNITÉ (EXEMPLE)

Une salariée cadre rémunérée 5 200 € par mois est en congé de maternité. Son bulletin de paye est établi pour le troisième mois complet d'absence. La convention collective prévoit un maintien de salaire net sous déduction des IJSS.

Compte tenu de la rémunération de la salariée, les IJSS de maternité sont plafonnées à leur montant maximal (101,94 € par jour hors Alsace-Moselle). Pour février 2025, la salariée a droit à 28 jours × 101,94 € = 2 854,32 € d'IJSS brutes, soit 2 663,08 € nets après déduction de la CSG et de la CRDS.

Les IJSS sont soumises au prélèvement à la source pour leur montant imposable, soit 2 745,86 € (montant brut - 3,8 % de CSG déductible).

La cotisation patronale maladie est à 13 %, car la rémunération de la salariée est supérieure au plafond de salaire ouvrant droit au taux réduit, rapporté à proportion du brut maintenu par rapport à la rémunération habituelle. En revanche, la cotisation d'allocations familiales est à 3,45 % (brut sécu inférieur au salaire plafond ouvrant droit au taux réduit, rapporté à proportion du brut maintenu).

EXTRAIT DU BULLETIN DE PAYE DE FÉVRIER 2025

Désignation	**Base**	**Taux**	**Montant**	
Salaire de base	151,67	32,28	5 200,00	
Déduction absence (1er-28 février)	151,67	32,28	- 5 200,00	
Maintien de salaire (1er-28 février)	151,67	32,28	+ 5 200,00	
IJSS brutes	28,00	101,94	- 2 584,32	
Déduction maintien du net			- 504,74	
Brut total			1 840,94	
Cotisations et contributions sociales	**Base (€)**	**Taux salarial**	**Part salarié (€)**	**Part employeur (€)**
Santé				
Sécurité sociale - Maladie Maternité Invalidité Décès	1 840,94	-	-	239,32
Complémentaire Incapacité Invalidité Décès				27,61
Complémentaire Santé	-	-	85,00	85,00
Accidents du travail - maladies professionnelles	1 840,94	-	-	36,82 (1)
Retraite				
Sécurité sociale plafonnée	1 840,94	6,90 %	127,02	157,40
Sécurité sociale déplafonnée	1 840,94	0,40 %	7,36	37,19
Complémentaire Tranche 1 (2)	1 840,94	4,01 %	73,82	110,64
Famille	1 840,94	-	-	63,51
Assurance chômage				
Chômage	1 840,94			79,16 (3)
APEC	1 840,94	0,024 %	0,44	0,66
Autres contributions dues par l'employeur	-	-	-	91,00 (4)
CSG déductible de l'impôt sur le revenu	1 921,34	6,80 %	130,65	-
CSG/CRDS non déductible de l'impôt sur le revenu	1 921,34	2,90 %	55,72	-
Exonérations et allègements de cotisations	-	-	-	-
Total des cotisations et contributions	-	-	480,02	928,82
IJSS nettes (subrogation)			+ 2 663,08	
Net social				**4 024,00 (5)**
Net à payer avant impôt sur le revenu				**4 024,00**
Impôt sur le revenu	**Base**	**Taux**	**Montant**	**Cumul annuel**
Montant net imposable			1 501,64 (6)	Valeur
Impôt sur le revenu prélevé à la source	4 247,49 (7)	15,00 %	637,12	Valeur
Net à payer au salarié (en euros) (8)				**3 386,87 (8)**
Total versé par l'employeur				2 769,26

Notes de la rédaction, pour aider à la lecture des totaux (ces notes n'ont pas à apparaître sur le bulletin de paye) :
(1) Par hypothèse taux de 2 %. (2) Y compris contribution d'équilibre général. (3) Chômage 4,05 % et AGS 0,25 %. (4) CSA (0,30 %), FNAL (0,50 %), versement mobilité (1,60 %), contribution au dialogue social (0,016 %), contribution formation (1 %), participation à l'effort de construction (0,45 %), taxe d'apprentissage (0,68 %). (5) Y inclus montant net de CSG/CRDS des IJSS subrogées [voir *Bulletin de paye (net social)**]. (6) Les IJSS ne sont pas portées dans le net imposable. (7) Y inclus montant imposable des IJSS subrogées. (8) À faire apparaître de manière à en faciliter la lisibilité.

Congé parental d'éducation - Tant que l'âge de l'enfant le permet, la salariée peut le cas échéant bénéficier d'un *congé parental d'éducation** (sous forme de congé total ou de réduction de son temps de travail).

Reprise du travail - La salariée de retour de congé de maternité doit faire l'objet d'un examen de reprise du travail obligatoire dans les 8 jours (c. trav. art. R. 4624-31). Elle doit être réintégrée dans son emploi ou un emploi similaire assorti d'une rémunération au moins équivalente (c. trav. art. L. 1225-25 ; cass. soc. 3 février 2010, n° 08-40338, BC V n° 33 ; cass. soc. 2 avril 2014, n° 12-27849 D).

Pendant 1 an à compter de la naissance, elle a droit à un *congé d'allaitement**.

En cas de travail sur un poste de nuit ou présentant certains risques, des dispositions spécifiques s'appliquent (voir *Maternité**).

▶ À noter… La salariée a droit à un *entretien professionnel** au retour de son congé de maternité (c. trav. L. 1225-27). L'employeur doit lui proposer cet entretien (c. trav. L. 6315-1, I).

Rattrapage salarial - À la suite du congé de maternité ou d'adoption, le salarié concerné doit être augmenté dans certaines conditions [voir *Maternité (rattrapage salarial)**].

Ancienneté, congés payés - La durée du congé de maternité est assimilée à du travail effectif pour la détermination des droits liés à l'ancienneté (c. trav. art. L. 1225-24) et aux *congés payés** (c. trav. art. L. 3141-5).

Par ailleurs, les salariés de retour d'un congé de maternité ou d'adoption ont droit à leur congé payé annuel, quelle que soit la période de prise des congés retenue dans l'entreprise (c. trav. art. L. 3141-2) [voir *Congés payés (incidence des arrêts de travail)**].

Compte personnel de formation - Les périodes d'absence du salarié due à un congé de maternité sont intégralement prises en compte pour le calcul des droits acquis au titre du *compte personnel de formation** (c. trav. art. L. 6323-12).

État pathologique prénatal ou postnatal

Un état pathologique lié à la grossesse, à l'accouchement ou à ses suites peut donner lieu à des périodes de repos supplémentaires, avant ou après le congé de maternité proprement dit (pour plus de détails, voir *Maternité**).

Rupture du contrat de travail

La salariée enceinte ou en congé de maternité bénéficie de mesures de protection particulières en matière de rupture de son contrat de travail (pour plus de détails, voir *Maternité**).

☞ *Congé d'adoption ; Congé d'allaitement ; Congé parental d'éducation ; Congé de paternité et d'accueil de l'enfant ; Congés payés (incidence des arrêts de travail) ; Congés supplémentaires pour enfant à charge ou enfant handicapé ; Démission pour élever un enfant ; Égalité des rémunérations femmes-hommes ; Égalité des rémunérations femmes-hommes (réduction des écarts) ; Entretien professionnel ; Indemnités journalières complémentaires ; Indemnités journalières de sécurité sociale de maladie ; Indemnités journalières de sécurité sociale de maternité ; Maternité ; Maternité (rattrapage salarial) ; Reprise du travail après un arrêt de travail ; Visite médicale de reprise.*

Maternité (rattrapage salarial)

Tout salarié de retour de congé de maternité ou d'adoption bénéficie d'une garantie légale de rattrapage salarial (c. trav. art. L. 1225-26 ; circ. SDFE/DGT/DGEFP du 19 avril 2007, JO 17 mai).

Principes du rattrapage

Rattrapage prévu par la loi - Le salarié de retour de congé de *maternité** ou de *congé d'adoption** doit bénéficier :

- des augmentations générales décidées ou perçues pendant le congé ;
- et de la moyenne des augmentations individuelles décidées ou perçues pendant la durée de son congé par les salariés relevant de la même catégorie professionnelle (à défaut, de la moyenne des augmentations individuelles dans l'entreprise).

Cette règle est d'ordre public. L'employeur ne peut pas remplacer cette augmentation par l'attribution d'une prime exceptionnelle, même si la salariée a donné son accord (cass. soc. 14 février 2018, n° 16-25323, BC V n° 20).

Si aucune augmentation n'est intervenue pendant l'absence, la garantie légale ne s'applique pas.

▶ À noter… L'employeur peut accorder une augmentation supérieure au salarié concerné, en fonction de ses mérites. Le « rattrapage » légal n'aurait alors pas lieu d'être, sauf à l'accorder en plus.

Rattrapage prévu dans un accord collectif - Si l'employeur est couvert par un accord collectif de branche ou d'entreprise fixant des garanties d'évolution de la rémunération au moins aussi favorables, il doit appliquer le dispositif conventionnel et non le dispositif légal (c. trav. art. L. 1225-26).

▶ À noter... Si un accord collectif conclu avant le 25 mars 2006 prévoit un mécanisme de rattrapage, ce mécanisme s'applique même s'il est moins favorable que le dispositif légal (c. trav. art. L. 1225-26).

Se situer au niveau de l'entreprise - Les augmentations prises en compte sont celles décidées ou versées pendant le congé du salarié au niveau de l'entreprise (et non de l'établissement, du groupe ou de l'unité économique et sociale).

Notion de catégorie professionnelle

Absence de définition légale - Les augmentations doivent avoir été accordées, pendant l'absence du salarié, à des collègues appartenant à la même catégorie professionnelle que l'intéressé. Il n'y a pas de définition légale de cette notion : sa compréhension varie en fonction de la taille et de la structure de l'entreprise.

Selon l'administration - L'administration considère que des salariés appartiennent à la même catégorie lorsqu'ils relèvent du même coefficient dans la classification applicable à l'entreprise pour le même type d'emploi. L'employeur peut être amené à tenir compte d'une subdivision supplémentaire par métier lorsque les coefficients s'appliquent à des emplois dont le contenu est différent.

▶ À noter... La détermination de l'appartenance à la même catégorie professionnelle s'effectue à la date du départ en congé de maternité ou d'adoption, et non au retour.

Absence de collègues appartenant à la même catégorie professionnelle - Quand il n'y a pas de salarié comparable à celui qui revient de congé, trois cas sont envisagés (circ. SDFE/DGT/DGEFP du 19 avril 2007, JO 17 mai) :
- une catégorie professionnelle ne comprend que le salarié qui s'est absenté et un collègue : l'employeur doit prendre en compte tous les salariés qui relèvent du même niveau dans la classification de l'ensemble de l'entreprise ;
- l'entreprise ne compte pas au moins 2 salariés de même niveau : il convient de prendre en compte les salariés de la même catégorie socioprofessionnelle de l'ensemble de l'entreprise (ouvriers, employés, cadres, etc.) ;
- il n'existe pas au moins 2 salariés de la même catégorie socioprofessionnelle dans l'entreprise : il faut passer par la moyenne des augmentations individuelles de l'entreprise.

Quand doit-on mettre en œuvre le rattrapage ?

À la suite du congé - L'augmentation accordée au titre de la garantie de rémunération doit intervenir à l'issue de la suspension du contrat de travail liée au congé de maternité.

Sauf accord collectif plus favorable, l'augmentation n'est pas due pour la période du congé de maternité, durant laquelle le contrat de travail est suspendu, l'employeur n'étant tenu de la verser qu'à l'issue de ce congé et pour la période postérieure à celui-ci (cass. soc. 2 octobre 2024, n° 23-11582 FSB).

Selon l'administration, le rattrapage est dû à compter du retour de congé de maternité ou d'adoption (circ. SDFR/DGT/DGEFP du 19 avril 2007, JO 17 mai). Ainsi, un rappel de salaire doit être payé si le rattrapage est décalé par rapport à la date exacte de retour.

Congé de maternité ou d'adoption suivi d'un congé parental - Si un salarié enchaîne un congé de maternité ou d'adoption avec un *congé parental d'éducation** total, l'employeur ne doit réévaluer son salaire qu'à son retour dans l'entreprise.

▶ À noter... Seules les augmentations intervenues pendant le congé de maternité ou d'adoption doivent être prises en compte (et non celles intervenues durant le congé parental).

Calculer le rattrapage

Niveau du rattrapage - Le rattrapage est égal à la somme des augmentations générales et de la moyenne des augmentations individuelles perçues pendant la durée du congé par les salariés de la même catégorie professionnelle (à défaut, la moyenne des augmentations individuelles dans l'entreprise).

Rémunération à prendre en compte - Il faut se référer au salaire de base, aux avantages en nature et, plus généralement, à tous les accessoires de salaires payés directement ou indirectement par l'employeur en raison de l'emploi du salarié.

Rémunération à ignorer - Les primes liées à une sujétion particulière lorsque le salarié n'y est pas soumis (salissures, travail de nuit, du dimanche, etc.), les primes exceptionnelles liées à la personne du salarié (mariage, ancienneté, médaille du travail, etc.), les augmentations liées à une promotion entraînant un changement de catégorie, ainsi que l'épargne salariale peuvent être ignorées.

Calcul de la moyenne des augmentations individuelles - Il convient d'effectuer la moyenne des aug-

Exemple de calcul du rattrapage
1) Les données de l'exemple. Dans une entreprise, les salariés A, B, C, D, E, X et Y appartiennent à une même catégorie professionnelle. Les salariés A, B, C et X bénéficient d'une prime de poste (ex. : prime sur chiffre d'affaires). X et Y sont en congé de maternité à la date des augmentations collectives et individuelles. Pendant les absences de X et Y, l'employeur a accordé 3 % d'augmentation générale sur le salaire de base, des augmentations individuelles de la prime de poste (A : 1 %, B : 2 % et C : 3 %) et des augmentations individuelles (C : 3 % et D : 1 %).
2) Niveau du rattrapage. L'employeur doit, au minimum : - augmenter X et Y de 3 % au titre de l'augmentation générale ; - augmenter la prime de poste de X de : (1 % + 2 % + 3 %) / 3 = 2 % (Y ne peut y prétendre, puisqu'il ne bénéficie pas de cette prime) ; - octroyer à X et Y la moyenne des augmentations individuelles : (3 % + 1 %) / 5 = 0,8 %.

mentations de tous les salariés de la catégorie (augmentés ou non). La démarche est la suivante :
- décomposer la rémunération des salariés de la catégorie professionnelle concernée, y compris celle du salarié revenant de congé ;
- identifier les augmentations individuelles et/ou collectives appliquées aux divers éléments de rémunération ;
- calculer la moyenne des augmentations pour chaque élément de rémunération ;
- appliquer chaque taux moyen aux éléments correspondants de la rémunération de la personne concernée.

☛ *Égalité des rémunérations femmes-hommes (réduction des écarts) ; Maternité ; Maternité (congé de) ; Congé d'adoption.*

Médaille du travail

La médaille d'honneur du travail est remise aux salariés en récompense de leur ancienneté ou de leurs services (décret 84-591 du 4 juillet 1984 modifié).

Conditions d'attribution

Salariés concernés - Les salariés, de nationalité française ou non, travaillant sur le territoire français (métropole, DOM, COM) pour des employeurs français ou étrangers peuvent obtenir la médaille d'honneur du travail.

Cette dernière peut être décernée également aux salariés, quelle que soit leur nationalité, travaillant à l'étranger (décret 84-591 du 4 juillet 1984, modifié par décret 2007-1746 du 12 décembre 2007, JO du 14) :
- chez un employeur français ;
- dans une succursale ou agence d'une entreprise ou d'un établissement dont le siège social est sur le territoire français ;
- dans les filiales des sociétés françaises, même si ces filiales ne sont pas constituées selon le droit français.

Conditions d'ancienneté - Les médailles d'honneur du travail sont attribuées aux salariés qui ont accompli, chez leurs divers employeurs (décret 84-591 du 4 juillet 1984, art. 6, modifié par décret 2000-1015 du 17 octobre 2000, JO du 19) :
- 20 ans de services pour la médaille d'argent ;
- 30 ans de services pour la médaille de vermeil ;
- 35 ans de services pour la médaille d'or ;
- 40 ans de services pour la grande médaille d'or.

▶ À noter… Peu importe que le salarié ait travaillé toute sa carrière chez un même employeur ou au contraire qu'il ait eu plusieurs postes dans des entreprises différentes.

La médaille peut être accordée après des durées de services moindres (décret 84-591 du 4 juillet 1984 modifié, art. 6 et art. 11) :
- pour les périodes d'activité exercées hors métropole par des salariés de nationalité française résidant dans les DOM-TOM ou à l'étranger (réduction égale au 1/3 du temps passé hors du territoire métropolitain) ;
- pour les salariés dont l'activité présente un caractère de pénibilité et justifie que l'âge minimal d'ouverture du droit à retraite soit inférieur à celui en vigueur au régime général (seuils d'ancienneté requis ramenés respectivement à 18, 25, 30 et 35 ans de services).

De même, des réductions d'ancienneté sont accordées pour les mutilés du travail dont le taux d'incapacité est d'au moins 50 %. Ainsi, la durée des services requise est réduite de moitié pour les mutilés du travail dont le taux d'incapacité se situe entre 50 et 75 %. L'échelon « argent » peut même être accordé sans condition de durée de services en cas d'incapacité supérieure à 75 %, l'échelon Vermeil accordé 5 ans après, l'échelon Or 4 ans après l'échelon Vermeil, et l'échelon Grand Or 2 ans 1/2 après l'échelon Or. Les mutilés du travail à 100 % reçoivent immédiatement l'échelon Grand Or (décret 84-591 du 4 juillet 1984 modifié, art. 13).

▶ À noter… Les conventions collectives ou les usages peuvent également prévoir des médailles du travail conventionnelles, dont les conditions d'attribution peuvent être différentes.

Périodes prises en compte - Outre les années de travail, d'autres périodes sont prises en compte pour le calcul des années d'activité, et notamment le temps passé au titre du service national, les stages de formation professionnelle rémunérés, les périodes d'apprentissage ou la période de congé maternité ou de congé d'adoption pour une année maximum (décret 84-591 du 4 juillet 1984 modifié, art. 7 à 10).

Procédure de demande - La demande de dossier doit être faite auprès de la mairie et le dossier est envoyé à la *DREETS** du lieu de résidence du salarié, ou à la préfecture ou la sous-préfecture, ou encore à l'ambassade ou au consulat à l'étranger. La demande peut également être formulée en ligne sur Internet (https://www.demarches-simplifiees.fr). Toutefois, certains départements ne peuvent pas encore avoir accès à cette demande dématérialisée.

En cas de difficultés à utiliser le téléservice « démarches simplifiées » , les candidatures concernant un résident parisien peuvent être adressées, par voie postale à la préfecture de Paris, Service des décorations, Pôle médailles d'honneur du travail (5 rue Leblanc 75911 Paris Cedex 15), avant le 1er mai pour la promotion du 14 juillet et avant le 15 octobre pour celle du 1er janvier (décret 84-591 du 4 juillet 1984, art. 16, modifié par décret 88-199 du 29 février 1988).

Le dossier doit notamment comporter les certificats de travail de chaque employeur. À défaut, le demandeur pourra faire établir une attestation par deux témoins, sous conditions. La production des bulletins de salaire est également admise. En pratique donc, une période peut ne pas être prise en compte faute pour le salarié de produire pour cette période un certificat de travail (cass. soc. 13 décembre 2011, n° 10-25112 D).

Acquisition de l'insigne

Elle est laissée à l'initiative du salarié ou de l'employeur. Ce dernier n'a aucune obligation d'acquérir l'insigne ni de l'offrir au salarié, sauf dispositions conventionnelles plus favorables au salarié (rép. Masson n° 7125, JO 21 février 1994, AN quest. p. 933).

Gratification

Pas d'obligation légale - La remise de la médaille d'honneur du travail peut s'accompagner d'une gratification remise au salarié par l'employeur ou le *comité social et économique** (CSE). Il n'y a aucune obligation légale de le faire, pour l'employeur comme pour les représentants du personnel.

Toutefois, l'attribution de la médaille peut donner lieu au paiement par l'employeur d'une gratification (prime ou indemnité, peu importe son appellation) si celle-ci est prévue par la convention collective ou les usages applicables dans l'entreprise (cass. soc. 18 octobre 2006 n° 04-43069 D).

▶ À noter… Le cas échéant, le droit à la gratification naît à la date à laquelle le salarié atteint le nombre d'années de services requis. Si le montant de la gratification évolue après cette date, il ne peut pas bénéficier du nouveau montant de la prime (cass. soc. 28 mars 2018, n° 16-19260, BC V n° 53).

Action en paiement de la gratification et délai de prescription - La durée de la prescription étant déterminée par la nature de la créance invoquée, l'action en paiement d'un rappel de gratification allouée au titre de la médaille du travail en vertu d'un engagement unilatéral de l'employeur est soumise à la prescription de 3 ans applicable aux actions en paiement du salaire (cass. soc. 11 mai 2023, n° 21-15187 FSB ; c. trav. art. L. 3245-1).

En revanche, lorsque l'action en paiement de la gratification d'une médaille du travail est fondée sur des faits de discrimination allégués, elle est soumise au délai de prescription de 5 ans applicable à l'action en réparation du préjudice résultant d'une discrimination (cass. soc. 30 juin 2021 n° 19-14543 FSB ; c. trav. art. L. 1134-5).

Régime fiscal - Les gratifications allouées à l'occasion de la délivrance de la médaille d'honneur sont exonérées d'impôt sur le revenu (CGI art. 157, 6°).

L'exonération ne peut être accordée que si les sommes remises aux salariés conservent le caractère d'une simple gratification (CE 23 février 1966, n° 55002). D'une façon générale, ce caractère leur est reconnu dans la limite d'un montant correspondant à celui du salaire mensuel de base du bénéficiaire. Le surplus constitue un complément de salaire imposable (BOFiP-RSA-CHAMP-20-50-40-§ 50-09/06/2022).

L'exonération ne s'applique pas aux gratifications allouées par les employeurs à l'occasion de la remise à leurs salariés de médailles d'honneur autres que la médaille d'honneur du travail (ex. : médailles d'honneur décernées par les groupements professionnels ou par l'employeur lui-même) (BOFiP-RSA-CHAMP-20-50-40-§ 40-09/06/2022).

Cotisations : tolérance ACOSS - L'ACOSS admet l'exonération de la gratification à hauteur du salaire mensuel de base du salarié, hors primes diverses.

Cette limite s'apprécie en additionnant les sommes versées par l'employeur et éventuellement par le CSE, lorsqu'il alloue également une gratification (lettre-circ. ACOSS 2000-103 du 22 novembre 2000 ; lettre min. du 12 décembre 1988 diffusée par lettre-circ. ACOSS 89-5 du 4 janvier 1989).

La tolérance de l'ACOSS est d'interprétation stricte. En conséquence :
- elle est inapplicable aux gratifications versées à l'occasion des médailles du travail conventionnelles ou d'usage ;
- l'URSSAF est en droit d'en réserver l'application aux seules primes versées concomitamment à la remise de la médaille et peut opérer un redressement sur celles versées plus tard aux attributaires, à l'issue d'une procédure judiciaire (cass. civ., 2e ch., 16 septembre 2010, n° 09-10346 D).

▶ À noter… La tolérance n'étant pas prévue par une circulaire opposable [voir *Circulaires (force juridique)**], elle ne lie ni les URSSAF, ni les juges. En cas de litige relatif à un redressement URSSAF, la Cour de cassation considère que la gratification est versée aux salariés en raison du travail accompli au service de l'entreprise : en conséquence, elle doit être soumise à cotisations (cass. soc. 23 mars 1995, n° 92-11833, BC V n° 108).

Pas d'intégration dans le Net social - La gratification versée à l'occasion de la délivrance de la médaille d'honneur ne doit pas être intégrée dans le Net social lorsqu'elle est exonérée.

En revanche, lorsque le montant de la prime versée excède le salaire mensuel de base du bénéficiaire et est assujetti à cotisations sociales, la prime constitue un avantage en espèces assujetti et est ainsi intégrée dans le Net social (BOSS, Montant Net social, Q/R 24, 01/10/2024).

☞ *Assiette des cotisations de sécurité sociale.*

Médiation AGIRC-ARRCO

Prévue par l'accord national interprofessionnel (ANI) du 17 novembre 2017 instituant le régime AGIRC-ARRCO de *retraite complémentaire**, la médiation a notamment pour objectif de favoriser le règlement amiable des différends entre, d'une part, les institutions de retraite complémentaire ou la Fédération AGIRC-ARRCO et, d'autre part, les entreprises qui ont présenté une réclamation et ne sont pas satisfaites de la réponse obtenue.

Au-delà des médiateurs ou conciliateurs qui peuvent exister au sein de chaque institution AGIRC-ARRCO, il existe aussi un médiateur national au niveau de la Fédération AGIRC-ARRCO, dont le rôle, les règles de saisine et les modalités d'intervention sont présentés ci-après.

Conditions de saisine du médiateur national

Réclamations concernées - La médiation traite toute demande relative à un service, une décision ou une absence de réponse (dans les 2 mois révolus suivant la date de réception de la réclamation) d'une institution de retraite complémentaire ou de la Fédération AGIRC-ARRCO, en matière réglementaire ou de gestion (Charte de la médiation AGIRC-ARRCO, art. 3).

Démarche préalable auprès des institutions AGIRC-ARRCO - Les réclamations portées devant le médiateur national ne peuvent être traitées que si elles ont été précédées d'une démarche de l'employeur auprès des services de la caisse AGIRC-ARRCO à laquelle il adhère afin de résoudre le problème en amont (ANI AGIRC-ARRCO du 17 novembre 2017, art. 125).

Si le médiateur est saisi directement, il doit transmettre la demande à l'institution compétente pour un examen préalable et en informe le demandeur (Charte de la médiation AGIRC-ARRCO, art. 3).

Pas de recours contentieux déjà engagé - L'employeur ne peut pas saisir le médiateur s'il a déjà engagé un recours contentieux devant une juridiction compétente (ANI AGIRC-ARRCO du 17 novembre 2017, art. 126).

Procédure

Modalités de saisine du médiateur - La saisine du médiateur est gratuite (ANI AGIRC-ARRCO du 17 novembre 2017, art. 125).

L'entreprise peut saisir directement le médiateur sur www.agirc-arrco.fr (onglet « Entreprises », puis rubrique « Mes contacts » et « Faire appel au médiateur »), en remplissant un formulaire en ligne. Elle doit joindre la preuve d'une réclamation préalable auprès de sa caisse de retraite complémentaire ou de la Fédération AGIRC-ARRCO (ex : lettre de réclamation initiale, réponse qui a été apportée), ainsi que les documents utiles à l'examen de sa demande (ex : attestation de paiement AGIRC-ARRCO) (www.agirc-arrco.fr).

La saisine peut aussi se faire par courrier postal. L'employeur doit alors remplir un formulaire spécifique disponible sur www.agirc-arrco.fr et l'envoyer, accompagné des pièces justificatives, à l'adresse suivante : Monsieur le Médiateur AGIRC-ARRCO, 16 rue Jules César, 75592 Paris Cedex.

▶ À noter... Il est accusé réception par écrit des demandes, sauf s'il peut y être répondu dans les 2 mois suivant la saisine (ANI AGIRC-ARRCO du 17 novembre 2017, art. 125).

Examen de la demande par le médiateur - Le médiateur national vérifie les faits allégués auprès du demandeur et de l'institution de retraite complémentaire ou de la Fédération AGIRC-ARRCO et recherche tout élément d'appréciation de la situation. À cet égard, l'institution concernée, par l'intermédiaire de son médiateur ou conciliateur, s'engage à fournir au médiateur national toutes les informations en sa possession en rapport avec la demande. Les réclamations sont d'abord examinées au regard de la réglementation applicable. S'il ressort que la décision contestée a été prise conformément à la réglementation mais produit des effets disproportionnés ou contraires à l'esprit de la règle, le médiateur est habilité à formuler un avis en équité (Charte de la médiation AGIRC-ARRCO, art. 4).

Réponse du médiateur - Le médiateur apporte une réponse circonstanciée aux deux parties. Cette réponse met fin à la médiation (Charte de la médiation AGIRC-ARRCO, art. 4).

Sa réponse doit intervenir dans un délai de 2 mois à compter de sa saisine, le cachet de La poste faisant foi pour les envois par courrier et l'accusé de réception technique par mail pour les réclamations en ligne. Ce délai peut être prorogé en raison de mesures d'instruction nécessaires. Les parties sont alors informées de cette prolongation ainsi que de la durée prévue pour la clôture du litige (ANI AGIRC-ARRCO du 17 novembre 2017, art. 125). La Charte de la médiation AGIRC-ARRCO prévoit quant à elle un délai de réponse de 3 mois (Charte de la médiation AGIRC-ARRCO, art. 4).

Articulation avec les autres voies de recours

Voie alternative - La saisine du médiateur de l'AGIRC-ARRCO n'empêche pas l'employeur de décider à tout moment d'utiliser les voies habituelles de recours contentieux devant les juridictions compétentes. Toutefois, l'engagement d'une procédure contentieuse met fin à la médiation (ANI AGIRC-ARRCO du 17 novembre 2017, art. 126 ; Charte de la médiation AGIRC-ARRCO, art. 5).

En outre, l'employeur ne peut pas se prévaloir de l'avis émis par le médiateur devant les juridictions contentieuses.

Pas de suspension des délais de recours - La saisine du médiateur n'interrompt pas les délais de recours devant les juridictions compétentes (ANI AGIRC-ARRCO du 17 novembre 2017, art. 126).

Médiation URSSAF

La loi pour un État au service d'une société de confiance a généralisé la médiation au sein des *URSSAF**, après trois expérimentations réussies (loi 2018-727 du 10 août 2018, art. 34, JO du 11).

Conditions de saisine du médiateur URSSAF

Démarche préalable auprès des services de l'URSSAF - Les réclamations portées devant le médiateur ne peuvent être traitées que si elles ont été précédées d'une démarche de l'employeur auprès des services de son URSSAF pour résoudre le problème en amont (c. séc. soc. art. L. 217-7-1, II).

Le site du réseau des URSSAF précise que cette démarche préalable peut être effectuée par courrier, par mail ou lors d'un rendez-vous à l'URSSAF. Si l'employeur n'a pas été satisfait de la réponse apportée, ou n'a pas reçu de réponse dans un délai de 30 jours, il peut alors saisir le médiateur (https://www.urssaf.fr/accueil/services/saisir-mediateur.html).

Pas de recours contentieux déjà engagé - L'employeur ne peut pas saisir le médiateur s'il a déjà engagé un recours contentieux devant le pôle social du tribunal judiciaire compétent (voir *Contentieux de la sécurité sociale**) (c. séc. soc. art. L. 217-7-1, II).

▶ À noter... La législation exclut la possibilité de recourir à la médiation uniquement si une procédure contentieuse est déjà engagée. Il est donc possible de faire appel au médiateur même si la commission de recours amiable (CRA) de l'URSSAF a été saisie, dans la mesure où la CRA n'est pas une juridiction contentieuse, a expliqué l'*ACOSS** à notre rédaction. Dans ce cas, le médiateur fera connaître sa recommandation aux administrateurs de la CRA, qui restent seuls compétents pour rendre leur décision (voir *Contentieux de la sécurité sociale**).

Procédure

Modalités de saisine du médiateur - La saisine du médiateur est gratuite.

L'entreprise peut saisir directement le médiateur depuis son espace personnel en ligne sur www.urssaf.fr (rubrique messagerie, nouveau message, motif « un autre sujet », demander une médiation).

La saisine peut aussi se faire en remplissant un formulaire spécifique disponible sur le site Internet du réseau des URSSAF. Ce formulaire peut être adressé au médiateur, soit par courriel, soit par courrier postal. La liste des adresses mail et postales des médiateurs est disponible sur Internet (www.urssaf.fr).

L'employeur a la possibilité d'ajouter toute pièce justificative nécessaire à la bonne compréhension de la demande de médiation.

Examen de la demande par le médiateur - Dans un premier temps, le médiateur vérifie la recevabilité de la demande en s'assurant qu'elle relève bien de sa compétence (www.urssaf.fr).

▶ À noter... S'il estime que la saisine ne relève pas de sa compétence, le médiateur retransmet la réclamation à l'URSSAF ou l'organisme compétent et en avise l'employeur sans délai.

Puis il examine la demande en détail en se basant sur les faits, les pièces justificatives et tous les éléments à sa disposition. Il peut demander à l'employeur des compléments d'information, afin de disposer de tous les éléments nécessaires au traitement de son dossier en toute neutralité.

Principe de confidentialité - La médiation est soumise au principe de confidentialité (c. séc. soc. art. R. 115-5, III). Ainsi, les constatations du médiateur et les déclarations recueillies au cours de la médiation ne peuvent être divulguées aux tiers ni invoquées ou produites dans le cadre d'une instance judiciaire ou arbitrale sans l'accord des parties.

Ce principe de confidentialité connaît toutefois des exceptions, notamment en présence de raisons impérieuses d'ordre public ou lorsque la révélation de l'existence ou la divulgation du contenu de l'accord issu de la médiation est nécessaire pour son exécution.

Principe d'impartialité - Le médiateur, désigné par le directeur de l'URSSAF, accomplit sa mission en toute impartialité et ne peut recevoir aucune instruction quant au traitement d'une réclamation qui lui est soumise (c. séc. soc. art. R. 115-5, IV).

Le médiateur veille à prévenir toute situation de conflit d'intérêts. Il doit déclarer, s'il y a lieu, qu'il a un lien direct ou indirect, notamment d'ordre familial, professionnel ou financier, avec la personne dont la réclamation est examinée. Lorsque tel est le cas, la réclamation est traitée par le médiateur d'un autre organisme de recouvrement (c. séc. soc. art. R. 115-5, IV).

Réponse du médiateur - Après avoir examiné la demande, le médiateur formule une recommandation auprès du directeur ou des services de l'URSSAF, dans le respect des dispositions législatives et réglementaires en vigueur (c. séc. soc. art. L. 217-7-1, I). Le médiateur ne peut donc pas prendre une décision en opportunité et sa recommandation n'aura aucun caractère contraignant pour l'URSSAF.

Le site Internet du réseau des URSSAF indique que la réponse du médiateur intervient en moyenne dans le délai d'un mois suivant la saisine de l'employeur, et est communiquée aux deux parties. Dans certains cas complexes, ce délai peut être porté à 2 mois. Une réponse d'attente est alors faite à l'employeur (www.urssaf.fr).

Articulation avec les autres voies de recours

Voie alternative - La saisine du médiateur de l'URSSAF n'empêche pas l'employeur de décider à tout moment d'utiliser les autres voies de recours existantes (commission de recours amiable, tribunal judiciaire...) (voir *Contentieux de la sécurité sociale**). Toutefois, l'engagement d'une procédure contentieuse met fin à la médiation (c. séc. soc. art. L. 217-7-1, I et II).

Suspension des délais de recours - L'engagement d'une médiation suspend les délais de recours prévus pour les réclamations qui sont l'objet de la demande de médiation. Cette suspension prend effet à compter de la notification portant sur la recevabilité de la réclamation soumise au médiateur, et jusqu'à ce que celui-ci ait communiqué ses recommandations aux deux parties (c. séc. soc. art. L. 217-7-1, II).

☞ *Contentieux de la sécurité sociale.*

Mensualisation

À l'origine prévue par un accord national interprofessionnel du 10 décembre 1977 (étendu par une loi du 19 janvier 1978 ; circ. 27 juin 1978, JO 1er juillet), la mensualisation a été intégrée dans le code du travail en 2008.

Salariés bénéficiaires

La mensualisation s'applique à tous les salariés, à l'exception des travailleurs à domicile, des salariés intermittents, des salariés saisonniers et des travailleurs temporaires (c. trav. art. L. 3242-1).

Les salariés en *contrat à durée déterminée** en bénéficient (cass. soc. 9 avril 1996, n° 92-43458, BC V n° 143), sauf s'ils relèvent de catégories qui en sont exclues (ex. : saisonniers).

Paiement du salaire au mois

Calcul du salaire - La mensualisation consiste à verser au salarié chaque mois, pour un horaire déterminé, la même rémunération, indépendamment du nombre de jours travaillés dans le mois (c. trav. art. L. 3242-1).

Si le salarié est soumis à un horaire ne comprenant pas l'accomplissement d'*heures supplémentaires**, la rémunération mensuelle est obtenue selon la formule suivante : Taux horaire × Horaire hebdomadaire × 52/12.

En conséquence, l'employeur doit tenir compte de la durée hebdomadaire du travail et non de la durée mensuelle pour calculer la rémunération mensuelle découlant de l'application de la mensualisation (cass. soc. 29 mars 1995, n° 91-44382 D).

▶ À noter… Pour un tableau de conversion d'horaires hebdomadaires en horaires mensualisés, voir *Temps de travail (horaire hebdomadaire - horaire mensualisé)**.

La mensualisation n'exclut pas la rémunération au rendement, aux pièces ou à la prime (c. trav. art. L. 3242-2).

Heures supplémentaires - Les heures supplémentaires sont calculées et payées en plus de ce salaire.

Si des heures supplémentaires ouvrant droit à des majorations de salaire sont intégrées dans une rémunération forfaitaire, il faut en tenir compte via les coefficients multiplicateurs : le salaire mensuel ne s'obtient pas en multipliant simplement l'horaire mensuel par le taux horaire, ce qui reviendrait à ignorer les majorations de salaire.

Exemple

Un salarié travaille 39 h par semaine. Sa durée du travail mensualisée est de 39 × 52/12 = 169 h, dont 151,67 h payées au taux horaire normal et 4 × 52/12 = 17,33 heures supplémentaires. Par hypothèse, celles-ci sont majorées de 25 %. Si le salarié est payé sur la base d'un taux horaire de 15 €, sa rémunération mensuelle est de (151,67 × 15 €) + (17,33 × 15 € × 1,25) = 2 600 € (et non 169 h × 15 €).
Dans un calcul l'envers, si la rémunération mensuelle forfaitaire du salarié est de 3 800 €, le taux horaire de base est de 3 800 € / [151,67 + (17,33 × 1,25)] = 21,93 (et non 3 800 € / 169 = 22,49).

Acomptes - Les salariés mensualisés peuvent bénéficier d'un acompte, par quinzaine, égal à la moitié de la rémunération du mois (c. trav. art. L. 3242-1).

Bulletin de paye

Le bulletin de paye doit faire apparaître le nombre d'heures correspondant à la rémunération mensualisée, quel que soit le nombre de jours travaillés dans le mois.

La rémunération des heures supplémentaires doit faire l'objet d'une ligne spécifique, en précisant le nombre et le taux de paiement. Il en va de même en cas de retenue sur salaire pour absence.

Durée collective du travail supérieure à 35 h

Les entreprises ayant une durée collective du travail supérieure à la durée légale ou à la durée équivalente peuvent lisser les heures supplémentaires pour le calcul de la rémunération (voir *Lissage du salaire**).

☞ *Acomptes ; Heures supplémentaires ; Jours fériés ; Lissage du salaire ; Paiement du salaire ; Travail intermittent ; Travailleurs à domicile ; Travailleurs horaires ; Travailleurs saisonniers ; Travailleurs temporaires.*

Minimum conventionnel

L'employeur doit respecter le *SMIC** ainsi que le salaire minimum prévu par la convention collective ou par ses avenants.

À défaut d'accord sur les salaires, une recommandation patronale peut également avoir force obligatoire.

Fixation

Prise en compte des fonctions du salarié - Le minimum dû au salarié est celui correspondant à sa classification ou à son coefficient. On doit se référer aux fonctions réellement exercées par le salarié (cass. soc. 18 mars 1992, n° 89-43026, BC V n° 195).

▶ À noter… En cas de repositionnement hiérarchique d'un salarié avec rappel de salaire, l'employeur n'est tenu qu'au paiement d'un salaire correspondant au salaire minimum conventionnel afférent à ce coefficient. Le juge ne peut pas attribuer au salarié un rappel de salaire calculé sur la base du salaire moyen des salariés exerçant les mêmes fonctions dans son secteur professionnel (cass. soc. 4 septembre 2019, n° 18-11319 D).

Prise en compte de la durée du travail - Parfois, il convient de prendre en compte la durée du travail. Si un minimum conventionnel est fixé par rapport à la durée de travail du salarié (151,67 h sur le mois), il doit être proratisé pour les salariés d'un établissement où la durée collective du travail est inférieure (ex. : 138,67 h) (cass. soc. 17 septembre 2015, n° 14-15386 D).

Par ailleurs, le minimum conventionnel doit être proratisé pour les salariés d'une entreprise où la durée du travail est inférieure à celle retenue par les dispositions conventionnelles pour fixer ce minimum. C'est ce qui a, par exemple, été jugé pour un minimum conventionnel fixé par rapport à une durée de travail de 38 h hebdomadaires, cette durée ayant été ensuite ramenée à 35 h dans l'entreprise (cass. soc. 7 septembre 2017, n° 15-26722, BC V n° 130).

Abattement du salaire des débutants - Il a été admis par les juges qu'un accord de branche autorise les entreprises à pratiquer un abattement sur le salaire minimum conventionnel des cadres débutants, sans que cela porte atteinte au principe « à travail égal, salaire égal ». En pratique, l'accord de branche prévoyait la possibilité pour les entreprises de procéder à un abattement de 5 %, pendant 2 ans, sur le minimum salarial conventionnel des cadres débutants sans expérience professionnelle, le tout étant encadré par des entretiens réguliers avec les salariés concernés (CE 16 octobre 2017, n° 390011).

Augmentation de salaire

Le salarié peut percevoir un salaire contractuel supérieur au minimum conventionnel. Dans ce cas, une augmentation du seul minimum conventionnel n'a pas d'influence sur sa rémunération puisqu'il est déjà rémunéré au-delà. Il ne peut pas exiger que l'écart entre sa rémunération et le minimum soit maintenu, sauf disposition conventionnelle ou usage contraire.

Exemple

Les augmentations des minima conventionnels par avenant à la convention collective ou par accord collectif ne s'appliquent pas aux salariés dont la rémunération réelle est déjà supérieure à ces minima. Ces salariés ne peuvent pas prétendre au maintien de la proportion existant en leur faveur entre le salaire minimum conventionnel et leur salaire contractuel (cass. soc. 15 mai 2014, n° 12-24667 D).

En revanche, si la convention prévoit une augmentation des salaires réels, le salarié devra être augmenté même s'il dépasse le minimum conventionnel.

Vérification du minimum

Référence à la convention de branche - La convention de branche peut définir la structure du salaire minimum conventionnel. Elle peut ainsi (CE 7 octobre 2021, n° 433053) :
- définir les salaires minima hiérarchiques et prévoir qu'ils valent pour les seuls salaires de base des salariés ou pour leurs rémunérations effectives résultant de leur salaire de base et de certains compléments de salaire ;
- en fixer le montant par niveau hiérarchique.

L'entreprise reste néanmoins libre de négocier d'autres accessoires de salaire pour respecter le minimum hiérarchique.

Exemple

Peu importe que la branche prévoie que le minimum conventionnel est de 25 000 € par an pour un niveau hiérarchique donné, prime annuelle définie par ailleurs par la convention collective incluse. L'entreprise peut négocier le versement d'autres compléments de salaire en remplacement de cette prime annuelle. L'essentiel est que, pour le niveau hiérarchique en question, les salariés perçoivent bien 25 000 € par an au minimum (CE 7 octobre 2021, n° 433053).

Référence à la convention collective - Il est possible que la convention collective prévoie les éléments à prendre en compte pour vérifier que le salaire minimum est respecté. Les éléments qu'elle n'exclut pas du minimum conventionnel doivent alors nécessairement y être inclus, quel que soit leur objet (cass. soc. 7 mai 2002, n° 00-40354, BC V n° 152 ; cass. soc. 24 avril 2013, n° 12-10196, BC V n° 114).

Exemples

1) Lorsqu'une convention exclut du salaire minimum les primes et gratifications, les indemnités de remboursement de frais ainsi que les primes générales de productivité ou d'intéressement aux bénéfices, les commissions sur les ventes perçues par une salariée sont prises en compte pour vérifier le respect du minimum conventionnel, car elles ne constituent aucun des éléments précités exclus du salaire minimum mensuel (cass. soc. 7 avril 2004, n° 01-47009, BC V n° 116).

2) Si une convention collective prévoit que seules les majorations pour heures supplémentaires et travaux exceptionnels, les primes de formation-qualification, les primes d'assiduité, les indemnités ayant un caractère de remboursement de frais et les gratifications exceptionnelles doivent être exclues du salaire pour vérifier le respect du minimum conventionnel, les primes de fin d'année, d'ancienneté et de fonction sont prises en compte dans le salaire servant de base au calcul du minimum conventionnel (cass. soc. 7 mai 2002, n° 00-40354, BC V n° 152).

3) Lorsqu'une convention collective stipule que « les congés payés » font partie des éléments pris en considération pour apprécier la rémunération annuelle minimale des salariés, les indemnités versées par la caisse de congés payés aux salariés ne pouvant prendre leurs congés du fait de leur charge de travail relèvent de ces « congés payés ». Ces indemnités sont donc prises en compte dans le salaire minimum conventionnel (cass. soc. 19 juin 2019, n° 18-12642 FPB).

Une convention collective peut instituer un contrôle du respect du minimum conventionnel une fois que l'année est écoulée, par comparaison entre le salaire minimum conventionnel mensuel et le 1/12e de la rémunération annuelle à intégrer dans l'assiette de comparaison. C'est une exception au principe selon lequel les éléments de salaire non mensuels (en l'espèce, primes de vacances et de fin d'année) sont pris en compte seulement le mois où ils sont versés (cass. soc. 20 novembre 2019, n° 18-11811 FSPB).

En l'absence de précision dans la convention collective - À défaut d'information fournie par la convention collective, il convient d'inclure dans la vérification les éléments fixes et constants de la rémunération qui représentent la contrepartie du travail.

Par exemple, une prime de vente fondée uniquement sur le résultat du travail a été retenue (cass. soc. 8 juin 1994, n° 91-41166 D), de même qu'une prime visant à maintenir le pouvoir d'achat (cass. soc. 7 avril 2010, n° 07-45322, BC V n° 89).

Il convient également de prendre en compte dans le calcul des minima conventionnels, car ils constituent un élément de rémunération permanent et obligatoire, et non pas une libéralité (cass. soc. 20 juin 2013, n° 12-15504 BC V n° 160) :
- une prime reconduite pendant 18 ans et déterminée en fonction de règles précises d'appréciation de la performance du salarié pouvant faire l'objet de contestation selon une procédure interne ;
- les plans contractuels de commissionnements établis annuellement et trimestriellement pendant 5 ans, et déterminés en fonction des performances de chaque salarié.

Il en est de même d'une prime d'objectifs versée périodiquement (en juin et décembre), même si son montant est variable, cette prime constituant un élément permanent et obligatoire de la rémunération du salarié (cass. soc. 3 juillet 2019, n° 17-18210 FSPB).

En revanche, les juges ont écarté des éléments pris en compte :
- une prime versée pour la promotion d'un produit précis (cass. soc. 30 octobre 1991, n° 87-42455, BC V n° 452) ;
- une prime de pause (cass. soc. 2 juillet 2008, n° 06-45987 D) ;
- une prime destinée à compenser les fluctuations du rythme de travail (cass. soc. 24 novembre 2004, n° 02-44488 D) ;
- une prime de résultat totalement aléatoire récompensant l'effort et la performance de l'année passée (cass. soc. 20 avril 2005, n° 03-42721, BC V n° 150) ;
- une prime liée à la présence du salarié (assiduité), même improprement dénommée « prime d'atelier » (cass. soc. 4 février 2015, n° 13-20879, BC V n° 20) ;
- une prime d'ancienneté, en l'absence de dispositions conventionnelles particulières (cass. soc. 24 novembre 1998, n° 97-43728, BC V n° 517 ; cass. soc. 24 janvier 2007, n° 05-41797 D) ;
- une prime rémunérant les temps de pause, ces derniers ne constituant pas du temps de travail effectif (cass. soc. 5 juin 2019, n° 18-14298 D) ;
- les sommes consacrées par l'employeur pour l'acquisition par le salarié de titres-restaurant (cass. soc. 3 juillet 2019, n° 17-18210 FSPB).

Les primes payées en cours d'année en contrepartie ou à l'occasion du travail doivent être prises en compte pour vérifier si l'employeur respecte le salaire minimum pour le mois où elles ont été effectivement versées. C'est le cas, par exemple, d'un 13e mois (cass. soc. 14 novembre 2018, n° 17-22539 FSPB ; cass. soc. 12 janvier 2022, n° 20-12542 D) et de primes horaires de vol dès lors que la convention collective ne les excluait pas du calcul de la rémunération à comparer au salaire minimum garanti (cass. soc. 13 mars 2019, n° 17-21151 FPB). D'éventuels excédents mensuels ne peuvent pas se compenser avec les insuffisances constatées pour d'autres mois, à moins que des dispositions conventionnelles prévoient expressément une position contraire (cass. soc. 17 septembre 2003, n° 01-43029, BC V n° 235).

Établissement de la paye

Présentation du bulletin de paye - Lorsqu'un minimum conventionnel est composé d'un salaire minimum assorti d'une majoration constituant un simple élément de détermination du salaire minimum conventionnel, et non pas un accessoire du salaire (ex. : majoration pour diplôme), cette majoration s'ajoute au salaire minimum conventionnel, et non pas au salaire réel. Elle n'a pas à figurer de manière distincte sur le bulletin de paye, en l'absence de disposition conventionnelle expresse en ce sens (cass. soc. 22 juin 2011, n° 09-67264, BC V n° 162).

En conséquence, un salarié ne peut pas tirer argument de l'absence de mention distincte sur le bulletin de paye pour obtenir un rappel de salaire au titre de cette majoration, dès lors que le salaire figurant sur les bulletins de paye est plus élevé que le salaire minimum conventionnel augmenté de la majoration.

Assiette des cotisations - Le minimum conventionnel a une influence sur l'assiette des cotisations de sécurité sociale, l'assiette minimale étant constituée du salaire minimum et de toutes les majorations de salaire légales ou conventionnelles (conventions collectives étendues).

☛ *Assiette minimale des cotisations ; Bulletin de paye (mentions obligatoires) ; Recommandations patronales ; SMIC.*

Minimum garanti

Montant - Le minimum garanti est fixé et réévalué en fonction de l'indice des prix à la consommation, en principe le 1er janvier de chaque année ou parfois par anticipation. Il peut aussi exceptionnellement être augmenté par arrêté (c. trav. art. L. 3231-12 et R. 3231-17).

Depuis le 1er novembre 2024, la valeur du minimum garanti est fixée à 4,22 € (décret 2024-951 du 23 octobre 2024, JO du 24), au lieu de 4,15 € au 1er janvier 2024 (décret 2023-1216 du 20 décembre 2023, JO du 21).

Pour les valeurs antérieures, voir le tableau récapitulatif au mot *SMIC**.

Avantages en nature nourriture - En matière d'assiette des cotisations, l'évaluation forfaitaire de l'avantage en nature repas est déconnectée du minimum garanti depuis 2003. Il reste une exception : dans le secteur des *hôtels-cafés-restaurants**, l'*avantage en nature nourriture** peut être évalué par référence à une fois le minimum garanti par repas (arrêté du 10 décembre 2002, art. 1, modifié par arrêté du 28 avril 2003, JO 23 mai).

En droit du travail, pour vérifier le respect du SMIC et déterminer la rémunération minimale en espèces à verser à un salarié, il convient en revanche de tenir compte du minimum garanti pour les salariés bénéficiant d'avantages en nature repas, en l'absence d'autre évaluation fixée par convention ou accord collectif de travail (c. trav. art. D. 3231-9 et D. 3231-10).

☛ *Avantage en nature nourriture ; SMIC.*

Mise à la retraite

La mise à la retraite est un mode spécifique de rupture du contrat de travail à durée indéterminée, qui intervient à l'initiative de l'employeur. Elle se distingue en cela du *départ volontaire à la retraite**, qui découle de la volonté du salarié de rompre son contrat de travail pour bénéficier de sa pension vieillesse.

Âge à partir duquel la mise à la retraite est possible

Âge progressivement relevé à 67 ans - À l'exception de certains cas de sortie de préretraite *(voir ci-après)*, un employeur ne peut mettre un salarié à la retraite qu'à partir du moment où celui-ci a atteint l'âge permettant d'avoir automatiquement une retraite à taux plein (c. trav. art. L. 1237-5, renvoyant à c. séc. soc. art. L. 351-8, 1°) [voir *Retraite (âge légal, âge du taux plein)**].

Pour les générations nées à compter du 1er janvier 1955, cet âge est de 67 ans. En matière de mise à la retraite, seul cet âge est pertinent. L'employeur n'a pas à tenir compte des situations permettant à certains assurés sociaux d'avoir le taux plein avant cet âge (ex : salariés handicapés). Par ailleurs, peu importe également le nombre de trimestres acquis par le salarié au cours de sa carrière.

Pour mémoire, cet âge, qui était de 65 ans pour les générations nées avant le 1er juillet 1951, a été progressivement relevé pour les générations nées à partir du 1er juillet 1951, pour arriver aux 67 ans des générations 1955 et suivantes (loi 2011-1906 du 21 décembre 2011, art. 88, I).

Procédure d'interrogation du salarié jusqu'à 70 ans - L'employeur doit respecter une procédure spécifique pour prononcer la mise à la retraite d'un salarié âgé de 67 ans (pour les générations 1955 et suivantes) à moins de 70 ans (c. trav. art. L. 1237-5 et D. 1237-2-1).

Il doit interroger par écrit le salarié, au moins 3 mois avant sa date d'anniversaire (67e, 68e et 69e anniversaires), sur son intention de quitter volontairement l'entreprise pour bénéficier d'une pension de vieillesse durant l'année à venir.

Le salarié dispose de 1 mois pour répondre. En cas de refus du salarié ou de non-respect de cette procédure, l'employeur ne peut pas mettre l'intéressé à la retraite pendant l'année qui vient.

Cette procédure doit être répétée à chaque anniversaire.

À partir des 70 ans du salarié, l'employeur peut mettre l'intéressé à la retraite d'office (sans son accord) sans passer par cette procédure d'interrogation.

Salarié embauché à 70 ans et plus - L'employeur ne peut pas mettre à la retraite d'office un salarié qui, lors de son embauche, avait déjà atteint l'âge permettant une mise à la retraite. Dans ce cas de figure, l'âge ne peut pas constituer un motif permettant à l'employeur de mettre fin au contrat de travail (cass. soc. 17 avril 2019, n° 17-29017 FSPB ; cass. soc. 29 juin 2011, n° 09-42165, BC V n° 174 ; cass. soc. 27 novembre 2024, n° 22-13694 FSB).

Nullité des clauses « couperet » - Les clauses « couperet » des conventions collectives, des accords collectifs ou des contrats de travail qui prévoient la rupture automatique du contrat de travail lorsque le salarié atteint un certain âge ou est en droit de bénéficier d'une pension de vieillesse sont nulles (c. trav. art. L. 1237-4).

En cas de nullité de la rupture - Le salarié dont la rupture du contrat est nulle car jugée discriminatoire à raison de l'âge, a droit à une indemnité d'éviction s'il demande sa réintégration. Celle-ci est calculée sur la base de la période allant de la date d'éviction à la date de réintégration, sauf si l'intéressé a abusivement tardé à demander sa réintégration (cass. soc. 22 janvier 2020, n° 17-31158 FSPB).

Modalités de la rupture

Procédure - Juridiquement, l'employeur n'a pas l'obligation de convoquer le salarié à un « entretien préalable » (un entretien informel avec l'intéressé pour faire le point sur sa situation est conseillé), ni à motiver sa décision dès lors que le salarié remplit les conditions (cass. soc. 12 janvier 1993, n° 89-43467, BC V n° 4 ; cass. soc. 10 mars 1999, n° 97-40059 D).

Des dispositions conventionnelles peuvent, le cas échéant, prévoir des règles spécifiques.

Préavis - L'employeur qui met à la retraite un salarié doit observer un préavis équivalant au *préavis** de licenciement (c. trav. art. L. 1237-6 renvoyant à c. trav. art. L. 1234-1).

La requalification de la mise à la retraite en licenciement nul n'ouvre pas droit au paiement de l'indemnité compensatrice de préavis lorsque la rupture du contrat a été précédée d'un préavis d'une durée au moins égale à celle du préavis de licenciement (cass. soc. 30 juin 2010, n° 09-41349, BC V n° 153).

Salariés protégés - Pour mettre à la retraite un salarié protégé (ex. : élu du comité social et économique), l'employeur doit mettre en œuvre la procédure spéciale de *licenciement des représentants du personnel**, c'est-à-dire :
- convoquer le salarié à un entretien préalable (CE 17 juin 2009, n° 304027) ;

Mise à la retraite et départ volontaire en retraite : comparaison au 1.01.2025

	Mise à la retraite	Départ volontaire à la retraite
Conditions	• Le salarié doit avoir atteint 67 ans (pour les générations nées à partir de 1955). • Avant 70 ans, une mise à la retraite est impossible si le salarié n'a pas donné son accord (1).	Le salarié doit avoir atteint l'âge légal de la retraite [âge variant en fonction de l'année de naissance, porté à 64 ans pour les générations nées à compter de 1968 ; voir *Retraite (âge légal, âge du taux plein)**], sauf cas particuliers (voir *Retraite anticipée**).
Préavis légal	• Ancienneté du salarié inférieure à 6 mois : durée du préavis fixée par la loi, la convention collective ou les usages. • De 6 mois à moins de 2 ans d'ancienneté : 1 mois de préavis. • Ancienneté supérieure ou égale à 2 mois : 2 mois de préavis.	
Indemnité minimale légale de rupture	1/4 de mois de salaire par année d'ancienneté jusqu'à 10 ans d'ancienneté + 1/3 de mois de salaire par année d'ancienneté pour les années au-delà de 10 ans (2).	Indemnité égale à (3) : - 1/2 mois de salaire après 10 ans d'ancienneté ; - 1 mois de salaire après 15 ans d'ancienneté ; - 1 mois 1/2 de salaire après 20 ans d'ancienneté ; - 2 mois de salaire après 30 ans d'ancienneté.

(1) Au moins 3 mois avant le 67e, 68e et 69e anniversaire, l'employeur doit interroger le salarié sur son souhait de partir en retraite durant l'année qui suit *(voir nos développements)* (c. trav. art. L. 1237-5 et D. 1237-2-1).
(2) Montant applicable aux mises à la retraite prononcées depuis le 27 septembre 2017 (c. trav. art. L. 1237-7 renvoyant à L. 1234-9 ; c. trav. art. R. 1234-2).
(3) C. trav. art. L. 1237-9 et D. 1237-1.

- dans les entreprises d'au moins 50 salariés, consulter le *comité social et économique** (pour certains salariés protégés) (CE 26 octobre 2011, n° 335755 ; CE avis n° 453069 du 29 décembre 2021, JO du 9 janvier 2022) ;
- et saisir l'inspecteur du travail pour obtenir l'autorisation de rompre le contrat de travail (cass. soc. 30 novembre 2004, n° 03-40604, BC V n° 310).

Indemnité - La mise à la retraite d'un salarié lui ouvre droit à une indemnité de mise à la retraite au moins égale à l'indemnité légale de licenciement (c. trav. art. L. 1237-7) (voir *Indemnité de mise à la retraite**).

Mise à la retraite irrégulière

Lorsque les conditions de la mise à la retraite ne sont pas remplies, la rupture du contrat de travail s'analyse en un licenciement (c. trav. art. L. 1237-8). L'employeur s'expose alors à une condamnation pour licenciement sans cause réelle et sérieuse (cass. soc. 25 mars 1992, n° 90-45494, BC V n° 213 ; cass. soc. 30 septembre 1992, n° 90-45699, BC V n° 488 ; cass. soc. 16 juin 1998, n° 96-40919, BC V n° 325 ; cass. soc. 31 octobre 2007, n° 06-42255 D).

Dans l'hypothèse où l'employeur invoque uniquement l'âge du salarié comme cause de rupture, la mise à la retraite constitue un licenciement discriminatoire frappé de nullité (cass. soc. 21 décembre 2006, n° 05-12816, BC V n° 412 ; cass. soc. 15 janvier 2013, n° 11-15646, BC V n° 8).

☛ *Contribution sur les indemnités de mise à la retraite ; Déclaration de départ des salariés âgés ; Départ volontaire à la retraite ; Indemnité de mise à la retraite ; Préavis ; Retraite (âge légal, âge du taux plein) ; Retraite anticipée.*

Mise à pied

La mise à pied est une mesure d'interdiction pour le salarié de rejoindre son poste de travail. Elle entraîne une suspension du contrat de travail. Il existe deux types de mise à pied.

Mise à pied disciplinaire

Définition - La mise à pied disciplinaire est une sanction. L'employeur doit donc respecter la procédure disciplinaire obligatoire (c. trav. art. L. 1332-2, R. 1332-1 à R. 1332-3) :

- convocation à un entretien préalable ;
- notification de la sanction, qui ne peut intervenir moins de 2 jours ouvrables, ni plus d'1 mois après le jour fixé pour l'entretien.

Conséquences - La mise à pied disciplinaire entraîne le non-paiement de la rémunération (voir *Absence** pour les modalités de calcul de la retenue sur salaire).

N'étant pas assimilée à du travail effectif, l'absence pour mise à pied disciplinaire peut avoir des répercussions qui vont au-delà de la réduction simple du salaire de base :

- impact sur d'éventuelles heures supplémentaires, sur l'acquisition des congés payés légaux ou conventionnels, etc. ;
- réduction d'éléments de paye tels que la *prime d'assiduité**, celle-ci étant destinée à favoriser la régularité et la continuité de la présence des salariés (cass. soc. 19 juillet 1994, n° 90-43785, BC V n° 241).

La mise à pied joue également sur le calcul du plafond de la sécurité sociale, puisqu'il s'agit d'une absence non rémunérée (voir *Plafond de la sécurité sociale**).

▶ **À noter…** Dès lors que la durée maximale de la mise à pied est respectée, l'employeur peut fixer les dates d'exécution de la sanction de façon discontinue, ce qui peut avoir un impact sur plusieurs payes. Ainsi, une salariée a fait l'objet d'une mise à pied disciplinaire de 4 jours que l'employeur a répartie sur 2 mois, dans une fourchette de 17 jours (cass. soc. 12 avril 2012 n° 11-13768 D).

Interférence avec la maladie - Le fait qu'un salarié soit en arrêt de travail pour maladie le jour où doit commencer une mise à pied disciplinaire, décidée antérieurement par l'employeur, ne permet pas à ce dernier de différer l'exécution de la mise à pied, sauf fraude du salarié (cass. soc. 21 octobre 2003, n° 01-44169, BC V n° 256).

Ainsi, le temps d'absence lié à la mise à pied disciplinaire ne devrait pas être rémunéré mais le salarié pourrait néanmoins prétendre aux *indemnités journalières de sécurité sociale de maladie** durant cette période (sans subrogation). Si l'absence maladie excédait la durée de la mise à pied, le salarié retrouverait alors droit au maintien de salaire pour la période excédant la mise à pied, en application de la loi sur la mensualisation ou des règles conventionnelles ou usuelles en vigueur dans l'entreprise.

Heures de délégation - La mise à pied disciplinaire ne suspend pas le mandat représentatif (cass. soc. 23 juin 1999, n° 97-41121, BC V n° 301). Par conséquent, le salarié mis à pied doit être rémunéré pour les heures passées en réunion avec l'employeur et pour les heures de délégation qu'il utilise afin de mener à bien son mandat. Ces heures sont à prendre en compte au titre du travail effectif.

Mise à pied conservatoire

Mesure conservatoire - La mise à pied conservatoire n'est pas une sanction. C'est une mesure provisoire (« conservatoire ») au cours d'une procédure disciplinaire. Ce faisant, l'employeur prend le temps nécessaire pour mener son enquête et déterminer la sanction qu'il va prononcer à l'encontre du salarié.

Elle permet à l'employeur d'éloigner temporairement un salarié de l'entreprise en le dispensant de travailler et en suspendant son contrat (cass. soc. 27 septembre 2007, n° 06-43867, BC V n° 146).

Conditions - Les faits reprochés au salarié doivent justifier une mesure conservatoire de mise à pied immédiate (c. trav. art. L. 1332-3), ce qui implique qu'ils soient de nature à rendre impossible le maintien immédiat du salarié dans l'entreprise.

En pratique, l'employeur va prononcer une mise à pied conservatoire lorsqu'il envisage de sanctionner un salarié par un licenciement pour faute grave ou faute lourde (cass. soc. 6 novembre 2001, n° 99-43012, BC V n° 338 ; cass. soc. 27 septembre 2007, n° 06-43867, BC V n° 146).

Pour conserver son caractère conservatoire, la mise à pied doit être concomitante à l'engagement de la procédure disciplinaire (cass. soc. 18 mars 2009, n° 07-44185, BC V n° 81) ou intervenir dans un bref délai.

▶ À noter... Il a été admis que plusieurs jours s'écoulent entre le prononcé de la mise pied conservatoire et l'envoi de la lettre de convocation à l'entretien préalable à un licenciement, pour permettre à l'employeur de mener à bien les investigations sur les faits reprochés et se déterminer sur la nécessité d'engager une procédure de licenciement pour faute grave et non pas simple (en l'espèce, un délai de 13 jours dans une affaire de détournement de fonds) (cass. soc. 13 septembre 2012, n° 11-16434 D). La Cour de cassation a également admis que lorsque les faits reprochés au salarié donnent lieu à l'exercice de poursuites pénales, l'employeur puisse, sans engager immédiatement une procédure de licenciement, prendre une mise à pied conservatoire si les faits le justifient (cass. soc. 4 décembre 2012, n° 11-27508, BC V n° 313).

Bien qu'en général, la mise à pied conservatoire intervienne au début de la procédure disciplinaire, elle peut être notifiée à l'issue de l'entretien préalable en faisant référence à la procédure de licenciement disciplinaire en cours, dans l'attente de la réception de la notification du licenciement (cass. soc. 4 mars 2015, n° 13-23228 D).

Durée - La mise à pied conservatoire est le plus souvent prononcée pour une durée indéterminée, dans l'attente de la décision définitive de l'employeur.

Mais elle peut aussi l'être pour une durée déterminée, pourvu qu'elle soit prise dans l'attente de la décision de l'employeur. C'est ce qui a été jugé à propos d'une mise à pied conservatoire prononcée pour un nombre déterminé de jours, qui correspondait à celui séparant la convocation à un entretien préalable à un licenciement de la date même de cet entretien (cass. soc. 18 mars 2009, n° 07-44185, BC V n° 81).

Procédure - La mise à pied conservatoire a un effet immédiat et n'est pas soumise à une procédure. L'employeur peut la notifier sur-le-champ. Un écrit semble vivement recommandé (de préférence, LRAR ou remise en main propre), mais n'est pas obligatoire.

L'employeur doit préciser sans ambiguïté qu'il s'agit d'une mise à pied « conservatoire », prononcée dans l'attente d'une sanction.

En pratique, la mise à pied conservatoire est notifiée soit dans une lettre distincte, soit dans la convocation du salarié à l'entretien préalable à la sanction envisagée (cass. soc. 14 janvier 1998, n° 95-45437 D).

Issue de la procédure - La mise à pied conservatoire n'oblige pas l'employeur à prononcer au final un licenciement pour faute grave ou faute lourde. La procédure engagée peut se terminer, par exemple, par :
- un avertissement ;
- une mise à pied disciplinaire ;
- un licenciement pour faute ou pour cause réelle et sérieuse non disciplinaire (cass. soc. 4 juillet 2007, n° 05-45293 D) ;
- voire par l'abandon de toute sanction.

Par ailleurs, le fait que l'employeur ait prononcé une mise à pied conservatoire n'implique pas que le licenciement ait un caractère disciplinaire. Par exemple, l'employeur peut prononcer un licenciement pour insuffisance professionnelle (cass. soc. 3 février 2010, n° 07-44491, BC V n° 32).

▶ À noter... Le fait que l'employeur n'ait pas pris de sanction disciplinaire n'est pas un argument qui permet, à lui seul, au salarié d'obtenir la condamnation de son employeur pour licenciement sans cause réelle et sérieuse.

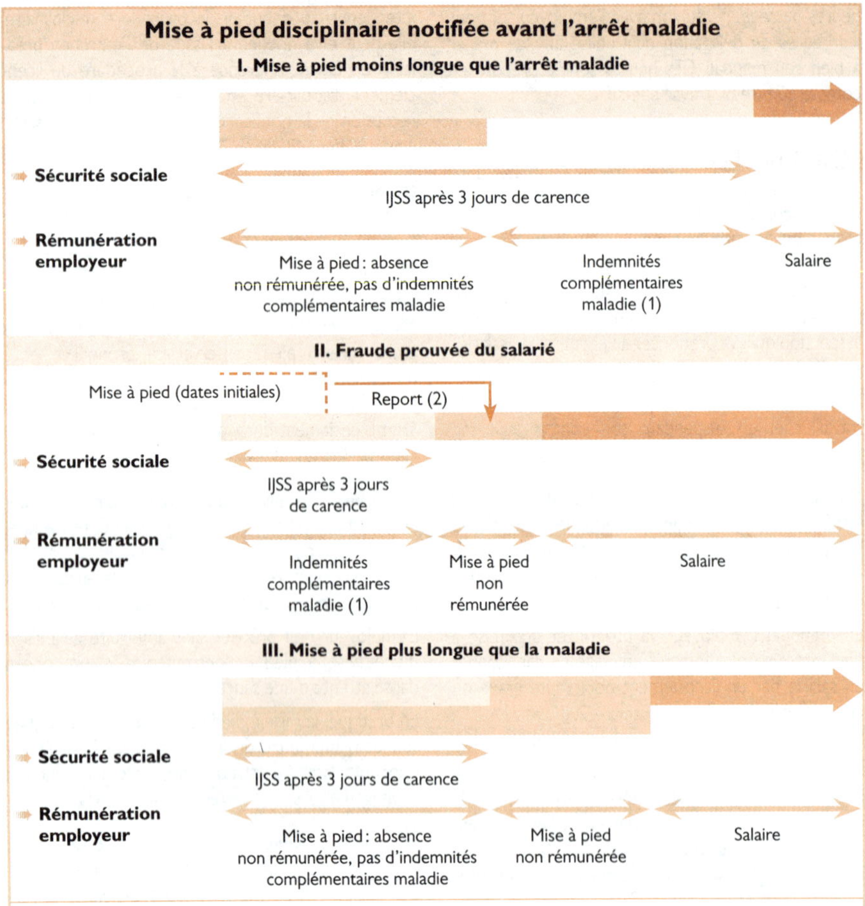

(1) Selon la convention collective ou la loi de mensualisation, après les jours de carence. (2) L'employeur peut aussi reporter la mise à pied à une date ultérieure, car rien n'impose de la faire succéder immédiatement à la maladie. La sanction devra cependant être exécutée dans un délai raisonnable. À titre d'exemple, la mise à pied non appliquée 20 mois après la notification a été jugée caduque (cass. soc. 10 juillet 2002, n° 00-40917 D).

Rémunération - Selon la mesure définitive prise par l'employeur, la mise à pied conservatoire sera ou non rémunérée.

Elle n'est pas rémunérée :

- si la sanction définitive est un licenciement pour faute grave (cass. soc. 7 décembre 1989, n° 89-45625, BC V n° 700) ou, a fortiori, pour faute lourde ;
- si elle est transformée en mise à pied disciplinaire de même durée ou d'une durée plus longue couvrant la mise à pied conservatoire (cass. soc. 29 mars 1995, n° 93-41863, BC V n° 111).

Elle est rémunérée :

- si elle est suivie d'un licenciement pour un motif autre que la faute grave comme, par exemple, un licenciement pour faute simple ou un licenciement pour un motif non disciplinaire (insuffisance professionnelle, etc.) (cass. soc. 26 novembre 1987, n° 85-40367, BC V n° 686) ;
- si elle n'est suivie d'aucune sanction ou s'il s'agit d'une sanction légère (cass. soc. 5 novembre 1987, n° 84-44971, BC V n° 617) ;
- si elle est transformée en mise à pied disciplinaire pour la durée excédant celle de la mise à pied disciplinaire.

Si les juges reconnaissent que la mise à pied conservatoire a été prononcée à tort, le temps de la mise à pied doit être payé. Lorsque le salarié a été malade durant cette période, les salaires qui lui sont dus ne peuvent pas être minorés du montant des IJSS maladie, même si l'arrêt maladie avait débuté avant la mise à pied (cass. soc. 18 février 2016, n° 14-22708 D).

Cas des représentants du personnel - Pour licencier un représentant du personnel, l'employeur doit demander l'autorisation de l'inspecteur du travail.

Si cette autorisation lui est refusée :
- la mise à pied est annulée et ses effets sont supprimés de plein droit (cass. soc. 19 janvier 2011, n° 09-40425 D) ;
- le représentant du personnel doit être immédiatement réintégré dans l'entreprise et son salaire versé pour toute la durée de la mise à pied ; seule une impossibilité absolue peut libérer l'employeur de l'obligation de réintégrer le salarié à son poste de travail, avec maintien des conditions de travail antérieures (cass. soc. 24 juin 2014, n° 12-24623, BC V n° 156).

☛ *Absence ; Sanctions pécuniaires.*

Mise en demeure de l'URSSAF

Toute action en recouvrement forcé de l'URSSAF auprès de son débiteur doit, au préalable, faire l'objet d'une mise en demeure (c. séc. soc. art. L. 244-2 et R. 244-1). Celle-ci constitue une dernière invitation faite au cotisant à régler sa dette avant la mise en œuvre par l'URSSAF des voies de recouvrement à sa disposition. Elle doit permettre à l'intéressé d'avoir connaissance de la nature, de la cause et de l'étendue de son obligation (cass. soc. 24 novembre 1994, n° 92-20508, BC V n° 313).

Contenu

Mentions générales - La mise en demeure adressée par l'URSSAF doit indiquer, sous peine de nullité (c. séc. soc. art. R. 244-1) :
- la cause, la nature et le montant des sommes réclamées ainsi que les majorations et pénalités qui s'y appliquent ;
- la période à laquelle elles sont afférentes.

Exemple

Il a été jugé que l'indication « absence ou insuffisance de versement » sur une mise en demeure ne renseignait pas sur la cause ou l'origine de la dette et que, de ce fait, la mise en demeure pouvait être annulée (cass. civ. 2e ch., 30 juin 2011, n° 10-20416 D).

Sous peine de nullité également, la mise en demeure doit mentionner expressément le délai imparti à l'employeur pour régler sa dette (cass. civ., 2e ch., 19 décembre 2019, n° 18-23623 FPBI ; cass. civ., 2e ch., 31 mai 2005, n° 03-30658 D).

La mise en demeure doit comporter la signature de son auteur mais aussi la mention, en caractères lisibles, des nom, prénom et qualité de l'expéditeur (CRPA, art. L. 111-2 et L. 212-1). Néanmoins, l'absence de ces mentions n'est pas de nature à entraîner la nullité de la mise en demeure dès lors qu'elle précise la dénomination de l'organisme qui l'a émise (cass. civ., 2e ch., 5 juillet 2005, n° 04-30196, BC II n° 179).

Comme toutes les décisions des organismes de sécurité sociale, la mise en demeure doit indiquer le délai dans lequel elle peut être contestée devant la commission de recours amiable (CRA) de l'URSSAF (voir *Contentieux de la sécurité sociale**). À défaut, ce délai de recours n'est pas opposable au cotisant (c. séc. soc. art. R. 142-1-A). Ainsi, l'absence de mention ou la mention insuffisante ou erronée, sur la notification de la mise en demeure, de la voie de recours ouverte, de son délai ou de ses modalités, n'entraîne pas la nullité de la mise en demeure et a pour seul effet de ne pas faire courir le délai de recours (cass. civ., 2e ch., 28 mai 2020, n° 19-12503 FPBI). Il a aussi été admis que la mention du délai de recours peut figurer en petits caractères au dos de la lettre, du moment qu'elle est lisible (cass. civ. 2e ch., 6 juillet 2017, n° 16-22228 D).

Mise en demeure après contrôle URSSAF : mentions additionnelles - La mise en demeure établie suite à un *contrôle URSSAF** doit également comporter (c. séc. soc. art. R. 244-1) :
- au titre des différentes périodes annuelles contrôlées, les montants notifiés par la lettre d'observations, corrigés le cas échéant à la suite des échanges entre la personne contrôlée et l'agent chargé du contrôle ;
- la référence et les dates de la lettre d'observations et, le cas échéant, du dernier courrier établi par l'agent en charge du contrôle lors des différents échanges avec le cotisant contrôlé.

Les montants indiqués doivent tenir compte des sommes déjà réglées par la personne contrôlée.

Modalités et délai d'envoi - Les mises en demeure sont envoyées par tout moyen donnant date certaine à leur réception, et pas forcément par LRAR (c. séc. soc. art. R. 243-59-9 renvoyant à c. séc. soc. art. R. 244-1).

▶ À noter… La non-réception, à cause de La Poste, d'une mise en demeure URSSAF envoyée en

LRAR ne remet pas en cause sa validité, ni celle de la *contrainte** ultérieure (cass. civ., 2e ch., 24 janvier 2019, n° 17-28437 D).

Dans le cadre d'un *contrôle URSSAF**, la mise en demeure ne peut pas intervenir avant la fin de la période contradictoire pendant laquelle l'employeur peut faire valoir ses observations (c. séc. soc. art. R. 244-1 et R. 243-59, IV).

▶ À noter… Il a toutefois été admis qu'une procédure de contrôle URSSAF entachée d'irrégularité, au motif que la mise en demeure avait été notifiée au cotisant débiteur avant la fin de la période contradictoire, pouvait être régularisée par une seconde mise en demeure respectant, cette fois-ci, les exigences du code de la sécurité sociale en la matière (cass. civ. 2e ch., 6 juillet 2017, n° 16-19384, BC II n° 161).

Destinataire

La mise en demeure doit, sous peine de nullité, être adressée au débiteur lui-même, sans que soit exigée la preuve d'un préjudice (cass. soc. 24 novembre 1994, n° 92-20508, BC V n° 313).

▶ À noter… Une erreur sur la qualité du destinataire peut être une cause de nullité de la mise en demeure, dès lors qu'elle ne permet pas au cotisant d'avoir connaissance de la nature, de la cause et de l'étendue de ses obligations. Il en est ainsi lorsque des mises en demeure ont été adressées à un cotisant en sa qualité, selon les cas, de gérant d'une SARL et de gérant d'une EURL, ou en sa seule qualité de gérant de la SARL, alors que cette dernière société avait fait l'objet d'une liquidation judiciaire, créant ainsi une confusion sur l'activité visée (cass. civ., 2e ch., 16 février 2023, n° 21-15313 D).

Si la société contrôlée appartient à un groupe, la mise en demeure doit, sous peine de nullité, être adressée au siège social de la société contrôlée, et non à celui de son groupe (cass. civ., 2e ch., 12 novembre 2020, n° 19-19167 FPBI).

Il a également été jugé que, en cas d'envoi de la mise en demeure par LRAR, la signature de l'avis de réception est présumée, jusqu'à preuve du contraire, être celle de son destinataire ou de son mandataire (cass. soc. 19 décembre 1996, n° 95-11588, BC V n° 451).

▶ À noter… Lorsque le débiteur des cotisations est une société ou une association, la mise en demeure peut être adressée soit à la société ou à l'association, soit à son représentant légal.

Principaux effets d'une mise en demeure

Délai de 1 mois pour régulariser la situation - À compter de la réception de la mise en demeure, l'employeur a 1 mois pour régulariser sa situation (c. séc. soc. art. L. 244-2).

À défaut de régularisation : mise en recouvrement - Si la mise en demeure reste sans effet à l'issue du délai d'1 mois, l'URSSAF peut ensuite passer au recouvrement forcé, notamment par l'envoi d'une *contrainte** qui en constitue la modalité la plus répandue (c. séc. soc. art. R. 133-3).

▶ À noter… La nullité de la mise en demeure fait obstacle à ce que, dans la même instance, l'URSSAF poursuive le paiement des sommes qui en font l'objet (cass. civ. 2e ch., 17 octobre 2024, n° 21-25851 FB). Ainsi, une cour d'appel ne peut pas, alors que la mise en demeure a été annulée, valider quand même une partie du redressement, sur demande reconventionnelle de l'URSSAF.

Délai de saisine de la CRA - Le cotisant dispose d'un délai de 2 mois à compter de la notification de la mise en demeure pour effectuer un recours auprès de la commission de recours amiable (CRA) de l'URSSAF (c. séc. soc. art. R. 142-1) (voir *Contentieux de la sécurité sociale**).

▶ À noter… En l'absence de recours, la mise en demeure devient définitive, ce qui empêche l'employeur de demander le remboursement des cotisations de sécurité sociale et d'allocations familiales faisant l'objet du redressement URSSAF, qu'il considère pourtant comme ayant été versées à tort (cass. civ., 2e ch., 18 février 2021, n° 19-24513 FP).

Prescription de l'action en recouvrement - L'action civile en recouvrement des cotisations par l'URSSAF se prescrit par 3 ans (5 ans en cas de travail illégal). Ce délai est décompté à partir du terme du délai de régularisation de 1 mois imparti au cotisant par la mise en demeure (c. séc. soc. art. L. 244-8-1 et L. 244-11) (voir *Prescription des cotisations**).

▶ À noter… Pour les contrôles URSSAF engagés avant le 1er janvier 2020, la date d'envoi de la mise en demeure avait aussi un impact sur la prescription des cotisations et des majorations de retard puisqu'elle marquait la fin de la période contradictoire pendant laquelle le délai de prescription est suspendu. Ce n'est plus le cas désormais, la période contradictoire prenant fin dès que les échanges entre le cotisant et l'agent de contrôle sont terminés (c. séc. soc. art. R. 243-59, III) (voir *Contrôle URSSAF**).

☞ *Contrainte ; Contrôle URSSAF ; Exigibilité des cotisations URSSAF ; Majorations et pénalités URSSAF ; Paiement des cotisations à l'URSSAF ; Prescription des cotisations ; Recouvrement des cotisations par l'URSSAF.*

Mi-temps thérapeutique

☞ *Temps partiel thérapeutique.*

Mobilité professionnelle

Certains salariés sont amenés à changer de lieu de résidence parce que leur poste de travail est déplacé. Les frais que le salarié engage dans le cadre de sa mobilité professionnelle sont considérés comme des charges de caractère spécial inhérentes à la fonction ou à l'emploi, c'est-à-dire comme des *frais professionnels** pouvant être remboursés en exonération de charges (arrêté du 20 décembre 2002 modifié, art. 8).

Définition de la mobilité professionnelle

Changement de résidence lié à un changement de lieu de travail - La mobilité professionnelle suppose un changement de lieu de résidence provoqué par le départ du salarié vers un poste de travail situé dans un autre lieu (BOSS, Frais professionnels, § 1530, 01/01/2025). Elle se distingue ainsi du grand déplacement (voir *Frais de déplacement**).

Le salarié est présumé se trouver dans cette situation lorsque la distance séparant l'ancien logement du lieu du nouvel emploi est au moins de 50 km et entraîne un temps de trajet aller ou retour d'au moins 1 h 30 min. Toutefois, si le critère de distance kilométrique n'est pas rempli, la mobilité professionnelle est tout de même caractérisée dès lors que le temps d'un trajet « aller » est, quel que soit le mode de transport, au moins égal à 1 h 30 min (arrêté du 20 décembre 2002 modifié, art. 8 ; BOSS, Frais professionnels, § 1530, 01/01/2025).

La durée de 1 h 30 min correspond à la durée minimale de trajet en deçà de laquelle le trajet ne peut être réalisé par aucun moyen de transport habituellement utilisé par le salarié (voiture, cyclomoteur, vélomoteur, scooter, motocyclette, transports en commun, vélo) (BOSS, Frais professionnels, § 1530, 01/01/2025).

France, étranger, CDI, CDD - La prise en charge par l'employeur de tout ou partie des dépenses résultant du changement de résidence peut être exclue de l'assiette des cotisations, que la mobilité professionnelle s'inscrive en France ou à l'international. Il importe peu que cette mobilité soit à l'initiative de l'employeur ou à celle du salarié, pour une durée déterminée ou indéterminée (BOSS, Frais professionnels, § 1540, 01/01/2025).

Le *Bulletin officiel de la sécurité sociale (BOSS)** liste les situations de mobilité susceptibles d'ouvrir droit à une exonération des frais de mobilité au titre des frais professionnels *(voir tableau)*.

Cadre de la mobilité professionnelle	
Le BOSS détaille les circonstances de mobilité permettant la prise en charge par l'employeur des frais professionnels engagés par le salarié (BOSS, Frais professionnels, § 1550, 01/01/2025).	
Mobilité à l'initiative de l'employeur	• mutation définitive au sein de l'entreprise ou du groupe • changement temporaire de lieu de travail
Mobilité sollicitée par le salarié	• changement de poste au sein de l'entreprise ou du groupe • changement temporaire de lieu de travail
Mobilité à l'international	• affectation à l'étranger d'un salarié exerçant en France • affectation en France d'un salarié exerçant à l'étranger appartenant à l'entreprise ou au groupe d'entreprise
Embauche dans une nouvelle entreprise, en CDI ou CDD	• Le changement de résidence à l'occasion de cette embauche ne doit pas relever d'une pure convenance personnelle, mais de circonstances liées à l'emploi (1) ou à des contraintes familiales (2) • hors cas de mobilité internationale
(1) Difficulté de trouver un emploi, précarité ou mobilité de l'emploi, mutation suite à une promotion, déménagement de l'entreprise, multi-emploi. (2) Prise en compte du lieu d'activité du conjoint, du concubin ou de la personne liée au salarié par un PACS, état de santé du salarié ou d'un membre de sa famille, scolarité des enfants, etc.	

En cas d'embauche par une nouvelle entreprise, l'administration est cependant plus restrictive quant aux cas de mobilité permettant une exonération. Il ne peut pas s'agir d'une mobilité à l'international, et le changement de résidence à l'occasion de cette embauche ne doit pas être de pure convenance personnelle *(voir tableau)*.

Modes de prise en charge des frais

Réel ou forfait - L'employeur peut procéder à une prise en charge des frais réels sur justificatifs (arrêté du 20 décembre 2002 modifié, art. 2 ; BOSS, Frais professionnels, § 1670, 01/01/2025).

Il peut aussi recourir à un système d'allocations forfaitaires pour deux catégories de dépenses (hébergement provisoire et installation dans le nouveau logement), sous réserve que les circonstances de fait soient démontrées (arrêté du 20 décembre 2002 modifié, art. 2 et 8 ; BOSS, Frais professionnels, §§ 1560 et 1670, 01/01/2025).

Les forfaits ne sont pas utilisables en cas de mobilité internationale ou de mobilité vers les territoires français d'outre-mer, pour lesquelles seule l'exonération des remboursements sur justificatifs est permise (arrêté du 20 décembre 2002 modifié, art. 8, 4° et 5° ; BOSS, Frais professionnels, §§ 1670, 1700 et 1710, 01/01/2025).

Pas de cumul avec une DFS - L'exonération de cotisations des indemnités versées dans le cadre d'une mobilité professionnelle ne se cumule pas avec l'application de la déduction forfaitaire spécifique (DFS) [voir *Frais professionnels (déduction forfaitaire spécifique)* *] (BOSS, Frais professionnels, § 1740, 01/01/2025).

Hébergement provisoire

Dans l'attente d'un logement définitif - Le salarié peut être amené à engager des dépenses d'hébergement provisoire dans l'attente de trouver un logement définitif, lié à la localisation du nouvel emploi.

Sont considérés comme des dépenses d'hébergement provisoire le prix d'une chambre d'hôtel, les frais de restauration ainsi que les frais d'une pension, ou encore les frais d'emplacement d'une caravane ou d'un mobil-home, et les frais de toute location par nuitée ou mensuelle (BOSS, Frais professionnels, § 1570, 01/01/2025).

L'exonération est conditionnée par la recherche d'un nouveau logement, et non à la preuve d'une double résidence (BOSS, Frais professionnels, § 1580, 01/01/2025).

▶ À noter… Par exception, les salariés en CDD n'ont pas à produire d'attestation de recherche d'un nouveau logement (BOSS, Frais professionnels, § 1600, 01/01/2025).

Allocations forfaitaires - La réglementation prévoit une possibilité de procéder par allocations forfaitaires pour les dépenses d'hébergement provisoire et les frais supplémentaires de nourriture auxquels le salarié fait face dans l'intervalle (arrêté du 20 décembre 2002 modifié, art. 8, 1°).

Ces allocations sont exonérées au titre des frais professionnels, pendant 9 mois maximum, dans la limite de 84 € par jour (valeur 2025).

Frais réels - Le remboursement sur la base des frais réels n'est pas limité dans le temps dès lors qu'il est fait sur justificatifs. Mais au-delà de 9 mois, l'adminis-

Prise en charge des frais de mobilité professionnelle en France (1)

	Hébergement provisoire	Déménagement	Installation dans le nouveau logement
Mutation, embauche, affectation temporaire	allocations forfaitaires (2) ou frais réels pour les dépenses d'hébergement provisoire et les frais supplémentaires de nourriture dans l'attente du logement définitif	frais réels de déménagement (3)	allocation forfaitaire ou frais réels justifiés pour les frais d'installation dans le nouveau logement

(1) En France métropolitaine. Il faut noter que les remboursements des dépenses réelles sont toujours possibles si l'employeur apporte les justificatifs nécessaires.
(2) Allocations forfaitaires utilisables sur 9 mois maximum.
(3) Pas d'allocation forfaitaire. Sur frais réels justifiés uniquement.

tration considère qu'il faut démontrer qu'un hébergement provisoire reste justifié (BOSS, Frais professionnels, § 1590, 01/01/2025).

Cumul avec frais de grand déplacement - Lorsque se cumulent simultanément des situations de mobilité et de grand déplacement (voir *Frais de déplacement**) et que le salarié bénéficie du cumul des indemnités destinées à compenser les dépenses d'hébergement et des frais supplémentaires de nourriture, une double indemnisation est possible (BOSS, Frais professionnels, § 1730, 01/01/2025).

Elle doit alors porter sur l'indemnité d'hébergement provisoire (au titre de la mobilité) et l'indemnité de grand déplacement, à l'exception, pour cette dernière de la part représentative de la nourriture (déjà incluse dans l'indemnité d'hébergement provisoire).

Exemple

Un salarié qui travaille à Paris est muté à Bordeaux sur un nouveau poste de travail. Il entre donc dans le cadre de la mobilité. Il perçoit, pendant 9 mois, l'indemnité forfaitaire d'hébergement provisoire de 84 € (valeur 2025). Pendant cette période de 9 mois, il est envoyé, en mission, 15 jours à Marseille. Il est donc pendant ces 15 jours en grand déplacement. Comme le forfait de 84 € qu'il perçoit dans le cadre de la mobilité, au titre de l'hébergement provisoire, comprend les frais supplémentaires de nourriture, il ne pourra être indemnisé, au titre du grand déplacement, que des frais supplémentaires de logement (forfait de 56,10 € en 2025 ; voir *Frais de déplacement**) et non des frais de nourriture, car il ne peut être indemnisé 2 fois à ce titre.

Frais de déménagement

Pas de forfait - La mobilité professionnelle s'accompagne le plus souvent d'un déménagement. Chaque entreprise établit ses règles de prise en charge en tenant compte de conventions ou d'accords collectifs, voire des usages.

L'employeur peut rembourser les frais de déménagement en exonération s'il peut justifier de la réalité de ces dépenses. Le recours aux allocations forfaitaires n'est pas possible (arrêté du 20 décembre 2002 modifié, art. 8, 3°).

Frais limitativement prévus - Selon l'administration, l'employeur doit, pour rester dans des limites de remboursement de frais exonérés de cotisations sociales, s'en tenir aux (BOSS, Frais professionnels, § 1680, 01/01/2025) :
- frais de déménagement des biens du salarié proprement dits ;
- frais de transport et d'hôtel pour le salarié et les autres personnes occupant le domicile lors du déménagement entre l'ancien et le nouveau logement ;
- frais de déplacement pour rechercher un nouveau logement, dans la limite de trois voyages de reconnaissance comprenant le séjour et les frais de transport (avion, train...) du salarié et d'une deuxième personne ;
- frais de garde-meuble.

Installation dans le nouveau logement

L'employeur peut choisir de rembourser, en exonération de cotisations, les frais d'installation dans le nouveau logement sur la base d'un forfait ou d'une évaluation réelle (arrêté du 20 décembre 2002 modifié, art. 2 et 8).

Frais concernés - Il s'agit de couvrir les dépenses inhérentes à l'installation dans le nouveau logement correspondent à l'ensemble des dépenses nécessaires à la remise en service du nouveau logement (raccordements, branchements divers, abonnements), à sa remise en état (travaux de plomberie, plâtrage...) et à son aménagement *(voir tableau)* (BOSS, Frais professionnels, § 1610, 01/01/2025).

Installation dans le nouveau logement : frais pouvant être remboursés (1)
Frais de rétablissement du courant électrique, de l'eau et du gaz, du téléphone
Frais de mise en place d'appareils ménagers
Frais de remise en état du logement (nettoyage, remplacement des revêtements de sol et des revêtements muraux abîmés, réparation de la plomberie, etc.)
Frais de réexpédition du courrier
Frais de notaire et d'agence immobilière en cas de location et une partie des frais de notaire en cas d'acquisition d'un nouveau logement (2)
Le cas échéant, frais de changement des plaques d'immatriculation et de carte grise des véhicules

(1) BOSS, Frais professionnels, §§ 1620 et 1630, 01/01/2025.
(2) S'agissant des frais de notaire en cas d'acquisition d'un nouveau logement, le BOSS reprend une solution dégagée par la Cour de cassation (cass. civ., 2e ch., 11 février 2016, n° 15-13724, BC II n° 43).

Les frais non strictement nécessaires pour rendre habitable le nouveau logement et les dépenses somptuaires ne sont pas éligibles et entrent dans l'assiette de cotisations (caution en cas de location, décoration du logement alors que l'existant n'était pas abîmé, taxes et droits reversés au Trésor public notamment en cas d'acquisition du logement, etc.) (BOSS, Frais professionnels, § 1630, 01/01/2025).

Forfait - Les allocations forfaitaires destinées à compenser les dépenses inhérentes à l'installation dans le nouveau logement sont exonérées au titre des frais professionnels dans la limite de 1 683,80 € (valeur 2025), pour une personne seule ou un couple (arrêté du 20 décembre 2002 modifié, art. 8, 2°).

Ce montant est majoré de 140,40 € par enfant à charge, dans la limite globale de 2 104,70 € (valeurs 2025).

L'évaluation forfaitaire est possible seulement si les circonstances de fait sont démontrées (BOSS, Frais professionnels, § 1650, 01/01/2025).

Évaluation réelle - L'employeur peut rembourser les dépenses réellement engagées par le salarié pour s'installer dans un nouveau logement. Ces remboursements sont exonérés de charges sociales si les dépenses sont justifiées (BOSS, Frais professionnels, § 1670, 01/01/2025).

Mobilité internationale

Certaines indemnités destinées à compenser des frais exposés par le salarié dans le cadre de sa mobilité internationale sont considérées comme des remboursements de frais professionnels et exonérées, à ce titre, de charges sociales (arrêté du 20 décembre 2002 modifié, art. 8, 4°).

Salariés visés - La mobilité internationale vise les cas suivants (arrêté du 20 décembre 2002 modifié, art. 8, 4° ; BOSS, Frais professionnels, § 1690, 01/01/2025) :
- le salarié envoyé en mission temporaire ou muté en France par des entreprises étrangères, et qui ne bénéficie pas du régime de détachement en application du règlement CE 883/2004 du 29 avril 2004 ou d'une convention bilatérale de sécurité sociale liant la France ;
- le salarié d'une entreprise française détaché à l'étranger qui continue de relever du régime général (voir *Détachement à l'étranger**).

Mobilité internationale ou avec l'outre-mer : frais pouvant être remboursés (1)	
Frais de transport	• voyage de reconnaissance du salarié et de son conjoint • voyage aller et retour du salarié, de son conjoint et de ses enfants, s'agissant des voyages de début et de fin de mobilité • voyage d'urgence (pour raison médicale, familiale…) en métropole pour le salarié originaire de la métropole, dans l'un des territoires français situés outre-mer pour le salarié originaire de l'un de ces territoires et dans un pays étranger pour le salarié originaire du pays étranger • voyage annuel en métropole pour le salarié originaire de la métropole, dans l'un des territoires français situés outre-mer pour le salarié originaire de l'un de ces territoires ou voyage annuel dans un pays étranger pour le salarié originaire de ce pays (le voyage annuel du conjoint et des enfants peut aussi être remboursé) (2) • location de voiture à l'arrivée et au départ, s'agissant des voyages de début et de fin de mobilité
Frais de logement	• frais de déménagement • frais d'hôtel pendant la période de déménagement, pour le salarié, son conjoint et ses enfants • frais de garde-meuble en métropole pour le salarié originaire de la métropole, dans l'un des territoires français situés outre-mer pour le salarié originaire de l'un de ces territoires ou à l'étranger pour le salarié originaire du pays étranger, pendant la période de déménagement • double loyer au début et à la fin de la mobilité • dépenses d'hébergement provisoire, frais supplémentaires de nourriture dans l'attente d'un logement définitif et frais de réinstallation immédiatement nécessaires pour rendre habitable le nouveau logement
Frais divers	• cours de français pour le salarié étranger au moment de son installation en France ou cours de langue étrangère pour le salarié envoyé hors de France • frais de passeport, de visa ou de vaccination • frais de scolarité des enfants dans le pays d'accueil.

(1) BOSS, Frais professionnels, § 1720, 01/01/2025.
(2) La Cour de cassation a ainsi jugé que les frais de voyage exposés par un salarié détaché auprès d'une filiale colombienne pour son voyage annuel en France et celui des membres de sa famille correspondent à des charges de caractère spécial inhérentes à l'emploi. Dès lors, leur prise en charge par l'employeur constitue bien un remboursement de *frais professionnels** exonérés de cotisations (cass. soc. 31 janvier 2012, n° 10-24388, BC V n° 47).

Décision de l'employeur - Les dépenses liées à une mobilité internationale sont considérées comme des *frais professionnels** lorsqu'elles résultent directement de la décision de l'employeur de muter son salarié ou de l'envoyer en mission à l'étranger (BOSS, Frais professionnels, § 1700, 01/01/2025).

En conséquence, une entreprise française qui prendrait en charge, dans le cadre d'un recrutement, des dépenses d'installation pour travailler en France d'un salarié venant de l'étranger doit soumettre ces frais à contributions et cotisations sociales.

Frais concernés - Les frais liés à une mobilité internationale sont notamment ceux liés aux dépenses de transport, d'hébergement provisoire, de déménagement et d'installation dans le logement définitif *(voir tableau)*.

Exonération uniquement sur justificatifs - Le remboursement par l'employeur de ces frais de mobilité n'est exonéré de cotisations que s'il intervient sur justificatifs (ex. : factures) (arrêté du 20 décembre 2002 modifié, art. 8, 4° ; BOSS, Frais professionnels, § 1670, 01/01/2025).

Mobilité de la métropole vers l'outre-mer (ou inversement)

Salariés visés - Sont concernés les salariés mutés ou envoyés en mission temporaire de la métropole vers les territoires français d'outre-mer et inversement, ou de l'un de ces territoires vers un autre, sur initiative de leur employeur (arrêté du 20 décembre 2002 modifié, art. 8, 5° ; BOSS, Frais professionnels, § 1710, 01/01/2025).

Frais concernés - Les frais concernés sont notamment ceux liés aux dépenses de transport, d'hébergement provisoire, de déménagement et d'installation dans le logement définitif *(voir tableau)*.

Frais exonérés uniquement sur justificatifs - Bien qu'elles concernent indistinctement le salarié et sa famille (conjoint et enfants), les indemnités versées à un salarié muté ou envoyé en mission temporaire de la métropole vers les territoires français d'outre-mer et inversement, ou de l'un de ces territoires vers un autre, sont exonérées de contributions et de cotisations sociales, sous réserve que les dépenses soient justifiées (arrêté du 20 décembre 2002 modifié, art. 8, 5° ; BOSS, Frais professionnels, §§ 1670 et 1710, 01/01/2025).

☞ *Frais de déplacement ; Frais de nourriture ; Frais professionnels.*

Modulation de la durée du travail

Cadre juridique

Cadre juridique actuel - Depuis le 22 août 2008, les entreprises qui souhaitent mettre en place un système de modulation peuvent le faire dans le cadre du dispositif unique d'aménagement du temps de travail. Il convient d'appliquer alors les règles correspondantes (voir *Aménagement du temps de travail sur une période supérieure à la semaine*)*.

Accords collectifs antérieurs au 22 août 2008 - Les accords de modulation conclus en application des dispositions antérieures restent applicables dans les entreprises ayant signé un accord (loi 2008-789 du 20 août 2008, art. 20-V, JO du 21 ; circ. DRT 2003-6 du 14 avril 2003 ; circ. DRT 2000-7 du 6 décembre 2000 ; circ. MES/CAB 2000-3 du 3 mars 2000). Pour les entreprises qui seraient concernées, n'ayant pas revu ces accords, nous rappelons ci-après les principales règles concernant directement la paye.

La loi Travail du 8 août 2016 a supprimé l'obligation, pour les entreprises qui continuent à appliquer des accords de modulation antérieurs au 22 août 2008, de fixer un programme indicatif de la répartition du travail (loi 2016-1088 du 8 août 2016, art. 12-IV, JO du 9). Cette disposition permet de contrecarrer des jurisprudences ayant jugé que les anciens accords étaient privés d'effet, ou même cessaient d'être en vigueur, lorsqu'il n'y avait pas de programme indicatif (cass. soc. 2 juillet 2014, n° 13-14216, BC V n° 173 ; cass. soc. 17 décembre 2014, n° 13-19834, BC V n° 304).

Durée du travail

Rappel - La modulation ne pouvait être mise en place que par accord collectif étendu ou par accord d'entreprise (c. trav. art. L. 3122-10 dans sa version antérieure au 22 août 2008). La durée du travail pouvait alors varier sur tout ou partie de l'année à condition qu'elle n'excède pas 1607 h (cass. soc. 26 septembre 2012, n° 11-14083, BC V n° 251).

Plafond de 1607 heures - La durée de 1607 h est le seuil légal de déclenchement des heures supplémentaires pour une modulation sur l'année.

Il est impossible de prévoir un seuil supérieur même pour des salariés qui n'ont pas acquis un droit intégral à congés payés (cass. soc. 14 novembre 2013, n° 11-17644, BC V n° 270).

▶ À noter… Cette jurisprudence va à l'encontre de la position autrefois retenue par l'administration. Cette dernière admettait, pour un salarié embauché en cours d'année et disposant uniquement de 4 semaines de congés payés à prendre au cours de l'exercice de modulation, que le seuil applicable était de 1 642 h (circ. DRT 2000-7 du 6 décembre 2000).

Si un seuil supérieur à 1 607 h est prévu, l'accord de modulation reste valable, mais le seuil de déclenchement annuel des heures supplémentaires est ramené à 1 607 h (cass. soc. 17 décembre 2014, n° 13-13502, BC V n° 305).

Le seuil légal ne peut pas non plus être augmenté dans des secteurs d'activité où il existe un système d'*horaire d'équivalence** (cass. soc. 26 septembre 2012, n° 11-14083, BC V n° 251).

Limites de modulation - L'accord définit des limites de modulation, c'est-à-dire un plancher et un plafond hebdomadaires, entre lesquelles la durée du travail va varier durant l'année.

Les salariés doivent être prévenus de tout changement de leurs horaires de travail 7 jours ouvrés au moins avant la date de ce changement (sous certaines conditions, l'accord peut réduire ce délai moyennant des contreparties pour les salariés). Les règles relatives aux maxima de la *durée du travail** doivent être respectées.

Heures supplémentaires

Heures comprises dans la modulation - Les heures de travail effectuées au-delà de la durée légale du travail, mais dans les limites de la modulation, ne sont pas des heures supplémentaires. Elles n'ouvrent donc droit ni à majorations de salaire, ni à contrepartie obligatoire en repos et ne s'imputent pas sur le contingent (c. trav. art. L. 3122-10, I, dans sa version antérieure au 22 août 2008).

Heures au-delà de la limite supérieure de la modulation - Constituent des heures supplémentaires toutes les heures effectuées au-delà de la limite supérieure de la modulation (c. trav. art. L. 3122-10, II, dans sa version antérieure au 22 août 2008). Elles doivent être payées immédiatement au salarié et donnent lieu, le cas échéant, à *contrepartie obligatoire en repos**.

Ces heures supplémentaires sont payées au taux des premières heures supplémentaires, en attendant une éventuelle régularisation en fin de modulation.

Exemple

Dans une entreprise de 80 salariés dont la limite supérieure de modulation est de 43 h par semaine, une semaine à 48 h dégagera 5 h supplémentaires ouvrant immédiatement droit à la majoration de 25 % et à 3 h 30 de repos compensateur légal.

Heures effectuées au-delà de la durée légale sur l'année - Par ailleurs, et à l'exclusion des heures supplémentaires effectuées au-delà de la limite supérieure de modulation, toutes les heures effectuées au-delà de 1 607 h sur l'année (ou du plafond conventionnel inférieur) sont également des heures supplémentaires (c. trav. art. L. 3122-10, II, dans sa version antérieure au 22 août 2008). Cette régularisation intervient en fin de modulation.

Les heures supplémentaires qui seront comptabilisées devront être traitées comme des heures supplémentaires classiques (majorations de salaire, contrepartie obligatoire en repos, etc.).

Incidence des absences sur le décompte des heures supplémentaires - En cas d'absences, se pose la question de leur incidence sur le seuil de décompte annuel de 1 607 h. La jurisprudence a apporté des précisions, qui sont présentées par ailleurs (voir *Aménagement du temps de travail sur une période supérieure à la semaine**).

Rémunération et bulletin de paye

Bulletin de paye - Lorsqu'un accord de modulation est applicable, une annexe au dernier bulletin de paye de la période de modulation doit répertorier le total des heures de travail effectif accomplies depuis le début de la modulation. Si le salarié quitte l'entreprise en cours de modulation, ce document lui est remis avec son dernier bulletin de paye.

Récupération des absences - Les absences rémunérées ou indemnisées, les congés et autorisations d'absence auxquels les salariés ont droit en application de stipulations conventionnelles ainsi que les absences justifiées par l'incapacité résultant de la maladie ou d'un accident ne peuvent pas faire l'objet d'une récupération par le salarié. Les absences donnant lieu à récupération doivent être valorisées en paye en fonction de la durée du travail que le salarié devait effectuer.

Lissage de la rémunération - La modulation peut s'accompagner d'un lissage de la rémunération calculé sur la base de l'horaire de travail moyen. Dans cette hypothèse, la rémunération mensuelle des salariés est indépendante de l'horaire réel du mois (c. trav. art. L. 3122-16 dans sa rédaction antérieure au 22 août 2008).

Fiche de décompte en cas de modulation - Année...						
Période de modulation	**Durée effective du travail**					
	Semaine 1	**Semaine 2**	**Semaine 3**	**Semaine 4**	**Semaine 5**	**Total**
Janvier						
Février						
Mars						
Avril						
Mai						
Juin						
Juillet						
Août						
Septembre						
Octobre						
Novembre						
Décembre						
Total annuel :						
Moyenne annuelle :						

En cas de rupture du contrat de travail pour motif économique, intervenant après ou pendant une période de modulation, le salarié conserve le supplément de rémunération qu'il a, le cas échéant, perçu par rapport au nombre d'heures travaillées (c. trav. art. L. 3122-18 dans sa version antérieure au 22 août 2008).

Absence en période de haute activité et régularisation de la rémunération - À propos d'un arrêt maladie, la jurisprudence a précisé que ni un accord collectif ni une décision unilatérale de l'employeur ne peuvent retenir la durée hebdomadaire moyenne de la modulation comme mode de décompte des jours d'absence pour maladie pendant la période de haute activité, afin de régulariser la rémunération du salarié en fin d'année (cass. soc. 9 janvier 2007, n° 05 43962, BC V n° 1).

Pour valoriser la retenue sur salaire correspondant à l'absence, il convient donc de prendre en compte la durée du travail réelle que le salarié aurait dû accomplir en période haute de modulation.

▶ À noter... Cette solution se justifie, car se référer à la durée hebdomadaire moyenne de modulation serait défavorable pour le salarié, en « survalorisant » l'absence par rapport à une référence à la durée réelle qui aurait dû être travaillée.

Fiche annexe

Dans les établissements où s'applique un dispositif de modulation des horaires, le total des heures de travail effectuées depuis le début de la modulation est mentionné, en fin de période de modulation ou lors du départ du salarié, si celui-ci a lieu au cours de la modulation, sur un document annexé au dernier bulletin de salaire de la période de référence (*voir modèle*).

☛ *Aménagement du temps de travail sur une période supérieure à la semaine ; Heures supplémentaires ; Lissage du salaire.*

Monétisation des jours de RTT

Depuis la loi de finances rectificative du 16 août 2022, il existe un dispositif de monétisation (dit aussi de « rachat ») des journées ou demi-journées de repos acquises par les salariés, dans un cadre social et fiscal de faveur.

Ce dispositif, qui a été prolongé en dernier par la loi de finances pour 2025, permet des journées ou demi-journées de repos acquises du 1er janvier 2022 au 31 décembre 2026 (loi 2022-1157 du 16 août 2022, art. 5 modifié ; loi 2022-1616 du 23 décembre 2022, art. 22 ; loi 2025-127 du 14 février 2025, art. 8, JO du 15).

Des questions/réponses du ministère du Travail (questions/réponses min. Travail « Rachat de jours de repos » du 27 octobre 2022) et le *Bulletin officiel de la sécurité sociale (BOSS)** ont apporté des précisions sur ce mécanisme.

Jours concernés

Journées et demi-journées de repos acquises de 2022 à 2026 inclus - Le dispositif concerne les jour-

nées ou demi-journées de repos acquises du 1er janvier 2022 au 31 décembre 2026 dans le cadre :
- soit d'un dispositif d'*aménagement du temps de travail sur une période supérieure à la semaine** (c. trav. art. L. 3121-41 à L. 3121-47), quelle qu'en soit la base juridique (accord collectif, ou dans les cas autorisés, décision unilatérale de l'employeur) (questions/réponses min. Travail, Q/R 7) ;
- soit d'un accord de RTT antérieur à la loi du 20 août 2008.

Bien qu'ils ne soient pas visés par la loi, l'administration a précisé que le dispositif concerne également :
- les journées ou demi-journées de repos acquises par les salariés au titre d'anciens accords de cycle ou de modulation antérieurs à la loi du 20 août 2008 et maintenus en vigueur (questions/réponses min. Travail, Q/R 8) ;
- les jours de RTT ou de repos acquis par les salariés à temps partiel « annualisé », soit dans le cadre d'un dispositif de réduction du temps de travail antérieur à la loi du 20 août 2008 et maintenu en vigueur, soit dans le cadre d'un dispositif conventionnel d'aménagement du travail à temps partiel sur tout ou partie de l'année (c. trav. art. L. 3121-44) (questions/réponses min. Travail, Q/R 3).

▶ À noter… Le salarié peut également demander la monétisation des jours de RTT dont la fixation des dates est à l'initiative de l'employeur (questions/réponses min. Travail, Q/R 4). Bien entendu, l'accord de l'employeur est nécessaire et il peut ou non accepter la demande du salarié, en tout ou partie.

Entrée en vigueur - Ouvert depuis le 18 août 2022, ce dispositif concerne les jours de repos acquis du 1er janvier 2022 au 31 décembre 2026

Selon le BOSS, seules les journées effectivement rémunérées après le 16 août 2022, sont éligibles à la majoration de salaire et aux dispositifs de réduction de cotisations (BOSS, Exonérations heures supplémentaires, § 840, 01/01/2025).

Jours exclus

Forfaits annuels en jours - Les salariés en convention de forfait annuel jours sur l'année sont exclus du dispositif. Il est impossible de les inclure y compris par accord collectif, la loi ne permettant pas une telle dérogation (questions/réponses min. Travail, Q/R 2 et 9).

Les intéressés bénéficient en effet d'un dispositif spécifique et pérenne, qui leur permet, avec l'accord de l'employeur, de renoncer à des jours de repos en contrepartie d'une majoration de salaire pour les jours travaillés en plus (c. trav. art. L. 3121-59) (voir *Rachat de jours de repos**).

Autres jours exclus - Sont exclus du dispositif de rachat des jours de RTT issu de la loi du 16 août 2022 (BOSS, Exonérations heures supplémentaires, § 840, 01/01/2025) :
- les jours de *repos compensateur de remplacement**, qui permettent le paiement de tout ou partie des heures supplémentaires par l'attribution d'un repos compensateur équivalent ;
- les jours ou demi-journées de repos soldés à l'occasion du solde de tout compte (à savoir les jours de RTT non pris et payés en fin de contrat au départ du salarié).

Monétisation en présence d'un compte épargne-temps

Jours de repos déjà affectés sur le CET - Dans les entreprises où existe un *compte épargne-temps** (CET), les jours de repos affectés sur le CET ne peuvent pas être monétisés dans le cadre du dispositif de monétisation issu de la loi du 16 août 2022 (questions/réponses min. Travail, Q/R 2 et 10 ; BOSS, Exonérations heures supplémentaires, § 840, 01/01/2025). Leur monétisation est possible soit dans les conditions prévues par l'accord de CET, soit sur demande du salarié avec l'accord de l'employeur en l'absence de dispositions de l'accord de CET (c. trav. art. L. 3151-3) (voir *Compte épargne-temps**).

Jours de repos non encore affectés sur le CET - Pour les journées et demi-journées de RTT acquises de 2022 à 2026 qui ne sont pas affectées sur un CET, la Direction générale du travail nous a précisé le 15 septembre 2022, que le salarié est libre de son choix. Il peut :
- demander leur monétisation en application du dispositif de rachat direct décrit ici, avec par conséquent les avantages sociaux et fiscaux associés (majoration de salaire, exonérations sociales et fiscales ; *voir plus loin*) ;
- ou les affecter sur son CET dans les conditions prévues par l'accord de CET.

▶ À noter… En l'état de la législation, seul le dispositif de rachat direct de jours de RTT acquis de 2022 à 2026 issu de la loi du 16 août 2022 ouvre droit d'office à une majoration et à des exonérations sociales et fiscales. La monétisation de jours de RTT affectés à un CET n'ouvre pas droit ces exonérations, ni à une majoration en l'absence de disposition du CET en ce sens.

Procédure

Demande et réponse sans formalisme imposé - Le rachat intervient à l'initiative du salarié (« sur sa demande »), mais « en accord avec l'employeur ». En d'autres termes, ni l'employeur ni le salarié ne peuvent imposer à l'autre partie le rachat de jours de repos.

L'accord de l'employeur est nécessaire pour que le rachat soit possible. Il n'a pas à justifier un refus (attention néanmoins à ne pas tomber dans la discrimination).

La loi n'a prévu aucun formalisme, que ce soit pour la demande du salarié ou pour la réponse de l'employeur (refus ou accord).

Selon le ministère du Travail, le salarié doit matérialiser sa demande par tout moyen. Il recommande également d'établir « un processus harmonisé au niveau des entreprises afin de faciliter le traitement des demandes » (questions/réponses min. Travail, Q/R 11). Le salarié peut faire autant de demandes de rachat qu'il souhaite, le nombre de demandes n'étant pas limité (questions/réponses min. Travail, Q/R 12).

Exonérations : formalisme - Dans la pratique, un certain formalisme est requis dans la perspective du contrôle des exonérations sociales auxquelles la monétisation des jours de repos donne droit.

L'employeur doit être à même de fournir les documents formalisant la demande du salarié et son accord (partiel ou total) (questions/réponses min. Travail, Q/R 16).

Par ailleurs, il doit pouvoir produire les documents requis pour l'application des exonérations sociales (réduction de cotisations salariales et, le cas échéant, déduction forfaitaire de cotisations patronales) (BOSS, Exonérations heures supplémentaires et complémentaires, §§ 890 et 900, 01/01/2025). Il peut notamment s'agir des documents relatifs au temps de travail que le code du travail lui impose de tenir (voir *Durée du travail**).

Paiement et régime social et fiscal

Paiement majoré des journées ou demi-journées travaillées en plus - Si l'employeur accepte le rachat, les journées ou demi-journées travaillées en plus dans ce cadre donnent lieu à une majoration de salaire, au moins égale au taux de majoration applicable à la première heure supplémentaire applicable dans l'entreprise (loi 2022-1157 du 16 août 2022, art. 5, I modifié ; loi 2025-127 du 14 février 2025, art. 8).

Les heures correspondantes ne s'imputent pas sur le contingent légal ou conventionnel d'heures supplémentaires.

Pour mémoire, le taux de majoration de la première heure supplémentaire s'élève à 25 %, sauf accord d'entreprise ou d'établissement (ou, à défaut, de branche) fixant un taux différent (à la hausse ou à la baisse mais dans ce cas en respectant le minimum de 10 %) (voir *Heures supplémentaires**) (c. trav. art. L. 3121-33 et L. 3121-36).

Exonérations sociales - La rémunération de ces heures bénéficie d'un régime social de faveur aligné sur celui des heures supplémentaires (loi 2022-1157 du 16 août 2022, art. 5, II modifié).

L'employeur et le salarié peuvent bénéficier de :
- la réduction de cotisations salariales sur heures supplémentaires (c. séc. soc. art. L. 241-17) [voir *Heures supplémentaires et complémentaires (réduction de cotisations salariales)**] ;
- la déduction forfaitaire de cotisations patronales, si l'effectif de l'entreprise le permet (c. séc. soc. art. L. 241-18 et L. 241-18-1) [voir *Heures supplémentaires (déduction forfaitaire de cotisations patronales)**] ;

Pour les jours de repos rachetés depuis le 25 décembre 2022, les employeurs de « 20 à moins de 250 salariés » bénéficient de leur déduction forfaitaire (0,50 € par heure supplémentaire) (loi 2022-1616 du 23 décembre 2022, art. 22 ; BOSS, Exonérations heures supplémentaire, § 870, 01/01/2025).

▶ À noter… Avant cette date, la monétisation des jours de repos ouvrait uniquement droit à la déduction forfaitaire de cotisations patronales pour heures supplémentaires des employeurs de moins de 20 salariés.

Dans le cas où la réduction est supérieure au montant des cotisations sur lesquelles elle s'impute (notamment en cas de réalisation de nombreuses heures supplémentaires, en parallèle du rachat de journées de RTT), le reliquat de réduction peut être imputé sur les cotisations salariales d'assurance vieillesse dues au titre des périodes d'emploi postérieures à celle donnant lieu à rémunération des heures supplémentaires ou des journées de RTT (BOSS, Exonérations heures supplémentaire, § 490, 01/01/2025).

Exonération d'impôt sur le revenu - La rémunération de ces heures bénéficie du même régime fiscal que les heures supplémentaires (loi 2022-1157 du 16 août 2022, art. 5, II modifié).

Elle ouvre droit à la même exonération d'impôt sur le revenu, dans la limite prévue par la législation fiscale (CGI art. 81 quater) [voir *Heures supplémentaires et complémentaires (exonération d'impôt sur le revenu)**].

La limite d'exonération d'impôt sur le revenu s'apprécie de manière globale, en cumulant la rémunération des jours de repos monétisés et celle des heures supplémentaires « classiques » ou des heures complémentaires éventuellement réalisées par ailleurs par le salarié (loi 2022-1157 du 16 août 2022, art. 5 modifié).

☛ *Aménagement du temps de travail sur une période supérieure à la semaine ; Réduction du temps de travail (réduction sous forme de repos).*

Mutuelle

Notions à ne pas confondre - Dans le langage courant, le terme de « mutuelle » est – improprement – utilisé pour désigner des garanties de prévoyance complémentaire « frais de santé » qui viennent en complément des prestations en nature de la sécurité sociale (voir *Prévoyance complémentaire**). C'est pourquoi, dans cet ouvrage, nous utilisons le terme de garanties « frais de santé » (et non de « mutuelle » pour désigner ces prestations).

Les garanties « frais de santé » constituent une sous-catégorie d'un ensemble plus large, constitué par l'ensemble des opérations de *prévoyance complémentaire**.

Les développements relatifs aux garanties « frais de santé » sont détaillés par ailleurs dans cet ouvrage (voir nos renvois en bas de cette étude).

Catégorie d'organismes assureurs - Le terme de « mutuelle » désigne en réalité une des catégories d'organismes habilités à mettre en œuvre des opérations de prévoyance complémentaire, aux côtés des institutions de prévoyance et des sociétés d'assurance. L'employeur qui souhaite mettre en place des garanties « frais de santé » peut s'adresser à l'un de ces trois types d'organismes.

☛ *Cotisations de retraite et de prévoyance (régime fiscal) ; Cotisations de retraite et de prévoyance (régime social) ; Prévoyance complémentaire ; Prévoyance « frais de santé » (contrat responsable) ; Prévoyance « frais de santé » (socle minimal) ; Prévoyance « frais de santé » (versement santé) ; Régimes de retraite supplémentaire et de prévoyance complémentaire ; Régimes de retraite supplémentaire et de prévoyance complémentaire (caractère collectif) ; Régimes de retraite supplémentaire et de prévoyance complémentaire (caractère obligatoire).*

N

Naissance

☞ *Congé de naissance ; Congé de paternité et d'accueil de l'enfant ; Maternité.*

Négociation obligatoire sur les salaires

L'employeur est tenu d'engager régulièrement un certain nombre de négociations obligatoires. Celles-ci concernent davantage les services RH ou la direction de l'entreprise que les services paye (voir Dictionnaire Social « Négociations obligatoires dans l'entreprise »).

Pourtant, la négociation portant sur les salaires effectifs peut avoir des conséquences en paye, indépendamment de l'impact sur la masse salariale si un accord est conclu. En effet, si l'employeur ne respecte pas son obligation de négocier, il encourt une sanction financière, dont le plafond est fixé en référence à certains allégements de cotisations sociales.

C'est à cette négociation obligatoire sur les salaires effectifs que cette étude est consacrée.

Cadre général de la négociation obligatoire sur les salaires

Employeurs concernés - Les entreprises dans lesquelles une ou plusieurs sections syndicales d'organisations représentatives sont constituées doivent engager périodiquement un certain nombre de négociations obligatoires (c. trav. art. L. 2242-1).

En pratique, sont concernées (circ. DSS/5C/DGT 2011-92 du 7 mars 2011) :
- les entreprises de 50 salariés et plus au sein desquelles sont désignés un ou plusieurs délégués syndicaux ;
- les entreprises de moins de 50 salariés où un élu titulaire du *comité social et économique** a été désigné comme délégué syndical.

S'il n'existe dans l'entreprise qu'un représentant de section syndicale (par essence désigné par un syndicat non représentatif) (c. trav. art. L. 2142-1-1), l'employeur n'est pas concerné par la négociation obligatoire sur les salaires effectifs (circ. DSS/5C/DGT 2011-92 du 7 mars 2011, § 2.2.2).

Périodicité - La négociation sur les salaires effectifs est intégrée à une négociation plus globale, qui porte sur la « rémunération, notamment les salaires effectifs, le temps de travail et le partage de la valeur ajoutée dans l'entreprise » (c. trav. art. L. 2242-1).

À défaut d'accord particulier, cette négociation doit être engagée chaque année (c. trav. art. L. 2242-13). Mais un accord collectif « de méthode », peut fixer une autre périodicité prévue au minimum tous les 4 ans (c. trav. art. L. 2242-10 et L. 2242-11).

Organisation de la négociation

En présence d'un accord de méthode - Si l'entreprise a conclu un accord de méthode relatif aux négociations obligatoires, cet accord précise notamment les thèmes des négociations et leur périodicité, le calendrier des négociations, les lieux des réunions, les informations que l'employeur remet aux négociateurs et la date de cette remise (c. trav. art. L. 2242-11).

La négociation a donc lieu selon les modalités fixées par l'accord.

En l'absence d'accord de méthode - Faute d'accord de méthode, c'est à l'employeur d'engager chaque année la négociation (c. trav. art. L. 2242-13). En pratique, il invite les syndicats représentatifs à une réunion préalable.

Selon l'administration, le point de départ du délai de 12 mois correspond à la date du début de la dernière négociation (circ. DRT 86-16 du 23 décembre 1986).

À défaut d'initiative de l'employeur dans ce délai, la négociation doit s'engager à la demande d'une organisation syndicale représentative. Dans les 8 jours, l'employeur transmet la demande aux autres organisations syndicales. Dans les 15 jours de la demande, il doit convoquer les parties à la négociation (c. trav. art. L. 2242-13).

À l'occasion de la première réunion, sont précisés (c. trav. art. L. 2242-14) :
- le lieu et le calendrier des réunions ;
- les informations que l'employeur remettra aux délégués syndicaux et aux salariés composant la délégation syndicale et la date de cette remise.

Suspension du pouvoir de décision de l'employeur - Tant qu'une négociation est en cours, l'employeur ne peut pas, dans les matières traitées, arrêter de décisions unilatérales concernant la collectivité des salariés, sauf si l'urgence le justifie (c. trav. art. L. 2242-4).

Exemple

Pendant une négociation obligatoire sur les salaires, l'employeur ne peut pas décider seul, sauf urgence, d'une augmentation collective. En revanche, il peut prendre des mesures unilatérales individuelles (ex. : augmentation d'un salarié).

Issue de la négociation - S'il n'existe aucune obligation de parvenir à un accord, la négociation doit néanmoins être « loyale et sérieuse ».

En cas d'accord, celui-ci s'applique dans l'entreprise dès qu'il entre en vigueur.

En cas de désaccord, un procès-verbal (PV) de désaccord est établi. Dans ce PV, il convient d'indiquer les propositions respectives des parties et les mesures que l'employeur entend appliquer unilatéralement (c. trav. art. L. 2242-5). Ce PV doit être déposé auprès de la DREETS et du secrétariat-greffe du conseil de prud'hommes, selon les mêmes modalités qu'un accord collectif (c. trav. art. R. 2242-1 renvoyant à D. 2231-2).

Rémunération du temps passé à la négociation - Le temps passé à la négociation est payé comme temps de travail, y compris si elle se déroule en dehors du temps de travail (circ. DRT 83-15 du 25 octobre 1983).

De plus, chaque section syndicale dispose, au profit de son ou ses délégués syndicaux et des salariés de l'entreprise appelés à négocier la convention ou l'accord d'entreprise, d'un crédit global supplémentaire pour préparer la négociation. Ce crédit ne peut pas excéder 12 heures par an dans les entreprises d'au moins 500 salariés et 18 heures dans celles d'au moins 1 000 salariés (c. trav. art. L. 2143-16).

▶ À noter… Ce crédit est accordé annuellement quel que soit le nombre d'accords conclus dans l'entreprise sur une même année (cass. soc. 2 juin 2004, n° 01-44474, BC V n° 160).

Pénalité en cas de non-respect de la négociation obligatoire sur les salaires

Pénalité modulable - L'employeur qui ne respecte pas son obligation de négocier sur les salaires effectifs selon la périodicité qui lui est applicable *(voir plus haut)* est soumis à une pénalité financière à verser aux organismes de recouvrement des cotisations de sécurité sociale (ex. : URSSAF, CGSS) (c. trav. art. L. 2242-7).

C'est l'absence de négociation qui est sanctionnée, et non l'absence d'accord au terme de la négociation pourvu que celle-ci ait été loyale et sérieuse (cass. civ., 2e ch., 14 mars 2019, n° 18-12313 D).

Si l'on s'en tient à une jurisprudence antérieure à la dernière réforme de la pénalité, pour vérifier si l'employeur a respecté son obligation, il faut prendre en considération la date à laquelle il a engagé les discussions. Le tout est de l'avoir fait dans les temps, même tardivement. Un engagement tardif de la négociation, mais intervenu dans le délai imparti, ne peut pas être sanctionné, ni une absence d'accord (cass. civ., 2e ch., 7 novembre 2019, n° 18-21499 FSPB).

La pénalité est une pénalité financière modulable, fixée et notifiée par l'administration (c. trav. art. L. 2242-7).

Procédure d'information et de recueil des observations de l'employeur - Lorsque l'inspection du travail constate l'absence de négociation sur les salaires effectifs, elle transmet un rapport au DREETS (c. trav. art. D. 2242-12).

Celui-ci a 4 mois pour informer l'employeur qu'il envisage de lui infliger une pénalité, en précisant son taux maximal, et pour l'inviter à présenter ses observations, ainsi qu'à justifier des motifs de sa défaillance (c. trav. art. D. 2242-13).

L'employeur a 2 mois pour présenter ses arguments. Il peut demander à être entendu.

Si le DREETS persiste dans son intention de sanctionner l'entreprise, il notifie le montant de la pénalité dans un délai de 2 mois courant à compter de l'expiration du délai laissé à l'employeur pour répondre (c. trav. art. D. 2242-15).

Fixation du montant de la pénalité - Le DREETS fixe le taux de la pénalité dans la limite d'un plafond fixé par la loi, en prenant en considération les efforts réalisés par l'employeur pour engager des négociations sur les salaires effectifs, sa bonne foi et les motifs de sa défaillance (notamment des difficultés économiques, une restructuration, une fusion ou une procédure collective) (c. trav. art. D. 2242-14).

Montant maximum de la pénalité - Le montant de la pénalité fixée par le DREETS peut aller jusqu'à 10 % de la *réduction générale de cotisations patronales** calculée au titre des rémunérations versées chaque année où le manquement est constaté, sur une période ne pouvant excéder 3 années consécutives à compter de l'année précédant le contrôle (c. trav. art. L. 2242-7 renvoyant à séc. soc. art. L. 241-13).

Si au moins un manquement à l'obligation de négocier a déjà été constaté lors d'un précédent contrôle au cours des 6 années civiles précédentes, la pénalité peut aller jusqu'au montant total de cette exonération (soit 100 %), sur une période ne pouvant excéder 3 années consécutives comprenant l'année du contrôle (c. trav. art. L. 2242-7).

Pour les constats réalisés au titre des années 2016 à 2021, le DREETS peut prendre en considération les contrôles réalisés entre 2010 et 2016 dans le cadre de l'ancien dispositif de réduction des exonérations de cotisations, afin de déterminer si l'entreprise a déjà méconnu son obligation.

▶ À noter... De 2009 à 2015, le code du travail prévoyait un mécanisme de réduction (voire de suppression) de certains allégements de cotisations patronales (loi 2008-1258 du 3 décembre 2008, art. 26, JO du 4). Il appartenait à l'employeur de calculer et d'appliquer lui-même l'abattement, à l'occasion de la régularisation annuelle des cotisations URSSAF.

Recouvrement de la pénalité - L'employeur s'acquitte de la pénalité auprès de l'URSSAF dont il dépend (ou CGSS) (c. trav. art. D. 2242-16).

Le versement doit intervenir à la première date d'échéance des cotisations qui suit un délai de 2 mois décompté à partir de la notification du DREETS.

Débat sur le montant maximum de la pénalité - Antérieurement, la pénalité était fixée par l'article L. 2242-5-1 du code du travail. Par une série de renvois, le montant maximum de la pénalité (10 % ou 100 % selon les cas) était déterminé en prenant en compte les allégements suivants :

- la *réduction générale de cotisations patronales** (c. séc. soc. art. L. 241-13) ;
- les exonérations applicables en *bassin d'emploi à redynamiser** (loi 2006-1771 du 30 décembre 2006, art. 130), en *zones franches urbaines** (loi 96-987 du 14 novembre 1996, art. 12 et 12-1), en *zones de restructuration de la défense** (loi 2008-1443 du 30 décembre 2008, art. 34) ;
- l'exonération « *embauche du 1er au 50e salarié** » en zones de revitalisation rurale (y inclus dans son volet applicable aux organismes d'intérêt général) (c. séc. soc. art. L. 241-19 et L. 241-20, anciennement L. 131-4-2 et L. 131-4-3) ;
- et l'exonération dite « LODéOM », applicable en Guadeloupe, Martinique, Guyane, La Réunion, Saint-Barthélemy et Saint-Martin [circ. DSS/5B 2010-378 du 14 décembre 2010, partie 2, § IV ; voir *Outre-mer (exonération de cotisations)**].

▶ À noter... Pour l'exonération LODéOM, par erreur, cette règle n'a pas été intégrée à l'article L. 752-3-2 du code de la sécurité sociale, mais à l'article L. 752-3-1 (qui vise l'exonération de Saint-Pierre-et-Miquelon).

Or, les renvois figurant dans les exonérations autres que la réduction générale n'ont pas été actualisés. Ils font toujours référence à des articles qui ne sont plus pertinents (L. 2242-5 ou L. 2242-5-1), et non à l'actuel L. 2242-7, de sorte que ces exonérations semblent exclues du calcul du montant maximum de la pénalité.

À la stricte lecture des textes, à l'heure où nous rédigeons ces lignes, le montant plafond de la pénalité (10 % ou 100 % selon les cas) est donc déterminé uniquement en référence à la réduction générale.

Il serait souhaitable que ces textes soient ajustés afin de lever tout doute quant au calcul du montant plafond de la pénalité.

Anciennes précisions administratives

Avertissement - Concernant le mécanisme applicable de 2009 à 2015, l'administration avait apporté plusieurs précisions sur le dispositif de réduction ou de suppression des exonérations, reprises ci-après.

Reste à savoir si elles demeurent applicables dans le cadre de la pénalité modulable. Des précisions seront les bienvenues sur ce point.

Cadre d'appréciation de l'obligation de négociation - Le respect de l'obligation d'engager la négociation sur les salaires effectifs est, en principe, apprécié au niveau de l'entreprise. Ainsi, lorsque l'obligation a été respectée au niveau d'une entreprise divisée en plusieurs établissements, ceux-ci sont tous couverts. Dans le cas contraire, seuls les établissements où la négociation a été engagée sont protégés (circ. DSS/5C/DGT 2011-92 du 7 mars 2011, §§ 2.2.3 et 3.2.4, BO Santé n° 2011/4 du 15 mai 2011).

En 2011, l'administration avait indiqué que la négociation au niveau du groupe ne dispensait pas les entreprises qui le composent de leur obligation en matière de négociation annuelle (circ. DSS/5C/DGT 2011-92 du 7 mars 2011, § 3.2.4). Mais deux mesures issues de la loi Travail du 8 août 2016 ont en partie remis en cause cette précision.

Depuis le 10 août 2016, les entreprises sont dispensées d'engager une négociation obligatoire lorsqu'un accord portant sur le même thème a été conclu au niveau du groupe et remplit les conditions prévues par la loi. Par ailleurs, si un accord de méthode de groupe centralise tout ou partie de la négociation obligatoire au niveau du groupe, la seule ouverture de négociations au niveau du groupe suffit à dispenser les entreprises du groupe d'engager elles-mêmes des négociations sur le ou les thèmes en question (c. trav. art. L. 2232-33).

Désignation d'un délégué syndical en cours d'année - Si un délégué syndical est désigné en cours d'année, l'obligation de l'employeur d'ouvrir la négociation relativement aux salaires prend place au titre de l'année civile suivante (circ. DSS/5C/DGT 2011-92 du 7 mars 2011, § 2.2.1).

Exemple

Selon cette précision, une entreprise soumise à une périodicité annuelle de négociation obligatoire dans laquelle un délégué syndical est désigné en année N est concernée par le dispositif en N + 1. Si elle n'engage pas de négociations sur les salaires en N + 1, elle s'expose à la pénalité, dans la limite de 10 % des réductions et allégements de charges.

Preuve de la négociation - Lorsqu'un accord est conclu, il suffit à l'employeur de produire une copie de l'accord ou son récépissé de dépôt pour échapper à la pénalité.

En l'absence d'accord, le moyen le plus naturel de prouver que des négociations loyales et sérieuses ont été entamées est de produire le procès-verbal de désaccord. À cet égard, une décision unilatérale de l'employeur tirant les conséquences de l'échec des négociations pour procéder à la revalorisation des salaires dans l'entreprise peut constituer une forme de PV de désaccord (circ. DSS/5C/DGT 2011-92 du 27 mars 2011, § 3.2.2).

En l'absence de PV de désaccord, l'employeur peut établir qu'il a engagé des négociations loyales et sérieuses en s'appuyant sur d'autres documents ou moyens (ex. : les convocations aux réunions de négociation, les documents transmis aux négociateurs, un projet soumis à la négociation, les propositions des organisations syndicales faites au cours des négociations) (circ. DSS/5C/DGT 2011-92 du 27 mars 2011, § 3.2.2).

Net fiscal

Le salaire net fiscal (ou salaire « net imposable » ou « rémunération nette fiscale ») doit être déclaré tous les mois dans la DSN afin de permettre à l'administration fiscale d'établir la déclaration des revenus préremplie (DRP). Il sert également de base de calcul au « Montant net versé » utilisé par certains organismes pour l'attribution de différentes prestations (prime d'activité, allocation logement etc.).

Le net fiscal est également l'élément de calcul principal du *prélèvement à la source** (PAS) de l'impôt sur le revenu.

Définition du net fiscal

Notion - Le salaire, ses compléments (indemnités, allocations, gratifications, primes, etc.) et les avantages en nature (nourriture, logement, véhicule, cadeaux etc.) constituent des revenus imposables.

▶ À noter… Le salaire est imposable dès lors qu'il est disponible, c'est-à-dire lors de son versement en espèces ou en chèque par l'employeur, ou lors de son inscription au crédit d'un compte bancaire ou postal ou d'un compte courant ouvert au nom du salarié, en cas de virement (CGI art. 12, 79 et 82).

Principes de calcul - Le net imposable est calculé en prenant le brut social comme point de départ.

❶ Dans le cas le plus courant, le net imposable est égal au salaire brut social, majoré des contributions patronales aux régimes de prévoyance « frais de santé », diminué :

- des cotisations salariales de sécurité sociale, de retraite complémentaire (ex. : AGIRC-ARRCO) et, dans les rares cas où il en existe encore, d'assurance chômage ;
- des contributions salariales à des régimes de retraite supplémentaire et de prévoyance complémentaire collectifs à adhésion obligatoire (attention : il peut être nécessaire de réintégrer ensuite un éventuel excédent fiscal ; *voir ci-après*) ;
- de la fraction déductible de la CSG (6,8 points pour ce qui est des salaires), sachant que dans certains cas, la CSG est par exception intégralement non déductible [voir *Contribution sociale généralisée (CSG)**].

Pour les salariés dont les cotisations sont calculées sur une assiette forfaitaire, il faut partir du salaire réel (et non de l'assiette forfaitaire).

▶ À noter… Dans la même logique, pour les salariés auxquels l'employeur applique une *déduction forfaitaire spécifique pour frais professionnels** (DFS) à l'assiette des cotisations de sécurité sociale, il ne doit pas en tenir compte pour la détermination du revenu imposable. Le calcul s'effectue donc à partir du salaire avant DFS mais hors frais professionnels réintégrés dans l'assiette sécurité sociale (autre méthode : ajouter au brut social le montant de l'abattement d'assiette correspondant à la DFS et déduire les frais professionnels réintégrés).

❷ Le cas échéant, il faut ajouter certains éléments qui, bien que ne figurant pas dans le brut social (car exonérées de cotisations de sécurité sociale), sont néanmoins imposables, comme par exemple (liste non exhaustive) :
- un éventuel excédent fiscal de contributions salariales et patronales à des régimes de retraite supplémentaire ou de prévoyance complémentaire à caractère collectif et obligatoire, si les limites d'exonération sont dépassées [voir *Cotisations de retraite et de prévoyance (régime fiscal)**] ;
- la fraction exonérée de cotisations mais imposable de certaines indemnités de rupture ;
- une *prime de partage de la valeur** imposable ou une prime d'*intéressement** lorsqu'elles ne sont pas affectées à un plan d'épargne salariale ;
- la quote-part de *participation aux résultats** dont le salarié a demandé le versement immédiat ;
- des indemnités d'*activité partielle**, de *chômage-intempéries** ou des indemnités versées au titre de la *rémunération mensuelle minimale**.

▶ À noter... Les *indemnités journalières complémentaires de prévoyance** versées au titre d'un régime à adhésion obligatoire sont imposables en totalité (alors qu'elles sont soumises à cotisations à hauteur du financement patronal). Il faut donc veiller à ce que leur montant total soit intégré dans le net imposable, y compris pour la part financée par le salarié.

❸ A contrario, il convient de déduire des sommes assujetties à cotisations mais exonérées d'impôt sur le revenu, comme par exemple :
- une *prime d'expatriation** ou une prime d'impatriation (exonération d'impôt dans les conditions et limites fixées par la législation fiscale) ;
- la part exonérée d'impôt sur le revenu de la rémunération des heures supplémentaires ou complémentaires, ou des rachats de jours de repos des salariés en forfait jours [voir *Heures supplémentaires et complémentaires (exonération d'impôt sur le revenu)**] ;
- la part exonérée d'impôt sur le revenu de la rémunération correspondant à la monétisation des jours de repos/RTT acquis de 2022 à 2026 (voir *Monétisation des jours de RTT**) ;
- tout ou partie de certaines indemnités de rupture du contrat de travail, lorsque la fraction d'indemnité exonérée d'impôt sur le revenu est supérieure à celle qui est exonérée de cotisations de sécurité sociale [voir *Indemnités de rupture (régimes social et fiscal)**] ;
- les droits issus d'un *compte épargne-temps** (CET) non issus d'un abondement de l'employeur et affectés par le salarié à un *plan d'épargne pour la retraite collectif** (PERCO « ancienne mouture »), à un *plan d'épargne retraite d'entreprise collectif** (PERE-CO « nouvelle mouture »), à un régime obligatoire de retraite supplémentaire d'entreprise ou à un *plan d'épargne retraite d'entreprise obligatoire** (ou PERE-OB), dans la limite de 10 jours par an.

▶ À noter... Les droits issus d'un CET ci-dessus évoqués bénéficient d'un régime social de faveur, mais il ne s'agit pas d'une exonération totale de cotisations. Les sommes correspondantes sont donc a priori dans le brut social, ce qui explique qu'on les déduise pour arriver au net fiscal.

Dans la mesure où l'employeur a choisi une méthode de calcul partant du brut sécurité sociale, si le « brut sécu » inclut la réintégration d'un excédent social de contributions patronales à des régimes de retraite supplémentaire ou de prévoyance complémentaire à caractère collectif et obligatoire [voir *Cotisations de retraite et de prévoyance (régime social)**], il convient de déduire le montant de cette réintégration. L'éventuel excédent fiscal à réintégrer dans le net imposable est régi par d'autres règles de calcul *(voir plus haut)*.

Chèques-vacances - La participation patronale ainsi que l'éventuelle participation du comité social et économique (CSE) est, sous conditions, exonérée d'impôt sur le revenu dans la limite du SMIC mensuel. A contrario, la contribution du CSE à l'acquisition des chèques-vacances sans participation conjointe de l'employeur est imposable, à moins que, compte tenu des conditions de versement, elle s'assimile à un secours.

Côté régime social, la participation patronale est, sous condition, exonérée de cotisations dans les entreprises de moins de 50 salariés sans CSE et ne relevant pas d'un organisme de gestion. Dans les autres cas, elle est assujettie à cotisations.

Les retraitements du brut social à opérer dépendent donc du contexte d'attribution des chèques-vacances.

Pour plus de détail sur le régime social et fiscal applicable, voir *Chèques-vacances**.

IJSS - Le montant imposable des indemnités journalières de sécurité sociale (IJSS) ne doit jamais figurer dans le net imposable (net fiscal), y compris en cas de *subrogation**. Il s'agit d'éviter un double décompte sur la déclaration des revenus préremplie du salarié l'année suivante.

En effet, l'obligation de déclarer les IJSS imposables incombe exclusivement aux caisses de sécurité sociale, que les versements soient faits directement à l'assuré ou par l'intermédiaire de l'employeur subrogé dans les droits de l'assuré.

▶ À noter… Rappelons qu'en cas de subrogation, le montant imposable des IJSS est soumis, dans les conditions fixées par la réglementation, au *prélèvement à la source**. Pour autant, elles n'entrent pas dans le net imposable du bulletin de paye, ni en DSN dans les rubriques « Rémunération nette fiscale » ou « Net fiscal potentiel ».

DSN et bulletin de paye

Le net fiscal en DSN - Il est obligatoire de déclarer le net fiscal dans la DSN. La DGFiP collecte le salaire net fiscal mensuellement, ainsi que certaines données à caractère fiscal pour chaque salarié (CGI, ann. III art. 39, 2°). Ces éléments permettent d'alimenter la déclaration de revenus préremplie (DRP) que les contribuables souscrivent chaque année et à l'administration d'effectuer certains contrôles.

Le net fiscal est déclaré en DSN dans la rubrique « Rémunération nette fiscale (RNF) » (50.002) du bloc 50 (« Versement individu »).

Traitement des sommes exonérées - Depuis le 1er janvier 2024, la fraction exonérée d'impôt de la rémunération des heures supplémentaires, des heures complémentaires, des jours de repos « rachetés » des salariés en forfait jours, ainsi que des sommes versées au titre de la monétisation de journées ou demi-journées de repos/RTT acquises de 2022 à 2026 n'est plus incluse dans la Rémunération nette fiscale (RNF) déclarée en DSN.

La RNF de la DSN correspond donc désormais au Net imposable du bulletin de paye *(voir plus loin)*.

Ces sommes exonérées d'impôt sont déclarées en net dans un nouveau bloc 58 « Élément de revenu calculé en net ».

Statut du salarié - Le déclarant doit mentionner également le statut du salarié à l'étranger au sens fiscal (rubrique 30.022) afin de permettre l'identification des résidents et des non-résidents (voir *Résident fiscal**), et permettre ainsi le traitement fiscal des éventuelles indemnités d'expatriation ou d'impatriation. Ces dernières ne sont en effet pas déduites de la rémunération nette fiscale déclarée en DSN (pour aller plus loin, voir cahier technique DSN 2025.1.1 du 4 novembre 2023, pp. 60 à 62).

Le net imposable du bulletin de paye - Le bulletin de paye doit comporter une rubrique « Montant net imposable », valorisée tant pour son montant afférent à la paye considérée qu'en cumul annuel [voir *Bulletin de paye (mentions obligatoires)**].

Ce net imposable du bulletin de paye correspond désormais à la rubrique « Rémunération nette fiscale » de la DSN *(voir ci-avant)*.

Il s'entend en effet dans son acceptation « traditionnelle », c'est-à-dire sans la fraction exonérée d'impôt sur le revenu de la rémunération des heures supplémentaires, des heures complémentaires et des rachats de jours de repos des salariés en forfait jours (cette fraction exonérée est portée sur une ligne dédiée).

Le net fiscal, élément de calcul du PAS

Assiette du PAS - L'assiette du PAS est en principe constitué par le net imposable, entendu hors fraction exonérée d'impôt sur le revenu de la rémunération des heures supplémentaires, des heures complémentaires et des rachats de jours de repos des salariés en forfait en jours sur l'année.

Dans certains cas, elle peut être augmentée [IJSS subrogées ; voir *Prélèvement à la source (assiette)**], ou diminuée d'un abattement spécifique pour des contrats courts auxquels l'employeur doit appliquer un taux par défaut (dit aussi taux « neutre ») [voir *Prélèvement à la source (contrats courts)**].

Rubrique « Montant soumis au PAS » en DSN - La DSN comporte une rubrique « Montant soumis au PAS » (50.013).

Selon les cas, le montant indiqué est soit identique à celui porté en « Rémunération nette fiscale » (50.002), soit supérieur (cas d'IJSS subrogées soumises au PAS), soit inférieur (abattement contrat court en taux neutre, apprentis et stagiaires, rémunération exonérée d'impôt d'heures supplémentaires, complémentaires ou de rachats des jours de repos des salariés en forfait jours).

Apprentis et stagiaires

En DSN - La rémunération des apprentis et la gratification des stagiaires doivent être traitées comme suit :
- seule la fraction supérieure au seuil de l'exonération fiscale doit être reportée en « Montant soumis au PAS » (50.013) ;
- la fraction inférieure ou égale au seuil de l'exonération fiscale est portée dans une rubrique spécifique « Montant de la part non imposable du revenu » (50.011) ;
- l'ensemble de la rémunération nette fiscale (fractions inférieure et supérieure au seuil fiscal d'exonération) est porté en « Rémunération nette fiscale » (50.002).

Sur le bulletin de paye - Selon le GIP-MDS, le montant total de la rémunération nette fiscale (avant et après franchissement du seuil d'exonération fiscale) doit être affiché sur le bulletin de paye et l'attestation fiscale annuelle lorsqu'elle est produite (ou tout autre document mentionnant le cumul imposable annuel, dont notamment le bulletin de paye). À titre d'information, l'attestation fiscale peut mentionner le cumul des montants versés en deçà du seuil pour permettre à l'apprenti de modifier sa déclaration de revenus (www.net-entreprises.fr, Base de connaissances DSN, fiche 1853 modifiée le 26/05/2023).

Il revient aux apprentis de rectifier le montant prérempli sur leur déclaration de revenus en fonction de l'exonération dont ils bénéficient.

Régularisation du net fiscal

Régularisation par compensation - Le net fiscal se calculant à partir du brut social, un rappel positif ou négatif de salaire (heures supplémentaires ou complémentaires, prime, augmentation du salaire de base) affecte mécaniquement le salaire net fiscal.

L'administration parle alors de « régularisation par compensation » (BOFiP-IR-PAS-30-10-50-§ 80-27/02/2019) ne nécessitant pas de déclaration particulière au niveau de la DSN, comme en cas d'erreur de calcul de l'assiette du PAS [voir *Prélèvement à la source (assiette)**] ou d'erreur de taux voir *Prélèvement à la source (taux)**].

Cette compensation peut s'effectuer tant sur l'année fiscale en cours, ou sur l'année ultérieure.

Régularisation hors compensation - La régularisation doit être réalisée dans la DSN d'un mois de la même année civile que celle au titre de laquelle la déclaration erronée a été envoyée (BOFiP-IR-PAS-30-10-50-§ 40-27/02/2019).

Exemple

Les erreurs constatées dans les déclarations relatives aux revenus de l'année 2024 doivent avoir été régularisées, au plus tard, sur la déclaration relative aux rémunérations versées au mois de décembre 2024, transmise en janvier 2025. À titre de tolérance, il est admis que l'employeur puisse effectuer cette régularisation dans la DSN du mois de janvier 2025 et transmise en février 2025.

Exemple de régularisation d'erreur d'assiette par compensation

Un employeur a versé par erreur à un salarié (dispensé de mutuelle) une prime de 50 € en février 2025. Il effectue une régularisation en mars 2025 en effectuant un rappel négatif au niveau du salaire brut.

Le salaire brut du mois de mars est diminué du montant de la prime indûment versée, impliquant mécaniquement la diminution du salaire net fiscal et donc du prélèvement à la source correspondant. L'employeur n'a pas à opérer de procédure de régularisation spécifique en DSN.

	Février 2025	**Mars 2025**
Salaire de base	1 800,00	1 800,00
Prime	50,00	- 50,00
Brut social	**1 850,00**	**1 750,00**
Cotisations déductibles	- 335,42	- 317,29
Net fiscal	1 514,58 (*)	1 432,71 (*)
PAS (taux 2 %)	30,29 (*)	28,65 (*)

(*) Montants portés dans le bloc 50 « versement individu » de la DSN.

Exemple de régularisation d'erreur hors compensation

En reprenant l'exemple ci-dessus, l'employeur constate son erreur en juin alors que le salarié est en congé parental. Le salaire brut est négatif, de même que le salaire net fiscal. Le salarié doit rembourser son employeur.

La régularisation du trop versé en février, aboutissant à un PAS négatif, doit donc impérativement être effectuée dans un bloc 56 « Régularisation de prélèvement à la source » dans la paye de juin (DSN déposée le 5 ou 15 juillet 2025).

	Février 2025	**Juin 2025 (congé parental)**
Salaire de base	1 800,00	0,00
Prime	50,00	- 50,00
Brut social	**1 850,00**	**- 50,00**
Cotisations déductibles	- 335,42	9,07
Net fiscal	1 514,58	- 40,93 (*)
PAS (taux 2 %)	30,29	- 0,82 (*)

(*) Montants portés dans le bloc 56 « Régularisation de prélèvement à la source » de la DSN.

La régularisation de la rémunération nette fiscale implique forcément une régularisation du montant de PAS (prélèvement à la source). Il faut donc impérativement renseigner les rubriques 56.006 « Taux déclaré le mois de l'erreur » et 56.007 « Montant de la régularisation du PAS » en indiquant en différentiel le montant à corriger.

Au-delà de la DSN de janvier N + 1, l'employeur n'a plus la possibilité de régulariser les erreurs commises dans le calcul du PAS. Mais le net fiscal erroné doit être néanmoins corrigé et transmis à l'administration fiscale *(voir plus loin)*.

Salarié sorti - Il peut arriver qu'il ne soit pas possible d'effectuer la compensation telle que décrite ci-dessus, car la régularisation intervient alors que le salarié a quitté l'entreprise, ou est en absence non rémunérée de longue durée (congé parental, sabbatique, maladie etc.). Le net fiscal du mois de la régularisation est alors généralement nul ou tout du moins inférieur au montant de la régularisation.

Dans ces cas précis, et quand la correction est réalisée au cours de la même année fiscale, il convient de respecter la procédure de régularisation du salaire net fiscal en renseignant le bloc spécifique (bloc 56 « Régularisation de prélèvement à la source ») prévu à cet effet dans la DSN (BOFiP-IR-PAS-30-10-50-§ 90-27/02/2019).

Pour le calcul du prélèvement à la source à régulariser, il est fait application du taux de PAS qui avait été appliqué le mois initial du versement de l'élément de salaire.

Il est admis que l'employeur puisse se faire rembourser le montant du PAS objet de la régularisation par l'administration fiscale sans attendre d'avoir effectivement perçu le remboursement du salarié. Toutefois, il doit être en mesure de justifier d'avoir effectué les démarches nécessaires auprès du salarié pour régulariser le trop versé en DSN.

▶ À noter… Il convient à notre sens, outre la remise du bulletin de paye, d'adresser à l'intéressé un courrier réclamant le remboursement des sommes en cause. Par ailleurs, une lecture « en creux » du BOFiP peut laisser supposer qu'en l'absence de remboursement de la part du salarié, l'employeur ne puisse plus diminuer le PAS indûment pratiqué, et soit amené à effectuer l'opération inverse par la suite. Des précisions de l'administration seraient à cet égard les bienvenues.

L'administration précise que la régularisation du salaire en cas de trop versé doit intervenir à l'intérieur du délai de *prescription des salaires** (BOFiP-IR-PAS-30-10-50-§ 110-27/02/2019).

Régularisation hors compensation une autre année fiscale - Au-delà de la DSN de janvier de l'année N + 1, toute régularisation du salaire net fiscal doit être néanmoins réalisée. Il convient toutefois de souligner que la régularisation ne sera pas prise en compte pour l'établissement de la déclaration pré-remplie (DPR) avec les revenus imposables au titre de l'année civile N : il appartiendra donc au salarié de modifier sa DPR de l'année N déposée au printemps N + 1.

La régularisation intervient également en bloc 56 « Régularisation du prélèvement à la source » mais en mentionnant dans la rubrique 56.002 « Type d'erreur » un nouveau code : « 04 - Rectification sur rémunération nette fiscale sans PAS ». Cette codification permet la correction d'erreur d'assiette fiscale sans correction de PAS dans le cas où l'erreur est intervenue lors de l'exercice fiscal antérieur (www.net-entreprises.fr, base de connaissances DSN, fiche 1821 modifiée le 05/10/2021).

☛ *Prélèvement à la source ; Prélèvement à la source (apprentis et stagiaires) ; Prélèvement à la source (assiette) ; Prélèvement à la source (contrats courts) ; Prélèvement à la source (IJSS subrogées) ; Prélèvement à la source (taux)*

Net imposable

☛ *Bulletin de paye (mentions obligatoires) ; Cotisations déductibles du revenu imposable ; Net fiscal.*

Net social

☛ *Bulletin de paye (net social)*

Nombre d'heures rémunérées

Notion d'heures rémunérées (règle de principe)

Exonérations concernées - Pour la mise en œuvre des mesures d'exonération ou de réduction de cotisations de sécurité sociale prévues par le code de la sécurité sociale ou d'autres dispositions législatives ou réglementaires qui se réfèrent à la notion « d'heures rémunérées », le code de la sécurité sociale prévoit une définition unique (c. séc. soc. art. L. 241-15 et D. 241-27).

Le Bulletin officiel de la sécurité sociale a repris cette définition pour chaque mécanisme d'exonération concerné (ex. : BOSS, exonérations zonées, § 500, 01/01/2025 pour les zones de revitalisation rurale).

Notion d'heures rémunérées, quelle qu'en soit la nature - Pour les mécanismes d'exonération ou de réduction de cotisations qui se réfèrent à un nombre d'heures rémunérées (*bassin d'emploi à redynamiser**, *zones franches urbaines**, *embauche du 1er au 50e salarié**, *jeunes entreprises innovantes**, etc.), il faut entendre par « nombre d'heures rémunérées » toutes les heures rémunérées par l'employeur, quelle qu'en soit la nature, qu'elles correspondent ou non à du *temps de travail effectif** (c. séc. soc. art. L. 241-15).

Cela étant, appliquer un dispositif d'exonération se référant à un nombre d'heures rémunérées à des salariés dont la rémunération n'est pas déterminée en fonction d'un nombre d'heures de travail sur le mois pose des difficultés. Le code de la sécurité sociale prévoit une méthode permettant de reconstituer un nombre d'heures sur le mois (*voir ci-après*).

Cas particulier : salariés non rémunérés en fonction d'un nombre mensuel d'heures

Cas 1 : forfait annuel en jours - Pour les salariés dont la durée du travail est fixée par une convention individuelle de forfait annuel en jours, le nombre d'heures sur le mois est réputé égal au produit de la durée légale du travail calculée sur le mois et du rapport entre ce forfait et 218 jours (c. séc. soc. art. D. 241-27, I, 1°)

Exemple

Pour un salarié ayant signé un forfait annuel de 210 jours, le nombre d'heures sur le mois est de 35 h × 52/12 × 210/218 = 146,10 h.

Cas 2 : forfait annuel en heures - S'agissant de ceux qui relèvent d'une convention individuelle de forfait annuel en heures, le nombre d'heures est réputé égal à 52/12 de leur durée moyenne hebdomadaire de travail (c. séc. soc. art. D. 241-27, I, 2°).

Exemple

Par hypothèse, le nombre de semaines théoriquement travaillées dans une entreprise est égal à 45,7. Pour un salarié ayant signé un forfait annuel de 1700 h, le nombre d'heures hebdomadaires moyen est de : 1700/45,7 = 37,20 (sous réserve que l'administration maintienne cette modalité de calcul autrefois retenue pour la réduction générale des cotisations). Le nombre d'heures mensuelles est de : 37,20 h × 52/12 = 161,20 h.

Cas 3 : autres salariés dont la rémunération ne dépend pas d'un nombre d'heures sur le mois - Pour les autres salariés (ex. : VRP), le nombre d'heures rémunérées sur le mois dépend de la comparaison de la rémunération versée sur le mois en cause, avec une rémunération de référence à temps plein (RRTP) égale au SMIC rapporté à la durée collective du travail (*voir ci-après*) de l'établissement, ou de la partie de l'établissement, où est employé le salarié, calculée sur le mois (c. séc. soc. art. D. 241-27, I, 3°).

Si la rémunération versée au cours du mois est au moins égale à la RRTP, le salarié est réputé effectuer sur le mois un nombre d'heures correspondant à cet horaire collectif.

Si la rémunération versée est inférieure à la RRTP, le nombre d'heures est réputé égal à l'horaire collectif sur le mois (*voir ci-après*) proratisé par le rapport « rémunération versée/RRTP ».

Durée collective sur le mois - Pour les salariés dont la rémunération ne dépend pas d'un nombre d'heures sur le mois (forfait jours, forfait annuel en heures, autres cas), lorsqu'il est fait référence à la notion de « durée collective sur le mois », il faut entendre 52/12 de la durée hebdomadaire de travail (c. séc. soc. art. D. 241-27, III).

Période d'emploi ne couvrant qu'une partie du mois - Pour les salariés dont la période d'emploi rémunérée couvre une partie du mois civil (ex. : embauche ou départ en cours de mois), le nombre d'heures rémunérées au cours du mois est réputé égal à autant de 1/30 du nombre d'heures mensuelles reconstitué que la période d'emploi compte de jours calendaires (c. séc. soc. art. D. 241-27, II, al. 1).

Exemple

Si le nombre d'heures mensuelles reconstitué est de 151,67 h, pour le salarié embauché le 15 avril, le nombre d'heure du mois est égal à : 151,67 h × 16/30 = 80,89 h.

Absence avec maintien partiel de salaire brut - En cas d'absence avec maintien partiel de la rémunération mensuelle brute (ex. : arrêt maladie avec maintien de salaire sous déduction des IJSS), le nombre d'heures pris en compte au titre de ces périodes de suspension est égal au produit du nombre d'heures rémunérées (éventuellement reconstitué selon les modalités ci-dessus exposées) par le pourcentage de la rémunération soumise à cotisations demeurée à la charge de l'employeur (c. séc. soc. art. D. 241-27, II, al. 2).

S'agissant du cas des salariés sans horaire autre que les forfaits annuels (cas 3 ci-dessus), la rémunération à comparer à la rémunération de référence d'une activité à temps plein (RRTP) pour reconstituer le nombre d'heures rémunérées est celle qu'aurait perçue le salarié s'il n'avait pas été absent sur le mois civil (c. séc. soc. art. D. 241-27, II, al. 3).

☞ *Embauche du 1er au 50e salarié ; Jeunes entreprises innovantes ; Zones franches urbaines (calcul de l'exonération).*

Nourriture

☞ *Avantage en nature nourriture ; Cantine ; Frais de déplacement ; Prime de panier ; Repas d'affaires ; Titre-restaurant.*

Nuit

☞ *Jeunes ; Maternité ; Travail de nuit ; Travail en soirée.*

O

Obligation d'emploi des travailleurs handicapés

☞ *Handicapés ; Handicapés (contribution AGEFIPH) ; Handicapés (déclaration d'emploi) ; Handicapés (obligation d'emploi).*

Obligation de vigilance du donneur d'ordre

☞ *Détachement en France de salariés étrangers (formalités et contrôle) ; Donneur d'ordre (obligations de vigilance et d'injonction).*

Obligations consécutives à la rupture du contrat de travail

☞ *Attestation d'assurance chômage ; Certificat de travail ; Congé de mobilité ; Déclaration sociale nominative ; État récapitulatif d'épargne salariale et relevé annuel de situation ; Indemnité de clientèle ; Indemnité compensatrice de congés payés ; Indemnité compensatrice de préavis ; Indemnité de départ volontaire ; Indemnité de départ volontaire en retraite ; Indemnité de fin de contrat ; Indemnité de fin de mission ; Indemnité de licenciement ; Indemnité de mise à la retraite ; Indemnité de non-concurrence ; Indemnité de rupture anticipée d'un CDD ; Indemnité de rupture conventionnelle collective ; Indemnité de rupture conventionnelle individuelle ; Indemnité transactionnelle ; Indemnités de rupture (régimes social et fiscal) ; Portabilité de la prévoyance complémentaire ; Reçu pour solde de tout compte.*

OPPBTP

L'Organisme professionnel de prévention du bâtiment et des travaux publics (OPPBTP) est un organisme paritaire qui a pour mission de contribuer à la prévention et à l'amélioration des conditions de travail (c. trav. art. R. 4643-2 et s.). Il comprend un comité national et des comités régionaux de prévention.

Cotisations

L'OPPBTP est financé par les cotisations des entreprises de la profession. Les employeurs versent la cotisation OPPBTP à leur caisse de congés payés qui se charge ensuite de la reverser à l'OPPBTP (c. trav. art. R. 4643-39).

Taux de cotisation - Ce taux reste fixé, pour 2025, à 0,11 % du montant des salaires payés, indemnités de congés payés comprises (arrêté du 19 décembre 2024, JO du 26, texte 12).

Travailleurs temporaires - Le taux de la contribution due au titre de l'emploi des travailleurs temporaires auxquels les entreprises adhérentes font appel reste également, pour 2025, fixé à 0,11 % du montant du salaire de référence (arrêté précité).

Le taux horaire utilisé pour déterminer le salaire de référence sur lequel la contribution due au titre de l'emploi des travailleurs temporaires est calculée passe à 14,63 € pour 2025, y compris l'indemnité compensatrice de congés payés.

Autorisations d'absence

Les employeurs doivent laisser à leurs salariés membres d'un comité national ou régional de l'OPPBTP le temps nécessaire à l'exercice de leurs fonctions (c. trav. art. R. 4643-29).

L'organisme concerné assure aux intéressés le maintien de leur rémunération pendant les absences correspondantes. Il rembourse l'employeur sur demande lorsque c'est ce dernier qui s'occupe d'assurer le maintien de salaire.

Ordinateur

☞ *Technologies de l'information et de la communication ; Télétravail.*

Outre-mer (exonération de cotisations)

Outre-mer (exonération de cotisations en Guadeloupe, Guyane, Martinique et à La Réunion) ; Outre-mer (exonération de cotisations à Saint-Barthélemy et Saint-Martin) ; Outre-mer (exonération de cotisations à Saint-Pierre-et-Miquelon).

Outre-mer (exonération de cotisations à Saint-Barthélemy et Saint-Martin)

Jusqu'à la fin 2018, Saint-Barthélemy et Saint-Martin relevaient de la même exonération « outre-mer » que la Guadeloupe, la Guyane, la Martinique et La Réunion.

La loi de financement de la sécurité sociale pour 2019 a réformé l'exonération « outre-mer » et séparé les régimes (loi 2018-1203 du 22 décembre 2018, art. 8, I, 13° et 14°, JO du 23).

À Saint-Barthélemy et Saint-Martin, l'exonération reste calculée mensuellement et couvre le même périmètre de cotisations qu'antérieurement. Elle est maintenant codifiée dans un article séparé (c. séc. soc. art. L. 752-3-3 ; BOSS, Exonérations zonées, §§ 1090 à 1350 et 1490 à 1580, 01/03/2025).

Employeurs bénéficiaires

Territoires concernés - Le dispositif ici décrit s'applique à Saint-Barthélemy et à Saint-Martin (c. séc. soc. art. L. 752-3-3, I).

Employeurs bénéficiaires - L'exonération peut bénéficier aux employeurs de droit privé, aux établissements publics industriels et commerciaux ainsi qu'aux établissements publics administratifs lorsqu'ils emploient des personnels dans les conditions de droit privé.

La loi prévoit un dispositif à plusieurs volets :
- une exonération de droit commun avec deux barèmes, l'un sous condition d'effectif (employeurs de moins de 11 salariés), l'autre sous condition d'activité sectorielle (c. séc. soc. art. L. 752-3-3, III) ;
- une exonération renforcée, pour les entreprises répondant à certaines conditions (c. séc. soc. art. L. 752-3-3, IV).

Les employeurs éligibles aux différents volets de l'exonération sont détaillés plus loin, dans nos développements relatifs à chaque barème.

Conditions à remplir - Pour être éligible à la mesure, l'employeur doit être à jour de ses obligations de paiement et de déclaration à l'égard de la caisse générale de sécurité sociale (c. séc. soc. art. L. 752-3-3, VI).

▶ À noter… La condition de paiement est également considérée comme remplie dès lors que l'employeur, d'une part, a souscrit et respecte un plan d'apurement des dettes et, d'autre part, acquitte les cotisations en cours à leur date normale d'exigibilité.

De surcroît, le bénéfice de l'exonération (ou de tout autre allégement ou toute autre exonération de cotisations patronales prévu par le code de la sécurité sociale) est subordonné au fait, pour l'entreprise ou le chef d'entreprise, de ne pas avoir fait l'objet d'une condamnation pénale passée en force de chose jugée soit pour fraude fiscale, soit pour travail dissimulé, marchandage ou prêt illicite de main-d'œuvre (c. séc. soc. art. L. 752-3-3, VII).

Calcul de l'effectif

Rôle des effectifs - Le dispositif repose sur plusieurs conditions d'effectifs :
- accès à l'exonération sans condition d'activité ou, au contraire, bascule à l'exonération sectorielle, selon que l'employeur a moins de 11 salariés ou un effectif de 11 salariés et plus (c. séc. soc. art. L. 752-3-3, II, 1°) ;
- exonération renforcée, dont un des critères d'accès est un effectif de moins de 250 salariés (c. séc. soc. art. L. 752-3-3, IV, 1°).

Cadre géographique - L'effectif pris en compte est celui employé par l'entreprise dans chacune des collectivités concernées par l'exonération, tous établissements confondus si l'entreprise compte plusieurs établissements dans la même collectivité (c. séc. soc. art. L. 752-3-3, V).

Modalités de calcul - Les effectifs sont décomptés selon les règles prévues par le code de la sécurité sociale (c. séc. soc. art. L. 130-1 et R. 130-1).

Hors cas des entreprises nouvelles, l'effectif de référence correspond donc à la moyenne des effectifs mensuels de l'année civile précédente. Autrement dit, pour l'exonération sur l'année N, on regarde l'effectif « sécurité sociale » calculé sur N - 1.

Pour le détail (effectif annuel moyen, personnes prises en compte, etc.), les lecteurs se reporteront aux développements correspondants (voir *Effectif sécurité sociale**).

Règles de franchissement de seuil - Depuis le 1er janvier 2020, il faut tenir compte des modifications introduites par la loi PACTE du 22 mai 2019 (c. séc. soc. art. L. 130-1 et R. 130-1). Dans le cas général (hors entreprises nouvelles), ces modifications se sont appliquées pour la première fois à l'exonération 2020, sur la base de l'effectif « sécurité sociale » 2019.

Ces règles impliquent en particulier que le franchissement à la hausse d'un seuil d'effectif ne produit effet que si ce seuil est atteint ou dépassé durant 5 années civiles consécutives. Ce n'est qu'ensuite que les entreprises sont considérées comme au-delà du seuil (c. séc. soc. art. L. 130-1, II) (voir *Effectif sécurité sociale**).

Ainsi, un franchissement de seuil constaté sur la base de l'effectif annuel moyen calculé sur l'année N – 1 ne produit effet qu'au 1er janvier N + 5, à condition que l'entreprise ne repasse pas sous le seuil sur l'une des années intercalaires.

Exemple

Un employeur a constaté début 2025 qu'il a atteint ou dépassé un seuil au titre de son effectif « sécurité sociale » calculé sur 2024. Le franchissement de seuil ne produira effet que s'il est vérifié pendant 5 années civiles consécutives (de 2025 à 2029 inclus), soit à compter du 1er janvier 2030.

A contrario, lorsqu'une entreprise repasse sous un seuil a pour l'effectif calculé sur une année donnée, les compteurs sont remis à zéro. Si par la suite l'entreprise repasse au-dessus du seuil, elle bénéficiera d'un nouveau moratoire de 5 ans avant d'être soumise aux dispositions liées à ce seuil.

Salariés ouvrant droit à l'exonération

Règle de localisation - L'exonération s'applique aux rémunérations des salariés employés dans des établissements situés à Saint-Barthélemy et à Saint-Martin (c. séc. soc. art. D. 752-8).

L'administration a précisé que l'exonération est applicable aux rémunérations dues aux salariés rattachés à un établissement situé à Saint-Barthélemy ou à Saint-Martin, même lorsque le siège de l'employeur auquel appartient cet établissement est situé en métropole (BOSS, Exonérations zonées, § 1100, 01/01/2024).

Entreprises exerçant plusieurs activités - Lorsque dans une même entreprise (ou un même établissement), plusieurs activités sont exercées, l'exonération s'applique au titre de l'activité exercée par chacun des salariés employés (c. séc. soc. art. L. 752-3-3, V). À cet égard, il convient de tenir compte de l'activité exercée par le salarié pour plus de la moitié de son horaire de travail (c. séc. soc. art. R. 752-21). Le cas échéant, l'employeur doit être en mesure de produire tout document justifiant de l'activité exercée par le salarié.

L'administration a en outre précisé que (BOSS, Exonérations zonées, § 1280, 01/03/2025) :
- lorsque l'entreprise comporte plusieurs établissements distincts n'exerçant chacun qu'une seule activité, le droit à l'exonération s'apprécie en fonction de l'activité de chacun des établissements, indépendamment de l'activité des autres établissements ;
- si, au sein d'une entreprise ou d'un établissement, coexistent plusieurs activités, le droit à l'exonération est ouvert au titre des seuls salariés occupés dans une activité de l'entreprise ou de l'établissement relevant d'un des secteurs d'activité visés par la loi (l'entreprise doit être alors en mesure de justifier de l'activité exercée par le salarié sur la totalité de la période d'emploi).

Règles communes à l'application et au calcul de l'exonération

Déclaration - Pour bénéficier de l'exonération, l'employeur doit adresser à l'organisme de recouvrement (CGSS) une déclaration, datée et signée, pour l'entreprise ou pour chacun des établissements s'il y en a plusieurs (c. séc. soc. art. R. 752 22).

Cette déclaration doit être transmise à l'organisme de recouvrement au plus tard lors de la première échéance de cotisations à laquelle l'exonération est applicable.

Les renseignements à fournir dans la déclaration, les pièces à joindre et les modalités de transmission sont fixés par arrêté.

Cotisations exonérées - L'exonération porte sur les cotisations patronales de sécurité sociale, à l'exception de la cotisation « accidents du travail » (c. séc. soc. art. L. 752-3-3, I).

En pratique, il s'agit donc d'une exonération de cotisations patronales d'assurances sociales (maladie, vieillesse) et d'allocations familiales.

Calcul mensuel - Le montant de l'exonération est calculé chaque mois civil, pour chaque salarié, en fonction de sa rémunération (c. séc. soc. art. L. 752-3-3, III).

Paramètres de calcul - Le *SMIC** horaire à prendre en compte pour les calculs est celui en vigueur au premier jour de la période d'emploi rémunérée (c. séc. soc. art. D. 752-8, V, 3°).

La rémunération mensuelle brute s'entend par référence au brut sécurité sociale (c. séc. soc. art. D. 752-8, V, 4°). La *prime de partage de la valeur** n'est donc pas prise en compte dans les calculs, ni au niveau de la rémunération utilisée pour calculer le coefficient de l'exonération ni dans la rémunération à laquelle ce coefficient est appliqué, sauf pour son éventuelle fraction soumise à cotisations de sécurité sociale (BOSS, Exonérations zonées, § 1340, 01/03/2025).

Le nombre d'heures rémunérées s'entend de celles rémunérées sur le mois, quelle qu'en soit la nature (c. séc. soc. art. L. 241-15) (voir *Nombre d'heures rémunérées**). En cas d'absence avec maintien total ou partiel de la rémunération mensuelle brute (ex. : arrêt maladie avec maintien de salaire sous déduction des IJSS), la règle traditionnelle veut que le nombre d'heures pris en compte au titre de ces périodes de suspension soit égal au produit du nombre d'heures reconstitué par le pourcentage de la rémunération demeuré à la charge de l'employeur et soumis à cotisations (c. séc. soc. art. D. 241-27, II, al. 2).

Pour les salariés dont la rémunération n'est pas déterminée en fonction d'un nombre d'heures rémunérées au cours du mois (forfaits jours, forfaits en heures sur l'année, travailleurs à domicile, VRP, etc.), il convient de reconstituer un nombre d'heures selon les règles prévues par le code de la sécurité sociale (c. séc. soc. art. D. 752-8, V, 5° renvoyant à D. 241-27) (voir *Nombre d'heures rémunérées**).

Coefficient maximal lorsque l'exonération est dégressive - Dans les hypothèses où l'exonération est dégressive, celle-ci est, égale à la rémunération du salarié multipliée par un coefficient.

La valeur maximale du coefficient est égale à la somme des taux des cotisations patronales d'assurance maladie, d'assurance vieillesse et d'allocations familiales au niveau du SMIC (c. séc. soc. art. L. 752-3-3, VIII et D. 752-8, V, 1°).

Depuis le 1er janvier 2024, le coefficient maximal est égal à 0,2102 (au lieu de 0,209 en 2023).

Règle de non-cumul - L'exonération ne peut se cumuler avec aucune exonération totale ou partielle de cotisations patronales de sécurité sociale, à l'exception de la déduction forfaitaire de cotisations patronales de sécurité sociale au titre des heures supplémentaires (c. séc. soc. art. L. 752-3-3, VI).

En revanche, elle est cumulable avec l'application d'aides de l'État à l'emploi et de taux spécifiques (BOSS, Exonérations zonées, § 1130, 01/03/2025).

Elle est par ailleurs applicable conjointement aux dispositifs de réduction du taux de la cotisation d'allocations familiales et de la cotisation patronale d'assurance maladie.

Exonération de droit commun

Employeurs éligibles à raison de leur effectif - Ce volet de l'exonération est ouvert (c. séc. soc. art. L. 752-3-3, II) :

- aux entreprises de moins de 11 salariés (quelle que soit leur activité) ;
- aux employeurs, quel que soit leur effectif, du BTP, de l'industrie, de la restauration, de la presse, de la production audiovisuelle, des énergies renouvelables, des nouvelles technologies de l'information et de la communication, des centres d'appel, de la pêche, des cultures marines, de l'aquaculture, de l'agriculture, du tourisme (y compris les activités de loisirs s'y rapportant) et de l'hôtellerie ;
- aux employeurs assurant la desserte maritime ou fluviale de plusieurs points de Saint-Barthélemy ou de Saint-Martin, ou la liaison entre ces collectivités, ou la liaison avec la Guadeloupe, la Guyane et la Martinique ;
- aux employeurs de transport aérien assurant la liaison entre la métropole et Saint-Barthélemy ou Saint-Martin, ou la liaison entre ces collectivités ou la liaison avec la Guadeloupe, la Guyane et la Martinique.

> À noter... Seuls les personnels de ces entreprises concourant exclusivement à ces dessertes et affectés dans des établissements situés à Saint Barthélemy ou à Saint-Martin sont pris en compte.

Employeurs de moins de 11 salariés - Lorsque le salaire horaire brut est inférieur à 1,4 fois le *SMIC** horaire, la rémunération du salarié est exonérée de la totalité des cotisations patronales d'assurances sociales (maladie, vieillesse) et d'allocations familiales (c. séc. soc. art. L. 752-3-3, III).

Lorsque la rémunération horaire est au moins égale à 1,4 *SMIC** mais inférieure à 2 *SMIC**, le montant de l'exonération est égal aux cotisations patronales d'assurances sociales (maladie, vieillesse) et d'allocations familiales calculées pour une rémunération de 1,4 *SMIC** (c. séc. soc. art. L. 752-3-3, III).

Si le salaire horaire brut est égal ou supérieur à 2 fois le *SMIC** horaire, le montant mensuel de l'exonération est égal à la rémunération mensuelle brute du salarié multipliée par un coefficient. Ce coefficient est égal à : 1,4 × T × [(3 × SMIC × nombre d'heures rémunérées/rémunération mensuelle brute) – 1] (c. séc. soc. art. D. 752-8, II). La valeur maximale du coefficient est arrondie à 4 décimales (dix millième le plus proche) et, si nécessaire, plafonnée à T (c. séc. soc. art. D. 752-8, V, 2°).

Le paramètre « T » est égal à la somme des taux des cotisations patronales d'assurance maladie, d'assurance vieillesse et d'allocations familiales au niveau du SMIC (soit 0,2102 en 2025) (c. séc. soc. art. D. 752-8, V, 1°).

En pratique, à partir de 2 *SMIC**, le montant de l'exonération décroît de manière linéaire, pour devenir nul lorsque la rémunération horaire est égale à 3 *SMIC**.

Employeurs de 11 salariés et plus admis à l'exonération sectorielle - Lorsque l'effectif est supérieur à 11 salariés, seuls les entreprises appartenant aux secteurs éligibles peuvent en bénéficier de l'exonération (secteurs listés par la loi, certaines entreprises de transport aérien ou de desserte maritime et fluviale ; *voir ci-avant*).

Lorsque le salaire horaire brut est inférieur à 1,4 *SMIC** horaire, la rémunération est exonérée de la totalité des cotisations patronales d'assurances sociales (maladie, vieillesse) et d'allocations familiales (c. séc. soc. art. L. 752-3-3, III).

Lorsque la rémunération horaire est au moins égale à 1,4 *SMIC** mais inférieure à 3 *SMIC**, le montant mensuel de l'exonération est égal à la rémunération mensuelle brute du salarié multiplié par un coefficient. Ce coefficient est égal à : 1,4 × (T/1,6) × [(3 × SMIC × nombre d'heures rémunérées/rémunération mensuelle brute) – 1] (c. séc. soc. art. D. 752-8, III). La valeur maximale du coefficient est arrondie à 4 décimales (dix millième le plus proche) et, si nécessaire, plafonnée à T (c. séc. soc. art. D. 752-8, V, 2°).

Le paramètre « T » est égal à la somme des taux des cotisations patronales d'assurance maladie, d'assurance vieillesse et d'allocations familiales au niveau du SMIC (soit 0,2102 en 2025) (c. séc. soc. art. D. 752-8, V, 1°).

En pratique, l'exonération est dégressive à partir de 1,4 *SMIC**, pour devenir nulle au niveau de 3 *SMIC**.

Variation d'effectif à la hausse - Si l'effectif vient à atteindre ou dépasser le seuil de 11 salariés, le bénéfice intégral de l'exonération est maintenu dans la limite des 11 salariés précédemment occupés ou, en cas de départ, remplacés (c. séc. soc. art. L. 752-3-3, II, 1°). Autrement dit, pour les 11 salariés occupés précédemment (ou remplacés), l'employeur continue à appliquer l'exonération.

▶ À noter... Cette règle s'applique lorsque le franchissement à la hausse du seuil d'effectif est pris en compte, c'est-à-dire, depuis la loi PACTE, lorsque le seuil de 11 salariés a été atteint ou dépassé pendant 5 années civiles consécutives *(voir plus haut)* (BOSS, Exonérations zonées, § 1180, 01/03/2025).

Les salariés employés au-delà de ce seuil d'effectif ouvrent droit à l'exonération « sectorielle », si l'employeur fait partie des secteurs d'activité pouvant en bénéficier (BOSS, Exonérations zonées, § 1180, 01/03/2025). Dans l'hypothèse où il n'est pas éligible à l'exonération sectorielle pour ces salariés, l'employeur peut opter pour l'application aux intéressés de la *réduction générale de cotisations patronales** (BOSS, Exonérations zonées, § 1130, 01/03/2025).

Variation d'effectif à la baisse - Lorsque l'effectif d'un employeur, calculé sur la moyenne des six derniers mois, franchit le seuil de 11 salariés à la baisse suite à une réduction d'effectif ou à une restructuration de l'entreprise, l'employeur qui souhaite bénéficier pour l'année en cours de l'exonération des « moins de 11 salariés » doit adresser une demande en ce sens. Si la demande est acceptée au terme de la procédure applicable, l'exonération est appliquée à compter du premier jour du mois suivant celui au cours duquel la demande a été déposée, sous réserve de régularisation, pour l'année civile concernée (c. séc. soc. art. R. 752-20-1, L. 752-3-1, I, 1° et D. 752-6 ; BOSS, Exonérations zonées, § 1190, 01/03/2025).

Les employeurs qui ne bénéficient pas de l'exonération sectorielle faute de faire partie des secteurs éligibles et qui, du fait de la baisse de leur effectif, deviennent éligibles à l'exonération des « moins de 11 salariés ». Pour les salariés qui bénéficiaient antérieurement de la *réduction générale de cotisations patronales**, la baisse d'effectif permet à nouveau à l'employeur et pour chaque salarié, d'opter entre la réduction générale et l'exonération outre-mer « moins de 11 salariés » (BOSS, Exonérations zonées, § 1190, 01/03/2025).

▶ À noter... Une entreprise qui est passée sous les 11 salariés, et qui par la suite atteint ou franchit à nouveau le seuil de 11 salariés à la hausse, bénéficie à nouveau du délai de 5 ans prévu par les règles de franchissement de seuil « sécurité sociale » *(voir plus haut)*. Il ne sortira de l'exonération outre-mer « moins de 11 salariés » pour basculer le cas échéant à l'exonération sectorielle qu'après 5 années civiles consécutives avec un effectif supérieur ou égal à 11 salariés.

Outre-mer (exonération de cotisations à Saint-Barthélemy et Saint-Martin)

Exonération renforcée

Employeurs éligibles - Les employeurs situés à Saint-Barthélemy et à Saint-Martin bénéficient d'une exonération renforcée s'ils respectent les conditions suivantes (c. séc. soc. art. L. 752-3-3, IV) :

- employer moins de 250 salariés et avoir réalisé un chiffre d'affaires inférieur à 50 millions d'euros ;
- relever soit de l'un des secteurs d'activité éligibles à la réduction d'impôt pour investissement outre-mer (CGI art. 199 undecies B) ou de même nature dans le cas des entreprises exploitées à Saint-Martin et à Saint-Barthélemy, soit correspondant à l'une des activités suivantes : comptabilité, conseil aux entreprises, ingénierie ou études techniques à destination des entreprises, recherche et développement ou technologies de l'information et de la communication ;
- pour Saint-Martin, être soumis de plein droit ou sur option à un régime réel d'imposition (la condition n'est pas applicable à Saint-Barthélemy car il n'y a pas d'impôt sur les sociétés) ;
- soit exercer son activité principale dans les secteurs de la recherche et développement, des technologies de l'information et de la communication, du tourisme (y compris activités de loisirs s'y rapportant), de l'environnement, de l'agronutrition ou des énergies renouvelables, soit avoir réalisé des opérations sous le bénéfice du régime de perfectionnement actif (règl. UE 952/2013 du 9 octobre 2013).

Les deux premières conditions s'apprécient à la clôture de chaque exercice.

Calcul de l'exonération Saint-Barthélemy et Saint-Martin au 1.03.2025

Employeur	Rémunération ramenée à un taux horaire	Montant de l'exonération
1) Exonération de droit commun		
Employeurs de moins de 11 salariés	Jusqu'à 1,4 SMIC	Montant total des cotisations patronales d'assurances sociales (maladie, vieillesse) et d'allocations familiales
	De 1,4 SMIC à moins de 2 SMIC	Cotisations patronales d'assurances sociales (maladie, vieillesse) et d'allocations familiales, calculées sur la partie du salaire horaire brut limitée à 1,4 SMIC
	De 2 SMIC à moins de 3 SMIC	Exonération dégressive : - Exo = RMB × C - C = 1,4 × T × [(3 × SMIC × nombre d'heures rémunérées/RMB) – 1] - C est plafonné à T
	À partir de 3 SMIC	Exonération nulle
Employeurs de 11 salariés et plus éligibles à l'exonération sectorielle	Jusqu'à 1,4 SMIC	Montant total des cotisations patronales d'assurances sociales (maladie, vieillesse) et d'allocations familiales
	De 1,4 SMIC à moins de 3 SMIC	Exonération dégressive : - Exo = RMB × C - C = 1,4 × (T/1,6) × [(3 × SMIC × nombre d'heures rémunérées/RMB) – 1] - C est plafonné à T
	À partir de 3 SMIC	Exonération nulle
2) Exonération renforcée		
Employeurs répondant aux conditions requises	Jusqu'à 1,7 SMIC	Montant total des cotisations patronales d'assurances sociales (maladie, vieillesse) et d'allocations familiales
	De 1,7 SMIC à moins de 2,5 SMIC	Cotisations patronales d'assurances sociales (maladie, vieillesse) et d'allocations familiales, calculées sur la partie du salaire horaire brut limitée à 1,7 SMIC
	De 2,5 SMIC à moins de 4,5 SMIC	Exonération dégressive : - Exo = RMB × C - C = 1,7 × (T/2) × [(4,5 × SMIC × nombre d'heures rémunérées/RMB) – 1] - C est plafonné à T
	À partir de 4,5 SMIC	Exonération nulle

RMB = Rémunération mensuelle brute soumise à cotisations de sécurité sociale.
T = 0,2102 en 2025 (somme des taux des cotisations patronales d'assurance maladie, d'assurance vieillesse et d'allocations familiales au niveau du SMIC).
SMIC = *SMIC** horaire.
C = Coefficient (arrondi à 4 décimales, au dix millième le plus proche).

Calcul de l'exonération - Lorsque le salaire horaire est inférieur à 1,7 *SMIC** horaire, la rémunération du salarié est exonérée en totalité des cotisations patronales d'assurances sociales (maladie, vieillesse) (c. séc. soc. art. L. 752-3-3, IV).

Lorsque la rémunération horaire est au moins égale à 1,7 SMIC mais inférieure à 2,5 *SMIC**, le montant de l'exonération est égal aux cotisations patronales d'assurances sociales (maladie, vieillesse) et d'allocations familiales calculées pour une rémunération de 1,7 *SMIC** (c. séc. soc. art. L. 752-3-3, IV).

Lorsque le salaire horaire brut est égal ou supérieur à 2,5 *SMIC**, le montant mensuel de l'exonération est égal à la rémunération mensuelle brute du salarié multipliée par un coefficient. Ce coefficient est égal à : 1,7 × (T/2) × [(4,5 × SMIC × nombre d'heures rémunérées/ rémunération mensuelle brute) – 1] (c. séc. soc. art. D. 752-8, IV). La valeur maximale du coefficient est arrondie à 4 décimales (dix millième le plus proche) et, si nécessaire, plafonnée à T (c. séc. soc. art. D. 752-8, V, 2°).

Le paramètre « T » est égal à la somme des taux des cotisations patronales d'assurance maladie, d'assurance vieillesse et d'allocations familiales au niveau du SMIC (soit 0,2102 en 2025) (c. séc. soc. art. D. 752-8, V, 1°).

En pratique, à partir de 2,5 *SMIC**, le montant de l'exonération décroît de manière linéaire, pour devenir nul lorsque la rémunération horaire est égale à 4,5 *SMIC**.

Précision sur la condition de chiffre d'affaires - La condition de montant annuel du chiffre d'affaires correspond au dernier exercice comptable clôturé (BOSS, Exonérations zonées, § 1290, 01/03/2025).

Lorsque l'exercice comptable ne correspond pas à l'année civile (ex. : exercice du 1.10 au 30.09), par cohérence avec le cadre d'appréciation de l'effectif de moins de 250 salariés, le constat du montant du chiffre d'affaires fait à la clôture de l'exercice comptable ne produit son effet concernant l'éligibilité à l'exonération « renforcée » qu'à compter du 1er janvier de l'année civile suivante.

Exemple

Une entreprise en exercice décalé a un exercice qui court du 1er octobre au 30 septembre. Elle constate un CA de 47 millions au 30 septembre 2024. Elle est éligible à l'exonération renforcée du 1er janvier au 31 décembre 2025 (dès lors, bien entendu, que son effectif de référence calculée sur 2024 est inférieur à 250 salariés et qu'elle répond aux autres conditions requises).

Application des réductions de taux sur cotisations maladie et allocations familiales

Maintien de l'ancien paramétrage à partir de 2025 - La loi de financement de la sécurité sociale (LFSS) pour 2025 a prévu de diminuer en 2025 les limites de salaire donnant droit aux réductions de taux sur la cotisation d'allocations familiale et la cotisation maladie, puis de supprimer ces deux dispositifs à partir de 2026 (voir *Cotisation d'allocations familiales** et *Cotisation d'assurance maladie-maternité-invalidité**).

Une disposition particulière est toutefois prévue pour les salariés relevant de réductions dégressives spécifiques de cotisations patronales, cumulables avec les dispositifs de réduction de taux sur les cotisations patronales d'allocations familiales et maladie, mais pas avec la réduction générale de cotisations patronales (loi 2025-199 du 28 février 2025, art. 18, IX, JO du 28).

Sous réserve de précisions de l'administration, cette mesure sont concernerait notamment les salariés ouvrant droit à l'exonération propre à Saint-Barthélemy et Saint-Martin.

À la stricte lettre de la loi, pour les salariés au titre desquels l'employeur bénéficie effectivement de cette exonération, il semble possible de continuer à appliquer, au titre des périodes d'emploi effectuées à partir du 1er janvier 2025 :
- l'ancienne limite de 3,5 *SMIC** valeur au 31.12.2023 pour le droit à la réduction de taux sur la *cotisation d'allocations familiales** (- 1,8 point dans le cas général) ;
- l'ancienne limite de 2,5 *SMIC** valeur au 31.12.2023 pour le droit à la réduction de taux sur la *cotisation d'assurance maladie-maternité-invalidité** (- 6 points sur la part patronale dans le cas général).

La LFSS n'étant pas dénuée d'ambiguïté, les précisions du BOSS, encore attendues à l'heure où nous rédigions ces lignes, seront les bienvenues pour sécuriser l'interprétation ce point.

Habilitation à légiférer par ordonnance - Jusqu'à la fin août 2025, le gouvernement est autorisé à légiférer par ordonnance, s'il le juge utile (loi 2025-199 du 28 février 2025, art. 18, X, JO du 28) :
- pour modifier par ordonnance l'exonération « à Saint-Barthélemy et Saint-Martin » afin de prévoir, pour les salariés donnant droit à la *réduction générale de cotisations patronales**, que les dispositifs de réduction de taux sur les cotisations maladie et allocations familiales s'appliquent dans leur rédaction antérieure à la LFSS 2025 ;

- et pour corriger les cas où, à compter de 2026, la somme de l'exonération « à Saint-Barthélemy et Saint-Martin » et des réductions de taux sur les cotisations maladie et allocations familiales serait inférieure à celle de la réduction générale de cotisations patronales pour certains niveaux de revenu d'activité.

Reste à voir si l'exécutif prendra effectivement des ordonnances.

Pour suivre l'actualité sur ce sujet, nos lecteurs pourront se reporter à notre revue RF Paye et à son site Internet (https://rfpaye.grouperf.com) ou à MyDoc Paye (https://www.revue-fiduciaire.com/mydoc/paye).

☛ *Bulletin de paye (mentions obligatoires) ; Outre-mer (exonération de cotisations en Guadeloupe, Guyane, Martinique et à La Réunion) ; Outre-mer (exonération de cotisations à Saint-Pierre-et-Miquelon).*

Outre-mer (exonération de cotisations à Saint-Pierre-et-Miquelon)

Un dispositif spécifique d'exonération totale de cotisations patronales s'applique à Saint-Pierre-et-Miquelon (c. séc. soc. art. L. 752-3-1, R. 752-19, R. 752-20 et R. 752-21).

Synthèse du dispositif

Nature et étendue de l'exonération - En résumé, le dispositif consiste en une exonération de cotisations patronales d'assurances sociales (maladie, vieillesse) et d'allocations familiales.

Il est mis en œuvre :
- soit en fonction de l'effectif (10 salariés au plus, 50 pour les salariés du BTP) : l'exonération s'applique alors aux rémunérations des salariés dans la limite de 130 % du *SMIC** ;
- soit en fonction du secteur d'activité (restauration, tourisme, hôtellerie, audiovisuel, etc.) : l'exonération est alors calculée sur les rémunérations des salariés dans la limite de 130 %, 140 % ou 150 % du SMIC selon les cas.

Obligation déclarative - Pour bénéficier de l'exonération, l'employeur doit adresser à l'organisme de recouvrement (CGSS) une déclaration, datée et signée, pour l'entreprise ou pour chacun des établissements s'il y en a plusieurs (c. séc. soc. art. R. 752-22). Cette déclaration doit être transmise à l'organisme de recouvrement au plus tard lors de la première échéance de cotisations à laquelle l'exonération est applicable.

Variation d'effectif - Des règles spécifiques sont prévues en cas de variation d'effectif (c. séc. soc. art. D. 752-6 ; circ. DSS/DAESC 2004-140 du 26 mars 2004, § III, 3-3 et 3-4, BO Santé 2004-15).

Conditions

Condition d'être à jour des obligations déclaratives et de paiement envers la CGSS - Le bénéfice de l'exonération est subordonné à la condition, que l'employeur soit à jour de ses obligations déclaratives ou de paiement à l'égard de l'organisme de recouvrement des cotisations de sécurité sociale (c. séc. soc. art. L. 752-3-1, V ter).

La condition de paiement est réputée remplie si l'employeur a souscrit et respecte un plan d'apurement des cotisations restant dues et s'il acquitte les cotisations en cours à la date normale d'exigibilité.

Absence de condamnation pour certains délits - Par ailleurs, l'entreprise ou le chef d'entreprise, ne doit pas avoir fait l'objet d'une condamnation pénale passée en force de chose jugée soit pour fraude fiscale, soit pour travail dissimulé, marchandage ou prêt illicite de main-d'œuvre. Si l'organisme de recouvrement est avisé, par procès-verbal de la commission, de l'une de ces infractions, il suspend la mesure d'exonération jusqu'au terme de la procédure judiciaire (c. séc. soc. art. L. 752-3-1, V).

☛ *Outre-mer (exonération de cotisations en Guadeloupe, Guyane, Martinique et à La Réunion) ; Outre-mer (exonération de cotisations à Saint-Barthélemy et Saint-Martin).*

Outre-mer (exonération de cotisations en Guadeloupe, Guyane, Martinique et à La Réunion)

Le dispositif d'exonération spécifique à l'outre-mer a été profondément réformé à compter du 1er janvier 2019 (loi 2018-1203 du 22 décembre 2018, art. 8, I, 13° et 14° et art. 8, X, JO du 23).

En Guadeloupe, Guyane, Martinique et à La Réunion, l'exonération a été annualisée et couvre depuis cette date le même périmètre de cotisations que la *réduction générale de cotisations patronales** (c. séc. soc. art. L. 752-3-2 ; BOSS, Exonérations zonées, §§ 1090 à 1480).

C'est ce dispositif qui est ici exposé, étant précisé qu'ont été rendus éligibles au volet « dispositif de compétitivité renforcée » de l'exonération le secteur de la presse au 1er janvier 2020, puis celui de la production audiovisuelle au 1er janvier 2021.

▶ À noter... Pour Saint-Barthélemy et Saint-Martin, l'exonération reste calculée mensuellement [voir *Outre-mer (exonération de cotisations à Saint-Barthélemy et Saint-Martin)**]. Le dispositif propre à Saint-Pierre-et-Miquelon, qui n'a pas été modifié au 1er janvier 2019, est resté en l'état [voir *Outre-mer (exonération de cotisations à Saint-Pierre-et-Miquelon)**].

Employeurs bénéficiaires

Territoires concernés - Le dispositif ici décrit s'applique en Guadeloupe, en Guyane, à la Martinique et à La Réunion (c. séc. soc. art. L. 752-3-2, I).

Employeurs bénéficiaires - L'exonération peut bénéficier aux employeurs de droit privé, aux établissements publics industriels et commerciaux ainsi qu'aux établissements publics administratifs lorsqu'ils emploient des personnels dans les conditions de droit privé.

La loi prévoit 3 barèmes d'exonération (c. séc. soc. art. L. 752 3 2, III) :
- le « dispositif de compétitivité » concerne les entreprises de moins de 11 salariés et celles de certains secteurs d'activité ;
- le « dispositif de compétitivité renforcée » vise les entreprises de moins de 250 salariés ayant un chiffre d'affaires inférieur à 50 millions d'euros et répondant à certains critères d'activité ;
- le dispositif « Innovation et croissance » s'adresse aux entreprises de moins de 250 salariés avec un chiffre d'affaires inférieur à 50 millions d'euros, pour certains salariés travaillant dans les technologies de l'information et de la communication (TIC).

Les employeurs éligibles aux différents volets de l'exonération sont détaillés plus loin, dans nos développements relatifs à chaque barème.

Conditions d'être à jour envers la CGSS - Pour être éligible à la mesure, l'employeur doit être à jour de ses obligations de paiement et de déclaration à l'égard de la caisse générale de sécurité sociale (c. séc. soc. art. L. 752-3-2, VI).

▶ À noter... La condition de paiement est également considérée comme remplie dès lors que l'employeur, d'une part, a souscrit et respecte un plan d'apurement des dettes et, d'autre part, acquitte les cotisations en cours à leur date normale d'exigibilité.

De surcroît, le bénéfice de l'exonération (ou de tout autre allégement ou toute autre exonération de cotisations patronales prévu par le code de la sécurité sociale) est subordonné au fait, pour l'entreprise ou le chef d'entreprise, de ne pas avoir fait l'objet d'une condamnation pénale passée en force de chose jugée soit pour fraude fiscale, soit pour travail dissimulé, marchandage ou prêt illicite de main-d'œuvre (c. séc. soc. art. L. 752-3-2, VII).

Calcul de l'effectif

Rôle des effectifs - Le dispositif repose sur plusieurs conditions d'effectifs :
- accès à l'exonération sans condition d'activité ou, au contraire, bascule à l'exonération sectorielle, selon que l'employeur a moins de 11 salariés ou un effectif de 11 salariés et plus (c. séc. soc. art. L. 752-3-2, II, 1°) ;
- accès aux dispositifs de « compétitivité renforcée » et « Innovation et croissance » dont un des critères d'accès est un effectif de moins de 250 salariés (c. séc. soc. art. L. 752-3-2, III, B et C).

Cadre géographique - L'effectif pris en compte est celui employé par l'entreprise dans chacune des collectivités concernées par l'exonération, tous établissements confondus si l'entreprise compte plusieurs établissements dans la même collectivité (c. séc. soc. art. L. 752-3-2, V).

Modalités de calcul et règles de franchissement de seuil - Les effectifs sont décomptés selon les règles prévues par le code de la sécurité sociale (c. séc. soc. art. L. 130-1 et R. 130-1).

Hors cas des entreprises nouvelles, l'effectif de référence correspond donc à la moyenne des effectifs mensuels de l'année civile précédente. Autrement dit, pour l'exonération sur l'année N, on regarde l'effectif « sécurité sociale » calculé sur N - 1.

Pour le détail (effectif annuel moyen, personnes prises en compte, etc.), les lecteurs se reporteront aux développements correspondants (voir *Effectif sécurité sociale**).

Règles de franchissement de seuil - Depuis le 1er janvier 2020, il faut tenir compte des modifications introduites par la loi PACTE du 22 mai 2019

(c. séc. soc. art. L. 130-1 et R. 130-1). Dans le cas général (hors entreprises nouvelles), ces modifications se sont appliquées pour la première fois à l'exonération 2020, sur la base de l'effectif « sécurité sociale » 2019.

Ces règles impliquent que le franchissement à la hausse d'un seuil d'effectif ne produit effet que si ce seuil est atteint ou dépassé durant 5 années civiles consécutives. Ce n'est qu'ensuite que les entreprises sont considérées comme au-delà du seuil (c. séc. soc. art. L. 130-1, II) (voir *Effectif sécurité sociale**).

Un franchissement de seuil constaté sur la base de l'effectif annuel moyen calculé sur l'année N – 1 ne produit effet qu'au 1er janvier N + 5, à condition que l'entreprise ne repasse pas sous le seuil sur l'une des années intercalaires.

Exemple

Un employeur a constaté début 2025 qu'il a atteint ou dépassé un seuil au titre de son effectif « sécurité sociale » calculé sur 2024. Le franchissement de seuil ne produira effet que s'il est vérifié pendant 5 années civiles consécutives (de 2025 à 2029 inclus), soit à compter du 1er janvier 2030.

A contrario, lorsqu'une entreprise repasse sous un seuil a pour l'effectif calculé sur une année donnée, les compteurs sont remis à zéro. Si par la suite l'entreprise repasse au-dessus du seuil, elle bénéficiera d'un nouveau moratoire de 5 ans avant d'être soumise aux dispositions liées à ce seuil.

Salariés ouvrant droit à l'exonération

Règle de localisation - L'exonération s'applique aux rémunérations des salariés employés dans des établissements situés en Guadeloupe, en Guyane, à la Martinique et à La Réunion (c. séc. soc. art. D. 752-7, I).

Pour les salariés des entreprises de transport aérien, la loi précise en outre ceux qui sont éligibles *(voir note 2 du tableau ci-après)*.

L'exonération est applicable aux rémunérations dues aux salariés rattachés à un établissement situé en Guadeloupe, en Guyane, en Martinique ou à la Réunion, même lorsque le siège de l'employeur auquel appartient cet établissement est situé en métropole (BOSS, Exonérations zonées, § 1100, 01/03/2025).

Entreprises exerçant plusieurs activités - Lorsque dans une même entreprise (ou un même établissement), plusieurs activités sont exercées, l'exonération s'applique au titre de l'activité exercée par chacun des salariés employés (c. séc. soc. art. L. 752-3-2, V).

À cet égard, il convient de tenir compte de l'activité exercée par le salarié pour plus de la moitié de son horaire de travail (c. séc. soc. art. R. 752-21). Le cas échéant, l'employeur doit être en mesure de produire tout document justifiant de l'activité exercée par le salarié.

L'administration a en outre précisé que (BOSS, Exonérations zonées, § 1280, 01/01/2025) :
- lorsque l'entreprise comporte plusieurs établissements distincts n'exerçant chacun qu'une seule activité, le droit à l'exonération s'apprécie en fonction de l'activité de chacun des établissements, indépendamment de l'activité des autres établissements ;
- si, au sein d'une entreprise ou d'un établissement, coexistent plusieurs activités, le droit à l'exonération est ouvert au titre des seuls salariés occupés dans une activité de l'entreprise ou de l'établissement relevant d'un des secteurs d'activité visés par la loi (l'entreprise doit être alors en mesure de justifier de l'activité exercée par le salarié sur la totalité de la période d'emploi).

Règles communes à l'application et au calcul de l'exonération

Déclaration - Pour bénéficier de l'exonération, l'employeur doit adresser à l'organisme de recouvrement (CGSS) une déclaration, datée et signée, pour l'entreprise ou pour chacun des établissements s'il y en a plusieurs (c. séc. soc. art. R. 752-22).

Cette déclaration doit être transmise à l'organisme de recouvrement au plus tard lors de la première échéance de cotisations à laquelle l'exonération est applicable.

Les renseignements à fournir dans la déclaration, les pièces à joindre et les modalités de transmission sont fixés par arrêté.

L'employeur est tenu de déclarer sans délai à la CGSS tout changement de situation entraînant une modification de son droit à l'exonération.

Cotisations concernées - Depuis 2019, le périmètre des cotisations couvert par l'exonération est identique à celui de la *réduction générale de cotisations patronales** en périmètre complet (à savoir AGIRC-ARRCO et chômage compris) (c. séc. soc. art. L. 752-3-2, I).

Elle couvre donc les cotisations patronales d'assurances sociales (maladie, vieillesse), d'allocations familiales, le FNAL, une fraction du taux de cotisation AT/MP, les cotisations AGIRC-ARRCO, les contributions d'assurance chômage et la contribution solidarité autonomie.

Pour plus de détails sur la fraction de cotisation AT couverte et sur la part de cotisations AGIRC-ARRCO comprises dans le périmètre, voir *Réduction générale de cotisations patronales**.

Coefficient maximal et paramètre T - L'exonération dépend d'un paramètre T, qui se détermine comme celui de la réduction générale de cotisations patronales en périmètre complet (étendue à l'AGIRC-ARRCO et à l'assurance chômage) (c. séc. soc. art. D. 752-7, III, renvoyant à D. 241-7).

En 2024, dans le cas général, le paramètre T était égal à 0,3194 (employeur au FNAL de 0,10 %) ou à 0,3234 (employeur au FNAL de 0,50 %).

Ces valeurs ont continué de s'appliquer provisoirement sur le début 2025, faute de publication d'une loi de financement de la sécurité sociale (LFSS) avant la fin 2024 suite à la censure du gouvernement Barnier.

Dans le prolongement de la LFSS qui a finalement été adoptée en février 2025 (loi 2025-199 du 28 février 2025, JO du 28, texte 89), un décret à paraître, toujours attendu au 31 mars 2025, devrait fixer une nouvelle valeur du paramètre T à effet du 1er mai 2025 (www.urssaf.fr, information du 24 mars 2025). Les précisions de l'administration seront les bienvenues pour préciser comment s'articule ce changement en cours d'année avec le principe de l'annualisation des calculs.

Pour plus de détails sur le paramètre T et les cas particuliers (salariés donnant droit à des taux réduits, taux ou répartition dérogatoire en AGIRC-ARRCO), voir *Réduction générale de cotisations patronales**.

Annualisation et paramètres de calcul - L'exonération est annualisée, comme la *réduction générale de cotisations patronales**.

Le montant de la réduction est déterminé dans le cadre de l'année civile, pour chaque salarié et pour chaque contrat de travail, en fonction de paramètres annuels (SMIC, rémunération brute). Pour les salariés à temps partiel ou qui ne sont pas présents sur toute l'année, la valeur du SMIC prise en compte pour la détermination de l'exonération est celle qui correspond à la durée du travail prévue au contrat au titre de la période pendant laquelle ils sont employés (c. séc. soc. art. L. 752-3-2, IV).

En pratique, ces paramètres sont déterminés comme pour la réduction générale (c. séc. soc. art. D. 752-7, III renvoyant à D. 241-7) [pour la rémunération, voir *Réduction générale de cotisations patronales** ; pour le SMIC, voir *Réduction générale de cotisations patronales (paramètre SMIC)**], sous réserve de deux particularités.

En effet, à partir de 2025, il existe deux différences par rapport à la réduction générale, dont le paramétrage a évolué, tandis que l'exonération « outre-mer » reste sur ces points en son état antérieur (loi 2025-199 du 28 février 2025, art. 18, VII, JO du 8) :
- d'une part, la *prime de partage de la valeur** continue à ne pas être prise en compte au niveau de la rémunération utilisée pour calculer le coefficient de l'exonération « outre-mer », ni dans la rémunération à laquelle ce coefficient est appliqué, sauf pour son éventuelle fraction soumise à cotisations de sécurité sociale (BOSS, Épargne salariale, § 170, 01/02/2025 ; BOSS, Exonérations zonées, § 1340, 01/03/2025) ;
- d'autre part, pour le paramètre SMIC de l'exonération « outre-mer », on continue prendre en compte le taux du *SMIC** en vigueur sur la période d'emploi rémunérée (si le SMIC évolue en cours d'année, il faut donc en tenir compte dans le calcul de l'exonération).

Application mensuelle par anticipation et régularisation - Concrètement, l'exonération est appliquée par anticipation, mois civil par mois civil. Les paramètres annuels doivent alors être remplacés par des paramètres mensuels : rémunération mensuelle, SMIC mensuel, etc. (c. séc. soc. art. D. 752-7, V renvoyant à D. 241-8).

La régularisation peut être progressive ou annuelle (c. séc. soc. art. D. 752-7, V renvoyant à D. 241-9).

Là encore, ce sont les mêmes règles que la *réduction générale de cotisations patronales**.

Ventilation de l'exonération - Dans la mesure où l'exonération couvre maintenant des cotisations versées aux URSSAF (maladie, vieillesse, chômage, etc.) et des cotisations versées aux caisses AGIRC-ARRCO, il faut ventiler le montant de l'exonération pour l'imputer sur le bon organisme (c. séc. soc. art. D. 752-7, III, renvoyant à D. 241-7).

Pour les salariés dont les cotisations chômage sont versées à France Travail, il faut ventiler l'exonération 3 parts (URSSAF, AGIRC-ARRCO, France Travail).

En pratique, il faut procéder comme pour la réduction générale (voir *Réduction générale de cotisations patronales**).

Règle de non-cumul - L'exonération ne peut se cumuler avec aucune exonération totale ou partielle de cotisations patronales de sécurité sociale, à l'exception de la déduction forfaitaire de cotisations patronales de sécurité sociale au titre des heures supplémentaires (c. séc. soc. art. L. 752-3-2, VI).

En revanche, elle est cumulable avec l'application d'aides de l'État à l'emploi et des taux spécifiques (BOSS, Exonérations zonées, § 1130, 01/03/2025).

Elle est par ailleurs applicable conjointement aux dispositifs de réduction du taux de la cotisation d'allocations familiales et de la cotisation patronale d'assurance maladie.

Dispositif de compétitivité

Employeurs éligibles - Ce volet de l'exonération est ouvert (c. séc. soc. art. L. 752-3-2, III, A) :
- aux entreprises de moins de 11 salariés, quel que soit leur secteur d'activité ;
- aux entreprises du BTP et de la production audiovisuelle ;
- aux entreprises relevant de certains secteurs d'activité *(voir tableau)* ;
- aux entreprises bénéficiaires du régime de perfectionnement actif (règl. UE 952/2013 du 9 octobre 2013) ;
- aux entreprises de transport aérien pour certains de leurs salariés et aux entreprises de transport maritime ou fluvial *(voir tableau pour des précisions)*.

Calcul de l'exonération - L'exonération est maximale jusqu'à 1,3 *SMIC** (c. séc. soc. art. L. 752-3-2, III, A).

Au-delà de 1,3 *SMIC**, l'exonération est dégressive et devient nulle au niveau de 2,2 *SMIC** (c. séc. soc. art. L. 752-3-2, III, A et D. 752-7, II, 1°).

Le tableau ci-après récapitule les formules de calcul.

Variation d'effectif à la hausse - Si l'effectif vient à atteindre ou dépasser le seuil de 11 salariés, le bénéfice intégral de l'exonération est maintenu dans la limite des 11 salariés précédemment occupés ou, en cas de départ, remplacés (c. séc. soc. art. L. 752-3-2, II, 1°).

Autrement dit, pour les 11 salariés occupés précédemment (ou remplacés), l'employeur continue à appliquer l'exonération.

▶ À noter... Cette règle s'applique lorsque le franchissement à la hausse du seuil d'effectif est pris en compte, c'est-à-dire, depuis la loi PACTE, lorsque le seuil de 11 salariés a été atteint ou dépassé pendant 5 années civiles consécutives *(voir plus haut)* (BOSS, Exonérations zonées, § 1180, 01/03/2025).

Les salariés employés au-delà de ce seuil d'effectif ouvrent droit à l'exonération « sectorielle », si l'employeur fait partie des secteurs d'activité pouvant en bénéficier (BOSS, Exonérations zonées, § 1180, 01/03/2025). Dans l'hypothèse où il n'est pas éligible à l'exonération sectorielle pour ces salariés, l'employeur peut opter pour l'application aux intéressés de la *réduction générale de cotisations patronales** (BOSS, Exonérations zonées, § 1130, 01/03/2025).

Variation d'effectif à la baisse - Lorsque l'effectif d'un employeur, calculé sur la moyenne des six derniers mois, franchit le seuil de 11 salariés à la baisse suite à une réduction d'effectif ou à une restructuration de l'entreprise, l'employeur qui souhaite bénéficier pour l'année en cours de l'exonération des « moins de 11 salariés » doit adresser une demande en ce sens au directeur de la CGSS. Si la demande est acceptée au terme de la procédure applicable, l'exonération est appliquée à compter du premier jour du mois suivant celui au cours duquel la demande a été déposée, sous réserve de régularisation, pour l'année civile concernée (c. séc. soc. art. R. 752-20-1, L. 752-3-1, I, 1° et D. 752-6 ; BOSS, Exonérations zonées, § 1190, 01/03/2025).

Les employeurs qui ne bénéficiaient pas de l'exonération sectorielle faute de faire partie des secteurs éligibles deviennent, du fait de la baisse de leur effectif, éligibles à l'exonération des « moins de 11 salariés ». Pour les salariés qui bénéficiaient antérieurement de la *réduction générale de cotisations patronales**, la baisse d'effectif permet à nouveau à l'employeur et pour chaque salarié, d'opter entre la réduction générale et l'exonération outre-mer « moins de 11 salariés » (BOSS, Exonérations zonées, § 1190, 01/03/2025).

▶ À noter... Une entreprise qui est passée sous les 11 salariés, et qui par la suite atteint ou franchit à nouveau le seuil de 11 salariés à la hausse, bénéficie à nouveau du délai de 5 ans prévu par les règles de franchissement de seuil « sécurité sociale » *(voir plus haut)*. Il ne sortira de l'exonération outre-mer « moins de 11 salariés » pour basculer le cas échéant à l'exonération sectorielle qu'après 5 années civiles consécutives avec un effectif supérieur ou égal à 11 salariés.

Dispositif de compétitivité renforcée

Employeurs éligibles - Ce volet de l'exonération est ouvert aux entreprises employant moins de 250 salariés et ayant un chiffre d'affaires inférieur à 50 millions d'euros et qui appartiennent à une des trois catégories suivantes (c. séc. soc. art. L. 752-3-2, III, B) :
- entreprises relevant de certains secteurs d'activité *(voir tableau)* ainsi que, depuis le 1er janvier 2020, le secteur de la presse, et depuis le 1er janvier 2021, le secteur de la production audiovisuelle ;
- entreprises bénéficiant du régime de perfectionnement actif (règl. UE 952/2013 du 9 octobre 2013) ;
- en Guyane, entreprises dont l'activité principale est éligible à la défiscalisation des investissements productifs ou ressort d'une activité de comptabilité, de conseil aux entreprises, d'ingénierie ou d'études techniques.

Exonération Guadeloupe, Guyane, Martinique et La Réunion au 1.03.2025

Dans ce tableau, le **paramètre T** se détermine comme pour la réduction générale (voir *Réduction générale de cotisations patronales**).

En 2024 et sur le début 2025 dans l'attente du décret à venir dans le prolongement de la LFSS 2025, hors professions ouvrant droit à des taux réduits, T est égal à 0,3194 (en cas de FNAL à 0,10 %) ou 0,3234 (pour le FNAL de 0,50 %). Ces valeurs tiennent compte d'une part patronale AGIRC-ARRCO de 6,01 points (cas général au niveau du SMIC, hors taux ou répartition particulière).

Si des répartitions ou taux dérogatoires AGIRC-ARRCO sont appliquées, il faut le cas échéant ajuster ce paramètre conformément aux règles de la réduction générale (pour mémoire, l'AGIRC-ARRCO ne peut pas être pris en compte pour plus de 6,01 points).

A) Dispositif de compétitivité

- Entreprises de moins de 11 salariés (quel que soit le secteur d'activité)
- quel que soit l'effectif, BTP et production audiovisuelle (ainsi que, pour mémoire, la presse jusqu'au 31 décembre 2019 et la production audiovisuelle jusqu'au 31 décembre 2020).
- Entreprises relevant de certains secteurs d'activité (1) lorsqu'elles ne remplissent pas les conditions d'effectif et de chiffre d'affaires du dispositif de compétitivité mentionné au B ci-dessous.
- Entreprises bénéficiaires du régime de perfectionnement actif (règl. UE 952/2013 du 09 octobre 2013).
- Entreprises de transport aérien (2) et de transport maritime ou fluvial (3).

Rémunération annuelle	Exonération
Inférieure à 1,3 SMIC	Exo = T × rémunération annuelle brute
Au-delà de 1,3 à moins de 2,2 SMIC	Exonération dégressive : - Exo = rémunération annuelle brute × C - coefficient C = (1,3 × T/0,9) × [(2,2 × SMIC annuel/rémunération annuelle brute) - 1] - C est plafonné à T
À partir de 2,2 SMIC	Exonération nulle

B) Dispositif de compétitivité renforcée

Entreprises employant moins de 250 salariés et ayant un chiffre d'affaires inférieur à 50 millions d'euros appartenant à l'une des catégories suivantes :
- entreprises relevant de certains secteurs d'activité (1) + depuis le 1er janvier 2020 secteur de la presse + depuis le 1er janvier 2021 secteur de la production audiovisuelle ;
- entreprises bénéficiaires du régime de perfectionnement actif ;
- en Guyane, entreprises dont l'activité principale est éligible à la défiscalisation des investissements productifs ou ressort d'une activité de comptabilité, de conseil aux entreprises, d'ingénierie ou d'études techniques.

Rémunération annuelle	Exonération
Inférieure à 2 SMIC	Exo = T × rémunération annuelle brute
De 2 à moins de 2,7 SMIC	Exonération dégressive : - Exo = rémunération annuelle brute × C - coefficient C = (2 × T/0,7) × [(2,7 × SMIC annuel/rémunération annuelle brute) - 1] - C est plafonné à T
À partir de 2,7 SMIC	Exonération nulle

C) Innovation et croissance

Entreprises employant moins de 250 salariés et ayant un chiffre d'affaires inférieur à 50 millions d'euros, au titre de la rémunération des salariés concourant essentiellement à la réalisation de projets innovants dans le domaine des technologies de l'information et de la communication.

Rémunération annuelle	Exonération
Inférieure à 1,7 SMIC	Exo = T × rémunération annuelle brute
De 1,7 à moins de 2,5 SMIC	Exo = T × rémunération annuelle brute retenue dans la limite de 1,7 SMIC
De 2,5 à moins de 3,5 SMIC	Exonération dégressive : - Exo = rémunération annuelle brute × C ; - coefficient C = 1,7 × T × [(3,5 × SMIC annuel/rémunération annuelle brute) - 1] - C est plafonné à T
À partir de 3,5 SMIC	Exonération nulle

(1) Industrie, restauration, environnement, agronutrition, énergies renouvelables, nouvelles technologies de l'information et de la communication, centres d'appel, pêche, cultures marines, aquaculture, agriculture, tourisme (y compris les activités de loisirs s'y rapportant), nautisme, hôtellerie, recherche et développement.

(2) Employeurs de transport aérien assurant la liaison entre la métropole et la Guadeloupe, la Guyane, la Martinique et La Réunion, la liaison entre ces départements ou entre ces départements et Saint-Barthélemy ou Saint-Martin, la liaison entre La Réunion et Mayotte ou la desserte intérieure de la Guadeloupe, la Guyane, la Martinique ou La Réunion (c. séc. soc. art. L. 752-3-2, II, 3°). Seuls les salariés concourant exclusivement à ces dessertes et affectés dans les établissements situés dans l'un des 4 départements sont concernés par l'exonération.

(3) Employeurs assurant la desserte maritime ou fluviale de plusieurs points de la Guadeloupe, la Guyane, la Martinique ou La Réunion, ou la liaison entre les ports de ces départements ou avec Saint-Martin et Saint-Barthélemy, ou la liaison entre les ports de La Réunion et de Mayotte (c. séc. soc. art. L. 752-3-2, II, 4°).

Calcul de l'exonération - L'exonération est maximale jusqu'à 2 *SMIC** depuis 2020 (1,7 SMIC avant 2020) (c. séc. soc. art. L. 752-3-2, III, B).

Au-delà de 2 *SMIC** (1,7 SMIC avant 2020), l'exonération est dégressive et devient nulle au niveau de 2,7 *SMIC** (c. séc. soc. art. L. 752-3-2, III, B et D. 752-7, II, 2°).

Le tableau ci-après récapitule les formules de calcul.

Précision sur la condition de chiffre d'affaires - La condition de montant annuel du chiffre d'affaires correspond au dernier exercice comptable clôturé (BOSS, Exonérations zonées, § 1290, 01/03/2025).

Lorsque l'exercice comptable ne correspond pas à l'année civile (ex. : exercice du 1.10 au 30.09), par cohérence avec le cadre d'appréciation de l'effectif de moins de 250 salariés, le constat du montant du chiffre d'affaires fait à la clôture de l'exercice comptable ne produit son effet concernant l'éligibilité à l'exonération « renforcée » qu'à compter du 1er janvier de l'année civile suivante (BOSS, Exonérations zonées, § 1290, 01/03/2025).

Exemple

Une entreprise en exercice décalé a un exercice qui court du 1er octobre au 30 septembre. Elle constate un CA de 47 millions au 30 septembre 2024. Elle est éligible à l'exonération renforcée du 1er janvier au 31 décembre 2025 (dès lors, bien entendu, que son effectif de référence calculée sur 2024 est inférieur à 250 salariés et qu'elle répond aux autres conditions requises).

Dispositif « Innovation et croissance »

Employeurs et salariés éligibles - Ce volet de l'exonération est ouvert aux entreprises employant moins de 250 salariés et ayant un chiffre d'affaires inférieur à 50 millions d'euros, au titre de la rémunération des salariés concourant essentiellement à la réalisation de projets innovants dans le domaine des technologies de l'information et de la communication (c. séc. soc. art. L. 752-3-2, III, C).

Les salariés doivent être principalement employés à la réalisation de ces projets. Ceux qui sont affectés aux tâches administratives, financières, logistiques et de ressources humaines ne bénéficient pas de l'exonération (c. séc. soc. art. D. 752-7, II, 3°).

Les projets innovants s'entendent de projets ayant pour but l'introduction d'un bien, d'un service, d'une méthode de production ou de distribution nouveaux ou sensiblement améliorés sur le plan de ses caractéristiques ou de l'usage auquel il est destiné.

Ils doivent être réalisés dans les domaines suivants :
- télécommunication ;
- informatique, dont notamment programmation, conseil en systèmes et logiciels, tierce maintenance de systèmes et d'applications, gestion d'installations, traitement de données, hébergement et activités connexes ;
- édition de portails Internet et de logiciels ;
- infographie, notamment conception de contenus visuels numériques ;
- conception d'objets connectés.

Calcul de l'exonération - L'exonération est maximale jusqu'à 1,7 *SMIC** (c. séc. soc. art. L. 752-3-2, III, C).

De 1,7 à 2,5 *SMIC**, l'exonération est calculée au taux maximal sur la part de rémunération égale à 1,7 *SMIC** (c. séc. soc. art. L. 752-3-2, III, C).

Au-delà de 2,5 *SMIC**, l'exonération est dégressive et devient nulle au niveau de 3,5 *SMIC** (c. séc. soc. art. L. 752-3-2, III, C et D. 752-7, II, 3°).

Le tableau ci-après récapitule les formules de calcul.

Précision sur la condition de chiffre d'affaires - Les précisions données par l'administration sur l'appréciation de la condition de chiffres d'affaires sont identiques à celles données pour le dispositif de compétitivité renforcée *(voir plus haut)* (BOSS, Exonérations zonées, § 1290, 01/03/2025).

Intérimaires

Des adaptations du calcul de l'exonération, non détaillées ici, sont prévues pour les entreprises de travail temporaire (c. séc. soc. art. D. 752-7, IV ; BOSS, Exonérations zonées, §§ 1300 et 1310, 01/03/2025).

Application des réductions de taux sur cotisations maladie et allocations familiales

Maintien de l'ancien paramétrage à partir de 2025 - La loi de financement de la sécurité sociale (LFSS) pour 2025 a prévu de diminuer en 2025 les limites de salaire donnant droit aux réductions de taux sur la cotisation d'allocations familiale et la cotisation maladie, puis de supprimer ces deux dispositifs à partir de 2026 (voir *Cotisation d'allocations familiales** et *Cotisation d'assurance maladie-maternité-invalidité**).

Une disposition particulière est toutefois prévue pour les salariés relevant de réductions dégressives spécifiques de cotisations patronales, cumulables avec les dispositifs de réduction de taux sur les cotisations patronales d'allocations familiales et maladie, mais pas avec la réduction générale de cotisations patronales (loi 2025-199 du 28 février 2025, art. 18, IX, JO du 28).

À cet égard, sont notamment concernés les salariés ouvrant droit à l'exonération « outre-mer » propre aux départements de Guadeloupe, de Guyane, de La Martinique et de La Réunion.

À la stricte lettre de la loi, pour les salariés au titre desquels l'employeur bénéficie effectivement de cette exonération, il semble possible de continuer à appliquer, au titre des périodes d'emploi effectuées à partir du 1er janvier 2025 :
- l'ancienne limite de 3,5 *SMIC** valeur au 31.12.2023 pour le droit à la réduction de taux sur la *cotisation d'allocations familiales** (- 1,8 point dans le cas général) ;
- l'ancienne limite de 2,5 *SMIC** valeur au 31.12.2023 pour le droit à la réduction de taux sur la *cotisation d'assurance maladie-maternité-invalidité** (- 6 points sur la part patronale dans le cas général).

La LFSS n'étant pas dénuée d'ambiguïté, les précisions du BOSS, encore attendues à l'heure où nous rédigions ces lignes, seront les bienvenues pour sécuriser l'interprétation ce point.

Habilitation à légiférer par ordonnance - Jusqu'à la fin août 2025, le gouvernement est autorisé à légiférer par ordonnance, s'il le juge utile (loi 2025-199 du 28 février 2025, art. 18, X, JO du 28) :
- pour modifier par ordonnance l'exonération « outre-mer » afin de prévoir, pour les salariés donnant droit à la *réduction générale de cotisations patronales**, que les dispositifs de réduction de taux sur les cotisations maladie et allocations familiales s'appliquent dans leur rédaction antérieure à la LFSS 2025 ;
- et pour corriger les cas où, à compter de 2026, la somme de l'exonération « outre-mer » et des réductions de taux sur les cotisations maladie et allocations familiales serait inférieure à celle de la réduction générale de cotisations patronales pour certains niveaux de revenu d'activité.

Reste à voir si l'exécutif prendra effectivement des ordonnances.

Pour suivre l'actualité sur ce sujet, nos lecteurs pourront se reporter à notre revue RF Paye et à son site Internet (https://rfpaye.grouperf.com) ou à MyDoc Paye (https://www.revue-fiduciaire.com/mydoc/paye).

☞ *Bulletin de paye (mentions obligatoires) ; Outre-mer (exonération de cotisations à Saint-Barthélemy et Saint-Martin) ; Outre-mer (exonération de cotisations à Saint-Pierre-et-Miquelon) ; Réduction générale de cotisations patronales ; Réduction générale de cotisations patronales (paramètre SMIC).*

P

PACS

☞ *Congé PMA ; Congés pour événements familiaux ; Congé de paternité et d'accueil de l'enfant ; Examens médicaux liés à la grossesse (absences) ; Maternité (congé de).*

Paiement des cotisations à l'URSSAF

Les cotisations URSSAF doivent être payées à la date d'exigibilité (voir *Exigibilité des cotisations URSSAF**). À défaut, des majorations de retard peuvent être appliquées (voir *Majorations et pénalités URSSAF**).

Cotisations concernées

Cotisations, contributions et pénalités recouvrées par les URSSAF - L'URSSAF recouvre :
- les *cotisations de sécurité sociale** ;
- la *CSG** et la *CRDS** ;
- le *FNAL** ;
- le *versement mobilité** ;
- la *contribution solidarité autonomie** ;
- le *forfait social** ;
- la *contribution au dialogue social**.

C'est également à l'URSSAF que doivent être payées d'autres contributions patronales ou pénalités spécifiques :
- la *contribution sur les préretraites d'entreprise** ;
- la *contribution sur les régimes de retraite à prestations définies** ;
- la *contribution sur les indemnités de mise à la retraite** ;
- la *contribution sur les indemnités de rupture conventionnelle individuelle** ;
- la contribution patronale due en cas d'*attribution gratuite d'actions aux salariés** ou d'attribution de *stock-options (options sur actions)** ;
- la *pénalité 1 % prévention pénibilité** ;
- la pénalité pour non-respect de la *négociation obligatoire sur les salaires**.

Contributions chômage et AGS - L'URSSAF recouvre aussi les contributions d'assurance chômage et d'AGS, sous réserve de quelques cas particuliers (voir *Cotisations d'assurance chômage et d'AGS**).

Contribution AGEFIPH - Depuis la contribution AGEFIPH 2020 (versée en 2021), c'est l'URSSAF et non plus l'AGEFIPH qui recouvre cette somme [voir *Handicapés (contribution AGEFIPH)**].

Contributions formation et taxe d'apprentissage - Auparavant assuré par les opérateurs de compétences (OPCO), le recouvrement de la *contribution à la formation professionnelle** (y inclus 1 % CPF-CDD) et de la *taxe d'apprentissage** (y compris contribution supplémentaire) a été transféré au réseau des URSSAF pour les sommes dues au titre des périodes d'emploi accomplies à compter du 1er janvier 2022 (c. trav. art. L. 6131-3, L. 6331-1, L. 6331-3, L. 6331-6, L. 6331-55 et L. 6241-2).

Certaines de ces contributions sont versées aux URSSAF selon la même périodicité et aux mêmes échéances que les cotisations de sécurité sociale (le 5 ou 15 de chaque mois ou chaque trimestre ; voir *Exigibilité des cotisations URSSAF**). Sont concernés :
- la *contribution à la formation professionnelle** pour son taux légal (0,55 % ou 1 %) (c. trav. art. L. 6331-1 et L. 6331-3), y inclus la contribution unique des intermittents du spectacle de 2 % (c. trav. art. L. 6331-55) ;
- le 1 % CPF-CDD (c. trav. art. L. 6331-6) ;
- la part principale de 0,59 % de la *taxe d'apprentissage** et, en Alsace-Moselle, la totalité de la taxe de 0,44 % (c. trav. art. L. 6241-2 et R. 6261-13).

En revanche, le recouvrement de la *contribution supplémentaire à la taxe d'apprentissage** (CSA) et, hors Alsace-Moselle, des sommes dues au titre de la fraction solde de 0,09 % de la *taxe d'apprentissage** est annualisé et réalisé l'année qui suit l'exercice au titre duquel ces contributions sont dues. En pratique :
- la CSA de l'année N est exigible et déclarée en avril N + 1, à l'occasion de la DSN de mars à souscrire pour le 5 ou 15 avril (c. trav. art. L. L. 6242-1) ;
- le solde de la taxe d'apprentissage de l'année N est exigible en mai N + 1, à l'occasion de la DSN d'avril à souscrire pour le 5 ou 15 mai (c. trav. art. L. 6241-2).

Contributions conventionnelles de formation professionnelle et de dialogue social - À partir du 1er janvier 2026, le recouvrement des contributions conventionnelles de formation professionnelle et de dialogue social, actuellement assuré par les OPCO, pourra aussi être transféré aux URSSAF, sur option des branches professionnelles concernées et selon des modalités qui doivent permettre d'assurer l'opérationnalité de la collecte (c. trav. art. L. 2135-10, L. 6131-3 et L. 6332-1-2).

Ainsi, l'accord national professionnel qui met en place des contributions conventionnelles de formation professionnelle ou de dialogue social pourra donner mandat aux partenaires sociaux de la branche de conclure une convention avec l'URSSAF Caisse nationale (ou *ACOSS**) ou la Caisse centrale de Mutualité sociale agricole afin de confier aux URSSAF (CGSS ou CMSA) le recouvrement de ces contributions (c. trav. art. L. 2135-10, III et L. 6131-3, II).

Cette convention, dont le modèle doit être fixé par arrêté (non paru au 15 janvier 2025), devra prévoir :
- un montant minimal de collecte de la contribution, fixé par arrêté ;
- sa durée de mise en œuvre, qui ne pourra être inférieure à 8 ans ;
- un niveau de frais reflétant les coûts réels de mise en œuvre et de gestion de la contribution ;
- un délai de préavis si l'une des parties envisage de dénoncer la convention, qui ne pourra être inférieur ni à la moitié de sa durée restante ni à 12 mois.

La contribution faisant l'objet de la convention devra répondre à plusieurs caractéristiques pour que le recouvrement URSSAF puisse être mis en place :
- avoir une assiette alignée sur les revenus d'activité retenus pour l'assiette des cotisations de sécurité sociale (c. séc. soc. art. L. 242-1 et c. rural art. L. 741-10) ;
- être calculée selon un taux proportionnel, qui ne pourra être modulé qu'en fonction de seuils d'effectifs définis par arrêté ou des éléments d'identification de la branche déclarés par l'employeur ;
- être due pour les périodes au titre desquelles les revenus sont attribués et déclarés mensuellement ;
- être recouvrée selon les règles, et sous les garanties et sanctions applicables en matière de cotisations et de contributions de sécurité sociale.

En outre, la contribution ne pourra être recouvrée qu'à compter du début de l'année civile suivant une période d'au moins 6 mois après la signature de la convention, et dans tous les cas pas avant le 1er janvier 2026.

Lorsque la contribution conventionnelle de formation sera recouvrée par les URSSAF, elle sera ensuite reversée à France compétences, qui en assurera la répartition entre les OPCO (c. trav. art. L. 6131-3, II). S'agissant de la contribution conventionnelle de dialogue social, elle sera reversée à l'association gestionnaire du fonds paritaire du financement du dialogue social, qui la répartira entre les différentes branches (c. trav. art. L. 2135-10, III).

Pour suivre l'actualité sur ce sujet, voir rfpaye.grouperf.com et RF Paye, Revue d'actualité.

▶ À noter… Les versements volontaires de formation professionnelle des entreprises resteront hors recouvrement URSSAF, et continueront à être collectés par les OPCO.

Cotisations des clercs et employés de notaires - Depuis le 1er janvier 2023, les cotisations sur salaires d'assurance maladie et de retraite, la contribution solidarité autonomie (CSA) et le complément maladie sont recouvrées par l'URSSAF, et non plus par la Caisse de retraite et de prévoyance des clercs et employés de notaires (CRPCEN).

En revanche, les cotisations fixées en pourcentage des émoluments et honoraires, dues par les notaires ayant des clercs et employés, restent recouvrées par la CRPCEN (c. séc. soc. art. L. 213-1 et L. 213-1-1).

Organisme encaisseur - Pour chaque établissement, les employeurs déclarent et versent les cotisations sociales à l'URSSAF dont ces établissements et leurs salariés relèvent (c. séc. soc. art. R. 243-6).

Sous condition, les entreprises divisées en établissements multiples peuvent centraliser les versements de cotisations auprès d'une même URSSAF (voir *Versement en un lieu unique facultatif**).

Les grandes entreprises doivent s'acquitter de leurs cotisations auprès d'une seule URSSAF pour l'ensemble de leurs établissements (voir *Versement en un lieu unique obligatoire**).

Règles particulières - Dans certains cas, des règles particulières s'appliquent (voir *Employeur étranger sans établissement en France**, *Guichet unique du spectacle occasionnel**, *Contribution sur les régimes de retraite à prestations définies**, *Titre emploi-service entreprise**, *Chèque-emploi associatif**, *Chèque emploi-service universel**, etc.).

Modes de règlement

Obligation de paiement dématérialisé - Tous les employeurs ont l'obligation de payer leurs cotisations et contributions sociales à l'URSSAF par voie dématérialisée (c. séc. soc. art. L. 133-5-5, I). Ce paiement dématérialisé peut se faire par virement bancaire ou télépaiement et, pour les employeurs ayant adhéré au *titre emploi-service entreprise** ou au *chèque-emploi associatif**, par prélèvement automatique en une seule fois (www.urssaf.fr).

▶ À noter… Les employeurs qui règlent par virement peuvent le faire directement depuis leur espace en ligne sur www.urssaf.fr (rubrique « Payer les cotisations »), via le service Payzen (www.urssaf.fr, information du 3 avril 2024).

Obligation de paiement par virement - Dès lors que le montant annuel des cotisations, contributions et taxes au titre d'une année civile dépasse 7 millions d'euros, les entreprises doivent, l'année suivante, régler exclusivement leurs cotisations par virement bancaire, y compris s'il s'agit d'employeurs en procédure « VLU » (*versement en un lieu unique**) (c. séc. soc. art. D. 133-10, I). Le seuil de 7 millions seuil s'apprécie au niveau de l'entreprise, tous établissements confondus (www.urssaf.fr).

L'ordre de virement doit être accompagné de références dont la liste est fixée par arrêté du ministre chargé de la sécurité sociale (c. séc. soc. art. D. 133-10, I).

Sanction - Le non-respect de l'obligation de paiement dématérialisé ou, lorsque cette modalité est obligatoire, de paiement par virement bancaire entraîne une majoration de 0,2 % du montant des sommes dont le versement a été effectué selon un autre mode de paiement (c. séc. soc. L. 133-5-5, II et D. 133-11) (voir *Majorations et pénalités URSSAF**).

▶ À noter... Le *droit à l'erreur** ne joue pas en cas de non-respect de l'obligation de dématérialisation du paiement des cotisations (voir *Majorations et pénalités URSSAF**).

Vérifier le respect de la date de paiement

Principe et tolérances - Selon les juges, c'est l'arrivée du titre de paiement et non son envoi qui libère le débiteur (cass. soc. 9 avril 1992, n° 90-14840, BC V n° 272). Mais l'*ACOSS** (ou URSSAF Caisse nationale) admet des tolérances en matière de respect des dates d'*exigibilité des cotisations URSSAF**.

Virement - En cas de paiement par virement, c'est la date de règlement interbancaire mentionnée par la banque qui est prise en considération, ou la date d'opération sur le compte spécial d'encaissement de l'URSSAF (transfert de compte à compte au sein d'une même banque). Ainsi, le règlement interbancaire ou la date d'opération sur le compte spécial d'encaissement de l'URSSAF doit intervenir au plus tard le jour de l'exigibilité (lettre-circ. ACOSS 2007-36 du 15 février 2007, § 4).

Lorsque la date limite de paiement tombe un jour férié, un dimanche ou un jour chômé dans les banques, la date d'exigibilité est considérée comme respectée si la date de règlement interbancaire ou la date d'opération sur le compte spécial de l'URSSAF intervient le premier jour ouvré suivant.

▶ À noter... Rappelons que l'employeur demeure le seul responsable du paiement des cotisations vis-à-vis de l'URSSAF. Le cas échéant, il lui appartient de demander à l'établissement bancaire une attestation précisant la date de paiement (lettre-circ. ACOSS 99-86 du 23 juillet 1999).

Télérèglement - En cas de paiement par télérèglement, il est toléré que l'accord de paiement du débiteur (employeur) puisse être transmis au plus tard le jour de l'exigibilité à 12 h (lettre-circ. ACOSS 2007-36 du 15 février 2007, § 4).

Jour non travaillé à l'URSSAF - Lorsque la date d'exigibilité se situe un jour non travaillé à l'URSSAF, la date limite est reportée au jour ouvré qui suit immédiatement (lettre-circ. ACOSS 2000-110 du 29 décembre 2000 ; lettre-circ. ACOSS 99-115 du 27 octobre 1999).

Versement provisionnel - Sur justification, l'employeur de 50 salariés et plus qui, en raison de difficultés matérielles résultant notamment du traitement informatique ou de la dispersion des effectifs, a du mal à déterminer le montant exact des cotisations dues au 5 du mois suivant le versement des rémunérations peut, sous réserve de l'accord de l'URSSAF, être autorisé à opérer pour cette date un versement provisionnel égal à celui se rapportant au mois précédent, puis à régulariser la situation le 15 du mois par un versement complémentaire accompagné du bordereau récapitulatif des cotisations (lettre-circ. ACOSS 91-47 du 12 août 1991).

Reste à savoir si cette tolérance, ancienne, est encore applicable dans le contexte de la DSN. Les employeurs qui pourraient trouver intérêt à en bénéficier doivent se rapprocher de leur URSSAF pour vérifier si elle est encore acceptée et, si oui, selon quelles modalités.

Délais de paiement

Demande au directeur de l'URSSAF - L'employeur qui rencontre des difficultés de trésorerie peut demander à bénéficier d'un délai de paiement et d'un sursis à poursuites pour le règlement des cotisations et contributions sociales, des pénalités et des majorations de retard (c. séc. soc. art. R. 243-21).

Le directeur de l'URSSAF, seul compétent pour prendre la décision, apprécie au cas par cas les demandes, sans aucune obligation de répondre favorablement (c. séc. soc. art. R. 243-21).

▶ À noter... L'employeur ne peut pas saisir le tribunal judiciaire afin d'obtenir des délais de paiement ou contester un éventuel rejet de sa demande par le directeur de l'URSSAF.

En pratique, l'employeur doit effectuer la demande de délai de paiement prioritairement depuis son espace en ligne sur www.urssaf.fr. À partir de son tableau de bord, il peut accéder au formulaire de demande en cliquant sur l'onglet « Documents et démarches » puis en choisissant dans le menu « Demander un délai » (www.urssaf.fr).

À défaut d'espace personnel en ligne, la demande peut être effectuée par courrier.

Dans sa demande, l'employeur doit préciser (www.urssaf.fr) :
- le montant faisant l'objet de la demande de délai de paiement ;
- le nombre d'échéances sur lesquelles il souhaite étaler son paiement ;
- la date de la première échéance souhaitée ;
- les motifs qui le conduisent à faire cette demande (origine et nature des difficultés rencontrées, ressources et charges actuelles, actions mises en œuvre à court terme pour rétablir sa situation, etc.).

Lorsque la demande de délai de paiement est effectuée depuis l'espace en ligne de l'employeur, deux cas sont possibles : la demande de délai automatisé et la demande de délai transmise à un gestionnaire de compte (www.urssaf.fr).

Si l'employeur répond aux critères de la demande de délai automatisé (une première demande, une seule période débitrice, part des cotisations salariales honorée…), il peut déterminer son échéancier et mettre en place directement le télépaiement des différentes échéances. Une fois qu'il a validé le télépaiement, sa demande de délai est acceptée.

Si l'employeur ne répond pas aux critères de la demande de délai automatisé, sa demande de délai est soumise à un gestionnaire URSSAF. Une fois sa demande validée par le gestionnaire, il peut mettre en place le télépaiement. Dans certains cas, le gestionnaire peut décider que l'employeur devra payer par prélèvement, notamment si le nombre d'échéances est supérieur à 3 mois (hors majorations de retard). Il lui transmet alors par voie postale un mandat de prélèvement que l'employeur doit lui retourner accompagné de son RIB. Le gestionnaire valide ensuite le mandat et accorde le délai.

▶ À noter… Le site du réseau des URSSAF conseille aux employeurs de demander également une remise des majorations de retard (voir *Majorations et pénalités URSSAF**), qui seront remises lorsque l'échéancier sera soldé. À défaut, celles-ci seront dues (www.urssaf.fr).

Si la demande de délai comporte tous les éléments nécessaires à son instruction, l'URSSAF s'engage à envoyer une première réponse dans les 48 heures si elle a été faite à partir de l'espace en ligne de l'employeur, dans les 15 jours si elle a été faite par courrier. Lorsque la demande est incomplète, l'URSSAF contacte l'employeur dans le même délai et lui indique les éléments complémentaires nécessaires à l'instruction de sa demande.

▶ À noter… Selon le site du réseau des URSSAF, un plan d'échelonnement de la dette ne peut excéder 12 mois (www.urssaf.fr).

Conditions - Pour se voir accorder un sursis, le cotisant doit répondre à deux conditions (c. séc. soc. art. R. 243-21) :
- la déclaration a été adressée dans les délais ;
- la part salariale des cotisations a été réglée.

L'échéancier de paiement ou le sursis à poursuites doit être assorti de garanties, qui sont appréciées par le directeur de l'URSSAF (c. séc. soc. art. R. 243-21).

Décision de l'URSSAF - L'accord d'un délai de paiement est notifié à l'employeur, accompagné d'un échéancier. Cette notification suspend les actions de recouvrement de l'URSSAF à l'encontre de l'employeur, mais ne le dispense pas du paiement des majorations de retard (et des pénalités éventuelles) (www.urssaf.fr).

▶ À noter… L'URSSAF peut quand même décider d'envoyer à l'employeur une mise en demeure afin de garantir sa créance, sans que cela ne remette en question l'accord de délais (www.urssaf.fr).

Preuve du paiement

Il appartient à l'employeur, seul redevable des cotisations et contributions sociales assises sur la rémunération du salarié, de rapporter, notamment par la production de pièces comptables, la preuve du paiement de celles-ci. Le bulletin de paye ne fait pas présumer que l'employeur s'est acquitté de son obligation de paiement (cass. civ., 2e ch., 8 octobre 2020, n° 19-16898 FPBI).

Droit à l'erreur

Les employeurs qui respectent leurs obligations déclaratives mais ne versent pas les cotisations et contributions sociales dont ils sont redevables à la date d'exigibilité peuvent, sous certaines conditions, faire jouer le droit à l'erreur pour échapper au paiement des majorations de retard (c. séc. soc. art. R. 243-11). Pour plus de détails, voir *Droit à l'erreur**.

☞ *Déclarations URSSAF dématérialisées ; Droit à l'erreur ; Exigibilité des cotisations URSSAF ; Majorations et pénalités*

URSSAF ; Prescription des cotisations ; Recouvrement des cotisations par l'URSSAF ; Versement en un lieu unique facultatif ; Versement en un lieu unique obligatoire.

Paiement du salaire

Le paiement du salaire obéit à certaines règles que l'employeur doit respecter.

Périodicité

La périodicité du paiement varie selon les catégories de salariés :
- les salariés mensualisés doivent être payés au moins une fois par mois (c. trav. art. L. 3242-1) ;
- les salariés ne bénéficiant pas de la *mensualisation** doivent être payés 2 fois par mois, avec au plus 16 jours d'intervalle entre les deux paiements (c. trav. art. L. 3242-3) ;
- les travailleurs aux pièces doivent percevoir un acompte chaque quinzaine et recevoir un paiement intégral dans les 15 jours de la livraison (c. trav. art. L. 3242-4) ;
- les commissions doivent être payées aux VRP au moins une fois tous les 3 mois (c. trav. art. L. 7313-7).

Modalités

Bulletin de paye - Le paiement du salaire s'accompagne de la remise du *bulletin de paye**, sous forme électronique ou papier (c. trav. art. L. 3243-2).

Jour de paye - Le salaire est versé un jour ouvrable. En cas de paiement par virement, il n'y a pas de restriction (c. trav. art. R. 3241-1).

Bénéficiaire - L'employeur doit verser le salaire par chèque barré ou par virement sur un compte bancaire « dont le salarié est le titulaire ou le cotitulaire » (c. trav. art. L. 3241-1, al. 1 et 3).

De plus, le salarié ne peut pas désigner un tiers pour recevoir son salaire (c. trav. art. L. 3241-1, al. 1). Il est ainsi impossible de faire jouer en matière de salaire la règle du code civil qui permet à tout créancier de mandater une autre personne pour percevoir une somme due (c. civ. art. 1342-2).

▶ À noter… Le paiement du salaire à des tiers autorisés légalement ou judiciairement à percevoir le salaire est possible (ex. : paiement du salaire d'un mineur non émancipé).

Moyens de paiement - Le paiement du salaire peut se faire en espèces jusqu'à 1 500 €. Au-delà, il doit faire l'objet d'un chèque ou d'un virement (c. trav. art. L. 3241-1 ; décret 85-1073 du 7 octobre 1985).

En cas de paiement en espèces, il appartient à l'employeur de prouver qu'il a rempli son obligation (cass. soc. 21 mars 1995, n° 93-45157 D).

La remise d'un chèque n'a valeur libératoire que lors de l'encaissement effectif par le salarié (cass. soc. 20 février 1990, n° 87-43897 D ; cass. soc. 13 janvier 2010, n° 08-41356 D).

Lieu de paiement - À défaut d'accord contraire des parties, le salaire est quérable et non portable. C'est au salarié de se déplacer dès lors que l'employeur tient le salaire à sa disposition (cass. soc. 11 avril 1991, n° 89-43337, BC V n° 186 ; cass. soc. 10 novembre 2009, n° 08-42856 D).

Reçu - La seule formalité exigible par l'employeur est un reçu du salarié attestant que le montant perçu correspond au montant du net à payer.

Retard ou absence de paiement

Preuve du paiement du salaire en cas de litige - Si un salarié réclame le paiement de son salaire, l'employeur doit prouver qu'il a bien payé les sommes en cause, « notamment par la production de pièces comptables » et même s'il a délivré le bulletin de paye correspondant (cass. soc. 27 novembre 2014, n° 13-16772 D ; cass. soc. 25 juin 2015, n° 14-16635 D ; cass. soc. 21 avril 2022, n° 20-22826 FD ; cass. soc. 19 avril 2023, n° 22-11642 D ; cass. soc. 17 janvier 2024, n° 21-19040 FD).

Exemple
La mention sur les bulletins de paye des jours pris au titre de la réduction du temps de travail (RTT) n'a qu'une valeur informative, la charge de la preuve de leur octroi effectif incombant, en cas de contestation, à l'employeur (cass. soc. 10 janvier 2024, n° 22-17917 D).

En cas de paiement par chèque, la seule preuve d'une remise du chèque à l'ordre du salarié (par production de photocopies des chèques) n'est pas suffisante : l'employeur doit en effet établir que le chèque a été encaissé (cass. soc. 18 juin 2015, n° 13-27049 D ; cass. soc. 11 octobre 2023, n° 22-16853 D).

À défaut de preuve par l'employeur du paiement du salaire, les juges ne peuvent pas rejeter la demande du salarié en se fondant sur une quelconque présomption de paiement liée à l'acceptation sans protestation ni réserve d'un bulletin de paye (cass. soc. 2 février 1999, n° 96-44798, BC V n° 48 ; cass. soc. 22 septembre 2010, n° 09-42289 D ; cass. soc. 10 avril 2013, n° 12-15259 D ; cass. soc. 1er mars 2023, n° 21-19497 D).

Retard de paiement - L'employeur ne peut en aucun cas différer le paiement du salaire au-delà du délai de 1 mois entre deux payes (cass. soc. 16 décembre 1992, n° 89-40827, BC V n° 601), sauf pour les rémunérations subordonnées à une condition ou affectées d'un terme (ex. : gratifications annuelles) (cass. soc. 18 juin 1981, n° 79-15641, BC V n° 571).

Les sommes résultant du paiement de primes de nuit, primes d'astreinte, primes de dimanche et jour férié, ou encore la rémunération des heures supplémentaires n'entrent pas dans cette exception. L'employeur ne peut donc pas en reporter le paiement si elles sont exigibles à la date de paiement du salaire (cass. soc. 19 octobre 2016, n° 15-18162 D).

L'employeur ne peut pas non plus justifier un retard de paiement par la mise en place d'un nouveau système informatique (cass. crim. 3 juin 1982, n° 81-94348 D).

▶ À noter… L'employeur qui refuse de payer le salaire convenu pour cause d'absence de fourniture du travail par le salarié doit prouver que ce dernier a refusé d'exécuter le travail demandé (cass. soc. 23 octobre 2013, n° 12-14237, BC V n° 248).

Sur le plan civil, le retard lui-même est sanctionné par des dommages et intérêts calculés en fonction du taux de l'intérêt légal. Le salarié peut obtenir des dommages et intérêts supplémentaires si le retard, dû à la mauvaise foi de l'employeur, lui a causé un préjudice distinct (c. civ. art. 1231-6). Les juges accordent ainsi des dommages et intérêts distincts des intérêts moratoires uniquement lorsqu'un préjudice indépendant, lié à la mauvaise foi de l'employeur, est établi (cass. soc. 3 février 1994, n° 90-46012 D ; cass. soc. 16 février 2012, n° 10-18162 D ; cass. soc. 14 septembre 2016, n° 14-26101 D ; cass. soc. 22 septembre 2016, n° 15-13135 D).

Prise d'acte de la rupture du contrat de travail - La *prise d'acte de la rupture du contrat de travail** par un salarié en raison du non-paiement du salaire ou d'un paiement tardif peut aboutir à la condamnation de l'employeur pour licenciement sans cause réelle et sérieuse. Le manquement de l'employeur doit être suffisamment grave pour justifier la prise d'acte, comme cela a, par exemple, été jugé pour le non-paiement de commissions (cass. soc. 10 juillet 2008, n° 06-45430 D).

Cependant, tous les incidents de paiement du salaire ne sont pas suffisamment graves pour justifier la prise d'acte de la rupture du contrat par le salarié. Dans ce cas, celle-ci produit les effets d'une démission. En pratique, aucune règle générale ne peut être établie, tout dépendant des circonstances de fait.

Exemple

Les juges ont ainsi considéré que n'étaient pas suffisamment graves pour justifier la rupture du contrat :

- le seul décalage d'une journée ou deux de certains paiements s'expliquant par des jours fériés (cass. soc. 19 janvier 2005, n° 03-45018, BC V n° 12) ;
- un incident de paiement isolé (le premier en 30 ans) qui, au surplus, a été régularisé avant que le salarié ne prenne acte de la rupture du contrat (cass. soc. 23 mai 2007, n° 05-45740 D) ;
- le retard dans l'établissement des comptes et le paiement des commissions, s'agissant d'un VRP qui avait pris acte de la rupture du contrat fin janvier 2002, alors qu'il soutenait que les commissions auraient dû lui être payées fin 2001 (cass. soc. 27 mars 2008, n° 06-45752 D) ;
- un retard dans le paiement des salaires, le salarié ayant « démissionné » le 18 octobre 2004 et l'employeur ayant régularisé la situation en janvier 2005 (cass. soc. 13 janvier 2009, n° 07-43916 D) ;
- la non-prise en compte de temps d'habillage et de déshabillage (cass. soc. 21 janvier 2009, n° 07-41822, BC V n° 18) ;
- une demande de paiement au titre d'heures supplémentaires qui, bien que justifiée pour 54 heures, n'a pas été considérée comme révélant un manquement de l'employeur suffisamment grave pour justifier la rupture à ses torts (cass. soc. 5 décembre 2007, n° 06-40714 D).

À l'inverse, l'employeur qui, à plusieurs reprises sur une période de 5 mois, paye le salaire avec retard, commet un manquement suffisamment grave pour empêcher la poursuite du contrat de travail (cass. soc. 30 mai 2018, n° 16-28127 D). Il en va de même d'un non-paiement d'un seul mois de salaire (cass. soc. 6 juillet 2022, n° 20-21690 D).

Grève - Lorsque les salariés sont contraints à la grève pour obtenir le paiement régulier de leurs rémunérations ayant un caractère alimentaire, ils peuvent prétendre à une indemnisation des heures de travail perdues suite à la grève (cass. soc. 27 novembre 1990, n° 88-45790, BC V n° 590).

Difficultés financières - Des difficultés financières ne peuvent pas justifier le manquement à l'obligation de payer les salaires. Il appartient à l'employeur qui ne peut pas assurer la pérennité du travail et le règlement des salaires, en raison de ces difficultés, soit de licencier le salarié pour ce motif économique, soit de se déclarer en état de cessation des paiements (cass. soc. 20 juin 2006, n° 05-40662, BC V n° 217).

Prescription

Voir *Prescription des salaires**.

Amende pénale

Le non-respect des obligations relatives au paiement du salaire est passible de l'amende prévue pour les contraventions de 3e classe (c. trav. art. R. 3246-1 à R. 3246-3) (voir *Amendes pénales**).

Acomptes ; Avance sur salaire ; Prescription des salaires ; Saisie des rémunérations.

Panier

Prime de panier.

Parachutes dorés

Dans le langage courant, l'expression de « parachute doré » est utilisée pour désigner des indemnités de rupture d'un montant particulièrement élevé.

Un régime social spécifique s'applique aux indemnités qui, normalement exonérées de cotisations dans certaines limites, sont assimilées à un élément de rémunération lorsqu'elles dépassent un certain seuil.

Régime social

Contexte général - Plusieurs catégories d'indemnités de rupture sont exonérées de cotisations, de CSG et de CRDS, dans certaines limites [voir *Indemnités de rupture (régimes social et fiscal)**] :
- des indemnités de rupture du contrat de travail (ex. : *indemnité de licenciement**, *indemnité de mise à la retraite**, *indemnité de rupture conventionnelle collective**, *indemnité de rupture conventionnelle individuelle**, *indemnité transactionnelle**) ;
- les indemnités versées à l'occasion de la cessation forcée des fonctions de mandataires sociaux ou de dirigeants (voir *Dirigeants d'entreprise**).

Salariés - Les indemnités de rupture du contrat de travail dont le montant dépasse 10 fois le montant annuel du *plafond de la sécurité sociale** (soit 471 000 € en 2025) sont assujetties à cotisations sociales et à CSG/CRDS dès le premier euro (c. séc. soc. art. L. 136-1-1, III, 5°, a et L. 242-1, II, 7°).

Dirigeants sociaux - Les indemnités versées au titre de cessations forcées des fonctions des dirigeants et mandataires sociaux sont assujetties à cotisations, à CSG et à CRDS dès le premier euro si leur montant dépasse 5 fois le montant annuel du *plafond de la sécurité sociale**, soit 235 500 € en 2025 (c. séc. soc. art. L. 136-1-1, III, 5°, b et L. 242-1, II, 7°).

Le dépassement du seuil se vérifie en faisant masse des indemnités de cessation forcée des fonctions et, s'il y a lieu, des indemnités de rupture du contrat de travail (hypothèse d'un cumul mandat social/contrat de travail). Si le seuil de 5 plafonds est dépassé, la somme de l'ensemble de ces indemnités est assujettie à cotisations et à CSG/CRDS dès le premier euro (c. séc. soc. art. L. 136-1-1, III, 5°, b et L. 242-1, II, 7° ; BOSS, Indemnités de rupture, §§ 1440 et 1450, 01/03/2025).

Régime fiscal : pas d'impact

La mesure concerne les cotisations sociales ainsi que la CSG et la CRDS. Elle n'a pas d'impact sur le plan fiscal (net imposable). Les indemnités de rupture relèvent donc du régime qui leur est applicable.

Congé de mobilité ; Dirigeants d'entreprise ; Indemnité de départ volontaire ; Indemnité de licenciement ; Indemnité de mise à la retraite ; Indemnité de rupture conventionnelle collective ; Indemnité de rupture conventionnelle individuelle ; Indemnité transactionnelle ; Indemnités de rupture (régimes social et fiscal).

Partage de la valeur

Partage de la valeur (entreprises en bénéfices) ; Plan de partage de la valorisation de l'entreprise ; Prime de partage de la valeur.

Partage de la valeur (entreprises en bénéfices)

La loi « Partage de la valeur » du 29 novembre 2023 a prévu trois dispositifs visant à inciter les employeurs de 11 salariés et plus réalisant un certain niveau de bénéfice à mettre en place un mécanisme pour en partager les fruits avec leurs salariés.

La nature des obligations varie selon l'effectif de l'entreprise (schématiquement, 11 à moins de 50 salariés ou 50 salariés et plus), avec par ailleurs une expérimentation spécifique pour le secteur non lucratif.

Entreprises de 11 salariés et plus non tenues de mettre en place la participation

Dispositif expérimental d'obligation de partage de la valeur - La loi Partage de la valeur a créé un dispositif expérimental visant à imposer aux entreprises de 11 salariés et plus réalisant des bénéfices réguliers et non tenues de mettre en place la *participation aux résultats** à mettre en place un dispositif de partage de la valeur au profit des salariés (loi 2023-1107 du 29 novembre 2023, art. 5, JO du 30).

Ce dispositif est institué à titre expérimental pour 5 ans à compter de la promulgation de la loi (29 novembre 2023), soit jusqu'au 29 novembre 2028 (loi 2023-1107 du 29 novembre 2023, art. 5, I).

L'obligation de mettre en place un dispositif de partage de la valeur s'applique aux exercices ouverts après le 31 décembre 2024, soit à compter du 1er janvier 2025 (loi 2023-1107 du 29 novembre 2023, art. 5, IV).

Entreprises concernées - Les entreprises d'au moins 11 salariés réalisant un bénéfice net fiscal au moins égal à 1 % du chiffre d'affaires pendant trois exercices consécutifs et qui ne sont pas tenues de mettre en place la *participation aux résultats** doivent mettre en place un dispositif de partage de la valeur au titre de l'exercice suivant (loi 2023-1107 du 29 novembre 2023, art. 5).

Le dispositif visant les employeurs de 11 salariés et plus « non tenus de mettre en place la *participation aux résultats** », on retiendra, pour schématiser, qu'il concerne les entreprises de 11 à moins de 50 salariés.

Les entreprises venant de franchir le seuil de 50 salariés à la hausse qui se trouvent dans la période de 5 ans durant laquelle elles ne sont pas encore tenues de mettre en place la *participation aux résultats** sont, par conséquent, dans le champ du dispositif (questions/réponses min. Travail du 8 juillet 2024, Q/R 3).

En revanche, les petites entreprises appartenant à une unité économique et sociale de 50 salariés et plus ne relèvent pas de ce dispositif, puisqu'elles sont tenues de mettre en place la *participation aux résultats** (c. trav. art. L. 3322-2). Elles relèvent du dispositif applicable aux entreprises tenues de mettre en place la participation *(voir plus loin)* (questions/réponses min. Travail du 8 juillet 2024, Q/R 6).

Une entreprise de droit étranger qui dispose d'établissements permanents en France et réalise un bénéfice net fiscal en France au moins égal à 1 % de son CA sur 3 exercices consécutifs est aussi concernée par cette obligation (questions/réponses min. Travail du 8 juillet 2024, Q/R 7).

Calcul du seuil d'effectif de 11 salariés - Le seuil plancher de 11 salariés s'apprécie au niveau de l'entreprise tous établissements confondus, selon les modalités prévues par le code de la sécurité sociale (voir *Effectif sécurité sociale**) (décret 2024-690 du 5 juillet 2024, art. 1, I, JO du 6 ; c. séc. soc. art. L. 130-1, I). Dans le cas général (hors entreprises nouvelles), l'effectif de référence est donc la moyenne du nombre de salariés employés au cours de chacun des mois de l'année civile précédente, décomptés conformément aux règles « sécurité sociale ».

Par exception, le dispositif « sécurité sociale » d'atténuation de l'effet de seuil (moratoire de 5 ans) prévu en cas d'atteinte ou de franchissement à la hausse d'un seuil d'effectif ne s'applique pas au seuil de 11 salariés (décret 2024-690 du 5 juillet 2024, art. 1, I, JO du 6 ; questions/réponses min. Travail du 8 juillet 2024, Q/R 3).

Entreprises exclues du dispositif - Sont exclus du dispositif (loi 2023-1107 du 29 novembre 2023, art. 5, I et III) :
- les personnes morales qui mettent en application un régime de participation au titre de l'exercice considéré ;
- les entrepreneurs individuels, y compris les entrepreneurs individuels à responsabilité limitée (EIRL) encore existants ;
- les sociétés anonymes à participation ouvrière (SAPO) qui versent un dividende à leurs salariés au titre de l'exercice écoulé et dont le taux d'intérêt sur la somme versée aux porteurs d'actions de capital est égal à 0 % (c'est-à-dire qu'elles n'ont pas fait usage de la possibilité de verser un dividende prioritaire proportionnel au capital social aux actionnaires en capital).

Dispositifs de partage de la valeur mobilisables - Pour remplir leur obligation de partage de la valeur, les employeurs concernés qui auront réalisé un bénéfice net fiscal d'au moins 1 % du CA pendant 3 exercices consécutifs devront, au titre de l'exercice suivant (loi 2023-1107 du 29 novembre 2023, art. 5, I) :
- soit verser une *prime de partage de la valeur** (PPV) ;
- soit mettre en place un régime de *participation aux résultats** ou d'*intéressement** des salariés ;
- soit abonder un *plan d'épargne d'entreprise** (PEE), un *plan d'épargne pour la retraite collectif** (PERCO « ancienne mouture ») ou un *plan d'épargne retraite d'entreprise collectif** (PERE-CO), le cas échéant sous forme de *plan d'épargne interentreprises**.

▶ À noter… Si l'entreprise opte pour la participation ou l'intéressement, il peut s'agir, le cas échéant, de l'application d'un dispositif conclu au niveau de la branche, ou du dispositif expérimental de participation dérogatoire prévu par la loi du

29 novembre 2023 permettant aux entreprises de moins de 50 salariés de se doter d'un régime moins favorable que le régime légal.

Les entreprises dans lesquelles un de ces dispositifs de partage de la valeur ci-dessus est mis en œuvre et appliqué au titre de l'exercice considéré sont considérées comme satisfaisant déjà à leur obligation (loi 2023-1107 du 29 novembre 2023, art. 5, II). Elles n'ont donc pas à mettre en place un nouveau dispositif de partage de la valeur.

▶ À noter… Si l'entreprise choisit de mettre en place un accord d'intéressement ou de participation, il n'est pas exigé que celui-ci génère obligatoirement une somme au profit des salariés. En effet, le caractère aléatoire de ces dispositifs interdit de présumer des résultats futurs. Par ailleurs, aucun montant minimum n'est exigé pour l'abondement à un plan d'épargne ou le versement d'une PPV (questions/réponses min. Travail du 8 juillet 2024, Q/R 12).

Notion de bénéfice net fiscal - Le bénéfice net fiscal s'entend au sens retenu pour la participation aux résultats (c. trav. art. L. 3324-1, 1° ; loi 2023-1107 du 29 novembre 2023, art. 5, I).

Exercices pris en compte - La condition relative à la réalisation du bénéfice net fiscal (au moins 1 % du CA) s'apprécie pendant les trois exercices consécutifs précédents.

Compte tenu de la date d'entrée en vigueur de l'expérimentation *(voir plus haut)*, la question de l'obligation de mettre en place un dispositif de partage de la valeur se pose pour la première fois aux exercices ouverts à partir du 1er janvier 2025, sur la base des trois exercices précédents.

Exemple
Pour un exercice courant du 1er janvier 2025 au 31 décembre 2025, si l'entreprise a réalisé un bénéfice net fiscal au moins égal à 1 % de son chiffre d'affaires sur les exercices 2022, 2023 et 2024, elle devra mettre en place un dispositif d'intéressement ou de participation, verser un abondement dans un plan d'épargne salariale ou une prime de partage de la valeur au titre de l'exercice 2025 (questions/réponses min. Travail du 8 juillet 2024, Q/R 10).

Entreprises tenues de mettre en place la participation ayant un délégué syndical

Obligation de négocier le partage de la valeur en cas de bénéfice exceptionnel - La loi Partage de la valeur du 29 novembre 2023 a créé une obligation de négocier sur la définition d'un bénéfice net fiscal exceptionnel et le partage avec les salariés qui en découle pour les entreprises répondant à certains critères (c. trav. art. L. 3346-1 ; loi 2023-1107 du 29 novembre 2023, art. 8, JO du 30).

Ce dispositif, pérenne, est entré en vigueur le 1er décembre 2023.

Entreprises concernées : deux conditions - Depuis le 1er décembre 2023, les entreprises tenues de mettre en place la *participation aux résultats** et ayant au moins un délégué syndical doivent, dans certaines circonstances, engager une négociation sur le partage de la valeur dans l'hypothèse où elles réaliseraient un bénéfice exceptionnel (c. trav. art. L. 3346-1).

▶ Attention… Deux conditions étant requises, une entreprise tenue de mettre en place la participation mais n'ayant pas de délégué syndical n'est pas concernée par cette obligation d'engager une négociation.

Le dispositif visant les employeurs « tenus de mettre en place la participation », on retiendra, pour schématiser, qu'il concerne les entreprises de 50 salariés et plus (à condition d'avoir au moins un délégué syndical). Il faut néanmoins tenir compte des règles aboutissant à décaler l'assujettissement à la participation.

Les entreprises venant de franchir le seuil de 50 salariés qui se trouvent dans la période de 5 ans durant laquelle elles ne sont pas encore tenues de mettre en place la *participation aux résultats** ne sont pas soumises à l'obligation de négocier sur le partage de la valeur en cas de bénéfice exceptionnel (questions/réponses min. Travail du 6 juin 2024, Q/R 1). Elles relèvent, éventuellement, du dispositif visant les employeurs de 11 salariés et plus non tenues de mettre en place la participation *(voir plus haut)*.

Les entreprises déjà couvertes par un accord d'intéressement qui bénéficiaient, à la date d'entrée en vigueur de la loi (1er décembre 2023), du report supplémentaire de 3 ans de mise en place de la *participation aux résultats** (c. trav. art. L. 3322-3 abrogé) ne sont pas non plus concernées par la nouvelle obligation pendant le temps de ce report (questions/réponses min. Travail du 6 juin 2024, Q/R 4).

Il en va de même pour les entreprises « nouvelles » de 50 salariés et plus dont la création ne résulte pas d'une fusion, totale ou partielle, d'entreprises préexistantes. Pour ces entreprises, les accords de la *participation aux résultats** sont conclus à partir du 3e exercice clos après leur création (c. trav. art. L. 3322-5). Elles bénéficient donc d'un report de 2 exercices, période durant laquelle elles ne relèvent donc pas l'obligation de négocier sur le partage de la valeur en cas de bénéfice exceptionnel (questions/réponses min. Travail du 6 juin 2024, Q/R 4).

En revanche, pour les petites entreprises de moins de 50 salariés tenues de mettre en place la *participation aux résultats** car appartenant à une unité économique et sociale (UES) de 50 salariés et plus (c. trav. art. L. 3322-2), la logique devrait conduire à considérer qu'elles sont dans le champ de ce dispositif. Mais encore faut-il qu'il y ait au moins un délégué syndical.

Entreprises exclues du dispositif - Deux catégories d'entreprises échappent à cette obligation (c. trav. art. L. 3346-1, II) :
- les entreprises qui ont mis en place un accord de *participation aux résultats** ou d'*intéressement** comprenant déjà une clause spécifique prenant en compte les bénéfices exceptionnels ;
- celles qui ont mis en place un régime de *participation aux résultats** sur une base de calcul conduisant à un résultat plus favorable que la formule légale.

Traduction de l'obligation de négociation et timing - La loi prévoit que lorsque les entreprises concernées ouvrent une négociation pour mettre en œuvre un dispositif de participation ou d'intéressement, les discussions doivent également porter sur (c. trav. art. L. 3346-1) :
- la définition d'une augmentation exceptionnelle de leur bénéfice net fiscal, entendu au sens de la participation (c. trav. art. L. 3324-1, 1°) ;
- et les modalités de partage de la valeur qui en découlent pour les salariés.

Il s'agit bien d'une seule et unique négociation, mais qui peut aboutir à plusieurs accords (questions/réponses min. Travail du 6 juin 2024, Q/R 3).

Dans l'hypothèse où une entreprise négocie un accord de participation et un accord d'intéressement, mais pas en même temps, elle doit inscrire la négociation sur le partage de la valeur lors de la négociation du premier accord (participation ou intéressement). Si cette négociation aboutit, l'entreprise n'aura pas besoin de réinscrire cette négociation lors de la négociation de l'autre accord. En revanche, si elle a échoué, il faudra impérativement inscrire ce sujet lors de la négociation du second accord (questions/réponses min. Travail du 6 juin 2024, Q/R 3).

▶ À noter… Les entreprises dans le champ du dispositif appliquant déjà un accord d'intéressement ou de participation à la date de promulgation de la loi (29 novembre 2023) doivent avoir engagé une négociation sur la définition du bénéfice exceptionnel et le partage de la valeur qui en découle avant le 30 juin 2024 (loi 2023-1107 du 29 novembre 2023, art. 8, II ; questions/réponses min. Travail du 6 juin 2024, Q/R 3).

Partenaires à la négociation - Bien que le dispositif soit conditionné par la présence d'au moins un délégué syndical, cela n'implique pas que les délégués syndicaux soient obligatoirement les négociateurs. Selon l'administration, l'entreprise peut mener la négociation avec les partenaires de son choix parmi ceux habilités à conclure un accord d'intéressement ou de participation (délégués syndicaux, un ou plusieurs salariés mandatés par une organisation syndicale représentative au sein de l'entreprise, CSE ou majorité des 2/3 des salariés) (questions/réponses min. Travail du 6 juin 2024, Q/R 3).

La négociation peut être menée au niveau de l'entreprise, de l'UES, du groupe ou infra-groupe (comme pour les dispositifs d'intéressement et de participation) (questions/réponses min. Travail du 6 juin 2024, Q/R 10).

Par ailleurs, la négociation de la définition de l'augmentation exceptionnelle du bénéfice net fiscal s'inscrivant dans le cadre de la négociation du dispositif d'intéressement ou de participation, elle se fait donc, sur le principe, au même niveau, sauf cas particuliers non détaillés (voir questions/réponses min. Travail du 6 juin 2024, Q/R 11).

Cadre de la négociation sur le bénéfice exceptionnel - Le bénéfice s'entend au sens de la participation (c. trav. art. L. 3346-1). On ne peut donc pas retenir une autre base que le bénéfice net fiscal (BNF). Il est donc impossible, par exemple, de se référer à l'excédent brut d'exploitation (EBE) (questions/réponses min. Travail du 6 juin 2024, Q/R 14).

La négociation visant à définir ce qu'est une « augmentation exceptionnelle » du bénéfice prend en compte des critères tels que (c. trav. art. L. 3346-1) :
- la taille de l'entreprise ;
- le secteur d'activité ;
- les bénéfices réalisés lors des années précédentes ;
- les événements exceptionnels externes à l'entreprise intervenus avant la réalisation du bénéfice ;
- la survenance d'une ou de plusieurs opérations de rachat d'actions de l'entreprise suivie de leur annulation, dès lors que ces opérations n'ont pas été précédées d'attributions gratuites d'actions aux salariés.

Selon l'administration, cette liste n'est qu'indicative, de sorte qu'il est possible d'utiliser d'autres critères pour la définition de l'augmentation exceptionnelle du bénéfice net fiscal. Ces critères négociés par les parties peuvent être rappelés dans le préambule de l'éventuel accord trouvé au terme de la négociation (questions/réponses min. Travail du 6 juin 2024, Q/R 15).

Cadre de la négociation sur le partage de la valeur associé - Le volet de la négociation sur les conséquences d'un bénéfice exceptionnel pour les salariés peut aboutir à prévoir un partage de la valeur soit par le versement d'une somme, soit par l'ouverture de nouvelles négociations, sous l'une des formes suivantes (c. trav. art. L. 3346-1, I) :

- soit le versement d'un supplément de *participation aux résultats** ou d'un supplément d'*intéressement** ;
- soit l'ouverture d'une nouvelle négociation ayant pour objet de mettre en place un dispositif d'*intéressement** (s'il n'en existe pas), de verser un supplément d'intéressement ou de participation, de verser un abondement à un plan d'épargne salariale (PEE, PERCO ou PERE-CO, le cas échéant interentreprises) ou de verser une *prime de partage de la valeur**.

Lorsque les partenaires s'engagent sur le versement d'un supplément comme modalité de partage de la valeur avec les salariés en cas d'augmentation exceptionnelle du bénéfice, l'engagement porte sur le principe d'un supplément, et non sur son montant, lequel ne peut pas être prédéterminé. Le montant du supplément sera fixé le moment venu dans le respect des règles applicables en la matière (voir *Participation aux résultats** et *Intéressement**) (questions/réponses min. Travail du 6 juin 2024, Q/R 16 et 18).

Exemple
Entre autres contraintes, cela implique, par exemple, que l'entreprise doit être couverte par un accord d'intéressement ou de participation en application duquel des sommes ont été versées pour pouvoir verser un supplément (il est impossible de distribuer un supplément au titre d'un exercice si l'accord de base a donné un résultat nul) (questions/réponses min. Travail du 6 juin 2024, Q/R 17).

Si les négociateurs optent pour l'ouverture d'une nouvelle négociation, il n'est pas obligatoire d'identifier d'ores et déjà le dispositif qui fera l'objet de la négociation déclenchée par la réalisation du bénéfice exceptionnel. Ils peuvent ne faire leur choix qu'au moment de cette nouvelle négociation, à la condition d'avoir indiqué que ce choix se fera parmi les dispositifs autorisés (questions/réponses min. Travail du 6 juin 2024, Q/R 19).

Dépôt de l'accord - Lorsque la négociation aboutit à la signature d'un avenant à l'accord d'intéressement ou de participation ou à un accord spécifique, ce texte doit faire l'objet d'un dépôt sur la plateforme Téléaccords (questions/réponses min. Travail du 6 juin 2024, Q/R 12).

Si l'avenant porte uniquement sur la définition de l'augmentation exceptionnelle du BNF et du partage de la valeur qui en découle pour les salariés, et qu'il ne concerne pas les dispositions de l'intéressement, il peut être conclu au-delà de la première moitié de sa première période d'application (ex. : au-delà du 30 juin pour un accord d'intéressant dont la période de calcul est l'année civile). En revanche, si l'avenant modifie également la formule de calcul de l'intéressement, il doit impérativement être conclu et déposé dans les mêmes délais que l'intéressement (donc avant le 1er jour de la 2e moitié de la période de calcul suivant la date de sa prise d'effet, dépôt dans les 15 jours suivant la date limite de conclusion) (questions/réponses min. Travail du 6 juin 2024, Q/R 13).

Extinction de l'obligation de négocier - Selon l'administration, l'obligation de négocier sur la définition de l'augmentation exceptionnelle du bénéfice et le partage de la valeur associé n'est pas récurrente (questions/réponses min. Travail du 6 juin 2024, Q/R 8).

Lorsque la négociation aboutit à un accord, il n'y a plus d'obligation de renégocier, sauf si les parties souhaitent en modifier les paramètres à l'occasion d'une nouvelle négociation relative au dispositif d'intéressement ou de participation. De même, il n'y a pas d'obligation de renégocier en cas de modification du dispositif de participation ou d'intéressement.

En revanche, en cas de dénonciation de cet accord d'intéressement ou à son échéance, l'entreprise aura à nouveau l'obligation de négocier sur le partage de la valeur dès lors qu'elle ouvrira une nouvelle négociation sur l'intéressement ou la participation, si elle en remplit encore les conditions, ou si l'accord d'intéressement est dénoncé ou arrive à son échéance.

Associations, fondations, coopératives et mutuelles

Expérimentation spécifique de 5 ans - Une expérimentation spécifique est prévue pour les personnes morales de droit privé constituées sous forme de fondations ou d'associations régies par la loi du 1er juillet 1901 (ou par le code civil local d'Alsace-Moselle), de coopératives, de mutuelles ou d'unions relevant du code de la mutualité ou de sociétés d'assurance mutuelles relevant du code des assurances, qui emploient au moins 11 salariés et ne déclarent pas de bénéfice net fiscal (loi 2023-1107 du 29 novembre 2023, art. 6).

L'expérimentation est menée sur une période de 5 ans à compter de la promulgation de la loi (29 novembre 2023), soit jusqu'au 29 novembre 2028.

Elle ne peut être mise en œuvre que si un accord de branche étendu le permet.

▶ À noter… Ces structures dégagent non pas des bénéfices, mais des excédents au capital, et obéissent aux principes de non-lucrativité ou de lucrativité limitée. La plupart d'entre elles, de par leur activité, ne génèrent donc pas de bénéfice net fiscal, de sorte qu'elles ne relèvent pas des autres dispositifs *(voir plus haut)*.

Structures concernées et obligation de partage de la valeur - Celles de ces structures employant au moins 11 salariés qui ne déclarent pas de bénéfice net fiscal et réalisent un résultat excédentaire au moins égal à 1 % de leurs recettes pendant 3 exercices consécutifs, doivent au titre de l'exercice suivant (loi 2023-1107 du 29 novembre 2023, art. 6, I) :

- soit verser une *prime de partage de la valeur** ;
- soit mettre en place un dispositif d'*intéressement** ;
- soit abonder un *plan d'épargne d'entreprise** (PEE), un *plan d'épargne pour la retraite collectif** (PERCO) ou encore un *plan d'épargne retraite d'entreprise collectif** (PERE-CO), le cas échéant sous forme de *plan d'épargne interentreprises**.

▶ À noter… Si l'entreprise opte pour l'intéressement, il peut le cas échéant s'agir de l'application d'un dispositif conclu au niveau de la branche.

Les structures mettant en œuvre et appliquant au titre de l'exercice considéré un de ces dispositifs sont considérées comme satisfaisant déjà à leur obligation (loi 2023-1107 du 29 novembre 2023, art. 6, II).

Calcul du seuil d'effectif de 11 salariés - Le seuil plancher de 11 salariés s'apprécie au niveau de l'entreprise tous établissements confondus, selon les modalités prévues par le code de la sécurité sociale (voir *Effectif sécurité sociale**) (décret 2024-690 du 5 juillet 2024, art. 1, I, JO du 6 ; c. séc. soc. art. L. 130-1, I). Dans le cas général (hors entreprises nouvelles), l'effectif de référence est donc la moyenne du nombre de salariés employés au cours de chacun des mois de l'année civile précédente, décomptés conformément aux règles « sécurité sociale ».

Par exception, le dispositif « sécurité sociale » d'atténuation de l'effet de seuil (moratoire de 5 ans) prévu en cas d'atteinte ou de franchissement à la hausse d'un seuil d'effectif ne s'applique pas au seuil de 11 salariés (décret 2024-690 du 5 juillet 2024, art. 1, I, JO du 6 ; questions/réponses min. Travail du 8 juillet 2024, Q/R 3).

Structures exclues du dispositif - Les personnes morales appliquant un mécanisme de *participation aux résultats** au titre de l'exercice considéré ne sont pas soumises à ce dispositif expérimental (loi 2023-1107 du 29 novembre 2023, art. 6, III).

Entrée en vigueur - L'obligation de mettre en place un dispositif de partage de la valeur s'applique aux exercices ouverts après le 31 décembre 2024, soit à compter du 1er janvier 2025. La condition relative à la réalisation du résultat excédentaire s'apprécie sur la base des trois exercices précédents (loi 2023-1107 du 29 novembre 2023, art. 6, IV).

Exemple

Pour un exercice courant du 1er janvier 2025 au 31 décembre 2025, et à supposer qu'un accord de branche étendu lui permette de mettre en œuvre l'expérimentation, une association de 11 salariés et plus ayant réalisé un résultat excédentaire au moins égal à 1 % de ses recettes sur les trois exercices 2022, 2023 et 2024 devra mettre en place un dispositif d'intéressement, verser un abondement dans un plan d'épargne salariale ou verser une prime de partage de la valeur au titre de l'exercice 2025.

☞ *Intéressement ; Participation aux résultats ; Plan d'épargne d'entreprise ; Plan d'épargne interentreprises ; Plan d'épargne pour la retraite collectif ; Plan d'épargne retraite d'entreprise collectif ; Plan d'épargne retraite d'entreprise obligatoire ; Prime de partage de la valeur.*

Partage des plus-values (contrat)

Rétrocession des plus-values

Entrée en vigueur - Depuis le 23 août 2019, les actionnaires ont la possibilité de conclure un « contrat de partage des plus-values » aux termes duquel ils s'engagent à rétrocéder aux salariés de l'entreprise une partie des plus-values qu'ils pourront réaliser au moment de la cession ou du rachat de tout ou partie de leurs titres (c. com. art. L. 23-11-1, L. 23-11-2, L. 23-11-3 et L. 23-11-4).

Conclusion du contrat de partage - L'engagement de rétrocéder une partie des plus-values aux salariés de l'entreprise se concrétise par la signature d'un contrat entre le ou les détenteurs de titres et la société concernée. Il peut y avoir un contrat commun à plusieurs détenteurs de titres ou des contrats distincts.

Le contrat de partage des plus-values comporte un certain nombre de mentions obligatoires, parmi lesquelles la période pour laquelle il est conclu (avec une durée plancher fixée à 5 ans), la durée minimale entre la date de conclusion du contrat et la date de cession des titres, l'ancienneté exigée des salariés pour bénéficier du dispositif (entre 3 mois et 2 ans) ou encore les modalités de calcul des sommes versées (c. com. art. L. 23-11-2).

La durée minimale entre la date de conclusion du contrat et la date de cession des titres est fixée à 3 ans.

Par exception, depuis le 1er janvier 2021, cette durée minimale de conservation est ramenée à 1 an pour les contrats de partage des plus-values conclus jusqu'au 23 mai 2021, dès lors que le détenteur détient l'ensemble des titres concernés par l'engagement de partage depuis au moins 2 ans à la date de signature du contrat (loi 2019-1479 du 28 décembre 2019, art. 109).

Répartition des plus-values - Les plus-values sont obligatoirement réparties entre l'ensemble des salariés présents pendant tout ou partie de la période comprise entre la date de signature du contrat et la date de cession des titres. Cette répartition peut s'effectuer (c. com. art. L. 23-11-3 ; c. trav. art. D. 3332-8-2) :
- de manière uniforme ;
- proportionnellement à la durée de présence dans l'entreprise au cours de la période écoulée entre la signature du contrat de partage et la cession des titres ;
- ou proportionnellement au salaire.

Il est également possible de combiner les modalités de répartition.

Les sommes réparties ne peuvent pas excéder 30 % du montant annuel du *plafond de la sécurité sociale** (c. com. art. L. 23-11-3 ; c. trav. art. D. 3332-8-2 renvoyant à c. trav. art. L. 3332-11, 2°).

Versement dans le PEE - Une fois que le ou les cessionnaires ont rétrocédé les sommes convenues, l'employeur les répartit entre les salariés dans un délai de 90 jours, après prélèvement des charges sociales et fiscales induites. Ces sommes vont obligatoirement alimenter le *plan d'épargne d'entreprise** (c. com. art. L. 23-11-4).

Régime social et fiscal

Régime social - Pour le bénéficiaire du contrat de partage, les sommes versées sur le PEE obéissent au même régime social que l'abondement de l'employeur au PEE, sous réserve qu'elles ne dépassent pas 30 % du montant annuel du *plafond de la sécurité sociale** (c. trav. art. L. 3332-11).

La fraction excédant ce seuil de 30 % est versée directement au salarié bénéficiaire et constitue un revenu d'activité soumis à cotisations et contributions sociales.

Les sommes versées dans le PEE en application d'un contrat de partage ne sont pas prises en compte pour l'appréciation du respect du plafond légal d'abondement (fixé à 8 % du montant annuel du plafond de la sécurité sociale dans la limite du triple de la contribution du bénéficiaire dans le cas général) (voir *Plan d'épargne d'entreprise**).

Régime fiscal - Pour le bénéficiaire, les sommes versées sur le PEE dans le cadre du contrat de partage sont exonérées d'impôt sur le revenu dans la limite du plafond de 30 % du plafond annuel de la sécurité sociale (CGI art. 80 sexdecies).

Pour l'associé cédant, la fraction de plus-value due dans le cadre du contrat de partage est exonérée d'impôt sur le revenu (CGI art. 150-0 A, III, 7).

☞ *Plan d'épargne d'entreprise.*

Participation à l'effort de construction

La participation à l'effort de construction impose aux employeurs de 50 salariés et plus de consacrer 0,45 % de leur masse salariale à un certain nombre d'investissements à réaliser l'année suivante.

La loi PACTE a réformé le régime de la participation à l'effort de construction sur deux points avec effet au 1er janvier 2020 (loi 2019-486 du 22 mai 2019, art. 11, JO du 23) :
- d'une part, le seuil d'assujettissement a été relevé de 20 à 50 salariés ;
- d'autre part, les règles de franchissement de seuil applicables sont désormais celles de l'*effectif sécurité sociale** (condition de 5 années consécutives en cas de franchissement à la hausse, notamment).

▶ À noter… Dans le langage courant, certains utilisent encore parfois (mais à tort) l'expression « 1 % logement » pour désigner la participation à l'effort de construction, en écho à son taux d'origine lors de sa création en 1953. L'appellation est parfois encore utilisée, bien que ce taux, qui a été réduit en plusieurs étapes, est fixé à 0,45 % depuis 1992.

Assujettissement

Employeurs de 50 salariés et plus - Depuis 2020, la participation à l'effort de construction concerne les employeurs de 50 salariés et plus (c. constr. et hab. art. L. 313-1).

La condition d'effectif s'apprécie sur l'année civile écoulée, tous établissements confondus. Concrètement, l'effectif de l'année N - 1 détermine si l'employeur est soumis à l'obligation d'investissement sur l'année N (paiement de la cotisation fiscale en N + 1 en cas d'insuffisance d'investissement).

Le seuil d'assujettissement a été relevé de 20 à 50 salariés par la loi PACTE. La mesure étant entrée en vigueur le 1er janvier 2020 (loi 2019-486 du 22 mai 2019, art. 11, XIV, JO du 23), elle s'est donc appliquée à notre sens pour la première fois aux investissements à réaliser en 2020, sur la base de l'effectif annuel moyen sécurité sociale et de la masse salariale 2019.

Modalités de calcul de l'effectif - Depuis l'obligation d'investissement 2018 (effectif 2017, cotisation fiscale à payer pour le 30 avril 2019), l'effectif est calculé au niveau de l'entreprise, tous établissements confondus, conformément aux règles prévues par le code de la sécurité sociale (c. constr. et hab. art. L. 313-1 depuis 2020 : c. constr. et hab. art. R. 313-1 jusqu'au 31.12.2019, renvoyant à c. séc. soc. art. R. 130-1).

Pour le détail (effectif annuel moyen de l'année civile précédente, personnes prises en compte, règles propres aux entreprises nouvelles, etc.), les lecteurs se reporteront aux développements correspondants (voir *Effectif sécurité sociale**).

Règles de franchissement de seuil - Depuis la loi PACTE du 22 mai 2019, les règles de franchissement de seuil applicables sont celles de l'*effectif sécurité sociale** (c. constr. et hab. art. L. 313-1).

Ainsi, depuis le 1er janvier 2020, l'atteinte ou le franchissement du seuil de 50 salariés à la hausse n'est pris en compte que si ce seuil est atteint ou franchi pendant 5 années consécutives (voir *Effectif sécurité sociale**) (c. séc. soc. art. L. 130-1, II).

A contrario, lorsqu'une entreprise repasse sous les 50 salariés sur l'effectif d'une année donnée, les compteurs sont remis à zéro. Si, par la suite, l'entreprise repasse au-dessus du seuil, elle bénéficiera d'un nouveau moratoire de 5 ans avant d'être soumise aux dispositions liées à ce seuil (c. séc. soc. art. L. 130-1, II).

En conséquence, un employeur qui atteint ou franchi le seuil de 50 salariés au titre de son effectif « sécurité sociale » calculé sur l'année N - 1 ne devient assujetti qu'à partir du 1er janvier de l'année N + 5, à condition de ne pas être redescendu sous les 50 salariés sur l'une des années intercalaires.

Exemple

Début 2022, un employeur a constaté qu'il a atteint ou dépassé les 50 salariés au titre de son effectif « sécurité sociale » 2021. Il ne devra procéder à des investissements au titre de la participation construction qu'à partir du 1er janvier 2027, à condition de rester à 50 salariés et plus sur chacune des années intercalaires (effectifs calculés sur 2022, 2023, 2024, 2025 et 2026). Les investissements à réaliser sur 2027 seront calculés sur la base de la masse salariale 2025.

À titre de transition entre l'ancien et le nouveau dispositif d'atténuation des effets de seuil, la loi PACTE a prévu que les employeurs ayant eu un effectif 2019 supérieur ou égal à 50 salariés, et qui bénéficiaient sur 2019 de l'ancien mécanisme de gel des effets de seuil sur 6 ans au titre d'un franchissement antérieur du seuil de 20 salariés, devaient continuer à l'appliquer jusqu'à son terme (loi 2019-486 du 22 mai 2019, art. 11, XII). Pour mémoire, celui-ci prévoyait, sauf cas particuliers, un dispositif d'assujettissement progressif pour les entreprises qui franchissaient le seuil de 20 salariés : dispense de participation pendant 3 ans, puis taux réduit pendant 3 autres années (réduction de 75 % la 4e année, de 50 % la 5e année et de 25 % la 6e année), avant un assujettissement au taux normal de 0,45 % la 7e année. En principe, aucun employeur ne peut encore se trouve dans cet ancien dispositif pour les investissements à réaliser en 2025.

Employeurs agricoles (en bref) - Les employeurs agricoles sont soumis à la participation à l'effort de construction, selon un régime particulier non détaillé ici (c. rural art. L. 716-2). On se contentera de signaler que le seuil d'assujettissement était déjà fixé à 50 salariés avant la loi PACTE.

La loi PACTE a étendu les règles d'application de l'*effectif sécurité sociale** à la participation construction des employeurs agricoles à compter du 1er janvier 2020 (c. rural art. L. 716-2 ; loi 2019-486 du 22 mai 2019, art. 11, VIII, JO du 23). Hors cas des entreprises nouvelles, le premier effectif annuel moyen concerné était celui calculé sur l'année 2019 (investissements à réaliser en 2020, cotisation fiscale à payer en 2021 s'il y a lieu).

Seules les rémunérations versées aux salariés sous contrat à durée indéterminée sont prises en compte pour le calcul de la participation (pour plus de détails, voir BOFiP-TPS-PEEC-60-18/12/2014).

Calcul de la participation

Taux et assiette - La participation est égale à 0,45 % des rémunérations brutes soumises à cotisations de sécurité sociale versées sur l'année civile précédente (celle sur laquelle l'effectif a été calculé) (c. constr. et hab. art. L. 313-1).

Les rémunérations versées au titre du mandat social à des dirigeants affiliés de plein droit au régime général de la sécurité sociale entrent dans la base imposable à la participation à l'effort de construction, dès lors que l'entreprise y est assujettie. Cette solution est la conséquence de l'alignement de l'assiette de cette participation sur l'assiette des cotisations de sécurité sociale, comme cela a été jugé pour la taxe sur les salaires à une époque où son assiette se déterminait également par référence au brut sécurité sociale (CE 21 janvier 2016, n° 388676).

Rémunérations exonérées - Par exception, les rémunérations versées à des salariés employés dans le cadre d'un *contrat d'accompagnement dans l'emploi** sont exonérées de participation à l'effort de construction, pendant la durée du CDD ou de la période « aidée » s'il s'agit d'un CDI (c. trav. art. L. 5134-31).

En outre, les ateliers et chantiers d'insertion bénéficient d'une exonération de participation à l'effort de construction, pour leurs embauches sous *CDD d'insertion** ouvrant droit au versement de l'aide au poste, dans la limite du SMIC et pendant la durée d'attribution de cette aide (loi 2013-1203 du 23 décembre 2013, art. 20, IV, A).

Salariés expatriés - Selon la jurisprudence, les employeurs établis en France sont redevables de la participation à l'effort de construction sur les rémunérations versées aux salariés expatriés qu'ils emploient, quand bien même elles ne sont pas soumises à cotisations au titre du régime général du fait de l'expatriation (CE 8 avril 2013, n° 346808).

Sur ce point, l'administration fiscale se réfère aux précisions autrefois retenues pour la taxe d'apprentissage (BOFiP-TPS-TA-20-§ 8-04/02/2015), avant le transfert de son recouvrement aux URSSAF (BOFiP-TPS-PEEC-20-§ 20-18/12/2014).

▶ À noter... Les rémunérations des expatriés ne sont plus soumises à la *taxe d'apprentissage** depuis que son recouvrement a été transféré aux URSSAF (taxe 2022). Même s'il serait cohérent qu'il en aille de même pour la participation construction, l'administration fiscale n'a apporté aucune précision en ce sens dans son BOFiP.

Salariés affiliés à des caisses de congés payés - Les employeurs affiliés à des caisses de congés payés (BTP notamment) doivent tenir compte dans la base de leur participation des indemnités de congés payés versées aux salariés, quand bien même le service de ces indemnités est assuré pour le compte de ces employeurs par la caisse de congés payés à laquelle ils sont obligatoirement affiliés (CE 20 novembre 2013, n° 350093).

Selon l'administration fiscale, ces indemnités doivent être évaluées comme autrefois pour la taxe d'apprentissage (BOFiP-TPS-PEEC-20-§ 20-18/12/2014, renvoyant à BOFiP-TPS-TA-20-§ 7-04/02/2015).

Il convient en principe de retenir le montant des indemnités de congés payés que l'employeur aurait versé à ses salariés si les intéressés ne relevaient pas d'une caisse de congés payés. À l'inverse, il ne faut se référer ni aux cotisations versées aux caisses de congés payés (ce ne sont pas des rémunérations), ni aux indemnités de congés payés versées par les caisses (ces dernières correspondent à des congés payés acquis auprès de plusieurs employeurs) (CE 20 novembre 2013, n° 350093 ; avis CE 30 octobre 2009, n° 328015, JO 26 décembre).

À défaut de pouvoir établir exactement les sommes que l'employeur aurait versées en l'absence d'affiliation obligatoire à une caisse, il y a lieu de retenir un montant évalué à 11,50 % des rémunérations brutes versées au cours de l'année d'imposition. Ce taux de 11,50 % tient compte à la fois du taux de 10 % lié à l'indemnité de congés payés et des indemnités prévues par les conventions collectives (CE 20 novembre 2013, n° 350093 ; BOFiP-TPS-TA-20-§ 7-04/02/2015).

Année de réalisation de la participation

Quelle que soit la date de clôture de l'exercice comptable, l'année civile constitue la période de référence à retenir pour le calcul de l'investissement. Le délai d'investissement expire le 31 décembre de l'année suivant celle du paiement des salaires.

Ainsi, sauf application d'un mécanisme de lissage des effets de seuil *(voir ci-dessus)*, un employeur de 50 salariés et plus au titre d'une année N – 1 doit, sur l'année N, procéder à des investissements à hauteur de 0,45 % de la masse salariale de l'année N – 1.

Modalités d'investissement

Principes - Les employeurs assujettis à la participation à l'effort de construction peuvent réaliser leurs investissements de deux manières : le versement à un organisme collecteur agréé et la réalisation d'investissements directs en faveur des salariés (c. constr. et hab. art. L. 313-1).

Versement à un organisme collecteur - Les investissements réalisés au titre de la participation à l'effort de construction peuvent prendre la forme d'un versement à Action Logements Services ou un organisme agréé (c. constr. et hab. art. L. 313-1, al. 2 ; BOFiP-TPS-PEEC-30-§§ 230 à 280-18/12/2014).

Ce versement s'opère sous la forme de prêt sans intérêts ou de subvention. L'organisme collecteur délivre à l'employeur un reçu attestant du caractère libératoire du versement (c. constr. et hab. art. R. 313-6).

Prêts aux salariés - L'employeur peut aussi se libérer de son obligation en accordant à ses salariés des prêts à taux réduit pour le financement de la construction d'un logement affecté à leur résidence principale ou à celle de leur conjoint, de leurs ascendants ou descendants (c. constr. et hab. art. R. 313-7, 1°).

Ces prêts doivent répondre à plusieurs exigences, se résumant pour l'essentiel aux critères suivants (c. constr. et hab. art. R. 313-7, 1° ; BOFiP-TPS-PEEC-30-§§ 110 à 170-18/12/2014) :
- un montant n'excédant pas 30 % du coût total de l'opération, dans la limite de 30000 € en zone C, 40000 € en zone B2, 45000 € en zone B1 ou 50 000 € en zone A (c. constr. et hab. art. R. 313-20-1, II, 1°) ;
- une durée maximale de 30 ans ;
- un taux plafond (taux du livret A en vigueur au 31 décembre de l'année précédant l'émission de l'offre de prêt ou taux de 1 %, si le taux du livret A devient inférieur à 1 %) ;
- le logement doit être conforme à des conditions de performance énergétique définies par arrêté ;
- le ménage auquel le prêt est accordé doit répondre aux conditions de ressources prévues par la législation fiscale pour l'octroi des avances remboursables sans intérêts (CGI art. 244 quater J).

▶ À noter... Les zones A, B1, B2 et C sont fixées par arrêté (arrêté du 1er août 2014, JO du 6, texte 54, modifié par arrêté du 30 septembre 2014, JO 14 octobre, texte 40, par arrêté du 4 juillet 2019, JO du 5, texte 27, par arrêté du 16 février 2022, JO du 20, texte 36, par arrêté du 2 octobre 2023, JO du 3, texte 14, et par arrêté du 5 juillet 2024, JO du 11, texte 41).

Construction ou réhabilitation de logements locatifs - À titre exceptionnel, et sous réserve de l'autorisation préalable du préfet du département, l'employeur peut procéder à des investissements dans la construction de logements locatifs bénéficiant de certains prêts ou dans des travaux d'amélioration d'immeubles anciens lui appartenant, loués ou destinés à être loués à ses salariés et compris dans un programme d'intérêt général. Pour ce faire, l'employeur doit signer une convention avec l'État (c. constr. et hab. art. R. 313-7, 2° ; BOFiP-TPS-PEEC-30-§§ 180 à 220-18/12/2014).

Ces investissements dans la construction ou la réhabilitation ne peuvent être réalisés que lorsque les autres formes de participation (versements à des organismes collecteurs, prêts aux salariés) ne permettent pas de répondre aux besoins des salariés.

Cette forme d'investissement est plafonnée dans son montant (c. constr. et hab. art. R. 313-7, dern. al. renvoyant à R. 313-20-2). Ils ne peuvent pas dépasser 10 % du prix de revient de l'opération, dans la limite de 30000 € par logement en zone C, 40000 € en zone B2, 45000 € en zone B1, 50000 € en zone A ou 70000 € en zone A bis.

▶ À noter... Les zones A bis, A, B1, B2 et C sont fixées par arrêté (arrêté du 1er août 2014, JO du 6, texte 54, modifié par arrêté du 30 septembre 2014, JO 14 octobre, texte 40, par arrêté du 4 juillet 2019, JO du 5, texte 27, par arrêté du 16 février 2022, JO du 20, texte 36, par arrêté du 2 octobre 2023, JO du 3, texte 14, et par arrêté du 5 juillet 2024, JO du 11, texte 41).

Durées des investissements et sort des excédents

Durée des investissements - La participation réalisée sous une forme autre que celle de la subvention doit faire l'objet d'investissements pour une durée minimale de 20 ans. Si ces investissements sont faits en plusieurs périodes, aucune d'elles, sauf la dernière, ne peut être inférieure à 5 ans (c. constr. et hab. art. R. 313-9).

En cas de remboursement anticipé, les sommes doivent être réinvesties selon l'une des formes autorisées dans un délai de 3 mois ou au plus tard le 31 décembre de l'année civile.

▶ À noter... En pratique, l'employeur qui, pour se libérer de son obligation, a consenti des prêts à ses salariés ou à un organisme collecteur, ou a effectué des investissements directs, ne peut, en règle générale, recouvrer la libre disposition des fonds correspondants avant l'expiration d'un délai de 20 ans. Cela ne signifie pas que les prêts doivent être consentis pour une durée minimale de 20 ans ou que les immeubles doivent demeurer au bilan de l'entreprise pendant une égale durée. Mais si le prêt est remboursé avant l'expiration de ce délai, l'employeur doit réinvestir, pour la période restant à courir, les sommes devenues disponibles.

Sort des excédents - Les employeurs qui, au moyen de leurs ressources propres, ont investi au cours d'un exercice une somme supérieure à leur obligation légale (0,45 %) peuvent reporter l'excédent sur les exercices postérieurs (c. constr. et hab. art. L. 313-1). Il n'y a pas de limitation de durée.

Précisions diverses

Dirigeants - Les dirigeants de société et assimilés (CGI art. 39, 3 et 211 bis), l'exploitant individuel ainsi que leur conjoint et leurs enfants non émancipés ne peuvent bénéficier directement ou indirectement à quelque titre que ce soit de la participation (c. constr. et hab. art. R. 313-17).

▶ À noter... Ils ne peuvent, notamment, pas bénéficier d'un prêt de l'entreprise.

Toutefois, le conjoint du dirigeant de société, de l'exploitant individuel ainsi que leurs enfants non émancipés peuvent bénéficier, lorsqu'ils sont salariés d'une autre entreprise, d'une aide au titre de la participation des employeurs de cette entreprise.

Information des représentants du personnel - Dans le cadre des dispositions supplétives du code du travail relatives à la consultation annuelle sur la politique sociale de l'entreprise, les conditions de travail et l'emploi (entreprises de 50 salariés et plus), l'employeur met à la disposition du comité social et économique (CSE) les informations sur l'affectation de la participation à l'effort de construction via la base de données économiques et sociales (c. trav. art. L. 2312-26, 7°).

Déclaration annuelle et insuffisance d'investissements

Déclaration en DSN - Les employeurs doivent déclarer chaque année s'ils sont assujettis à la participation et, si oui, son assiette (c. constr. et hab. art. R. 313-2).

Les employeurs relevant de la *déclaration sociale nominative** (DSN) déclarent leurs données via ce dispositif, dans la dernière DSN déposée au titre de l'année civile (DSN relatives aux salaires de décembre à souscrire pour le 5 ou 15 janvier) (CGI art. 87 et 87 A ; CGI, ann. III, art. 39, 1°, f ; c. séc. soc. art. R. 133-14, IV, 9°).

Mais il est admis que les données relatives à la participation construction soient déclarées dans la DSN du mois principal déclaré de janvier, déposée au plus tard le 5 ou 15 février selon les cas (www.net-entreprises.fr, base de connaissance DSN, fiche 791, modifiée le 22 mars 2025).

▶ À noter... Pour les employeurs relevant de régimes spéciaux non intégrés à la DSN, c'est la déclaration 2460 qui doit être souscrite au plus tard le 31 janvier (CGI art. 87 A).

Insuffisance d'investissements : cotisation fiscale de 2 % - Les employeurs qui, au 31 décembre de l'année suivant celle du paiement des salaires, n'ont pas procédé aux investissements requis sont assujettis à une cotisation de 2 % calculée sur le montant des salaires à raison desquels l'obligation d'investissement n'a pas été respectée (c. constr. et hab. art. L. 313-4). Cette cotisation concerne donc les employeurs qui se sont abstenus de procéder aux investissements auxquels ils étaient tenus ou qui ont effectué des versements insuffisants (BOFiP-TPS-PEEC-40-§ 110-18/12/2014).

La base de la cotisation de 2 % est constituée par le montant des salaires correspondant à l'insuffisance d'investissement constatée. En pratique, cette assiette s'obtient en multipliant le montant correspondant à l'insuffisance d'investissement par 10 000/45 (BOFiP-TPS-PEEC-40-§ 130-18/12/2014).

La cotisation de 2 % doit être versée spontanément par l'employeur, auprès du comptable public compétent pour le 30 avril, accompagné du bordereau 2485 (c. constr. et hab. art. L. 313-4 et R. 313-3 ; BOFiP-TPS-PEEC-40-§ 150-18/12/2014).

☞ *Assiette des cotisations de sécurité sociale ; Effectif sécurité sociale.*

Participation aux résultats

La participation a pour objet de garantir collectivement aux salariés le droit de participer aux résultats de l'entreprise. Elle prend la forme d'une participation financière, calculée en fonction d'une *réserve spéciale de participation**. Elle est obligatoire dans certaines entreprises (c. trav. art. L. 3322 1).

Entreprises assujetties

Entreprises de 50 salariés et plus - Un système de participation des salariés aux résultats de l'entreprise doit obligatoirement être mis en place dans les entreprises d'au moins 50 salariés (c. trav. art. L. 3321-1 et L. 3322-2).

Pour les entreprises divisées en établissements distincts, l'effectif s'apprécie au niveau de l'entreprise et non au niveau de chaque établissement (cass. soc. 24 janvier 2006, n° 03-43073, BC V n° 20).

Groupes d'entreprises - La législation relative à la participation s'applique de façon distincte à chaque entreprise appartenant à un même groupe. L'effectif s'apprécie donc entreprise par entreprise.

Mais si toutes les sociétés d'un même groupe ou seulement certaines d'entre elles le souhaitent, elles peuvent conclure un accord de groupe applicable à l'ensemble de leurs salariés *(voir ci-dessous)*.

Unités économiques et sociales - Les unités économiques et sociales (UES) d'au moins 50 salariés, reconnues par convention ou par décision de justice, doivent mettre en place la participation au profit de leurs salariés (c. trav. art. L. 3321-1 et L. 3322-2).

Les entreprises ont alors le choix entre un accord unique couvrant l'UES dans son ensemble ou des accords distincts, pourvu que l'ensemble des salariés soit couvert (c. trav. art. R. 3322-2).

Mise en place au niveau du groupe - Il est également possible de mettre en place la participation au niveau d'un groupe. Il doit s'agir d'entreprises juridiquement indépendantes, pourvu qu'elles aient établi entre elles des liens financiers et économiques (c. trav. art. L. 3344-1).

Sans entrer dans les détails des modalités de conclusion, signalons qu'il peut s'agir soit d'un même accord adopté dans chaque entreprise selon la procédure qui lui convient, soit d'un accord mis en place directement au niveau du groupe au moyen d'un accord collectif de groupe ou des modalités dérogatoires prévues par le code du travail pour la participation (guide intermin. épargne salariale, juillet 2014, dossier 2, fiche 2, § I-F).

Calcul de l'effectif

Règles de calcul - Depuis le 1er janvier 2020, le seuil de 50 salariés se mesure en fonction des règles d'*effectif sécurité sociale** (c. trav. art. L. 3321-1 ; loi 2019-486 du 22 mai 2019, art. 155, JO du 23).

Il s'ensuit que, en dehors du cas des entreprises nouvelles, l'effectif au titre d'une année N dépend de l'effectif annuel moyen « sécurité sociale » calculé sur l'année N-1 (c. séc. soc. art. L. 130-1 et R. 130-1).

Ces règles se sont appliquées pour la première fois au titre de 2020, sur la base de l'effectif sécurité sociale calculé sur l'année 2019 (instr. intermin. DGT/RT3/DSS/DGT 2019-252 du 19 décembre 2019, Q/R 2).

▶ À noter… Avant le 1er janvier 2020, une entreprise était assujettie à la participation dès lors qu'elle employait habituellement au moins 50 salariés pendant 12 mois, consécutifs ou non, au cours des 3 derniers exercices ou, pour une entreprise à activité saisonnière, si le seuil de 50 salariés était atteint pendant au moins la moitié de la durée d'activité saisonnière au cours des 3 derniers exercices (c. trav. art. L. 3322-2 et R. 3322-1 abrogés au 1.01.2020). Les salariés étaient décomptés selon les modalités prévues en droit du travail (voir *Effectif**). L'effectif de chaque mois s'appréciait au dernier jour du mois (cass. soc. 8 décembre 2010, n° 09-65380, BC V n° 287).

Règles de franchissement de seuil - Depuis le 1er janvier 2020, en application des règles « sécurité sociale », un franchissement du seuil de 50 salariés à la hausse n'est pris en compte que si ce seuil est atteint ou dépassé pendant 5 années consécutives (en dehors du cas des entreprises nouvelles) (voir *Effectif sécurité sociale**) (c. trav. art. L. 3321-1 ; c. séc. art. L. 130-1, II).

Du fait de ce gel des effets de seuils, l'obligation de mettre en place la participation s'applique au premier exercice ouvert après cette période de 5 années (c. trav. art. L. 3322-1).

Pour le décompte de la période de 5 années, l'année au cours de laquelle le seuil est atteint ou dépassé n'entre pas en considération. Il s'agit de l'année N-1. Le délai commence à courir au 1er janvier de l'année N, année au début de laquelle l'effectif est constaté.

Exemple
Un employeur qui a atteint ou dépassé 50 salariés sur la base de son effectif annuel moyen sécurité sociale calculé sur l'année 2024 est réputé avoir atteint ou dépassé ce seuil le 1er janvier 2025. Il devra mettre en place la participation au titre de l'année 2030 (à condition de ne pas être repassé, dans l'intervalle, sous les 50 salariés au titre d'une année donnée sur la période 2025-2029, voir *Effectif sécurité sociale**). Les entreprises disposant d'un délai d'un an, après la clôture de l'exercice au titre duquel les droits sont nés, pour conclure un accord de participation (c. trav. art. L. 3323-5), l'employeur a, dans notre hypothèse, jusqu'au 31 décembre 2031 pour conclure un accord couvrant l'année 2030 (instr. intermin. DGT/RT3/DSS/DGT 2019-252 du 19 décembre 2019, Q/R 3).

Si une entreprise vient à repasser en dessous du seuil de 50 salariés au titre d'une année civile pendant la période de 5 années civiles consécutives, elle bénéficie à nouveau du « moratoire » de 5 ans si par la suite elle atteint ou dépasse à nouveau les 50 salariés (c. séc. soc. art. L. 130-1, II) (voir *Effectif sécurité sociale**).

▶ À noter… Avant le 1er janvier 2020, lorsque la condition d'effectif était remplie, la participation devait être mise en place au titre du 3e exercice de la période de calcul de l'effectif *(voir plus haut)* (c. trav. art. L. 3322-2 avant le 1.01.2020).

Passage sous les 50 salariés d'une entreprise déjà assujettie à la participation - Dans les entreprises obligatoirement soumises à la participation, lorsque l'effectif repasse en dessous du seuil de 50 salariés, l'application de l'accord peut se poursuivre à titre volontaire ou être suspendue – jusqu'à ce que l'effectif repasse le seuil des 50 salariés – mais uniquement si l'accord comporte une clause expresse en ce sens (guide intermin. épargne salariale, juillet 2014, dossier 2, fiche 1, § II-B-2 et fiche 2, III-A).

À défaut, si l'entreprise ne souhaite plus y être assujettie, elle n'a pas d'autre solution que de dénoncer l'accord (c. trav. art. D. 3323-8). En l'absence de dénonciation, l'entreprise concernée demeure soumise au régime de participation, peu important le nombre de salariés alors employés (cass. soc. 3 mai 2007, n° 05-12340, BC V n° 68).

▶ À noter… À l'heure où nous rédigions ces lignes, l'administration n'avait pas apporté de nouvelles précisions quant à l'incidence de la loi PACTE sur ces principes.

Dispenses temporaires

Franchissement du seuil de 50 salariés par une entreprise dotée d'un accord d'intéressement - Lorsqu'une entreprise déjà dotée d'un accord d'*intéressement** vient à atteindre ou franchir le seuil de 50 salariés, elle doit mettre en place un dispositif de participation au plus tard pour le premier exercice qui suit la période de 5 ans d'atténuation des effets de seuil, comme toute entreprise franchissant ce seuil à la hausse *(voir ci-dessus)*.

En effet, la loi Partage de la valeur a abrogé au 1er décembre 2023 la règle prévoyant que la mise en place de la participation ne s'imposait qu'au titre du 3e exercice clos après le franchissement du seuil à la condition que l'accord d'*intéressement** soit appliqué sans discontinuité pendant cette période (c. trav. art. L. 3322-3 abrogé ; loi 2023-1107 du 29 novembre 2023, art. 7, JO du 30). Pour mémoire, ce délai supplémentaire de 3 ans s'ajoutait au moratoire de 5 ans, ce qui permettait à ces entreprises de décaler l'assujettissement à la participation de 8 ans en cas de franchissement de seuil à la hausse (instr. intermin. DGT/RT3/DSS/DGT 2019-252 du 19 décembre 2019, Q/R 6).

▶ À noter… Malgré l'abrogation, les employeurs qui bénéficiaient déjà de ce report supplémentaire de 3 ans au 1er décembre 2023 en conservent le bénéfice jusqu'à son terme (loi 2023-1107 du 29 novembre 2023, art. 7, II).

Entreprises nouvelles - Les entreprises nouvelles, sous réserve que leur effectif atteigne le seuil de 50 salariés, ne sont obligatoirement soumises à la participation qu'à partir du troisième exercice clos qui suit leur création (c. trav. art. L. 3322-5). Elles ne sont donc pas tenues de mettre en place la participation au titre des deux premiers exercices.

Par entreprises nouvelles, il faut comprendre celles dont la création ne résulte pas d'une fusion, totale ou partielle, d'entreprises préexistantes (guide intermin. épargne salariale, juillet 2014, dossier 2, fiche 1, § II-A-4).

Délai de conclusion de l'accord et régime dit « d'autorité »

Délai d'un an - La conclusion de l'accord de participation doit intervenir dans le délai de 1 an suivant la clôture de l'exercice au titre duquel sont rattachés les droits des salariés (c. trav. art. L. 3323-5).

Carence de l'employeur : application du régime « d'autorité » - À défaut de conclusion d'un accord dans le délai d'un an, la situation est constatée par l'inspecteur du travail. Un régime subsidiaire, fiscalement plus lourd pour l'employeur et moins avantageux pour les salariés, est automatiquement appliqué (c. trav. art. L. 3323-5).

C'est ce qu'on appelle le régime « d'autorité », qui s'applique donc en cas de carence de l'employeur.

Principe de non-substitution à la rémunération

Les sommes versées au titre de la participation ne peuvent se substituer à aucun des éléments de rémunération soumis à cotisations de sécurité sociale en vigueur dans l'entreprise ou qui deviendraient obligatoires en application de dispositions légales ou de clauses contractuelles (c. trav. art. L. 3325-1 ; loi 2023-1107 du 29 novembre 2023, art. 3, JO du 30).

Toutefois, en cas de suppression totale ou partielle d'un élément de rémunération, cette règle de non-substitution ne peut avoir pour effet de remettre en cause les exonérations attachées à la participation lorsqu'un délai de 12 mois au moins s'est écoulé entre le dernier versement de l'élément de rémunération en tout ou partie supprimé et la date d'effet de l'accord de participation.

Mise en place de la participation (règles générales)

Entreprises de 50 salariés et plus - L'accord de participation doit être conclu selon les formes requises par la loi (c. trav. art. L. 3322-6) :
- une convention ou un accord collectif de travail ;

- un accord entre le chef d'entreprise et les représentants d'organisations syndicales représentatives dans l'entreprise ;
- un accord conclu au sein du *comité social et économique** ;
- ou une ratification à la majorité des deux tiers du personnel d'un projet d'accord proposé par l'employeur.

L'accord doit être déposé auprès de l'autorité administrative *(voir ci-dessous)*. À défaut, les exonérations sociales et fiscales ne sont pas applicables. Il en va de même pour les renouvellements d'accords et les avenants (c. trav. art. L. 3323-4 ; cass. civ., 2e ch., 23 septembre 2021, n° 20-16756 FB).

▶ À noter… S'il existe dans l'entreprise un ou plusieurs syndicats représentatifs ou un CSE, la procédure de ratification ne peut être utilisée que si la ratification est demandée conjointement par l'employeur et un ou plusieurs de ces syndicats ou le CSE (c. trav. art. L. 3322-6).

Entreprises de moins de 50 salariés - Les entreprises de moins de 50 salariés peuvent décider de se soumettre volontairement au régime de participation des salariés aux résultats en concluant un accord de participation. L'accord doit être conclu selon les mêmes modalités que dans les entreprises de taille supérieure *(voir ci-dessus)* (c. trav. art. L. 3323-6).

En cas d'échec des négociations, l'employeur peut mettre en place la participation unilatéralement. Le *comité social et économique** doit être consulté sur le projet d'assujettissement unilatéral à la participation au moins 15 jours avant son dépôt auprès de l'administration.

Dépôt de l'accord - Pour ouvrir droit aux exonérations sociales et fiscales, les accords de participation (ou décisions unilatérales lorsque cela est possible) doivent être déposés en ligne sur la plateforme TéléAccords (https://www.teleaccords.travail-emploi.gouv.fr) (c. trav. art. L. 3323-4 et D. 3323-1), accompagnés d'un certain nombre de pièces justificatives (c. trav. art. D. 3345-1 à D. 3345-5).

Si l'accord est conclu sous la forme d'un véritable accord collectif, il est à notre sens recommandé d'en remettre un exemplaire au greffe du conseil de prud'hommes du lieu de conclusion, comme pour tout accord collectif (c. trav. art. D. 2231-2, al. 3).

Il n'y a pas de délai de dépôt, mais le droit à exonération portant sur les sommes déposées à la réserve spéciale de participation n'est ouvert qu'à compter du dépôt des accords (cass. soc. 8 décembre 2010, n° 09-11217 D ; cass. civ. 2e ch., 22 juin 2023, n° 21-18363 FB).

▶ À noter… Un accord de participation, un accord d'intéressement et un règlement du plan d'épargne salariale peuvent faire l'objet d'un dépôt commun lorsqu'ils ont été conclus concomitamment. Ce dépôt doit être accompli dans le délai fixé pour les accords d'*intéressement** (c. trav. art. L. 3345-1).

Contrôle des accords - Les accords déposés depuis le 1er janvier 2023 bénéficient d'un processus de contrôle allégé. Le contrôle de l'administration du travail (1 mois) a été supprimé, de sorte que seul subsiste le contrôle opéré par l'URSSAF (ou la CGSS ou la CMSA) (c. trav. art. L. 3345-2 et D. 3345-5).

L'administration du travail (DDETS ou DDETS-PP ou DRIEETS) reste dépositaire des accords et des documents qui y sont associés. Elle doit les transmettre sans délai à l'URSSAF et délivrer au déposant un récépissé attestant du dépôt (c. trav. art. D. 3345-5).

L'URSSAF dispose d'un délai de 3 mois à compter du dépôt, si le dossier est complet, pour contrôler et demander le retrait ou la modification des clauses contraires aux dispositions légales et réglementaires (à l'exception des règles relatives aux modalités de dénonciation et de révision des accords). En cas de dossier incomplet, si l'URSSAF informe dans ce délai de 3 mois le déposant qu'il n'a pas fourni les documents nécessaires pour effectuer ce contrôle, le délai se décompte uniquement à compter de la réception des pièces complémentaires ou conformes (c. trav. art. L. 3345-2 et D. 3345-5).

En l'absence d'observation motivée de l'URSSAF, aucune contestation ultérieure ne peut remettre en cause les exonérations fiscales et sociales attachées aux avantages accordés au titre des exercices en cours ou antérieurs à la contestation (c. trav. art. L. 3345-3).

▶ À noter… Sur les contrôles des accords avant le 1er janvier 2023, voir l'édition 2023 du Dictionnaire Paye.

Durée de l'accord - Le code du travail ne précise pas la durée d'un accord de participation. Il peut être à durée indéterminée ou déterminée, éventuellement renouvelable par tacite reconduction si l'accord le prévoit.

Opter pour un accord négocié au niveau de la branche - Les entreprises peuvent appliquer le dispositif de participation prévu au niveau de la branche sous réserve que l'accord de branche ait été agréé par les pouvoirs publics (c. trav. art. L. 3322-9, L. 3345-4 et D. 3345-7).

Les entreprises qui souhaitent utiliser cette modalité doivent conclure un accord selon les mêmes formes qu'un accord de participation *(voir ci-dessus)* (c. trav. art. L. 3322-6).

En deçà d'un effectif de 50 salariés, les employeurs peuvent aussi mettre en place ce régime de participation « clefs en main » par un document unilatéral d'adhésion en ayant préalablement informé par tous moyens leur CSE s'ils en ont un, ainsi que les salariés des choix qu'ils ont faits par rapport aux différentes possibilités offertes par l'accord de branche (c. trav. art. L. 2232-10-1 et D. 2232-1-6).

L'accord ou le document unilatéral doit être déposé par télédéclaration, dans les mêmes conditions qu'un accord de participation *(voir ci-dessus)*.

Par dérogation, les exonérations sociales et fiscales sont réputées acquises dès le dépôt et pour la durée d'application de l'accord ou du document d'adhésion à l'accord de branche agréé (c. trav. art. L. 3322-9).

Dispositif expérimental pour les petites entreprises

Expérimentation de 5 ans, du 29 novembre 2023 au 29 novembre 2028 - Pour rappel, les entreprises qui ne sont pas tenues de mettre en place la participation (schématiquement, les « moins de 50 salariés ») peuvent mettre en place un dispositif de participation au moins aussi favorable que le régime légal de participation *(voir ci-avant)*.

Mais par dérogation, du 29 novembre 2023 au 29 novembre 2028, ces entreprises peuvent mettre en place un régime reposant sur une formule de calcul de la *réserve spéciale de participation** dérogatoire à la formule légale, pouvant mener à un résultat moins favorable pour les salariés (loi 2023-1107 du 29 novembre 2023, art. 4, JO du 30).

Sur les dates de début et de fin de l'expérimentation, l'administration a précisé que (questions/réponses min. Travail du 6 juin 2024, Q/R 5 et 6) :
- les entreprises peuvent mettre en place le dispositif dérogatoire au titre de leur premier exercice clos à compter du 30 novembre 2023 ;
- le dernier exercice d'application de l'expérimentation doit se clôturer au plus tard le 29 novembre 2028.

Précisions sur les entreprises concernées - L'expérimentation étant ouverte aux entreprises non tenues de mettre en place la participation, il s'agit, pour l'essentiel, des « moins de 50 salariés ». Mais sont aussi concernées (questions/réponses min. Travail du 6 juin 2024, Q/R 2) :
- les entreprises d'au moins 50 salariés qui sont dans la période de 5 ans durant laquelle elles ne sont pas encore tenues de mettre en place la participation, en conséquence des règles d'effectif « sécurité sociale » *(voir plus haut)* ;
- pour la durée restant à courir, les entreprises d'au moins 50 salariés qui bénéficiaient 1er décembre 2023 du délai supplémentaire de 3 ans de mise en place de la participation car elles étaient déjà couvertes par un accord d'intéressement *(voir plus haut)* ;
- les entreprises « nouvelles » d'au moins 50 salariés, et qui sont dans la période de report de deux ans dont elles bénéficient *(voir plus haut)*.

Pour l'administration, ce dispositif expérimental est également ouvert aux entreprises d'au moins 50 salariés assujetties à titre obligatoire à la participation, mais dont le bénéfice net fiscal est inexistant ou insuffisant pour générer une réserve spéciale de participation (RSP) selon la formule légale. Ces entreprises doivent surveiller leur bénéfice net fiscal tous les ans pour le cas où il deviendrait suffisant pour calculer une réserve spéciale de participation selon la formule légale (questions/réponses min. Travail du 6 juin 2024, Q/R 24).

En revanche, une entreprise de moins de 50 salariés tenue de mettre en place la participation en raison de son appartenance à une unité économique et sociale (UES) d'au moins 50 salariés (c. trav. art. L. 3322-2), et dégageant un bénéfice suffisant, ne peut pas appliquer le dispositif expérimental (questions/réponses min. Travail du 6 juin 2024, Q/R 3).

Mise en place - Les entreprises peuvent mettre en place ce régime dérogatoire expérimental (loi 2023-1107 du 29 novembre 2023, art. 4, I) :
- soit en appliquant un accord type de participation conclu au niveau de la branche, conformément aux règles de droit commun *(voir plus haut)* ;
- soit en concluant leur propre accord selon les règles spécifiques à la participation *(voir plus haut)*, étant précisé qu'en cas d'échec des négociations, l'entreprise ne peut pas mettre en place ce dispositif par décision unilatérale (questions/réponses min. Travail du 6 juin 2024, Q/R 8).

Les entreprises de moins de 50 salariés appliquant déjà un mécanisme de participation à la date d'entrée en vigueur de la loi (1er décembre 2023) ne peuvent opter pour le régime dérogatoire moins favorable qu'en concluant un nouvel accord de participation (loi 2023-1107 du 29 novembre 2023, art. 4, II ; questions/réponses min. Travail du 6 juin 2024, Q/R 9).

▶ À noter… Les branches avaient jusqu'au 30 juin 2024 pour ouvrir des négociations sur la création d'accords types avec formule dérogatoire (loi 2023-1107 du 29 novembre 2023, art. 4, III).

Formule de calcul de la réserve spéciale - La formule de calcul dérogatoire de la *réserve spéciale de participation** ne peut pas reposer sur des objectifs de performances de l'entreprise comme pour l'intéressement. Elle doit reposer sur des résultats financiers, et non sur des objectifs liés à la productivité (questions/réponses min. Travail du 6 juin 2024, Q/R 16).

Exemple

La formule le calcul peut reposer sur le bénéfice net, le résultat courant avant impôts, le résultat d'exploitation ou l'excédent brut d'exploitation de l'entreprise.

Bénéficiaires

Salariés - Tous les salariés liés par un contrat de travail à l'entreprise doivent bénéficier de la participation, y compris ceux exclus des calculs d'effectifs (apprentis, etc.) (c. trav. art. L. 3342-1).

Les salariés de l'entreprise qui travaillent à l'étranger ou qui ne sont pas rémunérés en France (ex. : salariés sous statut d'expatrié ou de détaché) y ont aussi droit. La clause de l'accord de participation les excluant des bénéficiaires est illicite (cass. soc. 6 juin 2018, n° 17-14372, BC V n° 102 ; cass. soc. 15 mai 2024, n° 22-21109 D).

Les salariés en *congé de reclassement** ne peuvent pas non plus être exclus du bénéfice de la participation, puisqu'ils demeurent salariés de l'entreprise jusqu'à l'issue de ce congé. La circonstance que l'allocation de reclassement qui est leur est versée pour la période de congé excédant la durée du préavis n'est pas soumise à cotisations et se trouve exclue du calcul de la réserve spéciale ne permet pas de les exclure d'office de la répartition (cass. soc. 7 novembre 2018, n° 17-18936 FSPB ; cass. soc. 1er juin 2022, n° 20-16404 FSB).

Condition d'ancienneté - Les accords de participation peuvent prévoir une condition d'ancienneté de 3 mois maximum (c. trav. art. L. 3342-1).

L'ancienneté du salarié doit être calculée en tenant compte de tous les contrats de travail exécutés non seulement au cours de la période de calcul, mais également au cours des 12 mois qui précèdent ladite période (guide intermin. épargne salariale, juillet 2014, dossier 2, fiche 1, § II-D-1). S'il y a lieu, on doit donc tenir compte des CDD, même non successifs. Ainsi, un CDD exécuté totalement en dehors de la période de calcul mais pendant les 12 mois précédant le début de celle-ci sera pris en compte. Néanmoins, pour bénéficier des droits correspondant à une période de calcul, un salarié doit avoir été employé par l'entreprise pendant au moins une partie de cette période.

Les périodes de suspension du contrat de travail, pour quelque motif que ce soit (maladie, maternité, etc.), ne peuvent pas être déduites du calcul de l'ancienneté.

Exemple

Un salarié, ayant travaillé dans une entreprise du 1er novembre au 31 décembre 2024, puis du 1er au 31 mars 2025, a acquis les 3 mois d'ancienneté nécessaires pour bénéficier des droits calculés sur l'exercice 2025 (pour un exercice correspondant à l'année civile).

Pour les travailleurs temporaires, la condition de 3 mois d'ancienneté est réputée remplie lorsqu'ils ont été mis à la disposition d'une ou de plusieurs entreprises utilisatrices pendant une durée totale d'au moins 60 jours au cours du dernier exercice. Par dérogation, un accord étendu de la branche professionnelle du travail temporaire peut prévoir une durée d'ancienneté différente pour les salariés temporaires, dans la limite de 90 jours (c. trav. art. L. 3342-1).

Les salariés en portage salarial sont réputés avoir 3 mois d'ancienneté dans l'entreprise de portage ou dans le groupe qui les emploie s'ils ont réalisé une prestation dans une entreprise cliente pendant une durée totale d'au moins 60 jours au cours du dernier exercice (c. trav. art. L. 3342-1).

Salariés des groupements d'employeurs - Le salarié d'un groupement d'employeurs qui n'est pas doté d'un mécanisme de participation peut bénéficier de la participation existante dans chacune des entreprises adhérentes du groupement auprès de laquelle il est mis à disposition, sous réserve que l'accord de participation applicable dans l'entreprise utilisatrice ouvre expressément ce dispositif aux salariés mis à disposition par le groupement (c. trav. art. L. 3322-2 et D. 3321-2).

L'éventuelle condition d'ancienneté, d'au plus 3 mois, est réputée remplie si le salarié a été mis à disposition de l'entreprise utilisatrice pendant une durée totale d'au moins 60 jours au cours du dernier exercice (c. trav. art. D. 3342-1).

Dirigeants, mandataires sociaux, conjoints de chef d'entreprise

Principes - En principe, les dirigeants et mandataires sociaux ne peuvent bénéficier de la participation qu'au titre de l'éventuel contrat de travail dont ils seraient titulaires.

Toutefois, deux exceptions permettent à ces personnes de bénéficier de la participation, même sans contrat de travail.

Entreprises de moins de 50 salariés - Dans les entreprises appliquant à titre volontaire un régime de participation (en substance, les « moins de 50 salariés »), les chefs de ces entreprises ou, s'il s'agit de personnes morales, leurs présidents, directeurs généraux, gérants ou membres du directoire ainsi que, s'il bénéficie du statut de conjoint collaborateur ou de conjoint associé, le conjoint ou le partenaire pacsé du chef d'entreprise peuvent bénéficier du régime de participation, même s'ils n'ont pas de contrat de travail (c. trav. art. L. 3323-6).

Entreprises de 1 à moins de 250 salariés - Dans les entreprises de 1 à moins 250 salariés, l'accès à la participation est ouvert aux chefs de ces entreprises ou, s'il s'agit de personnes morales, à leurs présidents, directeurs généraux, gérants ou membres du directoire ainsi que, s'il bénéficie du statut de conjoint collaborateur ou de conjoint associé, au conjoint ou au partenaire pacsé du chef d'entreprise, si la *réserve spéciale de participation** est calculée selon une formule plus favorable que la formule légale (on parle d'accord « dérogatoire »). Dans ce cas, seule la part qui excède la formule légale peut être répartie entre les salariés et ces personnes (c. trav. art. L. 3324-2).

L'effectif est apprécié en appliquant les modalités de calcul de l'effectif sécurité sociale (voir *Effectif sécurité sociale**) (c. trav. art. L. 3321-1 ; c. séc. soc. art. L. 130-1 et R. 130-1). Par conséquent, le franchissement à la hausse du seuil de 250 salariés ne sera pris en compte que si ce seuil est atteint ou dépassé pendant 5 années consécutives.

Toutefois, le mécanisme de gel des effets de seuil sur 5 ans ne s'applique pas aux entreprises qui embauchent leur premier salarié (c. trav. art. L. 3324-2). Ainsi, il n'est pas exigé qu'une entreprise embauchant son premier salarié l'emploie durant 5 années consécutives pour que les dirigeants ainsi que le conjoint ou partenaire « pacsé » du chef d'entreprise soient éligibles à la participation, aux conditions prévues par les textes.

▶ À noter... Selon nos informations, l'administration considérerait que le seuil de 1 salarié est atteint dès lors qu'un salarié a été employé à temps partiel pendant au moins 6 mois, consécutifs ou non, au cours de l'année civile précédente. Une confirmation officielle reste néanmoins la bienvenue. Cette précision, issue d'échanges avec l'administration, n'a pas en elle-même de valeur opposable et s'entend sous réserve du contrôle de l'administration et des tribunaux en cas de litige.

Réserve spéciale de participation

Calcul et répartition - L'employeur doit calculer le montant de la réserve spéciale de participation, puis la répartir entre les bénéficiaires (pour le détail, voir *Réserve spéciale de participation**).

Date limite de versement - L'employeur doit verser les sommes correspondantes avant le 1er jour du 6e mois qui suit la clôture de l'exercice (c. trav. art. D. 3324-25 en principe ; c. trav. art. D. 3324-21-2 en cas de demande de versement immédiat).

Intérêt de retard - Si le versement intervient hors délai, l'entreprise doit majorer ce versement d'un intérêt de retard égal à 1,33 fois le taux moyen de rendement des obligations des sociétés privées (TMO). Ces intérêts sont versés en même temps que le principal et employés dans les mêmes conditions (c. trav. art. D. 3324-25 et D. 3324-21-2).

Ces intérêts sont exonérés de cotisations.

Par ailleurs, l'administration a admis en 1991 que ces intérêts de retard ne sont pas non plus soumis à CSG (lettre DSS/A1 n° 86/91 du 13 février 1991). Si cette position est toujours d'actualité, la logique voudrait qu'elle s'applique aussi à la CRDS compte tenu de l'alignement d'assiette de ces deux contributions.

Sur le plan fiscal, ces intérêts de retard suivent le même régime que les sommes au principal auxquelles ils se rattachent, à savoir exonération d'impôt en cas de blocage de la participation (affectation sur un plan d'épargne ; dans les cas où cela est encore possible) et caractère imposable en cas de demande de versement immédiat de la participation par le bénéficiaire (BOFiP-RSA-ES-10-20-§§ 40 et 310-14/06/2017).

Principes de placement des droits

Possibilités d'affectation ouvertes aux bénéficiaires - Les accords de participation peuvent uniquement prévoir l'affectation de la participation dans un plan d'épargne salariale (*PEE**, *PERCO**, *PERE-CO**, etc.) (c. trav. art. L. 3323-2 et L. 3323-3).

Depuis le 24 mai 2019, sauf cas particulier (société coopérative de production et régime d'autorité), il n'est plus possible d'affecter une partie de la participation à un compte courant bloqué. Néanmoins, les entreprises qui, au 23 mai 2019, ainsi que le permettait le régime antérieur, dirigeaient une partie de la participation vers un compte courant bloqué peuvent continuer à le faire (loi 2019-486 du 22 mai 2019, art. 155, VI, JO du 23).

Affectation « par défaut » au PERCO ou au PERE-CO - Un dispositif prévoit d'affecter « par défaut » la moitié de la quote-part de *réserve spéciale de participation** revenant à chaque salarié dans un *plan d'épargne retraite d'entreprise collectif** (PERE-CO) ou dans un *plan d'épargne pour la retraite collectif** (PERCO) s'il en existe un dans l'entreprise, l'autre moitié étant affectée dans les conditions prévues par l'accord de participation (c. trav. art. L. 3324-12).

L'affectation par défaut au *PERE-CO** ou au *PERCO** n'intervient que si le bénéficiaire (c. trav. art. L. 3324-12) :
- n'a pas décidé d'affecter sa quote-part dans l'un des dispositifs prévus par l'accord de participation (c. trav. art. L. 3323-2) *(voir plus haut)* ;
- n'a pas demandé le versement immédiat de la participation (c. trav. art. L. 3324-10) *(voir plus loin)*.

L'affectation par défaut de la participation concerne uniquement les sommes versées aux salariés en application de la formule de calcul de droit commun de la *réserve spéciale de participation**.

Si l'entreprise applique un accord de participation avec une formule dérogatoire, cet accord a toute liberté pour définir les modalités d'affectation de la partie de la réserve spéciale excédant le montant correspondant à la formule de calcul de droit commun. En l'absence de précision de l'accord, ces sommes ne sont pas affectées par défaut au *PERCO** ou au *PERE-CO** (circ. ETST1221259C du 19 avril 2012, Q/R 30).

Par ailleurs, le mécanisme d'affectation par défaut au *PERCO** ou au *PERE-CO** ne concerne pas un éventuel supplément de participation. Le supplément n'est donc pas investi dans le PERCO ou au PERE-CO, sauf si le salarié en fait la demande (circ. ETST1221259C du 19 avril 2012, Q/R 34).

Capitalisation des intérêts - Les intérêts peuvent être distribués chaque année au salarié ou être réinvestis selon ce que prévoit l'accord (à défaut de précision dans l'accord, les intérêts doivent être distribués aux salariés) (c. trav. art. D. 3324-30 et D. 3324-31). S'ils sont réinvestis, ils sont exonérés de cotisations et d'impôt sur le revenu.

Demande de versement immédiat

Possibilité de demander le versement immédiat - Les bénéficiaires de la participation peuvent demander le versement immédiat des droits qui leur sont attribués au titre du dernier exercice clos (c. trav. art. L. 3324-10). Dans ce cas, les sommes sont imposables.

La demande doit être faite à l'occasion de chaque versement effectué au titre de la *réserve spéciale de participation**, les droits déjà bloqués restant indisponibles.

Information des salariés - L'accord de participation détermine les modalités d'information du salarié. Cette information porte notamment sur (c. trav. art. R. 3324-21-1) :
- les sommes attribuées au titre de la participation ;
- le montant dont le salarié peut demander, en tout ou partie, le versement immédiat ;
- le délai dont il dispose pour faire sa demande.

Demande du salarié et versement des sommes - Le bénéficiaire doit faire sa demande de versement immédiat dans les 15 jours suivant la date à laquelle il a été informé du montant attribué.

À cet égard, l'accord de participation précise la date à laquelle le bénéficiaire est présumé avoir été informé. Si l'accord ne prévoit rien, le délai de 15 jours se décompte à partir de la réception de la lettre (LRAR ou lettre remise en main propre contre récépissé) informant le bénéficiaire du montant qui lui est attribué et du montant dont il peut demander, en tout ou partie, le versement immédiat.

L'employeur doit verser les sommes correspondantes avant le 1er jour du 6e mois qui suit la clôture de l'exercice (c. trav. art. D. 3324-21-2). Si le versement intervient hors délai, l'entreprise doit majorer ce versement d'un intérêt de retard égal à 1,33 fois le taux moyen de rendement des obligations des sociétés privées (TMO).

Absence de demande de versement immédiat - Si le bénéficiaire ne demande pas le versement immédiat dans le délai de 15 jours, les droits sont bloqués dans les conditions habituelles.

Avances de participation

Possibilité devant être prévue dans l'accord - Un accord de participation peut prévoir la possibilité de verser, en cours d'exercice, des avances sur les sommes dues au titre de la *réserve spéciale de participation** (c. trav. art. L. 3348-1).

Dans ce cas, l'accord doit prévoir les modalités de recueil de l'accord du salarié et l'impossibilité de débloquer le trop-perçu s'il a été affecté à un plan d'épargne salariale, ou son reversement intégral sous la forme d'une retenue sur salaire, en l'absence d'une telle affectation (c. trav. art. R. 3324-21-1, e).

Il est impossible de verser des avances de participation si cette possibilité n'est pas prévue dans l'accord.

▶ À noter... C'est la loi Partage de la valeur du 29 novembre 2023 et ses décrets de 2024 qui ont mis en place ce système d'avances (loi

2023-1107 du 29 novembre 2023, art. 12, JO du 30 ; décret 2024-644 du 29 juin 2024, JO du 30 ; décret 2024-690 du 5 juillet 2024, JO du 6). Antérieurement, la pratique des avances de participation était exclue par la Cour de cassation (cass. soc. 23 mai 2007, n° 04-20157, BC V n° 83).

Accord du salarié - Même prévu par l'accord, le versement d'avances à un salarié nécessite de recueillir son accord (c. trav. art. L. 3348-1).

Quand un accord de participation prévoit la possibilité de verser des avances, l'employeur informe chaque salarié de cette possibilité et du délai dont il dispose pour donner son accord. En l'absence de stipulation de l'accord de participation sur le délai de réponse, le salarié a 15 jours pour répondre à compter de la réception de la LRAR ou de la lettre remise contre récépissé l'informant de la possibilité de versement d'avances (c. trav. art. D. 3348-1).

À défaut d'accord express du salarié, aucune avance ne peut être versée à l'intéressé (c. trav. art. D. 3348-1).

Lorsque plusieurs avances sont prévues au cours de l'exercice, les salariés doivent être interrogés avant chaque versement d'avance afin de donner leur accord sur son principe.

Toutefois, l'administration admet que l'interrogation n'ait lieu qu'une fois par exercice, lors du premier versement, auquel cas (questions/réponses sur les avances de participation du 9/10/2024, Q/R 2) :
- le premier versement de l'exercice doit faire l'objet d'une interrogation obligatoire ;
- la réponse du salarié peut être considérée comme valable pour le premier versement mais aussi pour les suivants ;
- après chaque versement, le salarié a la possibilité, pour le versement suivant, de revenir sur son choix initial (attention : le salarié doit être informé de cette possibilité lors de l'interrogation au titre du premier versement, sachant que son choix initial l'engage pour l'ensemble des versements au titre des avances de l'exercice s'il ne revient pas ensuite dessus).

Versement - Les avances sont versées au bénéficiaire, après avoir recueilli son accord, selon une périodicité qui ne peut pas être inférieure au trimestre (c. trav. art. L. 3348-1).

La somme attribuée à un bénéficiaire au titre d'une avance doit faire l'objet d'une fiche distincte du bulletin de paye [voir *Intéressement et participation (fiche annexe)**] (c. trav. art. D. 3348-2).

Remboursement en cas de trop-perçu - Si au terme de l'exercice, la somme effectivement due au bénéficiaire au titre de la participation est plus faible que celle des avances déjà versées, l'intéressé doit rembourser le trop-perçu (c. trav. art. L. 3348-1).

Le remboursement se fait sous la forme sous la forme d'une retenue sur salaire dans la même limite qu'une *avance sur salaire**, à savoir par des retenues successives ne dépassant pas 10 % du montant des salaires exigibles.

Si le trop-perçu a été affecté à un plan d'épargne salariale, il ne peut pas être débloqué. Il est traité comme un versement volontaire du bénéficiaire et n'ouvre pas droit aux exonérations fiscales et sociales attachées à la participation.

Indisponibilité des sommes

Principe : blocage pendant 5 ans - Sauf demande de versement immédiat ou cas de déblocage anticipé, la participation est indisponible pendant 5 ans (c. trav. art. L. 3324-10).

▶ À noter… Les sommes placées sur un PERE-CO ou PERCO sont bloquées schématiquement jusqu'à l'âge de la retraite (voir *Plan d'épargne retraite d'entreprise collectif** et *Plan d'épargne pour la retraite collectif**).

Pour les droits à participation attribués au titre des exercices clos depuis le 8 août 2015, le point de départ du délai d'indisponibilité est le premier jour du 6e mois suivant la clôture de l'exercice (c. trav. art. L. 3324-10 et R. 3324-21-1).

Régime « d'autorité » avec blocage pendant 8 ans - La période d'indisponibilité est de 8 ans lorsqu'aucun accord de participation n'a été conclu, dans un délai de 1 an suivant la clôture de l'exercice au titre duquel sont nés les droits des salariés (régime dit « d'autorité »). Les sommes ainsi attribuées aux salariés sont versées sur des comptes courants et portent intérêts à un taux fixé par un arrêté du ministre chargé des finances (c. trav. art. L. 3323-5).

Blocage pendant 3 ans pour certains anciens accords - Les clauses des accords qui étaient en cours au 20 février 2001 et prévoyant une indisponibilité de 3 ans restent en vigueur (loi 2001-152 du 19 février 2001, art. 7).

Dans ce cas, l'avantage fiscal des salariés est réduit de moitié.

Sommes inférieures à 80 € - Les employeurs sont autorisés à payer directement aux salariés les sommes leur revenant qui n'atteignent pas 80 € (c. trav. art. L. 3324-11 ; arrêté du 10 octobre 2001, JO du 18).

Déblocage anticipé

Liste des cas de déblocage anticipé - Un certain nombre de situations limitativement énumérées permettent au bénéficiaire de débloquer sa participation avant la fin de la période d'indisponibilité, tout en en conservant les avantages sociaux et fiscaux.

Les situations visées sont les suivantes (c. trav. art. R. 3324-22) :
- mariage ou conclusion d'un Pacs ;
- naissance ou adoption d'un 3e enfant ;
- divorce, séparation ou dissolution d'un Pacs, assorti d'une convention (ou d'une décision judiciaire) prévoyant la résidence habituelle unique ou partagée d'au moins un enfant à son domicile ;
- invalidité du salarié, de ses enfants, de son conjoint ou de son partenaire Pacsé ;
- décès du salarié, de son conjoint ou de son partenaire Pacsé ;
- cessation du contrat de travail ;
- situation de surendettement ;
- affectation des sommes à la création ou reprise d'une entreprise par le salarié, ses enfants, son conjoint ou son partenaire Pacsé ;
- affectation des sommes à l'achat ou à l'agrandissement de la résidence principale ;

Cette liste a été complétée en 2024 par trois nouveaux cas :
- affectation des sommes à la rénovation énergétique de la résidence principale (uniquement pour les faits générateurs postérieurs au 7 juillet 2024) (c. trav. art. R. 3324-22, 8° bis) ;
- activité de proche aidant exercée par le salarié, son conjoint ou son partenaire Pacsé auprès d'un proche tel que défini pour le *congé de proche aidant** (demandes de déblocage présentées après le 7 juillet 2024, peu important que la situation de proche aidant ait commencé avant cette date) (c. trav. art. R. 3324-22, 10°) ;
- achat d'un véhicule « propre » (pour les faits générateurs postérieurs au 7 juillet 2024) (c. trav. art. R. 3324-22, 11°).

Le ministère du Travail a mis en ligne le 9 octobre 2024 des questions/réponses sur ces 3 nouveaux cas de déblocage anticipé, il apporte des précisions notamment sur les situations visées et les pièces justificatives à fournir (« Loi Partage de la valeur : questions-réponses sur les nouveaux cas de déblocage du PEE », ministère du Travail, 9 octobre 2024).

▶ À noter… Le véhicule « propre » s'entend d'un véhicule appartenant à la catégorie M1, à celles des camionnettes ou à celle des véhicules à moteurs à deux ou trois roues et quadricycles à moteur, et il utilise l'électricité, l'hydrogène ou une combinaison des deux comme source exclusive d'énergie. Il peut aussi s'agir d'un cycle à pédalage assisté neuf (au sens c. route art. R. 311-1, 6.11).

Le déblocage peut aussi être demandé par le salarié victime de violences par son conjoint, son concubin ou partenaire Pacsé, ou son ancien conjoint, concubin ou partenaire Pacsé (c. trav. art. R. 3324-22, 3° bis). Il faut pour cela :
- soit que le bénéficiaire dispose d'une ordonnance de protection délivrée par le juge aux affaires familiales ;
- soit que les faits correspondent à la circonstance aggravante de violences conjugales (c. pén. art. 132-80) et donnent lieu à une réponse pénale, à savoir une alternative aux poursuites, une composition pénale, l'ouverture d'une information par le procureur de la République, la saisine du tribunal correctionnel par le procureur de la République ou le juge d'instruction, une mise en examen ou une condamnation pénale, même non définitive.

Par ailleurs, lorsque des dirigeants ou le conjoint du chef d'entreprise bénéficient de la participation, les intéressés peuvent également procéder au déblocage anticipé dans les cas suivants (c. trav. art. R. 3324-22) :
- cessation de son activité par un entrepreneur individuel ;
- fin du mandat social ;
- perte du statut de conjoint collaborateur ou de conjoint associé.

▶ À noter… Les sommes placées sur un PERE-CO ou PERCO bénéficient de cas de déblocages plus restreints (voir *Plan d'épargne retraite d'entreprise collectif** et *Plan d'épargne pour la retraite collectif**).

Délai - La demande de déblocage anticipé doit être présentée dans un délai de 6 mois à compter de la survenance du fait générateur (c. trav. art. R. 3324-23).

Par exception, la demande peut intervenir à tout moment dans les cas de cessation du contrat de travail, de décès, de violences conjugales, d'invalidité, de surendettement et d'activité de proche aidant (c. trav. art. R. 3324-23). Il est toutefois recommandé en cas de décès du bénéficiaire, de demander le déblocage avant le 7e mois suivant le décès pour bénéficier du régime fiscal favorable (c. trav. art. D. 3324-37 ; CGI art. 150-0-A).

▶ À noter… En cas de mariage célébré à l'étranger, le médiateur de l'AMF recommande de faire courir le délai de 6 mois à compter de la date de la retranscription de ce dernier sur les registres d'état civil en France (www.amf-france.org.fr, Journal de bord du médiateur de l'AMF, 3 mai 2021 ; c. civ. art. 171-5).

Conditions des exonérations sociales et fiscales

Conditions de fond - Les sommes versées au titre de la *réserve spéciale de participation** sont exonérées de cotisations de sécurité sociale et d'impôt sur le revenu si certaines conditions sont respectées (c. trav. art. L. 3325-1 et L. 3325-2) : caractère collectif, caractère aléatoire de la formule de calcul, respect des plafonds de répartition.

Le même régime s'applique aux sommes distribuées au titre d'un éventuel supplément de participation aux résultats (c. trav. art. L. 3325-4).

Le bénéfice des avantages sociaux et fiscaux suppose que le régime de participation soit conforme à la réglementation en vigueur.

Par ailleurs, les exonérations ne sont applicables que si la période d'indisponibilité a été respectée ou si la participation a été versée dans un des cas de déblocage anticipé.

Lorsque le salarié a demandé le versement immédiat de la participation, l'exonération de cotisations reste applicable, mais les sommes sont en revanche imposables.

Dépôt de l'accord - Si un accord de participation est signé, le bénéfice des avantages sociaux et fiscaux est lié au dépôt de l'accord auprès de l'administration *(voir ci-dessus)*. Aucun versement, fût-il un acompte, ne peut intervenir avant que le dépôt ait été effectué. Les sommes versées avant l'accomplissement de cette formalité ne peuvent pas bénéficier d'une exonération rétroactive (c. trav. art. L. 3323-4).

Par ailleurs, à défaut de dépôt de l'accord, l'intégralité des sommes versées au titre de la participation est réintégrée dans l'assiette des cotisations de sécurité sociale (guide intermin. épargne salariale, juillet 2014, dossier 2, fiche 8, § I).

Exemple
Une URSSAF a ainsi pu réintégrer dans l'assiette des cotisations de sécurité sociale la participation relative à un exercice ouvert le 1er septembre 2002 et clos le 31 août 2003, l'accord de participation relatif à cet exercice n'ayant été déposé que le 10 novembre 2004 (cass. civ., 2e ch., 3 juillet 2008, n° 07-17379, BC II n° 166).

Régime social

Exonération de cotisations sociales - Si les conditions requises sont remplies, les sommes portées à la réserve spéciale de participation n'ont pas le caractère de rémunération (c. trav. art. L. 3325-1, al. 2). Elles sont donc exonérées de cotisations (parts patronale et salariale) (c. séc. soc. art. L. 242-1, II, 2°).

Cette exonération vaut pour les cotisations de sécurité sociale et les charges ayant la même assiette (FNAL, versement mobilité, contribution solidarité autonomie, assurance chômage et AGS, retraite complémentaire, contribution à la formation professionnelle, participation à l'effort de construction, taxe d'apprentissage).

Compte tenu des mécanismes de plafonnement, l'exonération est limitée au montant maximal des droits susceptibles d'être attribués à un même salarié (voir *Réserve spéciale de participation**).

CSG/CRDS - Les sommes allouées au titre de la participation sont assujetties à la CSG au titre des revenus d'activité ainsi qu'à la CRDS (c. séc. soc. art. L. 136-1-1, I ; ord. 96-50 du 4 janvier 1996, art. 14), y compris si le salarié en cause est un apprenti (cass. soc. 26 avril 2001, n° 99-18773, BC V n° 135).

La *CSG** et la *CRDS** dues sur la participation se calculent sans abattement d'assiette (c. séc. soc. art. L. 136-2, 1° ; ord. 96-50 du 4 janvier 1996, art. 14) [voir *Contribution sociale généralisée (CSG)**]. La date d'exigibilité est celle de la première échéance de versement des cotisations suivant la répartition individuelle.

C'est à l'employeur, et non à l'organisme responsable de la gestion de la participation, de verser aux URSSAF la CSG et la CRDS assises sur la participation (lettre min. 91-86 du 13 février 1991).

L'employeur précompte la CSG et la CRDS au moment de la répartition individuelle des droits entre les salariés, et non au moment du versement effectif des sommes allouées aux salariés (cass. civ., 2e ch., 13 février 2014, n° 13-11603, BC II n° 43). Le moment du précompte ne correspond donc ni à la comptabilisation de la réserve spéciale de participation, ni au moment où les droits sont effectivement versés au salarié, ni au moment où les sommes sont versées à l'organisme extérieur qui assure, le cas échéant, la gestion de la participation (guide intermin. épargne salariale, juillet 2014, dossier 2, fiche 8, § I).

La CSG et la CRDS doivent être imputées sur le montant de la participation du salarié (et non sur le salaire directement versé à l'intéressé, par ailleurs).

Les montants de CSG et de CRDS prélevés ne doivent pas figurer sur un bulletin de paye, mais sur la fiche individuelle distincte remise à chaque salarié pour l'informer des droits qui lui sont attribués au titre de la participation *(voir plus loin)*.

▶ À noter… Certains dirigeants et le conjoint ou partenaire pacsé du chef d'entreprise peuvent bénéficier de la participation aux résultats, même s'ils ne sont pas titulaires d'un contrat de travail *(voir ci-avant)*. S'ils relèvent du régime des travailleurs non salariés, la CSG et la CRDS se calculent selon les modalités prévues par ce régime : pas d'abattement d'assiette, contributions non pas déduites de la participation mais appelées par l'URSSAF dans le cadre des modalités prévues pour la déclaration des revenus professionnels, etc. (c. séc. soc. art. L. 136-3 et L. 136-4).

Déductibilité de la CSG - La CSG est intégralement non déductible lorsqu'elle porte sur des sommes exonérées à la fois d'impôt sur le revenu et de cotisations de sécurité sociale. Cette règle a vocation à s'appliquer, le cas échéant, à la CSG prélevée sur la participation (BOFiP-RSA-BASE-30-30-§§ 80 et 90-24/07/2017).

▶ À noter… La CSG reste déductible à hauteur de 6,80 % lorsque les sommes attribuées au titre de la participation sont imposables (par exemple, en cas de versement immédiat).

Forfait social - Les sommes réparties au titre de la réserve spéciale de participation sont soumises au *forfait social** (20 % dans le cas général), sur leur fraction exonérée de cotisations mais assujettie à CSG (c. séc. soc. art. L. 137-15, al. 1 et L. 137-16). En pratique, cette contribution doit être déclarée aux URSSAF en même temps que la CSG portant sur les mêmes éléments (circ. DSS/5B 2008-387 du 30 décembre 2008).

Pour les entreprises qui sont assujetties à la participation, il existe un taux réduit de 16 % en cas d'affectation de la participation sur un plan d'épargne retraite d'entreprise, lorsque l'épargne en « gestion pilotée » par défaut est affectée à l'acquisition de parts de fonds dont une certaine part des titres sont éligibles au PEA-PME (voir *Plan d'épargne retraite d'entreprise collectif**, *Plan d'épargne pour la retraite collectif** et *Plan d'épargne retraite d'entreprise obligatoire**).

Depuis le 1er janvier 2019, il n'y a plus de forfait social sur les sommes versées au titre de la participation dans les entreprises qui n'y sont pas assujetties à titre obligatoire (en substance, les « moins de 50 salariés ») (voir *Forfait social**) (c. séc. soc. art. L. 137-15).

Taxe sur les salaires - L'assiette de la taxe sur les salaires est alignée sur celle de la CSG (voir *Taxe sur les salaires**). Pour les employeurs qui y sont assujettis, la taxe est donc due sur la participation.

Intérêts - Les intérêts générés par la participation et bloqués dans les mêmes conditions sont exonérés d'impôt sur le revenu et sont soumis à la CSG et à la CRDS sur les produits de l'épargne auxquelles s'ajoutent le prélèvement social et les contributions additionnelles, lorsque les salariés demandent la délivrance des droits constitués à leur profit.

La paye n'est pas directement concernée par ces prélèvements, qui sont effectués au titre des produits de l'épargne.

Régime fiscal

Exonération d'impôt sur le revenu, sauf versement immédiat - Les sommes attribuées au titre de la participation au terme du délai d'indisponibilité ou dans un des cas de déblocage anticipé sont exonérées d'impôt sur le revenu (c. trav. art. L. 3325-2 ; BOFiP-RSA-ES-10-20-§ 140-14/06/2017).

En revanche, si le salarié a demandé le versement immédiat de ses droits à l'occasion de la répartition individuelle, les sommes sont imposables (CGI art. 158, 5 b).

Les sommes issues de la participation aux résultats et inférieures à 80 € que les entreprises sont autorisées à verser immédiatement aux salariés (c. trav. art. L. 3324-11 ; arrêté du 10 octobre 2001) sont soumises à l'impôt sur le revenu (BOFiP-RSA-ES-10-20-§ 40-14/06/2017).

Accord fixant la période d'indisponibilité à 3 ans - L'exonération d'impôt ne porte que sur la moitié des sommes lorsque la période d'indisponibilité des droits a été fixée à 3 ans par l'accord de participation (CGI art. 163 bis AA). Cette situation peut encore se rencontrer pour certains accords de participation antérieurs au 20 février 2001.

Mais l'exonération d'impôt reste totale si le salarié a demandé que ses droits soient affectés à un plan d'épargne d'entreprise.

Plafond d'exonération par salarié - Compte tenu des mécanismes de plafonnement, l'exonération d'impôt sur le revenu est limitée au montant maximal des droits susceptibles d'être attribués à un même salarié (voir *Réserve spéciale de participation**).

Prélèvement à la source - Les sommes imposables sont en principe à inclure dans l'assiette du *prélèvement à la source**.

Pour les conditions d'application du PAS, voir *Prélèvement à la source (assiette)**.

Information des bénéficiaires

Information collective - Le personnel doit être informé de l'existence et du contenu de l'accord par tout moyen prévu par cet accord (ex. : remise de l'accord à chaque salarié) et, à défaut, par affichage (c. trav. art. D. 3323-12). L'accord doit également prévoir les modalités de l'information des salariés quant au résultat de l'application des dispositions relatives à la participation (c. trav. art. L. 3323-1).

Dans les 6 mois de la clôture de l'exercice, l'employeur doit présenter un rapport au *comité social et économique** (CSE) ou à la commission spécialisée que le comité a éventuellement créée (c. trav. art. D. 3323-13). Le CSE peut se faire assister par un expert-comptable rémunéré par l'employeur (c. trav. art. L. 2315-80 et D. 3323-14 ; cass. soc. 5 avril 2023, n° 21-23427 FSB).

Dans les entreprises où il n'existe pas de CSE, ce rapport est adressé à chaque salarié présent dans l'entreprise à l'expiration du délai de 6 mois (c. trav. art. D. 3323-15).

Arrivée dans l'entreprise - Dans les entreprises qui proposent un dispositif d'épargne salariale, un *livret d'épargne salariale** doit être remis à tout salarié lors de son embauche (c. trav. art. L. 3341-6), quel que soit son contrat de travail.

La même obligation vaut pour les dirigeants et le conjoint ou partenaire pacsé du chef d'entreprise, y compris lorsqu'ils sont admis à bénéficier de la participation sans contrat de travail (c. trav. art. R. 3341-5, dern. al.).

Fiches annexes du bulletin de paye - Lors de la répartition de la *réserve spéciale de participation**, chaque bénéficiaire reçoit une fiche annexe distincte du bulletin de paye, y compris les personnes ayant quitté l'entreprise (c. trav. art. D. 3323-16).

Une fiche spécifique est prévue en cas de versement d'une avance de participation (c. trav. art. D. 3348-2).

Sur ces fiches, voir *Intéressement et participation (fiche annexe)**.

Information après chaque exercice - Chaque bénéficiaire doit être informé des sommes et valeurs qu'il détient au titre de la participation dans les 6 mois qui suivent la clôture de chaque exercice (c. trav. art. D. 3323-17).

Bénéficiaire quittant l'entreprise - Lorsqu'un bénéficiaire de la participation quitte l'entreprise sans exercer son droit à déblocage, ou sans que l'entreprise ait pu liquider ses droits, l'employeur doit (c. trav. art. D. 3324-36) :

- lui remettre un état récapitulatif d'épargne salariale (voir *État récapitulatif d'épargne salariale et relevé annuel de situation**) ;
- lui demander l'adresse à laquelle devront lui être envoyés les intérêts, dividendes et avis relatifs à ces droits et, lors de leur échéance, les sommes distribuées ainsi que, le compte sur lequel les sommes doivent lui être versées ;
- l'informer qu'il l'avisera des éventuels changements d'adresse de l'entreprise (ou de l'organisme gestionnaire si la participation est gérée hors de l'entreprise).

Fonds en déshérence - Lorsque le bénéficiaire ne peut pas être atteint à la dernière adresse indiquée par lui, l'employeur tient à sa disposition les sommes qui lui reviennent au titre de la participation pendant une durée de 1 an à compter du terme de la période d'indisponibilité (5 ans en principe, 8 ans en cas d'application du régime d'autorité) (c. trav. art. D. 3324-37).

Passé ce délai, ces sommes sont remises à la Caisse des dépôts et consignation. Le bénéficiaire peut alors les réclamer pendant le délai prévu pour les fonds en déshérence, fixé à 20 ans (27 ans en cas de décès du bénéficiaire) depuis le 1er janvier 2016.

Supplément de participation

Le conseil d'administration d'une entreprise ou son directoire, ou encore, en l'absence de telles structures, le chef d'entreprise peuvent décider d'attribuer aux salariés un supplément de participation versé au titre de l'exercice clos (voir *Réserve spéciale de participation**).

☞ *Compte épargne-temps ; État récapitulatif d'épargne salariale et relevé annuel de situation ; Forfait social ; Intéressement et participation (fiche annexe) ; Livret d'épargne salariale ; Partage de la valeur ; Plan d'épargne d'entreprise ; Plan d'épargne pour la retraite collectif ; Plan d'épargne retraite d'entreprise collectif ; Plan d'épargne retraite d'entreprise obligatoire ; Réserve spéciale de participation ; Transfert d'épargne salariale.*

Particulier employeur

☞ *Aide à domicile ; Chèque emploi-service universel.*

Passe Navigo

☞ *Frais de transport domicile-lieu de travail.*

Paternité

☛ *Congé de naissance ; Congé de paternité et d'accueil de l'enfant ; Congé PMA ; Congés pour événements familiaux ; Examens médicaux liés à la grossesse (absences).*

Pause cigarette ou vapotage

L'interdiction de fumer dans l'entreprise conduit à se questionner sur les temps consacrés aux pauses « cigarettes » ou aux cigarettes électroniques.

Interdiction de fumer

Tabac - Il est interdit de fumer dans les lieux fermés et couverts qui constituent des lieux de travail (c. santé pub. art. L. 3512-8 et R. 3512-2).

Cette interdiction concerne tant les lieux collectifs (bureaux, open space, salles de réunion, salles de repos, etc.) que les bureaux individuels (circulaires des 24, 27 et 29 novembre 2006, JO 5 décembre).

▶ À noter… L'employeur peut mettre un emplacement à la disposition des fumeurs en respectant des normes spécifiques et en consultant le *comité social et économique** (CSE) et le médecin du travail (c. santé pub. art. R. 3512-3 à R. 3512-9).

Vapotage - Il est interdit de vapoter notamment dans les lieux de travail fermés et couverts à usage collectif (c. santé pub. art. L. 3513-6 et L. 3513-19, R. 3513-2 à 3513-4 et R. 3515-7 à R. 3515-8).

Le salarié fume pendant les temps de pause

La loi prévoit une pause minimale, les accords collectifs ou les usages pouvant prévoir une durée supérieure (voir *Pauses**). Ce temps de pause est un temps de liberté pour le salarié qui l'utilise à sa guise. En principe, il ne s'agit pas d'un *temps de travail effectif**.

Le salarié peut donc mettre à profit ce temps de pause pour fumer ou vapoter dans un lieu autorisé ou aménagé à cet effet.

Le salarié fume en dehors des temps de pause

En dehors du temps de pause légal ou conventionnel, le salarié peut bénéficier d'une tolérance de la part de son employeur pour prendre le temps de fumer ou vapoter. Ce temps n'est pas considéré comme du temps de travail effectif, sauf décision plus favorable de l'employeur.

L'employeur qui admet cette tolérance peut demander à ses salariés de débadger lorsqu'ils s'absentent de leur poste de travail pour fumer ou vapoter :
- soit pour pouvoir décompter ce temps de pause du temps de travail effectif ;
- soit pour être en mesure de contrôler la durée de ce temps de pause assimilé à du travail effectif.

Lorsque l'employeur a instauré un usage selon lequel les salariés fumeurs peuvent se réunir dans un local aménagé, sans décompte du temps de travail effectif, les salariés doivent pouvoir continuer à bénéficier de cet usage, sauf à le dénoncer dans les formes requises (voir *Usage**).

☛ *Pauses ; Temps de travail effectif.*

Pauses

Les temps de pause prévus dans l'organisation du travail peuvent prendre diverses formes : simples interruptions non indemnisées, pauses rémunérées, pauses assimilées à du travail effectif.

Temps de pause quotidien

Pause minimale prévue par la loi - L'employeur doit accorder une pause d'une durée minimale de 20 minutes dès que le salarié a effectivement travaillé pendant 6 heures consécutives (c. trav. art. L. 3121-16).

Il a le choix d'accorder la pause avant que cette période de 6 h soit achevée ou à la suite immédiate de ce temps (circ. DRT 2000-7 du 6 décembre 2000), étant précisé que la durée de 6 h se calcule hors temps de pause (cass. soc. 13 mars 2001, n° 99-45254, BC V n° 96).

▶ À noter… L'application d'un système de *durée d'équivalence** ne dispense pas l'employeur d'accorder les temps de pauses obligatoires (cass. soc. 29 juin 2011, n° 10-14743, BC V n° 184).

Réglementation spécifique - Selon la réglementation spécifique aux personnels roulants des entreprises de transport public urbain de voyageurs, la pause quotidienne de 20 minutes peut être fractionnée (cass. soc. 3 juin 2020, n° 18-16810 FSPB). Ce régime d'exception comporte des contreparties pour ces personnels, car :

- aucun service ne peut compter plus de deux coupures ;
- la coupure pour repas de midi est au minimum de 45 minutes ;
- les coupures d'une durée inférieure ou égale à 30 minutes sont considérées comme du temps de travail effectif.

Cette possibilité de fractionner le temps de pause quotidien existe également dans le transport routier où la pause quotidienne peut prendre la forme de deux périodes d'une durée d'au moins 15 minutes chacune (c. transp. art. L. 3312-2).

Dispositions plus favorables - Les conventions et accords collectifs peuvent prévoir un temps de pause supérieur à 20 minutes (c. trav. art. L. 3121-17).

Ces dispositions conventionnelles peuvent fixer le moment de prise de cette pause après que 6 heures de travail consécutives se sont écoulées. Une réserve, cependant : la durée des périodes continues de travail ne doit pas aller à l'encontre des impératifs de santé et de sécurité (circ. DRT 2000-7 du 6 décembre 2000).

Depuis la loi du 8 août 2016, l'accord d'entreprise ou d'établissement prime sur l'accord de branche. Il est donc possible de prévoir par accord d'entreprise ou d'établissement des règles différentes de celles éventuellement prévues dans l'accord de branche, le cas échéant moins favorables aux salariés, pourvu que le minimum légal de 20 minutes soit respecté.

Pratiques et dispositions conventionnelles non conformes - La pause minimale prévue par la loi doit être de 20 minutes consécutives, en un seul bloc (c. trav. art. L. 3121-16).

On considère que l'employeur ne s'acquitte pas de son obligation légale s'il fractionne le temps de travail par plusieurs petits temps de pause inférieurs à 20 minutes. Peu importe que ces temps de pause additionnés représentent une interruption supérieure à 20 minutes.

Exemples

1) Prévoir deux pauses de 15 minutes ne respecte pas l'obligation légale (cass. soc. 20 février 2013, n° 11-28612, BC V n° 49). L'argument selon lequel l'employeur n'a pas à accorder la pause légale de 20 minutes au motif que les salariés ne travaillent pas 6 heures de suite du fait des deux interruptions de travail de 15 minutes n'a pas été retenu.

2) Un dispositif accordant une interruption de travail de 7 minutes au cours d'une période de 6 heures de travail est moins favorable que le fait d'accorder 20 minutes de pause au bout de 6 heures de travail quotidien. Le fait que l'interruption de travail soit rémunérée ne change rien (cass. soc. 20 février 2013, n° 11-26793, BC V n° 50).

Temps partiel - La loi limite le nombre d'interruptions quotidiennes pour les salariés à temps partiel (voir *Temps partiel**).

Définition de la pause

Pas du temps de travail effectif - La période de pause est un arrêt de travail de courte durée sur le lieu de travail ou à proximité. Elle ne constitue pas, en principe du *temps de travail effectif**.

Exemple

La pause prise par des salariés qui gardent la maîtrise de leur temps de travail, dans un local distinct situé dans l'enceinte de l'entreprise, n'est pas du temps de travail effectif (cass. soc. 3 novembre 2005, n° 04-10935 D).

Elle n'est pas incompatible avec des interventions éventuelles et exceptionnelles demandées durant cette pause au salarié en cas de nécessité, notamment pour des motifs de sécurité. En conséquence, un employeur peut prévoir que les salariés devront intervenir en cas de nécessité dès lors que cette période est rémunérée et décomptée comme du temps de travail effectif (cass. soc. 1er avril 2003, n° 01-01395, BC V n° 129).

Le temps de pause est bien respecté dès lors que le salarié n'est pas tenu de répondre aux directives de l'employeur et qu'il peut vaquer à ses occupations personnelles, ce même :
- s'il ne peut pas quitter l'entreprise durant sa pause (cass. soc. 19 mai 2009, n° 08-40208 D) ;
- s'il doit rester en tenue de travail et présenter un comportement irréprochable, son employeur pouvant contrôler cette tenue et son comportement à tout moment, puisqu'il est libre de vaquer à ses occupations personnelles, sans être à la disposition de l'employeur (cass. soc. 3 juin 2020, n° 18-18836 FSPB) ;
- s'il doit conserver son téléphone mobile professionnel dans tous ses déplacements « afin d'être joignable à tout moment » (cass. soc. 2 juin 2021, n° 19-15468 D) ;
- s'il s'agit de son temps du déjeuner qui s'intercale entre deux périodes de travail effectif (cass. soc. 20 juin 2013, n° 12-10127, BC V n° 159).

Rémunération - Légalement, une pause n'a pas à être rémunérée.

Cependant, même lorsqu'une pause ne constitue pas du temps de travail effectif, elle peut faire l'objet d'une rémunération en application d'un accord collectif d'entreprise ou d'établissement (ou, à défaut, d'une convention ou d'un accord de branche) (c. trav. art. L. 3121-6) ou, le cas échéant, d'un usage d'entreprise ou du contrat de travail.

Il est possible de prévoir par accord d'entreprise ou d'établissement des règles différentes de celles éventuellement prévues dans l'accord de branche, le cas échéant moins favorables aux salariés.

▶ À noter… Lorsque la convention collective prévoit un temps de pause rémunéré, il faut prendre garde à l'interprétation de l'accord. Ainsi, en présence d'un accord collectif prévoyant 10 minutes de pause sur une période de 3 h de travail effectif, l'employeur est en droit d'intégrer la pause à la journée de travail, sans augmenter le temps de présence ni donc, la rémunération correspondante (cass. soc. 2 mars 2016, n° 14-25896, BC V n° 44).

Requalification en travail effectif - La pause est requalifiée en *temps de travail effectif** si les critères requis sont remplis, c'est-à-dire lorsque le salarié est à la disposition de l'employeur et se conforme à ses directives sans pouvoir vaquer librement à des occupations personnelles (c. trav. art. L. 3121-2 ; cass. soc. 7 février 2024, n° 22-22308 FD), avec les conséquences que cela implique (paiement comme temps de travail, etc.).

En pratique, tout dépend des circonstances de fait. Par exemple, ont été considérées comme constituant du travail effectif :
- la pause de 12 minutes pendant laquelle les salariés peuvent être appelés, en cas d'urgence, à reprendre le travail (cass. soc. 7 avril 2004, n° 03-42492 D) ;
- la pause de 30 minutes, dans un établissement classé « Seveso 2 », pendant laquelle les salariés sont tenus de rester dans un local vitré d'où ils doivent surveiller leurs machines pour répondre et intervenir en cas d'alerte des signaux de leur poste de travail (cass. soc. 12 octobre 2004, n° 03-44890, BC V n° 253) ;
- la pause de 30 minutes d'un salarié travaillant seul la nuit dans une station-service, alors que l'organisation du travail ne lui permettait pas de prendre effectivement ses temps de pause mais l'obligeait à rester à la disposition de l'employeur pour recevoir les clients (cass. soc. 13 janvier 2010, n° 08-42716, BC V n° 9) ;
- les pauses passées par des agents de sécurité dans des locaux de l'établissement où ils pouvaient être appelés à tout moment pour effectuer des interventions immédiates de sécurité, lesquelles étaient fréquentes, tant pendant le sommeil que pendant les repas ; de plus, ils devaient se conformer aux directives de leur employeur et rester à sa disposition (cass. soc. 20 février 2013, n° 11-26401, BC V n° 53) ;
- le temps passé par le salarié sur le lieu de travail, dans des locaux déterminés imposés par l'employeur, afin de répondre à toute nécessité d'intervention sans pouvoir vaquer librement à des occupations personnelles (cass. soc. 14 septembre 2016, n° 14-17840 D).

Dans ces situations, l'employeur ne peut pas être considéré comme ayant octroyé une pause au sens légal du terme. Le temps des pauses non prises doit par conséquent être payé (cass. soc. 13 janvier 2010, n° 08-42716, BC V n° 9).

▶ À noter… Pour les formateurs, les temps d'accueil et de pause des stagiaires font partie intégrante de l'action de formation et sont du temps de travail effectif (cass. soc. 14 septembre 2016, n° 14-2610, BC V n° 166).

Preuve des temps de pause - En cas de litige relatif aux heures de travail effectuées, la charge de la preuve est partagée entre le salarié et l'employeur (c. trav. art. L. 3171-4) (voir *Durée du travail**).

Ce régime de preuve partagée ne s'applique pas aux seuils et plafonds prévus par le droit de l'Union européenne. Pour ces derniers, la charge de la preuve pèse exclusivement sur l'employeur (cass. soc. 17 octobre 2012, n° 10-17370, BC V n° 267 ; cass. soc. 20 février 2013, n° 11-21599, BC V n° 51 ; cass. soc. 18 juin 2015, n° 13-26503 D ; cass. soc. 8 avril 2021, n° 19-22700 D). Ce sont les garanties minimales prévues par la directive européenne sur le temps de travail, et notamment le temps de pause obligatoire après 6 heures de travail, qui sont concernées (dir. 2003/88/CE du 4 novembre 2003, art. 4).

▶ À noter… Le seul constat du non-respect du temps de pause quotidien ouvre droit à réparation pour la salariée qui n'a pas à prouver un préjudice pour être indemnisée (cass. soc. 4 septembre 2024, n° 23-15944 FSB).

Autres pauses

Voici quelques-uns des cas dans lesquels la loi impose des temps de pause, en plus de ceux prévus en cas de travail de plus de 6 h et pour la douche dans certains métiers salissants.

Moins de 18 ans - Aucun travail effectif ininterrompu ne peut dépasser 4 h 30 min (c. trav. art. L. 3162-3). Au-delà, les salariés de moins de 18 ans doivent bénéficier d'une pause de 30 minutes qui n'a pas à être rémunérée. Ceci concerne également les jeunes accomplissant un stage dans le cadre d'un enseignement alterné ou dans le cadre de leur scolarité.

Pause pour allaitement - À compter du jour de la naissance, et pendant une année, les mères allaitant leurs enfants disposent, à cet effet, d'une pause d'une heure par jour durant les heures de travail (c. trav. art. L. 1225-30 et R. 1225-5). Sauf disposition conventionnelle, cette pause n'est pas rémunérée.

▶ À noter... Cette durée d'une heure est en principe répartie en deux périodes de 30 minutes, l'une pendant le travail du matin et l'autre pendant celui de l'après-midi.

Travail sur écran - Le travail des salariés concernés doit être aménagé pour leur permettre d'interrompre leur temps quotidien de travail sur écran par des changements d'activité ou des pauses réduisant la charge de travail sur écran (c. trav. art. R. 4542-4). Il n'y a aucune obligation légale de rémunérer les pauses qui seraient instituées à ce titre.

Pauses conventionnelles - En dehors des cas légaux indiqués ci-dessus, la plupart des temps de pause sont prévus par les conventions collectives ou les usages d'entreprise.

La rémunération des pauses, prévue conventionnellement, ne signifie pas pour autant qu'elles doivent automatiquement être assimilées à du temps de travail effectif (pour le calcul des heures supplémentaires, notamment). L'accord doit le prévoir expressément.

Si nécessaire, il revient aux juges d'interpréter les dispositions de la convention collective (cass. soc. 2 octobre 2024, n° 22-21772 FSB).

☞ *Amplitude de la journée de travail ; Douches ; Durée du travail ; Jeunes ; Temps partiel ; Temps de travail effectif.*

Paye de sortie

La dernière paye ou « paye de sortie » est délicate à réaliser pour deux motifs : de nombreux calculs spécifiques interviennent à cette occasion et, en cas d'erreur en défaveur de l'entreprise, le remboursement des sommes indûment versées au salarié est aléatoire. Par ailleurs, certaines formalités sont liées à l'établissement du dernier bulletin de paye, dont quelques-unes sont désormais prises en charge directement par les solutions paye.

Calcul du dernier bulletin de paye

Proratisation du salaire - La rémunération d'un salarié sorti en cours de mois se calcule en fonction du nombre d'heures réellement travaillées (voir *Entrée en cours d'année**).

Primes annuelles - S'il existe dans l'entreprise une prime de fin d'année ou de treizième mois, le salarié aura, ou non, droit à une fraction de la prime correspondant à son temps de présence selon le régime de ladite prime.

En effet, les primes annuelles, telles que les primes de fin d'année ou de vacances subordonnées à la présence du salarié au moment de leur paiement, ne sont versées au prorata du temps de présence du salarié ayant quitté l'entreprise que si une convention ou un usage le prévoit (voir *Prime de fin d'année ou de treizième mois**).

Solde des congés payés - Le compteur des congés payés doit être soldé. S'il y a lieu, une *indemnité compensatrice de congés payés** doit être versée.

Solde des autres compteurs - Les autres compteurs doivent être également soldés et notamment ceux relatifs :
- au *repos compensateur de remplacement** ;
- aux jours de RTT [voir *Jour de RTT (gestion en paye)**] ;
- à la *contrepartie obligatoire en repos**.

Par ailleurs, le *compte épargne-temps** doit être clôturé, et les droits inscrits doivent être réglés au salarié.

Préavis - Si la rupture du contrat s'accompagne d'un *préavis**, le salarié reçoit la paye correspondante au fur et à mesure qu'il l'exécute.

Si le salarié est dispensé d'exécuter son préavis, l'employeur doit lui verser une indemnité compensatrice, sauf si la dispense a été décidée d'un commun accord ou a été accordée à la seule demande du salarié (voir *Dispense de préavis** et *Indemnité compensatrice de préavis**).

En cas de dispense, si l'indemnité compensatrice de préavis venait à être versée en une seule fois, lors du départ du salarié de l'entreprise, et non au fur et à mesure du préavis (voir *Indemnité compensatrice de préavis**), cela aurait nécessairement un impact sur le calcul du plafond annuel *(voir ci-après)*.

Indemnité de rupture - Certaines ruptures du contrat de travail impliquent le versement d'une indemnité de rupture et notamment, selon le contexte :
- une *indemnité de fin de contrat** au terme d'un *contrat à durée déterminée** (CDD) ;
- une *indemnité de rupture anticipée d'un CDD** ;
- une *indemnité de rupture conventionnelle individuelle** ;
- une *indemnité de licenciement** ;
- les indemnités dues en cas de rupture du contrat pour *inaptitude** physique ;

- une *indemnité transactionnelle** ;
- une *indemnité de mise à la retraite** ;
- une *indemnité de départ volontaire en retraite** ;
- une *indemnité de départ volontaire** ;
- une *indemnité de rupture conventionnelle collective** ;
- une indemnité de rupture en cas de départ volontaire dans le cadre d'un *congé de mobilité**.

Ces indemnités suivent des régimes social et fiscal particuliers [voir *Indemnités de rupture (régimes social et fiscal)**].

▶ À noter... Il se peut que l'employeur ne soit pas en mesure d'établir le bulletin de paye d'un salarié qui sort juste après la clôture de la paye. Bien que l'employeur ait l'obligation de régler le salarié dès son départ, il semble possible de négocier le versement d'un acompte au salarié et d'établir ensuite son bulletin de salaire le mois suivant.

Impact sur le calcul des cotisations

Calcul du plafond - Si le dernier mois n'est pas complet, le plafond applicable est proratisé, comme en cas d'embauche en cours de mois (voir *Entrée en cours d'année**).

Le plafond de l'année de départ est égal à la somme des plafonds mensuels du salarié (voir *Plafond de la sécurité sociale**).

Réduction générale de cotisations patronales, cotisation maladie et cotisation AF - Des proratisations sont applicables pour déterminer le SMIC annuel pris en compte dans le calcul de la *réduction générale de cotisations patronales**.

De même, font également l'objet de prorata :
- le plafond d'éligibilité, qui gouverne le droit à la réduction de taux de cotisation patronale maladie (voir *Cotisation d'assurance maladie-maternité-invalidité**) ;
- la limite dont dépend le droit à la réduction de taux de cotisation patronale d'allocations familiales (voir *Cotisation d'allocations familiales**).

Maintien des couvertures complémentaires « prévoyance » et « santé » au départ du salarié

Dans certains cas de rupture du contrat de travail, le salarié peut conserver le bénéfice des couvertures complémentaires « santé » et « prévoyance » appliquées par son ancienne entreprise pendant sa période de chômage (voir *Portabilité de la prévoyance complémentaire**).

Formalités administratives

DSN - La rupture du contrat de travail doit faire l'objet d'un signalement d'événement « fin de contrat de travail » quel que soit le motif de la rupture (voir *Déclaration sociale nominative**).

▶ À noter... La déclaration des mouvements du personnel est désormais intégrée à la DSN.

Attestation d'assurance chômage - Une *attestation d'assurance chômage** doit être remise au salarié « au moment de l'expiration ou de la rupture du contrat de travail » (en pratique, avec sa dernière paye). Cette formalité est désormais gérée via la *déclaration sociale nominative**.

L'employeur reçoit, après le signalement en DSN de la fin de contrat de travail unique (FCTU), une « Attestation d'emploi rematérialisée » (AER), qu'il doit imprimer, signer et remettre au salarié. Lorsque la reconstitution de l'AER n'aboutit pas en DSN, il convient de la réaliser selon l'ancienne procédure (voir *Attestation d'assurance chômage**).

Certificat de travail - Un *certificat de travail** doit être remis au salarié (il est souvent édité par le logiciel de paye).

Reçu pour solde de tout compte - À l'occasion de la rupture du contrat de travail, l'employeur doit établir un *reçu pour solde de tout compte**. Ce document est généralement édité par le logiciel de paye.

État récapitulatif d'épargne salariale - Pour mémoire, l'employeur doit éventuellement remettre en outre au salarié un état récapitulatif d'épargne salariale si le salarié est bénéficiaire d'un tel dispositif (voir *État récapitulatif d'épargne salariale et relevé annuel de situation**).

▶ À noter... La rupture du contrat de travail est un cas de déblocage anticipé de la participation aux résultats et des sommes investies dans un PEE ou un PEI (voir *Participation aux résultats** et *Plan d'épargne d'entreprise**).

Registre du personnel - Le départ du salarié de l'entreprise doit être mentionné dans le registre unique du personnel (c. trav. art. D. 1221-23 et D. 1221-25) (voir *Registres obligatoires**). Ce dernier, souvent informatisé, peut être généré par le logiciel de paye.

Refus de CDI après un CDD ou un intérim - Depuis le 1er janvier 2024, les employeurs ont des obligations spécifiques lorsqu'ils proposent un CDI à un salarié en CDD ou à un intérimaire pour le même emploi un emploi similaire.

L'employeur qui propose à un salarié en CDD que la relation se poursuive à l'issue de son contrat sous la forme d'un CDI pour occuper le même emploi ou un emploi similaire, assorti d'une rémunération au moins équivalente pour une durée de travail équivalente, relevant de la même classification et sans changement du lieu de travail, doit notifier cette proposition par écrit au salarié (c. trav. art. L. 1243-11-1 et R. 1243-2).

Cet écrit (LRAR, lettre remise en main propre contre décharge ou tout autre moyen donnant date certaine à sa réception) doit indiquer le délai de réflexion laissé au salarié et préciser que son silence vaudra refus. Le délai laissé au salarié doit être « raisonnable » (on sait donc qu'il ne doit pas être trop bref, même s'il n'est pas quantifié).

Dans le contexte de l'intérim, la même obligation est prévue à charge de l'entreprise utilisatrice qui à l'issue, d'une mission, propose à un intérimaire un CDI pour occuper le même emploi ou un emploi similaire, sans changement du lieu de travail (c. trav. art. L. 1251-33-1 et R. 1251-3-1).

En cas refus du salarié, l'employeur (pour un CDD) ou l'entreprise utilisatrice (pour un intérimaire) en informe France Travail en justifiant du caractère similaire de l'emploi proposé. Pour ce faire, il faut passer par une plateforme dédiée (https://www.demarches-simplifiees.fr/commencer/refus-de-cdi-informer-francetravail) (arrêté du 3 janvier 2024, JO du 10, texte 17).

À partir de 2025, cette procédure doit être complétée par une déclaration de refus en DSN intitulée « Refus de la proposition d'un CDI suite à CDD ou contrat de mission » (S21.G00.62.021). Pour les contrats de mission ou les CDD d'usage en circuit dérogatoire, cette rubrique doit être renseignée dans la DSN mensuelle. Pour les autres, elle doit être renseignée dans le signalement FCTU (« Fin de contrat de travail unique ») et reportée dans la DSN mensuelle qui correspond au mois M du signalement FCTU (net-entreprises, DSN, base de connaissances, fiche 2695, 29/10/2024).

Le demandeur d'emploi qui, au cours des 12 mois précédents, a refusé 2 CDI dans ce contexte, est privé d'indemnisation chômage, sous réserve de certaines exceptions (c. trav. art. L. 5422-1, I).

Calcul d'effectif

Pour le calcul de certains seuils d'effectifs, l'employeur doit tenir compte des salariés ayant été présents dans l'entreprise au cours de l'année civile, même s'ils ne sont plus dans l'entreprise au 31 décembre (voir *Effectif** et *Effectif sécurité sociale**).

☞ *Attestation d'assurance chômage ; Certificat de travail ; Congé de mobilité ; Déclaration sociale nominative ; Entrée en cours d'année ; État récapitulatif d'épargne salariale et relevé annuel de situation ; Indemnité compensatrice de congés payés ; Indemnité compensatrice de préavis ; Indemnité de départ volontaire ; Indemnité de départ volontaire en retraite ; Indemnité de fin de contrat ; Indemnité de licenciement ; Indemnité de mise à la retraite ; Indemnité de rupture anticipée d'un CDD ; Indemnité de rupture conventionnelle collective ; Indemnité de rupture conventionnelle individuelle ; Indemnité transactionnelle ; Indemnités de rupture (régimes social et fiscal) ; Intéressement ; Intéressement et participation (fiche annexe) ; Jour de RTT (gestion en paye) ; Participation aux résultats ; Plafond de la sécurité sociale ; Plan d'épargne d'entreprise ; Portabilité de la prévoyance complémentaire ; Prime de fin d'année ou de treizième mois ; Reçu pour solde de tout compte.*

PEE

☞ *Plan d'épargne d'entreprise.*

PEI

☞ *Plan d'épargne interentreprises.*

Pénalité 1 % égalité femmes-hommes

Une pénalité pour deux types de manquements

Accord ou plan d'action sur l'égalité - Les entreprises d'au moins 50 salariés qui ne sont couvertes ni par un accord collectif sur l'égalité professionnelle femmes/hommes ni, à défaut, par un plan d'action annuel en faveur de l'égalité, doivent acquitter une pénalité financière (c. trav. art. L. 2242-8).

Les développements qui suivent sont consacrés à ce volet de la pénalité.

Index de l'égalité - Par ailleurs, cette pénalité sanctionne également certains manquements des entreprises tenues de publier chaque année leur Index des écarts de rémunération entre les femmes et les hommes. En effet, elle est encourue :

- en l'absence de publication de l'Index à la date requise (note globale et, depuis l'index 2021 publié en 2022, note obtenue à chaque indicateur) ;
- en cas de note inférieure à 75 points, absence de fixation de mesures correctrices et, depuis l'index 2021 publié en 2022, absence de publication de ces mesures.

Pour cet aspect de la pénalité, voir *Égalité des rémunérations femmes-hommes (réduction des écarts)** et *Index de l'égalité**.

Champ de la pénalité relative à l'accord ou au plan d'action

Employeurs de 50 salariés et plus sans accord ni plan d'action - Les entreprises d'au moins 50 salariés sont soumises à une pénalité financière si elles ne sont pas couvertes par un accord sur l'égalité professionnelle entre les femmes et les hommes ou, à défaut d'accord, par un plan d'action destiné à assurer l'égalité (c. trav. art. L. 2242-8 ; instr. DGT/DPSIT/RT3 2017-124 du 4 avril 2017).

Toutes les entreprises d'au moins 50 salariés sont concernées, peu important qu'elles disposent ou non d'institutions représentatives du personnel ou que des sections syndicales y soient constituées.

En revanche, les entreprises de moins de 50 salariés ne sont pas concernées par la pénalité, y compris si elles appartiennent à un groupe de 50 salariés et plus.

Calcul de l'effectif - L'administration a précisé les modalités de détermination de l'effectif dans une instruction (instr. DGT/DPSIT/RT3 2017-124 du 4 avril 2017, § 1.1).

L'effectif de l'entreprise est calculé selon les modalités prévues par le code du travail (c. trav. art. L. 1111-2, L. 1111-3 et L. 1251-54) (voir *Effectif**).

Le seuil de 50 salariés est apprécié selon les mêmes modalités que pour la désignation d'un délégué syndical (DS) (instr. DGT/DPSIT/RT3 2017-124 du 4 avril 2017, § 1.1). À l'époque de cette précision de l'administration (2017), cela signifiait que l'effectif devait avoir été atteint pendant 12 mois, consécutifs ou non, au cours des 3 années précédentes. Depuis le 1er janvier 2018, la loi a changé et, pour les DS, l'effectif doit avoir été atteint pendant 12 mois consécutifs (c. trav. art. L. 2143-3). À notre sens, il convient de tenir compte de cette nouvelle règle.

▶ À noter... Le seuil de 300 salariés qui détermine si l'employeur doit d'abord tenter de négocier un accord avant de passer par la voie du plan d'action unilatéral se calcule selon les mêmes règles (instr. DGT/DPSIT/RT3 2017-124 du 4 avril 2017, § 1.1).

Rôle des accords de branche - L'existence d'un accord de branche relatif à l'égalité femmes-hommes ne permet pas en soi d'échapper à la pénalité. En pratique, les entreprises de la branche concernée doivent conclure leur propre accord ou mettre en place leur propre plan d'action (instr. DGT/DPSIT/RT3 2017-124 du 4 avril 2017, § 1.2.1).

Ne pas confondre avec la négociation obligatoire sur l'égalité - Indépendamment de la pénalité, le code du travail prévoit une négociation obligatoire sur l'égalité professionnelle entre les femmes et les hommes et la qualité de vie au travail.

Celle-ci concerne toutes les entreprises où sont constituées une ou plusieurs sections syndicales d'organisations représentatives et qui disposent d'un ou plusieurs délégués syndicaux ou d'un élu du comité social et économique (CSE) désigné comme délégué syndical (c. trav. art. L. 2242-1). Elle doit être engagée tous les ans, ou selon une autre périodicité fixée par un accord dit de « méthode » (au maximum tous les 4 ans) (c. trav. art. L. 2242-11, L. 2242-12 et L. 2242-13).

De son côté, la pénalité concerne potentiellement toutes les entreprises de 50 salariés et plus, dotées ou non de représentants du personnel ou de représentants syndicaux. À l'inverse, elle ne concerne pas les entreprises de moins de 50 salariés, même celles ayant un délégué syndical ou un élu du CSE désigné comme délégué syndical.

Accord ou plan d'action sur l'égalité professionnelle

Accord collectif - Le premier moyen d'échapper à la pénalité est d'être couvert par un accord collectif (c. trav. art. L. 2242-8). Le cas échéant, cet accord peut être conclu dans le cadre de la négociation annuelle obligatoire sur les objectifs d'égalité professionnelle entre les femmes et les hommes.

Les entreprises de 300 salariés et plus doivent prioritairement chercher à négocier un accord collectif. En cas d'échec, il convient d'établir un procès-verbal de désaccord (c. trav. art. L. 2242-8). Si elles passent par la voie du plan d'action, elles doivent pouvoir justifier de l'échec de la négociation au moyen de ce procès-verbal ou de l'impossibilité d'engager la négociation (instr. DGT/DPSI/RT3 2017-124 du 4 avril 2017, § 1.2.3).

Plan d'action - À défaut d'accord collectif relatif à l'égalité professionnelle, l'employeur est tenu d'élaborer chaque année un plan d'action destiné à assurer l'égalité professionnelle entre les femmes et les hommes (c. trav. art. L. 2242-3).

Ce plan d'action doit comporter un certain nombre d'éléments (objectifs de progression pour l'année à venir, définition des actions permettant d'atteindre ces objectifs, etc.) (c. trav. art. L. 2242-3).

▶ À noter… L'accord ou le plan d'action est présenté au CSE dans le cadre de la consultation sur la politique sociale de l'entreprise, les conditions de travail et l'emploi et mis à sa disposition dans la base de données économiques et sociales (c. trav. art. L. 2312-26, II 2°).

Objectifs de progression et actions - L'accord collectif ou, à défaut, le plan d'action doit fixer des objectifs de progression et les actions permettant de les atteindre parmi une liste de domaines d'action : embauche, formation, promotion professionnelle, qualification, classification, conditions de travail, sécurité et santé au travail, rémunération effective et articulation entre l'activité professionnelle et la vie personnelle et familiale (c. trav. art. R. 2242-2).

Les employeurs de moins de 300 salariés doivent traiter au moins 3 de ces domaines, celles de 300 salariés et plus doivent en aborder au moins 4. Il doit obligatoirement y avoir la question de la rémunération effective (c. trav. art. R. 2242-2).

Les objectifs et actions doivent être accompagnés d'indicateurs chiffrés de suivi.

Incidence d'un accord ou d'une négociation de groupe - Pour ce qui est de l'accord de groupe, plusieurs cas de figure sont possibles (instr. DGT/DPSIT/RT3 2017-124 du 4 avril 2017, § 1.2.1).

Si un accord collectif de groupe est conclu et remplit les conditions prévues par la loi, il dispense les entreprises comprises dans son champ d'application d'engager la négociation (c. trav. art. L. 2232-33).

Si une négociation est engagée au niveau du groupe mais n'aboutit pas à un accord, deux cas peuvent se présenter :
- soit un accord dit « de méthode » prévoit que l'engagement de la négociation sur l'égalité professionnelle entre les femmes et les hommes à ce niveau dispense les entreprises d'engager elles-mêmes cette négociation (c. trav. art. L. 2232-33) : dans ce cas, les entreprises du groupe peuvent directement élaborer un plan d'action ;
- soit il n'y a pas d'accord de méthode qui centralise la négociation sur l'égalité au niveau du groupe, auquel cas les entreprises doivent engager les négociations à leur niveau.

Dépôt des accords collectifs - Un éventuel accord collectif sur l'égalité professionnelle doit être déposé selon les mêmes modalités que tout accord collectif. Cela implique, en particulier, de déposer l'accord sur la plateforme de téléprocédure du ministère du Travail « TéléAccord » (https://www.teleaccords.travail-emploi.gouv.fr) (c. trav. art. D. 2231-4).

La partie la plus diligente doit également remettre un exemplaire au greffe du conseil de prud'hommes du lieu de conclusion (c. trav. art. D. 2231-2).

Dépôt des plans d'action - Les plans d'action doivent être déposés sur la plateforme de téléprocédure du ministère du Travail « TéléAccord » (https://www.teleaccords.travail-emploi.gouv.fr) (c. trav. art. R. 2242-2-1 et D. 2231-4).

Une entreprise de 300 salariés et plus qui dépose un plan d'action doit y joindre (instr. DGT/DPSIT/RT3 2017-124 du 4 avril 2017, § 1.2.3) :
- s'il y a un délégué syndical, un procès-verbal d'échec de la négociation d'un accord sur l'égalité professionnelle ;
- à défaut de délégué syndical, un procès-verbal de carence d'élus au 1er tour des élections professionnelles attestant de l'impossibilité d'engager la négociation.

Durée de la couverture assurée par un accord ou un plan d'action - Un accord collectif permet de « couvrir » l'entreprise pour une période correspondant à la périodicité de la négociation obligatoire sur l'égalité professionnelle (instr. DGT/DPSIT/RT3 2017-124 du 4 avril 2017, § 1.2.4). Rappelons que, par défaut, la négociation doit être engagée chaque année, mais qu'un accord de « méthode » peut prévoir une autre périodicité (au maximum tous les 4 ans) (c. trav. art. L. 2242-11, L. 2242-12 et L. 2242-13).

En revanche, un plan d'action est valable seulement 1 an, puisqu'il doit être établi chaque année.

Mise en œuvre de la pénalité

Mise en demeure - Lorsqu'un agent de contrôle de l'inspection du travail constate que l'entreprise n'a pas d'accord ou de plan, ou que son accord ou son plan n'est pas conforme, il met en demeure l'employeur, par tout moyen permettant de donner une date certaine de réception, de remédier à cette défaillance (c. trav. art. R. 2242-3).

Depuis le 1er mai 2019, le délai laissé à l'employeur pour se mettre en conformité est déterminé en fonction du manquement et de la situation constatée dans l'entreprise. Dans tous les cas, il ne peut pas être inférieur à 1 mois.

Six mois pour répondre - L'employeur a 6 mois pour régulariser sa situation et communiquer à l'agent de contrôle, par tout moyen permettant de donner une date certaine de réception, l'accord ou le plan d'action mis en place ou modifié (c. trav. art. R. 2242-4).

S'il est dans l'impossibilité de le faire, il peut expliquer les raisons de son manquement (« demande de prise en compte des motifs de la défaillance »). À sa demande, il peut être entendu.

Réponse de l'employeur - L'employeur mis en demeure doit agir dans le délai imparti. Il doit communiquer, par tout moyen permettant de donner une date certaine à leur réception, l'accord ou, à défaut, le plan d'action, conclu ou modifié (c. trav. art. R. 2242-4).

À défaut, l'employeur doit justifier des motifs de la défaillance de l'entreprise.

L'employeur peut demander à être entendu.

Détermination du taux de la pénalité - À l'issue du délai de régularisation laissé à l'employeur, le *DREETS** décide, s'il y a lieu, d'appliquer la pénalité. Si oui, il en fixe le taux dans la limite d'un maximum de 1 % (c. trav. art. L. 2242-8 et R. 2242-5).

Le taux est déterminé en tenant compte des motifs de défaillance dont l'employeur justifie, des mesures prises par l'entreprise en matière d'égalité professionnelle entre les femmes et les hommes et de la bonne foi de l'employeur (c. trav. art. R. 2242-6).

▶ À noter... Les motifs de défaillance doivent être indépendants de la volonté de l'employeur. Il peut notamment s'agir de difficultés économiques, d'une restructuration ou d'une fusion en cours, d'une procédure collective en cours ou encore du franchissement du seuil de 50 salariés dans les 12 mois précédant la mise en demeure.

Notification du taux - Le *DREETS** qui décide de sanctionner l'entreprise lui adresse, par tout moyen permettant de donner une date certaine de réception, une notification motivée du taux de la pénalité dans les 2 mois qui suivent la date d'expiration de la mise en demeure (c. trav. art. R. 2242-8).

Durée d'application de la pénalité - La pénalité est due pour chaque mois entier, à compter du terme de la mise en demeure et jusqu'à la réception par l'inspection du travail de l'accord ou du plan d'action prouvant que l'employeur a remédié à sa défaillance (c. trav. art. R. 2242-7).

Assiette de la pénalité - L'assiette de la pénalité est constituée par la masse salariale, en brut sécurité sociale, du premier mois entier qui suit le terme du délai de régularisation laissé par la mise en demeure (c. trav. art. R. 2242-7).

Dans la notification du taux de la pénalité, le DREETS demande à l'employeur de communiquer en retour le montant des gains et rémunérations servant de base au calcul de la pénalité, dans un délai de 2 mois. Si l'employeur ne communique pas d'élément dans ce délai, la pénalité est calculée sur une base forfaitaire égale à deux fois le montant mensuel du *plafond de la sécurité sociale** pour chaque mois au titre duquel la pénalité est due (c. trav. art. R. 2242-8).

Recouvrement - Le DREETS émet un titre de perception pris en charge par le directeur départemental ou régional des finances publiques qui en assure le recouvrement (c. trav. art. R. 2242-8).

Procédure de rescrit

Objet - Un employeur peut demander à l'administration du travail une prise de position formelle sur la conformité d'un accord ou d'un plan d'action (c. trav. art. L. 2242-9). La demande n'est pas recevable si un contrôle est en cours.

Procédure - L'employeur doit adresser la demande de rescrit par tout moyen permettant d'apporter la preuve de sa réception par le DREETS. Elle doit comporter divers renseignements, dont en particulier l'accord ou le plan d'action ainsi que les références aux dispositions législatives ou réglementaires au regard desquelles la demande est à apprécier (c. trav. art. R. 2242-9).

Si, dans un délai de 15 jours à compter de la réception de la demande, le DREETS n'a pas transmis à l'employeur une liste de pièces ou d'informations manquantes, la demande est réputée complète (c. trav. art. R. 2242-10).

Lorsqu'il demande des pièces ou des informations complémentaires, l'employeur à 1 mois pour les lui adresser. À leur réception, le DREETS doit notifier à l'employeur que sa demande est complète. En revanche, si passé ce délai, l'employeur n'a pas transmis les éléments manquants, sa demande est réputée caduque (c. trav. art. R. 2242-10).

Le *DREETS** a 2 mois à compter de la date de réception de la demande complète pour notifier sa réponse à l'employeur quant à la conformité de son accord ou de son plan d'action (c. trav. art. R. 2242-10). L'absence de réponse dans le délai imparti vaut rejet de la demande de rescrit (c. trav. art. L. 2242-9).

Effet d'une décision de conformité - Une décision de conformité lie l'administration pendant une durée variable selon qu'il s'agit d'un accord collectif ou d'un plan d'action (c. trav. art. L. 2242-9) :

En cas d'accord collectif, la décision couvre la période comprise entre la date de réception de la réponse par l'employeur et le terme de la périodicité de la négociation obligatoire sur l'égalité professionnelle (un an par défaut, jusqu'à 4 ans si la périodicité est aménagée par un accord dit « de méthode »).

En cas de plan d'action, la décision couvre la période comprise entre la date de réception de la réponse par l'employeur et le terme de la première année suivant le dépôt du plan d'action.

☞ *Égalité des rémunérations femmes-hommes ; Index de l'égalité.*

Pénalité 1 % prévention pénibilité

Les employeurs et groupes d'au moins 50 salariés, dont une certaine proportion de salariés est exposée à des facteurs de risques professionnels ou dont la sinistralité au titre des accidents du travail et des maladies professionnelles (AT-MP) dépasse un certain niveau, doivent être couverts par un accord ou un plan d'action sur la prévention des effets de l'exposition aux facteurs de risques professionnels (dit prévention de la pénibilité). À défaut, ils s'exposent à une pénalité.

Champ de la pénalité

Employeurs et groupes d'au moins 50 salariés - Le dispositif vise les employeurs d'au moins 50 salariés ou, quel que soit leur effectif, les entreprises appartenant à un groupe ou à une unité économique et sociale (UES) d'au moins 50 salariés (c. trav. art. L. 4162-1, L. 4162-4 ; circ. DGT 2011-8 du 28 octobre 2011).

Les entreprises de moins de 50 salariés ne sont pas concernées, sauf si elles appartiennent à un groupe ou à une UES d'au moins 50 salariés.

Entreprises employant une certaine proportion de salariés exposés - L'entreprise entre dans le champ de la pénalité lorsque 25 % au moins des salariés sont exposés, au-delà des seuils, aux 6 facteurs de risques professionnels relevant du *compte professionnel de prévention** (c. trav. art. D. 4162-1).

Pour mesurer la proportion de 25 %, l'employeur doit tenir compte, le cas échéant, des intérimaires et des salariés d'entreprises extérieures qui travaillent habituellement dans les locaux (circ. DGT 8 du 28 octobre 2011).

Dans un groupe ou une UES d'au moins 50 salariés, ce seuil de 25 % s'apprécie entreprise par entreprise et non au niveau du groupe ou de l'UES dans son ensemble (circ. DGT 8 du 28 octobre 2011).

Entreprises à fort taux de sinistralité - L'entreprise entre dans le champ de la pénalité si son indice de sinistralité au titre des accidents du travail et des maladies professionnelles (AT/MP) dépasse 0,25 (c. trav. art. L. 4162-1 et D. 4162-1). Dans un groupe ou une UES d'au moins 50 salariés, l'indice s'apprécie, à notre sens, au niveau de chaque entreprise, comme pour la proportion de salariés exposés *(voir ci-avant)*.

L'indice de sinistralité est égal au rapport, pour les 3 dernières années connues, entre le nombre d'AT/MP imputés à l'employeur (hors accidents de trajet) et l'*effectif sécurité sociale** de l'entreprise (c. trav. art. D. 4162-1).

Selon des informations recueillies auprès de la Direction des risques professionnels de la Caisse nationale d'Assurance maladie, pour déterminer l'indice de sinistralité de l'entreprise, il faut :
- prendre en compte l'ensemble des AT/MP, y compris ceux n'ayant pas généré d'arrêt de travail ;
- retenir, au titre des « 3 dernières années connues », les années N-3, N-2 et N-1 ;
- retenir comme effectif celui de l'année N-1.

Échapper à la pénalité : accord ou plan d'action de prévention - Pour échapper à la pénalité, l'employeur doit être doté d'un accord d'entreprise, de groupe ou d'UES, ou à défaut d'accord, avoir établi un plan d'action de prévention (c. trav. art. L. 4162-1 et L. 4162-2).

Les entreprises de 50 à moins de 300 salariés et celles appartenant à un groupe de 50 à moins de 300 salariés échappent également à la pénalité lorsqu'elles relèvent d'un accord de branche étendu de prévention, sans avoir besoin de conclure ou d'élaborer leur propre accord ou plan d'action. Pour produire effet, l'accord de branche doit comporter les mêmes clauses que les accords d'entreprise ou de groupe de prévention (c. trav. art. L. 4162-1).

▶ À noter… A contrario, un accord de branche ne permet pas à une entreprise de 300 salariés et plus ni, quel que soit son effectif, à une entreprise appartenant à un groupe de 300 salariés et plus, d'échapper à la pénalité. Il faut alors soit un accord d'entreprise ou de groupe, soit un plan d'action.

Calcul de l'effectif - Pour déterminer si le seuil de 50 ou de 300 salariés est atteint, l'effectif est apprécié au 31 décembre, tous établissements confondus, en fonction de la moyenne au cours de l'année civile des effectifs déterminés chaque mois (circ. DGT 2011-8 du 28 octobre 2011).

Tous les salariés titulaires d'un contrat de travail le dernier jour de chaque mois doivent être pris en compte, y compris les salariés absents.

Chaque salarié est pris en compte conformément aux règles prévues par le code du travail, donc avec prise en compte le cas échéant des salariés mis à disposition par des entreprises extérieures (c. trav. art. L. 1111-2, L. 1111-3 et L. 1251-54) (voir *Effectif**).

Exemple

Ainsi, l'éventuel assujettissement de l'entreprise à la pénalité de 1 % au titre d'une année N dépend de l'effectif calculé au 31 décembre de l'année N–1, en fonction de la moyenne des effectifs mensuels de cette année N–1.

Si l'entreprise a été créée en cours d'année, l'effectif est apprécié à la date de création de la même année (N). Pour l'année suivante (N+1), l'effectif est apprécié au 31 décembre de l'année N, en fonction de la moyenne des effectifs de chacun des mois d'existence de la première année.

Accord ou plan d'action de prévention

Accord collectif ou plan d'action - Pour échapper à la pénalité, l'employeur doit être couvert par (c. trav. art. L. 4162-1 et L. 4162-2) :
- un accord d'entreprise, de groupe ou d'UES de prévention ;
- à défaut d'accord, un plan d'action d'entreprise, de groupe ou d'UES, mis en place après avis du *comité social et économique** (CSE).

L'employeur doit d'abord tenter de négocier un accord, dans les conditions habituelles des accords collectifs (avec ou sans délégué syndical). Il ne peut passer par un plan d'action qu'en l'absence d'accord, consignée dans un procès-verbal de désaccord (c. trav. art. L. 4162-1 et L. 4162-2).

L'accord de prévention, ou le plan et le procès-verbal de désaccord, doit être déposé auprès de la *DREETS** (et auprès du greffe du conseil de prud'hommes pour l'accord) (c. trav. art. R. 4162-4).

▶ À noter… Avant de conclure un accord ou d'élaborer un plan d'action, l'entreprise doit réaliser un « diagnostic préalable des expositions aux facteurs de risques professionnels » (c. trav. art. D. 4162-2).

Durée - L'accord collectif ou le plan d'action a une durée maximale de 3 ans (c. trav. art. L. 4162-3).

Thèmes obligatoires - L'accord ou le plan traite au moins deux des thèmes suivants (c. trav. art. D. 4162-3) :
- adaptation et aménagement du poste de travail ;
- réduction des expositions aux facteurs de risques professionnels, quel que soit le degré d'exposition ;
- réduction des polyexpositions aux facteurs de risques professionnels, quel que soit le degré d'exposition.

Il aborde en outre au moins deux de ces thèmes :
- amélioration des conditions de travail, notamment au plan organisationnel ;
- développement des compétences et des qualifications ;
- aménagement des fins de carrière ;
- maintien en activité des salariés exposés aux facteurs de risques professionnels.

Pour chaque thème, l'accord ou le plan fixe des objectifs chiffrés, assortis d'indicateurs permettant d'évaluer leur réalisation. Ces indicateurs sont communiqués au moins une fois par an au CSE (c. trav. art. D. 4162-2).

Mise en œuvre de la pénalité

Mise en demeure - L'agent de contrôle de l'inspection du travail qui constate l'absence ou l'insuffisance de l'accord ou du plan d'action de prévention met en demeure l'employeur, par LRAR, de remédier à cette défaillance dans un délai de 6 mois (c. trav. art. R. 4162-5).

Délai de 6 mois pour réagir - L'employeur a 6 mois pour régulariser sa situation et pour communiquer par LRAR à l'inspection du travail, selon le cas (c. trav. art. R. 4162-5) :
- l'accord ou le plan d'action mis en place ;
- l'accord ou le plan d'action modifié.

En cas d'impossibilité, il peut expliquer les raisons de son manquement et détailler les efforts accomplis en matière de prévention des risques.

Décision du DREETS - À l'issue du délai de 6 mois, le DREETS décide, s'il y a lieu, d'appliquer la pénalité et en fixe le taux (c. trav. art. R. 4162-6).

Il détermine le taux en prenant en considération :
- les diligences accomplies pour conclure un accord ou élaborer un plan d'action ;
- les mesures prises par l'entreprise pour prévenir l'exposition aux facteurs de risques ;
- et, si l'entreprise compte moins de 300 salariés, l'état d'avancement des négociations de branche.

En tout état de cause, le taux de la pénalité ne peut pas dépasser 1 %.

Notification de la pénalité - Le DREETS adresse à l'entreprise, par tout moyen conférant date certaine, une notification motivée du taux de la pénalité, dans le mois qui suit l'expiration de la mise en demeure, avec copie à l'URSSAF (c. trav. art. R. 4162-7).

Calcul de la pénalité - La pénalité est égale au taux notifié par le DREETS appliqué au « brut sécurité sociale » versé aux salariés exposés à des facteurs de risques professionnels (c. trav. art. L. 4162-4).

Elle est due pour chaque mois entier au cours duquel l'entreprise n'est pas en conformité avec ses obligations, sur une période qui va du terme du délai de 6 mois fixé par la mise en demeure jusqu'à la réception par l'inspection du travail d'un accord ou d'un plan d'action valable (c. trav. art. R. 4162-8).

Déclaration et paiement - L'employeur déclare et verse la pénalité à l'URSSAF (CGSS dans les DOM), aux dates d'exigibilité habituelles des cotisations de sécurité sociale (c. trav. art. R. 4162-8).

☛ *Compte professionnel de prévention.*

Pénibilité

☛ *Compte professionnel de prévention ; Pénalité 1 % prévention pénibilité ; Retraite (âge légal, âge du taux plein) ; Retraite anticipée.*

Pension alimentaire

☛ *Saisie des rémunérations.*

PERCO

☛ *Plan d'épargne pour la retraite collectif.*

Père

☛ *Congé d'adoption ; Congé pour enfant malade ; Congé de naissance ; Congé parental d'éducation ; Congé de paternité et d'accueil de l'enfant ; Congé PMA ; Examens médicaux liés à la grossesse (absences) ; Maternité (congé de).*

PERE-CO

☛ *Plan d'épargne retraite d'entreprise collectif.*

PERE-OB

☛ *Plan d'épargne retraite d'entreprise obligatoire.*

Période de mise en situation en milieu professionnel

Contexte général d'intervention

Objet - Les périodes de mise en situation en milieu professionnel (PMSMP) ont pour objet de permettre à un salarié, privé ou non d'emploi, ou à un demandeur d'emploi de découvrir un métier ou un secteur d'activité ou de confirmer un projet professionnel ou d'initier une démarche de recrutement (c. trav. art. L. 5135-1 ; circ. DGEFP 2015-1 du 14 janvier 2015).

La PMSMP ne peut pas être conclue pour exécuter une tâche régulière correspondant à un poste de travail permanent, pour faire face à un accroissement temporaire de l'activité de la structure d'accueil, pour occuper un emploi saisonnier (c. trav. art. L. 1242-2, 3°) ou pour remplacer un salarié en cas d'absence ou de suspension de son contrat de travail (c. trav. art. L. 5135-7).

Bénéficiaires - Elles sont ouvertes à toute personne faisant l'objet d'un accompagnement social ou professionnel personnalisé, sous réserve d'être prescrites par certains organismes (ex. : France Travail, missions locales pour l'insertion professionnelle et sociale des jeunes, organismes de placement spécialisés dans l'insertion professionnelle des personnes handicapées, etc.) (c. trav. art. L. 5135-2 et D. 5135-6).

Application aux salariés

Personnes en emploi éligibles - S'agissant des personnes en emploi, les PMSMP sont ouvertes aux salariés en *contrat unique d'insertion**, dans le cadre du contrat d'accompagnement dans l'emploi (c. trav. art. L. 5134-29, D. 5134-50-1 à D. 5134-50-3) ou du contrat initiative-emploi (c. trav. art. L. 5134-71, D. 5134-71-1 à D. 5134-71-3).

Des PMSMP peuvent également être mises en œuvre dans le cadre du *contrat à durée déterminée d'insertion**, par des entreprises d'insertion (c. trav. art. L. 5132-5, D. 5132-10-1 à D. 5132-10-4), des associations intermédiaires (c. trav. art. L. 5132-11-1, D. 5132-26-1 à D. 5132-26-4) ou des ateliers et chantiers d'insertion (c. trav. art. L. 5132-15-1, D. 5132-43-1 à D. 5132-43-4).

Suspension du contrat - La mise en œuvre d'une PMSMP intervient à la demande du salarié et avec l'accord de son employeur. Pendant ce temps, son contrat de travail est suspendu (c. trav. art. L. 5132-5, L. 5132-11-1, L. 5132-15-1, L. 5134-29 et L. 5134-71).

La durée cumulée de l'ensemble des PMSMP effectuées au cours du contrat de travail ne peut représenter plus de 25 % de la durée totale du contrat (c. trav. art. D. 5132-10-3, D. 5132-26-3, D. 5132-43-3, D. 5134-50-2, D. 5134-71-2).

Réintégration - Le bénéficiaire retrouve son poste de travail d'origine à l'issue de la PMSMP (c. trav. art. L. 5135-3).

Convention et statut du bénéficiaire

Convention de mise en situation - Les PMSMP font l'objet d'une convention entre le bénéficiaire, la structure dans laquelle il effectue la mise en situation, l'organisme prescripteur de la mesure (ex. : France Travail) ainsi que la structure d'accompagnement lorsqu'elle est distincte de l'organisme prescripteur (c. trav. art. L. 5135-4).

Lorsque le bénéficiaire est salarié, son employeur est également partie à cette convention (c. trav. art. D. 5135-1).

Le contenu de la convention est précisé par décret : durée de la PMSMP, tâches confiées, etc. (c. trav. art. D. 5135-2 ; arrêté du 13 novembre 2014, JO du 15 ; Cerfa n° 13912*05).

Selon les cas, l'organisme prescripteur, l'entreprise d'insertion, l'association intermédiaire ou l'organisme conventionné en tant qu'atelier et chantier d'insertion transmet une copie de la convention à l'*agence de services et de paiement** (c. trav. art. D. 5132-10-4, D. 5132-26-4, D. 5132-43-4, D. 5134-50-3 et D. 5134-71-3).

Durée - La convention est conclue pour une durée ne pouvant pas dépasser un mois de date à date, que la présence du bénéficiaire au sein de la structure d'accueil soit continue ou discontinue. Sous condition, elle peut être renouvelée (c. trav. art. L. 5135-5 et D. 5135-3).

Statut dans la structure d'accueil - Pendant la durée de la PMSMP, le bénéficiaire suit les règles applicables aux salariés de la structure dans laquelle s'effectue la mise en situation pour ce qui a trait aux durées quotidienne et hebdomadaire de présence, à la présence de nuit, au repos quotidien, au repos hebdomadaire et aux jours fériés ainsi qu'à la santé et à la sécurité au travail (c. trav. art. L. 5135-6). Il observe également son règlement intérieur (c. trav. art. D. 5135-4).

La structure d'accueil désigne une personne chargée d'aider, d'informer, de guider et d'évaluer le bénéficiaire de la PMSMP (c. trav. art. D. 5135-5).

Si le bénéficiaire salarié est victime d'un accident pendant la PMSMP, c'est à son employeur de procéder à la déclaration d'accident du travail (c. trav. art. D. 5135-5).

☞ *Contrat à durée déterminée d'insertion ; Contrat unique d'insertion.*

Période de mobilité volontaire sécurisée

Le dispositif

Employeurs et salariés concernés - Dans les entreprises et groupes d'entreprises d'au moins 300 salariés, tout salarié dont l'ancienneté est d'au moins 24 mois, consécutifs ou non, peut bénéficier d'une période de mobilité volontaire sécurisée (c. trav. art. L. 1222-12).

Cette période ne peut pas être imposée au salarié.

Mobilité externe avec un droit de retour - Pendant la période de mobilité, le salarié peut exercer une activité dans une autre entreprise pour développer ses compétences, avec l'assurance de pouvoir retrouver son emploi d'origine une fois la période de mobilité achevée. Durant cette période, le contrat du salarié est suspendu.

▶ À noter… Malgré la proximité de terminologie, ce dispositif ne doit pas être confondu avec le *congé de reclassement** (qui est un dispositif d'accompagnement de certains licenciements économiques) ni avec le *congé de mobilité**, au terme duquel le contrat est considéré comme rompu d'un commun accord.

Accord préalable de l'employeur - Le salarié bénéficie de la période de mobilité si son employeur lui a donné son accord (c. trav. art. L. 1222-12).

Lorsque l'employeur oppose deux refus successifs à la demande de mobilité d'un salarié, ce dernier accède « de droit » au *CPF de transition professionnelle**.

Avenant au contrat de travail - Un avenant au contrat de travail du salarié doit être conclu (c. trav. art. L. 1222-13).

Il détermine l'objet, la durée, la date de prise d'effet et le terme de la période de mobilité, ainsi que le délai dans lequel le salarié informe par écrit l'employeur de son choix éventuel de ne pas réintégrer l'entreprise. L'avenant doit également prévoir les situations et modalités d'un retour anticipé du salarié, qui intervient dans un délai raisonnable.

Un retour anticipé avec l'accord de l'employeur est toujours possible, y compris dans des cas non prévus par l'avenant au contrat de travail.

Information du CSE - Chaque semestre, l'employeur doit communiquer au *comité social et économique** la liste des demandes de période de mobilité volontaire sécurisée. Il doit également préciser la suite apportée à ces demandes (c. trav. art. L. 1222-16).

Effet de la mobilité - Le contrat de travail avec l'employeur initial est suspendu durant la période de mobilité (c. trav. art. L. 1222-12).

Le salarié reste inclus dans les effectifs de son entreprise d'origine.

S'il en remplit les conditions légales, le salarié se trouve également pris en compte dans les effectifs de l'entreprise d'accueil, y devient électeur et éligible, et peut acquérir un mandat représentatif. La convention collective de cette entreprise lui est applicable (rapport AN n° 847, p. 122).

Issue de la période de mobilité

Retour dans l'entreprise d'origine - À la fin de la période de mobilité volontaire sécurisée, le salarié revient en principe dans son entreprise d'origine. Il retrouve son poste de plein droit, ou un emploi similaire, assorti d'une qualification et d'une rémunération au moins équivalentes. Sa classification doit être également maintenue (c. trav. art. L. 1222-14).

Un *entretien professionnel** doit être proposé systématiquement au salarié qui reprend son activité à l'issue d'une période de mobilité volontaire sécurisée (c. trav. art. L. 1222-14 et L. 6315-1).

Décision du salarié de ne pas revenir - Si le salarié use de la faculté prévue dans l'avenant de ne pas réintégrer l'entreprise au cours ou au terme de la période de mobilité, il doit respecter le délai de prévenance indiqué dans l'avenant à son contrat de travail. Cette décision est assimilée à une *démission**.

Le salarié n'est tenu d'effectuer que le seul préavis indiqué dans l'avenant (c. trav. art. L. 1222-15).

☞ *Entretien professionnel.*

Période de Pro-A

Cadre du dispositif

Objectif : la reconversion ou la promotion - La période de « Pro-A » permet au salarié de changer de métier ou de profession, ou de bénéficier d'une promotion sociale ou professionnelle par des actions de formation ou par des actions permettant de faire valider les acquis de l'expérience (c. trav. art. L. 6324-2).

Elle permet notamment l'acquisition du « socle de connaissance et de compétences » : capacité à communiquer en français, utilisation des règles de base du calcul, aptitude à travailler en autonomie, etc. (c. trav. art. D. 6113-29 et D. 6113-30).

▶ À noter... Elle a remplacé la *période de professionnalisation** le 1er janvier 2019 (loi 2018-771 du 5 septembre 2018, art. 46, JO du 6).

Salariés concernés - La période de Pro-A concerne plusieurs catégories de salariés (c. trav. art. L. 6324-1) :
- ceux en contrat à durée indéterminée de droit commun ;
- ceux en *contrat unique d'insertion** conclu à durée indéterminée ;
- les sportifs ou entraîneurs professionnels en CDD relevant du code du sport (c. sport art. L. 222-2-3) ;
- les salariés placés en *activité partielle** (c. trav. art. L. 5122-1).

Il s'agit notamment de ceux dont la qualification est insuffisante au regard de l'évolution des technologies ou de l'organisation du travail.

Les salariés doivent avoir une qualification inférieure à un niveau fixé par décret (c. trav. art. L. 6324-2). Ainsi, la Pro-A est réservée aux salariés n'ayant pas atteint un niveau de qualification sanctionné par une certification professionnelle enregistrée au Répertoire national des certifications professionnelles (RNCP) et correspondant au grade de la licence (niveau II de qualification) (c. trav. art. D. 6324-1-1).

La Pro-A est possible, quel que soit le niveau de qualification visé par le salarié, qu'il soit identique, supérieur ou inférieur à celui qu'il détient (c. trav. art. D. 6324-1-1).

Durée - La durée de la période de Pro-A doit être comprise entre 6 et 12 mois. Elle peut être allongée à 24 mois, voire 36 mois pour certains bénéficiaires (c. trav. art. D. 6324-1 renvoyant à L. 6325-11 et L. 6325-12).

▶ À noter... En pratique, ce sont les règles du *contrat de professionnalisation** qui s'appliquent (voir cette étude pour les publics éligibles aux durées dérogatoires).

Par exception, les actions d'acquisition du socle de connaissance et de compétences (certificat CléA) et les actions de validation des acquis de l'expérience (VAE) n'ont pas à respecter ces durées (c. trav. art. D. 6324-1). Dans ces deux cas, la durée de la Pro-A peut être inférieure à 6 mois ou supérieure à 12 mois et le salarié n'est pas tenu par un contingent minimal d'heures de formation.

Avenant au contrat de travail - Un avenant au contrat de travail doit préciser la durée et l'objet de la reconversion ou de la promotion par alternance (c. trav. art. L. 6324-6). Cet avenant est déposé auprès de l'opérateur de compétences (OPCO) dans les 5 jours qui suivent le début de la Pro-A.

Tuteur - L'employeur désigne, parmi les salariés de l'entreprise, un tuteur chargé d'accompagner chaque bénéficiaire de la période de Pro-A (c. trav. art. D. 6324-2). Les modalités du tutorat de la période Pro-A sont celles fixées pour les salariés en contrat de professionnalisation (c. trav. art. D. 6325-6 à D. 6325-10 ; voir *Contrat de professionnalisation**).

▶ À noter... Le tuteur est volontaire à cette fonction. Il doit justifier d'une expérience professionnelle d'au moins 2 ans dans une qualification en rapport avec la professionnalisation visée le salarié en Pro-A.

La formation

Formation en alternance - Les salariés en Pro-A alternent des périodes d'enseignement généraux, professionnels ou technologiques, dispensés dans des organismes de formation ou par l'entreprise (service de formation interne), et des périodes d'activités professionnelles en entreprise en relation avec les qualifications recherchées, afin d'obtenir leur diplôme ou titre à finalité professionnelle (c. trav. art. L. 6324-5).

Actions de formation - Ce sont les branches qui définissent, par accord collectif étendu, la liste des certifications professionnelles éligibles à la Pro-A (c. trav. art. L. 6324-3).

Elles doivent représenter une durée comprise entre 15 % et 25 % de la durée de la période de Pro-A, avec un minimum de 150 h. Leur volume peut être porté au-delà de 25 % pour certaines catégories de bénéficiaires (c. trav. art. D. 6324-1 renvoyant à L. 6325-13 et L. 6325-14).

Ces règles ne concernent ni les actions d'acquisition du socle de connaissance et de compétences (certificat CléA), ni les actions de VAE *(voir ci-avant)*.

Temps de formation - Les actions de formation peuvent se dérouler pour tout ou partie hors du temps de travail à l'initiative du salarié ou à celle de l'employeur après que le salarié a donné son accord écrit (c. trav. art. L. 6324-7 renvoyant à L. 6321-6, 2°). Le « hors temps de travail » semble limité à 30 h par an par salarié (ou 2 % du forfait pour un salarié en forfait annuel en heures ou en jours).

En cas de formation hors temps de travail, l'employeur n'a ni à verser une allocation de formation, ni à souscrire des engagements envers le salarié avant son départ en formation s'il suit celle-ci avec succès (contrairement à ce qui était prévu pour l'ancienne période de professionnalisation).

Rémunération - L'employeur maintient la rémunération du salarié pour les actions de formation se déroulant pendant le temps de travail (c. trav. art. L. 6324-8).

L'OPCO peut prendre en charge la rémunération du salarié en Pro-A si l'accord de branche étendu portant sur le dispositif le prévoit (c. trav. art. L. 6324-5).

L'accord de branche étendu peut inclure dans la rémunération prise en charge les charges sociales légales et conventionnelles dues par l'employeur. Cependant, le montant total pris en charge ne peut pas dépasser le coût horaire du SMIC par heure (c. trav. art. D. 6332-89).

Lorsque l'accord de branche étendu prévoit la prise en charge de la rémunération sans en préciser le niveau, l'OPCO fixe celui-ci. Il peut d'ailleurs comprendre les charges sociales légales et conventionnelles dues par l'employeur. Mais le montant total pris en charge ne peut pas dépasser le coût horaire du SMIC par heure (c. trav. art. D. 6332-90).

Financement des actions de formation - L'OPCO assure le financement des actions de formation, sur les fonds de l'alternance (c. trav. art. L. 6324-5-1).

Il finance la Pro-A sur la base d'un forfait fixé par la branche (ou l'accord constitutif de l'OPCO), qui couvre tout ou partie des frais pédagogiques et des frais de transport et d'hébergement.

En l'absence de forfait fixé par la branche, le niveau de prise en charge est fixé à 9,15 € par heure (c. trav. art. D. 6332-89 et D. 6332-90).

Enfin, si le coût de la formation dépasse le montant du forfait de prise en charge, les entreprises de moins de 50 salariés peuvent obtenir un financement par l'OPCO (c. trav. art. D. 6332-91).

☞ *Formation professionnelle continue.*

Période d'essai

La période d'essai permet à l'employeur d'évaluer les compétences du salarié dans son travail, notamment au regard de son expérience, et au salarié d'apprécier si les fonctions occupées lui conviennent (c. trav. art. L. 1221-20). Pendant cette période, le contrat de travail peut être rompu par le salarié ou l'employeur. Son régime diffère selon que le salarié est en contrat à durée indéterminée ou déterminée.

Elle est distincte de l'*essai professionnel** et de la *période probatoire**.

Existence et durée de la période d'essai : l'essentiel

Contrat à durée indéterminée - La période d'essai des salariés en contrat à durée indéterminée (CDI) n'est valable que si elle est expressément mentionnée dans la lettre d'engagement ou le contrat de travail (c. trav. art. L. 1221-23 ; cass. soc. 21 octobre 2020, n° 19-17219 D ; cass. soc. 29 mars 2023, n° 21-18326 D).

La durée maximale d'une période d'essai est de (c. trav. art. L. 1221-19 et L. 1221-21) :
- 2 mois pour les ouvriers et les employés (4 mois en cas de renouvellement) ;
- 3 mois pour les agents de maîtrise et les techniciens (6 mois en cas de renouvellement) ;
- 4 mois pour les cadres (8 mois en cas de renouvellement).

La période d'essai est renouvelable une fois, sous certaines conditions *(voir plus loin)*.

L'employeur est tenu par les durées légales maximales de période d'essai, sous réserve (c. trav. art. L. 1221-22) :
- des durées plus courtes fixées par des accords collectifs (accords de branche ou accords d'entreprise) conclus après le 26 juin 2008 ;
- des durées plus courtes fixées dans la lettre d'engagement ou le contrat de travail.

▶ À noter… Les dispositions des accords de branche conclus avant le 26 juin 2008 et prévoyant des durées plus courtes que les durées légales ne sont plus applicables depuis le 1er juillet 2009 (loi 2008-596 du 25 juin 2008, art. 2, II). Les durées maximales légales s'y substituent (cass. soc. 31 mars 2016, n° 14-29184, BC V n° 61 ; cass. soc. 30 mars 2017, n° 15-27280 D). En outre, depuis le 9 septembre 2023, toute possibilité d'appliquer des durées plus longues prévues par un accord de branche antérieur au 26 juin 2008 est supprimée (loi 2023-171 du 9 mars 2023, art. 19, I, 2° et II, JO du 10). Les périodes d'essai plus longues en cours d'exécution au 9 septembre 2023 ont pu aller jusqu'à leur terme, sachant qu'en cas de litige, les juges vérifient si leur durée est raisonnable, au regard de la catégorie d'emploi occupée (cass. soc. 24 avril 2013, n° 12-11825, BC V n° 11 ; cass. soc. 7 juillet 2021, n° 19-22922 FSB).

Contrat à durée déterminée - La durée de la période d'essai est calculée en raison de 1 jour par semaine, dans la limite de 2 semaines pour un *contrat à durée déterminée** (CDD) d'au maximum 6 mois. Pour un CDD de plus de 6 mois, la durée maximale de la période d'essai est de 1 mois (c. trav. art. L. 1242-10). Le contrat de travail, un usage ou un accord collectif peut prévoir des durées moindres, mais pas de durées plus longues (cass. soc. 18 septembre 2024, n° 23-14779 D).

Lorsque le CDD ne comporte pas de terme précis, la période d'essai est calculée par rapport à la durée minimale du contrat.

Contrats particuliers - La durée de la période d'essai est parfois directement encadrée par la loi. On peut notamment citer le cas :
- des apprentis : l'équivalent de la période d'essai est de 45 jours, consécutifs ou non, de formation pratique en entreprise (c. trav. art. L. 6222-18) [voir *Apprentissage (contrat)**] ;
- des *VRP** : la période d'essai ne peut pas dépasser 3 mois (c. trav. art. L. 7313-5).

S'agissant des salariés à *temps partiel**, la période d'essai ne peut avoir une durée calendaire supérieure à celle des salariés à temps complet (c. trav. art. L. 3123-5).

Décompte de la période d'essai - Les périodes d'essai exprimées en jours se décomptent en jours calendaires et non en jours travaillés (cass. soc. 29 juin

2005, n° 02-45701, BC V n° 220). Il en est ainsi pour un CDI comme pour un CDD (cass. soc. 28 avril 2011, n° 09-40464, BC V n° 101 ; cass. soc. 28 avril 2011, n° 09-72165, BC V n° 174).

Si la période d'essai est exprimée en semaines ou en mois, elle se décompte en semaines civiles ou en mois calendaires (ex. : une période de 3 mois qui commence le 3 juin se termine le 2 septembre à minuit).

Salarié ayant déjà été employé par l'entreprise

Succession de CDD (ou missions d'intérim) - En cas de CDD successifs conclus avec le même salarié pour occuper un poste identique, l'essai ne peut être inscrit que dans le contrat initial (cass. soc. 26 février 2002, n° 00-40749, BC V n° 78).

En revanche, si les CDD successifs sont conclus pour des emplois différents, une période d'essai peut légitimement être prévue pour chaque contrat (cass. soc. 30 octobre 2000, n° 98-44994 D).

Embauche après un CDD ou une mission d'intérim - En cas d'embauche en CDI suite à un CDD, la durée du CDD doit être déduite de la période d'essai éventuellement prévue dans le nouveau contrat de travail. En cas d'embauche suite à une mission d'intérim, il faut déduire de la période d'essai la durée des missions accomplies au sein de l'entreprise au cours des 3 mois précédant l'embauche (c. trav. art. L. 1243-11 et L. 1251-38). Cependant, il faut que les qualités et compétences du nouvel emploi ne soient pas différentes de celles des fonctions précédentes (circ. DRT 92-14 du 29 août 1992, question/réponse n° 72 ; cass. soc. 10 novembre 1993, n° 89-45303, BC V n° 265).

▶ À noter... En cas d'embauche en CDI au terme de CDD successifs, il faut déduire de la période d'essai la durée des CDD et pas seulement celle du dernier CDD, y compris s'ils se sont succédé avec quelques jours d'interruption (cass. soc. 9 octobre 2013, n° 12-12113, BC V n° 228), voire plusieurs semaines d'interruption dès lors qu'il y a eu une continuité fonctionnelle au fil des CDD (cass. soc. 19 juin 2024, n° 23-10783 FSB).

Embauche d'un apprenti - Si, dans la même entreprise, le contrat d'apprentissage est suivi de la signature d'un CDI, d'un CDD ou d'un contrat de travail temporaire, aucune période d'essai ne peut être prévue, sauf dispositions conventionnelles contraires (c. trav. art. L. 6222-16).

Embauche d'un ancien stagiaire - Lorsqu'une personne est embauchée dans les 3 mois suivant l'issue d'un stage intégré à un cursus pédagogique et effectué lors de la dernière année d'études, la durée de la période d'essai est réduite de la durée du stage (c. trav. art. L. 1221-24).

La prise en compte du stage ne peut pas aboutir à réduire la période d'essai de plus de 50 %, sauf dans deux situations :
- lorsqu'il existe des dispositions conventionnelles plus favorables pour le salarié ;
- lorsque l'embauche porte sur un emploi en correspondance avec les activités qui étaient confiées au stagiaire (la durée de stage peut alors être intégralement déduite de la période d'essai).

Transfert au sein d'un groupe - Un salarié appelé à occuper le même emploi dans différentes sociétés d'un groupe ne peut pas se voir imposer une période d'essai lors d'un changement de société (cass. soc. 28 septembre 2005, n° 03-47214, BC V n° 273).

En revanche, le nouveau contrat conclu avec une autre société du groupe peut prévoir une période d'essai lorsque le salarié est embauché sur un poste de niveau supérieur (cass. soc. 20 octobre 2010, n° 08-40822, BC V n° 239).

Transfert d'entreprise - Le nouvel employeur est tenu de poursuivre les contrats de travail des salariés transférés dans le cadre, par exemple, d'une cession d'entreprise (c. trav. art. L. 1224-1). Il ne peut pas imposer une période d'essai à ces salariés (cass. soc. 31 mars 1998, n° 95-44889, BC V n° 185).

Prolongation et renouvellement

Suspension du contrat de travail - La période d'essai devant correspondre à un temps de travail effectif, les congés payés, les jours de réduction du temps de travail (RTT) et les arrêts de travail (maladie, maternité, etc.) la suspendent et la prolongent d'autant (cass. soc. 31 janvier 2018, n° 16-11598 D). La prolongation est égale au nombre de jours calendaires inclus dans la période d'absence. Elle n'est pas limitée aux seuls jours ouvrables d'absence, sauf dispositions conventionnelles ou contractuelles contraires (cass. soc. 11 septembre 2019, n° 17-21976 FPPB).

Exemple
Une salariée pose 5 jours de RTT du lundi au vendredi. En comptabilisant l'ensemble des jours calendaires inclus dans la période d'absence (5 jours de RTT + 2 jours de week-end), la période d'essai doit être prolongée de 7 jours.

Renouvellement de la période d'essai prévu dans un CDI - La période d'essai est renouvelable une fois si cette possibilité est prévue à la fois par un accord de branche étendu (ou la convention collective nationale étendue) et par la lettre d'engagement ou le contrat de travail (c. trav. art. L. 1221-21 et L. 1221-23).

▶ Attention... Les accords de branche étendus conclus avant le 26 juin 2008 et prévoyant la possibilité de renouveler la période d'essai restent applicables (circ. DGT 2009-5 du 17 mars 2009). En revanche, le renouvellement prévu par un texte collectif autre (ex. : accord de branche non étendu) ne peut plus servir de base à des renouvellements depuis le 26 juin 2008.

Si une de ces conditions n'est pas remplie, le renouvellement est exclu. Ainsi, lorsque la convention collective prévoit la durée de la période d'essai sans en envisager le renouvellement, la clause du contrat de travail organisant un renouvellement est nulle (cass. soc. 25 février 2009, n° 07-40155, BC V n° 50 ; cass. soc. 20 décembre 2017, n° 16-17998, BC V n° 222).

Si le renouvellement de la période d'essai autorisé par la convention collective est soumis à conditions, l'employeur doit les respecter. Une condition de « nécessité technique » prévue par la convention collective peut justifier un renouvellement de période d'essai pour apprécier l'ensemble des qualités professionnelles du salarié (cass. soc. 27 juin 2018, n° 16-25756 FSPB).

Le contrat de travail peut seulement envisager le renouvellement. Le renouvellement ne peut pas être décidé dès la conclusion du contrat de travail (cass. soc. 21 décembre 2006, n° 05-44806, BC V n° 415).

Le renouvellement de la période d'essai ne peut être mis en œuvre par l'employeur qu'avec l'accord exprès du salarié avant la fin de l'essai initial (cass. soc. 25 novembre 2009, n° 08-43008, BC V n° 265 ; cass. soc. 12 juillet 2010, n° 09-41875 D ; CE 15 mars 2017, n° 387060). Il est recommandé de formaliser cet accord dans un écrit signé des deux parties. Le salarié peut donner son accord par e-mail à condition que cet accord soit exprimé dans des termes clairs et non équivoques (rép. Reynaud n° 88607, JO 1er mars 2011, AN quest. p. 2088 ; cass. soc. 16 juin 2010, n° 08-43244, BC V n° 142).

Rupture pendant la période d'essai

Principes - Sauf clause contractuelle ou conventionnelle contraire, aucun formalisme n'est imposé. Cependant, la rupture doit être explicite (cass. soc. 24 juin 2020, n° 17-28067 D). La rupture de la période d'essai doit intervenir avant son expiration, sachant qu'il faut respecter un délai de prévenance pour les CDI et certains CDD. Toute rupture de la période d'essai après qu'elle ait expiré s'analyse en un licenciement sans cause réelle et sérieuse, même si l'employeur a énoncé des motifs dans la lettre de rupture (cass. soc. 3 juillet 2024, n° 22-17452 FB).

La rupture de la période d'essai se situe à la date où l'employeur a manifesté sa volonté d'y mettre fin, soit le jour de l'envoi de la lettre de rupture (cass. soc. 11 mai 2005, n° 03-40650, BC V n° 159 ; cass. soc. 28 novembre 2006, n° 05-42202, BC V n° 354).

▶ À noter... Pendant la période d'essai, un salarié ne peut pas prendre acte de la rupture de son contrat en vue de faire condamner son employeur pour licenciement sans cause réelle et sérieuse. En revanche, il peut rompre sa période d'essai puis obtenir des dommages-intérêts pour rupture abusive imputée à l'employeur (cass. soc. 7 février 2012, n° 10-27525, BC V n° 57).

Délai de prévenance de l'employeur - Sauf dispositions conventionnelles ou contractuelles prévoyant un délai plus long (cass. soc. 15 avril 2016, n° 15-12588 D), l'employeur qui rompt la période d'essai d'un salarié en CDI doit respecter un délai de prévenance de (c. trav. art. L. 1221-25) :
- 24 heures en deçà de 8 jours de présence ;
- 48 heures de 8 jours à 1 mois de présence ;
- 2 semaines après 1 mois de présence ;
- 1 mois après 3 mois de présence du salarié.

▶ Attention... Les délais de prévenance s'appliquent également aux CDD lorsque la période d'essai prévue au contrat est d'au moins 1 semaine (c. trav. art. L. 1221-25).

Ce délai ne peut pas avoir pour effet de prolonger la période d'essai (renouvellement inclus) au-delà des maxima légaux (c. trav. art. L. 1221-25).

En cas de non-respect du délai de prévenance, l'employeur doit verser une indemnité compensatrice, sauf faute grave du salarié (c. trav. art. L. 1221-25). La rupture de la période d'essai avant son terme sans respecter le délai de prévenance ne constitue pas un licenciement sans cause réelle et sérieuse (cass. soc. 23 janvier 2013, n° 11-23428, BC V n° 14 ; cass. soc. 16 septembre 2015, n° 14-16713, BC V n° 159).

L'indemnité compensatrice est égale au montant des salaires et avantages correspondant à la durée manquante du délai de prévenance, indemnité compensatrice de congés payés comprise (c. trav. art. L. 1221-25).

▶ À noter… Il est donc possible de rompre une période d'essai sans respecter tout ou partie du délai de prévenance, à condition d'indemniser le salarié du différentiel. En revanche, la rupture s'analyse en un licenciement sans cause réelle et sérieuse lorsque l'employeur notifie la rupture de la période d'essai tout en retardant la date de fin du contrat de travail au-delà du terme de l'essai pour que le salarié bénéficie de l'intégralité du délai de prévenance (cass. soc. 5 novembre 2014, n° 13-18114, BC V n° 254).

Délai de prévenance du salarié - Le salarié qui rompt la période d'essai est tenu par un délai de prévenance de 48 heures s'il est présent depuis 8 jours ou plus, et de 24 heures si sa présence est inférieure à 8 jours (c. trav. art. L. 1221-26).

Pas de motif, mais ni discrimination ni abus - L'employeur n'a pas à motiver la rupture de la période d'essai.

Toutefois, l'employeur qui décide de rompre la période d'essai pour un motif disciplinaire est tenu de respecter la procédure disciplinaire et, notamment, de convoquer le salarié à un entretien préalable (cass. soc. 10 mars 2004, n° 01-44750, BC V n° 80).

La rupture de la période d'essai ne doit pas avoir de motif discriminatoire (c. trav. art. L. 1132-1).

Elle peut être considérée comme abusive dans certaines circonstances comme, par exemple, une rupture sans lien avec l'appréciation des qualités professionnelles du salarié, une rupture visant à nuire au salarié, ou encore une rupture révélant une légèreté blâmable de l'employeur.

Exemple

L'employeur agit avec une légèreté blâmable lorsqu'il renouvelle une période d'essai pour la rompre (cass. soc. 6 janvier 2010, n° 08-42826 D) :
- avant l'échéance de la période d'essai initiale ;
- quelques jours seulement après avoir décidé de renouveler celle-ci ;
- avant même que le renouvellement n'ait pris effet ;

et sans que le salarié n'ait bénéficié de l'intégralité de la formation prévue au contrat de travail et nécessaire à l'exercice de ses fonctions.

Salariés « protégés » - La rupture de la période d'essai est encadrée pour certains salariés.

Ainsi, pour une salariée enceinte, elle ne doit pas être motivée par l'état de grossesse (c. trav. art. L. 1225-1), mais elle reste possible pour un autre motif comme, par exemple, l'insuffisance professionnelle (cass. soc. 2 février 1983, n° 79-41754, BC V n° 74).

La protection spécifique aux salariés victimes d'un accident du travail ou d'une maladie professionnelle joue durant la période d'essai. Pendant la période de suspension du contrat de travail, l'employeur ne peut pas invoquer le caractère non concluant de l'essai pour mettre fin au contrat : il doit se placer sur le terrain de la faute grave ou sur celui de l'impossibilité de maintenir le contrat, qui doit résulter de circonstances indépendantes du comportement du salarié (cass. soc. 12 mai 2004, n° 02-44325, BC V n° 132).

Enfin, pour les salariés bénéficiant de la protection attachée à un mandat syndical ou d'élu du personnel (membre du *comité social et économique**, délégué syndical, etc.), l'employeur doit obtenir l'autorisation de l'inspection du travail pour rompre la période d'essai (cass. soc. 26 octobre 2005, n° 03-44585, BC V n° 306 ; cass. soc. 23 mars 2011, n° 10-13700 D). À défaut, la rupture est nulle.

Rétractation de la rupture - L'employeur ne peut revenir sur la rupture de la période d'essai d'un salarié qu'avec l'accord de ce dernier (cass. soc. 5 juillet 2017, n° 16-15446 D ; cass. soc. 20 janvier 2021 n° 19-17708 D).

Conséquences d'une rupture justifiée - Lorsque la période d'essai est rompue de façon justifiée, l'employeur doit verser :
- la rémunération de la période travaillée ;
- l'*indemnité compensatrice de congés payés** ;
- une fraction des primes annuelles conventionnelles, si le paiement au prorata est prévu par la convention collective ou l'usage en cas de départ avant la date de leur versement ;
- la fraction de participation ou de prime d'intéressement, si la condition d'ancienneté minimale éventuellement exigée est remplie par le salarié.

Aucune *indemnité de préavis** (sous réserve du respect du délai de prévenance) ni de rupture n'est due, sauf disposition conventionnelle particulière. L'employeur n'a pas à verser l'indemnité de fin de contrat des salariés en CDD.

▶ À noter… Aucune indemnité n'est due au salarié dont la rupture du contrat de travail intervient en période d'essai, même si l'employeur a improprement notifié au salarié un « licenciement » au lieu d'une rupture de période d'essai (cass. soc. 15 avril 2016, n° 14-24930 D).

Conséquences d'une rupture injustifiée - Si la rupture de la période d'essai est abusive ou discriminatoire, le salarié peut réclamer le versement de dommages et intérêts. En revanche, il ne peut pas réclamer le paiement des indemnités liées à un licenciement illicite, puisque les dispositions sur la rupture du CDI ne sont pas applicables pendant la période d'essai (c. trav. art. L. 1231-1). Par conséquent, même discriminatoire, la rupture de la période d'essai n'ouvre pas droit à l'indemnité de préavis (cass. soc. 12 septembre 2018, n° 16-26333, BC V n° 146).

Poursuite du contrat

Si le contrat se poursuit à l'issue de la période d'essai, la période d'essai fait partie intégrante de la durée du contrat. Elle constitue du temps de travail effectif et l'ancienneté du salarié se calcule dès son point de départ.

Contrat à durée déterminée ; Essai professionnel ; Indemnité de non-concurrence ; Indemnités de rupture (régimes social et fiscal) ; Période probatoire.

Période probatoire

Lorsque les fonctions d'un salarié changent fondamentalement au cours de sa carrière (ex. : nouveau poste, promotion), il peut apparaître nécessaire d'évaluer ses compétences dans ses nouvelles fonctions. Le salarié peut, pour sa part, avoir besoin de temps afin d'apprécier si le poste lui convient. Une période probatoire peut être prévue (et non une *période d'essai** réservée aux nouveaux embauchés).

Organiser la période probatoire

Inscrire la période au contrat - La période probatoire nécessite l'accord exprès du salarié (cass. soc. 16 mai 2012, n° 10-10623, BC V n° 149 ; cass. soc. 16 mai 2012, n° 10-24308, BC V n° 148). En pratique, il faut prévoir la période probatoire dans un avenant au contrat initial, qui fixera les modalités (durée, etc.).

Lorsque la convention collective encadre le recours à une période probatoire (ex. : durée maximale, rémunération, rupture), l'employeur est tenu de la respecter (cass. soc. 20 mai 2015, n° 13-13967, BC V n° 100 ; cass. soc. 20 janvier 2021, n° 19-10962 FPB).

Rémunération - Le salarié en période probatoire continue parfois à percevoir la rémunération afférente à son poste d'origine, celle-ci pouvant être assortie d'une indemnité différentielle inhérente à l'exercice de ses nouvelles fonctions. Il est nécessaire de faire figurer ces éléments et leurs modalités d'attribution dans le contrat de travail *(voir ci-avant)*, car il s'agit d'une modification de la structure de la rémunération et donc du contrat de travail.

Si le salarié change de statut (ex. : de non-cadre à cadre) ou de durée du travail (ex. : temps partiel à temps plein, accès à une convention de forfait), de nombreux éléments de paye sont à modifier.

Exemple
Un salarié qui se voit confier pendant 6 mois dans le cadre d'une période probatoire de nouvelles fonctions impliquant une augmentation de son forfait de 1 600 h à 1 750 h doit être rémunéré en conséquence (cass. soc. 25 mars 2010, n° 08-44987 D).

Il convient de mettre à jour son profil de paye et de procéder à des contrôles approfondis de ses bulletins de paye jusqu'à la fin de l'année (régularisation de plafond, etc.).

▶ Attention… Ces modifications doivent de préférence intervenir sur 1 mois plein, au risque de créer des perturbations dans le calcul des cotisations.

Certaines entreprises conservent au salarié son statut d'origine pendant toute la période probatoire, si cela est possible compte tenu de la convention collective applicable, des éventuels usages ou du contrat de travail. Et ce, afin d'éviter tout problème de retour en arrière si celle-ci se solde par un renoncement aux nouvelles fonctions.

Échec de la période probatoire

Retour à l'emploi précédent - L'employeur qui estime que la période probatoire d'un salarié n'est pas satisfaisante ne peut pas rompre le contrat de travail de ce fait. Une telle rupture constituerait un licenciement sans cause réelle et sérieuse (sauf refus abusif par le salarié de postes conformes) (cass. soc. 6 octobre 2010, n° 09-68325 D).

Il doit impérativement rétablir le salarié dans ses précédentes fonctions (cass. soc. 30 mars 2005, n° 02-46103, BC V n° 107 ; cass. soc. 30 mars 2005, n° 02-46338, BC V n° 108 ; cass. soc. 30 mars 2005, n° 03-41797, BC V n° 109). Il n'a pas, sauf dispositions conventionnelles ou usages, à respecter une procédure particulière. Le salarié retrouve ses éléments de rémunération antérieurs.

▶ Attention… À l'expiration de la période probatoire, le salarié qui n'a pas été réintégré dans son ancien emploi, ou un emploi similaire à celui antérieurement occupé, est promu définitivement dans son nouveau poste (cass. soc. 20 janvier 2021, n° 19-10962 FPB).

Lorsqu'il s'agit d'un salarié protégé (ex. : un représentant du personnel), le retour aux anciennes fonctions ne peut se faire qu'avec son accord.

En cas de refus, l'employeur doit le maintenir dans le nouveau poste ou demander une autorisation administrative de licenciement (cass. soc. 30 septembre 2010, n° 08-43862, BC V n° 210).

Rupture du contrat - L'échec d'une période probatoire ne justifie pas un licenciement *(voir ci-avant)*.

Il est impossible de faire signer au salarié une clause par laquelle celui-ci accepte par avance que la rupture de sa période probatoire entraîne la rupture de son contrat de travail, sans délai ni indemnité (cass. soc. 30 mars 2005, n° 02-46103, BC V n° 107 ; cass. soc. 30 mars 2005, n° 02-46338, BC V n° 108 ; cass. soc. 30 mars 2005, n° 03-41797, BC V n° 109).

En pratique, l'employeur qui souhaite se séparer d'un salarié, et qui ne peut pas ou ne veut pas le rétablir dans ses anciennes fonctions, n'a pas d'autre choix que de suivre l'ensemble des règles du *licenciement** (motif réel et sérieux, procédure, etc.). Le salarié a droit aux indemnités de rupture classiques (*indemnité compensatrice de préavis**, *indemnité de licenciement** légale ou conventionnelle, etc.) et au solde des droits qu'il a acquis (repos compensateurs, RTT, congés payés, CET, etc.).

▶ À noter… Un salarié peut être licencié pendant la période probatoire s'il commet des manquements sans relation avec son aptitude à occuper ses nouvelles fonctions (cass. soc. 6 avril 2011, n° 09-71302 D).

Il est également possible de mettre en œuvre une procédure de *rupture conventionnelle individuelle**, si l'employeur et le salarié sont d'accord.

☛ *Période d'essai.*

Plafond de la sécurité sociale

En paye, le plafond de la sécurité sociale sert notamment à déterminer la limite au-delà de laquelle les cotisations d'assurance vieillesse sécurité sociale plafonnées ne sont pas dues. Il est aussi utilisé comme référence pour calculer les tranches sur lesquelles sont appelées d'autres cotisations (ex. : retraite complémentaire, assurance chômage) et pour certaines prestations de sécurité sociale (ex. : IJSS maternité).

Montant du plafond

Fixation chaque année - Le plafond est une valeur de référence qui s'apprécie dans le cadre de l'année civile.

Le montant du plafond de la sécurité sociale est fixé par arrêté (c. séc. soc. art. L. 241-3). Il est revalorisé chaque année conformément aux modalités prévues par la réglementation (c. séc. soc. art. D. 242-17).

Le plafond ne peut en aucun être inférieur à celui de l'année précédente (c. séc. soc. art. L. 241-3).

Valeur 2025 - Le plafond est fixé à 216 € par jour et à 3 925 € par mois pour l'année 2025, soit un plafond annuel de 47 100 € (salarié à temps plein présent toute l'année) (arrêté du 19 décembre 2024, JO du 29, texte n° 19).

Les autres valeurs (ex. : valeur hebdomadaire) se déduisent des règles de calcul prévues par le code de la sécurité sociale (c. séc. soc. art. D. 242-19).

Rattachement à la période d'emploi, sauf exceptions - Pour les rémunérations versées depuis le 1er janvier 2018, le montant du plafond applicable est celui en vigueur au cours de la période de travail rémunérée, y compris en cas de décalage de paye (c. séc. soc. art. R. 242-1, II).

Des règles spécifiques sont prévues pour les rappels de salaires ou rémunérations rattachées à des périodes antérieures à celle de la paye avec laquelle ils sont versés. Elles varient selon que les sommes en cause sont versées en cours de contrat, après la rupture du contrat ou suite à une décision de justice (voir *Rappel de salaire**).

Application sur chaque paye et régularisation - Même si le plafond est une notion annuelle, il doit être calculé et appliqué sur chaque paye.

L'application périodique du plafond oblige parfois à procéder à une régularisation, en particulier en cas de rémunération variable ou d'incidents de présence. Il faut procéder en régularisation progressive depuis le 1er janvier 2017 (c. séc. soc. art. R. 242-2, II) (voir *Régularisation des cotisations**).

Calcul du plafond : cas généraux

Principes - Depuis le 1er janvier 2018, le plafond à passer en paye est calculé à partir de la valeur mensuelle du plafond, quelle que soit la périodicité de versement du salaire (c. séc. soc. art. R. 242-2).

Si nécessaire, il fait ensuite l'objet de prorata ou d'ajustements :
- le plafond peut être proratisé en cas de travail à temps partiel (« prorata temps partiel ») ou de salarié ayant plusieurs employeurs ;
- pour les salariés non mensualisés, le plafond est ajusté prorata temporis en fonction de la périodi-

Valeurs 2025 du plafond de la sécurité sociale	
Périodicité	**Valeur**
Année	47 100 €
Trimestre	11 775 € (1)
Mois	3 925 €
Quinzaine	1 963 € (1)
Semaine	906 € (1)
Jour	216 € (1)
Heure	29 € (2)

(1) Depuis le 1er janvier 2018, pour les salariés non mensualisés et les VRP, le plafond à appliquer en paye est déterminé à partir de sa valeur mensuelle, ajustée prorata temporis en fonction de la périodicité de la paye, sans passer par les autres valeurs périodiques (trimestre, quinzaine, semaine, jour) (c. séc. soc. art. R. 242-2).
(2) Pour une durée de travail inférieure à 5 h. Toutefois, cette valeur, qui sert de référence pour certaines données (assiettes forfaitaires, etc.), ne doit pas être utilisée pour l'établissement de la paye.

cité de la paye, sans qu'il y ait besoin de décomposer la période au regard des valeurs périodiques du plafond (quinzaine, semaine, jour, heure, etc.) ;
- dans certaines circonstances (absences non rémunérées, activité partielle, embauche ou départ du salarié, etc. ; *voir plus loin*), le plafond est réduit à proportion du nombre de jours de la période pendant laquelle il a été employé.

Salariés mensualisés - Pour les salariés mensualisés, il convient d'appliquer le plafond mensuel (c. séc. soc. art. R. 242-2, I, al. 1).

En cas d'absence non rémunérée, le plafond est calculé prorata temporis en fonction du nombre de jours calendaires durant lesquels le salarié a été occupé par rapport au nombre de jours calendaires réels du mois (28, 29, 30 ou 31 jours selon le cas ; *voir plus loin « Réduction du plafond »*).

Si le salarié est présent tout au long du mois, le nombre de jours de la période d'emploi est donc égal au nombre de jours calendaires du mois (BOSS, Assiette générale, § 750, 01/01/2024).

Salariés non mensualisés - Pour les salariés ne bénéficiant pas de la *mensualisation** du salaire, ce qui vise notamment les travailleurs à domicile, les saisonniers, les salariés intermittents et les salariés temporaires (c. trav. art. L. 3242-1), le plafond mensuel doit être ajusté prorata temporis en fonction de la périodicité de la paye (c. séc. soc. art. R. 242-2, I, al. 2).

▶ À noter… Le code du travail n'impose aucune périodicité de paye précise pour les salariés non mensualisés. Néanmoins, ils doivent être payés au moins 2 fois par mois, à 16 jours au plus d'intervalle (c. trav. art. L. 3242-3).

Le plafond doit être calculé sur la base du nombre de jours calendaires de la période de paye par rapport au nombre de jours calendaires de la période (BOSS, Assiette générale, § 990, 01/01/2024).

Exemple
Un salarié non mensualisé est payé le 15 et le 31 janvier. Pour la première période de paye (du 1er au 15 janvier), le plafond est égal à : plafond mensuel × 15/31 (s'il avait été embauché du 6 au 15 janvier, il serait égal à 10/31). Pour la seconde période de paye (du 16 au 31 janvier), le plafond correspond à plafond mensuel × 16/31.

Prorata de plafond pour temps partiel - Les règles de proratisation du plafond en cas de travail à temps partiel sont détaillées par ailleurs (pour le détail, voir *Abattement d'assiette pour temps partiel**).

Prorata de plafond des salariés à employeurs multiples - Les règles de proratisation du plafond applicables aux salariés ayant simultanément plusieurs employeurs sont détaillées par ailleurs (pour le détail, voir *Employeurs multiples**).

Prorata de plafond pour temps partiel thérapeutique - Le plafond applicable aux salariés placés en *temps partiel thérapeutique** peut également être réduit, dans les mêmes conditions que les salariés à temps partiel (BOSS, Assiette générale, § 835, 01/01/2024).

La formule de calcul applicable est la suivante : valeur mensuelle du plafond × (durée de travail dans le cadre du temps partiel thérapeutique/durée légale du travail ou durée conventionnelle si inférieure à la durée légale).

Forfait annuel en jours inférieur à 218 jours - Juridiquement, les salariés en convention de forfait en jours sur l'année inférieure à 218 jours par an (ou au plafond inférieur fixé par l'accord collectif) ne sont pas des salariés à temps partiel (circ. DRT 2000-7 du 6 décembre 2000, Q/R 20 ; cass. soc. 27 mars 2019, n° 16-23800 FSPB) [voir *Convention de forfait (forfait annuel en jours)**].

Jusqu'à la fin 2020, il était impossible de proratiser leur plafond au titre de l'*abattement d'assiette pour temps partiel** (lettre-circ. ACOSS 2004-136 du 8 octobre 2004 ; cass. civ., 2e ch., 1er décembre 2011, n° 10-19710 D).

Depuis le 1er janvier 2021, l'administration considère que le plafond de ces salariés en forfait jours réduit peut être proratisé « dans les mêmes conditions » que pour les salariés à temps partiel. Mais par dérogation, le recours au prorata de plafond pour ces salariés implique de recueillir, par tout moyen, le consentement individuel des intéressés (BOSS, Assiette générale, § 830, 01/01/2024). À cet égard, le BOSS ne précise rien quant à la fréquence de recueil du consentement salarié (chaque année ? autre modalité ?).

▶ À noter… L'exigence d'un accord du salarié était à notre sens recommandé, même avant que cette précision ne soit introduite dans le BOSS en juillet 2022. La proratisation du plafond peut en effet avoir une incidence sur le calcul des prestations des salariés (retraite, etc.), sur le net à payer et sur le net imposable. Or, si le BOSS est opposable aux URSSAF en cas de litige, il ne l'est pas envers les salariés. Et comme en l'état le code de la sécurité sociale ne permet pas à un employeur de proratiser d'autorité le plafond d'un salarié en forfait jours, mieux valait être prudent.

Le plafond proratisé se calcule selon la formule suivante, selon que l'accord collectif qui encadre le recours aux forfaits jours prévoit un volume maximum de 218 jours par an ou un volume inférieur : valeur mensuelle du plafond × (durée du forfait en jours/218 jours ou durée de référence inférieure à 218 jours prévue par l'accord collectif).

Dans tous les cas, l'application du prorata ne peut pas amener à un résultat supérieur à la valeur du plafond de la sécurité sociale de référence (BOSS, Assiette générale, § 830, 01/01/2024).

Exemples

1) Salarié sous convention de forfait de 200 jours par an, accord collectif prévoyant une durée de référence de 218 jours : plafond = plafond mensuel × 200 jrs/218 jrs. Si le salarié a finalement effectué 215 jours, en fin d'année le plafond annuel sera revu et ajusté en appliquant la formule : plafond = plafond annuel × 215 jrs/218 jrs.

2) Salarié sous convention de forfait de 210 jours par an, accord collectif prévoyant une durée de référence de 210 jours : plafond = plafond mensuel « normal » (non proratisé).

3) Salarié sous convention de forfait de 200 jours par an, accord collectif prévoyant une durée de référence de 210 jours : plafond = plafond mensuel × 200 jrs/210 jrs.

Calcul du plafond : cas particuliers

CDD de moins d'un mois à cheval sur deux mois - Les employeurs de salariés en CDD saisonnier ou en CDD d'usage d'une durée inférieure à un mois peuvent n'établir qu'un seul bulletin de paye pour l'ensemble du contrat (c. trav. art. L. 1242-2, 3°).

Les règles d'assiette, de taux et de plafonnement applicables sont celles en vigueur le dernier jour de la période d'emploi considérée (BOSS, Assiette générale, §§ 500 à 520, 01/01/2024).

Côté déclaratif (en DSN), il y a deux hypothèses :
- si un contrat « à cheval » sur 2 mois commence avant l'échéance de paye du premier mois pour s'achever le mois suivant, pour l'employeur qui verse une seule rémunération et établit un seul bulletin de paye, « conformément à la loi », deux déclarations dans deux DSN différentes sont néanmoins nécessaires pour garantir l'acquisition des droits des salariés (BOSS, Assiette générale, § 510, 01/01/2024) ;
- si un salarié en CDD est engagé pour une période d'emploi débutant après une échéance de paye et s'achevant avant l'échéance suivante (contrat « à cheval » sur 2 mois entre deux échéances de paye), par exception, la déclaration sociale peut être établie dans une seule DSN (BOSS, Assiette générale, § 520, 01/01/2024).

Exemple

Un salarié est embauché du 30 décembre de l'année N au 4 janvier de l'année N + 1. Sa rémunération afférente au contrat est versée le 4 janvier de l'année N + 1. Si l'échéance de paye est le 29e jour de chaque mois et que la réglementation prévoit qu'une seule rémunération doit être versée, les règles applicables sont celles de janvier N + 1. Le plafond est égal à 6/31e de la valeur mensuelle du plafond de l'année N + 1.

Succession de contrats avec un même employeur - Le BOSS a fait évoluer la doctrine administrative concernant le calcul du plafond annuel pour la régularisation des cotisations lorsqu'un salarié a plusieurs contrats avec un même employeur sur la même année, mais à différentes périodes.

Il y a désormais une règle unique, que les contrats (ex. : CDD) soient successifs ou non successifs (voir *Régularisation des cotisations**).

VRP - Pour les *VRP** multicartes, il faut partir du plafond mensuel et l'ajuster *prorata temporis* en fonction de la périodicité de la paye (c. séc. soc. art. R. 242-2, I, al. 2). Pour mémoire, les VRP doivent être payés au moins une fois tous les 3 mois (c. trav. art. L. 7313-7).

Exemple
Si un VRP est payé une fois par trimestre, le plafond à passer en paye est égal à 3 fois le plafond mensuel.

Si des VRP multicartes sont placés en activité partielle, le plafond doit être proratisé, pour tenir compte des périodes d'activité partielle (BOSS, Assiette générale, § 1140, 01/01/2024).

Salariés rémunérés aux pièces ou à la pièce - Pour les salariés rémunérés aux pièces dont la mission dure plus de 15 jours, il convient d'appliquer en paye un plafond égal à 50 % de la valeur mensuelle du plafond de la sécurité sociale (c. séc. soc. art. R. 242-2, I, al. 2 ; BOSS, Assiette générale, § 1080, 01/01/2024).

Pigistes - Pour les salariés rémunérés à la pige, sans durée du travail, le plafond à retenir est calculé à due proportion du nombre de jours rémunérés au cours de la période de paye, s'il est possible de déterminer le nombre de jours ayant donné lieu au versement (BOSS, Assiette générale, § 1070, 01/01/2024).

Dans tous les autres cas, il est fait application d'une valeur mensuelle du plafond entière.

Salariés non éligibles aux prorata de plafond - Selon le BOSS, il est impossible de réduire le plafond (BOSS, Assiette générale, § 1130, 01/01/2024) :
- des salariés bénéficiant de taux, d'assiettes ou de montants spécifiques ou forfaitaires de cotisations (artistes du spectacle, mannequins, journalistes et pigistes, VRP multicartes, notamment) ;
- des travailleurs à domicile.

Pour ces salariés, s'ils ne sont pas mensualisés, le plafond est déterminé uniquement en fonction de la périodicité de la paye.

▶ À noter... Le BOSS ne le dit pas expressément, mais on comprend en creux que, pour ces salariés, le plafond ne peut pas être réduit, pour quelque raison que ce soit (absences, entrée/sortie en cours de mois, temps partiel, « employeurs multiples », etc.).

Toutefois, il est admis (BOSS, Assiette générale, § 1140, 01/01/2024) :
- pour les salariés intermittents, que le plafond soit proratisé pour ne tenir compte que des périodes ayant donné lieu à rémunération ;
- pour les VRP multicartes, qu'en cas d'*activité partielle**, leur plafond soit proratisé selon les règles applicables en la matière ;
- pour les artistes du spectacle et les mannequins dont la période d'engagement est inférieure à 5 jours consécutifs, que le plafond applicable à cette période soit égal à 12 fois le plafond horaire par jour d'engagement.

Réduction du plafond : les principes

Situations concernées - Le plafond est réduit dans les situations suivantes (c. séc. soc. art. R. 242-2, I, al. 3 à 6) :
- entrée/sortie (contrat de travail ne couvrant pas l'intégralité de la période de paye, en raison d'une embauche ou d'un départ en cours de période ; voir *Entrée en cours d'année** et *Paye de sortie**) ;
- périodes indemnisées de *chômage-intempéries** ;
- absences pour congés payés des salariés dont les indemnités correspondantes sont versées par une *caisse de congés payés** ;
- périodes d'absence n'ayant pas donné lieu à rémunération *(voir plus loin)* ;
- périodes d'*activité partielle** indemnisées *(voir plus loin)*.

Modalités de réduction du plafond - Dans ces différents cas, le plafond est calculé en fonction du nombre de jours calendaires de la période d'emploi par rapport au nombre de jours réels du mois (28, 29, 30 ou 31 selon les cas).

Il est égal à : plafond mensuel × (nombre de jours de la période d'emploi/nombre de jours calendaires du mois).

Exemples
1) Un salarié à temps plein est embauché le 18 janvier. Le plafond est égal à : plafond mensuel × (14/31).
2) Un salarié est employé en temps partiel à 4/5e (soit 121,33 h/mois). S'il quitte l'entreprise le 10 d'un mois de 31 jours, le plafond est égal à : plafond mensuel × (121,33/151,67) × (10/31).
3) Un salarié est employé en temps partiel à 4/5e (soit 121,33 h/mois) du 5 février au 16 février. Pour un mois de février de 28 jours, le plafond est égal à : plafond mensuel × (121,33/151,67) × (12/28).

Réduction du plafond pour absence non rémunérée

Réduction du plafond pour les absences sans rémunération soumise à cotisations - Toute absence non rémunérée, quelle qu'en soit la cause, donne lieu à réduction du plafond de la sécurité sociale (c. séc. soc. art. R. 242-2, I).

À cet égard, une absence non rémunérée s'entend d'une absence qui ne donne lieu à aucune rémunération soumise à cotisations par l'employeur, que ce soit directement ou indirectement (BOSS, Assiette générale, §§ 850 à 900, 01/01/2024).

Nombre de jours à retenir pour calculer le plafond réduit - La réduction du plafond est mise en œuvre au regard du nombre de jours calendaires couverts par la période d'absence non rémunérée. Seules les journées entières d'absence sont retenues. Une absence d'une ou plusieurs demi-journées, ou d'une ou plusieurs heures, ne permet pas de réduire le plafond (BOSS, Assiette générale, §§ 920 et 930, 01/01/2024).

Exemple

Un salarié à temps plein est en absence « enfant malade » non rémunérée à compter du 1er février après-midi jusqu'au 3 février. Le plafond est égal à : plafond mensuel × 26/28 (pour un mois de février de 28 jours). Seuls deux jours d'absence sont pris en compte. Le 1er février, partiellement travaillé, n'est pas retenu pour proratiser le plafond.

La période d'absence est calculée de date à date. Si elle contient un ou plusieurs jours de repos (fin de semaine, par exemple) ou jours fériés, ceux-ci restent comptés dans la période d'absence. Ainsi, pour un salarié absent uniquement le vendredi ou le lundi, le plafond est corrigé d'une journée. En revanche, pour un salarié absent du vendredi au lundi inclus, le plafond est corrigé de 4 jours d'absence (BOSS, Assiette générale, § 940, 01/01/2024).

Exemple

Dans une entreprise où les samedis et dimanches correspondent aux jours de repos hebdomadaire, un salarié à temps plein est en absence non rémunérée d'un vendredi 7 février à un lundi 10 février inclus. Le plafond est égal à : plafond mensuel × 24/28 (pour un mois de février de 28 jours). Il est diminué pour 4 jours d'absence, quand bien même le week-end est habituellement non travaillé.

Absences permettant de réduire le plafond - Seules les absences ne donnant lieu à aucune rémunération ou indemnisation soumise à cotisations (donc, des absences non rémunérées) permettent de proratiser le plafond.

Ainsi, le plafond doit en particulier être réduit (BOSS, Assiette générale, § 880, 01/01/2024) :
- lorsque l'employeur verse au salarié uniquement des IJSS par subrogation ;
- lorsque l'employeur maintient uniquement le financement patronal à un organisme de protection sociale complémentaire (ex. : maintien des cotisations prévoyance) ;
- en cas d'absence pour congé indemnisé par une *caisse de congés payés** pour les professions concernées (dans ce cas, le maintien de la rémunération n'est pas assuré par l'employeur).

Absences ne permettant pas de réduire le plafond - Le plafond ne peut pas être réduit dès lors que l'absence donne lieu en tout ou partie à une rémunération ou une indemnisation (ex. : maintien de salaire) soumise à cotisations (BOSS, Assiette générale, §§ 850 et 860, 01/01/2024).

Exemple

Un salarié à temps plein est absent pour maladie du 6 au 13 mars inclus (soit 8 jours d'absence). L'employeur assure un maintien partiel de salaire à partir du 5e jour d'absence en application d'un accord collectif. Le plafond est diminué de 4 jours d'absence non rémunérée. Il est donc égal à : plafond mensuel × 27/31. Si l'employeur avait maintenu le salaire dès le premier jour d'arrêt de travail, le plafond n'aurait pas été réduit.

Est assimilée à une absence rémunérée par l'employeur (BOSS, Assiette générale, § 860, 01/01/2024) :
- le versement par un organisme de protection sociale complémentaire d'une indemnité journalière soumise en tout ou partie à cotisations sociales ;
- la monétisation au cours d'un mois d'une partie ou de la totalité d'un compte épargne-temps (CET) concomitante avec la suspension du contrat de travail (ce n'est pas précisé, mais à notre sens, la précision vaut lorsque la somme monétisée est soumise à cotisations) ;
- l'absence avec maintien d'un avantage en nature par l'employeur, puisqu'il est soumis à cotisations (précision entrée en vigueur le 1er avril 2021, l'administration a néanmoins pris en compte l'évolution nécessaire des logiciels de paye pour les contrôles effectués au titre de l'année 2021).

Versement d'autres éléments de rémunération pendant une absence - En cas d'absence non rémunérée mais de versement, durant un mois ne comportant aucune période travaillée, d'autres éléments de rémunération, notamment des primes (ex. prime de 13e mois), l'employeur doit rattacher ces éléments de rémunération à la période à laquelle ils se rapportent dans les conditions de droit commun (voir *Rappel de salaire**) (BOSS, Assiette générale, § 900, 01/01/2024).

En conséquence :
- si la somme versée est rattachée à une période d'emploi antérieure (ex. : correction d'erreur de paye, rappel de salaire hors décision justice ; voir *Rappel de salaire**), la réduction du plafond au titre de l'absence reste possible ;
- en revanche, si les conditions de versement de la somme sont prévues par la réglementation, un accord collectif ou le contrat de travail, le plafond du mois au cours duquel la somme est versée à l'échéance prévue (ex. : une prime annuelle payée habituellement

en juin) ne peut pas être réduit à raison de l'absence non rémunérée, puisque la somme est rattachée à la période de versement (voir *Rappel de salaire**).

Au final, si au cours d'un mois sans aucune période d'emploi des éléments de rémunération ne visant pas au maintien de salaire sont versés sans pouvoir être rattachés à une période d'emploi antérieure, un plafond mensuel entier s'applique, éventuellement proratisé si le salarié est habituellement à temps partiel (BOSS, Assiette générale, § 960, 01/01/2024).

Exemple

Un salarié est en arrêt maladie pendant la totalité du mois d'avril avec pour seule indemnisation les IJSS maladie. Si, durant ce mois complet d'absence, l'employeur verse au salarié une prime ou un autre élément de rémunération ne visant pas directement au maintien de salaire, deux solutions sont possibles.

1) Si l'élément de rémunération est versé selon la périodicité habituelle en application d'une convention ou d'un accord collectif ou encore du contrat de travail, cet élément de rémunération est rattaché à la période de versement. Dans ce cas, un plafond mensuel entier s'applique pour ce mois d'avril.

2) Si l'élément de rémunération est un rappel de salaire ou vise à corriger une erreur sur une paie antérieure, il rattache cet élément de rémunération à la période d'emploi faisant l'objet du rappel ou de la correction. Dans ce cas, aucun plafond n'est applicable pour ce mois d'avril.

Réduction du plafond en cas d'activité partielle

Principe - Le plafond de la sécurité sociale est réduit pour les périodes d'activité partielle indemnisées (c. séc. soc. art. R. 242-2, I).

Activité partielle sous forme de fermeture temporaire - En cas de fermeture pour *activité partielle**, le plafond doit être réduit au prorata du nombre de jours de fermeture, en appliquant les règles de droit commun prévues en cas d'absence non rémunérée (BOSS, Assiette générale, § 1100, 01/01/2024).

Exemples

1) Pour une fermeture du 1er au 15 mai, le plafond de mai est égal à « valeur mensuelle du plafond × (16 jrs/31 jrs) ».

2) Si la fermeture pour activité partielle court du 1er avril au 15 mai, le plafond d'avril est nul (0/30e) et celui de mai égal à 16/31e du plafond mensuel.

Pour un salarié à temps partiel, le BOSS distingue deux situations (BOSS, Assiette générale, § 1110, 01/01/2024) :

- lorsque la fermeture pour activité partielle ne porte pas sur les périodes pendant lesquelles le salarié est présent, le plafond n'est pas réduit au titre de l'activité partielle (mais il le reste au titre de l'*abattement d'assiette pour temps partiel**) ;
- lorsque la fermeture a un effet sur sa durée de travail, les deux prorata (fermeture activité partielle ; abattement d'assiette pour temps partiel) se combinent.

Exemple

Un salarié mensualisé à temps partiel sur une base de 32 h par semaine (138,67 h par mois) a un contrat prévoyant qu'il travaille uniquement le lundi, le mardi, le jeudi et le vendredi.

Si l'entreprise ferme le mercredi au titre de l'activité partielle, il n'y a pas d'incidence sur la durée du travail de ce salarié, de sorte que son plafond reste égal à « plafond mensuel × 138,67/151,67 ».

En revanche, si la fermeture pour activité partielle court du 1er avril au 15 mai, le plafond d'avril est nul. Celui de mai est à notre sens égal à « plafond mensuel × 16/31 × 138,67/151,67 » (pour l'heure, le BOSS ne comporte pas d'exemple pour cette hypothèse).

Activité partielle sous forme de réduction de la durée du travail - Dans cette hypothèse, le plafond est réduit en application des règles du prorata de plafond pour temps partiel (BOSS, Assiette générale, § 1120, 01/01/2024). Si la période d'activité partielle ne couvre qu'une partie du mois, ce prorata est appliqué à la quote-part du plafond mensuel correspondant.

Pour un salarié à temps partiel et dont l'horaire de travail se voit réduit par le recours à l'activité partielle, la réduction du plafond doit tenir compte de la nouvelle durée du travail réduite, par rapport à la durée légale de travail (ce qui permet de prendre en compte l'écart global). Le tableau ci-après présente des exemples.

On rappellera que pour des raisons de clarté, il faudra peut-être ajuster le code de la sécurité sociale au détour d'une prochaine loi de financement de la sécurité sociale, puisque celui-ci prévoit que l'abattement d'assiette ne peut pas s'appliquer aux salariés concernés par des mesures de réduction d'horaire ouvrant droit à une indemnisation au titre de l'activité partielle (c. séc. soc. art. L. 242-10).

Indemnités complémentaires d'activité partielle soumises à cotisations - Si l'employeur verse des indemnités complémentaires d'*activité partielle** qui viennent s'ajouter aux indemnités légales, ces indemnités sont assujetties à cotisations et à CSG/CRDS comme des revenus d'activité depuis le 1er janvier 2023.

Plafond et activité partielle sous forme de réduction horaire (exemples)	
Salarié à temps plein	Un salarié à temps plein travaille dans une entreprise appliquant la durée légale du travail (151,67 h par mois, ou 35 h × 52/12). L'établissement du salarié mobilise l'activité partielle et réduit la durée du travail de 50 % (soit 75,835 h par mois) entre le 1er avril et le 15 mai. • Le plafond d'avril est égal à : plafond mensuel × 75,835/151,67 (soit 50 %). • Le plafond de mai est égal à : [plafond mensuel × (15 jrs/31 jrs) × (75,835/151,67)] + [plafond mensuel × 16 jrs/31 jrs].
Salarié à temps partiel	Un salarié mensualisé à temps partiel a un contrat de 28 h hebdomadaires (121,33 h par mois). L'entreprise mobilise l'activité partielle et réduit la durée du travail de tous les salariés de 50 % entre le 1er avril et le 15 mai. Du 16 au 31 mai, il n'y a pas d'activité partielle. • Selon le BOSS, le plafond se calcule comme suit : - pour le mois d'avril : plafond mensuel × (121,33/151,67) × (75,385/151,67, soit 50 %) ; - pour le mois de mai : [plafond mensuel × (15 jrs/31 jrs) × (121,33/151,67) × 50 %] + plafond mensuel × (16 jrs/31 jrs) × (121,33/151,67)]. • Autre calcul équivalent à notre sens : la nouvelle durée du travail du salarié étant de 14 h hebdomadaires (121,33 × 50 % = 60,67 h par mois), le plafond pourrait aussi se calculer comme suit : - pour le mois d'avril : plafond mensuel × 60,67/151,67 ; - pour le mois de mai : [plafond mensuel × (15 jours/31 jours) × (60,67/151,67)] + [plafond mensuel × (16 jrs/31 jrs) × (121,33/151,67)].

Dans ce cas, le plafond ne peut pas être proratisé au titre de l'activité partielle puisque l'on se retrouve dans un cas d'absence avec versement d'une indemnisation soumise à cotisations *(voir plus haut)* (BOSS, Assiette générale, § 1120, 01/01/2024).

Incidence des événements comptabilisés en décalé

Principe - Certaines entreprises comptabilisent de façon habituelle les événements (ex. : heures complémentaires, absences non rémunérées) intervenus au cours du mois le mois suivant (recueil « M – 1 ») ou « à cheval » (sur le mois concerné et le mois suivant).

Dans ce cas, il est admis que l'effet de ces événements sur les cotisations dues soit calculé comme si ces événements avaient eu lieu au cours du mois lors duquel ils sont pris en compte (BOSS, Assiette générale, §§ 490 et 970, 01/01/2024).

Exemples

Une entreprise appliquant la durée légale du travail comptabilise habituellement les absences et les heures complémentaires le mois suivant (recueil « M – 1 »).

1) Un salarié à temps plein est en absence non rémunérée les 6 et 7 février. Les absences étant comptabilisées sur le mois de mars, le plafond de la paye de mars est réduit : plafond mensuel × 29/31.

Valeurs du plafond de 2009 à 2025

	Année	Trimestre	Mois	Quinzaine	Semaine	Jour	Heure
2009	34308	8577	2859	1430	660	157	21
2010	34620	8655	2885	1443	666	159	22
2011	35352	8838	2946	1473	680	162	22
2012	36372	9093	3031	1516	699	167	23
2013	37032	9258	3086	1543	712	170	23
2014	37548	9387	3129	1565	722	172	23
2015	38040	9510	3170	1585	732	174	24
2016	38616	9654	3218	1609	743	177	24
2017	39228	9807	3269	1635	780	180	24
2018	39732	9933	3311	1656	764	182	25
2019	40524	10131	3377	1689	779	186	25
2020	41136	10284	3428	1714	791	189	26
2021	41136	10284	3428	1714	791	189	26
2022	41136	10284	3428	1714	791	189	26
2023	43992	10998	3666	1833	846	202	27
2024	46368	11592	3864	1932	892	213	29
2025	47100	11775	3925	1963	906	216	29

PLAFOND DES COTISATIONS : PAYE D'UN SALARIÉ NON MENSUALISÉ (EXEMPLE)

Un salarié non mensualisé (non-cadre) est employé en CDD d'usage à temps plein (35 h par semaine, 7 h par jour), au sein d'une entreprise de plus de 50 salariés, du 12 janvier au 1er février 2025 inclus. Il bénéficie d'un cas de dispense d'affiliation au régime de prévoyance frais de santé de l'entreprise. Il reçoit l'intégralité de la rémunération au terme de son contrat.

Le plafond est de 2 672,44 € (au titre de janvier : 3925 × 20/31 = 2 532,26 € ; au titre de février : 3925 × 1/28. = 140,18 €).

Pour le prélèvement à la source, l'employeur applique un taux neutre (taux par défaut). L'assiette du PAS est constituée du salaire net imposable (2 271,14 €) diminué du montant de l'abattement applicable aux contrats courts (739 € au 1er janvier 2025). Compte tenu de l'assiette du PAS, le taux applicable est nul.

EXTRAIT DU BULLETIN DE PAYE DE FÉVRIER 2025

Désignation	**Base**	**Taux**	**Montant**	
Salaire de base (1er février 2025)	7,00	24,00	168,00	
Rappel de salaire (12 au 31 janvier 2025)	98,00	24,00	2 352,00	
Congés payés	2 520,00	10 %	252,00	
Brut total			2 772,00	
Cotisations et contributions sociales	**Base (€)**	**Taux salarial**	**Part salarié (€)**	**Part employeur (€)**
Santé				
Sécurité sociale - Maladie Maternité Invalidité Décès	2 772,00	-	-	194,04 (1)
Accidents du travail - maladies professionnelles	2 772,00	-	-	55,44 (2)
Retraite				
Sécurité sociale plafonnée	2 626,14	6,90 %	181,20	224,54
Sécurité sociale déplafonnée	2 772,00	0,40 %	11,09	55,99
Complémentaire Tranche 1 (3)	2 626,14	4,15 %	108,99	163,35
Complémentaire Tranche 2 (3)	145,86	9,86 %	14,48	21,56
Famille	2 772,00	-	-	95,63 (4)
Assurance chômage				
Chômage	2 772,00	-	0,00	119,20 (5)
Autres contributions dues par l'employeur	-	-	-	126,02 (6)
CSG déductible de l'impôt sur le revenu	2 723,49	6,80 %	185,20	-
CSG/CRDS non déductible de l'impôt sur le revenu	2 723,49	2,90 %	78,98	-
Exonérations et allégements de cotisations	-	-	-	-
Total des cotisations et contributions	-	-	579,84	1 055,77
Net social				**2 192,16**
Net à payer avant impôt sur le revenu				**2 192,16**
Impôt sur le revenu	**Base**	**Taux**	**Montant**	**Cumul annuel**
Montant net imposable			2 271,14	Valeur
Impôt sur le revenu prélevé à la source	1 532,14	0,00 %	0,00	Valeur
Montant net des heures compl/suppl exonérées			0,00	0,00
Net à payer au salarié (en euros) (7)				**2 192,16 (7)**
Total versé par l'employeur				3 827,76

Notes de la rédaction, pour aider à la lecture des totaux (ces notes n'ont pas à apparaître sur le bulletin de paye) :
(1) Taux de 7 % compte tenu de la rémunération. (2) Par hypothèse taux de 2 %. (3) Y compris contribution d'équilibre général et contribution d'équilibre technique. (4) Taux de 3,45 % compte tenu de la rémunération. (5) Chômage 4,05 % et AGS 0,25 %. (6) CSA (0,30 %), FNAL (0,50 %), versement mobilité (1,60 %), contribution au dialogue social (0,016 %), contribution formation (1 %), participation à l'effort de construction (0,45 %), taxe d'apprentissage (0,68 %). (7) À faire apparaître de manière à en faciliter la lisibilité.

2) Un salarié est employé à temps partiel de 80 % (soit 121,33 h par mois). Il effectue 4 h complémentaires au cours du mois de février. Ces heures complémentaires étant comptabilisées en mars, il faut donc ajuster le plafond de la rémunération du mois de mars : plafond mensuel × (121,33 + 4)/151,67.
3) Un salarié est employé à temps partiel de 80 % (soit 121,33 h par mois). Il effectue 4 h complémentaires au cours du mois de février. Il est absent les 6 et 7 février. Les heures complémentaires et les absences étant comptabilisées en mars, il faut donc ajuster le plafond de la rémunération du mois de mars : plafond mensuel × [(121,33 + 4)/151,67] × 29/31.

Plafond ramené à zéro - Lorsque des événements affectant la rémunération, telle une absence non rémunérée, sont pris en compte le mois suivant, c'est la valeur du plafond du mois de prise en compte qui est impactée. Si la valeur du plafond qui en résulte est négative, elle est ramenée à zéro pour ce mois (BOSS, Assiette générale, § 980, 01/01/2024).

Exemple
Un salarié a une absence non rémunérée tout le mois de mars. Cette absence est valorisée en paye en avril. Le calcul du plafond mensuel s'effectue en principe comme suit : plafond mensuel × (30 jrs – 31 jrs)/ 30 jrs. Le résultat, mathématiquement négatif, est ramené à zéro.

Précisions diverses

Dispense de préavis - Une dispense de préavis à l'initiative de l'employeur n'a pas pour effet d'avancer la date d'expiration du contrat de travail. Dès lors, le plafond doit être calculé en tenant compte de la durée du préavis (cass. soc. 21 juin 1979, n° 77-15716, BC V n° 572). Cette solution doit être retenue, que l'indemnité compensatrice de préavis soit versée en une seule fois lors du départ du salarié ou aux échéances normales de paye.

Exemple
Un licenciement est notifié le 19 janvier. Le salarié est dispensé d'exécuter un préavis qui expire le 20 avril. Sur la base des valeurs 2025, le plafond de ce salarié pour l'année est de : (3 × 3 925) + (3 925 × 20/30) = 14 391,67 €.

Rattachement des rappels de salaire et sommes versées en cours ou après la rupture du contrat - Pour les règles de rattachement des sommes et rappels de salaire versés en cours de contrat, pendant une période de suspension du contrat de travail, après la rupture du contrat ou en exécution d'une décision de justice, voir *Rappel de salaire**.

Indemnité de non-concurrence - Voir *Indemnité de non-concurrence**.

☞ *Abattement d'assiette pour temps partiel ; Décalage de la paye ; Employeurs multiples ; Indemnité de non-concurrence ; Plafond des cotisations ; Rappel de salaire ; Régularisation des cotisations.*

Plafond des cotisations

Le plafond des cotisations constitue le montant maximal des sommes soumises à certaines cotisations. Variable selon la nature des cotisations, il se calcule sur la base du *plafond de la sécurité sociale**.

Sécurité sociale

Le *plafond de la sécurité sociale** est fixé par arrêté. Il est de 3 925 € par mois en 2025, soit 47 100 € par an (arrêté du 19 décembre 2024, JO du 29, texte 19).

Il sert de référence pour le calcul de la tranche A de la rémunération (voir *Tranches de rémunération**).

Assurance chômage

L'assiette maximale des cotisations versées pour l'assurance chômage et l'AGS est égale à 4 fois le plafond de la sécurité sociale, dont :
- 1 fois le plafond pour la tranche A ;
- 3 fois le plafond pour la tranche B (fraction de rémunération comprise entre 1 et 4 plafonds).

Retraite complémentaire

Retraite - Depuis la mise en place du régime unifié AGIRC-ARRCO au 1er janvier 2019, il n'y a plus que deux tranches de rémunération pour le calcul des cotisations de retraite complémentaire, sans distinction entre cadres et non-cadres [voir *Cotisations de retraite AGIRC-ARRCO**].

L'assiette maximale des cotisations de retraite AGIRC-ARRCO est égale à 8 fois le plafond de la sécurité sociale, dont :
- 1 fois le plafond pour la tranche 1 ;
- 7 fois le plafond pour la tranche 2 (fraction de rémunération comprise entre 1 et 8 plafonds).

Le régime unifié prévoit aussi une contribution d'équilibre général (CEG) et, pour les salariés dont la rémunération sur l'année est supérieure au plafond de la sécurité sociale, une contribution

Assiettes maximales des tranches de cotisations en 2025 (temps plein)		
Dans la limite de 1 plafond	**mois**	**année**
Vieillesse plafonnée sécurité sociale + FNAL plafonné de 0,10 % (1)	3 925 €	47 100 €
Retraite complémentaire AGIRC-ARRCO et contributions d'équilibre (Tranche 1)		
Dans la limite de 4 plafonds	**mois**	**année**
Assurance chômage (tranches A + B)	15 700 €	188 400 €
AGS (tranches A + B)		
APEC (tranche A + B)		
De 1 à 8 plafonds (soit sur 7 plafonds au maximum)	**mois**	**année**
Retraite complémentaire AGIRC-ARRCO et contributions d'équilibre (Tranche 2)	27 475 €	329 700 €
(1) Le FNAL est plafonné pour les entreprises de moins de 50 salariés (voir *FNAL**). Pour les autres (50 salariés et plus), le FNAL est dû à 0,50 % sur le brut total.		

d'équilibre technique (CET). Ces deux contributions s'appliquent sur les tranches 1 et 2.

APEC - L'assiette maximale de la cotisation *APEC** est égale à 4 fois le plafond de la sécurité sociale (tranches A + B).

☞ *Cotisations sociales ; Plafond de la sécurité sociale ; Régularisation des cotisations ; Tranches des rémunérations.*

Plan de développement des compétences (durée du travail)

En paye, la question du plan de développement des compétences, support de la formation dans l'entreprise (voir *Formation professionnelle continue**), concerne essentiellement la rémunération du salarié qui suit une action de formation.

Actions de formation obligatoires

Les actions de formation obligatoires sont celles qui conditionnent l'exercice d'une activité ou d'une fonction, en application d'une convention internationale ou de dispositions légales et réglementaires (c. trav. art. L. 6321-2).

Elles constituent du temps de travail effectif et donnent lieu, pendant leur réalisation, au maintien de la rémunération.

Actions de formation non obligatoires

Définition et principe - Les actions de formation non obligatoires sont les actions autres que celles qui sont obligatoires *(voir ci-avant)*. En principe, elles constituent un temps de travail effectif et ouvrent droit au maintien de la rémunération du salarié (c. trav. art. L. 6321-6).

Déroulement hors temps de travail - Par exception et dans deux cas, les actions de formation non obligatoires peuvent se dérouler en tout ou partie hors temps de travail.

Lorsqu'un accord d'entreprise (à défaut, de branche) le prévoit, les actions de formation visées par l'accord peuvent se dérouler, en tout ou partie, hors temps de travail, dans une limite horaire fixée par l'accord ou une limite en pourcentage de forfait pour les salariés en forfait annuel en jours ou en heures. L'accord peut prévoir des contreparties accordées par l'employeur pour compenser les frais de garde d'enfant (c. trav. art. L. 6321-6, 1°).

En l'absence d'accord collectif, la formation peut se dérouler en tout ou partie hors temps de travail, avec l'accord écrit du salarié, dans une limite fixée à 30 h par an ou à 2 % du forfait pour un salarié en forfait annuel en jours ou en heures. Le salarié peut dénoncer l'accord dans les 8 jours (c. trav. art. L. 6321-6, 2° et R. 6321-4).

L'employeur ne verse ni rémunération, ni *allocation de formation** au titre des heures de formation se déroulant hors temps de travail.

▶ À noter… Le refus du salarié de participer à des actions de formation hors temps de travail, même prévues par un accord collectif, ne constitue ni une faute ni un motif de licenciement (c. trav. art. L. 6321-7).

Compte personnel de formation et période de Pro-A

La question de l'articulation d'une formation avec le temps de travail peut se présenter dans d'autres contextes.

Les formations liées au compte personnel de formation se déroulent en principe en dehors du temps de travail ou, sous condition, pendant le temps de travail (voir *Compte personnel de formation**).

Les actions de formation dans le cadre d'une période de reconversion ou promotion par alternance (Pro-A) peuvent se dérouler pendant le temps de travail, ou en tout ou partie en dehors du temps de travail (voir *Période de Pro-A**).

Compte personnel de formation ; Formation professionnelle continue ; Période de Pro-A.

Plan de formation

Formation professionnelle continue ; Plan de développement des compétences (durée du travail).

Plan d'épargne d'entreprise

Le plan d'épargne d'entreprise (PEE) est un système d'épargne collectif permettant aux salariés de constituer un portefeuille de valeurs mobilières avec l'aide de l'entreprise (c. trav. art. L. 3332-1). Il est aussi possible de mettre en place un PEE au sein d'un groupe constitué d'entreprises juridiquement indépendantes, pourvu qu'elles aient établi entre elles des liens financiers et économiques (c. trav. art. L. 3344-1).

Par ailleurs, la loi autorise également la mise en place d'un *plan d'épargne interentreprises** (PEI).

Pour une épargne à l'horizon retraite, il y a la solution du *plan d'épargne retraite d'entreprise collectif** (PERE-CO) ou, pour ceux qui fonctionnent encore, de l'ancien *plan d'épargne pour la retraite collectif** (PERCO).

Mise en place

Modalités - Un plan d'épargne d'entreprise peut être instauré (c. trav. art. L. 3332-3) :

- soit par un accord avec le personnel, selon l'une des modalités prévues pour la *participation aux résultats** (c. trav. art. R. 3332-7) : accord collectif « classique », accord négocié avec des représentants d'organisations syndicales représentatives dans l'entreprise, accord au sein du *comité social et économique** (CSE) ou ratification à la majorité des 2/3 du personnel d'un projet d'accord présenté par le chef d'entreprise ;
- soit par décision unilatérale du chef d'entreprise.

Lorsque l'entreprise comporte au moins un délégué syndical ou est dotée d'un CSE, le PEE doit obligatoirement être négocié. C'est uniquement en cas d'échec des négociations que l'employeur retrouve la faculté de mettre en place un PEE par voie unilatérale. Dans ce cas, il faut établir un procès-verbal de désaccord dans lequel sont consignées en leur dernier état les propositions respectives des parties et les mesures que l'employeur entend appliquer unilatéralement (c. trav. art. L. 3332-4 et D. 3345-1).

Dépôt - Les règlements de PEE et leurs annexes, accompagnés d'un certain nombre de pièces justificatives, doivent être déposés en ligne sur la plateforme TéléAccords (https://www.teleaccords.travail-emploi.gouv.fr) (c. trav. art. L. 3332-9 ; c. trav. art. R. 3332-4 et R. 3332-5 ; c. trav. art. D. 3345-1 à D. 3345-5). Cette obligation concerne également les avenants apportant des modifications substantielles à des règlements.

Tout abondement déposé avant le dépôt du règlement ne bénéficie pas des exonérations sociales et fiscales (c. trav. art. L. 3332-27). Sous cette réserve, aucun délai n'est prévu. Mais tant que l'entreprise n'a pas déposé le règlement, elle ne peut pas prétendre aux exonérations sociales et fiscales attachées au plan (cass. soc. 16 décembre 2008, n° 07-14610, BC V n° 256).

Si le plan d'épargne est conclu sous la forme d'un véritable accord collectif, il faut en remettre un exemplaire au greffe du conseil de prud'hommes du lieu de conclusion, comme pour tout accord collectif (c. trav. art. D. 2231-2, al. 3).

▶ À noter… Un accord de participation, un accord d'intéressement et un règlement du plan d'épargne salariale peuvent faire l'objet d'un dépôt commun lorsqu'ils ont été conclus concomitamment. Ce dépôt doit être accompli dans le délai fixé pour les accords d'*intéressement** (c. trav. art. L. 3345-1).

Contrôle des règlements déposés depuis le 1er janvier 2023 - Les règles de contrôle des règlements de plans d'épargne sont identiques à celles prévues pour la *participation aux résultats**.

Les accords déposés depuis le 1er janvier 2023 sont contrôlés uniquement par l'URSSAF (CGSS ou CMSA) (c. trav. art. L. 3345-2 et D. 3345-5).

L'administration du travail (DDETS) n'opère plus de contrôle, mais reste dépositaire des règlements de PEE et des documents associés. Elle doit les transmettre sans délai à l'URSSAF et délivrer au déposant un récépissé attestant du dépôt (c. trav. art. D. 3345-5).

L'URSSAF dispose d'un délai de 3 mois à compter du dépôt, si le dossier est complet, pour contrôler et demander le retrait ou la modification des clauses contraires aux dispositions légales et réglementaires (à l'exception des règles relatives aux modalités de dénonciation et de révision des accords). En cas de dossier incomplet, si l'URSSAF informe dans ce délai de 3 mois le déposant qu'il n'a pas fourni les documents nécessaires pour effectuer ce contrôle, le délai se décompte uniquement à compter de la réception des pièces complémentaires ou conformes (c. trav. art. L. 3345-2 et D. 3345-5).

En l'absence d'observation motivée de l'URSSAF, aucune contestation ultérieure ne peut remettre en cause les exonérations fiscales et sociales attachées aux avantages accordés au titre des exercices en cours ou antérieurs à la contestation (c. trav. art. L. 3345-3).

▶ À noter... Sur les modalités de contrôle et les règles régissant les règlements déposés avant le 1er janvier 2023, voir l'édition 2023 du Dictionnaire Paye.

Mise en place au niveau du groupe - Il est également possible de mettre en place un plan d'épargne au niveau d'un groupe. Il doit s'agir d'entreprises juridiquement indépendantes, pourvu qu'elles aient établi entre elles des liens financiers et économiques (c. trav. art. L. 3344-1).

Sans entrer dans les détails des modalités de mise en place, signalons qu'il peut s'agir soit d'un même accord adopté dans chaque entreprise selon la procédure qui lui convient, soit d'un accord mis en place directement au niveau du groupe au moyen d'un accord collectif de groupe (guide intermin. épargne salariale, juillet 2014, dossier 3, fiche 2, § I-C).

Opter pour un accord négocié au niveau de la branche - Les branches peuvent négocier des accords agréés permettant de mettre en place des PEE « clefs en main » (c. trav. art. L. 3332-6-1, L. 3345-4, D. 3345-6 et D. 3345-7).

Les entreprises qui souhaitent utiliser cette modalité doivent conclure un accord selon les mêmes modalités que celles prévues pour le PEE *(voir ci-dessus)* (c. trav. art. L. 3332-6-1, L. 3332-3 et L. 3332-4).

En deçà d'un effectif de 50 salariés, les employeurs peuvent aussi mettre en place ce régime de PEE « clef en main » par un document unilatéral d'adhésion en ayant préalablement informé par tous moyens leur CSE s'ils en ont un, ainsi que les salariés des choix qu'ils ont faits par rapport aux différentes possibilités offertes par l'accord de branche (c. trav. art. L. 3332-6-1, L. 2232-10-1 et D. 2232-1-6).

L'accord ou le document unilatéral doit être déposé par télédéclaration, dans les mêmes conditions qu'un règlement de PEE *(voir plus haut)* (c. trav. art. L. 3332-6-1).

Par dérogation, les exonérations sociales et fiscales attachées aux PEE sont réputées acquises dès le dépôt de l'accord ou de l'adhésion à l'accord de branche agréé et pour la durée de son application (c. trav. art. L. 3332-6-1).

Bénéficiaires

Salariés - Le PEE est réservé aux salariés de l'entreprise et doit être ouvert à tous, sauf condition d'ancienneté minimale plafonnée à 3 mois (c. trav. art. L. 3342-1). Cette ancienneté s'apprécie dans les mêmes conditions que pour la participation (voir *Participation aux résultats**).

Dirigeants et leur conjoint - Dans les entreprises dont l'effectif comprend au moins 1 et moins de 250 salariés, les chefs de ces entreprises ou, s'il s'agit de personnes morales, leurs présidents, directeurs généraux, gérants ou membres du directoire ainsi que, s'ils ont le statut de conjoint collaborateur ou de conjoint associé, les conjoints ou les partenaires pacsés des chefs d'entreprise, peuvent également participer au PEE (c. trav. art. L. 3332-2).

Depuis le 1er janvier 2020, les seuils de 1 et de moins de 250 salariés s'apprécient au regard des règles de calcul d'effectif et de franchissement de seuil prévues par la législation de sécurité sociale (voir *Effectif sécurité sociale**) (c. trav. art. L. 3331-1 ; c. séc. soc. art. L. 130-1 et R. 130-1). Le franchissement à la hausse du seuil de 250 salariés ne sera donc pris en compte que si ce seuil est atteint ou dépassé pendant 5 années consécutives.

Par exception, le mécanisme de gel des effets de seuil sur 5 ans ne s'applique pas au seuil de 1 salarié (c. trav. art. L. 3332-2).

Retraite et préretraités - Les retraités et anciens salariés partis en retraite ou en préretraite peuvent continuer à effectuer des versements sur le PEE (c. trav. art. L. 3332-2 et R. 3332-13). Ces versements ne peuvent pas donner lieu à un abondement de l'employeur.

Salariés des groupements d'employeurs - Le salarié d'un groupement d'employeurs qui n'est pas doté d'un PEE peut bénéficier du PEE de chacune des entreprises adhérentes du groupement auprès de laquelle il est mis à disposition, sous réserve que le règlement du plan d'épargne applicable dans l'entreprise utilisatrice ouvre expressément ce dispositif aux salariés mis à disposition par le groupement (c. trav. art. L. 3332-2 et D. 3331-2). S'il y a lieu, l'ancienneté du salarié s'apprécie selon des modalités particulières (c. trav. art. D. 3342-1).

Sources possibles d'alimentation du PEE

Rôle du règlement du plan d'épargne - Le règlement du PEE doit comporter un certain nombre de clauses, et en particulier les différentes sources d'alimentation possibles du plan d'épargne (guide intermin. épargne salariale, juillet 2014, dossier 3, fiche 2, § IV-A).

Versements volontaires des adhérents - Le PEE peut être alimenté, à l'initiative des adhérents, par des versements volontaires, des versements de sommes issues de l'*intéressement**, de la *participation aux résultats**, d'une *prime de partage de la valeur** ou d'une prime issue d'un *plan de partage de la valorisation de l'entreprise** (c. trav. art. L. 3332-3, L. 3332-10 et R. 3332-9, al. 1 ; décret 2024-644 du 29 juin 2024, art. 1, JO du 30).

Le règlement du plan d'épargne peut prévoir un minimum annuel de versement pour chaque support de placement, qui ne peut pas excéder 160 € (c. trav. art. R. 3332-9, al. 2 ; arrêté du 10 octobre 2001, JO du 18).

L'administration permet de retenir un montant minimal pouvant descendre jusqu'à 15 €, par versement et par support de placement, abandonnant ainsi la notion de minimum annuel (guide intermin. épargne salariale, juillet 2014, dossier 3, fiche 3, § I-2). Cette précision visait à anticiper un arrêté modificatif, non encore paru au 15 janvier 2025, qui vise à résoudre les difficultés pratiques liées à une appréciation annuelle du montant minimal de versement.

Limite aux versements volontaires des adhérents - Les versements annuels d'un même bénéficiaire ne doivent pas excéder 25 % de sa rémunération annuelle (c. trav. art. L. 3332-10 et D. 3332-9-1). Si le bénéficiaire participe à plusieurs plans d'épargne salariale, la limite de 25 % vaut pour l'ensemble des versements aux différents plans (*PEE**, *PEI**, *PERCO** « ancienne mouture »). C'est au salarié de veiller à ce que le montant de ses versements n'excède pas ce plafond (guide intermin. épargne salariale, juillet 2014, dossier 3, fiche 3, § I).

Par exception, les versements annuels d'un participant au PEE peuvent aller jusqu'à une fois (100 %) la rémunération annuelle si les sommes sont destinées à alimenter un FCPE de reprise de l'entreprise mentionné à l'article L. 3332-16 du code du travail (c. trav. art. L. 3332-10, al. 1).

▶ À noter... Sous réserve de confirmation, il n'y a pas lieu, à notre sens, de tenir compte des versements effectués sur le nouveau *plan d'épargne retraite d'entreprise collectif** (PERE-CO) issu de la loi PACTE pour apprécier la limite de 25 % (ou de 100 %). En effet, les versements volontaires à ce type de plan d'épargne ne sont pas limités.

La rémunération annuelle de référence pour calculer la limite de 25 % ou 100 % qui encadre les versements volontaires s'entend comme suit (guide intermin. épargne salariale, juillet 2014, dossier 3, fiche 3, § I) :
- pour les salariés, on se réfère à la rémunération annuelle brute, avant déduction des cotisations sociales et toute déduction forfaitaire spécifique pour frais professionnels ;
- pour les chefs d'entreprise et mandataires sociaux imposés dans la catégorie des traitements et salaires, on se réfère au montant imposé à l'impôt sur le revenu dans la catégorie des traitements et salaires (rémunération du mandat social et jetons de présence spéciaux) ;
- pour les chefs d'entreprise individuelle et les professionnels libéraux, on se réfère au revenu professionnel imposé à l'impôt sur le revenu au titre de l'année précédente ;
- les anciens salariés ayant quitté l'entreprise suite à un départ en retraite ou en préretraite doivent prendre en compte, sous leur propre responsabilité, les sommes perçues au titre de leurs prestations de retraite ou de préretraite.

▶ À noter... Par dérogation, la limite des versements volontaires est fixée à 25 % du montant annuel du *plafond de la sécurité sociale** (ou 100 % du montant annuel du plafond si les versements sont destinés à alimenter un FCPE de reprise de l'entreprise) pour les conjoints ou partenaires pacsés (sous statut de conjoint collaborateur ou conjoint associé) des chefs d'entreprise ayant accès aux plans d'épargne dans les entreprises de 1 à moins de 250 salariés et les salariés dont le contrat est suspendu, lorsqu'ils n'ont perçu aucune rémunération au titre de l'année de versement (c. trav. art. L. 3332-10, al. 2).

Sont notamment pris en compte, pour apprécier le respect de la limite des versements volontaires de 25 % ou 100 %, les versements volontaires du bénéficiaire du plan d'épargne, les actions gratuites attribuées dans les conditions prévues par le code de commerce ou encore les droits inscrits sur un *compte épargne-temps** (CET) lorsque l'accord de CET permet leur versement au PEE. En outre, l'administration la *prime de partage de la valeur** a la nature d'un versement volontaire lorsqu'elle est affectée sur un plan d'épargne salariale (BOSS, Épargne salariale, § 390, 01/02/2025).

À l'inverse, ne sont pas pris en compte pour l'appréciation du plafond de 25 % ou 100 % des versements volontaires (c. trav. art. L. 3332-10, al. 3) :
- les sommes en provenance de l'intéressement, puisqu'elles sont fléchées par défaut vers le PEE et ne peuvent de ce fait être considérées comme des versements volontaires (instr. DGT/RT3/DSS/DGTRESOR 2016-45 du 18 février 2016, Q/R 12) ;
- le montant des droits des salariés inscrits sur un CET qui sont utilisés pour acquérir des titres de la société employeur ou d'une société liée, ou des parts de FCPE ou de SICAV d'actionnariat salarié (SICAVAS) (c. trav. art. L. 3332-10, al. 3 ; c. mon. et fin. art. L. 214-165 et L. 214-166) ;
- les actions issues de la levée d'options sur titre acquises au moyen des avoirs indisponibles du PEE et versées dans celui-ci (c. trav. art. L. 3332-25).
- les sommes transférées sans délai à l'issue de la période de blocage de la participation vers le PEE (guide intermin. épargne salariale, juillet 2014, dossier 3, fiche 3, § III).

▶ À noter... Selon nos informations, l'exclusion de l'intéressement concernerait aussi bien les sommes issues de l'intéressement affectées par défaut que celles affectées au PEE à la suite d'un arbitrage du bénéficiaire. Ce point mériterait cependant d'être clarifié.

Affectation par défaut de l'intéressement - Depuis le 1er janvier 2016, si le bénéficiaire d'un accord d'intéressement ne prend aucune décision quant aux droits qui lui reviennent à ce titre (versement immédiat ou affectation sur un *plan d'épargne salariale**), ces sommes sont affectés par défaut au PEE, s'il en existe un (pour le détail, voir *Intéressement**).

Affectation d'actions gratuites - Les actions attribuées gratuitement aux salariés (voir *Attribution gratuite d'actions aux salariés**) peuvent être versées sur le plan d'épargne, à l'expiration de leur période d'acquisition, dans la limite d'un montant de 7,5 % de la valeur annuelle du *plafond de la sécurité sociale** (soit 3 532,50 € en 2025), sous réserve d'une attribution à l'ensemble des salariés de l'entreprise (c. trav. art. L. 3332-14).

Étant assimilée à un versement volontaire, l'affectation d'actions gratuites au PEE est prise en compte pour l'appréciation du plafond individuel de versement. De plus, elle peut ouvrir droit à un abondement de l'entreprise dans les conditions normales (circ. DSS/5B/DGT/RT3 2007-199 du 15 mai 2007, question 25).

Abondement de l'employeur - Le PEE peut aussi être alimenté par l'abondement de l'employeur aux versements personnels des salariés, dans les conditions et limites fixées par le règlement du plan d'épargne (c. trav. art. L. 3332-11 et R. 3332-8). L'employeur ne peut pas abonder les versements effectués par d'anciens salariés en retraite ou en préretraite.

Pour plus de détail sur le régime de l'abondement, voir plus loin.

Contrat de partage de plus-values - Le PEE peut accueillir les sommes réparties entre les salariés en application d'un contrat de partage des plus-values [voir *Partage des plus-values (contrat)**] (c. com. art. L. 23-11-4).

Les versements effectués sur un PEE en application d'un contrat de partage sont plafonnés à 30 % du montant annuel du *plafond de la sécurité sociale** (c. trav. art. L. 3332-11, 2° et D. 3332-8-2). Ils ne sont pas pris en compte pour l'appréciation du plafond d'abondement autorisé *(voir plus loin)*.

La fraction excédant ce seuil de 30 % est versée directement au salarié bénéficiaire et constitue un revenu d'activité soumis à cotisations et contributions sociales (c. trav. art. L. 3332-11, dern. al.).

Prime de partage de la valeur - Depuis le 1er juillet 2024, un salarié à qui une prime de partage de la valeur (PPV) est attribuée peut, dans un délai de 15 jours, demander l'affectation de tout ou partie de son montant sur un PEE (le cas échéant sous forme de PEI), s'il a accès à ce type de plan d'épargne (voir *Prime de partage de la valeur**).

Entre autres avantages, le salarié peut ainsi défiscaliser le montant correspondant dans certaines limites, si sa PPV n'est pas directement exonérée d'impôt sur le revenu.

▶ À noter... Un règlement de plan d'épargne doit mentionner les différentes sources d'alimentation du plan *(voir plus haut)*. Par conséquent, les entreprises sont tenues de modifier le règlement du plan d'épargne pour prévoir la possibilité d'y affecter, à la demande du salarié, les sommes versées au titre de la PPV. Par tolérance, les sommes versées jusqu'au 30 juin 2025 au titre de la PPV peuvent être affectées aux différents plans d'épargne (PEE, PEI, PERCO, PERE-CO, PERE-OB) avant même leur modification (BOSS, Épargne salariale, § 330, 01/02/2025).

Prime de partage de la valorisation de l'entreprise - Dans les entreprises où un plan de partage de la valorisation de l'entreprise (PPVE) est mis en place, les salariés à qui une prime est attribuée à l'issue de la durée du PPVE (3 ans) peuvent, dans un délai de 15 jours, demander l'affectation de tout ou partie de son montant sur un PEE (le cas échéant sous forme de PEI), s'ils ont accès à ce type de plan d'épargne (voir *Plan de partage de la valorisation de l'entreprise**).

Cela leur permet de bénéficier d'une exonération d'impôt sur le revenu sur cette prime dans une certaine limite.

Transferts d'épargne salariale - En outre, un PEE (ou un PEI) peut également être alimenté par la participation ou des transferts d'épargne salariale, que ce soit en cas de changement d'employeur ou pendant la vie du contrat de travail (voir *Transfert d'épargne salariale**).

Bons de souscription de parts de créateurs d'entreprise (BSPCE) - La loi de finances pour 2025 a prévu que ni les bons de souscription de parts de créateurs d'entreprise (BSPCE), ni les titres souscrits en exercice de ces bons, ne peuvent être inscrits sur un PEE (c. trav. art. L. 3332-15 modifié ; loi 2025-127 du 14 février 2025, art. 92, IV, JO du 15).

Cette disposition s'applique aux BSPCE attribués ou exercés à compter du 10 octobre 2024 (loi 2025-127 du 14 février 2025, art. 92, V, C).

▶ À noter… Une mesure spécifique est prévue pour les titres souscrits en exercice de BSPCE figurant dans un PEE avant le 10 octobre 2024. Le titulaire du plan peut les retirer du plan en effectuant sur celui-ci, dans les deux mois de la date de ce retrait, un versement compensatoire en numéraire d'un montant égal à la valeur de ces titres appréciée à cette même date. Ce versement compensatoire n'est pas pris en compte pour apprécier le plafond des versements volontaires du bénéficiaire du plan (loi 2025-127 du 14 février 2025, art. 92, V, C).

Gestion

Les sommes affectées à un PEE sont investies dans des valeurs mobilières : titres émis par des SICAV, parts de FCPE, actions émises par des sociétés créées par les salariés en vue du rachat de leur entreprise, etc. (c. trav. art. L. 3332-15 à L. 3332-17-1).

À défaut de stipulation conventionnelle, depuis le 1er janvier 2016, les sommes inscrites au PEE sont obligatoirement affectées à une SICAV ou à un fonds d'épargne salariale (FCPE et SICAV spécialisées d'actionnariat salarié) présentant le profil d'investissement le moins risqué dans le PEE ou, à défaut, dans le plan d'épargne de groupe. En l'absence de PEE ou de plan d'épargne de groupe, les sommes sont affectées dans le plan d'épargne interentreprises, s'il a été mis en place (c. trav. art. R. 3332-13-1).

▶ À noter… Depuis 1er juillet 2024, les PEE doivent offrir la possibilité d'acquérir des parts d'au moins un fonds labellisé au titre du financement de la transition énergétique et écologique ou de l'investissement socialement responsable (c. trav. art. L. 3332-17 ; décret 2024-644 du 29 juin 2024, art. 3 et 6, JO du 30).

Indisponibilité et déblocage anticipé

Les sommes versées sur le PEE bénéficient d'exonérations sociales et fiscales si elles sont bloquées pendant au moins 5 ans (c. trav. art. L. 3332-25).

Néanmoins, plusieurs cas de déblocage anticipé existent. Ils sont identiques à ceux prévus pour la participation (voir *Participation aux résultats**) (c. trav. art. R. 3332-28 renvoyant à R. 3324-22).

Il est aussi possible de ne pas respecter le délai de blocage si la liquidation des avoirs détenus dans le cadre du PEE sert à lever des options de souscription ou d'achat d'actions ou depuis le 24 mai 2019 à racheter des parts sociales de l'entreprise (c. trav. art. L. 3332-25, al. 2 ; c. com. art. L. 225-177, L. 22-10-56 et L. 225-179).

Les revenus générés par le PEE sont indisponibles dans les mêmes conditions que les titres auxquels ils se rapportent (pour être exonérés d'impôt sur le revenu, ils doivent être réinvestis dans le PEE).

Le cas échéant, les avoirs détenus dans un PEE peuvent être transférés vers d'autres mécanismes d'épargne salariale, et notamment vers un *plan d'épargne retraite d'entreprise collectif** (PERE-CO) ou un ancien *plan d'épargne pour la retraite collectif** (PERCO).

Abondement de l'entreprise

Aide obligatoire, abondement facultatif - Le PEE doit obligatoirement comporter une aide de l'entreprise au bénéfice des adhérents, de par sa définition même (c. trav. art. L. 3332-1).

Elle consiste en une prise en charge des frais liés au fonctionnement du plan, à laquelle peut s'ajouter un abondement complémentaire à un versement du salarié (guide intermin. épargne salariale, juillet 2014, dossier 3, fiche 3, § II).

Dans la mesure où l'abondement est purement facultatif, l'aide de l'entreprise peut se limiter à la prise en charge des frais de fonctionnement.

Objet de l'abondement - L'abondement de l'employeur se matérialise par des versements directs ajoutés à ceux des bénéficiaires du plan d'épargne, dans les conditions et limites fixées par le règlement du plan.

Les versements des salariés susceptibles de donner lieu à abondement sont (c. trav. art. L. 3332-11) :
- les versements volontaires (dont l'affectation de l'*intéressement** sur un plan d'épargne) ;
- la quote-part de réserve spéciale de participation qu'un bénéficiaire décide d'affecter à un PEE plutôt que d'en demander le versement immédiat ;
- les transferts de sommes issues d'un PEE ou d'un PEI à l'issue de leur période d'indisponibilité ;
- l'affectation d'actions gratuites *(voir plus haut)* ;
- l'affectation au PEE de tout ou partie d'une *prime de partage de la valeur**, sur demande de son bénéficiaire (demande possible depuis le 1er juillet 2024).

La possibilité d'abondement d'une somme doit être prévue par le règlement du plan d'épargne. Il n'est pas possible d'abonder une somme en bénéficiant du régime social et fiscal de faveur attaché à l'abondement, si cela n'est pas prévu.

Cette règle vaut également pour la *prime de partage de la valeur** (PPV), dont le versement au PEE ne peut être abondé que si le règlement du plan d'épargne le prévoit et à quelle hauteur. Dans le cas contraire, aucun abondement n'est possible (BOSS, Épargne salariale, § 340, 01/02/2025).

Non-substitution au salaire - L'abondement ne peut en aucun cas se substituer à un élément de salaire soumis à cotisations en vigueur dans l'entreprise au moment de la mise en place du PEE ou qui devient obligatoire en vertu de règles légales ou contractuelles (c. trav. art. L. 3332-13).

Ce principe de non-substitution ne peut pas avoir pour effet de remettre en cause les exonérations fiscales et sociales de l'abondement de l'entreprise, dès lors qu'un délai de 12 mois s'est écoulé entre le dernier versement de l'élément de rémunération en tout ou partie supprimé et la date de mise en place du plan.

Modulation de l'abondement - En raison du caractère collectif du PEE, les entreprises peuvent opérer une modulation de l'abondement, à condition que celle-ci suive des règles à caractère général. Dans tous les cas, le système retenu ne peut pas avoir pour effet de rendre le rapport entre l'abondement de l'entreprise et le versement du participant croissant avec la rémunération (c. trav. art. L. 3332-12).

Exemple

Prévoir d'abonder à 100 % les versements des salariés alors que le règlement du plan précise que leurs versements sont prédéfinis en pourcentage du salaire de référence à 0,5 % du salaire de référence limité à un montant mensuel de 4 000 € et 2,5 % du salaire de référence compris entre 4 000 € et 18 535 € mensuels, revient à rendre la participation de l'entreprise croissant avec la rémunération. Par conséquent le caractère collectif n'est pas respecté et le redressement URSSAF est validé. Cet arrêt rendu à propos d'un PERCO est aussi applicable aux PEE puisque le PERCO suit dans ce domaine les règles du PEE (cass. civ., 2e ch., 1er février 2024, n° 22-16581 FB).

Les critères de modulation doivent être prédéterminés par le règlement du plan d'épargne (cass. soc. 12 décembre 1996, n° 95-11487, BC V n° 438 ; cass. soc. 23 mars 2000, n° 98-20398, BC V n° 121 ; cass. soc. 10 janvier 2006, n° 04-30048 D).

La modulation peut, par exemple, être liée à l'origine des sommes (intéressement, etc.) ou à leur affectation. Elle peut avoir pour effet d'orienter l'épargne vers des instruments de placement privilégiés (titres de l'entreprise, fonds solidaires ou éthiques, etc.). Une modulation selon les catégories professionnelles ou selon l'ancienneté est possible mais, en pratique, délicate à mettre en œuvre : si elle est mise en place, elle doit être entourée de toutes les garanties pour éviter d'avoir pour effet, en pratique, de rendre le taux d'abondement croissant avec la rémunération (guide intermin. épargne salariale, juillet 2014, dossier 3, fiche 3, § II-B).

Le salarié doit connaître, au moment où il effectue son versement, les modalités de l'abondement de son employeur. Par conséquent, un avenant conclu en fin d'année et qui préciserait rétroactivement le taux d'abondement applicable pour l'année n'est pas admis (guide intermin. épargne salariale, juillet 2014, dossier 3, fiche 3, § II-B).

Dans tous les cas, l'abondement ne peut pas être conçu comme un complément de rémunération individuelle et ne peut pas davantage être fonction de l'appréciation portée sur les salariés dans l'exercice de leur fonction. Le caractère collectif du système d'épargne d'entreprise s'oppose à ce que le montant des versements de l'employeur soit fondé sur des critères de performance individuelle des salariés (cass. soc. 26 octobre 2000, n° 99-11401, BC V n° 347 ; cass. soc. 10 décembre 2003, n° 01-21096 D).

Dans la même logique, l'abondement ne peut pas être modulé selon le temps de présence du salarié (guide intermin. épargne salariale, juillet 2014, dossier 3, fiche 3, § II-B).

Montant maximal - Pour chaque bénéficiaire, le montant annuel de l'abondement de l'entreprise ne peut pas dépasser 8 % du montant annuel du *plafond de la sécurité sociale** (soit 3 768 € en 2025), dans la limite du triple des versements volontaires de l'intéressé (c. trav. art. L. 3332-11 et R. 3332-8).

Exemple

Un salarié verse 500 € au PEE, il peut bénéficier d'un abondement de son entreprise allant jusqu'à 1 500 €, en exonération d'impôt sur le revenu. S'il verse 1 400 €, l'abondement maximal de l'entreprise sera égal à 1 400 € × 3 = 4 200 €, mais plafonné à 3 768 € en 2025.

L'entreprise peut majorer l'abondement à concurrence du montant consacré par le titulaire du plan à l'acquisition d'actions ou de certificats d'investissement émis par l'entreprise, ou une entreprise incluse dans le même périmètre de consolidation ou de combinaison des comptes (au sens du 2e al. de l'art. L. 3344-1 du code du travail). Cette majoration ne peut pas excéder 80 % (c. trav. art. L. 3332-11).

Depuis le 7 juillet 2024, la limite annuelle d'abondement est portée à 16 % du montant annuel du *plafond de la sécurité sociale** (soit 7 536 € en 2025), toujours dans la limite du triple des versements volontaires du titulaire du plan, en cas de versement unilatéral de l'employeur en vue de l'acquisition d'actions ou de certificats d'investissements émis par l'entreprise ou une entreprise incluse dans le même périmètre de consolidation ou de combinaison des comptes (au sens du 2e al. de l'art. L. 3344-1 du code du travail) (c. trav. art. L. 3332-11 et R. 3332-8).

▶ À noter… Les sommes versées dans le PEE en application d'un contrat de partage de plus-values *(voir plus haut sous « Alimentation »)* ne sont pas prises en compte pour l'appréciation du respect du plafond légal d'abondement (c. trav. art. L. 3332-11, 2°).

Limite d'abondement en cas de cumul de plans d'épargne - Lorsqu'un participant a accès à plusieurs plans d'épargne financés par son employeur, les limites d'abondement s'apprécient séparément selon les types de plans (PEE/PEI d'une part, PERCO ou PERE-CO de l'autre) (guide intermin. épargne salariale, juillet 2014, dossier 5, fiche 2, § IV).

En cas de cumul d'un PEE et d'un PEI dans la même entreprise, la limite d'abondement (8 % du plafond, sauf exception ; *voir ci-avant*) dans la limite du triple de la contribution du bénéficiaire s'apprécie globalement pour l'ensemble des abondements versés pour un même participant au PEE et au PEI.

En cas de cumul d'un PEE, d'un PEI et d'un *plan d'épargne retraite d'entreprise collectif** (PERE-CO de la loi PACTE) ou d'un *plan d'épargne pour la retraite collectif** (PERCO « ancienne mouture »), les limites d'abondement pour un même participant sont de :
- 8 % du montant annuel du *plafond de la sécurité sociale** (16 % par exception ; *voir* plus haut), dans la limite du triple de la contribution du bénéficiaire pour le PEE et pour le PEI ;
- 16 % du montant annuel du *plafond de la sécurité sociale**, dans la limite du triple de la contribution du bénéficiaire pour le PERCO et le PERE-CO.

Versement de l'abondement - Le versement au PEE de l'abondement intervient concomitamment aux versements de l'adhérent ou, au plus tard, à la fin de chaque exercice. En cas de départ de l'entreprise avant que le salarié ait perçu l'abondement auquel il a droit, le versement doit être effectué immédiatement (c. trav. art. R. 3332-11).

Cotisations, impôt sur le revenu et taxes sur les salaires - Si les conditions requises sont remplies, l'abondement ne constitue pas un salaire et est exonéré (c. trav. art. L. 3332-27) :
- des cotisations de sécurité sociale (c. séc. soc. art. L. 242-1, II, 3°) et des charges ayant la même assiette (FNAL, versement mobilité, contribution solidarité autonomie, contribution patronale au dialogue social, assurance chômage et AGS, retraite complémentaire, participation à la formation professionnelle, participation à l'effort de construction, taxe d'apprentissage) ;
- d'impôt sur le revenu (CGI art. 81, 18° et 163 bis B, I).

Compte tenu des mécanismes de plafonnement, l'exonération est limitée au montant maximal de l'abondement.

CSG et CRDS - L'abondement est soumis à la *CSG** sur les revenus d'activité et à la *CRDS**, sans abattement d'assiette (c. séc. soc. art. L. 136-1-1, I et L. 136-2, 1°).

La CSG est intégralement non déductible lorsqu'elle porte sur des sommes exonérées à la fois d'impôt sur le revenu et de cotisations de sécurité sociale (BOFiP-RSA-BASE-30-30-§§ 80 et 90-24/07/2017). Cette règle a vocation à s'appliquer à la CSG prélevée sur la fraction de l'abondement exonérée d'impôt et de cotisations de sécurité sociale.

▶ À noter… Dans les entreprises de 1 à moins de 250 salariés, certains dirigeants, et parfois le conjoint ou partenaire pacsé du chef d'entreprise, peuvent bénéficier du plan d'épargne, même s'ils ne sont pas titulaires d'un contrat de travail. S'ils relèvent du régime des travailleurs non salariés, la CSG et la CRDS sont calculées selon les modalités prévues par ce régime : pas d'abattement d'assiette, contributions non pas déduites de l'abondement mais appelées par l'URSSAF dans le cadre des modalités prévues pour la déclaration des revenus professionnels, etc. (c. séc. soc. art. L. 136-3, al. 2 et L. 136-4, al. 3 ; guide intermin. épargne salariale, juillet 2014, dossier 3, fiche 6, § I). Par ailleurs, s'il y a lieu, le *forfait social** est dû.

Taxe sur les salaires - L'assiette de la *taxe sur les salaires** étant alignée sur celle de la CSG (CGI art. 231), les employeurs assujettis à la taxe en sont redevables sur l'abondement aux plans d'épargne.

Forfait social - La fraction d'abondement exonérée de cotisations mais assujettie à CSG est soumise au *forfait social** (20 % dans le cas général) (c. séc. soc. art. L. 137-15, al. 1 et L. 137-16).

Toutefois, depuis le 1er janvier 2019, il n'y a plus de *forfait social** sur l'abondement dans les entreprises qui ne sont pas assujetties à titre obligatoire à la *participation aux résultats** (schématiquement, les « moins de 50 salariés ») (c. séc. soc. art. L. 137-15, avant dern. al.).

Par ailleurs, depuis le 1er janvier 2019, le taux du forfait social sur les abondements majorant la contribution du salarié à l'acquisition de titres de l'entreprise ou d'une entreprise incluse dans le même périmètre de consolidation ou de combinaison des comptes au sens de l'article L. 3344-1 du code du travail, est fixé à 10 % (c. séc. soc. art. L. 137-16, al. 3). Pour mémoire, le forfait social sur ces abondements avait été temporairement supprimé pour les années 2021, 2022 et 2023, mais la mesure n'a pas été reconduite (loi 2020-1721 du 29 décembre 2020, art. 207, II modifié ; loi 2022-1726 du 30 décembre 2022, art. 107).

Versements unilatéraux de l'entreprise

Conditions - Depuis le 23 août 2019, les entreprises peuvent, même en l'absence de versement du participant, effectuer des versements unilatéraux sur le PEE si le règlement du plan le prévoit, et à deux conditions (c. trav. art. L. 3332-11 et D. 3332-8-1) :
- une attribution uniforme à l'ensemble des salariés qui satisfont aux conditions d'ancienneté éventuellement prévues par le règlement du plan ;
- les sommes doivent être destinées à l'acquisition d'actions ou de certificats d'investissement émis par l'entreprise ou par une entreprise incluse dans le même périmètre de consolidation ou de combinaison des comptes (au sens de l'article L. 3344-1, al. 2 du code du travail).

Les actions ou certificats d'investissement ainsi acquis par le salarié sont bloqués pendant 5 ans.

▶ À noter… Cette possibilité d'alimentation par des versements unilatéraux devant être prévue par le règlement du PEE, il appartient le cas échéant aux entreprises qui souhaitent y recourir de modifier au préalable le règlement de leur plan d'épargne si celui-ci ne contient aucune disposition en ce sens. Il en va ainsi y compris pour les PEE mis en place avant la loi PACTE du 22 mai 2019.

Limite - Depuis le 1er juillet 2024, le montant total du versement unilatéral par adhérent est plafonné à 3 000 € par an en principe, et 6 000 € par an dans certains cas, par renvoi aux limites d'exonération de la *prime de partage de la valeur** (c. trav. art. D. 3332-8-1).

Par renvoi, la limite de 6 000 € concerne (c. trav. art. D. 3332-8-1) :
- quel que soit leur effectif, les entreprises qui mettent en œuvre un dispositif d'*intéressement** à la date du versement unilatéral (ou en concluent un au titre du même exercice que ce versement) ;
- les entreprises non soumises à l'obligation de mettre en place la *participation aux résultats** (pour l'essentiel, les « moins de 50 salariés ») qui mettent en œuvre un dispositif de participation volontaire à la date du versement unilatéral (ou en concluent un au titre du même exercice que ce versement) ;
- les associations et fondations reconnues d'utilité publique ou d'intérêt général auxquelles peuvent être faits des dons permettant d'ouvrir droit à des réductions d'impôt (CGI art. 200, art. 1° a et b et 238 bis, 1°, a et b) ;
- les ESAT, pour leurs travailleurs handicapés sous contrat de soutien et d'aide par le travail.

▶ À noter… Avant le 1er juillet 2024, le montant total du versement par adhérent (éventuellement réparti sur plusieurs versements) ne devait pas excéder 2 % du montant annuel du plafond de la sécurité sociale.

En outre, le versement unilatéral est pris en compte pour vérifier si l'employeur respecte bien le plafond d'abondement prévu par le règlement du PEE, ainsi que le plafond annuel d'abondement de 8 % ou 16 % du montant annuel du *plafond de la sécurité sociale** (c. trav. art. D. 3332-8-1, renvoyant à R. 3332-8).

Régime social et fiscal - Les versements unilatéraux de l'entreprise sont soumis aux mêmes régimes social et fiscal que les abondements de l'employeur versés en complément d'un versement volontaire du bénéficiaire (c. trav. art. L. 3332-11).

Lorsque l'entreprise est redevable du forfait social, le taux applicable à ces versements unilatéraux est expressément fixé à 10 % depuis 2021 (c. séc. soc. art. L. 137-16 modifié ; loi 2020-1721 du 29 décembre 2020, art. 207). Auparavant, l'administration avait déduit de la rédaction des textes que les versements unilatéraux relevaient du taux de droit commun de 20 % (instr. DGT/RT3/DSS/DGT 2019-252 du 19 décembre 2019, Q/R 44).

Livret d'épargne et état récapitulatif

Un *livret d'épargne salariale** doit être remis à tout salarié lors de son embauche (c. trav. art. L. 3341-6).

Par ailleurs, chaque salarié quittant l'entreprise doit recevoir un état récapitulatif d'épargne salariale (c. trav. art. L. 3341-7) (voir *État récapitulatif d'épargne salariale et relevé annuel de situation**).

Obligations d'information des adhérents du plan

Principe général - Le règlement du PEE détermine les conditions dans lesquelles le personnel est informé de son existence et de son contenu (c. trav. art. L. 3332-7).

PEE mis en place unilatéralement - Lorsqu'un PEE a été mis en place unilatéralement dans une entreprise, celle-ci doit communiquer la liste nominative de la totalité de ses salariés à l'établissement auquel elle a confié la tenue des comptes des adhérents.

Cet établissement doit alors informer nominativement par courrier chaque salarié de l'existence d'un PEE dans l'entreprise (c. trav. art. L. 3332-8).

Cette disposition ne s'applique pas aux entreprises qui remettent à l'ensemble des salariés une note d'information individuelle sur l'existence et le contenu du plan, en application du règlement du plan d'épargne d'entreprise.

☞ *État récapitulatif d'épargne salariale et relevé annuel de situation ; Intéressement ; Livret d'épargne salariale ; Partage de la valeur ; Partage des plus-values (contrat) ; Participation aux résultats ; Plan d'épargne interentreprises ; Plan d'épargne pour la retraite collectif ; Plan d'épargne retraite d'entreprise collectif ; Plan de partage de la valorisation de l'entreprise ; Transfert d'épargne salariale.*

Plan d'épargne interentreprises

Plan commun à plusieurs entreprises

Cadre de mise en place - Un plan d'épargne interentreprises (PEI) est un plan d'épargne constitué soit entre plusieurs entreprises nommément désignées, soit au niveau local, soit au niveau professionnel, soit en combinant ces deux critères (guide intermin. épargne salariale, juillet 2014, dossier 4, fiche 1). Il peut, par exemple, concerner plusieurs entreprises individuellement, toute une branche d'activité au niveau national, un bassin d'emploi ou encore une profession au niveau local.

Un PEI peut également être établi au niveau de la branche, par un accord agréé par l'administration (c. trav. art. L. 3333-2). Les modalités d'adhésion des entreprises au PEI de branche diffèrent selon leur effectif (c. trav. art. L. 3333-7).

Régime du plan - Un PEI peut relever du régime du PEE, du PERCO « ancienne mouture », ou du PERE-CO.

Selon le choix des signataires, le PEI peut, en effet, s'inscrire :
- dans le cadre du mécanisme du *plan d'épargne d'entreprise** (PEE) (blocage des sommes pendant 5 ans, etc.) ; en dehors des règles qui lui sont propres, le PEI relève alors pour le reste de la même réglementation qu'un PEE (c. trav. art. L. 3333-1 et R. 3333-1) ;
- dans le cadre du nouveau *plan d'épargne retraite d'entreprise collectif** (PERE-CO) (c. mon. et fin. art. L. 224-16), ou du *plan d'épargne pour la retraite collectif** « ancienne mouture » (PERCO) (c. trav. art. L. 3334-4) pour les anciens PERCO-I encore en fonctionnement : le plan relève alors du régime des PERCO ou PERE-CO pour tout ce qui n'est pas réglé par le régime du PEI.

Le PEI relève de quelques règles spécifiques, rappelées ci-après, sachant que pour le reste (possibilités d'abondement, limites d'abondement, etc.), il convient d'appliquer la réglementation du PEE, du PERE-CO ou de l'ancien PERCO selon le cas.

Mise en place (en bref)

Niveau de négociation - Un PEI peut être mis en place par accord collectif de travail (c. trav. art. L. 3333-2).

Si le plan concerne des entreprises nommément désignées prises individuellement, l'accord peut également être conclu selon les mêmes modalités que le *plan d'épargne d'entreprise** (accord avec les délégués syndicaux, accord avec des représentants de syndicats représentatifs, accord au sein du CSE, ou mise en place par décision unilatérale en l'absence de représentants du personnel ou en cas d'échec des négociations).

▶ À noter... Les branches peuvent avoir négocié des accords permettant la mise en place de PEI « clefs en main » notamment adaptés aux spécificités des entreprises de moins de 50 salariés (c. trav.

art. L. 3333-7-1, L. 3345-4, D. 3345-6 et D. 3345-7) (voir *Plan d'épargne d'entreprise**).

Exonérations sociales et fiscales - Pour ouvrir droit aux exonérations sociales et fiscales, les règlements de PEI doivent être déposés comme les PEE auprès de l'administration sur la plateforme TéléAccords (https://www.teleaccords.travail-emploi.gouv.fr) (c. trav. art. R. 3332-4 et D. 2231-4).

Contenu de l'accord - L'accord fixe le règlement du PEI, lequel doit notamment indiquer (c. trav. art. L. 3333-3) :
- les entreprises signataires ou le champ d'application professionnel et géographique ;
- la nature des sommes pouvant être versées ;
- les différentes possibilités d'affectation des sommes recueillies ;
- les conditions dans lesquelles les frais de tenue de compte sont pris en charge par les employeurs ;
- la liste de différents taux et plafonds d'abondement, parmi lesquels les entreprises souhaitant effectuer des versements complémentaires à ceux de leurs salariés pourront opter.

Sous réserve de ce que son règlement prévoit, le PEI peut recueillir des sommes provenant de la *participation aux résultats** et de l'*intéressement**, des versements volontaires des salariés, des versements complémentaires des entreprises et, depuis le 1er décembre 2023, tout ou partie de la *prime de partage de la valeur** ou de la prime issue d'un *plan de partage de la valorisation de l'entreprise** qu'un salarié déciderait d'y affecter (c. trav. art. L. 3333-4).

Spécificité « moins de 50 salariés » - Si le règlement instituant le PEI prévoit de recueillir les sommes issues de la participation, le plan peut faire office d'accord de participation pour les entreprises de moins de 50 salariés qui ne sont pas assujetties directement à la *participation aux résultats** (c. trav. art. L. 3333-5).

L'accord doit préciser la formule de calcul de la participation (au minimum, il doit s'agir de la formule légale, qui s'appliquera également par défaut si l'accord n'a pas prévu d'autre formule). Les employeurs concernés peuvent alors décider d'appliquer unilatéralement la *participation aux résultats** dans leur entreprise.

☞ *Plan d'épargne d'entreprise ; Plan d'épargne pour la retraite collectif ; Plan d'épargne retraite d'entreprise collectif ; Transfert d'épargne salariale.*

Plan d'épargne pour la retraite collectif

@ Cette étude est détaillée dans la version en ligne de ce Dictionnaire (voir www.rfpaye.com et www.rfedition.com).

Plan d'épargne retraite d'entreprise collectif

La réforme de l'épargne retraite issue de la loi PACTE du 22 mai 2019 s'est concrétisée par la création d'un nouveau cadre juridique, celui du plan d'épargne retraite (PER), qui se subdivise en deux grandes catégories :
- celle du plan d'épargne retraite individuel (PERIN, parfois appelé aussi PERI), non abordé ici compte tenu de l'objet de ce Dictionnaire Paye ;
- et celle qui nous intéressera ici, celle des plans d'épargne retraite d'entreprise (PERE).

Les PERE peuvent prendre la forme de deux dispositifs, commercialisés depuis le 1er octobre 2019 :
- le plan d'épargne retraite d'entreprise collectif (ci-après PERE-CO), objet de cette étude, en remplacement de l'ancien *plan d'épargne pour la retraite collectif** (PERCO) ;
- le *plan d'épargne retraite d'entreprise obligatoire** (PERE-OB ; *voir l'étude dédiée*), à rapprocher des anciens contrats « art. 83 ».

▶ À noter... En termes de sigles, le PERE-CO (option retenue ici pour le plan d'épargne retraite d'entreprise collectif) peut également être désigné sous les sigles PERECO ou PERECOL. De son côté, le PERE-OB (option retenue ici pour le plan d'épargne retraite d'entreprise obligatoire) est parfois aussi appelé PERO.

Cadre juridique du PERE-CO

Règles du PEE, sauf mentions contraires - Sous réserve de dispositions spécifiques du code monétaire et financier, le PERE-CO relève des règles du code du travail applicables au *plan d'épargne d'entreprise** (PEE) (c. mon. et fin. art. L 224-13).

Par exception, la loi exclut certaines dispositions. En particulier, ne sont pas applicables au PERE-CO :
- les règles de plafonnement des versements volontaires de l'adhérent à 25 % de sa rémunération annuelle (c. trav. art. L 3332-10) ;
- les règles relatives aux augmentations de capital réservées aux adhérents d'un PEE ainsi que les règles d'indisponibilité, de déblocage anticipé et de liquidation (le PERE-CO ayant ses propres règles sur ces points) (c. trav. art. L 3332-18 à L. 3332-28).

Négociation obligatoire - L'entreprise qui a mis en place un PEE depuis plus de 3 ans doit ouvrir une négociation en vue de la mise en place d'un plan d'épargne retraite d'entreprise ouvert à tous les salariés de l'entreprise (à notre sens, soit un PERE-CO, soit un PERE-OB ouvert à toutes les catégories de salariés) (c. mon. et fin. art. L. 224-9).

Mise en place

Modalités autorisées - Le PERE-CO peut être mis en place (c. mon. et fin. art. L. 224-14) :
- soit par la voie négociée avec le personnel : accord collectif de travail, accord avec les représentants d'organisations syndicales représentatives, ou accord conclu au sein du *comité social et économique** (CSE) ;
- soit par ratification à la majorité des 2/3 du personnel d'un projet d'accord proposé par l'employeur ;
- soit à l'initiative de l'entreprise (à savoir unilatéralement).

Pour la procédure de ratification aux 2/3, s'il existe dans l'entreprise un ou plusieurs syndicats représentatifs ou un CSE, la ratification doit être demandée conjointement par l'employeur et une ou plusieurs de ces organisations ou le CSE.

Lorsque le PERE-CO n'est pas établi en vertu d'un accord avec le personnel, l'employeur doit consulter le CSE sur le projet de règlement du plan au moins 15 jours avant son dépôt auprès de l'autorité administrative (c. trav. art. L 3332-5).

▶ À noter... Il est aussi possible de mettre en place un PERE-CO « clefs en main » si un accord de branche a été conclu et agréé sur ce point (c. trav. art. L. 3332-6-1). Ces dispositifs sont particulièrement adaptés aux entreprises de moins de 50 salariés.

Priorité à la négociation s'il y a un DS ou un CSE - Lorsque l'entreprise a au moins un délégué syndical (DS) ou est dotée d'un CSE, la voie négociée doit être privilégiée (accord collectif de travail, accord avec les représentants d'organisations syndicales représentatives ou accord au sein du CSE) (c. mon. et fin. art. L. 224-14).

Ce n'est qu'en cas d'échec des négociations, matérialisé par un procès-verbal de désaccord récapitulant les propositions respectives des parties et les mesures que l'employeur entend appliquer, que le PERE-CO peut être mis en place soit par la procédure de ratification d'un projet d'accord à la majorité des 2/3 du personnel, soit unilatéralement par l'entreprise.

Lorsque l'entreprise n'est dotée ni d'un délégué syndical ni d'un CSE, l'employeur peut opter directement pour une mise en place unilatérale ou pour la ratification à la majorité des 2/3.

PERE-CO interentreprises - Le PERE-CO peut également être mis en place sous la forme d'un plan interentreprises (c. mon. et fin. art. L. 224-16 ; c. trav. art. L. 3333-1 à L. 3333-8) :
- soit par un accord collectif de travail ;
- soit, si le plan est institué entre plusieurs employeurs pris individuellement, par accord au sein du CSE de chaque entreprise ou via la ratification à la majorité des 2/3 du personnel de chaque entreprise du projet d'accord instituant le plan.

Dépôt - Les règlements des PERE-CO doivent être déposés auprès de l'administration en application des règles du PEE (voir *Plan d'épargne d'entreprise**) (c. trav. art. L. 3332-9 et R. 3332-4 à R. 3332-6).

Lorsque le PERE-CO a été mis en place par accord collectif de travail, il faut aussi respecter les formalités attachées au dépôt d'un accord collectif. Toutefois pour des raisons de confidentialité, les PERE-CO ne sont pas versés dans la base de données nationale des accords collectifs (c. trav. art. L. 2231-5-1, al. 4).

PERE-CO « regroupé » - Les employeurs mettant en place un PERE-CO peuvent souhaiter alimenter ce plan par des versements obligatoires du salarié ou de l'employeur, mode d'alimentation en principe réservé au PERE-OB (c. mon. et fin. art. L. 224-27, al. 1). Ce « PERE-CO regroupé » est mis en place selon les règles applicables au PERE-CO *(voir ci-avant)*.

Les versements obligatoires sont imposés à tous les salariés ou seulement à certaines catégories choisies en suivant les règles applicables au *plan d'épargne retraite d'entreprise obligatoire** (PERE-OB). Par exception, si le PERE-CO est mis en place de façon unilatérale par l'employeur, les salariés déjà présents dans l'entreprise peuvent refuser de participer aux versements obligatoires.

Les salariés soumis aux versements obligatoires doivent adhérer à ce PERE-CO regroupé jusqu'à leur âge légal de départ en retraite ou la date de liquidation de leur pension de retraite dans un régime obligatoire de sécurité sociale.

▶ À noter... Inversement, lorsqu'un PERE-OB est mis en place, l'entreprise peut décider de le transformer en PERE-CO regroupé (c. mon. et fin. art. L. 224-27, al. 2). Ce PERE-CO couvre l'ensemble des salariés. Les versements obligatoires du salarié ou de l'employeur peuvent alors être réservés à certaines catégories objectives de salariés, comme pour un PERE-OB « classique » (voir *Plan d'épargne retraite d'entreprise obligatoire**).

Bénéficiaires

Salariés - Tous les salariés peuvent bénéficier du PERE-CO, sous réserve d'une éventuelle condition d'ancienneté qui peut être fixée à 3 mois au plus (c. mon. et fin. art. L. 224-17).

Anciens salariés - Un ancien salarié peut continuer à effectuer des versements sur le PERE-CO de son ancienne entreprise lorsqu'il n'a pas accès à un PERE-CO dans la nouvelle entreprise où il est employé (c. mon. et fin. art. L. 224-17). Les frais afférents à leur gestion sont à la charge exclusive de l'ancien salarié qui effectue ces versements.

Les versements effectués par d'anciens salariés ne peuvent pas être abondés par l'entreprise.

Salariés mis à disposition par les groupements d'employeurs - Les salariés mis à disposition par un groupement d'employeurs peuvent aussi, sous certaines conditions, bénéficier du PERE-CO de l'entreprise d'accueil, si son règlement le prévoit (c. trav. art. L. 3332-2 et D. 3331-2).

Dirigeants et conjoints de chef d'entreprise - Dans les entreprises dont l'effectif habituel comprend au moins 1 et moins de 250 salariés, les chefs de ces entreprises ou, s'il s'agit de personnes morales, leurs présidents, directeurs généraux, gérants ou membres du directoire, ainsi que le conjoint et le partenaire pacsé du chef d'entreprise, s'il a le statut de conjoint collaborateur ou de conjoint associé, peuvent bénéficier du PERE-CO (c. mon. et fin. art. L. 224-13 ; c. trav. art. L. 3332-2).

Depuis le 1er janvier 2020, les seuils de 1 et de moins de 250 salariés s'apprécient au regard des règles de calcul d'effectif et de franchissement de seuil prévues par la législation de sécurité sociale (c. trav. art. L. 3331-1 ; c. séc. soc. art. L. 130-1 et R. 130-1). Toutefois le mécanisme de gel des effets de seuil sur 5 ans ne s'applique pas au seuil de 1 salarié (c. trav. art. L. 3332-2).

Pour plus de détail sur les modalités de calcul de l'effectif, les lecteurs se reporteront aux développements correspondant (voir *Effectif sécurité sociale**).

Modalités d'adhésion

Il revient à chaque bénéficiaire potentiel d'adhérer, s'il le souhaite, au PERE-CO.

Le règlement peut néanmoins comporter une clause permettant d'affilier les salariés automatiquement au PERE-CO, sauf opposition de leur part. Le salarié doit être informé de cette adhésion par défaut, selon les modalités prévues par le règlement du plan. Il dispose d'un délai de 15 jours pour y renoncer expressément. Passé ce délai, le salarié est réputé avoir adhéré au PERE CO (c. mon. et fin. art. L. 224 17 et D. 224-11).

Alimentation du PERE-CO

À prévoir dans le règlement du plan d'épargne - Le règlement du PERE-CO doit comporter un certain nombre de clauses, et en particulier les différentes sources d'alimentation possibles du plan d'épargne.

▶ À noter... Les entreprises sont tenues de modifier le règlement du plan d'épargne pour prévoir la possibilité offerte, depuis le 1er juillet 2024, d'y affecter sur demande du salarié tout ou partie des sommes versées au titre d'une *prime de partage de la valeur** (PPV). Par tolérance, les sommes versées jusqu'au 30 juin 2025 au titre de la PPV peuvent être affectées au PERE-CO avant même la modification du règlement (BOSS, Épargne salariale, § 330, 01/02/2025).

Sources possibles d'alimentation - Un PERE-CO peut être alimenté par (c. mon. et fin. art. L. 224-2) :
- des versements volontaires du titulaire (sauf depuis le 1er janvier 2024 si le titulaire du plan est âgé de moins 18 ans) ;
- des abondements de l'entreprise venant compléter les versements volontaires du participant *(voir plus loin)* ;
- des versements unilatéraux de l'employeur, initiaux ou périodiques, si le règlement du PERE-CO le prévoit *(voir plus loin)* ;
- des sommes versées au titre de la *participation aux résultats** ou de l'*intéressement** ;
- depuis le 1er juillet 2024, sur demande du salarié, tout ou partie de la *prime de partage de la valeur** ou de la prime attribuée au titre d'un *plan de partage de la valorisation de l'entreprise** (c. mon. et fin. art. L. 224-2, 2° ; décret 2024-644 du 29 juin 2024, art. 1, JO du 30) ;

- des droits inscrits au compte épargne-temps (CET) ;
- en l'absence de CET dans l'entreprise, des sommes correspondant à un maximum de 10 jours de repos non pris, hors jours correspondant aux 4 premières semaines de congés payés (c. mon. et fin. art. D. 224-9).

Les jours de congés payés que le salarié investit dans un PERE-CO le sont en fonction des règles de valorisation de l'*indemnité de congés payés** (règle du 1/10e ou du maintien du salaire, selon la plus favorable au salarié) (c. mon. et fin. art. R. 224-8).

▶ À noter... Les versements volontaires du participant au PERE-CO ne sont pas limités à 25 % de la rémunération annuelle, contrairement à ce qui est prévu dans l'ancien *PERCO** (c. mon. et fin. art. L 224-3).

Système d'affectation par défaut de la participation - Lorsqu'un salarié bénéficie de la participation aux résultats, la moitié de la quote-part de réserve de participation lui revenant est automatiquement affectée au PERE-CO s'il en existe un dans l'entreprise, sauf si le salarié a fait une demande de versement immédiat ou a opté pour une affectation dans l'un des dispositifs prévus par l'accord (voir *Réserve spéciale de participation**) (c. trav. art. L. 3324-12).

Si 50 % de la participation est affectée par défaut au PERE-CO, le titulaire du PERE-CO peut « revenir en arrière », en demandant la liquidation ou le rachat des droits correspondant à la fraction de participation affectée par défaut dans un délai de 1 mois à compter de la notification de son affectation au plan. Dans ce cas, ces droits sont valorisés à la date de liquidation ou de rachat par le titulaire (c. mon. et fin. art. L. 224-20, al. 3).

▶ À noter... Les conséquences d'un tel reversement restent à préciser, notamment sur les éventuels abondements. En outre, la logique voudrait que le titulaire du plan perde le bénéfice de l'exonération d'impôt sur le revenu, puisque la condition de durée de blocage de la participation n'aura pas été respectée.

Pas de versements obligatoires, hors transfert ou plan d'épargne retraite regroupé - Hors cas de transfert entre plans d'épargne retraite (c. mon. et fin. art. L. 224-20), un PERE-CO ne peut pas être alimenté par des versements obligatoires du salarié ou de l'employeur (ce mode d'alimentation est en effet réservé aux PERE-OB).

Par exception, si l'employeur met en place un plan « PERE-CO regroupé » – schématiquement, un PERE-CO qui a aussi les fonctions d'un PERE-OB (*voir plus haut*) – le PERE peut alors être alimenté par des versements obligatoires du salarié ou de l'employeur (c. mon. et fin. art. L. 224-27). Dans une telle hypothèse, le régime social et fiscal applicable à ces versements obligatoires est celui des versements obligatoires à un PERE-OB. On se reportera donc aux développements correspondant (voir *Plan d'épargne retraite d'entreprise obligatoire**).

Abondements de l'employeur

Abondements complémentaires - L'entreprise peut abonder les versements des participants (c. mon. et fin. art. L. 224-2 et L. 224-20), y compris les sommes correspondant à des jours de repos non pris. En pratique, les conditions d'abondement sont prévues par le règlement du PERE-CO (versements du participant éligibles, limites, etc.).

Un abondement de l'entreprise s'entend d'un versement complémentaire de l'employeur, s'ajoutant à ceux effectués par les participants. Il est donc, de fait, conditionné par des versements des participants eux-mêmes.

Sources d'alimentation possibles d'un PERE-CO		
Compartiment 1 (versements volontaires du bénéficiaire)	**Compartiment 2 (épargne salariale, CET, jours de repos)**	**Compartiment 3 (cotisations obligatoires du salarié ou de l'employeur)**
• Oui, sans limitation • Non depuis le 1.01.2024 si le titulaire du plan a moins de 18 ans	• Intéressement, participation • Versements de l'entreprise (abondements, versements unilatéraux) • Compte épargne-temps (ou jusqu'à 10 jours de repos en l'absence de CET) • Prime de partage de la valeur et prime de partage de la valorisation de l'entreprise (depuis le 1.07.2024 sur demande du salarié)	Non, sauf PERE-CO « regroupé » (1) ou transfert depuis un autre plan d'épargne (ex. : un PERE-OB)

(1) PERE-CO « regroupé » = plan d'épargne retraite d'entreprise regroupant les fonctionnalités du PERE-CO et du PERE-OB, pouvant à ce titre être alimenté par des versements obligatoires *(voir nos développements)* (c. mon. et fin. art. L. 224-27).

La possibilité d'abondement d'une somme doit être prévue par le règlement du plan d'épargne. Il n'est pas possible d'abonder une somme en bénéficiant du régime social et fiscal de faveur attaché à l'abondement, si cela n'est pas prévu.

Cette règle vaut également pour la *prime de partage de la valeur** (PPV), dont le versement au PERE-CO ne peut être abondé que si le règlement du plan d'épargne le prévoit et à quelle hauteur. Dans le cas contraire, aucun abondement n'est possible (BOSS, Épargne salariale, § 340, 01/02/2025).

Limite d'abondement par bénéficiaire - Les abondements de l'employeur au PERE-CO sont encadrés (c. mon. et fin. art. D. 224-10 ; c. trav. art. L. 3332-11) :
- d'une part, ils sont limités à 16 % du montant annuel du plafond de la sécurité sociale (7 536,00 € en 2025) ;
- d'autre part, ils ne peuvent pas excéder le triple de la contribution du bénéficiaire.

Le respect de la limite de 16 % s'apprécie en tenant compte des éventuels versements unilatéraux de l'entreprise sur le PERE-CO (versement dit « d'amorce » ou versements périodiques) *(voir plus loin)* (c. mon. et fin. art. D. 224-10).

Modulation de l'abondement - À défaut de précision contraire, les règles prévues pour le PEE doivent être appliquées au PERE-CO (c. mon. et fin. art. L. 224-13).

Dans ces conditions, sous réserve de précisions de l'administration, l'abondement de l'employeur au PERE-CO peut le cas échéant être modulé selon des règles à caractère général, dans les mêmes conditions que pour l'abondement à un PEE (voir *Plan d'épargne d'entreprise**).

Versements unilatéraux de l'employeur

Versement unilatéral initial (dit versement « amorce ») - Le règlement du plan peut prévoir que, lors de l'adhésion du salarié au PERE-CO, l'employeur effectue de sa propre initiative un versement initial, même en l'absence de contribution de l'intéressé (c. mon. et fin. art. L. 224-20).

Versements unilatéraux périodiques - Le règlement du plan peut aussi prévoir des versements périodiques unilatéraux de l'employeur sur le PERE-CO, sous réserve d'une attribution uniforme à l'ensemble des salariés (la périodicité des versements est précisée par le règlement du PERE-CO) (c. mon. et fin. art. L. 224-20).

Bénéficiaires et plafond - Ces dispositifs doivent bénéficier à l'ensemble des titulaires pourvu qu'ils répondent à l'éventuelle condition d'ancienneté prévue par le règlement du plan (c. mon. et fin. art. D. 224-10).

Depuis le 1er juillet 2024, le montant maximal des versements unilatéraux (amorce + périodiques) par adhérent est fixé à 3 000 € par an en principe, et 6 000 € par an dans certains cas, par renvoi aux limites d'exonération de la *prime de partage de la valeur** (c. mon. et fin. art. D. 224-10).

Par renvoi, la limite de 6 000 € concerne (c. mon. et fin. art. D. 224-10) :
- quel que soit leur effectif, les entreprises qui mettent en œuvre un dispositif d'intéressement à la date du versement unilatéral (ou en concluent un au titre du même exercice que ce versement) ;
- les entreprises non tenues de mettre en place la participation aux résultats (pour l'essentiel, les « moins de 50 salariés ») qui mettent en œuvre un dispositif de participation volontaire à la date du versement unilatéral (ou en concluent un au titre du même exercice que ce versement) ;
- les associations et fondations reconnues d'utilité publique ou d'intérêt général auxquelles peuvent être faits des dons permettant d'ouvrir droit à des réductions d'impôt (CGI art. 200, art. 1° a et b et 238 bis, 1°, a et b) ;
- les ESAT, pour leurs travailleurs handicapés sous contrat de soutien et d'aide par le travail.

▶ À noter... Avant le 1er juillet 2024, les versements unilatéraux étaient limités à 2 % du montant annuel du *plafond de la sécurité sociale**.

Les versements unilatéraux (initial + périodiques) sont en outre pris en compte pour apprécier le respect du plafond d'abondement prévu par le règlement du PERE-CO et du plafond de 16 % fixé par la loi *(voir plus haut)* (c. mon. et fin. art. D. 224-10).

Non-substitution à la rémunération

L'abondement et les versements unilatéraux de l'employeur ne peuvent se substituer à aucun des éléments de rémunération en vigueur dans l'entreprise au moment de la mise en place d'un plan ou qui deviennent obligatoires en vertu de règles légales ou contractuelles (c. mon. et fin. art. L. 224-20 ; c. trav. art. L. 3332-13).

Toutefois, cette règle ne peut pas avoir pour effet de remettre en cause les exonérations fiscales et sociales dès lors qu'un délai de 12 mois s'est écoulé entre le dernier versement de l'élément de rémunération en tout ou partie supprimé et la date de mise en place du plan.

Gestion du plan (en bref)

Placements - Le gestionnaire du plan doit proposer aux participants un choix entre divers placements.

Sans rentrer dans les détails des règles applicables, on signalera qu'une gestion pilotée par défaut doit être proposée à chaque épargnant en tenant compte du niveau d'exposition aux risques financiers et de l'espérance de rendement pour le titulaire, dans des conditions précisées par un arrêté du ministre chargé de l'économie (c. mon. et fin. art. L. 224-3 et D. 224-3).

Quatre profils d'investissement à horizon retraite sont éligibles au PER (« Profil prudent horizon retraite », « Profil équilibré horizon retraite », « Profil dynamique horizon retraite » et, depuis le 24.10.2024, « Profil offensif horizon retraite »). Sauf décision contraire et expresse du titulaire stipulée au gestionnaire, ses versements au PERE-CO sont affectés selon une allocation de l'épargne « Profil équilibrée à horizon retraite » (arrêté du 7 août 2019, art. 1, JO du 11, texte 8 ; arrêté du 1er juillet 2024, JO du 5, texte 5).

▶ À noter… Ces différents profils d'investissement garantissent une diminution progressive de la part des actifs à risque élevé ou intermédiaire et une augmentation progressive de la part des actifs présentant un profil d'investissement à faible risque, à mesure que le titulaire du PERE-CO se rapproche de l'âge de la retraite.

Frais de gestion - Le règlement du plan détermine les conditions dans lesquelles les frais liés à la gestion du plan sont pris en charge par l'employeur (c. mon. et fin. art. L. 224-15).

Toutefois certains frais sont obligatoirement pris en charge par l'employeur (c. mon. et fin. art. D. 224-12) :
- lorsque le PERE-CO donne lieu à l'ouverture d'un compte-titres, les frais récurrents de toute nature liés à la tenue du compte titres ;
- si le PERE-CO donne lieu à l'adhésion à un contrat d'assurance de groupe, les frais récurrents de toute nature liés à la gestion du contrat, à l'exception des frais liés à la gestion des engagements exprimés en euros et en parts de provision de diversification.

En dehors des hypothèses expressément visées par les textes, il n'y a donc pas d'obligation de prise en charge. Tout dépend alors du règlement du plan, celui-ci pouvant naturellement prévoir que d'autres frais sont également pris en charge par l'employeur.

En tout état de cause, les frais pris en charge par l'employeur sont facturés par le gestionnaire à l'employeur. Il n'y a pas à les prélever sur les droits individuels en cours de constitution dans le PERE-CO.

Déblocage

Lors du départ à la retraite - Les sommes affectées sur un PERE-CO sont bloquées jusqu'à l'échéance du plan, donc schématiquement, jusqu'à la retraite. En effet, les droits sont disponibles, au plus tôt, à la date de liquidation d'une pension de retraite d'un régime obligatoire de sécurité sociale ou à l'âge légal de départ en retraite [voir *Retraite (âge légal, âge du taux plein)**] (c. mon. et fin. art. L. 224-1).

Selon les cas, le PERE-CO permet au titulaire de choisir entre le versement d'un capital (libéré en une fois ou de manière fractionnée) ou le versement d'une rente viagère (c. mon. et fin. art. L. 224-1 et L. 224-5). Le versement d'un capital est exclu si le titulaire a opté expressément et irrévocablement pour la liquidation de tout ou partie de ses droits en rente viagère à compter de l'ouverture du plan.

▶ Attention… Les droits qui ont pour origine des cotisations obligatoires de l'employeur ou des salariés au PERE-CO ne peuvent être délivrés que sous forme de rente viagère (c. mon. et fin. art. L. 224-5).

Déblocage anticipé - Les droits constitués au profit des participants au PERE-CO peuvent être débloqués par anticipation dans les situations suivantes (c. mon. et fin. art. L. 224-4)
- si le titulaire du PERE-CO a moins de 18 ans à la date de demande de déblocage ;
- le décès du conjoint du titulaire ou de son partenaire Pacsé ;
- l'invalidité de niveau 2 ou 3 du titulaire, de ses enfants, de son conjoint ou de son partenaire Pacsé ;
- la situation de surendettement du titulaire ;
- l'expiration des droits à l'assurance chômage du titulaire, ou le fait pour le titulaire d'un plan qui a exercé des fonctions d'administrateur, de membre du directoire ou de membre du conseil de surveillance et n'a pas liquidé sa pension dans un régime obligatoire d'assurance vieillesse de ne pas être titulaire d'un contrat de travail ou d'un mandat social depuis deux ans au moins à compter du non-renouvellement de son mandat social ou de sa révocation ;
- la cessation d'activité non salariée du titulaire à la suite d'un jugement de liquidation judiciaire ;
- l'acquisition de la résidence principale.

Pour ce dernier cas (achat de la résidence principale), l'épargne issue de versements obligatoires de l'employeur ou du salarié au PERE-CO ne peut pas être débloquée. Pour mémoire, de tels versements peuvent être sur un PERE-CO soit parce qu'il s'agit d'un PERE-CO regroupé avec un PERE-OB, soit parce qu'ils proviennent de droits transférés depuis un PERE-OB.

Le décès du titulaire entraîne la clôture du plan (c. mon. et fin. art. L. 224-4).

Régime social

Abondements et versements unilatéraux - Si les conditions requises sont remplies, les abondements et les versements unilatéraux de l'employeur sont, dans les limites prévues par la législation *(voir plus haut)*, exonérés de cotisations de sécurité sociale et de charges ayant la même assiette (c. séc. soc. art. L. 242-1, II, 3°).

Ils sont en revanche soumis à la CSG et à la CRDS sur les revenus d'activité, sans abattement d'assiette (c. séc. soc. art. L. 136-1-1, I et L. 136-2, 1°). Pour la déductibilité de la CSG et les modalités de recouvrement la CSG/CRDS lorsque l'abondement est versé au profit d'un dirigeant ou conjoint de chef d'entreprise relevant d'un régime de travailleurs non salariés, voir *Plan d'épargne d'entreprise** (les règles sont identiques).

La fraction de ces sommes qui est exonérée de cotisations de sécurité sociale mais assujettie à CSG est soumise au forfait social au taux de 20 %, sauf exonération liée à l'effectif ou bénéfice du taux réduit de 16 % *(voir plus loin pour le détail)*.

Sommes provenant d'un compte épargne-temps - Lorsqu'un salarié utilise les droits inscrits sur un compte épargne-temps (CET) pour alimenter un PERE-CO, le régime des sommes en question varie selon leur origine.

Si les sommes affectées sur le PERE-CO correspondent à un abondement de l'employeur au CET, elles sont assimilées à un abondement de l'employeur au PERE-CO (c. trav. art. L. 3152-4, 2°). Dès lors, il convient de cumuler ces sommes avec les abondements directs de l'employeur au PERE-CO et de leur appliquer le régime social correspondant *(voir ci-dessus)*.

Lorsque les sommes affectées au PERE-CO ne proviennent pas d'un abondement de l'employeur au CET, ces droits sont, dans la limite de 10 jours par an, exonérés des cotisations salariales et patronales d'assurance maladie, d'assurance vieillesse et d'allocations familiales (c. trav. art. L. 3152-4, al. 4 et 5 ; c. séc. soc. art. L. 242-4-3). Les autres charges restent dues (cotisation AT/MP, FNAL, versement mobilité, etc.). Ces sommes ne sont pas assujetties au forfait social, dans la mesure où ses conditions de mise en œuvre ne sont pas réunies.

Sommes correspondant à des jours de repos (entreprises sans CET) - Dans les entreprises où il n'y a pas de CET, les salariés peuvent verser sur le PERE-CO les sommes correspondant à un maximum de 10 jours par an de repos non pris *(voir plus haut)*.

Même si les textes restent à toiletter, la logique voudrait que ces sommes ouvrent droit au même régime social de faveur que dans le cadre de l'ancien PERCO (c. trav. L. 3334-8). Sous cette réserve, ces sommes sont, à notre sens, exonérées des cotisations salariales et patronales d'assurance maladie, d'assurance vieillesse et d'allocations familiales (c. séc. soc. art. L. 242-4-3). L'ensemble des autres charges reste dû (cotisation AT/MP, FNAL, versement mobilité, etc.). Ces sommes ne sont pas assujetties au forfait social dans la mesure où ses conditions de mise en œuvre ne sont pas réunies.

Forfait social sur abondements, participation, intéressement et prime de partage de la valeur - La fraction des abondements et versements unilatéraux de l'employeur qui est exonérée de cotisations de sécurité sociale mais assujettie à CSG est soumise au forfait social, en principe au taux de 20 % (c. séc. soc. art. L. 137-15 et L. 137-16). Cette règle de principe est tempérée par deux mesures.

D'une part, les employeurs qui ne sont pas soumis à l'obligation de mettre en place la participation aux résultats (en substance, les « moins de 50 salariés ») ne payent pas de forfait social sur les abondements et versements unilatéraux (c. séc. soc. L. 137-15, al. 12).

D'autre part, lorsque l'employeur est redevable du forfait social, celui-ci est calculé à un taux de 16 % (au lieu de 20 %) si le PERE-CO prévoit que l'épargne en « gestion pilotée » par défaut est affectée à l'acquisition de parts de fonds dont au moins 10 % des titres sont éligibles au plan d'épargne en actions destiné au financement des PME et des entreprises de taille intermédiaires (dit PEA-PME) (c. séc. soc. art. L. 137-16).

Cette condition de ratio s'applique à une fraction minimale du portefeuille qui se réduit à mesure que le bénéficiaire du plan d'épargne approche de la retraite, de façon à ce que le profil de gestion pilotée par défaut du PERE-CO permette de réduire progressivement les risques financiers pour le titulaire (c. séc. soc. art. D. 137-1). Ainsi, la fraction du portefeuille qui doit être investie à hauteur d'au moins 10 % en titres éligibles PEA-PME diminue au fur et à mesure que la date d'échéance du plan (date prévisible de la retraite) se rapproche. En dessous de 7 ans, il n'y a plus de montant minimum *(voir tableau)*.

Lorsque le PERE-CO répond aux conditions requises, le taux réduit de 16 % concerne les sommes suivantes (c. séc. soc. art. L. 137-16) :

Forfait social à 16 % : condition d'allocation de l'épargne en titres PEA-PME à respecter par le PERE-CO	
Échéance prévisionnelle de sortie	**Fraction du portefeuille à investir à hauteur de 10 % en titres PEA-PME**
> à 15 ans	100 %
Inférieure ou égale à 15 ans et strictement supérieure à 12 ans	85 %
Inférieure ou égale à 12 ans et strictement supérieure à 10 ans	70 %
Inférieur ou égale à 10 ans et strictement supérieure à 7 ans	30 %
Inférieure ou égale à 7 ans	Pas de seuil minimum d'investissement

- les abondements et versements unilatéraux (initiaux ou périodiques) de l'employeur aux PERE-CO ;
- les sommes issues de la *participation aux résultats** et de l'*intéressement** affectés au PERE-CO ;
- sommes issues de la *prime de partage de la valeur** (PPV) affectée sur le PERE-CO sur demande du salarié (possibilité ouverte depuis le 1er juillet 2024).

Toutes ces sommes affectées au PERE-CO bénéficient alors du forfait social à 16 %, et pas uniquement pour celles investies dans le cadre de la gestion pilotée.

▶ À noter… Ce taux réduit ne fait bien entendu pas obstacle à l'exonération de forfait social dont l'entreprise peut, le cas échéant, bénéficier à raison de son effectif, sur les abondements, la *participation aux résultats**, l'*intéressement** ou la *prime de partage de la valeur**.

Régime fiscal en paye

Le régime fiscal des sommes concernant la paye de l'entreprise est synthétisé ci-après. Celui des sommes investies par l'adhérent, qui ne passent pas en paye, n'est pas détaillé ici.

Abondement et versements unilatéraux de l'employeur - Ces sommes sont exonérées d'impôt sur le revenu dans les limites d'abondement et de versements autorisés par le code du travail (CGI art. 81, 18°, a bis).

Sommes provenant d'un compte épargne-temps - Les sommes provenant d'un compte épargne-temps (CET) et correspondant à un abondement de l'employeur au CET sont assimilés à un abondement direct de l'employeur au PERE-CO (c. trav. art. L. 3152-4, 2°). Elles sont donc à traiter comme telles et sont exonérées dans les mêmes limites *(voir ci-dessus)*.

Lorsque les droits affectés au PERE-CO ne proviennent pas d'un abondement de l'employeur au CET, ces droits sont exonérés d'impôt sur le revenu dans la limite de 10 jours par an (CGI art. 81, 18° b bis).

Sommes correspondant à des jours de repos (entreprises sans CET) - Dans les entreprises où il n'y a pas de CET, les salariés peuvent verser sur le PERE-CO les sommes correspondant à un maximum de 10 jours par an de repos non pris *(voir plus haut)*. Elles sont exonérées d'impôt sur le revenu dans la limite de 10 jours par an (CGI art. 81, 18° b bis).

Transformation ou transfert des anciens PERCO

Transformation d'un ancien PERCO en nouveau PERE-CO - Les anciens PERCO ne sont pas automatiquement transformés en nouveaux PERE-CO.

Toutefois si le *plan d'épargne pour la retraite collectif** (PERCO) « ancienne mouture » est conforme aux conditions des nouveaux PERE-CO (gestion pilotée par défaut, modalités de délivrance des droits à l'échéance, prise en charge des frais de gestion, etc.), l'employeur peut décider de transformer son ancien plan d'épargne en nouveau PERE-CO, après consultation du CSE et à condition que les signataires d'origine ne s'y opposent pas (c. mon. et fin. art. L. 224-3, L. 224-5 et L. 224-14 à L. 224-17). La transformation ne devient effective qu'après information des bénéficiaires du plan, notamment sur les nouvelles dispositions fiscales relatives aux versements volontaires et sur les cas de déblocage anticipé (c. mon. et fin. art. L. 224-40, V).

Si le PERCO d'origine n'est pas conforme, il peut être modifié par avenant.

Transfert collectif d'un ancien PERCO vers un nouveau PERE-CO - Lorsqu'un employeur a mis en place un PERE-CO, il peut décider de transférer collectivement les droits en cours d'acquisition sur un ancien *plan d'épargne pour la retraite collectif** (PERCO) dans le nouveau plan (c. mon. et fin. art. L. 224-40, IV).

Pour cela, il doit procéder selon les règles de mise en place d'un PERCO : accord collectif, accord entre l'employeur et les représentants de syndicats représentatifs, accord au sein du CSE, ratification à la majorité des 2/3 du personnel, mise en place unilatérale à l'initiative de l'entreprise, sans oublier les règles donnant priorité à la recherche d'un accord négocié si l'entreprise est dotée d'un CSE ou d'au moins un délégué syndical (c. trav. art. L. 3334-2) (voir *Plan d'épargne pour la retraite collectif**).

Ce transfert doit intervenir dans un délai de 6 mois.

Les salariés sont informés des conséquences de ce transfert, des caractéristiques du nouveau plan et des différences entre le nouveau plan et le plan transféré.

Transferts individuels - À titre individuel, les épargnants ont la possibilité de transférer leurs droits en cours de constitution sur un PERCO ancienne mouture ou sur un contrat « article 83 » vers un des plans d'épargne retraite d'entreprise (PERE-CO ou PERE-OB) (c. mon. et fin. art. L. 224-40, I, 6° et 7°). Le transfert depuis un contrat « article 83 » n'est possible que si le salarié n'est plus tenu d'y adhérer (c. mon. et fin. art. L. 224-40, I, 7°).

Le transfert des droits individuels d'un PERCO vers une des nouvelles formules de plan d'épargne retraite d'entreprise est limité, avant le départ du salarié de l'entreprise, à un transfert tous les 3 ans (c. mon. et fin. art. L. 224-40, III).

☞ *Compte épargne-temps ; Forfait social ; Intéressement ; Participation aux résultats ; Plan d'épargne retraite d'entreprise obligatoire.*

Plan d'épargne retraite d'entreprise obligatoire

La réforme de l'épargne retraite issue de la loi PACTE du 22 mai 2019 s'est concrétisée par la création d'un nouveau cadre juridique, celui du plan d'épargne retraite (PER), qui se subdivise en deux grandes catégories :
- celle du plan d'épargne retraite individuel (PERIN, parfois appelé aussi PERI), non abordé ici compte tenu de l'objet du Dictionnaire Paye) ;
- et celle qui nous intéressera ici, celle des plans d'épargne retraite d'entreprise (PERE).

Les PERE peuvent prendre la forme de deux dispositifs, commercialisés depuis le 1er octobre 2019 :
- le plan d'épargne retraite d'entreprise obligatoire* (PERE-OB), objet de cette étude, à rapprocher des anciens contrats de retraite supplémentaire « art. 83 » ;
- le *plan d'épargne retraite d'entreprise collectif** (PERE-CO ; *voir l'étude dédiée*), qui remplace l'ancien *plan d'épargne pour la retraite collectif** (PERCO) ;

▶ À noter… En termes de sigles, le PERE-OB (option retenue ici pour le plan d'épargne retraite d'entreprise obligatoire) est parfois aussi appelé PERO. De son côté, le PERE-CO (option retenue ici pour le plan d'épargne retraite d'entreprise collectif) est parfois aussi appelé PERECOL.

Cadre général du PERE-OB

Esprit du dispositif et différence avec le PERE-CO - Le plan d'épargne retraite d'entreprise obligatoire (PERE-OB) est davantage à rapprocher d'un régime de retraite supplémentaire à cotisations définies collectif et obligatoire que d'un plan d'épargne salariale.

On retrouve cette caractéristique au niveau de ses modalités de mise en place, d'alimentation (il peut y avoir des cotisations obligatoires, à l'inverse d'un PERE-CO) ou encore du régime social et fiscal de ces cotisations obligatoires.

En outre, alors que le PERE-CO doit couvrir tous les salariés de l'entreprise (sous réserve d'une éventuelle condition d'ancienneté d'au plus 3 mois), le PERE-OB peut, le cas échéant, être réservé à une ou plusieurs catégories objectives de salariés.

Négociation obligatoire - L'entreprise qui a mis en place un PEE depuis plus de 3 ans est tenue d'ouvrir une négociation en vue de la mise en place d'un plan d'épargne retraite d'entreprise ouvert à tous les salariés de l'entreprise (à notre sens, soit un PERE-OB ouvert à toutes les catégories de salariés, soit un PERE-CO) (c. mon. et fin. art. L. 224-9).

Mise en place du PERE-OB

Modalités autorisées - Concrètement, un PERE-OB peut être mis en place selon l'une des modalités suivantes prévues en matière de protection sociale complémentaire (c. mon. et fin. art. L. 224-23 ; c. séc. soc. art. L. 911-1) :
- convention ou accord collectif de travail ;
- ratification à la majorité des intéressés d'un projet d'accord proposé par le chef d'entreprise ;
- décision unilatérale du chef d'entreprise constatée dans un écrit remis par celui-ci à chaque intéressé.

▶ À noter… Si le PERE-OB est mis en place par décision unilatérale, les salariés déjà présents dans l'entreprise lors de cette mise en place peuvent décider de ne pas participer aux versements obligatoires qui l'alimentent (c. mon. et fin. art. L. 224-25, 3°).

Rôle du CSE - Dans les entreprises dotées d'un comité social et économique (CSE) « de pleine attribution » (en substance, celles de 50 salariés et plus), l'employeur doit informer et consulter le CSE préalablement à la mise en place d'une garantie collective « mentionnée à l'article L. 911-2 du code de la sécurité sociale » (c. trav. art. R. 2312-22).

Cette règle, qui vise les garanties de retraite supplémentaire (c. séc. soc. art. L. 911-2), peut à notre sens s'appliquer à un PERE-OB, compte tenu de son objet.

PERE-OB interentreprises - Le PERE-OB peut être créé en tant que plan d'épargne retraite obligatoire interentreprises, dans des conditions fixées par décret (c. mon. et fin. art. L. 224-24 et D. 224-12-1).

Mise en place en tant que PERE-CO regroupé - Les employeurs mettant en place un PERE-OB peuvent souhaiter le doter également des fonctionnalités du *plan d'épargne retraite d'entreprise collectif**, ce qui permet notamment de mettre en place un système d'abondement.

Lorsqu'un PERE-OB est mis en place, l'entreprise peut décider de le transformer en un PERE-CO regroupé (c. mon. et fin. art. L. 224-27, al. 2). Pour ce faire, elle doit procéder en suivant les règles de mise en place d'un PERE-CO, à savoir prioritairement chercher à mettre en place le plan d'épargne de manière négociée, avant de passer, le cas échéant, à la mise en place unilatérale ou par ratification à la majorité des 2/3 du personnel (voir *Plan d'épargne retraite d'entreprise collectif**) (c. mon. et fin. art. L. 224-27, al. 2 renvoyant à L. 224-14, al. 2).

Ce plan doit couvrir l'ensemble des salariés de l'entreprise et peut être alimenté par des versements volontaires des participants, les abondements de l'entreprise, l'intéressement, la participation, les droits inscrits sur un compte épargne temps (ou, en l'absence de CET, des jours de repos non utilisés dans la limite de 10 jours par an, hors 4 premières semaines de congés payés) et, bien entendu, des versements obligatoires du salarié ou de l'employeur.

Ces versements obligatoires peuvent, le cas échéant, être réservés à une ou plusieurs catégories objectives de personnel, comme pour un PERE-OB « classique ».

Salariés bénéficiaires

PERE-OB universel ou catégoriel - Le PERE-OB obéit à la même logique que les régimes de retraite supplémentaire à cotisations définies collectifs et obligatoires éligibles au régime social de faveur.

Un PERE-OB est donc mis en place au profit (c. mon. et fin. art. L. 224-24) :
- soit de l'ensemble des salariés de l'entreprise ;
- soit d'une ou plusieurs catégories de salariés, dites « catégories objectives ».

Notion de catégories objectives - Si le PERE-OB est réservé à une ou plusieurs catégories objectives de salariés, celles-ci doivent être définies sur la base des critères autorisés par le code de la sécurité sociale pour le régime social de faveur attaché aux contributions patronales finançant des garanties de protection sociale complémentaire (c. mon. et fin. art. L. 224-24, renvoyant à c. séc. soc. art. L. 242-1, II, 4°).

Les catégories objectives de salariés peuvent donc être établies par référence aux cinq critères autorisés en matière de protection sociale complémentaire : définitions cadres et non cadres, tranches de rémunération, catégories et classifications définies par les conventions de branche, sous-catégories fixées par les conventions de branche, catégories issues d'usages dans la profession ou spécifiques (c. séc. soc. art. R. 242-1-1) [pour le détail, voir *Régimes de retraite supplémentaire et de prévoyance complémentaire (caractère collectif)**].

▶ À noter… Pour mémoire, une catégorie ne peut pas être constituée en regroupant les seuls salariés dont la rémunération annuelle excède 8 fois le plafond.

Condition d'ancienneté possible - Il est possible de réserver, le cas échéant, l'accès aux garanties de retraite supplémentaire aux salariés de plus de 12 mois d'ancienneté, sans que celles-ci perdent leur caractère collectif (c. séc. soc. art. R. 242-1-2).

Adhésion obligatoire - Le règlement d'un PERE-OB prévoit l'adhésion obligatoire des salariés intéressés. Cette règle s'applique jusqu'à ce que le salarié liquide ses droits, à l'échéance « normale » du plan (horizon retraite) (c. mon. et fin. art. L. 224-24 renvoyant à L. 224-5).

Alimentation

Sources possibles d'alimentation - Un PERE-OB peut être alimenté par (c. mon. et fin. art. L. 224-25) :
- des versements obligatoires de l'employeur ou du salarié (particularité du PERE-OB) ;
- des versements volontaires du titulaire (sauf depuis le 1er janvier 2024 si le titulaire du plan est âgé de moins 18 ans) ;
- depuis le 1er juillet.2024, sur demande du salarié, tout ou partie de la *prime de partage de la valeur** ou

de la prime attribuée au titre d'un *plan de partage de la valorisation de l'entreprise** (c. mon. et fin. art. L. 224-2, 2° ; décret 2024-644 du 29 juin 2024, art. 1, JO du 30) ;
- des droits inscrits au compte épargne-temps (CET) ;
- en l'absence de CET dans l'entreprise, des sommes correspondant à un maximum de 10 jours de repos non pris, hors jours correspondant aux 4 premières semaines de congés payés (c. mon. et fin. art. D. 224-9).

Si le PERE-OB a été mis en place par décision unilatérale de l'employeur, les salariés déjà présents dans l'entreprise au moment de la mise en place du PERE-OB peuvent se dispenser, à leur initiative, de participer aux versements obligatoires qui l'alimentent (c. mon. et fin. art. L. 224-25, 3°).

Les jours de congés que le salarié investit dans un PERE-OB le sont en fonction des règles de valorisation de l'indemnité de congés payés (règle du 1/10e ou du maintien du salaire, selon la plus favorable au salarié) (c. mon. et fin. art. R. 224-8).

Les entreprises sont tenues de modifier le règlement du plan d'épargne pour prévoir la possibilité offerte, depuis le 1er juillet 2024, d'y affecter sur demande du salarié tout ou partie des sommes versées au titre d'une *prime de partage de la valeur** (PPV). Par tolérance, les sommes versées jusqu'au 30 juin 2025 au titre de la PPV peuvent être affectées au PERE-OB avant même la modification du règlement (BOSS, Épargne salariale, § 330, 01/02/2025).

▶ À noter... L'alimentation par des versements obligatoires de l'employeur ou du salarié est une des grandes spécificités du PERE-OB par rapport au PERE-CO. En outre, l'entreprise ne peut pas abonder les versements volontaires des salariés dans un PERE-OB (c. mon. et fin. art. L. 224-25, 2°), à moins qu'elle ait mis en place un PERE-CO regroupé *(voir ci-dessus)*.

Alimentation par la participation et l'intéressement - En plus des sources précitées, un PERE-OB peut être alimenté par des versements issus de la participation aux résultats ou de l'intéressement, mais à une condition stricte : que l'entreprise ait mis en place un plan d'épargne retraite d'entreprise (PERE) bénéficiant à tous les salariés (c. mon. et fin. art. L. 224-25, 2°).

Sous réserve d'éventuelles précisions de l'administration, le PERE pourrait être soit un PERE-CO, soit d'un PERE-OB visant toutes les catégories de salarié. S'il n'existe dans l'entreprise qu'un PERE-OB réservé à une ou plusieurs catégories objectives de salariés, il ne peut pas être alimenté par des versements provenant de l'intéressement et de la participation.

Déblocage

Lors du départ à la retraite - Les sommes affectées sur un PERE-OB sont bloquées jusqu'à l'échéance du plan, donc schématiquement, jusqu'à la retraite. En effet, les droits sont disponibles, au plus tôt, à la date de liquidation d'une pension de retraite d'un régime obligatoire de sécurité sociale ou à l'âge légal de départ en retraite [voir *Retraite (âge légal, âge du taux plein)**] (c. mon. et fin. art. L. 224-1).

Selon les cas, le PERE-OB permet au titulaire de choisir entre le versement d'un capital (libéré en une fois ou de manière fractionnée) ou le versement d'une rente viagère (c. mon. et fin. art. L. 224-1 et L. 224-5).

Sources d'alimentation possibles d'un PERE-OB (1)

Compartiment 1 (versements volontaires du bénéficiaire)	Compartiment 2 (épargne salariale, CET, jours de repos)	Compartiment 3 (cotisations obligatoires du salarié ou de l'employeur)
• Oui, sans limitation • Non depuis le 1.01.2024 si le titulaire du plan a moins de 18 ans	• Compte épargne-temps (ou jusqu'à 10 jours de repos en l'absence de CET) • Intéressement, participation : uniquement s'il existe un plan d'épargne retraite bénéficiant à tous les salariés (2) • Prime de partage de la valeur et prime de partage de la valorisation de l'entreprise (depuis le 1.07.2024 sur demande du salarié)	Oui

(1) Hors cas d'un PERE-CO regroupé. Si un PERE-CO regroupé est mis en place, le plan d'épargne regroupe les fonctionnalités du PERE-CO et du PERE-OB : la condition d'alimentation par l'intéressement et la participation est nécessairement remplie et un système d'abondement peut-être organisé, comme pour un PERE-CO « classique ».
(2) PERE-CO ou PERE-OB couvrant toutes les catégories de personnel.

Le versement d'un capital est exclu si le titulaire a opté expressément et irrévocablement pour la liquidation de tout ou partie de ses droits en rente viagère à compter de l'ouverture du plan.

▶ À noter… Par exception, les droits qui auraient pour origine des cotisations obligatoires de l'employeur ou du salarié à un PERE-OB ne peuvent être délivrés que sous forme de rente viagère (c. mon. et fin. art. L. 224-5).

Déblocage anticipé - Les droits constitués au profit des participants au PERE-OB peuvent être débloqués par anticipation dans les situations suivantes (c. mon. et fin. art. L. 224-4) :
- l'âge du titulaire du PERE-OB (moins de 18 ans à la date de demande de déblocage), ce cas de déblocage anticipé est ouvert depuis le 1er janvier 2024 ;
- le décès du conjoint du titulaire ou de son partenaire lié par un Pacs ;
- l'invalidité du titulaire, de ses enfants, de son conjoint ou de son partenaire lié par un Pacs (invalidité de niveau 2 ou 3) ;
- la situation de surendettement du titulaire ;
- l'expiration des droits à l'assurance chômage du titulaire, ou le fait pour le titulaire d'un plan qui a exercé des fonctions d'administrateur, de membre du directoire ou de membre du conseil de surveillance et n'a pas liquidé sa pension dans un régime obligatoire d'assurance vieillesse de ne pas être titulaire d'un contrat de travail ou d'un mandat social depuis deux ans au moins à compter du non-renouvellement de son mandat social ou de sa révocation ;
- la cessation d'activité non salariée du titulaire à la suite d'un jugement de liquidation judiciaire ;
- l'acquisition de la résidence principale (mais dans ce cas, l'épargne issue de versements obligatoires de l'employeur ou du salarié ne peut pas être débloquée).

Le décès du titulaire entraîne la clôture du plan.

Régime social

Versements obligatoires de l'employeur - Les employeurs peuvent bénéficier pour leurs contributions finançant un PERE-OB du régime social de faveur attaché à la retraite supplémentaire si les différentes conditions requises pour son bénéfice sont bien remplies (caractère collectif, obligatoire, non-substitution à la rémunération, etc.) (c. séc. soc. art. L. 242-1 et D. 242-1).

Si tel est le cas, les versements obligatoires de l'employeur au PERE-OB sont exonérés de cotisations de sécurité sociale et des charges ayant la même assiette dans la limite du montant le plus élevé entre (c. séc. soc. art. L. 242-1 et D. 242-1) :
- 5 % du montant annuel du *plafond de la sécurité sociale** ;
- ou 5 % de la rémunération soumise à cotisations de sécurité sociale du salarié, retenue dans la limite de 5 fois le montant annuel du *plafond de la sécurité sociale**.

L'abondement exonéré de l'employeur à un PERCO « ancienne mouture » ou à un PERE-CO « nouvelle mouture » est pris en compte dans cette limite (c. séc. soc. art. L. 242-1, II, 4° a).

▶ À noter… Pour plus de détails sur la limite sociale d'exonération, voir *Cotisations de retraite et de prévoyance (régime social)**.

Les cotisations patronales obligatoires aux PERE-OB sont assujetties à la CSG/CRDS au titre des revenus d'activité, sans abattement d'assiette (c. séc. soc. art. L. 136-1-1, I et L. 136-2).

La fraction des contributions patronales obligatoires au PERE-OB exonérée de cotisations de sécurité sociale mais assujettie à CSG est soumise au forfait social au taux de 20 %, sauf bénéfice du taux réduit de 16 % *(voir plus loin pour le détail)*.

Sommes provenant d'un compte épargne-temps - Lorsqu'un salarié utilise les droits inscrits sur un compte épargne-temps (CET) pour alimenter un PERE-OB, le régime des sommes en question varie selon leur origine.

Si les sommes affectées sur le PERE-OB correspondent à un abondement de l'employeur au CET, elles sont assimilées à un versement obligatoire de l'employeur au PERE-OB (c. trav. art. L. 3152-4, 1°). Elles suivent donc le même régime et sont donc exonérées de cotisations de sécurité sociale et des charges ayant la même assiette dans la même limite (c. séc. soc. art. L. 242-1, II, 4° a) *(voir ci-dessus)*.

Lorsque les sommes affectées au PERE-OB ne proviennent pas d'un abondement de l'employeur au CET, ces droits sont, dans la limite de 10 jours par an, exonérés des cotisations salariales et patronales d'assurance maladie, d'assurance vieillesse et d'allocations familiales (c. trav. art. L. 3152-4, al. 4 et 5 ; c. séc. soc. art. L. 242-4-3). Les autres charges restent dues (cotisation AT/MP, FNAL, versement mobilité, etc.). Ces sommes ne sont pas assujetties au forfait social, dans la mesure où ses conditions de mise en œuvre ne sont pas réunies.

Sommes correspondant à des jours de repos (entreprises sans CET) - Dans les entreprises où il n'y a pas de CET, les salariés peuvent verser sur le PERE-OB les sommes correspondant à un maximum de 10 jours par an de repos non pris *(voir plus haut)*.

Ces sommes sont exonérées des cotisations salariales et patronales d'assurance maladie, d'assurance vieillesse et d'allocations familiales (c. séc. soc. art. L. 242-4-3). L'ensemble des autres charges reste dû (cotisation AT/MP, FNAL, versement mobilité, etc.). Ces sommes ne sont pas assujetties au forfait social dans la mesure où ses conditions de mise en œuvre ne sont pas réunies.

Forfait social sur contributions patronales, participation, intéressement, prime de partage de la valeur - La fraction des versements obligatoires de l'employeur au PERE-OB qui est exonérée de cotisations de sécurité sociale, mais assujettie à CSG, est soumise au forfait social, en principe au taux de 20 % (c. séc. soc. art. L. 137-15 et L. 137-16).

Toutefois, le forfait social est calculé à un taux de 16 % (au lieu de 20 %) si le PERE-OB prévoit que l'épargne en « gestion pilotée » par défaut est affectée à l'acquisition de parts de fonds dont au moins 10 % des titres sont éligibles au plan d'épargne en actions destiné au financement des PME et des entreprises de taille intermédiaires (dit PEA-PME) (c. séc. soc. art. L. 137-16).

Cette condition de ratio s'applique à une fraction minimale du portefeuille qui se réduit à mesure que le bénéficiaire du plan d'épargne approche de la retraite, de façon à ce que le profil de gestion pilotée par défaut du PERE-OB permette de réduire progressivement les risques financiers pour le titulaire (c. séc. soc. art. D. 137-1). Ainsi, la fraction du portefeuille qui doit être investie à hauteur d'au moins 10 % en titres éligibles PEA-PME diminue au fur et à mesure que la date d'échéance du plan (date prévisible de la retraite) se rapproche (voir tableau à *Plan d'épargne retraite d'entreprise collectif**).

Lorsque le PERE-OB répond aux conditions requises, le taux de 16 % concerne les sommes suivantes (c. séc. soc. art. L. 137-16) :
- versements obligatoires de l'employeur aux PERE-OB ;
- *participation aux résultats** et *intéressement** affectés au PERE-OB, lorsque cela est possible ;
- sommes issues de la *prime de partage de la valeur** (PPV) affectée sur le PERE-OB à la demande du salarié (possibilité ouverte depuis le 1er juillet 2024 ; décret 2024-644 du 29 juin 2024, JO du 30).

Toutes ces sommes affectées au PERE-OB bénéficient alors du forfait social à 16 %, et pas uniquement pour celles investies dans le cadre de la gestion pilotée.

▶ À noter... Ce taux réduit ne fait bien entendu pas obstacle à l'exonération de forfait social dont l'entreprise peut, le cas échéant, bénéficier depuis le 1er janvier 2019 à raison de son effectif sur la participation (« moins de 50 salariés ») et sur l'intéressement ou la prime de partage de la valeur (« moins de 250 salariés »).

Régime fiscal en paye

Le régime fiscal des sommes concernant la paye de l'entreprise est synthétisé ci-après. Celui des sommes investies par l'adhérent, qui ne passent pas en paye, n'est pas détaillé ici.

Versements obligatoires du salarié et de l'employeur - Les cotisations obligatoires du salarié et de l'employeur au PERE-OB sont exonérées d'impôt sur le revenu dans la limite de 8 % de la rémunération annuelle brute retenue à concurrence de 8 fois le montant annuel du plafond de la sécurité sociale (CGI art. 83, 2°).

Cette limite d'exonération est à diminuer de l'abondement de l'employeur à un PERE-CO « nouvelle mouture » ou à un PERCO « ancienne mouture » et des sommes assimilées (sommes issues d'un compte épargne-temps CET et correspondant à un abondement de l'employeur utilisées pour financer un PERE-CO « nouvelle mouture » ou un PERCO « ancienne mouture ») (CGI art. 81, 18°, a bis).

▶ À noter... Ce sont les mêmes règles d'exonération que pour les cotisations finançant des régimes de retraite supplémentaire à caractère collectif et obligatoire (dits « art. 83 »). Pour plus de détails sur la limite fiscale d'exonération, voir *Cotisations de retraite et de prévoyance (régime fiscal)**.

Sommes provenant d'un compte épargne-temps - Les sommes provenant d'un compte épargne-temps (CET) et correspondant à un abondement de l'employeur au CET sont assimilés à une cotisation de l'employeur au PERE-OB (c. trav. art. L. 3152-4, 1°). Elles sont donc à traiter comme telles et exonérées dans les mêmes limites *(voir ci-dessus)*.

Lorsque les droits affectés au PERE-OB ne proviennent pas d'un abondement de l'employeur au CET, ces droits sont exonérés d'impôt sur le revenu dans la limite de 10 jours par an (CGI art. 81, 18° b bis).

Sommes correspondant à des jours de repos (entreprises sans CET) - Dans les entreprises où il n'y a pas de CET, les salariés peuvent verser sur le PERE-OB les sommes correspondant à un maximum de 10 jours par an de repos non pris *(voir plus haut)*. Elles sont exonérées d'impôt sur le revenu dans la limite de 10 jours par an (CGI art. 81, 18° b bis).

Transfert collectif d'un ancien contrat « article 83 » vers un PERE-OB

Modalités - Sous réserve de disposition contractuelle contraire, l'entreprise souscriptrice d'un ancien contrat de retraite supplémentaire « article 83 » peut décider de transférer collectivement les droits en cours d'acquisition vers un PERE-OB (c. mon. et fin. art. L. 224-40, IV bis).

Pour ce faire, l'entreprise doit passer par l'une des modalités autorisées en matière de protection sociale complémentaire (c. séc. soc. art. L. 911-1) :
- convention ou accord collectif ;
- ratification à la majorité des intéressés d'un projet d'accord proposé par le chef d'entreprise ;
- ou décision unilatérale du chef d'entreprise constatée dans un écrit remis par celui-ci à chaque intéressé.

Selon les modalités des transferts (c. mon. et fin. art. D. 224-18, II et III) :
- le contrat peut prévoir de réduire la valeur de transfert, dans le cas où le droit de transfert des provisions mathématiques excède la quote-part de l'actif qui les représente, mais depuis le 24 octobre 2024, cette réduction ne peut pas excéder 15 % de la valeur des droits individuels des titulaires relatifs à des engagements exprimés en euros (hors cas des contrats d'assurance vie) ;
- le transfert doit intervenir dans un délai de 6 mois à compter de la date de réception par le gestionnaire du régime « art. 83 » de la demande de transfert collectif effectuée par l'entreprise souscriptrice sur tout support durable.

Information des salariés - L'entreprise a l'obligation d'informer les salariés adhérents au contrat des conséquences de ce transfert, des caractéristiques du nouveau plan et des différences entre celui-ci et le plan transféré (c. mon. et fin. art. L. 224-40, IV bis).

☞ *Compte épargne-temps ; Régimes de retraite supplémentaire et de prévoyance complémentaire (caractère collectif) ; Forfait social ; Intéressement ; Participation aux résultats ; Plan d'épargne retraite d'entreprise collectif.*

Plan d'épargne salariale

☞ *État récapitulatif d'épargne salariale et relevé annuel de situation ; Livret d'épargne salariale ; Plan d'épargne d'entreprise ; Plan d'épargne interentreprises ; Plan d'épargne pour la retraite collectif ; Plan d'épargne retraite d'entreprise collectif.*

Plan de partage de la valorisation de l'entreprise

Principe du PPVE

Le plan de partage de la valorisation de l'entreprise (PPVE) a été créé par la loi « Partage de la valeur » du 29 novembre 2023, complété par un décret d'application (loi 2023-1107 du 29 novembre 2023, art. 10, JO du 30 ; décret 2024-644 du 29 juin 2024, art. 2, JO du 30).

Ce dispositif, dont la mise en place est facultative, permet aux entreprises de verser une prime à leurs salariés, dans un cadre social et fiscal incitatif, lorsque la valeur de l'entreprise augmente sur 3 ans en référence à une date fixée dans l'accord mettant en place le plan.

Pour chaque salarié, cette prime est égale au montant de référence lui ayant été attribué au titre de l'accord multiplié par le pourcentage de variation de la valeur de l'entreprise sur 3 ans, lorsque ce pourcentage est positif.

Ce dispositif permet ainsi d'intéresser les salariés à la valorisation de l'entreprise (et pas seulement à ses résultats), tout en les fidélisant compte tenu de la durée du plan de partage (3 ans).

▶ À noter… Malgré la proximité des sigles, le PPVE (plan de partage de la valorisation de l'entreprise) n'a rien à voir avec la PPV (voir *Prime de partage de la valeur**).

Champ d'application

Entreprises concernées - Quel que soit leur effectif, toutes les entreprises qui entrent dans le champ d'application de l'intéressement (c. trav. art. L. 3311-1) peuvent mettre en place par accord un PPVE pour une durée de 3 ans (loi 2023-1107 du 29 novembre 2023, art. 10, I et II).

Le dispositif est ainsi ouvert à tous les employeurs de droit privé, aux établissements publics à caractère industriel et commercial (EPIC), ainsi qu'aux établissements publics administratifs (EPA) lorsqu'ils emploient du personnel de droit privé.

Les groupes constitués par des entreprises juridiquement indépendantes ayant établi entre elles des liens financiers et économiques, ainsi que les groupes constitués par des sociétés régies par le statut de la coopération, peuvent également recourir à ce dispositif (c. trav. art. L. 3344-1 à L. 3344-2).

Un plan par période de 3 ans - Une entreprise ne peut mettre en place qu'un seul PPVE sur une même période de 3 ans (loi 2023-1107 du 29 novembre 2023, art. 10, II).

Bénéficiaires - Tous les salariés de l'entreprise ayant au moins un an d'ancienneté dans l'entreprise peuvent bénéficier du PPVE. L'accord mettant en place le PPVE peut néanmoins fixer une condition d'ancienneté inférieure (loi 2023-1107 du 29 novembre 2023, art. 10, III).

L'ancienneté s'apprécie à la première date fixée par l'accord pour déterminer la valorisation de l'entreprise, à savoir la date fixant le début du délai de 3 ans. Il faut tenir compte de tous les contrats de travail exécutés dans l'entreprise (ou dans le groupe) pendant les 12 mois qui précèdent cette date.

Ne peuvent pas bénéficier du plan :
- les salariés qui atteindront la condition d'ancienneté au cours de la durée de 3 ans du plan (autrement dit, ceux qui n'ont pas l'ancienneté requise au début de la période de 3 ans) ;
- ceux quittant définitivement l'entreprise pendant cette même période de 3 ans.

▶ À noter... Les dirigeants et mandataires sociaux affiliés de plein droit au régime général de la sécurité sociale sans contrat de travail ne font pas partie des bénéficiaires potentiels du PPVE. Ils ne sont concernés par ce dispositif qu'au titre de l'éventuel contrat de travail qu'ils cumuleraient avec leur mandat social.

Mise en place par accord

Accord conclu sur la base d'un rapport du CAC - Le PPVE est mis en place par accord, établi sur rapport spécial du commissaire aux comptes (CAC) de l'entreprise ou, s'il n'en a pas été désigné, d'un CAC désigné à cet effet par l'organe compétent de l'entreprise ou du groupe (loi 2023-1107 du 29 novembre 2023, art. 10, X).

▶ À noter... Le but de ce rapport est d'éclairer les parties sur le caractère approprié de la formule de valorisation de l'entreprise retenue (étude d'impact, p. 86).

L'accord peut prendre une des formes suivantes :
- convention ou accord collectif de travail ;
- accord entre l'employeur et les représentants des syndicats représentatifs dans l'entreprise ;
- accord conclu au sein du comité social et économique (CSE) ;
- projet d'accord proposé par l'employeur et ratifié par le personnel à la majorité des 2/3.

Lorsqu'il existe dans l'entreprise un ou plusieurs syndicats représentatifs ou un CSE, la voie de l'accord ratifié par les 2/3 du personnel ne peut être utilisée que si la ratification est demandée conjointement par l'employeur et un ou plusieurs de ces syndicats ou le CSE.

Contenu minimal de l'accord - L'accord instituant le PPVE doit définir a minima (loi 2023-1107 du 29 novembre 2023, art. 10, XI) :
- le montant de référence auquel sera appliqué le taux de variation de la valeur de l'entreprise au bout des 3 ans ;
- les éventuelles conditions de modulation du montant de référence entre les salariés, sachant que seuls certains critères sont autorisés (rémunération, niveau de classification, durée contractuelle du travail en cas de temps partiel ; loi 2023-1107 du 29 novembre 2023, art. 10, V) ;
- la formule de valorisation retenue pour les entreprises non cotées (sociétés dont les titres ne sont pas admis aux négociations sur un marché réglementé) ;
- la date d'appréciation de la valeur de l'entreprise qui constitue le point de départ de la durée de 3 ans du plan ;
- la date (3 ans plus tard) d'appréciation de la valeur de l'entreprise permettant de calculer le taux de variation de sa valeur ;
- la ou les dates de versement de la prime.

L'accord peut aussi prévoir la reconduction du plan, auquel cas il précise les éléments précités pour la mise en œuvre de cette reconduction.

Dépôt de l'accord - Pour bénéficier des exonérations sociale et fiscale, les employeurs doivent déposer l'accord de PPVE auprès de l'administration (loi 2023-1107 du 29 novembre 2023, art. 10, XIII).

Le PPVE, ainsi que ses avenants et annexes, doivent être déposés par l'employeur sur la plateforme « TéléAccords », sous forme dématérialisée. Ce dépôt doit être accompagné de documents dont la liste varie selon les modalités de conclusion de l'accord de PPVE (décret 2024-644 du 29 juin 2024, art. 2, I, JO du 30).

L'accord de PPVE déposé fait l'objet d'un contrôle selon les mêmes modalités que celles prévues pour les accords de participation et les plans d'épargne (décret 2024-644 du 29 juin 2024, art. 2, II, JO du 30). Cela signifie notamment que (c. trav. art. D. 3345-5) :
- l'administration du travail, dépositaire de l'accord, le transmet sans délai à l'URSSAF (ou CGSS ou CMSA) et délivre au déposant un récépissé attestant du dépôt ;

- l'URSSAF (ou CGSS ou CMSA) dispose de 3 mois pour demander le retrait ou la modification des clauses contraires aux dispositions légales et réglementaires (à l'exception des règles relatives aux modalités de dénonciation et de révision des accords) ; toutefois, par dérogation, ce délai ne court pas à compter du dépôt, mais à réception des documents ci-dessus nécessaires pour effectuer ce contrôle et sous réserve pour l'organisme d'en avoir préalablement informé le déposant dans ce même délai (décret 2024-644 du 29 juin 2024, art. 2, II).

Les exonérations sociales liées au PPVE sont réputées acquises en l'absence d'observation de l'URSSAF (CGSS ou CMSA) à l'issue du délai de 3 mois (loi 2023-1107 du 29 novembre 2023, art. 10, XIV).

Prime de partage de la valorisation de l'entreprise

Prime liée à l'augmentation de la valeur de l'entreprise - L'employeur qui s'est doté d'un plan de partage de la valorisation de l'entreprise ne devra verser une prime à ce titre que si la valeur de l'entreprise a augmenté au cours des 3 années suivant la date fixée dans l'accord.

Si la valeur de l'entreprise n'a pas augmenté, ou si elle a baissé, il n'y a aucune prime à verser aux salariés.

Calcul de la prime - Le montant de la prime est calculé selon la formule suivante : taux de variation de la valeur l'entreprise (s'il est positif) × montant de référence prévu par l'accord de PPVE (loi 2023-1107 du 29 novembre 2023, art. 10, IV)

S'il y a lieu, on retient ici le montant de référence modulé dans les conditions prévues par l'accord, si celui-ci a prévu une modulation *(voir plus haut)*.

Le taux de variation de la valeur de l'entreprise correspond au taux de variation constaté entre (loi 2023-1107 du 29 novembre 2023, art. 10, VI) :

- la valeur de l'entreprise déterminée à une date fixée par l'accord ;
- et sa valeur à l'expiration d'un délai de 3 ans débutant le lendemain de cette date.

À cet égard, les règles de valorisation de l'entreprise varient selon qu'il s'agit d'une entreprise cotée ou non cotée *(voir tableau)* (loi 2023-1107 du 29 novembre 2023, art. 10, VI).

Montant maximal de la prime - Le montant maximal pouvant être attribué à un même salarié au titre d'un même exercice s'élève à 75 % du montant annuel du *plafond de la sécurité sociale** (loi 2023-1107 du 29 novembre 2023, art. 10, VII).

Délai de versement - Les primes dues aux salariés au titre du plan de partage sont arrêtées dans les 7 mois qui suivent l'expiration du plan, donc au terme de la période de 3 ans (loi 2023-1107 du 29 novembre 2023, art. 10, VIII).

Elles peuvent être versées, en une ou plusieurs fois, au cours des 12 mois suivants.

Information du salarié

Après le dépôt de l'accord de PPV - Après le dépôt du PPVE, l'employeur doit remettre au salarié, une fiche distincte du bulletin de paye mentionnant (décret 2024-644 du 29 juin 2024, art. 2, IV, JO du 30) :
- le montant de référence dont relève le salarié pour le calcul de sa prime et, le cas échéant, le critère de modulation qui lui a été appliqué ;
- la règle de valorisation de l'entreprise ;
- et les conditions pour pouvoir bénéficier de la prime à l'expiration de la période de 3 ans du PPVE.

Sauf opposition du salarié concerné, cette fiche peut lui être remise par voie électronique, dans des conditions de nature à garantir l'intégrité des données.

Formule de valorisation des entreprises	
Entreprises non cotées	• La formule de valorisation de l'entreprise doit être déterminée par l'accord, étant entendu qu'elle doit être la même aux deux dates d'appréciation de la valeur de l'entreprise (début et fin de la période de 3 ans) (1). La formule peut le cas échéant s'appuyer sur des comparaisons avec d'autres entreprises du même secteur. • Si l'accord de PPVE ne contient pas de formule de valorisation de l'entreprise non cotée, ou si cette formule est impossible à appliquer, la valorisation de l'entreprise est égale au montant de l'actif net réévalué, calculé d'après le bilan le plus récent.
Sociétés cotées	La valeur de l'entreprise correspond à sa capitalisation boursière moyenne sur les 30 derniers jours de bourse précédant chacune des deux dates de début et de fin de la période de 3 ans.
(1) Cette formule doit permettre d'évaluer la valeur de l'entreprise en tenant compte, selon une pondération appropriée à chaque cas, de la situation nette comptable, de la rentabilité et des perspectives d'activité. Ces critères sont appréciés, le cas échéant, sur une base consolidée ou, à défaut, en tenant compte des éléments financiers issus des filiales significatives.	

Lors de l'attribution de la prime - Lorsqu'une prime de partage de la valorisation de l'entreprise est effectivement attribuée au bout des 3 ans du PPVE, l'employeur informe le salarié des sommes qui lui sont attribuées à ce titre et du délai dans lequel il peut, le cas échéant formuler sa demande d'affectation au plan d'épargne salariale ou au plan d'épargne retraite d'entreprise par une fiche distincte du bulletin de paye (loi 2023-1107 du 29 novembre 2023, art. 10, XII ; décret 2024-644 du 29 juin 2024, art. 2, V).

Cette fiche mentionne :
- le montant de référence attribué au salarié pour le calcul de sa prime ;
- le montant de la prime attribuée au salarié ;
- la retenue opérée au titre de la CSG et de la CRDS ;
- la possibilité d'affectation de cette somme sur un plan d'épargne et le délai de la demande d'affectation (15 jours maximum à compter de la réception, par tout moyen permettant d'en apporter la preuve, de la fiche d'information) ;
- lorsque la prime est affectée à un plan d'épargne, le délai à partir duquel les droits seront négociables ou exigibles (délai d'indisponibilité) et les cas dans lesquels ces droits peuvent être exceptionnellement liquidés ou transférés avant l'expiration de ce délai (cas de déblocage anticipé).

La fiche comporte en annexe une note rappelant les règles essentielles de calcul et de modulation du montant de référence prévues par le PPVE.

Sauf opposition du salarié, cette fiche peut lui être remise par voie électronique, dans des conditions de nature à garantir l'intégrité des données.

Elle doit aussi être adressée aux salariés susceptibles de bénéficier de la prime mais ayant quitté l'entreprise.

En cas de départ de l'entreprise - Lorsqu'un salarié quitte l'entreprise après l'expiration de la période de 3 ans du PPVE mais avant la date de versement de la prime, l'employeur doit lui demander l'adresse à laquelle il pourra être informé de ses droits et de le prévenir de ses changements d'adresse éventuels (décret 2024-644 du 29 juin 2024, art. 2, VI).

Si le salarié ne peut être joint à la dernière adresse indiquée par lui, les sommes auxquelles il peut prétendre sont tenues à sa disposition par l'entreprise pendant une durée d'1 an à compter de la date limite de versement puis, passé ce délai, ces sommes sont remises à la Caisse des dépôts et consignations où le salarié peut les réclamer pendant 30 ans (décret 2024-644 du 29 juin 2024, art. 2, VI ; c. mon. et fin. art. L. 518-24).

Régime social de faveur

Les primes de partage de la valorisation de l'entreprise versées au cours des exercices 2026, 2027 et 2028 dans les délais prévus par le dispositif bénéficieront d'un régime social de faveur (loi 2023-1107 du 29 novembre 2023, art. 10, XIII).

Elles seront exonérées de toutes les cotisations sociales d'origine légale ou conventionnelle (parts salariales et patronales), y inclus des contributions formation, de la taxe d'apprentissage et de la participation construction.

En revanche, la CSG et la CRDS seront dues (9,20 % + 0,50 %), puisqu'aucune exonération n'est prévue.

Il n'y aura pas de forfait social, mais l'employeur sera redevable d'une contribution patronale spécifique à verser aux URSSAF, dont le taux sera celui de la contribution due en cas d'attribution gratuite d'actions, laquelle a été portée à 30 % à partir du 1er mars 2025 par la loi de financement de la sécurité sociale pour 2025 (voir *Contribution patronale sur les stock-options et les actions gratuites**).

▶ À noter… Ce régime social de faveur, prévu pour l'instant pour 3 ans sur les années 2026, 2027 et 2028, pourrait être pérennisé dans un second temps dans une loi de financement de la sécurité sociale.

Régime fiscal de faveur en cas d'affectation sur un plan d'épargne

Exonération d'impôt sur le revenu possible - Si le salarié demande l'affectation de tout ou partie des sommes qui lui sont attribuées au titre du PPVE sur un *plan d'épargne d'entreprise** (PEE), un *plan d'épargne pour la retraite collectif** (PERCO), un *plan d'épargne retraite d'entreprise collectif** (PERE-CO) ou un *plan d'épargne retraite d'entreprise obligatoire** (PERE-OB), il bénéficie d'un régime fiscal de faveur (loi 2023-1107 du 29 novembre 2023, art. 10, XII).

Il peut aussi s'agir d'un PEE, d'un PERCO ou d'un PERE-CO sous forme de plan interentreprises.

Les sommes affectées sont exonérées d'impôt sur le revenu dans la limite de 5 % du montant maximal de la prime, à savoir 5 % des 3/4 du montant annuel du *plafond de la sécurité sociale** par an et par bénéficiaire (loi 2023-1107 du 29 novembre 2023, art. 10, XII).

Le salarié doit respecter la durée d'indisponibilité attachée au plan d'épargne, sous réserve des cas de déblocage anticipé autorisés.

▶ À noter… La loi ne prévoit pas de possibilité pour l'employeur d'abonder les primes attribuées au titre d'un PPVE que le salarié décide d'affecter sur un plan d'épargne.

Demande d'affectation du salarié dans un délai de 15 jours - Pour bénéficier de l'exonération fiscale, le salarié doit formuler sa demande d'affectation dans un délai maximum de 15 jours à compter de la réception du document l'informant du montant qui lui a été attribué et dont il peut demander le versement (décret 2024-644 du 29 juin 2024, art. 2, III). La réception de ce document peut être prouvée par tout moyen.

Principe de non-substitution

Les sommes attribuées aux salariés en application d'un PPVE ne peuvent pas se substituer à (loi 2023-1107 du 29 novembre 2023, art. 10, IX) :
- un élément de rémunération pris en compte dans l'assiette des cotisations de sécurité sociale, qu'il soit en vigueur dans l'entreprise au moment de la mise en place du plan ou qu'il devienne obligatoire en vertu de règles légales ou contractuelles ou d'un usage ;
- un autre dispositif d'épargne salariale ou de partage de la valeur ;
- des augmentations de rémunération ou des primes prévues par un accord salarial, par le contrat de travail ou par les usages en vigueur dans l'entreprise ou le groupe.

Toutefois, ce principe de non-substitution ne peut pas remettre en cause les exonérations fiscales et sociales attachées aux sommes attribuées au salarié au titre du PPVE dès lors qu'un délai de 12 mois s'est écoulé entre le dernier versement de l'élément de rémunération en tout ou partie supprimé et la date de mise en place du plan.

☞ *Partage de la valeur.*

Pont

Un pont est une journée chômée comprise entre un jour férié et un jour de repos hebdomadaire ou le premier jour des congés payés.

Régime

La journée de pont est un jour ouvrable. Elle peut être chômée :
- sur décision de l'employeur qui accorde une journée de repos payée ;
- ou sur décision de l'employeur qui prévoit sa récupération ;
- ou au titre d'une journée de congés payés posée par le salarié, avec l'accord de l'employeur.

L'employeur ne peut, en aucun cas, obliger les salariés à poser une journée de congés payés (cass. soc. 17 avril 1986, n° 83-45788, BC V n° 158).

Une journée de pont chômée payée peut également être accordée par une convention collective. La *journée de solidarité** ne peut pas remettre en cause ce droit (cass. soc. 12 juin 2013, n° 10-26175 D).

Récupération et rémunération

La journée de pont constitue une interruption collective du travail susceptible de donner lieu à récupération (c. trav. art. L. 3121-50). Cette récupération suit les règles habituelles (voir *Récupération des heures perdues**).

Les juges ont précisé que les heures perdues à la suite du chômage d'un ou de deux jours ouvrables entre un jour férié et un jour de repos hebdomadaire peuvent être récupérées, même si le ou les deux jours ouvrables précèdent le jour férié. Toutefois, un même jour férié ou un même jour de repos ne peut permettre la récupération des heures perdues à la fois pour les jours ouvrables qui le précèdent et ceux qui le suivent (cass. soc. 18 mai 1999, n° 97-13131, BC V n° 224).

Jour de pont et congés payés

Lorsqu'un jour de pont se situe dans une période de congés payés, il reste considéré comme un jour ouvrable. Sauf convention contraire, une journée de pont accordée dans l'entreprise est donc décomptée comme un jour de congé pour les salariés en congés payés au cours de cette période.

☞ *Jour ouvrable/jour ouvré ; Journée de solidarité ; Jours fériés ; Récupération des heures perdues.*

Portabilité de la prévoyance complémentaire

La « portabilité de la prévoyance complémentaire » désigne les différents dispositifs permettant à un salarié, après son départ de l'entreprise et sous condition, de continuer à bénéficier, pendant une certaine durée, des couvertures de *prévoyance complémentaire** (y inclus « frais de santé ») dont il bénéficiait chez son ancien employeur.

Dispositif légal de portabilité - La loi de sécurisation de l'emploi du 14 juin 2013 a mis en place un dispositif légal de maintien des garanties de prévoyance complémentaire pendant les périodes de chômage (c. séc. soc. art. L. 911-8).

Ce dispositif de portabilité s'applique depuis le 1er juin 2014 pour les garanties « frais de santé » et depuis le 1er juin 2015 pour les garanties liées aux risques décès, d'incapacité de travail ou d'invalidité (loi 2013-504 du 14 juin 2013, art. 1, JO du 16). Pour plus de détails, voir *Portabilité de la prévoyance complémentaire (dispositif légal)**.

Accords particuliers - Des accords particuliers (de branche, d'entreprise, etc.) peuvent également prévoir des mécanismes de portabilité plus favorables (ex. : période de maintien des garanties plus longue, portabilité au profit de retraités, etc.).

Les employeurs doivent les appliquer, conformément aux modalités prévues par ces accords.

☞ *Portabilité de la prévoyance complémentaire (dispositif légal) ; Prévoyance complémentaire.*

Portabilité de la prévoyance complémentaire (dispositif légal)

Contexte légal

Dispositif légal de portabilité des garanties de prévoyance - La portabilité permet à un salarié, après son départ de l'entreprise et sous conditions, de continuer à bénéficier des couvertures collectives de prévoyance complémentaire (y inclus « frais de santé ») dont il bénéficiait chez son ancien employeur, pendant une certaine durée.

La loi de sécurisation de l'emploi du 14 juin 2013 a mis en place un dispositif légal de maintien temporaire des garanties collectives de prévoyance complémentaire pendant les périodes de chômage (c. séc. soc. art. L. 911-8).

Ce dispositif est entré en vigueur le 1er juin 2014 pour les garanties « frais de santé » et le 1er juin 2015 pour les garanties liées aux risques décès, incapacité de travail et invalidité. Il est d'ordre public et s'impose donc aux employeurs et aux assureurs.

Loi Évin (prévoyance santé) - À côté ou en relais du dispositif légal de portabilité, un salarié ayant quitté son entreprise peut, en application de la loi Évin, demander à l'organisme assureur de lui proposer un contrat individuel « frais de santé » reprenant les mêmes garanties que celles dont il disposait dans l'entreprise (loi 89-1009 du 31 décembre 1989, art. 4).

Il n'y a pas de limite à la durée de maintien des garanties, mais le contrat est en général plus onéreux que pour un salarié.

Dispositif légal de portabilité

Bénéficiaires et garanties concernées - Le dispositif légal de portabilité permet à chaque salarié, en cas de rupture du contrat de travail ouvrant droit à la prise en charge par l'assurance chômage et sauf faute lourde, de continuer à bénéficier gratuitement, pendant sa période de chômage, des garanties collectives contre le risque décès, les risques portant atteinte à l'intégrité physique de la personne ou liés à la maternité (i.e garanties « frais de santé ») et les risques d'incapacité de travail ou d'invalidité (c. séc. soc. art. L. 911-8).

Sous réserve que l'ancien salarié ait une durée de cotisation suffisante pour bénéficier des allocations-chômage, le mécanisme de portabilité peut donc notamment intervenir à la suite :
- d'un *licenciement** (sauf pour faute lourde) ;
- d'une rupture amiable dans le cadre d'un plan de sauvegarde de l'emploi ;
- d'une *rupture conventionnelle individuelle** ou d'une *rupture conventionnelle collective** ;
- de la rupture du contrat de travail au terme d'un *congé de mobilité**
- de l'arrivée à terme d'un *contrat à durée déterminée** (CDD), d'un contrat d'apprentissage [voir *Apprentissage (contrat)**] ou d'un *contrat de professionnalisation** conclu sous forme de CDD ;
- de la rupture d'un *contrat à durée déterminée à objet défini** pour réalisation de l'objectif ou, lorsque cela est possible, pour motif réel et sérieux ;
- de la rupture anticipée d'un CDD à l'initiative de l'employeur (sauf faute lourde) ;
- d'une *démission** reconnue comme légitime par l'assurance chômage ;
- d'une démission pour mener un projet de reconversion professionnelle ou de création d'entreprise validé par la Commission paritaire interprofessionnelle régionale ;
- de l'adhésion d'un salarié à un *contrat de sécurisation professionnelle**.

Portabilité de la prévoyance complémentaire (dispositif légal)

Lorsqu'une entreprise est placée en liquidation judiciaire, les anciens salariés licenciés doivent pouvoir bénéficier du maintien des garanties « prévoyance » et « frais de santé » souscrites par l'employeur dans le cadre d'un contrat collectif d'assurance, même s'il n'existe aucun dispositif permettant d'assurer son financement (cass. civ., 2e ch., 5 novembre 2020, n° 19-17164 FSPBI). En revanche, il n'y a pas de portabilité de la prévoyance si le contrat d'assurance liant l'employeur à l'organisme assureur a été résilié par ce dernier (cass. avis 6 novembre 2017, n° 17-70011, 17-70012, 17-70013, 17-70014 et 17-70015, BC II n° 11 ; cass. civ., 2e ch., 10 mars 2022, n° 20-20898 FB), même si cette résiliation intervient après le licenciement des salariés concernés (cass. civ., 2e ch., 15 février 2024, n° 22-16132 FB ; cass. civ., 2e ch., 19 septembre 2024, n° 22-22190 FD).

▶ À noter... Le liquidateur judiciaire qui choisit de maintenir volontairement les garanties précédemment souscrites pour les salariés licenciés, alors que le contrat de prévoyance a été résilié par l'organisme assureur, ne peut pas, par la suite, réclamer un remboursement des cotisations versées à l'institution de prévoyance, au motif qu'elles constituent un paiement indu (cass. civ., 2e ch., 10 mars 2022, n° 20-20898 FB).

Conditions particulières - Le bénéfice du maintien des garanties est subordonné à la condition que les droits à couverture complémentaire aient été ouverts chez le dernier employeur (c. séc. soc. art. L. 911-8, 2°).

Les garanties maintenues au bénéfice des anciens salariés sont celles en vigueur dans l'entreprise (c. séc. soc. art. L. 911-8, 3°).

Le maintien des garanties ne peut pas conduire l'ancien salarié à percevoir des indemnités d'un montant supérieur à celui des allocations-chômage qu'il aurait perçues au titre de la même période (c. séc. soc. art. L. 911-8, 4°).

Par ailleurs, à l'ouverture et au cours de la période de maintien des garanties, l'intéressé est tenu de justifier des conditions de la portabilité (situation de chômage, etc.) auprès de l'organisme assureur (mutuelle, institution de prévoyance ou société d'assurances) (c. séc. soc. art. L. 911-8, 5°).

Obligations d'information à charge de l'employeur - L'employeur a l'obligation de signaler le maintien des garanties dans le *certificat de travail** (c. séc. soc. art. L. 911-8, 6°).

Par ailleurs, il informe l'organisme assureur de la cessation du contrat de travail du salarié.

Durée maximale de maintien des garanties - Les garanties de prévoyance sont maintenues à compter de la date de cessation du contrat de travail et pendant une durée égale à la période d'indemnisation du chômage, dans la limite de la durée du dernier contrat de travail ou, le cas échéant, des derniers contrats de travail s'ils sont consécutifs chez le même employeur (cas de CDD successifs, par exemple). Cette durée est appréciée en mois entiers, et arrondie au nombre entier supérieur s'il y a lieu (ex. : on retient 5 mois de maintien des garanties pour 4,2 mois). Dans tous les cas, la période de portabilité ne peut pas excéder 12 mois (c. séc. soc. art. L. 911-8, 1° ; BOSS, Protection sociale complémentaire, § 740, 01/01/2025).

Notre tableau synthétise les durées maximales de maintien des garanties, compte tenu de la règle d'arrondi.

Durées du dispositif légal du maintien des garanties de prévoyance

Durée du dernier contrat de travail (1)	Durée maximale du maintien des garanties
moins d'1 mois	1 mois
de 1 mois à moins de 2 mois	2 mois
de 2 mois à moins de 3 mois	3 mois
de 3 mois à moins de 4 mois	4 mois
de 4 mois à moins de 5 mois	5 mois
de 5 mois à moins de 6 mois	6 mois
de 6 mois à moins de 7 mois	7 mois
de 7 mois à moins de 8 mois	8 mois
de 8 mois à moins de 9 mois	9 mois
de 9 mois à moins de 10 mois	10 mois
de 10 mois à moins de 11 mois	11 mois
de 11 mois à moins de 12 mois	12 mois
12 mois et plus	12 mois

(1) Ou « des » derniers contrats de travail s'ils sont consécutifs chez le même employeur.

Financement mutualisé - Le dispositif légal de maintien des garanties repose sur un financement par mutualisation.

Le coût de la portabilité est en pratique intégré au financement du régime tout au long de l'année, via les contributions patronales et salariales de prévoyance complémentaire acquittées sur les rémunérations versées aux salariés.

▶ À noter... Les contributions de l'employeur versées au titre de cette portabilité continuent de bénéficier de l'exclusion d'assiette de cotisations sociales (BOSS, Protection sociale complémentaire, § 740, 01/01/2025) [voir *Cotisations de retraite et de prévoyance (régime social)**].

La portabilité prévue par le code de la sécurité sociale ne peut donc pas reposer sur un financement conjoint, supporté par le salarié quittant l'entreprise et l'employeur. L'ancien salarié n'a donc rien à payer en plus au moment ou après son départ pour en bénéficier.

Corollaire de la mutualisation obligatoire, la loi ne prévoit pas de droit à renonciation pour le salarié.

Loi Évin : maintien individuel de la couverture santé

Objet et garanties concernées - Indépendamment du mécanisme légal de portabilité, la loi Évin reconnaît un droit individuel au maintien de la couverture « frais de santé » au profit des anciens salariés bénéficiaires d'une rente d'incapacité ou d'invalidité, d'une pension de retraite ou d'un revenu de remplacement lorsqu'ils sont privés d'emploi (loi 89-1009 du 31 décembre 1989, art. 4).

Demande individuelle - L'assuré doit en faire la demande auprès de l'organisme assureur dans les 6 mois de la rupture de son contrat de travail ou dans les 6 mois de la fin de la période de portabilité (loi 89-1009 du 31 décembre 1989, art. 4).

Le cas échéant, la loi Évin peut donc intervenir en relais de la portabilité légale.

Proposition de l'organisme assureur - L'organisme assureur adresse la proposition de maintien de la couverture au plus tard dans les 2 mois de la cessation du contrat de travail ou de la fin de la période de portabilité (loi 89-1009 du 31 décembre 1989, art. 4).

Le nouveau contrat ou la nouvelle convention doit prévoir que la garantie prend effet, au plus tard, le lendemain de la demande.

Nature de la couverture et durée - L'organisme assureur a l'obligation de maintenir la couverture à l'identique de celle prévue avant la rupture du contrat de travail, et pas simplement une couverture « très proche » (cass. civ., 2e ch., 7 février 2008, n° 06-15006, BC II n° 25).

Le maintien de la couverture « frais de santé » dans le cadre de la loi Évin est sans limitation de durée, tant que l'assuré paye sa cotisation.

Conditions financières - Les tarifs proposés dans le cadre du contrat peuvent être supérieurs à ceux applicables aux salariés puisqu'il n'y a plus de part patronale, mais dans une limite fixée par décret (loi 89-1009 du 31 décembre 1989 modifiée, art. 4).

Pour les contrats souscrits ou les adhésions intervenues depuis le 1er juillet 2017, l'encadrement des tarifs est renforcé, sous forme d'un plafonnement progressif sur 3 ans (décret 90-769 du 30 août 1990, art. 1 modifié par décret 2017-372 du 21 mars 2017, JO du 23) :
- la 1re année faisant suite à la sortie du contrat d'assurance collectif, les tarifs ne peuvent pas être supérieurs aux tarifs globaux applicables aux salariés actifs ;
- la 2e année, les tarifs ne peuvent pas être supérieurs de plus de 25 % aux tarifs globaux applicables aux salariés actifs ;
- la 3e année, les tarifs ne peuvent pas être supérieurs de plus de 50 % aux tarifs globaux applicables aux salariés actifs.

À la lettre du texte, l'organisme assureur retrouve la possibilité de fixer librement la cotisation à partir de la 4e année.

☛ *Prévoyance complémentaire.*

Portage salarial

Intégré dans le code du travail en 2015, le portage salarial est depuis le 1er juillet 2017 soumis (sous certaines réserves) à la convention collective de branche des salariés en portage salarial étendue (ord. 2015-380 du 2 avril 2015, JO du 3 ; arrêté du 28 avril 2017, JO du 30).

Cadre juridique (en bref)

Définition - Le portage salarial désigne l'ensemble organisé constitué par (c. trav. art. L. 1254-1) :
- la relation entre une « entreprise de portage salarial » effectuant une prestation et une entreprise cliente bénéficiant de cette prestation, qui donne lieu à la conclusion d'un contrat commercial de prestation de portage salarial ;

- le contrat de travail conclu entre l'entreprise de portage salarial et le « salarié porté », lequel est rémunéré par cette entreprise.

Seule une société de portage peut conclure des contrats de travail de portage salarial. L'entreprise doit exercer l'activité de portage salarial à titre exclusif (c. trav. art. L. 1254-24).

▶ À noter… L'activité d'entrepreneur de portage salarial ne peut être exercée qu'après déclaration auprès de l'administration (c. trav. art. L. 1254-27 et R. 1254-3). De plus, l'entreprise doit justifier d'une garantie financière assurant, en cas de défaillance de sa part, le paiement des salaires et indemnités des salariés portés ainsi que des charges sociales correspondantes (voir *Garantie financière des entreprises de portage salarial**).

Cas de recours et limite - Le recours au portage salarial est réservé à la réalisation de tâches occasionnelles ne relevant pas de l'activité normale et permanente de l'entreprise cliente. Il peut également permettre de réaliser une prestation ponctuelle nécessitant une expertise absente en interne (c. trav. art. L. 1254-3).

La prestation auprès de l'entreprise cliente est limitée à 36 mois maximum (c. trav. art. L. 1254-4, II).

▶ Attention… Il ne peut permettre de remplacer un salarié dont le contrat de travail est suspendu à la suite d'un conflit collectif (grève), ni d'effectuer certains travaux particulièrement dangereux, sauf dérogation sur ce dernier point (c. trav. art. L. 1254-4, L. 4154-1 et D. 4154-3).

Contrat commercial - Dans le portage salarial, une entreprise cliente conclut un contrat commercial de prestation de portage salarial avec une « entreprise de portage salarial » (c. trav. art. L. 1254-1). Ce contrat indique les éléments essentiels de la négociation de la prestation entre le salarié porté et l'entreprise cliente ainsi qu'une série de mentions obligatoires (identité du salarié porté, prix de la prestation, etc.) (c. trav. art. L. 1254-22 et L. 1254-23).

Contrat de travail - La société de portage conclut avec le salarié porté un contrat de travail de portage salarial à durée déterminée (CDD) ou indéterminée (CDI) (c. trav. art. L. 1254-7).

Le CDD est conclu pour la réalisation d'une prestation dans une entreprise cliente soit avec un terme précis, soit lorsque le terme de la prestation n'est pas connu, avec pour terme la réalisation de l'objet pour lequel il a été conclu. Dans ce cas, il comporte une durée minimale (c. trav. art. L. 1254-10 et L. 1254-11). Le contrat est écrit et comporte la mention « contrat de travail en portage salarial à durée déterminée » ainsi que des mentions spécifiques (c. trav. art. L. 1254-14 et L. 1254-15).

La durée totale du CDD est limitée à 18 mois, renouvellements compris (c. trav. art. L. 1254-12). Le CDD à terme précis peut être renouvelé deux fois, dans cette limite globale de 18 mois (c. trav. art. L. 1254-12 et L. 1254-17).

Dans tous les cas, un accord entre l'entreprise de portage salarial et le salarié peut reporter le terme du CDD pour 3 mois maximum, afin de permettre au salarié de prospecter de nouveaux clients (c. trav. art. L. 1254-13).

▶ À noter… Le CDD de portage salarial relève des règles habituelles du CDD pour certaines règles (c. trav. art. L. 1254-18), en particulier celles relatives à l'*indemnité compensatrice de congés payés** (c. trav. art. L. 1242-16) et à l'*indemnité de fin de contrat** (c. trav. art. L. 1243-8).

Contrat de travail sous forme de CDI - Le CDI permet de réaliser des prestations dans une ou plusieurs entreprises clientes. Ce contrat est écrit et indique « contrat de travail en portage salarial à durée indéterminée ». Il comporte des mentions spécifiques (c. trav. art. L. 1254-19 à L. 1254-21). Lorsque le contrat de travail est un CDI, les périodes sans prestation auprès d'une entreprise cliente ne sont pas rémunérées (c. trav. art. L. 1254-21, II).

Salariés concernés par le portage - Seules les personnes justifiant d'une expertise, d'une qualification et d'une autonomie leur permettant de rechercher elles-mêmes leurs clients et de convenir avec eux des conditions d'exécution de leur prestation et de leur prix peuvent être des salariés portés (c. trav. art. L. 1254-2).

La convention collective applicable depuis le 1er juillet 2017 confirme cette exigence d'un haut niveau d'expertise, de qualification et d'autonomie (convention collective de branche des salariés en portage salarial, dispositions liminaires précédant l'article 16 ;arrêté du 28 avril 2017, JO du 30).

▶ À noter… L'entreprise de portage n'est pas tenue de fournir du travail au salarié porté (c. trav. art. L. 1254-2, III ; ord. n° 2015-380 du 2 avril 2015 - art. 2). Par cette précision, l'ordonnance est revenue sur une jurisprudence inverse de la Cour de cassation (cass. soc. 4 février 2015, n° 13-25627, BC V n° 19).

Statut du salarié porté

Ancienneté - L'ancienneté du salarié porté correspond au total des périodes de prestations de portage salarial effectuées dans le cadre de contrats de travail conclus avec l'entreprise de portage (c. trav. art. L. 1254-30).

Rémunération minimale - Le salarié porté bénéficie d'une rémunération minimale définie par accord de branche étendu (c. trav. art. L. 2253-1, 13°).

▶ À noter... À défaut d'un tel accord, le montant de la rémunération mensuelle minimale est fixé à 75 % de la valeur mensuelle du *plafond de la sécurité sociale** pour une activité équivalant à un temps plein (2 944 € en 2025) (c. trav. art. L. 1254-2, II).

La convention collective du portage salarial étendue, applicable depuis le 1er juillet 2017, prévoit un revenu minimum brut total de 77 % du plafond de la sécurité sociale pour une activité à temps plein (convention collective de branche des salariés en portage salarial, art. 21.3). La valeur du plafond à prendre en compte est celle en vigueur le 22 mars 2017 sans réévaluation automatique (arrêté du 28 avril 2017, art. 1, al. 11, JO du 30).

Ce revenu minimum intègre le salaire de base, les indemnités de congés payés et la prime d'apport d'affaire. Il comprend deux éléments.

D'une part un salaire minimum de :
- 70 % du plafond de la sécurité sociale (valeur 2017 soit 2 288,30 €) pour un salarié porté junior de moins de 3 ans d'ancienneté dans le portage salarial ;
- 75 % du plafond de la sécurité sociale (valeur 2017 soit 2 451,75 €) pour un salarié porté senior ayant au moins 3 ans d'ancienneté ;
- 85 % du plafond de la sécurité sociale (valeur 2017 soit 2 778,65 €) pour un salarié porté en forfait jour.

D'autre part, une réserve financière, versée en fin de mission précise l'arrêté d'extension (arrêté du 28 avril 2017, art. 1, al. 11, JO du 30) :
- pour les salariés portés en CDD, cette indemnité de 10 % est équivalente à l'*indemnité de fin de contrat** des salariés en CDD (c. trav. art. L. 1243-8) ;
- pour les salariés portés en CDI, une indemnité de 10 % du salaire de base de la dernière mission, versée sur le compte d'activité du salarié.

Congés pour événements familiaux - Selon un avis rendu par la Cour de cassation, le salarié porté qui effectue une prestation pour une entreprise cliente lorsque survient un des événements familiaux ouvrant droit à une autorisation exceptionnelle d'absence, bénéficie de ces jours d'absence dans les conditions prévues par la loi sans réduction de sa rémunération et en étant pris en compte pour la détermination de la durée du congé annuel (voir *Congés pour événements familiaux**). Ce droit est ouvert seulement si l'événement survient alors que le salarié effectue une prestation pour une entreprise cliente (cass. avis 11 février 2021 n° 20-70005 PI ; c. trav. art. L. 1254-21, II).

Indemnité d'apport d'affaire - Le salarié porté a droit à une indemnité d'apport d'affaire, dont le montant est défini par accord de branche étendu, inclue dans la rémunération minimale conventionnelle *(voir ci-dessus)* (c. trav. art. L. 2253-1, 13°). À défaut, il est fixé à 5 % de la rémunération due au salarié porté (c. trav. art. L. 1254-9).

Le contrat de travail doit obligatoirement comporter soit le montant de cette indemnité (salarié en CDD), soit des modalités de calcul et de versement (salarié en CDI) (c. trav. art. L. 1254-15 et L. 1254-21).

▶ À noter... Bien que le code du travail ne le précise pas, cette indemnité est censée correspondre aux temps de préparation et de prospection du salarié porté.

Frais de repas lors des missions - Le *Bulletin officiel de la sécurité sociale (BOSS)** étend aux salariés portés le régime social des frais de repas des salariés en mission des entreprises de travail temporaire et des SSII. Ce régime permet, pendant les 3 premiers mois de la mission du salarié porté et si les conditions sont remplies, de considérer que les indemnités de repas sont exclues de l'assiette des cotisations sociales dans les limites autorisées (voir *Frais de déplacement**) (BOSS, Frais professionnels, § 330, 01/01/2025).

Compte d'activité du salarié porté - L'entreprise de portage salarial met en place et gère pour chaque salarié porté un compte d'activité (c. trav. art. L. 1254-25). Ainsi, l'employeur informe le salarié porté une fois par mois des éléments imputés sur ce compte, notamment :
- de tout versement effectué par l'entreprise cliente à l'entreprise de portage au titre de la réalisation de sa prestation ;
- du détail des frais de gestion ;
- des frais professionnels ;
- des prélèvements sociaux et fiscaux ;
- de la rémunération nette ;
- du montant de l'indemnité d'apport d'affaire.

Épargne salariale - Tous les salariés d'une entreprise compris dans le champ des accords d'*intéressement**, de *participation aux résultats** ou d'un *plan d'épargne salariale** bénéficient de leurs dispositions, sous réserve d'une éventuelle condition d'ancienneté de 3 mois maximum. À cet égard, le salarié porté est réputé compter 3 mois d'ancienneté dans l'entreprise de portage, ou dans le groupe qui l'emploie, s'il a réalisé une prestation dans une entreprise cliente pendant une durée totale d'au moins 60 jours au cours du dernier exercice (c. trav. art. L. 3342-1, al. 3).

Sanctions pénales - Des sanctions pénales sont prévues lorsque l'entreprise de portage ou la société cliente ne respectent pas leurs obligations (c. trav. art. L. 1255-14 à L. 1255-18). Des amendes de 3 750 €, majorées en cas de récidive, ainsi que des interdictions d'exercer l'activité de portage salariale, sont prévues.

☞ *Garantie financière des entreprises de portage salarial.*

Pourboires

Définition

Les pourboires sont les sommes que les salariés perçoivent des clients avec lesquels ils sont en contact dans l'exercice de leurs fonctions. Ces sommes constituent du salaire pour leurs bénéficiaires.

▶ À noter… L'employeur ne peut pas répartir les pourboires entre des salariés qui ne sont pas en contact avec la clientèle (cass. soc. 6 mai 1998, n° 96-40077, BC V n° 227).

Les pourboires sont de deux sortes :
- le service, qui est un pourcentage obligatoire sur la note du client ;
- le pourboire « libéralité », facultatif, laissé à titre purement volontaire par le client en plus du service.

La rémunération du salarié peut être constituée de pourboires, partiellement ou totalement.

Perception

Il existe deux modes de perception du pourboire.

Perception par le salarié - Lorsque le client remet directement le pourboire au salarié, l'employeur n'en connaît pas le montant.

L'employeur n'est donc tenu qu'au versement du fixe éventuel qui a été convenu, à charge pour le salarié de prouver que le total du salaire fixe et des pourboires est inférieur au SMIC ou au minimum conventionnel.

Centralisation par l'employeur - Lorsque l'employeur centralise les pourboires, il a l'obligation d'en reverser la totalité aux salariés en contact avec la clientèle (c. trav. art. L. 3244-1 ; cass. soc. 6 mai 1998, n° 96-40077, BC V n° 227 ; cass. soc. 18 juillet 2001, n° 99-41214, BC V n° 277). Le mode de répartition est, en général, fixé par la convention collective ou les usages de la profession.

L'employeur n'a pas à opérer de sélection entre les différentes catégories de personnel en contact avec la clientèle.

Exemple

Un chef de partie de casino prétendait que les sommes remises par les clients aux employés des jeux devaient être intégralement reversées à ces derniers, et non entre tout le personnel en contact avec la clientèle, dont une partie recevait par ailleurs des pourboires spécifiques. Pour la Cour de cassation, dans tous les établissements commerciaux où la pratique des pourboires existe, toutes les sommes remises volontairement par les clients pour le service entre les mains de l'employeur ou centralisées par lui doivent être intégralement versées au personnel en contact avec la clientèle (c. trav. art. L. 3244-1). Dès lors, la répartition des pourboires collectés aux tables de jeux doit s'effectuer entre, d'une part, le personnel des services de jeux et, d'autre part, les employés des services périphériques, indépendamment des pourboires qui peuvent leur être remis personnellement à l'occasion de leurs propres fonctions (cass. soc. 29 septembre 2004, n° 02-43500, BC V n° 235).

Le cas échéant, l'employeur peut décider ou prévoir dans un accord que les sommes qu'il reverse au titre d'une rémunération au pourboire avec un salaire minimum garanti soient calculées sur la base d'une masse à partager supérieure à celle facturée aux clients au titre du service (cass. soc. 13 octobre 2021, n° 19-24739 FSB et n° 19-24741 FSB). Ce qui concrètement peut conduire à reverser aux salariés des pourboires supérieurs au service effectivement facturé aux clients.

Exemple

Dans ces affaires jugées le 13 octobre 2021, un accord d'entreprise prévoyant que les pourboires centralisés par l'employeur et reversés aux salariés concernés étaient égaux à « 15 % du chiffre d'affaires HT », la Cour de cassation a estimé que les pourboires se calculaient sur cette assiette, sans que l'employeur ne puisse en déduire le service facturé à la clientèle.

Dans tous les cas, l'employeur doit être en mesure de justifier l'encaissement et la redistribution des pourboires (c. trav. art. R. 3244-1).

En outre, il ne peut en aucun cas prélever sur la masse des pourboires des sommes destinées aux salariés sans contact avec la clientèle (indemnisation de la maladie, indemnité de congés payés, etc.).

L'employeur est passible de l'amende prévue pour les contraventions de 3e classe pour la non-redistribution des pourboires et de 4e classe pour les retenues sur les pourboires.

Nature du pourboire

Salaire - Le pourboire perçu par le salarié est assimilé à du salaire. Il doit donc être pris en compte pour le calcul de diverses indemnités (indemnité de congés payés, de licenciement, de départ en retraite, etc.).

Lorsqu'ils sont centralisés par l'employeur, les pourboires doivent notamment :
- être reversés au salarié chaque mois ;
- figurer sur le bulletin de paye.

Lorsqu'ils sont perçus directement des clients par le salarié, les pourboires s'ajoutent au salaire fixe, sauf dans le cas l'employeur a garanti un salaire minimum (c. trav. art. L. 3244-2). Dès lors, un employeur ne justifiant d'aucun salaire minimum garanti, ne peut pas déduire les pourboires du salaire fixe (cass. soc. 16 décembre 2015, n° 14-19073, BC V n° 272).

▶ À noter... En principe, le pourboire « libéralité » n'a pas la nature de salaire. Il s'apparente à un présent d'usage (ex. : surpourboire ajouté à une majoration de facture « pour le service », laquelle correspond, à proprement parler, au pourboire).

Vérification du SMIC - En principe, le pourboire doit être intégré dans la vérification du *SMIC**. Il n'y a pas de difficulté majeure pour ce faire lorsque les pourboires sont centralisés par l'employeur.

Si les pourboires sont versés directement par la clientèle aux salariés, en cas de litige, il revient aux intéressés de démontrer qu'ils ont eu une rémunération inférieure au SMIC, lorsque les documents de la cause tendent à démontrer l'inverse (cass. soc. 29 novembre 1962, n° 61-40668, BC IV n° 864). Dans une autre affaire, les juges ont pris en compte le fixe et le pourcentage service obligatoire (15 % prévus sur les notes clients) pour vérifier le respect du SMIC mais ont ignoré les pourboires versés directement par la clientèle (cass. soc. 24 avril 1963, n° 62-40681, BC IV n° 338).

Congés payés - Dans les professions où, d'après les stipulations du contrat de travail, la rémunération des salariés est constituée en totalité ou en partie de pourboires, l'indemnité de congés payés est calculée sur la base retenue pour l'assiette des cotisations de sécurité sociale (c. trav. art. L. 3141-26).

Dans tous les cas, l'indemnité de congés payés ne peut pas être prélevée sur la masse des pourboires ou du pourcentage perçu pour le service.

Heures de délégation - Le temps nécessaire à l'exercice des fonctions de représentant du personnel est du temps de travail. Le salarié ne doit subir aucune perte de rémunération du fait de l'exercice de sa mission. Dès lors, lorsque la rémunération de salariés est en partie constituée par des pourboires, le paiement des heures de délégation doit être effectué sur la base de leur rémunération effective, et non sur celle du salaire minimum conventionnel.

De plus, ces salariés sont en droit d'obtenir le paiement majoré des heures de délégation accomplies au-delà de l'horaire collectif de travail et excédant la durée légale du travail (cass. soc. 17 novembre 2004, n° 01-40576 D).

Cotisations

Assujettissement - Les pourboires sont assujettis aux cotisations de sécurité sociale (c. séc. soc. art. L. 242-1, I), à la CSG et à la CRDS (c. séc. soc. art. L. 136-1-1, I), ainsi qu'à l'ensemble des prélèvements calculés sur la même assiette (assurance chômage, AGS, versement de transport, contribution solidarité autonomie, FNAL, retraite complémentaire, etc.).

▶ À noter... Si le salarié perçoit directement les pourboires, il doit reverser la part salariale des cotisations correspondantes à l'employeur (c. séc. soc. art. L. 241-7).

Évaluation pour l'assiette des cotisations (hors hôtels-cafés-restaurants) - Lorsque l'employeur centralise et répartit les pourboires (pourcentage sur les notes clients ou attribués autrement), l'assiette des cotisations est constituée par la rémunération effectivement versée, montant des pourboires compris (arrêté du 28 mars 1956, art. 1, JO du 30).

Si les pourboires sont perçus directement par les salariés, ou s'ils sont centralisés et répartis par un préposé du personnel, l'employeur n'en connaît pas le montant précis. Dans ce cas, l'assiette des cotisations ne peut pas être inférieure à l'*assiette minimale** (SMIC majoré des avantages légaux ou réglementaires). Si la rémunération réelle en espèces et en nature versée par l'employeur aux salariés bénéficiant de pourboires excède ce minimum, l'employeur doit retenir cette rémunération réelle (arrêté du 28 mars 1956, art. 2, 1°, JO du 30).

Il est possible de déroger à ces règles soit d'un commun accord avec le salarié, soit par référence aux conventions collectives, à condition de ne pas descendre en dessous de l'assiette minimale (arrêté du 28 mars 1956, art. 2, 2°).

▶ À noter… L'arrêté de 1956 ne s'applique pas aux salariés qui cotisent selon un système forfaitaire *(voir ci-après)*.

Personnel des hôtels-cafés-restaurants - Les cotisations du personnel des hôtels-cafés-restaurants et des établissements ou organismes dans lesquels des denrées alimentaires sont consommées sur place sont en principe calculées sur la base des rémunérations perçues par les intéressés (arrêté du 14 janvier 1975 modifié par arrêté du 10 février 1977).

Lorsque l'employeur centralise les pourboires, les cotisations sont calculées sur la base des rémunérations réelles, pourboires inclus.

Lorsque les pourboires sont versés directement aux salariés, qui les conservent, les cotisations sont calculées sur des bases forfaitaires à condition, s'il existe un pourcentage service, que ce pourcentage ne soit pas centralisé et répartit par l'employeur.

▶ À noter… Les cotisations de sécurité sociale, d'assurance chômage et de retraite complémentaire sont calculées sur ces bases forfaitaires. La CSG et la CRDS se calculent sur les mêmes bases, mais l'abattement d'assiette n'est pas applicable.

Les bases forfaitaires sont réparties en trois catégories *(voir tableau ci-après)*. Si le salarié travaille à temps partiel, l'employeur peut réduire l'assiette forfaitaire en fonction du nombre de jours de travail effectués.

Les assiettes forfaitaires sont déterminées en fonction du plafond. Toutefois, la rémunération servant de base au calcul des cotisations ne peut pas être inférieure au SMIC calculé pour 169 h, majoré de 22, 24 ou 26 fois le *minimum garanti** selon que le salarié bénéficie de 2 jours, de 1,5 jour ou de 1 jour de repos hebdomadaire (cette réserve concerne les personnels de 1re catégorie).

Pour les personnels de 1re catégorie, les assiettes forfaitaires sont calculées sur le *SMIC** (base 169 heures), auquel il convient d'ajouter 26 fois le *minimum garanti** (si le salarié a bénéficié d'un jour de repos hebdomadaire), 24 fois ce minimum (pour un jour et demi de repos hebdomadaire), 22 fois ce minimum (pour 2 jours de repos hebdomadaire). Ainsi, les assiettes forfaitaires sont :

- par mois : 50 % de cette somme ;
- par journée de plus de 5 heures : 1/22e, 1/24e ou 1/26e de cette somme selon les cas ;
- par demi-journée de 5 heures ou de moins de 5 heures : la moitié de la somme précédente.

Pour les personnels de 2e catégorie, les assiettes forfaitaires sont fixées :

- par mois : à 3/4 du montant mensuel du *plafond de la sécurité sociale** ;
- par journée de plus de 5 heures : à 1/26e du chiffre ci-dessus ;
- par demi-journée de 5 heures ou de moins de 5 heures : à la moitié du chiffre ci-dessus.

Enfin, pour les personnels de 3e catégorie, les assiettes forfaitaires sont fixées :

- par mois : au montant mensuel du *plafond de la sécurité sociale** ;
- par journée de plus de 5 heures : à 1/26e du chiffre ci-dessus ;
- par demi-journée de 5 heures ou de moins de 5 heures : à la moitié du chiffre ci-dessus.

▶ Attention… Selon une information diffusée en octobre 2017 par le réseau des URSSAF, les employeurs doivent tenir compte depuis le 1er septembre 2017 de la règle d'encadrement des assiettes forfaitaires issue de la loi de financement de la sécurité sociale pour 2015. Lorsque la rémunération du salarié est égale ou supérieure à 1,5 fois le *plafond de la sécurité sociale** calculé en fonction de sa durée de travail, l'assiette retenue pour le calcul des cotisations ne peut pas être inférieure à 70 % de la rémunération (voir *Assiettes et cotisations forfaitaires**) (c. séc. soc. art. L. 242-4-4, al. 2).

Bases forfaitaires du personnel hôtelier au 1er janvier 2025

	1re catégorie (1)			2e catégorie (2)	3e catégorie (3)
	22 jours (4)	24 jours (5)	26 jours (6)		
Mois	2 101 €	2 109 €	2 117 €	2 944 €	3 925 €
Journée (+ de 5 h)	96 €	88 €	81 €	113 €	151 €
Demi-journée (5 h ou moins)	48 €	44 €	41 €	57 €	76 €

(1) 1re catégorie : employés de lavabos et de vestiaires, sommelier verseur, commis débarrasseur, commis de suite, commis de bar, hommes et femmes toutes mains (dans les établissements n'occupant pas plus de 2 salariés).
(2) 2e catégorie : groom, chasseur, portier, fille de salle, garçon de restaurant, garçon de comptoir, garçon limonadier, garçon de café, sommelier de salle, chef de rang.
(3) 3e catégorie : chef sommelier, maître d'hôtel, premier maître d'hôtel, trancheur, barman, chef barman, chef de rang et garçon des restaurants de tourisme classés en catégories 4 étoiles et 4 étoiles de luxe.
(4) 2 jours de repos hebdomadaire.
(5) 1,5 jour de repos hebdomadaire.
(6) 1 jour de repos hebdomadaire.

Exonération des pourboires volontaires remis de 2022 à 2025

Exonération sociale et fiscale - Les pouvoirs publics ont mis en place une exonération fiscale et sociale temporaire des pourboires volontaires, sous certaines conditions, à l'occasion de la loi de finances pour 2022.

Les sommes remises volontairement au cours des années 2022, 2023, 2024 et 2025 par les clients pour le service, directement aux salariés ou à l'employeur et reversées par ce dernier au personnel en contact avec la clientèle, sont, sous condition de niveau de salaire (loi 2021-1900 du 30 décembre 2021, art. 5 modifié ; loi 2023-1322 du 29 décembre 2023, art. 28 ; loi 2025-127 du 14 février 2025, art. 7, JO du 15) :
- exclues de l'assiette des cotisations et contributions sociales d'origine légale ou conventionnelle (y inclus CSG/CRDS, contributions formation, taxe d'apprentissage et participation construction) ;
- exonérées d'impôt sur le revenu.

▶ À noter… Le dispositif ne vise pas uniquement le secteur des hôtels-cafés-restaurants. Il se veut plus large en ciblant vise plus généralement les salariés en contact avec la clientèle, sans restriction de secteur. Tous les secteurs d'activité où le pourboire est pratiqué sont donc susceptibles d'être concernés (coiffure, théâtre, casinos, taxis, etc.). Les travailleurs indépendants en sont exclus.

Pourboires concernés - Il peut s'agir de pourboires directement remis au salarié, ou remis à l'employeur qui les centralise et les reverse au personnel en contact avec la clientèle. Peu importe qu'il s'agisse de pourboires en espèces ou payés via carte bancaire.

Seuls les pourboires remis volontairement par les clients sont susceptibles d'êtres exonérés. Le dispositif ne concerne donc pas les sommes incluses d'office dans le prix de la prestation parfois appelées « pourcentage service ».

Condition de niveau de salaire - Ces exonérations concernent les salariés percevant, au titre des mois civils concernés, une rémunération n'excédant pas 1,6 *SMIC** mensuel (loi 2021-1900 du 30 décembre 2021, art. 5, II).

Pour calculer ce plafond, il faut se référer au SMIC calculé sur la base de la durée légale du travail (ou de la durée contractuelle du travail pour les salariés à temps partiel), augmentée s'il y a lieu du nombre d'heures supplémentaires ou complémentaires rémunérées (sans tenir compte des majorations auxquelles elles donnent lieu).

Les pourboires volontaires ne sont pas pris en compte pour l'appréciation de ce seuil de rémunération.

☞ *Assiette minimale des cotisations ; Hôtels-cafés-restaurants.*

Préavis

Sauf exception, celui qui rompt un contrat à durée indéterminée est tenu à un préavis.

Durée du préavis

Licenciement - La durée du préavis de licenciement varie selon l'ancienneté du salarié. À défaut de convention ou d'usage plus favorable au salarié, il est d'une durée déterminée de la manière suivante (c. trav. art. L. 1234-1) :
- ancienneté inférieure à 6 mois : selon les accords ou les usages applicables ;
- ancienneté de 6 mois à moins de 2 ans : 1 mois ;
- au moins 2 ans d'ancienneté : 2 mois.

Des dispositions particulières sont applicables aux journalistes professionnels et aux VRP.

Par ailleurs, la durée du préavis en cas de licenciement est doublée pour les handicapés et les mutilés de guerre, dans la limite de 3 mois. Cette mesure n'est pas applicable dès lors que les conventions ou accords collectifs, les règlements de travail ou les usages prévoient un préavis d'une durée au moins égale à 3 mois (c. trav. art. L. 5213-9 ; cass. soc. 4 juin 2009, n° 08-40666 D).

Les textes applicables sont ceux en vigueur au moment de la notification de la rupture du contrat (cass. soc. 19 janvier 1994, n° 89-41245, BC V n° 14).

▶ À noter… En cas de licenciement, le point de départ du préavis est fixé à la date de présentation de la lettre recommandée de notification du licenciement (c. trav. art. L. 1234-3).

Mise à la retraite - L'employeur qui met un salarié à la retraite est tenu par le préavis prévu en cas de licenciement (c. trav. art. L. 1237-6 et L. 1234-1). Le préavis légal de licenciement s'applique, à défaut d'autre texte fixant un délai plus favorable pour le salarié.

Si la convention collective prévoit un préavis de licenciement, mais rien de spécifique en cas de mise à la retraite, le salarié a droit au préavis conventionnel de licenciement s'il est plus long que le préavis légal (cass. soc. 15 mai 2007, n° 05-45234, BC V n° 77).

Départ volontaire à la retraite - En cas de départ volontaire à la retraite, le salarié doit accomplir un préavis dont la durée est déterminée comme en matière de licenciement (c. trav. art. L. 1237-10).

Démission - Voir *Démission**.

Ancienneté - Pour calculer la durée du préavis, l'ancienneté du salarié s'apprécie à la date d'envoi de la lettre notifiant le licenciement (cass. soc. 26 septembre 2006, n° 05-43841, BC V n° 288). Cette solution, adoptée dans une affaire relative au calcul de l'indemnité de licenciement, s'applique à notre avis au calcul de l'ancienneté applicable au préavis.

Les périodes d'arrêt maladie sont exclues du calcul de l'ancienneté du salarié pour déterminer la durée du préavis et l'indemnité compensatrice de préavis (c. trav. art. L. 1234-8 ; cass. soc. 10 février 1999, n° 95-43561, BC V n° 64). Une convention collective peut cependant prévoir le contraire mais elle doit expressément l'indiquer. Le seul fait de ne pas exclure cette période du calcul, ne suffit pas (cass. soc. 30 septembre 2020, n° 18-18265 FSPB).

En revanche, les périodes de suspension consécutives à un accident du travail, ou une maladie professionnelle doivent être comptabilisées, dans la mesure où elles sont prises en compte pour la détermination de tous les avantages légaux ou conventionnels liés à l'ancienneté (c. trav. art. L. 1226-7 ; cass. soc. 22 septembre 2016, n° 15-16724 D). Il en va de même de tous les congés et absences expressément assimilés par la loi ou la jurisprudence à une période de travail effectif pour la détermination des droits et avantages liés à l'ancienneté (ex. : congé de maternité, congé d'adoption).

Exécution

Délai préfix - En principe, le préavis est un délai préfix au cours duquel le contrat de travail se poursuit normalement. Il n'est interrompu par aucun événement susceptible d'intervenir, sauf accord des parties. Il débute au jour de la première présentation de la notification de la rupture du contrat au salarié et non à la date d'envoi de la lettre (c. trav. art. L. 1234-3).

L'échéance du préavis est cependant reportée en cas d'accord des parties, de congés payés *(voir ci-après)*, si la convention collective le prévoit en certaines circonstances, d'arrêt pour accident du travail ou de maladie professionnelle *(voir ci-après)*.

Préavis et accident du travail - Par exception, en cas d'accident du travail ou de maladie professionnelle pendant le préavis, de licenciement ou de démission, celui-ci est suspendu pendant la durée de l'arrêt de travail (cass. soc. 18 juillet 1996, n° 93-43581, BC V n° 299 ; cass. soc. 15 février 2006, n° 04-42822, BC V n° 68).

Cette exception ne vaut pas pour le préavis de départ en retraite. Celui-ci n'est susceptible d'aucun report en cas de suspension du contrat de travail liée à un accident du travail survenu avant la rupture (cass. soc. 25 mai 2016, n° 15-10637, BC V n° 115).

Préavis et congés payés - En principe, les périodes de préavis et de congés payés ne se confondent pas. Le préavis est suspendu pendant toute la durée du congé et reprend à l'expiration du congé (cass. soc. 28 mai 2003, n° 01-11976, BC V n° 182).

Lorsque le contrat est rompu pendant les congés payés (ex. : démission, licenciement), le préavis commence à courir à l'expiration du congé.

Dans tous les cas, un accord entre l'employeur et le salarié sur la prise des congés pendant la période de préavis est possible (de préférence par écrit, pour des raisons de preuve).

Rémunération

Maintien des avantages - Le contrat de travail doit se poursuivre dans les conditions antérieures à la notification de la rupture du contrat. Si le salarié travaille, il perçoit la rémunération correspondante.

Exemple

Si une augmentation générale des salaires est accordée à l'ensemble des salariés durant le préavis, l'intéressé en bénéficie.

Salarié malade - Lorsqu'un salarié est malade alors qu'il effectue son préavis, son salaire est maintenu dans les conditions applicables dans l'entreprise (loi, convention collective, etc.).

▶ À noter… L'employeur traitera en paye les indemnités journalières de sécurité sociale si le salarié y a droit.

Lorsqu'un salarié est dispensé d'effectuer son préavis, l'employeur lui verse l'*indemnité compensatrice de préavis** sans en déduire les indemnités journalières de la sécurité sociale, même si le salarié était déjà arrêté lors de la dispense d'exécution (cass. soc. 31 octobre 2012, n° 11-12810, BC V n° 282).

Modification du contrat - L'employeur ne peut pas imposer unilatéralement au salarié d'effectuer son préavis dans des conditions modifiant son contrat de travail (cass. soc. 6 juin 2001, n° 99-42644 D). Si l'employeur met ainsi le salarié dans l'impossibilité d'exécuter son préavis, il est redevable de l'indemnité compensatrice de préavis et de l'indemnité de congés payés correspondante.

Exemple
Les juges l'ont admis en cas de fermeture du site (cass. soc. 5 octobre 1999, n° 97-42302, BC V n° 364), en cas de modification du contenu du poste du salarié (cass. soc. 6 juin 2001, n° 99-42644 D) ou en cas de modification de la rémunération du salarié (cass. ass. plén. 18 novembre 1994, n° 90-44754, BC ass. plén. n° 6).

Dispense de préavis - Lorsque l'employeur dispense le salarié d'effectuer son préavis, il lui verse une indemnité compensatrice [voir *Préavis (dispense)**].

Cette *indemnité compensatrice de préavis** est égale au montant de la rémunération que le salarié aurait perçue s'il avait travaillé.

▶ À noter… Concernant les jours de RTT correspondant à la période de dispense de préavis, et malgré l'absence de travail effectif de cette période, la Cour de cassation estime que l'indemnité compensatrice de jours de préavis doit tenir compte de ces jours (cass. soc. 8 avril 2009, n° 07-44068, BC V n° 114 ; cass. soc. 17 avril 2013, n° 11-29010 D). Elle a indiqué que la dispense de préavis à l'initiative de l'employeur l'oblige à régler au salarié les RTT qui auraient été acquis durant cette période (cass. soc. 14 octobre 2020, n° 19-20399 D).

Primes annuelles

Échéance durant le préavis - Si une prime arrive à échéance normale durant le préavis, elle est due. C'est le cas notamment du 13e mois ou de la prime de fin d'année (cass. soc. 7 mai 1996, n° 2014 D) ou d'une prime de résultat (cass. soc. 25 mai 1994, n° 91-40446 D).

Les primes liées à une condition de présence sont dues dans la mesure où la dispense d'exécution du préavis ne doit entraîner aucune diminution de rémunération.

Échéance après le préavis - Le salarié n'a droit au prorata des primes annuelles avant leur date de versement que si une convention expresse le prévoit ou si l'usage existe dans l'entreprise. C'est au salarié d'en apporter la preuve (cass. soc. 18 mai 1999, n° 97-45569 D).

Avantages en nature et frais professionnels

Exécution du préavis - Le salarié qui effectue son préavis conserve ses droits à remboursement de *frais professionnels** et ses avantages en nature.

Dispense de préavis - Une dispense de préavis à l'initiative de l'employeur ne peut entraîner aucune diminution des salaires et avantages que le salarié aurait perçus s'il avait travaillé jusqu'au terme du préavis (c. trav. art. L. 1234-5). En conséquence, le salarié conserve ses avantages en nature [voir *Préavis (dispense)**].

En revanche, le salarié dispensé d'exécuter son préavis n'a plus de raison d'engager de *frais professionnels**. Dès lors, l'employeur n'a plus à rembourser ces frais, à quelque titre que ce soit (transport, repas, etc.). Il n'y a pas non plus lieu d'attribuer de titres-restaurant au salarié dispensé d'exécuter son préavis.

Activité partielle et préavis

Si le préavis n'est pas exécuté, en partie ou en totalité, du fait du recours à l'*activité partielle**, le salaire pris en considération pour le calcul de l'indemnité compensatrice est celui qu'aurait perçu le salarié sur la base de son horaire habituel.

Pour les salariés à temps plein, il s'agit de la durée légale ou conventionnelle applicable à l'entreprise.

Pour les salariés à temps partiel, on se réfère à la durée fixée par le contrat de travail (c. trav. art. L. 1234-6).

Pour plus de détails, voir *Activité partielle**.

Conséquences de la faute grave ou de la faute lourde

Voir *Faute grave** et *Faute lourde**.

Conséquences de l'inaptitude physique

Voir *Inaptitude**.

☞ *Activité partielle ; Faute grave ; Faute lourde ; Heures pour recherche d'emploi ; Indemnité compensatrice de préavis ; Préavis (dispense).*

Préavis (dispense)

Un salarié peut se trouver dispensé d'effectuer son préavis à sa demande ou à l'initiative de l'employeur. Les conséquences divergent selon l'origine de cette dispense.

Dispense à l'initiative de l'employeur

Fin du contrat de travail au terme du préavis - La dispense de préavis n'a pas pour effet d'avancer la date à laquelle le contrat prend fin (c. trav. art. L. 1234-4). Le salarié fait partie de l'effectif de l'entreprise et son ancienneté continue à courir jusqu'au terme du préavis.

Indemnité compensatrice - La dispense de préavis ne doit entraîner aucune diminution des salaires et avantages que le salarié aurait perçus s'il avait accompli le préavis (c. trav. art. L. 1234-5).

Le salarié perçoit donc une *indemnité compensatrice de préavis** et a droit aux mêmes avantages que les autres salariés de l'entreprise, même si une condition de présence est normalement exigée pour certaines primes (ex. : prime de fin d'année ou de vacances arrivant à échéance durant le préavis). Lorsque le salarié est en arrêt de travail (ex. : maladie), l'employeur qui l'a dispensé d'exécuter son préavis doit lui verser l'intégralité de l'indemnité de préavis, sans déduction des indemnités journalières de sécurité sociale, même si le salarié était déjà arrêté lors de la dispense d'exécution (cass. soc. 31 octobre 2012, n° 11-12810, BC V n° 282 ; cass. soc. 15 mai 2014, n° 12-27666 D).

Pour plus de détails (calcul, versement), voir *Indemnité compensatrice de préavis**.

Plafond de sécurité sociale - Le préavis non effectué n'ayant pas pour effet d'avancer la date de rupture, le *plafond de la sécurité sociale** est calculé en tenant compte de la durée du préavis (cass. soc. 21 juin 1979, n° 77-15716, BC V n° 572).

▶ À noter... Les employeurs avaient parfois coutume de verser l'indemnité compensatrice de préavis par anticipation. Le plafond applicable était alors le même que si elle avait été versée par fractions, à échéance normale. Par exemple, un salarié licencié dont la date de rupture du contrat de travail est le 30 avril 2025 quitte physiquement l'entreprise le 31 janvier 2025 du fait d'une dispense de préavis. Si son préavis de 3 mois, bien que non effectué, lui était payé en une seule fois, son plafond annuel de référence pour 2025 serait de 3 925 € × 4 = 15 700 €. Mais la *déclaration sociale nominative** rend cette pratique difficile, voire impossible.

Avantages en nature - La dispense d'exécution du préavis n'entraîne pas automatiquement la disparition des avantages en nature octroyés au salarié (voiture, téléphone, etc.). Celui-ci doit en bénéficier pendant tout son préavis ou, à défaut, en recevoir la contre-valeur en espèces.

Ainsi, un salarié démissionnaire dispensé d'exécuter son préavis n'est pas tenu de restituer la voiture de fonction que l'entreprise a mise à sa disposition pour un usage professionnel et personnel (cass. soc. 8 mars 2000, n° 99-43091, BC V n° 92 ; cass. soc. 25 octobre 2007, n° 06-43201 D). Même une clause du contrat de travail ne peut pas l'obliger à restituer le véhicule (cass. soc. 11 juillet 2012, n° 11-15649, BC V n° 219).

Faute grave ou lourde pendant une période de dispense de préavis - En cas de *faute lourde** commise pendant la période de dispense de préavis, l'employeur reste redevable de l'intégralité de l'indemnité compensatrice de préavis. Il peut néanmoins prétendre à des dommages-intérêts en réparation du préjudice qu'il a subi à cause de cette faute du salarié (cass. soc. 22 mai 2002, n° 00-40446, BC V n° 173).

S'il s'agit d'une *faute grave**, l'employeur reste aussi redevable de l'intégralité de l'indemnité compensatrice (cass. soc. 9 mai 2000, n° 97-45294, BC V n° 171), mais il ne peut pas mettre en jeu la responsabilité du salarié pour lui réclamer des dommages-intérêts.

Jours de RTT - Même si le préavis n'est pas travaillé, le salarié est supposé acquérir des jours de RTT pendant la période de dispense de préavis. L'indemnité compensatrice de préavis doit en tenir compte (cass. soc. 8 avril 2009, n° 07-44068, BC V n° 114 ; cass. soc. 17 avril 2013, n° 11-29010 D ; cass. soc. 14 octobre 2020, n° 19-20399 D).

Bulletin de paye et certificat de travail - Des bulletins de paye correspondant aux mois de dispense de préavis doivent être remis au salarié (pour un exemple, voir *Indemnité compensatrice de préavis**).

Le *certificat de travail** est remis en principe au moment où le contrat de travail expire (donc à l'expiration du préavis effectué ou non) et non au moment où le salarié quitte effectivement son emploi.

Dispense à la demande du salarié

Pas d'indemnité compensatrice - L'employeur n'est tenu au paiement d'une indemnité compensatrice que lorsqu'il a unilatéralement décidé de dispenser le salarié d'exécuter son préavis.

S'il accorde au salarié, qui le demande, l'autorisation de ne pas effectuer son préavis, la dispense de préavis est réputée convenue d'un commun accord et aucune indemnité compensatrice n'est due (cass. soc. 25 septembre 2013, n° 11-20948, BC V n° 212 ; cass. soc. 28 janvier 2005, n° 03-47403, BC V n° 37).

L'employeur n'a pas non plus à verser d'indemnité compensatrice lorsqu'il ne fait qu'accepter une demande du salarié d'être dispensé d'effectuer son préavis (cass. soc. 10 avril 2013, n° 12-13685 D).

Toutefois la renonciation du salarié à l'exécution du préavis n'est pas valable si elle est intervenue avant la notification de son licenciement, l'employeur reste alors tenu de verser l'indemnité de préavis (cass. soc. 7 décembre 2022, n° 21-16000 FB ; cass. soc. 18 mai 1999, n° 97-40686 D ; c. trav. art. L. 1231-4).

Preuve - Pour des raisons de preuve, il est préférable de conserver une trace écrite de la demande du salarié. Par exemple, celle-ci peut figurer dans une lettre de démission ou dans un courrier séparé.

Il est également possible de faire figurer que la dispense a été accordée sur demande du salarié et ses conditions, ainsi que la date de rupture effective du contrat, dans un document écrit signé des deux parties.

☞ *Indemnité compensatrice de préavis ; Préavis.*

Préavis (indemnité compensatrice)

☞ *Indemnité compensatrice de préavis ; Préavis (dispense).*

Préavis (VRP)

Durée

En cas de rupture du contrat à durée indéterminée à la suite d'un *licenciement** ou d'une *démission**, la durée du préavis (ou délai-congé) du VRP ne peut être inférieure à (c. trav. art. L. 7313-9 ; accord national interprofessionnel du 3 octobre 1975) :

- 1 mois pendant la première année d'application du contrat ;
- 2 mois durant la deuxième année ;
- 3 mois au-delà de la deuxième année.

Pour les VRP employés hors de France, le préavis est augmenté de la durée normale du voyage de retour, lorsque la rupture du contrat entraîne leur retour en France (c. trav. art. L. 7313-10).

Rémunération

Indemnité compensatrice - En cas d'inobservation totale ou partielle du préavis, l'employeur qui rompt le contrat est redevable d'une indemnité compensatrice de préavis, sauf faute grave ou lourde du VRP. L'indemnité est égale au montant de tous les avantages directs ou indirects que le représentant aurait recueillis durant le préavis. Elle doit être calculée en fonction des appointements fixes, des commissions et des avantages en nature, à l'exclusion des frais professionnels.

Cumul avec les commissions - L'indemnité compensatrice de préavis se cumule avec les commissions sur les ordres passés avant la rupture du contrat (cass. soc. 30 juin 1965, BC IV n° 516 ; c. trav. art. L. 7313-11).

La Cour de cassation a d'ailleurs précisé que le VRP a droit au paiement des commissions sur les ordres non encore transmis à la date de départ de l'entreprise qui sont la suite directe des échantillonnages et des prix faits, antérieurs à l'expiration du contrat, et qu'il appartient à l'employeur de fournir les justificatifs des ordres ainsi passés et le chiffre d'affaires en résultant (cass. soc. 7 mars 2012, n° 09-71612 D).

☞ *Indemnité compensatrice de préavis ; VRP.*

Précompte des cotisations salariales

Définition - Le précompte des cotisations de sécurité sociale correspond à la part salariale des cotisations que l'employeur retient directement et reverse ensuite aux organismes sociaux (ex. : URSSAF) en même temps que les cotisations patronales à sa charge.

Le salarié ne peut pas s'opposer à ce précompte (c. séc. soc. art. L. 243-1).

Omission du précompte - En cas d'omission du précompte, l'employeur qui a toutefois versé les cotisations peut en exiger le paiement ultérieur par le salarié (cass. soc. 12 juin 1981, n° 79-41657, BC V n° 539). Il peut pratiquer une compensation sur la fraction saisissable du salaire (c. trav. art. L. 3252-2) entre le montant de cette créance et celui des salaires.

Sanctions - L'employeur qui a retenu par-devers lui indûment la contribution des salariés aux assurances sociales précomptée sur le salaire est passible de l'amende prévue pour les contraventions de 5e classe dans le cas des cotisations dues à l'*URSSAF** (c. séc. soc. art. R. 244-3) et à *France Travail** (c. trav. art. R. 5429-2), soit une amende d'un montant maximal de 1 500 € (7 500 € pour une personne morale) (c. pén. art. 131-13 et 131-44-1).

La récidive de rétention de précompte dans un délai de 3 ans est un délit passible d'un emprisonnement de 2 ans et/ou d'une amende de 3 750 € (c. séc. soc. art. L. 244-6).

L'employeur ayant opéré un précompte lié à l'assurance accidents du travail s'expose à une amende de 12 000 € (c. séc. soc. art. L. 471-2).

☛ *Amendes pénales.*

Précompte maladie

Une cotisation d'assurance maladie à la charge des assurés sociaux est prélevée sur certains revenus de remplacement. Dans le jargon, elle est parfois appelée « précompte maladie » (c. séc. soc. art. L. 131-2).

Les employeurs doivent prélever ce précompte sur les revenus de remplacement qu'ils versent. Son taux varie selon les sommes en cause. Pour plus de détails, voir *Cotisation d'assurance maladie-maternité-invalidité**.

☛ *Cotisation d'assurance maladie-maternité-invalidité.*

Prélèvement à la source

Le prélèvement à la source (PAS) de l'impôt sur le revenu est entré le 1er janvier 2019 (loi 2016-1917 du 29 décembre 2016, art. 60, I, G modifié ; ord. 2017-1390 du 22 septembre 2017, JO du 23).

Le dispositif s'applique donc aux revenus perçus depuis cette date.

Principes généraux

Un mode de recouvrement - Le PAS est un mode de recouvrement de l'impôt sur le revenu, dans lequel les entreprises jouent le rôle de collecteurs sur les rémunérations versées aux salariés.

Il n'allège pas les formalités à la charge des contribuables, qui restent tenus de déclarer leurs revenus de l'année N l'année suivante (N + 1), sur la déclaration de revenus préremplie (DRP). En ce qui concerne les salariés informations portées sur cette déclaration (notamment les salaires net fiscaux et les heures exonérées) sont communiquées par l'employeur à l'aide du vecteur de la DSN.

L'impôt sur le revenu final reste déterminé par l'administration fiscale, au regard du revenu fiscal global de chaque contribuable, selon les règles habituelles (quotient familial, etc.).

Terminologie - Le prélèvement à la source de l'impôt sur le revenu peut prendre deux formes : retenue à la source (effectuée par le verseur de revenus), acompte (prélevé sur le compte bancaire du contribuable, par exemple pour les travailleurs indépendants) (CGI art.204 A).

Seul le premier volet concerne la paye.

Juridiquement, on parle de « retenue à la source » (RAS) pour les revenus soumis à l'impôt sur le revenu suivant les règles applicables aux salaires, aux pensions ou aux rentes viagères à titre gratuit (CGI art. 204 A, 2, 1° et 204 B). La retenue est effectuée par le verseur de revenus (l'employeur pour le cas des salariés, les caisses de retraite pour les pensions de vieillesse, etc.) lors du paiement de ces revenus au contribuable. Elle est reversée à l'administration fiscale au cours du mois ou du trimestre suivant.

Dans le langage courant des métiers de la paye, c'est généralement le terme de « prélèvement à la source » (PAS) qui est utilisé, plutôt que celui de retenue à la source. Par commodité, nous utiliserons donc dans ce dictionnaire le terme de « prélèvement à la source » (ou PAS).

▶ À noter… Le PAS ne doit pas être confondu avec le mécanisme de retenue à la source spécifique à certains salariés fiscalement domiciliés à l'étranger, qui existe depuis de nombreuses années (voir *Retenue à la source des non-résidents fiscaux**).

Revenus concernés - Les revenus concernés par le PAS sont ceux qui sont soumis à impôt sur le revenu selon les règles applicables aux salaires, aux pensions ou aux rentes viagères à titre gratuit (CGI art. 204 B ; BOFiP-IR-PAS-10-10-10-§§ 20 à 50-06/07/2023).

Dans la pratique, il s'agit notamment du salaire versé par l'employeur, mais également, des pensions de retraite, des allocations-chômage, des IJSS (qu'elles soient versées directement par l'organisme de sécurité sociale ou par l'employeur en cas de *subrogation**).

Les revenus qui sont exonérés d'impôt sur le revenu ne sont pas soumis au PAS.

Résident fiscal en France - Le PAS concerne uniquement :

- les revenus dits de source française au sens du droit fiscal (c'est-à-dire ceux versés en contrepartie d'une activité exercée en France) à un contri-

buable fiscalement domicilié en France, sous réserve notamment des conventions fiscales internationales destinées à éviter la double imposition (BOFiP-IR-PAS-10-10-10-§ 60-06/07/2023) (voir *Résident fiscal**) ;
- les revenus dits de source étrangère (à savoir ceux versés en contrepartie d'une activité exercée à l'étranger) versés à un contribuable domicilié fiscalement en France, là encore sous réserve des dispositions des conventions fiscales internationales (BOFiP-IR-PAS-10-10-10-§ 90-06/07/2023) [voir *Détachement à l'étranger (paye)** et *Résident fiscal**].

Résidents fiscaux français travaillant en France pour un employeur « étranger » - Des règles de principe *(voir ci-dessus)*, il découle que les salariés travaillant en France (avec un revenu de source française au sens du droit fiscal) pour un employeur établi à l'étranger sont soumis au PAS dès lors qu'ils sont résidents fiscaux en France, et ce même si l'employeur n'a pas d'établissement en France (BOFiP-IR-PAS-10-10-10-§ 90-06/07/2023).

Toutefois, depuis le 1er janvier 2023, une dérogation s'applique aux employeurs établis dans l'Union européenne, en Islande ou en Norvège, pour leurs salariés résidents fiscaux de France qui ne sont pas à la charge d'un régime obligatoire de sécurité sociale français en application des règles de « pluriactivité » de l'article 13 du règlement européen 883/2004 du 29 avril 2004 (CGI art. 204 C, B, 2° ; BOFiP-IR-PAS-10-10-20-§§ 94 à 98-06/07/2023) :
- les salaires imposables en France qu'ils versent aux intéressés sont soumis au système de l'acompte directement prélevé par l'administration fiscale sur le compte bancaire du contribuable (ici, le salarié), et non plus au PAS par retenues sur les salaires ;
- les employeurs doivent néanmoins transmettre annuellement à l'administration fiscale française la rémunération imposable en France versée à ces salariés via PASRAU, pour le mois principal déclaré de janvier N + 1 au titre de l'année N (ex. : janvier 2026 pour les salaires de l'année 2025) (CGI art. 87-0 A bis et 89 A ; Net-entreprises, Base de connaissance DSN, fiche 2610 mise à jour le 09/01/2024).

Concrètement, cette règle dérogatoire viserait, d'après l'exposé des motifs de l'amendement à l'origine de cette mesure, les seules situations de « pluriactivité » en Europe (à ne pas confondre avec le détachement), dans lesquelles se trouvent les salariés résidents fiscaux français d'employeurs situés dans d'autres États membres de l'Union européenne ou de l'Espace économique européen, travaillant à l'étranger et exerçant ponctuellement une partie de leur activité en France, notamment en recourant au télétravail.

▶ À noter… Pour le Royaume Uni, un communiqué du ministère des Finances a précisé que ne sont concernés que les salariés résident fiscaux français affiliés à la sécurité sociale britannique avant le 1er janvier 2021 et qui le sont demeurés sans interruption (communiqué du ministère des finances n° 550 du 30 janvier 2023).

Le même système dérogatoire est prévu pour les travailleurs frontaliers suisses résidents en France qui, sur leur demande, sont exemptés d'affiliation obligatoire au régime suisse d'assurance maladie et sont en conséquence affiliés obligatoirement au régime général français (c. séc. soc. art. L. 380-3-1, I).

Résident fiscal hors de France - Quand les contribuables ont leur domicile fiscal hors de France, leurs salaires de source étrangère (donc versés en contrepartie d'une activité exercée à l'étranger) sont soumis au PAS lorsqu'ils sont payés par un employeur établi en France, à deux conditions :
- qu'ils soient imposables en France en application des conventions fiscales internationales (BOFiP-IR-PAS-10-10-10-§ 110-06/07/2023) ;
- qu'ils ne soient pas soumis à la *retenue à la source des non-résidents fiscaux**.

▶ À noter… A contrario, le PAS ne s'applique pas aux salaires soumis à cette retenue à la source (voir *Retenue à la source des non-résidents fiscaux**).

Domicile fiscal et champ territorial du PAS - Pour une définition du domicile fiscal et le champ d'application territorial du PAS, voir *Résident fiscal**.

Prélèvement à la source sous forme d'acomptes : hors paye - Certains revenus font l'objet du prélèvement à la source sous une forme dénommée « acompte » (CGI art. 204 A, 2, 2° et 204 C).

Les revenus concernés sont principalement ceux versés aux travailleurs indépendants (BOFiP-IR-PAS-10-10-20-06/07/2023) : bénéfices industriels et commerciaux (BIC), bénéfices agricoles (BA), bénéfices non commerciaux (BNC). Certains revenus fonciers et certaines pensions alimentaires sont également visés par l'acompte.

Certains salaires sont également concernés. Par exemple, les revenus dits « de source étrangère » (versés au titre d'une activité exercée à l'étranger) imposables en France suivant les règles applicables aux salaires, aux pensions ou aux rentes viagères relèvent également de l'acompte lorsqu'ils sont versés par un débiteur établi hors de France (CGI art. 204 C).

L'acompte est prélevé automatiquement par l'administration fiscale sur le compte bancaire du contribuable, selon un échéancier mensuel ou trimestriel.

Ce volet du dispositif, qui ne concerne pas la paye, n'est pas traité dans ce dictionnaire.

Imputation sur l'impôt - La retenue effectuée au titre du prélèvement à la source s'impute sur l'impôt sur le revenu dû par le contribuable au titre de l'année en cause (CGI art. 204 A, 3). Toutefois, cela ne dispense pas le contribuable d'effectuer sa déclaration de revenus en respectant les procédures habituelles.

Une fois l'impôt final calculé par l'administration fiscale, le contribuable devra, le cas échéant, s'acquitter auprès de l'administration du complément d'impôt dû. Si au contraire le montant des retenues effectuées est supérieur à l'impôt final, l'administration restituera l'excédent au contribuable.

Obligations et responsabilités de l'employeur

Responsabilité à l'égard de la DGFiP - La personne tenue d'effectuer le PAS est celle qui verse les revenus soumis à cette retenue. En d'autres termes, le débiteur du revenu (l'employeur pour les salaires), est le collecteur de l'impôt (BOFiP-IR-PAS-30-10-10-§ 20-25/10/2018).

Les employeurs sont donc chargés d'appliquer le dispositif en paye et deviennent en quelque sorte des collecteurs de l'impôt sur le revenu sur les salaires.

Juridiquement, l'employeur a trois obligations à l'égard de la DGFiP :

- appliquer le taux qui lui est transmis par la DGFiP (CGI, ann. III, art.46 F) pourvu qu'il soit encore en cours de validité ; en l'absence de taux personnalité en cours de validité, l'employeur applique le taux par défaut (dit aussi « taux neutre » ou « taux par défaut ») (BOFiP-IR-PAS-20-20-30-20-26/06/2023) ;
- retenir le PAS sur la paye ;
- déclarer le montant du PAS en utilisant le vecteur de la DSN et le reverser à la DGFiP.

Le solde éventuel à payer après PAS ou les remboursements de trop-perçus sont gérés directement entre la DGFiP et le contribuable. Ce solde est calculé par l'administration à partir de la déclaration de revenus établie par le contribuable au printemps de l'année fiscale suivante. L'employeur n'a donc pas à régulariser en année N + 1 la situation de l'année N.

Responsabilité à l'égard du salarié - Le salarié doit continuer d'effectuer chaque année une déclaration de revenus, et le cas échéant, d'acquitter le complément d'impôt éventuel dû compte tenu des PAS effectués.

Il a exclusivement pour interlocuteur l'administration fiscale, en particulier pour ce qui concerne toute contestation relative taux de PAS [voir *Prélèvement à la source (taux)**]. Il doit donc s'adresser à elle (et non à l'employeur) pour toute demande de modification de son taux de PAS (individualisation, changement de situation familiale, modulation) ou s'il souhaite se voir appliquer un taux « barème ».

A contrario, le salarié n'a aucune information à communiquer à son employeur. Une exception toutefois : il doit justifier, quand il est concerné, qu'il n'est pas *résident fiscal** en France. En revanche, il n'a pas à l'informer de l'éventuelle démarche qu'il engagerait auprès de l'administration pour faire changer son taux de PAS ou bénéficier d'un taux proportionnel.

Secret professionnel - Les informations relatives au prélèvement à la source transmises par l'administration (taux de PAS notamment) sont couvertes par le secret professionnel (LPF art. L. 288 A renvoyant à L. 103). Ainsi, les personnes qui contreviendraient intentionnellement à cette obligation s'exposent à des sanctions pénales pouvant aller jusqu'à un an d'emprisonnement et 15 000 € d'amende (c. pén. art. 226-13).

Calcul du PAS, précompte et bulletin de paye

Formule - Le prélèvement à la source se calcule en appliquant à son assiette un taux déterminé [voir *Prélèvement à la source (assiette)** et *Prélèvement à la source (taux)**].

L'assiette est en principe égale au net imposable (CGI art. 204 F), mais dans certains cas, elle peut être inférieure (apprenti, stagiaire, CDD court avec taux neutre) ou supérieure (IJSS subrogées).

Le taux est en principe communiqué par l'administration fiscale à l'employeur (taux dit « personnalisé »). À défaut, l'employeur utilise le taux de la tranche du barème publié chaque année par l'administration fiscale. Il s'agit du « taux neutre », aussi appelé taux « par défaut » ou taux « non personnalisé » , qui est déterminé à partir d'une grille officielle en fonction de l'assiette du PAS sur la paye en question.

Le résultat (assiette × taux) constitue le montant du PAS.

Précompte lors du paiement du salaire - L'employeur procède à la retenue au titre du PAS lors du paiement des salaires (CGI art. 1671, 1).

Celle-ci est à déduire du salaire net à payer. Le salarié perçoit donc une rémunération nette de PAS.

Bulletin de paye - L'employeur doit procéder à la retenue correspondante sur le bulletin de paye. Celui-ci qui doit indiquer (c. trav. art. R. 3243-1, 9°) :
- l'assiette, le taux et le montant de la retenue du PAS ;
- la somme qui aurait été versée au salarié en l'absence de PAS.

La présentation des mentions relatives au PAS est encadrée par des normes précises [voir *Bulletin de paye (mentions obligatoires)**].

Saisie et ATD - Le barème de la quotité saisissable s'applique à la rémunération nette après retenue au titre du PAS (c. trav. art. L. 3252-3) (voir *Saisie des rémunérations**).

Déclaration et reversement des retenues effectuées

Déclaration à l'administration fiscale - Les employeurs doivent déclarer chaque mois un certain nombre de données à l'administration fiscale (taux de PAS, montant prélevé, etc.) (CGI art. 87-0 A ; CGI, ann. III, art. 39 C).

Les employeurs en DSN procèdent via la DSN mensuelle, aux échéances habituelles (au plus tard le 5 ou le 15 du mois suivant la période d'emploi, selon les cas) (CGI art. 87 A ; CGI, ann. III, art. 39 D). Ils doivent s'acquitter de leur obligation déclarative y compris s'ils n'ont versé aucune somme ou accordé aucun avantage au salarié durant le mois de paye.

Reversement de l'impôt collecté à l'administration - L'employeur doit reverser les sommes collectées au titre du PAS au comptable public compétent désigné par arrêté, par télérèglement ou virement bancaire, le mois suivant celui au cours duquel ils procèdent à la retenue (CGI art. 1671, 1, 2 et 4).

La date limite de paiement est fixée en miroir de celles prévues pour les cotisations URSSAF par le code de la sécurité sociale (CGI, ann. III, art. 357 H ter, 1° renvoyant à c. séc. soc. art. R. 243-6).

L'échéance est donc fixée selon les cas :
- au 5 du mois suivant la période d'emploi (employeurs de 50 salariés et plus ne pratiquant pas le décalage de paye) ;
- ou au 15 du mois suivant la période d'emploi (employeurs de moins de 50 salariés, employeurs de 50 salariés et plus en décalage de paye).

Les employeurs de moins de 11 salariés peuvent opter pour un versement trimestriel. En pratique, l'option trimestrielle pour le paiement des charges URSSAF vaut option sur le plan fiscal (CGI, ann. III, art. 357 H quater). A contrario, la dénonciation de l'option du paiement trimestriel des cotisations URSSAF vaut aussi dénonciation de l'option pour le paiement trimestriel de la retenue à la source.

Attention aux sanctions - Les infractions à l'obligation d'effectuer le PAS et le déclaratif qui lui est lié exposent l'employeur à une amende dont le montant varie selon la gravité du manquement *(voir tableau)* (CGI art. 1759-0 A).

PAS : les sanctions applicables	
Omissions ou inexactitudes dans les retenues effectuées ou déclarées (CGI art. 1759-0 A)	• Amende de 5 % (1) • En cas d'inexactitudes ou d'omissions délibérées : amende de 40 % (1)
Absence de dépôt de la déclaration dans les délais prescrits (CGI art. 1759-0 A)	• Amende de 10 % (1) • En l'absence de déclaration dans les 30 jours suivant l'envoi d'une mise en demeure, amende de 40 % (1) • Montant minimum de 250 € par déclaration
Retard de paiement à l'administration fiscale (CGI art. 1731)	• Majoration de 5 % des retenues correspondantes + intérêt de retard (0,2 % par mois de retard) (CGI art. 1727,III)
Paiement par un autre moyen que le télérèglement (CGI art. 1738, 3°)	Majoration de 0,2 % du montant payé, avec un minimum de 60 €
Défaut délibéré de déclaration et de reversement à l'administration de retenues effectuées (CGI art. 1759-0 A)	• Amende de 80 % des retenues à la source effectuées • Montant minimum de 250 € par déclaration
Retards de paiement supérieur à un mois (CGI art. 1771 A)	• Amende pénale pour une contravention de 5e classe (1 500 €, porté à 7 500 € pour une personne morale ; c. pén. art. 131-13 et 131-41) • En cas de récidive dans les 3 ans, deux ans d'emprisonnement et/ou 3 750 € d'amende
Violation du secret professionnel (LPF art. L. 288 A renvoyant à L. 103 ; c. pén. art. 226-13)	Un an d'emprisonnement et/ou 15 000 € d'amende

(1) Des retenues qui auraient dû être effectuées ou déclarées

En outre, une amende pénale et une peine d'emprisonnement sont encourues par l'employeur qui n'aurait ni déclaré ni versé au comptable public les retenues qu'il a effectuées, lorsque le retard excède un mois (CGI art. 1671).

Utilisateurs de titres simplifiés - Les employeurs qui recourent à un dispositif simplifié de déclaration sociale (titre emploi-service entreprise, chèque-emploi associatif, guichet unique du spectacle occasionnel) restent tenus d'effectuer le PAS.

Mais il est, selon les cas, effectué et/ou reversé par l'intermédiaire des organismes gestionnaires de ces dispositifs (c. séc. soc. art. L. 133-5-6 et L. 133-5-7 ; CGI art. 1671, 3), avec des obligations et des modalités de contrôle adaptées (CGI art. 1671).

Débiteur établi hors de France et désignation d'un représentant

Principe - Si le débiteur du PAS (l'employeur) n'est pas établi en France, il doit désigner un représentant en France pour établir les formalités requises et, le cas échéant, à reverser au service des impôts les retenues effectuées à sa place (CGI art.1671, 1, al. 2 ; BOFiP-IR-PAS-30-10-10-§§ 90 à 230-25/10/2018).

L'employeur/le représentant doit, a priori, passer par PASRAU pour les obligations déclaratives liées au PAS (BOFiP-IR-PAS-30-10-30-10-§ 90-27/02/2019).

Employeur établi dans l'UE ou l'EEE - Par dérogation, si l'entreprise est établie dans l'Union européenne (UE), ou dans un État partie à l'accord sur l'Espace économique européen (EEE) ayant conclu avec la France une convention d'assistance administrative en vue de lutte, contre la fraude et l'évasion fiscales ainsi qu'une convention d'assistance mutuelle en matière de recouvrement de l'impôt, elle n'est pas obligée de désigner un représentant. Mais elle peut décider d'en désigner un à titre volontaire (CGI art.1671, 1, al. 3 ; BOFiP-IR-PAS-30-10-10-§ 110-25/10/2018).

☞ *Bulletin de paye (mentions obligatoires) ; Détachement à l'étranger (paye) ; Net fiscal ; Prélèvement à la source (apprentis et stagiaires) ; Prélèvement à la source (assiette) ; Prélèvement à la source (contrats courts) ; Prélèvement à la source (IJSS subrogées) ; Prélèvement à la source (taux) ; Résident fiscal ; Retenue à la source des non-résidents fiscaux.*

Prélèvement à la source (apprentis et stagiaires)

L'exonération fiscale dont bénéficient les apprentis et les stagiaires a un impact sur l'assiette de leur prélèvement à la source (PAS).

Exonération fiscale au bénéfice des apprentis et stagiaires (rappel)

Limite de l'exonération d'impôt sur le revenu - La rémunération versée aux *apprentis** est exonérée d'impôt sur le revenu en deçà d'un seuil annuel correspondant au montant du SMIC annuel (1820 fois le *SMIC** horaire brut) (CGI art. 81 bis ; BOFiP-RSA-CHAMP-20-50-50-§§ 380 à 450-02/09/2019).

Au 1er janvier 2025, la limite d'exonération annuelle pour 2025 s'élève donc à 21622 € (1820 × 11,88 €).

Lorsque le *SMIC** brut varie en cours d'année, le plafond d'exonération en tient compte. Il est égal à la somme des produits du montant du SMIC mensuel brut par le nombre de mois auquel ce montant correspond, arrondi à l'euro le plus proche (BOFiP-RSA-CHAMP-20-50-50-§ 400-02/09/2019).

Exemple

Au 1er janvier 2024, la limite d'exonération 2024 était de 21203 € (1820 × 11,65 €). Compte tenu de la revalorisation du *SMIC** intervenue au 1er novembre 2024, la limite finale d'exonération pour 2024 était de 21273 € [(10/12 × 1820 × 11,65 €) + (2/12 × 1820 × 11,88 €)].

Si l'apprenti est fiscalement rattaché au foyer fiscal de ses parents, ces derniers bénéficient pareillement de l'exonération sur le salaire versé à l'enfant s'il est à charge (BOFiP-RSA-CHAMP-20-50-50-§§ 380 à 450-02/09/2019).

La même exonération s'applique aux gratifications versées à un stagiaire (CGI art. 81 bis ; BOFiP-RSA-CHAMP-20-30-10-10-§ 205-17/02/2017) [voir *Stages en entreprise (gratification)**].

Mise en œuvre pour le calcul du PAS en paye - La limite d'exonération est annuelle et forfaitaire. Elle ne donne pas lieu à proratisation (CE 22 décembre 2017, n° 413238), quelle que soit la durée du contrat d'apprentissage ou du stage dans l'année (BOFiP-IR-PAS-20-10-10-§ 20-28/07/2020).

Si un individu est, au cours d'une même année, employé dans le cadre d'un contrat d'apprentissage et dans le cadre d'une convention de stage, la limite d'exonération s'applique à la fois pour le contrat et pour la convention (BOFiP-IR-PAS-20-10-10-§ 20-28/07/2020).

En cas de revalorisation du *SMIC** en cours d'année, la limite d'exonération d'impôt sur le revenu doit, sur le principe, en tenir compte *(voir ci-dessus)*. Néanmoins, à titre de simplification, il est possible d'en rester à la limite d'exonération calculée sur la base du taux horaire du SMIC en vigueur au 1er janvier de l'année (BOFiP-IR-PAS-20-10-10-§ 20-28/07/2020). Bien entendu, dans ce cas, l'apprenti ou le stagiaire peut à son niveau tenir compte du seuil réel d'exonération dans sa déclaration de revenus.

Exemple

En 2024, le SMIC a augmenté en cours d'année *(voir exemple plus haut)*. Mais pour le calcul du PAS en paye, l'employeur a pu par simplification tenir compte de la limite calculée sur la seule base du taux du SMIC en vigueur au 1er janvier 2024 (soit 21 203 €).

Calcul du PAS

Principe - Le salaire net fiscal des apprentis et les gratifications des stagiaires sont soumis au PAS uniquement sur la partie qui, en cumul, dépasse le seuil d'exonération (BOFiP-IR-PAS-20-10-10-§ 20-28/07/2020).

Chaque entreprise suit la rémunération nette fiscale qu'elle verse en cumul, mois par mois, sans rechercher les revenus éventuellement versés pour la même année fiscale à ce même individu par d'autres employeurs (BOFiP-IR-PAS-20-10-10-§ 20-28/07/2020).

Les sommes ne sont soumises au PAS qu'une fois la limite d'exonération dépassée.

Fraction de rémunération inférieure à la limite d'exonération - Tant qu'ils restent en dessous du seuil annuel le salaire net fiscal versé n'est pas soumis au PAS. Compte tenu de la rémunération minimale prévue pour les *apprentis** et les stagiaires [voir *Stages en entreprise (gratification)**], cette situation sera la plus fréquente.

En DSN, la fraction du salaire net fiscal inférieure à la limite d'exonération est mentionnée, sans abattement dans les rubriques « Rémunération nette fiscale » (50.002) et « Montant de la part non imposable du revenu » (50.011). En revanche, elle n'est pas reportée dans la rubrique « Montant soumis au PAS » (50.013).

Exemple

En 2025, un apprenti a une rémunération nette fiscale de 1 000 € par mois (soit 12 000 € sur les 12 mois de l'année). Il ne dépasse pas le seuil d'exonération sur l'année. Les rubriques du bloc 50 de la DSN du mois de janvier sont alimentées comme suit pour le calcul du PAS :

- rémunération nette fiscale (50.002) : 1 000 € ;
- montant soumis à PAS (50.013) : 0 € ;
- montant du PAS (50.009) : 0 € ;

montant de la part non imposable du revenu (50.011) : 1 000 €.

Fraction de rémunération supérieure à la limite d'exonération - Le mois où salaire net fiscal de l'apprenti, ou l'indemnité de stage soumise à impôt, en cumul, est dépassé, les sommes excédentaires sont soumises au PAS.

Le salaire net fiscal (ou la gratification de stage) de l'intéressé est toujours mentionné intégralement, sans abattement, dans la rubrique 50.002 « Rémunération nette fiscale ».

Le mois du dépassement, la fraction éventuelle du net fiscal qui reste inférieure à la limite d'exonération est mentionnée dans la rubrique « Montant de la part non imposable du revenu » (50.011).

La fraction imposable est reportée dans la rubrique « Montant soumis au PAS » (50.013). Le PAS est appliqué sur la rémunération dès lors que le montant de cette rubrique est positif. Si le taux de PAS applicable est de 0 %, il n'y aura pas de PAS.

Les mois suivants, les rémunérations ou gratifications versées seront intégralement déclarées dans la rubrique « Rémunération nette fiscale » (50.002) et « Montant soumis au PAS » (50.013).

Exemple

En 2025, un apprenti a une rémunération nette fiscale de 1 900 € par mois (soit 22 800 € sur les 12 mois de l'année). Il dépasse le seuil d'exonération fiscale (21 622 €, valeur au 1er janvier) à l'occasion de la paye de décembre 2025. Les rubriques du bloc 50 de la DSN de décembre 2024 sont alimentées comme suit pour le calcul du PAS :

- rémunération nette fiscale (50.002) : 1 900 € ;
- montant soumis au PAS (50.013) : 22 800 – 21 622 = 1 178 € ;
- montant du PAS (50.009) (pour un taux fixé par hypothèse à 3 %) : 1 178 × 3 % = 35,34 €. ;

montant de la part non imposable du revenu (50.011) : 1 900 € (net fiscal du mois) – 1 178 € (montant soumis à PAS) = 722 €.

Net imposable sur le bulletin de paye - Depuis le 1er janvier 2022, le net imposable du mois et en cumul depuis le début de l'année est obligatoirement mentionné sur le bulletin de paye [voir *Bulletin de paye (mentions obligatoires)**].

Il s'agit, selon nos informations, du montant total de la rémunération nette fiscale avant et après franchissement du seuil d'exonération. Il revient en effet à l'apprenti de rectifier s'il y a lieu le montant prérempli sur sa déclaration de revenus en fonction de l'exonération [pour plus de détails, voir *Apprentis**].

Versement d'IJSS subrogées - L'exonération fiscale dont bénéficient les apprentis ne s'applique pas aux IJSS subrogées soumises au PAS qui leur sont versées.

En cas de subrogation, les IJSS versées aux apprentis (ou éventuellement à des stagiaires) entrent dans l'assiette du PAS dans les conditions prévues par la législation fiscale [voir *Prélèvement à la source (IJSS subrogées)**] (BOFiP-IR-PAS-20-10-10-§ 20-28/07/2020).

Dans la même logique, on ne tient pas compte des IJSS dans le suivi du cumul des montants versés au regard du seuil annuel d'imposition (BOFiP-IR-PAS-20-10-10-§ 20-28/07/2020).

En cas d'application du taux neutre, c'est le montant total de l'assiette du PAS (montant imposable des IJSS subrogées compris) qui est pris en compte pour déterminer le taux applicable au regard des grilles officielles [voir *Prélèvement à la source (taux)**].

Salaires versés aux étudiants

Exonération (rappel) - Le revenu salarial des étudiants de 25 ans au plus au 1er janvier, qui exercent une activité salariée durant leurs congés scolaires ou universitaires, est exonéré d'impôt en deçà d'une certaine limite (3 fois le montant mensuel du SMIC brut) (CGI art. 81, 36° ; BOFiP-RSA-CHAMP-20-50-50-§§ 160 à 370-02/09/2019).

Le bénéfice de cette exonération ne peut s'exercer que sur option du bénéficiaire (ou du foyer fiscal de rattachement), lors de l'établissement de la déclaration des revenus.

Assiette du PAS - En conséquence, leur rémunération nette fiscale est prise en compte intégralement dans l'assiette du PAS comme un salarié « ordinaire » (BOFiP-IR-PAS-20-10-10-§ 30-28/07/2020). On ne peut pas leur appliquer d'abattement sur l'assiette du PAS.

▶ À noter… Concrètement, l'exonération fiscale des étudiants n'a pas d'impact en paye, ni au niveau du net imposable, ni au niveau du PAS.

Cependant, compte tenu de la durée de leur contrat, il est probable que les intéressés pourront bénéficier des dispositions relatives au calcul du PAS pour les contrats courts, s'ils sont soumis au taux neutre [voir *Prélèvement à la source (contrats courts)**].

☛ *Apprentis ; Net fiscal ; Prélèvement à la source ; Prélèvement à la source (assiette) ; Prélèvement à la source (contrats courts) ; Prélèvement à la source (IJSS subrogées) ; Prélèvement à la source (taux) ; Stages en entreprise (gratification).*

Prélèvement à la source (assiette)

Principes généraux d'assiette

Assiette - L'assiette du prélèvement à la source (PAS) est constituée principalement du montant net imposable des salaires versés et des avantages accordés par l'employeur (CGI art. 204 F) (voir *Net fiscal**).

Définition - En substance, pour le cas le plus courant, il s'agit du salaire brut majoré de la part patronale aux garanties frais de santé, diminué des cotisations salariales déductibles et de la fraction déductible de CSG, hors remboursement de frais professionnels répondant aux conditions d'exonération. Il faut aussi tenir compte, en principe, des sommes attribuées au titre de la participation aux résultats et à l'intéressement dans les cas où elles sont imposables et versées directement par l'employeur *(voir plus loin)* ou encore, si nécessaire, de la fraction imposable des indemnités de ruptures versées au salarié.

La rémunération des heures supplémentaires ou complémentaires, ainsi que les jours de repos rachetés des salariés en forfait jours, est également exclue de l'assiette du PAS, quand les conditions de l'exonération fiscale sont réunies [voir *Net fiscal** et *Heures supplémentaires et complémentaires (exonération d'impôt sur le revenu)**].

On ne tient pas compte de l'éventuelle *déduction forfaitaire spécifique pour frais professionnels** appliquée à l'assiette des cotisations de certains salariés.

L'assiette du PAS des *journalistes** est déterminée sans tenir compte de leur allocation pour frais d'emploi (règle spécifique qui permet aux intéressés, sous condition de ressources, de déduire 7 650 € par an de leur rémunération nette imposable, mais à l'occasion de la déclaration de revenus).

Dans certains cas, l'assiette du PAS s'obtient en ajoutant au net fiscal des éléments qui n'y figurent pas (IJSS subrogées), dans d'autres en retranchant certaines exonérations (apprentis, stagiaires) ou un abattement (certains contrats courts en taux neutre) *(voir plus loin)*.

Éléments exclus - Certains éléments sont spécifiquement exclus de l'assiette du PAS (CGI art. 204 D ; BOFiP-IR-PAS-10-20-15/05/2018).

Il s'agit notamment :
- des rémunérations de source française (c'est-à-dire pour une activité exercée en France) versées à des non-résidents fiscaux déjà soumises à la retenue à la source qui leur est spécifique (voir *Retenue à la source des non-résidents fiscaux* *) (CGI art.182 A, 182 A bis, 182 A ter et 182 B) ;
- du gain d'acquisition sur des stock-options attribuées dans le cadre de plans qualifiés et du complément de rémunération tiré du rabais excédentaire, lorsqu'ils ouvrent droit aux régimes d'imposition qui leur sont propres (CGI art. 80 bis, I et II) ;
- du gain d'acquisition sur des actions gratuites attribuées dans le cadre de plans qualifiés, lorsqu'il ouvre droit à son régime spécifique d'imposition (CGI art. 80 quaterdecies) ;
- des indemnités pour préjudice moral perçues sur décision de justice (CGI art. 80, al. 4) (elles sont imposables comme traitements et salaires au-delà de 1 million d'euros, mais ne relèvent pas du PAS).

Ces revenus n'échappent pas pour autant à l'impôt sur le revenu. Ils doivent être déclarés selon les modalités habituelles, et l'impôt afférent est liquidé avec le solde de l'impôt sur le revenu (ex. : à l'été 2025 pour les revenus perçus ou réalisés en 2024).

Rubrique DSN - L'assiette du PAS est déclarée en DSN dans une rubrique spécifique « Montant soumis au PAS » (50.013).

Précisions sur les avantages en nature - Les avantages en nature doivent donner lieu au PAS.

Lorsque les avantages en nature s'ajoutent à un salaire en espèces (cas général), le net fiscal, l'assiette du PAS et le prélèvement à opérer sont calculés dans les conditions habituelles.

En revanche, quand un salarié est exclusivement rémunéré sous forme d'avantages en nature, il n'y a pas de salaire en espèces permettant de précompter du PAS. Aucun prélèvement n'est donc opéré. En DSN, dans ce cas précis, les rubriques suivantes doivent être complétées (www.net-entreprises.fr, Base de connaissance DSN, fiche 1940, modifiée le 24/03/2021) :
- rémunération nette fiscale (50.002) : valeur nette fiscale de l'avantage en nature ;
- type de taux de PAS (50.007) : indiquer « 13 - Barème mensuel métropole » et ce, même si l'employeur dispose du taux personnalisé du salarié ;
- taux du PAS (50.006) : indiquer 0.00, et ce quel que soit le montant du salaire net fiscal ;
- montant du prélèvement à la source (50.009) : le montant est égal à zéro ;
- montant soumis au PAS (50.013) : valeur nette fiscale de l'avantage en nature.

▶ À noter… Le salarié ayant bien un salaire net imposable porté dans la rubrique « Rémunération nette fiscale », l'administration calculera son impôt en tenant compte de l'avantage en nature, sur la base de l'ensemble de ses revenus figurant dans la déclaration de revenus.

Lorsqu'un salarié bénéficie d'avantages en nature et d'une partie de rémunération en espèces, et que le montant de PAS à retenir est supérieur au salaire à verser au salarié, il est admis que l'employeur ne prélève pas de PAS. Les rubriques 50.002, 50.006, 50.007, 50.009 et 50.013 sont renseignées comme indiqué ci-dessus pour un salarié exclusivement rémunéré sous forme d'avantages en nature (www.net-entreprises.fr, Base de connaissance DSN, fiche 1940, modifiée le 24/03/2021).

Intéressement et participation

Rappel - Les sommes versées au titre de l'intéressement et de la participation aux résultats sont, dans certains cas, imposables (versement direct au salarié, conditions d'exonération non remplies, plafonds dépassés, etc.) (voir *Intéressement** et *Participation aux résultats**).

Elles entrent alors dans le champ du PAS.

Sommes versées par l'employeur - Lorsque les sommes au titre de l'intéressement ou de la participation sont versées par l'employeur, elles sont incluses dans le net imposable et sont soumises au PAS dans les conditions habituelles, pour leur montant soumis à l'impôt.

Sommes versées par un établissement financier sur délégation de l'employeur - Lorsqu'elles ont été placées auprès d'un établissement financier, il peut arriver que les sommes concernées soient directement versées par ce dernier aux salariés. Dans ce cadre, seul le traitement fiscal est particulier. L'employeur procède au traitement social des sommes dans les conditions habituelles.

Une tolérance régulièrement reconduite (en dernier lieu jusqu'en 2026 inclus) prévoit que la non-application du PAS sur les sommes imposables au titre de l'intéressement ou de la participation versées par un établissement prestataire n'emporte pas de sanctions de la part de l'administration fiscale (www.net-entreprises.fr, Base de connaissances DSN, fiche 1852 modifiée le 09/07/2024).

Ces versements doivent toutefois faire l'objet d'une déclaration de rattrapage au travers du dispositif PASRAU, à réaliser par l'établissement prestataire. Cette déclaration doit être effectuée au plus tard sur le mois principal déclaré de janvier de l'année suivant l'année de versement, soit :

- au plus tard sur le mois principal déclaré de janvier 2025 pour les versements réalisés au cours de l'année 2024 ;
- au plus tard sur le mois principal déclaré de janvier 2026 pour les versements réalisés au cours de l'année 2025 ;
- au plus tard sur le mois principal déclaré de janvier 2027 pour les versements réalisés au cours de l'année 2026.

Sauf nouvelle reconduction de la tolérance, le PAS devra être obligatoirement effectué par l'établissement financier à compter du 1er janvier 2027, à travers le dispositif PASRAU. La déclaration des montants imposables incombera uniquement de l'établissement prestataire. Les sommes concernées ne doivent et ne devront donc en aucun cas être intégrées dans le net fiscal déclaré par l'employeur.

▶ À noter… Seul le traitement fiscal est particulier. L'employeur procède au traitement social des sommes dans les conditions habituelles.

IJSS en cas de subrogation

Le principe étant que le responsable du paiement d'un revenu imposable (ici l'employeur) est tenu d'effectuer le prélèvement à la source, l'employeur doit soumettre les IJSS imposables au PAS en cas de subrogation. L'assiette du PAS est donc calculée sur la base du salaire net fiscal, augmenté du montant imposable des IJSS [pour le détail, voir *Prélèvement à la source (IJSS subrogées)**].

En revanche, les IJSS ne sont jamais intégrés au net imposable du salarié. Lorsqu'il y a IJSS subrogées, l'assiette du PAS est donc généralement supérieure au salaire net imposable.

Apprentis, stagiaires et contrats courts

Pour les apprentis et stagiaires, l'employeur applique un abattement à l'assiette du PAS [pour le détail, voir *Prélèvement à la source (apprentis et stagiaires)**].

Pour certains contrats courts, lorsque l'employeur est contraint de leur appliquer un taux neutre de PAS (faute de taux personnalisé transmis par l'administration en cours de validité), l'assiette du PAS est diminuée d'un abattement égal à 1/2 SMIC mensuel net imposable pendant les deux premiers mois d'embauche [pour le détail, voir *Prélèvement à la source (contrats courts)**].

Dans ces situations, l'assiette du PAS peut être nulle, alors même que le salarié a perçu une rémunération. Cela aboutit à une absence de prélèvement.

Erreur d'assiette

Rectification d'assiette - La rectification d'une assiette erronée intervient en DSN quand l'assiette de calcul du PAS est affectée par une erreur du fait de l'employeur (et non de l'administration fiscale).

Il pourrait s'agir, par exemple, d'un changement du montant de la part patronale de la mutuelle avec effet rétroactif, d'une erreur dans le calcul des limites d'exonération fiscales des cotisations de prévoyance complémentaire ou de retraite supplémentaire, d'une erreur dans la limite d'exonération fiscale d'une indemnité de rupture, de la non-application d'un abattement d'assiette pour les contrats courts, etc.

En revanche, quand l'erreur affecte un élément de salaire soumis à cotisations, sa correction s'effectue au niveau du brut social : la régularisation du net fiscal en découle mécaniquement. Aucune procédure de régularisation n'est attendue pour le PAS dans ce cas précis, sauf exceptions (voir *Net fiscal**).

Conditions de la rectification - Les seules situations où un employeur doit effectuer des rectifications sont les cas d'erreur d'assiette de son fait, au regard des informations dont il disposait au moment du versement du revenu (BOFiP-IR-PAS-30-10-50-§ 20-27/02/2019; www.net-entreprises.fr, Base de connaissances DSN, fiche 1819 modifiée le 20/11/2020). Aucune régularisation ne doit être effectuée si la retenue à la source est conforme aux éléments dont le déclarant avait connaissance au moment du versement du revenu.

Il n'est possible d'effectuer des rectifications de PAS que pour l'année fiscale en cours. Par tolérance, il est admis que ces rectifications puissent être réalisées jusqu'au mois de janvier de l'année suivante. La période de régularisation d'une erreur de calcul du PAS dû pour une année N, s'étend donc de janvier N à janvier N + 1.

Au-delà du 31 janvier N + 1, l'employeur est quand même tenu de corriger le net fiscal erroné dans la DSN. Les rectifications ne seront pas prises en compte dans la déclaration de revenus au printemps. Elles seront effectuées directement par le contribuable, en lien direct avec la DGFiP par le biais de la déclaration de revenus N déposée au printemps N + 1 (BOFiP-IR-PAS-30-10-50-§ 40-27/02/2019 ; www.net-entreprises.fr, fiche 1821 modifiée le 5/10/2021).

Procédure de régularisation - Un bloc spécifique (bloc 56 « Régularisation de prélèvement à la source ») est dédié à ces rectifications. L'assiette régularisée correspond à la différence entre l'assiette qui aurait dû être soumise à la retenue à la source et l'assiette effectivement soumise à cette retenue.

On applique à la différence d'assiette le taux du PAS du mois de l'erreur quand cette dernière est corrigée au cours de l'année fiscale concernée.

Le résultat peut donc être positif (impôt supplémentaire à prélever) ou négatif (impôt prélevé à tort).

Quand la régularisation de l'erreur au cours de la même année fiscale aboutit un prélèvement à la source supplémentaire, celui-ci s'ajoute au prélèvement à la source du mois en cours.

Si la régularisation se concrétise par un remboursement de PAS, celui-ci s'impute sur le montant dû au titre du mois pour lequel la déclaration est effectuée.

Exemple

Le montant calculé du PAS du mois M est de 200 € et le montant de la régularisation est de – 70 €. Il ne sera prélevé sur la paye du mois M que 130 € (200 € – 70 €).

Toutefois, si le remboursement est supérieur au montant du PAS normalement dû au titre du mois en cours, le PAS de ce même mois sera nul. Le salarié devra alors effectuer une demande de remboursement de la somme restant à récupérer auprès du service des impôts dont il dépend (BOFiP-IR-PAS-30-10-50-§ 60-27/02/2019). La demande de remboursement de ce « trop payé » au titre du PAS est réalisée au plus tard le dernier jour de février de l'année suivant celle où l'erreur a été commise.

Exemple

Le montant calculé du PAS du mois de novembre 2025 est de 200 € et le montant de la régularisation du PAS au titre d'une erreur d'assiette un mois précédent est de – 300 €. Le montant du PAS de la paye de novembre sera nul (200 € – 200 € = 0). Le salarié devra effectuer une demande de remboursement auprès de l'administration fiscale au plus tard le 28 février 2026 pour le solde (à savoir 100 €).

☛ *Net fiscal ; Prélèvement à la source ; Prélèvement à la source (apprentis et stagiaires) ; Prélèvement à la source (contrats courts) ; Prélèvement à la source (IJSS subrogées) ; Prélèvement à la source (taux) ; Résident fiscal.*

Prélèvement à la source (contrats courts)

Des règles spécifiques de calcul du prélèvement à la source (PAS) s'appliquent aux salariés en CDD ou en contrat de mission de travail temporaire, lorsque la durée initiale du contrat est inférieure ou égale à 2 mois (ou, en cas de contrat sans terme précis, dont la durée minimale fixée au contrat est inférieure ou égale à deux mois), et que l'employeur ne dispose pas de taux de PAS personnalisés pour les intéressés (CGI art. 204 H, III).

Entre autres particularités, l'assiette du PAS se calcule après application d'un abattement.

Salariés concernés

Nature et durée du contrat - Ces règles spécifiques visent les salariés en CDD ou en contrat de mission (intérimaires) dont la durée initiale est inférieure ou égale à 2 mois (cas de contrats à terme précis). Elles concernent aussi les CDD et contrats de mission à terme imprécis, lorsque la durée minimale mentionnée au contrat n'excède pas 2 mois (CGI art. 204 H, III, d).

Il peut aussi s'agir d'une convention de stage (BOFiP-IR-PAS-20-20-30-10-§ 240-26/06/2023).

La durée du contrat se décompte de date à date (BOFiP-IR-PAS-20-20-30-10-§ 250-26/06/2023).

Exemples

1) Un contrat courant du 1er avril au 31 mai a une durée inférieure ou égale à 2 mois. Idem pour un contrat qui va du 15 janvier au 14 mars.

2) Un contrat courant du 1er avril au 1er juin inclus a une durée supérieure à 2 mois. Idem pour un contrat qui va du 15 janvier au 15 mars.

En cas de renouvellement ou de prolongation du contrat, l'abattement reste limité aux deux premiers mois de salaire (BOFiP-IR-PAS-20-20-30-10-§ 250-26/06/2023).

En cas d'interruption entre deux contrats, le délai de 2 mois se décompte séparément pour chaque contrat (BOFiP-IR-PAS-20-20-30-10-§ 250-26/06/2023).

Exemple

Un salarié est embauché pour 2 semaines à compter du 10 juin. Avant son expiration, son contrat est prolongé jusqu'au 15 juillet. L'abattement « contrat court » reste applicable dans la limite des deux premiers mois.

Si ce même salarié conclut un autre contrat d'une durée de deux mois avec le même employeur à compter du 1er août et jusqu'au 30 septembre, l'abattement « contrat court » s'appliquerait au titre de ce nouveau contrat pour deux mois si l'employeur ne disposait toujours pas du taux transmis par l'administration fiscale.

Condition de taux neutre (taux par défaut) - Par ailleurs, les règles ici exposées ne s'appliquent que si l'employeur est contraint d'appliquer un taux neutre au salarié [voir *Prélèvement à la source (taux)**].

Lorsque l'employeur dispose, pour un salarié ayant un contrat court, d'un taux de PAS valide transmis par l'administration, il doit l'appliquer, sans pratiquer l'abattement d'assiette « contrat court ».

Exemple

Lorsqu'un intérimaire enchaîne pendant plusieurs mois des contrats de mission d'une durée inférieure à deux mois avec la même entreprise de travail temporaire, cette dernière cesse d'appliquer la grille de taux par défaut lorsqu'elle disposera du taux propre au salarié calculé et transmis par l'administration fiscale. Dans ce cas, l'abattement d'assiette *(voir ci-après)* ne pourra plus être pratiqué.

Application de l'abattement

Pendant les deux premiers mois d'embauche - Pendant les deux premiers mois d'embauche, l'employeur applique les grilles mensuelles de taux neutres sans proratisation et un abattement forfaitaire à l'assiette du PAS (CGI art. 204 H, III, d).

Cette mesure conduit à diminuer le taux du prélèvement à la source par rapport à celui qui serait normalement applicable sur l'assiette sans abattement. Le montant du PAS peut même être ramené à zéro.

▶ À noter... L'impôt sur le revenu est cependant calculé par l'administration fiscale sur la totalité de sa rémunération imposable de l'année, telle que déclarée dans la déclaration de revenus (donc sans abattement).

Abattement d'assiette d'1/2 SMIC net imposable - Pour les salariés concernés, l'assiette du PAS est égale au net fiscal abattu d'un montant forfaitaire pendant les deux premiers mois d'embauche. Cet abattement est égal à la moitié (1/2) d'un SMIC net imposable (CGI art. 204 H, III, d).

L'abattement n'est jamais proratisé, quelle que soit la durée du contrat ou la durée effective du travail de l'intéressé.

Au 1er janvier 2025, l'abattement est de 739 € (montant applicable depuis le 1er novembre 2024, compte tenu de la revalorisation du *SMIC** intervenue à cette date) (www.net-entreprises.fr, Base de connaissance DSN, fiche 2454 au 30/10/2024).

Le montant de l'abattement dépend en principe du montant du SMIC en vigueur au moment du versement du salaire. Néanmoins, à titre de simplification, le montant en vigueur au 1er janvier de l'année peut être utilisé pour les versements de salaire réalisés au cours de cette même année, même si le SMIC augmente en cours d'année (BOFiP-IR-PAS-20-20-30-10-§ 260-26/06/2023).

Déclaration en DSN - Les modalités de déclaration en DSN sont les suivantes :

- le net fiscal avant abattement est porté en « Rémunération nette fiscale » (50.002) ;
- l'assiette du PAS après abattement d'1/2 SMIC est mentionnée dans la rubrique « Montant soumis au PAS » (50.013) (si elle est négative, elle doit être indiquée à zéro).

Le taux du PAS (rubrique 50.006) est nécessairement déterminé à partir des grilles mensuelles de taux neutres en fonction de l'assiette après abattement.

Comparaison aux grilles de taux neutres - Toujours pendant les deux premiers mois d'embauche, l'assiette du PAS après abattement est comparée aux tranches de revenus de la grille des taux afin de déterminer le taux neutre à appliquer, sans aucune correction (CGI art. 204 H, III, d).

Les grilles mensuelles de taux par défaut sont donc appliquées directement et ne sont jamais ajustées à la périodicité du versement du salaire (BOFiP-IR-PAS-20-20-30-10-§ 270-26/06/2023).

Exemple

Un salarié et embauché en CDD de 3 semaines en février 2025. Son employeur ne dispose pas de son taux personnalisé et va donc appliquer les grilles de taux neutres. Compte tenu de la durée initiale du contrat, il peut donc pratiquer l'abattement d'assiette.

Le salaire net fiscal s'élève par hypothèse à 1 744 € :

- l'assiette du PAS est de : 1 744 – 739 = 1 005 € ;
- pour ce montant d'assiette, le taux neutre à appliquer est de 0 % [voir *Prélèvement à la source (taux)**] : il n'y a pas de prélèvement à la source.

Le montant à reporter dans la rubrique 50.002 « Rémunération nette fiscale » est de 1 744 €, représentant le net fiscal avant abattement. Le montant à reporter dans la rubrique 50.013 « Montant soumis au PAS » est de 1 005 €.

IJSS subrogées - Dans l'hypothèse où un contrat court donne lieu à subrogation des IJSS en cas d'arrêt de travail (ce qui ne sera pas le cas le plus fréquent), l'abattement d'1/2 SMIC ne s'applique pas aux IJSS (BOFiP-IR-PAS-20-20-30-10-§ 240-26/06/2023) [voir *Prélèvement à la source (IJSS subrogées)**].

Pluralité de contrats sur le même mois

Plusieurs paiements et bulletins de paye - En cas de paiements du salaire distincts au cours d'un même mois conformément à la « périodicité usuelle de versement », l'employeur applique l'abattement à chaque versement s'ils font l'objet de bulletins de paye distincts (BOFiP-IR-PAS-20-20-30-10-§ 280-26/06/2023).

Exemple

Un employeur emploie un salarié intermittent pour une durée de 3 semaines au cours d'un mois et lui verse la rémunération chaque semaine en établissant un bulletin de paye à chaque versement. L'abattement et la grille mensuelle de taux neutres s'appliquent à chaque versement, sans tenir compte des autres versements effectués au cours du même mois.

Il en va de même quand un salarié est rémunéré au titre de plusieurs contrats distincts au cours d'un même mois de paye (ex. : pigistes, vacataires, formateurs occasionnels, extras).

Plusieurs paiements mais un seul bulletin de paye - Lorsque l'employeur règle au salarié au cours d'un même mois plusieurs versements distincts donnant lieu à un seul bulletin de paye (ex. : plusieurs CDD de quelques jours), il doit appliquer l'abattement à la totalité des versements, et non à chaque versement ou chaque contrat (www.net-entreprises.fr, Base de connaissances DSN, fiche 2041 modifiée le 15/12/2020).

Un seul paiement - Si, conformément à la périodicité usuelle de versement des rémunérations, un seul paiement du salaire est réalisé et qu'un seul bulletin de salaire est établi au titre de plusieurs contrats réalisés au cours du même mois, un seul et unique abattement doit être appliqué au montant global correspondant au versement (BOFiP-IR-PAS-20-20-30-10-§ 280-26/06/2023).

Exemples

1) Un salarié est employé dans le cadre de plusieurs CDD au cours d'un même mois, avec un seul versement et un seul bulletin de paye pour le mois au titre de l'ensemble des contrats réalisés. L'abattement et la grille mensuelle de taux neutres s'appliquent à la totalité du versement en faisant masse de l'ensemble des rémunérations.

2) Il en est de même si le salarié est employé par une entreprise de travail temporaire et que celle-ci établit un bulletin de salaire unique pour les missions effectuées au cours d'un mois.

Contrat débutant en cours de mois

La règle selon laquelle l'abattement s'applique uniquement pendant les deux premiers mois d'embauche n'est pas aisée à respecter lorsque le contrat débute en cours de mois.

Il convient d'appliquer l'abattement sur les salaires versés au titre des mois civils concernés par les deux premiers mois du contrat (BOFiP-IR-

Contrats courts débutant en cours de mois (exemples)

Données des exemples	Observations
Salarié en CDD à terme précis du 25 mars au 20 mai	L'employeur applique l'abattement et la grille mensuelle de taux neutres aux payes de mars, avril et mai (a).
CDD à terme imprécis, embauché le 25 mars avec une période minimale d'un mois prévue au contrat	• **Cas 1 : le contrat prend fin le 15 mai** L'employeur applique l'abattement et la grille mensuelle de taux neutres aux payes de mars, avril et mai (a). Le contrat a en effet pris fin alors que les deux premiers mois d'embauche n'étaient pas écoulés.
	• **Cas 2 : le contrat prend fin le 31 mai** L'employeur applique l'abattement et la grille mensuelle de taux neutres sur les payes des mois de mars et avril (a). L'abattement ne peut pas être mis en œuvre au titre de mai, mois au titre duquel le contrat a dépassé la durée de 2 mois : l'employeur applique soit le taux neutre dans les conditions de droit commun, soit, s'il lui a été transmis, le taux de PAS propre au salarié.
	• **Cas 3 : le contrat prend fin le 15 juin** L'employeur applique l'abattement et la grille mensuelle de taux neutres sur les payes de mars et avril (a). L'abattement ne peut pas être mis en œuvre au titre de mai et juin : l'employeur applique soit le taux neutre dans les conditions de droit commun, soit, s'il lui a été transmis, le taux de PAS personnalisé du salarié (a).

(a) Si l'employeur dispose d'un taux de PAS personnalisé pour le salarié transmis par l'administration et en cours de validité, il doit nécessairement appliquer ce taux (sans abattement, par définition).

PAS-20-20-30-10-§ 290-26/06/2023). Potentiellement, cela peut conduire à appliquer l'abattement sur 3 mois consécutifs, mais à condition que le contrat ne dépasse pas la durée de 2 mois *(voir tableau pour des exemples)*.

☛ *Net fiscal ; Prélèvement à la source ; Prélèvement à la source (assiette) ; Prélèvement à la source (taux).*

Prélèvement à la source (IJSS subrogées)

En cas d'arrêt de travail avec subrogation, l'employeur doit calculer le prélèvement à la source (PAS) sur le montant net imposable des IJSS subrogées.

Lorsqu'il s'agit d'IJSS pour accident non professionnel ou maladie non professionnelle, le PAS est à appliquer uniquement aux IJSS se rapportant aux deux premiers mois d'arrêt de travail (60 jours).

Rappel du contexte fiscal

Régime fiscal des IJSS - Le contribuable doit payer l'impôt sur le revenu, sur la masse des revenus imposables comprenant d'éventuelles indemnités journalières de sécurité sociale (IJSS).

Les IJSS sont en principe imposables (CGI art. 80 quinquies).

Il existe cependant deux exceptions (BOFiP-RSA-CHAMP-20-30-20-§§ 90 à 190–02/03/2016) :
- les IJSS d'accident du travail et de maladie professionnelle sont imposables seulement à hauteur de 50 % (CGI art. 80 quinquies et 81, 8°) ;
- les IJSS pour maladie non professionnelle ne sont pas imposables quand elles sont versées aux assurés admis au titre d'une affection longue durée (ALD) (CGI art.80 quinquies).

Les IJSS pour maladie non professionnelle peuvent donc être soit imposables (cas général), soit exonérées d'impôt (en cas d'ALD). La sécurité sociale n'informe pas l'employeur de la situation du salarié, qui relève du secret médical.

▶ À noter... Lorsqu'un assuré social est atteint d'une ALD, l'organisme de sécurité sociale (ex. : CPAM) prend en charge à 100 % les frais de santé en rapport avec la maladie. Les IJSS sont calculées normalement, mais leur durée maximale de versement est de 3 ans (c. séc. soc. art. L. 323-1, 1° et R. 323-1, 1° et 2°).

Les IJSS maternité/adoption/paternité sont imposables et n'ouvrent droit à aucune exonération particulière.

Déclaration à l'administration fiscale - Le salarié doit déclarer à l'administration fiscale le montant des IJSS perçues durant l'année dans sa déclaration de revenus.

Dans la pratique, le montant des IJSS imposables est pré-imprimé sur la déclaration de revenus à partir des données transmises à l'administration par la caisse de sécurité sociale les ayant versées (ex. : la CPAM) (BOFiP-RSA-CHAMP-20-30-20-§ 200-02/03/2016).

Le montant des IJSS ne doit jamais figurer dans la rémunération nette fiscale, même en cas de subrogation. Cela permet d'éviter le double décompte sur la déclaration de revenus préremplie l'année suivante (BOFiP-RSA-CHAMP-20-30-20-§ 100-02/03/2016).

Prélèvement à la source sur les IJSS subrogées

Le payeur prélève - Le principe est que le verseur de revenus est tenu d'effectuer le PAS sur les sommes qu'il paye. L'employeur doit donc appliquer le PAS aux IJSS reversées au salarié dans le cadre de la subrogation (BOFiP-IR-PAS-20-10-10-§§ 80 à 110-28/07/2020).

L'assiette du PAS est donc calculée sur la base du net fiscal augmenté des IJSS imposables.

Exemple

Le salaire net fiscal d'un salarié en arrêt de travail pour maladie est, par hypothèse, de 1 600 € en mars 2025. L'employeur pratique la subrogation. Les IJSS maladie imposables s'élèvent à 400 €. Le taux du prélèvement à la source à appliquer est de 5 % (par hypothèse).

L'assiette du PAS est donc de 1 600 € + 400 € = 2 000 €. Le montant du PAS s'élève à 100 € (2 000 € × 5 %).

Montant imposable des IJSS - Les IJSS sont versées au salarié après prélèvement de la CSG (6,2 %) et de la CRDS (0,5 %). Le montant des IJSS nettes payées est donc égal à leur montant brut diminué de 6,7 %.

Seule une partie de la CSG (3,8 %) est déductible sur le plan fiscal. Le reste des contributions (2,4 points de CSG et 0,5 point de CRDS) ne sont pas déductibles. Par conséquent, le montant imposable des IJSS est donc égal à leur montant brut déduction faite de 3,8 % de CSG déductible.

Le tout, sans oublier que les IJSS accident du travail/maladie professionnelle (AT/MP) ne sont imposables qu'à hauteur de 50 % *(voir plus haut)*.

Exemples

1) La CPAM calcule des IJSS brutes pour un montant de 300 € pour un salarié. Les IJSS nettes qui lui seront versées dans le cadre de la subrogation seront donc égales à 300 – (300 × 6,7 %) = 279,90 €. En revanche, le montant imposable qui doit être inclus dans l'assiette du PAS s'élève à 300 – (300 × 3,8 %) = 288,60 €.

2) S'il s'agissait d'IJSS accident du travail ou maladie professionnelle, elles seraient imposables et donc soumises au PAS pour 50 % × [300 – (300 × 3,8 %)] = 144,30 €.

Temps partiel thérapeutique - De 2019 à 2023, aucun prélèvement à la source ne devait être pratiqué sur les IJSS qui versées par l'employeur en subrogation cas de temps partiel thérapeutique (www.net-entreprises.fr, Base de connaissances DSN, fiche 1851 modifiée le 26/05/2023).

Depuis 2024, les règles sont les suivantes :

- les IJSS versées en cas de temps partiel thérapeutique consécutif à un accident du travail ou une maladie professionnelle sont soumises au PAS, selon les mêmes règles que celles appliquées aux indemnités journalières AT/MP *(voir ci-avant)* ;
- les IJSS versées en cas de temps partiel thérapeutique consécutif à une maladie (ALD ou maladie ordinaire) ne sont pas soumises au PAS.

En théorie, la situation devrait être peu fréquente, car l'employeur n'a généralement pas d'obligation de maintien de salaire en cas de temps partiel thérapeutique, en conséquence de quoi il ne pratique pas de subrogation.

Cas des IJSS maladie non professionnelle

PAS sur IJSS pendant une durée limitée - Les IJSS maladie de base subrogées font l'objet du PAS uniquement durant les 2 premiers mois de l'arrêt de travail. Au-delà des 2 premiers mois de l'arrêt, l'employeur n'a plus à les soumettre au PAS (BOFiP-IR-PAS-20-10-10-§ 80-28/07/2020).

La durée de deux mois s'apprécie au titre de chaque arrêt de travail

Cette règle des 2 mois ne préjuge pas du caractère imposable ou non des IJSS versées au-delà. Elle permet de couvrir par une règle unique, le cas général (IJSS maladie non professionnelle imposables) et le cas des IJSS non imposables versées à un salarié en ALD *(voir plus haut)*. Aucune information n'est donc indirectement transmise à l'employeur quant à la nature de l'affection du salarié. C'est l'administration fiscale qui tiendra compte du caractère imposable ou non des IJSS maladie lors du calcul final de l'impôt sur le revenu, en fonction des informations transmises par la CPAM.

Appréciation de la durée de 2 mois - Les 2 mois s'entendent comme une période de 60 jours de date à date, le point de départ en étant la date du début de l'arrêt de travail (BOFiP-IR-PAS-20-10-10-§ 90-28/07/2020). Le délai commence donc à courir dès le premier jour d'arrêt de travail, et non après les 3 jours de carence.

Exemples

Si la date de début d'un arrêt maladie est le 15 mars, le délai de 60 jours débute également le 15 mars et se termine le 13 mai inclus. La date à partir de laquelle les IJSS maladie ne sont plus soumises au PAS sera le 14 mai.

Si la date de début d'un arrêt maladie est le 1er avril, le délai de 60 jours se termine le 30 mai. Les IJSS maladie ne sont plus soumises au PAS à partir du 31 mai.

Prolongation d'arrêt de travail - En cas de prolongation d'un arrêt de travail, le décompte du délai de 60 jours commence à courir dès le premier arrêt. Il n'y a donc pas d'interruption du décompte et de début d'un nouveau décompte (BOFiP-IR-PAS-20-10-10-§ 90-28/07/2020).

Exemple

Un arrêt de travail initial court du 15 mars au 13 avril inclus (30 jours calendaires). Il est prolongé d'un mois du 14 avril au 13 mai (30 jours calendaires), puis encore d'un mois jusqu'à mi-juin.

Le dernier jour d'application du PAS sur les IJSS maladie est le 13 mai (15 mars + 60 jours). La prolongation de l'arrêt n'a pas pour effet de remettre à zéro le compteur des 60 jours.

Reprise d'activité entre deux arrêts de travail - En revanche, en cas de reprise d'activité (même pour une seule journée) entre deux arrêts de travail, il faut effectuer un nouveau décompte du délai de 60 jours à partir du début du 2e arrêt (BOFiP-IR-PAS-20-10-10-§ 90-28/07/2020).

Exemple

La date de début d'un arrêt est le 15 mars. Le salarié revient travailler le 14 mai. Il a 60 jours calendaires d'arrêt de travail. L'employeur a pratiqué le PAS sur les IJSS pendant ces 60 jours. Mais le salarié est à nouveau en arrêt de travail le 16 mai. Une nouvelle période de 60 jours s'ouvre alors, durant laquelle l'employeur devra appliquer une nouvelle fois le PAS aux IJSS.

Prélèvement à la source sur les IJSS (synthèse)		
Nature de l'indemnité journalière	**Assiette du PAS**	**Durée d'application du PAS**
IJSS maternité, paternité, adoption	Montant brut de l'IJSS subrogée, diminué de la CSG déductible	Pas de limite
IJSS accidents du travail/maladie professionnelle	50 % du montant brut de l'IJSS subrogée, diminué de la CSG déductible (1)	Pas de limite
IJSS maladie (non professionnelle)	Montant brut de l'IJSS subrogée, diminué de la CSG déductible	• 2 premiers mois d'arrêt de travail (60 jours). • Au-delà, les IJSS ne sont plus soumises au PAS.

(1) Les IJSS AT/MP sont imposables pour moitié de leur montant.

Arrêt maladie lors de congés payés - Dans le cas particulier d'un arrêt maladie débutant lors des congés payés, le calcul des 60 jours est décompté à partir du début réel de l'arrêt de travail, même si l'employeur n'applique pas de PAS sur les IJSS versées au titre de la fraction d'arrêt de travail. En effet, celles-ci sont a priori non subrogées, et donc versées directement par la CPAM au salarié (www.net-entreprises.fr, Base de connaissance DSN, fiche 1854 modifiée le 24/11/2020).

Exemple

Un salarié est en congés payés du 4 au 17 mars et en arrêt maladie à partir du 11 mars. Les IJSS versées, après les 3 jours de carence, au titre de la période du 14 au 17 mars (fin des congés payés) ne sont pas subrogées. L'employeur verse les IJSS subrogées à partir du 18 mars.

La date de début du décompte des 60 jours est le 11 mars (date de début de l'arrêt de travail). Le dernier jour d'application du PAS sur les IJSS maladie est le 9 mai (11 mars + 60 jours).

Requalification - Il arrive parfois qu'un salarié reçoive des IJSS au titre d'un arrêt pour accident ou maladie non professionnelle, qui est par la suite requalifié en accident de travail ou en maladie professionnelle. Le régime fiscal des IJSS n'est pas le même, puisque les IJSS accident de travail ne sont imposables qu'à hauteur de 50 %.

Dans ce cas, sauf exception, l'employeur n'a pas à effectuer de régularisation en DSN, les calculs initiaux du montant d'impôt prélevé ayant été faits de façon correcte à partir des informations dont disposait alors l'employeur (BOFiP-IR-PAS-30-10-50-§ 20-27/02/2019).

Cas particuliers

Apprentis et stagiaires - Le salaire des apprentis et les gratifications des stagiaires sont exonérés d'impôt sur le revenu en deçà d'un certain seuil [voir *Prélèvement à la source (apprentis et stagiaires)**]. Les IJSS ne sont pas couvertes par l'exonération. En cas de subrogation, les IJSS versées à un apprenti ou un stagiaire entrent systématiquement dans l'assiette du PAS (BOFiP-IR-PAS-20-10-10-§ 20-28/07/2020).

Contrats courts avec taux neutre (taux par défaut) - L'assiette de calcul du PAS est abattue d'un demi-SMIC net imposable pour les salariés en contrat court d'une durée inférieure ou égale à 2 mois pour lesquels l'employeur ne dispose pas du taux personnalisé de prélèvement [voir *Prélèvement à la source (contrats courts)**].

L'abattement d'un demi-SMIC ne s'applique qu'aux revenus d'activité salariée (BOFiP-IR-PAS-20-20-30-10-§ 240-26/06/2023), et donc pas aux IJSS si d'aventure l'employeur devait en verser dans le cadre de la subrogation à un contrat court. Les IJSS entreraient alors dans l'assiette du PAS pour leur montant imposable.

Si l'abattement ramène l'assiette du PAS correspondant au salaire net fiscal à 0 (une valeur négative n'est pas acceptée), le montant imposable des IJSS est soumis au PAS.

Exemples

1) En mars 2025, un employeur verse une rémunération nette fiscale de 2 200 € à un salarié en CDD de 2 mois et des IJSS pour un montant imposable de 120 € dans le cadre de la subrogation. L'assiette du PAS se calcule comme suit :
- assiette correspondant au salaire : 2 200 € – 739 € (abattement d'assiette des CDD courts) = 1 461 € ;
- assiette totale avec IJSS : 1 461 + 120 € (IJSS) = 1 581 €.

2) Avec un salaire imposable de 400 € (salaire + indemnisation complémentaire employeur), un montant imposable d'IJSS subrogées de 1 400 €, l'assiette du PAS se calcule comme suit :
- assiette correspondant au salaire : 400 € – 739 € (abattement d'assiette des CDD courts) = 0 € (un résultat négatif n'est pas accepté, l'employeur doit donc déclarer la valeur « 0 ») ;
- assiette totale avec IJSS : 0 + 1 400 € (IJSS) = 1 400 €.

Net imposable, DSN et bulletin de paye

Pas d'intégration dans le net imposable - Le montant des IJSS reçues par l'employeur et reversées au salarié ne doit pas figurer dans la rémunération nette fiscale, afin d'éviter un double décompte sur la déclaration de revenus préremplie de l'année suivante (BOFiP-RSA-CHAMP-20-30-20-§ 100-02/03/2016).

La sécurité sociale se charge de déclarer le montant imposable des IJSS à l'administration fiscale *(voir plus haut)*.

DSN - En DSN, le montant d'IJSS effectivement soumis au PAS ne doit jamais être intégré dans la rubrique « Rémunération nette fiscale » (50.002).

Il faut en revanche en tenir compte pour alimenter la rubrique « Montant soumis au PAS » (50.013). Les IJSS y sont agrégées avec les autres sommes constituant l'assiette du prélèvement à la source.

Bulletin de paye - Les lecteurs retrouveront des exemples de bulletin de paye avec IJSS subrogées dans d'autres études de ce Dictionnaire [voir *Indemnités journalières complémentaires**, *Maintien du salaire net** et *Maternité (congé de)**].

☞ *Indemnités journalières de sécurité sociale d'accident du travail ; Indemnités journalières de sécurité sociale de maladie ; Indemnités journalières de sécurité sociale de maternité ; Net fiscal ; Prélèvement à la source ; Prélèvement à la source (assiette) ; Prélèvement à la source (taux) ; Subrogation ; Temps partiel thérapeutique.*

Prélèvement à la source (taux)

L'employeur doit appliquer le taux qui lui est adressé par l'administration fiscale pour calculer le prélèvement à la source (PAS). Ce taux est appelé « taux personnalisé ». Il est déterminé par l'administration sans intervention aucune de l'employeur.

S'il n'est pas en possession d'un taux personnalisé en cours de validité, il est tenu d'appliquer le taux par défaut, qui est un taux proportionnel dont le niveau dépend du montant soumis au PAS sur la paye. Dans ce dictionnaire, nous utiliserons l'expression de taux « neutre » (il est aussi désigné comme le « taux par défaut » ou le « taux barème »).

Taux personnalisé

Taux calculé par l'administration par chaque foyer fiscal - Le taux personnalisé est calculé par l'administration sur la base des données fiscales du foyer fiscal au titre de l'année N – 2 (CGI art. 204 H, I). Il s'agit du « taux de droit commun » (BOFiP-IR-PAS-20-20-10-18/06/2024).

Le taux est arrondi à la décimale la plus proche, la fraction de décimale égale à 0,50 étant comptée pour 1 (CGI art. 204 H, I, 3).

En principe, il reste inchangé de septembre de l'année N à août de l'année N + 1.

▶ À noter... Les changements de taux qui interviendraient en cours d'année sont en principe liés à une demande du salarié effectuée auprès de l'administration (situation familiale, etc.).

Taux nul - Il peut arriver que le taux personnalisé transmis à l'employeur soit nul, c'est-à-dire égal à zéro. En conséquence, l'employeur n'effectue aucun prélèvement sur la paye du salarié et n'a aucun versement à effectuer à l'administration fiscale pour le salarié concerné.

▶ À noter... Un taux nul n'équivaut pas à une absence de taux. L'employeur n'a pas à appliquer la grille de taux neutres.

Le taux peut être égal à zéro en raison des revenus sur la base desquels l'administration a calculé le taux personnalisé (ex. : en 2025, pour une personne entrée dans la vie active en 2023, et pour laquelle le taux de PAS calculé sur la base de la déclaration de revenus établie en 2024 est égal à 0).

En outre, le taux est nul pour les contribuables qui remplissent cumulativement les deux conditions suivantes (CGI art. 204 H, II) :
- l'impôt sur le revenu, avant imputation PAS, mis en recouvrement au titre des revenus des 2 dernières années d'imposition connues, est nul (pour les prélèvements opérés de septembre 2024 à août 2025, il s'agit de l'impôt mis en recouvrement pour les revenus des années 2022 et 2023) ;
- le revenu fiscal de référence de la dernière année d'imposition connue est inférieur à un certain seuil (indexé chaque année comme la limite supérieure de la première tranche du barème de l'impôt sur le revenu) : ce seuil est fixé à 28 792 € par part de quotient pour les prélèvements effectués de septembre 2024 à août 2025, le revenu fiscal de référence étant alors celui de l'année 2023 (BOFiP-IR-PAS-20-20-10-§ 140-8/06/2024).

Si le contribuable s'avère finalement imposable au regard de sa déclaration de revenus, il devra payer l'impôt correspondant au fisc. Le cas échéant, il lui appartient de demander à l'administration une modulation à la hausse de son taux de PAS à la hausse afin qu'il corresponde mieux à sa rémunération réelle, s'il souhaite éviter une trop forte régularisation le moment venu.

Changement de situation familiale - Un contribuable peut demander à l'administration de modifier son taux de PAS en cours d'année en cas de changement de sa situation familiale, pour des situations limitativement énumérées (CGI art. 204 I) :
- mariage ou conclusion d'un Pacs ;
- décès du conjoint ou du partenaire pacsé soumis à imposition commune ;
- divorce, rupture d'un Pacs ou tout autre événement entraînant l'imposition séparée des époux ou partenaires (voir CGI art. 6, 4) ;
- augmentation des charges de famille (naissance, adoption ou prise en charge d'un enfant mineur recueilli).

Les intéressés doivent déclarer ces changements à l'administration fiscale dans les 60 jours de l'événement en cause.

▶ À noter… Tant que le changement de situation n'a pas été pris en compte par l'administration, le salarié ne peut pas demander à moduler son taux de PAS (CGI art. 204 J, I) *(voir ci-dessous)*.

Demande de modulation - Le salarié peut demander à l'administration de moduler librement à la hausse le taux de PAS qui lui est appliqué (CGI art. 204 J, II).

La modulation à la baisse est aussi possible, mais sous condition. Le contribuable doit pouvoir justifier d'un écart d'au moins 5 % entre, d'une part, le montant du prélèvement estimé au titre de sa situation et de ses revenus de l'année en cours et, d'autre part, le prélèvement qu'il supporterait si le taux de PAS n'était pas modulé (CGI art. 204 J, III).

Le salarié doit être vigilant car des sanctions sont prévues, notamment en cas de modulation apparaissant finalement non justifiée (CGI art. 1729 G, 2).

Taux individualisés et couples soumis à imposition commune - Jusqu'au 31 août 2025, le taux de PAS des conjoints ou partenaires pacsés soumis à imposition commune est en principe calculé en tenant compte de l'ensemble des revenus et charges des intéressés, et appliqué pareillement à chacun membres du couple, sans tenir compte de leurs revenus propres (CGI art. 204 E).

Les personnes concernées peuvent néanmoins demander à l'administration fiscale l'application d'un taux individualisé en fonction du niveau des revenus de chacun des membres du couple (CGI art. 204 M ; BOFiP-IR-PAS-20-20-20-16/05/2022). Cette option permet de tenir compte des différences de revenus entre les membres du couple. Le taux individualisé est transmis à l'employeur, sans être identifié comme tel.

▶ À noter… Le choix de taux individualisés est neutre sur l'impôt final dû, puisque le montant total sera strictement identique. Le seul impact tient à la répartition différente de l'impôt entre conjoints.

À partir du 1er septembre 2025, la logique sera inversée. Le taux de PAS individualisé s'appliquera par défaut, sauf pour les contribuables concernés à opter auprès de l'administration fiscale pour le taux global du foyer fiscal (CGI art. 204 E et 204 M modifiés ; loi 2023-1322 du 29 décembre 2023, art. 19).

Intégration du taux personnalisé dans la paye

Transmission à l'employeur en retour de DSN - L'administration met le taux de PAS à disposition de l'employeur mensuellement en retour de chaque DSN, dans un compte rendu métier (CRM) « nominatif ». Ce CRM comporte (c. séc. soc. art. R. 133-13, V ; CGI ann. III art. 46 F).
- la liste des salariés, uniquement identifiés par leur NIR et leur matricule ;
- pour chaque salarié, le « taux d'imposition PAS » (si l'administration est en mesure d'en transmettre un) ;
- les anomalies éventuelles, relatives à l'adresse ou l'état civil du salarié, comprenant le taux appliqué dans la DSN précédente s'il est différent de celui présent dans le fichier de la DGFiP ;
- un fichier XML permettant l'intégration automatique ou semi-automatique des taux dans la solution paye.

Délai de communication - La DGFiP s'est engagée à ce que le délai de mise à disposition de ce CRM ne soit pas supérieur à 5 jours ouvrés suivant la date de réception de la DSN par l'administration fiscale (BOFiP-IR-PAS-30-10-20-§ 30-03/12/2018). Ainsi, pour la DSN relative au mois de février déposée le 5 ou 15 mars, le compte rendu est en principe mis à disposition en mars.

L'employeur est tenu d'intégrer le taux communiqué dans la solution paye et d'effectuer le prélèvement correspondant dans la paye suivante. Cette intégration s'effectue normalement tous les mois. Quand le taux n'a pas été communiqué pour un salarié par l'administration fiscale l'employeur est tenu d'appliquer le taux neutre *(voir plus loin)*.

Durée de validité du taux - Chaque taux de PAS transmis a une validité de 2 mois (CGI art. 1671, 2). Concrètement, cela signifie que le taux est applicable au maximum jusqu'à la fin du 2e mois qui suit sa mise à disposition (BOFiP-IR-PAS-30-10-20-§ 70-03/12/2018).

Exemple

Un taux mis à disposition dans un CRM le 12 avril au retour de la DSN de mars déposée le 4 avril, est valable jusqu'au 30 juin.

L'employeur doit appliquer le taux issu du compte rendu le plus récent transmis par l'administration fiscale. S'il n'a pas la possibilité de le faire, il doit appliquer un taux issu d'un CRM antérieur, à condition qu'il soit toujours dans sa période de validité de 2 mois (BOFiP-IR-PAS-30-10-20-§ 80-03/12/2018).

Exemple

Un taux mis à disposition dans un CRM le 12 avril au retour de la DSN de mars déposée le 5 avril, peut être utilisé dans la paye de juin alors même qu'un taux différent a été communiqué à la suite de la paye d'avril (DSN déposée le 5 mai) si l'employeur n'a pas pu intégrer le nouveau taux.

Taux de PAS futur - Selon la date de clôture de paye, le taux de PAS notifié au retour d'une DSN du mois M – 1 sera intégré soit dans la paye du mois en cours (M), soit dans celle du mois suivant (M + 1). L'application d'un nouveau taux de PAS peut donc être décalée d'un mois en fonction de la date de clôture de la paye (www.net-entreprises.fr, Base de connaissances DSN, fiche 2386, modifiée le 29/06/2021).

Pour y remédier, depuis 2021, le CRM émis par la DGFiP peut contenir à la fois le taux du PAS à appliquer dans la paye du mois en cours et le « taux futur » du PAS (avec l'indication de sa date d'effet). Ce taux futur sera automatiquement appliqué lors d'une paye correspondant à sa date d'effet.

Exemple

Au retour de la DSN d'août, le déclarant reçoit le 19 septembre un CRM indiquant pour un salarié donné :
- un taux courant (applicable en septembre) : 6 % (ce taux sera valide jusqu'au 30/11) ;
- un taux futur : 7 % avec une date d'effet le 01/10 (ce taux sera valide jusqu'au 31/12).

Si la paye est clôturée, par exemple, le 15 de chaque mois, le taux futur de 7 % peut ainsi être appliqué sur la paye d'octobre sans attendre le CRM qui envoyé après la DSN du mois septembre, par exemple le 18 octobre (donc après la date de clôture de la paye).

Ce « taux de PAS futur » correspond au taux actualisé, à la suite de l'émission des avis d'imposition en août ou septembre de chaque année ou de la mise en œuvre d'une réforme concernant l'impôt sur les revenus. Il n'est transmis que pour ceux des salariés qui disposent d'un taux personnalisé.

Récupération du taux avant l'embauche (signalement ADV) - Les employeurs qui le souhaitent peuvent avoir accès au taux personnalisé de PAS du contribuable par anticipation, et ainsi d'éviter le recours au taux neutre lors du versement des premiers salaires (BOFiP-IR-PAS-20-20-30-10-§ 60-26/06/2023).

Un signalement spécifique DSN, appelé « signalement amorçage des données variables (SADV) », permet ainsi d'obtenir en retour, entre autres informations, le taux du PAS d'un nouveau salarié avant même l'établissement de sa première paye.

L'usage de ce signalement n'est pas obligatoire.

▶ À noter… Depuis janvier 2025, seul ce signalement permet d'obtenir des taux de PAS par anticipation, puisque l'ancien service TOPAze est fermé *(voir ci-avant)*.

Durée de validité du taux : exemples
Exemple 1
Un employeur de 50 salariés et plus ne pratiquant pas le décalage de paye transmet une DSN le 5 février pour déclarer les salaires de janvier versés le 29 janvier. L'administration fiscale met à disposition un compte rendu comportant le taux de PAS du salarié le 10 février. Le taux est valide jusqu'au 30 avril. L'employeur peut appliquer ce taux pour effectuer le PAS sur les rémunérations versées en février, mars et avril (DSN des 5 mars, 5 avril et 5 mai).
Exemple 2
Un employeur de 50 salariés et plus ne pratiquant pas le décalage de paye transmet une DSN le 5 février pour déclarer les salaires de janvier. Il reçoit courant février un compte rendu comportant un taux de prélèvement de 5 % (ce taux est valide jusqu'au 30 avril). Après la DSN envoyée le 5 mars pour le salaire de février, il reçoit courant mars un nouveau taux de prélèvement, de 7 %. Dans la DSN déposée le 5 avril au titre du salaire de mars, l'employeur peut appliquer aux revenus versés le taux de prélèvement de 5 % reçu en février (ce taux étant valide jusqu'au 30 avril), alors même qu'il a reçu, entre-temps, le taux actualisé mais qu'il n'a pas pu intégrer dans les temps dans son processus de paye.

Après la rupture du contrat - La rupture du contrat de travail ne dispense pas l'employeur d'appliquer le taux transmis par l'administration fiscale aux revenus versés après à la date de fin du contrat, si le taux est toujours valide. En revanche, et au-delà de la période de validité du dernier taux transmis par l'administration fiscale, l'employeur calcule le PAS en appliquant les grilles de taux neutre (BOFiP-IR-PAS-30-10-20-§ 80-03/12/2018).

Conservation du taux - Les délais de conservation des CRM et des taux de PAS transmis sont déterminés par les règles de prescription en vigueur. L'employeur doit les conserver pendant un délai de 6 ans qui suit la mise à disposition (BOFiP-IR-PAS-30-10-20-§ 110-03/12/2018).

Grilles de taux par défaut (dits « taux neutres »)

Taux par défaut - Lorsque l'administration fiscale ne communique pas de taux pour un ou plusieurs salariés, ou que l'employeur ne dispose plus de taux personnalisé en cours de validité, il doit appliquer par défaut un taux proportionnel (CGI art. 204 H, III), appelé en pratique « taux neutre », « taux barème » ou « taux non personnalisé ».

L'application d'un taux neutre peut correspondre à plusieurs situations (option du contribuable, impossibilité pour l'administration de transmettre ou de calculer un taux de PAS personnalisé). L'employeur n'est jamais informé des raisons à l'origine de la non-transmission d'un taux de PAS personnalisé, et donc de l'obligation d'appliquer le taux neutre (dit aussi « taux par défaut »).

Absence de transmission d'un taux personnalisé par l'administration - L'administration fiscale peut être dans l'impossibilité de calculer le taux de prélèvement à la source pour certains contribuables (CGI art. 204 H, III ; BOFiP-IR-PAS-20-20-30-10-§ 70-26/06/2023). Sont principalement concernés les primo-déclarants (salariés étrangers ou français n'ayant jamais travaillé en France), les salariés n'ayant pas eu de résidence fiscale en France les années précédant le calcul du taux, ou les enfants ou autres personnes précédemment rattachés à un autre foyer fiscal.

Le taux neutre peut également trouver à s'appliquer lors de l'embauche d'un salarié, en début de contrat, le temps que l'administration transmette un taux de PAS personnalisé *(voir plus haut pour le signalement ADV, qui permet d'obtenir le taux avant la première paye)*.

Enfin, l'administration peut aussi ne pas avoir été en mesure de transmettre un taux de PAS en raison de problèmes d'identification du salarié dans la DSN.

Option du contribuable pour le taux neutre - À tout moment, un contribuable peut s'opposer à ce que l'administration transmette son taux de PAS à son ou ses employeur(s) et opter ainsi pour le taux neutre (CGI art. 204 H, IV ; BOFiP-IR-PAS-20-20-30-20-26/06/2023). L'option est exercée auprès de l'administration. Elle est tacitement reconduite, sauf demande du contribuable.

Le salarié n'a pas à avertir son employeur.

En cas d'option par le contribuable, l'administration fiscale cesse de transmettre le taux de PAS à l'employeur (ou n'en transmet jamais si le contribuable a opté pour le taux neutre dès le départ).

L'employeur qui disposait précédemment d'un taux de PAS pour un salarié doit cesser de l'appliquer au plus tard à compter du 1er jour du 3e mois qui suit sa dernière mise à disposition.

▶ À noter... L'application d'un taux neutre peut éventuellement conduire à un prélèvement d'impôt minoré par rapport au taux de PAS normalement applicable. Le contribuable doit alors verser le différentiel directement auprès de l'administration fiscale au plus tard à la fin du mois qui suit celui de la perception du revenu. Mais cela ne concerne pas l'employeur. Le salarié aura connaissance du complément dont il est éventuellement redevable, non pas par l'intermédiaire de l'employeur, mais par son espace personnel et authentifié sur son compte fiscal internet.

Grilles officielles - Le taux neutre se matérialise par un taux proportionnel appliqué à l'ensemble de la rémunération soumise au PAS. Le code général des impôts prévoit vingt taux, allant de 0 % à 43 % en fonction de l'assiette mensuelle du PAS (CGI art. 204 H, III). De fait, le taux appliqué peut différer selon les payes en cas de rémunération variable.

Trois grilles sont prévues (barème général, Guadeloupe/Martinique/La Réunion, Guyane/Mayotte), qui sont révisés chaque année. Schématiquement, ils correspondent à la situation fiscale d'un célibataire sans enfant ne percevant par ailleurs aucun autre revenu.

Les grilles sont établies sur une base mensuelle, au regard de l'assiette du PAS. Elles s'appliquent sans aucun prorata, y compris en cas d'entrée/sortie en cours de mois, de temps partiel, d'heures complémentaires ou d'heures supplémentaires ou d'absence non rémunérée

(BOFiP-IR-PAS-20-20-30-10-§ 150-26/06/2023). Elles doivent cependant être adaptées pour les périodicités usuelles de paye autres que mensuelle *(voir plus loin)*.

▶ À noter… Il faut appliquer la grille en vigueur à la date du versement de la rémunération (grille de l'année N pour un salaire versé en janvier de l'année N). Dans tous les cas, lorsque les grilles changent, il est admis que le débiteur applique les grilles actualisées aux revenus versés à compter du mois qui suit leur date d'entrée en vigueur (BOFiP-IR-PAS-20-20-30-10-§ 120-26/06/2023).

La censure du gouvernement Barnier survenue le 4 décembre 2024 a eu pour conséquence le décalage dans le temps de l'adoption et de la publication de la loi de finances pour 2025, qui n'est intervenue qu'au mois de février 2025. Les nouvelles grilles de taux neutre sont applicables aux revenus versés à partir du 1er mai 2025 (loi 2025-127 du 14 février 2025, art. 1, JO du 15).

Dans ces conditions, il faut distinguer deux périodes sur l'année 2025 :
- jusqu'au 30 avril 2025, les grilles de taux neutres applicables sont celles de 2024 *(voir tableau I)* ;
- à compter du 1er mai 2025, il faut appliquer les grilles de taux neutres issues de la loi de finances pour 2025 *(voir tableau II)*.

Domicile du contribuable - La grille applicable dépend de la résidence principale à la date de versement du revenu. À titre de règle pratique, l'employeur peut se fonder sur l'adresse dont il dispose (BOFiP-IR-PAS-20-20-30-10-§ 130-26/06/2023).

En cas de changement d'adresse ayant un impact sur la détermination de la grille (ex. : déménagement de la Réunion en Métropole ou inversement), l'employeur applique la bonne grille dès qu'il a eu connaissance du changement d'adresse. Aucune régularisation n'est attendue si l'information parvient au gestionnaire de paye tardivement.

Assiette du PAS et taux applicable - Le salaire pris en compte pour déterminer le taux applicable est le montant soumis au PAS : il s'agit du net fiscal réel [voir *Prélèvement à la source (assiette)**], éventuellement abattu d'un demi-SMIC pour certains contrats courts [voir *Prélèvement à la source (contrats courts)**] et augmenté du montant imposable des IJSS en cas de subrogation [voir *Prélèvement à la source (IJSS subrogées)**].

Tableau I - Grilles de taux neutres 2024 en vigueur jusqu'au 30 avril 2025

Base mensuelle de prélèvement (assiette du PAS) (1)			Taux (2)
Cas général (contribuables autres que ceux domiciliés dans les DOM)	**Contribuables domiciliés en Guadeloupe, à la Martinique et à La Réunion**	**Contribuables domiciliés en Guyane et à Mayotte**	
< 1591 €	< 1825 €	< 1955 €	0 %
≥ 1591 € et < 1653 €	≥ 1825 € et < 1936 €	≥ 1955 € et < 2113 €	0,50 %
≥ 1653 € et < 1759 €	≥ 1936 € et < 2133 €	≥ 2113 € et < 2356 €	1,30 %
≥ 1759 € et < 1877 €	≥ 2133 € et < 2329 €	≥ 2356 € et < 2656 €	2,10 %
≥ 1877 € et < 2006 €	≥ 2329 € et < 2572 €	≥ 2656 € et < 2758 €	2,90 %
≥ 2006 € et < 2113 €	≥ 2572 € et < 2712 €	≥ 2758 € et < 2853 €	3,50 %
≥ 2113 € et < 2253 €	≥ 2712 € et < 2805 €	≥ 2853 € et < 2946 €	4,10 %
≥ 2253 € et < 2666 €	≥ 2805 € et < 3086 €	≥ 2946 € et < 3273 €	5,30 %
≥ 2666 € et < 3052 €	≥ 3086 € et < 3816 €	≥ 3273 € et < 4517 €	7,50 %
≥ 3052 € et < 3476 €	≥ 3816 € et < 4883 €	≥ 4517 € et < 5846 €	9,90 %
≥ 3476 € et < 3913 €	≥ 4883 € et < 5546 €	≥ 5846 € et < 6593 €	11,90 %
≥ 3913 € et < 4566 €	≥ 5546 € et < 6424 €	≥ 6593 € et < 7650 €	13,80 %
≥ 4566 € et < 5475 €	≥ 6424 € et < 7697 €	≥ 7650 € et < 8416 €	15,80 %
≥ 5475 € et < 6851 €	≥ 7697 € et < 8557 €	≥ 8416 € et < 9324 €	17,90 %
≥ 6851 € et < 8557 €	≥ 8557 € et < 9725 €	≥ 9324 € et < 10821 €	20 %
≥ 8557 € et < 11877 €	≥ 9725 € et < 13374 €	≥ 10821 € et < 14558 €	24 %
≥ 11877 € et < 16086 €	≥ 13374 € et < 17770 €	≥ 14558 € et < 18517 €	28 %
≥ 16086 € et < 25251 €	≥ 17770 € et < 27122 €	≥ 18517 € et < 29676 €	33 %
≥ 25251 € et < 54088 €	≥ 27122 € et < 59283 €	≥ 29676 € et < 62639 €	38 %
≥ 54088 €	≥ 59283 €	≥ 62639 €	43 %

(1) Voir *Prélèvement à la source (assiette)**.
(2) Taux proportionnel. Par exemple, en métropole, si l'assiette du PAS est de 2600 €, le taux est de 5,30 % sur l'ensemble de cette assiette.

Tableau II - Grilles de taux neutres au 1er mai 2025

Base mensuelle de prélèvement (assiette du PAS) (1)			Taux (2)
Contribuables autres que ceux domiciliés dans les DOM	**Contribuables domiciliés en Guadeloupe, à la Martinique et à La Réunion**	**Contribuables domiciliés en Guyane et à Mayotte**	
< 1620 €	< 1858 €	< 1990 €	0 %
≥ 1620 € et < 1683 €	≥ 1858 € et < 1971 €	≥ 1990 € et < 2151 €	0,50 %
≥ 1683 € et < 1791 €	≥ 1971 € et < 2171 €	≥ 2151 € et < 2398 €	1,30 %
≥ 1791 € et < 1911 €	≥ 2171 € et < 2371 €	≥ 2398 € et < 2704 €	2,10 %
≥ 1911 € et < 2042 €	≥ 2371 € et < 2618 €	≥ 2704 € et < 2808 €	2,90 %
≥ 2042 € et < 2151 €	≥ 2618 € et < 2761 €	≥ 2808 € et < 2904 €	3,50 %
≥ 2151 € et < 2294 €	≥ 2761 € et < 2855 €	≥ 2904 € et < 2999 €	4,10 %
≥ 2294 € et < 2714 €	≥ 2855 € et < 3142 €	≥ 2999 € et < 3332 €	5,30 %
≥ 2714 € et < 3107 €	≥ 3142 € et < 3885 €	≥ 3332 € et < 4598 €	7,50 %
≥ 3107 € et < 3539 €	≥ 3885 € et < 4971 €	≥ 4598 € et < 5951 €	9,90 %
≥ 3539 € et < 3983 €	≥ 4971 € et < 5646 €	≥ 5951 € et < 6712 €	11,90 %
≥ 3983 € et < 4648 €	≥ 5646 € et < 6540 €	≥ 6712 € et < 7788 €	13,80 %
≥ 4648 € et < 5574 €	≥ 6540 € et < 7836 €	≥ 7788 € et < 8567 €	15,80 %
≥ 5574 € et < 6974 €	≥ 7836 € et < 8711 €	≥ 8567 € et < 9492 €	17,90 %
≥ 6974 € et < 8711 €	≥ 8711 € et < 9900 €	≥ 9492 € et < 11016 €	20 %
≥ 8711 € et < 12091 €	≥ 9900 € et < 13615 €	≥ 11016 € et < 14820 €	24 %
≥ 12091 € et < 16376 €	≥ 13615 € et < 18090 €	≥ 14820 € et < 18850 €	28 %
≥ 16376 € et < 25706 €	≥ 18090 € et < 27610 €	≥ 18850 € et < 30210 €	33 %
≥ 25706 € et < 55062 €	≥ 27610 € et < 60350 €	≥ 30210 € et < 63767 €	38 %
≥ 55062 €	≥ 60350 €	≥ 63767 €	43 %

(1) Voir *Prélèvement à la source (assiette)**.
(2) Taux proportionnel. Par exemple, en métropole, si l'assiette du PAS est de 2600 €, le taux est de 5,30 % sur l'ensemble de cette assiette.

Le taux neutre se matérialise par un taux proportionnel appliqué à la totalité de l'assiette du PAS de la paye en cause. Ce n'est pas un système par tranches.

Exemple
Pour une assiette PAS de 3200 €, le taux 2025 est de 9,90 % en métropole, soit une retenue à la source de 316,80 €. Si sur le mois suivant, le salarié reçoit par exemple une prime qui fait monter l'assiette du PAS à 5000 € (salaire de base compris), le taux passe à 15,80 %, soit une retenue de 790 €.

Périodicité de paye mensuelle - Les grilles sont construites sur la base de montants mensuels. Ces limites sont réduites ou augmentées proportionnellement à la périodicité usuelle de versement de la rémunération principale, telle qu'elle résulte de la loi, des conventions collectives et accords collectifs, des contrats ou des usages (CGI art. 204 H, III, 1, d).

Dans la plupart des cas, les salariés étant mensualisés, il suffit donc d'appliquer directement les grilles mensuelles sans prorata, y compris en cas d'entrée/sortie en cours de mois.

Exemple
Un salarié est embauché en CDI le 15 du mois et son contrat de travail prévoit qu'il est rémunéré sur une base mensuelle. Le taux par défaut applicable à son premier salaire est déterminé au moyen de la grille mensuelle, sans ajustement.

Périodicités de paye autres que mensuelle : grilles à adapter - Lorsque la périodicité « usuelle » n'est pas mensuelle, il faut proratiser les limites des tranches (CGI art. 204 H, III, 1, d).

Sont notamment concernés :
- les salariés non mensualisés (travailleurs à domicile, intermittents, saisonniers, travailleurs temporaires), qui doivent être payés au moins deux fois par mois, à 16 jours au plus d'intervalle (c. trav. art. L. 3242-1 et L. 3242-3) ;
- les VRP exclusivement payés à la commission, qui doivent être payés au moins tous les 3 mois (c. trav. art. L. 7313-7) et pour lesquels la périodicité peut donc être autre que mensuelle.

Cependant, les travailleurs temporaires, les saisonniers ou encore les intermittents (autant de caté-

Détermination du coefficient à utiliser selon la méthode d'adaptation des grilles

Périodicité usuelle de versement de la rémunération	Méthode 1	Méthode 2
Annuelle	Le montant imposable du revenu versé est divisé par 12.	Chaque limite des grilles mensuelles est multipliée par 12.
Trimestrielle	Le montant imposable du revenu versé est divisé par 3.	Chaque limite des grilles mensuelles est multipliée par 3.
Hebdomadaire	Le montant imposable du revenu versé est divisé par 12/52 (ou multiplié par 52/12).	Chaque limite des grilles mensuelles est multipliée par 12/52.
Journalière	Le montant imposable du revenu versé est divisé par 12/312 (ou multiplié par 312/12).	Chaque limite des grilles mensuelles est multipliée par 12/312.
Horaire	Le montant imposable du revenu versé est divisé 12/1820 (ou multiplié par 1820/12).	Chaque limite des grilles mensuelles est multipliée par 12/1 820.
Autres périodicités non mensuelles	Calcul en tenant compte des règles précitées	Calcul en tenant compte des règles précitées

gories exclues de la mensualisation) ont, pour beaucoup, des contrats d'une durée inférieure ou égale à 2 mois. Dans ce cas, la règle est plus simple : ils relèvent du système spécifique aux contrats courts (application directe des grilles mensuelles sans proratisation, après abattement forfaitaire) [voir *Prélèvement à la source (contrats courts)**].

Dans les autres cas, la proratisation est nécessaire. L'administration a défini les modalités pratiques d'adaptation des grilles mensuelles, en donnant le choix entre deux méthodes (BOFiP-IR-PAS-20-20-30-10-§ 180-26/06/2023).

La méthode 1 consiste à ramener la rémunération soumise au PAS sur une base mensuelle en vue de déterminer le taux applicable :
- on applique à l'assiette du PAS du salarié un coefficient traduisant le rapport entre la périodicité usuelle de versement de la rémunération et le mois ;
- le montant obtenu est ensuite comparé à la grille mensuelle pour déterminer le taux applicable ;
- on applique ensuite le taux à l'assiette du PAS du salarié.

La méthode 2 consiste à proratiser la grille mensuelle :
- on applique à chaque limite mensuelle de revenu un coefficient traduisant le rapport entre la périodicité usuelle de versement de la rémunération et le mois ;
- l'assiette du PAS du salarié est ensuite comparée à la grille ainsi adaptée, ce qui permet de déterminer le taux applicable.

Pour le calcul du coefficient, le débiteur utilisera les règles résumées dans le tableau « Détermination du coefficient à utiliser selon la méthode d'adaptation des grilles » qui suit.

Pas de régularisation - Aucune régularisation n'est à effectuer par le collecteur. Les grilles de taux neutres sont appliquées à chaque paye, sans régularisation d'un mois sur l'autre en cas de variation de la rémunération entraînant une variation de taux.

Si l'employeur qui applique un taux neutre reçoit le mois suivant un taux de PAS personnalisé en retour de DSN, il se doit d'appliquer ce taux de PAS, mais sans avoir à régulariser le ou les mois antérieurs durant lesquels il a appliqué le taux neutre.

Dans les deux cas, c'est l'administration fiscale qui s'occupera de régulariser l'impôt sur le revenu dû par le contribuable au regard sa déclaration de revenus, via l'avis d'imposition et le paiement du solde de l'impôt.

Correction d'erreur de taux

Erreur de l'employeur - Si l'employeur applique un taux différent de celui qui est mis à sa disposition ou un taux qui n'est plus valide, il est tenu d'effectuer une régularisation (CGI, ann. II, art. 95 ZO ; BOFiP-IR-PAS-30-10-20-§ 100-03/12/2018). La régularisation ne peut être effectuée qu'au cours de la même année fiscale que celle du mois de l'erreur.

En revanche, aucune régularisation n'est attendue quand la source de l'erreur provient de l'administration.

Régularisation - En DSN, la régularisation s'effectue dans un bloc 56 « Régularisation de prélèvement à la source » réservé à cet effet, en appliquant le taux régularisé à la rémunération nette fiscale déclarée initialement le mois de l'erreur.

Le taux régularisé correspond à la différence entre le taux qui aurait dû être appliqué au moment du

Exemples de calcul au 1er mai 2025 pour des périodicités usuelles non mensuelles (1)	Méthode 1	Méthode 2
Intermittent en CDD de 3 mois, périodicité usuelle de versement hebdomadaire, assiette de PAS de 700 € par semaine	• Équivalent mensuel : 700 € × 52/12 = 3 033,33 € • Taux de PAS correspondant : 7,50 %	• Chaque limite des grilles mensuelles est multipliée par 12/52. • Après conversion, on s'aperçoit que pour une périodicité usuelle hebdomadaire, l'assiette PAS du salarié est comprise dans la tranche hebdomadaire allant de 626,31 € à moins de 717 € (2). • Taux de PAS : 7,50 %
	Dans les deux cas, retenue à la source : 700 € × 7,50 % = 52,50 €	
Saisonnier en CDD de 3 mois, payé tous les 10 jours avec une assiette PAS de 700 €	• Équivalent mensuel : (700 €/ 10 jrs) × (312/12) = 1 820 € • Taux de PAS : 2,10 %	• Chaque limite des grilles mensuelles est multipliée par 10 jrs ×12/312. Après conversion, on s'aperçoit que pour une périodicité usuelle de versement de 10 jours, l'assiette PAS du salarié est comprise dans la tranche allant de 688,85 € à moins de 735 € (3). • Taux de PAS : 2,10 %
	Dans les deux cas, retenue à la source : 700 € × 2,10 % = 14,70 €	
VRP rémunération à la commission tous les 3 mois, avec une assiette PAS de 6 000 €	• Équivalent mensuel : 6 000 €/ 3 = 2 000 € • Taux de PAS : 2,90 %	• Chaque limite des grilles mensuelles est multipliée par 3. Après conversion, on s'aperçoit que pour une périodicité usuelle trimestrielle, l'assiette PAS du salarié est comprise dans la tranche trimestrielle allant de 5 733 € à moins de 6 126 € (4). • Taux de PAS : 2,90 %
	Dans les deux cas, retenue à la source : 6 000 × 2,90 % = 174 €	

(1) Pour un contribuable domicilié en métropole, nouvelles grilles applicables au 1er mai 2025.
(2) La tranche mensuelle « 2 714 € à moins de 3 107 € » correspond, après application d'un coefficient de 12/52, à « 626,31 € à moins de 717 € ».
(3) La tranche mensuelle « 1 791 € à moins de 1 911 € » correspond, après application d'un coefficient de 10 × 12/312, à « 688,85 € à moins de 735 € ».
(4) La tranche mensuelle « 1 911 € à moins de 2 042 € » correspond, une fois multipliée par 3, à une tranche trimestrielle de « 5 733 € à moins de 6 126 € ».

versement du revenu et le taux effectivement appliqué (BOFiP-IR-PAS-30-10-50-§ 30-27/02/2019).

Délais - Les régularisations de taux sont limitées à l'année civile en cours (année N qui est l'année civile d'imposition). Toutefois, par tolérance, il est admis qu'elles soient réalisées jusque sur la paye de janvier de l'année suivante (N +1) et intégrées dans la DSN déposée le 5 ou 15 février.

Au-delà du 31 janvier N + 1, les rectifications sont effectuées directement par le contribuable, en lien direct avec la DGFiP par le biais de la déclaration de revenus N déposée au printemps N + 1 (BOFiP-IR-PAS-30-10-50-§ 40-27/02/2019).

Exemple

Si l'erreur de taux se produit en mars 2025, la correction ne peut intervenir que dans une DSN d'un des mois suivants de 2025, ou au plus tard dans la DSN de janvier 2026 (déposée le 5 ou 15 février 2026).

Dans la pratique la régularisation de taux devrait s'avérer exceptionnelle, les éditeurs de solutions paye ayant en grande majorité mis en place une procédure automatisée pour intégrer de façon automatisée le fichier des taux. Toutefois, une erreur de paramétrage, notamment en cas de recours à un taux neutre, ou l'utilisation d'un taux non valide (pour un rappel de salaire après départ d'un salarié) restent possibles.

☞ *Net fiscal ; Prélèvement à la source ; Prélèvement à la source (assiette) ; Prélèvement à la source (contrats courts) ; Prélèvement à la source (IJSS subrogées).*

Premier Mai

☞ *Jours fériés.*

Préretraite

Les salariés qui cessent définitivement ou progressivement leur activité professionnelle avant l'âge légal de départ en retraite peuvent bénéficier d'un revenu de remplacement jusqu'à l'âge légal de la retraite sans avoir à justifier de la recherche d'un emploi, dans le cadre des mécanismes suivants :
- une préretraite « maison » mis en place par l'employeur (voir *Préretraite d'entreprise**) ;
- le dispositif de cessation anticipée des travailleurs de l'amiante, dit aussi « Acaata » du nom de l'allocation versée à ses bénéficiaires (voir *Préretraite-amiante**) ;
- le dispositif de cessation anticipée de certains travailleurs salariés, dit aussi CATS, qui cible les salariés ayant effectué des travaux pénibles (voir *Préretraite métiers pénibles**).

☞ *Déclaration de départ des salariés âgés ; Préretraite d'entreprise ; Préretraite-amiante ; Préretraite métiers pénibles ; Retraite (âge légal, âge du taux plein) ; Retraite progressive.*

Préretraite-amiante

Les salariés ou anciens salariés de l'amiante peuvent bénéficier d'un dispositif de cessation anticipée d'activité spécifique. Durant leur préretraite amiante, les bénéficiaires perçoivent une allocation de cessation anticipée d'activité des travailleurs de l'amiante (Acaata).

Bénéficiaires

Salariés ayant travaillé dans certains établissements, personnels portuaires, dockers - À condition de cesser toute activité professionnelle, les salariés et anciens salariés des établissements de fabrication de matériaux contenant de l'amiante, des établissements de flocage et de calorifugeage à l'amiante ou de construction et de réparation navales peuvent bénéficier de la préretraite-amiante (loi 98-1194 du 23 décembre 1998, art. 41, I). Ils doivent remplir les conditions suivantes :
- travailler ou avoir travaillé dans un de ces établissements figurant sur une liste établie par arrêté, pendant la période où y étaient fabriqués ou traités l'amiante ou des matériaux contenant de l'amiante (l'exercice des activités de fabrication de matériaux contenant de l'amiante, de flocage et de calorifugeage à l'amiante de l'établissement doit présenter un caractère significatif) ;
- avoir atteint un âge égal à 60 ans diminué de 1/3 de la durée du travail effectué dans ces établissements, sans pouvoir être inférieur à 50 ans ;
- s'agissant des salariés de la construction et de la réparation navales, avoir exercé un métier figurant sur une liste fixée par arrêté ministériel.

Le dispositif est également ouvert aux ouvriers dockers professionnels et personnels portuaires assurant la manutention, sous réserve des conditions suivantes (loi 98-1194 du 23 décembre 1998, art. 41, I) :
- travailler ou avoir travaillé, au cours d'une période déterminée, dans un port au cours d'une période pendant laquelle était manipulée de l'amiante (la liste de ces ports et, pour chaque port, la période considérée sont fixées par arrêté ministériel) ;
- avoir atteint un âge égal à 60 ans diminué de 1/3 de la durée d'exercice de certains métiers dans ces établissements, sans pouvoir être inférieur à 50 ans.

Salariés atteints d'une maladie professionnelle liée à l'amiante - Le bénéfice de la préretraite-amiante est également ouvert, dès 50 ans, aux salariés du régime général de la sécurité sociale ou du régime agricole reconnus comme ayant contracté une maladie professionnelle liée à l'amiante et figurant sur une liste établie par arrêté, peu important que les intéressés aient ou non travaillé dans un des établissements ci-dessus mentionnés (loi 98-1194 du 23 décembre 1998, art. 41, I ; arrêté du 29 mars 1999, JO du 31, modifié en dernier lieu par arrêté du 16 décembre 2024, JO 10 janvier 2025, texte 8).

Salariés d'établissements de sous-traitance - La CNAM a précisé que les salariés d'un établissement de sous-traitance non répertorié dans une des listes fixées par les arrêtés qui exercent leur activité habituelle sur un site figurant sur ces listes ne peuvent pas prétendre au bénéfice de la préretraite-amiante (circ. CNAM 2006-9 du 31 janvier 2006). L'accès à cette préretraite suppose que l'établissement soit inscrit sur les listes, selon la procédure requise (circ. DRT/CT2 2004-3 du 6 février 2004).

En tout état de cause, la voie individuelle reste ouverte, dès 50 ans, mais uniquement aux salariés ou anciens salariés atteints d'une maladie professionnelle reconnue comme occasionnée par l'amiante *(voir ci-dessus)*.

Formalités

Salariés - Les personnes intéressées doivent déposer une demande d'allocation auprès de la CARSAT de leur domicile (décret 99-247 du 29 mars 1999 modifié, art. 3).

▶ À noter… La CPAM doit accuser réception de cette demande sous 8 jours et notifier sa décision dans un délai de 2 mois à compter de la date de réception de la demande. Au-delà, le silence de la CPAM vaut rejet implicite de la demande.

Employeur - L'inscription (ou la modification de l'inscription) d'un établissement ou d'un port sur les listes ouvrant droit à la préretraite-amiante ne peut intervenir qu'après information de l'employeur. Celui-ci doit ensuite afficher la décision en cause sur le lieu de travail concerné (loi 98-1194 du 23 décembre 1998, art. 41, V bis).

Obligation déclarative - L'employeur est tenu d'effectuer une déclaration annuelle relative aux préretraites et aux cessations anticipées d'activité [voir *Déclaration de départ des salariés âgés**].

Rupture du contrat

Nature de la rupture et préavis - Le salarié qui est admis au bénéfice du dispositif doit présenter sa démission à son employeur. Le *préavis** à respecter est celui prévu en cas de licenciement (loi 98-1194 du 23 décembre 1998, art. 41, V).

Indemnité de rupture - L'employeur doit verser au salarié admis au bénéfice de l'allocation de cessation anticipée d'activité et ayant présenté sa démission, une indemnité de cessation anticipée d'activité au moins égale à l'*indemnité de départ volontaire à la retraite** et calculée sur la base de l'ancienneté acquise au moment de la rupture, sans préjudice de l'application de dispositions plus favorables au salarié en matière d'indemnité de départ à la retraite prévues par une convention ou un accord collectif de travail ou par le contrat de travail (loi 98-1194 du 23 décembre 1998, art. 41, V ; cass. soc. 22 juin 2022, n° 21-11325 FSB).

▶ À noter… Les dispositions conventionnelles plus favorables sont celles qui déterminent le montant de l'indemnité et non celles qui définissent les conditions de son attribution (cass. soc. 13 janvier 2009, n° 07-42346, BC V n° 9). Il n'y a donc pas à prendre en considération les conditions spécifiques éventuellement prévues par la convention collective pour l'indemnité conventionnelle de départ en retraite (ex. : âge, liquidation de la retraite).

L'indemnité légale est exonérée d'impôt sur le revenu (CGI art. 81, 32°), de cotisations (loi 98-1194 du 23 décembre 1998, art. 41, V, al. 1) et de CSG et de CRDS (c. séc. soc. art. L. 136-1-2, II, 7°).

Par ailleurs, l'éventuelle indemnité complémentaire de cessation anticipée d'activité qui serait versée en application d'une convention collective, d'un accord d'entreprise, du contrat de travail ou d'une disposition unilatérale de l'employeur bénéficie du même régime (loi 98-1194 du 23 décembre 1998, art. 41, V, al. 2 ; CGI art. 81, 33°).

Au final, l'indemnité de cessation d'activité versée à un salarié bénéficiaire du dispositif de préretraite amiante se trouve ainsi exonérée, quel que soit son montant (BOSS, Indemnités de rupture, §§ 1490 et 1500, 01/03/2025).

Allocation de cessation anticipée d'activité

Montant - La sécurité sociale verse au préretraité une allocation de cessation anticipée d'activité des travailleurs de l'amiante (ACAATA). L'allocation mensuelle est égale à 65 % du salaire de référence *(voir ci-dessous)* pris en compte dans la limite du *plafond de la sécurité sociale**, auxquels s'ajoutent 50 % du salaire de référence pour la fraction de ce salaire comprise entre 1 fois et 2 fois ce plafond (décret 99-247 du 29 mars 1999 modifié, art. 2).

Le montant mensuel de l'allocation ne peut pas être inférieur au montant minimal de l'allocation d'assurance chômage majoré de 20 % (décret 99-247 du 29 mars 1999 modifié, art. 2). En pratique, l'administration semble se référer au montant minimal de l'allocation spéciale du fonds national de l'emploi (AS-FNE) majoré de 20 % (circ. DSS/SD2C 2010-21 du 22 janvier 2010), soit un montant minimum de 1 288,09 € bruts par mois au 1er janvier 2025. Toutefois, le montant de l'allocation ainsi garantie ne peut excéder 85 % du salaire de référence (décret 99-247 du 29 mars 1999 modifié, art. 2).

Salaire de référence - Le salaire de référence est calculé d'après la moyenne des rémunérations soumises à cotisations des 12 derniers mois d'activité salariée, sous réserve qu'elles présentent un caractère régulier et habituel (décret 99-247 du 29 mars 1999 modifié, art. 2).

▶ À noter… Sont considérés comme présentant un caractère régulier et habituel tous les éléments de rémunération versés selon une périodicité égale ou inférieure à 1 an, ce qui exclut les indemnités compensatrices de RTT et de congés payés versées à l'occasion du départ du salarié (circ. DSS/SD2C 2010-21 du 22 janvier 2010).

En cas d'activité discontinue, les périodes travaillées retenues pour le calcul du salaire de référence sont prises en compte jusqu'à totaliser 365 jours de paie, peu important l'amplitude de la période considérée (décret 99-247 du 29 mars 1999 modifié, art. 2-1 ; cass. civ. 2e ch., 24 janvier 2019, n° 18-10669 FPB).

Régime social - Les allocations de préretraite amiante sont soumises à un précompte maladie de 1,70 % effectué par la CARSAT sachant que, le cas échéant, une exonération ou un écrêtement peut s'appliquer (voir *Cotisation d'assurance maladie-maternité-invalidité**) (c. séc. soc. art. L. 131-2, 3°, D. 242-12 à D. 242-14).

Dans la pratique, comme les pensions de retraite, les allocations de préretraite amiante sont assujetties à la CSG au taux de 8,30 % et à la CRDS au taux de 0,50 % (sans abattement d'assiette), avec possibilité de taux réduit ou d'exonération selon les ressources du bénéficiaire [voir *Contribution sociale généralisée (CSG sur revenus de remplacement)**] (loi 98-1194 du 23 décembre 1998, art. 41, IV ; rép. Lambert n° 5893, JO 12 juillet 2018, AN quest. p. 4996).

▶ À noter… Il n'y a pas de CSG ni de CRDS pour les allocataires qui ne sont pas fiscalement domiciliés en France, mais le précompte maladie est alors calculé à un taux de 4,90 % (voir *Cotisation d'assurance maladie-maternité-invalidité**) (c. séc. soc. art. D. 242-12).

Les allocations de préretraite sont aussi soumises à une contribution additionnelle de solidarité pour l'autonomie (CASA) de 0,30 % précomptée par la CARSAT (voir *Contribution additionnelle de solidarité pour l'autonomie**).

Versement - L'allocation est versée mensuellement par la *CARSAT** (ou, le cas échéant, par la caisse de Mutualité sociale agricole) (loi 98-1194 du 23 décembre 1998, art. 41, II ; décret 99-247 du 29 mars 1999 modifié, art. 4).

L'allocation cesse d'être versée (loi 98-1194 du 23 décembre 1998, art. 41, II) :
- lorsque l'allocataire remplit les conditions de durée d'assurance requises pour bénéficier d'une pension de vieillesse à taux plein [voir *Retraite (âge légal, âge du taux plein)**], à condition qu'il soit, à ce moment, âgé d'au moins 60 ans ;
- et au plus tard lorsque l'allocataire atteint l'âge de 65 ans.

L'allocation est alors remplacée par la ou les pensions de vieillesse auxquelles l'intéressé a droit.

En cas de décès du bénéficiaire, l'allocation cesse d'être due au premier jour du mois qui suit le décès (décret 99-247 du 29 mars 1999 modifié, art. 4).

RÉFÉRENCES

arrêté du 7 juillet 2000, JO du 22, texte 17, modifié en dernier lieu par arrêté du 12 novembre 2024, JO du 16, texte 37 ; arrêté du 3 juillet 2000, JO du 16, texte 4, modifié en dernier lieu par arrêté du 12 novembre 2024, JO du 16, texte 38 ; arrêté du 29 mars 1999, JO du 31, modifié en dernier lieu par arrêté du 16 décembre 2024, JO 10 janvier 2025, texte 8 ; circ. CNAV 2012-68 du 1er octobre 2012 ; circ. DSS/2C 2000-607 du 14 décembre 2000 ; circ. CNAM 2005-56 du 16 mai 2005 ; lettre-circ. ACOSS 2004-44 du 6 février 2004 ; lettre-circ. ACOSS 2001-37 du 19 février 2001 ; lettre-circ. ACOSS 2000-27 du 23 février 2000 ; lettre-circ. ACOSS 99-50 du 28 mars 1999.

☞ *Contribution additionnelle de solidarité pour l'autonomie ; Contribution pour le remboursement de la dette sociale (CRDS) ; Contribution sociale généralisée (CSG sur revenus de remplacement) ; Cotisation d'assurance maladie-maternité-invalidité ; Déclaration de départ des salariés âgés.*

Préretraite CATS

☞ *Préretraite métiers pénibles.*

Préretraite d'entreprise

Les termes de « préretraite d'entreprise » ou « préretraite maison » visent des dispositifs de cessation anticipée d'activité des salariés mis en place directement par les entreprises soit dans un cadre conventionnel, soit unilatéralement.

Préretraite avec cessation du contrat de travail

La première forme de préretraite est celle qui se traduit par une cessation du contrat de travail. L'ancien salarié perçoit par la suite une allocation de préretraite versée par l'entreprise.

Cotisation maladie sur allocations - Un « précompte maladie », à la charge du bénéficiaire, est prélevé sur les allocations de préretraite ou de cessation anticipée d'activité versées.

Le taux de la cotisation est de (c. séc. soc. art. L. 131-2 et D. 242-12) :
- 1,70 % si le dispositif de préretraite a été mis en place dans un cadre conventionnel ;
- 1 % si le dispositif résulte d'une décision unilatérale de l'employeur.

La cotisation maladie est calculée à un taux majoré pour les personnes fiscalement domiciliées hors de France et non assujetties, de ce fait, à la CSG et à la CRDS (voir *Cotisation d'assurance maladie-maternité-invalidité**).

▶ À noter... La prise en charge par l'employeur, à la place des anciens salariés en préretraite, des cotisations de prévoyance et de mutuelle est un avantage de retraite qui est aussi assujetti à cette cotisation maladie (cass. civ., 2e ch., 22 juin 2023, n° 21-15803 et n° 21-16070 FSB).

Des mécanismes d'exonération et d'écrêtement peuvent conduire à limiter ou supprimer la cotisation maladie. Son prélèvement ne peut pas avoir pour effet de ramener le montant mensuel net de l'allocation en dessous du SMIC brut mensuel calculé sur la base de la durée légale du travail (c. séc. soc. art. L. 131-2, D. 242-13 et D. 242-14).

▶ À noter... Une cotisation spéciale est applicable pour les personnes rattachées au régime local Alsace-Moselle (1,30 % depuis le 1er avril 2022).

CSG/CRDS sur allocations - La CSG et la CRDS sur les revenus de remplacement doivent également être acquittées, dès lors que le bénéficiaire est fiscalement domicilié en France et rattaché à un régime obligatoire d'assurance maladie français.

Les allocations de préretraite sont assujetties à la CRDS au taux de 0,50 % et à la CSG au taux de 9,20 %, sans abattement et sans possibilité de taux réduit ou d'écrêtement [voir *Contribution sociale généralisée (CSG sur revenus de remplacement)** et *Contribution pour le remboursement de la dette sociale (CRDS)**].

▶ À noter... La prise en charge par l'employeur, à la place des anciens salariés en préretraite, des cotisations de prévoyance et de mutuelle est un avantage de retraite qui est aussi assujetti à CSG/CRDS (cass. civ., 2e ch., 22 juin 2023, n° 21-15803 et n° 21-16070 FSB).

Contribution additionnelle de solidarité pour l'autonomie - Les allocations de préretraite sont soumises à une contribution additionnelle de solidarité pour l'autonomie (CASA) de 0,30 % (à la charge du bénéficiaire) (voir *Contribution additionnelle de solidarité pour l'autonomie**).

▶ À noter... Il ne faut pas confondre la CASA avec la contribution patronale de solidarité pour l'autonomie due au titre des salaires, laquelle ne concerne pas les allocations de préretraite (lettre-circ. ACOSS 2005-63 du 1er avril 2005).

Contribution patronale spécifique - L'employeur est redevable d'une contribution particulière, calculée sur le montant des allocations (voir *Contribution sur les préretraites d'entreprise**).

Régime fiscal - Les allocations de préretraite sont imposables à l'impôt sur le revenu (BOFiP-RSA-CHAMP-20-20-§ 160-29/10/2013).

Elles sont soumises au *prélèvement à la source** dans les mêmes conditions que les salaires (BOFiP-IR-PAS-10-10-10-§ 40-06/07/2023).

Retraite complémentaire - Pour les mécanismes de préretraite mis en place par accord collectif, il est possible de prévoir un financement des cotisations de retraite complémentaire AGIRC-ARRCO. La caisse de retraite complémentaire de chaque entreprise pourra utilement renseigner l'employeur sur les conditions et modalités à respecter.

Indemnité de rupture - Le salarié qui quitte l'entreprise dans le cadre d'un dispositif de préretraite peut se voir verser une indemnité de rupture. Cette indemnité suit le régime de l'indemnité de départ volontaire en retraite (voir *Indemnité de départ volontaire en retraite**) (BOSS, Indemnités de rupture, § 1470, 01/03/2025).

Obligation déclarative - L'employeur est tenu d'effectuer une déclaration annuelle relative aux préretraites et aux cessations anticipées d'activité (voir *Déclaration de départ des salariés âgés**).

Dispenses d'activité

Certaines préretraites d'entreprise prennent la forme d'une dispense d'activité sans que le contrat de travail soit rompu, le salarié percevant tout ou partie de sa rémunération. Les sommes versées sont alors traitées comme du salaire et sont intégralement soumises à l'ensemble des charges dues sur les salaires.

La *contribution sur les préretraites d'entreprise** n'est pas due.

☞ *Contribution additionnelle de solidarité pour l'autonomie ; Contribution sur les préretraites d'entreprise ; Contribution pour le remboursement de la dette sociale (CRDS) ; Contribution sociale généralisée (CSG sur revenus de remplacement) ; Cotisation d'assurance maladie-maternité-invalidité ; Déclaration de départ des salariés âgés.*

Préretraite métiers pénibles

Un dispositif de préretraite est proposé aux entreprises confrontées à une pyramide des âges déséquilibrée avec des salariés ayant subi des conditions de travail très pénibles (c. trav. art. L. 5123-6 ; c. trav. art. R. 5123-22 à R. 5123-39 ; circ. DGEFP 2005-22 du 30 mai 2005). Le contrat de travail du salarié n'est pas rompu, mais simplement suspendu.

Deux accords collectifs et une convention

Accord national indispensable - Le dispositif de cessation anticipée d'activité de certains travailleurs salariés (CATS), communément appelé préretraite métiers pénibles, ne peut être utilisé qu'en application d'un accord professionnel national (c. trav. art. L. 5123-6). Cet accord doit notamment préciser (c. trav. art. R. 5123-23) :
- les conditions à remplir par les salariés ;
- le montant des allocations et leurs modalités de versement ;
- les conditions de reprise d'activité dans l'entreprise des salariés concernés ;
- la période d'adhésion (elle ne doit pas dépasser 5 ans pour que le dispositif bénéficie de l'aide de l'État).

Accord d'entreprise complémentaire - Un accord national professionnel ne suffit pas. Il faut également que l'employeur fixe, par le biais d'un accord d'entreprise, les mesures qu'il compte prendre en matière de gestion prévisionnelle de l'emploi, de développement des compétences de ses salariés et de leur adaptation à l'évolution de leur emploi (c. trav. art. R. 5123-24). Ces éléments sont essentiels, car ils conditionnent la prise en charge partielle des allocations de préretraite CATS par l'État.

L'accord détermine aussi le nombre maximal de bénéficiaires pour la période d'adhésion définie par l'accord national.

Convention tripartite - L'employeur doit conclure une convention avec l'État et l'organisme gestionnaire désigné par l'accord professionnel national pour gérer la préretraite CATS (c. trav. art. R. 5123-26).

Chaque année, l'employeur envoie à cet organisme une déclaration indiquant le nombre de salariés susceptibles d'adhérer au dispositif CATS pendant l'année à venir, répartis par âge, ainsi que ceux dont l'allocation peut donner lieu à une prise en charge partielle de l'État (c. trav. art. R. 5123-27).

▶ Attention... Le revenu de remplacement versé au salarié ne peut pas faire l'objet d'une prise en charge partielle par l'État si l'adhésion de l'intéressé n'est pas prévue dans la déclaration.

Il doit également, une fois par an, transmettre un état de réalisation des engagements et un bilan précisant le nombre de salariés ayant effectivement opté pour le dispositif.

Conditions relatives au salarié

Le salarié doit remplir les conditions suivantes (c. trav. art. R. 5123-29) :
- adhérer personnellement au dispositif de cessation d'activité au plus tôt à 55 ans et au plus tard avant son 65e anniversaire ;
- être titulaire d'un contrat de travail suspendu pendant la durée du versement effectif de l'allocation ;
- avoir été salarié de l'entreprise de manière continue pendant 1 an au moins avant son adhésion au dispositif ;
- avoir soit accompli 15 ans de travail à la chaîne ou de travail en équipes successives, soit travaillé habituellement 200 nuits ou plus par an pendant 15 ans (si le salarié est un travailleur handicapé à la date d'entrée en vigueur de l'accord professionnel national, cette condition ne s'applique pas : il doit simplement justifier d'au moins 40 trimestres valables pour la retraite, dans un ou plusieurs régimes de sécurité sociale de salariés) ;
- ne pas remplir les conditions donnant droit à une retraite à taux plein ;
- n'exercer aucune autre activité professionnelle ;
- ne pas bénéficier d'un avantage vieillesse à caractère viager acquis à titre personnel liquidé après l'entrée dans le dispositif, de l'allocation d'aide au retour à l'emploi (« allocations chômage ») ou de l'allocation de solidarité spécifique.

Les salariés qui pourraient bénéficier d'une retraite à taux plein avant l'âge légal de la retraite dans le cadre du dispositif de *retraite anticipée** « longues carrières » ne peuvent pas adhérer au dispositif (circ. DGEFP 2005-22 du 30 mai 2005, § II-2-1).

Allocation

Versement - Pendant la durée de la suspension de son contrat de travail, le salarié bénéficie d'une allocation dont le montant minimal est déterminé par l'accord professionnel (c. trav. art. R. 5123-30). L'allocation est versée, au nom de l'entreprise, par l'organisme gestionnaire.

Le versement est interrompu en cas de reprise d'une activité professionnelle ou à partir de l'âge légal de départ à la retraite, lorsque le bénéficiaire remplit les conditions requises pour une retraite à taux plein (c. trav. art. R. 5123-31).

Cotisations et contributions - Les allocations sont exonérées de cotisations patronales et salariales de sécurité sociale et des charges ayant la même assiette (c. trav. art. L. 5123-6 et L. 5422-10). Elles suivent le régime social des revenus de remplacement.

Si l'on s'en tient aux informations diffusées par le site Internet du réseau des URSSAF à l'heure où nous rédigions ces lignes, les allocations restent soumises :
- à la CSG/CRDS selon le taux applicable aux avantages de préretraite de 9,70 % (9,20 % + 0,50 %), mais après abattement d'assiette de 1,75 % ;
- à une cotisation maladie de 1,70 % ;
- à la contribution additionnelle de solidarité de l'autonomie (CASA) de 0,30 % (voir *Contribution additionnelle de solidarité pour l'autonomie**).

Les personnes fiscalement domiciliées hors de France, et de ce fait non assujetties à la CSG et à la CRDS, sont redevables d'une cotisation d'assurance maladie de 4,90 %.

Prise en charge par l'État - L'État participe au financement de l'allocation versée aux bénéficiaires ayant atteint 57 ans (c. trav. art. R. 5123-29, 3°). La participation de l'État est versée trimestriellement à terme échu à l'organisme gestionnaire désigné par l'accord national, au vu d'un justificatif du nombre de bénéficiaires.

▶ Attention... La participation de l'État n'est due qu'à partir du moment où le bénéficiaire atteint l'âge de 57 ans. En revanche, l'adhésion au dispositif peut se faire dès 55 ans.

Délai de carence - La participation de l'État n'est due qu'après l'expiration d'un délai courant à compter de la date de suspension du contrat de travail calculé en fonction de l'indemnité compensatrice de congés payés (c. trav. art. R. 5123-32, 1°).

Assiette de la prise en charge - L'assiette prise en compte pour la détermination de la participation de l'État est égale à l'allocation définie par l'accord national, dans la limite de 65 % du salaire de référence pour la part du salaire n'excédant pas le plafond de la sécurité sociale, à laquelle s'ajoutent 50 % du salaire de référence pour la part comprise entre 1 et 2 fois ce même plafond. Le salaire de référence est déterminé comme pour l'assurance chômage (c. trav. art. R. 5123-32, 2° et R. 5123-33).

Montant de la participation de l'État - La participation de l'État est égale à un pourcentage appliqué à l'assiette de la prise en charge, déterminé en fonction de l'âge du bénéficiaire à la date d'adhésion au dispositif (c. trav. art. R. 5123-32, 3° ; arrêté du 28 janvier 2005, JO du 29, texte 6) :
- 55 ans : taux de 20 % ;
- 56 ans : taux de 35 % ;
- 57 ans et plus : taux de 50 %.

Lorsque le bénéficiaire poursuit ou reprend une activité au sein de l'entreprise, l'âge pris en compte est augmenté de la durée calculée en équivalent temps plein de la ou des périodes de travail postérieures à l'adhésion du salarié (arrêté du 28 janvier 2005, JO du 29, texte 6).

Obligation déclarative - L'employeur est tenu d'effectuer une déclaration annuelle relative aux préretraites et aux cessations anticipées d'activité (voir *Déclaration de départ des salariés âgés**).

Sort du contrat de travail

Le contrat de travail du salarié n'est pas rompu, mais simplement suspendu. Le seul fait que le salarié ne remplisse plus les conditions requises pour bénéficier de la préretraite (ex. : s'il peut bénéficier d'une pension de vieillesse à taux plein) n'entraîne pas la rupture du contrat de travail. Il faudra une action en ce sens (départ volontaire en retraite, mise à la retraite, licenciement, etc.).

RÉFÉRENCES

lettre-circ. ACOSS 2005-56 du 31 mars 2005 ; circ. DGEFP 2004-4 du 30 janvier 2004 ; circ. DGEFP 2002-55 du 13 décembre 2002 ; circ. DGEFP 2000-23 du 10 octobre 2000.

☞ *Contribution additionnelle de solidarité pour l'autonomie ; Contribution sociale généralisée (CSG sur revenus de remplacement) ; Déclaration de départ des salariés âgés.*

Préretraites (déclaration annuelle)

☞ *Déclaration de départ des salariés âgés.*

Prescription des cotisations

Cotisations URSSAF

Prescription des cotisations - Les cotisations sont prescrites par 3 ans à compter de la fin de l'année civile au titre de laquelle elles sont dues (c. séc. soc. art. L. 244-3).

Exemple
Des cotisations dues au titre de 2025 ne seront prescrites que le 31 décembre 2028.

Dans le cadre d'un contrôle URSSAF, le délai de prescription des cotisations et des contributions est suspendu pendant la période contradictoire (c. séc. soc. art. L. 244-3), c'est-à-dire la période pendant laquelle le cotisant peut faire valoir ses observations (voir *Contrôle URSSAF**).

Prescription des majorations et pénalités de retard - Les majorations de retard applicables aux cotisations versées tardivement (voir *Majorations et pénalités URSSAF**) se prescrivent par 3 ans à compter de la fin de l'année au cours de laquelle a eu lieu le paiement ou l'exigibilité des cotisations et contributions qui ont donné lieu à l'application desdites majorations (c. séc. soc. art. L. 244-3).

Les pénalités pour production tardive ou défaut de production des déclarations obligatoires de cotisations ou contributions sociales (voir *Majorations et pénalités URSSAF**) se prescrivent également par 3 ans à compter de la fin de l'année au cours de laquelle a eu lieu la production des déclarations ou, à défaut, la notification de l'avertissement ou de la *mise en demeure de l'URSSAF** (c. séc. soc. art. L. 244-3).

▶ À noter… Dans le cadre d'un contrôle URSSAF, le délai de prescription des majorations et des pénalités de retard est suspendu pendant la période contradictoire (c. séc. soc. art. L. 244-3), c'est-à-dire la période pendant laquelle le cotisant peut faire valoir ses observations (voir *Contrôle URSSAF**).

Prescription de l'action civile en recouvrement - Le délai de prescription de l'action civile en recouvrement des cotisations ou majorations de retard est de 3 ans à partir de l'expiration du délai de 1 mois imparti au cotisant par la mise en demeure (ou l'avertissement) pour régulariser sa situation (c. séc. soc. art. L. 244-8-1 ; cass. civ., 2e ch., 12 novembre 2020, n° 19-15239 FPBI).

La prescription de l'action civile en recouvrement des cotisations et majorations de retard ne doit pas être confondue avec celle de la créance elle-même.

▶ À noter… L'action civile en recouvrement signifie que l'organisme de recouvrement recourt à l'une des modalités de recouvrement offerte par le code de la sécurité sociale. La *contrainte** constitue la forme la plus utilisée.

Prescription de l'action en exécution d'une contrainte - Le délai de prescription de l'action en exécution d'une *contrainte** non contestée et devenue définitive est de 3 ans à compter de la date à laquelle la contrainte a été notifiée ou signifiée, ou un acte d'exécution signifié en application de cette contrainte (c. séc. soc. art. L. 244-9).

Délais de prescription allongés en cas d'infraction de travail illégal - Les délais de prescription ci-dessus mentionnés sont portés à 5 ans en cas d'infraction de *travail illégal** constatée par procès-verbal (c. séc. soc. art. L. 244-11).

Prescription du remboursement des cotisations indûment versées - Lorsque l'employeur a versé des cotisations qui n'étaient pas dues, il est en droit d'en réclamer le remboursement, en principe dans les 3 ans à compter de la date à laquelle les cotisations ont été acquittées (pour le détail, voir *Remboursement des cotisations indues**).

Cotisations chômage et AGS

Les *cotisations d'assurance chômage et d'AGS** sont recouvrées selon les règles et sous les garanties et sanctions applicables aux cotisations de sécurité sociale (c. trav. art. L. 5422-16).

En conséquence, les règles de prescription applicables sont donc celles prévues pour les cotisations URSSAF *(voir ci-dessus)*, y compris dans les situations où *France Travail** recouvre encore les contributions d'assurance chômage.

Cotisations retraite AGIRC-ARRCO

La prescription des cotisations de retraite complémentaire AGIRC-ARRCO est fixée à 5 ans (c. civ. art. 2224 ; c. com. art. L. 110-4). Ce délai court à compter de la date d'exigibilité des cotisations (circ. ARRCO-AGIRC 2008-15 du 12 décembre 2008).

Les majorations de retard se prescrivent par 5 ans à compter de la date à laquelle les cotisations ont été payées (cass. soc. 20 février 1992, n° 88-17073, BC V n° 118) (voir aussi *Majorations et pénalités AGIRC-ARRCO**).

☞ *Exigibilité des cotisations URSSAF ; Remboursement des cotisations indues.*

Prescription des salaires

La prescription du salaire constitue la limite au-delà de laquelle le salarié ne peut plus réclamer en justice le paiement de salaires non versés.

Délai de prescription de l'action en paiement des salaires

Délai de 3 ans - L'action en paiement ou en répétition du salaire se prescrit par 3 ans à compter du jour où celui qui l'exerce a connu ou aurait dû connaître les faits lui permettant de l'exercer (c. trav. art. L. 3245-1).

Ainsi, l'action en paiement du salaire peut porter sur les sommes dues au titre des 3 dernières années à compter de ce jour.

Lorsque le contrat de travail est rompu, l'action en rappel de salaires s'étend aux sommes dues au titre des 3 années précédant la rupture du contrat.

Ce délai est aussi applicable à l'employeur en cas de d'action en remboursement d'un trop perçu par le salarié (voir *Erreur de paye**).

▶ À noter... Le délai de prescription était de 5 ans du 19 juin 2008 au 16 juin 2013. Le délai de prescription de 3 ans s'est appliqué aux situations en cours au 14 juin 2013, sans que la durée totale de prescription ne puisse dépasser la durée de 5 ans prévue antérieurement. Les instances introduites avant la promulgation de la loi se sont poursuivies et ont été jugées conformément à la loi ancienne, y compris en appel et en cassation, et restaient donc soumises au délai de 5 ans (loi 2013-504 du 14 juin 2013, art. 21-V, JO du 16). Toutefois ce dispositif transitoire ne s'applique pas et la prescription est de 3 ans si le salarié agit en justice plus de 3 ans après le 16 juin 2013 (entrée en vigueur du nouveau dispositif) (cass. soc. 9 décembre 2020, n° 19-12788 FSPB ; cass. soc. n° 22-20366 10 janvier 2024 FSB).

En fonction de la nature de la créance - Selon la Cour de cassation, la durée de la prescription est déterminée par la nature de la créance qui fait l'objet de la demande. Ainsi les demandes de rappel de salaire ont une nature salariale et sont soumises à la prescription de 3 ans même lorsqu'elles sont émises dans le cadre d'actions en rupture d'égalité de traitement ou afférentes à l'exécution du contrat de travail.

Impossibilité de réduire ou d'allonger le délai - Il est impossible de réduire ou d'allonger le délai de prescription prévu pour les actions en paiement du salaire et, plus généralement, tout ce qui est payable par année ou à des termes périodiques plus courts (c. civ. art. 2254, al. 3).

Exemples de prescriptions

Demande du salarié	Prescription
Demande de rappel de salaire liée à atteinte au principe d'égalité de traitement	Prescription de 3 ans (et non de 5 ans liée aux cas de discrimination) cass. soc. 30 juin 2021, n° 20-12960 FSB
Demande de rappel de salaire fondée sur une contestation de la classification professionnelle et sur la requalification du contrat à temps partiel en contrat à temps plein	Prescription de 3 ans (et non de 2 ans liée aux actions afférentes à l'exécution du contrat de travail) cass. soc. 30 juin 2021, n° 19-10161 FSB ; cass. soc. 4 novembre 2021, n° 19-18908 D
Demande de rappel de salaire fondée sur l'invalidité d'une convention de forfait en jours	Prescription de 3 ans cass. soc. 30 juin 2021, n° 18-23932 FSB
Demande de versement de sommes au titre de la monétisation d'un compte épargne-temps	Prescription de 3 ans cass. soc. 30 juin 2021 n° 19-14543 FSB
Demande de paiement d'heures supplémentaires fondée sur la requalification du statut de cadre dirigeant en statut de cadre	Prescription de 3 ans (et non de 2 ans applicable à une action portant sur l'exécution ou la rupture du contrat de travail) cass. soc. 4 décembre 2024, n° 23-12436 FSB
Demande en paiement d'une somme au titre de la participation aux résultats de l'entreprise	Prescription de 2 ans liée à l'exécution du contrat de travail (et non de 3 ans car cette somme n'a pas une nature salariale) cass. soc. 13 avril 2023, n° 21-22455 FS
Action pour défaut d'affiliation au régime de prévoyance complémentaire d'entreprise	Prescription de 5 ans de droit commun cass. soc. 26 juin 2024, n° 22-17240 FB
Action en reconnaissance d'une situation de coemploi	Prescription de 5 ans de droit commun cass. soc. 15 janvier 2025, n° 23-11765 FSB

Frais professionnels - Les *frais professionnels** se prescrivent par 2 ans (cass. soc. 20 novembre 2019, n° 18-20208 FSPB). Dans cet arrêt, la Cour de cassation est revenue sur sa jurisprudence antérieure, dans laquelle elle considérait que les frais professionnels se prescrivaient par 3 ans, comme les salaires (cass. soc. 12 juillet 2006, n° 04-48687, BC V n° 242).

Point de départ du délai de prescription - Le délai de prescription commence à courir à partir du jour où le titulaire d'un droit a connu, ou aurait dû connaître, les faits lui permettant d'exercer ce droit (c. trav. art. L. 3245-1), la prescription se comptant en jours, et non en heures (c. civ. art. 2228).

Exemple

Lorsque la situation de coemploi a été révélée par la découverte d'une fraude, le point de départ de la prescription de l'action en reconnaissance du coemploi et des demandes salariales et indemnitaires associées à cette action, est la date à laquelle le salarié a été informé de la fraude, à savoir la date à laquelle le procureur de la République a fait citer l'employeur devant le tribunal correctionnel, dans le cadre d'une procédure pénale dans laquelle la salariée s'est constituée partie civile (cass. soc. 15 janvier 2025, n° 23-11765 FSB).

Les 3 ans commencent à courir à partir de chaque échéance de paye pour le montant du salaire dû à cette date (cass. soc. 26 septembre 1990, n° 87-41629 D ; cass. soc. 9 décembre 2009, n° 08-40560 D).

Concernant les salaires, les juges ont précisé (cass. soc. 14 novembre 2013, n° 12-17409, BC V n° 271) :
- que le délai de prescription des salaires court à compter de la date à laquelle la créance salariale est devenue exigible ;
- que la date d'exigibilité du salaire correspond à la date habituelle du paiement des salaires en vigueur dans l'entreprise ;
- et que l'exigibilité concerne l'intégralité du salaire afférent au mois considéré.

Exemple

Si la date habituelle de paiement des salaires est le 25 du mois et si un salarié a engagé une action en justice le 20 décembre 2024, il peut remonter jusqu'à 3 années en arrière, soit jusqu'au 20 décembre 2021, et réclamer les salaires de décembre. En effet, il n'y a pas prescription pour ces salaires puisqu'ils étaient exigibles le 25 décembre 2021. Par ailleurs, la totalité du salaire de décembre 2021 est due.

Les salariés ne peuvent pas demander le paiement d'une prime d'ancienneté ou d'un rappel de salaire sous couvert de dommages-intérêts pour échapper au délai de prescription qui leur était applicable (cass. soc. 23 novembre 2017, n° 15-24304 D ; cass. soc. 28 mars 2018, n° 12-28606, BC V n° 58).

▶ Attention… Ne pas mentionner la bonne convention collective sur les bulletins de paye entraîne un report du délai de prescription pour les éléments de salaire conventionnels. En effet, la prescription court à compter du jour où celui qui exerce une action en justice (par hypothèse, le salarié) a connu ou aurait dû connaître les faits lui permettant de l'exercer. Dans cette situation, le point de départ du délai de prescription se situe donc à la date à laquelle est rendue la décision de justice permettant aux salariés de connaître la convention collective qui leur est réellement applicable (cass. soc. 25 septembre 2013, n° 11-27693, BC V n° 206).

Point de départ du délai de prescription pour les congés payés - Pour l'*indemnité de congés payés**, le point de départ du délai de prescription est la date d'expiration de la période légale ou conventionnelle au cours de laquelle les congés auraient dû être pris (cass. soc. 4 décembre 1996, n° 93-46408, BC V n° 416 ; cass. soc. 12 mars 2002, n° 99-42993 D ; cass. soc. 14 novembre 2013, n° 12-17409, BC V n° 271 ; cass. soc. 7 octobre 2015, n° 14-12122 D).

Dans un arrêt de principe du 13 septembre 2023, la Cour de cassation a toutefois précisé que le délai de prescription de l'indemnité de congé payé ne peut commencer à courir que si l'employeur a pris les mesures nécessaires pour permettre au salarié d'exercer effectivement son droit à congé payé. Elle considère désormais que, lorsque l'employeur oppose une fin de non-recevoir tirée de la prescription des congés payés, le point de départ du délai de prescription de l'indemnité de congé payé doit être fixé à l'expiration de la période légale ou conventionnelle au cours de laquelle les congés payés auraient pu être pris, dès lors que l'employeur justifie avoir accompli les diligences qui lui incombent légalement afin d'assurer au salarié la possibilité d'exercer effectivement son droit à congé (cass. soc. 13 septembre 2023, n° 22-11106 FPBR).

Dans ce même arrêt, elle a aussi rappelé qu'il appartient à l'employeur de prendre les mesures propres à assurer au salarié la possibilité d'exercer effectivement son droit à congé, et, en cas de contestation, de justifier qu'il a accompli à cette fin les diligences qui lui incombaient légalement (cass. soc. 13 juin 2012, n° 11-10929, BC V n° 187 ; cass. soc. 21 septembre 2017, n° 16-18898, BC V n° 159).

La Cour de cassation s'est ainsi mise en conformité avec le droit européen et la jurisprudence de la Cour de justice de l'Union européenne selon lequel la prescription ne peut être opposée au salarié par un employeur qui a omis de mettre le salarié en mesure d'exercer effectivement son droit au congé annuel payé (CJUE 22 septembre 2022, aff. C- 120/21, points 45 et 48).

Incidents interrompant la prescription - La prescription peut être interrompue par différents moyens, notamment par :
- la saisine du conseil de prud'hommes (même s'il est incompétent) (c. civ. art. 2241 ; cass. soc. 8 avril 2010, n° 08-43599, BC V n° 94 ; cass. soc. 9 juin 2022, n° 20-16992 FSB ; cass. soc. 14 novembre 2024, n° 22-17438 FB) et même si certaines demandes ne sont présentées qu'ultérieurement en cours d'instance (cass. soc. 26 mars 2014, n° 12-10202, BC V n° 88) ;
- la reconnaissance de dette par l'employeur, par exemple dans un courrier (c. civ. art. 2240 ; cass. soc. 22 octobre 1996, n° 93-44148, BC V n° 340) ;
- la saisie ;
- le commandement de payer.

En revanche, une lettre recommandée du salarié à son employeur ne suffit pas pour interrompre la prescription (cass. soc. 16 janvier 1985, n° 83-44720 D). Le fait, pour l'employeur, de répondre au salarié que la situation va être réglée mais de ne rien faire, n'interrompt pas, non plus, le cours du délai de prescription (cass. soc. 8 avril 2010, n° 08-43599, BC V n° 94).

Délai butoir de 20 ans - Le report du point de départ, la suspension ou l'interruption de la prescription ne peut pas avoir pour effet de porter le délai de prescription au-delà de 20 ans à compter de la naissance du droit (c. civ. art. 2232).

Épargne salariale : fonds en déshérence

Lorsqu'un bénéficiaire ne peut être atteint à la dernière adresse indiquée par lui, l'entreprise doit tenir à sa disposition les sommes auxquelles il a droit au titre de l'*intéressement**, de la *participation aux résultats** ou d'un *plan d'épargne d'entreprise** pendant une durée d'un an, à compter de la date limite de versement (intéressement) ou de la date d'expiration du délai de blocage (participation, plans d'épargne) (c. trav. art. D. 3313-11, D. 3324-37 et R. 3332-30).

Si les sommes ne sont pas réclamées dans ce délai d'un an, elles sont remises à la Caisse des dépôts et consignations.

Le bénéficiaire (ou ses ayants droit) dispose alors d'un délai de 20 ans pour les réclamer (27 ans en cas de décès du bénéficiaire) (c. trav. art. D. 3313-11, D. 3324-37 et R. 3332-30 ; c. mon. et fin. art. L. 312-20, III). Passé ce délai, les sommes sont versées au fonds de réserve pour les retraites.

Le délai de 20 ans (ou 27 ans en cas de décès) s'applique depuis le 1er janvier 2016. Jusqu'au 31 décembre 2015, il était fixé à 30 ans.

Prêt aux salariés

L'employeur peut accorder des prêts aux salariés, sous réserve de respecter certaines règles. Il peut s'agir soit d'un prêt tout à fait exceptionnel, soit dans certaines entreprises habilitées à accorder des prêts (banque, par exemple), de prêts accordés dans des conditions préférentielles par rapport à celles accordées à la clientèle (taux inférieurs à ceux du marché, etc.).

Octroi d'un prêt

Prêt pour des considérations d'ordre social - Sauf si l'entreprise est un organisme financier, l'employeur ne peut accorder un prêt à un salarié qu'à titre exceptionnel et pour des motifs d'ordre social (c. mon. et fin. art. L. 511-6, 3°).

Si des intérêts sont prévus, ceux-ci ne peuvent pas dépasser le taux d'usure publié au Journal officiel (c. consom. art. L. 314-6, L. 341-50 et D. 314-15).

Le prêt peut aussi être consenti sans intérêts, pour un motif indépendant de la relation de travail.

Rédiger un contrat de prêt - Il est recommandé de rédiger un contrat de prêt écrit avec le salarié concerné en se référant aux clauses habituelles à ce type de contrat (taux d'intérêt, tableau d'amortissement, conditions d'exigibilité anticipée, etc.).

Juridiquement, l'écrit n'est obligatoire, pour un prêt avec intérêts, que si le taux d'intérêt est différent du taux légal (c. civ. art. 1907) ou, pour un prêt sans intérêts, que si la somme prêtée dépasse 1 500 € (c. civ. art. 1359 ; décret 80-533 du 15 juillet 1980, art. 1, modifié par décret 2004-836 du 20 août 2004, art. 56, JO du 22, puis par décret 2016-1278 du 29 septembre 2016, art. 1, JO du 30).

Déclaration d'un prêt à l'administration fiscale

Le prêt n'est pas imposable, mais si son montant en principal est égal ou supérieur à 5 000 € (760 € avant le 27 septembre 2020), le salarié doit le déclarer à l'administration fiscale via le formulaire 2062 qui sera joint à sa déclaration de revenus. Si dans l'année le salarié a eu plusieurs prêts inférieurs à 5 000 €, mais dont le montant global est égal ou supérieur à ce seuil, il doit également déclarer ces prêts (CGI, ann. III, art. 49 B, 2 ; CGI, ann. IV, art. 23 L ; BOFIP-RPPM-PVBMI-40-30-65-§ 30-15/07/2013).

Si l'employeur a consenti des prêts à différents salariés, pour des montants à chaque fois inférieurs à 5 000 € mais dont les sommes additionnées donnent un résultat supérieur ou égal à cette somme, c'est l'employeur qui fait cette déclaration. Elle est jointe à sa déclaration de revenus s'il s'agit d'un particulier, ou à sa déclaration de résultats, s'il s'agit d'une entreprise soumise à l'IS ou à l'impôt sur le revenu dans la catégorie des BIC, des BNC ou des BA (BOFIP-RPPM-PVBMI-40-30-65-§ 180-15/07/2013).

Remboursement du prêt

Pratique des mensualités prélevées sur le salaire - Le remboursement du prêt dépend largement de la qualification qui lui est donnée. Or, sauf dans le cas où employeur et salarié ont pris la peine de formaliser leur accord à travers un classique contrat de prêt, l'hésitation est permise.

La solution la plus tentante pour l'entreprise est de retenir directement sur le bulletin de salaire les mensualités du prêt consenti.

Cette attitude est loin d'être prudente au regard de la réglementation en matière de *compensation**, notamment si la rémunération du salarié varie (absences, etc.).

Possible avance sur salaire - Dans les rares affaires tranchées par la Cour de cassation en la matière, les juges ont à deux reprises assimilé le prêt à une avance sur salaire du point de vue de la possibilité de compensation (cass. soc. 7 décembre 1989, n° 87-42430, BC V n° 701 ; cass. soc. 5 mai 1993, n° 90-40801, BC V n° 125). En pratique, une telle solution signifie que l'employeur peut seulement retenir de sa propre autorité un maximum de 10 % du salaire net exigible sur le bulletin de paye (c. trav. art. L. 3251-3) (voir *Avance sur salaire**). Cette restriction concerne néanmoins le seul salaire au sens strict : la compensation pourrait se faire intégralement avec des sommes ayant la nature de dommages-intérêts.

Toutefois, les juges se sont prononcés ainsi dans des circonstances où les prêts consentis ressemblaient fort à des avances sur salaire (absence de taux d'intérêt, etc.). À notre sens, dès que l'on est en présence d'une avance sur salaire, il est préférable de la qualifier ainsi dès le départ, pour clarifier le régime applicable et éviter toute confusion.

« Véritables » prêts - La solution est différente en présence d'un « véritable » prêt, distinct du contrat de travail.

Selon la Cour de cassation, la créance de l'employeur résultant d'un prêt consenti à un salarié dans le cadre d'une convention distincte du contrat de travail pour une durée spécifique ne constitue pas une avance sur salaire. La compensation avec le salaire est possible, mais uniquement dans la limite de la fraction saisissable (cass. soc. 15 janvier 2014, n° 12-19739 D) (voir *Saisie des rémunérations**).

En pratique, lorsqu'un employeur consent un prêt à un salarié, le plus prudent est d'établir un acte distinct, en prévoyant les modalités et les échéances de remboursement (contrat de prêt, avec tableau d'amortissement, éventuel taux d'intérêt, etc.). Par exemple, il est possible d'éviter l'écueil de la *compensation** en prévoyant des remboursements par chèque ou virement automatique du salarié suivant un tableau d'amortissement (aucune retenue n'apparaît alors sur le bulletin de paye).

Sort du prêt à la rupture du contrat de travail - Selon la jurisprudence, le salarié emprunteur est considéré comme un consommateur et protégé à ce titre. Une clause du contrat qui impose le remboursement anticipé de la totalité du prêt en cas de rupture du contrat de travail est donc interdite (CJUE, 19 mars 2019, C-590/17 ; cass. 1re civ. 5 juin 2019, n° 16-12519 FSPBI ; c. consom. art. L. 212-1).

▶ À noter... La Cour de cassation a ainsi mis fin à sa jurisprudence précédente par laquelle elle tolérait que l'employeur et le salarié puissent prévoir dans le contrat de prêt une clause de remboursement anticipé en cas de rupture du contrat de travail (cass. civ., 1re ch., 9 mai 1994, n° 92-15063, BC I n° 171 ; cass. soc. 4 décembre 2002, n° 00-45550 D).

Régime social du prêt

En principe, pas de cotisations - En principe, les prêts sont exonérés de cotisations s'ils sont stipulés remboursables en totalité.

L'employeur peut consentir un prêt à taux préférentiel (sans taux d'intérêt) à un salarié, sans que l'économie ainsi réalisée par l'intéressé soit assujettie à cotisations, s'il s'agit d'un « secours ». En effet, les secours attribués en considération de situations individuelles particulièrement dignes d'intérêt sont exclus de l'assiette des cotisations de sécurité sociale (cass. civ., 2e ch., 12 mars 2020, n° 19-13341 FPBI).

Attention aux prêts non remboursables - Lorsque le contrat prévoit une dispense de remboursement, le prêt, quelle que soit sa dénomination (prêt, subvention, etc.), est considéré comme une avance à fonds perdu et constitue un avantage soumis à cotisations (cass. soc. 14 mai 1975, n° 73-14938, BC V n° 261 ; rép. Richards n° 2793, JO 26 juin 1963, AN quest. p. 3726).

Protection des débiteurs

Pour éviter le surendettement des particuliers, le juge peut prononcer la suspension provisoire des procédures d'exécution sur les dettes du salarié. Dans ce cas, l'employeur doit cesser de retenir sur le salaire les remboursements du prêt.

☞ *Avance sur salaire ; Banques (avantages accordés par les) ; Compensation.*

Preuve des heures travaillées

☞ *Durée du travail.*

Prévoyance complémentaire

La prévoyance complémentaire (frais de santé, assurance décès, etc.) se matérialise par des avantages sociaux s'ajoutant à ceux prévus par les régimes de base de la sécurité sociale. La principale difficulté, en paye, a trait aux régimes social et fiscal à appliquer aux contributions qui financent les régimes de prévoyance complémentaire.

Contexte légal

Prévoyance lourde - Le seul régime de prévoyance complémentaire d'origine conventionnelle obligatoire pour tous les employeurs est le régime d'assurance décès complémentaire des cadres (voir *Cotisation d'assurance décès**) (ANI du 17 novembre 2017 sur la prévoyance des cadres, étendu et élargi par arrêté du 27 juillet 2018, JO 14 août, texte 8).

Hormis ce cas, tout dépend des conventions et accords collectifs applicables. Les situations sont donc variables selon les entreprises.

Prévoyance « frais de santé » - Les salariés doivent en principe tous avoir accès à une couverture santé collective et obligatoire minimale [voir *Prévoyance « frais de santé » (socle minimal)**].

Couvertures variables selon les entreprises - Hormis ces obligations légales, tout dépend des conventions et accords collectifs applicables ainsi que des dispositifs de protection sociale complémentaire mis en place par chaque employeur.

Les garanties mises en place ainsi que l'étendue des couvertures sont donc très variables selon les entreprises.

Contributions bénéficiant d'un régime social et fiscal de faveur

Rappel - Sous conditions, les contributions de prévoyance complémentaire bénéficient de régimes social et fiscal de faveur.

Sur le plan social, les contributions patronales (y inclus aux garanties « frais de santé ») sont exonérées de cotisations de sécurité sociale et des charges ayant la même assiette dans une certaine limite [voir *Cotisations de retraite et de prévoyance (régime social)**].

Sur le plan fiscal, les contributions salariales ainsi que les contributions patronales sont déductibles dans une certaine limite. Par exception, les contributions patronales finançant des régimes « frais de santé » sont imposables dès le premier euro [voir *Cotisations de retraite et de prévoyance (régime fiscal)**].

Conditions du régime de faveur - Certaines des conditions du régime social et fiscal de faveur sont communes aux régimes de prévoyance complémentaire et de retraite supplémentaire : caractère collectif et obligatoire, modalités de mise en place, etc. (pour le détail, voir *Régimes de retraite supplémentaire et de prévoyance complémentaire**).

D'autres conditions, ici exposées, sont spécifiques aux régimes de prévoyance complémentaire.

Conditions tenant aux prestations

Nature des prestations de prévoyance complémentaire - Les contributions patronales doivent financer des prestations complémentaires à celles servies par les régimes de base de sécurité sociale à affiliation légalement obligatoire destinées à couvrir le risque décès, les risques portant atteinte à l'intégrité physique de la personne ou liés à la maternité, les risques d'incapacité de travail ou d'invalidité, les risques d'inaptitude ou de chômage (BOSS, Protection sociale complémentaire, § 270, 01/01/2025 ; BOFiP-RSA-BASE-30-10-20-§ 240-21/06/2017).

Le caractère de « prestations de prévoyance complémentaire » s'apprécie prioritairement par rapport à l'existence d'un lien avec les risques couverts par les régimes de base de sécurité sociale (BOSS, Protection sociale complémentaire, § 290, 01/01/2025).

Exemple

Une allocation versée à l'occasion d'une naissance constitue bien une prestation de prévoyance complémentaire, puisqu'elle peut être rattachée au risque maternité. Le même raisonnement vaut pour une allocation versée en cas d'adoption. En revanche, une allocation versée en cas de mariage n'est pas une prestation de prévoyance complémentaire (BOSS, Protection sociale complémentaire, § 290, 01/01/2025).

En pratique, et quelle que soit leur dénomination, sont visés (BOSS, Protection sociale complémentaire, §§ 290 et s., 01/01/2025) :
- les capitaux-décès et les allocations d'obsèques ;
- les rentes de conjoint survivant ;
- les rentes d'orphelin ;
- les rentes ou capitaux d'invalidité ;
- les remboursements de frais de santé ;
- les *indemnités journalières complémentaires** qui interviennent postérieurement aux périodes pendant lesquelles l'employeur est tenu d'assurer un maintien de salaire en application de la loi (c. trav. art. L. 1226-1) ou d'une convention ou d'un accord collectif (BOSS, Protection sociale complémentaire, § 290, 01/01/2025).

▶ À noter… Le risque chômage est en théorie visé, mais en pratique ne l'est pas.

Primes d'assurance visant à couvrir le maintien de salaire prévu par la loi ou un accord collectif - Compte tenu de la définition des opérations de prévoyance complémentaire *(voir ci-dessus)*, les primes versées par les entreprises à des organismes assureurs afin d'assumer l'obligation de maintien de salaire qui leur incombe en vertu du code du travail (c. trav. art. L. 1226-1) ou d'un accord collectif ne constituent pas une contribution au financement d'un régime de prévoyance complémentaire (circ. DSS 2007-77 du 23 février 2007).

Elles sont donc exonérées de cotisations de sécurité sociale et ne doivent pas être prises en compte dans la comparaison avec les limites d'exonération des contributions patronales. Elles échappent également à la *CSG**, à la *CRDS** et, à notre sens, au *forfait social**, par analogie avec l'ancienne taxe de prévoyance de 8 % (circ. DSS 2007-77 du 23 février 2007).

La logique voudrait, à notre sens, que le même raisonnement puisse s'appliquer au plan fiscal pour l'impôt sur le revenu. Cette lecture s'entend sous réserve de la position de l'administration fiscale qui, à notre connaissance, ne s'est pas expressément prononcée sur ce point.

Allocation forfaitaire versée en cas d'hospitalisation - Une allocation forfaitaire versée en cas d'hospitalisation est une prestation de prévoyance complémentaire si elle est destinée à couvrir des frais non pris en charge par l'assurance maladie (ex. : forfait hospitalier, chambre individuelle) (BOSS, Protection sociale complémentaire, § 290, 01/01/2025).

En revanche, si cette allocation est versée sans contrepartie de frais restant à la charge de l'assuré, elle ne constitue pas une prestation de prévoyance complémentaire.

Garanties d'assistance - Les garanties d'assistance constituent des prestations de prévoyance complémentaire lorsqu'elles sont directement liées à des situations d'hospitalisation, d'incapacité, d'invalidité ou de décès (BOSS, Protection sociale complémentaire, § 300, 01/01/2025). Ces prestations peuvent avoir pour objet :
- soit d'offrir aux assurés des prestations de nature médicale (mise à disposition d'un véhicule médical, envoi d'un médecin ou d'un infirmier, etc.) ou d'en faciliter la délivrance (délivrance de médicaments à domicile, acheminement de médicaments à l'étranger, etc.) ;
- soit de garantir des prestations similaires à celles admises dans le cadre des contrats couvrant le risque dépendance (aide ménagère, aide familiale, adaptation du domicile).

À l'inverse, ne constitue pas une prestation de prévoyance complémentaire la couverture des frais de recherche et de secours en mer, sur terre, sur piste ou en montagne (BOSS, Protection sociale complémentaire, § 310, 01/01/2025).

▶ À noter… Il est néanmoins admis que, lorsqu'un petit nombre de garanties d'assistance est indissociable d'un ensemble couvrant des garanties éligibles à l'exclusion d'assiette et que la contribution patronale correspondante est inférieure à 10 € par an et par salarié, cette contribution peut bénéficier de l'exclusion d'assiette (BOSS, Protection sociale complémentaire, § 320, 01/01/2025).

Risque lié au retrait du permis de conduire ou à la perte de la licence des pilotes ou sportifs - La couverture du risque d'inaptitude professionnelle, constitué par le retrait du permis de conduire ou la perte de licence des pilotes ou sportifs, s'analyse comme une prestation de prévoyance complémentaire si elle répond à certains critères (BOSS, Protection sociale complémentaire, § 330, 01/01/2025) :
- limitation au retrait pour raisons médicales ;

- bénéfice de la prestation subordonné à certaines conditions.

Exemple
Constitue une contribution de l'employeur au financement de prestations de prévoyance complémentaire celle visant à garantir une rente susceptible d'être transformée en capital allouée à un ancien joueur se trouvant en situation d'inaptitude permanente et totale de pratiquer le rugby pour raison de santé (cass. civ., 2e ch., 6 juillet 2017, n° 16-17959 FPB ; BOSS, Protection sociale complémentaire, § 340, 01/01/2025).

Prestations dépendance ou destinées aux proches aidants - Sont aussi assimilées à des contributions de l'employeur au financement de prestations complémentaires de prévoyance les contributions destinées (BOSS, Protection sociale complémentaire, §§ 10, 270 et 350, 01/01/2025) :
- au financement de prestations dépendance, visant à faire face à la perte d'autonomie, au profit du salarié, de son conjoint, de son ayant droit ;
- ou à maintenir un revenu pour les personnes aidantes.

▶ À noter... La dépendance se caractérise par l'impossibilité d'accomplir seul des actes de la vie quotidienne (se lever, se laver, s'habiller, préparer les repas, etc.) (BOSS, Protection sociale complémentaire, § 350, 01/01/2025).

La prestation dépendance peut notamment prendre la forme d'une prestation en espèces, mais également celle d'une prise en charge du financement d'une aide à domicile, de l'aménagement du domicile ou bien encore de l'accueil en établissement spécialisé (BOSS, Protection sociale complémentaire, § 350, 01/01/2025).

Prestation non conforme - Lorsqu'une prestation n'entre pas dans le champ de la prévoyance complémentaire, la contribution patronale qui la finance est soumise à cotisations. L'organisme assureur doit alors fournir à l'employeur les éléments permettant de distinguer la part de cotisation finançant cette prestation (BOSS, Protection sociale complémentaire, § 280, 01/01/2025).

Sur le plan fiscal, la contribution salariale n'est pas déductible, tandis que la contribution patronale constitue un revenu imposable.

Prévoyance « frais de santé » : les contrats responsables

Pour ouvrir droit aux exonérations sociales et fiscales, les garanties portant sur le remboursement ou l'indemnisation de frais de soins occasionnés par une maladie, une maternité ou un accident (i.e garanties « frais de santé ») ne doivent pas prendre en charge certaines dépenses et, au contraire, en couvrir d'autres (c. séc. soc. art. L. 242-1, II, 4°, b et L. 871-1). C'est ce que l'on appelle les « contrats responsables ».

Si ces conditions ne sont pas respectées, les contributions patronales au financement de ces garanties ne sont pas exonérées.

Pour le détail, voir *Prévoyance « frais de santé » (contrat responsable)**.

Autres contributions et taxes

CSG et CRDS - Les cotisations patronales de prévoyance complémentaire sont soumises à la *CSG** et à la *CRDS**, sans abattement d'assiette (c. séc. soc. art. L. 136-1-1, I et L. 136-2, I, 1°).

Forfait social - Les employeurs de 11 salariés et plus sont redevables du forfait social sur la part des contributions patronales de prévoyance complémentaire exclue de l'assiette des cotisations de sécurité sociale mais assujettie à CSG (voir *Forfait social**).

Taxe sur les salaires - La base d'imposition à la *taxe sur les salaires** est calculée comme pour la CSG sur les revenus d'activité (CGI art. 231). Pour les employeurs concernés, les contributions patronales de prévoyance complémentaire sont donc assujetties à la taxe.

Maintien des couvertures complémentaires « prévoyance » et « santé » au départ du salarié

En cas de rupture du contrat de travail ouvrant droit à la prise en charge par le régime d'assurance chômage (et sauf faute lourde), le salarié conserve pendant sa période de chômage, sous condition, le bénéfice des couvertures complémentaires « santé » et « prévoyance » appliquées par son ancienne entreprise [voir *Portabilité de la prévoyance complémentaire (dispositif légal)**].

RÉFÉRENCES

BOFiP-RSA-BASE-30-10-20-§§ 200 à 280-21/06/2017.

☞ *Cotisation d'assurance décès ; Cotisations de retraite et de prévoyance (régime fiscal) ; Cotisations de retraite et de prévoyance (régime social) ; Cotisations de retraite et de prévoyance (réintégration des excédents) ; Portabilité de la prévoyance complémentaire (dispositif légal) ; Prévoyance « frais de santé » (contrat responsable) ; Prévoyance « frais de santé » (socle minimal) ; Prévoyance « frais de santé » (versement santé) ; Régimes de retraite supplémentaire et de prévoyance complémentaire ; Régimes de retraite supplémentaire et de prévoyance complémentaire (caractère collectif) ; Régimes de retraite supplémentaire et de prévoyance complémentaire (caractère obligatoire) ; Régimes de retraite supplémentaire et de prévoyance complémentaire (suspension du contrat de travail).*

Prévoyance « frais de santé » (contrat responsable)

Rôle du cahier des charges des contrats responsables

Une des conditions du régime social et fiscal de faveur - Les régimes de prévoyance « frais de santé » se rapportent à des garanties portant sur le remboursement ou l'indemnisation de frais de soins occasionnés par une maladie, une maternité ou un accident.

Les contributions patronales finançant ces régimes bénéficient des régimes social et fiscal de faveur prévus par la réglementation sous réserve de répondre à diverses conditions (voir *Prévoyance complémentaire**).

Outre un caractère collectif et obligatoire, les garanties doivent couvrir certaines dépenses et, au contraire, ne pas en couvrir d'autres (c. séc. soc. art. L. 242-1, II, 4° b et L. 871-1).

C'est ce que l'on appelle les « contrats responsables », qui doivent être conformes à un cahier des charges précis.

Ne pas confondre avec la conformité au « socle minimal » - Les règles de conformité au « socle minimal » des régimes « frais de santé » [voir *Prévoyance « frais de santé » (socle minimal)**], qui consacre des droits au bénéfice des salariés, relèvent uniquement du champ de compétence de l'administration du travail et du juge prud'homal.

Ceci signifie, à notre sens, que si un régime respecte les conditions d'exemption de l'assiette des cotisations, mais n'est pas conforme au « socle minimal », l'employeur ne devrait pas être exposé à un redressement. En revanche, il engage sa responsabilité envers les salariés, qui peuvent l'attaquer devant le juge prud'homal (« risque droit du travail »).

Toutefois, l'accès à une couverture frais de santé minimale étant obligatoire, le *Bulletin officiel de la sécurité sociale (BOSS)** considère qu'aucune condition d'ancienneté ne peut être opposée au salarié (BOSS, Protection sociale complémentaire, § 1250, 01/01/2025). Un régime « frais de santé » qui prévoirait une telle condition d'ancienneté pourrait donc, dans cette lecture, perdre son régime social de faveur et donner lieu à un redressement URSSAF.

Prise en compte du dispositif « 100 % santé »

Ce que recouvre le « 100 % santé » - Le « 100 % santé » est un dispositif qui, en matière d'optique, de prothèses dentaires et d'audiologie, permet au patient d'accéder à des prestations pour lesquelles, après remboursement de la sécurité sociale et des organismes complémentaires, il n'a rien à payer (loi 2018-1203 du 22 décembre 2018, art. 51, JO du 23).

Ce dispositif repose sur :
- une prise en charge renforcée par l'assurance maladie des soins concernés et, à l'inverse, la possibilité d'abaisser la prise en charge de ceux ne faisant pas partie du panier « 100 % santé » (c. séc. soc. art. L. 165-1, al. 2 et L. 165-2, I et II, 8°) ;
- une prise en charge obligatoire par les contrats responsables, de manière à ce qu'il n'y ait aucun reste à charge pour l'assuré (c. séc. soc. art. L. 871-1).

Adaptation du cahier des charges des contrats responsables - Le cahier des charges des contrats responsables a été adapté par décret au « 100 % santé » pour (c. séc. soc. art. R. 871-2 ; décret 2019-21 du 11 janvier 2019, JO du 12) :
- préciser les dépenses que les régimes « frais de santé » doivent prendre en charge intégralement, au-delà du remboursement de la sécurité sociale, en matière d'optique, d'audiologie et de prothèses dentaires ;
- et faire évoluer les plafonds de prise en charge de certains dispositifs médicaux hors panier « 100 % santé ».

Les régimes d'entreprise doivent donc prévoir des garanties prenant en charge intégralement les frais exposés en sus des tarifs de responsabilité de la sécurité sociale pour les soins du panier « 100 % santé », sauf à perdre le bénéfice des exonérations.

Rien n'empêche les contrats collectifs de prévoir des garanties hors panier « 100 % santé ». Mais pour ces garanties, le niveau de remboursement est alors encadré par les montants minimum et/ou maximum fixés par le cahier des charges des contrats responsables *(voir, par exemple, plus loin dans l'étude, pour les lunettes)*.

▶ À noter… Une instruction de la Direction de la sécurité sociale (DSS) a précisé les conditions que les régimes « frais de santé » doivent respecter pour bénéficier du régime social et fiscal de faveur attaché aux contrats responsables depuis la réforme du « 100 % santé » (instr. DSS 2019-116 du 29 mai 2019). La rubrique « protection sociale complémentaire » du *Bulletin officiel de la sécurité sociale (BOSS)** n'a pas repris l'intégralité de cette instruction, qui n'est donc pas abrogée et reste applicable sur les points non repris par le BOSS (BOSS, Protection sociale complémentaire, § 360, 01/01/2025).

Obligations liées au cahier des charges des contrats responsables

Panier minimal des garanties et plafonds de prise en charge - Sous réserve d'une participation forfaitaire, des franchises médicales et de certaines majorations, les régimes « frais de santé » doivent couvrir :
- l'intégralité du ticket modérateur pour l'ensemble des dépenses de santé (sauf exceptions) (c. séc. soc. art. R. 871-2, 1°) ;
- le forfait journalier hospitalier, sans limitation de durée (c. séc. soc. art. R. 871-2, 6°).

Les régimes « frais de santé » doivent aussi prendre charge intégralement les frais d'optique, de prothèses dentaires et d'audiologie lorsque les équipements choisis font partie du panier de soins « 100 % santé » (c. séc. soc. art. R. 871-2, 3°, 4° et 5°).

Des planchers et/ou des plafonds de prise en charge sont prévus pour certains postes de soins, lorsque le régime en assure la couverture :
- frais d'optique et frais d'aide auditive, pour les équipements choisis hors du panier « 100 % santé » (c. séc. soc. art. R. 871-2, 3° et 4°) ;
- dépassements tarifaires des médecins n'ayant pas adhéré à une option pratique tarifaire maîtrisée (OPTAM ou OPTAM-ACO) (c. séc. soc. art. R. 871-2, 2°).

Le tableau reproduit ci-après synthétise les critères à réunir pour qu'un régime frais de santé soit regardé comme responsable.

Prise en charge du ticket modérateur - Sous réserve d'une participation forfaitaire, les garanties « frais de santé » doivent couvrir à titre obligatoire l'intégralité de la participation de l'assuré (ticket modérateur) sur les tarifs servant de base à la prise en charge par l'assurance maladie obligatoire de la sécurité sociale (couramment appelés « tarifs de responsabilité » ou « tarifs opposables »), et ce pour l'ensemble des dépenses de santé remboursées (c. séc. soc. art. R. 871-2, 1° ; BOSS, Protection sociale complémentaire, § 400, 01/01/2025).

Parmi les postes de soins couverts obligatoirement au titre du ticket modérateur, figurent notamment les consultations et actes réalisés par les professionnels de santé (y compris ceux relatifs à la prévention, ceux délivrés dans le cadre d'un parcours de soins coordonné renforcé, ainsi que les séances d'accompagnement psychologiques), les médicaments dont la prise en charge par la sécurité sociale est fixée à 65 %, les soins dentaires (y compris les soins prothétiques dentaires et d'orthopédie dento-faciale), les frais d'acquisition des équipements d'optique médicale ainsi que les frais d'acquisition des aides auditives (y compris consommables, piles et accessoires pris en charge par la sécurité sociale).

Par exception, la prise en charge du ticket modérateur n'est pas obligatoire pour les frais de cure thermale, pour les dépenses de médicaments dont la prise en charge par l'assurance maladie est fixée à 15 % ou à 30 % ainsi que pour les spécialités et les préparations homéopathiques (c. séc. soc. art. R. 871-2, 1°).

Frais d'hospitalisation et forfait journalier hospitalier - Les garanties des contrats responsables couvrent (c. séc. soc. art. R. 871-2, 1° et 6° ; BOSS, Protection sociale complémentaire, § 420, 01/01/2025) :
- l'intégralité du ticket modérateur sur les frais d'hospitalisation avec ou sans hébergement, y compris la participation forfaitaire minimale de 24 €, ainsi que sur les consultations et actes externes des établissements de santé ;
- l'intégralité du forfait journalier « hospitalier » (20 €/jour ; 15 €/jour en service de psychiatrie), sans limitation de durée ;
- le forfait patient urgences (19,61 € en principe, 8,41 € pour certaines personnes), dû par les assurés en cas de passage dans une structure des urgences non suivi d'hospitalisation.

L'obligation de couverture du forfait journalier « hospitalier » sans limitation de durée vise uniquement le forfait journalier facturé par les établissements de santé. Il ne concerne pas celui facturé par les établissements médico-sociaux comme les maisons d'accueil spécialisées (MAS) ou les établissements d'hébergement pour personnes âgées dépendantes (EHPAD) (instr. DSS 2019-116 du 29 mai 2019, § II-A-2).

Dépassements d'honoraires des médecins non-adhérents à une option pratique tarifaire maîtrisée - Le niveau de prise en charge des dépassements d'honoraires des médecins ayant adhéré à une option pratique tarifaire maîtrisée (OPTAM ou OPTAM-ACO) prévue par la convention nationale médicale n'est pas plafonné (instr. DSS 2019-116 du 29 mai 2019, § II-B-1).

En revanche, la prise en charge est doublement plafonnée si le contrat propose la prise en charge des dépassements d'honoraires des médecins qui ne sont pas adhérents à l'un de ces dispositifs de pratique tarifaire maîtrisée (c. séc. soc. art. R. 871-2, 2°). Dans cette hypothèse, la prise en charge du dépassement ne peut dépasser :
- ni 100 % du tarif de responsabilité de la sécurité sociale ;
- ni la prise en charge proposée par le même contrat pour les dépassements d'honoraires de médecins qui adhèrent aux dispositifs de pratique tarifaire maîtrisée, diminuée de 20 % du tarif de responsabilité de la prestation faisant l'objet de la prise en charge.

Le contrat peut prévoir que seuls les dépassements d'honoraires facturés au titre de certains actes techniques et cliniques font l'objet d'une prise en charge (BOSS, Protection sociale complémentaire, § 450, 01/01/2025).

▶ Attention… Un contrat qui couvrirait uniquement la prise charge des dépassements d'honoraires des médecins n'ayant pas adhéré à un dispositif de pratique tarifaire maîtrisée n'est pas considéré comme responsable (BOSS, Protection sociale complémentaire, § 470, 01/01/2025).

Frais d'optique - Si l'assuré choisit des prestations comprises dans le panier « 100 % santé », tous les frais qu'il expose au-delà des tarifs de responsabilité de la sécurité sociale seront pris en charge pour (c. séc. soc. art. R. 871-2, 3°) :
- les verres et les montures ;
- la prestation d'appairage pour des verres d'indices de réfraction différents ;
- le supplément applicable pour les verres avec filtre.

Si le contrat propose une couverture des soins non compris dans le panier « 100 % santé », des planchers et des plafonds de prise en charge doivent être respectés (BOSS, Protection sociale complémentaire, § 480, 01/01/2025).

Les planchers et plafonds incluent systématiquement l'intégralité du ticket modérateur et la prise en charge par l'assurance maladie obligatoire (instr. DSS 2019-116 du 29 mai 2019, § II-B-2-a).

À l'intérieur des plafonds, le remboursement est limité à 100 € pour une monture (c. séc. soc. art. R. 871-2, 3°).

Dans tous les cas (100 % santé ou non), le renouvellement d'un équipement d'optique (2 verres + une monture) ne peut avoir lieu que (c. séc. soc. art. R. 871-2, 3° ; BOSS, Protection sociale complémentaire, § 500, 01/01/2025) :
- tous les 2 ans pour les assurés de 16 ans et plus (tous les ans dans certains cas d'évolution de la vue) ;
- tous les ans pour les assurés de moins de 16 ans (cette période d'un an n'est pas opposable en cas d'évolution de la vue objectivée par une nouvelle prescription médicale ophtalmologique) ;
- tous les 6 mois dans certains cas spécifiques pour les enfants jusqu'à 6 ans.

▶ À noter… Aucun délai de renouvellement des verres n'est requis en cas d'évolution de la réfraction liée à des situations médicales particulières définies réglementairement (BOSS, Protection sociale complémentaire, § 500, 01/01/2025).

L'appréciation des périodes de renouvellement des lunettes se fait à partir de la dernière facturation d'un équipement d'optique médicale ayant fait l'objet d'une prise en charge par l'assurance maladie obligatoire. L'organisme complémentaire doit, en outre, avant d'effectuer le renouvellement du remboursement, s'assurer de l'absence de prise en charge au titre du contrat responsable souscrit auprès de lui par l'assuré concerné (instr. DSS 2019-116 du 29 mai 2019, § II-C-1).

Lorsque l'assuré acquiert son équipement en deux temps (la monture, puis les verres), la période à l'issue de laquelle un équipement d'optique (verres et monture) peut être remboursé s'apprécie à la date d'acquisition du dernier élément de l'équipement. En cas de renouvellement séparé des composantes de l'équipement, le délai de renouvellement s'apprécie distinctement pour chaque élément.

En outre, l'administration admet une tolérance particulière pour l'assuré qui présente un déficit de vision de près et un déficit de vision de loin, et qui ne peut ou ne souhaite pas porter de verres progressifs ou multifocaux. Les garanties des contrats peuvent couvrir, sur la période correspondant à son cas, une prise en charge de deux équipements corrigeant chacun des deux déficits (de près, de loin). Les règles de couverture par les contrats responsables sont applicables à chacun des équipements considérés individuellement (plancher, plafond, délai de renouvellement, etc.).

▶ Attention… Pour les montants planchers, les employeurs doivent également tenir compte du socle minimal « frais de santé » qui prévoit, dans certains cas, une prise en charge minimale supérieure au montant plancher fixé par le cahier des charges des contrats responsables *(voir plus loin « Articulation avec le socle minimal »)*.

Prothèses auditives - Les appareils auditifs du panier « 100 % santé » sont remboursés à hauteur des frais exposés par l'assuré au-delà des tarifs de responsabilité de la sécurité sociale (c. séc. soc. art. R. 871-2, 4°, a), c'est-à-dire intégralement.

Hors panier « 100 % santé », la prise en charge maximum est de 1 700 € par aide auditive (pour une oreille), incluant la part des dépenses remboursée par l'assurance maladie et le ticket modérateur (c. séc. soc. art. R. 871-2, 4°, b).

▶ À noter… Le plafond n'inclut pas les prestations annexes à l'aide auditive telles que le ticket modérateur des consommables, des piles ou des accessoires (BOSS, Protection sociale complémentaire, § 480, 01/01/2025).

Dans tous les cas, un remboursement ne peut intervenir que tous les 4 ans (c. séc. soc. art. R. 871-2, 4°). Le cas échéant, le délai court séparément pour chacun des équipements correspondant à chaque oreille. Il est apprécié à partir de la dernière facturation d'un appareil ayant fait l'objet d'une prise en charge par l'assurance maladie obligatoire. L'organisme complémentaire doit en outre, avant d'effectuer le renouvellement du remboursement, s'assurer de l'absence de prise en charge durant ladite période au titre d'un contrat responsable souscrit auprès de lui par l'assuré (BOSS, Protection sociale complémentaire, § 510, 01/01/2025).

Prothèses dentaires - Le cahier des charges prévoit, pour les prothèses dentaires incluses dans le panier « 100 % santé », un remboursement obligatoire des frais exposés par l'assuré au-delà des tarifs de responsabilité de la sécurité sociale (c. séc. soc. art. R. 871-2 modifié, 5°). Il ne doit donc y avoir aucun reste à charge pour l'assuré.

Pour les prothèses dentaires hors panier « 100 % santé », seul le ticket modérateur est obligatoirement pris en charge.

▶ Attention… Les employeurs doivent également tenir compte du socle minimal « frais de santé » qui prévoit une prise en charge minimale supérieure *(voir plus loin « Articulation avec le socle minimal »)*.

Tiers payant - Les contrats responsables doivent permettre à l'assuré de bénéficier du mécanisme de tiers payant sur les prestations faisant l'objet des garanties (c. séc. soc. art. L. 871-1) :
- au moins à hauteur des tarifs de responsabilité de la sécurité sociale pour les équipements et les soins hors du panier « 100 % santé » ;
- intégralement pour les équipements et les soins du panier « 100 % santé » (l'assuré peut donc en bénéficier y compris au-delà des tarifs de responsabilité de la sécurité sociale).

▶ À noter… Les organismes complémentaires sont tenus de proposer le bénéfice du tiers payant pour les séances d'accompagnement psychologique prises en charge par l'assurance maladie sous certaines conditions. Toutefois, le déploiement du tiers payant ayant nécessité des développements techniques et un équipement des psychologues, l'administration avait demandé que les contrôles réalisés par les URSSAF jusqu'au 1er janvier 2023 ne conduisent pas à une remise en cause du caractère responsable des contrats ne prévoyant pas le tiers payant pour ces prestations (BOSS, Protection sociale complémentaire, § 390, 01/01/2025). En principe, depuis le 1er janvier 2023, la mise en œuvre du tiers payant est donc aussi obligatoire pour les séances d'accompagnement psychologique.

Articulation avec le socle minimal - En matière d'optique et de prothèses dentaires, les employeurs doivent aussi tenir compte du socle minimal « frais de santé », qui prévoit parfois une prise en charge minimale supérieure [voir *Prévoyance « frais de santé » (socle minimal)**].

Ainsi, pour les équipements d'optique hors « 100 % santé » :
- pour les verres « simples » *[corrections visées au a) du tableau reproduit ci-après]*, le plancher prévu par le cahier des charges des contrats responsables est de 50 €, tandis qu'il est de 100 € dans le cadre du socle minimal ;
- pour certains verres « mixtes » *[corrections visées au b) et d) du tableau reproduit ci-après]*, le plancher prévu par le cahier des charges des contrats responsables est de 125 €, tandis qu'il est de 150 € dans le cadre du socle minimal.

Pour les frais de prothèses dentaires hors « 100 % santé », le cahier des charges des contrats responsables prévoit seulement la prise en charge du ticket modérateur, tandis que le socle minimal prévoit une prise en charge minimale à hauteur de 125 % des tarifs de base de la sécurité sociale.

Interdictions de prise en charge et obligation d'information

Principes - Pour être regardé comme responsable, le régime « frais de santé » ne doit pas couvrir certaines dépenses, que la réglementation impose de laisser à la charge de l'assuré social.

Par ailleurs, les organismes assureurs ont une obligation d'information.

Participation forfaitaire - Chaque assuré doit acquitter une participation forfaitaire de 2 € pour chaque acte ou consultation pris en charge par l'assurance maladie et réalisé par un médecin en ville, dans un établissement ou un centre de santé, à l'exclusion des actes ou consultations réalisés au cours d'une hospitalisation (c. séc. soc. art. L. 160-13, II et R. 160-19 ; décision de l'UNCAM du 21 mars 2024, JO 24 avril 2024, texte 12). Cette participation forfaitaire ne doit pas être prise en charge par le régime de prévoyance (c. séc. soc. art. L. 871-1, al. 1).

Sauf dispositions contraires expresses, les garanties complémentaires de prévoyance sont réputées, quelle que soit la date de leur mise en place, ne pas couvrir cette participation (loi 2004-1370 du 20 décembre 2004, art. 40, II).

▶ À noter… Le nombre maximum de forfaits supportés par chaque assuré au cours d'une année civile est fixé à 25 (soit 50 € par an) (c. séc. soc. art. D. 160-6).

Majoration liée au non-respect du parcours de soins - Tout assuré social (ou ayant droit de 16 ans ou plus) doit choisir un médecin traitant et en aviser la CPAM (c. séc. soc. art. L. 162-5-3).

Lorsque l'intéressé n'a pas choisi de médecin traitant, ou lorsqu'il consulte un autre médecin sans prescription du médecin traitant, sa participation financière est majorée (c. séc. soc. art. L. 162-5-3 et R. 160-6).

Cette majoration ne doit pas être prise en charge par le régime de prévoyance « frais de santé » (c. séc. soc. art. L. 871-1, al. 2 et R. 871-1, 1° ; BOSS, Protection sociale complémentaire, § 410, 01/01/2025).

Dépassements d'honoraires de certains spécialistes hors parcours de soins - Les dépassements d'honoraires sur le tarif des actes et consultations pour les patients qui consultent certains médecins spécialistes sans prescription préalable de leur médecin traitant et qui ne relèvent pas d'un protocole de soins demeurent à la charge de l'assuré, dans certaines conditions (c. séc. soc. art. L. 871-1, al. 2 et R. 871-1, 2° ; BOSS, Protection sociale complémentaire, § 410, 01/01/2025).

Cette partie des dépassements d'honoraires non couverte par la sécurité sociale ne doit donc pas être prise en charge par le régime de prévoyance « frais de santé ».

Franchises médicales - Pour ouvrir droit à exonération, le régime de prévoyance « frais de santé » doit laisser à la charge des assurés les franchises médicales sur les médicaments, les actes des auxiliaires médicaux et les transports sanitaires (c. séc. soc. art. L. 871-1, al. 1 et R. 871-1, 1° ; BOSS, Protection sociale complémentaire, § 410, 01/01/2025).

Les garanties complémentaires de prévoyance sont réputées ne pas couvrir ces franchises, sauf dispositions contraires expresses du contrat, des bulletins d'adhésion ou du règlement (loi 2007-1824 du 25 décembre 2007, art. 107, modifié par la loi 2008-1425 du 27 décembre 2008, art. 37).

Il existe trois franchises médicales (c. séc. soc. art. L. 160-13, III et D. 160-9) :
- sur les médicaments (1 € par boîte de médicaments), à l'exception de ceux délivrés au cours d'une hospitalisation ;
- sur les actes effectués par un auxiliaire médical réalisés en ville, dans un établissement ou un centre de santé (1 € par acte paramédical), sauf ceux délivrés au cours d'une hospitalisation ;
- et sur le recours au transport sanitaire en véhicule sanitaire ou taxi conventionné (4 € par transport), à l'exception des transports d'urgence (type SAMU).

Ces franchises sont plafonnées à 50 € par année et par personne (c. séc. soc. art. D. 160-10).

Si le même jour, plusieurs actes paramédicaux ou plusieurs transports ont lieu, le montant total de la franchise est plafonné à 4 € pour les actes effectués par un auxiliaire médical et à 8 € pour les transports sanitaires (c. séc. soc. art. D. 160-11).

▶ À noter… La loi de financement de la sécurité sociale pour 2020 a créé une nouvelle franchise sur les prestations effectuées par un pharmacien d'officine et définies par arrêté (c. séc. soc. art. L. 160-13, III, 4° ; loi 2019-1446 du 24 décembre 2019, art. 65, V, JO du 27). Toutefois, à l'heure où nous rédigions ces lignes (15 janvier 2025), la liste de ces prestations ainsi que le montant de la franchise n'avaient toujours pas été fixés.

Information des assurés par l'organisme assureur - Les organismes assureurs ont une obligation d'information des assurés sur la gestion des garanties « frais de santé » souscrites.

La mutuelle, l'institution de prévoyance ou l'entreprise d'assurances doit communiquer avant la souscription par l'entreprise du contrat ou du bulletin, puis annuellement, à chacun de leurs adhérents ou souscripteurs couverts par une garantie « frais de santé » (c. séc. soc. art. L. 871-1, al. 1 ; arrêté du 6 mai 2020, JO 5 juin, texte 12) :
- le ratio, exprimé en pourcentage, entre le montant des prestations versées pour le remboursement et l'indemnisation des frais occasionnés par une maladie, une maternité ou un accident et le montant des cotisations ou primes hors taxes afférentes à ces garanties au titre de l'ensemble de son portefeuille d'affaires directes, brutes de réassurance ;

- le ratio, exprimé en pourcentage, entre le montant total des frais de gestion de l'organisme assureur au titre de ces mêmes garanties et le montant des cotisations ou primes hors taxes afférentes, ainsi que la composition de ces frais de gestion.

Ces informations sont communiquées, cumulativement, sur tout bulletin de souscription ou d'adhésion ou sur un document annexé au contrat, et sur tout devis ou proposition, remis avant la souscription à l'entreprise. Elles sont également communiquées par un document sur support papier ou tout support durable adressé chaque année (cas d'un renouvellement). Elles doivent être libellées « de manière lisible, claire et intelligible » et complétées par une mention type définissant les ratios à communiquer (arrêté du 6 mai 2020, JO 5 juin, texte 12).

Les obligations d'information sont réputées « satisfaites » (arrêté du 6 mai 2020, JO 5 juin, texte 12) :
- pour l'obligation précontractuelle, lorsque les deux ratios et la composition des frais de gestion négociés avec l'employeur apparaissent ;
- pour l'obligation annuelle, si le rapport annuel adressé à l'employeur par l'organisme assureur fait apparaître de manière lisible, claire et intelligible, avec la mention type *(voir ci-dessus)*, le ratio « prestations/cotisations » du contrat et les frais de gestion du contrat correspondant à la période couverte par le rapport annuel.

▶ À noter… Un cadre spécifique d'information est prévu lorsque l'organisme assureur est retenu dans le cadre d'une procédure de recommandation (c. séc. soc. art. L. 912-1 ; arrêté du 6 mai 2020, JO 5 juin, texte 12).

Clauses de délai de carence et d'exclusion

Clauses de délai de carence - Le BOSS précise que la prise en charge obligatoire par les contrats responsables du ticket modérateur pour les soins de ville et les frais d'hospitalisation *(voir plus haut)* impose que le bénéfice de ces garanties soit ouvert pendant toute la période couverte par le contrat. Ce bénéfice ne peut donc être reporté, en particulier à l'issue d'une période cotisée pendant laquelle l'assuré ne serait pas couvert par ces garanties en raison d'un délai de carence (BOSS, Protection sociale complémentaire, § 400, 01/01/2025).

L'administration interdit donc la présence, dans les contrats responsables, de dispositions dénommées clauses de délai de carence, clauses de stage, ou franchises de prise en charge, etc.

Clauses d'exclusion - Le BOSS ne le dit pas expressément, mais il nous semble que ce que l'on appelle « des clauses d'exclusion », qui visent à limiter la couverture lorsque les frais sont liés à certaines circonstances (état d'ivresse, utilisation de drogues, luttes, duels et rixes, attentats ou agressions auxquels participe le bénéficiaire, participation à des matchs, paris, défis, courses, tentatives de record, etc.), ne sont pas non plus compatibles avec l'obligation de prise en charge minimale du ticket modérateur prévue par le cahier des charges des contrats responsables, comme l'indiquait clairement une ancienne circulaire de 2009 (circ. DSS/5B 2009-32 du 30 janvier 2009, fiche 9, § II-D, abrogée au 1er septembre 2022).

Application du cahier des charges aux contrats multiples

Principe - En présence de plusieurs contrats d'assurance complémentaire santé, le respect des critères du contrat responsable (interdictions, obligations minimales et maximales) s'apprécie pour chacun des contrats (le contrat « socle » et le ou les contrats « surcomplémentaires »), selon des modalités ci-après exposées (instr. DSS 2019-116 du 29 mai 2019, § IV).

Définition des contrats « socles » et « surcomplémentaires » - La notion de contrat « socle » désigne le contrat complémentaire intervenant en premier après la prise en charge par l'assurance maladie obligatoire.

Cahier des charges des contrats responsables
I - Ticket modérateur (c. séc. soc. art. R. 871-2, 1°)
• **Couverture de l'intégralité du ticket modérateur** à la charge des assurés sur les consultations, actes et prestations remboursables par l'assurance maladie obligatoire, y compris dans le cadre de la prévention.
• Par **exception**, il n'est pas obligatoire de prendre en charge les frais afférents aux cures thermales, aux médicaments dont le service médical rendu a été reconnu comme faible ou modéré et à l'homéopathie (c. séc. soc. art. R. 160-5, 6°, 7°, 10° et 14 °).
II - Forfait journalier hospitalier (c. séc. soc. art. R. 871-2, 6°)
• Couverture du forfait journalier hospitalier, **sans limitation de durée**.

Cahier des charges des contrats responsables
III - Frais d'optique (c. séc. soc. art. R. 871-2, 3°)

✔ **Frais d'optique dans le cadre du panier « 100 % santé » :**

Prise en charge à hauteur des frais exposés par l'assuré au-delà des tarifs de responsabilité de la sécurité sociale (*) pour :
- les verres et les montures ;
- la prestation d'appairage pour des verres d'indices de réfraction différents ;
- le supplément applicable pour les verres avec filtre.

✔ **Frais d'optique hors panier « 100 % santé », si le régime couvre les frais d'optique :**

• **Minima et maxima de prise en charge (une monture et deux verres, ticket modérateur et prise en charge par l'assurance maladie compris)** :

a) **Au minimum 50 € et au maximum 420 €** dans les cas suivants :
- par équipement à verres unifocaux sphériques dont la sphère est comprise entre - 6,00 et + 6,00 dioptries ;
- par équipement à verre unifocaux sphéro-cylindriques dont la sphère est comprise entre - 6,00 et 0 dioptries et dont le cylindre est inférieur ou égal à + 4,00 dioptries ;
- par équipement à verre unifocaux sphéro-cylindriques dont la sphère est positive et dont la somme S (sphère + cylindre) est inférieure ou égale à 6,00 dioptries.

b) **Au minimum 125 € et au maximum 560 €** par équipement comportant un verre mentionné au a) et un verre mentionné au c).

c) **Au minimum 200 € et au maximum 700 €** dans les cas suivants :
- par équipement à verres unifocaux sphériques dont la sphère est hors zone de - 6,00 à + 6,00 dioptries ;
- par équipement à verre unifocaux sphéro-cylindriques dont la sphère est comprise entre - 6,00 et 0 dioptries et dont le cylindre est supérieur à + 4,00 dioptries ;
- par équipement à verre unifocaux sphéro-cylindriques dont la sphère est inférieure à - 6,00 dioptries et dont le cylindre est supérieur ou égal à 0,25 dioptrie ;
- par équipement à verre unifocaux sphéro-cylindriques dont la sphère est positive et dont la somme S est supérieure à 6,00 dioptries ;
- par équipement à verres multifocaux ou progressifs sphériques dont la sphère est comprise entre - 4,00 et + 4,00 dioptries ;
- par équipement à verres multifocaux ou progressifs sphéro-cylindriques dont la sphère est comprise entre - 8,00 et 0,00 dioptries et dont le cylindre est inférieur ou égal à + 4,00 dioptries ;
- par équipement à verres multifocaux ou progressifs sphéro-cylindriques dont la sphère est positive et dont la somme S est inférieure ou égale à 8,00 dioptries.

d) **Au minimum 125 € et au maximum 610 €** par équipement comportant un verre mentionné au a) et un verre mentionné au f).

e) **Au minimum 200 € et au maximum 750 €** par équipement comportant un verre mentionné au c) et un verre mentionné au f).

f) **Au minimum 200 € et au maximum 800 €** dans les cas suivants :
- par équipement à verres multifocaux ou progressifs sphériques dont la sphère est hors zone de - 4,00 à + 4,00 dioptries ;
- par équipement à verres multifocaux ou progressifs sphéro-cylindriques dont la sphère est comprise entre - 8,00 et 0 dioptries et dont le cylindre est supérieur à + 4,00 dioptries ;
- par équipement à verres multifocaux ou progressifs sphéro-cylindriques dont la sphère est inférieure à - 8,00 dioptries et dont le cylindre est supérieur ou égal à 0,25 dioptrie ;
- par équipement à verres multifocaux ou progressifs sphéro-cylindriques dont la sphère est positive et dont la somme S est supérieure à 8,00 dioptries.

Lorsque l'équipement est composé de verres différents appartenant à une même catégorie a), c) ou f) définies ci-dessus, les montants minimum et maximum de prise en charge sont ceux afférents à cette catégorie.

• **Monture** : dans tous les cas, la prise en charge d'une monture est **limitée à 100 €**.

✔ **Périodicité** : la prise en charge est limitée à **un équipement tous les 2 ans**, sauf pour les cas dans lesquels un renouvellement anticipé est prévu par la liste des produits et prestations remboursables par l'assurance maladie (c. séc. soc. art. L. 165-1), notamment pour les enfants de moins de 16 ans (tous les ans, voire tous les 6 mois dans certains cas pour les moins de 6 ans) ou en cas de dégradation de la vue (tous les ans) (arrêté du 3 décembre 2018, JO du 13, texte 13).

IV - Frais d'aides auditives (c. séc. soc. art. R. 871-2, 4°)

✔ **Dans le cadre du panier « 100 % santé » :**

Prise en charge des appareils auditifs à hauteur des frais exposés par l'assuré au-delà des tarifs de responsabilité de la sécurité sociale (*).

✔ **Hors panier « 100 % santé » :**

Prise en charge maximum de **1 700 € par aide auditive**, incluant la part des dépenses prise en charge par l'assurance maladie et le ticket modérateur.

✔ **Périodicité** : la prise en charge est limitée à l'acquisition d'**une aide auditive tous les 4 ans**.

Cahier des charges des contrats responsables
V - Frais de soins dentaires prothétiques (c. séc. soc. art. R. 871-2, 5°)
✔ **Dans le cadre du panier « 100 % santé » :** Prise en charge des frais de soins dentaires prothétiques exposés par l'assuré au-delà des tarifs de responsabilité de la sécurité sociale (*), dans la limite des honoraires de facturation fixés par la convention nationale des chirurgiens-dentistes (ou, à défaut, par le règlement arbitral), pour les actes définis par arrêté en fonction du service rendu et des caractéristiques esthétiques. ✔ **Hors panier « 100 % santé » :** Seul le ticket modérateur est obligatoirement pris en charge.
VI - Dépassements d'honoraires des médecins n'ayant pas adhéré aux dispositifs de pratique tarifaire maîtrisée (1) (c. séc. soc. art. R. 871-2, 2°)
• Si le régime couvre les **dépassements tarifaires** des médecins n'ayant pas adhéré aux dispositifs de pratique tarifaire maîtrisée (1), la prise en charge ne peut pas dépasser la plus petite des deux limites suivantes : - 100 % du tarif de responsabilité de la sécurité sociale (*) ; - le montant pris en charge pour les dépassements des médecins ayant adhéré aux dispositifs de pratique tarifaire maîtrisée (1) minoré d'un montant égal à 20 % du tarif de responsabilité.
VII - Interdictions de prise en charge (c. séc. soc. art. L. 871-1 et R. 871-1)
• Non-prise en charge des **majorations** supportées par l'assuré en cas de non-respect des règles relatives au parcours de soins avec le médecin traitant (2) (3). • Non prise en charge de la **participation forfaitaire** sur les actes ou consultations pris en charge par l'assurance maladie et réalisés par un médecin en ville, dans un établissement ou un centre de santé (c. séc. soc. art. L. 160-13, II et R. 160-19). • Non-prise en charge des **franchises médicales** sur les médicaments, les actes paramédicaux et les transports sanitaires (c. séc. soc. art. L. 160-13, III et D. 160-9) (3).
VIII - Tiers payant
Le régime doit permettre à l'assuré de bénéficier du tiers payant sur les prestations faisant l'objet des garanties, au moins à hauteur des tarifs de responsabilité de la sécurité sociale pour les équipements et les soins hors du panier « 100 % santé » et intégralement pour les équipements et les soins du panier « 100 % santé » (c. séc. soc. art. L. 871-1). Depuis le 1er janvier 2023, la mise en œuvre du tiers payant est en principe aussi obligatoire pour les séances d'accompagnement psychologique.
IX - Information des assurés
Avant la souscription du contrat ou du bulletin par l'entreprise, puis annuellement, communication par la mutuelle, l'institution de prévoyance ou l'entreprise d'assurances aux assurés (c. séc. soc. art. L. 871-1, al. 1 ; arrêté du 6 mai 2020, JO 5 juin, texte 12) : - du ratio, exprimé en pourcentage, entre le montant des prestations versées pour le remboursement et l'indemnisation des frais occasionnés par une maladie, une maternité ou un accident et le montant des cotisations ou primes hors taxes afférentes à ces garanties au titre de l'ensemble de son portefeuille d'affaires directes, brutes de réassurance ; - du ratio, exprimé en pourcentage, entre le montant total des frais de gestion de l'organisme assureur au titre de ces mêmes garanties et le montant des cotisations ou primes hors taxes afférentes, ainsi que la composition de ces frais de gestion.
(*) Le tarif de responsabilité est le tarif servant de base au remboursement de l'assurance maladie. Exemple : pour une paire de lunettes hors « 100 % santé », le tarif de responsabilité est de 0,15 € (hors Alsace-Moselle). L'assurance maladie rembourse 60 % de ce montant, soit 0,09 €. (1) Dispositifs de pratique tarifaire maîtrisée prévus par la convention nationale médicale (OPTAM et OPTAM-ACO dans le cadre de la convention du 4 juin 2024, approuvée par arrêté du 20 juin 2024 JO du 21, texte 22). (2) Interdiction de prise en charge de la majoration de la participation de l'assuré prévue en cas de non-désignation d'un médecin traitant ou en cas de consultation d'un autre médecin sans prescription du médecin traitant (c. séc. soc. art. L. 162-5-3, II et R. 160-6). (3) Interdiction de prise en charge des dépassements d'honoraires laissés à la charge de l'assuré en cas de consultation de certains spécialistes sans prescription préalable du médecin traitant et hors protocole de soins (c. séc. soc. art. L. 871-1, al. 2 et L. 162-5, 18°).

La notion de contrat « surcomplémentaire » désigne un contrat d'assurance maladie complémentaire qui intervient explicitement après un (ou plusieurs) autre(s) contrat(s) d'assurance maladie complémentaire. La surcomplémentaire peut être souscrite à titre individuel ou collectif, à adhésion facultative ou obligatoire.

Pour pouvoir être considéré comme responsable, le contrat doit être dénommé « surcomplémentaire » et spécifier que son intervention vient sous déduction du remboursement opéré par le régime d'assurance maladie obligatoire et le(s) contrat(s) d'assurance maladie complémentaire, dans la limite des frais réels.

Le contrat surcomplémentaire peut être souscrit auprès du même organisme d'assurance que le contrat socle ou auprès d'un organisme différent. Dans tous les cas, il s'agit d'un contrat juridiquement distinct du contrat socle (instr. DSS 2019-116 du 29 mai 2019, § IV).

Distinction avec le contrat assorti d'options - Un contrat avec des options est un contrat unique : les options souscrites dans ce cadre ne constituent pas un contrat juridiquement distinct dudit contrat. Dès lors, ces options ne peuvent pas être considérées comme constituant des contrats surcomplémentaires (instr. DSS 2019-116 du 29 mai 2019, § IV).

Aussi, dans le cas d'un contrat donnant la possibilité de souscrire des options, le respect du cahier des charges des contrats responsables doit-il être regardé pour l'ensemble des garanties souscrites dans le cadre de ce contrat (base + options).

Dès lors, si par le jeu des options souscrites, le contrat, pris dans sa globalité, ne respecte pas l'ensemble des critères requis (ex. : non-respect des plafonds de prise en charge), le contrat est globalement réputé « non responsable » et ne peut donc prétendre aux avantages sociaux et fiscaux attachés aux contrats responsables.

Appréciation du respect des plafonds de prise en charge - Pour un contrat surcomplémentaire, le respect des règles de prise en charge maximale fixées par le cahier des charges des contrats responsables est regardé eu égard aux prises en charge déjà effectuées par l'assurance maladie obligatoire et le contrat « socle » (et les éventuels contrats surcomplémentaires intervenant en amont) (instr. DSS 2019-116 du 29 mai 2019, § IV-A).

En pratique, la rédaction des garanties soumises à des règles de prise en charge maximale doit, pour que le contrat surcomplémentaire soit qualifié de « responsable », mentionner un montant maximal de prise en charge, compte tenu des prises en charge déjà effectuées par l'assurance maladie obligatoire et le ou les contrats complémentaires intervenant avant le contrat considéré, conforme aux plafonds fixés par la réglementation.

Exemple

La rédaction suivante des garanties « frais d'optique » serait considérée comme garantissant le respect des règles de prise en charge maximale : « Couverture des frais d'optique en dehors du panier dit « 100 % santé », pour deux foyers simples à hauteur de 420 € (dont 100 € pour la monture) à raison d'une prise en charge tous les deux ans. Ce montant s'entend y compris les remboursements déjà opérés par l'assurance maladie obligatoire ainsi que par les garanties complémentaires souscrites qui interviennent avant la garantie prévue au présent contrat, et dans la limite des frais facturés. »

Appréciation du respect de la prise en charge minimale - Le contrat surcomplémentaire n'est pas tenu de respecter à lui seul l'ensemble des obligations minimales de prise en charge (ticket modérateur, frais d'hospitalisation, planchers prévus pour l'optique). La conformité à ces règles peut être regardée eu égard aux prises en charge déjà effectuées par le contrat « socle » (et les éventuels contrats surcomplémentaires intervenant en amont) (instr. DSS 2019-116 du 29 mai 2019, § IV-B).

En pratique, la rédaction des garanties soumises à des règles de prise en charge minimale doit, pour que le contrat surcomplémentaire soit qualifié de « responsable », mentionner leur prise en charge,

Contrat surcomplémentaire : récapitulatif des cas de figure (1)

	Cas 1	Cas 2	Cas 3	Cas 4	Cas 5	Cas 6	Cas 7
Respect par le contrat socle							
Interdictions de prise en charge	Oui	Non	Oui	Oui	Oui	Oui	Oui
Garanties planchers	Oui		Non	Oui	Oui	Oui	Oui
Plafonds des garanties	Oui		Oui	Non	Oui	Oui	Oui
Responsable ?	**Oui**	**Non**	**Non**	**Non**	**Oui**	**Oui**	**Oui**
Respect par le contrat surcomplémentaire							
Interdictions de prise en charge	Oui		Oui		Non		Oui
Garanties planchers	Oui		Non				Non
Plafonds des garanties (2)	Oui		Oui	Non (3)		Non	Oui
Responsable ?	**Oui**	**Non** (4)	**Non**	**Non**	**Non**	**Non**	**Oui** (5)

(1) Instr. DSS 2019-116 du 29 mai 2019, annexe 6.
(2) Le respect des plafonds de garantie s'apprécie au regard de la somme des garanties offertes par l'assurance maladie obligatoire, le contrat socle et le contrat surcomplémentaire.
(3) Si le contrat socle ne respecte pas les plafonds de garantie, le contrat surcomplémentaire ne peut pas être considéré comme les respectant et ne peut donc pas être responsable.
(4) Si le contrat socle ne respecte pas les interdictions de prise en charge, le contrat surcomplémentaire ne peut pas être considéré comme responsable.
(5) Le contrat surcomplémentaire qui ne respecte pas l'obligation des prises en charge minimales est réputé responsable si celles-ci sont garanties par le contrat socle.

éventuellement sous déduction des prises en charge déjà effectuées par le ou les contrats complémentaires intervenant avant le contrat considéré.

Exemple
La rédaction suivante de la garantie « prise en charge du ticket modérateur » serait considérée comme conforme : « Prise en charge du ticket modérateur sur les consultations et actes réalisés par les professionnels de santé déduction faite des prises en charge opérées par les assurances complémentaires qui interviennent avant la garantie prévue au présent contrat. »

Pour qu'un contrat surcomplémentaire puisse être considéré comme responsable, il faut que les garanties qu'il propose :
- soient rédigées en différentiel par rapport aux prises en charge effectuées par l'assurance maladie obligatoire et d'éventuels contrats complémentaires intervenant en amont ;
- et respectent les plafonds de prise en charge applicables, pour les garanties concernées.

Cas particulier de l'Alsace-Moselle - Le respect des obligations minimales et des limites de prise en charge fixées pour le bénéfice du caractère responsable des contrats complémentaires couvrant un assuré relevant du régime local d'Alsace-Moselle s'apprécie compte tenu du remboursement global des soins au titre de l'ensemble des garanties d'assurance maladie complémentaire dont bénéficie l'assuré (garanties offertes par le régime local auxquelles s'ajoutent celles de son contrat complémentaire santé) (instr. DSS 2019-116 du 29 mai 2019, § IV-C).

☞ *Cotisations de retraite et de prévoyance (régime fiscal) ; Cotisations de retraite et de prévoyance (régime social) ; Cotisations de retraite et de prévoyance (réintégration des excédents) ; Portabilité de la prévoyance complémentaire ; Prévoyance « frais de santé » (socle minimal) ; Prévoyance « frais de santé » (versement santé) ; Régimes de retraite supplémentaire et de prévoyance complémentaire ; Régimes de retraite supplémentaire et de prévoyance complémentaire (caractère collectif) ; Régimes de retraite supplémentaire et de prévoyance complémentaire (caractère obligatoire).*

Prévoyance « frais de santé » (socle minimal)

Obligation légale

Salariés bénéficiaires - Depuis le 1er janvier 2016 (le 1er juillet 2016 en Alsace-Moselle), tous les salariés doivent avoir accès à une couverture minimale de prévoyance complémentaire à caractère collectif et obligatoire en vue de couvrir les frais occasionnés par une maladie, une maternité ou un accident (prévoyance « frais de santé ») (c. séc. soc. art. L. 911-7 ; loi 2013-504 du 14 juin 2013, art. 1, IX modifié).

Selon le *Bulletin officiel de la sécurité sociale (BOSS)**, cela implique qu'aucune condition d'ancienneté ne peut être opposée aux salariés (BOSS, Protection sociale complémentaire, § 1250, 01/01/2025).

Tous les employeurs doivent respecter l'obligation de mettre en place une couverture complémentaire santé minimale, quel que soit leur effectif.

Sur la responsabilité de l'employeur en cas de manquement à cette obligation, *voir plus loin dans l'étude « Appréciation de la conformité au socle minimal, Responsabilité de l'employeur ».*

▶ À noter... La loi impose une couverture minimale au profit des salariés, mais pas nécessairement à celui de leurs ayants droit.

Dispenses d'affiliation (rappel) - L'obligation d'assurer une couverture santé collective et obligatoire minimale à tous les salariés n'empêche pas les intéressés de se prévaloir des dispenses d'affiliation ouvertes par la réglementation [voir *Régimes de retraite supplémentaire et de prévoyance complémentaire (caractère obligatoire)**].

Par ailleurs, le cas échéant, certains salariés peuvent bénéficier du chèque santé [voir *Prévoyance « frais de santé » (versement santé)**].

Caractéristiques du régime

Pour être conforme au socle minimal, le régime « frais de santé » mis en place par l'employeur doit avoir un caractère collectif et obligatoire (c. séc. soc. art. L. 911-7, I). Il doit aussi être conforme au cahier des charges des contrats dits « responsables » *(voir plus loin)* (c. séc. soc. art. L. 911-7, II).

Par ailleurs, ce régime doit être mis en place selon l'une des procédures autorisées par le code de la sécurité sociale (accord collectif, ratification d'un projet d'accord proposé par l'employeur à la majorité des salariés intéressés, décision unilatérale de l'employeur) (c. séc. soc. art. L. 911-7, I renvoyant à L. 911-1).

Pour plus de détails, voir *Régimes de retraite supplémentaire et de prévoyance complémentaire**, *Régimes de retraite supplémentaire et de prévoyance complémentaire (caractère collectif)** et *Régimes de retraite supplémentaire et de prévoyance complémentaire (caractère obligatoire)**.

Financement employeur

Part patronale d'au moins 50 % - L'employeur doit assurer au moins 50 % du financement de la couverture santé collective à adhésion obligatoire des salariés (c. séc. soc. art. L. 911-7, III).

Cette condition n'est pas liée aux seules garanties correspondant au panier de soins minimal. La participation minimale de 50 % est exigée y compris pour les contributions finançant des garanties collectives et obligatoires d'un niveau supérieur. En d'autres termes, la participation de l'employeur doit couvrir au minimum la moitié du financement de l'ensemble de la couverture santé collective et obligatoire « frais de santé » des salariés, même si cette couverture va au-delà du panier de soins minimal.

▶ À noter... L'exigence d'une participation patronale d'au moins 50 % est un critère de conformité au socle minimal, mais pas une condition du régime social de faveur dont peuvent bénéficier les contributions patronales *(voir plus loin dans l'étude « Articulation avec le régime social de faveur »)*.

Financement de la couverture des ayants droit - Si la complémentaire santé d'entreprise prévoit la couverture des ayants droit à titre obligatoire, l'employeur doit s'engager à prendre en charge au moins 50 % de la cotisation globale, dite « famille » (BOSS, Protection sociale complémentaire, § 750, 01/01/2025).

En cas de participation du CSE - Si, dans les entreprises de 50 salariés et plus, le *comité social et économique** (CSE) participe au financement d'un régime collectif et obligatoire institué par l'employeur, sa participation peut venir en déduction du financement de la part salariale. Mais l'employeur doit assurer un financement minimal de 50 % de l'ensemble de la couverture collective à adhésion obligatoire.

Panier de soins du socle minimal

Principe - Pour être conforme au socle minimal, le régime de prévoyance « frais de santé » mis en place par l'employeur doit impérativement prendre en charge, en tout ou partie, certaines dépenses de soins, et ne pas en rembourser d'autres (c. séc. soc art. L. 911-7, II).

Le panier de soins du socle minimal est récapitulé dans le tableau reproduit ci-après.

Conformité aux contrats responsables - Les contrats conclus en vue d'assurer la couverture minimale « frais de santé » doivent être conformes au cahier des charges des contrats responsables (c. séc. soc. art. L. 911-7, II dernier al.), qui prend en compte le dispositif du « 100 % santé » [pour plus de détails, voir *Prévoyance frais de santé (contrat responsable)**].

▶ À noter... Le « 100 % santé » permet aux patients d'accéder à certaines prestations de soins (optique, audiologie et prothèses dentaires) pour lesquelles, après remboursement de la sécurité sociale et des organismes complémentaires, ils n'ont rien à payer.

Par conséquent, un régime conforme au socle minimal est en théorie nécessairement responsable, puisque cela fait partie des conditions requises. Mais à l'inverse, un régime conforme au cahier des charges des contrats responsables n'est pas forcément conforme aux critères du socle minimal (ex. : si la participation patronale est inférieure à 50 %).

Prises en charge obligatoires - Les garanties doivent couvrir le panier de soins minimum des « contrats responsables » (c. séc. soc. art. D. 911-1). Elles doivent donc prendre en charge :
- le ticket modérateur ;
- le forfait hospitalier ;
- l'optique médicale, les aides auditives et les soins prothétiques dentaires du panier de soins « 100 % santé ».

Les frais d'optique et les soins dentaires prothétiques et d'orthodontie qui ne sont pas dans le panier de soins du « 100 % santé » doivent être couverts à hauteur d'un minimum *(voir tableau reproduit ci-après)*.

▶ À noter... Le panier de soins minimal n'impose aucune obligation en matière de tiers payant ni d'information des assurés par les organismes assureurs.

Interdictions de prise en charge - Pour être conforme au socle minimal, le régime ne doit pas couvrir les dépenses dont la prise en charge est interdite par le cahier des charges des contrats responsables *(voir tableau reproduit ci-après)*.

Alsace-Moselle

Prestations - Pour les salariés relevant du régime local d'assurance maladie complémentaire d'*Alsace-Moselle**, les prestations versées au titre de la couverture complémentaire sont déterminées après déduction de celles déjà garanties par le régime local (c. séc. soc. art. D. 911-1-1, 1°).

Financement employeur - En outre, les cotisations à la charge de l'employeur et du salarié sont réduites à hauteur du différentiel de prestations correspondant. L'obligation d'un financement employeur d'au moins 50 % *(voir plus haut)* s'applique uniquement sur ce différentiel (c. séc. soc. art. D. 911-1-1, 2°).

Appréciation de la conformité au socle minimal

Respect de l'ensemble des conditions - Un régime est regardé comme assurant une couverture conforme au socle minimal s'il réunit l'ensemble des conditions requises.

Le niveau de prise en charge requis doit être atteint dans chacune des catégories de garanties, avec un financement « employeur » au moins égal à 50 %. Une meilleure couverture dans une garantie ne pourra donc pas compenser un « moins-disant » sur une autre.

Panier de soins du socle minimal « frais de santé » (*)

Ticket modérateur		• Intégralité du **ticket modérateur** à la charge des assurés sur les consultations, actes et prestations remboursables par l'assurance maladie obligatoire. • Par exception, il n'est pas obligatoire de prendre en charge les frais afférents aux cures thermales, aux médicaments dont le service médical rendu a été reconnu comme faible ou modéré et à l'homéopathie (c. séc. soc. art. R. 160-5, 6°, 7°, 10° et 14°).
Forfait hospitalier		**Forfait journalier** hospitalier, sans limitation de durée.
Frais d'optique	Dans le cadre du panier de soins « 100 % santé »	Couverture obligatoire calée sur le cahier des charges des contrats responsable (1).
	Hors panier de soins « 100 % santé »	• Pour **deux verres et une monture** hors panier de soins « 100 % santé », prise en charge forfaitaire minimum fixée à : - **100 €** par équipement mentionné au a) du volet « optique hors 100 % santé » du cahier des charges des contrats responsables (1) ; - **150 €** par équipement mentionné au b) et au d) du volet « optique hors 100 % santé » du cahier des charges des contrats responsables (1) ; - **200 €** par équipement mentionné au c), au e) et au f) du volet « optique hors 100 % santé » du cahier des charges des contrats responsables (1). • **Périodicité** : prise en charge calée sur celle prévue par le cahier des charges des contrats responsable (1).
Soins dentaires prothétiques et soins d'orthopédie dentofaciale	Soins dentaires prothétiques dans le cadre du panier de soins « 100 % santé »	Couverture obligatoire calée sur le cahier des charges des contrats responsable (1).
	Soins dentaires prothétiques et soins d'orthopédie dentofaciale hors panier de soins « 100 % santé »	Prise en charge minimale à hauteur de **125 % des tarifs de base** « sécurité sociale ».
Aides auditives dans le cadre du panier de soins « 100 % santé »	Dans le cadre du panier de soins « 100 % santé »	Couverture obligatoire calée sur le cahier des charges des contrats responsable (1).
	Hors panier de soins « 100 % santé »	Pas d'obligation de prise en charge.
Interdictions de prises en charge		• Non-prise en charge des **majorations** supportées par l'assuré en cas de non-respect des règles relatives au parcours de soins avec le **médecin traitant** (2) (3). • Non-prise en charge de la **participation forfaitaire** sur les **actes ou consultations** réalisés par un médecin en ville, dans un établissement ou un centre de santé (c. séc. soc. art. L. 160-13, II et R. 160-19). • Non-prise en charge des **franchises médicales** sur les médicaments, les actes paramédicaux et les transports sanitaires (c. séc. soc. art. L. 160-13, III et D. 160-9).

(*) C. séc. soc. art. D. 911-1.

(1) Voir tableau « Cahier des charges des contrats responsables » à *Prévoyance « frais de santé » (contrat responsable)**.

(2) Interdiction de prise en charge de la majoration de la participation de l'assuré prévue en cas de non-désignation d'un médecin traitant ou en cas de consultation d'un autre médecin sans prescription du médecin traitant (c. séc. soc. art. L. 162-5-3, II et R. 160-6).

(3) Interdiction de prise en charge des dépassements d'honoraires laissés à la charge de l'assuré en cas de consultation de certains spécialistes sans prescription préalable du médecin traitant (c. séc. soc. art. L. 871-1, al. 2 et R. 871-1, 2°).

Responsabilité de l'employeur - Selon une ancienne circulaire « questions/réponses », l'absence de conformité de la couverture minimale « frais de santé » de l'entreprise au cahier des charges du socle minimal, ou le non-respect de la condition de financement patronal minimal de 50 %, engage la responsabilité de l'employeur vis-à-vis de ses salariés. Les éventuels manquements à cette obligation relèvent de la compétence de l'administration du travail et du juge prud'homal (risque « droit du travail ») (questions/réponses DSS du 29 décembre 2015, Q/R 1).

Cette circulaire a été abrogée à compter du 1er septembre 2022 (communiqué BOSS du 20 décembre 2022), qui n'a pas repris expressément cette règle. Toutefois, à notre sens, celle-ci reste pertinente.

▶ Attention... Si la couverture minimale « frais de santé » prévoit une condition d'accès liée à l'ancienneté des salariés, l'employeur risque un redressement URSSAF *(voir ci-après)*.

Articulation avec le régime social de faveur

Le BOSS ne met pas la conformité au socle minimal dans la liste des conditions à respecter pour bénéficier des exonérations de cotisations. Dès lors, si un régime n'est pas conforme au panier de soins minimal ou si le financement patronal est inférieur à 50 %, l'employeur ne peut en principe, à ce seul titre, être exposé à un redressement de cotisations (« risque URSSAF »). En revanche, il engage sa responsabilité envers les salariés, qui peuvent l'attaquer devant le juge prud'homal (risque « droit du travail ») *(voir ci-avant)*.

Toutefois, l'accès à la couverture minimale frais de santé étant obligatoire, l'administration considère qu'aucune condition d'ancienneté ne peut être opposée au salarié (BOSS, Protection sociale complémentaire, § 1250, 01/01/2025). Si la couverture collective et obligatoire « frais de santé » prévoit une condition d'accès liée à l'ancienneté des salariés, le régime social de faveur peut donc être remis en cause et l'employeur risque un redressement URSSAF.

☛ *Prévoyance complémentaire ; Prévoyance « frais de santé » (contrat responsable) ; Prévoyance « frais de santé » (versement santé) ; Régimes de retraite supplémentaire et de prévoyance complémentaire (caractère collectif) ; Régimes de retraite supplémentaire et de prévoyance complémentaire (caractère obligatoire).*

Prévoyance « frais de santé » (versement santé)

Objet du dispositif

Aide au financement d'une complémentaire santé individuelle - Depuis le 1er janvier 2016 (le 1er juillet 2016 en Alsace-Moselle), tout employeur a l'obligation de faire bénéficier ses salariés d'une couverture complémentaire santé collective et obligatoire conforme à un socle minimal [voir *Prévoyance « frais de santé » (socle minimal)**].

Mais pour certains salariés, la brièveté des contrats de travail et les changements incessants d'entreprise sont difficilement compatibles avec le principe d'une couverture santé attachée à un employeur. D'autres auront tendance à faire jouer les possibilités de dispense d'affiliation ouvertes par les régimes.

Face à ce constat, les pouvoirs publics ont mis en place le « versement santé » (aussi appelé « chèque santé ») (c. séc. soc. art. L. 911-7-1, D. 911-7 et D. 911-8).

Le mécanisme prend la forme d'une aide versée par l'employeur à certains salariés, destinée au financement par les intéressés d'une couverture santé individuelle « responsable ». Les salariés concernés doivent justifier de cette couverture pour bénéficier de l'aide (c. séc. soc. art. L. 911-7-1).

Substitution à la couverture collective et obligatoire - Cette aide se substitue à la couverture « frais de santé » collective et obligatoire de l'entreprise. Elle ne peut en effet se cumuler ni avec une couverture complémentaire collective et obligatoire, ni avec la complémentaire santé solidaire, ni avec une couverture complémentaire donnant lieu à la participation financière d'une collectivité publique (c. séc. soc. art. L. 911-7-1, II).

Salariés éligibles

Certains salariés ont d'office droit au versement santé s'ils demandent à en bénéficier. Pour d'autres, la possibilité de le demander doit être prévue par accord collectif ou par décision unilatérale de l'employeur.

Accès de droit pour certains CDD et contrats de mission - Les salariés titulaires d'un CDD ou d'un contrat de mission dont la durée de la couverture « frais de santé » collective et obligatoire est inférieure ou égale à 3 mois (non comprise la période de portabilité après la fin du contrat) bénéficient d'une dispense de droit, à condition de justifier être couverts par une couverture santé « responsable » individuelle (c. séc. soc. art. L. 911-7, III, al. 2 et D. 911-6 ; BOSS, Protection sociale complémentaire, § 840, 01/01/2025) [voir *Régimes de retraite supplémentaire et de prévoyance complémentaire (caractère obligatoire)**].

Les salariés qui font jouer ce cas de dispense ont d'office droit au « versement santé » (c. séc. soc. art. L. 911-7-1, IV). Pour ce faire, ils doivent justifier auprès de leur employeur d'une couverture santé individuelle « responsable » en produisant une attestation de l'organisme auprès duquel ils ont souscrit le contrat (BOSS, Protection sociale complémentaire, § 840, 01/01/2025).

▶ À noter… La loi se référant à la durée de la couverture collective (et non à la durée du contrat de travail), un salarié ayant un CDD de 2 mois mais couvert par un accord de branche prévoyant qu'il bénéficie de la couverture collective obligatoire pendant 4 mois, n'est pas concerné par ce cas de dispense, ni via ce biais par le « versement santé ».

Pour l'appréciation de la durée maximum de 3 mois de la couverture « frais de santé » collective et obligatoire, il est tenu compte d'un éventuel renouvellement du contrat (CDD ou contrat de mission). Lorsque deux contrats chacun d'une durée inférieure à 3 mois se succèdent et que la durée globale des deux contrats est supérieure à 3 mois, le versement santé est dû uniquement au titre du premier contrat. Lorsque plusieurs CDD sont conclus avec le même salarié, sans être successifs, la situation au regard du versement santé est analysée contrat par contrat (BOSS, Protection sociale complémentaire, § 840, 01/01/2025).

Exemple

Un salarié titulaire d'un CDD de 3 mois bénéficie du versement santé. Si son contrat est renouvelé, il n'ouvre pas droit à ce versement au titre du renouvellement. Il devra être affilié au régime de prévoyance santé à l'issue du premier CDD, sauf à pouvoir invoquer un cas de dispense [voir *Régimes de retraite supplémentaire et de prévoyance complémentaire (caractère obligatoire)**].

CDD et contrats de mission d'au plus 3 mois, petits temps partiels - Un accord de branche ou, en l'absence d'accord de branche ou si l'accord de branche le permet, un accord d'entreprise peut imposer le « versement santé » comme unique modalité de mise en œuvre de l'obligation d'assurer une couverture « santé » collective et obligatoire des salariés à temps partiel ou dont la durée du contrat de travail est inférieure ou égale à des seuils fixés par l'accord (c. séc. soc. art. L. 911-7-1, III).

L'accord doit déterminer les salariés concernés, en fixant un plafond de quotité de travail (jusqu'à 15 heures hebdomadaires pour les salariés à temps partiel) ou de durée du contrat de travail (jusqu'à 3 mois pour les CDD ou contrats de mission) (c. séc. soc. art. D. 911-7).

L'employeur peut aussi procéder par décision unilatérale. Mais dans ce cas, sa décision ne s'applique pas aux salariés qui sont déjà couverts à titre collectif et obligatoire par une couverture complémentaire mise en place par accord collectif, accord ratifié ou décision unilatérale (c. séc. soc. art. L. 911-7-1, III, al. 3 et 4).

Les salariés entrant dans le champ de ce type d'accord collectif (ou de décision unilatérale) ne relèvent pas de la couverture santé collective et obligatoire de l'entreprise. Ils ont droit au « versement santé », à condition de justifier d'un contrat d'assurance maladie complémentaire « responsable » auprès de leur employeur.

▶ À noter… Pour les salariés en « petit » temps partiel, l'accès au versement santé n'est prévu que par cette voie, de sorte que les intéressés ne peuvent y prétendre que si un accord collectif le prévoit (ou une décision unilatérale de l'employeur). Pour ce qui concerne les CDD et les contrats de mission, la loi se réfère ici à la durée du contrat de travail, et non à la durée de la couverture, à l'inverse de ce qui est prévu pour l'accès « de droit » au versement santé *(voir ci-avant)*.

Montant du versement santé

Modalités de calcul - Le montant du versement santé est calculé mensuellement en déterminant un montant de référence auquel est appliqué un coefficient de majoration (105 % ou 125 % selon le cas), censé représenter la portabilité (c. séc. soc. art. D. 911-8 ; BOSS, Protection sociale complémentaire, § 850, 01/01/2025).

La formule est donc : Montant de référence × 105 % ou 125 %.

Le coefficient de majoration est fixé à 105 % pour les salariés en CDI et 125 % pour les salariés en CDD ou en contrat de mission (c. séc. soc. art. D. 911-8, III).

Paramètre « Montant de référence » - Le montant de référence correspond, pour la période concernée, à la contribution que l'employeur aurait versée pour la couverture collective de la catégorie de salariés à laquelle le salarié appartient (c. séc. soc. art. D. 911-8, II, al. 1).

Lorsque le montant de la contribution de l'employeur ne peut pas être déterminé pour la catégorie à laquelle appartient le salarié, le montant de référence est égal à un montant fixé par arrêté et revalorisé chaque année en fonction d'un indice

Versement santé : exemples de calcul sur 2025		
	Données de l'exemple	**Aide de l'employeur**
Exemple 1 (salarié en CDD)	La contribution de l'employeur est égale à 1 % du salaire. Le salaire est de 2 000 €.	Le montant de référence est de 20 € (1 % × 2 000 € = 20 €). Le montant mensuel de l'aide versé au salarié est de 25 € (20 € × 125 %).
Exemple 2 (salarié en CDD)	La contribution de l'employeur est forfaitaire et égale à 40 €. Le salarié travaille 35 h par semaine à temps plein dans le cadre d'un CDD de moins de 3 mois, pour lequel le contrat collectif obligatoire ne lui garantit pas une couverture en complémentaire santé d'au moins 3 mois.	Le montant de référence est de 40 €. Le montant mensuel de l'aide versé au salarié est de 50 € (40 € × 125 %).
Exemple 3 (salarié en CDI à temps partiel)	La contribution de l'employeur est forfaitaire et égale à 25 €. Le salarié travaille 50 heures par mois, dans le cadre d'un CDI à temps partiel.	Le montant de référence est de 8,24 € (25 € × 50 h/151,67 h). Ce montant est bien supérieur au minimum de 21,50 € × 50 h/151,67 h = 7,09 €. Le montant mensuel de l'aide versé au salarié est de 8,65 € (8,24 € × 105 %).
Exemple 4 (salarié en CDD)	La contribution de l'employeur est forfaitaire et égale à 25 €. Le salarié a un contrat de travail de 15 jours travaillés à temps plein (journées de 7 h).	Le montant de référence est de 17,30 € (25 € × 7 h × 15 jrs/151,67 h). Ce montant est bien supérieur au minimum de 21,50 € × 7 h × 15 jrs/151,67 h = 14,88 €. Le montant mensuel de l'aide versé au salarié est de 21,63 € (17,30 € × 125 %).

particulier (ONDAM) (c. séc. soc. art. D. 911-8, II, al. 4). Pour 2025, ce montant s'établit à 21,50 € pour le cas général, et à 7,18 € pour les salariés relevant du régime local d'Alsace-Moselle (arrêté du 19 mars 2025, JO du 25, texte 8).

Si le montant de la contribution de l'employeur est en tout ou partie forfaitaire (ce qui est fréquent en matière de couverture santé), la part forfaitaire est affectée d'un coefficient égal au rapport entre la durée du travail sur le mois considéré telle qu'elle résulte du contrat de travail du salarié (retenue dans la limite de 151,67 h) et la durée légale mensualisée (151,67 h). Ce coefficient ne peut jamais être supérieur à 1. En pratique, cette règle de proratisation permet notamment de prendre en compte la situation des salariés à temps partiel ou des salariés à temps plein en CDD très court (c. séc. soc. art. D. 911-8, III, al. 2).

En tout état de cause, le montant de référence ne peut pas être inférieur aux montants fixés par arrêté pour le cas où le montant de la contribution de l'employeur ne peut pas être déterminé pour la catégorie à laquelle appartient le salarié (21,50 € ou 7,18 € en 2025), ces montants étant proratisés dans les mêmes conditions que lorsque le montant de la contribution de l'employeur est en tout ou partie forfaitaire.

Régime social et fiscal du versement santé - Le versement santé bénéficie, aux mêmes conditions, du régime social de faveur applicable aux contributions patronales destinées au financement d'un régime de prévoyance complémentaire collective et obligatoire (c. séc. soc. art. L. 242-1, II, 4°, b).

La somme correspondante est donc exonérée de cotisations de sécurité sociale et de charges ayant la même assiette dans la limite prévue pour les contributions patronales de prévoyance complémentaire [voir *Cotisations de retraite et de prévoyance (régime social)**] (c. séc. soc. art. D. 242-1).

En revanche, elle est soumise à la CSG/CRDS et, pour les employeurs de 11 salariés et plus, au *forfait social** au taux de 8 % (BOSS, Protection sociale complémentaire, § 860, 01/01/2025).

Sur le plan fiscal, aucune précision n'avait encore été apportée à l'heure où nous rédigions ces lignes. Mais en partant du principe que le versement santé peut être assimilé à une contribution patronale, la logique voudrait que la somme versée au salarié constitue un revenu imposable.

☞ *Cotisations de retraite et de prévoyance (régime fiscal) ; Cotisations de retraite et de prévoyance (régime social) ; Prévoyance « frais de santé » (socle minimal) ; Régimes de retraite supplémentaire et de prévoyance complémentaire (caractère obligatoire).*

Primauté de l'accord d'entreprise sur l'accord de branche

La loi Travail du 8 août 2016 a instauré le principe de la primauté de l'accord d'entreprise ou d'établissement sur l'accord de branche en matière de durée du travail, sous réserve de certaines exceptions. Elle avait aussi prévu de réécrire le code du travail pour distinguer systématiquement les normes d'ordre public, les normes négociables et les normes supplétives.

Ce projet a été abandonné au profit d'une règle plus générale. Depuis le 24 septembre 2017, l'accord d'entreprise ou d'établissement prévaut sur l'accord de branche, à l'exception des domaines, limitativement énumérés, dans lesquels l'accord de branche conserve la primauté (ord. 2017-1385 du 22 septembre 2017, art. 1, JO du 23). Dans tous les cas, les règles d'ordre public fixées par la loi doivent toujours être respectées.

Les développements qui suivent synthétisent les principes applicables en matière de hiérarchie entre accords de branche et accords d'entreprise.

Éléments de vocabulaire

Hiérarchie entre accords collectifs - Ces dispositions définissent la hiérarchie entre :
- d'une part, les conventions de branche ou accords couvrant un champ territorial ou professionnel plus large (accord interprofessionnel, etc.) (par commodité de langage, on utilisera dans cette étude le terme d'« accord de branche » pour désigner tous ces accords) ;
- et d'autre part, les accords d'entreprise.

Place des accords d'établissement et de groupe - Les accords d'établissement sont rangés au même rang que les accords d'entreprises (c. trav. art. L. 2232-11).

Il en va de même pour les accords de groupe (c. trav. art. L. 2232-11).

Bloc 1 : primauté de l'accord de branche

Domaines de primauté de la branche - Le premier bloc couvre une liste de 13 matières, dites « verrouillées », dans lesquelles la convention de branche prévaut sur l'accord d'entreprise, quelle que soit sa date de conclusion *(voir tableau)* (c. trav. art. L. 2253-1).

Parmi les sujets concernés, on trouve notamment les salaires minima hiérarchiques, les classifications, les garanties collectives de protection sociale complémentaire, etc.

Dans certaines de ces matières, les accords de branche ont une compétence exclusive, ce qui signifie qu'un accord d'entreprise ne peut pas intervenir (ex. : taux de majoration des heures complémentaires) (Bilan de la négociation collective 2017, Ministère du travail, pp. 203 et 204).

D'autres restent ouverts à la négociation d'entreprise (ex. : salaires minima, protection sociale complémentaire, égalité professionnelle entre les femmes et les hommes).

▶ À noter… Les domaines de primauté de l'accord de branche ne se limitent pas à ceux énumérés à l'article L. 2253-1. On pense, par exemple, à la définition des secteurs dans lesquels il est possible de recourir au CDD d'usage pour certains emplois (compétence exclusive des accords de branche étendus ; c. trav. art. L. 1242-2, 3°) ou à la possibilité de recourir au CDD à objet défini pour des ingénieurs et cadres (accord de branche étendu, l'accord d'entreprise n'ayant qu'un rôle supplétif en l'absence d'accord de branche ; c. trav. art. L. 1242-2, 6°).

Accords d'entreprise s'ils offrent des garanties au moins équivalentes - Dans les domaines ouverts à la négociation collective d'entreprise, les accords d'entreprise ne s'appliquent que s'ils prévoient des garanties au moins équivalentes à celles de l'accord de branche. Cette équivalence s'apprécie par « ensemble de garanties se rapportant à la même matière » (c. trav. art. L. 2253-1).

On peut comprendre que le terme « matière » se réfère à chacune des matières verrouillées. Le ministère du Travail a précisé, au détour d'un rapport, que par matière, on entend « chacun des alinéas numérotés de l'article L. 2253-1 apprécié dans sa globalité » (ex. : égalité professionnelle) (Bilan de la négociation collective 2017, ministère du Travail 2018, p. 205).

Bien que le code du travail n'aborde pas ce point, on peut penser que la comparaison entre accord d'entreprise et accord de niveau supérieur s'effectue « globalement pour l'ensemble du personnel ». C'était en effet la position qu'avait adoptée la Cour de cassation avant les ordonnances Macron pour déterminer, entre deux accords collectifs, lequel était le plus favorable (cass. soc. 18 janvier 2000, n° 96-44578, BC V n° 27). Le ministère du Travail sembler aller dans ce sens, puisqu'il a précisé dans un rapport que l'équivalence s'apprécie par rapport à la globalité des salariés (Bilan de la négociation collective 2017, ministère du Travail 2018, p. 205).

▶ À noter… La règle d'équivalence signifie que l'accord d'entreprise peut « faire aussi bien », mais qu'on n'exige pas de lui qu'il fasse « mieux ».

Bloc 2 : primauté de l'accord de branche si les partenaires sociaux l'ont décidé

Primauté de la branche si les partenaires sociaux l'ont prévu - Le deuxième bloc définit les domaines dans lesquels la convention de branche peut interdire toute dérogation défavorable aux salariés par un accord d'entreprise ultérieur (verrouillage facultatif) (c. trav. art. L. 2253-2).

Sont concernées les matières suivantes :
- la prévention des effets de l'exposition aux facteurs de risques professionnels ;
- l'insertion professionnelle et le maintien dans l'emploi des personnes handicapées ;
- l'effectif à partir duquel les délégués syndicaux peuvent être désignés, leur nombre et la valorisation de leur parcours syndical ;
- les primes pour travaux dangereux ou insalubres.

Lorsque l'accord de branche verrouille un ou plusieurs de ces sujets, l'accord d'entreprise ou d'établissement prime sur les sujets concernés à condition d'assurer des garanties au moins équivalentes à celles de l'accord de branche. La logique est alors la même que celle applicable pour le bloc 1 (raisonnement par matière et pour la globalité des salariés) *(voir nos développements plus haut, sous « Bloc 1 »)* (Bilan de la négociation collective 2017, ministère du Travail 2018, p. 205).

En l'absence de verrouillage - Si les partenaires sociaux ne « verrouillent » pas ces sujets dans l'accord de branche, les accords d'entreprise ou d'établissements postérieurs priment, même s'ils sont défavorables aux salariés.

Bloc 3 : primauté de l'accord d'entreprise ou d'établissement

Dans tous les domaines qui n'appartiennent pas au premier ou au deuxième bloc, l'accord d'entreprise prévaut sur les clauses de la convention de la branche ayant le même objet, que l'accord ait été conclu avant ou après l'entrée en vigueur de cette convention (c. trav. art. L. 2253-3). Et ce, même s'il est défavorable aux salariés.

À titre d'exemple, il est donc théoriquement possible de remettre en cause, par accord d'entreprise, le montant d'une prime d'origine conventionnelle (ex. : de vacances, d'ancienneté) ou, éventuellement, de la supprimer (en la remplaçant par autre chose, voire sans contrepartie). Encore faut-il trouver des partenaires pour signer un tel accord (syndicats, autres interlocuteurs lorsque la loi le permet).

▶ À noter… Par exception, dans le secteur du transport routier, les accords de branche priment sur les accords collectifs d'entreprise en matière de taux de majoration des heures supplémentaires et d'indemnisation des amplitudes, des coupures et des vacations, sauf lorsque la convention ou l'accord collectif d'entreprise ou d'établissement offre des garanties au moins équivalentes (c. transports art. D. 3312-2-1 et D. 3312-47-1).

Entrée en vigueur de la nouvelle hiérarchie

Anciennes clauses de verrouillage - Auparavant, l'accord d'entreprise prévalait sur l'accord de branche, sauf si ce dernier interdisait toute dérogation (c. trav. art. L. 2253-3, dans sa version antérieure au 24.09.2017). En application de ce mécanisme, un certain nombre d'accords de branche ont donc expressément « bridé » la négociation d'entreprise, sur des thèmes déterminés.

Par ailleurs, la loi relative au dialogue social du 4 mai 2004 avait prévu, par dérogation, que les accords de branche antérieurs au 6 mai 2004 continuaient à l'emporter sur les accords d'entreprises (loi 2004-391 du 4 mai 2004, art. 45).

Sort des anciennes clauses de verrouillage - L'ordonnance du 22 septembre 2017 fait sauter les anciennes clauses de verrouillage. En pratique, deux situations doivent être distinguées, selon le thème abordé (ord. 2017-1385 du 22 septembre 2017, art. 16).

En ce qui concerne les domaines qui relèvent du bloc 3 de primauté d'office de l'accord d'entreprise, les clauses qui font prévaloir l'accord de branche ont cessé de produire effet le 1er janvier 2018. Depuis cette date, les entreprises ont le champ libre pour exploiter les nouvelles marges de négociation qui s'offrent à elles.

Quant aux domaines qui relèvent du bloc 2 (ceux pour lesquels la branche peut interdire aux accords d'entreprise toute dérogation qui serait défavorable aux salariés), les parties à l'accord de branche pouvaient confirmer la primauté de l'accord de branche en concluant un avenant en ce sens avant le 1er janvier 2019. En l'absence d'avenant en ce sens, les accords d'entreprises priment depuis cette date dans les matières du bloc 2.

Salaires minima hiérarchiques : précision de la jurisprudence

Problématique d'articulation des accords - Les salaires minima hiérarchiques font partie des domaines du « bloc 1 » de primauté de l'accord de branche. Autrement dit, les accords d'entreprise ou d'établissement ne peuvent recevoir application que s'ils prévoient des garanties au moins équivalentes *(voir plus haut)* (c. trav. art. L. 2253-1).

Dans les domaines limitativement énumérés du « bloc 2 » *(voir plus haut)*, où l'on trouve notamment les primes pour travaux dangereux ou insalubres, les partenaires sociaux ont toute liberté pour déci-

Articulation entre accord de branche et accord d'entreprise ou d'établissement	
Bloc 1 : matières dans lesquelles de primauté d'office de l'accord de branche prime de droit (1) (c. trav. art. L. 2253-1)	• salaires minima hiérarchiques • classifications • mutualisation des fonds de financement du paritarisme (2) • mutualisation des fonds de la formation professionnelle (2) • garanties collectives de protection sociale complémentaire • égalité professionnelle entre les femmes et les hommes • durée du travail : - possibilité d'aménager le temps de travail par accord d'entreprise sur une période supérieure à l'année et pouvant aller jusqu'à 3 ans (c. trav. art. L. 3121-44, 1°) (3) ; - création d'une durée d'équivalences (c. trav. art. L. 3121-14) (4) ; - définition du nombre d'heures minimal entraînant la qualification de travailleur de nuit (c. trav. art. L. 3122-16) (4) - en matière de temps partiel, durée minimale (c. trav. art. L. 3123-19), taux de majoration des heures complémentaires (c. trav. art. L. 3123-21), recours aux avenants de complément d'heures (c. trav. art. L. 3123-22) (4) • conditions et durée de renouvellement de la période d'essai (c. trav. art. L. 1221-21) (4) • transfert conventionnel des contrats de travail (4) • CDD et intérim : durée totale du CDD ou de la mission (c. trav. art. L. 1242-8 et L. 1251-12), nombre maximal de renouvellements (c. trav. art. L. 1243-13 et L. 1251-35), modalités de calcul du délai de carence entre deux contrats (c. trav. art. L. 1244-3 et L. 1251-36), cas de non-application du délai de carence (c. trav. art. L. 1244-4 et L. 1251-37) (4) • conditions de recours au CDI de chantier ou d'opération (c. trav. art. L. 1223-8 et L. 1223-9) (4) • intérim : modalités particulières visant à favoriser le recrutement de personnes rencontrant des difficultés particulières d'accès à l'emploi ou pour assurer un complément de formation professionnelle (c. trav. art. L. 1251-7, 1° et 2°) (4) • portage salarial : rémunération minimale du salarié porté et montant de l'indemnité d'apport d'affaires (c. trav. art. L. 1254-2 et L. 1254-9) (4)
Bloc 2 : matières dans lesquelles les partenaires sociaux peuvent donner primauté à l'accord de branche (verrouillage facultatif) (5) (c. trav. art. L. 2253-2)	• prévention des effets de l'exposition à certains facteurs de risques professionnels (c. trav. art. L. 4161-1) • insertion professionnelle et maintien dans l'emploi des personnes handicapées • effectif à partir duquel les délégués syndicaux peuvent être désignés, leur nombre et la valorisation de leur parcours syndical • primes pour travaux dangereux ou insalubres (6)
Bloc 3 : domaines de primauté de l'accord d'entreprise ou d'établissement (c. trav. art. L. 2253-3)	Dans les domaines qui ne relèvent ni du bloc 1 ni du bloc 2, l'accord d'entreprise ou d'établissement prévaut sur l'accord de branche. Il faut bien entendu respecter les règles d'ordre public du code du travail.

(1) La convention de branche prévaut sur l'accord d'entreprise, qu'il soit antérieur ou postérieur à l'entrée en vigueur de la convention de branche. Néanmoins, l'accord d'entreprise s'applique lorsqu'il assure des garanties au moins équivalentes.
(2) Domaines a priori réservés aux accords de branche par leur nature.
(3) Il est possible d'aménager le temps de travail par accord d'entreprise ou d'établissement sur une période supérieure à l'année et au plus égale à 3 ans, mais uniquement si un accord de branche (étendu ou non étendu) l'autorise.
(4) Thèmes réservés aux accords de branche étendus. Un accord d'établissement ou d'entreprise ne peut pas intervenir.
(5) Si les signataires de l'accord ou de la convention de branche le prévoient expressément, il prime sur l'accord d'entreprise ou d'établissement. À défaut d'une telle mention, l'accord d'entreprise ou d'établissement prévaut.
(6) Les autres primes conventionnelles relèvent d'office de la primauté de l'accord d'entreprise, qui peut donc être moins favorable aux salariés.

der dans l'accord de branche si les stipulations de branche prévalent ou non (c. trav. art. L. 2253-2).

A contrario, les accords d'entreprise ou d'établissement peuvent s'affranchir des stipulations des accords de branche pour tous les thèmes qui ne relèvent ni « bloc 1 » ni du « bloc 2 » (c. trav. art. L. 2253-3). Cela concerne notamment les primes et les accessoires de salaires (à l'exception des primes pour travaux dangereux ou insalubres, qui appartiennent au « bloc 2 »).

La question s'est donc posée de savoir si un accord de branche pouvait définir ou non l'assiette des éléments à inclure dans la vérification du minimum conventionnel, et si oui ou non cela s'imposait aux accords d'entreprise ou d'établissement.

Position de la jurisprudence administrative - Les signataires d'un accord de branche ont toujours la possibilité de définir la structure du salaire minimum conventionnel. En effet, selon le Conseil d'État, une convention de branche peut (CE 7 octobre 2021, n° 433053) :
- d'une part, définir les salaires minima hiérarchiques et, le cas échéant, à ce titre prévoir qu'ils valent soit pour les seuls salaires de base des salariés, soit pour leurs rémunérations effectives résultant de leur salaire de base et de certains compléments de salaire ;
- d'autre part, en fixer le montant par niveau hiérarchique.

Ce principe étant posé, le Conseil d'État a considéré que l'entreprise reste néanmoins libre de négocier d'autres accessoires de salaire pour respecter le minimum hiérarchique.

En effet, le montant des minima peut être atteint dans une entreprise selon des modalités de rémunération différentes de celles prévues par la branche, un accord d'entreprise pouvant réduire ou supprimer les compléments de salaire qu'elle mentionne au titre de ces minima, à condition que soient prévus d'autres éléments de rémunération permettant aux salariés de l'entreprise de percevoir une rémunération effective au moins égale au montant des salaires minima hiérarchiques fixé par la convention.

▶ À noter... En d'autres termes, peu importe que la branche prévoie par exemple que le minimum conventionnel s'élève à 25 000 € par an pour un niveau hiérarchique donné, y inclus la prime annuelle définie par ailleurs par la convention collective. L'entreprise a toute liberté pour négocier le versement d'autres compléments de salaire en remplacement de cette prime annuelle. L'essentiel est que, pour le niveau hiérarchique en question, les salariés perçoivent bien 25 000 € par an au minimum.

Prime d'ancienneté

La prime d'ancienneté constitue un avantage attribué aux salariés en contrepartie de leur fidélité à l'entreprise.

Sources de la prime

Les accords collectifs constituent l'origine essentielle de la prime d'ancienneté, mais elle peut aussi être mise en place volontairement par l'employeur. Dans ce cas, celui-ci a toute latitude pour en définir les modalités.

En l'absence de convention collective ou d'usage - Dans les branches où il existait un arrêté de salaire « Parodi » prévoyant une prime d'ancienneté et où aucune convention collective n'a été signée depuis 1950, ces arrêtés sont encore en vigueur. La prime se calcule alors sur la base du salaire minimal prévu par l'arrêté de l'époque et non sur la base du SMIC, ce qui lui confère bien souvent un montant dérisoire (cass. soc. 23 septembre 1982, n° 80-40250, BC V n° 520).

Convention collective - Lorsque la prime est prévue par convention collective, l'ancienneté se calcule depuis l'embauche et non depuis la date où la prime devient obligatoire (cass. soc. 19 juin 1991, n° 88-40038 D).

Par ailleurs, en cas d'adhésion de l'employeur à une convention collective de branche prévoyant une prime d'ancienneté, l'ancienneté à prendre en compte pour le calcul de cette prime est celle de la date d'adhésion à la convention (cass. soc. 10 octobre 2007, n° 06-43373, BC V n° 157).

▶ Attention... Un salarié ne peut pas renoncer à une prime d'ancienneté conventionnelle par la signature d'un protocole avec son employeur (cass. soc. 15 octobre 2002, n° 00-40728, BC V n° 315).

Changement de convention collective - En cas de modification de la situation juridique de l'employeur, il doit être tenu compte de l'ancienneté acquise au service du précédent employeur.

Lors de l'application d'une nouvelle convention collective prévoyant une prime d'ancienneté, l'employeur ne peut pas maintenir l'ancienne rémunération en la ventilant en salaire de base et prime d'ancienneté. En effet, cela reviendrait à diminuer le salaire contractuel, ce qui est impossible sans l'accord du salarié : la prime doit venir s'ajouter au salaire de base et non s'y intégrer (cass. soc. 27 janvier 1999, n° 96-43342, BC V n° 43).

De même, dans le cadre d'une cession d'entreprise, le nouvel employeur ne peut pas intégrer dans le salaire de base la prime d'ancienneté accordée par l'ancien employeur. Il a été jugé que même si le comité social et économique a entériné la décision, l'accord individuel du salarié est nécessaire (cass. soc. 5 janvier 1999, n° 96-44194, BC V n° 2).

Usage - Une prime résultant d'un usage est valable tant qu'elle n'est pas dénoncée dans les formes requises ou remise en cause par un accord collectif.

Pour dénoncer un usage, l'employeur doit respecter la procédure de dénonciation (voir *Usage**). Pour ce qui concerne l'obligation d'information des salariés, la Cour de cassation considère que pour les usages subordonnés à une condition d'ancienneté (ex. : prime d'ancienneté), il convient d'en informer individuellement non seulement les salariés bénéficiant de l'usage au moment de la dénonciation mais aussi les salariés susceptibles d'en bénéficier dans le futur (cass. soc. 13 octobre 2010, n° 09-13110, BC V n° 234).

Calcul de la prime

Acquisition de l'ancienneté - Les conventions collectives prévoient souvent de manière précise l'acquisition de l'ancienneté. À défaut, il s'agit de la durée écoulée depuis la conclusion du contrat de travail, sous déduction des périodes de suspension (voir *Ancienneté**).

▶ À noter… Pour les salariés employés dans le cadre de CDD saisonniers successifs dans la même entreprise, les différents contrats doivent être cumulés pour calculer l'ancienneté du salarié (c. trav. art. L. 1244-2 ; cass. soc. 30 septembre 2014, n° 13-21115, BC V n° 222).

En outre, certaines absences sont assimilées à du travail effectif pour les droits liés à l'ancienneté (voir *congés pour événements familiaux**). Par exemple, la durée du *congé parental d'éducation** (sous forme d'absence totale) est prise en compte pour moitié dans la détermination des avantages liés à l'ancienneté.

Si la convention collective précise que l'ancienneté s'entend « *d'un nombre d'années entières et consécutives* », un arrêt de travail pour maladie non professionnelle n'a pas à être déduit, en l'absence de disposition conventionnelle contraire (cass. soc. 28 juin 2018, n° 16-28511 FSPB). En revanche, la question de l'interprétation des dispositions conventionnelles ne se pose pas pour un *accident du travail**, ou une *maladie professionnelle**, puisque le code du travail prévoit que ces arrêts de travail sont pris en compte pour tous les avantages légaux ou conventionnels liés à l'ancienneté.

Forfait ou pourcentage - La prime peut être :
- un montant forfaitaire, quels que soient la classification et le salaire, lié ou non à la valeur du point ;
- un pourcentage du salaire de base ou du salaire brut total, ou encore du salaire minimal conventionnel ;
- une gratification occasionnelle non mensualisée, etc.

Prime calculée sur le minimum conventionnel - Rien n'interdit aux partenaires sociaux de déterminer librement une base de calcul de la prime d'ancienneté. Aussi, lorsque le minimum conventionnel se trouve inférieur au SMIC, l'employeur n'est pas tenu de calculer la prime sur la base du SMIC (cass. soc. 12 avril 1995, n° 91-42280 D).

Si une convention collective étendue renvoie à des salaires minima fixés par avenant et que celui fixant la grille des salaires minima n'a pas été étendu, un employeur non-signataire (ou non adhérent d'un syndicat signataire) doit calculer la prime d'ancienneté sur la base du SMIC (cass. soc. 4 mai 1993, n° 91-41646, BC V n° 123).

Lorsqu'il existe dans l'entreprise une grille de salaire plus favorable que la grille conventionnelle, ce sont les minima propres à ladite entreprise qui doivent être retenus comme base de calcul (cass. soc. 8 octobre 1996, n° 93-44672, BC V n° 317).

Date de versement de la prime - La date de versement dépend des conventions collectives ou des usages. Les accords, ou les employeurs s'ils ne sont pas soumis à un accord, peuvent, par simplification, avancer cette date au premier jour du mois anniversaire de l'embauche ou la reporter au mois suivant, voire au 1er janvier de l'année suivante (cass. soc. 13 octobre 1976, n° 75-40784, BC V n° 487).

Prise en compte du temps de travail - Il est possible que des conventions collectives prennent en compte le temps travaillé pour le calcul de la prime d'ancienneté. Par exemple, il peut s'agir :
- du fait que le salarié travaille à temps partiel (cass. soc. 18 février 1988, n° 86-41980, BC V n° 120) ;
- de la prise en compte d'une base de calcul de la prime ajustée en fonction de la durée du travail (cass. soc. 13 novembre 2003, n° 01-46177, BC V n° 283).

L'employeur doit donc tenir compte de la rédaction de la convention collective applicable dans l'entreprise. Rappelons que celle-ci ne doit pas se baser sur un critère discriminatoire [voir *Discrimination (interdiction de)**].

Travailleurs à domicile - S'ils ne sont pas expressément exclus par la convention collective, les travailleurs à domicile ont droit à la prime d'ancienneté conventionnelle (cass. soc. 2 mai 2006, n° 04-46418, BC V n° 157).

Congés payés - La prime d'ancienneté entre dans la base de calcul de l'*indemnité de congés payés** lorsqu'elle est la contrepartie du travail effectué.

Exemple

La rémunération à prendre en considération pour le calcul de l'indemnité de congés payés est la rémunération totale du salarié, incluant les primes et indemnités versées en complément du salaire si elles sont versées en contrepartie du travail, ce qui inclut les primes d'ancienneté (cass. soc. 13 juin 2012, n° 10-30590 D).

Lorsque la prime d'ancienneté est versée périodes de travail et de congés confondus, elle doit être ignorée dans la détermination du salaire de référence retenu pour calculer l'indemnité de congés payés. Son inclusion aboutirait à la faire payer une seconde fois par l'employeur (cass. soc. 16 juin 1998, n° 96-43187 D).

Lorsque les congés sont indemnisés par une caisse de congés payés, l'employeur doit réduire la prime proportionnellement à l'absence. La prime entre alors dans le salaire servant de base à l'application de la règle du dixième.

Prise en compte dans les autres éléments de salaire - Ce sont les conventions collectives qui déterminent le sort de la prime d'ancienneté en cas d'absence, d'heures supplémentaires ou de jours fériés travaillés.

À défaut de clause expresse, la prime entre dans le calcul des garanties de rémunération en cas de maladie. En revanche, elle ne doit pas être prise en compte dans la base de calcul des majorations pour heures supplémentaires (cass. soc. 29 mai 1986, n° 84-44709, BC V n° 264 ; cass. soc. 28 septembre 2022, n° 21-15034 FD ; circ. DRT 94-4 du 21 avril 1994).

▶ À noter… Dès lors que, au sein d'une entreprise, les absences pour maladie n'entraînent pas l'abattement de la prime d'ancienneté, le non-paiement de cette prime en raison d'une absence pour fait de grève revêt un caractère discriminatoire (cass. soc. 23 juin 2009, n° 07-42677, BC V n° 159).

Prime réservée à une catégorie du personnel - Depuis 2015, les différences de traitement entre catégories professionnelles prévues par voie de conventions ou d'accords collectifs, négociés et signés par des organisations syndicales représentatives, sont présumées justifiées (voir *Égalité des rémunérations**).

La Cour de cassation applique cette solution aux primes d'ancienneté conventionnelles réservées à certaines catégories de personnel (cass. soc. 27 janvier 2015, n° 13-25437, BC V n° 10 ; cass. soc. 18 juin 2015, n° 13-22972 D). En conséquence, c'est au salarié qui réclame l'octroi de cet avantage de démontrer que celui-ci est étranger à toute considération de nature professionnelle.

▶ À noter… Les différences de traitement entre des salariés exerçant, au sein d'une même catégorie professionnelle, des fonctions distinctes, sont également présumées justifiées, dès lors qu'elles résultent de dispositions conventionnelles (cass. soc. 8 juin 2016, n° 15-11324, BC V n° 130).

Régimes social et fiscal

La prime d'ancienneté est soumise à cotisations sociales, à CSG et à CRDS. De même, elle constitue un élément de rémunération imposable à l'impôt sur le revenu.

SMIC et minima conventionnels

Calcul du SMIC - La prime d'ancienneté n'entre pas dans le calcul du *SMIC**, car elle ne rémunère pas un travail effectif (cass. soc. 12 novembre 1992, n° 89-45090 D).

Les primes d'ancienneté imposées par une convention ou un accord s'ajoutent au salaire minimum de la grille.

Minima conventionnels - Si l'employeur accorde une prime d'ancienneté facultative, celle-ci ne peut pas être prise en compte (clause expresse exceptée) pour le calcul des minima conventionnels, sauf dans les cas vraisemblablement exceptionnels où, malgré sa dénomination, elle présenterait un caractère uniforme et forfaitaire (circ. DRT 81-3 du 29 juillet 1981).

En revanche, lorsqu'une convention collective indique que « les appointements minima garantis comprennent les éléments permanents de la rémunération » et que les primes d'ancienneté versées par l'entreprise constituent un élément de rémunération permanent, alors ces dernières doivent être prises en compte dans le calcul des minima conventionnels (cass. soc. 18 septembre 2019, n° 18-11263 D).

Litiges

Il n'est pas possible de réclamer le paiement d'une prime d'ancienneté sous le couvert de dommages et intérêts en réparation d'un préjudice résultant d'une discrimination due à une disparité de situation entre les salariés au niveau du calcul de cette prime, pour échapper au délai de prescription applicable en matière de salaire (cass. soc. 23 novembre 2017, n° 15-24304 D).

Mention sur le bulletin de paye

Mention prévue par la convention ou l'accord - Lorsque la convention ou l'accord mentionne la prime, l'employeur n'a pas le choix : il doit nécessairement l'indiquer distinctement sur le bulletin de paye.

Mention non imposée par la convention ou l'accord - La prime d'ancienneté peut être intégrée au salaire de base mais, en cas de litige, l'employeur risque d'avoir des difficultés à en apporter la preuve. Il est donc conseillé de la faire figurer sur une ligne distincte.

En effet, la preuve du paiement de la prime d'ancienneté ne peut résulter, en l'absence de mention sur le bulletin de paye, ni du fait que le salaire versé est supérieur au salaire minimum de la catégorie, ni de l'absence de réclamation des salariés, ni d'une prétendue pratique interne à l'entreprise consistant à inclure la prime dans le salaire (cass. soc. 8 mars 2000, n° 98-43489 D).

Exemple

Le défaut de mention sur les bulletins de paye d'un versement de la prime d'ancienneté fait présumer que cette prime n'a pas été payée ; il appartient à l'employeur d'établir la preuve de son paiement. Il ne suffit pas que le salaire effectif de la salariée ait été supérieur au salaire minimal conventionnel augmenté de la prime (cass. soc. 29 octobre 2003, n° 01-43286 D).

☛ *Ancienneté ; Congés pour événements familiaux ; Heures supplémentaires ; Indemnité de congés payés ; SMIC ; Temps de travail effectif.*

Prime d'assiduité

La prime d'assiduité est prévue soit par le contrat de travail, soit par la convention collective, soit par un usage. Elle vise à encourager et à récompenser la présence régulière du salarié.

Suppression et réduction - La prime d'assiduité peut être réduite et même supprimée en cas d'*absence**, y compris en cas d'absence pour grève, à condition toutefois que la réduction ne soit pas plus importante dans ce cas qu'en cas d'absence pour un autre motif ou que la grève ne soit pas considérée comme une absence non autorisée. En pratique, toutes les absences, justifiées ou non, autorisées ou non, doivent donc avoir la même conséquence (cass. soc. 28 mars 1989, n° 86-43867, BC V n° 260).

Ce principe s'applique également pour des absences liées à la grossesse ou la paternité, à condition là encore que toutes les absences entraînent les mêmes conséquences sur son attribution, hormis celles qui sont assimilées à un temps de travail effectif (cass. soc. 26 septembre 2018, n° 17-18011 D).

Si seules certaines absences (ex. : pour événements familiaux, absences conventionnelles prévues par l'accord d'entreprise) ne donnent pas lieu à retenue, la suppression de la prime d'assiduité en cas de grève (cass. soc. 15 février 2006, n° 04-45738, BC V n° 65 ; cass. soc. 16 janvier 2008, n° 06-42983, BC V n° 11) ou en cas de maladie (cass. soc. 1er décembre 2016, n° 15-24694 D ; cass. soc. 8 janvier 2020, n° 18-17553 D), est une mesure discriminatoire.

De même, la suppression d'une « prime de présentéisme », suite à la participation à un mouvement de grève, a été jugée discriminatoire dès lors que par « absence », il fallait entendre exclusivement les maladies, absences non motivées, absences non rémunérées, congés non payés et jours d'absence liés à une sanction. En effet, dans ces conditions, toutes les absences n'entraînaient pas les mêmes conséquences sur l'attribution de la prime (cass. soc. 25 octobre 2007, n° 06-42399 D).

▶ À noter... La prime d'assiduité versée en vertu d'un *usage** ne peut pas être supprimée sans l'accord du salarié (cass. soc. 11 mars 2008, n° 07-40210 D).

Base de rémunération des heures supplémentaires - La jurisprudence considère que la prime d'assiduité entre en compte pour calculer les majorations pour *heures supplémentaires** (cass. soc. 26 octobre 1979, n° 78-41113, BC V n° 796).

L'administration a une position contraire (circ. DRT 94-4 du 21 avril 1994).

Préavis - L'employeur doit payer au salarié qu'il a dispensé de *préavis** une *indemnité compensatrice de préavis** égale aux salaires et avantages que le salarié aurait reçus s'il avait travaillé (c. trav. art. L. 1234-5). Il faut donc verser la prime d'assiduité pour la période du préavis dont le salarié a été dispensé (cass. soc. 27 juin 2001, n° 98-45711 D).

Régimes social et fiscal - Comme tout élément de salaire, la prime d'assiduité est soumise aux prélèvements sociaux et imposable.

Calcul du SMIC - Lorsque la prime est liée à la situation individuelle du salarié et sert à lutter contre l'absentéisme en récompensant véritablement l'assiduité du salarié, elle est considérée comme aléatoire puisque versée indépendamment du travail individuel fourni. Elle est alors exclue du salaire à comparer avec le SMIC (cass. soc. 23 avril 1997, n° 94-41722 D).

En revanche, une prime d'assiduité versée de façon uniforme et systématique à tous les salariés, sans qu'ils aient à satisfaire à des conditions particulières, doit être incluse dans le salaire à comparer avec le SMIC.

☞ *Heures supplémentaires ; Indemnité de congés payés ; SMIC.*

Prime de bilan

☞ *Primes de résultat.*

Prime de casse-croûte

☞ *Prime de panier.*

Prime de danger

☞ *Heures supplémentaires ; Indemnité de congés payés ; Prime de sujétion ; Primes mensuelles ; SMIC.*

Prime de départ volontaire

☞ *Indemnité de départ volontaire.*

Prime de fin d'année ou de treizième mois

Les primes de fin d'année ou de 13e mois couvrent toute l'année. Le plus souvent, elles sont versées en une seule fois à l'issue de la période.

Sources et bénéficiaires

Sources - Le code du travail n'impose pas le versement d'une prime de fin d'année ou d'un 13e mois. L'instauration et les modalités de versement de ce type de prime peuvent être prévues par :
- la convention collective ;
- une décision unilatérale de l'employeur ;
- un usage d'entreprise ;
- le contrat de travail.

Pour ce dernier cas, notons que la prime de fin d'année de nature contractuelle présente un caractère obligatoire, peu important la constance ou non de son versement (cass. soc. 5 novembre 2015, n° 14-17138 D).

▶ À noter... Sous certaines conditions, l'employeur peut mettre en place une prime de 13e mois réservée aux cadres (voir *Égalité des rémunérations**). Ainsi, une prime de 13e mois sans objet spécifique étranger au travail accompli ou destiné à compenser une sujétion particulière, fait partie de la rémunération annuelle, au même titre que le salaire de base, quelles que soient les modalités de son versement. Une telle prime est la contrepartie du travail, au regard duquel les salariés cadres et non-cadres peuvent ne pas être placés dans une situation identique. Et faute de situation identique, l'employeur n'a pas à justifier la différence de traitement (cass. soc. 26 septembre 2018, n° 17-15101 FSPB).

L'employeur doit vérifier attentivement les termes indiqués dans les différentes sources (convention collective, contrat, etc.) avant de refuser le bénéfice d'une prime de 13e mois.

▶ À noter... Lorsque le contrat de travail d'un salarié prévoit le versement d'un 13e mois (modalité de règlement d'un salaire annuel payable en treize fois) tandis qu'un accord d'entreprise évoque par ailleurs une « gratification de 13e mois » (élément de salaire répondant à des conditions propres d'ouverture et de règlement), le salarié a droit aux deux primes, car celles-ci n'ont pas le même objet (cass. soc. 13 juin 2012, n° 10-27395, BC V n° 184). En revanche, les salariés qui bénéficient d'une gratification de fin d'année au titre d'un avantage individuel acquis ne peuvent pas obtenir en plus le 13e mois, identique, que l'employeur met en place au profit des salariés embauchés après la dénonciation de l'accord collectif qui ouvrait droit à la gratification de fin d'année (cass. soc. 24 avril 2013, n° 12-10196, BC V n° 114).

Temps partiel - Les salariés à temps partiel ont droit à la prime de fin d'année dans les mêmes conditions que les salariés à temps plein, en proportion de leur durée du travail (cass. soc. 2 décembre 1992, n° 91-40655, BC V n° 582).

Il convient d'être vigilant aux accords collectifs qui peuvent donner, à certaines primes, un caractère forfaitaire. Dans ce cas, la prime ne peut pas être proratisée pour les salariés à temps partiel (voir *Primes**).

Calcul

Textes de base - Le mode de calcul de la prime est celui prévu lors de son instauration. Ainsi, à défaut de précisions contraires, tous les éléments de rémunération sont pris en compte, à l'exclusion des remboursements de frais.

Pour l'application des conventions collectives, deux dispositions sont à surveiller : celles qui régissent le 13e mois et celles qui assimilent certaines absences à du travail effectif.

Sauf dispositions précises dans la convention, les *indemnités journalières complémentaires** de maladie versées par l'employeur peuvent échapper à la base de calcul du 13e mois (cass. soc. 7 février 1990, n° 87-40250 D). En revanche, si l'accord prévoit un 13e mois calculé sur le salaire de base, l'employeur ne peut pas pondérer le salaire de base en tenant compte des prestations versées au titre de la maladie (cass. soc. 7 janvier 1988, n° 85-43555 D).

Par ailleurs, lorsque les sommes correspondant au rachat des droits épargnés sur un *compte épargne-temps** ne répondent à aucune périodicité de la prestation de travail ou de sa rémunération, de sorte qu'elles ne sont pas relatives à la période de référence définie pour le calcul d'une indemnité de 13e mois, elles n'ont pas à être incluses dans l'assiette de calcul de l'indemnité de 13e mois. En revanche, les gratifications relatives à la *médaille du travail**, prévues par la convention collective et versées à l'occasion du travail, sont obligatoires et constituent une rémunération perçue pendant la période de référence. Elles doivent donc être incluses dans la base de calcul du 13e mois (cass. soc. 6 novembre 2024, n° 22-23689 FSB).

Rémunération variable - Lorsque le salarié est rémunéré en partie au fixe et en partie au variable, la prime de fin d'année doit tenir compte de la partie variable (cass. soc. 25 octobre 1995, n° 91-45502 D).

Temps de présence effectif - Lorsqu'une prime de fin d'année est modulée en fonction du temps de présence effectif dans l'entreprise, l'employeur peut tenir compte des absences pour maladie (cass. soc. 15 novembre 2000, n° 98-44247 D).

De même, il peut être tenu compte d'un congé de maternité (cass. soc. 11 avril 1991, n° 87-41975, BC V n° 185).

Mais il faut que toutes les absences quelles qu'elles soient (grève, accident du travail, etc.) aient la même conséquence, sinon le mode de calcul de la prime sera regardé comme discriminatoire (cass. soc. 18 janvier 1995, n° 91-42476 D ; cass. soc. 31 janvier 2001, n° 00-40349 D).

Si la convention est muette sur le sort de certaines absences, la jurisprudence admet un abattement proportionnel à l'absence (cass. soc. 18 décembre 1984, n° 3910).

Changement de mode de calcul - La modification du mode de calcul de la prime de fin d'année ne peut pas avoir d'effet rétroactif sur le calcul de la prime des années antérieures.

Exemple

La dénonciation de l'usage fixant le calcul de la prime de fin d'année en février n'a pas d'influence sur le calcul de la prime versée en décembre de l'année écoulée (cass. soc. 27 mai 1992, n° 89-43149 D).

Départ en cours d'année

Dans tous les cas, l'employeur doit respecter les modalités prévues par un éventuel accord collectif ou par des usages applicables à l'entreprise.

Condition de présence du salarié exigée à la date de versement - Si le versement de la prime est conditionné au fait que le salarié soit présent au jour de son versement, son absence le jour J lui fait perdre l'octroi de cette prime (cass. soc. 5 novembre 1987, n° 85-40176, BC V n° 623).

Cependant, la condition de présence dans l'entreprise à une date déterminée ne peut pas être opposée à un salarié :

- licencié sans cause réelle et sérieuse (cass. soc. 12 juillet 2006, n° 04-46290 D) ;
- dispensé de préavis (cass. soc. 21 juin 1989, n° 86-41493 D) ;
- en arrêt de travail le jour J suite à un accident du travail (c. trav. art. L. 1132-1 ; cass. soc. 5 avril 2006, n° 03-48017, BC V n° 140) ;
- en arrêt de travail le jour cité par la convention collective, étant impossible d'estimer qu'un salarié en arrêt de travail n'est pas présent. (cass. soc. 26 octobre 2022, n° 21-15963 FSB).

De plus, l'employeur doit vérifier le contenu des accords collectifs et usages avant de refuser le paiement d'une prime de fin d'année à un salarié en raison de son absence. En effet, il est possible que la condition de travail effectif le jour du versement de la prime soit tenue en échec par des dispositions conventionnelles ou des usages qui assimilent certaines absences à du travail effectif (ces dispositions sont d'interprétation stricte).

Condition de présence continue - Une convention collective qui attribue une prime de fin d'année à tout salarié ayant au moins 1 an d'ancienneté dans l'entreprise peut subordonner son versement à la présence continue des salariés dans l'entreprise.

Exemple

Pour déterminer la présence continue, il convenait, selon des dispositions conventionnelles, de tenir compte du premier contrat à durée déterminée faisant apparaître, pour chaque salarié, une présence supérieure à 1 an. Par conséquent, s'agissant des successions de contrats à durée déterminée, l'employeur pouvait refuser de verser la prime conventionnelle à ces salariés dès lors qu'il existait une interruption entre les contrats (cass. soc. 22 octobre 2008, n° 07-42777 D).

Condition de présence postérieure à la date de versement - Si un employeur peut assortir le versement d'une prime de fin d'année à des conditions particulières, celles-ci ne doivent pas porter atteinte à la liberté du travail. Par exemple, il est impossible de lier une prime de fin d'année versée en décembre à une condition de présence du salarié dans l'entreprise le 30 juin de l'année suivante. Si, en cas de démission le 31 janvier suivant le versement, l'employeur retire le montant de la prime sur le solde de tout compte, c'est une sanction pécuniaire illicite et une atteinte à la liberté du travail (cass. soc. 18 avril 2000, n° 97-44235, BC V n° 141).

Prorata du temps de présence - Le droit au 13e mois *prorata temporis* ne se présume pas, il doit être prévu par un accord ou un usage. À défaut, rien n'est dû au salarié. C'est à lui d'en apporter la preuve (cass. ass. plén. 5 mars 1993, n° 89-43464, B. ass. plén. n° 6 ; cass. soc. 20 février 2007, n° 06-42330 D ; cass. soc. 5 mai 2010, n° 08-45646 D).

Exemple

L'employeur est tenu de verser au salarié, non présent dans l'entreprise au 31 décembre de l'année considérée, un prorata de 13e mois en fonction du temps passé dans l'entreprise lors de l'année considérée, s'il existe, au sein de l'entreprise, une pratique constante générale et fixe permettant d'établir une volonté non équivoque de l'employeur allant dans ce sens (cass. soc. 13 novembre 2003, n° 01-45077 D).

Lorsqu'une prime de 13e mois est soumise à une condition de présence à l'effectif au 31 décembre, un salarié absent à cette date, car licencié à une date antérieure, conserve son droit à un prorata de cette prime si son licenciement est dépourvu de cause réelle et sérieuse, dès lors que le prorata est prévu par la convention collective applicable, un usage de l'entreprise ou le contrat de travail (cass. soc. 28 mai 2003, n° 01-40591, BC V n° 179). À défaut d'avoir été prévu, le prorata n'est pas dû même en cas de licenciement dépourvu de cause réelle et sérieuse (cass. soc. 28 mai 2015, n° 14-12854 D).

Le fait qu'un 13e mois ou une prime annuelle correspondant à un mois de salaire de base soit payé de manière fractionnée (première moitié en juin, deuxième moitié en décembre) n'implique pas en soi le droit au prorata du 13e mois ou de la prime pour un salarié quittant l'entreprise (cass. soc. 21 juin 1989, n° 86-41493 D ; cass. soc. 17 juin 2009, n° 07-43068 D).

Si le contrat de travail prévoit un salaire annuel égal à 13 fois le salaire mensuel, le 13e mois est acquis *prorata temporis* (cass. soc. 19 décembre 1990, n° 88-41075, BC V n° 684).

Si le montant annuel du salaire est inscrit au contrat de travail (ex. : 26 000 € annuels), 13e mois compris, celui-ci fait partie intégrante du salaire. Il est donc dû au prorata du temps de présence (cass. soc. 19 mars 1985, n° 83-41820 D).

En cas de dénonciation d'usage ou de modification de la convention collective, le 13e mois prévu au contrat de travail reste dû.

Exemple

Lorsque la convention collective détermine le montant de la prime de 13e mois perçue par les salariés sans condition de durée effective de présence dans l'entreprise, l'employeur ne peut pas décider de modalités d'attribution moins favorables. Ainsi, il ne peut pas supprimer le bénéfice de cette prime à un salarié absent pour maladie toute l'année si la convention collective prévoit le versement d'un 13e mois aux personnels ayant au moins 6 mois consécutifs d'ancienneté dans l'entreprise et étant présents à l'effectif au 31 décembre de l'année de référence (cass. soc. 21 mars 2012, n° 10-15553, BC V n° 103).

Faute grave du salarié - La privation de la prime de fin d'année en cas de faute grave est une sanction pécuniaire prohibée. La prime doit être versée au salarié fautif, même si une convention ou un accord collectif prévoit le contraire (cass. soc. 11 février 2009, n° 07-42584, BC V n° 42).

Régime social

Les primes de fin d'année sont soumises à toutes les cotisations sociales et à l'impôt sur le revenu. Elles doivent figurer sur le bulletin de salaire.

Une prime de fin d'année versée lors d'une absence non rémunérée donnant lieu à proratisation du plafond ne fait, en principe, pas obstacle à cette proratisation (voir *Plafond de la sécurité sociale**).

Incidences en paye

Les incidences de la prime de fin d'année varient selon le calcul de paye concerné.

Vérification du SMIC - Le SMIC s'apprécie selon la périodicité des payes, c'est-à-dire en général mensuellement. Pour apprécier si le SMIC est respecté, le 13e mois n'est pris en compte que le mois de son versement, sans compensation possible avec les autres mois (cass. soc. 17 mars 1988, n° 85-41930, BC V n° 187). De même, l'employeur ne peut pas fractionner le 13e mois dans le seul but d'échapper à l'obligation de respecter le SMIC (cass. soc. 3 mars 1988, nos 86-40001 et 86-40219, BC V n° 158).

Vérification du minimum conventionnel - Ce sont les termes de la convention collective qui fixent les éléments de rémunération à comparer à la grille de salaire.

Par exemple, l'accord collectif peut prévoir qu'il est tenu compte de l'ensemble des éléments du salaire brut, quelles qu'en soient la nature et la périodicité. Le 13e mois entre alors dans la base de comparaison annuelle, avec compensation entre les mois de l'année (cass. soc. 16 mars 1989, n° 86-45170, BC V n° 223).

En revanche, lorsque la convention ne prévoit pas expressément cette possibilité, le 13e mois n'est pris en compte que pour le mois de versement (cass. soc. 17 février 1999, n° 96-43866 D ; cass. soc. 12 janvier 2022, n° 20-12542 D).

Indemnité de congés payés - La prime de fin d'année est exclue de la base de calcul de l'indemnité de congés payés si elle couvre à la fois les périodes de travail et les périodes de congés.

Indemnités de rupture - La prime de fin d'année doit être prise en compte dans le calcul des indemnités de rupture au prorata de la période couverte par la prime.

☞ *Indemnité de congés payés ; SMIC.*

Prime de froid

☞ *Heures supplémentaires ; Indemnité de congés payés ; Prime de sujétion ; Primes mensuelles ; SMIC.*

Prime de naissance

☞ *Avantages versés par le comité social et économique (CSE) ; Primes mensuelles.*

Prime de panier

Nature et incidence en paye

Allocation pour frais professionnels - Le terme « prime de panier » désigne le plus souvent des allocations forfaitaires versées aux salariés au titre des *frais professionnels** pour les indemniser des frais de nourriture qu'ils sont amenés à engager dans certaines circonstances (déjeuner sur le lieu de travail, sur un chantier, etc.).

Ce terme reste utilisé en entreprise car il figure toujours dans certaines conventions collectives. Cependant, il n'existe plus officiellement dans la réglementation, qui distingue les allocations forfaitaires de « restauration sur le lieu de travail » de celles de « restauration hors de l'entreprise » (arrêté du 20 décembre 2002, art. 3, 2° et 3°, JO du 27).

L'allocation forfaitaire exonérée au titre des frais professionnels est exclue de tous les calculs de paye (ex. : base de calcul des majorations pour *heures supplémentaires**). En revanche, la partie de l'allocation éventuellement soumise à cotisations doit être prise en compte (vérification du salaire minimum, indemnités de congés payés et de rupture, etc.).

Parfois complément de salaire - Il peut arriver qu'une somme, versée à titre de « prime de panier », constitue en réalité un complément de salaire soumis à cotisations et imposable.

Il en va ainsi lorsque l'objet de la prime n'est pas de rembourser au salarié des frais professionnels (ex. : des frais de repas) mais, par exemple, de compenser une sujétion particulière de l'emploi.

Selon ses caractéristiques, la prime doit le cas échéant entrer dans les bases de calcul de l'indemnité de congés payés, de rémunération des heures supplémentaires, etc.

Exemples

1) Lorsqu'il résulte de la convention collective qu'une prime de panier versée aux ouvriers travaillant entre 22 h et 6 h compense une sujétion particulière de l'emploi et présente un caractère forfaitaire, elle ne correspond pas à un remboursement de frais mais constitue un complément de salaire (cass. soc. 18 décembre 2012, n° 11-13813, BC V n° 340).

2) En revanche, lorsque l'indemnité de repas vise à compenser le surcoût du repas consécutif à un déplacement, celle-ci constitue un remboursement de frais n'entrant pas dans l'assiette de l'indemnité de congés payés (cass. soc. 17 décembre 2014, n° 13-14855, BC V n° 303).

3) De même, les primes de panier ayant pour objet de compenser le surcoût du repas consécutif à un travail posté, de nuit ou selon des horaires atypiques ont le caractère de remboursement de frais (et non de complément de salaire), malgré leur caractère forfaitaire et le fait que leur versement ne soit soumis à la production d'aucun justificatif (cass. soc. 11 janvier 2017, n° 15-23341, BC V n° 8).

Exonération des allocations forfaitaires pour frais professionnels

Conditions d'exonération - Les allocations forfaitaires allouées au salarié afin de lui rembourser ses frais de repas sont exonérées de cotisations sous certaines conditions :
- le salarié est placé dans des circonstances de fait entraînant des dépenses supplémentaires de nourriture ;
- les allocations sont utilisées conformément à leur objet ;
- l'employeur n'applique pas de *déduction forfaitaire spécifique pour frais professionnels**.

Le système des allocations forfaitaires n'est pas applicable aux gérants de SARL et de société d'exercice libéral à responsabilité limitée (SELARL), aux présidents et directeurs généraux de société anonyme (SA) ainsi que de société d'exercice libéral à forme anonyme (SELAFA) et aux présidents et dirigeants de société par actions simplifiée (SAS), à moins que ces allocations ne soient versées dans le cadre de l'exécution d'un contrat de travail (BOSS, Frais professionnels, § 140, 01/01/2025).

▶ À noter... La prime de panier correspondant à un remboursement au titre des *frais professionnels**, chaque salarié placé dans une situation identique au regard de cet avantage doit percevoir le même montant (cass. soc. 19 mai 2010, n° 08-45402 D). Certaines conventions collectives ou certains accords d'entreprise prévoient des primes de panier supérieures aux limites d'exonération. Dans ce cas, l'employeur doit effectivement verser au salarié le montant du panier conventionnel. L'excédent ne pourra être exonéré que sur justificatifs de la réalité des dépenses *(voir ci-après)*.

Allocations de restauration sur le lieu de travail - Lorsque le salarié (ou assimilé) est contraint de prendre une restauration sur son lieu effectif de travail, en raison de conditions particulières d'organisation ou d'horaires de travail, telles que travail en équipe, travail posté, travail continu, travail en horaire décalé ou travail de nuit, les allocations forfaitaires versées par l'employeur pour compenser les frais supplémentaires de nourriture qu'il est contraint d'engager pour se restaurer sur place sont réputées être utilisées conformément à leur objet, et donc exonérées de cotisations, si elles n'excèdent pas 7,40 € par repas en 2025 (arrêté du 20 décembre 2002, art. 3, 2° ; BOSS, Frais professionnels, §§ 180 à 200, 01/01/2025).

Selon le *Bulletin officiel de la sécurité sociale (BOSS)**, le salarié est contraint de prendre une restauration chaque fois que le temps de pause repas se situe hors de la plage horaire fixée pour les autres salariés de l'entreprise (BOSS, Frais professionnels, § 190, 01/01/2025).

▶ À noter... La Cour de cassation semble avoir une lecture plus souple des conditions d'exonération des primes de panier. Elle a en effet approuvé une cour d'appel d'avoir décidé que la notion de « conditions particulières d'organisation ou d'horaires de travail », prévue par l'arrêté du 20 décembre 2002, n'est pas définie de manière exhaustive par la réglementation. Par conséquent, les salariés qui disposent, aux heures habituelles de repas, d'une pause déjeuner de seulement 30 minutes les contraignant à se restaurer sur leur lieu de travail, remplissent ces conditions, même s'ils ne travaillent pas en équipe, de façon postée, en continu, en horaire décalé ou de nuit (cass. civ., 2e ch., 30 janvier 2025, n° 22-20960 FD).

Allocations de restauration hors de l'entreprise - Lorsque le salarié (ou assimilé) est en déplacement hors des locaux de l'entreprise et que ses conditions de travail lui interdisent de regagner son domicile ou son lieu habituel de travail pour le repas, l'employeur peut verser des allocations forfaitaires en exonération de cotisations dès lors qu'elles n'excèdent pas 10,30 € par repas en 2025. Encore faut-il que les circonstances ou les usages de la profession n'obligent pas le salarié à prendre ce repas au restaurant (arrêté du 20 décembre 2002, art. 3, 3° ; BOSS, Frais professionnels, § 210, 01/01/2025).

Le BOSS cite, à titre d'exemple, les salariés occupés sur des chantiers, des entrepôts, des ateliers extérieurs ou un autre site de l'entreprise, et ne pouvant rentrer chez eux pour le repas du midi du fait de contraintes d'horaires (BOSS, Frais professionnels, § 220, 01/01/2025).

Les indemnités de « casse-croûte » versées en application d'une convention collective nationale sont assimilées à des indemnités de restauration hors des locaux de l'entreprise si les circonstances de fait (travail hors des locaux de l'entreprise, salariés occupés sur des chantiers, des entrepôts, des ateliers extérieurs...) sont établies (BOSS, Frais professionnels, § 230, 01/01/2025).

Exemple

Des dockers, travaillant à 500 mètres de la cafétéria et pouvant y prendre leur repas entre 12 h et 14 h, ne sont pas empêchés de prendre leur repas dans des conditions normales (cass. soc. 8 juin 1995, n° 93-15109 D). Au contraire, des salariés travaillant en horaire décalé et observant une pause en dehors des heures normales de repas où ils prenaient une collation ont droit à une prime de panier (cass. soc. 5 novembre 1992, n° 88-19399 D).

Cumul d'allocations - Lorsque le salarié (ou assimilé) est placé simultanément, sur une même période de travail, dans des situations lui ouvrant droit à une ou plusieurs primes de panier, ou bien à une prime de panier et à des remboursements de frais de restaurant, une seule des indemnités ouvre droit à déduction (la plus élevée). Par exemple, lorsqu'un salarié est occupé sur un chantier de nuit, l'employeur ne peut déduire que 10,30 € (valeur 2025) (BOSS, Frais professionnels, § 170, 01/01/2025).

Réintégrations des excédents - Lorsque les allocations sont supérieures aux limites d'exonération, deux situations sont possibles.

L'employeur qui n'établit pas les circonstances de fait (ex. : travail en horaire décalé) doit réintégrer la totalité de l'allocation dans les bases de cotisations.

En revanche, s'il justifie de ces circonstances de fait, l'allocation est exonérée à hauteur de la limite d'exonération, le surplus devant être réintégré dans l'assiette des cotisations. S'il prouve, au surplus, que la fraction excédant la limite d'exonération a été utilisée conformément à son objet, justificatifs à l'appui, celle-ci est aussi exonérée (BOSS, Frais professionnels, § 120, 01/01/2025).

☞ *Frais de déplacement ; Frais de nourriture ; Frais professionnels ; Frais professionnels (déduction forfaitaire spécifique).*

Prime de partage de la valeur

La prime de partage de la valeur (PPV) est un dispositif qui permet à l'employeur de verser à ses salariés une prime dont le montant, qui peut être modulé en fonction de certains critères, est librement fixé par l'accord ou la décision unilatérale qui la met en place.

La prime bénéficie d'un régime d'exonération dans la limite d'un plafond maximal (3 000 € ou 6 000 € selon les cas).

Le régime ici exposé est celui applicable depuis le 1er janvier 2024, compte tenu des modifications apportées par la loi Partage de la valeur du 29 novembre 2023 et le décret du 29 juin 2024.

Un dispositif pérenne facultatif

Dispositif pérenne - La prime de partage de la valeur (PPV) est un dispositif pérenne, applicable depuis le 1er juillet 2022.

La PPV a été créée par la loi du 16 août 2022 portant mesures d'urgence pour la protection du pouvoir d'achat (loi 2022-1158 du 16 août 2022, art. 1 modifié ; loi 2022-1616 du 23 décembre 2022, art. 12). La loi Partage de la valeur du 29 novembre 2023 a ensuite amélioré le régime de la PPV sur trois points (loi 2023-1107 du 29 novembre 2023, art. 9 et 11, JO du 30 ; décret 2024-644 du 29 juin 2024, art. 1, JO du 30) :
- possibilité pour l'employeur de verser deux primes par année civile, contre une antérieurement ;
- maintien du régime renforcé d'exonération sur 2024, 2025 et 2026, mais uniquement dans les entreprises de moins de 50 salariés ;
- possibilité pour le salarié de demander le placement de la PPV qui lui est attribuée sur un plan d'épargne salariale ou d'épargne retraite d'entreprise, ce qui permet notamment de l'exonérer d'impôt sur le revenu lorsqu'elle n'ouvre pas droit à l'exonération fiscale du régime renforcé.

En complément de nos développements deux tableaux récapitulent les exonérations applicables *(tableau I)* et le régime global de la PPV *(tableau II)*.

Mise en place facultative - La mise en place de la PPV est facultative.

Les entreprises ont donc une grande liberté :
- elles peuvent ne pas la mettre en place ;
- elles peuvent la mettre en place ponctuellement pour une année donnée ;
- elles peuvent la mettre en place chaque année, le cas échéant selon des conditions à chaque fois différentes ;
- si un employeur met en place la PPV sur une année, rien ne l'oblige légalement à en remettre une en place l'année suivante.

Mise en place

Deux modalités de mise en place - L'employeur qui décide de mettre en place une PPV peut procéder (loi 2022-1158 du 16 août 2022 modifiée, art. 1, IV) :
- soit par accord d'entreprise ou de groupe conclu selon les modalités d'un accord d'*intéressement** (c. trav. art. L. 3312-5, I) ;

- soit par décision unilatérale, après consultation du CSE s'il en existe un.

En cas de mise en place par accord d'entreprise, il peut s'agir (BOSS, Épargne salariale, § 600, 01/02/2025) :
- d'un accord collectif « classique » (avec un ou plusieurs délégués syndicaux) ;
- d'un accord entre l'employeur et les représentants d'organisations syndicales représentatives dans l'entreprise (i.e un salarié mandaté) ;
- d'un accord conclu au sein du CSE ;
- ou de la ratification par les 2/3 du personnel d'un projet d'accord proposé par l'employeur (selon le BOSS, la majorité des 2/3 s'apprécie par rapport à l'effectif de l'entreprise au moment de la ratification, et non sur la base des seuls salariés présents lors du vote).

▶ À noter... S'il existe dans l'entreprise des syndicats représentatifs ou un CSE, la ratification ne peut être utilisée que si elle est aussi demandée par l'un d'entre eux.

Dans les entreprises de moins de 11 salariés mettant en place la PPV par décision unilatérale, en l'absence de CSE, les employeurs doivent informer, par tout moyen, leurs salariés de leur décision de verser une prime (BOSS, Épargne salariale, § 620, 01/02/2025).

Durée variable - L'accord ou la décision unilatérale de l'employeur peut avoir une durée égale à un an ou un exercice (c'est la solution naturelle, à notre sens).

Mais il est aussi possible de prévoir une durée supérieure (BOSS, Épargne salariale, § 640, 01/02/2025). Dans le cas où l'entreprise entend prétendre à une limite d'exonération de 6 000 € du fait de la mise en œuvre d'un accord d'intéressement, ou le cas échéant d'un accord de participation volontaire (entreprise non assujettie à titre obligatoire à la participation sans accord d'intéressement) *(voir plus loin)*, la condition d'un accord d'intéressement et/ou de participation produisant ses effets doit être remplie pendant toute la durée de l'accord ou de la décision mettant en place la prime (BOSS, Épargne salariale, § 140, 01/02/2025).

Entreprise multi-établissements - L'employeur n'est pas dans l'obligation d'attribuer la prime dans tous les établissements de l'entreprise. Il peut attribuer la prime à tous les salariés de l'entreprise ou seulement à ceux relevant d'un ou plusieurs établissements. Les établissements éligibles sont mentionnés dans la décision unilatérale de l'employeur ou par accord d'établissement (BOSS, Épargne salariale, § 580, 01/02/2025).

Un employeur peut attribuer des montants de prime différents selon l'établissement dont relèvent les salariés, si cela est prévu par l'accord ou la décision unilatérale adopté au niveau de l'entreprise, ou en cas d'accord adopté au niveau de l'établissement (BOSS, Épargne salariale, § 700, 01/02/2025).

Critère d'attribution

Salariés de l'entreprise - La PPV concerne les salariés liés à l'entreprise par un contrat de travail à la date de versement de la prime, ou à la date de dépôt de l'accord auprès de la DDETS ou de la signature de la décision unilatérale mettant en place la prime (loi 2022-1158 du 16 août 2022 modifiée, art. 1, III, 1°).

L'accord ou la décision unilatérale doit préciser la date d'appréciation de la présence des salariés qui est retenue parmi les options possibles (BOSS, Épargne salariale, § 450, 01/02/2025). À cet égard, la date de versement de la prime s'entend de la date de mise en paiement des salaires figurant sur le bulletin de paye, déclarée en DSN dans la rubrique S21.G00.50.001

Possibilité de prévoir un critère de rémunération - L'employeur peut attribuer la PPV à tous les salariés éligibles *(voir tableau II)*, ou uniquement à ceux dont la rémunération n'excède pas un plafond qu'il faut alors fixer dans l'accord ou la décision mettant en place la prime (loi 2022-1158 du 16 août 2022 modifiée, art. 1, IV).

En revanche, il est impossible d'exclure des salariés sur la base d'un autre critère (ex. : ancienneté), ni de réserver la prime aux salariés dont la rémunération est supérieure à un certain niveau (BOSS, Épargne salariale, § 570, 01/02/2025).

Apprentis - Les apprentis étant des salariés titulaires d'un contrat de travail, ils ont droit à la PPV dans les mêmes conditions que les autres salariés (BOSS, Épargne salariale, § 440, 01/02/2025).

Stagiaires - Faute de contrat de travail, les stagiaires n'ont pas droit à la PPV, quel que soit le montant de leur gratification (BOSS, Épargne salariale, § 490, 01/02/2025).

Mandataires sociaux - Pour les mandataires sociaux deux situations sont possibles (BOSS, Épargne salariale, § 480, 01/02/2025).

Si le mandataire social est titulaire d'un contrat de travail, il bénéficie de la PPV dans les mêmes conditions que les salariés de l'entreprise, avec les mêmes exonérations.

S'il n'a pas de contrat de travail, il n'est pas éligible au versement de la PPV.

Intérimaires, salariés des groupements d'employeurs - Les intérimaires et les salariés des groupements d'employeurs mis à disposition d'entreprises utilisatrices ont droit à la PPV dans des conditions particulières, qui peuvent leur donner droit à plusieurs primes *(voir nos développements spécifiques plus loin)*.

Montant de la prime et critères possibles de modulation

Montant de la prime - Le montant de la prime est fixé par la décision unilatérale ou l'accord qui en est à l'origine (loi 2022-1158 du 16 août 2022 modifiée, art. 1, IV).

Modulation possible selon certains critères - Si cela est prévu par l'accord ou la décision qui met en place la prime, le montant de la prime peut être modulé selon des critères limitativement énumérés (loi 2022-1158 du 16 août 2022 modifiée, art. 1, III, 2°) :
- la rémunération ;
- le niveau de classification ;
- l'ancienneté dans l'entreprise ;
- la durée de présence effective pendant l'année écoulée *(voir nos précisions ci-dessous)* ;
- la durée de travail prévue au contrat en cas de temps partiel.

La modulation peut être établie sur la base d'un seul critère, ou d'une combinaison de tout ou partie des critères autorisés (BOSS, Épargne salariale, § 670, 01/02/2025).

Période d'appréciation des critères - Les critères de la rémunération, de la durée de présence effective et de la durée de travail prévue au contrat s'apprécient sur les 12 mois glissants précédant le versement de la prime (BOSS, Épargne salariale, § 680, 01/02/2025).

Les critères du niveau de classification et de l'ancienneté sont appréciés au moment du versement de la prime.

Précisions sur le critère de la durée de présence - Le critère de la durée de présence peut s'apprécier de deux manières (BOSS, Épargne salariale, § 680, 01/02/2025) :
- soit en fonction de la présence effective du salarié dans l'entreprise ;
- soit dans les mêmes conditions que celles prévues par la réglementation sur la réduction générale de cotisations patronales pour le calcul du paramètre SMIC, en retenant les mêmes règles de prise en compte des absences [voir *Réduction générale de cotisations patronales (paramètre SMIC)**].

Dans tous les cas, les congés de maternité et d'adoption, le congé de paternité et d'accueil de l'enfant, le congé parental d'éducation, le congé de présence parentale sont assimilés à de la durée de présence pour apprécier la présence du salarié. À notre sens, c'est également le cas des jours de congé pour enfant malade et pour les salariés bénéficiant de dons de jours de repos au titre d'un enfant décédé ou gravement malade, compte tenu de la rédaction de la loi (loi 2022-1158 du 16 août 2022 modifiée, art. 1, III, 2°).

La prime due aux salariés absents du fait de l'un de ces congés ne peut être réduite à raison de ces absences.

▶ À noter... Selon nos informations, une modulation du montant de la PPV strictement proportionnelle au temps de présence du salarié pourrait conduire les salariés absents sur la totalité de la période de référence à ne pas percevoir de prime, sous réserve des congés assimilés à du temps de présence, de l'éventuel plancher de PPV prévu par l'accord ou la décision unilatérale, et de la façon d'apprécier la durée de présence (présence effective ou prise en compte des absences selon les règles de la réduction générale). Une clarification expresse serait utile dans une prochaine mise à jour de l'instruction, dans la mesure où les réponses apportées aux questions de la rédaction n'ont pas de valeur juridique.

La Cour de cassation a précisé que le salarié en *congé de reclassement** a droit à la prime pour la période de début de congé correspondant au préavis, mais pas pour la période de congé excédentaire, celle-ci n'étant pas assimilée à du temps de présence (cass. soc. 19 avril 2023, n° 21-23092 FSB). Cette jurisprudence, rendue à propos de l'ancienne PEPA, vaut à notre sens pour la PPV.

Précisions sur le critère d'ancienneté - Concernant le critère de l'ancienneté, la loi précise seulement qu'elle s'apprécie dans l'entreprise (donc depuis la date d'entrée). Elle ne prévoit aucune exigence de proportionnalité, et ne fixe aucune limite à l'amplitude de la modulation, ni à ses modalités.

Néanmoins, l'administration « sanctionne » les modulations à l'ancienneté conduisant à des écarts disproportionnés *(voir ci-dessous)*.

Sanction des modulations excessives - Afin d'éviter que l'usage de modulations fortes limite le montant de la PPV versée aux salariés ayant une faible ancienneté, le BOSS « sanctionne » les modulations conduisant à des écarts disproportionnés. Il s'agit pour lui de respecter l'intention du législateur.

Ainsi, lorsque les modalités de modulation conduisent à des écarts de montant de prime disproportionnés avant combinaison avec d'autres critères modulation comme le critère de présence, ces PPV ne sont pas exonérées (BOSS, Épargne salariale, § 680, 01/02/2025).

Exemples

1) Pour illustrer son propos, l'administration prend un exemple extrême. La PPV est mise en place pour un montant maximal de 2 500 €. L'accord (ou la décision unilatérale) prévoit que son montant est modulé, notamment, en fonction de l'ancienneté des salariés dans l'entreprise : PPV de 2 500 € pour ancienneté supérieure ou égale à 10 ans ; PPV de 50 € pour ancienneté inférieure à 10 ans.

Selon le BOSS, la modulation en fonction de l'ancienneté conduit à des écarts de montant de prime disproportionnés avant combinaison avec d'autres critères modulation (ex. : critère de présence). L'intention du législateur n'étant pas respectée, ces primes ne bénéficient pas de l'exonération.

2) En revanche, toujours selon l'administration, est valable la modulation prévue par un accord (ou une décision unilatérale) prévoyant que le montant de la prime, en principe de 1 500 €, est fixé comme suit en fonction de la durée de présence effective au sein de l'entreprise par rapport à la date de versement :

- moins de 6 mois d'ancienneté : 25 % de la prime ;
- de 6 à moins de 12 mois d'ancienneté : 50 % de la prime ;

ancienneté supérieure ou égale à 12 mois : 100 % de la prime.

Attention aux modulations excessives - Pour le critère de l'ancienneté, le BOSS a précisé que les modulations conduisant à des écarts disproportionnés n'ouvrent pas droit à exonération *(voir ci-dessus)*.

Cette logique pourrait valoir à notre sens pour les autres critères de modulation autorisés, même si le BOSS ne l'indique pas expressément.

Principe de non-substitution au salaire

La prime ne peut se substituer (loi 2022-1158 du 16 août 2022 modifiée, art. 1, I, III, 3°) :

- ni à un élément de rémunération versé par l'employeur ou qui deviendrait obligatoire en vertu de règles légales, contractuelles ou d'un usage ;
- ni à une augmentation de rémunération ou prime prévue par un accord salarial, le contrat de travail ou les usages en vigueur dans l'entreprise.

Si cette règle n'est pas respectée, la prime n'est pas exonérée.

Limite d'exonération

En principe, jusqu'à 3 000 € - En principe, le montant maximal de la prime susceptible d'être exonéré est de 3 000 € par an et par bénéficiaire (loi 2022-1158 du 16 août 2022 modifiée, art. 1, V).

Dans certains cas, jusqu'à 6 000 € - Par exception, la limite d'exonération est fixée à 6 000 € par an et par bénéficiaire pour les entreprises suivantes (loi 2022-1158 du 16 août 2022 modifiée, art. 1, V) :

- quel que soit leur effectif, les entreprises qui mettent en œuvre un dispositif d'*intéressement** à la date de versement de la prime (ou en concluent un au titre du même exercice que celui du versement de la prime) ;
- les entreprises non soumises à l'obligation de mettre en place la *participation aux résultats** (pour l'essentiel, les « moins de 50 salariés ») qui appliquent à titre volontaire un dispositif de participation à la date de versement de la prime ou en concluent un au titre du même exercice que celui du versement de la prime ;
- les associations et fondations reconnues d'utilité publique ou d'intérêt général auxquelles peuvent être faits des dons permettant d'ouvrir droit à des réductions d'impôt (CGI art. 200, art. 1° a et b et 238 bis, 1°, a et b) ;
- les ESAT, pour leurs travailleurs handicapés sous contrat de soutien et d'aide par le travail.

Précisions sur les accords d'intéressement et de participation volontaire - Pour ouvrir droit à la limite de 6 000 €, l'accord d'intéressement (ou pour les employeurs concernés, l'accord de participation volontaire) doit produire ses effets au titre du même exercice que celui du versement de la prime. Il doit donc avoir été conclu avant le versement de la prime, même si son dépôt est postérieur (BOSS, Épargne salariale, § 130, 01/02/2025).

Le fait qu'aucune somme ne soit versée au titre d'un dispositif d'intéressement ou de participation volontaire, compte tenu des conditions de déclenchement, ne prive pas les employeurs concernés du bénéfice de la limite d'exonération de 6 000 € (BOSS, Épargne salariale, § 140, 01/02/2025).

▶ À noter... Si l'administration remet en cause a posteriori un accord d'intéressement (ou de participation volontaire) pour non-respect des règles relatives à l'intéressement (ou à la participation volontaire), cela n'a pas d'impact sur l'exonération de la prime de partage de la valeur (BOSS, Épargne salariale, § 130, 01/02/2025).

Précision sur les travailleurs handicapés en ESAT - Pour que les PPV octroyées par les ESAT aux personnes handicapées sous contrat d'aide et de soutien par le travail, bénéficient de l'exonération jusqu'à 6 000 €, la prime doit être attribuée à l'ensemble du personnel de l'ESAT, travailleurs handicapés dépendant de l'ESAT et salariés compris. Son montant peut néanmoins être modulé, dans les mêmes conditions et selon les mêmes critères que pour les salariés (BOSS, Épargne salariale, § 150, 01/02/2025).

Exonération sociale de base pérenne

Exonération sociale - Dans la limite de 3 000 € ou 6 000 € par an et par bénéficiaire selon les cas *(voir ci-avant)*, la prime est exonérée de toutes les cotisations sociales d'origine légale ou conventionnelle (parts salariale et patronale), de contributions formation, de taxe d'apprentissage et de participation construction (loi 2022-1158 du 16 août 2022 modifiée, art. 1, V).

Cette exonération n'est pas conditionnée à un plafond de rémunération. Elle s'applique quel que soit le niveau de salaire du salarié.

En revanche, sauf à bénéficier de l'exonération renforcée *(voir ci-après)*, la prime est assujettie :
- à la CSG/CRDS au titre des revenus d'activité (9,20 % + 0,50 %), après abattement d'assiette de 1,75 % ;
- au *forfait social** sur la fraction exonérée de cotisations dans les mêmes conditions que l'*intéressement** (donc uniquement dans les entreprises de 250 salariés et plus) ;
- et à l'impôt sur le revenu.

Précisions sur la CSG/CRDS - Lorsque la CSG et la CRDS sont dues, elles se calculent après application de l'abattement d'assiette de 1,75 % (BOSS, Épargne salariale, §§ 60 et 420, 01/02/2025).

Par ailleurs, la CSG est à notre sens déductible du revenu imposable pour 6,80 % dans les conditions habituelles lorsque la prime est imposable.

▶ À noter… La cotisation maladie des salariés résidant fiscalement à l'étranger n'est pas due, quel que soit le montant de la rémunération du bénéficiaire de la PPV (net-entreprises.fr, Base de connaissances DSN, fiche 2592 précitée).

Exonération renforcée en 2024, 2025 et 2026

Salariés des entreprises de moins de 50 salariés payés moins de 3 SMIC - En 2024, 2025 et 2026, en complément de l'exonération sociale de base *(voir ci-avant)*, la prime est également exonérée d'impôt sur le revenu, de CSG/CRDS (et donc de forfait social), lorsqu'elle est versée par une entreprise de moins de 50 salariés à des salariés ayant perçu une rémunération inférieure à 3 fois le *SMIC** annuel au cours des 12 mois précédant le versement de la prime (loi 2022-1158 du 16 août 2022, art. 1, VI bis ; loi 2023-1107 du 29 novembre 2023, art. 9, 5°).

Dans la limite de 3 000 € ou 6 000 € selon le cas *(voir plus haut)*, les PPV versées par ces entreprises à ces salariés du 1er janvier 2024 au 31 décembre 2026 sont donc totalement exonérées (ni cotisations, ni CSG/CRDS, ni forfait social, ni impôt sur le revenu). Cette date du 31 décembre 2026 est impérative, y compris pour les employeurs habituellement en décalage de paye ou lorsque la prime est versée en plusieurs fractions (BOSS, Épargne salariale, § 200, 01/02/2025).

À partir de 2027, la prime sera imposable et soumise à CSG/CRDS, quel que soit le niveau de rémunération du salarié, sauf si l'exonération renforcée est reconduite d'ici là.

▶ À noter… Pour la PPV dont les intérimaires peuvent bénéficier du chef de l'entreprise utilisatrice, il est admis que la prime puisse être versée de manière décalée par l'entreprise de travail temporaire par rapport à l'entreprise utilisatrice (BOSS, Épargne salariale, § 510, 01/02/2025).

Précision pour Mayotte - La CSG et la CRDS n'étant pas applicables à Mayotte, il existe en contrepartie une contribution salariale spécifique d'assurance maladie-maternité, invalidité et décès (taux de 4,12 % en 2025, progressivement relevé chaque année pour atteindre 8 % en 2036).

Concernant la PPV, l'exonération de CSG/CRDS est donc remplacée à Mayotte par une exonération de cette contribution spécifique, aux mêmes conditions (loi 2022-1616 du 23 décembre 2022, JO du 24, art. 12 ; loi 2022-1158 du 16 août 2022 modifiée, art. 1, VI modifié).

Appréciation du seuil de moins de 50 salariés - Pour apprécier le seuil d'effectif de moins de 50 salariés ouvrant droit à l'exonération renforcée *(voir plus haut)*, le BOSS renvoie aux règles d'effectif « sécurité sociale », à savoir un effectif apprécié au niveau de l'entreprise sur l'année précédente, tous établissements confondus, selon les modalités prévues par le code de la sécurité sociale (décret 2024-690 du 5 juillet 2024, art. 1, II, JO du 6 ; BOSS, Épargne salariale, § 210, 01/02/2025).

Dans le cas général (hors entreprises nouvelles), l'effectif de référence est donc la moyenne du nombre de personnes employées au cours de chacun des mois de l'année civile précédente (voir *Effectif sécurité sociale**).

Néanmoins, par exception, le dispositif « sécurité sociale » d'atténuation de l'effet de seuil (moratoire de 5 ans) prévu en cas d'atteinte ou de franchissement à la hausse d'un seuil d'effectif (c. séc. soc. art. L. 130-1, II) ne s'applique pas ici au seuil de 50 salariés.

Exemple

Une entreprise avec un effectif « sécurité sociale » calculé sur l'année 2023 de moins de 50 salariés (par conséquent dans le champ de l'exonération renforcée pour les PPV versées à des salariés éligibles en 2024), et dont l'effectif effectif « sécurité sociale » calculé sur 2024 passe à 50 salariés ou plus, n'ouvre plus droit à l'exonération renforcée pour les PPV versées en 2025.

Calcul de la limite 3 SMIC - La vérification du niveau de rémunération du salarié s'effectue par rapport au SMIC annuel au cours des 12 mois précédant le versement de la prime (loi 2022-1158 du 16 août 2022 modifiée, art. 1, VI bis).

S'il y a lieu, il faut donc prendre en compte les hausses du SMIC intervenues sur cette période de référence, y compris en cours d'année. En cas de variation sur les 12 derniers mois, le seuil est obtenu en multipliant par 3 la moyenne pondérée des différentes valeurs du SMIC applicables au cours de cette période (BOSS, Épargne salariale, § 220, 01/02/2025).

Le seuil de 3 SMIC est proratisé selon les mêmes règles que celles prévues pour la réduction générale de cotisations patronales en cas de temps partiel, d'entrée/sortie en cours d'année ou d'absences (loi 2022-1158 du 16 août 2022 modifiée, art. 1, VI bis ; BOSS, Épargne salariale, § 230, 01/02/2025).

En revanche, ce plafond de rémunération ne peut faire l'objet d'aucune majoration à aucun titre que ce soit, notamment au titre du nombre d'heures supplémentaires et complémentaires réalisées (BOSS, Épargne salariale, § 280, 01/02/2025).

Rémunération à comparer - La rémunération à comparer s'entend de la rémunération brute, en tenant compte notamment des indemnités de fin de contrat ou de fin de mission (BOSS, Épargne salariale, §§ 200 et 260, 01/02/2025).

On se réfère à la rémunération perçue par le salarié les 12 mois précédant celui du versement de la prime. Si cette période porte sur deux années civiles, il faut prendre en compte la rémunération perçue au cours de chacune des deux années, à due proportion (BOSS, Épargne salariale, § 260, 01/02/2025).

Lorsque la prime est versée en plusieurs fractions *(voir ci-après)*, la condition de rémunération

<table>
<tr><th colspan="5">Tableau I - Régime social et fiscal de la PPV à partir de 2024</th></tr>
<tr><td colspan="5">Avertissement : la possibilité pour le salarié de demander l'affectation de tout ou partie de sa PPV sur un plan d'épargne est ouverte à compter du 1er juillet 2024.</td></tr>
<tr><th colspan="2" rowspan="2"></th><th colspan="2">Primes versées du 1.01.2024 au 31.12.2026</th><th rowspan="2">Primes versées à partir de 2027 (quel que soit le niveau de salaire)</th></tr>
<tr><th>Salaire < 3 SMIC (1)</th><th>Salaire ≥ 3 SMIC (1)</th></tr>
<tr><td colspan="2">Cotisations sociales (2)</td><td colspan="3">Exonération dans la limite de 3 000 € ou 6 000 € (3)</td></tr>
<tr><td rowspan="2">CSG/CRDS, taxe sur les salaires (4)</td><td>Entreprises < 50 salariés</td><td>Exonération dans la limite de 3 000 € ou 6 000 € (3)</td><td>Dues (5)</td><td rowspan="2">Dues (5)</td></tr>
<tr><td>Entreprises ≥ 50 salariés</td><td colspan="2">Dues (5)</td></tr>
<tr><td colspan="2">Forfait social</td><td colspan="3">• NON pour les entreprises de moins de 250 salariés (6)
• OUI pour les entreprises de 250 salariés et plus (6), sur la fraction exonérée de cotisations mais soumise à CSG</td></tr>
<tr><td rowspan="2">Impôt sur le revenu</td><td>Entreprises < 50 salariés</td><td>Exonération dans la limite de 3 000 € ou 6 000 € (3), même si la prime n'est pas affectée sur un plan d'épargne (7)</td><td>• Imposable en principe
• Exonération dans la limite de 3 000 € ou 6 000 € (3) en cas d'affectation sur un plan d'épargne (7)</td><td rowspan="2">Quel que soit l'effectif :
- imposable en principe ;
- exonération dans la limite de 3 000 € ou 6 000 € (3) en cas d'affectation sur un plan d'épargne (7)</td></tr>
<tr><td>Entreprises ≥ 50 salariés</td><td colspan="2">• Imposable en principe
• Exonération dans la limite de 3 000 € ou 6 000 € (3) en cas d'affectation sur un plan d'épargne (7)</td></tr>
</table>

(1) Rémunération et SMIC annuel au cours des 12 mois précédant le versement de la prime *(voir nos développements pour le détail)*.
(2) Cotisations sociales d'origine légale ou conventionnelle (parts salariales et patronales), contribution formation, taxe d'apprentissage et participation construction.
(3) Par an et par bénéficiaire. 6 000 € dans certaines entreprises (celles mettant en œuvre un accord d'intéressement, etc., voir nos développements).
(4) Taxe sur les salaires uniquement pour les employeurs concernés.
(5) Après abattement d'assiette de 1,75 % pour la CSG/CRDS (pas d'abattement pour la taxe sur les salaires).
(6) Même condition d'effectif que pour l'application du forfait social à l'intéressement.
(7) Plan d'épargne salariale (PEE, PEI) ou plan d'épargne retraite d'entreprise (PERCO ou PERE-CO, le cas échéant interentreprises ; PERE-OB). Exonération d'impôt sur le revenu subordonnée à une demande d'affectation au plan d'épargne présentée dans les 15 jours de la réception par le salarié du document l'informant du montant de PPV qui lui est attribué *(voir nos développements)*.

s'apprécie à la date du versement de la première fraction (BOSS, Épargne salariale, § 290, 01/02/2025).

Il est admis que la limite de 3 SMIC est considérée comme respectée si son franchissement résulte du versement, postérieur à la décision d'attribution de la prime, d'éléments de rémunération dont le montant ne pouvait être pris en compte lors de cette décision d'attribution (BOSS, Épargne salariale, § 270, 01/02/2025).

▶ À noter… La précédente instruction précisait que la rémunération à prendre en compte correspondait à l'assiette des cotisations de sécurité sociale (instr. BOSS, Q/R 8.3, 01/05/2024), mais ce point n'a pas été repris expressément, sans que l'on sache si c'est ou non une simple évolution de rédaction sans changement sur le fond.

Affectation de la PPV sur un plan d'épargne à la demande du salarié

Demande du salarié dans un délai de 15 jours - Depuis le 1er juillet 2024 (date d'entrée en vigueur du décret d'application), les salariés peuvent demander le placement de tout ou partie de la PPV qui leur est attribuée sur (loi 2023-1107 du 29 novembre 2023, art. 11, I, 1°, 3°, 4° et II) :

- un *plan d'épargne d'entreprise** (PEE) ou un *plan d'épargne interentreprises** (PEI) (c. trav. art. L. 3332-3 et L. 3333-4 modifiés) ;
- un *plan d'épargne pour la retraite collectif** « ancienne mouture » (PERCO, le cas échéant interentreprises) (c. trav. art. L. 3334-6 modifié), pour les entreprises dans lesquelles de tels plans sont encore actifs ;
- un *plan d'épargne retraite d'entreprise collectif** (PERE-CO, le cas échéant interentreprises) ou un *plan d'épargne retraite d'entreprise obligatoire** (PERE-OB) (c. mon. et fin. art. L. 224-2 modifié).

Pour ce faire, le salarié doit formuler sa demande d'affectation dans un délai maximum de 15 jours à compter de la réception du document l'informant du montant de PPV qui lui est attribué *(voir plus loin)*. Si besoin, la réception de ce document peut être prouvée par tout moyen (décret 2024-644 du 29 juin 2024, art. 1, I, JO du 30).

Le délai maximum de 15 jours dont dispose le salarié pour demander d'affecter sa PPV à un plan d'épargne se décompte en jours calendaires. Il commence à courir le lendemain du jour de la réception du bulletin d'option et expire le dernier jour à 24 heures (délai prorogé jusqu'au 1er jour ouvrable suivant s'il tombe un samedi, dimanche ou un jour férié ou chômé) (BOSS, Épargne salariale, § 360, 01/02/2025).

▶ À noter… Un règlement de plan d'épargne doit mentionner les différentes sources d'alimentation du plan. Par conséquent, les entreprises sont tenues de modifier le règlement du plan d'épargne pour prévoir la possibilité d'y affecter, à la demande du salarié, les sommes versées au titre de la PPV. Par tolérance, les sommes versées jusqu'au 30 juin 2025 au titre de la PPV peuvent être affectées aux différents plans d'épargne (PEE, PEI, PERCO, PERE-CO, PERE-OB) avant même leur modification (BOSS, Épargne salariale, § 330, 01/02/2025).

Avantages pour le salarié et l'entreprise (exonération d'impôt, forfait social, abondement) - Si la demande d'affectation sur le plan d'épargne a été effectuée dans le délai réglementaire *(voir ci-dessus)*, le montant de PPV affecté sur le PEE est exonéré d'impôt sur le revenu dans la limite de 3 000 € ou 6 000 € par an et par bénéficiaire, même si le salarié n'est pas éligible à l'exonération renforcée (loi 2022-1158 du 16 août 2022 modifié, art. 1, VI ter : loi 2023-1107 du 29 novembre 2023, art. 9, 5°).

▶ À noter… Une fois les sommes placées, il faut également respecter la durée d'indisponibilité, hors cas de déblocage anticipé associés au plan d'épargne concerné.

Les employeurs sont autorisés à abonder le montant de PPV affecté sur un plan d'épargne, si cet abondement est prévu par le règlement du plan et dans les limites générales d'abondement prévues par le code du travail (c. mon. et fin. art. L. 224-13 ; c. trav. art. L. 3332-11 modifié : loi 2023-1107 du 29 novembre 2023, art. 11). Il est donc indispensable que les règlements des plans mentionnent si les sommes versées au titre de la prime de partage de la valeur peuvent être abondées et à quelle hauteur. Dans le cas contraire aucun abondement n'est possible (BOSS, Épargne salariale, § 340, 01/02/2025).

Par ailleurs, lorsqu'une PPV soumise au forfait social *(voir plus haut)* est affectée sur un plan d'épargne retraite (PERCO, PERE-CO ou PERE-OB), le forfait social se calcule au taux de 16 % (au lieu de 20 %) si le plan d'épargne concerné répond aux conditions d'éligibilité à ce taux (voir *Plan d'épargne pour la retraite collectif**, *Plan d'épargne retraite d'entreprise collectif** et *Plan d'épargne retraite d'entreprise obligatoire**) (c. séc. soc. art. L. 137-16, dern. al. ; réponse de la DSS du 28 mars 2024 à une question de la rédaction).

Fiche d'information du salarié

Employeurs concernés - Depuis le 1er juillet 2024, lorsque l'entreprise dispose d'un plan d'épargne sur lequel la PPV peut être affectée *(voir ci-avant)*, l'employeur doit remettre au salarié, pour chaque somme versée au titre de la PPV, une fiche distincte du bulletin de paye (décret 2024-644 du 29 juin 2024, art. 1, II, JO du 30).

Dans la mesure où cette fiche n'est prévue que pour les entreprises dotées d'un plan d'épargne sur lequel la PPV peut être affectée, les employeurs n'ayant pas de plan d'épargne éligible ne sont à notre sens pas tenus d'établir cette fiche d'information.

Modalité de transmission et mentions - Sauf opposition du salarié, cette fiche peut lui être remise par voie électronique, dans des conditions de nature à garantir l'intégrité des données (décret 2024-644 du 29 juin 2024, art. 1, II, JO du 30).

La fiche doit indiquer :
- le montant de la PPV attribuée au salarié ;
- s'il y a lieu, la retenue opérée au titre de la CSG et de la CRDS ;
- la possibilité d'affectation de cette somme sur les plans d'épargne éligibles ;
- le délai de la demande d'affectation (15 jours maximum à compter de la réception du document par le salarié) ;
- lorsque la PPV est affectée à un plan d'épargne, le délai à partir duquel les droits seront négociables ou exigibles (délai d'indisponibilité) et les cas dans lesquels ces droits peuvent être exceptionnellement liquidés ou transférés par anticipation (cas de déblocage anticipé).

La réception de ce document peut être prouvée par tout moyen.

Précisions de l'administration - Concrètement, les salariés sont interrogés sur l'emploi des sommes issues de la PPV via un bulletin d'option (BOSS, Épargne salariale, § 360, 01/02/2025). Si le salarié n'y répond pas, la prime lui est directement versée (pas d'affectation par défaut sur un plan d'épargne) (BOSS, Épargne salariale, § 390, 01/02/2025).

Lorsque la PPV est versée en plusieurs fois, l'information doit être adressée au titre de chaque versement (BOSS, Épargne salariale, § 380, 01/02/2025). Toutefois, il est admis que l'interrogation n'ait lieu qu'une fois par an lors du 1er versement, auquel cas :
- l'employeur peut considérer la réponse du salarié comme valable pour ce 1er versement et les suivants ;
- après chaque versement, le salarié peut, pour le suivant, revenir sur son choix initial (ce que l'employeur doit lui préciser lors de l'interrogation au titre du 1er versement) ;
- sans initiative du salarié, son choix initial l'engage pour les sommes versées au titre de la PPV pour l'ensemble de l'année civile.

En combien de fractions peut-on verser une PPV ?

Versement en une fois, ou en plusieurs fractions si cela est prévu - Le versement de la prime peut être réalisé en une ou en plusieurs fois dans la limite d'une fois par trimestre au cours de l'année civile (loi 2022-1158 du 16 août 2022 modifiée, art. 1, IV). L'employeur peut donc verser la prime en 4 fractionnements maximum.

Dans cette limite, l'accord ou la décision unilatérale qui institue la prime peut donc prévoir un versement en plusieurs échéances sur l'année civile (BOSS, Épargne salariale, § 710, 01/02/2025).

▶ À noter... Le BOSS n'indique pas expressément si la condition d'au plus un versement par trimestre s'entend par trimestre civil ou période de 3 mois. Selon les informations recueillies auprès de la DSS par la rédaction, il faudrait raisonner par trimestre civil (janvier-mars, avril-juin, etc.). Une clarification serait utile dans une prochaine mise à jour de l'instruction, dans la mesure où les réponses apportées aux questions de la rédaction n'ont pas de valeur juridique.

Points de vigilance en cas de versement fractionné - Même si la prime est versée en plusieurs fois, il s'agit de la même prime unique.

Dès lors, les critères d'attribution et de modulation de la prime ne peuvent pas être définis différemment pour chaque échéance. Ils s'apprécient en prenant comme référence la date du premier versement annuel de la prime (BOSS, Épargne salariale, § 710, 01/02/2025).

Les salariés embauchés après la date de présence de référence définie par l'accord ou la décision unilatérale mettant en place une PPV (soit date de versement de la prime, soit date de dépôt de l'accord ou de signature de la décision unilatérale mettant en place la prime ; *voir plus haut*) n'ont pas droit à la PPV concernée (BOSS, Épargne salariale, § 450, 01/02/2025), et ne sont donc pas éligibles aux éventuelles fractions de prime versées après leur embauche.

A contrario, les salariés éligibles à la prime quittant l'entreprise avant que toutes les fractions aient été versées conservent le droit à l'intégralité de la prime. Le reliquat de prime doit être versé avec le solde de tout compte, l'employeur ayant la possibilité dans ce cas particulier de ne pas suivre la temporalité prévue par l'accord pour le versement des échéances pour les salariés présents dans l'entreprise (BOSS, Épargne salariale, § 730, 01/02/2025).

Possibilité d'attribuer deux PPV par an

Deux PPV par an maximum - Dans le régime initial de la loi du 16 août 2022, l'employeur ne pouvait verser qu'une seule prime PPV par année civile, avec possibilité de la verser en plusieurs fois, dans la limite de 4 fractions (une par trimestre maximum ; *voir plus haut*).

Depuis le 1er décembre 2023, on peut mettre en place deux PPV au titre d'une même année civile, dans la limite d'un versement par trimestre en cas de fractionnement (loi 2022-1158 du 16 août 2022 modifié, art. 1, IV : loi 2023-1107 du 29 novembre 2023, art. 9, 2°).

▶ À noter... Cette possibilité de verser deux PPV par an offre une flexibilité supplémentaire aux employeurs. Une entreprise peut par exemple décider de mettre en place et verser une PPV de 500 € en début d'année. Puis, si elle constate en septembre que sa situation le permet, elle peut par exemple décider de verser une nouvelle PPV de 1 000 €.

Un acte de mise en place par prime - Chaque prime attribuée étant une PPV autonome, il faut un acte de mise en place par prime. Ainsi, l'employeur doit conclure un accord ou prendre une décision unilatérale pour chaque prime (BOSS, Épargne salariale, §§ 550 et 720, 01/02/2025).

En outre, pour la 2e PPV attribuée au cours d'une même année, il est possible de définir un montant, des salariés éligibles et une modulation différente de la 1re PPV mise en place.

Limite d'exonération inchangée - Quand deux PPV sont attribuées au cours d'une même année civile, leurs montants cumulés sont exonérés dans la même limite globale de 3 000 € ou 6 000 € par an selon le cas (BOSS, Épargne salariale, §§ 80 et 100, 01/02/2025).

Autrement dit, le fait de verser deux PPV ne double pas la limite d'exonération.

▶ À noter... D'un exemple du BOSS, on comprend que dans le cas où deux primes sont mises en place par des actes distincts et attribuées au cours de la même année civile, deux versements peuvent avoir lieu au cours d'un même trimestre dès lors que ceux-ci sont distinctement rattachés aux deux primes attribuées (BOSS, Épargne salariale, § 720, 01/02/2025).

Intérimaires

Droit à plusieurs PPV le cas échéant - Les intérimaires peuvent, le cas échéant, bénéficier de plusieurs primes :

- du chef des entreprises utilisatrices auprès desquelles ils ont été mis à disposition ;
- ou des entreprises de travail temporaire (ETT), lorsque ces dernières ont mis en place la prime pour leurs propres salariés.

PPV du chef des entreprises utilisatrices - Les intérimaires peuvent avoir droit aux PPV mises en place par les entreprises utilisatrices auprès desquelles ils sont mis à disposition. C'est l'entreprise de travail temporaire (ETT) qui verse la prime à l'intérimaire bénéficiaire, selon les conditions et modalités fixées par l'accord ou la décision unilatérale de l'entreprise utilisatrice (loi 2022-1158 du 16 août 2022, art. 1, II et III, 1°).

La condition de présence définie par l'accord ou la décision unilatérale de l'entreprise utilisatrice (présence au moment du versement de la prime ou au moment du dépôt de l'accord ou de la signature de la décision unilatérale) s'applique aux intérimaires. Ainsi, tout intérimaire mis à disposition de l'entreprise utilisatrice à cette date de présence de référence est éligible à la prime (BOSS, Épargne salariale, § 510, 01/02/2025).

Afin de permettre aux ETT de verser la prime due aux intérimaires du chef des entreprises utilisatrices, la loi a mis en place une procédure. Chaque entreprise utilisatrice en informe « sans délai » les ETT concernées (loi 2022-1158 du 16 août 2022, art. 1, II). Pour ce faire, l'entreprise utilisatrice doit communiquer (BOSS, Épargne salariale, § 510, 01/02/2025) :
- sa décision unilatérale ou son accord prévoyant l'attribution de la prime ;
- l'identité des salariés intérimaires concernés ;
- le montant de la prime pour chacun d'eux (afin que l'ETT puisse la verser) ;
- la date de versement de la prime à ses propres salariés permanents (entendue comme la date figurant au bloc S21.G00.50.001 de la DSN).

L'ETT doit alors informer sans délai son CSE, s'il existe, de l'attribution de la prime.

Cette prime ouvre alors droit aux mêmes exonérations que celles applicables aux primes versées à l'ensemble des salariés de l'entreprise utilisatrice. Pour l'éventuel droit au régime renforcé d'exonération en 2024, 2025 et 2026, on tient compte de l'effectif de l'entreprise utilisatrice (BOSS, Épargne salariale, § 510, 01/02/2025).

Compte tenu des délais de procédure, il est admis que la prime puisse être versée de manière décalée par l'ETT par rapport à l'entreprise utilisatrice.

▶ À noter... Si un intérimaire bénéficie de PPV au titre de plusieurs entreprises utilisatrices, ou d'une ou plusieurs entreprises utilisatrices et de l'entreprise de travail temporaire, chaque entreprise ayant attribué une PPV est considérée comme un employeur distinct pour l'appréciation du respect des conditions d'attributions (BOSS, Épargne salariale, § 520, 01/02/2025).

PPV du chef de l'entreprise de travail temporaire - Si l'ETT met en place une prime pour ses salariés permanents, elle est tenue aux mêmes règles et obligations que les autres entreprises. Ainsi, elle doit également en faire bénéficier ses salariés intérimaires (BOSS, Épargne salariale, § 500, 01/02/2025).

A contrario, une ETT dont une partie des intérimaires bénéficie d'une PPV du chef d'entreprises utilisatrices ne peut pas être tenue de verser une cette prime aux intérimaires en mission dans d'autres entreprises utilisatrices, ni bien entendu à ses salariés permanents (BOSS, Épargne salariale, § 530, 01/02/2025).

Affectation des PPV sur un plan d'épargne - Les intérimaires ne peuvent affecter leurs PPV qu'aux plans d'épargne de l'entreprise de travail, s'ils existent (et pas sur les plans d'épargne des entreprises utilisatrices) (BOSS, Épargne salariale, § 540, 01/02/2025).

Salariés des groupements d'employeurs

L'administration considère que les salariés des groupements employeurs mis à disposition d'entreprises utilisatrices relèvent des mêmes modalités spécifiques que les salariés des entreprises de travail temporaire *(voir ci-dessus)* (BOSS, Épargne salariale, § 470, 01/02/2025).

Ces salariés peuvent donc bénéficier le cas échéant de plusieurs PPV, du chef des entreprises utilisatrices auprès desquelles ils sont mis à disposition et du groupement d'employeurs si celui-ci l'a mise en place pour ses propres salariés.

Le renvoi aux modalités prévues pour les ETT implique que c'est donc le groupement d'employeurs qui verse les primes aux intéressés, à charge pour les entreprises utilisatrices de l'en informer selon les modalités prévues pour les intérimaires.

PPV et indemnités de rupture

Pour les CDD et les intérimaires, la prime n'est pas incluse dans la base de calcul de l'indemnité de fin de contrat ou de fin de mission (BOSS, Épargne salariale, § 180, 01/02/2025).

Plus généralement, elle n'est en principe pas non plus prise en compte dans le calcul des indemnités de rupture du contrat de travail. L'administration considère néanmoins que la PPV peut entrer en compte dans l'assiette de rémunération servant à calculer l'*indemnité de licenciement**, si la prime est versée de manière récurrente et régulière (ex : tous les ans). En revanche, si est attribuée de manière non récurrente (versement de manière aléatoire d'une année sur l'autre), elle n'est pas prise en compte.

Bulletin de paye, DSN et conséquence sur les réductions de cotisations

Présentation sur le bulletin de paye - La prime doit apparaître sur le bulletin de paye, du (ou des) mois de versement, si possible sur une ligne spécifique compte tenu des exonérations applicables (BOSS, Épargne salariale, § 780, 01/02/2025).

Dans le cas où la PPV est affectée sur un plan d'épargne à la demande du salarié, une fiche distincte du bulletin de paye est établie *(voir plus haut « Fiche d'information distincte du salarié »)* (BOSS, Épargne salariale, § 790, 01/02/2025).

Montant net social - La PPV doit être incluse dans le calcul du Montant net social (MNS), la CSG/CRDS due étant alors évidemment déductible pour arriver au MNS (BOSS, Montant net social, § II-A-1, 01/10/2024).

En revanche, le montant de la PPV placé sur un plan d'épargne *(voir plus haut)* n'est pas à intégrer dans le MNS. Dès lors, la CSG/CRDS due sur ces sommes ne doit pas non plus être prise en compte pour le calcul du MNS (www.net-entreprises, Base de connaissances DSN, fiche 2592, mise à jour le 6 mars 2024).

Traitement en DSN - Au niveau agrégé pour l'URSSAF, la prime est déclarée sous le CTP 510 (CTP à 0 %). Ce CTP doit être rattaché à la période d'emploi durant laquelle la prime a été versée.

Le CTP 260 est à utiliser pour déclarer la CSG et la CRDS sur les montants de prime non exonérés de ces contributions. Le CTP 251 correspond à la contribution spéciale spécifique due à Mayotte.

Le forfait social éventuellement dû est à déclarer avec le CTP 012.

▶ À noter... Le montant dépassant le seuil d'exonération doit être déclaré dans les conditions habituelles avec les CTP courants (CTP 100, etc.).

Au niveau nominatif, la prime est à déclarer au niveau du bloc « Prime, gratification et indemnité – S21.G00.52 » en utilisant exclusivement les types

(S21.G00.52.001) (cahier technique DSN 2025.1.2 du 4 novembre 2024, p. 349) :
- « 904 - Prime de partage de la valeur exonérée socialement et non imposable » (cas de la PPV ouvrant droit à l'exonération renforcée) ;
- « 905 - Prime de partage de la valeur exonérée socialement et imposable » (cas de la PPV ouvrant droit à l'exonération sociale de base, non placée sur un plan d'épargne) ;
- « 906 - Prime de partage de la valeur soumise à la CSG-CRDS et exonérée socialement et non imposable » (cas de tout ou partie d'une PPV ouvrant droit à l'exonération sociale de base, mais placée sur un plan d'épargne).

▶ À noter… Concernant le type « 906 », l'employeur doit déclarer la rubrique « Montant – S21.G00.52.002 » de type 906 avec le montant de la PPV qui fait l'objet du placement et qui est soumise à CSG/CRDS. En cas de placement partiel de la prime, seul le montant placé et soumis à CSG-CRDS doit être renseigné.

Sur le plan fiscal, la prime est exclue, ou incluse pour son montant imposable dans la rémunération nette fiscale, selon qu'elle est exonérée d'impôt sur le revenu ou imposable.

Incidence de la PPV sur la réduction générale de cotisations patronales - La loi de financement de la sécurité sociale pour 2025 a prévu que les PPV doivent être intégrées dans la rémunération utilisée pour calculer la *réduction générale de cotisations patronales** (RGCP), tant au niveau de la formule de calcul du coefficient, que de l'assiette à laquelle le coefficient est appliqué pour obtenir le montant de la réduction (c. séc. soc. art. L. 241-13, I modifié ; loi 2025-199 du 28 février 2025, art. 18, I, JO du 28).

Cette règle vaut tant pour les PPV versées directement aux salariés, que pour celles affectées à leur demande sur un plan d'épargne (PEE, PEI, PERCO ou PERE-CO le cas échéant interentreprises, PERE-OB) (actualité BOSS du 12 mars 2025 ; BOSS, Épargne salariale, § 170, 01/02/2025).

Cette mesure s'applique aux cotisations et contributions dues au titre des périodes d'activité courant à partir du 1er janvier 2025 (loi 2025-199 du 28 février 2025, art. 18, II). La RGCP étant annualisée, il faut donc, le cas échéant, tenir compte des PPV versées début 2025 au niveau de la régularisation de la réduction. L'administration a toutefois précisé que la prise en compte des PPV ne vaut pas pour les salariés dont le contrat de travail a pris fin avant le 1er mars 2025 (actualité BOSS du 12 mars 2025 ; BOSS, Épargne salariale, § 170, 01/02/2025).

▶ À noter… La RGCP est le seul allégement dont le calcul doit désormais tenir compte de la PPV. Pour les autres dispositifs (réductions de taux sur les cotisations patronales d'allocations familiales et d'assurance maladie, réductions dégressives spécifiques type LODéOM, etc.), comme antérieurement, la PPV n'est pas intégrée dans les calculs, sauf pour son éventuelle fraction soumise à cotisations sociales.

Impact du non-respect des conditions d'attribution sur les exonérations

Rappel - Le bénéfice de l'exonération est conditionné au respect de l'ensemble des conditions d'attribution de la prime (salariés bénéficiaires, critères de modulation, principe de non-substitution au salaire, etc.) (BOSS, Épargne salariale, § 810, 01/02/2025).

Contrôle et invitation à régulariser - En cas de contrôle ultérieur donnant lieu à un constat de l'absence de l'une ou de plusieurs de ces conditions, les employeurs seront, dans un premier temps, invités à régulariser cette situation, afin d'éviter la remise en cause de l'ensemble de l'exonération (BOSS, Épargne salariale, § 810, 01/02/2025).

Conditions d'un éventuel redressement - À défaut de régularisation, le redressement peut être opéré dans des conditions similaires à celles prévues en cas de non-

Tableau II - La prime de partage de la valeur au 1.01.2025	
I) Mise en place	
Mise en place de la prime	• Deux possibilités au choix de l'employeur : - **accord d'entreprise ou de groupe** conclu selon les modalités prévues en matière d'intéressement (1) ; - **décision unilatérale** de l'employeur (2). • Possibilité de mettre en place jusqu'à **2 PPV par année civile** (depuis le 1er décembre 2023).
Versement	• Le dispositif étant pérenne, il n'y a pas de fenêtre de versement, mais les exonérations s'apprécient dans le cadre de l'année civile. • Versement en une ou plusieurs fois, dans la limite d'une fraction par trimestre (soit au maximum un versement en 4 fractions).

Tableau II - La prime de partage de la valeur au 1.01.2025	
II) Conditions d'attribution et montant de la prime	
Salariés bénéficiaires	• Salariés liés à l'entreprise par un contrat de travail à la date de versement de la prime ou à la date de dépôt de l'accord ou de signature de la décision unilatérale mettant en place la prime (3). • Deux possibilités : - tous les salariés éligibles sans condition de rémunération ; - ou seulement ceux dont la rémunération n'excède pas un plafond qu'il faut alors fixer dans l'accord ou la décision unilatérale.
Montant de la prime	Fixé par l'accord ou la décision unilatérale.
Critères de modulation autorisés	Possibilité de prévoir dans l'accord ou la décision unilatérale une **modulation du montant de la prime** en fonction de critères limitativement énumérés : rémunération, classification, ancienneté dans l'entreprise, durée contractuelle du travail en cas de temps partiel, durée de présence effective sur l'année écoulée (4).
Principe de non-substitution au salaire	La prime ne peut se substituer : - ni à un élément de rémunération versé par l'employeur ou qui deviendrait obligatoire en vertu de règles légales, contractuelles ou d'un usage ; - ni à une augmentation de rémunération ou prime prévue par un accord salarial, le contrat de travail ou les usages en vigueur dans l'entreprise.
III) Exonérations	
Voir tableau I plus haut dans cette étude	
IV) Intérimaires et ESAT	
Travailleurs temporaires	• Droit à la prime du **chef de l'entreprise utilisatrice** : - information « sans délai », par l'entreprise utilisatrice qui attribue la prime à ses salariés, de l'entreprise de travail temporaire (ETT) dont relève le salarié mis à disposition (5) ; - intérimaires bénéficiaires : ceux mis à disposition d'une entreprise utilisatrice à la date de versement de la prime ou à la date de dépôt de l'accord ou de signature de la décision unilatérale mettant en place la prime ; - versement de la prime par l'ETT à l'intérimaire bénéficiaire, selon les conditions et modalités fixées par l'accord ou la décision unilatérale de l'entreprise utilisatrice. • Le cas échéant, les intérimaires bénéficient aussi de la prime de partage de la valeur au titre de l'**entreprise de travail temporaire** (leur employeur), si celle-ci la met en place pour ses propres salariés dans les conditions prévues par la loi.
Travailleurs handicapés en ESAT	Droit à la prime pour les travailleurs handicapés sous contrat de soutien et d'aide par le travail dans les ESAT, avec une limite d'exonération de 6 000 € pour les intéressés.

(1) Accord collectif, accord entre l'employeur et les représentants d'organisations syndicales représentatives dans l'entreprise, accord conclu au sein du CSE, ratification par les 2/3 du personnel d'un projet d'accord proposé par l'employeur, sachant que s'il existe dans l'entreprise des syndicats représentatifs ou un CSE, la ratification doit aussi être demandée par l'un d'entre eux (c. trav. art. L. 3312-5, I).
(2) En cas de décision unilatérale, consultation préalable du CSE.
(3) L'accord ou la décision unilatérale doit préciser la date d'appréciation de la présence des salariés qui est retenue parmi les options possibles (BOSS, Épargne salariale, § 450, 01/02/2025).
(4) Certains congés sont assimilés à des durées de présence effective (congés de maternité, de paternité et d'adoption, congé parental d'éducation, congés pour enfant malade, congé de présence parentale, salariés bénéficiant de dons de jours de repos au titre d'un enfant décédé ou gravement malade).
(5) L'entreprise utilisatrice communique à l'ETT plusieurs éléments *(voir nos développements)*.

respect des règles relatives au régime social de faveur des contributions finançant un régime de protection sociale complémentaire, autorisant à réduire le redressement à proportion des seules erreurs commises, et communément appelé « modulation du redressement URSSAF » [voir *Retraite supplémentaire et prévoyance complémentaire (redressement URSSAF réduit)**] (BOSS, Épargne salariale, § 810, 01/02/2025).

Ainsi, en pratique, le redressement peut être réduit à hauteur des cotisations et contributions sociales dues sur les seules sommes faisant défaut ou excédant les conditions et limites prévues par la loi.

Les sommes faisant défaut peuvent être calculées :
- en fonction du montant moyen de prime attribué, et du nombre de salariés omis ;
- ou, lorsque la modulation n'était pas autorisée, en fonction de l'écart entre le montant des primes réduites à tort et le montant des primes non modulées défini par l'employeur.

Les sommes en excédent correspondront notamment aux sommes exonérées versées à des salariés dont la rémunération excéderait le plafond défini dans l'entreprise ou attribuées en substitution à d'autres éléments de rémunération.

PRIME DE PARTAGE DE LA VALEUR (EXEMPLE 1 - EXONÉRATION SOCIALE DE BASE)

En 2025, un salarié d'une entreprise de 100 salariés réalise deux heures supplémentaires bénéficiant du régime social et fiscal de faveur. Son employeur lui verse en outre une prime de partage de la valeur (PPV) de 800 € exonérée de cotisations, mais soumises à CSG/CRDS et imposable.

En effet, l'entreprise est supposée avoir un effectif stable tournant autour de 100 salariés depuis plus de 5 ans, de sorte qu'elle n'ouvre pas droit au régime renforcé d'exonération sur la PPV.

L'effectif de référence étant inférieur à 250 salariés, le forfait social n'est pas dû. Si l'entreprise était redevable du forfait social (20 %), celui-ci représenterait une contribution patronale supplémentaire de 160 €.

Il y a un régime prévoyance décès d'entreprise (0,9 % de part salariale, 1,50 % de part patronale). Le salarié perçoit 42,05 € de frais de transport domicile-lieu de travail. Une retenue est opérée pour la part salariale des titres-restaurant.

EXTRAIT DU BULLETIN DE PAYE DE MARS 2025

Désignation	Base	Taux	Montant	
Salaire de base	151,67	18,46	2 800,00	
Heures supplémentaires 125 %	2,00	23,08	46,15	
Prime de partage de la valeur			800,00	
Brut total (1)			3 646,15 (1)	
Brut total soumis à cotisations			2 846,15	
Cotisations et contributions sociales	**Base (€)**	**Taux salarial**	**Part salarié (€)**	**Part employeur (€)**
Santé				
Sécurité sociale - Maladie Maternité Invalidité Décès	2 846,15	-	-	199,23 (2)
Complémentaire Santé	-	-	60,00 (3)	60,00
Prévoyance décès	2 846,15	0,90 %	25,62 (3)	42,69
Accidents du travail - maladies professionnelles	2 846,15	-	-	56,92
Retraite				
Sécurité sociale plafonnée	2 846,15	6,90 %	196,38 (3)	243,35
Sécurité sociale déplafonnée	2 846,15	0,40 %	11,38 (3)	57,49
Complémentaire Tranche 1	2 846,15	4,01 %	114,13 (3)	171,05
Famille	2 846,15	-	-	98,19 (2)
Assurance chômage	2 846,15	-	-	122,38
Autres contributions dues par l'employeur	-	-	-	137,60
CSG déductible de l'impôt sur le revenu	3 653,69	6,80 %	248,45 (3)	-
CSG/CRDS non déductible de l'impôt sur le revenu	3 653,69	2,90 %	105,96 (3)	-
CSG/CRDS sur revenus non imposables	45,34	9,70 %	4,40 (3)	-
Exonérations et allégements de cotisations	-	-	- 5,22 (4)	+ 88,41 (5)
Total des cotisations et contributions	-	-	**761,10**	**1 277,33**
Frais de transports			+ 42,05	
Titres-restaurant			- 68,26	
Net social				**2 885,05**
Net à payer avant impôt sur le revenu				**2 858,84**
Impôt sur le revenu	**Base**	**Taux**	**Montant**	**Cumul annuel**
Montant net imposable			3 009,25	Valeur
Impôt sur le revenu prélevé à la source	3 009,25	5,00 %	150,46	Valeur
Montant net des heures compl/suppl exonérées			43,07	Valeur
Net à payer au salarié (en euros)				**2 708,38**
Total versé par l'employeur				4 923,48

(1) Brut à partir duquel le Net social est calculé (il comprend ici la prime de partage de la valeur exonérée de cotisations de sécurité sociale et les heures supp'). (2) Les taux réduits (7 % pour la cotisation maladie, 3,45 % pour la cotisation d'allocations familiales) sont directement appliqués aux lignes concernées, comme le permet l'administration. (3) Cotisations et contributions salariales déduites pour le calcul du Net social. (4) Réduction de cotisations salariales sur heures supp', réintégrée pour le Net social. (5) Déduction forfaitaire patronale sur heures supp' (ici, 20 à moins de 250 salariés par hypothèse), mais reprise des montants de réduction générale de cotisations patronales appliqués en janvier et février du fait de l'intégration de la prime de partage de la valeur dans les calculs de la réduction (LFSS 202).

Prime de partage de la valeur (exemple 2 - exonération renforcée)

En 2025, un salarié d'une entreprise de 40 salariés réalise deux heures supplémentaires bénéficiant du régime social et fiscal de faveur. Son employeur lui verse en outre une prime de partage de la valeur (PPV) de 800 €.

L'entreprise est supposée avoir moins de 50 salariés au titre de son effectif « sécurité sociale » calculée depuis plusieurs années, de sorte que le salarié, par hypothèse payé moins de 3 SMIC sur les 12 mois précédant le versement de la PPV, bénéficie du régime renforcé d'exonération sur la PPV.

La PPV est donc exonérée de cotisations, de CSG/CRDS et d'impôt sur le revenu. Il n'y a pas de forfait social.

Il y a un régime prévoyance décès d'entreprise (0,9 % de part salariale, 1,50 % de part patronale). Le salarié perçoit 42,05 € de frais de transport domicile-lieu de travail. Une retenue est opérée pour la part salariale des titres-restaurant.

EXTRAIT DU BULLETIN DE PAYE DE MARS 2025

Désignation	**Base**	**Taux**	**Montant**	
Salaire de base	151,67	18,46	2 800,00	
Heures supplémentaires 125 %	2,00	23,08	46,15	
Prime de partage de la valeur			800,00	
Brut total (1)			3 646,15 (1)	
Brut total soumis à cotisations			2 846,15	
Cotisations et contributions sociales	**Base (€)**	**Taux salarial**	**Part salarié (€)**	**Part employeur (€)**
Santé				
Sécurité sociale - Maladie Maternité Invalidité Décès	2 846,15	-	-	199,23 (2)
Complémentaire Santé	-	-	60,00 (3)	60,00
Prévoyance décès	2 846,15	0,90 %	25,62 (3)	42,69
Accidents du travail - maladies professionnelles	2 846,15	-	-	56,92
Retraite				
Sécurité sociale plafonnée	2 846,15	6,90 %	196,38 (3)	243,35
Sécurité sociale déplafonnée	2 846,15	0,40 %	11,38 (3)	57,49
Complémentaire Tranche 1	2 846,15	4,01 %	114,13 (3)	171,05
Famille	2 846,15	-	-	98,19 (2)
Assurance chômage	2 846,15	-	-	122,38
Autres contributions dues par l'employeur	-	-	-	113,41
CSG déductible de l'impôt sur le revenu	2 853,69	6,80 %	194,05 (3)	-
CSG/CRDS non déductible de l'impôt sur le revenu	2 853,69	2,90 %	82,76 (3)	-
CSG/CRDS sur revenus non imposables	45,34	9,70 %	4,40 (3)	-
Exonérations et allégements de cotisations	-	-	- 5,22 (4)	+ 86,41 (5)
Total des cotisations et contributions	-	-	**683,50**	**1 253,13**
Frais de transports			+ 42,05	
Titres-restaurant			- 68,26	
Net social				**2 962,65**
Net à payer avant impôt sur le revenu				**2 936,44**
Impôt sur le revenu	**Base**	**Taux**	**Montant**	**Cumul annuel**
Montant net imposable			2 263,65	Valeur
Impôt sur le revenu prélevé à la source	2 263,65	5,00 %	113,18	Valeur
Montant net des heures compl/suppl exonérées			43,07	Valeur
Net à payer au salarié (en euros)				**2 823,26**
Total versé par l'employeur				4 899,28

(1) Brut à partir duquel le Net social est calculé (il comprend ici la prime de partage de la valeur exonérée de cotisations de sécurité sociale et les heures supp'). (2) Les taux réduits (7 % pour la cotisation maladie, 3,45 % pour la cotisation d'allocations familiales) sont directement appliqués aux lignes concernées, comme le permet l'administration. (3) Cotisations et contributions salariales déduites pour le calcul du Net social. (4) Réduction de cotisations salariales sur heures supp', réintégrée pour le Net social. (5) Déduction forfaitaire patronale sur heures supp' (ici, 20 à moins de 250 salariés par hypothèse), mais reprise des montants de réduction générale de cotisations patronales appliqués en janvier et février du fait de l'intégration de la prime de partage de la valeur dans les calculs de la réduction (LFSS 2025).

Par ailleurs, en cas d'exonération par l'employeur des primes excédant la limite de 3 000 € ou 6 000 € par salarié, seule la part excédant cette limite sera assujettie dans les conditions de droit commun.

Pour les entreprises qui ont appliqué une limite d'exonération supérieure à 3 000 € alors qu'elles ne pouvaient pas bénéficier de la limite de 6 000 €, seule la part de la prime excédant 3 000 € sera réintégrée dans l'assiette des cotisations et des contributions sociales et, le cas échéant, à l'assiette de l'impôt sur le revenu.

☞ *Bulletin de paye (net social) ; Partage de la valeur ; Plan d'épargne d'entreprise ; Plan d'épargne pour la retraite collectif ; Plan d'épargne retraite d'entreprise collectif ; Plan d'épargne retraite d'entreprise obligatoire.*

Prime de productivité

☞ *Heures supplémentaires ; Indemnité de congés payés ; Prime de rendement ; Primes de résultat ; SMIC.*

Prime de rendement

Définition - L'expression « prime de rendement » recouvre les primes liées à la productivité du salarié ou d'une équipe de salariés, versées en vertu d'une convention collective, d'un usage ou du contrat de travail.

▶ À noter... Il est interdit de réduire une prime de rendement en raison de la seule inexécution d'une prestation de travail considérée comme fautive par l'employeur (cass. soc. 2 décembre 1992, n° 89-43162, BC V n° 577). Il s'agirait d'une sanction pécuniaire prohibée (voir *Sanctions pécuniaires**).

Maintien de la prime - Un salarié muté temporairement à un autre poste peut voir sa prime de rendement maintenue dès lors que la convention collective prévoit le droit pour le salarié de percevoir un salaire identique à son salaire habituel (cass. soc. 12 mars 1987, n° 84-42310, BC V n° 156).

Régime social - Les primes de rendement donnent lieu à cotisations de sécurité sociale et entrent dans la base du calcul des majorations pour *heures supplémentaires** dans la mesure où elles ne sont pas liées au rendement général de l'entreprise (cass. soc. 29 octobre 2007, n° 06-42426 D). Elles sont, à certaines conditions, prises en compte pour calculer l'*indemnité de congés payés**.

SMIC - Pour déterminer si le *SMIC** est atteint, il faut tenir compte des primes de rendement individuelles ou collectives (c'est-à-dire calculées sur le rendement global d'une équipe) mais seulement si leur attribution n'est ni aléatoire ni imprévisible.

Prohibition pour raisons de sécurité - Certaines primes de rendement sont interdites pour des raisons de sécurité. Il en est ainsi, par exemple, des primes « d'efficacité » dans le secteur des transports routiers, qui conduisent à une majoration de salaire en fonction des distances parcourues et des délais de livraison (cass. soc. 24 septembre 2008, n° 07-44847, BC V n° 186). De même, une prime « de bonne organisation » calculée en fonction de la distance parcourue et du temps passé par l'intéressé pour la livraison est illicite (cass. soc. 15 octobre 2014, n° 12-29235, BC V n° 242).

Dans ce cas, les primes peuvent, en cas de litige, être intégrées à la partie fixe du salaire (cass. soc. 6 octobre 2010, n° 05-43530 D).

☞ *Heures supplémentaires ; Indemnité de congés payés ; Primes ; Primes de résultat ; SMIC.*

Prime de salissure

Le régime d'une prime de salissure dépend de son objet.

Lorsque la prime vise à indemniser le salarié des frais de nettoyage de certains vêtements professionnels, elle peut être exonérée au titre des frais professionnels si les conditions requises sont remplies (BOSS, Frais professionnels, § 2060, 01/01/2025) (voir *Vêtements professionnels**).

Si la prime est une contrepartie de la sujétion de l'emploi du salarié (travail salissant), elle constitue un complément de salaire (assujettissement à cotisations, etc.). On peut alors l'analyser en *prime de sujétion**.

☞ *Prime de sujétion ; Primes mensuelles ; Vêtements professionnels.*

Prime de sujétion

Nature - On utilise couramment le terme de « prime de sujétion » pour une prime qui compense une servitude ou un danger inhérent à l'emploi du salarié (prime de samedi, prime d'équipe, prime de froid, prime d'insalubrité, prime de danger, prime de travail de nuit, etc.). Cette prime est versée en contrepartie du travail et constitue un complément de salaire.

Exemples

1) Une prime de nuit attribuée, selon l'accord en vigueur au sein de l'entreprise, à chaque salarié sur la base d'une heure et demie de salaire, ne correspond pas à des frais réellement exposés et constitue un complément de rémunération versé à l'occasion du travail (cass. soc. 21 juin 2005, n° 03-42437 D).

2) Il en va de même pour une prime conventionnelle « de panier » qui est en réalité versée en contrepartie du travail de nuit et non pas pour indemniser les salariés de frais de nourriture (cass. soc. 18 décembre 2012, n° 11-13813, BC V n° 340).

Régime - Les primes de sujétion sont assujetties à cotisations et constituent un revenu imposable.

Elles entrent également dans la base de calcul de l'*indemnité de congés payés** (sauf si elles sont versées pour des périodes de travail et de congés confondues) et de la rémunération des *heures complémentaires** et *heures supplémentaires**. En revanche, elles ne sont en principe pas prises en compte pour vérifier le respect du *SMIC**.

☞ *Heures supplémentaires ; Indemnité de congés payés ; Primes mensuelles ; SMIC.*

Prime de travail dangereux

☞ *Heures supplémentaires ; Indemnité de congés payés ; Prime de sujétion ; Primes mensuelles ; SMIC.*

Prime d'expatriation

La prime d'expatriation est une prime allouée aux salariés appelés à effectuer temporairement des travaux à l'étranger. Elle peut être prévue par la convention collective, l'usage ou le contrat de travail. Elle peut porter des noms divers (prime de détachement, de travail à l'étranger, etc.).

Nature et régime social

Complément de rémunération - La prime d'expatriation est destinée à compenser les sujétions et les conditions d'existence particulières aux lieux d'affectation des salariés et constitue un complément de rémunération. Elle est soumise à cotisations et entre en compte dans le salaire retenu pour le calcul de l'*indemnité de congés payés**.

▶ À noter... Il a été admis qu'un employeur pouvait verser une prime d'expatriation à ses seuls salariés étrangers (les salariés français n'en bénéficiant pas) si celle-ci servait à compenser les inconvénients de leur installation en France et à contribuer au développement d'un pôle d'excellence (cass. soc. 17 avril 2008, n° 06-45270, BC V n° 95). De son côté, la Haute Autorité de lutte contre les discriminations et pour l'égalité (désormais remplacée par le Défenseur des droits) a, au contraire, estimé qu'une telle prime était discriminatoire (délib. HALDE 2007-282 du 22 octobre 2007).

L'employeur peut également subordonner le versement d'une prime d'expatriation au fait que le salarié mène à son terme la mission à l'étranger, mais pas à la présence de celui-ci dans les effectifs l'année suivant la mission (cass. soc. 27 mars 2013, n° 11-22875 D).

Pas de confusion avec les frais professionnels - Cette prime ne doit pas être confondue avec le remboursement des frais de *mobilité professionnelle** qui peuvent être déduits de l'assiette des cotisations dans certaines limites, en tant que frais professionnels.

Régime fiscal

Exonération d'impôt sur le revenu sous conditions - Lorsqu'un salarié travaillant à l'étranger est résident fiscal en France, sa rémunération n'est soumise à l'impôt en France que sur le montant qu'il aurait perçu s'il avait exercé son activité sur le territoire national, c'est-à-dire hors suppléments de rémunération liés à l'expatriation (CGI art. 81 A, II ; BOFiP-RSA-GEO-10-30-10-§ 40-11/03/2016).

Ces suppléments de rémunération sont donc exonérés d'impôt sur le revenu uniquement si les conditions suivantes sont réunies :
- ils sont versés en contrepartie de séjours effectués dans l'intérêt direct et exclusif de l'employeur (déplacements à caractère administratif, commercial, institutionnel, missions d'audit, réunions d'information, etc. ; et non par exemple, des jours de congés pris à l'occasion d'un déplacement professionnel) ;

- ils sont justifiés par un déplacement nécessitant une résidence d'une durée effective d'au moins 24 heures dans un autre État (cette condition exclut, de facto, les travailleurs frontaliers qui rentrent chez eux chaque soir et doit être comprise comme l'intervalle de temps qui s'écoule entre la date d'arrivée dans l'État de séjour et la date de départ de celui-ci, hors temps de transports pour s'y rendre et en revenir) ;
- leur montant est déterminé préalablement aux séjours dans un autre État et en rapport, d'une part, avec le nombre, la durée et le lieu de ces séjours et, d'autre part, avec la rémunération versée au salarié, hors supplément de rémunération lui-même.

Outre les exigences énumérées ci-dessus, l'exonération est subordonnée aux conditions suivantes :
- la rémunération est imposée dans la catégorie des traitements et salaires ;
- l'exercice de l'activité hors de France émane d'une demande de l'employeur ;
- l'activité est exercée dans un État autre que la France et que celui du lieu d'établissement de l'employeur ;
- le salarié est fiscalement domicilié en France.

Limite d'exonération - Le montant des suppléments de rémunération exonérés ne peut pas dépasser 40 % du montant global de la rémunération (hors suppléments) (CGI art. 81 A, II, 3°).

Selon le Conseil d'État, il faut ici se référer à la rémunération (hors suppléments) versée au salarié pendant la période d'imposition (et non pendant les seuls séjours passés à l'étranger) (CE 10 avril 2015, n° 365851).

Avant cette décision, le taux de 40 % s'appliquait à la rémunération annuelle totale (hors suppléments), au prorata du nombre de jours passés à l'étranger, conformément à la doctrine administrative.

Exemple

Dans l'affaire jugée par le Conseil d'État, le contribuable avait perçu une rémunération de 497762 €, hors suppléments de rémunération. Selon le barème établi par son employeur, sa prime d'expatriation, inférieure de 40 % à sa rémunération annuelle, s'élevait à 40765 €.
1) Au regard du nombre de jours travaillés à l'étranger (21 sur 2006), l'administration avait limité le plafond d'exonération à 497762 € × (21/216) × 40 % = 19357 € et, en conséquence, réintégré dans la base imposable 21408 €.
2) Si l'on retient la méthode du Conseil d'État (40 % appliqués au montant global de la rémunération durant la période d'imposition, et non à la seule rémunération perçue pendant la durée des séjours hors de France), le plafond d'exonération aurait dû être calculé comme suit : 497762 € × 40 % = 199104 €.

DSN et information du salarié - L'employeur doit mentionner dans des rubriques fiscales distinctes de la *déclaration sociale nominative** (DSN), d'une part, le montant des salaires soumis à l'impôt sur le revenu et, d'autre part, le montant de ceux qui en sont exonérés (BOFiP-RSA-GEO-10-40-§ 20-10/10/2019).

Il porte par ailleurs ces informations à la connaissance du salarié.

☞ *Détachement à l'étranger (paye) ; Expatriation ; Salarié travaillant à l'étranger.*

Prime d'insalubrité

☞ *Heures supplémentaires ; Indemnité de congés payés ; Prime de sujétion ; Primes mensuelles ; SMIC.*

Prime d'objectif

☞ *Heures supplémentaires ; Indemnité de congés payés ; Primes de résultat ; SMIC.*

Prime d'outillage

☞ *Primes mensuelles.*

Primes

Différentes catégories de primes

Sources des primes - Les primes sont des compléments de salaire versés aux salariés en vertu de la convention collective, d'un *usage** d'entreprise, du contrat de travail ou à titre bénévole par l'employeur.

Exemples

1) L'employeur qui prend l'engagement de verser une prime dans la lettre d'embauche est lié par cet engagement, peu important que la mention de cette prime ne soit pas reprise dans le contrat de travail (cass. soc. 19 septembre 2013, n° 12-20852 D). La prime fait partie du contrat de travail.

2) Un employeur qui annonce, dans le cadre d'une « communication sur la négociation salariale », l'instauration d'une prime anniversaire pour le personnel ayant 35 ans d'ancienneté est également tenu par cette annonce (cass. soc. 17 septembre 2015, n° 13-28074 D).
3) Pour un salarié embauché sans contrat de travail écrit, une prime versée dès la conclusion du contrat et pendant 13 années consécutives peut constituer un élément du contrat de travail (cass. soc. 17 novembre 2015, n° 14-18972 D). Les juges se placent alors sur le terrain contractuel, et pas sur celui de l'usage. Est aussi contractualisée une prime versée pendant plus de 7 ans de façon continue au salarié alors qu'il ne pouvait pas en théorie en bénéficier, l'employeur ne pouvant plus prétendre qu'il s'agissait d'une erreur (cass. soc. 13 décembre 2023, n° 21-25501 FD). Il en va de même d'une prime qui, bien que non prévue par le contrat de travail, avait été versée chaque mois pendant de nombreuses années pour des montants variant entre 900 et 1 000 € (cass. soc. 22 mai 2024, n° 23-10076 FD).
4) Lorsqu'une prime qualitative annuelle, réglée sous réserve de l'appréciation favorable du responsable hiérarchique suivant 5 critères et dont les modalités de calcul doivent être convenues au début de chaque exercice entre les parties, est mentionnée dans le contrat de travail, cette prime doit bien être négociée annuellement et ce, malgré les difficultés économiques de l'employeur (cass. soc. 29 mars 2017, n° 16-10251 D).
5) Lorsque le contrat de travail prévoit une rémunération fixe et l'attribution d'une prime laissée à la libre appréciation de l'employeur, le versement sur 3 années consécutives de bonus annuels n'enlève pas à ces primes le caractère discrétionnaire, dans le principe et dans leur montant, que le contrat de travail leur a donné (cass. soc. 28 mars 2018, n° 16-12530 D).

Les primes résultant d'un *usage** ont un caractère obligatoire, tant que cet usage n'est pas dénoncé.

Exemples

1) Le paiement d'une prime de Noël d'un montant minimal de 1 500 € est obligatoire pour l'employeur lorsque son versement résulte d'un usage répondant à un caractère de généralité, constance et fixité (cass. soc. 24 février 2009, n° 07-43308 D). Cette fixité peut d'ailleurs être reconnue à une prime dont le montant change chaque année, dès lors que les modalités de calcul sont identiques (cass. soc. 12 décembre 1990, n° 89-41184 D).
2) En revanche, le caractère aléatoire du montant d'une prime ne permet pas de caractériser un usage d'entreprise (cass. soc. 3 décembre 2014, n° 13-20053 D).
3) Des bulletins de salaire faisant état d'une somme, intitulée « gratification bénévole », versée pendant 3 ans en décembre (9 600 € en décembre 2006, et 10 000 € en décembre 2007 et 2008) ne suffisent pas à démontrer l'existence d'un usage répondant à un caractère de généralité, constance et fixité (cass. soc. 3 mai 2016, n° 14-29297 D).
4) À l'inverse, une prime versée sous différentes désignations (« prime exceptionnelle », « prime RVI ») et à des dates différentes de 1995 à 2011 répond bien aux conditions de généralité, de fixité et de constance de l'usage (cass. soc. 23 mai 2017, n° 15-24334 D).

Types de primes - Il n'y a pas de classement officiel des primes. Dans la pratique, elles peuvent se répartir selon les grandes catégories suivantes :
- les primes de sujétion (de danger, de froid, etc.) (voir *Prime de sujétion**) ;
- les primes pour frais professionnels (voir *Primes mensuelles**) ;
- les primes compensant une réduction du temps de travail [voir *Réduction du temps de travail (compensations salariales)**] ;
- les primes destinées à récompenser le travailleur d'un effort ou d'un mérite particulier (ex. : *prime d'ancienneté**, *prime d'assiduité**, prime de bilan, *prime de fin d'année ou de treizième mois**, *primes de résultat**).

Primes plus avantageuses - Une convention collective peut prévoir un mode d'attribution d'une prime plus avantageux pour les non-cadres que pour les cadres par exemple. Cette différence de traitement doit cependant être justifiée par les spécificités ou les contraintes propres aux fonctions de chacune des catégories professionnelles (cass. soc. 27 novembre 2013, n° 12-20246 D).

Primes ayant le même objet et la même cause - Un salarié ne peut pas cumuler les avantages prévus par un accord collectif et par son contrat de travail dès lors qu'ils ont le même objet et/ou la même cause (cass. soc. 15 février 2012, n° 10-27397 D ; cass. soc. 13 juin 2012, n° 10-27395, BC V n° 181 ; cass. soc. 11 mai 2022, n° 21-11240 FSB). Dans ce cas, seul l'avantage le plus favorable s'applique.

Ce principe de non-cumul s'applique également lorsque les avantages sont issus de textes conventionnels différents. Ainsi, une indemnité de logement instaurée par un accord d'entreprise et une prime « de vie chère » prévue par la convention collective ont une cause identique (compenser un coût de la vie plus important dans les départements, régions et collectivités d'outre-mer qu'en métropole) et ne peuvent donc pas être cumulées. Par conséquent, seule la plus élevée d'entre elles est due au salarié (cass. soc. 11 mars 2015, n° 13-26782 D).

Primes conventionnelles : articulation accord d'entreprise/accord de branche - En règle générale, l'accord collectif d'entreprise ou d'établissement prime sur l'accord collectif de branche, sauf dans certaines matières limitativement énumérées (voir *Primauté de l'accord d'entreprise sur l'accord de branche**).

Les primes ne font pas exception. Un accord d'entreprise ou d'établissement a donc la priorité sur l'accord branche, même s'il est moins favorable aux salariés, sous deux réserves :
- d'une part, le respect des salaires minima hiérarchiques : dans cette matière, l'accord de branche a d'office la primauté (c. trav. art. L. 2253-1).
- d'autre part, si l'accord de branche le prévoit, l'accord de branche prime sur l'accord d'entreprise ou d'établissement en ce qui concerne les primes pour travaux dangereux ou insalubres (c. trav. art. L. 2253-2).

Hormis ces deux cas, un accord collectif d'entreprise ou d'établissement peut théoriquement réduire le montant d'une prime d'origine conventionnelle, ou, éventuellement la supprimer (en la remplaçant par autre chose, voire sans contrepartie), sous réserve, bien entendu, que l'employeur trouve un interlocuteur pour signer un tel accord.

Salariés à temps partiel

Principe de proportionnalité - Les primes versées aux salariés à temps complet sont souvent réduites au prorata du temps de travail pour les salariés à temps partiel, en application du principe de proportionnalité de la rémunération (c. trav. art. L. 3123-5).

Cette proratisation s'applique aux compléments de salaire conventionnels, dès lors que les dispositions conventionnelles ne comportent pas de mention contraire au principe de proportionnalité (cass. soc. 7 septembre 2017, n° 16-19528, BC V n° 129).

Primes forfaitaires - Un accord collectif peut comporter des stipulations plus favorables aux salariés que les dispositions légales en vigueur (c. trav. art. L. 2251-1). Il peut donc se montrer plus favorable en donnant à certaines primes un caractère forfaitaire. L'employeur doit, dans ce cas, verser la prime intégralement et sans prorata aux salariés à temps partiel.

Il n'y a pas de difficulté si l'accord le prévoit de façon expresse.

Mais ce n'est pas nécessairement le cas. On relèvera qu'à propos d'un accord collectif du 19 décembre 1985 qui concernait le réseau des caisses d'épargne, la Cour de cassation avait considéré que 3 primes conventionnelles avaient un caractère forfaitaire pour tous les salariés en l'absence de précision contraire de l'accord national interprofessionnel en cause (cass. soc. 17 juin 2009, n° 08-41077, BC V n° 155 ; cass. soc. 15 septembre 2010, n° 08-45050, BC V n° 181 ; cass. soc. 11 avril 2018, n° 15-23757 D ; cass. soc. 11 avril 2018, n° 15-23756 D). Il s'agissait :
- d'une prime de durée d'expérience attribuée aux salariés ayant au moins 3 ans de présence ;
- d'une prime familiale versée aux salariés chefs de famille ;
- et d'une prime de vacances octroyée à chaque salarié.

Incidence sur le salaire minimum

Les primes payées en cours d'année en contrepartie ou à l'occasion du travail doivent être prises en compte pour vérifier si l'employeur respecte le salaire minimal pour le mois où elles ont été effectivement versées. D'éventuels excédents mensuels ne peuvent pas se compenser avec les insuffisances constatées pour d'autres mois, à moins que des dispositions conventionnelles prévoient expressément une position contraire (cass. soc. 17 septembre 2003, n° 01-43029, BC V n° 235).

Incidence des absences ou du départ du salarié

Absence du salarié - Lorsqu'une prime est calculée en fonction du travail effectif, l'employeur peut réduire celle-ci en cas d'absence du salarié, au prorata de la durée de cette absence.

Mais s'il est possible de tenir compte des absences, même motivées par la grève, c'est à la condition, que toutes les absences, hormis celles légalement assimilées à du temps de travail effectif, entraînent les mêmes conséquences sur son attribution (cass. soc. 23 juin 2009, n° 08-42154, BC V n° 159 ; cass. soc. 7 novembre 2018, n° 17-15833 FPB).

Exemples

1) Un employeur peut refuser d'accorder à un salarié le versement de 2 jours d'intéressement et d'un quantième du 13e mois en raison d'absences pour faits de grève, dès lors que toutes les absences (exceptées celles liées à un accident du travail, légalement assimilées à du travail effectif) donnent lieu à réduction ou suppression de congés supplémentaires (cass. soc. 26 mars 2014, n° 12-18125, BC V n° 92). Précisons que dans le contexte d'une grève dans l'entreprise, l'employeur peut attribuer à certains salariés non-grévistes une prime exceptionnelle correspondant à un surcroît de travail (voir *grève interne**).

2) À l'inverse, lorsqu'un accord collectif régissant une prime prévoit un système d'abattement pour les seules absences maladie des salariés, il s'agit d'une discrimination liée à l'état de santé et la clause n'est pas opposable aux salariés (cass. soc. 11 janvier 2012, n° 10-23139, BC V n° 10).

Départ du salarié en cours d'année - Lorsque la gratification a un caractère obligatoire, le salarié quittant l'entreprise en cours d'année n'y a droit, au prorata de sa présence dans l'entreprise, que dans l'hypothèse où une disposition expresse du contrat de travail ou de la convention collective le prévoit, ou encore s'il existe un usage en ce sens (cass. ass. plén. 5 mars 1993, n° 89-43464, BC plén. n° 6).

La prise d'acte de la rupture du contrat par un salarié rompt immédiatement le contrat de travail (cass. soc. 31 octobre 2006, n° 04-46280, BC V n° 321). Par conséquent, l'intéressé ne peut pas prétendre à une prime annuelle versée après son départ, sauf si un accord collectif ou un usage admet un versement prorata temporis (cass. soc. 21 septembre 2017, n° 15-28933, BC V n° 160).

Mais s'il s'agit d'un salarié protégé (ex. : un représentant du personnel) et que la prise d'acte produit les effets d'un licenciement nul, il a droit à une indemnité pour violation du statut protecteur égale à la rémunération qu'il aurait perçue depuis son éviction jusqu'à l'expiration de la période de protection, dans la limite de 30 mois de salaire (voir *Licenciement des représentants du personnel**). La rémunération servant de base au calcul de l'indemnité doit comprendre les primes qui sont versées pendant cette période (cass. soc. 21 septembre 2017, n° 15-28932, BC V n° 152).

Prime sous condition de présence - L'employeur peut assortir le versement d'une prime de conditions dans la mesure où celles-ci ne portent pas atteinte à la liberté du travail. En revanche, il est impossible par exemple de lier une prime de fin d'année versée en décembre à une condition de présence du salarié dans l'entreprise le 30 juin de l'année suivante (cass. soc. 18 avril 2000, n° 97-44235, BC V n° 141).

Exemple

Un employeur qui confirme par courrier l'engagement pris par son prédécesseur de verser un bonus en fin d'année d'un montant de 400000 €, doit verser cette somme au salarié, même si son contrat de travail est rompu avant cette date. Pour les juges, le salarié a un droit acquis au paiement de ce bonus avant que n'intervienne la rupture de son contrat de travail, sans que ce paiement ne puisse être soumis à une condition de présence à une date postérieure (cass. soc. 28 mars 2018, n° 16-12530 D).

Une clause conventionnelle qui indique que la prime annuelle de sûreté aéroportuaire est versée en une seule fois en novembre et est subordonnée à la double condition d'un an d'ancienneté et d'une présence au 31 octobre de chaque année ne permet pas à l'employeur de refuser le paiement de la prime annuelle au salarié qui était en arrêt de travail ce jour précis. La Cour de cassation estime en effet que la condition de présence du salarié au 31 octobre de chaque année s'entend de la présence dans les effectifs de l'entreprise, et non d'une présence effective dans l'entreprise (cass. soc. 26 octobre 2022, n° 21-15963 FSB).

Dispense de préavis - Lorsqu'un employeur dispense un salarié d'exécuter tout ou partie de son préavis, la dispense ne doit entraîner aucune diminution des salaires et avantages que le salarié aurait perçus s'il avait accompli son travail jusqu'à l'expiration du préavis [voir *Préavis (dispense)**] (c. trav. art. L. 1234-5).

En conséquence, lorsqu'une prime est réservée aux salariés présents dans l'entreprise lors de son versement, un salarié que son employeur a décidé de dispenser d'exécuter son préavis y a droit si la prime « tombe » pendant la durée du préavis.

Dans la même logique, pour les primes auxquelles le salarié a droit au prorata, on tiendra compte de la durée du préavis dont le salarié a été dispensé.

Paiement des primes

Tout comme le salaire de base, l'employeur doit régler les primes dues au salarié sans différé de paiement (voir *Paiement du salaire**). Le non-paiement de primes peut ainsi justifier la *prise d'acte de la rupture du contrat de travail** par un salarié lorsque ces primes constituent une part importante de la rémunération (cass. soc. 15 septembre 2015, n° 14-10416 D).

En revanche, si la prise d'acte permet au salarié de rompre le contrat de travail en cas de manquement suffisamment grave de l'employeur empêchant la poursuite du contrat de travail, ce n'est pas le cas lorsque l'employeur a régularisé, avant la prise d'acte, le paiement des primes qui restaient dues (cass. soc. 21 avril 2017, n° 15-19353 D).

Notons enfin que l'employeur n'est pas toujours tenu de payer la prime si la raison pour laquelle celle-ci est due n'est plus effective. Ainsi, par exemple, si une disposition conventionnelle lie une prime de tutorat à la fonction de tuteur en entreprise, alors seul l'exercice effectif des fonctions de tuteur ouvre droit au versement de cette prime (cass. soc. 31 janvier 2018, n° 16-21436, BC V n° 14).

☛ *Accord de performance collective ; Heures supplémentaires ; Indemnité de congés payés ; Primauté de l'accord d'entreprise sur l'accord de branche ; Prime d'assiduité ; Prime de salissure ; Prime de sujétion ; Primes mensuelles ; SMIC.*

Primes de résultat

Certaines primes sont attribuées au salarié en fonction de ses résultats, de ceux de son service, de son département, de son atelier ou de toute l'entreprise. D'une périodicité variable, le régime des primes dépend du caractère collectif ou individuel du résultat pris en compte.

Versement de la prime

Périodicité du paiement - La périodicité des primes liées aux résultats peut varier selon les cas : certaines primes sont mensuelles (ex. : *prime de rendement**), d'autres peuvent être semestrielles ou annuelles (ex. : primes d'objectifs, de bilan, etc.).

La périodicité est, en principe, fixée par le texte instaurant la prime (contrat, accord collectif, etc.).

Départ en cours d'exercice - Lorsque le contrat du salarié est rompu en cours d'exercice, le salarié a droit au versement de sa prime au prorata temporis de son temps de présence dans l'entreprise. Peu importe que ce prorata soit ou non prévu par le contrat de travail, un usage ou un accord collectif (cass. soc. 5 novembre 2014, n° 13-20131 D ; cass. soc. 9 février 2022, n° 20-12611 FD).

Le paiement de la prime ne peut donc pas être soumis à une condition de présence du salarié dans l'entreprise à la date de son versement (cass. soc. 29 septembre 2021, n° 13-25549 D).

Exemple

Un salarié licencié en novembre 2015 doit obtenir le paiement d'une prime de résultat au titre de l'année 2015, quand bien même le versement de cette prime par l'employeur n'a lieu qu'en avril 2016, soit 5 mois après le départ du salarié de l'entreprise. En effet, le versement au mois d'avril de l'année N+1 ne constitue qu'une simple modalité de paiement, qui ne peut priver le salarié de la prime, dès lors que la prestation de travail correspondante a bien été exécutée avant la rupture du contrat de travail (cass. soc. 17 mai 2023, n° 21-23247 FD).

Primes exceptionnelles

Les primes exceptionnelles accordées par l'employeur sont différentes des primes contractuelles *(voir ci-après)*.

Certaines primes ne sont que des libéralités de la part de l'employeur, c'est-à-dire qu'elles sont accordées de sa propre initiative, sans caractère habituel. Ces primes ne sont pas considérées comme un élément du salaire, mais seulement comme une gratification aléatoire.

Bien que soumises aux cotisations sociales et à l'impôt sur le revenu, elles ne sont pas prises en compte dans le calcul des autres éléments de paye.

Primes contractuelles

Calcul des primes - Les primes contractuelles constituent un complément de salaire pour le salarié.

Ces primes peuvent être calculées en fonction :
- du résultat global de l'entreprise ;
- des performances individuelles du salarié.

Elles sont soumises à toutes les cotisations sociales et à l'impôt sur le revenu.

Résultat individuel - Certaines primes contractuelles sont déterminées en fonction des résultats du salarié et constituent pour lui une partie de sa rémunération. Précisons que l'employeur doit fixer au salarié des objectifs réalistes qui tiennent compte de sa marge de manœuvre (cass. soc. 13 mars 2001, n° 99-41812, BC V n° 86 ; cass. soc. 3 février 1999, n° 97-40606, BC V n° 56).

Il s'agit, par exemple, des primes :
- de rendement ;
- de productivité ;
- d'objectifs.

Ces primes, dès lors qu'elles sont directement liées au travail du salarié, sont prises en compte dans tous les calculs des éléments de paye : indemnité de congés payés, indemnité de rupture, vérification du salaire minimum ou encore base de calcul des heures supplémentaires (cass. soc. 8 juin 1994, n° 91-41166 D ; cass. soc. 17 mai 2023, n° 21-23247 FD).

▶ À noter… Lorsque la prime d'objectifs n'est pas prévue au contrat de travail mais est versée semestriellement en fonction d'objectifs fixés par l'entreprise, un salarié en arrêt de travail pour maladie sur une longue période ne peut bénéficier d'une telle prime, à défaut d'indication sur ses modalités de détermination et sur sa suspension éventuelle en cas d'arrêt de travail (cass. soc. 20 novembre 2024, n° 23-19352 FD).

Résultat collectif - Certaines primes contractuelles sont calculées sur le résultat global de l'entreprise, sans rapport direct avec les performances du salarié. Il s'agit, en général, des primes :
- de bilan ;
- de résultat.

Ces primes, subordonnées à l'obtention de résultats collectifs, ne permettent pas au salarié de les revendiquer si l'objectif collectif n'est pas atteint, quand bien même l'échec ne lui est pas imputable (cass. soc. 9 février 2011, n° 09-42290 D).

Le régime de ces primes varie selon l'élément de paye à calculer.

Elles sont exclues (cass. soc. 11 octobre 1994, n° 93-42421 D ; cass. soc. 7 novembre 1995, n° 92-42000 D ; cass. soc. 29 mai 1986, n° 84-44709, BC V n° 264) :
- de la base de calcul de l'*indemnité de congés payés** ;
- de la vérification du *SMIC**.

Elles sont, en revanche, prises en compte dans le calcul des indemnités de rupture.

☛ *Heures supplémentaires ; Indemnité de congés payés ; SMIC.*

Primes mensuelles

Les primes mensuelles sont des primes attribuées chaque mois au salarié en plus de son salaire de base. Le régime qui leur est applicable dépend de leur nature.

Primes liées à la présence - Certaines primes, telles que la *prime d'ancienneté** ou la *prime d'assiduité**, sont liées à la présence du salarié dans l'entreprise. Celui-ci en bénéficie dès lors que les conditions requises pour leur attribution sont remplies.

Ces primes sont soumises à toutes les cotisations sociales et à l'impôt sur le revenu. Elles sont prises en compte dans le calcul de l'*indemnité de congés payés** et des indemnités de rupture.

Primes de sujétion - Une *prime de sujétion** est attribuée au salarié pour compenser les contraintes particulières liées à ses conditions de travail. Il en bénéficie tant qu'il est soumis aux sujétions couvertes par la prime.

Il s'agit, notamment, des primes :
- de travail dangereux ;
- d'amplitude ;
- de froid ;
- d'altitude ;
- de dépaysement ;
- de soirée ;
- de nuit ;
- de rythme.

Ces primes constituent un complément de salaire soumis à toutes les cotisations sociales et à l'impôt sur le revenu.

Elles entrent dans les bases de calcul des taux horaires pour le calcul des *heures supplémentaires** et complémentaires, de l'*indemnité de congés payés** (sauf si les primes sont versées pendant les périodes de travail et de congés confondues) et des indemnités de rupture (cass. soc. 30 mars 1994, n° 90-43161 D).

Elles sont en revanche exclues de la base de calcul permettant de vérifier si le *SMIC** est atteint.

Primes liées à la situation familiale - Certaines conventions ou des accords d'entreprise prévoient des primes liées à la situation familiale des salariés. Il s'agit, par exemple :
- des primes de crèche ;
- des primes pour *événements familiaux** (mariage, naissance, etc.) ;
- des primes de scolarité.

Ces primes sont comprises dans l'assiette des cotisations et dans le revenu imposable. Elles sont exclues – en principe et sauf dispositions conventionnelles plus favorables – des autres bases de calcul.

Primes pour frais professionnels - Certaines primes constituent en réalité un remboursement des frais que le salarié est obligé d'engager en raison de ses conditions de travail.

Ce sont notamment les primes :
- de panier ;
- de représentation ;
- d'outillage ;
- de blouse ;
- de salissure ;
- de cotisation à un ordre professionnel.

Ces sommes peuvent être exclues de l'assiette des cotisations à titre de *frais professionnels** dès lors qu'elles ont pour objet d'indemniser le salarié des dépenses qu'il a dû engager et qu'elles sont utilisées conformément à leur objet. Néanmoins, dans ce cas, il faut les réintégrer dans l'assiette des cotisations sociales (mais pas dans la base CSG/CRDS) si une déduction forfaitaire spécifique pour frais professionnels est appliquée [voir *Frais professionnels (déduction forfaitaire spécifique)**].

Exemples

Une prime de douche est soumise à cotisations dès lors que l'employeur ne rapporte pas la preuve des

Principales primes mensuelles et prise en compte dans certains calculs de paye						
	Primes d'assiduité	**Primes d'ancienneté**	**Primes de rendement (de productivité, etc.)**	**Primes de sujétion (de danger, de froid, d'insalubrité, etc.)**	**Primes liées à la situation familiale (de mariage, de naissance, etc.)**	**Sommes représentatives de frais professionnels**
Base de calcul des taux horaires (heures supplémentaires ou complémentaires) (1)	Oui, selon la jurisprudence (cass. soc. 26 octobre 1979, n° 78-41113, BC V n° 796) ; non selon l'administration (circ. DRT 94-4 du 21 avril 1994).	Non (cass. soc. 29 mai 1986, n° 84-44709, BC V n° 264)	Oui, sauf si la prime est indépendante du travail des salariés et, par exemple, uniquement en fonction de la production globale de l'entreprise (1)	Oui (circ. DRT 94-4 du 21 avril 1994 ; cass. soc. 11 mars 1997, n° 93-44619 D)	Non	Non
Indemnité de congés payés (2)	Oui (3)	Oui (3)	Oui (3)	Oui (3)	Oui (3)	Non
Indemnité de rupture	Oui	Oui	Oui	Oui	Oui	Non
Indemnité de préavis	Oui	Oui	Oui	Oui	Oui	-
Base de comparaison du SMIC (4)	Non (cass. soc. 12 novembre 1992, n° 89-45090 D)	Non (cass. soc. 12 novembre 1992, n° 89-45090 D)	Oui (circ. DRT 81-3 du 29 juillet 1981 ; cass. ass. plén. 6 février 1976, n° 74-40223, B. ass. plén. n° 2)	Non (circ. DRT 81-3 du 29 juillet 1981 ; cass. soc. 13 octobre 2004, n° 02-44650 D ; cass. soc. 24 novembre 2004, n° 02-44488 D)	Non	Non (c. trav. art. D. 3231-6 ; cass. soc. 10 novembre 2004, n° 02-41881, BC V n° 282)
Assiette des cotisations de sécurité sociale	Oui	Oui	Oui	Oui	Oui	Non, si les conditions d'exonération sont remplies (5)
Assiette CSG et CRDS	Oui	Oui	Oui	Oui	Oui	Non, si les conditions d'exonération sont remplies
Net fiscal	Oui	Oui	Oui	Oui	Oui	Non, si les conditions d'exonération sont remplies

(1) Pour en savoir plus sur la prise en compte des primes, voir *Heures supplémentaires**.
(2) Pour en savoir plus sur la prise en compte des primes, voir *Indemnité de congés payés**.
(3) Sauf si la prime est attribuée périodes de travail et de congés confondues, voir *Indemnité de congés payés**.
(4) Pour en savoir plus sur la prise en compte des primes, voir *SMIC**.
(5) Si l'employeur applique une déduction forfaitaire spécifique pour frais professionnels, les remboursements de *frais professionnels** doivent être réintégrés dans l'assiette des cotisations préalablement à l'application de la déduction, voir *Frais professionnels (déduction forfaitaire spécifique)**.

dépenses réellement engagées par les salariés obligés de prendre une douche en rentrant chez eux en raison du caractère salissant de leur travail (cass. soc. 8 octobre 1992, n° 90-10636 D).

Au contraire, une *prime de salissure** destinée à indemniser les salariés des lavages constants de leurs vêtements nécessités par le caractère par nature salissant de leur travail est exonérée de cotisations (cass. soc. 21 octobre 1993, n° 91-20378 D).

Ces primes sont exclues du calcul de l'indemnité de congés payés et des indemnités de rupture dès lors qu'elles correspondent bien à un remboursement de frais. Dans le cas contraire, elles y sont réintégrées.

☛ *Frais professionnels ; Frais professionnels (déduction forfaitaire spécifique) ; Heures supplémentaires ; Indemnité de congés payés ; Prime d'ancienneté ; Prime d'assiduité ; Prime d'expatriation ; Prime de fin d'année ou de treizième mois ; Prime de panier ; Prime de rendement ; Prime de salissure ; Prime de sujétion ; Primes de résultat ; SMIC.*

Prise d'acte de la rupture du contrat de travail

Mode de rupture du contrat de travail

Mode de rupture réservée au CDI - Seul un salarié en contrat à durée indéterminée (CDI) peut prendre acte de la rupture de son contrat de travail en raison de faits qu'il reproche à son employeur.

Ce mode de rupture du contrat de travail ne peut être utilisé :
- ni par un salarié en contrat à durée déterminée (CDD) ;
- ni par un employeur (que ce soit pour un CDI ou un CDD).

L'employeur qui estime qu'un salarié ne respecte pas ses obligations doit éventuellement engager la procédure de licenciement. Il ne peut pas « prendre acte » de la rupture du contrat.

▶ À noter... Un salarié inapte après un accident du travail peut prendre acte de la rupture de son contrat de travail et cette prise d'acte a les mêmes effets que pour tout autre salarié (cass. soc. 21 janvier 2009, n° 07-41822, BC V n° 18).

Rupture aux torts de l'employeur - Le salarié peut prendre acte de la rupture de son contrat de travail aux torts de l'employeur seulement s'il lui reproche de ne pas respecter ses obligations. Ce non-respect doit être suffisamment grave pour rendre impossible la poursuite du contrat de travail (cass. soc. 30 mars 2010, n° 08-44236, BC V n° 80). Il peut s'agir :
- d'une attitude fautive de sa part (ex. : harcèlement) ;
- d'une inexécution de ses obligations contractuelles ou conventionnelles.

Le fait que les manquements reprochés à l'employeur soient anciens peut priver la prise d'acte de son fondement dans la mesure où le contrat de travail a pu se poursuivre malgré l'attitude de l'employeur (cass. soc. 26 mars 2014, n° 12-23634, BC V n° 85). Toutefois le seul constat de l'ancienneté des faits ne suffit pas, le juge doit quand même apprécier la gravité des faits notamment lorsqu'ils persistent (cass. soc. 15 janvier 2020, n° 18-23417 D ; cass. soc. 4 novembre 2021, n° 20-16706 D ; cass. soc. 18 décembre 2024, n° 23-19664 D) ou lorsque le contrat de travail est suspendu et que ce sont ces manquements qui ont motivé le salarié à suspendre son contrat de travail (cass. soc. 28 septembre 2022, n° 21-12546 D).

Articulation avec la démission - L'employeur ne peut pas considérer qu'un salarié prenant acte de la rupture du contrat a démissionné. La prise d'acte constitue un mode autonome de rupture du contrat de travail.

À l'inverse, si un salarié démissionne en reprochant des fautes à son employeur, cette rupture peut constituer une prise d'acte et produit les effets d'un licenciement sans cause réelle et sérieuse si les faits invoqués la justifiaient, ou dans le cas contraire, d'une démission (cass. soc. 15 mars 2006, n° 03-45031, BC V n° 109 ; cass. soc. 13 décembre 2006, n° 04-40527, BC V n° 375).

Lorsqu'un salarié démissionne sans réserve et sans invoquer un vice du consentement de nature à remettre en cause sa décision, la *démission** peut être requalifiée en prise d'acte si l'intéressé invoque ultérieurement des manquements qu'il impute à l'employeur et décide, en conséquence, de revenir sur sa démission. Le juge vérifie alors si la démission était ou non équivoque à la date où elle a été donnée, en examinant les circonstances antérieures ou contemporaines de la démission (cass. soc. 9 mai 2007, n° 05-41324, BC V n° 70).

▶ À noter... Le fait qu'une démission soit requalifiée en prise d'acte ne préjuge pas de l'issue du litige. Comme pour toute prise d'acte, il appartient au juge de décider de ses effets selon que les faits reprochés à l'employeur justifient ou non la rupture du contrat *(voir plus loin)*.

En revanche, une démission nulle car le consentement du salarié est vicié ne peut pas être considérée comme une prise d'acte (cass. soc. 18 décembre 2013, n° 12-28788 D).

Articulation avec un départ à la retraite - Lorsque des circonstances antérieures ou contemporaines au départ volontaire à la retraite d'un salarié rendent celui-ci équivoque, la rupture peut être requalifiée en prise d'acte par les juges (cass. soc. 20 octobre 2015, n° 14-17473, BC V n° 198). Cette prise d'acte produit les effets d'un licenciement sans cause réelle et sérieuse si les faits invoqués par le salarié la justifiaient ou, dans le cas contraire, d'un départ volontaire à la retraite (cass. soc. 15 mai 2013, n° 11-26784, BC V n° 120).

Articulation avec la période d'essai - Pendant une *période d'essai**, un salarié ne peut pas prendre acte de la rupture de son contrat en vue de faire condamner son employeur pour licenciement sans cause réelle et sérieuse. Les juges resteront sur le terrain de la rupture de la *période d'essai**, quitte à indemniser le salarié si une rupture abusive est imputée à l'employeur (cass. soc. 7 février 2012, n° 10-27525, BC V n° 57).

Articulation avec un abandon de poste - Une prise d'acte ne peut pas se déduire d'un abandon de poste. Face à un abandon de poste, c'est à l'employeur s'il le souhaite, de mettre fin au contrat de travail soit en licenciant l'intéressé (cass. soc. 10 juillet 2002, n° 00-45566, BC V n° 240), soit en considérant que cet abandon de poste est une démission lorsque les conditions nécessaires à cette qualification sont remplies (voir *Abandon de poste**).

Effets de la prise d'acte et indemnisation du salarié

Cessation immédiate du contrat - La prise d'acte de la rupture par le salarié en raison de faits qu'il reproche à son employeur entraîne la cessation immédiate du contrat de travail (cass. soc. 31 octobre 2006, n° 04-46280, BC V n° 321 ; cass. soc. 25 février 2009, n° 06-46436 D ; cass. soc. 9 décembre 2009, n° 07-45521, BC V n° 280).

Le salarié ne peut pas se rétracter (cass. soc. 14 octobre 2009, n° 08-42878, BC V n° 221).

Effets d'une démission - La prise d'acte produit les effets d'une démission si les griefs invoqués par le salarié ne justifiaient pas la rupture du contrat (cass. soc. 21 janvier 2009, n° 07-41822, BC V n° 18).

Lorsque c'est un salarié inapte suite à un accident du travail qui a pris acte de la rupture de son contrat et que les griefs faits à l'employeur ne justifiaient pas la prise d'acte, les effets sont ceux d'une démission et le salarié perd le bénéfice des indemnités dues en cas de licenciement pour inaptitude physique (cass. soc. 21 janvier 2009, n° 07-41822, BC V n° 18).

Effets d'un licenciement sans cause réelle et sérieuse - La prise d'acte produit les effets d'un licenciement sans cause réelle et sérieuse si ces griefs justifiaient la rupture du contrat.

La prise d'acte entraînant la cessation immédiate du contrat de travail, l'ancienneté dans l'entreprise retenue pour calculer le montant de l'indemnité de licenciement due au salarié est calculée à la date de la rupture, c'est-à-dire à celle de la prise d'acte (cass. soc. 28 septembre 2011, n° 09-67510, BC V n° 199).

Effets d'un licenciement nul - Lorsque le salarié qui a pris acte de la rupture du contrat de travail est « protégé » (ex. : représentant du personnel), la prise d'acte produit les effets d'un licenciement nul (voir *Licenciement des représentants du personnel**) si les faits reprochés à l'employeur sont suffisamment graves pour justifier la rupture (cass. soc. 11 février 2009, n° 07-44687 D ; cass. soc. 27 janvier 2010, n° 08-44897 D ; cass. soc. 12 février 2016, n° 14-19945 D).

▶ À noter… La violation du statut protecteur dont bénéficiait le salarié lui ouvre droit alors à une indemnité forfaitaire égale aux salaires bruts qu'il aurait dû percevoir jusqu'à la fin de la période de protection (liée à son mandat de représentant du personnel) (cass. soc. 12 mars 2014, n° 12-20108, BC V n° 72). L'indemnité est cependant plafonnée à 30 mois de salaire (cass. soc. 15 avril 2015, n° 13-24182, BC V n° 86 ; cass. soc. 14 octobre 2015, n° 14-12193, BC V n° 193). Il n'y a pas lieu d'y ajouter l'indemnité de congés payés, qui a dû être versée lors du solde de tout compte (cass. soc. 30 juin 2016, n° 15-12984 D).

La prise d'acte pendant un arrêt de travail consécutif à un accident du travail produit également les effets d'un licenciement nul, si elle est jugée justifiée (cass. soc. 12 décembre 2012, n° 10-26324, BC V n° 334).

Congés payés - La prise d'acte de la rupture ne fait pas obstacle à l'indemnisation des jours de congés payés légaux non pris, sachant que les droits du salarié sont arrêtés, a priori, à la date de la prise d'acte de la rupture.

Si le salarié obtient le paiement d'une indemnité compensatrice de préavis *(voir plus loin)*, il a droit à une indemnité de congés payés au titre des congés correspondants (cass. soc. 20 janvier 2010, n° 08-43471, BC V n° 17).

▶ À noter… Dans un cas d'espèce où le salarié avait pris acte de la rupture de son contrat de travail le 28 décembre 2000, les juges ont estimé que ses droits à congés payés allaient jusqu'à cette date uniquement, alors que l'intéressé avait continué de travailler jusqu'à la fin janvier 2001 (cass. soc. 4 avril 2007, n° 05-43406, BC V n° 61). Cette solution n'a pas été confirmée par d'autres décisions.

Clause de dédit-formation - Lorsque la prise d'acte de la rupture de son contrat par le salarié produit les effets d'un licenciement sans cause réelle et sérieuse, l'employeur ne peut pas considérer que le salarié a « démissionné ». Il ne peut donc pas demander la mise en œuvre d'une clause de dédit-formation pour obtenir le remboursement de frais de formation (cass. soc. 11 janvier 2012, n° 10-15481, BC V n° 14).

Prime de vacances - La prise d'acte par un salarié rompant immédiatement le contrat de travail, le salarié ne peut pas prétendre à une prime de vacances versée après son départ, sauf si un accord collectif ou un usage admet un versement prorata temporis (cass. soc. 21 septembre 2017, n° 15-28933, BC V n° 160).

Lorsque la prise d'acte d'un salarié protégé est jugée justifiée et produit les effets d'un licenciement nul, le salarié a droit à une indemnité pour violation du statut protecteur égale à la rémunération qu'il aurait perçue depuis son éviction jusqu'à l'expiration de la période de protection dans la limite de 30 mois. Cette indemnité intègre la prime de vacances si celle-ci est versée pendant cette période (cass. soc. 21 septembre 2017, n° 15-28932, BC V n° 152).

Prise en charge par l'AGS - Depuis un revirement du 8 janvier 2025, la Cour de cassation admet que l'*AGS** couvre les créances résultant de la rupture du contrat de travail liée à une prise d'acte de la rupture par le salarié à condition qu'elle se situe pendant les périodes légalement couvertes (notamment pendant la période d'observation, le mois suivant le jugement qui arrête le plan de sauvegarde, de redressement ou de cession, dans les 15 jours, ou 21 jours lorsqu'un plan de sauvegarde de l'emploi est élaboré, suivant le jugement de liquidation...) (cass. soc. 8 janvier 2025, n° 20-18484 FSB ; c. trav. art. L. 3253-8).

Préavis

Pas d'obligation d'exécuter un préavis - Du fait de la cessation immédiate du contrat, le salarié n'est pas tenu d'exécuter un préavis. Qu'il l'accomplisse spontanément, ou offre de le faire, n'a pas d'incidence sur l'appréciation de la gravité des manquements reprochés à l'employeur et invoqués à l'appui de sa prise d'acte (cass. soc. 2 juin 2010, n° 09-40215, BC V n° 128 ; cass. soc. 9 juillet 2014, n° 13-15832 D).

Préavis non travaillé - La prise d'acte est un mode de rupture qui s'inscrit généralement dans un contexte conflictuel faisant que le préavis n'est, en principe, pas travaillé. Tout dépend alors de la décision des juges sur les effets de la prise d'acte.

Lorsque les faits invoqués par le salarié justifient la prise d'acte de la rupture du contrat de travail, l'employeur doit verser au salarié l'indemnité de préavis à laquelle il aurait eu droit en cas de licenciement sans cause réelle et sérieuse (cass. soc. 20 janvier 2010, n° 08-43471, BC V n° 17).

Lorsque la prise d'acte produit les effets d'une démission, l'employeur peut demander à être indemnisé par le salarié pour non-respect du *préavis** (cass. soc. 8 juin 2011, n° 09-43208, BC V n° 141 ; cass. soc. 23 janvier 2019, n° 17-22394 D).

Préavis en tout ou partie travaillé - Dans l'hypothèse où le salarié accepte d'accomplir tout ou partie de son préavis (à son initiative ou à la demande de l'employeur), l'employeur doit le rémunérer en conséquence.

Si la prise d'acte est considérée comme justifiée et produit les effets d'un licenciement sans cause réelle et sérieuse, l'indemnité compensatrice de préavis est due à hauteur du solde de préavis non exécuté (cass. soc. 2 juin 2010, n° 09-40215, BC V n° 128 ; cass. soc. 24 janvier 2024, n° 22-19890 FD).

Démission s'analysant en prise d'acte - Lorsqu'une *démission** du salarié s'analyse en une prise d'acte de la rupture produisant les effets d'un licenciement sans cause réelle et sérieuse, le salarié a droit au paiement de l'indemnité compensatrice de préavis même si l'employeur l'a dispensé d'exécuter son préavis, à sa demande (cass. soc. 20 janvier 2010, n° 08-43471, BC V n° 17) ou s'il a été malade pendant cette période (cass. soc. 20 janvier 2010, n° 08-43476, BC V n° 17).

En revanche, le salarié qui a effectué son préavis suite à sa démission, ne peut pas prétendre à une indemnité compensatrice de préavis si la prise d'acte produit les effets d'un licenciement sans cause réelle et sérieuse (cass. soc. 21 janvier 2015, n° 13-16896, BC V n° 4).

Modalités de rupture du contrat

Lettre de licenciement - Lorsqu'il a été jugé que la prise d'acte produit les effets d'un licenciement sans cause réelle et sérieuse, l'employeur n'a pas à remettre au salarié une lettre de licenciement (cass. soc. 3 février 2010, n° 08-40338, BC V n° 33).

Indemnités pour rupture vexatoire - Les juges admettent qu'un salarié qui a pris acte de la rupture de son contrat de travail aux torts de son employeur peut réclamer des dommages-intérêts pour licenciement brusque et vexatoire en plus des indemnités dues dans le cadre d'une prise d'acte justifiée (c. civ. art. 1382 ; cass. soc. 16 mars 2010, n° 08-44094, BC V n° 66).

Pas d'indemnité pour non-respect de la procédure de licenciement - Lorsque le contrat de travail est rompu par une prise d'acte, le salarié ne peut pas prétendre à l'indemnité pour non-respect de la procédure de licenciement (cass. soc. 23 mars 2011, n° 09-42092 D ; cass. soc. 23 novembre 2011 n° 09-73029 D ; cass. soc. 31 octobre 2013 n° 12-16786 D ; cass. soc. 19 février 2014, n° 12-28153 D).

Documents de fin de contrat - L'employeur doit remettre au salarié un *certificat de travail** (cass. soc. 4 juin 2008, n° 06-45757, BC V n° 122), un *reçu pour solde de tout compte**, s'il y a lieu, un état récapitulatif d'épargne salariale (voir *État récapitulatif d'épargne salariale et relevé annuel de situation*)*.

Contentieux

Lorsque le conseil de prud'hommes est saisi d'une demande de qualification de la rupture du contrat de travail à l'initiative du salarié en raison de faits que celui-ci reproche à son employeur, l'affaire est directement portée devant le bureau de jugement. Ce dernier statue au fond dans un délai d'un mois suivant sa saisine (c. trav. art. L. 1451-1).

▶ À noter… La prescription des actions portant sur la rupture du contrat est de 12 mois à compter de la notification de la rupture (c. trav. art. L. 1471-1). Ce délai devrait s'appliquer, à notre avis, en cas de prise d'acte.

☞ *Démission ; Indemnités de rupture (régimes social et fiscal).*

Produits de l'entreprise (remise gratuite)

☞ *Avantage en nature ; Banques (avantages accordés par les) ; Réductions tarifaires préférentielles.*

Prorata de plafond

☞ *Abattement d'assiette pour temps partiel ; Employeurs multiples ; Entrée en cours d'année ; Paye de sortie ; Plafond de la sécurité sociale.*

Protection sociale complémentaire

☞ *Plan d'épargne retraite d'entreprise obligatoire ; Prévoyance complémentaire ; Prévoyance « frais de santé » (contrat responsable) ; Prévoyance « frais de santé » (socle minimal) ; Prévoyance « frais de santé » (versement santé) ; Régime de retraite à prestations définies ; Régimes de retraite supplémentaire et de prévoyance complémentaire ; Régimes de retraite supplémentaire et de prévoyance complémentaire (caractère collectif) ; Régimes de retraite supplémentaire et de prévoyance complémentaire (caractère obligatoire) ; Retraite supplémentaire.*

Q

Qualification professionnelle

La qualification professionnelle est le titre correspondant à la fonction que le salarié occupe dans l'entreprise.

En général, les qualifications professionnelles sont prévues par la convention collective. Chaque qualification correspond à une série de critères (diplômes, expérience, etc.) et donne une définition ou une description des tâches demandées au salarié. Il peut aussi exister des qualifications « maison », accordées sans conditions objectives de diplôme mais en fonction de l'expérience et du rôle au sein de l'entreprise.

Certaines qualifications peuvent aussi être obtenues par les salariés grâce à la validation des acquis de l'expérience.

☛ *Classement du salarié ; Classification des emplois ; Minimum conventionnel.*

Quotité cessible ou saisissable

☛ *Saisie des rémunérations.*

R

Rachat de jours de repos

Modalités

Salariés concernés - Les salariés en convention de forfait en jours sur l'année [voir *Convention de forfait (forfait annuel en jours)**] peuvent renoncer à une partie de leurs jours de repos, en contrepartie d'une majoration de salaire (c. trav. art. L. 3121-59).

▶ Attention... Ce dispositif pérenne dédié aux salariés en forfait jours ne doit pas être confondu avec celui qui permet aux autres salariés de monétiser des jours de repos/RTT, issu de la loi de finances rectificative du 16 août 2022 modifiée (voir *Monétisation des jours de RTT**).

Demande du salarié soumise à l'accord de l'employeur - Le salarié présente une demande à l'employeur, lequel peut ou non y donner suite, en tout ou partie.

L'accord écrit de l'employeur et du salarié est indispensable, sous forme d'avenant à la convention individuelle de forfait initiale (c. trav. art. L. 3121-59).

L'avenant est valable pour l'année en cours. Il ne peut pas être reconduit de manière tacite (c. trav. art. L. 3121-59). Il faut donc le renouveler pour chaque année concernée (circ. DGT 2008-20 du 13 novembre 2008, fiche 14, § 3.3).

Exemple

Un avenant de rachat à durée indéterminée ou pour un nombre d'années précis (ex. : « renonciation à 5 jours de repos pour les années 2024, 2025 et 2026 ») n'est pas valable. Il faut signer un avenant chaque année concernée (dans notre exemple, un avenant en 2024, un en 2025 et un en 2026).

Rémunération supplémentaire - Les jours travaillés en plus du fait de la renonciation à des jours de repos doivent donner lieu à une rémunération supplémentaire.

Celle-ci est fixée par un avenant à la convention de forfait initiale. Elle doit être égale à la valeur du temps de travail supplémentaire, assortie d'une majoration d'au moins 10 % (c. trav. art. L. 3121-59).

Faute d'avenant, le juge fixe, dans le respect du minimum de 10 %, le montant de la majoration applicable à la rémunération due en contrepartie du temps de travail excédant le forfait convenu. Le cas échéant, il peut aller au-delà du minimum de 10 % et fixer un taux de majoration supérieur (cass. soc. 26 janvier 2022, n° 20-13266 FSBR).

Limite

Tous les jours de repos ne peuvent pas être rachetés. En effet, le nombre de jours travaillés dans l'année ne peut pas dépasser (circ. DGT 2008-20 du 13 novembre 2008, fiche 14, § 3.3) :
- soit le nombre annuel maximal de jours travaillés fixés par l'accord collectif autorisant la conclusion de convention de forfait en jours sur l'année (il peut s'agir d'une limite supérieure à 235 jours par an) (c. trav. art. L. 3121-64, II, dern. al) ;
- soit, à défaut de précision de l'accord collectif, une limite de 235 jours travaillés dans l'année (c. trav. art. L. 3121-66).

Exemple

Si aucun plafond n'est fixé par accord collectif, un salarié ayant un forfait de 218 jours par an ne peut pas renoncer à plus de 17 jours de repos par an. En effet, il ne peut pas dépasser le plafond légal de 235 jours par an.

Dans tous les cas, le nombre de jours travaillés doit être compatible avec les règles sur les congés payés, les jours fériés chômés dans l'entreprise, le repos hebdomadaire, le repos quotidien. Dès lors, si l'accord collectif peut fixer une limite supérieure à 235 jours par an, il ne pourrait pas aller au-delà de l'extrême limite de 282 jours par an (compte tenu des 5 semaines de congés payés, du 1er Mai chômé et du repos dominical), sachant qu'il conviendrait de déduire également les jours fériés chômés dans l'entreprise autres que le 1er Mai.

Régimes social et fiscal

Déduction forfaitaire de cotisations patronales - Sous conditions, les employeurs de moins de 250 salariés, bénéficient d'une déduction forfaitaire de cotisations patronales sur les jours travaillés au-delà de 218 jours par an par les salariés en convention de forfait en jours sur l'année (c. séc. soc. art. L. 241-18) [voir *Heures supplémentaires (déduction forfaitaire de cotisations patronales)**].

Réduction de cotisations salariales - La rémunération des jours travaillés au-delà de 218 jours par an dans les conditions prévues par le code du

RACHAT DE JOURS DE REPOS (EXEMPLE)

Dans une entreprise de 100 salariés, un salarié cadre est en forfait annuel de 218 jours par an, calé sur l'année civile. Il est rémunéré 5 500 € bruts par mois. Il a demandé en décembre 2024 à son employeur, qui a accepté, le rachat de 3 jours de repos parmi ceux auxquels il avait droit en 2024. Il a donc travaillé 3 jours de plus. Le taux de majoration prévu dans la convention de rachat est de 10 %.

En application de l'accord collectif et de la convention de rachat, le montant du rachat est calculé comme suit : [(5 500 × 12)/218] × 3 × 110 % = 999,08 €. Il est valorisé sur la paye de janvier 2025.

La réduction de cotisations salariales sur les jours supplémentaires est au taux de 10,97 %. Le montant correspondant à ces jours est également exonéré d'impôt sur le revenu. La CSG sur les jours exonérés d'impôt est intégralement non déductible.

L'employeur bénéficie de la déduction forfaitaire de cotisations patronales sur les jours travaillés en plus au-delà de 218 jours par an (- 10,50 € pour les 3 jours supplémentaires travaillés au-delà de 218 jours dans le cadre du rachat).

EXTRAIT DU BULLETIN DE PAYE (PARAMÈTRES EN VIGUEUR EN JANVIER 2025)

Désignation	**Base**	**Taux**	**Montant**	
Forfait annuel 218 jours			5 500,00	
Jours de repos rachetés	3,00	333,03	999,08	
Brut total			6 499,08	
Cotisations et contributions sociales	**Base (€)**	**Taux salarial**	**Part salarié (€)**	**Part employeur (€)**
Santé				
Sécurité sociale - Maladie Maternité Invalidité Décès	6 499,08	-	-	844,88 (1)
Complémentaire Incapacité Invalidité Décès	3 925,00	-	-	58,88
Complémentaire santé	-	-	85,00	85,00
Accidents du travail - maladies professionnelles	6 499,08	-	-	129,98
Retraite				
Sécurité sociale plafonnée	3 925,00	6,90 %	266,62	335,59
Sécurité sociale déplafonnée	6 499,08	0,40 %	26,00	131,28
Complémentaire Tranche 1	3 925,00	4,15 %	160,36	244,14
Complémentaire Tranche 2	2 574,08	9,86 %	259,82	380,45
Famille	6 499,08	-	-	341,20 (2)
Assurance chômage				
Chômage	6 499,08	-	-	279,46
APEC	6 499,08	0,024 %	1,56	2,34
Autres contributions dues par l'employeur				306,96
CSG déductible de l'impôt sur le revenu	5 547,63	6,80 %	377,24	-
CSG/CRDS non déductible de l'impôt sur le revenu	5 547,63	2,90 %	160,88	-
CSG/CRDS sur jours rachetés non déductible de l'impôt sur le revenu	981,60	9,70 %	95,22	
Exonérations et allégements de cotisations	-	-	– 109,69 (3)	– 10,50 (4)
Total des cotisations et contributions			1 323,72	3 129,65
Net social				**5 175,36**
Net à payer avant impôt sur le revenu				**5 175,36**
Impôt sur le revenu	**Base**	**Taux**	**Montant**	**Cumul annuel**
Montant net imposable			4 517,37 (5)	Valeur
Impôt sur le revenu prélevé à la source	4 517,37 (5)	12,00 %	542,08	Valeur
Montant net des heures compl/suppl exonérées			932,33	Valeur
Net à payer au salarié (en euros)				**4 633,28**
Total versé par l'employeur				9 628,73

Notes de la rédaction, pour aider à la lecture des totaux (ces notes n'ont pas à apparaître sur le bulletin de paye) :
(1) Taux de 13 % compte tenu de la rémunération. (2) Taux de 5,25 % compte tenu de la rémunération. (3) Réduction de cotisations salariales sur les jours supplémentaires. (4) Déduction forfaitaire au titre des jours travaillés au-delà de 218 jours. (5) La rémunération des jours supplémentaires est non imposable.

travail des salariés en forfait jours donne droit à une réduction de cotisations salariales, quel que soit l'effectif de l'entreprise (c. séc. soc. art. L. 241-17 ; BOSS, Exonérations heures supplémentaires et complémentaires, § 160, 01/01/2025) [voir *Heures supplémentaires et complémentaires (réduction de cotisations salariales)**].

Exonération d'impôt sur le revenu - Les rémunérations ouvrant droit à la réduction de cotisations salariales sont par ailleurs exonérées d'impôt, dans une certaine limite (CGI art. 81 quater) [voir *Heures supplémentaires et complémentaires (exonération d'impôt sur le revenu)**].

CSG sur les jours exonérés d'impôt : non déductible - La CSG due sur la rémunération exonérée d'impôt sur le revenu des jours de repos rachetés est intégralement non déductible du revenu imposable (BOSS, Exonérations heures supplémentaires et complémentaires, § 440, 01/01/2025).

Avec cette précision, le salarié avec des jours rachetés exonérés d'impôt a donc en pratique exactement le même net imposable que sans jours rachetés. Il est ainsi privé de l'« effet d'aubaine » dont il aurait bénéficié, sous forme d'un net imposable inférieur, s'il y avait eu déductibilité partielle de la CSG.

La CSG sur ces rémunérations exonérées d'impôt étant intégralement non déductible, il convient, à notre sens, de traiter la CSG/CRDS y afférentes sur une ligne distincte.

▶ À noter… Concrètement, il faut suivre les cumuls de rémunérations exonérées d'impôt, puisque la CSG redevient déductible pour 6,8 points une fois la limite d'exonération fiscale dépassée.

Convention de forfait (forfait annuel en jours) ; Heures supplémentaires (déduction forfaitaire de cotisations patronales) ; Heures supplémentaires et complémentaires (exonération d'impôt sur le revenu) ; Heures supplémentaires et complémentaires (réduction de cotisations salariales) ; Monétisation des jours de RTT.

Rappel de salaire

Le rappel de salaire peut se définir comme un élément versé après la période d'emploi à laquelle il se rapporte. Par exemple, il peut s'agir de l'application d'une augmentation de salaire rétroactive, d'heures supplémentaires, d'une prime, des conséquences de la rectification d'un calcul de paye, de commissions versées après le départ du salarié.

Évolution de la réglementation

Les règles de rattachement applicables depuis 2018 aux rappels de salaire, qui permettent de déterminer l'assiette, le taux et le plafond applicables, ont été codifiées dans le code de la sécurité sociale par un décret de novembre 2016 (décret 2016-1567 du 21 novembre 2016, JO du 23).

Elles ont ensuite été précisées fin 2017 par une circulaire questions-réponses (Q/R) de la direction de la sécurité sociale (circ. DSS/5B/5D 2017-351 du 19 décembre 2017). Cette circulaire a été abrogée le 1er avril 2021, à l'occasion de l'entrée en vigueur du *Bulletin officiel de la sécurité sociale (BOSS)**.

Depuis le 1er avril 2021, c'est le BOSS qui fixe la doctrine administrative applicable, laquelle a été modifiée sur certains points.

Un décret de décembre 2023 est ensuite venu clarifier et préciser les règles de rattachement pour les sommes versées à compter du 1er janvier 2025 (décret 2023-1384 du 29 décembre 2023, JO du 31), sans toutefois les révolutionner.

Dans les développements ci-après, nous exposons en premier lieu les règles applicables depuis le 1er janvier 2025. À l'heure où nous rédigions ces lignes (15 janvier 2025), le BOSS n'avait pas encore adapté sa doctrine à ces nouvelles règles.

Puis, nous rappelons les règles de rattachement qui étaient applicables aux sommes versées du 1er janvier 2018 au 31 décembre 2024.

Réglementation applicable à partir du 1er janvier 2025

Principe (hors rappels de salaire) : rattachement au terme de la période d'activité - Pour les sommes versées à compter du 1er janvier 2025, les règles applicables au calcul des cotisations et contributions sociales dues sur les revenus d'activité, notamment en matière d'assiette, de taux, de plafond et d'exonération, sont celles en vigueur au terme de la période d'activité au titre de laquelle ces revenus sont dus (c. séc. soc. art. R. 242-1, II al. 1 ; décret 2023-1384 du 29 décembre 2023, art. 4, IV, JO du 31).

Concrètement, malgré une rédaction quelque peu différente de l'article R. 242-1 du code de la sécurité sociale et un changement de terminologie qui se veut plus précis (remplacement de la notion de « période d'emploi » par celle de « terme de la période d'activité »), la règle de rattachement de principe reste inchangée sur le fond dans la plupart des cas.

Exemples

1) En janvier 2025, l'employeur verse le salaire de janvier 2025. Les règles d'assiette, de taux et de plafonnement seront celles en vigueur au 31 janvier 2025. Il en sera de même en cas de décalage de paye, pour le salaire de janvier 2025 versé en février 2025.

2) Une paye porte sur la période d'emploi « 15 décembre 2024 – 14 janvier 2025 ». Les règles d'assiette, de taux et de plafonnement seront celles en vigueur au 14 janvier 2025.

Cette règle de rattachement s'applique aussi aux rappels de salaires judiciaires.

▶ À noter... Lorsque la décision de justice ne se prononce pas sur l'imputation des cotisations et des contributions sociales, l'employeur doit précompter les sommes dues par le salarié au titre des cotisations salariales du montant qu'il est condamné à lui payer. En d'autres termes, faute de précision contraire, le montant indiqué dans la décision de justice se lit en brut, avant déduction des cotisations salariales (cass. soc. 3 juillet 2019, n° 18-12149 FSPB).

Dérogation n° 1 : prise en compte décalée d'événements affectant la rémunération du mois - Lorsqu'une partie des revenus dus au titre d'une période précédente est habituellement et régulièrement versée en même temps que les revenus dus au titre d'une période postérieure, les règles applicables sont celles en vigueur au terme de cette dernière période (c. séc. soc. art. R. 242-1, II, 1°).

L'assiette, les taux, les plafonds et les exonérations applicables à ces sommes sont donc ceux en vigueur au terme de la période d'activité qui fait l'objet de la paye.

Cette dérogation reprend la doctrine du BOSS jusqu'alors applicable concernant les entreprises qui prennent en compte de manière habituelle et régulière des événements affectant la rémunération du mois, notamment les heures supplémentaires, lors de la rémunération de l'activité du ou des mois suivants (BOSS, Assiette générale, § 490, 01/01/2024) *(voir aussi plus loin)*.

Exemple

En janvier 2025, l'employeur verse le salaire de janvier 2025 et le paiement des heures supplémentaires effectuées en décembre 2024. Les règles d'assiette, de taux et de plafonnement applicables seront celles en vigueur au 31 janvier 2025, y compris pour les heures supplémentaires.

Dérogation n° 2 : sommes versées habituellement selon une périodicité différente de la paye - Lorsque des éléments de rémunération sont habituellement et régulièrement versés selon une périodicité différente du mois, conformément aux dispositions légales ou conventionnelles, les règles applicables sont celles en vigueur pour la période d'activité correspondant à la rémunération avec laquelle ces éléments de rémunération sont versés (c. séc. soc. art. R. 242-1, II, 2° au 1er janvier 2025).

Il s'agit, là encore, de la reprise de la doctrine du BOSS jusqu'alors applicable, qui concerne, par exemple, certaines primes (ex. : prime de vacances ou de fin d'année), des avantages d'épargne salariale, ou encore les indemnités de congés payés ou de préavis (BOSS, Assiette générale, § 450, 01/01/2024) *(voir aussi plus loin)*.

Dérogation n° 3 : sommes versées après la fin du contrat de travail - Lorsque des éléments de rémunération, habituellement et régulièrement versés selon une périodicité différente du mois conformément aux dispositions légales ou conventionnelles, sont versés après la fin de la relation de travail, les règles applicables sont celles en vigueur au terme de la dernière période d'activité ayant donné lieu à rémunération (c. séc. soc. art. R. 242-1, II, 3° au 1er janvier 2025).

Cette dérogation (qui est une exception à la dérogation n° 2) s'applique, par exemple, aux commissions ou à une prime de résultats non connues au moment du départ du salarié de l'entreprise.

Exemple

Un salarié dont le contrat prend fin le 28 février 2025 perçoit une prime de résultats en juillet 2025, en application d'une convention collective. La prime sera soumise aux règles d'assiette, de taux et de plafonnement en vigueur le 28 février 2025 (en supposant que février a donné lieu à rémunération).

Dérogation n° 4 : sommes dues au titre de la fin du contrat de travail - Pour les revenus dus au titre de la fin de la relation de travail, les règles applicables sont aussi celles en vigueur au terme de la dernière période d'activité ayant donné lieu à rémunération (c. séc. soc. art. R. 242-1, II, 3° au 1er janvier 2025).

À notre sens, cela vise, par exemple, une indemnité compensatrice de congés payés ou de non-concurrence, ou une fraction d'indemnité de rupture soumise à cotisations.

Réglementation applicable de 2018 à fin 2024 : rappels

Règle de rattachement de principe (hors rappels de salaire) - Pour les sommes versées au salarié en cours de contrat entre le 1er janvier 2018 et le 31 décembre 2024, la règle de rattachement de principe était celle du « rattachement à la période d'emploi ».

Les taux et plafonds applicables pour le calcul des cotisations sociales sont ceux en vigueur au cours de la période de travail au titre de laquelle les rémunérations sont dues (c. séc. soc. art. R. 242-1, II, al. 1 en vigueur avant le 1er janvier 2025), y compris en cas de décalage de paye (BOSS, Assiette générale, § 440, 01/01/2024).

Éléments versés habituellement selon une périodicité différente de la paye - Les taux et plafonds de la période d'emploi correspondant à la paye principale étaient également appliqués aux rémunérations versées en même temps, mais dues au titre d'autres périodes (c. séc. soc. art. R. 242-1, II, al. 2). Cela permettait d'éviter d'avoir des taux et des plafonds variant sur le même bulletin de salaire.

Selon l'administration, cette règle visait les éléments de rémunération versés habituellement et régulièrement selon une périodicité autre que la paye, du fait de leur nature et conformément aux modalités prévues par les règles applicables (réglementation, stipulations des accords collectifs ou du contrat de travail, notamment) (BOSS, Assiette générale, § 450, 01/01/2024). On pense en particulier à des primes (de vacances, de fin d'année, etc.), aux avantages d'épargne salariale, aux indemnités de congés payés ou encore aux indemnités de préavis qui, de par leur nature, ne sont pas versés selon la périodicité habituelle de la paye.

Exemple

En janvier 2024, l'employeur a versé le salaire de janvier 2024 et une prime annuelle relative à l'année 2023, dont la convention collective prévoit qu'elle est versée en janvier de l'année suivante. Les règles d'assiette, de taux et de plafonnement étaient celles en vigueur en janvier 2024.

Prise en compte décalée d'événements affectant la rémunération du mois - Pour les entreprises qui prennent en compte de manière habituelle et régulière des événements affectant la rémunération du mois (ex. : heures supplémentaires) lors de la rémunération de l'activité du ou des mois suivants, il était admis que l'effet de ces événements sur les cotisations dues soit calculé comme si ces événements avaient eu lieu au cours du mois lors duquel ils sont pris en compte (BOSS, Assiette générale, § 490, 01/01/2024).

Exemple

En janvier 2024, l'employeur a versé la rémunération des heures supplémentaires décomptées au titre de la période de référence de décembre 2023. Les règles applicables pour le calcul des cotisations et contributions sur ces heures supplémentaires étaient celles en vigueur en janvier 2024.

Correction d'erreurs de paye - En cas de versement d'éléments de rémunération visant à corriger une erreur relative au calcul de la paye d'une période antérieure, il convenait d'appliquer les règles d'assiette, de taux et de plafonnement en vigueur lors de la période d'emploi à laquelle ces éléments de rémunération se rapportent (BOSS, Assiette générale, § 460, 01/01/2024).

Exemple

Par erreur, un salarié à temps partiel de 80 % a été rémunéré en décembre 2023 sur la base d'un temps partiel à 50 %. En juin 2024, l'employeur a rectifié l'erreur. Ce complément de rémunération versé en juin 2024 était soumis à l'ensemble des règles (en matière d'assiette, de taux et de plafonnement) en vigueur en décembre 2023.

De même, lorsque l'erreur portait sur le montant d'une prime ou d'une gratification relative à une période antérieure, les cotisations étaient calculées selon les règles d'assiette, de taux et de plafonnement applicables à la paye du mois au cours duquel ces éléments de rémunération auraient dû être versés.

Exemple

En janvier 2024, l'employeur a versé le salaire de janvier 2024 et corrigé le montant de la prime annuelle relative à l'année 2023 versée en novembre 2023 en application d'une convention collective ou d'un accord d'entreprise. Les règles d'assiette, de taux et de plafonnement applicables à cette correction étaient celles en vigueur en novembre 2023.

En cas de correction d'erreur de paye, ce principe de rattachement à la période d'emploi concernée s'appliquait que l'erreur donne lieu ou non à une correction du bulletin de paye.

Afin de simplifier les déclarations sociales rectificatives, l'employeur pouvait rattacher les corrections rattachées à l'année précédente à la dernière période d'emploi de cette même année. Mais pour ce faire, il fallait que les règles de taux, d'assiette et de plafonnement ainsi que les exonérations applicables lors de la période d'activité « corrigée » d'une part, et lors de celle à laquelle la correction est rattachée (pour l'hypothèse qui nous intéresse, le mois de décembre de l'année de la période « corrigée »), soient identiques (BOSS, Assiette générale, § 470, 01/01/2024).

Exemple

En avril 2024, un employeur a corrigé une erreur sur le salaire qu'il a versé au mois de juillet 2023. Il a déclaré cette correction dans la DSN relative au mois d'avril 2024 (émise en mai).

Si les règles de taux, d'assiette et de plafonnement et les exonérations applicables étaient identiques entre juillet 2023 (période « corrigée ») et avril 2024 (mois de la correction), l'employeur pouvait rattacher la correction au mois de décembre 2023, plutôt qu'à juillet 2023.
S'il y avait eu changement des règles, l'employeur n'aurait pas eu d'autre choix que de rattacher la correction à la période d'emploi concernée.

Sommes versées pendant des périodes de suspension du contrat - À compter du 1er avril 2021, lorsque les employeurs versaient des éléments de rémunération pendant une période de suspension du contrat de travail non rémunérée (ex. : congé parental), c'étaient les règles de principe posées par le BOSS pour les sommes versées en cours de contrat *(voir plus haut)* qui s'appliquaient :
- pour les éléments habituellement et régulièrement versées selon une périodicité non mensuelle (ex. : prime versée en janvier de chaque année), rattachement au mois de versement ;
- si la somme se rattachait à une période d'emploi antérieure, rattachement à cette période d'emploi ;
- en cas de correction d'erreur de paye, application des règles correspondantes.

Sommes versées après la rupture du contrat - Les sommes versées après le départ du salarié (ex. : commissions d'un commercial connues après son départ, complément d'indemnité compensatrice de préavis) se voyaient appliquer les taux et plafonds applicables lors de la dernière période de travail de celui-ci (c. séc. soc. art. R. 242-1, II, 2°).

Exemples
1) Un salarié dont le contrat de travail a pris fin en novembre 2023 a perçu une prime de résultats en février 2024, en application d'une convention collective. La prime était soumise aux cotisations et contributions sociales selon les règles d'assiette, de taux et de plafonnement en vigueur en novembre 2023.
2) Un salarié dont le contrat de travail a pris fin en février 2024 a perçu une prime de résultats en juin 2024, en application d'une convention collective. La prime était soumise aux cotisations et contributions sociales selon les règles d'assiette, de taux et de plafonnement en vigueur en février 2024.

En cas de succession de plusieurs CDD, les éléments de rémunération versés suivaient les règles de droit commun (BOSS, Assiette générale, § 530, 01/01/2024).

Dans ce contexte, deux situations étaient à distinguer, selon que le salarié était ou non encore à l'effectif de l'entreprise.

Si le salarié était toujours dans l'entreprise après la fin de précédents CDD, les règles d'assiette, de taux et de plafonnement applicables étaient celles en vigueur au cours de la période au titre de laquelle les rémunérations sont dues. Toutefois, lorsque l'élément de rémunération était versé selon une périodicité non mensuelle en vertu d'un accord collectif ou du contrat de travail, les règles d'assiette, de taux et de plafonnement applicables étaient celles applicables à la rémunération du mois au cours duquel ces éléments de rémunération devaient être versés, même si cet élément était dû en application du précédent contrat (BOSS, Assiette générale, § 530, 01/01/2024).

Si le salarié n'était plus dans l'effectif de l'entreprise, on se retrouvait avec la règle applicable aux éléments de rémunération versés après la rupture du contrat, à savoir avec le principe du rattachement à la dernière période d'emploi, mais adaptée au contexte de CDD. Les cotisations et contributions étaient calculées selon les règles d'assiette, de taux et de plafonnement applicables lors de la dernière période de travail du contrat auquel se rattachait l'élément de rémunération concerné (BOSS, Assiette générale, § 540, 01/01/2024).

Rappels judiciaires de salaire - Pour les rappels de salaire ordonnés par décision de justice, il convenait de placer le salarié dans la situation qui aurait été la sienne si son employeur avait respecté la législation. Il était ainsi fait application des taux et plafonds en vigueur lors des périodes de travail donnant lieu à ces rappels (c. séc. soc. art. R. 242-1, II, 1°).

Cela valait aussi bien pour des rappels judiciaires versés en cours de contrat de travail qu'après l'expiration du contrat de travail.

Cotisations chômage

À notre sens, les cotisations d'assurance chômage relèvent des mêmes règles que les cotisations de sécurité sociale en matière de rappel de salaire. Il convient donc d'appliquer les règles ci-dessus exposées.

Cotisations AGIRC-ARRCO

Alignement sur les règles « sécurité sociale » - L'AGIRC-ARRCO a décidé d'aligner totalement ses règles de calcul des cotisations sur les règles « sécurité sociale », notamment en abandonnant les spécificités qui existaient jusque-là pour les rappels de salaire après la rupture du contrat de travail et les rappels judiciaires de salaire (circ. AGIRC-ARRCO 2017-09 du 27 octobre 2017).

En toute logique, le régime AGIRC-ARRCO a également décidé d'appliquer les précisions issues de la circulaire de la direction de la sécurité sociale du

19 décembre 2017, à laquelle s'est substitué le BOSS depuis le 1er avril 2021 (circ. AGIRC-ARRCO 2020-01 DRJ du 10 janvier 2020).

En pratique, il convient donc d'appliquer les règles ci-dessus exposées.

Indemnités de non-concurrence - L'AGIRC-ARRCO a également décidé d'appliquer les règles « sécurité sociale » pour le calcul des cotisations de retraite complémentaire dues sur les indemnités de non-concurrence, c'est-à-dire le rattachement à la dernière période de travail (circ AGIRC-ARRCO 2022-11 DRJ du 13 décembre 2022) (voir *Indemnité de non-concurrence**).

Impôt sur le revenu

Les rappels de salaire sont soumis à l'impôt sur le revenu de l'exercice au cours duquel ils sont versés. Ils entrent dans l'assiette du *prélèvement à la source** (PAS) opéré par l'employeur, qui doit les mentionner dans la DSN.

Si le rappel de salaire intervient alors que le salarié a quitté l'entreprise, le taux de PAS à appliquer est le taux personnalisé dès lors que ce taux est encore valide. Au-delà de la période de validité du dernier taux transmis par l'administration fiscale (2 mois), l'employeur doit appliquer un taux non personnalisé déterminé à partir des grilles de taux neutres (www.net-entreprises.fr, Base de connaissances Net-entreprises, fiche 1348 modifiée au 3 août 2020) [voir *Prélèvement à la source (taux)**].

Incidences d'un rappel de salaire

Le rappel de salaire peut avoir des incidences sur le calcul de certains éléments de la paye ou de l'appréciation de certains droits en matière de cotisations.

Éléments de paye - Selon sa nature, le rappel de salaire pourra remettre en cause d'autres éléments déjà calculés.

Exemple

L'employeur effectue un rappel de prime d'ancienneté non payée pendant 1 an. Pour calculer le montant exact du rappel, il doit tenir compte de tous les éléments qui auraient été affectés par l'existence d'une prime d'ancienneté : maintien de salaire en cas de maladie, indemnité de congés payés, etc.

Prescription - La *prescription des cotisations** dues sur un rappel de salaire court à compter du versement effectif de ce rappel et non à compter de la date à laquelle il aurait dû être payé (cass. soc. 17 février 1971, BC V n° 127).

Maintien des cotisations vieillesse sur le temps plein - Lorsqu'un salarié à temps partiel bénéficie du maintien des cotisations vieillesse et continue à cotiser sur son salaire à temps plein (voir *Maintien des cotisations en cas de temps partiel**), l'employeur doit, pour déterminer le supplément d'assiette de cotisations vieillesse, calculer la différence entre le salaire perçu à temps partiel et le salaire rétabli à temps plein. Si un rappel de salaire est versé, son régime dépend de la période à laquelle il se rapporte (lettre-circ. ACOSS 95-26 du 17 février 1995, § 4.5.1.1).

Dans l'hypothèse où le rappel de salaire se rapporte à une période où le maintien d'assiette était pratiqué, le montant du rappel de salaire est intégré à la rémunération perçue. Il n'y a pas lieu de modifier le nombre d'heures rémunérées pour la période considérée.

Exemple

Un salarié perçoit une rémunération brute de 2 000 € pour 31 heures hebdomadaires, à laquelle s'ajoute un rappel de 400 €, portant sur une période ayant donné lieu au maintien des cotisations vieillesse sur la base d'un temps plein. La rémunération ramenée à temps plein est de : (2 000 + 400) × 35/31 = 2 710 €.
Le supplément d'assiette retenu pour le calcul des cotisations d'assurance vieillesse est de : 2 710 – 2 400 = 310 €.

Si le rappel de salaire se rapporte à une période non concernée par le maintien d'assiette, il n'est pas pris en compte pour le rétablissement du salaire à temps plein.

Exemple

Un salarié perçoit une rémunération brute de 2 000 € pour 31 heures hebdomadaires. S'y ajoute un rappel de 400 €, portant sur une période n'ayant pas donné lieu au maintien des cotisations vieillesse sur la base d'un temps plein. La rémunération ramenée à temps plein est de : (2 000 × 35/31) + 400 = 2 658 €.
Le supplément d'assiette retenu pour le calcul des cotisations d'assurance vieillesse est de : 2 658 – 2 000 – 400 = 258 €.

Si le rappel de salaire concerne les deux types de période, l'employeur a le choix de la méthode.

Bulletin de paye

Les rappels de salaire figurent sur le *bulletin de paye** de façon distincte. Ils sont intégrés au salaire brut soumis aux cotisations et à l'impôt. Si le rappel est versé après le départ du salarié, il faut émettre un bulletin de paye spécifique.

L'employeur ne peut pas être contraint de délivrer autant de bulletins de paye rectifiés que de mois concernés par des sommes payées tardivement (cass. soc. 30 novembre 2010, n° 09-41065, BC V n° 277 ; cass. soc. 27 janvier 2016, n° 14-19210 D ; cass. soc. 4 mars 2020, n° 18-11790 D). Un rappel de salaire dû sur plusieurs mois peut donc figurer sur un seul bulletin de paye établi lors de son paiement, à condition toutefois que ce bulletin comporte les mentions obligatoires (c. trav. art. R. 3243-1 et suivants) et qu'il indique à quelle période précise se rapporte chacune des créances faisant l'objet d'un versement unique (cass. soc. 9 novembre 2022, n° 20-21856 D).

☛ *Indemnité de non-concurrence ; Plafond de la sécurité sociale.*

Cotisations de sécurité sociale du 1er janvier 1998 au 1er janvier 2025 (a)

	Sur la totalité des salaires											Dans la limite du plafond		
	Mal. mat. inv. décès		Ass. veuv.	AF	AT	Vieil.		FNAL (b)	CSG (e)	CRDS (e)	CSA	Ass. vieil.		FNAL (c)
	PP	PS	PS	PP	PP	PS	PP	PP	PS	PS	PP	PP	PS	PP
	%	%	%	%	%	%	%	%	%	%	%	%	%	%
À compter du 1.01.1998	12,80	0,75 (d)	0,10	5,40	Taux variable	-	1,60	0,40	7,50	0,50	-	8,20	6,55	0,10
À compter du 1.07.2004	12,80	0,75 (d)	-	5,40	Taux variable	0,10	1,60	0,40	7,50	0,50	0,30	8,20	6,55	0,10
À compter du 1.01.2006	12,80	0,75 (d)	-	5,40	Taux variable	0,10	1,60	0,40	7,50	0,50	0,30	8,30	6,65	0,10
À compter du 1.01.2011	12,80	0,75 (d)	-	5,40	Taux variable	0,10	1,60	0,40 en Tr. A ; 0,50 au-delà	7,50	0,50	0,30	8,30	6,65	0,10
À compter du 1.11.2012	12,80	0,75 (d)	-	5,40	Taux variable	0,10	1,60	0,40 en Tr. A ; 0,50 au-delà	7,50	0,50	0,30	8,40	6,75	0,10
À compter du 1.01.2013	12,80	0,75 (d)	-	5,40	taux variable	0,10	1,60	0,40 en Tr. A ; 0,50 au-delà	7,50	0,50	0,30	8,40	6,75	0,10
À compter du 1.01.2014	12,80	0,75 (d)	-	5,25	taux variable	0,25	1,75	0,40 en Tr. A ; 0,50 au-delà	7,50	0,50	0,30	8,45	6,80	0,10
À compter du 1.01.2015	12,80	0,75 (d)	-	5,25 ou 3,45 (f)	taux variable	0,30	1,80	0,50	7,50	0,50	0,30	8,50	6,85	0,10
À compter du 1.01.2016	12,84	0,75 (d)	-	5,25 ou 3,45 (f)	taux variable	0,35	1,85	0,50	7,50	0,50	0,30	8,55	6,90	0,10
À compter du 1.01.2017	12,89	0,75 (d)	-	5,25 ou 3,45 (f)	taux variable	0,40	1,90	0,50	7,50	0,50	0,30	8,55	6,90	0,10
À compter du 1.01.2018	13	- (d)	-	5,25 ou 3,45 (f)	taux variable	0,40	1,90	0,50	9,20	0,50	0,30	8,55	6,90	0,10
À compter du 1.01.2019	13 ou 7 (g)	- (d)	-	5,25 ou 3,45 (f)	taux variable	0,40	1,90	0,50	9,20	0,50	0,30	8,55	6,90	0,10
À compter du 1.01.2024	13 ou 7 (g)	- (d)	-	5,25 ou 3,45 (f)	taux variable	0,40	2,02	0,50	9,20	0,50	0,30	8,55	6,90	0,10

PP = part patronale. PS = part salariale. (a) S'ajoutent, le cas échéant, certaines contributions : versement mobilité (sous condition d'effectif), forfait social (sur certaines sommes) et, depuis le 1er janvier 2015, contribution patronale au dialogue social. (b) Due par les employeurs de 50 salariés et plus à compter 1er janvier 2020, par ceux de 20 salariés et plus du 1er août 2005 au 31 décembre 2019 et par ceux de plus de 9 salariés avant le 1er août 2005. Jusqu'au 31 décembre 2014, cette contribution, dénommée « FNAL supplémentaire », s'ajoutait au FNAL de 0,10 % dû sur les salaires retenus dans la limite du plafond. Depuis le 1er janvier 2015, les textes sont simplifiés et prévoient directement que les employeurs concernés sont redevables du FNAL au taux de 0,50 % sur la totalité du salaire. (c) FNAL dû par l'ensemble des employeurs, quel que soit leur effectif, jusqu'au 31 décembre 2014. Dû par les employeurs de moins de 50 salariés depuis le 1er janvier 2020 et par ceux de moins de 20 salariés du 1er janvier 2015 au 31 décembre 2019. (d) Cotisation supplémentaire en Alsace-Moselle de 1,80 % du 1er janvier 1997 au 30 juin 2000, de 1,65 % du 1er juillet au 31 décembre 2002, de 1,70 % du 1er janvier 2003 au 31 décembre 2005, de 1,80 % du 1er janvier 2006 au 30 juin 2007, de 1,70 % du 1er juillet au 31 décembre 2007, de 1,60 % du 1er janvier 2008 au 31 décembre 2011, de 1,50 % du 1er janvier 2012 au 31 mars 2022, et de 1,30 % depuis le 1er avril 2022. (e) La CSG et la CRDS se calculent après application d'un abattement d'assiette (taux de 1,75 % depuis le 1er janvier 2012, de 3 % de 2005 à 2011 inclus, de 5 % avant 2005). Depuis le 1er janvier 2011, l'abattement est plafonné. Depuis le 1er janvier 2012, l'abattement s'applique uniquement à certains éléments de rémunération. (f) Taux de 3,45 % pour les salariés dont les rémunérations n'excèdent pas 1,6 SMIC jusqu'au 31 mars 2016, 3,5 SMIC du 1er avril 2016 au 31 décembre 2024, et 3,3 SMIC en 2025 (sauf cas particuliers). Taux de 5,25 % sur l'ensemble de la rémunération si le seuil est dépassé. (g) Taux de 7 % pour les salariés dont la rémunération n'excède pas 2,5 SMIC jusqu'au 31 décembre 2024 et 2,25 SMIC en 2025 (sauf cas particuliers).

Rattrapage salarial après un congé de maternité ou d'adoption

☞ *Maternité (rattrapage salarial).*

Recommandations patronales

Les recommandations patronales sont des décisions unilatérales, prises par les syndicats d'employeurs suite à l'échec des négociations avec les syndicats de salariés. Lorsqu'elles sont obligatoires, elles s'imposent à tous leurs adhérents.

En conséquence, la recommandation diffusée à l'ensemble des entreprises adhérentes en termes clairs et précis a un caractère obligatoire (cass. soc. 29 juin 1999, n° 98-44348, BC V n° 308 ; cass. soc. 6 janvier 2011, n° 09-69560 D).

En revanche, lorsqu'il s'agit d'un simple conseil, non assorti de directive contraignante, donné par un syndicat, les adhérents de celui-ci ne sont pas tenus de le suivre (cass. soc. 28 avril 1988, n° 85-44378, BC V n° 258).

☞ *Augmentation de salaire.*

Recouvrement des cotisations par l'URSSAF

Paiement spontané

Système déclaratif - Le système français de sécurité sociale est un système déclaratif. L'employeur est donc responsable tout à la fois (c. séc. soc. art. R. 243-6) :
- de la déclaration des cotisations à sa charge et de celles à la charge des salariés (appelées également « *Précompte des cotisations salariales** ») ;
- du versement de ces mêmes cotisations.

Les contrôles sont réalisés a posteriori par les URSSAF (voir *Contrôle URSSAF**).

Forme et date du règlement - Tous les employeurs ont l'obligation de payer les cotisations par un moyen dématérialisé (parfois obligatoirement sous forme de virement) et de procéder à leurs déclarations sous un format électronique (voir *Paiement des cotisations à l'URSSAF** et *Déclarations URSSAF dématérialisées**).

Le règlement doit être adressé au plus tard à la date d'exigibilité (voir *Exigibilité des cotisations URSSAF**).

Taxation à titre provisionnel - Lorsque l'employeur n'a pas adressé sa déclaration dans les délais prescrits, l'URSSAF est autorisé à fixer à « titre provisionnel », en fonction des précédents versements, le montant de cotisations dues. Ce montant peut être naturellement revu après envoi par l'employeur des déclarations obligatoires (ex. : DSN) (c. séc. soc. art. R. 243-15).

Pour plus de détails, voir *Taxation provisionnelle**

Recouvrement après contrôle - Les cotisations peuvent également être calculées puis recouvrées après un contrôle de l'URSSAF (voir *Contrôle URSSAF**).

Recouvrement forcé

La procédure contentieuse de recouvrement des cotisations peut se révéler complexe dans certains cas. Seules les grandes lignes en sont ici évoquées.

Cette procédure est indépendante d'une éventuelle procédure pénale à l'encontre du cotisant.

La mise en demeure - La *mise en demeure de l'URSSAF**, adressée à l'employeur par tout moyen donnant date certaine à sa réception, est le préalable obligé à toute procédure contentieuse. Elle doit comporter des mentions obligatoires à peine de nullité que l'employeur peut invoquer (c. séc. soc. art. L. 244-2 et R. 244-1).

La réception de la mise en demeure ouvre un délai de 1 mois, au profit de l'employeur, pour régulariser sa situation : paiement, demande de délais ou de remise gracieuse des majorations de retard.

L'employeur a aussi 2 mois à compter de la notification de la mise en demeure pour contester sa dette devant la commission de recours amiable de l'URSSAF (voir *Contentieux de la sécurité sociale**).

La contrainte - À défaut de régularisation dans le délai de 1 mois, une *contrainte** est délivrée par le directeur de l'URSSAF. Une fois notifiée par tout moyen permettant de rapporter la preuve de sa date de réception ou signifiée par commissaire de justice, la contrainte a les mêmes effets qu'un jugement (c. séc. soc. art. L. 244-9 et R. 133-3).

L'URSSAF pourra alors utiliser toutes les voies de recouvrement forcé prévues par la loi et notamment : la saisie des biens, la saisie-arrêt sur compte bancaire, etc.

Schéma d'une procédure contentieuse

Date d'exigibilité des cotisations

▼
▼

dans les limites de la prescription

▼
▼

Mise en demeure

▼
▼

dans le mois qui suit

Contrainte

▼
▼

dans les 15 jours qui suivent

Opposition à contrainte

▼
▼

délais variables

Jugement du tribunal judiciaire

▼
▼

dans le mois qui suit

Appel

▼
▼

dans les 2 mois qui suivent

Pourvoi en cassation

Les recours de l'employeur - Dans les 15 jours suivant la notification ou la signification de la contrainte, l'employeur a la possibilité de former « opposition à contrainte » devant le pôle social du tribunal judiciaire compétent (voir *Contrainte**).

L'opposition doit être motivée et accompagnée d'une copie de la contrainte. Elle est formée par LRAR adressée au secrétariat du tribunal judiciaire du domicile du débiteur ou, si celui-ci est domicilié à l'étranger, au secrétariat du tribunal judiciaire compétent dans le ressort de l'URSSAF (c. séc. soc. art. R. 133-3). Le recours à un avocat n'est pas obligatoire. Le tribunal judiciaire statue sur l'opposition et rend sa décision dans un jugement qu'il notifie à chaque partie.

Si le litige porte sur un montant au moins égal à 5 000 €, le jugement du tribunal judiciaire est susceptible d'appel. Dans le cas contraire, seul un pourvoi en cassation est possible (voir *Contentieux de la sécurité sociale**).

Sanctions pénales

En cas de non-paiement des cotisations, l'employeur (ou son représentant) est passible de sanctions pénales [voir *Sanctions pénales (sécurité sociale)**].

Non-paiement des cotisations patronales - L'employeur est passible de l'amende prévue pour les contraventions de 3e classe prononcée par le tribunal de police (450 € maximum par infraction constatée). Le total des amendes ne peut toutefois dépasser 1 500 €. Cette sanction ne fait pas obstacle à une condamnation au paiement des sommes dues ainsi qu'aux majorations de retard y afférentes (c. séc. soc. art. R. 244-4 ; c. pén. art. 131-13).

En cas de récidive, l'employeur est puni de l'amende prévue pour les contraventions de 5e classe (1 500 € maximum par infraction constatée). Là non plus, cette sanction ne fait pas obstacle à une condamnation au paiement des sommes dues ainsi qu'aux majorations de retard y afférentes (c. séc. soc. art. R. 244-5 ; c. pén. art. 131-13).

▶ À noter… Lorsque l'employeur est une personne morale, le montant maximal de l'amende est multiplié par cinq (c. pén. art. 131-41).

Non-paiement des cotisations salariales (rétention du précompte) - L'employeur est passible des peines prévues pour les contraventions de 5e classe (1 500 € maximum par infraction) (c. séc. soc. art. R. 244-3 ; c. pén. art. 131-13).

▶ À noter… Lorsque l'employeur est une personne morale, le montant maximal de l'amende est multiplié par cinq (c. pén. art. 131-41).

En cas de récidive dans un délai de 3 ans, l'infraction devient un délit jugé par le tribunal correctionnel et peut donner lieu à une amende pouvant aller jusqu'à 3 750 € et/ou à une peine de prison d'un maximum de 2 ans (c. séc. soc. art. L. 244-6).

☛ *Contrainte ; Contrôle URSSAF ; Déclarations URSSAF dématérialisées ; Exigibilité des cotisations URSSAF ; Majorations et pénalités URSSAF ; Mise en demeure de l'URSSAF ; Paiement des cotisations à l'URSSAF ; Taxation provisionnelle.*

Récupération des heures perdues

Les heures perdues en dessous de la durée légale du travail, suite à certaines interruptions collectives du travail, peuvent être récupérées.

Un accord collectif peut organiser ces modalités de récupération. À défaut, des dispositions supplétives s'appliquent (loi 2016-1088 du 8 août 2016, JO du 9 ; décret 2016-1551 du 18 novembre 2016, JO du 19).

Heures récupérables

Liste limitative - L'employeur peut uniquement demander aux salariés de récupérer les heures perdues à la suite d'une interruption collective du travail liée à (c. trav. art. L. 3121-50) :

- une cause accidentelle ;
- des intempéries ;
- un cas de *force majeure** ;
- un inventaire ;
- le chômage d'un jour de *pont**.

Règles d'ordre public - Ces causes sont d'ordre public. Il ne peut pas y être dérogé, même par accord collectif.

Par exemple, il est impossible de faire récupérer les heures chômées au titre d'un jour férié (c. trav. art. L. 3133-2), les heures supplémentaires, les heures complémentaires, les heures perdues du fait d'un arrêt de travail.

Organisation de la récupération

Accord collectif - Les modalités de la récupération des heures perdues sont prévues par accord collectif d'entreprise ou d'établissement ou, à défaut, par convention ou un accord de branche (c. trav. art. L. 3121-51).

▶ À noter... L'accord d'entreprise ou d'établissement prime sur l'accord de branche depuis la loi Travail du 8 août 2016 (loi 2016-1088 du 8 août 2016, JO du 9 ; décret 2016-1551 du 18 novembre 2016, JO du 19).

En l'absence d'accord collectif - À défaut d'accord collectif, l'employeur peut décider que les heures perdues seront récupérées en respectant les règles fixées par décret (c. trav. art. L. 3121-52).

Les heures perdues devant être récupérées dans les 12 mois qui précèdent ou suivent l'interruption de travail (c. trav. art. R. 3121-34), cela permet d'organiser la récupération avant ou après le chômage des heures.

Les heures de récupération ne peuvent pas être réparties uniformément sur toute l'année (c. trav. art. R. 3121-35).

La récupération ne peut pas avoir pour effet d'augmenter la durée normale du travail de plus de 1 heure par jour ou de 8 heures par semaine.

Obligations d'information et de consultation - L'employeur doit préalablement :

- consulter le *comité social et économique** (cass. crim. 21 novembre 1978, n° 77-92617, B. crim. n° 324 ; c. trav. art. L. 2312-8) ;
- informer l'inspection du travail de l'interruption collective du travail et des modalités de récupération (c. trav. art. R. 3121-33).

Lorsque l'interruption collective du travail est liée à un événement imprévu, la décision de l'employeur reste régulière même s'il n'a pas immédiatement informé l'inspection du travail. Cette décision s'impose aux salariés. En revanche, il y a une faute de l'employeur ouvrant droit pour les salariés à des dommages et intérêts, si ceux-ci démontrent un préjudice (cass. soc. 16 décembre 2005, n° 04-40905, BC V n° 371).

▶ À noter... Cette indemnisation ne constitue pas un rappel de salaire (cass. soc. 28 janvier 1997, n° 94-41784 D) et la faute de l'employeur ne transforme pas les heures de récupération en heures supplémentaires (cass. soc. 22 octobre 1985, n° 83-40162, BC V n° 484).

Obligation pour les salariés

Salariés concernés - Sauf accord ou convention prévoyant d'autres dispositions, tous les salariés de l'entreprise sont concernés par les heures de récupération.

L'obligation de récupérer organisée conformément aux règles prévues par le code du travail s'impose aux salariés (cass. soc. 20 février 2019, n° 17-20651 D) et les concerne tous, y compris ceux absents pour maladie au moment de l'interruption collective de travail (cass. soc. 24 avril 1980, n° 78-40572, BC V n° 360 ; cass. soc. 5 juillet 1982, n° 80-40029, BC V n° 449 ; cass. soc. 25 mai 1994, n° 91-40927 D). Les heures récupérées ne sont pas payées en plus si l'indemnisation maladie du salarié a été calculée en tenant compte des heures perdues.

Les heures de récupération s'analysant comme des heures ordinaires de travail déplacées et rémunérées au taux normal, les salariés malades à la date de la récupération ont droit aux indemnités compensatrices de salaire, dans les mêmes conditions que s'ils étaient tombés malades un autre jour (cass. soc. 14 mars 1984, n° 82-40124, BC V n° 98).

Nouveaux embauchés - Les nouveaux embauchés sont tenus d'effectuer les heures de récupération, mais celles-ci doivent leur être rémunérées en plus.

Rémunération

Principe - Les heures de récupération constituent du temps de travail effectif.

Ce sont des heures normales qui sont « déplacées ». Elles sont donc rémunérées au taux normal, sauf accord ou convention collective plus favorable.

Interruption du travail et récupération le même mois - Le bulletin de paye peut ne comporter aucune mention particulière : les heures chômées et récupérées le même mois se compensent.

Interruption du travail et récupération sur un mois suivant - L'employeur peut effectuer une retenue pour les heures chômées le mois où l'interruption de travail se produit. Lors de la récupération, les heures récupérées sont rémunérées (au taux normal) en plus des heures du mois, sur une ligne spécifique du bulletin de paye.

▶ À noter... Ces heures sont considérées comme des heures déplacées et sont donc payées au taux normal.

L'employeur peut aussi choisir de pratiquer un maintien de rémunération :
- le mois de l'interruption de travail, il ne fait aucune retenue ;
- le mois de la récupération, il n'opère aucun versement supplémentaire.

Dans ce cas, si un salarié quitte l'entreprise avant la récupération, l'employeur opère une régularisation et retient les heures d'interruption de travail.

Récupération avant l'interruption de travail - Lorsque les heures sont récupérées « par anticipation », l'employeur doit :
- rémunérer les heures de récupération le mois où elles sont effectuées, en plus de la rémunération du mois ;
- retenir sur le salaire les heures non travaillées au moment de d'interruption de travail.

Le paiement et la retenue doivent faire l'objet d'une mention spécifique sur le bulletin de salaire.

Dans cette hypothèse, si un salarié quitte l'entreprise avant l'interruption du travail, l'employeur n'a pas de régularisation à opérer puisque les heures de récupération ont été rémunérées au moment où elles ont été effectuées.

Calcul des heures supplémentaires

L'utilisation d'heures de récupération une semaine n'exclut pas le recours à des heures supplémentaires la même semaine. Mais l'employeur calcule les heures supplémentaires sans tenir compte des heures de récupération (celles-ci étant considérées comme déplacées).

☛ *Force majeure ; Heures supplémentaires ; Pont.*

Reçu pour solde de tout compte

Délivré par l'employeur

Obligation - L'employeur doit établir un reçu pour solde de tout compte à l'occasion de toute rupture du contrat de travail (circ. DGT 2009-5 du 17 mars 2009), en double exemplaire (mention en est faite sur le reçu), dont un est remis au salarié (c. trav. art. L. 1234-20 et D. 1234-7).

Le salarié n'a aucune obligation de signer le reçu. S'il s'abstient, le reçu n'a aucune valeur libératoire *(voir ci-après)*.

Mentions des sommes versées - Le reçu pour solde de tout compte fait l'inventaire des sommes versées au moment de la rupture du contrat (c. trav. art. L. 1234-20). Il ne peut pas porter sur des droits simplement éventuels au jour de sa signature (ex. : *indemnité de non-concurrence** ou prime d'*intéressement**).

Il est plus prudent de détailler les différents éléments de rémunération alloués au salarié (salaire, indemnités diverses, etc.) et de ne pas indiquer simplement une somme nette globale. En effet, un salarié qui signe un reçu pour solde de tout compte partiellement détaillé peut demander en justice des sommes non mentionnées sur le document qu'il a signé (cass. soc. 18 décembre 2013, n° 12-24985, BC V n° 310). De même, l'employeur ne peut pas se contenter de mentionner sur le reçu pour solde de tout compte une somme globale et renvoyer au bulletin de paye annexé pour le détail des sommes versées. Le reçu n'aurait dans ce cas pas d'effet libératoire (cass. soc. 14 février 2018, n° 16-16617, BC V n° 21 ; cass. soc. 26 septembre 2018, n° 17-15384 D).

Mention du délai de dénonciation non obligatoire - Selon la Cour de cassation, la législation n'impose pas à l'employeur de mentionner sur le reçu le délai de 6 mois dont le salarié dispose pour le dénoncer. L'absence de cette mention ne prive donc pas le reçu pour solde de tout compte de son effet libératoire (cass. soc. 4 novembre 2015, n° 14-10657, BC V n° 218).

Les employeurs qui faisaient état de ce délai peuvent continuer à le faire, s'ils le souhaitent. Ceux qui ne mentionnent pas ce délai voient, en tout état de cause, leur pratique sécurisée.

Le modèle ci-après proposé contient cette mention, par souci de transparence avec le salarié, mais il est possible de ne pas la faire figurer.

Modèle de reçu pour solde de tout compte

Je soussigné(e) ..., demeurant ..., employé(e) par ... (nom et adresse de l'employeur), reconnais avoir reçu pour solde de tout compte la somme nette de ... (en chiffres et en toutes lettres) euros qui inclut les éléments suivants (liste non exhaustive, à adapter selon les circonstances) :

- salaire du mois de ... : ... ;
- prorata de treizième mois : ... ;
- solde des heures supplémentaires : ... ;
- primes (à préciser) : ...
- indemnité compensatrice de congés payés : ... ;
- indemnité compensatrice de préavis : ... ;
- indemnité de licenciement : ...

Je déclare connaître ma faculté de dénoncer ce reçu dans les 6 mois qui suivent sa signature, délai au-delà duquel il devient libératoire pour l'employeur pour les sommes qui y sont mentionnées (c. trav. art. L. 1234-20) (1).

Le présent reçu pour solde de tout compte a été établi en double exemplaire dont un m'a été remis.

Fait à ..., le ...

(Signature du salarié précédée de la mention manuscrite « Pour solde de tout compte »)

(1) Mention non indispensable selon la jurisprudence.

Valeur juridique

Conditions du caractère libératoire - Le reçu pour solde de tout compte a, pour l'employeur, un effet libératoire quant aux sommes qui y sont mentionnées, lorsque le salarié ne l'a pas dénoncé dans les 6 mois suivant sa signature (c. trav. art. L. 1234-20).

En revanche, le salarié peut réclamer les sommes qui n'y figurent pas, dans la limite des délais de prescription (voir *Prescription des salaires**).

Exemple

Lorsqu'un reçu pour solde de tout compte mentionne que le salarié a reçu « une somme brute de 4 330,14 € comprenant notamment 1 484,88 € de temps de travail effectif et 81,99 € d'heures supplémentaires et de modulation » et n'a pas été dénoncé dans les 6 mois, alors la demande du salarié d'un rappel de salaires portant sur des sommes relatives à la modulation doit être rejetée (cass. soc. 30 avril 2014, n° 12-29454 D).

Lorsque le reçu pour solde de tout compte mentionne une somme de 1 956,40 € se décomposant comme suit : salaire brut : 977,87 € ; indemnités congés payés : 1 383,42 € et indemnités repas : 104,80 €, le salarié ne peut réclamer le paiement d'heures supplémentaires puisqu'il s'agit de demandes de rappel de salaire (cass. soc. 13 mars 2019, n° 17-31514 D).

Pour être libératoire, le reçu pour solde de tout compte doit être signé par le salarié sans réserve (cass. soc. 26 février 1985, n° 82-42807, BC V n° 117). S'il n'est pas signé par le salarié ou s'il est signé avec des réserves, le reçu pour solde de tout compte est dénué de valeur libératoire (cass. soc. 27 mars 2019, n° 18-12792 D).

De plus, pour faire courir le délai de 6 mois à l'expiration duquel le salarié ne peut plus dénoncer le reçu pour solde de tout compte, ce dernier doit comporter la date de sa signature. Cependant, dès lors que la date est certaine, il n'est pas nécessaire qu'elle soit écrite de la main du salarié (cass. soc. 20 février 2019, n° 17-27600 FSPB).

Précisons que le reçu pour solde de tout compte non signé par le salarié n'a pas valeur de preuve du paiement des sommes qui y sont mentionnées et n'a aucun effet sur le délai de prescription. Celui-ci ne court pas ou n'est suspendu qu'en cas d'impossibilité d'agir à la suite d'un empêchement résultant de la loi, de la convention ou de la force majeure (cass. soc. 14 novembre 2024, n° 21-22540 FB).

Dénonciation - Le salarié qui dénonce le reçu pour solde de tout compte doit le faire par lettre recommandée (c. trav. art. D. 1234-8). Il n'a pas à motiver sa décision (cass. soc. 18 septembre 2013, n° 13-40042, BC V n° 198). Le salarié peut aussi dénoncer le reçu pour solde de tout compte en saisissant le bureau de conciliation et d'orientation du conseil de prud'hommes. Dans ce cas, il faut que la convocation devant le bureau de conciliation soit reçue par l'employeur dans le délai de 6 mois (cass. soc. 7 mars 2018, n° 16-13194, BC V n° 40).

Un reçu dénoncé dans les 6 mois n'a pas de valeur libératoire.

Contestation du licenciement - Dans tous les cas, la signature d'un reçu pour solde de tout compte ne vaut pas renonciation du salarié au droit de contester le bien-fondé de son licenciement (cass. soc. 2 février 2011, n° 09-40453 D).

☞ *Attestation d'assurance chômage ; Certificat de travail.*

Réduction du temps de travail (compensations salariales)

Compensation salariale

Contexte - Dans les accords collectifs de réduction du temps de travail mis en place à l'occasion du passage de la durée légale du travail à 35 heures hebdomadaires, les rémunérations ont le plus souvent été maintenues. Ce maintien de salaire s'est généralement accompagné d'une modération ou d'un gel des augmentations salariales ultérieures.

Pour des raisons ponctuelles, des employeurs peuvent encore aujourd'hui négocier des réductions de la durée collective du travail, avec maintien de salaire.

Régimes social et fiscal - Les compensations salariales d'une perte de rémunération induite par une mesure de réduction du temps de travail sont considérées comme un élément de salaire soumis à CSG/CRDS et à cotisations, quelle que soit leur forme (complément différentiel de salaire ou une hausse du taux de salaire horaire) (c. séc. soc. art. L. 136-1-1, I et L. 242-1, I).

Elles sont également imposables.

Compensation par l'intéressement

À l'occasion d'un accord de réduction du temps de travail, certaines entreprises peuvent être tentées de supprimer un élément de rémunération et de modifier ou conclure des accords d'*intéressement**. Or, une prime d'intéressement ne peut pas se substituer à un élément de salaire.

Un accord de RTT ne peut donc pas réduire la rémunération avec compensation par l'intéressement dans les 12 mois suivants sans tomber sous le coup du principe de non-substitution. Dans un tel cas, les primes d'intéressement ne sont pas éligibles aux exonérations sociales et fiscales prévues par la législation.

☞ *Assiette des cotisations de sécurité sociale ; Contribution pour le remboursement de la dette sociale (CRDS) ; Contribution sociale généralisée (CSG).*

Réduction du temps de travail (réduction sous forme de repos)

Cadre juridique

Depuis le 21 août 2008, il est possible de mettre en place un système de RTT dans le cadre du dispositif unique d'aménagement du temps de travail (voir *Aménagement du temps de travail sur une période supérieure à la semaine**).

Avant cette date, des accords collectifs de RTT pouvaient réduire la durée collective du travail sous forme de journées ou demi-journées de repos (« jour de RTT ») organisées sur une période de 4 semaines ou sur l'année.

Ces accords restent en vigueur dans les entreprises concernées tant qu'ils ne sont pas dénoncés. Ils relèvent des règles résumées ci-après (loi 2008-789 du 20 août 2008, art. 20-V, JO du 21).

Accords de RTT sur l'année antérieurs au 22 août 2008

Une convention ou un accord étendu ou une convention ou un accord d'entreprise ou d'établissement a pu prévoir que la durée hebdomadaire moyenne sur l'année est réduite, en tout ou partie, en deçà de 39 heures, par l'attribution de journées ou de demi-journées de repos (c. trav. art. L. 3122-19 à L. 3122-22 dans leur version antérieure au 22 août 2008 ; circ. MES/CAB 2000-3 du 3 mars 2000).

Calcul des jours de repos à octroyer - C'est le nombre de semaines travaillées sur l'année qui constitue alors le point de départ du calcul.

Ce calcul annuel est réalisé sur la base de l'horaire collectif hebdomadaire, après déduction des jours de congés payés légaux et des jours fériés prévus par le code du travail lorsqu'ils sont chômés. Il peut s'effectuer en jours ouvrables ou ouvrés.

Heures supplémentaires - Les heures de travail effectif qui sont accomplies au-delà de 39 heures hebdomadaires sont immédiatement considérées comme des heures supplémentaires.

Elles sont payées au salarié (en principe, sur la paye du mois concerné). Elles lui restent acquises, même si, au final, la limite de 1607 heures n'est pas dépassée sur l'année.

Exemple

En cas de RTT sur l'année dans une entreprise de 200 salariés, un salarié qui effectue un horaire hebdomadaire de 42 h sur la première semaine de mars se voit attribuer 3 h majorées à 25 % avec le bulletin de mars (3 fois le taux horaire normal, majoré de 25 %, sauf si un accord prévoit du repos compensateur de remplacement).

En fin de période, un bilan global doit être fait. Si le seuil de 1 607 heures sur l'année est dépassé, toutes les heures accomplies au-delà sont des heures supplémentaires à payer au salarié, sous déduction des heures effectuées au-delà de 39 heures qui auraient déjà été payées en cours d'année au salarié.

▶ À noter... Jusqu'au 20 janvier 2003, les entreprises devaient respecter sur l'année une moyenne hebdomadaire de 35 h. Les accords négociés avant cette date et se référant à une moyenne hebdomadaire de 35 h sur l'année restent applicables. En fin d'année, les heures travaillées au-delà de 1 607 h ainsi que celles accomplies au-delà de la moyenne hebdomadaire de 35 h constituent des heures supplémentaires.

Jours fériés et articulation avec les heures supplémentaires - Sauf usage ou accord collectif plus favorable, l'administration considère que les heures correspondant aux jours fériés prévus par la loi et chômés doivent être ignorées pour calculer les heures supplémentaires dues au salarié (circ. DRT 2000-7 du 6 décembre 2000), qu'il s'agisse de vérifier le respect des 1 607 heures sur l'année ou de la moyenne hebdomadaire de 35 heures. En effet, ces jours sont déjà déduits du calcul de la durée annuelle du travail.

Contenu de l'accord - La convention ou l'accord détermine les modalités de prise des journées ou des demi-journées de repos, pour partie au choix du salarié et pour partie au choix de l'employeur, et, dans la limite de l'année, les délais maximaux dans lesquels ces repos sont pris.

L'accord collectif peut aussi prévoir qu'une partie de ces jours alimente un *compte épargne-temps**.

Modification des dates - Toute modification des dates fixées pour la prise des jours de repos doit être notifiée au salarié 7 jours au moins avant la date à laquelle elle doit intervenir. Ce délai peut être réduit en dessous des 7 jours dans des conditions fixées par la convention ou l'accord collectif. L'accord précise également les modalités de répartition dans le temps des droits à rémunération en fonction du calendrier de ces repos.

Gestion des jours de RTT

La gestion des jours de RTT dépend notamment de ce qui est prévu par accord collectif.

Sur la gestion pratique de ces jours, voir *Jour de RTT (gestion en paye)**.

Dispositif de monétisation des jours de RTT

Un dispositif de rachat de journées ou demi-journées de repos permet à un salarié qui acquiert des jours de RTT de 2022 à 2026 dans le cadre d'un dispositif d'aménagement du temps de travail sur une période supérieure à la semaine ou d'un accord de RTT antérieur à la loi du 20 août 2008 de monétiser ces jours (pour le détail, voir *Monétisation des jours de RTT**).

Bulletin de paye

Mention des jours de RTT - Voir *Jour de RTT (gestion en paye)**.

Annexes - Il convient d'indiquer dans une annexe au dernier bulletin de paye de la période de référence (année ou période de 4 semaines selon la formule choisie) le total des heures de travail effectif accomplies depuis le début de ladite période. En cas de départ du salarié, ce document lui est remis avec son dernier bulletin de paye.

Lorsque les salariés d'un atelier, d'un service ou d'une équipe ne sont pas occupés selon le même horaire collectif de travail, le salarié doit être informé, par une annexe au bulletin de paye, du nombre de jours de repos effectivement pris quand une RTT s'applique par attribution de journées ou de demi-journées de repos.

☞ *Aménagement du temps de travail sur une période supérieure à la semaine ; Jour de RTT (gestion en paye) ; Monétisation des jours de RTT.*

Réduction Fillon

☞ *Réduction générale de cotisations patronales.*

Réduction générale de cotisations patronales

Sous condition, les employeurs bénéficient d'une réduction générale de cotisations patronales (RGCP, autrefois appelée aussi « réduction Fillon ») sur les rémunérations inférieures ou égales à 1,6 SMIC sur l'année (c. séc. soc. art. L. 241-13). Son montant, maximal au niveau du *SMIC**, est ensuite dégressif et devient nul au niveau de 1,6 SMIC.

Les règles ci-après exposées sont celles en vigueur au 1er mars 2025, compte tenu de la loi de financement de la sécurité sociale pour 2025 (publiée au JO le 28 février), mais dans l'attente de ses décrets d'application (et notamment celui devant fixer la nouvelle valeur du paramètre T).

Cette étude sera mise à jour dans la version Internet de ce dictionnaire une fois le décret publié.

Réforme issue de la LFSS 2025

Cadrage général de la réforme - La loi de financement de la sécurité sociale (LFSS) pour 2025 organise la fusion en deux étapes (2025 puis 2026) des allégements généraux de cotisations patronales (loi 2025-199 du 28 février 2025, art. 18, JO du 28).

Dans ce cadre, la réduction générale est réformée en deux temps, avec certaines mesures applicables dès 2025 et une reconfiguration plus profonde à partir de 2026.

▶ À noter... Pour le volet de la réforme relatif aux dispositifs de réduction sur le taux des cotisations patronales d'assurance maladie et d'allocations familiales, les lecteurs se reporteront aux études correspondantes (voir *Cotisation d'assurance maladie-maternité-invalidité** et *Cotisation d'allocations familiales**).

Inclusion de la PPV dans la rémunération à partir de 2025 - Pour les cotisations et contributions dues au titre des périodes d'activité courant à partir du 1er janvier 2025, la *prime de partage de la valeur** (PPV) doit être intégrée au calcul de la réduction générale, tant au niveau de la rémunération retenue dans la formule de calcul du coefficient, que de la rémunération à laquelle on applique le coefficient pour obtenir le montant de la réduction (c. séc. soc. art. L. 241-13, I et III modifiés ; loi 2025-199 du 28 février 2025, art. 18, I et II, JO du 28).

Les PPV doivent être prises en compte dans les calculs même pour leur fraction exonérée de cotisations de sécurité sociale.

Cette prise en compte des PPV est défavorable aux employeurs :
- si la PPV fait passer la rémunération du salarié au-delà du plafond d'éligibilité à la RGCP (1,6 SMIC jusqu'au 31/12/2025, puis 3 SMIC à partir de 2026), l'employeur ne bénéficie pas de la réduction générale au titre de l'intéressé ;
- même si la rémunération reste sous le seuil d'éligibilité, le coefficient de la réduction sera moins élevé (sans que cela soit compensé, sauf cas particulier, par l'inclusion de la PPV dans l'assiette de la réduction).

Les PPV à intégrer dans le calcul de la réduction générale sont non seulement celles versées aux salariés, mais également celles affectées sur un plan d'épargne (PEE, PEI, PERCO ou PERE-CO le cas échéant interentreprises, PERE-OB) (actualité BOSS du 12 mars 2025 ; BOSS, Épargne salariale, § 170, 01/02/2025).

Juridiquement, la prise en compte des PPV dans le calcul de la RGCP s'applique depuis le 1er janvier 2025. La réduction étant annualisée, il faut donc, le cas échéant, tenir compte des PPV versées début 2025 dans la régularisation de la réduction. Néanmoins, compte tenu de la date de publication de la LFSS 2025 (28 février), l'administration considère, par tolérance, que la prise en compte des PPV dans le calcul de la réduction générale ne vaut pas pour les salariés dont le contrat de travail a pris fin avant le 1er mars 2025 (actualité BOSS du 12 mars 2025 ; BOSS, Épargne salariale, § 170, 01/02/2025).

▶ À noter... La réduction générale de cotisations patronales est le seul allégement dont le calcul doit désormais tenir compte de la PPV. Pour les autres dispositifs (réductions de taux sur les cotisations patronales d'allocations familiales et d'assurance maladie, réductions dégressives spécifiques type LODéOM, etc.), comme antérieurement, la PPV n'est pas intégrée dans les calculs (sauf pour son éventuelle fraction soumise à cotisations de sécurité sociale).

Paramètre SMIC - La loi laisse au gouvernement la possibilité de fixer par décret le taux du SMIC à retenir dans la formule de calcul du coefficient, à une valeur comprise entre le SMIC au 1er janvier 2024 et le SMIC en cours (c. séc. soc. art. L. 241-13, I, al. 2 modifié ; loi 2025-199 du 28 février 2025, art. 18, I et II, JO du 28).

Pour l'année 2025, et sous réserve de confirmation par décret, le gouvernement entendrait se référer au SMIC au 1er janvier 2025 pour l'ensemble de l'année, nonobstant toute éventuelle augmentation du SMIC en cours d'année.

Reconfiguration de la réduction à partir de 2026 - Pour les périodes d'activité effectuées à partir de

2026, la LFSS pour 2025 a prévu de reconfigurer la réduction générale, afin de tenir compte de la suppression programmée des mécanismes de réduction de taux sur la *cotisation d'allocations familiales** et la *cotisation d'assurance maladie-maternité-invalidité**.

Les modalités de calcul de son coefficient seront à préciser par décret, mais on sait que la réduction, toujours dégressive, « ira plus loin », puisqu'elle s'annulera au niveau d'une rémunération de 3 SMIC (au lieu de 1,6 SMIC jusqu'à la fin 2025) (c. séc. soc. art. L. 241-13, I modifié au 1.01.2026 ; loi 2025-199 du 28 février 2025, art. 18, III, 2°, b et IV, B, JO du 28).

Par ailleurs, la loi confie au pouvoir réglementaire le soin de fixer par décret le taux maximum de la réduction (et donc le paramètre T de la formule de calcul du coefficient), dans la limite du taux maximum possible (c. séc. soc. art. L. 241-13, III modifié au 1.01.2026). Cela revient, ainsi que l'a relevé le Sénat, à laisser ce paramètre à la discrétion des gouvernements à partir de 2026 (rapport Sénat n° 344, p. 110).

▶ À noter… D'ici 2026, il y aura une autre loi de financement de la sécurité sociale, et les choses peuvent encore évoluer si les pouvoirs publics le jugent utile.

Conséquence du retard de la LFSS 2025 sur le paramètre T - Le retard pris dans l'examen de la LFSS (publiée seulement au JO du 28 février 2025) a aussi décalé de fait la sortie de textes qui auraient dû sortir fin décembre 2024. Il a donc fallu commencer l'année 2025 sur la base des paramètres de l'année 2024.

Au 31 mars 2025, les professionnels étaient toujours en attente du décret devant fixer le fameux paramètre « T » et la fraction de cotisation AT/MP comprise cette année dans le périmètre de la réduction générale, lesquels dépendent des arrêtés de tarification de la cotisation AT/MP, également à paraître.

Cette étude sera actualisée une fois ces textes publiés au JO. Se posera également la question des modalités de régularisation (le calcul de la réduction est annualisé, le paramètre T changera en cours d'année à effet du 1er mai selon les informations diffusées par le réseau des URSSAF).

Les précisions de l'administration sur ce point seront les bienvenues.

Champ d'application de la réduction générale

Employeurs et salariés concernés - La réduction générale est un allégement de cotisations patronales qui s'applique au titre des rémunérations versées aux salariés titulaires d'un contrat de travail dont l'emploi entraîne l'obligation d'affiliation à l'assurance chômage (c. séc. soc. art. L. 241-13, II).

Sous cette réserve, la liste des employeurs éligibles comprend (BOSS, Allégements généraux, §§ 40 à 70, 01/12/2024) :

- les employeurs du secteur privé (et notamment les entreprises industrielles, commerciales ou artisanales, les associations, les offices professionnels) ;
- les entreprises inscrites au répertoire national des entreprises contrôlées majoritairement par l'État ;
- les établissements publics à caractère industriel et commercial (EPIC) des collectivités territoriales ou les sociétés d'économie mixte (SEM) dans lesquelles ces collectivités ont une participation majoritaire.

▶ À noter… Pour bénéficier de la réduction générale, les EPIC des collectivités territoriales et les SEM dans lesquelles ces collectivités ont une participation majoritaire doivent avoir adhéré au régime d'assurance chômage, pour leurs salariés, par une option irrévocable (cass. civ., 2e ch., 26 septembre 2024, n° 22-19437 FB).

Les salariés relevant des régimes spéciaux de sécurité sociale des marins, des mines et des clercs et employés de notaires ouvrent également droit à la réduction, dès lors que la condition d'affiliation à l'assurance chômage est remplie.

Les employeurs relevant des autres régimes spéciaux peuvent aussi bénéficier de la réduction générale, mais uniquement pour leurs salariés au titre desquels ils remplissent les critères relatifs à l'assurance chômage et relevant du régime général, du régime agricole ou de l'un des 3 régimes spéciaux éligibles (marins, mines, clercs et employés de notaires).

Employeurs et salariés exclus - Le champ d'application de la réduction implique qu'en sont exclus (BOSS, Allégements généraux, §§ 50, 80 à 100, 01/12/2024 ; circ. AGIRC-ARRCO 2021-5 du 21 juillet 2021, fiche 1, § I.1.1) :

- les particuliers employeurs (c. séc. soc. art. L. 241-13, II) ;
- l'État, les collectivités territoriales et leurs établissements publics administratifs (EPA), scientifiques ou culturels, pour leurs agents titulaires ou non titulaires ;
- les chambres de commerce et d'industrie, les chambres de métiers et les chambres d'agriculture, pour leurs salariés statutaires ou non ;
- les employeurs relevant de régimes spéciaux autres que ceux des marins, des mines et des clercs et employés de notaire, pour leur personnel relevant du régime spécial (notamment Banque de France, SNCF, Statut national du personnel des industries électriques et gazières, Comédie Française, Théâtre national de l'Opéra de Paris, RATP).

▶ À noter… Les employeurs relevant de régimes spéciaux exclus du champ d'application de la réduction générale et qui ne peuvent bénéficier pour leurs apprentis de l'exonération de cotisations applicable au secteur public (c. trav. art. L. 6627-8-1) peuvent bénéficier de la réduction générale au titre de leurs seuls apprentis (BOSS, Allégements généraux, § 70, 01/12/2024).

Par ailleurs, la réduction générale ne s'applique pas sur les rémunérations versées aux salariés pour lesquels les employeurs du régime général et du régime agricole ne sont pas soumis à l'obligation d'adhésion au régime d'assurance chômage, même si ces employeurs choisissent d'adhérer à ce régime.

Dans la mesure où seuls les salariés titulaires d'un contrat de travail sont éligibles à la réduction générale *(voir plus haut)*, les dirigeants d'entreprise sans contrat de travail et les stagiaires n'y ouvrent pas droit, quand bien même des cotisations sont dues à la sécurité sociale (ex. : gérant minoritaire de SARL rémunéré, stagiaire dont la gratification excède le seuil de franchise des cotisations) (BOSS, Allégements généraux, § 170, 01/12/2024).

En revanche, un dirigeant qui cumulerait valablement un contrat de travail avec son mandat social est éligible à la réduction générale, au titre de la rémunération qui lui est versée pour ses fonctions salariées.

▶ À noter… Les employeurs dont les salariés sont mis à disposition peuvent bénéficier de la réduction générale pour les rémunérations qui leur sont versées, y compris les groupements d'employeurs mettant à disposition un salarié auprès d'un de leurs membres. En revanche, l'entreprise d'accueil du salarié mis à disposition ne peut pas prétendre à la réduction, y compris lorsque la rémunération est remboursée à l'employeur (BOSS, Allégements généraux, §§ 150 et 160, 01/12/2024).

Mayotte - Les employeurs des salariés employés à Mayotte sont redevables de cotisations et bénéficient d'allégements de cotisations spécifiques (ord. 96-1122 du 20 décembre 1996 modifiée, art. 28-7). Ils ne bénéficient pas de la réduction générale de cotisations patronales.

Expatriés et détachés - Les employeurs localisés en France mais n'ayant pas l'obligation d'assurer leurs salariés au régime français de sécurité sociale (salariés dits « expatriés ») peuvent cependant avoir l'obligation de les affilier au régime d'assurance chômage si l'expatriation a lieu hors de l'Union européenne, de l'Espace économique européen ou de la Suisse. Dans ce cas, les entreprises peuvent bénéficier de la réduction générale au titre de ces salariés au seul titre des cotisations d'assurance chômage. Le taux de réduction est ajusté en conséquence (BOSS, Allégements généraux, § 1340, 01/12/2024).

En revanche, les salariés travaillant à l'étranger sous le régime du détachement cotisent à la sécurité sociale, en retraite complémentaire et à l'assurance chômage, dans les mêmes conditions que les autres salariés. Leur employeur bénéficie donc de la réduction générale dans les conditions de droit commun.

Cotisations comprises dans le périmètre de la réduction

Cotisations patronales visées - La réduction générale porte sur les cotisations patronales suivantes (c. séc. soc. art. L. 241-13, I) :
- assurances sociales (maladie, vieillesse) ;
- allocations familiales ;
- FNAL ;
- contribution de solidarité pour l'autonomie ;
- une fraction de la cotisation accidents du travail/maladies professionnelles (AT/MP), fixée par décret ;
- AGIRC-ARRCO (6,01 points dans le cas général, dont 4,72 % de retraite et 1,29 % de contribution d'équilibre général) ;
- assurance chômage (4,05 % jusqu'au 30.04.2025, puis 4 % à partir du 01.05.2025).

Bien que versées aux caisses AGIRC-ARRCO, la cotisation APEC et la contribution d'équilibre technique du régime AGIRC-ARRCO n'entrent pas dans le périmètre de la réduction.

Fraction de taux AT/MP comprise dans le périmètre de la réduction - La réduction générale de cotisations patronales portent sur une fraction de taux de la cotisation AT/MP fixée par décret (c. séc. soc. art. L. 241-13, I et D. 241-2-4).

En pratique, toutes ces dernières années, la fraction de cotisation AT/MP comprise dans le périmètre de la réduction a été fixée pour chaque année par un décret publié au cours du mois de décembre précédant.

Mais pour 2025, faute de loi de financement de la sécurité sociale (LFSS) votée avant la fin de l'année 2024, les arrêtés de tarification AT/MP 2025 ne sont pas sortis, ni donc le décret précisant pour 2025 la fraction de taux cotisation AT/MP couverte par la réduction.

La LFSS 2025 ayant finalement été votée et publiée en février (loi 2025-199 du 28 février 2025, JO du 28), les arrêtés et le décret attendus devraient sortir dans les semaines qui suivent (au 31 mars 2025, ils n'étaient pas encore parus).

Périmètre de la réduction dans le cas général (valeurs provisoires dans l'attente du décret de la LFSS 2025) (1)		
	Avec FNAL 0,10 %	**Avec FNAL 0,50 %**
Maladie	7 %	7 %
Vieillesse plafonnée	8,55 %	8,55 %
Vieillesse déplafonnée	2,02 %	2,02 %
Cotisation allocations familiales	3,45 %	3,45 %
Fraction cotisation AT/MP couverte par la réduction	0,46 % (2)	0,46 % (2)
FNAL	0,10 %	0,50 %
Contribution solidarité autonomie	0,30 %	0,30 %
Retraite AGIRC-ARRCO + CEG* hors cas particuliers (4)	6,01 % (3)	6,01 % (3)
Assurance chômage	4,05 % jusqu'au 30.04.2025 (5)	4,05 % jusqu'au 30.04.2025 (5)
Total	31,94 %	32,34 %
Paramètre T à utiliser dans la formule de calcul du coefficient	**0,3194**	**0,3234**
Répartition du montant de la réduction entre l'URSSAF et l'AGIRC-ARRCO (4)		
Part du montant de la réduction (R) imputable sur l'URSSAF	R × 25,93/31,94 (environ 81,18 %)	R × 26,33/32,34 (environ 81,42 %)
Montant de la réduction imputable sur l'AGIRC-ARRCO	La fraction de la réduction imputable sur les contributions AGIRC-ARRCO est égale au montant global de réduction diminué de la part URSSAF (c. séc. soc. art. D. 241-7, V, A).	

* CEG = contribution d'équilibre général du régime AGIRC-ARRCO.

(1) Cas général, hors professions ouvrant droit à des taux réduits de cotisations patronales (ex. : journalistes, artistes du spectacle) et hors taux ou répartition dérogatoires en AGIRC-ARRCO.

(2) En attendant la publication du décret de la LFSS 2025, maintien du paramètre 2024.

(3) Le taux de 6,01 % correspond à la part patronale dans le cas général (4,72 % de contributions de retraite proprement dite et 1,29 % au titre de la contribution d'équilibre général). Si des répartitions ou taux dérogatoires sont appliquées, il faut le cas échéant ajuster ce paramètre *(voir nos développements)*.

(4) Pour les expatriés et les intermittents du spectacle, les cotisations chômage sont versées à France Travail (ex-Pôle emploi), et non aux URSSAF. Le montant de la réduction doit donc être ventilé en trois blocs pour imputation, au regard du poids respectifs des taux des contributions recouvrées par chaque organisme. La part AGIRC-ARRCO est alors égale au montant global de la réduction, diminué de la fraction URSSAF et de la fraction France Travail (assurance chômage) (c. séc. soc. art. D. 241-7, V, A).

(5) Taux de la cotisation d'assurance chômage applicable jusqu'au 30 avril 2025. À partir du 1er mai 2025, le taux à prendre en compte sera de 4 %.

En attendant, il convient donc de considérer que la fraction de taux AT/MP comprise dans le périmètre de la réduction générale est de 0,46 point, comme en 2024, quitte à régulariser ensuite les calculs.

▶ À noter... La fraction de cotisation AT/MP sur laquelle porte la réduction générale était fixée à 0,46 point en 2024, 0,55 point en 2023, 0,59 point en 2022, 0,70 point en 2021, 0,69 point en 2020, 0,78 point en 2019, 0,84 point en 2018, 0,90 point en 2017, 0,93 point en 2016 et 1 point en 2015.

Cas des employeurs soumis au bonus/malus chômage - Pour les employeurs soumis à un système de bonus/malus sur la cotisation patronale d'assurance chômage [voir *Cotisations d'assurance chômage (bonus-malus)**], la réduction générale est paramétrée en tenant compte uniquement du taux de droit commun des cotisations chômage (c. séc. soc. art. L. 241-13, I), sans tenir compte de la modulation appliquée à chaque entreprise.

Cette règle a pour but d'éviter que la réduction générale de cotisations patronales et les autres allégements portant sur la cotisation chômage neutralisent l'effet incitatif des bonus ou malus dont les employeurs concernés seraient frappés.

Calcul du montant de la réduction

Formule de calcul - Le montant de la réduction générale est égal à la rémunération annuelle brute soumise à cotisations de sécurité sociale (augmentée le cas échéant depuis le 1er janvier 2025 du montant de la *prime de partage de la valeur**) multipliée par un coefficient (c. séc. soc. art. L. 241-13, III modifié ; loi 2025-199 du 28 février 2025, art. 18, I et II, JO du 28).

L'intégration de la prime de partage de la valeur (PPV) dans les calculs faut y compris lorsque la prime est exonérée de cotisations de sécurité sociale et de charges ayant la même assiette.

Rémunération brute à laquelle s'applique le coefficient - La rémunération à laquelle on applique le coefficient de la réduction s'entend du brut soumis à cotisations de sécurité sociale (c. séc. soc. art. L. 242-1), tous éléments compris, augmenté le cas échéant, depuis le 1er janvier 2025, du montant de la *prime de partage de la valeur** (c. séc. soc. art. L. 241-13, III modifié ; loi 2025-199 du 28 février 2025, art. 18, I et II, JO du 28).

Entrent, notamment, dans cette rémunération (liste non exhaustive) :
- le salaire de base et les primes diverses (13e mois, prime de vacances, prime d'ancienneté, etc.) ;
- les avantages en nature ;
- la rémunération des heures supplémentaires et complémentaires (majorations de salaire comprises) ;
- certaines sommes versées à la rupture du contrat (indemnité compensatrice de congés payés, prime de précarité, fraction des indemnités de rupture assujetties à cotisations de sécurité sociale, etc.) ;
- l'indemnisation ou la rémunération soumise à cotisations afférente à des périodes qui ne constituent pas du *temps de travail effectif** (*astreinte**, *pauses**, temps d'habillage ou de déplacement professionnel, etc.) ;
- depuis le 1er janvier 2025, la prime de partage de la valeur (même lorsqu'elle est exonérée de cotisations de sécurité sociale).

À l'inverse, les sommes qui échappent aux cotisations de sécurité sociale comme, par exemple, les allocations d'*activité partielle**, les indemnités journalières de sécurité sociale ou encore la fraction des indemnités de rupture exonérées de cotisations sont ignorées.

▶ À noter… Les sommes versées par l'employeur, postérieurement à la rupture du contrat de travail, pour l'exécution d'une clause de non-concurrence, n'entrent pas dans le champ d'application de la réduction de cotisations sur les bas salaires (cass. civ., 2e ch., 30 novembre 2017, n° 16-12403, BC II n° 223).

Frais professionnels - Les remboursements de *frais professionnels** exonérés de cotisations doivent être exclus de la rémunération brute.

En revanche, si l'employeur applique une *déduction forfaitaire spécifique pour frais professionnels** (DFS), il faut prendre en compte le brut abattu, après réintégration, s'il y a lieu, des remboursements de frais professionnels (BOSS, Allégements généraux, § 660, 01/12/2024).

Toutefois, depuis 2020, il faut tenir compte d'un nouveau mécanisme visant à limiter l'impact des DFS sur la réduction générale *(voir plus loin dans cette étude)*.

Montant maximal - Le montant total de la réduction générale est limité au montant des cotisations patronales comprises dans le périmètre de la réduction *(voir plus haut)* (c. séc. soc. art. D. 241-11).

Cette limite est majorée par application d'un coefficient de 1,1 pour les travailleurs temporaires (sauf CDI intérimaire) et de 100/90 pour les salariés relevant de caisses de congés payés, dans la limite, depuis le 1er septembre 2022, du montant de l'ensemble des cotisations et contributions patronales dues au titre du salarié (y compris celles non-éligibles à la réduction générale) (c. séc. soc. art. D. 241-11, II ; décret 2023-801 du 21 août 2023, art. 3 et 4 ; BOSS, Allégements généraux, § 505, 01/12/2024).

Exemple
Un employeur est redevable, au titre d'un salarié affilié à une caisse de congés payés, d'un montant total de cotisations et contributions patronales de 891 €, dont 776 € sont dans le périmètre de la réduction générale. Le plafond de la réduction générale est égal à la plus petite valeur entre 776 € majorés du facteur 100/90 (soit 862,22 €), et le montant de l'ensemble des cotisations et contributions patronales dues au titre du salarié (soit 891 €) (BOSS, Allégements généraux, § 505, 01/12/2024).

Pour les employeurs bénéficiant d'un « bonus » sur la cotisation patronale d'assurance chômage, soit un taux inférieur au taux de droit commun en application du dispositif de bonus/malus [voir *Cotisations d'assurance chômage (bonus-malus)**], le montant de la réduction est limité au montant de l'ensemble des cotisations et contributions patronales dues au titre du salarié (y compris les cotisations et contributions patronales non éligibles à la réduction) (c. séc. soc. art. D. 241-11, II ; BOSS, Allégements généraux, § 375, 01/12/2024).

Exemple
En janvier 2025, dans une entreprise en bonus sur la cotisation patronale d'assurance chômage (taux de 3 % au lieu de 4,05 %), la rémunération d'un salarié est supposée ouvrir droit à une réduction de 565 €.
Le montant des cotisations et contributions comprises dans le périmètre de la réduction générale dues au titre du salarié est de 553 €, soit un montant inférieur à la réduction calculée. En revanche, le montant de l'ensemble des cotisations et contributions patronales dues au titre du salarié est supposé de 667 €.
Par conséquent, l'employeur peut bénéficier de la totalité de la réduction, soit 565 € (BOSS, Allégements généraux, § 375, 01/12/2024).

Calcul annualisé, application mensuelle et régularisation

Principe : calcul par contrat sur l'année civile - Le montant de la réduction est calculé chaque année civile, pour chaque salarié et pour chaque contrat de travail, en fonction de la rémunération annuelle brute (c. séc. soc. art. L. 241-13, III).

Dans le cas général, le coefficient se calcule donc comme suit : C = (T/0,6) × [(1,6 × SMIC annuel/rémunération annuelle brute) – 1]. Tout dépend donc du paramètre T.

Référence à la période d'emploi - Depuis 2018, on se réfère à la période d'emploi rémunérée pour déterminer les salaires à prendre en compte pour l'annualisation.

La réduction relative à l'année N se calcule donc au regard des rémunérations versées au titre des périodes d'emploi de cette année N, y compris en cas de décalage de paye (dans ce dernier cas, le salaire de décembre de l'année N versé en janvier N + 1 est pris en compte dans le calcul de la réduction de l'année N).

Application mensuelle par anticipation - L'employeur applique la réduction par anticipation, mois civil par mois civil (c. séc. soc. art. L. 241-13, V et D. 241-8). Pour ce faire, il suffit de remplacer les paramètres annuels par des paramètres mensuels (SMIC mensuel et rémunération mensuelle, au lieu de SMIC annuel et rémunération annuelle).

Régularisation - Une régularisation est indispensable, puisque le montant définitif de la réduction dépend de paramètres annuels. Les textes prévoient la possibilité de procéder soit par régularisation progressive, soit en régularisation annuelle (c. séc. soc. art. D. 241-9)

Lorsque l'employeur procède par régularisation progressive, la réduction est calculée en cumulant, au fur et à mesure des mois, les différents éléments nécessaires à sa détermination (SMIC, rémunération). Cette méthode permet à l'employeur d'être « juste » à chaque paye et, dans certains cas, d'éviter de trop fortes régularisations en fin de période.

Dans la régularisation annuelle, la réduction générale est calculée au mois le mois, indépendamment de la rémunération des autres mois. Le montant de la réduction sur l'année doit être régularisé à l'occasion de la dernière paye de l'année (ou de la paye de départ du salarié s'il quitte l'entreprise en cours d'année).

CDD et intérimaires - Pour les salariés en contrat à durée déterminée (CDD) ou en contrat de travail temporaire (sauf CDI intérimaire), le coefficient est déterminé pour chaque contrat ou pour chaque mission, en respectant le cadre de l'année civile (c. séc. soc. art. D. 241-7, III).

Lorsqu'un CDD ou une mission est renouvelé, il s'agit toujours du même contrat ou de la même mission et la réduction est calculée sur l'ensemble de la période. Si un contrat ou une mission est à cheval sur 2 années civiles, il faut distinguer les périodes correspondant à chaque année (BOSS, Allégements généraux, §§ 340 et 360, 01/12/2024).

Exemple

Si un salarié a eu deux CDD, l'un allant du 1er avril au 30 juin de l'année N et l'autre du 1er octobre de l'année N au 31 mars de l'année N + 1, il y a trois périodes : celle du premier CDD (1er avril - 30 juin de l'année N) et, pour le second CDD, celles du 1er octobre au 31 décembre de l'année N puis du 1er janvier au 31 mars de l'année N + 1.

Pour les CDD qui ont lieu avec un même employeur sur un même mois, l'ACOSS avait considéré en son temps que la réduction se calculait contrat par contrat, sans les globaliser (lettre-circ. ACOSS 2011-42 du 15 avril 2011). Cette précision n'a pas été reprise par le *Bulletin officiel de la sécurité sociale (BOSS)**, mais elle reste à notre sens valable.

Pour les intérimaires employés dans le cadre d'un CDI intérimaire, la réduction ne se calcule pas mission par mission, mais « normalement », sur l'ensemble de l'année civile, dans le cadre du CDI (c. séc. soc. art. D. 241-7, III, al. 2).

CDD transformé en CDI - Si un CDD est transformé en CDI, on considère que c'est le même contrat. La réduction se calcule sur l'ensemble de la période couverte par lesdits contrats, dans la limite de l'année civile (BOSS, Allégements généraux, § 340, 01/12/2024).

Succession de CDI - L'administration a précisé, dans une circulaire aujourd'hui abrogée, que lorsqu'un salarié est à nouveau embauché en CDI après rupture d'un premier CDI durant l'année, la réduction devait se calculer séparément pour chaque contrat (circ. DSS/SD5B/SG/SAFSL/SDTPS 2011-34 du 27 janvier 2011, abrogée au 1.04.2021).

Cette précision n'a pas été reprise par le BOSS, mais à notre sens le principe demeure.

Changement de statut du salarié en cours d'année - Lorsqu'un salarié change de statut en cours d'année, les conséquences sur la réduction dépendent de la question de savoir si ce changement a une incidence sur les cotisations couvertes par la réduction générale (BOSS, Allégements généraux, § 460, 01/12/2024).

Si le changement intervenu en cours d'année est sans effet sur la nature et le niveau des cotisations exonérées, le calcul reste annualisé et par contrat.

En revanche, lorsque le changement de statut conduit à modifier le niveau des cotisations acquittées par l'employeur (et donc le paramètre T pris en compte pour le calcul du coefficient de la réduction), il faut calculer l'exonération de cotisations afférente à chaque période de travail, comme s'il s'agissait de contrats séparés, en retenant pour chaque période le paramètre T adéquat. Cette situation peut se présenter, par exemple, pour un salarié qui deviendrait cadre en cours d'année, dans l'hypothèse où ce changement entraîne une modification du niveau de prise en charge par l'employeur de la cotisation AGIRC-ARRCO (ex. : passage d'une répartition de « 50/50 » à une répartition de « 60/40 »).

Anticipation du versement de certaines sommes - En principe, la réduction s'applique au mois le mois en fonction des salaires.

Toutefois, les employeurs sont autorisés à anticiper le versement ponctuel de certains éléments de rémunération, notamment ceux versés en fin d'année (ex. : 13e mois). Pour ce faire, ils peuvent appliquer au montant de la réduction mensuelle un abattement qu'ils déterminent eux-mêmes, dans la limite de 15 % (BOSS, Allégements généraux, § 1290, 01/12/2024). Au mois de décembre ou au départ du salarié, la réduction est calculée au regard de la rémunération globale, sans minoration, et l'employeur procède alors à la régularisation.

Cette tolérance permet de lisser l'impact de ces sommes sur le montant annuel de la réduction et d'éviter de trop fortes régularisations de charges sociales en faveur de l'URSSAF à certaines périodes, et notamment en fin d'exercice.

Les employeurs qui souhaiteront « faire de la trésorerie » n'anticiperont pas. En contrepartie, ils s'exposeront, le cas échéant, à de fortes régularisations.

Formules de calcul du coefficient de la réduction

Principes de calculs et règle d'arrondi - La formule de calcul du coefficient de la réduction générale dépend de plusieurs variables :

- la catégorie dont relève le salarié, puisqu'à côté du cas général, des adaptations sont prévues pour certaines professions (salariés affiliés à titre obligatoire à des caisses de congés payés, intérimaires, certains personnels roulants du secteur du transport routier) ;
- un paramètre « T » ;
- la rémunération brute du salarié ;
- la notion de SMIC, qui fait l'objet de nombreuses précisions [voir *Réduction générale de cotisations patronales (paramètre SMIC)**].

Dans tous les cas, le coefficient est arrondi à 4 décimales, au dix-millième le plus proche (ex. : 0,12455 est retenu pour 0,1246) (c. séc. soc. art. D. 241-7).

Rémunération brute utilisée pour calculer le coefficient - Dans la formule de calcul du coefficient, la « rémunération brute » retenue au dénominateur s'entend de la rémunération brute soumise à cotisations de sécurité sociale, augmentée le cas échéant, depuis le 1er janvier 2025, du montant de la *prime de partage de la valeur** (PPV) (c. séc. soc. art. L. 241-13, III modifié ; loi 2025-199 du 28 février 2025, art. 18, I et II, JO du 28 ; c. séc. soc. art. D. 241-7, II).

Il s'agit donc de l'ensemble des éléments soumis à cotisations, auquel s'ajoute depuis le 1er janvier 2025 une éventuelle *prime de partage de la valeur**, même si elle est exonérée de cotisations de sécurité sociale.

Cas général - La formule de calcul dépend d'un paramètre « T », dont la valeur est fixée par le code

Cas général		
Montant de la réduction	Calcul annuel	Rémunération annuelle brute* × C
	Calcul mensuel par anticipation	Rémunération mensuelle brute* × C
Coefficient C ***	Calcul annuel	C = (T/0,6) × [(1,6 × SMIC annuel** / Rémunération annuelle brute*) – 1]
	Calcul mensuel par anticipation	C = (T/0,6) × [(1,6 × SMIC mensuel** / Rémunération mensuelle brute*) – 1]
Valeur maximale du coefficient C		C est plafonné à T

* Brut soumis à cotisations de sécurité sociale, tous éléments compris, augmenté le cas échéant, depuis le 1er janvier 2025, du montant de la *prime de partage de la valeur**.
** SMIC annuel = 1820 × *SMIC** horaire ; SMIC mensuel = 1/12 × 1820 × *SMIC** horaire (ou 151,67 × *SMIC** horaire). Des prorata sont applicables dans certains cas particuliers (temps partiel, entrée/sortie en cours d'année, etc.). Le nombre d'heures retenu pour le SMIC est augmenté du nombre d'heures supplémentaires ou complémentaires rémunérées, sans prise en compte des majorations de salaire.
*** Le coefficient est C arrondi à 4 décimales, au dix-millième le plus proche (ex. : 0,12457 est retenu pour 0,1246).

de la sécurité sociale *(voir tableaux plus loin)* (c. séc. soc. art. D. 241-7, I).

Le coefficient se calcule comme suit :

C = (T/0,6) × [(1,6 × SMIC annuel/rémunération annuelle brute) – 1].

Lors d'un calcul mensuel par anticipation, le SMIC et la rémunération sont retenus pour leurs valeurs mensuelles.

La valeur maximale du coefficient est plafonnée à T. Si la formule de calcul conduit à un coefficient supérieur, le coefficient est retenu pour son montant plafond (BOSS, Allégements généraux, § 410, 01/12/2024).

Travailleurs temporaires (sauf CDI intérimaire) - Pour les travailleurs temporaires (hors CDI intérimaire), le coefficient de la réduction générale est majoré par application à la formule de calcul d'un coefficient de 1,1 (c. séc. soc. art. L. 241-13, IV, 2° et D. 241-10, III).

Le coefficient se calcule donc comme suit :

C = (T/0,6) × [(1,6 × SMIC annuel/rémunération annuelle brute) – 1] × 1,1.

Lors d'un calcul mensuel par anticipation, le SMIC et la rémunération sont retenus pour leurs valeurs mensuelles.

Le paramètre T est déterminé conformément aux règles générales *(voir tableau plus loin)*.

La valeur maximale du coefficient est plafonnée à T × 1,1. Si la formule de calcul conduit à un coefficient supérieur, le coefficient est retenu pour son montant plafond.

Ces particularités de calcul ne s'appliquent pas aux travailleurs temporaires employés dans le cadre d'un CDI intérimaire, qui relèvent de la formule de calcul générale.

Salariés affiliés à une caisse de congés payés - Pour les salariés dont les indemnités de congés payés sont versées par des caisses de congés payés, le coefficient de la réduction générale est majoré par application d'un facteur de 100/90 (c. séc. soc. art. L. 241-13, IV, 3° et D. 241-10, IV). Sont ici visés, notamment, les professions du bâtiment et des travaux publics, les intermittents du spectacle, les entreprises de manutention des ports et dockers, les personnels intermittents des entreprises de transport (BOSS, Allégements généraux, § 540, 01/12/2024).

Le coefficient se calcule donc comme suit :

C = (T/0,6) × [(1,6 × SMIC annuel/rémunération annuelle brute) – 1] × 100/90.

Lors d'un calcul mensuel par anticipation, le SMIC et la rémunération sont retenus pour leurs valeurs mensuelles.

Le paramètre T est déterminé conformément aux règles générales *(voir tableau plus loin)*.

▶ À noter... S'agissant des personnels « Grands routiers » et « Courtes distances » du transport routier de marchandises, cette règle doit se combiner avec la formule de calcul spécifique applicable *(voir plus loin)*.

La valeur maximale du coefficient est plafonnée à T × 100/90. Si la formule de calcul conduit à un coefficient supérieur, le coefficient est retenu pour son montant plafond.

À notre sens, cela revient, en pratique, à relever la valeur maximale du coefficient C à : T × 100/90. Si la formule de calcul conduit à un coefficient C supérieur, C est retenu pour ce montant plafond.

Transport routier de marchandises : conducteurs « Grands routiers / Longues distances » et « Courtes distances » - L'employeur peut appliquer

Travailleurs temporaires (sauf CDI intérimaire)		
Montant de la réduction	Calcul annuel	Rémunération annuelle brute* × C
	Calcul mensuel par anticipation	Rémunération mensuelle brute* × C
Coefficient C (a)	Calcul annuel	C = (T/0,6) × [(1,6 × SMIC annuel** / Rémunération annuelle brute*) – 1] × 1,1
	Calcul mensuel par anticipation	C = (T/0,6) × [(1,6 × SMIC mensuel** / Rémunération mensuelle brute*) – 1] × 1,1
Valeur maximale du coefficient C		C est plafonné à T × 1,1

(a) Le coefficient C est arrondi à 4 décimales, au dix-millième le plus proche (ex. : 0,12457 est retenu pour 0,1246).
* Brut soumis à cotisations de sécurité sociale, tous éléments compris, augmenté le cas échéant, depuis le 1er janvier 2025, du montant de la *prime de partage de la valeur**.
** SMIC annuel = 1820 × *SMIC** horaire ; SMIC mensuel = 1/12 × 1820 × *SMIC** horaire (ou 151,67 × *SMIC** horaire). Des prorata sont applicables dans certains cas particuliers (temps partiel, entrée/sortie en cours d'année, etc.). Le nombre d'heures retenu pour le SMIC est augmenté du nombre d'heures supplémentaires ou complémentaires rémunérées, sans prise en compte des majorations de salaire.

Salariés affiliés à une caisse de congés payés		
Montant de la réduction	Calcul annuel	Rémunération annuelle brute* × C
	Calcul mensuel par anticipation	Rémunération mensuelle brute* × C
Coefficient C (a)	Calcul annuel	C = (T/0,6) × [(1,6 × SMIC annuel** / Rémunération annuelle brute*) – 1] × 100/90
	Calcul mensuel par anticipation	C = (T/0,6) × [(1,6 × SMIC mensuel** / Rémunération mensuelle brute*) – 1] × 100/90
Valeur maximale du coefficient C		C est plafonné à T × 100/90

(a) Le coefficient C est arrondi à 4 décimales, au dix-millième le plus proche (ex. : 0,12457 est retenu pour 0,1246).
* Brut soumis à cotisations de sécurité sociale, tous éléments compris, augmenté le cas échéant, depuis le 1er janvier 2025, du montant de la *prime de partage de la valeur**.
** SMIC annuel = 1820 × *SMIC** horaire ; SMIC mensuel = 1/12 × 1820 × *SMIC** horaire (ou 151,67 × *SMIC** horaire). Des prorata sont applicables dans certains cas particuliers (temps partiel, entrée/sortie en cours d'année, etc.). Le nombre d'heures retenu pour le SMIC est augmenté du nombre d'heures supplémentaires ou complémentaires rémunérées, sans prise en compte des majorations de salaire.

un paramétrage particulier lorsqu'un salarié est soumis à un régime d'heures d'équivalence payées à un taux majoré en application d'une convention ou d'un accord collectif étendu en vigueur au 1er janvier 2010 (c. séc. soc. art. L. 241-13, IV, 1°). Sont visés ici spécifiquement les personnels roulants marchandises « Grands routiers / Longues distances » et « Courtes distances » (pour ces derniers, hors transporteurs de fonds et conducteurs de messagerie) (c. séc. soc. art. D. 241-10, I).

En pratique, le paramètre SMIC est affecté d'une majoration particulière, que nous désignerons ici comme « **A** ». En principe égale à 45/35 pour les « Grands routiers / Longues distances » et à 40/35 pour les « Courtes distances », la majoration « **A** » est parfois ajustée à la baisse ou à la hausse.

▶ À noter… Les modalités de calcul de cette majoration « **A** » sont détaillées dans nos développements relatifs au paramètre SMIC [voir *Réduction générale de cotisations patronales (paramètre SMIC)**].

Au total, la structure de la formule de calcul du coefficient de la réduction générale se présente comme suit : C = (T/0,6) × [(1,6 × ((**A** × SMIC annuel) + (nbre heures supplémentaires et complémentaires × SMIC horaire)) / rémunération annuelle brute) - 1] (BOSS, Allégements généraux, § 1080, 01/12/2024).

Le paramètre T est déterminé selon l'année conformément aux règles générales *(voir tableau plus loin)*.

Si les personnels roulants concernés relèvent d'une caisse de congés payés, il convient en outre d'affecter la formule de calcul d'un coefficient de 100/90.

Pour les « Grands routiers / Longues distances » et les « Courtes distances », la valeur maximale du coefficient est égale à T, comme pour les autres salariés. Lorsque le salarié relève d'une caisse de congés payés, le montant plafond est T × 100/90 (BOSS, Allégements généraux, § 550, 01/12/2024). Si la formule de calcul conduit à un coefficient supérieur, le coefficient est retenu pour son montant plafond (selon les cas, T ou T × 100/90).

Paramètre « T » à utiliser pour calcul du coefficient

Définition - Le paramètre T correspond au total des cotisations et contributions patronales comprises dans le périmètre de la réduction.

Il est donc égal à la somme, au niveau du SMIC, des cotisations patronales d'assurances sociales (maladie, vieillesse), d'allocations familiales, du FNAL, de la contribution de solidarité pour l'autonomie, d'une fraction de la cotisation AT/MP, des contributions patronales AGIRC-ARRCO (dans la limite de 6,01 points) et des cotisations patronales d'assurance chômage (pour 4,05 points jusqu'au 30 avril 2025 et 4 points à partir de mai 2025) hors AGS.

Valeur du paramètre T - En 2024, pour le cas général, T était de 0,3194 (pour le FNAL à 0,10 %) ou de 0,3234 (pour le FNAL à 0,50 %) (c. séc. soc. art. D. 241-7, I ; décret 2023-1329 du 29 décembre 2023, art. 1, IV).

Pour 2025, faute de loi de financement de la sécurité sociale (LFSS) votée avant la fin de l'année 2024, les arrêtés de tarification AT/MP ne sont pas sortis dans les temps, ni donc le décret précisant pour 2025 la fraction de taux cotisation AT/MP couverte par la réduction et le paramètre T.

La LFSS 2025 ayant finalement été adoptée et publiée en février (loi 2025-199 du 28 février 2025, JO du 28), les arrêtés et le décret attendus devraient sortir dans les semaines qui suivent (au 31 mars 2025, ils n'étaient pas encore parus).

En conséquence, sur le début 2025, le paramétrage 2024 a été reconduit à l'identique *(voir tableau plus loin)*. Il devra ensuite être adapté en cours d'année une fois le décret attendu paru.

Personnels roulants marchandises « Grands routiers / Longues distances » et « Courtes distances »	
Montant de la réduction	Rémunération brute* × C
Calcul du coefficient (a)	• **Formule de calcul :** C = (T/0,6) × [(1,6 × ((**A** × SMIC**) + (nbre HS et HC × SMIC horaire)) / Rémunération brute*) – 1]
	• **Si le salarié en cause relève à titre obligatoire d'une caisse de congés payés :** C = (T/0,6) × [(1,6 × ((**A** × SMIC**) + (nbre HS et HC × SMIC horaire)) / Rémunération brute*) – 1] × 100/90
Valeur maximale du coefficient C	• **Cas général :** C est plafonné à T
	• **Si le salarié relève d'une caisse de congés payés :** C est plafonné à T × 100/90

HS = Heures supplémentaires ; HC = Heures complémentaires.
A = La majoration « A » est de 45/35 pour les « Grands routiers / Longues distances » soumis à une durée de 43 h hebdomadaires et de 40/35 pour un « Courtes distances » soumis à une durée de 39 h hebdomadaires. Ce rapport fait l'objet d'une correction lorsque la durée du travail est inférieure à la durée de 43 h ou de 39 h équivalant à la durée légale, ou pour certaines heures spécifiques. Pour le détail, voir *Réduction de cotisations patronales (paramètre SMIC)**.
* Pour le calcul annuel : rémunération annuelle brute soumise à cotisations. Pour le calcul mensuel par anticipation : rémunération mensuelle brute soumise à cotisations. Depuis le 1er janvier 2025, à majorer le cas échéant du montant de la *prime de partage de la valeur**.
** Pour un calcul annuel, SMIC annuel = 1 820 × *SMIC** horaire ; pour le calcul mensuel par anticipation, SMIC mensuel = 1/12 × 1 820 × *SMIC** horaire (ou 151,67 × *SMIC** horaire). Des prorata sont applicables dans certains cas particuliers (temps partiel, entrée/sortie en cours d'année, etc.).
(a) Le coefficient C est arrondi à 4 décimales, au dix-millième le plus proche (ex. : 0,12455 est retenu pour 0,1246).

Selon les informations diffusées par le réseau des URSSAF, le décret programmerait le changement pour le 1er mai 2025, de façon à tenir compte en une seule fois (www.urssaf.fr, information du 24 mars 2025) :
- de la baisse de la cotisation patronale d'assurance chômage de 0,05 point programmée pour le 1er mai (passage d'un taux de 4,05 % à 4 % ; voir *Cotisations d'assurance chômage et d'AGS**) ;
- et, une fois celle-ci connue, de la fraction de cotisation AT/MP comprise dans le périmètre de la réduction sur 2025.

Dans la foulée du décret attendu, l'administration précisera sans doute les modalités de régularisation.

▶ À noter… Cette étude sera actualisée sur Internet une fois les paramètres 2025 définitifs connus.

Journalistes, VRP multicartes, médecins à temps partiel - L'administration a défini des adaptations pour les *journalistes** et assimilés, les professions médicales à temps partiel travaillant pour plusieurs employeurs et les *VRP** multicartes, afin de tenir compte des taux réduits de cotisations applicables à ces professions. Il s'agit d'éviter que leurs employeurs bénéficient d'une réduction supérieure aux cotisations entrant dans le champ de la réduction générale (BOSS, Allégements généraux, §§ 260 à 280, 01/12/2024).

Pour s'en tenir aux seules cotisations patronales comprises dans le périmètre de la réduction générale, rappelons en effet que ces salariés présentent les particularités suivantes :
- journalistes : abattement de taux de 20 % sur le taux des cotisations d'assurance vieillesse sécurité sociale, la cotisation AT/MP, la cotisation d'allocations familiales ;
- professions médicales à temps partiel : abattement de taux de 30 % sur la cotisation vieillesse plafonnée ;
- VRP multicartes : cotisation patronale d'assurance vieillesse plafonnée au taux de 6,90 %.

Pour les salariés concernés, le paramètre T est donc inférieur à celui des autres employeurs. Le tableau reproduit plus loin récapitule les différentes valeurs applicables (BOSS, Allégements généraux, §§ 470 à 500, 01/12/2024).

Taux et répartitions dérogatoires en AGIRC-ARCCO - Pour les contributions de retraite complémentaire, les données de la réglementation sont établies au regard des taux de droit commun et de la répartition de principe des *cotisations de retraite AGIRC-ARRCO** (60 % part employeur/40 % part salarié).

Ainsi, les valeurs de principe du paramètre T sont fixées au regard d'une part patronale de 6,01 % au niveau du SMIC (4,72 % de retraite AGIRC-ARRCO + 1,29 % de contribution d'équilibre général).

Pour les employeurs appliquant des répartitions différentes ou des taux de cotisations dérogatoires en tranche 1 AGIRC-ARRCO, la part patronale prise en compte dans le périmètre de la réduction (paramètre T, taux du coefficient maximal) est limitée de 2 façons :
- d'une part, elle ne peut en aucun cas dépasser 6,01 points (limite absolue) ;
- d'autre part, les répartitions dérogatoires à la règle des 60/40 sont prises en compte, mais dans la limite d'un maximum de 60 % à la charge de l'employeur (c. séc. soc. art. D. 241-7).

En présence d'une part patronale inférieure à 60 %, l'employeur devra ramener le taux de 6,01 % au

Paramètre T 2024 (avec cas général AGIRC-ARRCO) (1) encore applicable début 2025 dans l'attente du décret d'application de la LFSS 2025		
• Ces valeurs, initialement définies pour 2024, restent provisoirement applicables sur le début 2025, en attendant la publication du décret d'application de la loi de financement de la sécurité sociale (LFSS) pour 2025 qui doit définir le paramètre T pour 2025. • Ce tableau sera actualisé dans la version Internet de cette étude une fois les paramètres 2025 définitifs connus.		
	Avec FNAL 0,10 % (2)	**Avec FNAL 0,50 % (2)**
Cas général	0,3194	0,3234
Journalistes (*)	0,2905	0,2945
Professions médicales à temps partiel (*)	0,2938	0,2978
VRP multicartes (*)	0,3029	0,3069
Calcul de la fraction de la réduction imputable sur l'URSSAF	• Pour un employeur soumis au taux de droit commun (donc, hors taux ou répartition dérogatoires), le régime AGIRC-ARRCO est pris en compte pour 6,01 points. • Dans ce cas, la fraction URSSAF de la réduction est donc égale à : Montant global de la réduction × (T – 0,0601)/T.	
(1) Pour une part patronale AGIRC-ARRCO de 6,01 points dans le périmètre de la réduction, hors taux ou répartition dérogatoires en AGIRC-ARRCO *(voir nos développements pour ces cas)*. (2) Pour une cotisation patronale d'assurance chômage de 4,05 % (taux applicable jusqu'au 30 avril 2025, puis passant à 4 % à partir de mai 2025).		

taux qu'il supporte effectivement (circ. AGIRC-ARRCO 2021-5 DRJ du 27 juillet 2021, § 1.2 ; BOSS, Allégements généraux, § 440, 01/12/2024).

Exemples

1) Pour une entreprise ayant un taux effectif en retraite AGIRC-ARRCO de 7,87 % en tranche 1 réparti à raison de « 50 % employeur/50 % salarié », les cotisations du régime unifié AGIRC-ARRCO sont prises en compte dans le calcul de la réduction pour 3,94 % (part patronale) + 1,29 % (CEG) = 5,23 % (et non 6,01 %). À titre provisoire, au 1er janvier 2025, les valeurs du paramètre T sont de 0,3116 (FNAL de 0,10 %) ou 0,3156 (FNAL de 0,50 %).

2) A contrario, pour une entreprise avec un taux effectif en retraite AGIRC-ARRCO de 10,16 % en tranche 1 réparti à raison de « 50 % employeur/50 % salarié », les cotisations du régime unifié AGIRC-ARRCO sont prises en compte dans le calcul de la réduction pour 6,01 % seulement (5,08 % de part patronale + 1,29 % CEG = 6,37 %, ramenés à 6,01 %). On retombe donc sur le paramètre T de droit commun (à titre provisoire au 1er janvier 2025, dans le cas général, 0,3194 ou 0,3234 selon le taux de FNAL).

3) Enfin, pour une entreprise ayant un taux retraite AGIRC-ARRCO de 9 % en tranche 1 réparti à raison de « 70 % employeur/30 % salarié » (hypothèse théorique), les cotisations du régime unifié AGIRC-ARRCO sont prises en compte dans le calcul de la réduction pour 6,01 % seulement (9 % × 60 % = 5,40 % de part patronale + 1,29 % CEG = 6,69 %, ramenés à 6,01 %). On retombe donc sur le paramètre T de droit commun (à titre provisoire au 1er janvier 2025, dans le cas général, 0,3194 ou 0,3234 selon le taux de FNAL).

Paramètre « SMIC » à utiliser lors du calcul du coefficient

Principe - Pour un salarié à temps plein soumis à une durée collective du travail de 35 h hebdomadaires, le SMIC annuel est égal à 1 820 fois le SMIC horaire pour une année complète (soit l'équivalent de 12 SMIC mensuels).

Pour l'application mensuelle de la réduction, on retient pour chaque mois 1/12 de ce montant ou, par simplification, 151,67 fois le SMIC horaire.

Ajustements et prorata - Le paramètre « SMIC » fait toutefois l'objet de nombreux prorata et ajustements dans plusieurs situations : temps partiel, salarié soumis à une durée collective du travail inférieure à la durée légale, heures supplémentaires et complémentaires, entrée et sortie en cours d'année, arrêts de travail, salariés non mensualisés ou sans durée du travail, etc.

Pour aller plus loin - Les lecteurs peuvent retrouver tous les détails à l'entrée correspondante de ce Dictionnaire [voir *Réduction générale de cotisations patronales (paramètre SMIC)**].

Impact des déductions forfaitaires spécifiques pour frais professionnels

Rappel - Sous condition, les employeurs peuvent appliquer une déduction forfaitaire spécifique pour frais professionnels (DFS) à l'assiette des cotisations de certains salariés (ouvriers du BTP, journalistes, mannequins, VRP, etc.) [voir *Frais professionnels (déduction forfaitaire spécifique)**].

Dans ce cas, le coefficient et le montant de la réduction sont calculés sur la base du brut sécurité sociale abattu, après réintégration, s'il y a lieu, des remboursements de frais professionnels (BOSS, Allégements généraux, § 660, 01/12/2024).

Limitation des effets d'aubaine - Depuis le 1er janvier 2020, le montant de la réduction générale calculé pour les rémunérations après application de l'abattement forfaitaire lié à la DFS ne peut pas excéder, pour ces rémunérations, 130 % du montant de réduction calculé sans application de cet abattement (arrêté du 4 décembre 2019, JO du 17, texte 36).

Pour certains salariés, les employeurs bénéficieront d'une réduction moindre, dans certains cas, ils la perdront *(voir exemples en encadré)*.

Imputation de la réduction et bulletin de paye

Répartition de l'imputation de la réduction - Le montant de la réduction est imputé sur les cotisations dues à chaque organisme de recouvrement pour la part de cotisations qui lui correspond (c. séc. soc. art. L. 241-13, VII).

Pour ce qui concerne l'URSSAF, il s'agit de la partie de réduction correspondant aux cotisations patronales d'assurance maladie, d'assurance vieillesse et d'allocations familiales, au FNAL, à la contribution solidarité autonomie, à la fraction de taux AT couverte par la réduction (0,46 point en 2024 dans le cas général, décret encore attendu pour

Réduction générale et déduction forfaitaire spécifique pour frais professionnels (DFS) : exemples en janvier 2025

Les exemples ci-après sont généraux, en partant du principe que l'employeur qui applique une DFS réintègre au préalable les frais professionnels dans l'assiette des cotisations de sécurité sociale et des charges ayant la même assiette.

Ils tiennent compte du paramètre T 2024 encore applicable début 2025 à titre transitoire, en attendant le décret d'application de la loi de financement de la sécurité sociale pour 2025 (décret non encore paru au 31.03.2025).

Ces exemples seront actualisés dans la version Internet de cette étude une fois les paramètres 2025 définitifs connus.

Attention : si le salarié appartient à une profession pour laquelle une sortie progressive de DFS est prévue, l'employeur n'est pas tenu de réintégrer au préalable les remboursements de frais professionnels.

Dans cette hypothèse, les calculs ci-dessous doivent être adaptés.

Exemple 1 : salarié à 1 850 € bruts par mois, DFS de 10 %, frais professionnels de 100 €, FNAL de 0,10 %

• Brut sécu **avec DFS** : (1 850 + 100) × 0,9 = 1 755 €, rehaussé à la valeur de l'assiette minimale de 1 801,80 € (SMIC) • Réduction **avec DFS** : - coefficient : (0,3194/0,6) × [(1,6 × 11,88 × 151,67/1 801,80) - 1] = 0,3194 ; - réduction : 1 801,80 € × 0,3194 = 575,49 €.	• Brut sécu **sans DFS** : 1 850 € • Réduction **sans DFS** : - coefficient : (0,3194/0,6) × [(1,6 × 11,88 × 151,67/1 850) - 1] = 0,2972 ; - réduction : 1 850 € × 0,2972 = 549,82 €.

• **Montant maximum autorisé de réduction** : 549,82 € × 130 % = 714,77 €

• **Montant de réduction effectivement appliqué** : 575,49 € (le plafonnement n'a pas d'impact)

Exemple 2 : salarié à 2 200 € bruts par mois, DFS de 20 %, frais professionnels de 100 €, FNAL de 0,10 %

• Brut sécu **avec DFS** : (2 200 + 100) × 0,8 = 1 840 € • Réduction **avec DFS** : - coefficient : (0,3194/0,6) × [(1,6 × 11,88 × 151,67/1 840) - 1] = 0,3017 ; - réduction : 1 840 € × 0,3017 = 555,13 €.	• Brut sécu **sans DFS** : 2 200 € • Réduction **sans DFS** : - coefficient : (0,3194/0,6) × [(1,6 × 11,88 × 151,67/2 200) - 1] = 0,1653 - réduction : 2 200 € × 0,1653 = 363,66 €.

• **Montant maximum autorisé de réduction** : 363,66 € × 130 % = 472,76 €

• **Montant de réduction effectivement appliqué** : 472,76 € (le plafonnement fait perdre à l'employeur 555,13 € – 472,76 € = 82,37 € d'allégement)

Exemple 3 : salarié à 2 900 € bruts par mois, DFS de 20 %, frais professionnels de 100 €, FNAL de 0,50 %

• Brut sécu **avec DFS** : (2 900 + 100) × 0,8 = 2 400 € • Réduction **avec DFS** : - coefficient : (0,3234/0,6) × [(1,6 × 11,88 × 151,67/2 400) - 1] = 0,1085 ; - réduction : 2 400 € × 0,1085 = 260,40 €.	• Brut sécu **sans DFS** : 2 900 € • Réduction **sans DFS** : - coefficient : (0,3234/0,6) × [(1,6 × 11,88 × 151,67/2 900) - 1] = 0 ; - réduction : 2 900 € × 0 = 0 €.

• **Montant maximum autorisé de réduction** : 0 € × 130 % = 0 €

• **Montant de réduction effectivement appliqué** : 0 € (le plafonnement fait perdre à l'employeur 260,40 € d'allégement)

2025 au 31.03.2025) et aux contributions d'assurance chômage.

Cette « fraction URSSAF » de la réduction est déterminée par application d'un coefficient égal au rapport « taux des cotisations et contributions versées aux URSSAF couvertes par la réduction/taux maximal du coefficient » (c. séc. soc. art. D. 241-7, V, A, al. 2).

Le solde de la réduction, à savoir le montant global diminué de la part URSSAF, est imputable sur les contributions AGIRC-ARRCO (c. séc. soc. art. D. 241-7, V, A, al. 3).

Exemple

Hors cas de taux particuliers, à titre provisoire au 1er janvier 2025 (en attendant le décret d'application de la LFSS 2025), le coefficient de répartition URSSAF est égal, pour un salarié avec un FNAL de 0,50 % à 26,33/32,34 (soit environ 81,4162 % de la réduction à imputer sur les charges URSSAF).

Pour les expatriés et les intermittents du spectacle dont les contributions chômage sont versées à France Travail (et non à l'URSSAF), le montant de la réduction doit être ventilée en 3 éléments : fraction imputable sur les cotisations URSSAF, fraction imputable sur les cotisations de retraite complémentaire et fraction à déduire des contributions chômage versées à France Travail.

Bulletin de paye - Le montant de la réduction est affiché globalement, sans distinguer les montants liés aux cotisations et contributions versées aux URSSAF de celles versées aux caisses AGIRC-ARRCO.

Règles de cumul

Règles générales - La réduction générale n'est cumulable avec aucune autre exonération totale ou partielle de cotisations patronales ou avec l'application de taux spécifiques, d'assiettes ou de montants forfaitaires de cotisations à l'exception de la déduction forfaitaire de cotisations patronales attachée aux heures supplémentaires [voir *Heures supplémentaires (déduction forfaitaire de cotisations patronales)**] (c. séc. soc. art. L. 241-13, VI).

Par tolérance, la réduction générale peut être cumulée avec les taux réduits de cotisations applicables aux *journalistes**, le taux réduit de cotisation d'assurance vieillesse applicable aux *VRP** multicartes ainsi qu'aux professions médicales exerçant leur activité à temps partiel pour plusieurs employeurs (BOSS, Allégements généraux, §§ 250 à 280, 01/12/2024). Cependant, pour ces professions, le paramètre « T » de la formule de calcul du coefficient est adapté *(voir plus haut)*.

La réduction générale se cumule avec les dispositifs de taux réduit de *cotisation d'allocations familiales** et de *cotisation d'assurance maladie-maternité-invalidité**.

Changement d'exonération en cours d'année - Du fait des règles de non-cumul, un employeur peut choisir de ne pas appliquer une exonération totale ou partielle de cotisations pour appliquer à la place la réduction générale.

Depuis le 1er avril 2021, sa décision n'est pas irrévocable et il peut ensuite le cas échéant changer d'option (BOSS, Allégements généraux, § 190, 01/12/2024).

Lorsque l'employeur change de régime d'exonération en cours d'année pour un même contrat, chacune des périodes d'emploi correspondantes donne lieu à l'application d'un régime d'exonération, comme s'il s'agissait de contrats différents.

Pour la réduction générale, la formule de calcul ne prend donc en compte que les périodes de travail pendant lesquelles la réduction s'applique, comme si le salarié commençait ou terminait sa relation de travail en cours d'année.

Articulation avec l'exonération « services à la personne » - Sous condition, certaines structures de services à la personne peuvent bénéficier d'une exonération spécifique de cotisations patronales au titre des heures de travail effectuées par leurs aides à domicile auprès de personnes dites « fragiles » (voir *Services à la personne**).

En revanche, pour les interventions auprès du public de droit commun, ils peuvent uniquement bénéficier de la réduction générale.

Lorsque la paye du salarié comprend les deux types d'heures de travail, l'employeur peut appliquer à la fois l'exonération spécifique à la part de rémunération correspondant aux interventions auprès d'un public fragile, et la réduction générale « classique » au titre de la part de rémunération éligible correspondant aux autres heures de travail (BOSS, Allégements généraux, § 230, 01/12/2024).

▶ À noter... En revanche, les deux exonérations ne sont pas cumulables pour une même partie de rémunération.

L'AGIRC-ARRCO a précisé que, pour un même salarié, l'exonération « aide à domicile » au titre des heures concernées doit s'appliquer aussi bien pour ses cotisations de sécurité sociale que pour ses cotisations de retraite complémentaire. Aussi, une entreprise ne peut pas, pour les mêmes heures, appliquer l'exonération « aide à domicile » pour les cotisations URSSAF, et la réduction générale des cotisations patronales pour les cotisations AGIRC-ARRCO (circ. AGIRC-ARRCO 2021-5 DRJ, fiche 4, § IV. 1.2).

☞ *Cotisation d'allocations familiales ; Exonérations de cotisations ; Réduction générale de cotisations patronales (paramètre SMIC).*

Exemple de réduction générale appliquée en régularisation progressive sur 2025	
❶ Pour les besoins de l'exemple, la réduction est calculée : - en fonction du paramètre T applicable à titre provisoire au 1er janvier 2025, dans l'attente du décret qui sera pris pour définir le paramètre T sur 2025 dans le prolongement de la loi de financement de la sécurité sociale (publiée au JO du 28.02.2025) ; - et compte tenu du taux du SMIC en vigueur au 1er janvier 2025 (11,88 €). ❷ Dans une entreprise où la durée collective de travail est de 35 h/semaine, un salarié en CDI sur la base d'un taux horaire de 13 € (salaire mensuel : 1 971,67 €) quitte l'entreprise le 31 août 2025 après avoir démissionné. L'employeur est assujetti au FNAL de 0,50 %. En janvier 2025, il a 10 heures supplémentaires majorées de 25 % (soit 162,50 €). En mars 2025, le salarié prend 5 jours de congé sans solde (salaire de 1 543,05 € au lieu de 1 971,67 €). En mai 2025, le salarié est malade : son brut sécurité sociale est supposé de 1 064,09 €, compte tenu du maintien de salaire sous déduction des IJSS. Il perçoit une prime forfaitaire de 1 000 €, qui n'est pas affectée par l'absence. En août 2025, il reçoit un prorata de 13e mois de 1 314,45 €. Il a soldé tous ses congés payés.	
Paye de janvier	• **SMIC** = [(1/12 × 1820) + 10] × 11,88 = 1 920,60 € • **Brut janvier** = 2 134,17 € • **Coefficient** = 0,3234/0,6 × [(1,6 × 1 920,60/2 134,17) – 1] = 0,2371 • **Réduction à passer sur la paye de janvier** = 2 134,17 × 0,2371 = 506,01 € - part URSSAF : 506,01 € × 0,2633/0,3234 = 411,97 € - part AGIRC-ARRCO : 506,01 € – 411,97 € = 97,04 €
Paye de février	• **SMIC janvier à février** = 1 920,60 € + (1/12 × 1820 × 11,88) = 3 722,40 € • **Brut cumulé à fin février** = 2 134,17 + 1 971,67 = 4 105,84 € • **Coefficient** = 0,3234/0,6 × [(1,6 × 3 722,40/4 105,84) – 1] = 0,2429 • **Réduction calculée de janvier à février** = 4 105,84 × 0,2429 = 997,31 € • **Réduction à passer sur la paye de février** = 997,31 € – 506,01 € = 491,30 € - part URSSAF : 491,30 € × 0,2633/0,3234 = 400,00 € - part AGIRC-ARRCO : 491,30 € – 400,00 € = 91,30 €
Paye de mars (5 jours sans solde)	• **SMIC janvier à mars** = 3 722,40 € + [1/12 × 1820 × 11,88 × (1 543,05/1 971,67)] = 5 132,51 € • **Brut cumulé à fin mars** = 4 105,84 + 1 543,05 = 5 648,89 € • **Coefficient** = 0,3234/0,6 × [(1,6 × 5 132,51/5 648,89) – 1] = 0,2446 • **Réduction calculée de janvier à mars** = 5 648,89 × 0,2446 = 1 381,72 € • **Réduction à passer sur la paye de mars** = 1 381,72 € – 997,31 € = 384,41 € - part URSSAF : 384,41 € × 0,2633/0,3234 = 312,97 € - part AGIRC-ARRCO : 384,41 € – 312,97 € = 71,44 €
Paye d'avril	• **SMIC janvier à avril** = 5 132,51 € + (1/12 × 1820 × 11,88) = 6 934,31 € • **Brut cumulé à fin mars** = 5 648,89 + 1 971,67 = 7 620,56 € • **Coefficient** = 0,3234/0,6 × [(1,6 × 6 934,31/7 620,56) – 1] = 0,2457 • **Réduction calculée de janvier à avril** = 7 620,56 × 0,2457 = 1 872,37 € • **Réduction à passer sur la paye d'avril** = 1 872,37 € – 1 381,72 € = 490,65 € - part URSSAF : 490,65 € × 0,2633/0,3234 = 399,47 € - part AGIRC-ARRCO : 490,65 € – 399,47 € = 91,18 €
Paye de mai (maladie avec maintien partiel de salaire, prime forfaitaire de 1 000 €)	• **SMIC janvier à mai** = 6 934,31 € + [1/12 × 1820 × 11,88 × (1 064,09/1 971,67)] = 7 906,72 € • **Brut cumulé à fin mai** = 7 620,56 + 1 064,09 + 1 000 = 9 684,65 € • **Coefficient** = 0,3234/0,6 × [(1,6 × 7 906,72/9 684,65) – 1] = 0,1651 • **Réduction calculée de janvier à mai** = 9 684,65 × 0,1651 = 1 598,94 € • **Réduction à annuler sur la paye de mai** = 1 598,94 € – 1 872,37 € = – 273,43 € (reprise d'une partie de la réduction appliquée de janvier à avril) - part de reprise URSSAF : 273,43 € × 0,2633/0,3234 = – 222,62 € - part de reprise AGIRC-ARRCO : 273,43 € – 222,62 € = – 50,81 €
Paye de juin	• **SMIC janvier à juin** = 7 906,72 € + (1/12 × 1820 × 11,88) = 9 708,52 € • **Brut cumulé à fin juin** = 9 684,65 + 1 971,67 = 11 656,32 € • **Coefficient** = 0,3234/0,6 × [(1,6 × 9 708,52/11 656,32) – 1] = 0,1793 • **Réduction calculée de janvier à juin** = 11 656,32 × 0,1793 = 2 089,98 € • **Réduction à passer sur la paye de juin** = 2 089,98 € – 1 598,94 € = 491,04 € - part URSSAF : 491,04 € × 0,2633/0,3234 = 399,79 € - part AGIRC-ARRCO : 491,04 € – 399,79 € = 91,25 €

Exemple de réduction générale appliquée en régularisation progressive sur 2025	
Paye de juillet	• **SMIC janvier à juillet** = 9 708,52 € + (1/12 × 1820 × 11,88) = 11 510,32 € • **Brut cumulé à fin juillet** = 11 656,32 + 1 971,67 = 13 627,99 € • **Coefficient** = 0,3234/0,6 × [(1,6 × 11 510,32/13 627,99) – 1] = 0,1894 • **Réduction calculée de janvier à juillet** = 13 627,99 × 0,1894 = 2 581,14 € • **Réduction à passer sur la paye de juillet** = 2 581,14 € – 2 089,98 € = 491,16 € - part URSSAF : 491,16 € × 0,2633/0,3234 = 399,88 € - part AGIRC-ARRCO : 491,16 € – 399,88 € = 91,28 €
Paye d'août (prorata de 13e mois de 1 314,45 €)	• **SMIC janvier à août** = 11 510,32 € + (1/12 × 1820 × 11,88) = 13 312,12 € • **Brut cumulé à fin août** = 13 627,99 + 1 971,67 + 1 314,45 = 16 914,11 € • **Coefficient** = 0,3234/0,6 × [(1,6 × 13 312,12/16 914,11) – 1] = 0,1397 • **Réduction calculée de janvier à août** = 16 914,11 × 0,1397 = 2 362,90 € • **Réduction à passer sur la paye d'août** = 2 362,90 € – 2 581,14 € = – 218,24 € (reprise d'une partie des réductions appliquées de janvier à juillet) - part de reprise URSSAF : 218,24 € × 0,2633/0,3234 = – 177,68 € - part de reprise AGIRC-ARRCO : 218,24 € – 177,68 € = – 40,56 €

Réduction générale de cotisations patronales (paramètre SMIC)

La formule de calcul du coefficient de la réduction générale de cotisations patronales repose sur différentes variables, dont au numérateur le paramètre « *SMIC** », qui fait l'objet de nombreux ajustements ou prorata.

Ce sont les règles de calcul de ce paramètre qui sont ici détaillées.

Pour toutes les autres variables de détermination de la réduction de cotisations (calcul du coefficient, montant, etc.), les lecteurs peuvent se reporter aux développements correspondants (voir *Réduction générale de cotisations patronales**).

Valeurs de référence

SMIC annuel ou mensuel - Le SMIC annuel est égal à 1 820 fois le SMIC horaire (soit 12 SMIC mensuels base 35 h) (c. séc. soc. art. D. 241-7, II).

Pour l'application mensuelle de la réduction, on retient pour chaque mois 1/12 de 1 820 fois le *SMIC** horaire (c. séc. soc. art. D. 241-7) ou, par simplification, 151,67 fois le *SMIC** horaire (BOSS, Allégements généraux, § 720, 01/12/2024).

Taux du SMIC à retenir - Jusqu'à la fin 2024, pour l'application mensuelle de la réduction, le taux du *SMIC** à prendre en compte était celle en vigueur sur la période d'emploi rémunérée. En cas de changement du SMIC sur la période rémunérée, on se référait à la valeur la plus élevée.

Si le SMIC évoluait en cours d'année, la valeur annuelle du SMIC à prendre en compte pour le calcul du coefficient est égale à la somme des valeurs déterminées pour les périodes antérieures et postérieures à l'évolution (BOSS, Allégements généraux, § 750, 01/12/2024).

À partir de 2025, la loi laisse au gouvernement la possibilité de fixer par décret le taux du SMIC à retenir dans la formule de calcul du coefficient, à une valeur comprise entre le SMIC au 1er janvier 2024 et le SMIC en cours (c. séc. soc. art. L. 241-13, I, al. 2 modifié ; loi 2025-199 du 28 février 2025, art. 18, I et II, JO du 28). Pour l'année 2025, et sous réserve de confirmation par décret, le gouvernement entendrait se référer au SMIC au 1er janvier 2025 pour l'ensemble de l'année, nonobstant toute éventuelle augmentation du SMIC en cours d'année.

Salariés dont la rémunération est inférieure au SMIC - Certains salariés sont rémunérés à un taux inférieur au taux « normal » du SMIC (ex. : certains *apprentis** ou salariés en *contrat de professionnalisation**, certains *jeunes** de moins de 18 ans n'ayant pas 6 mois d'expérience dans la branche professionnelle de l'entreprise).

Depuis le 1er juillet 2022, pour ces salariés, le taux du SMIC pris en compte dans la formule de calcul de la réduction générale est retenu pour sa valeur entière (taux « normal ») (BOSS, Allégements généraux, § 1020, 01/12/2024). Antérieurement, il devait être ajusté à hauteur du pourcentage que représentait la rémunération indiquée au contrat de travail.

Exemple

Avec la nouvelle doctrine, pour un apprenti dont la rémunération est de 51 % du SMIC, on retient le taux « normal » du SMIC au numérateur de la formule de calcul du coefficient de la réduction générale (et non 51 % du SMIC, comme le prévoyait le BOSS jusqu'au 30 juin 2022).

Les employeurs ont pu mettre en œuvre la nouvelle modalité de calcul depuis le 1er juillet 2022. Les employeurs qui appliquaient antérieurement l'ancienne doctrine peuvent appliquer le nouveau mode de calcul pour les cotisations dues au titre des périodes d'activité courant depuis le 1er janvier 2021 (BOSS, Allégements généraux, § 1020, 01/12/2024).

Temps partiel, forfaits jours et durées collectives particulières

Temps partiels - Pour les salariés à temps partiel, le SMIC est proratisé par le rapport entre (c. séc. soc. art. D. 241-7, II, al. 3) :
- la durée du travail inscrite au contrat de travail au titre de la période où ils sont présents dans l'entreprise, hors heures supplémentaires et complémentaires ;
- et la durée correspondant à la durée légale du travail sur cette période.

Cette règle concerne tous les salariés titulaires d'un contrat à temps partiel, peu important que celui-ci soit calculé sur la semaine, le mois ou sur l'année.

Exemples

1) Pour un temps partiel de 30 h/semaine, le SMIC est proratisé par le rapport 30/35.
2) Pour un temps partiel de 140 h/mois, on utilise le rapport 140/151,67.

En cas de changement de statut ayant un impact sur la réduction en cours d'année (ex. : passage d'un temps plein à un temps partiel ou inversement, avenant de complément d'heures pour un temps partiel), le SMIC annuel est calculé en découpant l'année en fonction de chaque période (BOSS, Allégements généraux, § 770, 01/12/2024).

Durée collective différente de la durée légale - Si la durée conventionnelle du travail est inférieure à 35 heures par semaine, le SMIC des salariés à temps plein doit être proratisé par le rapport entre cette durée collective et la durée légale de 35 h (BOSS, Allégements généraux, § 780, 01/12/2024).

Il en va de même pour les salariés à temps partiel (i.e ceux ayant un contrat avec une durée du travail inférieure à la durée conventionnelle).

Exemples

1) Pour un salarié à temps plein soumis à une durée collective de travail de 32 heures hebdomadaires, le SMIC est proratisé par le rapport 32/35 (1 820 × SMIC horaire × 32/35 pour le SMIC annuel ; 151,67 × 32/35 pour le SMIC mensuel).
2) Si dans cette entreprise, un salarié a un contrat de 28 h, le SMIC est proratisé par le rapport 28/35. On peut arriver au même résultat par un autre calcul, moins direct, via un double prorata, en rapportant d'abord la durée contractuelle à la durée temps plein inférieure à 35 h, puis ce résultat à la durée conventionnelle rapportée à la durée légale (soit SMIC × 28/32 × 32/35).

Pour les salariés soumis à une durée du travail supérieure à la durée légale, l'employeur peut appliquer le régime des heures supplémentaires structurelles *(voir plus loin)*.

Forfaits jours - Pour les salariés sous convention de forfait en jours sur l'année, la référence « temps plein » est de 218 jours par an (c. séc. soc. art. D. 241-7, IV).

Lorsque la convention de forfait est de 218 jours par an, le SMIC est retenu pour un temps plein (1 820 h par an ou 151,67 h par mois).

Le SMIC ne peut pas être majoré pour tenir compte des rémunérations qui résulteraient du *rachat de jours de repos** (BOSS, Allégements généraux, § 950, 01/12/2024). Autrement dit, les jours travaillés au-delà de 218 jours par an en contrepartie de la renonciation à des jours de repos ne peuvent pas être convertis en « heures supplémentaires ».

Lorsque le volume de la convention de forfait du salarié est inférieur à 218 jours, le SMIC est proratisé par rapport à 218 (BOSS, Allégements généraux, § 940, 01/12/2024). Cette règle s'applique y compris si l'accord collectif autorisant l'employeur à conclure des conventions de forfait en jours sur l'année prévoit un volume maximal inférieur à 218.

Exemple

Pour un forfait de 210 jours/an, le SMIC est proratisé par le rapport 210/218 (1 820 × 210/218 pour le SMIC annuel ; 151,67 × 210/218 pour le SMIC mensuel). Il en va ainsi même dans l'hypothèse où l'accord collectif qui encadre les forfaits jours fixe, pour les conventions individuelles signées avec les salariés, un maximum de 212 jours.

Forfaits annuels en heures inférieurs à 1 607 h - Pour les salariés sous convention de forfait en heures sur l'année, le SMIC annuel est corrigé (i.e proratisé) du rapport entre le nombre d'heures inclus dans le forfait et 1 607 h, dans la limite de ces 1 607 heures (BOSS, Allégements généraux, § 960, 01/12/2024).

Exemple

Pour un salarié dont le forfait annuel est fixé à 1 550 h, le SMIC annuel doit être proratisé par le rapport 1 550 h/1 607 h.

L'exemple du *Bulletin officiel de la sécurité sociale (BOSS)** ne le précise pas, mais en application du code de la sécurité sociale, la logique veut que, pour une année complète (hors incident de présence), le SMIC annuel à retenir comme point de départ du calcul, avant application du prorata, est égal à 1820 fois le SMIC horaire (c. séc. soc. art. D. 241-7, II, al. 2). Dans cette optique, pour l'exemple d'un forfait annuel de 1550 h, le SMIC annuel proratisé à utiliser pour calculer le coefficient de la réduction générale serait donc de 1820 h × *SMIC** horaire × 1550 h/1607 h.

Exemple

Dans cette lecture, le SMIC annuel proratisé pour un salarié en forfait annuel de 1550 h serait de 1820 h × *SMIC** horaire × 1550/1607.

Forfaits annuels en heures supérieurs à 1607 h - Le BOSS n'aborde pas expressément la question des forfaits en heures sur l'année supérieurs à 1607 h.

En réponse à la Rédaction de RF Paye, la Direction de la sécurité sociale a indiqué que dans l'hypothèse d'un forfait annuel en heures supérieur à 1607 h, il n'y a pas lieu de mettre en œuvre la règle de réduction du SMIC annuel. Autrement dit, le SMIC annuel n'a pas à être proratisé par rapport à 1607, puisque dans cette hypothèse, le salarié a une durée du travail supérieure à la durée légale (et est donc à temps plein).

En revanche, il faut appliquer la disposition prévoyant de majorer le SMIC du nombre d'heures supplémentaires rémunérées (sans tenir compte des majorations de salaires), conformément à la réglementation (c. séc. soc. art. D. 241-7, II, avant dern. al.) *(voir ci-après)*.

Exemple

Dans cette lecture, pour un salarié dont le forfait annuel est fixé à 1800 h (dont 1800 h – 1607 h = 193 heures supplémentaires), le SMIC annuel à retenir est calculé sur une base de 1820 h + 193 h = 2013 h.

Heures complémentaires et supplémentaires

Incidence sur le paramètre « SMIC » - Le nombre d'heures retenu pour calculer le SMIC est augmenté du nombre d'heures supplémentaires ou complémentaires rémunérées au salarié, sans prise en compte des majorations de salaire (c. séc. soc. art. L. 241-13, III et D. 241-7, II, al. 6).

Ce nombre d'heures supplémentaires ou complémentaires s'ajoute après application des éventuelles règles de proratisation du SMIC liées à l'emploi du salarié (ex. : temps partiel) ou à des incidents de présence (ex. : entrée/sortie en cours de mois ou arrêt maladie).

Exemples

1) Un salarié à temps plein présent toute l'année a reçu la rémunération de 120 heures supplémentaires majorées de 25 %. Le SMIC annuel est pris en compte pour 1820 h + 120 h = 1940 h.

2) Un salarié à temps partiel (32 h/semaine) présent toute l'année a reçu la rémunération de 40 heures complémentaires. Le SMIC annuel est pris en compte pour (1820 h × 32 h/35 h) + 40 h = 1704 h.

3) En janvier, un salarié à temps plein (35 h hebdomadaires) bénéficie de 8 heures supplémentaires effectuées entre la 35e et la 43e heure hebdomadaire et payées à 125 % et 4 heures supplémentaires effectuées au-delà de 43 heures hebdomadaires et payées à 150 %. Le SMIC pour le mois est calculé sur la base de 151,67 + 12 = 163,67 h.

Les heures supplémentaires prises en compte sont celles rémunérées au-delà de la durée légale du travail (35 h hebdomadaires) ou, dans les secteurs concernés, de la durée d'équivalence applicable (ex. : 43 h pour les « grands routiers »).

Si la durée conventionnelle du travail est inférieure à 35 heures par semaine, seules les heures effectuées au-delà de 35 heures peuvent donc permettre de majorer le SMIC (BOSS, Allégements généraux, § 1030, 01/12/2024). Pour les salariés ayant conclu une convention de forfait en heures sur l'année, il s'agit de celles rémunérées au-delà de 1607 heures.

Le cas des salariés dont le contrat de travail contient une convention de forfait d'heures supplémentaires relève du régime des heures supplémentaires structurelles *(voir ci-dessous)*.

Heures supplémentaires « structurelles » - La notion d'heures supplémentaires « structurelles » concerne les salariés rémunérés sur la base d'une durée collective de travail supérieure à 35 h hebdomadaires ainsi que les salariés concernés par une convention de forfait intégrant déjà un certain nombre d'heures supplémentaires (ex. : forfait de 38 h hebdomadaires). Ces heures sont bien considérées comme des heures supplémentaires pour le paramètre SMIC (BOSS, Allégements généraux, §§ 1030 et 1050, 01/12/2024)

L'administration ne le précise pas expressément, mais la logique veut que le nombre d'heures pris en compte pour déterminer le paramètre SMIC soit établi sur la base du nombre d'heures supplémentaires lissé, pour celles de ces heures qui sont incluses dans la durée collective ou dans la convention de forfait.

Réduction générale et heures supplémentaires (janvier 2025)

En janvier 2025, dans une entreprise assujettie au FNAL de 0,50 %, un salarié est rémunéré 14 € de l'heure pour un horaire de 35 heures hebdomadaires (salaire mensuel brut : 2 123,33 €). Son employeur lui verse en plus 140 € au titre de 8 heures supplémentaires effectuées entre la 35e et la 43e heure hebdomadaire et payées à 125 %, et 84 € au titre de 4 heures supplémentaires effectuées au-delà de 43 heures hebdomadaires et payées à 150 %.
La rémunération totale brute est de 2 123,33 + 140 + 84 = 2 347,33 €.

- **Rémunération brute pour le calcul du coefficient :** 2 123,33 + 140 + 84 = **2 347,33 €**.
- **SMIC pris en compte pour le coefficient :** [(1/12 × 1820) + 12] × 11,88 = **1 944,36 €**.
- **Coefficient** (pour le paramètre T provisoire de 0,3234) : 0,3234/0,6 × [(1,6 × 1 944,36/2 347,33) – 1] = **0,1754**.
- **Réduction :** la réduction est égale à la rémunération totale brute soumise à cotisations de sécurité sociale multipliée par le coefficient, soit : 2 347,33 × **0,1754 = 411,72 €**.

Les heures supplémentaires ponctuelles, effectuées au-delà de l'horaire collectif ou du volume du forfait, s'ajoutent en plus.

Exemple

Une entreprise a une durée collective du travail à temps plein de 37 h hebdomadaires. L'horaire collectif de travail comprend donc 2 heures supplémentaires « structurelles » chaque semaine. Sauf incident de présence, le nombre d'heures retenu pour le paramètre « SMIC annuel » au titre d'une année complète est de 1820 + (2 × 52) = 1924 h. Pour le paramètre « SMIC mensuel », le nombre d'heures est de 151,67 h + (2 × 52/12) = 160,33 h.

Si le salarié effectue en plus 3 heures supplémentaires au-delà de 37 h hebdomadaires payées par exemple à 125 %, le SMIC pour le mois est déterminé sur la base de 160,33 h + 3 h = 163,33 h.

Année incomplète et incidents de présence

Salariés entrant ou sortant en cours d'année - La valeur du SMIC retenue pour le mois au cours duquel le salarié entre ou sort de l'entreprise est corrigée du rapport entre la rémunération versée par l'employeur ce mois et celle qui aurait été versée si le salarié n'avait pas été absent, après déduction, pour ces deux salaires, des éléments de rémunération qui ne sont pas affectés par l'absence (c. séc. soc. art. D. 241-7, II, al. 5)

Ne sont donc pas prises en compte dans ce rapport les primes forfaitaires (ex. : prime de vacances) et les diverses indemnités versées à l'occasion de la rupture du contrat de travail (notamment indemnités compensatrices de congés payés et indemnités de fin de contrat) (BOSS, Allégements généraux, § 800, 01/12/2024).

En revanche, ces éléments de salaires restent pris en compte dans la rémunération brute utilisée au dénominateur de la formule de calcul du coefficient de la réduction générale et à laquelle le coefficient est appliqué pour déterminer le montant de la réduction (voir *Réduction générale de cotisations patronales**).

Exemples

Les salariés sont soumis à une durée collective de travail de 35 h hebdomadaires.

1) Un salarié est rémunéré habituellement 2000 € par mois, dont 1500 € de rémunération et 500 € de primes fixes. Le salarié quitte l'entreprise en cours de mois. Sa rémunération est de 750 €, mais sa prime reste de 500 € (soit un total brut de 1250 €).

Le montant de la prime n'est pas pris en compte pour le prorata du SMIC, puisqu'elle n'est pas affectée par le départ en cours de mois. Le SMIC retenu au titre du mois est égal à (35 h × 52/12 × *SMIC** horaire) × 750 €/1500 € = 75,83 *SMIC** horaire.

Les équations de calcul de la réduction générale se présentent comme suit pour le mois :

- coefficient : C = (T/0,6) × [(1,6 × 75,83 × *SMIC** horaire/1250 €) – 1] ;
- montant de la réduction : 1250 € × C.

En pratique, sur janvier 2025, le coefficient C est de 0,0815 avec le paramètre T provisoire de 0,3194 d'une entreprise au FNAL de 0,10 %, et de 0,0825 avec le paramètre T provisoire de 0,3234 d'une entreprise au FNAL de 0,50 %).

2) Un salarié est employé en CDD, pour 2000 € par mois, du 1er janvier à la mi-avril (salaire total brut : 7000 €, dont 1000 € au titre d'avril). Lors de son départ, il perçoit 1470 € au titre d'une indemnité compensatrice de congés payés (ICCP) et d'une indemnité de fin de contrat. Sur l'année, son brut total est de 8470 €.

Le SMIC de janvier à mars est égal à : SMIC horaire × 3 × 35 h × 52/12 = 455 *SMIC** horaire.

Pour avril, l'ICCP et l'indemnité de fin de contrat ne sont pas prises en compte pour le prorata. Le SMIC retenu au titre du mois est égal à (35 h × 52/12 × SMIC horaire) × 1000 €/2000 € = 75,83 *SMIC** horaire.

Au total, le SMIC de janvier à avril est de 455 + 75,83 = 530,83 *SMIC** horaire.

Sur la période (janvier à mi-avril), les équations de calcul de la réduction générale se présentent comme suit pour le mois :
- coefficient : C = (T/0,6) × [(1,6 × 530,83 × *SMIC** horaire/8 470 €) – 1] ;
- montant de la réduction : 8 470 € × C.
En pratique, sur la période de janvier à avril 2025, le coefficient C est de 0,1018 avec le paramètre T provisoire de 0,3194 d'une entreprise au FNAL de 0,10 %, et de 0,1031 avec le paramètre T provisoire de 0,3234 d'une entreprise au FNAL de 0,50 %.

Suspension du contrat de travail avec maintien intégral de la rémunération brute - En cas de suspension du contrat de travail du salarié (quelle qu'en soit la raison) avec maintien de la totalité de la rémunération brute, il convient de retenir le SMIC « habituel », éventuellement proratisé compte tenu de la durée du travail du salarié (temps partiel, etc.) (c. séc. soc. art. D. 241-7, II, al. 4). En pratique, il convient de « faire comme si » le salarié avait été présent.

Exemples

1) Un salarié à temps partiel de 30 h par semaine est absent 14 heures dans le mois. Sa rémunération brute est maintenue et ne tient pas compte de son absence. Le SMIC reste calculé pour ne tenir compte que du temps partiel, soit 151,67 × 30/35.
2) Un salarié à temps plein sur une base de 35 h par semaine est absent 14 heures dans le mois. Sa rémunération brute est maintenue et ne tient pas compte de son absence. Le SMIC retenu au titre du mois d'absence n'est donc pas corrigé pour tenir compte de son absence. Il reste calculé sur une base de 151,67 h.

Lorsque l'horaire collectif de travail prévoit des heures supplémentaires structurelles, la valeur du SMIC tient compte de ces heures structurelles (BOSS, Allégements généraux, § 840, 01/12/2024).

Exemple

Un salarié travaillant à temps plein dans le cadre d'une convention de forfait de 39 h par semaine (35 h + 4 heures supplémentaires structurelles par semaine, soit 169 h sur le mois) est absent 14 heures dans le mois. Sa rémunération brute est maintenue, heures supplémentaires comprises, sans tenir compte de son absence. Le SMIC retenu au titre du mois d'absence tient compte des heures structurelles (SMIC base 169 h) et n'est pas corrigé de l'absence du salarié.

Suspension du contrat de travail sans maintien ou avec maintien partiel de la rémunération brute - La fraction mensuelle du SMIC du mois où a lieu l'absence est corrigée par le rapport entre la rémunération brute effectivement versées, et celle qui aurait été versée si le salarié avait été présent tout le mois. Ces deux salaires sont retenus après déduction, s'il y a lieu, des éléments de rémunération qui ne sont pas affectés par l'absence (c. séc. soc. art. D. 241-7, II, al. 5).

Les *indemnités journalières complémentaires** sont prises en compte dans ce rapport si elles sont financées en partie ou en totalité par l'employeur (et donc soumises à cotisations), même si elles sont versées par un organisme complémentaire (BOSS, Allégements généraux, §§ 850 et 860, 01/12/2024).

On ne tient donc pas compte, pour ce prorata entre la rémunération versée et la rémunération qui aurait été versée, des primes forfaitaires dont le montant reste inchangé malgré l'absence (ex. : prime de vacances), ni des indemnités journalières de sécurité sociale (IJSS), même en cas de subrogation (BOSS, Allégements généraux, §§ 850 et 860, 01/12/2024).

Exemple

Un salarié, soumis à une durée collective de travail de 35 h hebdomadaires, est rémunéré habituellement 2 000 € par mois, dont 1 500 € de rémunération et 500 € de primes fixes. Le salarié, malade une partie du mois, a une rémunération brute soumise à cotisations de 850 € (maintien partiel de salaire compris). Sa prime reste en revanche fixée à 500 €. Le brut total est de 1 350 €.
La prime n'est pas affectée par l'absence. Le prorata pour le SMIC du mois est donc calculé en ignorant la prime : (35 h × 52/12 × *SMIC** horaire) × 850 €/1 500 €, soit 85,94 *SMIC** horaire.
Les équations de calcul de la réduction générale se présentent comme suit pour le mois :
- coefficient : C = (T/0,6) × [(1,6 × 85,94 × *SMIC** horaire/1 350 €) – 1] ;
montant de la réduction : 1 350 € × C.

Dans tous les cas, le prorata du SMIC est effectué le mois sur lequel la rémunération du salarié tient compte de l'absence (BOSS, Allégements généraux, § 880, 01/12/2024).

Exemple

Si un arrêt maladie intervenant sur le mois de février ne passe en paye qu'en mars (donc, salaire de février « normal », incidence de la maladie sur mars seulement), le prorata est effectué en mars. Le même raisonnement s'applique si l'arrêt maladie ne passe en paye qu'en avril (le prorata est effectué en avril).

Lorsque l'horaire collectif de travail prévoit des heures supplémentaires structurelles, le prorata s'applique aux heures structurelles (BOSS, Allégements généraux, §§ 890 et 1050, 01/12/2024).

Exemple

Un salarié, soumis à une durée collective de travail de 39 h hebdomadaires (4 heures supplémentaires

structurelles), est rémunéré habituellement 2 500 € par mois, dont 2 000 € de rémunération et 500 € de primes fixes. En temps normal, le SMIC mensuel est calculé sur une base de 169 h, compte tenu des heures supplémentaires structurelles [151,67 h + (4 h × 52/12)]. Le salarié, absent une partie du mois, a une rémunération brute soumise à cotisations de 1 200 €. Sa prime reste en revanche fixée à 500 €. Le brut total est de 1 700 €.
La prime n'est pas affectée par l'absence. Elle est donc ignorée pour le prorata du SMIC. Compte tenu des heures supplémentaires structurelles, le SMIC retenu au titre du mois est égal à [(35 h + 4 h) × 52/12] × SMIC horaire × 1 200 €/2 000 €, soit 101,40 *SMIC** horaire.
Les équations de calcul de la réduction générale se présentent comme suit pour le mois :
- coefficient : C = (T/0,6) × [(1,6 × 101,40 × *SMIC** horaire/1 700 €) – 1] ;
montant de la réduction : 1 700 € × C.

Salariés non mensualisés ou sans durée du travail

Salariés se trouvant hors du champ de la mensualisation - Certains personnels se trouvent hors du champ de la mensualisation (salariés saisonniers, salariés intermittents, salariés temporaires, notamment) (c. trav. art. L. 3242-1).

Pour les intéressés, le montant du SMIC est corrigé en fonction du rapport entre la durée du travail prévue au contrat du salarié au titre de la période où il est présent dans l'entreprise et la durée légale du travail (1 820 h sur l'année ; 151,67 h sur le mois) (c. séc. soc. art. D. 241-7, II, al. 3 ; BOSS, Allégements généraux, § 900, 01/12/2024).

Exemples

1) Un salarié intérimaire effectue au cours du mois une mission dont la durée est de 48 heures : le montant mensuel du SMIC est ajusté en fonction du rapport 48/151,67.
2) Un salarié intérimaire effectue une mission de 4 mois sur la base d'un horaire hebdomadaire de 35 heures (7 h par jour). Pour les mois de 23 jours ouvrés : le montant mensuel du SMIC est corrigé en fonction du rapport 161/151,67. Le SMIC est pris en compte pour 154/151,67 pour 22 jours ouvrés.

Dans le cas d'une absence du salarié avec maintien partiel ou sans maintien de la rémunération, le SMIC ainsi déterminé est affecté du rapport entre la rémunération brute soumise à cotisations de sécurité sociale résiduelle et la rémunération brute que le salarié aurait eu s'il n'avait pas été absent, en ne tenant compte que des éléments de rémunérations affectées par l'absence *(voir plus haut)* (BOSS, Allègements généraux, § 910, 01/12/2024).

Salariés rémunérés sans durée de travail (à la tache ou sans horaire) - Cette situation, toujours délicate, a été envisagée par les pouvoirs publics (c. séc. soc. art. D. 241-7, II, al. 3 ; BOSS, Allégements généraux, § 920, 01/12/2024). Les catégories de salariés visés ne sont pas précisées, mais à notre sens, il s'agit, par exemple des salariés rémunérés à la tâche, au rendement, à la pige, des VRP sans horaire, etc.

L'employeur doit au préalable déterminer le nombre de jours de travail auquel se rapporte la rémunération versée, notamment au vu des échéances d'accomplissement des travaux prévus au contrat. Cette durée est convertie en heures, à raison de 7 h par jour (sauf si un horaire différent peut être prouvé).

En tout état de cause, le SMIC ainsi déterminé ne peut jamais être pris en compte pour une durée supérieure à la durée légale du travail (1 820 h sur l'année ou 1/12 de ce montant sur le mois) ou à la durée collective applicable dans l'établissement où est employé le salarié.

Exemples

1) Un ouvrier à la tâche est rémunéré pour un travail commandé sur le premier trimestre d'une année. La période de travail, qui est supposée correspondre à 63 jours pour les besoins de cet exemple, équivaut donc à 441 heures de travail (63 × 7). Le SMIC est corrigé de la façon suivante : SMIC annuel × (441/1 820), soit 1820 × *SMIC** horaire × 441/1 820 = 441 *SMIC** horaire.
2) Pour un VRP pour lequel l'employeur a pu dire qu'il a effectué 10 jours de travail au cours du mois de février (soit 70 h), le SMIC mensuel pris en compte pour ce mois se détermine comme suit : 151,67 × *SMIC** horaire × 70 h/151,67 h = 70 *SMIC** horaire.

Si l'employeur ne peut pas déterminer le nombre de jours de travail auxquels se rapporte la rémunération versée, la valeur annuelle du SMIC correspond au produit du SMIC horaire par la durée légale du travail (1 820 h sur l'année) ou par la durée collective applicable dans l'établissement où est employé le salarié (BOSS, Allégements généraux, § 920, 01/12/2024).

Exemples

1) Un salarié est rémunéré 20 000 € sur l'année dans une entreprise appliquant la durée légale de travail de 35 heures. La durée légale de travail est de 1 820 h sur l'année. Le SMIC annuel est pris en compte pour la durée légale, soit 1 820 h × *SMIC** horaire.
2) La solution est identique pour un salarié rémunéré 14 000 € sur l'année dans une entreprise appliquant la

durée légale de travail de 35 heures. La durée légale de travail est de 1 820 h sur l'année, le SMIC annuel se calcule donc de la même façon.

Transport routier de marchandises (« Grands routiers » et « Courtes distances »)

Majoration du SMIC - L'employeur peut appliquer un coefficient particulier dans la formule de calcul du coefficient de la réduction générale des personnels roulants marchandises « Grands routiers/Longues distances » et « Courtes distances » (voir *Réduction générale de cotisations patronales**).

En pratique, cela revient à majorer le SMIC dans les conditions suivantes.

Conducteurs « Grands routiers/Longues distances » - Le paramètre SMIC est majoré d'un coefficient spécifique, fixé à 45/35 pour les personnels roulants « Grands routiers/Longue distance » soumis à une durée d'équivalence de 43 h hebdomadaires (c. séc. soc. art. D. 241-10, I).

Si le salarié effectue des heures supplémentaires au-delà de la durée d'équivalence, le coefficient de 45/35 s'applique au SMIC avant prise en compte des heures supplémentaires ou complémentaires. Ces dernières sont prises en compte pour leur nombre nominal, sans application du coefficient de 45/35 (BOSS, Allégements généraux, § 1080, 01/12/2024).

Exemple

Pour un « Grand routier » à 43 h hebdomadaires, le SMIC pour un mois complet est de 45/35 × 151,67 × *SMIC** horaire et pour une année complète de 45/35 × 1 820 × *SMIC** horaire. Si le salarié a effectué sur un mois de l'année 4 heures supplémentaires au-delà de 43 h, le SMIC sur le mois est de [(45/35 × 151,67) + 4 h] × *SMIC** horaire. Sur l'année, le SMIC est de [(45/35 × 1 820) + 4 h] × *SMIC** horaire.

Conducteurs « Courtes distances » - Pour un « Courtes distances » (hors transporteurs de fonds et conducteurs de messagerie) soumis à une durée d'équivalence de 39 h hebdomadaires, le paramètre SMIC est affecté d'un coefficient de 40/35 (c. séc. soc. art. D. 241-10, I).

Si le salarié effectue des heures supplémentaires au-delà de la durée d'équivalence, le coefficient de 40/35 s'applique au SMIC avant prise en compte des heures supplémentaires. Ces dernières sont prises en compte pour leur nombre nominal, sans application du coefficient de 40/35 (BOSS, Allégements généraux, § 1080, 01/08/2024).

Exemple

Pour un « Courtes distances » à 39 h hebdomadaires, le SMIC pour un mois complet est de 40/35 × 151,67 × *SMIC** horaire et pour une année complète de 40/35 × 1 820 × *SMIC** horaire. Si le salarié a effectué sur un mois de l'année 5 heures supplémentaires au-delà de 39 h, le SMIC sur le mois est de [(40/35 × 151,67) + 5 h] × *SMIC** horaire. Sur l'année, le SMIC est de [(40/35 × 1 820) + 5 h] × *SMIC** horaire.

Durée du travail inférieure à la durée d'équivalence - Pour les « Grands routiers/Longues distances », le rapport 45/35 correspond à la durée d'équivalence de 43 h par semaine fixée par décret (décret 83-40 du 26 janvier 1983, art. 5, 3°, al. 2). Le chiffre de 45 tient compte des majorations applicables aux heures d'équivalence effectuées au-delà de 35 h et jusqu'à la 43e heure incluse (43 h + 8 majorations de 25 % = 45 h).

Pour les « Courtes distances », le rapport 40/35 correspond à la durée d'équivalence de 39 h par semaine fixée par décret (décret 83-40 du 26 janvier 1983, art. 5, 3°, al. 3). Le chiffre de 40 tient compte des majorations applicables aux heures d'équivalence effectuées au-delà de 35 h et jusqu'à la 39e heure incluse (39 h + 4 majorations de 25 % = 40 h).

Dès lors, si la rémunération versée, hors heures supplémentaires, est établie sur la base d'une durée inférieure à la durée d'équivalence (45 h pour les « Grands routiers/Longues distances » ; 39 h pour les « Courtes distances »), le rapport 45/35 ou 40/35 doit être ajusté dans la même proportion (c. séc. soc. art. D. 241-10, I ; BOSS, Allégements généraux, § 1080, 01/12/2024).

Exemples

1) Un « Grand routier » est soumis à une durée du travail de 42 h hebdomadaires, ce qui comprend 42 h + 7 majorations de 25 %, soit l'équivalent de 43,75 h, le coefficient est de « 43,75/35 » au lieu de « 45/35 ». S'il est soumis à une durée du travail de 40 h hebdomadaires, ce qui comprend 40 h + 5 majorations de 25 %, soit l'équivalent de 41,25 h rémunérées, le coefficient est de « 41,25/35 » au lieu de « 45/35 » *(voir tableau)*.

Coefficient de correction selon la durée collective du travail

Durée d'équivalence hebdomadaire	35 h	36 h	37 h	38 h	39 h	40 h	41 h	42 h	43 h
Valeur du coefficient	-	36,25/35	37,5/35	38,75/35	40/35	41,25/35	42,5/35	43,75/35	45/35

2) Un « Courte distance » est soumis à une durée du travail de 38 h hebdomadaires, ce qui comprend 38 h + 3 majorations de 25 %, soit l'équivalent de 38,75 h, le coefficient est de « 38,75/35 » au lieu de « 40/35 » *(voir tableau)*. S'il est soumis à une durée du travail de 36 h hebdomadaires, ce qui comprend 36 h + 1 majoration de 25 %, soit l'équivalent de 36,25 h rémunérées, le coefficient est de « 36,25/35 » au lieu de « 40/35 ».

3) Quant à un « Grand routier » ou un « Courte distance » qui serait uniquement soumis à une durée du travail de 35 h, le coefficient spécifique serait égal à 35/35, soit 1. En pratique, il serait donc neutre et on retomberait sur le SMIC habituel (1 820 h pour une année complète, ou 151,67 h pour un mois).

Heures d'amplitude, d'attente et de coupure - L'administration admet, par tolérance, que l'ajustement du coefficient de correction s'applique également pour les conducteurs routiers « Longues distances » et « Courtes distances », s'agissant des heures d'amplitude, d'attente et de coupure qui ne constituent pas du temps de travail effectif mais font l'objet, en application d'une convention ou d'un accord collectif étendu en vigueur au 1er janvier 2010, d'un complément de rémunération au-delà du temps de service (BOSS, Allégements généraux, § 1090, 01/12/2024).

Dans ce cas, le numérateur du coefficient spécifique est majoré de la rémunération de ces temps convertis en heures (il ne peut pas y avoir de majoration sans rémunération). Ainsi, une heure d'amplitude, d'attente ou de coupure payée 50 % d'une heure normale compte pour 0,5 h.

Exemples

1) Un conducteur « Longues distances » est soumis à la durée d'équivalence de 43 h hebdomadaires (dont 8 h d'équivalence). Le coefficient de majoration du SMIC est de 45/35 *(voir tableau)*. Il bénéficie également de 4 heures de temps de coupure rémunérées à 50 %. Le coefficient de correction du SMIC est donc finalement de 47/35 (47 = 45 + 2 h de conversion pour les 4 heures de pause payées à 50 %).

2) Un conducteur « Courtes distances » est rémunéré pour 39 h hebdomadaires (soit 5 h d'équivalence). Le coefficient de majoration du SMIC est de 40/35 *(voir tableau)*. Il bénéficie également de 4 heures de temps de coupure rémunérées à 50 % et de 3 heures supplémentaires. Le coefficient de correction du SMIC est donc finalement de 45/35 (44 = 40 + 2 h de conversion pour les 4 heures de pause rémunérées à 50 % + 3 h pour les heures supp').

Changement de régime d'équivalence ou dans le rapport durée du travail/durée légale - Il peut arriver que le rapport entre la durée de travail sur la base de laquelle la rémunération est due et la durée légale de travail évolue en cours d'année, ou que le salarié change de régime d'équivalence (conducteurs alternativement « Longues distances » et « Courtes distances »).

Dans ces cas, la valeur du coefficient de correction pour l'ensemble de l'année est égale à la moyenne des valeurs déterminées pour les périodes antérieures et postérieures à l'évolution, à proportion de la part de ces périodes sur la totalité de l'année (BOSS, Allégements généraux, § 1100, 01/12/2024).

Exemple

Un conducteur « Courtes distances » rémunéré pour 39 h hebdomadaires de janvier à mars (3 mois) devient « Longues distances » payé pour 43 h hebdomadaires d'avril à décembre (9 mois). La valeur du SMIC à retenir pour l'ensemble de l'année est égale à (SMIC annuel × 3/12 × 40/35) + (SMIC annuel × 9/12 × 45/35).

Personnel roulant « Voyageurs »

Pour ces salariés, l'employeur doit appliquer la formule de calcul du coefficient de la réduction prévue pour le cas général (voir *Réduction générale de cotisations patronales**). Cependant, l'administration a admis une tolérance spécifique pour le paramètre « SMIC ».

La convention collective nationale des transports routiers et activités auxiliaires du transport du 21 décembre 1950 prévoit, pour le personnel roulant « Voyageurs », une indemnisation des coupures entre deux vacations et une indemnisation en cas d'amplitude de la journée de travail supérieure à 12 heures (BOSS, Allégements généraux, § 1130, 01/12/2024).

Bien que ne constituant pas du travail effectif, ces temps ouvrent droit à une indemnisation (selon les cas, 25 %, 50 % ou 65 % du temps correspondant). L'administration admet que pour ces salariés, la valeur du SMIC puisse être majorée. Pour ce faire, la rémunération de ces temps de coupure et d'amplitude est convertie en heures, ce nombre d'heures venant s'ajouter pour déterminer le paramètre SMIC (BOSS, Allégements généraux, § 1130, 01/12/2024).

Exemples

1) Un salarié roulant « voyageur » est soumis à une durée de travail effectif de 35 h hebdomadaires. Il bénéficie de 4 h de temps de coupure payées à 50 % et effectue 3 heures supplémentaires. Sur le mois en cause, le SMIC est majoré de 2 h de temps de coupures (4 h à 50 %) et de 3 heures supplémentaires, soit 151,67 + 2 + 3 = 156,67 h.

2) Un salarié roulant « voyageurs » est soumis à une durée de travail effectif de 25 heures hebdomadaires. Il bénéficie de 4 h de temps de coupure payées à 25 % de 1 h de travail en plus, 2 h de temps de coupure payées à 50 % d'1 h de travail en plus et d'un dépassement d'amplitude de 3 h (au-delà de 12 h) rémunérées chacune à 100 % d'une heure de travail. Le SMIC est majoré de 5 h, dont 2 h au titre du temps de coupures (4 h à 25 % et 2 h à 50 %) et 3 h au titre des temps d'amplitude (3 h à 100 %). Le nombre d'heures sur le mois pour le paramètre SMIC est de (25 × 52/12) + 5 = 113,33 h.

Cotisation d'allocations familiales ; Cotisation d'assurance maladie-maternité-invalidité ; Réduction générale de cotisations patronales ; SMIC.

Réductions tarifaires préférentielles

Régime social

Tolérance de l'administration : exonération du rabais limité à 30 % - L'*avantage en nature** attribué aux salariés résultant de la fourniture à un tarif préférentiel de biens ou services vendus par l'entreprise bénéficie d'une tolérance en matière de cotisations et contributions sociales (BOSS, Avantages en nature, § 1140, 01/02/20025).

Ainsi, les biens et services vendus par l'entreprise (y compris ceux achetés auprès de fournisseurs) ne constituent pas des avantages en nature lorsqu'ils sont vendus aux salariés, dès lors que la réduction tarifaire appliquée n'excède pas 30 % du prix de vente public normal (BOSS, Avantages en nature, § 1150, 01/02/20025).

▶ À noter... Avant le 1er octobre 2024, la tolérance visait les « produits et services réalisés par l'entreprise », ce qui excluait les produits et services acquis par l'entreprise auprès d'un fournisseur ou d'une autre entreprise (BOSS, Avantages en nature, § 1030, en vigueur avant le 01/10/2024).

L'évaluation doit être effectuée par référence au prix de vente public normal, toutes taxes comprises (TTC), pratiqué par l'employeur à un consommateur non salarié de l'entreprise, pour le même bien ou le même service (BOSS, Avantages en nature, § 1160, 01/02/20025).

Pour une entreprise qui vend des biens uniquement à des détaillants, le prix à retenir est le prix TTC le plus bas pratiqué dans l'année pour la vente du même produit à ses clients détaillants. Si le produit est habituellement commercialisé par des détaillants, c'est le prix le plus bas pratiqué dans l'année par l'employeur pour la vente du même produit au détail à la clientèle qui est pris en compte. En cas de solde, c'est donc le prix soldé qui doit être retenu (BOSS, Avantages en nature, § 1210, 01/02/20025).

Fourniture gratuite ou rabais supérieur à 30 % : avantage en nature - Lorsque la fourniture est gratuite ou lorsque la remise dépasse 30 % du prix de vente normal, il convient de réintégrer la totalité de l'avantage en nature dans l'assiette des cotisations (BOSS, Avantages en nature, § 1150, 01/02/20025).

À titre d'illustrations ont été considérés comme des avantages en nature :
- des voyages gratuits offerts par une société de transport à ses salariés (cass. civ., 2e ch., 18 octobre 2005, n° 04-13299 D) ;
- des cigarettes distribuées gratuitement au personnel par un fabricant (cass. soc. 4 mai 1983, n° 82-11594, BC V n° 232) ;
- la fourniture gratuite de charbon (cass. soc. 8 janvier 1976, n° 74-13335, BC V n° 10) ;
- la fourniture gratuite de pneus par un fabricant à ses salariés (cass. soc. 14 décembre 1988, n° 86-10311, BC V n° 665) ;
- la fourniture gratuite par une société de télévision d'un décodeur et d'un abonnement gratuits à ses salariés (cass. civ., 2e ch., 8 octobre 2009, n° 08-20707, BC II n° 241) ;
- le service au domicile de tous les salariés d'un abonnement gratuit au quotidien édité par l'employeur (cass. civ., 2e ch., 11 septembre 2008, n° 07-18792, BC II n° 194).

La remise gratuite de produits de l'entreprise à d'anciens salariés (ex. : des retraités) constitue également un *avantage en nature** soumis à cotisations, puisque cet avantage leur est accordé en raison de leur appartenance passée à l'entreprise. Ce principe peut être déduit d'une solution rendue à propos de la fourniture d'un abonnement téléphonique gratuit aux anciens agents retraités d'une entreprise de téléphonie (cass. civ., 2e ch., 17 septembre 2009, n° 08-12071, BC II n° 220).

Produits défectueux à prix cassés - Lorsque l'employeur propose aux salariés des tarifs « bradés » sur des produits défectueux, l'importance de la remise ne doit pas s'apprécier par rapport au prix public d'origine. La jurisprudence permet de se référer aux prix auxquels ils auraient été revendus à des soldeurs (cass. civ., 2e ch., 16 décembre 2011, n° 10-26878, BC II n° 232).

Exemple

Un employeur propose à ses salariés, pour 5 % du prix public, des produits défectueux retournés par les distributeurs ou les clients et impropres à la consommation qui, dans le meilleur des cas, auraient pu être revendus à des soldeurs pour 10 à 15 % du prix public. Le seuil de rabais maximal de 30 % s'apprécie par rapport au prix fixé pour les soldeurs, et non par rapport au prix d'origine fixé pour les clients (cass. civ., 2e ch., 16 décembre 2011, n° 10-26878, BC II n° 232).

Biens ou services accordés par une autre entreprise - La tolérance concernant les biens ou services vendus par l'entreprise qui emploie le salarié *(voir plus haut)*, l'avantage tarifaire qui est accordé au salarié par une autre société du groupe ou par une entité d'une unité économique et sociale, qui n'est pas son employeur, doit être réintégré dans l'assiette des cotisations et contributions sociales pour la totalité de sa valeur (BOSS, Avantages en nature, § 1180, 01/02/20025).

Exemples

Les remises consenties par des sociétés d'un groupe aux salariés d'autres sociétés du même groupe constituent des avantages en nature soumis à cotisations, y compris si elles ne dépassent pas 30 % du prix normal (cass. civ., 2e ch., 28 mars 2006, n° 04-30211, BC II, n° 125 ; cass. civ., 2e ch., 14 septembre 2006, n° 05-11840, BC II n° 234 ; cass. civ., 2e ch., 1er juillet 2010, n° 09-14364, BC II n° 132 ; cass. civ., 2e ch., 16 février 2012, n° 11-10457 D).

De même, les réductions tarifaires consenties au personnel sur des véhicules de tourisme neufs par le groupe Fiat auquel l'entreprise appartenait constituent des avantages en nature soumis à cotisations, puisque ces conditions préférentielles d'achats ne portaient pas sur des véhicules fabriqués par l'employeur (cass. soc. 13 janvier 2011, n° 10-30565 D).

En outre, des réductions tarifaires accordées à des salariés ou anciens salariés par une entreprise, autre que leur employeur et appartenant à un groupe d'entreprises auquel leur employeur a cessé d'appartenir, constituent des avantages en nature assujettis à cotisations et contributions sociales (BOSS, Avantages en nature, § 1190, 01/02/20025).

De même, l'octroi aux salariés d'un groupe d'une carte émise par la société financière de ce groupe qui leur permet de bénéficier de remises lors du passage en caisse pour l'achat de produits et services auprès de l'ensemble des sociétés dudit groupe constitue un avantage en nature assujetti à cotisations et contributions sociales (BOSS, Avantages en nature, § 1200, 01/02/20025).

Carte de service octroyée par les entreprises de transports urbains - La carte de service remise gratuitement par les opérateurs de transport urbain à leurs salariés pour effectuer les trajets entre leur domicile et leur lieu de travail ou des déplacements liés à l'exercice de leurs missions professionnelles ne constitue pas un avantage en nature (BOSS, Avantages en nature, § 1360, 01/02/20025).

En revanche, lorsque la carte de service est utilisée par le salarié dans un usage exclusivement privé, ou lorsqu'une carte de circulation est remise à des ayants droit de salariés, à d'anciens salariés à la retraite ou à leurs ayants droit, cette carte constitue un avantage en nature.

Les modalités d'évaluation de cet avantage en nature et de recouvrement des cotisations et contributions sociales dues sont définies par convention entre l'*ACOSS** (ou URSSAF Caisse nationale) et les organisations professionnelles représentatives des employeurs concernés sur la base de l'estimation globale des pertes de recettes correspondantes pour l'employeur.

Banques - Sur les avantages spécifiques alloués au personnel des établissements de crédits, voir *Banques (avantages accordés par les)**.

Régime fiscal

L'administration fiscale a une position analogue à celle retenue en matière sociale (BOFiP-RSA-BASE-20-20-§ 320-16/04/2024).

Il n'y a pas d'avantage en nature lorsque les salariés reçoivent ou achètent à des conditions préférentielles des biens ou services produits ou vendus par leur entreprise, dès lors que la réduction tarifaire n'excède pas 30 % du prix public TTC pratiqué par l'employeur pour le même produit ou service vendu à un consommateur non salarié de l'entreprise.

Le prix public TTC de référence à retenir est déterminé de la même manière qu'en matière sociale *(voir plus haut)*.

Tolérance spécifique pour les invendus non alimentaires

Exonération sociale du rabais limité à 50 % - Les employeurs qui accordent à leurs salariés des réductions tarifaires jusqu'à 50 % du prix de vente public normal TTC sur les produits qui ne peuvent pas ou ne peuvent plus être vendus par l'entreprise qui les emploie, ou par toute entreprise du groupe auquel ils appartiennent, bénéficient d'une exonération de cotisations et contributions (y inclus CSG/CRDS). La réduction tarifaire doit respecter la limite du seuil de revente à perte (c. com. art. L. 442-5) et concerner des produits initialement destinés à la vente qui ne peuvent plus être vendus (c. séc. soc. art. L. 136-1-1, III, 8° et L. 242-1). En revanche, une remise gratuite reste, a priori, un avantage en nature.

Pour apprécier la notion d'invendu, il est fait référence à la fin de mise à disposition du produit sur le marché. Les produits dont la fin de mise à disposition a été ordonnée par une autorité publique ne peuvent toutefois être considérés comme des invendus (BOSS, Avantages en nature, § 1220, 01/02/20025).

Selon le *Bulletin officiel de la sécurité sociale (BOSS)**, l'exonération est cantonnée aux produits non alimentaires (BOSS, Avantages en nature, § 1220, 01/02/20025).

Lorsque la remise est supérieure à 50 %, alors la totalité de l'avantage en nature est réintégrée dans l'assiette des cotisations (BOSS, Avantages en nature, § 1070, 01/02/20025).

Régime fiscal - À l'heure où nous rédigeons ces lignes, l'administration fiscale ne s'est pas encore prononcée sur ce point précis. Toutefois, cet avantage n'étant pas constitutif d'un avantage en nature (sous réserve du respect des limites évoquées ci-dessus), la logique voudrait qu'il n'entre pas dans l'assiette de l'impôt sur le revenu.

Une précision de l'administration fiscale serait la bienvenue.

☛ *Avantage en nature ; Banques (avantages accordés par les) ; Technologies de l'information et de la communication ; Véhicule.*

Régime de retraite à prestations définies

Principes

Notion de prestations définies - Les régimes de retraite à prestations définies sont des régimes de *retraite supplémentaire** mis en place par l'entreprise afin de compléter les pensions versées par le régime de base et les régimes de retraite complémentaire, en garantissant au salarié un certain niveau de pension de retraite.

Ce type de régime assure un montant de pension déterminé à l'avance, alors que dans les régimes à cotisations définies, le montant de la pension est uniquement lié aux cotisations versées.

Trois types de régime sont généralement proposés (circ. DSS/5B/5C 2004-105 du 8 mars 2004) :

- les régimes différentiels (appelés aussi « chapeaux ») : dans ce type de régime, l'entreprise garantit un niveau global de retraite exprimé en pourcentage du dernier salaire, tous régimes confondus. Le montant que l'entreprise doit verser au retraité correspond donc à la différence entre le niveau global garanti et les prestations de retraite servies par les régimes obligatoires (régime général, AGIRC/ARRCO, etc.) ;
- les régimes « additifs » : dans ce cas, l'entreprise garantit un niveau de retraite s'ajoutant aux prestations des autres régimes (le montant de la prestation est donc indépendant des pensions servies par le régime de base et les régimes complémentaires de retraite, il vient s'y ajouter) ;
- les régimes « mixtes » : l'entreprise garantit à la fois un niveau global de retraite et un montant (le régime combine les deux caractéristiques).

Mode de gestion - Les régimes à prestations définies mis en place depuis le 1er janvier 2010 doivent exclusivement être gérés par un organisme externe (mutuelle, assurance ou institution de prévoyance) (c. séc. soc. art. L. 137-11, V).

Depuis cette date, on ne peut donc plus mettre en place un régime à gestion interne.

Régime des contributions patronales - Pour ce qui concerne le régime social des contributions patronales qui financent ces régimes, deux situations sont possibles *(voir ci-après)*.

Nouveau paysage juridique

Dans le prolongement de la loi PACTE du printemps 2019, une ordonnance a défini un nouveau cadre juridique pour les régimes de retraite supplémentaire à prestations définies, celui des régimes dits « à droits certains » (ord. 2019-697 du 3 juillet 2019, JO du 4).

Ce cadre juridique se substitue à celui des régimes dits « à droits aléatoires », sauf pour ceux qui étaient fermés à de nouvelles affiliations depuis au moins le 20 mai 2014. Ces anciens régimes continuent à relever de leur régime propre.

Régimes « à droits certains »

Définition - L'employeur peut mettre en place au profit de ses salariés des régimes à prestations définies qui ouvrent des droits payables au plus tôt à la date de liquidation de la pension de retraite de base ou à l'âge légal de départ en retraite et qui restent acquis au bénéficiaire s'il quitte l'entreprise (c. ass. art. L. 143-0 ; c. mutualité art. L. 222-2-1 ; c. séc. soc. art. L. 932-39-1).

Le régime peut exiger du bénéficiaire une durée de présence minimale dans l'entreprise. Il peut aussi exiger une durée de cotisations. Mais la somme de ces deux durées ne doit pas excéder 3 ans. En outre, le régime peut subordonner l'acquisition des droits à retraite à une condition d'âge minimal du bénéficiaire, qui ne peut pas être supérieur à 21 ans.

Si le salarié quitte l'entreprise avant d'avoir acquis ses droits à retraite (ex. : ancienneté non remplie), les cotisations sont remboursées. S'il quitte l'entreprise avant la liquidation de sa retraite, ses droits définitivement acquis sont revalorisés comme ceux des bénéficiaires qui sont encore dans l'entreprise ou selon le taux de revalorisation des prestations de pension servies.

▶ À noter… Ces régimes sont dits à « droits certains » dans la mesure où le bénéficiaire ne perd pas les droits acquis en cas de départ de l'entreprise, par opposition aux anciens régimes dits à « droits aléatoires » qui conditionnaient l'ouverture des droits à l'achèvement par le bénéficiaire de sa carrière dans l'entreprise (si le bénéficiaire quittait l'entreprise avant, il perdait ses droits).

Les prestations doivent être exprimées sous forme de rente. Le montant garanti de la rente, qui constitue l'engagement de retraite supplémentaire, doit être indiqué de façon irrévocable dans le règlement du régime, en pourcentage de la rémunération ou en euros (instr. DSS/3C/5B 2020-237 du 23 décembre 2020, fiche 1, § 2). En cas de décès du bénéficiaire, les régimes peuvent prévoir le versement des droits sous forme de rente ou de capital aux ayants droit. Les employeurs ont aussi la possibilité de prévoir les modalités de réversion de la pension dans le règlement du régime et le contrat (instr. DSS/3C/5B 2020-237 du 23 décembre 2020, fiche 1, § 3).

Régime social - Si le régime « à droits certains » répond aux conditions requises, l'employeur est redevable d'une contribution de 29,7 % calculée sur les sommes versées au titre du financement du contrat de retraite à prestations définies (voir *Contribution sur les régimes de retraite à prestations définies**) (c. séc. soc. art. L. 137-11-2).

En contrepartie, les contributions patronales finançant ces régimes sont totalement exonérées de CSG/CRDS, de cotisations de sécurité sociale et des charges ayant la même assiette (c. séc. soc. art. L. 136-1-1, III, 2° e et L. 242-1, I). En outre, lors des calculs de réintégration sociale, elles doivent être ignorées dans les comparaisons avec les limites d'exonération [voir *Cotisations de retraite et de prévoyance (régime social)**].

Il n'y a pas non plus de *forfait social**, puisque ses conditions d'application ne sont pas réunies.

Anciens régimes « à droits aléatoires »

Définition - Par régimes « à droits aléatoires », on désigne les régimes de retraite à prestations définies qui lient l'ouverture des droits à l'achèvement par le bénéficiaire de sa carrière dans l'entreprise et dont le financement n'est pas individualisé salarié par salarié (c. séc. soc. art. L. 137-11). Les deux critères (ouverture du droit, financement) sont cumulatifs.

Depuis le 4 juillet 2019, on ne peut (c. séc. soc. art. L. 137-11, VI).
- ni mettre en place un régime de ce type ;
- ni affilier de nouveaux adhérents à un régime de ce type mis en place antérieurement.

Par ailleurs, le cadre juridique des régimes à « droits certains » *(voir ci-avant)* s'applique aux contrats de retraite professionnelle qui étaient en cours au 4 juillet 2019, pour les droits afférents aux périodes d'emploi accomplies depuis 1er janvier 2020 (ord. 2019-697 du 3 juillet 2019, art. 6, JO du 4). En principe, tous ces anciens régimes sont donc censés avoir été adaptés au nouveau cadre juridique.

En revanche, les contrats à droits aléatoires fermés à de nouvelles affiliations depuis au moins le 20 mai 2014 continuent à relever de l'ancien régime *(exposé ci-dessous)* (c. ass. art. L. 143-0 ; c. mutualité art. L. 222-2-1 ; c. séc. soc. art. L. 932-39-1).

Régime social - Pour les régimes « à droits aléatoires » qui fonctionnent encore (depuis 2020, uniquement ceux fermés à de nouvelles affiliations depuis au moins le 20 mai 2014), l'employeur est redevable d'une contribution calculée soit à l'entrée (assujettissement sur le financement patronal au taux de 48 % ou 24 % selon le cas), soit à la sortie (assujettissement sur les rentes au taux de 32 % ou 16 % selon le cas) (voir *Contribution sur les régimes de retraite à prestations définies**) (c. séc. soc. art. L. 137-11).

En contrepartie, les contributions patronales finançant ces régimes sont totalement exonérées de CSG/CRDS, de cotisations de sécurité sociale et des charges ayant la même assiette (c. séc. soc. art. L. 136-1-1, III, 2° e et L. 242-1, I). En outre, lors des calculs de réintégration sociale, elles doivent être ignorées dans les comparaisons avec les limites d'exonération [voir *Cotisations de retraite et de prévoyance (régime social)**].

Il n'y a pas non plus de *forfait social**, puisque ses conditions d'application ne sont pas réunies.

▶ À noter… Dans un arrêt d'espèce, la Cour de cassation a précisé que si le règlement de l'institution de retraites supplémentaires pose le principe de l'achèvement de la carrière dans l'entreprise tout en prévoyant, dans l'intérêt du salarié, une exception à cette règle lorsque l'intéressé ne peut y achever sa carrière pour une raison indépendante de sa volonté, le régime n'est pas considéré comme subordonnant le droit à la retraite supplémentaire à la fin de carrière dans l'entreprise (cass. civ., 2e ch., 12 juillet 2018, n° 17-22521 D).

Transfert vers un nouveau régime « à droits certains » - Les engagements d'un régime de retraite à prestations définies conditionnant les droits du salarié à l'achèvement de sa carrière dans l'entreprise (dits « à droits aléatoires ») antérieur à la réforme initiée par l'ordonnance du 3 juillet 2019 peuvent, dans certaines limites et le cas échéant moyennant une contribution libératoire, être transférés par l'employeur sur un contrat « à droits certains » (ord. 2019-697 du 3 juillet 2019, art. 5, II, JO du 4).

Autres régimes à prestations définies

Régimes à gestion externe - Le régime de droit commun d'exclusion d'assiette sous plafond n'est pas réservé aux régimes de retraite à « cotisations définies ».

Un système de retraite à prestations définies n'entrant pas dans le champ des contributions spécifiques peut donc être exonéré, dans la limite de droit commun (c. séc. soc. art. L. 242-1 et D. 242-1) [voir *Cotisations de retraite et de prévoyance (régime social)**].

Mais pour cela, il doit répondre à l'ensemble des conditions générales : caractère collectif et obligatoire, versement des prestations par un organisme habilité, etc. (voir *Régimes de retraite supplémentaire et de prévoyance complémentaire** et *Retraite supplémentaire**).

▶ À noter… Des modifications unilatérales apportées par l'employeur à un régime de retraite supplémentaire à prestations définies et garanties (dit « à droits certains ») ne sont pas opposables aux anciens salariés. Seules celles issues d'un accord collectif permettent cette opposabilité (cass. soc. 19 janvier 2022, n° 19-23272 FSB).

Une règle particulière s'applique aux régimes institués avant le 1er janvier 2005. Ceux-ci ouvrent droit au régime social de faveur dans la limite du seuil de droit commun, à condition :
- de respecter les conditions générales d'exonération : régime collectif et obligatoire, mises en place selon certaines procédures, versement des prestations par un organisme habilité (voir *Régimes de retraite supplémentaire et de prévoyance complémentaire**) ;
- et de ne plus accepter de nouveaux adhérents depuis le 30 juin 2008.

Par dérogation, ces régimes antérieurs à 2005 ne sont pas soumis au respect des conditions applicables tenant à la définition des opérations de retraite financées (voir *Retraite supplémentaire**) (loi 2003-775 du 21 août 2003, art. 113, IV ; circ. DSS/5B 2009-32 du 30 janvier 2009, fiche 8, § II abrogée).

▶ À noter… Les statuts, les règlements ou tout avenant aux actes juridiques instituant ces régimes ont dû prévoir expressément, avant le 1er juillet 2008, l'interdiction de toute nouvelle adhésion à compter du 30 juin 2008. En l'absence d'une telle modification, ces régimes ne bénéficient plus du régime social de faveur depuis le 1er juillet 2008.

Régimes à gestion interne - Les régimes de retraite à prestations définies à gestion interne qui entrent dans le champ de la contribution spécifique relèvent du régime correspondant : paiement d'une contribution spécifique en lieu et place du régime d'exonération dans la limite du plafond réglementaire *(voir plus haut)*.

En dehors de cette hypothèse, les contributions patronales qui financent des régimes de retraite à prestations définies à gestion interne (c'est-à-dire non gérés par un organisme tiers) ne sont pas exonérées. Ainsi, l'intégralité du financement patronal est assujettie à cotisations sociales dès le premier euro (circ. DSS/5B 2009-32 du 30 janvier 2009, fiche 8, § II abrogée).

L'assiette des cotisations de sécurité sociale est alors déterminée de la manière suivante :
- si l'entreprise comptabilise une provision pour engagements de retraite, l'assiette est constituée de la partie de la dotation correspondant au coût des services rendus au cours de l'exercice ;
- si l'entreprise ne constitue pas de provision pour la totalité de son engagement, l'assiette comprend également la part de l'engagement de retraite non comptabilisé et constaté obligatoirement dans son annexe au bilan correspondant au coût des services rendus au cours de l'exercice.

Dans l'hypothèse où ces mêmes sommes sont versées ultérieurement à un organisme tiers, elles ne sont pas soumises, à l'occasion de ce transfert, aux cotisations et contributions de sécurité sociale afin de ne pas procéder à un double assujettissement.

Il appartient à l'employeur de fournir les éléments précis pour la répartition individuelle de la contribution au régime. À défaut de données chiffrées, la contribution globale est individualisée par répartition au prorata des rémunérations perçues annuellement par chaque bénéficiaire.

☞ *Contribution sur les régimes de retraite à prestations définies ; Cotisations de retraite et de prévoyance (régime fiscal) ; Cotisations de retraite et de prévoyance (régime social) ; Régimes de retraite supplémentaire et de prévoyance complémentaire ; Retraite supplémentaire.*

Régimes de retraite supplémentaire et de prévoyance complémentaire

Conditions du régime social et fiscal de faveur

Exonérations de cotisations de sécurité sociale - Sous réserve de respecter plusieurs conditions, les contributions patronales finançant des garanties de retraite supplémentaire et de prévoyance complémentaire sont exonérées de cotisations de sécurité sociale [voir *Cotisations de retraite et de prévoyance (régime social)**].

▶ À noter... Ces conditions valent aussi pour les cotisations obligatoires qui alimentent un *plan d'épargne retraite d'entreprise obligatoire** (PERE-OB ; dispositif d'épargne retraite entré en vigueur le 1er octobre 2019, qui a vocation à succéder aux contrats de retraite dits « art. 83 »).

Parmi les différentes conditions, certaines sont communes aux opérations de retraite et de prévoyance :

- modalités de mise en place du régime, versement des prestations par un organisme habilité, etc. (voir nos développements ci-après) ;
- caractère collectif du régime [voir *Régimes de retraite supplémentaire et de prévoyance complémentaire (caractère collectif)**] ;
- caractère obligatoire du régime, sous réserve des dispenses d'affiliation autorisées [voir *Régimes de retraite supplémentaire et de prévoyance complémentaire (caractère obligatoire)**].

D'autres conditions sont propres à chaque risque : définition des opérations de prévoyance (voir *Prévoyance complémentaire**) ; contrats « responsables » pour les complémentaires santé [voir *Prévoyance « frais de santé » (contrat responsable)**] ; définition des opérations de retraite supplémentaire (voir *Retraite supplémentaire**).

Exonération d'impôt sur le revenu - Les contributions salariales et patronales de retraite supplémentaire et de prévoyance complémentaire (hors part patronale aux garanties « frais de santé ») sont exonérées d'impôt sur le revenu, dans la limite des seuils légaux [voir *Cotisations de retraite et de prévoyance (régime fiscal)**], aux mêmes conditions (caractère collectif et obligatoire, etc.) (BOFiP-RSA-BASE-30-10-20-21/06/2017).

Ces conditions s'apprécient comme en matière sociale.

Part patronale significative - La réglementation fiscale prévoit une condition spécifique : les cotisations doivent comporter une part patronale effective.

Sans en fixer le montant, l'administration précise que cette participation doit représenter au minimum une part « significative », au maximum la totalité. À cet égard, la seule prise en charge par l'employeur des frais de mise en place et de gestion du régime ne constitue pas, de sa part, une participation significative à son financement (BOFiP-RSA-BASE-30-10-20-§ 70-21/06/2017).

Conditions à respecter par les régimes pour que les contributions patronales puissent être exonérées de cotisations

Nature de la condition	Principales conséquences
Mise en place du régime	• accord collectif de travail, référendum ou décision unilatérale
Organisme versant les prestations	• institutions de prévoyance, mutuelles, assurances, institutions de gestion de retraite supplémentaire et gestionnaire de plan d'épargne retraite
Non-substitution au salaire	• condition applicable aux régimes mis en place depuis le 1er janvier 2005 • il s'agit d'éviter que la mise en place de ces régimes n'aboutisse à remplacer des éléments de salaire
Caractère collectif	• le régime doit viser l'ensemble des salariés ou une ou plusieurs catégories objectives de salariés (seuls certains critères sont admis) • contribution patronale uniforme • le régime peut prévoir une condition d'ancienneté, sauf selon le BOSS pour les garanties « frais de santé » (1) • pour le détail, voir *Régimes de retraite supplémentaire et de prévoyance complémentaire (caractère collectif)**

Conditions à respecter par les régimes pour que les contributions patronales puissent être exonérées de cotisations	
Nature de la condition	**Principales conséquences**
Caractère obligatoire	• l'adhésion des salariés au régime doit être obligatoire • il existe des cas de dispense d'affiliation • en matière de prévoyance, le régime peut prévoir l'adhésion obligatoire ou facultative des ayants droit (2) • le bénéfice du régime doit être maintenu pendant les périodes de suspension du contrat de travail indemnisées • pour le détail, voir *Régimes de retraite supplémentaire et de prévoyance complémentaire (caractère obligatoire)** et *Régimes de retraite supplémentaire et de prévoyance complémentaire (suspension du contrat de travail)**
Nature des prestations pour des garanties de retraite supplémentaire	• les contributions doivent financer des prestations entrant dans le champ de la retraite supplémentaire, avec, le cas échéant, quelques garanties complémentaires (voir *Retraite supplémentaire**)
Nature des prestations pour des garanties de prévoyance complémentaire	• les contributions doivent financer des prestations entrant dans le champ des opérations de prévoyance complémentaire (voir *Prévoyance complémentaire**)
Garanties « frais de santé »	• respect du cahier des charges des contrats « responsables » [voir *Prévoyance « frais de santé » (contrat responsable)**]

(1) BOSS, Protection sociale complémentaire, § 1250, 01/01/2025.
(2) Si l'adhésion des ayants droit est facultative, la cotisation versée à leur profit n'est pas exonérée de cotisations. En revanche, cela ne remet pas en cause le caractère collectif du régime pour les salariés.

Mise en place du régime

Modalités admises - Le régime de retraite supplémentaire, le *plan d'épargne retraite d'entreprise obligatoire** ou le régime de prévoyance doit avoir été mis en place selon certaines modalités (c. séc. soc. art. L. 242-1, II, 4° ; BOSS, Protection sociale complémentaire, § 520, 01/01/2025).

Il doit s'agir d'une des trois procédures prévues par la loi (c. séc. soc. art. L. 911-1) :
- convention ou accord collectif de travail ;
- ratification à la majorité des intéressés d'un projet d'accord proposé par le chef d'entreprise ;
- décision unilatérale du chef d'entreprise constatée dans un écrit remis par celui-ci à chaque intéressé, ou transmis par voie électronique (BOSS, Protection sociale complémentaire, § 590, 01/01/2025).

La Cour de cassation a jugé que même en cas de défaut de consultation du CSE sur le choix de l'organisme assureur imposée par l'accord collectif instituant un régime de prévoyance (en l'espèce, un accord de branche), le régime s'impose au salarié, sauf dispense autorisée. Ce seul manquement ne permet pas de requalifier l'acte juridique fondateur en décision unilatérale de l'employeur, permettant au salarié déjà dans l'entreprise de ne pas y adhérer en application de la loi Évin (cass. soc. 12 février 2025, n° 23-19821 FSB).

▶ À noter... Pour la Cour de cassation, la modification d'un régime de protection sociale complémentaire institué par décision unilatérale doit respecter le même formalisme que lors de sa mise en place (écrit remis à chaque salarié), sous peine de voir la contribution patronale au financement du régime réintégrée dans l'assiette des cotisations (cass. civ., 2e ch., 14 mars 2019, n° 18-12380 FPB). Dans cette affaire, l'employeur avait informé ses salariés collectivement par voie d'affichage, et non individuellement, d'un changement dans le financement du régime « frais de santé » qu'il avait instauré de manière unilatérale.

Le BOSS précise qu'un tel régime peut aussi être modifié par la voie collective (conventions ou accords collectifs, ou à la suite de la ratification à la majorité des intéressés d'un projet d'accord proposé par le chef d'entreprise) (BOSS, Protection sociale complémentaire, § 590, 01/01/2025).

Il peut également être mis fin au régime de prévoyance complémentaire ou de retraite supplémentaire selon les règles de droit commun de dénonciation des accords collectifs (voir Dictionnaire social, « Accord collectif d'entreprise »). Aussi, une décision unilatérale de l'employeur ne peut emporter dénonciation implicite d'un accord collectif « frais de santé » (cass. soc. 29 mai 2024, n° 22-23415 FB).

Mise en place par accord collectif et entreprise multi-établissement - Le recours à l'accord d'entreprise suppose, pour que le système soit considéré comme collectif, qu'il bénéficie à l'ensemble des salariés ou à une ou plusieurs catégories objectives de salariés de l'entreprise, tous établissements confondus. Ainsi, sauf à ne pas avoir de caractère collectif, un accord d'entreprise ne peut pas exclure certains établissements (BOSS, Protection sociale complémentaire, § 550, 01/01/2025).

De même, un système mis en place par un accord d'entreprise n'est pas considéré comme collectif :
- s'il vise les seuls salariés d'un établissement donné ;
- ou s'il prévoit des conditions différentes selon les établissements.

En revanche, en cas de mise en place par accord d'établissement, il est possible, selon l'administration, de ne viser que les salariés (ou une ou plusieurs catégories objectives de salariés) de cet établissement.

▶ À noter… La Cour de cassation a précisé que si des garanties mises en place au profit des salariés d'un établissement ont un caractère collectif dans la mesure où elles résultent d'un accord d'établissement, celles mises en place par décision unilatérale de l'employeur n'ont un caractère collectif que si elles profitent à l'ensemble des salariés de l'entreprise ou à une catégorie objective de salariés de l'entreprise (cass. civ., 2e ch., 15 juin 2017, n° 16-18386 D).

Mise en place par accord collectif et entreprise appartenant à un groupe - Lorsqu'un régime de prévoyance complémentaire ou de retraite supplémentaire a été mis en place par un accord collectif de groupe d'entreprises, l'appréciation du caractère collectif se fait au niveau de chacune des sociétés composant ce groupe et ayant adhéré au régime (BOSS, Protection sociale complémentaire, § 570, 01/01/2025).

Versement des prestations par un organisme habilité

Les prestations servies au titre de ce régime doivent être versées aux bénéficiaires par l'un des organismes suivants (c. séc. soc. art. L. 242-1, II, 4° ; BOSS, Protection sociale complémentaire, § 190, 01/01/2025) :
- une institution de prévoyance (ou leur union) ;
- une mutuelle (ou leur union) ;
- une société d'assurances ;
- une institution de gestion de retraite supplémentaire ;
- un gestionnaire de plan d'épargne retraite visé à l'article L. 224-8 du code monétaire et financier.

Il est aussi possible que les prestations soient versées, pour le compte de cet organisme tiers, par l'intermédiaire de l'employeur ou d'un délégataire de gestion, même si le BOSS ne le mentionne pas toujours expressément.

Pas de substitution à un élément de rémunération

Régimes concernés - Pour éviter que la mise en place d'un régime de retraite supplémentaire ou de prévoyance complémentaire ne se fasse au détriment des salaires, un principe de non-substitution s'applique aux régimes de retraite supplémentaire ou de prévoyance complémentaire créés après le 31 décembre 2004 (BOSS, Protection sociale complémentaire, § 60, 01/01/2025).

Par date de création, il faut entendre la date de conclusion de la convention ou de l'accord collectif (ou son avenant) l'instituant, celle de la ratification par la majorité des intéressés de l'accord proposé par le chef d'entreprise ou celle de la décision unilatérale du chef d'entreprise.

Règle à respecter - Les contributions patronales ne sont pas exonérées lorsqu'elles se substituent à d'autres éléments de rémunération, à moins qu'un délai de 12 mois ne se soit écoulé entre le dernier versement de l'élément de rémunération en tout ou partie supprimé et le premier versement des contributions en cause (c. séc. soc. art. L. 242-1, II, 4°).

Une contribution patronale versée pour la première fois moins de 12 mois après le dernier versement d'un élément de rémunération supprimé doit être intégrée dans l'assiette des cotisations de sécurité sociale. La contribution sera à nouveau exonérée dans la limite des seuils réglementaires si l'entreprise rétablit, pour l'avenir, tout ou partie de l'élément de rémunération supprimé.

Exemple
Pour une contribution patronale dont le premier versement intervient le 15 juin 2025, il convient de vérifier qu'aucun élément de rémunération en tout ou partie supprimé n'a été versé pour la dernière fois entre le 16 juin 2024 et le 15 juin 2025.

Caractère collectif du régime

Voir *Régimes de retraite supplémentaire et de prévoyance complémentaire (caractère collectif)**.

Caractère obligatoire et dispenses d'affiliation

Voir *Régimes de retraite supplémentaire et de prévoyance complémentaire (caractère obligatoire)**.

Sort des ayants droit

Voir *Régimes de retraite supplémentaire et de prévoyance complémentaire (caractère obligatoire)**.

Incidence des périodes de suspension du contrat de travail

Voir *Régimes de retraite supplémentaire et de prévoyance complémentaire (suspension du contrat de travail)**.

☛ *Cotisations de retraite et de prévoyance (régime fiscal) ; Cotisations de retraite et de prévoyance (régime social) ; Cotisations de retraite et de prévoyance (réintégration des excédents) ; Plan d'épargne retraite d'entreprise obligatoire ; Prévoyance complémentaire ; Prévoyance « frais de santé » (contrat responsable) ; Prévoyance « frais de santé » (socle minimal) ; Prévoyance « frais de santé » (versement santé) ; Régime de retraite à prestations définies ; Régimes de retraite supplémentaire et de prévoyance complémentaire (caractère collectif) ; Régimes de retraite supplémentaire et de prévoyance complémentaire (caractère obligatoire) ; Régimes de retraite supplémentaire et de prévoyance complémentaire (suspension du contrat de travail) ; Retraite supplémentaire ; Retraite supplémentaire et prévoyance complémentaire (redressement URSSAF réduit).*

Régimes de retraite supplémentaire et de prévoyance complémentaire (caractère collectif)

Les contributions finançant des prestations de retraite supplémentaire et de prévoyance complémentaire sont exonérées de cotisations de sécurité sociale et d'impôt sur le revenu dans les limites prévues par la législation fiscale et sociale sous certaines conditions [voir *Régimes de retraite supplémentaire et de prévoyance complémentaire**].

Parmi ces conditions, figure le caractère collectif du régime, auquel cette étude est consacrée.

Ces conditions valent aussi pour les cotisations obligatoires qui alimentent un *plan d'épargne retraite d'entreprise obligatoire** (PERE-OB ; nouveau dispositif d'épargne retraite entré en vigueur le 1er octobre 2019, qui a vocation à succéder aux contrats de retraite dits « art. 83 »).

Définition du caractère collectif

Pour être regardé comme collectif, les garanties de retraite supplémentaire ou de prévoyance complémentaire doivent couvrir (c. séc. soc. art. R. 242-1-1) :

- soit l'ensemble des salariés ;
- soit une ou plusieurs catégories de salariés, à condition dans ce cas que les catégories retenues permettent de couvrir tous les salariés que leur activité professionnelle place dans une situation identique au regard des garanties concernées.

Condition d'ancienneté

Possibilités offertes par la réglementation - Des garanties de retraite supplémentaire ou de prévoyance complémentaire peuvent, sans perdre leur caractère collectif, réserver l'accès aux garanties aux salariés de plus de 12 mois d'ancienneté pour les prestations de retraite supplémentaire et les prestations destinées à couvrir des risques d'incapacité de travail, d'invalidité, d'inaptitude ou de décès ainsi que, précise l'administration, de dépendance (c. séc. soc. art. R. 242-1-2 ; BOSS, Protection sociale, § 1250, 01/01/2025).

Le code de la sécurité sociale prévoit que l'accès aux autres garanties peut être réservé aux salariés de plus de 6 mois d'ancienneté (c. séc. soc. art. R. 242-1-2).

Mais selon le BOSS, cette disposition s'entend « sous réserve des dispositions légales applicables ». Or, tous les employeurs ont l'obligation d'assurer à leurs salariés le bénéfice d'une couverture collective et obligatoire « Frais de santé » conforme à un socle minimal [voir *Prévoyance « frais de santé » (socle minimal)**]. L'administration en déduit qu'aucune condition d'ancienneté ne peut être prévue pour une complémentaire santé, sauf à perdre son caractère collectif (BOSS, Protection sociale, § 1250, 01/01/2025).

Appréciation de l'ancienneté - En son temps l'administration, avait précisé que l'ancienneté se définit par la durée d'appartenance juridique à l'entreprise (circ. DSS/5B 2009-32 du 30 janvier 2009, fiche 5, § III-D, abrogée). Cette précision n'a pas été reprise par le BOSS, mais elle semble logique.

De son côté, l'ACOSS a également évoqué la possibilité de se référer, le cas échéant, à la durée d'appartenance à la branche (lettre-circ. ACOSS 2015-45 du 12 août 2015, § 3).

Dans tous les cas, la condition d'ancienneté ne peut pas être appréciée au regard de la durée d'appartenance à la catégorie bénéficiaire du système de garanties (lettre-circ. ACOSS 2015-45 du 12 août 2015, § 3).

Exemple

Un dispositif de retraite supplémentaire soumis à une condition d'ancienneté de 1 an bénéficiant aux seuls cadres doit être ouvert à tous les cadres ayant au moins 1 an d'ancienneté dans l'entreprise, quel que soit l'emploi effectivement occupé pendant ce temps.

L'ACOSS a également précisé que si plusieurs définitions susceptibles d'être retenues en droit du travail peuvent trouver à s'appliquer, il n'est cependant pas possible, conformément aux prescriptions du code du travail, d'interrompre le décompte de l'ancienneté à raison, notamment, du congé de maternité, du congé d'adoption ou d'un arrêt consécutif à un accident du travail ou une maladie professionnelle (lettre-circ. ACOSS 2015-45 du 12 août 2015, § 3).

Selon l'ACOSS, dans tous les cas, une cotisation obligatoire ne peut pas être mise à la charge d'un salarié à l'entrée dans le dispositif si elle ne lui ouvre des droits à prestations qu'à l'issue d'une durée préalable de présence dans l'entreprise (lettre-circ. ACOSS 2014-2 du 4 février 2014, Q/R 14). Autrement dit, si des salariés peuvent être temporairement exclus d'un régime par le jeu d'une condition d'ancienneté, ils ne peuvent pas être tenus d'y cotiser pendant cette période.

Attention aux conditions d'ancienneté « continue » - La jurisprudence a eu l'occasion de préciser qu'un régime de retraite supplémentaire réservé aux seuls salariés répondant à une condition d'ancienneté « continue » de 12 mois, qui exclut en conséquence les salariés titulaires d'une succession de CDD de moins de 12 mois même si le total cumulé desdits contrats est d'une durée supérieure dans la mesure où l'entreprise calcule l'ancienneté contrat par contrat, ne vise pas une catégorie objective de salariés et n'avait pas de caractère collectif (cass. civ., 2e ch., 15 juin 2017, n° 16-18532, BC II n° 133).

Critères autorisés pour définir des catégories de salariés

Palette de 5 critères - Lorsque le régime ne couvre pas l'ensemble des salariés, cinq critères peuvent être utilisés pour définir des catégories de personnels *(voir tableau)* (c. séc. soc. art. R. 242-1-1).

Critères prohibés (temps de travail, nature du contrat, âge, ancienneté) - Il est interdit de définir des catégories de salariés en fonction du temps de travail, de la nature du contrat, de l'âge ou de l'ancienneté des salariés (c. séc. soc. R. 242-1-1).

Les modalités de la rémunération des salariés d'une entreprise (ex. : au rendement, en fonction des heures travaillées) ne constituent pas non plus un critère objectif de nature à fonder des catégories objectives distinctes (cass. civ., 2e ch., 14 février 2019, n° 18-11100 FPB).

En revanche, l'administration admet que le versement des prestations puisse être réservé à compter d'un âge minimal lorsque ce critère est en rapport direct avec l'objet même de la garantie (ex. : garanties de retraite supplémentaire conditionnant leur versement au fait que le salarié atteint l'âge légal de la retraite) (BOSS, Protection sociale complémentaire, § 1260, 01/01/2025).

Exemples

Les garanties de retraite supplémentaire qui conditionnent le versement des prestations au fait que le salarié ait atteint l'âge légal de départ à la retraite sont admises.
De même, sont admises les garanties prévoyant le versement d'une rente au conjoint survivant lorsque ce dernier atteint l'âge minimal ouvrant droit au versement d'une pension de réversion dans le régime général.

Dans la même logique, il est possible de limiter l'accès à un dispositif de retraite supplémentaire en deçà d'un certain âge dans le cas particulier où il remplace un régime préexistant en cours de fermeture (BOSS, Protection sociale complémentaire, § 1270, 01/01/2025).

Critères autorisés pour définir des catégories	
Critère 1	Appartenance aux catégories de cadres et de non-cadres (c. séc. soc. art. R. 242-1-1, 1°)
Critère 2	Niveau de rémunération au regard de tranches de rémunération fixées par référence au plafond de la sécurité sociale (c. séc. soc. art. R. 242-1-1, 2°)
Critère 3	Catégories définies par référence à la place dans les classifications professionnelles des conventions de branche ou les accords professionnels ou interprofessionnels (c. séc. soc. art. R. 242-1-1, 3°)
Critère 4	Niveau de responsabilités, type de fonctions ou degré d'autonomie ou ancienneté dans le travail correspondant aux sous-catégories fixées par les conventions de branche ou les accords professionnels ou interprofessionnels (c. séc. soc. art. R. 242-1-1, 4°)
Critère 5	Appartenance au champ d'application d'un régime légalement ou réglementairement obligatoire assurant la couverture du risque concerné (c. séc. soc. art. R. 242-1-1, 5°)
	Catégories définies clairement et de manière non restrictive à partir des usages constants, généraux et fixes en vigueur dans la profession (c. séc. soc. art. R. 242-1-1, 5°)
	Catégories spécifiques de salariés définies par les stipulations d'une convention collective, d'un accord de branche ou d'un accord national interprofessionnel caractérisant des conditions d'emploi ou des activités particulières (c. séc. soc. art. R. 242-1-1, 5°)

▶ À noter… L'administration vise notamment ici les cas de création d'un régime de retraite à cotisations définies faisant suite à la fermeture d'un *régime de retraite à prestations définies** à droits aléatoires (dit « retraite chapeau »). La création d'un nouveau régime pour les personnes qui bénéficiaient du régime de « retraite chapeau » ne doit pas avoir pour objet de créer des droits nouveaux disproportionnés par rapport à ceux acquis dans leur ancien régime. Il incombe alors à l'employeur de justifier que les droits créés par le nouveau régime sont identiques au régime ayant été fermé.

Enfin, l'introduction d'un critère tiré de la date d'embauche du salarié peut être admise lorsqu'elle s'inscrit dans le cadre de la fermeture d'un système de garanties de retraite préexistant ayant pour objet de permettre à l'employeur de se conformer aux conditions légales et réglementaires d'exclusion d'assiette (BOSS, Protection sociale complémentaire, § 1280, 01/01/2025).

Si l'employeur peut prouver qu'il est dans ce cas de figure, le système préexistant étant maintenu au profit des personnes embauchées avant sa date de fermeture, le nouveau régime peut, sans remise en cause du caractère collectif, être réservé aux seules personnes embauchées à compter de la date de sa mise en place. Les contributions versées par l'employeur pour le financement de ces deux systèmes de garanties peuvent bénéficier du régime de faveur.

▶ À noter… L'interdiction d'utiliser l'ancienneté pour définir une catégorie ne doit pas être confondue avec la condition d'ancienneté qui peut être exigée pour l'accès au régime *(voir plus haut)*. Par ailleurs, pour les salariés titulaires de certains contrats (CDD, apprentis, temps partiel, etc.), un régime peut prévoir des dispenses d'affiliation [voir *Régimes de retraite supplémentaire et de prévoyance complémentaire (caractère obligatoire)**]. Mais il s'agit alors de permettre aux intéressés de refuser leur affiliation, à leur choix, et non de les exclure d'office.

Changement de catégorie - Lorsqu'un changement de la situation professionnelle du salarié (ex. : prise de responsabilité, augmentation de sa rémunération) a pour conséquence de modifier son appartenance à une catégorie objective (ex. : passage du statut de non-cadre à celui de cadre), le changement de catégorie s'opère lors du changement de situation (BOSS, Protections sociale complémentaire, § 1000, 01/01/2025).

Cette règle ne fait pas obstacle à une requalification des garanties s'il s'avérait que les catégories mises en place ont en réalité eu pour objectif d'accorder à un ou plusieurs salariés identifiés un avantage particulier (BOSS, Protections sociale complémentaire, § 1010, 01/01/2025).

Condition additionnelle aux régimes ne couvrant qu'une partie des salariés

Couvrir tous les salariés placés dans une situation identique - Des garanties couvrant uniquement une ou plusieurs catégories de salariés ne sont pas regardées comme collectives au seul motif que ces catégories ont été définies par rapport aux critères admis.

Il faut au surplus que la ou les catégories retenues permettent de couvrir tous les salariés que leur activité professionnelle place dans une situation identique au regard des garanties concernées (c. séc. soc. art. R. 242-1-1).

Certaines présomptions de conformité sont prévues - La réglementation établit des présomptions de caractère collectif (c. séc. soc. art. R. 242-1-2). Deux situations sont alors possibles selon la nature des garanties en cause et les critères utilisés pour définir les catégories de personnel auxquelles elles s'appliquent :

- soit il y a une présomption de couverture de l'ensemble des salariés placés dans une situation identique (autrement dit, le régime est présumé couvrir une ou plusieurs catégories objectives et peut être regardé comme collectif) ;
- soit il n'y a pas de présomption, et il appartient à l'employeur de justifier du caractère objectif des catégories instituées.

Cette dernière précision laisse donc la possibilité de mettre en place des garanties pour des risques particuliers auxquels sont exposées certaines catégories de salariés.

Le tableau ci-après résume les différentes situations possibles, selon les garanties et les critères utilisés.

Aucune présomption n'est attachée aux catégories définies par rapport au critère 4 et au critère 5. L'employeur devra toujours justifier du caractère objectif du régime.

On remarquera que pour certaines combinaisons de critères et de garanties, il est exigé « que l'ensemble des salariés de l'entreprise soit couvert ». Cela signifie qu'ils doivent tous avoir accès à une garantie collective et obligatoire de même nature (sous réserve des dispenses autorisées), mais qu'il n'est pas nécessaire que la couverture soit identique : à notre sens, les niveaux de garantie peuvent être différents.

Garanties sans présomption : nécessité de justifier du caractère collectif - Dans les cas où aucune présomption n'est prévue *(voir tableau)*, l'employeur doit être en mesure de justifier que la ou les catégories, exclusivement établies à partir des critères admis, permettent de couvrir tous les salariés que leur activité professionnelle place dans une situa-

<table>
<tr><th colspan="6">Garanties de prévoyance couvrant une ou plusieurs catégories de salariés :
Présomptions de couverture et caractère collectif</th></tr>
<tr><th>Nature des prestations proposées par le régime</th><th>Critère 1 (catégories cadres/ non-cadres)</th><th>Critère 2 (tranches de rémunération)</th><th>Critère 3 (catégories des conventions collectives)</th><th>Critère 4 (sous-catégories des conventions collectives)</th><th>Critère 5 (catégories issues d'usages dans la profession, catégories spécifiques) (1)</th></tr>
<tr><td>Retraite</td><td colspan="3">Présomption de couverture de l'ensemble des salariés placés dans une situation identique (2)</td><td colspan="2" rowspan="2">• Pas de présomption
• Quelles que soient la ou les garanties en cause, l'employeur doit être en mesure de justifier que la ou les catégories retenues permettent de couvrir tous les salariés que l'activité professionnelle place dans une situation identique au regard des prestations concernées</td></tr>
<tr><td>• Risque incapacité de travail (3)
• Risque invalidité
• Risque inaptitude
• Risque décès (5)</td><td colspan="2">Présomption de couverture de l'ensemble des salariés placés dans une situation identique (2)</td><td>Présomption de couverture de l'ensemble des salariés placés dans une situation identique, à condition que l'ensemble des salariés soit couvert (4)</td></tr>
<tr><td>Prestations « Frais de santé »</td><td colspan="2">Présomption de couverture de l'ensemble des salariés placés dans une situation identique, à condition que l'ensemble des salariés soit couvert (4)</td><td colspan="3">• Pas de présomption
• Quelles que soient la ou les garanties en cause, l'employeur doit être en mesure de justifier que la ou les catégories retenues permettent de couvrir tous les salariés que l'activité professionnelle place dans une situation identique au regard des prestations concernées</td></tr>
</table>

(1) Appartenance (c. séc. soc. art. R. 242-1-1, 5°) :
- au champ d'application d'un régime légalement ou réglementairement obligatoire assurant la couverture du risque concerné ;
- ou aux catégories définies clairement et de manière non restrictive à partir des usages constants, généraux et fixes en vigueur dans la profession ;
- ou à certaines catégories spécifiques de salariés définies par les stipulations d'une convention collective, d'un accord de branche ou d'un accord national interprofessionnel caractérisant des conditions d'emploi ou des activités particulières.

(2) La ou les catégories définies sont présumées couvrir l'ensemble des salariés placés dans une situation identique au regard des garanties. Les catégories de salariés établies pour définir le périmètre du régime sont considérées comme objectives.

(3) Y inclus les garanties destinées à couvrir la perte de revenus en cas de maladie.

(4) La ou les catégories définies sont présumées couvrir l'ensemble des salariés placés dans une situation identique au regard des garanties, à une condition : il faut que l'ensemble des salariés ait accès à une garantie de même nature, même s'il ne s'agit pas d'un régime identique. Si cette condition n'est pas remplie, la présomption ne joue pas et l'employeur doit justifier que la ou les catégories retenues sont objectives, à savoir qu'elles permettent de couvrir tous les salariés placés dans une situation identique au regard des garanties concernées.

(5) La constitution d'une catégorie de salariés par l'utilisation des critères 1, 2 ou 3 ne peut être retenue pour la garantie décès que si ce risque est associé à au moins un des risques incapacité, invalidité, inaptitude. Cette restriction ne s'applique pas pour l'assurance décès obligatoire des cadres prévue par l'accord national interprofessionnel (ANI) du 17 novembre 2017 sur la prévoyance des cadres (autrefois, par la convention AGIRC) et financée par la contribution patronale de 1,50 % sur les salaires plafonnés (BOSS, Protections sociale complémentaire, § 980, 01/01/2025).

tion identique au regard des garanties concernées (c. séc. soc. art. R. 242-1-2).

Il appartient donc à l'employeur de démontrer l'existence d'une différence de situation entre salariés en lien direct avec l'objet de la garantie.

Le BOSS a donné quelques pistes quant aux motifs susceptibles de justifier la différence de traitement, selon le type de garanties *(voir ci-dessous)*.

Garanties « invalidité/incapacité/décès » sans présomption : élément justificatif - Pour des garanties « invalidité/incapacité/décès », la différence de traitement peut résulter d'un degré d'exposition plus important résultant de la nature du métier propre à la catégorie professionnelle en cause (BOSS, Protection sociale complémentaire, § 990, 01/01/2025). L'employeur peut produire par exemple des statistiques sur les taux de sinistralité.

Garanties « revenu de remplacement » sans présomption : élément justificatif - Pour les garanties consistant en un versement d'un revenu de remplacement (invalidité, incapacité) ou indemnisation (décès), la différence de traitement peut résulter d'un niveau moyen de rémunération distinct, s'agissant de la modulation du montant des prestations (BOSS, Protection sociale complémentaire, § 990, 01/01/2025).

En revanche, en principe, il n'est pas possible de réserver le bénéfice même de la garantie à telle ou telle catégorie de revenus, puisqu'il s'agit de risques auxquels les intéressés sont exposés de la même façon.

Garanties « retraite supplémentaire » sans présomption : élément justificatif - En matière de retraite supplémentaire, la différence de traitement peut résulter d'un niveau moyen de rémunération soit au bénéfice des catégories les mieux rémunérées (afin de compenser l'existence d'un taux de remplacement moyen inférieur aux autres salariés), soit au bénéfice des catégories les moins bien rémunérées (afin de compenser l'existence d'un revenu de remplacement inférieur aux autres salariés) (BOSS, Protection sociale complémentaire, § 990, 01/01/2025).

Les différences de traitement doivent toutefois être suffisamment proportionnées au regard des écarts moyens de rémunération qui les justifient. Par exemple, le fait de réserver un dispositif de retraite supplémentaire aux seuls échelons supérieurs d'une catégorie de cadres (lorsqu'il s'agit d'une division correspondant au critère 4) devrait généralement être admis.

Garanties « frais de santé » sans présomption : élément justificatif - En matière de garanties « frais de santé », la différence de traitement peut être justifiée un degré d'exposition plus important, ce qui en pratique devrait correspondre à des cas particuliers. Pour une couverture santé « standard » (remboursement des frais de consultation ou d'hospitalisation), l'ensemble des salariés est en effet exposé de manière identique (BOSS, Protection sociale complémentaire, § 990, 01/01/2025).

La réglementation admet de réserver un régime « frais de santé » à une ou plusieurs catégories de salariés définies à partir des critères 1 et 2, mais à condition que l'ensemble des salariés ait accès à une couverture de prévoyance « frais de santé », quitte à ce qu'il y ait des différences de couverture *(voir tableau plus haut)*. Mais à l'inverse, il n'y a pas lieu, en principe, d'admettre une distinction dans le degré de couverture à partir des critères 3 à 5 ni, a fortiori, de réserver le bénéfice de cette garantie à une catégorie définie à partir des critères 3 à 5 (BOSS, Protection sociale complémentaire, § 990, 01/01/2025).

Il revient à l'employeur de prouver la justification de la couverture particulière d'une partie des salariés.

Incidence d'une pluralité de dispositifs - Il peut arriver que coexistent dans l'entreprise plusieurs régimes de protection sociale complémentaire, mis en place par des actes juridiques différents. Pour l'appréciation du caractère collectif, il convient alors de tenir compte de l'ensemble des actes juridiques applicables (accords, décisions unilatérales de l'employeur ou projets d'accords ratifiés par référendum) (BOSS, Protection sociale complémentaire, § 1290, 01/01/2025).

Cela peut permettre de « valider » certains régimes qui, pris isolément, ne répondraient pas nécessairement au caractère collectif.

Exemple

Une entreprise met en place par accord des garanties frais de santé au profit des seuls agents de maîtrise. De leur côté, les cadres sont couverts précédemment pour le même risque par un accord antérieur comportant des garanties différentes. Un accord ultérieur couvre les ouvriers de leurs frais de santé avec des garanties identiques à celles des agents de maîtrise. Les deux accords « agents de maîtrise » et « ouvriers » permettent donc la couverture des non-cadres et leurs garanties de frais de santé sont donc bien collectives. En effet, la condition applicable aux garanties frais de santé selon laquelle tous les salariés doivent être couverts *(voir plus haut)* est bien remplie puisque les cadres bénéficient également d'un régime « frais de santé », même si les garanties sont différentes.

Critère 1 : distinction cadres / non-cadres

Depuis 2022, référence aux définitions de l'ANI de 2017 - Depuis le 1er janvier 2022, sous réserve de règles transitoires *(voir plus loin)*, des catégories objectives de cadres et de non-cadres peuvent être définies en référence aux définitions de l'accord national interprofessionnel (ANI) relatif à la prévoyance des cadres du 17 novembre 2017 (c. séc. soc. art. R. 242-1-1, 1°).

Constituent ainsi une catégorie objective (BOSS, Protection sociale complémentaire, § 1030, 01/01/2025) :
- les cadres au sens de l'article 2.1 de l'ANI du 17 novembre 2017 (cadres « art. 4 » de l'ancienne convention AGIRC de 1947) ;
- l'ensemble constitué des cadres au sens de l'article 2.1 et assimilés cadres de l'article 2.2 de l'ANI du 17 novembre 2017 (cadres « art. 4 » + assimilés cadres « art. 4 bis » de l'ancienne convention AGIRC de 1947) ;
- l'ensemble constitué des cadres au sens de l'article 2.1, des assimilés cadres au sens de l'article 2.2 de l'ANI précité et de certains salariés non-cadres définis par une convention ou un accord de branche ou un accord professionnel ou interprofessionnel, à condition que l'accord ou la convention soit agréé par la commission paritaire rattachée à l'APEC (ce système permet d'étendre des garanties prévues pour les cadres à certains non-cadres, comme par exemple les anciens « art. 36 »).

Sur ce dernier point, il faut en effet savoir que sous réserve de faire agréer leur accord par la commission paritaire de l'APEC, les branches peuvent, par accord ou convention, « intégrer » certains salariés non-cadres dans la catégorie des cadres pour le bénéfice des garanties de protection sociale complémentaire (à l'instar des « art. 36 » de l'ancienne convention AGIRC de 1947). Plutôt que de l'imposer, l'accord peut aussi laisser aux entreprises entrant dans son champ d'application la possibilité d'intégrer ou de ne pas intégrer les non-cadres en cause (BOSS, Protection sociale complémentaire, § 1030, 01/01/2025).

En l'absence de mention expresse de cette faculté de choix dans la convention ou l'accord agréé par la commission rattachée par l'APEC, les entreprises doivent inclure ces non-cadres dans la catégorie objective des cadres pour le bénéfice des garanties de protection sociale complémentaire.

▶ À noter… L'extension de la catégorie des cadres à des salariés non-cadres n'est possible que si l'accord ou la convention a été agréé par la commission paritaire APEC. Tout défaut d'agrément remet en cause l'exclusion de l'assiette de cotisations sociales. Les décisions prises par la commission APEC sont consultables depuis le site de la commission paritaire (https://commission-paritaire.apec.fr).

En miroir de la définition des cadres, constituent une catégorie objective les non-cadres qui n'entrent pas dans une des définitions retenues *(voir ci-dessus)* pour constituer une catégorie objective de cadres (BOSS, Protection sociale complémentaire, § 1040, 01/01/2025).

Si un acte fait mention d'une catégorie « cadres » et « non-cadres » sans autre précision, cela ne remet pas en cause le caractère collectif si elle répond bien à la définition des cadres au sens de la première définition (article 2.1 de l'ANI du 17 novembre 2017 ; *voir plus haut*) ou à la dernière définition donnée ci-dessus des non-cadres (ensemble des autres salariés) (BOSS, Protection sociale complémentaire, § 1060, 01/01/2025).

Cadres dirigeants, dirigeants et mandataires sociaux - Dans la nouvelle réglementation comme dans l'ancienne, les *cadres dirigeants** au sens du code du travail (c. trav. art. L. 3111-2) ne constituent pas en tant que tels une catégorie objective, sauf s'ils peuvent en constituer une au regard du critère 3 (catégorie des conventions collectives) ou du critère 4 (sous-catégorie des conventions collectives).

Les dirigeants et mandataires sociaux relèvent de précisions particulières, étant entendu qu'ils ne peuvent pas constituer à eux seuls une catégorie objective *(voir plus loin)*.

Période transitoire expirée ou en voie d'expiration (rappel) - Les nouvelles définitions de cadres et de non-cadres en référence à l'ANI « prévoyance » du 17 novembre 2017 sont issues d'un décret du 30 juillet 2021 entré en vigueur le 1er janvier 2022. Elles ont remplacé les définitions antérieures qui s'appuyaient sur les anciens accords ARRCO de 1961 et AGIRC de 1947.

Sous certaines conditions (voir édition 2024 du Dictionnaire Paye), une période transitoire a été prévue jusqu'à la fin 2024 afin de laisser aux entreprises du temps pour adapter l'acte fondateur de leurs régimes aux nouvelles définitions (BOSS, Protection sociale complémentaire, § 1070, 01/01/2025).

Cette période transitoire a pris fin le 31 décembre 2024. Depuis le 1er janvier 2025, les actes instaurant les garanties dans l'entreprise doivent donc être conformes.

Dans ce contexte, l'administration a constaté qu'à l'approche de la fin de l'année 2024, de nombreuses branches ont signé un accord pour intégrer certains salariés non-cadres à la catégorie des cadres comme le permet la réglementation, et déposé à cet effet une demande d'agrément de l'accord auprès de la commission paritaire rattachée à l'APEC *(voir plus haut)*. Or cette commission n'a pas toujours pu statuer avant la fin de l'année 2024.

Une tolérance supplémentaire a donc été définie pour les branches ayant signé un accord, demandé son extension et déposé une demande d'agrément recevable auprès de la commission APEC avant le 31 décembre 2024, et pour lesquelles aucune décision n'était intervenue à cette date (actualité BOSS du 12 mars 2025 ; BOSS, Protection sociale complémentaire, § 1070, 01/01/2025).

Cette tolérance, qui vise à laisser une période supplémentaire aux entreprises des branches concernées pour adapter leur acte fondateur, s'articule comme suit :

- dans les branches ayant obtenu un agrément de la commission APEC, la période de tolérance se poursuit pendant trois mois après obtention de l'agrément APEC et extension de l'accord ;
- en cas de refus d'agrément par la commission APEC, la branche dispose d'un délai de trois mois afin de renégocier un accord qui pourra de nouveau faire l'objet d'une demande d'agrément ; en cas de nouveau refus, la période de tolérance prend fin 3 mois après cette décision ;
- pour les autres entreprises (branches n'ayant pas conclu d'accord au 31 décembre 2024, ou demandé son extension et son agrément auprès de l'APEC), les actes instaurant les garanties dans l'entreprise doivent être en conformité avec les nouvelles définitions cadres/non-cadres depuis le 1er janvier 2025.

Critère 2 : tranches de rémunération

Seuils de rémunération définis en multiples du plafond - Des catégories objectives de salariés peuvent être définies en s'appuyant sur un seuil de rémunération déterminé à partir du plafond de la sécurité sociale (c. séc. soc. art. R. 242-1-1, 2°)

Ainsi, peuvent constituer des catégories objectives (BOSS, Protection sociale complémentaire, § 1090, 01/01/2025) :
- les salariés dont la rémunération est inférieure ou égale à 1, 2, 3, 4 ou 8 fois le plafond de la sécurité sociale (PASS) ;
- en fonction du choix précédent, ceux dont la rémunération est supérieure ou égale à 1, 2, 3 ou 4 fois le PASS.

Il est impossible de constituer une catégorie sur la base d'un autre multiple du PASS.

La référence à un seuil de rémunération impose de ne distinguer que deux catégories (BOSS, Protection sociale complémentaire, § 1100, 01/01/2025).

Exemples

Les deux catégories suivantes pourront constituer des catégories objectives : les salariés avec une rémunération inférieure ou égale à 4 PASS (première catégorie) et ceux avec une rémunération supérieure à 4 PASS (deuxième catégorie).
il n'est pas possible de constituer une catégorie objective visant les salariés avec une rémunération comprise entre 1 et 4 fois le montant du PASS, ce qui aurait pour effet distinguer trois catégories (salariés avec une rémunération inférieure ou égale au PASS, salariés avec une rémunération comprise entre 1 et 4 PSS, salariés avec une rémunération supérieure à 4 PAS).

Les salariés dont la rémunération est de plus de 8 PASS (selon le BOSS, au moins 8 PASS) ne peuvent pas constituer à eux seuls une catégorie (c. séc. soc. art. R. 242-1-1, 2° ; BOSS, Protection sociale complémentaire, § 1090, 01/01/2025). Cette précision vise à exclure du champ des régimes « exonérés » ceux visant les seuls salariés ayant des rémunérations très élevées (cadres dirigeants, dirigeants titulaires d'un contrat de travail assorti d'une forte rémunération, en particulier).

Rémunération à prendre en compte - Pour l'application de ce critère, l'administration précise que (BOSS, Protection sociale complémentaire, § 1100, 01/01/2025) :
- la rémunération à comparer au seuil de référence correspond à la rémunération annuelle brute soumise à cotisations de sécurité sociale ;
- le plafond à retenir est celui applicable pour l'année en cours.

Il est en outre admis que peuvent être utilisées, pour les entreprises qui relèvent de ces régimes, les tranches de rémunération fixées pour le calcul des cotisations aux régimes complémentaires IRCANTEC, CNBF et CAVEC (BOSS, Protection sociale complémentaire, § 1110, 01/01/2025).

Période transitoire expirée (rappel) - La nouvelle définition du critère de rémunération en multiples du plafond de la sécurité sociale est issue d'un décret du 30 juillet 2021 entré en vigueur le 1er janvier 2022. Elle a remplacé l'ancienne définition en référence aux tranches de rémunération des anciens accords ARRCO de 1961 et AGIRC de 1947 et des tolérances admises par l'administration.

Une période transitoire courant jusqu'à la fin 2024 (voir édition 2024 du Dictionnaire Paye) avait été prévue, afin de laisser aux entreprises du temps pour mettre en conformité l'acte fondateur de leurs régimes avec le nouveau critère de rémunération défini en multiples du PASS (BOSS, Protection sociale complémentaire, § 1120, 01/01/2025).

Cette période transitoire a pris fin le 31 décembre 2024. Depuis, le 1er janvier 2025, les actes instaurant les garanties dans l'entreprise doivent donc être conformes.

Critère 3 : catégories des conventions collectives

Place dans les classifications de branche - Des catégories de salariés peuvent également être définies au regard de la place dans les classifications professionnelles définies par les conventions de branche ou les accords professionnels ou interprofessionnels (c. séc. soc. art. R. 242-1-1, 3°).

Les catégories et classifications issues des accords d'entreprises ne peuvent pas être prises en compte (BOSS, Protection sociale complémentaire, § 1130, 01/01/2025).

Premier niveau de subdivision, en principe - L'administration vise ici le premier niveau de classification des salariés défini par la convention de branche dont relève l'employeur (ou l'accord professionnel ou interprofessionnel), indépendamment du sens donné par ces textes aux termes « classification », « catégorie », « niveau », etc. (BOSS, Protection sociale complémentaire, § 1130, 01/01/2025).

Pour l'utilisation de ce critère, seuls les niveaux de classification permettant d'identifier une catégorie professionnelle peuvent être retenus.

Ainsi, au sein d'une convention ou d'un accord professionnel, le premier niveau ne permet pas de constituer une catégorie s'il ne repose pas sur une distinction des fonctions exercées par les salariés. Dans un tel cas, il faut donc rechercher dans la convention collective une distinction plus structurante (ex. : ouvriers/ETAM/cadres, etc.) (BOSS, Protection sociale complémentaire, § 1130, 01/01/2025).

Catégorie « tierce » ou « à part » - Lorsque, pour une branche d'activité donnée, deux conventions collectives distinctes sont applicables respectivement aux cadres et aux non-cadres, il faut raisonner de manière globale, en tenant compte des deux textes (BOSS, Protection sociale complémentaire, § 1140, 01/01/2025).

La classification professionnelle correspond en principe à la distinction cadres/non cadres s'il apparaît :
- que la classification propre à chaque convention collective est comparable ;
- et qu'elle conduit à répartir les salariés cadres et non-cadres en deux sous-catégories comparables.

À l'inverse, le critère 3 peut conduire à distinguer des catégories tierces. C'est le cas s'il apparaît que l'une ou l'autre des conventions (en principe, celle applicable aux non-cadres) fait ressortir une distinction de la même nature que celle existant entre les cadres et les non-cadres (BOSS, Protection sociale complémentaire, § 1140, 01/01/2025).

Peut-il exister une catégorie de cadres supérieurs « hors classification » ? - En 2014, l'ACOSS avait précisé que dans l'hypothèse d'une convention conduisant à distinguer comme premier niveau de distinction les cadres et les non-cadres, l'existence de dispositions sur les cadres « hors catégorie » tendra à les rattacher aux cadres et non à en faire une catégorie à part au sens du critère 3 (lettre-circ. ACOSS 2014-2 du 4 février 2014, Q/R 4).

Selon l'ACOSS, il n'est pas possible que le critère 3 autorise la constitution d'une catégorie de cadres supérieurs « hors classification », c'est-à-dire ceux que la convention collective désigne comme occupant des fonctions supérieures à la position la plus élevée définie par la classification (lettre-circ. ACOSS 2014-2 du 4 février 2014, Q/R 4).

Il n'en va autrement, selon l'ACOSS, que dans le cas où la qualification des salariés en « hors catégorie » caractériserait l'existence d'une différence de situation de nature similaire à la différence existant entre les autres catégories de salariés résultant de l'application de ce critère.

▶ À noter... Ces précisions ne sont pas reprises par le *Bulletin officiel de la sécurité sociale (BOSS)**. Elles n'ont donc pas de valeur juridique opposable. En outre, reste à savoir si elles font toujours partie de la doctrine de l'ACOSS.

Application volontaire d'une convention collective - En son temps, l'ACOSS avait précisé qu'il est possible de se référencer à une convention collective appliquée volontairement par l'entreprise pour l'application des critères 3 et 4 (lettre-circ. ACOSS 2014-2 du 4 février 2014, Q/R 5).

À cet égard, l'ACOSS souligne que l'adhésion volontaire de l'employeur est subordonnée à l'agrément des organisations syndicales représentatives dans l'entreprise (c. trav. art. L. 2261-6). Dans les entreprises sans syndicat représentatif, l'employeur peut également décider d'appliquer volontairement des accords ou conventions de branche (cass. soc. 29 mai 1986, n° 83-44809, BC V n° 268).

▶ À noter... Cette précision n'a pas été reprise par le *Bulletin officiel de la sécurité sociale (BOSS)**. Elle n'a donc pas de valeur juridique opposable. En outre, reste à savoir si elle fait toujours partie de la doctrine de l'ACOSS.

Critère 4 : sous-catégories des conventions collectives

Description du critère - Des catégories de personnel peuvent également être définies par référence au niveau de responsabilité, au type de fonctions ou au degré d'autonomie ou à l'ancienneté dans le travail des salariés correspondant aux sous-catégories fixées par les conventions de branche, ou les accords professionnels ou interprofessionnels (c. séc. soc. art. R. 242-1-1, 4°).

Ce critère s'entend des niveaux de classification adoptés par la convention de branche dont relève l'employeur (ou l'accord professionnel ou interprofessionnel), à partir du niveau immédiatement inférieur au premier niveau de classification *(voir critère 3 ci-dessus)* et jusqu'au niveau le plus bas (pour des exemples, voir tableau dans cette étude) (BOSS, Protection sociale complémentaire, § 1150, 01/01/2025).

Pour pouvoir être retenus, ces niveaux doivent correspondre à une définition objective.

Critère 5 : catégories spécifiques et issues d'usages de la profession

Définition du critère - Une catégorie objective peut être définie en fonction de l'appartenance de salariés (c. séc. soc. art. R. 242-1-1, 5°) :
- au champ d'application d'un régime légalement ou réglementairement obligatoire assurant la couverture du risque concerné ;
- à certaines catégories spécifiques de salariés définies par les stipulations d'une convention collective, d'un accord de branche ou d'un accord

Exemples d'utilisation des critères 3 et 4 (catégories et sous-catégories des conventions de branche)	
Exemple 1 - Convention collective Y (1)	
Données de la convention collective	Une convention collective Y classe les salariés en 5 « niveaux », eux-mêmes divisés en plusieurs échelons fonctionnels de compétences, de contenu d'activité, de degré d'autonomie et de niveau de responsabilité : - niveau I : employés : 3 échelons fonctionnels ; - niveau II : employés qualifiés 1 : 3 échelons fonctionnels ; - niveau III : employés qualifiés 2 : 3 échelons fonctionnels ; - niveau IV : agents de maîtrise : 2 échelons fonctionnels ; - niveau V : cadres : 3 échelons fonctionnels.
Critère 3 (catégories par référence à la place dans les classifications professionnelles des conventions de branche)	Chaque niveau (de I à V) constitue une catégorie ou classification au sens du critère 3. Tel n'est pas le cas des échelons fonctionnels.
Critère 4 (sous-catégories fixées par les conventions collectives)	Échelon fonctionnel constitue une sous-catégorie (2).
Exemple 2 - Convention collective Z (2)	
Données de la convention collective	Dans la convention collective Z, la division s'opère de la façon suivante : • **1er groupe (non-cadres)** - 2 catégories : - Catégorie 1 : Personnel d'exécution : 3 classes équivalant à 3 coefficients. La 1re classe regroupe 3 types de fonctions, la 2e regroupe 1 type de fonctions, la 3e regroupe 1 type de fonctions. - Catégorie 2 : Personnel qualifié ou d'encadrement : 4 classes équivalant à 4 coefficients. La 1re classe regroupe 1 type de fonctions, la 2e classe regroupe 2 types de fonctions, la 3e classe regroupe 2 types de fonctions, la 4e classe regroupe 2 types de fonctions. • **2e groupe (cadres)** - 3 positions : - 1re position : Cadres débutants : 1 coefficient (300). - 2e position : Cadres stricto sensu : 2 repères en lettres (A/B) correspondant à 2 coefficients (360/625). - 3e position : Cadres confirmés : 3 repères en lettres (de A à C). Le 1er repère comporte 3 sous-repères (a, b et c) correspondant à 3 coefficients (de 450 à 625). Les 2 autres repères correspondent à 2 coefficients (700/900).
Critère 3 (catégories par référence à la place dans les classifications professionnelles des conventions de branche)	Les deux groupes « **cadres** » et « **non-cadres** » de la convention collective constituent une catégorie ou classification professionnelle au sens de la définition donnée pour le critère 3.
Critère 4 (sous-catégories fixées par les conventions collectives)	• Les « **catégories** » pour les **non-cadres** et les « **positions** » pour les **cadres** constituent des sous-catégories (critère 4). • Dans la mesure où les « **classes** » et « **coefficients** » pour les **non-cadres** sont définis par des types de fonctions, ils peuvent également constituer des sous-catégories (critère 4). • En revanche, les « **repères** » et les « **coefficients** » des cadres ne constituent pas des sous-catégories car ils ne sont pas applicables à l'ensemble du groupe.

(1) BOSS, Protection sociale complémentaire, § 1140, 01/01/2025.
(2) BOSS, Protection sociale complémentaire, § 1150, 01/01/2025.

national interprofessionnel caractérisant des conditions d'emploi ou des activités particulières ;
- ou aux catégories définies clairement et de manière non restrictive à partir des usages constants, généraux et fixes en vigueur dans la profession.

Pour ce dernier point, l'existence de l'usage s'apprécie au niveau de la profession et non de l'entreprise (BOSS, Protection sociale complémentaire, § 1190, 01/01/2025). Les trois conditions habituelles exigées pour constater l'existence d'un usage s'appliquent de manière cumulative (constance, généralité et fixité)

Rappelons qu'aucune présomption n'est attachée au critère 5. Ainsi, l'employeur doit donc être en mesure de justifier de la couverture de l'ensemble des salariés placés dans la même situation au regard de la garantie en cause.

L'existence de l'usage s'apprécie au niveau de la profession et non de l'entreprise (BOSS, Protection sociale complémentaire, § 1190, 01/01/2025). Les trois conditions habituelles exigées pour constater l'existence d'un usage s'appliquent de manière cumulative (constance, généralité et fixité).

Précisions administratives - L'administration a précisé qu'il est par exemple possible de prendre en compte l'appartenance (ou la non-appartenance) (BOSS, Protection sociale complémentaire, § 1180, 01/01/2025) :

- à la catégorie des salariés détachés à l'étranger et maintenus au régime français de sécurité sociale ou, pour les garanties retraite, à la catégorie des salariés impatriés bénéficiant de la dispense d'affiliation à l'assurance vieillesse (c. séc. soc. art. L. 767-2) ;
- au champ d'une convention collective ou d'un accord de branche ou interbranches, lorsque cette convention ou cet accord n'est applicable qu'à une partie des salariés (ex. : salariés intermittents au sein d'une entreprise de spectacles, pigistes au sein d'une entreprise de journalisme, ou, au sein des entreprises de travail temporaire, personnels permanents et intérimaires) ;
- à la catégorie des *travailleurs à domicile** (TAD), sous réserve que la convention collective applicable au donneur d'ouvrage prévoie des dispositions spécifiques aux TAD (à l'inverse, si les TAD bénéficient des mêmes dispositions conventionnelles que les autres salariés couverts par la convention collective, ils ne constituent pas une catégorie) ;
- à la catégorie des VRP selon la définition donnée à l'article L. 7311-3 du code du travail (VRP multicartes, VRP exclusifs non-cadres), à condition qu'ils n'entrent pas dans le champ de la convention collective applicable aux autres salariés ou qu'ils soient soumis à des dispositions spécifiques (a contrario, s'ils bénéficient des mêmes dispositions conventionnelles que les autres salariés, ils ne peuvent pas constituer une catégorie) ;
- au champ d'affiliation d'un régime légalement ou réglementairement obligatoire qui assure la couverture du même risque que les garanties en cause (cas pour le risque maladie des ressortissants du régime local d'Alsace-Moselle ou, pour le risque maladie ou vieillesse, des assurés de certains régimes spéciaux de sécurité sociale).

Cadres dirigeants

Les cadres dirigeants sont des salariés titulaires d'un contrat de travail, mais dont les conditions de travail et l'emploi obéissent à des conditions spécifiques (c. trav. art. L. 3111-2) (voir *Cadres dirigeants**).

Ils ne sont pas considérés comme constituant en eux-mêmes une catégorie objective, sauf s'ils peuvent en constituer une au regard du critère 3 « catégorie des conventions collectives » ou du critère 4 « sous-catégorie des conventions collectives » (BOSS, Protection sociale complémentaire, § 1050, 01/01/2025).

Mandataires sociaux et dirigeants

Pas une catégorie objective à eux seuls - L'exemption d'assiette sociale dont bénéficie le financement patronal des garanties de protection sociale complémentaire est réservée aux salariés, anciens salariés et, le cas échéant, aux ayants droit.

Dès lors, les mandataires sociaux ne constituent pas, en tant que tels et à eux seuls, une catégorie objective (BOSS, Protection sociale complémentaire, § 1200, 01/01/2025).

Leur situation varie selon qu'ils sont ou non titulaires d'un contrat de travail.

Mandataires titulaires d'un contrat de travail - Les mandataires sociaux titulaires d'un contrat de travail bénéficient des mêmes garanties que l'ensemble des salariés (ou que la catégorie à laquelle ils appartiennent au titre de leur contrat de travail s'il s'agit d'un régime réservé à une ou plusieurs catégories de personnel) (BOSS, Protection sociale complémentaire, § 1200, 01/01/2025).

Mandataires sans contrat de travail - Les mandataires sociaux non titulaires d'un contrat de travail, mais affiliés de plein droit au régime général de la sécurité sociale (c. séc. soc. art. L. 311-3), comme, par exemple, un gérant minoritaire rémunéré de SARL, peuvent être rattachés au contrat liant l'entreprise à l'organisme assureur si une décision du conseil d'administration (ou équivalent) de l'entreprise le prévoit. Une copie du procès-verbal de la séance de l'organe gestionnaire actant cette décision est alors tenue à la disposition de l'URSSAF en cas de contrôle (BOSS, Protection sociale complémentaire, § 1200, 01/01/2025).

Ce rattachement n'étant autorisé que pour les dirigeants affiliés au régime général des salariés, il ne peut pas être mis en œuvre pour ceux qui relèvent du régime général en tant que travailleurs indépendants.

▶ À noter… En l'absence de décision du conseil d'administration, la seule hypothèse où le mandataire social puisse être rattaché à une catégorie bénéficiaire d'un régime de protection sociale complémentaire est celle où la catégorie bénéficiaire du régime est définie par référence au champ de l'ANI du 17 novembre 2017 relatif à la prévoyance des cadres (lequel vise expressément les mandataires sociaux à son article 2.1) (BOSS, Protection sociale complémentaire, § 1200, 01/01/2025).

Si le régime ne couvre pas l'ensemble du personnel mais est réservé à une ou plusieurs catégories de salariés, les mandataires ne peuvent alors y être rattachés, pour le bénéfice de l'exemption d'assiette, que s'ils remplissent eux-mêmes le ou les critères retenus (par exemple, si la catégorie est établie à raison du critère 2, en fonction de la rémunération versée au mandataire). S'ils ne remplissent pas les critères, l'exemption d'assiette n'est pas appliquée pour la contribution patronale au titre du mandataire. En revanche, l'exemption d'assiette n'est pas remise en cause pour les salariés.

Identité des garanties et dérogations autorisées

Principe - Le principe veut que les garanties offertes par le régime doivent être les mêmes pour tous les salariés ou pour tous ceux d'une même catégorie (c. séc. soc. art. R. 242-1-3).

L'identité des garanties doit être appréciée au niveau de chaque catégorie de salariés et non du ou des actes instituant les garanties. Les différences de garanties ne remettent pas en cause le caractère collectif si elles traduisent l'existence de catégories objectives de salariés au sens des critères autorisés (BOSS, Protection sociale complémentaire, § 1360, 01/01/2025).

Exemple

Si des garanties de prévoyance couvrant les cadres d'une entreprise (au sens du critère 1) varient en fonction de leurs tranches de rémunération, il est considéré que ces garanties sont identiques puisqu'en les dissociant, elles constituent un critère autorisé pour fonder une catégorie objective.

Prévoyance : variation des garanties selon les conditions d'activité - En matière de prévoyance complémentaire, le fait de prévoir des garanties plus favorables au bénéfice de certains salariés en fonction des conditions d'exercice de leur activité ne remet pas en cause le caractère collectif de ces garanties (c. séc. soc. art. R. 242-1-3, al. 2).

L'employeur doit alors justifier du lien entre le caractère particulier de l'activité des salariés auxquels ces garanties sont réservées et la nature des garanties en cause (BOSS, Protection sociale complémentaire, § 1390, 01/01/2025).

Exemple

Un employeur peut prévoir, dans le cadre d'un régime « frais de santé » ouvert à tous les salariés, des garanties renforcées au titre d'un risque de santé auquel certains salariés sont davantage exposés de par leur activité.

Garanties optionnelles des régimes à plusieurs niveaux - Le caractère collectif du régime n'est pas remis en cause s'il prévoit la possibilité pour les salariés de souscrire pour eux-mêmes ou leurs ayants droit des garanties supplémentaires, ou la majoration des contributions patronales en cas de surcotisation effectuée par les salariés au titre de ces garanties supplémentaires.

Dans ce dernier cas, la part des contributions de l'employeur aux garanties optionnelles souscrites ne bénéficie pas de l'exclusion de l'assiette et est donc assujettie à cotisations comme n'importe quel élément de rémunération (c. séc. soc. art. R. 242-1-5).

Exemple

Un régime frais de santé prévoit des garanties couvrant le remboursement complémentaire des actes médicaux. Sur option, l'assureur prévoit une garantie renforcée en dentaire et en optique en fonction des besoins émis par le salarié par l'intermédiaire d'un questionnaire en ligne. La part de l'employeur finançant le 1er étage de remboursement proposé à tous les salariés couverts sera exclue de l'assiette des cotisations dans la limite réglementaire mais pas celle versée au titre de l'option (BOSS, Protection sociale complémentaire, § 1380, 01/01/2025).

Variation des garanties selon la composition familiale - L'exigence d'identité des garanties ne remet pas en cause les dispositifs dans lesquels les garanties varient selon la situation familiale de l'assuré. Cette dérogation permet de couvrir le cas des ayants droit *(voir plus loin)*.

Uniformité de la contribution patronale et dérogations admises

Principes - Pour bénéficier de l'exclusion d'assiette, les contributions patronales doivent être fixées à un taux ou à un montant uniforme pour l'ensemble des salariés ou pour tous ceux d'une même catégorie objective (c. séc. soc. art. R. 242-1-4 ; BOSS, Protection sociale complémentaire, § 1400, 01/01/2025). L'administration fiscale se réfère également à ce principe d'uniformité (BOFiP-RSA-BASE-30-10-20-§§ 90 et 230-21/06/2017).

Par tolérance, la combinaison d'un forfait et d'un taux pour l'ensemble des salariés couverts est admise, selon l'une des modalités suivantes (BOSS, Protection sociale complémentaire, § 1410, 3°, 01/01/2025).

La contribution patronale peut être égale à la somme d'une part forfaitaire et d'une part proportionnelle.

Exemple

Une contribution patronale de « 2 % + 35 € » est conforme.

Il est aussi possible d'opter pour une contribution patronale exprimée sous forme de taux, mais avec un plancher et/ou un plafond de cotisations forfaitaires.

Exemple

Une contribution patronale est fixée au taux de 4 %, sachant qu'elle ne peut pas être inférieure à 32 € ni être supérieure à 60 €. On pourrait également imaginer ne retenir que le plancher ou le plafond.

La troisième option est de calculer la contribution patronale par différence entre un montant forfaitaire uniforme et le montant de la contribution salariale calculée en pourcentage.

Exemple

Un régime fixe une contribution globale « employeur / salarié » de 45 € et une part salariale de 1 % ;
- pour un salarié dont la rémunération est de 1 800 €, la contribution du salarié est de 18 € (1 800 € × 1 %) et celle de l'employeur de 45 € – (1 800 € × 1 %) = 27 € ;
- pour un salarié dont la rémunération mensuelle est de 2 000 € bruts, la contribution du salarié et de 20 € (2 000 € × 1 %) et celle de l'employeur de 45 € – (2 000 € × 1 %) = 25 € ;
pour un salarié dont la rémunération est de 2 500 €, la contribution du salarié est de 25 € (2 500 € × 1 %) et celle de l'employeur de 45 € – (2 500 € × 1 %) = 20 €.

Variations de taux ou de montant selon les catégories de salariés - Un régime peut prévoir des taux ou des montants de contributions patronales différents pour des salariés appartenant à des catégories objectives différentes, établies selon un des 5 critères autorisés *(voir plus haut)* (c. séc. soc. art. R. 242-1-4).

Retraite et prévoyance lourde : variations de taux selon la rémunération - En marge des variations de taux ou de montants autorisées selon les catégories objectives de salariés *(voir ci-dessus)*, il est aussi possible de mettre en place des taux « croissants » en fonction de la rémunération pour les prestations de retraite supplémentaire, d'incapacité de travail, d'invalidité ou d'inaptitude (c. séc. soc. art. R. 242-1-4, 3° ; BOSS, Protection sociale complémentaire, § 1410, 3°, 01/01/2025).

Des garanties de retraite supplémentaire ou de prévoyance lourde peuvent donc prévoir, pour un même salarié, l'application de taux de cotisation patronale distincts par tranche de salaire.

▶ À noter… Compte tenu du champ des garanties visées, cette dérogation au principe d'uniformité de la contribution patronale ne joue pas pour les garanties « frais de santé ».

Cette possibilité de taux « croissants » est cependant subordonnée à la condition qu'une progression au moins aussi importante soit appliquée à la contribution salariale (c. séc. soc. art. R. 242-1-4, 3° ; BOSS, Protection sociale complémentaire, § 1410, 3°, 01/01/2025). Autrement dit, une proportionnalité entre la progression de la contribution patronale et celle de la cotisation salariale est exigée a minima, la progression de cette dernière pouvant toutefois être plus importante (lettre-circ. ACOSS 2015-45 du 12 août 2015, § 1.3).

Exemple

Un régime peut prévoir la progression suivante :
- 1re tranche de rémunération : part patronale de 2 % et part salariale de 1 % ;
- 2e tranche de rémunération : part patronale de 3 % et part salariale de 2 % ;
3e tranche de rémunération : part patronale de 4 % et part salariale de 3 %.

Par ailleurs, l'administration admet par tolérance le recours à des taux ou à des montants de contribution patronale décroissants en fonction de la rémunération si, pour la part salariale, ces taux ou montants sont croissants (BOSS, Protection sociale complémentaire, § 1410, 3°, 01/01/2025). L'objectif est ici de promouvoir un « haut degré de solidarité » entre les salariés qui sont les plus rémunérés et ceux qui le sont le moins (lettre-circ. ACOSS 2014-2 du 4 février 2014, Q/R 20).

Dans tous les cas, le bénéfice de l'exemption d'assiette est accordé si la différence de taux ou de montant recouvre une différence entre des ensembles de salariés qui peuvent constituer une catégorie objective (BOSS, Protection sociale complémentaire, § 1410, 3°, 01/01/2025).

Exemple

Un régime de retraite supplémentaire institué au bénéfice des cadres (critère 1) peut prévoir une modulation de la contribution de l'employeur de x % sur la part de rémunération inférieure au plafond de la sécurité sociale et de y % sur la part de rémunération supérieure au plafond de la sécurité sociale. Le dispositif reste collectif et ouvre droit au régime social de faveur car les cadres dont la rémunération est inférieure ou égale plafond et ceux dont la rémunération est supérieure au plafond peuvent constituer deux catégories objectives distinctes au regard du critère n° 2 (tranches de rémunération) (BOSS, Protection sociale complémentaire, § 1410, 3°, 01/01/2025).

Salariés à temps partiel et apprentis - Par dérogation, le régime peut prévoir la prise en charge par l'employeur de l'intégralité des contributions à la charge des salariés à temps partiel ou des apprentis, dès lors que, en l'absence d'une telle prise en charge, les intéressés devraient s'acquitter d'une contribution salariale au moins égale à 10 % de leur rémunération brute (c. séc. soc. art. R. 242-1-4, 1°).

Pour l'appréciation de ce seuil de 10 %, il convient de tenir compte de l'ensemble des garanties de protection sociale complémentaire (BOSS, Protection sociale complémentaire, § 1410, 1°, 01/01/2025).

Exemple
Un régime « incapacité/invalidité » amène un apprenti à acquitter une contribution égale à 6 % de sa rémunération brute. Par ailleurs, une garantie « frais de santé » entraîne une contribution salariale égale à 5 %. En additionnant invalidité et frais de santé, l'apprenti acquitte une contribution représentant 11 % de sa rémunération. Le régime peut prévoir la prise en charge par l'employeur de la totalité de ces 11 % sans remise en cause du régime social de faveur du dispositif « prévoyance/frais de santé » (BOSS, Protection sociale complémentaire, § 1410, 1°, 01/01/2025).

Modulation selon la composition du foyer familial - La réglementation admet également la modulation par l'employeur des contributions relatives à la couverture des garanties de prévoyance complémentaire en fonction de la composition du foyer du salarié (c. séc. soc. art. R. 242-1-4, 2°).

Cette dérogation permet de faire varier le montant des contributions lorsque le régime est ouvert aux ayants droit.

Exemple
Dans un contrat de prévoyance complémentaire santé, la contribution globale est fixée à 80 € pour les salariés isolés et à 107 € pour les familles (BOSS, Protection sociale complémentaire, § 1410, 2°, 01/01/2025). La contribution de l'employeur est fixée comme suit :
- salarié isolé : part employeur de 59 € et part salariale de 21 € ;
famille : part employeur de 75 € et part salariale de 32 €.

Garanties de prévoyance plus favorables liées à l'activité de certains salariés - En principe, les garanties prévues par un régime de prévoyance complémentaire doivent être identiques pour les salariés couverts par le régime. Des garanties plus favorables peuvent toutefois être instituées au profit des salariés au regard des conditions d'exercice de leur activité (*voir plus haut*).

La contribution patronale peut alors être supérieure pour les intéressés, à la lecture d'une ancienne circulaire ACOSS non reprise par le BOSS (lettre-circ. ACOSS 2014-2 du 4 février 2014, Q/R 22).

Garanties optionnelles supplémentaires - Un régime de prévoyance complémentaire peut, en complément des garanties obligatoires, permettre aux salariés de souscrire pour eux-mêmes ou leurs ayants droit des garanties supplémentaires optionnelles (*voir plus haut*).

Des surcotisations peuvent donc naturellement être prévues, étant entendu qu'elles ne bénéficient pas du régime social et fiscal de faveur.

Salariés multi-employeurs - Pour les salariés qui travaillent régulièrement et simultanément pour le compte de plusieurs employeurs, la contribution due par l'employeur pour une garantie donnée peut faire l'objet d'un partage par quotes-parts entre chacun d'eux, selon des conditions qu'ils déterminent conjointement, sans que le caractère collectif des garanties soit remis en cause (c. séc. soc. art. R. 242-1-5).

Il n'est pas nécessaire que ce partage soit prévu dans l'acte juridique instituant le régime. En revanche, il faut pouvoir justifier, par tout moyen, de la situation « multi-employeurs » du salarié et de la répartition de la contribution patronale entre les employeurs concernés (BOSS, Protection sociale complémentaire, § 1410, 4°, 01/01/2025).

Sort des ayants droit

Voir *Régimes de retraite supplémentaire et de prévoyance complémentaire (caractère obligatoire)**.

Suspension du contrat de travail

Voir *Régimes de retraite supplémentaire et de prévoyance complémentaire (suspension du contrat de travail)**.

☞ Plan d'épargne retraite d'entreprise obligatoire ; Prévoyance complémentaire ; Prévoyance « frais de santé » (contrat responsable) ; Prévoyance « frais de santé » (socle minimal) ; Prévoyance « frais de santé » (versement santé) ; Régimes de retraite supplémentaire et de prévoyance complémentaire ; Régimes de retraite supplémentaire et de prévoyance complémentaire (caractère obligatoire) ; Régimes de retraite supplémentaire et de prévoyance complémentaire (suspension du contrat de travail) ; Retraite supplémentaire ; Retraite supplémentaire et prévoyance complémentaire (redressement URSSAF réduit).

Régimes de retraite supplémentaire et de prévoyance complémentaire (caractère obligatoire)

Les contributions finançant des garanties de retraite supplémentaire et de prévoyance complémentaire sont exonérées de cotisations de sécurité sociale et d'impôt sur le revenu dans les limites prévues par la législation fiscale et sociale sous certaines conditions [voir *Régimes de retraite supplémentaire et de prévoyance complémentaire**].

Parmi celles-ci, figure le caractère obligatoire du régime, auquel cette étude est consacrée.

Précisons que ces conditions valent aussi pour les cotisations obligatoires qui alimentent un *plan d'épargne retraite d'entreprise obligatoire** (PERE-OB), dispositif d'épargne retraite entré en vigueur le 1er octobre 2019 et qui a vocation à succéder aux contrats de retraite dits « art. 83 ».

Définition du caractère obligatoire

Couverture obligatoire des salariés - Pour donner droit à l'exclusion d'assiette, l'adhésion aux garanties de retraite supplémentaire ou de prévoyance complémentaire mises en place doit être obligatoire pour tous les salariés ou pour ceux entrant dans le champ des catégories de personnel couvertes (c. séc. soc. art. R. 242-1-6).

Cette règle vaut y compris pour les salariés employés par des employeurs n'ayant pas d'établissement en France (BOSS, Protection sociale complémentaire, § 720, 01/01/2025).

Exceptions - Ce principe s'entend sous deux réserves :

- l'éventuelle condition d'ancienneté prévue pour l'accès au régime [voir *Régimes de retraite supplémentaire et de prévoyance complémentaire (caractère collectif)**], qui implique la non-affiliation des salariés jusqu'à ce qu'ils aient atteint le seuil requis ;
- les dispenses d'affiliation à la demande des salariés, lorsqu'elles sont possibles.

Pas d'incidence des ayants droit - Le fait que le régime laisse de côté la question des ayants droit des salariés ou prévoit leur affiliation (obligatoire ou à titre facultatif) est sans incidence. Le caractère obligatoire s'apprécie uniquement au regard des salariés.

En revanche, si une affiliation des ayants droit est prévue, le caractère obligatoire ou facultatif de leur adhésion a une incidence sur les régimes social et fiscal des contributions versées au profit des ayants droit *(voir plus loin)*.

Dispenses d'affiliation : à prévoir ou de droit selon les cas

Définition - La réglementation offre des possibilités de dispense d'affiliation, limitativement énumérées.

Une dispense s'entend d'une faculté laissée à certains salariés, en principe couverts par le régime, de ne pas y adhérer. Il ne s'agit pas d'exclure d'office certaines catégories de salariés.

Dispenses à prévoir - Certaines des possibilités de dispense d'affiliation doivent être explicitement prévues par l'acte qui régit les garanties (BOSS, Protection sociale complémentaire, § 870, 01/01/2025). Dans tous les cas, il convient de respecter les éventuelles contraintes imposées par des accords de niveau supérieur (ex. : accord de branche).

Les salariés ne peuvent pas se prévaloir de ces cas de dispense s'ils ne sont pas prévus par le régime.

Dispenses de droit - Plusieurs cas de dispense sont ouverts de droit aux salariés qui remplissent les conditions requises :

- la dispense de droit liée à la loi Évin, pour les régimes mis en place par décision unilatérale et comportant une cotisation salariale ;
- depuis le 1er janvier 2016, les dispenses spécifiques aux régimes de prévoyance « frais de santé » ;
- en faveur des ayants droit, une dispense de droit aux garanties « frais de santé ».

Modalités des demandes de dispense

Demande du salarié - Même prévu par l'acte de mise en place du régime, un cas de dispense ne peut jouer qu'à la demande du salarié. L'employeur doit être en mesure de produire cette demande (c. séc. soc. art. R. 242-1-6 et D. 911-2 dernier al.).

La demande de dispense du salarié doit comporter la mention selon laquelle l'intéressé a été préalablement informé par l'employeur des conséquences de son choix (c. séc. soc. art. R. 242-1-6).

▶ À noter... Corrélativement, l'employeur doit à notre sens veiller à bien informer les salariés des conséquences d'un refus d'affiliation (absence de garantie, etc.).

Forme de la demande de dispense - Toute dispense d'affiliation doit résulter d'une demande explicite du salarié, traduisant un consentement libre et éclairé (BOSS, Protection sociale complémentaire, § 920, 01/01/2025).

Selon l'administration, quel que soit le motif de dispense, la demande du salarié prend la forme d'une déclaration sur l'honneur qu'il remet à son employeur, précisant en particulier la nature des garanties auxquelles le salarié renonce et comportant la mention selon laquelle il a été préalablement informé par l'employeur des conséquences de son choix.

Lorsque le cas de dispense l'exige, le salarié doit désigner dans sa déclaration l'organisme assureur lui permettant de solliciter la dispense ou la date de fin de droit.

▶ À noter... En cas de contrôle, l'employeur doit être en mesure de présenter la dispense des salariés concernés pour justifier de la non-adhésion des salariés aux garanties proposées (BOSS, Protection sociale complémentaire, § 940, 01/01/2025).

Changement de situation - Le salarié doit informer son employeur de tout changement de situation et ayant un impact sur cette dispense (ex. : qu'il est désormais couvert par un autre contrat en tant qu'ayant droit ou au titre d'un autre emploi) (BOSS, Protection sociale complémentaire, § 930, 01/01/2025).

Règles additionnelles propres à la prévoyance « frais de santé » - Le moment du dépôt de la demande de dispense d'affiliation à un régime « frais de santé » est réglementé par le code de la sécurité sociale.

Le salarié formule sa demande (c. séc. soc. art. D. 911-5) :
- au moment de l'embauche ;
- si elle est postérieure, à la date de mise en place de la couverture « frais de santé » de l'entreprise ou, pour les personnes intéressées par ces cas de dispense, au moment où prend effet la complémentaire santé solidaire ou une autre couverture collective.

Dispense « de droit » liée à la loi Évin

Salariés embauchés avant la mise en place d'un régime par décision unilatérale - Lorsque les garanties sont mises en place par une décision unilatérale de l'employeur (DUE), la loi Évin permet aux salariés déjà employés « avant » la mise en place du régime de refuser d'adhérer audit régime dès lors qu'il comporte une contribution salariale (loi 89-1009 du 31 décembre 1989, art. 11 ; c. séc. soc. art. R. 242-1-6, dern. al.).

Ce cas de dispense est applicable aux garanties de prévoyance complémentaire (y inclus « frais de santé ») ainsi qu'à la retraite supplémentaire (BOSS, Protection sociale complémentaire, § 810, 01/01/2025).

Dans la même logique que pour la retraite supplémentaire, lorsqu'un *plan d'épargne retraite d'entreprise obligatoire** est institué par décision unilatérale, les salariés déjà présents dans l'entreprise lors de la mise en place du plan peuvent se dispenser, à leur initiative, de participer aux versements obligatoires qui l'alimentent (c. mon. et fin. art. L. 224-25, 3°).

▶ À noter... Ce cas de dispense ne peut donc pas jouer pour les régimes mis en place par accord collectif ou par accord ratifié par le personnel. Dans ce cas, les salariés entrant dans le champ du régime et déjà à l'effectif avant sa mise en place y sont obligatoirement affiliés, sauf à se prévaloir d'un autre cas de dispense.

Si le régime ne comporte pas de contribution salariale et repose sur un financement exclusivement patronal, ce cas de dispense ne peut pas jouer. Pour que le salarié puisse demander une dispense d'adhésion, il faut que cela soit prévu par le régime *(voir plus loin)*.

Dispense sur simple demande - Le salarié peut demander la dispense d'adhésion même si l'acte de mise en place du régime, à savoir la décision unilatérale, ne le prévoit pas (BOSS, Protection sociale complémentaire, § 810, 01/01/2025).

Le salarié peut effectuer sa demande au jour de la mise en place des garanties, ou au jour d'une modification du dispositif préexistant qui remettrait en cause le financement intégral des garanties par l'employeur.

▶ À noter... Ainsi, pour être considéré comme obligatoire, un régime mis en place par décision unilatérale doit être ouvert à l'ensemble des salariés relevant des catégories de personnel couvertes, quelle que soit leur date d'embauche, sachant que les salariés présents dans l'entreprise au moment de la mise en place du régime peuvent refuser d'y cotiser et donc d'y être affiliés.

Modifications successives par décisions unilatérales - Il peut arriver qu'un régime mis en place par décision unilatérale fasse ensuite l'objet de modifications, toujours par décision unilatérale. Le cas de dispense lié à la loi Évin ne peut pas jouer lorsqu'une nouvelle décision unilatérale de l'employeur modifie des garanties déjà existantes (lettre-circ. ACOSS 2014-2 du 4 février 2014, Q/R 24).

Un salarié ne peut ainsi invoquer la loi Évin que (BOSS, Protection sociale complémentaire, § 810, 01/01/2025) :
- lors de l'institution du régime ;

- ou en cas de nouvelle décision unilatérale de l'employeur venant mettre à la charge du salarié une fraction de la cotisation d'un régime qui, initialement, était entièrement à la charge de l'employeur.

Salarié changeant de catégories - S'il existe dans l'entreprise deux régimes différents mis en place par décision unilatérale pour une garantie de même nature (ex. : un régime « frais de santé » pour les non-cadres et un second régime « frais de santé » pour les cadres), la décision d'un salarié de ne pas adhérer à un régime doit être réitérée s'il change de catégorie (ex. : passage de non-cadre à cadre).

Pour bénéficier de cette faculté, l'intéressé doit avoir été embauché avant la mise en place du régime de prévoyance en cause (dans notre exemple, le régime des cadres) (lettre-circ. ACOSS 2014-2 du 4 février 2014, Q/R 26).

Le *Bulletin officiel de la sécurité sociale (BOSS)** n'a pas repris cette précision.

Transfert de salariés - Pour les salariés embauchés avant la mise en place par décision unilatérale d'un régime prévoyant une cotisation salariale, la possibilité de dispense s'applique également lors d'un transfert d'entreprise, lorsque les salariés de l'entreprise transférée n'étaient pas couverts à titre obligatoire avant le transfert, dès lors qu'ils étaient présents dans l'entreprise transférée au moment de cette mise en place (BOSS, Protection sociale complémentaire, § 820, 01/01/2025).

Ils peuvent alors exercer leur faculté de dispense d'adhésion à un dispositif obligatoire mis en place par DUE dans l'entreprise d'accueil.

Dispenses pouvant être prévues par le régime

Garanties concernées - Certaines facultés de dispense d'affiliation doivent être prévues par le régime pour que les salariés puissent s'en prévaloir. Elles peuvent concerner tous les types de garanties (retraite supplémentaire, prévoyance incapacité, invalidité, décès et « frais de santé ») (BOSS, Protection sociale complémentaire, §§ 870 à 890, 01/01/2025).

À prévoir dans l'acte fondateur du régime - Le régime peut ne prévoir aucune de ces facultés de dispense, ou en prévoir tout ou partie, le cas échéant avec des modalités d'application plus restrictives que celles autorisées par la réglementation (BOSS, Protection sociale complémentaire, § 880, 01/01/2025).

Exemple

Un régime peut prévoir une possibilité de dispense au profit des CDD en exigeant, quelle que soit leur durée, la justification d'une couverture individuelle souscrite par ailleurs. Un tel cas de dispense est plus restrictif que celui permis par la réglementation, laquelle permet de n'exiger aucun justificatif pour les contrats de moins de 12 mois *(voir plus loin)*.

Salariés embauchés avant la mise en place d'un régime par décision unilatérale - Lorsqu'un régime est mis en place par décision unilatérale de l'employeur, cette décision peut prévoir une possibilité de demander une dispense d'affiliation au profit des salariés embauchés avant la mise en place des garanties (c. séc. soc. art. R. 242-1-6, 1°).

Selon l'administration, le salarié doit faire sa demande au jour de la mise en place des garanties dans l'entreprise (BOSS, Protection sociale complémentaire, § 870, 01/01/2025).

Si ce cas de dispense n'est pas prévu, les salariés embauchés avant la mise en place d'un régime comportant une cotisation salariale peuvent demander à être dispensés d'affiliation en application de la loi Évin *(voir plus haut)*.

En revanche, lorsque les garanties mises en place par décision unilatérale reposent sur un financement exclusivement patronal, la possibilité de dispense en faveur des salariés embauchés avant la mise en place du régime ne peut jouer que si cela est prévu par l'acte fondateur du régime (BOSS, Protection sociale complémentaire, § 890, 01/01/2025).

Dispenses liées à la durée du contrat (CDD, intérimaires, apprentis) - Le régime peut prévoir une possibilité de dispense sur simple demande, sans justificatif particulier, en faveur des salariés en contrat à durée déterminée (CDD), des travailleurs temporaires et des apprentis titulaires d'un contrat de moins de 12 mois, quelle que soit leur date d'embauche (c. séc. soc. art. R. 242-1-6, 2°, b).

Il peut aussi ouvrir des possibilités de dispense, quelle que soit leur date d'embauche, pour les salariés en CDD, les travailleurs temporaires et les apprentis bénéficiaires d'un contrat d'une durée au moins égale à 12 mois. Pour faire jouer ce cas de dispense, le salarié doit justifier par écrit d'une couverture individuelle souscrite par ailleurs pour le « même type de garanties », en produisant tous les documents utiles (c. séc. soc. art. R. 242-1-6, 2°, a).

Selon l'administration, le salarié peut faire sa demande à tout moment, sauf disposition plus contraignante prévue dans l'acte de formalisation (BOSS, Protection sociale complémentaire, § 870, 01/01/2025).

▶ À noter... En 2014, l'ACOSS a indiqué que par « même type de garantie », il convient d'entendre « même risque » (frais de santé, retraite supplémentaire, invalidité, incapacité de travail, dépendance, décès). Peu importe, en revanche, la nature exacte ou le niveau des prestations offertes (lettre-circ. ACOSS 2014-2 du 4 février 2014, Q/R 29). Cette précision n'a pas été reprise par le BOSS.

En son temps, l'ACOSS avait apporté des précisions (non reprises par le BOSS) sur l'appréciation du CDD (lettre-circ. ACOSS 2014-2 du 4 février 2014, Q/R 28) :
- la durée d'un CDD se calcule contrat par contrat ;
- lorsqu'un nouveau contrat est conclu quelque temps après l'expiration d'un premier, pour le nouveau contrat, on ne tient compte que de la période allant du début à la fin de ce nouveau contrat ;
- si un contrat d'une durée initiale inférieure à 12 mois (ex. : 10,5 mois) est renouvelé de façon à porter sa durée totale à plus de 12 mois, le salarié peut continuer à être dispensé d'adhérer au régime mis en place dans l'entreprise, à condition de justifier d'une couverture individuelle à l'issue de la période de 12 mois ; à défaut, il doit obligatoirement adhérer au régime à compter de cette date.

Dispenses liées à la rémunération (temps partiel, apprentis) - Le régime peut autoriser les salariés à temps partiel ainsi que les apprentis à refuser leur affiliation si elle les conduit à s'acquitter d'une cotisation salariale au moins égale à 10 % de leur rémunération brute (c. séc. soc. art. R. 242-1-6, 2°, c).

Selon l'administration, le salarié peut faire sa demande à tout moment, sauf disposition plus contraignante prévue dans l'acte de formalisation. La dispense est possible tant que le salarié ou l'apprenti en remplit les conditions (BOSS, Protection sociale complémentaire, § 870, 01/01/2025).

Le seuil de 10 % de la rémunération brute est apprécié, non pas garantie par garantie, mais en tenant compte de l'ensemble des garanties de protection sociale complémentaire instituées à titre obligatoire dans l'entreprise, y inclus d'éventuelles garanties de retraite supplémentaire (lettre-circ. ACOSS 2014-2 du 4 février 2014, Q/R 30). Cette précision n'a pas été reprise par le BOSS, mais reste à notre sens pertinente.

Salariés bénéficiant d'une autre couverture collective - Le régime peut prévoir une dispense d'adhésion au profit des salariés qui bénéficient par ailleurs, y compris en tant qu'ayant droit, d'une couverture collective relevant d'un dispositif de prévoyance complémentaire conforme à un de ceux fixés par arrêté du ministre chargé de la sécurité sociale, à condition de le justifier chaque année (c. séc. soc. art. R. 242-1-6, 2°, f).

Selon l'administration, il peut s'agir d'un des dispositifs suivants (BOSS, Protection sociale complémentaire, § 870, 01/01/2025) :
- autre couverture collective et obligatoire ouvrant droit à exonération ;
- régime spécial de sécurité sociale des gens de mer (ENIM) ;
- caisse de prévoyance et de retraite des personnels de la SNCF (CPRPSNCF).

Le salarié peut faire sa demande à tout moment, sauf disposition plus contraignante prévue dans l'acte de formalisation. La dispense est possible jusqu'à ce que le salarié cesse de bénéficier de la couverture concernée (BOSS, Protection sociale complémentaire, § 870, 01/01/2025).

La possibilité, pour les salariés couverts en tant qu'ayants droit par un autre contrat collectif et obligatoire (par exemple, celui de leur conjoint également salarié), de se dispenser à leur initiative de l'obligation d'adhésion joue que cette couverture en tant qu'ayants droit soit facultative ou obligatoire (BOSS, protection sociale complémentaire, § 870, 01/01/2025 ; cass. soc. 7 juin 2023, n° 21-23743 FSB). L'acte de droit du travail mettant en place la couverture (ex. : convention collective, décision unilatérale de l'employeur) peut toutefois limiter la faculté de dispense aux ayants droit couverts à titre obligatoire par le régime d'accueil (BOSS, Protection sociale complémentaire, § 870, 01/01/2025).

Dispenses spécifiques à la prévoyance « frais de santé »

Dispenses de droit - Depuis le 1er janvier 2016, les dispenses spécifiques aux garanties « frais de santé » ci-après exposées sont toutes devenues des dispenses « de droit » (c. séc. soc. art. L. 911-7, III, D. 911-2 et D. 911-8).

Le salarié peut demander à en bénéficier même si la possibilité de dispense n'est pas prévue par l'acte régissant le régime applicable dans l'entreprise (décision unilatérale de l'employeur, projet d'accord ratifié par référendum, accord collectif ou convention collective selon les cas). L'employeur ne peut s'y opposer (BOSS, Protection sociale complémentaire, § 810, 01/01/2025).

CDD et intérimaires avec une durée de couverture inférieure à 3 mois - Sous réserve de justifier d'une couverture « frais de santé » conforme au cahier des charges des contrats responsables [voir *Prévoyance « frais de santé » (contrat responsable)**], les salariés en CDD ou en contrat de mission peuvent se dispenser, à leur initiative, d'adhérer à la couverture santé collective et obligatoire de l'entreprise si la durée de celle-ci est inférieure ou égale à 3 mois (non comprise la période de portabilité après la fin du contrat) (c. séc. soc. art. L. 911-7, III et D. 911-6).

Le salarié peut effectuer sa demande au moment de l'embauche ou à la date de mise en place des garanties (BOSS, Protection sociale complémentaire, § 810, 01/01/2025).

Les salariés faisant jouer ce cas de dispense ont droit au versement santé de l'employeur s'ils le demandent [voir *Prévoyance « frais de santé » (versement santé)**].

Ce cas de dispense se réfère à la durée de la couverture collective, et non à la durée du contrat de travail. Autrement dit, si le régime collectif et obligatoire fait bénéficier un salarié en CDD ou en contrat de mission d'une couverture frais de santé pour 3 mois ou plus, ce cas de dispense ne peut pas s'appliquer, quand bien même la durée du contrat de travail est inférieure à 3 mois.

Exemple

Un salarié en CDD de 2 mois dans une entreprise où s'applique un accord de branche prévoyant qu'il bénéficiera de la couverture collective obligatoire pendant 4 mois n'est pas concerné par ce cas de dispense.

Bénéficiaires de la complémentaire santé solidaire - Les salariés bénéficiaires de la complémentaire santé solidaire (C2S) peuvent se dispenser, à leur initiative, de la couverture santé collective et obligatoire de l'entreprise (c. séc. soc. art. D. 911-2, 1°).

Le salarié peut effectuer sa demande au moment de l'embauche, à la date de mise en place des garanties ou encore à la date à laquelle prend effet la C2S permettant au salarié de solliciter la dispense (c. séc. soc. art. D. 911-5 ; BOSS, Protection sociale complémentaire, § 810, 01/01/2025).

La dispense ne peut jouer que jusqu'à la date à laquelle le salarié cesse de bénéficier de la C2S (c. séc. soc. art. D. 911-2, 1°).

Salariés déjà couverts par une assurance individuelle - Les salariés déjà couverts par une assurance individuelle frais de santé (à titre principal ou d'ayant droit) au moment de la mise en place des garanties ou, si elle est postérieure, de leur embauche, peuvent se dispenser, à leur initiative, de l'adhésion à la couverture santé collective et obligatoire de l'entreprise (c. séc. soc. art. D. 911-2, 2°).

La dispense ne peut jouer que jusqu'à l'échéance du contrat individuel (c. séc. soc. art. D. 911-2, 2°).

Pour un contrat avec tacite reconduction, qui comporte nécessairement une échéance de reconduction, la dispense d'adhésion ne vaut que jusqu'à la prochaine échéance du contrat individuel. La possibilité de dispense prend donc fin à la date de reconduction tacite (BOSS, Protection sociale complémentaire, § 830, 01/01/2025).

Le salarié peut effectuer sa demande au moment de l'embauche ou à la date de mise en place des garanties (c.séc.soc. art. D. 911-5 ; BOSS, Protection sociale complémentaire, § 810, 01/01/2025).

Salariés bénéficiant d'une autre couverture collective - Les salariés peuvent se dispenser, à leur initiative, de l'adhésion à la couverture santé collective et obligatoire de l'entreprise s'ils bénéficient, pour les mêmes risques, y compris en tant qu'ayants droit, de prestations servies au titre d'un autre emploi en tant que bénéficiaire de l'un ou l'autre des dispositifs suivants (c. séc. soc. art. D. 911-2, 3°) :

- autre couverture santé collective et obligatoire ouvrant droit à exonération ;
- régime local d'assurance maladie d'Alsace-Moselle (c. séc. soc. art. D. 325-6 et D. 325-7) ;
- régime complémentaire d'assurance maladie des industries électriques et gazières (CAMIEG) (décret 46-1541 du 22 juin 1946) ;
- régime facultatif de protection sociale complémentaire des fonctionnaires d'État (décret 2007-1373 du 19 septembre 2007) ou des collectivités territoriales (décret 2011-1474 du 8 novembre 2011) ;
- régime facultatif applicable aux travailleurs non salariés, dans le cadre des contrats d'assurance de groupe issus de la loi « Madelin ».

Les salariés couverts en tant qu'ayants droit par une autre couverture santé collective et obligatoire (par exemple, celle de leur conjoint également salarié) peuvent se dispenser à leur initiative de l'obligation d'adhésion au régime de leur entreprise, que cette couverture en tant qu'ayant droit soit facultative ou obligatoire (BOSS, Protection sociale complémentaire, § 810, 01/01/2025).

Le salarié peut effectuer sa demande de dispense au moment de l'embauche, à la date de mise en place des garanties ou encore à la date à laquelle prend effet la couverture permettant au salarié de solliciter la dispense (c. séc. soc. art. D. 911-5 ; BOSS, Protection sociale complémentaire, § 810, 01/01/2025).

Exemple

Un salarié affilié au régime de prévoyance collectif et obligatoire de son entreprise, qui se trouve couvert ultérieurement par le régime de prévoyance de son conjoint soit au titre d'un régime lui-même collectif et obligatoire, soit au titre d'un régime « Madelin » ou d'une mutuelle de fonctionnaires, pour ne citer que ces exemples, peut faire valoir sa dispense d'adhésion au régime de son entreprise auquel il adhérait antérieurement.

La dispense ne peut jouer que jusqu'à la date à laquelle le salarié cesse de bénéficier de la couverture en cause (BOSS, Protection sociale complémentaire, § 810, 01/01/2025).

Dispenses d'affiliation	
Salariés potentiellement bénéficiaires	**Précisions**
I – Dispenses pouvant être autorisées par le régime (retraite ou prévoyance, y inclus « frais de santé ») (1)	
Apprentis, salariés en CDD, intérimaires titulaires d'un contrat de travail ou de mission d'au moins 12 mois (c. séc. soc. art. R. 242-1-6, 2°, a et D. 911-4)	• Dispense d'affiliation sur attestation d'une couverture individuelle souscrite par ailleurs pour le même type de garanties (2) (c. séc. soc. art. R. 242-1-6, 2°, a) Selon le BOSS, la demande prend la forme d'une déclaration sur l'honneur du salarié remise à l'employeur (2) (3) • Demande possible à tout moment, sauf disposition plus contraignante dans l'acte de formalisation
Apprentis, salariés en CDD, intérimaires titulaires d'un contrat de travail ou de mission inférieur à 12 mois (c. séc. soc. art. R. 242-1-6, 2°, b et D. 911-4)	• Dispense d'affiliation sur simple demande (2) Selon le BOSS, la demande prend la forme d'une déclaration sur l'honneur du salarié remise à l'employeur (2) (3) • Demande possible à tout moment, sauf disposition plus contraignante dans l'acte de formalisation
Temps partiels et apprentis dont l'adhésion au régime les conduirait à régler une cotisation au moins égale à 10 % de leur rémunération brute (c. séc. soc. art. R. 242-1-6, 2°, c et D. 911-4)	• Dispense d'affiliation sur simple demande (2) Selon le BOSS, la demande prend la forme d'une déclaration sur l'honneur du salarié remise à l'employeur (2) (3) • Demande possible à tout moment, sauf disposition plus contraignante dans l'acte de formalisation
Salariés bénéficiant, y compris en tant qu'ayants droit, d'une autre couverture pour les mêmes risques au titre des dispositifs suivants (c. séc. soc. art. R. 242-1-6, 2°, f ; BOSS, Protection sociale complémentaire, § 870, 01/01/2025) **:** - autre couverture collective et obligatoire « exonérée » ; - régime spécial de sécurité sociale des gens de mer (ENIM) ; - caisse de prévoyance et de retraite des personnels de la SNCF (CPRPSNCF).	• Dispense d'affiliation à condition de justifier chaque année de cette autre couverture (2) (c. séc. soc. art. R. 242-1-6, 2°, f) Selon le BOSS, la demande prend la forme d'une déclaration sur l'honneur du salarié remise à l'employeur (2) (3) • Demande possible à tout moment, sauf disposition plus contraignante dans l'acte de formalisation
Salariés embauchés avant la mise en place d'un régime par DUE (*)**, y compris en cas de financement exclusivement patronal** (4) (R. 242-1-6, 1° ; BOSS, Protection sociale complémentaire, §§ 870 et 890, 01/01/2025)	• Dispense d'affiliation sur simple demande (2) Selon le BOSS, la demande prend la forme d'une déclaration sur l'honneur du salarié remise à l'employeur (2) (3) • Demande possible au jour de la mise en place des garanties dans l'entreprise • **Attention :** si le régime prévoit une cotisation salariale, les salariés embauchés avant sa mise en place peuvent demander à être dispensés d'affiliation en application de la loi Évin *(voir II ci-dessous)*, même si l'acte fondateur du régime ne prévoit pas formellement de possibilité de dispense.
II – Dispense de droit (retraite ou prévoyance, y inclus « frais de santé »)	
Salariés embauchés avant la mise en place d'un régime mis en place par DUE (*) (loi Évin, régime cofinancé par l'employeur et le salarié) (loi 89-1009 du 31 décembre 1989, art. 11)	• Si le régime prévoit une cotisation salariale, dispense d'affiliation possible de droit, sur simple demande, même si l'acte juridique à la base du régime ne le prévoit pas (2) Selon le BOSS, la demande prend la forme d'une déclaration sur l'honneur du salarié remise à l'employeur (2) (3) • Demande possible au jour de la mise en place des garanties ou, au jour de la modification du dispositif préexistant remettant en cause le financement intégral des garanties par l'employeur
III – Dispenses de droit spécifiques à la prévoyance « frais de santé »	
Salariés en CDD ou en contrat de mission dont la durée de la couverture collective et obligatoire dont ils bénéficient en matière de frais de santé est inférieure à 3 mois (c. séc. soc. art. L. 911-7, III, al. 2 et D. 911-6)	• Dispense sur justification d'une couverture respectant les conditions des contrats responsables (c. séc. soc. art. L. 911-7, III, al. 2) [voir *Prévoyance « frais de santé » (contrat responsable)**]. Selon le BOSS, la demande prend la forme d'une déclaration sur l'honneur du salarié remise à l'employeur (2) (3) • Demande possible au moment de l'embauche ou à la date de mise en place des garanties • Ces salariés peuvent prétendre au versement santé [voir *Prévoyance « frais de santé » (versement santé)**].

Dispenses d'affiliation	
Salariés potentiellement bénéficiaires	**Précisions**
Salariés bénéficiaires de la complémentaire santé solidaire (C2S) (c. séc. soc. art. D. 911-2, 1°)	• Selon le BOSS, dispense d'affiliation par déclaration sur l'honneur du salarié remise à l'employeur (2) (3) • Demande au moment de l'embauche, ou à la date de mise en place des garanties, ou à la date à laquelle prend effet la C2S permettant au salarié de solliciter la dispense • Dispense pouvant jouer jusqu'à ce que le salarié cesse de bénéficier de la complémentaire santé solidaire
Salariés déjà couverts par une assurance individuelle frais de santé au moment de la mise en place des garanties ou, si elle est postérieure, de leur embauche (c. séc. soc. art. D. 911-2, 2°)	• Selon le BOSS, dispense d'affiliation par déclaration sur l'honneur du salarié remise à l'employeur (2) (3) • Demande au moment de l'embauche ou, à la date de mise en place des garanties • Dispense ne pouvant jouer que jusqu'à l'échéance du contrat individuel
Salariés bénéficiant, y compris en tant qu'ayants droit, d'une autre couverture pour les mêmes risques au titre des dispositifs suivants (c. séc. soc. art. D. 911-2, 3°) : - autre régime santé collectif et obligatoire « exonéré » ; - régime local d'Alsace-Moselle ; - régime complémentaire de la caisse d'assurance maladie des industries électriques et gazières (CAMIEG) ; - mutuelles des agents de l'État ou des collectivités territoriales ; - contrats d'assurance groupe dits Madelin.	• Selon le BOSS, dispense d'affiliation par déclaration sur l'honneur du salarié remise à l'employeur (2) (3) • Demande au moment de l'embauche ou, à la date de mise en place des garanties ou, à la date à laquelle prend effet la couverture permettant au salarié de solliciter la dispense • Dispense pouvant jouer jusqu'à ce que le salarié cesse de bénéficier de la couverture en cause

(*) DUE = Décision unilatérale de l'employeur.

(1) La dispense doit être prévue par l'acte fondateur du régime (DUE, projet d'accord ratifié par référendum, accord ou convention collective selon les cas). Il peut s'agir de l'acte initial ou d'un avenant à l'acte initial.

(2) L'employeur doit être en mesure de produire la demande de dispense du salarié mentionnant qu'il a été informé des conséquences de son choix (c. séc. soc. art. R. 242-1-6).

(3) BOSS, Protection sociale complémentaire, § 920, 01/01/2025. Sur la déclaration sur l'honneur, voir nos développements sous « Modalités des demandes de dispense ».

(4) À notre sens, il subsiste une incohérence dans la version du BOSS opposable au 1.01.2025. Dans le tableau de synthèse, ce dernier semble limiter le champ d'application de la dispense à la retraite supplémentaire uniquement (BOSS, Protection sociale complémentaire, § 870, 01/01/2025). Or, le 1° de l'article R. 242-1-6 du code de la sécurité sociale ne contient pas cette restriction et permet d'utiliser ce cas de dispense pour un régime de prévoyance également.

Ayants droit

Incidence sur le caractère obligatoire du régime - Le respect du caractère obligatoire du régime n'est pas apprécié au regard des éventuels ayants droit du salarié, pour lesquels la couverture peut être obligatoire ou facultative (BOSS, Protection sociale complémentaire, § 750, 01/01/2025).

Cependant, un régime de prévoyance ne peut pas prévoir l'adhésion des ayants droit d'une partie seulement des salariés couverts par le régime. Il doit être uniformément obligatoire ou bien facultatif pour les ayants droit de l'ensemble des bénéficiaires du régime.

Régime de la contribution patronale couvrant les ayants droit - Si la couverture des ayants droit est facultative, la contribution patronale versée à leur bénéfice est intégralement soumise à cotisations, comme n'importe quel élément de salaire. En revanche, l'exonération n'est pas remise en cause pour les contributions de l'employeur versées pour assurer la couverture de ses salariés (c. séc. soc. art. R. 242-1-5 ; BOSS, Protection sociale complémentaire, § 770, 01/01/2025).

Si l'adhésion des ayants droit est obligatoire, la contribution patronale versée à leur bénéfice est exonérée dans les mêmes limites que les contributions patronales versées au profit des salariés de l'entreprise. L'employeur doit s'engager à prendre en charge au moins 50 % de la cotisation globale de la complémentaire santé, dite « famille » (BOSS, Protection sociale complémentaire, § 750, 01/01/2025).

Le même raisonnement peut à notre sens s'appliquer sur le plan fiscal. Si le dispositif prévoit la couverture obligatoire des ayants droit du salarié à titre obligatoire, l'intégralité de la contribution (parts salariale et patronale) peut ouvrir droit à l'exonération d'impôt sur le revenu dans la limite prévue par la législation, sous réserve de la part patronale aux garanties « Frais de santé », laquelle est imposable dès le 1er euro [voir *Cotisations de retraite et de prévoyance (régime fiscal)**].

Lorsque la couverture des ayants droit est facultative, l'exonération d'impôt sur le revenu ne s'applique pas.

Concubins, conjoints ou partenaires travaillant dans la même entreprise - Si la couverture des ayants droit est obligatoire, l'un des membres du couple doit être affilié en propre, l'autre pouvant l'être en tant qu'ayant droit. Dans ce cas, les contributions de l'employeur versées au bénéfice de ce couple sont exclues de l'assiette des cotisations de sécurité sociale dans la limite réglementaire (BOSS, Protection sociale complémentaire, § 780, 01/01/2025).

Si la couverture des ayants droit est facultative, les salariés en couple ont le choix de s'affilier ensemble ou séparément. Dans les deux cas, le caractère obligatoire du régime n'est pas remis en cause et les contributions versées par l'employeur soit pour le couple, soit pour chacun des membres du couple, bénéficient de l'exclusion d'assiette (BOSS, Protection sociale complémentaire, § 790, 01/01/2025).

Dispense de droit propre aux garanties « frais de santé » - Les ayants droit couverts à titre obligatoire par la couverture collective « frais de santé » d'un salarié peuvent se dispenser, à leur demande, de l'adhésion à la couverture collective obligatoire de l'entreprise du salarié, sous réserve qu'ils soient déjà couverts par un autre régime (même liste que pour les salariés ; *voir plus haut*) et à condition d'en justifier chaque année (c. séc. soc. art. D. 911-3 renvoyant à R. 242-1-6, 2°, f ; BOSS, Protection sociale complémentaire, § 900, 01/01/2025).

Ainsi, peuvent demander à bénéficier d'une dispense les ayants droit bénéficiant par ailleurs de l'un des dispositifs suivants (BOSS, Protection sociale complémentaire, § 900, 01/01/2025) :
- autre couverture santé collective et obligatoire ouvrant droit à exonération ;
- régime local d'Alsace-Moselle ;
- régime complémentaire de la caisse d'assurance maladie des industries électriques et gazières (CAMIEG) ;
- mutuelles des agents de l'État ou des collectivités territoriales ;
- contrats d'assurance groupe dits Madelin.

Cette dispense est d'ordre public. Elle peut donc être sollicitée y compris lorsqu'elle n'est pas mentionnée dans l'acte fondateur du régime dans l'entreprise (BOSS, Protection sociale complémentaire, § 900, 01/01/2025).

La demande de dispense peut être effectuée à tout moment, sauf disposition plus contraignante prévue dans l'acte de formalisation. Comme pour les dispenses d'affiliation des salariés, le BOSS admet qu'elle peut prendre la forme d'une déclaration sur l'honneur remise à l'employeur, comme pour les dispenses des salariés *(voir plus haut)*.

La dispense est possible jusqu'à ce que l'ayant droit cesse de bénéficier de la couverture en cause (BOSS, Protection sociale complémentaire, § 900, 01/01/2025).

Dispenses pouvant être prévues par le régime - L'administration admet que l'acte fondateur du régime peut prévoir une faculté de dispense pour les ayants droit bénéficiant du régime spécial de sécurité sociale des gens de mer (ENIM) ou de la caisse de prévoyance et de retraite des personnels de la SNCF (CPRPSNCF) (BOSS, Protection sociale complémentaire, § 910, 01/01/2025).

Incidence d'une suspension du contrat de travail

Les régimes prévoient parfois de suspendre les garanties pendant certaines périodes de suspension du contrat de travail. Pour savoir si le caractère obligatoire est respecté, il faut examiner ce que le régime prévoit dans les cas où la suspension du contrat de travail est indemnisée et dans ceux où elle ne l'est pas.

Pour le détail, voir *Régimes de retraite supplémentaire et de prévoyance complémentaire (suspension du contrat de travail)**.

☛ *Plan d'épargne retraite d'entreprise obligatoire ; Prévoyance complémentaire ; Prévoyance « frais de santé » (contrat responsable) ; Prévoyance « frais de santé » (socle minimal) ; Prévoyance « frais de santé » (versement santé) ; Régimes de retraite supplémentaire et de prévoyance complémentaire ; Régimes de retraite supplémentaire et de prévoyance complémentaire (caractère collectif) ; Régimes de retraite supplémentaire et de prévoyance complémentaire (suspension du contrat de travail) ; Retraite supplémentaire ; Retraite supplémentaire et prévoyance complémentaire (redressement URSSAF réduit).*

Régimes de retraite supplémentaire et de prévoyance complémentaire (suspension du contrat de travail)

En cas de suspension du contrat de travail, les garanties du régime collectif et obligatoire de protection sociale complémentaire doivent, dans certaines situations, être maintenues, sauf à faire perdre au régime son caractère collectif et obligatoire, et donc, le bénéfice du régime d'exclusion d'assiette applicable aux contributions finançant les garanties concernées.

Contexte

Les contributions patronales au financement de garanties de protection sociale complémentaire sont exclues de l'assiette des cotisations dans une certaine limite, si ces garanties répondent à diverses conditions, et notamment celle d'avoir un caractère collectif et obligatoire (voir *Régimes de retraite supplémentaire et de prévoyance complémentaire**).

Depuis le 1er juillet 2021, l'administration a intégré aux critères d'appréciation du caractère collectif d'un régime de protection sociale complémentaire le principe selon lequel doivent être maintenues certaines garanties de protection sociale complémentaire *(voir ci-après)* en cas de suspension du contrat de travail indemnisée. Ce principe est donc l'une des conditions du régime social et fiscal de faveur attaché aux régimes de prévoyance à caractère collectif et obligatoire.

Cette doctrine a été initiée par une instruction de juin 2021 (instr. DSS/3C/5B 2021-127 du 17 juin 2021, abrogée), abrogée depuis son intégration dans le BOSS.

Les règles exposées ci-après sont celles en vigueur à l'heure où nous rédigeons ces lignes.

Périodes de suspension du contrat de travail indemnisées

Principe - Pour avoir un caractère collectif, les régimes de protection sociale complémentaire doivent prévoir le maintien de certaines garanties durant les périodes de suspension du contrat de travail (ex. : arrêts de travail liés à une maladie, un congé de maternité ou un accident, périodes d'activité partielle ou d'activité partielle de longue durée), dès lors qu'elles sont indemnisées par l'employeur (BOSS, Protection sociale complémentaire, § 1440, 01/01/2025).

Périodes indemnisées par un maintien de salaire ou des IJ complémentaires - Le bénéfice des garanties de protection sociale complémentaire doit être maintenu au profit des salariés dont le contrat de travail est suspendu, et le cas échéant de leurs ayants droit, pour la période au titre de laquelle ils bénéficient (BOSS, Protection sociale complémentaire, § 1450, 01/01/2025) :
- d'un maintien total ou partiel de salaire ;
- d'indemnités journalières complémentaires financées au moins pour partie par l'employeur (peu importe qu'elles soient versées par l'employeur directement, ou pour son compte par l'intermédiaire d'un tiers).

Pendant ces périodes, toutes les garanties doivent être maintenues : celles de prévoyance complémentaire (y inclus frais de santé) et celles de retraite supplémentaire.

Périodes indemnisées par un revenu de remplacement versé par l'employeur - Pour les périodes durant lesquelles le salarié bénéficie d'un revenu de remplacement versé par l'employeur, les garanties de prévoyance complémentaire doivent être maintenues (BOSS, Protection sociale complémentaire, § 1460, 01/01/2025).

Le maintien des garanties n'est en revanche pas exigé pour la retraite supplémentaire. Les garanties de retraite supplémentaire peuvent être suspendues ou maintenues, selon les conditions stipulées dans l'acte instaurant les garanties dans l'entreprise (décision unilatérale, convention ou accord collectif, référendum) et du contrat, règlement ou bulletin d'adhésion de l'organisme assureur (BOSS, Protection sociale complémentaire, § 1460, 01/01/2025).

Les périodes indemnisées ici visées sont, en particulier, les périodes d'*activité partielle**, d'*activité partielle de longue durée** (APLD) ou d'*activité partielle de longue durée Rebond** (APLD Rebond), ainsi que toute période de congé donnant lieu au paiement d'un revenu de remplacement par l'employeur (ex. : *congé de reclassement**, *congé de mobilité**).

Contributions au titre des garanties maintenues - La contribution de l'employeur, calculée selon les règles applicables à la catégorie objective dont relève le salarié, doit être maintenue pendant toute la période de suspension du contrat de travail indemnisée (sauf hypothèse d'un maintien de la garantie à titre gratuit) (BOSS, Protection sociale complémentaire, § 1470, 01/01/2025).

La part salariale est aussi due (sauf hypothèse d'un maintien à titre gratuit) (BOSS, Protection sociale complémentaire, § 1480, 01/01/2025).

Une répartition plus favorable aux seuls salariés dont le contrat est suspendu ne remet pas en cause le caractère collectif et obligatoire des régimes (BOSS, Protection sociale complémentaire, § 1490, 01/01/2025).

Exemple

Dans une entreprise, les salariés en activité sont redevables d'une contribution de 35 €. Pour ceux dont le contrat de travail est suspendu, la contribution peut être de 15 € (l'employeur prenant en charge la part salariale de 20 € restante). Cette répartition du financement ne remet pas en cause le caractère collectif et obligatoire du régime.

Assiette des contributions et prestations - L'acte instituant les garanties dans l'entreprise (décision unilatérale, convention ou accord collectif, référendum) peut prévoir des dispositions spécifiques en matière d'assiette des cotisations et prestations en cas de suspension du contrat de travail (BOSS, Protection sociale complémentaire, § 1500, 01/01/2025).

En l'absence de stipulations particulières et lorsque l'assiette des cotisations et prestations est calculée sur une base forfaitaire sans lien avec le montant des rémunérations perçues (ex. : en fonction du plafond de la sécurité sociale), cette assiette continue à s'appliquer en cas de suspension du contrat de travail (BOSS, Protection sociale complémentaire, § 1510, 01/01/2025).

En l'absence de stipulations particulières et lorsque l'assiette des contributions finançant le régime est déterminée par référence à la rémunération versée, il faut retenir le montant de l'indemnisation versée dans le cadre de la suspension du contrat (ex. : indemnisation légale, le cas échéant augmentée des indemnités complémentaires versées par l'employeur) (BOSS, Protection sociale complémentaire, § 1520, 01/01/2025).

L'acte qui a institué les garanties peut prévoir le maintien des assiettes de cotisation et des prestations applicables antérieurement à la suspension du contrat de travail. Le caractère collectif et obligatoire des garanties n'est alors pas remis en cause, sous réserve qu'elles permettent d'assurer un niveau de prestations plus élevé au salarié, notamment en calculant les cotisations et prestations sur la base d'une reconstitution de la rémunération mensuelle des salariés soumise à cotisations de sécurité sociale (ex. : moyenne des rémunérations des 12 derniers mois). Cette modulation des assiettes peut ne concerner que certaines des garanties du régime de protection sociale complémentaire (BOSS, Protection sociale complémentaire, § 1530, 01/01/2025).

Tableau I - Exemples d'assiette des cotisations, contributions ou primes (*)	
Exemple 1 : assiette des cotisations, avec calcul sur la base du plafond de la sécurité sociale	• Un régime de remboursement de frais de soins de santé prévoit que les cotisations sont calculées sur la base du plafond mensuel de la sécurité sociale. Le salarié est placé en activité partielle. • Dans ce cas, l'assiette de calcul des cotisations au titre d'un salarié placé en activité partielle doit rester inchangée pour la période d'activité partielle ou d'activité partielle de longue durée (APLD).
Exemple 2 : assiette des cotisations, avec acte de droit du travail prévoyant le maintien d'assiette applicable antérieurement à la suspension du contrat	• Un régime de prévoyance prévoit des garanties décès, invalidité et incapacité de travail calculées sur la base de la rémunération des salariés soumise à cotisations de sécurité sociale. • L'acte de droit du travail peut prévoir, en cas de suspension du contrat de travail pour les salariés placés en activité partielle ou en APLD : - que les cotisations et prestations décès et invalidité restent calculées sur la base de l'assiette précitée (reconstitution de la rémunération des salariés soumise à cotisations de sécurité sociale sur la base de la moyenne des 12 derniers mois) ; - que les cotisations et prestations d'incapacité de travail sont calculées sur la base de l'indemnisation d'activité partielle.
Exemple 3 : assiette des cotisations, avec une période d'activité partielle sous forme d'interruption totale d'activité	• Un régime de prévoyance prévoit que les cotisations sont calculées sur la base de la rémunération des salariés soumise aux cotisations de sécurité sociale. Un salarié est placé en activité partielle ou APLD, avec interruption totale de l'activité à compter du 16 mars 2024. • Dans ce cas, la cotisation due au titre du mois de mars est ainsi reconstituée : - au titre de la période du 1er au 15 mars : application de l'assiette de calcul prévue par l'acte instaurant les garanties dans l'entreprise ; - au titre de la période du 16 au 31 mars : les cotisations sont assises sur l'indemnité d'activité partielle perçue par le salarié, complétée, le cas échéant, du complément employeur.
Exemple 4 : assiette des cotisations, avec une période d'activité partielle sous forme d'interruption partielle d'activité	• Un régime de prévoyance prévoit que les cotisations sont calculées sur la base de la rémunération des salariés soumise à cotisations de sécurité sociale. Un salarié travaillant habituellement du lundi au vendredi est placé en activité partielle ou en APLD 3 jours par semaine à compter du 16 mars 2024 (lundi, mardi et vendredi). • Dans ce cas, la cotisation due au titre du mois de mars est ainsi reconstituée : - au titre de la période du 1er au 15 mars : application de l'assiette de calcul prévue par l'acte instaurant les garanties dans l'entreprise (rémunération soumise à cotisations de sécurité sociale) ; - au titre de la période du 16 au 31 mars : les cotisations sont assises sur l'indemnité d'activité partielle complétée, le cas échéant, du complément employeur pour les jours pendant lesquels cette indemnité a été perçue par le salarié, et sur la rémunération soumise à cotisations de sécurité sociale pour les jours où le salarié a été en activité.
(*) BOSS, Protection sociale complémentaire, § 1530, 01/01/2025.	

Limites d'exonération des contributions patronales - Pour les périodes de suspension du contrat avec maintien des garanties, les limites d'exonération des contributions patronales de protection sociale complémentaire [voir *Cotisations de retraite et de prévoyance (régime social)**] sont calculées sur l'assiette retenue pour le calcul des cotisations ou primes et prestations (BOSS, Protection sociale complémentaire, § 1540, 01/01/2025).

Délai de mise en conformité - Des modalités transitoires avaient été prévues pour la mise en conformité des actes fondateurs des régimes avec les dispositions relatives à leur maintien en cas de suspension du contrat de travail (BOSS, Protection sociale complémentaire, § 1430, 01/01/2025).

Elles ont pris fin au 31 décembre 2023 pour les régimes dont l'acte fondateur était une décision unilatérale de l'employeur (DUE) et au 31 décembre 2024 si l'acte fondateur était un accord collectif.

Depuis ces dates, les actes fondateurs doivent être en conformité.

Tableau II - Exemples de calcul de la limite d'exonération des contributions patronales (*)

Exemple 1 : salarié avec un mois d'activité partielle	Un salarié perçoit une rémunération soumise à cotisations de 2 000 € par mois pour l'année 2025. Placé en activité partielle pour l'intégralité du mois d'avril, il reprend son activité le 1er mai L'assiette de la contribution est le montant de l'indemnité d'activité partielle. • Rémunération à prendre en compte : 2 000 × 11 = 22 000 €. • Indemnité d'activité partielle à prendre en compte : 2 000 × 60 % = 1 200 €. • Montant total pour le calcul de la limite d'exclusion de l'assiette de cotisations : 23 200 € (22 000 + 1 200). Par hypothèse, cette somme n'intègre aucune contribution de retraite ou de prévoyance soumise aux cotisations sociales (ex. : régime facultatif). • La somme de 6 % du plafond annuel de la sécurité sociale (PASS), soit 2 826 € en 2025, et de 1,5 % du montant cumulant « rémunération + indemnités d'activité partielle » (348 €, soit 23 200 × 1,5 %) est égale à 3 174 € (soit 2 826 + 348). Ce montant étant inférieur à 12 % du PASS (5 652 € en 2025), la limite d'exclusion d'assiette « prévoyance » est de 3 174 €.
Exemple 2 : assiette des cotisations non modifiée pendant l'activité partielle	Un salarié a perçu en 2024 une rémunération mensuelle soumise à cotisations de 1 900 €. En 2025, sa rémunération mensuelle est de 2 000 €. Placé en activité partielle pour l'intégralité du mois d'avril, il reprend son activité le 1er mai 2025. La convention collective prévoit que les primes ou garanties santé sont calculées en pourcentage du plafond de la sécurité sociale. • Rémunération à prendre en compte pour les périodes d'activité : 2 000 × 11 = 22 000 €. • Pour le mois d'avril, moyenne des 12 derniers mois (période d'avril 2024 à mars 2025 inclus) : [(9 × 1 900) + (3 × 2 000)]/12 = 1 925 €. • Montant total pour le calcul de la limite de l'année : 23 925 € (22 000 + 1 925). • La somme de 6 % du PASS (2 826 € en 2025) et de 1,5 % de la rémunération (359 €, soit 23 925 × 1,5 %) est égale à 3 184,88 €. Ce montant étant inférieur à 12 % du PASS (5 652 € en 2025), la limite d'exclusion d'assiette « prévoyance » est de 3 184,88 €.
Exemple 3 : cumul chômage partiel et travail le même mois	Un salarié travaillant 35 h par semaine perçoit une rémunération soumise à cotisations de 3 000 € par mois, soit 19,78 € de l'heure. Au mois d'avril, il est placé en activité partielle avec une réduction horaire de 60 %. • Par simplification, sa rémunération pour les heures travaillées est supposée de : 19,78 € × 151,67 h × 60 % = 1 800 €. Quelle que soit la rémunération moyenne des 12 mois précédents, il est possible de retenir un montant d'assiette pour les heures chômées de 19,78 € × 151,67 h × 60 % = 1 800 €. • Rémunération à prendre en compte pour le mois d'avril : 1 200 + 1 800 = 3 000 €. • Montant total pour le calcul de la limite de l'exclusion : 3 000 × 12 = 36 000 €. • La somme de 6 % du PASS (2 826 € en 2025) et de 1,5 % de la rémunération (540 €, soit 36 000 × 1,5 %) est égale à 3 366 €. Ce montant étant inférieur à 12 % du PASS (5 652 € en 2025), la limite d'exclusion d'assiette « prévoyance » est de 3 366 €.

(*) BOSS, Protection sociale complémentaire, § 1540, 01/01/2025.

Périodes de suspension du contrat de travail non indemnisées

Pas d'obligation de maintien des garanties - Chaque régime est libre d'organiser le maintien ou non dans le régime des salariés absents en raison d'une maladie, d'une maternité ou d'un accident ou pour des raisons autres que médicales (congé sans solde, congé sabbatique, congé parental d'éducation « total », etc.) et qui ne bénéficient d'aucune indemnisation de leur employeur pendant la suspension de leur contrat de travail (BOSS, Protection sociale complémentaire, § 1550, 01/01/2025).

Si l'employeur maintient les garanties, le caractère collectif n'est pas remis en cause.

Le caractère collectif et obligatoire du régime n'est pas non plus remis en cause si le régime n'organise pas le maintien des garanties.

▶ À noter... Pour rappel, les garanties décès doivent inclure une clause de maintien en cas d'incapacité de travail ou d'invalidité (loi 89-1009 du 31 décembre 1989, art. 7-1 ; BOSS, Protection sociale complémentaire, § 1580, 01/01/2025).

Assiette des contributions en cas de maintien des garanties - Si les garanties et la contribution de l'employeur sont maintenues, il faut reconstituer une rémunération pour déterminer la limite d'exonération des contributions patronales (BOSS, Protection sociale complémentaire, §§ 1560 et 1570, 01/01/2025).

Par simplification, il est admis que la rémunération mensuelle à prendre en compte est le montant moyen des rémunérations perçues au cours des 12 mois précédant, selon le cas, l'arrêt de travail ou le congé.

Si l'assiette des cotisations et prestations du régime est calculée sur une base forfaitaire sans lien avec le montant des rémunérations perçues, cette assiette continue à s'appliquer.

☞ *Cotisations de retraite et de prévoyance (régime social) ; Régimes de retraite supplémentaire et de prévoyance complémentaire ; Régimes de retraite supplémentaire et de prévoyance complémentaire (caractère collectif) ; Régimes de retraite supplémentaire et de prévoyance complémentaire (caractère obligatoire).*

Registres obligatoires

La réglementation prévoit la tenue obligatoire d'un certain nombre de registres intéressant les services paye. Les entreprises doivent être en mesure de les présenter à l'occasion de certaines requêtes et contrôles *(voir tableau ci-après)*.

▶ À noter... Tout fichier RH ou de gestion du personnel (papier ou informatique) contenant des données personnelles de salariés doit respecter les principes protecteurs du règlement européen relatif à la protection des personnes physiques à l'égard du traitement des données à caractère personnel (RGPD) (voir Dictionnaire Social, « RGPD »).

☞ *Archives (délais de conservation des documents).*

Principaux registres obligatoires

Objet du registre	Textes de base	Destiné à
Registre des accidents du travail		
• L'employeur doit déclarer dans les 48 heures tout *accident du travail** à la caisse primaire d'assurance maladie dont la victime relève. • Pour les accidents bénins n'entraînant ni arrêt de travail ni soins médicaux pris en charge par la sécurité sociale, l'employeur peut remplacer la *déclaration des accidents du travail** par une inscription sur un registre spécial (souvent appelé « registre des AT bénins »). Ce registre peut être utilisé par simple déclaration attestant du respect des conditions exigées pour la mise en place du registre (c. séc. soc. art. L. 441-4). L'employeur est propriétaire du registre et doit le conserver pour chaque année civile sur le support de son choix pendant 5 années à compter de la fin de l'exercice considéré (c. séc. soc. art. D. 441-2). L'employeur doit le tenir de façon à pouvoir le présenter, sans difficulté d'utilisation et de compréhension et sans risque d'altération. Lorsqu'il tient un registre, l'employeur est tenu d'informer la CARSAT « sans délai » et par tout moyen lui donnant une date certaine (décret 2021-526 du 29 avril 2021, JO du 30). En cas de tenue incorrecte du registre, refus de présentation ou disparition d'une des conditions d'octroi, l'employeur peut se voir notifier une obligation de déclarer tous ses accidents dans les conditions habituelles (ce qui revient à suspendre l'utilisation du registre), tant qu'il n'a pas été mis fin au(x) manquement(s) constaté(s) (c. séc. soc. art. D. 441-4).	c. séc. soc. art. L. 441-1 à L. 441-4 ; c. séc. soc. art. R. 471-3 ; c. séc. soc. art. D. 441-1 à D. 441-4	Inspection du travail Représentants de la CARSAT Membres du *comité social et économique**

Principaux registres obligatoires		
Objet du registre	**Textes de base**	**Destiné à**
Registre des pourboires		
Selon le droit fiscal, la tenue d'un registre des *pourboires** permet à l'employeur d'être dispensé du paiement de la TVA sur les pourboires. Ce registre est tenu de deux façons : - un registre centralisateur pour les entrées, tenu par l'employeur, comportant les sommes revenant au personnel par période et signé par le *comité social et économique** (CSE) ; - un registre détaillé, pour les sorties, tenu par le CSE sous la responsabilité de l'employeur, mentionnant les sommes versées aux salariés. À défaut de CSE, le registre doit être signé par chaque salarié.	c. trav. art. R. 3244-1 et R. 3244-2	Administration fiscale
Registre du repos hebdomadaire		
Seuls les établissements dans lesquels le *repos hebdomadaire** n'est pas donné collectivement à tout le personnel sont assujettis à la tenue de ce registre.	c. trav. art. R. 3172-2 à R. 3172-5	Inspection du travail Salariés qui en font la demande
Registre unique du personnel		
• L'employeur doit tenir un registre unique du personnel, sur lequel figurent les salariés, dans l'ordre chronologique d'embauche et de manière indélébile. Les mentions requises sont : - les nom et prénoms ; - la nationalité ; - la date de naissance et le sexe ; - l'emploi occupé et la qualification ; - les dates d'entrée et de sortie ; - le type de contrat. Il existe également des mentions supplémentaires pour certaines catégories de salariés (ex. : précisions sur le statut pour les salariés en CDD ou à temps partiel). • L'employeur doit rectifier les mentions en cas de modification de la situation au cours du contrat. • Pour les salariés étrangers, le registre mentionne le type et le numéro d'ordre du titre valant autorisation de travail. La copie de ce titre est annexée au registre. Les entreprises établies en France qui accueillent des salariés détachés par des entreprises installées à l'étranger doivent annexer la copie de chaque déclaration préalable au detachement au registre unique du personnel. • Pour les conventions de stages, il convient d'indiquer dans une partie spécifique du registre les nom et prénoms des stagiaires et des tuteurs, les dates de début et de fin de stage ainsi que le lieu de présence de chaque stagiaire, par ordre d'arrivée des stagiaires. • Les nom et prénoms des personnes volontaires en service civique doivent être inscrits dans une partie spécifique (a priori, la même que celle consacrée aux stagiaires) (loi 2017-86 du 27 janvier 2017, JO du 28). Toutefois, le décret précisant les mentions complémentaires à apposer reste non paru au 15 janvier 2025. • Le registre peut être tenu sur support informatique si des garanties de contrôle équivalentes au registre papier sont assurées. • Les mentions doivent être conservées 5 ans à compter de la date de départ du salarié.	c. trav. art. L. 1221-13 à L. 1221-15-1, D. 1221-23 à D. 1221-27, c. trav. art. R. 1221-26	Inspection du travail Agent de contrôle de l'URSSAF Membres du CSE

Régularisation des cotisations

Régularisation des cotisations plafonnées

Principe - Certains salariés ont une rémunération brute en tout ou partie variable (primes, commissions, etc.).

Les bases de cotisations plafonnées doivent donc être régularisées au regard du montant du *plafond de la sécurité sociale**, le cas échéant réduit ou proratisé selon la situation propre au salarié (temps partiel, embauche ou départ en cours d'année, etc.).

Salariés concernés - L'obligation de procéder à une régularisation concerne tous les salariés, à l'exception des travailleurs à domicile et des salariés ayant des assiettes ou cotisations forfaitaires (c. séc. soc. art. R. 242-2, II et III).

Régularisation progressive obligatoire - La généralisation de la DSN (*déclaration sociale nominative**), depuis le 1er janvier 2017, a induit l'abandon de la régularisation annuelle. L'employeur doit donc désormais procéder par régularisation progressive mensuelle (c. séc. soc. art. R. 242-2, II).

L'employeur doit faire masse, à chaque échéance de cotisations, des sommes dues au titre des périodes de travail comprises entre cette échéance et le premier jour de l'année (ou le jour de l'embauche, si elle est postérieure), et calculer les cotisations sur la partie de cette masse qui ne dépasse pas la somme des plafonds périodiques applicables à ces mêmes périodes (c. séc. soc. art. R. 242-2, II).

La différence éventuelle, entre le montant des cotisations ainsi déterminé et le montant de celles qui ont été précédemment versées, fait l'objet d'un versement complémentaire.

Ce complément est versé aux échéances habituelles applicables à l'employeur (voir *Exigibilité des cotisations URSSAF**).

Régularisation du plafond en cas de succession de contrats chez un même employeur - Pour le calcul du plafond sur une base annuelle, les rémunérations prises en compte sont constituées de l'ensemble des rémunérations dues par un même employeur à un même salarié, y compris au titre de plusieurs contrats, successifs ou non (BOSS, Assiette générale, § 1211, 01/01/2024).

En cas de contrats à durée déterminée (CDD) non successifs, il convient d'effectuer la régularisation en tenant compte des sommes versées depuis la date d'embauche du premier contrat (bien entendu, toujours dans le cadre général de l'année civile).

▶ À noter... Ces dispositions sont obligatoires depuis le 1er janvier 2022, sachant que les employeurs ont pu appliquer dès avril 2021 pour les déclarations sociales effectuées au titre de l'année 2021. Elles constituent une évolution par rapport à la doctrine administrative antérieure, qui faisait une distinction entre contrats successifs et contrats non successifs.

Contributions AGIRC-ARRCO - Les contributions de retraite complémentaire AGIRC-ARRCO se calculent également en régularisation progressive, selon les mêmes modalités que pour les cotisations URSSAF (ANI AGIRC-ARRCO du 17 novembre 2017, art. 44 § 2 ; circ. AGIRC-ARRCO 2019-1-DRJ du 9 janvier 2019, fiche 3, § II, 1.3).

Exemple

En 2025, le plafond mensuel de la sécurité sociale est égal à 3 925 €. Un salarié perçoit 3 000 € en janvier puis 5 000 € en février en raison du versement d'une prime. Ses cotisations de retraite complémentaire sont calculées sur les assiettes suivantes :

En janvier, la tranche 1 est de 3 000 €.

En février :

- tranche 1 = 4 850 € (les 3 925 € correspondant au plafond de la sécurité sociale pour février + 925 € correspondant à la différence entre le plafond de la sécurité sociale pour janvier et la rémunération de janvier) ;
- tranche 2 = 150 € (5 000 € – 4 850 €).

Ainsi, sur les deux mois, les 8 000 € de revenus sont repartis comme suit :

- la tranche 1 = 7 850 € (soit 2 fois le plafond mensuel de la sécurité sociale) ;
- la tranche 2 = 150 €.

Régularisation des allégements généraux

La *réduction générale de cotisations patronales** se calcule en fonction de paramètres annuels, même si elle est appliquée mensuellement par anticipation. Une régularisation est donc souvent indispensable. Les textes prévoient la possibilité de procéder soit par régularisation progressive en cumul, soit en régularisation annuelle (c. séc. soc. art. D. 241-9).

Les mêmes logiques s'appliquent aux exonérations de cotisations patronales dont le calcul est annualisé :

- exonération spécifique à l'outre-mer [voir *Outre-mer (exonération de cotisations en Guadeloupe, Guyane, Martinique et à La Réunion)** ; c. séc. soc. art. D. 752-7, V renvoyant à D. 241-9] ;

- exonération dégressive dont bénéficient certaines structures d'aide à domicile (voir *Services à la personne** ; c. séc. soc. art. D. 241-5-2, IV renvoyant à D. 241-9).

De même, l'employeur peut procéder en régularisation annuelle ou en régularisation progressive :

- pour le dispositif de réduction du taux de la *cotisation d'allocations familiales** (c. séc. soc. art. D. 241-3-2, renvoyant à D. 241-9) ;
- pour le dispositif de réduction de 6 points du taux patronal de *cotisation d'assurance maladie-maternité-invalidité** (BOSS, Allégements généraux, § 2130, 01/12/2024).

Régularisation en cas d'erreur

Principe - En *déclaration sociale nominative** (DSN), en cas de déclaration inexacte portant sur une ou plusieurs cotisations sociales (crédit ou débit envers l'organisme de recouvrement), les employeurs doivent procéder à une régularisation afin de réconcilier les montants déclarés avec le montant des cotisations sociales réellement dû à l'URSSAF (Guide Urssaf : comment déclarer et régulariser les cotisations Urssaf en DSN, version 4.6, 19/12/2024).

L'employeur doit corriger lors de l'échéance déclarative la plus proche les erreurs constatées dans ses précédentes déclarations. Il doit verser à la même échéance l'éventuel complément de cotisations et de contributions dû (c. séc. soc. art. R. 243-10, I, al. 1). Il s'agit donc, là aussi, d'une régularisation au mois le mois.

Les sommes que l'employeur aurait versées en trop seront déduites des cotisations suivantes, sauf demande de remboursement (c. séc. soc. art. R. 243-10, I, al. 2).

▶ À noter… Une régularisation est attendue dès lors qu'un élément de paye déjà versé au salarié et devant donner lieu au versement de cotisations sociales n'a pas été déclaré ou a été incorrectement déclaré. Une régularisation suppose donc que le fait générateur (la période d'emploi) ait déjà eu lieu. À ce titre, un *rappel de salaire** positif ne doit pas donner lieu à une régularisation mais doit être porté dans la déclaration du mois courant (Guide Urssaf : comment déclarer et régulariser les cotisations Urssaf en DSN, version 4.6 du 29.12.2024)

Absence de sanction, sous conditions - Dans le cadre du *droit à l'erreur**, les déclarations régularisatrices n'entraînent pas l'application de majorations de retard ou de pénalités lorsque l'employeur remplit l'une des deux conditions suivantes (c. séc. soc. art. R. 243-10, II) :

- soit la déclaration rectifiée et le versement régularisateur sont adressés au plus tard lors de la première échéance suivant celle de la déclaration et du versement initial ;

Exemple de régularisation progressive en 2025

En 2025, le plafond est de 47 100 € pour une année complète (soit 3 925 € par mois). Un salarié a perçu normalement 3 950 € par mois. Il a été en « absence non rémunérée » du 4 au 27 mars inclus (soit 24 jours calendaires et 18 jours ouvrés) et du 8 au 16 octobre inclus (soit 9 jours calendaires et 7 jours ouvrés), mois au cours desquels il a, par hypothèse, perçu respectivement 564,29 € et 2 747,83 €. En septembre, une prime a porté son salaire à 6 000 € et, en décembre, une autre prime à 6 300 €.

En application des règles de proratisation du plafond de la sécurité sociale pour les absences non rémunérées, le plafond de mars est égal à 3 925 € × 7/31 = 886,29 €. Le plafond d'octobre est de 3 925 € × 22/31 = 2 785,48 €.

Mois	Salaires		Plafond en cumul	TA (ou T1 AGIRC-ARRCO)		TB chômage (ou T2 AGIRC-ARRCO)	
	Du mois	En cumul		Du mois	En cumul	Du mois	En cumul
Janvier	3 950	**3 950**	**3 925**	3 925	**3 925**	25	**25**
Février	3 950	**7 900**	**7 850**	3 925	**7 850**	25	**50**
Mars	564,29	**8 464,29**	**8 736,29**	614,29	**8 464,29**	- 50	**0**
Avril	3 950	**12 414,29**	**12 661,29**	3 950	**12 414,29**	0	**0**
Mai	3 950	**16 364,29**	**16 586,29**	3 950	**16 364,29**	0	**0**
Juin	3 950	**20 314,29**	**20 511,29**	3 950	**20 314,29**	0	**0**
Juillet	3 950	**24 264,29**	**24 436,29**	3 950	**24 264,29**	0	**0**
Août	3950	**28 214,29**	**28 361,29**	3 950	**28 214,29**	0	**0**
Septembre	6 000	**34 214,29**	**32 286,29**	4 072	**32 286,29**	1 928	**1 928**
Octobre	2 747,83	**36 962,12**	**35 071,77**	2 785,48	**35 071,77**	- 37,65	**1 890,35**
Novembre	3 950	**40 912,12**	**38 996,77**	3 925	**38 996,77**	25	**1 915,35**
Décembre	6 300	**47 212,12**	**42 921,77**	3 925	**42 921,77**	2 375	**4 290,35**
Total	**47 212,12**			**42 921,77**		**4 290,35**	

- soit le montant des majorations et pénalités qui seraient applicables est inférieur au montant mensuel du *plafond de la sécurité sociale** (3 925 € en 2025) ou bien le versement régularisateur est inférieur à 5 % du montant total des cotisations initiales.

Ces dispositions ne sont pas applicables en cas d'omission de salariés dans la déclaration ou d'inexactitudes répétées du montant des rémunérations déclarées.

☞ Cotisation d'allocations familiales ; Droit à l'erreur ; Employeurs multiples ; Plafond de la sécurité sociale ; Rappel de salaire ; Réduction générale de cotisations patronales ; Temps partiel ; Tranches des rémunérations.

Réintégration des excédents de cotisations de retraite et de prévoyance

☞ Cotisations de retraite et de prévoyance (régime fiscal) ; Cotisations de retraite et de prévoyance (régime social) ; Cotisations de retraite et de prévoyance (réintégration des excédents).

Remboursement des cotisations indues

Les cotisations versées à tort par l'employeur aux organismes de recouvrement peuvent lui être remboursées, sous réserve qu'il en fasse la demande dans un certain délai.

URSSAF

Délai de prescription - L'employeur a 3 ans pour demander le remboursement de cotisations versées à tort. Le délai se décompte à partir de la date de paiement des cotisations (c. séc. soc. art. L. 243-6, I, al. 1er ; lettre-circ. ACOSS 2004-36 du 4 février 2004).

Ce délai est ramené à 1 an pour les trop-perçus inférieurs à 1,27 % du plafond mensuel de la sécurité sociale, montant arrondi à l'euro supérieur (soit 50 € en 2025) (c. séc. soc. art. D. 133-1, al. 2).

Le fait que le cotisant ait ignoré avoir versé indûment des cotisations URSSAF ne lui permet pas d'échapper à la prescription de son action en demande de remboursement (cass. civ., 2e ch., 6 avril 2023, n° 21-19111 FB).

▶ À noter… Il a été jugé que le cotisant qui ne conteste pas une *mise en demeure de l'URSSAF** ne peut, par la suite, demander le remboursement des cotisations redressées qu'il considère pourtant comme ayant été versées à tort (cass. civ., 2e ch., 18 février 2021, n° 19-24513 FP).

Droit à remboursement né d'une décision de justice - L'employeur peut avoir droit à un remboursement de cotisations en application d'une décision de justice ayant révélé la non-conformité de la règle de droit appliquée à une règle de droit supérieure. Dans ce cas, l'employeur peut agir dans les 3 ans qui suivent la décision de justice à l'origine de la demande de remboursement (c. séc. soc. art. L. 243-6, I, al. 2).

▶ À noter… L'avis exprès ou tacite délivré par l'administration fiscale sur la reconnaissance du statut de *jeune entreprise innovante** n'est pas une décision de justice, le point de départ de la prescription reste donc la date de paiement des cotisations et non celle de la décision du Fisc (cass. civ., 2e ch., 25 janvier 2018, n° 16-27325, BC II n° 9).

La demande de remboursement peut uniquement porter sur la période postérieure au 1er janvier de la 3e année précédant celle durant laquelle est intervenue la décision de justice (c. séc. soc. art. L. 243-6, al. 2). La demande visera donc au maximum les 3 années civiles qui précèdent la décision, auxquelles s'ajoute l'année en cours.

Exemple

Pour une décision de justice intervenue le 15 mars 2025, seules les cotisations versées après le 1er janvier 2022 peuvent être remboursées. La demande de remboursement doit être faite dans les 3 ans qui suivent la date de la décision de justice, c'est-à-dire au plus tard le 15 mars 2028.

Droit à remboursement de cotisations AT né d'une décision rectificative d'une CARSAT - Lorsque l'obligation de remboursement de cotisations AT/MP naît d'une décision rectificative d'une CARSAT portant sur le taux, la demande de remboursement des cotisations peut porter sur l'ensemble de la période au titre de laquelle les taux sont rectifiés (c. séc. soc. art. L. 243-6, I, al. 3).

Par ailleurs, le délai de prescription de la demande de remboursement (3 ans) commence à courir à compter de la décision de l'organisme ou de la juridiction ayant fait naître l'obligation de remboursement. Par conséquent, l'étendue du remboursement porte sur l'intégralité des périodes rectifiées (cass. civ., 2e ch. 12 février 2015, n° 13-25985, BC II n° 28 ; cass. civ., 2e ch., 2 avril 2015, n° 14-15006 D ; cass. civ., 2e ch., 2 avril 2015, n° 14-15008 D).

Ainsi, lorsqu'une CARSAT rectifie le taux de cotisations AT/MP en faveur d'un employeur en application d'une décision d'un organisme de sécurité sociale ou d'un jugement devenu définitif (lettre-circ. ACOSS 2015-25 du 15 juin 2015) :
- à réception de la décision faisant courir la prescription de la demande, l'employeur a 3 ans pour demander à son organisme de recouvrement le remboursement des cotisations AT/MP versées à tort ;
- si la demande est présentée dans les délais, l'URSSAF doit procéder au remboursement de la totalité des périodes faisant l'objet du taux rectifié.

Délai de remboursement - Les URSSAF doivent procéder au remboursement des cotisations indues dans un délai de 4 mois qui suit la demande présentée par l'employeur (c. séc. soc. art. L. 243-6, III).

Chômage

Les contributions d'assurance chômage et d'AGS sont recouvrées selon les règles et sous les garanties et sanctions applicables au recouvrement des cotisations de sécurité sociale (c. trav. art. L. 5422-16). Cette règle vaut aussi bien pour les contributions qui sont versées aux URSSAF que pour celles qui sont encore versées à *France Travail** (voir *Cotisations d'assurance chômage et d'AGS**).

En conséquence, l'employeur dispose d'un délai de 3 ans pour se faire rembourser le trop versé.

AGIRC-ARRCO

Le délai de prescription du remboursement des cotisations indues est de 5 ans à compter de la date limite de versement des cotisations (c. civ. art. 2224 ; circ. AGIRC-ARRCO 2008-15 du 15 décembre 2008).

☛ *Prescription des cotisations.*

Remplacement provisoire

Un employeur peut demander à un salarié d'exercer provisoirement des fonctions qui ne relèvent pas de sa qualification habituelle pour remplacer un salarié absent (maladie, maternité, congé sabbatique, etc.).

Remplacement provisoire dans un poste supérieur

Principes de rémunération - En principe, en cas d'exercice de fonctions supérieures, à défaut de précisions dans la convention collective, l'employeur doit rémunérer le salarié selon les fonctions réellement exercées, si la situation se prolonge.

De plus, à notre avis, les dispositions relatives à l'égalité de rémunération des salariés sous contrat à durée déterminée sont applicables, par assimilation, aux salariés qui effectuent un remplacement. En conséquence, le salaire ne devrait pas être inférieur à celui que perçoit un salarié lié par un tel contrat s'il exerce la totalité des fonctions.

Cela étant, les juges estiment que le salarié en contrat à durée indéterminée qui remplace un de ses collègues titulaires d'un poste supérieur ne peut pas prétendre à une égalité de rémunération en l'absence d'une expérience et d'une ancienneté comparables à celles du salarié remplacé (cass. soc. 8 juillet 2010, n° 08-45602 D).

Conventions collectives - Les conventions collectives peuvent comporter des dispositions spécifiques pour les salariés auxquels sont confiées des fonctions ou responsabilités à titre temporaires. Il convient d'en tenir compte. En cas de contentieux, la Cour de cassation interprète les dispositions de la convention.

Une convention peut ainsi accorder une promotion lorsque le remplacement dans le poste supérieur dure un certain temps. Dans un cas où la durée de remplacement exigée était fixée à 6 mois, la Cour de cassation a jugé qu'il était possible de prendre en compte les remplacements de 5 mois pour un congé maternité puis de 3 mois pour un congé parental pour octroyer l'avantage (cass. soc. 28 octobre 1997, n° 95-43367, BC V n° 348).

Une convention collective précisait que les salariés, qui se voyaient confier pendant au moins 4 semaines consécutives la responsabilité d'une fonction correspondant à un niveau supérieur au leur, bénéficiaient du salaire minimum garanti à celui-ci, proportionnellement au temps passé. Cette majoration de salaire portait donc sur toute la période de remplacement et ne devait pas être octroyée qu'à partir de la 5e semaine (cass. soc. 14 décembre 2022, n° 21-12552 FSB).

Retour dans le poste de travail - À la fin du remplacement, le salarié reprend ses anciennes fonctions. Il est recommandé de prévoir dans un avenant au contrat de travail le retour dans l'emploi antérieur avec renonciation, le cas échéant, au maintien du complément de salaire versé durant le remplacement. En signant un tel avenant, le salarié ne pourra pas refuser de réintégrer son poste (cass. soc. 31 mai 2012, n° 10-22759, BC V n° 164).

▶ Attention… Dans une décision plus ancienne, les juges avaient admis qu'une salariée refuse sa réintégration mais, à notre sens, cette solution s'expliquait par le fait qu'il s'agissait d'un changement de durée du travail (passage d'un temps partiel à un temps plein) et que le remplacement avait duré plus de 3 ans (cass. soc. 11 janvier 2006, n° 03-46698, BC V n° 5).

Remplacement provisoire dans un poste inférieur

Un salarié peut être amené à remplacer provisoirement un autre salarié dans un poste de qualification inférieure dans le cadre des nécessités du bon fonctionnement de l'entreprise. Une telle modification s'impose au salarié dès lors qu'il ne subit ni rétrogradation, ni perte de salaire.

▶ À noter… Il en va de même en cas de remplacement dans un poste équivalent.

Précisons que, dans de nombreux cas, les conventions collectives limitent la durée du remplacement et prévoient un maintien du salaire.

Remplacement provisoire en plus du poste occupé

Un salarié peut être amené à remplacer provisoirement un autre salarié (pour tout ou partie de ses tâches) tout en conservant ses fonctions, dans le respect des limites de durée du travail. Il devra être rémunéré pour les *heures supplémentaires** ou *heures complémentaires** éventuellement accomplies.

Il est aussi possible de verser une rémunération supplémentaire pendant la durée du remplacement sous forme de complément de salaire ou de prime. Ce « bonus » et les éventuelles *heures supplémentaires** ou *heures complémentaires** se cumulent.

Les accords collectifs prévoient parfois cette hypothèse et en fixent les modalités.

☞ *Classification des emplois.*

Rémunération annuelle garantie

La rémunération annuelle garantie est le minimum annuel que certains accords ou conventions collectives fixent et auquel aucune rémunération ne peut être inférieure.

Les dispositions conventionnelles déterminent les éléments à prendre en compte pour comparer la rémunération effective à la rémunération garantie.

L'employeur lié par une convention ou un accord étendu qui paye des salaires inférieurs à ceux fixés par cette convention ou par cet accord est passible d'amendes prévues pour les contraventions de la quatrième classe (c. trav. art. R. 2263-3) (voir *Amendes pénales**). Il y a autant d'amendes que de salariés concernés.

Rémunération mensuelle minimale

Les salariés à temps plein dont l'horaire de travail est réduit ont droit à une rémunération mensuelle minimale (RMM), qui peut donner lieu à un versement complémentaire de l'employeur afin d'assurer aux intéressés au moins le SMIC net (c. trav. art. L. 3232-1). Elle doit être mise en œuvre par l'employeur dès que les conditions en sont remplies, sans formalité particulière ni autorisation administrative.

L'employeur qui ne respecte pas la RMM est passible des mêmes sanctions pénales qu'en cas de non-respect du SMIC (c. trav. art. R. 3233-1).

Cas d'intervention

Règles de principe - Le droit à la RMM est ouvert dès lors que les salariés subissent une réduction d'horaire, quelle qu'en soit la cause (sinistre, manque de débouchés ou d'approvisionnement, intempéries, etc.). La garantie s'applique tant que la réduction d'horaire se prolonge.

Ce dispositif a notamment vocation à intervenir en cas d'*activité partielle** et de *chômage-intempéries**.

Si des salariés à temps plein sont temporairement affectés sur un chantier avec une durée du travail inférieure à la durée légale, les juges ont précisé que le droit à la RMM est maintenu, puisque cette situation ne fait pas partie des cas permettant de réduire le montant de la RMM (cass. soc. 25 mai 1993, n° 89-45167, BC V n° 145 ; cass. soc. 11 décembre 1990, n° 87-43355, BC V n° 631) *(voir Réduction plus loin)*.

En revanche, lorsque l'établissement a été fermé au cours du mois au titre des congés payés, le salarié qui ne dispose pas de suffisamment de congés payés pour couvrir cette période (ex. : faible ancienneté) ne peut pas prétendre à la RMM à ce titre.

Salariés éligibles

Bénéficiaires - Selon le code du travail, la RMM concerne les salariés dont l'horaire de travail « normal » est au moins égal à la durée légale du travail (c. trav. art. L. 3232-1). En conséquence, la garantie offerte par la RMM s'applique aux salariés dont la durée du travail est au moins de 35 heures hebdomadaires.

Le dispositif fait l'objet d'adaptations, notamment pour les salariés titulaires d'un contrat de travail intermittent et employés au cours d'un même mois par plusieurs employeurs successifs ainsi que les travailleurs saisonniers (c. trav. art. L. 3232-9, R. 3232-8, R. 3232-9 et R. 3232-10). Pour les saisonniers, par exemple, les réductions de l'horaire de l'établissement, qui se produisent pour la troisième année consécutive à la même époque, sont considérées comme se situant en dehors de la période normale d'activité (c. trav. art. R. 3232-10).

Salariés exclus (principe) - Sur le principe, sont exclus de la RMM (garantie du SMIC net) (c. trav. art. L. 3232-1) :
- les salariés à temps partiel (puisqu'ils ont un horaire de travail inférieur à la durée légale du travail) ;
- les intérimaires ;
- les apprentis (lorsqu'ils sont rémunérés en pourcentage du SMIC).

Néanmoins, en cas d'*activité partielle**, les intérimaires et les salariés à temps partiel ont droit à la garantie du SMIC net, en vertu d'une règle expresse *(voir ci-dessous)*.

Les VRP sont également exclus du dispositif (leur rémunération n'étant pas fixée en fonction d'une durée du travail) (circ. TE 17-73 du 29 mai 1973).

Les travailleurs saisonniers ne peuvent pas non plus bénéficier de la RMM pendant la morte-saison, durant laquelle ils ne sont pas liés par un contrat de travail à leur employeur (circ. TE 17-73 du 29 mai 1973).

Temps partiels, intérimaires : droit à la RMM en cas d'activité partielle - Par exception, les travailleurs temporaires des entreprises d'intérim et les salariés à temps partiel ont droit à la garantie du SMIC net, en cas d'*activité partielle**, y inclus sous forme d'activité partielle de longue durée (c. trav. art. R. 5122-18).

Montant de la RMM

Principe - La RMM est égale au produit du SMIC horaire par le nombre d'heures correspondant à la durée légale du travail sur le mois, déduction faite des cotisations salariales obligatoires (c. trav. art. L. 3232-3).

La RMM est égale au SMIC net apprécié sur le mois (au 1er janvier 2025, environ 9,40 € par heure indemnisée dans le cas général et 8,10 € à Mayotte).

Pour les salariés mensualisés, à titre de règle pratique, on retient la durée légale du travail lissée (151,67 h/mois). Pour les salariés non mensualisés, il est tenu compte du nombre d'heures correspondant à la durée légale pour le mois en cause (ce nombre varie donc selon les mois).

Pour les jeunes de moins de 18 ans n'ayant pas 6 mois d'expérience dans la branche, le *SMIC** est abattu de 10 % ou 20 % (voir *Jeunes**) (c. trav. art. D. 3231-3). Leur RMM se détermine donc sur la base du SMIC abattu (circ. TE 17-73 du 29 mai 1973, § I-D).

Réduction - Le montant de la RMM est réduit en proportion (c. trav. art. L. 3232-4) :
- lorsque le salarié a effectué sur le mois considéré un nombre d'heures inférieur à celui qui correspond à la durée légale du travail, en raison d'une suspension du contrat de travail (arrêt maladie, congé de maternité, accident, grève, etc.) ;
- lorsque le contrat débute ou s'achève en cours de mois.

La RMM est aussi réduite en cas de fermeture de l'entreprise pour congés payés (cass. soc. 2 avril 1992, n° 88-42817, BC V n° 242).

> À noter... Lorsque l'établissement a été fermé au cours du mois au titre des congés payés [voir *Fermeture de l'entreprise (pendant les congés)**], le salarié qui ne dispose pas de suffisamment de congés payés pour couvrir la totalité de la période de fermeture (ex. : faible ancienneté) ne peut pas prétendre à la RMM à ce titre.

Activité partielle des apprentis, contrats « pro » et jeunes rémunérés en pourcentage du SMIC - Les apprentis lorsqu'ils sont rémunérés en pourcentage du SMIC sont exclus du bénéfice de la RMM (c. trav. art. L. 3232-1). Par analogie, il en va de même des salariés en contrats de professionnalisation lorsqu'ils sont rémunérés en pourcentage du SMIC ainsi que des jeunes de moins de 18 ans ayant moins de 6 mois de pratique dans la branche professionnelle lorsqu'ils sont rémunérés à un taux horaire inférieur au SMIC (voir *Jeunes**).

Pour les intéressés, l'indemnité d'activité partielle qui leur est versée est d'un montant égal au pourcentage du SMIC qui leur est applicable (voir *Activité partielle**). Leur octroyer la RMM (soit le SMIC net) reviendrait en effet à ce que le taux horaire de leur indemnité d'activité partielle soit supérieur à celui de leur salaire.

Allocation complémentaire

Intervention dans le cadre de l'activité partielle - La garantie de la RMM intervient lorsque le cumul de rémunération nette d'activité et des indemnités nettes d'*activité partielle** ou de *chômage-intempéries** est inférieur au niveau de la RMM (c. trav. art. L. 3232-5).

L'employeur doit alors verser au salarié une allocation complémentaire égale à la différence entre la RMM et le cumul du salaire net et des allocations nettes.

Exemple

Un salarié à temps plein rémunéré au SMIC est en activité partielle pendant 40 h et travaille le reste du temps (111,67 h, par simplification). Par hypothèse, il bénéficie de l'indemnité d'activité partielle (taux de 60 %). Sa rémunération du mois se décompose comme suit :

- rémunération d'activité : 111,67 h × 11,88 € = 1 326,64 € bruts, soit après déduction des cotisations salariales (20,84025 % en 2025), un montant net de 1 050,16 € ;
- indemnités d'activité partielle (taux de 60 %) : 40 h × 11,88 € × 60 % = 285,12 € bruts.

La CSG et la CRDS sur les revenus de remplacement due au titre des indemnités d'activité partielle ne sont pas précomptées, car elles ne peuvent pas ramener le cumul de la rémunération nette d'activité et des indemnités en dessous du SMIC (voir *Activité partielle**). Le montant net des indemnités d'activité partielle est donc de 285,12 €.

La RMM est égale au SMIC net, à savoir en janvier 2025 : (35 h × 52/12 × 11,88 €) × (1 – 0,2084025) = 1 426,30 € (soit 9,40 €/h).

Les allocations complémentaires dues par l'employeur au titre de la RMM sont de : 1 426,30 € – 1 050,16 € – 285,12 € = 91,02 €, soit 2,28 € pour chaque heure d'activité partielle (91,02 €/40 h). La CSG et la CRDS sur les allocations RMM ne sont pas précomptées non plus, pour les mêmes raisons.

Au total, le salarié perçoit l'équivalent du SMIC net (1 050,16 € de salaire net + 285,12 € nets d'indemnités d'activité partielle + 91,02 € d'allocations nettes au titre de la RMM = 1 426,30 €).

Versement - L'allocation complémentaire est versée par l'employeur (c. trav. art. L. 3232-7), en même temps que le salaire et les allocations d'activité partielle.

L'employeur doit également remettre au salarié un document indiquant (c. trav. art. R. 3232-2) :
- le taux du SMIC ;
- le nombre d'heures correspondant à la durée légale du travail ;
- les déductions ayant permis de déterminer le montant de la RMM ;
- les montants du salaire et des diverses allocations versées aux salariés pour atteindre la RMM.

Régime social - L'allocation n'est pas soumise aux cotisations sociales habituelles mais suit les régimes social et fiscal des revenus de remplacement (*CSG** au taux de 6,20 % et *CRDS** au taux de 0,50 %, après application de l'abattement d'assiette de 1,75 %).

Dans la pratique, comme cette allocation vise à assurer le SMIC net, ces contributions ne seront pas précomptées, en application du dispositif d'écrêtement de CSG/CRDS [voir *Contribution sociale généralisée (CSG sur revenus de remplacement)**].

Pas de remboursement de l'État - Les dispositions permettant à l'employeur de recevoir un remboursement partiel des allocations complémentaires versées aux salariés au titre de la RMM ont été abrogées en 2013 (c. trav. art. L. 3232-8 abrogé ; loi 2013-504 du 14 juin 2013, art. 16, V, JO du 16).

L'allocation complémentaire versée au titre de la RMM est donc intégralement à la charge de l'employeur.

DOM, Saint-Barthélémy et Saint-Martin

La RMM s'applique dans les DOM, à Saint-Barthélemy et à Saint-Martin, moyennant quelques adaptations (c. trav. art. L. 3423-5 à L. 3423-9).

En particulier, elle peut bénéficier à tout salarié lié par un contrat de travail avec une durée du travail d'au moins 20 h hebdomadaires qui ne perçoit pas d'allocations légales et conventionnelles pour privation partielle d'emploi (c. trav. art. L. 3423-6).

En conséquence, la RMM est calculée sur la base de la durée contractuelle du travail du salarié concerné, dans la limite de la durée légale du travail (c. trav. art. L. 3423-7).

☛ *Activité partielle ; Chômage-intempéries ; Contribution pour le remboursement de la dette sociale (CRDS) ; Contribution sociale généralisée (CSG sur revenus de remplacement).*

Rémunération saisissable

☞ *Saisie des rémunérations.*

Rémunération (VRP)

Le *VRP** statutaire peut être rémunéré, au choix des parties, soit au fixe, soit à la commission (voir *Commissions**), soit aux deux.

Fixation de la rémunération

Dans le contrat - Le montant de la rémunération fixe éventuelle du VRP ainsi que le mode de calcul des commissions doivent être précisés dans le contrat de travail.

Si le contrat de travail ne prévoit pas de rémunération fixe et que l'employeur en verse néanmoins une durant plusieurs mois, cela n'établit pas la volonté claire et non équivoque des parties d'en faire un élément contractuel de rémunération (cass. soc. 31 mars 2016, n° 14-26368 D).

Non-application du SMIC - Les règles du SMIC ne sont *a priori* pas applicables aux VRP statutaires. En effet, le taux du SMIC étant fixé sur une base horaire, les VRP ne peuvent pas en bénéficier dans la mesure où ils exercent, en principe, leur activité en dehors de tout horaire de travail (cass. soc. 10 novembre 1993, n° 89-42513, BC V n° 266).

Exemple

Un VRP multicartes sans horaire déterminé ne s'est pas vu reconnaître le droit au bénéfice du SMIC, alors qu'il ne pouvait pas bénéficier non plus de la garantie de ressources prévue par la convention collective (cass. soc. 28 juin 2005, n° 03-45199 D).

Inversement, un représentant de commerce soumis à un horaire déterminé peut prétendre au SMIC (cass. soc. 22 mai 1996, n° 95-40200, BC V n° 195).

Au final, le SMIC est donc applicable uniquement aux représentants soumis à un horaire déterminé.

Rémunération minimale garantie

Droit à la garantie de rémunération - La convention collective des VRP prévoit que les représentants exclusifs travaillant à temps plein ont droit, au titre de chaque trimestre et quel que soit le mode de rémunération, à une rémunération minimale garantie.

Exemples

Un VRP engagé à titre exclusif doit bénéficier de la rémunération minimale conventionnelle garantie (cass. soc. 23 juin 2004, n° 01-45527 D ; cass. soc. 19 octobre 2004, n° 02-44048 D).

Un VRP exclusif ne peut d'ailleurs pas se voir imposer de travailler à temps partiel et a droit à cette rémunération garantie (cass. soc. 11 juillet 2000, n° 98-40143, BC V n° 276). En effet, dès lors que le contrat d'un VRP passé d'un temps plein à un temps partiel est resté à titre exclusif, l'employeur ne peut pas réduire sa rémunération sous prétexte d'une activité réduite, sans pratiquer une sanction pécuniaire illicite (cass. soc. 11 juin 2003, n° 01-43586 D).

À l'inverse, une salariée, VRP à temps partiel, dont le contrat de travail ne comporte pas de clause d'exclusivité ne peut pas prétendre à cette rémunération minimale forfaitaire (cass. soc. 23 septembre 2003, n° 01-43636, BC V n° 243 ; cass. soc. 25 mars 2010, n° 08-43156, BC V n° 76).

Une clause contractuelle ne peut ni prévoir une rémunération inférieure à la rémunération de la convention collective des VRP, ni différer le point de départ du bénéfice de cette rémunération à la fin de la période d'essai (cass. soc. 5 mai 1999, n° 97-40443 D).

Par ailleurs, toute retenue pratiquée par l'employeur sur cette ressource minimale forfaitaire constitue une sanction pécuniaire illicite. L'employeur qui reproche à un VRP exclusif à temps plein de ne pas exécuter ses obligations contractuelles peut seulement user à son encontre de son pouvoir disciplinaire (cass. soc. 13 décembre 2006, n° 05-40969, BC V n° 379).

▶ À noter... Le caractère exclusif de l'engagement du VRP s'apprécie au regard des stipulations contractuelles : la seule absence de clause d'exclusivité n'empêche pas la requalification d'un contrat de VRP multicartes en contrat de VRP exclusif (cass. soc. 8 février 2023, n° 20-23661 FSB ; cass. soc. 8 février 2023, n° 20-10515 FSB).

Calcul de la garantie - La rémunération ne peut pas être inférieure à 520 fois le taux horaire du *SMIC** par trimestre. Le taux applicable est celui du dernier mois échu pris en compte à chaque paiement.

Cette rémunération minimale s'entend nette des frais professionnels. Si nécessaire, le VRP doit bénéficier en plus du remboursement de ses frais professionnels (cass. ass. plén. 2 mai 1997, n° 94-42521, BC ass. plén. n° 6).

De même, lorsque le contrat de travail prévoit que les commissions incluent les frais professionnels évalués forfaitairement, ce sont les commissions après déduction de ces frais qu'il convient de comparer à la rémunération minimale conventionnelle (cass. soc. 28 février 1996, n° 92-43709 D).

Calcul *prorata temporis* - Cette ressource minimale trimestrielle « est réduite à due concurrence lorsque le contrat de travail débute ou prend fin au cours du trimestre, ou en cas de suspension temporaire d'activité du représentant au cours de ce trimestre. Le complément de salaire versé par l'employeur, en vertu de ces dispositions, est à valoir sur les rémunérations contractuelles échues au cours des 3 trimestres suivants ; il ne peut être déduit qu'à concurrence de la seule partie de ces rémunérations qui excéderait la ressource minimale » (conv. coll. VRP, art. 5, al. 2 et 3).

Calcul trimestre par trimestre - Le respect de la rémunération minimale garantie s'apprécie trimestre par trimestre.

Le complément versé au titre de la rémunération minimale garantie pourra être récupéré par l'employeur durant les 3 trimestres suivants, sur la partie de rémunération excédant la rémunération minimale garantie.

En revanche, lorsque l'employeur n'a pas effectivement versé au VRP chaque trimestre le montant de cette ressource minimale, il ne peut pas déduire le complément de salaire des rémunérations contractuelles échues au cours des 3 trimestres suivants (cass. soc. 30 novembre 2004, n° 03-44635, BC V n° 315 ; cass. soc. 28 février 2006, n° 03-47880, BC V n° 89).

Frais professionnels

Une clause du contrat de travail mettant à la charge du VRP les frais que celui-ci engage pour les besoins de son activité professionnelle n'est pas valable. L'employeur doit en effet supporter ces frais, sans pouvoir les imputer sur la rémunération due. Peu importe que le salarié n'ait rien réclamé pendant des années (cass. soc. 27 mars 2019, n° 17-31116 D).

De plus, un VRP peut prétendre à une indemnité au titre de l'occupation de son domicile à des fins professionnelles quand un local professionnel n'est pas mis effectivement à sa disposition par son employeur et que la clause contractuelle de prise en charge à hauteur de 30 % des commissions des frais professionnels exposés ne comporte aucune mention de nature à établir que ce montant couvrait également la sujétion découlant de l'obligation pour la salariée d'utiliser une partie de son domicile personnel à des fins professionnelles (cass. soc. 27 mars 2019, n° 17-21014 FSPB ; cass. soc. 9 septembre 2020, n° 18-20487 D).

Sous condition, il est cependant possible de convenir avec le VRP, dans une clause du contrat de travail (ou dans un avenant), qu'il conserve la charge des frais professionnels moyennant le versement d'une somme fixée à l'avance de manière forfaitaire.

Pour plus de détails, voir *Frais professionnels des VRP**.

Autres éléments de rémunération

Le VRP perçoit d'autres éléments de rémunération, notamment des commissions (voir *Commissions**). À cet égard, il convient de souligner que l'acceptation sans protestation ni réserve par le VRP de ses bulletins de paye ne peut pas valoir accord sur le montant de ses commissions (cass. soc. 14 février 2018, n° 16-17996 D).

Sur l'intégration de l'indemnité de congés payés dans la rémunération variable, *voir Commissions**.

Les *avantages en nature** éventuels doivent être évalués selon les règles de droit commun.

▶ Attention… Une clause du contrat de travail du VRP permettant à l'employeur de prélever chaque mois une somme fixe sur sa rémunération au titre de l'avantage en nature lié au véhicule de l'entreprise mis à sa disposition, au motif que son chiffre d'affaires est insuffisant, constitue une sanction pécuniaire prohibée (cass. soc. 20 octobre 2010, n° 09-42896, BC V n° 238).

Les VRP bénéficient de l'intéressement si un accord est applicable dans l'entreprise. Cet accord ne peut pas prévoir à l'égard des VRP un critère de répartition différent de celui prévu pour les autres salariés (cass. soc. 16 mars 2011, n° 09-72384 D).

RÉFÉRENCES

c. trav. art. L. 7311-2 ; conv. collect. VRP (art. 5) ; avenant 3 du 12 janvier 1982.

☞ *Commissions ; Frais professionnels des VRP ; VRP.*

Repas d'affaires

Régime social d'exonération

Les dépenses engagées par le salarié à l'occasion des repas d'affaires sont exonérées de cotisations, de CSG et de CRDS au titre des *frais professionnels** (BOSS, Frais professionnels, § 360, 01/01/2025).

Par conséquent en cas d'application d'une *déduction forfaitaire spécifique pour frais professionnels**, les frais de repas d'affaires doivent être réintégrés dans l'assiette des cotisations (mais pas dans la base CSG et CRDS).

▶ À noter… Jusqu'au 31 mars 2021, les repas d'affaires étaient considérés comme des frais d'entreprise relevant de l'activité de l'entreprise, et étaient donc exonérés de cotisations, de CSG et de CRDS, y compris en cas d'application d'une *déduction forfaitaire spécifique pour frais professionnels**. Le *Bulletin officiel de la sécurité sociale (BOSS)** a fait disparaître la notion de frais d'entreprise. Les éléments auparavant qualifiés de frais d'entreprise sont désormais qualifiés de *frais professionnels** et traités comme tels.

Conditions d'exonération

Trois critères à respecter - Les conditions dans lesquelles les frais de repas d'affaires peuvent être exonérés au titre des frais professionnels sont strictes (BOSS, Frais professionnels, § 360, 01/01/2025) :

- les repas d'affaires doivent avoir un caractère exceptionnel, c'est-à-dire un caractère irrégulier et limité ;
- il doit s'agir de frais exposés en dehors de l'exercice normal de l'activité du salarié et dans l'intérêt de l'entreprise ;
- il ne doit pas y avoir d'abus manifeste.

L'administration admet qu'il n'y a pas d'abus manifeste lorsque le salarié bénéficie au maximum de 1 repas d'affaires par semaine ou de 5 repas par mois (BOSS, Frais professionnels, § 360, 01/01/2025).

Au-delà de ce quota, l'abus manifeste « s'apprécie en fonction des missions du salarié et de la part que peuvent représenter notamment la prospection ou la représentation, sur justificatifs ». Autrement dit, le quota n'est pas considéré comme une limite absolue (comme cela avait été le cas dans une version intermédiaire du BOSS opposable du 25 juin au 31 juillet 2021), mais comme un point de bascule dans l'appréciation de l'abus manifeste (BOSS, Frais professionnels, § 360, 01/01/2025).

Lorsque le quota est dépassé et que « les missions du salarié ne justifient pas leur nécessité professionnelle », les repas sont considérés comme des avantages en nature, soumis à cotisations (voir *Avantage en nature**) (BOSS, Frais professionnels, § 360, 01/01/2025).

▶ Attention… Les repas d'affaires ne doivent pas être confondus avec les *frais de repas**, également remboursés au titre des *frais professionnels**, mais qui s'inscrivent dans le cadre de déplacements professionnels et peuvent, le cas échéant, faire partie de l'exercice normal de la profession du salarié. Ces frais de repas peuvent être remboursés en exonération, soit sur la base des dépenses réelles soit par allocations forfaitaires, peu important la fréquence de ces repas (voir *Frais de déplacement**).

Justificatifs requis - L'employeur doit justifier du repas en produisant les pièces comptables attestant de la réalité du repas d'affaires, de la qualité des personnes y ayant participé et du montant de la dépense effectivement supportée par le salarié (il n'y a pas de système d'allocation forfaitaire) (BOSS, Frais professionnels, § 360, 01/01/2025).

Il a notamment été jugé que, en produisant des notes de restaurant sur lesquelles n'étaient pas précisés les noms des bénéficiaires et qui démontraient même que les repas avaient été pris individuellement, l'employeur n'avait pas établi que les dépenses avaient été engagées dans l'intérêt de l'entreprise et correspondaient à des frais exposés en dehors de l'exercice normal de l'activité du salarié. Ces dépenses ne constituaient donc pas des frais de repas d'affaires et devaient être réintégrées dans l'assiette des cotisations (cass. civ., 2e ch., 19 septembre 2019, n° 18-20047 D).

☞ *Frais professionnels ; Frais de repas.*

Repas de chantier

☞ *Prime de panier.*

Repos compensateur de remplacement

Le « repos compensateur de remplacement » peut remplacer le paiement de tout ou partie des *heures supplémentaires** réalisées par un salarié.

Mise en place

Accord collectif - Le repos compensateur de remplacement peut être prévu par une convention ou un accord d'entreprise ou d'établissement ou, à défaut, par une convention ou un accord de branche (c. trav. art. L. 3121-33, II, 2°).

Les dispositions de l'accord d'entreprise ou d'établissement priment sur celles de l'accord de branche, même si elles sont moins favorables aux salariés.

▶ À noter... Les repos compensateurs de remplacement sont distincts des jours de RTT et les deux dispositifs peuvent coexister dans l'entreprise. Pour la Cour de cassation, les premiers s'inscrivent dans une logique de rémunération des heures supplémentaires alors que les seconds ont vocation à éviter le paiement de ces heures (cass. soc. 26 janvier 2022, n° 20-11861 FSB).

Décision unilatérale de l'employeur - Dans les entreprises dépourvues de délégué syndical (DS), l'employeur peut mettre unilatéralement en place un mécanisme de repos compensateur de remplacement si le *comité social et économique** (CSE), s'il existe, ne s'y oppose pas (c. trav. art. L. 3121-37).

En l'absence de DS et de CSE, l'employeur peut prendre l'initiative de recourir au repos compensateur de remplacement (circ. MES/CAB 2000-3 du 3 mars 2000, fiche 5).

Lorsque la convention collective prévoit des dispositions encadrant le recours au repos compensateur de remplacement, l'employeur doit s'y tenir même en l'absence de représentants du personnel dans l'entreprise. À défaut de respecter ces dispositions conventionnelles, le recours au repos compensateur de remplacement est injustifié et l'employeur peut être condamné à verser au salarié un rappel de salaire au titre des heures supplémentaires effectuées (cass. soc. 12 février 2025, n° 23-17888 FSB).

Exemple

Dans cette affaire, la convention collective prévoyait que l'employeur devait déterminer le caractère individuel ou collectif de la conversion en temps de repos, la ou les périodes de l'année pendant lesquelles les heures supplémentaires seraient converties en temps de repos et éventuellement le nombre minimum d'heures supplémentaires qui seraient converties en temps de repos et solliciter, le cas échéant, l'accord du salarié sur la date de prise des repos. Or il n'avait respecté aucune de ces obligations.

En cas de mise en place par décision unilatérale, la désignation ultérieure d'un DS dans l'entreprise (ou dans une unité économique et sociale) « met fin » à cette décision de l'employeur (cass. soc. 24 juin 2014, n° 13-10301, BC V n° 155). À notre sens, dans cette hypothèse, l'employeur dispose alors de 12 mois pour négocier un accord sur le sujet, pendant lesquels le dispositif « initial » de repos compensateur perdure. Faute d'accord collectif le pérennisant, le dispositif cesse d'être applicable et les heures supplémentaires doivent alors être payées intégralement avec les majorations de salaire correspondantes.

Attribution du repos compensateur de remplacement

Calcul du repos - L'attribution d'un repos compensateur équivalent remplace le paiement et/ou les majorations de salaire de tout ou partie des heures supplémentaires effectuées.

Cette substitution peut concerner toutes les heures supplémentaires, qu'elles soient accomplies en deçà ou au-delà du contingent.

Si le remplacement est total, il porte sur le paiement de l'heure et sur la majoration de salaire correspondante (25 % pour les 8 premières heures supplémentaires, 50 % pour les heures supplémentaires suivantes) (c. trav. art. L. 3121-36).

Exemple

Dans une entreprise où le paiement des heures supplémentaires est remplacé en totalité par un repos compensateur, 40 h au cours d'une semaine donneront lieu à 5 h supplémentaires qui seront remplacées par un repos compensateur à hauteur de 125 %, soit 5 × 125 % = 6 h et 15 min.

En cas de remplacement partiel, le mécanisme varie selon les entreprises (circ. MES/CAB 2000-3 du 3 mars 2000, fiche 5, § 1.2.3). Il peut être prévu :
- que l'heure supplémentaire est payée au taux normal et que la majoration est valorisée sous forme de repos de remplacement ;
- que l'heure supplémentaire est valorisée sous forme de repos de remplacement et que la majoration est payée au taux applicable ;
- ou toute autre répartition dès lors qu'elle respecte, a minima, l'équivalent de ce que le salarié aurait eu si l'heure supplémentaire lui avait été totalement payée.

Cumul avec la contrepartie obligatoire en repos - Le repos compensateur de remplacement, total ou partiel, se substitue seulement au paiement des heures supplémentaires.

Lorsque celles-ci ouvrent droit à une *contrepartie obligatoire en repos**, cette contrepartie est due au salarié en plus du repos compensateur de remplacement.

Imputation sur le contingent - Les heures supplémentaires dont le paiement est intégralement remplacé par un repos compensateur (paiement des heures et majorations correspondantes) ne s'imputent pas sur le *contingent annuel d'heures supplémentaires** (c. trav. art. L. 3121-30 ; circ. MES/CAB 2000-3 du 3 mars 2000, fiche 5, § 1.2.3, b).

▶ Attention... Pour que les heures supplémentaires intégralement valorisées sous forme d'un repos compensateur de remplacement ne s'imputent pas sur le contingent annuel d'heures supplémentaires, il faut que le salarié bénéficie effectivement de ce repos. Si ce n'est pas le cas, ces heures supplémentaires s'imputent sur le contingent ce qui peut générer, au final un dépassement du contingent et le calcul de droits à contrepartie obligatoire en repos au titre des heures supplémentaires dépassant le contingent (cass. soc. 13 mars 2024, n° 22-11708 FSB, 5e moyen).

Réservé aux heures supplémentaires - Les *heures complémentaires** ne peuvent pas faire l'objet de repos compensateur de remplacement (circ. DRT 2000-7 du 6 décembre 2000 ; cass. soc. 17 février 2010, n° 08-42828, BC V n° 48). Elles doivent être payées au salarié à temps partiel.

Prise du repos

Information du salarié - L'employeur informe le salarié de son droit à repos compensateur de remplacement par une annexe à son bulletin de paye [voir *Repos compensateur (fiches annexes)**].

Modalités de prise - Un accord d'entreprise ou d'établissement (à défaut, une convention ou un accord de branche) peut adapter les conditions et modalités d'attribution et de prise du repos compensateur de remplacement (c. trav. art. L. 3121-33, III).

En l'absence de DS, l'employeur peut en faire de même, après avis du CSE, s'il existe (c. trav. art. L. 3121-37).

Lorsque l'accord collectif (ou le texte de l'employeur soumis à l'avis du CSE) ne règle pas les conditions et modalités d'attribution et de prise du repos, celui-ci est pris par journée entière ou demi-journée. Cette prise se fait en suivant les règles prévues par défaut pour la *contrepartie obligatoire en repos** (circ. MES/CAB 2000-3 du 3 mars 2000, fiche 5, § 1.2.3, b).

Régime du repos - L'employeur maintient le salaire pendant la prise du repos compensateur de remplacement.

La période de repos est assimilée à du temps de travail effectif pour le décompte de la durée du travail et les majorations pour heures supplémentaires, pour l'ancienneté, pour l'ouverture et l'acquisition des congés payés (circ. DRT 2000-7 du 6 décembre 2000), pour l'acquisition de jours de RTT (le cas échéant).

En revanche, elle n'est pas prise en compte pour déterminer le nombre d'heures à imputer sur le *contingent annuel d'heures supplémentaires** ou le calcul du nombre d'*heures supplémentaires** donnant droit à *contrepartie obligatoire en repos** (circ. DRT 2000-7 du 6 décembre 2000).

☞ *Contrepartie obligatoire en repos ; Heures supplémentaires ; Repos compensateur (fiches annexes) ; Temps de travail effectif.*

Repos compensateur (fiches annexes)

Un accord collectif fixe les modalités de l'information des salariés sur les droits acquis en matière de *contrepartie obligatoire en repos** et de *repos compensateur de remplacement**.

Cas général

Sauf disposition conventionnelle contraire, l'employeur doit informer les salariés du nombre d'heures de contrepartie obligatoire en repos et de repos compensateur de remplacement acquis par un document annexé au bulletin de paye (c. trav. art. D. 3171-11 ; circ. DGT 2008-20 du 13 novembre 2008 ; circ. MES/CAB 2000-3 du 3 mars 2000).

Dès que ce nombre atteint 7 heures, le document comporte en outre une mention notifiant l'ouverture du droit et rappelant le délai de 2 mois dans lequel doit être pris le repos.

▶ À noter... Les juges ont admis qu'en l'absence de document annexe mensuel, les salariés étaient régulièrement et correctement informés de leurs droits en matière de repos compensateur - et ne pouvaient donc prétendre à une quelconque indemnisation - si le total de leurs heures de repos compensateur était régulièrement mentionné sur les bulletins de paye eux-mêmes ainsi que les heures majorées et les heures de récupération (cass. soc. 20 septembre 2005, n° 03-46823 D).

Travail par relais, roulement, équipes successives

Lorsque des salariés d'un atelier, d'un service ou d'une équipe ne travaillent pas selon le même horaire collectif de travail affiché, un document mensuel, dont le double est annexé au bulletin de paye, est établi pour chaque salarié (c. trav. art. D. 3171-12).

<table>
<tr><th colspan="6">Contrepartie obligatoire en repos et repos compensateur</th></tr>
<tr><th colspan="6">Exemple de document annexé au bulletin de paye</th></tr>
<tr><td colspan="3">Nom, prénom :</td><td colspan="3" rowspan="3">• Droits acquis antérieurement : ....</td></tr>
<tr><td colspan="3">Service :</td></tr>
<tr><td colspan="3">Mois de .... 2025</td></tr>
<tr><td colspan="2">Semaine</td><td rowspan="2">Nombre d'heures travaillées</td><td colspan="3">Contrepartie obligatoire en repos et repos compensateur de remplacement</td></tr>
<tr><td>Premier jour</td><td>Dernier jour</td><td>Nombre d'heures concernées</td><td>% de repos</td><td>Durée acquise</td></tr>
<tr><td>.................</td><td>.................</td><td>.................</td><td>.................</td><td>.................</td><td>.................</td></tr>
<tr><td>.................</td><td>.................</td><td>.................</td><td>.................</td><td>.................</td><td>.................</td></tr>
<tr><td>.................</td><td>.................</td><td>.................</td><td>.................</td><td>.................</td><td>.................</td></tr>
<tr><td>.................</td><td>.................</td><td>.................</td><td>.................</td><td>.................</td><td>.................</td></tr>
<tr><td colspan="2" rowspan="2">TOTAL du mois</td><td>.................</td><td>.................</td><td>.................</td><td>.................</td></tr>
<tr><td colspan="4">Nombre d'heures de repos de remplacement des heures supplémentaires compris dans le total ....</td></tr>
<tr><td colspan="6">Heures prises au cours du mois : ....</td></tr>
<tr><td colspan="6">Total de la contrepartie et du repos compensateur acquis .... heures</td></tr>
<tr><td colspan="6">Total de la contrepartie et du repos compensateur à prendre (1) :
• 1re journée, correspondant à 7 h, avant le ....
• 2e journée, correspondant à 7 h, avant le ....</td></tr>
<tr><td colspan="6">Cumul des heures supplémentaires : .... heures (depuis le 1er janvier)</td></tr>
<tr><td colspan="6">(1) Le repos est pris par journée ou demi-journée (chaque journée ou demi-journée de repos prise par le salarié est décomptée des droits à repos à hauteur du nombre d'heures de travail que le salarié aurait effectuées durant cette journée ou cette demi-journée). La demande de repos doit être formulée au moins 1 semaine à l'avance. Le repos est pris dans les 2 mois suivant l'ouverture du droit. Ces règles de prise du repos sont celles prévues par la loi pour la contrepartie obligatoire en repos, à défaut de dispositions conventionnelles contraires.</td></tr>
</table>

Ce document doit comporter les mentions indiquées ci-dessus et les mentions suivantes :
- le cumul des heures supplémentaires effectuées depuis le début de l'année ;
- les repos compensateurs acquis en distinguant la *contrepartie obligatoire en repos** et le *repos compensateur de remplacement** ;
- le nombre d'heures de repos compensateur effectivement prises au cours du mois ;
- le nombre de jours de repos effectivement pris au cours du mois quand une réduction du temps de travail s'applique par attribution de journées ou de demi-journées de repos (que ce soit dans le cadre d'anciens accords de RTT ou dans celui du dispositif d'*aménagement du temps de travail sur une période supérieure à la semaine**).

☞ *Contrepartie obligatoire en repos ; Heures supplémentaires.*

Repos hebdomadaire

Les salariés ont droit à un repos hebdomadaire. Les textes prévoient néanmoins des règles spécifiques et dérogations.

▶ À noter... La dérogation temporaire à la règle du repos hebdomadaire qui avait été créée dans le cadre des **Jeux olympiques de 2024** est détaillée dans la version en ligne de ce Dictionnaire (voir www.rfpaye.com et www.rfedition.com ou MyDocPaye sur www.revue-fiduciaire.com/mydoc/paye).

Principes

35 h consécutives de repos minimal, dont le dimanche - Chaque semaine, l'employeur doit octroyer un repos correspondant à un total de 35 heures consécutives décomposé comme suit (c. trav. art. L. 3132-1 à L. 3132-3 ; circ. DRT 2000-7 du 6 décembre 2000) :
- un jour calendaire (de minuit à minuit) d'une durée minimale de 24 h consécutives, fixée en principe le dimanche ;
- et 11 h consécutives de repos quotidien.

Exemple

Un salarié qui finit son travail le samedi à 18 h ne peut pas le reprendre avant le lundi matin 5 h.

Forfaits annuels en jours - Les salariés en forfait annuel en jours ne sont pas liés par les limites de travail hebdomadaires [voir *Convention de forfait (forfait annuel en jours)**]. L'employeur doit néanmoins veiller à ce qu'ils bénéficient de leur repos hebdomadaire (soit 35 h de repos consécutives). En effet, l'interdiction de travail de plus de 6 jours par semaine leur est applicable (c. trav. art. L. 3132-1 et L. 3132-2).

Formalités - Si le repos est donné collectivement le dimanche, aucune formalité n'est à accomplir.

Si le repos est donné collectivement selon d'autres modalités (ex. : du dimanche midi au lundi midi, un autre jour que le dimanche), il y a lieu (c. trav. art. R. 3172-1) :
- de communiquer, par tout moyen (ex. : affichage, intranet), aux salariés les jours et heures du repos collectif ;
- de communiquer cette information et les modalités de communication envisagées, préalablement à l'inspection du travail.

Si le repos n'est pas donné selon l'une de ces modalités, il convient de tenir un registre spécial où les noms des salariés soumis à un régime particulier de repos et ce régime sont mentionnés (c. trav. art. R. 3172-2).

Ces règles s'appliquent indépendamment des demandes de dérogation à présenter le cas échéant.

Fermeture de l'établissement - L'obligation d'accorder le repos hebdomadaire collectivement au personnel n'impose pas de fermer l'établissement le jour de repos. L'employeur peut le laisser ouvert s'il y travaille seul ou avec des membres de sa famille ou des auxiliaires occasionnels.

Toutefois, pour des raisons d'ordre concurrentiel, le préfet peut, par arrêté, ordonner la fermeture au public des établissements d'une profession déterminée pour une durée maximale de 24 h consécutives par semaine, soit le même jour pour tous, soit par roulement, soit en laissant le choix entre plusieurs jours.

Preuve du repos en cas de litige - En cas de litige relatif aux heures de travail effectuées, la charge de la preuve est partagée entre le salarié et l'employeur (c. trav. art. L. 3171-4 ; voir *Durée du travail**).

Ce régime de preuve partagée ne s'applique pas aux seuils et plafonds prévus par le droit de l'Union européenne. Pour ceux-ci, la charge de la preuve pèse exclusivement sur l'employeur (cass. soc. 17 octobre 2012, n° 10-17370, BC V n° 267). Sont concernées les garanties minimales prévues par la directive européenne sur le temps de travail, et notamment le repos hebdomadaire minimal de 24 h sans interruption durant chaque période de 7 jours de travail (dir. 2003/88/CE du 4 novembre 2003, art. 5).

Contentieux entre entreprises - Les syndicats d'employeurs ont le droit de saisir le juge des référés pour obtenir le respect de la réglementation relative au repos hebdomadaire et le versement de dommages et intérêts par les entreprises contrevenantes (cass. ass. plén. 7 mai 1993, n° 91-12611, B. ass. plén. n° 10 ; cass. soc. 17 février 1994, n° 90-11037 D).

Cette action est également ouverte aux entreprises lésées. Une entreprise a ainsi pu saisir le tribunal de commerce en référé (c. proc. civ. art. 873) pour reprocher à deux enseignes concurrentes situées à proximité d'ouvrir le dimanche toute la journée, alors que, dans les commerces de détail alimentaire, le repos dominical devait être respecté à partir de 13 h (c. trav. art. L. 3132-13 ; cass. soc. 30 mai 2012, n° 10-25349, BC V n° 162).

Repos hebdomadaire des jeunes

Principe - Les *jeunes** travailleurs de moins de 18 ans bénéficient de 2 jours de repos consécutifs par semaine (c. trav. art. L. 3164-2). Les jeunes de moins de 18 ans qui accomplissent des stages d'initiation ou d'application en milieu professionnel dans le cadre d'un enseignement alterné ou d'un cursus scolaire en bénéficient également.

Dérogations - Lorsque les caractéristiques particulières de l'activité le justifient, une convention ou un accord d'entreprise ou d'établissement (à défaut, une convention ou un accord collectif de travail étendu) peut définir les conditions dans lesquelles il peut être dérogé à ces dispositions pour les jeunes libérés de l'obligation scolaire. Il faut alors que ces derniers bénéficient d'une période minimale de repos de 36 h consécutives. À défaut d'accord, un décret définit les conditions dans lesquelles cette dérogation peut être accordée par l'inspecteur du travail (c. trav. art. L. 3164-2, al. 2 et 3).

Le silence gardé pendant 30 jours vaut décision d'acceptation des demandes de dérogation (décret 2014-1290 du 23 octobre 2014, JO 1er novembre).

Jeunes de moins de 16 ans dans le secteur du spectacle - Une convention ou un accord d'entreprise ou d'établissement (à défaut, une convention ou un accord collectif de travail étendu) peut définir les conditions dans lesquelles il peut être dérogé au repos de 2 jours consécutifs pour les jeunes travailleurs de moins de 16 ans employés par un entrepreneur du spectacle, à condition qu'ils bénéficient d'une période minimale de repos de 36 h (dont au moins 24 h consécutives) et que leur participation à une répétition ou à un spectacle soit de nature à contribuer à leur développement et s'effectue dans des conditions garantissant la préservation de leur santé (c. trav. art. L. 3164-2).

Contrats de travail particuliers

Travail à domicile - Le salarié qui, du fait des délais fixés pour la remise des travaux confiés, doit travailler le dimanche peut prétendre aux majorations salariales conventionnelles existantes (c. trav. art. L. 7422-10).

Télétravail - La charge de travail du télétravailleur et les délais d'exécution qui lui sont demandés doivent lui permettre de bénéficier des temps de repos légaux et conventionnels.

Rémunération

Jour férié - Le salarié ne peut légalement prétendre à aucune indemnité ou récupération lorsqu'un jour férié coïncide avec son jour de repos hebdomadaire. Des conventions ou accords collectifs ou des usages peuvent se montrer plus avantageux.

Trajet professionnel - Le temps de déplacement professionnel pour se rendre sur le lieu d'exécution du travail n'est pas un temps de travail effectif (sauf exception) (c. trav. art. L. 3121-4). Si ce temps de trajet dépasse le temps normal de déplacement entre le domicile et le lieu de travail habituel, il doit faire l'objet de contreparties sous forme financière ou en repos, fixées par accord collectif ou, à défaut, par l'employeur (voir *Temps de travail effectif**).

Le salarié qui entamerait un trajet professionnel pendant son repos hebdomadaire (ex. : le dimanche pour une réunion professionnelle le lundi) devrait avoir des contreparties.

Rétention de repos hebdomadaire - Le salarié qui n'a pas bénéficié de son repos peut obtenir réparation sur une période légale de 3 ans (voir *Prescription des salaires**) (cass. soc. 13 janvier 2004, n° 01-47128, BC V n° 2 ; 5 ans à l'époque des faits jugés).

La privation du repos hebdomadaire génère pour lui un trouble dans sa vie personnelle et des risques pour sa santé et sa sécurité : ce préjudice spécifique lui ouvre droit à des dommages et intérêts (cass. soc. 8 juin 2011, n° 09-67051, BC V n° 142).

En cas de non-respect du repos par l'employeur, le salarié peut prendre acte de la rupture de son contrat de travail. Il a été jugé que cette prise d'acte était justifiée et qu'elle produisait les effets d'un licenciement sans cause réelle et sérieuse (cass. soc. 7 octobre 2003, n° 01-44635 D).

Dérogations temporaires au repos hebdomadaire

Dans les cas suivants, l'employeur qui veut suspendre le repos hebdomadaire doit immédiatement en informer l'inspecteur du travail et, en toutes circonstances. Cette information a lieu avant le commencement du travail, sauf cas de force majeure (c. trav. art. R. 3172-6 à R. 3172-8). Il communique par tout moyen, aux salariés, la copie de l'information transmise à l'agent de contrôle de l'inspection du travail (c. trav. art. R. 3172-9).

Travaux urgents - En cas de travaux urgents dont l'exécution immédiate est nécessaire pour organiser des mesures de sauvetage, pour prévenir des accidents imminents ou réparer des accidents survenus au matériel, aux installations ou aux bâtiments de l'établissement, l'employeur peut suspendre le repos hebdomadaire (c. trav. art. L. 3132-4).

Cette faculté de suspension vaut pour les salariés nécessaires à l'exécution des travaux de l'entreprise concernée et ceux d'une autre entreprise faisant les réparations pour le compte de la première.

Les salariés requis doivent bénéficier d'un repos compensateur d'une durée égale au repos supprimé. Dans l'entreprise concernée par les travaux, ce droit est réservé aux salariés habituellement en charge des services d'entretien et de réparation.

▶ À noter... La suspension du repos hebdomadaire ne concerne pas les jeunes travailleurs de moins de 18 ans (c. trav. art. L. 3164-3).

Activités saisonnières - Pour certaines industries ne fonctionnant qu'une partie de l'année et déterminées par décret (c. trav. art. R. 3132-3), le repos peut être en partie différé, selon les mêmes modalités que les établissements industriels fonctionnant en continu. Chaque salarié doit alors avoir au moins 2 jours de repos par mois, si possible le dimanche (c. trav. art. L. 3132-7).

Cette possibilité concerne aussi les établissements des branches d'activité à caractère saisonnier qui n'ouvrent en tout ou partie que pendant une période de l'année (c. trav. art. R. 3132-4).

Matières périssables ou surcroît extraordinaire de travail - Les industries, déterminées par décret (c. trav. art. R. 3132-1), traitant de matières périssables ou faisant face, par moments, à un surcroît extraordinaire de travail peuvent suspendre le repos hebdomadaire 2 fois au plus par mois, avec un maximum de 6 fois par an (c. trav. art. L. 3132-5).

Les heures de travail accomplies le jour du repos hebdomadaire sont considérées comme des heures supplémentaires et sont imputées sur le contingent annuel.

Travaux de nettoyage des locaux industriels et de maintenance - Lorsqu'un établissement industriel ou commercial attribue le repos hebdomadaire le même jour à tous les salariés, ce repos peut être réduit à une demi-journée pour les salariés affectés à certains travaux de nettoyage (c. trav. art. L. 3132-8).

Seuls peuvent être concernés les salariés affectés à des travaux de nettoyage des locaux industriels et de maintenance devant nécessairement être réalisés le dimanche, qui sont indispensables pour éviter un retard dans la reprise normale du travail.

Il convient d'attribuer à chaque salarié concerné un repos compensateur calculé à raison d'une journée entière pour deux réductions d'une demi-journée.

Dérogations au repos dominical

Indépendamment des cas de dérogation au repos hebdomadaire, il existe également des situations permettant de déroger au principe du repos dominical (pour plus de détails, voir *Dimanche**).

@Sur la dérogation temporaire à la règle du repos hebdomadaire liée aux Jeux olympiques de 2024, voir la version en ligne de ce Dictionnaire (voir www.rfpaye.com et www.rfedition.com ou MyDocPaye sur www.revue-fiduciaire.com/mydoc/paye).

Astreinte ; Convention de forfait (forfait annuel en jours) ; Dimanche ; Équipes de suppléance ; Jeunes ; Journée de solidarité ; Repos quotidien ; Télétravail ; Stages en entreprise (recours et statut).

Repos quotidien

Règle générale

Durée du repos minimal - Tout salarié bénéficie d'un repos quotidien d'une durée minimale de 11 heures consécutives (c. trav. art. L. 3131-1).

▶ À noter… La visite médicale d'un salarié travaillant la nuit ne doit pas le priver de ses 11 heures de repos quotidien (cass. soc. 27 juin 2012, n° 10-21306, BC V n° 201).

Dérogations conventionnelles - Un accord d'entreprise ou d'établissement (à défaut, une convention ou un accord de branche), peut déroger à la durée minimale de 11 heures (c. trav. art. L. 3131-2). L'accord d'entreprise ou d'établissement prime sur l'accord de branche (loi 2016-1088 du 8 août 2016, art. 8, JO du 9).

Cette possibilité de déroger aux 11 heures de repos quotidien peut jouer dans les hypothèses suivantes (c. trav. art. D. 3131-4 et D. 3131-5) :
- surcroît d'activité ;
- activités caractérisées par l'éloignement entre le domicile et le lieu de travail du salarié ou par l'éloignement entre différents lieux de travail du salarié ;
- activités de garde, de surveillance et de permanence caractérisées par la nécessité d'assurer la protection des biens et des personnes ;
- activités caractérisées par la nécessité d'assurer la continuité du service ou de la production (notamment pour les établissements ou parties d'établissements pratiquant le travail par équipes successives, chaque fois que le salarié change d'équipe ou de poste et ne peut bénéficier, entre la fin d'une équipe et le début de la suivante, d'une période de repos quotidien de 11 heures consécutives) ;
- activités de manutention ou d'exploitation qui concourent à l'exécution des prestations de transport ;
- activités qui s'exercent par périodes de travail fractionnées dans la journée.

L'accord collectif ne peut pas réduire la durée du repos quotidien en deçà de 9 heures (c. trav. art. D. 3131-6 ; cass. soc. 8 juin 2010, n° 08-45577 D).

Dérogation en cas d'urgence - L'employeur peut sous sa seule responsabilité et en informant l'inspecteur du travail, déroger à la période minimale de 11 heures de repos quotidien par salarié en cas de travaux urgents dont l'exécution immédiate est nécessaire pour (c. trav. art. D. 3131-1) :
- organiser des mesures de sauvetage ;
- prévenir des accidents imminents ;
- réparer des accidents survenus au matériel, aux installations ou aux bâtiments.

Les salariés concernés bénéficient d'une période de repos au moins équivalente, ou, lorsque cela est impossible, d'une contrepartie équivalente prévue par un accord collectif (c. trav. art. D. 3131-2).

Dérogation en cas de surcroît exceptionnel d'activité - À défaut de convention ou d'accord collectif, il peut également être dérogé au repos quotidien en cas de surcroît exceptionnel d'activité (c. trav. art. L. 3131-3 et D. 3131-7).

Il faut respecter la même procédure que pour la dérogation à la durée maximale quotidienne du travail.

L'employeur doit adresser une demande à l'inspecteur du travail, accompagnée des informations utiles et de l'avis du *comité social et économique** (CSE).

L'inspecteur du travail a 15 jours pour répondre et faire connaître sa décision à l'employeur et au CSE (c. trav. art. D. 3121-5).

En cas d'urgence, l'employeur peut déroger au repos quotidien de 11 h sous sa propre responsabilité, à condition de présenter immédiatement une demande de régularisation. S'il se trouve dans l'attente d'une réponse à une demande de dépassement, il informe immédiatement l'inspecteur du travail de l'obligation où il se trouve d'anticiper la décision attendue et en donne les raisons. Là encore, l'inspecteur du travail fait connaître sa décision dans les 15 jours (c. trav. art. D. 3121-6).

Dans les deux cas, le silence de l'inspecteur du travail vaut accord, au terme du délai de 15 jours (décret 2014-1290 du 23 octobre 2014, JO 1er novembre).

Compensation - Toutes ces dérogations nécessitent que les salariés concernés bénéficient d'une période de repos au moins équivalente, ou, lorsque cela est impossible, d'une contrepartie équivalente prévue par un accord collectif (c. trav. art. D. 3131-2).

Preuve du repos quotidien

En cas de litige relatif aux heures de travail effectuées, la charge de la preuve est partagée entre le salarié et l'employeur (c. trav. art. L. 3171-4 ; voir *Durée du travail**).

Toutefois, ce régime de preuve partagée ne s'applique pas aux seuils et plafonds prévus par le droit de l'Union européenne. Pour ces derniers, la charge de la preuve pèse exclusivement sur l'employeur (cass. soc. 17 octobre 2012, n° 10-17370, BC V n° 267). Sont concernées les garanties minimales prévues par la directive européenne sur le temps de travail, et notamment le repos quotidien minimal de 11 heures consécutives par 24 heures (dir. 2003/88/CE du 4 novembre 2003, art. 3).

Salariés sans horaire collectif

Pour assurer le respect du repos quotidien des salariés qui ne sont pas occupés selon l'horaire collectif, l'employeur peut fixer pour l'établissement, un atelier, un service ou une équipe, une période quotidienne correspondant au moins à la durée de ce repos. Les heures auxquelles commence et finit cette période sont affichées dans l'entreprise.

Si des salariés sont occupés durant la ou les périodes fixées par l'employeur ou lorsque celui-ci n'a pas fixé de période de repos quotidien, le respect de ce dernier doit être démontré par tous moyens (c. trav. art. D. 3131-3).

Repos quotidien : secteur des transports

Des dispositions particulières s'appliquent aux personnels roulants ou navigants du secteur des transports. En effet, l'employeur doit mettre les conducteurs de véhicules utilitaires, n'excédant pas un poids maximum autorisé de 3,5 tonnes, en mesure de prouver par tout moyen que les périodes de repos quotidien ont été prises dans des conditions d'hébergement compatibles avec la dignité humaine et des conditions d'hygiène respectueuses de la santé (c. transp. art. L. 3313-14 et R. 3315-11).

☛ *Amplitude de la journée de travail ; Astreinte ; Dimanche ; Durée du travail ; Jeunes ; Pauses ; Repos hebdomadaire ; Temps partiel ; Stages en entreprise (recours et statut).*

Reprise du travail après un arrêt de travail

À la suite d'une absence pour *maladie**, *maternité**, *accident de trajet**, *accident du travail** ou *maladie professionnelle**, le salarié doit reprendre son travail à la date prévue. À défaut, il doit avertir son employeur et lui faire parvenir un nouveau certificat médical prescrivant une prolongation ou un nouvel arrêt de travail.

Reprise tardive sans motif légitime - La reprise tardive ou l'absence de reprise sans motif légitime peut donner lieu à une sanction disciplinaire ou, selon les circonstances, justifier un licenciement.

Reprise anticipée avant la fin de l'arrêt de travail - Si le salarié reprend son activité avant la fin de son arrêt de travail, la caisse primaire d'assurance maladie (CPAM) cesse le versement des indemnités journalières de sécurité sociale. Pour cela, elle doit être prévenue par le salarié. Pour déterminer les dates de reprise du travail, elle s'appuie sur l'attestation de reprise d'activité et le bulletin de salaire produits par l'employeur.

Les employeurs subrogés dans les droits de leurs salariés doivent en informer la caisse d'assurance maladie qui verse les IJSS (c. séc. soc. art. L. 323-6-1). S'ils ne se conforment pas à cette obligation, ils peuvent faire l'objet d'un avertissement et s'exposent, en cas de versement indu d'IJSS, à une sanction financière (c. séc. soc. art. L. 114-17-1). En outre, une procédure permettant à la CPAM de récupérer les IJSS auprès de l'employeur est prévue.

Lorsqu'il n'y a pas de subrogation, l'obligation d'information incombe aux assurés sociaux bénéficiaires des IJSS. Légalement, ils doivent informer sans délai la caisse de sécurité sociale de toute reprise d'activité intervenant avant la fin de l'arrêt de travail (c. séc. soc. art. L. 323-6, 5°). En cas d'inobservation volontaire de cette obligation, le bénéficiaire des IJSS doit restituer à la caisse les indemnités versées correspondantes. Cette obligation d'information concerne les *indemnités journalières de sécurité sociale de maladie** mais aussi, par ricochet, les *indemnités journalières de sécurité sociale d'accident du travail** et *maladie professionnelle** (c. séc. soc. art. L. 433-1, renvoyant à L. 323-6).

Visite médicale - Dans certains cas, l'employeur a l'obligation d'organiser une *visite médicale de reprise** devant le médecin du travail.

En outre, une *visite médicale de préreprise** peut parfois être organisée.

☞ *Inaptitude ; Visite médicale de préreprise ; Visite médicale de reprise.*

Rescrit

☞ *Activité partielle ; Dirigeants d'entreprise ; Handicapés (obligation d'emploi) ; Pénalité 1 % égalité femmes-hommes ; Rescrit social ; Stages en entreprise (recours et statut).*

Rescrit social

Le terme de « rescrit » désigne des procédures qui permettent de saisir des organismes en amont, afin qu'ils prennent position sur une question de leur compétence. La position retenue leur est opposable pour l'avenir, sous certaines conditions.

Seuls les rescrits « sociaux » intéressant la paye sont évoqués ici.

Rescrit URSSAF

Champ et objet - Le rescrit URSSAF permet à un cotisant (ou futur cotisant), en sa qualité d'employeur, de demander à son URSSAF de prendre position sur l'application à sa situation d'un point de législation. La réponse de l'URSSAF l'engage pour l'avenir, sauf changement de législation ou de la situation examinée.

Le rescrit peut porter sur toute question nouvelle et sérieuse portant sur l'application de l'ensemble de la législation relative aux cotisations et contributions de sécurité sociale, ainsi que sur les autres cotisations et contributions contrôlées par les URSSAF pourvu qu'elles aient la même assiette (cotisations chômage, par exemple) (c. séc. soc. art. L. 243-6-3, I).

▶ À noter… La décision de l'URSSAF est opposable à l'institution de retraite AGIRC-ARRCO lorsqu'elle porte sur la détermination de l'assiette des cotisations ou le calcul du plafond, la *réduction générale de cotisations patronales**, l'exonération spécifique à certains départements d'outre-mer [voir *Outre-mer (exonération de cotisations en Guadeloupe, Guyane, Martinique et à La Réunion)**], l'exonération dégressive dont bénéficient certaines structures d'aide à domicile (voir *Services à la personne**) ou sur tout point de droit susceptible d'avoir une incidence sur les allégements de contributions patronales de retraite complémentaire (c. séc. soc. art. L. 243-6-3, III).

Demandeurs - La demande de rescrit peut être formulée par un cotisant ou un futur cotisant (c. séc. soc. art. L. 243-6-3, I). Cette démarche peut également être réalisée par un tiers pour le compte d'un cotisant ou d'un futur cotisant (c. séc. soc. art. L. 243-6-8).

Une demande de rescrit ne peut pas être faite lorsqu'un *contrôle URSSAF** a été engagé ou lorsqu'un contentieux en rapport avec cette demande est en cours, à savoir lorsqu'un recours a été formé sur la situation en cause, sans que ne soit intervenue une décision de justice définitive (c. séc. soc. art. L. 243-6-3, I et c. séc. soc. art. R. 243-43-2, I, al. 7).

Formalisme de la demande du cotisant - Le demandeur doit s'adresser à l'organisme de recouvrement dont il relève (c. séc. soc. art. R. 243-43-2, I, al. 1). L'URSSAF met à la disposition des intéressés un modèle de demande de rescrit (voir « www.urssaf.fr », rubrique « Employeur », « Services », « Rescrit social »).

La demande est effectuée par tout moyen permettant de rapporter la preuve de sa date de réception, en indiquant (c. séc. soc. art. R. 243-43-2, I, al. 2 à 6) :

- les nom et adresse du demandeur ;
- le numéro permettant l'identification du demandeur lorsqu'il en dispose ;
- les indications relatives aux dispositions législatives et réglementaires au regard desquelles il demande une analyse de sa situation ;
- une présentation précise et complète de sa situation de nature à permettre à l'organisme de recouvrement d'apprécier les conditions dans lesquelles s'applique la réglementation.

Cependant, l'omission du numéro d'immatriculation du demandeur, ou des dispositions législatives et réglementaires au regard desquelles il demande que la situation soit appréciée ne lui fait pas perdre le statut de rescrit social. En effet, la réponse de l'URSSAF acquiert valeur de rescrit social (et non de simple décision explicite) si la demande mentionne (c. séc. soc. art. R. 243-43-2, I, al. 11) :

- les nom et adresse du demandeur ;
- et une présentation précise et complète de sa situation.

▶ À noter... Concrètement, cette requalification en rescrit social permet au demandeur, si l'URSSAF venait à changer de position pour l'avenir, de contester ce changement de position devant la commission de recours amiable et, le cas échéant, devant les tribunaux.

Enfin, en opportunité, l'URSSAF est autorisée à se saisir d'une demande qui ne respecte pas le formalisme exigé pour le rescrit social et à lui faire néanmoins bénéficier de ce statut (c. séc. soc. art. L. 243-6-3, II). Dans ce cas, l'URSSAF informe le cotisant (futur cotisant ou, le cas échéant, l'avocat ou l'expert-comptable) de cette requalification. Elle lui indique alors les garanties dont il bénéficie à ce titre (c. séc. soc. art. R. 243-43-2, I dernier al.).

Examen des pièces par l'URSSAF - À réception de la demande, l'URSSAF vérifie que celle-ci est complète. Elle dispose de 20 jours pour cela. Si, dans ce délai, elle ne réclame aucune pièce au demandeur, la demande est réputée complète (c. séc. soc. art. R. 243-43-2, II).

Si le dossier est incomplet, l'URSSAF fait connaître au demandeur, dans ce délai de 20 jours, la liste des pièces ou des informations manquantes par tout moyen permettant de rapporter la preuve de sa date de réception. Le demandeur dispose d'un mois pour faire parvenir à l'URSSAF les pièces demandées. À réception de ces pièces ou informations, l'organisme notifie au demandeur, par tout moyen permettant de rapporter la preuve de sa date de réception, que la demande est complète.

Si l'URSSAF ne reçoit pas les pièces et les informations manquantes dans un délai d'un mois à compter de la date de réception de la liste par le demandeur, la demande de rescrit est réputée caduque.

Délai de réponse de l'URSSAF - L'URSSAF doit se prononcer, en motivant sa réponse, dans un délai de 3 mois courant à partir de la date à laquelle elle a reçu la demande complète (c. séc. soc. art. R. 243-43-2, II).

Opposabilité de la décision explicite de l'URSSAF - Lorsque le demandeur obtient une décision explicite, il peut ensuite opposer à l'ensemble des URSSAF l'interprétation qui lui a été donnée, tant que la situation de fait exposée dans la demande ou la législation ne change pas. Si l'un ou l'autre de ces éléments est modifié, la position exprimée dans le rescrit n'est plus opposable (c. séc. soc. art. L. 243-6-3, III).

Cette décision explicite doit être motivée et signée par le directeur de l'URSSAF ou son délégataire. En outre, elle doit mentionner qu'elle est susceptible d'être contestée et indiquer, à cette fin, les délais et voies de recours (c. séc. soc. art. R. 243-43-2, II).

La décision de l'URSSAF ne s'applique qu'au seul demandeur.

Lorsque le cotisant appartient à un groupe au sens de l'article L. 233-16 du code de commerce, la décision s'applique à toute autre entreprise ou personne morale appartenant à ce même groupe dès lors que la situation dans laquelle elle se trouve est identique à celle sur le fondement duquel la demande a été formulée. Cet effet « élargi » suppose toutefois que le demandeur ait clairement fait état, dans sa demande initiale, de son appartenance à un groupe de sociétés (c. séc. soc. art. L. 243-6-3, II).

Silence de l'URSSAF - En l'absence de réponse à une demande à l'issue du délai de 3 mois dont dispose l'URSSAF pour répondre, aucun redressement ne peut être fondé sur la législation au regard de laquelle devait être appréciée la situation de fait exposée dans la demande (c. séc. soc. art. L. 243-6-3, II et R. 243-43-2, II).

Cette garantie court depuis la date d'expiration du délai de 3 mois jusqu'à la réponse explicite de l'URSSAF.

Changement d'URSSAF - Si un cotisant vient à changer d'URSSAF (affiliation auprès d'un nouvel organisme de recouvrement), il peut continuer à se prévaloir d'une décision explicite prise par l'organisme dont il relevait précédemment, à situation de droit ou de fait identique (c. séc. soc. art. L. 243-6-4).

Modification de sa décision par l'URSSAF - L'URSSAF peut revenir sur une précédente décision explicite, mais uniquement pour l'avenir, et à condition d'en informer expressément le cotisant ou futur cotisant. Elle doit lui notifier sa nouvelle décision, nécessairement motivée, par tout moyen permettant de rapporter la preuve de sa date de réception. Cette nouvelle décision doit préciser les voies et délais de recours ouverts au demandeur (saisine de la CRA dans les 2 mois) ainsi que la possibilité de saisir l'*ACOSS** (ou URSSAF Caisse nationale) pour intervention dans le mois suivant la notification de la décision (c. séc. soc. art. L. 243-6-3, III et R. 243-43-2, III).

La demande d'intervention de l'ACOSS demandée par le cotisant est réputée complète si, dans le mois de sa réception, celle-ci n'a pas fait connaître au demandeur la liste des pièces ou informations manquantes. Si elle est complète, l'ACOSS le notifie au demandeur et lui précise (c. séc. soc. art. R. 243-43-2, IV) :

- qu'elle dispose de 40 jours pour communiquer à l'URSSAF la position à retenir et la lui transmettre, pour information ;
- que l'URSSAF notifiera au demandeur cette position dans le délai de 1 mois suivant sa réception.

La demande (complète et dans les délais impartis) d'intervention de l'ACOSS interrompt le délai de saisine de la CRA, mais n'interrompt pas les délais de prescription. Si le cotisant saisit la CRA pendant que l'ACOSS instruit sa demande, c'est-à-dire avant qu'elle ne lui ait transmis sa position, sa demande d'intervention devient caduque (c. séc. soc. art. R. 243-43-2, V).

Si l'ACOSS prend une position qui ne satisfait pas l'employeur, ce dernier peut la contester devant le tribunal judiciaire (c. séc. soc. art. R. 243-43-2, VI).

Publication des rescrits - Sur proposition du directeur de l'ACOSS, faite chaque année avant le 31 mars, le ministre chargé de la sécurité sociale publie au Bulletin officiel et sur le site Internet www.securite-sociale.fr, après l'avoir rendue anonyme, une sélection de décisions prises par les organismes de recouvrement qui présentent une portée générale (c. séc. soc. art. L. 243-6-3, III et R. 243-43-2, VII).

Rescrit de branche devant l'ACOSS

Objet et demandeurs - Une organisation professionnelle d'employeurs ou une organisation syndicale reconnue représentative au niveau de la branche professionnelle peut interroger directement l'*ACOSS** (ou URSSAF Caisse nationale) sur une application spécifique à la situation de la branche de dispositions du code de la sécurité sociale (c. séc. soc. art. L. 243-6-3, I et R. 243-43-2, I). Il peut s'agir de dispositions en vigueur ou en projet.

Ce dispositif permet de sécuriser les accords collectifs, antérieurement à leur conclusion et à leur extension.

Formalisme - La demande doit être adressée à l'ACOSS par tout moyen permettant de rapporter la preuve de sa date de réception en faisant part (c. séc. soc. art. R. 243-43-2, I) :

- du nom et de l'adresse de l'organisation ;
- d'une présentation précise et complète des dispositions du projet de convention, ou d'accord collectif, ou des dispositions de la convention ou de l'accord collectif de nature à permettre à l'ACOSS d'apprécier si les conditions requises par la réglementation sont satisfaites.

Examen des pièces - L'ACOSS a 20 jours pour procéder à un examen formel des pièces et, le cas échéant, demander des pièces manquantes (c. séc. soc. art. R. 243-43-2, II).

Elle dispose de 4 mois à compter de la date à laquelle la demande est complète pour statuer. Elle informe aussi le ministre de la réponse apportée à l'organisation.

Lorsque la demande porte sur un accord en cours de procédure d'extension, celle-ci est suspendue pendant le temps de l'instruction, dès réception de la demande de rescrit (c. trav. art. D. 2261-3).

Si l'organisation ayant présenté la demande est différente de celle qui a présenté la demande d'extension, le ministre compétent informe cette dernière de la suspension de la procédure d'extension. Il lui communique la réponse de l'ACOSS (c. séc. soc. art. R. 243-43-2, II). L'organisation à l'initiative de la demande d'extension dispose d'un délai de 15 jours suivant la notification de la réponse de l'ACOSS - ou de la date de réception de la communication faite par le ministre - pour indiquer si elle maintient sa demande d'extension. À défaut de réponse dans ce délai, la demande est réputée maintenue (c. trav. art. D. 2261-3).

Réponse de l'ACOSS - La réponse de l'ACOSS doit être motivée et signée par le directeur de l'ACOSS ou son délégataire et mentionner qu'elle est susceptible de recours (voies et délais) (c. séc. soc. art. R. 243-43-2, II, dernier al.).

Le silence de l'ACOSS, ou l'absence de réponse dans le délai imparti, n'emporte aucune conséquence. Les entreprises ne peuvent pas s'en prévaloir pour limiter les risques de redressement, contrairement à ce qui est prévu dans le cadre d'un rescrit URSSAF *(voir plus haut)*.

Effets - La décision de l'ACOSS s'applique à toute entreprise de la branche souhaitant s'en prévaloir (c. séc. soc. art. L. 243-6-3, II). Toutes les entreprises se trouvant dans une situation identique à celle exposée dans la demande de rescrit social peuvent donc l'opposer aux URSSAF, quel que soit l'organisme de recouvrement dont elles relèvent.

▶ À noter... La décision de l'ACOSS est aussi opposable aux caisses AGIRC-ARRCO, si elle porte sur l'assiette des cotisations de sécurité sociale, le calcul du plafond, la *réduction générale de cotisations patronales**, l'exonération spécifique à certains départements d'outre-mer [voir *Outre-mer (exonération de cotisations en Guadeloupe, Guyane, Martinique et à La Réunion)**], l'exonération dégressive dont bénéficient certaines structures d'aide à domicile (voir *Services à la personne**), ou sur tout point de droit susceptible d'avoir une incidence sur les allégements de contributions patronales de retraite complémentaire AGIRC-ARRCO (c. séc. soc. art. L. 243-6-3, III).

Lorsque l'ACOSS entend modifier sa position, elle ne peut le faire qu'en notifiant au demandeur sa nouvelle décision, de façon motivée, et en lui indiquant les voies de recours. En tout état de cause, sa décision peut être contestée devant le tribunal judiciaire (c. séc. soc. art. R. 243-43-2, III et VI).

Rescrit « France Travail » des mandataires sociaux

Une procédure de rescrit permet aux employeurs d'interroger *France Travail**sur l'assujettissement ou non de leurs mandataires sociaux à l'assurance chômage. Cette demande peut également émaner directement d'un mandataire social (voir *Dirigeants d'entreprise**).

Rescrit sur les mesures en faveur de l'emploi

L'administration se prononce de manière explicite sur toute demande formulée par un employeur quant à certains dispositifs en faveur de l'emploi (c. trav. art. L. 5112-1-1).

Ainsi, le préfet doit se prononcer, de façon motivée, sur toute demande d'un employeur ayant pour objet de connaître l'application à sa situation des dispositions relatives aux dispositifs en faveur de l'emploi suivant (c. trav. art. R. 5112-23 et D. 5112-24) :
- l'aide à l'élaboration d'un plan de gestion prévisionnelle des emplois et des compétences (GPEC), l'aide aux actions de formation pour l'adaptation des salariés, l'*activité partielle**, l'aide aux actions de reclassement et de reconversion professionnelle (c. trav. art. L. 5121-3 à L. 5124-1) ;
- les dispositifs relatifs à l'insertion par l'activité économique (c. trav. art. L. 5132-1 à L. 5132-17) ;
- le contrat relatif aux activités d'adultes-relais (c. trav. art. L. 5134-100 à L. 5134-109).

Rescrit relatif à l'égalité professionnelle

Les employeurs d'au moins 50 salariés sont exposés à une pénalité financière s'ils ne sont pas couverts par un accord ou, à défaut d'accord, un plan d'action relatif à l'égalité professionnelle entre les femmes et les hommes (c. trav. art. L. 2242-8).

Une procédure spécifique de rescrit est prévue (voir *Pénalité 1 % égalité femmes-hommes**).

Rescrit relatif à l'obligation d'emploi des travailleurs handicapés

L'URSSAF examine les demandes de rescrit portant sur l'obligation des travailleurs handicapés [voir *Handicapés (obligation d'emploi)**] (c. séc. soc. art. L. 243-6-3, I). La demande obéit aux mêmes règles que celles du rescrit « cotisant » URSSAF *(voir ci-avant)*.

Rescrit relatif au quota de stagiaires autorisé

Une procédure de rescrit est aussi prévue afin de permettre aux entreprises d'interroger le *DREETS** sur les modalités de prise en compte des effectifs servant de base au calcul du quota maximum de stagiaires autorisés [voir *Stages en entreprise (recours et statut)**].

☛ *ACOSS ; Dirigeants d'entreprise ; Handicapés (obligation d'emploi) ; Pénalité 1 % égalité femmes-hommes ; URSSAF.*

Réserve spéciale de participation

L'accord de participation conduit à affecter une partie du bénéfice réalisé par l'entreprise à la constitution d'une réserve spéciale de participation destinée à être répartie entre les salariés (c. trav. art. L. 3324-1 à L. 3324-9, R. 3324-7 à R. 3324-16 et D. 3324-1 à D. 3324-15 ; guide intermin. épargne salariale juillet 2014, dossier 2).

Calcul de la réserve

Formule légale - Le montant de la réserve spéciale de participation est donné par la formule suivante (c. trav. art. L. 3324-1) : $R = 1/2 \times (B - 5\,C/100) \times S/Va$.

Dans cette formule :
- B représente le bénéfice imposable, déduction faite de l'impôt correspondant ;
- C représente les capitaux propres de l'entreprise (c. trav. art. D. 3324-4) ;

- S représente les salaires bruts (c. trav. art. D. 3324-1) ;
- Va représente la valeur ajoutée (c. trav. art. D. 3324-2 et D. 3324-3).

Salaires bruts - Les salaires à retenir pour le calcul du montant de la réserve spéciale de participation sont les revenus d'activité tels qu'ils sont pris en compte pour la détermination de l'assiette des cotisations définie à l'article L. 242-1 du code de la sécurité sociale (c. trav. art. D. 3324-1 ; c. séc. soc. art. L. 242-1).

Les rémunérations servant de base de calcul à la réserve spéciale de participation « sont celles que désigne l'article L. 242-1 du code de la sécurité sociale, qu'elles soient ou non assujetties à des cotisations sociales ». On doit ainsi tenir compte des rémunérations versées à des salariés expatriés (cass. soc. 29 octobre 2013, n° 12-23866, BC V n° 254).

Les frais professionnels peuvent être déduits des rémunérations pour le calcul de l'assiette des cotisations de sécurité sociale. Dès lors, pour les salariés auxquels l'employeur applique une *déduction forfaitaire spécifique pour frais professionnels**, la rémunération retenue pour le calcul de la réserve spéciale de participation s'entend après application de la déduction (cass. soc. 17 mai 2011, n° 10-10957, BC V n° 114).

Dans les entreprises où des salariés sont affiliés à titre obligatoire à des caisses de congés payés, il convient également de tenir compte des indemnités de congés payés versées par les caisses pour le compte de l'employeur. À titre pratique, il est admis que les entreprises concernées majorent forfaitairement les salaires qu'elles versent elles-mêmes du taux des cotisations qu'elles doivent acquitter à la caisse des congés payés à laquelle elles sont affiliées (guide intermin. épargne salariale, juillet 2014, dossier 2, fiche 3, § I-C ; BOFiP-BIC-PTP-10-10-20-30-§ 10-18/03/2013).

En cas de congé de maternité, de congé d'adoption, d'arrêt de travail lié à un *accident du travail** ou à une *maladie professionnelle** (mais pas en cas d'*accident de trajet**), les rémunérations à prendre en compte pour le calcul de la réserve spéciale de participation pour les périodes d'absence liées à des congés et arrêts de travail sont celles qu'auraient perçues les salariés concernés pendant les mêmes périodes s'ils avaient travaillé, dans le cas où l'employeur ne maintient pas intégralement les salaires (guide intermin. épargne salariale, juillet 2014, dossier 2, fiche 3, § I-C). Il en va de même, à notre sens, pour le *congé de paternité et d'accueil de l'enfant** (depuis le 11 mars 2023) et le *congé de deuil** d'un enfant (depuis le 1er juillet 2020).

Sur la prise en compte des périodes de temps partiel thérapeutique, *voir plus loin*.

Bénéfice fiscal à retenir - Dans cette formule, le bénéfice à retenir est le bénéfice réalisé en France métropolitaine, en Guadeloupe, en Guyane, en Martinique, à Mayotte, à La Réunion, à Saint-Barthélemy et à Saint-Martin, tel qu'il est retenu pour être imposé à l'impôt sur le revenu (IR), ou à l'impôt sur les sociétés (IS) au taux normal de 25 % (CGI art. 219, I, al. 2) et au taux de 15 % pour les PME (CGI art. 219, I, b), majoré de certains bénéfices exonérés *(voir ci-après)* (c. trav. art. L. 3324-1, 1°).

Pour les entreprises relevant de l'impôt sur le revenu, le bénéfice à retenir avant déduction de l'impôt correspondant est égal au bénéfice imposable de cet exercice, majoré de certains bénéfices exonérés *(voir ci-après)*, diminué :
- de la rémunération normale du travail du chef d'entreprise non déductible pour l'assiette de l'impôt ;
- des résultats déficitaires qui ont été imputés sur des revenus d'une autre nature, mais n'ont pas déjà été pris en compte pour le calcul de la participation afférente aux exercices précédents.

Dans les deux cas (entreprise à l'IS ou à l'IR), les bénéfices doivent être majorés des bénéfices exonérés en application des dispositions suivantes, limitativement énumérées (c. trav. art. L. 3324-1) :
- entreprises nouvelles implantées dans les zones d'aide à finalité régionale (CGI art. 44 sexies) ;
- jeunes entreprises innovantes (et variantes jeunes entreprises de croissance et jeunes entreprises universitaires) (CGI art. 44 sexies A) ;
- entreprises implantées en zones franches urbaines (CGI art. 44 octies A) ;
- entreprises implantées dans une zone de recherche et de développement d'un pôle de compétitivité (CGI art. 44 undecies) ;
- sociétés immobilières cotées (CGI art. 208 C).

Impôt à déduire - Pour les entreprises soumises à l'IS, l'impôt déductible est l'IS calculé au taux normal et au taux réduit de 15 % pour les PME. Dans tous les cas, l'impôt au taux réduit afférent aux plus-values à long terme exclues du bénéfice n'a pas à être pris en considération.

▶ À noter… Le taux de l'IS est fixé à 25 % (CGI art. 219, I, al. 2). Un taux réduit de 15 % s'applique à la fraction du bénéfice n'excédant pas 42 500 € pour les exercices ouverts depuis le 1er janvier 2022 réalisé par toutes les sociétés passibles de l'IS, dont le chiffre d'affaires est inférieur à 10 M€ (CGI art. 219, I, b).

Sur les évolutions annuelles du taux, les lecteurs se reporteront au Dictionnaire fiscal (voir Dictionnaire Fiscal, « Calcul de l'IS »).

Si une entreprise bénéficie d'une exonération d'impôt totale ou partielle, il lui revient de déduire de son bénéfice l'impôt théorique correspondant (guide intermin. épargne salariale, juillet 2014, dossier 2, § I-A-2).

L'impôt sur les sociétés retenu pour le calcul de la réserve spéciale de participation n'a pas à être minoré des crédits et réductions d'impôt imputés sur l'impôt (CE 20 mars 2013, n° 347633 ; BOFiP-BIC-PTP-10-10-20-10-§ 200-05/09/2014 ; cass. avis 14 septembre 2015, n° 15-70003 ; cass. soc. 10 janvier 2017, n° 14-23888, BC V n° 4). Notons que cette solution se révèle défavorable aux salariés puisqu'elle aboutit à retenir, pour le calcul de la participation selon la formule légale, un bénéfice net du seul IS correspondant (l'IS à déduire n'étant pas réduit des crédits d'impôts), ce qui entraîne mécaniquement une diminution du montant de la réserve.

Pour les entreprises individuelles relevant de l'IR, l'impôt à retenir pour le calcul du bénéfice net s'obtient en appliquant au bénéfice imposable de l'exercice rectifié le taux moyen d'imposition de l'exploitant à l'IR. Le taux moyen retenu est limité au taux de droit commun de l'IS (c. trav. art. R. 3324-7 ; BOFiP-BIC-PTP-10-10-20-10-§ 270-05/09/2014).

Dans les entreprises relevant du régime fiscal des sociétés de personnes, le bénéfice net retenu pour le calcul de la réserve spéciale de participation est obtenu en faisant le total des différentes fractions de bénéfice net revenant à chacune des catégories d'associés en présence (c. trav. art. D. 3324-8) : sociétés passibles de l'IS, personnes physiques, sociétés relevant du régime fiscal des sociétés de personnes (voir Dictionnaire Fiscal, § 22666).

Sociétés soumises à l'IS : imputation des déficits antérieurs - Le bénéfice est retenu après imputation des déficits antérieurs reportables. Les entreprises soumises à l'IS qui disposent de reports déficitaires supérieurs à 1 M€ à l'ouverture de l'exercice doivent toutefois limiter annuellement l'imputation de ce déficit. Dans certains cas, cela peut conduire ces entreprises à calculer une réserve de participation alors même qu'elles disposent d'un stock de déficits fiscaux en report d'un montant supérieur à leur bénéfice avant imputation.

En cas d'opération de restructuration, le bénéfice à retenir s'entend après déduction des déficits reportables de la société absorbante et, le cas échéant, des déficits de l'absorbée transférés sur agrément (BOFiP-BIC-PTP-10-10-20-10-§ 40-05/09/2014).

Prise en compte du forfait social - Lorsque le forfait social est dû, la charge à payer au titre du forfait social étant une charge déductible du résultat de l'exercice au titre duquel est calculée la réserve de participation, cette dernière doit faire l'objet d'un calcul dit « en dedans ».

Ainsi afin de déterminer R', la réserve prenant en compte cette déduction fiscale, nous proposons la formule de calcul suivante pour un taux unique d'IS à 25 %, avec TF représentant le taux du forfait social (20 % ou taux réduit selon les cas) : R' = R/(1 + TF × 37,5 % × S/VA).

▶ À noter... Sous conditions, les entreprises de moins de 50 salariés pouvaient bénéficier d'un forfait social à 8 % sur la participation jusqu'à la fin 2018. Depuis, ce taux réduit a été supprimé, mais un régime d'exonération plus favorable a été mis en place (voir *Forfait social**).

Formules dérogatoires - Les accords de participation peuvent établir un régime de participation comportant une base de calcul et des modalités différentes de celles définies par la formule légale, à condition que le montant de participation obtenu soit au moins équivalent à celui qui aurait été obtenu par application de la formule de droit commun (c. trav. art. L. 3324-2).

Les entreprises peuvent retenir deux nouvelles formules de calcul (c. trav. art. L. 3324-2) :
- la base de calcul peut ainsi être fixée au tiers du bénéfice net fiscal ;
- la réserve spéciale de participation peut être calculée en prenant en compte l'évolution de la valeur des actions ou parts sociales de l'entreprise ou du groupe au cours du dernier exercice clos.

La réserve ainsi calculée (y inclus un éventuel supplément de participation) ne doit pas excéder :
- soit la moitié du bénéfice net comptable ;
- soit, au choix des signataires de l'accord, l'un des plafonds suivants : moitié du bénéfice net comptable, bénéfice net comptable diminué de 5 % des capitaux propres, moitié du bénéfice net fiscal.

▶ À noter... Il existe toutefois un dispositif dérogatoire expérimental qui permet, du 29 novembre 2023 au 29 novembre 2028, aux entreprises qui ne sont pas assujetties à titre obligatoire à la participation (schématiquement, les « moins de 50 salariés ») de mettre en place un régime de participation moins favorable aux salariés que le régime légal (voir *Participation aux résultats**).

Attestation des montants du bénéfice et des capitaux propres - Le montant du bénéfice net et celui des capitaux propres de l'entreprise sont établis par une attestation de l'inspecteur des impôts ou du commissaire aux comptes (CAC). Ils ne peuvent pas être remis en cause à l'occasion des litiges relatifs à la participation aux résultats (c. trav. art. L. 3326-1).

Ce principe est d'ordre public absolu, peu importe que l'action en justice soit fondée sur la fraude ou sur l'abus de droit (cass. soc. 28 février 2018, n° 16-50015, BC V n° 36 ; cass. soc. 6 juin 2018, n° 16-24566 D). Ceci implique notamment, par exemple, que des syndicats ou des salariés ne peuvent pas faire rectifier par le juge la réserve spéciale de participation, en arguant de manœuvres frauduleuses de l'entreprise visant à diminuer son bénéfice net.

▶ À noter... Ces dispositions ont été jugées conformes à la Constitution (c. constit., décision 2023-1077 QPC du 24 janvier 2024, JO du 25).

Le seul moyen de remettre en cause l'attestation est d'en contester la sincérité, dont la Cour de cassation retient une définition très étroite. L'attestation établie par l'inspecteur des impôts ou le commissaire aux comptes n'est en effet susceptible d'être entachée d'un défaut de sincérité que lorsque le montant du bénéfice net ou des capitaux propres figurant sur cette attestation est différent de celui déclaré à l'administration fiscale pour l'établissement de l'impôt (cass. soc. 12 juin 2024, n° 23-14147 FSB).

Rectification fiscale ou administrative des résultats - Lorsque la déclaration des résultats d'un exercice est rectifiée par l'administration ou par le juge de l'impôt, le montant de la participation des salariés au bénéfice de cet exercice fait l'objet d'un nouveau calcul compte tenu des rectifications apportées. Le montant de la RSP est modifié au cours de l'exercice pendant lequel les rectifications sont devenues définitives ou ont été formellement acceptées par l'entreprise (ce montant est majoré d'un taux d'intérêt) (c. trav. art. L. 3326-1-1 depuis le 1.12.2023 et D. 3324-40 avant cette date).

Si la rectification donne lieu à un complément de la RSP, seuls les salariés présents au cours de cet exercice peuvent prétendre à une répartition de cette réserve (cass. soc. 10 mars 1998, n° 96-16473, BC V n° 125). Les salariés qui ne sont plus présents n'ont droit ni au complément de participation, ni à des dommages et intérêts pour cette perte de leurs droits à participation (cass. soc. 18 février 2016, n° 14-12614, BC V n° 41).

Exemple

Un redressement fiscal a affecté les années 2020 à 2023. Il est devenu définitif en 2024. Les sommes supplémentaires à affecter à la réserve de participation à la suite de ce redressement doivent être ajoutées au montant de la réserve de participation de l'exercice de l'année 2024. En conséquence, seuls les salariés présents au cours de cet exercice pouvaient prétendre à une répartition de cette réserve.

En cas de baisse de la réserve spéciale suite à un redressement fiscal, l'employeur peut imputer sur la participation les effets de la diminution, une fois la rectification fiscale devenue définitive (cass. soc. 1er juillet 1998, n° 96-16471, BC V n° 357).

En tout état de cause, la rectification de la RSP est subordonnée à l'établissement d'une attestation rectificative dans les mêmes conditions que l'attestation initiale, c'est-à-dire par le commissaire aux comptes (CAC) ou par l'inspecteur des impôts (c. trav. art. D. 3325-4). À défaut, il est impossible de rectifier la réserve spéciale, en raison de la règle d'ordre public selon laquelle le montant du bénéfice net et celui des capitaux propres de l'entreprise sont établis par une attestation de l'inspecteur des impôts ou du CAC qui ne peut être remise en cause lors de litiges liés à la participation (cass. soc. 28 février 2018, n° 16-17994, BC V n° 37).

Répartition de la réserve entre les bénéficiaires

Salariés - Le montant de la réserve spéciale de participation est réparti entre tous les salariés. L'accord de participation peut toutefois prévoir une condition d'ancienneté de 3 mois au maximum (c. trav. art. L. 3342-1 ; pour plus de détails, voir *Participation aux résultats**).

Dirigeants et mandataires sociaux - En principe, les dirigeants et mandataires sociaux ne peuvent pas bénéficier de la participation, sauf au titre de l'éventuel contrat de travail dont ils sont titulaires. Cette interdiction de principe connaît deux exceptions.

Dans les entreprises non assujetties à titre obligatoire appliquant à titre volontaire un régime de *participation aux résultats** (en substance, les « moins de 50 salariés »), les dirigeants ainsi que, s'il a le statut de conjoint collaborateur ou de conjoint associé, le conjoint (ou partenaire pacsé) du chef d'entreprise, peuvent en bénéficier (c. trav. art. L. 3323-6).

Par ailleurs, dans les entreprises de 1 à moins de 250 salariés, l'accès à la participation est ouvert à ces mêmes personnes si la réserve spéciale de participation est calculée selon une formule dérogatoire plus favorable que la formule légale. Dans ce cas, seule la part qui excède la formule légale peut être répartie entre les salariés, ces dirigeants et le conjoint ou partenaire pacsé du chef d'entreprise (c. trav. art. L. 3324-2). La partie de la réserve spéciale correspondant à la formule légale n'est répartie qu'entre les salariés.

▶ À noter… En pratique, sont concernés par ces deux dérogations les chefs de ces entreprises ou, s'il s'agit de personnes morales, leurs présidents, directeurs généraux, gérants ou membres du directoire ainsi que, s'il a le statut de conjoint collaborateur ou de conjoint associé, le conjoint (ou partenaire pacsé) du chef d'entreprise.

Modalités de répartition - La répartition peut se faire (c. trav. art. L. 3324-5) :
- soit de façon uniforme ;
- soit proportionnellement au salaire ;
- soit selon la durée de présence du salarié au cours de l'exercice ;
- soit par une combinaison de ces critères.

La règle de principe est la répartition proportionnelle au salaire, en l'absence de précision particulière de l'accord.

▶ À noter… Pour les dirigeants et le conjoint (ou partenaire pacsé) du chef d'entreprise autorisés à bénéficier de la réserve spéciale de participation sans contrat de travail *(voir ci-avant)*, la notion de « salaire » est remplacée par la rémunération annuelle ou le revenu professionnel imposé à l'impôt sur le revenu au titre de l'année précédente, plafonné au niveau du salaire le plus élevé dans l'entreprise (c. trav. art. L. 3324-5).

Répartition proportionnelle au « salaire » - Le salaire servant de base à la répartition proportionnelle de la réserve spéciale de participation est égal au total des revenus d'activité tels qu'ils sont pris en compte pour la détermination de l'assiette des cotisations définie à l'article L. 242-1 du code de la sécurité sociale, perçues par chaque bénéficiaire au cours de l'exercice considéré (c. trav. art. D. 3324-10 ; c. séc. soc. art. L. 242-1).

Il convient de se référer à la même notion de salaire que pour le calcul de la réserve spéciale (guide intermin. épargne salariale, juillet 2014, dossier 2, fiche 4, § III-B) *(voir plus haut)*.

Dans tous les cas, le salaire ne peut être pris en compte que dans une limite identique pour tous les salariés et figurant dans l'accord de participation.

Depuis l'exercice 2019 (pour les sommes servies dès 2020), le montant du salaire plafond susceptible d'être pris en compte pour la répartition est limité à 3 fois le montant annuel du *plafond de la sécurité sociale** (c. trav. art. L. 3324-5 et D. 3324-10 ; instr. DGT/RT3/DSS/DGT du 19 décembre 2019, Q/R 17 et 18).

Lorsque le salarié n'a pas accompli une année entière dans la même entreprise (ex. : embauche ou départ en cours d'année, contrat à durée déterminée), la limite du salaire plafond est calculée à due proportion de la durée de présence (c. trav. art. D. 3324-13). Comme pour le plafonnement individuel des droits *(voir plus loin)*, il n'y a pas, à notre sens, de prorata en cas de temps partiel ou d'absences.

▶ À noter… Le montant annuel du plafond de sécurité sociale utilisé pour calculer la limite de 3 fois le plafond est celui correspondant à l'exercice au titre duquel la réserve de participation est attribuée. Si l'exercice ne coïncide pas avec l'année civile, il convient de se référer à la somme des plafonds mensuels de l'exercice (guide intermin. épargne salariale, juillet 2014, dossier 2, fiche 4, § III, B).

À l'inverse, l'accord peut fixer un salaire plancher pour la répartition individuelle (c. trav. art. L. 3324-5). Ainsi, un salarié ayant une rémunération inférieure à ce plancher aura une part de réserve spéciale plus importante que celle à laquelle sa rémunération lui donnerait effectivement droit. Cette faculté a pour objet d'atténuer les effets de la hiérarchie des salaires sur la répartition de la réserve de participation.

Congés et absences assimilés à des périodes de présence - Quel que soit le mode de répartition retenu par l'accord, sont assimilés à des périodes de présence pour la répartition de la réserve spéciale de participation (c. trav. art. L. 3324-6) :
- les périodes de congé de maternité et de congé d'adoption ;
- les périodes de *congé de paternité et d'accueil de l'enfant** (depuis le 11 mars 2023) ;
- les périodes de *congé de deuil** d'un enfant (depuis le 1er juillet 2020) ;
- les arrêts de travail liés à un *accident du travail** ou une *maladie professionnelle** (mais pas ceux liés à un *accident de trajet** ou à une maladie ou un accident à caractère non professionnel) ;
- les périodes de mise en quarantaine liées à une situation d'état d'urgence sanitaire déclaré, comme ce fut le cas lors de certaines périodes de l'épidémie de covid-19 (ces périodes s'entendent au sens de l'article 1 du règlement sanitaire international de 2005) (c. santé pub. art. L 3131-15, I, 3°).

En cas de répartition proportionnelle au salaire, il faut reconstituer la rémunération qu'aurait perçue le salarié concerné s'il n'avait pas été absent pendant les périodes liées à ces congés et absences (c. trav. art. D. 3324-11).

Temps partiel thérapeutique - La période pendant laquelle un salarié, en raison de son état de santé, travaille selon un mi-temps thérapeutique doit être assimilée à une période de présence dans l'entreprise. Le salaire à prendre en compte pour le calcul de l'assiette de la participation due à ce salarié est le salaire perçu avant le mi-temps thérapeutique et l'arrêt de travail pour maladie l'ayant le cas échéant précédé (cass. soc. 20 septembre 2023, n° 22-12293 FSB).

Cette jurisprudence est intervenue dans le contexte d'un temps partiel thérapeutique consécutif à un AT/MP. Mais compte tenu de la généralité des termes employés par la Cour de cassation, qui utilise même le terme de « maladie » dans son attendu de principe, la solution semble valoir également pour un temps partiel thérapeutique lié à une maladie non professionnelle ou à un accident de droit commun.

Activité partielle - Lorsque la répartition est effectuée proportionnellement au salaire, elle doit s'effectuer en tenant compte des rémunérations que les salariés auraient perçues s'ils n'avaient pas été en *activité partielle**. Si elle est effectuée proportionnellement à la durée de présence du salarié, les périodes d'activité partielle sont prises en compte (c. trav. art. R. 5122-11).

Ces dispositions s'appliquent également dans le cadre de l'*activité partielle de longue durée**, y inclus du nouveau dispositif d'*activité partielle de longue durée Rebond**.

Congé de reclassement - Comme les autres membres du personnel, les bénéficiaires d'un *congé de reclassement** sont éligibles à la participation, puisqu'ils demeurent salariés de l'entreprise jusqu'à l'issue de ce congé (cass. soc. 7 novembre 2018, n° 17-18936 FSPB ; cass. soc. 1er juin 2022, n° 20-16404 FSB).

Cependant, dans la pratique, leurs droits peuvent être impactés en cas de répartition en fonction de la durée de présence ou proportionnellement aux salaires puisque, sauf disposition conventionnelle contraire, les périodes de *congé de reclassement** ne sont pas assimilées à du temps de travail effectif.

Ainsi, par analogie avec la solution retenue pour l'intéressement (cass. soc. 1er juin 2022, n° 20-16404 FSB) et sous réserve de dispositions conventionnelles plus favorables au salarié :

- en cas de répartition en fonction de la durée de présence, l'employeur n'a pas à tenir compte de la période de *congé de reclassement** ;
- en cas de répartition proportionnelle aux salaires, les allocations de reclassement ne sont pas à prendre en compte et il n'y a pas lieu de tenir compte d'un salaire reconstitué au titre de la période de *congé de reclassement** excédant le préavis (en revanche, les rémunérations versées pendant la période de début de congé prise sur le préavis sont bien à prendre en compte).

Plafond individuel (part maximale revenant à chacun) - La somme attribuée à un bénéficiaire ne peut pas dépasser 75 % du montant annuel du *plafond de la sécurité sociale** (soit 35 325 € pour un exercice 2025 calé sur l'année civile), supplément de participation inclus (c. trav. art. D. 3324-12).

Le plafond de sécurité sociale à retenir est celui correspondant à l'exercice au titre duquel la réserve de participation est attribuée. Si l'exercice ne coïncide pas avec l'année civile, il convient de se référer à la somme des plafonds mensuels de l'exercice (guide intermin. épargne salariale, juillet 2014, dossier 2, fiche 4, § III-B).

Lorsque le salarié n'a pas été présent dans l'entreprise pendant toute l'année (ex. : embauche ou départ en cours d'année, contrat à durée déterminée), ce plafond est calculé au prorata du temps de présence (c. trav. art. D. 3324-13).

▶ À noter... En revanche, les absences ou le travail à temps partiel ne donnent pas lieu à une réduction prorata temporis du plafond (guide intermin. épargne salariale, juillet 2014, dossier 2, fiche 4, § IV).

Les sommes non attribuées en raison du plafond légal de versement doivent faire l'objet d'une nouvelle répartition de la réserve spéciale de participation, sans attendre l'exercice suivant. Cette seconde distribution bénéficie à tous ceux auxquels ont été versées des sommes inférieures au plafond légal (c. trav. art. L. 3324-7). Si des sommes subsistent encore après cette deuxième répartition, il est procédé à une nouvelle répartition entre tous les salariés n'ayant pas atteint le plafond, et ainsi de suite (guide intermin. épargne salariale, juillet 2014, dossier 2, fiche 4, § IV).

▶ À noter... Le plafond des droits individuels ne peut être dépassé du fait de cette répartition supplémentaire. Autrement dit, les sommes qui, en dépit de la nouvelle répartition, ne peuvent pas être distribuées du fait de l'application du plafond, continuent à demeurer dans la réserve spéciale, en vue d'une répartition au cours des exercices ultérieurs.

Avances sur la participation

Un accord de participation peut prévoir le versement, en cours d'exercice, d'avances sur la participation (c. trav. art. L. 3348-1).

Pour le détail, voir *Participation aux résultats**.

Supplément de participation

Décision d'attribution - Une entreprise qui a déjà attribué de la participation à ses salariés au titre d'un exercice clos peut décider de leur attribuer, en plus du montant de base, un supplément (c. trav. art. L. 3324-9).

La décision est prise par les instances dirigeantes de l'entreprise (conseil d'administration, directoire, ou chef d'entreprise dans les entreprises sans conseil d'administration ni directoire).

▶ À noter… Le terme de « supplément » implique que l'entreprise applique déjà un accord de participation et qu'elle a déjà attribué de la participation au titre de l'exercice considéré (cass. civ., 2e ch., 11 juillet 2019, n° 18-16412 D).

Plafonds - Les plafonds individuels de la répartition de la participation doivent être respectés et si l'entreprise applique un accord de participation dérogatoire à la formule légale, la réserve spéciale de participation, y compris le supplément, ne peut excéder le plafond prévu par l'accord dérogatoire (*voir ci-avant sur le calcul de la réserve et la répartition de la réserve*)

Répartition - Le supplément de réserve spéciale de participation est en principe réparti selon les modalités prévues dans l'accord de participation applicable dans l'entreprise (dit « accord de base »).

Mais il est possible de prévoir d'autres règles de répartition que celles de l'accord de base (ex. : de manière uniforme, alors que la participation de base est répartie en fonction des salaires), à condition de rester dans les modes de répartition autorisés (uniforme, proportionnellement au salaire, selon la durée de présence au cours de l'exercice, ou combinaison de tout ou partie de ces critères). Mais il faut alors formaliser le supplément et ses règles de répartition dans un accord spécifique selon les modalités prévues pour les accords de participation (c. trav. art. L. 3324-9), à déposer ensuite obligatoirement sur la plate-forme « Téléaccords » sous peine d'assujettissement aux cotisations.

Faut-il systématiquement conclure un accord si le supplément est négocié ? - À l'automne 2023, la Cour de cassation a validé un redressement URSSAF portant sur des suppléments de participation prévus par des protocoles d'accords de négociation annuelle signés lors des négociations sur les salaires. Pour les juges, il aurait fallu conclure et déposer un accord spécifique sur la plate-forme Téléaccords, même si les modalités de répartition du supplément étaient conformes à l'accord de base (cass. civ., 2e ch., 19 octobre 2023, n° 21-10221 FB).

Cet arrêt a jeté un certain trouble, dans la mesure où la rédaction du code du travail (c. trav. art. L. 3324-9) semblait jusqu'à présent induire qu'une décision des instances dirigeants suffit (et qu'il n'y a pas besoin de conclure un accord) lorsque le supplément est réparti selon les mêmes règles que le dispositif de participation de base.

Le ministère du Travail, que la rédaction a interrogé, nous a précisé qu'il découle de cette jurisprudence que lorsqu'un supplément de participation est négocié, il doit obligatoirement faire l'objet d'un accord spécifique sur les modalités de sa répartition, que celles-ci soient identiques ou non à celles prévues par l'accord de base. En d'autres termes dès lors que le supplément a fait l'objet d'une négociation (quelle qu'elle soit), il faut formaliser un accord spécifique et le déposer sur la plate-forme Téléaccords pour qu'il ouvre droit aux exonérations.

▶ À noter… À partir du moment où un supplément de participation est mentionné dans un accord NAO (« négociation annuelle obligatoire »), c'est qu'il a fait l'objet d'une négociation, ce qui oblige donc à un accord spécifique. L'accord NAO ne peut pas remplacer l'accord spécifique.

Toujours selon le ministère, si le supplément ne fait l'objet d'aucune négociation, une décision unilatérale de l'employeur peut suffire dès lors que les modalités de répartition sont identiques à celles prévues dans le dispositif de participation de base. Il n'y a pas dans ce cas d'obligation de conclure et de déposer un accord spécifique.

Précisons que cette réponse à la rédaction n'a pas en elle-même de valeur juridique et ne s'impose pas aux URSSAF. Aussi compte tenu des conséquences potentielles de la jurisprudence de la Cour de cassation, certains pourront juger prudent de sécuriser ce processus en se rapprochant de leur URSSAF avant toute mise en œuvre (éventuellement dans le cadre d'un rescrit ; c. séc. soc. art. L. 243-6-3).

Affectation - Sauf demande de versement immédiat, le bénéficiaire décide de l'affectation de ses droits, en fonction des possibilités de placement offertes par l'accord.

Le supplément de participation n'est pas concerné par le mécanisme d'affectation par défaut au PERCO ou au PERE-CO (voir *Participation aux résultats**).

Régimes social et fiscal

Voir *Participation aux résultats**.

☛ *Intéressement et participation (fiche annexe) ; Participation aux résultats ; Plan d'épargne d'entreprise ; Plan d'épargne pour la retraite collectif ; Plan d'épargne retraite d'entreprise collectif ; Plan d'épargne retraite d'entreprise obligatoire ; Transfert d'épargne salariale.*

Réservistes

☞ *Congé des réservistes (police nationale) ; Congé des réservistes (réserve militaire) ; Congé des réservistes (réserve sanitaire) ; Congé des réservistes (sécurité civile) ; Congé des réservistes (sécurité nationale).*

Résident fiscal

Toute personne considérée comme résidente fiscale en application des règles de droit interne doit déclarer l'intégralité de ses revenus tant de source française que de source étrangère pour l'établissement de l'impôt français.

Les développements qui suivent synthétisent les principales notions à appréhender. Pour des développements plus complets sur la notion de résidence fiscale, les lecteurs pourront se reporter aux publications fiscales du Groupe Revue Fiduciaire (Dictionnaire Fiscal, etc.).

Définition et principes

Rôle du domicile fiscal - Toute personne ayant son domicile fiscal en France est considérée comme résident fiscal en France. Elle est alors imposable sur l'ensemble de ses revenus mondiaux. En revanche, si les critères de domiciliation de droit interne ne sont pas remplis, le contribuable n'est imposable en France que sur ses seuls revenus de source française : il s'agit donc d'une obligation fiscale limitée, restreinte aux seuls revenus « français » *(voir plus loin)* (CGI art. 4 A).

▶ À noter… À cet égard, les salaires versés en contrepartie d'une activité réalisée en France sont considérés comme de « source française » (CGI art. 164 B, I, d). Si l'activité du salarié est exercée à l'étranger, on parle alors de « revenus de source étrangère », même s'ils sont versés par exemple par un employeur basé en France.

Critères du domicile fiscal - Une personne physique est réputée avoir son domicile fiscal en France, quelle que soit sa nationalité, si elle se trouve dans l'une des quatre situations suivantes (CGI art. 4 B, 1 ; BOFiP-IR-CHAMP-10-28/07/2016) :

- elle a son foyer en France (départements métropolitains et DOM), le foyer étant le lieu où la personne ou sa famille (conjoint et enfants) réside habituellement, à condition que cette résidence ait un caractère permanent ;
- elle a, en France, le lieu de son séjour principal, c'est-à-dire si elle a séjourné en France plus de 183 jours au cours d'une même année ou, dans le cas contraire, y a séjourné de façon « prépondérante » ;
- elle exerce, en France, une activité professionnelle à titre principal ;
- elle a, en France, le centre de ses intérêts économiques (lieu de ses principaux investissements ou d'administration de ses biens, centre de ses activités professionnelles dont provient, directement ou indirectement, la majeure partie de ses revenus).

Les quatre critères de domiciliation fiscale retenus par la loi française sont alternatifs et non cumulatifs. Il suffit qu'un seul critère soit rempli pour que le contribuable soit considéré comme ayant son domicile fiscal en France (BOFiP-IR-CHAMP-10-§ 310-28/07/2016).

▶ À noter… Le critère du lieu de séjour principal détermine le domicile fiscal quand le contribuable ne dispose pas de foyer (CE 15 avril 2015, n° 361828 ; cass. com. 15 octobre 1996, n° 94-19120, BC IV n° 236).

Règlement des conflits de double résidence fiscale - Les principes de droit interne définissant le domicile fiscal *(voir ci-dessus)* ne s'appliquent que sous réserve des dispositions des conventions fiscales internationales qui ont pour objet, notamment, de trancher les conflits de domiciliation et de déterminer les modalités d'imposition des revenus.

La définition conventionnelle de la résidence fiscale prévaut toujours sur celle des dispositions prévues en droit interne, en application de l'article 55 de la Constitution du 4 octobre 1958 et de la hiérarchie des normes (BOFiP-IR-CHAMP-10-§ 10-28/07/2016).

Ainsi, même s'il satisfait à l'un des critères alternatifs prévu par la législation pour avoir son domicile fiscal en France, un contribuable ne peut pas être considéré comme ayant son domicile fiscal en France si, en application d'une convention internationale, il n'est pas regardé comme résident en France (CGI art. 4 B, 1). En clair, dès lors qu'un critère de la convention fiscale internationale est rempli au niveau d'un État, le domicile fiscal de la personne (ou la résidence fiscale au sens de la convention) est donc situé dans cet État.

▶ À noter… Cette règle, introduite dans le code général des impôts par la loi de finances pour 2025 (loi 2025-127 du 14 février 2025, art. 83, JO du 15), reprend en fait la doctrine de l'administration fiscale applicable jusqu'alors, selon laquelle une personne considérée, pour l'application d'une convention fiscale conclue par la France, comme résidente de l'autre État contractant ne peut pas être regardée comme domiciliée fiscalement en France alors même qu'elle aurait son domicile fiscal en France au sens de l'article 4 B du code général des impôts (BOFiP-INT-DG-20-10-10-§§ 20 à 50-12/09/2012). Ce faisant, le législateur a voulu conforter cette doctrine administrative, qui avait été remise en cause début 2024 par le Conseil d'État (CE 5 février 2024, n° 469771).

Obligation fiscale du contribuable

Obligation fiscale illimitée - Le salarié ayant le statut de résident fiscal a une « obligation fiscale illimitée ». Il est imposé en France sur tous ses revenus, de source française ou étrangère (CGI art. 4 A, al. 1).

Toutefois, sont exonérés (ou peuvent être imposables mais bénéficient alors d'un crédit d'impôt), notamment (CGI art. 81 A et 155 B) :
- les revenus de source étrangère dont l'imposition est réservée à l'autre État aux termes d'une convention fiscale ;
- sous certaines conditions, les traitements et salaires et autres revenus perçus par des personnes détachées à l'étranger ou par les impatriés (voir *Prime d'expatriation**)

Obligation fiscale limitée - Le domicile fiscal situé à l'étranger implique une « obligation fiscale limitée », en France, aux seuls revenus de source française (CGI art. 4 A, al. 2).

En d'autres termes, les salariés ayant le statut « non-résidents » sont passibles de l'impôt sur le revenu en France s'ils ont des revenus de source française (CGI art. 164 A, 164 B, 164 D et 165 bis). Les revenus salariés tirés d'une activité professionnelle exercée en France en font partie (CGI art. 164 B, I, d).

Obligations de l'employeur

PAS, RAS ou rien - L'employeur doit pratiquer le *prélèvement à la source** (PAS) sur les salaires de source française ou étrangère versés aux résidents fiscaux en France.

Pour les salariés qui ne résident pas en France mais perçoivent des revenus de source française (ex. : certains *frontaliers**), une retenue à la source spécifique est appliquée (RAS ; voir *Retenue à la source des non-résidents fiscaux**).

En principe, aucun prélèvement n'est appliqué dans les autres cas *(voir tableau)*.

Pas d'analyse par l'employeur - L'employeur n'a pas à déterminer lui-même le statut de résident ou de non-résident fiscal du salarié qu'il emploie. Il doit demander à l'intéressé de justifier de son éventuelle non-domiciliation fiscale en France, au besoin en fournissant une attestation de l'administration fiscale française.

Déclarer le statut - L'employeur doit déclarer le statut fiscal du salarié qu'il emploie en mentionnant dans la rubrique de la DSN « Statut à l'étranger au sens fiscal » (rubrique 30.022) si le salarié est frontalier ou s'il travaille à l'étranger (et en ne mentionnant rien pour les autres cas) (www.net-entreprises.fr, base de connaissances Net-entreprises, fiche 942 mise à jour le 22/03/2025).

Salariés travaillant en France pour un employeur établi à l'étranger - Les salaires versés par un employeur établi à l'étranger à des salariés qui sont résidents fiscaux de France, au titre d'une activité salariée exercée en France, sont en principe des revenus de source française imposables en France soumis, lors de leur versement, au PAS sous forme de retenues sur les salaires, comme pour les autres salariés *(voir tableau)* (BOFiP-IR-PAS-10-10-10-§ 60-06/07/2023). Les employeurs concernés doivent donc procéder aux retenues correspondantes sur le salaire et les reverser à l'administration fiscale (voir *Prélèvement à la source**).

Toutefois, depuis le 1er janvier 2023, une dérogation s'applique aux employeurs établis dans l'Union européenne, en Islande ou en Norvège, pour leurs salariés résidents fiscaux de France qui ne sont pas à la charge d'un régime obligatoire de sécurité sociale français en application des règles de « pluriactivité » de l'article 13 du règlement européen 883/2004 du 29 avril 2004 (CGI art. 204 C ; BOFiP-IR-PAS-10-10-20-§§ 94 à 98-06/07/2023) :
- les salaires imposables en France qu'ils versent aux intéressés sont soumis au système de l'acompte directement prélevé par l'administration fiscale sur le compte bancaire du contribuable (ici, le salarié), et non plus au PAS par retenues sur les salaires ;
- les employeurs doivent néanmoins transmettre annuellement à l'administration fiscale française la rémunération imposable en France versée à ces salariés via PASRAU, pour le mois principal déclaré de janvier N + 1 au titre de l'année N (ex. : janvier 2025 au titre de l'année 2024) le net imposable des intéressés (CGI art. 87-0 A).

Salaires : prélèvement à la source (PAS), retenue à la source des non-résidents fiscaux (RAS) ou acompte ? (1)		
Revenus	**Cas d'application**	**Nature de la retenue**
I) Pour un résident fiscal en France		
Salaires de **source française** (versés en contrepartie d'une activité exercée en France) par un **employeur établi en France**	Cas général	PAS
Salaires de **source étrangère** (versés en contrepartie d'une activité exercée à l'étranger) par un **employeur établi en France** et effectivement imposables en France en vertu du droit interne et, le cas échéant, des conventions fiscales applicables (ex. : cas de missions temporaires à l'étranger).	Détachement à l'étranger/expatriation	PAS
Salaires de **source française** (versés en contrepartie d'une activité exercée en France) par un **employeur établi hors de France**	Détachement transnational en France/ certains impatriés	Désignation d'un représentant fiscal (employeur établi hors UE/EEE) (2) + PAS
	• Employeurs établis dans l'Espace économique européen (Union européenne, Islande et Norvège), pour les salariés qui ne sont pas à la charge d'un régime obligatoire de sécurité sociale français en application des règles de « **pluriactivité** » de l'article 13 du règlement européen 883/2004 du 29 avril 2004 (7) • Travailleurs frontaliers suisses résidents en France, qui sont, de leur propre initiative, affiliés obligatoirement au régime général français (CGI art. 204 C, II ; c. séc. soc. art. L. 380-3-1, I)	Acompte (hors paye, mais l'employeur doit souscrire une déclaration annuelle) (3)
Salaires de **source étrangère** (versés en contrepartie d'une activité exercée à l'étranger) par un **employeur établi hors de France** et effectivement imposables en France en vertu du droit interne et, le cas échéant, des conventions fiscales applicables	Certains personnels navigants, agents de droit local	Acompte (3) (hors paye)
Autres revenus de **source française** ou **étrangère** exclus du prélèvement à la source	Gains d'actionnariat salarié, dividendes, intérêts, plus-values de cession de valeurs mobilières ou immobilières, etc.	Hors champ
II) Pour un non-résident fiscal en France		
Revenus de **source française** soumis à l'une des retenues à la source (RAS) spécifiques : - salaires (CGI art. 182 A) (4) - prestations artistiques visées (CGI art. 182 A bis) - gains d'actionnariat salarié (CGI art. 182 A ter) - prestations de services, y compris sportives (CGI art. 182 B)	Certains frontaliers, Détachement transnational en France/ certains impatriés	Retenue à la source des non-résidents fiscaux (5)
Cas particulier des revenus inclus dans le champ du prélèvement à la source, de **source étrangère**, lorsqu'ils sont effectivement imposables en France en vertu des conventions fiscales applicables		PAS ou acompte selon le lieu d'établissement de l'employeur (6)
Autres revenus de source étrangère	Certains détachés ou expatriés, certains frontaliers	Hors champ

(1) Tableau adapté du BOFiP (BOFiP-ANNX-000473-06/07/2023), mais limité aux revenus concernant la paye (salaires et assimilés). (2) Obligatoire hors UE/EEE, optionnel pour UE ou EEE (CGI art. 164 D) (voir *Prélèvement à la source**). (3) Voir *Prélèvement à la source**. (4) Salaires versés à un salarié exerçant son activité en France, mais n'ayant pas le statut de résident fiscal en France (ex. : salarié travaillant dans une zone frontalière française mais ayant sa résidence fiscale en Belgique). (5) Pour ce qui concerne les salaires, voir *Retenue à la source des non-résidents fiscaux**. (6) Cas, par exemple, de personnels navigants. PAS si le débiteur des salaires est établi en France (BOFiP-IR-PAS-10-10-10-§ 110-06/07/2023). Le BOFiP n'est pas explicite, mais il semblerait que ce soit le régime de l'acompte qui s'applique si le débiteur est établi à l'étranger (BOFiP-IR-PAS-10-10-20-§ 120-06/07/2023). L'acompte ne concerne pas la paye (prélèvement directement sur le compte bancaire du contribuable). (7) Pour le Royaume-Uni, voir nos développements.

Cette règle dérogatoire vise, selon l'exposé des motifs de l'amendement à l'origine de cette mesure, les situations de « pluriactivité » en Europe (à ne pas confondre avec le détachement), dans lesquelles se trouvent les salariés résidents fiscaux français d'employeurs situés dans d'autres États membres de l'Union européenne ou de l'Espace économique européen, travaillant à l'étranger et exerçant ponctuellement une partie de leur activité en France, notamment en recourant au télétravail.

▶ À noter… Pour le Royaume Uni, ne sont concernés que les salariés résident fiscaux français affiliés à la sécurité sociale britannique avant le 1er janvier 2021 et qui le sont demeurés sans interruption (impots.gouv.fr, actualité du 24/01/2023).

Le même système dérogatoire est prévu pour les travailleurs frontaliers suisses résidents en France, qui sont, de leur propre initiative, affiliés obligatoirement au régime général français (CGI art. 204 C, II ; c. séc. soc. art. L. 380-3-1, I).

Salariés travaillant à l'étranger - Les salaires versés par un employeur établi en France en contrepartie d'une activité exercée à l'étranger et effectivement imposables en vertu du droit interne français et, le cas échéant, des conventions fiscales applicables, sont soumis au prélèvement à la source sous la forme de retenues sur les salaires (prélèvement sur le salaire par l'employeur, à charge pour lui de le reverser à l'administration fiscale) (BOFiP-ANNX-000473-06/07/2023).

Les salaires versés par un employeur établi hors de France en contrepartie d'une activité exercée à l'étranger et effectivement imposables en application de conventions fiscales applicables sont soumis au régime d'acompte (prélèvement direct sur le compte bancaire du salarié) (BOFiP-ANNX-000473-06/07/2023). Les services paye ne sont donc pas concernés par ce cas très particulier.

☞ *Détachement à l'étranger (paye) ; Détachement en France de salariés étrangers ; Expatriation ; Frontaliers ; Net fiscal ; Prélèvement à la source ; Retenue à la source des non-résidents fiscaux.*

Résiliation judiciaire du contrat de travail

La résiliation judiciaire du contrat de travail est une procédure dans laquelle une des parties (employeur ou salarié) demande au conseil de prud'hommes de prononcer la rupture du contrat de travail, en raison des manquements de l'autre à ses obligations. Pendant la procédure, le contrat de travail suit son cours.

Pas de résiliation par l'employeur

L'employeur ne peut pas demander la résiliation judiciaire d'un contrat à durée indéterminée (CDI), sauf lorsque la loi en dispose autrement (cass. soc. 13 mars 2001, n° 98-46411, BC V n° 89). Ce type de procédure est également exclu pour un contrat à durée déterminée (cass. soc. 4 décembre 2001, n° 99-46364, BC V n° 369).

▶ À noter… La procédure de résiliation judiciaire spécifique aux contrats d'apprentissage conclus avant le 1er janvier 2019 a été supprimée. Elle permettait à l'employeur de demander la rupture du contrat en cas de faute grave ou de manquements répétés de l'apprenti ou d'inaptitude à exercer le métier pour lequel il se préparait (loi 2018-771 du 5 septembre 2018, JO du 6 ; c. trav. art. L. 6222-18 au 31.12.2018 ; sur cette rupture voir Dictionnaire Paye, édition 2022).

Demande de résiliation d'un CDI ou d'un CDD par le salarié

Contrats concernés - Le salarié peut demander la résiliation judiciaire de son CDI. Cette procédure lui est ouverte même s'il est protégé du fait d'un mandat de représentant du personnel.

Le salarié peut aussi demander la résiliation judiciaire de son CDD en cas de faute grave de l'employeur ou de force majeure (c. trav. art. L. 1243-1 ; cass. soc. 14 janvier 2004, n° 01-40489, BC V n° 8).

Demande fondée sur des manquements de l'employeur - Le salarié peut demander au conseil de prud'hommes de prononcer la rupture de son contrat de travail, en raison de manquements de l'employeur à ses obligations. En pratique, il s'agit d'hypothèses où l'employeur ne respecte pas ses engagements contractuels (cass. soc. 15 mars 2005, n° 03-42070, BC V n° 91) ou, plus généralement, ses obligations vis-à-vis du salarié.

▶ Attention… Seul un manquement de l'employeur suffisamment grave pour empêcher la poursuite du contrat de travail permet à un salarié d'obtenir la résiliation judiciaire de ce contrat (cass. soc. 26 mars 2014, n° 12-21372, BC V n° 86) (pour en savoir plus, voir Dictionnaire Social, « Résiliation judiciaire du contrat de travail »).

Sort du contrat pendant l'instance - Tant que la décision n'est pas rendue, le contrat de travail poursuit son cours (cass. soc. 19 juin 2008, n° 07-40875 D ; cass. soc. 14 octobre 2009, n° 07-45257, BC V n° 222 ; cass. soc. 24 avril 2013, n° 11-28629, BC V n° 113). Le salarié continue de travailler et l'employeur de lui fournir du travail et de le rémunérer.

▶ À noter… Des événements peuvent mettre fin au contrat de travail en cours d'instance comme la démission (cass. soc. 30 avril 2014, n° 13-10772, BC V n° 108) ou la conclusion d'une *rupture conventionnelle individuelle** (cass. soc. 10 avril 2013, n° 11-1565, BC V n° 98).

Date d'effet de la résiliation judiciaire

La résiliation judiciaire prend effet au jour du jugement qui la prononce dès lors que le contrat n'a pas été rompu avant cette date et que le salarié est toujours au service de l'employeur (cass. soc. 14 octobre 2009, n° 07-45257, BC V n° 222 ; cass. soc. 24 avril 2013, n° 11-28629, BC V n° 113 ; cass. soc. 4 mars 2015, n° 13-27126 D ; cass. soc. 22 juin 2022, n° 20-21411 FSB).

Lorsque le salarié a retrouvé un nouvel emploi avant la date du prononcé de la résiliation judiciaire, la résiliation prend effet au jour où les juges constatent que le salarié bénéficie d'un nouveau contrat de travail auprès d'un autre employeur (cass. soc. 21 septembre 2016, n° 14-30056, BC V n° 169).

Effets de la résiliation d'un CDI demandée par le salarié

Effets d'un licenciement sans cause réelle et sérieuse - La résiliation judiciaire d'un CDI produit les effets d'un licenciement sans cause réelle et sérieuse (cass. soc. 20 janvier 1998, n° 95-43350, BC V n° 21 ; cass. soc. 17 mars 1998, n° 96-41884, BC V n° 149).

L'employeur doit donc verser l'*indemnité de licenciement**, l'*indemnité compensatrice de préavis**, l'*indemnité compensatrice de congés payés** et une indemnité pour licenciement sans cause réelle et sérieuse [voir *Licenciement (dommages et intérêts)**].

Il doit aussi verser l'indemnité spéciale de licenciement lorsque c'est un salarié déclaré inapte à la suite d'un accident du travail qui obtient la résiliation judiciaire de son contrat de travail aux torts de l'employeur (cass. soc. 20 février 2019, n° 17-17744 FSPB ; cass. soc. 15 septembre 2021, n° 19-24498 FSB) [voir *Inaptitude CDI (indemnisation du licenciement)**].

▶ À noter… L'indemnité compensatrice de préavis est due même si le salarié se trouve dans l'incapacité d'exécuter son préavis (cass. soc. 28 avril 2011, n° 09-40708, BC V n° 102).

En revanche, le salarié ne peut pas prétendre à l'indemnité due en cas de non-respect de la procédure de licenciement (cass. soc. 20 octobre 2010, n° 08-70433, BC V n° 241 ; cass. soc. 19 juin 2013, n° 12-18294 D).

Effets d'un licenciement nul (salarié représentant du personnel) - La résiliation judiciaire du contrat de travail d'un salarié protégé (ex. : représentant du personnel), prononcée pour violation par l'employeur du statut protecteur d'un représentant du personnel, produit les effets d'un licenciement nul (cass. soc. 4 mars 2009, n° 07-45344, BC V n° 58).

▶ À noter… La qualité de salarié protégé s'apprécie au jour de la demande de résiliation judiciaire du contrat de travail (cass. soc. 26 octobre 2016, n° 15-15923, BC V n° 196).

Le salarié a droit à une indemnité de violation du statut protecteur égale à la rémunération qu'il aurait dû percevoir jusqu'à l'expiration de la période de protection en cours au jour de sa demande de résiliation judiciaire. Si le salarié acquiert ensuite un nouveau mandant en cours de procédure de résiliation judiciaire, ce nouveau mandant n'est pas à prendre en compte pour fixer cette indemnisation (cass. soc. 4 mars 2009, n° 07-45344, BC V n° 58).

Le point de départ retenu pour calculer l'indemnité est fixé à la date du jugement prononçant la résiliation judiciaire, sauf si l'exécution du contrat de travail s'est poursuivie au-delà. On notera que l'indemnité de violation du statut protecteur octroyée suite à la résiliation judiciaire du contrat de travail est limitée à 30 mois de salaire, comme cela a été précisé pour un conseiller prud'homal (cass. soc. 3 février 2016, n° 14-17000, BC V n° 20).

Pour plus de détails sur les effets du licenciement nul et l'indemnité de violation du statut protecteur, voir *Licenciement des représentants du personnel**.

Effets d'un licenciement nul (salarié non-représentant du personnel) - Lorsque le juge a ordonné la réintégration d'un salarié (non-représentant du personnel), l'employeur doit s'exécuter.

Si celui-ci s'oppose au retour du salarié, ce dernier peut demander la résiliation judiciaire de son contrat. Cette résiliation produit les effets d'un licenciement nul, de sorte que le salarié a droit à une indemnité d'au moins 6 mois de salaire (cass. soc. 29 mai 2013, n° 11-28734, BC V n° 136). À notre sens, il en va de même dans le cadre des dispositions issues des ordonnances Macron, qui prévoient une indemnisation en fonction du préjudice subi et d'au minimum 6 mois de salaire en cas de licenciement nul (c. trav. art. L. 1235-3-1).

Rupture imputable au salarié - Si les faits invoqués par un salarié à l'appui de sa demande de résiliation ne sont pas établis et s'il rompt lui-même le contrat sans justifier d'aucun manquement de l'employeur, la rupture lui est imputable (cass. soc. 19 octobre 2004, n° 02-43545 D).

Effets de la résiliation d'un CDD demandée par le salarié

Lorsque la résiliation est prononcée à l'initiative du salarié en raison de la faute grave de l'employeur ou de la force majeure (c. trav. art. L. 1243-1), l'employeur doit verser au salarié une indemnité pour rupture anticipée dans le premier cas et une indemnité compensatrice dans le second cas (voir *Indemnité de rupture anticipée d'un CDD**).

▶ À noter... Depuis un revirement du 8 janvier 2025, la Cour de cassation admet que l'*AGS** couvre les créances résultant de la résiliation judiciaire du contrat de travail (CDI comme CDD) à condition qu'elle se situe pendant les périodes légalement couvertes (notamment pendant la période d'observation, le mois suivant le jugement qui arrête le plan de sauvegarde, de redressement ou de cession, dans les 15 jours, ou 21 jours lorsqu'un plan de sauvegarde de l'emploi est élaboré, suivant le jugement de liquidation...) (cass. soc. 8 janvier 2025, n° 23-11417 FSB ; c. trav. art. L. 3253-8).

☞ *Apprentissage (contrat) ; Indemnité compensatrice de congés payés ; Indemnité compensatrice de préavis ; Indemnité de licenciement ; Licenciement (dommages et intérêts) ; Licenciement des représentants du personnel ; Prise d'acte de la rupture du contrat de travail.*

Restaurant (frais de)

☞ *Frais de déplacement ; Frais professionnels ; Repas d'affaires.*

Restauration hors de l'entreprise

☞ *Frais de repas ; Prime de panier.*

Restauration sur le lieu de travail

☞ *Cantine ; Frais de repas ; Prime de panier ; Temps de travail effectif.*

Retards

Notion de retard

Salariés soumis à un horaire - L'employeur peut considérer qu'un salarié est en retard lorsque celui-ci ne respecte pas l'horaire auquel il est soumis (individuel ou collectif). Il en est alors tenu compte dans le calcul du temps de travail effectif.

En revanche, l'employeur ne peut pas reprocher son arrivée tardive à un salarié si celui-ci n'est pas soumis à un horaire particulier, en raison de la nature de ses fonctions (cass. soc. 1er mars 1995, n° 91-43263 D). Ainsi, le salarié qui travaille en autonomie n'est pas soumis à un horaire strict et précis, tout comme le salarié en convention de forfaits en heures ou en jours sur l'année. L'employeur ne peut donc ni leur reprocher un retard, ni en tirer de conséquences *(voir ci-après)*.

Si le salarié relève d'un système d'horaires variables (ex. : *horaires individualisés**), il n'y a pas de retard dès lors que l'heure d'arrivée du salarié respecte la plage fixe imposée par l'entreprise.

▶ À noter... La notion d'*horaire de travail** ne doit pas être confondue avec celle de *durée du travail**. La première désigne des bornes (ex. : heures d'arrivée et de départ), la seconde un volume de travail (ex. : 35 h par semaine, 39 h par semaine, 1 607 h par an, 215 jours par an). Un salarié peut donc être astreint à un certain volume de travail sans avoir pour autant un horaire précis.

Affichage des horaires collectifs - L'*affichage** de l'horaire collectif est obligatoire dans les locaux de l'entreprise (c. trav. art. D. 3171-2) (voir *Horaire de travail**). L'employeur ne peut donc pas reprocher ses retards à un salarié qui n'a pas eu connaissance des horaires, faute d'affichage adapté ou, à défaut, de communication dans son contrat.

Les salariés ayant un horaire contractuel (ex. : temps partiel) relèvent de l'horaire qui leur est propre et qui doit leur avoir été communiqué (ex. : dans le contrat de travail ou un avenant). Les éventuels retards s'apprécient par rapport à cet horaire.

Compensation des retards

Pas d'imputation sur les repos dus - L'employeur ne peut pas imputer les retards sur le solde de *repos compensateur de remplacement** ou le solde de *contrepartie obligatoire en repos** du salarié. Le salarié n'est pas non plus en droit de l'exiger.

À supposer que l'employeur soit d'accord, un tel arrangement ne pourrait intervenir que sur demande du salarié et sous réserve que cela respecte les règles de prise de ces repos applicables dans l'entreprise.

Récupération - L'employeur peut permettre au salarié de récupérer le temps perdu du fait de son retard. Ce type d'arrangement, fréquent en pratique, se situe en dehors de tout cadre légal, la modification des horaires tant collectifs qu'individuels requérant un certain formalisme.

Dans tous les cas, de tels « rattrapages » doivent respecter :
- les maxima légaux et conventionnels de travail quotidien et hebdomadaire (voir *Durée du travail**) ;
- l'amplitude autorisée d'une journée de travail (voir *Amplitude de la journée de travail**) ;
- les temps de pause et de repos quotidiens et hebdomadaires (voir *Pauses**, *Repos quotidien** et *Repos hebdomadaire**).

▶ À noter... Le dispositif légal de *récupération des heures perdues** à la suite d'une interruption collective du travail est inenvisageable pour les retards individuels des salariés (c. trav. art. L. 3121-50), même si plusieurs salariés sont concernés (ex. : suite à une grève dans les transports).

Incidence sur la rémunération

Diminution de la rémunération - Si les retards du salarié l'ont empêché de réaliser son nombre d'heures de travail contractuel et que celui-ci n'a pas été rattrapé, la rémunération peut être diminuée sans que cela soit une sanction pécuniaire illicite.

Proportionnalité - S'il n'y a pas de récupération, le retard doit être traité comme une absence (ex. : 1 heure, 30 minutes). L'employeur doit réduire le salaire proportionnellement au retard du salarié (cass. soc. 21 mars 2012, n° 10-21097 D). Si la retenue excédait le temps non travaillé, il s'agirait d'un cas de *sanctions pécuniaires** prohibées (cass. soc. 24 novembre 1992, n° 90-42520 D).

L'employeur doit faire le rapport entre la rémunération mensuelle et le nombre d'heures effectives de travail pour le mois considéré, sans tenir compte du nombre d'heures mensualisées. Ce résultat est alors multiplié par le nombre d'heures d'absence. Cette méthode de valorisation est celle de la durée réelle de travail, la seule qui soit validée par les juges (cass. soc. 11 février 1982, n° 80-40359, BC V n° 90) (voir *Absence**).

Exemple

Un salarié rémunéré 2 500 € par mois pour 151,67 h de travail a eu une heure et demie de retard lors d'un mois comptant 22 jours ouvrés (soit 7 h par jour × 22 jours ouvrés = 154 h). Il se verra décompter : (2 500/154) × 1,5 = 24,35 €.

Les éventuelles autres méthodes appliquées par l'employeur ne doivent pas conduire à une retenue de salaire supérieure.

☞ *Absence ; Horaire de travail ; Horaires individualisés ; Sanctions pécuniaires.*

Retenue à la source des non-résidents fiscaux

Sous réserve des conventions fiscales internationales, les salaires dits « de source française » versés à des personnes qui ne sont pas fiscalement domiciliées en France sont soumis à une retenue à la source (CGI art. 182 A ; BOFiP-IR-DOMIC-10-20-20-10-28/12/2018). Ce dispositif est souvent désigné sous les termes de « retenue à la source des non-résidents fiscaux ».

Mécanisme spécifique aux non-résidents fiscaux

Ce dispositif, déjà ancien, ne doit pas être confondu avec le *prélèvement à la source** de l'impôt sur le revenu entré en vigueur au 1er janvier 2019.

À cet égard, les rémunérations versées à des non-résidents fiscaux qui relèvent de la retenue à la source ici exposée n'entrent pas dans le champ du *prélèvement à la source** (CGI art. 204 D). Dès lors, quand un employeur est tenu de pratiquer la retenue à la source des non-résidents fiscaux, il ne doit pas calculer et encore moins retenir le *prélèvement à la source** sur les sommes concernées, même si un taux est lui transmis par la DGFiP via le compte rendu métier.

▶ À noter... La retenue à la source des non-résidents fiscaux a en effet ses propres règles, qui n'ont rien à voir avec le PAS : assiette calculée selon des modalités spécifiques, taux de 0 %, 12 % ou 20 % selon les tranches de revenus (existence de taux spécifiques aux DOM), etc.

Définition et rôle de l'employeur

Retenue sur la paye - La retenue à la source concerne les salariés qui ne sont pas fiscalement domiciliés en France pour leurs salaires « de source française ».

Pour mémoire, les salaires dits « de source française » sont les revenus tirés d'une activité salariée exercée en France (CGI art. 164 B, I, d) (voir *Résident fiscal**). Ce n'est donc pas l'origine des salaires qui compte. Ainsi, la retenue à la source est applicable même si le débiteur (l'employeur) est domicilié ou établi à l'étranger (BOFiP-IR-DOMIC-10-20-20-10-§ 10-28/12/2018).

De nombreuses conventions fiscales internationales contiennent des dispositions particulières visant à trancher les conflits de domiciliation fiscale et qui conduisent à ne pas appliquer la retenue à la source.

À cet égard, les personnes physiques ne peuvent pas être considérées comme ayant leur domicile fiscal en France (au sens du droit interne ; CGI art. 4 B, 1) lorsque, par application des conventions internationales relatives aux doubles impositions, elles ne sont pas regardées comme résidentes de France. Autrement dit, la résidence fiscale déterminée en application du droit conventionnel prime sur celle du droit interne (CGI art. 4 B, 2 ; loi 2025-127 du 14 février 2025, art. 83, JO du 15).

▶ À noter... Cette précision, introduite par la loi de finances pour 2025, vise à sécuriser la doctrine fiscale, qui avait été remise en cause par le Conseil d'État, lequel avait au contraire fait primer la notion de domicile fiscal en droit interne sur celle de résident en droit conventionnel (CE 5 février 2024, n° 469771). Le gouvernement avait rapidement réagi dans un communiqué du 29 avril 2024, par lequel il avait expressément maintenu la doctrine fiscale et annoncé son intention de modifier le texte dans une loi de finances, ce qui a donc été fait.

Responsabilité du versement - Le calcul et le versement de la retenue incombent au débiteur des sommes versées, c'est-à-dire à la personne qui a pratiqué la retenue (donc l'employeur, s'agissant des salaires).

L'employeur n'ayant pas effectué la retenue à la source sur les sommes qu'il a versées, ou ayant sciemment opéré une retenue insuffisante, est passible des pénalités fiscales de droit commun.

Régularisation - Le montant de la retenue à la source s'impute sur l'impôt sur le revenu dû par le bénéficiaire à raison de ses revenus de source française. Le Conseil d'État l'a d'ailleurs analysé comme étant un acompte d'impôt sur le revenu (CE 17 février 2015, n° 373230).

Le salarié pour lequel une retenue à la source a été pratiquée peut donc se rapprocher ultérieurement de l'administration fiscale, afin d'effectuer une régularisation de l'impôt réellement dû, en fonction des paramètres qui lui sont propres (quotient familial, charges déductibles éventuelles, etc.). Dans cette optique, le contribuable (le salarié) doit s'adresser au SIPNR (Service des Impôts des particuliers non-résidents, 10 rue du Centre, TSA 10010, 93465 Noisy-le-Grand Cedex ; 01 72 95 20 42).

Les revenus sont déclarés selon les modalités habituelles par l'intéressé, et l'impôt afférent est liquidé avec le solde de l'impôt sur le revenu (2024 pour les revenus perçus ou réalisés en 2023, par exemple).

Calcul et paiement de la retenue à la source

Montant déterminé par tranches - La retenue à la source se calcule en appliquant un taux à chaque tranche du salaire net imposable (CGI, ann. IV, art. 18).

Ces tranches seront révisées chaque année dans la même proportion que la limite supérieure de la première tranche du barème de l'impôt sur le revenu. Les montants obtenus sont arrondis à l'euro le plus proche ; la fraction d'euro égale à 0,5 est comptée pour 1 (CGI art. 182 A, IV).

Pour les barèmes infra-annuels, il convient de diviser le barème annuel par 4 pour déterminer le barème trimestriel, par 12 pour le barème mensuel, par 52 pour le barème hebdomadaire et par 312 pour le barème journalier (CGI art. 182 A, III).

Les tableaux ci-après reprennent le barème applicable en 2024 diffusé par le BOFIP (BOI-BAREME-000043-06/03/2024), et le barème 2025 calculé par nos soins compte tenu de la revalorisation de 1,8 % issue de la loi de finances pour 2025 (loi 2025-127 du 14 février 2025, JO du 15).

À l'heure où nous rédigions ces lignes, l'administration fiscale n'avait pas encore diffusé le barème résultant de la loi de finances. À cette occasion, l'administration fiscale clarifiera peut-être les modalités d'entrée en vigueur du barème 2025, compte tenu de l'adoption tardive de la loi.

Salaire pris en compte - Le salaire net fiscal est pris en compte pour le calcul de la retenue, après appli-

Barème 2024 de la retenue à la source des non-résidents fiscaux (1)					
Taux applicable par tranche	Fraction de l'assiette de la retenue à la source (2)				
	Sur l'année	Au trimestre	Au mois (3)	À la semaine (3)	Par jour ou fraction de jour (3)
0 %	moins de 16 820 €	moins de 4 205 €	moins de 1 402 €	moins de 323 €	moins de 54 €
12 % (4)	de 16 820 € à 48 790 €	de 4 205 € à 12 198 €	de 1 402 € à 4 066 €	de 323 € à 938 €	de 54 € à 156 €
20 % (4)	au-delà de 48 790 €	au-delà de 12 198 €	au-delà de 4 066 €	au-delà de 938 €	au-delà de 156 €

(1) Les rémunérations versées aux artistes et aux sportifs non domiciliés en France sont soumises à la retenue à la source au taux de 15 %, porté à 75 % en cas de paiement dans des « États et des territoires non coopératifs » (ETNC ou « paradis fiscaux ») (CGI art. 182 A bis et 182 B).
(2) L'assiette de la retenue à la source est constituée par le net imposable diminué de la déduction fiscale forfaitaire de 10 % pour frais professionnels.
(3) Lorsque le salarié n'a pas travaillé à temps complet au cours du mois ou de la semaine, ou lorsque la rémunération n'est pas payée au mois ou à la semaine, le barème journalier s'applique au montant de la rémunération, divisé par le nombre de jours de travail (une journée de travail à temps partiel étant comptée pour un jour).
(4) Les taux de 12 % et 20 % sont respectivement ramenés à 8 % et 14,40 % dans les DOM.

Barème 2025 de la retenue à la source des non-résidents fiscaux issu de la loi de finances du 14 février 2025 (1)					
Taux applicable par tranche	Fraction de l'assiette de la retenue à la source (2)				
	Sur l'année	Au trimestre	Au mois (3)	À la semaine (3)	Par jour ou fraction de jour (3)
0 %	moins de 17 122 €	moins de 4 281 €	moins de 1 427 €	moins de 329 €	moins de 55 €
12 % (4)	de 17 122 € à 19 667 €	de 4 281 € à 12 417 €	de 1 427 € à 4 139 €	de 329 € à 955 €	de 55 € à 159 €
20 % (4)	au-delà de 49 667 €	au-delà de 12 417 €	au-delà de 4 139 €	au-delà de 955 €	au-delà de 159 €

(1) Les rémunérations versées aux artistes et aux sportifs non domiciliés en France sont soumises à la retenue à la source au taux de 15 %, porté à 75 % en cas de paiement dans des « États et des territoires non coopératifs » (ETNC ou « paradis fiscaux ») (CGI art. 182 A bis et 182 B).
(2) L'assiette de la retenue à la source est constituée par le net imposable diminué de la déduction fiscale forfaitaire de 10 % pour frais professionnels.
(3) Lorsque le salarié n'a pas travaillé à temps complet au cours du mois ou de la semaine, ou lorsque la rémunération n'est pas payée au mois ou à la semaine, le barème journalier s'applique au montant de la rémunération, divisé par le nombre de jours de travail (une journée de travail à temps partiel étant comptée pour un jour).
(4) Les taux de 12 % et 20 % sont respectivement ramenés à 8 % et 14,40 % dans les DOM.

cation de la déduction fiscale forfaitaire de 10 % pour frais professionnels. Aucune limite n'est appliquée.

La retenue n'est ni calculée ni versée au Trésor lorsque son montant total mensuel n'excède pas 8 € par mois pour un même salarié.

▶ À noter… L'option éventuelle pour les frais réels regarde uniquement le contribuable. C'est à lui de se décider dans sa déclaration de revenus.

Bulletin de paye - Le montant de la retenue à la source apparaît sur le bulletin de paye en négatif. Il vient en déduction du net à payer.

Un exemple de bulletin de paye avec retenue à la source figure dans nos développements relatifs aux travailleurs frontaliers (voir *Frontaliers**).

Déclaration en DSN - Dans la DSN, le salaire net fiscal de l'intéressé doit être normalement déclaré dans la rubrique « Rémunération nette fiscale » (50.002).

En revanche, les rubriques relatives au prélèvement à la source doivent rester vides.

Aucun PAS ne doit être pratiqué, même si l'employeur reçoit un taux dans le compte-rendu métier (CRM) au retour de sa DSN [voir *Prélèvement à la source (taux)**]. Il doit alors indiquer un taux barème (code 13) dans la rubrique 50.007 (« type de taux ») et une valeur de taux « 0,00 % » dans les rubriques 50.006 (« taux de PAS »), 50.009 (« montant de PAS ») et 50.013 (« montant soumis au PAS ») (www.net-entreprises.fr, Base de connaissances DSN, fiche 1835 modifiée le 11/01/2024).

Le montant de la retenue à la source est déclaré dans une autre zone de la DSN, bloc 81 (« Cotisation individuelle »), en indiquant le code

RETENUE À LA SOURCE (EXEMPLE)

Un salarié a une activité salariée en France. La rémunération versée à ce titre est donc considérée comme de source française (CGI art. 164 B). *Sa résidence fiscale est située dans un pays étranger sans convention fiscale internationale avec la France.*

Par hypothèse, son salaire net imposable s'élève à 5 800 € en avril 2025. La retenue à la source se calcule comme suit :

- ***Déduction de 10 % pour frais professionnels :** 5 800 € × 10 % = 580 €.*
- ***Assiette de la retenue à la source :** 5 800 € – 580 € = 5 220 €.*
- ***Montant de retenue à la source :** 541,64 €, à mentionner et à précompter sur le bulletin de paye [pour un exemple de présentation, voir Frontaliers*].*

Calcul de la retenue à la source (avril 2025)			
	Fraction de rémunération	**Assiette**	**Montant de la retenue**
Tranche 0 %	moins de 1 427 €	1 427 €	0,00 €
Tranche 12 %	de 1 427 € à moins de 4 139 €	2 712 €	325,44 €
Tranche 20 %	de 4 139 € à 5 220 €	1 081 €	216,20 €
Total			**541,64 €**

« 077 - Montant de la retenue à la source effectuée sur les salaires versés aux personnes domiciliées hors de France ».

Date de paiement - Sauf exception (ex. : exploitants agricoles), les retenues effectuées au cours d'un mois donné sur les salaires versés au cours du même mois doivent être versées au plus tard le 15 du mois suivant au service des finances publiques du siège de l'employeur.

Lorsque le débiteur exerce son activité en France sans y disposer d'un établissement, la retenue à la source doit être versée à la DRESG (recette des finances publiques des non-résidents, 10 rue du Centre, 93465 Noisy-le-Grand Cedex ; 01 72 95 20 42). Le paiement doit être accompagné d'une déclaration 2494-SD (CERFA n° 10325*24) à déposer en double exemplaire.

Mode de paiement - Le paiement de la retenue à la source à la DGFiP ne s'effectue pas encore par la DSN.

Les versements de retenue à la source d'un montant supérieur à 1 500 € par échéance et par déclaration doivent être effectués par virement sur le compte du Trésor à la Banque de France. À défaut, une majoration de 0,2 % du montant des sommes dont le versement a été effectué selon un autre mode de paiement est due (CGI art. 1681 quinquies).

☞ *Frontaliers ; Net fiscal ; Prélèvement à la source ; Résident fiscal.*

Retour anticipé d'arrêt de travail (obligation d'information)

☞ *Reprise du travail après un arrêt de travail.*

Retraite

La retraite des salariés repose sur trois piliers :
- le régime de base d'assurance vieillesse de la sécurité sociale, obligatoire ;
- le régime complémentaire conventionnel *AGIRC-ARRCO**, devenu légalement obligatoire ;
- les régimes de retraite supplémentaire (ou d'entreprise), les plans d'épargne et les contrats individuels d'assurance-vie que le salarié peut souscrire individuellement.

☞ *Cumul emploi-retraite (incidences paye) ; Départ volontaire à la retraite ; Mise à la retraite ; Plan d'épargne pour la retraite collectif ; Plan d'épargne retraite d'entreprise collectif ; Plan d'épargne retraite d'entreprise obligatoire ; Préretraite ; Régime de retraite à prestations définies ; Régimes de retraite supplémentaire et de prévoyance complémentaire ; Retraite (âge légal, âge du taux plein) ; Retraite anticipée ; Retraite complémentaire ; Retraite progressive ; Retraite supplémentaire ; Retraités (cumul emploi-retraite libéralisé) ; Retraités (cumul emploi-retraite plafonné) ; Retraités (cumul emploi-retraite : principe).*

Retraite (âge légal, âge du taux plein)

Les questions d'âge gouvernent le droit aux prestations de retraite et ne concernent pas directement la paye. Toutefois, il est important d'en connaître les principes compte tenu de leurs incidences sur divers dispositifs.

Les développements de cette étude présentent succinctement les principales règles en la matière, sans aborder pour autant l'ensemble des cas particuliers et des dérogations.

Âge légal de départ en retraite dans le régime de base

Définition - L'âge légal de départ en retraite est l'âge à partir duquel un assuré social peut faire liquider une pension de vieillesse auprès de la sécurité sociale.

Conformément à la loi du 14 avril 2023 qui a porté la réforme des retraites, l'âge légal est fixé à 64 ans (au lieu de 62 ans) pour les assurés nés à compter du 1er janvier 1968. Pour les assurés nés entre le 1er septembre 1961 et le 31 décembre 1967, l'âge légal est progressivement relevé de 62 ans à 64 ans à raison de 3 mois par génération (c. séc. soc. art. L. 161-17-2 et D. 161-2-1-9 ; loi 2023-270 du 14 avril 2023, art. 10, I, 2° et XXX, B, JO du 15 ; circ. CNAV 2024-25 du 1er août 2024) *(voir tableau)*.

Trimestres requis pour le taux plein - L'assuré qui, à l'âge légal de départ en retraite, totalise un certain nombre de trimestres bénéficie d'une retraite sécurité sociale à taux plein (c'est-à-dire un taux de 50 %). Le nombre de trimestres minimal requis est progressivement relevé par la loi du 14 avril 2023, qui accélère le passage à 43 ans (172 trimestres) de la durée d'assurance pour l'obtention du taux plein prévu par la réforme « Touraine » de 2014. Cette accélération se fait au rythme de 1 trimestre par an (au lieu de 1 trimestre tous les 3 ans), à compter de la génération née en septembre 1961 (c. séc. soc. art. L. 161-17-3 ; loi 2023-270 du 14 avril 2023, art. 10, I, 3° et XXX, B, JO du 15 ; circ. CNAV 2024-25 du 1er août 2024) *(voir tableau)*.

Si l'assuré ne dispose pas du nombre de trimestres requis pour le taux plein, sa retraite est minorée d'une décote (c. séc. soc. art. R. 351-27, I, 2°). Il est donc incité à continuer à travailler au-delà de l'âge légal afin d'obtenir le nombre de trimestres requis.

S'il poursuit son activité après l'âge légal, alors qu'il dispose déjà des trimestres nécessaires pour obtenir une retraite à taux plein, il est éligible à une majoration (surcote) de sa pension (c. séc. soc. art. L. 351-1-2 et D. 351-1-4).

▶ Attention… Si l'assuré dispose du nombre de trimestres requis pour le taux plein tous régimes de retraite confondus, mais n'a pas validé dans le seul régime général le nombre de trimestres requis, il voit sa pension de retraite du régime général calculée au prorata de sa durée d'assurance validée au seul régime général.

Retraite anticipée - Plusieurs dispositifs permettent à un assuré social de partir en retraite avant l'âge légal :
- la retraite anticipée « carrières longues », pour les assurés ayant commencé à travailler très jeunes ;
- la retraite anticipée pour les personnes handicapées ;
- la retraite anticipée en lien avec la pénibilité du travail, pour les assurés frappés d'un taux minimal d'incapacité permanente consécutif à une maladie professionnelle ou un accident du travail ;
- depuis le 1erseptembre 2023, la retraite anticipée pour inaptitude au travail reconnue par la sécurité sociale ou incapacité de travail d'au moins 50 % (nouveau cas de départ anticipé en retraite). Avant cette date, l'assuré reconnu inapte au travail par la sécurité sociale, ou en incapacité de travail d'au moins 50 %, bénéficiait du taux plein, quelle que soit sa durée d'assurance, à condition d'avoir atteint l'âge légal (voir nos développements dans cette étude).

Enfin, même s'il ne s'agit pas d'un dispositif de retraite anticipée à proprement parler, l'assuré est susceptible de partir en retraite avant l'âge légal en utilisant le *compte professionnel de prévention** ou dans le cadre de la retraite progressive. Ces différents mécanismes sont détaillés par ailleurs [voir *Retraite anticipée**, *Compte professionnel de prévention (utilisation)** et *Retraite progressive**].

Âge d'attribution automatique du taux plein dans le régime de base

67 ans pour les générations nées à compter de 1955 - À partir d'un certain âge, l'assuré social peut faire liquider sa retraite à taux plein, quelle que soit sa durée d'assurance.

L'âge d'attribution automatique du taux plein est de 67 ans pour les générations nées à partir de 1955 (c. séc. soc. art. L. 351-8).

Cet âge du taux plein est l'âge à partir duquel un employeur peut mettre un salarié à la retraite. Rappelons, toutefois, qu'il convient de respecter

Retraite sécurité sociale : âge de départ en retraite et trimestres requis pour le taux plein			
Date de naissance	Âge légal de départ en retraite (1)		Âge d'attribution automatique du taux plein (3)
	Âge de départ en retraite possible (2)	Trimestres requis pour le taux plein	
1955, 1956, 1957	62 ans	166	67 ans
1958, 1959, 1960	62 ans	167	67 ans
1er janvier – 31 août 1961	62 ans	168	67 ans
1er septembre – 31 décembre 1961	62 ans et 3 mois	169	67 ans
1962	62 ans et 6 mois	169	67 ans
1963	62 ans et 9 mois	170	67 ans
1964	63 ans	171	67 ans
1965	63 ans et 3 mois	172	67 ans
1966	63 ans et 6 mois	172	67 ans
1967	63 ans et 9 mois	172	67 ans
1968 et suivantes	64 ans	172	67 ans

(1) Sous réserve des cas permettant un départ en *retraite anticipée**. (2) L'assuré peut partir en retraite. Cependant, il ne bénéficiera pas d'une retraite à taux plein s'il n'a pas les trimestres requis. (3) Sous réserve des dérogations admises.

une procédure d'interrogation du salarié jusqu'à son 70e anniversaire (voir *Mise à la retraite**).

Taux plein de façon anticipée - Certains assurés sociaux peuvent bénéficier du taux plein, quelle que soit leur durée d'assurance et sans attendre 67 ans, s'ils relèvent d'une catégorie particulière.

Ainsi, peuvent bénéficier du taux plein dès l'âge légal de départ en retraite, ou avant s'ils entrent dans le cadre d'un dispositif de *retraite anticipée**, sous certaines conditions :
- les anciens combattants ou prisonniers de guerre (c. séc. soc. art. L. 351-8, 5° et D. 351-2) ;
- les anciens déportés ou internés (c. séc. soc. art. L. 351-8, 3° et D. 351-2) ;
- les mères de famille ouvrières, à certaines conditions (c. séc. soc. art. L. 351-8, 4°, R. 351-23 et R. 351-24) ;
- les assurés titulaires d'une pension d'invalidité à laquelle une pension de retraite est substituée (c. séc. soc. art. L. 341-15).

▶ À noter… Jusqu'au 1er septembre 2023, le taux plein était aussi accordé dès l'âge légal de départ en retraite aux assurés, quelle que soit leur durée d'assurance, qui étaient reconnus inaptes au travail par la sécurité sociale (c. séc. soc. art. L. 351-8, 2° et R. 351-21 dans leur version en vigueur avant le 1.09.2023) ou qui justifiaient un taux d'incapacité permanente supérieur ou égal à 50 % (c. séc. soc. art. L. 351-8, 1° ter et R. 351-24-3 dans leur version en vigueur avant le 1.09.2023). Depuis le 1er septembre 2023, compte tenu du relèvement progressif de l'âge légal de départ à la retraite, ces assurés sont éligibles à un nouveau cas de départ en retraite anticipée (voir *Retraite anticipée**).

Par ailleurs, quelle que soit la durée d'assurance, l'âge d'attribution automatique du taux plein à l'âge de 65 ans est maintenu, sous conditions, pour :
- les assurés qui bénéficient de la majoration de la durée d'assurance pour enfant handicapé (c. séc. soc. art. L. 351-8, 6° ; décret 2010-1734 du 30 décembre 2010, art. 7) ;
- les personnes qui ont apporté, pendant au moins 30 mois, une aide effective à leur enfant bénéficiaire de la prestation de compensation du handicap (c. séc. soc. art. L. 351-8, 6° ; décret 2010-1734 du 30 décembre 2010, art. 7) ;
- les assurés qui ont interrompu leur activité professionnelle pendant au moins 30 mois consécutifs en raison de leur qualité d'aidant familial (c. séc. soc. art. L. 351-8, 1° bis et R. 351-24-2).

▶ Attention… Ces circonstances n'ont aucune incidence sur l'âge à partir duquel l'employeur peut mettre un salarié à la retraite, qui dépend uniquement de l'âge légal du taux plein de 67 ans (*voir ci-avant*).

Retraite AGIRC-ARRCO

Principes - Dans le cadre du régime unifié AGIRC-ARRCO entré en vigueur le 1er janvier 2019, l'âge normal pour bénéficier d'une retraite complémentaire sans abattement est de 67 ans pour les assurés nés à partir de 1955. Il est possible de percevoir sa retraite complémentaire avant cet âge, mais des coefficients d'anticipation sont appliqués à la pension de retraite complémentaire si les participants n'ont pas le taux plein au régime de base de la sécurité sociale

(ANI AGIRC-ARRCO du 17 novembre 2017, art. 84 ; circ. AGIRC-ARRCO 2020-02 DRJ du 20 janvier 2020).

Suppression du dispositif malus/bonus - En 2019, le régime unique AGIRC-ARRCO a mis en place un dispositif de malus/bonus, sous forme d'un coefficient de solidarité (malus) et d'un coefficient de majoration (bonus), qui visait à inciter les assurés à travailler plus longtemps, ou, du moins, à retarder la liquidation de la pension de retraite complémentaire par rapport à la pension de vieillesse sécurité sociale (ANI AGIRC-ARRCO du 17 novembre 2017, art. 98 à 100).

Prenant acte du report de l'âge légal de départ à la retraite opéré par la loi du 14 avril 2023 *(voir plus haut)*, les partenaires sociaux gestionnaires du régime AGIRC-ARRCO ont décidé la suppression de ce dispositif de malus/bonus (ANI AGIRC-ARRCO du 5 octobre 2023).

Ainsi, le malus, qui s'applique les 3 premières années de retraite et au maximum jusqu'à 67 ans, est supprimé pour les pensions de retraite complémentaire prenant effet à compter du 1er décembre 2023. Pour les pensions ayant pris effet avant cette date, il est supprimé à compter du 1er avril 2024 (circ. AGIRC-ARRCO 2023-11-DRJ du 14 décembre 2023).

Quant au bonus, il est supprimé pour les assurés nés à compter du 1er septembre 1961 dont la retraite complémentaire prend effet à compter du 1er décembre 2023.

Toutefois, sont maintenus dans leurs droits au bonus :
- les salariés pouvant bénéficier d'une pension de retraite de base à taux plein (âge et durée d'assurance) avant le 1er décembre 2023. À condition de décaler la liquidation de leur retraite complémentaire d'au moins 8 trimestres calendaires au-delà de la date à laquelle ils remplissent les conditions du taux plein dans le régime de base, les intéressés peuvent ainsi bénéficier d'une majoration de leur pension de retraite AGIRC-ARRCO lors de sa prise d'effet ;
- les allocataires ayant liquidé leur pension de retraite AGIRC-ARRCO avec un bonus, qui continueront à bénéficier de leur retraite majorée jusqu'au terme de l'application de cette majoration (1 an).

☞ *Cumul emploi-retraite (incidences paye) ; Départ volontaire à la retraite ; Indemnité de départ volontaire en retraite ; Indemnité de mise à la retraite ; Mise à la retraite ; Retraite anticipée ; Retraités (cumul emploi-retraite : principe) ; Retraités (cumul emploi-retraite libéralisé) ; Retraités (cumul emploi-retraite plafonné).*

Retraite anticipée

Plusieurs dispositifs de départ anticipé à la retraite sont ouverts aux assurés sociaux qui souhaitent partir à la retraite avant l'âge légal de *départ volontaire à la retraite** (progressivement relevé à 64 ans). La loi de financement rectificative de la sécurité sociale pour 2023 portant la réforme des retraites a rénové la plupart d'entre eux à compter du 1er septembre 2023. Elle a également créé un nouveau cas de départ anticipé pour les assurés reconnus inaptes au travail par la sécurité sociale et les assurés justifiant d'une incapacité permanente au moins égale à 50 % (loi 2023-270 du 14 avril 2023, JO du 15).

Les développements qui suivent concernent les assurés relevant du régime général de la sécurité sociale (salariés et assimilés), pour les pensions de vieillesse prenant effet à compter du 1er septembre 2023. Sont successivement présentées :
- la retraite anticipée pour carrière longue ;
- la retraite anticipée au profit des assurés lourdement handicapés ;
- la retraite anticipée pour les salariés atteints d'une incapacité permanente d'origine professionnelle (retraite anticipée liée à la pénibilité du travail) ;
- la retraite anticipée réservée aux assurés reconnus inaptes au travail par la sécurité sociale et à ceux justifiant d'une incapacité permanente au moins égale à 50 % (nouveau cas).

Rappelons que le *compte professionnel de prévention** et la *retraite progressive** peuvent permettre à un assuré de partir en retraite avant l'âge légal, même s'il ne s'agit pas à proprement parler d'un dispositif de retraite anticipé.

Retraite anticipée carrière longue

Assurés concernés - Sous conditions, les assurés ayant accompli une carrière longue peuvent partir avant l'âge légal de *départ volontaire à la retraite** (c. séc. soc. art. L. 351-1-1).

Pour en bénéficier, l'assuré doit justifier (c. séc. soc. art. D. 351-1-3) :
- avoir débuté son activité avant 21 ans ;
- et d'une certaine durée d'assurance ayant donné lieu à cotisations à sa charge (durée « cotisée »), qui varie en fonction de son année de naissance.

Âge de départ anticipé en retraite - Sous réserve de remplir la condition de trimestres cotisés requise *(voir plus loin)*, l'âge légal de départ en retraite est abaissé comme suit pour les assurés ayant

commencé à travailler tôt (c. séc. soc. art. D. 351-1-1, I ; circ. CNAV 2023-14 du 10 juillet 2023) :
- 58 ans pour les assurés ayant débuté leur activité avant 16 ans ;
- 60 ans pour les assurés ayant débuté leur activité avant 18 ans ;
- 62 ans pour les assurés ayant débuté leur activité avant 20 ans (avec toutefois des adaptations pour ceux nés de septembre 1961 à décembre 1969, *voir ci-après*) ;
- 63 ans pour les assurés ayant débuté leur activité avant 21 ans.

Précision pour les assurés ayant débuté leur activité avant 21 ans - Les assurés pouvant bénéficier d'un départ anticipé au titre de la borne d'âge de 21 ans ne pourront partir en retraite au titre des « carrières longues » que s'ils ont atteint l'âge de 63 ans. Cette borne d'âge ne présentera donc d'intérêt qu'à partir des générations 1965 et suivantes, pour lesquelles l'âge légal de départ en retraite sera supérieur à 63 ans [voir *Retraite (âge légal, âge du taux plein)**].

Adaptation pour les salariés nés de septembre 1961 à décembre 1969 et ayant commencé avant 20 ans. - Pour les assurés nés entre le 1er septembre 1961 et le 31 décembre 1969 ayant débuté leur activité avant 20 ans, l'âge de départ anticipé en retraite, fixé en principe à 62 ans *(voir ci-dessus)*, est adapté pour tenir compte de l'augmentation progressive de l'âge légal de départ à la retraite (c. séc. soc. art. D. 351-1-1, II). Leur âge de départ anticipé est ainsi fixé à :
- 60 ans pour les assurés nés entre le 1er septembre 1961 et le 31 août 1963 ;
- l'âge légal de départ à la retraite minoré de 2 ans et 6 mois pour les assurés nés entre le 1er septembre 1963 et le 31 décembre 1968 ;
- 61 ans et 9 mois pour les assurés nés en 1969.

Nombre de trimestres cotisés - La durée d'assurance cotisée requise pour bénéficier d'une retraite anticipée carrière longue s'entend comme la durée d'assurance (c. séc. soc. art. L. 351-1-1 et D. 351-1-1) :
- accomplie dans le régime général et, le cas échéant, dans un ou plusieurs autres régimes obligatoires ;
- ayant donné lieu à cotisations à la charge de l'assuré ;
- et au moins égale à la durée d'assurance exigée pour obtenir une pension à taux plein, qui varie selon l'année de naissance de l'assuré [voir *Retraite (âge légal, âge du taux plein)**].

La durée d'assurance cotisée correspond à l'ensemble des périodes de cotisations (assurance vieillesse obligatoire ou assurance vieillesse volontaire), à certains rachats de trimestres et aux périodes ayant donné lieu à validation gratuite (ex : congé de formation, stage de la formation professionnelle), de cotisations arriérées ainsi que les périodes validées par présomption (circ. CNAV 2023-14 du 10 juillet 2023, § 1.2.2).

▶ Attention… Les trimestres rachetés au titre de périodes d'études supérieures ou d'années d'activités incomplètes (« versements pour la retraite ») résultant d'une demande de versement déposée depuis le 13 octobre 2008 ne sont pas pris en compte pour l'ouverture de droit à retraite anticipée pour carrière longue, à l'exception des trimestres rachetés au titre des périodes d'apprentissage effectuées dans le cadre d'un contrat conclu entre le 1er juillet 1972 et le 31 décembre 2013 (c. séc. soc. art. L. 173-7).

Trimestres réputés cotisés - Certaines périodes assimilées sont réputées avoir donné lieu à cotisations (c. séc. soc. art. D. 351-1-2, I) :
- les périodes de service national (1 trimestre par période d'au moins 90 jours, consécutifs ou non, dans la limite de 4 trimestres) ;
- les périodes indemnisées au titre de la maladie ou des accidents du travail (1 trimestre pour 60 jours d'indemnités journalières), dans la limite de 4 trimestres ;
- les périodes de chômage indemnisé, dans la limite de 4 trimestres (y compris les périodes d'activité partielle indemnisées) ;
- les périodes comptées comme durée d'assurance au titre de la maternité ou de l'adoption (1 trimestre pour chaque période de 90 jours d'indemnités journalières, avec au minimum 1 trimestre même si la durée d'indemnisation est inférieure à 90 jours) ;
- les périodes ayant donné lieu à perception d'une pension d'invalidité, dans la limite de 2 trimestres ;
- les trimestres de majoration de durée d'assurance attribués au titre du *compte personnel de prévention** ;
- les périodes validées au titre de l'assurance vieillesse des parents au foyer (AVPF) et de l'assurance vieillesse des aidants (AVA), dans la limite de 4 trimestres.

Dans tous les cas, le nombre total des trimestres cotisés, ou réputés cotisés, ne peut pas dépasser 4 pour une année civile (c. séc. soc. art. D. 351-1-2, II).

▶ À noter… Les trimestres de majoration de durée d'assurance du *compte personnel de prévention** (C2P) sont présumés cotisés, sans limitation de nombre, pour la détermination de la durée d'assurance cotisée nécessaire à l'ouverture du droit (c. séc. soc. art. L. 351-6-1 ; circ. CNAV 2024-30 du 31 octobre 2024, § 2.1.2.8).

Durée minimale d'assurance en début de carrière - L'intéressé doit justifier d'une durée d'assurance d'au moins 5 trimestres à la fin de l'année au cours de laquelle est survenu, selon les cas, son 16e, 18e, 20e ou 21e anniversaire. Si l'assuré est né durant un 4e trimestre et n'a pas les 5 trimestres requis, il doit alors justifier d'une durée d'assurance d'au moins 4 trimestres au titre de l'année de son 16e, 18e, 20e ou 21e anniversaire selon les cas (c. séc. soc. art. D. 351-1-3).

Les trimestres de majoration de durée d'assurance du compte personnel de prévention ne sont pas retenus pour l'appréciation de la condition de début d'activité (circ. CNAV 2024-30 du 31 octobre 2024, § 2.1.2.8).

Assurés nés avant 1964 : clause de sauvegarde - Certains assurés, éligibles au dispositif carrière longue avant le 1er septembre 2023, peuvent ne plus l'être après cette date du fait du relèvement de la

Départ anticipé pour carrière longue à partir du 1er septembre 2023 : tableau récapitulatif

Année de naissance	Début d'activité	Trimestres cotisés exigés	Âge de départ possible
Septembre 1961 - 31 décembre 1962 (1)	Avant 16 ans (2)	169	58 ans
	Avant 18 ans (3)	169	60 ans
	Avant 20 ans (4)	169	60 ans
Janvier-août 1963 (1)	Avant 16 ans (2)	170	58 ans
	Avant 18 ans (3)	170	60 ans
	Avant 20 ans (4)	170	60 ans
Septembre-décembre 1963 (1)	Avant 16 ans (2)	170	58 ans
	Avant 18 ans (3)	170	60 ans
	Avant 20 ans (4)	170	60 ans et 3 mois
1964	Avant 16 ans (2)	171	58 ans
	Avant 18 ans (3)	171	60 ans
	Avant 20 ans (4)	171	60 ans et 6 mois
1965	Avant 16 ans (2)	172	58 ans
	Avant 18 ans (3)	172	60 ans
	Avant 20 ans (4)	172	60 ans et 9 mois
	Avant 21 ans (5)	172	63 ans
1966	Avant 16 ans (2)	172	58 ans
	Avant 18 ans (3)	172	60 ans
	Avant 20 ans (4)	172	61 ans
	Avant 21 ans (5)	172	63 ans
1967	Avant 16 ans (2)	172	58 ans
	Avant 18 ans (3)	172	60 ans
	Avant 20 ans (4)	172	61 ans et 3 mois
	Avant 21 ans (5)	172	63 ans
1968	Avant 16 ans (2)	172	58 ans
	Avant 18 ans (3)	172	60 ans
	Avant 20 ans (4)	172	61 ans et 6 mois
	Avant 21 ans (5)	172	63 ans
1969	Avant 16 ans (2)	172	58 ans
	Avant 18 ans (3)	172	60 ans
	Avant 20 ans (4)	172	61 ans et 9 mois
	Avant 21 ans (5)	172	63 ans
À partir de 1970	Avant 16 ans (2)	172	58 ans
	Avant 18 ans (3)	172	60 ans
	Avant 20 ans (4)	172	62 ans
	Avant 21 ans (5)	172	63 ans

(1) Possibilité de bénéficier de la clause de sauvegarde *(voir nos développements)*.
(2) L'assuré doit justifier d'au moins 5 trimestres à la fin de l'année au cours de laquelle est survenu son 16e anniversaire (à défaut, 4 trimestres à la fin de l'année considérée s'il est né au 4e trimestre).
(3) L'assuré doit justifier d'au moins 5 trimestres à la fin de l'année au cours de laquelle est survenu son 18e anniversaire (à défaut, 4 trimestres à la fin de l'année considérée s'il est né au 4e trimestre).
(4) L'assuré doit justifier d'au moins 5 trimestres à la fin de l'année au cours de laquelle est survenu son 20e anniversaire (à défaut, 4 trimestres à la fin de l'année considérée s'il est né au 4e trimestre).
(5) L'assuré doit justifier d'au moins 5 trimestres à la fin de l'année au cours de laquelle est survenu son 21e anniversaire (à défaut, 4 trimestres à la fin de l'année considérée s'il est né au 4e trimestre).

durée d'assurance requise pour leur génération [voir *Retraite (âge légal, âge du taux plein)**]. Une clause de sauvegarde a donc été mise en place afin qu'ils puissent demander à prendre leur retraite anticipée à partir du 1er septembre 2023 dans les conditions applicables avant cette date (décret 2023-436 du 3 juin 2023, art. 8).

Cette disposition concerne les assurés nés entre le 1er septembre 1961 et le 31 décembre 1963 et qui justifient, avant 1er septembre 2023, de la durée d'assurance cotisée exigée par la législation antérieure à cette date. Les intéressés pourront alors demander à bénéficier d'une retraite anticipée carrière longue à compter du 1er septembre 2023 dans les conditions d'ouverture de droit antérieures à cette date (voir Dictionnaire Paye 2023, « Retraite anticipée »).

Leur pension de retraite sera calculée au taux plein (c. séc. soc. art. L. 351-8, 4 ter).

Retraites complémentaires - L'AGIRC-ARRCO permet à l'assuré qui a liquidé sa pension de retraite à taux plein dans le régime de base, notamment dans le cadre de la retraite anticipée carrière longue, de bénéficier de sa pension de retraite AGIRC-ARRCO de façon anticipée (ANI du 17 novembre 2017, art. 84.3).

Ce principe n'ayant pas été remis en cause par l'accord national interprofessionnel (ANI) du 5 octobre 2023 sur les orientations stratégiques du régime de retraite complémentaire AGIRC-ARRCO, le dispositif de retraite anticipée pour carrière longue en vigueur depuis le 1er septembre 2023 est donc bien applicable dans le régime AGIRC-ARRCO (https://www.agirc-arrco.fr/ma-retraite/demander-ma-retraite/conditions-douverture-de-mes-droits/).

Retraite anticipée des assurés lourdement handicapés

Objet - Les assurés handicapés ayant cotisé à l'assurance vieillesse du régime général peuvent liquider leur pension de retraite avant l'âge légal de la retraite et au plus tôt à 55 ans si deux conditions cumulatives sont satisfaites (c. séc. soc. art. L. 351-1-1 A, L. 351-1-3, D. 351-1-5 et D. 351-1-6) :
- une durée minimum cotisée ;
- une situation de handicap justifiée tout au long de chacune de ces durées (dite « condition de concomitance » entre les périodes d'assurance et la situation de handicap).

▶ À noter... Les assurés titulaires de l'allocation aux adultes handicapés (AAH), ne peuvent bénéficier d'un départ anticipé à la retraite que s'ils remplissent les conditions décrites ci-après. Dans le cas contraire, la loi portant réforme des retraites a néanmoins maintenu à 62 ans l'âge de départ en retraite pour ces assurés, réputés inaptes (loi 2023-270 du 14 avril 2023, JO du 15, art. 11 ; circ. CNAV 2024-1 du 2 janvier 2024).

Ouverture du droit - Le dispositif de retraite anticipée est ouvert aux assurés justifiant d'une situation de handicap correspondant (c. séc. soc. art. L. 351-1-3 et D. 351-1-6 ; circ. CNAV 2018-24 du 23 octobre 2018, § 1.1.2.) :
- soit à un taux d'incapacité permanente (IP) d'au moins 50 % ;
- soit à un handicap de niveau comparable au taux d'IP de 50 % ;
- soit à la qualité de travailleur handicapé pour les périodes situées avant 2016.

Taux d'incapacité permanente d'au moins 50 % - Le taux d'IP a été ramené de 80 % à au moins 50 % depuis le 1er janvier 2015. Il s'applique pour la détermination du droit aux retraites anticipées pour handicap ayant pris effet depuis cette date.

Toutefois, les périodes au cours desquelles un taux d'IP d'au moins 50 % est justifié sont retenues pour l'appréciation du caractère du handicap, quel que soit leur positionnement dans le temps, et donc avant ou après 2015 (circ. CNAV 2018-24 du 23 octobre 2018, § 1.1.2.1).

Situation de handicap comparable - En ce qui concerne les situations de handicap comparables au taux d'IP de 50 %, la CNAV précise que leur prise en compte concerne les retraites anticipées depuis 2015. Néanmoins, les périodes au cours desquelles l'une des situations est justifiée sont prises en compte pour l'appréciation du caractère du handicap, quel que soit leur positionnement dans le temps, et donc avant ou après 2015.

La CNAV dresse la liste des assurés considérés comme justifiant d'un taux d'IP de 50 % et des pièces justificatives à produire (circ. CNAV 2018-24 du 23 octobre 2018, annexe 2).

Qualité de travailleur handicapé - Pour les pensions ayant pris effet depuis le 1er janvier 2015, la prise en compte du statut de travailleur handicapé a été supprimée. Toutefois, le critère de la qualité de travailleur handicapé a été maintenu pour les périodes antérieures au 1er janvier 2016.

Par conséquent, les salariés qui demandent aujourd'hui à bénéficier du dispositif verront leurs périodes de reconnaissance de la qualité de travailleur handicapé limitées au 31 décembre 2015.

La CNAV récapitule la liste des assurés reconnus travailleurs handicapés et des pièces justificatives de cette qualité (circ. CNAV 2018-24 du 23 octobre 2018, annexe 3).

Âge de départ - L'âge exact à partir duquel le départ est possible (55 ans au plus tôt) dépend de la durée cotisée (c. séc. soc. art. D. 351-1-5) *(voir tableau ci-après)*.

▶ À noter... Depuis le 1er septembre 2023, la double condition de durée totale d'assurance et de durée cotisée a été supprimée, seule subsiste la condition relative à la durée cotisée.

Durée cotisée requise - L'assuré handicapé peut anticiper son départ à la retraite à la condition d'avoir réuni, tous régimes confondus, un certain nombre de trimestres cotisés (c. séc. soc. art. D. 351-1-5).

La durée d'assurance cotisée requise pour l'ouverture du droit à retraite anticipée correspond à une fraction de la durée d'assurance nécessaire à l'obtention d'une pension au taux maximal de 50 % *(voir plus loin)*. Elle est fonction de l'année de naissance des assurés.

Depuis le 1er septembre 2023, la durée d'assurance cotisée est diminuée pour compenser l'augmentation du nombre de trimestres requis pour bénéficier d'une pension à taux plein pour les générations nées entre le 1er septembre 1961 et le 31 décembre 1972 inclus.

Pour les générations nées à partir de 1973, les durées d'assurance cotisées requises restent identiques à celles en vigueur avant la réforme puisque la durée d'assurance requise pour le taux plein n'a pas changé pour elles (c. séc. soc. art. D. 351-1-5).

Les âges applicables et les durées cotisées requises dans le cadre du dispositif rénové applicable depuis le 1er septembre 2023 sont détaillés par ailleurs *(voir tableau ci-après)*.

▶ Attention... En principe, les rachats de trimestres pour années incomplètes ne sont pas pris en compte pour le bénéfice des dispositifs de retraite anticipée « handicap », à l'exception des versements réduits opérés au titre des périodes d'apprentissage effectuées dans le cadre d'un contrat conclu entre le 1er juillet 1972 et le 31 décembre 2013 (c. séc. soc. art. L. 173-7).

Concomitance de la durée et de l'incapacité - L'assuré doit remplir la condition relative à l'incapacité pendant la durée cotisée exigée. Il doit y avoir simultanéité entre la durée d'assurance cotisée et l'incapacité permanente (ou la situation équivalente, ou la qualité de travailleur handicapé) (circ. CNAV 2018-24 du 23 octobre 2018, § 1.1.3.1.1).

Si l'assuré ne peut attester, sur une fraction de cette durée, de la reconnaissance administrative de l'incapacité requise, il peut, sous certaines conditions, faire examiner sa situation par une commission ad hoc placée auprès de la CNAV afin de faire valider rétroactivement ses périodes de handicap *(voir dessous)*.

▶ À noter... Lorsque l'assuré a perdu un ou plusieurs justificatifs administratifs nécessaires pour justifier de son incapacité permanente au taux de 50 % ou de sa qualité de travailleur handicapé, il peut, pour récupérer les documents qui lui font défaut, s'adresser à la commission des droits et de l'autonomie (CDAPH), située au sein de la maison départementale des personnes handicapées (MDPH) ou auprès des autres organismes concernés (ex : caisse primaire d'assurance maladie). Il peut également, sous conditions, attester sur l'honneur de sa situation de handicap (arrêté du 24 juillet 2015, JO du 8 août, texte 23 ; circ. CNAV 2018-24 du 23 octobre 2018, § 1.1.4.1 ; § 1.1.4.2).

Lorsque l'incapacité n'a pas été reconnue - Les assurés qui justifient de la durée d'assurance requise sans pouvoir attester, sur une fraction de cette durée, de la reconnaissance administrative de l'incapacité requise, faute d'avoir accompli en son temps les démarches nécessaires, peuvent néanmoins être admis à la retraite anticipée en faisant valider rétroactivement les périodes de handicap manquantes par une commission placée auprès de la CNAV. Cette commission statue sur la base d'un dossier à caractère médical permettant d'établir l'ampleur de l'incapacité, de la déficience ou du désavantage pour les périodes considérées.

Cette procédure est réservée aux assurés atteints d'une incapacité permanente d'au moins 50 % au moment de la demande de liquidation de pension, et qui ne peuvent attester de celle-ci sur une fraction de la durée d'assurance au plus égale à 30 % (c. séc. soc. art. L. 161-21-1, D. 161-2-4-2 et D. 161-2-4-3 ; circ. CNAV 2018-24 du 23 octobre 2018, § 1.1.4.3).

▶ À noter... Le taux d'incapacité nécessaire pour saisir la commission ad hoc chargée de valider rétroactivement les périodes de handicap a été abaissé de 80 % à 50 % depuis le 1er septembre 2023.

Calcul de la pension de vieillesse sécurité sociale - La pension de retraite anticipée pour handicap se calcule selon les règles habituelles, mais avec nécessairement le taux plein de 50 %.

En outre, une majoration s'applique si l'intéressé n'a pas le taux plein au régime général (coefficient de majoration = 1/3 × Durée cotisée en étant

La retraite anticipée des salariés lourdement handicapés au 1er septembre 2023		
Génération	**Âge de départ anticipé**	**Durée d'assurance requise (cotisée et concomitante au handicap) en trimestres**
1er septembre 1961 - 31 décembre 1962	55	**108 trimestres** (durée d'assurance taux plein diminuée de 61 trimestres)
	56	**98 trimestres** (durée d'assurance taux plein diminuée de 71 trimestres)
	57	**88 trimestres** (durée d'assurance taux plein diminuée de 81 trimestres)
	58	**78 trimestres** (durée d'assurance taux plein diminuée de 91 trimestres)
	59 à 63	**68 trimestres** (durée d'assurance taux plein diminuée de 101 trimestres)
1963	55	**108 trimestres** (durée d'assurance taux plein diminuée de 62 trimestres)
	56	**98 trimestres** (durée d'assurance taux plein diminuée de 72 trimestres)
	57	**88 trimestres** (durée d'assurance taux plein diminuée de 82 trimestres)
	58	**78 trimestres** (durée d'assurance taux plein diminuée de 92 trimestres)
	59 à 63	**68 trimestres** (durée d'assurance taux plein diminuée de 102 trimestres)
1964	55	**109 trimestres** (durée d'assurance taux plein diminuée de 62 trimestres)
	56	**99 trimestres** (durée d'assurance taux plein diminuée de 72 trimestres)
	57	**89 trimestres** (durée d'assurance taux plein diminuée de 82 trimestres)
	58	**79 trimestres** (durée d'assurance taux plein diminuée de 92 trimestres)
	59 à 63	**69 trimestres** (durée d'assurance taux plein diminuée de 102 trimestres)
1965, 1966	55	**109 trimestres** (durée d'assurance taux plein diminuée de 63 trimestres)
	56	**99 trimestres** (durée d'assurance taux plein diminuée de 73 trimestres)
	57	**89 trimestres** (durée d'assurance taux plein diminuée de 83 trimestres)
	58	**79 trimestres** (durée d'assurance taux plein diminuée de 93 trimestres)
	59 à 63	**69 trimestres** (durée d'assurance taux plein diminuée de 103 trimestres)
1967, 1968, 1969	55	**110 trimestres** (durée d'assurance taux plein diminuée de 62 trimestres)
	56	**100 trimestres** (durée d'assurance taux plein diminuée de 72 trimestres)
	57	**90 trimestres** (durée d'assurance taux plein diminuée de 82 trimestres)
	58	**80 trimestres** (durée d'assurance taux plein diminuée de 92 trimestres)
	59 à 63	**70 trimestres** (durée d'assurance taux plein diminuée de 102 trimestres)
1970, 1971, 1972	55	**111 trimestres** (durée d'assurance taux plein diminuée de 61 trimestres)
	56	**101 trimestres** (durée d'assurance taux plein diminuée de 71 trimestres)
	57	**91 trimestres** (durée d'assurance taux plein diminuée de 81 trimestres)
	58	**81 trimestres** (durée d'assurance taux plein diminuée de 91 trimestres)
	59 à 63	**71 trimestres** (durée d'assurance taux plein diminuée de 101 trimestres)
1973 et suivantes	55	**112 trimestres** (durée d'assurance taux plein diminuée de 60 trimestres)
	56	**102 trimestres** (durée d'assurance taux plein diminuée de 70 trimestres)
	57	**92 trimestres** (durée d'assurance taux plein diminuée de 80 trimestres)
	58	**82 trimestres** (durée d'assurance taux plein diminuée de 90 trimestres)
	59 à 63	**72 trimestres** (durée d'assurance taux plein diminuée de 100 trimestres)

handicapé/Durée d'assurance maximale requise en étant ou non handicapé).

Le montant final de la pension de retraite s'obtient donc en multipliant le montant initial de la pension de retraite par le coefficient de majoration.

Demande de retraite anticipée - Le salarié doit effectuer une demande d'attestation de départ en retraite anticipée des assurés handicapés auprès de la CARSAT.

Cette attestation est délivrée, au plus tôt, 6 mois avant la date de départ possible de la retraite anticipée. Puis la demande de retraite anticipée doit être transmise à la CARSAT avec cette attestation.

▶ À noter... L'AGIRC-ARRCO permet à l'assuré qui a liquidé sa pension de retraite à taux plein dans le régime de base, notamment dans le cadre de la retraite anticipée pour handicap, de bénéficier de sa pension de retraite AGIRC-ARRCO de façon anticipée (ANI du 17 novembre 2017, art. 84.3).

Ce principe n'a pas été remis en cause par l'accord national interprofessionnel (ANI) du 5 octobre 2023 sur les orientations stratégiques du régime de retraite complémentaire AGIRC-ARRCO. Selon nous, le dispositif de retraite anticipée pour handicap en vigueur depuis le 1er septembre 2023 est donc bien applicable dans le régime AGIRC-ARRCO (https://www.agirc-arrco.fr/ma-retraite/demander-ma-retraite/conditions-douverture-de-mes-droits/).

Retraite anticipée pour incapacité permanente d'origine professionnelle

Retraite anticipée au taux plein sous conditions - Les assurés justifiant d'un certain taux d'incapacité permanente (IP) résultant d'une maladie professionnelle ou d'un accident du travail peuvent partir à la retraite de façon anticipée avec le taux plein même s'ils n'ont pas la durée d'assurance requise (c. séc. soc. art. L. 351 1 4, II). Les conditions de ce départ anticipé diffèrent selon le taux de l'IP *(voir plus loin)*.

Dans le cadre des ordonnances dites « Macron » de septembre 2017, l'accès à ce dispositif a été facilité, sous certaines conditions, pour les salariés dont l'incapacité est liée à une exposition aux 4 facteurs de risques professionnels qui ont été sortis du *compte professionnel de prévention** (ex-compte pénibilité) au 1er octobre 2017 *(voir plus loin)*.

▶ À noter... L'incapacité permanente due à un *accident de trajet** n'ouvre pas droit à la retraite anticipée.

Incapacité permanente d'au moins 20 % - L'assuré peut partir en retraite à partir de 60 ans si son taux d'IP d'au moins 20 % (c. séc. soc. art. L. 351-1-4, III et D. 351-1-9) :
- est consécutive à une maladie professionnelle (MP) ;
- ou à un accident du travail (AT).

▶ À noter... Le taux d'incapacité peut résulter de l'addition de plusieurs taux d'incapacité, à condition qu'un taux de 10 % ait été reconnu au titre d'une même maladie ou d'un même accident.

Dans l'hypothèse où l'IP d'au moins 20 % est consécutive en tout ou partie à un AT, l'assuré doit justifier que l'AT a entraîné des lésions identiques à celles indemnisées au titre d'une maladie professionnelle. L'identité de ces lésions est examinée par le médecin-conseil du service régional de la CARSAT (c. séc. soc. art. L. 351-14-1, I).

La liste des lésions concernées est fixée par arrêté (arrêté du 30 mars 2011, JO du 31, texte 43).

Incapacité permanente de 10 % à moins de 20 % - L'assuré peut partir en retraite à partir de l'âge légal de départ en retraite moins 2 ans (ex. : 62 ans lorsque l'âge légal sera de 64 ans, 61 ans et 3 mois pour la génération 1965 pour laquelle l'âge légal sera de 63 ans et 3 mois) si son taux d'IP de 10 % à moins de 20 % est consécutif à une MP ou un AT et qu'il justifie (c. séc. soc. art. L. 351-1-4, III et D. 351-1-10) :
- avoir été exposé pendant 17 ans à des risques professionnels (voir c. trav. art. D. 4161-1, pour la liste des risques) ;
- et que l'incapacité est due à cette exposition.

Assurés dont la maladie est liée aux 4 risques sortis du compte pénibilité - Au 1er octobre 2017, les pouvoirs publics ont sorti 4 facteurs de risques du compte pénibilité, rebaptisé à cette date « *compte professionnel de prévention** ». Il s'agit des risques suivants : postures pénibles définies comme positions forcées des articulations, vibrations mécaniques, manutention manuelle des charges, agents chimiques dangereux (y inclus poussières et fumées) (c. trav. art. L. 4161-1, 1° et 2° a).

En contrepartie, les salariés exposés à ces risques bénéficient d'un accès facilité au dispositif de départ en retraite anticipée. Pour ce faire, le salarié doit avoir contracté une maladie professionnelle liée à un ou plusieurs de ces 4 facteurs de risques et être frappé d'un taux d'incapacité permanente (IPP) d'au moins 10 % (c. séc. soc. art. L. 351-1-4, III).

La liste des maladies professionnelles concernées a été fixée par arrêté (arrêté du 26 décembre 2017, JO du 29, texte 58).

Le texte se réfère soit aux tableaux de maladies professionnelles, soit aux maladies admises via le système complémentaire de reconnaissance des maladies professionnelles et imputables à un ou plusieurs de ces quatre facteurs de risques. Par dérogation aux règles habituelles du dispositif de retraite anticipé, le salarié n'a pas à justifier d'une durée d'exposition aux facteurs de risques, ni à établir que son incapacité permanente est directement liée à l'exposition à ces facteurs de risques. En outre, l'avis de la commission pluridisciplinaire n'est pas nécessaire (c. séc. soc. art. L. 351-1-4, III).

Procédure - L'assuré social doit déposer une demande auprès de la caisse chargée de la liquidation de sa pension de vieillesse, en y joignant divers documents (c. séc. soc. art. R. 351-37, III). Lorsque la demande est présentée au titre d'une lésion consécutive à un accident du travail, la sécurité sociale vérifie que les lésions correspondent bien à celles fixées par arrêté.

Lorsque la demande de retraite anticipée s'appuie sur une incapacité de 10 % à moins de 20 %, la caisse de retraite saisit une commission pluridisciplinaire, qui valide les preuves apportées par l'assuré et

Accès à la retraite anticipée pour incapacité permanente d'origine professionnelle : les éléments clés
Ouverture du droit à la retraite anticipée possible à partir de **60 ans** si taux d'IP d'**au moins 20 %** : - consécutive à une **MP** ; - consécutive en tout ou partie à un AT ayant entraîné des lésions identiques à celles indemnisées au titre d'une **MP** (1).
Ouverture du droit à la retraite possible à partir de l'**âge légal moins 2 ans** (62 ans à terme) si **taux d'IP de 10 % à moins de 20 %** consécutif à une **MP** (2) ou un **AT** (3) : - justifier avoir été **exposé pendant 17 ans à des risques professionnels** (c. trav. art. D. 4161-1, pour la liste) (4) ; - et que l'**incapacité** est **due à cette exposition**.
(1) La liste des lésions concernées est fixée par arrêté (arrêté du 30 mars 2011, JO du 31, texte 43). (2) Accès simplifié pour les assurés exposés aux risques professionnels qui ne sont plus dans le champ du compte professionnel de prévention depuis le 1er octobre 2017 (postures pénibles, vibrations mécaniques, manutention manuelle des charges, agents chimiques dangereux y inclus poussières et fumées). Si la maladie professionnelle figure sur la liste fixée par arrêté du 26 décembre 2017 (JO du 29, texte 58), l'assuré n'a pas à établir la durée d'exposition ni le lien entre cette exposition et l'incapacité. (3) Il n'est plus exigé d'établir que les lésions consécutives à un AT sont identiques à celles indemnisées au titre d'une MP à compter du 1er septembre 2023. (4) Le gouvernement avait annoncé son intention de ramener la durée d'exposition à 5 ans, mais les premiers décrets d'application de la loi du 14 avril 2023 ne contiennent rien en ce sens.

apprécie le lien entre l'incapacité et l'exposition aux facteurs de risques professionnels.

Au nombre des justificatifs probants, figure « notamment » la liste des métiers ou d'activités particulièrement exposés aux trois facteurs de risques ergonomiques (port de charges lourdes, postures pénibles, vibrations mécaniques ; c. trav. art. L. 4161-1, 1°) que les branches professionnelles doivent établir dans le cadre de la réforme des retraites du 14 avril 2023 (c. séc. soc. art. D. 351-1-12).

Dans l'hypothèse où l'assuré social est auditionné (à sa demande ou à celle de la commission), il peut se faire assister par une personne de son choix.

Dans tous les cas, si la caisse ne se prononce pas dans les 4 mois de la demande, son silence vaut rejet.

▶ À noter… Si un taux d'incapacité permanente compris entre 10 % et moins de 20 % est reconnu au titre d'une maladie professionnelle, l'avis de la commission pluridisciplinaire n'est pas requis (circ. CNAV 2012-63 du 13 septembre 2012, § 3.2.1). En revanche, la saisine de la commission s'impose si l'incapacité est liée à un accident du travail (c. séc. soc. art. L. 351-1-4).

Retraite complémentaire - L'AGIRC-ARRCO permet à l'assuré qui a liquidé sa pension de retraite à taux plein dans le régime de base (cas de la retraite anticipée pour incapacité permanente d'origine professionnelle), de bénéficier de sa pension de retraite AGIRC-ARRCO de façon anticipée (ANI du 17 novembre 2017, art. 84.3).

Ce principe n'ayant pas été remis en cause par l'accord national interprofessionnel (ANI) du 5 octobre 2023 sur les orientations stratégiques du régime de retraite complémentaire AGIRC-ARRCO, ce dispositif de retraite anticipée en vigueur depuis le 1er septembre 2023 est donc bien applicable dans le régime AGIRC-ARRCO (https://www.agirc-arrco.fr/ma-retraite/demander-ma-retraite/conditions-douverture-de-mes-droits/).

Retraite anticipée pour inaptitude ou incapacité permanente d'au moins 50 %

Les assurés reconnus inaptes au travail par la sécurité sociale peuvent partir en retraite anticipée avec le taux plein à partir de 62 ans. Il en va de même des assurés atteints d'un taux d'incapacité permanente d'au moins 50 % (c. séc. soc. art. L. 351-1-5, L. 351-8, 2° et D. 351-1-14).

▶ À noter… Peut être reconnu inapte au travail par la sécurité sociale l'assuré qui n'est pas en mesure de poursuivre l'exercice de son emploi sans nuire gravement à sa santé et qui se trouve définitivement atteint d'une incapacité de travail médicalement constatée, compte tenu de ses aptitudes physiques et mentales à l'exercice d'une activité professionnelle (c. séc. soc. art. L. 351-7).

D'autres personnes sont réputées inaptes au travail à 62 ans, sans contrôle médical (ex. : bénéficiaires de l'allocation aux adultes handicapés (AAH) quel que soit leur taux d'incapacité, ex-bénéficiaires d'une pension d'invalidité) (circ. CNAV 2024-26 du 2 août 2024).

☛ *Compte professionnel de prévention (utilisation) ; Départ volontaire à la retraite ; Indemnité de départ volontaire en retraite ; Retraite (âge légal, âge du taux plein).*

Retraite chapeau

☛ *Contribution sur les régimes de retraite à prestations définies ; Régime de retraite à prestations définies.*

Retraite complémentaire

La protection contre le risque vieillesse résultant du régime général de la sécurité sociale assure un revenu très partiel de remplacement au retraité. Pour cette raison, a été mis en place un système de retraite complémentaire.

Régime unifié AGIRC-ARRCO - Le 1er janvier 2019, les anciens régimes ARRCO (Association pour le régime de retraite complémentaire des salariés) et AGIRC (Association générale des institutions de retraite des cadres) ont fusionné en un régime unifié *AGIRC-ARRCO** (ANI du 17 novembre 2017).

Dans ce nouveau régime, il n'y a plus de distinction entre cadres et non-cadres pour la retraite complémentaire.

Bénéficiaires - Les bénéficiaires de l'AGIRC-ARRCO comprennent les personnes exerçant une activité à caractère salariée au sens du code de la sécurité sociale, quels que soient leur fonction ou leur niveau hiérarchique (ANI du 17 novembre 2017, art. 5).

Sont également obligatoirement affiliés au régime AGIRC-ARRCO les *dirigeants d'entreprise**, en tant qu'affiliés au régime général des salariés (ex. : DG, PDG de SA, gérants minoritaires de SARL).

▶ À noter... Depuis le 1er janvier 2024, les salariés du secteur privé travaillant ou ayant travaillé à Monaco ne relèvent plus du régime AGIRC-ARRCO mais de la Caisse monégasque de retraite complémentaire (www.agirc-arrco.fr, informations des 13 et 29 juin 2023).

Cotisations - Les rémunérations des salariés sont soumises aux *cotisations de retraite AGIRC-ARRCO** sur :
- la tranche inférieure au *plafond de la sécurité sociale** (tranche 1) ;
- la tranche comprise entre le plafond de la sécurité sociale et 8 fois ce plafond (tranche 2).

Une contribution d'équilibre générale et, pour certains salariés, une contribution d'équilibre technique, sont également prélevées sur les tranches 1 et 2 des rémunérations.

Par ailleurs, une cotisation APEC est versée aux caisses AGIRC-ARRCO sur la rémunération des cadres, bien qu'elle ne finance pas la retraite complémentaire (voir *APEC**).

☞ *AGIRC-ARRCO ; APEC ; Cotisations de retraite AGIRC-ARRCO ; Plafond des cotisations ; Retraite (âge légal, âge du taux plein) ; Tranches des rémunérations.*

Retraite complémentaire (VRP)

Les salariés *VRP** bénéficient d'un régime de retraite complémentaire à celle versée par la sécurité sociale.

Cadre et non-cadres

Il convient de distinguer deux catégories de VRP :
- les VRP cadre « article 4 » (voir *Cadres**) ;
- les VRP non-cadres.

Les VRP exclusifs peuvent avoir la qualité de cadre s'ils répondent à l'une des 3 conditions suivantes (conv. AGIRC du 14 mars 1947, art. 4 ; définition reprise dans l'ANI du 17 novembre 2017 relatif à la prévoyance des cadres) :
- ils ont une formation technique, administrative ou commerciale équivalente à celle des cadres de l'entreprise (ou à défaut de cadre dans l'entreprise, équivalente à celle des cadres de la profession) et exercer des fonctions requérant la mise en œuvre des connaissances acquises ;
- ils exercent par délégation de l'employeur un commandement sur d'autres représentants (ils ont une fonction de manager) ;
- ils exercent des fonctions impliquant initiative, responsabilité, et de pouvoir être considérés comme ayant délégation de l'autorité du chef d'entreprise.

La seconde catégorie recouvre les autres VRP (non-cadres ou multicartes) définis en annexe IV de l'ancienne convention AGIRC du 14 mars 1947. Ainsi les VRP sont non-cadres si leur salaire annuel brut est inférieur ou égal au plafond annuel de la sécurité sociale ou s'ils n'exercent pas leur profession de manière exclusive.

Groupe de protection sociale compétent

Jusqu'en 2019 - Jusqu'au 31 décembre 2019, Malakoff Médéric AGIRC-ARRCO est resté le groupe de protection sociale ayant une compétence catégorielle pour assurer la retraite complémentaire de la population VRP, à l'exception de ceux relevant de l'activité agricole depuis 2017 (ANI AGIRC-ARRCO du 17 novembre 2017, art. 19 ; circ. AGIRC-ARRCO 2019-1 DRJ du 9 janvier 2019, Fiche 2, § III.1).

À partir de 2020 - Depuis le 1er janvier 2020, le mouvement de regroupement des adhésions d'entreprises relevant de plusieurs institutions de retraite complémentaire ainsi que les évolutions de gestion des déclarations et des cotisations en lien avec la DSN ont conduit l'AGIRC-ARRCO à supprimer, à partir du 1er janvier 2020, l'ensemble des compétences catégorielles des institutions (1er janvier 2021 pour les intermittents des professions du spectacle).

Ainsi, et dans un objectif de simplification, toutes les adhésions de l'entreprise sont regroupées au sein d'un même groupe de protection sociale. Les VRP sont ainsi gérés dans la même adhésion que les autres salariés de l'entreprise.

Parallèlement, l'AGIRC-ARRCO a intégré dans le répertoire professionnel la convention collective « IDCC 804 - Voyageurs, représentants, placiers (VRP) » dont l'institution compétente est Malakoff Humanis AGIRC-ARRCO (circ. AGIRC-ARRCO 2019-18-DRJ du 23 décembre 2019).

▶ À noter… Sont cependant exclus du champ d'application de cet IDCC, les secteurs d'activité suivants : grossistes en biscuiterie, confiserie, chocolaterie, agents immobiliers et mandataires en vente de fonds de commerce, vente et service à domicile.

Contributions

Les cotisations de retraite complémentaire AGIRC-ARRCO sont calculées dans les conditions habituelles, en tranche 1 et en tranche 2, sous réserve des éventuelles conditions particulières que certaines entreprises ont pu maintenir (taux dérogatoires, répartition dérogatoire, etc.). La contribution d'équilibre général et, s'il y a lieu, la contribution d'équilibre technique sont dues. Pour plus de détails sur ces points, les lecteurs se reporteront aux développements correspondants (voir *Cotisations de retraite AGIRC-ARRCO**).

La cotisation *APEC** est due uniquement au titre des VRP dits « art. 4 » (VRP exclusifs cadres).

Si l'employeur applique la *déduction forfaitaire spécifique pour frais professionnels** VRP à l'assiette des cotisations de sécurité sociale, il doit faire de même en AGIRC-ARRCO.

☛ *APEC ; Cotisations de retraite AGIRC-ARRCO ; VRP.*

Retraite progressive

La retraite progressive permet aux assurés de continuer leur activité professionnelle à temps partiel tout en demandant la liquidation provisoire d'une partie de leur pension vieillesse. La pension définitive sera liquidée par la suite compte tenu du montant de la pension initiale et de la durée d'assurance accomplie depuis son entrée en jouissance.

La loi de financement rectificative de la sécurité sociale pour 2023, complétée par deux décrets, a apporté plusieurs aménagements au dispositif de retraite progressive à partir du 1er septembre 2023 afin d'encourager son utilisation (loi 2023-270 du 14 avril 2023, JO du 15 ; décrets 2023-751 et 2023-753 du 10 août 2023, JO du 11).

Les développements qui suivent concernent les retraites progressives ayant pris effet à compter du 1er septembre 2023.

▶ À noter… Les dispositions relatives à la retraite progressive antérieures à la réforme demeurent applicables aux assurés bénéficiant déjà d'une retraite progressive à la date du 1er septembre 2023 (décret 2023-751 du 10 août 2023, art. 9 ; décret 2023-753 du 10 août 2023, art. 6) [voir Dictionnaire Paye, édition 2023, « Retraite progressive (avant le 1er septembre 2023 »)].

Bénéficiaires

Assurés concernés et exclus - Dans le secteur privé, peuvent bénéficier de la retraite progressive les assurés dépendant des régimes suivants :
- le régime général des salariés ;
- le régime des salariés agricoles ;
- le régime social des indépendants (selon des règles spécifiques, non détaillées ici).

Toutefois, l'accès à la retraite progressive n'est pas ouvert aux assurés (c. séc. soc. art. L. 161-22-1-5, II) :
- bénéficiant d'un avantage de préretraite dans le cadre de dispositions réglementaires ou de stipulations conventionnelles ou résultant d'une décision unilatérale de l'employeur, sauf s'ils ouvraient droit à un tel avantage au 27 décembre 2023 (loi 2023-1250 du 26 décembre 2023, art. 96, III, JO du 27) ;
- exerçant à titre exclusif une des activités déterminées par décret parmi celles mentionnées à l'article L. 311-3 du code de la sécurité sociale. Sont notamment visées l'activité d'appui à la création ou à la reprise d'une activité économique, certaines activités accessoires dont la rémunération entraîne l'affiliation au régime général de sécurité sociale (ex. : collaborateur occasionnel du service public, fonctionnaires autorisés à faire des expertises ou donner des consultations) (c. séc. soc. art. D. 161-2-24-5-1 ; décret 2024-755 du 7 juillet 2024, art. 2, JO du 8).

Conditions d'accès - Pour accéder au dispositif, l'assuré doit remplir les conditions suivantes (c. séc. soc. art. L. 161-22-1-5, R. 161-19-5, D. 161-2-24) :

- justifier de 150 trimestres d'assurance et de périodes reconnues équivalentes dans un ou plusieurs régimes obligatoires de base d'assurance vieillesse ;
- avoir atteint l'âge légal de départ en retraite, diminué de 2 années. Pour rappel, l'âge légal de départ en retraite est progressivement relevé de 62 à 64 ans pour les assurés nés à compter du 1er septembre 1961 [voir *Retraite (âge légal, âge du taux plein)**]. Par conséquent, l'âge d'entrée possible en retraite progressive est relevé au même rythme, et passe progressivement de 60 à 62 ans *(voir tableau ci-dessous)*.

▶ À noter… L'accord national interprofessionnel (ANI) du 14 novembre 2024 en faveur de l'emploi des salariés expérimentés prévoit d'avancer l'âge minimum d'entrée en retraite progressive à 60 ans. Pour entrer en vigueur, cette mesure nécessite toutefois d'être inscrite dans une loi.

L'assuré doit exercer une activité salariée à temps partiel ou à temps réduit par rapport à la durée maximale légale ou conventionnelle de travail exprimée en jours ou en demi-journées, et justifier d'une certaine quotité de travail *(voir ci-après)*. S'il n'est pas assujetti à une durée d'activité définie par un employeur, il doit exercer à titre exclusif une activité lui procurant un certain revenu *(voir ci-après)*.

Sous réserve des interprétations de la CNAV ou de l'administration (aucune circulaire n'était publiée à l'heure où nous rédigions ces lignes), ces formulations doivent permettre de couvrir les salariés en forfaits jours [voir *Convention de forfait (forfait annuel en jours)**], les mandataires sociaux sans contrat de travail qui relèvent du régime général (ex. : gérants minoritaires ou égalitaires de SARL, directeurs généraux de SA et SELAFA, etc.), et plus largement, les personnes affiliées au régime général bien qu'exerçant une activité non salariée parmi celles visées à l'article L. 311-3 du code de la sécurité sociale (ex. : vendeurs à domicile, colporteurs de presse, etc.).

Durée minimale et maximale de travail à temps partiel ou réduit - La quotité de travail des salariés en retraite progressive ne peut être inférieure à 40 % ou supérieure à 80 % de la durée du travail à temps complet. Cette quotité de travail, exprimée en pourcentage, est arrondie à l'unité la plus proche, la fraction égale à 0,5 étant comptée pour 1 (c. séc. soc. art. L. 161-22-1-5, 1° et R. 161-19-6, I).

Exemple

Pour une durée de travail applicable à l'entreprise de 35 h hebdomadaires, la durée du travail à temps partiel ouvrant droit à la retraite progressive doit être d'au moins 14 h et d'au plus 28 h par semaine.
Pour un salarié en forfait jours de 218 jours par an, la durée du travail à temps réduit ouvrant droit à retraite progressive doit être, à notre sens, d'au moins 87 jours et d'au plus 174 jours par an.

Afin de lever l'obstacle à la retraite progressive que peut constituer la législation de droit du travail sur la durée minimale de travail à temps partiel, il est expressément prévu que le salarié qui a atteint l'âge d'accès à la retraite progressive peut demander à travailler moins que la durée minimale de travail à temps partiel (24 h par semaine ou durée fixée par accord de branche étendu) (c. trav. art. L. 3123-7).

Multi-employeurs - Pour les salariés ayant plusieurs employeurs, l'exercice d'une activité à temps partiel est apprécié sur la base du nombre moyen d'heures d'accueil par contrat de travail. La quotité globale de travail à temps partiel (ou à temps réduit pour un calcul en jours) est définie comme la somme des quotités de travail à temps partiel par rapport à la durée du travail à temps complet (ou à temps réduit par rapport à la durée de travail maximale exprimée en jours) applicables à chacun des emplois. Elle

Âge possible d'entrée en retraite progressive selon les générations

Année de naissance	Âge légal de départ en retraite	Âge minimal d'entrée en retraite progressive (1)
Du 01/01 au 31/08/1961 (2)	62 ans	60 ans
Du 01/09/1961 au 31/12/1961 (2)	62 ans et 3 mois	60 ans et 3 mois
1962 (2)	62 ans et 6 mois	60 ans et 6 mois
1963 (2)	62 ans et 9 mois	60 ans et 9 mois
1964	63 ans	61 ans
1965	63 ans et 3 mois	61 ans et 3 mois
1966	63 ans et 6 mois	61 ans et 6 mois
1967	63 ans et 9 mois	61 ans et 9 mois
À partir de 1968	64 ans	62 ans

(1) Âge légal de départ en retraite diminué de 2 ans. (2) Pour ces assurés, l'âge minimal exigé est de facto atteint en 2024.

ne peut être inférieure à 40 % et supérieure à 80 % (c. séc. soc. art. L. 161-22-1-5 et D. 161-2-24-5).

Assurés non soumis à une durée du travail justifiant de revenus professionnels - Les assurés exerçant à titre exclusif une activité salariée ou non salariée non assujettie à une durée d'activité définie par un employeur peuvent bénéficier d'une retraite progressive si cette activité leur procure un revenu minimal et donne lieu à diminution des revenus professionnels (c. séc. soc. art. L. 161-22-1-5, 2°).

L'activité doit procurer à l'assuré un revenu annuel supérieur ou égal à 40 % du SMIC brut (au 1er janvier de l'année considérée) calculé sur la durée légale. Le revenu professionnel pris en compte est celui de l'avant-dernière année civile précédant la date de la demande de retraite progressive (c. séc. soc. art. D. 161-2-24-1).

S'agissant de la diminution des revenus professionnels, elle ne peut être inférieure à 20 % et supérieure à 60 %. Par dérogation, est réputé satisfaire à cette condition l'assuré dont la diminution des revenus professionnels excède 60 % pendant une période maximale d'un an. Ces quotités sont exprimées en pourcentage arrondi à l'unité la plus proche, le point de pourcentage égal à 0,5 étant compté pour 1.

La quotité de diminution des revenus professionnels, calculée le 1er juillet de chaque année, correspond au rapport entre la diminution des revenus professionnels de l'année précédente et la moyenne annuelle des revenus professionnels des 5 années précédant la demande de retraite progressive, actualisés en fonction de l'inflation (les revenus pris en compte sont ceux retenus pour constituer l'assiette de l'impôt sur le revenu).

Demande de passage à temps partiel ou réduit auprès de l'employeur

Formalités - Le salarié doit adresser à l'employeur sa demande de passage à temps partiel ou, s'il est en forfait jours, de passage à temps réduit, par lettre recommandée avec avis de réception (LRAR). Il peut le faire dès le moment où il souhaite bénéficier d'une retraite progressive (c. trav. art. L. 3121-60-1, L. 3123-4-1, D. 3123-1-1 et D. 3121-36).

La demande doit préciser la durée du travail souhaitée, la date d'effet envisagée pour la mise en œuvre du travail à temps partiel ou réduit et être adressée 2 mois au moins avant cette date.

Encadrement du refus de l'employeur - Les salariés ne peuvent pas accéder au dispositif de retraite progressive en l'absence d'accord de leur employeur pour diminuer leur durée du travail. Toutefois, depuis le 1er septembre 2023, ce dernier ne peut s'opposer à la demande de passage à temps partiel ou à temps réduit que s'il justifie que la durée du travail souhaitée par le salarié est incompatible avec l'activité économique de l'entreprise (c. trav. art. L. 3121-60-1 et L. 3123-4-1).

L'employeur doit répondre par écrit et de façon motivée à la demande du salarié, par LRAR, dans un délai de 2 mois à compter de sa réception. À défaut de réponse écrite et motivée dans ce délai, l'accord de l'employeur est réputé acquis (c. trav. art. L. 3121-60-1, L. 3123-4-1, D. 3123-1-1 et D. 3121-36).

Formalités auprès de la caisse de retraite

Demande de retraite progressive - La personne qui souhaite obtenir une retraite progressive doit adresser sa demande à la caisse de retraite gérant l'un des régimes auxquels elle est affiliée à la date de la demande (c. séc. soc. art. R. 161-19-8, I). Pour un assuré exerçant uniquement une activité salariée relevant du régime général de sécurité sociale, il s'agit de la *CARSAT**.

▶ À noter… Si l'assuré a relevé successivement, alternativement ou simultanément de l'un des régimes de retraite dits « alignés » (régime général des salariés, régime général des indépendants et régime des salariés agricoles) et qu'il choisit l'un d'eux pour recevoir sa demande de retraite progressive, l'organisme compétent pour instruire la demande est déterminé selon les règles de la LURA (liquidation unique des régimes alignés) (c. séc. soc. art. R. 161-9-8, I, renvoyant à R. 173-4-4 et R. 173-4-5). La LURA permet aux assurés pluriactifs nés à compter de 1953 de bénéficier de règles de calcul et de liquidation simplifiées de leur pension, puisque c'est le régime désigné comme compétent (sauf dérogation, le dernier régime d'affiliation) qui instruit la demande, calcule, notifie et paye la pension.

La demande doit être formulée au moyen d'un imprimé intitulé « demande de retraite progressive » (disponible sur www.lassuranceretraite.fr), commun à tous les régimes de retraite, et adressée par courrier à la caisse de retraite accompagné des pièces justificatives requises (*voir ci-dessous*). Un récépissé de sa demande et des justificatifs produits est délivré au demandeur (c. séc. soc. art. R. 161-19-8, I).

L'assuré peut aussi effectuer sa demande en ligne, via le service « Demander ma retraite progressive » disponible à partir de son espace personnel retraite sur www.lassuranceretraite.fr.

L'Assurance retraite recommande de faire cette demande 5 mois avant la date choisie comme point de départ de la retraite progressive (www.lassurance-retraite.fr).

Justificatifs - Le salarié qui demande la liquidation provisoire de sa pension de vieillesse doit notamment produire, à l'appui de sa demande (c. séc. soc. art. R. 161-19-7, I) :
- le ou les contrats de travail à temps partiel ou à temps réduit, en cours d'exécution à la date d'entrée en jouissance de la pension de vieillesse ;
- une déclaration sur l'honneur (incluse dans le formulaire de demande) attestant qu'il n'exerce plus aucune autre activité professionnelle que celle ou celles faisant l'objet du ou des contrats de travail, accompagnée de tout document justifiant de cette situation ;
- une attestation de l'employeur (disponible sur www.lassuranceretraite.fr) faisant apparaître la durée du travail à temps complet ou la durée de travail maximale exprimée en jours, applicables à l'entreprise ;
- les bulletins de paie des 12 mois civils précédant la date de dépôt de la demande.

Lorsque l'assuré n'est pas soumis à une durée du travail *(voir plus haut)*, il doit produire à l'appui de sa demande (c. séc. soc. art. R. 161-19-7, II) :
- une déclaration sur l'honneur attestant qu'il n'exerce qu'une seule activité professionnelle à la date d'entrée en jouissance de sa pension de vieillesse. Cette déclaration est accompagnée de tout document justifiant de cette situation ;
- ses déclarations fiscales des revenus des 5 années précédant sa demande. Pour chaque année suivante, il doit produire, avant le 1er juillet de l'année en cours, la déclaration fiscale des revenus de l'année précédente.

Liquidation provisoire de la pension de retraite : calcul et versement

Point de départ de la fraction de pension - Le bénéfice de la retraite progressive entraîne la liquidation provisoire et le service d'une même fraction de pension dans tous les régimes de retraite de base légalement obligatoires (c. séc. soc. art. L. 161-22-1-5).

Pour l'assuré non soumis à une durée du travail *(voir plus haut)*, le service de la fraction de pension prend effet au 1er janvier qui suit la demande (c. séc. soc. art. D. 161-2-24-2).

Montant de la fraction de pension - La retraite progressive consiste en un versement partiel de la pension (ou des pensions résultant d'activités diverses) à laquelle l'assuré a droit au moment de la demande. Son montant est lié à la quotité d'activité conservée ou, pour les assurés non soumis à une durée du travail, au pourcentage de diminution de leurs revenus professionnels.

La fraction de pension à servir est égale (c. séc. soc. art. D. 161-2-24-3) :
- pour les salariés à temps partiel ou à temps réduit, à la différence entre 100 % et la quotité de travail à temps partiel ou réduit globale (comprise entre 40 % et 80 %) ;
- pour les assurés non soumis à une durée du travail, à la quotité de diminution des revenus professionnels.

Exemple

Pour une durée du travail à temps partiel de 25 h hebdomadaires et une durée légale applicable à l'entreprise de 35 h hebdomadaires, la quotité de travail est de : 25/35 × 100 = 71,4285 arrondis à l'entier le plus proche, soit 71 %. Le pourcentage de fractionnement à appliquer au montant entier de la pension de retraite est de : 100 – 71 = 29 %.

Pour les assurés non soumis à une durée du travail, la fraction de pension de vieillesse est fixée à titre provisionnel pendant les 18 premiers mois au taux de 50 % de la pension de vieillesse. À compter du 1er juillet de la deuxième année et chaque 1er juillet, il est, le cas échéant, procédé à la révision de la fraction de pension (c. séc. soc. art. D. 161-2-24-3, II).

Les assurés peuvent estimer le montant de leur retraite progressive depuis leur compte personnel « retraite » sur www.lassuranceretraite.fr.

Obligations du bénéficiaire à l'égard de la caisse de retraite - Le bénéficiaire de la retraite progressive doit informer la caisse qui lui verse la fraction de pension de (c. séc. soc. art. R. 161-19-10) :
- la cessation de son activité ;
- l'exercice de toute activité professionnelle autre que celles qui lui ouvrent droit au service de la fraction de pension ;
- toute autre modification de situation affectant le versement de la fraction de pension.

À ce dernier titre, le salarié à temps partiel ou à temps réduit doit déclarer toute modification de sa quotité à temps partiel ou à temps réduit globale (c. séc. soc. art. D. 161-2-24-4, I). Et l'assuré non soumis à une durée du travail *(voir plus haut)* doit justifier de la diminution de ses revenus professionnels à l'issue de chaque période de 1 an (c. séc. soc. art. D. 161-2-24-4, II).

Révision de la fraction de pension - En cas de modification du temps de travail des salariés à temps partiel ou à temps réduit ayant une incidence sur la fraction de pension versée, celle-ci est révisée au premier jour du mois civil suivant celui où cette modification est intervenue (c. séc. soc. art. L. 161-22-1-5 et D. 161-2-24-4, I).

La modification des ressources des assurés non soumis à une durée du travail ayant une incidence sur la fraction de pension versée entraîne la révision de celle-ci à la date du premier versement suivant la fin de la dernière période annuelle écoulée (c. séc. soc. art. L. 161-22-1-5 et D. 161-2-24-4, II).

▶ À noter... En cas de révision de la fraction de pension de retraite, la caisse d'assurance vieillesse procède, selon le cas, au remboursement à l'assuré des sommes qui lui sont dues, ou au recouvrement des trop-perçus par celui-ci, sur une période de 12 mois ou, à la demande de l'assuré, sur une période plus courte. Pour les assurés non soumis à une durée du travail, les sommes trop perçues sont imputées le cas échéant sur les mois d'arrérages suivants pour un montant égal (c. séc. soc. art. R. 161-19-11, III).

Suppression de la pension provisoire - Le service de la fraction de pension est supprimé à titre définitif, sans possibilité de présenter une nouvelle demande, lorsque l'assuré reprend une activité à temps complet ou lorsque le revenu tiré de l'activité professionnelle atteint ou excède le montant de revenu professionnel perçu antérieurement au service de la fraction de pension (montant revalorisé en fonction de l'inflation). La suppression de la fraction de pension prend effet au premier jour du mois suivant celui où les conditions de suppression sont remplies (c. séc. soc. art. L. 161-22-1-8 et R. 161-19-11, I).

Suspension de la pension provisoire - Le service de la fraction de pension est suspendu au premier jour du mois suivant celui au cours duquel les conditions pour en bénéficier ne sont plus remplies. Le versement reprend le premier jour du mois suivant celui au cours duquel l'assuré remplit à nouveau les conditions pour en bénéficier, dès lors qu'il en apporte les justificatifs auprès de la caisse responsable (c. séc. soc. art. L. 161-22-1-8 et R. 161-19-11, II).

▶ À noter... En cas de suppression de la fraction de pension de retraite ainsi que de suspension ou de reprise de son versement, la caisse d'assurance vieillesse procède, selon le cas, au remboursement à l'assuré des sommes qui lui sont dues, ou au recouvrement des trop-perçus par celui-ci, sur une période de 12 mois ou, à la demande de l'assuré, sur une période plus courte (c. séc. soc. art. R. 161-19-11, III).

Liquidation de la pension complète

Le versement d'une fraction de pension est remplacé par le service de la pension complète, à la demande de l'assuré, lorsque celui-ci en remplit les conditions d'attribution. La pension complète est liquidée en tenant compte du montant de la pension initiale et de la durée d'assurance accomplie depuis la liquidation de celle-ci (c. séc. soc. art. L. 161-22-1-7).

▶ À noter... Le bénéfice de la retraite progressive ne peut alors pas être à nouveau demandé (c. séc. soc. art. L. 161-22-1-7).

La pension complète est liquidée dans les conditions de droit commun. Toutefois, elle ne peut être inférieure au montant entier ayant servi de base au calcul de la fraction, le cas échéant revalorisé en fonction de l'inflation (c. séc. soc. art. D. 161-2-24-7).

Retraites complémentaires

Un dispositif de retraite progressive, calqué sur celui applicable dans le régime général de sécurité sociale des salariés, existe aussi dans le régime de retraite complémentaire AGIRC-ARRCO (ANI AGIRC-ARRCO du 17 novembre 2017, art. 88 ; circ. AGIRC-ARRCO 2020-02 DRJ du 20 janvier 2020 ; circ. AGIRC-ARRCO 2025-3 DRJ du 28 janvier 2025).

Lorsque le salarié ne justifie pas d'une durée d'assurance suffisante pour bénéficier d'une pension de vieillesse de base à taux plein, la fraction de sa pension de retraite complémentaire est affectée d'un coefficient d'anticipation temporaire tenant compte de la durée d'assurance (ANI du 17 novembre 2017, art. 88 ; circ. AGIRC-ARRCO 2020-02 DRJ du 20 janvier 2020, fiche 3). Les barèmes des coefficients d'anticipation sont diffusés tous les ans par l'AGIRC-ARRCO (pour les pensions prenant effet en 2025, circ. AGIRC-ARRCO 2024-14-DRJ du 17 décembre 2024)

Articulation avec les règles de cumul emploi-retraite

Les personnes en retraite progressive ne peuvent être en cumul emploi-retraite puisqu'elles ne cessent pas leur activité professionnelle, et n'ont liquidé que provisoirement une partie de leur pension [voir *Retraités (cumul emploi-retraite : principe)**].

En revanche, une fois qu'elles ont liquidé totalement leur pension, elles peuvent continuer ou reprendre une activité professionnelle dans le cadre du cumul emploi-retraite (lettre DSS/SD 7382-05 du 27 septembre 2005 ; note technique CNAV 2005-13 du 7 novembre 2005).

Impact en paye de la retraite progressive

Cotisations sur salaire - Les cotisations sociales obligatoires, dont notamment celles dues aux URSSAF et aux caisses de retraite complémentaire AGIRC-ARRCO, sont prélevées sur les salaires perçus au titre de l'activité à temps partiel, comme pour n'importe quel autre salarié à temps partiel.

Le salarié ne cotise pas à perte, la retraite progressive lui permet d'améliorer sa pension de retraite lors de sa liquidation définitive.

Base reconstituée pour les cotisations vieillesse - Sous conditions, les cotisations d'assurance vieillesse « sécurité sociale » peuvent être calculées sur la base d'une rémunération reconstituée à temps plein avec l'accord de l'employeur. Il est alors possible de faire de même pour la retraite complémentaire (c. séc. soc. art. L. 241-3-1).

L'intéressé doit être informé de cette possibilité par les caisses d'assurance vieillesse (c. séc. soc. art. L. 161-22-1-5).

Le cas échéant, il est possible de calculer les contributions de retraite complémentaire sur la base d'une rémunération reconstituée à temps plein avec l'accord de l'employeur. Mais ceci suppose qu'il en soit fait de même pour les cotisations d'assurance vieillesse de sécurité sociale.

Pour plus de détails, voir *Maintien des cotisations vieillesse en cas de temps partiel**.

IJSS maladie - Comme tout salarié, le salarié en retraite progressive peut, en cas d'arrêt de travail pour maladie, percevoir des *indemnités journalières de sécurité sociale de maladie**. La limite de 60 jours d'indemnisation applicable en cas de perception d'un avantage vieillesse ne s'applique pas dans cette situation (c. séc. soc. art. L. 323-2).

☞ *Retraite (âge légal, âge du taux plein) ; Retraités (cumul emploi-retraite : principe)*

Retraités (cumul emploi-retraite : principe)

Cadre général

Principe de cessation d'activité à la retraite - En principe, tout salarié (ou assimilé) qui entend prendre sa retraite et, plus précisément, qui veut toucher sa pension de retraite, doit rompre tout lien professionnel avec l'employeur (c. séc. soc. art. L. 161-22). Cette condition de cessation de l'activité professionnelle n'est toutefois pas absolue : le salarié peut toujours poursuivre certaines activités (dites « occasionnelles » ou « de faible importance ») tout en percevant sa pension de retraite *(voir plus loin)*.

S'il exerce, par ailleurs, d'autres activités professionnelles qui ne sont pas salariées (ex. : profession libérale), le régime de retraite non salarié peut ne pas exiger la cessation de cette activité non salariée dans le cadre du cumul emploi-retraite qu'il applique *(voir plus loin)*.

▶ À noter... Depuis le 1er janvier 2020, le régime de sécurité sociale des indépendants (qui a pris le relais de l'ancien régime social des indépendants, RSI) est totalement intégré au régime général de sécurité sociale. Pour distinguer l'un de l'autre, dans cette étude, nous employons les termes « régime général des salariés » pour viser le régime de retraite de base des salariés titulaires d'un contrat de travail et des personnes « assimilées salariées » (ex. : formateurs occasionnels, directeurs généraux de SA), qui relèvent également du régime de retraite complémentaire AGIRC-ARRCO.

Reprise d'activité possible - Tout retraité du régime général des salariés peut, une fois en retraite, reprendre une activité professionnelle, voire reprendre l'activité salariée qu'il exerçait auparavant, et cumuler sa pension et les revenus tirés de cet emploi.

S'il remplit les conditions du cumul emploi-retraite libéralisé, il pourra toucher intégralement sa pension et ses revenus d'activité [voir *Retraités (cumul emploi-retraite libéralisé)**].

Autrement, le cumul entre les deux sera partiel et à des conditions plus strictes [voir *Retraités (cumul emploi-retraite plafonné)**].

Selon la date à laquelle l'assuré liquide sa pension de retraite, et selon qu'il s'agit d'un cumul emploi libéralisé ou plafonné, la poursuite ou la reprise d'une activité professionnelle peut ou non procurer de nouveaux droits à retraite *(voir plus loin dans l'étude « Incidence sur les droits à retraite »)*.

Cessation de l'activité

Principe - Pour toucher sa pension de retraite, de base ou complémentaire (AGIRC-ARRCO), le salarié (ou assimilé) doit rompre tout lien professionnel avec l'employeur (c. séc. soc. art. L. 161-22 et D. 161-2-5 ; ANI AGIRC-ARRCO du 17 novembre 2017, art. 86 ; circ. AGIRC-ARRCO 2025-3 DRJ du 28 janvier 2025).

La rédaction de l'article L. 161-22 du code de la sécurité sociale sur la condition de cessation d'activité a évolué au 1er septembre 2023. Il n'est plus exigé que le salarié qui exerce par ailleurs une activité dans un autre régime de base (ex. : une activité non salariée) cesse cette autre activité, sauf s'il s'agit d'une activité non salariée donnant lieu à affiliation au régime général (c. séc. soc. art. D. 161-2-5). Concrètement, si le salarié est pluriactif, cela revient à dire qu'il n'est pas nécessaire qu'il cesse son activité non-salariée (ex. : activité de commerçant), sauf si elle donne lieu à affiliation au régime général.

▶ À noter… La condition de cessation d'activité s'appréciait plus strictement avant la réforme des retraites entrée en vigueur le 1er septembre 2023. À l'heure où nous rédigions ces lignes (15 janvier 2025), ni l'administration, ni la CNAV n'avait commenté la mesure.

Justificatifs - L'assuré doit compléter et signer une attestation sur l'honneur justifiant de la cessation de l'activité salariée dont il relevait au cours des six mois précédant la date d'effet de la pension. S'il exerçait en dernier lieu une activité non salariée donnant lieu à affiliation au régime général, l'assuré doit établir, par tout mode de preuve, qu'il a cessé définitivement cette activité (c. séc. soc. art. D. 161-2-5). Le formulaire de demande unique de retraite et la demande de retraite personnelle en ligne intègrent la déclaration sur l'honneur (circ. CNAV 2018-22 du 23 août 2018, § 3.1).

Poursuites d'activités autorisées par la loi

Activités artistiques spécifiques - Peuvent poursuivre leur activité à titre principal ou accessoire, tout en percevant une retraite (c. séc. soc. art. L. 161-22, 1°) :
- les artistes du spectacle et les mannequins affiliés obligatoirement au régime général en application de l'article L. 311-3, 15° du code de la sécurité sociale ;
- les artistes auteurs d'œuvres littéraires et dramatiques, musicales et chorégraphiques, audiovisuelles et cinématographiques, graphiques et plastiques affiliés au régime général en application de l'article L. 382-1 du code de la sécurité sociale ;
- les artistes-interprètes rattachés au régime des professions libérales.

Les salariés artistes-interprètes qui exercent dans le cadre d'un contrat à durée indéterminée n'entrent pas dans le champ de la dérogation, et doivent cesser leur activité pour bénéficier de leur retraite (circ. CNAV 2018-22 du 23 août 2018, § 2.1.1.1 ; circ. AGIRC-ARRCO 2020-02 DRJ du 20 janvier 2020, § II.2.1).

Activités artistiques, littéraires ou scientifiques accessoires - Les activités artistiques, littéraires ou scientifiques (conférences, publication d'articles de presse, activité de recherche scientifique, publication de livres) peuvent également être poursuivies à condition qu'elles soient exercées à titre accessoire (c. séc. soc. art. L. 161-22, 2°).

▶ À noter… Ces activités sont accessoires si le revenu annuel total qu'elles procurent est inférieur à celui d'un salarié rémunéré sur la base d'un *SMIC** et employé à tiers-temps (circ. CNAV 2018-22 du 23 août 2018, § 2.1.3.1).

Participation aux activités juridictionnelles ou assimilées - Les personnes participant au fonctionnement de la justice occasionnellement ou accessoirement peuvent poursuivre ces activités (c. séc. soc. art. L. 161-22, 3° ; circ. CNAV 2018-22 du 23 août 2018, § 2.1.3.3) :
- activités juridictionnelles et assimilées ;
- consultations données occasionnellement (qui ne sont pas susceptibles d'occuper l'intéressé plus de 15 heures hebdomadaires en moyenne pendant l'année) ;
- participation à des jurys ou à des instances consultatives ou délibératives.

Transmission d'entreprises - Les assurés qui transmettent leur entreprise entre l'âge légal de la retraite (variable selon la génération) et l'âge d'attribution automatique du taux plein (67 ans pour les assurés nés à partir de 1955) sont autorisés à y poursuivre l'exercice d'une activité rémunérée tout en percevant une pension de vieillesse. Cette poursuite d'activité peut durer pendant 6 mois à compter du premier jour du mois qui suit celui au cours duquel est intervenue la transmission (c. séc. soc. art. L. 161-22, 4°, L. 634-6-1 et D. 634-13-1).

Activité d'hébergement en milieu rural - Les pensionnés peuvent continuer d'exercer des activités d'hébergement avec des biens qui leur appartiennent (gîtes ruraux, campings à la ferme, chambres d'hôtes, etc.) (c. séc. soc. art. L. 161-22, 5°).

Activités de parrainage dans les DOM - Dans les départements d'outre-mer ainsi qu'à Saint-Pierre-et-Miquelon, un apprenti ou un salarié bénéficiaire d'un contrat de professionnalisation peut, pour une durée limitée, bénéficier du parrainage de personnes agréées par le représentant de l'État dans le département pour assurer sa formation au sein de l'entreprise (c. trav. art. L. 6522-2, L. 6523-3 et L. 6523-4). Cette activité de parrainage est compatible avec le versement d'une pension de vieillesse (c. séc. soc. art. L. 161-22, 6°).

Vacations des médecins ou infirmiers à la retraite - Les médecins et infirmiers retraités sont autorisés à poursuivre des vacations accomplies dans les établissements de santé ou dans les établissements ou services sociaux et médico-sociaux, sous respect d'une double limite (c. séc. soc. art. L. 161-22, 7° et R. 161-19) :

- une limite de durée d'activité fixée à 910 heures ou 260 demi-journées de travail par an ;
- et un plafond annuel de ressources égal au montant annuel du *plafond de la sécurité sociale**.

▶ Attention... Qu'il s'agisse d'une reprise ou d'une poursuite d'activité, des règles spécifiques ont été adoptées pour cette catégorie de retraités.

Professionnels de santé exerçant dans certaines zones - Les professionnels de santé peuvent poursuivre des activités dans les zones caractérisées par une offre de soins insuffisante ou par des difficultés dans l'accès aux soins (c. séc. soc. art. L. 161-22, 8°).

Élus locaux - La liquidation de la pension de retraite ne fait pas obstacle à la perception des indemnités de fonction des élus locaux (c. séc. soc. art. L. 161-22, 9°).

Poursuites d'activités autorisées par l'administration

Salariés logés par l'employeur - Les assurés qui demandent la liquidation de leur pension alors qu'ils sont logés par leur employeur et dont la rémunération brute mensuelle au cours de l'année précédant la date d'effet de la pension n'a pas excédé en moyenne une fois la valeur mensuelle du *SMIC** brut correspondant à la durée légale du travail (au taux en vigueur à la date d'effet de la pension) sont exemptés de la condition de cessation d'activité (circ. CNAV 2018-22 du 23 août 2018, § 2.1.3.3).

Il s'agit notamment des concierges, gardiens d'immeuble et employés de maison.

Activités de faible importance - De manière générale, il est possible de conserver une activité de faible importance.

Est considérée comme étant de faible importance l'activité qui procure à l'assuré un revenu inférieur à celui d'un salarié rémunéré sur la base d'un *SMIC** et employé à tiers-temps. Les revenus pris en compte sont ceux perçus pendant l'année civile précédant celle au cours de laquelle la retraite prend effet, avec des règles spécifiques en cas d'exercice de plusieurs activités de faible importance (circ. CNAV 2018-22 du 23 août 2018, § 2.1.2.1).

Activités de nature particulière - Les activités de nourrice, de gardienne d'enfants et d'assistante maternelle ainsi que les fonctions de tierce personne auprès d'une personne âgée, invalide ou handicapée peuvent être cumulées avec une pension de retraite (circ. CNAV 2018-22 du 23 août 2018, § 2.1.1.9).

Activités exercées à l'étranger - L'exercice d'activités professionnelles salariées et non salariées hors de France ne fait pas obstacle au versement d'une pension si, au moment du dépôt de la demande de pension, les intéressés ne sont pas soumis à la législation française de sécurité sociale.

Tel est le cas des expatriés au sens de l'article L. 762-1 du code de la sécurité sociale, mais pas des détachés.

Personnes handicapées travaillant en ESAT - Les personnes handicapées travaillant en ESAT (établissements et services d'accompagnement par le travail) n'ont pas la qualité de salarié au sens du droit du travail. Elles ne sont donc pas soumises à l'obligation de cessation d'activité (circ. CNAV 2018-22 du 23 août 2018, § 2.1.1.8).

Activités cultuelles - Les ministres des cultes et membres des congrégations et collectivités religieuses au titre de leur activité à caractère religieux donnant lieu à affiliation au régime général sont également autorisés à poursuivre leurs activités (circ. CNAV 2004-64 du 22 décembre 2004).

Reprise d'activité

Après liquidation de sa pension de vieillesse, le salarié peut reprendre une activité.

Il peut cumuler sa pension de base avec le revenu de cette activité sans limite, sous certaines conditions [voir *Retraités (cumul emploi-retraite libéralisé)**].

Si ces conditions ne sont pas remplies, le cumul emploi-retraite est plafonné [voir *Retraités (cumul emploi-retraite plafonné)**].

Incidence sur les droits à retraite

Pension liquidée avant 2015 - La reprise d'une activité dans un autre groupe de régimes de retraites que celui de liquidation de la pension permet de se constituer une nouvelle retraite. C'est le cas par exemple d'un salarié devenu retraité avant 2015 qui reprend une activité non salariée : il acquiert des droits au titre de sa future retraite de non salarié.

Pension liquidée entre le 1er janvier 2015 et le 31 août 2023 - Pour les assurés dont la première pension de retraite a pris effet entre le 1er janvier 2015 et le 31 août 2023, la reprise ou la poursuite d'une activité professionnelle (l'affiliant à n'importe quel régime de retraite), que ce soit dans le cadre d'un cumul emploi-retraite total ou plafonné, ne permet pas l'acquisition de nouveaux droits à retraite, y compris de réversion, auprès d'un régime de base ou complémentaire (c. séc. soc. art. L. 161-22-1-A abrogé au 1er septembre 2023 ; circ. CNAV 2019-1926 du 29 octobre 2019 ; circ. AGIRC-ARRCO 2020-02 - DRJ du 20 janvier 2020).

▶ À noter... Cette règle n'est pas opposable à l'assuré qui a demandé le bénéfice d'une pension au titre d'une retraite progressive (c. séc. soc. art. L. 161-22-1-A abrogé au 1er septembre 2023), le but de la retraite progressive étant de valoriser l'activité à temps partiel exercée par le retraité.

Pension liquidée depuis le 1er septembre 2023 - Pour les assurés dont la première pension de retraite de base prend effet à partir du 1er septembre 2023, la reprise ou la poursuite d'une activité professionnelle dans le cadre d'un cumul emploi-retraite plafonné ne permet pas l'acquisition de nouveaux droits à retraite, y compris de réversion, auprès d'un régime de base ou complémentaire (c. séc. soc. art. L. 161-22-1) [voir *Retraités (cumul emploi-retraite plafonné)**].

▶ À noter... Cette règle n'est pas opposable à l'assuré qui demande le bénéfice d'une pension au titre d'une retraite progressive (c. séc. soc. art. L. 161-22-1), le but de la retraite progressive étant de valoriser l'activité à temps partiel exercée par le retraité.

En revanche, les assurés qui liquident leur première pension de retraite à partir du 1er septembre 2023, et qui reprennent ou poursuivent une activité professionnelle dans le cadre d'un cumul emploi-retraite total, acquièrent des nouveaux droits à retraite sur l'activité reprise ou poursuivie. Si la reprise d'activité a lieu chez le dernier employeur, il faut qu'elle intervienne au plus tôt 6 mois après la liquidation de la pension de vieillesse (c. séc. soc. art. L. 161-22-1, 2°) [voir *Retraités (cumul emploi-retraite libéralisé)**].

Incidences paye

Voir *Cumul emploi-retraite (incidences paye)**.

☞ *Cumul emploi-retraite (incidences paye) ; Retraite (âge légal, âge du taux plein) ; Retraités (cumul emploi-retraite libéralisé) ; Retraités (cumul emploi-retraite plafonné).*

Retraités (cumul emploi-retraite libéralisé)

Depuis le 1er janvier 2009, un retraité peut reprendre une activité professionnelle et cumuler, sans restriction, sa pension de vieillesse de base, ainsi que sa pension de retraite complémentaire AGIRC-ARRCO, avec les revenus de l'activité reprise, s'il respecte certaines conditions. À défaut, le cumul est toujours possible, mais est plafonné [voir *Retraités (cumul emploi-retraite plafonné)**].

Conditions

Trois conditions - L'assuré peut cumuler sans limite ses pensions (retraite de base et AGIRC-ARRCO) et le revenu d'une activité professionnelle s'il remplit les 3 conditions cumulatives suivantes (c. séc. soc. art. L. 161-22, al. 4 ; ANI AGIRC-ARRCO du 17 novembre 2017, art. 90) :
- avoir cessé son activité ;
- soit avoir atteint l'âge légal de la retraite (progressivement relevé à 64 ans) et justifier du nombre de trimestres requis pour l'obtention du taux plein, soit avoir atteint l'âge du taux plein automatique (67 ans) [voir *Retraite (âge légal, âge du taux plein)**] ;
- et avoir fait liquider toutes ses pensions personnelles de retraite auprès de la totalité des régimes obligatoires de base et complémentaires, français et étrangers (régime des organisations internationales compris).

Si ces conditions sont remplies, la reprise d'activité peut se faire chez le dernier employeur sans délai : il n'y a pas à respecter de délai d'attente de 6 mois comme dans le cadre du cumul emploi-retraite plafonné [voir *Retraités (cumul emploi-retraite plafonné)**].

▶ Attention... L'assuré qui liquide sa pension à partir du 1er septembre 2023 peut, pendant son cumul emploi-retraite, acquérir une deuxième pension de retraite au titre de l'activité reprise. Cependant, si elle a lieu chez le dernier employeur, la reprise d'activité ne peut pas intervenir avant 6 mois après la liquidation de la première pension de vieillesse *(voir plus loin)*. Si ce délai n'est pas respecté, le cumul emploi-retraite libéralisé est possible, mais l'assuré ne peut pas acquérir de deuxième pension de retraite au titre de l'activité reprise chez son dernier employeur.

Pensions liquidables à un âge supérieur à l'âge légal - Une pension peut parfois n'être obtenue qu'à un âge supérieur à l'âge légal de départ en retraite (ex. : retraite complémentaire d'un régime de profession libérale). Dans ce cas, la condition de liquidation de l'ensemble des pensions ne peut pas, de fait, être remplie à l'âge légal.

Pour éviter que l'accès au dispositif soit trop restrictif, il est prévu que si une pension ne peut être obtenue, le cas échéant sans minoration, qu'à un âge supérieur à l'âge légal, elle « n'est pas retenue pour apprécier la condition de liquidation de l'ensemble des pensions de retraite, et ce jusqu'à ce que l'assuré ait atteint l'âge à partir duquel il peut liquider cette pension ou, en cas de minoration, l'âge auquel celles-ci prennent fin » (c. séc. soc. art. L. 161-22, al. 7).

Cette règle permet ainsi à un assuré de bénéficier du cumul emploi-retraite libéralisé à partir de l'âge légal de départ en retraite (de 62 ans à 64 ans selon la génération) ou à partir de l'âge du taux plein (67 ans pour les assurés nés à partir de 1955), sans que la caisse ne lui oppose le fait de ne pas avoir liquidé une pension auprès d'un ou de plusieurs régimes de retraite de base ou complémentaire auprès desquels il n'a pas atteint l'âge d'ouverture du droit avec ou sans décote.

Cette règle concerne tous les assurés qui souhaitent bénéficier du cumul emploi-retraite libéralisé, y compris ceux ayant déjà obtenu une ou plusieurs pensions de retraite personnelles avec une date d'effet antérieure au 1er janvier 2015.

▶ À noter… Les points acquis avant 2016 par les salariés cadres sur l'ancienne tranche C du régime AGIRC sont minorés d'un coefficient d'abattement qui s'annule à l'âge du taux plein. En pratique, lorsque les intéressés demandent la liquidation de leur pension, leur caisse de retraite les informe de cet abattement. Ils peuvent refuser ce dernier et demander le report de la liquidation de ces points « ancienne tranche C » à l'âge du taux plein (circ. AGIRC-ARRCO 2020-02 DRJ du 20 janvier 2020, fiche 5). L'absence de liquidation de cette partie de pension ne peut pas empêcher l'accès au cumul emploi-retraite libéralisé.

Rappelons que l'ancienne cotisation AGFF (supprimée dans le régime unifié AGIRC-ARRCO mis en place au 1er janvier 2019) avait été étendue à la tranche C à partir de 2016. Du coup, pour les cadres concernés, il faut distinguer leurs droits acquis avant 2016 de ceux acquis à partir de 2016 et jusqu'au 31 décembre 2018.

Obligations de l'assuré et date d'effet

Formalités - En cas de reprise d'activité dans le cadre du cumul emploi-retraite libéralisé, le retraité doit fournir à l'organisme qui lui sert la pension au titre de son dernier régime d'affiliation (c. séc. soc. art. D. 161-2-13 ; circ. CNAV 2010-48 du 29 avril 2010) :
- les nom et adresse de l'employeur ou entreprise auprès duquel il reprend une activité, salariée ou non salariée donnant lieu à affiliation au régime général ;
- la date de début de la reprise d'activité ;
- une déclaration sur l'honneur attestant qu'il a liquidé l'ensemble de ses pensions de vieillesse personnelles et indiquant les régimes de retraite dont il a relevé.

Ces éléments doivent être fournis dans le mois qui suit la reprise d'activité, s'ils n'ont pas été communiqués à l'organisme versant la pension.

▶ À noter… La caisse à qui envoyer ces informations est celle qui verse la retraite au titre du dernier régime d'affiliation de l'assuré ou, en cas d'affiliation simultanée à plusieurs régimes lors du départ en retraite, celle qui lui sert la pension correspondant à la plus longue durée d'assurance et de périodes reconnues équivalentes (c. séc. soc. art. D. 161-2-13). Cette caisse doit être informée au fur et à mesure de la liquidation des retraites personnelles auxquelles l'assuré peut prétendre lorsqu'elles prennent effet après celles du régime général.

Date d'effet du cumul total - L'assuré reprenant une activité salariée bénéficie du cumul emploi-retraite libéralisé à compter du premier jour du mois qui suit celui au cours duquel il remplit toutes les conditions (c. séc. soc. art. D. 161-2-16-1). En pratique, lorsque les conditions sont remplies le premier jour d'un mois, le cumul libéralisé s'applique à partir de cette date.

Pour le régime général des salariés, le cumul libéralisé ne peut jamais être antérieur :
- à la date de cessation de la dernière activité salariée ;
- à la date d'effet de la retraite ;
- ou, selon le cas, au premier jour du mois suivant l'anniversaire correspondant à l'âge légal de départ en retraite (de 62 ans à 64 ans selon la génération) ou à l'âge d'attribution automatique du taux plein (67 ans pour les assurés nés à partir de 1955) [voir *Retraite (âge légal, âge du taux plein)**].

Possibilité d'acquérir une 2e pension de retraite depuis septembre 2023

Pension liquidée entre le 1er janvier 2015 et le 31 août 2023 : pas de nouveaux droits à retraite - Les retraités qui ont liquidé une première pension de vieillesse entre le 1er janvier 2015 et le 31 août 2023 et repris ou poursuivi une activité professionnelle n'acquiert aucun nouveau droit à retraite au titre de cette activité [voir *Retraités (cumul emploi-retraite : principe)**].

Pension liquidée à partir de septembre 2023 : acquisition de nouveaux droits à retraite - Les salariés qui liquident une pension de retraite de base à compter du 1er septembre 2023, et qui exercent une activité professionnelle à compter de cette date dans le cadre d'un cumul emploi-retraite libéralisé, acquièrent des nouveaux droits à retraite de base au titre de l'activité reprise ou poursuivie. Dans l'hypothèse où la reprise d'activité a lieu chez le dernier employeur, il faut que la reprise d'activité intervienne au plus tôt 6 mois après la liquidation de la pension de vieillesse (c. séc. soc. art. L. 161-22-1).

▶ Attention… Ce délai minimal de 6 mois ne concerne que l'acquisition de nouveaux droits à retraite pour une activité reprise ou poursuivie. Il est à distinguer du délai d'attente applicable dans le cadre du cumul emploi-retraite plafonné, qui conditionne le cumul lui-même [voir *Retraités (cumul emploi-retraite plafonné)**]. Par ailleurs, ce délai ne s'est pas appliqué aux assurés qui ont liquidé leur pension au plus tard 6 mois après le 15 avril 2023 (date de la loi réformant les retraites).

La seconde pension issue de ces nouveaux droits est calculée en retenant les seules périodes cotisées (rachats de cotisations exclus), avec application du taux plein. Elle ne peut ouvrir droit à majoration, supplément ou accessoire, ni à la mise en œuvre du montant minimal de pension (c. séc. soc. art. L. 161-22-1-1). En revanche, elle ouvre droit à réversion.

Son montant ne peut dépasser 5 % du montant annuel du plafond de la sécurité sociale (soit 2 355 €/an en 2025 ou 196,25 €/mois en 2025) (c. séc. soc. art. L. 161-22-1-1 et D. 161-2-22-1).

Pour liquider sa seconde pension, le salarié doit cesser son activité. Il en fait la demande à sa caisse de retraite, via un formulaire commun aux différents régimes de retraite. La demande devrait pouvoir se faire en ligne à compter du deuxième trimestre 2025 (dossier de presse CNAV du 11 février 2025). La caisse de retraite se charge, le cas échéant, de communiquer, aux autres régimes de retraite copie du formulaire et des pièces justificatives pour la liquidation des droits qui leur incombe (c. séc. soc. art. R. 161-19-3). La caisse calcule, liquide et verse la seconde pension au salarié dans les conditions applicables à la pension de retraite du régime concerné (c. séc. soc. art. R. 161-19-2).

Après avoir liquidé une seconde pension, l'assuré qui exerce ou reprend une nouvelle activité en cumul emploi-retraite total ne s'ouvre pas de nouveaux droits à retraite, sauf cas particuliers (ex. : artistes du ballet relevant de la caisse de retraite des personnels de l'Opéra national de Paris) (c. séc. soc. art. L. 161-22-1-2).

▶ À noter… Le salarié ne peut bénéficier que d'une seule indemnité de départ volontaire ou de mise à la retraite. L'indemnité est attribuée lors de la première liquidation complète de la retraite (c. trav. art. L. 1237-7 et L. 1237-9).

Dans le régime AGIRC-ARRCO - Dans le régime de retraite complémentaire AGIRC-ARRCO, les cotisations patronales et salariales dues à compter du 1er janvier 2023 sur les rémunérations en tranche 1 (soit la fraction d'assiette limitée au *plafond de la sécurité sociale**) permettent aux bénéficiaires du cumul emploi-retraite d'acquérir des points de retraite AGIRC-ARRCO, sans condition tenant aux ressources. En revanche, les cotisations dues en tranche 2 (fraction de rémunération allant de 1 à 8 plafonds) ne permettent pas d'acquérir de droits à retraite complémentaire (ANI AGIRC-ARRCO du 5 octobre 2023, art. 3).

Les points de retraite complémentaire ainsi acquis donnent droit à une seconde pension AGIRC-ARRCO, qui peut être liquidée depuis le 1er janvier 2024. Cette seconde pension ne peut faire l'objet d'aucune majoration au titre des majorations familiales, d'ancienneté ou du coefficient majorant, mais peut ouvrir droit à réversion.

Comme dans le régime général, la liquidation de cette seconde pension est subordonnée à la cessation de l'activité professionnelle exercée au titre du cumul emploi-retraite. Postérieurement à cette seconde pension, les périodes d'activité ne seront pas génératrices de droit (circ. AGIRC-ARRCO 2024-4 DRJ du 5 février 2024).

Incidences paye

Voir *Cumul emploi-retraite (incidences paye)**.

☛ Cumul emploi-retraite (incidences paye) ; Retraite (âge légal, âge du taux plein) ; Retraités (cumul emploi-retraite : principe) ; Retraités (cumul emploi-retraite plafonné).

Retraités (cumul emploi-retraite plafonné)

S'ils ne remplissent pas les conditions du cumul emploi-retraite libéralisé [voir *Retraités (cumul emploi-retraite libéralisé)**], les retraités peuvent tout de même cumuler leur pension avec des revenus issus d'une activité professionnelle, mais à des conditions plus contraignantes et dans la limite d'un plafond.

Formalités

Le pensionné qui reprend une activité salariée est tenu d'en informer, par écrit et dans le mois suivant la date de reprise d'activité, l'organisme qui sert sa pension au titre de son dernier régime d'affiliation, en lui fournissant divers renseignements (c. séc. soc. art. D. 161-2-13).

Délai d'attente en cas de reprise chez l'ancien employeur

Délai d'attente de 6 mois - En cas de reprise d'activité chez le dernier employeur ou dans la dernière entreprise d'activité du retraité, il est impératif, pour pouvoir cumuler sa pension de retraite de base avec ses revenus d'activité, de respecter un délai d'attente d'au moins 6 mois après l'entrée en jouissance de la pension de vieillesse (c. séc. soc. art. L. 161-22, al. 2).

▶ Attention... Si la reprise d'activité a lieu chez un autre employeur, il n'y a pas lieu de respecter le délai d'attente de 6 mois. Par ailleurs, aucun délai d'attente n'est exigé dans le régime de *retraite complémentaire** AGIRC-ARRCO.

Les activités antérieures à la date d'effet de la pension à prendre en compte pour vérifier que l'activité reprise est exercée chez le même employeur sont celles exercées au cours des 6 mois précédant la date d'effet de la pension (c. séc. soc. art. D. 161-2-12, al. 1er).

Elles doivent avoir donné lieu à affiliation au régime général, sans tenir compte des activités qui peuvent être poursuivies par l'assuré [voir *Retraités (cumul emploi-retraite : principe)**] (c. séc. soc. art. L. 161-22, al. 4, 1° à 7° et D. 161-2-6).

Des contrôles *a posteriori* sont mis en œuvre pour vérifier si les conditions de poursuite et de reprise d'activité sont respectées (c. séc. soc. art. D. 161-2-17).

Non-respect du délai d'attente - La pension de retraite de base est suspendue lorsque l'intéressé reprend, dans les 6 mois suivant la date d'effet de la pension, une activité salariée ou assimilée pour le compte de l'employeur dont il relevait avant la date d'effet de la pension (c. séc. soc. art. D. 161-2-15).

La pension est suspendue, au plus tard, jusqu'au dernier jour du 6e mois courant à compter de la date d'effet de la pension (passé ce délai, en effet, l'intéressé est autorisé, dans la limite du plafond de cumul, à reprendre une activité chez le même employeur).

Ces dispositions s'appliquent également lorsque l'assuré n'a pas cessé son activité à la date d'effet de la pension. Dans ce cas, la suspension intervient à compter de cette date d'effet.

Plafond de cumul

Principe - Que le retraité reprenne une activité chez son ancien employeur ou chez un nouvel employeur, le cumul de sa pension avec les revenus de son activité est limité s'il ne remplit pas les conditions nécessaires au cumul emploi-retraite libéralisé [voir *Retraités (cumul emploi-retraite libéralisé)**].

Deux plafonds possibles - Dans le cadre du régime général de sécurité sociale, le plafond de cumul emploi-retraite (salaire + pensions de retraite de base et complémentaires) à respecter est le plus élevé entre (c. séc. soc. art. L. 161-22) :
- 160 % du *SMIC** mensuel (cette limite minimale étant calculée sur la base annuelle de 1820 heures, compte tenu de la valeur horaire du SMIC au 1er janvier de l'année au cours de laquelle sont mises en œuvre les règles de cumul) ;
- et le dernier salaire d'activité perçu par le pensionné avant le départ en retraite. Le dernier salaire d'activité est égal à la moyenne mensuelle des revenus d'activité perçus au cours d'une période de référence et retenus pour le calcul de la CSG. Cette période de référence correspond au mois de la cessation de la dernière activité salariée et aux deux mois civils précédents (c. séc. soc. art. D. 161-2-7, I et III).

▶ À noter... Les pensions de retraite à retenir pour l'appréciation du plafond de cumul sont celles dues par le régime général des salariés, le régime des salariés agricoles, certains régimes spéciaux (ex : régimes de la Banque de France, des notaires), ainsi que par les régimes de retraite complémentaire AGIRC-ARRCO, IRCANTEC et de la caisse de retraite du personnel navigant de l'aviation civile.

Dépassement du plafond : réduction de la pension - Le dépassement du plafond entraîne l'application de règles d'écrêtement de la pension (c. séc. soc. art. L. 161-22). Pour les polypensionnés, « chacune des pensions servies par (les) régimes est réduite à due concurrence du dépassement » (c. séc. soc. art. L. 161-22).

▶ À noter... Depuis le 1er juillet 2018, le dispositif de la LURA (liquidation unique des régimes alignés) permet aux pluriactifs nés à compter de 1953 de bénéficier de règles de calcul et de liquidation simplifiés de leur pension s'ils sont affiliés à au moins deux des régimes suivants : régime des salariés (régime général), régime des indépendants (régime général), régime des salariés agricoles. Le régime liquidateur (le dernier régime d'affiliation, sauf dérogations) applique « ses » règles de cumul emploi-retraite.

Concrètement, en cas de dépassement du plafond, le montant de la réduction de la pension est égal au montant du dépassement. Si celui-ci est supérieur au montant de la pension, cette dernière n'est pas servie (c. séc. soc. art. D. 161-2-16).

La mesure d'écrêtement prend effet à partir du mois civil (ou du trimestre civil si la pension est versée trimestriellement) au cours duquel le dépassement est atteint. Elle cesse de s'appliquer à partir du mois civil (ou du trimestre) au cours duquel le plafond est à nouveau respecté (c. séc. soc. art. D. 161-2-16 ; circ. CNAV 2017-41 du 12 décembre 2017).

Suspension du délai d'attente et du plafond de cumul

Les conditions liées au délai d'attente de 6 mois et au plafond de cumul *(voir ci-avant)* peuvent être suspendues par décret pour une durée pouvant aller jusqu'à 1 an (renouvelable pour 6 mois, soit 18 mois maximum) lorsque des circonstances exceptionnelles nécessitent, en urgence, la poursuite ou la reprise d'activité par des assurés susceptibles de les exercer (c. séc. soc. art. L. 161-22-1-4).

Ce décret précise les catégories d'activités et d'assurés concernés par la suspension et peut en prévoir l'application rétroactive, dans la limite d'un mois avant sa publication. Il peut également suspendre les règles de plafond ou de délai minimal de reprise d'activité prévues dans les régimes de retraite complémentaire.

▶ À noter… Pour mémoire, pendant la crise sanitaire, les professionnels libéraux mobilisés ont bénéficié de règles dérogatoires en matière de cumul emploi-retraite, qui ont pu s'appliquer jusqu'à la fin de l'année 2022 (loi 2020-734 du 17 juin 2020, art. 14, JO du 18 ; loi 2021-1754 du 23 décembre 2021, art. 3, II, A, JO du 24 ; loi 2022-46 du 22 janvier 2022, art. 6, JO du 23 ; lettres min. du 3 janvier 2023, du 29 juillet 2022, du 15 septembre 2021 et du 23 mars 2021).

Retraite complémentaire

Reprise d'activité réduite - Pour les retraités qui ne remplissent pas les conditions nécessaires à une reprise d'activité sans restriction [voir *Retraités (cumul emploi-retraite libéralisé)**], un cumul emploi-retraite est toujours possible mais dans certaines limites.

Le retraité doit en effet justifier que les revenus issus de la reprise d'activité salariée, ajoutés au montant de l'ensemble des pensions et allocations perçues, n'excèdent pas (ANI du 17 novembre 2017, art. 89 ; circ. AGIRC-ARRCO 2020-02 DRJ du 20 janvier 2020, fiche 3) :
- soit le dernier salaire normal d'activité ;
- soit un montant égal à 160 % du *SMIC** ;
- soit le salaire moyen des 10 dernières années d'activité.

Le plafond le plus favorable au retraité est retenu.

L'activité s'entend comme celle qui a donné lieu à versement de cotisations.

Si la dernière activité est atypique (ex : préretraite progressive, temps partiel etc.), le salaire servant de référence est celui correspondant à l'activité temps plein. En cas de difficulté, le salaire de référence est déterminé par le conseil d'administration de la caisse chargée de la liquidation de la pension.

Poursuites d'activité autorisées - La poursuite de certaines activités autorisées par la loi ne fait pas échec à la liquidation de la pension AGIRC-ARRCO (ANI du 17 novembre 2017, art. 87). Pour la liste de ces activités, voir *Retraités (cumul emploi-retraite : principe)*.

Absence de nouveaux droits à retraite

Dans le cadre du cumul emploi-retraite plafonné, toute activité professionnelle reprise après la liquidation d'une première pension depuis 2015 n'ouvre plus aucun droit à retraite [voir *Retraités (cumul emploi-retraite : principe)**].

Incidences sur la paye du cumul emploi-retraite

Voir *Cumul emploi-retraite (incidences paye)**.

☞ Cumul emploi-retraite (incidences paye) ; Retraite (âge légal, âge du taux plein) ; Retraités (cumul emploi-retraite : principe) ; Retraités (cumul emploi-retraite libéralisé).

Retraite supplémentaire

Les cotisations qui financent des garanties de retraite supplémentaire sont déductibles du revenu imposable et exonérées de cotisations de sécurité sociale dans les limites prévues par la loi si certaines conditions sont respectées. Il en va de même pour les cotisations obligatoires qui alimentent un *plan d'épargne retraite d'entreprise obligatoire** (PERE-OB), dispositif entré en vigueur le 1er octobre 2019 et qui a succédé aux contrats de retraite dits « art. 83 ».

Pour mémoire, les régimes de retraite à prestations définies relèvent de règles particulières qui peuvent conduire à la mise en œuvre d'un régime social spécifique (sur ce point, voir *Régime de retraite à prestations définies**).

Conditions exigées au regard du régime social

Liste des conditions à respecter - Certaines conditions d'exonération sont communes avec les régimes de prévoyance complémentaire : caractère collectif, adhésion obligatoire, modalités de mise en place, etc. (voir *Régimes de retraite supplémentaire et de prévoyance complémentaire**).

D'autres conditions, ici détaillées, sont spécifiques à la retraite supplémentaire (c. séc. soc. art. D. 242-1 ; BOSS, Protection sociale complémentaire, §§ 200 à 260, 01/01/2025).

Prestations complémentaires à celles des régimes imposés par la loi - Les contributions patronales doivent financer des prestations de retraite complétant celles servies par les régimes d'assurance vieillesse obligatoire de base et les régimes complémentaires de retraite à affiliation légalement obligatoire (AGIRC-ARRCO notamment) (c. séc. soc. art. D. 242-1, II , BOSS, Protection sociale complémentaire, § 200, 01/01/2025).

Contrat d'assurance avec des organismes précis - Les opérations de retraite doivent être organisées dans le cadre d'un *plan d'épargne retraite d'entreprise obligatoire** (PERE-OB) ou d'un contrat d'assurance souscrit par un ou plusieurs employeurs (ou par tout groupe d'employeurs) exclusivement auprès d'entreprises d'assurances, d'institutions de prévoyance ou de mutuelles (c. séc. soc. art. D. 242-1, II).

Acquisition d'une rente - Les contrats doivent avoir pour objet l'acquisition et la jouissance de droits viagers personnels payables au membre participant au plus tôt à compter de la date de liquidation de sa pension dans un régime obligatoire d'assurance vieillesse, de base ou complémentaire, ou à l'âge légal de départ en retraite (c. séc. soc. art. D. 242-1, II ; BOSS, Protection sociale complémentaire, § 210, 01/01/2025) :

- soit par l'acquisition d'une rente viagère différée (les droits sont exprimés en euros) ;
- soit par l'acquisition de droits dans un *plan d'épargne retraite d'entreprise obligatoire** ;
- soit par la constitution d'une épargne, qui sera obligatoirement convertie en rente viagère ;
- soit dans le cadre des régimes dits « de branche 26 » dont les droits sont exprimés en unités de rente (c. ass. art. L. 441-1 ; c. séc. soc. art. L. 932-24 ; c. mutualité art. L. 222-1).

▶ À noter... Les régimes « de branche 26 » donnent lieu à l'acquisition par l'assuré d'un certain nombre de points de retraite lui permettant d'acquérir une rente (au moment du départ en retraite, cette rente est égale au produit du nombre de points acquis par la valeur de service du point).

Possibilité de prévoir des garanties complémentaires - Les contrats peuvent prévoir des garanties complémentaires en cas de décès de l'adhérent (avant ou après la date de mise en service de la rente viagère) ainsi qu'en cas d'invalidité ou d'incapacité, ou de perte d'autonomie (c. séc. soc. art. D. 242-1, II ; BOSS, Protection sociale complémentaire, § 220, 01/01/2025).

Ces garanties peuvent prendre la forme soit d'un capital, soit d'une rente viagère (ex. : pension de réversion) (BOSS, Protection sociale complémentaire, § 220, 01/01/2025).

Pas de rachat, sauf exceptions - Les contrats ne peuvent comporter aucune clause de rachat, même partiel (un rachat partiel consiste en la faculté pour le salarié de percevoir l'épargne constituée avant son départ en retraite) (c. séc. soc. art. D. 242-1, II).

Le régime social de faveur attachée aux contributions qui financent le régime est ainsi remis en cause lorsque la liquidation du régime de retraite supplémentaire est assimilable à une sortie en capital, même partielle. Il en va ainsi, en particulier, des versements de rentes dites « variables » ou « par paliers » ayant pour effet soit de liquider une fraction significative des droits viagers sur une très courte période, soit au contraire de différer cette liquidation à une date très tardive (BOSS, Protection sociale complémentaire, § 230, 01/01/2025).

En revanche, le rachat des rentes est possible lorsque la rente ne dépasse pas 110 € mensuels. La faculté de rachat peut être exercée non seulement lors de la liquidation du contrat, mais également par la suite, en cours de versement des rentes (c. ass. art. A. 160-2 ; BOSS, Protection sociale complémentaire, § 240, 01/01/2025).

▶ À noter... Les organismes assureurs ne peuvent procéder au rachat des rentes de faible montant qu'avec l'accord du bénéficiaire, y compris pour les anciens produits de retraite supplémentaire (ex. : contrats « article 83 ») (arrêté du 17 juillet 2023, JO du 21, texte 7 ; c. ass. art. A. 160-2 et A. 160-2-1 abrogé). Sans changement, la possibilité d'une sortie en capital est une possibilité laissée à l'assureur d'organiser ce droit (en effet, le texte indique que les entreprises d'assurance « peuvent », avec l'accord de l'assuré, procéder au rachat).

Les rachats de rente sont aussi admis à l'occasion des événements suivants (c. séc. soc. art. D. 242-1, II ; c. ass. art. L. 132-23, al. 3 à 7 ; c. mutualité art. L. 223-22, al. 3 à 7 ; c. mon. et fin. art. L. 224-4 ; BOSS, Protection sociale complémentaire, § 240, 01/01/2025) :
- expiration des droits de l'assuré aux allocations d'assurance chômage suite à un licenciement ;
- cessation d'activité non salariée de l'assuré à la suite d'un jugement de liquidation judiciaire ;
- invalidité de 2e ou 3e catégorie (c. séc. soc. art. L. 341-4, 2° et 3°) du titulaire, de ses enfants, de son conjoint ou de son partenaire pacsé ;
- décès du conjoint ou du partenaire pacsé ;
- situation de surendettement ;
- pour les PERE-OB, demande de rachat effectué avant l'âge de 18 ans ;
- pour les PERE-OB, acquisition de la résidence principale. Toutefois, le rachat ne peut porter sur les droits correspondants aux versements obligatoires du salarié et de l'employeur.

On remarquera que pour les garanties de retraite supplémentaire mises en œuvre dans le cadre d'un *plan d'épargne retraite d'entreprise obligatoire** (PERE-OB), les rachats autorisés correspondent à la liste des cas de déblocage anticipé possibles (c. mon. et fin. art. L. 224-4).

▶ À noter… Le décès du conjoint ou du partenaire pacsé et le surendettement de l'assuré ont été rajoutés par la loi de réforme des retraites du 9 novembre 2010 aux cas de rachat déjà prévus par les articles L. 132-23 du code des assurances et L. 223-22 du code de la mutualité. Même si l'article D. 242-1 du code de la sécurité sociale n'a pas été adapté, il convient de prendre également en compte ces deux cas dans la mesure où ils sont d'ordre public et s'imposent à tous. Le BOSS en fait d'ailleurs état (BOSS, Protection sociale complémentaire, § 240, 01/01/2025).

Transfert des droits - Le contrat doit prévoir la faculté pour le participant, lorsqu'il n'est plus tenu d'y adhérer, de transférer ses droits vers d'autres garanties de retraite supplémentaire à caractère collectif et obligatoire (ex. : *PERE-OB**) ou vers un plan d'épargne retraite populaire (c. séc. soc. art. D. 242-1, II). Rappelons que l'employeur doit remettre aux salariés une notice sur le régime. Cette notice (à établir par l'entreprise d'assurance, l'institution de prévoyance ou la mutuelle) doit détailler les modalités d'exercice de ce transfert.

Les droits détenus sur *plan d'épargne retraite d'entreprise obligatoire** (c. mon. et fin. art. L. 224-423) ou un *plan d'épargne retraite d'entreprise collectif** regroupé (c. mon. et fin. art. L. 224-27) sont transférables dans les conditions prévues par le code monétaire et financier (c. séc. soc. art. D. 242-1, II ; c. mon. et fin. art. L. 224-6).

▶ À noter… La faculté de transfert n'est pas exigée pour certaines opérations de retraite créées avant le 1er janvier 2005. Il s'agit des régimes à points dits « de branche 26 », ayant pour objet l'acquisition ou la jouissance de droits en cas de vie, dans lesquels un lien est établi entre la revalorisation des primes et celle des droits en cas de vie précédemment acquis, et dont les actifs et les droits sont isolés de ceux des autres assurés (BOSS, Protection sociale complémentaire, § 260, 01/01/2025).

Conditions exigées au regard du régime fiscal

Pour pouvoir être déduites du revenu imposable, les cotisations aux régimes de retraite supplémentaire doivent tendre à la constitution d'une véritable pension de retraite, c'est-à-dire d'un revenu conservant un lien avec les services passés.

Par ailleurs, l'ensemble des conditions suivantes doivent être satisfaites (BOFiP-RSA-BASE-30-10-20-§§ 10 à 110-21/06/2017) :
- la pension doit être stipulée payable, au plus tôt, à l'âge normal de départ à la retraite, sachant qu'il est admis que la pension soit stipulée réversible sur la tête du conjoint survivant ou des enfants à charge ou, le cas échéant, d'un bénéficiaire désigné ;
- les cotisations doivent comporter une participation effective de l'employeur (au minimum une part significative, au maximum la totalité), sachant que la seule prise en charge par l'employeur des frais de mise en place et de gestion du régime ne constitue pas, de sa part, une participation significative à son financement ;
- les contrats passés avec un organisme d'assurances doivent revêtir la forme d'une assurance de groupe qui s'impose à la totalité du personnel ou appartenant à une catégorie donnée [pour l'appréciation du caractère collectif, voir *Régimes de retraite supplémentaire et de prévoyance complémentaire (caractère collectif)**] ;

- les cotisations doivent être fixées à un taux uniforme [voir *Régimes de retraite supplémentaire et de prévoyance complémentaire (caractère collectif)**] ;
- les cotisations doivent être afférentes à un régime exclusif de tout versement d'un capital, même s'il s'agit d'une option entre cette formule et le versement d'arrérages, au moment du départ à la retraite ;
- les contrats ne doivent pas être rachetables, sous réserve des exceptions admises *(voir « À noter » ci-après)* ;
- les contrats peuvent prévoir des garanties complémentaires en cas de décès de l'adhérent avant la date de mise en service de la rente viagère (contre-assurance décès qui, le cas échéant, peut valablement consister en la contrepartie de la provision mathématique) ou après cette date (réversion notamment), ainsi qu'en cas d'invalidité ou d'incapacité.

▶ À noter… Pour ce qui est des exceptions admises à l'interdiction du rachat, la doctrine de l'administration fiscale a ajouté les situations de surendettement et de décès du conjoint ou du partenaire pacsé (BOFiP-RSA-BASE-30-10-20-§ 100-21/06/2017). Elle vise donc l'ensemble des cas de rachat prévus par le code des assurances et le code de la mutualité (al. 3 à 7 de c. ass. art. L. 223-22 et c. mutualité art. L. 223-22). À l'heure où nous rédigeons ces lignes, la documentation de l'administration fiscale n'avait pas été actualisée de la création du *plan d'épargne retraite d'entreprise obligatoire**. Néanmoins, la logique voudrait que, pour ce dispositif, les cas de rachats soient alignés sur les cas de déblocage anticipé du plan d'épargne.

☞ *Cotisations de retraite et de prévoyance (régime fiscal) ; Cotisations de retraite et de prévoyance (régime social) ; Cotisations de retraite et de prévoyance (réintégration des excédents) ; Plan d'épargne retraite d'entreprise obligatoire ; Régime de retraite à prestations définies ; Régimes de retraite supplémentaire et de prévoyance complémentaire ; Régimes de retraite supplémentaire et de prévoyance complémentaire (caractère collectif) ; Régimes de retraite supplémentaire et de prévoyance complémentaire (caractère obligatoire).*

Retraite supplémentaire et prévoyance complémentaire (redressement URSSAF réduit)

Les contributions patronales destinées au financement de garanties de prévoyance complémentaire ou de retraite supplémentaire bénéficient d'un régime social de faveur si le régime présente, entre autres conditions, un caractère obligatoire et collectif. À défaut, l'URSSAF requalifie le financement patronal en « salaire » et l'assujettit dès le premier euro aux cotisations de sécurité sociale et à l'ensemble des charges ayant la même assiette.

Dans certains cas, le montant du redressement peut être proportionné à la nature de l'« erreur » qui en est la cause.

Principe du redressement intégral

En principe, les redressements opérés dans le cadre d'un *contrôle URSSAF** portant sur l'application des règles liées au caractère collectif et obligatoire des régimes de prévoyance complémentaire et de retraite supplémentaire couvrent le montant global des contributions versées par les employeurs pour le financement de ces garanties (c. séc. soc. art. L. 133-4-8, I ; BOSS, Protection sociale complémentaire, § 650, 01/01/2025).

Redressement réduit

Possibilité de redressement réduit - Pour les erreurs les moins graves, le montant du redressement est réduit par l'agent chargé du contrôle URSSAF à hauteur d'un montant calculé sur la seule base des sommes faisant défaut (ou excédant les contributions nécessaires) pour que les garanties aient bien un caractère collectif et obligatoire (c. séc. soc. art. L. 133-4-8, II ; BOSS, Protection sociale complémentaire, § 660, 01/01/2025).

Le redressement réduit suppose que l'employeur reconstitue ces sommes de manière probante (c. séc. soc. art. L. 133-4-8, II ; BOSS, Protection sociale complémentaire, § 660, 01/01/2025).

À cet égard, a été jugée insuffisante la production d'un document se limitant à présenter l'identité des salariés, le financement patronal « garantie frais de santé », la part patronale de la garantie frais de santé et la régularisation base 100 plafonnée, mais ne comportant pas les sommes faisant défaut, ni l'identité de son auteur, d'autant qu'aucun justificatif ne permettait de l'étayer (cass. civ., 2e ch., 1er février 2024, n° 22-12207 FB).

En pratique, l'employeur doit identifier le montant des contributions au financement du dispositif qu'il aurait dû acquitter au titre des salariés concernés par le redressement, afin de respecter le caractère collectif et obligatoire du régime. Si l'agent chargé du contrôle est d'accord sur le différentiel proposé par l'employeur, il procède au redressement des contributions dues au titre des salariés concernés, sur la base du montant correspondant à la reconstitution par l'employeur (BOSS, Protection sociale complémentaire, § 670, 01/01/2025).

Si l'employeur ne peut ni identifier ni chiffrer le montant des contributions qu'il aurait dû acquitter au titre des salariés concernés par le redressement, ce dernier est alors effectué au 1er euro.

Montant du redressement réduit - Le redressement réduit est fixé à hauteur :

- d'1,5 fois les sommes en cause lorsque le motif du redressement repose sur une erreur formelle, c'est-à-dire l'absence de production d'une demande de dispense ou de tout autre document ou justificatif nécessaire à l'appréciation du caractère obligatoire et collectif (c. séc. soc. art. L. 133-4-8, II, 1°) ;
- de 3 fois ces sommes dans les autres cas et lorsque le manquement de l'employeur ne révèle pas une « méconnaissance d'une particulière gravité » de la réglementation (c. séc. soc. art. L. 133-4-8, II, 2°).

Ainsi, le redressement est calculé sur une assiette correspondant à la situation des seuls salariés dont la couverture ne respecte pas les critères liés au caractère collectif et obligatoire, ou pour lesquels l'employeur n'est pas en mesure d'apporter les justificatifs demandés.

En tout état de cause, l'agent de contrôle ne peut pas établir un montant de redressement supérieur à celui résultant de l'assujettissement de l'ensemble des contributions patronales au financement du régime (c. séc. soc. art. L. 133-4-8, II, dernier al.).

Exemple

Un employeur d'une entreprise de 100 salariés en couvre 96 au titre de la prévoyance santé, à hauteur d'un montant annuel de 600 € par salarié. Du fait de l'absence de couverture de 4 salariés, le régime ne satisfait pas les critères d'exemption pendant 1 exercice. La contribution nécessaire pour aboutir à une couverture complète de tous les salariés s'élève à 2 400 € (600 € × 4).

Par hypothèse, l'employeur reconstitue le montant qu'il aurait dû verser au titre des 4 salariés non couverts.

❶ Si l'anomalie provient d'une erreur formelle (absence de fourniture de justificatif), le redressement est égal au montant des contributions qui auraient été dues multiplié par 1,5 (majoration de 50 %), soit 3 600 € (2 400 × 1,5).

❷ Si l'anomalie provient d'une erreur qui n'est ni formelle ni d'une particulière gravité, le redressement est égal au triple des contributions qui auraient été dues (majoration de 200 %), soit 7 200 € (2 400 × 3) (BOSS, Protection sociale complémentaire, § 710, 01/01/2025).

Cas d'exclusion du redressement réduit

Méconnaissance d'une particulière gravité - Si le contrôle révèle une « méconnaissance d'une particulière gravité du caractère collectif et obligatoire », il ne peut pas y avoir de redressement réduit. Le redressement porte alors sur l'intégralité des contributions patronales versées au titre du régime concerné (c. séc. soc. art. L. 133-4-8, II, al. 5 ; BOSS, Protection sociale complémentaire, § 700, 01/01/2025).

Dans une telle situation, l'agent de contrôle informe l'employeur que le manquement à l'origine du redressement révèle une méconnaissance d'une particulière gravité des règles liées au caractère collectif et obligatoire, en justifiant sa décision, dans le cadre de la procédure contradictoire préalable à la fin du contrôle.

Autres situations écartant le redressement réduit - D'autres situations écartent également le redressement réduit. Il en va ainsi (c. séc. soc. art. L. 133-4-8, III ; BOSS, Protection sociale complémentaire, § 700, 01/01/2025) :

- lorsque le redressement procède d'un cas d'octroi d'un avantage personnel ou d'une mesure discriminatoire ;
- lorsque l'irrégularité en cause a déjà fait l'objet d'une observation à l'occasion d'un précédent contrôle (dans la limite des 5 années civiles précédant l'année où le contrôle a été initié) ;
- en cas de situation de travail dissimulé, d'obstacle à contrôle ou d'abus de droit constatée dans les 5 années civiles précédant l'année où le contrôle a été initié.

Protection des salariés

En cas de redressement URSSAF lié à l'absence de caractère collectif et obligatoire d'un régime de protection sociale complémentaire d'entreprise, l'employeur s'acquitte des parts patronales et salariales des cotisations éludées.

Il ne peut pas demander aux salariés concernés le remboursement de la part salariale des cotisations redressées (c. séc. soc. art. L. 133-4-8, IV ; BOSS, Protection sociale complémentaire, § 710, 01/01/2025).

☛ *Régimes de retraite supplémentaire et de prévoyance complémentaire ; Régimes de retraite supplémentaire et de prévoyance complémentaire (caractère collectif) ; Régimes de retraite supplémentaire et de prévoyance complémentaire (caractère obligatoire).*

Rétrogradation

Définition et incidence - La rétrogradation se définit comme une mesure de déclassement hiérarchique prise à titre de sanction disciplinaire (c. trav. art. L. 1331-1).

La rétrogradation se traduit généralement par une affectation du salarié à un niveau inférieur. La réduction du salaire qui s'ensuit est licite (cass. soc. 17 février 1993, n° 88-45539, BC V n° 55 ; cass. soc. 5 novembre 2015, n° 14-17800 D).

En revanche, la baisse de rémunération sans changement réel de poste constitue une sanction pécuniaire interdite (cass. soc. 23 février 1994, n° 90-45001 D) (voir *Sanctions pécuniaires**).

Refus du salarié - La rétrogradation a pour conséquence de modifier le contrat de travail du salarié, de sorte que l'employeur ne peut pas l'imposer. L'accord du salarié est nécessaire pour mettre en œuvre la sanction. En pratique, l'employeur doit l'informer de sa faculté d'accepter ou de refuser cette modification (cass. soc. 28 avril 2011, n° 09-70619, BC V n° 97). Un refus du salarié n'est pas en soi constitutif d'une faute.

En cas de refus, l'employeur peut prononcer une autre sanction au lieu et place de la sanction refusée, y compris un licenciement pour faute grave (cass. soc. 11 février 2009, n° 06-45897, BC V n° 41 ; cass. soc. 14 juin 2023, n° 21-22269 FD), dans le respect du droit disciplinaire. Cela ne constitue pas une double sanction interdite (cass. soc. 9 octobre 2019, n° 18- 18146 D).

L'employeur a 2 mois, à compter du refus (ou du terme de l'éventuel délai accordé au salarié pour répondre), pour engager une nouvelle procédure disciplinaire (cass. soc. 15 janvier 2013, n° 11-28109, BC V n° 7 ; cass. soc. 27 mai 2021, n° 19-17587 FSP). Opter pour un licenciement suppose que les faits reprochés au salarié soient d'une gravité suffisante pour que cette nouvelle sanction soit justifiée et proportionnée. Si la sanction de substitution est autre qu'un licenciement (ex. : mise à pied disciplinaire), l'employeur n'a pas à tenir un nouvel entretien préalable (cass. soc. 25 mars 2020, n° 18-11433 FSPB).

▶ À noter... L'employeur n'est pas tenu de poursuivre sur le terrain disciplinaire après le refus du salarié et peut prononcer un licenciement non disciplinaire (cass. soc. 9 mars 2022, n° 20-17005 FB).

☞ *Sanctions pécuniaires.*

Ristournes sur la cotisation accidents du travail

Les *CARSAT** (la CRAMIF en Île-de-France, les CGSS dans les départements d'outre-mer et la Caisse de sécurité sociale de Mayotte) peuvent accorder des ristournes sur la *cotisation d'accidents du travail** pour tenir compte des mesures de prévention appliquées par les employeurs (c. séc. soc. art. L. 242-7). La ristourne peut aussi concerner les cotisations d'accidents de trajet.

Des avances et subventions peuvent par ailleurs être accordées aux employeurs.

Ristournes sur les cotisations accidents du travail

Bénéficiaires - Les bénéficiaires sont les établissements soumis au régime de la tarification collective du fait de leur effectif, ou à celui de la tarification mixte pour la fraction du taux collectif entrant dans le calcul de la cotisation (arrêté du 9 décembre 2010, JO du 15). Sont donc exclus du bénéfice éventuel des ristournes tous les établissements soumis à la tarification individuelle (le taux tient déjà compte des mesures de prévention prises dans l'établissement). Sont aussi exclus du bénéfice de ces ristournes les établissements soumis à la tarification collective en raison de leur activité.

Conditions - L'établissement doit être à jour de ses cotisations, les avoir acquittées régulièrement au cours des 12 derniers mois, justifier d'un effort de prévention soutenu et avoir pris des mesures susceptibles de diminuer la fréquence ou la gravité des accidents du travail et des maladies professionnelles (arrêté du 9 décembre 2010, art. 2, JO du 15).

Procédure - Les ristournes sont accordées soit à l'initiative de la caisse compétente, soit à la demande de l'employeur, sur un rapport motivé du service « prévention » de la caisse. Elles sont octroyées après avis du *comité social et économique**, après avis favorable du comité technique régional compétent ou de la commission paritaire permanente et après information de la *DREETS** (arrêté du 9 décembre 2010, art. 3, JO du 15).

Le rapport du service prévention doit comporter toutes les justifications utiles, et notamment une description détaillée des mesures prises ainsi qu'une proposition de taux de réduction et éventuellement de la durée d'application (arrêté du 9 décembre 2010, art. 4, JO du 15).

La durée des ristournes ne peut pas excéder 1 an sans nouvel examen du comité technique régional compétent ou de la commission paritaire permanente (arrêté du 9 décembre 2010, art. 5, JO du 15).

Le bénéfice de la ristourne peut, à tout moment, être supprimé ou suspendu par la *CARSAT** après avis conforme du comité technique régional intéressé ou de la commission paritaire permanente (arrêté du 9 décembre 2010, art. 6, JO du 15).

La caisse doit notifier sa décision à l'employeur par LRAR (arrêté du 9 décembre 2010, art. 4, JO du 15).

Montant - La ristourne sur la *cotisation d'accidents du travail** est fixée en pourcentage du taux collectif pour les établissements soumis à la tarification collective, dans la limite de 25 %.

Pour les établissements en tarification mixte, le pourcentage de la ristourne est appliqué à la fraction du taux collectif pris en compte dans le calcul du taux de cotisation.

Pour les entreprises qui bénéficient d'un taux unique pour l'ensemble de leurs établissements appartenant à la même catégorie de risque, cette réduction n'est accordée que sur la fraction de taux collectif entrant dans le calcul du taux de l'établissement (arrêté du 9 décembre 2010, art. 5, JO du 15).

Ristournes sur les cotisations d'accidents de trajet

Ristourne spécifique - La *CARSAT** peut accorder une ristourne sur la majoration forfaitaire (M1) couvrant les accidents de trajet aux établissements qui ont pris des dispositions de nature à réduire ce risque et ce, quel que soit le mode de tarification (collective, individuelle ou mixte). Les conditions à respecter ainsi que la procédure sont les mêmes que pour les cotisations accidents du travail (arrêté du 19 septembre 1977 modifié, art. 1 à 3).

Cette ristourne est allouée sous la forme d'une réduction du taux net de la cotisation. Elle ne peut être inférieure à 25 % ni supérieure à 87,70 % de la majoration (ou cotisation) forfaitaire pour accident de trajet (arrêté du 19 septembre 1977 modifié, art. 4).

Cumul avec la ristourne liée aux accidents du travail - La ristourne pour accident de trajet peut être cumulée avec une ristourne liée aux accidents du travail dans les limites suivantes (arrêté du 19 septembre 1977 modifié, art. 5) :

- 0,50 % des salaires pour les établissements cotisant sur la base d'un taux collectif ou mixte inférieur à 2 % ;
- 25 % du taux net de la cotisation pour les établissements cotisant sur la base d'un taux collectif égal ou supérieur à 2 % ;
- 25 % de la fraction du taux collectif, auquel s'ajoute le pourcentage de la fraction correspondante au taux propre à l'établissement multiplié par le montant maximal de la ristourne accident de trajet, pour les établissements cotisant sur la base d'un taux mixte égal ou supérieur à 2 %.

Avances et subventions accordées aux entreprises

Avances - La *CARSAT** peut attribuer des avances aux entreprises qui engagent des actions de prévention et réunissent les conditions suivantes (c. séc. soc. art. L. 422-5 ; arrêté du 9 décembre 2010, art. 19 à 21, JO du 15) :

- souscrire à une convention nationale d'objectifs, conclue entre la Caisse nationale d'assurance maladie (CNAM) et des organisations professionnelles, et fixant un programme d'actions de prévention spécifique à leur branche d'activité ;
- être à jour de leurs cotisations sociales ;
- les avoir acquittées régulièrement au cours des 12 derniers mois ;
- employer au plus 199 salariés ;
- respecter les dispositions légales et réglementaires, notamment celles sur la sécurité au travail.

Un contrat de prévention des accidents du travail, signé entre l'entreprise et la CARSAT, précise le programme d'actions à mettre en œuvre, son financement et son contrôle ainsi que les conditions dans lesquelles l'avance pourra demeurer, en totalité ou en partie, acquise à l'entreprise contractante. Il est conclu après avis du *comité social et économique**, et après information de la *DREETS** (arrêté du 9 décembre 2010, art. 21, JO du 15).

Selon la situation, le montant des avances varie entre 15 et 70 % des moyens nécessaires pour atteindre les objectifs énoncés dans la convention d'objectifs. Les avances sont acquises si les objectifs sont atteints. Dans le cas contraire, elles doivent être remboursées dans les conditions prévues par le contrat de prévention.

Subventions - La *CARSAT** peut accorder des subventions aux entreprises éligibles aux programmes de prévention définis par elle-même ou la CNAM, après avis des comités techniques nationaux ou régionaux. Ces programmes de prévention doivent préciser les risques professionnels concernés, les catégories d'entreprises éligibles (notamment en termes d'activité et d'effectifs compris entre 1 et 49 salariés), les mesures de prévention pouvant être financées ainsi que les montants financiers susceptibles d'être alloués dans la limite de 25 000 €.

Une subvention ne peut être accordée à une entreprise que si le *comité social et économique** a été informé des mesures de prévention préalablement à leur mise en œuvre (c. séc. soc. art. L. 422-5 ; arrêté du 9 décembre 2010, art. 22 à 24, JO du 15).

☞ *Cotisation d'accidents du travail ; Tarification de la cotisation d'accidents du travail.*

Rupture amiable

☞ *Congé de mobilité ; Départ volontaire ; Indemnité de départ volontaire ; Rupture conventionnelle collective ; Rupture conventionnelle individuelle.*

Rupture anticipée d'un CDD

☞ *Contrat à durée déterminée ; Contrat à durée déterminée à objet défini ; Indemnité de rupture anticipée d'un CDD.*

Rupture conventionnelle collective

La rupture conventionnelle collective est un dispositif qui permet à toute entreprise de négocier un mécanisme de départ volontaire collectif sécurisé, hors de toute difficulté économique, dans le cadre d'un accord collectif validé par l'administration (ord. 2017-1387 du 22 septembre 2017, art. 10, JO du 23 ; décrets 2017-1723 et 2017-1724 du 20 décembre 2017, JO du 22 ; loi 2018-217 du 29 mars 2018, art. 11, JO du 31).

▶ À noter… Cette étude présente les règles essentielles du dispositif. Pour plus de détails sur les aspects de droit du travail (contenu de l'accord, contentieux, etc.), les lecteurs peuvent se reporter au Dictionnaire Social, « Rupture conventionnelle collective ».

Objet du dispositif

Guichet de départ volontaire - Un accord collectif portant rupture conventionnelle collective a pour objet de définir les conditions et modalités de la rupture d'un commun accord du contrat de travail qui lie l'employeur et le salarié. Les ruptures intervenant dans ce cadre (ni licenciement, ni démission), ne peuvent pas être imposées par l'employeur ou le salarié (c. trav. art. L. 1237-17).

▶ À noter… La rupture conventionnelle collective pourrait être utilisée, par exemple, par une entreprise qui n'a pas besoin de réduire ses effectifs mais qui veut renouveler ses compétences en raison de l'évolution des technologies (SSII, banques) ou lancer une nouvelle activité.

Mode de rupture distinct - Les accords de rupture conventionnelle collective ne doivent pas être associés à un ou plusieurs licenciements (c. trav. art. L. 1237-17). Il ne s'agit pas non plus d'un dispositif préalable à un plan de sauvegarde de l'emploi.

La rupture conventionnelle collective est également exclue du champ de la *rupture conventionnelle individuelle** (c. trav. art. L. 1237-16).

Accord collectif validé par le DREETS

Engagement de la négociation - L'employeur engageant une négociation en vue d'un accord portant rupture conventionnelle collective doit en informer sans délai le *DREETS** (c. trav. art. L. 1237-19).

Contenu de l'accord collectif - L'accord collectif doit contenir un certain nombre de clauses (c. trav. art. L. 1237-19-1).

Parmi celles-ci, on notera :
- les conditions que le salarié doit remplir pour en bénéficier ;
- les critères de départage entre les potentiels candidats au départ ;
- la durée pendant laquelle des ruptures conventionnelles collectives peuvent être proposées ;
- les modalités de conclusion des conventions individuelles de rupture ;
- les modalités de l'exercice du droit de rétractation du salarié et de l'employeur ;
- les mesures visant à favoriser l'accompagnement et le reclassement externe des salariés, dont éventuellement le *congé de mobilité** ;
- les modalités de calcul des indemnités de rupture garanties au salarié, qui ne peuvent être inférieures aux indemnités légales dues en cas de licenciement ;

- les modalités de présentation et d'examen des candidatures au départ des salariés, comprenant les conditions de transmission de l'accord écrit du salarié.

Procédure de validation - Une fois conclu, l'accord est transmis pour validation DREETS. Celui-ci doit vérifier plusieurs points (c. trav. art. L. 1237-19 et L. 1237-19-3) :
- l'information de l'administration lors de l'engagement de la négociation ;
- l'absence de licenciement dans l'accord pour atteindre les objectifs de suppression d'emplois ;
- la présence dans l'accord des clauses exigées *(voir ci-dessus)* ;
- le caractère concret des mesures d'accompagnement et de reclassement ;
- la régularité de la procédure d'information du *comité social et économique** (CSE).

Le DREETS se prononce dans un délai de 15 jours, à compter de la réception de l'accord collectif (c. trav. art. L. 1237-19-4). Sa décision motivée est notifiée, dans les mêmes délais, au CSE et aux signataires de l'accord.

Le silence gardé par le DREETS à l'issue du délai de 15 jours vaut décision d'acceptation de validation. L'employeur transmet alors une copie de la demande de validation, accompagnée de son accusé de réception par l'administration, au CSE et aux signataires de l'accord.

DREETS compétent - C'est le DREETS dont l'entreprise ou l'établissement, concerné par le projet, relève qui est compétent pour l'information de l'engagement de la négociation et la validation d'un accord de rupture conventionnelle collective (c. trav. art. R. 1237-6).

Si le projet d'accord de rupture conventionnelle collective porte sur des établissements relevant de la compétence d'autorités différentes, le DREETS compétent est celui du siège de l'entreprise (sauf exceptions notamment en cas d'UES ou d'accord de groupe ; voir c. trav. art. R. 1237-6-1).

Publicité de l'accord - La décision de validation (à défaut, les documents mentionnés ci-dessus en cas de validation implicite) et les voies et délais de recours sont portés à la connaissance des salariés par voie d'affichage sur leurs lieux de travail ou par tout autre moyen permettant de donner une date certaine à cette information (c. trav. art. L. 1237-19-4).

Suivi de l'accord - Le suivi de la mise en œuvre de l'accord collectif fait l'objet d'une consultation régulière et détaillée du CSE (c. trav. art. L. 1237-19-7). Les avis faisant suite à ces consultations sont transmis au DREETS, celui-ci est aussi associé au suivi de ces mesures et reçoit un bilan, établi par l'employeur, de la mise en œuvre de l'accord collectif.

Échanges dématérialisés - L'employeur utilise une procédure d'échange dématérialisée avec l'administration pour les différentes étapes de la procédure :
- information sur l'engagement de la négociation de l'accord (c. trav. art. D. 1237-7) ;
- demande de validation de l'accord collectif conclu (c. trav. art. D. 1237-8) ;
- transmission le bilan de sa mise en œuvre (c. trav. art. D. 1237-12).

Ces informations et demandes sont effectuées sur le système d'information RUPCO (info.ruptures-collectives.emploi.gouv.fr ; arrêté du 29 décembre 2017, JO 5 janvier, texte 6, modifié par l'arrêté du 9 janvier 2018, JO du 12, texte 35).

Rupture du contrat de travail

Rupture d'un commun accord - L'acceptation par l'employeur de la candidature du salarié dans le cadre de la rupture conventionnelle collective emporte rupture du contrat de travail d'un commun accord (c. trav. art. L. 1237-19-2).

Les salariés protégés (élus du personnel, délégués syndicaux, etc.) peuvent bénéficier des ruptures conventionnelles collectives mais cette rupture nécessite l'autorisation de l'inspecteur du travail. La rupture du contrat de travail ne peut intervenir que le lendemain du jour de l'autorisation administrative (c. trav. art. L. 1237-19-2).

Convention individuelle de rupture - L'accord collectif de rupture conventionnelle collective doit prévoir les modalités de conclusion d'une convention individuelle de rupture entre l'employeur et le salarié et d'exercice de leur droit de rétractation (c. trav. art. L. 1237-19-1, 4° bis).

De fait, il faut en principe conclure une convention individuelle et l'employeur ou le salarié bénéficie d'un droit de rétractation, sachant que sur ces questions, c'est à l'accord collectif qu'il faut se référer pour les règles à suivre.

Indemnité de rupture due au salarié - Le régime de l'indemnité de rupture est détaillé par ailleurs (voir *Indemnité de rupture conventionnelle collective**).

En cas de congé de mobilité - L'accord collectif de rupture conventionnelle collective peut prévoir le recours au congé de mobilité *(voir plus haut)*.

Si tel est le cas, et que le salarié bénéficie d'un congé de mobilité, la rupture du contrat de travail intervient dans les conditions de ce congé (voir *Congé de mobilité**) (c. trav. art. L. 1237-19-2).

Assurance chômage - La rupture du contrat de travail dans le cadre d'une rupture conventionnelle collective permet au salarié de bénéficier d'une ouverture de droits aux allocations d'assurance chômage dans les conditions de droit commun s'il en remplit les conditions (c. trav. art. L. 5421-1 ; règlt ass. chôm. du 15 novembre 2024, art. 2, § 3).

Revitalisation du bassin d'emploi

Il existe une obligation de revitalisation du bassin d'emploi pour certaines entreprises et établissements d'au moins 1 000 salariés lorsque les suppressions d'emploi affectent, par leur ampleur, l'équilibre du ou des bassins d'emploi dans lesquelles elles sont implantées (c. trav. art. L. 1237-19-9 à L. 1237-19-14).

☛ *Congé de mobilité ; Indemnité de rupture conventionnelle collective ; Portabilité de la prévoyance complémentaire (dispositif légal) ; Rupture conventionnelle individuelle.*

Rupture conventionnelle individuelle

Définition

Mode de rupture du CDI - La rupture conventionnelle est un mode de rupture amiable spécifique au contrat de travail à durée indéterminée (CDI) ouvert à l'employeur et au salarié (c. trav. art. L. 1237-11). La validité de la rupture dépend de son homologation par l'administration (c. trav. art. L. 1337-14).

Lorsque la rupture concerne un représentant du personnel, elle est autorisée par l'inspecteur du travail (et non homologuée par l'administration).

▶ Attention… La rupture conventionnelle ne peut pas être utilisée dans le cadre d'un plan de sauvegarde de l'emploi ou d'un accord de gestion des emplois et des parcours professionnels ou d'une rupture conventionnelle collective. Dans ces situations, l'employeur et le salarié peuvent signer une rupture amiable, qui reste régie par les garanties attachées aux procédures correspondantes (c. trav. art. L. 1237-16). En dehors de ces hypothèses, toute rupture d'un CDI par accord de l'employeur et du salarié doit prendre la forme d'une rupture conventionnelle (cass. soc. 15 octobre 2014, n° 11-22251, BC V n° 241). À défaut, l'employeur s'expose à une condamnation pour licenciement sans cause réelle et sérieuse.

Il s'agit d'une rupture conventionnelle « individuelle » conclue avec un salarié pris isolément. Elle est distincte de la *rupture conventionnelle collective**.

Contexte de la rupture - L'existence, au moment de la conclusion d'une rupture conventionnelle, d'un différend entre l'employeur et le salarié n'affecte pas par elle-même la validité de la rupture. En revanche, il est exclu que la rupture conventionnelle soit imposée par l'employeur au salarié ou vice versa. Si tel est le cas, les juges requalifient la rupture en un licenciement sans cause réelle et sérieuse (cass. soc. 23 mai 2013, n° 12-13865, BC V n° 128 ; cass. soc. 15 janvier 2014, n° 12-23942, BC V n° 19).

Une rupture conventionnelle ne doit pas intervenir dans un contexte de harcèlement (cass. soc. 30 janvier 2013, n° 11-22332, BC V n° 24 ; cass. soc. 1er mars 2023, n° 21-21345 D).

▶ À noter… Pour plus de détail sur les contextes dans lesquels une rupture conventionnelle peut intervenir, les lecteurs peuvent se reporter au Dictionnaire Social du Groupe Revue Fiduciaire (voir Dictionnaire Social, « Rupture conventionnelle » ; instr. DGT 2010-2 du 23 mars 2010).

Accord entre employeur et salarié

Rupture d'un commun accord - L'employeur et le salarié se mettent d'accord sur le principe et les modalités de la rupture conventionnelle au cours d'un ou de plusieurs entretiens (c. trav. art. L. 1237-12).

Le salarié peut se faire assister par un salarié de l'entreprise (sachant qu'en l'absence de représentant du personnel, il peut choisir un conseiller extérieur figurant sur une liste). Il en informe alors l'employeur.

Lorsque le salarié est assisté, l'employeur peut lui aussi se faire assister par un salarié de l'entreprise (ex. : DRH) ou par un membre de son organisation syndicale ou un employeur de sa branche, dans les entreprises de moins de 50 salariés.

Convention de rupture - L'employeur et le salarié signent une convention qui fixe notamment la date de rupture du contrat, laquelle ne peut pas intervenir avant le lendemain du jour de l'homologation, ainsi que le montant de l'indemnité due au salarié, laquelle ne peut pas être inférieure à l'indemnité légale de licenciement (c. trav. art. L. 1237-13) (voir *Indemnité de rupture conventionnelle individuelle**).

Un formulaire de demande d'homologation de la rupture conventionnelle doit être rempli et signé par l'employeur et le salarié conjointement sous forme dématérialisée *(voir plus loin)*. Il tient lieu de convention de rupture. L'employeur doit impérativement en remettre un double au salarié. À défaut, la convention de rupture conventionnelle est nulle (cass. soc. 6 février 2013, n° 11-27000, BC V n° 29).

Délai de rétractation - À compter de la signature, l'employeur et le salarié disposent, chacun, d'un délai de rétractation de 15 jours calendaires. Ce délai est apprécié à la date d'envoi du courrier de rétractation et non à celle de sa réception (cass. soc. 14 février 2018, n° 17-10035, BC V n° 22).

Homologation ou autorisation de la convention

Homologation par le DREETS - Une fois le délai de rétractation écoulé, l'employeur ou le salarié envoie une demande d'homologation au *DREETS** (c. trav. art. L. 1237-14 ; arrêté du 8 février 2012, JO du 17).

Le DREETS a 15 jours ouvrables de réflexion (hors dimanches et jours fériés chômés). Passé ce délai, en cas de silence, l'homologation est acquise si le dossier envoyé était complet (c. trav. art. L. 1237-14 ; circ. DGT 2008-11 du 22 juillet 2008 ; cass. soc. 16 décembre 2015, n° 13-27212, BC V n° 262).

La rupture du contrat a lieu au plus tôt le lendemain de l'homologation, sachant que les parties peuvent avoir fixé dans la convention une date plus tardive (c. trav. art. L. 1237-13).

Demande d'homologation par téléservice - La demande d'homologation de la convention de rupture doit obligatoirement être réalisée sur le site TéléRC (c. trav. art. D. 1237-3-1). Le formulaire de demande d'homologation d'une rupture conventionnelle est rempli sur ce site (https://www.telerc.travail.gouv.fr/accueil).

▶ À noter… Ce dispositif est réservé aux salariés « ordinaires ». Pour les salariés protégés, voir ci-dessous.

Si nécessaire, l'employeur (ou le salarié) peut indiquer au DREETS qu'il n'est pas en mesure d'utiliser le téléservice. La démarche se fait alors par le dépôt d'un formulaire auprès du DREETS.

Salariés protégés : autorisation par l'inspecteur du travail - Pour les salariés protégés (ex. : délégué syndical), la rupture conventionnelle est soumise à l'autorisation de l'inspecteur du travail (c. trav. art. L. 1237-15). Il existe un imprimé spécifique de demande d'autorisation (Cerfa 14599*01) (arrêté du 8 février 2012, JO du 17 ; https://www.service-public.fr).

L'inspecteur du travail a 2 mois pour se prononcer. S'il garde le silence pendant 2 mois, cela équivaut à une décision implicite de rejet (c. trav. art. R. 2421-4 et R. 2421-11).

La rupture du contrat a lieu au plus tôt le lendemain du jour de l'autorisation, sachant que les parties peuvent avoir fixé dans la convention une date plus tardive (c. trav. art. L. 1237-13).

Droits du salarié

Préavis - La rupture conventionnelle n'implique pas de préavis (circ. DGT 2009-4 du 17 mars 2009, § 5.1). Le salarié ne peut donc pas prétendre au versement d'une *indemnité compensatrice de préavis**.

Solde de congés payés - Le salarié quittant l'entreprise avant d'avoir pris la totalité des congés payés qu'il a acquis a droit à une indemnité compensatrice de congés payés (c. trav. art. L. 3141-28) (voir *Indemnité compensatrice de congés payés**).

▶ À noter… Le fait que l'employeur ne verse pas cette indemnité ne semble pas remettre en cause la validité de la rupture conventionnelle (CA Rennes, 8e ch. prud. hom., 6 janvier 2012, n° 10/01589). Le salarié pourra cependant demander réparation du préjudice financier causé par le non-paiement de l'indemnité.

Portabilité de la prévoyance - Le salarié conserve le bénéfice des couvertures complémentaires santé et prévoyance pendant sa période de chômage [voir *Portabilité de la prévoyance complémentaire (dispositif légal)**].

Droit aux allocations-chômage - Ce mode de rupture permet au salarié de bénéficier des allocations-chômage s'il remplit les conditions d'indemnisation (c. trav. art. L. 5421-1 et L. 5422-1 ; règlt ass. chôm. du 15 novembre 2024, art. 2, § 3). Si la rupture conventionnelle n'est pas homologuée, le salarié ne peut pas prétendre aux allocations-chômage (CA Paris, pôle 02, ch. 02, 6 avril 2012, n° 11/06828).

Indemnité de rupture

Voir *Indemnité de rupture conventionnelle individuelle**.

☞ Indemnité compensatrice de congés payés ; Indemnité de rupture conventionnelle individuelle ; Portabilité de la prévoyance complémentaire (dispositif légal) ; Rupture conventionnelle collective.

S

Saisie des rémunérations

Le créancier d'un salarié peut, par le biais de la saisie des rémunérations, obtenir de l'employeur le paiement de sa dette, celui-ci opérant les retenues correspondantes sur la rémunération normalement due au salarié. Trois procédures différentes sont à la disposition du créancier. Elles ont un impact sur la rémunération que l'employeur doit verser.

Procédure de saisie des rémunérations

Autorisation judiciaire - Le créancier privé (ex. : le propriétaire contre son locataire) qui souhaite saisir les rémunérations d'un salarié doit obligatoirement recourir à la procédure de saisie.

▶ À noter... Les rémunérations d'un salarié ne peuvent pas faire l'objet d'une saisie conservatoire (c. trav. art. L. 3252-7).

Cette procédure est mise en œuvre sur autorisation judiciaire, après échec d'une tentative préalable de conciliation menée par le juge de l'exécution (c. trav. art. R. 3252-12 à R. 3252-19).

Le juge de l'exécution compétent est celui du tribunal judiciaire dont dépend le domicile du salarié débiteur. Si celui-ci réside à l'étranger ou n'a pas de domicile connu, il s'agit du juge de l'exécution du tribunal judiciaire dont dépend le domicile de son employeur (c. trav. art. R. 3252-7).

▶ Attention... Au 1er juillet 2025, la procédure de saisie des rémunérations va être modifiée *(voir nos développements plus loin dans l'étude)*.

Notification de la saisie - L'entreprise se voit notifier par le greffe du tribunal judiciaire un acte de saisie des rémunérations, par lettre recommandée avec avis de réception (LRAR). Le salarié débiteur en reçoit une copie par lettre simple (c. trav. art. R. 3252-6, R. 3252-22 et R. 3252-23).

Ce document comporte plusieurs renseignements indispensables au suivi de la paye du salarié concerné puisque l'on y trouve notamment (c. trav. art. R. 3252-23) :

- l'identification et les coordonnées du salarié débiteur ainsi que celles de son créancier ;
- le décompte distinct des sommes pour lesquelles la saisie est pratiquée ;
- le mode de calcul de la quotité saisissable du salaire et les modalités de son versement.

Répondre dans les 15 jours - Dans les 15 jours de la notification de la saisie, l'employeur précise par écrit, au greffe du tribunal judiciaire, la situation de droit liant le salarié à l'entreprise (ex. : salarié sous contrat à durée indéterminée) et, le cas échéant, les autres cessions ou saisies de rémunération, saisies administratives à tiers détenteur ou paiements directs de pension alimentaire déjà en cours (c. trav. art. L. 3252-9 et R. 3252-24).

S'il s'abstient sans motif légitime de faire cette déclaration ou s'il fait une déclaration mensongère, l'employeur peut être condamné à une amende civile de 10 000 € et au paiement de dommages et intérêts (c. trav. art. L. 3252-9 et R. 3252-25).

Aviser le tribunal de tout changement - Certains événements peuvent mettre fin à la saisie (ex. : départ définitif du salarié de l'entreprise). D'autres peuvent entraîner sa suspension : en cas de réception d'une saisie administrative à tiers détenteur *(voir ci-après)* ou d'une demande de paiement direct de pension alimentaire *(voir ci-dessous)*, l'ordre des priorités entre les divers créanciers et l'importance des sommes saisies peuvent conduire à empêcher tout versement au profit des créanciers bénéficiaires de la procédure de saisie des rémunérations.

C'est pourquoi l'employeur doit obligatoirement prévenir par LRAR dans les 8 jours le greffe du tribunal judiciaire de tout événement suspendant la saisie ou y mettant fin (c. trav. art. R. 3252-6 et R. 3252-26).

Procédure de paiement direct de pension alimentaire

Objet et limite - Lorsqu'un salarié ne verse pas une échéance de pension alimentaire, son créancier (ex. : conjoint, descendant, ascendant) peut mettre en œuvre une procédure de paiement direct de pension alimentaire (c. trav. art. L. 3252-5 ; c. proc. civ. exécution art. L. 213-1).

Cette procédure ne peut porter que sur le terme mensuel courant de la pension et les 6 derniers mois échus (cet arriéré est réparti par 1/12 sur chaque mois) (c. proc. civ. exécution art. L. 213-4).

Elle peut concerner les 24 derniers mois impayés lorsque la caisse d'allocations familiales (CAF) agit pour le compte du créancier d'aliments (c. trav. art. L. 3252-5 ; c. proc. civ. exécution art. L. 213-4).

Notification - L'entreprise se voit notifier la demande de paiement direct par l'intermédiaire d'un commissaire de justice (ex-huissier de justice), par LRAR (c. proc. civ. exécution art. L. 213-5 et R. 213-1).

Le commissaire de justice en avise également le salarié débiteur par LRAR.

Réception - Dans les 8 jours de la notification, l'employeur doit accuser réception de la demande de paiement direct par écrit, en précisant s'il est ou non en mesure d'y donner suite (c. proc. civ. exécution art. R. 213-1).

Cessation ou suspension du versement de la rémunération - Si l'employeur est amené à cesser de verser la rémunération au salarié, que ce soit temporairement ou définitivement, il doit en aviser le créancier de la pension alimentaire dans les 8 jours (c. proc. civ. exécution art. R. 213-4).

Procédure de saisie administrative à tiers détenteur

Notifiée à l'employeur par LRAR, la saisie administrative à tiers détenteur est utilisée pour obtenir le paiement de dettes fiscales ou autres créances publiques (ex : amendes et condamnations pécuniaires) (LPF art. L. 262). Elle prime toute autre saisie en cours, sous réserve des procédures visant à obtenir le paiement de créances alimentaires.

Protection du salaire et barème de la quotité saisissable

Barème de la quotité saisissable - La rémunération proprement dite d'un salarié ne peut jamais être saisie en totalité, quelle que soit la procédure utilisée.

Un barème de la quotité saisissable permet de définir la fraction de rémunération nette qui peut être retenue au profit des créanciers du salarié (quotité saisissable). Le cumul des quotités des différentes tranches de rémunération permet d'obtenir la quotité saisissable de la rémunération totale (c. trav. art. L. 3252-2, L. 3252-3, R. 3252-2 et R. 3252-3).

Des correctifs doivent être apportés aux tranches de rémunération en fonction des personnes à la charge du salarié. À cet égard, sont considérés comme à charge (c. trav. art. R. 3252-3) :

Saisies sur rémunération : barème au 1er janvier 2025 (a)

Tranche annuelle de rémunération (sans personne à charge) (b) (c)	Tranche mensuelle de rémunération (sans personne à charge) (b) (c) (d)	Quotité saisissable sur chaque tranche	Fraction mensuelle saisissable maximale en cumul (salarié sans personne à charge) (e)
Jusqu'à 4 440 €	Jusqu'à 370 €	1/20	18,50 €
Au-delà de 4 440 € et jusqu'à 8 660 €	Au-delà de 370 € et jusqu'à 721,67 €	1/10	53,67 €
Au-delà de 8 660 € et jusqu'à 12 890 €	Au-delà de 721,67 € et jusqu'à 1 074,17 €	1/5	124,17 €
Au-delà de 12 890 € et jusqu'à 17 090 €	Au-delà de 1 074,17 € et jusqu'à 1 424,17 €	1/4	211,67 €
Au-delà de 17 090 € et jusqu'à 21 300 €	Au-delà de 1 424,17 € et jusqu'à 1 775 €	1/3	328,61 €
Au-delà de 21 300 € et jusqu'à 25 600 €	Au-delà de 1 775 € et jusqu'à 2 133,33 €	2/3	567,50 €
Au-delà de 25 600 €	Au-delà de 2 133,33 €	En totalité	567,50 € + totalité au-delà de 2 133,33 €

(a) Dans tous les cas, l'employeur doit laisser au salarié un montant égal au RSA pour une personne seule, soit 635,71 € par mois (hors Mayotte) au 1er avril 2024 (décret 2024-396 du 29 avril 2024, JO du 30). En cas de procédure de paiement direct de pension alimentaire, la totalité du salaire est saisissable, sous réserve de ce montant.
(b) La rémunération prise en compte est la rémunération nette, après déduction des cotisations sociales obligatoires, de la CSG, de la CRDS et du prélèvement à la source (c. trav. art. L. 3252-3).
(c) Montants pour un salarié sans personne à charge. Les seuils annuels de rémunération sont augmentés de 1 720 € (soit 143,33 € pour les tranches mensuelles) par personne à la charge, sur justification (c. trav. art. R. 3252-3). Dans tous les cas, le salarié doit avoir au moins à sa disposition le montant du RSA fixé pour une personne seule (c. trav. art. R. 3252-5).
(d) Les tranches mensuelles sont calculées par nos soins, dans la mesure où le décret fixe des tranches annuelles.
(e) Ce barème fractionne la rémunération en tranches. À chaque tranche correspond une fraction saisissable, les différentes retenues s'additionnant. La colonne « Fraction mensuelle saisissable maximale » indique les fractions cumulées de chaque tranche. Ainsi, le montant mensuel saisissable de la deuxième ligne (53,67 €) s'obtient en additionnant le montant de la première ligne (18,50 €) et le 1/10 de la fraction du salaire mensuel comprise entre 370 € et 721,67 €, soit : (721,67 – 370) × 1/10 = 35,17 €. Les montants indiqués s'entendent pour un salarié sans personne à charge. Ils doivent donc être recalculés si le salarié à une ou plusieurs personnes à charge.

- le conjoint, partenaire lié par un Pacs ou concubin du salarié dont les ressources personnelles sont inférieures au montant du revenu de solidarité active (RSA) fixé pour une seule personne ;
- tout enfant ouvrant droit aux prestations familiales et à la charge effective et permanente du débiteur ;
- tout enfant à qui, ou pour l'entretien duquel, le salarié verse une pension alimentaire ;
- tout ascendant dont les ressources personnelles sont inférieures au montant du RSA fixé pour une seule personne et qui habite avec le salarié ou auquel ce dernier verse une pension alimentaire.

Le barème de la quotité saisissable, publié au Journal officiel, est révisé une fois par an (c. trav. art. R. 3252-4), en fin ou en début d'année civile.

Bien que le barème soit donné pour l'année, il est utilisé en fonction de la périodicité de la paye (c. trav. art. R. 3252-2). Pour les salariés payés au mois, il convient donc d'appliquer un barème mensuel.

Le barème ci-dessous est celui applicable depuis le 1er janvier 2025 (c. trav. art. R. 3252-2 ; décret 2024-1231 du 30 décembre 2024, JO du 31).

Éléments de salaire concernés - Le barème de la quotité saisissable ne s'applique pas à toutes les sommes versées à un salarié, mais uniquement à la rémunération et à ses accessoires ainsi qu'à la valeur des avantages en nature (c. trav. art. L. 3252-3).

En pratique, sont visés les éléments de rémunération proprement dits et certains revenus de substitution, dont notamment :
- le salaire de base et ses accessoires (primes diverses, commissions, etc.) ;
- la valeur des avantages en nature ;
- les majorations pour heures supplémentaires ;
- l'indemnité compensatrice de préavis ;
- l'indemnité de congés payés ou compensatrice de congés payés ;
- l'indemnité de non-concurrence ;
- l'indemnité de fin de contrat (à l'issue d'un contrat à durée déterminée) ou de fin de mission (au terme d'une mission d'intérim) ;
- les indemnités journalières de sécurité sociale versées au salarié par l'intermédiaire de l'employeur en cas de subrogation et les indemnités journalières complémentaires à la charge de l'employeur ;
- les indemnités d'activité partielle, de préretraite ou de congé de conversion ;
- l'indemnité de départ volontaire à la retraite.

Certains éléments versés au salarié sont expressément insaisissables : s'agissant des sommes qui intéressent la paye, y figurent les remboursements de frais (c. trav. art. L. 3252-3, al. 3).

▶ À noter… Faute de constituer des éléments de rémunération, certaines sommes n'entrent pas dans le champ du barème de la quotité saisissable et ne peuvent pas être saisies dans le cadre d'une procédure de saisie des rémunérations (ex. : indemnités de licenciement, dommages-intérêts, indemnités de mise à la retraite, etc.). Elles peuvent cependant être saisies sur l'intégralité de leur montant via d'autres procédures (ex. : saisie-attribution ou saisie administrative à tiers détenteur).

Application du barème à la rémunération nette - Une fois les éléments de rémunération soumis au barème déterminés, la fraction saisissable se calcule par rapport à un montant net, après déduction (c. trav. art. L. 3252-3) :
- des diverses cotisations obligatoires, de la CSG, de la CRDS ;
- et de la retenue effectuée au titre du *prélèvement à la source** (PAS) de l'impôt sur le revenu

Fraction totalement insaisissable - Dans tous les cas, l'employeur doit laisser à la disposition du salarié une fraction de sa rémunération égale au montant du RSA pour une seule personne (c. trav. art. R. 3252-5). En pratique, ce montant représente la rémunération minimale à laisser au salarié, même en cas de paiement direct de pension alimentaire.

La revalorisation du RSA intervient chaque 1er avril (CASF art. L. 262-3). Au 1er avril 2024, le montant du RSA pour une personne seule est fixé à 635,71 € en métropole et dans les DOM (décret 2024-396 du 29 avril 2024, JO du 30) et à 317,86 € à Mayotte (décret 2024-398 du 29 avril 2024, JO du 30).

Demande de paiement direct de pension alimentaire - La pension alimentaire doit d'abord être retenue sur la fraction « relativement insaisissable » (fraction de rémunération comprise entre le montant du RSA et la quotité saisissable) et, si cela est insuffisant, sur la quotité saisissable elle-même. La protection du salarié est donc bien moindre.

Lorsque l'employeur s'est vu notifier une demande de paiement direct de pension alimentaire, la retenue peut donc, le cas échéant, être pratiquée sur l'intégralité de la rémunération du salarié soumise au barème, sous réserve de la fraction totalement insaisissable correspondant au RSA (c. trav. art. L. 3252-5).

Paiement des créanciers

Saisie des rémunérations - Chaque mois, l'employeur doit adresser au secrétariat-greffe du tribunal judiciaire une somme égale au plus à la quotité saisissable de la rémunération du salarié (c. trav. art. R. 3252-27).

S'il n'existe qu'un seul créancier, le versement est effectué au moyen d'un chèque libellé conformément aux indications qu'il a données. L'employeur remet alors le chèque au greffe du tribunal judiciaire, lequel se charge de le transmettre au créancier. Il est aussi possible de procéder par virement établi conformément aux indications du créancier (il faut alors justifier du paiement au greffe).

S'il existe plusieurs créanciers saisissants, l'employeur doit verser la somme globale par chèque (ou virement) établi à l'ordre du régisseur installé auprès du greffe du tribunal judiciaire ou le cas échéant, de l'une de ses chambres de proximité. Il ne lui appartient pas de répartir la somme saisie entre les créanciers.

▶ À noter... Si l'employeur omet d'effectuer les versements au titre de la saisie, le juge le déclare, même d'office, personnellement débiteur des retenues qui auraient dû être opérées. Pour déterminer les retenues à opérer, le juge peut saisir les organismes fiscaux et sociaux pour obtenir des indications sur la rémunération du salarié saisi et la composition de sa famille (c. trav. art. L. 3252-10).

Demande de paiement direct de pension alimentaire - Sauf convention contraire, la somme saisie au titre de la demande de paiement direct doit être versée au domicile ou à la résidence du bénéficiaire de la pension alimentaire (c. proc. civ. exécution art. L. 213-3). L'absence de paiement peut entraîner l'amende prévue pour les contraventions de la 5e classe (1 500 €, doublée en cas de récidive) (c. proc. civ. art. R. 213-5).

Saisie administrative à tiers détenteur - L'employeur doit verser au comptable du Trésor la somme réclamée, dans la limite de la quotité saisissable, lorsqu'il s'agit de la rémunération au sens strict. Mais l'effet de la saisie administrative à tiers détenteur s'étend aussi aux sommes qui, faute de constituer des éléments de rémunération, sont saisissables en totalité par une procédure de saisie-attribution. Par exemple, l'employeur doit, le cas échéant, retenir l'intégralité d'une indemnité de licenciement afin d'apurer les impositions impayées (rép. Roger-Machart nos 51780 et 56857, JO 29 octobre 1984, AN quest. p. 4791).

La limite absolue correspond au montant du RSA fixé pour une seule personne.

Articuler plusieurs procédures de saisie

Priorité aux pensions alimentaires - Une demande de paiement direct de pension alimentaire est prioritaire, tant par rapport à une procédure de saisie des rémunérations qu'envers une saisie administrative à tiers détenteur (c. proc. civ. exécution art. L. 213-2).

Si une saisie des rémunérations est en cours, l'employeur, le cas échéant, avise le tribunal judiciaire de la réception d'une demande de paiement direct de pension alimentaire, notamment si cela peut l'empêcher de procéder à une retenue au profit du créancier bénéficiaire de la saisie.

Primauté de la saisie administrative à tiers détenteur sur la saisie des rémunérations - Même si une saisie des rémunérations est en cours, une saisie administrative à tiers détenteur oblige l'employeur à retenir en priorité la quotité saisissable au profit de l'administration. Il lui appartient, le cas échéant, d'en informer le greffe du tribunal dans les 8 jours (c. trav. art. R. 3252-26) *(voir aussi plus haut)*.

Plusieurs saisies des rémunérations - Un ou plusieurs autres créanciers peuvent se surajouter à une procédure de saisie des rémunérations déjà en cours (c. trav. art. R. 5232-30). Dans ce cas, le tribunal notifie à l'employeur tout changement du montant des saisies à opérer. Le cas échéant, le tribunal lui précise également qu'il convient désormais d'effectuer un seul versement global au régisseur du tribunal judiciaire, lequel s'occupe de la répartition entre les créanciers.

Sur la procédure à suivre en cas de saisie intervenant alors qu'une procédure de cession est déjà en cours, voir *Cession des rémunérations**.

Cas particuliers

Salarié ayant plusieurs employeurs - Lorsqu'un salarié travaille pour plusieurs employeurs, il perçoit en conséquence différentes rémunérations.

Le greffier détermine les employeurs chargés d'opérer les retenues au titre de la saisie. Si l'un des employeurs est en mesure de verser la totalité de la fraction saisissable, la saisie peut être pratiquée entre ses mains (c. trav. art. L. 3252-4 et R. 3252-40 ; circ. JUSC1303229C du 12 février 2013).

Pluralité de créanciers - Lorsqu'il y a plusieurs créanciers, l'employeur verse la somme saisie au régisseur du tribunal judiciaire, à charge pour ce dernier de répartir la somme saisie entre les créanciers (c. trav. art. R. 3252-27 et R. 3252-34).

Les créances les plus faibles (jusqu'à 500 €), prises dans l'ordre croissant de leur montant, sont payées prioritairement (c. trav. art. L. 3252-8 et D. 3252-34-1).

Saisie des rémunérations
(exemple)

Un salarié, non cadre, sans enfant ou personne à charge et dont la rémunération mensuelle nette soumise au barème est de 2 000 € fait l'objet, en janvier 2025, d'une demande de paiement direct de pension alimentaire de 305 € au profit de son conjoint, d'une saisie administrative à tiers détenteur de 180 € et d'une saisie des rémunérations de 385 €.

1) Schéma d'imputation des créances

L'application du barème sur la rémunération nette de 2 000 € conduit à une quotité saisissable de 478,61 €.

➠ La fraction comprise entre 1 775 € et 2 000 €, soit 2 000 € – 1 775 € = 225 €, est saisissable à la hauteur de 2/3, soit 225 € X 2/3 = 150 €. Le cumul des quotités saisissables des tranches inférieures à 1 775 € étant de 328,61 €, la quotité saisissable globale est de 328,61 € + 150 € = 478,61 €.

➠ Le montant mensuel du RSA pour une personne seule (635,71 €) doit, en toute hypothèse, être laissé à la disposition du salarié. La fraction « relativement insaisissable » sur laquelle peut être imputée la pension alimentaire est donc de : salaire net – RSA – quotité saisissable, soit : 2 000 € – 635,71 € – 478,61 € = 885,68 €.

Exemple pour un salaire net de 2 000 €

Rémunération	Ordre d'imputation des saisies
RSA Fraction insaisissable 635,71 €	
Fraction relativement insaisissable 885,68 €	**1. Pension alimentaire = 305 €**
Quotité saisissable 478,61 €	**2. Pension alimentaire = 0 €** **3. Saisie administrative à tiers détenteur = 180 €** **4. Saisie des rémunérations = 298,61 €**

2) Retenues auxquelles doit procéder l'employeur

➠ **Pension alimentaire :** l'employeur retient d'abord la pension alimentaire (305 €) sur la fraction relativement insaisissable avant de l'imputer sur la quotité saisissable. En l'espèce, la fraction relativement insaisissable suffit.

➠ **Saisie administrative à tiers détenteur :** l'employeur peut ensuite imputer les 180 € de saisie administrative à tiers détenteur sur la quotité saisissable, ce qui laisse une quotité disponible de 478,61 € – 180 € = 298,61 €.

➠ **Saisie des rémunérations :** enfin, l'employeur retient la saisie des rémunérations sur le solde de quotité saisissable (298,61 €). Les 385 € – 298,61 € = 86,39 € de saisie qui n'ont pu être retenus sont reportés sur les payes suivantes, en fonction du barème.

Sur le bulletin de paye, l'employeur n'a mentionné qu'une retenue globale de 783,61 € sous un libellé neutre, en précisant le détail sur un décompte à part.

EXTRAIT DU DÉCOMPTE

Salaire net après retenue au titre du prélèvement à la source	2 000,00 €
Détail des retenues	
Pension alimentaire	305,00 €
Saisie administrative à tiers détenteur	180,00 €
Saisie sur rémunération	298,61 €
Net à payer	1216,39 €

Bulletin de paye

Mention - Le bulletin de paye doit mentionner le montant de la retenue et sa nature (ex. : saisie) (c. trav. art. R. 3243-1, 8° b).

Dans un souci de protection de la vie privée, la CNIL a préconisé en 1987 que la retenue apparaisse sous une rubrique ou un code neutre (ex. : retenue sur salaire), une annexe pouvant détailler sa nature. Aucune suite réglementaire n'a pour le moment été donnée à cette position.

Net social - L'ensemble des revenus pris en compte pour calculer le *Net social** le sont même en cas de saisies sur salaire et créances de pension alimentaire intervenant sur la rémunération nette du salarié (BOSS, Montant Net social, § II, A, 1°, 01/10/2024).

En clair, les retenues effectuées en paye au titre des saisies ne doivent pas être déduites pour calculer le Net social. Ainsi, à cotisations identiques, deux salariés ayant des revenus équivalents ont le même Net social, même si l'un des deux fait l'objet d'une saisie.

Fin des opérations de saisie

À l'extinction de la dette - L'employeur est libéré de ses obligations dès lors que la mainlevée de la saisie, de la demande de paiement direct ou de la saisie administrative à tiers détenteur lui est notifiée.

Avant l'extinction de la dette - Certains événements peuvent mettre fin à la saisie avant l'extinction de la dette (ex. : départ du salarié de l'entreprise). L'employeur doit alors prévenir le greffe du tribunal judiciaire dans les 8 jours (c. trav. art. R. 3252-26) *(voir aussi plus haut)*.

Nouvelle procédure de saisie applicable au 1er juillet 2025

Déjudiciarisation de la procédure - La loi d'orientation et de programmation du ministère de la justice 2023-2027 a prévu une réforme de la procédure de saisie des rémunérations, qui entrera en vigueur le 1er juillet 2025 (loi 2023-1059 du 20 novembre 2023, art. 47, JO du 21 ; décret 2025-125 du 12 février 2025, art. 6, I).

Cette réforme consiste principalement à :
- supprimer l'autorisation judiciaire préalable du juge de l'exécution ;
- et confier la mise en œuvre de la procédure de saisie des rémunérations aux commissaires de justice (ex-huissiers de justice), en lieu et place du greffe du tribunal judiciaire.

En revanche, elle n'apporte aucune modification sur deux points majeurs de l'actuel régime des saisies rémunération :
- l'impossibilité de procéder à des saisies conservatoires (c. trav. art. L. 3252-7) ;
- le barème de la quotité saisissable et la règle de la fraction totalement insaisissable, qui vont demeurer *(voir nos développements ci-avant)*.

La procédure sera régie en grande partie par le code des procédures civiles d'exécution, au sein duquel l'essentiel des dispositions législatives et réglementaires applicables en la matière sont insérées (c. proc. civ. exéc. art. L. 212-2 à L. 212-14 et R. 212-1-1 à R. 212-1-41 en vigueur au 1er juillet 2025), et non plus par le code du travail (c. trav. art. L. 3252-8 à L. 3252-13 abrogés au 1er juillet 2025). Seules les règles concernant la protection du salaire et le barème de saisie resteront dans le code du travail.

Commandement de payer au débiteur - La procédure débutera par la signification au salarié débiteur, par un commissaire de justice mandaté par le créancier, d'un commandement de payer (c. proc. civ. exéc. art. L. 212-2 en vigueur au 1er juillet 2025). Ce commandement sommera l'intéressé de régler sa dette dans le délai d'1 mois et l'invitera, à défaut, à établir un accord avec le créancier sur son montant et ses modalités de paiement (c. proc. civ. exéc. art. L. 212-3 et R. 212-1-3 en vigueur au 1er juillet 2025).

▶ À noter… Si un accord est trouvé, un procès-verbal (PV) d'accord sera dressé par le commissaire de justice et suspendra la procédure de saisie des rémunérations, s'il intervient avant la signification du PV de saisie *(voir ci-dessous)*. Le créancier pourra néanmoins de nouveau enclencher la procédure de saisie dans certaines situations, notamment si le débiteur ne respecte pas les modalités de l'accord (c. proc. civ. exéc. art. L. 212-3 en vigueur au 1er juillet 2025).

PV de saisie signifié à l'employeur - Si le commandement de payer n'a pas produit d'effet au bout d'un mois, le commissaire de justice pourra passer au stade de la saisie. Pour cela, il devra signifier à l'employeur du débiteur un procès-verbal de saisie dans un délai de 3 mois maximum après la délivrance du commandement de payer (c. proc. civ. exéc. art. L. 212-2 et L. 212-6 en vigueur au 1er juillet 2025).

Si le PV de saisie n'est pas adressé dans les 3 mois, le commandement de payer deviendra caduc.

Informations transmises par l'employeur - Comme actuellement *(voir plus haut dans l'étude)*, l'employeur devra déclarer au créancier la situation de droit existant entre lui-même et le salarié saisi, ainsi que les cessions, saisies, saisies administratives à tiers détenteur ou paiements directs des pensions alimentaires en cours d'exécution. Il devra préciser également le montant de la rémunération versée au salarié (c. proc. civ. exéc. art. L. 212-8 en vigueur au 1er juillet 2025).

▶ À noter… Pour le Conseil constitutionnel, ces dispositions doivent être interprétées comme imposant à l'employeur de transmettre les seules informations strictement nécessaires à l'exécution de la mesure de saisie (c. constit., décision 2023-855 DC du 16 novembre 2023, § 126, JO du 21).

S'il s'abstient, sans motif légitime, de procéder à cette déclaration ou fait une déclaration mensongère, l'employeur pourra être condamné par le juge, à la demande du créancier, au paiement d'une amende civile de 10 000 € et, le cas échéant, au paiement de dommages et intérêts (c. proc. civ. exéc. art. L. 212-14 et R. 212-1-41 en vigueur au 1er juillet 2025).

Au plus tard dans les 15 jours à compter de la notification de l'acte de saisie, ces mêmes informations devront aussi être transmises au commissaire de justice répartiteur *(voir ci-après)*, en précisant le montant de la rémunération qui doit être versée au salarié débiteur le mois suivant la notification de l'acte de saisie (c. proc. civ. exéc. art. R. 212-1-14 en vigueur au 1er juillet 2025).

Opérations de saisie - Comme actuellement, l'employeur devra procéder aux retenues sur la rémunération du salarié saisi dans la limite de la quotité saisissable *(voir plus haut)* (c. proc. civ. exéc. L. 212-5 en vigueur au 1er juillet 2025).

Il versera mensuellement les sommes ainsi retenues au titre de la saisie à un commissaire de justice répartiteur (c. proc. civ. exéc. art. L. 212-12 en vigueur au 1er juillet 2025). Celui-ci sera chargé de les reverser au créancier et, le cas échéant, de les répartir en cas de pluralité de créanciers (c. proc. civ. exéc. art. L. 212-9 et R. 212-1-10 en vigueur au 1er juillet 2025).

Si le salarié débiteur perçoit plusieurs rémunérations, le commissaire de justice répartiteur déterminera les employeurs chargés d'opérer les retenues (c. proc. civ. exéc. art. R. 212-1-36 en vigueur au 1er juillet 2025).

▶ À noter… Le commissaire de justice répartiteur sera désigné sur demande du créancier par la Chambre nationale des commissaires de justice. Son identité et ses coordonnées devront être portées à la connaissance de l'employeur et du salarié (c. proc. civ. exéc. art. L. 212-9 et R. 212-1-10 en vigueur au 1er juillet 2025).

Sans changement, l'employeur qui ne procédera pas aux retenues à opérer au titre de la saisie pourra être tenu au paiement des sommes concernées (c. proc. civ. exéc. L. 212-14 en vigueur au 1er juillet 2025).

L'employeur devra informer le commissaire de justice répartiteur, dans les 8 jours, de tout événement qui suspend la saisie ou y met fin (c. proc. civ. exéc. art. R. 212-1-31 en vigueur au 1er juillet 2025). Si le lien de droit entre l'employer et le salarié saisi prend fin (ex. : licenciement), la procédure de saisie pourra être reprise, dans le délai d'un an, par la signification d'un acte de saisie entre les mains d'un nouvel employeur. À défaut, la saisie prendra fin et les fonds seront répartis (c. proc. civ. exéc. art. R. 212-1-32 en vigueur au 1er juillet 2025).

Registre numérique des saisies des rémunérations - Un registre numérique des saisies des rémunérations, placé sous la responsabilité de la Chambre nationale des commissaires de justice, sera mis en place dans le but de recenser toutes les informations relatives aux mesures de saisie en cours, selon des modalités qui doivent encore être précisées par décret à l'heure où nous rédigeons ces lignes (loi 2023-1059 du 20 novembre 2023, art. 47, I, 2°, b, JO du 21 ; ord. 2016-728 du 2 juin 2016, art. 16, 12° bis).

Entrée en vigueur de la réforme - La nouvelle procédure de saisie des rémunérations entrera en vigueur le 1er juillet 2025 (loi 2023-1059 du 20 novembre 2023, art. 60, X, JO du 21 ; décret 2025-125 du 12 février 2025, art. 6, I). À compter de cette date, l'employeur tiers saisi devra donc cesser tout versement au régisseur installé auprès du greffe du tribunal judiciaire ou de l'une de ses chambres de proximité. Tout paiement effectué au régisseur après cette date sera rejeté (décret 2025-125 du 12 février 2025, art. 6, II).

La nouvelle procédure s'appliquera aux procédures de saisie déjà autorisées par le juge à cette date, qui seront transférées à un commissaire de justice selon les modalités suivantes (loi 2023-1059 du 20 novembre 2023, art. 60, X ; décret 2025-125 du12 février 2025, art. 6, III) :
- si le créancier est assisté ou représenté par un commissaire de justice, la procédure sera transmise par le greffe à ce commissaire de justice ;
- si le créancier n'est ni assisté, ni représenté à la procédure par un commissaire de justice, la procédure sera transmise à la chambre régionale des commissaires de justice du lieu de résidence du débiteur salarié pour attribution à un commissaire de justice.

▶ À noter… À compter de la transmission de la procédure au commissaire de justice compétent, le créancier disposera, à peine de caducité de la mesure en cours, de 3 mois pour lui confirmer sa volonté de poursuivre la procédure de saisie selon les nouvelles modalités. Il sera ensuite procédé à la désignation d'un commissaire de justice répartiteur (loi 2023-1059 du 20 novembre 2023, art. 60, X ; décret 2025-125 du 12 février 2025, art. 6, VI).

Par dérogation, lorsqu'une demande incidente ou une contestation aura été présentée avant le 1er juillet 2025, elle sera jugée conformément aux règles applicables avant le 1er juillet 2025. Après que la décision statuant sur cette demande incidente ou contestation sera passée en force de chose jugée, la procédure devra être transmise au mandataire du créancier s'il est commissaire de justice ou à la chambre régionale des commissaires de justice, qui la communiquera au commissaire de justice qu'elle désignera (loi 2023-1059 du 20 novembre 2023, art. 60, X ; décret 2025-125 du 12 février 2025, art. 6, IV).

Quant aux requêtes en saisie des rémunérations introduites avant le 1er juillet 2025 mais qui, à cette date, n'auront pas encore donné lieu à décision du juge, elles seront instruites et jugées conformément aux anciennes dispositions. Une fois qu'aura été établi le procès-verbal de non-conciliation ou que le jugement ayant autorisé la saisie aura acquis force de chose jugée, la procédure sera transmise par le greffe du tribunal au mandataire du créancier s'il est commissaire de justice ou à la chambre régionale des commissaires de justice, qui la communiquera au commissaire de justice qu'elle désignera (loi 2023-1059 du 20 novembre 2023, art. 60, X ; décret 2025-125 du 12 février 2025, art. 6, V).

☞ *Cession des rémunérations ; Compensation.*

Saisonniers

☞ *Travailleurs saisonniers.*

Salaire

Principes

Le terme générique de « salaire » recouvre différentes notions.

Le salaire constitue la contrepartie de la prestation fournie par le salarié dans le cadre de son contrat de travail. L'absence de paiement du salaire par l'employeur peut justifier la *prise d'acte de la rupture du contrat de travail** par le salarié, selon les circonstances (ex. : simple retard ou véritable absence de paiement, etc.).

Le terme de « rémunération » est employé dans le même sens que celui de salaire. Il peut toutefois présenter un caractère plus global et inclure tous les éléments ou avantages accordés au salarié.

Exemple

En matière d'*égalité des rémunérations femmes-hommes**, la rémunération inclut le salaire de base et tous les autres avantages ou accessoires payés, directement ou indirectement, par l'employeur au travailleur en raison de son emploi.

Le salaire de base est la rémunération principale du travail, définie par le contrat de travail.

Salaire au sens du droit du travail

Le salaire inclut tous les éléments versés au salarié en contrepartie de son travail, c'est-à-dire, notamment :
- le salaire de base correspondant à sa qualification et à ses fonctions ;
- les primes éventuelles (ancienneté, etc.) ;
- les primes de sujétion (prime de froid, etc.) ;
- les primes exceptionnelles ;
- les avantages en nature ;
- les revenus de remplacement à la charge de l'employeur, comme par exemple en cas de maladie ;
- les pourboires.

▶ Attention… La notion de salaire en droit du travail n'est pas unique : pour calculer les différentes composantes de la rémunération sur le salaire (ex. : indemnité de congés payés, indemnités de rupture, majorations pour heures supplémentaires, etc.), les éléments à prendre en compte varient.

Salaire au sens de la sécurité sociale

Le salaire au sens de la sécurité sociale correspond traditionnellement aux sommes constituant l'assiette des cotisations de sécurité sociale (c. séc. soc. art. L. 242-1).

Ainsi, certains éléments exclus du salaire en droit du travail sont considérés comme du salaire en matière de sécurité sociale, comme par exemple une prime soumise à cotisations versée par le *comité social et économique** pour un événement particulier, ou encore la fraction assujettie à cotisations d'une indemnité de licenciement.

Fixation du salaire

Détermination du salaire - Le salaire est fixé librement par les parties.

Certaines règles sont toutefois impératives pour l'employeur, par exemple :
- le respect du *SMIC** ou du *minimum conventionnel** prévu par la convention collective applicable ;
- la *négociation obligatoire sur les salaires** ;
- l'interdiction d'indexer les salaires sur le SMIC, le niveau général des prix, le niveau général des salaires et le prix des biens sans rapport avec l'activité de l'entreprise (voir *Clause d'indexation**).

Modification de la rémunération contractuelle - Sans entrer dans le détail des diverses jurisprudences, on signalera que la rémunération contractuelle constitue un élément du contrat de travail qui ne peut pas être modifié, même de manière minime, sans l'accord du salarié (cass. soc. 19 mai 1998, n° 96-41573, BC V n° 265). Il en va ainsi y compris si le nouveau mode de rémunération est favorable au salarié (cass. soc. 28 janvier 1998, n° 95-40275, BC V n° 40 ; cass. soc. 5 mai 2010, n° 07-45409, BC V n° 102 ; cass. soc. 25 janvier 2017, n° 15-21352 D).

Exemple

Un employeur ayant commis une erreur dans le montant du salaire indiqué dans le contrat de travail (salaire net forfaitaire de 1 653 € alors que l'employeur entendait 1 653 € bruts) ne peut pas ensuite invoquer une « erreur de plume », car cela reviendrait à modifier le contrat de travail sans l'accord du salarié (cass. soc. 14 décembre 2022, n° 21-17171 D).

Le même principe prévaut lorsque la modification du contrat est sans effet sur le montant global de la rémunération (cass. soc. 18 mai 2011, n° 09-69175, BC V n° 117).

En conséquence, sauf disposition légale contraire, une convention collective ne peut pas permettre à l'employeur de passer outre l'accord du salarié pour modifier sa rémunération contractuelle (cass. soc. 10 février 2016, n° 14-26147, BC V n° 25 ; cass. soc. 15 septembre 2021, n° 19-15732 FSB).

On notera cependant qu'un accord de performance collective peut aménager la rémunération, dans le respect du SMIC et des minima conventionnels (c. trav. art. L. 2254-2). Le salarié peut refuser la modification résultant de l'application de l'accord, mais dans ce cas, l'employeur est autorisé à le licencier. Ce licenciement est justifié (voir *Accord de performance collective**).

Formalisation - Depuis le 1er novembre 2023, l'employeur doit informer les salariés sur la relation de travail. Les éléments constitutifs de la rémunération doivent figurer sur un document remis au salarié (c. trav. art. L. 1221-5-1 et R. 1221-34).

Mode de calcul du salaire

Le salaire peut être calculé selon différentes méthodes. Il peut en outre faire l'objet d'une *mensualisation**.

Salaire au temps - Le salaire est fixé pour une durée de travail déterminée. Il varie alors en fonction de la durée du travail du salarié (absence, heures supplémentaires, etc.).

Salaire au rendement - Le salaire est fixé en fonction de la quantité de production, par rapport à une norme, et varie selon la production effectuée.

Le salaire au rendement ne peut pas être prévu dans les conventions collectives susceptibles d'être étendues en ce qui concerne les travaux dangereux, pénibles ou insalubres (c. trav. art. D. 2261-2).

Salaire calculé sur le chiffre d'affaires - Tout ou partie du salaire peut être calculé en fonction du chiffre d'affaires réalisé par le salarié. La rémunération varie alors selon le montant de ce chiffre d'affaires. Le contrat de travail peut ainsi prévoir une part de rémunération variable en fonction d'objectifs à atteindre par le salarié, dès lors que ces objectifs sont réalistes (cass. soc. 13 mars 2001, n° 99-41812, BC V n° 86).

Combinaison des différents modes - Ces différents modes de rémunération peuvent être combinés : un salarié peut bénéficier d'une part de salaire fixée au temps et d'une part calculée au rendement ou selon le chiffre d'affaires.

Modifications des objectifs - Les objectifs doivent être portés à la connaissance du salarié en début d'exercice. Seules des circonstances particulières (ex. : réorganisation de l'entreprise, rachat) peuvent excuser un retard dans cette communication (cass. soc. 21 septembre 2017, n° 16-20426, BC V n° 147 ; cass. soc. 3 mai 2018, n° 16-13736 D). Précisons que sauf s'ils sont reçus de l'étranger, les documents fixant les objectifs nécessaires à la détermination de la rémunération variable contractuelle doivent être, pour être opposables au salarié qui n'est pas étranger, rédigés en langue française (cass. soc. 2 octobre 2024, n° 23-14429 D ; c. trav. art. L. 1321-6).

Si le contrat de travail prévoit une modification unilatérale des objectifs par l'employeur et que ceux-ci sont réalisables et portés à la connaissance du salarié en début d'exercice, alors l'employeur peut modifier les objectifs même si cette modification aboutit à une réduction de la rémunération variable du salarié (cass. soc. 2 mars 2011, n° 08-44977, BC V n° 55 ; cass. soc. 9 mai 2019, n° 17-20767 D). L'employeur ne peut toutefois exercer cette faculté qu'en début d'exercice. Il ne peut donc pas, par exemple, modifier les objectifs d'un salarié en cours d'exercice après avoir réalisé que ces derniers étaient bien trop bas (cass. soc. 8 avril 2021, n° 19-15432 D).

Lorsque la rémunération variable dépend d'objectifs définis unilatéralement par l'employeur, cette dernière doit être payée intégralement si les objectifs ont été communiqués au salarié très tardivement ou s'ils n'ont pas été fixés (ex. : objectifs censés être communiqués au salarié avant le 31 mai de chaque année et toujours non fixés fin novembre) (cass. soc. 25 novembre 2020, n° 19-17246 D ; cass. soc. 7 juin 2023, n° 21-23232 D ; cass. soc. 31 janvier 2024, n° 22-22709 D).

▶ À noter... C'est à l'employeur de prouver que les objectifs fixés sont réalisables (cass. soc. 15 décembre 2021, n° 19-20978 FSB ; cass. soc. 15 novembre 2023, n° 22-11442 D).

Preuve du calcul du variable - Lorsque la partie variable de la rémunération dépend de la réalisation d'objectifs, l'employeur doit les faire connaître au salarié afin que celui-ci puisse vérifier s'ils ont été atteints (cass. soc. 24 septembre 2008, n° 07-40709 D). En pratique, le salarié doit pouvoir vérifier que le calcul de sa rémunération a été effectué conformément aux modalités prévues par le contrat de travail (ex. : rémunération sur la base de commissions calculées, selon une annexe au contrat, en pourcentage sur un chiffre d'affaires) (cass. soc. 18 juin 2008, n° 07-41910, BC V n° 134).

L'employeur ne peut pas invoquer le caractère confidentiel d'une donnée de calcul de la rémunération variable pour refuser de la communiquer aux salariés (cass. soc. 27 septembre 2023, n° 22-13083 D).

▶ À noter... Une clause de rémunération variable n'est valable que si les 3 conditions suivantes sont réunies (cass. soc. 2 juillet 2002, n° 00-13111, BC V n° 229) :
- elle doit être fondée sur des éléments objectifs indépendants de la volonté de l'employeur ;
- elle ne doit pas faire porter le risque d'entreprise sur le salarié ;
- elle ne doit pas avoir pour effet de réduire la rémunération en dessous des minima légaux et conventionnels.

Ainsi, dès lors que les honoraires servant de base de calcul à la rémunération variable d'un salarié sont ceux retenus par la direction générale à laquelle est rattaché le salarié pour l'établissement du compte d'exploitation, la variation de la rémunération dépend de la seule volonté de l'employeur et n'est donc pas valable (cass. soc. 9 mai 2019, n° 17-27448 FSPB).

En cas de litige, les juges exigent de l'employeur seul qu'il produise les éléments sur lesquels il se fonde pour calculer la rémunération variable (cass. soc. 24 septembre 2008, n° 07-41383, BC V n° 173). Ils peuvent ainsi lui demander de justifier des éléments permettant de calculer les primes et rémunérations mises en cause par un salarié (cass. soc. 9 avril 2014, n° 12-21821 D).

☛ *Accord de performance collective ; Assiette des cotisations de sécurité sociale ; Augmentation de salaire ; Clause d'indexation ; Commissions ; Discrimination (interdiction de) ; Égalité des rémunérations ; Égalité des rémunérations femmes-hommes ; Mensualisation ; Minimum conventionnel ; Recommandations patronales ; SMIC.*

Salaire brut

Salaire brut social

Salaire brut - Le salaire brut correspond au total des éléments de rémunération soumis aux cotisations sociales, avant déduction de ces cotisations. Il comprend notamment :
- le salaire de base ;
- la *prime d'ancienneté** ;
- la rémunération des *heures supplémentaires** ou des *heures complémentaires** ;
- les avantages en nature ;
- les *primes** périodiques ou exceptionnelles ;
- les retenues pour *absence** et leur indemnisation éventuelle ;
- la déduction des indemnités journalières de sécurité sociale en cas de maintien du salaire pour maladie, maternité, accident du travail.

Les éléments non soumis à cotisations ne sont pas compris dans le brut social (ex. : indemnité de licenciement, remboursements de frais professionnels exonérés, etc.).

Brut « sécurité sociale » - Le brut « sécurité sociale » correspond à l'*assiette des cotisations de sécurité sociale** (c. séc. soc. art. L. 242-1).

Elle équivaut, en principe, au brut « social », mais il peut y avoir des divergences, comme, par exemple, en cas d'application :
- d'assiettes forfaitaires ;
- de mise en œuvre d'une déduction forfaitaire spécifique pour frais professionnels, auquel cas l'assiette des cotisations de sécurité sociale est constituée par la rémunération brute majorée des remboursements de frais professionnels, le tout abattu [voir *Frais professionnels (déduction forfaitaire spécifique)**].

Base brute du Montant net social - La base brute de calcul du Montant net social, nouvelle mention obligatoire du bulletin de paye depuis le 1er juillet 2023, a sa propre définition autonome.

Entre autres particularités, elle comprend notamment certains éléments exonérés de cotisations (ex. : prime de partage de la valeur, intégralité des gratifications de stage, indemnités de rupture).

Pour plus de détails, voir *Bulletin de paye (net social)**.

Rémunération annuelle brute fiscale

La rémunération brute fiscale correspond à la rémunération brute imposable à l'impôt sur le revenu, mais avant déduction des cotisations salariales déductibles.

Elle peut comprendre certaines sommes ou avantages que l'on ne retrouve pas dans le brut social ou la base brute sécurité sociale. Certains éléments sont en effet imposables, sans pour autant constituer juridiquement un élément de salaire ni être assujettis à cotisations de sécurité sociale. On peut citer, à titre d'exemples, la part patronale aux garanties de *prévoyance complémentaire** « frais de santé », le versement direct d'une prime d'*intéressement**, le versement immédiat de la quote-part de *participation aux résultats** revenant à un salarié sur sa demande.

À l'inverse, dans certains cas, il peut arriver qu'une fraction d'indemnité de rupture assujettie à cotisations de sécurité sociale soit exonérée d'impôt sur le revenu (les limites d'exonération fiscales sont plus élevées que le plafond d'exclusion de l'assiette des cotisations). Auquel cas la somme correspondante ne sera pas incluse dans le brut fiscal.

Si l'employeur applique une *déduction forfaitaire spécifique pour frais professionnels** pour l'assiette des cotisations de sécurité sociale, cette déduction ne joue pas au plan fiscal.

☞ *Assiette des cotisations de sécurité sociale ; Contribution sociale généralisée (CSG) ; Cotisations déductibles du revenu imposable ; Net fiscal ; Prélèvement à la source (assiette) ; Salaire net ; Taxe sur les salaires.*

Salaire net

Net payé au salarié

Somme effectivement versée - Le bulletin de paye doit indiquer le montant de la somme effectivement reçue par le salarié (c. trav. art. R. 3243-1, 10°). Cette rubrique doit apparaître sous le libellé « Net à payer au salarié ». Elle doit être affichée d'une manière qui en facilite la lisibilité (arrêté du 25 février 2016, art. 1, modifié par arrêté du 31 janvier 2023, JO 7 février, texte 18).

En pratique, le net à payer est la somme que l'employeur verse effectivement au salarié, après toutes les déductions et ajouts.

Il est égal au *salaire brut** social :
- diminué des cotisations et contributions sociales salariales ;
- diminué des retenues sur salaire non déductibles du revenu imposable (*saisie des rémunérations**, retenue de la part salariale pour chaque *titre-restaurant**, retenues au titre d'une *avance sur salaire** ou d'*acomptes** versés au salarié, etc.) ;
- diminué de la retenue effectuée au titre du *prélèvement à la source** de l'impôt sur le revenu (ou, le cas échéant, de la *retenue à la source des non-résidents fiscaux**) ;
- augmenté des sommes versées au salarié et non soumises à cotisations (indemnité de licenciement ou de mise à la retraite, remboursements de frais, etc.).

▶ À noter... Quand la clause du contrat de travail indique que le salarié percevra chaque mois un « salaire net forfaitaire », c'est cette rémunération nette qui est due au salarié. Considérer qu'il s'agit d'une « erreur de plume » et que ce montant s'entend comme un salaire brut revient à modifier le contrat de travail sans l'accord du salarié (cass. soc. 14 décembre 2022, n° 21-17171 D).

Net à payer avant et après PAS - Les employeurs doivent distinguer sur le bulletin de paye :
- le net à payer avant impôt sur le revenu, à savoir avant *prélèvement à la source** (PAS) (c. trav. art. R. 3243-1, 9°) ;
- la somme effectivement versée au salarié après PAS (c. trav. art. R. 3243-1, 10°).

La réglementation impose d'ailleurs des libellés et des normes de présentation [voir *Bulletin de paye (mentions obligatoires)**].

Montant net social

Le Montant net social est une mention du bulletin de paye obligatoire depuis le 1er juillet 2023, et dont la déclaration en DSN est impérative depuis janvier 2024. Cette donnée sert aux administrations pour le droit à certaines prestations sociales.

Le Montant net social n'est défini ni à partir du salaire net fiscal, ni à partir du salaire brut soumis à cotisations. Il a sa propre logique de calcul, de sorte qu'il ne doit pas être confondu avec les autres nets qui peuvent apparaître sur le bulletin de paye.

Pour plus de détails, voir *Bulletin de paye (net social)**.

Net imposable du bulletin de paye

Net imposable du salarié - Le salaire net fiscal à porter sur le bulletin de paye correspond au salaire net imposable du salarié (donc hors rémunération des heures supplémentaires et complémentaires ou des jours de repos « rachetés » des salariés en forfait jours) (pour plus de détail, voir *Net fiscal**).

Depuis le 1er janvier 2022, le bloc fiscal du bulletin de paye doit comporter une ligne « Montant net imposable », à valoriser tant pour la paye concernée qu'en cumul annuel (arrêté du 23 décembre 2021, art. 1, 1°, a et d ; arrêté du 25 février 2016, art. 1 modifié).

▶ À noter… Avant 2022, la mention du net imposable sur le bulletin de paye n'était juridiquement pas obligatoire, même s'il était généralement indiqué.

Ne pas confondre net imposable et assiette du PAS - Indépendamment du net imposable, le bulletin de paye doit aussi indiquer l'assiette du *prélèvement à la source** de l'impôt sur le revenu (c. trav. art. R. 3243-1, 9°).

Dans le cas général, l'assiette du PAS est égale au net imposable (CGI art. 204 B). Mais ce n'est pas toujours le cas et il y a parfois des divergences compte tenu des règles d'assiette du PAS [voir *Prélèvement à la source (assiette)**].

Par exemple, en cas de versement d'IJSS subrogées imposables, l'assiette du PAS est supérieure au net imposable. C'est en effet à l'employeur de calculer le PAS, mais c'est la CPAM qui en déclare le montant imposable à l'administration pour alimenter la déclaration de revenus préremplie [voir *Prélèvement à la source (IJSS subrogées)**].

A contrario, l'assiette du PAS peut être inférieure au salaire net imposable, comme par exemple pour des contrats courts auxquels l'employeur doit appliquer un taux neutre, en raison d'un abattement spécifique [voir *Prélèvement à la source (contrats courts)**].

Net imposable des apprentis et stagiaires - Selon le GIP-MDS (en charge de la maîtrise d'ouvrage de la DSN), depuis 2020, c'est le montant total de la rémunération nette fiscale (avant et après franchissement du seuil d'exonération) qu'il convient d'afficher sur le bulletin de paye et l'attestation fiscale annuelle lorsqu'elle est produite (ou tout autre document mentionnant le cumul imposable annuel). À titre d'information, l'attestation fiscale peut mentionner le cumul des montants versés en deçà du seuil pour permettre à l'apprenti/stagiaire de modifier sa déclaration de revenus (www.net-entreprises.fr, Base de connaissances DSN, fiche 1853, modifiée le 26/05/2023).

C'est au contribuable de tenir compte de l'exonération au niveau de sa déclaration de revenus.

Net imposable et assiette de la retenue à la source des non-résidents fiscaux - Pour les salariés auxquels s'applique la retenue à la source des non-résidents fiscaux, il ne faut pas non plus confondre le net imposable avec l'assiette de la retenue à la source, laquelle tient compte de la déduction fiscale forfaitaire de 10 % pour frais professionnels (voir *Retenue à la source des non-résidents fiscaux**).

Rémunération nette fiscale et montant net versé en DSN

Rubrique « Rémunération nette fiscale » - La *déclaration sociale nominative** comprend une rubrique intitulée « Rémunération nette fiscale » (S21.G00.50.002), à ne pas confondre avec l'assiette du PAS.

L'assiette du PAS est identifiée dans la rubrique « Montant soumis au PAS » (S21.G00.50.013). Le montant indiqué peut-être identique à celui porté en « Rémunération nette fiscale » (S21.G00.50.002), mais dans un certain nombre de cas, il sera différent.

Le montant soumis au PAS est supérieur à la rémunération nette fiscale en cas d'IJSS subrogées soumises au PAS. Celles-ci doivent être portées dans la rubrique « Montant soumis au PAS », mais l'employeur ne doit pas déclarer les IJSS dans le net fiscal [pour plus de détails, voir *Prélèvement à la source (IJSS subrogées)**].

A contrario, la rubrique « Montant soumis au PAS » peut être valorisée pour un montant inférieur à la « Rémunération nette fiscale » :

- pour les contrats courts en taux neutre, lorsque l'abattement d'1/2 SMIC est applicable [voir *Prélèvement à la source (contrats courts)**].
- pour les apprentis et stagiaires, en raison de l'exonération d'impôt dont ils bénéficient [voir *Prélèvement à la source (apprentis et stagiaires)**].

Enfin, depuis 2024 (norme DSN P24V01) lorsqu'un salarié bénéficie d'heures supplémentaires ou complémentaires, d'un rachat de jours de repos en cas de forfait jours ou de la monétisation de jours de RTT acquis de 2022 à 2026 dont la rémunération est défiscalisée [voir *Heures supplémentaires et* *complémentaires (exonération d'impôt sur le revenu)**], les montants exonérés versés au titre de ces heures supplémentaires ne doivent plus être intégrées dans la rémunération nette fiscale (RNF) renseignée en rubrique « S21.G00.50.002 ».

▶ À noter... Antérieurement, ces rémunérations d'heures défiscalisées étaient intégrées dans la RNF déclarée en DSN. De fait, le RNF de la DSN n'était pas identique au net imposable du bulletin de paye.

Rubrique « Montant net versé » - La DSN comporte une rubrique « Montant net versé » (S21. G00.50.00). Selon le GIP-MDS, dans le cadre de la modernisation de la délivrance des prestations sociales, la Complémentaire santé solidaire (C2S) est calculée sur la base du « Montant net versé » correspondant aux ressources déclarées en DSN (www.net-entreprises.fr, Base de connaissance DSN, fiche 933 modifiée le 05/11/2024).

Compte tenu de difficultés techniques remontées par les éditeurs de logiciels de paye à combiner plusieurs règles de calcul en présence d'un salaire comportant à la fois des composantes imposables et non imposables, le « Montant net versé » déclaré en DSN est déterminé exclusivement à partir de la rémunération nette fiscale.

Depuis la version de norme P24V01, la définition de la « Rémunération nette fiscale » a évolué pour ne plus intégrer le montant net des heures complémentaires et supplémentaires exonérées d'impôt *(voir ci-dessus)*. En conséquence, les heures exonérées ne sont plus intégrées au « Montant net versé » depuis cette version de norme.

Pour un revenu imposable, le montant net versé se détermine à partir de la rémunération nette fiscale, selon la formule suivante : Montant net versé = Rémunération nette fiscale – montant des contributions sociales non déductibles (fraction de CSG non déductible et CRDS) – montant de la contribution patronale aux garanties « frais de santé » du salarié.

En présence de montants totalement non imposables, le « Montant net versé » se détermine à partir du revenu brut selon la formule suivante : Montant net versé = Montant brut non plafonné – cotisations sociales – contributions sociales.

En présence d'un salaire comportant à la fois des composantes imposables et non imposables, il convient de déterminer systématiquement le montant net versé à partir de la rémunération nette fiscale.

Bulletin de paye (mentions obligatoires) ; Cotisations déductibles du revenu imposable ; Net fiscal ; Salaire brut.

Salariat

Le salariat correspond à deux notions : la relation instituée dans le cadre du contrat de travail et l'assujettissement au régime général de la sécurité sociale. Les deux notions ne se recoupent pas complètement.

Salariat au sens du droit du travail

Le salariat implique l'accomplissement par le salarié d'une prestation de travail effectuée sous la subordination de l'employeur. En d'autres termes, l'employeur peut donner des ordres au salarié et ce dernier a l'obligation de les exécuter, en contrepartie d'une rémunération (le salaire).

Le lien de subordination est caractérisé par l'exécution d'un travail sous l'autorité d'un employeur qui a le pouvoir de donner des ordres et des directives, d'en contrôler l'exécution et de sanctionner les manquements de son subordonné. Peut constituer un indice de subordination le travail au sein d'un service organisé lorsque l'employeur en détermine unilatéralement les conditions d'exécution (cass. soc. 13 novembre 1996, n° 94-13187, BC V n° 386).

Le salariat s'exerce dans le cadre du contrat de travail.

Salariat au sens de la sécurité sociale

Sont assujetties au régime général de la sécurité sociale :

- les personnes salariées ou travaillant à quelque titre ou en quelque lieu que ce soit, pour un ou plusieurs employeurs et quels que soient le montant et la nature de leur rémunération, la forme, la nature ou la validité de leur contrat, leur âge (même si elles sont titulaires d'une pension) et leur nationalité (c. séc. soc. art. L. 311-2) ;
- les personnes relevant de certaines catégories, qui sont affiliées au régime général de plein droit, même si elles ne sont pas titulaires d'un contrat de travail (ex. : gérant minoritaire de SARL) (c. séc. soc. art. L. 311-3).

Pour plus de détails, voir *Assujettissement**.

Présomption de non-salariat (code du travail)

Présomption d'absence de contrat de travail - Il existe une présomption d'absence de contrat de travail pour les personnes exerçant une activité indépendante.

Ainsi, sont présumés ne pas être liés avec le donneur d'ordre par un contrat de travail (c. trav. art. L. 8221-6, I) :
- les personnes physiques immatriculées au registre du commerce et des sociétés (RCS), au registre national des entreprises en tant qu'entreprise du secteur des métiers et de l'artisanat, au registre des agents commerciaux ou auprès des URSSAF en tant que travailleurs non salariés ;
- les dirigeants des personnes morales immatriculées au RCS et leurs salariés ;
- les personnes physiques inscrites au registre des entreprises de transport routier de personnes, qui exercent une activité de transport scolaire (c. éduc. art. L. 214-18) ou de transport à la demande (loi 82-1153 du 30 décembre 1982, art. 29, JO du 31).

Toutefois, l'existence d'un contrat de travail peut être établie lorsque ces personnes fournissent, directement ou par une personne interposée, des prestations à un donneur d'ouvrage dans des conditions qui les placent dans un lien de subordination juridique permanent à l'égard de celui-ci. Dans ce cas, la qualification de *travail dissimulé** pourra être retenue contre le donneur d'ordre, notamment en cas de soustraction intentionnelle à l'obligation de remise d'un bulletin de paye ou de *déclaration préalable à l'embauche** (c. trav. art. c. trav. art. L. 8221-6, II, L. 8221-5, L. 3243-2 et L. 1221-10).

Exemple

Une personne immatriculée au registre des agents commerciaux qui avait signé un contrat de mandataire avec une société a été reconnue comme se trouvant dans un lien de subordination juridique permanent et donc liée à cette société par un contrat de travail dans la mesure où elle était intégrée dans une équipe, avait des contraintes en matière de temps de travail et de formation, devait faire parvenir un compte rendu hebdomadaire, utilisait les locaux de la société, une adresse mail au nom de la société, ainsi que des moyens de communication, des process et des outils informatiques propres à la société, et était soumise à une limitation forte d'initiatives dans le déroulement de son activité par des validations systématiques (cass. soc. 14 décembre 2022, n° 22-12264 D).

Présomption de travail indépendant - Est présumé travailleur indépendant la personne dont les conditions de travail sont définies exclusivement par elle-même, ou par le contrat les définissant avec son donneur d'ordre (c. trav. art. L. 8221-6-1).

Là aussi, il s'agit d'une présomption simple, qui peut être renversée par la preuve d'un lien de subordination.

Attention aux faux micro-entrepreneurs - La présomption légale de non-salariat, qui bénéficie aux personnes sous le statut de micro-entrepreneur (également appelées auto-entrepreneurs), peut être détruite s'il est établi qu'elles fournissent directement ou par une personne interposée des prestations au donneur d'ordre dans des conditions qui les placent dans un lien de subordination juridique permanente à l'égard de celui-ci (cass. civ., 2e ch., 7 juillet 2016, n° 15-16110, BC II n° 190 ; cass. crim. 15 décembre 2015, n° 14-85638, B. crim. n° 302). Le donneur d'ordre encourt alors une condamnation pour *travail dissimulé** (cass. crim. 10 janvier 2017, n° 15-86580 D).

Exemple

Un micro-entrepreneur inscrit au RCS en tant que chauffeur poids lourds, qui effectue des livraisons sur des chantiers pour le compte d'une société de transport, n'a aucune indépendance dans l'organisation et l'exécution de son travail lorsque (cass. civ. 2e ch., 28 novembre 2019, n° 18-15333 FPBI) :
- les véhicules sont mis à sa disposition par la société qui en assure l'approvisionnement en carburant et en entretien ;
- le micro-entrepreneur utilise la licence communautaire de la société et se présente sur les chantiers comme faisant partie de la société ;
les disques d'enregistrement sont remis à la société.

Travailleurs des plateformes numériques - Le contrat liant une plateforme numérique de mise en relation à une personne exerçant son activité en tant que micro-entrepreneur peut être requalifié en contrat de travail lorsqu'il est avéré que l'exercice du pouvoir de direction, de contrôle et de sanction lors de l'exécution de la prestation démontre un lien de subordination.

Pour déterminer l'existence ou non d'un contrat de travail, les juges doivent analyser concrètement les conditions effectives dans lesquelles la personne exerce son activité, telles que fixées par les stipulations contractuelles (cass. soc. 27 septembre 2023, n° 20-22465 FSP).

Exemples

1) Il y a contrat de travail entre un livreur à vélo et la plateforme Take Eat Easy dans la mesure où un système de géolocalisation permettait à cette dernière de suivre en temps réel la position du livreur et qu'il existait un système de sanction du livreur (cass. soc. 28 novembre 2018, n° 17-20079 FPPBRI ; cass. soc. 24 juin 2020, n° 18-26088 D). La Cour de cassation a également estimé que peut constituer un indice de subordination au travail, le travail d'un livreur d'une plateforme au sein d'un service organisé lorsque l'employeur en détermine unilatéralement les conditions d'exécution (cass. soc. 27 septembre 2023, n° 20-22465 FB).

2) Il en va de même pour le contrat liant un chauffeur exerçant en tant qu'indépendant à la plateforme Uber, puisque le chauffeur s'exposait notamment à des corrections tarifaires s'il ne suivait pas l'itinéraire préconisé par l'application, était incité à rester connecté pour espérer effectuer une course et se voyait infliger des sanctions s'il refusait trop de courses (cass. soc. 4 mars 2020, n° 19-13316 FPPBRI).

3) En revanche, l'existence d'un lien de subordination entre la plateforme numérique « Le Cab » et un chauffeur VTC n'a pas été reconnu dans la mesure où il n'avait pas été constaté que la plateforme adressait des directives au chauffeur sur les modalités d'exécution du travail et disposait du pouvoir d'en contrôler le respect et d'en sanctionner l'inobservation (cass. soc. 13 avril 2022, n° 20-14870 FSB). Mais dans une autre affaire, le contrat de prestations unissant cette même plateforme et un chauffeur a été requalifié en contrat de travail aux motifs que le chauffeur réalisait des prestations dans le cadre d'un service organisé et dans un lien de subordination à l'égard de la plateforme de mise en relation (cass. soc. 24 avril 2024, 22-17995 D).

▶ À noter… Une directive relative à l'amélioration des conditions de travail dans le cadre du travail via une plateforme a introduit une présomption légale de salariat pour les travailleurs des plateformes numériques lorsqu'il est constaté des faits témoignant d'une direction et d'un contrôle (directive 2024/2831, JOUE du 11 novembre 2024). Les plateformes pourront contester cette présomption en prouvant l'absence de relation de travail. Les États membres doivent intégrer les dispositions de la directive à leur législation nationale d'ici le 2 décembre 2026 (directive, art. 29).

Présomption de non-affiliation au régime général (sécurité sociale)

Bénéficiaires - Les personnes immatriculées au RCS, au registre national des entreprises en tant qu'entreprise du secteur des métiers et de l'artisanat, au registre des agents commerciaux ou auprès de l'URSSAF et bénéficiant de la présomption d'absence de contrat de travail prévue par le code du travail *(voir ci-dessus)* ne relèvent du régime général de la sécurité sociale que s'il est établi que leur activité les place dans un lien de subordination juridique permanente à l'égard d'un donneur d'ordre (c. séc. soc. art. L. 311-11).

Autrement dit, la présomption d'absence de contrat de travail s'accompagne d'une présomption de non-salariat en matière de sécurité sociale.

Interrogation de l'URSSAF - Ces personnes peuvent interroger l'URSSAF sur le caractère salarié ou non de leur activité (c. séc. soc. art. L. 311-11).

La demande doit être adressée par écrit à l'URSSAF territorialement compétente, par tout moyen permettant de rapporter la preuve de sa date de réception. Elle doit être accompagnée des éléments nécessaires pour permettre à l'URSSAF de se prononcer (mode de fixation de la rémunération, forme de la convention avec le donneur d'ordre et organisation de l'activité, etc.) (circ. DSS/A1 94-37 du 4 juillet 1994).

L'URSSAF dispose d'un délai de 2 mois pour se prononcer (c. séc. soc. art. L. 311-11). Sa réponse est opposable à la CPAM et à la sécurité sociale des indépendants (circ. DSS/A1 94-37 du 4 juillet 1994).

À défaut de réponse dans le délai imparti, l'URSSAF est réputée approuver la qualification proposée par le demandeur (circ. DSS/A1 94-37 du 4 juillet 1994). Les personnes en cause ne peuvent se voir imposer ultérieurement une affiliation au régime général que si les conditions d'exercice de leur activité ont été substantiellement modifiées ou si les informations qu'elles ont fournies étaient erronées (c. séc. soc. art. L. 311-11).

L'avis de l'URSSAF peut être contesté uniquement en cas de modification des conditions d'exercice de l'activité ou en cas de fourniture d'informations erronées.

▶ À noter… Les personnes auxquelles la présomption de non-salariat ne s'applique pas peuvent également solliciter l'avis de l'URSSAF. Cependant, cet avis n'est pas opposable aux caisses.

Demande de rescrit - Pour sécuriser leur affiliation au régime des non-salariés, les personnes immatriculées au RCS, au registre national des entreprises en tant qu'entreprise du secteur des métiers et de l'artisanat, au registre des agents commerciaux ou auprès de l'URSSAF, et bénéficiant de la présomption d'absence de contrat de travail prévue par le code du travail, peuvent également, via la procédure de rescrit, demander à l'URSSAF de se prononcer sur leurs conditions d'affiliation à ce régime (c. séc. soc. art. L. 243-6-3) (pour plus de détails, voir *Rescrit social**).

☛ *Assujettissement ; Dirigeants d'entreprise ; Donneur d'ordre (obligations de vigilance et d'injonction) ; Immatriculation ; Travail dissimulé.*

Salariés intermittents

☛ *Intermittents du spectacle ; Travail intermittent.*

Salarié travaillant à l'étranger

Un salarié peut travailler à l'étranger, tout en étant payé depuis la France, parce qu'il est détaché ou expatrié. Cette étude présente les règles spécifiques qui s'appliquent en matière de droit de travail. Les règles applicables en matière de sécurité sociale sont détaillées dans les études *Détachement à l'étranger** et *Expatriation**. Les spécificités « paye » d'un salarié détaché sont développées dans l'étude *Détachement à l'étranger (paye)**.

Droit du travail applicable au salarié envoyé à l'étranger

Contrat de travail adapté - Le salarié peut partir travailler à l'étranger pour une certaine durée sans rupture de la relation de travail d'origine. Le contrat est très souvent modifié par avenant pour choisir la loi applicable au contrat et déterminer le statut du salarié pendant son séjour à l'étranger.

Il peut également coexister avec un contrat de travail local en raison des exigences de la législation du pays d'affectation.

Il peut enfin arriver que le contrat de travail français soit rompu, au profit d'un contrat de travail signé localement.

En tout état de cause, la solution choisie au niveau du droit de travail (contrat de travail d'origine maintenu, suspendu ou rompu) est sans incidence directe sur le système de protection sociale du salarié amené à travailler à l'étranger (sur ce point, voir *Détachement à l'étranger** ou *Expatriation**). Sur le régime fiscal, voir *Résident fiscal**.

▶ À noter... Il a été précisé que le contrat de travail d'un salarié partant travailler à l'étranger continue à s'appliquer et ne doit pas être suspendu en DSN (www.net-entreprises.fr, Base de connaissances DSN, fiche 861 modifiée le 01/12/2021).

Informations à remettre au salarié - Lorsque le salarié est appelé à travailler à l'étranger pour une durée supérieure à 4 semaines consécutives, l'employeur doit lui fournir, avant son départ, les informations suivantes (c. trav. art. R. 1221-36, I) :

- le ou les pays dans lequel ou lesquels le travail à l'étranger est effectué, ainsi que la durée prévue, sachant qu'il peut s'agir d'une durée indéterminée le cas échéant (cass. soc. 12 septembre 2018, n° 16-18411, BC V n° 147) ;
- la devise servant au paiement de la rémunération (avec possibilité d'un simple renvoi aux dispositions législatives et réglementaires ou aux stipulations conventionnelles applicables ; c. trav. art. R. 1221-37) ;
- le cas échéant, les avantages en espèces et en nature liés aux tâches concernées ;
- des renseignements indiquant si le rapatriement est organisé et, s'il l'est, les conditions de rapatriement du salarié.

Si la situation concerne un salarié détaché dans le cadre d'une prestation de services (dir. 96/71/CE du 16 décembre 1996) appelé à travailler dans un autre État de l'Union européenne (UE) ou de l'Espace économique européen (EEE) pour une durée supérieure à 4 semaines consécutives, l'intéressé doit être informé, en plus (c. trav. art. R. 1221-36, II) :

- de la rémunération à laquelle il a droit en vertu du droit applicable de l'État d'accueil (avec possibilité d'un simple renvoi aux dispositions législatives et réglementaires ou aux stipulations conventionnelles applicables ; c. trav. art. R. 1221-37) ;
- le cas échéant, des allocations propres au détachement et des modalités de remboursement des dépenses de voyage, de logement et de nourriture ;
- de l'adresse du site Internet mis en place par l'État d'accueil, conformément aux dispositions de l'art. 5 § 2 de la directive 2014/67/UE du 15 mai 2014.

L'employeur adresse ces informations au format papier, par tout moyen conférant date certaine (ex. : LRAR, document remis en main propre contre décharge). Il peut aussi adresser ces informations au format électronique, sous certaines conditions (c. trav. art. R. 1221-39). Pour faciliter la mise en œuvre de cette obligation d'information de la part de l'employeur, des modèles de documents ont été fixés pour les salariés appelés à travailler à l'étranger et pour les salariés détachés (c. trav. art. R. 1221-38 ; arrêté du 3 juin 2024, JO du 16, texte 13, annexes 4 et 5).

Loi applicable au contrat de travail - En principe, les parties sont libres de choisir la loi applicable au contrat de travail (règlt CE 593/2008 du 17 juin 2008, art. 8, 1). Ce choix est généralement formalisé par écrit, sous forme de clause ou d'avenant au contrat de travail. Toutefois, cette liberté de choix n'est pas sans limite et le contrat demeure soumis aux « dispositions impératives » de la loi applicable à défaut de choix *(voir ci-après)*, dès lors qu'elles sont plus favorables (cass. soc. 8 décembre 2021, n° 20-11738 FSB).

Si les parties n'ont pas choisi la loi applicable au contrat de travail, la loi compétente est (règlt CE 593/2008 du 17 juin 2008, art. 8, 2 et 3) :

- soit la loi du pays dans lequel ou, à défaut, à partir duquel le salarié accomplit habituellement son travail ;

- soit, s'il n'y a pas de lieu dans lequel ou partir duquel le salarié travaille habituellement, la loi du pays où se trouve l'établissement ayant embauché le travailleur.

Le critère du lieu d'accomplissement habituel du travail prime, sauf si le contrat est relié de façon plus étroite à un autre État (CJUE 12 septembre 2013, aff. C-64/12). S'il résulte de l'ensemble des circonstances que le contrat présente des liens plus étroits avec un autre pays que celui du lieu d'exécution ou du lieu d'embauche, la loi de cet autre pays s'applique (règlt CE 593/2008 du 17 juin 2008, art. 8, 4). C'est à celui qui prétend écarter la loi du lieu d'accomplissement habituel du travail de prouver que le contrat présente des liens plus étroits avec un autre pays (cass. soc. 29 septembre 2010, n° 09-68851, BC V n° 200 ; cass. soc. 13 octobre 2016, n° 15-16872, BC V n° 188).

Dans tous les cas, les lois dites « de police » du lieu d'exécution du contrat s'appliquent à la relation de travail (ce sont des lois impératives auxquelles on ne peut pas déroger).

▶ À noter... Lorsque le cas de figure n'entre pas dans le champ d'application du règlement européen 593/2008, en particulier si le salarié est de nationalité extra-européenne et est envoyé dans un pays hors Union européenne, le contrat de travail est régi par la loi choisie par l'employeur et le salarié (ex. : lieu d'exécution du travail, lieu de conclusion du contrat de travail, lieu du domicile de l'une ou l'autre des parties). À défaut de choix de la loi applicable, on retient la loi du pays d'accueil (cass. soc. 10 décembre 1996, n° 93-44926, BC V n° 129), et si le salarié exerce des activités dans plusieurs pays, c'est la loi du pays dans lequel il effectue ses fonctions principales et non accessoires qui s'impose (cass. soc. 16 juin 1998, n° 97-41583 D).

Par ailleurs, si la situation concerne un salarié détaché dans l'UE ou l'EEE dans le cadre d'une prestation de services, l'employeur doit respecter les dispositions de la directive européenne « détachement », quelle que soit la loi applicable au contrat de travail (dir. 96/71/CE du 16 décembre 1996, JO L 18 du 21 janvier 1997, modifiée par dir. 2018/957 du 28 juin 2018, JOUE L 173/16 du 9 juillet 2018). En application de la directive, les travailleurs détachés doivent bénéficier d'un socle de droits sociaux tels qu'en vigueur dans l'État d'accueil si ces droits sont plus favorables que ceux prévus par la loi applicable au contrat.

Convention collective - Les conventions collectives et accords de branche étendus français s'appliquent aux entreprises situées sur le territoire visé dans leur champ d'application. Un salarié travaillant à l'étranger peut bénéficier des dispositions conventionnelles françaises dont relève son entreprise si :
- la loi française a été choisie comme loi applicable au contrat de travail (cass. soc. 29 septembre 2010, n° 09-68851, BC V n° 200 ; cass. soc. 8 décembre 2021, n° 20-11738 FSB) ;
- la convention collective prévoit son application (partielle ou totale, aménagée ou non) en cas de détachement ou d'expatriation (cass. soc. 28 novembre 2001, n° 00-11209 D) ;
- le contrat de travail inclut des dispositions de la convention collective que les parties entendent respecter pendant le détachement ou l'expatriation.

Effectif - Les salariés travaillant à l'étranger après avoir été recrutés en France sont comptabilisés dans l'effectif.

Plus précisément, les salariés qui sont détachés à l'étranger doivent être pris en compte dans l'effectif de l'entreprise dès lors qu'il y a maintien de leur contrat de travail avec cette entité, qu'ils demeurent sous la subordination de l'entreprise établie en France. Peu importe qu'un contrat de travail local a été conclu en parallèle avec l'entreprise d'accueil (cass. soc. 29 janvier 1992, n° 90-60526, BC V n° 53). Sont également pris en compte les salariés exécutant leur contrat de travail à l'étranger dès lors qu'ils ont été recrutés en France (cass. soc. 4 mai 1994, n° 91-60008, BC V n° 162), s'ils sont restés liés contractuellement à la société d'origine.

Le BOSS a confirmé ce principe, mais en précisant que sont prises en compte dans l'effectif les personnes titulaires de contrats de travail pour lesquelles « s'applique l'article L. 311-2 du code de la sécurité sociale, imposant leur affiliation à la sécurité sociale en France » (BOSS, Effectif § 240, 01/01/2025).

Rémunération du salarié travaillant à l'étranger

Salaire - La rémunération est librement fixée par les parties. Généralement, le salarié envoyé à l'étranger bénéficie d'un surplus de rémunération qui peut prendre la forme d'une augmentation de salaire ou de primes et d'indemnités diverses (prime d'éloignement, primes liées au coût de la vie, *prime d'expatriation**, etc.).

Les parties ont tout intérêt à fixer par écrit les modalités pratiques relatives à la rémunération.

Bulletin de paye - L'employeur doit remettre un bulletin de salaire conforme à la législation française au salarié français détaché et maintenu aux régimes obligatoires français ainsi qu'au salarié dont le contrat relève de la loi française.

Paiement - La rémunération du salarié détaché ou expatrié peut être versée par l'employeur situé en France, par l'employeur situé sur place (avec une éventuelle refacturation à l'employeur d'origine) ou encore en partie par chacun d'entre eux.

Le choix du lieu du paiement (ou des lieux en cas de paiement fractionné dans plusieurs pays) est déterminé librement par l'employeur et le salarié.

Monnaie - Si le salaire est versé dans le pays d'affectation, l'employeur et le salarié peuvent convenir qu'il sera payé en monnaie locale. La devise à retenir est, en principe, l'euro lorsque la mission a lieu dans un pays membre de la zone euro. L'employeur doit informer le salarié appelé à travailler à l'étranger sur la devise utilisée pour le paiement de la rémunération *(voir ci-avant)*.

Taux de change - Lorsque le contrat de travail s'exécute en dehors de la zone euro, il convient de garantir le taux de change. Il est préférable que le contrat de travail prévoie les modalités de prise en compte de la variation des taux de change.

Il est ainsi possible d'indexer sur le taux de change le salaire qui doit être versé, en monnaie locale, dans le pays d'affectation. Cette clause étant en relation directe avec l'objet du contrat de travail, elle ne constitue pas une indexation interdite (c. mon. fin. art. L. 112-2 ; cass. soc. 25 octobre 1990, n° 87-40852, BC V n° 507).

En l'absence de dispositions contractuelles particulières sur ce point, c'est le taux de change officiel en vigueur à la date du versement du salaire qui s'applique pour en déterminer le montant à payer (cass. soc. 3 avril 1990, n° 87-40003, BC V n° 154), sauf si le retard de paiement est imputable à l'employeur ou au salarié (cass. soc. 3 octobre 1991, n° 87-43037 D). Ce principe s'applique au salaire, aux commissions, aux indemnités de rupture, aux dommages et intérêts pour rupture abusive, etc.

Frais professionnels - Les frais professionnels pris en charge par l'employeur peuvent relever du régime des indemnités de grand déplacement (voir *Frais de déplacement**) ou, en cas de changement de résidence, de frais de mobilité (voir *Mobilité professionnelle**).

Épargne salariale - Tous les salariés d'une entreprise compris dans le champ des accords d'intéressement et de participation ou des plans d'épargne salariale bénéficient de leurs dispositions. La qualité de salarié est donc la seule condition requise (ainsi que l'éventuelle condition d'ancienneté pouvant être exigée) (c. trav. art. L. 3342-1).

Il en résulte que, dès lors qu'ils demeurent liés juridiquement à la société établie en France, les salariés travaillant à l'étranger bénéficient du dispositif de participation de l'entreprise, même si leur rémunération n'est pas assujettie à la taxe sur les salaires et n'est pas prise en compte pour le calcul de la réserve spéciale de participation (cass. soc. 22 mai 2001, n° 99-12902, BC V n° 179). Les modalités de calcul et la répartition de la réserve spéciale de participation entre les salariés bénéficiaires ne peuvent pas faire l'objet d'une distinction suivant que les salariés d'une même entreprise travaillent en France ou à l'étranger (cass. soc. 29 octobre 2002, n° 00-14787, BC V n° 324 ; cass. soc. 29 octobre 2013, n° 12-23866, BC V n° 254).

La clause d'un accord de participation excluant les salariés détachés à l'étranger dans une succursale est réputée non écrite (cass. soc. 6 juin 2018, n° 17-14372 BC V n° 102).

De la même manière que pour la *participation aux résultats**, les salariés travaillant à l'étranger ont également droit aux autres dispositifs d'épargne salariale (*intéressement**, *plan d'épargne d'entreprise** et autres plans d'épargne retraite).

Activité partielle - Les salariés travaillant à l'étranger ne peuvent pas bénéficier de l'activité partielle, sauf exceptions (voir *Activité partielle**).

Obligation de rapatriement

Obligation légale dans un groupe - Lorsqu'un salarié embauché par une société mère est mis à la disposition d'une filiale étrangère et qu'un contrat de travail est conclu avec cette dernière, la société mère assure son rapatriement en cas de licenciement par la filiale. Elle lui procure un nouvel emploi compatible avec l'importance de ses précédentes fonctions en son sein (c. trav. art. L. 1231-5).

Le salarié concerné n'a pas à demander son rapatriement ni son reclassement. La société mère doit s'en charger dès qu'elle a eu connaissance de son licenciement par la filiale (cass. soc. 6 juillet 1982, n° 80-41092, BC V n° 451 ; cass. soc. 19 octobre 2017, n° 16-18854 D).

Réintégration - Le retour en France dans l'entreprise suppose de faire une offre de réintégration sérieuse, précise et compatible avec l'importance des précédentes fonctions du salarié. À défaut, le salarié est fondé à prendre acte de la rupture du contrat de travail aux torts de l'employeur (cass. soc. 21 novembre 2012, n° 10-17978, BC V n° 299).

Si l'employeur ne peut pas procurer au salarié un nouvel emploi compatible avec l'importance de ses précédentes fonctions, il peut lui proposer un autre emploi de catégorie inférieure, par voie de modification du contrat de travail (cass. soc. 19 décembre 2000, n° 98-42919, BC V n° 435).

En l'absence d'offre de réintégration sérieuse, la société mère est tenue, jusqu'à la rupture du contrat de travail la liant au salarié, au paiement des salaires et des accessoires de rémunération (avantages en nature ou en espèces) du dernier emploi, dès lors que le salarié s'est tenu à sa disposition (cass. soc. 14 octobre 2020, n° 19-12275 FPB).

Le fait que le salarié licencié par la filiale ait reçu de cette dernière des indemnités de rupture ne dispense pas la société mère de son obligation de procurer un nouvel emploi à l'intéressé (cass. soc. 4 décembre 1985, n° 83-41913, BC V n° 569).

En cas de non-respect de l'obligation de réintégration, la rupture du contrat s'analyse en un licenciement sans cause réelle et sérieuse (cass. soc. 30 mars 2011 n° 09-70306, BC V n° 82).

▶ À noter… L'obligation de rapatriement et de réintégration s'applique même si :
- aucun contrat de travail n'a été maintenu entre la société mère et le salarié (cass. soc. 13 novembre 2008, n° 07-41700, BC V n° 214 ; cass. soc. 26 mai 2016 n° 15-12448 D) ;
- le salarié n'a pas travaillé pour la société mère avant d'être mis à la disposition de la filiale étrangère (cass. soc. 7 décembre 2011, n° 09-67367, BC V n° 286 ; cass. soc. 23 janvier 2019, n° 17-17244 D) ;
- le contrat de travail conclu entre la filiale et le salarié est soumis à un droit étranger (cass. soc. 30 mars 2011, n° 09-70306, BC V n° 82).

Rupture du contrat - Si la société mère entend néanmoins se séparer du salarié, toutes les règles relatives au licenciement doivent être respectées (c. trav. art. L. 1231-5). Elle devra notamment invoquer une cause réelle et sérieuse de licenciement fondée sur des faits la concernant (cass. soc. 18 mai 1999, n° 96-45439, BC V n° 216).

Les indemnités de rupture dues au titre du licenciement par la société mère doivent être calculées par référence aux salaires perçus dans son dernier emploi. Si l'intéressé a, en dernier lieu, travaillé dans une filiale étrangère, le salaire d'expatriation sera le salaire de référence pour le calcul des indemnités de rupture, même si les stipulations contractuelles ou conventionnelles prévoient de retenir le salaire de référence français (cass. soc. 27 octobre 2004, n° 02-40648, BC V n° 269 ; cass. soc. 6 mars 2024, n° 22-19879 FB). Le temps passé par le salarié au service de la filiale étrangère est pris en compte pour le calcul du préavis et de l'indemnité de licenciement (c. trav. art. L. 1231-5).

Obligations conventionnelles ou contractuelles - Indépendamment du régime légal lié à la mise à disposition d'un salarié dans le cadre d'un groupe *(voir ci-dessus)*, le retour et la réintégration du salarié dans l'entreprise d'origine peuvent être aménagés par les conventions collectives. Il convient donc de s'y reporter.

Celles-ci laissent généralement les parties négocier les conditions de retour par avenant ou contrat spécifique. Concrètement, elles peuvent prévoir :
- une clause de rapatriement, dans le cas où la société d'origine serait demeurée l'employeur du salarié ;
- une promesse de réembauche si, au contraire, le contrat initial a été rompu au moment du départ pour l'étranger ;
- un délai de rapatriement ;
- un droit à formation, etc.

Le contrat de travail peut, de la même façon, aménager le retour d'un salarié envoyé à l'étranger.

Information du salarié - Le salarié envoyé à l'étranger pour une durée supérieure à 4 semaines consécutives doit recevoir de son employeur des renseignements indiquant si le rapatriement est organisé et, s'il l'est, les conditions de celui-ci (c. trav. art. R. 1221-36, I).

☞ *Contrat de mission à l'exportation ; Détachement à l'étranger ; Détachement en France de salariés étrangers (formalités et contrôle) ; Détachement à l'étranger (paye) ; Expatriation ; Frais de déplacement ; Mobilité professionnelle ; Prime d'expatriation ; Résident fiscal ; Retenue à la source des non-résidents fiscaux.*

Sanctions disciplinaires

☞ *Mise à pied ; Rétrogradation ; Sanctions pécuniaires.*

Sanctions pécuniaires

La loi interdit les sanctions pécuniaires, c'est-à-dire les retenues sur salaire pratiquées par l'employeur pour sanctionner le comportement d'un salarié qu'il estime fautif (c. trav. art. L. 1331-2 et L. 1334-1).

Mais des sanctions disciplinaires licites peuvent avoir des conséquences sur la rémunération.

Diminution du salaire

Absence de travail - Seule l'absence totale de prestation de travail peut donner lieu à diminution de la rémunération, dans la même proportion. L'employeur peut, par exemple, retenir le montant de salaire correspondant à la durée du retard (cass. soc. 21 mars 2012, n° 10-21097 D) ou à l'absence du salarié (hors absence assimilée à du temps de travail effectif). Il n'y a pas là de sanction pécuniaire.

En revanche, l'employeur ne peut pas retenir 1/30e du salaire mensuel au titre d'une journée de formation obligatoire non exécutée (assimilée à une journée d'absence de prestation de travail) lorsque le salarié arrive avec plus de 10 minutes de retard et/ou une documentation incomplète, et ne peut alors accéder à la formation en vertu de conditions imposées par l'employeur et non justifiées par un objectif légitime (cass. soc. 20 mars 2024, n° 22-20569 D).

Mauvaise exécution du travail - La mauvaise exécution, la non-exécution du travail ou le refus d'exécuter l'une des tâches confiées (« grève perlée ») ne permettent pas à l'employeur d'opérer une retenue sur le salaire, celle-ci constituant une sanction pécuniaire prohibée (cass. soc. 7 février 2008, n° 06-45208 D ; cass. soc. 20 octobre 2010, n° 09-42896, BC V n° 238). Il peut, le cas échéant, recourir aux sanctions disciplinaires autorisées.

Exemple
La retenue sur salaire pratiquée à l'encontre d'un salarié qui n'a pas réalisé le rapport que l'employeur lui avait demandé à son retour d'arrêt de travail constitue une sanction pécuniaire prohibée (cass. soc. 7 février 2008, n° 06-45208 D).

Seuls les salariés rémunérés au rendement peuvent subir une diminution de rémunération en cas de mauvaise exécution du travail (cass. soc. 12 avril 1995, n° 91-40593, BC V n° 133).

Faute grave du salarié - L'employeur ne peut pas, à l'occasion d'un licenciement pour faute grave, cesser de verser la part variable de la rémunération contractuellement due en invoquant la gravité des fautes commises (cass. soc. 17 janvier 2024, n° 22-15147 D). Il s'agit d'une sanction pécuniaire illicite.

Utilisation abusive du matériel de l'entreprise - L'employeur ne peut pas refuser de payer les heures supplémentaires effectuées par le salarié, pour compenser la prétendue utilisation abusive du téléphone de l'entreprise par le salarié. Ce type de compensation imposée constitue une sanction pécuniaire interdite (cass. soc. 31 janvier 2018, n° 16-14619 D). Pour sanctionner ce genre d'abus, lorsqu'il est avéré, l'employeur doit appliquer les sanctions disciplinaires autorisées.

Rétrogradation et mise à pied - La mesure disciplinaire que constitue la *rétrogradation** aboutit, en général, à une diminution de la rémunération. Celle-ci est licite lorsqu'elle résulte d'une affectation réelle du salarié à un niveau inférieur (cass. soc. 17 février 1993, n° 88-45539, BC V n° 55 ; cass. soc. 5 novembre 2015, n° 14-17800 D). Au contraire, si elle ne correspond pas à un changement de poste réel, elle sera considérée comme une sanction pécuniaire illicite (cass. soc. 23 février 1994, n° 90-45001 D).

Les réductions de rémunération liées à des mises à pied disciplinaires valables ne constituent pas des sanctions pécuniaires prohibées.

Absence d'augmentation

Une augmentation générale des salaires doit être appliquée à tous les salariés. Un salarié qui en est exclu en raison de son comportement subit une sanction pécuniaire prohibée (cass. soc. 19 juillet 1995, n° 91-45401 D).

En revanche, le fait pour l'employeur d'accorder une augmentation individuelle à un ou plusieurs salariés en fonction de leurs qualités professionnelles ne constitue pas une sanction pécuniaire à l'égard des salariés non augmentés (cass. soc. 29 mai 1990, n° 87-40512, BC V n° 243).

Réduction de primes

Le caractère licite de la réduction de la prime dépend de la nature de la prime et du motif de sa réduction.

Prime d'assiduité - L'employeur peut réduire une *prime d'assiduité** lorsque le salarié est absent (hors absence assimilée à du temps de travail effectif), y compris du fait d'une mise à pied disciplinaire ou d'un retard, mais uniquement si toutes les absences, quel qu'en soit le motif, ont pour conséquence la même réduction (cass. soc. 19 juillet 1994, n° 90-43785, BC V n° 241 ; cass. soc. 7 novembre 2018, n° 17-15833 FPB).

Prime de qualité - Les primes instaurées pour récompenser le salarié de la qualité de son travail ne peuvent être réduites que si leur montant est variable et déterminé en fonction d'éléments objectifs (cass. soc. 13 octobre 1993, n° 89-43292 D). Si le contrat de travail prévoit un taux fixe et non un taux variable en fonction de la qualité du travail obtenue, l'employeur ne peut pas réduire ce taux fixe en considérant que les objectifs n'ont pas tous été atteints (cass. soc. 8 février 2023, n° 21-14473 D).

Si la diminution de la prime fait suite à un comportement fautif du salarié, elle pourra être qualifiée de sanction pécuniaire prohibée (cass. soc. 22 novembre 1995, n° 91-43809, BC V n° 309).

Suppression d'une prime en raison du licenciement - La suppression d'une prime en raison d'un licenciement ou d'un motif de licenciement (ex. : faute grave) constitue une sanction pécuniaire prohibée, même si cette suppression est prévue par le document d'attribution de la prime (cass. soc. 20 décembre 2006, n° 05-45365, BC V n° 392) ou par la convention collective (cass. soc. 11 février 2009, n° 07-42584, BC V n° 42).

Il y a aussi sanction pécuniaire prohibée lorsqu'un plan de stock-options interdit aux salariés licenciés pour faute grave de demander le paiement de leurs stock-options (cass. soc. 21 octobre 2009, n° 08-42026, BC V n° 227).

Attribution de prime sous conditions - Un accord collectif instituant une prime de « non-accident » au bénéfice de conducteurs prévoyait que si un conducteur était responsable d'un accident à 50 %, il ne percevrait pas cette prime pour le mois en cours et que s'il était responsable d'un accident à 100 %, il ne percevrait pas de prime pendant deux mois. Or, la suppression d'une prime fondée sur la responsabilité du salarié constitue une sanction pécuniaire prohibée (cass. soc. 3 mars 2015, n° 13-23857 D).

Frais professionnels

Remboursement de frais - Les frais qu'un salarié justifie avoir exposés pour les besoins de son activité professionnelle et dans l'intérêt de l'employeur doivent être remboursés sans qu'ils puissent être imputés sur la rémunération due au salarié (voir *Frais professionnels**). Pour qu'une clause du contrat de travail puisse prévoir que le salarié en conserve la charge moyennant le versement d'une somme fixée à l'avance de manière forfaitaire, il faut :
- que cette somme forfaitaire ne soit pas manifestement disproportionnée au regard du montant réel des frais engagés ;
- et que la rémunération proprement dite du travail reste chaque mois au moins égale au *SMIC**.

En revanche, une clause qui met à la charge du salarié des frais professionnels en cas de non-atteinte de ses objectifs constitue une sanction pécuniaire interdite (cass. soc. 19 septembre 2013, n° 12-15996 D). Par conséquent, cette clause est nulle.

Dépenses excessives du salarié - Un employeur ne peut pas retenir sur la rémunération d'un salarié une somme correspondant au dépassement du forfait du téléphone professionnel mis à sa disposition pour un usage professionnel. Une telle mesure constitue une sanction pécuniaire (cass. soc. 18 février 2003, n° 00-45931, BC V n° 58 ; cass. soc. 15 mai 2014, n° 12-30148 D).

Exemple

L'employeur qui a la possibilité, en vertu du contrat régulièrement conclu entre les parties, de refacturer au salarié le coût de ses communications téléphoniques personnelles excédant le forfait peut recouvrer sa créance par les voies du droit commun. En revanche, il ne peut pas procéder à une retenue illégale sur la rémunération (cass. soc. 18 février 2003, n° 00-45931, BC V n° 58).

Accès à l'intéressement

L'*intéressement** doit concerner tous les salariés de l'entreprise (c. trav. art. L. 3312-1 et L. 3342-1). L'accord d'intéressement peut uniquement prévoir une condition d'ancienneté, qui ne peut pas excéder 3 mois (c. trav. art. L. 3342-1). Si l'accord exclut les salariés licenciés pour faute grave, non seulement il perd son caractère collectif mais, en outre, cette restriction constitue une sanction pécuniaire prohibée (cass. soc. 8 novembre 2011, n° 10-15722 D).

Cumul de sanctions

Le fait qu'une sanction disciplinaire autorisée ait des conséquences au niveau de la rémunération (ex. : mise à pied disciplinaire entraînant une retenue sur salaire et une diminution de la prime d'assiduité) n'est pas analysé comme un cumul de plusieurs sanctions pour une même faute.

En revanche, une sanction pécuniaire illicite épuise le pouvoir disciplinaire de l'employeur à l'encontre de la faute commise, en raison de l'interdiction de sanctionner deux fois les mêmes faits. Un employeur ne peut donc pas licencier un salarié pour faute grave après avoir procédé à une retenue sur salaire en raison d'un détournement de fonds commis par celui-ci (cass. soc. 9 octobre 2019, n° 18-15593 D).

☞ *Absence ; Mise à pied ; Rétrogradation.*

Sanctions pénales (sécurité sociale)

La législation de la sécurité sociale met à la charge de l'employeur de nombreuses obligations dont la violation l'expose à des sanctions pénales. Les principales portent sur le non-paiement des cotisations patronales et sur la rétention indue du *précompte des cotisations salariales**.

Défaut de déclaration et de paiement des cotisations patronales

L'employeur qui n'effectue pas la déclaration et le paiement des cotisations à la date limite d'exigibilité est passible d'une amende prévue pour les contraventions de 3e classe appliquée autant de fois qu'il y a de personnes employées dans des conditions contraires aux prescriptions relatives à l'*immatriculation** et au paiement des cotisations sociales, sans que le total des amendes puisse dépasser 1 500 € (c. séc. soc. art. R. 244-4).

En cas de récidive (même infraction dans les 12 mois suivant le délai imparti pour régulariser sa situation), l'employeur est passible d'une amende prévue pour les contraventions de 5e classe (c. séc. soc. art. L. 244-4 et R. 244-5).

▶ À noter... Le montant maximal de l'amende prévu pour une contravention de 3e classe est de 450 € lorsque l'infraction est commise par une personne physique et de 2 250 € lorsqu'elle est commise par une personne morale.

Pour une contravention de 5e classe, le montant maximal de l'amende est de 1 500 € lorsque l'infraction est commise par une personne physique et de 7 500 € lorsqu'elle est commise par une personne morale (c. pén. art. 131-13 et 131-41).

Rétention indue du précompte

Le non-paiement par l'employeur des cotisations salariales prélevées est une infraction passible de l'amende prévue pour les contraventions de 5e classe (c. séc. soc. art. R. 244-3) soit, au maximum, 1 500 € lorsque l'infraction est commise par une personne physique et 7 500 € lorsqu'elle est commise par une personne morale (c. pén. art. 131-13 et 131-41).

La récidive dans un délai de 3 ans constitue un délit pouvant donner lieu à une peine d'emprisonnement de 2 ans et/ou à une amende de 3 750 € (c. séc. soc. art. L. 244-6).

☞ *Amendes pénales ; Exigibilité des cotisations URSSAF ; Précompte des cotisations salariales.*

Sapeurs-pompiers

Autorisations d'absence des sapeurs-pompiers volontaires

Missions opérationnelles ou formation - Les sapeurs-pompiers volontaires, par ailleurs salariés, bénéficient d'autorisations d'absence pendant leur temps de travail pour (c. séc. int. art. L. 723-12 et L. 723-13) :
- les missions opérationnelles concernant les secours d'urgence aux personnes victimes d'accident, de sinistre ou de catastrophe et leur évacuation, ainsi que la protection des personnes, des biens et de l'environnement, en cas de péril ;
- les actions de formation adaptées aux missions qui leur sont confiées ;
- participer aux réunions des instances dont les sapeurs-pompiers volontaires sont membres ;
- participer aux réunions d'encadrement aux niveaux départemental ou de groupement organisées par le service d'incendie et de secours, pour les sapeurs-pompiers volontaires exerçant des responsabilités.

L'employeur peut refuser ces absences si le fonctionnement de l'entreprise le nécessite. Son refus doit être motivé, notifié au salarié et transmis au service départemental d'incendie et de secours.

▶ À noter... Une convention entre l'employeur et le service départemental d'incendie et de secours peut fixer un seuil d'absences au-delà duquel les autorisations d'absence donnent lieu à une compensation financière (c. séc. int. art. L. 723-11 et L. 723-12).

L'employeur ne peut prononcer aucun licenciement, aucun déclassement professionnel, aucune sanction disciplinaire à l'encontre du salarié en raison de ses absences liées à ses activités de pompier volontaire (c. séc. int. art. L. 723-16).

Temps de travail effectif pour certains paramètres - Le temps passé hors du lieu de travail, pendant les heures de travail, par le sapeur-pompier volontaire pour participer aux missions à caractère opérationnel et aux activités de formation est assimilé à une durée de travail effectif pour la détermination de la durée (c. séc. int. art. L. 723-14) :
- des congés payés ;
- des droits liés à l'ancienneté ;
- des droits aux prestations sociales.

Indemnisation des absences

Le salarié a droit à des indemnités pendant ses absences liées à l'exercice de ses fonctions et de ses activités au sein des services d'incendie et de secours

(c. séc. int. art. L. 723-9). Ces indemnités sont, en principe, versées par le service d'incendie et de secours.

De son côté, l'employeur n'est pas tenu de maintenir la rémunération du salarié pendant l'absence. S'il le fait, il est subrogé, à sa demande, dans le droit du sapeur-pompier volontaire à percevoir les indemnités de fonction. Si ces dernières sont supérieures à la rémunération maintenue, le surplus doit être reversé au salarié (loi 96-370 du 3 mai 1996, art. 7, modifié par la loi 2011-851 du 21 juillet 2011).

Ces indemnités ne sont ni assujetties à impôt, ni soumises aux prélèvements prévus par la législation sociale.

CEC et CPF

Compte d'engagement citoyen - Le *compte d'engagement citoyen** (CEC) recense, à l'initiative de son titulaire, diverses activités bénévoles ou de volontariat permettant d'acquérir des droits inscrits sur le *compte personnel de formation** (CPF) ou des jours de congé pour exercer ces activités (c. trav. art. L. 5151-7, L. 5151-8 et D. 5151-14).

Le volontariat dans les corps de sapeurs-pompiers fait partie de la liste des activités admises (c. trav. art. L. 5151-9, 8°).

Compte personnel de formation - La liste des formations éligibles au CPF couvrait les actions destinées à permettre aux sapeurs-pompiers volontaires d'acquérir des compétences nécessaires à l'exercice de leurs missions (c. trav. art. L. 6323-6, III, 4°) [voir *Compte personnel de formation (utilisation)**]. Ce système de liste ayant été supprimé, les actions de formation des sapeurs pompiers volontaires ne sont plus expressément citées (loi 2018-771 du 5 septembre 2018, JO du 6).

▶ À noter… Selon la réponse à la question posée à l'Assemblée nationale de l'éligibilité des formations de sapeurs-pompiers volontaire au CPF, il a été répondu que la formation initiale de sapeur-pompier volontaire et les formations d'adaptation à l'activité de chef d'équipe et de chef d'agrès étaient, d'ores et déjà, inscrites dans le répertoire spécifique mentionné à l'article L. 6113-6 du code du travail (à l'inventaire du répertoire national des certifications professionnelles). Elles seraient donc éligibles au CPF (Rép. Bertrand Sorre n° 14891, JO AN 1er janvier 2019, AN quest. p. 164).

Don de jours de repos

Les salariés peuvent donner des jours de repos non pris au bénéfice d'un sapeur-pompier volontaire (c. séc. int. art. L. 723-12-1 ; voir *Don de jours de repos**).

Réduction de cotisations patronales pour les employeurs

Dispositif applicable de 2024 à 2026 - La loi visant à renforcer la prévention et la lutte contre l'intensification et l'extension du risque incendie a mis en place une réduction de cotisations patronales pour les employeurs de salariés sapeurs-pompiers volontaires (loi 2023-580 du 10 juillet 2023, art. 52, JO du 11).

Elle concerne les employeurs soumis à l'obligation d'affiliation à l'assurance chômage.

Pour bénéficier de la réduction, l'employeur doit en cas de contrôle mettre à disposition des agents une attestation délivrée par le service d'incendie et de secours dont le sapeur-pompier volontaire relève (loi 2023-580 du 10 juillet 2023, art. 52, III).

Le dispositif est prévu pour 3 ans, de 2024 à 2026.

Salariés éligibles et niveau de rémunération - Ouvrent droit à la réduction (loi 2023-580 du 10 juillet 2023, art. 52, IV) :

- les salariés recrutés du 1er janvier 2024 au 31 décembre 2026 déjà engagés comme sapeurs-pompiers volontaires au moment de leur recrutement ;
- les salariés faisant déjà partie des effectifs et devenant sapeurs-pompiers volontaires pour la première fois entre le 1er janvier 2024 et le 31 décembre 2026.

▶ À noter… Le salarié peut être titulaire d'un contrat de travail à temps plein ou à temps partiel, à durée déterminée ou indéterminée.

Le salarié sapeur-pompier volontaire doit répondre à deux conditions (loi 2023-580 du 10 juillet 2023, art. 52, I et II ; BOSS, Sapeur-pompier volontaire, § 30, 01/01/2025) :

- percevoir une rémunération inférieure à 1,6 SMIC ;
- avoir réalisé, au cours de l'année civile (en cas d'entrée en cours d'année dans l'établissement, à partir de cette date) au moins une mission opérationnelle de secours d'urgence aux personnes ou une mission de protection des personnes, des biens et de l'environnement, en cas de péril.

À notre sens, le seuil de 1,6 SMIC s'apprécie sur l'année, comme pour la *réduction générale de cotisations patronales**.

Cotisations comprises dans le périmètre de la réduction - La réduction porte sur les mêmes cotisations et contributions patronales de la *réduction générale de cotisations patronales** (BOSS, Sapeur-pompier volontaire, § 50, 01/01/2025) :

- assurances sociales (maladie, vieillesse) et allocations familiales ;

- fraction de cotisation AT/MP comprise dans le périmètre de la réduction générale (0,46 % en 2024 et jusqu'au 30 avril 2025, fraction applicable à partir du 1er mai 2025 dépendant d'un arrêté de tarification AT/MP encore à paraître) ;
- FNAL ;
- régimes de retraite complémentaire légalement obligatoires (dont l'AGIRC-ARRCO) ;
- contribution de solidarité pour l'autonomie ;
- assurance chômage.

▶ À noter... Concernant la cotisation patronale d'assurance chômage, la réduction porte sur la cotisation au taux de droit commun (dans le cas général, 4,05 % jusqu'au 30 avril 2025, 4 % à partir du 1er mai 2025), sans prise en compte d'un éventuel bonus ou malus.

Dans le cas général, au 1er janvier 2025, le taux maximum de la réduction se monte donc à :
- 31,94 % dans les entreprises au FNAL de 0,10 % (part URSSAF : 25,93/31,94 ; part AGIRC-ARRCO : 6,01/31,94) ;
- 32,34 % dans celles au FNAL de 0,50 % (part URSSAF : 26,33/32,34 ; AGIRC-ARRCO : 6,01/32,34).

▶ Attention... Ces taux maximum vont évoluer au 1er mai 2025 pour tenir compte de la nouvelle fraction de cotisation AT/MP comprise dans le périmètre de la réduction et du nouveau taux de cotisation d'assurance chômage applicable à partir de cette date (voir *Réduction générale de cotisations patronales**).

Rémunération retenue - La rémunération brute sur laquelle s'applique la réduction correspond au brut soumis à cotisations de sécurité sociale, tous éléments compris (loi 2023-580 du 10 juillet 2023, art. 52, II, renvoyant à c. séc. soc. art. L. 242-1).

À l'inverse de ce qui est prévu à partir de 2025 pour la réduction générale, la *prime de partage de la valeur** n'est pas prise en compte dans la rémunération, sauf pour son éventuelle fraction soumise à cotisations de sécurité sociale.

Pour les salariés auxquels l'employeur applique une *déduction forfaitaire spécifique pour frais professionnels** (DFS) à l'assiette des cotisations, on tient compte du brut abattu (après réintégration des frais professionnels s'il y a lieu), dans la même limite que pour la *réduction générale de cotisations patronales** (loi 2023-580 du 10 juillet 2023, art. 52, II ; BOSS, Sapeur-pompier volontaire, § 30, 01/01/2025). Cela signifie que le montant de la réduction calculé pour les rémunérations après application de la DFS ne peut pas excéder, pour ces rémunérations, 130 % du montant de réduction calculé sans application de la DFS.

Calcul de la réduction - La réduction est calculée chaque année civile pour chaque salarié sapeur-pompier volontaire et pour chacun de ses contrats de travail (BOSS, Sapeur-pompier volontaire, § 60, 01/01/2025).

Le montant de la réduction correspond au montant des cotisations et contributions patronales comprises dans son périmètre *(voir plus haut)* après application :
- de la *réduction générale des cotisations patronales** ;
- des réductions de taux sur les parts patronales de la *cotisation d'assurance maladie-maternité-invalidité** et de la *cotisation d'allocations familiales** ;
- de la déduction forfaitaire de cotisations patronales attachée aux *heures supplémentaires**.

Lorsque la réduction « Sapeur-pompier » est supérieure aux cotisations et contributions restant dues après application des autres réductions et déductions, elle est limitée au montant résiduel restant dû.

Exemple

Pour un salarié sapeur-pompier volontaire embauché le 1er février 2025 dans une entreprise de plus de 50 salariés (FNAL de 0,50 %, taux AT de 2,12 %), rémunéré par hypothèse 1,3 SMIC (2 342,34 € par mois), et qui réalise une mission opérationnelle de secours d'urgence, la réduction se calcule comme suit pour un mois donné :
- cotisations et contributions comprises dans le périmètre de la réduction sapeur-pompier avant réduction générale (32,34 %, avec une fraction de taux AT retenue pour 0,46 %) : 757,51 € ;
- réduction générale (coefficient de 0,1244) : 291,39 € ;
- réduction sapeur-pompier volontaire : 466,12 € (757,51 € – 291,39 €).

Ce calcul devra être adapté à partir du 1er mai 2025 pour tenir compte de la nouvelle fraction de cotisation AT/MP et du nouveau taux de cotisation d'assurance chômage applicable à partir de cette date *(voir ci-dessus)*.

Plafond de 2 000 € par salarié et an, modulé s'il y a lieu - Pour chaque salarié sapeur-pompier volontaire éligible, les cotisations concernées font l'objet d'une réduction d'un montant total plafonné à 2 000 € par an (loi 2023-580 du 10 juillet 2023, art. 52, I).

Ce plafond de 2 000 € par salarié et par an est corrigé à proportion de la durée de travail, hors heures supplémentaires et complémentaires, inscrite au contrat de travail du salarié au titre de la période où il est présent dans l'entreprise et rapportée à la durée légale du travail (décret 2023-1329 du 29 décembre 2023, art. 3, JO du 30).

La réduction et le plafond sont répartis entre les différents organismes de recouvrement à hauteur des cotisations et contributions éligibles à la réduction et recouvrées par ces organismes (BOSS, Sapeur-pompier volontaire, § 70, 01/01/2025).

Exemples

1) Pour un sapeur-pompier volontaire salarié à temps plein, relevant de l'AGIRC-ARRCO et présent toute l'année dans un établissement de plus de 50 salariés, la réduction de cotisations ne peut pas excéder 2 000 € sur l'année civile. En se basant sur les paramètres connus au 1er janvier 2025 pour les besoins de l'exemple, le plafonnement s'applique à hauteur de 1 628,32 € sur les cotisations recouvrées par l'URSSAF (2 000 € × 26,33/32,34) et de 371,68 € sur les cotisations recouvrées par l'AGIRC-ARRCO (2 000 € × 6,01/32,34).
Une réduction mensuelle de 455 € ne pourra donc être déclarée que 5 mois (455 € pendant 4 mois puis 180 € le dernier mois) pour atteindre le plafond de 2 000 €.
2) Si le sapeur-pompier volontaire salarié est à temps partiel (80 %) et présent du 1er janvier au 30 juin dans l'établissement, la réduction de cotisations ne peut pas excéder 800 € sur l'année civile (2 000 € × 80/100 × 6/12). En se basant sur les paramètres connus au 1er janvier 2025 pour les besoins de l'exemple, ce plafonnement s'applique à hauteur de 651,33 € sur les cotisations recouvrées par l'URSSAF (800 € × 26,33/32,34) et de 148,67 € sur les cotisations recouvrées par l'AGIRC-ARRCO (800 € × 6,01/32,34).

Plafond collectif de la réduction - Lorsque plusieurs salariés sapeurs-pompiers volontaires sont employés par le même employeur, le montant total cumulé de la réduction est limité à 10 000 € par an et par établissement (loi 2023-580 du 10 juillet 2023, art. 52, I).

Ce plafond de 10 000 € par établissement n'est pas proratisé (BOSS, Sapeur-pompier volontaire, § 80, 01/01/2025).

La réduction se déclarant mensuellement, elle n'est plus déclarée une fois le plafond de 10 000 € atteint. Par tolérance, elle peut être déclarée annuellement, dans la limite de 2 000 € par salarié et de 10 000 € par établissement.

Terme de la réduction - La réduction s'applique jusqu'au terme du contrat de travail et au plus tard jusqu'au 31 décembre 2026 (BOSS, Sapeur-pompier volontaire, § 90, 01/01/2025).

Traitement dans la norme DSN - Pour la MSA, l'URSSAF et l'AGIRC-ARRCO, la réduction est déclarée en DSN (www.net-entreprises.fr, base de connaissances Net-entreprises, fiche 2666 mise à jour le 30 août 2024).

☞ *Compte d'engagement citoyen ; Compte personnel de formation (utilisation) ; Don de jours de repos.*

Secours

Les secours sont des sommes ou des biens en nature accordés aux salariés par l'employeur en raison de leur situation personnelle difficile. Ils peuvent aussi être octroyés par le *comité social et économique** (CSE).

Notion de secours

Une aide ne présente le caractère de secours que si elle est versée :
- en raison d'une situation sociale personnelle particulièrement digne d'intérêt ;
- en fonction des besoins et des revenus de l'intéressé.

Régime social

Exclusion de l'assiette des cotisations - Seules les sommes ayant un caractère de secours lié à des situations exceptionnelles sont exclues de l'assiette des cotisations. La Cour de cassation se montre très restrictive pour accorder la qualification de secours. Elle a, par exemple, reconnu ce caractère à propos d'allocations versées à des parents d'enfants handicapés dès lors qu'elles avaient été attribuées en fonction de situations individuelles exceptionnelles particulièrement dignes d'intérêt (cass. soc. 17 avril 1996, n° 94-17315 D).

▶ À noter… Le CSE peut participer au financement de la cotisation salariale au financement d'un régime collectif de protection sociale complémentaire (ex. : frais de santé), en exonération de cotisations sociales, dans le cadre de prestations de secours. Ceci suppose que la prise en charge soit ponctuelle, exceptionnelle et au profit des salariés en difficultés financières (lettre-circ. ACOSS 2014-2 du 4 février 2014, question/réponse 19).

L'exonération des sommes versées à titre de secours dépend uniquement de la situation individuelle du bénéficiaire, et non de la personne qui les verse. Ainsi, le fait que ce soit l'employeur (et non le CSE) qui octroie des prêts à titre de secours importe peu dès lors que ces prêts répondent à une situation individuelle nécessitant leur attribution (cass. civ., 2e ch., 12 mars 2020, n° 19-13341 FPBI, 3e moyen).

Soumission à cotisations - À l'inverse, une participation du CSE aux frais d'envoi des enfants du personnel en vacances, en fonction des ressources familiales, attribuée par l'intermédiaire d'une société mutualiste, n'a pas le caractère de secours, même si elle est versée en fonction des ressources familiales des intéressés (cass. civ., 2e ch., 9 février 2006, n° 04-30549, BC II n° 47). En l'espèce, tous les salariés embauchés à titre définitif pouvaient y prétendre à partir de 3 mois de présence dès lors qu'ils remplissaient les conditions de ressources. Cette participation devait donc être intégrée dans l'assiette des cotisations sociales.

Des allocations versées « systématiquement » aux conjoints de salariés décédés ne constituent pas, de ce fait, des secours attribués en considération de situations individuelles particulièrement dignes d'intérêt, même si elles sont versées en raison d'un événement douloureux générateur de frais incontestables. Ces sommes sont considérées comme octroyées en contrepartie du travail, en conséquence de quoi elles sont soumises à cotisations (cass. civ., 2e ch., 16 septembre 2010, n° 09-10346 D).

☛ *Avantages versés par le comité social et économique (CSE).*

Service civique

Le service civique permet à des volontaires de réaliser certaines missions d'intérêt général (ex. : mission à caractère éducatif ou humanitaire) auprès d'une personne morale agréée (c. serv. nat. art. L. 120-1 à L. 120-36 et c. serv. nat. art. R. 120-2 à R. 121-52).

Formes du service civique

Engagement de service civique - Le service civique peut prendre la forme d'un engagement de service civique, d'une durée de 6 à 12 mois continus. Le dispositif est ouvert aux jeunes de 16 ans à 25 ans, et jusqu'à 30 ans pour les personnes reconnues handicapées (c. serv. nat. art. L. 120-1).

Il est effectué auprès d'un organisme agréé par l'Agence du service civique (organisme sans but lucratif de droit français, personne morale de droit public, organisme HLM, entreprise solidaire d'utilité sociale, etc.). Certaines structures ne peuvent pas être agréées (ex. : les comités sociaux et économiques des entreprises, les fondations d'entreprise, les associations cultuelles).

▶ À noter... Les organismes sans but lucratif de droit français agréés peuvent percevoir une aide de l'État de 100 € par mois pour couvrir une partie des frais d'accueil, de formation et d'accompagnement du volontaire (c. serv. nat. art. L. 120-31 et R. 121-47).

Volontariat associatif - Le service civique peut aussi prendre la forme d'un volontariat associatif d'une durée de 6 à 24 mois, ouvert aux personnes âgées de plus de 25 ans (c. serv. nat. art. L. 120-1). Sur dérogation accordée dans le cadre d'une procédure d'agrément, il peut également s'agir de personnes âgées de 18 ans à 30 ans (c. serv. nat. art. L. 120-30).

Le service s'effectue auprès d'associations de droit français ou de fondations reconnues d'utilité publique agréée.

Autres formes de service civique - Dans un contexte international, le service civique peut prendre la forme du contrat de volontariat de solidarité internationale, du volontariat international en entreprise ou en administration ou du service volontaire européen (c. serv. nat. art. L. 120-1 ; loi 2005-159 du 23 février 2005, JO du 24 ; c. serv. nat. art. L. 122-1 à L. 122-20). Le service civique peut aussi se dérouler chez les sapeurs-pompiers (c. serv. nat. art. L. 120-1).

Les développements qui suivent ne concernent pas ces formes particulières de service civique.

Déroulement de la mission de service civique

Contrat obligatoire - L'engagement de service civique et le volontariat associatif supposent de conclure un contrat d'engagement de service civique (6 à 12 mois) ou de volontariat associatif (6 à 24 mois), lequel ne relève pas du code du travail (c. serv. nat. art. L. 120-3 et L. 120-7).

▶ À noter... Les nom et prénoms des personnes volontaires en service civique doivent être inscrits dans le registre unique du personnel (voir *Registres obligatoires**), dans la même partie spécifique que celle consacrée aux stagiaires (c. trav. art. L. 1221-13).

Pour plus de détails sur le contrat d'engagement de service civique ou de volontariat associatif, les lecteurs peuvent se reporter au Dictionnaire RF Social, « Service civique ».

Statut du volontaire - Le volontaire est soumis aux règles de l'organisme d'accueil (c. serv. nat. art. L. 120-15).

Durée de service hebdomadaire - En principe, les missions doivent représenter, sur la durée du contrat, une durée minimale de 24 heures hebdomadaires, sans dépasser un maximum de 48 heures réparties sur un maximum de 6 jours (c. serv. nat. art. L. 120-8).

La durée du service d'un mineur ne doit pas excéder 35 heures hebdomadaires, réparties sur 5 jours au plus.

Congés - Toute personne effectuant un engagement de service civique ou un volontariat associatif bénéficie d'un droit à congé dès lors qu'elle a exercé la mission définie par son contrat au minimum durant 10 jours ouvrés. Elle a droit à un congé annuel d'une durée fixée à 2 jours ouvrés par mois de service effectif, y compris dans le cadre d'une pluralité de missions (c. serv. nat. art. R. 121-17).

▶ À noter... Les mineurs bénéficient d'une journée de congé supplémentaire par mois de service effectué (c. serv. nat. art. R. 121-18).

Le congé annuel peut être pris soit par fraction, à concurrence des droits acquis, soit en une fois, en fin d'engagement ou de volontariat (c. serv. nat. art. R. 121-19).

Un congé non pris ne donne lieu à aucune indemnité compensatrice (c. serv. nat. art. R. 121-20).

Par ailleurs, les volontaires ont droit à des congés exceptionnels d'au plus 3 jours par événement pour la naissance d'un enfant, le mariage ou la conclusion d'un PACS, et d'au plus 10 jours en cas de décès d'un ascendant ou descendant au 1er degré ou de collatéraux au second degré (c. serv. nat. art. D. 121-21).

Indemnité - Dans le cadre d'un volontariat associatif, la personne morale agréée doit verser une indemnité mensuelle au volontaire (c. serv. nat. art. L. 120-18, al. 1). L'indemnité mensuelle brute, versée en espèce ou en nature, doit être comprise entre 8,22 % et 55,04 % de la rémunération mensuelle afférente à l'indice brut 244 de la fonction publique (soit entre 127,06 € et 850,78 € bruts au 1er janvier 2024). Son montant tient compte du temps de service effectif de la personne volontaire. Le montant servi en nature (ex : repas, transport) ne peut excéder 50 % de l'indemnité (c. serv. nat. art. R. 121-22).

Dans le cadre d'un engagement de service civique, c'est l'*Agence de services et de paiement** (ASP) qui verse directement à l'engagé une indemnité mensuelle, pour le compte de l'Agence du service civique (c. serv. nat. art. L. 120-18, al. 3). Cette indemnité mensuelle brute est égale à 36,11 % de la rémunération mensuelle afférente à l'indice brut 244 de la fonction publique (soit 558,17 € bruts au 1er janvier 2024) (c. serv. nat. art. R. 121-23).

Elle est majorée de 8,22 % de ce même indice (soit + 127,06 € bruts au 1er janvier 2024) pour les personnes percevant le revenu de solidarité active (RSA) ou vivant dans un foyer au RSA, ainsi que pour les étudiants bénéficiaires d'une bourse sur critères sociaux au titre du 5e échelon minimum (c. serv. nat. art. R. 121-24 ; arrêté du 13 septembre 2010, JO du 22, texte 52).

▶ À noter... La personne morale agréée qui accueille un jeune engagé lui sert aussi une prestation pour ses frais de subsistance, d'équipement, de logement et de transports, dont le montant minimal mensuel est fixé à 7,43 % de la rémunération mensuelle afférente à l'indice brut 244 de la fonction publique (soit 114,85 € bruts au 1er janvier 2024). Cette prestation dite de « subsistance » doit être proportionnée aux missions confiées au jeune. Elle peut être servie en nature, à travers notamment les titres-repas *(voir ci-après)*, ou en espèces (c. serv. nat. art. L. 120-19 et R. 121-25).

Le volontaire perçoit son indemnité pendant ses congés annuels, ses congés de maladie, de maternité ou d'adoption, ou en cas d'incapacité temporaire liée à un accident imputable au service ou à une maladie professionnelle (c. serv. nat. art. L. 120-13 et L. 120-23).

Régime social et fiscal de l'indemnité - Lorsque le service civique est accompli en France, les cotisations dues au titre des assurances sociales (maladie, vieillesse), des accidents du travail, des allocations familiales sont calculées aux taux de droit commun sur le montant réel des indemnités versées aux engagés ou volontaires de service civique (c. serv. nat. art. L. 120-26). Elles sont prises en charge, selon qu'il s'agit d'un engagé ou d'un volontaire de service civique, par l'Agence du service civique ou par l'organisme d'accueil agréé.

▶ À noter... La cotisation AT/MP est calculée selon un taux forfaitaire qui correspond au taux net moyen national relatif à la tarification des accidents du travail et des maladies professionnelles (arrêté du 25 février 2014, JO 11 mars, texte 9), soit un taux de 2,12 % en 2024 (arrêté du 27 décembre 2023, JO du 29, texte 108).

Seules la CSG et la CRDS restent à la charge des engagés ou des volontaires, et sont donc déduites du montant brut de leurs indemnités *(voir ci-avant)*. Elles sont calculées au taux global de 9,7 %, après abattement d'assiette de 1,75 % (c. serv. nat. art. L. 120-26).

Par ailleurs, l'indemnité versée n'est pas imposable (c. serv. nat. art. L. 120-21 ; CGI art. 81, 17°, b).

▶ À noter... La prestation de « subsistance » versée aux personnes effectuant un engagement de service civique *(voir « À noter » ci-avant)* est exonérée de cotisations sociales d'origine légale ou conventionnelle (c. séc. soc. art. L. 120-19). En outre, elle n'est pas soumise à l'impôt sur le revenu.

Titre-repas - L'organisme d'accueil peut remettre au bénéficiaire d'un contrat de service civique se déroulant en France des titres-repas qui fonctionnent selon un système voisin du *titre-restaurant**. La valeur libératoire maximale d'un titre-repas est égale à la limite d'exonération de la contribution patronale aux titres-restaurant (7,26 € en 2025). La personne morale finance l'intégralité du titre. Cette contribution est exonérée de toutes charges fiscales, de cotisations et de contributions sociales, dans cette limite (c. serv. nat. art. L. 120-22 et R. 121-27 à R. 121-32).

Protection sociale

Service civique en métropole ou dans les DOM - Lorsque le service civique est effectué en métropole ou dans un département d'outre-mer (DOM), la personne volontaire est affiliée au régime général de la sécurité sociale (c. serv. nat. art. L. 120-25 ; c. séc. soc. art. L. 311-3, 28°).

Le volontaire est affilié auprès de la caisse primaire d'assurance maladie ou, dans les DOM, de la caisse générale de sécurité sociale dans la circonscription de laquelle il a sa résidence. Cette formalité incombe à l'organisme agréé avec lequel a été conclu le contrat s'il s'agit d'un volontariat associatif et à l'Agence du service civique s'il s'agit d'un engagement de service civique (c. serv. nat. art. L. 120-29 ; lettre-circ. ACOSS 2011-105 du 7 novembre 2011).

Le volontaire n'est en revanche pas obligatoirement affilié à un régime de retraite complémentaire (c. serv. nat. art. L. 120-28).

Service civique à l'étranger - Lorsque la personne volontaire effectue son service civique à l'étranger, l'organisme qui l'accueille est tenu de souscrire des assurances de base et complémentaire couvrant les risques maladie, maternité, invalidité, accidents du travail et maladies professionnelles. Le niveau de la couverture de base doit être au moins égal à celui offert en France par le régime général de la sécurité sociale (c. serv. nat. art. L. 120-27). L'organisme d'accueil choisit librement son prestataire. Il reçoit un financement de la part de l'État (www.service-civique.gouv.fr).

Formation professionnelle

Le volontaire peut recenser ses activités de service civique dans son *compte d'engagement citoyen** (CEC) afin d'acquérir des droits à formation comptabilisés en euros sur son *compte personnel de formation**. Les droits acquis au titre du CEC peuvent financer des actions de formation destinées à acquérir des compétences nécessaires à l'exercice de ses missions de service civique (c. trav. art. L. 6323-6, II, 5°).

Service emploi associations

Les associations employant moins de 20 salariés peuvent utiliser un service d'aide à l'accomplissement de leurs obligations déclaratives en matière sociale, dénommé « service emploi associations » (c. séc. soc. art. L. 133-5-1). Ce service, également appelé « impact emploi association » (IEA) dans le réseau des URSSAF, est un outil complémentaire au *chèque-emploi associatif**.

Le dispositif

Ce service est organisé par les URSSAF (les CGSS ou les CMSA), qui peuvent le déléguer à un « tiers de confiance » après signature d'une convention (c. séc. soc. art. L. 133-5-1). En pratique, il faut contacter son URSSAF pour connaître le nom et les coordonnées de l'organisme tiers conventionné.

▶ À noter... Le site du réseau des URSSAF explique que le tiers de confiance est une association évoluant souvent au sein d'une fédération (ex : Fédération nationale Profession sports et loisirs, Comité national olympique et sportif français, Fédération Famille rurales, Fédération française sports pour tous, La ligue de l'enseignement) (www.urssaf.fr).

Toute association employant moins de 20 salariés peut avoir recours à ce service. Les relations entre l'association employeur et le tiers sont régies par une convention qui peut prévoir une participation financière de l'association au fonctionnement du service, dans une limite fixée par la convention conclue entre l'URSSAF et le tiers de confiance (c. séc. soc. art. L. 133-5-1).

Les employeurs relevant du régime général peuvent poser leurs questions sur le dispositif par mail, à l'adresse suivante :

impact-emploi-association@urssaf.fr.

▶ À noter... L'ouverture d'un service rénové « impact emploi association » est prévue à l'horizon 2027, sous réserve de l'avancée des développements informatiques nécessaires (www.urssaf.fr).

Trois types de services à l'employeur

Gestion du salarié - Le service emploi associations permet à l'association de recevoir les documents ou modèles de documents nécessaires au respect de certaines obligations liées à l'embauche ou au départ du salarié (c. séc. soc. art. L. 133-5-1).

Cette aide concerne les obligations liées notamment :
- à la *déclaration préalable à l'embauche** (c. trav. art. L. 1221-10) ;
- à l'établissement par écrit du contrat de travail (c. trav. art. L. 1221-3), y compris s'il s'agit d'un contrat de travail à durée déterminée (c. trav. art. L. 1242-12) ou à temps partiel (c. trav. art. L. 3123-6) ;
- à l'établissement du *bulletin de paye** (c. trav. art. L. 3243-2) ;
- et à la remise du *certificat de travail** en fin de contrat (c. trav. art. L. 1234-19).

Calcul de la paye - Le service permet aussi à l'employeur d'obtenir le calcul des rémunérations dues aux salariés en application du code du travail et des conventions collectives. Le calcul de l'ensemble des cotisations et contributions d'origine légale ainsi que des cotisations et contributions conventionnelles rendues obligatoires par la loi est également assuré (c. séc. soc. art. L. 133-5-1).

L'URSSAF met gratuitement à la disposition du tiers de confiance un logiciel de paye régulièrement actualisé (www.urssaf.fr).

Déclaration et paiement des cotisations - Grâce au service emploi associations, l'employeur effectue les déclarations obligatoires relatives aux cotisations et contributions sociales qui doivent être adressées aux différents organismes gérant les régimes prévus par le code de la sécurité sociale (URSSAF, CMSA, caisses de retraite complémentaire, notamment) et à *France Travail** (c. séc. soc. art. L. 133-5-1).

Les cotisations et contributions sociales des associations ayant recours au service doivent être réglées par virement ou par tout autre mode de paiement dématérialisé proposé par l'organisme de recouvrement.

☞ *Chèque-emploi associatif.*

Services à la personne

Les personnes morales et entreprises individuelles exerçant des activités de services à la personne peuvent, sous condition, bénéficier d'une exonération spécifique de cotisations patronales sur les rémunérations versées au titre de certaines prestations effectuées auprès de « personnes fragiles ».

Cette exonération fait l'objet de développements dédiés au sein du *Bulletin officiel de la sécurité sociale (BOSS)** (BOSS, Exonération aide à domicile, §§ 30 à 450, 01/03/2025).

▶ À noter... Les exonérations dont peuvent bénéficier les particuliers au titre des salariés qu'ils emploient directement sont abordées par ailleurs (voir *Aide à domicile**).

Définition des services à la personne

Liste des activités concernées - La notion de services à la personne (SAP) recouvre trois catégories d'activités (c. trav. art. L. 7231-1) :
- la garde d'enfants ;
- l'assistance aux personnes âgées, aux personnes handicapées ou aux autres personnes qui ont besoin d'une aide personnelle à leur domicile ou d'une aide à la mobilité dans l'environnement de proximité favorisant leur maintien à domicile ;
- les services aux personnes à leur domicile relatifs aux tâches ménagères ou familiales.

La liste précise des activités de SAP est fixée par le code du travail (c. trav. art. D. 7231-1). Ces activités sont énumérées dans notre tableau *(voir plus loin)*.

Les activités d'aide à domicile ne peuvent pas se confondre avec les activités relevant des soins médicaux, les activités éducatives et les activités de travail social. L'exonération n'est pas applicable aux actes de soins dispensés par l'aide-soignant notamment dans le cas d'un protocole de soins fait en collaboration avec un médecin, et qui sont accomplis par délégation de l'infirmière. À cet égard, tous les actes effectués par des services de soins infirmiers à domicile (SSIAD) relèvent de prescriptions médicales, de sorte que les SSIAD sont donc exclus du champ d'application de l'exonération (BOSS, Exonération aide à domicile, § 150, 01/03/2025).

Activités devant être comprises dans une offre globale - Certaines activités doivent être comprises dans une offre de services incluant un ensemble d'activités effectuées à domicile pour ouvrir droit aux avantages sociaux et fiscaux (c. trav. art. D. 7231-1, III) *(voir tableau ci-après)*.

L'administration fait preuve de tolérance dans l'appréciation de cette condition. Ces prestations ouvrent droit à l'exonération, même si la personne bénéficiaire n'a eu recours à aucun autre service du même prestataire, à la condition que l'association ou l'entreprise qui en a assuré l'exécution propose un catalogue de services comprenant, outre la prestation en cause, une ou plusieurs autres activités de services à domicile appartenant à la liste (lettre min. du 8 décembre 2006,diffusée par lettre-circ. ACOSS 2006-133 du 27 décembre 2006).

Liste des activités de services à la personne (c. trav. art. D. 7231-1)
I) Activités soumises obligatoirement à agrément (c. trav. art. D. 7231-1, I)
1) Garde d'enfants de moins de 3 ans à domicile
2) Accompagnement des enfants de moins de 3 ans dans leurs déplacements en dehors de leur domicile (promenades, transports, actes de la vie courante) (a)
3) Assistance dans les actes quotidiens de la vie ou aide à l'insertion sociale aux personnes âgées et aux personnes handicapées ou atteintes de pathologies chroniques qui ont besoin de telles prestations à domicile, à l'exclusion des actes de soins relevant d'actes médicaux (b)
4) Prestation de conduite du véhicule personnel des personnes dépendantes, du domicile au travail, sur le lieu de vacances, pour les démarches administratives (a)
5) Accompagnement des personnes âgées, handicapées ou atteintes de pathologies chroniques, dans leurs déplacements en dehors de leur domicile (promenades, transports, actes de la vie courante) (a)
II) Activités (en mode prestation de services uniquement) soumises obligatoirement à autorisation du conseil départemental (c. trav. art. D. 7231-1, II, al. 1 ; CASF art. D. 312-2 et D. 312-6-2)
1) Assistance dans les actes quotidiens de la vie ou aide à l'insertion sociale mentionnées aux 1° et 3 ° du II de l'article D. 312-1 du code de l'action sociale et des familles aux personnes âgées, handicapées ou atteintes de pathologies chroniques qui ont besoin de telles prestations à leur domicile, à l'exclusion des actes de soins relevant d'actes médicaux (b)
2) Conduite du véhicule personnel des personnes âgées, handicapées ou atteintes de pathologies chroniques du domicile au travail, sur le lieu de vacances ou pour les démarches administratives
3) Accompagnement des personnes âgées, handicapées ou atteintes de pathologies chroniques dans leurs déplacements en dehors de leur domicile (promenades, aide à la mobilité et au transport, actes de la vie courante)
4) Aide personnelle à domicile aux familles fragilisées, à l'exclusion des actes de soins relevant d'actes médicaux
III) Activités relevant de la déclaration (c. trav. art. D. 7231-1, II et III) **(c)**
1) Activités nécessitant au préalable un agrément ou une autorisation pour pouvoir être exercées, ci-dessus décrites
2) Entretien de la maison et travaux ménagers
3) Petits travaux de jardinage, y compris les travaux de débroussaillage (d)
4) Travaux de petit bricolage dits « homme toutes mains » (e)
5) Garde d'enfants de 3 ans et plus à domicile
6) Soutien scolaire à domicile ou cours à domicile
7) Soins d'esthétique à domicile pour les personnes dépendantes
8) Préparation de repas à domicile, y compris le temps passé aux courses
9) Livraison de repas à domicile (a)
10) Collecte et livraison à domicile de linge repassé (a)
11) Livraison de courses à domicile (a)
12) Assistance informatique à domicile (f)
13) Soins et promenades d'animaux de compagnie, à l'exception des soins vétérinaires et du toilettage, pour les personnes dépendantes
14) Maintenance, entretien et vigilance temporaires, à domicile, des résidences principale et secondaire
15) Assistance administrative à domicile
16) Accompagnement des enfants de plus de 3 ans dans leurs déplacements en dehors de leur domicile (promenades, transports, actes de la vie courante) (a)
17) Téléassistance et visio assistance
18) Interprète en langue des signes, technicien de l'écrit et codeur en langage parlé complété
19) Prestation de conduite du véhicule personnel des personnes mentionnées au 21) ci-après, du domicile au travail, sur le lieu de vacances, pour les démarches administratives (a)
20) Accompagnement des personnes mentionnées au 21) ci-après dans leurs déplacements en dehors de leur domicile (promenades, aide à la mobilité et au transport, actes de la vie courante) (a)
21) Assistance aux personnes autres qu'âgées, handicapées ou atteintes de pathologies chroniques qui ont besoin temporairement d'une aide personnelle à leur domicile, à l'exclusion des soins relevant d'actes médicaux
22) Coordination et délivrance les services mentionnés dans ce tableau.
(a) Ces activités sont susceptibles d'ouvrir droit à l'exonération sociale et au taux réduit de TVA, à condition que la prestation soit comprise dans une offre de services incluant un ensemble d'activités réalisées à domicile (c. trav. art. D. 7231-1, III). (b) Par exception, les aspirations endo-trachéales effectuées par certaines personnes habilitées entrent dans la catégorie des services à la personne (c. trav. art. D. 7231-1, I, 3° ; CASF art. D. 312-2, 1°). (c) La déclaration est facultative, mais elle conditionne les avantages sociaux et fiscaux (crédit ou réduction d'impôt sur le revenu, taux réduit de TVA, exonération de cotisations, s'il y a lieu). (d) Pour ouvrir droit au crédit d'impôt au bénéfice des particuliers, le montant total des petits travaux de jardinage des particuliers est plafonné à 5 000 € par an et par foyer fiscal (c. trav. art. D. 7233-5). (e) Pour ouvrir droit au crédit d'impôt au bénéfice des particuliers, le montant total des travaux de petit bricolage est plafonné à 500 € par an et par foyer fiscal (c. trav. art. D. 7233-5). (f) Pour ouvrir droit au crédit d'impôt au bénéfice des particuliers, le montant total de l'assistance informatique et d'Internet est plafonné à 3 000 € par an et par foyer fiscal (c. trav. art. D. 7233-5).

Conditions d'exercice de l'activité : les grandes lignes

Structures - Les activités de services à la personne peuvent être exercées par des personnes morales ou des entreprises individuelles (c. trav. art. L. 7232-1).

Modalités d'exercice de l'activité - Les personnes morales et entreprises individuelles peuvent exercer leur activité selon les modalités suivantes (c. trav. art. L. 7232-6) :

- placement de salariés auprès de personnes physiques employeurs ainsi que, pour le compte de ces derniers, accomplissement des formalités administratives ainsi que des déclarations sociales et fiscales liées à l'emploi de ces salariés ;
- embauche de salariés pour les mettre à la disposition, à titre onéreux, de personnes physiques ;
- fourniture de prestations de services aux personnes physiques (« mode prestataire »).

Agrément, autorisation et déclaration - Il est indispensable d'être agréé par l'État pour les activités en faveur de personnes vulnérables (publics dits « fragiles »). Sont ici visées les activités (c. trav. art. L. 7232-1) :

- de garde d'enfants d'un âge inférieur à 3 ans (arrêté du 26 décembre 2011, JO du 30, texte 35) ;
- d'assistance aux personnes âgées, handicapées ou dépendantes, à l'exception d'activités définies par décret ne mettant pas en cause la sécurité des personnes *(voir tableau)*.

Les activités exercées auprès des personnes âgées et des personnes handicapées ou atteintes de pathologies chroniques sous forme de prestations de services relèvent du régime de l'autorisation délivrée par les conseils départementaux (CASF art. L. 313-3) *(voir tableau)*.

En revanche, il n'y a pas besoin d'agrément ou d'autorisation pour exercer des activités de SAP en direction de publics « non-fragiles » (c. trav. art. L. 7232-1).

Cependant, toutes les activités de services à la personne peuvent faire l'objet d'une déclaration, y compris celles nécessitant au préalable un agrément ou une autorisation pour pouvoir être exercées. Cette déclaration est indispensable pour que les organismes et leurs clients bénéficient des avantages fiscaux et sociaux attachés aux services à la personne, et en particulier de l'exonération de cotisations prévue par la législation *(voir plus loin)*.

Employeurs éligibles à l'exonération « aide à domicile »

Employeurs concernés - L'exonération dite « aide à domicile » est ouverte aux employeurs suivants (c. séc. soc. art. L. 241-10, III) :

- les associations et entreprises de services à la personne exerçant des activités concernant la garde d'enfants ou l'assistance aux personnes âgées ou handicapées ;
- les centres communaux et intercommunaux d'action sociale (CCAS) ;
- depuis le 1er mars 2025, les syndicats mixtes fermés (c. gén. coll. terr. art. L. 5711-1, al. 1) et les établissements publics de coopération intercommunale (EPCI), lorsqu'ils ont pour objet exclusif l'action sociale (loi 2025-199 du 28 février 2025, art. 16, JO du 28 ; BOSS, Exonération aide à domicile, § 85, 01/03/2025) ;
- les organismes habilités au titre de l'aide sociale ou ayant passé une convention avec un organisme de sécurité sociale.

Déclaration administrative et exercice exclusif de l'activité - Même s'il s'agit d'entreprises ou d'associations agréées auprès de publics « fragiles », le bénéfice de l'exonération est subordonné à deux conditions :

- avoir effectué une déclaration pour l'exercice d'activités concernant la garde d'enfant ou l'assistance aux personnes âgées ou handicapées auprès de l'autorité administrative compétente (c. séc. soc. art. L. 241-10, III ; c. trav. art. L. 7232-1-1) ;
- exercer l'activité à titre exclusif (c. trav. art. L. 7232-1-1 et L. 7232-8).

Certains organismes sont toutefois dispensés de la condition d'activité exclusive (c. trav. art. L. 7232-1-2) *(voir tableau ci-dessous)*.

La déclaration d'activité doit être déposée auprès du préfet du département par voie électronique ou par LRAR, avec les pièces et mentions requises (c. trav. art. R. 7232-16 et R. 7232-17).

À réception du dossier complet, le préfet enregistre la déclaration et délivre un récépissé. Lorsque l'activité ouvre droit à l'exonération de cotisations « aide à domicile », cette exonération est acquise à compter du premier jour du mois qui suit la publication du récépissé au recueil des actes administratifs de la préfecture (c. trav. art. R. 7232-18).

▶ À noter... En pratique, la demande de déclaration peut se faire en ligne à l'aide du service « Nova » de la Direction générale des entreprises (https://nova.entreprises.gouv.fr).

La décision d'enregistrement de la déclaration peut être modifiée ou retirée dans un certain nombre de situations (ex. : non-respect de la condition d'activité exclusive) (c. trav. art. R. 7232-20 à R. 7232-22).

Justificatifs - Le bénéfice de cette exonération suppose que les employeurs soient en mesure de produire diverses pièces (c. séc. soc. art. D. 241-5-5).

Pour certaines structures, exclusion des activités financées par l'assurance maladie - Pour certaines structures, la part d'activité des salariés correspondant à des prestations financées par une dotation globale de l'assurance maladie est exclue de l'exonération (c. séc. soc. art. L. 241-10, III).

Cette restriction vise (CASF art. L. 312-1, I, 2°, 3°, 5° b, 6°, 7°, 11° et 12°) :

- les établissements ou services d'enseignement assurant, à titre principal, une éducation adaptée et un accompagnement social ou médico-social aux mineurs ou jeunes adultes handicapés ou présentant des difficultés d'adaptation ;
- les centres d'action médico-sociale précoce ;
- les établissements ou services de réadaptation, de pré-orientation et de rééducation professionnelle ;
- les établissements et les services accueillant des personnes âgées ou leur apportant à domicile une assistance dans les actes quotidiens de la vie, des prestations de soins ou une aide à l'insertion sociale ;
- les établissements et les services, y compris les foyers d'accueil médicalisé, accueillant des personnes adultes handicapées, des personnes atteintes de pathologies chroniques, et leur apportant à domicile une assistance dans les actes quotidiens de la vie, des prestations de soins ou une aide à l'insertion sociale ou bien leur assurant un accompagnement médico-social en milieu ouvert ;
- les établissements ou services, dénommés selon les cas centres de ressources, centres d'information et de coordination ou centres prestataires de services de proximité, mettant en œuvre des actions

Structures dispensées de la condition d'activité exclusive pour le bénéfice des exonérations	
Pour leurs activités d'aide à domicile (c. trav. art. L. 7232-1-2, 1°)	• Associations intermédiaires • Régies de quartier (condition d'agrément et de dérogation à la condition d'exclusivité définie par décret) • Communes • Centres communaux ou intercommunaux d'action sociale • Établissements publics de coopération intercommunale (EPCI) compétents • Organismes ayant passé une convention avec un organisme de sécurité sociale au titre de leur action sociale • Organismes publics ou privés gestionnaires d'établissements et services sociaux et médico-sociaux (CASF art. L. 312-1, I) et groupements de coopération sociale ou médico-sociale (CASF art. L. 312-7, 3°) • Sous conditions (1), entrepreneurs individuels soumis aux régimes fiscal dit « micro-BIC » (CGI art. 50-0 du CGI) et « micro-social » (c. séc. soc. art. L. 613-7) + entreprises de moins de 11 salariés
Pour leurs activités qui concourent directement à coordonner et délivrer les services à la personne (c. trav. art. L. 7232-1-2, 2°)	• Unions et fédérations d'associations
Pour leurs activités d'aide à domicile rendues aux bénéficiaires des services à la personne (c. trav. art. L. 7232-1-2, 3°)	• Établissements de santé publics et privés assurant les examens de diagnostic, la surveillance et le traitement des malades, des blessés et des femmes enceintes (c. santé pub. art. L. 6111-1) • Centres de santé assurant des activités de soins sans hébergement et participant à des actions de santé publique, des actions de prévention et d'éducation pour la santé et à des actions sociales (c. santé pub. art. L. 6223-1) • Organismes publics ou privés gestionnaires d'un établissement ou d'un service d'accueil d'enfants de moins de 6 ans (c. santé pub. art. L. 2324-1)
Pour leurs services d'aide à domicile rendus aux personnes qui y résident (c. trav. art. L. 7232-1-2, 4° et 5°)	• Prestataires appelés à fournir des services spécifiques individualisables dans les copropriétés avec services (loi 65-557 du 10 juillet 1965, art. 41-4) • Gérants de résidences-services (c. constr. et hab. art. L. 631-13)

(1) Ces entreprises doivent répondre à plusieurs conditions : exercer à titre principal des activités de SAP et réaliser au titre de l'année civile précédente un chiffre d'affaires (CA) afférent aux autres activités exercées à titre accessoire qui n'excède pas 30 % du CA total ; mettre en place une comptabilité séparée relative aux prestations de SAP et renseigner leurs CA principal et accessoire ainsi que leur *effectif sécurité sociale** dans le tableau statistique annuel et les états d'activité trimestriels adressés au préfet (c. trav. art. R. 7232-19). Le non-respect de ces conditions entraîne le retrait de la déclaration pour l'exercice des activités de services à la personne, et donc la perte de l'exonération de cotisations (décret 2024-851 du 25 juillet 2024, art. 3, JO du 27 ; circ. NOR ECO12433349C du 3 janvier 2025).

de dépistage, d'aide, de soutien, de formation ou d'information, de conseil, d'expertise ou de coordination au bénéfice d'usagers, ou d'autres établissements et services ;
- les établissements ou services à caractère expérimental.

Rémunérations versées au titre de prestations auprès de « personnes fragiles »

Intervention auprès de « personnes fragiles » - L'exonération s'applique au titre des aides à domicile employées soit sous CDI, soit sous CDD pour remplacer des salariés absents ou dont le contrat de travail est suspendu (c. séc. soc. art. L. 241-10, III ; c. trav. art. L. 1242-2).

L'exonération porte sur la fraction de rémunération versée en contrepartie de l'exécution de tâches relevant des services à la personne effectués au domicile privatif des personnes suivantes, dites « personnes fragiles » :
- personnes ayant atteint l'âge de 70 ans (s'il s'agit d'un couple, il suffit qu'une des personnes remplisse cette condition) (c. séc. soc. art. L. 241-10, I, a et D. 241-5) ; pour les interventions auprès de ces personnes, la fraction de rémunération exonérée est limitée à 65 fois le *SMIC** horaire par mois (c. séc. soc. art. D. 241-5).
- personnes ayant à charge un enfant ouvrant droit au complément de l'allocation d'éducation de l'enfant handicapé ou à la prestation de compensation du handicap (c. séc. soc. art. L. 241-10, I, b) ;
- personnes titulaires soit de l'élément « aides humaines » de la prestation de compensation du handicap (CASF art. L. 245-3, 1°), soit d'une majoration pour tierce personne, soit d'une prestation complémentaire pour recours à tierce personne servie au titre de la législation des accidents du travail (c. séc. soc. art. L. 241-10, I, c) ;
- personnes ayant atteint l'âge d'ouverture du droit à une pension de retraite et se trouvant dans l'obligation de recourir à l'assistance d'une tierce personne pour accomplir les actes ordinaires de la vie (c. séc. soc. art. L. 241-10, I, d et D. 241-5) ;
- personnes remplissant la condition de perte d'autonomie requise pour le bénéfice de l'allocation personnalisée d'autonomie (c. séc. soc. art. L. 241-10, I, e) ;
- bénéficiaires de prestations d'aide ménagère aux personnes âgées ou handicapées au titre de l'aide sociale (c. séc. soc. art. L. 241-10, III) ;
- bénéficiaires de prestations effectuées dans le cadre de l'aide sociale à l'enfance par des techniciens de l'intervention sociale et familiale ou des aides ménagères (c. séc. soc. art. L. 241-10, III).

Intervention au domicile privatif - L'exonération n'est applicable qu'au titre des interventions effectuées au domicile à usage privatif des bénéficiaires concernés, lequel doit être situé en France (BOSS, Exonération aide à domicile, § 170, 01/03/2025).

Le domicile s'entend du lieu de résidence habituelle et effective, principale ou secondaire, quel que soit le mode de jouissance du logement.

A contrario, une résidence temporaire (ex : location saisonnière de courte durée) ne peut être le lieu de dispensation de services à la personne ouvrant droit à l'exonération.

Dans les copropriétés, les résidences services ou les résidences autonomie, les travaux réalisés dans les parties communes d'une copropriété (nettoyage, travaux d'entretien, gardiennage, entretien d'espaces verts…) ne constituent pas des activités éligibles.

Dès lors que le bénéficiaire réside dans une structure collective dont la nature des prestations implique que la personne n'est plus autonome, la condition du domicile à usage privatif ne sera pas remplie.

Assiette de l'exonération « aide à domicile »

Principe - L'exonération est applicable aux rémunérations des aides à domicile multipliées par le rapport « Nbre d'heures d'aide à domicile réalisées chez les personnes fragiles/Nbre total d'heures effectuées au cours de l'année civile » (c. séc. soc. art. D. 241-5-2, I).

Cas général - En pratique, l'assiette de l'exonération est déterminée comme suit selon l'administration (BOSS, Exonération aide à domicile, § 210, 01/03/2025).

L'assiette de l'exonération correspond à la rémunération afférente aux activités entrant dans le champ de l'exonération « aide à domicile » (interventions auprès de publics « fragiles »).

La rémunération afférente aux autres activités exercées par le salarié, soit les activités hors du champ de l'aide à domicile telles que les tâches administratives, ne bénéficie pas de cette exonération.

La rémunération des activités dites « connexes », c'est-à-dire des activités ou périodes ne correspondant ni à des heures effectuées auprès des bénéficiaires de l'aide à domicile ni à des heures effectuées au profit de personnes non éligibles (temps de formations, de réunions, des congés payés, de représentations syndicales et de déplacements), ouvre droit à l'exonération à proportion de la part que représente l'activité d'aide à domicile auprès des publics « fragiles » dans l'activité totale du salarié au cours de l'année.

L'exonération s'applique donc sur la rémunération déterminée comme suit (BOSS, Exonération aide à domicile, § 220, 01/03/2025) :

total de la rémunération (y compris activités connexes mais hors tâches administratives) × (nbre d'heures d'aide à domicile auprès d'un public « fragile »/nbre total d'heures effectuées).

Exemple

Un salarié à temps plein perçoit 21 000 € bruts par an et effectue 1 607 heures ainsi réparties :
- 500 h de secrétariat rémunérées 6 500 € bruts ;
- 1 000 h d'aide à domicile, dont 600 h auprès de publics « fragiles » et 400 h auprès de publics « non fragiles », pour lesquelles il perçoit 13 000 € bruts ;
- 107 heures d'activités dites connexes (formations et trajet au titre de l'aide à domicile), rémunérées 1 500 € bruts.

L'exonération « aide à domicile » s'applique à la part de ces revenus d'activité, hors heures de secrétariat, correspondant aux heures travaillées auprès de publics « fragiles » : (13 000 € + 1 500 €) × (600 h/1 000 h) = 8 700 €.

L'assiette de l'exonération est donc égale à 8 700 € bruts.

Intervention auprès de personnes d'au moins 70 ans non dépendantes - Lorsque le salarié intervient auprès d'une ou plusieurs personnes âgées d'au moins 70 ans et non dépendantes, l'assiette exonérée correspondant à ces heures d'intervention est limitée, par mois, à 65 fois le SMIC horaire en vigueur au premier jour du mois considéré *(voir plus haut)* (c. séc. soc. art. L. 241-10, III et D. 241-5).

Pour respecter cette limite, il convient de déterminer la part des rémunérations donnant lieu à exonération comme suit (BOSS, Exonération aide à domicile, § 240, 01/03/2025) :
- pour les heures effectuées auprès de personnes d'au moins 70 ans non dépendantes : appliquer à la rémunération totale le rapport entre le nombre d'heures effectuées chez ces personnes et le total des heures d'aide à domicile effectuées, puis limiter la somme ainsi obtenue au plafond de 65 fois le SMIC horaire par mois ;
- pour les heures effectuées auprès d'autres personnes « fragiles » : appliquer à la rémunération totale le rapport entre le nombre d'heures effectuées chez ces autres personnes et le total des heures d'aide à domicile effectuées.

Exemple

Une aide à domicile perçoit 1 500 € bruts par mois pour 100 h réparties comme suit : 80 h auprès de publics « fragiles » (dont 30 auprès d'une personne de plus de 70 ans non dépendante) et 20 h après de publics « non fragiles ».

L'exonération s'applique à la part de ces revenus correspondant aux heures travaillées auprès de publics « fragiles » :
- pour les heures auprès de la personne âgée d'au moins 70 ans non dépendante : 1 500 € × (30 h/100 h) = 450 € ;
- pour les heures auprès des autres publics « fragiles » : 1 500 € × (50 h/100 h) = 750 €.

L'assiette de l'exonération « aide à domicile » est donc égale à 1 200 € bruts (450 € + 750 €).

Rémunération prise en compte - La rémunération retenue pour le calcul de l'exonération est la rémunération brute déterminée dans les même conditions que pour la *réduction générale de cotisations patronales**.

Toutefois, à l'inverse de ce qui est prévu à partir de 2025 pour la réduction générale, la *prime de partage de la valeur** n'est pas prise en compte, sauf pour son éventuelle fraction soumise à cotisations de sécurité sociale (actualité BOSS du 12 mars 2025 ; BOSS, Exonération aide à domicile, § 210, 01/03/2025).

Exonération dégressive annualisée

Réduction dégressive - Depuis le 1er janvier 2019, l'exonération dont bénéficient les structures privées d'aide à domicile se matérialise par une réduction dégressive annualisée, fonctionnant sur les mêmes principes que la *réduction générale de cotisations patronales**.

Avant 2019, l'exonération était calculée mensuellement. Cette ancienne exonération est toujours applicable aux autres types d'employeurs *(voir plus loin)*.

Employeurs concernés - L'exonération dégressive s'applique aux seules structures suivantes, lorsqu'elles constituent des employeurs de droit privé (c. séc. soc. art. L. 241-10, III, al. 5) :
- associations et entreprises déclarées pour l'exercice des activités concernant la garde d'enfant ou l'assistance aux personnes âgées ou handicapées ;
- organismes habilités au titre de l'aide sociale ou ayant passé convention avec un organisme de sécurité sociale.

Cotisations visées - L'exonération porte sur les cotisations patronales d'assurances sociales (maladie, vieillesse, allocations familiales), le FNAL, la contribution solidarité autonomie, les cotisations AGIRC-ARRCO (dans la limite de 6,01 points), d'assurance chômage et une fraction du taux de cotisation AT/MP (0,46 en 2024, reconduit à titre provisoire sur le début 2025 en attendant la publication des nouveaux arrêtés de tarification AT/MP) (c. séc. soc. art. L. 241-10, III, al. 5).

Coefficient maximal et paramètre T - L'exonération dépend d'un paramètre T, qui se détermine comme celui de la réduction générale de cotisations patronales (c. séc. soc. art. D. 241-5-2, renvoyant à D. 241-7).

En 2024, le paramètre T était égal à 0,3194 pour un employeur au FNAL de 0,10 % et à 0,3234 pour un employeur au FNAL de 0,50 % (pour plus de détails sur le paramètre T, voir *Réduction générale de cotisations patronales**).

La loi de financement de la sécurité sociale (LFSS) pour 2025 n'ayant été adoptée et publiée qu'en février (loi 2025-199 du 28 février 2025, JO du 28), le décret devant fixer le paramètre T devrait sortir dans les semaines qui suivent (au 13 mars 2025, il était encore attendu).

En conséquence, sur le début 2025, le paramétrage 2024 a été reconduit à l'identique. Il devra ensuite être adapté en cours d'année une fois le décret attendu paru (pour plus de détails sur le paramètre T, voir *Réduction générale de cotisations patronales**).

Montant de la réduction - L'exonération est totale pour les salaires inférieurs à 1,2 SMIC (c. séc. soc. art. L. 241-10, III), soit à titre provisoire sur le début 2025 le même taux qu'en 2024, à savoir 31,94 % ou 32,34 % dans le cas général *(voir ci-dessus)*.

Lorsque le salaire annuel brut de l'aide à domicile est supérieur ou égal à 1,2 SMIC, l'exonération est dégressive jusqu'à devenir nulle au niveau de 1,6 SMIC (c. séc. soc. art. L. 241-10, III). Concrètement (c. séc. soc. art. D. 241-5-2) :

- l'exonération est égale à : Rémunération annuelle brute versée au salarié × Coefficient (C) ;
- le coefficient C, arrondi à 4 décimales est égal à : 1,2 × (T/0,4) × [(1,6 × SMIC annuel/rémunération annuelle brute) – 1].

En pratique, ces paramètres sont déterminés comme pour la réduction générale (c. séc. soc. art. D. 241-5-2, renvoyant à D. 241-7) [voir *Réduction générale de cotisations patronales** et *Réduction générale de cotisations patronales (paramètre SMIC)**].

Par exception, à l'inverse de ce qui est prévu à partir de 2025 pour la réduction générale :
- la *prime de partage de la valeur** n'est pas prise en compte dans la rémunération annuelle brute utilisée pour calculer l'exonération « aide à domicile », sauf pour son éventuelle fraction soumise à cotisations de sécurité sociale ;
- le taux du SMIC à prendre en compte est celui en vigueur au cours de la période d'emploi rémunérée (si le SMIC évolue en cours d'année, il faut donc en tenir compte dans le calcul de l'exonération).

En outre, le SMIC est retenu pour le nombre d'heures correspondant à la part de rémunération éligible à l'exonération « aide à domicile », lorsque la rémunération du salarié n'y est pas éligible que pour partie (ex. : cas d'un aide à domicile ayant par exemple des interventions auprès de personnes non fragiles).

Calcul annualisé et calcul par anticipation - Comme pour la réduction générale de cotisations patronales, la réduction est annualisée. Toutefois, un calcul par anticipation est possible, mois civil par mois civil, impliquant une régularisation (celle-ci peut être annuelle ou progressive). Là encore, les logiques sont identiques à celles de la *réduction générale de cotisations patronales** (c. séc. soc. art. D. 241-5-2, IV renvoyant à D. 241-8 et D. 241-9).

Pour les salariés en contrat à durée déterminée auprès d'un même employeur, le coefficient

Exonération dégressive annualisée (1)

• Principe : rémunération de l'aide à domicile intervenant auprès d'un public fragile *(voir nos développements)*.

• Fraction exonérée au titre de l'exonération « services à la personne » : rémunération annuelle × Nbre d'heures publics fragiles/Nbre total d'heures effectuées sur l'année.

Rémunération annuelle inférieure à 1,2 SMIC	Exo = T × rémunération annuelle brute éligible
Rémunération annuelle de 1,2 SMIC à 1,6 SMIC	Exonération dégressive : - Exo = rémunération annuelle brute × C - C = 1,2 × (T/0,4) × [(1,6 × SMIC annuel / rémunération annuelle brute exonérée) - 1)] - C est plafonné à T
Rémunération annuelle supérieure ou égale à 1,6 SMIC	Exonération nulle

(1) Ici, pour un calcul annuel. Calcul mensuel par anticipation possible, sous réserve de régularisation.

est déterminé pour chaque contrat (c. séc. soc. art. D. 241-5-2, III), et dans le cadre de l'année civile.

Salariés n'ayant effectué aucune heure de travail au cours du mois - Pour l'application par anticipation de l'exonération, lorsque le salarié n'a effectué aucune heure de travail au cours du mois considéré (congés payés pendant tout le mois, absence pour maladie, maternité) mais a néanmoins perçu des rémunérations soumises à cotisations (ex. : indemnité de congés payés), l'exonération est applicable au prorata du nombre d'heures d'aide à domicile réalisées chez des personnes dites « fragiles », retenu pour le mois civil précédent ou, le cas échéant, pour le dernier mois civil ayant compté des heures travaillées (BOSS, Exonération aide à domicile, § 280, 01/03/2025).

Exemple

Un salarié travaille à temps complet (151,67 h par mois). Il perçoit une rémunération de 2 000 € bruts par mois pour 120 h de travail auprès de publics « fragiles », 20 h auprès de publics « non fragiles » et 11,67 h d'activités connexes (réunion mensuelle + trajets). En février, le salarié est en congés payés sur la totalité du mois. Sa rémunération est maintenue sur ce mois à hauteur de 2 000 €.

La rémunération exonérée au titre du mois de février est déterminée au prorata du nombre d'heures d'aide à domicile réalisées auprès des publics « fragiles » retenu pour le mois civil précédent (janvier).

En revanche, dès lors que l'aide à domicile a effectué des heures sur le mois considéré, l'exonération est applicable au prorata du nombre d'heures d'aide à domicile réalisées chez des personnes dites « fragiles » retenu pour ce mois civil, même en cas d'absence une partie du mois (ex. : congés payés ou maladie sur une partie du mois, entrée/sortie en cours de mois) (BOSS, Exonération aide à domicile, § 290, 01/03/2025).

Exemple

Un salarié travaille à temps complet (151,67 h par mois). Il perçoit une rémunération de 2 000 € bruts par mois pour 120 h de travail auprès de publics « fragiles », 20 h auprès de publics « non fragiles » et 11,67 h d'activités connexes (réunion mensuelle + trajets).

En juin, le salarié est en congés payés une semaine et effectue 116,67 h ainsi réparties : 95 h auprès de publics « fragiles », 15 heures auprès de publics dits « non fragiles » et 6,67 h d'activités connexes (réunion mensuelle + trajets). Sa rémunération du mois est de 2 000 € (dont une partie sous forme d'indemnité de congés payés).

La rémunération éligible à l'exonération « aide à domicile » est déterminée au prorata du nombre d'heures d'aide à domicile réalisées auprès des publics « fragiles » sur ce mois. L'exonération s'applique donc sur la base de 1 727,27 € (soit 2 000 € × 95 h/110 h).

Salariés dont la rémunération est fonction d'une durée du travail moyenne - Lorsque la rémunération est déterminée forfaitairement sur base d'une durée du travail moyenne, indépendante de l'horaire réel, l'exonération aide à domicile s'applique chaque mois sur cette rémunération au prorata du nombre d'heures d'aide à domicile réalisées chez les personnes « fragiles » par rapport au nombre d'heures total, retenu comme référence dans la détermination de la durée du travail moyenne (BOSS, Exonération aide à domicile, § 300, 01/03/2025).

Dans ce cas, à l'issue de la période annuelle ou infra-annuelle durant laquelle la durée du travail moyenne est retenue, les employeurs doivent procéder à une régularisation.

Les rémunérations effectivement exonérées sont déterminées comme suit en fonction du nombre d'heures effectivement réalisées : total des rémunérations versées × [nbre d'heures d'aide à domicile chez les personnes « fragiles »/total des heures d'aide à domicile auprès de l'ensemble des publics (non comprises les heures qui ne correspondent pas à une activité auprès du public)].

Si ce montant est inférieur à la somme des rémunérations déjà exonérées au cours de chacun des mois de la période, les cotisations calculées sur l'écart constaté sont versées en même temps que celles afférentes à la rémunération versée au cours du dernier mois de la période considérée.

S'il est supérieur, le trop versé de cotisations est déduit des cotisations de sécurité sociale dues au titre de ce même mois et, le cas échéant, des mois suivants.

Les exemples suivants sont repris et adaptés du BOSS.

Exemples

Un salarié est rémunéré toute l'année sur la base de 130 h par mois, soit un total de 1 560 h sur l'année. L'employeur considère qu'il effectue 75 % de son activité auprès de personnes « fragiles » (soit en moyenne 97,5 h par mois) et 25 % auprès de personnes « non fragiles » (soit en moyenne 32,5 h par mois). Il perçoit 1 950 € par mois (soit un total de 23 400 € sur l'année). L'exonération est appliquée chaque mois sur une assiette de 1 462,50 € (soit 1 950 € × 97,5 h/130 h), soit sur un total de 17 550 € sur l'année.

1) En fin d'année, le salarié a finalement réalisé 1 607 h, dont 900 h auprès de publics « fragiles » et

707 h auprès de publics « non fragiles ». Compte tenu des rémunérations reçues pour les heures effectuées en plus, il est supposé avoir effectivement perçu 24 105 € sur l'année. L'exonération « aide à domicile » est finalement appliquée sur une base réelle de 13 500 € (soit 24 105 € × 900 h/1 607 h). Ce montant étant inférieur à la somme des rémunérations exonérées au cours de chacun des mois de l'année, les cotisations calculées sur l'écart constaté (qui n'auraient donc pas dû être exonérées) sont versées en même temps que celles afférentes à la rémunération versée au cours du dernier mois de la période considérée.
2) En fin d'année, le salarié a finalement réalisé 1 330 h (au lieu de 1 560 h), dont 1 100 h auprès de publics « fragiles » et 230 h auprès de publics « non fragiles ». Le salarié est supposé avoir effectivement perçu 23 400 € sur l'année (l'employeur n'a pas eu à verser de rappel de salaire). L'exonération « aide à domicile » est finalement appliquée sur une base de 19 353,38 € (soit 23 400 € × 1 100 h/1 330 h). Ce montant étant supérieur à la somme des rémunérations exonérées au cours de chacun des mois de l'année, le trop versé de cotisations est déduit des cotisations patronales d'assurances sociales et d'allocations familiales dues au titre du dernier mois de l'année, et le cas échéant, des mois suivants.

Imputation - Les règles d'imputation de la réduction n'ont pas été précisées. Mais il conviendrait, à notre sens, de ventiler son montant entre la part correspondant aux cotisations et contributions recouvrées par les URSSAF (y inclus chômage, par conséquent) et la part imputable sur les contributions AGIRC-ARRCO, selon la même logique que pour la *réduction générale de cotisations patronales**.

Articulation avec la réduction générale

Salariés éligibles à la réduction générale seule - Lorsque l'employeur ou la prestation effectuée par un salarié n'est pas éligible à l'exonération « aide à domicile » auprès de publics « fragiles », il est possible de bénéficier des allégements de droit commun (*réduction générale de cotisations patronales**, etc.), si les conditions requises par ces dispositifs sont respectées.

Salariés éligibles à la fois à la réduction générale et à l'exonération « aide à domicile » - Un même salarié peut donner droit à l'exonération « aide à domicile » pour les heures passées auprès de publics fragiles et à la réduction générale de cotisations patronales pour les heures passées auprès d'autres publics. En revanche, les deux dispositifs ne sont pas cumulables au titre d'une même partie de la rémunération (BOSS, Exonération aide à domicile, § 180, 01/03/2025 ; BOSS, Allégements généraux, §§ 1150 et 1160, 01/12/2024).

L'administration a précisé les règles d'articulation entre les deux exonérations. Sans rentrer dans les détails, on précisera que la méthode consiste à ventiler la rémunération et le paramètre SMIC au regard des heures passées chaque mois auprès de publics « fragiles » et « non fragiles » (BOSS, Exonération aide à domicile, § 360, 01/03/2025).

Les rémunérations versées au titre du temps passé en réunions, formations et congés sont réparties chaque mois entre les deux activités au prorata de leur part respective (BOSS, Allégements généraux, § 1160, 01/12/2024). Mais dans l'un des exemples du BOSS (BOSS, Exonération aide à domicile, § 360, 01/03/2025), il semble que ce prorata n'est fait qu'au niveau de la détermination des heures utilisées pour calculer le paramètre SMIC.

Chaque fraction de rémunération se voit appliquer l'exonération y afférente (exonération aide à domicile ou réduction générale).

Les exemples suivants sont repris du BOSS (BOSS, Exonération aide à domicile, § 360, 01/03/2025) et complétés par nos soins concernant la réduction générale de cotisations patronales.

Exemples

1) En janvier 2025, un salarié perçoit 1 400 € pour 120 h de travail par mois, dont 60 h auprès de publics « fragiles », 55 h auprès de publics « non fragiles » et 5 h d'activités connexes (ex. : trajet).
L'exonération « aide à domicile » s'applique sur la base de 1 400 € × 60 h/115 h = 730,43 €. Pour le calcul du SMIC proratisé sur le mois, on tient compte des 60 h auprès de publics « fragiles » et des activités connexes au prorata, soit au total 60 h + (5 h × 60 h/115 h) = 62,61 h.
La rémunération éligible à l'exonération « aide à domicile » étant inférieure à 1,2 SMIC pour 62,61 h (892,57 € au 1er janvier 2025), le coefficient de l'exonération est égal, pour un employeur au FNAL de 0,10 %, à 0,3194. L'exonération « aide à domicile » est donc de 730,43 € × 0,3194 = 233,30 €.
L'employeur peut appliquer la réduction générale sur l'autre partie de la rémunération (669,57 €) et des heures (57,39 h) :
- coefficient : (0,3194/0,6) × [(1,6 × 11,88 € × 57,39 h/669,57 €) - 1] = 0,3349 ;
réduction générale : 669,57 € × 0,3349 = 224,24 €.
2) En janvier 2025, un salarié perçoit 1 600 € pour 110 h de travail par mois, doit 100 h auprès de publics « fragiles » et 10 h auprès de publics « non fragiles ».

L'exonération « aide à domicile » s'applique sur la base de 1 454,55 € (soit 1 600 € × 100 h/110 h). Pour le calcul du SMIC proratisé sur le mois, on tient compte des heures auprès de publics « fragiles », soit au total 100 h.

La rémunération éligible à l'exonération « aide à domicile » étant supérieure à 1,2 SMIC pour 100 h (1 425, 60 € au 1er janvier 2025), le coefficient de l'exonération est égal, pour un employeur au FNAL de 0,50 %, à : 1,2 × (0,3234/0,4) × [(1,6 × 11,88 € × 100 h/1 454,55 €) - 1] = 0,2977. L'exonération « aide à domicile » est donc de 1 454,55 € × 0,2977 = 433,20 €.

L'employeur peut appliquer la réduction générale sur l'autre partie de la rémunération (145,45 €) et des heures (10 h) :

- coefficient : (0,3234/0,6) × [(1,6 × 11,88 € × 10 h/145,45 €) - 1] = 0,1653 ;

réduction générale : 145,45 € × 0,1653 = 24,04 €.

Application des réductions de taux sur cotisations maladie et allocations familiales

Maintien de l'ancien paramétrage à partir de 2025 - La loi de financement de la sécurité sociale (LFSS) pour 2025 a prévu de diminuer en 2025 les limites de salaire donnant droit aux réductions de taux sur la cotisation d'allocations familiale et la cotisation maladie, avant de supprimer ces deux dispositifs à partir de 2026 (voir *Cotisation d'allocations familiales** et *Cotisation d'assurance maladie-maternité-invalidité**).

Une disposition particulière est toutefois prévue pour les salariés relevant de réductions dégressives spécifiques de cotisations patronales, cumulables avec les dispositifs de réduction de taux sur les cotisations patronales d'allocations familiales et maladie, mais pas avec la réduction générale de cotisations patronales (loi 2025-199 du 28 février 2025, art. 18, IX, JO du 28).

À la stricte lettre de la loi, pour les salariés au titre desquels l'employeur bénéficie effectivement de l'exonération « aide à domicile », il semble possible de continuer à appliquer, au titre des périodes d'emploi effectuées à partir du 1er janvier 2025 :

- l'ancienne limite de 3,5 SMIC valeur au 31.12.2023 pour le droit à la réduction de taux sur la *cotisation d'allocations familiales** (- 1,8 point dans le cas général) ;
- l'ancienne limite de 2,5 SMIC valeur au 31.12.2023 pour le droit à la réduction de taux sur la *cotisation d'assurance maladie-maternité-invalidité** (- 6 points sur la part patronale dans le cas général).

Dans la pratique, cette mesure ne devrait pas avoir d'incidence en 2025, puisque les salariés ouvrant effectivement droit à l'exonération « aide à domicile » ont nécessairement une rémunération inférieure à 1,6 SMIC, de sorte qu'ils devraient nécessairement ouvrir aux taux réduits de cotisation maladie et allocations familiales.

La LFSS n'étant pas dénuée d'ambiguïté, les précisions du BOSS, encore attendues à l'heure où nous rédigions ces lignes, seront les bienvenues pour sécuriser l'interprétation ce point.

Habilitation à légiférer par ordonnance - Jusqu'à la fin août 2025, le gouvernement est autorisé à légiférer par ordonnance, s'il le juge utile (loi 2025-199 du 28 février 2025, art. 18, X, JO du 28) :

- pour modifier par ordonnance l'exonération « aide à domicile » afin de prévoir, pour les salariés donnant droit à la *réduction générale de cotisations patronales**, que les dispositifs de réduction de taux sur les cotisations maladie et allocations familiales s'appliquent dans leur rédaction antérieure à la LFSS 2025 ;
- et pour corriger les cas où, à compter de 2026, la somme de l'exonération aide à domicile et des réductions de taux sur les cotisations maladie et allocations familiales serait inférieure à celle de la réduction générale de cotisations patronales pour certains niveaux de revenu d'activité.

Reste à voir si l'exécutif prendra effectivement des ordonnances.

Pour suivre l'actualité sur ce sujet, nos lecteurs pourront se reporter à notre revue RF Paye et à son site Internet (https://rfpaye.grouperf.com) ou à MyDoc Paye (https://www.revue-fiduciaire.com/mydoc/paye).

Documents à tenir à disposition en cas de contrôle

Les employeurs bénéficiant de l'exonération « aide à domicile » doivent tenir à la disposition des organismes de recouvrement divers documents (c. séc. soc. art. D. 241-5-5), et notamment :

- l'agrément et la déclaration leur permettant d'ouvrir droit à exonération ;
- un bordereau mensuel comportant les nom, prénom et signature des personnes recourant à l'aide à domicile, les dates et durées des interventions de l'aide à domicile, les nom, prénom et signature de celle-ci et, le cas échéant, la dénomination de l'organisme finançant les interventions ;
- pour chaque aide à domicile, un bordereau mensuel comportant ses nom et prénom, sa durée de travail, les nom, prénom et adresse de chacune

des personnes mentionnées ci-dessus chez lesquelles elle est intervenue et le nombre d'heures afférent à chacune de ces interventions.

Exonération mensualisée (pour rappel)

Employeurs concernés - Les centres communaux ou intercommunaux d'action sociale (CCAS ou CIAS) et les structures qui ne sont pas de droit privé ne sont pas concernés par la réforme intervenue au 1er janvier 2019 (transformation de l'exonération mensuelle en réduction dégressive annualisée ; *voir ci-avant*).

Ils doivent appliquer l'ancienne exonération (c. séc. soc. art. L. 241-10, III, al. 6 et D. 241-5 ; BOSS, Exonération aide à domicile, §§ 370 à 450, 01/03/2025).

Nature de l'exonération - L'exonération se calcule mensuellement. L'employeur bénéficie d'une exonération totale des cotisations patronales d'assurance maladie, d'assurance vieillesse et d'allocations familiales sur la fraction de rémunération éligible à l'exonération « aide à domicile ».

Pour les interventions auprès de personnes âgées de 70 ans et plus, la fraction exonérée est limitée à 65 fois le SMIC horaire par mois (c. séc. soc. art. L. 241-10, III et D. 241-5).

☞ *Aide à domicile ; Aide au financement des services aux personnes et de garde d'enfants ; Chèque emploi-service universel ; Réduction générale de cotisations patronales.*

Sinistre

Force majeure

Contrat à durée indéterminée - Le salarié dont le contrat de travail à durée indéterminée est rompu en raison d'un sinistre présentant les caractéristiques de la *force majeure** a droit à une indemnité compensatrice dont le montant est égal à l'*indemnité compensatrice de préavis** et à l'indemnité légale de licenciement (c. trav. art. L. 1234-13, renvoyant à L. 1234-5 et L. 1234-9).

Contrat à durée déterminée - Le salarié dont le contrat de travail à durée déterminée est rompu avant l'échéance en raison d'un sinistre relevant d'un cas de *force majeure** a droit à une indemnité compensatrice dont le montant est égal aux rémunérations que le salarié aurait perçues jusqu'au terme du contrat (c. trav. art. L. 1243-1 et L. 1243-4).

Dans ce cadre, l'*indemnité de fin de contrat** n'est pas due (c. trav. art. L. 1243-10, 4° ; circ. DRT 2002-8 du 2 mai 2002, § 3.4).

Récupération des heures perdues

Sous réserve d'en informer préalablement l'inspecteur du travail, l'employeur a la possibilité de faire effectuer, en plus de l'horaire normal, les heures de travail correspondant à celles qui ont été perdues collectivement, en deçà de la durée légale, à la suite d'un sinistre. Ces heures ne sont pas rémunérées au tarif des *heures supplémentaires** (c. trav. art. L. 3121-50 ; voir *Récupération des heures perdues**).

☞ *Activité partielle ; Contrat à durée déterminée ; Force majeure ; Indemnité de licenciement ; Indemnité de rupture anticipée d'un CDD ; Récupération des heures perdues.*

SMIC

Le salaire minimum de croissance (SMIC) représente le montant minimal à verser aux salariés par heure de travail (c. trav. art. L. 3231-1 à L. 3231-12).

Champ d'application

Salaire horaire minimum des salariés - Le SMIC s'applique aux salariés de toutes les professions visées à l'article L. 2211-1 du code du travail, ainsi qu'aux salariés du secteur public employés dans des conditions de droit privé (c. trav. art. L. 3231-1).

Le SMIC est obligatoire, quel que soit le mode de rémunération. Par exemple, en cas de rémunération à la tâche, si le contrat de travail ne prévoit pas le temps relatif à chaque tâche, le salarié a droit au SMIC pour le nombre d'heures effectuées (cass. soc. 25 septembre 1990, n° 87-40493, BC V n° 383).

Sauf dans les cas où la loi en dispose autrement, un salarié a droit à une rémunération au moins égale au SMIC : les juges ne peuvent pas exclure un salarié du bénéfice du SMIC au motif qu'il ne s'inscrit pas dans un horaire de travail contrôlable si aucune durée de travail ne lui est imposée et s'il n'est pas soumis, dans l'organisation du travail, à un horaire déterminé (cass. soc. 10 novembre 2004, n° 02-41881, BC V n° 282 ; cass. soc. 14 octobre 2009, n° 08-42496 D).

Personnes exclues du SMIC - Les VRP ne peuvent pas bénéficier du SMIC, dans la mesure où ils sont libres d'organiser leur activité sans être soumis à un horaire de travail déterminé (cass. soc. 10 novembre 1993, n° 89-42513, BC V n° 266). En revanche, ils peuvent bénéficier d'un minimum conventionnel spécifique (voir *VRP**).

Les *travailleurs à domicile** bénéficient d'un salaire minimum spécifique.

Le SMIC ne concernant que les salariés, les dirigeants et mandataires sociaux ne peuvent pas en bénéficier (sauf au titre de l'éventuel contrat de travail qu'ils cumulent avec leur mandat social), ni les stagiaires.

Montant

Taux du SMIC - Une hausse du SMIC de 2 % est intervenue au 1er novembre 2024, par anticipation de la date de revalorisation du 1er janvier 2025. Mathématiquement, la progression du SMIC sur un an liée aux règles de revalorisation automatique du code du travail pour le 1er janvier a été couverte par cette revalorisation anticipée. Le SMIC horaire brut est donc depuis le 1er novembre 2024 de 11,88 € dans le cas général et de 8,98 € à Mayotte (décret 2024-951 du 23 octobre 2024, JO du 24).

Pour un salarié mensualisé (hors Mayotte), le taux de 11,88 € correspond à un SMIC mensuel brut de :
- 1801,80 € si l'horaire collectif est de 35 h hebdomadaires ;
- 2028,31 € si l'horaire collectif est de 39 h, avec une majoration de 10 % de la 36e à la 39e h ;
- 2059,20 € si l'horaire collectif est de 39 h, avec une majoration de 25 % de la 36e à la 39e h.

À Mayotte, le taux de 8,98 € correspond à un SMIC mensuel brut de 1361,97 € par mois pour un salarié mensualisé soumis à une durée collective du travail de 35 h hebdomadaires.

Revalorisation - Sauf « coup de pouce » ou anticipation en cours d'année, le SMIC est revalorisé au 1er janvier de chaque année (c. trav. art. L. 3231-6).

En effet, une revalorisation intervient en cours d'année lorsque l'indice des prix de référence a augmenté d'au moins 2 % par rapport à l'indice constaté lors de la dernière revalorisation du SMIC. La hausse prend effet le premier jour du mois qui suit la publication de l'indice entraînant ce relèvement (c. trav. art. L. 3231-5).

▶ À noter… L'augmentation minimale du 1er janvier est égale à l'évolution de l'indice mensuel des prix à la consommation hors tabac des ménages du premier quintile de la distribution des niveaux de vie (ménages aux revenus les plus faibles), augmentée de la moitié du gain de pouvoir d'achat du salaire horaire moyen des ouvriers et des employés.

Variation de rémunération d'une paye à l'autre - L'employeur qui verse certains mois une rémunération supérieure au minimum mensuel ne se libère pas pour autant de sa dette relative aux périodes pendant lesquelles une rémunération insuffisante a été acquittée (cass. soc. 29 janvier 2002, n° 99-44842, BC V n° 36).

Précisions

Abattement sur le SMIC - Un abattement sur le taux horaire du SMIC s'applique pour les salariés de moins de 18 ans (c. trav. art. D. 3231-3 ; voir *Jeunes**).

De même, les rémunérations minimales de certains *apprentis** et salariés en *contrat de professionnalisation** sont fixées en pourcentage du SMIC.

Horaire d'équivalence - Dans les professions où il existe des horaires d'équivalence, le SMIC est en principe calculé sur le temps de travail effectif et non sur la durée de présence. En revanche, les salariés à temps partiel bénéficient du SMIC sur leur temps de présence (cass. crim. 19 janvier 1978, n° 76-91963, B. crim. n° 23).

Avantages en nature - Pour les salariés bénéficiant d'avantages en nature, le SMIC en espèces est déterminé en déduisant de ce dernier le montant des avantages en nature évalués selon la convention collective ou, à défaut, de la façon suivante :
- nourriture : 1 fois le *minimum garanti** par repas, soit 4,22 € au 1er janvier 2025 (décret 2024-951 du 23 octobre 2024, JO du 24) ;
- logement : 0,02 € par jour (c. trav. art. D. 3231-11) ;
- autres avantages : valeur réelle.

▶ Attention… Cette évaluation ne vaut qu'au regard du droit du travail et diffère de celle retenue pour déterminer l'assiette des cotisations. La réforme intervenue en matière d'évaluation des avantages en nature n'a pas été traduite sur le plan du SMIC en espèces, particulièrement pour la nourriture.

Vérification du SMIC

Le salaire à comparer au SMIC est le salaire de base et les éléments constituant des compléments de rémunération, c'est-à-dire versés en contrepartie du travail et non selon des sujétions particulières liées au travail.

Notre tableau récapitule le régime des principaux éléments de rémunération par rapport au SMIC.

Vérification du SMIC			
Sommes concernées	**Prise en compte**	**Précisions particulières**	**Références**
Avantages en nature	oui	Il convient cependant de déterminer l'équivalent en espèces de la nourriture, du logement, etc.	c. trav. art. D. 3231-6
Compensations de réduction d'horaire	oui	La compensation pécuniaire de réduction d'horaire constitue une majoration de salaire.	cass. soc. 19 mars 1985, n° 84-13194, BC V n° 191 ; cass. soc. 15 octobre 1987, n° 85-41535, BC V n° 576
Complément de salaire versé au titre de la RTT	oui	Maintien de la rémunération au moins au niveau du SMIC en cas de diminution du temps de travail.	loi 2000-37 du 19 janvier 2000, art. 32
Gueltes	oui	Sommes représentant un pourcentage imprévisible et aléatoire du montant des ventes.	cass. soc. 30 mars 1994, n° 92-40531 D
Indemnité compensatrice d'amplitude	oui	Rémunération forfaitaire versée aux chauffeurs des entreprises de transport routier.	cass. crim. 18 juillet 1991, n° 89-83128, B. crim. n° 303
Indemnité de non-concurrence	non	Compense l'avantage constitué pour l'employeur de l'absence de concurrence du salarié ; donc indépendante du travail fourni.	cass. soc. 14 janvier 1988, n° 85-42047, BC V n° 43
Majoration pour heures supplémentaires	non	Majorations légales de 25 % ou 50 %.	c. trav. art. D. 3231-6
Majorations pour travail du dimanche, des jours fériés et de nuit	non	Primes qui compensent des sujétions particulières.	cass. soc. 29 mars 1995, n° 93-41906 D ; cass. soc. 17 mars 1988, n° 86-14039, BC V n° 194
Participation et intéressement	non	La loi ne soumet pas ces sommes au régime des salaires.	c. trav. art. L. 3313-2 et L. 3325-1
Pourboires	oui	Il en est ainsi des pourboires centralisés par l'employeur ou perçus directement.	c. trav. art. L. 3244-2 ; cass. soc. 10 juin 1960, BC IV n° 611
Primes d'ancienneté	non	Primes liées à la présence du salarié dans l'entreprise en raison de son ancienneté.	cass. soc. 12 novembre 1992, n° 89-45090 D ; cass. soc. 17 mars 1988, n° 84-14494, BC V n° 194
Primes d'assiduité	non	Primes pour lutter contre l'absentéisme et dont l'attribution revêt un caractère aléatoire.	cass. soc. 12 novembre 1992, n° 89-45090 D ; cass. soc. 23 avril 1997, n° 94-41722 D
Primes de chauffage	oui	Primes allouées aux agents des exploitations minières.	cass. soc. 2 mars 1989, n° 86-40834, BC V n° 204
Prime sur chiffre d'affaires	oui	Directement liée à l'activité.	cass. soc. 29 septembre 2004, n° 03-42403 D
Prime compensant la cherté dans les DOM	non	N'est pas versée en contrepartie du travail.	cass. soc. 4 mars 2003, n° 01-41031, BC V n° 78
Primes de conditions de travail ou de sujétions particulières	non	Primes liées à des conditions particulières de travail ou correspondant à des sujétions imposées aux salariés (ex. : primes de danger, de froid, d'insalubrité, d'équipe).	circ. min. 3-81 du 29 juillet 1981 ; cass. soc. 13 octobre 2004, n° 02-44650 D ; cass. soc. 24 novembre 2004, n° 02-44488 D
Primes de fin d'année	oui	Seulement pour les mois où elles sont payées.	cass. soc. 2 mars 1994, n° 89-45881, BC V n° 76 ; cass. soc. 17 mars 1988, n° 85-41930, BC V n° 187
Primes d'enquêtes	oui	Primes versées aux hôtesses enquêtrices pour chaque rendez-vous pris.	cass. soc. 13 mars 1990, n° 87-41726, BC V n° 116
Prime de non-accident	non	Présente un caractère aléatoire dès lors qu'un simple accident entraîne sa suppression, même si l'intéressé n'a commis aucun manquement à ses obligations professionnelles ou s'il n'encourt aucune responsabilité dans l'accident.	cass. soc. 3 juillet 2001, n° 99-42758, BC V n° 243

Vérification du SMIC			
Sommes concernées	**Prise en compte**	**Précisions particulières**	**Références**
Prime de partage de la valeur	non	La PPV ne peut se substituer à aucun des éléments de rémunération qui sont versés par l'employeur ou qui deviennent obligatoires en application de règles légales, contractuelles ou d'usage.	loi 2022-1158 du 16 août 2022 (art. 1, III, 3°)
Primes de pause ou rémunération des temps de pause	non	Rémunération d'un temps de pause ne constituant pas du temps de travail effectif.	cass. soc. 13 juillet 2010, n° 09-42890, BC V n° 178 ; cass. crim. 15 février 2011, n° 10-87019, B. crim. n° 28 ; cass. soc. 17 octobre 2012, n° 11-15699, BC V n° 269
Primes de performance	oui	Primes versées en contrepartie des performances dans le travail.	cass. soc. 29 mars 1995, n° 93-41906 D
Primes de polyvalence	oui	Primes qui compensent la formation du salarié à plusieurs postes de travail.	cass. soc. 29 mars 1995, n° 93-41906 D
Primes de rendement et de productivité	oui	Elles peuvent être individuelles ou collectives lorsqu'elles sont calculées sur le rendement global d'un groupe de travailleurs dont le rendement individuel ne peut être mesuré.	circ. min. 3-81 du 29 juillet 1981 ; cass. ass. plén. 6 février 1976, n° 74-40223, B. plén. n° 2 ; cass. soc. 25 novembre 1997, n° 95-41234 D
Primes de résultats	non	Primes qui ne sont pas fonction de la prestation de travail de chaque salarié.	cass. crim. 5 novembre 1996, n° 95-82994, B. crim. n° 393 ; cass. soc. 7 avril 2004, n° 02-41616 D
Primes de rythme	non	Primes liées au caractère contraignant du travail.	cass. soc. 29 mars 1995, n° 93-41906 D
Prime de tonnage	oui	Prime déterminée en fonction du tonnage produit auquel participe le salarié.	cass. soc. 4 février 2015, n° 13-18523, BC V n° 24
Primes de transport	non	Primes de transport remplacées par la prise en charge partielle des frais de transport.	c. trav. art. D. 3231-6
Primes de vacances	oui	Seulement pour les mois où elles sont versées.	cass. soc. 2 mars 1994, n° 89-45881, BC V n° 76
Remboursements de frais	non	Primes qui compensent des frais exposés.	c. trav. art. D. 3231-6 ; cass. soc. 10 novembre 2004, n° 02-41881, BC V n° 282

Sort des primes

Primes de rendement - Les primes liées au travail individuel sont prises en compte dans la comparaison (ex. : primes de rendement, de production ou de productivité) ainsi que celles versées à un groupe de salariés déterminé selon un barème préétabli.

En revanche, une prime de rendement versée en fonction de la marche globale de l'entreprise ne sera pas prise en compte dans la comparaison du salaire avec le SMIC. Il en est de même pour les primes dont l'objet est d'associer les salaires aux résultats de l'entreprise ou à sa productivité.

Autres primes - Les primes versées indépendamment du travail individuel fourni (notamment les primes d'assiduité et d'ancienneté) ou accordées en raison des conditions de travail particulières (ex. : une prime d'éloignement ou de danger) sont exclues. Il en est de même de gratifications à caractère bénévole versées en dehors de toute obligation née du contrat.

Échéances plus espacées que celles des salaires - Les primes et gratifications payées à certains moments de l'année (à supposer qu'elles entrent dans l'assiette de comparaison avec le SMIC) ne doivent être prises en compte que pour leur mois de versement et donc sans compensation possible d'un mois à l'autre. Tel est le cas d'une prime de vacances ou de treizième mois. Il se peut toutefois que l'accord collectif ayant instauré la prime en cause prévoie un paiement fractionné mois par mois : l'employeur peut alors inclure cette fraction dans l'assiette du salaire à comparer au SMIC.

Sanctions en cas de non-respect du SMIC

Sanctions pénales - Le versement de salaires inférieurs au SMIC est pénalement sanctionné par une amende de 1 500 € au plus, amende qui peut être portée à 3 000 € en cas de récidive dans le délai

Évolution du SMIC et du minimum garanti depuis 2012							
Année	**Date d'effet**	**SMIC (taux horaire)**	**Minimum garanti (taux horaire)**	**Année**	**Date d'effet**	**SMIC (taux horaire)**	**Minimum garanti (taux horaire)**
2012	1er janvier	9,22 €	3,44 €	**2021**	1er janvier	10,25 €	3,65 €
2012	1er juillet	9,40 €	3,49 €	**2021**	1er octobre	10,48 €	3,73 €
2013	1er janvier	9,43 €	3,49 €	**2022**	1er janvier	10,57 €	3, 76 €
2014	1er janvier	9,53 €	3,51 €	**2022**	1er mai	10,85 €	3,86 €
2015	1er janvier	9,61 €	3,52 €	**2022**	1er août	11,07 €	3, 94 €
2016	1er janvier	9,67 €	3,52 €	**2023**	1er janvier	11,27 €	4,01 €
2017	1er janvier	9,76 €	3,54 €	**2023**	1er mai	11,52 €	4,10 €
2018	1er janvier	9,88 €	3,57 €	**2024**	1er janvier	11,65 €	4,15 €
2019	1er janvier	10,03 €	3,62 €	**2024**	1er novembre	11,88 €	4,22 €
2020	1er janvier	10,15 €	3,65 €	**2025**	1er janvier	11,88 €	4,22 €

d'un an (c. trav. art. R. 3233-1). Cette amende est appliquée autant de fois qu'il a été relevé de contraventions au principe de versement du SMIC.

Préjudice pour le salarié - Indépendamment de la question des rappels de salaire dus, la Cour de cassation considère que l'octroi de dommages-intérêts pour privation du SMIC est conditionné à l'existence d'un préjudice indépendant du retard du paiement et causé par la mauvaise foi de l'employeur (cass. soc. 29 septembre 2021, n° 20-10634 FSB). Le non-respect par l'employeur de son obligation légale de verser une rémunération au moins égale au SMIC n'entraîne donc pas automatiquement l'octroi de dommages-intérêts au salarié.

Cette décision s'inscrit dans le droit fil d'un arrêt de principe rendu à propos de la remise tardive du *bulletin de paye** et du *certificat de travail**, qui lie l'indemnisation du salarié à la preuve du préjudice subi (cass. soc. 13 avril 2016, n° 14-28293, BC V n° 72).

▶ À noter… La Cour de cassation avait pendant un temps, estimé que l'employeur ne respectant pas le SMIC causait nécessairement un préjudice au salarié lui ouvrant droit à des dommages-intérêts (cass. soc. 29 juin 2011, n° 10-12884, BC V n° 170 ; cass. soc. 17 mars 2016, n° 14-22121 D).

☞ *Apprentis ; Assiette minimale des cotisations ; Avantage en nature ; Clause d'indexation ; Contrat de professionnalisation ; Jeunes ; Minimum conventionnel ; Minimum garanti ; Réduction générale de cotisations patronales (paramètre SMIC) ; Rémunération mensuelle minimale.*

Sommes et avantages attribués aux salariés d'autres employeurs

Système d'assujettissement spécifique

Pratiques visées - Des pratiques de rémunération et de gratification conduisent certains salariés à percevoir, en raison de leur activité professionnelle, des sommes ou avantages qui leur sont accordés non pas par leur employeur, mais par d'autres entreprises.

Il peut s'agir de sommes ou d'avantages (ex. : cadeaux, bons d'achat) octroyés à un salarié par une entreprise tierce pour récompenser la réalisation d'objectifs commerciaux (ex. : placement de tel ou tel marque ou produit). Par exemple, ces systèmes peuvent se rencontrer dans les parfumeries, l'automobile, les banques pour le placement d'assurances, la parapharmacie, certains portiers d'hôtel.

Traditionnellement, ces sommes ou avantages échappaient aux cotisations, dans la mesure où ils ne sont pas attribués par un employeur du salarié.

Dispositif de contribution libératoire - Les sommes et avantages alloués depuis le 1er novembre 2011 sont, sous conditions, soumis à cotisations selon un dispositif particulier de contribution libératoire, réformé au 1er janvier 2012 (c. séc. soc. art. L. 242-1-4 ; loi 2011-906 du 21 décembre 2011, art. 15 ; circ. DSS/5B 2012-56 du 5 mars 2012).

Conditions de mise en œuvre

Deux critères à réunir - Ce régime particulier d'assujettissement à cotisations repose sur deux critères.

La somme ou l'avantage doit tout d'abord être accordé au salarié par une personne tierce qui n'est pas son employeur. La personne tierce peut être une personne physique ou morale (association, société, etc.) (c. séc. soc. art. L. 242-1-4, al. 1 ; circ. DSS/5B 2012-56 du 5 mars 2012, § 1.2.1).

Par ailleurs, l'entreprise tierce doit octroyer la somme ou l'avantage en contrepartie d'une activité accomplie dans son intérêt (c. séc. soc. art. L. 242-1-4, al. 1 ; circ. DSS/b 2012-56 du 5 mars 2012, § 1.2.2). En pratique, cet intérêt de l'entreprise tierce peut être financier (ex. : hausse du chiffre d'affaires) ou non (ex. : développement de la renommée), mesurable ou pas. L'administration donne comme exemples des sommes ou avantages accordés dans le cadre :
- d'opérations de stimulation ayant pour objectif l'augmentation du volume des ventes ou de parts de marché ;
- d'opérations réalisées dans le but de sensibiliser le salarié bénéficiaire aux produits ou services de l'entreprise tierce, afin qu'il puisse, le cas échéant, les prescrire à l'extérieur, directement ou indirectement.

Exemple

Il a été jugé que des voyages d'agrément offerts par une société à des entreprises clientes, qui en désignaient les bénéficiaires parmi leurs salariés, constituaient des avantages soumis à cotisations et contributions sociales dans la mesure où ces voyages étaient octroyés, dans le cadre d'un programme de fidélisation par points, en contrepartie d'un montant minimum d'achats annuel de produits de la société. Les salariés des entreprises clientes accomplissaient donc bien une activité dans l'intérêt de la société, l'opération de fidélisation permettant à cette dernière d'augmenter son chiffre d'affaires et incitant ses clients à prescrire les produits qu'elle commercialisait dans leur entourage professionnel (cass. civ., 2e ch., 30 novembre 2023, n° 22-10671 FD).

Une entreprise tierce établie hors du territoire français qui octroie une somme ou un avantage à un salarié d'une autre entreprise affilié au régime général de sécurité sociale entre dans le champ du dispositif (circ. DSS/5B 2012-56 du 5 mars 2012, § 1.2.1).

Si le bénéficiaire est un travailleur indépendant - Ce régime particulier d'assujettissement ne s'applique pas si le bénéficiaire des avantages est un travailleur indépendant relevant de la sécurité sociale des indépendants (circ. DSS/5B 2012-56 du 5 mars 2012, § 1.2.1).

Dans un tel cas, l'intéressé déclare ces sommes dans ses revenus selon le droit commun (assujettissement selon les règles des travailleurs indépendants).

De son côté, l'entreprise tierce qui octroie la somme ou l'avantage peut appliquer le dispositif pour le calcul des cotisations, sauf si elle est informée que le bénéficiaire est un travailleur indépendant au titre de son activité habituelle.

Si le bénéficiaire est salarié de l'entreprise tierce - Le bénéficiaire des sommes ou avantages ne doit pas être salarié du tiers qui octroie la somme ou l'avantage (circ. DSS/5B 2012-56 du 5 mars 2012, § 1.2.1).

Si un lien de subordination existe entre l'entreprise attribuant la somme ou l'avantage et le bénéficiaire, il convient d'appliquer les règles d'assujettissement habituelles gouvernant le calcul des cotisations entre un employeur et son salarié.

Entreprise tierce octroyant les sommes à l'employeur des salariés - Lorsqu'une entreprise verse directement des sommes ou avantages à une autre entreprise, à charge pour elle de les répartir librement entre ses salariés, il n'y a pas lieu d'appliquer le régime d'assujettissement particulier (circ. DSS/5B 2012-56 du 5 mars 2012, § 1.2.1).

Les sommes ou avantages sont soumis à cotisations comme n'importe quel élément de salaire, au niveau de l'entreprise employeur des salariés (circ. DSS/5B 2012-56 du 5 mars 2012, § 1.2.1).

Sommes ou avantages exclus

Avantages accordés au regard du statut du bénéficiaire ou de sa situation personnelle - Les sommes ou avantages versés à raison du statut ou de la situation personnelle du salarié sont exclus du champ du dispositif (circ. DSS/5B 2012-56 du 5 mars 2012, § 1.2.2).

Par exemple, sont ici concernés :
- les sommes ou avantages versés par un fournisseur à un salarié d'une société cliente de l'entreprise tierce, à condition que ce salarié n'ait pas exercé d'activité dans l'intérêt du tiers ;
- les avantages accordés par un *comité social et économique**, un comité de groupe ou un organisme à caractère social (fonds d'action sociale) ;
- les avantages tarifaires généraux négociés par un employeur pour tous ses salariés, quelle que soit leur forme (ex. : catalogue cadeaux) ;
- les avantages tarifaires généraux sur des biens ou services produits au sein du groupe, consentis à des salariés d'entreprises appartenant à ce groupe ;
- la participation à un programme de fidélisation libellé en points (type « miles ») accordé de manière générale à l'ensemble des clients ou usagers de l'entreprise tierce, et non ciblé sur des salariés susceptibles d'être prescripteurs des produits ou services de l'entreprise tierce.

Sommes ou avantages assimilés à des frais professionnels - Les sommes ou avantages qui auraient été qualifiés de *frais professionnels** s'ils avaient été versés par l'employeur direct du salarié sont également exclus du dispositif particulier d'assujettissement (circ. DSS/5B 2012-56 du 5 mars 2012, § 1.1).

À titre d'exemple, sont exclus les voyages d'information et de formation, congrès, séminaires professionnels, notamment dans le secteur du tourisme, s'ils donnent lieu à des sujétions professionnelles qui mobilisent de façon substantielle le bénéficiaire. Ces voyages ou séminaires doivent être effectués aux frais du tiers, avec l'accord de l'employeur du salarié et en dehors des congés de ce dernier. Si, à l'occasion de ce voyage, le salarié est accompagné de membres de sa famille ou de personnes de son choix, il est impératif que le tiers ne prenne pas en charge les dépenses de ces derniers.

Autre exemple évoqué par l'administration : les réunions organisées par une entreprise tierce ayant pour objectif l'information et l'animation de son réseau de vente ou de « prescripteurs ». La prise en charge par l'entreprise tierce des frais de participation à ces réunions est hors du champ du dispositif si le salarié participe à cette réunion avec l'accord de son employeur et en dehors de ses congés. Là aussi, si le salarié est accompagné de membres de sa famille ou de personnes de son choix, le tiers ne peut pas prendre en charge les dépenses de ces derniers.

La fourniture d'échantillons de produits de parfumerie ou cosmétique dans le but de tester les produits n'est pas non plus concernée par le dispositif particulier d'assujettissement.

▸ À noter... En revanche, le prêt de produits ou de services s'analyse comme une gratification entrant dans le champ du dispositif particulier d'assujettissement dès lorsque le salarié peut en faire un usage hors de son temps de travail (circ. DSS/5B 2012-56 du 5 mars 2012, § 1.1). L'administration cite, à titre d'exemple, le prêt d'un véhicule le week-end à un salarié d'une concession automobile.

Régime de la contribution libératoire

Salariés ayant une activité commerciale ou en lien avec la clientèle - Le régime de la contribution libératoire, plus favorable que le régime de droit commun, s'applique sous deux conditions (c. séc. soc. art. L. 242-1-4, al. 2) :

- le salarié bénéficiaire a une activité commerciale ou en lien direct avec la clientèle ;
- pour cette activité, il est d'usage qu'une personne tierce à l'employeur alloue des sommes ou avantages aux salariés au titre de ces activités.

En pratique, est considéré comme relevant du « secteur commercial » le salarié dont l'activité habituelle est de faire des actes de commerce au nom et pour le compte d'un employeur, peu important que son contrat de travail le qualifie ou non de commercial (circ. DSS/5B 2012-56 du 5 mars 2012, § 2.1.1).

La notion de « lien direct avec la clientèle » vise aussi bien une clientèle de personnes physiques que morales, des relations physiques que dématérialisées (ex. : télémarketing). La notion « d'usage », quant à elle, s'entend comme une pratique habituelle du secteur d'activité du salarié, régulièrement constatée.

Selon l'administration, est réputé respecter les critères de commercialité et d'usage l'octroi de sommes ou avantages par un tiers, dans son intérêt, aux salariés des secteurs d'activité suivants (circ. DSS/5B 2012-56 du 5 mars 2012, § 2.1.1) :

- les personnels de vente du secteur des cosmétiques, parfumerie, parapharmacie ;
- les personnels de vente du secteur de la distribution, spécialisé ou non, et des grands magasins ;
- les portiers d'hôtel ;
- les employés des secteurs bancaire et des assurances en lien direct avec la clientèle ;
- les personnels de vente des concessionnaires ;
- les salariés auxquels sont octroyés des avantages sous forme de titres cadeaux (chèques-cadeaux, cartes cadeaux, coffrets cadeaux, accès à un catalogue cadeaux, le cas échéant dématérialisés, etc.) fournis par des tiers approvisionnés auprès de sociétés spécialisées dans l'émission de ces titres cadeaux, dans le cadre d'opérations de stimulation ou de promotion des ventes, quelle que soit la nature de l'activité ;
- les salariés plaçant des financements en support à la vente des produits et services proposés par leur employeur.

Dans les autres secteurs, lorsqu'une entreprise tierce estime qu'il est d'usage que certains salariés perçoivent des sommes ou avantages de la part de tiers, l'administration recommande de se rapprocher de l'*URSSAF** ou de la caisse générale de sécurité sociale (CGSS) dont elle dépend pour l'interroger sur l'application éventuelle du régime de la contribution libératoire, le cas échéant dans le cadre d'une procédure de *rescrit social** (c. séc. soc. art. L. 243-6-3).

Équipe de salariés - Lorsque l'entreprise tierce octroie des sommes ou avantages à une équipe de salariés, dont certains entrent dans le champ de la contribution libératoire (ex. : salariés en clientèle) et d'autres non (ex. : ceux affectés aux fonctions support), le régime de la contribution libératoire s'applique, par tolérance, aux gratifications versées

à l'ensemble des personnes (circ. DSS/5B 2012-56 du 5 mars 2012, § 2.1.1). Encore faut-il pour cela que :
- l'opération ait un cadre formalisé (ce qui suppose des règles écrites et diffusées aux intéressés) ;
- la part des salariés ayant une activité n'entrant pas dans le champ de la contribution libératoire soit minoritaire.

Trois tranches - Trois tranches de rémunérations annuelles sont fixées, par référence au *SMIC** mensuel calculé sur la base de la durée légale du travail (151,67 h/mois) en vigueur au 1er janvier de l'année (circ. DSS/5B 2012-56 du 5 mars 2012, § 2.1.2) *(voir tableau dans cette étude)*.

Les principes sont les suivants (c. séc. soc. art. L. 242-1-4) :
- pour la fraction inférieure ou égale à 15 % du *SMIC** mensuel sur l'année (270,28 € en 2025), aucune cotisation n'est due (franchise) ;
- pour la fraction supérieure à 15 % et inférieure ou égale à 150 % du *SMIC** mensuel sur l'année (de 270,29 € à 2 702,76 € en 2025), seule la contribution libératoire de 20 % est due ;
- la fraction annuelle excédant 150 % du *SMIC** mensuel (au-delà de 2 702,76 € en 2025) relève du régime de droit commun *(voir plus loin)*.

Pour apprécier ces tranches, il faut tenir compte de l'ensemble des sommes et avantages octroyés au bénéficiaire au cours de l'année (circ. DSS/5B 2012-56 du 5 mars 2012, § 2.1.2).

Octroi exclusif de titres-cadeaux pour des opérations de stimulation ou de promotion des ventes - L'administration admet une tolérance pour les salariés auxquels sont octroyés sur l'année, à titre exclusif, des avantages sous forme de titres cadeaux dans le cadre d'opérations de stimulation ou de promotion des ventes (circ. DSS/5B 2012-56 du 5 mars 2012, § 2.1.3).

Pour ces salariés, et par souci de simplification, l'entreprise tierce est dispensée de cumuler sur l'année les sommes ou avantages versés lorsque ces derniers sont attribués sous forme de titres cadeaux d'une valeur faciale n'excédant pas 70 % de la valeur du SMIC mensuel brut par salarié et par opération. Dans ce cas, on raisonne opération par opération, en appliquant le système suivant :
- il n'y a aucune cotisation (franchise) sur la part des titres cadeaux inférieure ou égale à 10 % du *SMIC** mensuel brut (180,17 € en 2025) ;
- la contribution libératoire s'applique sur la part supérieure à 10 % et inférieure ou égale à 70 % de la valeur du *SMIC** mensuel brut par salarié et par opération (de 180,18 € à 1 261,29 € en 2025).

▶ Attention... Cette tolérance peut s'appliquer uniquement si l'entreprise tierce attribue des titres cadeaux au salarié concerné pour au plus quatre opérations sur l'année.

La tolérance est d'interprétation stricte :
- seul est concerné l'octroi de titres cadeaux non échangeables en numéraire et utilisables dans un réseau de partenaires ;
- par ailleurs, le tiers versant à titre exclusif des titres cadeaux en dehors de toute opération de stimulation ne peut se prévaloir de ces modalités particulières.

En outre, lorsque le tiers verse au cours de l'année une somme ou un avantage sous une forme autre que l'attribution de titres cadeaux, ou lorsque les titres cadeaux qu'il a versés exclusivement sur l'année excèdent 70 % de la valeur du SMIC mensuel brut par salarié et par opération, il ne peut plus se prévaloir de la tolérance. L'entreprise tierce doit alors appliquer les règles habituelles du régime de la contribution libératoire. Il convient alors de cumuler la valeur de l'intégralité des sommes ou avantages versés sur l'année, y compris sous forme de titres cadeaux, et d'appliquer le régime par tranches *(voir plus haut)*.

Lorsqu'il apparaît que l'octroi de ces avantages a été artificiellement fractionné dans le but exclusif d'éluder ou d'atténuer les contributions et cotisations sociales, un redressement peut être établi sur le fondement de la procédure d'abus de droit (voir *Contrôle URSSAF**) (c. séc. soc. art. L. 242-1-4, al. 5). En pratique, l'abus de droit sera notamment supposé dès lors qu'un tiers fait bénéficier un même salarié de titres cadeaux à partir de cinq opérations dans l'année (circ. DSS/5B 2012-56 du 5 mars 2012, § 2.1.3).

Entreprise tierce appartenant au même groupe que l'employeur du salarié - Dans ce cas, il est impossible de bénéficier du régime de la contribution libératoire (c. séc. soc. art. L. 242-1-4, al. 3).

Régime de droit commun

Deux situations - Le régime de droit commun s'applique dans deux situations (circ. DSS/5B 2012-56 du 5 mars 2012, § 2.2) :
- lorsque l'activité du salarié n'ouvre pas droit au régime de la contribution libératoire : le régime de droit commun s'applique dès le premier euro ;
- lorsque l'activité du salarié entre dans le champ de la contribution libératoire : le régime de droit commun s'applique à la fraction annuelle des sommes ou avantages qui excède 150 % du SMIC mensuel (2 702,76 € en 2025).

Cotisations et contributions concernées - La somme ou l'avantage constitue une rémunération

assujettie (c. séc. soc. art. L. 242-1-4 ; circ. DSS/5B 2012-56 du 5 mars 2012, § 2.2) :
- aux *cotisations de sécurité sociale** (maladie-maternité-invalidité-décès, vieillesse plafonnée et déplafonnée, allocations familiales et accidents du travail/maladie professionnelle) ;
- à la *contribution solidarité autonomie** ;
- à la CSG et la CRDS.

Une circulaire a précisé qu'aucune « autre cotisation légale ou conventionnelle rendue obligatoire par la loi » n'est due (circ. DSS/5B 2012-56 du 5 mars 2012, § 2.2). Ce faisant, elle conduit à considérer que l'entreprise tierce n'est pas redevable des contributions de retraite complémentaire et d'assurance chômage.

Dans la logique de cette circulaire, il devrait en aller de même pour les taxes assises sur les salaires (contribution formation, taxe d'apprentissage, participation à l'effort de construction, taxe sur les salaires), mais ce point n'a fait l'objet d'aucune précision expresse par instruction fiscale.

Certains peuvent donc considérer que ces taxes n'ayant pas la nature de cotisation, elles ne relèvent pas de l'exception et devraient être acquittées, du fait de l'alignement de leur base imposable, soit sur l'assiette des cotisations de sécurité sociale (contribution formation, participation construction, taxe d'apprentissage), soit sur l'assiette de la CSG (taxe sur les salaires). Pour ce point précis, les cotisants auront intérêt à se rapprocher de l'administration fiscale.

▶ À noter... La précision de la circulaire du 5 mars 2012 va à rebours de la position de l'AGIRC-ARRCO qui estime que les *cotisations de retraite AGIRC-ARRCO** sont dues par les entreprises tierces, dans les limites annuelles des tranches 1 et 2, sans tenir compte des durées d'emploi (circ. AGIRC-ARRCO 2019-1 DRJ du 9 janvier 2019, § II.2.2.4). Des consignes sont d'ailleurs données pour la déclaration de ces cotisations en DSN *(voir plus loin)*.

Calcul des cotisations plafonnées d'assurance vieillesse - Les cotisations d'assurance vieillesse plafonnées (parts salariale et patronale) s'appliquent pour l'année sur une assiette maximale égale à une fois le plafond mensuel de la sécurité sociale (circ. DSS/5B 2012-56 du 5 mars 2012, § 2.2).

Lorsque les sommes ou avantages sont intégralement soumis au régime de droit commun, les cotisations vieillesse plafonnées sont donc calculées sur la fraction de la valeur de l'avantage comprise entre 0 et le montant mensuel du *plafond de la sécurité sociale** (de 0 à 3 925 € en 2025).

Exemple

En 2025, pour un avantage annuel de 4 500 € n'entrant pas dans le champ de la contribution libératoire, les cotisations d'assurance vieillesse plafonnées (6,90 % de part salariale et 8,55 % de part patronale) sont calculées dans la limite d'un plafond mensuel, soit sur une assiette de 3 925 €. Les autres cotisations dues sont calculées sur la totalité des 4 500 € (après abattement d'assiette de 1,75 % pour la CSG et la CRDS).

Lorsque les sommes ou avantages entrent dans le champ de la contribution libératoire, les cotisations vieillesse plafonnées s'appliquent au-delà d'un montant de 1,5 SMIC mensuel, jusqu'à un montant égal à la somme de 1,5 SMIC mensuel brut et d'une fois le plafond mensuel de la sécurité sociale.

Exemple

En 2025, pour un avantage annuel de 6 900 € entrant dans le champ de la contribution libératoire :
- une fraction de 270,28 € est en franchise de cotisations ;
- la fraction allant de 270,29 € à 2 702,76 € est assujettie à la contribution libératoire de 20 % ;
- la fraction excédentaire de 4 197,24 € (soit 6 900 € – 2 702,76 €) est assujettie à cotisations selon le régime de droit commun.

Sur ces 4 197,24 €, les cotisations d'assurance vieillesse plafonnées (6,90 % de part salariale et 8,55 % de part patronale) sont calculées dans la limite d'un plafond mensuel de la sécurité sociale, soit sur une assiette de 3 925 €.

Les autres cotisations dues sont calculées sur les 4 197,24 € (après abattement d'assiette de 1,75 % pour la CSG et la CRDS).

Si les conditions sont réunies, il est possible d'appliquer des règles de proratisation du plafond prévues en cas de pluralité d'employeurs (voir *Employeurs multiples**) (c. séc. soc. art. L. 242-3).

Cotisation AT/MP - La cotisation accident du travail/maladie professionnelle (AT/MP) est égale au taux net moyen national (arrêté du 12 octobre 2011, JO du 29, texte 42).

À l'heure où nous rédigions ces lignes, l'arrêté fixant le taux net moyen national pour 2025 n'était toujours pas paru. Dans l'attente, c'est le taux 2024, fixé à 2,12 % (arrêté du 27 décembre 2023, JO du 29, texte 108), qui a continué de s'appliquer.

Déclaration et paiement des cotisations

Qui déclare ? - C'est la personne tierce octroyant les sommes ou avantages qui déclare et paye à l'URSSAF ou à la CGSS dont elle dépend les cotisations et contributions dues sur ces éléments ou, le cas échéant, la contribution libératoire de 20 % (c. séc. soc. art. L. 242-1-4, al. 4 ; circ. DSS/5B 2012-56 du 5 mars 2012, § 3.1).

En DSN (*Déclaration sociale nominative**), l'entreprise tierce déclare les sommes et avantages octroyés via le véhicule technique (www.net-entreprises.fr ; base de connaissance Net-entreprises, fiche 2435 modifiée au 2 septembre 2021). Les individus bénéficiaires de ces revenus sont identifiés dans le bloc S89.G00.91 alors que les montants versés et les éléments de calcul du prélèvement à la source sont à déclarer dans le bloc S89.G00.92. Quand des cotisations de retraite complémentaires sont dues à l'AGIRC-ARRCO sur les montants portés dans le bloc S89.G00.92, elles sont déclarées dans le bloc S89.G00.93.

▶ À noter… Dans le cas où le tiers est une entreprise étrangère, les sommes et avantages sont déclarés et versés à l'URSSAF Service Firmes Étrangères (www.foreign-companies.urssaf.eu) si l'entreprise n'a pas d'établissement en France, ou auprès de l'URSSAF ou de la CGSS dont elle dépend dans le cas où elle dispose d'un établissement en France.

Par tolérance, l'administration admet que la personne tierce puisse charger l'employeur habituel, si celui-ci l'accepte, d'effectuer la déclaration et le paiement des cotisations et contributions dues. L'accord écrit et préalable passé entre le tiers et l'employeur doit être tenu à la disposition de l'URSSAF (circ. DSS/5B 2012-56 du 5 mars 2012, § 3.1). En DSN, l'employeur doit alors déclarer les sommes versées par la personne tierce au niveau du bloc « Autre élément de revenu brut - S21.G00.54 » (cahier technique DSN 2025.1.2 du 4 novembre 2024, p.252).

Recueil des éléments nécessaires aux formalités - L'entreprise tierce qui attribue les sommes ou avantages doit recueillir les éléments nécessaires à la déclaration et au paiement des cotisations (circ. DSS/5B 2012-56 du 5 mars 2012, § 3.1). Ceci comprend notamment :

- les éléments permettant d'identifier les bénéficiaires (nom, prénom et adresse lorsque seule la contribution libératoire est due, complétés par la date, le lieu de naissance et le numéro de sécurité sociale si des cotisations de sécurité sociale doivent être payées…) ;
- les éléments d'identification de l'employeur.

Information des bénéficiaires des avantages et de leur employeur - L'entreprise tierce communique à chacun des salariés concernés l'information relative aux sommes ou avantages versés ainsi que le montant des cotisations et contributions réglées. En pratique, il peut s'agir d'une notification adressée lors de la remise de l'avantage ou de la signature d'une feuille d'émargement par le salarié (circ. DSS/5B 2012-56 du 5 mars 2012, § 3.1).

Cette information doit intervenir au plus tard, au choix de la personne tierce, soit le premier jour du mois qui suit l'allocation des sommes et avantages, soit le 31 janvier de l'année civile qui suit celle de cette allocation. La preuve de cette information doit pouvoir être fournie aux organismes de recouvrement.

L'entreprise tierce doit aussi adresser une copie de ce document à l'employeur du salarié bénéficiaire des sommes ou avantages (c. séc. soc. art. D. 242-2-2).

Dans l'éventualité d'un contrôle, le tiers doit tenir à la disposition des agents de contrôle un récapitulatif des sommes et avantages et des éléments d'identification des salariés (circ. DSS/5B 2012-56 du 5 mars 2012, § 3.1).

Contribution libératoire - Il incombe à l'entreprise tierce qui verse les sommes ou avantages de déclarer et de payer la contribution libératoire de 20 % (c. séc. soc. art. L. 242-1-4, al. 4).

Régime de droit commun - Dans le régime de droit commun, l'entreprise tierce déclare et paye les cotisations dues sur les sommes ou avantages octroyés aux salariés d'autres employeurs selon les mêmes modalités que les cotisations versées pour son propre personnel (mêmes dates, même périodicité, même organisme de recouvrement) (circ. DSS/5B 2012-56 du 5 mars 2012, § 3.3).

Pas d'exonération - L'entreprise tierce ne peut pas bénéficier de dispositifs d'exonérations, d'abattements d'assiette ou de réduction de taux sur les sommes ou avantages attribués, même si elle en bénéficie pour ses propres salariés (circ. DSS/5B 2012-56 du 5 mars 2012, § 2.4).

En outre, si un employeur bénéficie de la *réduction générale de cotisations patronales** pour un de ses salariés, cela ne donne pas le droit à l'entreprise tierce d'appliquer cette exonération au titre des sommes ou avantages qu'elle verse à ce salarié.

Régime fiscal

Ces sommes et avantages sont imposables à l'impôt sur le revenu selon les règles de droit commun des traitements et salaires (BOFiP-RSA-CHAMP-20-30-10-10-§§ 310 et 320-17/02/2017).

Régime social des sommes et avantages octroyés aux salariés par des personnes tierces

Situation	Valeur annuelle des sommes ou avantages octroyés	Régime de cotisations applicable
Règle de droit commun	Quel que soit le montant	Assujettissement aux cotisations de sécurité sociale (1), à la contribution solidarité autonomie, à la CSG et à la CRDS
Salarié exerçant une activité commerciale ou en lien direct avec la clientèle, lorsqu'il est d'usage qu'une personne tierce alloue des sommes ou avantages au salarié	montant ≤ 15 % du SMIC mensuel brut (2)	Franchise (pas de cotisations)
	montant > 15 % et ≤ 150 % du SMIC mensuel brut (2)	• Contribution libératoire de 20 % sur la partie excédant 15 % du SMIC mensuel (3)
	Montant > 150 % du SMIC mensuel brut (2)	• Franchise de cotisations sur la fraction ≤ 15 % du SMIC mensuel (2) • Contribution libératoire de 20 % (3) sur la fraction > 15 % et ≤ 150 % du SMIC mensuel (2) • Assujettissement de la fraction > 150 % au SMIC mensuel (2) aux cotisations de sécurité sociale (1), à la contribution solidarité autonomie, à la CSG et à la CRDS
	Cas des avantages octroyés sur l'année uniquement sous forme de titres-cadeaux versés dans le cadre d'opérations de stimulation ou de promotion des ventes	**Modalités particulières** (4) : - aucune contribution sur la fraction ≤ 10 % du SMIC mensuel brut (2) par salarié et par opération ; - contribution libératoire de 20 % sur les titres cadeaux dont la valeur est > 10 % et ≤ 70 % du SMIC mensuel (2) par salarié et par opération, dans la limite de 4 opérations par an.
		Hors modalités particulières (5) : - franchise de cotisations sur la fraction ≤ 15 % du SMIC mensuel (2) ; - contribution libératoire de 20 % pour la fraction de l'ensemble des titres cadeaux versés sur l'année > 15 % et ≤ 150 % du SMIC mensuel (2) ; - assujettissement de la fraction > 150 % du SMIC mensuel (2) aux cotisations de sécurité sociale (1), à la contribution solidarité autonomie, à la CSG et à la CRDS.

(1) La cotisation accidents du travail applicable aux sommes et avantages attribués par des tiers à l'employeur habituel est fixée de manière forfaitaire chaque année (2,12 % en 2024 ; taux 2025 non encore connu à l'heure où nous rédigions ces lignes).
(2) SMIC mensuel calculé sur la base de la durée légale du travail (*SMIC** horaire × 35 × 52/12, soit 1 801,80 € au 1er janvier 2025).
(3) Contribution de 20 % à charge de l'entreprise tierce. Les autres cotisations sociales d'origine légale ou conventionnelle rendues obligatoires par la loi ne sont pas dues.
(4) À condition que la valeur des titres cadeaux pour une ou plusieurs opérations ne dépasse pas 70 % du SMIC mensuel par salarié et que l'entreprise octroie des titres cadeaux pour un maximum de 4 opérations par an au salarié concerné.
(5) Lorsque la valeur des titres cadeaux dépasse pour une ou plusieurs opérations 70 % du SMIC mensuel par salarié, lorsque l'entreprise tierce octroie un ou plusieurs avantages autrement que sous forme de titres cadeaux ou lorsque l'entreprise tierce octroie au salarié des titres cadeaux pour plus de 4 opérations de stimulation ou de promotion des ventes par an.

Sous-classement du salarié

Lorsque la qualification professionnelle reconnue au salarié est inférieure à celle de l'emploi qu'il occupe effectivement, il y a sous-classement. L'intéressé peut demander au juge prud'homal de se prononcer sur son reclassement dans la grille des salaires à un poste d'un niveau supérieur. Ainsi, il est en droit d'exiger que son bulletin de paye porte le coefficient correspondant à son exacte qualification.

L'acceptation, par le salarié, d'une rémunération inférieure à celle qui résulte de l'application de son coefficient ne saurait résulter de la poursuite du travail s'il n'est pas relevé d'autres éléments dont la volonté non équivoque d'acceptation peut être déduite (cass. soc. 10 avril 1996, n° 93-42861 D).

☞ *Classement du salarié ; Classification des emplois ; Surclassement du salarié.*

Sport en entreprise

Exonération au profit des employeurs

Principe - Afin d'encourager la pratique du sport en entreprise, les avantages que représentent la mise à disposition par l'employeur d'un espace ou d'équipements sportifs à usage collectif et le financement de prestations sportives à destination de l'ensemble de ses salariés ne constituent pas, dans certaines conditions et limites, des avantages en nature et sont donc exonérés de cotisations et de contributions sociales (voir *Avantage en nature**) (c. séc. soc. art. L. 136-1-1, III, 4° f et D. 136-2 ; BOSS, Avantages en nature, §§ 1100 à 1120, 01/01/2025).

Équipements et prestations concernés - Deux types d'avantages sont exonérés (c. séc. soc. art. D. 136-2 ; BOSS, Avantages en nature, §§ 1100 et 1110, 01/01/2025) :
- la mise à disposition par l'employeur d'équipements à usage collectif dédiés à la réalisation d'activités physiques et sportives. Il peut s'agir de la mise à disposition d'une salle de sport appartenant ou louée par l'entreprise, de la souscription d'un accès collectif à une infrastructure de sport (club de gym...), de l'organisation de cours de sport dans l'un de ces espaces, de la mise à disposition de vestiaires et de douches ou encore de la mise à disposition d'un matériel sportif ;
- le financement par l'employeur de prestations d'activités physiques et sportives, tels que des cours collectifs d'activités physiques et sportives ou des événements ou compétitions de nature sportive.

▶ À noter... En revanche, constitue un *avantage en nature**, qui doit être entièrement réintégré dans l'assiette des contributions et cotisations sociales, la participation de l'employeur au financement d'abonnements ou d'inscriptions individuels à des cours (BOSS, Avantages en nature, § 1120, 01/01/2025).

Conditions et limites d'exonération - Pour être exonérés de cotisations, les équipements et prestations doivent être proposés par l'employeur à tous les salariés de l'entreprise, quelles que soient la nature et la durée de leur contrat de travail (c. séc. soc. art. D. 136-2).

Le montant de l'avantage constitué par la mise à disposition d'équipements à usage collectif dédiés à la pratique sportive est exonéré sans limite de montant, même en présence d'un *comité social et économique** (CSE) (BOSS, Avantages en nature, § 1100, 01/01/2025).

En revanche, l'avantage constitué par le financement par l'employeur de prestations d'activités physiques et sportives (ex : cours collectifs) est exclu de l'assiette des contributions et cotisations sociales pour la part qui n'excède pas, pour l'ensemble de l'année civile, un montant correspondant à 5 % du plafond mensuel de la sécurité sociale (soit 196,25 € en 2025) multipliée par l'effectif de l'entreprise (c. séc. soc. art. D. 136-2). **L'effectif à retenir est l'*effectif sécurité sociale** de l'entreprise au cours de l'année précédente (année N-1)** (BOSS, Avantages en nature, § 1110, 01/01/2025).

Exemple

En année N-1 (2024), une entreprise compte 550 salariés. L'employeur propose à l'ensemble de ses salariés la possibilité de participer à des cours collectifs de sport organisés chaque mercredi sur le temps de la pause repas dans une salle de sport voisine de l'entreprise. Les cours sont encadrés par 4 coachs rémunérés par l'employeur chacun à hauteur de 20 000 € par an.
L'ensemble des conditions requises pour bénéficier de l'exclusion d'assiette sociale est rempli. L'employeur peut bénéficier de cette exclusion, dans la limite de 5 % du plafond mensuel de la sécurité sociale par an et par salarié, soit 196,25 € en 2025.
Le plafond de l'exclusion d'assiette sociale pour cette entreprise s'élève à : 550 x 196,25 € = 107 937,50 €.
Le montant annuel de l'avantage sport en entreprise financé par l'employeur s'élève à : 20 000 € x 4 = 80 000 € d'avantage.
Le plafond annuel n'est donc pas atteint. L'ensemble de l'avantage peut être exclu de l'assiette sociale (BOSS, Avantages en nature, § 1110, 01/01/2025).

En cas de dépassement de la limite de 5 %, le montant de l'avantage excédant le plafond devra être réparti entre les salariés bénéficiaires. Cette répartition peut être effectuée chaque mois ou à la fin de l'année (BOSS, avantages en nature, § 1110, 01/01/2025).

Exemple

Une entreprise compte 30 salariés en année N-1 (2024). L'employeur finance un cours de sport à hauteur de 6 000 € pour l'année. 20 salariés participent à ce cours.
La limite d'exclusion de l'assiette de cotisations et contributions sociales est dépassée de 112,50 € (196,25 € × 30 = 5 887,50 € en 2025).
Pour chaque salarié bénéficiaire, un avantage en nature d'une valeur de 5,63 € (112,50 €/20 salariés) doit être assujetti à cotisations et contributions sociales (BOSS, avantages en nature, § 1110, 01/01/2025).

L'employeur doit informer l'ensemble des salariés de l'entreprise des conditions d'organisation des prestations d'activités physiques et sportives (présentation des cours proposés, lieux, horaires, modalités d'inscription...) (BOSS, Avantages en nature, § 1110, 01/01/2025).

L'avantage qui résulte de l'organisation de ces prestations est cumulable avec les avantages sociaux et culturels (notamment sportifs) éventuellement proposés par un CSE (BOSS, Avantages en nature, § 1110, 01/01/2025).

Par ailleurs, une entreprise de travail temporaire ne peut exclure les intérimaires du bénéfice de l'avantage sport en entreprise. Ils doivent tous être tenus informés de la mise en place de ces activités. De plus, l'effectif à prendre en compte pour calculer la limite d'exclusion de l'assiette des cotisations et des contributions sociales doit inclure les salariés permanents ainsi que les intérimaires (BOSS, Avantages en nature, § 1110, 01/01/2025).

Tolérance au profit du CSE

Le sport fait partie de la liste des activités sociales et culturelles du *comité social et économique** (c. trav. art. R. 2312-35, 3°).

En vertu d'une tolérance issue d'une instruction ministérielle du 17 avril 1985, sauf disposition législative ou réglementaire contraire, ne donnent pas lieu à cotisations les prestations en nature ou en espèces servies par le CSE à des salariés ou des anciens salariés, lorsqu'elles se rattachent directement aux activités sociales et culturelles du comité. Il en est ainsi, notamment, des avantages destinés à favoriser sans discrimination les activités extra-professionnelles, sociales ou culturelles (de détente, de sport ou de loisirs), des salariés et de leurs familles (instr. min. 17 avril 1985).

À ce titre, l'ACOSS (ou URSSAF caisse nationale) vise notamment les réductions tarifaires accordées pour pratiques sportives [voir *Avantages versés par le comité social et économique (CSE)**] (lettre-circ. ACOSS 86-17 du 14 février 1986).

☛ *Avantage en nature ; Avantages versés par le comité social et économique (CSE).*

Sportifs

Principes généraux

Contexte - Les associations sportives (ou autres) qui emploient des salariés sont des employeurs au regard du droit du travail et de celui de la sécurité sociale comme tout autre employeur. Elles versent des cotisations, notamment au titre de la sécurité sociale, de la retraite complémentaire obligatoire et de l'assurance chômage.

Par ailleurs, le principe veut que les sommes payées par une association sportive à une personne pratiquant (en amateur comme en professionnel) une discipline sportive en équipe ou en individuel relèvent du régime général de la sécurité sociale. Ces sommes sont à ce titre soumises à cotisations et contributions de sécurité sociale, quel que soit le statut du sportif. Cet assujettissement ne présume pas des solutions de droit du travail quant à l'existence d'un lien de subordination.

Les cotisations sont calculées sur toutes les sommes versées, quelle que soit leur dénomination (primes de match, primes de transferts, commissions publicitaires, récompenses versées en contrepartie de l'inscription ou de la présence du sportif à une manifestation, avantages en nature, etc.). Les remboursements de *frais professionnels** sont exclus de l'assiette de cotisations.

Règles particulières pour certaines structures - Ce principe d'assujettissement est assorti de deux dispositifs dérogatoires concernant le calcul des cotisations, ci-après résumés (la franchise de cotisations et l'assiette forfaitaire). Ils visent à prendre en compte l'existence de nombreux « quasi bénévoles » pour lesquels le montant modique des sommes perçues relève davantage d'une indemnisation que d'une rémunération.

Les organismes à but lucratif en sont exclus (arrêté du 27 juillet 1994, art. 1 ; circ. DSS/AAF/A1 94-60 du 28 juillet 1994, II-A-2 ; lettre-circ. ACOSS 95-18 du 23 janvier 1995, Q/R 28).

Les disciplines visées concernent tous les sports pour lesquels il existe une fédération française agréée par le ministère de la Jeunesse et des Sports. En l'absence de fédération agréée, les disciplines pratiquées ne peuvent pas en bénéficier.

▶ À noter... Certains sportifs sont assimilés à des *artistes du spectacle**. Cette situation peut concerner les sportifs qui pratiquent une discipline individuelle et qui perçoivent, à l'occasion de leur participation à un spectacle sportif, soit une rémunération de la part de l'organisateur de spectacles, soit une prime d'engagement (circ. DSS/AAF/A1 94-60 du 28 juillet 1994, § I-A-2).

Les arbitres et juges sportifs relèvent de règles spécifiques exposées à la fin de cette étude.

Franchise de cotisations

Encadrement juridique - Le mécanisme de franchise de cotisations est encadré par plusieurs circulaires (circ. DSS/AAF/A1 94-60 du 28 juillet 1994 ; lettre-circ. ACOSS 94-61 du 18 août 1994 ; lettre-circ. ACOSS 95-18 du 23 janvier 1995 ; lettre-circ. ACOSS 95-25 du 25 février 1995).

Structures concernées - Une franchise de cotisations s'applique aux sommes versées par les organisateurs, les associations, les clubs sportifs et les sections sportives des associations et clubs omnisports employant moins de 10 salariés permanents. Cet effectif est apprécié au 31 décembre de l'année précédente ou, à défaut, lors du versement des sommes (circ. DSS/AAF/A1 94-60 du 28 juillet 1994, § II-2, a).

Pour le calcul de l'effectif, sont considérés comme des salariés permanents le personnel administratif, le personnel médical et paramédical, les professeurs, moniteurs, éducateurs et entraîneurs, les dirigeants et les administrateurs salariés, le cas échéant au prorata en cas d'activité à temps partiel.

En revanche, ne sont pas considérés comme permanents les sportifs et toutes les personnes qui exercent des activités occasionnelles, ponctuelles (guichetiers, billettistes, accompagnateurs, etc.). Les salariés en contrat de travail assorti d'une mesure d'exclusion des effectifs ne sont pas non plus pris en compte (apprentis, etc.) (lettre-circ. ACOSS 95-18 du 23 janvier 1995, Q/R 3).

Personnes éligibles - La franchise concerne exclusivement les sportifs, ainsi que les personnes qui gravitent autour de l'activité sportive et assument, à titre gratuit ou non, des fonctions indispensables à l'encadrement et à l'organisation des manifestations sportives pour le compte des clubs ou des organisateurs (ex. : guichetiers, billettistes, accompagnateurs, collaborateurs occasionnels) (circ. DSS/AAF/A1 94-60 du 28 juillet 1994, § II-2, a ; lettre-circ. ACOSS 94-61 du 18 août 1994, § 2.2.1). Il en va de même pour les femmes de ménage des vestiaires après un match ou une compétition ainsi que les laveuses de maillots, à condition qu'elles n'exercent pas cette activité à titre professionnel (lettre-circ. ACOSS 95-18 du 23 janvier 1995, Q/R 22).

La franchise ne concerne, en revanche, ni les arbitres et juges sportifs (qui relèvent d'une réglementation spécifique exposée à la fin de cette étude), ni le personnel administratif des structures sportives, ni leurs dirigeants et administrateurs salariés, ni les membres du corps médical et paramédical, ni les moniteurs, éducateurs ou professeurs enseignant un sport.

Cotisations concernées - La franchise porte uniquement sur les cotisations patronales et salariales de sécurité sociale, la contribution de solidarité pour l'autonomie, la CSG et CRDS.

La franchise n'est pas prise en compte pour le calcul des contributions d'assurance chômage, d'AGS ou de retraite complémentaire. Si la personne est salariée et qu'elle perçoit une rémunération dans le cadre de son contrat de travail, ces contributions sont dues sur l'ensemble des rémunérations réellement perçues par l'intéressé.

Lorsque les sommes sont versées en dehors de tout contrat de travail, les cotisations ne sont pas dues.

Application par manifestation sportive - Les sommes versées à l'occasion d'une manifestation sportive donnant lieu à compétition ne sont pas assujetties aux cotisations si elles n'excèdent pas une valeur égale à 70 % du montant journalier du *plafond de la sécurité sociale** en vigueur à la date de versement de la somme (soit 216 € × 70 % = 151,20 € en 2025) (circ. DSS/AAF/A1 94-60 du 28 juillet 1994, § II-2, a).

Dans tous les cas, la franchise est limitée à 5 manifestations par mois pour le même sportif et par organisateur de manifestations.

▶ À noter... Les séances d'entraînement en vue d'une compétition ne peuvent pas être considérées comme une manifestation. Les sommes versées à ce titre n'ouvrent pas droit à la franchise (lettre-circ. ACOSS 95-18 du 23 janvier 1995, Q/R 19).

Dépassement des limites - Si durant un mois le nombre de manifestations sportives est supérieur à 5, seules les 5 premières peuvent donner lieu à application de la franchise (lettre-circ. ACOSS 94-61 du 18 août 1994, § 2.2.1).

Si la rémunération pour une manifestation dépasse 70 % du plafond journalier, la fraction excédentaire est assujettie à cotisations :
- soit sur la base des assiettes forfaitaires si l'excédent ne dépasse pas 115 fois le *SMIC** horaire *(voir ci-après)* (l'abattement d'assiette ne s'applique pas alors à la base CSG/CRDS) ;
- soit sur la base du salaire réel, déduction faite de la franchise appliquée sur le mois, si l'excédent mensuel dépasse 115 fois le *SMIC** horaire (l'abattement d'assiette de 1,75 % s'applique alors à la base CSG/CRDS).

Lorsque la rémunération excède le montant cumulé de 115 fois le *SMIC** horaire et de la limite d'exonération pour 5 manifestations sportives (5 fois 70 % du plafond journalier), les cotisations et contributions sont calculées dans les conditions de droit commun, dès le premier euro (lettre-circ. ACOSS 95-25 du 14 février 1995). Au 1er janvier 2025, ce seuil est de : (115 × 11,88 €) + (5 × 151,20 €) = 2 122,20 €.

Assiettes forfaitaires

Système d'assiettes forfaitaires - La réglementation prévoit un système d'assiette forfaitaire composé de

5 valeurs, correspondant à 5 tranches de rémunération. Ce dispositif est encadré par un arrêté (arrêté du 27 juillet 1994, JO 13 août) et plusieurs circulaires (circ. DSS/AAF/A1 94-60 du 28 juillet 1994 ; lettre-circ. ACOSS 94-61 du 18 août 1994 ; lettre-circ. ACOSS 95-18 du 23 janvier 1995 ; lettre-circ. ACOSS 95-25 du 25 février 1995).

Structures concernées - À condition que l'activité ne s'exerce pas dans le cadre d'un organisme à but lucratif, cette mesure s'applique (arrêté du 27 juillet 1994, art. 1 ; lettre-circ. ACOSS 94-61 du 18 août 1994) :
- aux sommes versées aux sportifs eux-mêmes et aux personnes qui gravitent autour de l'activité sportive par tous les organisateurs, associations, clubs (comme pour la franchise de cotisations ; *voir plus haut*) ;
- aux rémunérations versées aux moniteurs ou aux éducateurs enseignant un sport, qui exercent leur activité au sein d'associations sportives ou qui enseignent ou pratiquent une activité sportive pour le compte d'une association de jeunesse ou d'éducation populaire.

Il n'y a pas de condition d'effectif.

Les assiettes forfaitaires ne peuvent pas être utilisées pour le personnel administratif, médical et paramédical des structures sportives, ni leurs dirigeants et administrateurs salariés ainsi que pour les éducateurs et moniteurs exerçant leur activité d'enseignement dans des structures autres que les associations sportives ou les associations de jeunesse ou d'éducation populaire.

La mesure - Lorsque la rémunération est inférieure à 115 fois le *SMIC** horaire (1 366,20 € en 2025), l'employeur peut appliquer une assiette forfaitaire pour le calcul des cotisations de sécurité sociale, la CSG et la CRDS. Toutefois, il peut décider d'un commun accord avec le salarié de retenir la rémunération réellement versée (arrêté du 27 juillet 1994 ; circ. DSS/AAF/A1 94-60 du 28 juillet 1994, § II-2, b).

Montant des assiettes forfaitaires - Les assiettes forfaitaires sont calculées par référence au *SMIC** horaire au 1er janvier de chaque année (arrêté du 27 juillet 1994, art. 2), comme indiqué dans le tableau ci-après.

Il est rappelé que le précompte de la CSG et de la CRDS s'effectue, en cas d'application de l'assiette forfaitaire, sans abattement d'assiette.

▶ À noter... L'employeur n'est pas redevable de la cotisation « accidents du travail » pour les personnes auxquelles des assiettes forfaitaires sont appliquées, sauf s'il s'agit d'enseignants.

Selon une information diffusée sur le site internet du réseau des URSSAF, il faut tenir compte, depuis le 1er septembre 2017, de la règle d'encadrement des assiettes forfaitaires (voir *Assiettes et cotisations forfaitaires**). Lorsque la rémunération est égale ou supérieure à 1,5 fois le *plafond de la sécurité sociale** calculé en fonction de la durée de travail, l'assiette forfaitaire retenue pour le calcul des cotisations ne peut pas être inférieure à 70 % de la rémunération (c. séc. soc. art. L. 242-4-4, al. 2).

Dépassement du seuil de 115 SMIC horaire - Lorsque pour un mois donné la rémunération mensuelle brute est supérieure ou égale à 115 fois le *SMIC** horaire (1 366,20 € en 2025), elle est soumise à cotisations dès le premier euro, dans les conditions de droit commun (arrêté du 27 juillet 1994, art. 3 ; lettre-circ. ACOSS 94-61 du 18 août 1994). L'abattement d'assiette de 1,75 % s'applique à la base CSG/CRDS, dans les conditions habituelles.

Pour les personnes pouvant bénéficier de la franchise *(voir plus haut)*, il est possible de déduire le montant de la franchise de la base de cotisations (lettre-circ. ACOSS 94-61 du 18 août 1994).

Option pour une assiette réelle - L'application de la base forfaitaire est facultative. Les cotisations peuvent d'un commun accord entre les intéressés et l'employeur être calculées sur les sommes réellement versées.

Cotisations de retraite complémentaire et d'assurance chômage - Lorsqu'elles sont dues, les cotisa-

Bases forfaitaires des sportifs pour 2025

Rémunération mensuelle		Assiette (1)	
Inférieure à 45 SMIC horaire	inférieure à 535€	5 SMIC horaire	59 €
De 45 à moins de 60 SMIC horaire	de 535 € à moins de 713 €	15 SMIC horaire	178 €
De 60 à moins de 80 SMIC horaire	de 713 € à moins de 950 €	25 SMIC horaire	297 €
De 80 à moins de 100 SMIC horaire	de 950 € à moins de 1 188 €	35 SMIC horaire	416 €
De 100 à moins de 115 SMIC horaire	de 1 188 € à moins de 1 366 €	50 SMIC horaire	594 €
115 SMIC horaire et plus	1 366 € et plus	salaire réel	

(1) Sous réserve de la règle d'encadrement de l'assiette forfaitaire lorsque la rémunération est égale ou supérieure à 1,5 fois le plafond de la sécurité sociale *(voir nos développements)*.

tions de retraite complémentaire doivent être calculées sur la base de la rémunération réelle, même si l'employeur applique l'assiette forfaitaire pour le calcul des cotisations de sécurité sociale (ANI AGIRC-ARRCO du 17 novembre 2017, art. 30). Il en va de même pour les cotisations d'assurance chômage.

Paiement des cotisations et bulletin de paye

Structure payant les cotisations - La charge du versement des cotisations varie selon l'origine des sommes. Il s'agit, selon les cas, (circ. DSS/AAF/A1 94-60 du 28 juillet 1994, § II-3) :

- du club, de l'association, de la société ou de la personne morale qui verse de façon régulière les rémunérations aux sportifs ou de celui qui, soit directement, soit par l'intermédiaire d'un tiers, verse la rémunération en contrepartie ou à l'occasion de l'activité du sportif ;
- de l'organisateur de la manifestation, pour les sommes versées par cet organisateur dans le cadre d'une manifestation sportive ;
- pour les boxeurs et les lutteurs, le débiteur est la personne qui gère leur carrière sportive et qui est également susceptible d'organiser les rencontres sportives.

La périodicité de paiement des cotisations URSSAF dépend des règles habituelles (effectif), mais en ne tenant compte que des salariés permanents *(voir plus haut)*. Pour les clubs omnisports avec section, l'effectif se calcule par section sportive, le versement étant effectué par le club (lettre-circ. ACOSS 95-25 du 14 février 1995, Q/R 14).

Bulletin de paye - Les clubs ou associations ne sont tenus de délivrer des bulletins de salaire qu'aux seuls sportifs et personnes salariées au sens du droit du travail. Pour les sportifs qui ne sont pas titulaires d'un contrat de travail, il n'y a pas d'obligation, mais il est possible de leur délivrer une attestation portant le nom du sportif, son numéro d'immatriculation, le montant des cotisations ainsi que le nombre d'heures (lettre-circ. ACOSS 95-18 du 23 janvier 1995, Q/R 16).

Arbitres et juges sportifs

Affiliation au régime général - Les arbitres et juges sportifs sont affiliés de plein droit au régime général de la sécurité sociale (c. séc. soc. art. L. 311-3, 29°). Bien qu'ils soient assimilés à des salariés au sens de la sécurité sociale, ils ne sont pas pour autant liés à la fédération sportive par un contrat de travail.

Franchise annuelle - Les arbitres et juges non titulaires d'un contrat de travail les liant à la fédération (et eux seuls) bénéficient pour le calcul des cotisations et contributions sociales d'une franchise annuelle (c. séc. soc. art. L. 241-16).

Les sommes qui leur sont versées sont exonérées de cotisations, de contributions de sécurité sociale et de CSG/CRDS, lorsque leur montant n'excède pas sur une année civile une somme égale à 14,5 % du montant annuel du *plafond de la sécurité sociale** (soit 6 829,50 € en 2025). Si les sommes dépassent ce plafond elles sont assujetties à cotisations et contributions sociales, à l'exception de celles ayant le caractère de frais professionnels.

La franchise s'apprécie sur l'année civile, quels que soient le nombre et la durée des manifestations sportives. Ce mécanisme se substitue aux dispositifs de franchise et d'assiette forfaitaire propres aux sportifs et précédemment exposés.

Elles doivent être déclarées sous le CTP 024 « Arbitres amateurs part exonérée ».

Document récapitulatif - Les arbitres et juges doivent tenir à jour un document recensant l'ensemble des sommes perçues pour chaque événement au titre de leur mission arbitrale (c. séc. soc. art. D. 241-19).

Ce document, établi chaque année, doit être conservé pendant 3 ans. L'arbitre le met à disposition sur simple demande de la fédération ou de la ligue professionnelle afin qu'elle puisse s'assurer du non-dépassement de la franchise de cotisations ou renseigner les inspecteurs en cas de contrôle.

Paiement des cotisations en cas de dépassement du seuil - Les obligations déclaratives et le versement des cotisations et contributions de sécurité sociale dues en cas de dépassement du seuil incombent aux fédérations sportives ou aux organes déconcentrés et aux ligues qu'elles ont créés (c. séc. soc. art. L. 241-16 et D. 241-15).

Lorsque le montant total des sommes dépasse la limite de 14,5 % du montant annuel du *plafond de la sécurité sociale**, l'arbitre ou le juge doit en informer les fédérations ou la ligue professionnelle dont il relève, leur communiquer l'ensemble des sommes perçues ainsi que l'identité des organismes les ayant versées (c. séc. soc. art. D. 241-16). Le versement des cotisations et contributions de sécurité sociale intervient au cours du mois civil suivant le trimestre où les rémunérations perçues au titre des missions arbitrales ont été versées (c. séc. soc. art. D. 241-18).

Si le dépassement est lié à des sommes versées par d'autres organismes, la fédération ou la ligue professionnelle peut répartir le montant des cotisations et contributions dues entre ces différents organismes. Elle les informe alors du montant dû. Ces organismes doivent lui verser les sommes correspondantes avant la date qu'elle fixe. Dans le cas où ils ne s'acquittent pas de leurs obligations avant la date d'exigibilité, la fédération ou la ligue professionnelle verse l'ensemble des cotisations et contributions. Elle peut ensuite engager une action en remboursement des sommes versées (c. séc. soc. art. D. 241-17).

☞ *Assiettes et cotisations forfaitaires.*

Stages en entreprise

Le terme de stage est fréquemment utilisé, parfois pour des réalités différentes. En principe, l'expression vise :
- soit les stages effectués en application d'une convention de stage, dans le cadre d'un cursus scolaire ou universitaire [voir *Stages en entreprise (recours et statut)** et *Stages en entreprise (gratification)**] ;
- soit les visites d'information et stages d'initiation effectués par les jeunes de moins de 16 ans [voir *Stages en entreprise (jeunes de 14 à 16 ans)**].

En revanche, les jeunes employés pendant les congés ne sont pas des stagiaires, ils sont embauchés dans le cadre de contrats à durée déterminée (ex. : remplacement, travail saisonnier). Ce sont des salariés qui relèvent, le cas échéant, des règles spécifiques aux jeunes de moins de 18 ans (voir *Jeunes**).

☞ *Stages (jeunes de 14 à 16 ans) ; Stages en entreprise (gratification) ; Stages en entreprise (recours et statut).*

Stages en entreprise (gratification)

Les organismes (entreprises, associations, etc.) accueillant des personnes effectuant un stage dans le cadre de leur cursus scolaire ou universitaire [voir *Stages en entreprise (recours et statut)**] doivent, au-delà d'une certaine durée, leur verser une gratification minimale. En deçà de cette durée, la gratification n'est pas légalement obligatoire.

La gratification versée par l'organisme d'accueil n'a pas le caractère de salaire et suit un régime social spécifique. Depuis le 1er septembre 2024, le BOSS comprend dans le bloc « Exonérations » une rubrique relative au régime social applicable aux rémunérations des stagiaires (BOSS, Exonérations stagiaires, §§ 10 à 80, 01/01/2025).

Gratification minimale obligatoire

Stages concernés - La gratification est obligatoire pour les stages d'une durée supérieure (c. éduc. art. L. 124-6) :
- à 2 mois consécutifs ;
- ou à 2 mois non consécutifs au cours d'une même année scolaire ou universitaire.

Dans le cadre des formations du second cycle secondaire dispensées par certains établissements d'enseignement agricole (c. rural art. L. 813-9), la gratification n'est obligatoire que pour les stages d'une durée supérieure à 3 mois, consécutifs ou non, au cours de la même année d'enseignement (c. rural art. D. 813-55-1).

Calcul de la durée du stage - Chaque période au moins égale à 7 h de présence, consécutives ou non, est décomptée pour une journée. Chaque période au moins égale à 22 jours de présence, consécutifs ou non, vaut 1 mois (c. éduc. art. D. 124-6 et D. 124-8).

De ce fait, la durée de 2 mois, jusqu'à laquelle la gratification n'est pas obligatoire, équivaut à un stage de 22 × 2 × 7 h = 308 h. La gratification n'est donc légalement obligatoire que pour les stages d'une durée supérieure.

De plus, sont assimilées à une durée de présence (lettre circ. ACOSS 2015-42 du 2 juillet 2015, § II-A) :
- les congés et autorisations d'absence (maternité, paternité, adoption, etc.) prévus par la loi ;
- les congés et autorisations prévus par la convention de stage signée par le stagiaire, l'entreprise et l'établissement d'enseignement.

En revanche, selon les exemples du Guide des stages diffusé par le ministère de l'enseignement supérieur (http://www.enseignementsup-recherche.gouv.fr), il n'y a pas lieu de tenir compte des jours fériés dès lors que le stagiaire n'est pas présent (par exception, le lundi de Pentecôte n'est pas assimilé à un jour férié).

▶ À noter... Les règles de prise en compte des congés et autorisations d'absence sont identiques à celles prévues pour vérifier le respect de la durée maximale de 6 mois [pour plus de détails, voir *Stages en entreprise (recours et statut)**].

En tout état de cause, le fait que des congés et autorisations d'absence prévus par la loi ou la convention de stage soient pris en compte pour apprécier la durée du stage, ne signifie pas nécessairement qu'ils sont indemnisés. Tout dépend de la convention de stage, de la volonté de l'organisme d'accueil ou des règles conventionnelles ou usages qui s'y appliquent.

Heures de présence payées - La gratification est due pour chaque heure de présence du stagiaire dans l'organisme d'accueil, à compter du premier jour du premier mois de la période de stage ou de formation en milieu professionnel (c. éduc. art. L. 124-6 et D. 124-8).

Le montant de la gratification due pour un mois est indépendant du nombre de jours ouvrés du mois (c. éduc. art. L. 124-6).

▶ Attention… Si un stage d'une durée initiale inférieure à 2 mois vient à dépasser cette durée, l'employeur doit effectuer un « rattrapage », puisque la gratification est due depuis le début du stage.

Au temps de présence effective, l'organisme d'accueil peut ajouter les périodes de congés payés qu'il prévoit d'accorder au stagiaire, le cas échéant (lettre-circ. ACOSS 2015-42 du 2 juillet 2015, § II-B).

Les congés et autorisations d'absence pris en compte pour le calcul de la durée du stage *(voir plus haut)* ne donnent pas lieu à gratification, sauf indication contraire de la convention de stage ou décision en ce sens de l'organisme d'accueil.

Montant minimal - Le montant de la gratification minimale est fixé par convention de branche ou accord professionnel étendu (c. éduc. art. L. 124-6).

À défaut d'accord ou de convention de branche fixant un taux supérieur, le montant minimal de la gratification est de 15 % du montant horaire du *plafond de la sécurité sociale** par heure de stage (soit 29 € × 15 % = 4,35 € en 2025) (c. éduc. art. L. 124-6 ; BOSS, Exonérations stagiaires, § 60, 01/01/2025).

La durée de présence d'un stagiaire mentionnée dans la convention peut être supérieure à la durée légale du travail, si la durée du travail conventionnelle applicable dans l'entreprise est supérieure à celle-ci (ex. : 37 h hebdomadaires). La gratification minimale est augmentée d'autant (lettre-circ. ACOSS 2008-91 du 29 décembre 2008, question/réponse 8).

▶ À noter… En cas de revalorisation du plafond horaire de la sécurité sociale au cours de la période de stage, la convention de stage doit prévoir d'augmenter la gratification (lettre-circ. ACOSS 2015-42 du 2 juillet 2015, § II-D).

Frais et autres avantages - La participation patronale aux remboursements de frais professionnels accordés aux stagiaires est écartée pour apprécier ce montant minimal. La gratification de stage est due sans préjudice du remboursement de frais engagés par le stagiaire et des avantages offerts, le cas échéant, pour la restauration, l'hébergement et le transport (c. éduc. art. D. 124-8).

Ces éléments ne sont donc pas pris en compte pour apprécier le montant minimal.

Versement de la gratification - La gratification doit être versée mensuellement (c. éduc. art. L. 124-6 et D. 124-8).

Le versement peut se faire selon plusieurs modalités, la convention de stage précisant le choix retenu (lettre-circ. ACOSS 2015-42 du 2 juillet 2015, § II-B et E) :
- option 1 : versement de la gratification en tenant compte des heures effectuées sur le mois par le stagiaire ;
- option 2 : lissage du versement de la gratification en fonction du nombre d'heures qui seront effectuées durant le stage (dans ce cas, la convention prévoit une moyenne d'heures mensuelle pour la gratification et la franchise de cotisations).

Tout stage interrompu temporairement donnera lieu à un réajustement du montant de la gratification et de la franchise de cotisations sur la base du nombre d'heures effectuées. Tout stage définitivement interrompu fera l'objet d'une régularisation globale selon le nombre d'heures effectuées (lettre-circ. ACOSS 2015-42 du 2 juillet 2015, § II-E).

Exemple
Pour un stage du 1er janvier au 31 mai 2025, soit 5 mois calendaires, on suppose qu'il est prévu dans la convention que le stagiaire effectuera 721 heures de stage réparties comme suit : janvier (154 h), février (140 h), mars (147 h), avril (147 h) et mai (133 h) ; gratification totale due = 721 × 4,35 € = 3 136,35 €. Il n'y a aucun incident de présence de la part du stagiaire.
Selon l'option 1, le versement se fait chaque mois en fonction des heures effectuées : janvier = 669,90 €, février = 609 €, mars = 639,45 €, avril = 639,45 € € et mai = 578,55 €.
Dans l'option 2, le versement fait l'objet d'un lissage. Sur les 5 mois la gratification de 3 136,35 € fait l'objet d'un versement mensuel de 627,27 € pour une moyenne mensuelle de 144,20 h.

Gratification facultative pour les autres stages

La gratification est facultative pour les stages d'une durée maximale de 2 mois (3 mois pour certaines formations agricoles) *(voir plus haut)*. Mais tout organisme d'accueil peut décider d'en verser une (c. éduc. art. D. 124-8).

Si la convention de stage en prévoit une, elle doit être versée mensuellement. Si, en revanche, elle n'est pas prévue dans la convention, elle peut être versée en une seule fois à la fin du stage (lettre-circ. ACOSS 2008-91 du 29 décembre 2008, question/réponse 16).

Franchise de cotisations sociales

Seuil de franchise - Les sommes versées aux stagiaires, quelle que soit la durée du stage, ne sont pas assujetties à cotisations ni à CSG/CRDS dans la limite du nombre d'heures effectué en stage durant le mois considéré multiplié par 15 % du montant horaire du *plafond de la sécurité sociale** (soit 29 € × 15 % = 4,35 € en 2025) (c. séc. soc. art. L. 136-1-1, III, 1° b, L. 242-1, I et D. 242-2-1 ; BOSS, Exonérations stagiaires, § 80, 01/01/2025).

Le montant du seuil de franchise de cotisations est apprécié au moment de la signature de la convention de stage, en tenant compte du temps de présence mensuel prévu au cours du stage (c. séc. soc. art. D. 242-2-1).

La franchise de cotisations s'applique selon la modalité de versement de la gratification. Elle est déterminée dans la convention, soit en tenant compte du nombre d'heures réellement effectuées chaque mois, soit de la moyenne d'heure mensuelle prévue en cas de lissage du versement de la gratification (lettre-circ. ACOSS 2015-42 du 2 juillet 2015, § III-A-2).

▶ À noter… Légalement, l'employeur n'est pas tenu d'indemniser les périodes de congés ou d'autorisation d'absence assimilées à du temps de présence pour le calcul de la durée du stage. Si elles donnent lieu à gratification, l'organisme d'accueil peut leur appliquer la franchise de cotisations, à condition que la gratification de ces périodes soit prévue explicitement initialement, à la signature de la convention de stage (lettre-circ. ACOSS 2015-42 du 2 juillet 2015, § III-A-3).

Cotisations dues en cas de dépassement du seuil de franchise - La fraction excédentaire est assujettie aux cotisations de sécurité sociale, à la CSG et à la CRDS, à la contribution solidarité autonomie, au FNAL et, s'il y a lieu, au versement mobilité.

En revanche, le stagiaire n'étant pas titulaire d'un contrat de travail, les contributions d'assurance chômage, l'AGS et la *contribution au dialogue social** ne sont pas dues, même dans le cas où la gratification dépasse le seuil de franchise (lettre-circ. ACOSS 2015-42 du 2 juillet 2015, § III-A-4). De même, l'organisme d'accueil n'est pas redevable des contributions de retraite complémentaire.

La *cotisation d'allocations familiales** due sur la part de gratification qui dépasse le seuil de franchise est calculée au taux de droit commun de 5,25 %. Faute d'avoir la qualité de salarié, le stagiaire n'ouvre pas droit au taux réduit (lettre-circ. ACOSS 2015-42 du 2 juillet 2015, § III-A-4).

La contribution formation et la taxe d'apprentissage sont dues sur la part de gratification excédant le seuil de franchise, compte tenu de l'alignement d'assiette sur la base brute sécurité sociale (voir *Contribution à la formation professionnelle** et *Taxe d'apprentissage**).

Il en va de même à notre sens pour la *participation à l'effort de construction**, compte tenu là encore de l'alignement d'assiette sur la base brute sécurité sociale.

Quant à la taxe sur les salaires, elle est à notre sens due sur la fraction de gratification assujettie à CSG/CRDS, puisqu'elle se calcule sur la même base que la CSG sur les revenus d'activité (mais sans application de l'abattement d'assiette de 1,75 % pour la taxe sur les salaires). La solution à retenir mériterait d'être précisée par l'administration fiscale.

Appréciation sur la durée du stage - Le dépassement de la franchise s'apprécie sur la durée du stage et non mois par mois. En effet, un stagiaire peut être au-dessus du seuil de la franchise un mois et au-dessous le mois suivant. Ainsi le lissage sur la durée totale du stage permet de déterminer les éventuels dépassements du seuil de franchise (lettre-circ. ACOSS 2015-42 du 2 juillet 2015, § III-A-4).

Avantages en nature - Il faut tenir compte des éventuels avantages en nature dont bénéficie le stagiaire pour savoir si le seuil de franchise est dépassé et, si oui, pour déterminer la base des cotisations. Deux situations peuvent être envisagées (lettre-circ. ACOSS 2008-91 du 29 décembre 2008).

Si la gratification en espèces est inférieure au seuil de franchise, les sommes normalement soumises à cotisations en tant qu'avantages en nature pourront être exonérées au titre de la franchise, dans la limite du différentiel entre le montant de la gratification et le seuil de la franchise.

Si la gratification en espèces est supérieure ou égale au seuil de la franchise, les sommes correspondant aux avantages en nature accordés en plus de la gratification ne sont pas exonérées au titre de la franchise.

Exemples

Durant l'été 2025, un jeune effectue un stage de 2 mois sur une base de 35 h hebdomadaires. L'entreprise lui verse une gratification mensuelle, bien que cela ne soit pas légalement obligatoire puisque le

Stages en entreprise (exemple)

Le jeune effectue un stage en entreprise (35 h hebdomadaires réparties à raison de 7 h par jour du lundi au vendredi, du 1er juin au 31 août 2025). Par hypothèse, la convention prévoit que le stagiaire est en congé les jours fériés (sauf Pentecôte). Le 14 juillet et le 15 août ne sont pas travaillés. Ces jours de congé, prévus dans la convention de stage, sont pris en compte pour vérifier si la durée du stage rend obligatoire le versement d'une gratification, mais ils ne sont pas payés. La gratification est obligatoire, puisque le stage représente une durée totale de 434 h (juin : 20 jrs × 7 h ; juillet : 22 jrs × 7 h ; août : 20 jrs × 7 h). En revanche, les jours de congé n'étant ici pas indemnisés, ils ne sont pas pris en compte pour le montant de la gratification.

L'entreprise d'accueil (qui compte plus de 50 salariés) lui verse une indemnité de stage en espèces de 850 €, pour le mois de juillet 2025 sur laquelle est retenue une participation salariale aux titres-restaurant.

L'entreprise calcule le seuil de franchise en fonction des heures de stage réellement effectuées (en juillet 2025, total de 22 jours, soit 154 h). Le seuil de franchise de cotisations et de : 29 € × 15 % × 154 h = 669,90 €.

L'assiette des cotisations est de 850 € - 669,90 € = 180,10 €.

L'assiette du prélèvement à la source est égale à zéro, puisqu'en cumul depuis le début du stage, la limite d'exonération fiscale n'est pas dépassée.

EXTRAIT DU BULLETIN DE PAYE DE JUILLET 2025

Désignation	**Base**	**Taux**	**Montant**	
Indemnité de stage			850,00	
Brut total			850,00	
Brut soumis à cotisations			180,10	
Cotisations et contributions sociales	**Base (€)**	**Taux salarial**	**Part salarié (€)**	**Part employeur (€)**
Santé				
Sécurité sociale - Maladie Maternité Invalidité Décès	180,10	-	-	23,41 (1)
Accidents du travail - maladies professionnelles	180,10	-	-	3,60
Retraite				
Sécurité sociale plafonnée	180,10	6,90 %	12,43	15,40
Sécurité sociale déplafonnée	180,10	0,40 %	0,72	3,64
Complémentaire Tr. 1	-	-	-	-
Famille	180,10	-	-	9,46 (2)
Assurance chômage				
Chômage (3)	-	-	-	-
Autres contributions dues par l'employeur	-	-	-	11,04
CSG déductible de l'impôt sur le revenu	176,95	6,80 %	12,03	-
CSG/CRDS non déductible de l'impôt sur le revenu	176,95	2,90 %	5,13	-
Exonérations et allègements de cotisations	-	-	-	-
Total des cotisations et contributions	-	-	30,31	66,55
Titres-restaurant (part salariale)	22	4,35	- 95,70	
Remboursement carte bus			+ 80,00	
Net social				**819,69**
Net à payer avant impôt sur le revenu				**803,99**
Impôt sur le revenu	**Base**	**Taux**	**Montant**	**Cumul annuel**
Montant net imposable			824,82 (5)	Valeur
Dont part inférieure au seuil d'exonération (5)			824,82 (5)	Valeur
Impôt sur le revenu prélevé à la source	0,00	-	0,00	Valeur
Montant net des heures compl/suppl exonérées			-	-
Net à payer au salarié (en euros) (4)				**803,99 (4)**
Total versé par l'employeur				916,55

Notes de la rédaction, pour aider à la lecture des totaux (ces notes n'ont pas à apparaître sur le bulletin de paye) :
(1) Taux de 13 % car le stagiaire n'a pas le statut de salarié. (2) Taux de 5,25 % car le stagiaire n'a pas le statut de salarié. (3) Pas de cotisations car le stagiaire n'a pas le statut de salarié. (4) À faire apparaître de manière à en faciliter la lisibilité. (5) Suggestion de présentation pour tenir compte des recommandations du GIP-MDS en matière de présentation du net fiscal.

stage, au total de 294 h, n'a pas une durée supérieure à 2 mois.

❶ En août 2025 (20 × 7 h = 140 h de stage), il reçoit, en plus de sa gratification mensuelle de 450 €, un avantage en nature évalué à 90 €. Ce montant cumulé (540 €) étant inférieur au seuil de franchise (140 h × 4,35 € = 609 €), aucune cotisation n'est due.

❷ Le même jeune perçoit, en plus de sa gratification mensuelle de 450 €, un avantage en nature évalué cette fois à 200 €, ce montant cumulé (650 €) est supérieur au seuil de franchise (609 €). Les cotisations sont dues sur la différence entre 650 € et 609 €, soit sur une assiette de 41 €.

Si la gratification est exclusivement sous forme d'avantages en nature, il n'y a ni cotisations salariales, ni CSG, ni CRDS.

Accès au restaurant d'entreprise - Lorsque le stagiaire bénéficie du restaurant d'entreprise [voir *Stages en entreprise (recours et statut)**], l'avantage en nature est négligé si sa participation personnelle au prix du repas est au moins égale à 50 % du forfait avantage en nature repas (5,45 € en 2025, à savoir au moins 2,73 € par repas ; voir *Cantine**) (BOSS, Avantages en nature, § 170, 01/01/2025 ; lettre-circ. ACOSS 2015-42 du 2 juillet 2015, § II-B-1-a). Dans ce cas, l'*avantage en nature nourriture** peut être négligé.

Dans le cas contraire, il y a, pour chaque repas, un avantage en nature égal à la différence entre la valeur du forfait avantage en nature repas (5,45 € en 2025) et la participation du salarié. Cet avantage sera ou non soumis à cotisations selon que le seuil de franchise est ou non dépassé, compte tenu de la gratification en espèces versée (BOSS, Exonération stagiaires, § 80, 01/01/2025 ; BOSS, Avantages en nature, § 170, 01/01/2025).

Exemples

Un stagiaire bénéficie de la cantine d'entreprise.

❶ En août 2025, il reçoit une gratification mensuelle de 600 € pour 147 heures de stage. Il a pris 20 repas sur le mois. S'il a participé au prix de chaque repas à hauteur de 2,75 €, il n'y a pas d'avantage en nature lié à la cantine. La gratification ne dépasse pas le seuil de franchise (147 h × 4,35 € = 639,45 €). Aucune cotisation n'est due.

❷ En revanche, s'il a participé au prix de chaque repas à hauteur de 2,20 €, un repas représente un avantage en nature de 5,45 € − 2,20 € = 3,25 €, soit 3,25 € × 20 = 65 € pour les 20 repas. Le total de la gratification en espèces et des avantages en nature est de 600 € + 65 € = 665 €. Les cotisations sont dues sur une base de : 665 € − 639,45 € = 25,55 €

Certains stagiaires, dont le stage est d'une durée inférieure ou égale à 2 mois, ne perçoivent aucune gratification, mais bénéficient d'un accès à la cantine de l'entreprise. Par analogie avec la solution retenue ci-avant, et en l'absence de précision du BOSS, la valeur de ces avantages est en principe assujettie à cotisations. Cependant, lorsque cette valeur ne dépasse pas le montant de la franchise de cotisations, aucune cotisation ni contribution sociale n'est due.

Titres-restaurant - Le stagiaire a droit aux titres-restaurant dans les mêmes conditions que les salariés [voir *Stages en entreprise (recours et statut)**].

Lorsque la part patronale à l'acquisition des titres-restaurant respecte les limites fixées par la réglementation (fourchette de 50 % à 60 %, montant maximal de 7,26 € en 2025 ; voir *Titre-restaurant**), elle est exclue de l'assiette des cotisations sociales, quel que soit le montant de la gratification allouée au stagiaire (BOSS, Avantages en nature, § 130, 01/01/2025 ; lettre-circ. ACOSS 2015-42 du 2 juillet 2015, § III-B-1-b).

Dans le cas contraire, il faut ajouter la part patronale à la gratification pour savoir si le seuil de franchise est dépassé. Si le seuil de la franchise est déjà atteint, compte tenu de la seule gratification en espèces, la participation patronale aux titres-restaurant est réintégrée dans l'assiette des cotisations.

Absence de gratification mais bénéfice du restaurant d'entreprise/de titres-restaurant - Certains stagiaires, dont le stage est d'une durée inférieure ou égale à 2 mois, ne perçoivent aucune gratification.

S'ils bénéficient d'un accès au restaurant d'entreprise ou de l'attribution de titres-restaurant sans contrepartie aucune, la valeur de ces avantages est en principe assujettie à cotisations. Toutefois, lorsque cette valeur ne dépasse pas le montant de la franchise de cotisations, aucune cotisation ni contribution sociale n'est due (lettre-circ. ACOSS 2015-42 du 2 juillet 2015, § II-B-1-c).

Exemple

Un stage d'un mois est effectué en octobre 2025 (soit 23 jours de présence effective, pour 161 h). L'entreprise attribue un titre-restaurant par jour au stagiaire d'une valeur de 9 €, sans aucune participation de celui-ci. Sur le mois, les titres-restaurant représentent un avantage de 9 € × 23 jours = 207 €. Ce montant est inférieur au seuil de franchise de cotisations (161 h × 4,35 € = 700,35 €). Aucune cotisation ni contribution n'est donc due.

Cotisation « accidents du travail » - L'organisme d'accueil est redevable de la cotisation accidents du travail sur la fraction de la gratification excédant le seuil de franchise [voir *Stages en entreprise (recours et statut)**].

Déclaration sociale nominative - La gratification exonérée de cotisations versée aux stagiaires doit être indiquée dans une rubrique spécifique de la DSN. La fraction assujettie doit être déclarée dans les bases habituelles.

Chômage et retraite complémentaire

Le stagiaire n'est pas salarié. Son éventuelle gratification n'est donc soumise ni aux cotisations chômage, ni aux cotisations AGIRC-ARRCO, quel que soit son montant.

Allégements de charges et aides

L'employeur ne peut appliquer aucune des aides liées à l'emploi de salariés titulaires d'un contrat de travail *(réduction générale de cotisations patronales**, *exonérations de cotisations** diverses, etc.).

Lorsque la gratification dépasse le seuil de franchise, la *cotisation d'allocations familiales** et la *cotisation d'assurance maladie-maternité-invalidité** sont calculées au taux normal (5,25 % et 13 % en 2025) car les réductions de taux sont réservées aux salariés.

Régime fiscal de l'indemnité de stage

Exonération - Le régime de la gratification des stages est aligné sur celui applicable aux *apprentis**. La gratification est exonérée d'impôt sur le revenu dans la limite du montant annuel du SMIC quelle que soit la durée du stage sur l'année (CGI art. 81 bis ; BOFiP-RSA-CHAMP-20-30-10-10-§ 205-17/02/2017).

Prélèvement à la source - La gratification versée n'est pas soumise au prélèvement à la source (PAS) tant qu'elle ne dépasse pas, en cumul, le plafond d'exonération. La fraction excédentaire est assujettie au PAS.

Pour le détail, voir *Prélèvement à la source (apprentis et stagiaires)**.

Net imposable du bulletin de paye - Le montant total de la rémunération nette fiscale (avant et après franchissement du seuil d'exonération) doit être affiché sur le bulletin de paye et l'attestation fiscale annuelle lorsqu'elle est produite. À titre d'information, l'attestation fiscale peut mentionner le cumul des montants versés en deçà du seuil pour permettre à l'apprenti de modifier sa déclaration de revenus (www.net-entreprises.fr, Base de connaissances DSN, fiche 1853 modifiée le 26/05/2023).

Il appartient au stagiaire de rectifier le montant prérempli sur sa déclaration de revenus en fonction de l'exonération.

Déclaration du net fiscal et de l'assiette du PAS en DSN - L'ensemble du net fiscal des stagiaires (soumis et exonéré) figure en « Rémunération nette fiscale ». Une distinction est également faite entre ce qui n'est pas soumis au PAS (part inférieure à la limite d'exonération) et ce qui l'est (fraction excédentaire) (www.net-entreprises.fr, Base de connaissances DSN, fiche 1853 modifiée le 26/05/2023 ; voir Dictionnaire DSN, « Stagiaire ») :

- la fraction de rémunération nette fiscale inférieure au seuil d'exonération fiscale est déclarée en rubrique « Montant de la part non imposable du revenu » (S21.G00.50.011) ;

- l'assiette du prélèvement à la source (PAS) est portée en rubrique « Montant soumis au PAS » (S21.G00.50.013).

☛ *Prélèvement à la source (apprentis et stagiaires) ; Stages en entreprise (recours et statut) ; Stages (jeunes de 14 à 16 ans).*

Stages en entreprise (recours et statut)

Le régime des stages en entreprise est principalement encadré par le code de l'éducation (c. éduc. art. L. 124-1 à L. 124-20).

Définition et recours aux stages

Stage en cours de cursus scolaire ou universitaire - Le stage correspond à une période temporaire de mise en situation en milieu professionnel. Il s'inscrit obligatoirement dans le cadre d'un enseignement scolaire (la loi parle de « période de formation en milieu professionnel ») ou universitaire (la législation utilise le terme de « stage ») (c. éduc. art. L. 124-1).

Pour l'organisme d'accueil, les règles juridiques sont identiques. Nous utilisons donc dans nos développements le seul terme de « stage » pour les deux types de situations.

Définition du stage - Durant un stage, l'élève ou l'étudiant acquiert des compétences professionnelles et met en œuvre les acquis de sa formation en vue de l'obtention d'un diplôme ou d'une certification et de favoriser son insertion professionnelle.

Le stagiaire se voit confier une ou des missions conformes au projet pédagogique défini par son établissement d'enseignement et approuvées par l'organisme d'accueil (c. éduc. art. L. 124-1).

Le stage n'étant pas un emploi, il est exclu de recourir à un stage ayant pour objet (c. éduc. art. L. 124-7) :
- d'exécuter une tâche régulière correspondant à un poste de travail permanent ;
- de faire face à un accroissement temporaire de l'activité de l'organisme d'accueil ;
- d'occuper un emploi saisonnier ;
- ou de remplacer un salarié en cas d'absence ou de suspension de son contrat de travail.

Contrôle administratif - L'agent de contrôle de l'inspection du travail qui constaterait qu'un « véritable » poste serait pourvu par un stagiaire doit en informer le stagiaire, l'établissement d'enseignement dont il relève, ainsi que les institutions représentatives du personnel de l'organisme d'accueil, dans des conditions à fixer par décret (c. trav. art. L. 8223-1-1).

Requalification du stage - Un stagiaire peut saisir le conseil de prud'hommes d'une demande de requalification du stage en contrat de travail. L'affaire est directement portée devant le bureau de jugement, qui statue dans un délai d'un mois suivant la saisine (c. trav. art. L. 1454-5).

Cadre du stage

Intégration dans un cursus pédagogique - Le stage est obligatoirement intégré à un cursus pédagogique (c. éduc. art. L. 124-3). Sous cette réserve, il peut être obligatoire ou optionnel.

Les stages sont considérés comme « intégrés » lorsque leurs finalités et leurs modalités sont définies dans l'organisation de la formation (c. éduc. art. D. 124-1).

Les stages universitaires donnent lieu à une restitution de la part de l'étudiant, évaluée par l'établissement d'enseignement. Cette restitution peut prendre la forme d'un rapport de stage, d'une synthèse de travaux ou de l'étude d'une question (rép. Domuynck n° 11748, JO 15 juillet 2010, Sén. quest. p. 1864).

Durée maximale du ou des stages - L'accueil d'un même stagiaire dans une même structure d'accueil est limité à 6 mois de stage par année d'enseignement, que ce soit au titre d'un ou de plusieurs stages (c. éduc. art. L. 124-5).

Calcul de la durée des stages - Pour l'appréciation de la durée d'un stage, chaque période au moins égale à 7 h de présence, consécutives ou non, est décomptée pour une journée. Chaque période au moins égale à 22 jours de présence, consécutifs ou non, vaut 1 mois (c. éduc. art. D. 124-6).

Par ailleurs, sont assimilées à une durée de présence (lettre circ. ACOSS 2015-42 du 2 juillet 2015, § I-C-1) :
- les congés et autorisations d'absence prévus par la loi (maternité, paternité, adoption, etc.) *(voir plus loin)* ;
- les congés et autorisations prévus par la convention de stage signée par le stagiaire, l'entreprise et l'établissement d'enseignement *(voir plus loin)*.

▶ À noter… Si ces congés sont comptabilisés dans le calcul des durées de stage, ils ne donnent pas obligatoirement lieu à gratification (ils le seront selon la volonté de l'organisme d'accueil ou si la convention de stage le prévoit).

Selon un guide des stages diffusé par le ministère de l'enseignement supérieur (http://www.enseignementsup-recherche.gouv.fr), il n'y aurait pas lieu de tenir compte des jours fériés lorsque le stagiaire n'est pas présent (par exception, le lundi de Pentecôte n'est pas assimilé à un jour férié). La circulaire ACOSS étant silencieuse sur la question des jours fériés, une clarification expresse serait la bienvenue.

Ces règles valent (lettre circ. ACOSS 2015-42 du 2 juillet 2015, §§ I-C-1 et II-A) :
- pour vérifier le respect de la durée maximale de 6 mois, qui représente donc une durée totale de 924 h (22 jours × 6 × 7 h) ;
- et pour apprécier le seuil de durée déclenchant le versement d'une gratification obligatoire [voir *Stages en entreprise (gratification)**].

Exemples

Un stage continu du 1er janvier au 30 juin 2025 effectué à raison de 7 h par jour du lundi au vendredi, sans présence les jours fériés, représente un total de 861 heures de présence (janvier : 7 h × 22 jours = 154 h ; février : 7 h × 20 jours = 140 h ; mars : 7 h × 21 jours = 147 h ; avril : 7 h × 21 jours = 147 h ; mai : 7 h × 19 jours = 133 h ; juin : 7 h × 20 jours = 140 h).

Un stage effectué en deux périodes, du 1er janvier au 31 mars 2025 puis du 12 mai au 30 juin 2025, à raison de 4 h par jour du lundi au vendredi, sans présence du stagiaire les jours fériés, représente un total de 388 heures de présence (janvier : 4 h × 22 jours = 88 h ; février : 4 h × 20 jours = 80 h ; mars : 4 h × 21 jours = 84 h ; mai : 4 h × 14 jours = 56 h ; juin : 4 h × 20 jours = 80 h).

Délai de carence entre 2 stages sur un même poste - L'entreprise peut accueillir successivement des stagiaires différents sur un même poste, dans le cadre de conventions de stage différentes. Elle doit cependant respecter un délai de carence égal au 1/3 de la durée du stage précédent, sauf si c'est le stagiaire qui a pris l'initiative d'interrompre le stage (c. éduc. art. L. 124-11).

Volume pédagogique - Un volume pédagogique minimal de formation en établissement d'enseignement de 200 h par an, non compris la période de stage, est exigé (c. éduc. art. L. 124-3 et D. 124-2). En pratique :
- dans l'enseignement scolaire, le volume pédagogique d'enseignement de 200 h doit être dispensé en présence des élèves ;
- dans l'enseignement supérieur, le volume pédagogique d'enseignement de 200 h comporte un minimum de 50 h dispensées en présence des étudiants.

Nombre de stagiaires

Quota maximal de stagiaires - Le nombre de stagiaires ne peut pas être supérieur à un nombre fixé par décret (c. éduc. art. L. 124-8). Pour l'application de cette limite, les périodes de prolongation liées, notamment, à l'état de santé du stagiaire ne sont pas prises en compte.

Le nombre maximum de stagiaires dont la convention de stage est en cours pendant une même semaine civile dans un organisme d'accueil est égal à (c. éduc. art. L. 124-8 et R. 124-10) :
- 15 % de l'effectif arrondis à l'entier supérieur pour les organismes d'accueil dont l'effectif est supérieur ou égal à 20 ;
- 3 stagiaires, pour les organismes d'accueil lorsque l'effectif est inférieur à 20.

L'effectif de référence correspond au chiffre le plus élevé entre (c. éduc. art. R. 124-12) :
- le nombre des personnes physiques employées dans l'organisme d'accueil au dernier jour du mois civil précédant la période sur laquelle le respect du quota est apprécié ;
- et la moyenne de ce nombre sur les 12 mois précédant la période sur laquelle le respect du quota est apprécié.

Les plafonds de 15 % et de 3 stagiaires peuvent être relevés pour les périodes de formation en milieu professionnel obligatoires prévues dans le cadre des enseignements du second degré conduisant à un diplôme technologique ou professionnel. Le recteur de région académique peut fixer, par arrêté, une limite pouvant aller jusqu'à 20 % de l'effectif lorsque celui-ci est supérieur ou égal à 30 (5 stagiaires lorsque l'effectif est inférieur à 30), en limitant le cas échéant cette dérogation à certains secteurs d'activité (c. éduc. art. R. 124-11). Pour vérifier le respect de ces limites dérogatoires, il est tenu compte de l'ensemble des personnes accueillies au titre des stages et des périodes de formation en milieu professionnel.

▶ À noter... Dans les entreprises comportant plusieurs établissements, le quota maximal de stagiaires doit être calculé en fonction de l'effectif global de l'entreprise (rép. Rabault n° 3043, JO 9 janvier 2018, AN quest. p. 225).

Le non-respect du quota, constaté par l'inspection du travail, peut entraîner une amende *(voir plus loin)*. En outre, l'inspection du travail qui constaterait la violation du quota en informe le stagiaire, l'établissement d'enseignement dont il relève, ainsi que les institutions représentatives du personnel de l'organisme d'accueil, dans des conditions à fixer par décret (c. trav. art. L. 8223-1-1).

Rescrit sur le nombre de stagiaires - Une procédure de rescrit permet aux entreprises accueillant des stagiaires d'interroger l'administration sur les modalités de prise en compte des effectifs servant de base au calcul du plafond des stagiaires autorisés (c. éduc. art. L. 124-8-1).

La demande de rescrit précise le nom ou la raison sociale de son auteur, son adresse, les catégories de personnes que l'entreprise envisage de prendre en compte pour déterminer l'effectif qui servira à calculer le quota de stagiaires autorisés (c. éduc. art. R. 124-12-1).

Elle est présentée au *DREETS** de la région du siège de l'entreprise, par tout moyen donnant une date certaine à la réception de la demande. Le DREETS doit se prononcer dans un délai de 3 mois à compter de cette date ou de celles des éléments complémentaires demandés (c. éduc. art. R. 124-12-1).

La réponse du DREETS lui est opposable (c. éduc. art. L. 124-8-1) :
- pour l'avenir tant que la situation de fait exposée dans la demande ou la législation au regard de laquelle la situation a été appréciée n'ont pas été modifiées ;
- ou jusqu'à ce que l'administration notifie au demandeur une modification de son appréciation.

Convention de stage

Caractère obligatoire et signataires - Chaque stage doit donner lieu à la conclusion d'une convention signée par le stagiaire (ou son représentant légal s'il est mineur), l'organisme d'accueil, l'établissement d'enseignement, l'enseignant référent de l'établissement d'enseignement et le tuteur dans l'organisme d'accueil (c. éduc. art. L. 124-1 et D. 124-4).

La convention précise, en particulier :
- les compétences à acquérir ou à développer durant le stage et la manière dont ce temps s'inscrit dans le cursus de la formation (c. éduc. art. L. 124-2) ;
- les modalités d'encadrement du stage par l'établissement d'enseignement et l'organisme d'accueil (c. éduc. art. L. 124-3).

Elle peut faire l'objet d'avenants, notamment en cas de report ou de suspension de la période de stage (c. éduc. art. D. 124-4).

▶ Attention… Si une personne est présente dans l'entreprise sans avoir signé de convention tripartite ou si elle a signé une convention bipartite (stagiaire/employeur), elle ne peut pas être considérée comme un stagiaire (lettre-circ. ACOSS 2008-91 du 29 décembre 2008, question/réponse 1). Le prétendu stage risque d'être requalifié en contrat de travail (cotisations dues sur l'assiette minimale, application de la réglementation du droit du travail, etc.)

Contenu de la convention - Les conventions de stage sont élaborées par les établissements d'enseignement public et privés en concertation avec les organismes d'accueil intéressés, sur la base d'une convention type définie par les ministres intéressés (c. éduc. art. D. 124-5).

Elles doivent comporter des clauses obligatoires (c. éduc. art. L. 124-1 et D. 124-4). On citera à titre d'exemples :
- l'intitulé complet du cursus ou de la formation du stagiaire et son volume horaire par année d'enseignement ou par semestre d'enseignement, selon les cas ;
- le nom de l'enseignant référent de l'établissement d'enseignement et le nom du tuteur dans l'organisme d'accueil ;
- les dates de début et de fin de stage ainsi que la durée totale prévue ;
- la durée hebdomadaire de présence effective du stagiaire dans l'organisme d'accueil et sa présence, le cas échéant, la nuit, le dimanche ou des jours fériés ;
- le montant de la gratification versée au stagiaire et les modalités de son versement, le cas échéant ;
- le régime de protection sociale dont bénéficie le stagiaire, y compris la protection en cas d'accident du travail, ainsi que, le cas échéant, l'obligation faite au stagiaire de justifier d'une assurance couvrant sa responsabilité civile ;
- les conditions dans lesquelles le stagiaire est autorisé à s'absenter, notamment dans le cadre d'obligations attestées par l'établissement d'enseignement, et des congés et autorisations d'absence auxquels la législation lui donne droit *(voir plus loin)* ;
- la liste des avantages offerts par l'organisme d'accueil au stagiaire (notamment restaurant d'entreprise ou titres-restaurant, prise en charge des frais de transport « domicile-lieu de stage », activités sociales et culturelles du *comité social et économique**).

Le modèle de convention prévu pour les établissements d'enseignement supérieur reprend ces informations, sachant qu'il précise les éléments suivants (arrêté du 29 décembre 2014, JO du 10 février 2015, texte 7) :
- indication précise de la durée du stage (début, fin de stage et nombre de mois ou de semaines), avec mention que chaque période au moins égale à 7 h de présence consécutives ou non est considérée en principe comme équivalente à un jour de stage et chaque période au moins égale à 22 jours de présence consécutifs ou non est considérée comme équivalente à un mois ;
- le stage a été effectué dans le cadre des études du stagiaire ;
- mention selon laquelle, sous réserve du versement de cotisations, l'attestation de stage ouvre aux étudiants dont le stage a été gratifié la possibilité de le faire valider pour la retraite dans la limite de deux trimestres *(voir ci-après)*.

Stage se déroulant à l'étranger - Lorsqu'un stage est effectué à l'étranger, la convention de stage comporte en annexe une fiche d'information présentant la réglementation du pays d'accueil sur les droits et devoirs du stagiaire (c. éduc. art. L. 124-20).

Les questions relatives au déroulement du stage et à son encadrement font alors l'objet d'un échange préalable entre l'établissement d'enseignement, le stagiaire et l'organisme d'accueil (c. éduc. art. L. 124-19).

Encadrement du stagiaire

Tuteur dans l'entreprise - L'organisme d'accueil désigne un tuteur chargé de l'accueil du stagiaire et de son accompagnement, sous peine d'amende (c. éduc. art. L. 124-9 et L. 124-17). Ce tuteur a également pour mission de s'assurer du respect des aspects pédagogiques de la convention de stage.

Un tuteur peut suivre 3 stagiaires maximum (c. éduc. art. L. 124-10 et R. 124-13).

▶ À noter… Un accord d'entreprise peut préciser les tâches du tuteur et prévoir des modalités de valorisation de cette fonction.

Enseignant référent - L'établissement d'enseignement désigne un enseignant référent notamment chargé du suivi du stage et du respect de la convention (c. éduc. art. L. 124-2). À plusieurs reprises durant le stage, cet enseignant s'assure de son bon déroulement auprès du tuteur désigné dans l'organisme d'accueil. Si nécessaire, il peut proposer une redéfinition d'une ou des missions pouvant être accomplies (c. éduc. art. L. 124-1).

Chaque enseignant peut suivre simultanément plusieurs stagiaires (c. éduc. art. D. 124-3).

Statut du stagiaire dans l'organisme d'accueil

Pas de contrat de travail - Un jeune sous convention de stage n'est pas lié à la structure d'accueil par un contrat de travail. N'ayant pas la qualité de salarié :
- il n'y a pas de déclaration préalable à l'embauche à faire ;
- il ne peut pas prétendre au SMIC ;
- la remise d'un bulletin de paye n'est pas obligatoire [voir *Stages en entreprise (gratification)**] ;
- il est exclu de tous les calculs d'effectif.

Certaines obligations de droit du travail restent néanmoins applicables. Ainsi, le stagiaire bénéficie des mêmes protections que les salariés contre les discriminations et les harcèlements moral et sexuel (c. éduc. art. L. 124-12).

Décompte de la durée de présence - Les stagiaires relèvent des règles applicables aux salariés de l'organisme d'accueil en matière de (c. éduc. art. L. 124-14) :
- présence de nuit ;
- durées maximales de présences quotidienne et hebdomadaire ;
- repos quotidien, repos hebdomadaire et jours fériés.

L'organisme d'accueil a l'obligation d'établir un décompte des durées de présence du stagiaire, « selon tous moyens ».

Si ces dispositions ne sont pas respectées, l'organisme d'accueil encourt une amende (c. éduc. art. L. 124-17). Par ailleurs, l'inspection du travail en informe le stagiaire, l'établissement d'enseignement, ainsi que les institutions représentatives du personnel de l'organisme d'accueil, dans des conditions à fixer par décret (c. trav. art. L. 8223-1-1).

Congés et autorisations d'absence prévus par la loi - Les stagiaires ont droit à des congés et autorisations d'absence d'une durée équivalant à celles prévues en faveur des salariés en cas de grossesse, de paternité ou d'adoption (c. éduc. art. L. 124-13). Sont ici visés :
- les autorisations d'absence pour suivre les examens médicaux obligatoires au titre de la surveillance de la grossesse et des suites de l'accouchement (c. trav. art. L. 1225-16) [voir *Examens médicaux liés à la grossesse (absences)**] ;
- le congé de maternité (c. trav. art. L. 1225-17 à L. 1225-28) [voir *Maternité (congé de)**] ;
- le *congé de paternité et d'accueil de l'enfant** (c. trav. art. L. 1225-35) ;
- le *congé d'adoption** (c. trav. art. L. 1225-37) ;
- le *congé en vue de l'adoption**, en cas d'adoption internationale ou extra-métropolitaine (c. trav. art. L. 1225-46).

Congés et autorisations d'absence prévus dans la convention - Pour les stages d'une durée supérieure à 2 mois et dans la limite de la durée maximale de 6 mois, la convention de stage doit prévoir la possibilité de congés et d'autorisations d'absence au bénéfice du stagiaire au cours de cette période (c. éduc. art. L. 124-13).

Si le stage dure 2 mois maximum, prévoir des congés n'est pas obligatoire (lettre circ. ACOSS 2015-42 du 2 juillet 2015, § VIII).

La rémunération des congés est facultative (lettre circ. ACOSS 2015-42 du 2 juillet 2015, § VIII).

Registre unique du personnel - L'organisme d'accueil doit inscrire les nom et prénoms des stagiaires accueillis dans l'établissement, dans une partie spécifique du registre unique du personnel (c. trav. art. L. 1221-13). Il y est précisé (c. trav. art. D. 1221-23-1) :
- les nom et prénoms du stagiaire et du tuteur ;
- les dates de début et de fin du stage ;
- le lieu de présence du stagiaire.

Restauration, frais de transport - Les stagiaires ont accès au restaurant d'entreprise ou aux titres-restaurant dans les mêmes conditions que les salariés de l'organisme d'accueil (c. éduc. art. L. 124-13).

Ils ont droit à la prise en charge des abonnements aux transports publics pour le trajet « domicile-lieu de stage » dans les mêmes conditions que les salariés de l'organisme d'accueil (voir *Frais de transport domicile-lieu de travail**).

Tous les stagiaires bénéficient de ces droits, y inclus ceux ayant des stages inférieurs à 2 mois.

Activités sociales et culturelles du CSE - Les stagiaires bénéficient des activités sociales et culturelles du *comité social et économique**, dans les mêmes conditions que les salariés (c. éduc. art. L. 124-16 ; c. trav. art. L. 2312-78).

Gratification, cotisations - Voir *Stages en entreprise (gratification)**.

Attestation de fin de stage - L'organisme d'accueil délivre à l'élève ou l'étudiant une attestation en fin de stage qui mentionne la durée effective totale du stage et le montant total de la gratification versée au stagiaire, le cas échéant (c. éduc. art. D. 124-9).

Accident du travail d'un stagiaire

Déclaration d'un accident du travail - Lorsqu'un accident survient par le fait ou à l'occasion du stage en entreprise, celle-ci a l'obligation de déclarer l'accident à la CPAM (c. séc. soc. art. L. 441-2).

L'employeur adresse sans délai une copie de cette déclaration à l'établissement d'enseignement (c. séc. soc. art. R. 412-4, I, C).

Faute inexcusable de l'organisme d'accueil - En cas d'accident du travail, lorsqu'un stagiaire engage une action en reconnaissance d'une faute inexcusable contre l'établissement d'enseignement, celui-ci est tenu d'appeler en la cause l'organisme d'accueil. Il sera ainsi statué dans la même instance judiciaire sur la demande du stagiaire et sur la garantie des conséquences financières d'une reconnaissance éventuelle de faute inexcusable (c. séc. soc. art. L. 452-4). L'établissement d'enseignement dispose d'une action récursoire afin que l'organisme d'accueil supporte les conséquences de sa faute inexcusable [voir *Faute inexcusable (accident du travail ou maladie professionnelle)**].

Cotisation accident du travail - Lorsque la gratification ne dépasse pas le seuil de franchise des cotisations [voir *Stages en entreprise (gratification)**], c'est l'établissement d'enseignement signataire de la convention qui paye la cotisation « accidents du travail » (AT), calculée selon des règles particulières.

Pour les stagiaires dont la gratification est supérieure au seuil de franchise, la cotisation AT est due par l'entreprise sur la fraction excédentaire, comme les autres cotisations de sécurité sociale.

Interruption du stage

Si un stagiaire interrompt son stage en raison d'une maladie, d'un accident, d'une grossesse, d'une paternité ou d'une adoption, l'autorité académique ou l'établissement d'enseignement supérieur peut valider le stage, même s'il n'a pas atteint la durée prévue dans le cursus. Une modalité alternative de validation de la formation peut aussi être proposée (c. éduc. art. L. 124-15).

Les possibilités sont identiques lorsque le stage a été interrompu, en accord avec l'établissement d'enseignement, du fait du non-respect des dispositions pédagogiques de la convention de stage, ou en cas de rupture de la convention par l'organisme d'accueil.

Dans ces différentes situations, les parties à la convention de stage (établissement d'enseignement, stagiaire, organisme d'accueil) peuvent aussi décider de reporter la période de stage qui n'a pas pu être accomplie.

Amende administrative

Infractions visées - La violation de certaines règles relatives à l'encadrement des stages expose l'organisme d'accueil à une amende administrative (c. éduc. art. L. 124-17) :
- quota maximal de stagiaires par organisme d'accueil ;
- obligation de désigner un tuteur ;
- durées maximales de présence quotidienne et hebdomadaire, durée de la présence de nuit, repos quotidien et hebdomadaire et jours fériés ;
- obligation d'établir, par tout moyen, un décompte de la durée de présence des stagiaires ;
- interdiction de confier aux stagiaires des tâches dangereuses pour leur santé ou leur sécurité.

Montant - Le montant de l'amende encouru est fixé par le DREETS. Il est d'au plus 2 000 € par stagiaire concerné par le manquement. Ce montant maximum est porté à 4 000 € en cas de récidive dans un délai d'un an à compter du jour de la notification de la première amende (c. éduc. art. L. 124-17 ; c. trav. art. R. 8115-6).

Embauche d'un ancien stagiaire

Réduction de la période d'essai - Voir *Période d'essai**.

Droits liés à l'ancienneté - Lorsqu'un stagiaire est embauché par l'entreprise d'accueil à l'issue d'un stage ayant duré plus de 2 mois, la durée de stage est prise en compte pour le calcul et l'ouverture des droits liés à l'ancienneté (c. trav. art. L. 1221-24).

Validation du stage pour la retraite sécurité sociale

Acquisition de trimestres - Pour les stages ayant débuté après le 14 mars 2015, il existe une possibilité de valider des trimestres pour la retraite sécurité sociale (décret 2015-284 du 11 mars 2015, art. 2 ; circ. CNAV 2016-23 du 18 avril 2016).

Les étudiants effectuant un stage en entreprise intégré à un cursus pédagogique scolaire ou universitaire et éligible à la gratification obligatoire peuvent en demander la prise en compte par le régime général pour leur retraite de base, dans la limite de 2 trimestres et moyennant le versement de cotisations (c. séc. soc. art. L. 351-17).

Toute période de stage ayant donné lieu au versement d'une gratification obligatoire, à savoir les stages dont la durée au sein de la même structure d'accueil est égale à 2 mois consécutifs ou, au cours d'une même année scolaire ou universitaire, à 2 mois consécutifs ou non, ouvre droit à validation d'un trimestre d'assurance [*Stages en entreprise (gratification)**]. Lorsque la période couvre deux années civiles successives, elle peut être considérée comme effectuée au cours de l'une ou de l'autre de ces années (c. séc. soc. art. D. 351-16).

Demande du stagiaire - C'est au stagiaire de faire sa demande dans un délai de 2 ans à compter de la fin du stage, auprès de la CARSAT de sa résidence (ou du lieu du stage, en cas de résidence à l'étranger) (c. séc. soc. art. D. 351-16 et D. 351-17). À défaut de réponse de la caisse de retraite dans un délai de 2 mois, sa demande doit être considérée comme rejetée (c. séc. soc. art. D. 351-19).

La demande est formulée au plus tard le 31 décembre de l'année civile du 30e anniversaire de l'assuré (c. séc. soc. art. D. 351-16).

▶ À noter… La demande doit comporter diverses pièces, et notamment les justificatifs permettant d'identifier l'assuré, de déterminer les périodes au titre desquelles sa demande est présentée et de vérifier la durée et la gratification perçue. La copie de la convention de stage doit également être produite (c. séc. soc. art. D. 351-17).

Acquisition payante - Le stagiaire doit verser pour chaque trimestre 12 % du montant mensuel du *plafond de la sécurité sociale** en vigueur au 1er janvier de l'année au cours de laquelle la demande est déposée (soit 471 € en 2025). Il peut opter pour un échelonnement du versement en échéances mensuelles d'égal montant sur une période d'un an ou de deux ans selon le choix exprimé dans sa demande (c. séc. soc. art. D. 351-18).

☞ *Stages en entreprise (gratification) ; Stages (jeunes de 14 à 16 ans).*

Stages (jeunes de 14 à 16 ans)

Stages

Cadre scolaire - Les jeunes de moins de 16 ans peuvent effectuer un stage en entreprise uniquement dans un cadre scolaire (c. trav. art. L. 4153-1, 2° et 3°) :
- les élèves de l'enseignement général peuvent faire des « visites d'information organisées par leurs enseignants » ou, durant les 2 dernières années de leur scolarité obligatoire ou durant la scolarité au lycée, suivre des « séquences d'observation » ;
- les élèves suivant un enseignement alterné ou professionnel peuvent accomplir, durant les 2 dernières années de leur scolarité obligatoire, des « stages d'initiation, d'application ou des périodes de formation en milieu professionnel ».

Convention obligatoire - Une convention doit être passée entre l'établissement d'enseignement de l'élève et l'entreprise d'accueil (c. trav. art. L. 4153-2). Cependant, aucune convention ne peut être conclue dans le but d'admettre ou d'employer un élève dans un établissement lorsqu'il est établi, par les services de contrôle, que les conditions de travail sont de nature à porter atteinte à la sécurité, à la santé ou à l'intégrité physique et morale des personnes qui y sont présentes.

Gratification - Faute d'être salarié, le jeune ne peut pas prétendre à un salaire. Si l'employeur verse une gratification, celle-ci est soumise, ou non, à cotisations en fonction du montant. En pratique, le régime social de la gratification est identique à celui des stages étudiants [voir *Stages en entreprise (gratification)**].

Périodes d'observation

Des périodes d'observation en entreprise, dans une association ou dans une administration, d'une durée maximale d'une semaine peuvent être proposées aux élèves de 4e, de 3e et des lycées, durant leurs vacances scolaires. Elles ont pour objet l'élaboration de leur projet d'orientation professionnelle (c. éduc. art. L. 332-3-1, al. 1).

À leur demande et sous réserve de l'accord du chef d'établissement, ces élèves peuvent effectuer une période d'observation en milieu professionnel, d'une durée maximale d'une journée par an, sur leur temps scolaire (c. éduc. art. L. 332-3-1, al. 2).

☞ *Jeunes ; Stages en entreprise (gratification) ; Stages en entreprise (recours et statut).*

Stock-options (options sur actions)

Le mécanisme en bref

Dans les sociétés par actions (SA, SAS, sociétés en commandite par actions), cotées ou non cotées, le mécanisme des stock-options permet aux salariés et dirigeants d'acheter des actions de leur société à un prix avantageux, conformément au plan d'option qui leur est attribué. L'option est consentie pour un délai déterminé, durant lequel le bénéficiaire peut décider de la lever pour acquérir effectivement les actions (c. com. art. L. 225-177 à L. 225-186 ; c. com. art. L. 22-10-56 à L. 22-10-58 ; BOFiP-RSA-ES-20-10-10-12/08/2014).

Le prix des actions est fixé le jour où l'option est consentie (prix d'exercice de l'option). Ce prix peut être avantageux par rapport à la valeur réelle du titre au jour dit (cet avantage s'appelle le « rabais »).

Lorsque le bénéficiaire choisit de lever l'option qui lui a été attribuée, il doit payer les actions sur lesquelles portait son option au prix convenu. La différence entre le prix de souscription ou d'achat et la valeur réelle des actions à la date de la levée d'option constitue le « gain de levée d'option ».

Par la suite, le bénéficiaire peut revendre ses actions et réaliser une « plus-value de cession » si la valeur des actions a progressé.

Pour plus de détails sur le régime juridique des stock-options, les lecteurs peuvent se reporter au Dictionnaire Fiscal du Groupe Revue Fiduciaire (voir Dictionnaire Fiscal, §§ 48505 et s.).

▶ À noter... Il peut arriver que, du fait d'un licenciement jugé sans cause réelle et sérieuse, un salarié ne puisse pas exercer les options qui lui ont été consenties dans le cadre d'un plan d'option de souscription d'actions. Il subit, dans ce cas, un préjudice qui doit être réparé (cass. soc. 29 septembre 2004, n° 02-40027, BC V n° 234) par l'allocation de dommages-intérêts, mais il ne peut pas prétendre au maintien des options (cass. soc. 2 février 2006, n° 03-47180, BC V n° 55).

Régime social des stock-options (au 15.01.2025)

Avantage en cause		Cotisations sociales et charges ayant la même assiette (1)	CSG et CRDS sur les revenus d'activité
Fraction du rabais inférieure ou égale à 5 %		Exonérée (*)	Exonérée (*)
Fraction du rabais supérieure à 5 % (2)	**Option levée avant le 1.01.1995**	Non assujettie	Non assujettie
	Option levée depuis le 1.01.1995	Assujettie comme salaire dès la levée de l'option	CSG et CRDS sur les revenus d'activité (3) sans abattement d'assiette dès la levée de l'option
Gain de levée d'option (options attribuées jusqu'au 27.09.2012)	Cession ou conversion au porteur après le délai d'indisponibilité	Exonéré	• Pas de CSG/CRDS au titre des revenus d'activité • CSG/CRDS (+ prélèvements sociaux) sur les revenus du patrimoine
	Cession ou conversion au porteur dans le délai d'indisponibilité	Assujetti comme salaire lors de la cession	• Option levée depuis le 1.01.1997 : CSG et CRDS sur les revenus d'activité (3) sans abattement d'assiette lors de la cession • Option levée avant le 1.01.1997 : Pas de CSG/CRDS au titre des revenus d'activité. Voir tableau du régime fiscal.
Gain de levée d'option (options attribuées depuis le 28.09.2012)	Si conditions remplies (4)	Exonéré (*)	CSG/CRDS au titre des revenus d'activité recouvrés comme les prélèvements sociaux sur les revenus du patrimoine *(voir tableau du régime fiscal)*.
	Conditions non remplies	Assujetti comme salaire lors de la cession	CSG et CRDS sur les revenus d'activité (3) lors de la cession
Plus-value de cession		Exonérée	Voir tableau du régime fiscal.

(*) C. séc. soc. art. L. 242-1, II, 6°.

(1) En outre, pour les options attribuées depuis le 16 octobre 2007, une contribution patronale spécifique est due (le taux est de 30 % pour les options consenties depuis le 11 juillet 2012) (c. séc. soc. art. L. 137-13).

(2) La distinction existant en matière fiscale, selon que l'option a été attribuée avant ou après le 1er juillet 1993, n'existe pas en matière sociale, où seule la référence au seuil de 5 % est opérationnelle (cass. soc. 24 octobre 2002, n° 01-20699, BC V n° 319 ; cass. civ., 2e ch., 20 septembre 2005, n° 03-30709, BC II n° 223).

(3) 9,2 % + 0,5 % (c. séc. soc. art. L. 136-1-1, II, 5° ; ord. 96-50 du 24 janvier 1996, art. 14).

(4) Si l'employeur notifie à son URSSAF l'identité de ses salariés ou mandataires sociaux auxquels des actions ont été attribuées au cours de l'année civile précédente, ainsi que le nombre et la valeur des actions attribuées à chacun d'entre eux (c. séc. soc. art. L. 242-14). À défaut, l'employeur est tenu au paiement de la totalité des cotisations sociales, y compris pour leur part salariale. En pratique, dans le cas général, la notification s'effectue via des rubriques spécifiques de la DSN.

<table>
<tr><th colspan="5">Régime fiscal des stock-options (au 15.01.2025)</th></tr>
<tr><th colspan="5">I - Rabais excédentaire</th></tr>
<tr><td>Impôt sur le revenu</td><td colspan="4">Pour les options attribuées depuis le 1.07.1993, imposition au titre de l'année de la levée de l'option en traitements et salaires (95 % de la valeur réelle du titre au jour de l'attribution - prix d'exercice)</td></tr>
<tr><th colspan="5">II - Avantage et plus-value de cession - Options attribuées à compter du 27.04.2000 et cédées à compter de 2018</th></tr>
<tr><td rowspan="3"></td><th colspan="3">Gain de levée d'option (1)</th><th rowspan="3">Plus-value de cession</th></tr>
<tr><th colspan="2">Plans attribués du 27.04.2000 au 27.09.2012</th><th rowspan="2">Plans attribués à partir du 28.09.2012</th></tr>
<tr><th>Fraction annuelle inférieure ou égale à 152 500 €</th><th>Fraction annuelle supérieure à 152 500 €</th></tr>
<tr><td rowspan="2">Impôt sur le revenu</td><td>• Délai de portage non respecté : 30 % (2) (3)
• Délai de portage respecté : 18 % (2)</td><td>• Délai de portage non respecté : 41 % (2) (3)
• Délai de portage respecté : 30 % (2)</td><td rowspan="2">Salaire soumis au barème progressif (2)</td><td rowspan="2">Prélèvement forfaitaire unique (PFU) de 12,8 % ou option globale pour le barème progressif de l'IR (4)</td></tr>
<tr><td colspan="2">Ou option pour l'imposition à l'IR en traitements et salaires sans quotient (2)</td></tr>
<tr><td>Prélèvements sociaux</td><td colspan="2">Prélèvements sociaux sur les revenus du patrimoine (5)</td><td>CSG-CRDS sur les revenus d'activité (6)</td><td>Prélèvements sociaux sur les revenus du patrimoine (7)</td></tr>
</table>

(1) Minoré, le cas échéant, du montant du rabais excédentaire déjà imposé au titre de l'année de la levée de l'option.
(2) Pour les options attribuées à compter du 16.10.2007, contribution salariale spécifique de 10 % au titre de l'année de la cession des titres.
(3) Sans objet pour les titres cédés à compter du 28.09.2018.
(4) En cas d'imposition au barème progressif, le contribuable peut bénéficier, pour les titres acquis avant 2018, des abattements proportionnels pour durée de détention, de droit commun ou renforcé. Quelles que soient les modalités d'imposition (PFU ou barème de l'IR) et quelle que soit la date d'acquisition ou de souscription des titres cédés, l'abattement fixe des dirigeants de PME qui partent à la retraite s'applique.
(5) Sans aucune fraction de CSG déductible (taux forfaitaire ou option pour les traitements et salaires).
(6) CSG/CRDS au titre des revenus d'activité, sans abattement d'assiette, payées comme la CSG sur les revenus du patrimoine (pas de passage en paye) (c. séc. soc. art. L. 136-1-1, II, 5° et L. 136-5, II bis). Une fraction de la CSG est déductible du revenu imposable de l'année de son paiement (CGI art. 154 quinquies, I).
(7) Sans aucune fraction de CSG déductible en cas d'imposition au PFU. En cas d'imposition au barème progressif, une fraction de la CSG payée est déductible.

Régimes social et fiscal

Avantages financiers attachés aux stock-options - Pour l'application du régime social et fiscal, il faut distinguer 3 avantages dont le titulaire peut bénéficier :
- le « rabais » : le salarié ou le dirigeant qui lève l'option bénéficie d'un avantage qui est égal à la différence entre la valeur réelle de l'action à la date de l'offre du plan d'option et le prix fixé pour la souscription ou l'achat du titre par le bénéficiaire ;
- le « gain de levée d'option » : il est égal à la différence entre la valeur réelle ou le cours de l'action à la date de la levée de l'option et le prix de souscription ou d'achat de l'action (schématiquement, la hausse de la valeur de l'action entre le moment où l'option a été consentie et sa levée) ;
- la « plus-value de cession » lorsque le bénéficiaire cède ses actions : elle est égale à la différence entre le prix de cession des actions et le prix de souscription ou d'achat de ces actions (schématiquement, la hausse de la valeur de l'action entre la levée de l'option et sa revente).

Les règles gouvernant les régimes social et fiscal applicables à ces avantages sont complexes, compte tenu de l'accumulation des réglementations. Elles sont synthétisées dans nos tableaux ci-dessus, en leur état au 15 janvier 2025.

Contribution patronale - Une contribution patronale est due au titre des options de souscription ou d'achat d'actions consenties depuis le 16 octobre 2007 (c. séc. soc. art. L. 137-13) (pour le détail, voir *Contribution patronale sur les stock-options et les actions gratuites**).

Contribution à la charge du bénéficiaire - Le bénéficiaire est redevable d'une contribution de 10 % sur l'avantage imposé au taux proportionnel (ou, sur option du bénéficiaire, dans la catégorie des traitements et salaires) et résultant d'actions acquises en exercice de stock-options (c. séc. soc. art. L. 137-14 ; lettre-circ. ACOSS 2008-27 du 6 mars 2008).

Cette contribution ne concerne pas directement la paye, puisqu'elle est établie, recouvrée et contrôlée selon les mêmes modalités que la CSG sur les revenus du patrimoine (c. séc. soc. art. L. 136-6, III).

Prélèvement à la source - Le rabais excédentaire et le gain de levée d'option imposables dans les conditions spécifiques qui leur sont propres (attribuées dans le cadre de plans qualifiés) (CGI art. 80 bis, I et II) ne sont pas soumis au *prélèvement à la source** (PAS) (CGI art. 204 D ; BOFiP-IR-PAS-10-20-§ 20-15/05/2018).

▶ À noter... Ces revenus n'échappent pas pour autant à l'impôt sur le revenu, mais ils doivent être déclarés selon les modalités habituelles, et l'impôt afférent est liquidé avec le solde de l'impôt sur le revenu (été 2025 pour les revenus perçus ou réalisés en 2024, par exemple).

En revanche, les gains (rabais excédentaire, gain de levée ou d'acquisition) issus d'options sur titre ou d'actions gratuites qui n'ouvrent pas droit aux régimes d'imposition qui leur sont propres et qui ne sont pas soumis à la retenue à la source spécifique aux non-résidents fiscaux (CGI art. 182 A ter) donnent lieu au PAS (BOFiP-IR-PAS-10-10-10-§ 30-06/07/2023 ; BOFiP-IR-PAS-10-20-§ 20-15/05/2018).

☞ *Attribution gratuite d'actions aux salariés ; Contribution patronale sur les stock-options et les actions gratuites.*

Subrogation

En cas d'arrêt de travail, les indemnités journalières de la sécurité sociale (IJSS) sont dues à l'assuré auquel elles sont, en principe, versées. Toutefois, lorsque l'employeur maintient au salarié tout ou partie de son salaire, il peut percevoir lui-même les IJSS : on parle alors de « subrogation ».

Mise en œuvre

Maintien total du brut - L'employeur qui maintient le salaire en totalité est subrogé de plein droit dans la perception des IJSS. Celles-ci lui seront versées directement par la caisse de sécurité sociale, sans qu'il ait à obtenir l'autorisation du salarié.

Cette règle vaut pour les *Indemnités journalières de sécurité sociale de maladie** (c. séc. soc. art. R. 323-11), les *indemnités journalières de sécurité sociale de maternité** et assimilées (adoption, paternité) (c. séc. soc. art. R. 331-5) et les *indemnités journalières de sécurité sociale d'accident du travail** ou de maladie professionnelle (c. séc. soc. art. R. 433-12).

Maintien partiel du brut - Si le maintien de salaire (total ou partiel) se fait sous déduction des IJSS, soit l'assuré les perçoit directement, soit l'employeur en fait l'avance auquel cas il peut être subrogé. Dans les deux cas, l'employeur effectue seulement un complément de salaire.

L'employeur est subrogé de plein droit s'il en fait la demande (l'accord du salarié est inutile) :

- pour les IJSS de maladie et de maternité (c. séc. soc. art. R. 323-11, al. 4 ; circ. DSS/SD2 2015-179 du 26 mai 2015, Annexe 7) ;
- pour les IJSS d'accident du travail et de maladie professionnelle (c. séc. soc. art. R. 433-12).

Dans tous les cas, la mise en œuvre de la subrogation suppose que le salaire maintenu soit au moins égal au montant des IJSS.

▶ À noter... La demande de subrogation s'effectue lors du signalement de l'arrêt de travail dans la *déclaration sociale nominative** (DSN). Elle doit préciser les dates de début et de fin de la période de subrogation. La date de début correspond à celle du début de l'arrêt de travail. La date de fin correspond au terme de la durée maximale de maintien du salaire et de la subrogation, telle qu'elle est définie par la convention collective ou l'accord de branche, cette durée pouvant être inférieure à celle de l'arrêt de travail (www.ameli.fr, « La subrogation de salaire en cas d'arrêt de travail »).

Limite à la subrogation - La subrogation n'est valable que dans la limite du montant du salaire maintenu par l'employeur : il ne peut pas conserver les IJSS si leur montant dépasse celui du salaire qu'il verse au salarié.

Si le montant des IJSS perçues par l'employeur est supérieur au salaire maintenu, il a l'obligation de reverser la différence au salarié (cass. soc. 7 juillet 1993, n° 89-44060, BC V n° 195).

Retour anticipé du salarié - Il arrive qu'un salarié en arrêt de travail revienne de manière anticipée. Si la sécurité sociale n'en a pas été informée et qu'il y a subrogation dans la perception des IJSS, la reprise anticipée du travail peut conduire au versement indu d'IJSS à l'employeur.

En cas de reprise anticipée du travail, l'employeur subrogé est tenu d'en informer par tout moyen la caisse de sécurité sociale qui verse les IJSS (CPAM dans le cas général) (c. séc. soc. art. L. 323-6-1). À défaut, il s'expose à une sanction financière, en cas de versement indu d'IJSS. En outre, une procédure permet à la caisse d'assurance maladie de récupérer les IJSS auprès de l'employeur.

Bulletin de paye

Déduction du salaire brut - Au cours de la période d'absence, l'employeur maintient le salaire intégralement ou partiellement selon les règles applicables. Lorsqu'il perçoit les IJSS, il doit les déduire du salaire brut puisque les IJSS ne sont pas soumises à cotisations.

Le montant d'IJSS à déduire est le montant brut, c'est-à-dire avant déduction de la CSG et de la CRDS. L'employeur doit donc éventuellement recalculer ce montant à partir du montant net perçu de la sécurité sociale qui a prélevé la CSG et la CRDS [voir *Indemnités journalières de sécurité sociale (retrouver les IJSS brutes)**].

Régularisation du salaire net - Si le maintien de salaire se fait sur le salaire net, l'employeur peut calculer une régularisation pour compenser le gain de cotisations résultant de l'exonération des IJSS, sous réserve des accords collectifs et usages applicables.

Paiement des IJSS nettes - Si l'employeur a été subrogé dans les droits du salarié pour la perception des IJSS, il doit lui en reverser le montant net (après déduction de la CSG et de la CRDS par la caisse primaire) et les faire figurer sur le bulletin de paye au même niveau que les primes et indemnités non soumises à cotisations.

Prélèvement à la source - Le montant imposable des IJSS subrogées est soumis au prélèvement à la source (PAS) de l'impôt sur le revenu (uniquement pendant les 2 premiers mois de l'arrêt de travail pour les IJSS maladie non professionnelle).

Il revient à l'organisme qui verse les revenus de procéder au PAS. Par conséquent, en cas de subrogation, c'est à l'employeur de réaliser le prélèvement [pour plus de détails, voir *Prélèvement à la source (IJSS subrogées)**].

Le salarié reçoit donc des IJSS subrogées nettes de CSG, de CRDS et, le cas échéant, de PAS.

Net imposable - Le montant des IJSS subrogées versées ne doit pas figurer dans la rémunération nette fiscale du bulletin de paye, afin d'en éviter le double décompte sur la déclaration de revenus pré-remplie de l'année suivante.

En effet, la sécurité sociale procède chaque année de son côté à une déclaration des montants imposables d'IJSS, qu'elle les verse directement ou que ce soit l'employeur qui les verse en situation de subrogation.

☞ *Déclaration sociale nominative ; Indemnités journalières de sécurité sociale d'accident du travail ; Indemnités journalières de sécurité sociale de maladie ; Indemnités journalières de sécurité sociale de maternité ; Indemnités journalières de sécurité sociale de paternité et d'accueil de l'enfant ; Indemnités journalières de sécurité sociale (retrouver les IJSS brutes) ; Maintien du salaire net ; Maladie ; Maternité ; Prélèvement à la source (IJSS subrogées) ; Salaire net.*

Surclassement du salarié

Lorsque la qualification professionnelle reconnue au salarié est supérieure à celle des fonctions réellement exercées, il y a surclassement.

Volonté de surclasser - Pour être acquis au salarié, le surclassement doit résulter d'un acte volontaire de l'employeur.

L'intéressé peut alors prétendre aux avantages attachés à la qualification que l'employeur lui a attribuée : rémunération, primes, etc. (cass. soc. 12 janvier 1989, n° 86-43795, BC V n° 16).

Le juge prud'homal est compétent pour apprécier la commune volonté des parties. La preuve de la qualification peut être apportée par les mentions figurant sur certains documents (contrat de travail, bulletin de paye, certificat de travail, engagement unilatéral) (cass. soc. 6 mars 1990, n° 87-45725 D ; cass. soc. 1er mars 2023, n° 21-25376 D).

Exemple

Rien ne s'oppose à ce que l'employeur exprime une volonté claire et non équivoque de reconnaître à un salarié une qualification supérieure à celle résultant des fonctions réellement exercées, notamment via les mentions figurant sur le bulletin de paye (cass. soc. 12 janvier 2010, n° 08-42835, BC V n° 2).

Surclassement prévu dans le contrat de travail - Si le contrat de travail stipule qu'un salarié est recruté en qualité de cadre alors qu'il va exercer les responsabilités d'un agent de maîtrise, le salarié doit être rémunéré à hauteur du minimum conventionnel prévu pour les cadres quelle que soit la réalité de son activité (cass. soc. 6 juillet 2011, n° 09-43130, BC V n° 187 ; cass. soc. 8 septembre 2021, n° 20-13267 D).

Surclassement figurant sur le seul bulletin de paye - La simple mention, sur le bulletin de paye, d'un coefficient supérieur à celui correspondant aux fonctions réelles du salarié ne suffit pas, à elle seule, à caractériser la volonté de l'employeur de surclasser le salarié, notamment si la rémunération correspondante n'a pas été versée (cass. soc. 13 janvier 1998, n° 95-40713 D).

☞ *Classement du salarié ; Classification des emplois.*

T

Tarification de la cotisation d'accidents du travail

Principes de tarification

Définition - La notion de « tarification » vise les règles et procédures qui permettent de déterminer, pour chaque année, le taux de cotisation accidents du travail/maladies professionnelles (AT/MP) que chaque employeur doit acquitter (voir *Cotisation d'accidents du travail**).

Modalités de tarification - Il existe 3 modes de tarification.

La tarification collective concerne les petites entreprises et, quel que soit l'effectif de l'entreprise, certains salariés. Dans ce cas, l'employeur doit appliquer le taux déterminé au niveau national et publié au *Journal officiel* pour la catégorie de risque concernée.

La tarification individuelle au réel concerne les grandes entreprises. Dans ce cas, la sécurité sociale détermine le taux en prenant en compte le coût des accidents du travail et des maladies professionnelles survenus dans l'entreprise.

La tarification mixte concerne les entreprises de taille intermédiaire. Dans ce cas, la sécurité sociale combine la tarification collective et la tarification individuelle : plus l'entreprise a une taille importante, plus la part de tarification individuelle est importante.

La *CARSAT** (CRAMIF en Île-de-France, CGSS dans les DOM) notifie les taux applicables aux employeurs soumis à une tarification individuelle ou à une tarification mixte par voie électronique *(voir plus loin)* (c. séc. soc. art. D. 242-6-22 et D. 242-40 ; arrêté du 17 octobre 1995 modifié, art. 5).

Établissements nouvellement créés - Les établissements nouvellement créés sont soumis à la tarification collective durant l'année de leur création et les 2 années suivantes, quel que soit leur effectif ou celui des entreprises dont ils relèvent (c. séc. soc. art. D. 242-6-17). À l'expiration de ce délai, les différents modes de tarification leur deviennent applicables en fonction de leur effectif ou de celui des entreprises dont ils relèvent.

▶ À noter… Il a été jugé qu'en cas de dissimulation de l'existence d'un établissement, la date de création de cet établissement se situe au jour où son existence est révélée (cass. civ., 2e, ch., 6 janvier 2022, n° 20-11097 FB). En l'espèce, la CARSAT n'avait eu connaissance de l'établissement qu'à l'occasion de l'inspection menée par un agent de contrôle. Et c'est donc à bon droit qu'elle a décidé que le taux collectif lui était applicable à compter de l'année où avait eu lieu le contrôle.

Ne peut pas être considéré comme un établissement nouvellement créé celui issu d'un précédent établissement dans lequel est exercée (c. séc. soc. art. D. 242-6-17, al. 3) :

- une activité similaire ;
- avec les mêmes moyens de production ;
- et ayant repris au moins la moitié du personnel.

Ces trois critères sont cumulatifs, de sorte que si un seul d'entre eux manque, l'établissement peut être considéré comme nouveau (cass. civ., 2e ch., 24 janvier 2013, n° 11-27389, BC II n° 13). Tel est le cas lorsque la société a abandonné l'activité principale de l'établissement, la nouvelle activité n'étant alors pas similaire à celle précédemment exercée (cass. civ., 2e ch., 1er février 2024, n° 22-10368 FB).

Le critère lié au seuil de 50 % du personnel s'apprécie à la date de la cession, de sorte qu'il n'y a pas lieu de tenir compte des salariés mutés par la suite dans l'établissement repris. Une entreprise qui a repris 37 salariés sur 80 au moment de la cession peut être considérée comme un établissement nouveau, même si par la suite 3 salariés d'un autre établissement de la société reprise sont mutés dans le nouvel établissement (cass. civ., 2e ch., 21 janvier 2016, n° 14-28981, BC II n° 24).

▶ À noter… Les établissements nouvellement créés appartenant à une même catégorie de risques pour laquelle s'applique un taux unique *(voir plus loin)* bénéficient aussi du taux unique (circ. DSS/SD2C 2011-116 du 5 avril 2011).

Classement des risques professionnels

Classement annuel selon une nomenclature réglementaire - Le taux de la cotisation d'accidents du travail applicable à un établissement est déterminé annuellement en fonction de la catégorie de risques à laquelle il appartient, compte tenu de son activité (c. séc. soc. art. L. 242-5, al. 1).

Le classement de l'établissement dans une catégorie de risque consiste à lui attribuer un numéro de risque (ou Code risque).

Les risques sont classés selon la nomenclature figurant en annexe de l'arrêté du 17 octobre 1995 relatif à la tarification des risques d'accidents du travail et de maladies professionnelles, plusieurs fois modifié. Un « code risque » est attribué par activité (arrêté du 17 octobre 1995, JO du 18, modifié en dernier lieu par arrêté du 21 mars 2024, JO du 24, texte 10).

▶ À noter... Pour favoriser l'emploi des salariés âgés et des bénéficiaires de l'obligation d'emploi des travailleurs handicapés, un décret, non encore publié à l'heure où nous rédigions ces lignes, doit modifier les modalités de calcul du taux de cotisation AT/MP pour permettre de mutualiser, entre les entreprises, les coûts liés aux maladies professionnelles a effet différé dans le temps (c. séc. soc. art. L. 245, al. 1), dont la prévalence est plus élevée chez ces deux catégories de salariés.

Activité prise en compte (hors BTP) - Le classement de l'établissement s'effectue en fonction de l'activité exercée dans cet établissement (arrêté du 17 octobre 1995 modifié, art. 1, I, 1°).

En cas de pluralité d'activités au sein d'un établissement, le classement s'opère en fonction de l'activité principale, qui s'entend comme celle occupant le plus grand nombre de salariés. En cas de nombre égal de salariés dans plusieurs activités, le classement s'effectue en fonction du risque professionnel le plus important. Toutefois, les chantiers et ateliers qui relèvent du comité technique des industries du BTP sont considérés comme des établissements distincts. On leur applique la tarification BTP *(voir ci-dessous)*.

▶ À noter... Lorsque l'activité exercée ne correspond à aucun code risque, le classement de l'établissement est effectué par assimilation, c'est-à-dire que l'on retient le code risque qui correspond le plus à l'activité de l'établissement (cass. civ., 2e ch., 17 février 2022, n° 20-18850 FB).

Activité BTP - En ce qui concerne les activités relevant du secteur des industries du BTP, sont considérés comme des établissements distincts au sein d'une même entreprise (arrêté du 17 octobre 1995 modifié, art. 1, II) :
- l'ensemble des chantiers de bâtiment ou de travaux publics dont l'activité relève d'un même numéro de risque ;
- l'ensemble des ateliers, des dépôts, des magasins ou des services dont l'activité rattachée au Comité technique national des industries du BTP relève d'un même numéro de risque ;
- l'ensemble des salariés occupant à titre principal des fonctions support de nature administrative dans des locaux non exposés aux autres risques de l'entreprise *(voir ci-dessous)*.

La tarification des chantiers, ateliers, dépôts, magasins ou services dont l'activité est rattachée à des comités techniques nationaux autres que celui des industries du BTP est déterminée d'après les dispositions fixées pour les établissements rattachés auxdits comités.

Taux fonctions supports - Tous les salariés d'une même entreprise ne sont pas nécessairement exposés aux mêmes risques. Dans une entreprise de transport par exemple, certains salariés (secrétariat, comptabilité, etc.) ne sont pas exposés de la même façon que les chauffeurs.

Dans ce cas, les entreprises en tarification collective ou mixte peuvent demander à leur *CARSAT** l'application d'un taux réduit, dit « taux fonctions support », pour l'ensemble de leurs salariés occupant à titre principal des fonctions support de nature administrative, dans des locaux non exposés aux autres risques de l'entreprise (arrêté du 17 octobre 1995 modifié, art. 1, III). Les entreprises en tarification individuelle ne peuvent pas bénéficier de ce taux réduit « fonctions supports ».

Pour la Cour de cassation, les fonctions support de nature administrative s'entendent des tâches de gestion administrative communes à toutes les entreprises telles que le secrétariat, l'accueil, la comptabilité, les affaires juridiques, la gestion financière et les ressources humaines. N'ouvrent donc pas droit au taux fonctions support les salariées exerçant, par exemple, des fonctions d'assistantes de travaux, d'assistante du service étude ou d'assistante technique amiante, qui requièrent des connaissances techniques particulières (cass. civ., 2e ch., 27 janvier 2022, n° 20-20764 FB).

Le taux réduit « fonctions supports » ne peut s'appliquer qu'à compter de la demande formée par l'entreprise, même si la situation justifiant la création d'un établissement distinct était constituée avant la date de la demande (cass. civ., 2e ch., 7 avril 2022, n° 20-19447 FB).

Modification du classement - Le classement d'un risque dans une catégorie peut être modifié à toute époque. L'employeur est tenu de déclarer à la *CARSAT** toute circonstance de nature à aggraver les risques de son exploitation (c. séc. soc. art. L. 242-5, al. 3).

Sur l'effet de la modification du classement sur le taux de cotisation déjà notifié, voir plus loin *(« Rectification du taux notifié »)*.

Tarification par établissement

Principe - Le taux de cotisation AT est déterminé par établissement (c. séc. soc. art. D. 242-6-1), sachant que le mode de tarification applicable à l'établissement dépend de l'effectif global de l'entreprise.

▶ À noter… Pour la Cour de cassation, un établissement distinct est susceptible d'être assujetti à une tarification particulière lorsqu'il s'agit d'une entité présentant une implantation distincte et une activité propre, même si elle est rattachée, pour sa gestion, à une entreprise englobant d'autres activités (cass. civ., 2e ch., 14 janvier 2010, n° 09-11450, BC II n° 8). Le fait que deux établissements soient classés par la CARSAT sous le même « code risque » ne veut pas forcément dire qu'ils exercent la même activité, et il revient à l'employeur, dans ce cas, d'apporter la preuve qu'il ne s'agit pas d'un établissement distinct (cass. civ., 2e ch., 6 janvier 2022, n° 20-11097 FP).

Taux unique possible pour plusieurs établissements - Les entreprises relevant d'une tarification individuelle ou mixte peuvent demander à bénéficier d'un taux unique pour l'ensemble des établissements appartenant à la même catégorie de risques. Dès lors qu'une entreprise a opté pour le taux unique, ce choix est irréversible pour la catégorie de risques concernée (c. séc. soc. art. D. 242-6-1 ; circ. DSS/SD2C 2011-116 du 5 avril 2011).

Les établissements nouvellement créés *(voir plus haut)* appartenant à une même catégorie de risques pour laquelle s'applique un taux unique bénéficient aussi du taux unique (circ. DSS/SD2C 2011-116 du 5 avril 2011).

L'employeur souhaitant opter pour un taux unique doit en faire la demande auprès de la *CARSAT** de la circonscription du siège social (ou, à défaut, du principal établissement situé en France), par tout moyen permettant de lui conférer une date certaine. La demande doit être effectuée avant le 4e trimestre de l'année en cours pour une application au 1er janvier de l'année suivante (arrêté du 17 octobre 1995 modifié, art. 7). Pour la tarification de l'année N, il convient donc se manifester avant le 1er octobre de l'année N – 1.

▶ À noter… Les entreprises du BTP ne peuvent pas demander le bénéfice du taux unique, et ce, sur l'ensemble du territoire (circ. DSS/SD2C 2011-1161 du 5 avril 2011).

Alsace-Moselle - Les mêmes principes s'appliquent aux établissements situés en Alsace-Moselle, avec une différence : le taux unique est une obligation.

En conséquence, si l'entreprise relève d'une tarification individuelle ou mixte, les établissements appartenant à la même catégorie de risques situés en Alsace-Moselle se voient appliquer un taux unique, quel que soit le lieu du siège social, et indépendamment de l'option retenue pour les établissements situés en dehors de l'Alsace-Moselle (c. séc. soc. art. D. 242-29 ; circ. DSS/SD2C 2011-116 du 5 avril 2011).

Travailleurs à domicile - Les travailleurs à domicile font l'objet d'une tarification particulière (c. séc. soc. art. D. 242-6-14, II).

Salariés soumis au taux collectif - Pour certains salariés, l'employeur doit d'office appliquer le taux collectif fixé chaque année par arrêté (c. séc. soc. art. D. 242-6-22, dernier al.). On y trouve, par exemple, les *VRP** multicartes, les *vendeurs-colporteurs de presse** et porteurs de presse, les salariés d'entreprises n'ayant pas d'établissement en France.

Mode de tarification

Trois modes de tarification - Il existe 3 modes de tarification : la tarification collective, la tarification mixte et la tarification individuelle.

En France de l'intérieur (territoire national hors Alsace-Moselle), le système se présente comme suit :
- tarification collective : entreprises de moins de 20 salariés ;
- tarification mixte : entreprises de 20 à moins de 150 salariés ;
- tarification individuelle : entreprises de 150 salariés et plus.

En Alsace-Moselle, les seuils de tarification sont spécifiques :
- tarification collective : entreprises de moins de 50 salariés ;
- tarification mixte : entreprises de 50 à moins de 150 salariés (50 à moins de 300 salariés si BTP) ;
- tarification individuelle : entreprises de 150 salariés et plus (300 et plus si BTP).

Certains salariés se voient appliquer d'office des taux fixés par arrêtés ministériels. Par ailleurs, la tarification collective s'applique d'office à certaines activités *(voir plus loin)*.

Calcul de l'effectif - Le mode de tarification est déterminé au regard de l'effectif de l'entreprise sur l'avant-dernière année (c. séc. soc. art. L. 130-1, al. 2). Autrement dit, l'entreprise est soumise à une tarification collective, mixte ou individuelle sur l'année N en fonction de son effectif calculé sur l'année N – 2.

Sous cette réserve, l'effectif annuel de l'entreprise est calculé conformément aux modalités de calcul de l'*effectif sécurité sociale**, en retenant, d'une part, les salariés et agents qui relèvent du régime général et, d'autre part, les salariés et agents qui relèvent du régime des salariés agricoles, pour la couverture de ce risque (c. séc. soc. art. R. 130-1, VI).

L'effectif annuel est déterminé sur la base de la moyenne des effectifs mensuels (c. séc. soc. art. L. 130-1, I, al. 1).

Depuis la tarification 2019, l'effectif est déterminé au niveau de l'entreprise, tous établissements confondus, sans isoler les salariés dont les activités relèvent du BTP et sans séparer l'Alsace-Moselle du reste du territoire national (c. séc. soc. art. D. 242-6-16 et D. 242-39 abrogés au 1er janvier 2018).

Exemple

Une entreprise (hors BTP) a 3 établissements (un de 18 salariés à Paris, un de 100 salariés en Loire-Atlantique et un de 48 salariés en Alsace). L'effectif global est de 166 salariés. La tarification 2025 (sur la base de l'effectif 2023) est individuelle dans les 3 établissements.

Franchissement de seuil - Les règles d'*effectif sécurité sociale** prévoient que le franchissement à la hausse d'un seuil ne produit d'effet que si le seuil est atteint ou dépassé durant 5 années civiles consécutives (c. séc. soc. art. L. 130-1, II). De fait, seules les entreprises qui ont durablement franchi un seuil sont soumises à la règle correspondante.

En cas de franchissement à la baisse d'un seuil d'effectif au titre d'une année civile, les compteurs sont remis à zéro. L'entreprise bénéficie d'un nouveau délai de 5 ans si elle repasse par la suite au-dessus de ce seuil. Cette mesure vise à protéger les entreprises dont l'effectif fluctue.

Faute d'exclusion, ces règles, qui visent les seuils prévus par le code de la sécurité sociale, s'appliquent donc aux seuils qui gouvernent le mode de tarification AT/MP applicable.

Tarification collective

À raison de l'effectif - La tarification collective s'applique aux entreprises dont l'effectif global est de moins de 20 salariés (c. séc. soc. art. D. 242-6-2).

En Alsace-Moselle, elle s'applique aux entreprises de moins de 50 salariés (c. séc. soc. art. D. 242-30).

Tarification collective obligatoire pour certaines activités - Les établissements qui exercent une activité figurant sur une liste fixée en annexe d'un arrêté ministériel sont également soumis à la tarification collective quel que soit l'effectif de l'entreprise dont ils relèvent (c. séc. soc. art. D. 242-6-14).

Sont concernés les cabinets d'expertise comptable, les assurances, etc. (annexe de l'arrêté du 17 octobre 1995, modifiée en dernier lieu par arrêté du 14 décembre 2020, JO du 22, texte 30).

Tarification collective obligatoire pour certaines catégories de salariés - Pour certains salariés, l'employeur doit d'office appliquer le taux collectif fixé chaque année par arrêté (c. séc. soc. art. D. 242-6-22, dernier al.).

On y trouve, par exemple, les *travailleurs à domicile**, les *VRP** multicartes, les *vendeurs-colporteurs de presse** et porteurs de presse, les *vendeurs à domicile** non immatriculés au registre du commerce et des sociétés ou au registre spécial des agents commerciaux, les salariés d'employeurs n'ayant pas d'établissement en France, le personnel exerçant diverses activités pour le compte d'employeurs particuliers.

Fixation annuelle des taux - Les taux collectifs sont fixés par arrêtés ministériels au niveau national (ou de l'Alsace-Moselle), par risque ou groupe de risques (c. séc. soc. art. D. 242-6-11).

Ces taux entrent en vigueur à partir du 1er jour du trimestre civil suivant leur publication au Journal officiel. En cas de publication après le 31 décembre, il convient d'appliquer les taux antérieurs jusqu'à la publication des arrêtés.

Pour 2025, du fait de l'adoption très tardive de la loi de financement de la sécurité sociale, qui fixe l'équilibre financier de la branche AT/MP, l'arrêté fixant les taux collectifs n'a pas pu être publié dans les temps.

L'Assurance maladie a rapidement fait savoir que les taux de cotisation AT/MP prévus en 2024 continuaient donc de s'appliquer jusqu'à publication des nouveaux taux pour 2025 (www.ameli.fr, information du 17 décembre 2024). Pour rappel, les taux 2024 ont été publiés en décembre 2023 via deux annexes à un arrêté, dont l'une est spécifique aux départements du Bas-Rhin, du Haut-Rhin et de l'Alsace-Moselle (arrêté du 27 décembre 2023, annexes 1 et 3, JO du 29, texte 108).

Puis, l'Assurance maladie a précisé que les taux de cotisation AT/MP 2025 seraient applicables au 1er mai 2025, sans effet rétroactif. Par dérogation, un décret, non encore paru à l'heure où nous rédigions ces lignes, doit donc fixer la date d'entrée en vigueur des nouveaux taux au 1er mai 2025 (www.ameli.fr, information du 25 mars 2025).

Tarification mixte

Entreprises concernées - La tarification mixte concerne les entreprises dont l'effectif global va de 20 salariés à moins de 150 salariés (c. séc. soc. art. D. 242-6-2).

En Alsace-Moselle, la tarification mixte concerne les effectifs de 50 à 149 salariés, sauf dans le BTP où la fourchette du taux mixte va de 50 à moins de 300 salariés (c. séc. soc. art. D. 242-30).

Détermination du taux mixte				
		Nbre de salariés de l'entreprise (1)	**Fraction du taux réel (2)**	**Fraction du taux collectif (2)**
Cas général (c. séc. soc. art. D. 242-6-13)		20 à moins de 150	[(0,9/130) × (E – 20)] + 0,1	1 – [(0,9/130) × (E – 20) + 0,1]
Alsace-Moselle (c. séc. soc. art. D. 242-37)	**Hors BTP**	50 à moins de 150	(0,075 E – 1,25) / 10	1 – [(0,075 E – 1,25) / 10]
	BTP	50 à moins de 300	(0,075 E + 2,5) / 25	1 – [(0,075 E + 2,5) / 25]

(1) L'entreprise peut comporter un ou plusieurs établissements.
(2) E représente l'effectif de l'entreprise.

Fixation des taux - Le taux mixte comprend (c. séc. soc. art. D. 242-6-13) :
- une fraction du taux net collectif fixé pour l'activité professionnelle dont relève l'établissement ;
- une fraction du taux net réel qui serait calculé pour l'établissement si ce taux lui était applicable.

Ces fractions varient en fonction du nombre de salariés de l'entreprise *(voir tableau)*. La fraction du taux réel propre est d'autant plus grande que l'effectif est important.

Limites à la variation annuelle du taux - Le taux net notifié ne peut varier d'une année sur l'autre que dans les limites suivantes (c. séc. soc. art. D. 242-6-15).

Il ne peut pas augmenter :
- de plus de 25 % lorsque le taux de l'année précédente est supérieur à 4 ;
- ou de plus de 1 point lorsque le taux de l'année précédente est inférieur ou égal à 4.

Inversement, il ne peut pas diminuer :
- de plus de 20 % lorsque le taux de l'année précédente est supérieur à 4 ;
- ou de plus de 0,8 point lorsque le taux de l'année précédente est inférieur ou égal à 4.

▶ À noter… Dans le cas où l'entreprise opte pour l'application d'un taux unique ou en cas de regroupement de catégories de risque, ces variations s'apprécient la première année par rapport à un taux net unique correspondant à la moyenne des taux nets notifiés de ses établissements appartenant à la même catégorie de risques de l'année précédente, pondérée par la masse salariale de la dernière année connue des mêmes établissements (c. séc. soc. art. D. 242-6-15).

La règle de limitation en Alsace-Moselle est identique à celle applicable dans les autres départements (c. séc. soc. art. D. 242-38).

Tarification individuelle au taux réel

Entreprises concernées - La tarification individuelle au taux réel concerne les entreprises dont l'effectif global est de 150 salariés et plus (c. séc. soc. art. D. 242-6-2).

Il en va de même en Alsace-Moselle, sauf dans le BTP où le seuil d'effectif est de 300 salariés et plus (c. séc. soc. art. D. 242-30).

Calcul du taux - Lorsque la tarification individuelle s'applique, le taux retenu dépend du risque propre à l'établissement.

Il est égal au taux net, à savoir le taux brut déterminé pour l'établissement, auquel s'ajoutent les majorations forfaitaires *(voir ci-après)*.

Limite à la variation annuelle du taux - Le taux net notifié ne peut varier d'une année sur l'autre que dans certaines limites, identiques à celles prévues en cas de tarification mixte *(voir ci-avant)* (c. séc. soc. art. D. 242-6-15).

Calcul du taux net

À quoi sert le taux net ? - Le taux net est calculé par la *CARSAT**. Il s'applique directement dans la tarification individuelle au taux réel et est pris en compte pour partie dans la tarification au taux mixte.

Calcul du taux net : taux brut augmenté des majorations - Le taux net est constitué par le taux brut affecté de 4 majorations (M1, M2, M3 et M4) (c. séc. soc. art. D. 242-6-3 et D. 242-31).

Fixées chaque année par la commission des accidents du travail et maladies professionnelles, les 4 majorations sont destinées à couvrir notamment (c. séc. soc. art. D. 242-6-9) :
- le coût des accidents de trajet (M1) ;
- les frais de rééducation et de reconversion professionnelles ainsi que les frais de gestion du risque professionnel (M2) ;
- le financement des fonds « amiante », de la valeur du risque constituée par les dépenses inscrites au compte spécial *(voir plus loin)* et des dépenses liées aux actes de terrorisme (M3) ;

- les dépenses supplémentaires liées à la prise en compte de la pénibilité (ex : *retraite anticipée** pénibilité) (M4).

Les majorations M1, M3 et M4 sont fixées en pourcentage des salaires. La majoration M2 est calculée en pourcentage du taux brut augmenté de la majoration M1 (c. séc. soc. art. D. 242-6-9).

Ainsi, le taux net est égal à : taux brut + M1 + [(taux brut + M1) × M2] + M3 + M4.

À l'heure où nous rédigions ces lignes, du fait de l'adoption très tardive de la loi de financement de la sécurité sociale pour 2025, l'arrêté fixant les majorations pour la tarification 2025 n'avait pas encore été publié. L'Assurance maladie a fait savoir qu'il fallait continuer à appliquer les majorations applicables en 2024 jusqu'au 30 avril 2025, les nouvelles majorations ne devant entrer en vigueur qu'au 1er mai 2025 (www.ameli.fr, informations du 17 décembre 2024 et du 25 mars 2025).

Pour rappel, les majorations applicables pour la tarification 2024 avaient été fixées comme suit (arrêté du 27 décembre 2023, JO du 29, texte 107) :

- majoration M1 : 0,17 % ;
- majoration M2 : 58 % ;
- majoration M3 : 0,16 % ;
- majoration M4 : 0,03 %.

Calcul du taux brut - Le taux brut est calculé d'après le rapport entre la valeur du risque propre à l'établissement *(voir ci-après)* pour les 3 dernières années connues (années N - 2, N - 3 et N - 4 pour la tarification de l'année N) et la masse totale des salaires payés au personnel au cours de cette même période. Ne sont pas compris dans la valeur du risque les dépenses liées aux accidents de trajet et aux actes de terrorisme, ainsi que les frais de rééducation et de reconversion professionnelle (c. séc. soc. art. D. 242-6-4 et D. 242-32).

En pratique, le taux brut est égal à : valeur du risque × 100/salaires en totalité.

▶ À noter… La CARSAT se réfère à la DSN (*déclaration sociale nominative**) pour connaître la masse salariale.

Pour les établissements qui relèvent d'un taux unique *(voir plus haut)*, le taux brut individuel est déterminé d'après le rapport entre la valeur du risque propre à l'ensemble des établissements appartenant à la même catégorie de risques et la masse totale des salaires payés au personnel respectif (c. séc. soc. art. D. 242-6-4 et D. 242-32).

Valeur du risque à partir de coûts moyens - La valeur du risque est appréciée en fonction de « coûts moyens » (c. séc. soc. art. D. 242-6-6 et D. 242-34). Les accidents du travail et les maladies professionnelles sont classés en plusieurs catégories et « valent » un montant forfaitaire selon la catégorie à laquelle ils appartiennent.

Les accidents du travail et les maladies professionnelles ayant entraîné une incapacité temporaire sont classés en 6 catégories *(voir tableau)* (c. séc. soc. art. D. 242-6-6 et D. 242-34).

Les accidents et maladies ayant entraîné une incapacité permanente sont classés en 4 catégories *(voir tableau)*.

Le BTP fait l'objet d'aménagements particuliers : en cas d'incapacité permanente de 10 à 100 % ou de décès, il convient de distinguer les activités de gros œuvre, les activités de second œuvre et les activités de bureaux (c. séc. soc. art. D. 242-6-6). Ces règles spécifiques ne concernent toutefois pas les entreprises du BTP en Alsace-Moselle, qui relèvent des catégories de droit commun (c. séc. soc. art. D. 242-34).

▶ À noter… C'est l'administration qui se charge du classement des accidents du travail ou des maladies professionnelles dans les catégories de coût moyen.

<table>
<tr><th colspan="3">Classement des accidents du travail et maladies professionnelles</th></tr>
<tr><th>Classement des AT/MP ayant entraîné une incapacité temporaire</th><th colspan="2">Classement des AT/MP ayant entraîné une incapacité permanente</th></tr>
<tr><td>Sans arrêt de travail ou arrêt de travail de moins de 4 jours</td><th>Règle générale (y inclus BTP en Alsace-Moselle)</th><th>BTP en dehors de l'Alsace-Moselle</th></tr>
<tr><td>Arrêts de travail de 4 jours à 15 jours</td><td>Incapacité permanente de moins de 10 %</td><td>Incapacité permanente de moins de 10 %</td></tr>
<tr><td>Arrêts de travail de 16 jours à 45 jours</td><td>Incapacité permanente de 10 % à 19 %</td><td rowspan="4">Pour une incapacité permanente de 10 % à 100 % et les décès, selon les cas :
- incapacité permanente ou décès pour les activités de gros œuvre
- incapacité permanente ou décès pour les activités de second œuvre
- incapacité permanente ou décès pour les activités de bureaux</td></tr>
<tr><td>Arrêts de travail de 46 jours à 90 jours</td><td>Incapacité permanente de 20 % à 39 %</td></tr>
<tr><td>Arrêts de travail de 91 jours à 150 jours</td><td rowspan="2">Incapacité permanente de 40 % et plus ou décès de la victime</td></tr>
<tr><td>Arrêts de travail de plus de 150 jours</td></tr>
</table>

Le coût moyen appliqué à chaque catégorie est fixé au niveau national par la commission des accidents du travail et des maladies professionnelles après avis des comités techniques nationaux, et est diffusé par arrêté (c. séc. soc. art. D. 242-6-8).

▶ À noter… À l'heure où nous rédigions ces lignes, du fait de l'adoption très tardive de la loi de financement de la sécurité sociale pour 2025, l'arrêté fixant la grille des coûts moyens à prendre en compte pour la tarification 2025, au titre des sinistres 2021, 2022 et 2023, n'était pas encore paru. L'Assurance maladie a fait savoir qu'il fallait continuer à appliquer les paramètres utilisés pour la tarification 2024 jusqu'au 30 avril 2025, la nouvelle grille des coûts moyens ne devant entrer en vigueur qu'au 1er mai 2025 (www.ameli.fr, informations du 17 décembre 2024 et du 25 mars 2025).

Pour rappel, la grille des coûts moyens à prendre en compte pour la tarification 2024, au titre des sinistres 2020, 2021 et 2022, avait été publiée en décembre 2023 *(voir tableau plus loin)* (arrêté du 27 décembre 2023, annexe 2, JO du 29, texte 108).

Pour déterminer à quelle date un accident ou une maladie est classé dans l'une des catégories de coût moyen, il convient de distinguer l'incapacité temporaire de l'incapacité permanente (c. séc. soc. art. D. 242-6-7).

Un accident du travail ou une maladie professionnelle ayant entraîné une incapacité temporaire est classé de manière définitive le 31 décembre de l'année qui suit celle de sa déclaration. Si le salarié est victime d'une rechute entraînant une nouvelle incapacité temporaire, celle-ci ne sera pas prise en compte.

Exemple

Un salarié est victime d'un accident du travail qui entraîne un arrêt de travail de 30 jours. Cet accident est déclaré le 20 mars 2024. Il est classé dans la catégorie « arrêt de travail de 16 à 45 jours » le 31 décembre 2025.

Un accident du travail ou une maladie professionnelle ayant entraîné une incapacité permanente est classé de manière définitive lors de la première notification du taux d'incapacité permanente. En cas de décès du salarié, le classement intervient lors de la reconnaissance du caractère professionnel de l'accident. Il n'est pas tenu compte de l'incapacité permanente reconnue après révision ou rechute ni du décès survenu après consolidation.

Si l'accident du travail ou la maladie professionnelle entraîne une incapacité temporaire puis une incapacité permanente, il est classé dans les catégories d'incapacité temporaire et d'incapacité permanente correspondantes.

AT/MP non imputés au compte de l'employeur - L'accident du travail résultant d'une agression perpétrée au moyen d'armes ou d'explosifs n'est pas imputé au compte de l'employeur lorsque celle-ci est attribuable à un tiers qui n'a pu être identifié.

▶ À noter… Doit être considérée comme une arme une arme par destination (cass. civ., 2e ch., 12 mai 2021, n° 20-12827 FP). En l'espèce, il s'agissait d'un sac rempli de bouteilles ayant servi à frapper un salarié.

Certaines maladies professionnelles, constatées ou contractées dans certaines conditions fixées par arrêté, ne sont pas non plus imputées au compte de l'employeur mais sont inscrites à un compte spécial, mutualisé entre tous les employeurs, et prises en compte via la majoration M3 *(voir plus haut)* (c. séc. soc. art. D. 242-6-7 et D. 242-6-9, 3°). C'est notamment le cas lorsque (arrêté du 16 octobre 1995, art. 2, modifié en dernier lieu par arrêté du 27 décembre 2023, JO du 31, texte 115) :

- la maladie professionnelle a été constatée dans un établissement dont l'activité n'expose pas au risque mais a été contractée dans une autre entreprise qui a disparu ou qui ne relevait pas du régime général de la sécurité sociale ;
- la victime de la maladie professionnelle a été exposée au risque successivement dans plusieurs établissements d'entreprises différentes sans qu'il soit possible de déterminer celle dans laquelle l'exposition au risque a provoqué la maladie ;
- la maladie, qui remplit certains critères, a été constatée médicalement moins de 5 ans après la date d'embauche par le dernier employeur du salarié, sans qu'il soit possible de déterminer l'employeur ayant exposé au risque avant cette date ;
- la maladie professionnelle est reconnue en lien avec le covid-19.

Ajustement des coûts moyens (forte proportion de temps partiels) - Les CARSAT peuvent procéder à un ajustement des coûts moyens pour certains risques ou groupes de risques, afin de tenir compte des spécificités de certains secteurs liées à la proportion de salariés à temps partiel (c. séc. soc. art. D. 242-6-8).

Pour les risques ou groupes de risques dont le temps de travail moyen est inférieur à 80 % du temps de travail moyen de leur comité technique national, les coûts moyens sont diminués de 20 % (arrêté du 11 juillet 2011, JO du 20, texte 16).

▶ À noter… L'abattement de 20 % concerne les secteurs suivants (arrêté du 21 décembre 2011, JO du 24, texte 30, art. 2 modifié en dernier lieu par arrêté du 17 décembre 2020, JO du 22, texte 47) :

- sportifs professionnels, pour les sports non visés par ailleurs, incluant également les entraîneurs non joueurs des sports visés par le code risque 92.6CH, quel que soit le classement de l'établissement qui les emploie, arbitres et juges ;
- services personnels divers (y compris cabinets de graphologie, agences matrimoniales) ;
- services de nettoyage de locaux et d'objets divers et activités de désinfection, de désinsectisation et de dératisation ;
- acheminement et distribution de la presse gratuite ou payante ;
- cabinets d'auxiliaires médicaux.

Pour les risques ou groupes de risques dont le temps de travail moyen est compris entre 80 % et 90 % du temps de travail moyen de leur comité technique national, les coûts moyens sont diminués de 10 % (arrêté du 11 juillet 2011, JO du 20, texte 16).

▶ À noter… L'abattement de 10 % concerne les secteurs suivants (arrêté du 21 décembre 2011, JO du 24, texte 30, art. 1 modifié en dernier lieu par arrêté du 12 décembre 2024, JO du 22, texte 18) :
- restauration type rapide y compris wagons-lits et wagons-restaurants ;
- blanchisserie et teinturerie de détail, y compris laverie automatique ;
- sportifs professionnels, y compris entraîneurs et joueurs, quel que soit le classement de l'établissement qui les emploie : rugby, escalade, moto, handball, basket, hockey, équitation, volley-ball, football, ski, cyclisme ;
- gestion d'équipements et centres sportifs (personnel non visé par ailleurs et notamment aux risques 92.6CH et 92.6CI) ;
- depuis le 1er janvier 2025, organisations de jeux de hasard et d'argent (dont courses de chevaux et de taureaux).

En pratique, les CARSAT déterminent le temps de travail moyen à partir des éléments déclarés dans les DSN.

Travail temporaire - Le coût financier des AT/MP dont sont victimes les salariés intérimaires en cours de mission est réparti entre l'entreprise de travail temporaire (ETT) et l'entreprise utilisatrice si celle-ci, au moment de l'accident, est soumise au paiement des cotisations AT/MP (c. séc. soc. art. L. 241-5-1).

❶ Pour les cotisations AT/MP de l'année 2025, la clé de répartition applicable est la suivante.

Pour les entreprises dont la tarification AT/MP est mixte ou individuelle, le coût de l'AT/MP classé dans une catégorie correspondant à une incapacité permanente d'au moins 10 % est mis pour partie à la charge de l'entreprise utilisatrice, sur la base du coût moyen rendu applicable à cette catégorie dans le champ professionnel du comité technique national dont elle dépend. Il est imputé au compte de l'établissement dans lequel le travailleur temporaire effectuait sa mission, à hauteur d'un tiers de ce coût moyen pour déterminer le taux de cotisation AT/MP de cet établissement ou de l'ensemble des établissements pour lesquels un taux unique est fixé (c. séc. soc. art. R. 242-6-1, al. 1).

Pour les entreprises en tarification collective, le coût de l'AT/MP mis pour partie à la charge de l'entreprise utilisatrice comprend un tiers du capital représentatif de la rente ou du capital correspondant à l'accident mortel. Il entre dans le calcul des taux collectifs des différentes catégories de risques compte tenu du classement de l'établissement dans lequel le travailleur temporaire effectuait sa mission (c. séc. soc. art. R. 242-6-1, al. 2).

Toutefois, en cas de défaillance de l'entreprise utilisatrice (procédure de sauvegarde, redressement judiciaire ou liquidation judiciaire), le coût de l'AT/MP est entièrement imputé au compte employeur de l'ETT (c. séc. soc. art. R. 242-6-1, al. 3).

❷ Pour la détermination des cotisations AT/MP dues à compter de 2026, la clé de répartition du coût entre l'ETT et l'entreprise utilisatrice est modifiée (décret 2024-723 du 5 juillet 2024, JO du 7).

Les entreprises utilisatrices en tarification mixte ou individuelle prendront en charge le coût de l'AT/MP, quelle que soit l'incapacité qui en résulte, à hauteur de la moitié du coût moyen arrêté pour chaque catégorie de sinistre (c. séc. soc. art. R. 242-6-1 en vigueur au 1er janvier 2026).

Pour les entreprises utilisatrices en tarification collective, le coût de l'AT/MP qu'elles supporteront comprendra la moitié des prestations et indemnités autres que les rentes versées, ainsi que la moitié du capital représentatif de la rente ou du capital correspondant à l'accident mortel.

Cette nouvelle clé de répartition entrera en vigueur progressivement, et ne sera pleinement applicable qu'à partir de la tarification de l'année 2028. Pour la tarification 2026, le coût des AT/MP classés en 2022 et 2023 continuera en effet à être calculé selon les dispositions actuelles (*voir ci-dessus*). Idem, s'agissant de la tarification 2027, pour le coût des AT/MP classés en 2023 (décret 2024-723 du 5 juillet 2024, art. 2).

Procédure de notification du taux

Notification par les CARSAT - Les *CARSAT** (la CRAMIF en Île-de-France et les CGSS dans les DOM) notifient à chaque employeur le classement des risques et le ou les taux de cotisation AT/MP (c. séc. soc. art. D. 242-6-22 et D. 242-40).

▶ À noter... Il n'y a pas de notification pour les salariés relevant de catégories professionnelles pour lesquelles le taux collectif est directement applicable à l'employeur (c. séc. soc. art. D. 242-6-22 et D. 242-40).

Notification via le téléservice « compte AT/MP » - Les entreprises reçoivent les décisions des CARSAT (CRAMIF ou CGSS) relatives à leur classement de risques et à leur taux de cotisation AT/MP par voie électronique (c. séc. soc. art. L. 242-5, al. 4).

Cette notification électronique s'effectue via le téléservice « Consulter ses taux AT/MP et prévenir ses risques professionnels », dénommé en pratique « compte AT/MP », accessible sur le portail « www.net-entreprises.fr » (arrêté du 17 octobre 1995, art. 5, I, modifié en dernier lieu par arrêté du 21 mars 2024, JO du 24, texte 10).

Gratuit et actualisé régulièrement, ce téléservice permet notamment de suivre les taux de cotisations AT/MP notifiés au cours des trois dernières années, avec le détail de leur calcul, et de faire le point sur les sinistres récemment reconnus impactant les futurs taux (www.ameli.fr).

Sous peine de se voir appliquer une pénalité *(voir ci-dessous)*, chaque entreprise doit donc s'inscrire au téléservice « compte AT/MP » en cochant l'habilitation au téléservice « Consulter ses taux AT/MP et prévenir ses risques professionnels » sur le portail Net-entreprises.fr (arrêté du 17 octobre 1995, art. 5, II modifié en dernier lieu par arrêté du 21 mars 2021, JO du 24, texte 10).

▶ À noter... Depuis juillet 2024, les fonctionnalités du compte AT/MP sont intégrées au « compte entreprise » de l'employeur, accessible depuis Net-entreprises.fr et qui réunit ainsi en un seul point d'entrée tous les services en ligne de l'Assurance Maladie (www.net-entreprises, actualité du 9 juillet 2024).

L'obligation de s'inscrire au téléservice « compte AT/MP » ne peut pas être remplie par le tiers déclarant de l'entreprise [voir *Tiers déclarant (mandat unique)**] (communiqué de presse de l'Assurance maladie du 2 novembre 2023).

▶ À noter... Le tiers déclarant peut en revanche avoir accès au téléservice « compte AT/MP » sur net-entreprises.fr. Pour cela, il doit avoir réalisé au moins une *déclaration sociale nominative** (DSN) pour l'entreprise au cours des trois derniers mois. L'accès du tiers déclarant au compte AT/MP est déconnecté de celui de l'entreprise : les données accessibles sont les mêmes, exceptés les notifications de taux dématérialisées, que seule l'entreprise peut consulter. Le tiers déclarant a toutefois accès aux derniers taux de cotisation AT/MP applicables (www.ameli.fr).

Sous réserve que l'employeur ait adhéré au téléservice « compte AT/MP », les décisions relatives au taux de cotisations AT/MP sont réputées notifiées à leur date de consultation et au plus tard dans un délai de 15 jours suivant leur mise à disposition (c. séc. soc. art. L. 242-5, al. 5).

La CARSAT envoie à l'adresse électronique (mail) de l'employeur, que ce dernier doit maintenir à jour, un avis de dépôt l'informant qu'une décision est mise à sa disposition et qu'il a la possibilité d'en prendre connaissance (arrêté du 17 octobre 1995, art. 5, I modifié).

Cet avis mentionne la date de mise à disposition de la décision ainsi que les coordonnées de l'organisme auteur de la décision. Il informe également l'employeur qu'à défaut de consultation de la décision dans un délai de 15 jours à compter de sa mise à disposition, cette dernière sera réputée notifiée à la date de sa mise à disposition (c. séc. soc. art. L. 242-5 ; arrêté du 17 octobre 1995, art. 5, I modifié).

▶ À noter... En pratique, les avis de mise à disposition sont envoyés après la mise à disposition effective des décisions. La mise à disposition intervient de façon anticipée en fin d'année N-1, afin que les entreprises puissent disposer des taux de cotisations au plus tard le 1er janvier de l'année considérée pour leurs opérations comptables et de paye. Cela permet de limiter les risques de régularisation de taux AT/MP à effectuer sur février (mois de janvier déclaré en février).

Pénalité pour défaut d'adhésion au compte AT/MP - L'employeur qui n'effectue pas les démarches pour adhérer au téléservice « compte AT/MP » s'expose à une pénalité (c. séc. soc. art. L. 242-5, al. 6).

Cette pénalité est égale à un pourcentage du montant mensuel du *plafond de la sécurité sociale** en vigueur, arrondi à l'euro supérieur, pour chaque salarié ou assimilé compris dans les effectifs des établissements de l'entreprise pour lesquels l'absence d'adhésion au compte AT/MP est constatée (arrêté du 17 octobre 1995, art. 5, II modifié).

Son montant varie selon l'effectif de l'entreprise :
- 1,5 % du montant mensuel du *plafond de la sécurité sociale** pour les entreprises de 150 salariés et plus ;
- 1 % du montant mensuel du *plafond de la sécurité sociale** pour celles de 20 à moins de 150 salariés ;
- 0,5 % du montant mensuel du *plafond de la sécurité sociale** pour celles de moins de 20 salariés.

La pénalité est due au titre de chaque année ou, à défaut, au titre de chaque fraction d'année durant laquelle l'absence d'adhésion au « compte AT/MP » est constatée. Elle ne peut pas excéder un montant annuel fixé à 10 000 € par entreprise (c. séc. soc. art. L. 242-5, al. 6).

▶ À noter… Ce plafond doit, en principe, être revalorisé dans des conditions déterminées par l'arrêté fixant le montant de la pénalité (c. séc. soc. art. L. 242-5). Néanmoins, l'arrêté n'a pas prévu cette revalorisation.

La pénalité est versée à l'*URSSAF** (CGSS dans les DOM) dont l'employeur relève, selon les règles, garanties et sanctions applicables aux cotisations et contributions sociales (c. séc. soc. art. L. 242-5, al. 6). Si l'employeur souhaite contester la pénalité, il doit, avant tout recours contentieux devant la cour d'appel d'Amiens, saisir la commission de recours amiable de la *CARSAT** dans les 2 mois de la réception de la notification de la pénalité (voir *Contentieux de la sécurité sociale**) (c. séc. soc. art. L. 242-5, al. 6 ; c. org. jud. art. L. 311-16).

Notification du taux en l'absence d'adhésion au compte AT/MP - En l'absence d'adhésion au téléservice « compte AT/MP », la notification du taux de cotisation est effectuée (arrêté du 17 octobre 1995, art. 5, II modifié) :
- par lettre simple, en ce qui concerne les décisions notifiées aux établissements des entreprises soumises à une tarification collective, sauf lorsqu'elles sont relatives à un premier classement dans une catégorie de risque ou à une modification de ce classement ;
- par LRAR, en ce qui concerne les autres décisions.

Effets de la notification - Tant que la notification du taux n'a pas été effectuée, l'employeur doit verser à titre provisionnel les cotisations dues au titre des accidents du travail et des maladies professionnelles sur la base du taux antérieurement applicable (c. séc. soc. art. D. 242-6-22 et D. 242-40). Une fois la nouvelle tarification connue, l'employeur doit, le cas échéant, procéder à des régularisations.

Le taux notifié est applicable à compter du 1er janvier de l'année, quelle que soit la date à laquelle intervient la notification, dès lors qu'elle se situe avant l'expiration de l'année envisagée.

Rectification du taux notifié - Même si le classement d'un risque dans une catégorie peut être modifié à toute époque *(voir plus haut « Modification du classement »)*, l'article L. 242-5, al. 1 du code de la sécurité sociale impose que le taux de la cotisation AT/MP soit déterminé annuellement par la CARSAT pour chaque catégorie de risque (cass. ass. plén. 16 février 2007, n° 06-10168 B. ass. plén. n° 3). Autrement dit, une modification du taux notifié ne peut pas prendre effet en cours d'année, et ne peut donc être prise en compte que pour les années suivantes.

Si le taux de cotisation n'est pas contesté dans le délai de 2 mois à compter de sa notification *(voir ci-après)*, il revêt un caractère définitif, sauf si une décision de justice ultérieure vient en modifier le calcul (cass. civ., 2e ch., 24 juin 2021, n° 20-14904 B) ou si l'employeur n'a pas déclaré à sa CARSAT toute circonstance de nature à aggraver les risques (cass. civ., 2e ch., 7 juillet 2022, n° 21-11821 FSB). Dans ces deux cas, la CARSAT peut modifier rétroactivement le taux de la cotisation AT/MP, ce qui déroge au principe de l'annualité du taux.

Si le délai de recours de 2 mois ouvert au cotisant *(voir ci-après)* n'est pas expiré, une CARSAT qui a commis une erreur sur le mode de tarification applicable à une entreprise peut retirer sa décision initiale fixant le taux de cotisation AT/MP pour lui en substituer une nouvelle prenant effet à la même date. En l'espèce, la caisse avait appliqué une tarification mixte au lieu d'une tarification individuelle (cass. soc. 28 novembre 1991, n° 89-15989, BC V n° 543).

Contestation du taux de cotisation

Juridiction compétente - Si l'employeur souhaite contester le taux de cotisation AT/MP notifié, il doit faire un recours contentieux auprès de la cour d'appel d'Amiens (c. séc. soc. art. L. 142-1, 7° ; c. org. jud. art. L. 311-16 et D. 311-12).

La contestation du taux de cotisation AT/MP ne fait pas l'objet d'un recours préalable devant la commission de recours amiable (CRA) de la CARSAT (c. séc. soc. art. L. 142-4). Toutefois, le cotisant peut exercer auprès de la CARSAT un recours gracieux avant de saisir la justice (pour plus de détails, voir *Contentieux de la sécurité sociale**).

Délai de recours contentieux - Le recours auprès de la cour d'appel d'Amiens doit être effectué dans les 2 mois de la réception de la notification du taux (c. séc. soc. art. R. 142-1-A, III).

La Cour de cassation considère que la date de notification de la décision relative au taux de cotisation AT/MP est réputée être la date de sa première consultation par une personne habilitée, peu important la date à laquelle a été adressé à l'employeur l'avis de dépôt de la décision *(voir plus haut « Notification via le téléservice compte AT/MP »)*, dès lors que la décision n'a pas été consultée plus de 15 jours à compter de sa mise à disposition (cass. civ., 2e ch., avis du 5 octobre 2023, n° 23-70009 B).

De cette décision de la Cour de cassation, on peut retenir que :
- si l'employeur (ou la personne qu'il a habilitée) consulte la décision de taux de cotisations dans les 15 jours suivant sa mise à disposition effective sur son compte AT/MP, le point de départ du délai de recours est la date de cette consultation (peu important que l'avis de dépôt de la décision ait été adressé à l'employeur avant ou après la consultation de la décision) ;
- si l'employeur (ou la personne qu'il a habilitée) ne consulte pas la décision de taux de cotisations ou la consulte plus de 15 jours après sa mise à disposition effective sur son compte AT/MP, le point de départ du délai de recours est la date de mise à disposition de la décision (mentionnée sur l'avis de mise à disposition).

▶ À noter… Si, pour une année donnée, l'employeur ne conteste pas dans le délai réglementaire de 2 mois le taux de cotisation AT/MP que lui a notifié la CARSAT, il peut quand même contester l'inscription à son compte AT/MP d'une maladie professionnelle pouvant avoir une incidence sur les taux de cotisation des exercices ultérieurs sans attendre la notification de ces derniers (cass. civ., 2e ch., 7 avril 2022, n° 20-18310 FB). En revanche, le délai de 2 mois est opposable à l'employeur lorsque la demande de retrait du compte employeur (ou d'inscription sur le compte spécial), qui ne peut avoir pour effet de modifier un taux devenu définitif, est formée à l'occasion d'un litige en contestation du taux de cotisation AT/MP (cass. civ., 2e ch., 17 octobre 2024, n° 22-20692 FB).

Contestation de l'inscription de dépenses au compte employeur

Charge de la preuve - Un employeur peut demander le retrait de son compte AT/MP des dépenses afférentes à une maladie professionnelle lorsque la victime n'a pas été exposée au risque dans son établissement. En cas de contestation devant la juridiction de la tarification, il appartient alors à la CARSAT qui a inscrit les dépenses au compte de l'employeur de rapporter la preuve que la victime a été exposée au risque chez celui-ci (cass. civ., 2e ch., 1er décembre 2022, n° 21-11252 FSB, n° 21-12523 D et n° 21-14779 D).

▶ À noter… Avec ces décisions du 1er décembre 2022, la Cour de cassation a opéré un revirement de jurisprudence. Antérieurement, elle considérait en effet que la maladie professionnelle était présumée avoir été contractée au service du dernier employeur, celui-ci pouvant toutefois rapporter la preuve contraire en établissant que la maladie déclarée par le salarié était imputable aux conditions de travail chez ses précédents employeurs (cass. civ., 2e ch., 22 novembre 2005, n° 04-11447, BC II n° 302 ; cass. civ., 2e ch., 21 octobre 2010, n° 09-67494, BC II n° 175 ; cass. civ., 2e ch., 6 janvier 2022, n° 20-13690 FB).

Si l'employeur demande l'inscription des dépenses afférentes à une maladie professionnelle au compte spécial financé par l'ensemble des employeurs *(voir plus haut dans l'étude)*, il appartient aussi à la CARSAT qui a inscrit ces dépenses au compte de l'employeur de rapporter la preuve que la victime a été exposée au risque de la maladie dans l'un de ses établissements. Toutefois, dans le cas où cette preuve n'est pas rapportée, il incombe alors à l'employeur de prouver que la maladie a été contractée soit dans une autre entreprise qui a disparu, soit dans un établissement relevant d'une autre entreprise qui a disparu ou qui ne relevait pas du régime général de sécurité sociale (cass. civ., 2e ch., 1er décembre 2022, n° 20-22760 FSB).

Juridiction compétente - Les demandes de l'employeur de retrait de son compte des dépenses afférentes à une maladie professionnelle ou d'inscription de ces dépenses au compte spécial financé par l'ensemble des employeurs *(voir plus haut dans l'étude)*, même formées avant notification de son taux de cotisation par la CARSAT, relèvent de la seule compétence de la juridiction du contentieux de la tarification AT/MP, c'est-à-dire la cour d'appel d'Amiens (cass. civ., 2e ch., 28 septembre 2023, n° 21-25719, FSB).

▶ À noter… Avec cette décision, la Cour de cassation a mis fin à un risque de divergences de jurisprudence, source d'insécurité juridique. En effet, avant le 28 septembre 2023, elle considérait que les litiges relatifs à l'inscription de dépenses AT/MP au compte spécial relevaient de la compétence des juridictions du *contentieux de la sécurité sociale** en l'absence de décision de la CARSAT, c'est-à-dire avant la notification de son taux de cotisation à l'employeur (cass. civ., 2e ch., 20 juin 2019, n° 18-17049, FPBI). En revanche, lorsqu'en réponse à une demande de retrait du compte de l'employeur de dépenses AT/MP, la CARSAT prenait une décision de maintien, l'employeur devait la contester devant la juridiction de la tarification AT/MP (cass. civ., 2e ch., 22 janvier 2009, n° 08-11132, BC II n° 32 ; cass. civ., 2e ch., avis du 13 mars 2020, n° 19-70021, PBI ; cass. civ., 2e ch., 17 mars 2022, n° 20-20878 FB).

Ristournes et cotisations supplémentaires

Voir *Cotisation d'accidents du travail** et *Ristournes sur la cotisation accidents du travail**.

☞ *Cotisation d'accidents du travail.*

Grille des coûts moyens applicable du 1er janvier 2024 au 30 avril 2025 (*) (**)

	Catégories d'incapacité temporaire (IT)						Catégories d'incapacité permanente (IP)			
	Sans arrêt de travail ou arrêt de travail de moins de 4 jours	Arrêts de travail de 4 jours à 15 jours	Arrêts de travail de 16 jours à 45 jours	Arrêts de travail de 46 jours à 90 jours	Arrêts de travail de 91 jours à 150 jours	Arrêts de travail de plus de 150 jours	IP de moins de 10 %	IP de 10 à 19 %	IP de 20 à 39 %	IP de 40 % et plus ou décès de la victime
Industries de la métallurgie CTN A	287 €	522 €	1 758 €	4 770 €	8 924 €	40 783 €	2 226 €	65 734 €	133 102 €	676 026 €
Industries du bâtiment et des travaux publics CTN B (hors Haut-Rhin, Bas-Rhin et Moselle)	288 €	488 €	1 597 €	4 367 €	8 210 €	38 740 €	2 317 €	151 726 € (gros œuvre) (1) 169 866 € (second œuvre) (2) 184 269 € (fonctions support) (3)		
Industries du bâtiment et des travaux publics CTN B (pour le Haut-Rhin, le Bas-Rhin et la Moselle)	288 €	488 €	1 597 €	4 367 €	8 210 €	38 740 €	2 317 €	63 037 €	119 707 €	541 156 €
Industries des transports, de l'eau, du gaz, de l'électricité, du livre et de la communication CTN C	225 €	540 €	1 714 €	4 525 €	8 555 €	35 963 €	2 248 €	64 153 €	123 543 €	549 962 €
Services, commerces et industries de l'alimentation CTN D	305 €	440 €	1 414 €	3 876 €	7 222 €	32 497 €	2 253 €	55 550 €	108 472 €	460 652 €
Industries de la chimie, du caoutchouc et de la plasturgie CTN E	386 €	556 €	1 787 €	5 030 €	9 369 €	40 793 €	2 239 €	65 434 €	137 062 €	728 203 €
Industries du bois, de l'ameublement, du papier-carton, du textile, de vêtement, des cuirs et des peaux et des pierres à feu CTN F	375 €	506 €	1 677 €	4 302 €	8 143 €	36 752 €	2 256 €	60 861 €	117 806 €	618 356 €
Commerces non alimentaires CTN G	230 €	481 €	1 539 €	4 246 €	7 817 €	35 127 €	2 224 €	60 935 €	125 210 €	567 087 €
Activités de services 1 CTN H	169 €	411 €	1 318 €	3 805 €	7 281 €	37 082 €	2 160 €	61 960 €	131 740 €	579 607 €
Activités de services 2 CTN I	161 €	376 €	1 249 €	3 427 €	6 408 €	29 196 €	2 206 €	51 844 €	102 984 €	429 443 €

(*) Arrêté du 27 décembre 2023, annexe 2, JO du 29, texte 108 ; www.ameli.fr, information du 25 mars 2025. À l'heure où nous rédigions ces lignes, l'arrêté fixant la grille des taux moyens applicables, par dérogation, à partir du 1er mai 2025, n'était pas encore paru.
(**) CTN = comité technique national.
(1) Les activités de gros œuvre mentionnées à l'article D. 242-6-6 du code de la sécurité sociale sont identifiées sous les codes risque suivants : 45.1AA, 45.2BE, 45.2CD, 45.2ED, 45.2PB.
(2) Les activités de second œuvre mentionnées à l'article D. 242-6-6 du code de la sécurité sociale sont identifiées sous les codes risque suivants : 45.2JD, 45.3AF, 45.4CE, 45.4LE, 45.5ZB, 74.2CE.
(3) Les activités de fonctions support mentionnées à l'article D. 242-6-6 du code de la sécurité sociale sont identifiées sous le code risque suivant : 00.00A.

Taux d'appel (retraite complémentaire)

Les taux de calcul des points de cotisations de retraite complémentaire *AGIRC-ARRCO** sont affectés d'un taux d'appel, qui majore chacun des taux en vigueur, sans pour autant donner lieu à inscription de points de retraite. Les institutions s'accordent, par ce biais, un surplus de financement.

Le taux d'appel est fixé à 127 % depuis le 1er janvier 2019 (ANI AGIRC-ARRCO du 17 novembre 2017, art. 36).

Le taux effectif auquel l'entreprise cotise est donc égal au taux de calcul des points multiplié par le taux d'appel.

▶ À noter... La contribution d'équilibre général et la contribution d'équilibre technique ne supportent pas ce taux d'appel. Elles sont donc calculées directement aux taux prévus par l'accord AGIRC-ARRCO.

☞ *Cotisations de retraite AGIRC-ARRCO ; Taux de calcul des points (retraite complémentaire).*

Taux de calcul des points (retraite complémentaire)

Le taux de calcul des points est le taux de cotisations qui permet d'acquérir les points servant à l'évaluation future des droits à retraite complémentaire *AGIRC-ARRCO** du salarié.

▶ À noter... Avant la mise en place du régime unifié AGIRC-ARRCO au 1er janvier 2019, ce taux était dénommé « taux contractuel ».

Ce taux n'est pas celui auquel l'entreprise devra effectivement cotiser aux caisses de retraite complémentaire : pour connaître le taux effectif, il convient en effet de majorer le taux de calcul des points d'un taux d'appel fixé par l'AGIRC-ARRCO.

☞ *Cotisations de retraite AGIRC-ARRCO ; Taux d'appel (retraite complémentaire).*

Taxation forfaitaire

La taxation forfaitaire s'inscrit dans le cadre d'un *contrôle URSSAF**. Elle constitue un mode exceptionnel de fixation des cotisations dues par le cotisant (c. séc. soc. art. R. 243-59-4).

Il est important de ne pas confondre la taxation forfaitaire avec la fixation provisionnelle des cotisations, laquelle intervient en dehors d'un contrôle URSSAF lorsque l'employeur n'a ni versé ses cotisations dans les délais prescrits, ni fourni les éléments permettant de calculer celles-ci (voir *Taxation provisionnelle**).

Deux cas de recours à la taxation forfaitaire

Comptabilité ne permettant pas de chiffrer les rémunérations - L'agent chargé du contrôle est autorisé à fixer forfaitairement le montant de l'assiette des cotisations lorsque la comptabilité de la personne contrôlée ne permet pas d'établir le chiffre exact des rémunérations, ou le cas échéant des revenus, servant de base au calcul des cotisations dues (c. séc. soc. art. R. 243-59-4, I, al. 1 et 2).

Il appartient à l'URSSAF de prouver l'absence ou l'insuffisance de comptabilité (cass. soc. 21 janvier 1993, n° 90-17761 D ; cass. soc. 17 juin 1993, n° 91-12181 D).

Le recours à la taxation forfaitaire n'est pas subordonné à la preuve par l'URSSAF d'une faute de l'employeur. Il suffit que la comptabilité de celui-ci ne permette pas de déterminer le chiffre exact des cotisations dues (cass. soc. 5 mars 1986, n° 84-11819, BC V n° 69).

Absence de documents justificatifs ou présentation obscure - Le recours à la taxation forfaitaire est également ouvert lorsque les documents justificatifs nécessaires à la réalisation du contrôle ne sont pas mis à la disposition de l'agent URSSAF ou lorsque leur présentation n'en permet pas l'exploitation (c. séc. soc. art. R. 243-59-4, I, al. 1 et 3).

▶ À noter... L'URSSAF ne peut pas recourir à la taxation forfaitaire par simplicité. C'est également impossible lorsque l'inspecteur URSSAF admet avoir reçu l'intégralité des documents demandés et n'indique pas en quoi les documents fournis sont insuffisants pour établir le redressement (cass. civ., 2e ch., 17 décembre 2009, n° 08-21405 D).

Fixation du forfait

Tout moyen d'estimation probant - La fixation forfaitaire est effectuée par tout moyen d'estimation probant permettant le chiffrage des cotisations et contributions sociales (c. séc. soc. art. R. 243-59-4, I, al. 4).

Prise en compte des conventions collectives - Lorsque le recours à la taxation forfaitaire s'appuie sur l'absence de comptabilité permettant de chiffrer les rémunérations, l'assiette est établie en tenant compte notamment des conventions collectives en vigueur ou, à défaut, des salaires pratiqués dans la profession ou la région considérée. La durée de l'emploi est déterminée d'après les déclarations des intéressés ou par tout autre moyen de preuve (c. séc. soc. art. R. 243-59-4, I, al. 4 ; lettre-circ. ACOSS 2007-107 du 27 juillet 2007).

▶ À noter… L'URSSAF peut établir la taxation sur des bases supérieures à celles résultant de la convention collective s'il existe des présomptions sérieuses selon lesquelles, dans la région considérée, la profession ou encore l'entreprise, les rémunérations versées sont habituellement plus élevées (cass. soc. 5 mars 1986, n° 84-11819, BC V n° 69).

Travail dissimulé - En cas de constat de *travail dissimulé**, l'agent de contrôle URSSAF peut recourir à la méthode dite du « redressement forfaitaire » (www.urssaf.fr).

Pour le calcul des cotisations et contributions de sécurité sociale, les rémunérations qui ont été versées ou qui sont dues à un salarié en contrepartie d'un travail dissimulé sont alors, à défaut de preuve contraire en termes de durée effective d'emploi et de rémunérations versées, évaluées forfaitairement à 25 % du montant annuel du *plafond de la sécurité sociale** en vigueur au moment du constat du délit (soit 11 775 € pour un constat réalisé en 2025), même si elles se rapportent à des périodes antérieures (c. séc. soc. art. R. 243-59-4, I, al. 5 et 6, renvoyant à L. 242-1-2). Ces rémunérations ne peuvent faire l'objet d'aucune mesure de réduction ou d'exonération de cotisations ou de minoration de l'assiette (c. séc. soc. art. L. 242-1-1).

Par dérogation, la *cotisation d'assurance vieillesse** plafonnée est calculée sur la base de la moitié du plafond annuel de la sécurité sociale (soit 23 550 € pour un constat réalisé en 2025) (c. séc. soc. art. R. 242-2-1).

Pour plus de détails sur la méthode du redressement forfaitaire, voir *Travail dissimulé*.

Contestation

Un employeur peut demander l'annulation d'un redressement établi sur la base d'une taxation forfaitaire lorsque l'URSSAF ne lui a pas permis de se défendre (ex. : pas de transmission par l'URSSAF de ses observations et absence de notification du délai lui permettant de répliquer). En effet, la taxation forfaitaire doit nécessairement être contradictoire. Dans le cas contraire, la procédure de redressement peut être annulée (cass. civ., 2e ch., 27 janvier 2004, n° 02-30706, BC II n° 29).

L'employeur peut aussi apporter la preuve de l'inexactitude ou du caractère excessif de l'évaluation (cass. soc. 13 octobre 1977, n° 76-11311, BC V n° 538), même lorsqu'il n'a pas fourni les justificatifs comptables lors du contrôle ou de son recours amiable (cass. soc. 19 juin 1997, n° 95-21380 D). La preuve de l'inexactitude de l'évaluation peut également être apportée par une mesure d'expertise ordonnée par le juge à qui l'employeur a présenté des éléments susceptibles de démontrer cette inexactitude (cass. soc. 19 février 1986, n° 84-12151, BC V n° 17). Une évaluation erronée entraîne une régularisation de l'assiette des cotisations (cass. soc. 17 juin 1993, n° 2336 D).

▶ À noter… Depuis que l'URSSAF doit établir la taxation forfaitaire par tout moyen d'estimation probant (contrôles engagés depuis le 11 juillet 2016), les contestations basées sur l'inexactitude ou le caractère excessif de l'évaluation forfaitaire devraient se raréfier.

Le recours injustifié à la taxation d'office entraîne la nullité du redressement : un redressement établi sur une base forfaitaire alors que la comptabilité de l'entreprise permettait d'établir le chiffre exact des sommes dues doit être annulé (cass. soc. 23 novembre 2000, n° 98-22035, BC V n° 389).

☛ *Contrôle URSSAF ; Travail dissimulé.*

Taxation provisionnelle

Circonstances - Lorsque les données nécessaires au calcul des cotisations n'ont pas été transmises, l'URSSAF les calcule à titre provisoire (c. séc. soc. art. R. 243-15, I).

Toutefois, cette taxation provisionnelle ne peut pas s'appliquer lorsque l'URSSAF a admis la demande préalable de l'employeur de ne plus adresser de déclaration en raison de l'absence d'emploi salarié (c. séc. soc. art. R. 243-15, V).

▶ À noter… La taxation provisionnelle ne doit pas être confondue avec la *taxation forfaitaire** opérée dans le cadre d'un *contrôle URSSAF**.

Sur la contribution provisoire calculée par l'URSSAF lorsque l'employeur assujetti à l'obligation d'emploi des travailleurs handicapés ne respecte pas son obligation de déclaration annuelle d'emploi de travailleurs handicapés (DOETH), voir *Handicapés (déclaration d'emploi)**.

Chiffrage - Le chiffrage se fait sur la base des dernières rémunérations connues, majorées de 25 %

pour la première échéance. Ce taux est augmenté de 5 points à chaque échéance non déclarée consécutive (c. séc. soc. art. R. 243-15, I, 1°).

Si les rémunérations ne sont pas connues, la taxation provisionnelle est égale à : montant mensuel du *plafond de la sécurité sociale** x nombre de salariés ou assimilés connus, le tout majoré de 50 % pour la première échéance non déclarée. Le taux de 50 % est augmenté de 5 points à chaque échéance non déclarée consécutive (c. séc. soc. art. R. 243-15, I, 2°).

Procédure - L'organisme de recouvrement notifie à l'employeur la taxation dans le délai de 1 mois suivant la date limite de déclaration. Ce délai est porté à 3 mois maximum pour les employeurs de moins de 11 salariés ayant opté pour le versement trimestriel des cotisations (c. séc. soc. art. R. 243-15, II).

Lorsque l'employeur effectue sa déclaration après cette notification, le montant des cotisations dues est régularisé en conséquence. Dans ce cas, le montant des majorations de retard applicable est porté à 8 % des cotisations régularisées (contre 5 % selon le droit commun, voir *Majorations et pénalités URSSAF**) (c. séc. soc. art. R. 243-15, IV).

▶ À noter... L'employeur ne peut pas invoquer le *droit à l'erreur** pour échapper aux majorations de retard.

☞ *Déclaration sociale nominative ; Exigibilité des cotisations URSSAF.*

Taxe d'apprentissage

La taxe d'apprentissage est destinée principalement au financement de l'apprentissage proprement dit, mais aussi à d'autres formations technologiques et professionnelles.

Les règles exposées dans cette étude sont celles applicables aux contributions dues au titre des périodes d'emploi accomplies à partir du 1er janvier 2022, les premières dont le recouvrement a été assuré par le réseau des URSSAF (CGSS ou CMSA).

Champ d'application

Employeurs assujettis - La taxe d'apprentissage est due par les employeurs passibles de l'impôt sur les sociétés (IS) de plein droit ou sur option (peu important qu'ils soient en pratique redevables ou non de l'IS), ainsi que par les personnes physiques et par les sociétés ayant opté pour le régime fiscal des sociétés de personnes, lorsque ces personnes et sociétés exercent une activité industrielle, commerciale ou artisanale (c. trav. art. L. 6241-1, I).

Ne sont pas assujettis à la taxe (c. trav. art. L. 6131-1, II) :
- l'État et ses établissements publics à caractère administratif (BOSS, Contributions à la formation et à l'apprentissage, § 200, 01/03/2025) ;
- les collectivités territoriales et leurs établissements publics administratifs ;
- les employeurs sans établissement en France immatriculés auprès du service Firmes étrangères (ex-Centre national des firmes étrangères ; CNFE) ;
- les établissements publics de santé, sociaux et médico-sociaux relevant de la fonction publique hospitalière, les groupements de coopération sanitaire (c. santé pub. art. L. 6133-1 et L. 6133-4) et les groupements de coopération sociale et médico-sociale (CASF art. L. 312-7) ;
- les employeurs des représentants diplomatiques et consulaires (BOSS, Contributions à la formation et à l'apprentissage, § 200, 01/03/2025).

▶ À noter... Les employeurs de Saint-Pierre-et-Miquelon relevant de la caisse de prévoyance sociale ne sont pas redevables de la taxe d'apprentissage pour les rémunérations dues au titre des années 2021 à 2025 (loi 2021-1900 du 30 décembre 2021, art. 121, VII modifié ; loi 2023-1322 du 29 décembre 2023, art. 159).

Employeurs non redevables - Par dérogation à la règle d'assujettissement, un certain nombre de structures, listées par le code du travail, ne sont pas redevables de la taxe (sociétés et personnes morales ayant pour objet exclusif les divers ordres d'enseignement, groupements d'employeurs agricoles, mutuelles, associations à activités non lucratives, etc.) (c. trav. art. L. 6241-1, III).

Ces employeurs sont donc de fait exonérés de taxe d'apprentissage. S'ils réalisent des activités commerciales « accessoires », cela ne remet pas en cause le bénéfice de l'exonération (c. trav. art. L. 6241-1, III).

Le tableau I ci-après reprend la liste de ces employeurs spécifiquement exonérés de taxe d'apprentissage.

Jusqu'au 15 février 2025, les mutuelles régies par les livres Ier et III du code de la mutualité en faisaient partie. Cette « exonération » totale a été supprimée par la loi de finances pour 2025, de sorte que les mutuelles sont désormais soumises aux règles de droit commun d'assujettissement à la taxe d'apprentissage (c. trav. art. L. 6241-1, III, 3° abrogé ; loi 2025-127 du 14 février 2025, art. 125, XXII, JO du 15). En revanche, lorsqu'elles sont assujetties à la taxe, elles en sont exonérées sur les rémunérations qu'elles versent à leurs apprentis *(voir plus loin)*.

Tableau I - Employeurs non redevables de la taxe d'apprentissage
Par dérogation, les employeurs listés ci-dessous ne sont pas redevables de la taxe d'apprentissage. La réalisation d'activités commerciales accessoires par ces employeurs ne remet pas en cause l'exonération dont ils bénéficient (c. trav. art. L. 6241-1, III).
• Les sociétés et personnes morales ayant pour objet exclusif les enseignements maternel, primaire, secondaire, supérieur, technique agricole, industriel, commercial et technologique, ainsi que l'enseignement de l'ensemble des disciplines médicales et paramédicales placées sous l'autorité du ministère en charge de la santé.
• Les groupements d'employeurs agricoles constitués conformément à l'article L. 1253-1 et suivants du code du travail.
• Les mutuelles régies par les livres Ier et III du code de la mutualité jusqu'au 28 février 2025 (la loi finances pour 2025 a supprimé cette exonération totale, en la remplaçant par une exonération de taxe d'apprentissage sur les seules rémunérations que ces mutuelles versent à leurs apprentis ; *voir nos développements*).
• Les associations, organismes fondations, fonds de dotation, congrégations, syndicats à activités non lucratives mentionnés au 1 bis de l'article 206 du code général des impôts et aux 5°, 5° bis et 11° de l'article 207 du même code (CGI art. 206, 1 bis et art. 207, 5°, 5° bis et 11°).
• Les sociétés coopératives agricoles d'approvisionnement et d'achat ainsi que les unions de sociétés coopératives agricoles d'approvisionnement et d'achat.
• Les sociétés coopératives de production, transformation, conservation et vente de produits agricoles ainsi que leurs unions (CGI art. 207, 1, 3°).
• Les coopératives et unions artisanales, maritimes, de transport fluvial et d'entreprises de transport (CGI art. 207, 3 bis).
• Les organismes d'habitations à loyer modéré (c. constr. et hab. art. L. 411-2), les sociétés anonymes de crédit immobilier qui exercent uniquement les activités prévues au I et au II de l'article L. 422-4 du même code ainsi que les unions d'économie sociale.
• Les sociétés coopératives de construction (c. constr. et hab. art. L. 432-2).

À titre de simplification, l'administration a fixé la date d'entrée en vigueur de ces mesures 1er mars 2025 : ainsi, les rémunérations versées par les mutuelles au titre de périodes d'activité effectuées à compter du 1er mars 2025 sont assujetties à la taxe d'apprentissage, à l'exception de celles versées aux apprentis (actualité BOSS du 12 mars 2025 ; Contributions à la formation et à l'apprentissage, § 200, 01/03/2025).

Organismes organisant une compétition sportive internationale - Les organismes chargés de l'organisation en France d'une compétition sportive internationale et, le cas échéant, leurs filiales (dont ils possèdent plus de 50 % du capital), ne sont pas redevables de la taxe d'apprentissage ni de la contribution supplémentaire à la taxe d'apprentissage à raison des rémunérations versées à leurs salariés dont les fonctions exercées sont directement liées à l'organisation de la compétition concernée (CGI art. 1655 septies).

Cette exonération s'applique au titre des compétitions dont la décision d'attribution à la France est intervenue avant le 31 décembre 2017, ou intervient à compter du 1er janvier 2022 (CGI art. 1655 septies ; loi 2022-1726 du 30 décembre 2022, art. 29, IV, A et B).

Pour les compétitions attribuées à la France à partir de 2022, l'exonération s'applique aussi aux sous-filiales dont les organismes chargés de l'organisation des compétitions détiennent plus de 50 % du capital par l'intermédiaire d'une chaîne de participation (CGI art. 1655 septies modifié ; loi 2022-1726 du 30 décembre 2022, art. 29, I et IV, A).

▶ À noter… Pour ouvrir droit à l'exonération, la compétition doit répondre à un certain nombre de critères (niveau au moins équivalent à un championnat d'Europe, être organisée en France de façon exceptionnelle, avoir des retombées économiques exceptionnelles, etc.) (CGI art. 1655 septies, II). En pratique, la liste des compétitions concernées est fixée par décret (décret 2015-910 du 23 juillet 2015 ; décret 2020-796 du 27 juin 2020). On y trouve en particulier les jeux Olympiques et Paralympiques 2024, ainsi que pour 2023 la Coupe du monde de Rugby à XV.

Cessation d'activité, cession - Une entreprise cessant son activité en cours d'année est redevable de la taxe d'apprentissage due au titre de l'année de cessation de l'activité (BOSS, Contributions à la formation et à l'apprentissage, §§ 30 et 190, 01/03/2025).

En cas de cession-cessation d'activité, l'employeur a 60 jours à compter de la date de cession-cessation pour déclarer annuellement son statut vis-à-vis de la taxe (délai porté à 6 mois en cas de décès de l'employeur).

Exonération mensuelle des employeurs d'apprentis

Conditions de l'exonération - Pour les périodes d'emploi accomplies depuis le 1er janvier 2022, les employeurs occupant un ou plusieurs apprentis sont exonérés mensuellement de taxe d'apprentissage lorsque les rémunérations mensuellement dues par ces employeurs (en termes d'assiette des cotisations de sécurité sociale) sont inférieures ou égales à 6 fois le SMIC mensuel en vigueur au cours de la période d'emploi au titre de laquelle les rémunérations sont dues (c. trav. art. L. 6241-1, IV).

Application mensuelle - Concrètement, l'exonération est mise en œuvre mois par mois, au regard des critères d'exonération appréciés sur le mois qui précède.

Ainsi, pour savoir si un employeur est exonéré de taxe au titre de la période d'emploi correspondant à un mois donné (mois M), les deux critères de l'exonération (emploi d'au moins un apprenti, masse salariale inférieure ou égale à 6 SMIC mensuels) sont appréciés sur le mois précédent, c'est-à-dire le mois M – 1 (c. trav. art. D. 6241-8).

L'exonération est déclarée en DSN, sous un code de cotisation spécifique.

Exemple

Un employeur est exonéré de taxe pour la période d'emploi de mars si les deux critères de l'exonération (emploi d'au moins un apprenti, masse salariale prise en compte pour l'assiette des cotisations de sécurité sociale inférieure ou égale à 6 SMIC mensuels) sont remplis en février.

Taux de la taxe d'apprentissage

Cas général - La taxe d'apprentissage proprement dite se calcule à un taux de 0,68 % dans le cas général (c. trav. art. L. 6241-1-1, II).

Alsace-Moselle - Par dérogation, le taux de la taxe est de 0,44 % pour les établissements situés en Alsace-Moselle (départements du Bas-Rhin, du Haut-Rhin et de la Moselle), quel que soit le lieu du siège du principal établissement de l'entreprise (c. trav. art. L. 6241-1-1, II).

Assiette de la taxe d'apprentissage

Assiette (principes) - L'assiette de la taxe d'apprentissage est alignée sur celle des cotisations de sécurité sociale (c. trav. art. L. 6241-1-1, I).

S'il y a lieu, il faut tenir compte des éventuelles déductions forfaitaires spécifiques pour frais professionnels (DFS) appliquées par l'employeur pour le calcul des cotisations de certains salariés (BOSS, Contributions à la formation et à l'apprentissage, §§ 110 et 210, 01/03/2025).

La rémunération à déclarer pour les intermittents du spectacle est à majorer de 10 %, au titre des versements effectués à la caisse des congés du spectacle (c. séc. soc. art. L. 243-1-3 et D. 243-0-2, 2°).

Pour les salariés des entreprises du BTP, de transport et de dockers dont les congés payés sont indemnisés par des caisses de congés payés, les salaires à déclarer pour les intéressés sont ceux effectivement payés par l'entreprise, majorés d'un taux forfaitaire de 11,50 % (c. séc. soc. art. L. 243-1-3 et D. 243-0-2, 1°).

Les ports autonomes maritimes et fluviaux mentionnés à l'article L. 5311-1 du code des transports, ainsi que le port autonome de Strasbourg, qui ne procèdent pas à des distinctions dans leurs déclarations sociales entre la masse salariale de leurs effectifs attachés à leurs missions administratives et celle des effectifs engagés dans des activités industrielles et commerciales, peuvent appliquer un abattement forfaitaire de 50 % sur l'assiette de la taxe calculée sur la masse salariale globale de l'établissement (loi 2021-1900 du 30 décembre 2021, art. 121, VIII).

Rémunérations des apprentis - Les rémunérations des apprentis sont exonérées de taxe pour les employeurs de moins de 11 salariés (c. trav. art. L. 6241-1-1, I, al. 2).

Pour cette exonération, l'effectif de l'entreprise s'apprécie selon les modalités prévues par le code de la sécurité sociale (voir *Effectif sécurité sociale**). Toutefois, par dérogation, la règle d'atténuation du franchissement de seuil à la hausse (moratoire de 5 ans) ne s'applique pas au seuil de 11 salariés à partir duquel la taxe d'apprentissage est due sur la rémunération des apprentis (c. trav. art. L. 6241-1-1, I al. 2 ; BOSS, Effectif, § 1530, 01/01/2025).

Exemple

Un employeur ayant des apprentis avait un effectif « sécurité sociale » calculé sur l'année 2023 de 9 salariés. En 2024, la rémunération de ses apprentis était exonérée de taxe d'apprentissage. Si l'effectif « sécurité sociale » calculé sur l'année 2024 est devenu supérieur ou égal à 11 salariés, alors la taxe d'apprentissage est due à partir du 1er janvier 2025 sur les rémunérations de ses apprentis.

En cas de modification de la situation juridique de l'employeur avec transferts de salariés en cours d'année, le BOSS indique via un exemple (BOSS, Effectif, § 1530, 01/01/2025) qu'il faut appliquer les règles spécifiques prévues en la matière (voir *Effectif sécurité sociale**, « § Modification de la situation juridique de l'employeur et transferts de salariés »).

Exemple

Un employeur ayant des apprentis a un effectif « sécurité sociale » calculé sur l'année 2024 de 4 salariés. En principe, il n'est pas redevable de la taxe d'apprentissage sur la rémunération de ses apprentis en 2025. L'effectif reste constant sur le début 2025, mais le 15 mai 2025, à la suite d'une fusion, 10 salariés à temps plein sont transférés au sein de la société, de sorte qu'au 31 mai 2025, l'employeur emploie 14 salariés. L'effectif à prendre en compte pour l'année 2025 est donc finalement, de 4 salariés du 1er janvier au 30 avril, puis de 14 salariés du 1er mai au 31 décembre : l'entreprise est redevable de la taxe d'apprentissage sur les rémunérations versées à ses apprentis à compter du 1er mai 2025.

Pour les périodes d'emploi accomplies à partir du 1er mars 2025, les mutuelles régies par les livres Ier et III du code de la mutualité assujetties à la taxe d'apprentissage en sont exonérées sur les rémunérations qu'elles versent à leurs apprentis, quel que soit leur effectif (c. trav. art. L. 6241-1-1 modifié ; loi 2025-127 du 14 février 2025, art. 125, XXII, JO du 15 ; Contributions à la formation et à l'apprentissage, § 200, 01/03/2025). C'est la contrepartie de la suppression de l'exonération totale de taxe dont elles bénéficiaient jusqu'alors à raison de leur inscription sur la liste des structures non redevables *(voir plus haut)*.

Rémunérations des mandataires sociaux sans contrat de travail, gratification des stagiaires - Les textes applicables font référence, pour l'assiette de la taxe d'apprentissage, à l'assiette des cotisations de sécurité sociale (c. trav. art. L. 6241-1-1, I). En conséquence, sont également soumises à la taxe :
- les rémunérations des dirigeants et mandataires sociaux sans contrat de travail relevant du régime général ;
- la fraction de gratification des stagiaires sous convention de stage excédant le seuil de franchise de cotisations.

Depuis le 1er novembre 2024, cette lecture est expressément confirmée par l'administration (BOSS, Contributions à la formation et à l'apprentissage, §§ 90 et 210, 01/03/2025).

▶ À noter… L'administration a précisé que cet assujettissement est obligatoire à compter des périodes d'emploi de mai 2024 (BOSS, Contributions à la formation et à l'apprentissage, §§ 90 et 210, 01/03/2025). Selon nos informations, pour l'administration, il ne s'agit pas de prendre en compte une évolution du droit, qui n'a jamais exclu ces catégories de rémunération. Mais considérant que la règle est longtemps restée ambiguë, il est admis que si ces sommes n'ont pas été soumises à la taxe d'apprentissage, seules des observations pour l'avenir seront faites sur les périodes d'activité antérieures à mai 2024.

Rémunérations des expatriés à l'étranger, salariés détachés en France et pluriactifs - Les rémunérations versées à des salariés expatriés non affiliés au régime français de sécurité sociale non affiliés au régime français de sécurité sociale sont exclues de l'assiette de la taxe d'apprentissage (BOSS, Contributions à la formation et à l'apprentissage, §§ 110 et 210, 01/03/2025).

Dans la même logique, n'entrent pas dans l'assiette de la taxe d'apprentissage :
- les rémunérations versées à des salariés détachés depuis l'étranger en France mais demeurant intégralement soumis au régime de sécurité sociale de leur pays d'origine ;
- les rémunérations des salariés dits « pluriactifs » (travaillant à la fois en France et à l'étranger) qui, en application des règles internationales de coordination, relèvent uniquement du régime de sécurité sociale du pays étranger et ne sont donc pas affiliés au régime français de sécurité sociale.

Exonérations spécifiques - Par ailleurs, il existe toujours deux exonérations spécifiques de taxe d'apprentissage :
- exonération des rémunérations versées aux salariés en contrat d'accompagnement dans l'emploi (c. trav. art. L. 5134-31, 3°) ;
- dans les ateliers et chantiers d'insertion, exonération dans la limite du SMIC pour les salariés en contrat à durée déterminée d'insertion ouvrant droit à l'aide au poste (loi 2013-1203 du 23 décembre 2013, art. 20, IV, A).

Composantes de la taxe : part principale et solde

Cas général - En dehors de l'Alsace-Moselle, la taxe d'apprentissage de 0,68 % recouvre deux composantes (c. trav. art. L. 6241-2) :
- une part « principale » de 0,59 % (soit environ 87 % de la taxe) ;
- une fraction « solde » de 0,09 % (soit environ 13 % de la taxe).

Cette distinction entre « part principale » et fraction « solde » est fondamentale en termes de règles de recouvrement URSSAF et de possibilité de déduction de certaines dépenses.

▶ À noter… Les sommes collectées au titre de la part « principale » sont destinées au financement des formations par apprentissage. Le « solde » est pour sa part orienté vers le financement des formations initiales technologiques et professionnelles (hors apprentissage) et l'insertion professionnelle.

Alsace-Moselle - En Alsace-Moselle, l'intégralité de la taxe de 0,44 % relève en totalité du régime de la part « principale » (c. trav. art. L. 6261-2 et R. 6261-13). Il n'y a donc pas de fraction « solde ».

La taxe d'apprentissage en recouvrement URSSAF		
Contribution	**Déclaration en DSN**	**Paiement**
Taxe d'apprentissage (part principale) (1)	Mensuelle (5 ou 15 du mois suivant la période d'emploi)	• Mensuel dans le cas général (5 ou 15 du mois suivant la période d'emploi) • Trimestriel, pour les rares TPE en périodicité trimestrielle URSSAF, trimestriel (15 avril, 15 juillet, 15 octobre, 15 janvier)
Solde de taxe d'apprentissage de 0,09 % (hors Alsace-Moselle)	Annuelle (5 ou 15 mai de l'année suivante)	Annuel (5 ou 15 mai de l'année suivante)
Contribution supplémentaire à l'apprentissage (CSA) (2)	Annuelle (5 ou 15 avril de l'année suivante)	Annuel (5 ou 15 avril de l'année suivante)

(1) Hors Alsace-Moselle, la fraction principale correspond à 0,59 % (soit environ 87 % de la taxe de 0,68 %). En Alsace-Moselle, la fraction principale correspond à la totalité de la taxe de 0,44 %.
(2) Employeurs de 250 salariés et plus n'ayant pas suffisamment d'alternants à l'effectif (voir *Contribution supplémentaire à la taxe d'apprentissage**).

Recouvrement de la part « principale »

Déclaration et recouvrement périodiques - La part principale de taxe d'apprentissage (0,59 % dans le cas général ; totalité de la taxe de 0,44 % en Alsace-Moselle) doit être déclarée mensuellement en DSN.

Elle est versée aux URSSAF aux mêmes échéances périodiques que les cotisations de sécurité sociale (c. trav. art. L. 6241-2, I renvoyant à L. 6131-3), à savoir mensuellement ou, pour les rares TPE concernées, trimestriellement (*voir tableau reproduit dans cette étude*).

Possibilité de déduire deux catégories de dépenses - Il est possible de déduire deux catégories de dépenses de cette fraction de 87 %, afférentes soit à un centre de formation d'apprentis (CFA) d'entreprise dont disposerait l'employeur, soit en faveur d'offres de formation innovantes (c. trav. art. L. 6241-2, I).

Dépenses afférentes à un CFA d'entreprise formant les apprentis de l'employeur - La première catégorie de dépenses déductibles est constituée par les dépenses des investissements destinés au financement des équipements et matériels nécessaires à la réalisation de la formation d'un ou plusieurs apprentis de l'entreprise au sein d'un CFA dont elle dispose (c. trav. art. D. 6241-29, 1°).

Le CFA doit répondre à l'une des quatre conditions suivantes (c. trav. art. D. 6241-30) :
- être interne à l'entreprise ;
- être détenu par l'entreprise à hauteur de plus de la moitié du capital (au sens de l'article L. 233-1 du code de commerce) ou des voix au sein de l'organe de gouvernance du CFA ;
- être constitué par un groupe d'entreprises (au sens de l'article L. 1233-4, al. 2 du code du travail) ;
- ou être constitué par plusieurs entreprises partageant des perspectives communes d'évolution des métiers ou qui interviennent dans des secteurs d'activité complémentaires.

Dépenses afférentes à des formations innovantes - La seconde catégorie de dépenses déductibles, ce sont les versements concourant aux investissements destinés au financement des équipements et matériels nécessaires à la mise en place par un CFA d'une « offre nouvelle de formation par apprentissage », lorsque celle-ci sert à former un ou plusieurs apprentis de l'entreprise (c. trav. art. D. 6241-29, 2°).

Par « offre nouvelle de formation par apprentissage », on entend celle qui n'a jamais été dispensée sur le territoire national avant l'ouverture de la session de formation au titre de laquelle les versements sont effectués (c. trav. art. D. 6241-31).

Calcul et application des déductions - Les dépenses « CFA d'entreprise » et « formations innovantes » pouvant être déduites de la taxe de l'année N se calculent en fonction de celles effectivement payées par l'entreprise au cours de l'année précédant la déduction (N – 1), dans la limite de 10 % de la part principale de taxe de cette année N – 1 (c. trav. art. D. 6241-32).

Exemple

Le droit à déduction sur 2025 est déterminé au regard des dépenses effectuées en 2024, dans la limite de 10 % de la part principale de la taxe 2024.

Le droit à déduction ainsi calculé est déclaré et appliqué sur la taxe de l'année N au mois le mois, jusqu'à épuisement, à compter de la période d'emploi du mois de janvier et dans la limite de la part principale de taxe due au titre de chaque période d'emploi.

Ces déductions sont déclarées en DSN, sous des codes de cotisation et des codes types de personnel (CTP) spécifiques.

Exemple

Un employeur ayant déclaré en année N – 1 une part principale de taxe d'apprentissage de 2 000 € pourra déduire, au titre de ces deux catégories de dépenses qu'il aurait effectivement engagées en N – 1, jusqu'à 200 € de la part principale de la taxe d'apprentissage de l'année N.

Si la part principale de taxe d'apprentissage due au titre du mois de janvier de l'année N est de 90 €, l'employeur pourra déduire 90 €.

Le solde de 110 € de dépenses déductibles pour être imputé sur la part principale de taxe de la période d'emploi de février, et ainsi de suite jusqu'à épuisement.

Recouvrement de la fraction « solde »

Déclaration et paiement annuels - La fraction « solde » de taxe d'apprentissage de 0,09 % (hors Alsace-Moselle uniquement ; *voir plus haut*) doit être versée annuellement aux URSSAF (c. trav. art. L. 6241-2, II).

Cette fraction « solde » est calculée sur la même assiette que la part principale de taxe, à savoir les rémunérations de l'année au titre de laquelle la taxe est due (ex. : salaires 2024 pour la fraction « solde » de la taxe 2024 à payer en mai 2025) (c. trav. art. R. 6241-19).

Elle est payée et déclarée à la même échéance que les cotisations de sécurité sociale du mois d'avril de l'année suivant celle au titre de laquelle la taxe est due (c. trav. art. L. 6241-2, II).

Concrètement, le solde de taxe d'apprentissage de l'année N doit être payé en mai de l'année N + 1, à l'occasion de la DSN d'avril à souscrire pour le 5 ou 15 mai. Cette contribution solde est déclarée en DSN sous un code type de personnel (CTP) spécifique.

Exemples

La fraction « solde » de 0,09 % dû au titre des salaires 2025 est exigible et déclarée aux URSSAF le 5 ou le 15 mai 2025 (DSN d'avril 2025).

La fraction « solde » due au titre des salaires 2025 sera exigible et déclarée aux URSSAF le 5 ou le 15 mai 2026 (DSN d'avril 2026).

Dépenses déductibles au titre des subventions en nature aux CFA - La réforme du recouvrement a maintenu la possibilité, pour l'employeur, de déduire du solde de taxe d'apprentissage de 0,09 % les subventions versées en nature directement aux CFA sous forme d'équipements et de matériels conformes aux besoins des formations dispensées (c. trav. art. L. 6241-4, 2° et R. 6241-20, 1°).

Ainsi, il est possible de déduire les subventions versées au cours de l'année au titre de laquelle la taxe est due (c. trav. art. R. 6241-24). L'employeur pourra déduire du solde de taxe de l'année N à verser en mai de l'année N + 1 les subventions versées au cours de l'année N.

Exemple

L'employeur peut déduire du solde de taxe 2024 à verser en mai 2025 les subventions versées au cours de l'année 2024.

Cette déduction est déclarée en DSN, sous un code de cotisation et un code type de personnel (CTP) spécifiques.

▶ À noter… Une règle dérogatoire était prévue pour la première collecte URSSAF, à savoir le solde de 0,09 % de la taxe 2022 à échéance du 5 ou du 15 mai 2023. Les employeurs pouvaient déduire les subventions versées du 1er juin au 31 décembre 2022 (décret 2021-1916 du 30 décembre 2021, art. 4, II).

Valorisation des subventions en nature aux CFA - La valorisation de la déduction au titre des subventions aux CFA sous forme d'équipements et de matériels conformes aux besoins des formations dispensées repose sur un reçu que les CFA transmettent à l'entreprise. Ce reçu, daté du jour de livraison des matériels et équipements, indique l'intérêt pédagogique de ces biens ainsi que la valeur comptable justifiée par l'entreprise (c. trav. art. R. 6241-24).

Les subventions sont valorisées comme suit (arrêté du 27 décembre 2019, JO du 29, texte 50) :
- pour le matériel neuf : sur la base du prix de revient ;
- pour les produits en stock : sur la base de la valeur d'inventaire ;
- pour le matériel d'occasion : sur la base de la valeur résiduelle comptable.

Dans tous les cas, cette valorisation est déterminée toutes taxes comprises (TTC).

Déduction au titre de la créance alternants - Les entreprises de 250 salariés et plus dans le champ de la contribution supplémentaire à l'apprentissage pourront déduire du « solde » de 0,09 % la créance dont ils bénéficient s'ils dépassent le quota de 5 % d'alternants à l'effectif (voir *Contribution supplémentaire à la taxe d'apprentissage**) (c. trav. art. R. 6241-20, 2° et L. 6241-2, II).

Cette déduction est déclarée en DSN, sous un code de cotisation et un code type de personnel (CTP) spécifiques.

Subventions en faveur des premières formations initiales et à l'insertion - La réforme du recouvrement de la taxe a maintenu le principe selon lequel, hors Alsace-Moselle, les employeurs peuvent toujours réaliser, au titre du « solde » de 0,09 %, des dépenses en faveur de formations initiales technologiques et professionnelles (hors apprentissage) et de l'insertion professionnelle (c. trav. art. L. 6241-4, 1°).

Néanmoins, il n'y a plus de versement direct des entreprises aux formations, écoles et établissements bénéficiaires, puisque les employeurs paient la fraction « solde » de 0,09 % aux URSSAF.

En revanche, les entreprises peuvent désigner des établissements bénéficiaires via un service dématérialisé de fléchage dénommé SOLTéA (cliquer sur https://www.soltea.gouv.fr), selon un calendrier fixé chaque année par arrêté (c. trav. art. D. 6241-27). La Caisse des dépôts, destinataire des fonds collectés par les URSSAF, procède ensuite aux versements aux établissements désignés par les employeurs (c. trav. art. R. 6241-28-2).

Concrètement, cette plateforme permet aux employeurs qui en sont désireux de « garder la main » sur l'affectation de leur solde de taxe d'apprentissage après son versement aux URSSAF. Pour la campagne 2024 (solde de la taxe 2023), les employeurs ont disposé de deux fenêtres de fléchage pour décider via la plateforme SOLTéa de l'affectation des sommes qu'ils ont payées aux URSSAF (du 27 mai au 23 août 2024, puis du 7 septembre au 25 octobre 2024).

Les employeurs qui le souhaitent peuvent ainsi choisir les établissements bénéficiaires, leurs composantes ou les formations auxquels ils souhaitent affecter des sommes au titre de leur fraction « solde », et suivre les virements correspondants qui seront effectués par la Caisse des dépôts aux établissements et formations bénéficiaires.

▶ À noter... Les fonds non fléchés, à savoir ceux pour lesquels les entreprises ne prennent aucune décision d'affectation, sur la plate-forme SOLTéA seront affectés par la Caisse des dépôts aux établissements bénéficiaires selon des critères définis juridiquement.

Rappelons que c'est le code du travail qui dresse la liste des catégories d'établissements habilités à percevoir des versements au titre du 0,09 % *(voir tableau)* (c. trav. art. L. 6241-5). La liste des formations et d'établissements habilités à recevoir des versements au titre de la fraction solde de la taxe d'apprentissage est déterminée par des listes régionales et une liste nationale :

Établissements pouvant recevoir des financements au titre de la fraction de 0,09 %
(c. trav. art. L. 6241-5)

- établissements publics d'enseignement du second degré
- établissements privés d'enseignement du second degré sous contrat d'association avec l'État
- établissements privés d'enseignement du second degré sans contrat d'association avec l'État, mais habilités à recevoir des boursiers nationaux (c. éduc. art. L. 531-4) ou reconnus comme écoles techniques privées selon la procédure ad hoc (c. éduc. art. L. 443-2)
- établissements publics d'enseignement supérieur (ou leurs groupements agissant pour leur compte)
- établissements gérés par une chambre consulaire et établissements d'enseignement supérieur consulaire
- établissements privés relevant de l'enseignement supérieur gérés par des organismes à but non lucratif (ou leurs groupements agissant pour leur compte)
- établissements publics ou privés dispensant des formations conduisant aux diplômes professionnels délivrés par les ministères chargés de la santé, des affaires sociales, de la jeunesse et des sports
- écoles de la deuxième chance (c. éduc. art. L. 214-14)
- centres de formation gérés et administrés par l'établissement public d'insertion de la défense (EPIDE) (c. serv. nat. art. L. 130-1)
- établissements à but non lucratif concourant, par des actions de formation professionnelle, à offrir aux jeunes sans qualification une nouvelle chance d'accès à la qualification
- établissements ou services d'enseignement assurant, à titre principal, une éducation adaptée et un accompagnement social ou médico-social aux mineurs ou jeunes adultes handicapés ou présentant des difficultés d'adaptation (CASF art. L. 312-1, I, 2°)
- établissements délivrant un enseignement adapté (c. éduc. art. L. 332-4, al. 1)
- établissements et services médicaux-sociaux d'aide par le travail, de réadaptation, de pré-orientation et de rééducation professionnelle (CASF art. L. 312-1, I, 5°)
- établissements ou services à caractère expérimental accueillant des jeunes handicapés ou présentant des difficultés d'adaptation (CASF art. L. 312-1, I, 12°)
- organismes reconnus comme participant au service public de l'orientation tout au long de la vie (liste établie par décision du président du conseil régional)
- écoles de production (c. éduc. art. L. 443-6)
- établissements d'enseignement technique et préparatoire militaire (c. défense art. L. 4153-1)
- organismes agissant au plan national pour la promotion de la formation technologique et professionnelle initiale et des métiers (liste nationale établie pour 3 ans par arrêté) (1)

(1) Le montant versé par les entreprises à ces organismes au titre du solde de la fraction de 13 % de la taxe d'apprentissage ne peut dépasser 30 % du montant dû (c. trav. art. L. 6241-5, 13°). La liste nationale résulte d'un arrêté publié fin 2022 qui identifie les organismes habilités pour 3 ans au titre, selon les cas, 2023 à 2025 ou 2024 à 2026 (arrêté du 30 décembre 2019, JO 5 janvier 2020, texte 13, modifié en dernier lieu par arrêté du 15 avril 2024, JO du 26, texte 12).

- dans chaque région, deux listes sont publiées chaque année par le préfet, au plus tard le 31 décembre de l'année précédant celle au titre de laquelle la taxe est due (c. trav. art. L. 6241-5, 1° à 12°, R. 6241-21 et R. 6241-22) ;
- la liste nationale est établie par arrêté, étant précisé que le montant fléché vers les organismes de cette liste ne peut pas dépasser 30 % de la fraction « solde » de 0,09 % (c. trav. art. L. 6241-5, 13°).

▶ À noter... La liste nationale résulte en dernier lieu d'un arrêté publié fin 2022 qui identifie les organismes habilités pour 3 ans au titre des années 2023 à 2025 ou 2024 à 2026 selon les cas (arrêté du 30 décembre 2019, JO 5 janvier 2020, texte 13, modifié en dernier lieu par arrêté du 15 avril 2024, JO du 26, texte 12).

Contribution supplémentaire à l'apprentissage

Les employeurs de 250 salariés et plus assujettis à la taxe d'apprentissage sont redevables d'une contribution supplémentaire à l'apprentissage s'ils n'ont pas à l'effectif un quota minimal d'alternants (c. trav. art. L. 6242-1) (pour le détail, voir *Contribution supplémentaire à la taxe d'apprentissage**).

☛ *Contribution à la formation professionnelle ; Contribution supplémentaire à la taxe d'apprentissage.*

Taxe sur les salaires

Règles d'assujettissement

Employeurs assujettis - La taxe sur les salaires est due par tous les employeurs domiciliés ou établis en France qui versent des rémunérations imposables dans la catégorie des traitements et salaires, lorsque ces employeurs (CGI art. 231, 1) :

- ne sont pas assujettis à la TVA l'année du versement des rémunérations ;
- ou ont été assujettis à la TVA sur moins de 90 % de leur chiffre d'affaires au titre de l'année civile précédant celle du paiement des rémunérations.

Ces règles générales d'assujettissement sont résumées dans le tableau ci-après.

Dans le secteur privé, la taxe sur les salaires concerne pour l'essentiel les établissements bancaires et financiers, d'assurances, certains courtiers d'assurances, agents de change, etc., les sociétés exerçant une activité civile (sociétés d'investissements, sociétés immobilières) à l'exception de celles de ces sociétés ayant pour objet la construction d'immeubles ou le négoce des biens, les associations loi de 1901, les organismes sans but lucratif, les membres de certaines professions libérales, etc.

Employeurs non assujettis - À l'inverse, les employeurs totalement assujettis à la TVA ne sont pas assujettis à la taxe sur les salaires (CGI art. 231, 1).

D'autres employeurs en sont exonérés, dont notamment (liste non exhaustive) :
- les centres techniques industriels (CGI art. 231 bis U) ;
- les particuliers employeurs pour l'emploi d'un salarié à domicile (ou d'un assistant maternel) (CGI art. 231 bis P) ;
- les particuliers employeurs, pour l'emploi de plusieurs salariés à domicile lorsque leur présence au domicile est nécessitée par l'obligation de recourir à l'assistance d'une tierce personne pour accomplir les actes ordinaires de la vie (CGI art. 231 bis P).

Employeurs en franchise de TVA - Les employeurs dont le chiffre d'affaires de l'année précédente n'excède pas les limites de franchise en base de TVA (CGI art. 293 B) ne sont pas redevables de la taxe sur les salaires (CGI art. 231, 1).

Pour certains secteurs d'activité, il existe des limites de franchise de TVA particulières (activités d'achat-revente ou de fourniture de logement, prestataires de services, avocats).

Règles d'assujettissement à la taxe sur les salaires

Chiffre d'affaires soumis à la TVA en N – 1	Chiffre d'affaires soumis à la TVA en N	Assujettissement à la taxe sur les salaires en N
> 90 %	Sans incidence	Non
> 90 %	0 %	Oui (1)
< 90 %	100 %	Tolérance ? (2)
< 90 %	< 100 %	Oui (1)

(1) Sauf exonération spécifique. (2) Par tolérance, les entreprises intégralement soumises à la TVA en N peuvent ne pas être soumises à la taxe sur les salaires en N, bien qu'elles soient assujetties à la TVA sur moins de 90 % de leur chiffre d'affaires en N – 1. Cette tolérance vise à éviter une double imposition à la TVA et à la taxe sur les salaires au titre de la même année. L'application de cette tolérance doit en principe faire l'objet d'une demande, instruite comme une réclamation, auprès de l'administration. Néanmoins, le Conseil d'État semble avoir remis en cause cette tolérance (CE 31 mars 2023, n° 460838), sous réserve de son éventuelle confirmation par l'administration.

Employeurs membres d'un assujetti unique TVA - Pour des rémunérations versées à partir de 2026, les rémunérations versées par l'employeur membre d'un assujetti unique (ou groupe TVA) seront exonérées de taxe sur les salaires sous les deux conditions cumulatives suivantes (CGI art. 231 A ; loi 2025-127 du 14 février 2025, art. 36, I, JO du 15) :
- l'employeur, pris isolément, ne serait pas assujetti à la taxe sur les salaires s'il n'était pas membre de cet assujetti unique ;
- au titre de l'année précédant celle du paiement des salaires, le chiffre d'affaires (CA) des opérations réalisées par cet assujetti unique ouvrant droit à déduction de TVA est au moins égal à 90 % du montant total de son CA imposable à la TVA.

À noter... Pour ce qui est de l'exonération de taxe sur les salaires des rémunérations versées au cour de l'année de constitution de l'assujetti unique, la condition de CA de l'assujetti unique s'apprécie par référence au CA de cette année civile.

Employeurs agricoles - Les employeurs agricoles dont les recettes n'entrent pas, à titre obligatoire ou sur option, dans le champ d'application de la TVA, sont en principe passibles de la taxe sur les salaires. Cependant, le calcul de la taxe dont ils sont redevables doit s'effectuer selon des modalités spéciales fixées par décret (CGI art. 231, 3).

Or, ce décret n'est intervenu qu'à l'égard des organismes coopératifs, mutualistes et professionnels agricoles (CGI, ann. III, art. 53 bis) et des agriculteurs commercialisant ou transformant leurs produits en faisant appel à des moyens analogues à ceux des commerçants ou des industriels (CGI, ann. III, art. 53 ter).

Le décret d'application concernant les autres employeurs agricoles n'est pas paru. Les rémunérations versées par ces employeurs ne peuvent donc pas être soumises à la taxe sur les salaires, faute d'une définition de la base imposable (BOFiP-TPS-TS-10-20-§§ 1 à 30-22/01/2014). Ainsi, en l'état actuel de la réglementation :
- les employeurs agricoles énumérés par les articles 53 bis et 53 ter de l'annexe III au CGI sont redevables de la taxe sur les salaires lorsque 90 % au moins de leur chiffre d'affaires ne sont pas soumis à la TVA ;
- les autres employeurs bénéficient d'une exonération de fait.

Assujettis à la TVA sur moins de 90 % de leur chiffre d'affaires

Imposition à la taxe sur les salaires sur une base réduite - Les employeurs qui ont été assujettis à la TVA sur moins de 90 % de leur chiffre d'affaires l'année civile précédant celle du paiement des rémunérations sont redevables de la taxe sur les salaires sur une partie seulement des rémunérations qu'ils versent (CGI art. 231, 1).

Rapport d'assujettissement - L'assiette de la taxe est obtenue en multipliant le montant total des rémunérations passibles de la taxe par le rapport entre, l'année précédant celle du paiement des salaires (CGI art. 231, 1) :
- au numérateur, le chiffre d'affaires qui n'a pas été passible de la TVA : il correspond au total des recettes et autres produits qui n'ont pas ouvert droit à déduction de la TVA, y compris, par conséquent, ceux correspondant à des opérations situées hors du champ d'application de la TVA (subventions non imposables à la TVA, par exemple) ;
- au dénominateur, le chiffre d'affaires total, correspondant au total des recettes et autres produits réalisés par l'employeur, y compris les opérations ouvrant droit à déduction de la TVA (ce total comprenant aussi les recettes et produits correspondant à des opérations situées hors du champ d'application de la TVA).

Lorsqu'il est exprimé en pourcentage, le rapport peut être arrondi à l'unité inférieure (BOFiP-TPS-TS-20-30-§ 80-05/02/2025).

Lorsque le rapport d'assujettissement à la TVA, arrondi à l'unité inférieure, est compris entre 10 % et 20 %, l'employeur bénéficie d'une décote. En pratique, l'assiette est déterminée conformément au tableau ci-après (BOFiP-TPS-TS-20-30-§ 220-05/02/2025).

Assujettis partiels avec un rapport d'assujettissement compris entre 10 % et 20 %

% du chiffre d'affaires non soumis à la TVA	% du montant des salaires versés à retenir pour l'assiette de la taxe
10 % ou moins	0 %
11 %	2 %
12 %	4 %
13 %	6 %
14 %	8 %
15 %	10 %
16 %	12 %
17 %	14 %
18 %	16 %
19 %	18 %
20 %	20 %
Plus de 20 %	Rapport d'assujettissement déterminé sans décote, selon la stricte règle du texte législatif (1)

(1) Rapport « chiffre d'affaires non passible de la TVA / chiffre d'affaires total ».

Période de référence pour le rapport d'assujettissement - En principe, la détermination du rapport d'assujettissement se fait en fonction du chiffre d'affaires dégagé l'année civile précédant celle du paiement des rémunérations imposables.

Il est toutefois admis que l'on retienne le rapport existant l'année même du paiement lorsque l'employeur (BOFiP-TPS-TS-20-30-§§ 240 à 300-05/02/2025) :
- est une entreprise nouvelle et qu'il s'agit de sa première année d'activité ;
- opte pour la TVA, pour la taxe sur les salaires due au titre de l'année durant laquelle l'option prend effet et pour l'année suivante ;
- devient passible de la TVA en cours d'activité (autrement que sur cette option) pour la taxe sur les salaires de l'année durant laquelle il devient redevable de la TVA et pour l'année suivante ;
- ou connaît une variation importante de ce rapport, sur demande adressée au directeur des services fiscaux.

Exemples

1) Sur l'année N, une fraction égale à 25 % du chiffre d'affaires d'une entreprise n'est pas soumise à la TVA. En N + 1, les rémunérations versées sont soumises pour 25 % de leur montant à la taxe sur les salaires.

2) Sur une année N, une fraction égale à 16 % du chiffre d'affaires n'est pas soumise à la TVA (la décote joue donc ; voir tableau ci-avant). En N + 1, les rémunérations versées sont soumises pour 12 % de leur montant à la taxe sur les salaires.

Le bénéfice de cette tolérance peut désormais être financièrement pris en compte dès le paiement de la taxe sur les salaires intervenant au moment du paiement des rémunérations, sur la base du rapport d'assujettissement prévisionnel de l'année, et non plus seulement au moment de la régularisation annuelle pratiquée avant le 31 janvier de l'année suivant celle du paiement des rémunérations.

Secteurs distincts d'activité - Les entreprises qui ont constitué des secteurs distincts en matière de TVA doivent calculer par secteur d'activité la quote-part des rémunérations soumises à la taxe sur les salaires (BOFiP-TPS-TS-20-30-§§ 180 à 210-05/02/2025), en appliquant aux rémunérations des salariés affectés spécifiquement à chaque secteur le rapport d'assujettissement propre à ce secteur :
- les rémunérations versées aux personnels affectés de manière permanente et exclusive à un secteur d'activité sont soumises à la taxe sur les salaires à raison du rapport d'assujettissement propre à ce secteur ;
- les rémunérations versées aux personnels non affectés de manière permanente et exclusive à un secteur déterminé sont soumises à la taxe sur les salaires à raison du rapport d'assujettissement établi pour l'entreprise dans son ensemble.

L'administration considère qu'une activité hors champ de la TVA est assimilée à un secteur d'activité. Les rémunérations versées aux personnels affectés de manière exclusive et permanente à ce secteur doivent donc être intégralement soumises à la taxe sur les salaires (BOFiP-TPS-TS-20-30-§ 200-05/02/2025).

▶ À noter… Fin 2013, une cour administrative d'appel a jugé que l'assujettissement de l'entreprise à la taxe sur les salaires doit être envisagé séparément non pas au niveau de l'entreprise, mais au niveau de chaque secteur d'activité. Selon cette décision, une société qui n'est pas soumise à la TVA au titre d'un secteur d'activité est passible de la taxe sur les salaires pour ce secteur, alors même que plus de 90 % de son chiffre d'affaires global de l'exercice, tous secteurs confondus, a été assujetti à la TVA (CAA Versailles, 3 décembre 2013, n° 11VE04229). Reste à savoir si cette décision isolée sera confirmée ou infirmée par le Conseil d'État.

Rémunérations versées aux dirigeants de sociétés holding financières - Certains groupes de sociétés créent, au sein d'une société holding, des secteurs distincts d'activité, de manière à rattacher les rémunérations des dirigeants à un secteur passible de la TVA et qui n'est donc pas soumis à la taxe sur les salaires, comme par exemple le secteur « services aux filiales ».

Pour le Conseil d'État, la taxe sur les salaires des dirigeants affectés à plusieurs secteurs doit être établie en appliquant à leurs rémunérations le rapport existant entre le chiffre d'affaires qui n'a pas été passible de la TVA et le chiffre d'affaires total (CE 8 juin 2011, n° 331848, n° 331849, n° 341018 et n° 340863),). En raison du caractère transversal des attributions des dirigeants, leurs rémunérations sont présumées être également affectées au secteur financier, même si le suivi des activités est confié à des salariés affectés spécialement à ce secteur et même si le nombre d'opérations relevant de ce secteur est très faible. En effet, dans une société holding, les pouvoirs des dirigeants s'étendent, en principe, au secteur financier, même si le suivi des activités est confié à des salariés affectés spécialement à ce secteur et même si le nombre des opérations relevant de ce secteur est très faible.

Toutefois, si l'entreprise peut prouver que certains de ses dirigeants n'ont pas d'attribution dans le secteur financier, leur rémunération est placée hors du champ de la taxe sur les salaires. Cette preuve peut être apportée, par exemple, s'il résulte des statuts de la société ou des délibérations du conseil d'administration ou du contrat de travail qu'un dirigeant n'a pas juridiquement le pouvoir d'exercer le contrôle et la responsabilité du secteur financier (BOFiP-TPS-TS-20-30-§ 195-05/02/2025).

Assiette et barème de la taxe

Rémunérations versées sur l'année civile - La taxe sur les salaires est due sur les rémunérations versées aux salariés au cours de l'année civile (BOFiP-TPS-TS-20-10-§§ 1 et 10-30/01/2019). C'est donc la date de paiement qui compte, et non la période d'emploi qui sert de référence.

Base imposable par référence à l'assiette de la CSG sur les revenus d'activité - Depuis le 1er janvier 2013, l'assiette de la taxe sur les salaires est alignée sur celle de la CSG applicable aux revenus d'activité. Cependant, la taxe se calcule sans application de l'abattement d'assiette de 1,75 % propre à la CSG (CGI art. 231, 1).

La base imposable est donc plus large que le brut sécurité sociale. Elle comprend notamment l'intéressement, la participation aux résultats, les abondements aux plans d'épargne salariale, les contributions patronales de prévoyance complémentaire et de retraite supplémentaire, etc. Les lecteurs souhaitant avoir plus de détails sur les éléments entrant dans la base CSG se reporteront aux développements correspondants [voir *Contribution sociale généralisée (CSG)**].

Salaire des apprentis - Pour les contrats d'apprentissage conclus avant le 1er mars 2025, les rémunérations des *apprentis** sont exonérées de CSG (c. séc. soc. art. L. 136-1-1, III, 1° a au 28.02.2025). En conséquence, ils sont aussi exonérés de taxe sur les salaires, du fait de l'alignement de la base imposable de la taxe sur l'assiette de la CSG sur les revenus d'activité (BOFiP-TPS-TS-20-10-§ 70-30/01/2019).

Pour les contrats conclus à compter du 1er mars 2025, la fraction de rémunération des *apprentis** excédant 50 % du SMIC est assujettie à CSG/CRDS (c. séc. soc. art. L. 136-1-1, II, 7° nouveau ; loi 2025-199 du 28 février 2025, art. 22, I et VI, JO du 28). Par conséquence, cette fraction est en principe soumise à la taxe sur les salaires, pour les employeurs assujettis à cette taxe.

Néanmoins, quel que soit leur montant, les rémunérations versées aux *apprentis** par les entreprises qui emploient au plus 10 salariés sont exonérées de la taxe sur les salaires (CGI art. 231 bis I).

Rémunération des dirigeants - Les revenus d'activité des dirigeants affiliés de plein droit au régime de sécurité sociale des salariés (gérants minoritaires rémunérés de SARL, présidents du conseil d'administration, directeurs généraux et directeurs généraux délégués de SA, présidents et dirigeants de sociétés par actions simplifiées, etc.) (c. séc. soc. art. L. 311-3) sont assujettis à la taxe sur les salaires, du fait de l'alignement de la base imposable sur l'assiette de la CSG sur les revenus d'activité (CE 21 janvier 2016, n° 388989 ; BOFiP-TPS-TS-20-10-§ 40-30/01/2019).

Exonérations spécifiques à la taxe sur les salaires - Les rémunérations versées à certains salariés sont expressément exonérées de taxe sur les salaires :
- salariés en contrat d'accompagnement dans l'emploi (c. trav. art. L. 5134-31 ; CGI art. 231 bis N) ;
- enseignants des centres de formation d'apprentis (CGI art. 231 bis R ; BOFiP-TPS-TS-20-20-§§ 210 à 240-30/01/2019) ;
- indemnités versées par les caisses de congés payés (BOFiP-TPS-TS-20-20-§ 330-30/01/2019) ;
- rémunérations versées par les groupements d'établissements publics d'aménagement (GRETA) (CE 25 juin 2008, n° 28566) ;
- personnel des cantines d'entreprise, pour la partie du salaire correspondant au service de la cantine (BOFiP-TPS-TS-20-20-§§ 280 à 310-30/01/2019) ;
- personnes recrutées par les organismes et œuvres sans but lucratif à l'occasion et pour la durée d'une manifestation de bienfaisance ou de soutien organisée à leur seul profit (CGI art. 231 bis L ; BOFiP-TPS-TS-20-20-§§ 80 à 170-30/01/2019) ;
- rémunérations versées aux personnels mis à la disposition de certains établissements d'enseignement supérieur consulaires (CGI art. 231 bis V ; BOFiP-TPS-TS-20-20-§ 410-30/01/2019).

Les *ateliers et chantiers d'insertion** bénéficient d'une exonération de taxe sur les salaires pour leurs embauches en *CDD d'insertion** ouvrant droit à l'aide au poste, dans la limite du SMIC et pendant la durée d'attribution de cette aide (loi 2013-1203 du 23 décembre 2013, art. 20, IV).

En cas d'augmentation de capital réservée aux adhérents d'un plan d'épargne entreprise, l'avantage constitué par l'écart entre le prix de souscription et la moyenne des cours, entre le prix de souscription et le prix de cession ou par l'attribution gratuite d'actions est exonéré de la taxe sur les salaires (CGI art. 231 bis S).

Les gains résultant de l'attribution d'actions gratuites ou de la levée de stock-options sont expressément exclus de l'assiette de la taxe sur les salaires (CGI art. 231).

Primes d'impatriation - Les primes d'impatriation versées aux salariés et dirigeants bénéficiant du régime fiscal des impatriés ayant pris leurs fonctions

Taxe sur les salaires : barème 2025 par fraction de rémunération			
Taux (1)	**Annuelle (2)**	**Trimestrielle**	**Mensuelle**
4,25 %	Jusqu'à 9 147 €	Jusqu'à 2 287 €	Jusqu'à 762 €
8,50 %	Plus de 9 147 € et jusqu'à 18 259 €	Plus de 2 287 € et jusqu'à 4 565 €	Plus de 762 € et jusqu'à 1 522 €
13,60 %	Plus de 18 259 €	Plus de 4 565 €	Plus de 1 522 €

(1) Le taux de la taxe sur les salaires est fixé, pour l'ensemble des rémunérations, à 2,95 % en Guadeloupe, à la Martinique et à La Réunion et à 2,55 % en Guyane et à Mayotte. Les taux majorés ne sont pas applicables dans ces départements.
(2) Barème de référence pour la régularisation annuelle. Les seuils sont revalorisés chaque année dans la même proportion que la limite supérieure de la première tranche du barème de l'IR de l'année précédente (CGI art. 231).

depuis le 6 juillet 2016 sont exonérées de taxe sur les salaires à compter du 1er janvier 2017 (CGI art. 231 bis Q ; BOFiP-TPS-TS-20-20-§ 203-30/01/2019). Pour les salariés et personnes éligibles à l'option pour l'évaluation forfaitaire de la prime d'impatriation à hauteur de 30 % de la rémunération (CGI art. 155 B, I), l'exonération de taxe sur les salaires porte sur une fraction de 30 % de leur rémunération.

L'exonération s'applique aux rémunérations versées jusqu'au 31 décembre de la 8e année suivant la prise de fonction en France.

Pour plus de détails sur le régime fiscal des dirigeants et salariés impatriés, les lecteurs peuvent se reporter au Dictionnaire Fiscal édité par le Groupe Revue Fiduciaire (voir Dictionnaire RF Fiscal, §§ 47515 et s.).

Chèques-vacances - Dans les entreprises de moins de 50 salariés dépourvues de CSE et ne relevant pas d'un organisme de gestion d'activités sociales, la participation de l'employeur au financement des chèques-vacances est exonérée de taxe sur les salaires dans les mêmes conditions et limites que celles applicables à l'exonération de cotisations de sécurité sociale (c. tourisme art. L. 411-6 ; voir *Chèques-vacances**).

Toutefois, certains pourraient considérer que l'alignement sur l'assiette de la CSG a pour effet de rendre la contribution patronale imposable à la taxe sur les salaires. Des clarifications de l'administration seraient les bienvenues sur ce point.

Assujettissement partiel à la taxe - Si l'employeur est partiellement assujetti à la TVA, l'assiette de la taxe est obtenue en multipliant le montant total des rémunérations passibles de la taxe sur les salaires par le rapport d'assujettissement entre le chiffre d'affaires qui n'est pas passible de la TVA et le chiffre d'affaires total *(voir ci-avant)*.

Barème de la taxe sur les salaires - Le barème de la taxe sur les salaires due au titre des rémunérations brutes annuelles et mensuelles versées en 2025 s'établit comme suit, suite à l'adoption de la loi de finances pour 2025 (loi 2025-127 du 14 février 2025, JO du 15), selon nos calculs, sous réserve des arrondis et montants qui seront diffusés par l'administration fiscale.

Franchise

Bénéficiaires - Les employeurs bénéficient d'une franchise de la taxe lorsque son montant annuel n'excède pas 1 200 € (CGI art. 1679 ; BOFiP-TPS-TS-30-§§ 320 à 340-24/06/2020).

Cette franchise, qui s'apprécie par employeur (et non par établissement), dispense de versements en cours d'année les redevables estimant que le montant annuel de la taxe est inférieur à 1 200 €.

Obligations déclaratives - Ils n'ont pas à souscrire de relevé de versement provisionnel n° 2501 mensuel ou trimestriel. Ils sont dispensés de déclaration annuelle n° 2502 si le montant annuel final de la taxe reste en dessous de la franchise (CGI, ann. III, art. 369, 5).

Si au final la taxe due au titre de l'année en cause dépasse 1 200 €, la franchise n'est pas applicable. Le redevable doit donc déposer une déclaration n° 2502 et acquitter la taxe due.

Décote

Mécanisme - Lorsque le montant annuel de la taxe est supérieur à 1 200 € sans excéder 2 040 €, l'impôt exigible fait l'objet d'une décote égale à 75 % de la différence entre 2 040 € et le montant de la taxe exigible (CGI art. 1679 ; BOFiP-TPS-TS-30-§§ 350 à 390-24/06/2020).

Exemple

Si la taxe annuelle résultant du barème est de 1 400 €, l'application du mécanisme de la décote réduit le montant de la taxe à 920 €. La décote appliquée est 75 % × (2 040 € – 1 400 €) = 480 €.

Obligations déclaratives et imputation de la décote - Les bénéficiaires de la décote ne sont pas, en principe, dispensés de verser les acomptes mensuels ou trimestriels de taxe sur les salaires en cours d'année (relevés n° 2501). Dès lors, la décote ne peut être appliquée que lors de la régularisation annuelle, à l'occasion de la taxe de la déclaration n° 2502 (CGI art. 1679 ; BOFiP-TPS-TS-30-§ 370-24/06/2020).

Toutefois, pour éviter aux redevables susceptibles de bénéficier de la décote de faire une avance de trésorerie trop importante eu égard au montant de la taxe dont ils seront en définitive redevables, il est admis que les redevables ajustent leurs versements mensuels ou trimestriels dans les conditions suivantes.

Lorsqu'un redevable trimestriel estime que le montant annuel de la taxe sera compris entre 1 200 € et 2 040 €, et que la taxe calculée sur les salaires du trimestre écoulé est comprise entre 300 € et 510 €, il peut imputer sur le montant trimestriel de la taxe une décote égale à 75 % de la différence entre 510 € et le montant trimestriel qu'il a calculé (CGI art. 1679 ; BOFiP-TPS-TS-30-§ 380-24/06/2020).

Exemple
Le montant trimestriel de la taxe est de 350 €. La décote imputable est de 75 % × (510 € – 350 €) = 120 €. Le versement effectif au titre du trimestre concerné est de 350 € – 120 € = 230 €.

Lorsqu'un redevable mensuel estime que le montant annuel de la taxe sera compris entre 1 200 € et 2 040 €, et que la taxe calculée sur les salaires du mois écoulé est comprise entre 100 € et 170 €, il peut imputer sur le montant trimestriel de la taxe une décote égale à 75 % de la différence entre 170 € et le montant trimestriel qu'il a calculé (CGI art. 1679 ; BOFiP-TPS-TS-30-§ 390-24/06/2020).

Exemple
Le montant mensuel de la taxe est de 120 €. La décote imputable est de 75 % × (170 € – 120 €) = 37,50 €. Le versement effectif au titre du mois concerné est de 120 € – 37,50 € = 82,50 €.

Ce dispositif d'ajustement des acomptes est utilisé par les redevables sous leur propre responsabilité. Dès lors, les insuffisances de versement résultant d'un calcul erroné sont assimilées à un paiement tardif et sont donc passibles des pénalités encourues à ce titre (CGI art. 1679 ; BOFiP-TPS-TS-30-§ 390-24/06/2020).

Abattement réservé à certains organismes

Abattement annuel - Certains organismes sans but lucratif bénéficient d'un abattement annuel (CGI art. 1679 A). Celui-ci est fixé à 24 041 € en 2024 (sous réserve de l'arrondi de l'administration).

Cet abattement dispense de versements en cours d'année les redevables estimant que le montant annuel de la taxe est inférieur à l'abattement. Ils n'ont pas de déclaration à souscrire si le montant annuel est au final inférieur à l'abattement (CGI, ann. III, art. 369, 5).

Lorsque la taxe sur les salaires est inférieure à l'abattement, la fraction inutilisée n'est ni restituable ni reportable sur les années suivantes.

Organismes concernés - Cet abattement concerne (CGI art. 1679 A) :
- les associations loi 1901 ;
- par tolérance, les congrégations et les associations intermédiaires (BOFiP-TPS-TS-30-§§ 430 et 440-24/06/2020) ;
- les fondations reconnues d'utilité publique ;
- les centres de lutte contre le cancer (depuis le 1er janvier 2017) ;
- les syndicats professionnels et leurs unions ;
- les groupements sanitaires (CGI art. 239 quater D) lorsqu'ils sont exclusivement constitués de personnes morales mentionnées à l'article 1679 A du CGI ;
- les mutuelles employant moins de 30 salariés ;
- les mutuelles employant 30 salariés et plus lorsque leurs activités relèvent du livre III du code de la mutualité (mutuelles pratiquant la prévention, l'action sociale et la gestion de réalisations sanitaires et sociales) (depuis le 1er janvier 2017).

Application de l'abattement - Le code général des impôts ne prévoit pas de modalité particulière d'application de l'abattement.

L'administration a précisé qu'en toute logique, l'abattement doit s'imputer sur les premiers euros de taxe normalement due au titre d'une année considérée soit, par exemple, sur les 24 041 premiers euros en 2025 (BOFiP-TPS-TS-30-§ 520-24/06/2020).

Toutefois, les employeurs qui l'estimeraient préférable peuvent déduire l'abattement de façon fractionnée, par 1/12e pour les employeurs qui s'acquitte de la taxe mensuellement ou par quart pour ceux qui s'en acquittent trimestriellement, sous réserve de régularisation.

De même, l'abattement peut être pratiqué en cours d'année, après intervention d'un ou de plusieurs versements n'en tenant pas compte par suite d'un oubli.

En tout état de cause, dès lors qu'il n'excède pas son montant maximum pour l'année, l'abattement est admis quel que soit son mode d'imputation.

Dates d'exigibilité

Principe - La date limite de paiement est fonction du montant total de la taxe sur les salaires acquittée l'année précédente (CGI, ann. III, art. 369, 1 ; BOFiP-TPS-TS-40-§§ 30 à 70-24/06/2020).

Périodicité annuelle - Lorsque la taxe de l'année N – 1 est inférieure à 4 000 €, l'employeur doit s'ac-

Taxe sur les salaires : périodicité et versement		
Montant de la taxe de l'année N – 1	**Année N**	
	Périodicité	**Versement**
Moins de 4 000 €	Paiement annuel	Le 15 janvier de l'année qui suit celle au titre de laquelle T est due
De 4 000 € à 10 000 €	Paiement trimestriel	Le 15 du premier mois suivant le trimestre civil au titre duquel T est due
Plus de 10 000 €	Paiement mensuel	Le 15 du mois suivant celui au titre duquel T est due

quitter de la taxe sur les salaires due sur les rémunérations versées pendant l'année en cours (N) dans les 15 premiers jours de l'année suivante (15 janvier N + 1). Ce versement est réalisé avec la déclaration annuelle n° 2502.

Périodicité trimestrielle - Lorsque la taxe de l'année N – 1 est comprise entre 4 000 € et 10 000 €, l'employeur doit s'acquitter de la taxe sur les salaires due sur les rémunérations versées pendant un trimestre déterminé dans les 15 premiers jours du premier mois du trimestre civil suivant. Le contribuable devra déposer au moment de ce versement le relevé de versement provisionnel n° 2501.

La taxe due au titre du dernier trimestre sera versée le 15 janvier au plus tard avec le complément de régularisation qui accompagne la déclaration annuelle n° 2502.

Périodicité mensuelle - Lorsque la taxe de l'année N – 1 est supérieure à 10 000 €, l'employeur doit s'acquitter de la taxe sur les salaires due sur les rémunérations versées pendant un mois déterminé dans les 15 premiers jours du mois suivant. Le contribuable doit déposer également le relevé de versement provisionnel.

La taxe due au titre du mois de décembre sera versée le 15 janvier au plus tard avec le complément de régularisation qui accompagne la déclaration annuelle n° 2502.

Paiement et obligations déclaratives

Modalités de paiement - Sous réserve des dispositions prévues pour les entreprises relevant de la Direction générale des grandes entreprises (DGE) (CGI, ann. III, art. 406 terdecies), les sommes dues au titre de la taxe sur les salaires sont versées au comptable chargé du service des impôts des entreprises du lieu dont relève le siège de l'entreprise ou le principal établissement ou le domicile de l'employeur (CGI, ann. III, art. 369, 1).

Tous les employeurs doivent s'acquitter de la taxe sur les salaires par télérèglement (CGI art. 1681 septies, 5).

Relevé de versement provisionnel - Chaque versement mensuel ou trimestriel est accompagné d'un relevé dont le modèle est fixé par l'administration (n° 2501), daté et signé par l'employeur et indiquant notamment sa désignation, sa profession et son adresse, la période à laquelle s'applique ce versement et le montant de la taxe sur les salaires versés (CGI, ann. III, art. 369, 2).

Toutefois, les entreprises qui effectuent un versement provisionnel de taxe sur les salaires par Internet ou par télépaiement sont dispensées de ce formulaire.

Déclaration annuelle - Une déclaration annuelle permettant la liquidation et la régularisation de la taxe sur les salaires, dont le modèle est fixé par l'administration (n° 2502), doit être déposée, datée et signée par l'employeur, auprès de la recette du lieu dont relève le siège de l'entreprise ou le principal établissement ou le domicile de l'employeur, au plus tard le 15 janvier de l'année qui suit celle au titre de laquelle la taxe est due (CGI, ann. III, art. 369, 3). Toutefois, il est admis que la déclaration puisse être déposée au plus tard le 31 janvier de l'année qui suit celle au titre de laquelle la taxe est due (BOFiP-TPS-TS-40-§ 230-24/06/2020).

Cette déclaration indique, notamment, la désignation, la profession et l'adresse de l'employeur, le montant des rémunérations versées au cours de l'année concernée, le montant de la taxe correspondante, le montant des sommes restant dues ou devant être restituées après déduction, le cas échéant, des sommes déjà versées mensuellement ou trimestriellement au titre de la même année. Elle est accompagnée, le cas échéant, du paiement de l'impôt ou du complément de taxe exigible au titre de cette même année.

▶ À noter… Les employeurs en DSN doivent déclarer s'ils sont assujettis à la taxe sur les salaires et, si oui, l'assiette de la taxe dans la dernière DSN déposée au titre de l'année concernée (DSN des salaires de décembre à souscrire pour le 5 ou 15 janvier) (CGI art. 87 et 87 A ; CGI, ann. III, art. 39, 1°, c ; c. séc. soc. art. R. 133-14, IV, 9°). En pratique, selon le site d'information officiel sur la DSN, il est admis que les données soient déclarées dans la DSN du mois principal déclaré de janvier, déposée au plus tard le 5 ou 15 février selon les cas (www.net-entreprises.fr, Base de connaissance DSN, fiche 793 modifiée le 26.01.2022).

Obligation de souscrire les déclarations par voie électronique - Les déclarations de taxe sur les salaires sont obligatoirement souscrites par voie électronique depuis le 1er janvier 2019 (CGI art. 1649 quater B quater, XIV).

Sanction de l'obligation de télérèglement et de déclaration par voie électronique - Le non-respect de l'obligation de souscrire par voie électronique une déclaration et payer la taxe par télérèglement entraîne l'application d'une majoration de 0,2 % du montant des droits correspondant aux déclarations déposées selon un autre procédé ou du montant des sommes dont le versement a été effectué selon un autre mode de paiement. Le montant de cette majoration ne peut pas être inférieur à 60 € (CGI art. 1738).

▶ À noter… Les contribuables personnes physiques qui résident dans des zones où aucun service mobile n'était disponible étaient dispensés de l'obligation de télépaiement de leurs impôts jusqu'au 31 décembre 2024

Dispense de dépôt de la déclaration ou du relevé de versement - Les redevables qui estiment que le montant annuel de leur taxe sur les salaires n'excédera pas celui de la franchise ou de l'abattement prévu en faveur des associations, syndicats et mutuelles ne sont pas tenus de déposer chaque mois ou trimestre le relevé de versement n° 2501 (CGI, ann. III, art. 369, 5).

De même, lorsque la taxe sur les salaires n'excède pas ces mêmes franchises ou abattements, les redevables sont dispensés du dépôt de la déclaration n° 2502.

Changement dans les conditions d'exercice de l'activité - Les obligations de l'employeur diffèrent en cas de transfert du siège du principal établissement ou du domicile, en cas de cession ou de cessation d'activité ou en cas de décès de l'employeur (CGI, ann. III, art. 369, 4).

En cas de transfert du siège, du principal établissement ou du domicile, les versements s'effectuent auprès du comptable des impôts dont dépend la nouvelle adresse dans les conditions énoncées ci-avant.

Cession, cessation d'activité ou décès - En cas de cession ou de cessation d'activité, l'employeur est tenu de souscrire dans les 60 jours, et au plus tard le 15 janvier de l'année suivante, la déclaration annuelle de régularisation (2502) accompagnée du paiement y afférent (CGI, ann. III, art. 369, 4).

En cas de décès de l'employeur, la déclaration de régularisation et le paiement y afférent s'effectuent dans les 6 mois du décès et au plus tard le 15 janvier de l'année suivante.

☛ *Contribution sociale généralisée (CSG).*

Technologies de l'information et de la communication

Le sujet des outils issus des technologies de l'information et de la communication (téléphones mobiles, micro-ordinateurs portables ou non, progiciels, modems d'accès à un télécopieur, à l'ordinateur de l'entreprise, à Internet, etc.) est expressément traité par la réglementation relative aux avantages en nature et aux frais professionnels.

Dans certains cas, ils s'analysent en complément de rémunération (*avantage en nature**) et, dans certaines situations, comme des *frais professionnels**.

Frais professionnels liés à l'utilisation des outils TIC personnels du salarié

Frais réels ou allocations forfaitaires - Les frais engagés par le salarié à des fins professionnelles, pour l'utilisation des outils issus des technologies de l'information et de la communication (TIC) qu'il possède, sont considérés comme des charges à caractère spécial inhérentes à la fonction ou à l'emploi conformément au contrat de travail. Pour être exonérés de cotisations sociales, les remboursements effectués par l'employeur doivent être justifiés par la réalité des dépenses professionnelles supportées par le travailleur salarié ou assimilé (arrêté du 20 décembre 2002 modifié, art. 7).

Lorsque l'employeur ne peut pas justifier la réalité des dépenses professionnelles supportées par le travailleur et que les frais engagés sont justifiés par une raison professionnelle, ceux-ci peuvent être remboursés sur la base d'une allocation forfaitaire, dont la limite d'exonération est fixée à 54,50 € par mois en 2025.

Exemples

1) Dans le cadre de son activité professionnelle, un salarié doit utiliser son téléphone portable et son abonnement téléphonique personnels, en l'absence de mise à disposition d'outils TIC par son employeur.

Il dispose d'un abonnement de type « quadruple play » (téléphone fixe, mobile, Internet, télévision) ne lui permettant pas d'identifier la part de cet abonnement qui correspond à un usage professionnel. L'employeur peut rembourser les frais supportés par son salarié au titre de l'utilisation de ses propres outils TIC en lui versant une allocation forfaitaire mensuelle, dans la limite de 54,50 €.

2) Un salarié commerce avec des clients situés aux États-Unis. Deux fois par an, il doit négocier des contrats avec eux, ce qui le conduit à poursuivre sa journée de travail le soir à son domicile. Or, il utilise ses outils personnels. Au mois de mai, il supporte un dépassement sur sa facture de téléphone de 75 € lié aux appels passés à l'international. De même, au mois d'octobre, le montant de son dépassement s'élève à 69 €. Ces frais professionnels, non inclus dans une offre illimitée, sont indiqués sur le détail des consommations envoyé par l'opérateur de télécommunications au salarié. Celui-ci peut transmettre ce document à son employeur qui peut ensuite rembourser au réel ces frais, soit 75 € au titre du mois de mai et 69 € pour le mois d'octobre (BOSS, Frais professionnels, § 1870, 01/01/2025).

Précisions sur les outils concernés - L'exonération de cotisations et contributions sociales au titre des frais professionnels peut porter sur le matériel informatique ainsi que sur les consommables et les frais de connexion (BOSS, Frais professionnels, § 1870, 01/01/2025).

Pour le matériel amortissable, l'exclusion d'assiette prend en compte les annuités d'amortissement.

Pour le petit matériel non amortissable, il faut retenir la valeur réelle de l'année d'acquisition.

Les consommables et les frais de connexion peuvent être remboursés sur justificatifs de frais.

Mise en place du télétravail justifié par des circonstances exceptionnelles - En cas de circonstances exceptionnelles ou de force majeure justifiant la mise en place du *télétravail**, l'administration précise qu'il y a lieu de considérer que les frais engagés à des fins professionnelles par le salarié ou assimilé pour l'utilisation d'outils issus des technologies de l'information et de la communication qu'il possède (ex. : ordinateur personnel), en l'absence d'outils fournis par l'employeur, sont des charges de caractère spécial inhérentes à la fonction ou à l'emploi. Ils sont donc remboursables par l'employeur en exonération de cotisations selon les modalités d'évaluation prévues pour les frais de télétravail, c'est-à-dire soit sur la base des dépenses réelles, soit sur la base d'une allocation forfaitaire (pour plus de détails, voir *Télétravail**) (BOSS, Frais professionnels, § 1880, 01/01/2025).

Ce remboursement lié aux frais de télétravail n'est pas cumulable avec le remboursement des frais liés à l'utilisation des outils TIC personnels, puisque ces frais seront déjà couverts

Avantage en nature lié à l'utilisation privée d'outils TIC de l'employeur

Usage privé de TIC mises à disposition à titre professionnel - Lorsque le salarié utilise à titre privé des outils issus des technologies de l'information et de la communication (TIC) que l'employeur a mis à sa disposition de façon « permanente » pour son activité professionnelle, il bénéficie d'un *avantage en nature** soumis à cotisations, qu'il s'agisse d'outils achetés ou d'un abonnement (arrêté du 10 décembre 2002 modifié, art. 4).

▶ À noter… Selon l'administration, il y a mise à disposition permanente chaque fois que les circonstances de fait permettent au salarié d'utiliser le matériel à titre privé, donc en dehors de son temps de travail. La réalité de l'usage privé résulte soit d'un document écrit (contrat individuel, accord conventionnel ou d'entreprise, règlement intérieur, circulaire professionnelle, courrier de la direction…), soit de l'existence de factures détaillées (BOSS, Avantages en nature, § 840, 01/01/2025).

Par tolérance, l'administration considère qu'il n'y a pas d'*avantage en nature** dans certaines hypothèses (BOSS, Avantages en nature, §§ 850 et 860, 01/01/2025) :

- lorsque l'usage privé se limite à une utilisation raisonnable pour les besoins ordinaires de la vie quotidienne professionnelle et familiale (ex. : appels de courte durée au domicile, brèves consultations de serveurs pratiques sur Internet…) ;
- lorsqu'un document écrit (ex : contrat de travail, accord d'entreprise, convention collective, règlement intérieur, circulaire professionnelle, courrier de la direction) mentionne que les matériels, logiciels, abonnements et temps de connexion consentis par l'employeur sont destinés à l'usage professionnel ;
- à défaut de document écrit, lorsque l'utilisation de technologies portables par le salarié découle d'obligations ou de sujétions professionnelles (notamment, la possibilité d'être joint à tout moment, de recevoir ou d'émettre des informations à tout moment pendant l'exécution du contrat de travail).

Ainsi, si un document écrit mentionne l'usage privé, l'avantage en nature est assujetti à cotisations au titre de cet usage privé. S'il indique que les matériels sont toujours destinés à un usage professionnel, l'avantage en nature ne peut pas être établi.

Avantage en nature lié à l'utilisation privée de TIC mises à disposition permanente à titre professionnel			
Avantage en nature ou pas ?	**Existence d'un document écrit**	**Absence de document écrit**	**Évaluation de l'avantage**
Avantage en nature soumis à cotisations si...	... le document mentionne la réalité de l'usage privé	... une utilisation privée au-delà du « raisonnable » est établie	Évaluation réelle (1) ou forfait annuel (2)
Pas d'avantage soumis à cotisations...	... si le document indique que ces matériels sont exclusivement destinés à l'usage professionnel (3)	... en cas d'utilisation privée « raisonnable » ou s'il peut être démontré que l'utilisation découle d'obligations ou de sujétions professionnelles	Pas d'avantage

(1) Sur présentation de justificatifs de factures justifiant le temps passé à l'utilisation privée. (2) 10 % du coût d'achat public TTC. (3) Et à condition que la réalité ne conduise pas à constater un avantage en nature.

Deux possibilités d'évaluation : au réel ou au forfait - L'employeur a le choix entre une évaluation réelle ou un forfait annuel (arrêté du 10 décembre 2002 modifié, art. 4).

L'option est laissée à la seule diligence de l'employeur. Celui-ci a la faculté de changer en fin d'exercice l'option prise pour l'année entière écoulée, salarié par salarié (BOSS, Avantages en nature, § 880, 01/01/2025).

L'employeur qui choisit de changer d'option en fin d'année régularise, le cas échéant, les cotisations précomptées au cours de l'année. L'option devant être exercée au plus tard à l'occasion de la dernière déclaration afférente à l'exercice, l'employeur ne peut pas, en revanche, en revendiquer rétroactivement le bénéfice pour les années antérieures.

Évaluation au réel - En cas de valorisation de l'avantage en nature sur la base des dépenses réellement engagées, l'administration estime que la présentation des justificatifs, tels que des factures, justifiant le temps passé pour son utilisation privée suffit (numéro de téléphone, accès Internet, etc.) (BOSS, Avantages en nature, § 900, 01/01/2025).

Si l'employeur ne peut pas apporter la preuve des dépenses réellement engagées, l'avantage en nature ne peut être évalué que d'après le forfait.

Évaluation au forfait - Lorsque l'employeur achète les outils issus des TIC pour les mettre à la disposition permanente de ses salariés, l'*avantage en nature** correspondant à l'usage privé est égal à un forfait annuel de 10 % du coût d'achat public TTC (arrêté du 10 décembre 2002 modifié, art. 4 ; BOSS, Avantages en nature, § 930, 01/01/2025).

Lorsque l'employeur paie un abonnement pour la location de ces outils, l'avantage en nature est égal à 10 % du coût annuel de l'abonnement TTC (BOSS, Avantages en nature, § 930, 01/01/2025).

Lorsque la formule commerciale ne distingue pas l'achat de l'abonnement, le taux de 10 % s'applique au coût total prévu par le contrat.

En cas de mise à disposition en cours d'année, l'évaluation doit être proratisée en fonction du nombre de mois de mise à disposition, tout mois incomplet étant pris en compte intégralement (BOSS, Avantages en nature, § 940, 01/01/2025).

Les forfaits doivent être arrondis à la dizaine de centimes d'euro la plus proche (arrêté du 10 décembre 2002 modifié, art. 7).

Employeur produisant ou fournissant des TIC - Lorsque l'employeur qui met à la disposition d'un salarié des outils issus des TIC pour un usage professionnel est lui-même producteur ou fournisseur de ces outils TIC, il peut en tenir compte dans l'évaluation de l'avantage en nature résultant de leur usage privé.

Si l'employeur décide de recourir à une évaluation réelle de l'avantage en nature, il prend en compte la remise dont aurait pu, le cas échéant, bénéficier le salarié s'il avait acheté l'outil auprès de son entreprise, dans la limite de 30 % du prix public TTC appliqué, pour le même produit ou le même service, à un consommateur non salarié de l'entreprise (voir *Réductions tarifaires préférentielles**) (BOSS, Avantages en nature, § 920, 01/01/2025).

Lorsque l'employeur choisit l'évaluation forfaitaire, la valeur de l'avantage en nature est déterminée en prenant en compte le rabais dont aurait pu, le cas échéant, bénéficier le salarié si l'entreprise lui avait vendu un de ces outils, dans la limite de 30 % du prix public TTC appliqué, pour le même produit ou le même service, à un consommateur non salarié de l'entreprise (BOSS, Avantages en nature, § 970, 01/01/2025). Si le salarié bénéficie d'une mise à disposition permanente de cet outil, la part privée est évaluée selon le prix public TTC diminué du rabais offert aux salariés dans la limite de 30 % (BOSS, Avantages en nature, § 980, 01/01/2025).

Exemples

Le prix public TTC de l'outil TIC est de 1 000 €.

1) Si le rabais « salariés » est de 20 %, le prix de base retenu pour évaluer l'avantage en nature est de 1 000 − 200 = 800 €. L'avantage en nature est donc de 800 € × 10 % = 80 € par an.

2) Si le rabais « salariés » est cette fois de 40 %, ce dernier n'est retenu que dans la limite de 30 %. Le prix de base retenu pour évaluer l'avantage en nature est de : 1 000 − 300 = 700 €. L'avantage en nature est donc de : 700 × 10 % = 70 € par an.

Participation financière du salarié - De manière générale, si le salarié verse une participation ou une redevance à l'employeur pour l'utilisation privée de l'outil TIC mis à disposition, l'évaluation de l'avantage tient compte de cette participation ou redevance. Pour apprécier cet avantage, ni les cotisations et contributions sociales, ni les taxes qui s'appliquent à l'avantage ne sont intégrées (BOSS, Avantages en nature, § 890, 01/01/2025).

Dans le cas particulier d'un employeur fournissant ou produisant les outils ou services TIC mis à disposition du salarié, qui opte pour le forfait et qui, parallèlement consent des rabais pour les produits vendus à ses salariés, il faut tenir compte de la participation financière du salarié et la combiner avec le rabais. L'avantage en nature est donc calculé selon le prix public TTC, diminué du rabais dans la limite de 30 %, puis du montant de la participation (BOSS, Avantages en nature, § 990, 01/01/2025).

Exemple

Le prix public TTC de l'outil TIC est de 600 €. Si le rabais « salariés » est de 20 % (soit 120 €), le prix de base retenu pour évaluer l'avantage en nature est de : 600 € − 120 € = 480 €. L'employeur opte pour une évaluation au forfait.

Montant de l'avantage en nature : 48 € par an (480 € x 10 %).

Si le salarié verse une redevance annuelle de 6 €, l'avantage en nature résiduel à réintégrer dans l'assiette des cotisations est donc de 42 € par an (48 € - 6 €).

Mise à disposition de TIC à titre purement privé - L'employeur peut mettre à la disposition permanente d'un salarié un outil TIC dans une optique purement privée, extérieure à toute utilisation professionnelle.

Dans une telle hypothèse, il est impossible de recourir à l'évaluation forfaitaire, la réglementation n'ouvrant la solution du forfait que pour évaluer un avantage en nature lié à la part d'utilisation privée d'un outil TIC que l'employeur a mis à la disposition du salarié pour un usage professionnel. L'avantage en nature doit donc être réintégré dans l'assiette des cotisations en fonction des dépenses réellement engagées par l'employeur (BOSS, Avantages en nature, §§ 910 et 950, 01/01/2025).

L'avantage est soumis à cotisations, même si les prestations sont fournies par des sociétés tierces (cass. civ., 2e ch., 14 septembre 2006, n° 05-11840, BC II n° 234). Il s'agissait, en l'espèce, de la mise à disposition de téléphonie mobile à des tarifs préférentiels.

Le cas échéant, l'entreprise peut appliquer les tolérances admises en matière de *réductions tarifaires préférentielles** dès lors qu'il s'agit de biens ou de services qu'elle vend.

Lorsque la mise à disposition permanente s'analyse en fait comme une cession définitive, *voir plus loin « Cession des outils TIC à un salarié ».*

Pour le net imposable - En matière fiscale, les règles d'évaluation sont identiques à celles prévues pour l'assiette des cotisations (CGI art. 82).

Dirigeants et mandataires sociaux - Pour les *dirigeants d'entreprise** qui relèvent du régime général, l'avantage en nature peut être évalué au forfait ou au réel lorsqu'il s'agit de déterminer l'assiette des cotisations (arrêté du 10 décembre 2002 modifié, art. 4).

L'administration fiscale admet la possibilité de recourir à l'évaluation forfaitaire, y compris si le dirigeant n'a pas de contrat de travail (BOFiP-RSA-BASE- 20-20-§ 300-16/04/2024).

Cession des outils TIC à un salarié

Cas général - Lorsque la mise à disposition permanente s'analyse en fait comme une cession définitive, et si en particulier le salarié ne restitue pas l'outil TIC lors de son départ de l'entreprise, il convient d'analyser cela comme une fourniture gratuite, et donc de réintégrer la totalité de l'avantage en nature dans l'assiette des cotisations (BOSS, Avantages en nature, §§ 910 et 960, 01/01/2025).

Employeur vendeur des outils TIC - Par principe, la fourniture gratuite ou à tarif préférentiel aux salariés de biens et services vendus par l'entreprise est constitutive d'un avantage en nature qui doit être évalué selon sa valeur réelle (BOSS, Avantages en nature, § 1000, 01/01/2025).

Toutefois, par tolérance, l'administration considère qu'il est possible de négliger l'avantage en nature dès lors que les réductions tarifaires n'excèdent pas 30 % du prix public TTC appliqué pour le même bien ou le même service à un consommateur non salarié de l'entreprise (BOSS, Avantages en nature, §§ 1005 et 1010, 01/01/2025).

Lorsque la cession est gratuite ou lorsque la remise dépasse 30 % du prix public TTC, il convient donc de réintégrer la totalité de l'avantage en nature dans l'assiette des cotisations (pour plus de détails, voir *Réductions tarifaires préférentielles**).

▶ À noter... Les employeurs qui accordent à leurs salariés des réductions tarifaires jusqu'à 50 % du prix de vente public TTC sur les produits invendus bénéficient d'une exonération de cotisations et contributions (y inclus CSG/CRDS) (voir *Réductions tarifaires préférentielles**). Dans le domaine des TIC, l'obsolescence des produits concernés étant très rapide, il est possible d'imaginer que cette règle dérogatoire trouve application.

Toujours une évaluation réelle - L'évaluation forfaitaire de l'avantage en nature ne peut pas s'appliquer. En effet, puisqu'il y a cession au salarié, c'est uniquement dans le but d'un usage privé, ce qui interdit le recours au forfait, lequel ne peut être utilisé que pour évaluer l'usage privé d'un outil attribué à des fins d'utilisation professionnelle (BOSS, Avantages en nature, §§ 910 et 950, 01/01/2025).

☞ *Avantage en nature ; Dirigeants d'entreprise ; Frais professionnels ; Réductions tarifaires préférentielles ; Télétravail.*

Téléphone

☞ *Avantage en nature ; Frais professionnels ; Technologies de l'information et de la communication.*

Télétravail

Le télétravail est encadré par le code du travail et, pour les employeurs qui y sont soumis, par l'accord national interprofessionnel (ANI) du 19 juillet 2005 relatif au télétravail (ANI du 19 juillet 2005, étendu par arrêté du 30 mai 2006, JO 9 juin) et l'ANI du 26 novembre 2020 pour une mise en œuvre réussie du télétravail (ANI du 26 novembre 2020, étendu par arrêté du 2 avril 2021, JO du 13).

Les dispositions du code du travail

Définition du télétravail - Le télétravail désigne toute forme d'organisation du travail dans laquelle un travail qui aurait également pu être exécuté dans les locaux de l'employeur est effectué par un salarié hors de ces locaux, de façon volontaire, en utilisant les technologies de l'information et de la communication (c. trav. art. L. 1222-9). Cette définition vise tant le télétravail régulier que le télétravail occasionnel.

Le télétravail est basé sur le volontariat (ce qui suppose l'accord de l'employeur et du salarié), sauf cas du télétravail justifié par des circonstances exceptionnelles ou cas de force majeure *(voir plus loin)*. Il peut être prévu dès l'embauche ou mis en place ultérieurement.

La définition légale ne lie pas le télétravail à une localisation particulière, si ce n'est d'être hors des locaux de l'entreprise. Il peut donc être exercé au domicile, mais aussi, dans d'autres lieux dits « tiers » (ex. : bureaux en coworking).

▶ À noter... Un salarié ne peut pas s'autoproclamer télétravailleur au motif qu'il manquerait d'espace sur son lieu de travail et qu'il doit consacrer une pièce de son domicile à son activité professionnelle (cass. soc. 17 février 2021, n° 19-13783 D). Un accord entre l'employeur et le salarié est nécessaire pour permettre le télétravail.

Mise en place du télétravail - Le télétravail peut être exécuté dans le cadre d'un accord collectif ou, à défaut, d'une charte élaborée par l'employeur après avis du *comité social et économique** (CSE), s'il existe (c. trav. art. L. 1222-9). En l'absence d'accord collectif ou de charte, le salarié et l'employeur peuvent convenir de gré à gré, par tout moyen, de recourir au télétravail, qu'il soit occasionnel ou régulier (pour plus de détails, voir Dictionnaire Social, « Télétravail »).

Par dérogation au principe du volontariat, le télétravail peut être temporairement imposé par l'employeur en cas de circonstances exceptionnelles (ex. : menace d'épidémie) ou en cas de force majeure (ex. : destruction accidentelle des locaux de travail). Il s'agit d'un aménagement du poste de travail rendu nécessaire pour permettre la continuité de l'activité de l'entreprise et garantir la protection des salariés (c. trav. art. L. 1222-11).

Égalité de traitement - Le salarié en télétravail a les mêmes droits que le salarié qui exécute son travail dans les locaux de l'entreprise (c. trav. art. L. 1222-9). Ce principe d'égalité de traitement est aussi prévu par les ANI de 2005 et 2020 *(voir plus loin)*.

Ce principe ne s'applique que si les télétravailleurs se trouvent dans la même situation que les salariés sur site. Ainsi, ils ne peuvent pas prétendre à une indemnité conventionnelle de cantine fermée (versée durant la crise du covid-19), dont l'objet est de compenser la fermeture du service de restauration collective, par nature offert aux seuls salariés travaillant sur site (cass. soc. 24 avril 2024, n° 22-18031 FSB).

Prise en charge des frais de télétravail - Depuis le 24 septembre 2017, le code du travail ne prévoit plus de règle expresse imposant à l'employeur de prendre en charge les coûts liés au télétravail (ord. 2017-1387 du 22 septembre 2017, JO du 23). Toutefois, selon le rapport joint à l'ordonnance, en cas d'accord collectif ou de charte, ceux-ci doivent définir les modalités de prise en charge des coûts découlant directement de l'exercice « régulier » du télétravail exercé « à la demande de l'employeur » (c'est une hypothèse particulière qui est visée).

En tout état de cause, les employeurs relevant de l'ANI du 19 juillet 2005 sur le télétravail doivent continuer à prendre en compte ses dispositions et notamment celles imposant la fourniture, l'installation et l'entretien des équipements nécessaires au télétravail en cas de télétravail au domicile et une prise en charge de certains coûts *(voir plus loin)*. Cet ANI ne vise cependant que les situations de télétravail « régulier ».

On rappellera enfin qu'en matière de frais professionnels, la jurisprudence pose pour principe général que les frais qu'un salarié expose pour les besoins de son activité professionnelle et dans l'intérêt de l'employeur doivent être supportés par ce dernier (cass. soc. 21 mai 2008, n° 06-44044, BC V n° 108) (voir *Frais professionnels**). À notre sens, ce principe a également vocation à s'appliquer en matière de télétravail.

L'ANI du 26 novembre 2020 rappelle d'ailleurs ce principe jurisprudentiel, en précisant que ces frais sont pris en charge, « après validation de l'employeur » *(voir plus loin)*.

Indemnité d'occupation du domicile - Une jurisprudence sur l'indemnisation des salariés au titre de l'occupation professionnelle de leur domicile a été rendue à propos des salariés itinérants, visiteurs médicaux, VRP notamment. Reste à voir comment elle peut s'articuler avec les problématiques liés au télétravail, et davantage encore avec le télétravail occasionnel.

Schématiquement, les principes de la jurisprudence peuvent être résumés comme suit.

L'occupation, à la demande de l'employeur, du domicile du salarié à des fins professionnelles constitue une immixtion dans la vie privée de celui-ci et n'entre pas dans l'économie générale du contrat de travail. Si le salarié, qui n'est tenu ni d'accepter de travailler à son domicile, ni d'y installer ses dossiers et ses instruments de travail, accède à la demande de son employeur, ce dernier doit l'indemniser de cette sujétion particulière (cass. soc. 7 avril 2010, n° 08-44865, BC V n° 86).

Par ailleurs, le salarié a droit à une indemnité au titre de l'occupation de son domicile à des fins professionnelles dès lors qu'un local professionnel n'est pas mis effectivement à sa disposition (cass. soc. 12 décembre 2012, n° 11-20502, BC V n° 339 ; cass. soc. 8 novembre 2017, n° 16-18501, BC V n° 192). A contrario, il ne peut pas prétendre à une telle indemnité si un local professionnel est mis effectivement à sa disposition (cass. soc. 4 décembre 2013, n° 12-19667, BC V n° 300). Ainsi, quand l'occupation du domicile à titre professionnel est un choix du salarié et ne résulte pas d'une demande de l'employeur, aucune indemnité d'occupation n'est due.

▶ À noter... La Cour d'appel de Paris a considéré qu'une indemnité d'occupation du domicile est due au salarié quand le télétravail résulte d'une préconisation du médecin du travail au titre d'un aménagement du poste de travail (c. trav. art. L. 4624-3 ; CA Paris 21 décembre 2023, n° 20/05912).

Le montant de l'indemnité d'occupation du domicile ne dépend que de l'importance de la sujétion imposée au salarié « du fait de l'immixtion dans sa vie privée du travail à accomplir pour l'employeur et de la nécessité de stocker des matériels professionnels à son domicile ». Il n'y a donc pas lieu de tenir compte d'autres critères, comme le temps consacré par le salarié à son activité professionnelle à son domicile (cass. soc. 10 mars 2021, n° 19-16237 D).

▶ À noter... Les deux ANI de 2005 et 2020 sur le télétravail n'abordent pas la question d'une éventuelle indemnité d'occupation professionnelle du domicile. Ils s'en tiennent au sujet des frais professionnels.

Présomption d'accident du travail - L'accident qui survient sur le lieu et au temps du télétravail est présumé être un accident de travail (c. trav. art. L. 1222-9). Ainsi, le domicile ou le tiers lieu où s'exerce le télétravail est assimilé, de ce point de vue, aux locaux de l'entreprise.

La présomption s'applique aussi bien au télétravail régulier qu'occasionnel.

Comme pour tout accident dans les locaux de travail, l'employeur peut bien entendu apporter la preuve que l'accident est étranger au travail.

Accords interprofessionnels de 2005 et 2020

Deux accords nationaux interprofessionnels (ANI) - Un accord national interprofessionnel (ANI) du 19 juillet 2005 sur le télétravail a fait l'objet d'un arrêté d'extension (arrêté du 30 mai 2006, JO du 9 juin), tout comme un ANI conclu le 26 novembre 2020 (arrêté du 2 avril 2021, JO du 13), qui modifie sur certains points celui de 2005. Ces textes s'appliquent dans toutes les branches et entreprises entrant dans leur champ.

▶ À noter… Compte tenu des règles de hiérarchie entre accords collectifs, il est possible, par accord d'entreprise ou d'établissement, de prévoir des règles différentes de celles prévues par ces deux ANI dans la plupart des matières qu'ils couvrent. Sauf exceptions, le principe est en effet celui de la primauté de l'accord d'entreprise ou d'établissement (voir *Primauté de l'accord d'entreprise sur l'accord de branche**)

Frais et coûts liés au télétravail - Selon l'ANI de 2005, sous réserve, lorsque le télétravail s'exerce à domicile, de la conformité des installations électriques et des lieux de travail, l'employeur fournit, installe et entretient les équipements nécessaires au télétravail. Si le télétravailleur utilise son propre équipement, l'employeur en assure l'adaptation et l'entretien (ANI du 19 juillet 2005, art. 7). Dans tous les cas, l'employeur doit prendre en charge les coûts directement engendrés par le télétravail, en particulier ceux liés aux communications, et fournir un service d'appui technique.

Pour sa part, l'ANI de 2020 rappelle le principe général de prise en charge issu de la jurisprudence *(voir ci-avant)*, en soulignant qu'il s'applique à l'ensemble des situations de travail. Dès lors, il appartient à l'entreprise de prendre en charge les dépenses qui sont engagées par le salarié pour les besoins de son activité professionnelle et dans l'intérêt de l'entreprise, dans toutes les situations, « après validation de l'employeur », précise l'ANI, étant entendu que « la validation de l'employeur [doit être] interprétée comme étant préalable, et non postérieure, à l'engagement des dépenses par le salarié », indique l'arrêté d'extension (ANI du 26 novembre 2020, art. 3.1.5 ; arrêté du 2 avril 2021, JO du 13). L'ANI ajoute que le choix des modalités de prise en charge éventuelle des frais professionnels peut être, le cas échéant, un sujet de dialogue social au sein de l'entreprise et qu'il peut s'agir d'une allocation forfaitaire (ANI du 26 novembre 2020, art. 3.1.5).

Enfin, l'ANI de 2020 souligne que ses dispositions relatives aux frais professionnels s'appliquent également aux situations de télétravail en cas de circonstances exceptionnelles ou en cas de force majeure (ANI du 26 novembre 2020, art. 7.4.1). Par ailleurs, dans un tel contexte, en cas de besoin et avec l'accord des salariés, l'utilisation de leurs outils personnels est possible en l'absence d'outils nomades fournis par l'employeur, selon les modalités prévues par l'article 7 de l'ANI du 19 juillet 2005 *(voir ci-dessus)*.

▶ À noter… L'ANI de 2020 ajoute que, tant pour les outils fournis par l'employeur que pour les outils personnels du salarié, l'employeur doit prendre, dans le respect du règlement général sur la protection des données (RGPD) et des prescriptions de la CNIL, les mesures nécessaires pour assurer la protection des données personnelles du salarié en télétravail et celles traitées par ce dernier à des fins professionnelles.

Égalité de traitement - Selon l'ANI de 2005, le télétravailleur est comptabilisé dans l'effectif pour la détermination des seuils et identifié comme tel sur le registre unique du personnel. De façon générale, il bénéficie des mêmes droits que le salarié travaillant dans l'entreprise (droits collectifs, accès à la formation, déroulement de carrière, etc.).

L'ANI de 2020 ajoute un volet égalité femmes-hommes, indiquant notamment que la pratique du télétravail ne peut pas influencer négativement sur la carrière des femmes et des hommes.

Régime social des frais liés au télétravail

Frais professionnels exonérés sur justificatifs - La réglementation relative aux frais professionnels envisage expressément la situation du télétravail en posant un principe d'exonération sur justificatifs (arrêté du 20 décembre 2002, art. 6, modifié par arrêté du 24 octobre 2022, JO du 1er novembre).

Les frais engagés dans le cadre du télétravail sont considérés comme des charges de caractère spécial inhérentes à la fonction ou à l'emploi, sous réserve que les remboursements effectués par l'employeur soient justifiés par la réalité des dépenses professionnelles supportées par le salarié (BOSS, Frais professionnels, § 1760, 01/01/2025).

Ces frais se répartissent en trois catégories (BOSS, Frais professionnels, § 1780, 01/01/2025) :
- les frais fixes et variables liés à la mise à disposition d'un local privé pour un usage professionnel ;
- les frais liés à l'adaptation d'un local spécifique ;
- les frais de matériel informatique, de connexion et de fournitures diverses (outils TIC).

L'administration a dressé un tableau des modalités d'évaluation des frais considérés comme des frais professionnels *(voir tableau plus loin)* (BOSS, Frais professionnels, § 1790, 01/01/2025).

▶ À noter... D'autres frais professionnels peuvent être admis, à charge pour l'employeur de démontrer qu'il s'agit de frais professionnels liés au télétravail (BOSS, Frais professionnels, § 1780, 01/01/2025). L'ACOSS avait autrefois également considéré que cette liste de frais ne présentait pas un caractère exhaustif (lettre-circ. ACOSS 2005-126 du 25 août 2006).

Allocations forfaitaires pour frais professionnels - À titre dérogatoire, l'employeur peut rembourser deux types de frais sous la forme d'allocations forfaitaires : les frais fixes et variables liés à la mise à disposition d'un local privé pour un usage professionnel et les frais de matériel informatique, de connexion et de fournitures diverses (arrêté du 20 décembre 2002, art. 6, modifié). Les frais occasionnés par l'adaptation d'un local spécifique ne sont pas concernés, et doivent donc être remboursés sur la base des justificatifs des dépenses réellement engagées par le salarié *(voir ci-avant)*.

En 2025, les allocations forfaitaires sont exonérées de cotisations et contributions sociales dans la limite (BOSS, Frais professionnels, § 1810, 01/01/2025) :
- soit de 10,90 € par mois par journée de télétravail hebdomadaire (10,90 € par mois pour 1 jour de télétravail par semaine, 21,80 € par mois pour 2 jours par semaine, 32,70 € pour 3 jours par semaine, etc.) ;
- soit, en cas d'allocation fixée par jour, la limite d'exonération est égale à un montant de 2,70 € par jour de télétravail, dans la limite de 59,40 € par mois (inchangé par rapport à 2024).

▶ À noter... Ces limites d'exonération sont revalorisées chaque 1er janvier, dans la même proportion que celle des autres allocations forfaitaires pour frais professionnels.

La tolérance administrative qui prévoit des limites d'exonération plus élevées pour les allocations forfaitaires conventionnelles n'a pas été intégrée dans l'arrêté du 20 décembre 2002, mais elle reste applicable. Si l'allocation forfaitaire est prévue par la convention collective de branche, l'accord professionnel ou interprofessionnel ou un accord de groupe, elle est exonérée de cotisations et contributions sociales dans la limite des montants prévus par l'accord collectif, dès lors qu'elle est attribuée en fonction du nombre de jours effectivement télétravaillés et que son montant n'excède pas (BOSS, Frais professionnels, § 1810, 01/01/2025) :
- soit 13 € par mois pour une journée de télétravail par semaine (26 € par mois pour 2 jours par semaine, 39 € par mois pour 3 jours par semaine, etc.) ;
- soit, en cas d'allocation fixée par jour, 3,25 € par jour de télétravail dans le mois, dans la limite mensuelle de 71,50 €.

En l'état de la rédaction du BOSS, les allocations forfaitaires prévues par un accord d'entreprise ou d'établissement relèvent des limites de droit commun, et pas de la limite majorée applicable aux allocations conventionnelles.

▶ À noter... L'administration n'a pas relevé les limites d'exonération des allocations forfaitaires conventionnelles au 1er janvier 2025.

Que l'allocation forfaitaire soit conventionnelle ou non, si ces limites sont dépassées, l'exonération reste possible sur présentation de justificatifs.

Télétravail exceptionnel et frais d'utilisation des outils TIC personnels - La réglementation sur les frais professionnels s'applique y compris lorsque le télétravail est mis en place lors de circonstances exceptionnelles (arrêté du 20 décembre 2002, art. 6, modifié).

Ainsi, en cas de circonstances exceptionnelles ou de force majeure justifiant la mise en place du télétravail, l'administration considère que les frais engagés à des fins professionnelles par le salarié pour l'utilisation des outils issus des *technologies de l'information et de la communication** (TIC) qu'il possède (ordinateur personnel, etc.), en l'absence d'outils TIC fournis par l'employeur, sont des charges de caractère spécial inhérentes à la fonction ou à l'emploi (BOSS, Frais professionnels, § 1880, 01/01/2025).

Exonération sociale des allocations forfaitaires de frais de télétravail en 2025

Modalité de l'allocation (1)	Texte ou source de l'allocation forfaitaire	
	Convention collective, accord professionnel ou interprofessionnel ou accord de groupe	Autres cas (2)
En fonction du nbre de jours de télétravail par semaine	13 € par mois pour 1 jour de télétravail par semaine	10,90 € par mois pour 1 jour de télétravail par semaine
En fonction du nbre de jours de télétravail par mois	3,25 € par jour de télétravail, dans la limite de 71,50 € par mois	2,70 € par jour de télétravail, dans la limite de 59,40 € par mois

(1) Au-delà des limites, exonération possible mais sur la base de justificatifs des dépenses.
(2) Par exemple, décision de l'employeur, accord d'entreprise ou d'établissement, charte de télétravail.

Exonération des frais professionnels de télétravail sur justificatifs (1)

Nature des frais	Évaluation des frais
I) Frais fixes	
• Montant du loyer ou, à défaut de loyer, valeur locative brute au prorata de la superficie affectée à l'usage professionnel • Taxe d'habitation • Taxe foncière sur les propriétés bâties • Taxes régionales, départementales ou communales comme la taxe d'enlèvement des ordures ménagères • Charges de copropriété • Assurance multirisques-habitation	• **Valeur réelle :** quote-part des frais fixes réellement supportés au titre du local affecté à un usage professionnel (au prorata de la superficie totale de l'habitation principale). • **Exemple :** appartement de 70 m^2 dont 10 m^2 affectés à l'usage professionnel, loyer mensuel de 800 € avec une prime d'assurance mensuelle de 40 €. Les frais professionnels correspondants sont de : 840 × 10/70 = 120 €.
II) Frais variables	
• Chauffage et/ou climatisation • Électricité	• **Valeur réelle :** quote-part des frais variables réellement supportés au titre du local affecté à un usage professionnel.
III) Dépenses d'acquisition du mobilier	
• Bureau ergonomique • Fauteuil ergonomique • Étagères, meubles de rangement • Lampe de bureau	• **En cas de prêt de mobilier :** - absence de dépenses supplémentaires du salarié : pas de remboursement de frais possible ; - avantages en nature à évaluer sur une base réelle (valeur résiduelle = valeur nette comptable) s'il y a abandon définitif du mobilier au salarié. • **En cas d'achat du mobilier par le salarié pour le compte de l'entreprise, le salarié en restant toutefois propriétaire :** - remboursements des frais exclus de l'assiette dans la limite de 50 % (3) de la dépense réelle sur justificatifs. • **Modalités de déduction :** - annuités d'amortissement du mobilier (pratiques comptable et fiscale) ; - pour le petit mobilier non amortissable : valeur réelle de l'année d'acquisition.
IV) Frais liés à l'adaptation du local (2)	
• Frais de diagnostic de conformité électrique • Installations de prises (téléphoniques, électriques, etc.) • Modifications liées à la mise en conformité avec la législation du travail	• **Valeur réelle :** l'exclusion de l'assiette des cotisations de ces frais est admise sur présentation de la facture (travaux d'aménagement).
V) Matériels informatiques et périphériques	
Ordinateur, imprimante, modem…	• **En cas de prêt de matériel :** - absence de dépenses supplémentaires du salarié, pas de remboursement de frais possible ; - avantages en nature à évaluer sur une base réelle (valeur résiduelle = valeur nette comptable) s'il y a abandon définitif du mobilier au salarié. • **En cas d'achat de matériel par le salarié pour le compte de l'entreprise, le salarié en restant toutefois propriétaire :** - remboursement des frais et exclusion de l'assiette dans la limite de 50 % (3) de la dépense réelle sur justificatifs. • **Modalités de déduction :** - annuités d'amortissement du matériel (pratiques comptable et fiscale) ; - pour le petit matériel non amortissable : valeur réelle de l'année d'acquisition.
VI) Consommables, Internet, téléphone	
• Ramettes de papier, cartouches d'encre, etc. • Frais de connexion au réseau téléphonique, frais d'abonnement (téléphonique, Internet…)	• **Valeur réelle :** l'exclusion de l'assiette des cotisations de ces frais est admise sur présentation de la facture

(1) BOSS, Frais professionnels, § 1790, 01/01/2025. Liste indicative et non exhaustive. Par ailleurs, plutôt que de procéder à un remboursement au réel, l'employeur peut prendre en charge les frais de télétravail en exonération sous forme d'allocations forfaitaires *(voir nos développements)*.
(2) À la lettre de l'arrêté du 20 décembre 2002, modifié par l'arrêté du 24 octobre 2022, les frais occasionnés par l'adaptation d'un local spécifique ne sont pas couverts par les allocations forfaitaires, et ne peuvent donc être pris en charge que sur la base des dépenses réelles.
(3) La limitation de l'exonération à 50 % de la dépense réelle n'est prévue que par le BOSS, et pas par l'arrêté du 20 décembre 2002. D'aucuns pourraient donc considérer, le cas échéant, que cette précision n'empêcherait pas l'employeur de procéder à un remboursement en exonération sur justificatifs pour la totalité des dépenses professionnelles envoyées par le salarié.

Ces frais peuvent être remboursés par l'employeur en exonération selon les modalités prévues pour les frais de télétravail (remboursement au réel ou allocation forfaitaire ; *voir ci-avant*), et non selon les modalités prévues pour les *technologies de l'information et de la communication**.

Ce remboursement lié aux frais de télétravail n'est pas cumulable avec un remboursement séparé au titre des frais liés à l'utilisation des outils TIC personnels, puisque ces frais sont déjà couverts.

Titres-restaurant - Dans les entreprises où les salariés bénéficient de titres-restaurant, il peut en être de même pour les télétravailleurs (à domicile, nomades ou en bureau satellite).

Ces titres-restaurants ouvrent droit, selon l'administration, aux mêmes exonérations, sous les mêmes conditions, que pour les salariés sur site (BOSS, Frais professionnels, § 1800, 01/01/2025).

Frais de transport - L'employeur peut prendre en charge au titre des *frais de déplacement** le coût des trajets effectués occasionnellement ou régulièrement pour se rendre au siège de l'entreprise. C'est même une obligation si l'on s'en tient à la position des juges, selon laquelle si le contrat de travail d'un salarié prévoit qu'il travaille à son domicile, ses déplacements pour se rendre dans le cadre de son activité au siège de l'entreprise constituent des déplacements professionnels que l'employeur doit prendre en charge (cass. soc. 14 septembre 2005, n° 03-40180 D).

Il peut être utile de prévoir la périodicité approximative des déplacements du salarié au siège et leur mode de prise en charge dans l'accord ou la charte, ou dans le document formalisant l'accord du salarié et de l'employeur sur le recours au télétravail (contrat de travail, échange de mails, etc.).

☛ *Frais professionnels ; Technologies de l'information et de la communication.*

Temps de déplacement

☛ *Temps de travail effectif.*

Temps de trajet

☛ *Temps de travail effectif.*

Temps de travail (conversion en minutes ou centièmes)

Selon les cas, les nécessités de calcul peuvent conduire à exprimer les durées du travail en centièmes ou en minutes. Nous vous proposons un tableau qui facilitera les nombreuses conversions auxquelles le gestionnaire paye doit procéder.

Exemple de conversion de minutes en centièmes - Un salarié est payé sur la base de 15 € par heure. Il a effectué 2 h 42 min supplémentaires qui ouvrent droit à une majoration de 25 % (taux légal non modifié par un accord collectif ; c. trav. art. L. 3121-36).

Tableau de conversion des minutes en centièmes

Minutes	Centièmes	Minutes	Centièmes
1	2	31	52
2	3	32	53
3	5	33	55
4	7	34	57
5	8	35	58
6	10	36	60
7	12	37	62
8	13	38	63
9	15	39	65
10	17	40	67
11	18	41	68
12	20	42	70
13	22	43	72
14	23	44	73
15	25	45	75
16	27	46	77
17	28	47	78
18	30	48	80
19	32	49	82
20	33	50	83
21	35	51	85
22	37	52	87
23	38	53	88
24	40	54	90
25	42	55	92
26	43	56	93
27	45	57	95
28	47	58	97
29	48	59	98
30	50	60	100

Il est nécessaire de convertir les minutes en centièmes puisque la rémunération se calcule par rapport à un taux horaire.

Les 2 h 42 min correspondent à 2,70 heures supplémentaires, lesquelles représentent une rémunération de 15 € × 125 % × 2,70 h = 50,63 € bruts.

Exemple de conversion de centièmes en minutes - Une entreprise dont l'horaire habituel de travail est de 39 heures par semaine souhaite réduire cet horaire d'au moins 10 %.

Le nouvel horaire hebdomadaire ne peut donc pas excéder 39 h – (10 % × 39 h) = 35,10 h, soit 35 h 06 min.

Pour des salariés mensualisés, un horaire de 35 heures hebdomadaires représente un horaire mensuel moyen de 35 h × 52 semaines/12 mois = 151,67 h, soit 151 h 40 min.

☞ *Durée du travail ; Horaire de travail ; Lissage du salaire ; Temps de travail (horaire hebdomadaire - horaire mensualisé).*

Temps de travail effectif

La notion de travail effectif permet de déterminer la durée du travail effectué par un salarié pour appliquer différentes dispositions légales.

Définition

La durée du travail effectif doit s'entendre du temps pendant lequel le salarié est à la disposition de l'employeur et doit se conformer à ses directives sans pouvoir vaquer librement à des occupations personnelles (c. trav. art. L. 3121-1).

Par exemple, une permanence assurée en continuité par des médecins contraints de demeurer sur place, ou de se tenir dans un local de garde, afin de rester pendant toute leur garde à la disposition immédiate de leur employeur sur leur lieu de travail constitue du temps de travail effectif (cass. soc. 8 juin 2011, n° 09-70324, BC V n° 153).

▶ À noter… Pour un formateur, le temps d'accueil des participants et les temps de pause partagés avec eux constituent du temps de travail effectif, au même titre que l'action de formation proprement dite (cass. soc. 14 septembre 2016, n° 14-26101, BC V n° 166).

En revanche, il n'y a pas de travail effectif lorsque le salarié choisit de rester sur son lieu de travail la nuit et qu'il vaque librement pendant cette période à des occupations personnelles sans être tenu de se conformer aux directives de l'employeur (cass. soc. 16 juin 2011, n° 09-68753 D).

Restauration et pauses

Les critères du travail effectif sont réunis - Le temps nécessaire à la restauration ainsi que les temps consacrés aux *pauses** sont considérés comme du temps de travail effectif lorsque les critères légaux prévus par l'article L. 3121-1 définissant le temps de travail effectif sont réunis (c. trav. art. L. 3121-2 ; circ. MES/CAB 2000-3 du 3 mars 2000). En cas de contentieux, il appartient aux juges de vérifier si ces critères sont remplis (cass. soc. 7 février 2024, n° 22-22308 FD).

Exemple

En principe, une pause n'est pas du temps de travail effectif même si les salariés restent dans les locaux de l'entreprise. Toutefois, s'ils ne peuvent pas vaquer librement à des occupations personnelles (obligation de se conformer aux directives de l'employeur et de rester à sa disposition), il n'y a pas de pause mais temps de travail effectif. Par exemple, c'est le cas lorsque les salariés peuvent être appelés à tout moment pour effectuer des interventions immédiates de sécurité (fréquentes, dans le cas jugé) (cass. soc. 20 février 2013, n° 11-26401, BC V n° 53).

Les critères du travail effectif ne sont pas réunis - En principe, les temps de restauration et de *pauses** qui ne répondent pas à la définition du temps de travail effectif n'ont pas à être rémunérés.

Cependant, ils peuvent faire l'objet d'une rémunération en application d'une disposition conventionnelle, même s'ils ne sont pas reconnus comme du temps de travail effectif (cass. soc. 17 janvier 2018, n° 16-22437 D). Depuis la loi du 8 août 2016, les dispositions prévues par un accord d'entreprise ou d'établissement priment sur celles fixées par l'accord de branche, même si elles sont moins favorables pour le salarié (c. trav. art. L. 3121-6 ; loi 2015-1088 du 8 août 2016, art. 8-II, JO du 9).

À défaut d'accord collectif, le contrat de travail peut prévoir la rémunération (c. trav. art. L. 3121-8, 1°).

Habillage et déshabillage

En principe, les temps d'habillage et de déshabillage ne constituent pas du temps de travail effectif (c. trav. art. L. 3121-3). Sous condition, ils doivent faire l'objet de contreparties spécifiques, ce qui n'en fait pas pour autant du temps de travail effectif.

Ils peuvent être assimilés à du temps de travail effectif par un accord collectif ou par le contrat de travail.

Pour le détail, voir *Temps d'habillage et de déshabillage**.

Astreinte

La période d'*astreinte** pendant laquelle le salarié doit être en mesure d'intervenir pour accomplir un travail au service de l'entreprise doit faire l'objet d'une contrepartie sous forme financière ou en repos. En revanche, elle ne constitue pas du temps de travail (c. trav. art. L. 3121-9).

Seule la durée de l'intervention réalisée par le salarié est un temps de travail effectif.

Pour le détail, voir *Astreinte**.

Temps de déplacement du domicile au lieu de travail

Pas un temps de travail effectif - Le temps de déplacement professionnel pour se rendre sur le lieu d'exécution du contrat de travail n'est pas un temps de travail effectif (c. trav. art. L. 3121-4).

Peu importe que le temps de trajet soit allongé du fait de circonstances spécifiques (ex. : embouteillage, grève des transports publics).

Contrepartie en cas de dépassement du temps habituel - Lorsqu'il dépasse le temps normal de trajet entre le domicile et le lieu habituel de travail, le temps de déplacement doit faire l'objet d'une contrepartie (en repos ou sous forme financière) (c. trav. art. L. 3121-4).

Les contreparties sont déterminées par accord collectif. Les dispositions prévues par un accord d'entreprise ou d'établissement priment sur celles fixées par l'accord de branche, même si elles sont moins favorables pour le salarié (c. trav. art. L. 3121-7).

En l'absence d'accord collectif, les contreparties sont fixées par l'employeur après consultation du comité social et économique s'il existe (c. trav. art. L. 3121-8, 3°).

Dans tous les cas, la part du temps de déplacement professionnel coïncidant avec l'horaire de travail ne doit entraîner aucune perte de salaire (c. trav. art. L. 3121-4).

▶ À noter... La contrepartie est variable, puisque l'employeur doit l'individualiser en fonction du lieu de domicile de chaque salarié. Selon le ministère, c'est à l'accord collectif (ou, à défaut, à l'employeur) de tenir compte de cette différence de situation objective entre les salariés dans la fixation de la contrepartie (rép. Mignon n° 56558, JO 22 août 2006, AN quest. p. 8868).

En cas de litige, c'est au salarié de prouver l'existence d'un temps de trajet inhabituel pour pouvoir prétendre à une compensation (cass. soc. 15 mai 2013, n° 11-28749, BC V n° 124).

Le juge peut contrôler que le montant de la contrepartie financière unilatéralement fixée par l'employeur est suffisant (cass. soc. 30 mars 2022, n° 20-17230 et 20-15022 FSB).

Exemple

Dans cette affaire, le temps de déplacement excédentaire des salariés itinérants n'était indemnisé que pour la partie dépassant 2 heures par rapport au temps de trajet entre le domicile et le lieu habituel de travail du salarié. Cette compensation a été considérée comme non conforme en raison de son caractère dérisoire. De plus les juges ont considéré que le lieu de travail habituel à prendre en compte devait être le lieu où se situait leur agence de rattachement, si tant est que celle-ci se situe à une distance raisonnable de leur domicile, de manière que le temps de trajet ainsi déterminé soit équivalent au temps normal de trajet entre le domicile et le lieu habituel de travail d'un salarié dans la région considérée.

En l'absence d'accord collectif ou d'engagement unilatéral fixant une contrepartie, il revient au juge de la déterminer. Pour autant, le juge ne peut pas assimiler le temps de trajet entre le domicile et le lieu de travail à un temps de travail effectif et accorder un rappel de salaire à ce titre (cass. soc. 14 novembre 2012, n° 11-18571, BC V n° 295).

Contrepartie en lien avec le handicap - Lorsque le temps de trajet entre le domicile et le lieu habituel de travail est majoré du fait d'un handicap, il peut faire l'objet d'une contrepartie sous forme de repos (c. trav. art. L. 3121-5).

Trajet domicile-lieu de mission - Le temps pris par le salarié pour un trajet domicile-lieu de mission (ex. : formateur se rendant sur des lieux d'intervention différents) n'est pas du temps de travail effectif (c. trav. art. L. 3121-4).

En revanche, le salarié a droit à une contrepartie si le temps de déplacement dépasse le temps normal de trajet domicile-lieu habituel de travail *(voir ci-dessus)*.

▶ À noter... Par analogie avec la solution retenue par l'administration pour les trajets domicile-lieu de chantier *(voir ci-après)*, la solution voulant qu'il n'y ait pas « travail effectif » ne vaut que si le salarié a la possibilité de se rendre sur son lieu de mission sans passer par l'entreprise, puisqu'il n'est pas alors sous les ordres ni à la disposition de son employeur.

Salariés itinérants : trajet entre le domicile et les sites du premier et du dernier client - Le temps consacré par les salariés itinérants à leurs déplacements entre plusieurs sites d'intervention au cours d'une même journée de travail est rémunéré comme du temps de travail effectif (c. trav. art. L. 3121-1).

Mais qu'en est-il du temps de déplacement quotidien entre le domicile et les sites du premier et du dernier client ?

En novembre 2022, opérant un revirement de jurisprudence, la Cour de cassation a posé le principe selon lequel lorsque les temps de déplacements accomplis par un salarié itinérant entre son domicile et les sites des premier et dernier clients répondent à la définition du temps de travail effectif, il s'agit de temps de travail à payer comme tel (cass. soc. 23 novembre 2022, n° 20-21924 FPBR). L'article L. 3121-4, aux termes duquel le temps de déplacement professionnel n'est pas du temps de travail, ne fait pas obstacle à cette qualification.

Exemple

L'affaire du 23 novembre 2022 concernait un attaché commercial itinérant, qui avait en charge un secteur d'activité couvrant sept départements. Il se rendait chez les différents clients de l'entreprise au moyen d'une voiture de société, qui, si l'on peut dire, lui servait également de bureau. En effet, la voiture étant dotée d'un kit main libre, le salarié prenait des rendez-vous et conversait avec divers interlocuteurs (clients, directeur commercial, assistants, technicien). Pour la Cour de cassation, il ne s'agissait pas de strict temps de déplacement professionnel, au sens de l'article L. 3121-4, mais de temps de travail effectif à rémunérer comme tel.

La Cour a appliqué le même raisonnement à un technicien de maintenance soumis à un planning prévisionnel pour les opérations de maintenance et qui, au départ de son domicile, utilisait un véhicule de service et était amené à transporter des pièces détachées commandées par les clients (cass. soc. 1er mars 2023, n° 21-12068 FB).

Cela étant, la Cour de cassation adapte son raisonnement aux circonstances de fait. Pour qualifier le temps de déplacement de travail effectif, il faut un certain niveau de contrainte. Elle opère ainsi une distinction entre la définition du temps de travail (être à la disposition de l'employeur et devoir se conformer à ses directives sans pouvoir vaquer à ses occupations personnelles) et devoir se plier à certaines contraintes pendant les déplacements pour, par exemple, des raisons d'organisation du travail et de préservation de la santé et de la sécurité des itinérants.

Exemple

Un salarié itinérant qui soutenait que le temps de trajet pour se rendre chez le premier client, puis, en fin de journée, pour regarder son domicile devait s'analyser en un temps de travail effectif. Mais la qualification de temps de travail n'a pas été retenue (cass. soc. 25 octobre 2023, n° 20-22800 FSB) :

- un interrupteur « vie privée » permettait de désactiver le dispositif de géolocalisation installé sur le véhicule ;
- certes, les tournées étaient planifiées, notamment pour optimiser les temps de trajet, mais le salarié conservait l'initiative de son circuit quotidien ;
- l'employeur exerçait des contrôles, mais de façon rétrospective, et ces contrôles étaient légitimes dans la mesure il existait un dispositif d'indemnisation des « trajets anormaux » ;
- les « soirées étapes » prévues à partir d'une certaine distance ne visaient qu'à éviter de trop longs trajets et n'avaient nullement pour objet ni pour conséquence de le maintenir à disposition de l'employeur ; de plus elles n'étaient pas imposées par l'employeur, le salarié restant libre de ne pas faire étape ;

enfin, le salarié était à l'évidence libre de vaquer à des occupations personnelles avant son premier rendez-vous et après le dernier.

Pour rappel, avant le revirement de 2022 la Cour de cassation estimait que le temps de déplacement quotidien entre le domicile et les sites du premier et du dernier client d'un salarié itinérant n'était pas du travail effectif mais devait faire l'objet d'une contrepartie s'il dépassait un trajet normal (c. trav. art. L. 3121-4 ; cass. soc. 30 mai 2018, n° 16-20634, BC V n° 97).

Sur le temps de trajet lieu de travail-hôtel, voir *ci-dessous*.

Chauffeur routier - En principe, le temps de déplacement professionnel pour se rendre sur le lieu d'exécution du contrat de travail n'est pas un temps de travail effectif *(voir plus haut)*.

Concernant, les conducteurs routiers, il faut prendre en compte certaines dispositions européennes. Un règlement du 15 mars 2006 énonce ainsi que le temps passé par un chauffeur pour se rendre sur le lieu de prise en charge d'un véhicule, ou en revenir, n'est pas un repos ou une pause (sauf exception) lorsque ce véhicule ne se trouve ni au lieu de résidence du conducteur, ni à l'établissement de l'employeur auquel le conducteur est « normalement rattaché » (règlt CE 561/2006 du 15 mars 2006).

Pour la CJUE, lorsque le lieu de prise en charge du véhicule par le conducteur est différent du « centre d'exploitation de l'entreprise », le salarié ne dispose pas librement de son temps (CJUE 18 janvier 2001, aff. C-297/99, § 23), ce qui impliquerait donc, en droit français, qu'il s'agirait de temps de travail effectif. La notion de « centre d'exploitation » doit ici être définie comme le « lieu de rattachement concret du conducteur », à savoir l'installation de l'entreprise de transport au départ de laquelle il effectue régulièrement son service et vers laquelle il retourne à la fin de celui-ci, dans le cadre de l'exercice normal de ses fonctions et sans se conformer à des instructions particulières de son employeur (CJUE 29 avril 2010, aff. C-124/09).,

Transposées au droit français, ces règles impliquent que les trajets entre le domicile du chauffeur et son lieu de rattachement concret ne constituent pas du temps de travail effectif, même si ce lieu n'est pas localisé à l'adresse de son employeur. Le lieu de prise de service d'un chauffeur routier peut donc être le site de l'entreprise cliente. Ce site unique est alors considéré comme le lieu de rattachement concret du conducteur, ce qui exclut tout temps de travail effectif pour les trajets entre le domicile du salarié et ce lieu (cass. soc. 15 janvier 2025, n° 23-14765 FB).

Temps de déplacement d'un lieu de travail à un autre, pendant une astreinte, dans l'entreprise, etc.

Trajet entre deux lieux de travail - Le temps de déplacement professionnel entre le domicile d'un client et celui d'un autre client, au cours d'une même journée, est du temps de travail effectif et non un temps de pause, dès lors que les salariés ne sont pas soustraits, au cours de ces trajets, à l'autorité de l'employeur (cass. crim. 2 septembre 2014, n° 13-80665, BC V n° 179 ; cass. soc. 26 mai 2016, n° 14-30098 D).

En l'espèce, pour les juges, la reconnaissance d'une marge de liberté ne permettait pas aux salariés de se soustraire, durant le trajet entre deux clients, à l'emprise de l'employeur responsable de l'organisation de leur emploi du temps.

Trajet lieu de travail-hôtel - Selon la Cour de cassation, les temps de trajets effectués par le salarié entre son lieu d'hébergement provisoire (hôtel) et le lieu de sa mission dans le cadre de déplacements prolongés sans retour au domicile ne sont pas forcément du temps de travail effectif. Ils constituent a priori de simples temps de déplacements professionnels, sauf si les critères du temps de travail sont réunis (cass. soc. 7 juin 2023, n° 21-22445 FSB).

▶ À noter… L'affaire jugée le 7 juin 2023 concernait un salarié « enquêteur mystère » dans le secteur automobile, qui effectuait des déplacements d'une semaine, pendant lesquels il visitait une concession par jour sans rentrer chez lui. Il considérait que les trajets des hôtels aux concessions et inversement constituaient un temps de travail effectif. La cour d'appel était allée dans son sens au motif que, en rejoignant son hôtel le soir après avoir visité une concession pour se rendre le lendemain dans une nouvelle concession, il effectuait en réalité des trajets entre deux lieux de travail successifs, devant à ce titre être assimilés à du temps de travail effectif. Mais l'hôtel dans lequel un salarié se repose et peut vaquer librement à des occupations personnelles sans se tenir à la disposition de l'employeur ne constitue pas un lieu de travail. L'argument des juges d'appel n'était donc pas pertinent pour qualifier de temps de travail le temps de trajet entre un hôtel et une concession.

Intervention pendant une astreinte - Le temps de déplacement que le salarié sous *astreinte**passe, depuis son domicile jusqu'au lieu d'une intervention, fait partie intégrante de cette intervention. Il constitue un temps de travail effectif à rémunérer comme tel, et non à indemniser comme le temps d'astreinte au domicile (cass. soc. 31 octobre 2007, n° 06-43834, BC V n° 183).

Déplacement dans l'entreprise - Le temps passé par un salarié au sein de l'entreprise pour se rendre sur le lieu d'exécution du contrat de travail ne relève pas du régime du temps de déplacement du domicile au lieu de travail précédemment exposé, qui suppose l'octroi de contreparties au-delà de certains seuils. Ce temps constitue du temps de travail effectif si les critères requis sont réunis, à savoir être à la disposition de son employeur en étant tenu de se conformer à ses directives, les juges se prononçant au cas par cas (cass. soc. 31 octobre 2007, n° 06-13232, BC V n° 182 ; cass. soc. 7 juin 2023, n° 21-12841 FSB ; c. trav. art. L. 3121-1).

Exemple

Pour que le temps de déplacement entre le vestiaire, après l'habillage, et la pointeuse avant la prise de poste soit du travail effectif, il faut que les critères du temps de travail effectif soient réunis, ce qui suppose que les salariés soient à la disposition de leur employeur et tenus de se conformer à ses directives (cass. soc. 13 juillet 2004, n° 02-15142, BC V n° 205).

Les juges décident au cas par cas. Il importe peu, par exemple (cass. soc. 31 octobre 2007, n° 06-13232, BC V n° 182) :

- que l'employeur impose aux salariés de se mettre en tenue dans un vestiaire de l'entreprise avant d'occuper leur poste ;
- qu'il existe un temps incompressible de déplacement en tenue (même insignifiant), dans la mesure où les pointeuses ne sont pas situées à proximité immédiate des vestiaires.

▶ À noter… Qu'un salarié soit obligé de se déplacer vers son lieu de travail, à l'intérieur de l'enceinte sécurisée de l'infrastructure aéroportuaire, au moyen d'une navette, ne permet pas de considérer que ce temps de déplacement constitue un temps de travail effectif s'il n'est pas démontré que le salarié se trouve à la disposition de son employeur et doit se conformer à ses directives sans pouvoir vaquer librement à des occupations personnelles (cass. soc. 9 mai 2019, n° 17-20740 FSPB).

Temps d'attente - Dans certains métiers (ex. : transport) des salariés se trouvent confrontés à des temps d'attente. Faut-il les considérer comme du travail effectif ?

Concernant un salarié conducteur routier qui avait réclamé le paiement du temps passé à attendre, sur une zone de fret, le déchargement et le chargement du courrier qu'il transportait, la Cour de cassation a estimé que les conditions du travail effectif n'étaient pas remplies puisqu'il n'avait pas été constaté que le salarié se trouvait à la disposition de l'employeur et tenu de se conformer à ses directives (cass. soc. 7 avril 2010, n° 09-40020, BC V n° 88).

En revanche, les temps d'attente entre deux tournées, durant lesquels un salarié chauffeur routier est contraint de rester dans son camion afin de surveiller celui-ci, constituent pour les juges du temps de travail effectif (cass. soc. 8 février 2017, n° 15-11372 D).

Temps de trajet en cas de travail sur un chantier

Une circulaire a apporté des précisions sur ce sujet, en distinguant les situations exposées ci-après (circ. DRT 2003-6 du 14 avril 2003, fiche 9).

▶ À noter… Par accord collectif ou par usage, un temps de trajet peut toujours être considéré comme du temps de travail effectif et être rémunéré comme tel. Une indemnité conventionnelle de trajet peut également se cumuler avec la rémunération versée au salarié au titre du temps de trajet pris en compte comme temps de travail effectif.

Trajet du domicile du salarié au siège de l'entreprise - En principe, ce temps de trajet n'est pas qualifié de temps de travail effectif. Cette position doit être appliquée en tenant compte des dispositions légales sur le temps de déplacement, qui instaurent une contrepartie obligatoire au-delà de certains seuils *(voir ci-après)*.

Trajet du siège de l'entreprise au lieu de chantier - Ce temps de trajet est qualifié de temps de travail effectif lorsque le salarié se tient à la disposition de l'employeur en partant de l'entreprise.

Exemple

Pour des salariés ayant l'obligation de se rendre pour l'embauche au siège de l'entreprise, le temps de trajet entre l'entreprise et le chantier constitue un temps de travail effectif à rémunérer comme tel. En effet, à compter de leur présence au siège de l'entreprise, ils se trouvent à la disposition de l'employeur sans pouvoir vaquer à des occupations personnelles (cass. soc. 31 janvier 2012, n° 10-28573 D).

En revanche, le trajet entre le siège de l'entreprise et le chantier en cas de passage volontaire par le siège ne devrait pas, a priori, constituer un temps de travail effectif si ce passage n'est pas imposé par l'employeur mais laissé au libre choix du salarié. Cependant cette faculté offerte au salarié doit faire apparaître une réelle liberté dans le choix des modalités de transport et la possibilité de se rendre directement aux chantiers.

Trajet du domicile au lieu de chantier - En principe, ce temps de trajet n'est pas décompté comme du temps de travail effectif dès lors que le salarié a la possibilité de se rendre directement sur le chantier sans avoir à passer par l'entreprise. Mais cette précision doit être appliquée en tenant compte des dispositions sur les temps de déplacement vers le lieu de travail *(voir plus haut)*.

Absences et temps de travail effectif

Les tableaux ci-après ont pour objet d'aider à la programmation du système de la paye. Ils récapitulent la prise en compte des principales absences comme temps de travail effectif pour le calcul des droits aux congés payés, l'ancienneté et le décompte de la durée du travail et donc des heures supplémentaires. Ils ne tiennent pas compte des dispositions conventionnelles ou des usages plus favorables pour les salariés.

☛ *Aménagement du temps de travail sur une période supérieure à la semaine ; Astreinte ; Congés pour événements familiaux ; Congés payés (incidence des arrêts de travail) ; Douches ; Durée du travail ; Heures supplémentaires ; Jour de RTT (gestion en paye) ; Jours fériés ; Pauses ; Réduction du temps de travail (réduction sous forme de repos) ; Temps d'habillage et de déshabillage.*

Notion de temps de travail effectif *				
Nature de l'absence	Absences assimilées à du travail effectif pour			Indemnisation (1)
	Durée des congés payés	Ancienneté	Majorations pour heures sup.	
Absences au titre du compte épargne-temps (CET)	Oui - Non (2)	Oui - Non (2)	Non	Oui
Absences pour convenances personnelles	Non	Non	Non	Non
Absences pour examens médicaux des femmes enceintes et pour les actes médicaux nécessaires à un parcours d'assistance médicale à la procréation	Oui	Oui	Non	Oui
Accident de trajet	Oui (3)	Non	Non	Oui
Accident du travail ou maladie professionnelle	Oui (3)	Oui	Non	Oui
Activité partielle	Oui (4)	Oui - Non (5)	Non (6)	Oui
Appel de préparation à la défense	Oui	Non	Non	Oui
Astreinte (7)	-	-	Non (7)	Oui (7)
Congé principal d'adoption	Oui	Oui	Non	Oui
Congé de formation professionnelle ou de formation individuelle	Oui	Oui	Oui	Oui
Congé de maternité	Oui	Oui	Non	Oui
Congé de paternité	Oui	Oui (depuis le 11.03.2023)	Non	Oui
Congé pour création d'entreprise	Non	Non	Non	Non
Congé pour événements familiaux	Oui	Souvent assimilés par usage d'entreprise, bien que les textes ne le prévoient pas expressément	Oui	Oui
Congé de deuil	Oui	Éventuellement assimilé par usage d'entreprise, bien que les textes ne le prévoient pas expressément	Non	Oui
Congé pour les membres d'un jury criminel et témoins	Non	Non	Non	Oui
Congé parental d'éducation à temps plein	Non	Oui (8)	Non	Non
Congé de présence parentale	Non (5)	Oui	Non	Oui - Non
Congé de proche aidant	Non (5)	Oui	Non	Oui - Non
Congé de solidarité familiale	Non (5)	Oui	Non	Oui - Non
Congé sabbatique	Non	Non	Non	Non
Congés payés	Oui	Oui	Non	Oui
Conseiller du salarié (absences pour l'exercice des missions)	Oui	Oui	Oui (9)	Oui
Conseiller prud'hommes (absences pour l'exercice des missions)	Oui	Oui	Oui	Oui
Contrepartie obligatoire en repos	Oui	Oui	Oui	Oui
CPF de transition professionnelle	Oui	Oui	Non	Oui
Défenseur syndical (absences pour l'exercice des missions)	Oui	Oui	Oui (14)	Oui (14)
Douches (hors travaux insalubres ou salissants)	-	-	Non	Non

Notion de temps de travail effectif *				
Nature de l'absence	Absences assimilées à du travail effectif pour			Indemnisation (1)
	Durée des congés payés	Ancienneté	Majorations pour heures sup.	
Douches (travaux insalubres ou salissants)	-	-	Non	Oui
Examens médicaux d'embauche et examens médicaux obligatoires	Oui	Oui	Oui	Oui
Grève	Non	Non	Non	Non
Heures de délégation des représentants du personnel	Oui	Oui	Oui	Oui
Heures d'équivalence	-	-	Non	Non
Heures de récupération	-	-	Non	Non
Journée pour enfant malade	Non	Non	Non	Non
Jours fériés chômés	Non	Oui	Non (10)	Oui
Jours de RTT	Oui	Oui	Non	Oui
Maladie non professionnelle	Oui (11)	Non	Non	Oui
Mise à pied non indemnisée	Non	Non	Non	Non
Pannes de matériel si le salarié reste à la disposition de l'employeur	Oui	Oui	Oui	Oui
Pause	-	-	Non (12)	Non (12)
Période couverte par la nullité du licenciement du salarié protégé	Oui	Oui	Oui	Oui
Période de congé de l'année précédente	Oui	Oui	-	Oui
Période non travaillée en cas de rupture anticipée de CDD	Non	Non	Non	Non
Repos compensateur de remplacement	Oui	Oui	Oui	Oui
Restauration et temps de repos	-	-	Non (12)	Non (12)
Temps de permanence dans l'entreprise	Oui	Oui	Oui	Oui
Temps de préparation, de mise en train des machines, de nettoyage des outils	Oui	Oui	Oui	Oui
Temps pour l'habillage et le déshabillage	-	-	Non (13)	Oui - Non (13)
Temps de casse croûte	-	-	Non	Non

* Au regard du code du travail, sous réserve des dispositions conventionnelles et des usages plus favorables pour les salariés.
(1) Indemnisation par l'employeur, la sécurité sociale, la CAF, France Travail, etc.
(2) Selon la nature de l'absence justifiant la prise des jours du CET.
(3) Y compris désormais pour la fraction d'arrêt de travail qui dépasse un an [voir *Congés payés (incidence des arrêts de travail)**].
(5) Oui sans restriction pour les autorisations de demande d'*activité partielle** déposées depuis le 1er juillet 2013 (c. trav. art. R. 5122-11). Avant cette date, non en principe, mais un accord national interprofessionnel prévoyait que les périodes de chômage partiel étaient prises en compte en totalité pour l'acquisition des droits à congés payés, depuis la période de référence en cours à la date de signature de l'accord, à savoir le plus souvent celles ayant débuté le 1er juin 2011 (ANI du 13 janvier 2012 sur le chômage partiel, étendu par arrêté du 4 mai 2012, JO du 8).
(5) Oui en cas de réduction de l'horaire de travail, non en cas de suspension totale d'activité.
(6) Non pour les autorisations de demande d'*activité partielle** déposées depuis le 1er juillet 2013. Avant cette date, oui selon le code du travail (c. trav. art. R. 5122-14 dans sa version antérieure au 1er juillet 2013), mais l'administration semblait retenir une solution contraire.
(7) Les astreintes au domicile du salarié ou à proximité sont indemnisées dans les conditions prévues par accord collectif, ou à défaut par l'employeur. Les périodes d'intervention sont indemnisées au taux normal et constituent du travail effectif.
(8) Le congé parental d'éducation à temps plein compte pour moitié pour l'acquisition de l'ancienneté.
(9) Assimilées par l'administration aux heures de délégation du personnel.
(10) Pour la Cour de cassation, sauf usage ou accord collectif contraire, les heures qui correspondent aux jours fériés chômés ne doivent pas être prises en compte dans le décompte du travail effectif pour calculer les droits aux heures supplémentaires (cass. soc. 4 avril 2012, n° 10-10701, BC V n° 115). Pour sa part, l'administration considère qu'il faut tenir compte des jours fériés chômés pour les droits à majoration de salaire pour heures supplémentaires (circ. DRT 2000-7 du 6 décembre 2000) (voir *Jours fériés**).
(11) Les arrêts de travail pour accident ou maladie à caractère non professionnel sont assimilés à du temps de travail effectif et pris en compte, dans certaines limites, pour l'acquisition des droits à congés payés [voir *Congés payés (incidence des arrêts de travail)**].
(12) Ce temps est assimilé à du temps de travail effectif lorsque les critères légaux en sont réunis (voir « Définition » *ci-dessus*). Même s'il n'est pas reconnu comme du temps de travail effectif, il peut faire l'objet d'une rémunération conventionnelle ou contractuelle.
(13) Lorsque le port d'une tenue de travail est imposé et que l'habillage et le déshabillage doivent être réalisés dans l'entreprise ou sur le lieu de travail, le temps passé fait l'objet de contreparties accordées sous forme financière ou sous forme de repos.
(14) Sous condition, les absences du défenseur syndical liées à l'exercice de ses missions sont rémunérées par l'employeur (voir *Défenseur syndical**).

Absences du salarié assimilées à du travail effectif (1)						
	Mêmes conséquences que du travail effectif pour…					
	Majorations pour heures supplémentaires	Imputation sur le contingent	Contrepartie obligatoire en repos	Respect des seuils de durée maximale du travail	Calcul du droit à congés payés	Droit à jours de RTT (2)
Jour férié chômé	OUI (3) / NON (4)	NON	NON	NON	NON	NON
Contrepartie obligatoire en repos	OUI	NON	NON	NON	OUI	OUI
Repos compensateur de remplacement	OUI	NON	NON	NON	OUI	OUI
Congés payés	NON	NON	NON	NON	OUI	NON
Maladie non professionnelle	NON	NON	NON	NON	OUI (5)	NON
Jours de RTT (2)	NON	NON	NON	NON	OUI	NON
Absence sans solde	NON	NON	NON	NON	NON	NON
Formation hors du temps de travail (c. trav. art. L. 6323-8)	NON	NON	NON	NON	NON	NON
Congés pour événements familiaux (c. trav. art. L. 3142-4 et L. 3142-5)	OUI	NON	NON	NON	OUI	NON

(1) Circ. DRT 2000-7 du 6 décembre 2000 avec les incidences des arrêts du Conseil d'État du 6 mars 2002 et de la Cour de cassation du 4 avril 2012.

(2) Mécanisme de RTT mis en place avant le 22 août 2008 (loi 2008-789 du 20 août 2008, JO du 21). À notre sens, les mêmes solutions s'appliquent si un mécanisme analogue mis en place dans le cadre légal actuel d'*aménagement du temps de travail sur une période supérieure à la semaine**.

(3) Oui, pour l'administration. Selon le Conseil d'État (CE 6 mars 2002, n° 231530), les jours fériés chômés sont pris en compte seulement pour calculer les bonifications octroyées sous forme de majoration de salaire.

(4) Selon la Cour de cassation, les jours fériés chômés ne sont pas pris en compte pour le calcul des heures supplémentaires (cass. soc. 4 avril 2012, n° 10-10701, BC V n° 115).

(5) Les arrêts de travail pour accident ou maladie à caractère non professionnel sont assimilés à du temps de travail effectif et pris en compte, dans certaines limites, pour l'acquisition des droits à congés payés [voir *Congés payés (incidence des arrêts de travail)**].

Temps de travail
(horaire hebdomadaire - horaire mensualisé)

L'horaire de travail et les heures supplémentaires se calculent sur la semaine. Mais il est souvent nécessaire de calculer l'horaire mensualisé correspondant, ne serait-ce que pour établir la paye dans le cadre de la loi de mensualisation.

35 heures hebdomadaires correspondent à un horaire mensuel de 151 h 67.

39 heures hebdomadaires correspondent à un horaire mensuel de 169 heures.

Lorsqu'un salarié a un horaire différent (ex. : moindre en cas de temps partiel ; supérieur si une convention de forfait a été signée), la conversion n'est pas aussi aisée.

Le tableau que nous vous proposons permet de procéder rapidement à ces conversions, étant rappelé que la formule de calcul est : (horaire hebdo × 52 semaines) / 12 mois = horaire mensualisé (circ. min. du 27 juin 1978).

☞ *Durée du travail ; Horaire de travail ; Temps de travail (conversion en minutes ou centièmes).*

Temps d'habillage et de déshabillage

L'employeur doit accorder des contreparties au temps passé par les salariés pour les opérations d'habillage et de déshabillage lorsque le port d'une tenue de travail leur est imposé.

Conditions des contreparties

Port d'une tenue obligatoire - Lorsque le port d'une tenue de travail est imposé par des dispo-

Conversion d'un horaire hebdomadaire en un horaire mensualisé			
Horaire hebdomadaire	**Horaire mensuel**	**Horaire hebdomadaire**	**Horaire mensuel**
10	43,33	30	130,00
11	47,67	31	134,33
12	52,00	32	138,67
13	56,33	33	143,00
14	60,67	34	147,33
15	65,00	35	151,67
16	69,33	36*	156,00
17	73,67	37*	160,33
18	78,00	38*	164,67
19	82,33	39*	169,00
20	86,67	40*	173,33*
21	91,00	41*	177,67*
22	95,33	42*	182,00*
23	99,67	43*	186,33*
24	104,00	44*	190,67*
25	108,33	45*	195,00*
26	112,67	46*	199,33*
27	117,00	47*	203,67*
28	121,33	48*	208,00*
29	125,67	-	-

* Attention : sauf à relever d'une profession pratiquant un *horaire d'équivalence**, les heures effectuées au-delà de la durée légale du travail de 35 h sont des heures supplémentaires devant donner lieu à majorations de salaire à prendre en compte pour le calcul de la rémunération. Si une *convention de forfait** en heures a été signée, le salaire mensuel intègre les majorations pour heures supplémentaires.

sitions législatives ou réglementaires, des clauses conventionnelles, le règlement intérieur ou le contrat de travail, le temps nécessaire aux opérations d'habillage et de déshabillage fait l'objet de contreparties (c. trav. art. L. 3121-3).

Habillage et déshabillage obligatoirement dans l'entreprise - L'octroi de contreparties s'impose uniquement si le salarié a l'obligation d'effectuer ces opérations dans l'entreprise ou sur le lieu de travail (c. trav. art. L. 3121-3 ; cass. soc. 26 mars 2008, n° 05-41476, BC V n° 73 ; cass. soc. 17 février 2010 n° 08-44343 D ; cass. soc. 23 novembre 2011, n° 10-20570 D ; cass. soc. 10 mai 2023, n° 21-20349 D). Peu importe que de leur propre décision certains salariés ne s'habillent pas et ne se déshabillent pas sur place, et que l'employeur le tolère (cass. soc. 20 décembre 2017, n° 16-22300 D).

▶ À noter… La tenue peut consister en de simples chaussures de sécurité (cass. soc. 12 juillet 2017, n° 16-13506 D).

À l'inverse, si les salariés ont l'obligation de porter une tenue de travail, mais qu'ils ne sont pas tenus de procéder aux opérations d'habillage et de déshabillage dans l'entreprise, l'employeur n'a pas d'obligation spécifique en matière de contreparties (cass. soc. 26 mars 2008, n° 05-41476, BC V n° 73 ; cass. soc. 28 octobre 2009, n° 08-41953, BC V n° 238 ; cass. ass. plén. 18 novembre 2011, n° 10-16491, Bull. ass. plén. n° 8 ; cass. soc. 16 mai 2012, n° 10-26317 D).

L'obligation d'avoir à se changer dans l'entreprise ou sur les lieux de travail, qui conditionne la contrepartie de l'employeur, peut aussi être implicite. En pratique, elle peut résulter de raisons d'hygiène qui commandent aux salariés de ne pas quitter l'entreprise vêtus d'une tenue insalubre. Dans ce cas, les tribunaux rendent la contrepartie obligatoire, sous réserve que la première condition (le port obligatoire) soit présente (cass. soc. 21 novembre 2012, n° 11-15696, BC V n° 305).

Contreparties

Nature - Les contreparties peuvent être soit sous forme de repos, soit financières (c. trav. art. L. 3121-3). Lorsqu'elles sont financières, elles peuvent être fixées à un taux inférieur à celui du temps de travail effectif.

▶ À noter… Seuls les temps d'habillage et de déshabillage sont concernés par cette contrepartie, pas les temps de communication de l'employeur dans les vestiaires (cass. soc. 25 mai 2016, n° 14-22242 D).

Fixation des contreparties - Les contreparties doivent être déterminées par convention ou accord d'entreprise ou d'établissement ou, à défaut, par une convention ou un accord de branche (c. trav. art. L. 3121-7). Rappelons que l'accord d'entreprise ou d'établissement prime sur l'accord de branche, même s'il est défavorable au salarié.

En l'absence d'accord collectif, le contrat de travail doit soit accorder des contreparties aux temps d'habillage et de déshabillage, soit assimiler ces temps à du temps de travail effectif (c. trav. art. L. 3121-8).

Exemple

Lorsque selon une note de service de l'employeur les salariés peuvent choisir de s'habiller et se déshabiller sur leur temps de travail, donc sans percevoir de contreparties en repos ou en argent, ou s'habiller en dehors du temps de travail et percevoir une contrepartie, il y a une absence de généralité de l'assimilation des temps d'habillage et de déshabillage à du temps de travail effectif. Le choix laissé aux salariés prive l'employeur de la possibilité d'imposer le décompte des temps d'habillage et de déshabillage sur le temps de travail. (cass. soc. 9 février 2022, n° 20-15256 D).

Lorsqu'aucun accord collectif ni aucune mention dans le contrat de travail ne fixent la contrepartie due pour les opérations d'habillage et de déshabillage, les juges déterminent cette contrepartie dès lors qu'ils en ont reconnu le principe (cass. soc. 16 janvier 2008, n° 06-42983, BC V n° 11 ; cass. soc. 16 mars 2016, n° 14-16354 D).

☞ *Douches ; Temps de travail effectif ; Vêtements professionnels.*

Temps partiel

En matière de temps partiel, il existe des règles d'ordre public, des règles négociables et des règles supplétives en cas d'absence de négociation. Dans les domaines ouverts à la négociation d'entreprise, l'accord d'entreprise ou d'établissement prime sur l'accord de branche (loi 2016-1088 du 8 août 2016, JO du 9).

Définition du temps partiel

Les salariés sont considérés à temps partiel lorsque leur durée du travail est inférieure (c. trav. art. L. 3123-1) :
- à la durée légale du travail (35 heures hebdomadaires) ou, lorsqu'elle est inférieure à la durée du travail fixée conventionnellement pour la branche ou l'entreprise ou aux durées du travail applicables dans l'établissement ;
- à la durée mensuelle résultant de l'application, sur cette période, de la durée légale du travail ou si elle est inférieure à l'application de la durée du travail fixée conventionnellement pour la branche ou l'entreprise ou des durées du travail applicables dans l'établissement ;
- à la durée de travail annuelle résultant de l'application sur cette période de la durée légale du travail (1 607 h), ou si elle est inférieure à la durée fixée conventionnellement pour la branche ou l'entreprise ou aux durées du travail applicables dans l'établissement.

▶ Attention... Un salarié à temps partiel ne doit jamais travailler 35 heures une semaine donnée, même s'il est à temps partiel sur le mois (cass. soc. 15 septembre 2021, n° 19-19563 FSB). Le risque est la requalification de son contrat en temps plein.

Mise en place

Par accord collectif ou à l'initiative de l'employeur - Les horaires de travail à temps partiel peuvent être pratiqués sur la base d'une convention ou d'un accord d'entreprise ou d'établissement, ou à défaut sur la base d'une convention ou d'un accord de branche (c. trav. art. L. 3123-17).

En l'absence d'accord, ils peuvent être pratiqués après avis du *comité social et économique**. Cet avis ne lie pas l'employeur. Il est tenu à la disposition de l'agent de contrôle de l'inspection du travail (c. trav. art. L. 3123-26 et D. 3123-2).

En l'absence de représentation du personnel, les horaires de travail à temps partiel peuvent être pratiqués à l'initiative du chef d'entreprise après information de l'agent de contrôle de l'inspection du travail (c. trav. art. L. 3123-26).

À la demande des salariés - Une convention ou un accord d'entreprise ou d'établissement (à défaut une convention ou un accord de branche) peut déterminer les conditions de mise en place d'horaires à temps partiel à la demande des salariés (c. trav. art. L. 3123-17). Cet accord doit notamment prévoir :
- la procédure que le salarié doit suivre pour demander à travailler à temps partiel ;
- le délai dont dispose le chef d'entreprise pour apporter « une réponse motivée » à cette demande, en particulier en cas de refus.

À défaut d'accord collectif, la demande du salarié doit être communiquée au chef d'entreprise par LRAR au moins 6 mois avant la date envisagée pour le passage à temps partiel. L'employeur dispose de 3 mois pour répondre par LRAR (c. trav. art. L. 3123-26 et D. 3123-3).

Demande « en raison des besoins de la vie personnelle » - Les salariés qui en font la demande peuvent bénéficier d'une réduction de leur durée de travail sous forme d'une ou de plusieurs périodes non travaillées d'au moins une semaine en raison des besoins de leur vie personnelle (c. trav. art. L. 3123-2).

Pendant les périodes travaillées, le salarié est soumis à l'horaire collectif de l'entreprise ou de l'établissement.

Un avenant au contrat de travail doit être établi. Il précise la ou les périodes non travaillées et peut aussi prévoir une rémunération mensualisée indépendante de l'horaire réel du mois.

Les heures effectuées au cours d'une semaine au-delà de la durée légale (ou, en cas de modulation, les heures effectuées au-delà des limites fixées par accord) sont soumises à la réglementation relative aux heures supplémentaires.

Temps partiel sur l'année - Le temps partiel peut être aménagé sur tout ou partie de l'année (circ. DGT 2008-20 du 13 novembre 2008) (voir *Temps partiel sur tout ou partie de l'année**).

▶ À noter... Les accords collectifs de temps partiel modulé, prédécesseur du *temps partiel sur tout ou partie de l'année**, conclus avant le 21 août 2008, continuent à s'appliquer (loi 2008-789 du 20 août 2008, art. 20-V, JO du 21).

Contrat de travail

Règles générales - Le contrat de travail à temps partiel peut être conclu pour une durée déterminée ou indéterminée. Le contrat doit être écrit et comporter des mentions obligatoires telles que (c. trav. art. L. 3123-6) :
- la durée de travail hebdomadaire ou, le cas échéant, mensuelle prévue ;
- les limites dans lesquelles peuvent être effectuées des *heures complémentaires** au-delà de la durée du travail fixée par le contrat ;
- la répartition de la durée du travail entre les jours de la semaine (contrat conclu sur une base hebdomadaire) ou entre les semaines du mois (contrat conclu sur une base mensuelle), sauf pour les salariés des associations d'aide à domicile.

L'exigence d'un écrit vaut tant pour le contrat à temps partiel initial que pour ses avenants modifiant la durée du travail (cass. soc. 23 novembre 2016, n° 15-18093, BC V n° 225 ; cass. soc. 8 février 2023, n° 21-15863 D).

En outre, le contrat doit :
- définir les cas dans lesquels une modification éventuelle de la répartition du travail peut intervenir ainsi que la nature de cette modification ;
- prévoir également à l'avance les modalités selon lesquelles les horaires de travail, pour chaque journée travaillée, seront communiqués par écrit au salarié.

▶ À noter... Il est possible, à certaines conditions, de conclure un avenant au contrat de travail pour augmenter temporairement la durée de travail d'un salarié à temps partiel si un accord de branche étendu le prévoit [voir *Temps partiel (avenant de complément d'heures)**].

Modification du contrat en cas de dépassement de la durée du travail - Lorsque, pendant une période de 12 semaines consécutives (ou pendant 12 semaines au cours d'une période de 15 semaines ou pendant la période prévue par un accord d'aménagement du temps de travail sur une période supérieure à la semaine), l'horaire moyen réellement effectué par un salarié a dépassé l'horaire prévu au contrat de 2 h au moins par semaine, ou de l'équivalent mensuel de cette durée, cet horaire contractuel est modifié, sous réserve d'un préavis de 7 jours et sauf opposition du salarié intéressé (c. trav. art. L. 3123-13). L'opposition du salarié doit être expresse. À notre sens, un écrit est vivement conseillé.

Le nouvel horaire est égal à l'horaire antérieur majoré de la différence entre cet horaire et l'horaire moyen réellement effectué. Seule compte la durée moyenne de travail et peu importe que, sur la période considérée, il n'y ait pas eu de dépassement certaines semaines (cass. soc. 4 novembre 2015, n° 14-16338, BC V n° 224).

On ne peut pas revenir à l'horaire initial au seul motif que le salarié ne s'y oppose pas (cass. soc. 14 juin 2006, n° 04-45775, BC V n° 216).

▶ À noter... Reste à savoir si cette règle s'applique également dans le cadre des avenants de complément d'heures [voir *Temps partiel (avenant de complément d'heures)**]. Le doute est permis, compte tenu de l'objet de ces avenants.

Changement de la répartition du travail - La répartition du travail entre les jours de la semaine ou entre les semaines du mois ne peut, en principe, être modifiée qu'après une notification au salarié, au moins 7 jours ouvrés à l'avance (c. trav. art. L. 3123-11 et L. 3123-31).

Une convention ou un accord d'entreprise ou d'établissement (à défaut, une convention ou un accord collectif de branche étendu) peut faire varier en deçà de 7 jours, jusqu'à un minimum de 3 jours ouvrés, le délai dans lequel la modification de la répartition de la durée du travail doit être notifiée au salarié. Des contreparties en faveur des salariés doivent alors être prévues par l'accord (c. trav. art. L. 3123-24 et L. 3123-25).

Selon les cas, le refus du changement de la répartition du travail constitue ou ne constitue pas une faute ou un motif de licenciement (c. trav. art. L. 3123-12).

Durée minimale de travail à temps partiel

Contrats concernés - En principe, les contrats de travail à temps partiel conclus du 1er au 21 janvier 2014 et depuis le 1er juillet 2014 doivent prévoir une durée de travail minimale (c. trav. art. L. 3123-7).

▶ À noter… Les contrats à temps partiel déjà en cours au 1er janvier 2014 ne sont pas soumis à la durée minimale (loi 2013-504 du 14 juin 2013, art. 12-VIII, JO du 16). Il en va de même pour les contrats de travail à temps partiel conclus du 22 janvier au 30 juin 2014 (loi 2014-288 du 5 mars 2014, art. 20-III, JO du 6).

Durée fixée par accord de branche étendu - Une convention ou un accord de branche étendu fixe la durée minimale de travail d'un salarié à temps partiel (c. trav. art. L. 3123-7 et L. 3123-19).

▶ À noter… La fixation d'une durée minimale de travail à temps partiel ne relève donc pas du champ de la négociation collective d'entreprise ou d'établissement.

Lorsque l'accord de branche étendu prévoit une durée inférieure à 24 h hebdomadaires (ou l'équivalent mensuel de cette durée sur le mois ou sur la période d'aménagement du temps de travail), l'accord détermine les garanties quant à la mise en œuvre d'horaires réguliers ou permettant au salarié de cumuler plusieurs activités afin d'atteindre une durée globale d'activité correspondant à un temps plein ou au moins égale à 24 h (c. trav. art. L. 3123-19).

Une convention ou un accord d'entreprise ou d'établissement (à défaut, une convention ou un accord de branche étendu) détermine les modalités selon lesquelles les horaires de travail des salariés effectuant une durée de travail inférieure à la durée minimale sont regroupés sur des journées ou des demi-journées régulières ou complètes (c. trav. art. L. 3123-19).

En l'absence d'accord de branche étendu : 24 h hebdomadaires - Faute d'accord de branche étendu fixant une durée minimale de temps partiel, celle-ci est de 24 h hebdomadaires (ou l'équivalent mensuel de cette durée sur le mois ou sur la période d'aménagement du temps de travail) (c. trav. art. L. 3123-27).

Contrats et situations exclus de la durée minimale du travail

Contrats d'insertion et contrats aidés - La durée minimale de travail ne s'applique pas aux salariés en insertion embauchés par des associations intermédiaires et des entreprises de travail temporaire d'insertion (c. trav. art. L. 5132-6 et L. 5132-7).

Depuis le 16 décembre 2020, un CDI à temps partiel de droit commun peut être conclu pour une durée de travail inférieure à 24 h hebdomadaires dans le cadre d'un cumul avec un CDD d'insertion conclu avec une entreprise d'insertion, ou une association intermédiaire ou un atelier et chantier d'insertion, afin d'atteindre au global le niveau d'un temps plein ou d'au moins 24 h hebdomadaires (c. trav. art. L. 3123-7, 4° ; loi 2020-1577 du 14 décembre 2020, JO du 15).

Plus généralement, la durée minimale ne s'applique pas en présence une disposition spécifique prévoyant une autre durée. Cela concerne notamment le contrat initiative-emploi et le contrat d'accompagnement dans l'emploi à temps partiel, qui sont

Contrats et durée minimale de 24 h hebdomadaires (depuis le 31 janvier 2015)

Date de conclusion du contrat à temps partiel	Régime applicable
Avant le 1er janvier 2014	Pas de durée minimale légale ou conventionnelle, mais le salarié bénéficie d'une priorité d'emploi (1).
Du 1er au 21 janvier 2014 inclus	Obligation de respecter la durée minimale (durée fixée par accord de branche étendu ou, à défaut, 24 h), sauf dérogation autorisée (2).
Du 22 janvier au 30 juin 2014 inclus	Pas de durée minimale légale ou conventionnelle, mais le salarié bénéficie d'une priorité d'emploi (1).
Depuis le 1er juillet 2014	Obligation de respecter la durée minimale de travail (durée fixée par accord de branche étendu ou, à défaut, 24 h), sauf dérogation autorisée (2).

(1) Le salarié qui souhaite revenir à une durée de travail au moins égale à 24 h ou à la durée minimale inférieure fixée par convention ou accord de branche étendu est prioritaire, s'il existe un emploi disponible équivalent ou relevant de sa catégorie professionnelle (c. trav. art. L. 3123-3).
(2) Demande individuelle du salarié, durée minimale inférieure prévue par convention ou accord de branche étendu, dérogation de droit (ex. : étudiant de moins de 26 ans, contrats aidés ou, depuis le 31 janvier 2015, contrats courts et contrats de remplacement).

soumis à une durée plancher de 20 h hebdomadaires (rép. Rousset n° 50900, JO 27 mai 2014, AN quest. p. 4376).

Contrats courts, contrats de remplacement - La durée minimale hebdomadaire ne s'applique pas (c. trav. art. L. 3123-7) :
- aux contrats d'une durée inférieure à 8 jours (c'est-à-dire contrats d'au plus 7 jours, soit 1 semaine) ;
- aux CDD et aux contrats de travail temporaire, lorsqu'ils sont conclus pour le remplacement d'un salarié.

Retraite progressive - Les salariés demandant à bénéficier d'une *retraite progressive** ne sont pas soumis à la durée minimale de temps partiel (c. trav. art. L. 3123-7).

Dérogations à la durée minimale hebdomadaire

Demande individuelle du salarié - Une durée du travail inférieure à la durée minimale de 24 h ou fixée par accord de branche étendu *(voir plus haut)* peut être convenue à la demande du salarié, pour lui permettre (c. trav. art. L. 3123-7) :
- de faire face à des contraintes personnelles ;
- ou de cumuler plusieurs activités afin d'atteindre une durée globale correspondant à un temps plein ou au moins égale à la durée hebdomadaire minimale.

Le salarié doit formuler une demande écrite et motivée pour bénéficier de cette dérogation. L'employeur reste à notre sens libre d'accepter ou de refuser, sauf abus ou discrimination avérée.

▶ À noter… Chaque année, l'employeur informe le CSE du nombre de demandes de dérogation individuelle à la durée du temps de travail (c. trav. art. L. 3123-16).

Étudiants de moins de 26 ans - Par dérogation, une durée de travail inférieure, compatible avec les études, est de droit pour les salariés étudiants âgés de moins de 26 ans (c. trav. art. L. 3123-7).

Regroupement des journées et demi-journées - Une convention ou un accord d'entreprise ou d'établissement (à défaut, une convention ou un accord de branche étendu) détermine les modalités selon lesquelles les horaires de travail des salariés effectuant une durée de travail inférieure à la durée minimale sont regroupés sur des journées ou des demi-journées régulières ou complètes (c. trav. art. L. 3123-19).

Cette disposition vise spécifiquement le seuil de 24 h. À la lettre, elle ne s'applique pas aux salariés dont le contrat prévoit une durée du travail comprise entre 24 h et une éventuelle durée minimale fixée à un niveau supérieur par accord de branche étendu.

▶ À noter… Le code du travail ne prévoit pas de règle supplétive si aucun accord collectif ne prévoit les modalités du regroupement.

Priorité pour un emploi atteignant la durée minimale - Les salariés travaillant moins que la durée minimale hebdomadaire (durée fixée par accord de branche étendu ou, à défaut, 24 h par semaine) ont priorité pour occuper ou reprendre un emploi à temps partiel respectant la durée minimale dans le même établissement (à défaut, dans la même entreprise) et relevant de leur catégorie professionnelle (ou un emploi équivalent) (c. trav. art. L. 3123-3).

Une convention ou un accord d'entreprise ou d'établissement (à défaut, une convention ou un accord de branche étendu) peut également prévoir qu'ils soient prioritaires sur un emploi présentant des caractéristiques différentes (c. trav. art. L. 3123-3).

En l'absence d'emploi disponible, l'employeur n'a pas l'obligation de donner suite à la demande du salarié.

Droits collectifs et individuels

Égalité de traitement avec un temps plein - Le salarié à temps partiel bénéficie des droits reconnus au salarié à temps plein par la loi, les conventions et les accords d'entreprise ou d'établissement sous réserve, pour les droits conventionnels, des modalités spécifiques prévues par une convention ou un accord collectif.

Période d'essai - La période d'essai d'un salarié à temps partiel ne peut avoir une durée calendaire supérieure à celle des salariés à temps complet (c. trav. art. L. 3123-5).

Convention collective - Un salarié ne peut pas être exclu du bénéfice d'une convention collective simplement en raison de sa qualité de travailleur à temps partiel (cass. soc. 8 juillet 2003, n° 01-41705, BC V n° 224 ; cass. soc. 16 janvier 2008, n° 06-41471, BC V n° 12).

Congés payés - Les salariés à temps partiel ont les mêmes droits que les salariés occupés à temps plein, l'horaire pratiqué pendant les mois de travail effectif étant sans incidence sur le droit et la durée du congé.

Lorsqu'un avenant d'entreprise précise que des jours de congé supplémentaires sont accordés en jours ouvrables et ne fait aucune distinction entre les jours ouvrables travaillés et les jours ouvrables non travaillés, ces jours de congé doivent être décomptés sur tous les jours ouvrables de la semaine, et non sur les seuls jours de travail des salariés à temps partiel (cass. soc. 9 juin 2004, n° 02-46348, BC V n° 162).

Les règles d'acquisition et de décompte des congés payés en jours ouvrés peuvent néanmoins être adaptées par accord collectif [voir *Congés payés (salariés à temps partiel)**].

Jours fériés - Les salariés à temps partiel ont droit au paiement des jours fériés dans les mêmes conditions que les autres salariés.

Journée de solidarité - Les salariés à temps partiel sont tenus comme leurs collègues d'effectuer une journée « de solidarité », mais la réglementation prévoit certaines dispositions qui leur sont propres (loi 2004-626 du 30 juin 2004 ; circ. DRT 2004-10 du 16 décembre 2004) (pour le détail, voir *Journée de solidarité**).

Ancienneté

Le décompte de l'*ancienneté** pour les salariés à temps partiel est effectué comme pour les salariés à temps complet : les périodes de travail à temps partiel entrent dans l'ancienneté comme si elles avaient été travaillées à temps plein (c. trav. art. L. 3123-5).

Interruptions d'activité

Accord collectif - Une convention ou un accord d'entreprise ou d'établissement (à défaut, une convention ou un accord de branche étendu ou agréé en application de l'article L. 314-6 du code de l'action sociale et des familles) peut définir la répartition des horaires de travail des salariés à temps partiel dans la journée de travail (c. trav. art. L. 3123-23).

Si cette répartition comporte plus d'une interruption d'activité ou une interruption supérieure à 2 h, la convention ou l'accord définit les amplitudes horaires pendant lesquelles les salariés peuvent exercer leur activité et prévoit des contreparties spécifiques en tenant compte des exigences propres à l'activité exercée.

Règle par défaut - Faute d'accord collectif traitant de cette question, les horaires de travail des salariés à temps partiel ne peuvent comporter, au cours d'une même journée, plus d'une interruption d'activité ou une interruption supérieure à 2 h (c. trav. art. L. 3123-30).

Rémunération

Salaire proportionnel - La rémunération est proportionnelle, compte tenu de la *durée du travail** et de l'*ancienneté** dans l'entreprise, à celle du salarié qui, à qualification égale, occupe à temps complet un emploi équivalent dans l'établissement ou l'entreprise (c. trav. art. L. 3123-5). En principe, les salariés à temps partiel ont droit aux mêmes éléments de rémunération que leurs collègues à temps plein, lorsqu'ils remplissent les conditions requises. En tout état de cause, ils ne peuvent être écartés du seul fait de leur statut.

En cas de complément de salaire conventionnel, la proratisation doit s'appliquer lorsque les dispositions conventionnelles ne comportent pas de mention contraire au principe de proportionnalité (cass. soc. 7 septembre 2017, n° 16-19528, BC V n° 129).

Primes conventionnelles - Une convention ou un accord collectif peut prévoir des modalités spécifiques pour les éléments de paye conventionnels dès lors que ces conditions ne sont pas discriminatoires.

Pour les salariés à temps partiel, les primes sont souvent proportionnelles, soit par rapport au temps de travail, soit compte tenu du salaire (en application du principe de proportionnalité de la rémunération). D'ailleurs, faute de disposition conventionnelle contraire, les primes conventionnelles se calculent en proportion de la durée du travail (cass. soc. 24 octobre 2018, n° 16-15898 D ; cass. soc. 16 janvier 2019, n° 17-19929 D).

Cependant, un accord collectif peut être plus favorable et donner à certaines primes un caractère forfaitaire. Tous les salariés y ont alors droit dans les mêmes conditions, qu'ils soient à temps complet ou à temps partiel. À cet égard, lorsque l'accord prévoit l'attribution d'une prime sans évoquer la possibilité de prorata, cette prime sera considérée comme forfaitaire (cass. soc. 17 juin 2009, n° 08-41077, BC V n° 155 ; cass. soc. 15 septembre 2010, n° 08-45050, BC V n° 181).

Exemple

Les juges ont considéré que trois primes conventionnelles avaient un caractère forfaitaire pour tous les salariés, en l'absence de précision contraire de l'accord national interprofessionnel en cause (cass. soc. 15 septembre 2010, n° 08-45050, BC V n° 181). Ces primes ne pouvaient donc pas être proratisées pour les salariés à temps partiel. Il s'agissait :
- d'une prime de durée d'expérience attribuée aux salariés ayant au moins 3 ans de présence ;
- d'une prime familiale versée aux salariés chefs de famille ;
- et d'une prime de vacances octroyée à chaque salarié.

Calcul de la rémunération en cas de passage à temps partiel - Le salaire s'établit comme suit, sachant qu'une telle modification suppose l'accord du salarié : (Salaire à temps plein/Horaire à temps plein) × Horaire à temps partiel.

▶ À noter… En cas de requalification par le juge du contrat de travail à temps partiel en contrat à temps complet, le rappel de salaire correspond à un temps plein, sans que les heures supplémentaires accomplies par le salarié ne soient déduites (cass. soc. 30 novembre 2022, n° 21-17808 D). Il n'y a pas non plus lieu de déduire les salaires ou revenus perçus par le salarié au titre d'autres activités professionnelles ou de périodes de chômage (cass. soc. 17 octobre 2012, n° 11-14795 D) ou une période de congé sans solde prise par le salarié (cass. soc. 14 septembre 2016, n° 15-15944 BC V n° 164).

Heures complémentaires - Un salarié à temps partiel peut effectuer des heures complémentaires dans certaines limites et conditions (voir *Heures complémentaires**).

La valorisation des heures complémentaire obéit à des règles spécifiques. Certaines d'entre elles peuvent ouvrir droit à la réduction de cotisations sur les heures supplémentaires ou complémentaires [voir *Heures supplémentaires et complémentaires (réduction de cotisations salariales)**].

Cotisations - Dans certaines conditions, un *abattement d'assiette pour temps partiel** s'applique pour le calcul des cotisations plafonnées.

Enfin, en cas de contrat à temps partiel, et par dérogation à la règle prévoyant que la base des cotisations est constituée par les salaires, il est possible de convenir de continuer à calculer les cotisations vieillesse sur la base du salaire à temps plein (voir *Maintien des cotisations vieillesse en cas de temps partiel**).

Un dispositif similaire peut, sous des conditions plus restrictives, être mis en œuvre pour les cotisations d'assurance chômage.

Frais de transport - Des règles spécifiques s'appliquent aux salariés à temps partiel pour la prise en charge de leurs *frais de transport domicile-lieu de travail**.

Licenciement - Pour les salariés occupés tantôt à temps plein, tantôt à temps partiel, l'*indemnité de licenciement** et l'indemnité de *départ à la retraite** sont calculées proportionnellement aux périodes d'emploi effectuées dans l'entreprise selon l'une ou l'autre de ces modalités.

En pratique, cette particularité se traduit au niveau de la détermination du salaire mensuel sur la base duquel se calcule l'indemnité de rupture.

☞ *Abattement d'assiette pour temps partiel ; Congés payés (salariés à temps partiel) ; Effectif ; Effectif sécurité sociale ; Frais de transport domicile-lieu de travail ; Heures complémentaires ; Heures supplémentaires et complémentaires (réduction de cotisations salariales) ; Maintien des cotisations vieillesse en cas de temps partiel ; Retraite progressive ; Temps partiel (avenant de complément d'heures) ; Temps partiel sur tout ou partie de l'année ; Travail intermittent.*

Temps partiel (avenant de complément d'heures)

Augmentation temporaire de la durée de travail

Conditions - Il est possible d'augmenter temporairement la durée du travail des salariés à *temps partiel** à deux conditions (c. trav. art. L. 3123-22) :
- cette possibilité doit être autorisée par une convention ou un accord de branche étendu ;
- un avenant au contrat de travail doit être signé, ce qui implique par définition l'accord du salarié.

Distinction avec les heures complémentaires - Les heures effectuées dans le cadre de ce dispositif relèvent des règles exposées ici. Elles ne suivent pas le régime des *heures complémentaires**, dont elles doivent être distinguées.

En pratique, l'intérêt principal du dispositif est de s'affranchir des limites applicables aux *heures complémentaires** (1/10, voire 1/3 de la durée contractuelle) et des majorations de salaire qui y sont d'office attachées par le code du travail.

Cadre conventionnel et contractuel

Convention ou accord de branche étendu - La convention ou l'accord de branche étendu permettant le recours aux avenants de compléments d'heures doit fixer (c. trav. art. L. 3123-22) :
- le nombre maximal d'avenants au contrat de travail pouvant être conclus, dans la limite de 8 par an et par salarié, en dehors des cas de remplacement d'un salarié nommément désigné ;
- les modalités selon lesquelles les salariés peuvent bénéficier prioritairement des compléments d'heures ;
- éventuellement, la majoration salariale des heures effectuées dans le cadre de cet avenant.

Avenant au contrat de travail - L'avenant au contrat de travail doit être conforme au cadre fixé par l'accord de branche étendu.

En outre, il doit mentionner les modalités selon lesquelles des compléments d'heures peuvent être accomplis au-delà de la durée fixée par le contrat de travail (c. trav. art. L. 3123-6).

Pas de passage temporaire à temps plein - Pour la Cour de cassation, les avenants de complément d'heures ne peuvent pas amener temporairement la durée du travail d'un salarié à temps partiel au niveau d'un temps plein (cass. soc. 1er septembre 2022, n° 20-10701 FSB).

Pour rappel, la loi est muette sur ce point et l'Assemblée nationale et le Sénat n'étaient pas d'accord lors des débats parlementaires sur la loi relative au travail, à la modernisation du dialogue social et à la sécurisation des parcours professionnels qui a introduit cette possibilité. Selon le rapport de l'Assemblée nationale, « rien n'interdit que le dispositif des compléments d'heures puisse permettre au salarié d'atteindre temporairement la durée légale du travail » (rapport AN n° 847, p. 249). À l'inverse, selon le rapport du Sénat, « il appartiendra aux employeurs, pour éviter que le juge, saisi par le salarié, ne requalifie le contrat à temps partiel en contrat à temps plein, de veiller à ne pas utiliser ces avenants pour faire accomplir à leurs salariés la durée légale ou conventionnelle de travail » (rapport Sénat n° 501, p. 112).

Rémunération du salarié

Complément d'heures - Les heures effectuées dans le cadre d'un avenant de complément d'heures constituent des heures de travail payées au taux normal.

La convention ou l'accord de branche étendu ouvrant l'accès à ces compléments d'heures peut néanmoins imposer une majoration pour les heures effectuées dans le cadre de cet avenant.

Heures effectuées au-delà de l'avenant - Les *heures complémentaires** effectuées au-delà de la durée du travail déterminée par l'avenant sont majorées d'au moins 25 % (c. trav. art. L. 3123-22).

☛ *Heures complémentaires ; Temps partiel.*

Temps partiel pour enfant malade

☛ *Congé de présence parentale pour enfant malade ; Congé de proche aidant.*

Temps partiel sur tout ou partie de l'année

La loi portant réforme du temps de travail du 20 août 2008 a remplacé l'ancien temps partiel modulé par le temps partiel aménagé ou temps partiel sur tout ou partie de l'année.

Ce temps partiel sur tout ou partie de l'année est conçu comme une déclinaison du travail à *temps partiel** de droit commun. Le code du travail renvoie à l'accord collectif le mettant en place pour les dispositions pratiques (c. trav. art. L. 3121-44).

En pratique, ce dispositif permet de calculer la durée du travail à temps partiel sur une période supérieure à la semaine ou au mois. L'horaire à temps partiel peut ainsi être amené à évoluer tout au long de la période de référence, en fonction des semaines hautes, basses ou moyennes prévues par l'accord.

Cadre général

Mise en place par accord collectif - Le temps partiel aménagé s'inscrit dans le cadre de l'*aménagement du temps de travail sur une période supérieure à la semaine**. Cette formule permet de calculer la durée du travail sur la période de référence retenue. Dans ce cadre, les salariés à temps partiel peuvent bénéficier de jours de repos, à l'instar des jours de RTT des salariés à temps plein.

Cela étant, une entreprise ne peut recourir au temps partiel aménagé sur tout ou partie de l'année que si l'accord collectif d'aménagement du temps de travail indique qu'il s'applique aussi aux salariés à temps partiel (c. trav. art. L. 3121-44). Il faut donc nécessairement un accord collectif (accord d'entreprise ou d'établissement ou, à défaut, accord de branche ; voir *Aménagement du temps de travail sur une période supérieure à la semaine**).

Indépendamment des clauses habituelles, lorsqu'il s'applique aux salariés à temps partiel, l'accord collectif doit indiquer, pour cette catégorie de salariés, les modalités de communication et de modification de la répartition de la durée et des horaires de travail (c. trav. art. L. 3121-44, al. 5).

▶ À noter… L'accord peut ainsi prévoir la répartition de la durée du travail entre les jours de la semaine ou les semaines du mois, les modalités de communication des horaires aux salariés pour chaque journée travaillée et les cas dans lesquels cette répartition est susceptible de modification. La circulaire ajoute que la communication des horaires se fait par écrit (circ. DGT 2008-20 du 13 novembre 2008, fiche 12).

Période d'aménagement - Dans le cadre de ce dispositif, le temps partiel peut être aménagé sur une période supérieure à la semaine et au plus égale à l'année. Depuis la loi Travail du 8 août 2016, il peut aussi, le cas échéant, être aménagé sur une période supérieure à l'année et d'au plus 3 ans, si l'accord collectif à la base du dispositif le permet (c. trav. art. L. 3121-44, al. 2) (voir *Aménagement du temps de travail sur une période supérieure à la semaine**).

En pratique, c'est à l'accord collectif à la base du dispositif de définir la période de référence retenue.

Contrat de travail - Les mentions obligatoires du contrat de travail du salarié à temps partiel sur tout ou partie de l'année concernent la qualification du salarié, les éléments de sa rémunération, la durée hebdomadaire ou mensuelle prévue et les limites dans lesquelles peuvent être accomplies des heures complémentaires (circ. DGT 2008-20 du 13 novembre 2008, fiche 12).

Lissage de la rémunération - La convention ou l'accord collectif peut prévoir que la rémunération versée chaque mois aux salariés concernés sera indépendante de l'horaire réellement effectué. Aux signataires du texte conventionnel de prévoir alors les modalités de calcul de la rémunération lissée (c. trav. art. L. 3121-44).

Durée minimale du travail - La durée de travail d'un salarié à temps partiel ne peut pas être inférieure à l'équivalent de 24 h hebdomadaires sur la période de référence d'aménagement du temps de travail (c. trav. art. L. 3123-27), sous réserve des dérogations admises (voir *Temps partiel**).

Exemple

Pour un temps partiel organisé sur une période de 8 semaines, la durée minimale de 24 h hebdomadaires représente 192 h.

Horaires et durée du travail

Modification des horaires - La modification éventuelle des horaires nécessite de respecter un délai de prévenance, qui, sauf stipulations contraires de l'accord collectif, s'établit à 7 jours (c. trav. art. L. 3121-44 et L. 3121-47).

Heures complémentaires - Le salarié à temps partiel sur tout ou partie de l'année peut effectuer des *heures complémentaires** si cette possibilité a été prévue dans le contrat de travail.

Ces heures sont limitées, sur la période de travail, au 1/10 de la durée prévue au contrat (c. trav. art. L. 3123-28). Un accord collectif d'entreprise ou d'établissement, ou à défaut une convention ou un accord de branche étendu, peut porter cette limite à 1/3 de la durée prévue au contrat (c. trav. art. L. 3123-20).

Les heures complémentaires accomplies dans la limite du 1/10 de la durée contractuelle donnent lieu à une majoration de salaire de 10 % (c. trav. art. L. 3123-29).

Celles accomplies au-delà du 1/10 sont majorées de 25 %. Une convention ou un accord de branche étendu peut prévoir un taux différent, mais d'au minimum 10 % (c. trav. art. L. 3123-21).

Interdiction d'atteindre la durée de travail à temps complet sur la période de référence - L'accomplissement d'heures complémentaires ne doit, en aucun cas, amener la durée du travail du salarié à temps partiel au niveau de la durée légale du travail ou, si elle est inférieure, au niveau de la durée fixée conventionnellement (c. trav. art. L. 3123-9).

Selon l'administration, le plafond de la durée légale est de 1 607 h pour un temps partiel aménagé sur l'année, ou de 35 h par semaine en moyenne sur la période de référence de plusieurs semaines si elle est inférieure à l'année (circ. DGT 2008-20 du 13 novembre 2008, fiche 12). Le salarié peut donc être amené à travailler à hauteur d'un temps complet

Répartition d'un horaire à temps partiel sur une période de 8 semaines (exemple)

Durée de travail sur la période : 180 h.
Durée moyenne hebdomadaire : 22 h 30.
Volume d'heures complémentaires autorisé (en l'absence d'accord collectif prévoyant un plafond supérieur) : 18 h sur la période (1/10 de 180 h).

une semaine ou un mois donné dès lors que sur la période de référence (année, trimestre, semestre) le salarié est bien en dessous du temps complet.

La Cour de cassation confirme cette analyse et pose le principe suivant : en cas d'aménagement du temps de travail sur une période de référence supérieure à la semaine, les heures complémentaires ne peuvent pas avoir pour effet de porter la durée de travail accomplie par un salarié à temps partiel au niveau du seuil de la durée légale du travail correspondant à la période de référence, ou, si elle est inférieure, au niveau de la durée de travail fixée conventionnellement (cass. soc. 7 février 2024, n° 22-17696 FSB).

En d'autres termes, il faut se situer au niveau de la période de référence du dispositif d'aménagement du temps de travail pour apprécier la frontière entre le temps complet et le temps partiel. Par conséquent, le salarié à temps partiel peut travailler 35 h une semaine donnée ou 151,67 h un mois donné si, sur la période de référence (ex. : année, trimestre, semestre), il est bien en dessous du temps complet.

Exemple

La société appliquait un accord d'aménagement du temps de travail spécifique aux salariés à temps partiel prévoyant la possibilité de recourir aux heures complémentaires, avec des variations pouvant aller jusqu'à 20 % de l'horaire contractuel. La durée annuelle de travail des salariés à temps partiel était plafonnée à 1 600 h. La demande de la salariée en requalification de son temps partiel en temps complet a été rejetée car même si les heures effectuées en novembre 2016 avaient eu pour effet de porter sa durée hebdomadaire de travail au niveau de la durée à temps plein, ce dépassement était ponctuel et n'avait pas permis d'atteindre 1 600 h (cass. soc. 7 février 2024, n° 22-17696 FSB).

Interruptions d'activité - La journée de travail d'un salarié à temps partiel ne doit pas comporter plus d'une interruption d'activité, laquelle ne peut pas excéder 2 heures (c. trav. art. L. 3123-30).

Un accord d'entreprise ou d'établissement ou, à défaut, un accord de branche étendu ou agréé (institutions sociales et médico-sociales) peut prévoir plus d'une interruption ou une interruption supérieure à 2 h, sous conditions (c. trav. art. L. 3123-23).

Réajustement de la durée du travail - Lorsque l'accomplissement régulier d'heures complémentaires conduit le salarié à dépasser, en moyenne, la durée contractuelle de travail, l'employeur doit réajuster le contrat en conséquence (c. trav. art. L. 3123-13).

Compte tenu du cadre particulier de ce temps partiel, deux hypothèses peuvent se présenter.

Si la période de référence du dispositif d'aménagement du temps de travail est inférieure ou égale à 15 semaines, le réajustement devra être envisagé dès lors que, sur 12 semaines consécutives ou pendant 12 semaines au cours d'une période de 15 semaines, l'horaire réellement accompli par le salarié a dépassé de 2 h au moins par semaine (ou de l'équivalent mensuel de cette durée, soit 8,67 h) la durée prévue au contrat. Il s'agit de l'hypothèse classique envisagée par le temps partiel de droit commun.

Lorsque la période d'aménagement du temps de travail est supérieure à 15 semaines, le dépassement est évalué sur la durée de cette période. Le seuil de réajustement est toujours de 2 heures par semaine (ou de l'équivalent mensuel de cette durée, soit 8,67 h).

Avenant de complément d'heures - À notre sens, les salariés bénéficiant d'un temps partiel organisé sur une période supérieure à la semaine et au plus égale à l'année devraient pouvoir, le cas échéant, conclure un avenant de complément d'heures, dans la mesure où ils ne sont pas exclus du dispositif [voir *Temps partiel (avenant de complément d'heures)**].

☛ *Aménagement du temps de travail sur une période supérieure à la semaine ; Temps partiel.*

Temps partiel thérapeutique

Le temps partiel thérapeutique correspond à une période d'activité professionnelle réduite ou allégée que le médecin prescrit pour un motif thérapeutique. Il peut faire suite à une maladie ou un accident, professionnels ou non.

Cadre du temps partiel thérapeutique

Définition - Le temps partiel thérapeutique (TPT) est un dispositif qui permet à un salarié, victime d'un accident ou d'une maladie, d'avoir une activité partielle tout en bénéficiant des indemnités journalières de sécurité sociale (IJSS). La notion de temps partiel thérapeutique relève de la législation de la sécurité sociale, dans le cadre de l'indemnisation soit des maladies et accidents non professionnels (c. séc. soc. art. L. 323-3), soit des accidents du travail et des maladies professionnelles (c. séc. soc. art. L. 433-1, al. 3).

▶ À noter… Pendant la période de temps partiel thérapeutique, le salarié a un statut hybride, puisqu'il perçoit des IJSS et la rémunération correspondant à son temps de travail.

Reprise « douce » du travail ou maintien au travail - Le temps partiel thérapeutique correspond (c. séc. soc. art. L. 323-3 et L. 433-1) :
- soit à une reprise partielle de son activité par un salarié après un arrêt de travail lié à une maladie ou un accident, professionnels ou non ;
- soit à un maintien du salarié au travail à temps partiel en cas de maladie ou d'accident, professionnels ou non.

Il n'est pas exigé que le TPT soit immédiatement précédé d'un arrêt de travail indemnisé à temps complet. Pour tous les assurés, le temps partiel thérapeutique peut donc être décidé dans le cadre d'un maintien au travail, et non plus seulement lors d'une reprise du travail après un arrêt de travail.

▶ À noter... En matière d'accident du travail et de maladie professionnelle, le temps partiel thérapeutique est dénommé « travail aménagé ou à temps partiel » par le code de la sécurité sociale (c. séc. soc. art. L. 433-1).

Objectif du temps partiel - Le travail à temps partiel thérapeutique doit être de nature à favoriser soit l'amélioration de l'état de santé du salarié, soit sa rééducation ou sa réadaptation professionnelle pour recouvrer un emploi compatible avec son état de santé (c. séc. soc. art. L. 323-3).

Pour un temps partiel thérapeutique s'inscrivant dans le prolongement d'un accident du travail ou d'une maladie professionnelle, la reprise du travail doit être de nature à favoriser « la guérison ou la consolidation de la blessure » (c. séc. soc. art. L. 433-1).

Durée du travail correspondant à l'activité réduite - Le volume de l'activité réduite dépend de la prescription médicale du médecin. Il peut effectivement s'agir d'un réel « mi-temps thérapeutique », mais aussi d'une durée du travail inférieure ou supérieure.

Rémunération et IJSS

Attribution des IJSS - Lorsque les conditions du temps partiel thérapeutique sont remplies, la CPAM verse les indemnités journalières de sécurité sociale (c. séc. soc. art. L. 323-3 et L. 433-1 ; circ. CNAM DGAFR 94-21 du 3 mars 1994).

Les IJSS sont versées sans délai de carence (c. séc. soc. art. L. 323-3 et L. 433-1). Le salarié est ainsi pris en charge par la sécurité sociale dès son premier jour de temps partiel thérapeutique.

Pour un temps partiel thérapeutique lié à un accident ou une maladie non professionnelle, la durée de versement des IJSS ne peut pas excéder d'un an le délai maximal de perception des IJSS (3 ans) (c. séc. soc. art. R. 323-3). En d'autres termes, l'IJSS peut-être versée pendant toute la durée du temps partiel thérapeutique, dans la limite de 4 ans.

En revanche, lorsque le temps partiel thérapeutique est lié à un accident du travail ou une maladie professionnelle, la loi ne prévoit aucune limite dans le temps pour la perception des IJSS AT/MP (c. séc. soc. art. L. 433-1). Le versement cesse lorsque la période de temps partiel thérapeutique prend fin.

Montant de l'IJSS - L'indemnité journalière maladie versée en cas de temps partiel thérapeutique est calculée selon les mêmes modalités que les *indemnités journalières de sécurité sociale de maladie** non professionnelle, avec néanmoins une limite : son montant ne peut pas être supérieur à la perte de gain journalière liée à la réduction de l'activité résultant du travail à temps partiel pour motif thérapeutique (c. séc. soc. art. R. 323-3).

Attestation de salaire - Lorsque la CPAM verse des IJSS, l'employeur remplit tous les mois une attestation de salaire temps partiel thérapeutique (DSIJ TPT). Le montant des IJSS est alors calculé par rapport à la perte de salaire découlant du temps partiel thérapeutique.

Cette attestation doit être complétée et envoyée seulement lorsque la période du temps partiel thérapeutique du mois concerné est échue.

À terme, elle doit être remplacée par la transmission des informations relatives au TPT déclarées en DSN *(voir plus loin)*.

▶ À noter... Le GIP-MDS a précisé que pour toute l'année 2024, les employeurs relevant du régime général devaient continuer à réaliser systématiquement des attestations de salaire TPT (DSIJ TPT), que le TPT soit déclaré en DSN ou non (www.net-entreprises.fr, information du 5 décembre 2023).

Procédure : l'essentiel à savoir

C'est le médecin traitant du salarié qui prend l'initiative de la mise en place du temps partiel thérapeutique. Il le prescrit dans un certificat médical.

Le dossier est envoyé à la CPAM pour être soumis à l'avis du médecin-conseil.

En cas de réponse favorable de la CPAM, l'employeur organise une visite médicale par le médecin du travail (en général, un examen de reprise du travail).

Si le médecin du travail est d'accord, il rend un avis en faveur de la reprise en temps partiel thérapeutique. Cet avis est en principe accompagné de

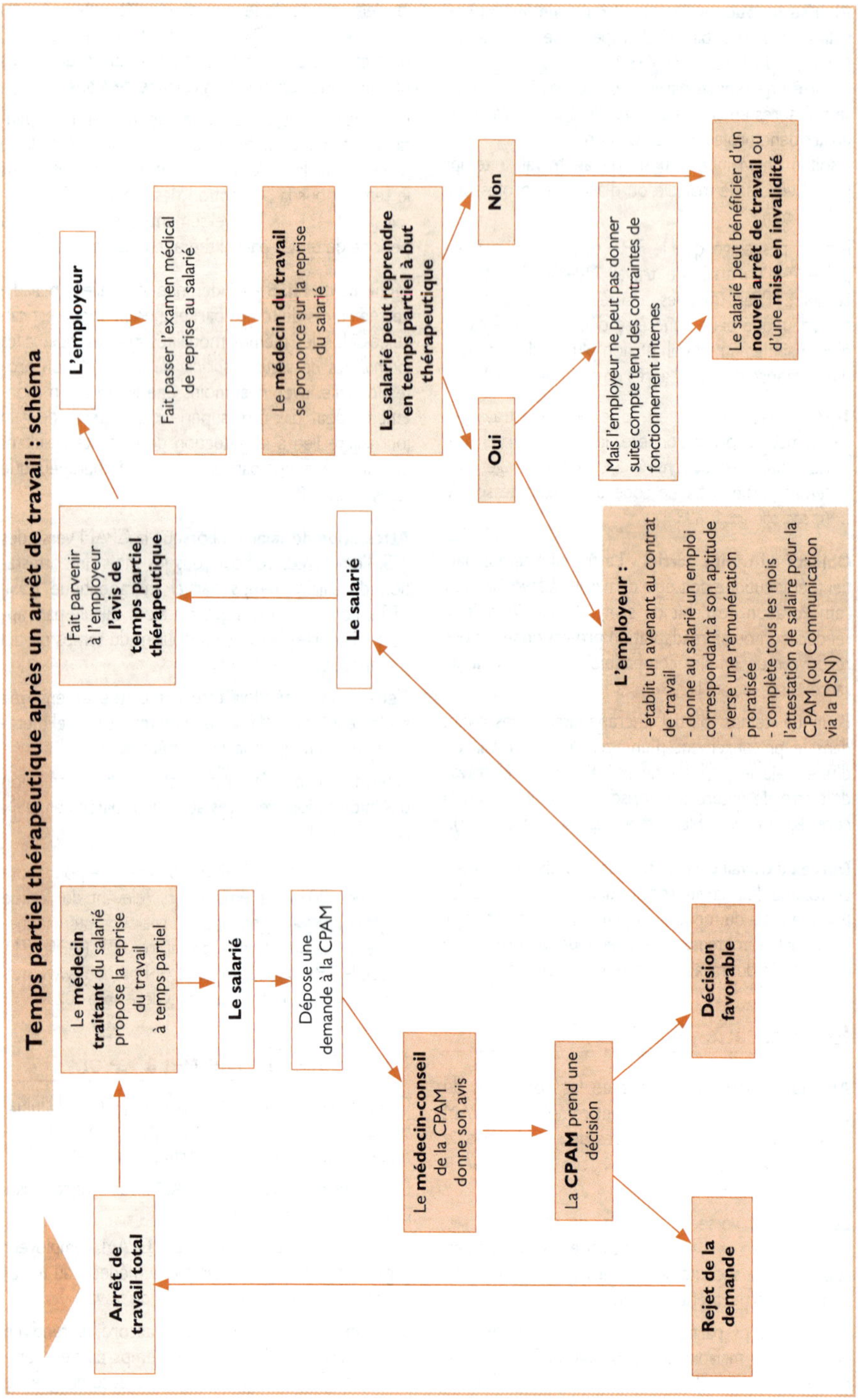
Temps partiel thérapeutique après un arrêt de travail : schéma
Arrêt de travail total
Le médecin traitant du salarié propose la reprise du travail à temps partiel
Le salarié
Dépose une demande à la CPAM
Le médecin-conseil de la CPAM donne son avis
La CPAM prend une décision
Rejet de la demande
Décision favorable
Le salarié
Fait parvenir à l'employeur l'avis de temps partiel thérapeutique
L'employeur
Fait passer l'examen médical de reprise au salarié
Le médecin du travail se prononce sur la reprise du salarié
Le salarié peut reprendre en temps partiel à but thérapeutique
Non
Oui
Mais l'employeur ne peut pas donner suite compte tenu des contraintes de fonctionnement internes
Le salarié peut bénéficier d'un nouvel arrêt de travail ou d'une mise en invalidité
L'employeur :
- établit un avenant au contrat de travail
- donne au salarié un emploi correspondant à son aptitude
- verse une rémunération proratisée
- complète tous les mois l'attestation de salaire pour la CPAM (ou Communication via la DSN)

propositions d'aménagement de poste pour être en conformité avec la prescription du temps partiel thérapeutique (ex. : travail par demi-journées, aménagement de pauses).

▶ À noter… L'employeur est tenu de prendre en considération ces propositions et, en cas de refus, de faire connaître les motifs qui s'opposent à ce qu'il y soit donné suite (c. trav. art. L. 4624-6 ; cass. soc. 13 mai 2015, n° 13-28792 D).

Le salarié doit faire parvenir à son employeur l'avis d'arrêt de travail mentionnant le temps partiel thérapeutique et ses prolongations tant que la situation se poursuit.

Statut et rémunération du salarié

Statut du salarié - Le code du travail ne contient aucune disposition spécifique au temps partiel thérapeutique, ce qui peut poser des difficultés pratiques.

La visite médicale au cours de laquelle le médecin du travail déclare le salarié apte à reprendre son activité dans le cadre d'un temps partiel thérapeutique met fin à la suspension du contrat de travail (cass. soc. 12 décembre 2000, n° 98-43036, BC V n° 415 ; cass. soc. 22 juin 2011, n° 10-17421 D).

Le contrat de travail du salarié n'est pas modifié, puisque le temps partiel thérapeutique est temporaire. Ainsi, au terme de cette période, le salarié retrouvera son temps complet ou son temps partiel d'origine. Dans tous les cas, la novation du contrat ne se présume pas (cass. soc. 4 novembre 1970, n° 69-40483, BC V n° 581).

En revanche, un avenant au contrat de travail s'impose pour formaliser la période de temps partiel thérapeutique en précisant notamment les aménagements retenus, leur durée et les modalités de rémunération.

Rémunération d'activité - L'employeur rémunère le salarié en fonction du travail accompli.

En revanche, il n'a pas à le faire bénéficier du *maintien de salaire** prévu par la loi ou les conventions collectives en cas d'arrêt de travail pour maladie ou accident du travail, puisque le contrat de travail du salarié n'est pas suspendu (cass. soc. 21 mars 2007, n° 06-40891 D). Bien entendu, l'employeur est tenu par les éventuelles dispositions conventionnelles plus favorables au salarié.

▶ À noter… Le fait que l'assurance maladie cesse de verser au salarié les IJSS pour les absences pour temps partiel thérapeutique *(voir plus haut)* n'implique pas pour l'employeur de compenser la perte de salaire liée à la partie non travaillée (cass. soc. 8 février 2023, n° 21-16433 FSD).

Épargne salariale - Bien que travaillant à temps réduit par rapport à sa durée du travail habituelle, le salarié en temps partiel thérapeutique est en activité.

Il a donc droit aux dispositifs d'épargne salariale en vigueur dans l'entreprise dans les conditions habituelles.

Pour la participation et à l'intéressement aux résultats, la jurisprudence assimile la période de temps partiel thérapeutique à une période de présence pour la répartition (voir *Réserve spéciale de participation** et *Intéressement**).

Indemnités de rupture - Le salaire de référence à retenir pour les indemnités de rupture versées à un salarié en temps partiel thérapeutique au moment de la rupture de son contrat (ex. : licenciement) doit être déterminé en se référant aux salaires antérieurs à la période de temps partiel thérapeutique et, le cas échéant, à l'arrêt de travail l'ayant précédé (cass. soc. 12 juin 2024, n° 23-13975 FSB, 6e moyen).

Dans cette affaire, la Cour de cassation a décidé que :
- le salaire de référence à prendre en considération pour le calcul de l'*indemnité compensatrice de préavis** ainsi que de l'indemnité pour licenciement sans cause réelle et sérieuse est le salaire perçu par le salarié antérieurement au temps partiel thérapeutique et à l'arrêt de travail pour maladie l'ayant, le cas échéant, précédé ;
- l'assiette de calcul de l'indemnité légale ou conventionnelle de licenciement est, selon la formule la plus avantageuse pour le salarié, celle des 12 ou des 3 derniers mois précédant le temps partiel thérapeutique et l'arrêt de travail pour maladie l'ayant, le cas échéant, précédé.

Lorsque le salarié a été en temps partiel thérapeutique suivi d'un arrêt maladie au cours duquel il est licencié, l'indemnité de licenciement est aussi déterminée en se référant aux salaires antérieurs au temps partiel thérapeutique (cass. soc. 5 mars 2025, n° 23-20172 FB).

Autres conséquences - Dès lors qu'il a repris le travail, même à temps partiel, le salarié est en activité. Il a notamment droit :
- au calcul de son ancienneté dans les conditions habituelles ;
- aux primes, dont le versement est subordonné à une condition de présence ;
- au bénéfice de congés payés complets (seule l'indemnité de congés sera calculée en fonction du salaire réduit).

L'employeur doit également faire bénéficier le salarié de titres-restaurant (si le temps de travail comporte une pause déjeuner) et, éventuellement, lui rembourser ses frais de transport.

Paye du temps partiel thérapeutique

Proratisation du plafond - Depuis le 1er juillet 2022, l'administration admet que le plafond applicable aux salariés placés en temps partiel thérapeutique peut être proratisé (pour les modalités, voir *Plafond de la sécurité sociale**) (BOSS, Assiette générale, § 835, 01/01/2024).

Prélèvement à la source sur les IJSS TPT - Les IJSS de temps partiel thérapeutique pour maladie non professionnelle versées par l'employeur en subrogation ne sont pas soumises au *prélèvement à la source** en 2024 (comme les 5 années précédentes) (www.net-entreprises.fr, Base de connaissances DSN, fiche 1851, modifiée le 29/12/2022).

En revanche, depuis le 1er janvier 2024, les IJSS AT/MP versées par l'employeur, en subrogation, en cas de TPT consécutif à un accident du travail ou à une maladie professionnelle sont soumises au *prélèvement à la source** (ww.net-entreprises.fr, Base de connaissances DSN, fiche 1851, modifiée le 26/05/2023).

DSN - Pour le traitement du temps partiel thérapeutique en DSN, les lecteurs se reporteront au Dictionnaire du Groupe Revue Fiduciaire consacré à la Déclaration sociale nominative (voir Dictionnaire DSN, « Temps partiel thérapeutique »).

☞ *Inaptitude ; Indemnités journalières de sécurité sociale d'accident du travail ; Indemnités journalières de sécurité sociale de maladie ; Prélèvement à la source (IJSS subrogées) ; Visite médicale de reprise.*

TESE

☞ *Titre emploi-service entreprise.*

Tiers déclarant (mandat unique)

Les employeurs confient parfois à des tiers déclarants (ex : experts-comptables) le soin de réaliser, pour eux, leurs déclarations et formalités sociales. Ces relations cotisant-tiers déclarant doivent être formalisées dans un mandat unique, qui permet au tiers d'accomplir l'ensemble des formalités et déclarations sociales du cotisant auprès des organismes de sécurité sociale.

Déclaration du mandat unique

Personnes compétentes - Le cotisant doit déclarer la mission qu'il confie au tiers déclarant qu'il a choisi à son URSSAF (CGSS ou caisse de mutualité sociale agricole), qui en informe les autres organismes dont il relève (c. séc. soc. art. L. 133-11 et R. 133-43, I et II).

Par délégation, le tiers lui-même peut aussi réaliser cette déclaration.

La déclaration du mandat du tiers déclarant est réputée accomplie lorsque ce dernier a effectué la *déclaration sociale nominative** (DSN) pour le compte de son client.

Effets de la déclaration - Une fois la déclaration du mandat effectuée, le tiers est réputé accomplir toutes les formalités ou déclarations sociales pour le compte de son client auprès des organismes de sécurité sociale, sauf stipulation contraire ou résiliation du contrat qui le lie au cotisant (c. séc. soc. art. L. 133-11 et R. 133-43, I). Le mandat peut donc prévoir que le tiers n'effectuera qu'une partie de ces formalités ou déclarations.

Le mandat peut aussi permettre au tiers déclarant d'effectuer différentes autres démarches auprès des organismes de sécurité sociale (c. séc. soc. art. L. 243-6-8) :

- demande de *transaction sociale URSSAF** (c. séc. soc. art. L. 243-6-5) ;
- demande d'échéancier de *paiement des cotisations à l'URSSAF** (c. séc. soc. art. L. 243-6-6) ;
- demande de *rescrit social** (c. séc. soc. art. L. 243-6-3) ;
- demande d'*arbitrage de l'ACOSS** si l'entreprise est confrontée à des interprétations contradictoires de différentes URSSAF (ou, dans certains cas, entre URSSAF et caisses AGIRC-ARRCO) (c. séc. soc. art. L. 243-6-1) ;
- mise en avant d'une circulaire opposable ou d'une décision explicite de l'ancienne URSSAF du cotisant pour faire échec à un redressement de cotisations (c. séc. soc. art. L. 243-6-2 et L. 243-6-4).

Obligations et responsabilités du cotisant

Le recours à un tiers déclarant ne dispense pas l'employeur de répondre, le cas échéant, aux demandes des organismes de sécurité sociale, quel qu'en soit le motif (c. séc. soc. art. L. 133-11, I). Cela n'empêche pas non plus la mise en œuvre à son égard des règles de contrôle, de recouvrement et de sanctions (c. séc. soc. art. L. 133-11, II).

Indépendamment des stipulations conventionnelles du mandat, le cotisant reste tenu à l'ensemble des obligations et bénéficie de l'ensemble des droits prévus par la réglementation à l'égard des organismes de sécurité sociale (c. séc. soc. art. R. 133-43, I).

Lorsque le tiers déclarant méconnaît les obligations qui découlent de sa mission, le cotisant doit accomplir lui-même les déclarations et formalités sociales. Le cotisant demeure en outre responsable du paiement des pénalités et majorations prévues en cas de défaut de production d'une déclaration obligatoire, d'inexactitude des montants déclarés ou d'omission de salariés ou assimilés dans la déclaration (voir *Majorations et pénalités URSSAF**) (c. séc. soc. art. R. 133-43, III).

Obligations et responsabilités du tiers déclarant

Principe - Le tiers déclarant doit accomplir sa mission dans les conditions et délais prévus par la réglementation. Il est le principal interlocuteur de l'organisme de sécurité sociale (c. séc. soc. art. R. 133-43, I).

Dématérialisation obligatoire des formalités - Le tiers déclarant est tenu de procéder aux déclarations pour le calcul des cotisations et contributions sociales et, le cas échéant, au paiement de celles-ci par voie dématérialisée. À défaut, il s'expose à une majoration de 0,2 %, calculée à partir des sommes dont la déclaration ou le versement a été effectué par une voie autre que dématérialisée (c. séc. soc. art. L. 133-11, III renvoyant à L. 133-5-5 ; c. séc. soc. art. D. 133-11).

Sanctions en cas de fraude - En cas de fraude ou de complicité de fraude, le tiers déclarant peut se voir retirer la faculté d'exercer sa mission de mandataire auprès de l'ensemble des organismes de sécurité sociale pendant une durée déterminée en fonction de la gravité des faits et qui ne peut excéder 5 ans (c. séc. soc. art. L. 133-11, I et R. 133-44, II).

L'organisme de sécurité sociale auprès duquel le mandat a été déclaré doit notifier au tiers déclarant, par tout moyen permettant de rapporter la preuve de sa date de réception, les faits reprochés et la sanction encourue. Il lui indique également qu'il dispose d'un délai d'un mois à compter de la réception de cette notification pour présenter ses observations (c. séc. soc. art. R. 133-44, I).

La décision de retrait de la faculté d'exercer la mission de mandataire doit être motivée et préciser les voies de recours existantes. Elle est notifiée au tiers déclarant, à ses clients et aux organismes de sécurité sociale par tout moyen permettant de rapporter la preuve de sa date de réception (c. séc. soc. art. R. 133-44, II et III). Le tiers déclarant a alors 8 jours pour informer ses clients et un mois pour leur restituer l'ensemble des pièces justificatives leur appartenant qui sont en sa possession (c. séc. soc. art. R. 133-44, III).

Obligations de l'organisme de sécurité sociale

L'organisme de sécurité sociale auprès duquel la mission confiée au tiers a été déclarée doit (c. séc. soc. art. R. 133-43, II) :
- vérifier que le tiers déclarant dispose des éléments attestant l'existence préalable d'une relation contractuelle avec l'employeur (sauf s'il s'agit d'un salarié d'un professionnel de l'expertise comptable bénéficiant d'un mandat présumé) ;
- informer par écrit le cotisant de la mission qui a été notifiée pour son compte et de la personne exerçant cette mission ;
- identifier le tiers déclarant et informer les autres organismes dont relève le cotisant.

Ces formalités doivent être réalisées au plus tard dans le mois qui suit la réception de la déclaration du mandat.

Titre emploi-service entreprise

Employeurs concernés et URSSAF compétentes

Employeurs concernés - Le titre emploi-service entreprise (TESE) est un dispositif facultatif, qui peut être utilisé par les entreprises situées en France métropolitaine ainsi que dans certains territoires d'outre-mer (Guadeloupe, Guyane, Martinique, La Réunion, Saint-Barthélemy, Saint-Martin, Saint-Pierre-et-Miquelon et Mayotte ; c. trav. art. L. 1522-3).

Il n'y a pas de condition d'effectif.

Entreprises sans établissement en France - Les entreprises qui n'ont pas d'établissement en France peuvent recourir à une déclinaison du dispositif : le titre firmes étrangères (c. séc. soc. art. L. 243-1-2) (voir *Employeur étranger sans établissement en France**).

URSSAF compétentes - L'adhésion des entreprises au TESE, la réception de leurs déclarations sociales, le calcul des cotisations, contributions sociales et de la retenue à la source de l'impôt sur le revenu, ainsi que l'émission du bulletin de paye et du décompte des cotisations, contributions sociales et retenue à la source sont assurés par l'URSSAF d'Aquitaine et l'URSSAF d'Île-de-France.

Le recouvrement des cotisations et des contributions sociales ainsi que de la retenue à la source est en revanche effectué par l'URSSAF (ou la CGSS dans les DOM) dont relève territorialement l'entreprise. C'est également cette URSSAF qui est compétente pour contrôler les cotisations et contributions sociales.

Salariés concernés - Depuis le 1er janvier 2024, les entreprises qui adhèrent à ce dispositif peuvent l'utiliser pour certains salariés (ex. : salariés occasionnels, emplois de courte durée), même s'ils n'y ont pas recours pour leurs autres salariés (c. séc. soc. art. L. 133-5-6).

Auparavant, les entreprises étaient contraintes d'utiliser le service pour l'ensemble de leurs salariés.

▶ À noter... Il est impossible de recourir au TESE au titre d'emplois pour lesquels les employeurs sont tenus de passer par le *guichet unique du spectacle occasionnel** ou par le titre emploi-simplifié agricole (TESA-S) (c. séc. soc. art. L. 133-5-6). Concernant ce dernier dispositif, non développé ici, précisons qu'il est inscrit dans l'environnement DSN (c. rural art. L. 712-1).

Fonctions du TESE

Objet du service - Le recours au TESE permet notamment à l'entreprise (c. trav. art. L. 1273-3) :
- d'obtenir le calcul des rémunérations dues au salarié en application des stipulations des conventions collectives ainsi que de l'ensemble des cotisations et contributions créées par la loi et des cotisations et contributions conventionnelles rendues obligatoires par celle-ci ;
- de souscrire les déclarations obligatoires relatives aux cotisations et contributions sociales, y inclus s'il y a lieu aux caisses de congés payés.

Toute demande de données ou d'informations déjà produites par l'entreprise au titre des informations ci-dessus, effectuée auprès de cette entreprise par les organismes auxquels sont reversées des cotisations et contributions sociales, est nulle (c. trav. art. L. 1273-3).

Par ailleurs, l'URSSAF d'Aquitaine et l'URSSAF d'Île-de-France sont chargées, pour le compte des employeurs, d'établir les formalités et déclarations auxquelles la *déclaration sociale nominative** se substitue (c. séc. soc. art. L. 133-5-9).

Cotisations - Le TESE permet aux employeurs de déclarer et payer les cotisations et contributions sociales d'origine légale ou conventionnelle prévues par la loi (URSSAF, chômage, retraite complémentaire, etc.), ainsi que, le cas échéant et dans des conditions fixées par convention, d'autres cotisations et contributions sociales (c. séc. soc. art. L. 133-5-7 ; c. trav. art. L. 1273-3, 1°).

L'utilisation du TESE vaut accomplissement des déclarations de cotisations auprès des organismes concernés et souscription (c. trav. art. L. 1273-3, 2° et D. 1272-2).

Le TESE permet également de déclarer et reverser les montants liés au *prélèvement à la source** de l'impôt sur le revenu (c. séc. soc. art. L. 133-5-7, 3°).

Formalités liées à l'embauche et à l'emploi - En outre, l'employeur est considéré comme ayant satisfait à l'ensemble des formalités liées à l'embauche et à l'emploi de ses salariés (c. séc. soc. art. L. 133-5-7).

En pratique, le TESE permet de s'acquitter des principales obligations administratives de l'employeur, telles que déclaration préalable d'embauche, établissement du contrat de travail, délivrance du certificat de travail, etc. (c. trav. art. L. 1273-5 et D. 1272-2).

Limites et points de vigilance - Le TESE ne permet pas à l'employeur d'écarter les dispositions du code du travail relatives à la rupture du contrat. Il ne l'autorise pas à librement mettre fin à la relation de travail sans verser d'indemnités de rupture (cass. soc. 6 novembre 2013, n° 12-24053, BC V n° 260, à propos de l'ancien chèque emploi-TPE, aujourd'hui fondu dans le TESE).

De même, le TESE qui ne précise pas la durée du travail ne satisfait pas aux formalités d'établissement d'un contrat de travail à temps partiel écrit et de ses mentions obligatoires. Dès lors, le contrat de travail est réputé conclu à temps complet (cass. soc. 5 mars 2014, n° 12-17809, BC V n° 71).

Adhésion et modalités d'utilisation

Dématérialisation - La dématérialisation est légalement obligatoire : tout employeur utilisant ce dispositif est tenu de procéder par voie dématérialisée à son adhésion, à l'identification du ou des salariés, à la déclaration des rémunérations dues, au paiement des cotisations et contributions sociales dues au titre de l'emploi du salarié ainsi qu'à la déclaration et au reversement des montants donnant lieu au *prélèvement à la source** (c. séc. soc. art. L. 133-5-8).

Par dérogation, lorsqu'ils ne sont pas en capacité de procéder à ces déclarations et formalités par voie dématérialisée, les employeurs agricoles peuvent, sur demande, y procéder sur des supports papier et recevoir les documents sur papier également.

Adhésion - L'employeur adhère au TESE en ligne sur le site Internet « http://www.letese.urssaf.fr ». En pratique, l'employeur adhère au dispositif par voie dématérialisée au moyen d'un formulaire qui comporte les mentions suivantes (c. séc. soc. art. D. 133-13) :
- l'identification de l'entreprise, de l'association ou du particulier (raison et dénomination sociale, adresse du siège social, numéro d'identité de l'établissement employeur ou pour un particulier, ses nom, prénoms et adresse) ;
- le cas échéant, une autorisation de prélèvement automatique sur un compte bancaire.

L'adhésion au TESE ne vaut pas affiliation auprès des organismes de retraite complémentaire et de prévoyance obligatoire. Elle ne dispense pas non plus l'employeur d'accomplir les formalités d'immatriculation, de modification administrative ou, le cas échéant, de radiation auprès du centre de formalités des entreprises compétent (lettre-circ. ACOSS 2009-45 du 16 avril 2009).

Notons que le non-respect de cette obligation entraîne l'application de la pénalité prévue en cas de défaut de production de la déclaration sociale nominative (DSN), c'est-à-dire une pénalité égale, par salarié concerné, à 1,50 % du plafond mensuel de la sécurité sociale (c. séc. soc. art. L. 133-5-8 et R. 133-14, III).

▶ À noter... L'adhésion ne dispense pas l'employeur de contacter les différents organismes sociaux dont il dépend (ex. : service de prévention et de santé au travail, congés payés pour le BTP et le transport) ainsi que de créer un compte AT/MP (voir *Tarification de la cotisation d'accidents du travail**) (www.letese.urssaf.fr).

Volet identification du salarié - Préalablement à l'utilisation du TESE, l'employeur doit remplir le volet d'identification du salarié et le renvoyer au centre de traitement compétent dans le même délai que celui prévu pour la déclaration préalable à l'embauche (c. trav. art. D. 1272-1), à savoir dans les 8 jours qui précèdent la date prévisible d'embauche (c. trav. art. R. 1221-4).

Les informations suivantes doivent notamment être transmises chaque mois (c. trav. art. D. 1272-1) :
- le nom et prénom du salarié ainsi que son numéro d'inscription au répertoire des personnes physiques ou à défaut sa date de naissance ;
- des mentions relatives à l'activité exercée et à la rémunération ;
- la date de paiement de la rémunération et la signature de l'employeur.

L'employeur doit remettre au salarié une copie du volet d'identification (c. trav. art. D. 1272-1). La transmission tardive de ce volet équivaut à une absence d'écrit, ce qui pour un salarié en CDD entraîne la requalification de la relation de travail en contrat à durée indéterminée (cass. soc. 3 mai 2016, n° 14-29317, BC V n° 80).

▶ À noter... Si un contrat de travail a été signé lors de l'embauche, ses clauses priment sur le contenu du volet d'identification du TESE (c. trav. art. D. 1272-4).

Déclaration des données « salarié » et « période d'activité » - Lorsque le volet d'identification du salarié a été rempli *(voir ci-avant)*, l'employeur peut procéder à la déclaration d'activité de ce dernier au titre d'un mois donné au maximum. La déclaration d'activité du salarié comporte diverses mentions relatives à l'identification du salarié, à la rémunération et à la période d'emploi concernée, aux frais professionnels, etc. (c. séc. soc. art. D. 133-13-2 et D. 133-13-5).

Cette déclaration, effectuée sur le site www.letese.urssaf.fr, doit être transmise au plus tard le 5e jour suivant la période d'activité (c. séc. soc. art. D. 133-13-6).

En cas de défaut, d'omission ou d'inexactitude des déclarations de rémunérations et, le cas échéant, de modification de la déclaration dans le mois suivant, l'employeur est redevable de la pénalité prévue pour défaut de production de la DSN, c'est-à-dire une pénalité égale, par salarié concerné, à 1,50 % du plafond mensuel de la sécurité sociale (c. séc. soc. art. R. 133-15, I).

Calcul des cotisations - Sur la base des déclarations de l'employeur, l'URSSAF d'Aquitaine ou l'URSSAF d'Île-de-France calculent les cotisations et contributions dues au titre de l'emploi du salarié. Les employeurs doivent s'acquitter auprès de cet organisme, au cours du 2e mois qui suit celui de la période d'activité déclarée du salarié, de l'intégralité des cotisations et contributions sociales et du reversement de la retenue à la source (c. séc. soc. art. D. 133-13-6). Ce paiement est effectué sans délai lorsque la déclaration a été adressée postérieurement à la fin du premier du mois suivant la période d'activité.

L'employeur doit continuer à s'acquitter directement auprès des organismes concernés de certaines contributions (formation professionnelle, service de santé au travail, taxe d'apprentissage, etc.).

Notons que les employeurs de moins de 11 salariés qui utilisent le TESE ne peuvent pas opter pour le versement trimestriel des cotisations (c. séc. soc. art. R. 243-6-1).

Bulletin de paye - Sur la base des informations reçues, l'URSSAF d'Aquitaine ou l'URSSAF d'Île-de-France établit, au maximum 4 jours après la réception de la déclaration, le bulletin de paye, qu'elle met à disposition de l'employeur et du salarié. Celui-ci est accompagné pour l'employeur d'un relevé global des sommes dont il est redevable (c. séc. soc. art. D. 133-13-3).

☞ *Chèque-emploi associatif ; Employeur étranger sans établissement en France.*

Titre-restaurant

La remise de titres-restaurant aux salariés n'est pas obligatoire. Cependant, elle permet à l'employeur de prendre pour partie en charge leurs repas « habituels », dans un cadre fiscal et social avantageux. Les titres-restaurant peuvent être émis sur un support papier ou sous forme dématérialisée (c. trav. art. R. 3262-1).

Les titres-restaurant ne doivent pas être confondus avec la prise en charge des frais de repas à l'occasion de déplacements professionnels (voir *Frais de déplacement**) ou de *repas d'affaires**.

Attribution

Salariés - Les titres-restaurant ne peuvent être attribués qu'aux seuls salariés titulaires d'un contrat de travail. Si l'employeur met en place ce dispositif, les salariés sous contrats aidés (apprentissage, professionnalisation, etc.) y ont droit, dans les mêmes conditions que les autres salariés.

Les entreprises qui délivrent des titres-restaurant à leur propre personnel doivent aussi en faire bénéficier les intérimaires qu'elles accueillent (cass. soc. 29 novembre 2006, n° 05-42853, BC V n° 366).

Les dirigeants et mandataires sociaux ne peuvent se voir attribuer de titres-restaurant qu'au titre d'un contrat de travail, lorsqu'ils en cumulent un avec leur mandat social.

Travailleurs à domicile - Dans une ancienne jurisprudence, la Cour de cassation a jugé qu'un employeur n'est pas tenu d'accorder de titres-restaurant aux salariés sous statut de *travailleurs à domicile** (cass. soc. 13 janvier 1999, n° 97-40187 D).

Télétravail - Un télétravailleur a les mêmes droits que le salarié qui exécute son travail dans les locaux de l'entreprise (c. trav. art. L. 1222-9, III ; ANI du 19 juillet 2005 sur le télétravail, art. 4 ; ANI du 26 novembre 2020 sur le télétravail, art. 3.1).

De ce principe général, le *Bulletin officiel de la sécurité sociale (BOSS)** en conclut que les salariés en situation de télétravail doivent bénéficier de titres-restaurant si leurs conditions de travail sont équivalentes à celles des autres salariés de leur entreprise travaillant sur le site et ne disposant pas d'un restaurant d'entreprise. Ainsi, si les salariés de l'entreprise bénéficient des titres-restaurant, il en est de même pour les télétravailleurs à domicile, nomades ou en bureau satellite (BOSS, Avantages en nature, § 155, 01/01/2025 ; BOSS, Frais professionnels, § 1800, 01/01/2025).

▶ À noter... Le tribunal judiciaire de Nanterre a jugé qu'il était possible de ne pas attribuer de titres-restaurant aux télétravailleurs, leur situation n'étant pas comparable à celle d'un salarié sur site puisqu'ils peuvent se restaurer à leur domicile et éviter le surcoût d'une restauration prise hors de chez eux (TJ Nanterre, 10 mars 2021, n° RG 20/09616). À l'inverse, le tribunal judiciaire de Paris a estimé que les conditions d'utilisation des titres-restaurant sont compatibles avec l'exécution des fonctions en télétravail puisqu'elles ont pour principe directeur de permettre au salarié de se restaurer lorsque son temps de travail comprend un repas, et qu'à ce titre, les télétravailleurs se trouvent dans une situation équivalente à celle des salariés sur site (TJ Paris, 30 mars 2021, n° RG 20/09805).

Ces décisions sont issues de juridictions de première instance. La Cour de cassation ne s'est pas encore prononcée sur ce point.

Stagiaires - L'employeur doit attribuer des titres-restaurant aux stagiaires dans les mêmes conditions qu'aux salariés, quelle que soit la durée du stage (c. éduc. art. L. 124-13) [voir *Stages en entreprise (recours et statut)**].

Repas inclus dans l'horaire - Un salarié ne peut recevoir qu'un titre-restaurant par repas compris dans son horaire de travail journalier (c. trav. art. R. 3262-7). Il en résulte que la seule condition à l'obtention du titre-restaurant est que le repas du salarié soit compris dans son horaire journalier (cass. soc. 20 février 2013, n° 10-30028, BC V n° 54 ; cass. soc. 13 avril 2023, n° 21-11322 FSB).

A contrario, les salariés dont les horaires ne comprennent pas de pause repas permettant de déjeuner à l'extérieur ne peuvent donc pas, en principe, se voir attribuer de titre-restaurant. Il en va de même pour les salariés qui terminent leur travail avant la pause repas ou le commence après (rép. Beche n° 19169, JO 20 juillet 1987, AN quest. p. 4128).

▶ À noter... Les salariés en formation prud'homale ont droit aux titres-restaurant, dès lors que le temps de formation englobe un temps de repas (cass. soc. 20 février 2013, n° 10-30028, BC V n° 54). Ce temps de formation est en effet assimilé à du temps de travail effectif pour l'ensemble des droits résultant du contrat de travail (c. trav. art. L. 1442-2, renvoyant à c. trav. art. L. 2145-10).

Salariés à temps partiel - Un salarié à temps partiel a droit aux titres-restaurant si un repas est compris dans son horaire contractuel.

Ainsi, un salarié dont l'horaire s'achève en fin de matinée ou commence en début d'après-midi n'a, en principe, pas droit aux titres-restaurant (rép. Sublet n° 68222, JO 1er juillet 1985, AN quest. p. 3078). La solution est inversée s'il reprend le travail après la pause déjeuner, même pour une brève période.

Horaires avec une plage fixe et une plage mobile - Le code du travail pose comme seule condition à l'obtention du titre-restaurant que le repas du salarié soit compris dans son horaire de travail journalier, sans distinguer selon que cette inclusion concerne des plages d'horaires fixes ou résulte de la libre détermination par le salarié des plages mobiles autorisées par son contrat de travail et qui lui permettent d'intercaler son temps de repas entre deux séquences de travail (c. trav. art. R. 3262-7). Dès lors, un salarié a droit aux titres-restaurant pour le temps de repas qu'il intercale entre deux séquences de travail par le jeu de sa plage mobile (cass. soc. 20 février 2013, n° 10-30028, BC V n° 54).

Exemple

Un salarié à temps partiel travaille 5 heures par jour. Son contrat de travail prévoit une plage horaire fixe située entre 9 h et 11 h 30 et une plage mobile de 2 h 30 que le salarié est libre d'organiser à son choix, à condition de finir avant 14 h. Si le salarié décide de travailler de 8 h 15 à 12 h 15, de prendre son repas de 12 h 15 à 13 h, puis de finir sa journée de 13 h à 14 h, il a droit à un titre-restaurant pour ce temps de repas.

Lorsque des horaires de travail organisés autour de plages fixes et mobiles recoupent nécessairement la pause déjeuner, dans la plage horaire fixée par l'employeur, le salarié dont la durée hebdomadaire de travail est répartie sur 4,5 jours a droit à un titre-restaurant pour le jour comportant une demi-journée non travaillée, peu importe qu'il ait ou non effectivement pris sa pause déjeuner (cass. soc. 13 avril 2023, n° 21-11322 FSB).

Exemple

Un salarié à temps plein travaille 8 heures sur 4 jours par semaine et 4 heures le vendredi matin. Les plages horaires et la pause méridienne sont réparties comme suit :

- plages horaires fixes le matin de 9 h 15 à 11 h 15 et l'après-midi de 14 h à 16 h ;
- plages horaires mobiles de 7 h 30 à 9 h 15, de 11 h 15 à 14 h et de 16 h à 19 h ;
- pause de mi-journée, d'au moins 30 minutes, à prendre sur la plage mobile de 11 h 15 à 14 h.

Dans la mesure où aucune disposition contractuelle ou conventionnelle n'imposait au salarié d'effectuer ses 4 heures de façon continue, il doit bénéficier d'un titre-restaurant pour le vendredi puisque, quelles que soient l'heure à laquelle il commence et la façon dont il organise son temps de travail au sein des plages fixes et mobiles, ses horaires de travail recoupent nécessairement la pause déjeuner, dans la plage horaire fixée par l'employeur. Même si le salarié commençait à 7 h 30 pour effectuer 4 h d'affilée, il finissait à 11 h 30, soit après le début de la plage mobile durant laquelle la pause méridienne devait être prise. En d'autres termes, un repas était donc bien compris dans son horaire de travail journalier du vendredi.

Congés et absences - Le salarié n'a pas droit aux titres-restaurant lorsqu'il n'y a pas de travail effectif (ex. : arrêt maladie, congé de maternité, congés payés, périodes de dispense de préavis, congé individuel de formation, jours fériés, etc.).

Heures de délégation - Les *heures de délégation** des représentants du personnel et des représentants syndicaux sont de plein droit considérées comme du temps de travail effectif.

Heures pour recherche d'emploi - Les dispositions conventionnelles qui prévoient que les *heures pour recherche d'emploi** ne doivent pas entraîner de réduction de salaire impliquent que les titres-restaurant doivent être maintenus pendant les heures de recherche d'emploi (cass. soc. 18 décembre 2013, n° 12-22752 D).

À notre sens, cette solution ne s'applique pas au cas des heures pour recherche d'emploi pour lesquelles la convention collective ne prévoit pas de maintien de rémunération.

Coexistence avec une cantine - Si les salariés ont accès à un restaurant d'entreprise ou interentreprises, l'employeur n'a pas à leur attribuer de titres-restaurant (cass. soc. 18 juillet 2000, n° 98-40402, BC V n° 287).

▶ À noter... Dans les établissements d'au moins 50 salariés, l'employeur doit mettre à la disposition des salariés un local de restauration (c. trav. art. R. 4228-22). L'administration avait autrefois admis que l'octroi de titres-restaurant pouvait se substituer à la mise en place d'un local de restauration sous 3 conditions : difficultés matérielles pour installer un local, accord de tous les salariés et proximité d'un ou de plusieurs restaurants acceptant les titres-restaurant (rép. Ebrard n° 8300, JO 27 mai 1964, AN quest. p. 1406). L'application de cette tolérance, qui selon nos sources perdure, relève de l'appréciation des agents de contrôle, sachant que cette tolérance n'a pas de valeur juridique. De son côté, le juge administratif considère que l'octroi de titres-restaurant ne dispense pas l'employeur de ses obligations (CE 11 décembre 1970, n° 75398).

Attribution sous conditions possible - Le bénéfice des titres-restaurant peut être soumis à conditions, sous réserve de leur licéité. Les critères établis par l'employeur doivent être objectifs et non discriminants.

La seule différence de catégorie professionnelle n'est pas un critère valable. Il est donc, par exemple, exclu de traiter différemment les cadres et les non-cadres placés dans la même situation (cass. soc. 20 février 2008, n° 05-45601, BC V n° 39), les salariés selon qu'ils sont sédentaires ou non (cass. soc. 16 novembre 2007, n° 05-45438 D), et les non-sédentaires entre eux selon leurs emplois respectifs (cass. soc. 4 février 2009, n° 07-41291 D).

En revanche, l'employeur peut n'accorder cet avantage qu'aux salariés ayant travaillé au minimum 15 jours au cours du mois (cass. soc. 16 septembre 2009, n° 08-42040 D).

Montant et régime de la participation patronale

Participation patronale - Le titre-restaurant est cofinancé par le salarié et l'employeur, ce dernier en fixant la valeur.

Il est possible de retenir une valeur libératoire (celle échangeable chez le commerçant) variant selon la distance entre le lieu de travail et le domicile (cass. soc. 22 janvier 1992, n° 88-40938, BC V n° 26).

La part de prise en charge de l'employeur et celle du salarié sont généralement fixées en fonction des limites permettant à la participation patronale d'être exonérée de cotisations et d'impôt sur le revenu *(voir ci-après)*.

Lorsque le *comité social et économique** (CSE) participe avec l'employeur au financement des titres-restaurant, sa participation est cumulée à celle de l'employeur pour vérifier le respect des limites et plafonds d'exonération. Si le CSE se substitue à l'employeur, sa participation est exonérée dans les mêmes conditions et limites que la participation patronale.

Régimes social et fiscal - La participation patronale au financement des titres-restaurant est exonérée de cotisations et d'impôt sur le revenu lorsque son montant (c. séc. soc. art. L. 136-1-1, III, 4° a et L. 242-1, I ; c. trav. art. L. 3262-6) :
- est compris entre 50 % et 60 % de la valeur libératoire du titre (CGI, ann. IV, art. 6 A) ;
- et ne dépasse pas une valeur forfaitaire maximale par titre-restaurant (7,26 € au 1er janvier 2025) (CGI art. 81, 19° ; BOSS, Avantages en nature, § 130, 01/01/2025).

La valeur du titre-restaurant ouvrant droit à l'exonération maximale est donc comprise entre 12,10 € (7,26 €/0,60) et 14,52 € (7,26 €/0,50).

Exemple

En 2025, pour un titre-restaurant d'une valeur de 13 €, la part prise en charge par l'employeur doit, pour être exonérée de cotisations sociales, être au minimum de 6,50 € (50 %) et au maximum de 7,80 € (60 %). Mais le plafond légal lié à la valeur forfaitaire, soit 7,26 € au 1er janvier 2025, doit également s'appliquer. Dès lors, la participation de l'employeur doit être plafonnée à 7,26 € pour pouvoir être exonérée.

Pour vérifier ces limites d'exonération, il faut additionner la participation de l'entreprise ou du CSE aux titres-restaurant et la prime dédommageant le salarié de ses frais de repas (cass. soc. 14 juin 1990, n° 87-18536, BC V n° 287).

Par tolérance, la participation patronale au financement des titres-restaurant attribués aux stagiaires est aussi exonérée de cotisations, dans les mêmes conditions et limites que celles applicables aux salariés (BOSS, Exonérations stagiaires, § 80, 01/01/2025 ; BOSS, Avantages en nature, § 130, 01/01/2025). Ainsi, lorsqu'elle respecte les limites fixées par la réglementation *(voir ci-dessus)*, elle est exclue de l'assiette des cotisations et contributions sociales quel que soit le montant de la gratification allouée au stagiaire, et peu important qu'il s'agisse d'une gratification obligatoire (stage de plus de 2 mois) ou facultative (stage d'une durée inférieure ou égale à 2 mois).

▶ À noter… Le BOSS ne traite pas du cas spécifique des stagiaires dont le stage est d'une durée inférieure ou égale à 2 mois et qui ne perçoivent aucune gratification, mais bénéficient de titres-restaurant sans aucune contrepartie. Selon une circulaire ACOSS, la valeur de ces avantages est en principe assujettie à cotisations. Toutefois, dès lors que cette valeur ne dépasse pas le montant de la franchise de cotisations fixé pour la gratification, aucune cotisation ni contribution sociale n'est due (lettre-circ. ACOSS 2015-42 du 2 juillet 2015, § III-B-1-c) [voir *Stages en entreprise (gratification)**].

Non-respect des limites - En cas de non-respect des plafonds conditionnant l'application de l'exonération (dépassement soit de la valeur limite, soit du pourcentage de participation de 60 %, ou des deux), seule la fraction de la participation patronale indûment exonérée est réintégrée dans l'assiette des contributions et cotisations. Toutefois, en cas de mauvaise foi ou d'agissements répétés de l'employeur, c'est la totalité de la participation patronale qui doit être réintégrée dans l'assiette des cotisations de sécurité sociale (c. séc. soc. art. L. 133-4-3 ; BOSS, Avantages en nature, §§ 130 et 150, 01/01/2025).

Dans l'hypothèse où la participation patronale est inférieure à 50 % de la valeur du titre-restaurant, elle est réintégrée en totalité dans l'assiette des cotisations de sécurité sociale (BOSS, Avantages en nature, § 130, 01/01/2025).

Sur le plan fiscal, la position de référence veut que la totalité de la participation patronale soit imposable lorsque le seuil de 60 % est dépassé ou lorsque la participation patronale est inférieure à 50 %. Si la participation patronale est bien comprise entre 50 % et 60 % de la valeur du titre mais excède le montant maximal exonéré (7,26 € au 1er janvier 2025), seul l'excédent est à réintégrer dans l'assiette de l'impôt sur le revenu (BOFiP-RSA-CHAMP-20-50-30-§ 260-26/06/2020).

Déduction forfaitaire pour frais professionnels - Les exonérations attachées à la participation patronale aux titres-restaurant restent applicables, même en cas d'application d'une *déduction forfaitaire spécifique pour frais professionnels**.

Bulletin de paye

Part du salarié - L'employeur est fondé à retenir la participation du salarié sur sa paye. Le salarié ne peut pas contester ce mode de paiement au titre de l'interdiction de *compensation** pour fournitures diverses, laquelle ne s'applique pas en l'espèce (cass. soc. 1er mars 2017, n° 15-18333, BC V n° 36). Corrélativement, un salarié ne peut donc pas exiger de payer lui-même sa participation à l'employeur, plutôt que de la voir prélever sur son salaire.

L'employeur mentionne la retenue effectuée sur une ligne à part du bulletin de paye (c. trav. art. R. 3243-1, 8°, b).

Départ du salarié - Lors de son départ de l'entreprise, le salarié remet à l'employeur les titres-restaurant en sa possession. Il doit alors être remboursé de la part salariale ayant servi à l'acquisition de ces titres, prélevée sur ses payes antérieures (c. trav. art. R. 3262-11).

Net social - Lorsque la participation patronale aux titres-restaurant est exonérée, elle n'a pas à être intégrée dans le *Net social**. A contrario, l'éventuelle fraction de participation patronale au financement des titres-restaurant qui est assujettie à cotisations est à inclure dans le Net social. Quant à la participation salariale au financement des titres, elle n'est pas déduite du montant net social (BOSS, Montant net social, II, B, Q/R 22, 01/10/2024).

Utilisation des titres-restaurant

Encadrement juridique - En principe, les titres-restaurant sont réservés aux repas et ne peuvent donc être utilisés que dans les restaurants et auprès des organismes ou entreprises assimilés, ainsi qu'auprès des détaillants en fruits et légumes, afin d'acquitter en tout ou en partie le prix d'un repas (c. trav. art. L. 3262-1 et R. 3262-4).

Ce repas peut être composé de préparations alimentaires directement consommables (ex. : plat cuisiné ou sandwich), le cas échéant à réchauffer ou à décongeler, notamment de produits laitiers. Il peut également être composé de fruits et légumes, qu'ils soient ou non directement consommables.

Toutefois, à titre dérogatoire, du 18 août 2022 au 31 décembre 2024, les titres-restaurant ont pu être utilisés pour acquitter en tout ou en partie le prix de tout produit alimentaire, qu'il soit ou non directement consommable (ex. : riz, pâtes, farine, œufs, viande ou poisson non transformé) (loi 2022-1158 du 16 août 2022, art. 6, JO du 17, modifié par loi 2023-1252 du 26 décembre 2023, JO du 27).

Une loi, définitivement adoptée par le Parlement le 14 janvier 2025, mais non encore publiée au Journal officiel à l'heure où nous rédigions ces lignes (15.01.2025), prévoit de prolonger à nouveau cette possibilité jusqu'au 31 décembre 2026.

Montant journalier maximum - Le plafond d'utilisation des titres-restaurant est d'un montant maximum de 25 € par jour (c. trav. art. R. 3262-10).

Lorsque les titres-restaurant sont émis sous forme dématérialisée, le salarié est débité de la somme exacte à payer, dans la limite du montant maximum journalier de 25 €.

Période de validité - Les titres-restaurant doivent être utilisés durant l'année civile au cours de laquelle ils ont été émis, et durant une période de 2 mois à compter du 1er janvier de l'année suivante. Aucun titre émis durant l'année en cours ne peut être utilisé par le salarié tant qu'il n'a pas utilisé tous les titres émis durant l'année civile écoulée.

Le salarié a la possibilité d'échanger gratuitement les titres non utilisés à l'expiration de l'année concernée.

Il faut alors les rendre à l'employeur dans les 15 jours qui suivent la fin de l'année (c. trav. art. R. 3262-5).

Jours d'utilisation - Les titres-restaurant ne sont pas utilisables les dimanches et jours fériés, sauf décision contraire de l'employeur au bénéfice exclusif des salariés travaillant pendant ces mêmes jours. Lorsque les titres sont émis sur support papier, cette décision fait l'objet d'une mention très apparente sur les titres. Lorsque les titres sont émis sous forme dématérialisée, l'employeur informe par tout moyen les salariés concernés de la décision mentionnée ci-dessus, avant l'émission du titre (c. trav. art. R. 3262-8).

Zone géographique - En théorie, les titres-restaurant ne peuvent être utilisés que dans le département du lieu de travail ou les départements limitrophes, sauf indication contraire très apparente (ex. : « France entière ») apposée par l'employeur, sous sa responsabilité, au bénéfice exclusif des salariés appelés par leurs fonctions à effectuer des déplacements à longue distance (c. trav. art. R. 3262-9). En pratique, la limitation au département du lieu de travail ou aux départements limitrophes est souvent levée.

☛ *Avantage en nature nourriture ; Cantine ; Stages en entreprise (gratification) ; Stages en entreprise (recours et statut).*

Tranches des rémunérations

La rémunération est découpée en tranches qui servent de base de calcul à certaines cotisations. Ces tranches sont toujours définies en fonction du *plafond de la sécurité sociale**.

Tranche A

La tranche A sert notamment de base aux cotisations suivantes :
- assurance vieillesse (6,90 % de part salariale et 8,55 % de part patronale en 2025) ;
- *FNAL** plafonné de 0,10 % pour les employeurs concernés ;
- assurance chômage et AGS ;
- régime complémentaire d'*assurance décès** obligatoire des cadres (1,50 %).

La tranche A est égale au salaire brut soumis à cotisations limité au *plafond de la sécurité sociale** (éventuellement proratisé).

En 2025, il s'agit des salaires mensuels bruts soumis aux cotisations et limités à 3 925 €.

Tranche B

La tranche B sert notamment de base aux *cotisations d'assurance chômage et d'AGS**.

Elle est égale au salaire brut soumis à cotisations, déduction faite de la tranche A, et limitée à 3 fois le plafond de la sécurité sociale (éventuellement proratisé).

Il s'agit donc des salaires mensuels bruts soumis à cotisations compris entre le plafond (3 925 € en 2025) et 4 fois le plafond (15 700 € en 2025), soit au plus 3 fois le plafond (11 775 € en 2025).

Cotisations AGIRC-ARRCO

Depuis le 1er janvier 2019, avec la mise en place du régime unifié *AGIRC-ARRCO**, il n'y a plus que deux tranches pour calculer les cotisations de retraite complémentaire AGIRC-ARRCO des salariés cadres et des non-cadres :
- la tranche 1, égale au salaire brut soumis à cotisations, limitée au plafond de la sécurité sociale ;
- la tranche 2, égale au salaire brut soumis à cotisations, déduction faite de la tranche 1, et limitée à 7 fois le plafond de la sécurité sociale.

Pour un salarié à temps plein (avec plafond complet) :
- la tranche 1 correspond donc à la fraction d'assiette mensuelle allant jusqu'au plafond (3 925 € en 2025) ;
- la tranche 2 correspond pour sa part aux salaires mensuels bruts soumis à cotisations compris entre le plafond (3 925 € en 2025) et 8 fois le plafond (31 400 € en 2025), soit au plus 7 fois le plafond (27 475 € en 2025).

▶ À noter… Les entreprises qui, au 31 décembre 2018, appliquaient des assiettes dérogatoires peuvent, sous certaines conditions, continuer à les appliquer (voir *Cotisations de retraite AGIRC-ARRCO**).

Les tranches 1 et 2 sont également utilisées pour calculer la contribution d'équilibre générale (CEG) et la contribution d'équilibre technique (CET) versées au régime AGIRC-ARRCO.

☛ *Assurance-décès ; Cotisation d'assurance vieillesse ; Cotisations d'assurance chômage et d'AGS ; Cotisations de retraite AGIRC-ARRCO ; FNAL ; Plafond de la sécurité sociale.*

Transaction

☛ *Indemnité transactionnelle ; Transaction sociale URSSAF.*

Transaction sociale URSSAF

Il est possible pour le cotisant de conclure une transaction avec l'*URSSAF**, sous réserve de certaines conditions.

La transaction permet, selon le contexte, de mettre un terme à une contestation déjà née ou de prévenir une contestation à naître (c. civ. art. 2044). Elle comporte des concessions réciproques de la part de chaque partie, c'est-à-dire du directeur de l'URSSAF et du cotisant (c. séc. soc. art. R. 243-45-1, I). Concrètement, le montant de la transaction est égal à la différence entre le montant initialement notifié par l'URSSAF et le montant figurant dans la proposition de transaction.

Contexte et objet

Mettre un terme à un litige - La transaction URSSAF est conclue entre le cotisant et le directeur de l'URSSAF (ou de la CGSS en outre-mer). Elle peut porter sur les sommes n'ayant pas un caractère définitif.

Cotisations et période concernées - La transaction sociale URSSAF ne peut porter, pour une période limitée à 4 ans, que sur (c. séc. soc. art. L. 243-6-5, II et R. 243-45-1, I) :
- le montant des *majorations et pénalités URSSAF**, notamment celles appliquées en cas de production tardive ou d'inexactitude des déclarations obligatoires relatives aux cotisations et contributions sociales ;
- l'évaluation d'éléments d'assiette relatifs à un *avantage en nature**, aux avantages en argent et aux *frais professionnels**, lorsque la détermination de ces éléments présente une difficulté particulière ;
- les montants des redressements calculés en application de méthodes d'évaluation par extrapolation autres que la méthode par échantillonnage et extrapolation mise en œuvre dans le cadre d'un contrôle URSSAF [voir *Contrôle URSSAF (méthode par échantillonnage ou par extrapolation)**] ;
- les montants des redressements calculés en application d'une *taxation forfaitaire** du fait de l'insuffisance ou du caractère inexploitable des documents administratifs et comptables.

En outre, la transaction doit porter sur des sommes non prescrites (voir *Prescription des cotisations**) (c. séc. soc. art. R. 243-45-1, I).

Il est en revanche impossible de recourir à la transaction sociale en cas de *travail dissimulé** ou lorsque le cotisant a mis en œuvre des manœuvres dilatoires visant à nuire au bon déroulement du contrôle (c. séc. soc. art. L. 243-6-5, I).

Moment de la transaction - Le cotisant peut présenter sa demande de transaction après réception de la mise en demeure de payer les sommes réclamées (voir *Mise en demeure de l'URSSAF**) (c. séc. soc. art. R. 243-45-1, II).

La demande de transaction interrompt le délai de recouvrement des cotisations et contributions de sécurité sociale faisant l'objet de la mise en demeure (c. séc. soc. art. R. 243-45-1, III).

Le délai laissé à l'employeur pour saisir la commission de recours amiable (CRA) de l'URSSAF (voir *Contentieux de la sécurité sociale**) est aussi interrompu dès la réception de la demande de transaction par le directeur de l'URSSAF et jusqu'à la notification, le cas échéant, de sa décision de ne pas transiger. Le cotisant ne perd donc pas son droit à un recours gracieux devant la CRA si sa demande de transaction n'aboutit pas.

Si, à l'issue d'un *contrôle URSSAF**, la CRA a été saisie, la possibilité de conclure une transaction est suspendue à compter de la date de ce recours. La conclusion d'une transaction sera à nouveau possible après la date de la décision de la commission, à partir du moment où le cotisant aura saisi le tribunal judiciaire compétent (c. séc. soc. art. L. 243-6-5, III).

Procédure

Demande de transaction - La demande de transaction peut émaner de l'employeur lui-même, ou bien d'un expert-comptable mandaté ou d'un avocat agissant pour son compte [voir *Tiers déclarant (mandat unique)**]. Elle doit être présentée au directeur de l'organisme de recouvrement auprès duquel l'employeur est tenu de souscrire ses déclarations (c. séc. soc. art. R. 243-45-1, II).

La demande n'est recevable que si l'employeur est à jour de ses obligations déclaratives et de paiement à l'égard de l'URSSAF, à l'exception de l'objet de la demande de transaction. Cette condition est réputée remplie dès lors que le cotisant a souscrit et respecte, à la date de la demande, un plan d'apurement (c. séc. soc. art. R. 243-45-1, II).

La demande est présentée par écrit et adressée par tout moyen permettant de rapporter la preuve de sa date de réception. Elle doit être motivée et comporter (c. séc. soc. art. R. 243-45-1, II) :
- le nom et l'adresse du demandeur en sa qualité d'employeur ;

- son numéro d'inscription lorsqu'il est déjà inscrit au régime général de sécurité sociale ;
- tous documents et supports d'information utiles à l'identification des montants qui font l'objet de la demande ;
- les références de la mise en demeure couvrant les sommes faisant l'objet de la demande.

Examen de la demande de transaction - Le directeur de l'URSSAF a 30 jours à compter de la réception de la demande complète pour notifier sa réponse à l'employeur. Son silence à l'issue de ce délai vaut rejet de la demande (c. séc. soc. art. R. 243-45-1, III).

S'il manque des pièces, le directeur les demande à l'employeur et le point de départ du délai de 30 jours est repoussé à la date de leur réception. L'employeur doit fournir ces pièces dans les 20 jours de la demande. À défaut, la demande de transaction devient caduque et la procédure de recouvrement des sommes notifiées dans la mise en demeure est engagée ou poursuivie.

La décision du directeur de l'organisme de recouvrement, même négative, n'a pas à être motivée. Elle est notifiée par tout moyen lui conférant date certaine.

Si la demande de transaction est acceptée, le directeur et le cotisant conviennent d'une proposition de protocole transactionnel, qui doit être conforme à un modèle approuvé par arrêté (c. séc. soc. art. R. 243-45-1, III). Ce modèle prévoit notamment (arrêté du 8 octobre 2020, JO du 20, texte 12) :
- la présentation des parties (cotisant employeur et URSSAF) ;
- le contexte de la transaction, avec un rappel du différend opposant le cotisant et l'organisme de recouvrement (indication du montant de la mise en demeure, détail des sommes faisant l'objet de la demande, informations sur le contrôle et la procédure qui s'en est suivie) ;
- l'objet de la transaction (engagement du cotisant de payer les sommes sous un certain délai, remise de l'organisme, renonciation à une procédure contentieuse avec détail des sommes dans un tableau, rappel des conséquences en cas de non-respect de la transaction) ;
- l'application du protocole en tant que tel (date à respecter pour les engagements pris…).

La proposition de protocole est ensuite transmise pour approbation à la mission nationale de contrôle et d'audit des organismes de sécurité sociale (souvent appelée « MNC »), service à compétence nationale rattachée à la direction de la sécurité sociale (c. séc. soc. art. R. 243-45-1, IV).

L'URSSAF comme l'employeur peuvent à tout moment abandonner la procédure en informant l'autre partie par tout moyen permettant de donner une date certaine à cette information (ex. : LRAR) (c. séc. soc. art. R. 243-45-1, III).

Finalisation de la transaction - La MNC vérifie que le protocole porte sur des créances susceptibles de transaction ainsi que l'existence de concessions réciproques du directeur de l'URSSAF et de l'employeur. Elle se prononce dans les 30 jours à compter de la réception de la proposition de protocole (c. séc. soc. art. R. 243-45-1, IV).

Ce délai est renouvelable une fois. Il peut aussi être prorogé si la MNC demande des éléments supplémentaires à l'URSSAF, et ce jusqu'à réception des informations demandées. Le directeur de l'URSSAF informe le demandeur de toute prorogation ou interruption du délai.

La MNC notifie sa décision au directeur. Si elle ne s'est pas prononcée à l'issue du délai de 30 jours, éventuellement prorogé, son silence vaut approbation de la proposition de transaction.

La transaction devient définitive lors de son acceptation tacite ou expresse par la MNC. Le refus d'approbation de la proposition prive d'effet la transaction et la procédure de recouvrement des sommes notifiées dans la mise en demeure est alors engagée ou poursuivie (c. séc. soc. art. R. 243-45-1, IV et VI).

Effets de la transaction

Fermeture du contentieux - Lorsque la transaction est définitive, aucune procédure contentieuse ne peut plus être engagée ou reprise pour remettre en cause ce qui a fait l'objet de la transaction (c. séc. soc. art. L. 243-6-5, IV). En revanche, la transaction peut être remise en cause notamment parce qu'elle a été établie à partir de fausses pièces.

Pas d'effet sur les motifs de la lettre d'observations - La transaction n'emporte pas d'effet sur l'interprétation en droit concernant les motifs mentionnés dans la lettre d'observations que l'URSSAF a notifié à l'issue de son contrôle (c. séc. soc. art. R. 243-45-1, VII). Autrement dit, l'employeur doit se conformer à ces observations pour la période postérieure à celle faisant l'objet de la transaction. Il ne pourra pas, à l'occasion d'un nouveau contrôle, faire valoir que, en signant la transaction, l'URSSAF a renoncé à la position qu'elle avait prise dans la lettre d'observations. Si l'URSSAF constate la réitération de la pratique mise en cause lors du précédent contrôle, l'employeur se verra donc notifier une pénalité de 10 % (c. séc. soc. art. L. 243-7-6) [voir *Majorations et pénalités URSSAF (absence de mise en conformité, travail dissimulé, abus de droit)**].

En cas de changement d'URSSAF - Si l'employeur change d'URSSAF (ex. : en cas de changement d'implantation géographique), la transaction conclue demeure applicable et il pourra s'en prévaloir auprès de sa nouvelle URSSAF (c. séc. soc. art. L. 243-6-5, VI, renvoyant à l'art. L. 243-6-4).

Sanction du non-respect des engagements - Si l'employeur ne respecte pas les engagements prévus dans la transaction, celle-ci devient caduque et l'URSSAF peut alors engager ou poursuivre la procédure de recouvrement (c. séc. soc. art. R. 243-45-1, VI).

Contestation de la mise en œuvre de la transaction - Les contestations relatives à la mise en œuvre de la transaction ne sont pas soumises à la procédure gracieuse devant la CRA (c. séc. soc. art. R. 142-7). En conséquence, elles devront être portées directement devant le tribunal judiciaire compétent.

☞ *Contrôle URSSAF.*

Transfert d'épargne salariale

@ Cette étude est détaillée dans la version en ligne de ce Dictionnaire (voir www.rfpaye.com et www.rfedition.com).

Transport (frais de)

☞ *Avantage en nature véhicule ; Frais de déplacement ; Frais de transport domicile-lieu de travail ; Mobilité professionnelle ; Véhicule.*

Travail à domicile

☞ *Carnet de salaire ; Frais d'atelier ; Télétravail ; Travailleurs à domicile.*

Travail à temps partagé

Le travail à temps partagé permet à une entreprise de travail à temps partagé de mettre des salariés à la disposition d'une entreprise cliente pour l'exécution d'une mission (c. trav. art. L. 1252-1).

Entreprise de travail à temps partagé

Condition d'activité - L'entreprise de travail à temps partagé (personne physique ou morale) doit avoir pour activité exclusive de mettre à disposition de clients du personnel qualifié qu'ils ne peuvent pas recruter eux-mêmes, en raison de leur petite taille ou de moyens financiers insuffisants (c. trav. art. L. 1252-2 et L. 8241-1).

Elle peut aussi, à titre accessoire, apporter à ses clients des conseils en matière de gestion des compétences et de formation (c. trav. art. L. 1252-12).

▶ À noter… Une entreprise de travail temporaire peut exercer l'activité de travail à temps partagé, dans les mêmes conditions qu'une entreprise dédiée à cette activité (c. trav. art. L. 1252-3).

Garantie financière - L'entreprise de travail à temps partagé justifie d'une garantie financière visant à assurer, en cas de défaillance de sa part, le paiement des salaires et des diverses cotisations (c. trav. art. L. 1252-13).

Deux contrats

Contrat avec le client - L'entreprise de travail à temps partagé signe, pour chaque mise à disposition individuelle d'un salarié, un contrat avec l'entreprise utilisatrice (c. trav. art. L. 1252-1 et L. 1252-10). Il précise :
- le contenu et la durée de la mission ;
- le montant de la rémunération due au salarié et les différents éléments qui la composent ;
- la qualification professionnelle ;
- les caractéristiques particulières du poste de travail ou des fonctions occupées.

À l'issue de la mission, l'entreprise cliente peut embaucher le salarié mis à disposition. Toute clause tendant à interdire cette possibilité est prohibée (c. trav. art. L. 1252-11).

Contrat avec le salarié - L'entreprise de travail à temps partagé signe en parallèle un « contrat de travail à temps partagé » avec le salarié mis à disposition (c. trav. art. L. 1252-1). Il s'agit nécessairement d'un contrat à durée indéterminée, avec les conséquences qui en découlent concernant sa rupture, notamment sur le plan des indemnités (c. trav. art. L. 1252-4 et L. 1252-9).

Si la mise à disposition s'effectue en dehors du territoire métropolitain, le contrat doit impérativement comprendre une clause de rapatriement du salarié à la charge de l'entreprise de travail à temps partagé. Cette clause est caduque en cas de rupture du contrat à l'initiative du salarié (c. trav. art. L. 1252-5).

Statut du salarié

Temps plein ou partiel - Le salarié peut être mis à disposition pour des missions à temps plein ou à temps partiel.

Rémunération - Sa rémunération ne peut pas être inférieure à celle d'un salarié de l'entreprise cliente, de niveau et de qualification identiques ou équivalents, occupant le même poste ou les mêmes fonctions (c. trav. art. L. 1252-6).

Avantages collectifs - Le salarié mis à disposition doit pouvoir accéder, dans les mêmes conditions que les salariés de l'entreprise cliente, aux moyens de transport collectif et aux diverses installations collectives, notamment de restauration (c. trav. art. L. 1252-8).

Si des dépenses supplémentaires incombent de ce fait au comité social et économique de l'entreprise d'accueil, elles lui sont remboursées selon les modalités définies dans le contrat de mise à disposition signé par l'entreprise de travail à temps partagé et l'entreprise cliente.

Embauche par l'entreprise utilisatrice

La loi visant à poursuivre l'expérimentation relative au travail à temps partagé aux fins d'employabilité *(voir ci-dessous)* a, depuis le 17 novembre 2024, renforcé les droits des salariés en travail à temps partagé embauchés par l'entreprise utilisatrice à l'issue de la mise à disposition (loi 2024-1027 du 15 novembre 2024, art. 3, JO du 16).

Ancienneté et période d'essai - L'entreprise utilisatrice qui embauche, à l'issue d'une mission, un salarié mis à sa disposition par une entreprise de travail à temps partagé, doit calculer l'ancienneté du salarié en prenant en compte la durée des missions accomplies chez elle au cours des 3 mois précédant son recrutement. Cette durée est à déduire de la période d'essai éventuellement prévue dans le nouveau contrat de travail (c. trav. art. L. 1252-14).

Dispense de préavis - Le salarié qui rompt son contrat de travail avec l'entreprise de travail à temps partagé, car il est embauché par l'entreprise utilisatrice à l'issue d'une mission, n'a pas à exécuter de préavis. Mais cette dispense n'ouvre pas droit au versement d'une indemnité compensatrice (c. trav. art. L. 1252-15).

Extension expérimentale du dispositif à des personnes rencontrant des difficultés particulières d'insertion professionnelle

Dispositif en vigueur jusqu'au 31 décembre 2023 - La loi Avenir professionnel avait étendu à titre expérimental, du 7 septembre 2018 au 31 décembre 2021, le dispositif de la mise à disposition dans le cadre du temps partagé aux personnes rencontrant des difficultés particulières d'insertion professionnelle. Cette expérimentation avait été prolongée jusqu'au 31 décembre 2023 par la loi sur l'inclusion dans l'emploi par l'activité économique et les territoires zéro chômage de longue durée (loi 2020-1577 du 14 décembre 2020, art. 15, JO du 15 ; loi 2018-771 du 5 septembre 2018, art. 115 modifié, JO du 6).

Cet ancien dispositif reste applicable dans sa rédaction antérieure à la loi n° 2024-1027 du 15 novembre 2024 précitée aux contrats conclus jusqu'au 31 décembre 2023.

Nouveau dispositif expérimental du 15 novembre 2024 au 14 novembre 2028 - La loi visant à poursuivre l'expérimentation relative au travail à temps partagé aux fins d'employabilité a « prolongé » de 4 ans l'expérimentation du « contrat de travail à temps partagé aux fins d'employabilité » tout en restreignant les critères d'éligibilité (loi 2024-1027 du 15 novembre 2024, art. 1, JO du 16 ; loi 2018-771 du 5 septembre 2018, art. 115 modifié, JO du 6).

Ces nouvelles dispositions s'appliquent aux contrats conclus durant les 4 années suivant la promulgation de la loi soit du 15 novembre 2024 au 14 novembre 2028.

Bénéficiaires - Un entrepreneur de travail à temps partagé peut ainsi proposer un contrat de travail à temps partagé aux fins d'employabilité aux :
- demandeurs d'emploi inscrits à France Travail depuis au moins 12 mois (cette durée était de 6 mois pour les contrats conclus jusqu'au 31.12.2023) ;
- demandeurs d'emploi de 55 ans au moins inscrits à France Travail depuis au moins 6 mois (et non plus les personnes âgées d'au moins 50 ans pour les contrats conclus jusqu'au 31.12.2023) ;
- personnes de moins de 26 ans ayant une formation de niveau inférieur ou égal à 3 (ex. : CAP, BEP) et qui sont inscrites comme demandeurs d'emploi depuis au moins 6 mois (cette condition d'âge n'était pas prévue pour les contrats conclus jusqu'au 31.12.2023) ;
- bénéficiaires de minima sociaux (inchangé) ;
- personnes handicapées (inchangé).

Contrat de travail - Le contrat de travail à temps partagé aux fins d'employabilité est un CDI. Pendant les périodes dites d'intermissions, le dernier salaire horaire de base est garanti au salarié.

Obligation de formation - Le salarié bénéficie, durant son temps de travail, d'actions de formation prises en charge par l'entrepreneur de travail à temps partagé et sanctionnées par une certification professionnelle ou par l'acquisition d'un bloc de compétences. L'employeur doit s'assurer de l'effectivité de la formation.

Information de l'administration - L'entrepreneur de travail à temps partagé aux fins d'employabilité communique à l'autorité administrative, tous les 6 mois, les contrats signés, les caractéristiques des personnes recrutées, les missions effectuées et les formations suivies ainsi que leur durée, le taux de sortie dans l'emploi et tout document permettant d'évaluer l'impact du dispositif en matière d'insertion professionnelle.

☞ *Portage salarial.*

Travail à temps partiel

☞ *Abattement d'assiette pour temps partiel ; Heures complémentaires ; Maintien des cotisations vieillesse en cas de temps partiel ; Temps partiel ; Temps partiel (avenant de complément d'heures) ; Temps partiel sur tout ou partie de l'année.*

Travail au rendement

Travail pour lequel le salarié est rémunéré selon les quantités produites (*travail aux pièces**, à la tâche) ou selon l'économie de temps réalisée.

Les salariés payés au rendement bénéficient des avantages liés à la *mensualisation**, sauf s'il s'agit de *travailleurs à domicile**.

☞ *Mensualisation ; Salaire ; Travail aux pièces.*

Travail aux pièces

Dans le travail aux pièces, le salarié est rémunéré selon les quantités produites.

Le salarié payé à la pièce bénéficie des avantages liés à la *mensualisation**, sauf s'il s'agit d'un travailleur à domicile.

Pour le travail aux pièces dont l'exécution doit durer plus d'une quinzaine, les dates de paiement peuvent être fixées d'un commun accord. Cependant, le salarié doit recevoir des *acomptes** chaque quinzaine et être intégralement payé dans la quinzaine qui suit la livraison de l'ouvrage (c. trav. art. L. 3242-4).

En cas de convention ou d'accord de mensualisation, le salarié doit recevoir des acomptes chaque mois et être intégralement payé dans le mois qui suit la livraison de l'ouvrage.

☞ *Salaire.*

Travail clandestin

☞ *Travail dissimulé ; Travail illégal ; Travailleurs étrangers.*

Travail de nuit

Le travail de nuit correspond à une définition juridique précise. Les salariés qui répondent aux critères des travailleurs de nuit bénéficient d'un statut particulier. Il existe également une législation sur le *travail en soirée**, qui vient s'ajouter à la réglementation du travail de nuit, mais doit en être distinguée.

La loi Travail du 8 août 2016 a réparti les règles régissant le travail de nuit entre dispositions d'ordre public, règles négociables et dispositions supplétives (s'appliquant en l'absence de dispositions conventionnelles). Dans les domaines ouverts à la négociation collective d'entreprise, la priorité est depuis donnée à l'accord d'entreprise ou d'établissement - même moins favorable aux salariés - sur l'accord de branche (loi 2016-1088 du 8 août 2016, JO du 9 ; décret 2016-1551 du 18 novembre 2016, JO du 19 ; décret 2016-1908 du 27 décembre 2016, JO du 29).

Les règles ci-après exposées tiennent compte de cette réforme, en précisant à chaque fois les points qui peuvent être négociés.

Cadre du travail de nuit

Caractère exceptionnel - Le travail de nuit est par définition exceptionnel (c. trav. art. L. 3122-1 ; c. constit., décision 2014-373 QPC du 4 avril 2014, JO du 5). Il doit être justifié par la nécessité d'assurer la continuité de l'activité économique ou des services d'utilité sociale et prendre en compte les impératifs de protection de la santé et de la sécurité des travailleurs (c. trav. art. L. 3122-1).

Il ne constitue pas un mode normal d'organisation du travail et ne doit être mis en œuvre que lorsqu'il est indispensable au fonctionnement de l'entreprise (cass. soc. 24 septembre 2014, n° 13-24851, BC V n° 205 ; cass. soc. 30 janvier 2019, n° 17-22018 D).

Le caractère exceptionnel du travail de nuit vaut y compris pour les salariés qui ne bénéficient pas du statut protecteur prévu par le code du travail en raison du trop faible nombre d'heures de nuit effectuées *(voir ci-après)*. À défaut, l'employeur peut être condamné au pénal pour recours illégal au travail de nuit (cass. crim. 2 septembre 2014, n° 13-83304 D ; cass. soc. 7 février 2024, n° 22-18940 FSB).

Mise en place - Le travail de nuit peut être mis en place par accord d'entreprise ou d'établissement ou, à défaut, par convention ou un accord collectif de branche (c. trav. art. L. 3122-15).

▶ À noter… Depuis le 24 septembre 2017, cet accord est présumé conforme aux exigences de l'article L. 3122-1 du code du travail (justification du caractère exceptionnel ; voir ci-dessus) (c. trav. art. L. 3122-15 modifié ; ord. 2017-1387 du 22 septembre 2017, art. 32, JO du 23). C'est donc à celui qui en conteste la conformité d'apporter la preuve que l'accord n'est pas conforme. Les juges doivent néanmoins exercer un contrôle sur la régularité du recours au travail de nuit dans la situation donnée (cass. crim. 7 janvier 2020, n° 18-83074 FPBI).

À défaut d'accord collectif, mais à condition qu'il ait engagé sérieusement et loyalement des négociations en vue de la conclusion d'un tel accord, l'employeur peut organiser le travail de nuit sur autorisation de l'inspecteur du travail, après avoir consulté les délégués syndicaux et saisi pour avis le *comité social et économique** s'il a été mis en place. En l'absence de délégué syndical ou de CSE, la demande est accompagnée d'un document attestant de l'information préalable des salariés (c. trav. art. L. 3122-21 et R. 3122-9).

▶ À noter… L'irrégularité affectant le déroulement de la procédure d'information-consultation du comité permet seulement aux institutions représentatives du personnel d'obtenir la suspension de la procédure, si elle n'est pas terminée, ou à défaut, la réparation du préjudice qu'elles ont subi à ce titre. Les salariés ne peuvent pas obtenir de dommages-intérêts en cas de défaut de consultation du CE (cette jurisprudence reste à notre sens pertinente pour le CSE) (cass. soc. 8 novembre 2017, n° 16-15584, BC V n° 190).

Le silence gardé par l'inspecteur du travail pendant 30 jours vaut acceptation implicite (décret 2014-1290 du 23 octobre 2014, JO 1er novembre).

Droits spécifiques - Travailler en partie la nuit ne fait pas forcément du salarié un « travailleur de nuit » au sens du code du travail. Or, les spécificités prévues par le code du travail en matière de rémunération et de repos compensateur ne concernent que ces derniers.

Pour les salariés travaillant la nuit, mais pas suffisamment pour bénéficier du régime prévu par le code du travail, les éventuelles contreparties spécifiques dépendent des accords collectifs, des usages ou des décisions de l'employeur.

Pénibilité - Le travail de nuit fait partie des facteurs de risques pris en compte dans le cadre de la pénibilité [voir *Compte professionnel de prévention**, *Compte professionnel de prévention (utilisation)* et *Pénalité 1 % prévention pénibilité**].

Période de travail de nuit

Règles générales - Si elle n'est pas définie par accord collectif ou par l'employeur sur autorisation de l'inspecteur du travail, la période de travail de nuit va de 21 h à 6 h du matin (c. trav. art. L. 3122-20).

Le code du travail permet cependant de définir une autre période de travail de nuit. Deux voies sont possibles :
- en principe, il faut qu'elle soit prévue par un accord collectif d'entreprise ou d'établissement ou, à défaut, par une convention ou accord de branche (c. trav. art. L. 3122-15) ;
- à défaut d'accord collectif et lorsque les caractéristiques particulières de l'activité de l'entreprise le justifient, la période peut être définie par l'employeur sur autorisation de l'inspecteur du travail, après consultation des délégués syndicaux et avis du *comité social et économique** (c. trav. art. L. 3122-22).

La période de travail de nuit définie par accord collectif ou par l'employeur sur autorisation de l'inspecteur du travail, doit être d'au moins 9 heures consécutives, comprendre nécessairement l'intervalle entre minuit et 5 h du matin, commencer au plus tôt à 21 h et s'achever au plus tard à 7 h (c. trav. art. L. 3122-15 et L. 3122-22 renvoyant à c. trav. art. L. 3122-2). Pour les établissements de vente au détail qui mettent à disposition des biens et des services dans les zones touristiques internationales (ZTI, voir *Dimanche**), la période de travail de nuit, si elle débute après 22 h, est d'au moins 7 heures consécutives comprenant l'intervalle entre minuit et 7 h (c. trav. art. L. 3122-4).

▶ À noter... Dans les ZTI, un accord collectif peut permettre d'employer des salariés entre 21 h et minuit moyennant des garanties spécifiques, sans basculer dans le régime du travail de nuit (voir *Travail en soirée**).

Secteurs particuliers - Si elle n'est pas définie par accord collectif ou par l'employeur sur autorisation de l'inspecteur du travail, la période de nuit va de minuit à 7 h pour les activités de production rédactionnelle et industrielle de presse, de radio, de télévision, de production et d'exploitation cinématographiques, de spectacles vivants et de discothèque (c. trav. art. L. 3122-3 et L. 3122-20).

Le code du travail permet de définir une autre période de travail de nuit. Celle-ci doit être d'au moins 7 heures consécutives, comprendre nécessairement l'intervalle entre minuit et 5 h du matin, commencer au plus tôt à 21 h et s'achever au plus tard à 7 h (c. trav. art. L. 3122-3).

Comme pour le cas général, deux voies sont possibles :
- en principe, il faut un accord collectif (accord d'entreprise ou d'établissement ou, à défaut, convention ou accord de branche) (c. trav. art. L. 3122-15) ;
- à défaut d'accord collectif et lorsque les caractéristiques particulières de l'activité de l'entreprise le justifient, autorisation de l'inspecteur du travail, après consultation des délégués syndicaux et avis du CSE (c. trav. art. L. 3122-22).

Définition légale d'un « travailleur de nuit »

Conditions du statut - Il ne suffit pas de travailler en partie durant la période de nuit pour relever du statut protecteur de travailleur de nuit et des droits qui y sont attachés.

Pour être considéré comme un travailleur de nuit, le salarié doit (c. trav. art. L. 3122-5) :
- soit accomplir au moins deux fois par semaine, selon son horaire habituel, au moins 3 heures de travail durant la période de nuit ;
- soit totaliser pendant 12 mois consécutifs, au moins 270 heures durant la période de nuit (c. trav. art. L. 3122-23), un accord collectif étendu pouvant fixer une autre période de référence et un nombre minimal d'heures différent (c. trav. art. L. 3122-16).

▶ À noter... Pour déterminer le nombre d'heures travaillées la nuit, il convient de se référer aux heures comprises dans l'horaire habituel du salarié, et non au total des heures effectivement réalisées la nuit. Ainsi, on ne peut pas déduire les heures correspondant à des congés, à des jours de formation, à des jours fériés, à la participation aux réunions du CSE ou à des heures de délégation (cass. soc. 7 mars 2012, n° 10-21744, BC V n° 93).

Dans les établissements de vente au détail situés dans les zones touristiques internationales (ZTI), il faut additionner les heures effectuées sur la plage de nuit proprement dite et celles effectuées « en soirée » sur une même période de référence pour savoir si les salariés dépassent les seuils du travail de nuit (c. trav. art. L. 3122-4, dern. al.) (voir *Travail en soirée**).

Salariés travaillant la nuit, mais insuffisamment - Sauf accord collectif ou usage contraire, les salariés qui travaillent durant la période de nuit, mais en dessous des seuils (ex. : moins de 3 h par journée de travail, ou 3 h et plus mais une seule fois par semaine) ne sont pas considérés comme des travailleurs de nuit au sens du code du travail.

Le salarié ne bénéficie alors pas des règles protectrices spécifiques attachées au statut de travailleur de nuit (durées maximales particulières, surveillance médicale spécifique, obligation d'une contrepartie en repos, etc.), sauf dispositions conventionnelles plus favorables.

▶ Attention... Dans les établissements de vente au détail situés dans les ZTI, le salarié peut le cas échéant bénéficier des garanties attachées au travail en soirée (voir *Travail en soirée**).

Contreparties au travail de nuit

Nature des contreparties - Les personnes qui répondent à la définition légale des travailleurs de nuit doivent bénéficier de contreparties sous forme de repos compensateur et, le cas échéant, de compensation salariale (c. trav. art. L. 3122-8 ; cass. soc. 26 octobre 2010, n° 08-70468 D ; cass. soc. 28 septembre 2011, n° 10-30536 D). La compensation financière ne vient qu'après la compensation en repos, qui est obligatoire.

Par dérogation, dans les activités de production rédactionnelle et industrielle de presse, de radio, de télévision, de production et d'exploitation cinématographiques, de spectacles vivants et de discothèque, les contreparties peuvent être exclusivement salariales lorsque la durée effective du travail de nuit est inférieure à la durée légale du travail (35 h hebdomadaires) (c. trav. art. L. 3122-9).

▶ À noter... Sur la contrepartie du travail en soirée dans les établissements de vente au détail situés dans les ZTI, voir *Travail en soirée** (c. trav. art. L. 3122-4, al. 3).

Rappelons que pour les salariés qui effectuent des heures en période de nuit sans avoir la qualité de travailleurs de nuit au sens de la législation, les contreparties ne sont pas obligatoires. Éventuellement, celles-ci sont prévues par les accords collectifs ou résultent des usages.

Définition des contreparties - Les contreparties sont déterminées par l'accord d'entreprise ou d'établissement ou, à défaut, par la convention ou l'accord collectif de branche (c. trav. art. L. 3122-15). Il est ainsi possible que :
- la compensation salariale soit accordée par la convention collective pour une amplitude horaire plus restreinte que la plage légale (cass. soc. 30 mai 2012, n° 11-12526 D) *(voir plus loin)* ;
- la majoration salariale des heures de nuit soit différente pour les heures exceptionnellement travaillées la nuit et celles correspondant à un travail habituel de nuit (cass. soc. 5 juin 2013, n° 11-21255, BC V n° 146).

Si le travail de nuit est mis en place par l'employeur sur autorisation de l'inspection du travail, l'employeur fixe directement les contreparties (l'inspection du travail donne son autorisation en fonction de ces contreparties) (c. trav. art. L. 3122-21).

▶ À noter... En présence d'un jour férié chômé, l'employeur est tenu de verser aux salariés travaillant habituellement la nuit (et non exceptionnellement) la contrepartie financière prévue. Cette solution est valable même si l'accord collectif prévoit que les primes pour heures de nuit sont versées en fonction du nombre réel d'heures de travail effectif en période nocturne (cass. soc. 27 juin 2012, n° 10-21306, BC V n° 201).

Repos obligatoire - Sous réserve d'une exception *(voir plus haut)*, le travail de nuit au sens du code du travail doit obligatoirement être compensé par du repos (c. trav. art. L. 3122-8). Ce repos pour travail de nuit ne peut pas être affecté sur un *compte épargne-temps**.

Il appartient à l'accord collectif (ou, à défaut, à l'employeur lorsque le travail de nuit est mis en place sur autorisation de l'inspecteur du travail), de fixer la durée du repos (la loi est silencieuse sur ce point) ainsi que les modalités de prise et de paiement de ce repos, qui est intégralement rémunéré (circ. DRT 2002-9 du 5 mai 2002, § 2.2).

L'administration avait précisé en son temps que lorsque l'accord collectif prévoit que l'horaire d'un travailleur de nuit est inférieur à l'horaire collectif, l'écart peut être considéré comme une compensation en repos si cette mesure s'applique uniquement aux travailleurs de nuit et représente un repos rémunéré (circ. DRT 2002-9 du 5 mai 2002, § 2.3) ;

▶ À noter... Lorsque les dispositions d'une convention collective et d'un usage d'entreprise ont le même objet ou la même cause, elles ne se cumulent pas, sauf disposition contraire. Seule la plus favorable d'entre elles, appréciée globalement pour l'ensemble des salariés de l'entreprise, doit être accordée (cass. soc. 3 avril 2007, n° 06-41017 D). Il n'y a donc pas lieu de cumuler les contreparties en repos ayant le même objet prévues par la convention collective et un usage (cass. soc. 4 novembre 2015, n° 14-11172, BC V n° 222).

Compensation salariale - Seul le repos compensateur est imposé par les textes (c. trav. art. L. 3122-8). Une compensation salariale peut aussi être prévue par l'accord collectif ou, à défaut, être mise en place par l'employeur.

Elle s'ajoute au repos, mais ne peut pas s'y substituer (cass. soc. 26 octobre 2010, n° 08-70468 D), sous réserve d'une exception *(voir plus haut)*.

Bulletin de paye - Lorsque les heures de travail de nuit ouvrent droit à une compensation salariale (indemnité, rémunération à taux majoré, etc.), le bulletin de paye doit faire apparaître sur une ligne distincte cette indemnité ou cette majoration en précisant, dans ce cas, le nombre d'heures concernées et le taux applicable.

Le défaut de mention sur les bulletins de paie du versement de la majoration pour heures de travail de nuit vaut présomption de non-paiement de cet élément de rémunération. C'est alors à l'employeur de faire la preuve d'un tel paiement et cette preuve ne résulte pas du seul fait que le salaire effectif du salarié ait été supérieur au salaire minimum conventionnel (cass. soc. 25 novembre 2020, n° 19-14247 D).

Le repos sera souvent mentionné en annexe. Il est alors préférable de le distinguer des autres repos compensateurs.

Plage horaire donnant droit aux contreparties

Articuler plage légale et plage conventionnelle - Des conventions collectives antérieures à la loi de 2001 (loi 2001-397 du 9 mai 2001) retiennent, pour la compensation salariale, une amplitude horaire plus restreinte que la nouvelle plage légale du travail de nuit (souvent de 22 h à 5 h). Dans ce cas, les sala-

Contrepartie salariale au travail de nuit

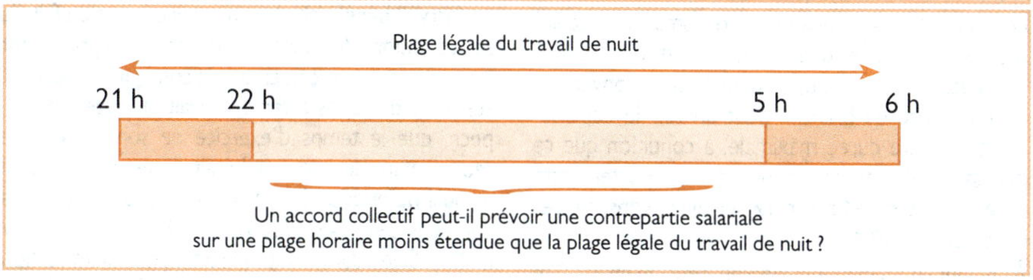

riés peuvent-ils exiger que la compensation salariale prévue par ces conventions collectives soit de plein droit étendue à la totalité de la nouvelle amplitude de la plage légale du travail de nuit (21 h - 6 h), si elle est plus large que l'amplitude conventionnelle définie antérieurement ?

Plage légale pour le repos et conventionnelle pour le salaire - La réponse s'articule en deux temps (cass. soc. 21 juin 2006, n° 05-42073, BC V n° 227 ; cass. soc. 21 juin 2006, n° 05-42307, BC V n° 227) :

- en ce qui concerne les contreparties sous forme de repos, la nouvelle définition légale du travail de nuit (21 h - 6 h) est d'ordre public et s'impose aux accords antérieurs ;
- s'agissant des contreparties salariales, les plages horaires définies par les accords antérieurs à la loi restent en vigueur, même si elles sont moins favorables pour les salariés (sur ce point, la jurisprudence a donc radicalement changé de tournure).

Les entreprises peuvent donc, d'un strict point de vue juridique, s'en tenir à cette solution pour les contreparties en salaire.

Lorsque l'accord collectif ne définit pas la plage horaire à laquelle s'applique la majoration salariale pour travail de nuit, c'est la nouvelle définition légale qu'il convient de retenir (cass. soc. 24 janvier 2007, n° 04-45585, BC V n° 14).

Application aux accords postérieurs à 2001 - Dans un communiqué accompagnant ses décisions de juin 2006, la Cour de cassation a souligné qu'« il était donc nécessaire d'assurer la sécurité juridique des accords signés ou à venir en application de la loi du 9 mai 2001 ». Il est donc possible d'appliquer la même solution aux accords collectifs signés après l'entrée en vigueur de la loi du 9 mai 2001.

À l'occasion de la négociation d'un accord sur le travail de nuit, les partenaires sociaux peuvent donc ne prévoir de contrepartie en salaire que pour une partie de la plage horaire de travail de nuit, ou prévoir une modulation de la contrepartie selon les heures.

Règles spécifiques en matière de durée maximale du travail

Durée maximale quotidienne - La durée maximale quotidienne de travail effectuée par un travailleur de nuit est de 8 heures (c. trav. art. L. 3122-6).

Un accord d'entreprise ou d'établissement ou, à défaut, une convention ou un accord collectif de branche peut prévoir le dépassement de cette durée maximale dans certains cas (activités caractérisées par l'éloignement entre le domicile et le lieu de travail ou par l'éloignement entre différents lieux de travail, activités de garde, de surveillance et de permanence caractérisées par la nécessité d'assurer la protection des biens et des personnes, activités caractérisées par la nécessité d'assurer la continuité du service ou de la production) (c. trav. art. L. 3122-17 et R. 3122-7).

Dans certaines circonstances exceptionnelles, des dérogations sont possibles sur autorisation de l'inspecteur du travail, après consultation des délégués syndicaux et après avis du *comité social et économique** (c. trav. art. L. 3122-6, R. 3122-1 et R. 3122-2 ; instr. DGT 2010-6 du 29 juillet 2010). En l'absence de DS et de représentants du personnel, la demande est accompagnée d'un document attestant de l'information préalable des salariés.

Pour des situations d'urgences listées par le code du travail, l'employeur peut déroger de sa propre autorité, en anticipant la décision de l'inspecteur (c. trav. art. R. 3122-5).

Si un travailleur de nuit dépasse 8 h, il doit bénéficier d'un repos, au moins équivalent au nombre d'heures accomplies au-delà de la durée maximale quotidienne, pris dans les plus brefs délais à l'issue de la période travaillée. Si, exceptionnellement, l'octroi de ce repos est impossible pour des raisons objectives, une contrepartie équivalente prévue par accord collectif doit assurer une protection appropriée aux salariés concernés (c. trav. art. R. 3122-3 et R. 3122-8).

Durée maximale hebdomadaire - La durée hebdomadaire de travail du travailleur de nuit, calculée sur une période de 12 semaines consécutives, ne peut dépasser 40 h (c. trav. art. L. 3122-7).

Lorsque les caractéristiques propres à l'activité d'un secteur le justifient, un accord d'entreprise ou d'établissement ou, à défaut, une convention ou un accord de branche peut prévoir le dépassement de cette durée maximale, à condition que ce dépassement n'ait pas pour effet de porter cette durée à plus de 44 h sur 12 semaines consécutives (c. trav. art. L. 3122-18).

À défaut d'accord, un décret peut fixer la liste des secteurs pour lesquels la durée maximale hebdomadaire de travail est fixée entre 40 et 44 h (c. trav. art. L. 3122-24).

Droit au repos quotidien - Le travailleur de nuit a droit à ses 11 heures de repos quotidien, auxquelles l'organisation de la visite médicale d'embauche ne peut pas faire obstacle (cass. soc. 27 juin 2012, n° 10-21306, BC V n° 201).

Heures de délégation d'un « travailleur de nuit »

Un travailleur de nuit représentant du personnel bénéficie d'heures de délégation. Ces heures, qui constituent du temps de travail effectif, doivent à notre sens être prises en compte dans le décompte des heures travaillées et pour l'attribution du repos de 11 h.

Heures de délégation utilisées la nuit - Les heures de délégation prises pendant la nuit s'intègrent dans les heures travaillées et ouvrent droit aux mêmes contreparties (prime, majoration de taux horaire, repos, etc.).

Heures de délégation utilisées le jour - Le crédit d'heures peut être utilisé hors de l'horaire normal de travail (cass. soc. 20 janvier 1993, n° 89-41560 D). Dans le cas où cette utilisation résulte des nécessités du mandat (ex. : assistance d'un salarié lors d'un entretien préalable), ces heures doivent être payées comme des heures supplémentaires (cass. soc. 21 novembre 2000, n° 98-40730 D) (voir *Heures de délégation (rémunération)**).

Lorsqu'un représentant travailleur de nuit prend des heures de délégation le jour, il a droit, pour ces heures de délégation, au paiement des indemnités de travail de nuit prévues par la convention collective (cass. soc. 28 mars 1989, n° 86-42291, BC V n° 266).

Heures de délégation utilisées un jour de repos - Le travail de nuit ouvre droit à des contreparties, notamment en repos. Se pose donc la question des heures de délégation prises par un travailleur de nuit pendant un de ces jours de repos.

Faute de précision légale, on peut transposer ici la solution rendue à propos d'un salarié travaillant sur un ferry. Il bénéficiait de repos spécifiques du fait de ses conditions de travail et, en tant que représentant du personnel, exerçait en partie son mandat pendant ses jours de repos à terre. Il avait été jugé, en l'espèce, que le temps d'exercice de son mandat de représentant du personnel était du temps de travail et qu'il ne pouvait être privé de ses jours de repos compensateur (cass. soc. 20 mai 1992, n° 89-43103, BC V n° 329). Si le salarié n'a pas droit à une indemnisation complémentaire, il faut cependant lui accorder la quote-part de repos non pris du fait de l'utilisation des heures de délégation.

Par analogie, cette solution semble pouvoir être transposée au travailleur de nuit représentant du personnel.

Jeunes et femmes enceintes

Interdiction du travail de nuit pour les jeunes - Il est interdit de faire travailler de nuit des jeunes de moins de 18 ans (c. trav. art. L. 3163-1 et L. 3163-2 ; c. trav. art. R. 3124-15 et R. 3124-16).

Pour les jeunes de plus de 16 ans et de moins de 18 ans, est considéré comme du travail de nuit tout travail entre 22 h et 6 h du matin.

Pour les jeunes de moins de 16 ans, il s'agit de tout travail entre 20 h et 6 h.

Jeunes de 16 et 17 ans - Des dérogations peuvent être accordées par l'inspecteur du travail pour les jeunes travaillant dans certains secteurs d'activité (voir *Jeunes**). Dans tous les cas, aucun travail ne peut être effectué entre minuit et 4 h du matin (c. trav. art. L. 3163-2).

En cas d'extrême urgence, et si des salariés adultes ne sont pas disponibles, il est possible de déroger à ces interdictions pour des « travaux passagers » destinés à prévenir des accidents imminents ou réparer des accidents survenus. Un repos compensateur équivalent doit être accordé dans un délai de 3 semaines (c. trav. art. L. 3163-3).

Jeunes de moins de 16 ans - Même si un employeur est autorisé à employer un jeune de moins de 16 ans, il ne peut, en principe, pas le faire travailler entre 20 h et 6 h du matin.

Des dérogations sont possibles dans certains types d'entreprise (voir *Jeunes**) (c. trav. art. L. 3163-1). Mais même dans ce cas, il est impossible de déroger à la période « minuit - 4 h du matin ».

Repos quotidien - La durée minimale de repos quotidien des jeunes qui travaillent de nuit est de (c. trav. art. L. 3164-1) :

- 14 h consécutives pour les moins de 16 ans ;
- 12 h consécutives pour les jeunes de 16 et 17 ans.

Maternité - Des dispositions spécifiques de protection existent pour la femme enceinte (voir *Maternité**)

☞ *Compte professionnel de prévention ; Jeunes ; Majoration de salaire ; Maternité ; Pénalité 1 % prévention pénibilité ; Retraite anticipée ; Travail en soirée ; Travaux urgents.*

Travail dissimulé

Le travail dissimulé est l'une des composantes du *travail illégal**. Il peut prendre la forme d'une dissimulation d'activité ou d'une dissimulation d'emploi salarié (c. trav. art. L. 8221-1).

Dissimulation intentionnelle d'activité

La dissimulation d'activité est caractérisée par l'exercice à but lucratif d'une activité économique par toute personne qui, se soustrayant intentionnellement à ses obligations (c. trav. art. L. 8221-3) :
- n'a pas requis son immatriculation obligatoire au registre du commerce et des sociétés ou au registre national des entreprises en tant qu'entreprise du secteur des métiers et de l'artisanat, ou bien a poursuivi son activité après un refus d'immatriculation, ou postérieurement à une radiation ;
- ou n'a pas procédé aux déclarations aux organismes de protection sociale ou à l'administration fiscale ;
- ou s'est prévalue illégalement des dispositions applicables au détachement transnational de salariés.

▶ À noter… Ce dernier cas vise l'employeur qui se prévaut des dispositions applicables au détachement alors qu'il exerce dans l'État où il est établi des activités relevant uniquement de la gestion interne ou administrative ou lorsque son activité est réalisée sur le territoire national de façon habituelle, stable et continue. Dans ces situations, l'employeur est assujetti aux dispositions du code du travail applicables aux entreprises établies sur le territoire national (c. trav. art. L. 1262-3).

Dissimulation intentionnelle d'emploi salarié

Défaut de déclaration ou de remise du bulletin de paye - Il y a dissimulation d'emploi salarié lorsque l'employeur s'est soustrait intentionnellement à l'accomplissement de l'une des formalités suivantes (c. trav. art. L. 8221-5) :
- la *déclaration préalable à l'embauche** (cass. soc. 23 octobre 2013, n° 12-13899 D) ;
- la remise du *bulletin de paye** ou d'un document équivalent défini par voie réglementaire ;
- les déclarations relatives aux salaires ou aux cotisations sociales auprès des organismes de recouvrement des contributions et cotisations sociales ou de l'administration fiscale.

Le caractère non intentionnel de l'absence d'accomplissement des déclarations relatives aux salaires ou aux cotisations sociales auprès des organismes de recouvrement des contributions et cotisations sociales ne peut pas se déduire du seul poids des charges et des difficultés financières de l'employeur pour s'acquitter de ces cotisations (cass. soc. 21 mai 2014, n° 13-14088 D).

De même, un employeur allemand implanté depuis plus de 20 ans en France ne peut pas faire valoir sa méconnaissance de la législation française relative à la *déclaration préalable à l'embauche** (DPAE) pour systématiquement déclarer des salariés postérieurement à leur embauche, après la période d'essai. Les juges ont estimé que cette pratique résultait bien d'une volonté délibérée du chef d'entreprise de tester à bas coût les salariés, les mettant dans une situation de travail dissimulé (cass. crim. 20 janvier 2015, n° 14-80532, B. crim. n° 19).

Notons que des entreprises sous-traitantes et utilisatrices ne peuvent pas invoquer l'existence des formulaires A1 (attestant de la régularité du détachement et de l'affiliation des salariés au régime de sécurité sociale de l'État dont ils relèvent) pour justifier de l'absence de DPAE et se protéger contre une condamnation pour travail dissimulé et recours au travail dissimulé (cass. crim. 12 janvier 2021, n° 17-82553 FSPBI ; cass. crim. 17 octobre 2023, n° 22-84021 FB).

▶ Attention… L'activité exercée par des parents ou des amis dans le cadre d'un rapport de subordination peut être qualifiée de travail dissimulé d'emploi salarié (cass. crim. 22 octobre 2002, n° 02-81859, B. crim. n° 192 ; cass. civ., 2e ch., 9 mars 2017, n° 16-10117 D).

Mention intentionnelle d'un nombre d'heures inférieur à la réalité - La mention intentionnelle sur le bulletin de paye d'un nombre d'heures de travail inférieur à celui réellement accompli caractérise aussi le délit de travail dissimulé, sauf si cela est la simple conséquence de l'application d'une convention ou d'un accord collectif d'aménagement du temps de travail (c. trav. art. L. 8221-5, 2°).

▶ À noter... Il peut notamment s'agir d'heures à payer au taux normal, d'heures supplémentaires ou encore d'heures complémentaires (cass. soc. 19 juin 2013, n° 12-15957 D). Les heures supplémentaires payées, mais « cachées », par exemple sous le libellé de prime sur le bulletin de paye, relèvent du travail dissimulé par dissimulation d'emploi salarié.

Cela étant, une erreur n'est pas synonyme de travail dissimulé. Pour qu'il y ait délit, l'inexactitude du nombre d'heures figurant sur le bulletin de paye doit être intentionnelle (cass. soc. 24 mars 2004, n° 01-43875, BC V n° 96 ; cass. soc. 15 octobre 2008, n° 06-46390 D).

Ce caractère intentionnel ne peut se déduire ni de la seule absence du nombre d'heures supplémentaires sur le bulletin de paye (cass. soc. 29 juin 2005, n° 04-40758, BC V n° 222 ; cass. soc. 12 janvier 2011, n° 09-41139 D ; cass. soc. 15 avril 2008, n° 07-40925 D), ni de la seule application d'une *convention de forfait** illicite (cass. soc. 16 juin 2015, n° 14-16953, BC V n° 124), ni d'une application erronée d'un taux de majoration d'heures supplémentaires (cass. soc. 1er février 2017, n° 15-23039 D). De même, le seul fait qu'un nombre important d'heures supplémentaires effectuées par le salarié ne figure pas sur le bulletin de paye ne suffit pas à établir le caractère intentionnel : en cas d'oubli, l'employeur doit les faire apparaître sur un bulletin de paye ultérieur (ne serait-ce que pour les rémunérer) en précisant qu'il s'agit d'un rappel (cass. soc. 29 novembre 2007, n° 06-42682 D ; voir aussi cass. soc. 15 avril 2008, n° 07-40925 D).

En revanche, le caractère intentionnel est avéré lorsque, par exemple, l'employeur :
- refuse de tenir compte de la réclamation d'un salarié alors même que l'inspecteur du travail a constaté des dépassements d'horaire (cass. soc. 6 avril 2005, n° 03-42082 D) ;
- a fait sciemment travailler le salarié au-delà de la durée légale du travail sans le rémunérer de l'intégralité de ses heures (cass. soc. 24 avril 2013, n° 11-28691, BC V n° 115) ;
- persiste à décompter le temps de travail du salarié en se fondant exclusivement sur une quantification préalable prévue par la convention collective alors qu'il sait que le salarié accomplit plus d'heures (cass. soc. 5 juin 2019, n° 17-23228 FPB) ;
- a demandé au salarié d'effectuer de multiples tâches sans procéder au moindre enregistrement des horaires effectués (cass. soc. 12 février 2015, n° 13-17900 D) ;
- a imposé à un salarié en forfait jours de dépasser le volume de son forfait sans mentionner les jours en plus sur le bulletin de paye (cass. soc. 1er décembre 2016, n° 15-15805 D) ;
- a modifié les temps enregistrés sur un chronotachygraphe et n'a pas réglé toutes les heures de travail (cass. soc. 26 septembre 2018, n° 17-15384 D) ;
- n'a mentionné aucune heure supplémentaire sur les bulletins de paye en l'absence de *convention de forfait** (cass. soc. 27 novembre 2013, n° 12-20904 D).

▶ À noter... Le fait de ne pas déclarer l'intégralité des heures de travail d'une salariée épouse de l'employeur ne peut pas être considéré comme de l'entraide familiale, et constitue bien du travail dissimulé par dissimulation d'emploi salarié. En effet, le statut de salarié exclut que puisse être reconnue la possibilité de poursuivre, au titre de l'entraide familiale et sans que soient établies les déclarations correspondantes aux organismes sociaux, la même activité au-delà des heures contractuellement dues, fût-ce de façon bénévole (cass. crim. 26 mai 2021, n° 20-85118 FP).

Contrôles

Agents de contrôle - Les agents de contrôle habilités à rechercher et à constater les faits de travail dissimulé (et plus globalement de *travail illégal**), dans la limite de leurs compétences respectives, sont listés par le code du travail (c. trav. art. L. 8271-1, L. 8271-1-2 et L. 8271-7).

Parmi eux, on trouve ainsi (liste non exhaustive) :
- les agents de contrôle de l'inspection du travail (c. trav. art. L. 8112-1), à savoir les inspecteurs et contrôleurs du travail ;
- les officiers et agents de police judiciaire ;
- les agents des impôts et des douanes ;
- les agents de *France Travail** chargés de la prévention des fraudes, agréés et assermentés à cet effet ;
- les agents des organismes de sécurité sociale et des caisses de mutualité sociale agricole (MSA) agréés à cet effet et assermentés, comme les inspecteurs URSSAF (c. séc. soc. art. L. 243-7).

Deux procédures de contrôle possibles - La recherche d'infraction aux interdictions du travail dissimulé peut s'effectuer dans le cadre de deux procédures distinctes :
- la procédure de *contrôle URSSAF** de droit commun (c. séc. soc. art. L. 243-7) ;
- la procédure spécifique de contrôle propre à la lutte contre le *travail illégal** (c. trav. art. L. 8271-1 et s.).

▶ À noter... Lorsque le contrôle est spécifiquement effectué en vue de rechercher des infractions aux interdictions de travail dissimulé, l'URSSAF n'est pas tenu d'envoyer au préalable un avis de contrôle (voir *Contrôle URSSAF**) (c. séc. soc.

R. 243-59, I). Dans ce cas, c'est uniquement si l'organisme entend poursuivre le contrôle sur d'autres points de la réglementation qu'il devra faire parvenir à l'employeur un avis de contrôle.

Procès-verbaux de travail dissimulé - Les infractions aux interdictions du travail dissimulé sont constatées au moyen de procès-verbaux (PV) qui font foi jusqu'à preuve du contraire et sont transmis directement au procureur de la République, sans qu'il soit besoin d'informer la personne visée des faits susceptibles de constituer l'infraction pénale et des sanctions encourues (c. trav. art. L. 8271-8 ; cass. crim. 12 janvier 2021, n° 20-80647 FSPBI).

Les agents de contrôle communiquent leurs PV de travail dissimulé aux organismes de recouvrement (URSSAF et caisses MSA) qui procèdent à la mise en recouvrement des cotisations et contributions qui leur sont dues sur la base des informations contenues dans ces PV (c. trav. art. L. 8271-6-4).

L'URSSAF n'a pas à joindre, à la lettre d'observations envoyée au cotisant *(voir plus loin)*, le PV constatant le délit de travail dissimulé à l'origine du redressement, seule la référence du PV devant être indiquée (cass. civ., 2e ch., 14 février 2019, n° 18-12150 FPB). En cas de contentieux, elle n'a pas non plus à le produire en justice (cass. civ. 2e ch., 5 septembre 2024, n° 22-18226 FB), sauf si c'est le donneur d'ordre qui conteste l'existence ou le contenu du PV de travail dissimulé établi à l'encontre de son sous-traitant auquel il est solidairement tenu (cass. civ., 2e ch., 8 avril 2021, n° 19-23728 FSPR ; cass. civ., 2e ch., 8 avril 2021, n° 20-11126 FSPR) (voir aussi *Contrôle URSSAF**).

Procédure de pré-recouvrement - Lorsqu'un PV de travail dissimulé a été établi par les agents de contrôle URSSAF ou transmis aux URSSAF (ou aux caisses MSA) par d'autres agents de contrôle *(voir ci-avant)*, l'agent chargé du contrôle remet à la personne contrôlée un document constatant cette situation et comportant l'évaluation du montant des redressements à prévoir, ainsi que du montant des réductions ou exonérations de cotisations ou contributions sociales dont elle a pu bénéficier, et qui doivent être annulées *(voir plus loin)* (c. séc. soc. art. L. 133-1, I).

Ce document fait état de l'ensemble des dispositions légales applicables à cette infraction. Il mentionne notamment (c. séc. soc. art. R. 133-1) :
- les dispositions relatives aux saisies conservatoires ;
- les voies et délais de recours applicables ;
- la période concernée, les faits constatés et, lorsque le PV a été transmis aux URSSAF et caisses MSA, l'auteur du constat

Ce document est établi et signé par l'agent de contrôle qui a constaté les infractions ou a exploité les informations transmises aux URSSAF et caisses MSA. Il est notifié à la personne contrôlée par tout moyen permettant de rapporter la preuve de sa date de réception (c. séc. soc. art. R. 133-1).

À la suite de la remise du document constatant le PV de travail dissimulé, la personne contrôlée doit fournir des justificatifs de l'existence de garanties suffisantes pour couvrir le montant du redressement ainsi évalué (ex : hypothèques, engagement solidaire souscrit par plusieurs personnes d'acquitter les sommes dues) (c. séc. soc. art. R. 133-1-1, I). À défaut, le directeur de l'URSSAF peut prendre des mesures conservatoires sans passer par le juge (c. séc. soc. art. L. 133-1, II et R. 133-1-1, III). Ainsi, les biens de l'employeur peuvent être gelés, notamment en pratiquant des saisies conservatoires, dans la limite des sommes dont il est redevable au titre du redressement, sans demander au préalable l'autorisation du juge de l'exécution (c. séc. soc. art. L. 133-1, II).

Lettre d'observations - Lorsqu'un constat d'infraction de travail dissimulé a été transmis à l'URSSAF en vue d'un redressement, l'agent de contrôle URSSAF doit communiquer à la personne contrôlée une lettre d'observations comportant des mentions, dont certaines sont spécifiques au travail dissimulé (voir *Contrôle URSSAF**) (c. séc. soc. art. R. 243-59, III).

Indemnisation du salarié en cas de rupture du contrat de travail

Indemnité forfaitaire de rupture - En cas de travail dissimulé par dissimulation d'emploi salarié, le salarié a droit, en cas de rupture de son contrat de travail, à une indemnité égale à 6 mois de salaire, sauf dispositions conventionnelles plus favorables (c. trav. art. L. 8223-1). L'indemnité est due quelle que soit la qualification de la rupture du contrat de travail, y compris s'il s'agit d'une démission (cass. soc. 12 octobre 2004, n° 02-44666, BC V n° 250 ; cass. soc. 19 juin 2013, n° 12-15957 D).

Dans tous les cas, le droit à cette indemnité n'est ouvert qu'en cas de rupture de la relation de travail, sans quoi le salarié ne peut y prétendre. L'inexécution par l'employeur de ses obligations ne suffit pas à elle seule à rendre l'indemnité exigible (cass. soc. 2 mars 2016, n° 14-15611 D).

L'indemnité se calcule en tenant compte des heures supplémentaires effectuées par le salarié sur les 6 mois qui précèdent la rupture du contrat de travail (cass. soc. 10 juin 2003, n° 01-40779, BC V n° 190 ; cass. soc. 5 mai 2011, n° 10-11967 D).

Ayant un caractère indemnitaire, elle n'est pas soumise aux cotisations sociales (cass. soc. 20 février 2008, n° 06-44964, BC V n° 42).

L'indemnité forfaitaire se cumule avec toutes les indemnités de rupture du contrat, à savoir notamment :

- l'indemnité légale ou conventionnelle de licenciement (cass. soc. 6 février 2013, n° 11-23738, BC V n° 31 ; cass. soc. 11 mai 2016, n° 10-30325 D) ;
- les dommages et intérêts pour licenciement sans cause réelle et sérieuse (cass. soc. 12 janvier 2006, n° 03-46800, BC V n° 13), même s'ils sont octroyés après une *prise d'acte de la rupture du contrat de travail** produisant les mêmes effets (cass. soc. 18 février 2015, n° 11-10892 D) ;
- l'indemnité pour irrégularité de la procédure de licenciement (cass. soc. 12 janvier 2006, n° 04-43105, BC V n° 13) ;
- les dommages et intérêts pour violation de l'ordre des licenciements (cass. soc. 12 janvier 2006, n° 04-41769, BC V n° 13) ;
- les indemnités compensatrices de préavis et de congés payés (cass. soc. 12 janvier 2006, n° 04-40991, BC V n° 13).

▶ À noter... Lorsque le contrat de travail a été transféré de plein droit à un nouvel employeur à la suite d'une cession de fonds de commerce, l'indemnité doit être payée, si elle est due, par le seul employeur qui a prononcé le licenciement (cass. soc. 11 mai 2016, n° 14-17496, BC V n° 100).

L'action en paiement de l'indemnité forfaitaire pour travail dissimulé se prescrit par 2 ans à compter de la rupture du contrat de travail (c. trav. art. L. 1471-1 ; cass. soc. 4 septembre 2024, n° 22-22860 FSB).

Réparation du préjudice - L'employeur peut également être tenu d'indemniser le salarié afin de réparer le préjudice que l'inexécution fautive de ses obligations lui a causé. Il peut, par exemple, s'agir d'indemniser le préjudice causé par le défaut de déclaration qui aurait notamment eu des conséquences sur les droits du salarié aux allocations de chômage et aux indemnités journalières de sécurité sociale (cass. soc. 14 avril 2010, n° 08-43124, BC V n° 101).

Travail dissimulé avec un étranger non autorisé à travailler - Lorsqu'un salarié étranger non autorisé à travailler est employé dans le cadre d'un travail dissimulé, l'employeur lui doit (c. trav. art. L. 8252-2) :

- soit l'indemnité forfaitaire spécifique de travail dissimulé de 6 mois de salaire *(voir ci-avant)* ;
- soit l'indemnisation au titre de l'emploi sans autorisation de travail si cela est plus favorable (ex : indemnité de 3 mois de salaire en cas de rupture du contrat, rémunération de la période d'emploi illicite) (pour plus de détails, voir *Travailleurs étrangers**).

L'employeur ne peut donc pas être condamné au paiement de ces deux indemnités, le salarié ne pouvant prétendre qu'à l'une ou l'autre d'entre elles (cass. soc. 14 février 2018, n° 16-22335, BC V n° 28 ; cass. soc.18 mars 2020, n° 18-24982 FPB).

Sanctions

Sanctions pénales - Quel que soit le type de travail dissimulé (dissimulation d'activité ou dissimulation d'emploi salarié), le tribunal correctionnel peut infliger à une personne physique (c. trav. art. L. 8224-1 et L. 8224-2) :

- 45 000 € d'amende et 3 ans d'emprisonnement dans le cas général ;
- 5 ans d'emprisonnement et 75 000 € d'amende pour l'emploi dissimulé d'un mineur soumis à l'obligation scolaire ou d'une personne dont la vulnérabilité ou l'état de dépendance sont apparents ou connus de l'auteur de l'infraction ;
- 10 ans d'emprisonnement et 100 000 € d'amende si les faits sont commis en bande organisée.

La personne morale reconnue pénalement responsable de travail dissimulé encourt, quant à elle, une amende de 225 000 € (375 000 € en cas d'emploi dissimulé d'un mineur soumis à l'obligation scolaire ou d'une personne dont la vulnérabilité ou l'état de dépendance est apparent ; 500 000 € en cas d'infraction en bande organisée) (c. trav. art. L. 8224-5 ; c. pén. art. 131-38).

La personne physique encourt également des peines complémentaires, telles que l'interdiction d'exercer une activité professionnelle, l'exclusion des marchés publics pour une durée de 5 ans maximum ou encore la confiscation des biens ayant servi directement ou indirectement à commettre l'infraction et de ceux qui en sont le produit, etc. (c. trav. art. L. 8224-3).

▶ À noter... Le produit du délit de travail dissimulé pouvant être saisi correspond à la seule économie réalisée par la fraude, comprenant le montant des cotisations sociales et droits éludés, mais pas le chiffre d'affaires réalisé au moyen de l'activité dissimulée (cass. crim. 5 octobre 2022, n° 21-84766 D). Il inclut également les économies réalisées sur les salaires et les heures supplémentaires (cass. crim. 16 octobre 2024, n° 23-85360 FB).

Des peines complémentaires sont aussi prévues pour les personnes morales : dissolution, exclusion des marchés publics à titre définitif ou pour 5 ans maximum, placement sous surveillance judiciaire pendant 5 ans au plus, fermeture d'établissements, affichage ou diffusion de la condamnation, etc. (c. trav. art. L. 8224-5 ; c. pén. art. 131-39).

Refus d'aides publiques - Voir *Travail illégal**.-

Fermeture de l'établissement - Voir *Travail illégal**.

Accident du travail - Lorsque la victime d'un *accident du travail** se trouve en situation de travail dissimulé (par dissimulation d'emploi ou d'activité), l'employeur doit rembourser à la caisse primaire d'assurance maladie (CPAM) le montant des frais occasionnés par cet accident (c. séc. soc. art. L. 471-1).

Si, de surcroît, l'employeur n'a pas rempli ses obligations de déclaration d'accident du travail ou de remise de la feuille d'accident du travail au salarié, il sera aussi passible d'une pénalité financière prononcée par le directeur de la CPAM pour fraude à l'assurance maladie-accidents du travail (c. séc. soc. art. L. 471-1 et L. 114-17-1, II, 9°).

Cotisations sociales

Redressement URSSAF - L'employeur à l'encontre duquel est constaté le délit de travail dissimulé fait l'objet d'un redressement de cotisations et contributions de sécurité sociale dues sur la rémunération du salarié, que cette dernière ait été versée ou reste due.

Lorsqu'une infraction de travail dissimulé par dissimulation d'emploi salarié a été constatée, le redressement a pour objet exclusif le recouvrement des cotisations afférentes à cet emploi. Il n'est pas nécessaire pour l'URSSAF d'établir l'intention frauduleuse de l'employeur (cass. civ., 2e ch., 9 octobre 2014, n° 13-22943, BC II n° 206 ; cass. civ., 2e ch., 9 juillet 2020, n° 19-11860 D).

▶ À noter... En vertu du principe de l'autorité de la chose jugée au pénal sur le civil, le redressement de l'URSSAF n'est pas valide si l'employeur est relaxé du chef de travail dissimulé devant la juridiction pénale (cass. civ., 2e ch., 31 mai 2018, n° 17-18142 FPB).

Si, à la suite du constat du travail dissimulé, les rémunérations versées (ou dues) au salarié sont réintégrées dans l'assiette des cotisations, elles ne peuvent faire l'objet d'aucune mesure de réduction ou d'exonération de cotisations de sécurité sociale, ni de minoration de l'assiette de ces cotisations (c. séc. soc. art. L. 242-1-1 ; BOSS, Allègements généraux, §§ 110 et 1470, 01/12/2024 ; circ. DSS/5C/SG/SAFSL/SDTPS/BACS/2008-254 du 28 juillet 2008).

Exemple

Le redressement lié à l'omission de déclarations préalables à l'embauche est calculé sans tenir compte de la *réduction générale de cotisations patronales** au titre des périodes concernées par le travail dissimulé. Peu importe qu'aucune poursuite pénale n'ait été engagée contre cet employeur (cass. civ., 2e ch., 10 octobre 2013, n° 12-26123, BC II n° 188).

Les minorations appliquées au SMIC des jeunes travailleurs de moins de 18 ans (voir *Jeunes**) demeurent toutefois applicables, sauf en cas de recours à la procédure de redressement forfaitaire *(voir plus loin)* (circ. DSS/5C/SG/SAFSL/SDTPS/BACS/2008-254 du 28 juillet 2008).

Redressement au réel - Par principe, la base du salaire à redresser est évaluée « au réel », sur la base des informations contenues dans les procès-verbaux de travail dissimulé transmis aux URSSAF par les agents de contrôle habilités (inspecteurs du travail, agents des impôts et des douanes, agents de recouvrement URSSAF, etc.) (c. séc. soc. art. L. 243-7-5 ; c. trav. art. L. 8271-6-4). Dans ce cas, l'évaluation de la rémunération dissimulée est effectuée en fonction des investigations menées par les agents de contrôle.

Taxation forfaitaire - À défaut d'éléments permettant d'établir le montant exact des rémunérations dissimulées, le montant de l'assiette des cotisations éludées peut être établi selon la procédure de la taxation forfaitaire (c. séc. soc. art. R. 243-59-4) (pour plus de détails sur cette procédure, voir *Taxation forfaitaire**).

Redressement forfaitaire - Chaque fois qu'il n'est pas possible de procéder ni à un chiffrage réel des sommes à recouvrer, ni à une taxation forfaitaire *(voir ci-avant)*, l'URSSAF met en œuvre un redressement forfaitaire (circ. DSS/5C/SG/SAFSL/SDTPS/BACS/2008-255 du 28 juillet 2008).

Dans ce cas, les rémunérations sont forfaitairement évaluées à 25 % du montant annuel du *plafond de la sécurité sociale** en vigueur au moment du constat de délit de travail dissimulé (soit 11 775 € pour un constat réalisé en 2025), même si elles se rapportent à des périodes antérieures (c. séc. soc. art. L. 242-1-2).

L'employeur peut échapper à cette évaluation forfaitaire s'il prouve à la fois la durée réelle d'emploi du travailleur dissimulé et le montant exact de la rémunération versée à l'intéressé pendant cette période (cass. civ., 2e ch., 19 décembre 2013, n° 12-27513, BC II n° 241 ; cass. civ., 2e ch., 3 juin 2021, n° 19-26262 D). C'est au moment du contrôle que l'employeur doit apporter ces éléments de preuve, et non après devant le juge (cass. civ., 2e ch., 9 novembre 2017, n° 16-25690, BC II n° 210).

La rémunération évaluée forfaitairement supporte, au taux de droit commun, l'ensemble des cotisations et contributions de sécurité sociale (part patronale et part salariale), la CSG, la CRDS et les cotisations et contributions qui sont dues dès lors que la rémunération est assujettie aux cotisations de sécurité sociale (FNAL, versement mobilité). La cotisation d'assurance chômage, elle, n'est pas appelée sur la base du redressement forfaitaire (c. séc. soc. art. L. 242-1-2 ; circ. DSS/5C/SG/SAFSL/SDTPS/BACS/2008-255 du 28 juillet 2008). Par dérogation, la cotisation d'assurance vieillesse plafonnée est calculée sur la base de la moitié du plafond annuel de la sécurité sociale (c. séc. soc. art. R. 242-2-1).

Majoration spécifique au travail dissimulé - En plus de la majoration de retard au taux de droit commun de 5 % (voir *Majorations et pénalités URSSAF**), une majoration spécifique de 25 % s'applique au montant du redressement des cotisations et contributions sociales en cas de constat d'une infraction de travail dissimulé (c. séc. soc. art. L. 243-7-7, I). Le taux de cette majoration spécifique est fixé à 40 % en cas de travail dissimulé avec circonstances aggravantes (c. séc. soc. art. L. 243-7-7, I), c'est-à-dire lorsque le délit est constitué par l'emploi dissimulé d'un mineur soumis à l'obligation scolaire ou d'une ou plusieurs personnes dont la vulnérabilité ou l'état de dépendance est connu de l'auteur du délit ou bien lorsqu'il est commis en bande organisée (c. trav. art. L. 8224-2).

Il est possible pour la personne contrôlée de bénéficier d'une réduction des majorations en cas de paiement rapide, ou au contraire de se voir appliquer un renforcement des majorations en cas de récidive, sous conditions [voir *Majorations et pénalités URSSAF (absence de mise en conformité, travail dissimulé, abus de droit)**].

Annulation des exonérations et réductions de cotisations - En cas de procès-verbal pour travail dissimulé, l'URSSAF procède à l'annulation des réductions ou exonérations de cotisations pour la période concernée par l'infraction, dans la limite de la prescription applicable en matière de travail dissimulé (5 ans) (c. séc. soc. art. L. 133-4-2).

▶ À noter... Cette « sanction » s'applique non seulement en cas d'infraction de travail dissimulé, mais aussi en cas de marchandage, de prêt de main-d'œuvre illicite ou d'emploi d'étranger non autorisé à travailler (c. séc. soc. art. L. 133-4-2).

Pour les opérations de contrôle engagées à compter du 1er janvier 2019, l'annulation de réductions ou d'exonérations de cotisations peut être modulée en fonction de la gravité du manquement de l'employeur.

▶ À noter... Cette modulation est aussi applicable aux procédures de contrôle déjà en cours au 1er janvier 2019 ainsi qu'à toute annulation de réductions ou exonérations de cotisations de sécurité sociale n'ayant pas donné lieu à une décision de justice ayant un caractère irrévocable (loi 2018-1203 du 22 décembre 2018, art. 23, II modifié ; loi 2019-1446 du 24 décembre 2019, art. 21).

Ainsi, l'annulation n'est pas totale, mais seulement partielle, lorsque la dissimulation d'activité ou de salarié (c. séc. soc. art. L. 133-4-2, III et IV) :
- résulte uniquement de la requalification de prestations de services fournies à un donneur d'ordre en contrat de travail ;
- ou représente une « proportion limitée » de l'activité ou des salariés régulièrement déclarés, définie par décret.

Pour ce dernier cas (« proportion limitée »), depuis le 1er janvier 2020, l'annulation est partielle lorsque les sommes assujetties à la suite du constat de travail dissimulé n'excèdent pas (c. séc. soc. art. R. 133-8) :
- 10 % des rémunérations déclarées au titre de la période d'emploi faisant l'objet du redressement pour les employeurs de moins de 20 salariés ;
- 5 % dans les autres cas.

En cas d'annulation partielle, la proportion des réductions et exonérations annulées est égale au rapport entre le double des rémunérations éludées et le montant des rémunérations, soumises à cotisations de sécurité sociale, versées à l'ensemble du personnel par l'employeur sur la période faisant l'objet du redressement, dans la limite de 100 % (c. séc. soc. art. L. 133-4-2, III).

La modulation de l'annulation des exonérations et réductions de cotisations ne peut pas jouer pour les cas de travail dissimulé avec circonstances aggravantes entraînant une majoration de 40 % du redressement (emploi dissimulé d'un mineur soumis à l'obligation scolaire ou d'une personne dont la vulnérabilité ou la dépendance est apparente ou connue de l'auteur du délit, travail dissimulé commis en bande organisée) (c. séc. soc. art. L. 243-7-7, I ; c. trav. art. L. 8224-2 ; c. séc. soc. art. L. 133-4-2, III).

Vérifications à faire lors de la signature de certains contrats

Toute entreprise doit procéder à certaines vérifications lors de la conclusion d'un contrat en vue de l'exécution d'un travail, de la fourniture d'une prestation de services ou de l'accomplissement d'un acte de commerce, portant sur une obligation d'au moins 5 000 € hors taxes, puis tous les 6 mois pendant son exécution. À défaut, si le cocontractant fait l'objet d'un procès-verbal pour travail dissimulé ou *travail* *illégal**, l'entreprise voit sa responsabilité engagée (c. trav. art. L. 8222-1 et D. 8254-1) [voir *Donneur d'ordre (obligations de vigilance et d'injonction)**].

Contrôle URSSAF ; Donneur d'ordre (obligations de vigilance et d'injonction) ; Majorations et pénalités URSSAF (absence de mise en conformité, travail dissimulé, abus de droit) ; Travail illégal.

Travail dominical

Dimanche.

Travail effectif

Temps de travail effectif.

Travail en continu

Définition - Le travail en continu permet à des équipes de se succéder sans interruption 24 heures sur 24 et 7 jours sur 7. Il peut cependant y avoir un arrêt pendant les congés payés.

Cette forme de travail doit être justifiée par des raisons techniques ou, dans les entreprises industrielles, par des raisons économiques.

Primes - Les primes contractuelles ou conventionnelles versées à l'occasion du travail en continu compensent des inconvénients liés aux conditions de travail.

Elles constituent du salaire et sont soumises à toutes les cotisations sociales et à l'impôt sur le revenu. Elles doivent figurer sur le bulletin de paye.

Ces primes ne sont pas prises en compte pour savoir si le salaire minimum est atteint au cours du mois considéré.

En revanche, elles entrent dans le calcul de l'*indemnité de congés payés** (cass. soc. 8 octobre 1987, n° 85-42252, BC V n° 558).

Mise en place et durée du travail - Voir *Travail en équipes successives**.

Aménagement du temps de travail (différents cas).

Travail en équipes successives

Définition

Le travail en équipes successives correspond à un système dans lequel des équipes de salariés se succèdent aux mêmes postes de travail. Il est également appelé « travail posté ».

On distingue :

- le *travail en continu** (équipes fonctionnant 24 heures sur 24 sans interruption) qui déroge à la règle du repos dominical, le repos hebdomadaire étant donné par roulement. Le travail en continu se justifie en cas d'impératifs techniques ou pour des raisons économiques lorsque cela est prévu par accord ;
- le travail en semi-continu (avec un arrêt hebdomadaire) ;
- le travail en discontinu.

Mise en place

Les établissements industriels peuvent organiser le travail en continu pour des motifs économiques (c. trav. art. L. 3132-14). Sa mise en œuvre est subordonnée à l'existence d'une convention ou d'un accord d'entreprise ou d'établissement ou, à défaut, d'une convention ou d'un accord de branche étendu.

En l'absence d'accord collectif d'entreprise ou d'accord étendu, sa mise en place peut également être autorisée par l'inspecteur du travail après consultation des délégués syndicaux et avis du *comité social et économique**. L'inspecteur du travail pourra autoriser le recours au travail en continu pour motif économique si ce mode d'organisation tend à une meilleure utilisation des équipements de production et au maintien ou à l'accroissement du nombre d'emplois existants (c. trav. art. R. 3132-9 et R. 3132-13).

▶ À noter... Dans tous les cas, l'employeur doit consulter les représentants du personnel s'ils existent (c. trav. art. L. 2312-1 et L. 2312-8).

Durée du travail

Lorsque les salariés travaillent de façon permanente en équipes successives selon un cycle continu, la durée du travail ne doit pas être supérieure, en moyenne sur une année, à 35 heures par semaine travaillée (c. trav. art. L. 3132-15).

Ces dispositions, qui se suffisent à elles seules, ne sont subordonnées à la parution d'aucun décret (cass. soc. 7 juin 1995, n° 91-43470, BC V n° 190). Elles sont applicables aux salariés affectés à l'une des équipes en continu mais soumis, par intermittence, à un horaire normal (cass. soc. 7 décembre 1999, n° 97-45792, BC V n° 477).

Toute heure supplémentaire effectuée au-delà de cette durée de 35 heures supporte les majorations pour heures supplémentaires et ouvre droit, le cas échéant, au repos compensateur (cass. soc. 7 décembre 1999, n° 96-43987, BC V n° 478).

Équipes de suppléance

Le travail en équipes successives suppose la mise en place d'équipes de suppléance pour les fins de semaine et la mise en œuvre de dérogations au principe du repos dominical (pour plus de détails, voir *Équipes de suppléance**).

Risques professionnels

Le travail en équipes successives fait partie des risques :
- pris en compte au titre du *compte professionnel de prévention** ;
- qui peuvent obliger certaines entreprises de 50 salariés à mettre en place un accord ou un plan de prévention sous peine de devoir s'acquitter d'une pénalité (voir *Pénalité 1 % prévention pénibilité**).

☛ Aménagement du temps de travail (différents cas) ; Compte professionnel de prévention ; Équipes de suppléance ; Pénalité 1 % prévention pénibilité ; Retraite anticipée.

Travail en soirée

Dans les zones touristiques internationales (ZTI), les établissements de vente au détail peuvent, à certaines conditions, organiser le travail en soirée de leurs salariés. Ce régime spécifique s'articule avec le *travail de nuit**, sans se confondre avec lui.

Définition des zones touristiques internationales

Les zones touristiques internationales (ZTI) ont été créées en 2015 (loi 2015-990 du 6 août 2015, JO du 7). Les établissements de vente au détail peuvent, sous condition, y faire travailler tout ou partie de leurs salariés le dimanche (voir *Dimanche**).

Caractéristiques du travail en soirée (travail entre 21 h et minuit)

Décalage du début de la période de nuit - Sous condition, les établissements de vente au détail situés dans les ZTI peuvent faire travailler des salariés jusqu'à minuit sans basculer dans le régime du *travail de nuit**.

Il est ainsi possible de reporter le début de la période de *travail de nuit** jusqu'à minuit (au lieu de 21 h). Lorsque ce début est fixé au-delà de 22 h, la période de *travail de nuit** s'achève à 7 h (au lieu de 6 h) (c. trav. art. L. 3122-4).

En pratique, ce dispositif permet de décaler le début de la plage qui, sous certaines conditions, entraîne l'application de la législation relative au *travail de nuit**.

Accord collectif - La faculté de faire travailler des salariés entre 21 h et minuit est réservée aux établissements couverts soit par un accord collectif d'entreprise ou d'établissement (à défaut, un accord collectif de branche), soit par un accord conclu à un niveau territorial le prévoyant (c. trav. art. L. 3122-19).

Contreparties pour les salariés - Des contreparties sont prévues pour les salariés.

Chacune des heures de travail effectuées durant la période entre 21 h et minuit est rémunérée au moins le double de la rémunération normalement due et donne lieu à un repos compensateur équivalent en temps (c. trav. art. L. 3122-4).

L'accord collectif doit également prévoir au bénéfice des salariés employés entre 21 h et le début de la période de nuit (c. trav. art. L. 3122-19) :
- la mise à disposition d'un moyen de transport pris en charge par l'employeur leur permettant de regagner leur domicile ;
- des mesures destinées à faciliter la conciliation entre la vie professionnelle et la vie personnelle des salariés et, en particulier, les mesures de compensation des charges liées à la garde d'enfants ou à la prise en charge d'une personne dépendante ;
- des conditions de prise en compte par l'employeur de l'évolution de la situation personnelle des salariés et, en particulier, de leur changement d'avis.

Pour les salariées enceintes ou ayant récemment accouché et qui travaillent de nuit (c. trav. art. L. 1225-9), le choix de ne plus travailler entre 21 h et le début de la période de nuit est d'effet immédiat (c. trav. art. L. 3122-19).

Travail sur la base du volontariat - L'employeur doit demander l'accord écrit du salarié pour le faire travailler entre 21 h et minuit (c. trav. art. L. 3122-4).

Un refus ne peut pas constituer une faute ou un motif de licenciement, ni conduire à des mesures discriminatoires.

Prise en compte du volume de travail en soirée

Salariés concernés - Lorsque le nombre d'heures de travail en soirée atteint un certain seuil, les salariés concernés bénéficient de certaines des garanties accordées aux travailleurs de nuit (c. trav. art. L. 3122-4, al. 4 et L. 3122-5).

Sont concernés les salariés qui :
- soit accomplissent, au moins deux fois par semaine, selon leur horaire de travail habituel, au moins 3 heures de travail entre 21 h et minuit ;
- soit accomplissent, pendant 12 mois consécutifs, au moins 270 heures de travail entre 21 h et minuit, un accord collectif étendu pouvant fixer une période de référence et un nombre minimal d'heures différents.

Pour les salariés qui effectuent à la fois des heures en soirée et des heures de *travail de nuit**, il faut additionner ces deux catégories d'heures pour vérifier si l'un des seuils visés ci-avant est atteint.

Garanties spécifiques - Les garanties accordées à ces salariés sont les suivantes :
- droit de refuser de travailler en soirée en cas d'incompatibilité avec des obligations familiales impérieuses, comme la garde d'un enfant ou la prise en charge d'une personne dépendante (c. trav. art. L. 3122-12) ;
- consultation du médecin du travail avant toute décision importante relative à la mise en place ou à la modification de l'organisation du travail en soirée (c. trav. art. L. 3122-10) ;
- suivi médical renforcé (c. trav. art. R. 3122-11 et s.) ;
- possibilité de reprendre un travail de jour dans certains cas (c. trav. art. L. 3122-13 et L. 3122-14).

Articulation avec le travail de nuit

Pour savoir si le salarié dépasse l'un des seuils déclenchant l'application du statut spécifique de « travailleur de nuit » (c. trav. art. L. 3122-5 ; voir *Travail de nuit**), les heures effectuées « en soirée » sont cumulées avec celles effectuées sur la plage de nuit (c. trav. art. L. 3122-4).

☞ *Dimanche ; Travail de nuit.*

Travail illégal

La notion de travail illégal couvre un certain nombre d'hypothèses dans lesquelles la relation de travail est illicite.

Définition

Multiplicité des situations - Il y a travail illégal en cas de (c. trav. art. L. 8211-1) :
- travail dissimulé, par dissimulation d'emploi salarié ou dissimulation d'activité (c. trav. art. L. 8221-3 et L. 8221-5) (voir *Travail dissimulé**) ;
- délit de marchandage (c. trav. art. L. 8231-1) ;
- prêt illicite de main-d'œuvre (c. trav. art. L. 8241-1 et L. 8241-2) ;
- emploi d'étranger non autorisé à travailler (c. trav. art. L. 8251-1) (voir *Travailleurs étrangers**) ;
- cumul irrégulier d'emplois au-delà de la durée maximale du travail en dehors des dérogations admises (c. trav. art. L. 8261-1, L. 8261-2 et L. 8261-3) ;
- fraude ou fausse déclaration dans le cadre de l'*assurance chômage**.

▶ À noter… Les obligations et interdictions qui s'imposent aux entreprises en matière de travail illégal s'appliquent lorsqu'elles font appel à des prestataires de services, y compris lorsque ceux ci sont établis hors de France et détachent du personnel sur le territoire (c. trav. art. L. 1261-2).

Droits du salarié employé sans autorisation de travail - Voir *Travailleurs étrangers**.

Droits du salarié employé en situation de travail dissimulé - Voir *Travail dissimulé**.

Agents de contrôle compétents

Les agents de contrôle habilités à rechercher et à constater les faits de travail illégal, dans la limite de leurs compétences respectives, sont notamment (c. trav. art. L. 8271-1 et L. 8271-1-2) :
- les agents de contrôle de l'inspection du travail, à savoir les inspecteurs et contrôleurs du travail (c. trav. art. L. 8112-1) ;
- les agents des organismes de sécurité sociale et des caisses de mutualité sociale agricole agréés à cet effet et assermentés (ex : inspecteurs URSSAF) ;
- les officiers et agents de police judiciaire ;
- les agents des impôts et des douanes ;
- les agents de *France Travail** chargés de la prévention des fraudes, agréés et assermentés à cet effet.

Pouvoirs d'investigation des agents de contrôle

Auditions - Les agents de contrôle *(voir ci-avant)* sont habilités à entendre, en quelque lieu que ce soit, et avec son consentement, tout employeur (ou son représentant) et toute personne rémunérée, ayant été rémunérée ou présumée être ou avoir été rémunérée par l'employeur, afin de connaître la nature des activités de cette personne, ses conditions d'emploi et le montant des rémunérations s'y rapportant, y compris les avantages en nature. Ils peuvent, de même, entendre toute personne susceptible de fournir des informations utiles à l'accomplissement de leur mission (c. trav. art. L. 8271-6-1).

Demande de documents auprès de la personne contrôlée - Les agents de contrôle *(voir ci-avant)* peuvent se faire présenter et obtenir copie immédiate des documents justifiant du respect de la réglementation en matière de travail illégal (c. trav. art. L. 8271-6-2).

S'agissant des agents de contrôle de l'inspection du travail, il est précisé qu'ils peuvent obtenir, au cours de leurs visites et enquêtes, communication de tout document comptable ou professionnel ou tout autre élément d'information propre à faciliter l'accomplissement de leur mission de lutte contre le travail illégal. Ils peuvent également en prendre copie immédiate, par tout moyen et sur tout support. Pour la communication des données informatisées, ils ont accès aux logiciels et aux données stockées et peuvent en demander la transcription par tout traitement approprié en des documents directement utilisables pour les besoins du contrôle (c. trav. art. L. 8113-5-1 et R. 8113-3-2).

Échanges d'informations et droit de communication - De manière générale, les agents de contrôle *(voir ci-avant)* sont habilités à se communiquer réciproquement tous renseignements et tous documents utiles à l'accomplissement de leur mission de lutte contre le travail illégal (c. trav. art. L. 8271-2).

Les agents de l'inspection du travail disposent également d'un droit de communication leur permettant d'obtenir, sans que s'y oppose le secret professionnel, communication de tout document, renseignement ou élément d'information détenus par des tiers ayant des relations juridiques ou économiques avec l'entreprise contrôlée (fournisseurs, clients, opérateurs de téléphonie ou d'internet, administrations, plateformes en lignes, etc.) (c. trav. art. L. 8113-5-2 et R. 8113-3-3). Ce même droit de communication est ouvert aux agents de contrôle URSSAF dans le cadre de leur mission de lutte contre le travail dissimulé (c. séc. soc. art. L. 114-19, 2°, L. 114-20 et L. 114-21).

Prérogatives de cyber-enquêtes - Les agents de contrôle de l'inspection du travail, des URSSAF, des caisses de MSA et de France Travail peuvent conduire des investigations, sous pseudonyme, sur internet ou les réseaux sociaux, afin de rechercher des infractions de travail illégal commises par la voie des communications électroniques. Dans ce cadre, ils peuvent participer à des échanges électroniques, y compris avec les personnes susceptibles d'être les auteurs de ces infractions, extraire ou conserver par ce moyen les données sur les personnes susceptibles d'être les auteurs de ces infractions et tout élément de preuve. À peine de nullité, ces actes ne peuvent toutefois pas constituer une incitation à commettre une infraction (c. trav. art. L. 8271-6-5).

Sanctions encourues par l'employeur

Sanctions pénales - L'employeur coupable d'une infraction de travail illégal encourt des sanctions pénales, non détaillées ici.

Perte des aides publiques - L'employeur verbalisé pour une des infractions liées au travail illégal peut se voir refuser certaines aides publiques nationales et européennes, notamment en matière d'emploi et de formation professionnelle, pendant une durée maximale de 5 ans. Sont notamment concernées les aides publiques au contrat d'apprentissage, au *contrat de professionnalisation** et au *contrat unique d'insertion**, ainsi que l'allocation d'*activité partielle** (c. trav. art. L. 8272-1 et D. 8272-1 à D. 8272-6).

En fonction de la gravité des faits, l'autorité administrative peut aussi demander le remboursement de tout ou partie de ces aides perçues au cours des 12 derniers mois.

▶ À noter... L'entreprise peut également être exclue de certains contrats administratifs pour 6 mois maximum (c. trav. art. L. 8272-4). Le préfet tient compte, pour déterminer la durée de l'exclusion des contrats administratifs, de la nature, du nombre, de la durée de la ou des infractions relevées, du nombre de salariés concernés ainsi que de la situation économique, sociale et financière de la personne ayant commis l'infraction (c. trav. art. R. 8272-10 et R. 8272-11).

Par ailleurs, en cas de condamnation pénale pour travail dissimulé, marchandage, prêt illicite de main-d'œuvre ou emploi d'étrangers sans titre de travail, le juge peut, à titre complémentaire, interdire la perception, pendant une durée maximale de 5 ans, de toute aide publique (c. trav. art. L. 8224-5, L. 8234-2, L. 8243-2 et L. 8256-7 ; c. pén. art. 131-39, 12°).

Fermeture d'établissement - En cas de travail dissimulé, d'emploi d'étrangers sans autorisation de travail, de marchandage ou de prêt de main-d'œuvre illicite constaté dans un procès-verbal ou un rapport établi par un agent de contrôle, le préfet de département peut, si la proportion de salariés concernés le justifie et eu égard à la répétition ou à la gravité des faits constatés, ordonner la fermeture temporaire de l'établissement concerné pour 3 mois maximum (c. trav. art. L. 8272-2). Cette décision est portée à la connaissance du public par voie d'affichage sur les lieux du ou des établissements (c. trav. art. R. 8272-8).

Lorsque l'activité de l'entreprise est exercée sur des chantiers de BTP, ou dans tout lieu autre que son siège ou l'un de ses établissements, la fermeture temporaire prend la forme d'un arrêt de l'activité de l'entreprise sur le site dans lequel a été commis l'infraction ou le manquement. Lorsque cette fermeture temporaire est devenue sans objet parce que l'activité est déjà achevée ou a été interrompue, l'autorité administrative peut prononcer l'arrêt de l'activité de l'entreprise sur un autre site (c. trav. art. L. 8272-2).

Cette fermeture n'entraîne ni la rupture, ni la suspension des contrats de travail, ni aucun préjudice pécuniaire pour les salariés (c. trav. art. L. 8272-3).

Pour déterminer la durée de fermeture du ou des établissements ayant servi à commettre l'infraction, le préfet tient compte (c. trav. art. R. 8272-8) :
- de la nature, du nombre, de la durée de la ou des infractions relevées ;
- du nombre de salariés concernés ;
- ainsi que de la situation économique, sociale et financière de l'entreprise ou de l'établissement.

La mesure de fermeture temporaire est levée de plein droit en cas de décision pénale de relaxe ou de non-lieu (c. trav. art. L. 8272-2).

Amende administrative pour l'emploi d'un étranger sans titre de travail - L'emploi d'un salarié étranger sans titre de travail ou dans une catégorie professionnelle, une profession ou une zone géographique autre que celle mentionnée sur le titre de travail est passible d'une amende administrative prononcée par le ministre chargé de l'immigration (c. trav. art. L. 8253-1) (pour le détail, voir *Travailleurs étrangers**).

Redressement URSSAF - L'employeur à l'encontre duquel est constaté le délit de travail dissimulé fait l'objet d'un redressement de cotisations et contributions sociales (pour le détail, voir *Travail dissimulé**).

Annulation des réductions ou exonérations de cotisations - En cas de travail dissimulé, les réductions ou exonérations de cotisations sociales appliquées sont annulées en totalité, ou partiellement sous conditions (pour le détail, voir *Travail dissimulé**).

Prescription des cotisations et des pénalités et majorations de retard - En cas de constatation d'une infraction de travail illégal par procès-verbal, les délais de prescription des cotisations, des majorations de retard et des pénalités, ainsi que de l'action en recouvrement et de l'action en exécution d'une *contrainte** sont portés à 5 ans (c. séc. soc. art. L. 244-11).

Inscription sur une liste noire - Les entreprises et prestataires de services condamnés au pénal pour travail dissimulé, marchandage, prêt illicite de main-d'œuvre ou emplois de ressortissants étrangers sans titre de travail peuvent, sur décision du juge, être inscrits sur une « liste noire » sur un site Internet dédié, à titre de peine complémentaire (c. trav. art. L. 8224-3, L. 8224-5, L. 8234-1, L. 8234-2, L. 8243-1, L. 8243-2, L. 8256-3 et L. 8256-7).

Cette peine complémentaire peut être décidée pour une durée maximale de 2 ans.

La diffusion est effectuée sur une rubrique dédiée du site Internet du ministère du Travail, qui est consultable librement (c. trav. art. R. 8211-1 à R. 8211-8).

Cette peine complémentaire de publication et de diffusion des décisions de condamnation pour travail dissimulé est en revanche obligatoire lorsque l'infraction a été commise à l'encontre de mineurs, de personnes vulnérables ou en état de dépendance, ou en bande organisée. Le juge peut toutefois décider, par une décision spécialement motivée, de ne pas prononcer cette peine complémentaire en considération des circonstances dans lesquelles l'infraction a été commise et de la personnalité de son auteur (c. trav. art. L. 8224-3 et L. 8224-5).

☛ *Donneur d'ordre (obligations de vigilance et d'injonction) ; Travail dissimulé ; Travailleurs étrangers.*

Travail intermittent

Un contrat de travail intermittent a pour objet de pourvoir un emploi permanent qui comporte, par nature, une alternance de périodes travaillées et de périodes non travaillées.

La loi Travail du 8 août 2016 a réécrit les règles régissant le travail intermittent, en distinguant les dispositions d'ordre public et les dispositions négociables (loi 2016-1088 du 8 août 2016, JO du 9 ; décret 2016-1553 du 18 novembre 2016, JO du 19 ; circ. MES/CAB 2000-3 du 3 mars 2000). Dans les domaines ouverts à la négociation, la priorité est désormais donnée à l'accord d'entreprise ou d'établissement, l'accord de branche ayant un rôle supplétif.

Travail intermittent prévu par accord collectif

Accord collectif obligatoire - Il est possible de recourir au contrat de travail intermittent uniquement si cela est prévu par un accord d'entreprise ou d'établissement ou, à défaut, par une convention ou un accord de branche étendu (c. trav. art. L. 3123-33).

Un contrat de travail intermittent conclu en l'absence d'une convention ou d'un accord collectif est illicite. En cas de contentieux, les juges le requalifieront en contrat de travail à temps plein même si l'employeur prouve que le salarié n'était pas tenu de rester à sa disposition constamment (cass. soc. 8 juin 2011, n° 10-15087, BC V n° 150 ; cass. soc. 23 octobre 2013, n° 10-21589 D ; cass. soc. 10 juillet 2013, n° 13-10759, BC V n° 185).

▶ À noter… L'employeur ne peut pas se rattraper en prouvant un « temps partiel » (cass. soc. 19 mars 2014, n° 13-10759, BC V n° 81).

Exceptions à la règle de l'accord collectif - Les entreprises adaptées peuvent conclure un contrat de travail intermittent avec un travailleur handicapé bénéficiaire de l'obligation d'emploi, sans convention ou accord collectif (c. trav. art. L. 3123-37).

Forme et contenu du contrat

CDI écrit - Le contrat de travail intermittent est un contrat à durée indéterminée (CDI). Il doit donner lieu à la rédaction d'un écrit (c. trav. art. L. 3123-34), y compris si le salarié est rémunéré par un chèque-emploi associatif (cass. soc. 20 mai 2015, n° 14-13127, BC V n° 102).

Mentions - Le contrat doit mentionner notamment la qualification du salarié, les éléments de rémunération, la durée annuelle minimale de travail du salarié, les périodes de travail et la répartition des heures de travail à l'intérieur de ces périodes (c. trav. art. L. 3123-34).

Les heures dépassant la durée annuelle minimale fixée dans le contrat de travail intermittent ne peuvent excéder le 1/3 de cette durée, sauf accord du salarié (c. trav. art. L. 3123-35).

Si le contrat de travail intermittent n'indique pas les périodes travaillées et non travaillées, il doit être requalifié automatiquement en contrat à durée indéterminée de droit commun à temps plein (cass. soc. 25 mai 2016, n° 15-12332, BC V n° 116 ; cass. soc. 5 avril 2018, n° 17-11842 D).

En revanche, l'absence de mention de la durée annuelle minimale convenue ou de la répartition des heures de travail à l'intérieur des périodes travaillées laisse seulement présumer que le contrat est à temps plein. L'employeur peut donc échapper à la requalification en établissant la preuve contraire, c'est-à-dire en prouvant la durée annuelle minimale convenue, le fait que le salarié connaissait les jours durant lesquels il devait travailler et selon quels horaires et enfin qu'il n'était pas obligé de se tenir constamment à sa disposition (cass. soc. 20 février 2013, n° 11-24531 D). À défaut, l'employeur devient débiteur de l'obligation de fournir un travail au salarié qui se tient à sa disposition. Il est donc tenu au paiement du salaire sur la base d'un temps complet, sauf s'il établit qu'il a satisfait à cette obligation et que le salarié a refusé d'exécuter son travail ou ne s'est pas tenu à sa disposition (cass. soc. 21 septembre 2022, n° 20-17627 FSB).

▶ À noter… La mention de la durée annuelle minimale de travail s'impose pour tous les contrats, quelle que soit leur date de signature. Elle concerne donc aussi les contrats signés entre 1993 et 2000, période pendant laquelle le dispositif avait été abrogé (cass. soc. 16 décembre 2015, n° 14-18908, BC V n° 265). À défaut, les contrats sont présumés à temps plein.

Des adaptations peuvent être prévues par voie d'accord collectif, lorsque les périodes travaillées ne peuvent être définies (voir par exemple, cass. soc. 30 septembre 2020, n° 18-24909 FSPB).

Dans le secteur du spectacle vivant et enregistré où la nature de l'activité ne permet pas de fixer avec précision dans le contrat de travail intermittent les périodes de travail et la répartition des heures de travail au sein de ces périodes, l'accord collectif doit déterminer les adaptations nécessaires et notamment les conditions dans lesquelles le salarié peut refuser les dates et les horaires de travail qui lui sont proposés (c. trav. art. L. 3123-38, al. 4 et D. 3123-4).

Une décision a été rendue pour des enquêteurs en contrat de travail intermittent. Dans cette affaire des périodes travaillées ne pouvaient pas être définies à l'avance et les dispositions conventionnelles prévoyaient à la fois l'obligation d'indiquer le délai de prévenance des périodes travaillées dans le contrat de travail, mais aussi la possibilité pour l'employeur de solliciter un salarié pour une enquête ne permettant pas le respect de ce délai sachant qu'alors le refus du salarié n'était pas fautif. Dans cette affaire, l'omission du délai de prévenance n'a pas permis la requalification automatique du CDI intermittent en temps complet car l'employeur a pu démontrer que le salarié n'avait pas à se tenir en permanence à sa disposition (cass. soc. 3 juin 2020, n° 18-24945 FSPB).

Droits liés à l'ancienneté

Les périodes non travaillées sont prises en compte en totalité pour déterminer les droits liés à l'ancienneté (préavis, licenciement, etc.) (c. trav. art. L. 3123-36).

▶ À noter… A fortiori lorsqu'un contrat de travail intermittent est requalifié en CDI de droit commun, l'indemnité de licenciement ou de préavis est calculée en fonction de l'ancienneté acquise durant les périodes travaillées et les périodes non travaillées (cass. soc. 23 octobre 2013, n° 12-16349 D).

Décompte du temps de travail

Le contrat de travail intermittent ne constitue pas, en soi, une annualisation du temps de travail autorisant l'employeur à ne décompter les heures supplémentaires qu'au-delà de la durée annuelle légale ou conventionnelle. Les heures supplémentaires doivent être décomptées par semaine civile travaillée, sauf exception légale ou conventionnelle (circ. DRT 2000-7 du 6 décembre 2000 ; cass. soc. 16 juin 2010, n° 08-43244, BC V n° 142 ; cass. soc. 28 mai 2014, n° 13-12087, BC V n° 128).

En conséquence, toutes les heures effectuées par un salarié intermittent au-delà de 35 heures hebdomadaires de travail sont des heures supplémentaires sauf exception légale ou conventionnelle.

Lissage de la rémunération

Dans le dispositif de droit commun, seul l'accord collectif qui autorise le recours au travail intermittent peut prévoir que la rémunération versée mensuellement aux salariés intermittents est indépendante de l'horaire réel et prévoir les modalités d'un lissage de la rémunération (c. trav. art. L. 3123-38, al. 3).

☛ *Effectif ; Effectif sécurité sociale.*

Travail par relais

☛ *Travail en continu ; Travail en équipes successives ; Travail posté.*

Travail par roulement

☛ *Travail posté.*

Travail posté

Le travail posté n'est pas, à proprement parler, une catégorie juridique. C'est un terme générique qui désigne tout mode d'organisation du travail en équipe selon laquelle les salariés sont occupés successivement sur le même poste de travail, selon un certain rythme, ce qui permet de maintenir le processus de production. Schématiquement, on peut distinguer 3 grandes formes de travail posté.

Travail en équipes successives

Le *travail en équipes successives** recouvre 3 grands types d'organisation :

- le travail posté discontinu : par exemple en 2 × 8, deux équipes se succédant pour couvrir 16 heures de travail (en général, il n'y a pas de travail la nuit ou le week-end) ;
- le travail posté semi-continu : par exemple en 3 × 8, trois équipes se succédant pour couvrir 24 heures de travail, mais avec une interruption pour le week-end ou le repos hebdomadaire ;
- le travail posté continu : par exemple en 5 × 8, cinq équipes permettant de couvrir tous les jours de la semaine, 24 h/24 h.

Pour plus de détails, voir *Travail en équipes successives**.

Travail par relais ou par roulement

Travail par relais - Le travail par relais recouvre essentiellement :

- soit le travail en horaires décalés, avec des équipes chevauchantes (ex. : une équipe de 5 h à 12 h et une équipe de 10 h à 17 h) ;
- soit le travail en équipes alternantes, avec plusieurs équipes qui travaillent tour à tour, chacune voyant en général sa journée entrecoupée par une pause de longue durée (ex. : 1re équipe de 6 h à 10 h, puis de 14 h à 18 h, 2e équipe de 10 h à 14 h, puis de 18 h à 22 h).

Travail par roulement - Ce type de travail conduit à donner le repos hebdomadaire à des moments différents selon les équipes.

Par exemple, une première équipe travaille du lundi au vendredi, une deuxième du mardi au samedi, une troisième équipe travaille du mercredi au dimanche.

▶ À noter... Lorsque le roulement concerne également le *dimanche**, l'entreprise doit bénéficier d'une des dérogations au repos dominical admises.

Mise en place - Certains décrets d'application de la loi du 21 juin 1936 autorisent explicitement ce type de travail comme, par exemple, dans les hôpitaux ou le cinéma.

Ces formes de travail sont cependant fréquemment interdites par les décrets d'application sur les 40 heures dans les branches professionnelles, pris en application de la loi du 21 juin 1936. Dans ce cas, la mise en place de cette forme de travail n'est possible que si une convention ou un accord collectif étendu ou une convention ou un accord d'entreprise ou d'établissement le permet (c. trav. art. L. 3121-68).

Si aucun décret applicable à l'entreprise ne permet ou n'interdit cette mise en place, celle-ci pourra, le cas échéant, être effectuée sur la base d'une convention ou d'un accord collectif.

Prise en compte des risques professionnels

Le travail posté, par exemple en équipes successives alternantes, peut faire partie des postes pour lesquels l'existence d'une pénibilité était reconnue (circ. DGT 2011-8 du 28 octobre 2011). La notion de pénibilité ayant été remplacée par celle de risques professionnels. Dans certains cas, le travail posté peut être pris en compte dans le cadre d'un *compte professionnel de prévention**.

Sous condition, les entreprises de 50 salariés et plus sont tenues de mettre en place un accord ou un plan d'action de prévention sous peine de devoir s'acquitter d'une pénalité (voir *Pénalité 1 % prévention pénibilité**).

☞ *Compte professionnel de prévention ; Équipes de suppléance ; Pénalité 1 % prévention pénibilité ; Travail en équipes successives.*

Travail saisonnier

☞ *Travailleurs saisonniers.*

Travailleurs à domicile

Le travailleur à domicile exécute à son domicile, moyennant une rémunération forfaitaire fixée à l'avance, des travaux pour un ou plusieurs établissements industriels, commerciaux ou artisanaux.

Conditions de travail

Travail « en famille » - Le travailleur à domicile peut travailler seul ou avec son conjoint, son partenaire dans le cadre d'un pacte civil de solidarité, son concubin ou avec ses enfants à charge (c. trav. art. L. 7412-1).

Travail avec un auxiliaire - Le travailleur à domicile qui utilise le concours d'un auxiliaire est responsable de l'application à celui-ci de l'ensemble des dispositions législatives et réglementaires applicables aux salariés (c. trav. art. L. 7412-1 et L. 7413-4).

Sa responsabilité est celle d'un donneur d'ouvrage vis-à-vis d'un travailleur à domicile ou celle d'un chef d'entreprise industrielle vis-à-vis d'un ouvrier d'atelier, suivant que l'ouvrier est occupé à son propre domicile ou à celui du travailleur à domicile (c. trav. art. R. 7413-3).

Application des dispositions conventionnelles - Le travailleur à domicile bénéficie des dispositions conventionnelles liant le *donneur d'ouvrage**, sauf stipulations contraires dans les conventions ou accords collectifs de travail en cause (c. trav. art. L. 7413-2 ; cass. soc. 2 mai 2006, n° 04-46418, BC V n° 157).

Rémunération

Mensualisation - Les dispositions relatives à la *mensualisation** ne s'appliquent pas aux travailleurs à domicile (c. trav. art. L. 3242-1).

Rémunération minimale - Le tarif minimum des travaux à domicile est égal au produit du salaire horaire par les temps d'exécution (c. trav. art. L. 7422-5).

▶ À noter… Le cas échéant, s'ajoutent à ce tarif les majorations prévues aux articles liées aux heures supplémentaires ou au travail le dimanche et les jours fériés (c. trav. art. L. 7422-9 et L. 7422-10) ainsi que les *frais d'atelier** et les frais accessoires (c. trav. art. L. 7422-11).

Le donneur d'ouvrage n'a pas le droit d'appliquer aux travaux à domicile des tarifs inférieurs aux tarifs minimaux (c. trav. art. L. 7422-4).

Le tableau des temps nécessaires à l'exécution des travaux est fixé en principe par convention ou accord collectif de travail (c. trav. art. L. 7422-1). À défaut de convention ou d'accord collectif de travail étendu, ce tableau est dressé par l'autorité administrative par arrêté préfectoral (c. trav. art. L. 7422-2 et R. 7422-1) ou, dans certains cas, par arrêté ministériel (c. trav. art. L. 7422-3 et R. 7422-6).

Le taux du salaire est fixé par la convention collective du donneur d'ouvrage. À défaut de convention ou d'accord de branche étendu, ou lorsque les salaires pratiqués en atelier sont sensiblement supérieurs aux taux horaires prévus par la convention ou accord collectif de travail applicable, les taux sont fixés, par arrêté préfectoral (c. trav. art. L. 7422-5, L. 7422-6 et R. 7422-7) ou, dans certains cas, par arrêté ministériel (c. trav. art. L. 7422-7 et R. 7422-9).

Le salaire horaire ne peut être inférieur au *SMIC**.

▶ À noter… Lorsque le salaire horaire fixé par l'autorité administrative est inférieur au montant cumulé du SMIC et des indemnités, primes ou majorations susceptibles de s'y ajouter, les tarifs d'exécution sont complétés dès la date d'entrée en vigueur du texte modifiant le salaire minimum et sans attendre la publication d'un arrêté (c. trav. art. L. 7422-8). En outre, en l'absence de fixation du salaire horaire et du temps d'exécution des travaux dans les conditions prévues par le code du travail, le travailleur à domicile a droit à une rémunération au moins égale au SMIC* pour le nombre d'heures de travail qu'il a effectué (cass. soc. 10 mai 2007, n° 05-44313, BC V n° 73).

Volume de travail et rémunération - Sauf disposition conventionnelle ou contractuelle contraire, un employeur n'a pas l'obligation de fournir un volume de travail constant au travailleur à domicile. Il ne peut cependant pas modifier, unilatéralement et sans justification, la quantité de travail fourni et la rémunération.

Exemple

La diminution « considérable » de la rémunération mensuelle moyenne de la salariée, passée de 957,68 € en octobre 1996 à 407,04 € en 2000, avec des versements « dérisoires » de 32,79 € ou même de 4,12 € certains mois, n'était justifiée par aucun élément objectif et résultait d'une volonté arbitraire de l'employeur. Ce dernier avait ainsi commis une faute génératrice d'un préjudice à indemniser (cass. soc. 5 avril 2006, n° 03-45888, BC V n° 137).

Frais d'ateliers - Le donneur d'ouvrage doit rembourser les frais d'ateliers et les frais accessoires engagés par le travailleur à domicile (voir *Frais d'ateliers**).

Matières premières et fournitures accessoires - La valeur des matières premières et des fournitures accessoires que le travailleur à domicile est tenu de se procurer en tout ou en partie ne constitue pas un élément du tarif et fait l'objet d'un remboursement séparé. Lorsque le travailleur est tenu de prendre les fournitures accessoires chez l'employeur, celles-ci lui sont fournies gratuitement (c. trav. art. L. 7422-12).

Carnet de salaire - Le donneur d'ouvrage qui recourt à un travailleur à domicile doit établir et lui remettre un *carnet de salaire** (pour plus de détails, voir ce mot).

Heures supplémentaires - Lorsque le travailleur à domicile est contraint de prolonger son travail, en raison des délais de livraison qui lui ont été imposés, au-delà de 8 heures par jour ouvrable, le tarif d'exécution est majoré au moins de 25 % pour les deux premières *heures supplémentaires** et de 50 % pour les suivantes (c. trav. art. L. 7422-9).

Le décompte des heures supplémentaires se fait donc dans le cadre de la journée.

1er Mai - Quel que soit le jour de la semaine où tombe le 1er Mai, une indemnité égale au 1/6 du salaire hebdomadaire moyen correspondant à la période de paye antérieure est due au travailleur à domicile (rép. Durafour n° 24414, JO 28 juin 1972, AN quest. p. 2896).

Travail du jour de repos hebdomadaires ou de jours fériés - Lorsque le donneur d'ouvrage remet un travail à livrer dans des délais tels que celui-ci ne peut être terminé qu'en travaillant le dimanche ou un jour de fête légale, le salarié bénéficie des majorations prévues par la convention ou l'accord collectif de travail applicable pour le travail exécuté le jour de repos hebdomadaire ou les jours fériés (c. trav. art. L. 7422-10).

Congés payés - Le donneur d'ouvrage s'acquitte de ses obligations en matière de *congés payés** en versant au travailleur à domicile lors de chaque paye une indemnité égale à 10 % de la rémunération brute du travailleur, déduction faite des frais d'atelier engagés uniquement pendant le temps de travail (arrêté du 13 octobre 1941, modifié en dernier lieu par arrêté du 18 février 1982, JO du 21).

Les frais d'atelier permanents, le loyer par exemple, demeurent inclus dans la rémunération.

Titres-restaurant - Le travailleur à domicile n'a pas droit aux titres-restaurant (cass. soc. 13 janvier 1999, n° 97-40107 D).

Frais de déplacement du domicile au siège de l'entreprise - Lorsque dans le cadre de son activité, un travailleur à domicile doit se rendre de son domicile au siège de l'entreprise, il s'agit d'un déplacement professionnel. Celui-ci doit être pris en charge par l'employeur (remboursement de frais). Cette règle s'applique, y compris si le contrat de travail ne prévoit pas le paiement des frais de transport entre le domicile du salarié et le siège (cass. soc. 14 septembre 2005, n° 03-40180 D).

Sécurité sociale

Affiliation au régime général - Les travailleurs à domicile salariés sont assujettis au régime général de sécurité sociale (c. séc. soc. art. L. 311-3).

TRAVAILLEURS À DOMICILE (EXEMPLE)

Un travailleur à domicile non-cadre est employé, par une entreprise de plus de 50 salariés, du 7 au 20 avril 2025. Rémunéré à la pièce, il perçoit, par hypothèse, un salaire brut de 1 900 €. Par arrêté préfectoral, les frais d'atelier sont égaux à 20 % du salaire de base.

Le salarié ne bénéficie pas de la complémentaire santé de l'entreprise, mais il a demandé à recevoir le versement santé. Cette somme est imposable et assujettie à CSG/CRDS ainsi qu'au forfait social.

La majoration pour congés payés est de 10 % de la rémunération brute, hors frais d'atelier.

Pour calculer le plafond applicable, l'employeur retient autant de trentièmes du plafond mensuel que la période rémunérée, compte tenu du nombre de jours calendaires (3 925 € × 14/30 = 1 831,67 €).

L'employeur est supposé disposer d'un taux de PAS personnalisé pour le salarié.

EXTRAIT DU BULLETIN DE PAYE D'AVRIL 2025

Désignation	Base	Taux	Montant	
Salaire de base			1 900,00	
Congés payés	1 900,00	10 %	190,00	
Brut total			2 035,00	
Brut total soumis à cotisations			2 090,00	
Cotisations et contributions sociales	**Base (€)**	**Taux salarial**	**Part salarié (€)**	**Part employeur (€)**
Santé				
Sécurité sociale - Maladie Maternité Invalidité Décès	2 090,00	-	-	146,30 (1)
Accidents du travail - maladies professionnelles	2 090,00	-	-	41,80 (2)
Retraite				
Sécurité sociale plafonnée	1 831,67	6,90 %	126,39	156,61
Sécurité sociale déplafonnée	2 090,00	0,40 %	8,36	42,22
Complémentaire Tranche 1 (3)	1 831,67	4,15 %	76,01	113,93
Complémentaire Tranche 2 (3)	258,33	9,86 %	25,47	38,18
Famille	2 090,00	-	-	72,11 (4)
Assurance chômage				
Chômage	2 090,00	-	-	89,87 (5)
Autres contributions dues par l'employeur	-	-	-	99,01 (6)
CSG déductible de l'impôt sur le revenu	2 103,43	6,80 %	143,63	-
CSG/CRDS non déductible de l'impôt sur le revenu	2 103,43	2,90 %	61,00	-
Exonérations et allégements de cotisations	-	-	-	-
Total des cotisations et contributions	-	-	440,26	800,02
Frais d'atelier	1 900,00	20 %	380,00	
Versement santé			50,00	
Net social				**1 649,74 (*)**
Net à payer avant impôt sur le revenu				**2 079,74**
Impôt sur le revenu	**Base**	**Taux**	**Montant**	**Cumul annuel**
Montant net imposable			1 760,74	Valeur
Impôt sur le revenu prélevé à la source	1 760,74	3,50 %	61,63	Valeur
Montant net des heures compl/suppl exonérées			0,00	Valeur
Net à payer au salarié (en euros) (7)				**2 018,11 (7)**
Total versé par l'employeur				2 890,02

Notes de la rédaction, pour aider à la lecture des totaux (ces notes n'ont pas à apparaître sur le bulletin de paye) :
(*) Hors frais d'atelier et versement santé [voir *Bulletin de paye (net social)**].
(1) Taux de 7 % compte tenu de la rémunération. (2) Par hypothèse taux de 2 %. (3) Y compris contribution d'équilibre général et contribution d'équilibre technique. (4) Taux de 3,45 % compte tenu de la rémunération. (5) Chômage 4,05 % et AGS 0,25 %. (6) CSA (0,30 %), FNAL (0,50 %), versement mobilité (1,60 %), contribution au dialogue social (0,016 %), contribution formation (1 %), participation à l'effort de construction (0,45 %), taxe d'apprentissage (0,68 %). (7) À faire apparaître de manière à en faciliter la lisibilité.

Les cotisations URSSAF doivent être versées à l'URSSAF dont le siège social ou l'établissement du donneur d'ouvrage relève. Est soumise à cotisations la rémunération globale versée par l'employeur, de laquelle sont déduits les rémunérations des personnes travaillant avec le travailleur à domicile et le montant des frais d'atelier forfaitaires.

Les travailleurs à domicile ne sont pas concernés par la *régularisation des cotisations**.

Réduction générale de cotisations patronales - Des modalités de calcul spécifiques sont également prévues pour la *réduction générale de cotisations patronales**.

☛ *Carnet de salaire ; Effectif ; Effectif sécurité sociale ; Frais d'atelier ; Mensualisation.*

Travailleurs détachés en France

☛ *Détachement en France de salariés étrangers ; Détachement en France de salariés étrangers (formalités et contrôle) ; Travail dissimulé.*

Travailleurs étrangers

Tout travailleur étranger régulièrement embauché a, en principe, les mêmes droits que les travailleurs français au regard des dispositions légales, réglementaires et conventionnelles. Des particularités sont cependant à souligner (pour en savoir plus sur les titres de séjour et les formalités d'embauche, voir Dictionnaire Social « Travailleurs étrangers »).

Principes

Égalité de traitement - L'employeur est tenu d'assurer l'égalité de rémunération entre le travailleur étranger et les salariés placés dans une situation identique. Les ressortissants étrangers bénéficient en effet du principe d'*égalité des rémunérations** comme les autres salariés.

En outre, les différences de traitement fondées sur la nationalité sont prohibées (c. trav. art. L. 1132-1).

Langue du contrat de travail - Le contrat de travail établi par écrit, exécuté en France ou à l'étranger, doit être rédigé en français (c. trav. art. L. 1221-3).

Selon l'administration, un contrat signé à l'étranger, même s'il est destiné à être exécuté totalement ou partiellement en France, n'est pas soumis à cette règle (circ. du 19 mars 1996, JO du 20).

Si le contrat est écrit, le salarié étranger peut en demander une traduction. La version française et celle rédigée dans la langue du salarié peuvent toutes les deux être produites devant les juges. En cas de discordance entre les deux textes, seul le texte rédigé dans la langue du salarié étranger peut être invoqué contre lui (c. trav. art. L. 1221-3).

Clause Molière et clause d'interprétariat - Il est interdit aux collectivités territoriales de limiter le recours aux travailleurs détachés dans le cadre des marchés publics, notamment en imposant l'usage du français par les salariés des candidats à ces marchés (clauses « Molière ») (instr. intermin. NOR ARCB1710251J du 27 avril 2017).

En revanche, le Conseil d'État admet qu'une collectivité territoriale impose aux prestataires d'un marché public de se doter d'un interprète pour informer les salariés détachés sur leurs droits sociaux et les règles de sécurité à respecter (CE 4 décembre 2017, n° 413366).

Salaire et congés payés : spécificités

Fixation des objectifs déterminant la rémunération variable - En principe, tout document comportant des obligations pour le salarié ou des dispositions dont la connaissance est nécessaire pour l'exécution de son travail doit être rédigé en français, même s'il peut être accompagné de traductions en une ou plusieurs langues étrangères (c. trav. art. L. 1321-6, al. 1 et 2). L'utilisation d'une langue autre que le français n'est possible que si les documents sont reçus de l'étranger ou destinés à des étrangers (c. trav. art. L. 1321-6, al. 3 ; cass. soc. 11 octobre 2023, n° 22-13770 FB ; cass. soc. 2 octobre 2024, n° 23-14429 D).

Par exemple, les documents fixant les objectifs destinés à la détermination de la rémunération variable d'un ressortissant américain peuvent être rédigés en anglais (cass. soc. 24 juin 2015, n° 14-13829, BC V n° 128).

Si des objectifs fixés aux salariés peuvent être communiqués dans une langue étrangère (ex : en anglais), ils doivent être traduits en français et diffusés soit simultanément, soit dans un bref laps de temps (cass. soc. 21 septembre 2017, n° 16-20426 PB).

Interdiction de retenir le loyer - L'interdiction de procéder à des retenues sur salaire est d'ordre public. En conséquence, l'employeur ne peut pas retenir sur le salaire de l'étranger le montant de son loyer, même avec son accord (cass. soc. 17 juillet 2001, n° 98-43981, BC V n° 275).

Congés payés - En principe, la durée des congés payés pouvant être pris en une seule fois ne peut pas dépasser 24 jours ouvrables (4 semaines). Il est possible de déroger à cette règle pour les salariés justifiant de contraintes géographiques particulières (c. trav. art. L. 3141-17).

Ces salariés peuvent, par exemple, demander à prendre d'affilée les 5 semaines de *congés payés** annuels.

Paiement des salaires à l'étranger - Aucune disposition juridique n'interdit à l'employeur de verser les salaires d'un travailleur étranger sur un compte bancaire qu'il détient à l'étranger.

À ce sujet, le Défenseur des droits est intervenu dans un différend entre un employeur et un salarié suisse, qui demandait à ce que ses salaires soient versés sur son compte domicilié dans une banque suisse, ce que l'employeur refusait. Ce différend a été résolu par un règlement amiable, dont il est ressorti que les employés de cette entreprise peuvent percevoir leurs salaires sur leurs comptes, quel que soit le lieu de domiciliation de la banque et dès lors que les contrôles internes montrent que le compte est conforme aux exigences des règles fiscales (Défenseur des droits, règlement amiable RA-2018-106 du 25 mai 2018).

Taxe liée à l'embauche - L'employeur doit acquitter une taxe auprès de la DGFiP pour l'embauche d'un travailleur étranger lorsqu'il s'agit de sa première admission au séjour en France pour l'exercice d'une activité salariée et qu'il doit obtenir à cet effet une autorisation de travail (pas de taxe si le travailleur étranger bénéficie d'une dispense d'autorisation de travail). Le montant de cette taxe varie selon la nature de l'emploi, la durée de l'embauche et le niveau du salaire (CESEDA art. L. 436-10 et D. 436-1).

La taxe est déclarée et payée annuellement à terme échu. Ainsi, la taxe est due pour les embauches effectuées au cours d'une année, et déclarée et payée à l'appui de la déclaration de TVA l'année suivante (BOFiP-BOI-TPS-EMOE-§10-05/07/2023).

Retenues liées à l'embauche - Il est interdit à l'employeur de se faire rembourser par le salarié étranger :
- la taxe liée à l'embauche *(voir ci-avant)* ;
- les frais de voyage qu'il a réglés pour sa venue.

Il est en outre interdit à l'employeur d'opérer des retenues sur son salaire, sous quelque dénomination que ce soit, à l'occasion de son engagement sous peine de sanctions pénales (c. trav. art. L. 5222-2 et L. 5224-4).

Gestion des titres de travail : l'essentiel à savoir

Pas d'emploi sans titre de travail - Pour occuper un emploi salarié, un ressortissant étranger autorisé à séjourner en France doit être en possession d'une autorisation de travail (voir ci-dessous pour les ressortissants de certains États européens) (c. trav. art. L. 5221-5 et R. 5221-1). Il existe une liste de titres de séjour valant autorisation de travail (carte de résident, carte de séjour « vie privée et familiale », « carte bleue européenne », etc.) (c. trav. art. R. 5221-2). Par ailleurs, l'autorisation de travail est accordée de droit à l'étranger autorisé à séjourner en France pour la conclusion d'un contrat d'apprentissage ou de professionnalisation à durée déterminée (c. trav. art. L. 5221-5). Une autorisation de travail n'est pas requise pour les activités d'au plus 3 mois dans certains domaines et professions de santé (c. trav. art. D. 5221-2-1).

De son côté, un employeur ne peut embaucher, employer ou conserver à son service un ressortissant étranger que si ce dernier est autorisé à travailler en France (c. trav. art. L. 8251-1). Cette exigence s'apprécie au regard des restrictions géographiques ou professionnelles qui sont mentionnées, le cas échéant, sur l'autorisation de travail (c. trav. art. L. 5221-7).

▶ À noter… Une procédure de régularisation des étrangers en situation irrégulière travaillant dans des « métiers en tension » est ouverte jusqu'au 31 décembre 2026. Le travailleur étranger peut demander, à sa seule initiative, indépendamment de son employeur, à bénéficier d'une carte de séjour temporaire « salarié » ou « travailleur temporaire » d'une durée d'un an s'il remplit certaines conditions (loi 2024-42 du 26 janvier 2024, JO du 27 ; CESEDA art. L. 435-4 ; instr. NOR IOMV2402701 du 5 février 2024).

Si la personne concernée n'a pas d'autorisation valable (qu'elle ait expiré ou qu'elle soit en cours de renouvellement), elle ne peut légalement pas être employée. L'employeur qui maintiendrait le contrat de travail du salarié en situation irrégulière commettrait une infraction de *travail illégal**, pénalement sanctionnée (c. trav. art. L. 8211-1 et L. 8256-2). L'employeur est donc dans l'obligation de rompre le contrat de travail du salarié étranger *(voir ci-après)*.

Vérification de la validité du titre de travail à l'embauche - L'employeur doit, avant l'embauche, vérifier si le travailleur étranger possède un titre l'autorisant à travailler en France, sauf si l'intéressé justifie être inscrit à France Travail avant son embauche (c. trav. art. L. 5221-8 et R. 5221-43).

À cet effet, l'employeur doit saisir le préfet du département dans lequel l'établissement employeur a son siège au moins 2 jours ouvrables avant la date d'effet d'embauche. Si le préfet n'a pas répondu dans les 2 jours ouvrables suivant la réception de la demande, l'employeur est réputé avoir rempli son obligation de vérification (c. trav. art. R. 5221-41 et R. 5221-42).

▶ À noter… Si l'employeur doit vérifier la nationalité du salarié au moment de son embauche (cass. soc. 15 juillet 1998, n° 96-40631, BC V n° 383), il ne peut contraindre une personne à produire ses documents d'identité.

Demande d'autorisation de travail - Si le travailleur étranger réside à l'étranger ou réside en France avec un titre de séjour mais sans autorisation de travail, l'employeur dépose lui-même la demande d'autorisation de travail auprès du préfet compétent (c. trav. art. R. 5221-14 et R. 5221-15). La demande s'effectue via un téléservice (https://administration-etrangers-en-france.interieur.gouv.fr).

Suivi de la validité du titre de travail - Le titre autorisant le travailleur étranger à être salarié a une durée limitée. Le suivi de la validité du titre de séjour est parfois effectué à l'aide du logiciel de paye.

Registre unique du personnel - L'employeur indique sur le registre unique du personnel le type et le numéro d'ordre du titre valant autorisation de travail (c. trav. art. D. 1221-23).

Les copies des titres de travail doivent être annexées au registre unique du personnel et rendues accessibles aux membres du comité social et économique (CSE) et aux agents de contrôle. Elles sont tenues à leur disposition soit dans l'établissement, soit sur chaque chantier ou lieu de travail distinct de l'établissement dans lequel les travailleurs étrangers sont occupés (c. trav. art. D. 1221-24).

Ressortissants européens - L'accès à l'emploi salarié en France est libre pour les ressortissants de certains États européens.

En pratique, sont dispensés d'autorisation de travail les ressortissants (c. trav. art. R. 5221-1 et R. 5221-2) :
- des États membres de l'Union européenne (UE) ;
- des pays de l'Espace économique européen (EEE : Islande, Liechtenstein, Norvège) ;
- de la Suisse ;
- d'un État signataire d'une convention bilatérale avec la France (Monaco, Andorre, Saint-Marin).

▶ À noter… Conséquence du Brexit pour le Royaume-Uni, depuis le 1er janvier 2021, les ressortissants britanniques qui souhaitent s'installer et travailler en France doivent disposer d'un titre de séjour et le cas échéant d'une autorisation de travail, à l'instar de tout ressortissant non communautaire.

Droits du salarié étranger employé sans titre de travail

Rupture du contrat de travail obligatoire - Un employeur ne peut pas embaucher, conserver à son service ou employer un étranger non muni d'un titre l'autorisant à exercer une activité salariée en France (c. trav. art. L. 8251-1).

L'irrégularité de la situation d'un travailleur étranger est une cause objective justifiant en elle-même la rupture de son contrat de travail (motif autonome de licenciement). Le travailleur étranger ne peut pas réclamer de dommages et intérêts pour licenciement sans cause réelle et sérieuse. En revanche, elle n'est pas constitutive, en soi, d'une faute grave privative des indemnités de rupture (cass. soc. 4 juillet 2012, n° 11-18840, BC V n° 209 ; cass. soc. 23 novembre 2022, n° 21-12125 FSB).

Le licenciement échappe aux règles « classiques » de la procédure de licenciement ; l'employeur n'est pas tenu d'organiser un entretien préalable (cass. soc. 13 novembre 2008, n° 07-40689, BC V n° 221).

Le travailleur étranger a droit à une indemnité de licenciement de droit commun (cass. soc. 14 octobre 1997, n° 94-42604, BC V n° 311), mais pas à l'indemnité compensatrice de préavis (cass. soc. 3 avril 2019, n° 17-17106 FPPB).

▶ À noter… La maternité ne fait pas obstacle au licenciement d'une salariée étrangère sans autorisation de travail. L'interdiction d'employer des étrangers sans titre de travail l'emporte sur la protection d'une salariée enceinte contre la rupture de son contrat de travail (cass. soc. 15 mars 2017, n° 15-27928, BC V n° 51).

Si un employeur entend invoquer une faute grave distincte de la seule irrégularité de l'emploi, il doit en faire état dans la lettre de licenciement. L'employeur doit dans ce cas respecter toutes les règles de la procédure disciplinaire (cass. soc. 4 juillet 2012, n° 11-18840, BC V n° 209 ; cass. soc. 23 novembre 2022, n° 21-12125 FSB). La faute grave, alors privative de l'indemnité de licenciement, peut résulter de la production d'un faux titre de séjour (*voir ci-après*).

La rupture du contrat de travail peut avoir lieu immédiatement après l'expiration du titre de séjour, sauf si le salarié titulaire d'une carte de séjour pluriannuelle d'une durée de 4 ans, d'une carte de résident ou d'un titre de séjour d'une durée supérieure à 1 an justifie avoir fait une demande de renouvellement avant leur expiration dans les délais réglementaires (CESEDA, art. R. 431-5 ; cass. soc. 29 novembre 2023, n° 22-10004 FSB). Ce salarié dispose alors du droit de continuer à travailler pendant les 3 mois suivant l'expiration de sa carte, en attendant son renouvellement (CESEDA, art. L. 433-3).

Assimilation à un salarié régulièrement engagé - Le travailleur étranger employé sans titre de travail valable est assimilé, à compter de la date de son embauche, à un salarié régulièrement engagé pour l'application des garanties du code du travail relatives à la maternité, à la durée du travail, aux repos et congés, à la santé et la sécurité au travail et à la prise en compte de l'ancienneté dans l'entreprise (c. trav. art. L. 8252-1).

Rémunération au titre de la période d'emploi illicite - Le travailleur étranger a droit, au titre de la période d'emploi illicite, au paiement du salaire et des accessoires, conformément aux dispositions légales, conventionnelles et contractuelles applicables à son emploi, sous déduction des sommes déjà perçues au titre de la période considérée. Sauf preuve contraire, ces sommes sont calculées pour une période d'emploi présumée de 3 mois (c. trav. art. L. 8252-2, 1°).

Indemnité de rupture au titre de l'emploi irrégulier - Le travailleur étranger a droit en cas de rupture de son contrat de travail, au titre de la période d'emploi illicite, à une indemnité forfaitaire égale à 3 mois de salaire ou aux indemnités de rupture légales, conventionnelles ou contractuelles si elles lui sont plus favorables (indemnité de licenciement et indemnité compensatrice de préavis pour un CDI ; indemnité pour rupture anticipée et injustifiée et indemnité de précarité pour un CDD) (c. trav. art. L. 8252-2, 2°).

▶ À noter... Le droit à l'indemnité compensatrice de préavis n'est pas remis en cause par le fait que le salarié est dans l'impossibilité juridique d'effectuer son préavis, faute d'autorisation de travail (cass. soc. 12 mars 2002, n° 99-44316, BC V n° 90 ; cass. soc. 13 février 2013, n° 11-23920, BC V n° 37).

Indemnité de rupture en cas de titre falsifié - Lorsqu'il apparaît, après coup, que le salarié a présenté un titre de travail falsifié et que l'employeur n'a pas commis de faute dans la vérification du titre apparemment régulier, la *faute grave** du salarié est constituée. Le salarié licencié pour faute grave perd le bénéfice des indemnités de rupture du contrat de travail (sauf congés payés) ainsi que de l'indemnité forfaitaire de 3 mois de salaire (cass. soc. 18 février 2014, n° 12-19214 BC V n° 56). En l'espèce, la fausseté du titre n'était apparue que lors de la demande de confirmation de sa régularité, à l'occasion de son renouvellement.

Indemnisation supplémentaire - Ces dispositions ne font pas obstacle au droit du salarié de demander en justice une indemnisation supplémentaire s'il est en mesure d'établir l'existence d'un préjudice particulier (c. trav. art. L. 8252-2).

Indemnité de rupture en cas de cumul « emploi irrégulier » et « travail dissimulé » - Lorsqu'un salarié étranger sans titre de travail était occupé dans le cadre d'une situation de *travail dissimulé**, l'employeur lui doit (c. trav. art. L. 8252-2, al. 5 ; cass. soc. 14 février 2018, n° 16-22335, BC V n° 28 ; cass. soc.18 mars 2020, n° 18-24982 FPB) :
- soit l'indemnité forfaitaire de rupture spécifique au travail dissimulé égale à 6 mois de salaire (c. trav. art. L. 8223-1) (voir *Travail dissimulé**) ;
- soit les indemnisations au titre de l'emploi sans titre de travail *(voir ci-dessus)*, lorsqu'elles sont plus favorables.

Versement des sommes - L'employeur doit verser les sommes dues au salarié étranger employé sans titre de travail dans un délai de 30 jours à compter de la constatation de l'infraction (c. trav. art. L. 8252-4).

Il remet au salarié les bulletins de paye correspondants, un certificat de travail ainsi que le solde de tout compte. L'employeur doit d'ailleurs justifier du respect de ses obligations auprès de l'OFII (c. trav. art. R. 8252-6).

▶ À noter... Le cas échéant, l'employeur supporte les frais d'envoi des rémunérations impayées vers le pays dans lequel le ressortissant étranger est parti volontairement ou a été reconduit (c. trav. art. L. 8252-2).

Si le ressortissant étranger a été placé en rétention administrative, assigné en résidence ou s'il a quitté le territoire national, l'employeur doit déposer ces sommes, dans le même délai de 30 jours, auprès de l'OFII, qui se charge de leur reversement (c. trav. art. L. 8252-4 et R. 8252-7).

Dans tous les cas, le directeur général de l'OFII rappelle à l'employeur, par LRAR ou tout autre moyen permettant d'avoir la preuve de la réception, qu'il doit s'acquitter des sommes en cause. Au besoin, un titre exécutoire est délivré à l'encontre de l'employeur (c. trav. art. R. 8252-8).

Sanctions pour l'employeur

Sanctions pénales - L'emploi de salariés étrangers sans titre de travail ou dans une catégorie professionnelle, une profession ou une zone géographique autre que celle mentionnée sur le titre de travail est puni d'un emprisonnement de 5 ans et d'une amende de 30 000 € et de 10 ans d'emprisonnement et 200 000 € d'amende en cas d'infraction en bande organisée (c. trav. art. L. 8256-2). L'amende est appliquée autant de fois qu'il y a d'étrangers concernés.

Les sanctions ne sont pas applicables à l'employeur qui, sur la base d'un titre frauduleux ou présenté frauduleusement par le salarié étranger, a procédé à la *déclaration préalable à l'embauche** et à la vérification de la validité du titre de travail auprès du préfet préalablement à l'embauche *(voir plus haut)*.

Des peines complémentaires peuvent également être prononcées (c. trav. art. L. 8256-3 à L. 8256-8).

▶ À noter... Le fait de recourir sciemment, directement ou indirectement, aux services d'un employeur d'un étranger sans titre est puni des mêmes peines (c. trav. art. L. 8256-2).

Amende administrative - L'emploi d'un salarié étranger sans titre de travail ou dans une catégorie professionnelle, une profession ou une zone géographique autre que celle mentionnée sur le titre de travail est passible d'une amende administrative prononcée par le ministre chargé de l'immigration (c. trav. art. L. 8253-1).

Le montant maximal de l'amende s'élève à 5 000 fois le taux horaire du *minimum garanti** par travailleur étranger concerné, ce montant pouvant être majoré en cas de récidive dans les 5 ans avec dans ce cas un maximum de 15 000 fois le minimum garanti. Le montant maximum de l'amende est réduit à 2 000 fois le taux horaire du minimum garanti lorsque l'employeur s'est acquitté spontanément des salaires et indemnités dus au salarié étranger, dans le délai de 30 jours suivant la constatation de l'infraction *(voir ci-avant)* (c. trav. art. R. 8253-2).

L'employeur est informé par le ministre chargé de l'immigration de l'amende administrative encourue. L'employeur peut demander une copie du procès-verbal ou du rapport d'infraction et peut présenter des observations dans un délai de 15 jours (c. trav. art. R. 8253-3). À l'expiration du délai, le ministre décide, au vu des éventuelles observations de l'employeur, de l'application et du montant de l'amende. Sa décision doit être motivée et notifiée à l'employeur (c. trav. art. R. 8253-4).

▶ À noter... Cette amende administrative, instituée par la loi Immigration du 26 janvier 2024, remplace les anciennes contributions spéciale et forfaitaire qui étaient dues à l'OFII (loi 2024-42 du 26 janvier 2024, art. 34, JO du 27 ; décret 2024-814 du 9 juillet 2024, art. 2, JO du 16).

Plafonnement des amendes - Lorsque l'employeur se voit infliger à la fois l'amende pénale et l'amende administrative, le montant global des amendes prononcées est plafonné au maximum légal le plus élevé (c. trav. art. L. 8253-1).

Autres sanctions - Voir *Travail illégal**.

☞ *Congé pour acquisition de la nationalité ; Détachement en France de salariés étrangers ; Donneur d'ordre (obligations de vigilance et d'injonction) ; Travail dissimulé ; Travail illégal.*

Travailleurs handicapés

☞ *Handicapés ; Handicapés (contribution AGEFIPH) ; Handicapés (déclaration d'emploi) ; Handicapés (obligation d'emploi).*

Travailleurs horaires

Le personnel dit horaire est celui qui ne bénéficie pas des différents avantages attribués au personnel mensualisé.

Sauf dispositions conventionnelles plus favorables, sont concernés (c. trav. art. L. 3242-1, dern. al) :
- les *travailleurs à domicile** ;
- les *travailleurs saisonniers** ;
- les travailleurs intermittents (voir *Travail intermittent**) ;
- les *travailleurs temporaires**.

Le personnel horaire est payé au moins 2 fois par mois, à 16 jours au plus d'intervalle, et le salaire est calculé en fonction du nombre d'heures et de jours de travail (c. trav. art. L. 3242-3).

☞ *Mensualisation ; Salaire.*

Travailleurs saisonniers

Le caractère saisonnier d'un emploi concerne les tâches normalement appelées à se répéter chaque année selon une périodicité à peu près fixe, en fonction du rythme des saisons ou des modes de vie collectifs (c. trav. art. L. 1242-2, 3° ; cass. soc. 12 octobre 1999, n° 97-40915, BC V n° 373). Il s'agit notamment des saisons agricoles (vendanges, moisson, récolte betteravière), touristiques, thermales ou théâtrales.

▶ À noter… Les métiers agricoles ont été ajoutés à la liste des métiers en tension pour l'ensemble du territoire métropolitain afin d'aider les entreprises du secteur de la production agricole à trouver de la main-d'œuvre en faisant appel à des travailleurs étrangers [arrêté du 1er mars 2024, JO du 2, texte 11 ; voir Dictionnaire Social « Travailleurs étrangers (recrutement de) »].

CDD saisonnier

Durée du contrat - Un emploi saisonnier peut être pourvu par un *contrat à durée déterminée** (CDD) conclu de date à date ou pour la durée de la saison. Dans ce dernier cas, il doit comporter une durée minimale, comme tout CDD à terme imprécis (c. trav. art. L. 1242-2, 3° et L. 1242-7, 4° ; cass. soc. 7 mars 2018, n° 16-23712 D).

▶ À noter… UN CDD saisonnier à terme imprécis prend fin avec la réalisation de son objet (fin de la saison). L'employeur ne peut pas décider qu'il a pris fin au terme de la durée minimale, alors que la saison n'est pas achevée (cass. soc. 15 octobre 2014, n° 13-18582, BC V n° 238).

Clause de reconduction - Le contrat peut comporter une clause de reconduction pour la saison suivante (c. trav. art. L. 1244-2). L'employeur qui ne propose pas d'emploi doit alors indemniser le salarié.

Une convention ou un accord collectif peut prévoir que l'employeur doit proposer au salarié, sauf motif réel et sérieux, un emploi de même nature, pour la même saison de l'année suivante. La convention ou l'accord en définit les conditions et délais ainsi que le montant minimum de l'indemnité due au salarié s'il ne reçoit pas de proposition de réemploi (c. trav. art. L. 1244-2). L'employeur doit respecter ces stipulations (cass. soc. 14 février 2018, n° 16-19656, BC V n° 26).

L'employeur qui s'engage à reconduire le contrat d'un salarié en application de cette disposition, peut conclure un CDD avec le salarié afin de lui permettre de participer à une action de formation prévue au plan de développement des compétences de l'entreprise. Ce contrat de travail n'est pas un CDD saisonnier, puisque son motif est l'accès à un complément de formation professionnelle. La durée du contrat est calquée sur celle de la formation. La rémunération du salarié correspond à celle des fonctions prévues pour la saison suivante (c. trav. art. L. 6321-9).

▶ À noter… Les saisonniers pour lesquels l'employeur s'engage à reconduire le contrat la saison suivante peuvent aussi bénéficier d'un abondement du *compte personnel de formation** par accord de branche ou d'entreprise.

Reconduction : règles supplétives dans 17 branches - Dans les 17 branches où l'emploi saisonnier est particulièrement développé (arrêté du 5 mai 2017, JO du 6, texte n° 49), les employeurs qui n'ont pas de dispositions conventionnelles au niveau de la branche ou de l'entreprise de nature à lutter contre le caractère précaire de l'emploi saisonnier, doivent appliquer une règle de reconduction plus contraignante (c. trav. art. L. 1244-2-2).

Ainsi, à défaut de stipulations conventionnelles au niveau de la branche ou de l'entreprise :

- l'employeur informe le salarié en contrat de travail à caractère saisonnier des conditions de reconduction de son contrat avant l'échéance de ce dernier, par tout moyen permettant de conférer date certaine à cette information ;
- tout salarié embauché sous contrat de travail saisonnier dans la même entreprise bénéficie d'un droit à la reconduction de son contrat lorsqu'il a effectué au moins 2 mêmes saisons dans cette entreprise sur 2 années consécutives et que l'employeur dispose d'un emploi saisonnier à pourvoir compatible avec sa qualification ; si ces conditions sont remplies, l'employeur doit informer le salarié de son droit à la reconduction de son contrat, par tout moyen permettant de conférer date certaine à cette information, sauf motif dûment fondé.

Rémunération : points particuliers

Ancienneté - L'employeur doit cumuler la durée des divers CDD à caractère saisonnier successivement conclus avec un même salarié, dans la même entreprise, pour déterminer l'ancienneté de celui-ci (c. trav. art. L. 1244-2). Peu importe que les contrats ne comportent pas de clause de reconduction (cass. soc. 30 septembre 2014, n° 13-21115, BC V n° 222).

Depuis le 7 mai 2017, dans les branches où l'emploi saisonnier est particulièrement développé (arrêté du 5 mai 2017, JO du 6, n° 49), les employeurs qui n'ont pas de dispositions conventionnelles au niveau de la branche ou de l'entreprise sur le calcul de l'ancienneté des salariés saisonniers appliquent une règle supplétive (c. trav. art. L. 1244-2-1). Celle-ci prévoit que les contrats de travail à caractère saisonnier conclus dans une même entreprise sont considérés comme successifs, pour le calcul de l'ancienneté, lorsqu'ils sont conclus sur une ou plusieurs saison. Il en va de même lorsqu'ils ont été interrompus par des périodes sans activité dans cette entreprise.

CDD et indemnité de fin de contrat - Lorsque le travailleur saisonnier a été embauché en *contrat à durée déterminée**, l'*indemnité de fin de contrat** n'est pas due (c. trav. art. L. 1243-10).

▶ À noter... Cette exclusion est conforme à la Constitution (C. constit., décision 2014-402 QPC du 13 juin 2014, JO du 15).

Jours fériés - Les saisonniers bénéficient du paiement des *jours fériés** chômés autres que le 1er Mai s'ils cumulent une ancienneté totale d'au moins 3 mois dans l'entreprise, du fait de divers contrats successifs ou non (c. trav. art. L. 3133-3).

Mensualisation - Les saisonniers ne bénéficient pas des règles de *mensualisation** du paiement du salaire (c. trav. art. L. 3242-1, al. 4). Ils sont donc payés au moins deux fois par mois, à 16 jours au plus d'intervalle (c. trav. art. L. 3242-3).

Toutefois les employeurs de salariés saisonniers dont la durée du contrat de travail est inférieure à un mois, peuvent émettre un seul bulletin de paye (c. trav. art. L. 1242-2, 3°).

▶ À noter... Cette disposition permet de ne pas produire deux bulletins de paye lorsque le contrat d'un mois est à cheval sur deux mois distincts. Elle ne modifie pas l'obligation pour l'employeur de payer le salarié selon le rythme de 16 jours au plus d'intervalle.

Heures supplémentaires - Dans les branches d'activité à caractère saisonnier déterminées par décret (c. trav. art. L. 3132-7 et R. 3132-4), une convention ou un accord d'entreprise ou d'établissement (à défaut, une convention de branche ou un accord professionnel ou interprofessionnel) peut déroger aux dispositions légales relatives à la détermination des périodes de référence pour le décompte des heures supplémentaires et des repos compensateurs (c. trav. art. L. 3121-34).

La convention ou l'accord organise également des procédures contradictoires de décompte des temps et périodes de travail.

Autres contrats possibles

Contrat de travail intermittent - Le salarié peut également être embauché sous contrat de travail intermittent. Ce contrat, qui est un CDI, permet également de répondre à des variations cycliques d'activité. Cependant, bien que relativement proches dans leur objet, les deux types de contrat de travail obéissent à des régimes différents et ne doivent pas être confondus. Pour plus détails, voir *Travail intermittent**.

Travail temporaire - Il est aussi possible de recourir au travail temporaire pour pourvoir un emploi saisonnier (c. trav. art. L. 1251-6, 3°). Sans entrer dans le détail de cette hypothèse, on signalera que le salarié a droit à l'*indemnité de fin de mission**, à la différence du salarié saisonnier en CDD qui n'a pas droit à l'*indemnité de fin de contrat** (voir ci-dessus).

☛ *Contrat à durée déterminée ; Indemnité de fin de contrat ; Travail intermittent.*

Travailleurs temporaires

Les travailleurs temporaires (ou intérimaires) sont des salariés recrutés par des entreprises de travail temporaire pour être mis, provisoirement et à titre onéreux, à la disposition d'un utilisateur.

Conditions d'exécution du travail

Cadre légal - Les travailleurs temporaires sont liés à l'entreprise de travail temporaire (ETT) par un contrat écrit à durée limitée, dit « contrat de mission » (c. trav. art. L. 1251-1).

▶ À noter... Il peut aussi s'agir d'un contrat à durée indéterminée (CDI) [voir *Travailleurs temporaires (contrat à durée indéterminée)**].

L'entreprise de travail temporaire est, pour sa part, liée à l'entreprise utilisatrice par un « contrat de mise à disposition ».

L'entreprise utilisatrice ne peut recourir aux contrats de travail temporaire que pour des emplois non permanents, dans des conditions de motif, de durée, de renouvellement et de succession strictement énumérées par la loi (c. trav. art. L. 1251-5 à L. 1251-13 ; c. trav. art. L. 1251-29 à L. 1251-37 ; c. trav. art. D. 1251-1).

▶ À noter... Il existe des règles spécifiques pour le calcul de la *période d'essai** de ces salariés (c. trav. art. L. 1251-14). C'est l'ETT qui l'indique dans le contrat de mission (c. trav. art. L. 1251-16).

Par exception, une entreprise peut recourir à un intérimaire au seul motif qu'il s'agit d'un bénéficiaire de l'obligation d'emploi des travailleurs handicapés (c. trav. art. L. 1251-7).

Statut du travailleur temporaire - Le travailleur bénéficie, en ce qui concerne les conditions d'exécution du travail pendant la durée de sa mission auprès de l'utilisateur, des dispositions législatives, réglementaires et conventionnelles qui sont applicables au lieu de travail. Cette application est limitée aux domaines suivants (c. trav. art. L. 1251-21) :

- *durée du travail** ;
- *travail de nuit** ;
- *repos hebdomadaire** et *jours fériés** ;
- hygiène et sécurité ;
- travail des femmes, des enfants et des *jeunes** travailleurs ;
- médecine du travail lorsque l'activité exercée au service de l'utilisateur nécessite une surveillance médicale spéciale.

L'entreprise utilisatrice est responsable de l'application de ces dispositions.

Les travailleurs temporaires doivent être inscrits au registre unique du personnel dans l'ordre des entrées. Le nom et les coordonnées de leur agence d'intérim y sont indiqués.

▶ À noter… Une entreprise de travail temporaire peut mettre des *apprentis** à la disposition d'une entreprise utilisatrice (c. trav. art. L. 6226-1 ; c. trav. art. R. 6226-1 à R. 6226-6).

Déclaration mensuelle - L'entreprise de travail temporaire fournit le relevé des contrats de mission à France Travail (c. trav. art. R. 1251-7). Cette déclaration est intégrée dans la *déclaration sociale nominative** (c. séc. soc. art. R. 133-14, IV, 2°).

Accident du travail survenu à un travailleur temporaire

L'entreprise utilisatrice est tenue de déclarer à l'ETT, au service de prévention de la *CARSAT** et à l'inspection du travail tout *accident du travail** (ou *accident de trajet**) survenu à un travailleur temporaire mis à sa disposition, dans les 24 heures où elle en a connaissance.

Le coût de l'accident du travail ou de la maladie professionnelle d'un travailleur temporaire pendant une mission, peut être imputé pour partie à l'entreprise utilisatrice (c. séc. soc. art. L. 241-5-1). Celle-ci peut contester la répartition financière de cette prise en charge devant les tribunaux (cass. civ., 2e ch., 15 mars 2018, n° 17-10640, BC II, n° 56 ; cass. civ., 2e ch., 15 mars 2018, n° 16-19043, BC II, n° 57). En revanche, elle ne peut pas contester la prise en charge de la maladie ou de l'accident au titre de la législation professionnelle, ni la décision fixant le taux d'incapacité permanente du salarié, victime d'un accident du travail ou d'une maladie professionnelle lors de sa mission. Cette action ne peut être exercée que par l'ETT qui est le seul employeur du travailleur temporaire.

Paiement

Rémunération - C'est l'ETT qui rémunère l'intérimaire. Cette rémunération ne peut être inférieure à celle que percevrait, dans l'entreprise utilisatrice, un salarié d'une qualification équivalente occupant le même poste de travail, après sa période d'essai (c. trav. art. L. 1251-18).

▶ À noter… La rémunération de la période d'essai doit être celle prévue par le contrat de mission (c. trav. art. L. 1251-15).

Pour permettre à l'ETT de respecter cette obligation, l'entreprise utilisatrice indique dans le contrat de mise à disposition le montant de la rémunération avec ses différentes composantes. Le contrat spécifie notamment les primes et accessoires de salaire que percevrait un salarié de qualification équivalente, s'il en existe (c. trav. art. L. 1251-43).

L'entreprise utilisatrice doit veiller à la communication des informations car l'ETT peut se retourner contre elle, en cas de faute.

Exemple

Une entreprise utilisatrice avait fourni des renseignements tronqués éludant la prime de 13e mois dans les 3 grilles de rémunération transmises à l'ETT en juin 1995, février 1996 et mars 1997. Suite à des réclamations, il est apparu que la rémunération des intéressés ne prenait pas en compte la prime de 13e mois en vigueur dans l'entreprise utilisatrice. Condamnée à verser des rappels de salaire aux intérimaires qui en avaient fait la demande, l'ETT a obtenu la condamnation de l'entreprise utilisatrice à lui rembourser les compléments de rémunération versés (cass. soc. 30 mars 2005, n° 02-20406, BC V n° 117).

Prime de partage de la valeur et prime exceptionnelle de pouvoir d'achat - Les salariés intérimaires bénéficient de la prime exceptionnelle de pouvoir d'achat et de la prime de partage de la valeur qui lui a succédé, mise en place dans l'entreprise utilisatrice au bénéfice de ses salariés. Elle s'ajoute, le cas échéant, à la prime mise en place dans l'ETT au bénéfice de ses propres salariés (voir *Prime de partage de la valeur**).

Indemnité de fin de mission - Au terme de chaque mission, une indemnité doit être versée au travailleur temporaire lorsqu'il est titulaire d'un contrat à durée limitée (voir *Indemnité de fin de mission**).

Le salarié ayant un contrat de travail temporaire à durée indéterminée n'a pas droit à cette indemnité [voir *Travailleurs temporaires (contrat à durée indéterminée)**].

Titres-restaurant - Le salarié intérimaire doit percevoir une rémunération équivalant à celle des salariés de l'entreprise utilisatrice. Celle-ci s'entend du salaire de base (ou minimum) et de tous les autres avantages et accessoires payés, directement ou indirectement, en espèces ou en nature, par l'employeur au salarié titulaire en raison de son emploi.

Les titres-restaurant, qui sont des avantages en nature payés par l'employeur, doivent donc être attribués aux salariés intérimaires (cass. soc. 29 novembre 2006, n° 05-42853, BC V n° 366).

Congés payés - Une indemnité compensatrice de congés payés est due pour chaque mission effectuée, quelle qu'ait été sa durée. Son montant, calculé en fonction de la durée de la mission, ne peut être inférieur au dixième de la rémunération totale brute perçue par le salarié pendant la mission (c. trav. art. L. 1251-19 ; loi 2024-364 du 22 avril 2024, art. 37, JO du 23). À cet égard sont assimilés à des temps de mission :
- le congé légal de maternité, le congé d'adoption et le congé de paternité et d'accueil de l'enfant (ce dernier ayant été introduit par la loi 2024-364) ;
- les périodes d'arrêt de travail pour accident ou maladie à caractère non professionnel (nouveauté introduite par la loi 2024-364) et les périodes d'arrêt de travail pour accident ou maladie à caractère professionnel (la loi 2024-364 a supprimé la limite d'un an) ;
- les périodes pendant lesquelles un salarié est rappelé sous les drapeaux, à condition que le point de départ de ces périodes se place au cours d'une mission.

Pour plus de détails sur l'assimilation des périodes de congés et d'arrêt de travail à des temps de travail au regard des congés payés, voir *Congés payés (incidence des arrêts de travail)**.

L'indemnité de fin de mission doit être prise en compte dans cette assiette (c. trav. art. D. 3141-8).

En revanche, comme pour les salariés permanents, les primes annuelles ayant pour objet de rémunérer des périodes de travail et de congés réunis (ex. : prime de 13e mois, prime de vacances) ne sont pas prises en compte (cass. soc. 1er mars 2017, n° 15-16988, BC V n° 37 ; cass. soc. 5 avril 2018, n° 16-25428, BC V n° 66).

Pour les intérimaires en CDI, voir *Travailleurs temporaires (contrat à durée indéterminée)**.

Jours fériés - Le paiement des *jours fériés** et des ponts (sauf récupération effectuée en dehors de la durée de la mission) est dû au travailleur temporaire indépendamment de l'*ancienneté** de celui-ci, dès lors que les salariés de l'utilisateur en bénéficient.

Maladie - Les travailleurs temporaires bénéficient d'indemnités complémentaires de maladie.

Frais de transport domicile-lieu de travail - L'ETT est tenue de prendre en charge 50 % de l'abonnement à un mode de transport public souscrit par le salarié pour effectuer son trajet domicile-lieu de travail (voir *Frais de transport domicile-lieu de travail**).

Concernant les documents à fournir, les salariés intérimaires peuvent se contenter d'adresser une attestation sur l'honneur à l'ETT (leur employeur) pour avoir droit à la prise en charge (c. trav. art. R. 3261-5).

Rupture anticipée d'un contrat de mission à durée limitée

À l'initiative de l'ETT - L'entreprise de travail temporaire qui rompt le contrat d'un travailleur temporaire avant le terme prévu (terme initialement prévu ou terme du report en cas de renouvellement) doit lui proposer un nouveau contrat dans un délai maximal de 3 jours ouvrables, sauf rupture due à une faute grave ou lourde du salarié ou bien à la force majeure (c. trav. art. L. 1251-26).

À défaut, ou si le nouveau contrat est d'une durée inférieure à celle qui restait à courir en vertu du premier contrat, l'ETT doit assurer à l'intérimaire une rémunération, y compris l'*indemnité de fin de mission**, équivalant à celle qu'il aurait perçue jusqu'au terme du contrat.

À l'initiative du salarié - L'intérimaire peut mettre fin au contrat qui le lie à l'ETT lorsqu'il justifie d'une embauche en CDI. À défaut, il devra verser des dommages et intérêts à l'ETT (c. trav. art. L. 1251-28).

Sauf accord avec l'employeur, il doit respecter un préavis d'1 jour par semaine, compte tenu :
- de la durée totale du contrat, renouvellement inclus, si celui-ci comporte un terme précis ;
- de la durée déjà effectuée, dans le cas contraire.

En tout état de cause, le préavis ne peut être ni inférieur à 1 jour, ni supérieur à 2 semaines.

Requalification d'un contrat de mission à durée limitée en CDI

Indemnité de requalification à la charge de l'entreprise utilisatrice - Le salarié dont le contrat de mission est requalifié en CDI a droit à une indemnité de requalification d'un montant minimal de 1 mois de salaire, à la charge de l'entreprise utilisatrice [c. trav. art. L. 1251-41 ; sur les cas de requalification, voir Dictionnaire Social, « Travail temporaire (contrat de travail) »].

Cette indemnité est calculée sur le salaire de base et sur les accessoires du salaire, comme des indemnités d'outillage et de déplacement versées à ce titre (cass. soc. 3 mai 2016, n° 14-29739, BC V n° 88). L'indemnité ne peut pas être fixée à un montant inférieur à un mois de salaire, même pour arrondir la somme (cass. soc. 29 septembre 2016, n° 14-24296 D).

Lorsque le juge requalifie une série de missions d'intérim successives en un CDI conclu avec le même salarié, il n'accorde qu'une indemnité de requalification (cass. soc. 30 mars 2005, n° 02-45410, BC V n° 116 ; cass. soc. 13 avril 2005, n° 03-44996, BC V n° 140 ; cass. soc. 20 octobre 2015, n° 14-11724 D).

L'indemnité de requalification est due par l'entreprise utilisatrice, même lorsqu'elle a embauché le salarié tout de suite après son intérim (cass. soc. 19 février 2014, n° 12-24929, BC V n° 64).

Rappel de salaires pour les périodes non travaillées - Le travailleur temporaire engagé par plusieurs contrats de mission, et dont le contrat de travail est requalifié en CDI, peut prétendre, en plus de l'indemnité de requalification, à un rappel de salaire au titre des périodes non travaillées entre plusieurs missions seulement s'il s'est tenu à la disposition de l'entreprise pendant ces périodes pour effectuer un travail (cass. soc. 10 novembre 2009, n° 08-40088, BC V n° 254 ; cass. soc. 9 décembre 2009 n° 08-41737, BC V n° 282).

☛ *Apprentis ; Attestation d'assurance chômage ; Effectif ; Effectif sécurité sociale ; Indemnité de fin de mission ; Travailleurs temporaires (contrat à durée indéterminée).*

Travailleurs temporaires (contrat à durée indéterminée)

Fondements juridiques

Les entreprises de travail temporaire (ETT) peuvent embaucher des intérimaires en contrat à durée indéterminée (CDI). Ce contrat permet d'alterner des périodes d'exécution de missions et des périodes non travaillées (c. trav. art. L. 1251-58-1 à L. 1251-58-8).

L'essentiel du cadre juridique

Pas d'obligation - Une ETT peut conclure avec un salarié un CDI pour l'exécution de missions successives (c. trav. art. L. 1251-58-1). Il n'y a pas d'obligation de conclure un tel contrat.

Régime du travail temporaire - Le CDI intérimaire est régi par les dispositions du code du travail relatives au contrat à durée indéterminée sous réserve des dispositions indiquées ci-après (c. trav. art. L. 1251-58-2).

Les missions effectuées par le salarié sont régies par l'ensemble des dispositions légales sur le travail temporaire (c. trav. art. L. 1251-5 à L. 1251-63), sous réserve des adaptations prévues par le régime du CDI intérimaire exposé ici (c. trav. art. L. 1251-58-4).

En outre, il n'y a pas lieu d'appliquer les dispositions du régime du travail temporaire qui sont incompatibles avec le régime du CDI (c. trav. art. L. 1251-58-4) : indemnité compensatrice de congés payés en fin de mission, rupture anticipée du contrat, indemnité de fin de mission, durée de période d'essai spécifique au travail temporaire (c. trav. art. L. 1251-14, L. 1251-15, L. 1251-19, L. 1251-26 à L. 1251-28, L. 1251-32, L. 1251-33 et L. 1251-36).

▶ À noter... Pour un CDI intérimaire, on parle de « lettres de mission » et non de « contrats de mission » (c. trav. art. L. 1251-58-5).

Exécution des missions - Chaque mission donne lieu (c. trav. art. L. 1251-58-1) :

- à la conclusion d'un contrat de mise à disposition entre l'ETT et le client utilisateur, dit « entreprise utilisatrice » ;
- à l'établissement, par l'ETT, d'une lettre de mission.

Clauses du contrat - Le CDI intérimaire doit être conclu par écrit et contenir, en plus des mentions applicables au CDI classique (c. trav. art. R. 1221-34), certaines clauses spécifiques (montant de la rémunération mensuelle minimale garantie, obligation de remise au salarié d'une lettre de mission pour chacune des missions qu'il effectue, etc.) (c. trav. art. L. 1251-58-2).

Il peut prévoir des périodes sans exécution de mission. Ces périodes sont assimilées à du temps de travail effectif pour la détermination des droits à congés payés et pour l'ancienneté.

Elles sont aussi prises en compte dans l'appréciation des conditions d'éligibilité et d'électorat (c. trav. art. L. 1251-58-8)

Durée de la mission - Il n'y a pas de limite à la durée totale de la mission du CDI intérimaire (c. trav. art. L. 1251-58-6).

Rémunération - Pendant toute la durée du contrat, l'intérimaire est couvert par une « rémunération mensuelle minimale garantie » fixée par le contrat. Cette rémunération est au moins égale au produit du montant du *SMIC**, par le nombre d'heures correspondant à la durée légale hebdomadaire pour le mois considéré, compte tenu, le cas échéant, des rémunérations des missions versées au cours de cette période (c. trav. art. L. 1251-58-3).

Exemple
Un intérimaire bénéficie d'une garantie de rémunération qui s'élève à 2 000 € par mois (étant rappelé que le minimum légal est égal au SMIC par 151,67 h dans le cas général, soit en janvier 2025 : 11,88 € x 151,67 = 1 801,54 €). Au cours d'un mois, il a effectué une mission de 2 semaines qui a été rémunérée 1 500 € (hors heures supplémentaires, remboursement de frais, etc.). Ce mois-là, au titre de la garantie de rémunération, l'intérimaire percevra 500 € (2 000 € - 1 500 €).

Selon l'accord du 10 juillet 2013, la garantie mensuelle de rémunération ne peut être inférieure à 115 % du SMIC pour les agents de maîtrise et à 125 % du SMIC pour les cadres (accord du 10 juillet 2013, art. 4.2).

Indemnité de fin de mission - Lorsqu'une mission s'achève, l'employeur n'a pas à verser d'*indemnité de fin de mission** aux intérimaires en CDI (c. trav. art. L. 1251-58-4).

L'accord du 10 juillet 2013 prévoit cependant que l'ETT doit verser l'équivalent de cette indemnité, soit 10 % des salaires versés pendant les missions, au Fond de sécurisation des parcours des intérimaires (FSPI). L'employeur doit faire apparaître cette somme sur le bulletin de paye de l'intérimaire (accord du 10 juillet 2013, art. 3.2).

☞ *Travailleurs temporaires.*

Travaux urgents

Les travaux urgents sont des travaux dont l'exécution immédiate est nécessaire pour prévenir des accidents imminents, organiser des mesures de sauvetage ou réparer les insuffisances du matériel, des installations ou des bâtiments de l'entreprise présentant un danger pour les travailleurs (c. trav. art. L. 3132-4).

L'exécution de travaux urgents permet de suspendre le *repos hebdomadaire** (c. trav. art. L. 3132-4), de déroger à la durée légale du travail et à l'interdiction du *travail de nuit** des jeunes (c. trav. art. L. 3163-2), mais aussi de recourir à des *travailleurs temporaires** et à des salariés sous *contrat à durée déterminée** (c. trav. art. L. 1242-8-1 et L. 1251-12-1).

Par ailleurs, les heures supplémentaires accomplies pour des travaux urgents visés à l'article L. 3132-4 du code du travail ne s'imputent pas sur le *contingent annuel d'heures supplémentaires** (c. trav. art. L. 3121-30).

☞ *Heures supplémentaires.*

Treizième mois

☞ *Prime de fin d'année ou de treizième mois.*

U

URSSAF

Les URSSAF (unions de recouvrement des cotisations de sécurité sociale et d'allocations familiales) sont organisées autour de 4 domaines d'intervention : l'*immatriculation** et la gestion des comptes des cotisants, l'encaissement des cotisations, le contrôle et le contentieux.

Recouvrement des cotisations

Cotisations de sécurité sociale - Les URSSAF collectent les ressources du régime général de la sécurité sociale (voir *Cotisations de sécurité sociale**) (c. séc. soc. art. L. 213-1, 1°).

Cotisations d'assurance chômage - Les URSSAF sont chargées du recouvrement des cotisations d'assurance chômage et d'AGS, sous réserve de certaines exceptions pour lesquelles d'autres organismes sont compétents (voir *Cotisations d'assurance chômage et d'AGS**) (c. trav. art. L. 5422-16 et L. 5427-1 ; c. séc. soc. art. L. 213-1, 6°).

Autres cotisations et contributions - Les URSSAF procèdent également au recouvrement de contributions spécifiques, dont notamment :
- la *contribution sociale généralisée (CSG)** ;
- la *contribution pour le remboursement de la dette sociale (CRDS)** ;
- le *versement mobilité** ;
- le *FNAL** ;
- le *forfait social** ;
- la *contribution solidarité autonomie** ;
- la *contribution au dialogue social** ;
- la *contribution sur les préretraites d'entreprise** ;
- la *contribution sur les régimes de retraite à prestations définies** ;
- la *contribution sur les indemnités de rupture conventionnelle** ;
- la *contribution sur les indemnités de mise à la retraite** par l'employeur ;
- la contribution patronale due en cas d'*attribution gratuite d'actions aux salariés** ou d'attribution de *stock-options (options sur actions)** ;
- la *contribution AGEFIPH ** ;
- la *contribution à la formation professionnelle** (y inclus le 1 % CPF-CDD) ;
- la *taxe d'apprentissage** et la *contribution supplémentaire à la taxe d'apprentissage**.

Cotisations des VRP multicartes - Les URSSAF sont chargées du recouvrement des cotisations de sécurité sociale et d'assurance chômage des *VRP** multicartes. Les employeurs doivent déclarer leurs cotisations via la *déclaration sociale nominative** (DSN), auprès de l'URSSAF dont ils relèvent.

Secteur des industries électriques et gazières - L'URSSAF assure le recouvrement des cotisations d'assurance maladie complémentaire (cotisation sur les salaires, cotisation de solidarité et cotisation d'équilibre sur les pensions) dues par les employeurs du secteur des industries électriques et gazières (loi 2019-1446 du 24 décembre 2019, art. 18, JO du 27).

Le recouvrement des cotisations retraite, décès, invalidité et cotisations spécifiques est également assuré par l'URSSAF (loi 2019-1446 du 24 décembre 2019, art. 18, JO du 27 ; décret 2021-1877 du 29 décembre 2021, JO du 30).

Contributions conventionnelles de formation professionnelle et de dialogue social - À partir du 1er janvier 2026, le recouvrement des contributions conventionnelles de formation professionnelle et de dialogue social, actuellement assuré par les opérateurs de compétences (OPCO), pourra être transféré aux URSSAF, sur option des branches professionnelles concernées et selon des modalités qui doivent permettre d'assurer l'opérationnalité de la collecte (c. trav. art. L. 2135-15-1, L. 6131-3 et L. 6332-1-2) (pour plus de détails, voir *Paiement des cotisations à l'URSSAF**).

Les autres missions de l'URSSAF

Prévention des difficultés - Les URSSAF ont également pour mission de prévenir les difficultés des entreprises, en participant aux instances chargées d'examiner les problèmes rencontrés par celles-ci, et de lutter contre le *travail illégal**.

Informations et sécurisation des cotisants - Le rôle des URSSAF est aussi d'accompagner les entreprises, afin de les informer sur la législation et de sécuriser leurs pratiques, notamment via le *rescrit social** ou des dispositifs tels que la visite-conseil « nouvel employeur », qui permet aux employeurs de moins de 11 salariés, ayant procédé à une première embauche depuis moins de 18 mois, de bénéficier des conseils d'un spécialiste en législation de sécurité sociale relative à l'emploi de salariés. Une visite conseil « nouveau dispositif » peut également être demandée par tous les employeurs lorsqu'ils souhaitent déployer un nouveau dispositif pouvant avoir un impact sur les déclarations et cotisations sociales (ex. : nouvelles modalités de frais professionnels, négociation d'accords collectifs en matière de prévoyance, de retraite supplémentaire ou encore d'une prime de partage de la valeur) (www.urssaf.fr).

Vérification des déclarations - Les URSSAF doivent vérifier l'exhaustivité, la conformité et la cohérence des informations déclarées par les employeurs via la déclaration sociale nominative (DSN), et corriger, selon une procédure spécifique (c. séc. soc. art. L. 133-5-3-1), les anomalies ou erreurs susceptibles d'affecter le montant des cotisations, versements et contributions qu'elles recouvrent, y compris pour le compte d'autres organismes (c. séc. soc. art. L. 213-1, I, 8°) (pour plus de détails, voir *Déclaration sociale nominative**).

Contrôle des cotisations - Les URSSAF sont habilitées à contrôler l'assiette, le taux et le calcul des cotisations et contributions qu'elles recouvrent (c. séc. soc. art. L. 213-1, I, 8° et L. 243-7 ; c. trav. art. L. 5422-16) (voir *Contrôle URSSAF**).

Elles sont également habilitées à contrôler les contributions chômage dont le recouvrement reste assuré par *France Travail** (en pratique, l'URSSAF transmet les résultats de son contrôle à France Travail, qui s'occupe du recouvrement et du redressement) (c. séc. soc. art. L. 213-1, 6° et 8° ; c. trav. art. L. 5422-16).

Lutte contre la fraude - Le directeur de l'URSSAF est tenu, lorsqu'il a connaissance d'informations ou de faits pouvant être de nature à constituer une fraude, de procéder aux contrôles et enquêtes nécessaires. Il transmet à l'autorité compétente de l'État le rapport établi à l'issue des investigations menées. Si une fraude est constatée pour un montant supérieur à 8 fois le plafond mensuel de la sécurité sociale (soit 31 400 € en 2025), l'URSSAF porte plainte en se constituant partie civile (c. séc. soc. art. L. 114-9 et D. 114-5).

En cas de fraude avérée d'un assuré pour obtenir le versement d'*indemnités journalières de sécurité sociale de maladie** ou d'*indemnités journalières de sécurité sociale d'accident du travail**- maladies professionnelles, le directeur de l'URSSAF transmet aux employeurs les renseignements et documents utiles et nécessaires à la seule fin de caractériser ladite fraude (c. séc. soc. art. L. 114-9).

Détermination de l'URSSAF compétente

21 URSSAF régionales en métropole - L'organisme auquel l'employeur verse ses cotisations sociales est celui dans le ressort géographique duquel se situe l'entreprise ou l'établissement contrôlé.

La circonscription territoriale d'une URSSAF est départementale ou régionale. Elle est fixée par arrêté du ministre chargé de la sécurité sociale (c. séc. soc. art. D. 213-1).

Les URSSAF métropolitaines sont actuellement les suivantes : URSSAF Alsace, URSSAF Aquitaine, URSSAF Auvergne, URSSAF Bourgogne, URSSAF Bretagne, URSSAF Centre-Val de Loire, URSSAF Champagne-Ardenne, URSSAF Corse, URSSAF Franche-Comté, URSSAF Île-de-France, URSSAF Languedoc-Roussillon, URSSAF Limousin, URSSAF Lorraine, URSSAF Midi-Pyrénées, URSSAF Nord-Pas-de-Calais, URSSAF Normandie, URSSAF Pays de la Loire, URSSAF Picardie, URSSAF Poitou-Charentes, URSSAF Provence-Alpes-Côte d'Azur et URSSAF Rhône-Alpes.

▶ À noter… Il existe une caisse commune de sécurité sociale en Lozère, dont la fonction de recouvrement des cotisations est pilotée par l'URSSAF Languedoc-Roussillon.

En outre-mer, il y a quatre caisses générales de sécurité sociale (CGSS de Martinique, Guadeloupe, Guyane, et La Réunion), auxquelles s'ajoutent la caisse de sécurité sociale de Mayotte et la caisse de prévoyance sociale de Saint-Pierre-et-Miquelon.

Entreprises « étrangères » sans établissement en France - Voir *Employeur étranger sans établissement en France**.

URSSAF compétente en cas de VLU - Lorsqu'un employeur a été admis à la procédure de versement en un lieu unique (VLU) facultatif, c'est l'URSSAF désignée comme URSSAF de liaison par l'*ACOSS** (ou URSSAF Caisse nationale) qui est compétente pour procéder au contrôle (c. séc. soc. art. R. 243-8) (voir *Versement en un lieu unique facultatif**).

En fonction de leur effectif, certaines entreprises relèvent obligatoirement d'une URSSAF spécifique pour le recouvrement de leurs cotisations et leurs déclarations (c. séc. soc. art. R. 243-6-3) (voir *Versement en un lieu unique obligatoire**).

Délégation de compétences (conventions de réciprocité) - Une URSSAF peut déléguer à une autre URSSAF ses compétences en matière de recouvrement, de contrôle et de contentieux. En matière de contrôle, cette délégation passe par l'adhésion à une convention générale de réciprocité établie par le directeur de l'*ACOSS** (ou URSSAF caisse nationale) (c. séc. soc. art. L. 213-1, II et D. 213-1-1).

En outre, l'ACOSS peut demander à une URSSAF de déléguer ses compétences à une autre URSSAF pour des missions de contrôle spécifiques. Cette délégation de compétences s'effectue dans le cadre de la convention générale de réciprocité établie par le directeur de l'ACOSS et à laquelle les URSSAF peuvent adhérer *(voir ci-dessus)*(c. séc. soc. art. D. 213-1-2).

☛ *Contrainte ; Contribution AGEFIPH ; Contribution au dialogue social ; Contribution à la formation professionnelle ; Contribution sur les indemnités de mise à la retraite ; Contribution sur les indemnités de rupture conventionnelle ; Contribution sur les préretraites d'entreprise ; Contribution sur les régimes de retraite à prestations définies ; Contribution pour le remboursement de la dette sociale (CRDS) ; Contribution sociale généralisée (CSG) ; Contribution supplémentaire à la taxe d'apprentissage ; Contrôle URSSAF ; Cotisation d'accidents du travail ; Cotisation d'allocations familiales ; Cotisation d'assurance maladie-maternité-invalidité ; Cotisation d'assurance vieillesse ; Cotisations d'assurance chômage et d'AGS ; Cotisations de retraite AGIRC-ARRCO ; Déclaration sociale nominative ; Déclarations URSSAF dématérialisées ; Exigibilité des cotisations URSSAF ; FNAL ; Forfait social ; Majorations et pénalités de retard URSSAF ; Médiation URSSAF ; Mise en demeure de l'URSSAF ; Paiement des cotisations à l'URSSAF ; Recouvrement des cotisations par l'URSSAF ; Rescrit social ; Taxe d'apprentissage ; Transaction sociale URSSAF ; Versement en un lieu unique facultatif ; Versement en un lieu unique obligatoire ; Versement mobilité.*

URSSAF Caisse nationale

☛ *ACOSS.*

URSSAF-interlocuteur unique

☛ *Versement en un lieu unique ; Versement en un lieu unique facultatif ; Versement en un lieu unique obligatoire.*

Usage

L'usage constitue une pratique créatrice de droits pour les salariés. À défaut de dispositions légales, la jurisprudence en a fixé les principes directeurs : en cas de litige, c'est alors au juge d'apprécier la situation.

L'usage en matière de salaire

Définition - L'usage se définit comme une pratique présentant un caractère de fixité, de généralité et de constance. Il peut s'agir d'un avantage instauré par note de service.

Exemple

Le versement d'une prime, indemnité ou gratification devient un usage s'il présente ces trois caractéristiques.

Fixité - L'élément de salaire doit toujours être calculé de la même manière (peu importe que le résultat du calcul soit différent d'une fois sur l'autre).

Exemple

Une prime calculée en pourcentage du salaire de base et versée chaque année aura le caractère de fixité.

Généralité - L'élément de salaire doit être versé à tout le personnel ou à une catégorie de personnel (cass. soc. 26 octobre 1979, n° 78-41147, BC V n° 796).

Ainsi, le versement d'une prime à un seul salarié n'est pas constitutif d'un usage, à moins qu'il ne soit l'unique représentant de la catégorie de personnel concernée par l'usage (cass. soc. 21 juin 2023, n° 21-22076 FD).

Constance - L'élément de salaire doit être versé un « certain nombre de fois » pour devenir un usage.

Ainsi, le versement d'une prime seulement pendant 3 mois ne crée pas un usage (cass. soc. 20 octobre 1994, n° 93-42800 D). Il en va de même pour une prime versée dans son intégralité la première année, puis pour moitié l'année suivante à un salarié puis à un autre salarié pour une autre année : la généralité et la constance nécessaires n'existant pas, il n'y a pas d'usage dans l'entreprise (cass. soc. 10 décembre 2002, n° 01-40528 D).

Exemples

1) Une prime de Noël prévue par le contrat de travail comme un élément de salaire versé « à titre bénévole » (fixité), qui concerne tous les salariés (généralité) et dont le versement est régulier puisqu'il intervient chaque année (constance) remplit

les conditions de l'usage (cass. soc. 24 février 2009, n° 07-43308 D).

2) Une prime sur chiffre d'affaires, versée pendant 3 ans alors même que les objectifs sur lesquels elle était assise n'étaient pas atteints, a été considérée comme un élément constant de rémunération destiné à récompenser ou encourager le salarié, sur lequel le salarié était en droit de compter. Elle avait acquis la valeur d'un usage (cass. soc. 15 octobre 2014, n° 13-14246 D).

3) Le paiement chaque année, de 1995 à 2011, d'une somme dénommée parfois « prime exceptionnelle », parfois « prime RVI », qui a continûment augmenté [de 762 € en 1995 à 8 000 € en 2011, sauf entre l'année 2001 (5 335 €) et l'année 2002 (3 812 €)] et versée à des dates différentes selon les années répond aux conditions de généralité, de fixité et de constance de l'usage (cass. soc. 23 mai 2017, n° 15-24334 D).

En revanche, l'usage n'a pas été reconnu par les juges :

- lorsque les bulletins de salaire d'un salarié faisaient état d'une somme, intitulée « gratification bénévole », versée pendant 3 ans en décembre (9 600 € en décembre 2006, 10 000 € en décembre 2007 et 2008) car il n'y avait pas là de preuve suffisante démontrant l'existence de la triple exigence de fixité, généralité et constance (cass. soc. 3 mai 2016, n° 14-29297 D) ;
- pour une prime exceptionnelle et une prime de fin d'année ne répondant pas aux critères de constance, de généralité ou de fixité, que ce soit dans le montant ou dans le mode de calcul (cass. soc. 11 janvier 2017, n° 15-15819 D).

Une erreur d'interprétation de la convention collective qui entraîne le versement aux salariés concernés, pendant 10 mois, d'une indemnité de panier pour chaque vendredi travaillé, alors que l'horaire pratiqué ne remplissait pas toutes les conditions d'attribution, ne peut pas non plus être considérée comme créant un usage. En effet, la volonté non équivoque de l'entreprise de s'engager n'est pas établie (cass. soc. 9 juin 2017, n° 16-17094 D).

Force obligatoire

L'employeur doit respecter l'usage dès lors que celui-ci existe.

L'usage ne peut être contraire à la loi ou à la convention collective que s'il présente un caractère postérieur et plus favorable. En conséquence, la signature d'une nouvelle convention collective ou d'un nouvel accord d'entreprise ayant le même objet que l'usage préexistant met fin à celui-ci (cass. soc. 9 juillet 1996, n° 94-42773, BC V n° 276).

Dénonciation

Conditions strictes - L'employeur qui souhaite mettre fin à l'usage doit le dénoncer en respectant des conditions précises. Il n'a pas à motiver cette dénonciation de l'usage. En revanche, celle-ci ne doit pas reposer sur un motif illicite, comme faire échec à une grève (cass. soc. 13 février 1996, n° 92-42066, BC V n° 54).

Informer les représentants du personnel et les salariés - L'employeur doit informer les représentants du personnel de la dénonciation de l'usage, avec un délai de préavis suffisant pour permettre d'éventuelles négociations (bien qu'il n'y ait aucune obligation légale d'ouvrir des négociations).

Par exemple, l'information du comité social et économique doit être donnée en réunion officielle, après inscription à l'ordre du jour, et non au moyen de lettres individuelles adressées aux élus du comité (cass. soc. 5 janvier 2005, n° 02-42819, BC V n° 1).

L'employeur doit également informer chaque salarié concerné par l'usage individuellement. Un simple affichage ou une note de service est insuffisant (cass. soc. 27 novembre 1990, n° 87-42404, BC V n° 591 ; cass. soc. 25 février 2009, n° 07-45447 BC V n° 52).

Pour les usages subordonnés à une condition d'ancienneté (ex. : prime ou congés d'ancienneté), une règle particulière est prévue. L'employeur doit informer individuellement non seulement les salariés bénéficiant de l'usage au moment de la dénonciation, mais aussi les salariés susceptibles d'en bénéficier dans le futur (cass. soc. 13 octobre 2010, n° 09-13110, BC V n° 234).

La durée du délai de préavis varie selon les circonstances. Elle s'apprécie tant à l'égard des salariés auquel l'avantage profite qu'à l'égard des institutions représentatives du personnel (cass. soc. 3 mai 2012, n° 10-20738 D).

▶ Attention... L'information des représentants du personnel, l'information individuelle des salariés concernés et le respect d'un délai de préavis suffisant sont trois exigences cumulatives : la violation d'une seule d'entre elles rend la dénonciation irrégulière.

Effets d'une dénonciation régulière - La dénonciation régulière de l'usage par l'employeur lui fait perdre son caractère obligatoire pour l'avenir. En aucun cas, elle ne peut produire d'effet pour une période antérieure (cass. soc. 27 mai 1992, n° 89-43150 D).

La dénonciation ne concerne pas les salariés dont le contrat de travail mentionne expressément l'avantage (cass. soc. 7 avril 1998, n° 95-42992, BC V n° 206). En l'absence de mention dans le contrat de travail, le salarié ne peut pas invoquer la modification de celui-ci (cass. soc. 13 février 1996, n° 93-42309, BC V n° 53). En effet, l'usage régulièrement dénoncé ne s'incorpore pas au contrat de travail (cass. soc. 10 février 1998, n° 95-42543, BC V n° 83).

Dans le cas où la rémunération du salarié résulterait exclusivement de l'usage ou de l'engagement unilatéral de l'employeur, la dénonciation régulière de cet usage ou de l'engagement unilatéral ne permet pas à l'employeur de fixer unilatéralement le salaire. Celui-ci doit alors résulter d'un accord contractuel, à défaut duquel il incombe au juge de se prononcer (cass. soc. 20 octobre 1998, n° 95-44290, BC V n° 435).

Carence irrégulière d'institutions représentatives du personnel - En cas de carence irrégulière d'institutions représentatives du personnel (ex. : absence d'organisation d'élections alors que l'effectif de l'entreprise l'exige), la dénonciation unilatérale de l'usage par l'employeur est irrégulière et inopérante (cass. soc. 16 novembre 2005, n° 04-40339, BC V n° 329). Peu importe, que l'employeur informe chaque salarié individuellement.

La seule voie possible pour dénoncer l'usage est de procéder par accord collectif ou de régulariser la situation en organisant des élections ; après quoi, la dénonciation devient possible.

Dénonciation irrégulière - Pour supprimer un usage, il faut le dénoncer dans les règles *(voir ci-avant)* faute de quoi l'employeur peut être condamné à verser des dommages-intérêts au salarié. Ainsi, le non-paiement pendant de nombreuses années de sommes dues en vertu d'un usage, qui consistait à rémunérer les pauses quotidiennes de manière identique aux heures de travail effectif sous prétexte de suppression du paiement des temps de pauses contre une augmentation parallèle du taux horaire de 10 % n'est pas possible. En effet, ici l'usage n'est pas dénoncé dans les règles (cass. soc. 11 mai 2017, n° 15-22111 D).

Remise en cause par accord collectif

L'employeur peut revenir sur un usage par un accord collectif. Si l'accord a le même objet que l'usage, il y met fin sans qu'il soit besoin de le dénoncer (cass. soc. 8 janvier 2002, n° 00-12252, BC V n° 4).

V

Vacances scolaires (travail des jeunes)

☞ *Jeunes ; Stages en entreprise ; Stages en entreprise (recours et statut).*

Véhicule

Utilisation d'un véhicule appartenant à l'employeur

Dénominations utilisées dans la pratique - Il n'existe aucune différence juridique entre « véhicule de fonction », « véhicule de société » ou « véhicule de service », qui sont des terminologies issues de la pratique.

Dans ces trois cas, la dénomination laisse sous-entendre que le véhicule appartient à l'employeur qui en laisse l'usage à un salarié :
- soit de façon permanente (la dénomination « véhicule de fonction » sera plutôt utilisée), ce qui constitue alors un *avantage en nature** ;
- soit de façon occasionnelle pour les besoins de son emploi (les employeurs utiliseront alors souvent la dénomination « voiture de service »).

Avantage en nature - La mise à disposition permanente d'un véhicule par l'employeur peut, sous certaines conditions, constituer un avantage en nature. Toutefois, certaines restrictions d'utilisation peuvent permettre de considérer qu'il n'y a pas d'avantage en nature.

À noter… À cet égard, le constat par l'inspecteur de l'URSSAF que des véhicules sont mis à la disposition permanente de salariés établit l'avantage en nature « véhicule », sauf pour l'employeur à apporter la preuve que les salariés n'utilisent pas le véhicule à des fins personnelles (cass. civ., 2e ch., 15 juin 2017, n° 16-13855 D).

Lorsqu'il y a avantage en nature, l'employeur a le choix entre deux méthodes d'évaluation de l'avantage en nature véhicule pour l'assiette des cotisations : le réel ou le forfait (arrêté du 25 février 2025, art. 3, JO du 27, texte 24).

Des règles spécifiques d'évaluation sont prévues en cas de mise à disposition d'un véhicule électrique et d'une borne de recharge électrique (arrêté du 25 février 2025, art. 3 et 4, JO du 27, texte 24).

Pour plus de détails, voir *Avantage en nature véhicule**.

Élément de rémunération - Le véhicule de fonction utilisé à titre privé constitue un avantage en nature. De ce fait, il est impossible de le retirer au salarié sans son accord, car il s'agit alors d'un élément de sa rémunération (cass. soc. 27 janvier 2010, n° 09-40050 D ; cass. soc. 4 février 2015, n° 13-24151 D).

Il a d'ailleurs été précisé que lorsque l'attribution du véhicule de fonction revêt une importance déterminante pour le salarié compte tenu du déménagement de la société et de l'éloignement de son lieu de travail, le retrait du véhicule constitue un manquement suffisamment grave de l'employeur pour justifier la *prise d'acte de la rupture du contrat de travail** par le salarié (cass. soc. 16 décembre 2015, n° 14-19794 D).

En revanche, lorsque le contrat de travail prévoit la mise à la disposition d'un véhicule pour une utilisation strictement professionnelle, la simple tolérance d'un usage personnel d'un véhicule de l'entreprise ne confère pas un caractère contractuel à l'avantage ainsi consenti, dès lors que n'est pas établie une commune intention des parties en ce sens (cass. soc. 29 septembre 2015, n° 14-17955 D).

Suspension du contrat de travail - Un véhicule de fonction dont le salarié a l'usage à titre privé ne peut pas, sauf stipulation contraire, être retiré à l'intéressé pendant une période de suspension du contrat de travail (cass. soc. 24 mars 2010, n° 08-43996, BC V n° 71).

L'employeur doit donc en principe maintenir le véhicule de fonction du salarié absent pour maladie tout en continuant à cotiser au titre de cet avantage en nature.

Maintien pendant le préavis - Le salarié doit conserver le bénéfice des avantages en nature pendant son *préavis**, y compris s'il est dispensé de l'exécuter par son employeur.

En effet, la dispense de préavis par l'employeur ne doit entraîner, jusqu'à son terme, aucune diminution des salaires et avantages que le salarié aurait perçus s'il avait accompli son travail (c. trav. art. L. 1234-5) [voir *Préavis (dispense)**].

Ainsi, un salarié démissionnaire dispensé d'exécuter son préavis n'est pas tenu de restituer pendant ce préavis le véhicule de fonction mis à sa disposition par l'entreprise pour un usage professionnel et personnel (cass. soc. 8 mars 2000, n° 99-43091, BC V n° 92 ; cass. soc. 25 octobre 2007, n° 06-43201 D). Cette règle s'applique même si une clause de restitution figure dans le contrat de travail (cass. soc. 11 juillet 2012, n° 11-15649, BC V n° 219).

Dans le cas contraire, l'employeur doit verser à l'intéressé une indemnité compensant la privation de cet avantage.

Remise en état du véhicule - L'employeur ne peut en aucun cas prélever des frais de remise en état sur le bulletin de paye du salarié ayant utilisé un véhicule appartenant à l'entreprise. Il en est ainsi par exemple à la suite d'un accident, même avec l'accord du salarié (cass. soc. 11 mars 1998, n° 97-41920, BC V n° 135) ou si une clause du contrat de travail le prévoit (cass. soc. 2 mars 2011, n° 09-71000 D ; cass. soc. 6 mai 2009, n° 07-44485, BC V n° 126).

La responsabilité pécuniaire d'un salarié à l'égard de son employeur ne peut résulter que d'une faute lourde (cass. soc. 30 septembre 2014, n° 13-20082 D).

Infraction routière avec le véhicule de fonction - Voir *Infraction routière**.

Utilisation d'un véhicule appartenant au salarié

Véhicule personnel utilisé à titre professionnel - Lorsque l'employeur rembourse à un salarié les frais liés à l'utilisation professionnelle de son véhicule personnel, les indemnités versées sont réputées utilisées conformément à leur objet, et donc exonérées de cotisations sociales au titre des *frais professionnels**, dans la limite des *barèmes kilométriques** publiés annuellement par l'administration fiscale. Ces derniers constituent donc la limite d'exonération des allocations forfaitaires destinées à couvrir l'utilisation du véhicule personnel du salarié à des fins professionnelles (BOSS, Frais professionnels, §§ 380 et 390, 01/01/2025).

Ces dispositions visent notamment le cas des salariés en déplacement professionnel (itinérants, commerciaux, etc.) (voir *Frais de déplacement**).

Trajet domicile-lieu de travail - L'employeur peut prendre en charge les frais correspondant à l'utilisation par le salarié de son véhicule personnel pour le trajet domicile-lieu de travail via la prime de transport, le forfait mobilités durables ou les indemnités kilométriques (BOSS, Frais professionnels, §§ 820 et 840, 01/01/2025).

Cette prise en charge est exonérée d'impôt et de cotisations dans certaines limites (voir *Frais de transport domicile-lieu de travail**).

Utilisation du véhicule comme support publicitaire pour l'employeur - Le « loyer mensuel » qu'une société octroie à un salarié au titre d'un contrat de location en vue d'apposer, sur son véhicule personnel, de la publicité pour son entreprise constitue une rémunération versée en contrepartie d'une prestation complémentaire que le salarié a accepté de fournir. Ce « loyer » doit être soumis à cotisations de sécurité sociale (cass. civ., 2e ch 5 novembre 2015, n° 14-23184, BC II n° 245).

☞ *Avantage en nature véhicule ; Barèmes kilométriques Frais de déplacement ; Frais professionnels ; Frais de transport domicile-lieu de travail ; Infraction routière.*

Vendeurs à domicile

Catégories d'assujettis

Il existe 3 catégories de vendeurs-démarcheurs au regard du droit de la sécurité sociale :

- ceux qui n'exercent pas leur activité pour leur propre compte : ils sont salariés de droit commun et assujettis à la sécurité sociale en application de l'article L. 311-2 du code de la sécurité sociale (c. séc. soc. art. L. 311-2) ;
- ceux qui exercent pour leur propre compte sans être inscrits au registre du commerce ou à celui des agents commerciaux : non-salariés au regard du droit du travail, ils sont assimilés aux salariés pour la sécurité sociale (c. séc. soc. art. L. 311-3, 20°) ;
- ceux qui exercent en leur nom propre et sont inscrits à l'un des 2 registres précités : ils sont non salariés tant au regard du droit du travail que vis-à-vis de la sécurité sociale.

▶ À noter… Les vendeurs-démarcheurs à domicile sont assujettis au régime des travailleurs indépendants s'ils ont exercé la vente à domicile durant 3 années civiles complètes et consécutives et ont tiré de cette activité une rémunération brute supérieure à 50 % du plafond annuel de la sécurité sociale. Dès lors que ces 2 conditions sont simultanément réunies, le vendeur-démarcheur doit s'inscrire au registre du commerce et des sociétés ou au registre spécial des agents commerciaux à compter du 1er janvier qui suit ces 3 années civiles (c. com. art. L. 135-3 ; arrêté du 31 mai 2001, JO 23 juin).

Les vendeurs à domicile indépendants ne sont pas comptabilisés dans l'*effectif** « droit du travail », ni dans l'*effectif sécurité sociale** de l'entreprise (BOSS, Effectif, § 290 01/01/2025).

Cotisations URSSAF

Possibilité d'assiettes ou de cotisations forfaitaires - Il est possible d'appliquer des assiettes et des cotisations forfaitaires de sécurité sociale pour les vendeurs à domicile salariés et les vendeurs indépendants non inscrits au registre du commerce ou au registre des agents commerciaux.

Ce mode de calcul est optionnel. Le vendeur à domicile et l'entreprise ont la possibilité d'un commun accord de préférer acquitter les cotisations et contributions de sécurité sociale sur la rémunération réelle.

Personnes concernées - Les personnes visées sont celles qui exercent une activité de vente de produits et de services à domicile, par démarchage de personne à personne (à domicile ou sur leur lieu de travail) ou par réunions. Sont exclus les VRP multicartes ainsi que les personnes effectuant des offres de vente par téléphone ou par tout moyen technique assimilable et par téléachat (arrêté du 31 mai 2001, art. 1, JO 23 juin).

Sont également exclues les personnes qui en font leur activité principale, en qualité de salarié ou en tant que commerçant ou agent commercial, lorsqu'elles exercent en toute indépendance et sont tenues alors d'être inscrites au registre du commerce et des sociétés ou au registre spécial des agents commerciaux (lettre-circ. ACOSS 2001-93 du 13 août 2001).

Sont en revanche concernées les opérations de vente effectuées par réunions à domicile, dites « ventes à temps choisi ».

Principes - Les cotisations et assiettes forfaitaires des vendeurs-démarcheurs à domicile affiliés au régime général sont calculées sur la base du plafond journalier ou horaire de la sécurité sociale (arrêté du 31 mai 2001, JO 23 juin). Les tranches de rémunération, les cotisations et assiettes forfaitaires sont arrondies à l'euro le plus proche.

Selon les cas :
- aucune cotisation URSSAF n'est due ;
- des cotisations forfaitaires sont dues ;
- l'employeur peut appliquer des assiettes forfaitaires ;
- les cotisations sont calculées sur le salaire réel.

Absence de cotisations URSSAF - Aucune cotisation n'est due si les rémunérations brutes trimestrielles du vendeur à domicile sont inférieures, avant abattement de 10 %, à 3 fois le montant journalier du *plafond de la sécurité sociale**, soit 648 € en 2025 (lettre-circ. ACOSS 2001-93 du 13 août 2001).

Cotisations et assiettes forfaitaires - Dès lors que la rémunération brute trimestrielle s'inscrit, avant abattement de 10 %, entre 3 et 27 fois le montant journalier du *plafond de la sécurité sociale** (soit entre 648 € et 5 832 € en 2025), les cotisations URSSAF sont soit fixées de manière forfaitaire, soit calculées sur une assiette forfaitaire en fonction de la rémunération brute trimestrielle *(voir tableau)* (lettre-circ. ACOSS 2001-93 du 13 août 2001).

Abattement - Pour appliquer le tableau ci-après et déterminer la tranche dans laquelle s'inscrit le vendeur par démarchage à domicile, il convient d'appliquer à ses rémunérations trimestrielles brutes un abattement forfaitaire de 10 %. Cet abattement est au minimum égal à 6 fois le montant horaire du *plafond de la sécurité sociale** (soit 174 € en 2025), sans pouvoir dépasser 17 plafonds horaires de la sécurité sociale (493 € en 2025).

FNAL - Pour les rémunérations donnant lieu à cotisation forfaitaire (moins de 8 fois le montant journalier du *plafond de la sécurité sociale**, soit moins de 1 728 € en 2025), le versement mobilité et le FNAL de 0,50 % ne sont pas dus. Le FNAL plafonné (0,10 %) et la contribution solidarité autonomie sont compris dans la cotisation forfaitaire.

CSG/CRDS - Lorsque la CSG et la CRDS sont calculées sur la base d'une assiette forfaitaire, l'abattement d'assiette n'est pas applicable.

Encadrement des assiettes forfaitaires - Selon une information diffusée le 17 octobre 2017 par le réseau des URSSAF, il faut tenir compte depuis le 1er septembre 2017 de la règle d'encadrement des assiettes forfaitaires issue de la loi de financement de la sécurité sociale pour 2015, même s'il manque encore un décret d'application (voir *Assiettes et cotisations forfaitaires**).

Selon cette règle, lorsque la rémunération de la personne concernée est égale ou supérieure à 1,5 fois le *plafond de la sécurité sociale** calculé en fonction de la durée de travail, l'assiette retenue pour le calcul des cotisations ne peut pas être inférieure à 70 % de cette rémunération (c. séc. soc. art. L. 242-4-4, al. 2).

Cotisations calculées sur la base de l'assiette réelle - Dès lors que la rémunération brute trimes-

Vendeurs à domicile			
I - Cotisations forfaitaires trimestrielles pour 2025			
Brut trimestriel (1)	**Part salariale**	**Part patronale**	**Total**
A : inférieur à 648 €	10 €	19 €	29 €
B : de 648 € à 1 296 €	19 €	39 €	58 €
C : de 1 296 € à 1 728 €	57 €	117 €	174 €

II - Assiettes forfaitaires trimestrielles pour 2025	
Brut trimestriel (1)	**Assiette trimestrielle**
D : de 1 728 € à 2 159 €	756 €
E : de 2 160 € à 2 591 €	972 €
F : de 2 592 € à 2 807 €	1 188 €
G : de 2 808 € à 3 239 €	1 512 €
H : de 3 240 € à 3 455 €	1 728 €
I : de 3 456 € à 3 887 €	2 052 €
J : de 3 888 € à 4 103 €	2 376 €
K : de 4 104 € à 4 535 €	2 916 €
L : de 4 536 € à 4 751 €	3 240 €
M : de 4 752 € à 5 183 €	3 780 €
N : de 5 184 € à 5 399 €	4 212 €
O : de 5 400 € à 5 831 €	4 644 €
Supérieur ou égal à 5 832 €	Salaire réel (2)

(1) Après abattement pour frais professionnels égal à 10 % de la rémunération trimestrielle brute avec un minimum égal à 6 fois le montant horaire du *plafond de la sécurité sociale** (soit 174 € en 2025) et un maximum égal à 17 fois le plafond horaire (493 € en 2025).
(2) Pas d'abattement forfaitaire pour frais professionnels.

trielle est supérieure ou égale à 27 fois le montant journalier du *plafond de la sécurité sociale** avant abattement de 10 % (soit 5 832 € en 2025), les assiettes forfaitaires ne sont plus applicables.

Les cotisations et contributions URSSAF sont calculées selon les règles de droit commun dès le premier euro. En particulier, l'entreprise ne peut pas appliquer l'abattement forfaitaire de 10 %.

Taux accident du travail - Les vendeurs à domicile bénéficient d'une tarification collective applicable au titre des accidents du travail quel que soit l'effectif de l'entreprise (c. séc. soc. art. D. 242-6-22). Pour 2024, ce taux était fixé à 1,44 % (risque 52.6GA). Ce taux est maintenu pour 2025 jusqu'à la publication d'un nouvel arrêté.

Cotisations chômage et retraite complémentaire

Les cotisations chômage et de retraite complémentaire sont dues uniquement si le vendeur est titulaire d'un contrat de travail.

Si ces cotisations sont dues, elles sont toujours calculées sur la base de la rémunération réelle, et pas sur les assiettes forfaitaires.

☛ *Assiettes et cotisations forfaitaires.*

Vendeurs-colporteurs de presse

On appelle « vendeurs-colporteurs de presse » les personnes qui effectuent, sur la voie publique ou par portage à domicile, la vente de publications quotidiennes et assimilées (loi 91-1 du 3 janvier 1991, art. 22-I). Pour leur part, les « porteurs de presse » effectuent, sur la voie publique ou par portage à domicile, la distribution de publications quotidiennes et assimilées (loi 91-1 du 3 janvier 1991, art. 22-II).

Les vendeurs-colporteurs de presse et les porteurs de presse sont obligatoirement affiliés au régime général de la sécurité sociale dès lors qu'ils ne sont pas immatriculés au registre du commerce ou au registre national des entreprises en tant qu'entreprise du secteur des métiers et de l'artisanat (c. séc. soc. art. L. 311-3, 18°).

Dispositif d'assiette forfaitaire pour certaines cotisations

Assiettes forfaitaires - Pour les vendeurs-colporteurs de presse et les porteurs de presse assurant la vente ou la distribution à domicile de publications payantes quotidiennes ou assimilées ou de presse magazine d'information politique et générale d'une périodicité au maximum hebdomadaire, les cotisations d'assurance maladie et d'assurance vieillesse, d'allocations familiales, d'accidents du travail, la contribution solidarité autonomie, la contribution au dialogue social, la CSG, la CRDS, le FNAL et, le cas échéant, le versement mobilité sont, en principe, calculées sur des assiettes forfaitaires.

Un arrêté du 13 août 2003 devrait conduire à retenir une assiette forfaitaire égale à 4 % du plafond journalier de la sécurité sociale pour la presse régionale, départementale et nationale et à 8 % de ce plafond pour la presse dite « de rue » (arrêté du 7 janvier 1991, art. 2 modifié par arrêté du 13 août 2003, JO du 4 septembre 2003, texte 36).

Toutefois, pour limiter les effets de la revalorisation du plafond de 2006, une lettre ministérielle du 30 janvier 2006 a décidé de modifier l'assiette forfaitaire en appliquant sur l'assiette forfaitaire de l'année précédente, le pourcentage d'augmentation annuelle du plafond mensuel de la sécurité sociale (lettre DSS/5B 646/06 du 30 janvier 2006 ; lettre-circ. ACOSS 2009-87 du 20 novembre 2009).

En application de cette tolérance et selon le site Internet du réseau des URSSAF, l'assiette forfaitaire est égale, en 2025, par mois civil et par tranche de 100 journaux vendus ou distribués (www.urssaf.fr) :
- à 7,79 € pour la presse nationale, régionale et départementale ;
- à 14,04 € pour la presse dite « de rue » départementale, régionale, nationale.

La vente ou la distribution de journaux portant sur des quantités inférieures ou égales à 100 journaux par tournée ne donne pas lieu au versement de cotisations.

Lorsque la CSG et la CRDS sont calculées sur les bases forfaitaires, il n'y a pas d'abattement d'assiette de 1,75 %.

▶ À noter... Selon une information diffusée le 17 octobre 2017 par le réseau des URSSAF, il convient de tenir compte depuis le 1er septembre 2017 de la règle d'encadrement des assiettes forfaitaires issue de la loi de financement de la sécurité sociale pour 2015 (voir *Assiettes et cotisations forfaitaires**). Lorsque la rémunération est égale ou supérieure à 1,5 fois le *plafond de la sécurité sociale** calculé en fonction de sa durée de travail, l'assiette forfaitaire retenue pour le calcul des cotisations ne peut pas être inférieure à 70 % de la rémunération (c. séc. soc. art. L. 242-4-4, al. 2).

Assiette réelle - Les cotisations et contributions entrant dans le champ de l'assiette forfaitaire peuvent être calculées, conformément aux règles de droit commun, sur le montant des rémunérations réelles allouées à l'intéressé (arrêté du 7 janvier 1991, art. 3) par accord :
- soit entre le porteur de presse et son employeur ;
- soit entre le vendeur-colporteur et son mandant ou l'éditeur lorsque celui-ci (non-mandant du vendeur-colporteur) à la charge des obligations d'affiliation et de paiement des cotisations (loi 91-1 du 3 janvier 1991, art. 22-IV).

Taux des cotisations - Les taux de cotisations applicables sont les taux de droit commun.

La cotisation accidents du travail se calcule au taux de 1,90 % en 2025 (risque 52.4RB) (urssaf.fr).

Le taux de la cotisation versement mobilité est celui qui est en vigueur dans la localité où est située l'activité du porteur ou du vendeur-colporteur (circ. DSS/AAF/A1 91-10 du 11 février 1991).

Porteurs de presse gratuite - Le mécanisme d'assiette forfaitaire n'est pas applicable aux porteurs de presse gratuite. Les cotisations des intéressés sont calculées sur la base de la rémunération effectivement versée (circ. DSS/5B 2009-285 du 14 septembre 2009).

Assiette des autres contributions

Les autres cotisations et contributions (assurance chômage, retraite complémentaire...) doivent se calculer sur la rémunération réelle.

Exonération de cotisations patronales

Entreprises concernées - L'employeur, le mandant ou l'éditeur bénéficie d'une exonération des cotisations patronales d'assurances sociales (maladie, vieillesse) et d'allocations familiales, au titre des rémunérations versées aux vendeurs colporteurs de presse et aux porteurs de presse (loi 91-1 du 3 janvier 1991, art. 22 bis ; loi 2009-431 du 20 avril 2009, art. 6).

Ne sont concernées par ce dispositif que les activités de vente, de distribution sur la voie publique, ou de portage au domicile des abonnés, de publications quotidiennes de presse et assimilées au sens de l'article 39 bis du code général des impôts et qui répondent aux conditions de l'article 72 de son annexe III (lettre-circ. ACOSS 2009-87 du 20 novembre 2009).

En pratique, selon le site Internet du réseau des URSSAF, le dispositif d'exonération est applicable :
- aux vendeurs colporteurs ou porteurs de presse assurant la vente ou la distribution à domicile de

publications payantes quotidiennes ou assimilées ;
- aux porteurs de presse gratuite présentant un caractère d'information politique et générale (pour le détail, voir circ. DSS/5B 2009-285 du 14 septembre 2009) ;
- aux vendeurs colporteurs de presse assurant la vente ou la distribution à domicile de presse magazine d'information politique et générale d'une périodicité au maximum hebdomadaire.

▶ À noter… Les sociétés sous-traitantes auxquelles font appel les entreprises de presse pour le portage des journaux peuvent bénéficier de l'exonération, dès lors qu'elles sont bien les employeurs des porteurs de presse (circ. DSS/5B 2009-285 du 14 septembre 2009).

Montant de l'exonération - Il s'agit d'une exonération des cotisations patronales d'assurances sociales (maladie, vieillesse) et d'allocations familiales, dans la limite du montant de ces cotisations pour une rémunération correspondant à un *SMIC** mensuel (loi 91-1 du 3 janvier 1991, art. 22 bis, créé par la loi 2009-431 du 20 avril 2009, art. 6).

L'exonération est applicable aussi bien lorsque les cotisations sont calculées sur l'assiette forfaitaire que sur le montant des rémunérations réelles lorsque les cotisations sont calculées dans les conditions de droit commun (lettre-circ. ACOSS 2009-87 du 20 novembre 2009).

Elle ne peut pas être cumulée avec la *réduction générale de cotisations patronales**. L'employeur ne peut bénéficier de la réduction générale que sous deux conditions (lettre-circ. ACOSS 2009-87 du 20 novembre 2009) :
- le porteur de presse entre dans son champ d'application (ce qui suppose son affiliation obligatoire à l'assurance chômage) ;
- l'employeur renonce à l'application des assiettes forfaitaires et calcule les cotisations sur l'assiette réelle en retenant les taux de droit commun.

☛ *Assiettes et cotisations forfaitaires.*

Vendredi saint

Jour férié chômé - Dans les trois départements du Haut-Rhin, du Bas-Rhin et de la Moselle, le Vendredi saint (vendredi précédant le lundi de Pâques) est un jour férié chômé, à condition que se trouve dans la commune un temple protestant ou une église mixte (c. trav. art. L. 3134-13).

Cas particulier - Dans le département de la Moselle, le préfet peut, après consultation des organisations d'employeurs et de salariés des professions du commerce et de la distribution, autoriser ou interdire l'ouverture des établissements commerciaux le Vendredi saint. Il peut le faire de façon uniforme dans le département, indépendamment de la présence d'un temple protestant ou d'une église mixte dans les communes (c. trav. art. L. 3134-14 et R. 3134-4).

☛ *Alsace-Moselle ; Journée de solidarité ; Jours fériés.*

Vérification des déclarations URSSAF

Juridiquement, la procédure de vérification des déclarations des employeurs par les URSSAF n'existe plus depuis le 1er janvier 2024 (c. séc. soc. R. 243-43-3 abrogé au 1er janvier 2024), et a laissé la place à une procédure de fiabilisation des données déclarées en DSN (pour plus de détails, voir *Déclaration sociale nominative**).

Avant le 1er janvier 2024, les URSSAF étaient autorisées à vérifier l'exactitude et la conformité à la législation en vigueur des déclarations qui leur étaient transmises par les employeurs. Cette vérification ne constituait pas un véritable *contrôle URSSAF** (cass. civ., 2e ch., 28 mai 2014, n° 13-18066, BC II n° 119), même si elle pouvait déboucher sur des régularisations.

▶ À noter… La procédure de vérification des déclarations URSSAF concerne toujours les travailleurs indépendants (c. séc. soc. art. R. 613-18 et R. 613-19).

☛ *Contrôle URSSAF ; Déclaration sociale nominative.*

Versement en un lieu unique

En principe, l'employeur déclare et règle les cotisations URSSAF auprès de chacune des URSSAF dont relèvent ses différents établissements (c. séc. soc. art. R. 243-6, I).

Le versement en un lieu unique (VLU) permet de centraliser les opérations liées aux versements des différentes sommes dues aux URSSAF (cotisations, contributions, etc.) auprès d'une seule URSSAF. Il s'agit d'une procédure facultative, sauf pour certaines entreprises (voir *Versement en un lieu unique facultatif** et *Versement en un lieu unique obligatoire**).

Dans tous les cas, le VLU ne déroge pas à la règle imposant à l'employeur de recevoir les agents de contrôle de l'URSSAF dans tous ses établissements (cass. civ., 2e ch., 3 avril 2014, n° 13-16021, BC II n° 87). L'existence d'un protocole VLU ne change rien à l'obligation faite à l'URSSAF d'adresser l'avis de contrôle préalable au *contrôle URSSAF** à la personne devant être contrôlée (cass. civ., 2e ch., 2 avril 2015, n° 14-14528, BC V n° 84).

☞ *Versement en un lieu unique facultatif ; Versement en un lieu unique obligatoire.*

Versement en un lieu unique facultatif

Les entreprises divisées en plusieurs établissements peuvent, sous conditions, demander à verser leurs cotisations auprès d'une seule URSSAF, dite « URSSAF interlocuteur unique ». Ce dispositif constitue le versant facultatif du *versement en un lieu unique** (VLU), parallèlement à celui du *versement en un lieu unique obligatoire**.

Entreprises concernées

Entreprises multi-établissements - Par dérogation aux règles de droit commun, les entreprises à établissements multiples peuvent être autorisées, sous conditions, à verser leurs cotisations auprès d'une seule URSSAF (c. séc. soc. art. R. 243-8).

Le bénéfice de ce dispositif de simplification est ouvert aux entreprises de moins de 250 salariés. Au-delà, c'est le dispositif du *versement en un lieu unique obligatoire** qui s'applique obligatoirement.

L'appréciation de l'effectif se fait selon les modalités de calcul de l'effectif « sécurité sociale » : on se réfère à l'effectif annuel moyen de l'entreprise, qui correspond à la moyenne des effectifs déterminés chaque mois au titre de l'année civile précédente (année N - 1) (voir *Effectif sécurité sociale**) (c. séc. soc. art. L. 130-1).

Groupes d'entreprises - Le VLU facultatif peut être ouvert aux groupes d'entreprises de moins de 500 salariés. Dans ce cas, les conditions sont appréciées au niveau du groupe et la demande doit être établie par entité concernée.

Sur la création d'un VLU « groupes » obligatoire, voir *Versement en un lieu unique obligatoire**.

Conditions

L'employeur doit répondre à plusieurs conditions pour bénéficier du dispositif (c. séc. soc. art. R. 243-8 ; arrêté du 15 juillet 1975, JO 8 août ; www.urssaf.fr) :
- être en relation avec au moins deux URSSAF ;
- être à jour du paiement des cotisations et des déclarations ;
- ne pas avoir de procédure contentieuse en cours avec l'une des URSSAF ;
- centraliser ses opérations de paye pour l'ensemble de ses établissements.

▶ À noter... Sur ce dernier point, selon nos informations, lorsque la paye est tenue dans plusieurs établissements, il faut soit que tous les éléments de paye soient consultables via le système informatique de l'entreprise utilisé pour la gestion de la paye, soit que l'employeur s'engage à rapatrier tous les documents utilisés pour la gestion de la paye dans un seul établissement au moment du contrôle.

Demande auprès de l'ACOSS

Avant le 31 octobre - Toute entreprise intéressée doit télécharger un dossier type *(voir ci-après)* disponible sur www.urssaf.fr et le retourner en version dématérialisée au Département grands comptes VLU de l'URSSAF Caisse nationale à l'adresse mail suivante : vlu.urssaf@acoss.fr.

Si la demande est déposée avant le 31 octobre, l'autorisation prend effet le 1er janvier de l'année qui suit (www.urssaf.fr).

Lorsqu'une entreprise déjà adhérente au VLU souhaite y intégrer des filiales ou d'autres sociétés du groupe, elle peut le faire en début d'année ou dès l'embauche du premier salarié (www.urssaf.fr). Il lui suffit, pour cela, de compléter certains documents *(voir ci-après)*.

▶ À noter... Pour toute question concernant le dispositif VLU, les employeurs peuvent contacter le Département grands comptes VLU de l'URSSAF Caisse nationale par mail (vlu.urssaf@acoss.fr) ou par téléphone (01 77 93 66 60).

Contenu du dossier - Le dossier type doit contenir (www.urssaf.fr) :
- la fiche d'identification de l'entreprise (qui correspond au formulaire de demande de VLU) ;
- le tableau des établissements ;
- une attestation sur l'honneur par laquelle l'entreprise certifie l'absence de tout retard dans le paiement des cotisations ainsi que l'existence ou non d'une instance contentieuse ou d'un contrôle URSSAF.

Lorsqu'il s'agit d'intégrer des filiales ou d'autres sociétés du groupe, l'entreprise doit compléter les documents suivants, disponibles sur www.urssaf.fr :
- une fiche « demande d'extension » ;
- une fiche « liste de vos établissements » ;
- une déclaration sur l'honneur par laquelle elle certifie l'absence de tout retard dans le paiement des cotisations ainsi que l'existence ou non d'une instance contentieuse ou d'un contrôle URSSAF ;
- un « pouvoir » l'autorisant à agir auprès de l'URSSAF Caisse nationale au nom et pour le compte des différentes sociétés.

Désignation de l'URSSAF - En cas de réponse favorable, l'URSSAF Caisse nationale attribue à l'entreprise une URSSAF interlocuteur unique (www.urssaf.fr).

Effets du VLU

Envoi des déclarations à une seule URSSAF - L'entreprise adresse à l'URSSAF interlocuteur unique l'ensemble des déclarations (notamment la DSN) établies pour chacun des établissements (www.urssaf.fr).

▶ Attention… La *déclaration préalable à l'embauche** (DPAE) doit être effectuée auprès de l'URSSAF du lieu de travail du salarié embauché, qui peut être différente de l'URSSAF interlocuteur unique (www.urssaf.fr).

Paiement des cotisations à une seule URSSAF - Le versement en un lieu unique facultatif entraîne l'obligation pour l'entreprise de régler à l'URSSAF interlocuteur unique toutes les cotisations recouvrées par les URSSAF (voir *Paiement des cotisations à l'URSSAF**), pour l'ensemble de ses établissements et à la date d'exigibilité déterminée compte tenu du total de ses effectifs (voir *Exigibilité des cotisations URSSAF**).

En pratique, les déclarations sociales nominatives (DSN) de tous les établissements de l'entreprise sont adressées à l'URSSAF interlocuteur unique, et les cotisations dues par tous les établissements de l'entreprise font l'objet d'un paiement global à l'URSSAF interlocuteur unique (www.urssaf.fr).

Les modes de règlement des cotisations sociales sont les mêmes que pour les entreprises ne bénéficiant pas du VLU facultatif (obligation de paiement dématérialisé et paiement par virement obligatoire si le montant des cotisations est supérieur à 7 millions d'euros) (voir *Paiement des cotisations à l'URSSAF**).

Contrôle et contentieux - La compétence de l'URSSAF interlocuteur unique s'étend à toutes les opérations de vérification du calcul des cotisations, de contrôle et de contentieux (www.urssaf.fr).

Immatriculation - La mise en place du versement en lieu unique ne modifie pas la réglementation applicable à l'immatriculation des établissements et à l'affiliation des salariés (www.urssaf.fr) (voir *Immatriculation**).

Cotisations chômage

Les entreprises admises à régler leurs cotisations de sécurité sociale en VLU en font automatiquement de même pour les *cotisations d'assurance chômage* et *d'AGS** qu'elles versent aux URSSAF.

☞ *Paiement des cotisations à l'URSSAF ; Versement en un lieu unique ; Versement en un lieu unique obligatoire.*

Versement en un lieu unique obligatoire

Le dispositif de *versement en un lieu unique** (VLU) permet aux entreprises multi-établissements de centraliser auprès d'une seule *URSSAF** les déclarations et les versements des cotisations dues pour les salariés de tous leurs établissements. Ce dispositif est obligatoire pour les entreprises d'au moins 250 salariés. Il se traduit par la désignation d'une URSSAF-interlocuteur unique.

Entreprises concernées

Entreprises multi-établissements - À partir d'un certain seuil d'effectif, les entreprises divisées en établissements distincts, relevant en principe de la circonscription de plusieurs URSSAF, doivent verser l'ensemble des cotisations recouvrées par les URSSAF auprès d'une seule d'entre elles, désignée par l'*URSSAF Caisse nationale** et dite « URSSAF interlocuteur unique ».

Le VLU obligatoire est applicable aux entreprises d'au moins 250 salariés (c. séc. soc. art. R. 243-6-3, I).

Sur la possibilité, pour les entreprises multi-établissements de moins de 250 salariés d'adhérer au dispositif de VLU, voir *Versement en un lieu unique facultatif**.

▶ À noter… Pour toute question concernant le dispositif VLU, les employeurs peuvent contacter le Département grands comptes VLU de l'URSSAF Caisse nationale par mail (vlu.urssaf@acoss.fr) ou par téléphone (01 77 93 66 60).

Groupes d'entreprises - Un VLU « groupe » obligatoire est applicable aux groupes dont l'effectif cumulé des entreprises, relevant de plusieurs URSSAF, est d'au moins 500 salariés (c. séc. soc. art. R. 243-6-3, I).

Les entreprises qui appartiennent à un groupe de moins de 500 salariés mais qui, prises individuellement, dépassent le seuil du VLU obligatoire « entreprise » *(voir plus haut)* sont assujetties à ce dernier.

Appréciation de l'effectif et date d'effet du VLU

Appréciation de l'effectif - Pour les désignations d'URSSAF interlocuteurs uniques, l'appréciation de l'effectif se fait selon les modalités de calcul de l'effectif « sécurité sociale » : on se réfère à l'effectif annuel moyen de l'entreprise, qui correspond à la moyenne des effectifs de tous les établissements déterminés chaque mois au titre de l'année civile précédente (année N - 1) (voir *Effectif sécurité sociale**) (c. séc. soc. art. L. 130-1).

Désignation de l'URSSAF interlocuteur unique - Si l'effectif de référence de l'année N (effectif annuel moyen calculé sur N – 1) est d'au moins 250 salariés, une URSSAF interlocuteur unique doit être désignée par le directeur de l'URSSAF Caisse nationale au cours de l'année N, après consultation de l'entreprise.

En pratique, ce dernier envoie une proposition de rattachement au plus tard le 1er septembre de l'année précédant l'entrée dans le dispositif, soit au plus tard le 1er septembre de l'année N pour une prise d'effet au 1er janvier N + 1 *(voir ci-après)* (c. séc. soc. art. R. 243-6-3, II).

L'entreprise a 15 jours pour accepter ou refuser la proposition qui lui est faite (le silence vaut accord tacite). En cas de refus, le directeur désigne l'URSSAF interlocuteur unique.

Exemples

Exemple 1 *(proposé par la rédaction)*

Début 2023 (année N), une entreprise a constaté qu'elle avait atteint ou franchi le seuil de 250 salariés au titre de son effectif calculé sur l'année 2022 (effectif de référence 2023 calculé sur l'année 2022).

- Si l'on fait abstraction du dispositif de neutralisation des effets de seuils, elle aurait dû se voir désigner une URSSAF-interlocuteur unique en 2023 (année N), pour un VLU prenant effet à partir du 1er janvier 2024 (année N +1) et valable jusqu'au 31 décembre 2028 (année N + 5).
- Avec le dispositif de neutralisation des effets de seuil, elle ne sera soumise au VLU qu'à partir du 1er janvier 2028, si elle n'est pas redescendue sous les 250 salariés au titre d'une des années intercalaires. Elle restera en VLU jusqu'au 31 décembre 2032, nonobstant les fluctuations d'effectif qui interviendraient dans l'intervalle.

Exemple 2 (BOSS, Effectif, § 590, 01/01/2025)

- Une entreprise a constaté le 1er janvier 2019 qu'elle a atteint le seuil du VLU obligatoire *(NDLR : par hypothèse, au titre de son effectif annuel moyen calculé sur 2018)*. L'URSSAF-interlocuteur unique a été désigné pour le 1er janvier 2020, année à partir de laquelle l'entreprise a été assujettie au VLU (*).
- Au 1er janvier 2023, elle constate un effectif de 200 salariés *(NDLR : par hypothèse, au titre de l'effectif annuel moyen calculé sur 2022)*. Elle demeurera toutefois assujettie au VLU a minima jusqu'au 31 décembre 2024, peu important les fluctuations de son effectif.
- Au 1er janvier 2025, si elle justifie d'un effectif inférieur à 250 salariés *(NDLR : par hypothèse, au titre de l'effectif annuel moyen calculé sur 2024)*, elle ne sera plus assujettie au VLU.

Si elle franchit de nouveau à la hausse le seuil de 250 salariés par la suite, elle bénéficiera de la neutralisation de 5 ans.

Exemple 3 (BOSS, Effectif, § 600, 01/01/2025)

Une entreprise a un effectif annuel de 200 salariés au 1er janvier 2019. Elle n'est pas assujettie à la désignation d'un interlocuteur unique en 2019.

- Cette entreprise franchit le seuil d'effectif de 250 salariés au 1er janvier 2020 *(effectif annuel moyen calculé sur l'année 2019)*. Elle bénéficie en principe de la neutralisation pendant 5 années civiles et n'est donc pas assujettie immédiatement au VLU.
- Au 1er janvier 2022 *(NDLR : effectif annuel moyen calculé sur l'année 2021)*, l'effectif de l'entreprise repasse sous le seuil de 250 salariés, et donc sous le seuil d'assujettissement au VLU.
- Au 1er janvier 2023, elle constate qu'elle dépasse à nouveau le seuil de 250 salariés *(effectif annuel moyen calculé sur l'année 2022)*. Elle s'ouvre à nouveau une période de neutralisation de 5 ans.

Pendant les 5 années civiles suivantes, son effectif annuel reste supérieur ou égal à 250 salariés. Elle sera donc assujettie à la désignation d'une URSSAF interlocuteur unique au 1er janvier 2028 et restera dans le dispositif VLU du 1er janvier 2029 au 31 décembre 2032, nonobstant les fluctuations d'effectifs.

(*) Le *Bulletin officiel de la sécurité sociale (BOSS)** ne le rappelle pas dans son exemple, mais en 2019, le dispositif de neutralisation des effets seuil issu de la loi PACTE n'était pas encore en vigueur. C'est pourquoi il n'y a pas de moratoire de 5 ans lié au franchissement à la hausse.

Date d'effet du VLU - Le VLU prend effet au 1er janvier suivant la désignation de l'URSSAF interlocuteur unique par le directeur de l'URSSAF Caisse nationale soit au 1er janvier de l'année N + 1.

Il reste en vigueur, nonobstant les fluctuations d'effectifs, jusqu'au 31 décembre de la 4e année suivant cette date d'effet (soit jusqu'au 31 décembre de l'année N + 5). Pendant ces 4 ans, la désignation de l'URSSAF interlocuteur unique ne peut être modifiée que sur demande de l'entreprise et après autorisation du directeur de l'ACOSS. Une nouvelle procédure de désignation est alors lancée (c. séc. soc. art. R. 243-6-3, II).

Impact du dispositif de neutralisation des effets de seuil - Le calendrier de désignation d'une URSSAF interlocuteur unique et de prise d'effet du VLU doit intégrer le dispositif de neutralisation des effets de seuil prévu par loi PACTE, en vigueur depuis le 1er janvier 2020 (pour plus de détails, voir *Effectif sécurité sociale**).

Dans le cadre du VLU, ce dispositif de neutralisation des effets de seuil s'applique aux entreprises dont l'effectif atteint le seuil de 250 salariés à partir du 1er janvier 2020 (donc à partir de l'effectif « sécurité sociale » calculé sur 2019) (BOSS, Effectif, § 560, 01/01/2025).

Ainsi, depuis le 1er janvier 2020, lorsque l'effectif d'une entreprise atteint ou franchi le seuil de 250 salariés, il faut que cet effectif reste au moins égal à ce seuil pendant 5 années civiles consécutives pour que l'entreprise soit assujettie au VLU à l'issue de ces 5 années (BOSS, Effectif, § 570, 01/01/2025). Autrement dit, lorsqu'une entreprise atteint pour la première fois l'effectif de 250 salariés, cet effectif n'emporte de conséquence que s'il se maintient ou augmente pendant les quatre années suivantes. Le franchissement ponctuel du seuil n'entraîne donc pas d'assujettissement au VLU.

Les entreprises qui étaient déjà assujetties en 2019 au dispositif d'interlocuteur unique ne peuvent pas, en revanche, bénéficier de la neutralisation des effets de seuil de 5 ans. Elles demeurent donc assujetties au VLU en 2020 et pour les années suivantes, peu important les fluctuations d'effectifs, conformément aux dispositions spécifiques du code de la sécurité sociale applicables au dispositif VLU *(voir plus haut « Date d'effet du VLU »)* (BOSS, Effectif, § 580, 01/01/2025). De même, les entreprises pour lesquelles l'interlocuteur unique a été désigné au 1er janvier 2020 demeurent assujetties au VLU en 2020 et pour les 4 années suivantes, peu important les fluctuations d'effectif (BOSS, Effectif, § 590, 01/01/2025).

Effets du VLU

Envoi des déclarations à une seule URSSAF - L'employeur a toujours l'obligation d'effectuer une *déclaration sociale nominative** (DSN) pour chaque établissement, mais elle doit adresser toutes les DSN à l'URSSAF désignée comme interlocuteur unique (www.urssaf.fr).

▶ Attention… La *déclaration préalable à l'embauche** (DPAE) doit être effectuée auprès de l'URSSAF du lieu de travail du salarié embauché, qui n'est pas forcément l'URSSAF interlocuteur unique (www.urssaf.fr).

Paiement des cotisations à une seule URSSAF - L'entreprise verse à son interlocuteur unique toutes les cotisations recouvrées par les URSSAF (voir *Paiement des cotisations à l'URSSAF**), pour l'ensemble de ses établissements et à la date d'exigibilité déterminée compte tenu du total de ses effectifs (voir *Exigibilité des cotisations URSSAF**).

Les modes de règlement des cotisations sociales sont les mêmes que pour les entreprises ne bénéficiant pas du VLU (obligation de paiement dématérialisé et paiement par virement obligatoire si le montant des cotisations est supérieur à 7 millions d'euros) (voir *Paiement des cotisations à l'URSSAF**).

Contrôle et contentieux - La compétence de l'URSSAF interlocuteur unique s'étend à toutes les opérations de vérification du calcul des cotisations, de contrôle et de contentieux (c. séc. soc. art. R. 243-6-3, III). Toutefois, elle peut confier à d'autres organismes de recouvrement des contrôles qu'elle juge utile d'effectuer pour tout ou partie des établissements de l'entreprise ou des entreprises d'un groupe.

Immatriculation - La mise en place du versement en lieu unique ne modifie pas la réglementation applicable à l'immatriculation des établissements et à l'affiliation des salariés (source : www.urssaf.fr) (voir *Immatriculation**).

☛ *Effectif sécurité sociale ; Paiement des cotisations à l'URSSAF ; Versement en un lieu unique ; Versement en un lieu unique facultatif.*

Versement mobilité

Le versement mobilité (ex-versement de transport) est une contribution patronale qui correspond à la participation des employeurs de 11 salariés et plus au financement des transports urbains, en Île-de-France et, en province, dans les zones où il a été institué par une autorité organisatrice des mobilités (AOM). Son taux est variable selon les zones, avec un maximum fixé par la législation.

Employeurs assujettis

Seuil d'assujettissement - Le versement mobilité concerne les employeurs dont l'effectif est supérieur ou égal à 11 salariés (c. gén. collect. terr. art. L. 2333-64 et L. 2531-2).

Appréciation zone par zone - L'effectif d'assujettissement s'apprécie zone par zone et, pour la région parisienne, au niveau de l'Île-de-France (c. gén. collect. terr. art. D. 2333-87 et D. 2531-9).

L'employeur qui a plusieurs établissements dans une même zone de versement est assujetti au versement mobilité dès lors que l'effectif total, compte tenu de tous ces établissements, atteint ou dépasse les 11 salariés. Celui qui a des établissements implantés dans différentes zones de versement est assujetti au versement mobilité dans les seules zones où son effectif est de 11 salariés et plus.

Pour ce qui est de l'Île-de-France, l'effectif s'apprécie sur l'ensemble des départements de la région, et non département par département, même si les taux applicables varient.

Il résulte de ces règles qu'une entreprise composée de plusieurs établissements peut donc être assujettie au versement mobilité dans certaines zones et pas dans d'autres.

Modalités de calcul de l'effectif - Depuis 2018, l'assujettissement au versement mobilité dépend d'un effectif de référence calculé selon les règles de l'effectif « sécurité sociale », avec une particularité, puisqu'il est apprécié zone par zone de versement mobilité et, pour la région parisienne, au niveau de l'Île-de-France (c. gén. collect. terr. art. L. 2333-64 et L. 2531-2).

Hors cas des entreprises nouvelles, l'effectif calculé sur l'année N – 1 dans une zone de versement mobilité (en Île-de-France pour la région parisienne) détermine si l'employeur est assujetti au versement mobilité l'année suivante (année N) dans la zone concernée (ou en Île-de-France). En cas de franchissement de seuil à la hausse, l'entreprise peut bénéficier d'un mécanisme d'atténuation des effets de seuil *(voir ci-après)*.

En pratique, il convient d'appliquer les règles d'effectif sécurité sociale (moyenne annuelle, effectifs mensuels, décompte des salariés, entreprises nouvelles, etc.) au niveau de chaque zone de versement mobilité (ou de l'Île-de-France en région parisienne), en tenant compte des règles de rattachement des salariés propres au versement mobilité (voir *Effectif versement mobilité** et *Effectif sécurité sociale**).

Limitation des effets de seuils

Zone par zone - Les dispositifs de limitation des effets de seuil sont mis en œuvre zone par zone de versement mobilité, et au niveau de la région en Île-de-France.

Ainsi, une entreprise multi-établissement peut en bénéficier dans certaines zones ou en Île-de-France, et pas dans d'autres zones (lettre-circ. ACOSS 2008-2 du 2 janvier 2008).

L'accroissement d'effectif et le dépassement du seuil d'assujettissement résultant de la fusion de deux zones de versement mobilité n'ouvrent pas droit au bénéfice du dispositif de limitation des effets de seuils. L'employeur est alors soumis au versement mobilité dans la nouvelle zone fusionnée, sans bénéficier du dispositif d'exonération. Peu importe qu'avant la fusion, il n'en était pas redevable dans les zones initiales (cass. civ., 2e ch., 15 mars 2018, n° 17-14467 D).

Dispositif applicable depuis l'assujettissement 2020 - La loi PACTE a soumis le versement mobilité aux règles de franchissement de seuil de l'*effectif sécurité sociale** (c. gén. collect. terr. art. L. 2333-64 et L. 2531-2 ; loi 2019-486 du 22 mai 2019, art. 11, V, JO du 23).

Depuis le 1er janvier 2020, le franchissement à la hausse du seuil de 11 salariés ne produit d'effet que si ce seuil est atteint ou dépassé durant 5 années civiles consécutives. Ce n'est qu'ensuite que les entreprises sont effectivement soumises à leurs nouvelles obligations (ici, versement mobilité) (c. séc. soc. art. L. 130-1, II ; BOSS, Effectifs, § 890, 01/01/2025).

Exemple

Si un employeur a constaté début 2021 qu'il a atteint ou dépassé les 11 salariés au titre de son effectif « sécurité sociale » 2020 sur une zone de versement mobilité, le franchissement de seuil ne produira effet qu'après avoir été vérifié pendant 5 années civiles consécutives (de 2021 à 2025 inclus), soit à compter du 1er janvier 2026.

A contrario, lorsqu'une entreprise repasse sous les 11 salariés sur l'effectif d'une année donnée, les compteurs sont remis à zéro. Si par la suite l'entreprise repasse au-dessus du seuil, elle bénéficiera d'un nouveau moratoire de 5 ans avant d'être soumise aux dispositions liées à ce seuil (c. séc. soc. art. L. 130-1, II).

Au total, un franchissement de seuil constaté sur la base de l'effectif annuel moyen calculé sur l'année N – 1 produit effet qu'au 1er janvier N + 5, à condition que l'entreprise ne repasse pas sous les 11 salariés sur l'une des années intercalaires.

Jusqu'à l'assujettissement 2019 (rappel) - Avant la loi PACTE, les employeurs bénéficiaient d'un mécanisme d'assujettissement progressif.

Lorsque le seuil d'assujettissement était atteint ou dépassé pour la première fois dans une zone (ou au niveau de l'Île-de-France en région parisienne) en raison d'un accroissement de l'effectif, l'employeur bénéficiait d'abord d'une dispense totale de versement pendant 3 ans, puis d'un abattement dégressif les 3 années suivantes (c. gén. collect. terr. art. L. 2333-64 et L. 2531-2 dans leur version au 31.12.2019).

Le versement mobilité était ainsi réduit de 75 % la 4e année, de 50 % la 5e année et de 25 % la 6e année.

La contribution était due était dû au taux normal à partir de la 7e année.

Règles transitoires de la loi PACTE - Les employeurs qui bénéficiaient au 31 décembre 2019 de l'ancien dispositif de lissage dans certaines zones continuent à en relever (loi 2019-486 du 22 mai 2019, art. 11, XII). Pour peu qu'ils restent à 11 salariés ou plus dans les zones concernées, ces employeurs vont donc jusqu'au bout de l'ancien mécanisme, sans pouvoir basculer dans le nouveau moratoire de 5 ans.

Exemple

Un employeur ayant atteint ou franchi le seuil de 11 salariés au titre de l'effectif calculé sur l'année 2018 n'était pas redevable du versement mobilité en 2019, 2020 et 2021 sur cette zone (trois premières années de l'ancien dispositif de lissage). Si son effectif reste de 11 salariés ou plus dans la zone concernée, il est redevable du versement mobilité avec une réduction de 75 % en 2022, de 50 % en 2023, de 25 % en 2024, avant d'être assujetti au taux normal à partir du 1er janvier 2025 (à condition d'avoir maintenu son effectif à 11 salariés et plus sur les années intercalaires).

Si l'effectif d'un employeur de 11 salariés et plus engagé dans l'ancien dispositif de lissage vient à passer sous le seuil des 11 salariés au titre d'une année donnée, il sort de l'ancien mécanisme de lissage. Il bénéficie ensuite de la mesure de neutralisation pendant 5 ans consécutifs s'il atteint ou franchit à nouveau le seuil de 11 salariés (BOSS, Effectifs, § 680, 01/01/2025).

Exonérations

Exonération au profit de certaines associations et fondations - Les fondations et associations reconnues d'utilité publique à but non lucratif et dont l'activité est de caractère social ainsi que les associations intermédiaires sont exonérées de versement mobilité (c. coll. terr. art. L. 2333-64 et L. 2531-2).

Cette exonération est « de droit » dès lors que les critères sont réunis.

En dehors de la région Île-de-France, la réglementation prévoit que le bénéfice de l'exonération est subordonné à une décision expresse de l'AOM compétente. L'autorité organisatrice des mobilités établit en effet la liste des fondations et associations exonérées (c. gén. collect. terr. art. D. 2333-85).

En Île-de-France, faute de texte réglementaire en ce sens, la Cour de cassation a jugé que le non-assujettissement d'une fondation ou d'une association au versement mobilité est soumis aux seules conditions requises, sans besoin de décision préalable de l'autorité organisatrice des transports (cass. civ., 2e ch., 9 septembre 2021, n° 20-11056 FB).

Reste à voir si l'administration prendra un décret pour inscrire dans les textes la nécessité d'une décision expresse en région parisienne, comme c'est le cas dans les autres régions.

▶ À noter… Le caractère social de l'activité doit être apprécié au regard de l'activité effectuée par la fondation ou l'association dans le ressort de l'autorité organisatrice des mobilités qui a institué le versement mobilité (cass. civ., 2e ch., 9 mai 2018, n° 17-14705 FPB).

Autres exonérations - Par tolérance, d'autres cas d'exonération sont admis : les représentations d'États étrangers, les organismes internationaux si leur statut particulier tel qu'il résulte des accords constitutifs contient des dispositions les exonérant d'impôts directs ainsi que les particuliers employeurs au titre des emplois familiaux (lettre-circ. ACOSS 2005-87 du 6 juin 2005).

Assiette de la contribution

Assiette sécurité sociale - Le versement mobilité est calculé sur la même assiette que les cotisations de sécurité sociale (c. gén. collect. terr. art. L. 2333-65 et L. 2531-6).

Si l'employeur applique une *déduction forfaitaire spécifique pour frais professionnels**, le versement mobilité est calculé sur la rémunération abattue après, le cas échéant, réintégration des frais professionnels.

Lorsque les cotisations de sécurité sociale sont déterminées à partir d'une assiette forfaitaire, il en va de même pour le versement mobilité.

▶ À noter... La rémunération des salariés en dispense de préavis reste assujettie au versement mobilité (cass. civ., 2e ch., 17 janvier 2008, n° 07-11752, BC II n° 13).

Stagiaires - À supposer que l'entreprise soit assujettie au versement mobilité, cette contribution n'est due que sur la fraction de la gratification qui excède le seuil de franchise des cotisations [voir *Stages en entreprise (gratification)**].

Attention aux règles de rattachement des salariés : des règles à clarifier - Les règles de rattachement des salariés définies pour le calcul de l'effectif semblent également prises comme références pour la détermination de l'assiette du versement mobilité (c. gén. collect. terr. art. D. 2333-87 visant L. 2333-65 ; c. gén. collect. terr. art. D. 2531-7 visant L. 2531-3).

Ces règles prévoient de rattacher les salariés à leur établissement d'affectation, sous réserve de quelques cas particuliers : entreprises de travail temporaire pour les salariés qu'elles mettent à disposition, salariés exerçant leur activité hors d'un établissement, etc.

Pour le détail, les lecteurs se reporteront aux développements correspondants (voir *Effectif versement mobilité**).

Taux en dehors de l'Île-de-France

Principe - Le taux est fixé ou modifié par l'autorité organisatrice des mobilités (AOM) qui a mis en place le versement mobilité, sachant qu'il ne peut pas dépasser (c. gén. collect. terr. art. L. 2333-67) :
- 0,55 % lorsque la population de la commune ou de l'établissement public constituant l'AOM est comprise entre 10 000 et 100 000 habitants (il est possible d'aller jusqu'à 0,85 % lorsque la population est comprise entre 50 000 et 100 000 habitants et que l'AOM a décidé de réaliser une infrastructure de transport collectif en site propre) ;
- 1 % lorsque la population de la commune ou de l'établissement public constituant l'AOM est supérieure à 100 000 habitants (il est possible d'aller jusqu'à 1,75 % lorsque l'AOM a décidé de réaliser une infrastructure de transport collectif en mode routier ou guidé).

Un versement mobilité peut également être institué dans les communes ou communautés urbaines de moins de 10 000 habitants, dès lors qu'une ou plusieurs des communes concernées sont classées communes touristiques (c. gén. collect. terr. art. L. 2333-64). Le taux maximal autorisé pour ces zones de moins de 10 000 habitants est de 0,55 % (c. gén. collect. terr. art. L. 2333-67).

Majorations possibles - Les communautés de communes, les communautés d'agglomération, les communautés urbaines, les métropoles, les AOM auxquelles ont adhéré une communauté urbaine, une communauté d'agglomération ou une communauté de communes, ainsi que l'autorité organisatrice des mobilités des territoires lyonnais, peuvent augmenter les taux maximaux de 0,05 % (c. gén. collect. terr. art. L. 2333-67).

Par ailleurs, le taux applicable peut être majoré de 0,20 % dans les territoires comprenant une ou plusieurs communes classées comme touristiques (c. gén. collect. terr. art. L. 2333-67). Cette majoration ne peut toutefois pas s'appliquer dans les communes ou communautés urbaines de moins de 10 000 habitants ayant une ou plusieurs communes classées communes touristiques, où le taux maximal est de 0,55 % *(voir ci-dessus)*.

Versement mobilité régional - Depuis le 16 février 2025, les régions de métropole (sauf Île-de-France) et la collectivité de Corse peuvent, en tant qu'autorités organisatrices de mobilité régionales, instituer sur leur territoire un versement mobilité spécifique dans la limite d'un taux de 0,15 % (c. gén. collect. terr. art. L. 4332-8-1 ; loi 2025-127 du 14 février 2025, art. 118, I, JO du 15).

La délibération du conseil régional (ou de l'organe délibérant de la collectivité de Corse) instituant le versement (ou en augmentant le taux) doit énumérer les services de mobilité, mis en place ou prévus, qui justifient le taux du versement. Le versement mobilité ainsi institué s'applique sur l'ensemble du territoire de la région (ou de la Corse).

▶ À noter... La région (ou la collectivité de Corse) peut, par décision motivée, réduire ou porter à zéro le taux du versement sur les périmètres des établissements publics de coopération intercommunale (EPCI) qui la composent, selon un critère qu'elle détermine à partir de certaines données (densité de population, offre de mobilité et potentiel fiscal). La réduction du taux doit être en rapport avec l'écart constaté, en se fondant sur ce critère, entre les différents périmètres des EPCI du ressort territorial de la région ou de la collectivité de Corse.

Versement mobilité additionnel - Un versement de transport additionnel peut aussi être institué par certains syndicats mixtes de transport. Son taux ne peut excéder 0,50 % (c. gén. collect. terr. art. L. 5722-7).

Pour trouver les taux - Le site Internet du réseau des URSSAF propose un module de recherche du taux de versement mobilité par code postal ou code de la commune (https://www.urssaf.fr, rubrique « Outils et documentation », puis « Les outils de recherche », et « Moteur de recherche versement mobilité »).

Taux en Île-de-France

Modalités de fixation - En Île-de-France, le taux de versement mobilité est déterminé par Île-de-France Mobilités, dans la limite des plafonds autorisés par le code général des collectivités territoriales.

Les différentes zones ne sont distinguées que pour connaître le taux à appliquer et non pour l'assujettissement, puisque l'effectif est apprécié à l'échelle de l'ensemble de la région Île-de-France.

Taux plafonds - En Île-de-France, le taux de versement mobilité est fixé par Île-de-France Mobilités dans une limite maximale fixée comme suit depuis le 1er janvier 2024 (c. gén. collect. terr. art. L. 2531-4) :
- 3 20 % à Paris et dans le département des Hauts-de-Seine, de la Seine-Saint-Denis et du Val-de-Marne ;
- 2,01 % dans les communes des autres départements (Essonne, Seine-et-Marne, Val-d'Oise et Yvelines), dont la liste est fixée par décret (c. gén. collect. terr. art. R. 2531-6) ;
- 1,60 % dans les autres communes d'Île-de-France.

Taux effectifs - Depuis le 1er février 2024, les taux sont fixés comme suit, compte tenu d'une délibération d'Île-de-France Mobilités intervenue fin 2023 (lettre-circ. VM URSSAF Caisse nationale 2024-01 du 9 janvier 2024) :
- Paris et communes des Hauts-de-Seine, de la Seine-Saint-Denis et du Val-de-Marne : 3,20 % ;
- Essonne, Seine-et-Marne, Val-d'Oise et Yvelines : 2,01 % pour les communes figurant sur une liste fixée par décret (c. gén. collect. terr. art. R. 2531-6) et 1,60 % pour les autres communes.

Entrée en vigueur des changements de taux

Procédure - Toute modification de taux de versement mobilité entre en vigueur au 1er janvier ou au 1er juillet de chaque année (c. gén. coll. terr. art. L. 2333-67 et L. 2531-4).

Ce calendrier suppose de respecter la procédure suivante (circ. DSS/5C/DGCL 2012-143 du 2 avril 2012).

Dans un premier temps, l'autorité organisatrice des transports (Île-de-France Mobilités en Île-de-France) transmet la délibération fixant le nouveau taux aux organismes de recouvrement avant le 1er mai pour une application au 1er juillet ou avant le 1er novembre pour une application au 1er janvier.

Dans un second temps, les organismes de recouvrement communiquent le nouveau taux aux assujettis au plus tard un mois après ces dates, c'est-à-dire le 1er juin ou le 1er décembre au plus tard.

▶ À noter... Par dérogation, les taux applicables en 2024 à Paris et dans les départements de la petite couronne sont entrés en vigueur le 1er février (loi 2023-1322 du 29 décembre 2023, art. 139, 3°) *(voir plus haut)*.

Selon les circulaires de l'URSSAF Caisse nationale (ou *ACOSS**), les décisions d'extension de périmètre des mobilités urbaines ayant pour objet d'intégrer de nouvelles communes et de les assujettir à la contribution mobilité peuvent, en revanche, intervenir à tout moment de l'année.

Information des employeurs - Les modifications de taux de versement mobilité sont diffusées auprès des employeurs selon les modalités suivantes (circ. DSS/5C/DGCL 2012-143 du 2 avril 2012) :
- les taux de versement mobilité des communes concernées par une modification de taux sont récapitulés sous la forme d'un tableau publié sur les sites Internet www.urssaf.fr et www.msa.fr ;
- tout au long de l'année, un module d'information avec recherche par code postal du taux de versement mobilité est disponible sur ces sites Internet ;
- les taux applicables sont mis à disposition, avec leur date d'effet, dans les comptes cotisants accessibles sur ces mêmes sites Internet.

Paiement du versement mobilité

Cas général - L'entreprise doit payer le versement mobilité auprès de l'URSSAF compétente dans les mêmes conditions et aux mêmes dates que les cotisations de sécurité sociale (voir *Paiement des cotisations URSSAF** et *Exigibilité des cotisations URSSAF**) (c. gén. collect. terr. art. L. 2333-69, L. 2531-6, I A, L. 4332-8-1, D. 2333-92 et D. 2531-10).

Caisses de congés payés - Ce sont les employeurs qui ont la charge du paiement du versement mobilité dû sur les indemnités de congés versées par les caisses de congés payés aux salariés.

Les employeurs des salariés concernés s'en acquittent sous forme d'une majoration du versement mobilité dont ils sont redevables au titre des rémunérations versées à leurs salariés concernés (c. séc. soc. art. L. 243-1-3). Le taux de cette majoration est fixé à 11,50 % (c. séc. soc. art. D. 243-0-2).

En pratique, sur les déclarations URSSAF, les employeurs doivent majorer l'assiette du versement de 11,50 % et utiliser les codes type de personnel et les taux habituels. L'*ACOSS** a apporté plusieurs précisions en la matière (voir lettre-circ. ACOSS 2013-19 du 28 mars 2013).

Remboursement

Salariés logés ou transportés - Les employeurs qui assurent le logement permanent de tout ou partie de leurs salariés peuvent obtenir le remboursement du versement mobilité. Il en est de même de ceux qui justifient avoir effectué intégralement le transport collectif de tous les salariés ou de certains d'entre eux (pour la province, s'ajoute une condition : avoir transporté les salariés à titre gratuit) (c. gén. collect. terr. art. L. 2333-70, L. 2531-6 et L. 4332-8-1).

Ce remboursement est fait au prorata des effectifs transportés ou logés par rapport à l'effectif total.

Villes nouvelles et zones d'activité industrielle ou commerciale - Le remboursement du versement mobilité est accordé aux employeurs d'Île-de-France qui emploient des salariés à l'intérieur des périmètres d'urbanisation des villes nouvelles (c. gén. collect. terr. art. L. 2531-6). Le remboursement est total s'ils y sont établis depuis moins de 5 ans et partiel dans le cas contraire (remboursement réduit chaque année de 1/5 à partir de la 5e année).

En province, un remboursement peut également être accordé aux entreprises qui emploient des salariés à l'intérieur des périmètres d'urbanisation des villes nouvelles ou de certaines zones d'activité industrielle ou commerciale, désignés par une délibération de l'AOM (c. gén. collect. terr. art. L. 2333-70).

Comment faire ? - L'employeur doit adresser ses demandes de remboursement trimestriellement à l'autorité organisatrice des mobilités pour laquelle le versement a été payé auprès de l'URSSAF, accompagnées de toutes pièces justificatives utiles (c. gén. collect. terr. art. D. 2333-90 et D. 2531-4).

En pratique toutefois, les employeurs disposent de 2 ans puisque les demandes de remboursement se prescrivent par 2 ans à compter de la date à laquelle le versement a été acquitté (c. gén. collect. terr. art. L. 2333-73 et L. 2531-9).

☛ *Effectif sécurité sociale ; Effectif versement mobilité.*

Vêtements professionnels

Les salariés sont parfois astreints au port de certaines tenues de travail. Dans la plupart des cas, l'employeur doit supporter la prise en charge de ces vêtements et de leurs éventuels frais d'entretien.

Les dépenses correspondantes constituent, sous certaines conditions, des *frais professionnels** exonérés de cotisations.

▶ À noter… Le *Bulletin officiel de la sécurité sociale (BOSS)** traite la question des vêtements travail uniquement via les frais d'entretien de ces vêtements, et n'aborde pas directement la question de la mise à disposition de vêtements de travail par l'employeur ou de la prise en charge des dépenses d'habillement des salariés. Toutefois, il nous semble logique de considérer que ces frais de vêtements constituent bien, lorsque les conditions requises sont remplies, des frais professionnels exonérés de cotisations.

Régime social d'exonération au titre des frais professionnels

Principe - Lorsque la mise à la disposition du salarié de vêtements entre dans la catégorie des *frais professionnels**, l'avantage correspondant est exonéré de cotisations. Il en va de même des frais d'entretien de ces vêtements, qui sont assimilés à des frais professionnels (BOSS, Frais professionnels, §§ 2030 et 2060, 01/01/2025).

En cas d'application d'une déduction forfaitaire spécifique pour frais professionnels (DFS), ces frais doivent donc être réintégrés dans l'assiette des cotisations et contributions sociales [voir *Frais professionnels (déduction forfaitaire spécifique)**].

La question du remboursement au salarié de l'achat de vêtements de travail est couverte par les dispositions du *Bulletin officiel de la sécurité sociale (BOSS)** relatives aux dépenses exceptionnellement engagées par le salarié pour le compte de l'entreprise (voir *Frais professionnels**). Ainsi, sous réserve que les vêtements soient acquis par le salarié à titre exceptionnel, alors que l'exercice normal de sa profession ne le prévoit pas et pour les seuls besoins de l'employeur, les frais engagés peuvent faire l'objet d'un remboursement dans les mêmes conditions que les frais professionnels. Toutefois, en cas d'application d'une *déduction forfaitaire spécifique**, il n'y a pas lieu de réintégrer le remboursement dans l'assiette des cotisations sociales (BOSS, Frais professionnels, § 1890, 01/01/2025).

Vêtements concernés - La mise à disposition de vêtements de travail qui répondent aux critères réglementaires de vêtements de protection individuelle entre dans la catégorie des *frais professionnels** (BOSS, Frais professionnels, § 2030, 01/01/2025). Le code du travail précise même expressément qu'ils ne constituent pas des avantages en nature (c. trav. art. R. 4321-5).

Constitue également des *frais professionnels** la mise à disposition de vêtements de coupe et couleur fixées par l'entreprise (uniformes, notamment), spécifiques à une profession et qui répondent à un objectif de salubrité, de sécurité ou concourent à la démarche commerciale de l'entreprise. Cela peut être le cas des tailleurs d'hôtesse de l'air ou d'accueil, des « bleus » de travail, des costumes de personnel navigant, des vêtements de cuisinier ou de pâtissier, des tabliers de femme de chambre, des tee-shirts avec logo de l'entreprise, des dispositifs de protection sanitaire mis à disposition des agents accueillant du public ou amenés à se déplacer, etc. (BOSS, Frais professionnels, § 2030, 01/01/2025).

Conditions d'exonération - La qualification de *frais professionnels** suppose que les conditions suivantes soient réunies (BOSS, Frais professionnels, § 2040, 01/01/2025) :
- les vêtements restent la propriété de l'entreprise ;
- ils ne doivent pas être portés en dehors de l'activité professionnelle du salarié ;
- leur port est obligatoire en vertu d'une disposition conventionnelle individuelle ou collective, ou d'une réglementation interne à l'entreprise.

En cas de *contrôle URSSAF**, il incombe à l'employeur de produire la disposition attestant de la propriété du vêtement et du caractère obligatoire de son port (BOSS, Frais professionnels, § 2040, 01/01/2025).

Frais d'entretien, primes de salissure - Les frais d'entretien des vêtements qui entrent dans la catégorie des frais professionnels *(voir ci-avant)* sont assimilés à des *frais professionnels** (BOSS, Frais professionnels, § 2030, 01/01/2025).

Certains employeurs versent, pour l'entretien des vêtements professionnels, une indemnité forfaitaire, fréquemment appelée « prime de salissure ». Ce type de prime constitue un remboursement de frais professionnels, exclu à ce titre de l'assiette des cotisations et contributions sociales pour la part correspondant aux coûts effectivement exposés par le salarié (BOSS, Frais professionnels, § 2060, 01/01/2025).

L'administration refuse toutefois de considérer des primes de salissure comme des frais professionnels si elles sont (BOSS, Frais professionnels, § 2090, 01/01/2025) :
- calculées uniformément ou en pourcentage du salaire et sans justification des dépenses réellement engagées ;
- versées pendant la période des congés payés ;
- ou réglées à la quasi-totalité du personnel alors qu'il n'est justifié ni de frais anormaux de salissure ni de l'utilisation effective de la prime conformément à son objet (peu importe que le versement soit imposé par une convention collective).

Les juges retiennent la même position (ex : cass. soc. 27 avril 1982, n° 81-12234 D ; cass. civ., 2e ch., 19 septembre 2019, n° 18-20047 D).

▶ À noter… Le seul fait qu'une entreprise soit spécialisée dans les travaux salissants et que les salariés soient exposés à des dépenses supplémentaires vestimentaires ne suffit pas à apporter la preuve de l'utilisation des primes de salissure conformément à leur objet (cass. soc. 19 juillet 2000, n° 98-18620 D). Les employeurs doivent être prudents, les juges se montrant parfois plus sévères que l'administration.

L'exonération au titre des *frais professionnels** suppose en principe la production de justificatifs. Toutefois, par tolérance, le BOSS admet que la prime de salissure soit réputée utilisée conformément à son objet et exonérée de cotisations et contributions sociales dans la limite du montant prévu par la convention collective, dès lors que le bénéficiaire de la prime est soumis à l'obligation de port de vêtement de travail et que cette prime varie en fonction du nombre de jours travaillés. Aucun justificatif n'est alors requis (BOSS, Frais professionnels, § 2090, 01/01/2025).

Par ailleurs, reprenant une solution dégagée par la Cour de cassation (cass. soc. 17 avril 1996, n° 94-15831, BC V n° 168), le BOSS précise que si l'employeur met à la disposition de ses salariés un vêtement de travail dont il assure l'entretien tout en versant une prime de salissure, cette dernière peut être exclue de l'assiette des cotisations et contributions sociales s'il est prouvé que les vêtements personnels du salarié nécessitent un lavage fréquent du fait de la nature particulière des travaux auxquels sont exposés les salariés (BOSS, Frais professionnels, § 2080, 01/01/2025). Cela peut être le cas, par exemple, des sous-vêtements du salarié (cass. civ., 2e ch., 4 avril 2019, n° 17-28347 D).

Vêtements loués à une entreprise de location-service - Les vêtements loués à une entreprise de location-service ouvrent droit également à l'exonération de cotisations sociales dès lors qu'ils répondent à toutes les conditions prévues pour entrer dans la catégorie des frais professionnels *(voir ci-avant)* (BOSS, Frais professionnels, § 2050, 01/01/2025).

Cette solution concerne également, aux mêmes conditions, les frais d'entretien de ces vêtements.

Hors des tolérances, avantage en nature soumis à cotisations - Les tolérances administratives s'interprètent strictement. Par conséquent, dès lors que les vêtements ne répondent pas aux critères pour être qualifiés de *frais professionnels** (ex. : vêtement donné au salarié, vêtement porté en dehors de l'activité professionnelle, port non obligatoire), il convient de considérer qu'il y a *avantage en nature** soumis à cotisations (BOSS, Frais professionnels, § 2070, 01/01/2025).

Prise en charge du coût des vêtements et des frais d'entretien

Équipements de protection individuelle, travaux insalubres et salissants - L'employeur doit mettre à la disposition des salariés les équipements de protection individuelle qui préservent leur santé et leur sécurité. Il en va de même, lorsque le caractère particulièrement insalubre ou salissant des travaux l'exige (c. trav. art. R. 4321-4).

Ces mises à disposition doivent être gratuites. En outre, l'entreprise doit assurer leur bon fonctionnement et leur maintien dans un état hygiénique satisfaisant, par les entretiens, réparations et remplacements nécessaires (c. trav. art. L. 4122-2 et R. 4323-95).

Autres vêtements dont le port est obligatoire - Les frais qu'un salarié expose pour les besoins de son activité professionnelle et dans l'intérêt de l'employeur doivent être supportés par ce dernier (voir *Frais professionnels**). Ce principe vaut pour les frais d'entretien des vêtements dont le port est obligatoire et inhérent à l'emploi (cass. soc. 21 mai 2008, n° 06-44044, BC V n° 108). A contrario, l'employeur n'a pas à supporter les frais d'entretien d'une tenue de travail non obligatoire (cass. soc. 3 mai 2016, n° 15-12549, BC V n° 87).

En pratique, il peut s'agir de vêtements dont le port est imposé pour des raisons d'hygiène et de sécurité, de contact avec la clientèle ou de simple stratégie commerciale (ex. : tee-shirt avec le logo de l'entreprise) (CE 17 juin 2014, n° 368867). Peu importe que les salariés ne soient pas exposés à des substances ou préparations chimiques dangereuses ou à des travaux salissants (voir, par exemple, cass. soc. 10 avril 2013, n° 12-16225 D).

▶ À noter… L'employeur doit supporter les frais d'entretien même si une clause du contrat les met à la charge du salarié (cass. soc. 12 décembre 2012, n° 11-26585, BC V n° 331).

L'employeur est seul décisionnaire des modalités de prise en charge de l'entretien des tenues que le salarié doit obligatoirement porter (cass. soc. 12 décembre 2012, n° 11-26585, BC V n° 331). Dans ce contexte, il peut décider de prendre directement en charge l'entretien des vêtements. Il peut aussi rembourser les frais exposés par le salarié sur la base d'un forfait ou au réel sur la base de justificatifs.

Exemple

En fournissant au salarié un baril de lessive de 3 kilogrammes par trimestre, un employeur a pu être considéré comme prenant en charge à sa juste mesure l'entretien de la tenue dont il imposait le port (cass. soc. 15 octobre 2014, n° 13-17134 D).

Notons enfin qu'il n'est pas possible d'échapper aux frais d'entretien de la tenue en estimant qu'une « prime d'habillement » prend en charge dans sa globalité aussi bien l'habillage/déshabillage que l'entretien des vêtements. Une telle prime ne peut être que la contrepartie des seuls *temps d'habillage et de déshabillage** et ne couvre pas la prise en charge des frais d'entretien des tenues de travail (cass. soc. 5 décembre 2012, n° 11-21113, BC V n° 325).

☞ *Avantage en nature ; Frais professionnels.*

Visite médicale d'embauche

La visite d'information et de prévention a remplacé depuis le 1er janvier 2017 la visite médicale d'embauche, même si cette appellation reste encore largement utilisée. Un véritable examen médical d'aptitude est également prévu pour les salariés destinés à occuper des postes « à risques ».

L'employeur qui ne respecte pas son obligation engage sa responsabilité [voir Dictionnaire Social, « Visite médicale (information et prévention) »].

Visite d'information et de prévention (cas général)

Objet - Le but de la visite d'information et de prévention est d'échanger avec le salarié, principalement sur son état de santé, de l'informer sur les risques de son poste, de le sensibiliser sur les moyens de prévention et de l'informer de son droit à demander à tout moment une visite avec le médecin du travail. La visite doit aussi permettre d'identifier si l'état de santé du salarié ou les risques auxquels il est exposé nécessitent une orientation vers le médecin du travail (c. trav. art. R. 4624-11).

Les salariés en contrat à durée déterminée (CDD) bénéficient de la même visite, dans les mêmes délais, que les salariés en contrat à durée indéterminée (c. trav. art. R. 4625-1).

Délai à respecter - L'employeur a 3 mois après la prise effective de poste pour faire effectuer la visite d'information et de prévention, par le médecin du travail ou, sous son autorité, par l'un des membres de son équipe pluridisciplinaire (collaborateur médecin, interne en médecine ou infirmier) (c. trav. art. L. 4624-1 et R. 4624-10 ; arrêté du 16 octobre 2017, JO du 21, texte n° 28).

Pour les apprentis, la visite doit avoir lieu dans les 2 mois de la prise de poste (c. trav. art. R. 6222-36).

Le salarié ne peut être indemnisé en cas d'absence d'organisation de la visite que s'il démontre un préjudice (cass. soc. 27 juin 2018, 17-15438 D).

Visite préalable à l'affectation sur le poste - La visite doit être effectuée préalablement à l'affectation sur le poste pour les salariés travaillant de nuit et ceux âgés de moins de 18 ans (c. trav. art. R. 4624-18).

Il en va de même pour les salariés exposés à des champs électromagnétiques affectés à des postes pour lesquels les valeurs dépassent certaines limites d'exposition et ceux exposés à des agents biologiques du groupe 2 (c. trav. art. R. 4426-7 et R. 4453-25).

Dérogation - La visite d'information et de prévention n'est pas requise si le salarié en a déjà passé une avec succès pour un emploi identique dans les 5 années précédant l'embauche (3 ans dans certains cas), sous certaines conditions non détaillées ici (c. trav. art. R. 4624-15).

▶ À noter... Un suivi individuel dit « adapté » est prévu pour les salariés dont l'état de santé, l'âge, les conditions de travail ou les risques auxquels ils sont exposés le nécessitent, et en particulier les travailleurs handicapés, les travailleurs de nuit et les travailleurs qui déclarent être titulaires d'une pension d'invalidité (c. trav. art. R. 4624-17). Les modalités de suivi adaptées sont établies par le médecin du travail, dans le cadre du protocole qu'il détermine.

Orientation vers une seconde visite, mais avec le médecin du travail - À l'issue de la visite, le professionnel de santé qui l'a effectuée peut, s'il l'estime nécessaire, orienter sans délai le salarié vers le médecin du travail. Ce dernier effectue alors une nouvelle visite qui a notamment pour objet de proposer, si elles sont nécessaires, des adaptations du poste ou l'affectation à d'autres postes (c. trav. art. L. 4624-1 et R. 4624-13 ; arrêté du 16 octobre 2017, JO du 21, texte n° 28).

Les travailleurs handicapés, ainsi que ceux qui déclarent être titulaires d'une pension d'invalidité doivent être orientés sans délai vers le médecin du travail (c. trav. art. R. 4624-20).

Une femme enceinte, venant d'accoucher ou allaitante peut également, à l'issue de la visite d'information et de prévention, ou à tout moment si elle le souhaite, demander à être orientée sans délai vers le médecin du travail (c. trav. art. R. 4624-19).

Travailleurs temporaires - La visite d'information et de prévention peut, dans le cas particulier des travailleurs temporaires, être effectuée pour plusieurs emplois dans la limite de 3 (c. trav. art. R. 4625-10).

Une nouvelle visite n'a pas à être réalisée avant une nouvelle mission si le salarié en a déjà passé une avec succès pour un même emploi dans les 2 années précédant l'embauche, sous certaines conditions non détaillées ici (c. trav. art. R. 4625-11).

Attestation de suivi - Une attestation de suivi est remise au salarié et à son employeur à l'issue de la visite d'information et de prévention (c. trav. art. R. 4624-14).

▶ À noter... Une nouvelle version de l'attestation de suivi doit, selon des informations recueillies par notre rédaction auprès de la DGT, entrer en vigueur courant 2025. Nous vous invitons à suivre l'actualité dans notre revue RF Paye (www.rfpaye.com) ou sur MyDoc Paye (www.revue-fiduciaire.com/mydoc/paye).

Examen médical d'aptitude (suivi renforcé)

Postes concernés - Certains postes à risques nécessitent un suivi médical renforcé. Une liste précise est établie par le code du travail (ex. : salariés exposés à l'amiante, au plomb, au risque de chute, etc.), que l'employeur peut compléter sous certaines conditions (c. trav. art. L. 4624-2 et R. 4624-23).

Le suivi renforcé concerne également les jeunes en formation affectés à certains travaux dangereux (c. trav. art. R. 4153-40), les salariés titulaires de l'autorisation de conduite de certains équipements de travail (c. trav. art. R. 4323-56) ou encore les salariés habilités à effectuer des opérations sur les installations électriques ou dans leur voisinage (c. trav. art. R. 4544-10).

Examen médical d'aptitude par le médecin du travail - À la place de la visite d'information et de prévention *(voir ci-dessus)*, le salarié destiné à occuper un poste « à risques » bénéficie d'un examen médical d'aptitude à l'embauche (c. trav. art. L. 4624-2 et R. 4624-24).

L'examen est réalisé par le médecin de travail avant l'embauche (c. trav. art. R. 4624-24).

Délivrance d'un avis - À l'issue de l'examen, le médecin du travail délivre au salarié et à l'employeur un avis d'aptitude ou d'inaptitude (c. trav. art. R. 4624-25 ; arrêté du 16 octobre 2017, JO du 21, texte n° 28).

▶ À noter… Une nouvelle version de l'avis d'aptitude ou d'inaptitude doit, selon des informations recueillies par notre rédaction auprès de la DGT, entrer en vigueur courant 2025. Nous vous invitons à suivre l'actualité dans notre revue RF Paye (www.rfpaye.com) ou sur MyDoc Paye (www.revue-fiduciaire.com/mydoc/paye).

Dérogation - La visite d'aptitude n'est pas requise si le salarié en a déjà passé une avec succès pour un emploi identique dans les 2 années précédant l'embauche, sous certaines conditions non détaillées ici (c. trav. art. R. 4624-27).

Travailleurs temporaires - Le travailleur temporaire affecté à un poste à risques doit passer un examen médical d'aptitude auprès du médecin du travail de l'entreprise de travail temporaire. Cet examen peut être effectué pour plusieurs emplois dans la limite de 3 (c. trav. art. R. 4625-12).

Une nouvelle visite n'est pas réalisée avant une nouvelle mission si le salarié en a déjà passé une avec succès pour un même emploi dans les 2 années précédant l'embauche, sous certaines conditions non détaillées ici (c. trav. art. R. 4625-13).

Lorsqu'un travailleur est affecté, le cas échéant en cours de mission, à un poste à risque pour lequel il n'a pas bénéficié d'un suivi individuel renforcé, l'entreprise utilisatrice doit organiser un examen médical d'aptitude pour ce poste (c. trav. art. R. 4625-9). Le médecin du travail de l'entreprise de travail temporaire est alors informé du résultat de cet examen.

Saisonniers

Un examen médical d'embauche est obligatoire pour les salariés saisonniers recrutés pour une durée au moins égale à 45 jours de travail effectif affectés à des emplois présentant des risques particuliers (c. trav. art. D. 4625-22 et R. 4624-23). L'employeur en est dispensé lorsqu'il s'agit de salariés recrutés pour un emploi équivalent à ceux précédemment occupés, si aucune inaptitude n'a été reconnue lors du dernier examen médical intervenu au cours des 24 mois précédents (c. trav. art. D. 4625-22).

Pour les salariés saisonniers recrutés pour une durée inférieure à 45 jours, le service de prévention et de santé au travail organise des actions de formation et de prévention. Ces actions peuvent être communes à plusieurs entreprises (c. trav. art. D. 4625-22).

Salariés multi-employeurs

Depuis le 2 juillet 2023, le suivi de l'état de santé des travailleurs occupant des emplois identiques auprès d'employeurs différents peut être mutualisé (c. trav. art. L. 4624-1-1).

Le cas échéant, le salarié multi-employeurs passe la visite d'information et de prévention (ou l'examen médical d'aptitude pour le salarié en suivi médical renforcé) auprès du service de prévention et de santé au travail interentreprises (SPSTI) de son employeur principal (c. trav. art. D. 4624-61).

Exemple

Un salarié embauché en janvier 2025 avec un suivi individuel renforcé avec un premier employeur, puis embauché en juillet 2025 (même suivi individuel renforcé) chez un deuxième employeur n'a pas à passer de nouvelle visite d'embauche en juillet 2025 dès lors que tous les employeurs disposent de l'avis rendu en janvier 2025 (Questions/réponses du ministère du Travail sur le suivi de l'état de santé des salariés ayant une pluralité d'employeurs, Q/R 14).

Celui-ci délivre l'attestation de suivi ou l'avis d'aptitude à chaque employeur du salarié. Lorsque ces documents prévoient des aménagements de poste, des avis d'inaptitude ou des avis différents, ils sont délivrés pour chaque poste occupé par le travailleur auprès de chacun des employeurs du salarié (c. trav. art. D. 4624-64).

Le SPSTI de l'employeur principal est tenu d'informer individuellement chaque employeur concerné de l'ensemble des étapes du suivi (convocation, visite, avis rendu, etc.) par tous moyens (courrier, email, dépôt dans l'espace employeur…) (Questions/réponses du ministère du Travail sur le suivi de l'état de santé des salariés ayant une pluralité d'employeurs, Q/R 10).

☞ *Visite médicale de préreprise ; Visite médicale de reprise ; Visites médicales (frais, rémunération, repos quotidien) ; Visites médicales périodiques.*

Visite médicale de préreprise

Objet et arrêts de travail concernés

Salariés concernés - Un salarié peut bénéficier d'un examen médical de préreprise en cas d'arrêt de travail dépassant 30 jours notamment pour étudier la mise en œuvre de mesures d'adaptation individuelles dès lors que le retour à son poste est anticipé (c. trav. art. L. 4624-2-4 et R. 4624-29).

La durée de l'arrêt de travail peut être continue ou discontinue (questions/réponses sur les mesures de prévention de la désinsertion professionnelle de la loi du 2 août 2021, 21/03/2024, « Visite de préreprise », Q/R 2).

Objet - L'examen de préreprise a pour objet de favoriser le maintien dans l'emploi des salariés en arrêt de travail, le médecin du travail pouvant par exemple recommander des aménagements et adaptations du poste de travail du salarié.

Initiative et organisation - La visite de préreprise peut être demandée par le salarié, son médecin traitant, les services médicaux de l'assurance maladie, ou du médecin du travail (c. trav. art. L. 4624-2-4). L'employeur doit informer le salarié de la possibilité de solliciter l'organisation de l'examen de préreprise, par exemple à l'occasion du rendez-vous de liaison (voir *Visites médicales périodiques**) (questions/réponses précitées, Q/R 4).

L'examen de préreprise est organisé, pendant l'arrêt de travail du salarié, dès que son état de santé permet d'envisager une reprise d'activité professionnelle (questions/réponses précitées, Q/R 3).

Elle est réalisée par le médecin du travail, ou par un infirmer en santé au travail. Dans tous les cas, les avis, propositions, conclusions écrites ou indications reposant sur des éléments de nature médicale ne peuvent être émis que par le médecin du travail (c. trav. art. R. 4623-14, II ; CE 28 avril 2023, n° 465318).

Caractère facultatif - La visite de préreprise est facultative, mais sa réalisation est encouragée car elle permet d'anticiper et de préparer dans les meilleures conditions le retour au travail du salarié (questions/réponses précitées, Q/R 6).

Déroulement de la visite

Si la visite est organisée, c'est le service de prévention et de santé au travail qui convoque le salarié à l'examen de préreprise. Au cours de l'examen, le médecin du travail peut recommander diverses mesures (aménagements du poste de travail, préconisations de reclassement, formations) (c. trav. art. R. 4624-30).

Le médecin du travail informe l'employeur et le médecin-conseil de la sécurité sociale de ses recommandations. Le salarié peut toutefois s'opposer à ce que le médecin du travail procède à cette information.

À l'issue de cet examen spécifique, le médecin du travail n'établit pas de fiche d'aptitude.

☛ *Inaptitude ; Visite médicale de reprise.*

Visite médicale de reprise

Visite obligatoire après certains arrêts de travail

Arrêts de travail concernés - L'employeur est tenu d'organiser une visite de reprise devant le médecin du travail après (c. trav. art. R. 4624-31) :
- un congé de maternité ;
- une absence pour maladie professionnelle ;
- une absence d'au moins 60 jours pour maladie ou accident non professionnel ;
- une absence d'au moins 30 jours pour cause d'accident du travail (AT).

Cette visite a pour but de vérifier si le poste de travail que doit reprendre le salarié, ou le poste de reclassement auquel il doit être affecté, est compatible avec son état de santé, de préconiser un aménagement ou une adaptation du poste, etc. Le médecin peut émettre, le cas échéant, un avis d'*inaptitude** (c. trav. art. R. 4624-32).

De plus, l'employeur doit informer le médecin du travail de tout arrêt de travail d'une durée inférieure à 30 jours pour cause d'AT afin que celui-ci puisse apprécier, notamment, l'opportunité d'un nouvel examen médical et qu'il puisse avec l'équipe pluridisciplinaire, préconiser des mesures de prévention des risques professionnels (c. trav. art. R. 4624-33).

▶ À noter... La visite de reprise est une visite à part entière et elle ne peut se confondre avec les *visites médicales périodiques**. L'employeur doit organiser une visite de reprise distincte, même si elle se situe à une date proche de la visite périodique (CA Versailles, 5e ch. B, 21 décembre 2006, RG n° 05/05539).

Salarié multi-employeurs - Depuis le 2 juillet 2023, lorsqu'une visite de reprise doit être organisée après un arrêt de travail d'un salarié travaillant pour plusieurs employeurs et dont le suivi de l'état de santé est mutualisé, l'initiative de cette visite dépend du motif de l'arrêt de travail.

Elle est demandée (c. trav. art. D. 4624-63 ; décret 2023-547 du 30 juin 2023, JO 1er juillet) :

- par l'employeur principal, si cette visite est consécutive à congé maternité, à une absence d'au moins 60 jours pour cause de maladie ou d'accident non professionnel, ou à une absence pour cause de maladie professionnelle ;
- par l'employeur ayant déclaré un accident du travail du salarié, si cette visite est consécutive à une absence d'au moins 30 jours à ce titre.

Si le salarié ne se rend pas à la visite médicale de reprise organisée par l'employeur concerné, il appartient à chacun des employeurs d'évaluer les conséquences du refus du salarié de se présenter à la visite de reprise et de déterminer si une sanction doit être prononcée à son encontre. Il n'y a pas d'automaticité entre la décision prise par un employeur et celles des autres (questions/réponses du ministère du Travail sur le suivi de l'état de santé des salariés ayant une pluralité d'employeurs, Q/R 15).

Délai à respecter

La visite de reprise est en principe à l'initiative de l'employeur (cass. soc. 18 janvier 2000, n° 96-45545, BC V n° 29). Dès que l'employeur a connaissance de la date de la fin de l'arrêt de travail, il doit saisir le service de prévention et de santé au travail, qui organise l'examen de reprise le jour de la reprise du travail et au plus tard dans les 8 jours qui suivent cette reprise (c. trav. art. R. 4624-31). L'employeur ne peut pas conditionner la visite de reprise au retour du salarié à son poste de travail (cass. soc. 3 juillet 2024, n° 23-13784 FB).

▶ À noter... Les infirmiers en santé au travail peuvent réaliser les visites médicales de reprise (c. trav. art. R. 4623-14, II ; CE 28 avril 2023, n° 465318).

Ce délai de 8 jours calendaires s'entend strictement : pour un salarié reprenant son poste un lundi 28 septembre, l'employeur a jusqu'au lundi 5 octobre pour organiser la visite de reprise (cass. soc. 13 avril 2016, n° 15-10400, BC V n° 75).

La visite de préreprise peut également être sollicitée par le salarié auprès de son employeur ou, en avertissant l'employeur de sa demande, auprès du médecin du travail (cass. soc. 12 novembre 1997, n° 94-43839, BC V n° 365). Si le salarié a sollicité le médecin du travail sans prévenir son employeur, l'examen médical organisé ne vaut pas visite de reprise (il ne peut pas, par exemple, servir de base à une déclaration d'inaptitude) (cass. soc. 4 février 2009, n° 07-44498, BC V n° 38 ; cass. soc. 8 février 2017, n° 15-27492 D).

Défaut d'organisation de la visite de reprise

Le contrat reste suspendu - En l'absence de visite de reprise, le salarié n'est pas tenu de reprendre le travail (cass. soc. 25 mars 2009, n° 07-44408, BC V n° 82). Son contrat de travail reste suspendu, il ne peut donc pas être licencié pour faute grave liée notamment à ses absences injustifiées (cass. soc. 16 octobre 2019, n° 18-19893 D), ni pour abandon de poste (cass. soc. 6 mai 2015, n° 13-22459 D ; cass. soc. 13 février 2019, n° 17-17492 D). Cette suspension perdure même si le salarié a été placé en invalidité par la caisse primaire d'assurance maladie (cass. soc. 6 octobre 2015, n° 13-26052, BC V n° 187).

Conséquence en termes de salaire - Le contrat de travail restant suspendu à défaut d'examen de reprise, le salarié ne peut pas prétendre au paiement des salaires pour la période de suspension (cass. soc. 21 décembre 2017, n° 16-25872 D ; cass. soc. 13 février 2019, n° 17-17492 D).

Le salarié peut éventuellement être indemnisé en cas de manquement de l'employeur, mais il doit démontrer qu'il a subi un préjudice (cass. soc. 17 mai 2016, n° 14-23138 D et cass. soc. 30 septembre 2020, n° 19 15922 D ; cass. soc. 4 septembre 2024, n° 22-16129 FSB et n° 22-23648 FSB).

Toutefois si le salarié dont l'arrêt de travail a pris fin s'est tenu à la disposition de l'employeur pour passer la visite de reprise, et que celui-ci ne l'a pas organisée l'intéressé a droit à sa rémunération (cass. soc. 23 septembre 2014, n° 12-24967 D ; cass. soc. 24 janvier 2024, n° 22-18437 D).

Conséquence sur la relation de travail - En outre, le salarié peut prendre acte de la rupture de son contrat de travail pour non-respect par l'employeur de ses obligations (voir *Prise d'acte de la rupture du contrat de travail**). Si les manquements de l'employeur sont suffisamment graves pour empêcher la poursuite du contrat de travail, la prise d'acte est justifiée et produit les effets d'un licenciement sans cause réelle et sérieuse (cass. soc. 19 octobre 2017, n° 15-26950 D).

Il peut aussi demander la *résiliation judiciaire du contrat de travail** (cass. soc. 7 octobre 2015, n° 14-10573 D).

Responsabilité de l'employeur - Enfin, l'employeur engage sa responsabilité car il ne respecte pas son obligation légale de sécurité [voir Dictionnaire Social, « Visite médicale (préreprise et reprise) »].

Pour autant, il a déjà été jugé que l'employeur n'est pas en mesure d'organiser la visite médicale de reprise si le salarié a cessé d'envoyer des arrêts de travail, ne répond pas à ses demandes de justifier de son absence et ne rapporte pas la preuve qu'il s'était mis à la disposition de l'employeur. Dans ce cas, on ne peut pas reprocher à l'employeur de ne pas avoir organisé la visite de reprise et d'avoir licencié le salarié pour faute grave du fait de son absence injustifiée (cass. soc. 13 janvier 2021, n° 19-10437 D ; cass. soc. 13 mai 2015, n° 13-23606 D).

☞ *Inaptitude ; Reprise du travail après un arrêt de travail ; Visite médicale de préreprise ; Visites médicales (frais, rémunération, repos quotidien) ; Visites médicales périodiques.*

Visites médicales (frais, rémunération, repos quotidien)

Organisation et rémunération - Le temps nécessité par les visites et les examens médicaux, y compris les examens complémentaires, est soit pris sur les heures de travail des salariés sans qu'aucune retenue de salaire ne puisse être opérée, soit rémunéré comme du temps de travail effectif lorsque ces examens ne peuvent pas avoir lieu pendant les heures de travail (c. trav. art. R. 4624-39).

Dès lors, ce temps est pleinement assimilé à du temps de travail effectif (pour le calcul des heures supplémentaires, l'ancienneté, les congés payés, etc.). En tout état de cause, il ne peut pas être pris sur le temps de pause ou sur des congés (rép. Grzegrzulka n° 23218, JO 15 novembre 1999, AN quest. p. 6582).

▶ À noter… En pratique, pour les visites organisées à l'initiative de l'employeur, la logique est d'organiser la visite sur le temps de travail à chaque fois que cela est possible.

Frais - L'employeur prend en charge le temps et les frais de transport nécessités par ces examens (c. trav. art. R. 4624-39).

Si l'employeur ne prend pas en charge les frais de transport, le salarié peut en obtenir le paiement en justice. Peu importe que le médecin du travail l'ait reconnu apte ou non à son emploi. Pour les juges, la seule question est de savoir si le salarié s'est rendu à la visite (cass. soc. 4 juin 2008, n° 06-45819 D).

Articulation avec le repos quotidien (jurisprudence) - L'organisation d'une visite ou d'un examen médical ne doit pas priver un salarié de son *repos quotidien** (11 h consécutives, en principe), lequel commence à la fin du service du salarié. Dans le cas contraire, l'intéressé est en droit d'obtenir des dommages et intérêts (cass. soc. 27 juin 2012, n° 10-21306, BC V n° 201). À défaut, le salarié peut refuser de se rendre à la visite médicale sans commettre de faute.

Exemple
Si un salarié travaille de nuit avec une fin de service à 6h50 du matin, une visite médicale fixée à 8 h du matin le prive de ses 11 heures consécutives de repos quotidien, lequel prend effet à la fin de son service. Peu importe qu'il ne reprenne ensuite le travail qu'en soirée, à 22 h (cass. soc. 27 juin 2012, n° 10-21306, BC V n° 201). Dans cette affaire, le salarié a obtenu 1531 € de dommages et intérêts au titre de la violation de son repos quotidien. La Cour n'a pas tenu compte, entre autres arguments de l'employeur, de celui tenant aux horaires d'ouverture du service de santé au travail.

Même si cette contrainte peut compliquer l'organisation de la visite médicale dans certaines organisations du travail (travail en équipe, travail de nuit, etc.), il appartient à l'employeur de faire le nécessaire pour éviter de voir sa responsabilité engagée (ex. : aménagement exceptionnel d'horaire, date de la visite, etc.).

Salariés multi-employeurs - Le suivi de l'état de santé des travailleurs occupant des emplois identiques auprès d'employeurs différents peut être mutualisé (c. trav. art. L. 4624-1-1). Le SPSTI de l'employeur principal recouvre la cotisation annuelle auprès de chaque employeur du salarié, en la répartissant entre les employeurs à parts égales (ex. : cotisation à 90 € avec 3 employeurs = 90/3 = 30 €) (c. trav. art. D. 4624-65).

Pour déterminer le montant de la cotisation à répartir, le SPSTI se fonde sur le nombre de travailleurs ayant plusieurs employeurs et occupant des emplois identiques au 31 janvier de l'année en cours porté à sa connaissance (c. trav. art. D. 4624-65). À cette fin, il peut demander à ses entreprises adhérentes de lui transmettre, avant le 28 février de chaque année, la liste nominative arrêtée au 31 janvier de l'année en cours des travailleurs exécutant simultanément au moins deux contrats de travail. Si au-delà du 31 janvier de l'année en cours, un salarié donne lieu à un suivi mutualisé, il n'est pas procédé au recouvrement d'une cotisation complémentaire (questions/réponses du ministère du Travail sur le suivi de l'état de santé des salariés ayant une pluralité d'employeurs, Q/R 16).

☞ *Visite médicale d'embauche ; Visite médicale de reprise ; Visites médicales périodiques.*

Visites médicales périodiques

L'employeur qui ne respecte pas ses obligations en matière de visites médicales périodiques engage sa responsabilité [voir Dictionnaire Social, « Visites médicales (périodiques) »].

Visite d'information et de prévention (cas général)

Tous les 5 ans au maximum - Une fois la visite d'information et de prévention initiale effectuée (voir *Visite médicale d'embauche**), un renouvellement a lieu selon une périodicité qui ne peut pas excéder 5 ans (c. trav. art. R. 4624-16).

La périodicité exacte est déterminée par le médecin du travail dans le cadre d'un protocole, en tenant compte de plusieurs paramètres (conditions de travail, risques auxquels le salarié est exposé, état de santé, âge).

La visite est assurée par le médecin du travail ou, sous son autorité, par le collaborateur médecin, l'interne en médecine ou l'infirmier (c. trav. art. L. 4624-1 ; arrêté du 16 octobre 2017, JO du 21).

Tous les 3 ans maximum en cas de suivi adapté - Certains salariés bénéficient, après la visite d'information et de prévention, de modalités de suivi adaptées, lorsque leur état de santé, leur âge, leurs conditions de travail ou les risques auxquels ils sont exposés le nécessitent (notamment les travailleurs handicapés, les travailleurs de nuit et les travailleurs qui déclarent être titulaires d'une pension d'invalidité) (c. trav. art. L. 4624-1 et R. 4624-17 ; arrêté du 16 octobre 2017, JO du 21).

C'est au médecin du travail de fixer les modalités du suivi adapté dans le cadre du protocole qu'il détermine. Il doit y avoir une visite au moins tous les 3 ans.

Orientation vers le médecin du travail - À l'issue de la visite, le professionnel de santé peut ou doit orienter certains salariés pour passer une seconde visite, cette fois menée par un médecin du travail. Cette mesure vise les mêmes salariés que pour la visite d'embauche (voir *Visite médicale d'embauche**).

Attestation de suivi - Une attestation de suivi est remise au salarié et à son employeur à l'issue de chaque visite d'information et de prévention (c. trav. art. R. 4624-14).

▶ À noter… Une nouvelle version de l'attestation de suivi doit, selon des informations recueillies par notre rédaction auprès de la DGT, entrer en vigueur courant 2025. Nous vous invitons à suivre l'actualité dans notre revue RF Paye (www.rfpaye.com) ou sur MyDoc Paye (www.revue-fiduciaire.com/mydoc/paye).

Examen médical (suivi renforcé)

Postes à risques - Certains salariés occupent des postes qui les placent sous le régime du suivi individuel renforcé. Les intéressés bénéficient d'un véritable examen médical d'aptitude réalisé par le médecin du travail, en lieu et place de la visite d'information et de prévention (voir *Visite médicale d'embauche**).

Périodicité - Une fois l'examen initial effectué (voir *Visite médicale d'embauche**), il doit être renouvelé selon une périodicité déterminée par le médecin du travail, sachant qu'elle ne peut pas être supérieure à 4 ans. En tout état de cause, une visite intermédiaire est effectuée par un professionnel de santé au plus tard 2 ans après l'examen initial (c. trav. art. R. 4624-28).

Pour les salariés exposés aux rayonnements ionisants et classés en catégorie A, la visite médicale est renouvelée chaque année. La visite intermédiaire mentionnée ci-avant n'est pas requise (c. trav. art. R. 4451-82).

Délivrance d'un avis - À l'issue de chaque examen médical d'aptitude, il est délivré au salarié et à l'employeur un avis d'aptitude ou d'inaptitude (c. trav. art. R. 4624-25 ; arrêté du 16 octobre 2017, JO du 21).

Salariés multi-employeurs

Depuis le 2 juillet 2023, les salariés occupant des emplois identiques auprès de plusieurs employeurs relèvent d'un suivi médical mutualisé (c. trav. art. L. 4624-1-1 et D. 4624-60 et s.).

Le suivi individuel de l'état de santé mutualisé est réalisé pour le compte de tous les employeurs par le service de prévention et de santé interentreprises (SPSTI) de l'employeur principal du salarié (c. trav. art. D. 4624-61 ; questions/réponses du ministère du Travail sur le suivi de l'état de santé des salariés ayant une pluralité d'employeurs).

C'est donc ce SPSTI qui assure les visites périodiques, lesquelles sont organisées par l'employeur principal. En cas de carence de l'employeur principal, un autre employeur peut demander au SPSTI de l'employeur principal l'organisation de la visite (questions/réponses précités, Q/R 13).

Le SPSTI de l'employeur principal informe individuellement chaque employeur concerné de l'ensemble des étapes du suivi médical des salariés concernés (convocation, visite, avis rendu, etc.) par tous moyens (courrier, email, dépôt dans l'espace employeur, etc.) (questions/réponses précités, Q/R 10).

Visites liées à des événements particuliers

Visite médicale de mi-carrière - Une visite médicale de mi-carrière doit être organisée durant l'année civile des 45 ans du salarié, ou à une autre échéance définie par accord de branche (c. trav. art. L. 4624-2-2).

Elle permet notamment d'établir un état des lieux de l'adéquation entre le poste de travail et l'état de santé du salarié et de proposer des aménagements du poste de travail en fonction de l'état de santé physique et mental du salarié [voir Dictionnaire Social, « Visites médicales (mi-carrière) »].

Visite post-exposition et post-professionnelle - Les visites post-exposition ou post-professionnelle visent à mettre en place une surveillance en lien avec le médecin traitant, lorsque le médecin du travail constate une exposition du salarié à certains risques professionnels dangereux. (c. trav. art. L. 4624-2-1 et R. 4624-28-1 à R. 4624-28-3).

Elles ont lieu avec le médecin du travail et sont organisées :
- pour les travailleurs bénéficiant ou ayant bénéficié d'un suivi individuel renforcé de leur état de santé ;
- pour les travailleurs ayant bénéficié d'un suivi médical spécifique du fait de leur exposition à un ou plusieurs risques avant la mise en œuvre du dispositif de suivi individuel renforcé, soit avant le 1er janvier 2017.

La visite post-professionnelle doit avoir lieu avant les départs et mises à la retraite intervenus depuis le 1er octobre 2021.

La visite post-exposition concerne les salariés dont la cessation d'exposition est intervenue depuis le 31 mars 2022. Elle doit être organisée « dans les meilleurs délais » après que le salarié a cessé d'être exposé aux risques lorsque cette exposition cesse avant la fin de sa carrière.

En vue de la tenue de la visite, l'employeur doit informer son service de prévention et de santé au travail (SPST) du départ ou de la mise à la retraite du salarié ou de la cessation de l'exposition aux risques dès qu'il en a connaissance. Il avise également sans délai le salarié concerné de la transmission de cette information au SPST (c. trav. art. R. 4624-28-2).

Si le salarié estime devoir être bénéficiaire de la visite post-exposition ou post-professionnelle, mais qu'il n'en a pas été avisé par l'employeur, il peut, durant le mois précédant la date de la cessation de l'exposition ou son départ en retraite, et jusqu'à 6 mois après la cessation de l'exposition, directement contacter le SPST pour demander à passer la visite. Il doit alors en informer l'employeur (c. trav. art. R. 4624-28-2).

Le SPST détermine si le salarié remplit les conditions et organise le cas échéant la visite. Cet examen médical vise à établir une traçabilité et un état des lieux, à date, des expositions à un ou plusieurs des facteurs de risques professionnels listés par le code du travail et de préconiser, le cas échéant, la surveillance post-professionnelle du salarié, en lien avec le médecin traitant (c. trav. art. L. 4161-1 et R. 4624-28-3) [voir Dictionnaire Social, « Visite médicale (post-exposition et post-professionnelle) »].

Rendez-vous de liaison - Un « rendez-vous de liaison » peut être organisé à l'initiative de l'employeur ou du salarié pendant un arrêt de travail, d'origine professionnelle ou non, d'une durée supérieure à 30 jours (c. trav. art. L. 1226-1-3 et D. 1226-8-1) (voir Dictionnaire Social, « Examens médicaux »).

La durée de l'arrêt de travail peut être continue ou discontinue [Document Questions-réponses sur les mesures relatives à la prévention de la désinsertion professionnelle issues de la loi du 2 août 2021, mis à jour le 21/03/2024, « Rendez-vous de liaison », Q/R 2].

L'entretien a pour objet d'informer le salarié des possibilités d'actions de prévention de la désinsertion professionnelle, d'une visite de préreprise et de mesures d'aménagement de son poste et du temps de travail.

Le refus du salarié de se rendre à ce rendez-vous ne doit avoir aucune conséquence (c. trav. art. L. 1226-1-3 ; Document Q/R précité, Q/R 6).

☛ *Inaptitude ; Visite médicale d'embauche ; Visite médicale de préreprise ; Visite médicale de reprise ; Visites médicales (frais, rémunération, repos quotidien).*

VLU

☞ *Versement en un lieu unique ; Versement en un lieu unique facultatif ; Versement en un lieu unique obligatoire.*

Voyage

Les dépenses engagées par un salarié à l'occasion d'un voyage pour le compte de son entreprise peuvent relever du régime des *frais professionnels**. Mais dans certains cas, un voyage peut être considéré comme un *avantage en nature**.

Voyage correspondant à un déplacement professionnel

Si le voyage correspond à un déplacement professionnel, les remboursements de frais engagés peuvent être exonérés de cotisations au titre des *frais professionnels**, soit pour le montant des frais réels sur justificatifs, soit par allocations forfaitaires dans le cadre des limites prévues par la réglementation pour les *frais de déplacement**.

En cas d'application d'une *déduction forfaitaire spécifique pour frais professionnels**, les remboursements sont réintégrés dans l'assiette des cotisations (mais pas dans la base CSG et CRDS).

Voyage d'affaires, de séminaires, de formations, etc.

Selon l'administration, sont considérées comme des *frais professionnels** les dépenses engagées par le salarié à l'occasion de voyages d'affaires, de voyages de stimulation, de séminaires, de formations, etc., lorsqu'elles sont dûment justifiées (BOSS, Frais professionnels, § 1490, 01/01/2025). Aussi, en cas d'application d'une *déduction forfaitaire spécifique pour frais professionnels**, ils doivent être réintégrés dans l'assiette des cotisations sociales (mais pas dans celle de la CSG/CRDS).

Pour être exonérés au titre des frais professionnels, ces voyages doivent être caractérisés par l'organisation et la mise en œuvre d'un programme de travail ainsi que par l'existence de sujétions pour le salarié, alors que sa participation à ces voyages ne correspond pas à l'exercice normal de sa profession.

L'employeur doit produire le programme de travail et justifier les frais exposés individuellement par les salariés.

Lorsque le voyage est pris en charge par l'employeur, le salarié n'expose aucun frais professionnel éligible à une prise en charge (BOSS, Frais professionnels, § 1500, 01/01/2025).

Voyage considéré comme un avantage soumis à cotisations

Qualification d'un voyage d'affaires en frais professionnels : pas d'automatisme - L'expression « voyage d'affaires » n'est pas synonyme d'exonération. Si les critères ne sont pas remplis *(voir ci-dessus)*, les URSSAF et les juges vont requalifier le voyage en *avantage en nature** soumis à cotisations.

Lorsque le voyage est pris en charge par l'employeur et présente un caractère professionnel prépondérant, aucun avantage en nature ne doit être retenu, même pour la fraction correspondant à l'agrément (BOSS, Frais professionnels, § 1520, 01/01/2025).

Tel n'est pas le cas lorsque les salariés ont travaillé moins de la moitié du temps passé sur place et que le voyage a été ouvert aux conjoints des salariés contre une participation financière minime (BOSS, Frais professionnels, § 1520, 01/01/2025 ; cass. civ., 2e ch., 20 mars 2008, n° 07-12797, BC II n° 76). Il y a alors avantage en nature soumis à cotisations.

Exemple
Une URSSAF a pu réintégrer dans l'assiette des cotisations des frais liés à un voyage à l'étranger organisé et payé par l'employeur au motif que les frais n'avaient pas été exposés en raison de charges inhérentes aux fonctions des salariés exercées dans l'intérêt de l'entreprise. Les salariés étaient certes obligés de participer au voyage (signature de feuilles d'émargement), des tenues avec le logo du groupe étaient imposées au cours des soirées, mais une seule demi-journée de travail était prévue sur 4 jours de voyage (cass. civ., 2e ch., 30 mars 2017, n° 16-12132 D).

Il en est de même lorsque l'employeur prend en charge ou rembourse les frais de voyage du conjoint (qui n'est pas salarié par ailleurs de l'entreprise) ainsi que de sa famille : la prise en charge de ces frais personnels doit être réintégrée dans l'assiette des cotisations sociales en tant qu'elle est constitutive d'un avantage salarial (BOSS, Frais professionnels, § 1520, 01/01/2025).

Voyage d'agrément - Le remboursement ou la prise en charge des frais de voyage d'agrément constituent des éléments de rémunération devant être réintégrés dans l'assiette des cotisations (BOSS, Frais professionnels, § 1510, 01/01/2025).

Exemple

Le coût d'un voyage qu'une entreprise offre à ses salariés ainsi qu'à leur conjoint à l'occasion de l'anniversaire de sa fondation constitue un avantage en nature, car il n'est accordé qu'à raison de l'appartenance des salariés à l'entreprise (cass. soc. 12 février 1981, n° 79-15344, BC V n° 134).

Les réductions tarifaires offertes aux salariés pour financer des voyages d'agrément sont soumises à cotisations, sauf à rentrer dans les tolérances d'exemption d'assiette liées soit aux activités sociales et culturelles du CSE [voir *Avantages versés par le comité social et économique (CSE)**], soit aux *réductions tarifaires préférentielles**.

Évènement festif annuel

Le BOSS précise qu'aucun *avantage en nature** ne doit être retenu lorsque le *comité social et économique** (CSE), ou l'employeur (même en présence d'un CSE), organise, au maximum une fois par an, un évènement festif de fin d'année ou d'anniversaire de l'entreprise si l'ensemble des salariés y est convié et que le coût de l'évènement est global et non individualisé (BOSS, Frais professionnels, § 1520, 01/01/2025).

▶ À noter... Cette précision a été intégrée dans une partie du BOSS qui traite des voyages d'affaires. Néanmoins, l'administration semble viser plus généralement tout évènement festif de fin d'année ou d'anniversaire d'entreprise.

☞ *Avantage en nature ; Avantages versés par le comité social et économique (CSE) ; Frais de déplacement ; Frais professionnels ; Mobilité professionnelle ; Réductions tarifaires préférentielles.*

VRP

Les voyageurs représentants placiers bénéficient d'un statut particulier s'ajoutant aux dispositions légales générales et donnant lieu à des particularités au niveau de la paye.

Critères légaux

Pour bénéficier du statut de VRP, le salarié doit satisfaire à l'ensemble des conditions suivantes (c. trav. art. L. 7311-3) :

- exercer une activité de prospection commerciale pour le compte d'un ou plusieurs employeurs ;
- exercer cette activité de façon exclusive et constante ;
- ne faire aucune opération commerciale pour son compte personnel ;
- être lié à l'employeur par des engagements précis déterminant la nature des prestations de services ou des marchandises offertes à la vente ou à l'achat, la région dans laquelle il exerce son activité ou les catégories de clients qu'il est chargé de visiter, le taux des rémunérations.

Ces conditions sont cumulatives. Si l'une d'entre elles n'est pas satisfaite, le salarié ne peut pas prétendre au statut de VRP. Un salarié qui n'a pas de secteur déterminé ne peut donc pas être VRP (cass. soc. 8 mars 2012, n° 10-18004 D).

▶ À noter... La seule mention du statut de VRP dans le contrat de travail ne suffit pas en soi à le rendre obligatoire. Le statut social applicable à un salarié découle nécessairement des conditions effectives d'exercice de son activité. En conséquence, lorsque les conditions légales d'application du statut de VRP ne sont pas réunies, le salarié ne peut pas se voir opposer ce statut. Peu importe le fait que son contrat de travail fasse référence au statut de VRP (cass. soc. 9 mars 2011, n° 09-66535 D ; cass. soc. 17 décembre 2002, n° 00-44375, BC V n° 398).

Rémunération

Contrat de travail - La rémunération des VRP est fixée dans leur contrat de travail et peut prendre la forme d'un fixe, de commissions ou de la combinaison des deux.

Garantie de rémunération - L'accord national interprofessionnel des VRP du 3 octobre 1975 contient une garantie de rémunération au profit des VRP exclusifs. Cette rémunération minimale est garantie aux VRP, quel que soit leur mode de rémunération (fixe et/ou commissions), dès lors qu'ils sont engagés à titre exclusif par un employeur et qu'ils travaillent à temps plein (cass. soc. 25 mars 2010, n° 08-43156, BC V n° 76) [voir *Rémunération (VRP)**].

Calcul des commissions - Le taux et la base de calcul des *commissions** sont fixés par les parties dans le contrat de travail. Le SMIC ne leur est pas applicable, sauf s'ils sont assujettis à un horaire contrôlable.

Les *commissions** peuvent être dues :

- sur les ordres directs, c'est-à-dire lorsque la commande du client est passée directement par l'intermédiaire du VRP ;

- sur les ordres indirects, c'est-à-dire y compris sur les affaires passées directement par le client sans l'intervention directe du VRP.

Il appartient au VRP de prouver l'existence d'une clause du contrat ou d'un usage prévoyant le paiement des commissions sur les ordres indirects (cass. soc. 24 novembre 1993, n° 90-40901 D).

Paiement des commissions - En l'absence d'usage ou de clause contraire, les commissions sont dues dès passation de la commande par le client (cass. soc. 19 mai 1998, n° 96-41034 D).

Le contrat ou un usage peuvent toutefois prévoir le paiement des commissions uniquement lors de l'exécution et du paiement de la commande (clause de « vente menée à bonne fin »).

En tout état de cause, les commissions doivent être versées au VRP au moins tous les 3 mois (c. trav. art. L. 7313-7).

Précision sur la contestation des commissions - Le contrat de travail qui prévoit que « les comptes de commission seront établis chaque trimestre » et que « le relevé et l'accord correspondant vaudront arrêté de compte » n'empêche pas le VRP de contester le montant de ses commissions.

En tout état de cause, l'acceptation sans protestation ni réserve par le VRP de ses bulletins de paye ne peut valoir accord sur le montant de ses commissions (cass. soc. 14 février 2018, n° 16-17996 D).

Commissions de retour sur échantillonnage - Il s'agit des commissions correspondant à des commandes passées par la clientèle du VRP après la rupture de son contrat de travail, mais qui sont la suite directe de son activité antérieure.

Ces commissions sont dues par l'employeur, quel que soit le motif de la rupture du contrat de travail (cass. soc. 25 mai 1981, n° 79-41618, BC V n° 464).

La durée pendant laquelle les commissions de retour sur échantillonnage sont dues est fixée par les usages. Lorsque la clientèle est soumise à des sujétions particulières, ce délai peut être augmenté, dans la limite de 3 ans.

Indemnité de non-concurrence

Des dispositions spécifiques s'appliquent à la clause de non-concurrence (ANI VRP du 3 octobre 1975, art. 14). Elles prévoient, notamment, l'obligation d'une indemnité compensatrice égale à :
- 2/3 de mois si l'interdiction de concurrence est supérieure à 1 an ;
- 1/3 de mois si elle est de 1 an au plus.

Frais professionnels

Modalités de prise en charge - Voir *Frais professionnels des VRP**.

Déduction forfaitaire pour frais professionnels - Sous condition, les employeurs de VRP peuvent appliquer une déduction forfaitaire spécifique (DFS) pour frais professionnels sur l'assiette des cotisations de sécurité sociale (arrêté du 20 décembre 2002, JO du 27). L'abattement d'assiette lié la DFS est plafonné à 7 600 € par an.

Le taux de cette DFS était fixé à 30 % jusqu'en 2023 inclus. Depuis 2024, elle est progressivement réduite, jusqu'à sa disparition en 2038. Le taux de la DFS est ainsi ramené à 26 % en 2025 (contre 28 % en 2024).

Pendant cette période de sortie progressive de DFS, les employeurs concernés bénéficient de tolérances spécifiques d'application des DFS.

Pour le détail du calendrier de sortie progressive de la DFS des VRP et les tolérances applicables pendant cette période, voir *Frais professionnels (déduction forfaitaire spécifique)**.

L'employeur qui opte pour cet abattement doit l'appliquer aux autres cotisations sociales dont l'assiette est alignée sur celles des cotisations de sécurité sociale (assurance chômage, AGS, AGIRC-ARRCO, assurance décès des cadres, etc.), à l'exception de la base CSG et CRDS *(voir ci-après)*.

Cotisations URSSAF

VRP exclusifs - Les taux des cotisations des VRP exclusifs sont ceux applicables à l'ensemble des salariés, sous réserve des dispositions ci-dessous. Les cotisations sont réglées aux URSSAF selon le même calendrier que pour les autres salariés.

VRP multicartes - Les cotisations dues pour l'emploi de VRP multicartes sont versées au réseau des URSSAF depuis le 1er janvier 2018 et intégrées en DSN depuis janvier 2019.

Les cotisations salariales sont précomptées aux taux habituels.

Les cotisations patronales sont décomptées aux taux habituels, sous réserve d'une exception : la cotisation patronale d'assurance vieillesse sur la tranche A est de 6,90 % (au lieu de 8,55 %) pour les périodes courant depuis le 1er janvier 2019 (arrêté du 16 février 1959, modifié par arrêté du 1er février 2019, JO du 16, texte n° 5).

VRP multicarte (exemple)

L'entreprise a, par hypothèse, 100 salariés. Un VRP multicarte est payé mensuellement. Sa rémunération se compose d'une partie fixe (475 € par mois), à laquelle s'ajoutent des commissions calculées au taux de 4,5 %. En février 2025, le VRP a perçu 2 925 € de commissions. Son employeur lui rembourse en outre 800 € de frais professionnels.

L'employeur opte pour l'application de la déduction forfaitaire spécifique (DFS) pour frais professionnels avec l'accord du VRP (DFS de 26 % en 2025). Il ne réintègre pas les remboursements de frais dans l'assiette des cotisations, comme l'administration le tolère pendant la période de suppression progressive de la DFS des VRP [voir Frais professionnels (déduction forfaitaire spécifique)].*

Enfin, l'employeur a reçu de la DGFiP un taux de PAS de 5 %.

EXTRAIT DU BULLETIN DE PAYE DE FÉVRIER 2025

Désignation	**Base**	**Taux**	**Montant**	
Salaire fixe			475,00	
Commissions	65 000,00	4,50 %	2 925,00	
Brut total			3 400,00	
Brut sécurité sociale (après DFS de 26 %)			2 516,00	
Cotisations et contributions sociales	**Base (€)**	**Taux salarial**	**Part salarié (€)**	**Part employeur (€)**
Santé				
Sécurité sociale - Maladie Maternité Invalidité Décès	2 516,00	-	-	176,12 (1)
Complémentaire santé	-	-	85,00	85,00
Accidents du travail - maladies professionnelles	2 516,00	-	-	24,15 (2)
Retraite				
Sécurité sociale plafonnée	2 516,00	6,90 %	173,60	173,60 (3)
Sécurité sociale déplafonnée	2 516,00	0,40 %	10,06	50,82
Complémentaire Tranche 1 (4)	2 516,00	4,01 %	100,89	151,21
Famille	2 516,00	-	-	86,80 (5)
Assurance chômage				
Chômage	2 516,00	-	-	108,19 (6)
Autres contributions dues par l'employeur				106,08 (7)
CSG déductible de l'impôt sur le revenu	3 425,50 (8)	6,80 %	232,93	-
CSG/CRDS non déductible de l'impôt sur le revenu	3 425,50 (8)	2,90 %	99,34	-
Total des cotisations et contributions			701,83	961,98
Frais d'hôtel, de repas et de route		+ 800,00		
Net social				**2 698,17 (*)**
Net à payer avant impôt sur le revenu				**3 498,17**
Impôt sur le revenu	**Base**	**Taux**	**Montant**	**Cumul annuel**
Montant net imposable			2 882,51 (9)	Valeur
Impôt sur le revenu prélevé à la source	2 882,51 (9)	5,00 %	144,13	Valeur
Montant net des heures compl/suppl exonérées			0,00	0,00
Net à payer au salarié (en euros) (10)				**3 354,04 (10)**
Total versé par l'employeur				4 361,98 (11)

Notes de la rédaction, pour aider à la lecture des totaux (ces notes n'ont pas à apparaître sur le bulletin de paye) :
(*) On ne tient pas compte de la déduction forfaitaire spécifique pour frais professionnels pour le Net social [voir *Bulletin de paye (net social)**].
(1) Taux de 7 % compte tenu de la rémunération. (2) Taux de 0,96 %. (3) Taux de 6,90 %. (4) Y compris contribution d'équilibre général. (5) Taux réduit de 3,45 % compte tenu de la rémunération. (6) Dont AGS (0,25 %). (7) Dont CSA (0,30 %), FNAL (0,50 %), dialogue social (0,016 %), versement mobilité (1 %), contribution formation (1 %), participation à l'effort de construction (0,45 %), taxe d'apprentissage (0,45 %), forfait social. (8) La déduction forfaitaire spécifique pour frais professionnels n'est pas prise en compte pour la base CSG/CRDS. L'assiette CSG/CRDS est donc égale à (3 400 € × 98,25 %) + 85. (9) La déduction forfaitaire spécifique pour frais professionnels ne s'applique pas en matière fiscale. Le net imposable se calcule donc à partir du brut hors frais professionnels et après déduction des cotisations salariales déductibles (3 400 + 85 – 602,49). (10) À faire apparaître de manière à en faciliter la lisibilité. (11) Total fixe + commissions + contributions patronales (ici, option a été prise de ne pas intégrer les frais professionnels).

Le taux de la cotisation « accidents du travail » est fixé chaque année par arrêté (code risque : 511TG, taux 0,96 % pour 2024). Ce taux continue de s'appliquer jusqu'à parution d'un arrêté fixant les taux AT pour 2025.

Versement mobilité - Traditionnellement, il était admis que le *versement mobilité** ne soit pas dû si le VRP exerçait principalement son activité hors du périmètre des territoires concernés.

Les nouvelles règles de rattachement des salariés issues du décret du 9 mai 2017, telles qu'interprétées par le réseau des URSSAF, semblent conduire à considérer que cette exception de principe est levée. Pour savoir si un employeur assujetti au versement mobilité doit s'en acquitter ou pas sur la rémunération d'un VRP, il convient désormais de prendre en considération ces règles de rattachement [voir *Effectif versement mobilité**].

CSG/CRDS : spécificités

Exclusion des frais professionnels - La déduction forfaitaire spécifique pour frais professionnels n'est pas applicable à l'assiette de la CSG et de la CRDS.

Comme pour les autres salariés, les indemnités pour frais professionnels (allocations forfaitaires et remboursements réels) sont à exclure de l'assiette CSG/CRDS chaque fois qu'elles remplissent les conditions requises pour être exonérées de cotisations de sécurité sociale. Il en va de même si elles ne sont réintégrées dans l'assiette des cotisations qu'en raison de l'option de l'employeur pour la déduction forfaitaire pour frais professionnels.

VRP ne recevant aucune participation de l'employeur à leurs frais professionnels - Cette situation concerne les VRP ne percevant pas d'indemnités pour frais professionnels, réputés inclus dans leur rémunération, mais bénéficiant de l'abattement pour frais professionnels pour l'assiette des cotisations de sécurité sociale. Il est admis que leurs frais professionnels justifiés peuvent être déduits de la base CSG/CRDS, avant application de l'abattement de 1,75 % (lettre-circ. ACOSS 97-7 du 17 janvier 1997).

Pour les VRP exclusifs, le montant des frais justifiés du salarié est connu de l'employeur : il suffit que ce dernier le déduise de l'assiette de la CSG et de la CRDS.

En revanche, les VRP multicartes doivent justifier à l'URSSAF de leurs frais professionnels pour qu'ils soient déduits de la base de calcul de la CSG. Ils déclarent leurs frais professionnels de façon dématérialisée sur un espace déclaratif, spécifiquement créé pour les VRP multicartes.

L'authenticité des frais déclarés peut faire l'objet de contrôles par les services de l'URSSAF.

Autres cotisations

Retraite complémentaire - Voir *Retraite complémentaire (VRP)**.

Assurance décès complémentaire obligatoire - La cotisation de 1,50 % en tranche A continue à concerner en 2025 :

- les VRP exclusifs ayant la qualité de cadre [à verser à l'INPR si l'employeur a choisi de verser les cotisations de retraite complémentaire des intéressés à MMR-AGIRC-ARRCO (VRP)] ;
- selon nos informations, les VRP exclusifs non-cadres ou les VRP multicartes ayant un salaire supérieur au plafond relevant de MMR-AGIRC (VRP) (à verser obligatoirement à l'INPR).

☛ *Clause de non-concurrence (VRP) ; Commissions de retour sur échantillonnage ; Frais professionnels des VRP ; Indemnité de clientèle ; Indemnité de congés payés (VRP) ; Indemnité de non-concurrence ; Préavis (VRP) ; Rémunération (VRP) ; Retraite complémentaire (VRP).*

Z

Zones France ruralités revitalisation

Une exonération de cotisations spécifique aux territoires ruraux en difficulté existe depuis longtemps.

Attachée aux Zones de revitalisation rurale (ZRR) jusqu'au 30 juin 2024, elle vise depuis le 1er juillet 2024 les Zones France Ruralités Revitalisation (ZFRR).

L'exonération a également été maintenue au profit certaines communes qui, autrefois classées en ZRR, n'ont pas été reclassées en ZFRR.

Des ZRR aux ZFRR

Jusqu'au 30 juin 2024 : zones de revitalisation rurale (ZRR) - La liste des zones de revitalisation rurale (ZRR) a été initialement fixée en février 1996. En 2005, la loi relative au développement des territoires ruraux a redéfini les critères des zones de revitalisation rurale (modification de l'article 1465 A, II et III du code général des impôts) (loi 2005-157 du 23 février 2005, art. 6 et 15 ; décret 2005-1435 du 21 novembre 2005).

Une nouvelle liste de communes classées en ZRR est entrée en vigueur le 1er juillet 2017 (arrêté du 16 mars 2017, JO du 29, texte 49 ; voir annexe I). De nouvelles communes de l'Aveyron y ont été ajoutées 1er avril 2018 (arrêté du 22 février 2018, JO 31 mars, texte 24 ; voir annexe I).

Certaines communes, sorties du classement en ZRR au 1er juillet 2017, ont continué à titre transitoire à bénéficier du dispositif et des avantages attachés aux ZRR jusqu'au 30 juin 2024 (loi 2023-1322 du 29 décembre 2023, art. 73, XVI et XVII ; loi 2017-1837 du 30 décembre 2017, art. 27, I modifié ; loi 2020-1721 du 29 décembre 2020, art. 223, III ; loi 2021-1900 du 30 décembre 2021, art. 68 ; loi 2016-1888 du 28 décembre 2016, art. 7 ; arrêté du 16 mars 2017 du 16 mars 2017, JO du 29, texte 49, voir annexe II ; arrêté du 22 février 2018, JO du 31 mars, texte 24, voir annexe II).

Depuis juillet 2024 : zones France Ruralités Revitalisation (ZFRR) - Les pouvoirs publics ont fixé l'extinction des ZRR au 30 juin 2024 (CGI art. 1465 A modifié ; loi 2023-1322 du 29 décembre 2023, art. 73, I, 28° et XX, A et D).

Au 1er juillet 2024, un nouveau zonage, appelé zones France Ruralités Revitalisation (ZFRR), a été mis en place en soutien aux territoires en difficulté (CGI art. 44 quindecies A nouveau ; loi 2023-1322 du 29 décembre 2023, art. 73, I, 6°, c et XX, C). Les ZFRR ont été délimitées par arrêté avec effet au 1er juillet 2024 (arrêté du 19 juin 2024, JO du 20, texte 51).

Le classement des communes en ZFRR établi par arrêté sera révisé tous les 6 ans (CGI art. 44 quindecies A nouveau, IV).

▶ À noter... Sur le plan fiscal, le zonage ZFRR est décliné en deux volets, avec un niveau socle ZFRR (CGI art. 44 quindecies A nouveau, II), mais aussi un niveau renforcé « ZFRR + » (CGI art. 44 quindecies A nouveau, III) donnant lieu à la mise en œuvre de leviers fiscaux intensifiés. Mais cette distinction n'a pas d'incidence en matière sociale.

Parallèlement, un certain nombre de communes (2 168 en tout), autrefois estampillés ZRR mais non reclassées en ZFRR en raison du changement des critères d'éligibilité, ont été maintenues dans le zonage ZRR à compter du 1er juillet 2024 afin qu'elles puissent continuer à ouvrir droit aux mêmes avantages (dont l'exonération de cotisations) qu'antérieurement (arrêté du 19 juin 2024, JO du 20, texte 52 ; Actualité BOSS du 1er juillet 2024).

La loi de finances pour 2025 a ensuite sécurisé leur situation. Rétroactivement à compter du 1er juillet 2024 jusqu'au 31 décembre 2027, ces communes bénéficient des effets du classement en ZFRR (et donc de l'exonération sociale qui y est attachée) (loi 2025-127 du 14 février 2025 art. 99, IV et VII, A, JO du 15°). Sont concernées par cette mesure :
- les communes qui étaient classées en ZRR au 30 juin 2024 mais qui n'ont pas été retenues en ZFRR ;
- les communes qui bénéficiaient des effets du classement ZRR au 30 juin 2024, mais qui n'ont pas été retenues en ZFRR ; en pratique, sont ici visées les communes sorties du classement ZRR au 1er juillet 2017 *(voir plus haut)* mais qui étaient admises à bénéficier des effets du dispositif à titre transitoire jusqu'au 30 juin 2024).

En outre, le classement des communes bénéficiant des effets du classement en ZFRR est applicable aux portions de territoire d'une commune nouvelle correspondant aux limites territoriales d'une ancienne commune qui était classée ou bénéficiait des effets du classement en ZRR au 30 juin 2024.

Un arrêté établira la liste de toutes ces communes bénéficiant des effets du classement en ZFRR. Pour suivre l'actualité sur ce sujet, nos lecteurs pourront notamment se reporter à notre revue RF Paye et à son site Internet (https://rfpaye.grouperf.com) ou à MyDoc Paye (https://www.revue-fiduciaire.com/mydoc/paye).

▶ À noter… La loi de finances pour 2025 contient plusieurs dispositions ajustant les critères de classement des communes en ZFRR, ce qui permettra (peut-être) de classer officiellement certaines de ces communes en ZRR. Des précisions sur ce point seront les bienvenues.

Exonération sur les nouvelles embauches des employeurs de moins de 50 salariés

Sous certaines conditions (activité, localisation, etc.), les embauches effectuées par les employeurs dans une zone éligible peuvent ouvrir droit à une exonération de cotisations patronales de sécurité sociale, tant qu'elles n'ont pas pour effet de porter l'effectif total de l'entreprise à 50 salariés ou plus (voir *Embauche du 1er au 50e salarié**) (c. séc. soc. art. L. 241-19).

Par ailleurs, les organismes d'intérêt général ayant leur siège social en zone éligible ont également accès à cette exonération (voir *Embauche du 1er au 50e salarié**) (c. séc. soc. art. L. 241-20), sauf au titre des contrats conclus avant le 1er novembre 2007 pour lesquels ils relèvent de l'ancienne exonération de la loi sur les territoires ruraux de 2005 *(voir ci-dessous)*.

Exonération « organismes d'intérêt général » en ZRR (embauches antérieures à novembre 2007)

Loi sur les territoires ruraux de 2005 - La loi sur les territoires ruraux de 2005 avait mis en place une exonération spécifique pour les organismes d'intérêt général (fondations ou associations reconnues d'utilité publique, certains organismes d'intérêts généraux, etc.) ayant leur siège social dans une ZRR (loi 2005-157 du 23 février 2005, art. 15 et 16 ; lettre-circ. ACOSS 2006-75 du 5 juin 2006).

Maintien pour les contrats antérieurs à novembre 2007 - L'ancien dispositif d'exonération prévu par la loi sur les territoires ruraux de 2005 reste applicable aux contrats de travail conclus avant le 1er novembre 2007, et ce jusqu'à leur terme.

L'exonération vise les organismes habilités à recevoir des dons et versements ouvrant droit à réduction d'impôt au sens de l'article 200 du code général des impôts, sous condition d'avoir déjà leur siège social en ZRR avant le 1er novembre 2007 (loi 2005 157 du 23 février 2005, art. 15 et 16 ; CGI art. 200 ; BOSS, Exonérations zonées, § 340, 1/03/2025).

▶ À noter… Le Bulletin officiel de la sécurité sociale (BOSS) consacre une partie de ses développements à cette exonération (BOSS, Exonérations zonées, §§ 330 à 520, 01/03/2025).

Sous cette condition de localisation du siège social, cette exonération peut bénéficier aux (BOSS, Exonérations zonées, § 330, 01/03/2025) :
- fondations ou associations reconnues d'utilité publique ;
- œuvres ou organismes d'intérêt général, à condition que ces organismes présentent un caractère philanthropique, éducatif, scientifique, social, humanitaire, sportif, familial, culturel ou concourent à la mise en valeur du patrimoine artistique, à la défense de l'environnement naturel ou à la diffusion de la culture, de la langue et des connaissances scientifiques françaises ;
- établissements d'enseignement supérieur ou d'enseignement artistique, publics ou privés à but non lucratif ;
- organismes agréés qui ont pour objet exclusif le financement de PME ou la fourniture à celles-ci de prestations d'accompagnement en début d'activité ;
- associations cultuelles et de bienfaisance, ainsi que des établissements publics des cultes reconnus d'Alsace-Moselle ;
- organismes publics ou privés dont la gestion est désintéressée et dont l'activité principale est la présentation au public d'œuvres dramatiques, lyriques, musicales, chorégraphiques, cinématographiques et de cirque ou l'organisation d'expositions d'art contemporain ;
- associations d'intérêt général exerçant des actions concrètes en faveur du pluralisme de la presse ;
- fonds de dotation répondant aux caractéristiques exigées pour les organismes d'intérêt général ci-dessus ou dont la gestion est désintéressée (sous certaines conditions).

Les associations non reconnues d'utilité publique peuvent être qualifiées d'organismes d'intérêt général dans la mesure où elles remplissent les critères de l'intérêt général au sens de la doctrine fiscale (ne pas exercer d'activité lucrative, avoir une gestion désintéressée, ne pas fonctionner au profit d'un cercle restreint de personnes) (BOSS, Exonérations zonées, § 330, 01/03/2025).

Effectif inférieur à 500 salariés - Depuis le 1er janvier 2013, seuls les établissements ayant un effectif de moins de 500 salariés peuvent encore bénéficier de cette ancienne exonération sur les contrats antérieurs à novembre 2007 (loi 2007-1786 du 19 décembre 2007, art. 19, I modifié ; loi 2012-1509 du 29 décembre 2012, art. 118).

L'effectif se calcule de la même manière que pour la déduction forfaitaire patronale attachée aux heures supplémentaires, ce qui en pratique renvoie aux règles d'effectif prévues par le code de la sécurité sociale [voir *Effectif sécurité sociale**].

Néanmoins, l'administration a précisé que le maintien du droit à exonération est examiné au niveau de chaque établissement de l'organisme d'intérêt général. Le franchissement à la hausse du seuil d'effectif de 500 salariés est pris en compte lorsque ce seuil a été atteint ou dépassé pendant 5 années civiles consécutives (BOSS, Exonérations zonées, § 410, 01/03/2025). Ce n'est qu'ensuite que l'organisme perdra le bénéfice de l'exonération sur les contrats antérieurs à novembre 2007.

Exemple

Au début de l'année N, un employeur constate que son effectif annuel moyen calculé sur l'année N - 1 est passé à 510 salariés (au lieu de 495 en N - 2). Il continue de bénéficier de l'exonération « organismes d'intérêt général en ZRR » pour les contrats conclus avant le 1er novembre 2007 pendant au moins 5 années civiles, soit de N à N + 4 inclus. À partir de l'année N + 5, il ne pourra plus bénéficier de l'exonération OIG en ZRR pour les contrats conclus avant le 1er novembre 2007, si son effectif calculé sur N + 4 est toujours supérieur ou égal à 500 salariés et qu'il n'est pas redescendu sous ce seuil au titre d'une des années intercalaires (BOSS, Exonérations zonées, § 410, 01/03/2025).

Salariés éligibles - Il n'y a aucune contrainte relative aux conditions d'emploi des salariés. Tous les salariés titulaires d'un contrat de travail de droit public ou privé, quelles qu'en soient la forme et la durée, employés dans une ZRR par un employeur éligible au dispositif ouvrent droit à l'exonération.

L'exonération peut également être appliquée aux dirigeants salariés qui cumulent, au sein de l'association ou de l'organisme, un contrat de travail avec leur mandat social. Dans ce cas, l'exonération est calculée en fonction de la rémunération, ou de la fraction de rémunération, correspondant à ce contrat de travail.

Emploi localisé en ZRR - Le salarié doit être employé dans une ZRR avant le 1er novembre 2007. Seul ouvre droit à l'exonération l'emploi d'un salarié dont l'activité réelle, régulière et indispensable à l'exécution du contrat de travail s'exerce dans une ZRR (BOSS, Exonérations zonées, § 350, 01/03/2025).

Transfert ou changement d'affectation - En cas de transfert du contrat de travail ou d'affectation, même temporaire, du salarié dans un établissement de l'association ou de l'organisme situé en dehors d'une ZRR, l'exonération cesse d'être applicable aux rémunérations versées à compter du premier jour du mois suivant celui au cours duquel le salarié a cessé d'être employé dans un établissement situé dans la ZRR.

Pendant la période où le salarié cesse d'être employé en ZRR, il peut ouvrir droit à une autre mesure de réduction ou d'exonération (ex. : *réduction générale de cotisations patronales**).

Le droit à l'exonération ZRR est de nouveau ouvert à compter du premier jour du mois suivant la réintégration du salarié dans un établissement de l'association ou de l'organisme situé dans une ZRR.

Nature et calcul de l'exonération - L'exonération est applicable à tous les salariés dont l'emploi ouvre droit à l'exonération et dont le contrat de travail est, au premier jour de chaque mois civil, en cours d'exécution ou suspendu, avec ou sans versement de rémunération. Elle porte sur les cotisations patronales d'assurance maladie, d'assurance vieillesse, d'allocations familiales, le FNAL et le versement mobilité.

Depuis 2014, l'exonération est totale lorsque la rémunération horaire est inférieure ou égale à 1,5 SMIC. Elle devient dégressive au-delà de 1,5 *SMIC** et s'annule au niveau de 2,4 SMIC (loi 2007-1786 du 19 décembre 2007, art. 19, I modifié).

Le montant de l'exonération est calculé par salarié et par mois civil.

En pratique, l'exonération est égale, chaque mois civil, au produit de la rémunération mensuelle soumise à cotisations versée au salarié par un coefficient (BOSS, Exonérations zonées, § 480, 01/03/2025).

Ce coefficient est déterminé comme suit : $C = (T/0,9) \times [(2,4 \times SMIC \times 1,5 \times \text{nombre d'heures rémunérées}/\text{rémunération mensuelle brute}) - 1,5]$.

Pour ce calcul, les différents paramètres doivent se comprendre comme suit (BOSS, Exonérations zonées, § 490, 01/01/03/2025) :

- le paramètre T correspond à la somme des taux des cotisations patronales d'assurance maladie, d'assurance vieillesse, d'allocations familiales, de FNAL et, le cas échéant, de versement mobilité, applicables au niveau du SMIC ;
- le SMIC horaire est pris en compte pour sa valeur la plus élevée en vigueur au cours de la période d'emploi rémunérée ;
- la rémunération mensuelle brute correspond à la rémunération brute soumise à cotisations de sécurité sociale ;
- le coefficient est arrondi à trois décimales après la virgule au millième le plus proche ;
- si le coefficient est supérieur à T, il est pris en compte pour une valeur au plus égale à T.

La *prime de partage de la valeur** n'est pas prise en compte dans la rémunération brute retenue pour calculer le coefficient de l'exonération ou le montant de l'exonération, sauf pour son éventuelle fraction soumise à cotisations de sécurité sociale.

Exemple

Dans un organisme soumis au FNAL de 0,50 % et à un versement mobilité de 1 %, pour un salarié à temps plein (151,67 h) rémunéré 2 800 € par mois, le coefficient de janvier 2025 se calcule comme suit (mois complet sans absence) :
- compte tenu du taux du FNAL et du versement mobilité, T = 22,52 %, soit 0,2252 ;
- C = (0,2252/0,9) × [(2,4 × 11,88 € × 1,5 × 151,67/ 2 800 €) – 1,5] = 0,2043.
L'exonération est de 2 800 € × 0,2043 = 572,04 €.

Suspension du contrat de travail (arrêt maladie, etc.) - Lorsque la période d'emploi rémunérée comprend une période de suspension du contrat de travail donnant lieu au versement d'une rémunération soumise à cotisations (ex. : arrêt maladie avec maintien de salaire, sous déduction des IJSS), il faut prendre en compte le nombre d'heures correspondant à la durée du travail qu'aurait effectuée le salarié si le contrat n'avait pas été suspendu.

En pratique, lorsque la rémunération comprend des périodes d'exécution du contrat de travail et des périodes d'absence rémunérées, le nombre d'heures rémunérées pris en compte est égal à la formule suivante : (nombre d'heures rémunérées sur un mois complet) × (rémunération soumise à cotisations)/(rémunération qui aurait été versée en l'absence de suspension du contrat).

Cumul - Aucun principe de non-cumul n'est prévu entre l'exonération « OIG en ZRR » et une autre exonération totale ou partielle de cotisations, une aide de l'État à l'emploi, des assiettes ou montants forfaitaires de cotisations (BOSS, Exonérations zonées, § 380, 01/03/2025).

En l'absence de disposition contraire, l'exonération OIG peut donc être cumulée avec une autre exonération de cotisations ou une aide de l'État à l'emploi, à la condition que les dispositions applicables à ces autres mesures ne s'y opposent pas.

Exemple

Dans ces conditions, il est notamment possible de cumuler l'exonération OIG avec la déduction forfaitaire de cotisations patronales attachée aux heures supplémentaires [voir *Heures supplémentaires (déduction forfaitaire de cotisations patronales)**].
En revanche, le cumul avec la *réduction générale de cotisations patronales** est impossible.

Durée d'application de l'exonération - Il n'y a pas de durée maximale d'application de l'exonération. Celle-ci reste applicable aussi longtemps que l'organisme y est éligible et que son siège social demeure situé dans une ZRR.

Mesures anti-délocalisation

Employeurs concernés - Les entreprises ou organismes qui cessent volontairement leur activité en ZRR ou en ZFRR en la délocalisant en un autre lieu moins de 5 ans après la perception des aides liées à l'implantation en ZRR ou en ZFRR, sont tenus de verser les sommes qu'ils n'ont pas acquittées en vertu des exonérations appliquées et de rembourser les aides publiques qui leur ont été attribuées (loi 2005-157 du 23 février 2005, art. 6 ; décret 2007-94 du 24 janvier 2007, art. 4 ; lettre-circ. ACOSS 2007-66 du 3 avril 2007).

Notion de délocalisation - Cette sanction s'applique lorsque la cessation volontaire de l'activité en ZRR ou en ZFRR est accompagnée de la délocalisation de l'entreprise hors de la zone moins de 5 ans après la perception des aides et exonérations.

▶ À noter… Par « cessation volontaire », il faut entendre l'abandon de l'ensemble de l'activité industrielle, agricole ou artisanale implantée en ZRR/ZFRR qui ne serait pas dû à un cas de force majeure. Quant à la délocalisation, il s'agit du transfert physique du lieu d'exploitation dans une commune qui n'est pas située en ZRR ou ZFRR. Le délai de 5 ans court à partir du premier jour du mois civil au titre duquel la mesure d'exonération a été appliquée pour la première fois par l'employeur.

Exonérations concernées - En matière sociale, cette mesure vise les exonérations applicables dans ces zones au titre de (décret 2007-94 du 24 janvier 2007, art. 4) :
- l'exonération pour *embauche du 1er au 50e salarié** ;
- l'exonération spécifique à certains organismes d'intérêts généraux en ZRR, encore applicable aux contrats conclus avant le 1er novembre 2007 *(voir ci-avant)*.

En principe, c'est à l'entreprise de verser spontanément les sommes correspondant aux cotisations exonérées pendant cette période de 5 ans. Toutefois, si le directeur de l'URSSAF concernée a connaissance d'un fait susceptible d'entraîner le reversement, il doit adresser une notification à l'employeur par LRAR.

Cette notification mentionne la constatation de la cessation d'activité et de sa délocalisation, ainsi que les conséquences sur le droit à exonération. Elle indique que l'employeur dispose d'un délai de 30 jours à compter de sa réception pour présenter des observations écrites et, le cas échéant, sur sa demande, des observations orales. Les sommes sont alors exigibles à compter de l'expiration du délai de 30 jours.

☞ *Embauche du 1er au 50e salarié.*

Zones franches urbaines

@ Cette étude est détaillée dans la version en ligne de ce Dictionnaire (voir www.rfpaye.com et www.rfedition.com).

Zones franches urbaines (associations)

@ Cette étude est détaillée dans la version en ligne de ce Dictionnaire (voir www.rfpaye.com et www.rfedition.com).

Zones franches urbaines (entreprises)

@ Cette étude est détaillée dans la version en ligne de ce Dictionnaire (voir www.rfpaye.com et www.rfedition.com).

Zones franches urbaines (calcul de l'exonération)

Les entreprises et les associations qui se sont implantées en zones franches urbaines avant le 1er janvier 2015 ainsi que les associations implantées en zones de redynamisation urbaine avant le 1er janvier 2009 peuvent bénéficier de l'exonération de cotisations patronales ZFU [voir *Zones franches urbaines (associations)**, *Zones franches urbaines (entreprises)**].

La nature, la durée et les modalités de calcul de l'exonération sont identiques, peu important la façon dont l'employeur a accédé au dispositif.

L'exonération

Cotisations concernées - Le dispositif se traduit, en pratique, par une exonération de cotisations patronales d'assurance maladie, d'assurance vieillesse, d'allocations familiales, de *FNAL** et de *versement mobilité** (loi 96-987 du 14 novembre 1996 modifiée, art. 12, I).

Calcul de l'exonération - L'exonération est totale sur les rémunérations ne dépassant pas 140 % du *SMIC**. Au-delà, l'exonération est dégressive, jusqu'à s'annuler au niveau de 2 SMIC (loi 96-987 du 14 novembre 1996, art. 12 modifié).

Ainsi, l'exonération ZFU s'apparente à une réduction de cotisations, égale à la rémunération mensuelle brute du mois (RMB) multipliée par un coefficient (décret 2004-565 du 17 juin 2004, art. 2 modifié par le décret 2009-237 du 10 mars 2009).

Le coefficient est calculé comme indiqué dans notre tableau, selon que le salaire horaire brut est ou non supérieur à 1,4 SMIC horaire.

Le taux du SMIC pris en compte est celui en vigueur au premier jour de la période d'emploi rémunérée.

Formules de calcul du coefficient (C) de l'exonération ZFU (*)	
Salaire horaire brut inférieur ou égal à 1,4 SMIC	C = T
Salaire horaire brut supérieur à 1,4 SMIC	C = (T/0,6) × [(2 × SMIC × 1,4 × nombre d'heures rémunérées/rémunération mensuelle brute) – 1,4]

(*) Le coefficient est arrondi à 3 décimales, au millième le plus proche. Il est plafonné à T.
T = taux des cotisations patronales d'assurance maladie, d'assurance vieillesse, d'allocations familiales, des contributions au FNAL et, le cas échéant, du versement mobilité.

Zones franches urbaines (calcul de l'exonération) (exemple)

Un salarié ouvrant droit à l'exonération attachée aux zones franches urbaines à taux plein est rémunéré 2 600 € par mois, sur la base d'une durée collective du travail de 35 h/semaine. L'employeur est supposé être dans une année de sortie dégressive donnant droit à 40 % de l'exonération à taux plein. L'entreprise est supposée assujettie au FNAL de 0,50 % et au versement mobilité au taux de 1 % : le paramètre T est égal à 22,52 %, soit 0,2252.

Dans la mesure où le salaire horaire brut est supérieur à 1,4 SMIC, le coefficient de l'exonération est de : (0,2252/0,6) × [(2 × 11,88 × 1,4 × 151,67/2 600) – 1,4] = 0,2028.

L'exonération de cotisations patronales d'assurance maladie, d'assurance vieillesse et de cotisations d'allocations familiales est de : 0,2028 × 2 600 € × 40 % = 210,91 €.

Cela reste plus favorable que la réduction générale de cotisations patronales, qui donnerait uniquement 152,62 € de réduction (coefficient de 0,0587).

EXTRAIT DU BULLETIN DE PAYE DE FÉVRIER 2025

Désignation	**Base**	**Taux**	**Montant**	
Salaire de base	151,67 h	17,14	2 600,00	
Brut total			2 600,00	
Cotisations et contributions sociales	**Base (€)**	**Taux salarial**	**Part salarié (€)**	**Part employeur (€)**
Santé				
Sécurité sociale - Maladie Maternité Invalidité Décès	2 600,00	-	-	182,00 (1)
Complémentaire santé	-	-	85,00	85,00
Accidents du travail - maladies professionnelles	2 600,00	-	-	52,00 (2)
Retraite				
Sécurité sociale plafonnée	2 600,00	6,90 %	179,40	222,30
Sécurité sociale déplafonnée	2 600,00	0,40 %	10,40	52,52
Complémentaire Tranche 1 (3)	2 600,00	4,01 %	104,26	156,26
Famille	2 600,00	-	-	89,70 (4)
Assurance chômage				
Chômage	2 600,00	-	-	111,80 (5)
Autres contributions dues par l'employeur	-	-	-	109,40 (6)
CSG non imposable à l'impôt sur le revenu	2 639,50	6,80 %	179,49	-
CSG/CRDS imposable à l'impôt sur le revenu	2 639,50	2,90 %	76,55	-
Exonérations et allégements de cotisations	-	-	-	- 210,91 (7)
Total des cotisations et contributions	-	-	635,09	850,07
Net social				**1 964,91**
Net à payer avant impôt sur le revenu				**1 964,91**
Impôt sur le revenu	**Base**	**Taux**	**Montant**	**Cumul annuel**
Montant net imposable			2 126,45	Valeur
Impôt sur le revenu prélevé à la source	2 126,45	5,00 %	106,32	Valeur
Montant net des heures compl/suppl exonérées			0,00	Valeur
Net à payer au salarié (en euros) (8)				**1 858,59 (8)**
Total versé par l'employeur				3 450,07 (9)

Notes de la rédaction, pour aider à la lecture des totaux (ces notes n'ont pas à apparaître sur le bulletin de paye) :
(1) Taux de 7 % compte tenu de la rémunération. (2) Par hypothèse taux de 2 %. (3) Y compris contribution d'équilibre général. (4) Taux de 3,45 % compte tenu de la rémunération. (5) Chômage 4,05 % et AGS 0,25 %. (6) CSA (0,30 %), FNAL (0,50 %), versement mobilité (1 %), contribution au dialogue social (0,016 %), contribution formation (1 %), participation à l'effort de construction (0,45 %), taxe d'apprentissage (0,68 %), forfait social. (7) Exonération ZFU (année de sortie dégressive à 40 % de l'exonération « normale »). (8) À faire apparaître de manière à en faciliter la lisibilité. (9) Brut + cotisations patronales.

Le paramètre « T » est égal au taux de cotisations patronales d'assurance maladie, d'assurance vieillesse, d'allocations familiales, de FNAL et de versement mobilité lorsque l'employeur en est redevable. Il faut se référer aux taux applicables au premier jour de la période d'emploi rémunérée. La *cotisation d'allocations familiales** est prise en compte pour son taux applicable au niveau du SMIC.

Exemple

Au 1er janvier 2024, dans une entreprise assujettie au FNAL de 0,50 % et au versement mobilité au taux de 1 %, le taux est de 22,52 %, soit un paramètre T égal à 0,2252.

La rémunération mensuelle brute (RMB) s'entend comme la rémunération brute soumise à cotisations de sécurité sociale versée au salarié au cours du mois civil. La *prime de partage de la valeur** n'est pas prise en compte, sauf pour son éventuelle fraction soumise à cotisations de sécurité sociale.

En cas de suspension du contrat de travail avec maintien total ou partiel de la rémunération mensuelle brute, le nombre d'heures rémunérées pris en compte au titre de ces périodes de suspension est égal au produit de la durée de travail que le salarié aurait effectuée s'il avait continué à travailler par le pourcentage de la rémunération demeurée à la charge de l'employeur et soumise à cotisations.

Pour les salariés dont la rémunération ne peut pas être déterminée au cours du mois en fonction d'un nombre d'heures (ex. : forfait annuel en heures ou en jours, VRP, travailleurs à domicile), il faut appliquer les règles de reconstitution prévues en la matière par le code de la sécurité sociale (c. séc. soc. art. D. 241-27) (voir *Nombre d'heures rémunérées**).

Exonération à taux plein pendant 5 ans puis sortie dégressive sur 3 ou 9 ans - L'exonération à laquelle chaque salarié ouvre droit est calculée à taux plein pendant 5 ans. En principe, aucun salarié ne peut plus se trouver dans une année d'exonération à taux plein à l'heure où nous rédigeons ces lignes.

Après la période de 5 ans d'exonération à taux plein, chaque salarié peut encore ouvrir droit à une exonération dégressive sur 3 ans, ou sur 9 ans pour les entreprises de moins de 5 salariés [voir *Zones franches urbaines (associations)** et *Zones franches urbaines (entreprises)**].

La règle de principe veut que la sortie dégressive se fasse sur 3 ans :
- 60 % du montant normalement applicable au salarié la 6e année ;
- 40 % la 7e année ;
- et enfin 20 % la 8e année.

Pour les entreprises de moins de 5 salariés, la sortie dégressive s'étale sur 9 ans :
- 60 % du montant normalement applicable au salarié de la 6e à la 10e année ;
- 40 % les 11e et 12e années ;
- et enfin 20 % les 13e et 14e années.

Calcul du seuil de 5 salariés pour la sortie dégressive - Le seuil d'effectif de 5 salariés qui dicte la durée de la sortie dégressive (3 ou 9 ans) est apprécié en fonction de la moyenne des effectifs employés chacun des 12 mois civils précédant le mois au cours duquel l'entreprise ou l'association applique pour la première fois l'exonération à taux dégressif au titre d'un ou de plusieurs salariés (décret 2004-565 du 17 juin 2004, art. 6).

Ce plafond est apprécié au niveau de l'association ou de l'entreprise, tous établissements confondus, implantés ou non dans une ZFU ou, pour les associations, dans une ZRU (circ. DSS/5B 2009-274 et 2009-275 du 27 août 2009). Le résultat est arrondi à l'unité inférieure.

Chaque salarié est pris en compte selon les modalités prévues par le code du travail (c. trav. art. L. 1111-2, L. 1111-3 et L. 1251-54) (voir *Effectif**).

Si l'effectif de 5 salariés est atteint ou dépassé après l'entrée en sortie dégressive, l'employeur conserve le bénéfice de la sortie sur 9 ans au titre des seuls salariés :
- présents dans l'établissement en ZFU (ou en ZRU pour les associations) au dernier jour du mois civil précédant celui au cours duquel l'entreprise a appliqué pour la première fois cette exonération dégressive de 9 ans ;
- et qui sont toujours employés dans cet établissement au cours du mois pour lequel sont dues les rémunérations et cotisations.

Renonciation à la sortie dégressive pour la réduction générale - L'employeur peut renoncer à l'exonération en sortie dégressive pour appliquer la *réduction générale de cotisations patronales**. Cette option s'effectue salarié par salarié. Elle est irrévocable (circ. DSS/5B 2009-274 du 27 août 2009 ; circ. DSS/5B 2009-275 du 27 août 2009).

Les employeurs ont intérêt à opter en ce sens au fur et à mesure que l'exonération ZFU devient moins favorable avec l'avancée dans le régime de sortie dégressive.

Cumul et articulation avec d'autres mesures

L'exonération ZFU ne peut être cumulée, pour l'emploi d'un même salarié, ni avec une autre exonération totale ou partielle de cotisations patronales de sécurité sociale, ni avec une aide de l'État à l'emploi, ni avec l'application de taux spécifiques, d'assiettes ou de montants forfaitaires de cotisations (loi 96-987 du 14 novembre 1996 modifiée, art. 12, VI).

Le cumul est possible avec la *déduction forfaitaire de cotisations au titre des heures supplémentaires**.

Les taux réduits de cotisations applicables aux journalistes professionnels, pigistes et assimilés, VRP à cartes multiples et membres des professions médicales à employeurs multiples ne sont pas considérés comme des taux spécifiques, de sorte que le cumul est possible (circ. DSS/DIV/DGFAR 2004-366 du 30 juillet 2004, § VII-C ; circ. DSS/DIV/DGFAR 2004-367 du 30 juillet 2004, § V-C).

▶ À noter... À la stricte lettre des textes, la loi de 1996 ne permet le cumul avec la déduction forfaitaire de cotisations patronales « heures supplémentaires » que dans sa formule « moins de 20 salariés » (c. séc. soc. art. L. 241-18), et pas « 20 à moins de 250 salariés » (c. séc. soc. art. L. 241-18-1). Mais peut-être est-ce un simple oubli du législateur, qui aurait omis d'actualiser la loi de 1996. Les employeurs concernés auront intérêt à se rapprocher de leur URSSAF pour vérifier l'interprétation à retenir.

Lorsque différents dispositifs peuvent être appliqués, l'employeur opte pour l'un ou l'autre. Toutefois, si le premier dispositif a donné lieu à une procédure déclarative ou de conventionnement avec l'État :
- sans limite de temps, l'employeur peut renoncer à cette mesure en appliquant l'exonération ZFU ;
- avec une limite de temps, l'employeur applique la mesure en cours jusqu'à son terme, puis applique l'exonération ZFU (la période d'application de la première mesure s'impute sur l'exonération ZFU) (circ. DSS/DIV/DGFAR 2004-366 du 30 juillet 2004, § VII-A-1 ; circ. DSS/DIV/DGFAR 2004-367 du 30 juillet 2004, § V-A-1).

RÉFÉRENCES

loi 2008-1425 du 27 décembre 2008 (art. 190) ; circ. DSS/DIV/DGFAR 2004-367 du 30 juillet 2004, modifiée par circ. DSS/5B 2009-275 du 27 août 2009 ; circ. DSS/DIV/DGFAR 2004-36 du 30 juillet 2004, modifiée par circ. DSS/5B 2009-274 du 27 août 2009.

☛ *Zones franches urbaines ; Zones franches urbaines (associations) ; Zones franches urbaines (déclarations obligatoires) ; Zones franches urbaines (entreprises).*

Zones franches urbaines (déclarations obligatoires)

@ Cette étude est détaillée dans la version en ligne de ce Dictionnaire (voir www.rfpaye.com et www.rfedition.com).

Zones de restructuration de la défense

Pour aider les régions affectées par la réforme de la carte militaire, la loi de finances rectificative pour 2008 a mis en place des « zones de restructuration de la défense » (ZRD). Ces zones ouvrent droit notamment à une exonération de cotisations patronales de sécurité sociale pour les entreprises qui s'y implantent ou s'y créent afin d'exercer une nouvelle activité (loi 2008-1443 du 30 décembre 2008, art. 34, I et VI ; décret 2011-1113 du 16 septembre 2011 ; lettre-circ. ACOSS 2012-1 du 9 janvier 2012 ; loi 2020-1721 du 29 décembre 2020, art. 223, II ; loi 95-115 du 4 février 1995, art. 42, 3 ter modifié).

▶ À noter... Le Bulletin officiel de la sécurité sociale (BOSS) consacre une partie de ses développements à cette exonération (BOSS, Exonérations zonées, §§ 530 à 790, 01/03/2025).

Conditions d'ouverture

Activité de l'entreprise - Cette exonération est réservée aux entreprises exerçant une activité industrielle, commerciale ou artisanale (CGI art. 34), ou une activité de location d'un établissement industriel ou commercial muni du matériel ou du mobilier nécessaires à l'exploitation (CGI art. 35, I-5°), à l'exception des activités de crédit-bail mobilier et de location d'immeubles à usage d'habitation, ainsi qu'aux contribuables exerçant une activité professionnelle non commerciale (CGI art. 92, 1°).

Implantation ou création en vue d'exercer une nouvelle activité - L'exonération concerne les établissements qui s'implantent ou se créent afin d'y exercer une nouvelle activité dans deux types de zones géographiques (loi 2008-1443 du 30 décembre 2008, art. 34, VI, 1) :
- soit dans le périmètre d'une ZRD ;

- soit dans les emprises foncières libérées par la réorganisation d'unités militaires ou d'établissements du ministère de la Défense situées dans certaines communes.

L'établissement en cause doit présenter une réalité économique caractérisée par une implantation ou une création réelle dans la zone ou dans les emprises foncières libérées et la présence des éléments d'exploitation ou de stocks nécessaires à la réalisation, au sein de l'établissement, d'une activité économique effective (décret 2011-1113 du 16 septembre 2011, art. 1).

Un arrêté fixe la liste des zones et des communes concernées et précise, pour chaque zone, l'année au titre de laquelle elle est reconnue comme ZRD (2010, 2011, 2012, 2013, 2014, 2015, 2016 ou 2017 selon les cas) (arrêté du 1er septembre 2009, JO du 17, modifié par arrêté du 1er février 2013, JO du 14, arrêté du 28 mai 2015, JO du 30, arrêté du 8 février 2016, JO du 12, arrêté du 2 novembre 2016, JO du 11, puis arrêté du 20 août 2021, JO 5 septembre).

Les pouvoirs publics avaient fixé la date limite de création des ZRD au 31 décembre 2021 (loi 2020-1721 du 29 décembre 2020, art. 223, II, JO du 30 ; loi 95-115 du 4 février 1995, art. 42, 3 ter modifié). Il n'est donc plus possible de créer de ZRD depuis cette date.

▶ À noter… Quand une commune fait partie d'une zone d'emploi classée en ZRD, c'est l'intégralité du territoire de la commune qui fait partie de la ZRD : dans ce cas, l'exonération s'applique quel que soit le quartier de la commune dans lequel l'entreprise s'implante ou se crée (BOSS, Exonération zonée, § 570, 01/03/2025). Lorsque l'arrêté reconnaît une ZRD au titre des « emprises foncières », l'exonération n'est applicable qu'aux entreprises qui se créent ou s'implantent dans ces emprises foncières. Il convient de s'adresser à la préfecture pour connaître la délimitation précise des emprises foncières (lettre-circ. ACOSS 2012-1 du 9 janvier 2012).

Date d'implantation ou de création dans les zones de restructuration - L'exonération peut s'appliquer au titre des implantations et créations réalisées pendant une période de 6 ans (3 ans pour les ZRD reconnues avant le 1.01.2015) (loi 2008-1443 du 30 décembre 2008, art. 34, VI, 1 modifié ; loi 2016-1917 du 29 décembre 2016, art. 76, JO du 30). Cette période de 3 ou 6 ans débute :

- le 17 septembre 2009 pour les ZRD délimitées par l'arrêté d'origine (décret 2011-1113 du 16 septembre 2011, art. 4) ;
- ou, si cette seconde date est postérieure, le 1er janvier de l'année précédant celle au titre de laquelle le territoire, ou la commune, est reconnu comme ZRD par arrêté.

Être à jour auprès de l'URSSAF - L'employeur doit être à jour de ses obligations déclaratives ou de paiement à l'égard de l'URSSAF (loi 2008-1443 du 30 décembre 2008, art. 34, VI, 5). Cette obligation s'apprécie au niveau de chaque établissement situé dans une ZRD, lorsqu'une entreprise en comporte plusieurs, indépendamment les uns des autres (BOSS, Exonérations zonées, § 680, 01/03/2025).

Pour apprécier cette condition, sont pris en compte les cotisations et les contributions de sécurité sociale (parts patronale et salariale), le FNAL, le versement mobilité ainsi que les pénalités et majorations de retard. Cette condition se vérifie à la date à laquelle l'établissement applique l'exonération pour la première fois puis pour chaque semestre civil (décret 2011-1113 du 16 septembre 2011, art. 7).

▶ À noter… Pour sa part, le BOSS vise plus largement le fait d'être à jour de ses obligations déclaratives et de paiement à l'égard de l'organisme de recouvrement, sans cibler des cotisations ou contributions spécifiques (BOSS, Exonérations zonées, § 680, 01/03/2025). Ce décalage entre le décret (qui vise des cotisations précises) et le BOSS (plus flou) s'explique sans doute par l'ex-

Année au titre de laquelle la ZRD est reconnue	Période d'implantation ou de création admise	Durée d'exonération
2010	du 17/09/2009 au 16/09/2012	5 ans à compter de la date d'implantation ou de création (3 ans à taux plein, 2 ans à taux réduit)
2011	2010, 2011 et 2012	
2012	2011, 2012 et 2013	
2013	2012, 2013 et 2014	
2014	2013, 2014 et 2015	
2015	2014, 2015, 2016, 2017, 2018 et 2019	
2016	2015, 2016, 2017, 2018, 2019 et 2020	
2017	2016, 2017, 2018, 2019, 2020 et 2021	
2018	2017, 2018, 2019, 2020, 2021 et 2022	
2019	2018, 2019, 2020, 2021, 2022 et 2023	
2021	2020, 2021, 2022, 2023, 2024 et 2025	

tension de la compétence de recouvrement des URSSAF à de nouvelles contributions depuis le décret d'origine de 2011.

L'exonération n'est pas applicable aux gains et rémunérations versés à compter du 1er jour du mois suivant la date à laquelle la condition n'est pas remplie.

Lorsque l'établissement est à nouveau « à jour », l'exonération peut être appliquée aux rémunérations versées à compter du 1er jour du mois suivant. Dans ce cas, l'établissement peut bénéficier des exonérations liées aux rémunérations versées pendant la période au cours de laquelle il n'était pas à jour (décret 2011-1113 du 16 septembre 2011, art. 7).

▶ À noter... L'établissement qui a souscrit et respecte un plan d'apurement des cotisations dues est considéré comme à jour de ses paiements (décret 2011-1113 du 16 septembre 2011, art. 7).

Exclusion des entreprises qui ne sont pas réellement nouvelles - L'exonération s'applique aux entreprises réellement nouvelles.

Dès lors, elle ne peut bénéficier ni aux entreprises créées dans le cadre d'une concentration ou d'une restructuration d'activités préexistantes, ni aux entreprises créées dans le cadre de l'extension d'activités préexistantes, ni aux entreprises qui reprennent des activités préexistantes (loi 2008-1443 du 30 décembre 2008, art. 34, VI, 3).

Ces restrictions sont levées si ces activités préexistantes dans la zone sont le fait :
- soit d'entreprises ayant mis en œuvre un plan de sauvegarde de l'emploi ou faisant l'objet d'un redressement ou d'une liquidation judiciaire ;
- soit d'entreprises qui bénéficient de l'exonération ZRD (dans ce cas, l'exonération est ouverte pour la durée restant à courir).

Respect des plafonds européens - Le bénéfice de l'exonération est lié au respect des plafonds communautaires dit « des aides de minimis » (loi 2008-1443 du 30 décembre 2008, art. 34-VI, 6 et 34-VII).

Cette règle permet l'octroi d'aides publiques sans obligation de notification à la Commission européenne, à condition qu'elles ne dépassent pas un plafond de 300 000 € (200 000 € jusqu'au 31.12.2023) par entreprise pour une période de 3 ans (100 000 € pour les entreprises du secteur des transports routiers) (règlt UE 2023/2831 du 13 décembre 2023, JOUE du 15 ; règlt CE 1998/2006 du 15 décembre 2006). La période de 3 ans à prendre en considération s'apprécie sur une base glissante : pour chaque nouvelle aide de minimis octroyée, il y a lieu de tenir compte du montant total des aides de minimis accordées au cours de l'exercice fiscal concerné, ainsi qu'au cours des deux exercices fiscaux précédents.

En cas de création ou d'implantation dans les zones à finalité régionale, les entreprises peuvent choisir de se soumettre aux dispositions du règlement européen relatif à certaines catégories d'aides compatibles avec le marché commun (règlt CE 800/2008 du 6 août 2008). Le choix de la limite à respecter est irrévocable pour la durée d'exonération restant à courir.

Lorsque les limites fixées par les règlements communautaires sont dépassées, il est mis fin à l'exonération qui cesse d'être applicable aux gains et rémunérations versés à compter du premier jour du mois suivant la date de dépassement (lettre-circ. ACOSS 2012-1 du 9 janvier 2012).

Salariés concernés

Salariés dont le contrat de travail s'exerce en ZRD - L'exonération s'applique quelle que soit la forme ou la durée du contrat de travail liant le salarié à l'entreprise. L'employeur ne peut bénéficier de l'exonération que pour les salariés dont l'activité réelle, régulière et indispensable à l'exécution du contrat de travail s'exerce en tout ou partie dans une ZRD (loi 2008-1443 du 30 décembre 2008, art. 34, VI, 2).

Ainsi, l'exonération s'applique aux rémunérations versées aux salariés suivants (décret 2011-1113 du 16 septembre 2011, art. 2, I) :
- salariés dont l'activité est exercée exclusivement dans un établissement implanté dans les ZRD ;
- salariés dont l'activité s'exerce en partie dans un établissement implanté dans une ZRD, si l'exécution de son contrat de travail rend indispensable l'utilisation régulière des éléments d'exploitation ou de stocks présents dans l'établissement, ou lorsque son activité dans cet établissement est réelle, régulière et indispensable à l'exécution de son contrat de travail ;
- salariés dont l'activité s'exerce en dehors de cet établissement lorsque son activité dans une ZRD est régulière et indispensable à l'exécution de son contrat de travail.

La preuve de la régularité de l'activité incombe à l'employeur. La condition est réputée remplie dès lors que le salarié est présent, chaque mois, dans l'établissement ou dans une des ZRD pendant une durée au moins égale à la moitié de la durée de travail figurant à son contrat et que sa présence est indispensable à l'exécution de son contrat de travail.

▶ À noter... En ce qui concerne le cas particulier des entreprises de travail temporaire (ETT), l'exonération s'applique aux salariés permanents de l'ETT dans la mesure où cette dernière est implantée dans une ZRD, ainsi qu'aux salariés temporaires de cette ETT lorsqu'ils sont mis à disposition dans une entreprise utilisatrice implantée dans une ZRD (même si l'entreprise utilisatrice n'est pas éligible à l'exonération). En revanche, si l'implantation de l'ETT dans la zone est antérieure à la date de reconnaissance de la zone d'emploi en ZRD, le droit à exonération ne peut être reconnu, quelle que soit la date d'implantation de l'entreprise utilisatrice dans la zone, cette dernière n'ayant pas la qualité d'employeur du personnel intérimaire (BOSS, Exonérations zonées, § 640, 01/03/2025).

Emploi du salarié transféré hors d'une ZRD, changement d'activité - Lorsqu'un salarié est transféré dans un établissement situé en dehors d'une ZRD ou en cas de changement d'activité du salarié qui le place en dehors de la zone de l'exonération *(voir ci-dessus)*, l'employeur perd le droit à l'exonération pour ce salarié à compter du 1er jour du mois suivant (décret 2011-1113 du 16 septembre 2011, art. 2, II).

Transfert d'emplois en ZRD - Une entreprise qui transfère des emplois dans une ZRD ne peut pas bénéficier de l'exonération sur les rémunérations versées aux salariés concernés si l'employeur a déjà bénéficié, au titre d'une ou de plusieurs des 5 années précédant le transfert (loi 2008-1443 du 30 décembre 2008, art. 34, VI, 4) :
- soit de l'exonération sur 50 embauches maximum en zones de revitalisation rurale ou en zones de redynamisation urbaine (voir *Embauche du 1er au 50e salarié**) ;
- soit de l'exonération applicable en *zones franches urbaines** ;
- soit du versement d'une prime d'aménagement du territoire.

▶ À noter... La période des 5 années en question est décomptée de date à date, à partir (décret 2011-1113 du 16 septembre 2011, art. 8) :
- du 1er jour du mois au titre duquel a été appliquée pour la dernière fois l'exonération en cause ;
- ou de la date du versement de la prime d'aménagement du territoire jusqu'à la date du transfert de l'emploi dans une ZRD.

Par ailleurs, s'agissant d'une emprise foncière libérée par la réorganisation d'unités militaires ou d'établissements du ministère de la Défense, une entreprise ne peut pas appliquer l'exonération au titre des emplois transférés dans cette emprise depuis des établissements situés dans le reste du territoire de la commune ou celui des communes limitrophes.

Durée et calcul de l'exonération

Exonération pendant 5 ans maximum - L'employeur peut bénéficier de l'exonération pendant une période de 5 ans à compter de l'implantation ou de la création. Les 3 premières années, l'exonération est à taux plein. La 4e année, elle est réduite de 1/3 et la 5e année, de 2/3 (loi 2008-1443 du 30 décembre 2008, art. 34, VI, 1).

La date d'effet d'une embauche au titre de laquelle l'exonération est appliquée ne prolonge pas cette période de 5 ans ni ne retarde son début (décret 2011-1113 du 16 septembre 2011, art. 4, II).

En cas de suspension du contrat de travail, la période d'exonération n'est pas non plus prolongée (décret 2011-1113 du 16 septembre 2011, art. 2, II).

Calcul de l'exonération - L'exonération porte sur les cotisations patronales d'assurance sociale (assurance vieillesse, assurance maladie) et d'allocations familiales. Elle est totale pour les rémunérations horaires inférieures à 140 % du *SMIC**. Elle décroît de manière linéaire, jusqu'à s'annuler à hauteur d'une rémunération de 240 % du SMIC (loi 2008-1443 du 30 décembre 2008, art. 34, VI, 1).

En pratique, le montant de l'exonération est égal au produit de la rémunération mensuelle brute versée au salarié par un coefficient (décret 2011-1113 du 16 septembre 2011, art. 5 modifié ; décret 2014-1688 du 29 décembre 2014, art. 13).

Depuis 2015, ce coefficient est égal à : T × [(2,4 × SMIC × 1,4 × nombre d'heures rémunérées/rémunération mensuelle brute) – 1,4].

Le paramètre « T » est égal à la somme des taux des cotisations patronales d'assurances sociales (maladie, vieillesse) et d'allocations familiales au niveau du SMIC. En pratique, T est égal à 0,2102 en 2025 et 2024 (pour rappel, T était de 0,2090 de 2019 à 2023, de 0,2690 en 2018, de 0,2679 en 2017, de 0,2669 en 2016 et de 0,2655 en 2015).

Le résultat obtenu par application de cette formule est arrondi à trois décimales, au millième le plus proche. Si le résultat obtenu par application de la formule de calcul est supérieur à T (0,2102 en 2024 et 2025), le coefficient est pris en compte pour une valeur égale à T.

Exemples

1) En février 2025, pour un salarié mensualisé à 35 h hebdomadaires (151,67 h par mois), dont la rémunération mensuelle brute est de 3 000 €, le montant de l'exonération est, pour un mois complet, de :
- coefficient : 0,2102 × [(2,4 × 11,88 × 1,4 × 151,67/3 000) – 1,4] = 0,1299 ;

Listes des ZRD et année de reconnaissance		
Département concerné	**Zone d'emploi (ZE) (1)**	**Emprises foncières libérées (2)**
Allier	-	Varrennes-sur-Allier (2016)
Alpes-de-Haute-Provence	–	Barcelonnette (2010)
Aisne	ZE du Laonnois (2012)	Chéry-lès-Pouilly, Couvron-et-Aumencourt, Crépy, Remies, Vivaise et Laon (2012)
Ardennes	ZE de la vallée de la Meuse (2012)	Givet (2012)
Bas-Rhin	-	Drachenbronn-Birlenbach (2019)
Calvados	–	Bretteville-sur-Odon, Carpiquet, Mondeville et Verson (2013)
Charente-Maritime	–	Lagord et La Rochelle (2011)
Côte-d'or	-	Bretenière, Longvic, Neuilly-lès-Dijon, Ouges et Sennecey-lès-Dijon ; en Eure-et-Loir : Châteaudun (2016)
Creuse	ZE de Guéret (2011)	Guéret (2011)
Essonne	–	Brétigny-sur-Orge, Le Plessis-Pâté, Leudeville, Saint-Germain-lès-Arpajon, Vert-le-Grand (2012)
Eure	–	Vernon (2012)
Eure-et-Loir	ZE de Châteaudun (2021)	- Châteaudun (2016) - Jallans et Lutz-en-Dunois (2017)
Haute-Marne	ZE de la haute vallée de la Marne (2010)	Langres (2010)
Haute-Saône	ZE de Lure-Luxeuil (2017)	Baudoncourt, Breuches, La Chapelle-les-Luxeuil et Saint-Sauveur (2016)
Haute-Vienne	ZE de Limoges (2011)	Limoges (2011)
Hautes-Alpes	–	Aiguilles, Briançon et Névache (2011)
Indre	ZE de Châteauroux (2012)	Déols, Diors, Etrechet, Montierchaume (2012)
Marne	ZE de Châlons-en-Champagne (2016)	- Bétheny, Brimont, Courcy (2011) - Châlons-en-Champagne (2015)
Martinique	ZE du centre agglomération (Fort-de-France, Le Lamentin, Saint-Joseph, Schoelcher) (2013)	Fort-de-France et Lamentin (2013)
Mayenne	ZE de Laval (2011)	Laval (2011)
Meuse	ZE de Commercy (2012)	Commercy (2012)
Moselle	ZE de Sarrebourg (2010)	- Dieuze et Guéblage-lès-Dieuze (2010) - Augny, Châtel-Saint-Germain, Marly, Metz, Montigny-lès-Metz, Woippy (2011)
Nord-Pas-de-Calais	ZE du Cambrésis (2011)	- Achicourt et d'Arras (2010) - Haynecourt, Sancourt, Épinoy, Sauchy-Lestrée (2011)
Oise	–	Noyon, Genvry, Béhéricourt, Crisolles, Grandrû et Salency (2012) Apremont, Creil et Verneuil-en-Halatte (2016)
Savoie	–	Bourg-Saint-Maurice (2013)
Seine-et-Marne	ZE de Provins (2011)	Sourdun (2011)
Yonne	ZE de Joigny (2010)	Joigny (2010)

(1) L'intégralité du territoire des communes listées comme faisant partie d'une zone d'emploi classée en ZRD par l'arrêté du 1er septembre 2009 est classée en ZRD. L'exonération s'applique quel que soit le quartier de la commune dans lequel l'entreprise s'implante ou se crée.

(2) Lorsque l'arrêté reconnaît une commune au titre des « emprises foncières », l'exonération n'est applicable qu'aux entreprises qui se créent ou s'implantent dans les emprises foncières libérées par la réorganisation d'unités militaires ou d'établissements du ministère de la défense qui sont situées dans la commune visée par l'arrêté. Il convient de s'adresser à la préfecture pour connaître la délimitation précise des emprises foncières.

- réduction : 3 000 € × 0,1299 = 389,70 €.
2) Si la rémunération mensuelle brute du salarié est de 2 500 €, le montant de l'exonération est, pour un mois complet, de :
- coefficient : 0,2102 × [(2,4 × 11,88 × 1,4 × 151,67/ 2 500) – 1,4] = 0,2148, ramené au taux maximum de 0,2102 ;
- réduction : 2 500 € × 0,2102 = 525,50 €.

SMIC et rémunération de référence - Pour le calcul de l'exonération, la valeur du SMIC horaire à prendre en compte est celle en vigueur pour la période d'emploi au titre de laquelle la rémunération du salarié est éligible à l'exonération (décret 2011-1113 du 16 septembre 2011, art. 6).

La rémunération mensuelle brute s'entend par référence au « brut sécurité sociale ». La *prime de partage de la valeur** n'est pas prise en compte dans la rémunération, sauf pour son éventuelle fraction soumise à cotisations de sécurité sociale.

En cas de suspension du contrat de travail avec maintien partiel de la rémunération du salarié, le nombre d'heures rémunérées pris en compte au titre de ces périodes de suspension est égal au produit de la durée de travail que le salarié aurait effectuée, s'il avait continué à travailler, par le pourcentage de la rémunération demeurée à la charge de l'employeur et soumise à cotisations. En pratique, le nombre d'heures rémunérées est égal à la formule suivante : nombre d'heures rémunérées sur un mois complet × rémunération soumise à cotisations/ rémunération qui aurait été versée en l'absence de suspension du contrat.

Pour les salariés dont la rémunération ne peut pas être déterminée au cours du mois en fonction d'un nombre d'heures de travail rémunérées, il convient de reconstituer un nombre d'heures (c. séc. soc. art. D. 241-27) (voir *Nombre d'heures rémunérées**).

Montant maximum - L'exonération s'applique dans la limite des cotisations patronales d'assurances sociales (maladie, vieillesse) et d'allocations familiales dues au titre de la rémunération versée au salarié au cours du mois civil.

Règle de cumul - L'exonération ne peut pas être cumulée, pour l'emploi d'un même salarié, avec une aide de l'État à l'emploi, une exonération totale ou partielle de cotisations patronales de sécurité sociale ou l'application d'assiettes, de montants ou de taux de cotisations spécifiques, à l'exception de la déduction forfaitaire de cotisations patronales au titre des heures supplémentaires (loi 2008-1443 du 30 décembre 2008, art. 34, VI, 5) [voir *Heures supplémentaires (déduction forfaitaire de cotisations patronales)**].

À la stricte lettre, la loi du 30 décembre 2008 ne permet le cumul avec la déduction forfaitaire de cotisations patronales au titre des heures supplémentaires que dans sa formule « moins de 20 salariés » (c. séc. soc. art. L. 241-18), et pas « 20 à moins de 250 salariés » (c. séc. soc. art. L. 241-18-1). Mais peut-être est-ce un simple oubli du législateur, qui aurait omis d'actualiser la loi de 2008. À cet égard, le site Internet du réseau des URSSAF, bien que dénué de valeur juridique opposable, fait bien état de la possibilité de cumul sans restriction particulière.

Application des réductions de taux sur cotisations maladie et allocations familiales

Maintien de l'ancien paramétrage à partir de 2025 - La loi de financement de la sécurité sociale (LFSS) pour 2025 a prévu de diminuer en 2025 les limites de salaire donnant droit aux réductions de taux sur la cotisation d'allocations familiale et la cotisation maladie, avant de supprimer ces deux dispositifs à partir de 2026 (voir *Cotisation d'allocations familiales** et *Cotisation d'assurance maladie-maternité-invalidité**).

Une disposition particulière est toutefois prévue pour les salariés relevant de réductions dégressives spécifiques de cotisations patronales, cumulables avec les dispositifs de réduction de taux sur les cotisations patronales d'allocations familiales et maladie, mais pas avec la réduction générale de cotisations patronales (loi 2025-199 du 28 février 2025, art. 18, IX, JO du 28).

À la stricte lettre de la loi, pour les salariés au titre desquels l'employeur bénéficie effectivement de l'exonération ZRD, il semble possible de continuer à appliquer, au titre des périodes d'emploi effectuées à partir du 1er janvier 2025 :
- l'ancienne limite de 3,5 SMIC valeur au 31.12.2023 pour le droit à la réduction de taux sur la *cotisation d'allocations familiales** (- 1,8 point dans le cas général) ;
- l'ancienne limite de 2,5 SMIC valeur au 31.12.2023 pour le droit à la réduction de taux sur la *cotisation d'assurance maladie-maternité-invalidité** (- 6 points sur la part patronale dans le cas général).

La LFSS n'étant pas dénuée d'ambiguïté, les précisions du BOSS, encore attendues à l'heure où nous rédigions ces lignes, seront les bienvenues pour sécuriser l'interprétation ce point.

Zones de restructuration de la défense (exemple)

Un salarié ouvrant droit à l'exonération attachée aux zones de restructuration de la défense est rémunéré 2 600 € par mois, sur la base d'une durée collective du travail de 35 h/semaine. L'employeur est supposé être dans les années durant lesquelles l'exonération est à taux plein.

Le coefficient de l'exonération est de : 0,2102 × [(2,4 × 11,88 × 1,4 × 151,67/2 600) – 1,4] = 0,1952.

L'exonération de cotisations patronales d'assurance maladie, d'assurance vieillesse et de cotisations d'allocations familiales est de : 2 600 € × 0,1952 = 507, €.

EXTRAIT DU BULLETIN DE PAYE DE MARS 2025

Désignation	**Base**	**Taux**	**Montant**	
Salaire de base	151,67 h	17,14	2 600,00	
Brut total			2 600,00	
Cotisations et contributions sociales	**Base (€)**	**Taux salarial**	**Part salarié (€)**	**Part employeur (€)**
Santé				
Sécurité sociale - Maladie Maternité Invalidité Décès	2 600,00	-	-	182,00 (1)
Complémentaire santé	-	-	85,00	85,00
Accidents du travail - maladies professionnelles	2 600,00	-	-	52,00 (2)
Retraite				
Sécurité sociale plafonnée	2 600,00	6,90 %	179,40	222,30
Sécurité sociale déplafonnée	2 600,00	0,40 %	10,40	52,52
Complémentaire Tranche 1 (3)	2 600,00	4,01 %	104,26	156,26
Famille	2 600,00	-	-	89,70 (4)
Assurance chômage				
Chômage	2 600,00	-	-	111,80 (5)
Autres contributions dues par l'employeur	-	-	-	125,00 (6)
CSG non imposable à l'impôt sur le revenu	2 639,50	6,80 %	179,49	-
CSG/CRDS imposable à l'impôt sur le revenu	2 639,50	2,90 %	76,55	-
Exonérations et allégements de cotisations	-	-	-	- 507,52 (7)
Total des cotisations et contributions	-	-	635,09	569,06
Net social				**1964,91**
Net à payer avant impôt sur le revenu				**1964,91**
Impôt sur le revenu	**Base**	**Taux**	**Montant**	**Cumul annuel**
Montant net imposable			2 126,45	Valeur
Impôt sur le revenu prélevé à la source	2 126,45	5,00 %	106,32	Valeur
Montant net des heures compl/suppl exonérées			0,00	Valeur
Net à payer au salarié (en euros) (8)				**1 858,59 (8)**
Total versé par l'employeur				3 169,06 (9)

Notes de la rédaction, pour aider à la lecture des totaux (ces notes n'ont pas à apparaître sur le bulletin de paye) :
(1) Taux de 7 % compte tenu de la rémunération. (2) Par hypothèse taux de 2 %. (3) Y compris contribution d'équilibre général. (4) Taux de 3,45 % compte tenu de la rémunération. (5) Chômage 4,05 % et AGS 0,25 %. (6) CSA (0,30 %), FNAL (0,50 %), versement mobilité (1,60 %), contribution au dialogue social (0,016 %), contribution formation (1 %), taxe d'apprentissage (0,68 %), participation à l'effort de construction (0,45 %), forfait social. (7) Exonération ZRD. (8) À faire apparaître de manière à en faciliter la lisibilité. (9) Brut + cotisations patronales.

Habilitation à légiférer par ordonnance - Jusqu'à la fin août 2025, le gouvernement est autorisé à légiférer par ordonnance, s'il le juge utile (loi 2025-199 du 28 février 2025, art. 18, X, JO du 28) :
- pour modifier par ordonnance l'exonération ZRD afin de prévoir, pour les salariés donnant droit à la *réduction générale de cotisations patronales**, que les dispositifs de réduction de taux sur les cotisations maladie et allocations familiales s'appliquent dans leur rédaction antérieure à la LFSS 2025 ;
- et pour corriger les cas où, à compter de 2026, la somme de l'exonération ZRD et des réductions de taux sur les cotisations maladie et allocations familiales serait inférieure à celle de la réduction générale de cotisations patronales pour certains niveaux de revenu d'activité.

Reste à voir si l'exécutif prendra effectivement des ordonnances.

Pour suivre l'actualité sur ce sujet, nos lecteurs pourront se reporter à notre revue RF Paye et à son site Internet (https://rfpaye.grouperf.com) ou à MyDoc Paye (https://www.revue-fiduciaire.com/mydoc/paye).

☛ *Exonérations de cotisations ; Nombre d'heures rémunérées.*

Zones de revitalisation rurale

☛ *Zones France ruralités revitalisation.*

Annexes

Annexe 1

Récapitulatif des chiffres utiles

Nous vous proposons un récapitulatif des principaux chiffres et indices utiles à la préparation de la paye dans l'entreprise.

Avec Internet

http://www.rfpaye.com
rubrique « Outils » puis « Chiffres et indices »

SÉCURITÉ SOCIALE

Plafond de sécurité sociale

ANNÉE	47 100 €
MOIS	3 925 €
JOUR	216 €
HEURE SI < 5 H	29 €

INDEMNITÉS JOURNALIÈRES DE SÉCURITÉ SOCIALE : MAXIMA (1)

IJSS MALADIE	41,47 € OU 53,31 € (2)
IJSS MATERNITÉ	101,94 €
IJSS ACCIDENTS DU TRAVAIL :	
• LES 28 PREMIERS JOURS	235,69 €
• À PARTIR DU 29e JOUR	314,25 €

(1) Montants bruts avant CSG (6,20 %) et CRDS (0,50 %).
(2) 41,47 € pour les arrêts de travail débutant à compter du 1er avril 2025.

SMIC ET MINIMUM GARANTI

MINIMUM GARANTI	4,22 €
SMIC HORAIRE	11,88 €
SMIC JEUNES MOINS DE 17 ANS	9,50 €
17 À MOINS DE 18 ANS	10,69 €

Après 6 mois d'expérience dans la branche, le SMIC est à taux plein.

SMIC mensuel

SMIC MENSUEL BASE 35 HEURES .... 1 801,80 €
SMIC MENSUEL BASE 39 HEURES .... 2 028,31 €
(en tenant compte d'une majoration de salaire de 10 % au-delà de 35 h et jusqu'à 39 h hebdomadaires)
SMIC MENSUEL BASE 39 HEURES .... 2 059,20 €
(en tenant compte d'une majoration de salaire de 25 % au-delà de 35 h et jusqu'à 39 h hebdomadaires)

SMIC Apprentis (en % du SMIC)*

ÂGE	1re ANNÉE	2e ANNÉE	3e ANNÉE
< 18 ANS	27 %	39 %	55 %
18-20 ANS	43 %	51 %	67 %
21-25 ANS	53 % (1)	61 % (1)	78 % (1)
26 ANS ET +	100 % (1), quelle que soit l'année		

* contrats conclus à partir de 2019.
(1) % du minimum conventionnel si plus élevé.

CONTRAT DE PROFESSIONNALISATION

ÂGE	AU MOINS BAC PRO (1)	AUTRE
< 21 ANS	65 % DU SMIC	55 % DU SMIC
21-25 ANS	80 % DU SMIC	70 % DU SMIC
26 ANS ET +	SMIC OU 85 % DU MINIMUM CONVENTIONNEL (2)	

(1) Au moins titulaire d'un bac pro ou d'un titre ou diplôme professionnel de même niveau. (2) Retenir le montant le plus élevé.

AVANTAGE EN NATURE

REPAS

PAR REPAS ..... 5,45 € PAR JOUR .... 10,90 € PAR REPAS (dans les hôtels-cafés-restaurants) .... 4,22 €

LOGEMENT

MÉTHODE DE L'ÉVALUATION RÉELLE

VALEUR LOCATIVE SERVANT À L'ÉTABLISSEMENT DE LA TAXE D'HABITATION + VALEUR RÉELLE DES AVANTAGES ACCESSOIRES

MÉTHODE DE L'ÉVALUATION FORFAITAIRE

RÉMUNÉRATION BRUTE MENSUELLE EN ESPÈCES	LOGEMENT AVEC UNE PIÈCE PRINCIPALE	LOGEMENT AVEC PLUSIEURS PIÈCES PRINCIPALES
INFÉRIEURE À 1 962,50 €	78,70 €	42,10 € PAR PIÈCE PRINCIPALE
DE 1 962,50 € À 2 354,99 €	91,80 €	58,90 € PAR PIÈCE PRINCIPALE
DE 2 355,00 € À 2 747,49 €	104,80 €	78,70 € PAR PIÈCE PRINCIPALE
DE 2 747,50 € À 3 532,49 €	117,90 €	98,20 € PAR PIÈCE PRINCIPALE
DE 3 532,50 € À 4 317,49 €	144,50 €	124,50 € PAR PIÈCE PRINCIPALE
DE 4 317,50 € À 5 102,49 €	170,40 €	150,40 € PAR PIÈCE PRINCIPALE
DE 5 102,50 € À 5 887,49 €	196,80 €	183,30 € PAR PIÈCE PRINCIPALE
À PARTIR DE 5 887,50 €	222,70 €	209,60 € PAR PIÈCE PRINCIPALE

NOUVELLES TECHNOLOGIES (1)

- **RÉEL** .... Selon dépenses réelles
- **FORFAIT** (2) .... Forfait annuel égal à 10 % du coût d'achat public TTC (ou du coût de l'abonnement)

(1) Avantage en nature lié à la part d'utilisation privée d'outils issus des NTIC mis à disposition pour un usage professionnel. (2) Le forfait est arrondi à la dizaine de centimes d'euro la plus proche. À proratiser en fonction du nombre de mois sur l'année.

Annexe 1

VÉHICULE THERMIQUE OU HYBRIDE(*)

DÉPENSES RÉELLES

❶ Achat d'un véhicule	❷ Location ou location avec option d'achat (1)	❸ Avantage en nature
= 20 % du coût d'achat par an (10 % si le véhicule a plus de 5 ans), assurance, frais d'entretien et, le cas échéant, frais de carburant.	= coût global annuel de la location, entretien et assurance du véhicule et, le cas échéant, frais de carburant.	= ❶ ou ❷ x kilométrage privé annuel/kilométrage total.

FORFAIT ANNUEL

❶ Achat d'un véhicule	❷ Location ou location avec option d'achat (1)
= X % (2) du coût d'achat. Si l'employeur prend en charge le carburant, y ajouter les dépenses de carburant en termes de frais réels, ou retenir un forfait global de X % (3) du coût d'achat du véhicule.	= X % (4) du coût global annuel comprenant la location, l'entretien et l'assurance du véhicule. Si l'employeur prend en charge le carburant, y ajouter les dépenses de carburant en termes de frais réels, ou retenir un forfait global de X % (5) du coût annuel (location, entretien, assurance du véhicule et carburant).

(*) Des abattements s'appliquent aux véhicules 100 % électrique (voir Étude « Avantage en nature véhicule »). (1) Plafonnement à la valeur résultant de la règle applicable en cas de véhicule acheté. (2) 15 % (véhicule ≤ 5 ans) ou 10 % (véhicule > 5 ans). Si mise à disposition initiée avant février 2025 : 9 % (véhicule ≤ 5 ans) ou 6 % (véhicule > 5 ans). (3) 20 % (véhicule ≤ 5 ans) ou 15 % (véhicule > 5 ans). Si mise à disposition initiée avant février 2025 : 12 % (véhicule ≤ 5 ans) ou 9 % (véhicule > 5 ans). (4) 50 %. Si mise à disposition initiée avant février 2025 : 30 %. (5) 67 %. Si mise à disposition initiée à partir de février 2025 : 40 %

Frais professionnels (allocations forfaitaires)

Frais de nourriture

- REPAS RESTAURANT .... 21,10 €
- REPAS HORS DES LOCAUX (chantier...) ...... 10,30 €
- REPAS SUR LE LIEU DE TRAVAIL (paniers de jour, de nuit...) ....7,40 €

Frais de mobilité

- HÉBERGEMENT PROVISOIRE ET FRAIS SUPPLÉMENTAIRES DE NOURRITURE (1) .... 84,00 € par jour (2)
- INSTALLATION DANS UN NOUVEAU LOGEMENT. . limite de 1 683,80 € (3)
- DÉMÉNAGEMENT : ....seulement au réel

(1) Dans l'attente d'un logement définitif. (2) Dans la limite de 9 mois. (3) + 140,40 € par enfant à charge dans la limite de 2 104,70 €.

Grand déplacement (par jour) (1)

	REPAS (2)	LOGEMENT ET PETIT DÉJEUNER	
		PARIS + 92, 93, 94	AUTRES DÉPARTEMENTS (1)
3 premiers mois	21,10 €	75,60 €	56,10 €
Au-delà de 3 mois et jusqu'à 2 ans	17,90 €	64,30 €	47,70 €
Au-delà de 2 ans et jusqu'à 6 ans	14,80 €	52,90 €	39,30 €

(1) Grands déplacements en France métropolitaine. Des limites particulières s'appliquent dans les DOM et autres territoires français d'outre-mer ainsi que pour les déplacements à l'étranger. (2) Par repas.

FRAIS TIC* (exonération sociale des allocations forfaitaires)

Au plus 54,50 €/mois

* Outils TIC du salarié (ex. : ordinateur personnel) pour les frais qu'il engage à des fins professionnelles.

Télétravail (exonération sociale des allocations forfaitaires)

CAS GÉNÉRAL (ex. : décision de l'employeur, accord d'entreprise ou d'établissement, charte de télétravail)

- Soit au plus 10,90 €/mois pour 1 jour de télétravail par semaine (21,80 €/mois pour 2 jours par semaine, etc.).
- Soit au plus 2,70 €/jour, dans la limite de 59,40 €/mois.

ALLOCATION CONVENTIONNELLE (prévue par convention collective, accord professionnel ou interprofessionnel ou accord de groupe)

- Soit au plus 13 €/mois pour 1 jour de télétravail par semaine (26 €/mois pour 2 jours par semaine, etc.).
- Soit au plus 3,25 €/jour de télétravail dans la limite de 71,50 €/mois.

DEUX-ROUES 2023 EN EUROS (1)

CYCLOMOTEURS (DISTANCE PARCOURUE = D)

PUISSANCE (P)	D < 3 000 KM	3 001 KM < D < 6 000 KM	D > 6 000 KM
P < 50 CC	0,315 x D	[illegible]	0,198 x D

MOTOCYCLETTES (DISTA[illegible]

PUISSANCE (P)	[illegible]	[illegible]	D > 6 000 KM
P = 1 OU 2 CV	[illegible]	[illegible]	0,248 x D
P = 3, 4, 5 CV	[illegible]	[illegible] + 1 158	0,275 x D
P ≥ 6 CV	[illegible]	(D x 0,079) + 1 583	0,343 x D

Le nouveau barème n'étant pas disponible à l'heure où nous bouclons ce numéro, vous pourrez le retrouver dès parution sur www.RFpaye.com, rubrique « Chiffres et indices »

(1) Les valeurs du barème sont majorées de 20 % pour les véhicules électriques.

FRAIS PROFESSIONNELS (ALLOCATIONS FORFAITAIRES) — SUITE

AUTO 2023 EN EUROS (1) (2)

Le nouveau barème n'étant pas disponible à l'heure où nous éditons cet ouvrage, vous pourrez le retrouver dès parution sur www.RFpaye.com, rubrique « Chiffres et indices »

PUISSANCE FISCALE	≤ 5 000 KM	[illegible]	> 20 000 KM
3 CV et moins	[illegible]	[illegible]	d x 0,370
4 CV	[illegible]	[illegible]	d x 0,407
5 CV	[illegible]	[illegible]	d x 0,427
6 CV	[illegible]	(d x 0,374) + 1 457	d x 0,447
7 CV et plus	d x 0,697	(d x 0,394) + 1 515	d x 0,470

d = la distance parcourue en kilomètres.

(1) Les valeurs du barème sont majorées de 20 % pour les véhicules électriques.

TAUX ET ASSIETTE

Charges sur salaire (cas général)	Base euros	Part salariale %	Part patronale %
CSG déductible	Base CSG (1)	6,80	–
CSG non déductible	Base CSG (1) (2)	2,40	–
CRDS	Base CRDS (1)	0,50	–
Sécurité sociale :			
• Maladie	salaire total	(3)	13,00 ou 7,00 (4)
• Vieillesse	salaire total	0,40	2,02
	de 0 à 3 925	6,90	8,55
• Allocations familiales	salaire total	–	5,25 ou 3,45 (5)
• Accidents du travail	salaire total	–	(variable)
FNAL : – moins de 50 salariés	de 0 à 3 925	–	0,10
– 50 salariés et plus (6)	salaire total	–	0,50
Versement mobilité (6)	salaire total	–	(7)
Contribution de solidarité pour l'autonomie	salaire total	–	0,30
Forfait social	Base forfait social	–	20,00 (8)
Forfait social prévoyance (11 salariés et plus) (6)	(9)	–	8,00 (9)
Assurance chômage Tr. A + B	de 0 à 15 700	(10)	4,05 (10)
AGS (FNGS) Tr. A + B	de 0 à 15 700	–	0,25
APEC	de 0 à 15 700	0,024	0,036
Retraite complémentaire (régime AGIRC-ARRCO) :			
• Retraite complémentaire – Tr. 1	de 0 à 3 925	3,15 (11)	4,72 (11)
– Tr. 2	de 3 925 à 31 400	8,64 (11)	12,95 (11)
• Contribution d'équilibre général (12) – Tr. 1	de 0 à 3 925	0,86 (11)	1,29 (11)
– Tr. 2	de 3 925 à 31 400	1,08 (11)	1,62 (11)
• Contribution d'équilibre technique (13) – Tr. 1 + 2	de 0 à 31 400	0,14 (11)	0,21 (11)
Assurance décès (cadres)	de 0 à 3 925	–	1,50
Participation construction (50 salariés et plus) (6)	salaire total	–	0,45
Taxe d'apprentissage	salaire total	–	(14)
Contribution supplémentaire à la taxe d'apprentissage (6)	salaire total	–	(15)
Formation professionnelle	salaire total	–	(16)
Contribution au dialogue social	salaire total	–	0,016

(1) Abattement de 1,75 % sur certains éléments de rémunération sur une assiette maximale de 4 plafonds de sécurité sociale. (2) CSG non déductible lorsqu'elle est afférente à des sommes exonérées d'IR et de cotisations de sécurité sociale. (3) + 1,30 % en Alsace-Moselle. La cotisation d'assurance maladie de base est de 5,50 % pour les salariés qui, faute d'être fiscalement domiciliés en France, ne sont pas assujettis à CSG et à CRDS. (4) Taux de 7 % ou 13 % selon le niveau de rémunération. (5) Taux de 3,45 % ou 5,25 % selon le niveau de rémunération. (6) Sous réserve du mécanisme d'atténuation des effets de seuil. (7) Employeurs de 11 salariés et plus en Île-de-France et dans certaines agglomérations. Taux variable. (8) Taux de principe de 20 %. Sous conditions, exonération, taux de 10 % ou 16 % sur certains éléments d'épargne salariale. (9) Forfait social sur les contributions patronales de prévoyance complémentaire exclues de l'assiette des cotisations de sécurité sociale mais assujetties à CSG. (10) Cas général (hors intermittents du spectacle). (11) Répartition de principe employeur salarié de « 60 % / 40 % ». Certaines entreprises ont pu conserver des taux ou répartitions dérogatoires. (12) Due au titre de tous les affiliés au régime AGIRC-ARRCO. (13) Due sur Tr. 1 et Tr. 2 uniquement au titre des affiliés dont la rémunération est supérieure au plafond. (14) Taux de 0,68 % (0,44 % en Alsace-Moselle). (15) Contribution supplémentaire à la taxe d'apprentissage due par les employeurs de 250 salariés et plus n'ayant pas un quota minimum d'alternants à l'effectif. Taux modulé selon la proportion d'alternants. (16) Contribution minimale de 0,55 % pour les employeurs de moins de 11 salariés et de 1 % pour les employeurs de 11 salariés et plus (il existe un dispositif de lissage des effets de seuil). Par ailleurs, il existe une contribution 1 % CPF-CDD.

Annexe 2 Des adresses Internet pour la paye

Voici des adresses Internet qui peuvent vous être utiles :

Agence nationale pour l'amélioration des conditions de travail - *ANACT*	www.anact.fr
Agence pour l'emploi des cadres - *APEC*	www.apec.fr
Agence de services et de paiement - *ASP*	www.asp-public.fr
Association nationale pour la formation professionnelle des adultes - *AFPA*	www.afpa.fr
Association nationale pour la gestion du fonds d'insertion professionnelle des handicapés - *AGEFIPH*	www.agefiph.fr
Assurance maladie	www.ameli.fr
Bulletin officiel de la sécurité sociale	www.boss.gouv.fr
Caisse nationale d'assurance vieillesse - *CNAV*	www.lassuranceretraite.fr
Caisse des français à l'étranger - *CFE*	www.cfe.fr
Caisse d'allocations familiales - *CAF*	www.caf.fr
Centre des liaisons européennes et internationales de sécurité sociale - *CLEISS*	www.cleiss.fr
Commission nationale Informatique et libertés - *CNIL*	www.cnil.fr
Compte personnel d'activité (Compte personnel de formation - Compte professionnel de prévention - Compte d'engagement citoyen)	www.moncompteformation.gouv.fr
Déclaration sociale nominative (site d'information DSN)	www.net-entreprises.fr
France Travail	www.francetravail.fr
Groupe Revue Fiduciaire (http://revuefiduciaire.grouperf.com)	www. rfpaye.com www. rfsocial.com www.revue-fiduciaire.com www.social-expert.com
Guichet unique des employeurs occasionnels d'intermittents du spectacle - *GUSO*	www.guso.fr
Légifrance	www.legifrance.gouv.fr
Institut national de la statistique et des études économiques - *INSEE*	www.insee.fr
Journal officiel	www.journal-officiel.gouv.fr
Union des Français à l'étranger	www.ufe.org
Ministère du travail	www.travail-emploi.gouv.fr
Mutualité Sociale Agricole - *MSA*	www.msa.fr
Portail des déclarations sociales	www.net-entreprises.fr
Retraite complémentaire AGIRC-ARRCO	www.agirc-arrco.fr
Sécurité Sociale	www.securite-sociale.fr
Site du service public	www.service-public.fr
Union nationale pour l'emploi dans l'industrie et le commerce - *Unédic*	www.unedic.org
Union de recouvrement des cotisations de sécurité sociale et d'allocations familiales - *URSSAF et ACOSS*	www.urssaf.fr